Pourquoi activer mon Code en ligne :

Selon mon édition, l'activation de mon Code me permet d'accéder aux enrichissements suivants, sur ordinateur, tablette et smartphone :

	CODE ÉDITION LIMITÉE*	CODE ÉDITION CLASSIQUE
Lettre d'actualité du Code	✓*	✓*
Accès aux codes officiels secs	✓	✓
Mise à jour en continu		✓
Liens vers la jurisprudence		✓
Accès aux commentaires et textes complémentaires		✓
Accès aux articles des revues Dalloz		✓

www.activation-dalloz.fr

La clé d'activation se trouve sous l'étiquette de couverture

* Disponible pour les titres suivants :
Code civil, Code de procédure civile, Code pénal, Code de procédure pénale, Code de commerce et Code du travail.

Notre innovation, c'est vous.
DALLOZ AVOCATS

24e édition

CODE DE LA ROUTE

Annoté & commenté

LES CODES DALLOZ

Lefebvre Dalloz

DALLOZ

24e édition

Commentaires et annotations par

Laurent DESESSARD
Professeur à l'Université de Poitiers
Directeur de l'Institut de sciences criminelles
Responsable du Master Justice, procès et procédures

Coordination éditoriale par

Carole GAYET
Responsable du département de droit pénal
aux Éditions Dalloz

&

Céline VIVIEN
Éditrice aux Codes Dalloz

Lefebvre Dalloz

DALLOZ

ÉDITIONS DALLOZ

Tour Lefebvre Dalloz - 10, place des Vosges
92072 Paris La Défense Cedex - CS 90358

ISBN 978-2-247-22968-0

AVANT-PROPOS

Comme les autres volumes de la collection des Codes Dalloz, créée en 1902, le Code de la route Dalloz est un ouvrage hautement élaboré. Loin de se borner à reproduire purement et simplement la codification officielle issue d'une ordonnance du 22 septembre 2000 et d'un décret du 22 mars 2001, il donne un texte mis à jour de ses modifications ultérieures, enrichi de notes de rédaction, de commentaires, d'annotations de jurisprudence et de bibliographies, et augmenté de compléments indispensables.

Appendice. *Composé de 27 rubriques classées par ordre alphabétique, il regroupe des textes législatifs et réglementaires en rapport avec la circulation routière et le véhicule. A l'intérieur de chaque rubrique, sont présentés d'abord les textes codifiés, puis les textes non codifiés classés par ordre chronologique.*

DES TABLES

Trois tables complètent ce code :

En début d'ouvrage,
– Une ***table des matières*** *reproduit le plan du code.*

En fin d'ouvrage,
– Une ***table chronologique*** *recense les textes qui ont modifié le code, et les textes complémentaires ajoutés.*
– Une ***table alphabétique****, très détaillée, analyse les textes et constitue un outil de recherche privilégié.*

Les pictogrammes ⚖ (jurisprudence) et ✎ (doctrine des revues Dalloz) signalent que les textes intégraux correspondants sont accessibles en hyperliens sur les portails et sur les applications mobiles DALLOZ.

LISTE DES ABRÉVIATIONS

🔗	Hyperlien vers la décision intégrale accessible sur le Code en ligne
✎	Hyperlien vers un article de doctrine dans une revue accessible sur le Code en ligne
🏛	Hyperlien vers un texte complémentaire accessible sur le Code en ligne
AJDA	Actualité juridique de droit administratif
AJ pénal	Actualité juridique pénal Dalloz
Al.	Alinéa
ALD	Actualité législative Dalloz (à partir de 1993)
anc.	Ancien
APJ	Agent de police judiciaire
App.	Appendice
Arr.	Arrêté
Art.	Article
Ass. plén.	Assemblée plénière de la Cour de cassation
B	Décision du Conseil d'État mentionnée aux Tables du *Lebon* (Dalloz)
BIBL.	Bibliographie
BIBL. GÉN.	Bibliographie générale
BICC	Bulletin d'information de la Cour de cassation
BLD	Bulletin législatif Dalloz
BTL	Bulletin des transports et de la logistique
BOMELT	Bulletin officiel du ministère de l'équipement, des transports et du logement
BOMJ	Bulletin officiel du ministère de la justice
BOMT	Bulletin officiel du ministère du travail
Bull. civ.	Bulletin des arrêts des chambres civiles de la Cour de cassation
Bull. crim.	Bulletin des arrêts de la chambre criminelle de la Cour de cassation
C.	Code
c/	Contre
Cah. jurispr. Aquitaine	Cahiers de jurisprudence d'Aquitaine
CASF	Code de l'action sociale et des familles Dalloz
C. assur.	Code des assurances Dalloz
CCA	Commission des clauses abusives

C. civ.	Code civil Dalloz
C. communes	Code des communes
C. déb. boiss.	Code des débits de boissons et des mesures contre l'alcoolisme
C. douanes	Code des douanes Dalloz
Cf.	Confer
CE	Conseil d'État
CEDH	Cour européenne des droits de l'homme
C. éduc.	Code de l'éducation Dalloz
C. envir.	Code de l'environnement Dalloz
CESEDA	Code de l'entrée et du séjour des étrangers et du droit d'asile Dalloz
C. for.	Code forestier
CGCT	Code général des collectivités territoriales Dalloz
CGI	Code général des impôts Dalloz
CGPPP	Code général de la propriété des personnes publiques Dalloz
ch.	Chambre
chap.	Chapitre
Chron.	Chronique
Circ.	Circulaire
Civ.	Chambre civile de la Cour de cassation
CJA	Code de justice administrative Dalloz
CJCE	Cour de justice des Communautés européennes
CJPM	Code de la justice pénale des mineurs Dalloz
CJUE	Cour de justice de l'Union européenne
C. mon. fin.	Code monétaire et financier Dalloz
Coll. terr.	Collectivités territoriales - Intercommunalité
Comm.	Commentaire
Comm. EDH	Commission européenne des droits de l'homme
Comp.	Comparez
concl.	Conclusions
conf.	Solution conforme
Cons. const.	Conseil constitutionnel
Contra	Solution contraire
Conv. EDH	Convention européenne de sauvegarde des droits de l'homme et des libertés fondamentales
C. pén.	Code pénal Dalloz
C. pr. civ.	Code de procédure civile Dalloz
C. pr. pén.	Code de procédure pénale Dalloz
Crim.	Chambre criminelle de la Cour de cassation
crit.	Critique
C. route	Code de la route Dalloz
CRPA	Code des relations entre le public et l'administration (Dalloz)
C. rur. et for.	Code rural et Code forestier Dalloz
CSI	Code de la sécurité intérieure Dalloz
CSP	Code de la santé publique Dalloz
C. sport	Code du sport Dalloz
C. transp.	Code des transports Dalloz
C. urb.	Code de l'urbanisme Dalloz
C. voirie rout.	Code de la voirie routière

D.	Recueil Dalloz
D. actu.	Dalloz actualité
DDH	Déclaration des droits de l'homme et du citoyen de 1789
Décr.	Décret
Décr.-L.	Décret-loi
DH	Recueil hebdomadaire de jurisprudence Dalloz *(années antérieures à 1941)*
Dir.	Directive
Doctr.	Doctrine
DP	Recueil périodique et critique mensuel Dalloz *(années antérieures à 1941)*
Dr. adm.	Droit administratif
Dr. pénal	Droit pénal

EEI	Revue Énergie-Environnement-Infrastructures
Envir.	Revue Environnement du Juris-Classeur
Err.	Erratum
esp.	Espèce

Gaz. Pal.	La Gazette du Palais

---

ibid.	Au même endroit
infra	Ci-dessous
IR	Informations rapides du Recueil Dalloz

J.	Jurisprudence
JCP	Juris-classeur périodique (Semaine juridique), édition générale
JO	Journal officiel
JOAN Q	Journal officiel, Assemblée nationale, Questions écrites
JONC	Journal officiel, numéro complémentaire
J. prox.	Juge de proximité
JT (à compter du 1er janv. 2010)	Juristourisme (Dalloz)
Jur. CEDH	Jurisprudence de la Cour européenne des droits de l'homme
Jurispr. auto	Jurisprudence automobile

L.	Loi
Lebon	Recueil des arrêts du Conseil d'État (Dalloz)
Liv.	Livre
LPA	Les Petites Affiches
LPF	Livre des procédures fiscales

---

mod.	Modifié

---

n°	Numéro
nouv.	Nouveau

---

obs.	Observations
OPJ	Officier de police judiciaire
Ord.	Ordonnance
P	Arrêt publié au bulletin civil ou au bulletin criminel de la Cour de cassation
p.	Page
Pan.	Panorama
préc.	Précité
QPC	Question prioritaire de constitutionnalité
R.	Rapport annuel de la Cour de cassation
rapp.	Rapport
Rappr.	Rapprocher
RCA	Responsabilité civile et assurances
RD pén. crim.	Revue de droit pénal et de criminologie
RD publ.	Revue du droit public et de la science politique en France et à l'étranger
Recomm.	Recommandation
Rect.	Rectificatif
RÉP. CIV.	Répertoire de droit civil (Dalloz)
Rép. min.	Réponse ministérielle
RÉP. PÉN.	Répertoire de droit pénal et de procédure pénale Dalloz
Req.	Chambre des requêtes de la Cour de cassation
réquis.	Réquisitions
Rev. dr. transports	Revue de droit des transports
Rev. pénit.	Revue pénitentiaire et de droit pénal
RFDA	Revue française de droit administratif (Dalloz)
RGAT	Revue générale des assurances terrestres (de 1930 à 1995) ; devenue RGDA en 1996
RGDA	Revue générale du droit des assurances (depuis 1996)
RI crim. et pol. techn.	Revue internationale de criminologie et de police technique
RLDC	Revue Lamy droit civil
RSC	Revue de science criminelle et de droit pénal comparé
RTD civ.	Revue trimestrielle de droit civil (Dalloz)
RTD eur.	Revue trimestrielle de droit européen (Dalloz)
S.	Recueil Sirey
s.	Et suivants
sol. impl.	Solution implicite
Somm.	Sommaires
ss.	Sous
supra	Ci-dessus
TA	Tribunal administratif
T. civ.	Tribunal, chambre civile

T. confl.	Tribunal des conflits
T. corr.	Tribunal, chambre correctionnelle
TGI	Tribunal de grande instance
TI	Tribunal d'instance
TIG	Travail d'intérêt général
T. pol.	Tribunal de police
V.	Voir
v°, v^is	Mot, mots

TABLE DES MATIÈRES

CODE DE LA ROUTE

LIVRE I

DISPOSITIONS GÉNÉRALES

LIVRE II

LE CONDUCTEUR

LIVRE IV

L'USAGE DES VOIES

APPENDICE

BIBLIOGRAPHIE GÉNÉRALE

▶ Actes Inrets, *Collection de travaux publiée par l'Institut national de recherche sur les transports et leur sécurité*. – Andreu (dir.), Des voitures autonomes. Une offre de loi, *Dalloz 2018*. – J.-P. Céré, *D. 2003. Chron. 2705* (Le virage répressif de la loi n° 2003-495 du 12 juin 2003 sur la violence routière) ; Les P.V. de stationnement, *L'Harmattan, 2003* ; Le permis à points, *5e éd., L'Harmattan, 2013* ; Permis de conduire, *Rép. pén.* ; Conduite sous influence, alcool-stupéfiants, *Rép. pén.* ; Stationnement et arrêt de véhicule, *Rép. pén.* ; Vitesse, *Rép. pén.* – P. Couvrat, La politique pénale en matière de circulation routière, *Archives de politique criminelle 2003. 101*. – P. Couvrat et M. Massé, Circulation routière, Infractions et sanctions, *Sirey 1989* (cité « *Couvrat et Massé* » dans le présent ouvrage). – F. Dieu, Police de la route et gendarmerie, *L'Harmattan, 2005*. – F. Gauvin et X. Pin, Fascicules Circulation routière, *J.-Cl. Lois pénales spéciales, LexisNexis*. – Espace et Société, *numéro spécial sécurité routière, févr. 2004*. – M. Guilbot, Accidents de la route, infrastructure et responsabilités, *Doc. fr., 2008*. – M. Guilbot et autres, Droit répressif routier en Europe, *plusieurs volumes INRETS, 1995 et 1996* ; *Fascicules sur la sécurité routière (nos 55, 175, 205 et 230)*, Pratique de la sécurité locale, *coll. Encyclopédies pratiques, Litec 2004*. – M. Guillaume, Le permis de conduire à points, *Dalloz Service, 1993*. – Institut des hautes études de la sécurité intérieure, Routes, espace incertain, *Les cahiers de l'IHESI 1996, n° 25* ; Polices et « policing » de la route. Un nouveau regard sur la sécurité, *Les cahiers de la sécurité intérieure, 2005, n° 58*. – R. Josseaume, Les droits des automobilistes, *Éd. du Puits Fleuri, 2009*. – R. Josseaume et J-B. Le Dall, Contentieux de la circulation routière (Droit routier – Droits de la défense – Sanctions administratives – Poursuites pénales), *3e éd. Lamy 2016* ; Droit routier, *2e éd., LexisNexis, 2021*. – Jurisprudence automobile, *Revue, Éd. L'Argus de l'assurance*. – G. Kellens et C. Perez-Diaz, Le contrôle de la circulation routière dans les pays de la CEE, *Déviance/GERN, L'Harmattan, 1997*. – A. Kletzlen, L'automobile et la loi. Comment est né le Code de la route ?, *coll. Déviance et société, L'Harmattan, 2000*. – G. Lagier, Livre blanc sécurité routière, drogues licites ou illicites et médicaments. Rapport au Premier ministre, *Doc. fr., 1996*. – L. Lamer, Réglementation de la sécurité routière, *Éd. La Baule*. – J. Landrieu et R. Depardon, A tombeau ouvert, *coll. Essais, Autrement, 2000*. – Le Dall, Defrance, Namin, Code de la route – commenté, *Éd. L'Argus de l'assurance*. – F. Leplat, *AJ pénal 2003. 85*. – M. Lesage, R. Josseaume et S. Vernassière, Les droits des motards, *Éd. du Puits Fleuri, 2010*. – G. Malaterre et J. Hoste, La sécurité routière en France et son évolution, *Regards sur l'actualité n° 290, Doc. fr., 2003*. – M. Massé, La peur du gendarme. A l'occasion d'une nouvelle rédaction du Code de la route, p. 537 s., *in* La sanction du droit, *Mél. offerts à P. Couvrat, PUF 2001*. – Ministère de l'équipement et des transports (Direction de la recherche et des affaires scientifiques et techniques), Gisements de sécurité routière (Rapport Guyot), *2 vol., 2002*. – Observatoire national interministériel de sécurité routière, La sécurité routière en France. Bilan de l'année, *Doc. fr.* – P. Pélissier, Circulation routière, *Rép. pén.* – F. Perez-diaz et F. Lombard, Les contraventions routières : de la constatation à l'exécution des sanctions, déviance et contrôle social, *CESDIP 1992, n° 58*. – C. Perez-diaz, Jeux avec des règles – Le cas des contraventions routières, *L'Harmattan, 1998*. – Recherche-transport-sécurité, *Revue éditée par L'Institut national de recherche sur les transports et leur sécurité*. – J.-M. Renouard, As du volant et chauffards. Sociologie de la circulation routière, *coll. Déviance et société, L'Harmattan, 2000*. – *Revue du comité de la sécurité routière*. – *Revue générale de la gendarmerie, n° 207, Dossier sécurité routière, 2003*. – F. Samson, Le Code de la route : un droit malade, *Gaz. Pal. 2005, 24-25 juin, p. 1784*. – Teissier-ensminger, Autos, panneaux, signaux : du droit et un clin d'œil, *coll. Logiques juridiques, L'Harmattan, 2000*. – M. Ternier (dir.), La politique nationale de sécurité routière – les systèmes locaux de contrôle – sanction, *Commissariat général du plan, Doc. fr., 2003*. – S. Traoré, Permis de conduire, *J.-Cl. Adm., fasc. 207, LexisNexis*.

CODE DE LA ROUTE

COMMENTAIRE

La première version du commentaire de ce code a été rédigée par le doyen Pierre Couvrat et par Michel Massé, professeurs à la faculté de droit et des sciences sociales de l'université de Poitiers, pour l'édition 2001.

Voici le code de la route tel qu'il est recomposé depuis le 1er juin 2001. Une loi du 16 décembre 1999 (n° 99-1071), dite loi d'habilitation, avait conféré au gouvernement le pouvoir de procéder par ordonnances à l'adoption de la partie législative de certains codes.

L'ordonnance spécifique au code de la route porte le numéro 2000-930. Elle date du 22 septembre 2000 (V. le texte de l'ordonnance et du rapport au président de la République ss. art. L. 444-1).

Il convient de préciser d'emblée qu'il ne s'agit pas là d'un code nouveau mais bien seulement d'une présentation nouvelle. Certes, l'ordonnance a été précédée des avis du Groupe interministériel permanent de la sécurité routière et de la Commission supérieure de codification, le Conseil d'État et le Conseil des ministres ont été entendus et un rapport du Premier ministre et du ministre de l'équipement, des transports et du logement au Président de la République a été établi ; mais ni l'Assemblée nationale ni le Sénat n'ont été à cette occasion saisis de projets ou de propositions de lois modificatives, si bien que la codification – ou plutôt la recodification – s'est faite, selon l'expression familière aux juristes, à droit constant, c'est-à-dire sans modification au fond.

Le but de cette codification est en effet seulement d'améliorer, notamment à destination des usagers de la route, la lisibilité de l'ensemble des normes relatives à la circulation routière (le terme code de la route a été conservé et préféré à celui de code de la circulation routière uniquement par esprit de tradition et pour éviter d'éventuelles confusions). Les dispositions applicables au 1er juin 2001 ne sont donc pas différentes de ce qu'elles étaient auparavant. Il a seulement été procédé à des recompositions et des rapprochements. Les seules modifications sont des adaptations rédactionnelles et des suppressions d'incompatibilités.

Une loi n° 2000-321 du 12 avril 2000 (*D. 2000. 221*) relative aux droits des citoyens dans leurs relations avec les administrations dispose en son article 3 : « La codification législative rassemble et classe dans des codes thématiques l'ensemble des lois en vigueur à la date d'adoption de ces codes. Cette codification se fait à droit constant, sous réserve des modifications nécessaires pour améliorer la cohérence rédactionnelle des textes rassemblés, assurer le respect de la hiérarchie des normes et harmoniser l'état du droit ». Il est donc clair que « la réécriture » des textes dans le but d'améliorer l'accès au droit – puisque « le codificateur » a la mission d'harmoniser l'état du droit – peut conduire à des adaptations qui vont au-delà de simples modifications terminologiques.

L'amélioration sensible de la présentation du code – même si la division en deux parties complémentaires (législative et réglementaire), qui est incontournable en raison des normes constitutionnelles, peut apparaître complexe – doit permettre, d'une part, de faciliter la tâche des praticiens, d'autre part, de faire prendre conscience à tous les conducteurs de la nécessité de respecter l'ensemble des règles de la circulation routière.

PRÉSENTATION

L'exercice consistant à recomposer sans apporter de modifications au fond est périlleux. Il semble réussi. Quelles sont les idées fortes de cette remodélisation ?

Le plan. La distinction entre la partie législative et la partie réglementaire n'a pu être évitée pour les raisons indiquées plus haut. Le lecteur doit donc, pour toute question, porter son attention sur les deux parties. Si l'on prend l'exemple de la conduite en état alcoolique, il trouvera l'essentiel des dispositions aux articles L. 234-1 à L. 234-18, mais il lui faudra connaître aussi les articles R. 234-1 à R. 234-7 tous inclus dans une division similaire consacrée à la conduite sous l'influence de l'alcool.

Certains transferts de la partie législative vers la partie réglementaire ou inversement ont pu être réalisés pour mise en conformité. Ils ne gênent en rien la lisibilité de l'ensemble puisque le lecteur doit consulter les deux parties existantes.

Un nouveau plan a par ailleurs été retenu. C'est là l'un des mérites principaux du code de la route nouvelle formule. Les dispositions sont présentées dorénavant selon une logique rigoureuse. Le livre I est consacré à des dispositions générales. Le livre II rassemble tout ce qui concerne le conducteur. Le livre III concerne le véhicule. Le livre IV porte sur l'usage des voies. De ce plan global se dégage l'idée que l'usage des voies – c'est-à-dire la circulation routière – implique un certain nombre de conditions préalables tenant au conducteur et au véhicule qu'il conduit.

Chaque livre a été divisé en titres (quatre titres dans chaque livre) eux-mêmes divisés en chapitres. Dans chaque livre le titre IV est réservé aux dispositions relatives à l'outre-mer, ce qui facilite la lecture dans la mesure où les textes relatifs à la France métropolitaine ne sont pas alourdis par les dispositions spécifiques à l'outre-mer. Les textes relatifs à chaque collectivité permettent de mesurer les extensions souhaitables (ou non) restant à réaliser. La lisibilité du code est donc aussi nettement améliorée pour les habitants de Saint-Pierre-et-Miquelon, Mayotte, la Nouvelle-Calédonie, la Polynésie française ou des îles Wallis-et-Futuna. Il convient de rappeler ici que les départements d'outre-mer (Guadeloupe, Guyane, Martinique et Réunion) sont soumis, sauf dispositions exceptionnelles, au même code que la Métropole.

Ce nouveau plan est accompagné d'une nouvelle numérotation des articles. Conformément au choix fait pour la plupart des codes modernes, le premier chiffre correspond au livre, le second au titre, le troisième au chapitre et le quatrième, suivant un tiret, est un numéro d'ordre. A la seule indication de l'article (par ex. art. L. 136-1) le lecteur peut déterminer la place de cet article dans le code (ici : premier livre, troisième titre, sixième chapitre), étant précisé que cette numérotation est la même pour la partie réglementaire et pour la partie législative, la seule différence étant la lettre précédant les chiffres (L. ou R.).

Il va de soi que, dans les deux parties, les numéros ne correspondent pas nécessairement. Il peut très bien arriver que, dans un chapitre ou dans un titre, il n'y ait que des dispositions législatives ou que des dispositions réglementaires. Globalement d'ailleurs la partie réglementaire est plus étoffée que la partie législative. Mais le fait que le plan soit le même dans les deux parties – compte tenu des blancs pouvant apparaître – facilite grandement la consultation du code.

Les infractions et les sanctions. Les sanctions encourues ont été rapprochées des incriminations. Dans le code antérieur, tout au moins dans la partie réglementaire, les sanctions étaient regroupées dans un certain nombre d'articles (art. R. 232 s.) nécessitant des renvois aux textes déterminant la qualification des infractions. Aujourd'hui, chaque délit et chaque contravention sont assortis de la sanction ou des sanctions correspondantes (soit dans le même article, soit dans les articles suivants). Par exemple l'article R. 234-1 porte à la fois les éléments constitutifs de la contravention de conduite sous l'empire d'un état alcoolique (une concentration supérieure d'alcool dans le sang ou dans l'air expiré étant un délit), la peine principale encourue (amende prévue pour les contraventions de quatrième classe, soit au maximum 750 euros), les peines complémentaires possibles (immobilisation du véhicule et suspension du permis de conduire) et la « peine » que l'on peut qualifier d'« accessoire » de réduction de six points du permis de conduire. L'ensemble est concentré dans un même texte.

C'est donc à proximité de l'incrimination que l'utilisateur du code trouvera les peines principales et complémentaires et la perte de points qui découle automatiquement de la condamnation ou du paiement de l'amende.

Le code de la route et les autres codes. Parfois des dispositions d'un autre code ont été transférées dans le code de la route. Ainsi l'article L. 113-1 du code de la voirie routière n'est plus qu'un renvoi à des dispositions dorénavant incluses dans le code de la route (art. L. 411-6 à propos du droit de placer des indications ou signaux de circulation).

Mais plus souvent le code de la route nouvelle version, tout en maintenant le contenu et la numérotation de textes provenant d'autres codes, les introduit à leur place idoine dans le code. C'est la pratique dite du code suiveur. Prenons un exemple simple : sous l'article L. 231-1 relatif au délit de fuite commis par le conducteur d'un véhicule, le code de la route a reproduit les articles 434-10 et 434-45 du code pénal. Le lecteur dispose ainsi du contenu de ces articles sans avoir à consulter un code pénal.

Le code de la route contient, de la sorte, de nombreuses dispositions suiveuses introduites ici tout en restant dans leurs codes respectifs : outre les dispositions du code pénal précitées, un certain nombre de textes du code général des collectivités territoriales à propos des pouvoirs de police de la circulation ainsi que du code de la voirie routière à propos de la définition des voiries ou encore du code des assurances ont ainsi été reproduites en dispositions suiveuses. Il peut aussi s'agir de textes non codifiés qui trouvent ici leur place : la loi du 5 juillet 1985 tendant à l'amélioration de la situation des victimes d'accidents de la circulation et à l'accélération des procédures d'indemnisation, loi dite Badinter, figure en disposition suiveuse (art. 1er à 6) sous l'article L. 122-1 du présent code, alors même qu'elle n'a pas été (encore) incorporée au code civil.

Lorsque des dispositions assemblées sont apparues incompatibles, « les conflits » ont été résolus dans le but « d'harmoniser le droit » en privilégiant un texte sur l'autre. C'est ainsi que le code pénal l'a parfois « emporté » sur le code de la route. La raison en est que le code pénal a été entièrement réformé récemment et qu'il a donc vocation à « dominer » toutes dispositions pénales, y compris celles nées d'autres codes. C'est ainsi par exemple qu'ont disparu tout naturellement les récidives pour les quatre premières classes de contraventions. Et l'article 132-11 du code pénal, qui dispose que l'amende encourue est portée à 3 000 euros pour les contraventions de police de la cinquième classe, dans les cas où un règlement le prévoit, si elles sont commises en récidive, s'applique tout naturellement au domaine routier. Mais lorsque des peines complémentaires sont apparues, pour une même infraction, différentes dans le code pénal et dans le code de la route, les peines complémentaires spécifiques à la circulation routière ont été maintenues.

Tels sont les principes qui ont guidé « le codificateur ». Pas de bouleversement. Une remise en ordre. Des adaptations. Un ensemble cohérent... à condition de consulter les deux parties : législative et réglementaire.

ÉVOLUTION

Depuis le 1er juin 2001, date de son entrée en vigueur, le code de la route a été plusieurs fois modifié et parfois de manière assez substantielle.

Sur le fond, mentionnons, en particulier, la loi du 12 juin 2003 renforçant la lutte contre la violence routière, expression nouvelle qui n'apparaît nulle part ailleurs que dans l'intitulé de la loi. Ce texte, initialement intégré au projet de loi qui allait devenir la loi dite « Perben II » du 9 mars 2004, a apporté d'importantes innovations : aggravation des peines en cas d'accident ; suppression des « permis blancs » dans un certain nombre de situations ; peine complémentaire de stage de sensibilisation à la sécurité routière ; « radars automatiques » et « chaîne contrôle sanction » ; permis probatoire (six points seulement pour les nouveaux conducteurs). Mais à cette loi dédiée à la circulation routière, il faut ajouter d'autres lois non spécifiques ou au domaine d'application plus large : la loi sur la sécurité intérieure du 18 mars 2003, celle du 9 mars 2004 adaptant la justice aux évolutions de la criminalité, celle du 14 mars 2011 d'orientation et de programmation pour la performance de la sécurité intérieure, celle du 18 novembre 2016 de modernisation de la justice du XXIe siècle, ou encore celle du 24 décembre 2019 d'orientation des mobilités, ainsi que de très nombreux décrets.

Sur la forme, il convient de noter que l'un des principes qui avaient guidé « le codificateur » a été quelque peu remis en cause. La pratique dite du « code suiveur » – à nouveau utilisée en 2003 pour introduire dans le code de la route (aux art. L. 232-1 et L. 232-2) les dispositions du code pénal consacrées à l'homicide involontaire et aux atteintes involontaires à l'intégrité de la personne commis par le conducteur d'un véhicule terrestre à moteur – a en effet été abandonnée à l'article L. 121-5 du code de la route. Dans sa version d'origine, cet article consacré à la procédure d'amende forfaitaire applicable à certaines infractions routières reproduisait, en dispositions suiveuses, les articles pertinents du code de procédure pénale. Depuis la loi du 17 mai 2011 de simplification et d'amélioration de la qualité du droit, cet article se contente de renvoyer le lecteur du code de la route à la lecture du code de procédure pénale (V., dans le même sens, art. L. 411-1 et L. 411-2).

Toujours d'un point de vue formel, on notera enfin la création, par un arrêté du 15 décembre 2016, d'une troisième partie, intitulée « Arrêtés », dans laquelle cet arrêté a inséré quelques dispositions (art. A. 121-1 s. et A. 143-1) concernant les modalités d'application de l'article L. 121-6 du code de la route, créé par la loi précitée du 18 novembre 2016, et dans laquelle un arrêté du 4 novembre 2020 a ajouté trois articles en lien avec la mise en fourrière des véhicules (art. A. 325-12 s.). On remarquera en outre l'apparition d'un titre V dans le livre III de la partie réglementaire, créé par le décret n° 2017-1278 du 9 août 2017, composé de quelques articles dédiés aux démarches effectuées par la voie électronique en matière d'immatriculation des véhicules. ❑

PREMIÈRE PARTIE : LÉGISLATIVE

(Ord. n° 2000-930 du 22 sept. 2000)

BIBL. ▶ Josseaume et Ayache, *Gaz. Pal. 14 avr. 2011, p. 8* (le code de la route à l'épreuve du juge constitutionnel). – Josseaume, *Gaz. Pal. 27 mars 2014, p. 10* (le code de la route et le principe de la légalité).

COMMENTAIRE

Dans sa version d'origine, le code de la route recomposé était divisé en deux parties, une partie législative et une partie réglementaire, chaque partie étant composée de quatre livres, eux-mêmes divisés en quatre titres.

Cette harmonie structurelle n'est cependant plus respectée aujourd'hui. Une troisième partie, dédiée aux arrêtés, a été ajoutée en 2016. Elle est composée uniquement d'un livre premier, sur le modèle des livres premiers de la partie législative et de la partie réglementaire. Y figurent quelques articles seulement, portant sur l'application des dispositions de l'article L. 121-6. Par ailleurs, dans le livre troisième de la partie réglementaire, on trouve un titre V, créé par le décret n° 2017-1278 du 9 août 2017, intitulé « Dispositions relatives aux démarches effectuées par voie électronique », qui n'a aucun équivalent dans les autres livres du code. Et, dans le livre premier de la partie législative, la loi n° 2018-699 du 3 août 2018 a ajouté un titre III *bis*, composé d'un seul article.

Malgré ces évolutions, globalement, les dispositions du code de la route demeurent regroupées autour de trois pôles principaux : le sujet tout d'abord, c'est-à-dire le conducteur ; l'objet ensuite, c'est-à-dire le véhicule ; enfin l'utilisation du support sur lequel le sujet dirige l'objet, soit l'usage des voies (par le conducteur avec le véhicule, mais aussi par les piétons). Ces trois points de regroupement sont précédés de quelques dispositions générales correspondant à des textes nécessaires à la compréhension de ceux figurant dans les trois livres correspondants. Le lecteur saura donc qu'il trouvera des règles communes dans le livre I, tout ce qui concerne le conducteur dans le livre II, les textes relatifs au véhicule dans le livre III et ceux concernant l'usage des voies dans le livre IV.

Par rapport à l'ancien code qui ne présentait aucune logique dans la disposition des textes, le progrès est évident. Et puisque la partie réglementaire est également divisée en quatre livres, aux intitulés identiques, il conviendra à chaque consultation de se reporter à la fois à la partie législative et à la partie réglementaire, étant admis que sur certains points une de ces deux parties peut parfois ne pas contenir de textes.

On notera enfin que la partie législative de l'ancien code ne contenait que 85 articles. Lors de l'entrée en vigueur du code de la route recomposé, cette partie était composée de 167 articles. Depuis, le nombre d'articles s'est encore accru, puisque cette partie comprend aujourd'hui plus de 200 articles. Cette augmentation du nombre d'articles, même si bien sûr tous ne prévoient pas d'incriminations ni même de circonstances aggravantes, traduit d'une certaine façon l'augmentation du nombre de délits routiers (on sait qu'il n'y a pas de crimes en la matière) et donc de comportements interdits par le code de la route sous la menace d'une peine d'emprisonnement (peine toujours prévue pour les délits du présent code). ❑

1. *Domaine d'application de la partie législative du code de la route.* La partie législative du C. route reçoit application sur l'ensemble du territoire, en l'espèce sur un terrain militaire, à moins que, par des dispositions particulières, elle ne limite son domaine aux voies ouvertes à la circulation publique. • Crim. 24 févr. 1971, n° 69-14.341. ♦ Il en est ainsi pour l'aire de stationnement d'un centre commercial. • Crim. 9 janv. 1980 : *Bull. crim. n° 15.* ♦ ... Pour des dunes non ouvertes à la circulation publique. • Crim. 15 févr. 1982 : *Bull. crim. n° 49 ; JCP 1983. II. 2022, note Chambon.*

2. *Codification à droit constant, visa de textes inexistants et site internet Légifrance.* Est nulle la citation (en l'espèce, une convocation par OPJ) qui vise des articles du code de la route (L. 1 s.) qui n'existent plus. Ce visa de textes inexistants porte en effet grief au prévenu qui, s'il se reporte à la source d'information destinée au public, soit le site internet Légifrance, pour l'art. L. 1, obtient la réponse : Aucun article trouvé. Dans ces conditions, quand bien même la codification nouvelle se serait faite à droit constant, il lui est impossible de se reporter aux textes nouveaux. Il ne peut donc prendre connaissance des peines qu'il encourt. De même, il peut légitimement penser que le texte a été abrogé et qu'il n'encourt aucune sanction pénale pour une infraction qui n'existe plus. • Montpellier, 19 août 2008 : *Dr. pénal 2008. Chron. 10, obs. Lepage.*

LIVRE I DISPOSITIONS GÉNÉRALES

COMMENTAIRE

Dans ce premier livre, figurent des dispositions qui ne sont spécifiques ni au conducteur, ni au véhicule, ni à l'usager des voies. Ce sont des données générales qui transcendent ces trois divisions.

Six titres. Son titre premier est logiquement consacré à des définitions (ou tout au moins à quelques définitions). C'est *« pour l'application du présent code »* et donc pour une bonne assise et une bonne compréhension des textes postérieurs que ces définitions sont présentées d'emblée. Elles peuvent avoir une grande importance en délimitant la portée de certains textes dont les termes sont ainsi préalablement définis. Mais les définitions présentées dans ce livre ne sont que celles utilisées dans la partie législative ; il convient de consulter les premiers articles de la partie réglementaire (V. art. R. 110-1 s.) pour disposer de l'ensemble des définitions proposées (et elles sont bien plus nombreuses dans la partie réglementaire).

Son titre deuxième est relatif à la responsabilité en général, c'est-à-dire aux règles relatives à la responsabilité pénale et celles portant sur l'indemnisation des victimes d'accidents de la route (notion plus large que celle de responsabilité civile).

Son titre troisième porte sur la recherche et la constatation des infractions en général (les dispositions spécifiques à la recherche et à la constatation des contraventions figurant dans la partie réglementaire).

Son titre quatrième est, quant à lui, consacré à l'outre-mer. Il détermine les conditions d'application (ou non) des titres précédents.

Et, à ces quatre titres, il faut encore ajouter un cinquième et un sixième titres, ou plus exactement un titre III *bis* et un titre III *ter*, insérés entre le titre troisième et le titre quatrième, par la loi n° 2018-699 du 3 août 2018 pour le premier et par la loi d'orientation des mobilités du 24 décembre 2019 pour le second. Composé d'un seul article, le titre III *bis* est relatif au Conseil national de la sécurité routière, qui constitue l'un des organes qui participent à l'élaboration et à l'évaluation de la politique des pouvoirs publics en matière de sécurité routière. Quant au titre III *ter*, il vise à éviter que les services électroniques d'aide à la conduite ou à la navigation signalent certains contrôles routiers.

Domaine d'application du code. Il aurait été souhaitable qu'au sein de ces dispositions générales soit indiqué le champ d'application du code. C'est la jurisprudence qui jusqu'ici a progressivement procédé à cette délimitation. Les rédacteurs ont évoqué cette opportunité mais, se sentant *« sur des rails »* en raison de la nécessité pour eux de procéder à droit constant, ils ont préféré ne pas créer sur ce point de texte. Il convient donc de s'en tenir toujours à la jurisprudence.

Notons seulement que dans la partie réglementaire, le pouvoir exécutif affirme que le code régit l'usage des voies ouvertes à la circulation publique et également l'usage des voies non ouvertes à la circulation publique mais dans la mesure seulement où des dispositions spécifiques l'indiquent expressément (V. art. R. 110-1). Et l'article R. 110-3 ajoute que le présent code ne s'applique pas aux véhicules circulant sur les voies ferrées empruntant l'assiette des routes et plus largement à tous véhicules assujettis à suivre, de façon permanente, une trajectoire déterminée par un ou des rails matériels (sauf en ce qui concerne les signaux comportant des prescriptions absolues et les indications données par les agents chargés de régler la circulation routière). Ces dispositions textuelles ne valent que pour la partie réglementaire. Le champ d'application de la partie législative est celui déterminé par la jurisprudence. ❑

TITRE I DÉFINITIONS

COMMENTAIRE

L'ancien code ne fournissait dans sa partie législative aucune définition. L'article L. 1 était curieusement consacré à la conduite en état alcoolique et à la conduite en état d'ivresse, ce qui apparaissait comme une introduction pour le moins anachronique. Il faut se réjouir de voir ces dispositions renvoyées à une place rationnelle (art. L. 234-1 s.).

Les définitions aujourd'hui proposées dans la partie législative sont soit nouvelles (art. L. 110-1), soit issues d'un autre code, en l'espèce le code de la voirie routière, soit enfin issues de la partie réglementaire de l'ancien code (art. L. 110-3).

Les définitions issues du code de la voirie routière sont portées en « *dispositions suiveuses* » dans le deuxième article du code (art. L. 110-2). Il convient à cet égard de noter que les articles L. 121-1 à L. 161-1 ici inclus ne sont pas des articles du code de la route mais des numérotations du code de la voirie routière. Il conviendra donc pour les désigner soit de les nommer « *articles L. 121-1 et suivants du code de la voirie routière reproduits (ou inclus) dans l'article L. 110-2 du code de la route* », soit plus succinctement « *les articles visés à l'article L. 110-2 du code la route* ». Il s'agit là des définitions des voiries nationales, départementales et communales ainsi que des routes express et des chemins ruraux. ❑

Art. L. 110-1 **Pour l'application du présent code, les termes, ci-après ont le sens qui leur est donné dans le présent article :**

1° Le terme "véhicule à moteur" désigne tout véhicule terrestre pourvu d'un moteur de propulsion, y compris les trolleybus, et circulant sur route par ses moyens propres, à l'exception des véhicules qui se déplacent sur rails ;

2° Le terme "remorque" désigne tout véhicule destiné à être attelé à un autre véhicule.

COMMENTAIRE

Les expressions « *véhicules à moteur* » et « *remorque* » n'étaient pas définies dans le précédent code.

Le terme véhicule n'est toujours pas défini. Il s'agit de tout moyen de transport terrestre muni de roues et servant au déplacement des êtres humains, des animaux, des marchandises... Les personnes qui conduisent une voiture d'enfant, de malade ou d'infirme et celles qui poussent à la main une bicyclette ou un cyclomoteur ou encore celles qui poussent une brouette ou un caddie n'utilisent pas un véhicule au sens strict et sont considérées comme des piétons (V. ss. l'art. R. 412-34).

Quant au véhicule à moteur, il n'était pas apparu jusqu'ici nécessaire de le définir car les terminologies utilisées le laissaient deviner : automobile, cyclomoteur, motocyclette. Mais cette expression a été « *promue* » par la loi Badinter du 5 juillet 1985 qui n'apporte de garanties aux victimes d'accidents de circulation que si un véhicule terrestre à moteur y est impliqué. Comme elle était déjà utilisée parfois dans le code de la route lui-même, il était donc logique d'en donner une définition dans les dispositions générales.

La définition précise que le véhicule est pourvu d'un moteur de propulsion et qu'il circule par des moyens propres. Il en résulte que les trolleybus sont des véhicules à moteur. Mais les véhicules – bien qu'à moteur – qui se déplacent sur une trajectoire déterminée par un ou des rails, par exemple les tramways, sont exclus parce qu'ils ne circulent pas sur route (même si le ou les rails sont intégrés à la route).

Mais le seul fait que nous disposions d'une définition du véhicule à moteur ne signifie pas que tous les textes vont concerner ensuite ce type de véhicule. Bien au contraire, de nombreux textes visent le véhicule sans apporter la précision qu'il est à moteur. Il convient donc à la lecture des articles du code de la route de bien distinguer ceux qui concernent exclusivement les véhicules à moteur et ceux qui s'appliquent à tous les véhicules avec ou sans moteur (V. par exemple l'article L. 234-1 relatif à la conduite d'un véhicule... en état alcoolique ou en état d'ivresse).

La définition de la remorque est aussi nouvelle. Elle est en elle-même un véhicule (V. ci-dessus) destiné à être attelé à un autre véhicule (en général à moteur). C'est donc le lien (l'attelage) qui est ici déterminant. Tant que la remorque n'est pas attelée, elle n'est pas « *dans le circuit* » du code de la route. ❑

Art. L. 110-2 **La définition des voiries nationales, départementales et communales est fixée aux articles L. 121-1, L. 122-1, L. 123-1, L. 131-1, L. 141-1, L. 151-1 et L. 161-1 du code de la voirie routière ci-après reproduits :**

Art. L. 121-1 Les voies du domaine public routier national sont :

1° Les autoroutes ;

2° Les routes nationales.

(L. n° 2004-809 du 13 août 2004, art. 18-II) « Le domaine public routier national est constitué d'un réseau cohérent d'autoroutes et de routes d'intérêt national ou européen.

Des décrets en Conseil d'État, actualisés tous les dix ans, fixent, parmi les itinéraires, ceux qui répondent aux critères précités.

« L'État conserve dans le domaine public routier national, jusqu'à leur déclassement, les tronçons de routes nationales n'ayant pas de vocation départementale et devant rejoindre le domaine public routier communal. »

Art. L. 122-1 Les autoroutes sont des routes sans croisement, seulement accessibles en des points aménagés à cet effet et réservées aux véhicules à propulsion mécanique.

(L. nº 2019-1428 du 24 déc. 2019, art. 161-I) « Les autoroutes peuvent comporter des sections à gabarit routier dans les conditions définies par décret en Conseil d'État, tenant compte natamment de contraintes topographiques. »

Art. L. 123-1 Les voies du domaine public routier national autres que les autoroutes définies à l'article L. 122-1 sont dénommées routes nationales. — *V. Décr. nº 2006-304 du 16 mars 2006 créant et organisant les directions interdépartementales des routes (JO 17 mars).*

Le caractère de route express peut leur être conféré dans les conditions fixées aux articles L. 151-1 à L. 151-5.

Art. L. 131-1 Les voies qui font partie du domaine public routier départemental sont dénommées routes départementales.

Le caractère de route express peut leur être conféré dans les conditions fixées aux articles L. 151-1 à L. 151-5.

Art. L. 141-1 Les voies qui font partie du domaine public routier communal sont dénommées voies communales.

Le caractère de route express peut leur être conféré dans les conditions fixées aux articles L. 151-1 à L. 151-5.

Art. L. 151-1 Les routes express sont des routes ou sections de routes appartenant au domaine public de l'État, des départements ou des communes, accessibles seulement en des points aménagés à cet effet et qui peuvent être interdites à certaines catégories d'usagers et de véhicules.

Art. L. 161-1 Les chemins ruraux appartiennent au domaine privé de la commune. Ils sont affectés à la circulation publique et soumis aux dispositions du chapitre I du titre II du livre I du code rural et de la pêche maritime. — *Les dispositions de la partie législative du code de la route qui citent en les reproduisant des articles d'autres codes ou de lois non codifiées sont de plein droit modifiées par l'effet des modifications ultérieures de ces articles (Ord. nº 2000-930 du 22 sept. 2000, art. 3).*

COMMENTAIRE

Le terme de voies est un terme générique. C'est bien ainsi que l'entend le code dans l'expression *« usage des voies »* (intitulé du livre IV). Ce mot était défini à l'article R. 1 de l'ancien code comme une subdivision de la chaussée ayant une largeur suffisante pour permettre la circulation d'une file de véhicules. Dans la partie réglementaire c'est la voie *« de circulation »* qui est dorénavant définie de cette façon. Dans la partie législative, les voies concernées sont celles du domaine public, ouvertes à la circulation publique. Mais certaines dispositions du code valent pour des voies privées qui peuvent parfois être ouvertes à la circulation publique (V. ci-dessus) et même en dehors des voies c'est-à-dire en tous lieux où il est possible de rouler.

Le terme de route n'est pas défini. Les routes font partie des voies. D'ailleurs l'article R. 110-1 précise curieusement que les voies ouvertes à la circulation publique *« sont dénommées ci-après routes »*. Les deux termes sont en tout cas proches puisque les routes sont (au moins au regard du code) des voies ouvertes à la circulation publique.

Mais il est bien certain que les voies englobent d'autres supports routiers que les routes, par exemple les pistes cyclables, les bretelles de raccordement ou même les chemins. Et le code lui-même (titre II du livre IV) prévoit des dispositions applicables *« sur certaines voies »*, par exemple, dans la partie réglementaire, les autoroutes, les voies à circulation spécialisée et les ouvrages d'art.

L'autoroute est aujourd'hui définie, et dès le début du code. Dans le livre IV de la partie législative portant sur l'usage des voies ne figure aucune disposition particulière applicable aux autoroutes ; mais la partie réglementaire apporte (aux articles R. 421-1 s.) des éléments complémentaires indispensables. On y apprend en particulier que, contrairement à la définition donnée à l'article L. 122-1, certains véhicules à propulsion mécanique sont interdits à la circulation sur autoroute, par exemple les cyclomoteurs ou les tracteurs. Il aurait été souhaitable que, suite à l'intégration des articles du code de la voirie routière dans la partie législative, il soit précisé que les autoroutes sont réservées à « *certains* » véhicules à propulsion mécanique et non à tous.

Le terme de route express est transversal puisque ce caractère peut être conféré aussi bien à des routes communales que départementales ou encore nationales. Ces routes seulement accessibles en des points aménagés peuvent être interdites à certaines catégories d'usagers ou de véhicules.

D'autres définitions figurent dans la partie réglementaire à l'article R. 110-2 (par exemple la chaussée ou la piste cyclable). Elles y sont classées dorénavant par ordre alphabétique. ❑

Art. L. 110-3 *(L. nº 2004-809 du 13 août 2004, art. 22)* **Les routes à grande circulation, quelle que soit leur appartenance domaniale, sont les routes qui permettent d'assurer la continuité des itinéraires principaux et, notamment, le délestage du trafic, la circulation des transports exceptionnels, des convois et des transports militaires et la desserte économique du territoire, et justifient, à ce titre, des règles particulières en matière de police de la circulation. La liste des routes à grande circulation est fixée par décret, après avis des collectivités et des groupements propriétaires des voies.**

Les collectivités et groupements propriétaires des voies classées comme routes à grande circulation communiquent au représentant de l'État dans le département, avant leur mise en œuvre, les projets de modification des caractéristiques techniques de ces voies et toutes mesures susceptibles de rendre ces routes impropres à leur destination.

Un décret en Conseil d'État détermine les conditions d'application du présent article.

V. Décr. nº 2009-615 du 3 juin 2009 fixant la liste des routes à grande circulation (JO 5 juin), mod. par Décr. nº 2009-991 du 20 août 2009 (JO 23 août), Décr. nº 2009-991 du 20 août 2009 (JO 23 août), Décr. nº 2010-578 du 31 mai 2010 (JO 2 juin), Décr. nº 2014-882 du 1er août 2014 (JO 6 août), Décr. nº 2016-762 du 8 juin 2016 (JO 10 juin), Décr. nº 2017-785 du 5 mai 2017 (JO 7 mai), Décr. nº 2020-756 du 19 juin 2020 (JO 21 juin) et Décr. nº 2023-174 du 8 mars 2023 (JO 10 mars).

V. Arr. du 27 déc. 2022 portant interdiction des concentrations ou manifestations sportives sur les routes à grande circulation à certaines périodes de l'année 2023 (JO 29 déc.), mod. Annexe par Arr. du 18 janv. 2023 (JO 27 janv.).

COMMENTAIRE

La définition des routes à grande circulation a été affinée par la loi nº 2004-809 du 13 août 2004 relative aux libertés et responsabilités locales (art. 22). Notons que le Conseil constitutionnel a jugé conformes à la Constitution les dispositions de l'article L. 110-3 prévoyant la possibilité, pour les collectivités territoriales ou leurs groupements, de modifier les caractéristiques techniques des routes à grande circulation dans la mesure où ces projets seront soumis au contrôle de légalité (Cons. const. 12 août 2004 : décision nº 2004-503 DC). Depuis cette décision, le Conseil d'État a refusé de renvoyer au Conseil constitutionnel une question prioritaire de constitutionnalité sur la conformité des dispositions de l'article L. 110-3 à l'article 72 de la Constitution sur la libre administration des collectivités territoriales, le Conseil constitutionnel ayant déclaré conformes ces dispositions par sa décision du 12 août 2004 et aucun changement de circonstances n'étant survenu depuis cette décision. Peu importe que le Conseil constitutionnel n'ait pas alors statué expressément sur la conformité de ces dispositions à l'article 72 de la Constitution (CE 19 mai 2010 : *Lebon ; AJDA 2010. 1050*). On notera que le Conseil d'État a également refusé de transmettre une question prioritaire de constitutionnalité portant sur le III de l'article 121 de la loi du 13 août 2004 et concernant la compensation financière octroyée aux départements pour les charges liées aux routes nationales transférées (V. CE 29 oct. 2010 : *AJDA 2010. 2081*). ❑

1. Contentieux de l'inscription des routes sur la liste des routes à grande circulation – Intérêt pour agir. Est recevable la requête d'une commune contestant un décret portant inscription d'une route départementale sur la liste des routes à grande circulation dont une portion traverse son territoire, compte tenu en particulier des incidences qu'une telle inscription emporte sur l'exercice du pouvoir de police municipale. • CE 3 août 2011, n° 330310 B : *AJDA 2011. 1600* ; *JCP A 2011. Act. 585.* ♦ ... Ou qui, au contraire, n'inscrit pas sur la liste des routes à grande circulation une route dont une portion traverse son territoire. • CE 3 août 2011, n° 330476 : *Lebon* ; *AJDA 2011. 1600*. ♦ Si les riverains d'une voie inscrite sur la liste des routes à grande circulation justifient d'un intérêt leur permettant de demander l'annulation pour excès de pouvoir du décret procédant à cette inscription, il n'en va pas de même pour les personnes qui, sans en être riveraines, sont seulement résidentes d'une zone traversée par une telle voie. La qualité d'usager de cette voie comme celle de contribuable départemental ne sont pas, non plus, de nature à conférer un intérêt donnant qualité pour agir contre ce décret, et l'art. 2 Charte envir., selon lequel « toute personne a le devoir de prendre part à la préservation et à l'amélioration de l'environnement », ne saurait, par lui-même, conférer à toute personne qui l'invoque intérêt pour former un recours pour excès de pouvoir à l'encontre de toute décision administrative qu'elle entend contester. • CE 3 août 2011, n° 330566 B : *AJDA 2011. 1600* ; *JCP A 2011. Actu. 585* ; *Envir. 2011, n° 124, note Trouilly.* ♦ Une association ayant notamment pour objet de lutter contre le développement des voies de circulation et des infrastructures susceptibles de dégrader le cadre de vie justifie en revanche d'un intérêt suffisant pour contester un décret en tant qu'il procède au classement des routes à grande circulation dans la zone du département correspondant à son objet statutaire. • Même décision.

2. Une voie classée comme route à grande circulation conserve ce caractère indépendamment de ses changements de numérotation et de son transfert dès lors qu'aucun acte abrogeant un tel classement n'a été pris. • CE 4 juill. 2022, n° 447441 : *Const.-Urb. 2022, n° 90, note Couton.*

TITRE II RESPONSABILITÉ

COMMENTAIRE

DISTINCTION DES RESPONSABILITÉS PÉNALE ET CIVILE

Le code regroupe ici des règles de responsabilité applicables en matière de circulation routière. La responsabilité peut être définie comme l'obligation de répondre de ses actes. Elle peut être pénale ou civile. La responsabilité pénale ne peut être mise en œuvre que devant les tribunaux répressifs qui peuvent déclarer coupable une personne et la condamner à une sanction pénale si elle a commis une faute qui peut lui être imputée. La responsabilité civile d'une personne peut également être engagée pour faute mais aussi sur d'autres fondements (responsabilité du fait des choses, responsabilité du fait d'autrui). Elle est en général recherchée devant les tribunaux civils, mais elle peut l'être également devant les tribunaux répressifs accessoirement à l'action publique exercée par le ministère public.

En effet la victime d'une infraction dispose de la possibilité soit de mettre en mouvement l'action publique soit de s'y joindre en se constituant partie civile devant les juridictions pénales. Elle pourra y obtenir réparation de son préjudice sur le fondement de la faute si l'auteur est reconnu coupable, mais aussi en cas de relaxe, le tribunal correctionnel ou de police demeurant compétent pour statuer sur la demande de la partie civile sur tout autre fondement que la faute, ou, comme le précise l'article 470-1 du code de procédure pénale, *« en application des règles du droit civil »*. Depuis la loi du 10 juillet 2000, en cas de relaxe, le juge pénal peut également accorder des dommages et intérêts à la victime, sur le fondement d'une faute, l'article 4-1 du code de procédure pénale permettant de retenir une faute civile distincte de la faute pénale non intentionnelle. Au total, les tribunaux répressifs sont donc pleinement aptes, dans le domaine de la circulation routière, à appliquer tous les mécanismes de la responsabilité civile.

APPLICATION À LA CIRCULATION ROUTIÈRE

Ce sont des dispositions générales relatives à ces deux types de responsabilité qui figurent au sein du présent titre. Composé à l'origine de deux chapitres, l'un sur la responsabilité pénale, l'autre sur la responsabilité civile ou plus exactement sur l'indemnisation des victimes d'accidents de la circulation, ce titre est subdivisé, depuis l'ordonnance n° 2021-443 du 14 avril 2021, en trois chapitres : aux deux précités a en effet été ajouté un troisième consacré également à la responsabilité pénale, mais uniquement en cas de circulation d'un véhicule à délégation de conduite. Toutes ces règles ont pour point commun d'être propres à la matière de la circulation routière, mais il va de soi que les grands principes de responsabilité formulés par le code pénal et le code civil demeurent applicables en cette matière même s'ils ne sont pas rappelés ici.

Le code pénal comme le code civil sont en effet des codes majeurs. Il en résulte que bien des dispositions du code pénal et du code civil sont applicables dans le domaine de la circulation routière. Il existe même des dispositions du code pénal qui ne sont applicables qu'à la circulation routière, à savoir les dispositions créées par la loi du 12 juin 2003 sur la violence routière incriminant spécifiquement les homicides et blessures involontaires commis à l'occasion de la conduite d'un véhicule terrestre à moteur et qui figurent aux articles 221-6-1, 222-19-1 et 222-20-1 du code pénal, c'est-à-dire à la suite des dispositions sur les homicides et blessures involontaires commis par tout autre moyen (V. art. 221-6-1, 222-19-1 et 222-20-1 de ce code).

Les rédacteurs du code de la route recomposé ont d'ailleurs nettement fait prévaloir le code pénal sur le code de la route.

Quant au fond, la raison en est que le code de la route est plus ancien que le code pénal qui a fait l'objet d'une refonte complète, entrée en vigueur le 1er mars 1994. Par ailleurs le code pénal a une vocation générale que n'a pas le code de la route puisqu'il ne concerne que le domaine de la circulation routière. Le code de la route contient certes beaucoup de textes répressifs mais dans un domaine très spécifique. En cas de dispositions apparemment contradictoires ou différentes, les rédacteurs du code de la route ont donc tranché en faveur du code pénal tout en tenant compte dans la mesure du possible des particularités du code de la route.

En la forme, cette prédominance du code pénal n'a toutefois pas conduit à y intégrer tout ou partie du code de la route en tant que *« suiveur »*. Mais le fait d'introduire, comme indiqué ci-dessus, dans le code pénal des incriminations spécifiques à la circulation routière est tout un symbole, même si le législateur, pour une meilleure lisibilité, a reproduit aussi ces textes dans le code de la route en dispositions suiveuses aux articles L. 232-1 à L. 232-3, comme il l'a fait pour des dispositions du code de la voirie routière, du code général des collectivités territoriales ou du code des assurances. Il faut seulement bien conserver à l'esprit, rappelons-le, que de nombreux articles du code pénal trouvent application en matière de circulation routière sans pourtant être intégrés au code de la route (V. App., v° *Infractions*).

En ce qui concerne la responsabilité pénale proprement dite, le titre II du code pénal, contenant lui aussi des dispositions générales relatives à cette responsabilité (art. 121-1 s. du C. pén.), est ainsi pleinement applicable et notamment l'article 121-3 relatif à la faute pénale ou encore les articles 122-1 et suivants portant sur les causes d'irresponsabilité. Si bien que les dispositions générales de responsabilité pénale figurant dans le chapitre premier du présent titre du code de la route ne formulent que des compléments ou des originalités, voire souvent des exceptions, par rapport aux dispositions du code pénal. A ces règles complémentaires ou dérogatoires à celles inscrites dans le code pénal, il faut par ailleurs ajouter d'autres règles de responsabilité pénale spécifiques applicables en cas de circulation d'un véhicule à délégation de conduite. Elles figurent dans le chapitre trois du présent titre depuis l'ordonnance précitée du 14 avril 2021.

Quant à la responsabilité civile, les rédacteurs du code de la route ont pris un parti moins net mais néanmoins analogue. Ils n'ont intégré au code de la route, au sein du chapitre deux du présent titre, que les textes principaux de la loi Badinter du 5 juillet 1985 portant sur l'indemnisation des victimes d'accidents de la circulation, sans faire référence aux textes du code civil relatifs à la responsabilité civile délictuelle ou quasi délictuelle, textes qui peuvent également être applicables. Le code civil, plus que bicentenaire, est bien sûr un code majeur, ou si l'on préfère à vocation générale.

La loi dite Badinter spécifique à la circulation routière a donc été en partie intégrée au code de la route en dispositions suiveuses. Le comble est que cette loi soit intégrée au code de la route… avant de l'être au code civil (sur l'intégration des dispositions de la loi Badinter dans le code civil, V. comm. introductif à l'art. L. 122-1). ❑

CHAPITRE I RESPONSABILITÉ PÉNALE

COMMENTAIRE

Les articles figurant dans ce chapitre sont à rapprocher et à comparer, voire à opposer, aux articles du code pénal (121-1 s.) dont on a dit plus haut qu'il avait une position dominatrice. Dans le présent chapitre, sont en effet formulées des règles de responsabilité pénale spécifiquement applicables à la circulation routière, qui peuvent par ailleurs faire l'objet d'adaptations lorsque le véhicule en circulation est un véhicule à délégation de conduite (V. art. L. 123-1 s.).

RÈGLES DE BASE SUR LA FAUTE (ART. 121-3 DU CODE PÉNAL)

Pour que la responsabilité pénale d'une personne puisse être engagée, il faut qu'elle ait commis une faute au sens de l'article 121-3 du code pénal.

Intention et faute d'imprudence. On considère qu'en matière de crime et de délit la faute doit être prouvée par le ministère public alors qu'en matière de contravention (sauf exception) la faute est présumée car elle découle de l'élément matériel de l'infraction. En principe les délits routiers (le code de la route ne connaît pas de crime) sont donc soumis au régime de la faute prouvée et non présumée alors que les contraventions sont en général des infractions dites matérielles car la preuve de l'élément matériel suffit. Il semble néanmoins que certains délits routiers puissent être qualifiés de délits matériels – catégorie de délits pourtant supprimée par les rédacteurs du code pénal de 1992 –, comme ceux des articles L. 317-2 et suivants du présent code (qui sanctionnent, par exemple, le fait de faire circuler un véhicule non muni de plaque d'immatriculation ou avec une fausse plaque).

On distingue par ailleurs deux types de fautes : les fautes intentionnelles et les fautes non intentionnelles ou d'imprudence, étant précisé que tout délit est en principe intentionnel et n'est d'imprudence que si la loi le prévoit. La plupart des délits de la partie législative du code de la route sont de la sorte intentionnels ce qui implique que le ministère public apporte la preuve de l'intention coupable. Mais les infractions bien souvent constatées en la matière sont aussi des homicides et blessures involontaires (V. art. 221-6-1 et 222-19-1 notamment reproduits en dispositions suiveuses aux art. L. 232-1 s. C. route).

Faute délibérée. Le code pénal connaît également, depuis sa réforme, une catégorie de fautes que l'on peut considérer comme intermédiaire entre les fautes volontaires et involontaires ou encore comme une circonstance aggravante des fautes d'imprudence dites involontaires. C'est la faute de mise en danger délibérée introduite au deuxième alinéa de l'article 121-3 du code pénal. Comme en matière d imprudence, il n'y a délit de ce type que si la loi le prévoit. L'exemple type est l'article 223-1 du code pénal dit délit de mise en danger qui malgré une interprétation restrictive trouve application en matière de circulation routière. Ce délit implique la violation manifestement délibérée d'une obligation particulière de prudence ou de sécurité imposée par la loi ou le règlement

Faute caractérisée. Enfin il convient de dire quelques mots de deux alinéas de l'article 121-3 issus des lois du 13 mai 1996 et 10 juillet 2000 dont on peut se demander s'ils trouvent application en matière de circulation routière. Depuis la loi du 13 mai 1996, l'auteur d'un délit d'imprudence peut s'exonérer de sa responsabilité en établissant qu'il a accompli les diligences normales compte tenu de la nature de ses missions ou de ses fonctions, de ses compétences ainsi que du pouvoir et des moyens dont il dispose. Et, depuis la loi du 10 juillet 2000, les personnes qui n'ont pas causé directement le dommage, mais qui ont créé ou contribué à créer la situation qui a permis la réalisation du dommage ou qui n'ont pas pris les mesures permettant de l'éviter, ne sont responsables pénalement que si elles ont violé de façon manifestement délibérée une obligation particulière de sécurité ou de prudence prévue par la loi ou le règlement ou si elles ont commis une faute caractérisée exposant autrui à un risque d'une particulière gravité. C'est dire qu'en cas de lien indirect entre la faute et le dommage le législateur exige une faute d'imprudence aggravée. C'est dire aussi qu'en l'absence de cette faute dite caractérisée une faute d'imprudence simple ne suffit plus, si le lien est indirect, à constituer un délit involontaire. Seule existe alors une faute civile.

On sait que ces textes ont été introduits en faveur des décideurs publics, des élus et des responsables d'entreprise, mais la place qui leur est conférée dans le code pénal prouve qu'ils valent pour tous justiciables. La faute caractérisée, nécessaire en présence d'un lien indirect avec le dommage, joue-t-elle alors un rôle en matière de circulation routière ? On a craint au cours des travaux préparatoires de la loi du 10 juillet 2000 un effet désastreux de cette forme de dépénalisation en matière d'environnement et de sécurité routière. Ainsi Mme É. Guigou, ministre de la Justice, a affirmé au Sénat le 27 janvier 2000 : *« Je crois qu'il est indispensable de veiller à ce que la réforme envisagée n'ait pas pour conséquence d'affaiblir l'efficacité de la loi pénale dans des domaines aussi sensibles que celui du droit du travail, de l'environnement, de la santé publique ou de la sécurité routière »*. Il est sûr en tout cas que la proposition de loi de M. Pierre Fauchon tendant à préciser la définition des délits non intentionnels (Sénat n° 9 rectifié. Séance du 7 octobre 1999), proposition qui est à l'origine de la loi du 10 juillet 2000, écartait une distinction simple entre faute grave et faute légère pour éviter des conséquences dangereuses en matière de circulation routière et proposait une autre distinction portant sur le caractère direct ou indirect du lien de causalité apparaissant de moindre conséquence à cet égard. Quoi qu'il en soit il ne fait pas de doute que l'article 121-3 du code pénal est applicable dans son intégralité au domaine de la circulation routière. Dans ce domaine, on notera que la jurisprudence reconnaît difficilement un lien indirect et tend à admettre aisément un lien de causalité direct entre la faute du prévenu et le décès d'une victime. Elle considère – tout au moins en ce qui concerne un excès de vitesse – que le caractère direct du lien causal ne s'apprécie pas seulement par rapport à la cause immédiate de l'atteinte à la personne mais aussi au regard de ce qui relève d'une dynamique dommageable dont les éléments peuvent être éloignés dans la série des événements qui ont conduit au résultat (V. Y. Mayaud, *RSC 2003. 330*). Mais encore faut-il que ce lien de causalité soit certain, comme l'a rappelé la chambre criminelle dans une affaire où un piéton, heurté par un automobiliste, était décédé quelques jours plus tard des suites d'une infection nosocomiale (Crim. 5 oct. 2004 : *Bull. crim. n° 230 ; RSC 2005. 71, obs. Y. Mayaud*).

En somme, le droit pénal ne connaît ni la faute lourde, ni la faute grave, ni la faute inexcusable. Mais il connaît la faute intentionnelle, la faute de mise en danger délibérée, la faute d'imprudence caractérisée et enfin la faute d'imprudence simple. Cette dernière n'a d'existence pénale que si le lien entre elle et le dommage est direct. Au cas de lien indirect (difficilement reconnu en droit routier, V. ci-dessus), cette simple imprudence n'est plus qu'une faute civile. Toutes ces données sont nécessaires à une bonne compréhension des textes du code de la route portant sur la responsabilité pénale. Mais globalement la plupart des délits routiers (partie législative) sont intentionnels et la plupart des contraventions (partie réglementaire) sont matérielles c'est-à-dire dont la faute découle de l'élément matériel de l'infraction qu'il suffit de prouver.

RÈGLES PROPRES AU CODE DE LA ROUTE

Ce sont, principalement, au sein des articles L. 121-1 à L. 121-3, que l'on trouve les règles de responsabilité pénale propres au code de la route, étant rappelé que certaines de ces règles font l'objet d'adaptations en cas de circulation d'un véhicule à délégation de conduite (V. art. L. 123-1 s.). Le premier article du présent chapitre affirme ainsi, en l'adaptant, le principe de responsabilité pénale du fait personnel, tout en l'assortissant d'une atténuation au sein de son second alinéa. Les deux articles suivants formulent, quant à eux, des dérogations à ce principe, en prévoyant la responsabilité pécuniaire, d'une part, et la redevabilité pécuniaire, d'autre part, du titulaire du certificat d'immatriculation pour certaines infractions. ❑

Art. L. 121-1 Le conducteur d'un véhicule est responsable pénalement des infractions commises par lui dans la conduite dudit véhicule.

Toutefois, lorsque le conducteur a agi en qualité de préposé, le tribunal pourra, compte tenu des circonstances de fait et des conditions de travail de l'intéressé, décider que le paiement des amendes de police prononcées en vertu du présent code sera, en totalité ou en partie, à la charge du commettant si celui-ci a été cité à l'audience.

BIBL. ▶ CARTIER, *in* La responsabilité pénale du fait de l'entreprise, *Masson 1977.* – BÉNÉJAT, *AJ pénal 2023. 219* (le chef d'entreprise, le droit pénal et la circulation routière). – CHARDIN, Le particularisme du droit pénal routier, *Thèse Nancy 1981.* – DAVERAT, *Gaz. Pal. 1982. 1. 279* (l'immixtion problématique du chef d'entreprise dans le droit de la circulation routière). – DELMAS-MARTY, *JCP 1985. I. 3218* (le droit pénal, l'individu et l'entreprise : culpabilité « du fait d'autrui » ou du « décideur » ?). – FORTIS, *RSC 2011. 89* (attribution de la charge du paiement de l'amende en matière de circulation routière). – GIRAUDET-DEMAY, *Jurispr. auto 2009. 269* (la difficulté de l'imputation de l'infraction au code de la route : entre vraisemblance raisonnable et présomption d'innocence...). – JOSSEAUME, *Gaz. Pal. 30 avr. 2018, p. 19* (la force majeure en droit routier : un miracle législatif ?). – LARGUIER, *RSC 1984. 59* (nature juridique de l'amende mise à la charge de l'employeur). – LIÈVREMONT, *Jurispr. auto 2013, nos 856-857. 13* (la faute involontaire de l'automobiliste). – RAMPARANY et SCATTOLIN, *RGDA nov. 2023. 4* (quelques réflexions sur l'assurabilité des sanctions pécuniaires relevant de la matière pénale). – VRAY, *Gaz. Pal. 1963. I. Doctr. 72* (la responsabilité du commettant en matière de contraventions routières : nature, champ d'application, inadéquation).

COMMENTAIRE

I. PRINCIPE DE LA RESPONSABILITÉ PERSONNELLE DU CONDUCTEUR

L'article L. 121-1 du code de la route consacre le principe de la responsabilité personnelle du conducteur dans la conduite d'un véhicule. Ce texte pourrait apparaître inutile dans la mesure où il n'est qu'une répétition de l'article 121-1 du code pénal selon lequel nul n'est responsable pénalement que de son propre fait. Il pourrait aussi apparaître incomplet puisqu'il ne vise que le conducteur et peut susciter des doutes pour les autres catégories d'usagers comme par exemple les piétons. Il est bien certain pourtant que le principe de responsabilité personnelle s'applique également à eux, aussi bien qu'aux conducteurs de véhicule.

A. CONSÉQUENCES

Le premier intérêt de cette consécration est de mettre en évidence que *« dans la conduite d'un véhicule »* seul le conducteur est pénalement responsable, à l'exclusion de toute autre personne.

Tentative. Il en résulte tout d'abord que les tentatives de conduite sans respecter les règles du code ne sont pas réprimées. La théorie de la tentative fait d'ailleurs figure d'intrus en droit pénal routier. On sait en effet que la tentative n'est pas punissable en cas de contravention et qu'elle ne l'est en matière de délit que si le texte d'incrimination le prévoit expressément. Or le verbe tenter est quasiment absent de la partie législative du code de la route, si l'on excepte quelques cas particuliers comme, par exemple, l'article L. 224-18 qui sanctionne le fait pour une personne de tenter d'obtenir par une fausse déclaration le permis de conduire ou comme l'article L. 412-1 à propos de l'entrave à la circulation (sanctionnant le fait de tenter de placer un objet ou de tenter d'employer un moyen quelconque pour faire obstacle).

Identification du conducteur. Il en résulte aussi que les faits de conduite ne peuvent être reprochés à d'autres qu'au conducteur. Le problème est que pour être punissable le conducteur doit être identifié. Si seul le véhicule l'est, le propriétaire qui est convoqué par les services de police ou de gendarmerie peut toujours prétendre que ce n'est pas lui qui conduisait le véhicule au moment où l'infraction a été constatée. Non seulement il ne peut être alors déclaré responsable mais on ne peut pas non plus le contraindre à dénoncer le véritable conducteur, du moins en principe (V. art. L. 121-2, L. 121-3 et L. 121-6). Le propriétaire peut cependant devoir répondre d'infractions autres que de conduite qui peuvent lui être imputées.

Complicité. Ce principe de la responsabilité personnelle du conducteur n'interdit pas, en théorie, d'éventuelles poursuites contre un coauteur ou un complice. Certains textes peuvent viser aussi bien le commettant que le conducteur. On peut aussi imaginer qu'un passager ait assisté ou même provoqué le conducteur dans des actes répréhensibles. Les règles de la complicité sont tout à fait transposables aux infractions routières si les conditions de l'article 121-7 du code pénal sont remplies et cela même en matière de contravention où la complicité est limitée à des faits de provocation par don, promesse, menace, ordre, abus d'autorité ou de pouvoir (l'aide ou l'assistance est réservée aux délits). Par exemple des complices sont parfois condamnés avec l'auteur pour conduite en état alcoolique ou en état d'ivresse ou encore pour excès de vitesse. La complicité implique bien sûr une participation volontaire.

B. ATTÉNUATIONS ET ADAPTATIONS

Le second intérêt d'une telle consécration est de permettre de formuler ensuite des atténuations, voire des exceptions au principe de la responsabilité personnelle du conducteur. On peut d'ailleurs noter que l'alinéa 2 du présent article – applicable au commettant – commence par l'adverbe *« toutefois »* et que les articles L. 121-2 et L. 121-3 – applicables au titulaire du certificat d'immatriculation du véhicule – débutent par l'expression : *« Par dérogation à l'article précédent »*. Le droit pénal routier prend alors ses distances par rapport aux règles du droit pénal général.

Cas particulier des véhicules autonomes. Le principe de la responsabilité personnelle du conducteur nécessite, par ailleurs, des adaptations lorsque l'intéressé conduit un véhicule à délégation de conduite ou ce que l'on appelle plus communément un véhicule autonome. Ces adaptations figurent aux articles L. 123-1 et suivants du présent code, dans un chapitre dédié à la responsabilité pénale applicable en cas de circulation d'un véhicule à délégation de conduite.

II. RESPONSABILITÉ DU COMMETTANT

L'adverbe *« toutefois »*, figurant au début du second alinéa de l'article L. 121-1, annonce non une dérogation, mais une atténuation au principe de la responsabilité personnelle du conducteur dans l'hypothèse où ce dernier est le préposé d'un commettant, c'est-à-dire d'un employeur. Le conducteur reste alors responsable pénalement mais le paiement des amendes de police prononcées peut être mis à la charge du commettant.

On considère en général que ces dispositions conduisent à un dédoublement des responsabilités, pénale pour l'un et civile pour l'autre. Ce n'est qu'en partie vrai car d'une part la responsabilité pénale du conducteur n'est pas entière puisque ce dernier se trouve exempté du paiement de tout ou partie des amendes, et d'autre part la responsabilité civile de l'employeur est aggravée puisque celui-ci doit supporter non seulement les dommages et intérêts mais aussi les pénalités. Il vaudrait mieux parler de responsabilité pécuniaire de l'employeur.

Dans cette hypothèse curieuse où le préposé « *reçoit* » la condamnation et le commettant le « *libère* » en payant l'amende, le juge a même la possibilité de « *jouer* », c'est-à-dire de moduler en n'imputant qu'une partie de l'amende à l'employeur. Cette zone frontière entre le pénal et le civil est pour le moins originale.

Le champ d'application de ce texte est toutefois étroit. Il faut, déjà, que l'infraction commise soit une infraction prévue par le code de la route sanctionnée d'une peine d'amende de police (il semble que les blessures par imprudence causées à l'aide d'un véhicule à moteur et sanctionnées d'une amende puissent être incluses dans la liste des infractions concernées, puisque cette infraction issue du code pénal est reprise dans le code de la route en dispositions suiveuses). Il faut, en outre, que, sur le plan procédural, l'employeur ait été cité au préalable à l'audience.

Cette hypothèse doit, par ailleurs, être soigneusement distinguée de celle où le commettant est personnellement responsable en tant qu'auteur. Il est en effet des articles du code de la route qui visent non pas le conducteur mais toute personne ou encore le responsable de l'exploitation d'un véhicule. Par exemple l'article L. 317-1 sanctionne ce dernier pour « *débridage* » de la limitation de vitesse d'un véhicule de transport routier tout en prévoyant les mêmes peines pour le préposé si l'infraction résulte de son fait personnel. Par ailleurs l'employeur peut souvent devoir répondre personnellement de sa négligence ou de son défaut de surveillance dans l'entretien des véhicules qu'il ne conduit pas ou encore du non-respect par ses préposés de la réglementation des conditions de travail dans les transports routiers. ❑

I. LA RESPONSABILITÉ PÉNALE DU CONDUCTEUR

A. L'EXCÈS DE VITESSE

1. Les juges apprécient selon leur intime conviction et les règles de preuve du droit commun les présomptions invoquées par le ministère public quant à la culpabilité du conducteur auquel est reproché un excès de vitesse constaté au moyen d'un appareil automatique sans que ce conducteur ait été interpellé. • Crim. 20 janv. 1977 : *Bull. crim. n° 29 ; RSC 1977. 331, obs. Vitu.* ♦ Encourt la cassation l'arrêt qui, constatant qu'une automobile appartenant au prévenu avait fait l'objet d'un contrôle photographique permettant de déceler un dépassement de la vitesse autorisée, se borne à affirmer pour le condamner que le propriétaire ne saurait échapper à la présomption d'infraction qui pèse sur lui en prétendant qu'il lui était impossible de préciser qui conduisait le véhicule alors qu'il lui appartenait d'en faire connaître l'auteur de la contravention à la justice. • Crim. 11 juill. 1978 : *D. 1979. IR 102* • 21 oct. 1980 : *D. 1981. IR 155.*

2. Le code de la route n'a institué, relativement à la contravention d'excès de vitesse, aucune présomption légale de culpabilité à l'égard des propriétaires de véhicules. • Crim. 4 mai 2004, n° 03-88.010 : *Jurispr. auto 2004. 541.*

3. Doit être cassé le jugement d'un tribunal qui, pour condamner un prévenu pour excès de vitesse, retient que le véhicule a été loué par celui-ci, et qu'il lui appartient, dès lors, de démontrer qu'il n'était pas, lors de la constatation de l'infraction, le conducteur du véhicule loué à son nom. En effet, le code de la route n'a institué, pour la contravention d'excès de vitesse, aucune présomption légale de culpabilité à la charge des propriétaires ou locataires de véhicules. Les contraventions réprimées par l'art. R. 232 C. route ne sont imputables qu'au conducteur du véhicule et la charge de la preuve de la culpabilité du prévenu incombe à la partie poursuivante. • Crim. 12 févr. 1997 : *Dr. pénal 1998. Comm. 146, obs. Robert.* ♦ Les contraventions à la réglementation sur les vitesses maximales autorisées ne sont imputables qu'au conducteur du véhicule. Par conséquent, dès lors qu'il n'est pas établi que le prévenu, locataire du véhicule contrôlé, était le conducteur dudit véhicule, il appartient à la juridiction de proximité de relaxer l'intéressé et de le déclarer redevable pécuniairement des amendes encourues en appliquant les dispositions combinées des art. L. 121-2, al. 2 et L. 121-3 C. route. • Crim. 13 janv. 2009, n° 08-85.587 P : *AJ pénal 2009. 133 ; JCP 2009. IV. 1333 ; Gaz. Pal. 24 févr. 2009, p. 15, note Detraz* • 30 sept. 2009, n° 09-82.154 : *Dr. pénal 2010, n° 6, note Robert.* ♦ Il résulte de l'art. L. 121-1 C. route que seul le conducteur d'un véhicule est responsable pénalement des infractions commises par lui dans la conduite dudit véhicule. Méconnaît cet article la cour d'appel qui condamne pour excès de vitesse un prévenu ayant indiqué dans sa déposition qu'il n'avait pas souvenir d'avoir commis l'infraction et qui, à aucun moment, n'indique avoir prêté sa voiture à un tiers ou ne pas être l'unique conducteur habituel de cette dernière, dès lors que la valeur probante du procès-verbal constatant l'infraction est limitée, en l'absence de verbalisation immédiate du contrevenant, à la caractérisation du comportement incriminé et à l'identification du véhicule en cause, l'identité du conducteur de ce dernier au moment des faits demeurant incertaine. • Crim. 10 mai 2022, n° 21-85.978 : *Dr. pénal 2022. Chron. 8, obs. Gauvin.*

4. Est relaxé le prévenu propriétaire d'un véhicule qui refuse d'indiquer qui était conducteur lors de la commission d'un excès de vitesse. • Limoges, 16 mars 1977 : *JCP 1978. II. 18816, note Chambon.* ♦ ... Le prévenu ignorant qui, de lui, de son épouse ou de son fils conduisait le véhicule à l'instant du contrôle. • Versailles, 19 sept. 1978 : *Gaz. Pal. 1979. 1. 27.* ♦ Dans l'hypothèse d'une prise de photographie, les juges du fond apprécient souverainement si le véhicule était bien conduit par le prévenu. • Crim. 28 mai 1986 : *Jurispr. auto 1986. 357.*

B. AUTRES INFRACTIONS COMMISES LORS DE LA CONDUITE D'UN VÉHICULE

5. Selon l'art. R. 232 C. route, les contraventions qu'il réprime ne sont imputables qu'au conducteur du véhicule. Encourt la cassation l'arrêt qui condamne en application de l'art. R. 232, 7° (interdiction ou restriction de circulation prévues sur certains itinéraires pour certaines catégories de véhicules) le dirigeant d'une société propriétaire d'un véhicule mais qui n'en était pas le conducteur. • Crim. 15 sept. 1992, n° 91-86.600 P : *JCP 1992. IV. 3068 ; Dr. pénal 1993 n° 12, obs. Robert.*

6. Le fait pour un chauffeur, dont le véhicule a fait l'objet d'une mesure d'immobilisation, de reprendre la route sans avoir demandé la levée de la mesure, ne saurait engager la responsabilité pénale du transporteur qui doit de ce fait être relaxé. • Poitiers, 6 sept. 1990 : *Dr. pénal 1991 n° 177, obs. Robert.*

7. Le code de la route n'a institué à l'égard des propriétaires ou locataires de véhicules, relativement à la contravention d'inobservation de l'arrêt imposé par un feu de signalisation, aucune présomption légale de culpabilité, mais seulement une responsabilité pécuniaire prévue à l'art. L. 121-3 à moins qu'ils n'établissent qu'ils ne sont pas les auteurs véritables de l'infraction. • Crim. 10 mai 2016, n° 14-86.931 : *Dr. pénal 2016. Chron. 7, obs. Gauvin.*

8. Il résulte de l'art. L. 121-1 C. route que les contraventions à la réglementation sur le dépassement de véhicule ne sont imputables qu'au conducteur du véhicule et de l'art. L. 121-3 du même code que le titulaire du certificat d'immatriculation du véhicule est redevable pécuniairement de l'amende encourue pour les contraventions relatives au dépassement de véhicule, à moins qu'il n'établisse l'existence d'un vol ou de tout autre événement de force majeure ou qu'il n'apporte tous éléments permettant d'établir qu'il n'est pas l'auteur véritable de l'infraction. Méconnaît ces art. le jugement condamnant un prévenu pour contravention à la réglementation sur le dépassement de véhicule alors qu'il n'était pas établi qu'il était le conducteur du véhicule en infraction. • Crim. 1er févr. 2022, n° 21-84.725 : *Dr. pénal 2022. Chron. 8, obs. Gauvin.*

C. CAUSES D'IRRESPONSABILITÉ

9. Malaise et état de santé du prévenu. Le prévenu automobiliste victime d'une crise d'épilepsie doit bénéficier des dispositions de l'art. R. 34 C. pén. (anc.) dès lors que la survenance de cette crise était imprévisible, le prévenu suivant strictement un traitement médical. • Bordeaux, 12 janv. 1994 : *Juris-Data n° 041480.* ♦ Il y a force majeure en cas de malaise brutal que le conducteur n'a pu prévoir dans la mesure où il s'est manifesté pour la première fois au moment de l'accident. • Douai, 24 oct. 2000 : *JCP 2002. II. 10072, note Maréchal.* ♦ Le conducteur qui a perdu le contrôle de son véhicule à la suite d'un malaise brutal et imprévisible, même si le médecin expert n'a pu en trouver la cause chez un homme en bonne santé, a agi sous l'empire d'une contrainte à laquelle il n'a pu résister ; il n'est dès lors pas responsable des infractions d'homicides involontaires, mise en danger d'autrui et défaut de maîtrise qui lui sont reprochées. • Crim. 15 nov. 2005, n° 04-87.813 P : *D. 2006. 1582, note Dreyer.*

10. En revanche, la responsabilité demeure dès lors que le malaise aurait pu être évité, le conducteur ayant pris la route en se sachant malade ou extrêmement fatigué. • Crim. 11 mai 2004, n° 04-87.813 P : *RSC 2004. 878, obs. Mayaud.* ♦ Le juge du fond doit préciser en quoi la défaillance physique du conducteur l'a placé dans l'impossibilité absolue de se conformer à la loi. Est cassé, faute d'une telle précision, le jugement de relaxe d'une femme enceinte, poursuivie pour stationnement gênant sur un emplacement réservé aux véhicules des grands invalides, faisant état d'un malaise attesté par des témoins (en l'espèce, le juge du fond ayant indiqué que l'infraction commise avait eu pour effet d'éviter une perte de contrôle de son véhicule dont les conséquences pour elle-même et pour les autres auraient pu être graves, il aurait probablement été plus opportun de plaider l'état de nécessité). • Crim. 15 nov. 2006, n° 06-80.087 : *Dr. pénal 2007. Comm. 16, note Véron ; Jurispr. auto 2007. 15.* ♦ L'état de santé d'un prévenu ne saurait constituer un cas de contrainte lorsqu'il est antérieur à la commission de l'infraction, la contrainte physique, au sens de l'art. 122-2 C. pén., ne pouvant résulter que d'un événement imprévisible et insurmontable qui place l'auteur de l'infraction dans l'impossibilité de se conformer à la loi (en l'espèce, le prévenu, poursuivi pour conduite d'un véhicule sans port de ceinture de sécurité, avait fait valoir pour sa défense qu'il avait, la veille des faits, été blessé dans un accident, en versant un certificat attestant d'une plaie importante au niveau de l'épaule gauche). • Crim. 28 oct. 2009, n° 09-84.484 : *RSC 2010. 143, obs. Mascala ; Dr. pénal 2010, n° 4, note Véron.* ♦ La contrainte physique doit également être écartée et le prévenu ayant causé un accident déclaré de coupable d'homicide et de blessures involontaires, lorsque le certificat médical produit par celui-ci demeure dubitatif sur la relation de cause à effet entre l'apnée modérée découverte chez l'intéressé après les faits et son malaise ou endormissement, le prévenu, sachant qu'il était atteint d'une autre maladie, la nycturie, laquelle engendrait des perturbations du sommeil et de la fatigue, ayant la possibilité de prévenir son endormissement en s'abstenant de prendre la route ou en s'arrêtant pour se reposer. • Crim. 27 oct. 2015, n° 14-86.983 : *Gaz. Pal. 26 janv. 2016, p. 49, note Detraz.*

11. Autres situations. N'est pas justifié le jugement relaxant un prévenu poursuivi pour non-respect par un conducteur de l'arrêt imposé par un feu rouge au motif que les conditions de la force majeure prévue par l'art. 121-3, al. 5, C. pén., étaient réunies dès lors que ce jugement ne caractérise pas l'imprévisibilité et l'irrésistibilité de la situation invoquée par le conducteur du véhicule (en l'espèce, le jugement avait admis la force majeure en considérant qu'il résultait de photographies prises par le prévenu sur les lieux de l'infraction que, les feux de stationnement étant fixés sur un rail aérien et non sur un poteau situé sur le côté droit de la chaussée, la présence d'un camion et d'un autobus, véhicules de haut gabarit, l'avait empêché en tant que cyclomotoriste de prendre connaissance du signal lumineux masqué par la présence conjointe des deux véhicules). • Crim. 27 avr. 2011, n° 10-88.480 : *Dr. pénal 2011. Chron. 6, obs. Gauvin.* ♦ … Poursuivi pour stationnement dangereux de son véhicule au motif que celui-ci a démontré à l'aide de plusieurs témoignages écrits que c'est suite à une panne de son véhicule qu'il a dû le laisser arrêté à l'endroit où l'infraction a été relevée, dès lors que n'est pas constaté un cas de force majeure, présentant un caractère imprévisible et insurmontable. • Crim. 26 juin 2013, n° 12-86.941 : *Dr. pénal 2014. Chron. 7, obs. Gauvin.* ♦ Est justifié le jugement condamnant un prévenu pour changement de direction d'un véhicule sans avertissement préalable qui, pour obtenir la relaxe, argumentait qu'il n'avait pu s'apercevoir de la panne du clignotant équipant le véhicule qu'il conduisait, la présence accidentelle d'eau dans la commande de cet équipement ayant constitué, selon lui, un cas de force majeure; dès lors que la survenance d'une défaillance mécanique que, par sa nature même, le conducteur, à qui l'art. L. 311-1 C. route impose d'entretenir et réparer son véhicule de façon à assurer la sécurité de tous les usagers de la route, a la possibilité de prévenir, par la vérification préalable de l'état dudit véhicule, avant d'en faire usage, ne saurait suffire, à elle seule, à constituer la force majeure au sens de l'art. 121-3, al. 5, C. pén. • Crim. 6 nov. 2013, n° 12-82.182 P : *D. 2013. Actu. 2644 ; AJ pénal 2014. 131, note Lasserre Capdeville ; Jurispr. auto 2014, n° 858, p. 26, note Josseaume; Dr. pénal 2014, n° 24, note Robert; Gaz. Pal. 11 févr. 2014, p. 31, note Detraz.* ♦ Sur la défaillance mécanique invoquée comme cas de force majeure, V., déjà en ce sens, • Crim. 8 juill. 1971, n° 70-92.991 P. ♦ L'état neigeux de la route et le risque de dérapage en cas de freinage trop brusque ne constituent pas un cas de force majeure pour le conducteur, lequel a la possibilité et même le devoir d'adapter la vitesse de son véhicule aux circonstances atmosphériques et à l'état de la voie de circulation afin de contrôler suffisamment son engin et d'être en mesure de respecter les injonctions signalisées. • Rouen, 5 sept. 2013 : *Dr. pénal 2014. Chron. 7, obs. Gauvin.* ♦ N'est pas justifié le jugement relaxant une prévenue poursuivie pour stationnement gênant au motif que celle-ci a rapporté la preuve de la survenance d'une panne de son véhicule, événement de force majeure l'ayant amenée à commettre une infraction à la réglementation sur le stationnement des véhicules, dès lors que n'a pas été rapportée la preuve d'une force majeure, présentant un caractère imprévisible et insurmontable. • Crim. 12 nov. 2014, n° 14-80.155 : *Dr. pénal 2015. Chron. 7, obs. Gauvin.*

II. LA RESPONSABILITÉ PÉNALE DU COMMETTANT HORS LA CONDUITE DU VÉHICULE

12. Le chef d'entreprise de transports peut être responsable personnellement en tant que commettant, hypothèse à distinguer de celle où le tribunal peut décider que le paiement des amendes de police prononcées contre le conducteur préposé est à la charge du commettant (art. L. 21, al. 2 devenu art. L. 121-1, al. 2). Peut ainsi être reproché à l'employeur : l'état défectueux des freins ou des pneumatiques. • Crim. 6 mai 1964 : *D. 1964. 562.* ♦ … Ou le fait d'avoir insuffisamment informé son personnel des risques présentés par le transport de matières dangereuses et d'avoir ainsi, en tant que commettant, laissé contrevenir par une personne relevant de son autorité, aux prescriptions législatives applicables en la matière • Crim. 26 mars 1991, n° 90-82.590 P. ♦ … Ou d'avoir imposé un régime horaire contraire à la réglementation sur le repos. • Crim. 4 déc. 1979 : *D. 1980. IR 312.* ♦ Mais seul le conducteur doit répondre de l'omission d'apposition d'un disque de contrôle sur un véhicule en stationnement. • Crim. 20 mai 1969 : *Bull. crim. n° 179.* ♦ … Ou de l'oubli d'assurer la présignalisation d'un véhicule placé de manière dangereuse. • Crim. 17 oct. 1962 : *Gaz. Pal. 1962. 2. 312.*

13. L'exploitant d'une entreprise de transport a l'obligation de faire respecter par ses préposés la réglementation des conditions de travail dans les transports routiers (art. 3 *bis* de l'Ord. du 23 déc. 1958 mod. et art. 15 du Règl. Cons. n° 3820/85 du 20 déc. 1985). • Crim. 4 juin 1991, n° 90-86.253 : *Dr. pénal 1991 n° 289, obs. Robert* • 18 juill. 1995, n° 94-81.968 P. ♦ Si le ministère public a rapporté la preuve, dont il a la charge, de l'existence des infractions, il appartient au chef d'entreprise d'établir, pour s'exonérer de sa responsabilité pénale, qu'il s'est acquitté des obligations prescrites par cette réglementation. • Crim. 15 févr. 1994, n° 93-80.023 P. ♦ La faute commise par le chef d'entreprise consistant en la matière en une abstention, la preuve impossible à rapporter d'un tel fait négatif ne peut être mise à la charge du ministère public. • Crim. 6 nov. 1990, n° 90-81.608 : *Dr. pénal 1991 n° 81.* ♦ Le chef d'entreprise ne peut ici s'exonérer de sa responsabilité pénale que s'il a informé ses salariés du contenu de la réglementation et leur a donné instruction de la respecter, s'il s'est assuré à intervalles réguliers du respect effectif de ladite réglementation et si, en cas de manquements répétés, il a pris les mesures nécessaires pour éviter qu'ils ne se reproduisent. • Crim. 16 janv. 1990, n° 89-82.880 P. • 5 juin 1991, n° 90-83.361 : *RSC 1992. 102, obs. Lazerges*. ♦ Et un prévenu ne saurait s'exonérer de la responsabilité pénale qui lui incombe en sa qualité de chef d'entreprise par la seule production de notes de service rappelant la réglementation communautaire en vigueur. • Paris, 11e ch., 22 mars 1993 : *inédit.*

14. C'est à bon droit qu'une cour d'appel déclare coupable d'abus de biens sociaux le président-directeur général qui, après avoir été condamné personnellement à diverses amendes pour infractions au C. route portant sur les conditions de mise en circulation et l'équipement des véhicules de l'entreprise, a en connaissance de cause imposé à la trésorerie de la société le paiement de ces amendes. • Crim. 3 févr. 1992, n° 90-85.431 : *RSC 1992. 767, obs. Giudicelli-Delage*.

15. Le président d'une société propriétaire d'un ensemble routier peut être déclaré personnellement responsable d'homicide involontaire si l'usure des pneumatiques est prouvée et si la visite technique n'avait pas été réalisée en temps opportun. • Crim. 18 sept. 1995, n° 95-80.733 : *Jurispr. auto 1995. 568.*

16. Interdiction des retenues sur salaire. La retenue sur salaire pour le remboursement des contraventions afférentes à un véhicule professionnel mis au service d'un salarié est illégale, fût-elle prévue par son contrat de travail. • Soc. 11 janv. 2006, n° 03-43.587 P : *D. 2006. 2013, note Mouly*. • 27 sept. 2011, n° 10-14.079 : *inédit.*

Art. L. 121-2 **Par dérogation aux dispositions de l'article L. 121-1, le titulaire du certificat d'immatriculation du véhicule est responsable pécuniairement des infractions à la réglementation sur le stationnement des véhicules** *(L. n° 2003-495 du 12 juin 2003, art. 8)* **« ou sur l'acquittement des péages » pour lesquelles seule une peine d'amende est encourue** *(L. n° 2020-105 du 10 févr. 2020, art. 101)* **« ainsi que des contraventions relatives à l'abandon d'ordures, de déchets, de matériaux ou d'autres objets », à moins qu'il n'établisse l'existence d'un événement de force majeure ou qu'il ne fournisse des renseignements permettant d'identifier l'auteur véritable de l'infraction.**

Dans le cas où le véhicule était loué à un tiers, cette responsabilité pèse, avec les mêmes réserves, sur le locataire.

(L. n° 2011-1862 du 13 déc. 2011, art. 31-III) **« Dans le cas où le véhicule a été cédé, cette responsabilité pèse, avec les mêmes réserves, sur l'acquéreur du véhicule. »**

Lorsque le certificat d'immatriculation du véhicule est établi au nom d'une personne morale, la responsabilité pécuniaire prévue au premier alinéa incombe, sous les mêmes réserves, au représentant légal de cette personne morale.

RÉP. PÉN. v° *Stationnement et arrêt de véhicule,* par CÉRÉ.

BIBL. ▸ AMBROISE-CASTÉROT, *Mél. Lazerges, Dalloz 2014. 457* (responsabilités et contentieux des contraventions routières). – BÉNÉJAT, *AJ pénal 2023. 219* (le chef d'entreprise, le droit pénal et la circulation routière). – BON, La police du stationnement et de la circulation, *Sirey 1981.* – COUVRAT, *Mél. G. Levasseur, Gaz. Pal. - Litec 1992. 185* (sur la Conv. EDH). – DEHARO, *LPA 10 févr. 2010, p. 5* (infractions au code de la route : qui du conducteur, du titulaire du certificat d'immatriculation ou du représentant légal de la personne morale doit être cité à l'audience ?). – DESESSARD, Le traitement simplifié des infractions à la circulation routière, *in* Un droit pénal postmoderne ? Mise en perspective des évolutions et ruptures contemporaines, *PUF 2009. 291.* – FORTIS, *RSC 2011. 89* (attribution de la charge du paiement de l'amende en matière de circulation routière). – JOSSEAUME, *Gaz. Pal. 18 déc. 2014, p. 6* (les infractions au code de la route et le chef d'entreprise). – LE DALL, *Jurispr. auto 2011, n° 830, p. 17* (la responsabilité pécuniaire du représentant légal d'une société). – RAMPARANY et SCATTOLIN, *RGDA nov. 2023. 4* (quelques réflexions sur l'assurabilité des sanctions pécuniaires relevant de la matière pénale). – SAADOUN, *LPA 6 oct. 2009, p. 7* (procédure de l'amende forfaitaire, circulation routière et droits du contrevenant : constat d'un droit déséquilibré au profit des finances publiques !).

COMMENTAIRE

Responsabilité pécuniaire du titulaire du certificat d'immatriculation. Le présent article apporte une véritable dérogation au principe de responsabilité personnelle du conducteur posé par l'alinéa 1er de l'article L. 121-1. L'article L. 121-2 prévoit en effet que – « par dérogation aux dispositions de l'article L. 121-1 » – le titulaire du certificat d'immatriculation est responsable pécuniairement des contraventions en matière de stationnement (hypothèse prévue depuis une L. du 3 janvier 1972) ou sur l'acquittement des péages (hypothèse ajoutée par la L. du 12 juin 2003, dans une perspective de disparition progressive des barrières installées aux péages) pour lesquelles seule une peine d'amende est encourue, ainsi que des contraventions relatives à l'abandon d'ordures, de déchets, de matériaux ou d'autres objets (hypothèse ajoutée par une L. du 10 févr. 2020 pour lutter contre la pratique des dépôts sauvages).

Cette responsabilité du titulaire du certificat d'immatriculation – ou, lorsque le véhicule est loué, celle de son locataire, ou, lorsque le certificat d'immatriculation est établi au nom d'une personne morale, celle de son représentant légal, ou, depuis la loi du 13 décembre 2011, lorsque le véhicule a été cédé, celle de son acquéreur – est qualifiée de pécuniaire. Toutefois, on peut considérer que cette responsabilité pécuniaire – en tout cas pour les contraventions en matière de stationnement et d'acquittement des péages – est équivalente à une responsabilité pénale à partir du moment où celle-ci ne peut jouer que pour des contraventions sanctionnées d'une peine d'amende : que le titulaire du certificat d'immatriculation soit déclaré responsable pécuniairement ou responsable pénalement des contraventions concernées, les conséquences sont identiques (Comp. avec les dispositions de l'art. L. 121-3). On notera d'ailleurs que dans le projet de loi à l'origine des dispositions créées en 1972 était utilisé l'adverbe « pénalement », qui sera finalement remplacé par l'adverbe « pécuniairement » sur proposition du gouvernement, qui soulignera alors qu'une telle modification n'a aucune conséquence... On peut donc affirmer que les dispositions de l'article L. 121-2 formulent une hypothèse exceptionnelle de responsabilité pénale du fait d'autrui.

C'est dans un souci de simplicité et d'efficacité que les pouvoirs publics ont créé cette exception. En matière de stationnement en un lieu interdit ou au-delà du temps autorisé, l'infraction est presque toujours constatée en l'absence du conducteur du véhicule. Ce qui est alors identifiable, c'est le véhicule et donc son propriétaire via le numéro d'immatriculation du véhicule. En présumant le titulaire du certificat d'immatriculation comme étant l'auteur de la contravention, le ministère public n'a donc pas besoin de prouver qui est le « véritable auteur » de l'infraction, c'est-à-dire le conducteur, preuve quasi impossible à apporter. C'est également un problème d'identification du conducteur et donc de preuve qui a conduit, en 2003, le législateur à étendre cette exception à la contravention pour non-paiement de péage, contravention pouvant être constatée sans interception du véhicule (sur la procédure de transaction applicable à cette contravention depuis la loi n° 2010-788 du 12 juillet 2010, V. art. 529-6 C. pr. pén., App., v° *Infractions*, et comm. ss. art. L. 121-5 du présent code). Et c'est cette même logique qui a conduit la loi du 10 février 2020 à étendre le champ d'application de l'article L. 121-2 aux contraventions relatives à l'abandon d'ordures, de déchets, de matériaux ou d'autres objets : lorsqu'un véhicule est utilisé pour commettre de telles contraventions, son identification – éventuellement par vidéoprotection (V. art. L. 251-2, 11° CSI) – peut en effet permettre de trouver facilement un responsable.

Cette présomption de responsabilité, qui n'est pas considérée comme contraire à la Convention européenne des droits de l'homme, fait tout de même l'objet de limites précises. Sont uniquement visées, on l'a dit, les contraventions en matière de stationnement et pour non-paiement de péage pour lesquelles seule une amende est encourue, ainsi que, depuis la loi du 10 février 2020, les contraventions relatives à l'abandon d'ordures, de déchets, de matériaux ou d'autres objets. Surtout, le titulaire du certificat d'immatriculation (ou le locataire du véhicule, ou le représentant légal de la personne morale propriétaire du véhicule, ou l'acquéreur du véhicule) peut toujours apporter la preuve contraire : force majeure (panne ou vol du véhicule par exemple) ou fourniture de renseignements permettant d'identifier le véritable conducteur. Des causes d'exonération qu'il convient de bien distinguer de celles prévues à l'article L. 121-3 prévoyant la redevabilité pécuniaire du titulaire du certificat d'immatriculation pour d'autres contraventions et notamment pour les contraventions en matière de vitesse. ❑

A. RESPONSABILITÉ PÉCUNIAIRE DU TITULAIRE DU CERTIFICAT D'IMMATRICULATION (ART. L. 121-2, AL. 1er)

1. Compatibilité de la présomption de responsabilité avec la Convention européenne. L'art. 6 § 2 Conv. EDH qui n'a pas pour objet de limiter les modes de preuve prévus par la loi interne mais d'exiger que la culpabilité soit légalement établie ne met pas obstacle aux présomptions de droit ou de fait instituées en matière pénale dès lors que ces présomptions permettent d'apporter la preuve contraire et laissent entiers les droits de la défense. L'art. L. 21-1 [C. route, art. L. 121-2] remplissant ces conditions n'est pas contraire à la Conv. EDH. • Crim. 17 déc. 1990 : *Dr. pénal 1991 n° 145, obs. Robert* • 6 nov. 1991 : *D. 1992. Somm. 204, obs. Couvrat et Massé* • 9 avr. 1992, n° 91-80.672 P • 11 juin 1992, n° 92-80.397. • 25 avr. 1995 : *Jurispr. auto 1995. 289* • 27 oct. 1999 : *Jurispr. auto 2000. 74* • 1er févr. 2000, n° 99-82.231 P : *Jurispr. auto 2000. 124.*

2. L'argument selon lequel l'art. L. 21-1 [C. route, art. L. 121-2], qui fait peser une présomption de responsabilité pécuniaire sur le titulaire de la carte grise, serait contraire à la présomption d'innocence instituée par l'art. 6 § 2 Conv. EDH, n'est pas recevable, dès lors que le titulaire du certificat d'immatriculation peut combattre cette présomption par la preuve de l'existence d'un événement de force majeure ou la production de renseignements « permettant d'identifier l'auteur véritable de l'infraction ». • Paris, 12 nov. 1998 : *D. 1999. IR 44*.

3. Une responsabilité pécuniaire. Une juridiction ne peut, sans se contredire, faire application de l'art. L. 121-2 C. route sur la responsabilité pécuniaire du titulaire du certificat d'immatriculation pour les infractions à la réglementation sur le stationnement des véhicules, tout en déclarant l'intéressé coupable desdites infractions. • Crim. 16 mars 2010 : *Gaz. Pal. 29 juil. 2010, p. 15, note Detraz.*

4. Domaine d'application. La présomption de responsabilité édictée par l'art. L. 121-2 C. route ne peut recevoir application en cas de stationnement dangereux, contravention pour laquelle une suspension du permis de conduire est encourue, dès lors qu'il résulte de cet article que le titulaire du certificat d'immatriculation du véhicule est responsable pécuniairement des infractions à la réglementation sur le stationnement des véhicules pour lesquelles seule une peine d'amende est encourue. • Crim. 31 oct. 2018, n° 18-82.003 : *Gaz. Pal. 5 févr. 2019, p. 47, note Detraz.*

5. Preuve contraire – Modalités. C'est lors de la réclamation prévue à l'art. 530, al. 2, C. pr. pén. que le titulaire de la carte grise doit fournir les renseignements permettant d'identifier le conducteur du véhicule au jour de l'infraction ainsi que l'art. L. 21-1 [C. route, art. L. 121-2] lui en donne la possibilité. Toute révélation faite seulement devant la juridiction, voire *a fortiori* en cause d'appel, est considérée comme tardive et jugée irrecevable. • Crim. 23 oct. 1991 : *D. 1992. Somm. 204, obs. Couvrat et Massé* • 27 janv. 1993 : *D. 1994. Somm. 261, obs. Couvrat et Massé* • 29 mars 2000 : *Jurispr. auto 2000. 392.*

6. L'art. L. 121-2 C. route n'assujettit les renseignements fournis par le propriétaire du véhicule à aucun formalisme particulier. Méconnaît cet article la juridiction de proximité qui écarte une attestation produite par une prévenue, établie par une personne indiquant que celle-ci lui avait prêté son véhicule et se reconnaissant comme l'auteur de l'infraction, au seul motif que cette attestation était dactylographiée et n'était pas conforme aux exigences posées par l'art. 202 C. pr. civ., art. inapplicable devant les juridictions répressives. • Crim. 14 déc. 2016, n° 16-81.105 P : *D. 2017. 8*; *D. actu. 20 janv. 2017, obs. Priou-Alibert; Dr. pénal 2017, n° 23, note Robert; ibid., n° 29, note Maron & Haas; ibid. Chron. 7, obs. Gauvin; JCP 2017. 355, obs. Detraz.*

7. Le titulaire du certificat d'immatriculation d'un véhicule ne peut être déclaré responsable pécuniairement de l'amende encourue pour un stationnement très gênant, dès lors qu'il produit une facture d'une société, sise à l'adresse à laquelle a été constatée l'infraction, attestant que le véhicule incriminé était, aux jour et heure de l'infraction, confié à cette société pour un contrôle technique, l'intéressé fournissant, par là même, les renseignements permettant d'identifier l'auteur véritable de l'infraction. • Crim. 29 janv. 2019, n° 18-83.935 P : *D. 2019. 258*. ♦ En revanche, le fait pour une prévenue poursuivie pour stationnement très gênant de produire une attestation du directeur de l'école de son fils certifiant la présence de ce dernier à l'école le jour de l'infraction et un plan indiquant une distance de 3, 3 km entre l'école et le lieu de l'infraction ne saurait suffire, l'intéressée ne fournissant pas les renseignements permettant d'identifier l'auteur de l'infraction. • Crim. 19 nov. 2019, n° 19-82.356 : *AJ pénal 2020. 82, obs. Céré*.

8. Responsabilité pécuniaire et immatriculation d'un véhicule. L'art. L. 21-1 [C. route, art. L. 121-2] qui fait peser une présomption de responsabilité pécuniaire, pour certaines infractions, sur le titulaire du certificat d'immatriculation, n'a ni pour objet ni pour effet de faire obstacle à ce que plusieurs noms figurent sur le certificat d'immatriculation d'un véhicule. En conséquence le préfet qui refuse de délivrer à des époux ou à deux personnes un certificat d'immatriculation portant leurs deux noms commet un excès de pouvoir. • CE 14 déc. 1988 : *D. 1989. 338, concl. Fornacciari; AJDA 1989. 341, obs. Prétot* • 31 oct. 1990 : *D. 1991. 220, concl. Fornacciari*.

9. Immatriculation d'un véhicule au nom d'un mineur. Selon l'art. 121-8 C. pén., seuls les mineurs capables de discernement peuvent être déclarés pénalement responsables des crimes, délits ou contraventions dont ils ont été reconnus coupables. Méconnaît un tel principe la juridiction de proximité qui déclare un mineur âgé de cinq ans, titulaire du certificat d'immatriculation d'un véhicule, coupable d'infractions à la réglementation sur le stationnement des véhicules, sans rechercher si celui-ci était capable de discernement. • Crim. 14 nov. 2017, n° 17-80.893 P : *D. actu. 6 déc. 2017, obs. Fonteix; JCP 2017. 1312, obs. Mistretta; D. 2018. 399, note Bouchet*; *AJ pénal 2018. 38, obs. Gallardo*; *Dr. pénal 2018, n° 10, note Robert; ibid. Chron. 7, obs. Gauvin; Dr. fam. 2018, n° 48, note Bonfils; Gaz. Pal. 23 janv. 2018, p. 43, obs. Detraz.* ♦ Sur l'impossibilité d'immatriculer un véhicule au nom d'un mineur depuis la L. n° 2016-1547 du 18 nov. 2016, V. art. L. 322-1-1 du présent code. ♦ Il résulte de l'art. 111-3 C. pén. que nul ne peut être puni d'une peine qui n'est pas prévue par la L. et de l'art. 21 de l'Ord. du 2 févr. 1945 relative à l'enfance délinquante que, sous réserve de l'application des art. 524 à 530-1 C. pr. pén., les contraventions de police des quatre premières classes, commises par les mineurs, sont déférées au tribunal de police siégeant dans les conditions de publicité prescrites à l'art. 14 pour le tribunal pour enfants, que si la contravention est établie, le tribunal pourra soit simplement admonester le mineur, soit prononcer la peine d'amende prévue par la loi, les mineurs de treize ans ne pouvant toutefois faire l'objet que d'une admonestation. Méconnaît ces textes et les principes qui en découlent la juridiction de proximité qui condamne un mineur âgé de cinq ans à une amende pour infractions à la réglementation sur le stationnement des véhicules, dès lors qu'une telle peine n'est pas prévue par l'art. 21 de l'Ord. du 2 févr. 1945. • Crim. 14 nov. 2017, n° 17-80.893 P : *préc.*

B. RESPONSABILITÉ PÉCUNIAIRE DU LOCATAIRE (ART. L. 121-2, AL. 2)

10. Est recevable la requête de la société de location de véhicule qui, pour s'exonérer de sa responsabilité pénale, a fourni au ministère public l'identité des différents locataires concernés par les infractions au moment de la réclamation prévue par l'art. 530, al. 2, C. pr. pén. • Crim. 20 mars 2002, n° 01-85.719 P : *D. 2002. IR 1731 ; Jurispr. auto 2002. 225 ; R. 2002, p. 514.*

11. Est justifié le jugement qui relaxe un prévenu locataire d'un véhicule Autolib'de la contravention de stationnement très gênant et en déclare pécuniairement redevable le représentant légal de la société de location en application de l'art. L. 121-2 C. route, dès lors qu'il apparaît qu'à l'heure à laquelle la contravention a été constatée, le véhicule n'était plus loué à un tiers (en l'espèce, la contravention avait été constatée plus de cinq heures après que la société Autolib'eut découvert que le locataire du véhicule avait laissé le véhicule en stationnement irrégulier et eut recouvré le contrôle et la garde du véhicule). • Crim. 5 juin 2019, n° 18-82.408 P : *D. 2019. 1228 ; D. actu. 2 juill. 2019, obs. Jay ; JCP 2019. 1030, obs. Detraz ; Dr. pénal 2019, n° 166, note Robert ; ibid. 2020. Chron. 8, obs. Gauvin.*

C. RESPONSABILITÉ PÉCUNIAIRE DE L'ACQUÉREUR (ART. L. 121-2, AL. 3)

12. N'est pas justifié le jugement qui pour condamner une prévenue, ayant cédé son véhicule, pour stationnement abusif sur la voie publique et apposition sur le véhicule d'un certificat d'assurance non valide retient, qu'au moment de la constatation des infractions, elle n'avait pas réalisé les démarches nécessaires auprès de la préfecture en vue de la mutation de la carte grise de son véhicule, dès lors que la juridiction tenait pour acquise la cession du véhicule à un acquéreur identifié. • Crim. 28 janv. 2014 : *Gaz. Pal. 13 mai 2014, p. 30, note Detraz.*

D. RESPONSABILITÉ PÉCUNIAIRE DU REPRÉSENTANT LÉGAL (ART. L. 121-2, AL. 4)

13. C'est par une exacte application du dernier al. de l'art. L. 21-1 [C. route, art. L. 121-2] et sans méconnaître le principe de la personnalité des peines, qu'une cour d'appel condamne solidairement les cogérants d'une société au paiement des peines d'amende prononcées à la suite des stationnements irréguliers de véhicules dont la société est propriétaire. • Crim. 11 juin 1992 : *D. 1992. IR 250.*

14. Interdiction des retenues sur salaire. La retenue sur salaire pour le remboursement des contraventions afférentes à un véhicule professionnel mis au service d'un salarié est illégale, fût-elle prévue par son contrat de travail. • Soc. 11 janv. 2006, n° 03-43.587 P : *D. 2006. 2013, note Mouly.* • 27 sept. 2011 : *inédit.*

15. L'employeur ne saurait par ailleurs demander à un salarié le remboursement des contraventions pour stationnement irrégulier et excès de vitesse commis par celui-ci lors de la conduite d'un véhicule professionnel mis à sa disposition, dès lors qu'il n'a pas invoqué une faute lourde de son salarié, seule à même de permettre à un employeur d'engager la responsabilité civile de son salarié. • Soc. 17 avr. 2013 : *Dr. pénal 2013, n° 91, note Robert ; Jurispr. auto 2013, n° 853, p. 34, note Petit.*

16. Prise en charge des amendes par l'employeur. Selon l'art. L. 242-1 CSS, pour le calcul des cotisations de sécurité sociale, sont considérées comme rémunérations toutes les sommes versées aux travailleurs en contrepartie ou à l'occasion du travail, notamment les salaires ou gains, les indemnités de congés payés, le montant des retenues pour cotisations ouvrières, les indemnités, primes, gratifications et tous autres avantages en argent, les avantages en nature, ainsi que les sommes perçues directement ou par l'entremise d'un tiers à titre de pourboire. Constitue un avantage, au sens de cette disposition, la prise en charge, par l'employeur, des amendes réprimant une contravention au code de la route commise par un salarié de l'entreprise. • Civ. 2e, 9 mars 2017, n° 15-27.538 P : *D. 2017. 652 ; ibid. 1348, note Mathieu & Terryn ; RDSS 2017. 574, obs. Tauran ; JCP S 2017. 1176, note Derue ; Dr. pénal 2017, n° 129, note Robert.*

Art. L. 121-3 Par dérogation aux dispositions de l'article L. 121-1, le titulaire du certificat d'immatriculation du véhicule est redevable pécuniairement de l'amende encourue pour des *(L. n° 2016-1547 du 18 nov. 2016, art. 34-I-1° et 34-IV-B, en vigueur* *le 31 déc. 2016)* **« infractions dont la liste est fixée par décret en Conseil d'État », à moins qu'il n'établisse l'existence d'un vol ou de tout autre événement de force majeure ou qu'il n'apporte tous éléments permettant d'établir qu'il n'est pas l'auteur véritable de l'infraction.**

La personne déclarée redevable en application des dispositions du présent article n'est pas responsable pénalement de l'infraction. Lorsque le tribunal *(Abrogé par L. nº 2019-1428 du 24 déc. 2019, art. 98-I)* ***« de police »*** *(Abrogé par L. nº 2011-1862 du 13 déc. 2011, art. 2-X, à compter du 1er janv. 2017) (L. nº 2005-47 du 26 janv. 2005, art. 9-XXXVII)* ***« ou la juridiction de proximité »*****, y compris par ordonnance pénale, fait application des dispositions du présent article, sa décision ne donne pas lieu à inscription au casier judiciaire, ne peut être prise en compte pour la récidive et n'entraîne pas retrait des points affectés au permis de conduire. Les règles sur la** *(L. nº 2004-204 du 9 mars 2004, art. 198-V, en vigueur le 1er janv. 2005)* **« contrainte judiciaire » ne sont pas applicables au paiement de l'amende.**

(L. nº 2009-526 du 12 mai 2009, art. 133-V) **« Lorsque le certificat d'immatriculation du véhicule est établi au nom d'une personne morale, la responsabilité pécuniaire prévue au premier alinéa incombe, sous les réserves prévues au premier alinéa de l'article L. 121-2, au représentant légal de cette personne morale. »**

(L. nº 2011-525 du 17 mai 2011, art. 164-1º) **« Lorsque le véhicule était loué à un tiers, la responsabilité pécuniaire prévue au premier alinéa incombe au locataire, sous les réserves prévues au premier alinéa de l'article L. 121-2. »**

(L. nº 2011-1862 du 13 déc. 2011, art. 31-III) **« Dans le cas où le véhicule a été cédé, la responsabilité pécuniaire prévue au premier alinéa du présent article incombe, sous les réserves prévues au premier alinéa de l'article L. 121-2, à l'acquéreur du véhicule. »**

Infractions concernées, V. art. R. 121-6. — Sur le contrôle automatisé de ces infractions, V. art. L. 130-9, R. 130-11 et Arr. du 13 oct. 2004 portant création du système de contrôle automatisé, App., vº Infractions. — Sur la procédure d'amende forfaitaire applicable à ces infractions, V. art. L. 121-5.

Les art. 1er et 2 de la L. nº 2011-1862 du 13 déc. 2011 entrent en vigueur le 1er juill. 2017 et sont applicables aux procédures en cours dans les conditions suivantes : En matière pénale, les procédures en cours sont transférées en l'état au tribunal de police. Pour les contraventions relevant du tribunal de police en vertu de la présente loi, les convocations et citations données aux parties et aux témoins peuvent être délivrées avant la date du 1er juill. 2017 pour une comparution postérieure à cette date devant le tribunal de police. Il n'y a pas lieu de renouveler les actes, formalités et jugements régulièrement intervenus antérieurement au transfert des procédures civiles ou pénales, à l'exception des convocations, citations et assignations données aux parties et aux témoins qui n'auraient pas été suivies d'une comparution devant la juridiction supprimée. Les parties ayant comparu devant la juridiction supprimée sont informées par l'une ou l'autre des juridictions qu'il leur appartient d'accomplir les actes de la procédure devant le tribunal auquel les procédures sont transférées. Les archives et les minutes du greffe de la juridiction de proximité sont transférées au greffe du tribunal d'instance ou du tribunal de police selon la nature de la procédure. Les frais de transfert de ces archives et minutes sont pris sur le crédit ouvert à cet effet au budget du ministère de la justice (L. préc., art. 70, mod. par L. nº 2012-1441 du 24 déc. 2012, par L. nº 2014-1654 du 29 déc. 2014, art. 99, puis par L. nº 2016-1547 du 18 nov. 2016, art. 15-IV-3º).

BIBL. ▶ AMBROISE-CASTÉROT, *Mél. Lazerges, Dalloz 2014. 457* (responsabilités et contentieux des contraventions routières). – BÉNÉJAT, *AJ pénal 2023. 219* (le chef d'entreprise, le droit pénal et la circulation routière). – CÉRÉ, *AJ pénal 2019. 418* (l'illusion pénale de la responsabilité du titulaire du certificat d'immatriculation). – COUZINET, *Gaz. Pal. 2000, Doctr. 1324* (de quelques observations sur l'avis du Conseil constitutionnel sur la loi du 16 juin 1999 sur la sécurité routière). – DEFRANCE, *Jurispr. auto 2003. 484* (le propriétaire du véhicule redevable pénalement) ; *ibid. 2005. 576* (le titulaire de la carte grise redevable pécuniairement) ; *ibid. 2006. 504* (titulaire de la carte grise et retrait de points) ; *ibid. 2008. 361* (redevable pécuniairement et non responsable pénalement) ; *ibid. 2008. 633* (l'application de l'art. L. 121-3 C. route). – DEHARO, *LPA 10 févr. 2010, p. 5* (infractions au code de la route : qui du conducteur, du titulaire du certificat d'immatriculation ou du représentant légal de la personne morale doit être cité à l'audience ?). – DESESSARD, Le traitement simplifié des infractions à la circulation routière, *in* Un droit pénal postmoderne ? Mise en perspective des évolutions et ruptures contemporaines, *PUF 2009. 291.* – FORTIS, *RSC 2011. 89* (attribution de la charge du paiement de l'amende en matière de circulation routière). – JOSSEAUME, *Gaz. Pal. 18 déc. 2014, p. 6* (les infractions au code de la route et le chef d'entreprise) ; *ibid. 31 oct. 2023, p. 11* (« flash » sur vingt ans de radars automatiques). – LE DALL, *Jurispr. auto 2011, n° 830, p. 17* (la responsabilité pécuniaire du représentant légal d'une société). – LUDWICZAK, *Rev. pénit. 2013. 547* (responsabilité pécuniaire de l'art. L. 121-3 C. route : de l'incertitude à l'imprécision). – RAMPARANY et SCATTOLIN, *RGDA nov. 2023. 4* (quelques réflexions sur l'assurabilité des sanctions pécuniaires relevant de la matière pénale). – RIBEYRE, *RSC 2009. Chron. 878* (dispositions relatives au représentant d'une personne morale en matière d'infractions au code de la route). – SAADOUN, *LPA 6 oct. 2009, p. 7* (procédure de l'amende forfaitaire, circulation routière et droits du contrevenant : constat d'un droit déséquilibré au profit des finances publiques !). – SAMSOM et MORIN, *Gaz. Pal. 1998. 2. Doctr. 1095* (l'extension de la présomption de culpabilité de l'article L. 21-1 du code de la route par le projet de loi n° 302).

COMMENTAIRE

Redevabilité pécuniaire du titulaire du certificat d'immatriculation. Les dispositions du présent article apportent une seconde dérogation au principe de la responsabilité personnelle du conducteur posé par l'alinéa 1er de l'article L. 121-1. L'article L. 121-3 prévoit en effet que « par dérogation aux dispositions de l'article L. 121-1, le titulaire du certificat d'immatriculation du véhicule est redevable pécuniairement de l'amende encourue pour » certaines infractions.

Domaine d'application. Le domaine d'application de cette seconde dérogation a évolué depuis son instauration par la loi du 18 juin 1999 portant diverses mesures relatives à la sécurité routière et aux infractions sur les agents des exploitants de réseau de transport public de voyageurs. Initialement, l'article L. 121-3 – reprenant les dispositions en ce sens de l'article L. 21-2 de l'ancien code – énumérait les infractions pour lesquelles cette dérogation était applicable. La loi du 18 juin 1999 avait ainsi limité la redevabilité pécuniaire du titulaire du certificat d'immatriculation aux contraventions à la réglementation sur les vitesses maximales autorisées et à celles sur les signalisations imposant l'arrêt des véhicules. A ces contraventions, la loi du 12 juin 2003 relative à la violence routière en avait ajouté d'autres, à savoir les contraventions sur le respect des distances de sécurité et celles concernant l'usage de voies et chaussées réservées à certaines catégories de véhicules. Mais, depuis la loi du 18 novembre 2016 de modernisation de la justice du XXIe, l'article L. 121-3 n'énumère plus les contraventions pour lesquelles le titulaire du certificat d'immatriculation peut être déclaré redevable, il se contente de renvoyer au pouvoir réglementaire le soin de fixer par décret la liste des infractions concernées.

Comme l'indiquent les travaux préparatoires de la loi du 18 novembre 2016, il s'est agi, par là même, d'étendre, à nouveau, le champ d'application de l'article L. 121-3 et « notamment » aux contraventions de défaut de port du casque ou de la ceinture de sécurité, et ce conformément aux préconisations du Comité interministériel de la sécurité routière (CISR) du 2 octobre 2015. Le « notamment », utilisé par les parlementaires, est important, car il permet d'expliquer que le législateur ne se soit pas contenté d'ajouter ces deux infractions à la liste des contraventions qui figurait à l'article L. 121-3. Il a en effet préféré renvoyer à un décret le soin de fixer cette liste d'infractions, afin de permettre au pouvoir réglementaire d'étendre facilement celle-ci à d'autres infractions par la suite, en lien avec l'évolution des techniques de constatation des infractions routières. Il faut bien voir en effet que les règles du présent article ont pour principal intérêt de permettre de sanctionner les infractions qui peuvent être constatées sans interception du véhicule et, plus particulièrement aujourd'hui, celles qui peuvent être constatées par des radars automatiques ou faire l'objet d'une vidéo-verbalisation, et pourquoi pas, demain, des infractions qui seraient constatées par des drones dont l'utilisation dans le domaine de la sécurité routière a d'ailleurs été préconisée par le CISR du 2 octobre 2015.

Quant aux infractions concernées, elles sont énumérées à l'article R. 121-6, créé par le décret n° 2016-1955 du 28 décembre 2016. Dans cet article, outre les contraventions aux règles sur les vitesses maximales autorisées, sur le respect des distances de sécurité entre les véhicules, sur l'usage de voies et chaussées réservées à certaines catégories de véhicules et sur les signalisations imposant l'arrêt des véhicules – contraventions qui étaient énoncées, avant la loi du 18 novembre 2016, à l'article L. 121-3, on trouve les contraventions aux règles sur le port de la ceinture de sécurité, sur l'usage d'un téléphone tenu en main, sur l'arrêt, le stationnement ou la circulation sur les bandes d'arrêt d'urgence, sur le franchissement et le chevauchement des lignes continues, sur le dépassement, sur l'engagement dans l'espace compris entre les deux lignes d'arrêt sur une voie munie de feux de signalisation et sur l'obligation du port d'un casque, ainsi qu'un délit, celui concernant l'obligation d'être couvert par une assurance prévue à l'article L. 324-2 du présent code. Et, à toutes ces infractions, plusieurs contraventions ont encore été ajoutées par le décret n° 2018-795 du 17 septembre 2018 (comme le port à l'oreille d'un dispositif susceptible d'émettre du son, le non-respect de la priorité de passage que tout conducteur doit accorder au piéton ou la circulation en sens interdit), par le décret n° 2022-1 du 3 janvier 2022 (fait de circuler en agglomération avec un véhicule à moteur excédant le niveau d'émissions sonores fixé par arrêté ministériel) et par le décret n° 2023-563 du 5 juillet 2023 (non-respect de certaines règles générales de circulation et de dépassement, et infractions à la réglementation sur le poids des véhicules ou ensembles de véhicules).

Redevable et non responsable. Cette seconde dérogation au principe de la responsabilité personnelle du conducteur doit par ailleurs être distinguée de celle formulée à l'article L. 121-2. En effet, en matière de stationnement, l'article L. 121-2 prévoit que le propriétaire du véhicule est «*responsable pécuniairement des infractions pour lesquelles une peine d'amende est encourue*», tandis que pour les infractions auxquelles les présentes dispositions sont applicables l'article L. 121-3 indique que le titulaire du certificat d'immatriculation est «*redevable pécuniairement de l'amende encourue*» («prononcée» serait plus exact). Le terme de «*redevable*» doit bien évidemment être distingué de celui de «*responsable*». L'alinéa 2 de l'article L. 121-3 indique d'ailleurs que la «*personne déclarée redevable*» n'est pas «*responsable pénalement de l'infraction*». Il en résulte, comme le précise ce même alinéa, que la décision déclarant un prévenu redevable d'une amende sur le fondement de l'article L. 121-3 ne peut être inscrite au casier judiciaire de l'intéressé, qu'une telle décision ne peut, le cas échéant, être prise en compte pour la récidive et surtout qu'elle ne peut entraîner de retrait de points sur le permis de conduire de la personne déclarée redevable. En somme, seule l'amende est alors mise à la charge du titulaire du certificat d'immatriculation.

Constitutionnalité de l'article L. 121-3. On notera que le Conseil constitutionnel a validé les présentes dispositions dès leur création en 1999. Dans sa décision n° 99-411 DC du 16 juin 1999 (V. note 1), il a en effet considéré qu'elles reposaient sur une présomption selon laquelle le titulaire du certificat d'immatriculation d'un véhicule est en principe son conducteur et qu'une telle présomption était conforme à la Constitution, dès lors qu'elle n'était pas irréfragable, qu'était assuré le respect des droits de la défense et qu'elle reposait sur une vraisemblance raisonnable d'imputabilité des faits incriminés. Dans cette décision, le Conseil constitutionnel a également jugé que le principe, résultant des articles 8 et 9 de la Déclaration de 1789, selon lequel nul n'est punissable que de son propre fait, était également respecté par ces dispositions, en considérant que le refus ou l'incapacité du titulaire du certificat d'immatriculation d'apporter les éléments justificatifs utiles lorsqu'il n'est pas l'auteur de l'infraction était constitutif d'une «*faute personnelle*» s'analysant en un refus de contribuer à la manifestation de la vérité ou en un défaut de vigilance dans la garde du véhicule (V. les comm. de J.-F. Seuvic, *RSC 1999. 860*). Un argumentaire – repris tel quel par la Cour de cassation, en 2011, pour rejeter une question prioritaire de constitutionnalité portant sur l'alinéa 3 de l'article L. 121-3, tel que modifié par la loi n° 2009-526 du 12 mai 2009 (V. note 19) – qui permet de valider la création par la loi du 18 novembre 2016 d'une incrimination sanctionnant, lorsqu'une infraction est commise avec un véhicule immatriculé au nom d'une personne morale, son représentant légal s'il refuse de révéler l'identité de la personne physique qui conduisait le véhicule au moment de l'infraction (V. art. L. 121-6).

Causes d'exonération. Le titulaire du certificat d'immatriculation peut échapper à la redevabilité pécuniaire prévue par le présent article s'il établit l'existence d'un cas de force majeure (il peut s'agir du vol de son véhicule, comme l'indique expressément l'alinéa 1er de l'article L. 121-3) ou s'il apporte tous éléments permettant d'établir qu'il n'est pas l'auteur de l'infraction. Cette seconde cause d'exonération apparaît dès lors moins exigeante que celle prévue en matière de stationnement, l'article L. 121-2 demandant au titulaire du certificat d'immatriculation de fournir les renseignements permettant d'identifier l'auteur véritable de l'infraction. De la sorte, en cas d'excès de vitesse, le titulaire du certificat d'immatriculation ne peut pas être déclaré redevable pécuniairement si, par exemple, il produit une attestation d'un témoin établissant qu'au moment de la constatation de l'infraction il ne pouvait être au volant de son véhicule. Il en va, en revanche, différemment lorsque le véhicule est immatriculé au nom d'une personne morale, comme le prévoit clairement l'alinéa 3 du présent article, depuis une loi du 12 mai 2009.

Redevabilité pécuniaire du représentant légal d'une personne morale. Les dispositions de l'alinéa 3 du présent article ont en effet été modifiées par la loi de simplification et de clarification du droit du 12 mai 2009. Par ces modifications, il s'est agi pour le législateur d'entériner la solution rendue par la Cour de cassation dans un arrêt du 26 novembre 2008

(V. note 23) qui est venu trancher un problème d'interprétation suscité par la combinaison des articles L. 121-2 et L. 121-3.

Dans sa version d'origine, l'article L. 121-3, alinéa 3, prévoyait que *« Les deuxième et troisième alinéas de l'article L. 121-2 sont applicables dans les mêmes circonstances »*. Ces deux alinéas de l'article L. 121-2 devaient donc être appliqués dès lors qu'un excès de vitesse, par exemple, était commis avec un véhicule loué à un tiers (cas prévu à l'art. L. 121-2, al. 2) ou avec un véhicule immatriculé au nom d'une personne morale (cas prévu à l'art. L. 121-2, al. 3). Dans ce second cas, le renvoi aux dispositions du troisième alinéa de l'article L. 121-2 permettait, avec certitude, de déclarer redevable pécuniairement son représentant légal, mais il conduisait en revanche à s'interroger sur les causes d'exonération applicables. Devait-on en effet appliquer celles prévues par l'article L. 121-2 ou celles formulées à l'article L. 121-3 ? Autrement dit, pour échapper à sa redevabilité pécuniaire, le représentant légal de la personne morale devait-il fournir les renseignements permettant d'identifier l'auteur véritable de l'infraction (cause d'exonération prévue à l'article L. 121-2) ou lui suffisait-il d'apporter tous éléments permettant d'établir qu'il n'était pas l'auteur véritable de l'infraction (cause d'exonération prévue à l'article L. 121-3) ? Face à cette difficulté, la Cour de cassation, dans l'arrêt précité, a tranché en faveur de la première solution en considérant qu'*« il résulte de la combinaison des articles L. 121-2 et L. 121-3 C. route que le représentant légal d'une personne morale est redevable pécuniairement de l'amende encourue pour les contraventions à la réglementation sur les vitesses maximales autorisées, commises avec un véhicule immatriculé au nom de cette personne morale, à moins qu'il n'établisse l'existence d'un événement de force majeure ou qu'il ne fournisse des renseignements permettant d'identifier l'auteur véritable de l'infraction »*. Par cette décision de principe, il est évident que la Cour de cassation a voulu éviter que les excès de vitesse commis par les conducteurs des véhicules appartenant à une personne morale échappent à toute répression, quitte à ce que les termes de la loi soient quelque peu bousculés. Mais on peut aussi considérer que, face à l'obscurité de la loi, la Cour de cassation n'a fait qu'appliquer ici une méthode d'interprétation bien connue en droit pénal, la méthode téléologique, qui consiste à s'attacher davantage à l'intention du législateur qu'à la lettre de la loi. On remarquera d'ailleurs que dans leurs observations sur cette décision, P. Chaumont et E. Degorce, Conseillers référendaires, notent que *« la Cour de cassation a ainsi traduit la volonté du législateur, maintes fois réaffirmée, de lutter le plus efficacement possible contre la délinquance routière »* (*D. 2009. 47*).

Quoi qu'il en soit, toute discussion sur cette interprétation a été close par le législateur. Sur les suggestions de la Cour de cassation (V. *Rapp. annuel 2008. 21*), celui-ci a en effet réécrit l'alinéa 3 de l'article L. 121-3 qui prévoit beaucoup plus clairement, depuis la loi du 12 mai 2009, que : *« Lorsque le certificat d'immatriculation du véhicule est établi au nom d'une personne morale, la responsabilité pécuniaire prévue au premier alinéa incombe, sous les réserves prévues au premier alinéa de l'article L. 121-2, au représentant légal de cette personne morale »*.

Sur l'obligation faite au représentant légal de la personne morale, instaurée par la loi du 18 novembre 2016, d'indiquer l'identité et l'adresse de la personne physique qui conduisait le véhicule (V. art. L. 121-6).

Redevabilité pécuniaire du locataire. Dans sa version d'origine, l'alinéa 3 de l'article L. 121-3 renvoyait également aux dispositions de l'alinéa 2 de l'article L. 121-2, ce qui permettait, en cas d'excès de vitesse, par exemple, commis avec un véhicule de location, de déclarer redevable pécuniairement son locataire (sur les causes d'exonération alors applicables, V. note 31). Mais la loi du 12 mai 2009, en réécrivant l'alinéa 3 de l'article L. 121-3, semble avoir oublié cette hypothèse... Un oubli qui a été corrigé par la loi de simplification et d'amélioration de la qualité du droit du 17 mai 2011 qui a ajouté un alinéa 4 au présent article prévoyant, que lorsque le véhicule en infraction est loué à un tiers, la redevabilité pécuniaire incombe au locataire. Par ailleurs, à l'instar de ce qui est prévu pour le représentant légal d'une personne morale, cet alinéa 4 précise clairement que les causes d'exonération applicables sont alors celles de l'article L. 121-2, alinéa 1er : force majeure ou renseignements permettant d'identifier l'auteur véritable de l'infraction. Ces dispositions ne concernent toutefois que le locataire de courte durée. En cas de location de longue durée, le locataire du véhicule est considéré comme titulaire du certificat d'immatriculation du véhicule (nom et adresse du locataire et nom du propriétaire figurant sur le certificat d'immatriculation, comme le prévoit l'art. 2-V de l'Arr. du 9 févr. 2009 relatif aux modalités d'immatriculation des véhicules). Il est donc soumis aux règles de l'alinéa 1er de l'article L. 121-3 et aux causes d'exonération que cet alinéa prévoit : vol ou tout autre événement de force majeure ou tous éléments permettant d'établir qu'il n'est pas l'auteur véritable de l'infraction (V., en ce sens, note 33).

Redevabilité pécuniaire de l'acquéreur d'un véhicule. La loi du 13 décembre 2011, relative à la répartition des contentieux et à l'allégement de certaines procédures juridictionnelles, a enfin ajouté un troisième cas particulier au sein du présent article, prévoyant que, lorsque le véhicule en infraction a été cédé, la redevabilité pécuniaire incombe à l'acquéreur du véhicule, lequel ne peut y échapper qu'en invoquant l'une des causes d'exonération prévues par l'article 121-2, alinéa 1er. La création de ce cas particulier est à mettre en lien avec les situations malencontreuses engendrées par l'application des dispositions de l'article L. 121-3 en cas de vente d'un véhicule. En effet, lorsqu'un véhicule change de propriétaire, l'ancien propriétaire doit, dans un délai de quinze jours suivant la cession de son véhicule, faire une déclaration informant l'administration de cette cession et le nouveau propriétaire, quant à lui, a un délai d'un mois pour faire établir un certificat d'immatriculation à son nom. Il peut donc arriver que l'acquéreur d'un véhicule commette une infraction au code de la route alors qu'il n'a pas encore procédé au changement du certificat d'immatriculation. Et si cette infraction est constatée par un radar automatique, l'avis de contravention est alors adressé au précédent propriétaire du véhicule qui apparaît toujours comme étant le titulaire du certificat d'immatriculation et, à ce titre, comme redevable de l'amende encourue. C'est pourquoi la loi du 13 décembre 2011 est venue préciser ici que, lorsqu'un véhicule est cédé, la personne redevable est l'acquéreur du véhicule. Encore faut-il cependant que l'ancien propriétaire du véhicule puisse échapper à sa redevabilité pécuniaire en tant que titulaire « apparent » du certificat d'immatriculation. Or cette même loi du 13 décembre 2011 a procédé à certaines modifications procédurales afin de simplifier les démarches en ce sens de l'ancien propriétaire du véhicule et de permettre ensuite de déclarer redevable l'acquéreur (V. comm. ss. art. L. 121-5).

Amende forfaitaire. En ce qui concerne la procédure d'amende forfaitaire applicable aux infractions constatées sans interception du véhicule, des dispositions particulières figurent aux articles 529-10 et suivants du code de procédure pénale auxquels renvoie l'article L. 121-5 du code de la route [V. ss. art. L. 121-5, les comm. relatifs au contrôle sanction automatisé (radars automatiques)]. ❑

A. REDEVABILITÉ PÉCUNIAIRE DU TITULAIRE DU CERTIFICAT D'IMMATRICULATION (ART. L. 121-3, AL. 1er ET 2)

1. Conformité de la présomption de l'art. L. 121-3 à la Constitution. Il résulte de l'art. 9 DDH qu'en principe le législateur ne saurait instituer de présomption de culpabilité en matière répressive. Toutefois, à titre exceptionnel, de telles présomptions peuvent être établies, notamment en matière contraventionnelle, dès lors qu'elles ne revêtent pas de caractère irréfragable, qu'est assuré le respect des droits de la défense et que les faits induisent raisonnablement la vraisemblance de l'imputabilité. En l'espèce, aux termes de l'art. 21-2 [C. route, art. L. 121-3], le titulaire du certificat d'immatriculation du véhicule est tenu au paiement d'une somme équivalant au montant de l'amende encourue pour des contraventions au code de la route en raison d'une présomption simple, qui repose sur une vraisemblance raisonnable d'imputabilité des faits incriminés. Ensuite, le législateur permet à l'intéressé de renverser la présomption de faute par la preuve de la force majeure ou en apportant tous éléments justificatifs de nature à établir qu'il n'est pas l'auteur de l'infraction. En outre, le titulaire du certificat d'immatriculation ne peut être déclaré redevable pécuniairement de l'amende que par une décision juridictionnelle prenant en considération les faits de l'espèce et les facultés contributives de la personne intéressée. Ainsi, sous réserve que le titulaire du certificat d'immatriculation puisse utilement faire valoir ses moyens de défense à tout stade de la procédure, le respect des droits de la défense est assuré. • Cons. const. 16 juin 1999, n° 99-411 DC : *JO 19 juin, p. 9018 ; D. 1999. 589, note Mayaud ; ibid. 2000. Somm. 197, obs. Sciortino-Bayart ; RD. publ. 1999. 1283, chron. par Luchaire ; AJDA 1999. 694, obs. Schoettl ; LPA 1999, n° 188, p. 12, obs. B. M.*

2. Redevable, mais pas responsable pénalement. Méconnaît le sens et la portée de l'art. L. 121-3 C. route la cour d'appel qui, pour déclarer un prévenu, propriétaire du véhicule verbalisé, coupable d'excès de vitesse, retient que ce dernier n'apporte pas la preuve qu'il ne serait pas l'auteur véritable de l'infraction, de tels motifs impliquant une présomption de culpabilité alors que la personne déclarée redevable en application des dispositions de l'art. L. 121-3 n'est pas responsable pénalement de l'infraction. • Crim. 3 mai 2007, n° 06-88.824 : *Jurispr. auto 2007. 355 ; Dr. pénal 2007. Comm. 138, note Robert* • 31 mai 2007, n° 07-81.365 : *Jurispr. auto 2007. 425 ; Dr. pénal 2007. Comm. 138, note Robert* • 5 déc. 2007, n° 07-82.979 : *Jurispr. auto 2008. 92 ; JCP 2008. II. 10087, note Detraz* • 1er oct. 2008, n° 08-82.959 : *Dr. pénal 2008. Comm. 154, note Robert ; Jurispr. auto 2008. 659* • 13 nov. 2008, n° 08-84.911 : *Jurispr. auto 2009. 23.* ♦ Le code de la route n'a institué à l'égard des propriétaires de véhicules, relativement à la contravention d'excès de vitesse, aucune présomption légale de culpabilité mais seulement une responsabilité pécuniaire à moins qu'ils n'établissent qu'ils ne sont pas les auteurs véritables de l'infraction. Méconnaît un tel principe la juridiction qui déclare un prévenu coupable d'excès de vitesse au motif que les éléments de preuve apportés par le prévenu n'établissent pas qu'il n'était pas l'auteur véritable de l'infraction, alors que, si le procès-verbal, qui fait foi jusqu'à preuve contraire dans les conditions prévues par l'art. 537 C. pr. pén., constatait que le véhicule dont le prévenu est propriétaire circulait à une vitesse excessive, il n'établissait pas que celui-ci en fut le conducteur. • Crim. 18 sept. 2012, nº 10-88.027 P : *D. actu. 19 oct. 2012, obs. Martineau ; D. 2012. Actu. 2396 ; AJ pénal 2012. 598 ; Dr. pénal 2012, nº 161, note Robert ; Gaz. Pal. 13 déc. 2012, p. 7, note Mésa.* ♦ … Ou qui déclare un prévenu non coupable d'excès de vitesse mais responsable pécuniairement en énonçant que les termes du procès-verbal sont suffisamment clairs et précis pour établir la réalité des faits, lesquels de surcroît ne sont pas contestés par le prévenu, alors que, si le procès-verbal, qui fait foi jusqu'à preuve contraire dans les conditions prévues par l'art. 537 C. pr. pén., constatait que le véhicule dont le prévenu est propriétaire circulait à une vitesse excessive, il n'établissait pas que celui-ci en fut le conducteur. • Crim. 29 mai 2013, nº 12-85.303 P : *Dr. pénal 2013, nº 126, note Robert ; AJ pénal 2013. 610, obs. Céré.* ♦ Le code de la route n'a institué à l'égard des propriétaires ou locataires de véhicules, relativement à la contravention d'inobservation de l'arrêt imposé par un feu de signalisation, aucune présomption légale de culpabilité, mais seulement une responsabilité pécuniaire à moins qu'ils n'établissent qu'ils ne sont pas les auteurs véritables de l'infraction. N'est en conséquence pas justifié l'arrêt qui condamne un prévenu pour inobservation de l'arrêt imposé par un feu de signalisation par des motifs impropres à caractériser le fait, nié par le prévenu, qu'il était le conducteur du véhicule verbalisé. • Crim. 10 mai 2016, nº 14-86.931 : *Dr. pénal 2016. Chron. 7, obs. Gauvin.*

3. Domaine d'application. Les art. L. 121-1 et L. 121-3 énumèrent limitativement les infractions pour lesquelles, sous certaines conditions, la responsabilité pécuniaire du titulaire du certificat d'immatriculation est encourue : l'infraction d'usage d'un téléphone tenu en main par le conducteur d'un véhicule en circulation ne fait pas partie de cette liste et c'est par conséquent à tort que le juge de proximité a déclaré le titulaire de la carte grise redevable pécuniairement de cette amende. • Crim. 28 sept. 2005, nº 05-80.347 P : *D. 2005. IR 2768 ; Jurispr. auto 2005. 586 ; Dr. pénal 2005. Comm. 173, obs. Robert ; Procédures 2005. Comm. 290, obs. Buisson ; AJ pénal 2006. 82, obs. Paulin ; JCP 2006. I. 113, obs. Robert.* ♦ Il en va différemment depuis le Décr. nº 2016-1955 du 28 déc. 2016 : V. art. R. 121-6 énumérant les infractions pour lesquelles le titulaire du certificat d'immatriculation du véhicule peut être déclaré redevable pécuniairement de l'amende encourue, en application de l'art. L. 121-3, dans lequel figure l'infraction d'usage d'un téléphone tenu en main.

4. Causes d'exonération. La responsabilité pécuniaire du titulaire du certificat d'immatriculation est nécessairement engagée si ce dernier ne parvient pas à renverser la présomption qui pèse sur lui en établissant le vol, la force majeure, ou en apportant tous éléments permettant d'établir qu'il n'est pas l'auteur de l'infraction. • Paris, 23 mars 2007 : *Jurispr. auto 2007. 350.* ♦ Pour établir qu'il n'est pas l'auteur de l'infraction, il n'incombe pas au prévenu redevable pécuniairement de fournir des renseignements permettant d'identifier celui-ci. • Crim. 4 sept. 2018, nº 17-87.546 : *Dr. pénal 2018, nº 196, obs. Robert.*

5. Photographie prise par le radar. Le titulaire du certificat d'immatriculation de sexe féminin poursuivi sur le fondement de l'art. L. 121-3 C. route doit être relaxé lorsque la photographie prise par le radar montre que le conducteur du véhicule était de sexe masculin. • Angers, 11 févr. 2003 : *Jurispr. auto 2003. 494* • Toulouse, 7 avr. 2003 : *ibid. 495.* ♦ N'est en effet pas justifiée la décision qui condamne pécuniairement à une amende le titulaire du certificat d'immatriculation d'un véhicule, pour non-respect d'un feu rouge, en application de l'art. L. 121-3, dès lors qu'il est constaté que le conducteur du véhicule au moment de l'infraction était une femme, ce dont il résultait qu'il ne pouvait s'agir du propriétaire du véhicule (en l'espèce, l'infraction avait été constatée par les forces de l'ordre qui avaient indiqué dans le PV de constatation que le véhicule était conduit par une femme). • Crim. 17 févr. 2004, nº 03-83.794 P : *D. 2004. 1192, note Céré ; AJ pénal 2004. 155 ; Jurispr. auto 2004. 155, note Defrance ; Procédures 2004. Comm. 112, obs. Buisson ; Dr. pénal 2004. Comm. 109, obs. Robert.* ♦ Ne saurait en conséquence être justifié le jugement qui déclare un prévenu de sexe masculin redevable pécuniairement de l'amende encourue pour excès de vitesse au motif qu'il n'apporte pas tous éléments permettant d'établir qu'il n'est pas l'auteur véritable de l'infraction, en ne répondant pas aux conclusions du prévenu faisant valoir que le cliché photographique joint au procès-verbal permettait d'établir que le véhicule était conduit par une femme. • Crim. 1er avr. 2008 : *Jurispr. auto 2008. 380.* ♦ … Le jugement qui déclare une femme, titulaire du certificat d'immatriculation du véhicule, redevable pécuniairement de l'amende encourue pour excès de vitesse en énonçant que celle-ci n'apporte pas tous les éléments permettant d'établir qu'elle n'est pas l'auteur véritable de l'infraction, notamment en ne fournissant pas de renseignements de nature à identifier le conducteur du véhicule qui en est l'auteur, alors qu'il est établi par la photographie prise lors du constat de l'excès de vitesse reproché que le véhicule de la prévenue était conduit non par elle-même, mais par un jeune homme. • Crim. 6 mai 2014 : *Dr. pénal 2014. Chron. 7, obs. Gauvin.*

6. Attestations. Justifie sa décision au regard des dispositions de l'art. L. 121-3 C. route, sans méconnaître celles de l'art. 537 C. pr. pén., la cour d'appel qui, pour renvoyer un prévenu des fins de la poursuite du chef d'excès de vitesse, retient que l'intéressé a versé une attestation d'un témoin établissant qu'au moment de la constatation de l'infraction il se trouvait dans les locaux de sa société (en l'espèce, le certificat d'immatriculation était établi au nom du prévenu). • Crim. 1er oct. 2008, n° 08-82.725 P : *AJ pénal 2008. 508 ; JCP 2009. II. 10004, note Garé ; ibid. I. 111, obs. Robert ; Dr. pénal 2009. Comm. 7, note Robert ; Jurispr. auto 2008. 660* • 17 déc. 2013, n° 12-87.923 P : *D. 2014. Actu. 13 ; Dr. pénal 2014, n° 23, note Robert ; Jurispr. auto 2014, n° 865, p. 20, note Lièvremont.* ♦ Méconnaît en revanche les dispositions des art. 537 C. pr. pén. et L. 121-3, la cour d'appel qui, pour condamner le titulaire du certificat d'immatriculation en qualité de pécuniairement redevable de l'amende, écarte une attestation susceptible d'apporter la preuve qu'il n'était pas le conducteur du véhicule aux motifs que cette preuve devait être rapportée par écrit ou par témoin, alors qu'en application l'art. L. 121-3 le pécuniairement redevable de l'amende peut apporter tous éléments pour établir qu'il n'est pas l'auteur véritable de l'infraction. • Crim. 29 mai 2013, n° 12-85.303 P : *Dr. pénal 2013, n° 126, note Robert ; AJ pénal 2013. 610, obs. Céré .* ♦ N'est par ailleurs pas justifiée la décision d'un tribunal qui, pour déclarer un prévenu pécuniairement redevable, énonce que celui-ci a produit pour sa défense une attestation d'un témoin dont il appert qu'il ne conduisait pas son véhicule personnel et qui en déduit que n'étant pas le conducteur de son véhicule personnel au moment de la constatation de l'infraction, il restait redevable de l'amende encourue sur le fondement de l'art. L. 121-3, le tribunal ne s'étant pas prononcé sur la force probante de l'attestation produite par le prévenu. • Crim. 11 janv. 2022, n° 21-81.902 : *JCP 2022. 537, obs. Detraz.*

7. Allégations. La simple allégation selon laquelle l'auteur de l'excès de vitesse serait le beau-frère du prévenu n'est en revanche pas suffisante pour écarter la responsabilité pécuniaire prévue à l'art. L. 121-3. • Grenoble, 8 nov. 2007 : *Jurispr. auto 2008. 377.* ♦ Le fait pour un prévenu de déclarer avoir prêté son automobile à un ami dont il ne veut pas révéler l'identité ne saurrait également suffire. • Crim. 21 sept. 2004, n° 03-86.660 : *Dr. pénal 2004. Comm. 176, note Robert ; Jurispr. auto 2004. 597.* ♦ N'apporte pas "tous éléments permettant d'établir qu'il n'est pas l'auteur véritable de l'infraction", au sens de l'art. L. 121-3 C. route, le titulaire du certificat d'immatriculation du véhicule, redevable pécuniairement de l'amende encourue pour excès de vitesse, qui se borne à faire état d'allégations que ne corrobore aucun élément de preuve (en l'espèce, le prévenu avait donné à l'audience l'identité et l'adresse de la personne qui était le conducteur de son véhicule au moment des faits). • Crim. 7 déc. 2011, n° 11-85.020 P : *D. actu., 17 janv. 2012, obs. Léna ; D. 2012. Actu. 220 ; Gaz. Pal. 21 avr. 2012, p. 27, note Detraz ; Jurispr. auto 2012, n° 840, p. 30, note Josseaume* et *Teissedre.*

8. Autres moyens de défense. Ne justifie pas sa décision le tribunal qui, pour condamner au paiement d'une amende une personne citée comme redevable pécuniairement, omet de répondre à des conclusions qui, fussent-elles fondées sur un moyen de défense autre que ceux énumérés au premier alinéa de l'art. L. 121-3 C. route, revêtent un caractère péremptoire en ce qu'elles contestent l'existence même de l'infraction. • Crim. 17 mars 2020, n° 19-84.399 P : *D. 2020. 823 ; Dr. pénal 2020, n° 96, note Robert ; ibid. Chron. 8, obs. Gauvin.*

9. Mise en œuvre procédurale. Méconnaît le sens et la portée de l'art. L. 121-3 C. route la cour d'appel, qui, pour relaxer le prévenu de la contravention d'excès de vitesse, énonce qu'il ne pouvait être déclaré redevable pécuniairement de l'amende encourue, dès lors qu'il n'avait pas été cité sur le fondement de cette disposition, alors que l'art. L. 121-3 C. route n'est pas un texte d'incrimination. • Crim. 1er oct. 2003, n° 02-87.349 P : *D. 2003. IR 2726 ; JCP 2003. IV. 2921 ; Jurispr. auto 2003. 626 ; AJ pénal 2004. 30 ; Dr. pénal 2004. Comm. 6, obs. Robert.*

10. Le titulaire du certificat d'immatriculation cité devant la juridiction de proximité en qualité de pécuniairement redevable de l'amende encourue pour un excès de vitesse ne peut être déclaré coupable de cette infraction, dès lors que l'action publique n'est pas mise en œuvre par sa citation devant la juridiction en application des dispositions de l'art. L. 121-3 C. route. • Crim. 27 nov. 2018, n° 18-81.622 P : *D. 2018. 2364 ; D. actu. 14 janv. 2019, obs. Priou-Alibert ; Dr. pénal 2019, n° 30, note Robert ; Procédures 2019, n° 55, obs. Buisson ; AJ pénal 2019. 148, obs. Céré .*

11. Lorsqu'il n'est pas démontré que le titulaire du certificat d'immatriculation, cité devant la juridiction de proximité du chef d'excès de vitesse, était au volant du véhicule lors de la commission de l'infraction, celui-ci doit, après avoir été mis en mesure de se défendre, être déclaré pécuniairement redevable de l'amende encourue, s'il n'établit pas qu'il ne pouvait être le conducteur du véhicule, et ce même si une telle déclaration ne constitue pas une condamnation pénale. • Crim. 25 janv. 2011, n° 10-85.626 P : *D. 2011. 679 ; AJ pénal 2011. 135 ; Dr. pénal 2011, n° 50 (3e arrêt), note Robert ; Jurispr. auto 2011, n° 830, p. 30, note Rémy.*

12. La règle selon laquelle le prévenu ou son avocat auront toujours la parole les derniers, prévue à l'art. 513, al. 4, C. pr. pén., s'applique également à la personne redevable pécuniairement d'une amende. • Crim. 7 nov. 2017, n° 17-80.831 P : *D. actu. 24 nov. 2017, obs. Goetz ; AJ pénal 2017. 553, obs. Céré*.

13. *Recours.* Les dispositions de l'art. 546, al. 1er, C. pr. pén, qui permettent au prévenu de faire appel d'un jugement de police notamment lorsque la peine d'amende prononcée est supérieure au maximum de l'amende encourue pour les contraventions de la deuxième classe, soit 150 €, sont applicables à la personne déclarée redevable pécuniairement d'une amende. Est en conséquence déclaré irrecevable le pourvoi formé par un prévenu contre le jugement le déclarant redevable pécuniairement d'une amende de 250 € pour excès de vitesse, un tel jugement étant susceptible d'appel. • Crim. 31 janv. 2012, n° 11-86.178 P : *Dr. pénal 2012, n° 58, note Maron et Haas.*

14. Le titulaire du certificat d'immatriculation, poursuivi pour excès de vitesse, qui n'a pas contesté devant le juge du fond avoir été le conducteur du véhicule, n'est pas recevable à élever une telle contestation pour la première fois devant la Cour de cassation. • Crim. 24 févr. 2010, n° 09-84.667 P : *D. 2010. Actu. 897*. De même, le prévenu qui, bien que régulièrement cité à comparaître devant la juridiction de jugement et n'ayant pas fourni d'excuse, n'a pas comparu et ne s'est pas expliqué devant cette juridiction n'est pas recevable à mettre en discussion devant la Cour de cassation le fait qu'il n'aurait pas été le conducteur du véhicule contrôlé. • Crim. 19 févr. 2013, n° 12-83.781 P. ...Ou l'identité du conducteur du véhicule concerné ou le titre auquel celui-ci était utilisé. • Crim. 26 févr. 2013, n° 12-84.471 P : *Dr. pénal 2013, n° 74, note Robert.*

15. *Dispense de peine.* Le titulaire du certificat d'immatriculation d'un véhicule déclaré redevable pécuniairement de l'amende encourue pour excès de vitesse en application de l'art. L. 121-3 C. route n'est pas responsable pénalement de l'infraction. Il ne peut donc être dispensé de l'obligation de payer cette amende sur le fondement de l'art. 132-59 C. pén. • Crim. 8 nov. 2011 : *Dr. pénal 2012, n° 23, note Robert.* ♦ Il résulte en effet de l'art. 132-58 C. pén. que seul un prévenu déclaré coupable de contraventions à la réglementation sur les vitesses maximales autorisées peut se voir appliquer une dispense de peine. • Crim. 8 mars 2016, n° 15-83.561 : *Gaz. Pal. n° 27 du 19 juill. 2016, p. 47, note Detraz.*

16. *Motivation du montant de l'amende.* Il se déduit de l'art. L. 121-3 C. route que les juges qui déclarent le titulaire du certificat d'immatriculation d'un véhicule redevable pécuniairement de l'amende encourue pour les infractions visées par ce texte doivent motiver leur décision au regard des ressources et charges de l'intéressé. N'encourt cependant pas la cassation l'arrêt qui détermine le montant de l'amende sans référence aux ressources et charges du prévenu, dès lors que la cour d'appel, devant laquelle l'intéressé n'a fourni aucune information sur ce point, n'avait pas à rechercher d'autres éléments que ceux qui lui étaient produits. • Crim. 31 mai 2023, n° 22-87.124 B : *D. actu. 21 juin 2023, obs. Recotillet ; AJ pénal 2023. 352, obs. Lasserre Capdeville ; Dr. pénal 2023, n° 139, note Robert ; JCP 2023. 1111, obs. Detraz.*

17. *Paiement de l'amende.* L'art. 707-2 C. pr. pén. permet à toute personne condamnée à une peine d'amende de police de bénéficier d'une diminution de son montant de 20 %, si elle s'en acquitte dans un délai d'un mois à compter de la date à laquelle le jugement a été prononcé. Une divergence d'interprétation de ce texte, quant à son application au titulaire du certificat d'immatriculation d'un véhicule, a pu apparaître, et ce dans un sens restrictif de la notion de personne condamnée. En effet, l'amende mise à la charge du titulaire du certificat d'immatriculation, conformément à l'art. L. 121-3 C. route ne constitue pas une amende pénale en ce que la personne déclarée redevable de l'amende prononcée n'est pas responsable pénalement de l'infraction et n'est donc pas déclarée coupable. A cet égard, cette décision ne donne pas lieu à inscription au casier judiciaire et à retrait de points du permis de conduire et n'est pas prise en compte pour la récidive. Cette analyse conduit dès lors à exclure cette amende du bénéfice de la minoration de 20 %. Toutefois, sous réserve de l'interprétation de la Cour de cassation, il apparaît équitable que la personne déclarée redevable en sa qualité de titulaire du certificat d'immatriculation bénéficie de modalités de paiement identiques à celles prévues pour une personne condamnée et donc bénéficie des dispositions de l'art. 707-2 C. pr. pén. *Rép. min. n° 20844 : *JO Sénat Q, 24 août 2006. 2221.*

18. *Retrait de points.* Lorsque le destinataire d'un avis de contravention choisit d'éteindre l'action publique par le paiement de l'amende forfaitaire, il résulte des dispositions de l'art. L. 223-1 C. route que ce paiement établit la réalité de l'infraction et entraîne la réduction de plein droit du nombre de points dont est affecté le permis de conduire de l'intéressé ; par suite, celui-ci ne peut donc utilement soutenir devant le juge administratif, à l'appui de ses conclusions dirigées contre la décision de retrait de points, qu'il n'est pas le véritable auteur de l'infraction. • CE, avis, 26 juill. 2006 : *Jurispr. auto 2006. 520.* ♦ Mais, dans un tel cas, l'information préalable, selon laquelle le paiement de l'amende établit la réalité de l'infraction et entraîne le retrait de points de son permis, est alors une garantie essentielle donnée au destinataire de l'avis de contravention pour lui permettre de contester, devant la juridiction de proximité, être l'auteur de l'infraction, et constitue ainsi une condition de la légalité de la décision de retrait de points. • Même avis.

B. REDEVABILITÉ PÉCUNIAIRE DU REPRÉSENTANT LÉGAL (ART. L. 121-3, AL. 3)

19. Constitutionnalité de l'art. L. 121-3, al. 3 – Absence de renvoi de plusieurs QPC. Si l'art. L. 121-3, al. 3, C. route, dans sa rédaction issue de la L. n° 2009-526 du 12 mai 2009, n'a pas déjà été déclaré conforme à la Constitution dans les motifs et le dispositif d'une décision du Conseil constitutionnel, la question de sa constitutionnalité, outre qu'elle n'est pas nouvelle, ne présente pas un caractère sérieux. La disposition légale critiquée ne porte pas en effet atteinte à la présomption d'innocence dès lors que des présomptions de culpabilité peuvent être établies, notamment en matière contraventionnelle, lorsqu'elles ne revêtent pas de caractère irréfragable et qu'est assuré le respect des droits de la défense. Elle ne méconnaît pas l'interdiction des peines automatiques et elle ne porte atteinte ni au principe de nécessité des peines posé par l'art. 8 DDH ni au principe de personnalité des peines et de responsabilité personnelle, dès lors que le refus de fournir des renseignements permettant d'identifier l'auteur véritable de l'infraction s'analyse en un refus de contribuer à la manifestation de la vérité ou en un défaut de vigilance dans la garde du véhicule. • Crim. 5 janv. 2011 *(2 arrêts) : D. 2011. 446, obs. Girault ; ibid. Pan. 2823, obs. Roujou de Boubée ; Dr. pénal 2011, n° 50, note Robert ; Gaz. Pal. 14 avr. 2011, p. 13, note Detraz.* ♦ Les dispositions de l'art. L. 121-3, al. 3, C. route ne portent pas atteinte par ailleurs au principe de l'égalité devant la loi, dès lors que, si elles instituent des règles de procédure différentes selon que le certificat d'immatriculation du véhicule est établi au nom d'une personne morale ou d'une personne physique, celles-ci ne procèdent pas de distinctions injustifiées et que des garanties égales sont assurées aux justiciables. • Crim. 22 juin 2011 : *D. 2011. Pan. 2823, obs. Roujou de Boubée ; Dr. pénal 2011, n° 106, note Robert ; Gaz. Pal. 10 nov. 2011, p. 11, note Detraz.* ♦ La sanction instituée par l'art. L. 121-3 ne saurait en outre être considérée comme disproportionnée, dès lors qu'elle n'a pas pour effet d'engager la responsabilité pénale de la personne morale titulaire du certificat d'immatriculation ni celle de son représentant, que le paiement de l'amende encourue ne donne pas lieu à inscription au casier judiciaire, qu'il n'est pas pris en compte pour la récidive et n'entraîne pas de retrait des points affectés au permis de conduire, et que enfin, les règles de la contrainte judiciaire ne sont pas applicables. • Crim. 16 avr. 2013 : *Dr. pénal 2013, n° 90, note Robert ; NCCC 2013., n° 41, p. 263, obs. Peltier.* ♦ L'art. L. 121-3, al. 3, C. route ne porte pas atteinte au principe de l'égalité devant la loi, dès lors que tous les représentants légaux de personnes morales titulaires de certificats d'immatriculation de véhicules se trouvent placés dans la même situation et disposent de la faculté d'éviter d'être déclarés redevables de l'amende prononcée en instaurant, au sein de leur entreprise, un dispositif destiné à permettre l'identification des employés ayant commis des infractions au code de la route. • Crim. 23 juill. 2014 : *Gaz. Pal. 21 oct. 2014, p. 31, note Detraz ; NCCC 2015, n° 46, p. 123, obs. Bonis-Garçon.*

20. Seul le représentant légal de la personne morale est redevable. Il résulte des art. L. 121-2 et L. 121-3 C. route que, lorsque le certificat d'immatriculation d'un véhicule verbalisé pour excès de vitesse est établi au nom d'une personne morale, seul le représentant légal de celle-ci peut être déclaré redevable pécuniairement de l'amende encourue. Est en conséquence cassée la décision déclarant redevable pécuniairement la personne morale titulaire du certificat d'immatriculation. • Crim. 30 sept. 2009, n° 09-80.178 P : *AJ pénal 2009. 500 ; Dr. pénal 2009, n° 150, note Robert* • 14 oct. 2009 : *Dr. pénal 2010, n° 6, note Robert.* ♦ Seul le représentant légal de la personne morale peut être déclaré redevable pécuniairement, mais encore faut-il qu'il ait été cité par un acte visant la société prise en la personne de ce dernier, signifié à une personne habilitée trouvée au lieu du siège social. La citation à comparaître délivrée à la personne morale ne saurait suffire. • Crim. 13 oct. 2010, n° 10-81.865 P. • 27 oct. 2010 : *Dr. pénal 2011, n° 8, note Robert.* ♦ Une citation à comparaître délivrée à la personne morale, prise en la personne de son représentant légal, ne saurait suffire. Pour l'application de l'art. L. 121-3, al. 3, C. route, la citation doit être délivrée à la seule personne physique qui était, au moment des faits, le représentant légal de la personne morale titulaire du certificat d'immatriculation et qui, à ce titre, est pécuniairement redevable de l'amende encourue. • Crim. 19 déc. 2012 (2 arrêts), n° 12-80.861 P : *D. actu., 4 févr. 2013, obs. Auffray ; Dr. pénal 2013, n° 24, note Robert ; RSC 2013. 398, obs. Boccon-Gibod .* ♦ Comp. • Crim. 13 oct. 2010 : *préc.* (qui admettait que la citation soit signifiée à une personne habilitée trouvée au lieu du siège social). ♦ Est redevable pécuniairement le représentant légal de la personne morale locataire du véhicule à la date de la commission des faits, peu important les circonstances postérieures (cassation d'un arrêt qui avait considéré que la présomption de l'art. L. 121-3 ne pouvait être opposable à la personne poursuivie dès lors que celle-ci, postérieurement à la constatation de l'infraction, avait perdu la qualité de dirigeant légal d'une société et était donc dans l'incapacité de faire effectuer des recherches visant à identifier le conducteur). • Crim. 2 sept. 2010, n° 10-82.393 P : *D. 2010. Pan. 2732, note Roujou de Boubée ; AJ pénal 2010. 502, note Céré ; Jurispr. auto 2010, n° 823, p. 32, note Namin ; Dr. pénal 2010, n° 121, note Robert ; Gaz. Pal. 18 nov. 2010, p. 11, note Mésa ; ibid., p. 15, note Detraz ; BJS Sociétés, n° 1, 2011, p. 58, note Bonfils.* ♦ En cas de délégation de pouvoirs, le représentant légal de la personne morale demeure redevable pécuniairement de l'amende encourue. • Crim. 13 oct. 2010, n° 10-81.575 P : *D. 2010. 2274, note Léna ; ibid. 2011. Pan. 2823, obs. Roujou de Boubée ; Dr. pénal 2011, n° 7, note Robert; Gaz. Pal. 6 janv. 2011, p. 14, note Detraz.* ♦ Un salarié à qui un véhicule de fonction est attribué à temps complet ne saurait être déclaré redevable pécuniairement de l'amende encourue pour un excès de vitesse sur le fondement de l'art. L. 121-3, dès lors qu'il n'est ni le représentant légal de la personne morale au nom de laquelle le certificat d'immatriculation est établi, ni le locataire dudit véhicule. • Nîmes, 28 juin 2019 : *Dr. pénal 2020. Chron. 8, obs. Gauvin.*

21. Cas des sociétés par actions simplifiées. Aux termes de l'art. L. 227-6 C. com., la société par actions simplifiée est représentée à l'égard des tiers par son président. Lorsque le certificat d'immatriculation d'un véhicule verbalisé pour excès de vitesse est établi au nom d'une telle société, seul son président, en tant que représentant légal, peut donc être déclaré redevable pécuniairement de l'amende encourue, les dispositions statutaires limitant les pouvoirs de ce dernier étant inopposables aux tiers. • Crim. 2 mars 2011 : *Gaz. Pal. 28 juill. 2011, p. 12, note Detraz.* ♦ Lorsque le représentant légal de la personne morale titulaire du certificat d'immatriculation du véhicule en infraction est une société par actions simplifiée, le représentant légal de cette société est redevable pécuniairement de l'amende encourue, celui-ci encourant, aux termes de l'art. L. 227-7 C. com., les mêmes responsabilités civile et pénale que s'il était président ou dirigeant en son nom propre de la société titulaire du certificat d'immatriculation. • Crim. 7 mai 2018, n° 17-83.733 P : *Gaz. Pal. 24 juill. 2018, p. 38, note Dreyer; Dr. pénal 2018, n° 157, note Robert; Rev. sociétés 2019. 123, note Matsopoulou .*

22. Cas des sociétés locataires. En l'absence d'identification de l'auteur d'un excès de vitesse, seul le représentant légal de la société titulaire du certificat d'immatriculation ou locataire du véhicule peut, en application des dispositions de l'art. L. 121-3 C. route, être déclaré pécuniairement redevable de l'amende encourue. Est en conséquence justifié le jugement relaxant un salarié désigné comme conducteur par le représentant légal d'une société locataire d'un véhicule dès lors qu'aucun élément ne permettait d'établir que celui-ci était bien le conducteur du véhicule en cause, de nombreux salariés étant susceptibles de l'utiliser. • Crim. 17 avr. 2013, n° 12-87.490 P : *D. actu. 27 mai 2013, obs. Gayet; Dr. pénal 2013, n° 107, note Robert; AJ pénal 2013. 479 ; Gaz. Pal. 23 juill. 2013, p. 35, note Detraz; Jurispr. auto 2014, n° 859, p. 26, note Liévremont* • 28 janv. 2014, n° 12-86.497 P. ♦ Il se déduit des al. 3 et 4 de l'art. L. 121-3 qu'en l'absence d'identification de l'auteur d'une contravention d'excès de vitesse, le représentant de la personne morale locataire du véhicule doit être déclaré pécuniairement redevable de l'amende encourue. • Crim. 17 mars 2015, n° 14-82.982 : *Dr. pénal 2015. Chron. 7, obs. Gauvin.* ♦ En l'absence d'identification de l'auteur d'une contravention d'excès de vitesse ou de non-respect de l'arrêt imposé par une signalisation commise à l'occasion de la conduite d'un véhicule détenu par une personne morale en vertu d'un contrat de location, la responsabilité pécuniaire prévue à l'art. L. 121-3 s'applique à son représentant légal, peu importe que le certificat d'immatriculation soit ou non établi au nom de la personne morale. • Crim. 15 oct. 2019, n° 18-86.644 P : *D. 2019. 1992 ; RTD Com. 2019. 1025, obs. Bouloc ; Dr. pénal 2019, n° 199, note Robert.*

23. Causes d'exonération. Il résulte de la combinaison des art. L. 121-2 et L. 121-3 C. route (ce dernier, dans sa version antérieure à la L. n° 2009-526 du 12 mai 2009) que le représentant légal d'une personne morale est redevable pécuniairement de l'amende encourue pour les contraventions à la réglementation sur les vitesses maximales autorisées, commises avec un véhicule immatriculé au nom de cette personne morale, à moins qu'il n'établisse l'existence d'un événement de force majeure ou qu'il ne fournisse des renseignements permettant d'identifier l'auteur véritable de l'infraction. • Crim. 26 nov. 2008, n° 08-83.003 P : *D. 2009. 47, obs. Chaumont & Degorce; JCP 2009. I. 111, obs. Robert; Dr. pénal 2009. Comm. 23, note Robert* • 10 déc. 2008, n° 08-82.029 : *Dr. pénal 2009. Comm. 32, note Robert* • 13 janv. 2009, n° 08-85.931 P : *AJ pénal 2009. 133 ; JCP 2009. IV. 1334; Dr. pénal 2009. Comm. 32, note Robert* • 10 févr. 2009, n° 08-86.777 P (où il est précisé que l'état de santé du prévenu, qui ne lui permettait pas de conduire le véhicule en infraction, ne constitue pas un événement de force majeure au sens de l'art. L. 121-2) • 1er sept. 2009 : *Dr. pénal 2009, n° 136, note Robert.* ♦ Depuis la L. n° 2009-526 du 12 mai 2009, l'article L. 121-3, al. 3 renvoie expressément aux causes d'exonération prévues au premier al. de l'art. L. 121-2.

24. L'amende encourue par la personne redevable pécuniairement au sens de l'art. L. 121-3 C. route ne constitue pas une peine. Les dispositions nouvelles issues de la L. du 12 mai 2009 modifiant ledit article et prévoyant un régime différent d'exonération des redevables de cette amende ayant la qualité de représentants légaux d'une personne morale sont dès lors applicables même aux infractions commises antérieurement (cassation d'un jugement qui avait écarté la redevabilité pécuniaire d'un représentant légal pour un excès de vitesse commis avant le revirement jurisprudentiel du 26 nov. 2008 et avant la nouvelle rédaction du dernier al. de l'art. L. 121-3 issue de la L. du 12 mai 2009 par application du principe de non-rétroactivité de la loi pénale plus sévère). • Crim. 15 sept. 2010, n° 09-87.326 P : *D. 2010. Actu.*

2518 ; ibid. 2011. Pan. 2823, obs. Roujou de Boubée ; Dr. pénal 2010, n° 137, note Robert.

25. Condamnation en application de l'art. L. 121-6. La règle *non bis in idem* n'interdit pas de déclarer le représentant légal d'une personne morale pécuniairement redevable d'une amende pour excès de vitesse sur le fondement de l'art. L. 121-3 C. route et de condamner l'intéressé à une amende pour non-transmission de l'identité et de l'adresse du conducteur du véhicule en application de l'art. L. 121-6 C. route, dès lors que les faits de non-transmission de l'identité et de l'adresse du conducteur sont distincts des faits d'excès de vitesse ayant donné naissance à l'obligation de dénonciation et que la mise à la charge du représentant légal d'une personne morale d'une amende, sur le fondement de l'art. L. 121-3, ne met pas en jeu la responsabilité pénale de celui-ci et ne constitue pas, non plus, une sanction ayant le caractère d'une punition. • Crim. 24 janv. 2023, n° 22-83.011 : *D. actu. 13 mars 2023, obs. Recotillet; Dr. pénal 2023. Chron. 8, obs. Gauvin.*

26. Montant de l'amende. L'amende encourue pour les contraventions à la réglementation sur les vitesses maximales autorisées, par le représentant légal de la personne morale titulaire du certificat d'immatriculation, en application des art. L. 121-2 et L. 121-3 C. route, ne peut excéder le montant maximum édicté par les art. R. 413-14 C. route et 131-13 C. pén. Est en conséquence cassée la décision déclarant une personne physique pécuniairement redevable d'une amende applicable aux seules personnes morales coupables d'une contravention (en l'espèce, les juges du fond avaient déclaré le prévenu, en qualité de gérant d'une société, pécuniairement redevable d'une amende de 1 300 euros, en appliquant les dispositions de l'art. 131-41 C. pén. qui prévoient que « le taux maximum de l'amende applicable aux personnes morales est égal au quintuple de celui prévu pour les personnes physiques par le règlement qui réprime l'infraction »). • Crim. 12 mai 2010, n° 10-80.031 P : *D. 2010. Actu. 1559 ; ibid. 2693, note Bonfils et Céré ; ibid. Pan. 2732, note Roujou de Boubée ; AJ pénal 2010. 341 ; Dr. pénal 2010, n° 93, note Robert; Gaz. Pal. 29 juill. 2010, p. 15, note Detraz.*

27. Interdiction des retenues sur salaire. La retenue sur salaire pour le remboursement des contraventions afférentes à un véhicule professionnel mis au service d'un salarié est illégale, fût-elle prévue par son contrat de travail. • Soc. 11 janv. 2006, n° 03-43.587 P : *D. 2006. 2013, note Mouly* • 27 sept. 2011 : *inédit.*

28. L'employeur ne saurait par ailleurs demander à un salarié le remboursement des contraventions pour stationnement irrégulier et excès de vitesse commis par celui-ci lors de la conduite d'un véhicule professionnel mis à sa disposition, dès lors qu'il n'a pas invoqué une faute lourde de son salarié, seule à même de permettre à un employeur d'engager la responsabilité civile de son salarié. • Soc. 17 avr. 2013 : *Dr. pénal 2013, n° 91, note Robert; Jurispr. auto 2013, n° 853, p. 34, note Petit.*

29. Prise en charge des amendes par l'employeur. Selon l'art. L. 242-1 CSS, pour le calcul des cotisations de sécurité sociale, sont considérées comme rémunérations toutes les sommes versées aux travailleurs en contrepartie ou à l'occasion du travail, notamment les salaires ou gains, les indemnités de congés payés, le montant des retenues pour cotisations ouvrières, les indemnités, primes, gratifications et tous autres avantages en argent, les avantages en nature, ainsi que les sommes perçues directement ou par l'entremise d'un tiers à titre de pourboire. Constitue un avantage, au sens de cette disposition, la prise en charge, par l'employeur, des amendes réprimant une contravention au code de la route commise par un salarié de l'entreprise. • Civ. 2e, 9 mars 2017, n° 15-27.538 P : *D. 2017. 652 ; ibid. 1348, note Mathieu, Terryn ; RDSS 2017. 574, obs. Tauran ; JCP S 2017. 1176, note Derue ; Dr. pénal 2017, n° 129, note Robert.*

30. Retrait de points. Lorsque le certificat d'immatriculation est établi au nom d'une personne morale, le représentant légal de celle-ci, à défaut d'avoir présenté une requête en exonération auprès du service indiqué dans l'avis de contravention, se voit régulièrement notifier le retrait de points de son permis de conduire dès lors qu'il s'est acquitté de l'amende forfaitaire qui lui a été infligée à raison de l'excès de vitesse commis par le conducteur non identifié d'un véhicule appartenant à la société qu'il représente. Un tel paiement établit la réalité de l'infraction et entraîne la réduction de plein droit du nombre de points dont est affecté le permis de conduire de l'intéressé, nonobstant la circonstance que ce dernier aurait contesté, dans une lettre jointe au règlement de l'amende et par un courrier ultérieur, être l'auteur de l'infraction. • CAA Bordeaux, 14 oct. 2008, n° 07BX01343 : *inédit.*

C. REDEVABILITÉ PÉCUNIAIRE DU LOCATAIRE (ART. L. 121-3, AL. 4)

31. Combinaison des art. L. 121-2 et L. 121-3. Méconnaît le sens et la portée des art. L. 121-2 et L. 121-3 C. route, la juridiction de proximité qui relaxe le locataire d'un ensemble routier composé d'un véhicule tracteur et d'une remorque des fins de la poursuite pour excès de vitesse et dit qu'il n'est pas redevable pécuniairement de l'amende encourue aux motifs que le véhicule tracteur, auquel était attelée la remorque dont le numéro d'immatriculation a été relevé, n'a pu être identifié, sans rechercher si le prévenu, locataire de l'un des deux éléments composant le véhicule verbalisé, se trouvait dans l'un des cas d'exceptions prévues par lesdits articles. • Crim. 27 mars 2008, n° 07-85.999 P : *D. 2008. 1719, obs. Caron & Ménotti; AJ pénal. 2008. 324, note Céré ; Jurispr. auto 2008. 310 ; Dr. pénal 2008. Comm. 85,* *note Robert.* ♦ Les contraventions à la réglementation sur les vitesses maximales autorisées ne sont imputables qu'au conducteur du véhicule. Par conséquent, dès lors qu'il n'est pas établi que le prévenu, locataire du véhicule contrôlé, était le conducteur dudit véhicule, il appartient à la juridiction de proximité de relaxer l'intéressé et de le déclarer redevable pécuniairement des amendes encourues en appliquant les dispositions combinées des art. L. 121-2, al. 2 et L. 121-3. • Crim. 13 janv. 2009, n° 08-86.216 P : *AJ pénal 2009. 133 ; JCP 2009. IV. 1333 ; Gaz. Pal. 24 févr. 2009, p. 15, note Detraz.* ♦ Depuis la L. n° 2011-525 du 17 mai 2011, cette combinaison des art. L. 121-2 et L. 121-3 résulte expressément des termes de l'al. 4 du présent art. Il résulte ainsi des articles L. 121-3, al. 4, et L. 121-2, al. 1, C. route que le locataire d'un véhicule est redevable pécuniairement de l'amende encourue pour les contraventions à la réglementation sur les vitesses maximales autorisées, à moins qu'il n'établisse l'existence d'un événement de force majeure ou qu'il fournisse des renseignements permettant d'identifier l'auteur véritable de l'infraction. • Crim. 17 oct. 2012, n° 12-82.231 : *Jurispr. auto 2013, n° 850, p. 32, note Cadet.*

32. En vertu des art. L. 121-2 et L. 121-3 C. route, le ministère public peut poursuivre directement, en tant que pécuniairement redevable de l'amende encourue pour vitesse excessive, le locataire mentionné sur le certificat d'immatriculation du véhicule contrôlé, dont les informations sont reprises officiellement par le service d'immatriculation des véhicules (SIV). • Crim. 27 oct. 2015, n° 14-87.307 P : *D. actu. 16 nov. 2015, obs. Goetz ; Gaz. Pal. 26 janv. 2016, p. 49, note Detraz.*

33. Locataire de longue durée. En cas de location de longue durée, le locataire étant considéré comme titulaire du certificat d'immatriculation du véhicule, il résulte de l'art. L. 121-3 C. route qu'il peut être déclaré redevable pécuniairement de l'amende encourue pour les contraventions relatives au dépassement de véhicule, à moins qu'il n'établisse l'existence d'un vol ou de tout autre événement de force majeure ou qu'il n'apporte tous éléments permettant d'établir qu'il n'est pas l'auteur véritable de l'infraction. • Crim. 1er févr. 2022, n° 21-84.725 : *Dr. pénal 2022, n° 85, note Robert.*

D. REDEVABILITÉ PÉCUNIAIRE DE L'ACQUÉREUR (ART. L. 121-3, AL. 5)

34. Est justifié le jugement déclarant non redevable le titulaire du certificat d'immatriculation d'un véhicule vendu le jour même où celui-ci a été contrôlé en excès de vitesse et qui constate que, du fait des délais impartis au vendeur et à l'acquéreur pour accomplir les formalités administratives de mutation, l'identité du détenteur de la carte grise ne constitue pas une présomption de propriété et que la preuve de l'identité du propriétaire du véhicule au moment où l'infraction a été commise n'est pas rapportée. • Crim. 5 mai 2010 : *Gaz. Pal. 29 juill. 2010, p. 15, note Detraz.*

Art. L. 121-4 Sauf cas de versement immédiat d'une amende forfaitaire ou d'une amende forfaitaire minorée, lorsqu'elles sont respectivement applicables, lorsque l'auteur d'une infraction se trouve hors d'état de justifier d'un domicile ou d'un emploi sur le territoire français ou d'une caution agréée par l'administration habilitée à percevoir les amendes garantissant le paiement éventuel des condamnations pécuniaires encourues, le véhicule ayant servi à commettre l'infraction pourra être retenu jusqu'à ce qu'ait été versée *(Ord. n° 2010-420 du 27 avr. 2010, art. 116)* **« au comptable public compétent » ou à un agent mentionné à l'article L. 130-4 porteur d'un carnet de quittances à souches une consignation dont le montant est fixé par arrêté. La décision imposant le paiement d'une consignation est prise par le procureur de la République, qui est tenu de statuer dans le délai maximum de vingt-quatre heures après la constatation de l'infraction.**

Le véhicule peut être mis en fourrière si aucune de ces garanties n'est fournie par l'auteur de l'infraction et les frais en résultant sont mis à la charge de celui-ci.

Sur les montants de la consignation et sur le carnet de quittances à souches, V. Arr. du 19 déc. 2001, App., v° Infractions.

Sur le paiement par chèque des amendes forfaitaires, V. Arr. du 23 déc. 1999, App., v° Infractions.

BIBL. ▶ DEFRANCE, *Jurispr. auto 2007. 342* (poursuite des conducteurs étrangers et des automobilistes français condamnés à l'étranger) ; *ibid. 2008. 216* (Union européenne, la lutte contre la délinquance routière transfrontalière). – LE DALL, *ibid. 2014, n° 864, p. 16* (l'infraction au code de la route commise à l'étranger).

COMMENTAIRE

Auteurs d'infraction domiciliés à l'étranger. La répression des infractions au code de la route commises par des personnes domiciliées à l'étranger est souvent délicate.

Garantir le paiement des amendes. Plusieurs dispositions visent, au moins, à garantir le paiement des amendes prononcées.

Il en est ainsi, tout d'abord, des dispositions du code de procédure pénale sur l'amende forfaitaire (art. 529-1) et l'amende forfaitaire minorée (art. 529-8) qui permettent un acquittement immédiat du montant de l'amende entre les mains de l'agent verbalisateur. Ces dispositions, auxquelles les premiers termes de l'article L. 121-4 font écho, ne sont pas spécifiques au recouvrement des amendes prononcées à l'encontre des personnes domiciliées à l'étranger, mais leur application, dans un tel cas, est pour le moins efficace.

Il en est ainsi, ensuite, des dispositions prévues au présent article qui donnent la possibilité d'imposer au conducteur hors d'état de justifier d'un domicile ou d'un emploi sur le territoire français, s'il apparaît être l'auteur d'une infraction, de verser « *une consignation* » dont le montant est fixé par arrêté proportionnellement à la gravité de l'infraction constatée. Et le véhicule ayant servi à la commission de l'infraction peut être « *retenu* », tant que la somme demandée n'a pas été déposée. En l'absence de garanties, le véhicule peut même être mis en fourrière.

Il en est ainsi, enfin, des dispositions figurant à l'article L. 121-4-1 qui visent plus particulièrement à améliorer le recouvrement des amendes prononcées pour les infractions constatées par les radars automatiques (V. comm. de cet art.).

Permettre un retrait de points. A toutes ces dispositions, il faut par ailleurs ajouter celles prévues, depuis la loi du 18 novembre 2016 de modernisation de la justice du XXIe siècle, à l'article L. 223-10 qui permettent de retirer des points aux conducteurs titulaires d'un permis de conduire délivré par une autorité étrangère lorsqu'ils commettent des infractions routières sur le territoire national, ces retraits de points pouvant aboutir, le cas échéant, à une interdiction de circuler sur le territoire national pendant une durée d'un an (V. comm. de cet art.). ❑

1. La décision imposant, en application de l'art. L. 26 [C. route, art. L. 121-4] le paiement d'une consignation est étrangère à la validité de la poursuite et de la condamnation pour infraction à la police de la circulation. • Crim. 22 mai 1990, n° 89-85.955 P : *D. 1990. IR 182 ; Gaz. Pal. 1990. 2. 514.*

2. La décision dont l'objet est de garantir le paiement éventuel des condamnations pécuniaires et d'éviter la mise en fourrière du véhicule ayant servi à commettre l'infraction constitue une mesure de sûreté ne préjugeant en rien de la culpabilité du prévenu dont les droits demeurent entiers devant la juridiction de jugement. • Crim. 22 mai 1990, n° 89-85.955 P : *D. 1990. IR 182 ; Gaz. Pal. 1990. 2. 514.*

3. Les dispositions de l'art. L. 26 [C. route, art. L. 121-4] qui s'appliquent à toute personne, quelle que soit sa nationalité, hors d'état de justifier d'un domicile ou d'un emploi sur le territoire national ou d'une caution agréée par l'administration habilitée à percevoir les amendes, ne sauraient caractériser une discrimination prohibée par l'art. 14 Conv. EDH. • Crim. 22 mai 1990, n° 89-85.955 P : *D. 1990. IR 182 ; Gaz. Pal. 1990. 2. 514.* ♦ Les dispositions de l'art. L. 26 [L. 121-4] ne sont pas contraires à l'art. 12 du Traité CE interdisant toute discrimination en raison de la nationalité. • Crim. 19 juin 2001, n° 00-83.171 : *Dr. pénal 2002. Comm. 17, obs. Robert.*

4. Sur l'application de l'art. L. 26 [C. route, art. L. 121-4] aux conducteurs routiers professionnels : • CE, avis, 26 janv. 1982 : *BOMJ n° 7, p. 79;* Circ. 12 avr. 1982 : *BOMJ n° 7, p. 79.*

Art. L. 121-4-1 *(L. n° 2007-297 du 5 mars 2007, art. 21)* **Lorsqu'un avis d'amende forfaitaire majorée concernant une** *(L. n° 2016-1547 du 18 nov. 2016, art. 34-I-2°)* **« infraction » mentionnée à l'article L. 121-3 a été adressé par lettre recommandée au titulaire du certificat d'immatriculation ne pouvant justifier d'un domicile sur le territoire français et qu'il n'a pas été procédé, dans le délai de quatre mois à compter de sa date d'envoi, au paiement de l'amende ou à la réclamation prévue par l'article 530 du code de procédure pénale, le véhicule ayant servi à commettre l'infraction peut, en cas d'interception du véhicule conduit par ce titulaire, être retenu jusqu'à ce que celui-ci verse le montant de l'amende due aux agents mentionnés à l'article L. 121-4. Il en est de même si le véhicule est conduit par un préposé du titulaire du certificat d'immatriculation ou par le représentant de ce titulaire s'il s'agit d'une personne morale.**

Le véhicule peut être mis en fourrière si ce versement n'est pas fait par l'intéressé et les frais en résultant sont mis à la charge de celui-ci.

La personne est informée qu'elle peut demander que le procureur de la République du lieu de l'interception soit avisé de l'application du présent article.

Pour l'application du présent article, est considérée comme le titulaire du certificat d'immatriculation la personne dont l'identité figure sur un document équivalent délivré par les autorités étrangères compétentes.

COMMENTAIRE

Véhicules immatriculés à l'étranger et infractions constatées automatiquement. Environ 15 % des excès de vitesse constatés par les radars automatiques concerneraient des véhicules immatriculés à l'étranger. Or les conducteurs de ces véhicules échappent largement à la répression. Il n'est pas certain en effet que de tels conducteurs, s'ils reçoivent l'avis de contravention à leur domicile, paient spontanément l'amende ainsi reçue, et ce d'autant que les dispositions qui habituellement visent à garantir le paiement des amendes prononcées à l'encontre des personnes domiciliées à l'étranger (V. comm. ss. art. L. 121-4) ne peuvent alors s'appliquer, en l'absence d'interception du véhicule au moment de l'infraction. A supposer néanmoins que ces personnes paient l'amende reçue, elles échappent en revanche à tout retrait de points dès lors que leur permis de conduire a été délivré par une autorité étrangère. Autant d'éléments qui peuvent faire naître un sentiment d'impunité pour ces conducteurs et un sentiment d'injustice pour les conducteurs titulaires d'un permis de conduire français et dont le véhicule est immatriculé en France. C'est pourquoi plusieurs dispositifs ont été imaginés par le législateur pour remédier à ces failles inhérentes à la constatation automatique des infractions routières, comme le permis à points virtuel pour les conducteurs titulaires d'un permis de conduire délivré par une autorité étrangère (V. art. L. 223-10) ou la rétention du véhicule intercepté sur le territoire français ultérieurement à la commission de l'infraction, prévue par les présentes dispositions.

Possibilité de retenir les véhicules interceptés sur le territoire français ultérieurement à la commission d'une infraction. L'article L. 121-4-1, créé par la loi n° 2007-297 du 5 mars 2007, permet en effet aux forces de l'ordre de retenir un véhicule immatriculé à l'étranger ayant servi à commettre certaines infractions, dès lors que ce véhicule est intercepté ultérieurement sur le territoire français. Si le titulaire du certificat d'immatriculation de ce véhicule ne paye pas l'amende, son véhicule peut alors être mis en fourrière.

Plusieurs conditions doivent cependant être remplies pour pouvoir procéder à une telle rétention :

– L'infraction commise doit être l'une des infractions mentionnées à l'article L. 121-3, article qui prévoit que le titulaire du certificat d'immatriculation est redevable pécuniairement de l'amende encourue pour certaines infractions. Jusqu'à la loi du 18 novembre 2016 de modernisation de la justice du XXIe siècle, cet article visait les contraventions d'excès de vitesse, de non-respect des distances de sécurité, d'usage de voies ou de chaussées réservées à certaines catégories de véhicules et de non-respect des signalisations imposant l'arrêt des véhicules, autrement dit des infractions pouvant être constatées par des appareils de contrôle automatique. Toutefois, depuis la loi du 18 novembre 2016, l'article L. 121-3 n'énumère plus les infractions pour lesquelles la redevabilité pécuniaire du titulaire du certificat d'immatriculation peut être retenue, mais se contente de renvoyer à un décret le soin de le préciser, et ce afin de permettre au pouvoir réglementaire d'étendre facilement le champ d'application de cet article à d'autres infractions qui pourraient être constatées automatiquement. La liste des infractions concernées a, depuis, été fixée à l'article R. 121-6, créé par le décret n° 2016-1955 du 28 décembre 2016. Depuis ce décret, la procédure de rétention des véhicules immatriculés à l'étranger prévue par le présent article peut dès lors s'appliquer plus largement, l'article R. 121-6 visant les infractions aux règles sur le port de la ceinture de sécurité, sur l'usage d'un téléphone tenu en main, sur l'usage de voies ou chaussées réservées à certaines catégories de véhicules, sur l'arrêt, le stationnement ou la circulation sur les bandes d'arrêt d'urgence, sur le respect des distances de sécurité, sur le franchissement et le chevauchement des lignes continues, sur les signalisations imposant l'arrêt des véhicules, sur les vitesses maximales autorisées, sur le dépassement ou encore sur l'obligation du port d'un casque, auxquelles ont été ajoutées d'autres infractions par le décret n° 2018-795 du 17 septembre 2018, comme le port à l'oreille d'un dispositif susceptible d'émettre du son, le non-respect de la priorité de passage que tout conducteur doit accorder au piéton ou la circulation en sens interdit.

– Cette infraction doit par ailleurs avoir fait l'objet d'un avis d'amende forfaitaire majorée adressé par lettre recommandée au titulaire du certificat d'immatriculation domicilié à l'étranger. Ce qui suppose déjà que l'intéressé n'ait pas payé spontanément l'amende forfaitaire qui lui a été envoyée dans les soixante-quinze jours suivant son envoi ou n'ait pas formulé pendant ce délai de requête en exonération. Le délai de quarante-cinq jours prévu à l'article 529-2 du code de procédure pénale, au terme duquel, à défaut de paiement ou de requête en exonération, l'amende forfaitaire est majorée de plein droit, est en effet augmenté d'un mois lorsque l'avis de contravention est adressé à une personne résidant à l'étranger (V. C. pr. pén., art. 530-2-1). Mais surtout les avis d'amende forfaitaire et d'amende forfaitaire majorée doivent pouvoir être envoyés au titulaire du certificat d'immatriculation domicilié à l'étranger. Or, cette condition est sans doute la plus délicate à mettre en œuvre. Elle suppose en effet que puissent être identifiés les propriétaires des véhicules immatriculés à l'étranger et donc concrètement que les autorités françaises puissent avoir accès aux données étrangères équivalentes à celles figurant dans notre Système d'immatriculation des véhicules (SIV). Pour ce faire, des accords de coopération spécifiques ont été conclus avec certains États limitrophes de la France (V. ci-dessous), et pour faciliter la conclusion de ces accords les dispositions de l'article L. 330-2 du présent code ont alors été modifiées afin de permettre d'assurer une réciprocité dans les échanges d'informations (V. comm. ss. art. L. 330-2). Des accords bilatéraux qui, pour la plupart, ont cependant perdu de leur intérêt, depuis l'adoption d'une directive permettant l'échange transfrontalier d'informations pour certaines infractions routières au sein de l'Union européenne (V. ci-dessous).

– La mesure de rétention n'est ensuite possible qu'au bout d'un délai de quatre mois à compter de l'envoi de cet avis. Ce délai correspond à celui de trois mois prévu par l'article 530 du code de procédure pénale pendant lequel l'intéressé peut former une réclamation contre l'avis d'amende forfaitaire majorée – cette réclamation devant d'ailleurs respecter les dispositions de l'art. 529-10 (V. comm. ss. art. L. 121-5) – ; délai augmenté d'un mois conformément aux dispositions de l'article 530-2-1 de ce même code.

– La rétention du véhicule suppose enfin que le véhicule soit, au moment de son interception sur le territoire français, conduit par le titulaire du certificat d'immatriculation, ou bien un préposé ou un représentant de ce titulaire s'il s'agit d'une personne morale.

Une rétention facilitée. On remarquera encore que, pour faciliter une telle rétention, la loi du 18 novembre 2016 est venu permettre aux services de police et de gendarmerie nationales de recourir à la technique de la lecture automatisée des plaques d'immatriculation, dite technique LAPI. Dans cette perspective, cette loi a en effet inséré un article L. 233-1-1 dans le code de la sécurité intérieure autorisant les forces de l'ordre à « mettre en œuvre des dispositifs fixes ou mobiles de contrôle automatisé des données signalétiques des véhicules prenant la photographie de leurs occupants, en tous points appropriés du territoire », notamment pour « mettre en œuvre les dispositions de l'article L. 121-4-1 du code de la route ». Ces dispositions du code la sécurité intérieure sont entrées en vigueur le 5 novembre 2017, conformément à l'article 11 du décret n° 2017-1523 du 3 novembre 2017 portant diverses dispositions en matière de sécurité routière.

Droit européen. On notera par ailleurs que la répression des infractions routières commises par le conducteur d'un véhicule immatriculé à l'étranger devrait, à terme, s'améliorer au sein de l'Union européenne. Le recouvrement des amendes routières a déjà été facilité, au sein de cet espace, par les dispositions de la décision-cadre n° 2005/214/JAI du 24 février 2005 concernant l'application du principe de reconnaissance mutuelle aux sanctions pécuniaires (*JOCE 22 mars 2005, L. 76, p. 16*). En droit français, ces dispositions ont été transposées à l'article 707-1 du code de procédure pénale par la loi n° 2007-297 du 5 mars 2007, dont les modalités d'application ont été précisées par le décret n° 2007-699 du 3 mai 2007 (V. C. pr. pén., art. D. 48 s.).

Mais c'est surtout en facilitant l'échange transfrontalier d'informations que l'Union européenne devrait améliorer la répression de ces infractions routières.

Pour une liste d'infractions (excès de vitesse, non-port de la ceinture de sécurité, franchissement d'un feu rouge, conduite en état d'ébriété, conduite sous l'influence de drogues, non-port du casque, circulation sur une voie interdite et usage illicite d'un téléphone portable ou de tout autre instrument de communication en conduisant un véhicule), l'Union a d'ailleurs adopté, en 2011, une directive visant à permettre à chaque État membre d'accéder, *via* des points de contact nationaux, aux données nationales des autres États membres relatives à l'immatriculation des véhicules (Directive 2011/82/UE du 25 oct. 2011 facilitant l'échange transfrontalier d'informations concernant les infractions en matière de sécurité routière, *JOUE 5 nov. 2011, L. 288*). Mais cette directive – qui a conduit le législateur français à adopter, en 2013, des dispositions permettant aux services compétents des États membres de l'Union d'accéder aux données françaises relatives à l'immatriculation des véhicules (V. art. L. 330-2, 9° *bis*) – a été annulée par un arrêt de la Cour de justice de l'Union européenne du 6 mai 2014 (*CJUE, gde ch., 6 mai 2014, Commission c/ Parlement et Conseil, n° C-43/12*). La Cour a en effet considéré que cette directive n'avait pas été adoptée sur la bonne base juridique, compte tenu de sa finalité et de son contenu : adoptée sur la base de l'article 87, paragraphe 2, du Traité sur le fonctionnement de l'Union européenne, qui prévoit la compétence de l'Union en matière de coopération policière, elle aurait dû l'être sur la base de l'article 91, paragraphe 1, point c, de ce Traité prévoyant la compétence de l'Union en matière de sécurité des transports. C'est pourquoi elle a été, depuis, remplacée par la directive (UE) 2015/413 du 11 mars 2015 facilitant l'échange transfrontalier d'informations concernant les infractions en matière de sécurité routière (V. App., v° *Immatriculation*). Grâce à cette directive, la France pratique ainsi, aujourd'hui, des échanges d'informations en matière d'infractions routières avec dix-neuf États membres de l'Union européenne.

On notera enfin que pour lutter contre le défaut de paiement de péage, l'Union européenne a adopté des dispositions comparables à celles figurant dans la directive de 2015 (V. Dir. (UE) 2019/520 du 19 mars 2019 concernant l'interopérabilité des systèmes de télépéage routier et facilitant l'échange transfrontière d'informations relatives au défaut de paiement des redevances routières dans l'Union, App., v° *Immatriculation*). Dans cette perspective, la loi n° 2021-1308 du 8 août 2021 a modifié l'article L. 330-2, 9° *bis*, du présent code afin de permettre aux services compétents des États membres de l'Union d'accéder aux données françaises relatives à l'immatriculation des véhicules, en cas de défaut de paiement de péage.

Accords bilatéraux. A ces dispositions européennes, on rappellera que s'ajoutent, pour la France, plusieurs accords bilatéraux avec ses proches voisins et qui visent également à permettre de tels échanges d'informations concernant l'immatriculation des véhicules. Certains de ces accords – accords conclus avec l'Allemagne du 14 mars 2006 (V. L. n° 2011-2 du 3 janv. 2011 autorisant son approbation) et avec la Belgique du 13 octobre 2008 (V. Décr. n° 2011-1590 du 18 nov. 2011) – ont perdu de leur intérêt depuis l'adoption de la directive précédemment évoquée dédiée à l'échange transfrontalier d'informations au sein de l'Union européenne. Pour les États non membres de l'Union européenne, de tels accords demeurent essentiels. C'est sur la base d'un tel accord que des échanges d'informations sont en effet possibles avec la Suisse (V. art. 44 s. de l'accord de coopération transfrontalière franco-suisse du 9 oct. 2007, Décr. n° 2009-836 du 7 juill. 2009) et que des échanges pourraient être à nouveau possibles, demain, avec le Royaume-Uni, lequel, depuis le Brexit, n'est plus soumis aux dispositions de la directive de 2015. ❑

RECONNAISSANCE MUTUELLE DES SANCTIONS PÉCUNIAIRES

1. *Reconnaissance mutuelle des sanctions pécuniaires prononcées par une autorité administrative.* La décision-cadre 2005/214 du 24 févr. 2005, concernant l'application du principe de reconnaissance mutuelle aux sanctions pécuniaires, telle que modifiée par la décision-cadre 2009/299 du 26 févr. 2009, est applicable, selon son art. 1er, aux décisions rendues par une autorité de l'État d'émission autre qu'une juridiction, à condition que l'intéressé ait eu la possibilité de faire porter l'affaire devant une juridiction ayant compétence notamment en matière pénale. Constitue une « juridiction ayant compétence notamment en matière pénale » au sens de cet article, toute juridiction qui applique une procédure qui réunit les caractéristiques essentielles d'une procédure pénale. • CJUE 14 nov. 2013, n° C-60/12 : *Europe 2014, n° 18, note Idot*, qui considère que l'Unabhängiger Verwaltungssenat, instance d'appel compétente en droit autrichien en matière d'infractions administratives et notamment d'infractions routières, satisfait à ces critères. ♦ Il importe peu que l'intéressé soit tenu de respecter, avant d'introduire son recours, une procédure administrative précontentieuse, dès lors qu'il a la possibilité de faire porter l'affaire devant une juridiction ayant compétence notamment en matière pénale et que celle-ci est pleinement compétente pour examiner l'affaire en ce qui concerne aussi bien l'appréciation en droit que les circonstances factuelles. • Même décision. ♦ Une décision infligeant à titre définitif une sanction pécuniaire à une personne physique, prise par une autorité de l'État membre d'émission autre qu'une juridiction en raison d'une infraction pénale au regard du droit de cet État membre, constitue une « décision », au sens de l'art. 1er, sous a), ii), de la décision-cadre 2005/214 du 24 févr. 2005, dans le cas où la réglementation dudit État membre prévoit que le recours contre cette décision est, dans un premier temps, examiné par un procureur placé sous l'autorité hiérarchique du ministre de la Justice, dès lors qu'une juridiction ayant compétence notamment en matière pénale peut être, par la suite, saisie par l'intéressé si ce procureur adopte une décision rejetant ce recours et à condition que l'accès à cette juridiction ne soit pas soumis à des conditions qui le rendent impossible ou excessivement difficile. • CJUE 7 avr. 2022, n° C-150/21 : *Europe 2022, n° 195, note Idot.*

2. *Exécution des sanctions pécuniaires imposées au titulaire du certificat d'immatriculation d'un véhicule.* L'art. 20, § 3, de la décision-cadre 2005/214 du 24 févr. 2005, concernant l'application du principe de reconnaissance mutuelle aux sanctions pécuniaires, telle que modifiée par la décision-cadre 2009/299 du 26 févr. 2009, doit être interprété en ce sens que l'autorité compétente de l'État membre d'exécution ne peut pas refuser la reconnaissance et l'exécution d'une décision infligeant une sanction pécuniaire concernant des infractions routières lorsqu'une telle sanction a été imposée à la personne au nom de laquelle le véhicule en cause est immatriculé sur la base d'une présomption de responsabilité prévue par la législation nationale de l'État membre d'émission, pour autant que cette présomption peut être renversée. • CJUE 5 déc. 2019, nº C-671/18 : *D. 2019. 2414; RTD eur. 2020. 446, obs. Beauvais ; RSC 2020. 991, obs. Tricot ; Europe 2020, nº 50, note Idot.*

3. Absence de contrôle de la double incrimination. L'art. 5, § 1, de la décision-cadre 2005/214, telle que modifiée par la décision-cadre 2009/299, doit être interprété en ce sens que l'autorité de l'État d'exécution, en dehors de l'un des motifs de non-reconnaissance ou de non-exécution expressément prévus par cette décision-cadre, ne peut, en principe, refuser de reconnaître et d'exécuter une décision infligeant à titre définitif une sanction pécuniaire lorsque l'autorité de l'État d'émission a qualifié l'infraction en cause, dans le certificat prévu à l'art. 4 de ladite décision-cadre, comme relevant de l'une des catégories d'infractions pour lesquelles ledit art. 5, § 1, n'a pas prévu de contrôle de la double incrimination du fait (en l'espèce, une sanction pécuniaire avait été infligée au titulaire du certificat d'immatriculation d'un véhicule impliqué dans une infraction routière au motif que celui-ci n'avait pas indiqué le nom de la personne qui conduisait ledit véhicule ou avait stationné celui-ci dans le délai imparti, infraction qualifiée par l'autorité de l'État d'émission de "conduite contraire au code de la route" et donc ne nécessitant pas un contrôle de la double incrimination, conformément à l'art. 5 de la décision-cadre). • CJUE 6 oct. 2021, nº C-136/20 : *D. actu. 22 oct. 2021, obs. Nicaud; Europe 2021, nº 441, note Bruyas.*

4. Information de l'intéressé sur son droit de former un recours. L'art. 7, § 2, g), et l'art. 20, § 3, de la décision-cadre 2005/214, telle que modifiée par la décision-cadre 2009/299, doivent être interprétés en ce sens que, dès lors qu'une décision infligeant une sanction pécuniaire a été notifiée conformément à la législation nationale de l'État membre d'émission avec l'indication du droit de former un recours et du délai pour le faire, l'autorité de l'État membre d'exécution ne peut pas refuser la reconnaissance et l'exécution de cette décision pour autant que l'intéressé a eu un délai suffisant pour former un recours contre celle-ci, le fait que la procédure d'infliction de la sanction pécuniaire en cause ait revêtu un caractère administratif est à cet égard sans incidence. • CJUE 5 déc. 2019, nº C-671/18 : *préc. note 2.*

5. Décision accompagnée d'une traduction. L'art. 20, § 3, de la décision-cadre 2005/214 du 24 févr. 2005 doit être interprété en ce sens qu'il permet à l'autorité de l'État membre d'exécution de refuser d'exécuter une décision, au sens de l'art. 1er, sous a), de cette décision-cadre, infligeant une sanction pécuniaire pour une infraction routière, lorsque cette décision a été notifiée à son destinataire sans être accompagnée de la traduction, dans une langue qu'il comprend, des éléments de la décision qui sont essentiels pour lui permettre de comprendre ce qui lui est reproché et d'exercer pleinement ses droits de la défense, et sans qu'il lui ait été donné la possibilité d'obtenir une telle traduction à sa demande. • CJUE 6 oct. 2021, nº C-338/20 : *D. actu. 22 oct. 2021, obs. Nicaud.*

Art. L. 121-5 *(L. nº 2019-222 du 23 mars 2019, art. 58-VI)* **Les règles relatives à la procédure de l'amende forfaitaire applicable à certaines infractions au présent code sont fixées aux articles 495-17 à 495-25 et 529-7 à 530-4 du code de procédure pénale.**

Le recours à cette procédure, y compris en cas d'extinction de l'action publique résultant du paiement de l'amende forfaitaire, ne fait pas obstacle à la mise en œuvre et l'exécution des mesures administratives de rétention et de suspension du permis de conduire, ou d'immobilisation et de mise en fourrière du véhicule, prévues aux articles L. 224-1 à L. 224-7, L. 325-1 et L. 325-1-2 du présent code.

Sur la procédure de l'amende forfaitaire, V. aussi C. pr. pén., art. 529 à 529-2-1, 530-5, 530-6, R. 48-1 s., D. 45-3 s., A. 36-14 s. et A. 37 s., App., vº Infractions.

Ancien art. L. 121-5 (L. nº 2011-525 du 17 mai 2011, art. 164-2º) ***Les règles relatives à la procédure de l'amende forfaitaire applicable à certaines infractions au présent code sont fixées aux articles 529-7 à 530-4 du code de procédure pénale.***

BIBL. ▶ JOSSEAUME et LE DALL, Contentieux de la circulation routière (Droits de la défense – Sanctions administratives – Poursuites pénales), *3e éd., Lamy 2016.*

▶ AMBROISE-CASTÉROT, *Mél. Lazerges, Dalloz 2014. 457* (responsabilités et contentieux des contraventions routières). – CARCENAC et NOUGEIN, *Rapp. d'information Sénat 10 juill. 2019, nº 651* (le recouvrement des amendes de circulation et des forfaits de post-stationnement). – CÉRÉ, *D. 2003. Chron. 2705* (virage répressif de la loi du 12 juin 2003) ; *AJ pénal 2003.*

91 (nouveaux modes de poursuites des contraventions au code de la route et droit à un procès équitable) ; *ibid. 2012. 401* (le sort procédural de la contestation de l'amende forfaitaire : entre pouvoirs du ministère public et respect du droit au juge) ; *ibid. 2019. 416* (la procédure d'amende forfaitaire contraventionnelle : l'une et ses multiples). – DEFRANCE, *Jurispr. auto 2002. 220* (caractère facultatif de l'amende forfaitaire) ; *ibid. 584* (contentieux de l'amende forfaitaire) ; *ibid. 2007. 212* (contentieux des titres exécutoires de l'amende majorée). – DEHARO, *LPA 10 févr. 2010, p. 5* (infractions au code de la route : qui du conducteur, du titulaire du certificat d'immatriculation ou du représentant légal de la personne morale doit être cité à l'audience ?). – DESESSARD, Le traitement simplifié des infractions à la circulation routière, *in* Un droit pénal postmoderne ? Mise en perspective des évolutions et ruptures contemporaines, *PUF 2009. 291*. – GUINCHARD, *Mél. Lazerges, Dalloz 2014. 621* (l'impossible réforme du contentieux routier ? Velléités de déjudiciarisation et enjeux d'une politique publique de sécurité routière). – ROBERT, *Dr. pénal 2014, nº 4* (un tout petit pas vers le contradictoire en matière d'amendes forfaitaires – à propos de l'art. 3, IV, du décret nº 2013-1097 du 2 déc. 2013). – SAADOUN, *LPA 6 oct. 2009, p. 7* (procédure de l'amende forfaitaire, circulation routière et droits du contrevenant : constat d'un droit déséquilibré au profit des finances publiques !).

COMMENTAIRE

Dans sa version d'origine, l'article L. 121-5 du code de la route reprenait, en dispositions suiveuses, les articles 529-7 à 530-3 du code de procédure pénale. Il s'agissait par là même de permettre au lecteur du code de la route d'être informé de l'ensemble des dispositions législatives intéressant le domaine (à savoir ici des dispositions du code de procédure pénale relatives à la procédure de l'amende forfaitaire applicable à certaines infractions au code de la route), sans avoir besoin d'aller consulter un autre code. Cette technique de codification, qui a été utilisée à plusieurs reprises dans le code de la route recomposé, a été cependant critiquée, en particulier en raison des erreurs ou incohérences qu'elle pouvait engendrer (concernant les présentes dispositions, le législateur avait ainsi oublié, en 2008, d'insérer à l'article L. 121-5 l'article 530-4 du code de procédure pénale créé par la loi nº 2008-644 du 1er juillet 2008). Depuis 2006, la Commission supérieure de codification préconise d'ailleurs de ne plus y recourir, sauf exception, et de donner la préférence à un simple renvoi informatif, sans citation des dispositions (V. Rapport d'activité de la Commission supérieure de codification 2006, pp. 10-11).

La loi nº 2011-525 du 17 mai 2011 de simplification et d'amélioration de la qualité du droit, en modifiant le présent article, a pris en compte cette recommandation, également formulée par ce que l'on appelle « le guide de légistique » (§ 1. 4. 2.). Depuis cette loi, l'article L. 121-5 ne reproduit plus en effet les dispositions du code de procédure pénale relatives à la procédure de l'amende forfaitaire applicable à certaines infractions du présent code, mais se contente de renvoyer le lecteur du code de la route aux dispositions pertinentes du code de procédure pénale.

Plus précisément, l'article L. 121-5 renvoie, depuis la loi du 17 mai 2011, aux articles 529-7 à 530-4 du code de procédure pénale qui fixent la procédure de l'amende forfaitaire applicable à certaines contraventions au code de la route, ainsi que, depuis la loi nº 2019-222 du 23 mars 2019 de programmation et de réforme pour la justice, aux articles 495-17 à 495-25 de ce code portant sur la procédure de l'amende forfaitaire applicable à certains délits.

I. AMENDE FORFAITAIRE CONTRAVENTIONNELLE

Depuis la loi du 17 mai 2011, l'article L. 121-5 du code de la route renvoie aux articles du code de procédure pénale relatifs à la procédure de l'amende forfaitaire contraventionnelle, ou, plus exactement, à une partie des articles consacrés à cette procédure.

A. RÈGLES DE DROIT COMMUN ET RÈGLES APPLICABLES À CERTAINES CONTRAVENTIONS

Seuls certains articles du code de procédure pénale consacrés à la procédure de l'amende forfaitaire contraventionnelle sont en effet évoqués à l'article L. 121-5 du code de la route, lequel ne renvoie pas aux articles 529 à 529-2-1 du code de procédure pénale qui fixent le droit commun de l'amende forfaitaire, ni aux articles 529-3 à 529-5-1 qui prévoient des règles applicables à certaines infractions à la police des services publics de transports terrestres, ni encore à l'article 529-6 qui formule des règles applicable aux contraventions de non-paiement de péage et donc à certaines contraventions prévues par le code de la route.

Règles de droit commun (art. 529 à 529-2-1). En matière contraventionnelle, l'action publique peut, très souvent, être éteinte par le paiement d'une amende forfaitaire. Depuis la loi du 13 décembre 2011 relative à la répartition des contentieux et à l'allégement de certaines procédures juridictionnelles, toutes les contraventions peuvent même, en principe, être traitées selon cette procédure sommaire, y compris les contraventions de cinquième classe, à partir du moment où elles figurent sur la liste fixée par décret en Conseil d'État à laquelle renvoie l'article 529 du code de procédure pénale. L'article R. 48-1 du code de procédure pénale, qui fixe la liste de ces contraventions, vise cependant, pour l'essentiel, des contraventions des quatre premières classes, dont les contraventions réprimées par le code de la route (art. R. 48-1, I, 1°). Les seules contraventions de cinquième classe envisagées par cet article sont celles sanctionnant le non-respect de certaines règles mises en œuvre dans le cadre de l'état d'urgence sanitaire (art. R. 48-1, II, 1°), auxquelles le décret n° 2023-277 du 30 mars 2023 a ajouté la contravention d'outrage sexiste et sexuel réprimée par l'article R. 625-8-3 du code pénal (art. R. 48-1, II, 2°).

Toutes les contraventions énumérées à l'article R. 48-1 du code de procédure pénale et donc toutes les contraventions des quatre premières classes prévues par le code de la route peuvent être traitées selon les règles de droit commun formulées aux articles 529 à 529-2 du code de procédure pénale. Lorsque c'est le cas, et conformément à ces articles, il appartient alors au contrevenant d'acquitter une somme forfaitaire soit entre les mains de l'agent verbalisateur au moment de la constatation de l'infraction, soit auprès du service indiqué dans l'avis de contravention dans les quarante-cinq jours de la constatation de l'infraction ou suivant l'envoi de l'avis. Au cours de ce délai le contrevenant peut cependant formuler une requête en exonération qui est alors transmise au parquet. A défaut de paiement ou de requête, l'amende est majorée de plein droit et recouvrée au profit du Trésor public en vertu d'un titre rendu exécutoire par le parquet. Les dispositions de l'article 530 du code de procédure pénale – auxquelles le présent article renvoie – sont alors applicables (V. ci-dessous).

A ces règles communes toujours applicables, il faut ajouter, depuis la loi du 8 avril 2021 améliorant l'efficacité de la justice de proximité et de la réponse pénale, celles formulées à l'article 529-2-1 du code de procédure pénale prévoyant que, dans certains cas, l'amende forfaitaire est minorée si l'intéressé paie celle-ci au moment de la constatation de l'infraction ou dans un délai de quinze jours auprès du service indiqué dans l'avis de contravention qui lui a été remis ou envoyé. Il en est ainsi pour toutes les contraventions de cinquième classe pouvant faire l'objet d'une amende forfaitaire et donc visées à l'article R. 48-1, II, du code procédure pénale. Il en est ainsi également pour les autres contraventions lorsque le règlement le prévoit. Ce qui est le cas de certaines contraventions au code de la route, comme l'indique l'article R. 49-8-5 du code de procédure pénale, en application non pas de l'article 529-2-1 du code de procédure pénale, mais de l'article 529-7 de ce code auquel l'article L. 121-5 du code de la route renvoie (V. ci-dessous). En somme, l'amende forfaitaire minorée qui était déjà applicable à certaines contravention prévues par le code de la route a vu son champ d'application étendu à d'autres contraventions par la loi du 8 février 2021, et ce afin de faciliter le recouvrement des amendes contraventionnelles concernées (l'intéressé étant incité à payer rapidement pour bénéficier de la minoration), mais aussi mettre fin à une discordance résultant de l'extension de l'amende forfaitaire à certains délits pour lesquels une minoration est toujours applicable (V. ci-dessous). Quant au montant de l'amende forfaitaire minorée pour les contraventions de cinquième classe, il a été fixé à 150 euros (V. C. pr. pén., art. R. 49-6-2 créé par Décr. n° 2023-277 du 30 mars 2023).

Règles applicables aux contraventions à la police des services publics de transport terrestre (art. 529-3 à 529-5-1). Le code de procédure pénale aux articles 529-3 à 529-5-1 connaît une procédure toute particulière d'amende forfaitaire applicable aux contraventions des quatre premières classes à la police des services publics de transports ferroviaires et des services de transports publics routiers de personnes. Cette procédure consiste à proposer au contrevenant « une transaction » l'invitant à verser à l'exploitant une indemnité forfaitaire, souvent accompagnée de la somme due au titre du transport. Le paiement peut se faire entre les mains de l'agent de l'exploitant ou dans un délai de deux mois auprès du service de l'exploitant, délai pendant lequel l'intéressé peut également formuler une protestation. A défaut de paiement ou de protestation dans le délai, la procédure de l'amende forfaitaire majorée retrouve cours et les dispositions de l'article 530 du code de procédure pénale sont applicables.

Toutes ces règles concernent des contraventions autres que les contraventions au code de la route. Il est donc logique que l'article L. 121-5 du présent code ne renvoie pas aux articles qui les prévoient.

Règles applicables aux contraventions de non-paiement de péage (art. 529-6). La procédure de « transaction » prévue aux articles 529-3 à 529-5-1 a cependant été étendue par la loi n° 2010-788 du 12 juillet 2010 aux contraventions de non-paiement de péage d'une autoroute (une contravention de 4ᵉ classe prévue, depuis le Décr. n° 2020-1494 du 30 nov. 2020, à l'art. R. 419-2 C. route) ou d'un ouvrage routier ouvert à la circulation publique (une contravention également de 4ᵉ classe prévue, depuis ce même décret, à l'art. R. 419-1 C. route). Lorsqu'une telle contravention est constatée par les agents assermentés de l'exploitant (éventuellement par un système de vidéoprotection comme le permet l'art. R. 130-8 C. route), l'article 529-6 permet de proposer au contrevenant une « transaction » l'invitant à verser à l'exploitant une indemnité forfaitaire (fixée à 90 euros par le Décr. préc. du 30 nov. 2020, V. art. R. 49-8-4-1 C. pr. pén.), en plus de la somme due au titre du péage et, le cas échéant, au titre du droit départemental de passage institué en application de l'article L. 321-11 du code de l'environnement. Il en est de même, lorsqu'une telle contravention est constatée à la suite de l'usage d'un dispositif de péage permettant l'identification des véhicules et la perception du montant du péage sans recours à une barrière physique (péage à flux libre), si ce n'est que, dans un tel cas, l'article 529-6 prévoit, depuis la loi du 24 décembre 2019 d'orientation des mobilités, le versement d'une indemnité forfaitaire minorée (fixée à 10 euros par le Décr. du 30 nov. 2020, V. art. R. 49-8-4-1 C. pr. pén.), si ce versement est effectué dans un délai de quinze jours.

L'indemnité forfaitaire minorée mise à part, les différentes sommes dues au titre de la transaction doivent être payées dans un délai de deux mois, à moins que l'intéressé ne formule une protestation, et ce selon des règles assez comparables à celles prévues pour la police des transports. On notera toutefois ici deux spécificités.

On notera, en premier lieu, que, à défaut de paiement ou de protestation dans un délai de deux mois à compter de l'envoi de l'avis de paiement à l'intéressé, le titulaire du certificat d'immatriculation du véhicule devient redevable de plein droit de l'amende forfaitaire majorée (ou bien, lorsque le véhicule est loué, son locataire, ou bien, lorsque le certificat d'immatriculation du véhicule est établi au nom d'une personne morale, son représentant légal, ou bien encore, lorsque le véhicule a été cédé, son acquéreur). Par application des dispositions de l'article L. 121-2 du code de la route, le titulaire du certificat d'immatriculation (ou bien le locataire, ou bien le représentant légal de la personne morale, ou bien l'acquéreur du véhicule) est en effet présumé responsable, sauf à établir un cas de force majeure ou à fournir les renseignements permettant d'identifier l'auteur véritable de la contravention.

On remarquera, en second lieu, que, depuis la loi d'orientation des mobilités, si l'intéressé ne paie pas le montant de cette amende forfaitaire majorée dans un délai de quatre mois à compter de l'envoi à son domicile du titre exécutoire, il est fait opposition au transfert du certificat d'immatriculation de son véhicule. Craignant que le développement des péages à flux libre aboutisse à une augmentation des cas de non-paiement de péage, le législateur a en effet voulu renforcer les sanctions applicables en ce domaine. Ce qui l'a conduit à prévoir cette opposition au transfert du certificat d'immatriculation, laquelle interdit à la personne concernée de vendre son véhicule. Dans le même but, il a par ailleurs créé un nouveau délit sanctionnant le conducteur qui élude de manière habituelle le paiement des péages (V. art. L. 419-1). Et le pouvoir réglementaire, pour sa part, a transformé la contravention de deuxième classe sanctionnant le défaut de paiement de péage (V. anc. art. R. 412-17 et R. 421-9) en contravention de quatrième classe (V. art. R. 419-1 et R. 419-2, créés par le Décr. préc. du 30 nov. 2020).

Les règles prévues à l'article 529-6 du code de procédure pénale sont donc des règles applicables à certaines contraventions au code de la route, mais auxquelles l'article L. 121-5 ne renvoie pas.

B. RÈGLES APPLICABLES À CERTAINES CONTRAVENTIONS AU CODE DE LA ROUTE

L'article L. 121-5 du code de la route renvoie ainsi uniquement aux articles du code de procédure pénale relatifs à la procédure d'amende forfaitaire contraventionnelle qui ne sont applicables qu'à certaines contraventions au code de la route (art. 529-7 à 529-11 C. pr. pén.), ainsi qu'à une partie des articles consacrés à cette procédure et qui prévoient des dispositions communes (l'art. L. 121-5 renvoyant aux art. 530 à 530-4 C. pr. pén., mais pas aux art. 530-5 à 530-6, qui font pourtant également partie de ces dispositions communes).

Amende forfaitaire minorée. Les articles du code de procédure pénale auxquels il est renvoyé ici ont la particularité de prévoir une amende forfaitaire minorée pour certaines contraventions au code de la route. Ils n'ont pas été remis en cause par la loi précitée du 8 avril 2021 qui a ajouté, au sein des règles sur l'amende forfaitaire de droit commun, un article 529-2-1 prévoyant également une amende forfaitaire minorée pour toutes les contraventions de cinquième classe pouvant faire l'objet d'une amende forfaitaire, ainsi que pour les autres contraventions lorsque le règlement le prévoit. Sont concernées par cette minoration spéciale (à distinguer de la minoration de droit commun prévue à l'art. 529-2-1) les contraventions au code de la route des deuxième, troisième et quatrième classes dont la liste est fixée par décret en Conseil d'État. L'article 529-7 du code de procédure pénale exclut cependant expressément de cette liste les contraventions relatives au stationnement, lesquelles sont donc soumises à l'amende forfaitaire « ordinaire » telle que décrite ci-dessus. En revanche, pour les contraventions sélectionnées (largement) par décret (V. art. R. 49-8-5 C. pr. pén), c'est une amende forfaitaire minorée qu'il est demandé au contrevenant d'acquitter soit tout de suite, soit dans les quinze jours de la remise ou de l'envoi de l'avis (art. 529-8). Cela étant, si l'intéressé ne paie pas cette amende minorée, la procédure « ordinaire » de l'amende forfaitaire est alors mise en œuvre : le contrevenant a donc quarante-cinq jours pour payer l'amende ou formuler une requête en exonération et, à défaut de paiement ou de requête, l'amende est majorée (art. 529-9). Comme le prévoit l'article 530 du code de procédure pénale, l'intéressé peut alors former une réclamation dans les trente jours de l'envoi de l'avis l'invitant à payer cette amende forfaitaire majorée (sur la date à prendre en compte en cas d'envoi du règlement de l'amende par courrier, V. art. 530-5 créé par la loi du 17 mai 2011). Quant au montant des différentes amendes (celui des amendes forfaitaires minorées, des amendes forfaitaires (non minorées) et des amendes forfaitaires majorées), il est fixé par décret en Conseil d'État (V., dans l'ordre évoqué, art. R. 49-9, R. 49 et R. 49-7 C. pr. pén.).

Conséquences du paiement de l'amende. Le paiement de l'amende, à quelque niveau que ce soit, emporte deux conséquences. La première est qu'il empêche toute poursuite pénale devant la juridiction de jugement, puisque l'action publique est alors éteinte. La deuxième est que ce paiement vaut reconnaissance de l'infraction réalisée et entraîne donc, dans les hypothèses réglementairement prévues, retrait de points du permis de conduire.

Rabais, remise et délais de paiement. En matière correctionnelle et de police, l'article 707-2 du code de procédure pénale accorde une réduction de 20 % sur le montant de l'amende prononcée par la juridiction de jugement lorsque le condamné paye son amende dans le mois suivant sa condamnation. Un tel rabais est bien évidemment applicable lorsqu'une juridiction est saisie à la suite d'une procédure d'amende forfaitaire et qu'elle condamne l'intéressé à une amende (V., en ce sens, Circ. CRIM 2005-20 E8 du 7 sept. 2005, *BOMJ 2005, n° 99*). Mais ce rabais de 20 % est également applicable, depuis le 1er novembre 2008, aux amendes forfaitaires majorées (V. art. R. 55 C. pr. pén.).

Par ailleurs, il faut ajouter ici les dispositions de l'article 530-4 du code de procédure pénale qui permettent aux personnes ayant fait l'objet d'une amende forfaitaire majorée de demander des délais de paiement, voire une remise gracieuse, au comptable public compétent, en raison de difficultés financières.

C. RÈGLES APPLICABLES AUX CONTRAVENTIONS CONSTATÉES AUTOMATIQUEMENT

L'introduction en France, en 2003, des radars automatiques a conduit le législateur à adapter la procédure de l'amende forfaitaire à l'hypothèse de l'envoi de l'avis de contravention au titulaire du certificat d'immatriculation. Notons toutefois que cette procédure adaptée n'est pas exclusivement réservée au cas des contraventions constatées automatiquement ; elle vaut pour l'ensemble des cas où le véhicule à moteur conduit par l'auteur d'une infraction n'a pas été intercepté sur-le-champ ni quelques kilomètres plus loin par la police ou la gendarmerie. Cela étant, c'est bel et bien la mise en place d'appareils de contrôle automatique qui a nécessité, si ce n'est la mise en place d'une nouvelle procédure d'amende forfaitaire, du moins certains aménagements en la matière.

Appareils de contrôle automatique. En effet, grâce à des radars jumelés à des appareils photos numériques, certaines infractions peuvent aujourd'hui être relevées et transmises sur ordinateur directement à un centre unique de traitement placé sous la responsabilité du procureur de la République de Rennes (V. Arr. du 13 oct. 2004 portant création du système de contrôle automatisé, App., v° *Infractions*). Ce centre identifie ensuite le véhicule en infraction par le relevé de son immatriculation et le nom de son propriétaire par consultation du fichier national des immatriculations ou du système d'immatriculation des véhicules.

Ces appareils automatiques apportent donc la preuve que tel véhicule a servi à commettre une infraction au code de la route mais n'identifient pas pour autant le conducteur, sauf dans les cas où la photographie a été prise par l'avant et qu'elle rend clairement reconnaissable ce dernier, ce qui exclut celui qui a pris la précaution de se « camoufler » et tout motocycliste.

Paiement de l'amende par le propriétaire du véhicule. Puisque par définition le véhicule n'est pas intercepté lors d'un contrôle automatique, c'est le titulaire du certificat d'immatriculation qui reçoit l'avis de contravention l'invitant à régler l'amende forfaitaire minorée (sauf hypothèse de grand excès de vitesse, l'article R. 413-14-1 prévoyant une contravention de cinquième classe, pour laquelle la procédure de l'amende forfaitaire n'est pas applicable). Deux possibilités s'offrent alors au propriétaire du véhicule : payer ou ne pas payer l'amende. En cas de paiement, le propriétaire du véhicule reconnaît alors être l'auteur de l'infraction, ce qui peut entraîner un retrait de points à son permis de conduire, points dont le nombre varie en fonction de la gravité de la contravention.

Dans le cas contraire, le montant de l'amende va progressivement augmenter conformément aux délais prévus en la matière : au bout de 15 jours, l'amende minorée devient amende forfaitaire, laquelle devient amende forfaitaire majorée en l'absence de paiement dans un délai de 45 jours. Cependant, comme dans la procédure ordinaire, l'intéressé peut faire, selon les cas, une requête en exonération ou une réclamation. Et c'est alors que s'appliquent les dispositions originales prévues par l'article 529-10 du code de procédure pénale.

Requête en exonération ou réclamation. Lorsque l'infraction constatée est l'une de celles mentionnées à l'article L. 121-3 (c'est-à-dire, depuis 2016, l'une des infractions figurant à l'art. R. 121-6 C. route) et que l'avis de contravention a été adressé au titulaire du certificat d'immatriculation ou au représentant légal d'une personne morale propriétaire, ou bien encore au locataire d'un véhicule, ou à son acquéreur, la requête en exonération ou la réclamation de l'intéressé sont en effet soumises aux conditions rigoureuses prévues par l'article 529-10 du code de procédure pénale. C'est dans le but d'éviter un afflux de recours devant la juridiction de jugement que ces conditions rigoureuses ont été imaginées. Le chemin du recours judiciaire – toujours ouvert – est alors semé d'embûches.

Adressée par lettre recommandée ou de façon dématérialisée. La première exigence est que la « requête en exonération » du paiement de l'amende forfaitaire (ou « la réclamation » en cas d'amende forfaitaire majorée) doit être adressée par lettre recommandée avec accusé de réception au service compétent. Depuis la loi n° 2015-177 du 16 février 2015, l'article 529-10 du code de procédure pénale précise que l'intéressé doit alors utiliser le formulaire joint à l'avis d'amende forfaitaire, et surtout il indique que cette requête ou cette réclamation peut également être adressée au service compétent de façon dématérialisée. Les articles A. 37-20-1 et suivants du code de procédure pénale, créés par un arrêté du 22 octobre 2015, précisent les modalités de cette contestation dématérialisée, en soulignant notamment qu'elle produit les mêmes effets que l'envoi de la lettre recommandée avec avis de réception prévue au premier alinéa de l'article 529-10 du code de procédure pénale.

Documents à fournir. L'article 529-10 du code de procédure pénale exige ensuite que la demande soit accompagnée de l'un des documents qu'il prévoit, sous peine d'être déclarée irrecevable par l'officier du ministère public. En cas de contestation dématérialisée, ce document doit, en principe, être transmis de façon numérisée sur le site internet dédié, conformément aux dispositions de l'article A. 37-20-3 du code de procédure pénale.

– Lorsque le véhicule a été volé ou a été détruit, le demandeur doit ainsi adresser un récépissé de dépôt de plainte pour vol ou bien un récépissé de destruction du véhicule (une simple copie de déclaration de destruction du véhicule immatriculé pouvant toutefois suffire). Depuis la loi du 9 mars 2004, l'article 529-10 du code de procédure pénale permet également à l'intéressé d'adresser un récépissé de dépôt de plainte pour usurpation de plaque d'immatriculation, comportement qui constitue, depuis cette loi, un délit puni de peines très lourdes (7 ans d'emprisonnement et 30 000 euros d'amende).

– Lorsque l'auteur de la requête (ou de la réclamation) n'était pas le conducteur du véhicule, il peut « dénoncer » la personne qui conduisait son véhicule au moment où l'infraction a été constatée. Dans un tel cas, il doit indiquer l'identité, l'adresse et même la référence du permis de conduire de la personne qui était présumée conduire le véhicule lors de la constatation de l'infraction ; un de ces éléments manquant pouvant conduire à l'irrecevabilité de la demande.

Exiger du propriétaire des informations aussi précises et aussi délicates à obtenir a naturellement pour effet voulu de dissuader le propriétaire d'exercer un recours.

Par comparaison, ces dispositions de l'article 529-10 du code de procédure pénale ne vont cependant pas aussi loin que celles existant en droit britannique, lesquelles imposent, dans des hypothèses comparables, au gardien du véhicule de fournir les informations permettant d'identifier le conducteur auteur de l'infraction et qui prévoient que le fait de ne pas répondre à une demande d'informations en ce sens est sanctionné des mêmes peines que celles encourues pour l'infraction au code de la route commise (amende et retrait de points). Le législateur français pourrait peut-être un jour s'inspirer de ces règles, d'autant que la Cour européenne des droits de l'homme a considéré que de telles dispositions n'étaient pas contraires au droit de garder le silence et au droit de ne pas contribuer à sa propre incrimination (V. jurispr. citée ss. art. 529-10, App., v° *Infractions*).

– Lorsque le véhicule a changé de propriétaire, l'article 529-10 permet à l'intéressé de joindre à sa requête les copies de la déclaration de cession du véhicule et de son accusé d'enregistrement dans le système d'immatriculation des véhicules. Ce n'est que depuis la loi du 13 décembre 2011 relative à la répartition des contentieux et à l'allégement de certaines procédures juridictionnelles que l'article 529-10 vise ce troisième « document ». Par cet ajout, le législateur a voulu prendre en compte les difficultés pratiques auxquelles ont été confrontés un certain nombre d'automobilistes ayant vendu leur véhicule. Dans un tel cas, l'acquéreur du véhicule a en effet un délai d'un mois pour établir le certificat d'immatriculation à son nom. Il peut donc arriver que l'acquéreur d'un véhicule commette une infraction au code de la route alors qu'il n'a pas encore procédé au changement du certificat d'immatriculation. Et si cette infraction est constatée par un radar automatique, l'avis de contravention est alors adressé au précédent propriétaire du véhicule qui apparaît toujours comme étant le titulaire du certificat d'immatriculation. Or, avant la loi du 13 décembre 2011, les règles applicables en matière d'amende forfaitaire prévues par l'article 529-10 faisaient que l'ancien propriétaire n'avait alors d'autre choix que de contester l'amende par une requête en exonération accompagnée du versement d'une consignation préalable (V. quatrième document, *infra*). Depuis la loi du 13 décembre 2011, il lui suffit de joindre à sa requête les documents attestant qu'il a vendu son véhicule. L'avis d'amende forfaitaire ainsi contesté peut alors être envoyé à l'acquéreur du véhicule qui, conformément à l'article L. 121-3 tel que modifié par la loi du 13 décembre 2011, est présumé redevable (V. comm. ss. art. L. 121-3). On notera enfin que, pour éviter que ces dispositions soient détournées de leur finalité, à savoir protéger les vendeurs de bonne foi, un nouveau délit a été créé, à cette occasion, sanctionnant de deux ans d'emprisonnement et de 30 000 euros d'amende tout propriétaire faisant une déclaration mensongère certifiant la cession de son véhicule (V. art. L. 322-3).

– Lorsque le véhicule utilisé est un véhicule à délégation de conduite, l'article 529-10 prévoit, depuis l'ordonnance n° 2021-443 du 14 avril 2021, que le titulaire du certificat d'immatriculation doit adresser, le cas échéant, un document attestant qu'un système de délégation de conduite automatisé était activé conformément à ses conditions d'utilisation au moment de l'infraction. Dans un tel cas, l'article L. 123-2, créé par cette même ordonnance, prévoit en effet la redevabilité pécuniaire du constructeur du véhicule.

– Enfin, lorsque l'auteur de la requête (ou de la réclamation) veut contester l'amende forfaitaire (ou l'amende forfaitaire majorée) pour un motif autre que la vente, le vol, la destruction de son véhicule ou l'utilisation d'un véhicule à délégation de conduite, il doit produire un document attestant qu'il a acquitté une « consignation préalable » d'un montant égal à celui de l'amende forfaitaire (ou de l'amende forfaitaire majorée dans l'hypothèse de la réclamation). En cas de contestation dématérialisée, si l'intéressé procède à la consignation par voie électronique, les références de ce paiement dans la contestation sont toutefois suffisantes. Avant même de formuler toute argumentation, le demandeur en justice, pourtant placé en situation d'accusé au sens de la Convention européenne des droits de l'homme, doit donc déposer en gage une somme d'argent. Et, dans la demande d'« exonération », cette somme est même plus importante que l'amende figurant dans l'avis de contravention, puisque c'était une amende minorée qu'il était demandé au départ de régler. Cette somme d'argent, pour laquelle il convient de préciser qu'elle ne constitue pas une amende, bien qu'elle soit du même montant et qu'elle puisse être payée par un « timbre-amende », sera restituée au demandeur en cas de classement sans suite par l'officier du ministère public et en cas de prononcé d'une relaxe par la juridiction de jugement si cette juridiction ne retient pas la redevabilité pécuniaire du titulaire du certificat d'immatriculation ; mais seulement sur demande de l'intéressé, précisait l'article 530-1 du code de procédure pénale. La loi du 12 mai 2009 de simplification et de clarification du droit a toutefois supprimé de l'article 530-1 cette précision, de sorte que le remboursement n'a plus à être demandé par l'intéressé (V. aussi art. R. 49-18 C. pr. pén. tel que modifié par le Décr. n° 2010-671 du 18 juin 2010). En cas de condamnation ou lorsque le prévenu est déclaré redevable pécuniairement de l'amende en application de l'article L. 121-3 du code de la route, cette somme servira à payer l'amende prononcée.

Procès-verbal et domiciliation. Dans un double but de simplification et d'efficacité, le législateur a dispensé de la rédaction d'un procès-verbal lorsque la contravention est constatée par un appareil homologué de contrôle automatique, l'article L. 130-9 du code de la route affirmant que les constatations faites dans ces conditions font foi jusqu'à preuve contraire. C'est seulement au cas où l'affaire est déférée devant la juridiction de jugement à l'initiative de l'intéressé (requête en exonération ou réclamation suivie d'une saisine de la juridiction par l'officier du ministère public) qu'un procès-verbal ou un rapport faisant état du résultat du contrôle est dressé. Ce procès-verbal, aux mêmes finalités, peut être revêtu d'une signature manuelle numérisée.

Par ailleurs, pour renforcer le recouvrement des amendes, la loi du 12 juin 2003 a institué une présomption de domiciliation : tout contrevenant qui n'a pas déclaré un changement d'adresse au service d'immatriculation des véhicules ne peut plus former de réclamation à l'issue d'un délai de trois mois suivant l'avis d'amende forfaitaire majorée au lieu indiqué sur le certificat d'immatriculation.

On admet en pratique que le titulaire du certificat d'immatriculation puisse obtenir la photographie prise lors du constat automatique de l'infraction. Elle peut constituer la preuve qu'il n'était pas le conducteur du véhicule au moment de la réalisation de l'infraction (âge, sexe, portrait). Elle peut aussi révéler des éléments de preuve contraires. Si la photographie ne porte que sur le numéro d'immatriculation (photo prise par l'arrière par exemple, notamment d'un motocycliste), elle n'apporte évidemment aucun élément d'identification du conducteur.

Décision du juge. La juridiction de jugement, quelle que soit la procédure retenue par le ministère public, dispose de plusieurs possibilités :

– condamner le titulaire du certificat d'immatriculation en tant que conducteur. L'intéressé s'expose alors à toutes les conséquences d'une condamnation pénale : amende, retrait de points et, éventuellement, suspension de son permis de conduire. Concernant le montant de l'amende, par application des dispositions de l'article 530-1, alinéa 2, du code de procédure pénale, il ne peut être inférieur, en cas de requête en exonération, au montant de l'amende forfaitaire et, en cas de réclamation, au montant de l'amende forfaitaire majorée. Pour la Cour de cassation, l'augmentation de 10 % prévue par l'alinéa 3 de l'article 530-1 n'est en effet pas applicable lorsque le titulaire du certificat d'immatriculation est condamné en tant que conducteur du véhicule en infraction (V. jurispr. ss. art. 530-1, App., v° *Infractions*). Conformément à l'article 707-2 du code de procédure pénale, le condamné peut en revanche bénéficier d'une réduction de 20 % sur le montant de l'amende prononcée s'il règle celle-ci dans un délai d'un mois à compter de la date du jugement ;

– relaxer le titulaire du certificat d'immatriculation, sans le déclarer redevable pécuniairement de l'amende encourue. Relaxer l'intéressé, car elle estime, en fonction des éléments de preuve, que ce dernier n'était pas le conducteur du véhicule au moment de la constatation de l'infraction. Sans le déclarer redevable pécuniairement, car il bénéficie de l'une des causes d'exonération prévue par l'article L. 121-3 ;

– relaxer le titulaire du certificat d'immatriculation, en le déclarant redevable pécuniairement de l'amende encourue. Il ne s'agit pas alors d'une condamnation pénale et donc l'intéressé échappe au retrait de points et à toute suspension du permis de conduire. Concernant le montant de l'amende, il faut alors appliquer les dispositions de l'article 530-1, alinéa 3, du code de procédure pénale : il ne peut être inférieur, en cas de requête en exonération, au montant de l'amende forfaitaire augmenté d'une somme de 10 % et, en cas de réclamation, au montant de l'amende forfaitaire majorée augmenté également d'une somme de 10 %. Dans un tel cas, s'est posée la question de savoir si la réduction de 20 % prévue à l'article 707-2 du code de procédure pénale pouvait s'appliquer : le ministre de la Justice a considéré qu'il serait « équitable » que le propriétaire déclaré redevable pécuniairement de l'amende encourue puisse bénéficier de modalités de paiement identiques à celles prévues pour une personne condamnée et donc des dispositions de l'article 707-2 (Rép. min. n° 20844 : *JO Sénat Q, 24 août 2006. 2221*). Cette extension, sans doute contraire à la lettre de la loi, doit être approuvée : le principe d'interprétation stricte de la loi pénale n'interdit pas en effet l'application large des lois pénales favorables ou, autrement dit, l'analogie *in favorem*…

Conformité à la Conv. EDH. On peut enfin s'interroger sur la conformité de cette procédure (une automatisation judiciaire née de l'automatisation des appareils de contrôle ?) avec les principes généraux de la procédure pénale rappelés à l'article préliminaire du code de procédure pénale et avec ceux qui sont posés par la Cour européenne des droits de l'homme en application de la Convention européenne, notamment en l'article 6, § 1 (sur cette question, consulter J.-P. Céré, *AJ pénal 2003. 91*, Les nouveaux modes de poursuites des contrevenants au code de la route et le droit à un procès équitable). Plus qu'une atteinte à la présomption d'innocence, c'est surtout le libre accès au juge qui est en cause. Il s'agit de savoir si les diverses contraintes et limites mises par le législateur au recours effectif du propriétaire pour accéder à un juge entravent ou non la substance même du droit d'accès à un tribunal. Pour la Cour européenne des droits de l'homme, il semble cependant que la réponse à cette question soit négative. Dans une décision *Thomas c/ France* du 29 avril 2008, la Cour a en effet déclaré irrecevable la demande d'un requérant qui contestait l'obligation faite par l'article 529-10 du code de procédure pénale de consigner une certaine somme d'argent afin de saisir le tribunal compétent et contester la réalité de l'infraction, en considérant notamment que, compte tenu de la marge d'appréciation reconnue aux États quant aux conditions de recevabilité d'un recours, et eu égard aux circonstances de l'affaire, le requérant n'avait pas subi une entrave disproportionnée à son droit d'accès à un tribunal (V. jurispr. citée ss. art. 529-10, App., v° *Infractions* et comp. avec Cons. const. 9 sept. 2020, n° 2020-855 QPC, ayant jugé que les dispositions de l'art. L. 2333-87-5 CGCT, prévoyant une obligation comparable pour contester les forfaits de post-stationnement, portaient atteinte au droit d'exercer un recours juridictionnel effectif, le législateur n'ayant prévu aucune disposition garantissant que la somme à payer pour contester les forfaits de post-stationnement ne soit d'un montant trop élevé et n'ayant apporté à l'exigence de paiement préalable desdits forfaits aucune exception tenant compte de certaines circonstances ou de la situation particulière de certains redevables).

Mais encore faut-il que l'officier du ministère public qui reçoit une requête en exonération ou une réclamation, conformément aux dispositions de l'article 529-10 du code de procédure pénale, n'entrave pas ce droit d'accès. Conformément aux dispositions de l'article 530-1 du code de procédure pénale, l'officier du ministère public ne peut déclarer irrecevable une telle requête ou une telle réclamation – à partir du moment où les conditions formulées par l'article 529-10 ont été respectées – que si elle n'est pas motivée ou si elle n'est pas accompagnée de l'avis de contravention. Il arrive cependant que certains officiers du ministère public déclarent irrecevables certaines requêtes ou réclamations pour un motif autre que ceux prévus par le code de procédure pénale. Or, dans un tel cas, pour la Cour européenne des droits de l'homme, le droit d'accès à un tribunal est alors atteint dans sa substance même, d'autant que, lorsqu'une requête en exonération est déclarée irrecevable, elle entraîne l'encaissement de la consignation équivalant au paiement de l'amende forfaitaire et a donc pour effet d'éteindre l'action publique, de sorte qu'aucune juridiction ne peut alors examiner la contestation (V. CEDH 8 mars 2012, *Célice c/ France* et *Cadène c/ France*, mais aussi antérieurement : CEDH 21 mai 2002, *Peltier c/ France*, et 7 mars 2006, *Busseau c/ France*, ss. art. 529-10 et 530-1 C. pr. pén., App., v° *Infractions*).

Conformité à la Constitution. C'est également le droit d'accès à un juge, ou plus précisément le droit à un recours effectif découlant de l'article 16 de la DDH, qui a conduit le Conseil d'État à renvoyer au Conseil constitutionnel une question prioritaire de constitutionnalité concernant l'article 529-10 du code de procédure pénale. Dans sa décision du 29 septembre 2010, le Conseil constitutionnel a toutefois déclaré cet article conforme à la Constitution, tout en énonçant une réserve. Pour le Conseil constitutionnel, « le droit à un recours juridictionnel effectif impose que la décision du ministère public déclarant irrecevable une réclamation puisse être contestée devant la juridiction de proximité et il en va de même de la décision déclarant irrecevable une requête en exonération lorsque cette décision a pour effet de convertir la somme consignée en paiement de l'amende forfaitaire » (V. jurispr. citée ss. art. 529-10, App., v° *Infractions*). Or si, en cas de réclamation, la Cour de cassation, par interprétation des dispositions de l'article 530-2 du code de procédure pénale, permet à l'intéressé de contester une telle décision d'irrecevabilité devant la juridiction de proximité (V. notes ss. art. 530-2, App., v° *Infractions*), il en va alors différemment en cas de requête en exonération avec consignation. Dans un tel cas, si la requête est déclarée irrecevable, l'article R. 49-18 du code de procédure pénale conduit en effet à convertir la somme consignée en paiement de l'amende forfaitaire et l'intéressé ne peut accéder à un juge.

Mise en conformité. Ces décisions de la Cour européenne des droits de l'homme et du Conseil constitutionnel expliquent la création, par le décret n° 2013-1097 du 2 décembre

2013, de nouvelles dispositions au sein de l'article R. 49-18 du code de procédure pénale. Des dispositions qui visent à rappeler aux officiers du ministère public qu'ils doivent indiquer, lorsqu'ils déclarent irrecevables une requête ou une réclamation, les raisons de leur décision dans les avis qu'ils doivent adresser en ce sens aux personnes concernées et qui – surtout – modifient les règles applicables aux décisions d'irrecevabilité fondées sur une absence de motivation de la requête ou de la réclamation.

Concernant les décisions d'irrecevabilité pour absence de motivation, le décret du 2 décembre 2013 vient déjà préciser quand une requête ou une réclamation peut être considérée comme motivée par l'officier du ministère public. Il résulte ainsi de l'article R. 49-18, alinéa 5, du code de procédure pénale qu'une requête ou une réclamation ne peut pas être déclarée irrecevable pour absence de motivation si l'intéressé conteste avoir commis la contravention ou bien – lorsqu'il ne conteste pas – s'il fournit « des éléments circonstanciés susceptibles de justifier le classement sans suite pour des raisons juridiques ou d'opportunité ». Il modifie ensuite les modalités de notification et le contenu de ces décision d'irrecevabilité, en indiquant qu'elles doivent être adressées à l'auteur de la requête ou de la réclamation par lettre recommandée avec accusé de réception et qu'elles doivent informer l'intéressé de la possibilité de la contester, également par lettre recommandée avec accusé de réception, dans un délai d'un mois. En cas de contestation, le décret du 2 décembre 2013 est enfin venu prévoir que l'officier du ministère public – s'il ne classe pas sans suite la contravention – « est (...) tenu de saisir la juridiction de proximité ». Cette dernière précision permet alors à l'intéressé d'accéder à un juge, conformément aux exigences de la Cour européenne des droits de l'homme et du Conseil constitutionnel.

A ces modifications apportées aux dispositions de l'article R. 49-18 du code de procédure pénale par le décret du 2 décembre 2013, il faut par ailleurs ajouter un important arrêt de la Cour de cassation du 25 mars 2014 posant comme principe que « le droit à un recours juridictionnel effectif impose que la décision du ministère public déclarant irrecevable la requête en exonération présentée par la personne destinataire d'un avis de contravention puisse être contestée devant la juridiction de proximité » (V. cet arrêt cité ss. art. 529-10 et 530-1 C. pr. pén., App., v° *Infractions*). En l'espèce, une personne, destinataire d'un avis de contravention pour excès de vitesse, avait formulé une requête en exonération auprès de l'officier du ministère public en faisant valoir qu'elle avait cédé son véhicule. Sa requête avait toutefois été écartée pour défaut de jonction du certificat de cession de l'automobile. L'intéressé tenta alors de saisir la juridiction de proximité d'un incident contentieux, mais sa demande fut déclarée irrecevable au regard de l'article 530-2 du code de procédure pénale qui – il est vrai – évoque uniquement les incidents contentieux relatifs à l'exécution d'un titre exécutoire. Et cette décision d'irrecevabilité va être confirmée en appel, l'intéressé n'ayant pas été destinataire du titre exécutoire relatif à l'amende forfaitaire majorée. Or ce raisonnement – pourtant conforme aux dispositions légales et à la jurisprudence alors applicables – est censuré par la Cour de cassation qui le juge contraire au principe du droit à un recours juridictionnel effectif.

De la sorte, il est désormais toujours possible pour une personne dont la requête en exonération est déclarée irrecevable par l'officier du ministère public d'accéder à un juge : ou bien sur le fondement des dispositions créées par le décret du 2 décembre 2013 lorsque la requête est déclarée irrecevable pour absence de motivation, ou bien sur le fondement de cet arrêt de principe du 25 mars 2014 lorsque la requête est déclarée irrecevable pour un autre motif.

II. AMENDE FORFAITAIRE DÉLICTUELLE

Extension de la procédure de l'amende forfaitaire à certains délits. Depuis la loi du 23 mars 2019, l'article L. 121-5 renvoie également aux articles 495-17 à 495-25 du code de procédure pénale créés par la loi du 18 novembre 2016 qui a rendu la procédure de l'amende forfaitaire prévue pour les contraventions applicable à certains délits. Pour connaître l'ensemble des règles applicables à l'amende forfaitaire délictuelle, il convient cependant de se référer également aux articles D. 45-3 et suivants et A. 36-14 et suivants du code de procédure pénale.

Comme en matière contraventionnelle, les articles 495-17 à 495-25 du code de procédure pénale prévoient ainsi que, pour certains délits, l'action publique peut être éteinte par le paiement d'une amende forfaitaire ; une amende qui est minorée si l'intéressé la règle immédiatement à l'agent verbalisateur ou dans un délai de quinze jours et qui est majorée si l'intéressé ne paie pas dans un délai de quarante-cinq jours, à compter de la constatation de l'infraction ou de l'envoi de l'avis d'infraction.

Comme en matière contraventionnelle, pour les délits concernés, la procédure de l'amende forfaitaire n'est toutefois pas applicable dans certains cas énoncés à l'article 495-17 du code de procédure pénale : lorsque l'infraction a été commise par un mineur ; lorsqu'elle a été commise simultanément avec une autre infraction ne pouvant faire l'objet d'une amende forfaitaire (hypothèse facilement envisageable en matière d'infractions routières) et lorsqu'elle a été commise en état de récidive légale, sauf si la loi en dispose autrement. Que la procédure de l'amende forfaitaire délictuelle soit exclue ou non en cas de récidive, il est à noter qu'elle peut toujours être utilisée à plusieurs reprises à l'encontre d'une même personne pour le même délit. Depuis la loi du 23 mars 2019 – ayant abrogé l'article 495-23 du code de procédure pénale –, le paiement d'une amende forfaitaire n'est en effet plus assimilé à une condamnation définitive pour l'application des règles sur la récidive légale. Il en résulte qu'une personne ayant déjà fait l'objet d'une amende forfaitaire pour un délit peut parfaitement faire l'objet d'une nouvelle amende forfaitaire pour le même délit, même si la procédure de l'amende forfaitaire n'est pas applicable en cas de récidive pour ce délit.

Enfin, comme en matière contraventionnelle, les personnes concernées peuvent contester une telle amende, en formulant une requête en exonération en cas d'amende forfaitaire et une réclamation en cas d'amende forfaitaire majorée, lesquelles ne sont recevables, en principe, qu'après versement d'une consignation préalable équivalente au montant de l'amende forfaitaire en cas de requête en exonération ou au montant de l'amende forfaitaire majorée en cas de réclamation. L'intéressé peut toutefois être dispensé de consignation dans certains cas (V. C. pr. pén., art. D. 45-15), voire en être dispensé par la loi pour certains délits (V., en ce sens, C. route, L. 412-1).

Conduite sans permis et conduite sans assurance. Toute cette procédure n'est applicable qu'à un nombre limité de délits, ceux pour lesquels la loi le prévoit, indique l'article 495-17 du code procédure pénale, et qui sont constatés par procès-verbal électronique, précise l'article D. 45-3 de ce même code. La loi du 18 novembre 2016 a ainsi permis d'y recourir pour deux délits prévus par le code de la route, que sont le délit de conduite sans permis de l'article L. 221-2 et le délit de conduite sans assurance (ou de défaut d'assurance) prévu à l'article L. 324-2. Ce n'est cependant que depuis le 1er novembre 2018 – date d'entrée en vigueur de l'ensemble des dispositions relatives à l'amende forfaitaire délictuelle – que cette procédure peut effectivement s'appliquer à ces deux délits (V. comm. ss. art. L. 221-2). Depuis lors, on notera que cette procédure est de plus en plus utilisée par les forces de l'ordre : en 2022, la conduite sans permis a ainsi donné lieu à 24 858 amendes forfaitaires délictuelles (15 630 en 2019) et la conduite sans assurance à 127 397 amendes forfaitaires délictuelles (41 686 en 2019).

Plusieurs autres délits. La loi du 23 mars 2019 – qui a modifié le présent article – a par la suite étendu cette procédure à d'autres délits, mais qui ne relèvent pas du droit de la circulation routière (comme le délit d'usage illicite de stupéfiants prévu à l'art. L. 3421-1 CSP). Une extension que le Conseil constitutionnel a validée, dans sa décision portant sur la loi du 23 mars 2019 (Décis. n° 2019-778 DC du 21 mars 2019), dès lors qu'elle ne concerne que des délits punis d'une peine d'emprisonnement inférieure à trois ans – ce qui est d'ailleurs le cas de la conduite sans permis et de la conduite sans assurance – et que le législateur a prévu que le montant de l'amende forfaitaire délictuelle ne saurait excéder le plafond des amendes contraventionnelles (soit 3 000 euros). Et cette procédure a encore été étendue à d'autres délits par la loi du 10 février 2020 relative à la lutte contre le gaspillage et à l'économie circulaire (délit d'abandon ou de dépôt illicite de déchets prévu par le code de l'environnement), la loi du 24 janvier 2022 relative à la responsabilité pénale et à la sécurité intérieure (délit de vol simple d'une chose dont la valeur n'excède pas 300 euros) et la loi du 24 janvier 2023 d'orientation et de programmation du ministère de l'Intérieur (plusieurs délits variés, dont certains prévus par le code de la route).

Autres délits du code de la route. Depuis la loi du 24 janvier 2023 précitée, l'amende forfaitaire délictuelle est en effet applicable au délit prévu à l'article L. 318-3 du code de la route qui permet de sanctionner le fait de porter atteinte à un dispositif de maîtrise de la pollution d'un véhicule, ainsi qu'à ceux formulés à l'article L. 412-1 concernant les entraves à la circulation routière. Elle est également applicable, mais uniquement à titre expérimental, au délit prévu à l'article L. 236-1, I qui permet de sanctionner la participation à un rodéo motorisé. Et à ces délits routiers, la loi du 24 janvier 2023 a ajouté plusieurs autres délits prévus par le code pénal, mais aussi le code du commerce, le code des transports ou encore le code rural et de la pêche maritime. Une telle extension – qui aurait pu être d'une plus grande ampleur encore, le projet de loi initial avait prévu de généraliser l'amende forfaitaire délictuelle à tous les délits encourant seulement une peine d'amende et à tous les délits encourant une peine d'emprisonnement inférieure à un an – peut pourtant susciter quelques interrogations au regard de l'efficacité de cette procédure. Au cours des travaux préparatoires de la loi du 24 janvier 2023, il a en effet été précisé que le taux de recouvrement des amendes forfaitaires délictuelles routières (donc pour conduite sans permis et conduite sans assurance) s'élèverait seulement à 13 %. Un rapport d'évaluation portant sur la mise en œuvre de cette procédure pour chacune des infractions auxquelles elle est applicable a d'ailleurs été prévu par le législateur, lequel devra identifier « les pistes d'amélioration du recouvrement de ces amendes, notamment par la mise en place d'une saisie sur salaire en concertation avec l'employeur de la personne en cause » (V. L. du 24 janv. 2023, art. 25, XII).

Dispositions d'incrimination. Pour tous les délits pour lesquels l'amende forfaitaire délictuelle est applicable, on notera enfin qu'il convient de se reporter aux dispositions qui les incriminent pour connaître le montant de l'amende forfaitaire les concernant (excepté pour le délit de l'art. L. 236-1, I, C. route, l'amende forfaitaire délictuelle n'étant applicable pour ce délit qu'à titre expérimental, V. comm. ss. cet art.). C'est également au sein des dispositions d'incrimination que l'on trouvera les modalités particulières d'application de cette procédure pour certains délits (V., pour les délits du code de la route, art. L. 412-1 permettant de recourir à cette procédure pour les délits qu'il prévoit y compris en cas de récidive et dispensant l'intéressé du versement d'une consignation préalable en cas de contestation). ❑

Sur la jurispr. relative à la procédure de l'amende forfaitaire applicable à certaines infractions au code de la route, V. ss. les art. 529-7 à 530-4 C. pr. pén., App., v° *Infractions*.

Art. L. 121-6 *(L. n° 2016-1547 du 18 nov. 2016, art. 34-I-3° et 34-IV-A, en vigueur le 1er janv. 2017)* **Lorsqu'une infraction constatée selon les modalités prévues à l'article L. 130-9 a été commise avec un véhicule dont le titulaire du certificat d'immatriculation est une personne morale ou qui est détenu par une personne morale, le représentant légal de cette personne morale doit indiquer, par lettre recommandée avec demande d'avis de réception ou de façon dématérialisée, selon des modalités précisées par arrêté, dans un délai de quarante-cinq jours à compter de l'envoi ou de la remise de l'avis de contravention, à l'autorité mentionnée sur cet avis, l'identité et l'adresse de la personne physique qui conduisait ce véhicule, à moins qu'il n'établisse l'existence d'un vol, d'une usurpation de plaque d'immatriculation ou de tout autre événement de force majeure.**

(L. n° 2021-401 du 8 avr. 2021, art. 10) **« Les dispositions du premier alinéa du présent article sont applicables lorsque l'infraction a été commise avec un véhicule dont le titulaire du certificat d'immatriculation ou le détenteur est une personne physique ayant immatriculé le véhicule en tant que personne morale ; l'obligation prévue au même premier alinéa est alors réputée satisfaite si le titulaire du certificat d'immatriculation ou le détenteur du véhicule justifie, dans le même délai et selon les mêmes modalités, que le véhicule est immatriculé à son nom. »**

Le fait de contrevenir au présent article est puni de l'amende prévue pour les contraventions de la quatrième classe.

Infractions susceptibles d'être constatées selon les modalités prévues à l'art. L. 130-9, V. art. R. 130-11. — Modalités d'application de l'art. L. 121-6, V. art. A. 121-1 s.

BIBL. ▶ ANDRÉ-HESSE et CORET, *JCP S 2017. Actu. 115* (la dénonciation des infractions routières du salarié par l'employeur : la fin de l'effet d'aubaine). – BÉNÉJAT, *AJ pénal 2023. 219* (le chef d'entreprise, le droit pénal et la circulation routière). – CÉRÉ, *AJ pénal 2019. 418* (responsabilité du représentant légal de la personne morale). – JOSSEAUME, *Gaz. Pal. 15 janv. 2019, p. 19* (PV routier : quand l'employeur devient l'accusateur !). – MATHIEU et TERRYN, *RDT 2017. 188* (la non-dénonciation d'infractions routières). – RIAS, *D. 2019. 1699* (application de l'art. L. 121-6 C. route aux personnes morales : quelle justification ?). – ROBERT, *Dr. pénal 2017, n° 24* (Big Brother a encore sévi).

COMMENTAIRE

Dénonciation du conducteur du véhicule d'une personne morale. Lorsqu'un véhicule est immatriculé au nom d'une personne morale, l'article L. 121-3 du code de la route permet de déclarer son représentant légal redevable pécuniairement de l'amende encourue pour certaines infractions commises à l'occasion de la conduite de ce véhicule. Il peut néanmoins échapper à cette redevabilité pécuniaire en fournissant au juge les renseignements permettant d'identifier l'auteur véritable de l'infraction (V. comm. ss. art. L. 121-3). Mais, sans attendre cette étape du jugement, le représentant légal peut également fournir de tels renseignements en amont, lorsqu'il reçoit un avis de contravention pour une infraction commise avec ledit véhicule. Or cette possibilité offerte au représentant légal de dénoncer celui qui conduisait le véhicule au moment de l'infraction est, depuis la loi du 18 novembre 2016 de modernisation de la justice du XXIe siècle, érigée en obligation prévue par le présent article.

Depuis le 1er janvier 2017 – date d'entrée en vigueur de l'article L. 121-6 –, lorsque certaines infractions sont commises avec un véhicule immatriculé au nom d'une personne morale ou détenu par une personne morale, son représentant légal doit en effet indiquer à l'autorité compétente, par lettre recommandée avec accusé de réception ou de façon dématérialisée, l'identité et l'adresse de la personne physique qui conduisait ce véhicule, selon des modalités qui sont précisées aux articles A. 121-1 et suivants. Et le non-respect de cette obligation peut être sanctionné : l'article L. 121-6 précisant que le fait de contrevenir aux dispositions qu'il prévoit est puni de l'amende prévue pour les contraventions de la quatrième classe.

Cette obligation de dénonciation concerne également, depuis la loi du 8 avril 2021 améliorant l'efficacité de la justice de proximité et de la réponse pénale, la personne physique titulaire du certificat d'immatriculation ou détenteur d'un véhicule que cette personne a immatriculé « en tant que personne morale » (art. L. 121-6, al. 2). Il s'est agi par là même d'appréhender la situation particulière des personnes ayant adopté le statut d'entrepreneur individuel à responsabilité limitée. Ce statut, réglementé aux articles L. 526-5-1 et suivants du code de commerce, permet à un entrepreneur individuel de protéger son patrimoine personnel en affectant à son activité professionnelle une partie de son patrimoine, sans créer de personne morale. Or, en pratique, lorsqu'un véhicule fait partie de ce patrimoine affecté, il est fréquent que l'entrepreneur l'immatricule au nom de l'entreprise individuelle à responsabilité limitée, comme s'il s'agissait d'une personne morale. Lorsqu'une infraction est commise avec un tel véhicule, il est alors impossible de poursuivre l'entrepreneur en tant que représentant légal d'une personne morale pour non-dénonciation de la personne physique qui conduisait le véhicule, puisqu'une telle personne morale n'existe pas (en ce sens, V. Crim. 21 avr. 2020, n° 19-86.467, note 8), et l'entrepreneur, en payant l'amende en tant que titulaire du certificat d'immatriculation, peut échapper au retrait de points. C'est pour éviter ces situations d'impunité que la loi du 8 avril 2021 a ajouté un alinéa au sein du présent article.

Infractions concernées. On remarquera que cette obligation ne vaut que pour les infractions constatées selon les modalités prévues à l'article L. 130-9 et donc uniquement pour des infractions constatées par ou à partir d'appareils de contrôle automatique. Les infractions concernées sont énumérées à l'article R. 130-11, créé par le décret n° 2016-1955 du 28 décembre 2016, qui fixe une liste d'infractions comparable à la liste d'infractions figurant au sein de l'article R. 121-6 et pour lesquelles la redevabilité pécuniaire du titulaire du certificat d'immatriculation peut être retenue en application de l'article L. 121-3. On notera néanmoins qu'il existe quelques différences entre ces deux listes d'infractions (V. comm. ss. art. R. 121-6). Quant aux infractions figurant au sein de l'article R. 130-11, il s'agit essentiellement de contraventions, à savoir celles concernant le port de la ceinture de sécurité, l'usage d'un téléphone tenu en main, l'usage de voies ou chaussées réservées à certaines catégories de véhicules, la circulation sur les bandes d'arrêt d'urgence, le respect des distances de sécurité, le franchissement et le chevauchement des lignes continues, les signalisations imposant l'arrêt des véhicules, les vitesses maximales autorisées, le dépassement, l'engagement dans l'espace compris entre les deux lignes d'arrêt sur une voie munie de feux de signalisation et l'obligation du port d'un casque, auxquelles le décret n° 2018-795 du 17 sept. 2018 a ajouté la circulation en sens interdit, le demi-tour ou la marche arrière sur autoroute et l'engagement gênant dans une intersection. A cette liste de contraventions, il faut toutefois ajouter une infraction de nature délictuelle, celle concernant l'obligation d'être couvert par une assurance prévue à l'article L. 324-2 du présent code.

En créant une telle obligation, il s'est agi pour les pouvoirs publics de renforcer la répression des infractions routières constatées automatiquement. Avant la création de l'article L. 121-6, lorsque ces infractions étaient commises avec un véhicule immatriculé au nom d'une personne morale, bien souvent, elles n'entraînaient aucun retrait de points pour leurs auteurs, faute de pouvoir identifier le conducteur du véhicule. En obligeant le représentant légal à dénoncer le conducteur du véhicule, les pouvoirs publics ont parié sur le fait que l'article L. 121-6 conduise effectivement les représentants légaux à désigner l'intéressé, afin que celui-ci paye ensuite l'amende et puisse subir le retrait de points correspondant sur son permis de conduire. Et ce pari semble avoir été gagné, puisque le taux de désignation des conducteurs serait passé de 26 % en 2016 à 83 % fin 2017, le nombre d'infractions commises par les véhicules immatriculés au nom d'une personne morale ayant, dans le même temps, baissé de 9,4 %. (V. Circ. CRIM/2019-01/E1 du 29 janv. 2019 relative à l'obligation pour le responsable légal de désigner le conducteur d'un véhicule détenu par une personne morale à la suite de la commission d'une infraction, *BOMJ compl. n° 2019-02 du 13 févr. 2019*).

Contentieux. La présente incrimination a cependant engendré tout un contentieux portant sur sa conformité aux normes fondamentales et son application. Sur le plan constitutionnel, plusieurs questions prioritaires de constitutionnalité ont ainsi été soulevées. En vain. La Cour de cassation a en effet toujours refusé de les transmettre au Conseil constitutionnel en jugeant notamment que l'article L. 121-6 du code de la route assurait un juste équilibre entre les nécessités de la lutte contre l'insécurité routière et le droit de ne pas s'auto-incriminer et qu'il ne méconnaissait pas les droits de la défense (V. note 1). La Cour de cassation a également jugé cet article conforme à la Convention européenne des droits de l'homme en considérant qu'il ne portait pas atteinte au droit de ne pas contribuer à sa propre incrimination garanti par cette Convention, rejoignant par là même la position de la Cour européenne des droits de l'homme qui a validé, en 2007, au regard de ce droit et du droit de garder le silence, les dispositions d'une loi britannique prévoyant une obligation comparable à celle formulée à l'article 121-6 (V. note 2).

Concernant son application, le fait que l'avis de contravention pour non-désignation soit adressé directement à la personne morale et non à son représentant légal a été contesté. En vain, là encore, puisque cette pratique a été validée par la Cour de cassation qui a considéré que l'article L. 121-6 du code de la route n'excluait pas l'application des dispositions de l'article 121-2 du code pénal sur la responsabilité pénale des personnes morales (V. note 9). Cette pratique a d'ailleurs été soutenue par les pouvoirs publics, qui y ont vu un moyen supplémentaire pour inciter les représentants légaux à dénoncer les conducteurs des véhicules en infraction, l'amende infligée à la personne morale étant en effet le quintuple de celle qui peut être prononcée à l'encontre de son représentant légal.

Le cas des sociétés individuelles en nom personnel a enfin suscité des incompréhensions et des pratiques divergentes. Dans ces sociétés, il est fréquent que la raison sociale ou la dénomination sociale corresponde au nom de famille du représentant légal, lequel, en recevant un avis de contravention adressé à son nom, peut penser qu'en payant directement l'amende il s'auto désigne comme conducteur de l'infraction et partant satisfait aux obligations formulées par l'article L. 121-6 du code de la route. Ce qui n'est pourtant pas suffisant, comme l'a jugé la Cour de cassation, l'intéressé devant, pour échapper aux poursuites pour non-désignation du conducteur, s'auto désigner selon les modalités prévues à l'article L. 121-6 du code de la route et précisées par les articles A. 121-1 à A. 121-3 de ce code (V. note 10). Confrontés à des requêtes en exonération formulées à l'encontre d'avis de contravention pour non-désignation du conducteur reçus par les représentants légaux de ces sociétés, les officiers du ministère public ont en outre opté pour des pratiques divergentes : certains, prenant en compte l'ambiguïté de la situation, acceptant de classer sans suite l'infraction ; d'autres, appliquant les textes à la lettre, refusant un tel classement.

Ces incompréhensions et pratiques divergentes n'ont pas laissé indifférent le Défenseur des droits qui a formulé plusieurs recommandations par une décision 2017-328 du 15 novembre 2017. Ces recommandations ont été entendues par les pouvoirs publics qui ont modifié les avis de contravention adressés aux représentants légaux des personnes morales, lesquels soulignent désormais plus clairement l'obligation qui est faite au représentant légal de s'auto désigner dans le cas où il a lui-même commis l'infraction. Elles ont également conduit le ministère de la Justice à publier la circulaire précitée du 29 janvier 2019 afin de clarifier l'application des dispositions de l'article L. 121-6 du code de la route. Une circulaire qui, pour prendre en compte les incompréhensions évoquées, incite les officiers du ministère public à classer sans suite les infractions de non-désignation lorsque le représentant légal invoque, de bonne foi, une confusion quant au destinataire de l'avis de contravention. ❑

1. Constitutionnalité de l'art. L. 121-6 – Absence de renvoi de plusieurs QPC. En faisant obligation au représentant légal d'une personne morale qui détient un ou plusieurs véhicules d'indiquer aux autorités compétentes, en cas de constatation d'une infraction au code de la route, l'identité du conducteur, le cas échéant lui-même, et en sanctionnant de la peine prévue pour les contraventions de la quatrième classe le refus de satisfaire à cette obligation, l'art. L. 121-6 C. route, dont les dispositions sont dépourvues d'ambiguïté, assure un juste équilibre entre les nécessités de la lutte contre l'insécurité routière et le droit de ne pas s'auto-incriminer, ne méconnaît pas les droits de la défense et ne porte aucune atteinte au principe d'égalité entre les justiciables. • Crim. 7 févr. 2018 : *Dr. pénal 2018, n° 80, note Robert.* ♦ Il ne porte pas non plus atteinte aux droits et libertés garantis par l'art. 10 DDH, ni au principe de liberté de conscience, la protection de l'ensemble des usagers de la route imposant que ne soit pas assurée l'impunité d'un conducteur dont le comportement dangereux est avéré, étant précisé que, d'une part, l'obligation d'indiquer le nom du conducteur ne s'impose qu'au représentant de la personne morale qui a pris la responsabilité de lui remettre le véhicule ayant servi à commettre l'infraction et que, d'autre part, la peine encourue est uniquement pécuniaire et d'un montant modéré, de sorte que la sanction de l'obligation prévue est strictement proportionnée à l'objectif poursuivi de prévention des infractions. • Crim. 4 avr. 2018, n° 18-90.001 : *Dr. sociétés 2018, n° 125, obs. Heinich* • 2 mai 2018, n° 18-90.003 : *Dr. pénal 2018, n° 127, note Robert.* ♦ ... Ni aux droits et libertés garantis par les art. 6, 9 et 16 DDH, la question étant irrecevable en ce qu'elle soutient que l'infraction aurait dû être édictée par le pouvoir réglementaire. • Crim. 26 juin 2018, n° 18-90.011 : *JCP 2018. doct. 1129, obs. Detraz.* ♦ Il ne porte en outre aucune atteinte à la présomption d'innocence et à l'art. 9 DDH, en ce qu'il oblige un justiciable à accomplir une mission de police en lieu et place du ministère public, ou à s'auto-incriminer, l'art. L. 121-6 ne mettant pas à la charge du représentant légal de la personne morale une mission relevant d'un service de police dans la mesure où il doit seulement communiquer un renseignement relatif à la gestion de l'entreprise et non pas procéder à une enquête. • Crim. 27 juin 2018, n° 18-90.013 : *Dr. pénal 2018, n° 167, note Peltier.* ♦ ... Ni, pour les mêmes raisons, au principe constitutionnel de la séparation des pouvoirs tel que prévu par l'art. 16 DDH et l'art. 66 al. 2 Cons. qui impliquent notamment la compétence exclusive de la police judiciaire pour procéder sous la direction du procureur de la République et sous le contrôle de l'autorité judiciaire aux enquêtes en matière pénale ainsi qu'à la constatation des infractions pénales et à la recherche de leurs auteurs, y compris pour les infractions de nature contraventionnelle. • Crim. 3 oct. 2018, n° 18-90.020 : *inédit.* ♦ L'art. L. 121-6, en obligeant le représentant légal d'une personne morale qui détient un véhicule d'indiquer aux autorités compétentes les renseignements en possession de celle-ci sur l'identité et l'adresse de la personne physique qui le conduisait au moment où l'infraction au code de la route a été constatée, ne crée pas une présomption de culpabilité, mais sanctionne le fait personnel du dirigeant social, en l'occurrence le manquement à son obligation d'identifier le conducteur auquel le véhicule a été remis, et dont il peut s'exonérer en établissant que ce dernier a été volé ou qu'il y a eu usurpation des plaques d'immatriculation ou tout autre cas de force majeure. Il ne contrevient pas, en conséquence, au principe de la présomption d'innocence énoncé à l'art. 9 DDH. • Crim. 19 mars 2019, n° 19-90.005 : *Dr. pénal 2019, n° 81, obs. Robert.*

2. Conventionnalité de l'art. L. 121-6. L'art. L. 121-6 C. route, dont les dispositions sont destinées à améliorer la répression d'infractions routières et ainsi à protéger l'ensemble des usagers de la route, en évitant l'impunité d'un conducteur dont le comportement dangereux est avéré, notamment en matière de perte de points, est compatible avec l'art. 6 Conv. EDH. Si cet art. fait obligation au représentant de la personne morale d'indiquer aux autorités compétentes les renseignements en sa possession sur l'identité et l'adresse du conducteur du véhicule au moment où l'infraction au code de la route a été constatée, cette obligation constitue une simple information qui n'est pas en soi incriminante, la personne morale ayant par ailleurs fait le choix d'être titulaire du certificat d'immatriculation et pris la responsabilité de confier le véhicule à la personne qui a commis l'infraction, la peine encourue, d'un montant modéré, étant strictement proportionnée à l'objectif poursuivi de prévention des infractions et le représentant de la personne morale pouvant s'exonérer de sa responsabilité en établissant que le véhicule a été volé ou qu'il y a eu usurpation des plaques d'immatriculation ou tout autre cas de force majeure. • Crim. 15 déc. 2020, n° 20-82.503 P : *D. 2021. 12*. ♦ V. égal. en ce sens • CEDH, gr. ch., 29 juin 2007 : *RFDA 2008. 737, obs. Labayle et Sudre* ; *JDI 2008. Chron. 5, note Bachelet* (jugeant conforme à la Conv. EDH. l'art. 172 de la loi britannique de 1988 sur la circulation routière imposant au gardien d'un véhicule, lorsque celui-ci a été photographié par un radar en excès de vitesse, de fournir les informations permettant d'identifier le conducteur auteur de l'infraction, le fait de ne pas répondre à une telle demande d'informations étant constitutif d'une infraction sanctionnée des mêmes peines que celles prévues pour l'infraction d'excès de vitesse (amende et retrait de points), au motif que cette obligation ne porte pas atteinte à la substance même du droit de garder le silence et du droit de ne pas contribuer à sa propre incrimination, droits qui ne sont pas absolus compte tenu de la nature particulière de la réglementation en cause, du caractère limité des informations sollicitées et de l'existence de garanties appropriées dans la procédure).

3. Non bis in idem. La règle *non bis in idem* n'interdit pas de déclarer le représentant légal d'une personne morale pécuniairement redevable d'une amende pour excès de vitesse sur le fondement de l'art. L. 121-3 C. route et de condamner l'intéressé à une amende pour non-transmission de l'identité et de l'adresse du conducteur du véhicule en application de l'art. L. 121-6 C. route, dès lors que les faits de non-transmission de l'identité et de l'adresse du conducteur sont distincts des faits d'excès de vitesse ayant donné naissance à l'obligation de dénonciation et que la mise à la charge du représentant légal d'une personne morale d'une amende, sur le fondement de l'art. L. 121-3, ne met pas en jeu la responsabilité pénale de celui-ci et ne constitue pas, non plus, une sanction ayant le caractère d'une punition. • Crim. 24 janv. 2023, nº 22-83.011 : *D. actu. 13 mars 2023, obs. Recotillet ; Dr. pénal 2023. Chron. 8, obs. Gauvin.*

4. Application dans le temps de l'art. L. 121-6. L'infraction prévue par l'art. L. 121-6 C. route, créée par la loi nº 2016-1547 du 18 nov. 2016 entrée en vigueur à compter du 1er janv. 2017, est constituée dès lors que l'avis de contravention pour non-désignation du conducteur a été adressé après cette dernière date. (en l'espèce, l'avis de contravention pour non-désignation avait été dressé le 8 juin 2017, soit postérieurement à l'entrée en vigueur de l'art. L. 121-6, en lien avec un excès de vitesse constaté le 17 déc. 2016). • Crim. 11 déc. 2018, nº 18-82.820 P : *D. 2019. 12 ; D. actu. 15 janv. 2019, obs. Priou-Alibert ; Dr. pénal 2019, nº 29, note Robert ; JCP 2019. 72, obs. Muller ; AJ pénal 2019. 149, obs. Céré ; Rev. sociétés 2019. 407, note Matsopoulou ; JCP E 2019. 1132, note Casson ; JCP S 2019. 1081, note Guyot.*

5. Mise en œuvre procédurale. Le fait qu'une personne morale et sa représentante légale n'aient pas été destinataires de l'avis de contravention de non-désignation du conducteur ne permet pas de les poursuivre sur le fondement de l'art. L. 121-6 C. route (en l'espèce, le véhicule en excès de vitesse appartenait à la société Radio France et avait été adressé à une station locale de la Radio). • Crim. 4 mai 2021, nº 20-83.566 : *Dr. pénal 2021, nº 129, note Robert ; ibid. Chron. 8, obs. Gauvin.* ♦ Le fait que l'avis de contravention pour non-désignation du conducteur soit libellé au nom de la personne morale ne fait pas en revanche obstacle à la condamnation de son représentant légal pour cette contravention, dès lors que celui-ci a été cité devant le tribunal de police pour répondre de l'infraction prévue par l'art. L. 121-6. • Crim. 11 déc. 2018, nº 18-82.820 P : *préc. note 4.*

6. Il résulte de l'art. L. 121-6 C. route que l'infraction de défaut de transmission, par la personne morale au nom de laquelle est immatriculé un véhicule ayant commis une infraction au code de la route constatée au moyen d'appareils de contrôle automatique ayant fait l'objet d'une homologation, de l'identité et de l'adresse du conducteur du véhicule est réputée commise, soit au lieu du siège social de l'entreprise dont le représentant légal a failli à son obligation, soit au lieu d'implantation de l'autorité mentionnée sur l'avis de contravention comme devant être destinataire de cette transmission. Méconnaît un tel principe le tribunal qui, pour annuler trois avis de contravention pour défaut de transmission de l'identité et de l'adresse du ou des conducteurs d'un véhicule, énonce que les agents et officiers de police judiciaire du CACIR, exerçant à Rennes, ne disposent d'une compétence nationale que pour constater les infractions prévues par l'art. R. 130-11 C. route, au nombre desquelles ne figure pas la non-transmission de l'identité et de l'adresse du conducteur, et qu'ils n'ont donc pas compétence pour constater une telle infraction commise à Douai, dès lors qu'il lui appartenait de rechercher la localisation du destinataire de la transmission indiquée sur l'avis de contravention. • Crim. 18 juin 2019, nº 19-80.295 P : *D. 2019. 1286 ; Dr. pénal 2019, nº 146, note Robert.*

7. N'est pas justifiée la décision qui, pour relaxer une société poursuivie sur le fondement de l'art. L. 121-6 C. route, constate que l'avis de contravention initial concernant un excès de vitesse commis par l'un de ses véhicules ne figure pas au dossier et qu'aucune preuve de l'envoi de cet avis de contravention n'est rapportée par l'officier du ministère public, dès lors que l'avis de contravention pour non-transmission de l'identité du conducteur d'un véhicule est distinct de l'avis constatant la contravention initiale, le tribunal de police pouvant si besoin ordonner un supplément d'information. • Crim. 24 mars 2020, nº 19-86.463 : *Dr. pénal 2020. Chron. 8, obs. Gauvin.* ♦ ... Ou retient que la procédure relative à la contravention initiale est irrégulière, dès lors qu'il n'appartient pas au juge, saisi de poursuites contre une personne morale pour non-désignation du conducteur du véhicule au moment de la contravention initiale, de se prononcer sur la validité de la procédure relative à cette contravention. • Crim. 17 nov. 2020, nº 20-81.244 : *D. actu. 12 févr. 2021, obs. Pham-Ngoc ; Dr. pénal. 2021, nº 8, note Robert ; ibid. Chron. 8, obs. Gauvin.*

8. Entreprise ayant la personnalité morale. Lorsque l'entreprise prévenue (entreprise individuelle) n'est pas une personne morale, son dirigeant ne peut être poursuivi sur le fondement de l'art. L. 121-6 C. route. • Crim. 21 avr. 2020, nº 19-86.467 P : *D. 2020. 983 ; D. actu. 3 juin 2020, obs. Goetz ; Dr. pénal 2020, nº 139, note Robert ; ibid. Chron. 8, obs. Gauvin ; JCP 2020. doct. 1119, obs. Detraz.* ♦ Il en va différemment depuis la L. nº 2021-401 du 8 avr. 2021, les dispositions de l'art. L. 121-6 étant applicables aux infractions commises avec un véhicule dont le titulaire du certificat d'immatriculation ou le détenteur est une personne physique ayant immatriculé le véhicule en tant que personne morale, V. al. 2 de cet art.

9. Responsabilité pénale de la personne morale en cas de non-désignation du conducteur par son représentant légal. L'art. 121-2 C. pén. prévoyant que les personnes morales, à l'exclusion de l'État, sont responsables pénalement des infractions commises pour leur compte par leurs organes ou représentants, les avis de contravention pour non-désignation peuvent être adressés aux personnes morales, dont le représentant légal n'a pas désigné l'auteur d'une infraction routière commise au volant d'un véhicule leur appartenant ou détenu par elles. Ce choix permet alors d'infliger une amende quintuplée, la loi du 18 nov. 2016 ayant pris le soin de préciser à l'art. 530-3 C. pr. pén. que ce quintuplement s'appliquait aux amendes forfaitaires. *Rép. min. n° 01091 : *JO Sénat Q, 15 févr. 2018. 680.* ♦ L'art. L. 121-6 C. route, sur le fondement duquel le représentant légal d'une personne morale peut être poursuivi pour n'avoir pas satisfait, dans le délai qu'il prévoit, à l'obligation de communiquer l'identité et l'adresse de la personne physique qui, lors de la commission d'une infraction constatée selon les modalités prévues à l'art. L. 130-9 C. route, conduisait le véhicule détenu par cette personne morale, n'exclut pas qu'en application de l'art. 121-2 C. pén., la responsabilité pénale de la personne morale soit aussi recherchée pour cette infraction, commise pour son compte, par ce représentant. • Crim. 11 déc. 2018, n° 18-82.628 P : *D. 2019. 11 ; D. actu. 15 janv. 2019, obs. Priou-Alibert ; Dr. pénal 2019, n° 29, note Robert ; JCP 2019. 72, obs. Muller ; AJ pénal 2019. 149, obs. Céré ; Rev. sociétés 2019. 407, note Matsopoulou ; JCP E 2019. 1132, note Casson ; JCP S 2019. 1081, note Guyot* • 18 juin. 2019, n° 19-80.290 : *D. 2019. 1699* • 3 sept. 2019, n° 19-81.469 : *D. actu. 30 sept. 2019, obs. Jay.* • 7 janv. 2020, n° 19-83.737 : *Rev. sociétés 2020. 254, obs. Bouloc.*

10. Autodésignation. L'infraction de l'art. L. 121-6 C. route est constituée dès lors que la personne morale n'a pas indiqué, selon les modalités prévues aux art. A. 121-1 à A. 121-3, l'identité, l'adresse et la référence du permis de conduire de la personne physique qui conduisait le véhicule, fût-elle son représentant légal. Cette désignation doit ainsi être faite par lettre recommandée avec demande d'avis de réception ou de façon dématérialisée, en utilisant le formulaire prévu à cette fin qui est joint à l'avis ou en utilisant les informations y figurant, à l'aide du formulaire en ligne. Est, en conséquence, censuré un jugement ayant relaxé une personne morale au motif que la contravention initiale d'excès de vitesse avait été payée par son représentant légal, qui de ce fait s'était autodésigné comme auteur, la société n'ayant pas indiqué, selon les modalités précitées, l'identité, l'adresse et la référence du permis de conduire de la personne physique qui conduisait le véhicule. • Crim. 15 janv. 2019, n° 18-82.380 P : *D. 2019. 129 ; D. actu. 6 févr. 2019, obs. Azoulay ; Dr. pénal 2019, n° 48, note Robert ; ibid. Chron. 7, obs. Gauvin ; AJ pénal 2019. 205, obs. Céré ; Rev. sociétés 2019. 476, note Bouloc ; JCP S 2019. 1081, note Guyot.* ♦ L'envoi de l'avis de contravention initiale adressé au représentant légal d'une personne morale, lui indiquant d'une part, qu'il lui revient de payer le montant de l'amende s'il reconnaît l'infraction mais, d'autre part, qu'il doit au préalable désigner le conducteur, ne saurait constituer une provocation d'infraction contraire au principe de loyauté de la preuve, l'avis de contravention n'étant pas ambigu et ne laissant pas penser au représentant légal de la société qu'en réglant la contravention, il s'est auto-désigné comme étant l'auteur de l'infraction d'excès de vitesse. • Crim. 18 nov. 2020, n° 19-87.631 : *D. actu. 12 févr. 2021, obs. Pham-Ngoc.*

11. Désignation de deux conducteurs. La personne morale, poursuivie sur le fondement de l'art. L. 121-6, C. route ne peut s'exonérer de sa responsabilité pénale en désignant deux conducteurs comme également susceptibles d'avoir commis l'infraction initiale. • Crim. 17 nov. 2020, n° 20-81.241 : *D. actu. 12 févr. 2021, obs. Pham-Ngoc ; Dr. pénal 2021, n° 9, note Robert ; ibid. Chron. 8, obs. Gauvin.* ♦ Le fait que la société poursuivie (société de transport sanitaire) soit tenue, par la réglementation en vigueur, d'utiliser un document intitulé « feuille de route hebdomadaire transport sanitaire », qui ne comporte pas de rubrique destinée à recueillir l'indication des heures de conduite de chacun des deux chauffeurs qui doivent se trouver à bord du véhicule, ne saurait constituer un cas de force majeure pour la personne morale poursuivie, dès lors que cette dernière conserve la faculté d'organiser par ailleurs un recensement des chauffeurs qui lui permette de satisfaire aux exigences de l'art. L. 121-6. • Crim. 17 nov. 2020, n° 20-81.249 : *D. actu. 12 févr. 2021, obs. Pham-Ngoc ; Dr. pénal 2021, n° 9, note Robert ; ibid. Chron. 8, obs. Gauvin* • 26 janv. 2021, n° 20-83.913 : *D. actu. 12 févr. 2021, obs. Pham-Ngoc ; Dr. pénal 2021, Chron. 8, obs. Gauvin.*

12. Désignation d'un conducteur non employé par la personne morale. Le fait que le conducteur désigné ne soit pas un employé de la personne morale poursuivie n'est pas une cause d'exonération prévue par l'art. L. 121-6 C. route. • Crim. 17 nov. 2020, n° 20-81.241 : *préc. note 11.*

13. Désignation reposant sur des éléments probants. L'obligation faite au représentant légal de la personne morale, par l'art. L. 121-6 C. route, d'indiquer l'identité et l'adresse de la personne physique qui conduisait le véhicule lors de l'infraction n'est remplie que si la désignation de la personne physique qui conduisait effectivement le véhicule au moment des faits repose sur des éléments probants. • Crim. 6 juin 2023, n° 22-87.212 B : *D. actu. 16 juin 2023, obs. Goetz ; AJ pénal 2023. 397, obs. Rousseau ; Dr. pénal 2023, n° 138, note Robert ; JCP 2023. 1111, obs. Detraz.*

14. Désignation dans un délai de quarante-cinq jours. Pour que l'infraction prévue à l'art. L. 121-6 C. route soit constituée, il faut que le représentant légal de la personne morale titulaire du certificat d'immatriculation du véhicule ayant donné lieu à un avis de contravention au code de la route n'ait pas indiqué l'identité et l'adresse du conducteur du véhicule lors de l'infraction dans un délai de quarante-cinq jours à compter de l'envoi ou de la remise de l'avis de contravention. N'est, en conséquence, pas justifiée la décision d'une cour d'appel condamnant une prévenue pour avoir commis une telle infraction le 22 nov. 2017 dont le procès-verbal de constatation indique un avis de contravention initial édité le 7 oct. 2017, dès lors que, d'une part, le procès-verbal ne précise pas la date d'envoi dudit avis et que, d'autre part, l'envoi de l'avis à une date postérieure au 7 octobre implique qu'au 22 nov. le délai de quarante-cinq jours prévu à l'art. L. 121-6 ne pouvait être échu. • Crim. 9 nov. 2021, n° 20-85.020 B : *D. actu. 3 déc. 2021, obs. Recotillet.* ♦ En l'absence de mention de la date d'envoi de la contravention initiale dans le procès-verbal constatant l'infraction de non-transmission de l'identité du conducteur, les juges peuvent apprécier souverainement la portée du document intitulé « information sur l'infraction initiale », généré automatiquement à titre de fiche de renseignements dans le cadre du traitement des infractions relevant de l'art. L. 130-9 C. route, versé aux débats par le ministère public et qui porte mention de cette date d'envoi, point de départ du délai de 45 jours prévu par l'art. L. 121-6 dudit code. • Crim. 7 févr. 2023, n° 22-83.986 B : *D. actu. 13 mars 2023, obs. Recotillet; D. 2023. 297; AJ pénal 2023. 187, obs. Céré; Dr. pénal 2023. Chron. 8, obs. Gauvin.*

15. Cas des véhicules loués. Il résulte de l'art. L. 121-6 C. route, qui prévoit la responsabilité pénale du représentant légal de la personne morale bailleresse, titulaire du certificat d'immatriculation, comme celle de celui de la personne morale qui détient le véhicule, que peuvent être poursuivies tant la personne morale titulaire du certificat d'immatriculation que la personne morale locataire du véhicule. • Crim. 1er sept. 2020, n° 19-85.465 P : *D. 2020. 1679; D. actu. 30 sept. 2020, obs. Engel; Dr. pénal 2020, n° 172, note Robert; ibid. 2021. Chron. 8, obs. Gauvin; JCP 2020. Doct. 1119, obs. Detraz.* ♦ Il se déduit de ce même art. que, lorsqu'une infraction constatée selon les modalités prévues à l'art. L. 130-9 du même code a été commise avec un véhicule dont le titulaire du certificat d'immatriculation est une personne morale ayant donné en location ledit véhicule à une autre personne morale, il appartient au représentant légal de la première d'indiquer, dans le délai de quarante-cinq jours à compter de l'envoi ou de la remise de l'avis de contravention, l'identité et l'adresse de la personne physique qui conduisait ce véhicule et que, dans le cas où ledit représentant ne connaît pas l'identité de ce conducteur, il ne peut s'exonérer de sa responsabilité pénale qu'en indiquant, dans les mêmes conditions, l'identité et l'adresse de la personne morale ayant pris ledit véhicule en location, une telle interprétation des textes étant la seule à même de permettre à l'autorité de poursuite d'avoir connaissance de l'identité du conducteur du véhicule et de respecter ainsi l'intention du législateur comme l'intérêt des usagers de la route. • Même décision.

16. Non-désignation du conducteur par le maire d'une commune. Le représentant légal d'une personne morale, en l'occurrence le maire s'agissant d'une commune, doit, à la suite de la réception d'un avis de contravention, désigner le conducteur ayant commis l'infraction, ou se désigner personnellement s'il a lui-même commis l'infraction, en communiquant notamment la référence de son permis de conduire. En l'absence de désignation du conducteur ayant commis l'infraction, les services judiciaires, en application des orientations de politique pénale définies par le procureur de la République de Rennes, peuvent engager la responsabilité pénale de la commune, en tant que personne morale, conformément à l'art. 121-2 C. pén. Il revient alors à la commune de s'acquitter de l'amende encourue, dont le montant est quintuplé en application de l'art. 530-3 C. pr. pén. Le maire est également déclaré redevable pécuniairement de l'infraction initiale pour laquelle la désignation n'a pas été effectuée et doit acquitter l'amende sur ses deniers propres. Les deniers de la commune ne peuvent en aucun cas être utilisés pour payer l'amende. Le paiement d'une dette personnelle d'un élu, tel le maire, ou d'un agent serait en effet contraire au principe général de droit de valeur constitutionnelle relatif au fait que les collectivités publiques ne peuvent consentir de libéralités. Le juge des comptes, dans son office de contrôle de la gestion des collectivités territoriales et des établissements publics, considère qu'en tant que sanction pénale, une amende de police a un caractère personnel qui s'oppose à ce qu'elle soit prise en charge par la collectivité. * Rép. min. n° 6146 : *JO Sénat Q, 23 août 2018. 4378.*

17. Dispense de peine. Il se déduit de l'art. 132-59 C. pén. que le juge ne peut accorder une dispense de peine que s'il constate dans sa décision que le reclassement du coupable est acquis, que le dommage causé est réparé et que le trouble résultant de l'infraction a cessé. Méconnaît un tel principe le tribunal qui, pour retenir que les conditions de la dispense de peine sont remplies, le dommage étant notamment réparé, énonce que le représentant légal de la société, poursuivi sur le fondement de l'art. L. 121-6 C. route, s'est désigné à l'audience par l'intermédiaire de son conseil, comme étant le conducteur lors de l'excès de vitesse. • Crim. 7 mai 2019, n° 18-85.729 P : *D. actu. 7 mai 2019, obs. Goetz; Dr. pénal 2019, n° 139, note Bonis; Gaz. Pal. 3 sept. 2019, p. 42, note Detraz.*

CHAPITRE II INDEMNISATION DES VICTIMES D'ACCIDENTS DE LA CIRCULATION

COMMENTAIRE

Loi Badinter. Le parallélisme des formes aurait dû conduire les rédacteurs du code recomposé à intituler ce chapitre II *« responsabilité civile »*. Mais les auteurs de la recodification n'ont pas voulu introduire dans le code de la route l'ensemble des règles qui gouvernent cette responsabilité dans le domaine de la circulation routière, auquel cas il aurait fallu reproduire certains articles célèbres du code civil. Sont seulement reproduits ici, dans l'unique article de ce chapitre, les articles 1 à 6 de la loi dite Badinter n° 85-677 du 5 juillet 1985 tendant à l'amélioration de la situation des victimes d'accidents de la circulation et à l'accélération des procédures d'indemnisation. D'où l'intitulé : *« Indemnisation des victimes d'accidents de la circulation »*. Ce chapitre ne contient aucune disposition dans la partie réglementaire.

Il convient de remarquer que l'article L. 122-1 renvoie aussi à toutes les dispositions du code des assurances (sans les reproduire) relatives à l'indemnisation des victimes d'accidents de la circulation (notamment les art. L. 211-1 s., L. 421-1 s.).

Principes généraux. Quelques mots seulement pour une bonne compréhension des données essentielles de la loi du 5 juillet 1985 ici reproduite et de l'ensemble de la jurisprudence citée ci-dessous.

Le champ d'application est limité aux victimes d'accident dans lequel est impliqué un véhicule terrestre à moteur (ce qui n'est pas le cas par exemple entre un cycliste et un piéton). Il est par ailleurs limité aux victimes de l'accident lui-même, ce qui exclut les victimes d'infractions commises postérieurement et en réaction à l'accident, serait-ce par un automobiliste se servant de son véhicule comme d'une arme (violences volontaires) pour bousculer le conducteur à l'origine de l'accident (V. Crim. 29 mars 2006 : *Bull. crim. n° 92 ; AJ pénal 2006. 311, obs. Roussel*).

Quelles que soient les circonstances, toute victime non conductrice (piéton, cycliste, personne transportée) a droit à indemnisation totale des dommages résultant des atteintes à sa personne sans que puisse lui être opposée sa propre faute, à l'exception de sa faute inexcusable (V. ci-dessous) devant être en même temps la cause exclusive de l'accident.

Certaines victimes dites privilégiées, c'est-à-dire de moins de seize ans, de plus de soixante-dix ans ou invalides à un taux au moins égal à 80 %, sont toujours indemnisées de leurs dommages corporels (sans que puisse leur être opposée une faute inexcusable) à moins tout de même qu'elles aient volontairement recherché ces dommages.

Quant aux victimes conductrices d'un véhicule à moteur, elles ne peuvent se voir opposer ni la force majeure ni le fait du tiers ; mais leurs propres fautes limitent ou excluent l'indemnisation de leurs dommages aussi bien corporels que matériels.

Les tribunaux répressifs comme les tribunaux civils mettent en œuvre la loi sur les accidents de la circulation. Même en cas de relaxe pour homicide ou blessures involontaires, sur demande de la partie civile ou de son assureur, le tribunal correctionnel *« demeure »* compétent pour accorder réparation des dommages *« en application des règles du droit civil »* (C. pr. pén., art. 470-1).

Propositions de réforme. On notera enfin que, depuis quelques années, plusieurs propositions ont été formulées afin d'améliorer les règles figurant dans la loi du 5 juillet 1985.

Dans son rapport annuel 2005 (*La documentation française, 2006*), la Cour de cassation avait proposé, par exemple, de faire entrer dans son domaine d'application tous les accidents de la circulation dans lesquels sont impliqués des tramways (actuellement, la loi de 1985 n'est en effet pas applicable aux victimes d'un accident de la circulation impliquant un tramway circulant sur des voies qui lui sont propres (art. 1er). Or cette exclusion conduit à des différences de traitement entre les victimes d'autant plus problématiques que ce mode de transport se développe (réapparaît) dans de nombreuses villes). Elle avait, par ailleurs, suggéré de supprimer la référence à la faute inexcusable à l'article 3 de la loi du 5 juillet 1985 et, du même coup, les dispositions spéciales de cet article concernant les victimes dites privilégiées, ainsi que d'abroger l'article 4 concernant la faute commise par la victime conducteur d'un véhicule terrestre à moteur. La faute inexcusable est, il est vrai, interprétée très strictement par la jurisprudence, de sorte que celle-ci – souvent invoquée en vain par les auteurs d'accidents de la circulation – tend à se confondre avec la recherche volontaire d'un dommage envisagée à l'alinéa 3 de l'article 3 de la loi de 1985. Quant au traitement différencié du conducteur victime, il ne semble plus justifié aujourd'hui.

Des modifications, plus ou moins identiques, ainsi que la codification de la matière, avaient également été formulées en 2005 dans l'avant-projet de réforme du code civil, présenté par Pierre Catala (V. P. Catala, Avant-projet de réforme du droit des obligations et du droit de la prescription, Rapport au ministre de la Justice, *La documentation française, 2006*), ainsi qu'en 2011 par le groupe de travail présidé par François Terré (V., sous la direction de Terré, Pour une réforme du droit de la responsabilité civile, *Dalloz, coll. « Thèmes et commentaires », 2011*).

Réforme en cours. A la suite de ces différentes propositions, les pouvoirs publics ont engagé une réforme d'ensemble des règles relevant du droit des obligations. Les dispositions du code civil portant sur le droit des contrats, le régime général et la preuve des obligations ont ainsi été réformées par l'ordonnance n° 2016-131 du 10 février 2016, ratifiée par loi n° 2018-287 du 20 avril 2018. La réforme des dispositions de ce code sur la responsabilité civile, qui devrait conduire à l'intégration de la loi Badinter dans le code civil, en est encore à l'état de projet. ❑

Art. L. 122-1 Outre les dispositions du code des assurances, les règles relatives à l'indemnisation des victimes d'accidents de la circulation sont fixées par les articles 1er à 6 de la loi n° 85-677 du 5 juillet 1985 ci-après reproduits :

Art. 1er Les dispositions du présent chapitre s'appliquent, même lorsqu'elles sont transportées en vertu d'un contrat, aux victimes d'un accident de la circulation dans lequel est impliqué un véhicule terrestre à moteur ainsi que ses remorques ou semi-remorques, à l'exception des chemins de fer et des tramways circulant sur des voies qui leur sont propres.

Art. 2 Les victimes, y compris les conducteurs, ne peuvent se voir opposer la force majeure ou le fait d'un tiers par le conducteur ou le gardien d'un véhicule mentionné à l'article 1er.

Art. 3 Les victimes, hormis les conducteurs de véhicules terrestres à moteur, sont indemnisées des dommages résultant des atteintes à leur personne qu'elles ont subis, sans que puisse leur être opposée leur propre faute à l'exception de leur faute inexcusable si elle a été la cause exclusive de l'accident.

Les victimes désignées à l'alinéa précédent, lorsqu'elles sont âgées de moins de seize ans ou de plus de soixante-dix ans, ou lorsque, quel que soit leur âge, elles sont titulaires, au moment de l'accident, d'un titre leur reconnaissant un taux d'incapacité permanente ou d'invalidité au moins égal à 80 %, sont, dans tous les cas, indemnisées des dommages résultant des atteintes à leur personne qu'elles ont subis.

Toutefois, dans les cas visés aux deux alinéas précédents, la victime n'est pas indemnisée par l'auteur de l'accident des dommages résultant des atteintes à sa personne lorsqu'elle a volontairement recherché le dommage qu'elle a subi.

Art. 4 La faute commise par le conducteur du véhicule terrestre à moteur a pour effet de limiter ou d'exclure l'indemnisation des dommages qu'il a subis.

Art. 5 La faute commise par la victime a pour effet de limiter ou d'exclure l'indemnisation des dommages aux biens qu'elle a subis. Toutefois, les fournitures et appareils délivrés sur prescription médicale donnent lieu à indemnisation selon les règles applicables à la réparation des atteintes à la personne.

Lorsque le conducteur d'un véhicule terrestre n'en est pas le propriétaire, la faute de ce conducteur peut être opposée au propriétaire pour l'indemnisation des dommages causés à son véhicule. Le propriétaire dispose d'un recours contre le conducteur.

Art. 6 Le préjudice subi par un tiers du fait des dommages causés à la victime directe d'un accident de la circulation est réparé en tenant compte des limitations ou exclusions applicables à l'indemnisation de ces dommages. — *Les dispositions de la partie législative du code de la route qui citent en les reproduisant des articles d'autres codes ou de lois non codifiées sont de plein droit modifiées par l'effet des modifications ultérieures de ces articles (Ord. n° 2000-930 du 22 sept. 2000, art. 3).*

V. aussi L. n° 85-677 du 5 juill. 1985, art. 28 s., App., v° Accidents de la circulation.

BIBL. ▶ DEFRANCE, *Jurispr. auto 2005. 388* (vingt ans de jurisprudence sur la loi Badinter). - MAZOUZ, *Gaz. Pal. 25 juin 2019, p. 16* (responsabilité civile et trottinette électrique).

*[Les annotations des art. 1er à 6 la L. n° 85-677 du 5 juill. 1985 sont reprises du **code civil Dalloz** et ont été réalisées par MM. F. Jacob et G. Wiederkehr, professeurs à la Faculté de droit de Strasbourg, Mme A. Tisserand-Martin, professeur à la Faculté de droit de Nancy, et MM. X. Henry et G. Venandet, maîtres de conférences à la Faculté de droit de Nancy.]*

I. L. 5 JUILL. 1985, ART. 1er

A. DOMAINE DE LA LOI

BIBL. Lucas-Gallay, *Gaz. Pal. 1997. 2. Doctr. 1227* (notion de véhicule terrestre à moteur). – Peyrefitte, *Mél. Breton/Derrida, Dalloz, 1991, p. 321* (statut du passager). – Soletty, *JCP 1991. I. 3508* (L. du 5 juill. 1985 et contrat de transport).

1. Territorialité. La L. du 5 juill. 1985 n'est pas applicable à un accident de la circulation survenu à l'étranger. • Civ. 2e, 2 nov. 1994 : *JCP 1996. II. 22586, note Ruel* • 11 janv. 1995 : *ibid.* • Civ. 1re, 12 juill. 2001, n° 99-10.889 P : *D. 2001. IR 2363 ; RGDA 2001. 963, note Landel ; Rev. crit. DIP 2002. 541, note Boskovic*. ♦ V. notes 91 s. ss. art. 3 – **C. civ.**

2. Office du juge. Saisi sur le fondement de la responsabilité de droit commun, le juge ne peut pas, après avoir lui-même relevé que le litige relevait de la loi du 5 juill. 1985, rejeter purement et simplement la demande comme étant mal fondée sans faire application des dispositions de cette loi. • Civ. 2e, 5 juill. 2018, n° 17-19.738 P : *D. 2018. 1489 ; RTD civ. 2018. 928, obs. Jourdain ; RCA 2018, n° 267, note Groutel.*

Le droit de la victime d'un accident de la circulation survenu dans un pays de l'Espace économique européen à être indemnisée selon les modalités prévues aux art. L. 421-1 et L. 424-1 à L. 424-7 C. assur. s'apprécie au jour de l'accident et la recevabilité de la requête déposée devant la CIVI s'apprécie à la date de celle-ci. • Civ. 2e, 24 nov. 2022, n° 20-23.462 B. ♦ Sur l'articulation entre le FGAO et la CIVI, V. aussi : • Civ. 2e, 24 nov. 2022, n° 20-19.288 B • 24 nov. 2022, n° 20-22.100 B : *RGDA 2023/1-2. 27, note Landel.*

1° VICTIMES BÉNÉFICIAIRES

3. Victimes concernées par la loi. **BIBL.** Alt-Maes, *D. 1990. Chron. 219.* ♦ L'application de la loi n'est pas subordonnée à la qualité de piéton de la victime. • Civ. 2e, 13 janv. 1988 : *Bull. civ. II, n° 12* ♦ V. conf. • Civ. 2e, 12 nov. 1986 : *D. 1987. Somm. 91, obs. Groutel* (cavalier) • 20 juill. 1987 : *Bull. civ. II, n° 165* (cycliste) • Grenoble, 9 févr. 1987 : *D. 1987. 245, note Chabas* (skieurs) • Civ. 2e, 6 juin 2002, n° 00-12.014 P (passager transporté). ♦ La L. 5 juill. 1985 est applicable à l'indemnisation des dommages subis par les spectateurs lors d'un exercice de cascade réalisé durant le tournage d'un film à l'aide d'un véhicule terrestre à moteur, ce dont il résulte qu'elle s'applique, par suite, à ceux subis par le producteur, victime par ricochet • Civ. 2e, 14 juin 2012, n° 11-13.347 P : *R. 452 ; D. 2012. 1922, note Mouly ; ibid. 2013. 40, obs. Brun et Gout ; RTD civ. 2012. 543, obs. Jourdain ; Gaz. Pal. 30 nov. 2012, obs. Ehrenfeld ; RCA 2012, n° 234, obs. Groutel ; RGDA 2012. 1050, obs. Landel* (retard pris dans la réalisation du film).

4. Situation du conducteur victime du seul véhicule impliqué. Recours contre l'auteur du dommage. Le conducteur victime d'un accident de la circulation ne saurait invoquer la L. du 5 juill. 1985 lorsque seul son véhicule est impliqué dans l'accident. • Civ. 2e, 19 nov. 1986 : *Gaz. Pal. 1987. 1. 140, note Chabas* • 24 mai 1991, n° 90-11.805. ♦ Ainsi, le conducteur ou gardien d'un véhicule victime d'un accident ne peut-il invoquer la loi contre un cycliste. • Civ. 2e, 7 oct. 1987 : *Bull. civ. II, n° 180* • 18 mars 1998 : *ibid. II, n° 87.* ♦ ... Ou contre un piéton. • Civ. 2e, 7 oct. 1987 : *Bull. civ. II, n° 181.* ♦ L'indemnisation des dommages causés par un piéton au conducteur d'un véhicule terrestre à moteur ne peut être fondée que sur les dispositions des art. 1382 anc. [1240 nouv.] s., à l'exclusion de celles de la L. n° 85-677 du 5 juill. 1985. • Civ. 2e, 15 mars 2007, n° 06-12.680 P : *RCA 2007, n° 205, note Groutel ; RGDA 2007. 617, note Landel ; LPA 8 janv. 2008, obs. Casson.* ♦ V. note 49.

5. ... Recours contre son propre assureur. Le conducteur d'un véhicule terrestre à moteur, dont il est aussi le gardien, victime d'un accident de la circulation, ne peut se prévaloir des dispositions de la L. du 5 juill. 1985 à l'encontre de son propre assureur, pour obtenir l'indemnisation de son dommage, en l'absence d'un tiers conducteur du véhicule, débiteur d'une indemnisation à son égard. • Civ. 2e, 13 juill. 2006, n° 05-17.095 : *D. 2006. IR 2128 ; JCP 2007. I. 115, n° 10, obs. Stoffel-Munck ; RCA 2006. Étude 12, obs. Groutel (4e esp.) ; RGDA 2006. 935, note Landel ; RTD civ. 2006. 780, obs. Jourdain* (victime descendue de son véhicule heurté par un autre véhicule, et percutée alors par un troisième véhicule non identifié). ♦ V. aussi • Civ. 2e, 13 juill. 2006, n° 04-20.290 P : *D. 2006. IR 2213 ; RCA 2006. Étude 12, obs. Groutel (3e esp.); RTD civ. 2006. 780, obs. Jourdain* (victime descendue de son véhicule heurté par un autre véhicule, et percutée alors par un troisième véhicule non identifié) • 7 déc. 2006, n° 05-16.720 P : *D. 2007. AJ 223 ; RCA 2007, n° 85, note Groutel (2e esp.) ; RGDA 2007. 93, note Landel* (préjudice moral éprouvé par le conducteur à la suite du décès de sa fille) • 24 mars 2016, n° 15-15.306 P. ♦ ... Et l'exclusion de l'application de la L. du 5 juill. 1985 peut être opposée aux ayants droit de ce conducteur décédé. • Civ. 2e, 7 déc. 2006 : *RCA 2007, n° 85, note Groutel (1re esp.) ; RGDA 2007. 93, note Landel.*

6. ... Recours contre le gardien. Lorsqu'un véhicule est seul impliqué, le conducteur, s'il n'en est pas le gardien, a droit, de la part de celui-ci, à l'indemnisation des dommages qu'il a subis, directement ou par ricochet, sauf s'il a commis une faute ayant contribué à la réalisation de son préjudice. • Civ. 2e, 2 juill. 1997, n° 96-10.298 P : *D. 1997. 448, note Groutel ; D. 1998. Somm. 203, obs. D. Mazeaud ; RTD civ. 1997. 959, obs. Jourdain ; Dr. et patr. 1997, n° 1804, obs. Chabas* • 28 janv. 1998, n° 96-13.079 : *RCA 1998, n° 118, note Groutel* (seules les dispositions de la L. du

5 juill. 1985 sont applicables) • 15 mars 2001 : *RCA 2001, n° 183, note Groutel.* – V. aussi • Crim. 4 déc. 2001, n° 01-81.985 : *Gaz. Pal. 2002. 1713, note Y. M.* ♦ Comp., antérieurement : • Civ. 2e, 3 févr. 1993 : *RTD civ. 1993. 599, obs. Jourdain* (recours du conducteur contre le gardien fondé sur le droit commun), et postérieurement : • Crim. 29 juin 1999, n° 98-84.981 P : *D. 1999. IR 229* ; *JCP 2000. II. 10290, note Abravanel-Jolly; RCA 1999. Chron. 27, obs. Groutel; RTD civ. 2000. 131, obs. Jourdain* (cassation de l'arrêt ayant admis le recours des ayants droit du conducteur victime – enfant de 13 ans conduisant un kart – contre le gardien – moniteur situé à l'arrière du véhicule –, le kart étant le seul véhicule impliqué).

7. … Recours du gardien contre le conducteur. Bien qu'un seul véhicule terrestre à moteur soit impliqué dans l'accident, la victime, gardienne de ce véhicule, mais passagère au moment de l'accident, est en droit de demander au conducteur la réparation de son préjudice en application de la L. du 5 juill. 1985. • Civ. 2e, 3 oct. 1990, n° 89-16.113 P : *RTD civ. 1991. 129, obs. Jourdain* • 10 juin 1998, n° 96-17.787 P : *JCP 1999. I. 147, n° 21, obs. Viney; RCA 1998. Chron. 23, obs. Groutel (2e esp.); RTD civ. 1999. 123, obs. Jourdain*. ♦ … Sans que puisse y faire obstacle la faute du conducteur. • Civ. 1re, 29 févr. 2000, n° 96-22.884 P : *D. 2000. IR 145* ; *RTD civ. 2000. 589, obs. Jourdain*.

8. … Recours du gardien contre son préposé conducteur. Il en est ainsi même si le conducteur était le préposé de la victime, agissant dans l'exercice de ses fonctions, sans qu'il soit nécessaire d'établir contre lui l'existence d'une faute lourde. • Civ. 2e, 6 mars 1991 : *D. 1991. 257, note Groutel*. ♦ V. cep., notes 172 s. ss. art. 1242 C. civ.

9. Recours des gardiens en l'absence de conducteur. En cas de garde collective du seul véhicule impliqué dans l'accident et en l'absence de conducteur, les cogardiens victimes et leurs ayants-droit ne peuvent obtenir l'indemnisation de leurs dommages en invoquant la loi de 1985. • Civ. 2e, 22 mai 2014, n° 13-10.561 P : *D. 2014. 1201*.

2° RESPONSABLE

10. Conducteur ou gardien. Le conducteur ou le gardien d'un véhicule impliqué est tenu d'indemniser les victimes; le propriétaire d'un véhicule étant présumé en être le gardien, est justifiée la condamnation du propriétaire de la motocyclette impliquée, nonobstant le doute sur sa qualité de conducteur. • Civ. 2e, 19 juin 2003, n° 00-18.991 P : *D. 2003. IR 2414* ; *RGDA 2003. 729, note Landel; RTD civ. 2003. 722, obs. Jourdain*. ♦ Mais, dans le cas de l'accident d'un véhicule volé, absence de responsabilité du propriétaire victime du vol et contraint de rester à l'intérieur du véhicule, la victime étant l'un des passagers et ayant participé au vol comme coauteur ou complice du conducteur, la garde du véhicule instrument du dommage ayant été transférée à ce conducteur. • Civ. 2e, 17 mars 2011 : *RCA 2011, n° 206; RGDA 2011. 751, obs. Landel.*

Les victimes d'un accident de la circulation ne peuvent se prévaloir des dispositions de l'art. 3 de la loi qu'à l'encontre des conducteurs ou gardiens de véhicules impliqués dans l'accident. Cassation de l'arrêt qui condamne le propriétaire d'un véhicule à réparer le dommage subi par une victime heurtée par ce véhicule qu'elle venait d'arrêter devant chez elle, dans un chemin en déclivité, et qui s'était déplacé, en se bornant à retenir que la victime n'avait pas la qualité de conducteur, sans rechercher si le propriétaire du véhicule n'en avait pas perdu la garde. • Civ. 2e, 24 juin 1992, n° 90-22.165 P : *D. 1993. Somm. 212, obs. Aubert*. – V. aussi • Civ. 2e, 5 nov. 1998, n° 97-10.848 P. ♦ De même, cassation de l'arrêt qui condamne *in solidum* le propriétaire d'une voiture remorquée et le garagiste effectuant le remorquage sans rechercher si le garagiste n'était pas devenu le gardien de la voiture remorquée. • Civ. 2e, 18 oct. 1995 : *JCP 1996. II. 22651, note Duquesne.*

Cassation pour manque de base légale de l'arrêt qui, pour déclarer le propriétaire d'un véhicule responsable, sur le fondement de la L. du 5 juill. 1985, de l'accident de la circulation ayant occasionné des dommages à l'un des passagers, retient que le fait que ce propriétaire ait, dans son seul intérêt et pour un laps de temps limité, confié la conduite à une autre personne, en raison de son état d'ébriété, tout en restant passager dans son propre véhicule, n'était pas de nature à transférer au conducteur les pouvoirs d'usage, de direction et de contrôle caractérisant la garde, ces seuls motifs étant impropres à exclure, en considération des circonstances de la cause, que le propriétaire non conducteur avait perdu tout pouvoir d'usage, de contrôle et de direction de son véhicule. • Civ. 2e, 7 juill. 2022, n° 20-23.240 B : *D. 2022. 2143, note Messang-Blansché* ; *ibid. Chron. C. cass. 1993, obs. Ittah et Pradel* ; *ibid. 2023. 34, obs. Quézel-Ambrunaz* ; *RTD civ. 2022. 902, obs. Jourdain* ; *RCA 2022, n° 226, note Bloch.*

11. Conducteur et gardien. Responsabilité *in solidum* du propriétaire du tracteur prêté, qui n'en a pas perdu la garde, et du conducteur auteur de la manœuvre à l'origine de l'accident. • Civ. 2e, 6 juin 2002, n° 00-10.187 P : *D. 2002. IR 2029*. ♦ Si le propriétaire d'un véhicule impliqué dans un accident de la circulation en est présumé gardien, il peut apporter la preuve qu'il en avait confié la garde à une autre personne et, si l'accident trouve sa cause dans un défaut du véhicule, remis à un tiers lors de l'accident, la qualité de gardien peut, sauf si ce dernier avait été averti de ce vice, demeurer au propriétaire, en tant qu'il a la garde de la structure du véhicule impliqué. • Civ. 2e, 31 mars 2022, n° 20-22.594 B : *D. 2022. 1117, obs. Cayol* ; *RTD civ. 2022. 634, obs. Jourdain* ; *RCA*

2022, n° 151, obs. Hocquet-Berg ; RGDA 2022/7-8. 18, note Landel.

12. Cas du préposé conducteur. Les dispositions d'ordre public de la L. du 5 juill. 1985 n'excluent pas celles de l'art. 1384 anc. [1242], al. 5, relatives à la responsabilité du commettant du fait du préposé. • Crim. 27 mai 2014, n° 13-80.849 P : *D. 2014. 1202* • Civ. 2e, 23 nov. 2017, n° 16-21.664 P : *D. 2017. 2425 ; RGDA 2018. 31, note Landel* • 8 mars 2018, n° 17-13.554 P : *D. 2018. 559 ; RTD civ. 2018. 428, obs. Jourdain* . ♦ Ainsi la garantie due par l'assureur de responsabilité civile du commettant n'est pas exclue lorsque le dommage est susceptible de relever aussi de la garantie de l'assureur du véhicule manœuvré par le préposé dont la faute a causé le dommage. • Civ. 2e, 8 mars 2018, n° 17-13.554 P : *préc.* ♦ N'est pas tenu à indemnisation à l'égard de la victime le préposé, conducteur d'un véhicule de son commettant impliqué dans un accident de la circulation, qui agit dans les limites de la mission qui lui a été impartie. • Civ 2e, 28 mai 2009, n° 08-13.310 P : *cité note 172 ss. art. 1242 C. civ.* • Crim. 27 mai 2014, n° 13-80.849 P : *préc.* ♦ Comp. : est irrecevable l'action de la victime d'un accident provoqué par l'état défectueux d'un camion, comme exclusivement dirigée contre le conducteur préposé (le propriétaire du camion, non assuré, étant en état de liquidation judiciaire), dès lors que le préposé n'avait pas la garde des éléments de la structure du véhicule. • Civ. 2e, 11 avr. 2002, n° 00-13.387 P : *D. 2002. IR 1598 ; JCP 2002. I. 186, n° 33 s., obs. Viney ; RCA 2002. Chron. 9, obs. Groutel ; Dr. et patr., sept. 2002, p. 100, obs. Chabas ; RTD civ. 2002. 519, obs. Jourdain* . ♦ La présomption de garde pesant sur le propriétaire n'ayant pas été écartée par la preuve d'un transfert, le préposé conducteur ne doit pas réparation du préjudice subi par la victime sur le fondement de la L. du 5 juill. 1985. • Même arrêt.

13. Notion de conducteur ou de non-conducteur. Sur la qualité de conducteur ou de non-conducteur, V. notes 97 s.

3° VÉHICULES CONCERNÉS

14. Type de véhicule. Le texte concerne des accidents dans lesquels sont impliqués des automobiles, camions, motocyclettes, cyclomoteurs, mais aussi des tracteurs agricoles, moissonneuses, engins de chantier, engins de damage de pistes de ski, chariots élévateurs, etc. : V. notes 19 et 26. ♦ Mais une dameuse, engin à moteur dépourvu de roues, que l'on manipule par le manche, ne constitue pas un véhicule au sens de la loi. • Civ. 2e, 20 mars 1996, n° 94-14.524. ♦ Une mini-moto se déplaçant sur route au moyen d'un moteur à propulsion, avec faculté d'accélération, ne peut être considérée comme un simple jouet et est un véhicule terrestre à moteur sans qu'il importe que le véhicule en cause soit soumis à une obligation légale d'assurance. • Civ. 2e, 22 oct. 2015, n° 14-13.994 P (mini-moto pilotée par une enfant de 6 ans). ♦ *Contra* précédemment pour une voiture miniature assimilable à un jouet non soumise à l'obligation d'assurance. • Civ. 2e, 4 mars 1998, n° 96-12.242 : *R., p. 350 ; JCP 1999. I. 137, n° 9, obs. Favre-Rochex ; RTD civ. 1998. 693, obs. Jourdain ; RCA 1998. Chron. 25, obs. Groutel.* ♦ Est un véhicule terrestre à moteur une tondeuse « autoportée », et, comme tel, assujettie à l'assurance automobile obligatoire. • Civ. 2e, 24 juin 2004, n° 02-20.208 : *BICC 1er nov. 2004, n° 1551, et la note ; D. 2005. Pan. 1321, obs. Groutel ; Gaz. Pal. 2004. 3752, note Sardin ; Dr. et patr., déc. 2004, p. 82, obs. Chabas ; RGDA 2004. 967, note Landel* • Civ. 2e, 22 mai 2014, n° 13-10.561 P : *préc. note 9.*

Un fauteuil roulant électrique, dispositif médical destiné au déplacement d'une personne en situation de handicap, n'est pas un véhicule terrestre à moteur au sens de la L. du 5 juill. 1985. • Civ. 2e, 6 mai 2021, n° 20-14.551 P : *D. 2021. 1413, note Oudot ; ibid. 1695, obs. Kenfack ; ibid. 2022. 35, obs. Quézel-Ambrunaz ; RDSS 2021. 926, note de Bertier-Lestrade ; RTD civ. 2021. 660, obs. Jourdain ; ibid. 975, obs. Rouvière ; JCP 2021, n° 767, note Raoul-Cormeil.*

15. ... Fonctionnement ou non du moteur. Peu importe que le moteur du véhicule fonctionne ou non. • Civ. 2e, 14 janv. 1987 : *JCP 1987. II. 20768, note Chabas* (automobile en panne) • TGI Beauvais, 27 févr. 1987 : *Gaz. Pal. 1988. 1. 280, note Chabas* (cyclomoteur poussé par son utilisateur) • Civ. 2e, 28 avr. 1986 : *Bull. civ. II, n° 63* • 13 janv. 1988 : *ibid. II, n° 14* • Nîmes, 19 sept. 1994 : *JCP 1997. II. 22794, note Bories* (cyclomoteur utilisé moteur arrêté comme une bicyclette) • Civ. 2e, 25 mai 1994, n° 92-19.455 P : *R., p. 362* (chariot élévateur descendant une pente pour tenter de faire démarrer le moteur) • 13 sept. 2012, n° 11-13.139 P : *D. 2012. 2013. 40, obs. Brun et Gout ; ibid. 2013. chron. C. cass . 599, obs. Bouvier et Adida-Canac ; RTD civ. 2012. 735, obs. Jourdain ; Gaz. Pal. 2012. 3404, note Coviaux ; RCA 2012, n° 346, obs. Groutel ; RGDA 2013. 86, obs. Landel* (incendie d'un camion frigorifique garé dans un hangar) • 22 mai 2014, n° 13-10.561 P : *préc. note 9* (tondeuse à gazon).

16. ... Tramway. BIBL. Gaba, *D. 2011. 2184* (notion de « voie propre » des chemins de fer et tramways). La loi s'applique à l'accident causé par un tramway sur ses rails circulant dans une rue. • Civ. 2e, 6 mai 1987 : *Bull. civ. II, n° 92.* ♦ ... A un tramway qui traverse un carrefour ouvert aux autres usagers de la route. • Civ. 2e, 16 juin 2011, n° 10-19.491 P : *D. 2011. 1756, obs. Gallmeister ; ibid. 2184, note Gaba ; ibid. Chron. C. cass. 2150, obs. Adida-Canac et Bouvier ; RTD civ. 2011. 774, obs. Jourdain ; RCA 2011, n° 326, obs. Groutel ; RGDA 2011. 997, obs. Landel.* ♦ ... Mais non à l'accident causé par un tramway circulant sur une voie propre, constituée par un couloir délimité d'un côté par le trottoir et de l'autre par une ligne blanche continue interdisant à tout véhicule de venir y circuler. • Civ. 2e, 18 oct. 1995, nº 93-19.146 P. ♦ ... Ou séparée de la rue par un terre-plein planté d'arbustes formant une haie vive. • Civ. 2e, 29 mai 1996 : *D. 1997. 213, note Blanc*. ♦ ... Nonobstant l'existence, à certains carrefours, de passages autorisés aux véhicules. • Colmar, 20 sept. 2002 : *JCP 2003. IV. 2934.*

17. ... Chemin de fer. Dans le cas d'une collision entre une automobile et un train à un passage à niveau, la L. du 5 juill. 1985 est applicable à l'indemnisation de la SNCF pour les dommages subis par le train, mais non à l'action de l'automobiliste en réparation de son propre dommage, le train circulant sur une voie qui lui est propre. En ce sens : • Civ. 2e, 17 mars 1986 : *D. 1987. 49, note Groutel ; Gaz. Pal. 1986. 2. Somm. 412, obs. Chabas.* – V. aussi • Civ. 2e, 19 mars 1997, nº 95-19.314 P. ♦ Rappr. : • Civ. 2e, 5 mars 2020, nº 19-11.411 P : *D. 2020. 1205, obs. Bacache, Noguéro et Pierre ; ibid. Chron. C. cass. 2198, obs. Touati et Bohnert ; RTD civ. 2020. 639, obs. Jourdain .* ♦ En effet, une voie ferrée n'est pas une voie commune aux chemins de fer et aux usagers de la route, ces derniers pouvant seulement la traverser à hauteur d'un passage à niveau, sans pouvoir l'emprunter ; le train entré en collision avec le véhicule à un passage à niveau circule sur une voie qui lui est propre. • Civ. 2e, 17 nov. 2016, nº 15-27.832 P : *D. 2017. Chron. C. cass. 605, note Touati et Becuwe ; RTD civ. 2017. 166, obs. Jourdain ; RCA 2017, nº 33, obs. Groutel.*

4º ACCIDENT

18. Accident volontairement provoqué. La L. du 5 juill. 1985 n'est applicable qu'aux seuls accidents de la circulation à l'exclusion des infractions volontaires. • Civ. 2e, 30 nov. 1994, nº 93-13.399 P : *RTD civ. 1995. 132, obs. Jourdain* (incendie causé par un tracto-pelle utilisé par des voleurs pour défoncer un mur) • 30 nov. 2000, nº 98-20.870 : *JCP 2001. IV. 1152* (dommages provoqués par un véhicule volé dont le conducteur a été reconnu coupable de dégradations volontaires, ce qui implique l'intention de causer le dommage) • 15 mars 2001, nº 99-16.852 P : *R., p. 443 ; D. 2001. IR 1145 ; RCA 2001, nº 186, note Groutel ; LPA 6 sept. 2001, note Leroy ; RTD civ. 2001. 606, obs. Jourdain* (incendie volontaire d'un véhicule stationné dans un parking souterrain) • 12 déc. 2002, nº 00-17.433 P : *D. 2003. IR 468 ; RCA 2003, nº 66, note Groutel ; Dr. et patr., mai 2003, p. 109, obs. Chabas* (poursuite de piétons par une voiture) • 23 janv. 2003, nº 00-21.676 P : *D. 2003. IR 605 ; RCA 2003, nº 105, note Groutel* (véhicule volontairement percuté par l'arrière par un autre véhicule) • 11 déc. 2003, nº 00-20.921 P : *RTD civ. 2004. 519, obs. Jourdain* (piéton ayant poussé volontairement une conductrice de scooter et ayant provoqué sa chute) • 22 janv. 2004, nº 01-11.665 P : *Dr. et patr., avr. 2004, p. 114, obs. Chabas ; RTD civ. 2004. 519, obs. Jourdain* (voiture volée heurtant volontairement une voiture de police, elle-même projetée contre une autre) • Crim. 29 mars 2006, nº 05-82.515 P : *RGDA 2006. 933, note Landel* (non-application de l'art. 4 lorsque les dommages subis par un conducteur sont la conséquence des violences volontaires dont un autre conducteur a été déclaré coupable).

V. déjà en ce sens : • Civ. 2e, 6 déc. 1991, nº 88-19.990 P : *RTD civ. 1992. 571, obs. Jourdain* • 2 mars 1994, nº 92-18.818 P : *RTD civ. 1995. 132, obs. Jourdain .* ♦ Comp. • Civ. 1re, 14 oct. 1997 : *RCA 1998, nº 37, note Groutel,* parlant d'« accident de la circulation volontairement provoqué » à propos d'un suicide par immobilisation du véhicule sur une voie ferrée (décision rendue à propos de l'application de l'art. L. 113-1 C. assur.). ♦ *Contra :* • Civ. 2e, 22 nov. 1995 : *D. 1996. 163, note Jourdain (2e esp.) ; JCP 1996. II. 22656, note J. Mouly (3e esp.)* (application de la loi dans le cas de l'incendie volontaire d'un véhicule par un inconnu).

5º FAIT DE CIRCULATION

19. Application de la loi : accidents divers. La loi s'applique à l'accident provoqué dans un champ par un gyrobroyeur qui, attelé à un tracteur, a projeté une pierre dans l'œil de la victime. • Civ. 2e, 31 mars 1993, nº 91-18.655 P : *D. 1994. Somm. 17, obs. A. Penneau .* ♦ ... A condition que le gyrobroyeur soit en mouvement au moment de l'accident. • Civ. 2e, 5 janv. 1994, nº 92-13.245 P. ♦ ... A l'accident provoqué par un tracteur qui, en manœuvrant, a sectionné le flexible hydraulique de la fourche, laquelle est tombée sur la victime. • Civ. 2e, 6 juin 2002 : *préc. note 11.* ♦ ... A l'accident causé sur un chantier par une pelleteuse mécanique à chenilles. • Civ. 2e, 30 juin 2004, nº 02-15.488 P : *D. 2004. IR 2272 ; RGDA 2004. 967, note Landel.* ♦ De même, la loi s'applique à l'accident occasionné par un engin agricole de chargement d'une remorque à maïs, pourvu d'un moteur lui permettant de se déplacer le long de celle-ci pour répartir le contenu de sa trémie. • Civ. 2e, 19 févr. 1997, nº 95-14.279 P : *RCA 1997, nº 197, et Chron. 15, par Leduc.* ♦ Est un accident de la circulation celui provoqué par la chute sur la victime d'un élément transporté lors du déchargement d'un camion en stationnement. • Civ. 2e, 26 mars 1997, nº 95-14.995 P : *RTD civ. 1997. 680, obs. Jourdain ; RCA 1997, nº 197, et Chron. 15, par Leduc* (bottes de paille) • 29 mars 2006, nº 03-19.843 P : *JCP E 2006. 2224, nº 10, obs. Bon-Garcin* (plaque de béton) • 7 févr. 2008, nº 07-13.397 P : *RCA 2008, nº 165, obs. Groutel* (idem sans intervention d'un appareil de levage). ♦ ... Celui causé par la projection d'un objet placé sur le toit d'un véhicule et du tendeur élastique arrimant cet objet, le véhicule fût-il en stationnement, moteur arrêté. • Civ. 2e, 20 oct. 2005, nº 04-15.418 P : *D. 2006. Pan. 1938, obs. Brun ; RCA 2005, nº 361, note Groutel ; RTD civ. 2006.*

136, obs. Jourdain. ♦ ... Celui dû au déplacement inopiné, par suite de la mise en marche du moteur alors qu'une vitesse était enclenchée, d'une voiture stationnée sur le pont élévateur d'un garage. • Civ. 2e, 25 oct. 2007 : *D. 2007. AJ 2946 ; Gaz. Pal. 2009. 472, note Leducq ; RCA 2007, n° 351, note Groutel*. – Déjà en ce sens : • TGI Montpellier, 22 nov. 1994 : *JCP 1997. II. 22775, note Bories* (réparation d'un véhicule sur un terrain privé) • Bordeaux, 30 juin 1998 : *Gaz. Pal. 1999. 783, note Pastor* (réparation d'un véhicule dans l'atelier de mécanique d'une station-service).

20. Résulte d'un fait de circulation, au sens de l'art. 1er de la L. du 5 juill. 1985, l'accident au cours duquel le chauffeur d'un ensemble routier, dont il ne contrôlait plus la vitesse, a sauté hors de son véhicule, se blessant mortellement, avant que le camion ne s'écrase contre un bâtiment. • Civ. 2e, 24 juin 1998, n° 96-20.284 P : *JCP 1999. I. 147, n° 21, obs. Viney ; RCA 1998. Chron. 23, obs. Groutel (1re esp.)*.

La perte par un engin de chantier d'un produit glissant, puis le déversement de gravillons sur lesquels une automobiliste a glissé est à l'origine d'un fait de circulation perturbateur, et non d'une action de chantier. • Civ. 2e, 24 mai 2012 : *RCA 2012, n° 203, obs. Groutel*.

21. Aide apportée à un véhicule accidenté. Est victime d'un accident de la circulation au sens de l'art. 1er de la L. du 5 juill. 1985 la victime s'étant blessée au bras en relevant un véhicule terrestre à moteur, en l'espèce un scooter au sol. • Civ. 2e, 24 oct. 2019, n° 18-20.910 P : *D. 2020. 40, obs. Brun, Gout et Quézel-Ambrunaz ; ibid. 322, note Trédez ; ibid. Chron. C. cass. 1065, obs. Touati et Bohnert ; RTD civ. 2020. 128, obs. Jourdain ; JCP 2019, n° 1329, note Vingiano-Viricel ; RCA 2019, n° 295, note Hocquet-Berg ; RGDA 2019/12. 27, note Landel*.

22. ... Incendies. La loi s'applique à l'incendie provoqué par une étincelle échappée du moteur d'un tracteur effectuant un travail agricole dans un champ, même s'il n'est pas établi qu'il était en mouvement. • Civ. 2e, 8 nov. 1995 : *D. 1996. 163, note Jourdain*. ♦ ... A l'incendie d'un hangar provoqué par un tracteur agricole effectuant des opérations d'ensilage. • Civ. 2e, 21 juin 2001, n° 99-15.732 : *D. 2001. IR 2243 ; RTD civ. 2001. 901, obs. Jourdain*. ♦ ... A l'incendie provoqué par une tondeuse à gazon stationnée dans un garage. • Civ. 2e, 22 mai 2014, n° 13-10.561 P : *préc. note 9*. ♦ Est un accident de la circulation celui provoqué par une débroussailleuse attelée à un tracteur en mouvement et dont le rotor, en produisant une gerbe d'étincelles, a causé un incendie. • Civ. 2e, 17 déc. 1997, n° 96-12.850 P.

23. Non-application de la loi : fait de l'homme, cause exclusive du dommage. N'est pas un accident de la circulation le sinistre qui procède du seul comportement fautif de l'homme et non d'un rôle spontané du véhicule (explosion du réservoir d'un camion en stationnement dans une station-service, le conducteur ayant voulu dégeler le bouchon de ce réservoir avec une lampe à souder). • Lyon, 25 nov. 1992 : *BICC 1er août 1993, n° 968 ; RTD civ. 1993. 843, obs. Jourdain*. ♦ Mais cassation de l'arrêt qui exclut l'application de la L. de 1985 au motif que l'enfant qui a mis en marche le véhicule en voulant écouter la radio n'a à aucun moment eu l'intention de déplacer le véhicule, ajoutant à la loi une condition qu'elle ne comporte pas. • Civ. 2e, 28 mars 2013, n° 12-17.548 P : *D. 2013. 907 ; RGDA 2013. 643, obs. Landel*.

24. ... Accident dû à un élément étranger à la fonction de déplacement. Ne relèvent pas des dispositions de la L. du 5 juill. 1985 les accidents dont les circonstances révèlent que l'engin était immobilisé et utilisé dans sa fonction d'outil et non dans sa fonction de déplacement (accident exclusivement en lien avec la fonction d'outil de soulèvement de charge d'un chariot élévateur et sans lien avec sa fonction de circulation). • Civ. 2e, 18 mai 2017, n° 16-18.421 P : *D. 2018. 35, obs. Brun* (victime ayant pris en location un chariot élévateur avec son chauffeur et ayant eu le pouvoir de donner à ce dernier les ordres en vue du chargement de la grume, de l'arrêt de l'engin, du mesurage, du déplacement vers un point de stockage, ainsi devenu le commettant du chauffeur et devant assumer la responsabilité du dommage causé par la chute de la grume) • Civ. 2e, 9 déc. 2021, n° 20-14.254 B : *D. 2022. 1117, obs. Cayol* (accident exclusivement en lien avec la fonction d'outil d'une moissonneuse-batteuse et aucunement avec sa fonction de circulation, dès lors que la machine ne se trouvait plus en action de fauchage, mais en position de maintenance de la vis sans fin et à l'arrêt). ♦ La L. du 5 juill. 1985 ne s'applique pas à une ensileuse à maïs fonctionnant dans un champ, dès lors que seule la partie machine-outil était en fonctionnement et a blessé la victime. • Civ. 2e, 8 janv. 1992, n° 90-19.143. ♦ Pour la distinction entre la fonction déplacement et la fonction outil d'une tondeuse autoportée : le réservoir et le carburant qui s'y trouve sont des éléments d'une tondeuse autoportée qui ont pour fonction son déplacement. • Civ. 2e, 22 mai 2014, n° 13-10.561 P : *préc. note 9*. ♦ N'est pas impliqué dans un accident de la circulation le véhicule terrestre à moteur immobile dont seule la partie étrangère à sa fonction de déplacement était en cause. • Civ. 2e, 9 juin 1993, n° 91-12.452 P (accident causé par la benne basculante d'un camion à l'arrêt) • 5 nov. 1998, n° 95-18.064 P : *D. 1999. 256, note J. Mouly ; RCA 1999. Chron. 27, obs. Groutel (1re esp.)* (accident survenu lors de la manœuvre de la porte arrière d'un van en stationnement) • 8 mars 2001, n° 98-17.678 P : *RTD civ. 2001. 607, obs. Jourdain* (accident causé à un piéton par l'ouverture de l'auvent d'une remorque servant à la vente de pizzas, attelée à un véhicule à l'arrêt) • 8 mars 2001, nº 99-13.525 P : *R., p. 440 ; D. 2001. IR 1077 ; RTD civ. 2001. 607, obs. Jourdain* (renversement de la benne de la remorque d'un ensemble routier lors d'une opération de déchargement de terre) • 23 oct. 2003, nº 02-13.989 P : *Dr. et patr., janv. 2004, p. 87, obs. Chabas ; RGDA 2004. 80, note Landel* (incendie survenu à un camion à l'arrêt au cours d'une opération de chargement de copeaux de bois par tuyaux d'aspiration) • 19 oct. 2006, nº 05-14.338 P : *D. 2006. IR 2876 ; RCA 2007, nº 15, note Groutel ; RGDA 2006. 939, note Landel ; RTD civ. 2007. 133, obs. Jourdain* (explosion lors du transvasement de gaz liquide d'un camion-citerne à la cuve du client). – V. conf. • Civ. 2e, 3 mai 2006, nº 04-17.724 P : *D. 2006. IR 1404 ; RTD civ. 2006. 575, obs. Jourdain* (incendie provoqué par un chargeur de batterie, accessoire non nécessaire à la circulation, lors d'une opération de recharge de la batterie d'un véhicule stationné dans un garage). – Dans le même sens, en matière d'assurance automobile : • Civ. 1re, 8 juill. 2003, nº 00-18.216 P : *JCP 2004. I. 137, nº 7 s., obs. Favre-Rochex ; RGDA 2003. 715, note Landel* (personne tombée de la nacelle d'un chariot élévateur à l'arrêt). ♦ *Contra*, en matière d'assurance automobile : • Civ. 1re, 4 avr. 1995, nº 92-20.112 P : *D. 1996. 113, note Dagorne-Labbe ; RTD civ. 1995. 912, obs. Jourdain* (accident causé à un piéton sur un trottoir par le tuyau de vidange d'un camion-citerne en stationnement : implication du camion) • Civ. 2e, 13 sept. 2012 : *préc. note 15* (incendie d'un camion frigorifique garé dans un hangar). ♦ Comp. • Civ. 2e, 27 mai 1998, nº 96-22.040 P : *Gaz. Pal. 2001. Somm. 485, obs. Chabas* (implication du camion en cours de chargement dans le dommage subi par le chariot élévateur tombé du quai de chargement, le camion s'étant écarté du quai) • 19 nov. 1998, nº 97-11.888 P : *JCP 1999. II. 10113, note Nizard de Saint-Didier ; RCA 1999, nº 36* (est un accident de la circulation celui causé par une pelle mécanique qui, sous l'effet de son bras en action, a ripé sur le sol, écrasant la victime avec sa partie chenillée) • 14 janv. 1999 : *RCA 1999, nº 65* (même solution pour l'accident dont l'origine est dans le mouvement du tracteur qui, à l'arrêt, a basculé et non dans une action distincte de son bras élévateur).

Ne constitue pas un accident de la circulation celui résultant de la chute d'une victime sur un véhicule en stationnement dans un garage privé lorsqu'aucun des éléments liés à sa fonction de déplacement n'est à l'origine de l'accident. • Civ. 2e, 7 juill. 2022, nº 21-10.945 B : *D. 2023. 34, obs. Brun ; RTD civ. 2022. 905, obs. Jourdain ; RCA 2022, nº 227, note Hocquet-Berg.*

25. ... *Engin non attelé ou dont l'attelage est une circonstance indifférente.* La loi ne s'applique pas à un appareil (bétonnière) non attelé, en stationnement sur la chaussée. • Civ. 2e, 7 juin 1989 : *D. 1990. 116, note Légier ; Gaz. Pal. 1989. 2. 768, note Chabas.* ♦ Comp., pour une remorque, • Toulouse, 24 nov. 1986 : *Gaz. Pal. 1987. 1. 107.* ♦ ... Ni à une benne de gravats déposée sur une chaussée. • Crim. 29 janv. 1991, nº 90-81.162 P : *R., p. 391.* ♦ ... Ni à un presse-paille, matériel immobile insusceptible de se déplacer par lui-même et autonome dans son fonctionnement, le même accident ayant pu se produire si cette presse n'avait pas été attelée à un tracteur. • Civ. 2e, 3 juill. 1991, nº 89-17.169 P : *RTD civ. 1991. 763, obs. Jourdain.*

6º VOIE DE CIRCULATION

26. *Lieux de circulation ou de stationnement.* La loi s'applique à l'accident survenu sur une voie privée de desserte d'un ensemble immobilier. • Paris, 14 févr. 1986 : *Gaz. Pal. 1986. 1. 304, note Chabas* • Civ. 2e, 8 janv. 1992, nº 90-19.336 P : *RTD civ. 1992. 401, obs. Jourdain* (voie d'accès au parking d'un immeuble). ♦ ... Ou dans un parking d'immeuble en sous-sol privatif. • Civ. 2e, 18 mars 2004, nº 02-15.190 P : *D. 2004. IR 998 ; Gaz. Pal. 2004. 3750, note Dagorne-Labbe ; RCA 2004, nº 183, note Groutel ; Dr. et patr., nov. 2004, p. 79, obs. Chabas* (incendie de véhicule). ♦ *Contra* : • Nancy, 28 janv. 2002 : *BICC 15 mai 2002, nº 516.* ♦ ... Ou dans l'atelier de réparation d'un garage. • Civ. 2e, 25 oct. 2007 : *préc. note 19.* ♦ ... A l'accident causé par un tracteur ou par une moissonneuse-batteuse dans un champ. • Civ. 2e, 5 mars 1986 et • 25 juin 1986 : *D. 1987. Somm. 87, obs. Groutel* • 10 mai 1991, nº 90-11.377 P. ♦ V. conf., pour un gyrobroyeur, • Civ. 2e, 31 mars 1993 : *préc. note 19.* ♦ ... A l'accident causé par un engin de damage circulant sur une piste de ski. • Grenoble, 9 févr. 1987 : *D. 1987. 245, note Chabas.* ♦ ... A l'accident causé par un chariot élévateur évoluant dans une cour privée. • Paris, 5 juill. 1989 : *JCP 1989. II. 21384, note Chabas.* – V. aussi • Civ. 2e, 13 janv. 1988 : *Bull. civ. II, nº 12* • 25 mai 1994, nº 92-19.455 P : *R., p. 362.* ♦ ... A l'accident causé sur un chantier par une pelleteuse mécanique à chenilles. • Civ. 2e, 30 juin 2004 : *préc. note 19.* ♦ ... A l'accident causé par un trolleybus, véhicule circulant grâce à des câbles aériens dans un couloir de circulation propre. • Civ. 2e, 12 mai 1993, nº 91-22.004 P.

Mais la loi ne s'applique pas à l'incendie provoqué par l'embrasement d'un cyclomoteur stationné dans un hall d'immeuble, lieu d'habitation impropre à cette destination. • Civ. 2e, 26 juin 2003, nº 00-22.250 P : *D. 2003. IR 1881 ; RCA 2003. Chron. 24, obs. Groutel ; RGDA 2003. 721, note Landel ; RTD civ. 2003. 720, obs. Jourdain.* ♦ Comp. : la loi s'applique au stationnement dans un garage privé à usage individuel. • Civ. 2e, 22 mai 2014, nº 13-10.561 P : *préc. note 9.* ♦ Pour une piste de golf, qui n'est pas une voie ouverte à la circulation : • Civ. 2e, 12 juin 2014, nº 13-18.480 : *RGDA 2014. 453, obs. Landel.*

27. *Compétitions sportives.* BIBL. Leduc, *RCA 2012. Étude 10.* – Polère, *Gaz. Pal. 2007. Doctr. 711* (accident sur circuit). ♦ La loi s'applique à l'accident survenu lors d'une compétition sportive en circuit fermé. • Crim. 16 juill. 1987 : *Gaz. Pal. 1987. 2. 767; RTD civ. 1987. 770, obs. J. Huet* • Civ. 2e, 10 mars 1988 : *Bull. civ. II, no 59* (moto-cross) • Besançon, 18 oct. 1989 : *Gaz. Pal. 1990. 1. 274, note Chabas* (course automobile de côte). ♦ Mais elle n'est pas applicable entre concurrents de compétitions sportives. • Civ. 2e, 28 févr. 1996, no 93-17.457 P : *RCA 1996, no 168, et Chron. 22, obs. Groutel* • 19 juin 2003, no 00-22.330 P : *D. 2003. Somm. 2540, obs. F. Lagarde ; RCA 2003. Chron. 24, obs. Groutel ; RGDA 2003. 719, note Landel* (copilote). ♦ L'accident survenant entre des concurrents à l'entraînement évoluant sur un circuit fermé exclusivement dédié à l'activité sportive n'est pas un accident de la circulation. • Civ. 2e, 4 janv. 2006, no 04-14.841 P : *D. 2006. 2443, note J. Mouly ; ibid. Pan. 1939, obs. Brun ; Gaz. Pal. 2006. 2597, note A. Paulin ; LPA 23 mars 2006, note Boismain ; RTD civ. 2006. 337, obs. Jourdain*. ♦ Pour un side-car, V. : • Civ. 2e, 14 avr. 2016, no 15-17.732 P : *D. 2017. 24, obs. Brun, Gout et Quézel-Ambrunaz ; JCP 2016, no 610, note Brun.*

28. Spectacles et tournages. La L. du 5 juill. 1985 est applicable à l'indemnisation des dommages subis par les spectateurs lors d'un exercice de cascade réalisé durant le tournage d'un film à l'aide d'un véhicule terrestre à moteur. • Civ. 2e, 14 juin 2012 : *préc. note 3* (accident ayant eu lieu sur une voie fermée à la circulation par arrêté du préfet de police, destinée exclusivement à la réalisation de cascades dans le cadre d'une production cinématographique). ♦ Comp. : exclusion de la loi dans le cas d'un accident survenu au cours d'un spectacle d'acrobaties avec moto. • Bordeaux, 15 juin 2006 : *JCP 2007. IV. 1401 ; RCA 2007, no 65, note Radé.*

7o IMPLICATION

BIBL. Chabas, *Gaz. Pal. 1986. 1. Doctr. 64 et 262.* – Groutel, *D. 1987. Chron. 1 ; D. 1990. Chron. 263.* – Jourdain, *JCP 1994. I. 3794.* – Leduc, *RCA 2019. Dossier 8.* – Raffi, *D. 1994. Chron. 158.* . – Rouvière, *D. 2012. Chron. 2186* .

29. Distinction entre implication et causalité. L'absence de lien de causalité entre la faute d'un conducteur et le dommage subi par la victime n'exclut pas que le véhicule puisse être impliqué dans l'accident. • Civ. 2e, 11 avr. 1986 : *Gaz. Pal. 1986. 2. 610, note Jourdain ; JCP 1986. II. 20672, note Barbiéri (2e esp.).* ♦ La motivation du juge pénal retenant que l'existence d'un lien de causalité n'était pas caractérisée n'exclut pas nécessairement l'implication. • Civ. 2e, 17 mars 1993, no 91-16.676 P. ♦ Encourt la cassation une décision écartant l'application de la L. du 5 juill. 1985 au motif que la preuve d'un lien de causalité entre la présence du véhicule et l'accident n'était pas rapportée. • Civ. 2e, 16 juill. 1987, no 85-18.816 P. ♦ Doit être cassé un arrêt qui écarte la demande de réparation de son préjudice formée par la passagère d'un véhicule entré en collision avec une voiture en retenant que cette voiture avait joué un rôle purement passif dans l'accident. • Civ. 2e, 4 déc. 1985 : *Bull. civ. II, no 186.* – Dans le même sens : • Civ. 2e, 16 déc. 1985 : *Bull. civ. II, no 96* • 14 oct. 1987 : *ibid. II, no 192.* ♦ Viole les dispositions de la L. du 5 juill. 1985 l'arrêt qui déclare seul responsable d'un accident le conducteur d'un cyclomoteur en considérant que la cause unique de l'accident avait été la maladresse et le défaut de maîtrise de ce conducteur qui, après avoir perdu le contrôle du cyclomoteur, était venu percuter une automobile qui circulait en sens inverse parfaitement à sa droite et à une allure très raisonnable, alors que l'automobile était impliquée dans l'accident. • Civ. 2e, 20 mars 1989 : *Gaz. Pal. 1989. 2. Somm. 462, obs. Chabas.*

30. Notion d'implication. Un véhicule est impliqué dans un accident de la circulation dès lors qu'il est intervenu d'une manière ou d'une autre dans cet accident. • Civ. 2e, 28 févr. 1990, no 88-20.133 P : *D. 1991. 123, note Aubert (2e esp.)* • 24 juin 1998, no 96-20.575 P : *JCP 1998. I. 187, no 35, obs. Viney ; RCA 1998. Chron. 19, obs. Groutel ; RTD civ. 1998. 922, obs. Jourdain* (implication de tous les véhicules ayant participé à un accident complexe).

31. Charge de la preuve. Il appartient à la victime de rapporter la preuve de l'implication d'un véhicule dans l'accident. • Civ. 2e, 28 mai 1986 : *D. 1987. 160, note Groutel (1re esp.)* • 5 déc. 1990, no 89-18.935 P. • 16 mai 1994, no 92-14.601 P : *R., p. 362.* ♦ Les seules declarations de la victime sont insuffisantes pour constituer la preuve de l'implication du défendeur. • Civ. 2e, 26 oct. 2017, no 16-22.462 P : *LPA 22 mars 2018, note Vingiano-Viricel* (absence de preuve d'un écart du véhicule dépassé). ♦ Il appartient au conducteur assigné par la victime et exerçant un recours en garantie contre un autre conducteur de prouver l'implication du véhicule de ce dernier. • Civ. 2e, 19 févr. 1992, no 91-10.297 P. ♦ Mais c'est au gardien du véhicule impliqué d'apporter la preuve que la victime avait la qualité de conducteur de ce véhicule au moment de l'accident. – V. note 109.

32. Heurt. Est nécessairement impliqué tout véhicule qui a été heurté, qu'il soit à l'arrêt ou en mouvement. • Civ. 2e, 25 janv. 1995, no 92-17.164 P : *GAJC, 11e éd., no 220-222 (II) ; Gaz. Pal. 1995. 1. 315, note Chabas ; RTD civ. 1995. 382, obs. Jourdain* • 29 avr. 1998, no 96-18.421 P. ♦ La collision de deux véhicules caractérise leur implication. • Civ. 2e, 5 nov. 1998 : *cité note 59 in fine* (absence de contestation sérieuse pour le juge des référés).

33. ... Véhicule en mouvement. Dès lors qu'il y a heurt entre deux véhicules en mouvement, chacun d'eux est impliqué dans l'accident. • Civ. 2e, 31 mars 1993, no 91-19.351 P. ♦ ... Même si le défendeur a eu un comportement exempt de toute anormalité, le couloir de marche de son véhicule s'étant trouvé subitement obstrué par l'autre voiture. • Civ. 2e, 16 mars 1988 : *Gaz. Pal. 1988. 2. 560, note Archambaud.*

34. ... *Véhicule immobile.* La L. du 5 juill. 1985 s'applique aux accidents de la circulation dans lesquels est impliqué un véhicule terrestre à moteur, que celui-ci soit en mouvement ou en stationnement. • Civ. 2e, 21 oct. 1987 : *Bull. civ. II, n° 202.* ♦ Le stationnement d'une automobile sur la voie publique est un fait de circulation au sens de l'art. 1er de la L. du 5 juill. 1985. • Civ. 2e, 22 nov. 1995 : *D. 1996. 163, note Jourdain (1re esp.)*; *JCP 1996. II. 22656, note J. Mouly (2e esp.).*

35. ... *Véhicule en stationnement régulier.* Le fait qu'un véhicule terrestre à moteur soit en stationnement sans perturber la circulation n'exclut pas son implication dans un accident. • Civ. 2e, 23 mars 1994 : *D. 1994. 299, note Groutel*; *JCP 1994. II. 22292, note Conte; RTD civ. 1994. 627, obs. Jourdain* • 25 janv. 1995, n° 92-17.164 P : *GAJC, 11e éd., n° 220-222 (II)*; *Gaz. Pal. 1995. 1. 315, note Chabas; RTD civ. 1995. 382, obs. Jourdain* • 12 juin 1996, n° 94-14.600. ♦ *Contra,* antérieurement, énonçant qu'il n'y a pas implication lorsque, le véhicule se trouvant en stationnement régulier, la circulation n'a pas été perturbée : • Civ. 2e, 21 juill. 1986 (3 arrêts) : *GAJC, 11e éd., n° 220-222 (I)*; *JCP 1987. II. 20769, note Durry; Gaz. Pal. 1986. 2. 651, note Chabas; ibid. 1987. 1. 98, concl. Charbonnier* • 7 oct. 1987 : *Bull. civ. II, n° 182.* ♦ La relaxe du chef de stationnement dangereux prononcée par une décision pénale n'exclut pas à elle seule l'implication du véhicule dans l'accident. • Civ. 2e, 13 nov. 1991, n° 90-18.041 P : *Gaz. Pal. 1993. 1. Somm. 115, obs. Chabas.*

36. ... *Véhicule projeté.* Est impliqué le véhicule garé dans un parc de stationnement qui a été projeté par un autre véhicule sur un troisième, également en stationnement. • Civ. 2e, 21 mai 1990 : *D. 1991. 123, note Aubert (1re esp.)*.

37. *Absence de heurt : véhicule en mouvement non impliqué.* Un véhicule est impliqué dans un accident de la circulation dès lors qu'il a joué un rôle quelconque dans sa réalisation. • Civ. 2e, 2 mars 2017, n° 16-15.562 P : *D. 2017. 902, note Mazeaud*; *ibid. 2018. 35, obs. Brun*; *RTD civ. 2017. 671, obs. Jourdain* (cassation de l'arrêt qui déboute la victime au motif qu'elle n'a pas établi que le véhicule avec lequel il n'y a eu aucun contact a eu un comportement perturbateur). ♦ V. cependant la seule présence d'un véhicule sur les lieux d'un accident de la circulation ne suffit pas à caractériser son implication. • Civ. 2e, 13 déc. 2012, n° 11-19.696 : *D. 2013. 12, obs. Gallmeister*; *RTD civ. 2013. 390, obs. Jourdain*; *RCA 2013, n° 84, obs. Groutel; Gaz. Pal. 2013. 294, obs. Tisseyre* (véhicule présent dans la file des véhicules concernés par la manœuvre de dépassement à l'origine d'un accident et ayant été aspergé de liquide corrosif). ♦ Les juges du fond ont pu décider qu'une motocyclette roulant derrière une autre, accidentée, n'était pas impliquée, s'ils ont retenu l'absence de choc entre les deux véhicules. • Civ. 2e, 8 févr. 1989 : *Bull. civ. II, n° 29; RTD civ. 1989. 567, obs. Jourdain.* ♦ En l'absence de manœuvre perturbatrice de sa part, la seule présence d'un véhicule à proximité de l'endroit où un motocycliste a chuté sous les roues d'un camion ne suffit pas à en établir l'implication. • Civ. 2e, 8 juill. 2004, n° 03-12.323 P. ♦ Non-implication du véhicule dépassé qui n'a pas été heurté dans l'accident. • Civ. 2e, 21 oct. 2004 : *RCA 2004, n° 368, note Groutel.* ♦ L'implication d'un camion ne peut être déduite de la seule concomitance entre le dépassement, par ce camion, d'un cyclomotoriste et la chute de celui-ci. • Civ. 2e, 10 mai 1991, n° 90-11.618 P • 25 mai 1994, n° 92-19.200 P : *R., p. 362* (chute d'un cycliste lors du croisement d'une automobile, sans choc et sans fait perturbateur du conducteur) • 18 mars 1999, n° 97-14.306 P : *JCP 2000. I. 199, n° 21, obs. Viney* (idem). ♦ Non-implication d'un premier véhicule, heurté par un sanglier, dans un second accident, compte tenu d'un enchaînement discontinu des collisions. • Civ. 2e, 17 févr. 2011 : *RCA 2011, n° 176, obs. Groutel.*

38. ... *Véhicule en mouvement impliqué.* Mais, inversement, l'absence de contact n'exclut pas nécessairement l'implication. • Civ. 2e, 14 nov. 2002, n° 00-20.594. (cassation du jugement énonçant que le rôle causal du véhicule n'est pas démontré puisqu'il n'y a pas eu de contact avec la moto de la victime). ♦ ... Notamment, si le cyclomotoriste a été surpris par l'arrivée du camion qu'il n'avait pas remarqué, ce qui aurait provoqué une réaction violente de sa part qui l'aurait déséquilibré et jeté à terre. • Civ. 2e, 14 déc. 1987 : *Gaz. Pal. 1988. 1. 428, note F. C.* ♦ ... Si la perte de contrôle d'un véhicule a été déclenchée par la perception des phares d'un autre véhicule. • Crim. 21 juin 1988 : *Bull. crim. n° 279; RTD civ. 1989. 99, obs. Jourdain.* ♦ ... Si l'écart sur la gauche d'un conducteur a été provoqué par la vue d'une ambulance s'avançant dans son couloir de circulation (implication de l'ambulance). • Civ. 2e, 15 janv. 1997 : *JCP 1997. II. 22883, note Chabas.* ♦ ... Si un coureur cycliste, ayant freiné brutalement pour éviter la voiture qui le précédait, a dérapé et chuté. • Civ. 2e, 15 mai 1992, n° 90-20.322 P. ♦ Un motocycliste roulant en tête d'un groupe de trois est impliqué dans l'accident survenu aux deux suivants lors d'une manœuvre de changement de direction qu'il a commandée. • Civ. 2e, 1er avr. 1999, n° 97-17.867 P : *JCP 2000. I. 199, n° 21, obs. Viney; RCA 1999, n° 214, note Groutel.* ♦ Est impliqué le véhicule qui a perdu une roue de secours, laquelle, heurtée par un autre véhicule, a été la cause d'une collision en chaîne. • Civ. 2e, 28 juin 1995, n° 93-20.540 P : *JCP 1996. I. 3944, n° 20 s., obs. Viney.* ♦ Est impliqué le véhicule circulant normalement dans son couloir, mais dont la présence a surpris un conducteur roulant en sens inverse, qui s'était déporté sur la gauche par inattention, et dont la brusque manœuvre d'évitement a provoqué l'accident. • Civ. 2e, 14 juin 2006, n° 04-20.830 P : *RCA 2006. Étude 12, obs. Groutel (2e esp.).* ♦ Est impliqué le véhicule dont le conducteur s'est rabattu prématurément devant un véhicule qui, pour l'éviter, s'est trouvé contraint de changer de file brusquement, heurtant alors un autre véhicule. • Civ. 2e, 14 janv. 2016, n° 15-11.108 P. ♦ Est impliqué le véhicule dépassé dont la présence sur la droite du véhicule en cours de dépassement a empêché celui-ci de se rabattre. • Civ. 2e, 18 mars 1998, n° 96-13.726 P : *RCA 1998. Chron. 14, obs. Groutel.* ♦ Est impliqué le tracteur en activité de fauchage à très lente allure et empiétant sur la voie de circulation dans l'accident dont a été victime un motocycliste qui a chuté pendant qu'il le dépassait. • Civ. 2e, 18 avr. 2019, n° 18-14.948 P : *D. 2019. 887 ; RTD civ. 2019. 600, obs. Jourdain.* ♦ Dans une poursuite de véhicules, le véhicule poursuivant est impliqué dans l'accident survenu au véhicule poursuivi. • Civ. 2e, 18 mai 2000, n° 98-10.190 P : *RTD civ. 2000. 853, obs. Jourdain.* ♦ ... Et, inversement, le véhicule poursuivi est impliqué dans l'accident du véhicule poursuivant (voiture de police). • Civ. 2e, 4 juill. 2007, n° 06-14.484 P : *RCA 2007, n° 315, et Repère 11, obs. Groutel.* ♦ Est impliqué le camion de pompiers dont le conducteur a interpellé les victimes cyclistes qui le dépassaient, le camion ayant ainsi joué un rôle dans l'accident. • Civ. 2e, 1er juin 2011, n° 10-17.927 : *D. 2011. 1618 ; RCA 2011, n° 288, obs. Groutel.*

39. ... Projection par le véhicule de la chose, cause du dommage. Est impliquée la balayeuse municipale qui a projeté des gravillons devant le domicile d'une personne, laquelle a fait une chute, quelques instants plus tard, en voulant les balayer. • Civ. 2e, 24 avr. 2003, n° 01-13.017 P : *D. 2003. IR 1266 ; RTD civ. 2003. 515, obs. Jourdain.*

40. ... Véhicule immobile impliqué. Sont impliqués des véhicules momentanément immobilisés sur la chaussée devant un passage protégé, qui ont continué à participer à la circulation en créant un arrêt de celle-ci et ont, par leur positionnement, modifié la progression d'une motocyclette. • Civ. 2e, 29 nov. 2001, n° 00-10.549 P : *Dr. et patr., avr. 2002, p. 93, obs. Chabas.* ♦ Deux véhicules étant immobilisés l'un derrière l'autre sur la voie de circulation de droite à la suite d'un accident, cassation de l'arrêt qui déboute le conducteur d'un troisième véhicule venu percuter l'arrière du deuxième véhicule de son recours contre le conducteur du premier véhicule aux prétendus motifs que celui-ci n'a joué aucun rôle dans la deuxième collision et qu'aucun heurt ne s'est produit entre le premier et le troisième véhicule, alors que le premier véhicule était impliqué dans l'accident comme les deux autres. • Civ. 2e, 6 janv. 2000, n° 97-21.360 P : *D. 2000. IR 39 ; RTD civ. 2000. 348, obs. Jourdain.* ♦ *Contra,* antérieurement : • Civ. 2e, 16 mars 1994, n° 92-19.089 P.

Est victime d'un accident de la circulation au sens de l'art. 1er de la L. du 5 juill. 1985 la victime s'étant blessée au bras en relevant un véhicule terrestre à moteur, en l'espèce un scooter au sol. • Civ. 2e, 24 oct. 2019, n° 18-20.910 P : *D. 2020. 40, obs. Brun, Gout et Quézel-Ambrunaz ; ibid. 322, note Trédez ; ibid. Chron. C. cass. 1065, obs. Touati et Bohnert ; RTD civ. 2020. 128, obs. Jourdain ; JCP 2019, n° 1329, note Vingiano-Viricel ; RCA 2019, n° 295, note Hocquet-Berg ; RGDA 2019/12. 27, note Landel.*

41. ... Véhicule immobile impliqué en l'absence de contact. L'absence de contact entre la victime et un véhicule immobile n'exclut pas par elle-même l'implication. • Civ. 2e, 11 avr. 1986 : *JCP 1987. II. 20672, note Barbiéri (1re esp.).* ♦ ... Si un piéton, surpris, fait une chute en découvrant soudain un véhicule immobilisé à côté de lui après avoir effectué une marche arrière. • Civ. 2e, 20 janv. 1993, n° 91-15.707 P : *D. 1994. Somm. 17, obs. Aubert ; RTD civ. 1994. 368, obs. Jourdain.* ♦ Rappr. • Civ. 2e, 2 avr. 1997, n° 95-13.303 P. ♦ Est impliqué le véhicule dont l'alarme sonore, en se déclenchant, a concouru directement, avec d'autres bruits, à l'affolement de chevaux qui ont, par la suite, après avoir été rattrapés et s'être de nouveau affolés au passage d'un véhicule de pompiers, heurté une voiture et blessé ses occupants. • Civ. 2e, 13 juill. 2000, n° 98-21.530 P : *D. 2000. IR 225 ; RCA 2000, n° 324, note Groutel ; LPA 12 juill. 2001, note Marie ; RTD civ. 2000. 847, obs. Jourdain.* ♦ Implication du véhicule immobilisé sur le toit sur le terre-plein central, du seul fait de sa position insolite : • Civ. 2e, 8 mars 2012 : *RCA 2012, n° 163, obs. Hocquet-Berg.*

Dans un accident complexe, implication du véhicule en stationnement sur lequel le scooter de la victime a terminé sa course, même si la victime n'a pas été en contact avec celui-ci. • Civ. 2e, 15 déc. 2022, n° 21-11.423 B : *D. 2023. 7 ; JCP 2023, n° 273, obs. Waltz-Teracol ; RCA 2023, n° 25, note Radé.*

42. Chute de passager. Est impliqué, au sens de la L. du 5 juill. 1985, l'autobus immobilisé à un arrêt, dont un voyageur a fait une chute en descendant. • Civ. 2e, 7 juin 1989 : *Bull. civ. II, n° 122 ; RTD civ. 1989. 764, obs. Jourdain.* ♦ ... Ou en s'apprêtant à en descendre. • Civ. 2e, 11 oct. 1989 : *Bull. civ. II, n° 163.* ♦ ... Ou a chuté à l'intérieur du véhicule. • Civ. 2e, 25 janv. 2001, n° 99-12.506 P : *D. 2001. IR 678.* ♦ Mais un trolleybus n'est pas impliqué dans l'accident subi par une personne qui, se dirigeant vers celui-ci, arrêté au-delà de l'abribus où elle attendait, heurte une borne interdisant le stationnement sur le trottoir et se blesse. • Civ. 2e, 10 avr. 1991, n° 90-11.305 P. ♦ De même, lorsqu'un voyageur descendu d'un autobus fait une chute sur le trottoir où il a fait quelques pas après avoir quitté le véhicule, l'autobus n'est pas impliqué dans l'accident. • Civ. 2e, 10 mai 1991, n° 90-11.684 P. – Dans le même sens : • Civ. 2e, 13 mai 2004, nº 02-19.725 P (personne renversée par une voiture en traversant la chaussée devant un car à l'arrêt dont elle venait de descendre : non-implication du car).

43. Incendie. Est impliqué dans l'accident, le véhicule en mouvement à bord duquel un incendie se déclare, occasionnant des brûlures à un passager. • Civ. 2e, 8 janv. 1992 : *D. 1993. 375, note Dagorne-Labbe (1re esp.)*. ♦ ... Le véhicule à bord duquel un incendie s'est déclaré alors qu'il circulait sur une autoroute et s'est propagé par la suite au talus bordant celle-ci. • Civ. 2e, 3 mars 1993, nº 91-17.962 P : *RTD civ. 1993. 840, obs. Jourdain*. ♦ ... Le camion frigorifique garé dans un hangar à l'intérieur duquel un incendie s'est déclaré. • Civ. 2e, 13 sept. 2012 : *cité note 251 ss. C. civ., art. 1241. –* ***C. civ.***

44. Perte d'huile. Implication d'un tracteur ayant involontairement répandu de l'huile sur la chaussée ainsi rendue glissante et à l'origine d'un accident. • Civ. 2e, 16 janv. 2020, nº 18-23.787 P : *D. 2021. 46, obs. Quézel-Ambrumaz*.

45. Intervention d'éléments extérieurs. Est impliquée, même en l'absence de toute collision, la remorque d'un camion circulant sur une autoroute, et renversée par le vent, causant un préjudice à la société d'autoroutes. • Civ. 2e, 22 janv. 1992, nº 90-17.385 P. ♦ Est impliqué dans l'accident le véhicule dont le passager a été blessé par une pierre tombée d'un talus qui a traversé le pare-brise, la vitesse de l'automobile s'étant conjuguée avec celle de la pierre. • Civ. 2e, 28 févr. 1990 : *D. 1991. 123, note Aubert (2e esp.)*.

B. RELATIONS AVEC LES AUTRES RÉGIMES DE RESPONSABILITÉ

46. Caractère exclusif de la loi. L'indemnisation de la victime d'un accident de la circulation dans lequel est impliqué un véhicule terrestre à moteur ne peut être fondée que sur les dispositions de la L. du 5 juill. 1985, à l'exclusion de celles des art. 1382 anc. [1240] s. C. civ. • Civ. 2e, 4 févr. 1987 : *D. 1987. 187, note Groutel* • 4 mai 1987 : *Gaz. Pal. 1987. 2. 428, note Chabas* • 21 mai 1990, nº 89-11.904 P • 7 mai 2002, nº 00-20.649 P • 23 janv. 2003, nº 01-16.067 P • 5 nov. 2020, nº 19-17.062 P : *D. 2021. 222, note Gréau*. ♦ ... Même dans le cas d'explosion communiquant un incendie à des bâtiments. • Civ. 2e, 5 juin 1991, nº 90-12.314 P : *D. 1992. Somm. 207, obs. Couvrat et Massé ; ibid. 272, obs. A. Penneau ; RTD civ. 1991. 549, obs. Jourdain*. ♦ Dans le même sens : • Civ. 2e, 8 janv. 1992, nº 90-19.336 P : *Defrénois 1992. 1452, obs. Aubert ; RTD civ. 1992. 401, obs. Jourdain* (incendie d'un véhicule momentanément immobilisé à la sortie d'un parking d'immeuble ; dommages causés à l'immeuble). ♦ L'incendie provoqué par un véhicule terrestre à moteur, ce dernier fût-il en stationnement, est régi par la L. du 5 juill. 1985, et non pas par l'art. 1384 anc. [1242] s., al. 2, C. civ. • Civ. 2e, 22 nov. 1995 : *D. 1996. 163, note Jourdain (3e esp.) ; JCP 1996. II. 22656, note J. Mouly (1re esp.)* • 8 janv. 2009, nº 08-10.074 P : *D. 2009. AJ 228, obs. Gallmeister ; LPA 18 juin 2009, note Ondo ; RCA 2009, comm. nº 71, obs. Vignon-Barrault ; RLDC. 2009/59, nº 3377, obs. Bugnicourt.* ♦ V. aussi notes 22, 26 et 43. ♦ Dans le même sens, pour l'incendie volontaire d'un véhicule par un inconnu : • Civ. 2e, 22 nov. 1995 : *D. 1996. 163, note Jourdain (2e esp.) ; JCP 1996. II. 22656, note J. Mouly (3e esp.).* ♦ *Contra* : • Civ. 2e, 15 mars 2001 : *D. 2001. IR 1145* (exclusion de la loi de 1985 dans le cas d'un incendie volontaire de véhicule). ♦ Sur l'incendie d'un véhicule : Khadim, *Gaz. Pal. 1994.1. Doctr. 148.*

47. ... Dans le cadre de relations contractuelles. Application impérative de la loi de 1985 nonobstant la circonstance que le dommage est survenu dans le cadre de l'exécution d'un contrat de bail à ferme : V. • Civ. 2e, 21 juin 2001 : *préc. note 22.* ♦ Comp. • Civ. 1re, 12 avr. 2005 : *RCA 2005. Étude 10, obs. Groutel,* faisant application des règles de la responsabilité contractuelle (art. 1147 anc. C. civ.) à l'accident survenu à une personne ayant pris en location une voiture électrique dans un parc de loisirs.

48. Contrat de transport de marchandises. La L. du 5 juill. 1985, qui tend à assurer une meilleure protection des victimes d'accidents de la circulation par l'amélioration et l'accélération de leur indemnisation, dès lors qu'est impliqué un véhicule terrestre à moteur, n'a pas pour objet de régir l'indemnisation des propriétaires de marchandises endommagées à la suite d'un tel accident, survenu au cours de leur transport par le professionnel auquel elles ont été remises à cette fin, en exécution d'un contrat de transport ; les conditions et modalités de la réparation de tels préjudices, d'ordre exclusivement économique, sont déterminées par ce contrat et les dispositions du C. com. qui lui sont applicables. • Civ. 2e, 31 mars 2022, nº 20-15.448 B : *D. 2022. 1117, obs. Cayol ; ibid. 2023. 34, obs. Brun ; RTD civ. 2022. 644, obs. Jourdain ; RDC 2022/3. 15, note Dugué* • 7 avr. 2022, nº 21-11.137 B : *D. 2022. 1117, obs. Cayol ; ibid. 2127, obs. Kenfack ; RTD civ. 2022. 644, obs. Jourdain ; RDC 2022/3. 15, note Dugué ; RCA 2022, nº 148, obs. Piette.*

49. Responsables autres que du fait du véhicule impliqué. La L. du 5 juill. 1985 n'exclut pas la responsabilité d'un piéton pour les dommages qu'il cause, serait-il lui-même victime : la qualité de victime d'un accident de la circulation ne peut exonérer celle-ci de sa responsabilité encourue à l'égard d'autres victimes. • Civ. 2e, 27 févr. 1991, nº 89-17.368 P : *D. 1991. Somm. 325, obs. Aubert* • 3 févr. 2005, nº 04-10.342 P : *D. 2005. IR 459* (passager transporté, lui-même victime). ♦ ... Y compris le conducteur impliqué lui-même. • Civ. 2e, 5 févr. 1992 : *D. 1993. 396, note Dagorne-Labbe (1re esp.) ; D. 1992. Somm. 402, obs.*

Aubert • 17 févr. 1993, n° 91-17.865 P : *RTD civ. 1993. 596, obs. Jourdain* • 18 mars 1998 : *RCA 1998, n° 191* (dommages causés par un cycliste). ♦ Cette responsabilité est régie par les art. 1382 anc. [1240] s. C. civ. • Civ. 2e, 4 mars 1992 : *D. 1993. 396, note Dagorne-Labbe (2e esp.)*; *JCP 1992. II. 21941, note Dejean de la Bâtie ; Gaz. Pal. 1993. 1. 204, note Chabas* • 19 janv. 1994 : *D. 1994. 574, note Lapoyade-Deschamps* • 4 mars 1999, n° 97-10.888 P : *D. 1999. IR 90* • 15 mars 2007 : *préc. note 4.*

50. Recours du responsable du fait du véhicule impliqué contre les coauteurs. V. notes 64 s.

51. Accidents du travail. La victime d'un accident de la circulation constituant un accident du travail est en droit d'obtenir l'indemnisation de son entier dommage, dans la mesure où celui-ci n'est pas réparé par les prestations de la sécurité sociale, du conducteur d'un véhicule impliqué sans que puisse lui être opposé le fait ou la faute d'un autre conducteur, fût-il le préposé de l'employeur ou l'employeur lui-même. • Civ. 2e, 23 janv. 1991, n° 89-12.115 P • Soc. 28 mars 1996 : *D. 1996. 544, note Radé*; *RTD civ. 1997. 151, obs. Jourdain*. ♦ (sur la question du recours, V. note 83 ss. art. 2. ♦ Sur l'action de la victime de l'accident de la circulation constituant un accident du travail contre l'employeur lui-même ou une personne de la même entreprise, V. art. L. 455-1-1 CSS, issu de L. n° 93-121 du 27 janv. 1993, art. 15, mod. par L. n° 94-43 du 18 janv. 1994, art. 69. – V. aussi Viney : *JCP 1993. I. 3727, nos 45 et 46.* ♦ L'art. L. 455-1 CSS permet à la victime d'un accident du travail d'obtenir une indemnisation complémentaire de l'employeur, sur le fondement de la L. du 5 juill. 1985 lorsque l'accident survient sur une voie ouverte à la circulation publique à condition que soit impliqué un véhicule terrestre à moteur conduit par l'employeur, un préposé ou une personne appartenant à la même entreprise. • Soc. 5 févr. 2015, n° 13-26.358 P : *RTD civ. 2015. 633, obs. Jourdain* (condition non remplie en l'espèce, la préposée, victime conductrice, étant descendue du véhicule au moment où celui-ci l'a renversée). – Rappr. • Civ. 2e, 24 mars 2016, n° 15-15.306 P. ♦ En soumettant l'indemnisation du salarié victime d'un accident de la circulation survenu sur une voie non ouverte à la circulation publique au régime des accidents du travail prévu par le code de la sécurité sociale, à l'exclusion des dispositions de la L. du 5 juill. 1985, l'art. L. 455-1 CSS est conforme à la Constitution. • Cons. const. 23 sept. 2011, n° 2011-167 QPC : *RCA 2011, n° 356.*

L'art. L. 455-1-1, CSS, selon lequel l'accident du travail survenu à l'occasion de la conduite d'un véhicule sur une voie ouverte à la circulation relève de la L. du 5 juill. 1985, n'exclut pas l'application des dispositions du chapitre II du titre V du livre IV du CSS en cas de faute inexcusable de l'employeur. • Civ. 2e, 12 juill. 2012 : *D. 2013. Chron. C. cass. 599, obs. Salomon*; *Dr. soc. 2012. 963, obs. Hocquet-Berg*.

52. Entraide agricole. La L. du 5 juill. 1985 s'applique à l'accident dont est victime un agriculteur qui regagne son domicile après avoir participé à une opération d'entraide agricole (L. 8 août 1962, art. 20, devenu C. rur., art. L. 325-3), cet accident n'étant pas survenu au cours des travaux agricoles d'entraide. • Soc. 23 févr. 1995 : *D. 1996. 562, note Casson*; *D. 1996. Somm. 123, obs. Martine*. ♦ Pour l'affirmation que la L. du 5 juill. 1985 s'applique à l'accident de la circulation survenu dans le cadre de l'entraide agricole : • Civ. 2e, 17 nov. 2005, n° 03-20.551 P : *D. 2005. IR 2971, obs. Chevrier*; *D. 2006. Pan. 1940, obs. Brun*; *Gaz. Pal. 2006. 1868, note Coursier ; RCA 2005. Étude 19, obs. Groutel ; RD rur. 2006, n° 1, note Guerder ; RTD civ. 2006. 134, obs. Jourdain*.

53. Accidents causés par des véhicules administratifs. Les tribunaux judiciaires, compétents en vertu de la L. du 31 déc. 1957 pour connaître des conséquences des accidents causés par des véhicules de l'Administration, doivent appliquer les règles de droit civil pour l'indemnisation des victimes, seraient-elles des agents de l'État. • Civ. 2e, 13 févr. 1991 : *D. 1991. 416, note Saint-Jours*. ♦ Les tribunaux de l'ordre judiciaire sont compétents pour la réparation des dommages causés par tout véhicule, peu important qu'il ait été conduit par un militaire, que la victime soit elle-même agent de l'État et qu'ils aient tous deux été dans l'exercice de leurs fonctions, dès lors que le préjudice découle de la seule action d'un véhicule. • Crim. 23 sept. 2014 : *D. 2014. 1938*; *AJDA 2015. 528, note Claeys*. ♦ La Cour de cassation avait précédemment décidé que l'action d'un agent titulaire contre une personne de droit public, en vue de réparer les conséquences dommageables d'un accident de service survenu à l'occasion de l'exercice de ses fonctions, relève de la juridiction administrative, même lorsque l'accident a été causé par un véhicule. • Civ. 2e, 8 déc. 2011 : *D. 2012. 21* (agent victime en qualité de conducteur du véhicule administratif). ♦ Relève de la compétence judiciaire en vertu de la L. du 31 déc. 1957 la demande en réparation du dommage occasionné par des véhicules de travaux publics, dès lors qu'il n'a pas pour origine l'exécution même des travaux. • T. confl. 26 mai 2003, n° 03-03.363 P (accident de la circulation imputé à la présence sur la chaussée de boue provenant du passage des camions d'un chantier de travaux publics voisin) • 30 juin 2008, n° 08-03.680 P (accident de train dû à la chute sur la voie de la flèche d'une grue mobile utilisée pour des travaux publics). ♦ Inversement, relève de la compétence administrative un litige relatif aux conditions défectueuses d'exécution du chantier par une entreprise de travaux publics. • T. confl. 2 mars 2009, n° 09-03.691 P.

54. Responsabilité pénale. BIBL. Couvrat, *Mél. Vitu, Cujas, 1989, p. 137.* ♦ L'action civile exercée par une victime en application de la L. du 5 juill. 1985 procède d'un fondement juridique autonome, distinct de la réparation d'une faute pénale et ne se heurte donc pas à l'autorité de la chose jugée au pénal. • Civ. 2e, 21 juill. 1992, n° 91-12.609 P. – V. aussi • Civ. 2e, 25 mars 1998, n° 96-15.444 P. ♦ Mais sur l'autorité de la chose jugée au pénal à l'égard de la faute du conducteur, V. note 112 ss. L. 5 juill. 1985, art. 4.

55. *Victimes d'infractions.* BIBL. Train, *RLDC 2005/14, n° 601.* ♦ Le 1° de l'art. 706-3 C. pr. pén. excluant l'indemnisation des atteintes à la personne entrant dans le champ d'application de la L. du 5 juill. 1985 constitue une exception au principe, posé par le texte, de l'indemnisation de toute personne ayant subi un préjudice résultant de faits présentant le caractère matériel d'une infraction ; dès lors, seules sont exclues les atteintes pour lesquelles la L. du 5 juill. 1985 est applicable. • Civ. 2e, 11 juin 1998, n° 96-13.945 P. – V. aussi • Civ. 2e, 8 déc. 1999, n° 97-20.120 P : *D. 2000. Somm. 472, obs. Delebecque ; RCA 2000, n° 82, note Groutel* • 7 mai 2002, n° 00-20.442 P. • 17 mars 2005, n° 03-19.597 P. • 10 nov. 2009, n° 08-20.273 P : *RLDC 2010/67, n° 3677, obs. Bugnicourt ; RCA 2010, n° 13, note Groutel ; RTD civ. 2010. 115, obs. Jourdain* (conducteur d'un quad qui en avait la garde).

C. CONDITIONS DE LA RESPONSABILITÉ

1° IMPLICATION DANS L'ACCIDENT

56. Sur la condition d'implication, V. notes 29 s.

2° IMPUTABILITÉ DU DOMMAGE À L'ACCIDENT

BIBL. Béhar-Touchais, *JCP 1991. I. 3492.*

57. *Imputabilité du dommage à l'accident.* V. note 159 ss. art. 1241 C. civ.

58. *Accidents successifs ayant causé des dommages distincts.* Une personne ayant été blessée dans des chocs successifs avec plusieurs véhicules et sa motocyclette projetée sur une autre partie de la chaussée où elle fut heurtée par une automobile, ce dernier véhicule qui a seulement causé des dégâts à la motocyclette de la victime n'est pas impliqué dans l'accident corporel de la victime. • Civ. 2e, 24 oct. 1990, n° 89-13.306 P : *GAJC, 11e éd., n° 220-222 (III) ; RTD civ. 1991. 131, obs. Jourdain.* ♦ L'automobile qui a heurté un véhicule renversé après un choc contre la glissière d'une autoroute et qu'aucun témoin n'a vu entrer en contact avec la victime alors allongée sur la chaussée n'est pas impliquée dans l'accident qui a causé à la victime un préjudice corporel. • Civ. 2e, 9 janv. 1991, n° 89-19.663 P : *RTD civ. 1991. 550, obs. Jourdain.*

59. *Accidents complexes impliquant plusieurs véhicules.* BIBL. Groutel, *RCA 2012. Étude 19.* ♦ Un véhicule s'étant renversé et une automobile qui suivait ayant heurté le corps du passager du premier véhicule, projeté sur la chaussée, le second véhicule est impliqué dans l'accident dont a été victime cette personne, les juges du fond ayant constaté que la victime était encore en vie immédiatement après ce second accident avant de décéder peu après. • Civ. 2e, 3 mars 1993, n° 91-15.506 P : *JCP 1993. I. 3727, n° 51, obs. Viney.* ♦ Comp. • Civ. 2e, 17 mai 1995 : *D. 1996. 307, note Radé* (retenant l'implication dans l'accident de l'ensemble routier qui est passé sans le toucher au-dessus du corps de la victime déjà mortellement blessée par un choc avec un premier véhicule et heurtée ensuite par un troisième). ♦ V. aussi, retenant l'implication de tous les véhicules ayant participé à un accident complexe : • Civ. 2e, 24 juin 1998, n° 96-20.575 P : *JCP 1998. I. 187, n° 35, obs. Viney ; RCA 1998. Chron. 19, obs. Groutel ; RTD civ. 1998. 922, obs. Jourdain* • 6 janv. 2000 : *préc. note 40* • 24 févr. 2000, n° 98-12.731 P : *D. 2000. IR 86 ; JCP 2000. I. 243, n° 32, obs. Viney ; RTD civ. 2000. 348, obs. Jourdain* • 24 févr. 2000, n° 98-18.448 P : *Gaz. Pal. 2001. 477, note Chabas* • 12 oct. 2000 : *RCA 2001, n° 16, note Groutel* • 11 janv. 2001 : *RCA 2001, n° 81, note Groutel* • 11 juill. 2002, n° 01-01.666 P : *R., p. 478* • 13 mai 2004, n° 02-17.545 P : *D. 2005. Pan. 191, obs. Jourdain ; RTD civ. 2004. 744, obs. Jourdain.* ♦ Comp. • Civ. 2e, 5 nov. 1998, n° 96-20.243 : *JCP 1999. II. 10084, note Conte ; ibid. I. 147, n° 20, obs. Viney ; RCA 1998. Chron. 27, obs. Groutel (3e esp.) ; RTD civ. 1999. 121, obs. Jourdain.* ♦ Les véhicules impliqués dans un premier accident pour lequel les pompiers sont intervenus sont également impliqués dans l'accident dont ceux-ci ont été victimes ; fauchés par un véhicule tiers, leur présence sur les lieux étant consécutive au premier accident. • Civ. 2e, 25 oct. 2007 : *D. 2008. Chron. C. cass. 659, n° 14, obs. Nicoletis.* ♦ Sur la question de preuve, V. note 60. ♦ Les collisions successives intervenues dans un même laps de temps et dans un enchaînement continu constituent le même accident, • Civ. 2e, 17 juin 2010 : *D. 2011. 35, obs. Brun ; RLDC 2010/75, n° 3961, obs. Paulin* • 7 juill. 2011 : *RCA 2011, n° 358, obs. Groutel.*

Dans un accident complexe, la victime est en droit de demander l'indemnisation de son préjudice à l'assureur de l'un quelconque des véhicules impliqués, même si elle n'a pas été en contact avec celui-ci. • Civ. 2e, 15 déc. 2022, n° 21-11.423 B : *D. 2023. 7 ; JCP 2023, n° 273, obs. Waltz-Teracol ; RCA 2023, n° 25, note Radé* (scooter de la victime ayant achevé sa course contre un véhicule en stationnement : implication admise pour la réparation des dommages corporels du conducteur qui a heurté un autre véhicule).

60. *Présomption d'imputabilité.* Le conducteur d'un véhicule impliqué dans un accident ne peut se dégager de son obligation d'indemnisation que s'il établit que cet accident est sans relation avec le dommage. • Civ. 2e, 19 févr. 1997, n° 95-14.034 P : *D. 1997. 384, note Radé ; JCP 1998. II. 10005, note Brun ; ibid. 1997. I. 4070, n° 32 s., obs. Viney ; RCA 1997, n° 163, note*

Groutel (victime décédée d'une crise cardiaque quelques minutes après un accident de la circulation lui ayant occasionné une blessure légère à la jambe). ♦ En cas d'accident complexe, lorsqu'un véhicule est impliqué dans un accident, l'imputation du dommage à cet accident est présumée : c'est au conducteur ou gardien du véhicule qu'il appartient de prouver que le dommage n'est pas imputable à l'accident dans lequel son véhicule est impliqué. Ainsi, lorsqu'après une collision entre deux automobiles, l'un des conducteurs a été éjecté de sa voiture et que, gisant au sol, il a été heurté par un autre véhicule, le conducteur de ce dernier doit être condamné à indemniser les ayants cause de la victime décédée, dès lors qu'il n'est pas établi que la victime avait été mortellement blessée dans la première collision et que le défendeur ne rapportait pas la preuve de l'absence de lien de causalité entre le dommage et le fait de son véhicule. • Civ. 2e, 25 mars 1991, n° 89-20.510 P : *RTD civ. 1991. 550, obs. Jourdain*. – V. dans le même sens : • Civ. 2e, 28 juin 1989 : *Gaz. Pal. 1989. 2. 898, note Chabas; JCP 1990. II. 21508, note Montanier* • 8 nov. 1989 : *Bull. civ. II, n° 200; D. 1990. Chron. 263, obs. Groutel ; RTD civ. 1990. 94, obs. Jourdain* • 24 oct. 1990, n° 89-18.423 P : *RTD civ. 1991. 131, obs. Jourdain* • 16 oct. 1991 : *D. 1992. Somm. 273, obs. Aubert ; JCP 1992. II. 21934, note Conte; Gaz. Pal. 1992. 2. Somm. 283, obs. Chabas; RTD civ. 1992. 125, obs. Jourdain* • 3 mars 1993, n° 91-15.506 P • 7 févr. 1996, n° 94-14.182 P : *RTD civ. 1996. 406, obs. Jourdain*. ♦ Sur la portée de la présomption d'imputabilité (présomption de fait), V. Jourdain, *obs. préc.*

61. *Absence de présomption d'imputabilité pour les dommages apparus postérieurement.* Il en va différemment pour l'imputation à un accident du préjudice révélé postérieurement : c'est à la victime demanderesse qu'il incombe d'apporter la preuve d'un lien de causalité entre l'accident et le dommage dont elle entend obtenir réparation. Les juges du fond ayant retenu que la dégradation de l'état de santé de la passagère d'une automobile blessée dans une collision avait commencé peu de temps après l'accident, ne peuvent faire supporter au conducteur d'un des véhicules la preuve de la non-imputabilité à l'accident du dommage qui s'est révélé postérieurement à celui-ci. • Civ. 2e, 24 janv. 1996, n° 94-13.678 P : *D. 1997. Somm. 30, obs. D. Mazeaud ; JCP 1996. I. 3944, n° 25, obs. Viney; RTD civ. 1996. 406, obs. Jourdain*. – V. dans le même sens : • Crim. 13 juin 1991, n° 90-83.491 P : *RTD civ. 1992. 125, obs. Jourdain* • Civ. 2e, 3 nov. 1991 : *RCA 1992, n° 17.*

II. L. 5 JUILL. 1985, ART. 2

BIBL. Baqué, *LPA 25 juill. 2000* (recours entre coauteurs). – Béhar-Touchais, *JCP 1988. I. 3339.* – Groutel, *D. 1987. Chron. 86; D. 1990. Chron. 211.* – Jourdain, *RTD civ. 1993. 374* .

A. RECOURS ENTRE CORESPONSABLES

62. *Division des recours : principe.* Le codébiteur tenu *in solidum*, qui a exécuté l'entière obligation, ne peut, comme le débiteur solidaire, même s'il agit par subrogation, répéter contre les autres débiteurs que les part et portion de chacun d'eux. • Civ. 2e, 1er mars 2001, n° 99-11.974 P : *RTD civ. 2001. 609, obs. Jourdain* • 8 juill. 2004, n° 02-21.575 P : *D. 2004. IR 2836* .

63. *... Décès d'un des coresponsables.* Il résulte des dispositions des art. 1213 et 1214 anc. C. civ. que le décès de l'un des codébiteurs, tenu *in solidum*, comme celui d'un codébiteur solidaire, qui laisse plusieurs héritiers, n'efface pas le caractère solidaire de la dette au regard des débiteurs originaires. Il en modifie seulement les effets pour les héritiers, tenus dans la proportion de leurs parts héréditaires. • Civ. 2e, 20 mai 2020, n° 19-10.247 P : *RTD civ. 2020. 637, obs. Jourdain* .

1° FONDEMENTS JURIDIQUES

a. Recours contre un coauteur impliqué

64. *Recours d'un autre coauteur impliqué.* Le conducteur d'un véhicule terrestre impliqué dans un accident de la circulation et son assureur qui a indemnisé les dommages causés à un tiers ne peuvent exercer un recours contre un autre conducteur impliqué que sur le fondement des art. 1214 anc., 1251 anc. et 1382 anc. [1240] C. civ. • Civ. 2e, 8 juill. 2004, n° 02-21.575 P : *préc. note 62*. – Déjà en ce sens, visant les art. 1382 anc. [1240 nouv.] et 1251 anc. C. civ. : • Civ. 2e, 14 janv. 1998, n° 95-18.617 P : *R., p. 267; D. 1998. 174, note Groutel; JCP 1998. II. 10045, note Jourdain; RTD civ. 1998. 393, obs. Jourdain* • 14 janv. 1998, n° 96-13.059 P • 18 mars 1998, n° 95-20.722 P • 29 avr. 1998, n° 96-17.994 P • 1er avr. 1999, n° 97-17.867 P • 11 déc. 2003, n° 02-12.694 P : *RTD civ. 2004. 306, obs. Jourdain* . ♦ Déjà en ce sens, pour l'assureur du conducteur : • Civ. 2e, 1er mars 2001, n° 99-11.974 P : *préc. note 62.* ♦ En sens contraire, précédemment : • Civ. 2e, 6 mars 1991, n° 89-15.697 : *D. 1991. 257, note Groutel ; RTD civ. 1991. 552, obs. Jourdain* (le conducteur impliqué peut également, en tant que subrogé dans les droits de la victime, se prévaloir des dispositions des art. 1er à 6 de la L. du 5 juill. 1985 à l'encontre des autres coauteurs).

65. *Recours d'un responsable pour faute.* L'action récursoire d'un coobligé fautif (Établissement français du sang, en l'espèce) contre le conducteur impliqué dans un accident de la circulation ne peut s'exercer que dans les conditions prévues par les art. 1382 anc. [1240] et 1251 anc. C. civ. • Civ. 2e, 6 mars 2003, n° 01-12.652 P : *R., p. 453; D. 2003. IR 867 ; RCA 2003, n° 200, note Groutel; Dr. et patr., juill.-août 2003, p. 77, obs. Chabas; RTD civ. 2003. 310, obs. Jourdain* • 9 oct. 2003, n° 02-11.443 P : *D. 2003. IR 2550 ; Dr. et patr., janv. 2004, p. 86, obs. Chabas* • 20 oct.

2005, n° 04-14.787 P : *D. 2006. 492, note Chantepie; RCA 2006, n° 51, note Groutel (1re esp.); RTD civ. 2006. 122, obs. Jourdain (1re esp.)* • 24 mai 2006, n° 05-17.091 P : *D. 2006. IR 1637 ; RDSS 2006. 742, note Arhab* • 25 janv. 2007, n° 06-13.611 P : *D. 2007. AJ 443, obs. Gallmeister ; JCP 2007. II. 10035, note Radé ; Gaz. Pal. 2007. Somm. 2082, obs. Bacache-Gibeili ; RCA 2007, n° 116, note Groutel ; RLDC 2007/38, n° 2519, note Corgas-Bernard ; RGDA 2007. 349, note Landel ; LPA 18 avr. 2007, note Prigent ; RDC 2007. 725, obs. Borghetti ; RTD civ. 2007. 362, obs. Jourdain* • 25 janv. 2007 : *eod. loc.*

66. Recours d'un responsable sans faute. Le gardien d'un animal, condamné à ce titre à réparation envers un tiers, ne peut exercer de recours contre un conducteur d'un véhicule impliqué dans le même accident que sur le fondement des anc. art. 1382 et 1385 [1240 et 1243] C. civ. • Civ. 2e, 13 juill. 2000, n° 98-21.530 P : *D. 2000. IR 225 ; RCA 2000, n° 324, note Groutel ; LPA 12 juill. 2001, note Marie ; RTD civ. 2000. 847 et 855, obs. Jourdain.* ♦ Cependant, un recours ne peut être exercé sur le fondement de l'art. 1385 anc. [1243] contre un conducteur même lorsque celui-ci est aussi le gardien de l'animal qui a causé le dommage. • Civ. 2e, 11 juin 2009, n° 08-14.224 P : *D. 2009. AJ 1758 ; RCA 2010. Étude 11, note Groutel ; RTD civ. 2009. 733, obs. Jourdain.*

67. Recours restant. Proposition : fondé sur la L. du 5 juill. 1985 : recours entre conducteur et gardien du véhicule impliqué. V. notes 5 s. ss. art. 1er.

68. ... Contre les parents d'un mineur coauteur impliqué. L'action récursoire exercée par l'assureur subrogé dans les droits de la victime contre les parents du mineur tenu à réparation est fondée tant sur la L. du 5 juill. 1985 que sur l'art. 1384 anc. [1242], al. 4, C. civ. • Civ. 2e, 9 mars 2000, n° 97-22.119 P : *D. 2000. IR 131 ; RCA 2000. Chron. 13, par Groutel ; RTD civ. 2000. 590, obs. Jourdain.*

69. ... Recours du tiers payeur. En vertu de l'art. 30 de la L. du 5 juill. 1985, le recours du tiers payeur (caisse primaire d'assurance maladie) a un caractère subrogatoire ; la caisse est donc fondée, comme la victime elle-même, à invoquer les dispositions de la L. du 5 juill. 1985 contre le tiers responsable, à l'exclusion des textes du droit commun. • Civ. 2e, 17 oct. 1990, n° 89-16.376 P : *RTD civ. 1991. 133, obs. Jourdain .* ♦ La liste de la L. du 5 juill. 1985, art. 29, sur les prestations ouvrant droit à recours est limitative. • Civ. 2e, 28 mars 1994, n° 92-19.897 P : *D. 1994. IR 110 .* ♦ Cette loi, de portée générale, exclut toute disposition contraire et limite la portée d'une loi postérieure. • Même arrêt.

b. Recours contre un coresponsable autre qu'un conducteur ou gardien

70. Action récursoire d'un coauteur impliqué contre un responsable pour faute. Action en responsabilité pour faute contre le piéton qui, en marchant au milieu de la route, a provoqué un écart puis une collision. • Civ. 2e, 27 févr. 1991, n° 89-17.368 P : *D. 1991. Somm. 325, obs. Aubert* (dommages matériels). ♦ En vertu des anc. art. 1382 [1240] et 1251 C. civ., le conducteur impliqué et condamné n'a de recours contre un coauteur n'ayant pas la qualité de conducteur ou de gardien d'un véhicule que dans la limite de la part de responsabilité encourue par ce dernier à l'égard de la victime. • Civ. 2e, 10 mars 2004, n° 02-13.518 P : *D. 2004. IR 1563 ; RCA 2004, n° 185, note Groutel ; Dr. et patr., mai 2004, p. 79, obs. Chabas ; RTD civ. 2004. 521, obs. Jourdain .* (conséquence : l'organisateur de la course cycliste peut opposer au conducteur la faute grave commise par le cycliste décédé qui a brûlé un feu rouge).

Mais les contrats d'assurance devant, selon l'art. L. 211-1, al. 2, C. assur., également couvrir la responsabilité civile des passagers du véhicule, l'assureur qui a indemnisé la victime ne peut exercer un recours subrogatoire contre le passager, à raison de la faute que celui-ci a commise. • Civ. 2e, 30 mars 2023, n° 21-17.466 B (passager de la voiture ayant passé son bras à l'extérieur pour jeter les cendres de sa cigarette).

71. ... Contre le gardien d'un animal. Recours du conducteur tenu à réparation contre le gardien de l'animal qui a provoqué l'accident, sur le fondement de l'art. 1385 anc. [1243] C. civ. • Civ. 2e, 9 déc. 1992, n° 91-13.843 P (enfant traversant la chaussée par peur d'un chien en état de divagation).

72. Cas des accidents du travail. Sur la dérogation à l'exclusion des recours contre l'employeur de la victime ou un membre de la même entreprise que celle-ci pour les accidents de la circulation survenus, à compter du 1er mars 1993, sur une voie ouverte à la circulation publique et impliquant un véhicule terrestre à moteur conduit par l'employeur ou une personne appartenant à l'entreprise, V. art. L. 455-1-1 CSS, issu des L. n° 93-121 du 27 janv. 1993, art. 15 et n° 94-43 du 18 janv. 1994, art. 69. ♦ Pour la situation antérieure (exclusion du recours) : • Cass., ass. plén., 31 oct. 1991 *(3 arrêts)*, n° 88-17.449 P : *R., p. 284 ; JCP 1992. II. 21800, note Saint-Jours ; D. 1993. Somm. 271, obs. Prétot ; Gaz. Pal. 1992. 2. Somm. 289, obs. Chabas ; RTD civ. 1992. 129, obs. Jourdain.* – V. aussi Groutel, *D. 1992. Chron. 19.*

2° CONTRIBUTION ENTRE CORESPONSABLES

73. En l'absence de faute des coauteurs. Lorsque aucune faute n'est établie contre les conducteurs de véhicules terrestres à moteur impliqués dans un accident de la circulation, leur contribution à l'indemnisation des victimes se répartit entre eux par parts égales. • Civ. 2e, 19 juin 1991, n° 90-14.338 P (visa des art. 1384 anc. et 4 de la loi). ♦ Dans le même sens, sous des visas variables : • Civ. 2e, 10 mai 1991, n° 90-12.257 P *(idem)* • 24 janv. 1996, nº 94-10.923 P : *RCA 1996, nº 91, et Chron. 12, par Groutel ; RTD civ. 1996. 409, obs. Jourdain* (visa du seul art. 1384) • 18 déc. 1996, nº 95-11.984 P (visa des art. 1er à 6). ♦ Pour le maintien de cette solution sous le seul visa des art. 1251 et 1382 anc. : • Civ. 2e, 14 janv. 1998, nº 95-18.617 : *préc. note 64* • 18 mars 1998, nº 95-20.722 : *préc.* • 29 avr. 1998, nº 96-17.994 : *préc.* • 1er avr. 1999, nº 97-17.867 : *préc. note 64* • 1er mars 2001, nº 99-11.974 : *préc.* • 11 déc. 2003, nº 02-12.694 : *préc.* • 8 juill. 2004, nº 02-21.575 : *préc. note 62* • 1er juin 2011, nº 10-20.036 P : *D. actu. 16 juin 2011, obs. Marrocchella ; RCA 2011, nº 289.*

74. En cas de fautes commises par plusieurs coauteurs. En cas de fautes, la part contributive de chacun des coauteurs s'apprécie uniquement en fonction de la gravité des fautes commises. V. en ce sens pour un partage entre coauteurs impliqués : • Civ. 2e, 13 janv. 2011, nº 09-71.196 : *D. 2011. Actu. 303 ; RCA 2011, nº 132 ; RLDC 2011/80, nº 4165, obs. Bugnicourt.* ♦ V. déjà en ce sens : • Civ. 2e, 14 janv. 1998, nº 95-18.617 : *préc. note 64* • 18 mars 1998, nº 95-20.722 : *préc.* • 29 avr. 1998, nº 96-17.994 : *préc.* • 1er mars 2001, nº 99-11.974 : *préc.* • 11 déc. 2003, nº 02-12.694 : *préc.* • 8 juill. 2004, nº 02-21.575 : *préc. note 62.* Dans le même sens, entre un responsable pour faute et un coauteur impliqué : • Civ. 2e, 25 janv. 2007, nº 06-13.611 : *préc.* • Civ. 1re, 14 févr. 2008, nº 07-11.710 : *JCP 2008. II. 10080, note Radé ; ibid. I. 186, obs. Stoffel-Munck ; RCA 2008, nº 137, obs. Groutel* • Civ. 2e, 13 janv. 2011, nº 09-71.196 P : *préc.* ♦ Comp. : chacun des coobligés fautifs est tenu de contribuer par moitié à la réparation du dommage. • Civ. 1re, 5 juill. 2006, nº 05-15.235 P : *R., p. 400 ; D. 2006. IR 2127, obs. Gallmeister ; JCP 2007. II. 10031, note Vial ; ibid. I. 115, nº 14, obs. Stoffel-Munck ; RCA 2006. Étude 13, par Groutel ; RTD civ. 2006. 783, obs. Jourdain.*

75. Lorsque deux personnes ont, par leurs seules fautes conjuguées, causé réciproquement des dommages, soit à elles-mêmes, soit à leurs commettants respectifs, le partage de responsabilité qui en résulte ne peut être instauré que dans une proportion unique. • Crim. 24 juin 1992, nº 91-83.420 : *RTD civ. 1993. 142 .*

76. Incidence de la faute sur l'étendue du recours. Le fait pour le conducteur d'une motocyclette de circuler en transportant un passager dépourvu de casque constitue de sa part une faute de nature à concourir au dommage subi par ce passager et pouvant lui être opposée dans le cadre de l'action récursoire du conducteur d'un autre véhicule impliqué. • Civ. 2e, 18 sept. 2003, nº 02-15.461 P : *R., p. 455 ; D. 2003. IR 2413 ; Gaz. Pal. 2003. 3083 ; RCA 2004, nº 7, note Groutel ; RTD civ. 2004. 110, obs. Jourdain .*

77. En cas de faute exclusive de l'un d'eux. Avant de condamner, sur le recours du conducteur d'un véhicule terrestre à moteur assigné par la victime, le conducteur d'un autre véhicule impliqué dans l'accident, le juge est tenu de rechercher dans quelle mesure chaque conducteur doit contribuer à la réparation du dommage ; il ne peut condamner le défendeur à rembourser intégralement les sommes versées à la victime sans retenir qu'il avait commis une faute, cause exclusive de l'accident. • Civ. 2e, 13 nov. 1991, nº 90-16.796 P. ♦ En l'absence de toute faute du conducteur impliqué, l'assureur dispose d'un recours total contre le fournisseur de produits sanguins : • Civ. 2e, 17 avr. 2008, nº 07-16.824 : *D. 2008. AJ 1345, note Gallmeister ; JCP 2008. II. 10145, note Brusorio-Aillaud ; RLDC 2008/50, nº 3018, obs. Gaudin ; RDSS 2008. 572, obs. Arhab.*

78. En cas de coauteurs impliqués fautif et non fautif. Le recours entre 3 coauteurs, fondé sur la démonstration d'une faute, doit, eu égard au partage de la responsabilité par moitié entre 2 de ceux-ci, être admis au profit du 3e à concurrence de moitié à l'égard de chacun des deux fautifs. • Civ. 2e, 20 juin 2002, nº 00-20.996 P : *D. 2002. IR 2173 ; Dr. et patr. 2/2003. 106, obs. Chabas.*

B. IRRECEVABILITÉ DES RECOURS POUR PRÉSERVER LE DROIT À INDEMNISATION INTÉGRALE

79. ... Recours contre le parent du mineur victime. Le recours en garantie exercé par le coauteur d'un accident contre le parent d'un mineur victime d'un accident de la circulation ayant pour effet de priver directement ou indirectement cette victime de la réparation intégrale de son préjudice, prévue par les dispositions d'ordre public de la L. du 5 juill. 1985, est irrecevable. • Civ. 2e, 20 avr. 1988 : *D. 1988. 580, note Lambert-Faivre (2 arrêts) ; RTD civ. 1988. 790, obs. Jourdain.*

80. ... Contre le parent des enfants majeurs victimes par ricochet. Manque de base légale un arrêt qui retient qu'aucune limitation ni exclusion n'est applicable à l'indemnisation des ayants droit de la victime, sans rechercher si le recours du coauteur aurait pour effet de priver directement ou indirectement les victimes (en l'espèce, victimes par ricochet) de la réparation intégrale de leur préjudice. • Civ. 2e, 6 déc. 1989, nº 88-18.405 P : *D. 1991. 295, note Durnerin ; RTD civ. 1990. 296, obs. Jourdain* (recours de l'assureur contre le père, conducteur lors de l'accident dont a été victime son fils passager, pour les indemnités versées à ses autres enfants majeurs).

81. ... Contre la succession du parent décédé. Même solution pour le recours contre succession du parent, coauteur décédé, qui priverait les victimes par ricochet de l'indemnité leur revenant : • Civ. 2e, 13 janv. 1988, nº 86-10.142 P : *D. 1988. 293, note Groutel (2e esp.) ; RTD civ. 1988. 788, obs. Jourdain* • 28 juin 1989, nº 88-14.787 P.

82. ... Contre le conjoint de la victime. Est de même irrecevable l'action récursoire exercée par le coauteur d'un accident de la circulation contre le conjoint de la victime, ayant pour effet de priver directement ou indirectement celle-ci d'une indemnisation intégrale prévue par des dispositions d'ordre public. • Civ. 2e, 28 juin 1989, n° 88-15.708 P • 28 juin 1989, n° 88-13.910 P : *RTD civ. 1989. 767, obs. Jourdain* • 5 juill. 1989, n° 87-16.412 P. ♦ Mais la victime ne serait privée de son indemnisation par l'effet du recours que s'il y a communauté de vie entre elle et son conjoint : si le mari victime de l'accident est décédé, la communauté de vie entre les époux a disparu et c'est l'héritière seule et non l'épouse qui se verra privée du bénéfice de la réparation du préjudice de son conjoint. • Civ. 2e, 27 févr. 1991, n° 89-15.862 P : *RTD civ. 1991. 555, obs. Jourdain*.

83. ... Contre la victime elle-même et son assureur. Le coauteur d'un accident condamné à indemniser une victime de cet accident restée gardienne de son véhicule également impliqué ne peut recourir contre elle et son assureur en remboursement des sommes qu'il a dû lui verser. • Civ. 2e, 7 juin 2001, n° 99-18.220 P : *RCA 2001, n° 261, note Groutel.* ♦ Déjà en ce sens, refusant le recours contre les ayants droit de la victime : • Civ. 2e, 29 avr. 1994, n° 92-17.729 P : *RTD civ. 1995. 135, obs. Jourdain*.

84. Limites : actions contre l'assureur. Le recours contre le coauteur assuré, parent de la victime, et son assureur ne porte aucun préjudice à celle-ci. • Civ. 2e, 18 mars 1992, n° 90-21.056 P. – V. aussi • Civ. 2e, 8 janv. 1992, n° 90-18.414 P • 9 déc. 1992, n° 91-11.409 P • 2 févr. 1994, n° 92-14.864 P. – Jourdain, *RTD civ. 1992. 574.* ♦ Mais manque de base légale l'arrêt qui accueille le recours contre le coauteur conjoint de la victime, ce qui aurait pour effet de priver celle-ci de la réparation intégrale de son préjudice, sans rechercher si ce coauteur bénéficiait d'une assurance. • Civ. 2e, 17 juill. 1991, n° 89-13.388 P. ♦ ... Ainsi que l'arrêt qui accueille le recours contre un coauteur en constatant qu'il n'est pas assuré sans rechercher si ce recours n'avait pas pour effet de priver la victime de la réparation intégrale de son dommage. • Civ. 2e, 1er avr. 1992, n° 91-10.452 P.

85. ... Recevabilité des actions en réparation d'un préjudice propre. Le droit de la victime à une indemnisation intégrale ne met pas obstacle au recours exercé contre elle en qualité de coauteur d'un dommage causé à un tiers, la qualité de victime ne pouvant l'exonérer de sa responsabilité encourue à l'égard d'autres victimes. • Civ. 2e, 27 févr. 1991, n° 89-17.368 P : *D. 1991. Somm. 325, obs. Aubert* (admission de l'action d'un conducteur en réparation de ses dommages matériels, contre le piéton blessé, qui avait provoqué son écart). ♦ Est recevable l'action d'un coauteur, qui n'est pas un recours en garantie, mais vise à la réparation d'un préjudice qui lui est propre. • Civ. 2e, 6 juill. 1994, n° 92-20.368 : *JCP 1995. II. 22457, note Dagorne-Labbe ; RTD civ. 1994. 876, obs. P : D. Jourdain* (recours du conducteur d'une moto contre les parents du mineur décédé avec lequel il est entré en collision). ♦ V. note 49.

III. L. 5 JUILL. 1985, ART. 3

BIBL. Bloch, *JCP 1988. I. 3328 ; ibid. 3332 bis.* – Bories, *Gaz. Pal. 1992. 2. Doctr. 679.* – Keime Robert-Houdin, *R. 1995, p. 141.* – Leduc, *RCA 2010. Étude 12* (sanction de la faute du conducteur victime). – Légier, *D. 1986. Chron. 97.* – C. Mouly, *D. 1987. Chron. 234.* – Rovinski, *Gaz. Pal. 1999. 1. Doctr. 192* (faute inexcusable du passager).

86. Faute inexcusable : notion. Est inexcusable, au sens de l'art. 3 de la L. du 5 juill. 1985, la faute volontaire, d'une exceptionnelle gravité, exposant sans raison valable son auteur à un danger dont il aurait dû avoir conscience. • Civ. 2e, 20 juill. 1987 : *Bull. civ. II, n° 160 (dix arrêts) ; R., p. 24, concl. Bouyssic ; GAJC, 11e éd., n° 223 ; Gaz. Pal. 1988. 1. 26 (trois arrêts), note Chabas* • Crim. 4 nov. 1987, n° 85-95.766 P • Cass., ass. plén., 10 nov. 1995, n° 94-13.912 P : *R., p. 321 ; D. 1995. 633, rapp. Chartier ; JCP 1996. II. 22564, concl. Jéol, note Viney ; Gaz. Pal. 1996. 1. 174, concl. Jéol ; ibid. 1997. 1. 82, note Chabas ; Defrénois 1996. 762, obs. D. Mazeaud ; RTD civ. 1996. 187, obs. Jourdain* • Civ. 2e, 11 avr. 2002, n° 00-12.224 P (cassation d'un arrêt retenant une appréciation *in concreto*) • 28 mars 2019, n° 18-14.125 P.

87. ... Incidence de l'état mental. Ne commet pas une faute inexcusable une victime qui, au moment de l'accident, est dans un état de confusion mentale ou, à tout le moins, d'absence momentanée de discernement. • Civ. 2e, 2 mars 2017, n° 16-11.986 P : *D. 2017. 800, note Noguéro*. ♦ *Contra* : L'état mental de la victime qui n'invoquait aucun titre lui reconnaissant un taux d'invalidité au moins égal à 80 % ne peut être pris en considération pour apprécier sa faute civile. • Civ. 2e, 7 juin 1989 : *D. 1989. 559, note Aubert ; JCP 1990. II. 21451, note Barbiéri ; Gaz. Pal. 1989. 2. 783, note Chabas ; RTD civ. 1989. 766, obs. Jourdain.*

88. ... Illustrations : piétons, fautes inexcusables. Il y a faute inexcusable cause exclusive de l'accident de la part d'un piéton qui traverse brusquement une autoroute ou une voie à grande circulation en surgissant à la sortie d'un tunnel, en franchissant les glissières de sécurité ou en franchissant un terre-plein planté de haies. • Civ. 2e, 15 juin 1988 (2 arrêts), n° 87-13.200 P • 7 juin 1989 : *préc. note 3* • 28 juin 1989, n° 88-14.974 P • 7 mars 1990, n° 88-20.349 P • 13 févr. 1991, n° 89-10.054 P. – V. aussi • Civ. 2e, 8 janv. 1992, n° 89-18.663 P : *D. 1992. Somm. 208, obs. Couvrat et Massé, et 403, obs. Aubert* • 23 juin 1993, n° 91-19.412 P • 6 déc. 1995, n° 94-11.481 P • 29 nov. 1997 : *RCA 1998, n° 87, note Groutel ; Dr. et patr. 1998, n° 1919, obs. Chabas* (piéton ayant franchi, de nuit, un talus et une glissière de sécurité pour accéder à une route nationale où il s'est couché au milieu de la chaussée) • 10 déc. 1998 : *RCA 1999, n° 66 (2e esp.)* (piéton en état d'ébriété ayant enjambé les rails de sécurité) • 27 mai 1999, n° 97-21.309 P (personne ayant quitté sa voiture en panne et se trouvant dans la voie de circulation la plus rapide d'une autoroute) • 5 févr. 2004, n° 02-18.587 P (individu qui, fuyant la police, fait irruption sur une artère à quatre voies) • 7 oct. 2010 : *RGDA 2011. 101, note Landel* (personne en état d'ébriété s'étant jetée sur une voiture circulant en contrebas) • Civ. 2e, 28 mars 2013 : *cité note 90* (victime s'étant allongée volontairement sur une voie de circulation fréquentée, en état d'ébriété, de nuit, et en un lieu dépourvu d'éclairage public) • 28 mars 2019, n° 18-15.168 P (piéton se tenant debout, en sécurité, à côté de sa voiture, stationnée en bon état de marche, sur un refuge d'autoroute et s'étant, sans raison valable connue, soudainement engagé à pied sur la chaussée de l'autoroute, à la sortie d'une courbe masquant la visibilité pour les véhicules arrivant sur les voies, devant un ensemble routier circulant sur la voie de droite à la vitesse autorisée).

89. ... Illustrations : piétons, fautes excusables. Mais n'est pas inexcusable la faute du piéton qui traverse une route nationale de façon soudaine, sans regarder s'il arrivait des véhicules et se jette sur l'un d'eux. • Civ. 2e, 20 avr. 1988, n° 87-10.763 P. ♦ ... Qui traverse la chaussée dans une agglomération, alors que les feux de signalisation lui en faisaient une interdiction absolue. • Civ. 2e, 20 avr. 1988, n° 87-11.193 P. ♦ ... Qui traverse sans précaution une artère urbaine à deux voies dans chaque sens en se faufilant entre des voitures à l'arrêt. • Civ. 2e, 12 nov. 1987 : *Bull. civ. II, n° 222.* ♦ ... Qui traverse la chaussée d'une avenue où la circulation était importante, en dehors des passages protégés, puis s'arrête et reprend sa traversée en courant. • Civ. 2e, 10 mai 1989 : *Gaz. Pal. 1989. 2. Somm. 462, obs. F. C.* ♦ ... Qui entreprend, dans une zone de circulation intense, à la nuit tombante et alors qu'il pleuvait, la traversée d'une route à quatre voies de circulation sans emprunter un passage protégé se trouvant à proximité. • Civ. 2e, 7 févr. 1996, n° 94-12.206 P. ♦ Même sens : • Civ. 2e, 28 janv. 1998, n° 95-21.844 P • 14 janv. 1999 : *RCA 1999, n° 66 (1re esp.)* (absence de barrière de sécurité) • Paris, 20 févr. 1996 : *Gaz. Pal. 1996. 2. Somm. 477, obs. J.-G. M.* ♦ ... Qui, de nuit, descendu de sa voiture en panne, après avoir tenté d'arrêter plusieurs voitures, se place sur la route dans l'espoir d'être vu. • Civ. 2e, 4 juin 1997, n° 94-21.881 P. ♦ Appréciation du comportement de la victime, risqué mais rendu nécessaire par les circonstances : • Civ. 2e, 13 sept. 2018, n° 17-15.056 : *RCA 2018, n° 300, note Groutel.*

90. ... Illustrations : état d'ébriété. Ne caractérise pas l'exceptionnelle gravité de la faute de la victime la cour d'appel qui relève que la victime avait le comportement d'un homme ivre et s'était affalée sur la chaussée au moment précis où survenait un véhicule. • Civ. 2e, 24 mai 1991, n° 90-12.006 P. – V. aussi • Civ. 2e, 23 juin 1993, n° 92-10.466 P. ♦ N'est pas inexcusable la faute d'un piéton en état d'ébriété qui traversait une chaussée hors agglomération, de nuit, en l'absence de tout éclairage, alors que survenait un véhicule qu'il aurait dû voir. • Civ. 2e, 10 mai 1991, n° 90-10.196 P • 3 mars 1993, n° 90-18.797 P • 30 juin 2005, n° 04-10.996 P : *JCP 2006. I. 111, n° 12, obs. Stoffel-Munck.* ♦ Dans le même sens : • Cass., ass. plén., 10 nov. 1995 : *préc. note 86,* cassant • Paris, 16 mars 1994 : *D. 1994. 277, concl. Paire* (sur renvoi après cassation). ♦ V. aussi, dans le même sens que l'arrêt cassé : • Paris, 6 sept. 1994 : *D. 1995. 394, note Lapoyade-Deschamps*. ♦ Ne commet pas de faute inexcusable l'individu dans un état alcoolique proche du coma éthylique qui, en s'apprêtant à ouvrir la porte de sa voiture, a fait irruption brusquement sur la route et, en reculant, est venu heurter la remorque d'un véhicule. • Civ. 2e, 10 avr. 1991, n° 89-21.762 P. ♦ ... L'individu qui, se trouvant sous l'empire de la boisson, avait insisté pour prendre la place du passager à l'avant de l'automobile sans attacher sa ceinture de sécurité et s'était affalé sur le conducteur, sa corpulence et sa position interdisant à celui-ci de conserver la maîtrise de son véhicule. • Civ. 2e, 20 mars 1996, n° 93-10.240 P. ♦ ... Le piéton ivre qui s'était accroupi sur la chaussée, hors agglomération, de nuit par temps de brouillard, au milieu du couloir de marche de l'automobile. • Civ. 2e, 6 nov. 1996, n° 95-12.428 P • 1er avr. 1998, n° 96-17.402 P. ♦ Constitue une faute inexcusable le fait pour le propriétaire d'un véhicule d'en confier la conduite à une personne qu'il sait sous l'empire d'un état alcoolique. • Civ. 2e, 4 nov. 2004, n° 03-16.424 P : *D. 2004. IR 3118* ; *RCA 2005. Étude 2, obs. Groutel ; RTD civ. 2005. 152, obs. Jourdain*. ♦ ... Le fait pour la victime de s'allonger volontairement sur une voie de circulation fréquentée, en état d'ébriété, de nuit, et en un lieu dépourvu d'éclairage public • Civ. 2e, 28 mars 2013, n° 12-15.958.

91. ... Illustrations : chutes. Est inexcusable la faute de l'automobiliste qui, ayant arrêté sa voiture sur un pont surplombant une route, a enjambé le parapet et chuté. • Civ. 2e, 16 nov. 2000 : *RCA 2001, n° 41, note Groutel.* ♦ ... Qui, interpellé pour conduite en état d'ivresse manifeste et conduit à l'hôpital dans un fourgon de police pour prise de sang, saute en marche du véhicule, se blessant mortellement. • Crim. 28 juin 1990, n° 88-86.996 P. ♦ ... Celle de la personne qui saute en marche d'un ensemble routier. • Civ. 2e, 19 janv. 1994, n° 92-13.804 P : *R., p. 362.* ♦ ... Celle de la personne qui fait une chute du toit d'une voiture en mouvement où elle était montée. • Civ. 2e, 25 oct. 1995, n° 93-17.084 P : *RCA 1996, n° 14, note Groutel.* ♦ Comp., écartant la faute inexcusable dans une situation voisine (personne montée par jeu sur le pare-chocs arrière d'une voiture) : • Civ. 2e, 3 juill. 2003, n° 01-16.405 P : *RCA*

2003. Chron. 24, obs. Groutel, cassant • Nancy, 11 juin 2001 : *BICC 1er nov. 2001, n° 1066.* ♦ V. aussi note 94.

92. ... Illustrations : cyclistes. Est inexcusable la faute d'un cycliste qui circule en sens interdit sur un boulevard, aborde une intersection alors que la signalisation lumineuse au rouge prohibait cette manœuvre et s'engage dans une autre voie à nouveau à contresens. • Civ. 2e, 7 juin 1990, n° 89-14.016 P. ♦ Mais n'est pas inexcusable la faute du cycliste : qui tourne brutalement sans précaution. • Civ. 2e, 14 avr. 1988, n° 86-17.809 P. ♦ ... Qui tend son bras et se déporte aussitôt. • Civ. 2e, 17 févr. 1988 : *Bull. civ. II, n° 43.* ♦ ... Qui, sans respecter les obligations que lui imposait la présence d'un panneau « stop », s'engage sur une voie prioritaire. • Civ. 2e, 24 févr. 1988, n° 87-11.359 P. ♦ ... Qui, sans observer un feu rouge, met pied à terre pour se faufiler entre les voitures. • Civ. 2e, 18 nov. 1987, n° 86-17.416 P • 14 avr. 1988 : *ibid. II, n° 78.* ♦ ... Qui, circulant de nuit sans éclairage, débouche d'un sens interdit pour couper la route de l'automobile impliquée dans l'accident. • Civ. 2e, 28 mars 1994, n° 92-15.863 P. ♦ ... Qui a volontairement décidé d'emprunter de nuit la route départementale au lieu de la piste cyclable pour rentrer plus vite alors qu'il circulait sur une bicyclette dépourvue de tout éclairage et sans aucun équipement lumineux ou réfléchissant, qu'il connaissait les lieux et que compte tenu de son âge il avait conscience du danger. • Civ. 2e, 28 mars 2019, n° 18-14.125 P.

93. ... Illustrations : circonstances diverses. N'a pas commis une faute inexcusable la victime qui a glissé sur le carter d'une moissonneuse-batteuse où elle était montée pour désengorger l'engin malgré la présence d'une inscription l'interdisant. • Civ. 2e, 20 janv. 2000, n° 98-14.490 P : *D. 2000. IR 53.* ♦ ... Ni le piéton présent, malgré l'interdiction, sur une piste de kart, alors qu'il s'apprêtait à pousser un kart pour le faire démarrer. • Civ. 2e, 11 avr. 2002 : *préc. note 86.* ♦ ... Ni la personne assise sur la portière, vitre baissée, d'un véhicule, et qui a été victime d'une chute, même si ce comportement très imprudent est dû en partie à la consommation de résine de cannabis. • Crim. 2 nov. 2011 : *RCA 2012, n° 107.* ♦ Mais est inexcusable la faute de la personne qui, voyant sa voiture déplacée par un chariot élévateur, a eu un comportement totalement contraire à celui que devrait avoir une personne sensée jouissant de toutes ses facultés. • Civ. 2e, 5 juin 2003, n°oer P : *D. 2003. IR 1946 ; RCA 2003. Chron. 24, obs. Groutel ; RTD civ. 2003. 721, obs. Jourdain.*

94. Faute inexcusable et causalité. N'ont pas donné de base légale à leur décision les juges qui ont énoncé que la faute inexcusable de la victime n'était pas la cause exclusive de l'accident, sans caractériser un lien de causalité entre le comportement du conducteur et l'accident. • Civ. 2e, 19 janv. 1994, n° 92-13.804 P : *R., p. 362.* ♦ N'est pas la cause exclusive de l'accident la faute, même inexcusable, de la victime, montée sur le toit d'un autobus momentanément arrêté, s'il est constaté que le conducteur de l'autobus a remis son véhicule en marche alors qu'il savait qu'un passager était sur le toit. • Civ. 2e, 8 nov. 1993, n° 91-18.127 P. ♦ N'est pas la cause exclusive de l'accident dont il a été victime en tant que passager transporté la faute, inexcusable, commise par le propriétaire d'un véhicule qui en a confié la conduite à une personne qu'il savait sous l'empire d'un état alcoolique. • Civ. 2e, 4 nov. 2004 : *préc. note 90.*

95. Recherche volontaire du dommage. Une cour d'appel qui retient, dans l'exercice de son pouvoir souverain d'appréciation, que la victime a volontairement recherché le dommage, en déduit exactement, sans avoir à rechercher si le conducteur impliqué avait commis une faute, que les ayants droit de la victime ne pouvaient être indemnisés. • Civ. 2e, 24 juin 1998, n° 96-11.897 P : *D. 1998. IR 191 ; RCA 1998, n° 309, obs. Groutel.* ♦ Il y a recherche volontaire du dommage en cas de suicide de la victime. • Civ. 2e, 24 févr. 1988, n° 86-19.076 P. ♦ ... Ou de comportement suicidaire. • Civ. 2e, 21 juill. 1992, n° 91-13.186 P : *D. 1993. Somm. 212, obs. Aubert.* – V. aussi • Civ. 2e, 29 nov. 1997 : *préc. note 89* • 31 mai 2000, n° 98-16.707 P : *D. 2000. IR 185 ; JCP 2001. II. 10577, note Butruille-Cardew* • 16 nov. 2000 : *préc. note 91.* ♦ En revanche, il n'en est pas ainsi en cas de participation à un attroupement illicite, dès lors que les juges du fond n'établissent pas que, en se maintenant sur la chaussée devant une voiture dont le chauffeur se trouvait aux prises avec d'autres manifestants, la victime s'est mise délibérément dans la situation de se faire blesser. • Civ. 2e, 17 févr. 1988, n° 86-14.504 P. ♦ V. conf., pour la personne qui, en tant que passager, a laissé le conducteur ivre conduire à grande vitesse et lui a fourni de l'alcool à boire : • Crim. 22 mai 2002, n° 01-81.773 P : *D. 2002. IR 2238.*

96. Recours du tiers payeur. La caisse, tiers payeur, est subrogée dans l'ensemble des droits de la victime, y compris ceux conférés par la loi en considération de sa situation personnelle (victime âgée de moins de seize ans) ; la règle de portée générale selon laquelle une telle victime dispose, en raison de son âge à la date de l'accident, d'un droit à la réparation intégrale qu'aucune faute personnelle, même inexcusable, ne peut réduire détermine ainsi l'ampleur de sa créance d'indemnisation ; ce droit est nécessairement compris dans les droits et actions transmis par cette victime, par l'effet de la subrogation légale, au tiers payeur qui a réglé tout ou partie de cette créance à la place du conducteur du véhicule impliqué. • Civ. 2e, 17 juin 2010, n° 09-67.530 P : *D. 2010. 1708 ; RLDC 2010/74, n° 3928, obs. Paulin.*

IV. L. 5 JUILL. 1985, ART. 4

97. QPC (non). Absence de renvoi de l'art. 4 au Conseil constitutionnel pour une question prioritaire de constitutionnalité : • Civ. 2e, 16 déc. 2010, nº 10-17.096 P : *D. 2011. 76, obs. Gallmeister ; RLDC 2010/77, nº 4043, obs. Le Nestour-Drelon ; ibid. 2011/80, nº 4164, obs. Bugnicourt* • 9 sept. 2010 : *D. 2011. 35, obs. Brun et Gout ; RGDA 2011. 95, note Landel.*

A. NOTIONS DE CONDUCTEUR ET DE NON-CONDUCTEUR

98. Fonctionnement du moteur, circonstance indifférente. Sont exclus du bénéfice de l'art. 3 de la L. du 5 juill. 1985 les conducteurs de véhicules terrestres à moteur, que ce moteur soit ou non en marche au moment de l'accident. • Civ. 2e, 13 janv. 1988, nº 16-19.029 P • Crim. 10 janv. 2001, nº 00-82.422 P. ♦ Est un conducteur le cyclomotoriste à l'arrêt sur son engin. • Civ. 2e, 4 févr. 1987, nº 83-16.977 P ♦ ... Occupé à la fixation sur sa tête de son casque réglementaire tout en se tenant debout, les deux pieds au sol, le cyclomoteur entre les jambes. • Civ. 2e, 29 mars 2012 : *D. 2012. Chron. C. cass. 2057, note Adida-Canac et Bouvier .* ♦ ... Comme celui qui essaie de faire démarrer son véhicule en pédalant. • Civ. 2e, 28 avr. 1986, nº 85-11.175 P. ♦ ... Ou qui, assis sur la selle, le fait avancer à l'aide de ses jambes. • Crim. 10 janv. 2001 : *préc.* ♦ Est un conducteur celui qui, au moment de l'accident, se trouve dans une automobile remorquée à l'aide d'une barre de fer courte et rigide, dès lors qu'il a une certaine maîtrise dans la conduite du véhicule. • Civ. 2e, 14 janv. 1987 : *JCP 1987. II. 20768, note Chabas.*

99. Fauteuil roulant électrique. Par l'instauration d'un dispositif d'indemnisation sans faute par la L. du 5 juill. 1985, interprétée à la lumière des objectifs assignés aux États par la Conv. internationale des droits des personnes handicapées du 30 mars 2007, le législateur, prenant en considération les risques associés à la circulation de véhicules motorisés, a entendu réserver une protection particulière à certaines catégories d'usagers de la route, à savoir les piétons, les passagers transportés, les enfants, les personnes âgées, et celles en situation de handicap. Il en résulte qu'un fauteuil roulant électrique, dispositif médical destiné au déplacement d'une personne en situation de handicap, n'est pas un véhicule terrestre à moteur ; cassation de l'arrêt ayant reconnu la qualité de conducteur d'un véhicule terrestre à moteur pour la personne utilisant un fauteuil roulant électrique. • Civ. 2e, 6 mai 2021, nº 20-14.551 P : *D. 2021. 1413, note Oudot ; ibid. 1695, obs. Kenfack ; ibid. 2022. 35, obs. Quézel-Ambrunaz ; RDSS 2021. 926, note de Bertier-Lestrade ; RTD civ. 2021. 660, obs. Jourdain ; ibid. 975, obs. Rouvière ; JCP 2021, nº 767, note Raoul-Cormeil.*

100. Victime poussant à la main son véhicule. En revanche, n'est pas un conducteur le possesseur d'un véhicule en panne qui, à pied, le pousse d'une main et le dirige de l'autre. • Crim. 22 mars 1988 : *D. 1988. IR 152.* ♦ ... La personne qui court sur la chaussée en poussant son cyclomoteur pour tenter de le faire démarrer. • Civ. 2e, 7 oct. 2004, nº 02-17.738 P : *D. 2005. 938, note C. Maury.* ♦ ... Celle qui traverse la chaussée à pied en tenant son cyclomoteur à la main. • Civ. 2e, 14 janv. 1987 : *JCP 1987. II. 20910, note Chabas.*

101. Accident survenu au conducteur descendant ou descendu de son véhicule. N'est pas un conducteur, la personne qui est sortie du véhicule dont elle se trouve à proximité et dont elle assurait la conduite dans un temps voisin de l'accident. • Civ. 2e, 4 déc. 1985, nº 84-13.226 P • 15 juin 1988 : *ibid. II, nº 139.* ♦ ... La personne qui a été heurtée soit à l'extérieur du véhicule, soit alors qu'elle était occupée à y prendre place. • Civ. 2e, 20 avr. 1988 : *JCP 1989. II. 21328, note Dagorne-Labbe (2e esp.).* ♦ ... Qui était en train de changer une roue. • Civ. 2e, 12 févr. 1986, nº 84-10.116 P. ♦ ... Qui a été blessée au moment où, après avoir arrêté la voiture, coupé le moteur et ouvert la portière, elle descendait du véhicule. • Civ. 2e, 10 mars 1988 : *JCP 1989. II. 21328, note Dagorne-Labbe (1re esp.)* • 31 mai 1995, nº 93-17.100 P. ♦ ... Celle qui descend du véhicule pour porter secours à une autre victime. • Civ. 2e, 20 juill. 1987, nº 86-13.666 P.

102. Constance de la qualité de conducteur ou de non-conducteur au cours d'un accident unique, V. note 106.

103. Constance de la qualité de conducteur ou de non-conducteur au cours d'un accident unique. La qualité de conducteur ou de piéton de la victime ne peut changer au cours de l'accident reconnu comme un accident unique et indivisible. • Civ. 2e, 1er juill. 2010, nº 09-67.627 P : *D. 2011. 35, obs. Brun ; ibid. 2011. Chron. C. cass. 632, obs. Adida-Canac et Grignon-Dumoulin ; JCP 2011, nº 435, § 7, obs. Bloch ; RLDC 2010/75, nº 3961, obs. Le Nestour-Drelon ; RTD civ. 2010. 792, obs. Jourdain* • 12 mai 2011 : *RCA 2011, nº 287, obs. Groutel.*

104. Conducteur resté dans le véhicule mais ayant quitté le volant. Absence de qualité de conducteur pour la victime d'un accident, qui à la suite d'une panne s'était installée à l'arrière du véhicule pour se reposer et avait donc quitté les commandes de son véhicule, dont elle n'a par conséquent pas gardé la maîtrise. • Crim. 31 mai 2016, nº 15-83.625 P.

105. Accident survenu après la chute ou l'éjection du conducteur. N'est pas conducteur, le motocycliste tombé de sa machine à la suite d'un dérapage. • Civ. 2e, 28 mai 1986 : *JCP 1986. II. 20692, note Chabas.* ♦ ... Le cyclomotoriste gisant sur la chaussée à plusieurs mètres de son cyclomoteur. • Civ. 2e, 2 déc. 1987, nº 86-15.035 P. ♦ ... La victime qui n'était plus sur son cyclomoteur lorsque l'automobile est passée sur elle. • Civ. 2e, 24 mai 1991 : *JCP 1993. II. 21987, note Dagorne-Labbe* • 8 nov. 1995, no 93-11.891 P. ◆ V. conf., pour l'automobiliste éjecté de son véhicule lors d'une collision et heurté à terre par une autre automobile : • Civ. 2e, 11 déc. 1991 : *JCP 1993. II. 21987, note Dagorne-Labbe* • 16 avr. 1996, no 94-11.904 P (accident réalisé en deux temps) • 29 avr. 1998, no 96-18.421 P (motard éjecté après un premier choc, puis heurté alors qu'il gisait à terre) • 29 juin 2000 : *LPA 31 oct. 2000, note Leroy* (*idem*) • Crim. 9 mars 2004, no 03-84.991 P : *R., p. 385; D. 2004. IR 1645* (*idem*). ◆ Comp. le cas où la chute et la collision se réalisent en un seul trait de temps, note suivante. ◆ ... Ou l'automobiliste dont le véhicule s'est immobilisé sur la chaussée après une perte de contrôle et à qui on est en train de porter secours. • Civ. 2e, 24 nov. 1993, no 92-12.549 P.

106. Accident survenu au cours de la chute ou de l'éjection du conducteur. La qualité de conducteur perdure lors des différentes phases d'un accident complexe, au cours duquel des collisions se succèdent dans un enchaînement continu et dans un même laps de temps, et qui constitue un accident unique. • Crim. 3 mai 2017, no 16-84.485 P : *RCA 2017, no 219, note Groutel.* ◆ Cassation de l'arrêt ayant reconnu la qualité de piéton à la victime impliquée dans un premier accident et ayant été percutée par un autre véhicule alors qu'il était descendu de son véhicule pour porter secours à la personne percutée par son propre véhicule. • Même arrêt. ◆ V. déjà : ne perd pas la qualité de conducteur celui qui tombe de son engin et vient, en glissant sur la chaussée, heurter un véhicule. • Civ. 2e, 4 oct. 1989 : *JCP 1991. II. 21600, note Dagorne-Labbe* • 11 janv. 1995, no 93-15.766 P • 18 oct. 1995, no 93-16.640 P • Nîmes, 5 mars 1992 : *JCP 1993 II. 22016, note Bories.* ◆ ... Ou celui qui, lors d'une collision avec un camion, est éjecté de sa voiture et écrasé par les roues du camion. • Civ. 2e, 15 mai 1992, no 91-11.330 P : *RTD civ. 1992. 775, obs. Jourdain* . ◆ ... Ou le motocycliste qui, tombant de sa machine, est au même moment heurté par une automobile venant en sens inverse. • Civ. 2e, 31 mars 1993, no 91-12.353 P : • 8 déc. 1993, no 92-13.452 P • 5 juin 2003, no 01-17.486 P : *D. 2003. IR 1735* . ◆ ... Ou par derrière, dès lors que les faits se sont produits en un seul trait de temps. • Civ. 2e, 16 avr. 1996, no 93-18.897 P : • 6 févr. 2003, no 00-18.501 P : *Dr. et patr., sept. 2003, p. 114, obs. Chabas* • 8 oct. 2009, no 08-16.915 P : *D. 2009. AJ 2488* ; *Gaz. Pal. 2009. 3826, note Dumery; RLDC 2009/66, no 3644, obs. Bugnicourt.* ◆ V. aussi, pour le maintien de la qualité de conducteur en cas de chocs successifs globalisés en un accident complexe : • Civ. 2e, 20 juin 2002, no 00-20.747 P : *RTD civ. 2002. 827, obs. Jourdain* .

107. Pouvoir de contrôle ou ingérence dans la conduite. L'élève d'une auto-école, ne disposant pas des pouvoirs de commandement, ne peut être considéré comme co-conducteur. • Civ. 2e, 29 juin 2000, no 98-18.847 P : *D. 2000. IR 226* ; *JCP 2001. II. 571, note Bailloeuil; RCA 2000, no 294, note Groutel.* ◆ Mais a seul la qualité de conducteur le mineur, stagiaire agricole, aux commandes du tracteur, alors que le maître de stage, monté sur la flèche arrière, est privé de tout moyen de direction et de contrôle de l'engin. • Civ. 2e, 22 mai 2003, no 01-15.311 P : *D. 2004. Somm. 1342, obs. Jourdain; Dr. fam. 2003, no 155, note J. Julien.* ◆ De même, a la qualité de conducteur le propriétaire du véhicule confié à un garage pour réparation, qui, à la demande du garagiste, a remis en marche le moteur de la voiture placée sur un pont élévateur, après avoir pris place au volant. • Civ. 2e, 25 oct. 2007, no 05-21.807 P : *D. 2008. Chron. C. cass. 660* , *no 16, obs. Nicoletis; RCA 2007, no 351, note Groutel.* ◆ Prend la qualité de conducteur le passager qui se saisit du volant tout en appuyant sur la jambe droite du conducteur, provoquant ainsi l'accélération du véhicule. • Civ. 2e, 31 mai 2000, no 98-21.203 P : *RCA 2000, no 259, note Groutel.* ◆ Mais le seul fait que le passager a manœuvré le volant n'établit pas qu'il se soit substitué à la conductrice dans la conduite du véhicule et qu'il ait acquis la qualité de conducteur. • Civ. 2e, 23 mars 2017, no 15-25.585 P.

108. Passager actionnant la clé de contact. Cassation de l'arrêt qui considère que n'acquiert pas la qualité de conducteur le passager d'une voiture à l'arrêt qui actionne la clé de contact pour mettre en marche l'auto-radio; en effet il a actionné le démarreur et sa manœuvre a mis la voiture en mouvement. • Civ. 2e, 28 mars 2013 : *préc. note 23.* (enfant de 13 ans ayant fortuitement mis en marche la voiture). ◆ *Contra* : • Bordeaux, 20 janv. 1994 : *BICC 1er avr. 1994, no 397.*

109. Victime présumée non conducteur. La victime d'un accident de la circulation doit seulement prouver l'implication du véhicule; c'est au gardien du véhicule impliqué d'apporter la preuve que la victime avait la qualité de conducteur au moment de l'accident. • Civ. 2e, 16 mai 1994, no 92-17.135 P : *R., p. 362* • 6 nov. 1996 : *ibid. II, no 241.* ◆ V. déjà : • Civ. 2e, 9 juill. 1986 : *D. 1987. 1, note Groutel; JCP 1987. II. 20747, note F. C.* – Même sens, implicitement : • Civ. 2e, 10 mars 2004, no 01-14.794 P : *RCA 2004, no 181, note Groutel.* ◆ Comp., dans la même affaire : • Civ. 2e, 4 nov. 2004 : *D. 2004. IR 3118* ; *RCA 2005. Étude 2. Groutel; RTD civ. 2005. 152, obs. Jourdain* . ◆ Comp. également : • Civ. 2e, 3 mai 2007 : *RCA 2007, no 245, note Groutel; LPA 8 janv. 2008, obs. Vignon-Barrault; RTD civ. 2008. 114, obs. Jourdain* (impossibilité de déterminer lequel des deux occupants d'une motocyclette avait la qualité de conducteur). ◆ Pour un conducteur resté dans le véhicule mais ayant quitté le volant et ainsi perdu sa qualité de conducteur. • Crim. 31 mai 2016, no 15-83.625 P.

B. SITUATION DU CONDUCTEUR

BIBL. Groutel, *D. 1995. Chron. 335*; *D. 1997. Chron. 18*; *RCA 1998. Chron. 17* (indemnisation du conducteur victime). – Leduc, *RCA 2001. Chron. 2* (sanction de la faute du conducteur victime); *RCA 2006. Étude 19* (indemnisation de la victime conductrice fautive). – Mazars, *RCA 2012. Étude 17* (le conducteur victime). – Ridel, *RCA 2006. Étude 3* (faute de comportement du conducteur victime). – Sutter, *RCA 2012. Étude 18.*

110. Principe de la prise en compte de la faute. Il ne résulte de l'art. 4 de la L. du 5 juill. 1985 aucune atteinte disproportionnée ni aucune atteinte substantielle au droit à un recours juridictionnel effectif dans le fait que seule la propre faute de la victime conductrice est de nature, sous le contrôle du juge, à limiter ou à exclure son droit à indemnisation. • Civ. 2e, 16 déc. 2010, n° 10-17.096 P : *D. 2011. 76, obs. Gallmeister* (refus de transmission d'une QPC estimant contraire à la Const. le fait que l'éventuelle faute de l'autre conducteur ne soit pas prise en compte). ♦ La différence instaurée par les art. 3 et 4 de la L. du 5 juill. 1985 entre les fautes des conducteurs et celles des non-conducteurs se justifie pleinement par le fait que les premiers constituent une catégorie de personnes ayant le contrôle, l'usage et la direction de leurs véhicules dont elles sont par conséquent responsables de la conduite, au contraire des seconds; elle n'est donc pas discriminatoire. • Paris, 4 mars 2002, n° 2000/03243. ♦ Le juge du fond doit répondre aux conclusions qui invoquent une faute du conducteur victime (absence de port correct du casque par un motocycliste). • Crim. 24 févr. 2015, n° 14-82.350 P.

111. Conséquences de la faute du conducteur victime. En vertu de l'art. 4 de la L. du 5 juill. 1985, la faute commise par le conducteur d'un véhicule terrestre à moteur victime d'un accident de la circulation a pour effet de limiter ou d'exclure l'indemnisation de son dommage dès lors qu'elle a contribué à sa réalisation. • Civ. 2e, 16 oct. 1991 : *Bull. civ. II, n° 252; D. 1992. Somm. 275, obs. Aubert* (cyclomotoriste circulant sans casque) • Crim. 24 févr. 2015, n° 14-82.350 P *(idem)* • 15 mai 1992, n° 91-11.330 P (automobiliste n'ayant pas mis sa ceinture de sécurité) • 5 oct. 1994, n° 92-20.540 P *R., p. 362* • 16 nov. 1994 : *ibid. II, n° 228; RTD civ. 1995. 385, obs. Jourdain* (vitesse excessive). ♦ V. aussi • Civ. 2e, 7 févr. 1990, n° 88-17.124 P (dommages aux biens). ♦ Le juge du fond apprécie souverainement si l'indemnisation du conducteur victime qui a commis une faute doit être limitée dans une certaine proportion. • Civ. 2e, 28 janv. 1998, n° 96-15.017 P.

112. ... En cas d'implication de plusieurs véhicules. Lorsque plusieurs véhicules sont impliqués dans un accident de la circulation, chaque conducteur a droit à une indemnisation des dommages qu'il a subis, directement ou par ricochet, sauf s'il a commis une faute ayant contribué à la réalisation de son préjudice ; il appartient alors au juge d'apprécier souverainement si cette faute a pour effet de limiter l'indemnisation ou de l'exclure. • Cass., ch. mixte, 28 mars 1997, n° 93-11.078 P : *BICC 1er juill. 1997, concl. Monnet, rapp. Ollier; D. 1997. 294, note Groutel; ibid. Somm. 291, obs. Mazeaud ; JCP 1997. I. 4025, n° 25 s., obs. Viney; Gaz. Pal. 1997. 1. 293; ibid. Doctr. 750, étude Appietto; RTD civ. 1997. 681, obs. Jourdain ; Dr. et patr. 1997, n° 1712, obs. Chabas* • Civ. 2e, 6 mai 1997, n° 95-14.996 P : *D. 1997. 503, note Groutel* • 6 mai 1997, n° 95-15.483 P : *D. 1997. 503, note Groutel* • 3 juill. 1997, n° 95-19.313 P : *RCA 1997, n° 334, et chron. 28, obs. Groutel* • 9 juill. 1997, n° 93-17.286 P : *RCA 1997, n° 334, et chron. 28, obs. Groutel* • 18 mars 1998, n° 93-19.841 P • 5 nov. 1998 : *ibid. II, n° 254* • 20 juin 2002 : *ibid. II, n° 135; RTD civ. 2002. 827, obs. Jourdain* • Crim. 2 juin 2004, n° 03-85.811 P. ♦ Déjà dans le même sens : • Crim. 22 mai 1996, n° 94-85.607 P : *R., p. 363; D. 1997. 138, note Chabas; RTD civ. 1997. 153, obs. Jourdain*. – V. aussi Groutel, *D. 1997. Chron. 18.* ♦ Mais le juge n'a pas à tenir compte du comportement du conducteur de l'autre véhicule impliqué. • Civ. 2e, 7 juill. 2011 : *RCA 2011, n° 357, obs. Groutel* (il appartient au juge d'apprécier souverainement si la faute a pour effet de limiter l'indemnisation ou de l'exclure, en faisant abstraction du comportement de l'autre conducteur : cassation de l'arrêt qui se réfère à la seule cause génératrice de l'accident, se fondant sur le comportement du conducteur de l'autre véhicule impliqué) • 22 nov. 2012 : *D. 2013. Chron. C. cass. 599, obs. Bouvier et Adida-Canac* (cassation de l'arrêt qui se réfère à la seule cause génératrice de l'accident, se fondant sur le comportement du conducteur de l'autre véhicule impliqué) • Crim. 16 févr. 2016, n° 15-80.705 P • Civ. 2e, 3 mars 2016, n° 15-14.285 P. ♦ Rejet du pourvoi contre l'arrêt qui, en prenant en compte la position du véhicule impliqué à seule fin de déterminer celle du véhicule de la victime, a fait abstraction du comportement du conducteur de l'autre véhicule. • Civ. 2e, 10 févr. 2022, n° 20-18.547 B : *D. 2022. 1117, obs. Cayol ; RCA 2022, n° 130, obs. Hocquet-Berg* (faute du motard victime roulant au milieu de la chaussée).

113. Faute du conducteur victime : condition de l'exonération totale. Les juges du fond qui ont retenu à la charge du conducteur une faute de nature à exclure en totalité son droit à indemnisation n'ont pas à rechercher si cette faute était la cause exclusive de l'accident. • Civ. 2e, 9 oct. 2003, n° 01-17.109 P : *D. 2003. IR 2550 ; Gaz. Pal. 2004. 1877, note Landel* • 10 juin 2004, n° 03-13.345 P : *D. 2004. IR 2549 ; RCA 2004, n° 257, note Groutel* • 30 juin 2005 : *LPA 27 déc. 2005, note Pierroux.* ♦ En retenant que, pour entraîner le rejet de toute indemnisation, la faute du conducteur doit être la cause exclusive de l'accident, ils ajoutent une condition à la loi. • Civ. 2e,

18 mars 2004, n° 02-12.679 P : *RCA 2004, n° 182, note Groutel.*

114. Appréciation de la faute du conducteur victime. La faute de la victime ayant contribué à son préjudice doit être appréciée en faisant abstraction du comportement de l'autre conducteur (cassation des arrêts qui s'y réfèrent). • Civ. 2e, 14 nov. 2002, n° 00-19.028 P : *D. 2002. IR 3245 ; Dr. et patr., févr. 2003, p. 104, obs. Chabas* • 5 juin 2003, n° 01-17.486 P : *D. 2003. IR 1735* • 31 mai 2005, n° 04-86.476 P : *R., p. 399; D. 2005. IR 1807 ; Gaz. Pal. 2005. 4108, note Monnet; RCA 2005. Étude 13, obs. Groutel; RTD civ. 2005. 790, obs. Jourdain* • Civ. 2e, 13 oct. 2005 : *cité note 118* • Crim. 18 oct. 2005, n° 05-81.834 : *RCA 2006, n° 17, note Groutel.* ♦ Comp. : la prise en considération du comportement de l'autre conducteur est surabondante. • Crim. 27 juin 2006 (3 arrêts), n° 05-87.114 P : *R., p. 449; Gaz. Pal. 2006. Somm. 3334, obs. M. B.; ibid. 2007. Somm. 489, obs. Y. M.; RCA 2006, n° 335, note Groutel; RTD civ. 2006. 781, obs. Jourdain*. – Déjà en ce sens : • Crim. 2 juin 2004 : *préc. note 112.*

115. Pouvoir d'appréciation des juges sur la faute du conducteur victime. Les juges du fond ne peuvent rejeter la demande d'indemnisation d'un conducteur victime sans avoir recherché s'il avait commis une faute de nature à limiter ou à exclure son droit à indemnisation. • Civ. 2e, 28 janv. 1998, n° 96-14.849 P. ♦ Il appartient aux juges du fond d'apprécier souverainement si la faute du conducteur victime a pour effet de limiter son indemnisation ou de l'exclure. • Civ. 2e, 14 janv. 1998, n° 96-12.585 P : *JCP 1998. I. 144, n° 24, obs. Viney* • 22 janv. 2004 : *JCP 2004. IV. 1524.* ♦ V. conf. • Civ. 2e, 28 janv. 1998, n° 96-10.045 P • 28 janv. 1998, n° 96-13.596 P • 28 janv. 1998, n° 96-19.336 P • 23 sept. 1999 : *D. 1999. IR 248* • 15 nov. 2001, n° 99-19.459 P : *D. 2001. IR 3588* (non-respect d'un feu à l'orange : exclusion du droit à indemnisation) • 20 juin 2002, n° 00-21.414 P (circulation dans la moitié gauche de la chaussée, nonobstant une relaxe au pénal du chef de vitesse excessive : exclusion du droit à indemnisation) • 11 juill. 2002, n° 00-22.445 P : *D. 2003. 859, note Groutel (1re esp.)* (vitesse excessive d'un poids lourd sur une autoroute encombrée : exclusion du droit à indemnisation) • 22 janv. 2004, n° 02-14.918 P : *Dr. et patr., avr. 2004, p. 115, obs. Chabas* (freinage brutal sur route boueuse ; non-port de la ceinture de sécurité). ♦ Une première décision ayant estimé que la victime, en raison de sa faute, n'avait pas droit à la réparation de son préjudice matériel et une deuxième décision n'ayant, en raison de la même faute, réduit le droit à réparation de son préjudice corporel que de moitié, la Cour de cassation décide que les deux décisions ne sont pas inconciliables dans leur exécution. • Civ. 2e, 19 mars 2015, n° 14-16.275 P.

116. Obligation pour le juge de tenir compte de la faute du conducteur victime. Inversement, les juges du fond ne peuvent accorder au conducteur victime l'entier dédommagement du préjudice qu'il a subi dès lors qu'il a commis une faute en relation avec son dommage. • Civ. 2e, 27 janv. 2000, n° 98-12.363 P : *D. 2000. IR 93* (tricycle à moteur circulant sur une autoroute dont l'accès lui était interdit) • Civ. 2e, 23 mai 2013, n° 12-18.339 (sortie d'une voie privée d'un ensemble routier agricole, la remorque empiétant partiellement sur la voie de circulation de l'autre véhicule impliqué).

117. Exigence d'un lien causal entre la faute du conducteur victime et le dommage. Il n'y a pas lieu de réduire l'indemnisation du préjudice corporel subi par le conducteur d'un véhicule entré en collision avec un autre en raison de l'absence du port de la ceinture de sécurité s'il a été constaté qu'il n'existait pas de relation de cause à effet entre les blessures et l'absence du port de la ceinture de sécurité. • Civ. 2e, 7 févr. 1990, n° 86-17.023 P.

118. Illustrations : alcoolémie, stupéfiants. Ayant déduit des circonstances de l'accident l'absence de lien de causalité entre l'état d'alcoolémie du conducteur victime et la réalisation de son dommage, une cour d'appel refuse à bon droit de limiter ou d'exclure son droit à indemnisation. • Cass., ass. plén., 6 avr. 2007, n° 05-81.350 P : *R., p. 441; BICC 15 juin 2007, rapp. Gallet, avis Charpenel; D. 2007. 1839, note Groutel ; ibid. AJ 1199, obs. Gallmeister ; ibid. Pan. 2906, obs. Brun; JCP 2007. II. 10078, note Jourdain; ibid. I. 185, n° 9, obs. Stoffel-Munck; LPA 21 nov. 2007, note Dagorne-Labbe; RLDC 2007/40, n° 2597, note G'Sell-Macrez; RGDA 2007. 613, note Landel; RTD civ. 2007. 789, obs. Jourdain* • 6 avr. 2007, n° 05-15.950 P : *eod. loc.* ♦ *Contra*, antérieurement : la conduite sous l'empire d'un état alcoolique ou de stupéfiants constitue une faute en relation avec le dommage du conducteur victime de nature à limiter ou exclure son droit à indemnisation. • Civ. 2e, 13 oct. 2005, n° 04-17.428 P : *D. 2006. 425, note Cornut; JCP 2006. II. 10004, note Kessler; ibid. I. 111, n° 11, obs. Stoffel-Munck; RCA 2005, n° 348, note Groutel.* ♦ Déjà en ce sens, pour l'alcoolémie : • Civ. 2e, 4 juill. 2002, n° 00-12.529 P : *R., p. 480; D. 2003. 859, note Groutel (2e esp.); RCA 2002, n° 330, note Groutel; RTD civ. 2002. 829, obs. Jourdain* • 10 mars 2004, n° 02-19.841 P : *D. 2004. IR 1069 ; RCA 2004, n° 180, note Groutel.*

119. ... Défaut de permis de conduire. Ayant déduit des circonstances de l'accident l'absence de lien de causalité entre le défaut de permis de conduire du conducteur victime et la réalisation de son dommage, la cour d'appel qui refuse de limiter ou d'exclure son droit à indemnisation fait l'exacte application de l'art. 4 de la L. du 5 juill. 1985. • Crim. 27 nov. 2007, n° 07-81.585 P : *JCP*

2008. II. 10022, note Bakouche ; ibid. I. 125, n° 11, obs. Stoffel-Munck.

120. ... Refus de priorité. Le refus de priorité constitue une faute de nature à limiter ou exclure l'indemnisation du conducteur qui l'a commis. • Civ. 2e, 10 mars 2004, n° 02-16.486 P.

121. ... Circulation imprudente. Faute du conducteur d'une trottinette thermique, qui ne doit pas circuler sur la voie publique, s'agissant d'un véhicule terrestre à moteur non homologué, la victime ayant commis une faute en s'abstenant de porter les équipements de protection individuelle préconisés. • Civ. 2e, 17 mars 2011 : *RCA 2011, n° 214 ; RGDA 2011. 734, obs. Landel.*

122. Preuve de la faute. Dans le cas d'une collision, en l'absence de preuve d'une faute d'un conducteur, les causes de l'accident étant restées inconnues, le propriétaire d'un des véhicules doit indemniser entièrement le propriétaire de l'autre. • Civ. 2e, 24 juin 1987, n° 86-11.851 P. • 9 déc. 1992 : *ibid. II, n° 300.*

123. ... Chose jugée au pénal. La relaxe au pénal d'un conducteur du chef de blessures involontaires implique nécessairement l'inexistence d'une faute à sa charge. • Civ. 2e, 3 mars 1993, n° 91-19.193 P • 28 avr. 1993 : *ibid. II, n° 152* • 25 mars 1998 : *ibid. II, n° 99.* ♦ Dans le même sens, pour une relaxe au bénéfice du doute : • Civ. 2e, 6 déc. 1995, n° 93-19.305 P. ♦ Mais, l'autorité de la chose jugée étant circonscrite au fondement des poursuites, la relaxe au pénal d'un conducteur du chef de défaut de maîtrise de sa vitesse n'empêche pas de retenir une faute contre lui pour avoir circulé dans la voie de circulation inverse à la sienne. • Civ. 2e, 20 juin 2002, n° 00-21.414 P : *JCP 2003. I. 152, nos 1 s., obs. Viney.*

V. L. 5 JUILL. 1985, ART. 5

124. Dommages aux biens. Au sens de l'art. 5 de la L. du 5 juill. 1985, le dommage aux biens s'entend du dommage causé à des biens matériels et non du préjudice économique résultant d'une atteinte à la personne de la victime directe ; ce préjudice économique ne connaît d'autres limitations que celles applicables à cette victime. • Civ. 2e, 24 janv. 1990 : *JCP 1990. II. 21581, note Barbiéri.* ♦ Le préjudice moral et économique des victimes n'est pas un dommage aux biens au sens de l'art. 5 de la L. du 5 juill. 1985. • Civ. 2e, 24 oct. 1990 : *JCP 1991. II. 21769, note Barbiéri.*

125. Dommages économiques. Un automobiliste responsable d'un accident est à bon droit condamné à réparer le préjudice consistant, pour une société concessionnaire d'autoroute, dans la perte de recettes consécutive à la fermeture temporaire de l'autoroute en raison de l'accident. • Versailles, 5 nov. 1999 : *D. 2001. 30, note Gallant.*

126. Faute d'un tiers. Seule la faute commise par la victime a pour effet de limiter ou d'exclure l'indemnisation des dommages aux biens qu'elle a subis ; l'EDF propriétaire d'un pylône détruit par un accident de la circulation doit donc être intégralement indemnisée du préjudice subi, dès lors qu'aucune faute n'a été alléguée à son encontre et que la victime ne peut se voir opposer la faute d'un tiers. • Civ. 2e, 1er févr. 1989, n° 87-17.434 P : *Defrénois 1989. 1395, obs. Aubert.*

127. Question préjudicielle : responsabilité d'une personne publique. Les dispositions de l'art. 5 de la L. du 5 juill. 1985, selon lesquelles la faute de la victime a pour effet de limiter ou d'exclure l'indemnisation des dommages aux biens qu'elle a subis, énoncent une règle de fond qui n'a ni pour objet ni pour effet de déroger aux règles de répartition des compétences entre les juridictions administratives et judiciaires ; il s'ensuit que, lorsque l'appréciation à porter sur l'existence d'une faute de la victime et sur son incidence sur la responsabilité encourue est conditionnée par la reconnaissance de la responsabilité d'une personne publique ou de l'un de ses concessionnaires à raison de dommages imputables à des travaux publics, il appartient au juge judiciaire, si une difficulté sérieuse se présente, de surseoir à statuer à titre préjudiciel sur ces questions, qui relèvent de la compétence exclusive de la juridiction administrative. • T. confl. 17 déc. 2001, n° 01-03.267 P : *RGDA 2002. 400, note Landel.*

128. Recours du propriétaire contre le conducteur. Aux termes de l'art. 5, al. 2, le propriétaire du véhicule est en droit de demander le paiement de la franchise prévue par le contrat d'assurance au conducteur responsable de l'accident de la circulation ayant endommagé le véhicule. • Civ. 2e, 22 sept. 2005, n° 04-17.071 P : *D. 2005. IR 2484 ; RCA 2005, n° 321, note Groutel.* ♦ L'arrêt qui se borne à relever que l'accident a été causé par la faute de l'animal du conducteur ne caractérise pas la faute de ce dernier au regard de l'art. 5, al. 2, de la L. du 5 juill. 1985. • Civ. 2e, 11 juin 2009, n° 08-14.224 P : *D. 2009. AJ 1758 ; RCA 2010. Etude 11, note Groutel ; RTD civ. 2009. 733, obs. Jourdain.*

VI. L. 5 JUILL. 1985, ART. 6

BIBL. Clavier, *LPA 6 août 1997.*

129. Faute de la victime médiate conductrice. Lorsque plusieurs véhicules sont impliqués dans un accident de la circulation, chaque conducteur a droit à l'indemnisation des dommages qu'il a subis directement ou par ricochet, sauf s'il a commis une faute ayant contribué à la réalisation de son préjudice. • Cass., ch. mixte, 28 mars 1997, n° 93-11.078 P : *D. 1997. 294, note Groutel ; Gaz. Pal. 1997. 1. 293 ; ibid. Doctr. 750, étude Appietto ; JCP 1997. I. 4025, n° 32 et 33, obs. Viney.* ♦ Le conducteur qui a commis une faute peut se voir opposer une faute de nature à limiter l'indemnisation de l'ensemble des préjudices qu'il a subis, directement ou par ricochet. • Crim. 5 mai 2015, n° 13-88.124 P (application du partage de responsabilité institué entre lui et l'autre conducteur pour indemniser le préjudice résultant de la mort de son épouse). ♦ Déjà dans le même sens : • Crim. 15 mars 1995, n° 93-80.695 P : *R., p. 351 ; D. 1996. Somm. 119, obs. D. Mazeaud ; RTD civ. 1995. 642, obs. Jourdain* (si le préjudice subi par un tiers du fait des dommages causés à la victime directe d'un accident de la circulation doit être, en principe, intégralement réparé lorsque aucune limitation ou exclusion n'est applicable à l'indemnisation de ces dommages, il en est autrement lorsque ce tiers, lui-même conducteur d'un véhicule terrestre à moteur impliqué dans l'accident, est convaincu d'une faute en relation avec celui-ci). ♦ Comp., antérieurement, en sens contraire : • Civ. 2e, 8 mars 1989 : *D. 1990. 245, note Aubert* • 11 déc. 1989 : *Bull. civ. II, n° 336* • 11 déc. 1991 : *ibid. II, n° 336* • Crim. 15 déc. 1987 : *JCP 1988. II. 21031, note Chabas ; RTD civ. 1988. 783, obs. Jourdain* (lorsque le dommage de la victime directe est intégralement réparé, celui du tiers victime par ricochet doit l'être également, sans que puisse lui être opposée sa faute personnelle) • Civ. 2e, 6 déc. 1989 : *D. 1991. 295, note Durnerin ; RTD civ. 1990. 296, obs. Jourdain*.

130. ... Non conductrice. La victime non conductrice d'un accident de la circulation ne peut être reconnue partiellement responsable de son propre dommage. • Crim. 11 mars 2014 : *D. 2014. 725*.

131. Survie de la victime directe. Viole l'art. 6 de la L. du 5 juill. 1985 la cour d'appel qui, pour débouter une femme dont le mari avait été blessé dans un accident de la circulation de sa demande tendant à la réparation de son préjudice moral, énonce qu'un tel préjudice n'est indemnisable que si les lésions subies par la victime sont extrêmement graves, de sorte que son état nécessite des soins excédant le devoir normal d'assistance ou que la contemplation d'un être gravement diminué engendre chez ses proches une souffrance morale, alors que la seule preuve à la charge de la demanderesse était celle d'un préjudice personnel, direct et certain. • Civ. 2e, 8 oct. 1988 : *Gaz. Pal. 1989. 2. Somm. 371, obs. Chabas.*

132. Notion d'ayant droit au sens de la législation du travail. V. notes 149 et 206 ss. art. 1241 C. civ. – ***C. civ.***

CHAPITRE III RESPONSABILITÉ PÉNALE APPLICABLE EN CAS DE CIRCULATION D'UN VÉHICULE À DÉLÉGATION DE CONDUITE

(Ord. n° 2021-443 du 14 avr. 2021, art. 1er)

BIBL. ▸ **Véhicules autonomes :** ANDREU (dir.), Des voitures autonomes. Une offre de loi, *Dalloz 2018*. – BARSAN, *CCE 2018, Étude 3* (la voiture autonome : aspects juridiques). – BÉNÉJAT-GUERLIN, *D. 2016. 1146* (véhicule autonome et responsabilité pénale) ; *AJ pénal 2019. 428* (le droit pénal de la route face aux nouveaux modes de transport). – BONNARDEL, *RCA 2023. Dossier 4* (les risques générés par les véhicules autonomes). – CHRISTODOULOU, *Gaz. Pal. 29 juin 2021, p. 10* (quand la responsabilité pénale embarque à bord d'un véhicule à délégation de conduite). – COLLECTIF, *Dalloz IP/IT 2018. 578* (le procès de l'intelligence artificielle et de la voiture autonome). – COULON, *RCA 2016. Alerte 7* (révision de la Convention de Vienne sur la circulation routière : les voitures autonomes (pas tout à fait) sur la ligne de départ). – CROZE, *JCP 2018. 378* (de l'intelligence artificielle à la morale artificielle, les dilemmes de la voiture autonome). – DETRAZ, *D. 2021. 1039* (de la mauvaise conduite des véhicules autonomes en droit pénal – à propos de l'Ord. n° 2021-443 du 14 avr. 2021). – DREYER, *Gaz. Pal. 7 déc. 2021, p. 13* (de l'intelligence à la responsabilité artificielle, s'agissant des véhicules autonomes). – GRIGUER et SCEMAMA, *Cah. dr. entr. 2020. prat. 20* (retour sur le régime juridique de responsabilité en matière de véhicules autonomes issu de la loi Pacte). – HADRI, *LPA 3 janv. 2019, p. 6* (pleins phares sur les évolutions du cadre légal et réglementaire des véhicules autonomes). – IDRAC, *Dalloz IP/IT 2018. 572* (voiture autonome : avenir et réglementation). – JOSSEAUME, *Gaz. Pal. 1er oct. 2015, p. 5* (la voiture autonome : un défi au code de la route !). – LE CHATELIER et DURAFFOURG, *AJCT 2019. 333* (le point sur... les véhicules autonomes). – LOISEAU, *CCE 2022, n° 3* (la responsabilité du conducteur d'un véhicule à délégation de conduite automatisée). – MONOT-FOULETIER et CLÉMENT, *D. 2018. 129* (véhicule autonome : vers une autonomie du régime de responsabilité applicable ?). – NAMIN, *RCA 2023. Dossier 5* (assurance : esquisse en matière de gestion des sinistres automobiles impliquant des véhicules à délégation de conduite). – TERESI, *LPA 17 nov. 2020, p. 6* (véhicule à délégation de conduite et risque automobile : une lecture juridique). – TERESI et RAKOTOVAHINY, *CCE 2020, Étude 8* (enjeux juridiques liés à l'information et la formation des conducteurs des véhicules à délégation de conduite). – TERESI, RAKOTOVAHINY & JAMBORT, *JCP 2019. doctr. 83* (incidences des systèmes de conduite automatiques sur les responsabilités civiles et pénales). – VINGIANO, *LPA 1er déc. 2014, p. 6* (quel avenir juridique pour le « conducteur » d'une « voiture intelligente » ?) ; *RGDA 2016, n° 5* (l'amendement à la Convention de Vienne : un pas de plus vers l'introduction des véhicules à conduite déléguée). – VINGIANO-VIRICEL, Véhicule autonome : qui est responsable ? Impacts de la délégation de conduite sur les régimes de responsabilité, *LexisNexis 2019 ; JCP 2021. 346* (ALKS, une approche juridique du système, *JCP 2021. 346*).

COMMENTAIRE

Expérimentation de la circulation des véhicules autonomes. En France, la circulation sur la voie publique des véhicules autonomes – ou plus exactement des véhicules à délégation partielle ou totale de conduite – a été autorisée, à des fins expérimentales, par l'ordonnance n° 2016-1057 du 3 août 2016, prise en application de l'article 37-IX de la loi du 17 août 2015 relative à la transition énergétique pour la croissance verte (V. cette Ord., en texte complémentaire, ss. art. L. 319-1). Dans sa version d'origine, cette ordonnance se contentait d'indiquer qu'une telle circulation était subordonnée à la délivrance d'une autorisation et de renvoyer à un décret le soin de préciser les modalités de cette autorisation et de l'expérimentation (V. Décr. n° 2018-211 du 28 mars 2018, en texte complémentaire, ss. art. L. 319-1).

Adaptation des règles de responsabilité pénale. La loi du 22 mai 2019 relative à la croissance et la transformation des entreprises, dite loi PACTE, y a cependant ajouté plusieurs dispositions relatives au conducteur et au titulaire de l'autorisation d'expérimentation et à leur responsabilité respective. Lorsqu'une infraction est commise à l'occasion de la conduite d'un véhicule autonome, les règles de responsabilité pénale prévues aux articles L. 121-1 et suivants du code de la route ne peuvent en effet s'appliquer telles quelles et nécessitaient des adaptations qui ont été insérées, par la loi du 22 mai 2019, aux articles 2-1 et 2-2 de l'ordonnance du 3 août 2016, envisageant respectivement la responsabilité du conducteur et celle du titulaire de l'autorisation d'expérimentation.

Pérennisation de ces règles. Ces règles ont inspiré les rédacteurs de l'ordonnance n° 2021-443 du 14 avril 2021, prise en application de l'article 31 de la loi du 24 décembre 2019 d'orientation des mobilités, qui est venu insérer dans le code de la route le présent chapitre dédié à la responsabilité pénale applicable en cas de circulation d'un véhicule à délégation de conduite. Par là même, le législateur français est venu pérenniser des règles de responsabilité qui ne pouvaient s'appliquer que dans le cadre de l'expérimentation de la circulation des véhicules autonomes : la responsabilité du titulaire de l'autorisation de l'expérimentation dans l'ordonnance de 2016 (art. 2-2) étant remplacée ici par la responsabilité du constructeur (art. L. 123-2).

Autres règles. L'ordonnance du 14 avril 2021 a également créé plusieurs autres règles portant sur les conditions d'utilisation d'un véhicule à délégation de conduite que l'on trouve aux articles L. 319-1 et suivants du présent code. Ces règles sont également à prendre en compte en matière de responsabilité, car elles peuvent conditionner les règles prévues par le présent chapitre (V. art. L. 123-1). Il convient aussi de se référer ici à plusieurs dispositions de la partie règlementaire du présent code créées par le décret n° 2021-873 du 29 juin 2021. C'est au sein de ces dispositions réglementaires qu'un certain nombre de définitions sont données, comme celle des véhicules à délégation de conduite (V. art. R. 311-1, pt 8), mais aussi celle de plusieurs expressions utilisées aux articles L. 123-1 et suivants et qui conditionnent les règles de responsabilité pénale prévues par ces articles (V. art. R. 311-1-1 définissant notamment ce qu'il faut entendre par « contrôle dynamique » ou par « reprise en main »). Le décret du 28 juin 2021 a par ailleurs inséré d'autres règles dans le code de la route afin d'adapter certains principes généraux de circulation, comme le principe de l'article R. 412-6 qui veut que « tout conducteur doit se tenir constamment en état et en position d'exécuter commodément et sans délai toutes les manœuvres qui lui incombent » (V. art. R. 412-17 s.). Ces règles de circulation peuvent également avoir des implications sur celles prévues dans le présent chapitre (V. par ex. R. 412-17-1, II, renvoyant au 3° de l'art. L. 123-1). ❑

Art. L. 123-1 Les dispositions du premier alinéa de l'article L. 121-1 ne sont pas applicables au conducteur, pour les infractions résultant d'une manœuvre d'un véhicule dont les fonctions de conduite sont déléguées à un système de conduite automatisé, lorsque ce système exerce, au moment des faits et dans les conditions prévues au I de l'article L. 319-3, le contrôle dynamique du véhicule.

Le conducteur doit se tenir constamment en état et en position de répondre à une demande de reprise en main du système de conduite automatisé.

Les dispositions du premier alinéa de l'article L. 121-1 sont à nouveau applicables :

1° Dès l'instant où le conducteur exerce le contrôle dynamique du véhicule à la suite d'une reprise en main de celui-ci ;

2° En l'absence de reprise en main du véhicule par le conducteur à l'issue de la période de transition faisant suite à une demande du système de conduite automatisé dans les conditions prévues au II de l'article L. 319-3 ;

3° Au conducteur qui ne respecte pas les sommations, injonctions ou indications données par les forces de l'ordre ou les règles de priorité de passage des véhicules d'intérêt général prioritaires prévues au présent code.

COMMENTAIRE

Responsabilité du conducteur d'un véhicule à délégation de conduite. L'article L. 123-1 est relatif à la responsabilité pénale du conducteur d'un véhicule à délégation de conduite. On sait que l'article L. 121-1, alinéa 1er, du présent code pose comme principe que « le conducteur d'un véhicule est responsable pénalement des infractions commises par lui dans la conduite dudit véhicule ». Or lorsque le véhicule en circulation est un véhicule à délégation de conduite, ce principe suppose des adaptations, son conducteur n'ayant pas nécessairement le contrôle de son véhicule. L'article L. 123-1 fait en conséquence une distinction selon que le conducteur d'un tel véhicule ne peut le contrôler ou, au contraire, le contrôle ou doit le contrôler.

Responsabilité écartée. Lorsque le conducteur d'un véhicule à délégation de conduite ne contrôle pas le véhicule, « les dispositions du premier alinéa de l'article L. 121-1 ne sont pas applicables (...) pour les infractions résultant d'une manœuvre du véhicule », nous indique l'article L. 121-3, alinéa 1er. Cette première hypothèse suppose plus précisément que les fonctions de conduite du véhicule aient été déléguées à un système de conduite automatisé exerçant, au moment des faits, le contrôle dynamique du véhicule. Pour que le conducteur ne puisse voir sa responsabilité engagée dans un tel cas, encore faut-il que l'intéressé ait activé le système de conduite automatisé après que le système l'ait informé que ce dernier était en capacité d'exercer le contrôle dynamique du véhicule conformément à ses conditions d'utilisation, conformément au I de l'article L. 319-3, auquel l'article L. 123-1, alinéa 1er, renvoie.

Responsabilité maintenue. En revanche, lorsque le conducteur d'un véhicule à délégation de conduite contrôle le véhicule, ou plus exactement exerce le contrôle dynamique du véhicule à la suite de sa reprise en main, « les dispositions du premier alinéa de l'article L. 121-1 sont à nouveau applicables » prévoit l'article L. 123-1, alinéa 3. Le conducteur demeure également pleinement responsable lorsqu'il ne contrôle pas le véhicule alors qu'il aurait dû le faire, ou bien parce que le système de conduite automatisé l'a alerté de la nécessité de reprendre en main le véhicule, ou bien parce que la situation nécessitait une reprise en main du véhicule qui ne pouvait être détectée par le système de conduite automatisé. Conformément au 3° de l'article L. 123-1, il en est ainsi lorsque les forces de l'ordre somment ou enjoignent à un conducteur de s'arrêter, ou bien lorsqu'ils lui donnent des indications de circulation, ou bien encore lorsqu'il est nécessaire de respecter les règles de priorité de passage des véhicules prioritaires. Dans toutes ces hypothèses, l'article R. 412-17-1, II, exige d'ailleurs du conducteur de se tenir en état et en position d'effectuer sans délai une reprise en main afin d'exécuter les manœuvres nécessaires. ❑

Art. L. 123-2 **Pendant les périodes où le système de conduite automatisé exerce le contrôle dynamique du véhicule conformément à ses conditions d'utilisation, le constructeur du véhicule ou son mandataire, au sens de l'article 3 du règlement (UE) 2018/858 du Parlement européen et du Conseil du 30 mai 2018, est pénalement responsable des délits d'atteinte involontaire à la vie ou à l'intégrité de la personne prévus aux articles 221-6-1, 222-19-1 et 222-20-1 du code pénal lorsqu'il est établi une faute, au sens de l'article 121-3 du même code.**

Sauf dans les cas prévus au 3° de l'article L. 123-1, lorsqu'une manœuvre effectuée par le système de conduite automatisé exerçant le contrôle dynamique du véhicule conformément à ses conditions d'utilisation contrevient à des règles dont le non-respect constitue une contravention, le constructeur du véhicule ou son mandataire, au sens de l'article 3 du règlement (UE) 2018/858 du Parlement européen et du Conseil du 30 mai 2018, est redevable pécuniairement de l'amende encourue.

COMMENTAIRE

Responsabilité du constructeur d'un véhicule à délégation de conduite. L'article L. 123-2 prévoit la responsabilité pénale du constructeur d'un véhicule à délégation de conduite pour certaines infractions et sa redevabilité pécuniaire pour d'autres, lorsque le système de conduite automatisé exerce le contrôle dynamique du véhicule. Dans un tel cas, la responsabilité pénale du conducteur en tant que conducteur ne pouvant, en principe, être retenue, conformément aux dispositions de l'article L. 123-1, c'est donc celle du constructeur du véhicule ou de son mandataire qui est envisagée. La responsabilité et la redevabilité prévues par le présent article pèsent plus exactement sur le constructeur ou son mandataire, au sens de l'article 3 du règlement (UE) 2018/858 du 30 mai 2018, et donc sur la personne physique ou morale responsable de la réception par type du véhicule (le constructeur) ou qui est dûment mandatée par cette personne pour le représenter auprès de l'autorité compétente en matière de réception et agir en son nom (son mandataire).

Responsabilité pénale du constructeur. L'article L. 123-2 permet, en premier lieu, d'engager la responsabilité pénale du constructeur pour les délits d'atteinte involontaire à la vie ou à l'intégrité de la personne prévus aux articles 221-6-1, 222-19-1 et 222-20-1 du code pénal. En cas d'accident de la circulation ayant entrainé un dommage corporel, l'article L. 123-2 permet de la sorte d'engager la responsabilité pénale du constructeur du véhicule si le système de conduite automatisé exerçait le contrôle dynamique du véhicule. Cette responsabilité pénale est toutefois conditionnée à une faute du constructeur, au sens de l'article 121-3 du code pénal.

Redevabilité pécuniaire du constructeur. L'article L. 123-2 permet, en second lieu, de retenir la redevabilité pécuniaire du constructeur lorsqu'une manœuvre effectuée par le système de conduite automatisé contrevient à des règles dont le non-respect constitue une contravention. Il en résulte que lorsque, par exemple, un excès de vitesse est commis par un véhicule à délégation de conduite, son constructeur est redevable pécuniairement de l'amende encourue si le système de conduite automatisé exerçait, au moment de l'infraction, le contrôle dynamique du véhicule. ❑

Art. L. 123-3 I. — Sans préjudice des dispositions des articles 60-1, 60-2, 77-1-1 et 99-3 du code de procédure pénale, ont accès aux données du dispositif d'enregistrement des données d'état de délégation de conduite :

1° Les fonctionnaires du corps de commandement ou d'encadrement de la police nationale mentionnés aux articles L. 130-1 et L. 130-3 du présent code, lorsque le véhicule est impliqué dans un accident de la circulation ayant occasionné un dommage corporel ;

2° Les agents compétents pour constater les contraventions au présent code en application de l'article L. 130-4, à l'occasion des contrôles des véhicules et de leurs conducteurs ;

3° Le titulaire du certificat d'immatriculation du véhicule ou les personnes visées aux trois derniers alinéas de l'article L. 121-3, en cas de constatation d'une des contraventions mentionnées à cet article.

II. — Pour les fins précisées au I, le constructeur du véhicule ou son mandataire, au sens de l'article 3 du règlement (UE) 2018/858 du Parlement européen et du Conseil du 30 mai 2018, garantit l'intégrité des données mentionnées au premier alinéa ainsi que leur accès.

Dans le cas où le constructeur du véhicule ou son mandataire, au sens de l'article 3 du règlement (UE) 2018/858 du Parlement européen et du Conseil du 30 mai 2018, a accès à ces données à distance, lorsque le véhicule est équipé de moyens de communication permettant de les échanger avec l'extérieur de celui-ci, les modalités de cet accès et de conservation des données, dont la durée ne peut dépasser six ans à compter de la date de l'accident dans le cas prévu au 1° du I, ou un an à compter de la date des faits dans les autres cas, sont précisées par décret en Conseil d'État.

COMMENTAIRE

Accès aux données du dispositif d'enregistrement des données d'état de délégation de conduite. La responsabilité du conducteur d'un véhicule à délégation de conduite, comme celle du constructeur d'un tel véhicule, sont liées au contrôle dynamique du véhicule. Si ce contrôle est exercé (ou doit être exercé) par le conducteur, sa responsabilité peut être engagée (V. art. L. 123-1). Si ce contrôle est exercé par le système de conduite automatisé, c'est la responsabilité du constructeur ou sa redevabilité qui peut être envisagée dans certains cas (V. art. L. 123-2). Pour que ces règles de responsabilité et de redevabilité puissent être mises en œuvre, il est dès lors essentiel de pouvoir accéder aux données du dispositif d'enregistrement des données d'état de délégation de conduite, lesquelles, seules, peuvent permettre de savoir si le système de conduite automatisé exerçait ou non le contrôle dynamique du véhicule au moment de l'infraction et donc de déterminer qui en est responsable.

Les présentes dispositions viennent ainsi permettre aux forces de l'ordre d'accéder à ces données en cas d'accident de la circulation ou de contraventions au code de la route. Elles permettent également au titulaire du certificat d'immatriculation du véhicule d'accéder à ces données, lorsque est constatée l'une des contraventions pour laquelle sa redevabilité pécuniaire peut être engagée, sur le fondement de l'article L. 121-3 du code de la route. Si l'intéressé veut échapper à sa redevabilité pécuniaire dans un tel cas aux motifs que le système de conduite automatisé était activé conformément à ses conditions d'utilisation au moment de l'infraction, il doit en effet pouvoir l'établir et donc pouvoir accéder aux données qui le prouvent. ❑

Art. L. 123-4 **Les modalités d'application du présent chapitre sont fixées par décret en Conseil d'État.**

Définitions : R. 311-1 et R. 311-1-1. — Conditions d'utilisation : R. 319-1. — Règles de circulation : R. 412-17 s.

TITRE III RECHERCHE ET CONSTATATION DES INFRACTIONS

COMMENTAIRE

Dans ce titre III ont été regroupées toutes les dispositions législatives du code de la route relatives à la recherche et surtout à la constatation des infractions (délits et contraventions). Il contient la liste limitative des agents habilités à constater les infractions en matière de circulation routière. Ce titre doit être combiné avec son équivalent de la partie réglementaire qui précise notamment les contraventions au code de la route pouvant être constatées par certains agents (V. art. R. 130-1 à R. 130-10). Figurent également dans ce titre les dispositions qui permettent de constater automatiquement certaines infractions (V. art. L. 130-9 et, depuis la loi d'orientation des mobilités du 24 décembre 2019, art. L. 130-9-1 et L. 130-9-2). Et, à toutes ces dispositions, il faut en ajouter d'autres également applicables à la constatation des infractions au code de la route : certaines dispositions du code de procédure pénale (V. *infra*), ainsi que certaines dispositions du code de la sécurité intérieure et notamment celles de son article L. 251-2 qui permettent aux autorités publiques d'utiliser la vidéoprotection pour constater les infractions aux règles de la circulation et partant qui permettent de recourir à la vidéo-verbalisation pour constater certaines infractions au code de la route.

Dispositions complémentaires du code de procédure pénale. Le renvoi fait dans l'article L. 130-1 à l'article 16 du code de procédure pénale laisse entendre que nombre de dispositions figurant dans ce titre III ne sont que des dispositions complémentaires à celles du code de procédure pénale. En effet, tout officier de police judiciaire, dont la liste est déterminée à l'article 16 du code de procédure pénale, et même tout agent de police judiciaire, dont la liste est portée à l'article 20 du même code (auquel renvoie l'article L. 130-3 du code de la route), a pour mission de constater les crimes, délits et contraventions et d'en dresser procès-verbal, y compris bien sûr les délits et contraventions du domaine routier.

C'est sur ce canevas de base que vient se greffer un dispositif spécifique au domaine de la circulation routière. On remarquera que ces articles visent en premier lieu des fonctionnaires de police (tout au moins ceux qui n'ont pas la qualité d'officier de police judiciaire ou d'agent de police judiciaire) et non des gendarmes, car ces derniers ont tous « *par nature* » l'une de ces deux qualités et n'ont donc besoin d'aucune habilitation complémentaire.

Délits et contraventions. Les articles L. 130-1 à L. 130-3 concernent ainsi tous les fonctionnaires de police (du corps de commandement et d'encadrement de la police nationale et ceux du corps de maîtrise et d'application) qui, n'ayant pas la qualité d'officier de police judiciaire à titre général, peuvent soit l'obtenir aux seules fins de rechercher et constater les infractions au code de la route, soit exercer les attributions d'agents de police judiciaire dans ce seul domaine (auquel il faut néanmoins ajouter les infractions d'atteintes involontaires à la vie ou à l'intégrité d'autrui commises à l'occasion d'accidents de la circulation).

Aucun de ces fonctionnaires, même ceux qui sont officiers de police judiciaire à compétence limitée, ne peut décider de mesures de garde à vue ni procéder à la visite des véhicules, mesures réservées aux officiers de police judiciaire à vocation générale visés par l'article 16 du code de procédure pénale. Mais tous ces fonctionnaires peuvent rechercher et constater tant des délits que des contraventions dans le domaine indiqué, tout au moins dans leur circonscription territoriale.

Certaines contraventions. L'article L. 130-4 énumère toutes les personnes aptes à constater par procès-verbal les contraventions prévues par le présent code se rattachant à la sécurité et à la circulation routières, étant précisé que la partie réglementaire indique ensuite la liste limitative des contraventions que chaque catégorie d'agents spécialisés est habilitée à constater (art. R. 130-1 à R. 130-10). Il faut bien noter que les agents énumérés ici ne peuvent pas constater de délits, mais seulement des contraventions ou tout au moins certaines d'entre elles.

L'article L. 130-5, quant à lui, vise les agents de police municipale qui peuvent constater par procès-verbaux les contraventions au code de la route dont la liste est fixée par décret en Conseil d'État (V., dans la partie réglementaire, art. R. 130-2 qui énumère, en réalité, la liste des contraventions au code de la route que ces agents ne peuvent pas constater). Initialement, l'article L. 130-5 reproduisait, en dispositions suiveuses, les dispositions de l'article L. 2212-5 du code général des collectivités territoriales qui, précisément, prévoyaient une telle compétence (laquelle découle également des dispositions de l'article 21 du code de procédure pénale consacré aux agents de police judiciaire adjoints, et donc notamment aux agents de police municipale, ainsi que de l'article L. 130-4, 11°, du présent code). Ces dispositions du code général des collectivités territoriales ont cependant été transférées, par l'ordonnance n° 2012-351 du 12 mars 2012, dans la partie législative d'un nouveau code : le code de la sécurité intérieure. Depuis cette ordonnance, c'est donc aux articles L. 511-1 et L. 511-2 du code de la sécurité intérieure que figurent les dispositions législatives relatives aux pouvoirs des agents de police municipale, dont celui de constater certaines contraventions au code de la route. Et, logiquement, les dispositions de l'article L. 130-5 du code de la route ont été modifiées pour tenir compte de ce transfert de dispositions. On notera, au passage, que cette modification s'est traduite par l'abandon de la pratique dite du code suiveur : l'article L. 130-5 ne reprend pas, en dispositions suiveuses, les dispositions du code de la sécurité intérieure, mais indique au lecteur du code de la route qu'il trouvera les règles relatives à la constatation des contraventions au code de la route par les agents de police municipale aux articles L. 511-1 et L. 511-2 de ce code (sur l'abandon de la pratique du code suiveur, V. aussi art. L. 121-5 du présent code et son comm.).

Enfin, il est à noter que le législateur a envisagé d'étendre, à titre expérimental, les compétences de police judiciaire des agents de police municipale en leur permettant de constater certains délits et notamment certains prévus par le code la route : conduite sans permis, conduite sans assurance, délit de conduite dangereuse permettant de sanctionner la participation à un rodéo motorisé et délit d'entrave à la circulation. Cette extension de compétence, inscrite dans la loi pour une sécurité globale préservant les libertés, a cependant été censurée par le Conseil constitutionnel, faute de dispositions permettant de mettre les agents de police municipale à la disposition d'officiers de police judiciaire ou de personnes présentant des garanties équivalentes et donc en méconnaissance de l'article 66 de la Constitution prévoyant que la police judiciaire doit être placée sous la direction et le contrôle de l'autorité judiciaire (V. Cons. const. 20 mai 2021, n° 2021-817 DC).

Certains délits. L'article L. 130-6 – modifié à de nombreuses reprises – concerne les fonctionnaires et agents de l'État chargés du contrôle des transports terrestres déjà envisagés à l'article L. 130-4, 6°. Mais il s'agit, cette fois-ci, de leur donner compétence pour constater certains délits. Initialement, ces fonctionnaires et agents ne pouvaient constater que les délits de l'article L. 317-1 (fait, pour le responsable d'exploitation d'un véhicule de transport routier, de ne pas respecter l'obligation de limitation de vitesse ou de modifier le dispositif de limitation de vitesse par construction). La loi n° 2002-3 du 3 janvier 2002 a cependant étendu leur compétence en les autorisant aussi à verbaliser en application des articles L. 224-5 (faire obstacle à l'immobilisation du véhicule) et L. 413-1 (récidive de grand excès de vitesse). Une liste de délits qui s'est encore allongée en 2003, la loi du 12 juin y ajoutant le délit de l'article L. 233-2 (refus pour tout conducteur de se soumettre aux vérifications prescrites concernant son véhicule ou sa personne), et en 2006, *via* la loi n° 2006-10 du 5 janvier, qui est venu remplacer, au sein de l'article L. 130-6, le renvoi à l'article L. 224-5 (abrogé par cette même loi) par un renvoi à l'article L. 325-3-1, lequel incrimine non seulement le fait de faire obstacle à l'immobilisation d'un véhicule, mais aussi le fait de faire obstacle à la mise en fourrière d'un véhicule. La loi n° 2013-431 du 28 mai 2013 a ensuite encore ajouté plusieurs délits à cette liste : ceux prévus aux articles L. 317-2 à L. 317-4-1 (sanctionnant le non-respect des dispositions relatives aux plaques et inscriptions des véhicules à moteur et remorques) et celui prévu à l'article L. 324-2 (sanctionnant la conduite sans assurance, un délit qui, auparavant, pouvait être constaté sur le fondement de l'art. 25 de la L. n° 52-401 du 14 avr. 1952, mais qui ne pouvait plus l'être depuis la création du code des transports, qui a abrogé cet art. 25). Enfin, la loi du 24 décembre 2019 d'orientation des mobilités est venue permettre aux fonctionnaires et agents de l'État chargés du contrôle des transports terrestres de constater les délits prévus à l'article L. 318-3 (sanctionnant le fait de réaliser ou de faire réaliser sur un véhicule des transformations ayant pour effet de supprimer un dispositif de maîtrise de la pollution, d'en dégrader la performance ou de masquer son éventuel dysfonctionnement, autrement dit ce que les spécialistes appellent la pratique du « défapage »). Pour être constatés par ces fonctionnaires ou agents, tous ces délits doivent cependant avoir été commis au moyen de véhicules affectés au transport routier de voyageurs ou de marchandises. On notera également que, pour ce faire, la loi du 28 mai 2013 leur a permis d'accéder au poste de conduite pour procéder aux vérifications prescrites par le code de la route, ainsi qu'à certaines informations figurant dans le système national du permis de conduire (V. art. L. 225-5, 10°).

L'article L. 130-8, ajouté par la loi du 12 juin 2003, habilite également les agents de la concurrence, de la consommation et de la répression des fraudes à rechercher et constater certains délits, à savoir ceux prévus aux articles L. 317-5 (sanctionnant les professionnels commercialisant des dispositifs de débridage ou procédant au débridage de certains véhicules), L. 413-2 (sanctionnant la commercialisation de dispositifs antiradars) et, depuis la loi n° 2015-992 du 17 août 2015, à l'article L. 318-3 (sanctionnant la pratique du défapage).

Ainsi la technique du « dégradé » utilisée par le législateur (en commençant par le C. pr. pén.) permet une présentation générale de tous les agents habilités d'une façon ou d'une autre à constater en la matière les délits et les contraventions. Le Conseil constitutionnel exige en effet que la détermination des catégories de personnes compétentes pour constater les infractions soit du domaine législatif (Décis. du 27 déc. 1990, *JO 29 déc.*). Il faut, rappelons-le, se référer également à la partie réglementaire du code pour connaître les compétences précises en matière de contraventions. ❏

Art. L. 130-1 **Les fonctionnaires du corps de commandement et d'encadrement de la police nationale, autres que ceux visés au 3° de l'article 16 du code de procédure pénale affectés à une circonscription territoriale ne dépassant pas le ressort de la cour d'appel, nominativement désignés par arrêté des ministres de la justice et de l'intérieur après avis conforme de la commission prévue à l'article 16 (3°) du code de procédure pénale, ont la qualité d'officier de police judiciaire, uniquement dans les limites de cette circonscription, pour rechercher et constater les infractions au présent code et les infractions d'atteintes involontaires à la vie ou à l'intégrité d'une personne commises à l'occasion d'accidents de la circulation, à l'exclusion de celles commises en relation avec des manifestations sur la voie publique, et de toutes autres infractions.**

RÉP. PÉN. v° *Garde champêtre,* par DREUILLE.

Art. L. 130-2 **Les fonctionnaires mentionnés à l'article L. 130-1 ne peuvent en aucun cas décider des mesures de garde à vue ni procéder à la visite des véhicules.**

Ils ne peuvent exercer effectivement les attributions attachées à leur qualité d'officier de police judiciaire que dans les conditions prévues à l'article 16 du code de procédure pénale.

Art. L. 130-3 **Les fonctionnaires du corps de commandement de la police nationale mentionnés à l'article L. 130-1 qui n'ont pas obtenu la qualité d'officier de police judiciaire peuvent, dans les conditions fixées par l'article 20 du code de procédure pénale, exercer les attributions attachées à leur qualité d'agent de police judiciaire pour la recherche et la constatation des infractions prévues à l'article L. 130-1.**

Les fonctionnaires du corps d'encadrement et d'application de la police nationale affectés à une circonscription territoriale ne dépassant pas le ressort de la cour d'appel peuvent, dans les limites de cette circonscription et dans les conditions fixées par l'article 20 du code de procédure pénale, exercer les attributions attachées à leur qualité d'agent de police judiciaire pour la recherche et la constatation des mêmes catégories d'infractions.

Les fonctionnaires mentionnés au présent article sont placés sous la surveillance du procureur général et sous le contrôle de la chambre de l'instruction, conformément aux articles 224 à 229 du code de procédure pénale.

1. Les pouvoirs d'investigation conférés aux officiers et agents de police judiciaire ou à certains fonctionnaires par des lois spéciales ne peuvent être exercés que dans les conditions et dans les limites fixées par les textes qui les prévoient, sans qu'il leur soit permis de mettre en œuvre par un détournement de procédure les pouvoirs que la loi ne leur a pas reconnus ; il en est ainsi en matière d'infraction au C. route ; constitue un détournement de procédure le fait, par des fonctionnaires d'une compagnie républicaine de sécurité, à la suite d'une interpellation pour excès de vitesse, de recourir à des agents de l'administration des douanes pour procéder à la visite d'un véhicule et pour saisir un détecteur antiradar. • Crim. 18 déc. 1989 : *JCP 1990. II. 21531, note Chambon.*

2. En matière contraventionnelle et sauf disposition contraire de la loi, la saisie d'objets dont la confiscation peut être ordonnée doit être pratiquée par un officier de police judiciaire ; la saisie d'un appareil permettant de détecter les ondes radar par deux agents de police judiciaire habilités à constater l'infraction prévue par l'art. R. 242-4 C. route, lequel ne prévoit, pour l'application de ses dispositions, aucune condition de forme particulière, n'est pas régulière. • Crim. 17 juin 1987 : *Bull. crim. n° 253.* ♦ Mais la saisie d'un appareil destiné à déceler les instruments servant à la constatation des infractions à la législation ou à la réglementation routière pratiquée par un officier de police judiciaire secondé dans ses fonctions par un agent de police judiciaire, satisfait aux dispositions combinées du C. pr. pén. et du C. route. • Crim. 25 mai 1992 : *JCP 1992. IV. 2837.*

3. Il y a lieu de constater la nullité d'un procès-verbal dressé par des gendarmes en dehors de leur unité. • T. pol. Saint-Dié, 30 avr. 1993 : *Jurispr. auto 1993. 329.* ♦ Un pourvoi pour incompétence doit être rejeté si les juges du fond ont estimé que l'infraction avait bien été commise dans la circonscription des agents de police judiciaire. • Crim. 10 janv. 1995 : *Dr. pénal 1995, Chron. 24, obs. Lesclous et Marsat.* ♦ Un tribunal de police est compétent pour connaître des contraventions connexes commises en dehors de son ressort lorsqu'un prévenu est poursuivi devant un tribunal de police du lieu de commission de l'une de ces contraventions. • Crim. 17 oct. 1978 : *Bull. crim. n° 274.*

4. Des agents de police judiciaire agissent dans le cadre de leur compétence en s'emparant d'une arme apparente située dans la boîte à gants ouverte d'un véhicule et en la transmettant à un officier de police judiciaire et ne peuvent être regardés comme ayant effectué une perquisition. • Crim. 2 mars 1993 : *Dr. pénal 1993. Chron. 59, obs. Lesclous et Marsat.* ♦ Sur la fouille des véhicules, V. notes 5 s. ss. art. L. 233-2 C. route.

5. Tenue civile. Les agents de police judiciaire adjoints ont pour mission de constater les infractions à la loi pénale et de recueillir tous les éléments en vue de découvrir les auteurs de ces infractions, peu importe qu'au moment de la constatation des faits le gardien de la paix ait été en vêtements civils. • Crim. 15 mai 2001 : *Jurispr. auto 2001. 479.* ♦ L'absence d'uniforme ne saurait dispenser un agent de police d'exercer sa mission permanente de constatation des infractions (rejet du pourvoi dans une affaire où l'agent, territorialement compétent, avait décliné ses qualité et fonction, puis escorté l'automobiliste jusqu'au commissariat pour y rédiger le procès-verbal). • Crim. 15 févr. 2006, n° 05-82.015.

6. Sur les conditions de validité des procès-verbaux non liés à la compétence territoriale, V. ss. art. R. 130-1 s.

Art. L. 130-4 *(L. n° 2003-495 du 12 juin 2003, art. 39)* **Sans préjudice de la compétence générale des officiers et des agents de police judiciaire, ont compétence pour constater par procès-verbal les contraventions prévues par la partie Réglementaire du présent code ou par d'autres dispositions réglementaires, dans la mesure où elles se rattachent à la sécurité et à la circulation routières :**

1° Les personnels de l'Office national des forêts ;

2° Les gardes champêtres des communes ;

3° Les agents titulaires ou contractuels de l'État et les agents des communes, titulaires ou non, chargés de la surveillance de la voie publique, agréés par le procureur de la République ;

4° Les agents, agréés par le procureur de la République, de ceux des services publics urbains de transport en commun de voyageurs qui figurent sur une liste dressée dans des conditions fixées par décret en Conseil d'État ;

5° Les officiers de port et les officiers de port adjoints ;

6° Les fonctionnaires ou agents de l'État chargés du contrôle des transports terrestres placés sous l'autorité du ministre chargé des transports ;

7° Les agents des douanes ;

8° Les agents des *(L. n° 2010-788 du 12 juill. 2010, art. 58-I)* **« exploitants » d'une autoroute ou d'un ouvrage routier ouvert à la circulation publique et soumis à péage, agréés par le préfet** *(L. n° 2019-1428 du 24 déc. 2019, art. 159-I)* **« de l'un des départements traversés par le réseau confié à l'exploitant qui les emploie » ;**

9° Les agents verbalisateurs mentionnés à l'article L. 116-2 du code de la voirie routière ;

10° Les agents des exploitants d'aérodromes, assermentés et agréés par le préfet pour les seules contraventions aux règles de stationnement dans l'emprise de l'aérodrome ;

11° Les agents de police judiciaire adjoints ;

12° Les fonctionnaires ou agents de l'État, chargés des réceptions des véhicules ou éléments de véhicules, placés sous l'autorité des ministres chargés de l'industrie et des transports ;

(L. n° 2015-990 du 6 août 2015, art. 20-I-1°) **« 13° Les agents des exploitants de parcs publics de stationnement situés sur le domaine public ferroviaire, assermentés et agréés par le représentant de l'État dans le département, pour les seules contraventions aux règles concernant la circulation, l'arrêt et le stationnement des véhicules dans l'emprise du parc public » ;**

(L. n° 2017-1754 du 25 déc. 2017, art. 2-II) **« 14° Les agents de l'établissement public Paris La Défense, dans les conditions prévues à l'article L. 328-4 du code de l'urbanisme ; »**

(L. n° 2022-52 du 24 janv. 2022, art. 31) **« 15° Les gardes particuliers assermentés commissionnés par les propriétaires et agréés par le représentant de l'État dans le département, sur la propriété qu'ils sont chargés de surveiller. »**

La liste des contraventions que chaque catégorie d'agents mentionnée ci-dessus est habilitée à constater est fixée par décret en Conseil d'État ;

L'art. L. 130-4 est initialement issu de l'Ord. n° 2000-1255 du 21 déc. 2000 ; le législateur précise que, sous réserve des décisions de justice passées en force de chose jugée, sont validés, en tant que leur légalité serait contestée pour un motif tiré de l'illégalité de l'Ord. n° 2000-1255 du 21 déc. 2000, les actes pris en application de ladite ordonnance (L. n° 2003-495 du 12 juin 2003, art. 39-IV).

Contraventions pouvant être constatées par chaque catégorie d'agents : art. R. 130-1 s.

Gardes champêtres : V. aussi CSI, art. L. 521-1, App., v° Infractions.

RÉP. PÉN. v° *Garde champêtre*, par DREUILLE.

Agents chargés de la surveillance de la voie publique (art. L. 130-4, 3°). Les agents de surveillance de la voie publique mentionnés à l'art. L. 130-4 C. route sont des agents titulaires ou contractuels des communes, agréés par le procureur de la République et assermentés, qui ont en charge la verbalisation des infractions aux règles d'arrêt et de stationnement des véhicules, aux dispositions des règlements sanitaires relatifs à la propreté des espaces et voies publics et à certaines dispositions contenues dans le code des assurances (défaut d'apposition du certificat d'assurance). * Rép. min. n° 17554 : *JOAN Q 20 mai 2008, p. 4230.*

Art. L. 130-5 *(Ord. n° 2012-351 du 12 mars 2012, art. 10, en vigueur le 1er mai 2012)*

Les règles relatives à la constatation des contraventions au présent code par les agents de police municipale sont fixées par les articles L. 511-1 et L. 512-2 du code de la sécurité intérieure.

1. Prise en charge financière des dépenses liées aux contraventions au code de la route constatées par les agents de police municipale. Les frais d'établissement des avis de contravention, des cartes de paiement des amendes forfaitaires et des quittances constituent des dépenses nécessaires à l'exercice des missions confiées aux agents de police municipale par les dispositions de l'art. L. 2212-5 CGCT, lesquelles ont mis ces dépenses à la charge des communes. En revanche, ni l'art. L. 2212-5 CGCT, ni son art. L. 2212-5-1, ni aucune autre disposition législative ne met directement ou indirectement à la charge des communes les frais de fonctionnement des régies de recettes mises en place par l'État auprès des communes pour l'encaissement, par les comptables publics de l'État, des amendes pouvant résulter des procès-verbaux établis par les agents de police municipale. Les frais de fonctionnement d'une telle régie de recettes de l'État, créée par arrêté préfectoral, doivent être en conséquence mis à la charge de l'État. • CE 22 oct. 2010 : *Lebon ; AJDA 2010. 2021 ; JCP A 2010. 2374, note Pontier ; Dr. adm. 2011, n° 1, note Pissaloux* (qui annule l'arrêt qui avait condamné l'État à verser à une commune une somme correspondant aux frais d'établissement d'avis de contravention, de cartes de paiement et de quittances remis aux contrevenants par les agents de police municipale : • CAA Versailles, 26 mars 2009 : *AJDA 2009. 1484, concl. Beaufaÿs*). – V., désormais, les dispositions de l'art. L. 1611-2-1 CGCT, issues de la L. fin. rect. n° 2011-1978 du 28 déc. 2011, prévoyant que, « dans le cadre des missions confiées aux maires en tant qu'agents de l'État, les communes assurent (...) l'encaissement des amendes forfaitaires résultant des contraventions réprimées par le code de la route et établies par les agents de police municipale », ainsi que l'art. 86, II et III, de la loi précitée *(JO 29 déc.)*. – Sur ces dispositions, V. Onteniente-Nielsen, *AJCT 2012. 302* (les maires face à la validation législative des régies de recettes issues des timbres-amendes).

2. Abus des fonctions de maire concernant la constatation des contraventions au code de la route par les agents de police municipale. Caractérise le délit d'immixtion dans une fonction publique et, plus précisément, dans l'exercice du pouvoir de classement sans suite conféré au seul procureur de la République par l'art. 40-1 C. pr. pén., le fait, pour un maire, qui ne bénéficie d'aucun titre au sens de l'art. 433-12 C. pén. pour ce faire, de décider, en violation de l'art. 21-2 C. pr. pén., de l'opportunité de transmettre certains procès-verbaux de contraventions à ce magistrat et de les conserver aux fins de les soustraire à toute poursuite judiciaire. • Crim. 21 mars 2018, n° 17-81.011 P : *D. actu. 10 avr. 2018, obs. Recotillet ; AJ pénal 2018. 244, note Roussel ; AJDA 2018. 656 ; JCP A 2018. 2178, note Mésa.* ♦ Se rend coupable du délit de prise de mesure destinée à faire échec à l'exécution de la loi par dépositaire de l'autorité publique prévu à l'art. 432-1 C. pén., le maire qui donne des instructions à des policiers municipaux placés sous son autorité de ne pas constater certaines contraventions au code de la route (utilisation du téléphone portable, non-port de la ceinture de sécurité, défaut de contrôle technique et non-apposition de la vignette d'assurance) qu'il leur appartenait pourtant de relever dans le cadre de leur mission d'agents de police judiciaire adjoints, qu'ils exercent sous la seule autorité du procureur de la République, le prévenu, en sa qualité de maire, ayant par là même fait échec à l'application des art. 21 C. pr. pén. et L. 511-1 CSI. • Même décision.

Art. L. 130-6 *(L. n° 2013-431 du 28 mai 2013, art. 20)* **« Les infractions prévues aux articles L. 233-2, L. 317-1 à L. 317-4-1,** *(L. n° 2019-1428 du 24 déc. 2019, art. 95-III)* **« L. 318-3, » L. 324-2, L. 325-3-1 et L. 413-1 peuvent être constatées par les fonctionnaires ou agents de l'État chargés du contrôle des transports terrestres placés sous l'autorité du ministre chargé des transports lorsqu'elles sont commises au moyen de véhicules affectés au transport routier de voyageurs ou de marchandises. »**

(L. n° 2002-3 du 3 janv. 2002) **« Ces fonctionnaires ont accès à l'appareil de contrôle, dit "chronotachygraphe", et à toutes ses composantes afin d'en vérifier l'intégrité, sur les véhicules soumis à l'obligation d'en être équipés. »**

(L. n° 2013-431 du 28 mai 2013, art. 20) **« Ils ont également accès au poste de conduite afin d'y effectuer les vérifications prescrites par le présent code. »**

Art. L. 130-7 *(L. n° 2003-495 du 12 juin 2003, art. 39)* **Lorsqu'ils ne sont pas déjà assermentés, les agents qui ont compétence pour constater par procès-verbal les contraventions prévues à l'article L. 130-4 prêtent serment devant le juge du tribunal** *(Ord. n° 2019-964 du 18 sept. 2019, art. 20, en vigueur le 1er janv. 2020)* **« judiciaire, au siège de ce tribunal ou, le cas échéant, de l'une de ses chambres de proximité. »**

Ce serment, dont la formule est fixée par décret en Conseil d'État, *(L. n° 2019-222 du 23 mars 2019, art. 47-XI)* **« n'a pas à être renouvelé » en cas de changement de lieu d'affectation de l'intéressé.** – *V. art. R. 130-9.*

(L. n° 2019-1428 du 24 déc. 2019, art. 159-I) **« L'assermentation des agents de l'exploitant d'une autoroute ou d'un ouvrage routier ouvert à la circulation publique et soumis à péage est valide sur l'ensemble du réseau confié à cet exploitant. »**

Art. L. 130-8 *(L. n° 2003-495 du 12 juin 2003, art. 18)* **Les** *(L. n° 2011-525 du 17 mai 2011, art. 94-XII-5°)* **« agents de la concurrence, de la consommation et de la répression des fraudes » sont habilités à rechercher et à constater les infractions prévues aux articles L. 317-5** *(L. n° 2015-992 du 17 août 2015, art. 58-II)* **« , L. 318-3 » et L. 413-2. A cet effet, ils disposent des pouvoirs prévus** *(Ord. n° 2016-301 du 14 mars 2016, art. 15-1°, en vigueur le 1er juill. 2016)* **« au I de l'article L. 511-22 » du code de la consommation.**

Art. L. 130-9 *(L. n° 2003-495 du 12 juin 2003, art. 8)* **Lorsqu'elles sont effectuées par** *(L. n° 2016-1547 du 18 nov. 2016, art. 34-I-4° et 34-IV-B, en vigueur le 31 déc.*

2016) **« ou à partir » des appareils de contrôle automatique ayant fait l'objet d'une homologation, les constatations relatives** *(L. nº 2016-1547 du 18 nov. 2016, art. 34-I-4º et 34-IV-B, en vigueur le 31 déc. 2016)* **« aux infractions dont la liste est fixée par décret en Conseil d'État » font foi jusqu'à preuve du contraire.** *(L. nº 2004-204 du 9 mars 2004, art. 56-VI)* **« Ces constatations peuvent faire l'objet d'un procès-verbal revêtu d'une signature manuelle numérisée. »**

Lorsque ces constatations font l'objet d'un traitement automatisé *(Ord. nº 2018-1125 du 12 déc. 2018, art. 19, en vigueur le 1er juin 2019)* **« de données à caractère personnel » mis en œuvre conformément aux dispositions de la loi nº 78-17 du 6 janvier 1978 relative à l'informatique, aux fichiers et aux libertés, la durée maximale de conservation de ces** *(Ord. nº 2018-1125 du 12 déc. 2018, art. 19)* **« données » ne peut excéder dix ans, sans préjudice de la possibilité pour le conducteur du véhicule ayant fait l'objet du contrôle de demander au procureur de la République territorialement compétent d'ordonner l'effacement des** *(Ord. nº 2018-1125 du 12 déc. 2018, art. 19, en vigueur le 1er juin 2019)* **« données » le concernant lorsqu'il a récupéré le nombre de points ayant été retirés de son permis de conduire ou lorsque la procédure le concernant a donné lieu à une décision définitive de relaxe.**

Pour l'application des dispositions relatives à l'amende forfaitaire, le lieu du traitement automatisé des *(Ord. nº 2018-1125 du 12 déc. 2018, art. 19, en vigueur le 1er juin 2019)* **« données à caractère personnel » concernant les constatations effectuées par** *(L. nº 2016-1547 du 18 nov. 2016, art. 34-I-4º et 34-IV-B, en vigueur le 31 déc. 2016)* **« ou à partir des » appareils de contrôle automatisé est considéré comme le lieu de constatation de l'infraction.**

(L. nº 2011-267 du 14 mars 2011, art. 87) **« Lorsque l'excès de vitesse est constaté par le relevé d'une vitesse moyenne, entre deux points d'une voie de circulation, supérieure à la vitesse maximale autorisée entre ces deux points, le lieu de commission de l'infraction est celui où a été réalisée la deuxième constatation, sans préjudice des dispositions du précédent alinéa. »**

(L. nº 2022-217 du 21 févr. 2022, art. 53) **« Les collectivités territoriales et leurs groupements gestionnaires de voirie peuvent installer les appareils mentionnés au premier alinéa du présent article servant au contrôle des règles de sécurité routière, sur avis favorable du représentant de l'État dans le département et après consultation de la commission départementale de la sécurité routière, sur la base d'une étude d'accidentalité portant sur les sections de route concernées et en tenant compte des appareils de contrôle automatiques déjà installés. Les constatations effectuées par les appareils installés par les collectivités territoriales et leurs groupements sont traitées dans les mêmes conditions que celles effectuées par les appareils installés par les services de l'État. Les modalités de dépôt et d'instruction des demandes d'avis sont fixées par décret. »**

(L. nº 2019-1428 du 24 déc. 2019, art. 92) **« Un décret en Conseil d'État** *(L. nº 2022-217 du 21 févr. 2022, art. 53)* **« précise les modalités d'application du présent article ainsi que » la procédure pour l'expérimentation de la constatation des niveaux d'émissions sonores des véhicules par des appareils de contrôle automatique fixes et mobiles. Cette expérimentation est de deux ans. »**

Infractions concernées, V. art. R. 130-11.

V. aussi C. pr. pén., art. R. 15-26-1 au sujet du centre automatisé de constatation des infractions routières, service commun de la police et de la gendarmerie nationales. — ***C. pr. pén.***

V. Arr. du 13 oct. 2004 portant création du système de contrôle automatisé, App., vº Infractions.

V. également Décr. nº 2004-1086 du 14 oct. 2004 portant création et organisation du centre automatisé de constatation des infractions routières (JO 15 oct.) ; Arr. du 19 août 2004 relatif aux instruments de mesure de la distance entre véhicules ou ensembles de véhicules (JO 11 sept.) ; Arr. du 18 janv. 2012 relatif à l'homologation des systèmes de contrôle automatisé de franchissement d'une signalisation lumineuse fixe ou clignotante (JO 22 janv.).

Sur la procédure d'expérimentation de la constatation des niveaux d'émissions sonores des véhicules en mouvement par des appareils de contrôle automatique fixes et mobiles, V. Décr. nº 2022-1 du 3 janv. 2022 (JO 4 janv.) et Arr. du 7 juill. 2023 (JO 14 juill.).

BIBL. ▶ Bon, *AJDA 2008. 882* (les radars automatiques occupent-ils le domaine public ?). – Dieu, *JCP Adm. 2008. 2002* (« circulez, il n'y a rien à percevoir », ou comment le Conseil d'État laisse au législateur le soin de répartir l'argent des radars). – Fages, *BJCL 2007. 630* (la légalité des redevances-radars instaurées par certains départements à l'encontre de l'État). – Josseaume, *Gaz. Pal. 31 oct. 2023, p. 11* (« flash » sur vingt ans de radars automatiques). – Labbée, *Gaz. Pal. 29 mai 2018, p. 12* (un automobiliste qui a fait un doigt d'honneur à un radar peut-il être condamné pour outrage à agent ?). – Lavialle, *JCP Adm. 2007. 2229* (installation par l'État de radars sur le domaine public des collectivités territoriales). – Mariton, *Rapport d'information Ass. nat. 6 mai 2009 nº 1650* (les amendes radars et le financement de la politique de sécurité routière). – Pontier, *AJDA 2023. 875* (les collectivités territoriales et la voirie terrestre).

COMMENTAIRE

Constatation automatique de certaines infractions. L'article L. 130-9, issu de la loi du 12 juin 2003 renforçant la lutte contre la violence routière, concerne, comme les articles précédents, la constatation des infractions. Mais il ne s'agit plus de déterminer les agents aptes à les constater : cette constatation étant ici le fait d'appareils automatiques. La mise en place des radars et autres appareils automatiques homologués qui, relayée par les médias, a fortement contribué au changement de comportement des conducteurs et à la baisse significative des morts et des blessés sur la route, a nécessité des dispositions légales particulières dont certaines figurent à cet article.

Sur ces dispositions, on peut faire les quelques remarques suivantes :

– Seules certaines infractions peuvent être constatées par des appareils de contrôle automatique. Dans sa version d'origine, l'article L. 130-9 ne visait d'ailleurs que les appareils permettant de constater la vitesse des véhicules, les distances de sécurité entre véhicules, le franchissement d'une signalisation imposant l'arrêt, le non-paiement des péages et la présence de véhicules sur certaines voies réservées et donc renvoyait uniquement aux infractions constatées par de tels appareils (excès de vitesse, non-respect d'un feu rouge, etc.). Mais, depuis la loi du 18 novembre 2016 de modernisation de la justice du XXIe siècle, une telle précision ne figure plus à l'article L. 130-9 qui se contente de renvoyer à un décret le soin de fixer les infractions pouvant être constatées par ou à partir d'un appareil de contrôle automatique. Il s'est agi, par là même, de permettre au pouvoir réglementaire d'étendre facilement le champ d'application des règles figurant à l'article L. 130-9 à d'autres infractions qui, demain, pourraient être constatées automatiquement.

Les infractions concernées sont, en conséquence, énumérées dans la partie réglementaire, à l'article R. 130-11, créé par le décret nº 2016-1955 du 28 décembre 2016 et modifié par le décret nº 2018-795 du 17 septembre 2018, le décret nº 2022-1 du 3 janvier 2022 et le décret nº 2023-563 du 5 juillet 2023. Un article qui vise de nombreuses contraventions (celles concernant le port de la ceinture de sécurité, l'usage d'un téléphone tenu en main, l'usage de voies ou chaussées réservées à certaines catégories de véhicules, la circulation sur les bandes d'arrêt d'urgence, le respect des distances de sécurité, le franchissement et le chevauchement des lignes continues, les signalisations imposant l'arrêt des véhicules, les vitesses maximales autorisées, le dépassement, l'engagement dans l'espace compris entre les deux lignes d'arrêt sur une voie munie de feux de signalisation et l'obligation du port d'un casque, auxquelles le décret du 17 septembre 2018 a ajouté la circulation en sens interdit, le demi-tour ou la marche arrière sur autoroute et l'engagement gênant dans une intersection, le décret du 3 janvier 2022 la contravention de non-respect du niveau d'émissions sonores que ne doivent pas dépasser les véhicules circulant à l'intérieur d'une agglomération, et le décret du 5 juillet 2023 la contravention sanctionnant le fait de circuler sur la partie gauche d'une chaussée à double sens de circulation, ainsi que plusieurs contraventions à la réglementation sur le poids des véhicules ou ensembles de véhicules), mais aussi un délit (la conduite sans assurance).

– Pour éviter des contestations, le législateur a précisé ici que les constatations effectuées par des appareils de contrôle automatique homologués font foi jusqu'à preuve du contraire au même titre que les procès-verbaux ou rapports établis en matière de contraventions par les agents habilités (art. 537 C. pr. pén.). Ce caractère probant explique l'absence de rédaction systématique du procès-verbal, le rapport ou ce procès-verbal n'étant dressé qu'en cas de réclamation portée devant le tribunal de police (C. pr. pén., art. 529-11, auquel l'art. L. 121-5 C. route renvoie).

– Le procès-verbal établi au centre national de traitement peut être revêtu d'une signature manuelle numérisée qui constitue une garantie suffisante de constatation de l'infraction, encore qu'il conviendrait de préciser que cette signature doit être celle d'un agent habilité (une signature ?).

– Il est précisé que pour l'application des dispositions relatives à l'amende forfaitaire, le lieu du traitement automatisé (Lille, en vertu d'un arrêté du 27 oct. 2003 *(JO 29 oct.)*, puis Rennes depuis l'arrêté du 13 oct. 2004, V. cet arrêté, App., v° *Infractions*) est considéré comme le lieu de constatation de l'infraction. C'est en effet en ce lieu que toutes les informations sont transmises soit automatiquement, soit par disquette.

– La durée de conservation des informations nominatives est de dix ans, ce qui est bien long sans que cela paraisse nécessaire. Il est vrai que c'est une durée maximale et que le conducteur bénéficiaire d'une relaxe ou qui a récupéré le nombre de points retirés à son permis peut s'adresser au procureur pour que les informations le concernant soient effacées.

Radars tronçons. Au sein du présent article, on trouve par ailleurs un alinéa dédié aux « radars tronçons », c'est-à-dire aux radars qui peuvent constater des excès de vitesse par le relevé d'une vitesse moyenne entre deux points d'une voie de circulation. Pour éviter toute contestation concernant le lieu de commission des excès de vitesse ainsi constatés, cet alinéa précise que le lieu de commission de l'infraction est alors celui où a été réalisée la deuxième constatation.

Radars anti-bruit. On y trouve également, depuis la loi d'orientation des mobilités du 24 décembre 2019, un alinéa permettant d'expérimenter le contrôle automatique des niveaux d'émissions sonores des véhicules. Cette expérimentation a été mise en œuvre par le décret n° 2022-1 du 3 janvier 2022, lequel est venu permettre l'installation d'appareils de contrôle automatique du niveau d'émissions sonores des véhicules en circulation sur le territoire de plusieurs communes (Bron, Paris, Rueil-Malmaison, Villeneuve-Le-Roi, communes appartenant à la communauté de communes de la Haute Vallée de Chevreuse), de la métropole de Nice et de la métropole de Toulouse, afin, dans un premier temps, d'effectuer les tests nécessaires pour homologuer de tels appareils, puis, dans un second temps, de sanctionner automatiquement le titulaire du certificat d'immatriculation d'un véhicule à moteur ayant circulé à l'intérieur d'une agglomération avec un niveau d'émissions sonores supérieur à un certain seuil. Dans cette perspective, le décret du 3 janvier 2022 a par ailleurs modifié l'article R. 318-3 du présent code prévoyant que les véhicules à moteur ne doivent pas émettre de bruits susceptibles de causer une gêne aux usagers de la route ou aux riverains, pour que la contravention qui y figure puisse permettre de sanctionner le fait de circuler en agglomération avec un véhicule à moteur excédant le niveau d'émissions sonores fixé par arrêté ministériel (V. art. R. 318-3, al. 2 et Arr. du 7 juill. 2023 *(JO 14 juill.)*, fixant à 85 décibels le niveau d'émissions sonores à ne pas dépasser). Il a également ajouté cette contravention à la liste des infractions pouvant être constatées automatiquement de l'article R. 130-11 et à celle pour lesquelles la redevabilité pécuniaire du titulaire du certificat d'immatriculation d'un véhicule peut être retenue de l'article R. 121-6.

Autres dispositions spécifiques. A ces dispositions spécifiques, il faut par ailleurs ajouter celles figurant aux articles L. 130-9-1 et L. 130-9-2, créées par la loi d'orientation des mobilités. Ces autres dispositions sont dédiées à la constatation automatique des certaines infractions :

– les infractions aux règles instituées par l'autorité investie du pouvoir de police de la circulation consistant à réserver l'usage de certaines voies à la circulation des véhicules de transport en commun, des taxis, des véhicules utilisés en covoiturage ou des véhicules à très faibles émissions (V. art. L. 130-9-1) et

– les infractions aux règles relatives au poids maximum autorisé des véhicules de transport de marchandises ou de transport en commun de personnes (V. art. L. 130-9-2).

Installation des radars automatiques. Les services de l'État ont longtemps été seuls compétents pour décider, en concertation avec les collectivités territoriales concernées, des lieux d'implantation des radars automatiques. Depuis la loi n° 2022-217 du 21 février 2022 relative à la différenciation, la décentralisation, la déconcentration et portant diverses mesures de simplification de l'action publique locale, dite loi 3DS, les collectivités territoriales et leurs groupements gestionnaires de voiries peuvent installer de tels appareils et donc décider de leur lieu d'implantation. Un tel choix est cependant subordonné à plusieurs conditions qui ont été formulées par la loi 3DS à l'avant-dernier alinéa de l'article L. 130-9, à savoir un avis favorable du préfet, après consultation de la commission départementale de la sécurité routière, une étude d'accidentalité et la prise en compte des appareils déjà installés.

L'installation des radars automatiques par l'État sur le domaine public départemental a par ailleurs soulevé la question de la possibilité d'instaurer au profit de la collectivité territoriale concernée une redevance d'occupation du domaine public. Par quatre arrêts du 31 octobre 2007 (V. note 3), le Conseil d'État a répondu par la négative, en considérant que de tels équipements étaient intégrés aux infrastructures et ne pouvaient donc être regardés comme occupant ou utilisant le domaine public routier au sens de l'article L. 2125-1 du code général de la propriété des personnes publiques. Une solution confirmée par la loi n° 2007-1822 du 24 décembre 2007 modifiant l'alinéa 1er de l'article L. 2125-1 précité. Depuis cette loi, ce texte précise en effet que toute occupation ou utilisation du domaine public d'une personne publique donne lieu au paiement d'une redevance *« sauf lorsque l'occupation ou l'utilisation concerne l'installation par l'État des équipements visant à améliorer la sécurité routière ».* ❑

1. Légalité des radars automatiques. Le traitement automatisé des sanctions ne méconnaît pas les dispositions des art. 429 et 537 du code de procédure pénale relatifs aux modes de preuve des contraventions dans la mesure où l'art. 8 de la L. du 12 juin 2003 a expressément créé une dérogation en faveur de la constatation, par radars automatiques, des contraventions mentionnées à l'art. L. 121-3 du code de la route. • CE 30 avr. 2004 : *Jurispr. auto 2004. 401.* ♦ L'Arr. du 27 oct. 2003 créant le système sanction automatisé est également conforme aux dispositions des art. 2, 6 et 28 de la L. du 6 janv. 1978 ; d'une part, les radars automatiques se bornent à enregistrer des informations relatives à chaque infraction constatée et à sa sanction ainsi qu'à l'identification du véhicule photographié, du titulaire du certificat d'immatriculation et du contrevenant, sans procéder à une définition du profil ou de la personnalité des individus qui y figurent ; d'autre part, l'art. 5 de l'arrêté attaqué, qui prévoit que ce traitement peut faire l'objet d'interconnexion, mise en relation ou rapprochement avec, entre autres, les traitements relatifs à la gestion des contrats de location et des véhicules loués mis en œuvre par les sociétés de location de véhicules, n'a ni pour objet ni pour effet de priver les personnes intéressées de leur droit de s'opposer à ce que des informations nominatives les concernant fassent l'objet de ces traitements ; enfin, en déterminant les modalités de l'exercice, à l'égard du cliché pris lors de la constatation de l'infraction, du droit d'accès prévu par le chapitre V de la L. du 6 janv. 1978, l'art. 6 de l'arrêté attaqué n'a pas eu pour objet et ne saurait avoir pour effet de permettre la communication au titulaire du droit d'accès d'un cliché qui laisserait apparaître les éventuels passagers du véhicule photographié. • Même décision.

2. Choix des sites d'implantation des radars automatiques, une compétence du préfet. Les emplacements sur lesquels sont implantés les radars automatiques fixes sont proposés par le préfet de département qui dispose d'informations sur le taux d'accidentologie d'une voie ou d'une portion de voie, grâce aux statistiques fournies par les services de police et de gendarmerie. Le préfet agit en concertation avec les collectivités locales concernées. Le dossier technique est élaboré par les directions départementales de l'équipement puis validé par le préfet qui recoupe les éléments fournis par les services déconcentrés et les acteurs locaux impliqués dans la politique de sécurité routière. Il veille à ce que l'implantation s'inscrive dans une stratégie définie de lutte contre l'insécurité routière, en ayant le souci d'épargner des vies humaines. Le dossier est ensuite instruit par la direction du projet interministériel de contrôle automatisé en relation avec le titulaire du marché qui vérifie que l'implantation est compatible avec les normes techniques d'homologation de ce matériel. Les sites d'implantation retenus sont ceux qui ont été communiqués par les préfectures avec un ordre de priorité suivant des critères prenant en compte le caractère accidentogène des lieux, l'implication du facteur vitesse dans les accidents, la difficulté d'effectuer des contrôles classiques, ainsi qu'une logique d'itinéraires permettant d'homogénéiser la pose des équipements sur l'ensemble du territoire. A ce titre, il convient de conserver le pouvoir de décision au niveau central afin de préserver la logique de mise en œuvre de la politique de sécurité routière en matière d'équipement en radars automatiques. En revanche, le Gouvernement a décidé, à l'issue du comité interministériel de la sécurité routière du 8 novembre 2006, que les représentants des usagers de la route seraient pleinement associés à la définition des mesures de sécurité, et notamment l'implantation des radars automatiques. Rép. min. n° 111360 : *JOAN Q, 27 févr. 2007, p. 2262.* ♦ Depuis la L. n° 2022-217 du 21 févr. 2022, dite loi 3DS, l'art. L. 130-9, avant-dernier al., donne cependant compétence aux collectivités territoriales et à leurs groupements gestionnaires de voirie d'installer des radars automatiques et donc de choisir leur lieu d'implantation, dans les conditions qu'il précise.

3. Pas de redevance possible pour occupation du domaine public. Les radars automatiques de contrôle de vitesse constituent, compte tenu de leur objet même, des équipements intégrés aux infrastructures routières au sens des art. L. 117-1 et R. 111-1 C. voirie rout. ; ces équipements, qui concourent à l'exécution du service public de la sécurité routière, ne peuvent dès lors être regardés comme occupant ou utilisant le domaine public routier au sens de l'art. L. 2125-1 CGPPP. Est en conséquence annulée pour erreur de droit, l'ordonnance par laquelle un juge des référés a considéré qu'aucune disposition législative ne faisait obstacle à ce que l'installation par l'État de radars automatiques puisse donner lieu à l'établissement d'une redevance d'occupation sur le fondement de l'art. L. 2125-1 préc. • CE 31 oct. 2007 (4 arrêts), n° 306338 : *Lebon 432 ; AJDA 2008. 882 ; Jurispr. auto 2008. 628* (V. aussi les indications bibliographiques ss. l'art. L. 130-9). ♦ Dans le même sens que : • CAA Marseille, 9 juill. 2007 (2 arrêts) : *Jurispr. auto 2007. 553 et 555.* ♦ V. aussi • TA Lille, 4 juill. 2007 : *JCP Adm. 2007. Actu. 727.*

4. Compétence de la juridiction de proximité de Rennes. Il résulte de l'art. 522 C. pr. pén. qu'est compétente la juridiction de proximité du lieu de commission ou de constatation de la contravention ou celui de la résidence du prévenu, et de l'art. L. 130-9, al. 3, C. route que, pour l'application des dispositions relatives à l'amende forfaitaire majorée, le lieu du traitement informatisé des informations nominatives concernant les constatations effectuées par les appareils de contrôle automatisé est considéré comme le lieu de constatation de l'infraction. Méconnaît ces dispositions la juridiction de proximité de Rennes qui, pour se déclarer incompétente, retient que, si l'infraction peut en application de l'art. L. 130-9, être considérée comme constatée à Rennes, lieu du traitement informatisé des informations nominatives concernant les appareils de contrôle automatisé, la pratique et la bonne administration de la justice commandent que le contrevenant saisisse la juridiction du ressort de son domicile. • Crim. 13 févr. 2008 : *Jurispr. auto 2008. 243 ; Procédures 2008. Comm. 276, obs. Buisson.* • 17 sept. 2008 : *Dr. pénal 2009. Comm. 8, note Robert ; RSC 2009. 890, obs. Buisson.*

5. Transmission d'une procédure et prescription de l'action publique. Constitue un acte de poursuite ayant pour effet d'interrompre le cours de la prescription, l'acte par lequel l'officier du ministère public de Rennes transmet à son collègue territorialement compétent une procédure pour excès de vitesse constaté par ou à partir d'un appareil de contrôle automatique. • Crim. 12 mai 2010 : *LPA 27 oct. 2010, p. 9, note Deharo* • 5 mars 2013, n° 12-84.527 P : *D. actu. 11 avr. 2013, obs. Gayet ; D. 2013. Actu. 915 ; AJ pénal 2013. 355, note Céré.* ♦ ... Ou pour une infraction ayant fait l'objet d'un procès-verbal électronique (en l'espèce, une infraction de dépassement de véhicule à une intersection de routes). • Crim. 10 janv. 2023, n° 22-84.007 : *Dr. pénal, n° 63, obs. Robert ; ibid. Chron. 8, obs. Gauvin.*

6. Constatations faisant foi jusqu'à preuve contraire. Il résulte, d'une part, des dispositions de l'art. L. 130-9 C. route que, lorsqu'elles sont effectuées par des appareils de contrôle automatique ayant fait l'objet d'une homologation, les constatations relatives notamment au franchissement par les véhicules d'une signalisation imposant leur arrêt font foi jusqu'à preuve contraire et, d'autre part, des dispositions de l'art. 537, al. 3, C. pr. pén. que la preuve contraire aux énonciations d'un procès-verbal établi en matière de contravention ne peut être rapportée que par écrit ou par témoins. Méconnaît le sens et la portée de ces dispositions le jugement qui relaxe un prévenu poursuivi pour inobservation, par un conducteur, de l'arrêt imposé par un feu rouge au motif que, s'il est établi que l'appareil de contrôle automatique a été homologué, le procès-verbal ne mentionne pas cette homologation et la date de vérification de l'appareil, alors que la preuve contraire aux énonciations du procès-verbal n'a pas été rapportée par écrit ou par témoins, et que le bon fonctionnement de l'appareil de contrôle en cause était suffisamment établi par son homologation annuelle. • Crim. 6 déc. 2011 : *Dr. pénal 2012, n° 43, note A. Maron et M. Haas.* ♦ ... Ou au motif que les photographies prises par l'appareil de contrôle automatique sont particulièrement sombres et ne permettent pas de déterminer que le véhicule a franchi le feu tricolore alors que celui-ci était au rouge, dès lors que le prévenu n'a pas rapporté la preuve contraire aux énonciations du procès-verbal par écrit ou par témoins. • Crim. 29 janv. 2014, n° 13-83.283 P : *D. 2014. Actu. 372 ; Dr. pénal 2014, n° 75, note Robert ; AJ pénal 2014. 373, note Céré.*

7. Méconnaît le sens et la portée des art. L. 130-9 C. route, 537 C. pr. pén. et 8 du cahier des charges d'homologation annexé à l'Arr. du 18 janv. 2012 relatif à l'homologation des systèmes de contrôle automatisé de franchissement d'une signalisation lumineuse fixe ou clignotant, le jugement qui renvoie un prévenu des fins de la poursuite du chef d'inobservation de l'arrêt imposé par un feu de signalisation au motif de l'expiration de l'homologation de l'appareil utilisé, dès lors qu'en application de l'art. 8 du cahier des charges d'homologation annexé à l'arrêté précité, lorsque la validité du certificat d'homologation n'est pas prorogée, les instruments en service conformes à ce type continuent à pouvoir être utilisés et réparés, que l'appareil de contrôle était régulièrement homologué et en service au moment de l'entrée en vigueur de l'Arr. du 18 janv. 2012, de sorte qu'en application de l'art. 3, dernier al., dudit arrêté, il pouvait continuer à être utilisé. • Crim. 16 oct. 2018, n° 18-80.323 : *Gaz. Pal. 5 févr. 2019, p. 58, note Fourment.*

8. Lieu de commission d'un excès de vitesse constaté par un radar tronçon. Il résulte des dispositions de l'art. L. 130-9, dernier al., C. route que, lorsqu'un excès de vitesse est constaté par le relevé d'une vitesse moyenne, entre deux points d'une voie de circulation, supérieure à la vitesse maximale autorisée entre ces deux points, le lieu de commission de l'infraction est celui où a été réalisée la seconde constatation. Est en conséquence valable le procès-verbal qui mentionne comme lieu de commission d'un excès de vitesse constaté par un radar tronçon le point kilométrique où se trouve implanté l'appareil de contrôle de sortie de tronçon sur lequel s'est appliqué le contrôle. • Crim. 13 mai 2015, n° 14-83.559 P : *D. 2015. 1100 ; D. actu. 1er juin 2015, obs. Priou-Alibert ; Dr. pénal 2015, n° 111, note Robert ; ibid. Chron. 7, obs. Gauvin ; AJ pénal 2015. 603, note Céré.*

9. Radars-tronçons et protection des données personnelles. Sur la protection des données personnelles collectées par les radars-tronçons. V. • CNIL, 12 nov. 2019, n° MED-2019-027 : *LPA 27 janv. 2020, p. 11, obs. Thiérache.*

Art. L. 130-9-1 *(L. n° 2019-1428 du 24 déc. 2019, art. 39)* I. — Lorsque l'usage d'une voie de circulation a été réservé par l'autorité investie du pouvoir de police de la circulation aux véhicules de transport en commun, aux taxis, aux véhicules transportant un nombre minimal d'occupants, notamment dans le cadre du covoiturage au sens de l'article L. 3132-1 du code des transports, ou aux véhicules à très faibles émissions au sens de l'article L. 318-1 du présent code, des dispositifs fixes ou mobiles de contrôle automatisé des données signalétiques des véhicules peuvent être mis en œuvre par les services de police et de gendarmerie nationales, par les services de police municipale de la ou des communes sur le territoire desquelles a été instituée cette voie ou, à Paris, par le service dont relèvent les agents de surveillance de Paris, afin de faciliter la constatation des infractions au présent code résultant de la violation des règles de circulation relatives à l'usage de cette voie réservée et afin de permettre le rassemblement des preuves de ces infractions et la recherche de leurs auteurs.

Les données à caractère personnel collectées au moyen de ces dispositifs peuvent faire l'objet de traitements automatisés dans les conditions prévues par la loi n° 78-17 du 6 janvier 1978 relative à l'informatique, aux fichiers et aux libertés.

II. — A la seule fin de faciliter la constatation des infractions aux règles réservant l'usage de certaines voies aux véhicules transportant un nombre minimal d'occupants, notamment dans le cadre du covoiturage au sens de l'article L. 3132-1 du code des transports, et afin de permettre le rassemblement des preuves de ces infractions, les services mentionnés au premier alinéa du I du présent article peuvent utiliser des dispositifs permettant de constater le nombre de personnes présentes à bord des véhicules. Les données issues de ces dispositifs peuvent faire l'objet de traitements automatisés dans les conditions mentionnées au même I. Ces données ne permettent pas d'identifier directement ou indirectement les personnes.

III. — Afin de déterminer les véhicules dont la circulation est autorisée, les traitements mentionnés aux I et II peuvent comporter la consultation du fichier des véhicules pour lesquels une identification fondée sur leur contribution à la limitation de la pollution atmosphérique a été délivrée en application de l'article L. 318-1 ainsi que des fichiers des véhicules autorisés à circuler sur les voies concernées. Dans les seuls cas où ces consultations ne permettent pas de procéder à une telle vérification, ils peuvent également comporter une consultation du système d'immatriculation des véhicules prévu à l'article L. 330-1. Ces consultations, qui ont lieu immédiatement après la collecte des données signalétiques, ne portent que sur les données relatives aux caractéristiques du véhicule et à sa contribution à la limitation de la pollution atmosphérique et ne peuvent avoir pour objet d'identifier le titulaire du certificat d'immatriculation du véhicule.

Dès que la consultation de l'un de ces fichiers a permis de s'assurer du respect par un véhicule des règles de circulation mentionnées au premier alinéa du I du présent article, les données collectées relatives à ce véhicule sont détruites immédiatement.

Les données relatives aux véhicules pour lesquels il n'a pas été possible de s'assurer du respect des règles de circulation mentionnées au même premier alinéa peuvent être enregistrées et conservées pendant une durée qui ne peut excéder huit jours ouvrés à compter de leur collecte, sous réserve des besoins d'une procédure pénale.

Les données mentionnées au troisième alinéa du présent III font l'objet d'un traitement préalable destiné à empêcher de manière irréversible l'identification des personnes physiques présentes à bord du véhicule, à l'exception du conducteur.

Les données permettant l'identification du conducteur ne sont accessibles qu'au responsable du traitement. Il ne peut y avoir accès et ne peut les communiquer que sur demande du titulaire du certificat d'immatriculation ou de l'une des personnes mentionnées aux trois derniers alinéas de l'article L. 121-2 du présent code, destinataire de l'avis d'amende forfaitaire, ou de l'officier du ministère public en cas de requêtes ou de réclamations. Ces données ne sont communiquées qu'aux personnes ainsi désignées.

Seuls les agents de police municipale intervenant dans les communes sur le territoire desquelles une voie de circulation a été réservée dans les conditions mentionnées au I du présent article et, à Paris, les agents de surveillance de Paris ont accès aux données issues des traitements mis en œuvre en application du présent article par les services dont ils relèvent.

Lorsque ces dispositifs sont mis en œuvre par l'État, les agents de police municipale intervenant dans les communes concernées et, à Paris, les agents de surveillance de Paris peuvent être rendus destinataires des données caractérisant l'infraction pour les besoins du constat qu'ils ont compétence pour opérer.

IV. — La mise en place des dispositifs de contrôle mentionnés aux I et II est autorisée par arrêté du représentant de l'État dans le département et, à Paris, du préfet de police. Lorsque ces dispositifs sont mis en place par l'État à la demande d'une collectivité territoriale ou d'un établissement public de coopération intercommunale dont l'autorité investie des pouvoirs de police de circulation a réservé l'usage d'une voie de circulation à certaines catégories d'usagers ou de véhicules ou à certaines modalités de transport, une convention entre l'État et la collectivité ou l'établissement concerné définit les modalités de cette mise en place et, le cas échéant, la contribution de la collectivité ou de l'établissement à son financement.

V. — L'arrêté mentionné au IV précise les modalités d'information du public préalables à la mise en place des dispositifs de contrôle automatisé.

Art. L. 130-9-2 *(L. nº 2019-1428 du 24 déc. 2019, art. 103)* I. — Afin de faciliter la constatation des infractions aux règles du présent code relatives au poids maximum autorisé des véhicules de transport de marchandises ou de transport en commun de personnes et de permettre le rassemblement des preuves de ces infractions, des dispositifs fixes de contrôle automatisé des données signalétiques des véhicules, associés à des systèmes de pesage en marche des véhicules, peuvent être mis en œuvre par les services de police et de gendarmerie nationales ainsi que par les services et agents de l'État chargés du contrôle des transports terrestres placés sous l'autorité ou désignés par le ministre chargé des transports.

Les données à caractère personnel collectées au moyen de ces dispositifs peuvent faire l'objet de traitements automatisés dans les conditions prévues par la loi nº 78-17 du 6 janvier 1978 relative à l'informatique, aux fichiers et aux libertés.

II. — Afin de déterminer le poids maximal autorisé du véhicule, les traitements mentionnés au I peuvent comporter la consultation du système d'immatriculation des véhicules prévu à l'article L. 330-1. Ces consultations, qui ont lieu immédiatement après la collecte des données signalétiques, ne portent que sur les données relatives aux caractéristiques du véhicule et ne peuvent avoir pour objet d'identifier le titulaire du certificat d'immatriculation du véhicule.

Dès que la consultation de ce fichier a permis de s'assurer du respect par un véhicule des règles de circulation mentionnées au premier alinéa du I du présent article, les données collectées relatives à ce véhicule sont détruites.

Les données relatives aux autres véhicules peuvent être enregistrées et conservées pour une durée qui ne peut excéder huit jours ouvrés à compter de leur collecte, sous réserve des besoins d'une procédure pénale.

Lorsque la consultation du fichier mentionné au premier alinéa du présent II a permis de constater que le poids du véhicule mesuré par un appareil homologué est supérieur au poids maximal autorisé, les données recueillies sont enregistrées, conservées et traitées dans les conditions prévues à l'article L. 130-9.

Les données mentionnées au quatrième alinéa du présent II font l'objet d'un traitement préalable destiné à empêcher de manière irréversible l'identification des personnes physiques, à l'exception du conducteur.

Les données permettant l'identification du conducteur ne sont accessibles qu'au responsable du traitement. Ce dernier ne peut y avoir accès et les communiquer que sur demande du titulaire du certificat d'immatriculation ou de l'une des personnes mentionnées aux trois derniers alinéas de l'article L. 121-2, destinataire de l'avis d'amende forfaitaire, ou de l'officier du ministère public en cas de requêtes ou de réclamations. Ces données ne sont communiquées qu'aux personnes ainsi désignées.

III. — La mise en œuvre des dispositifs de contrôle mentionnés au I est autorisée par arrêté du représentant de l'État dans le département et, à Paris, du préfet de police. Cet arrêté précise les modalités d'information associées à la mise en œuvre des dispositifs de contrôle autorisés.

TITRE III *BIS* CONSEIL NATIONAL DE LA SÉCURITÉ ROUTIÈRE

(L. nº 2018-699 du 3 août 2018, art. 18)

Art. L. 130-10 **I. — Le Conseil national de la sécurité routière comprend parmi ses membres deux députés et deux sénateurs.**

II. — Les missions, la composition, l'organisation et le fonctionnement du conseil sont précisés par décret.

V. Décr. nº 2001-784 du 28 août 2001 portant création du Conseil national de la sécurité routière, App., vº Sécurité routière.

COMMENTAIRE

Composition du Conseil national de la sécurité routière. Le présent article, créé par la loi nº 2018-699 du 3 août 2018, a pour objet unique d'indiquer que le Conseil national de la sécurité routière comprend parmi ses membres deux députés et deux sénateurs, l'article L. 130-10 renvoyant ensuite à un décret le soin de préciser les missions, la composition, l'organisation et le fonctionnement de ce Conseil. Autant de précisions qui ont été apportées par le décret nº 2001-784 du 28 août 2001 portant création du Conseil national de la sécurité routière et donc bien avant la création des présentes dispositions dans le code de la route. Concernant la composition du Conseil national de la sécurité routière, l'article L. 130-10 n'apporte d'ailleurs aucune modification, le décret de 2001 prévoyant déjà la désignation de « deux membres du Sénat et deux membres de l'Assemblée nationale (...) par leur assemblée respective ».

Présence de parlementaires dans les organismes extérieurs au Parlement. La création du présent article est en fait à mettre en lien avec certaines dispositions issues de la loi organique du 15 septembre 2017 pour la confiance dans la vie politique. Depuis cette loi, un député ou un sénateur *« ne peut être désigné en cette qualité dans une institution ou un organisme extérieur qu'en vertu d'une disposition législative qui détermine les conditions de sa désignation »* (V. C. élec., art. L.O. 145). Le Conseil national de la sécurité routière ayant été créé par un texte réglementaire, la présence de deux sénateurs et de deux députés en son sein supposait de lui donner un fondement législatif, lequel a pris la forme des présentes dispositions créées par la loi du 3 août 2018. ❑

TITRE III *TER* SIGNALEMENT DES CONTRÔLES ROUTIERS PAR LES SERVICES ÉLECTRONIQUES D'AIDE À LA CONDUITE OU À LA NAVIGATION

(L. nº 2019-1428 du 24 déc. 2019, art. 98-I)

Art. L. 130-11 **I. — Lorsqu'est réalisé sur une voie ouverte ou non à la circulation publique un contrôle routier impliquant l'interception des véhicules et destiné soit à procéder aux opérations prévues aux articles L. 234-9 ou L. 235-2 du présent code ou aux articles 78-2-2 ou 78-2-4 du code de procédure pénale, soit à vérifier que les conducteurs ou passagers ne font pas l'objet de recherches ordonnées par les autorités judiciaires pour des crimes ou délits punis d'au moins trois ans d'emprisonnement ou ne sont pas inscrits dans le fichier mentionné à l'article 230-19 du même code à raison de la menace qu'ils constituent pour l'ordre ou la sécurité publics ou parce qu'ils font l'objet d'une décision de placement d'office en établissement psychiatrique ou se sont évadés d'un tel établissement, il peut être interdit par l'autorité administrative à tout exploitant d'un service électronique d'aide à la conduite ou à la navigation par géolocalisation de rediffuser au moyen de ce service tout message ou toute indication émis par les utilisateurs de ce service dès lors que cette rediffusion est susceptible de permettre aux autres utilisateurs de se soustraire au contrôle.**

L'interdiction de rediffusion mentionnée au premier alinéa du présent I consiste, pour tout exploitant d'un service électronique d'aide à la conduite ou à la navigation par géolocalisation, à occulter, pour toutes les voies ou portions de voies qui lui sont désignées par l'autorité compétente, tous les messages et indications qu'il aurait habituellement rediffusés aux utilisateurs dans un mode de fonctionnement normal du service. La durée de cette interdiction ne peut excéder deux heures si le contrôle routier concerne une opération prévue aux articles L. 234-9 ou L. 235-2 du présent code ou douze heures s'il concerne une autre opération mentionnée au premier alinéa du présent I. Les voies ou portions de voies concernées ne peuvent s'étendre au-delà d'un rayon de dix kilomètres autour du point de contrôle routier lorsque celui-ci est situé hors agglomération et au-delà de deux kilomètres autour du point de contrôle routier lorsque celui-ci est situé en agglomération.

II. — L'interdiction mentionnée au I du présent article ne s'applique pas *(Abrogé par Cons. const. n° 2021-948 QPC du 24 nov. 2021)* **«*, sur le réseau routier national défini à l'article L. 121-1 du code de la voirie routière,* » aux évènements ou circonstances prévus à l'article 3 du règlement délégué (UE) n° 886/2013 de la Commission du 15 mai 2013 complétant la directive 2010/40/UE du Parlement européen et du Conseil en ce qui concerne les données et procédures pour la fourniture, dans la mesure du possible, d'informations minimales universelles sur la circulation liées à la sécurité routière gratuites pour les usagers.**

III. — Les modalités de détermination des voies ou portions de voies concernées par l'interdiction mentionnée au I, les modalités de communication avec les exploitants de service électronique d'aide à la conduite ou à la navigation par géolocalisation aux fins de mise en œuvre de cette interdiction ainsi que les mesures destinées à assurer la confidentialité des informations transmises à ces exploitants sont définies par un décret en Conseil d'État.

Modalités de mise en œuvre de l'interdiction de signalement des contrôles routiers, V. art. R. 130-12.

Interdiction des avertisseurs de radars, V. art. R. 413-15.

COMMENTAIRE

De l'interdiction des avertisseurs de radars. Depuis un décret du 3 janvier 2012, l'article R. 413-15 du présent code interdit la détention, le transport et l'usage des dispositifs ou produits visant à avertir ou informer de la localisation d'appareils, instruments ou systèmes servant à la constatation des infractions à la législation ou à la réglementation de la circulation routière, autrement dit interdit l'utilisation de ce que l'on appelait, avant ce décret, les avertisseurs de radars. Rebaptisés outils d'aide à la conduite, ces dispositifs se contentent, depuis lors, de signaler les sections de voies dangereuses ou des points de danger précis, comme la réalisation de travaux sur la chaussée ou la survenance d'un accident de la circulation, mais aussi la présence d'un radar ou plus largement d'une opération des contrôle des forces de l'ordre.... Or il est évident qu'un tel signalement est de nature à limiter l'efficacité des contrôles routiers non seulement pour lutter contre les infractions routières, mais aussi contre les formes de criminalité les plus graves comme le terrorisme. C'est pourquoi les pouvoirs publics ont souhaité interdire le signalement de certains contrôles routiers par les services électroniques d'aide à la conduite ou à la navigation.

A l'interdiction de signaler certains contrôles routiers. L'article L. 130-11, créé par la loi d'orientation des mobilités du 24 décembre 2019, permet ainsi à l'autorité administrative d'interdire aux exploitants d'un service électronique d'aide à la conduite ou à la navigation par géolocalisation de signaler certains contrôles routiers ou, plus précisément, de rediffuser au moyen d'un tel service tout message ou toute indication émis par les utilisateurs de ce service et qui serait susceptible de permettre aux autres utilisateurs de se soustraire à un contrôle. Et cette interdiction est sanctionnée sévèrement : l'exploitant d'un service électronique d'aide à la conduite ou à la navigation par géolocalisation qui ne la respecterait pas s'exposant à deux ans d'emprisonnement et 30 000 euros d'amende, conformément à l'article L. 130-12.

On notera cependant que seul le signalement des contrôles routiers énumérés à l'article L. 130-11 peut être interdit, lequel évoque toutefois des cas variés, en lien ou non avec le droit de la circulation routière. L'article L. 130-11 évoque ainsi les contrôles visant à vérifier l'alcoolémie ou l'usage de stupéfiants des conducteurs, mais aussi ceux visant à rechercher et poursuivre les infractions prévues à l'article 78-2-2 du code de procédure pénale (terrorisme, infractions en matière d'armes, vol, recel, trafic de stupéfiants) ou encore ceux ayant pour finalité de vérifier que le conducteur ou le passager d'un véhicule n'est pas une personne recherchée par les autorités judiciaires ou une personne en état d'évasion.

Par ailleurs, dans tous ces cas, l'interdiction de signaler certains contrôles routiers consiste pour l'exploitant d'un service électronique d'aide à la conduite ou à la navigation par géolocalisation à « occulter, pour toutes les voies ou portions de voies qui lui sont désignées par l'autorité compétente, tous les messages et indications qu'il aurait habituellement rediffusés aux utilisateurs dans un mode de fonctionnement normal du service », les informations liées à certains événements ou circonstances mis à part, comme l'indique le paragraphe II de l'article L. 130-11 (V. ci-dessous).

Il résulte enfin de l'article L. 130-11 qu'une telle interdiction doit être limitée à la fois dans le temps et dans l'espace. Elle ne peut ainsi excéder deux heures si le contrôle routier concerne une opération de contrôle de l'alcoolémie ou de l'usage de stupéfiants ou douze heures dans les autres cas. Quant à son périmètre, il ne peut excéder un rayon de dix kilomètres autour du point de contrôle routier lorsque celui-ci est situé hors agglomération et aller au-delà de deux kilomètres autour du point de contrôle routier lorsque celui-ci est situé en agglomération.

Constitutionnalité de l'interdiction. Dans sa version d'origine, l'article L. 130-11, II, prévoyait que l'obligation faite à l'exploitant d'un service électronique d'aide à la conduite ou à la navigation par géolocalisation, en cas d'interdiction de signaler certains contrôles routiers, d'« occulter, pour toutes les voies ou portions de voies qui lui sont désignées par l'autorité compétente, tous les messages et indications qu'il aurait habituellement rediffusés aux utilisateurs dans un mode de fonctionnement normal du service », n'était pas applicable « sur le réseau routier national » aux évènements ou circonstances prévus à l'article 3 du règlement délégué (UE) n° 886/2013 de la Commission du 15 mai 2013 complétant la directive 2010/40/UE. L'article L. 130-11 permettait donc à l'exploitant d'un service électronique d'aide à la conduite ou à la navigation par géolocalisation, uniquement sur le réseau routier national, de continuer à diffuser les informations liées aux événements et circonstances (comme le caractère glissant de la chaussée, la présence d'obstacle sur la route, une zone d'accident ou de travaux, une visibilité réduite, un conducteur à contresens, une obstruction non gérée ou des conditions météorologiques exceptionnelles) considérés par ce règlement européen comme étant des informations minimales universelles sur la circulation routière, auxquelles doivent pouvoir accéder tous les usagers. Il en résultait que « hors du réseau national » l'interdiction formulée à l'article L. 130-11 conduisait l'exploitant d'un tel service à occulter toutes les informations qu'il rediffuse habituellement, y compris celles liées à ces évènements et circonstances. Une interdiction, sans limite, qui a été jugée, par le Conseil constitutionnel, comme portant à la liberté d'expression et de communication une atteinte qui n'est pas adaptée, nécessaire et proportionnée au but poursuivi (Décis. n° 2021-948 QPC du 24 nov. 2021) et qui a conduit le Conseil a déclarer contraires à la Constitution les mots « , sur le réseau routier national défini à l'article L. 121-1 du code de la voirie routière, » qui figuraient au sein de l'article L. 130-11, II. En cas d'interdiction par l'autorité administrative de signaler certains contrôles routiers, l'exploitant d'un service électronique d'aide à la conduite ou à la navigation par géolocalisation peut donc continuer à diffuser certaines informations, sur tout le réseau routier.

Modalités de mise en œuvre de l'interdiction. Dans la partie réglementaire du présent code, l'article R. 130-12, créé par le décret n° 2021-468 du 19 avril 2021, apporte un certain nombre de précisions sur les modalités de mise en œuvre de l'interdiction prévue par l'article L. 130-11. Il indique ainsi que c'est le préfet de département (ou le préfet de police à Paris et dans le département des Bouches-du-Rhône) qui, en principe, est l'autorité administrative compétente pour formuler une telle interdiction, sur proposition des forces de l'ordre. Une telle proposition peut émaner d'un officier ou d'un agent de police judiciaire, mais aussi d'un agent de police judiciaire adjoint de la gendarmerie ou de la police nationales, en lien avec les compétences reconnues par le code de la route à ces différentes agents en matière de contrôle d'alcoolémie et d'usage de stupéfiants (V. art. L. 234-9 et L. 235-2). L'interdiction formulée à l'article L. 130-11 peut cependant être prise par le ministère de l'Intérieur lorsque les contrôles routiers ne visent pas à vérifier l'alcoolémie ou l'usage des stupéfiants des conducteurs. Que la décision émane du préfet ou du ministère de l'Intérieur, il appartient à l'autorité qui l'a prise d'y préciser les limites imposées par la loi à l'étendue de l'interdiction de signalement, à savoir les voies ou portions de voies concernées, ainsi que la date et l'heure de commencement et de fin de l'interdiction. L'article R. 130-12 donne par ailleurs des indications sur les modalités de transmission de la décision d'interdiction aux exploitants de service électronique d'aide à la conduite ou à la navigation et sa réception par ces exploitants, ainsi que sur la sécurité des informations communiquées. Parmi ces indications, il est à noter en particulier la précision selon laquelle les motifs du contrôle routier, dont le signalement est interdit, ne sont pas donnés aux exploitants concernés.

Quant à la mise en application de cet ensemble de dispositions, elle est effective depuis le 1er novembre 2021, date d'entrée en vigueur du décret du 19 avril 2021 et donc depuis laquelle le signalement de certains contrôles routiers peut être interdit. ❑

Constitutionnalité de l'art. L. 130-11 C. route. Les dispositions de l'art. L. 130-11 C. route en interdisant, en dehors du réseau routier national, l'échange de toute information, y compris celles ne portant pas sur l'existence d'un contrôle de police, portent à la liberté d'expression et de communication une atteinte qui n'est pas adaptée, nécessaire et proportionnée au but poursuivi. Ont, en conséquence, été déclarés contraires à la Constitution les mots « , sur le réseau routier national défini à l'article L. 121-1 du code de la voirie routière, » figurant au § II de l'art. L. 130-11. • Cons. const. 24 nov. 2021, n° 2021-948 QPC : *JO 25 nov. ; D. 2021. 2135 ; D. actu. 3 déc. 2021, obs. Bigot ; JCP 2022. 26, note Verpeaux ; AJDA 2022. 885, note Bioy* (V. aussi Décis. de renvoi • CE 16 sept. 2021, n° 453763 : *D. actu. 23 sept. 2021, obs. Bigot).*

Art. L. 130-12 **Est puni de deux ans d'emprisonnement et de 30 000 € d'amende le fait pour tout exploitant d'un service électronique d'aide à la conduite ou à la navigation par géolocalisation :**

1° De contrevenir à l'interdiction de diffusion mentionnée à l'article L. 130-11 dès lors qu'elle lui aura été communiquée dans les conditions prévues par le décret en Conseil d'État mentionné au III du même article L. 130-11 ;

2° De diffuser les informations qui lui auront été communiquées aux fins de mise en œuvre de cette interdiction ou de les exploiter à une autre fin que celle prévue audit article L. 130-11.

TITRE IV DISPOSITIONS RELATIVES À L'OUTRE-MER

COMMENTAIRE

Le quatrième et dernier titre de chaque livre est réservé à l'outre-mer, ce qui ne vise pas, ici, les quatre départements (Guadeloupe, Guyane, Martinique et Réunion) où le code est intégralement applicable, mais seulement les anciens territoires devenus, respectivement, collectivité départementale, puis département (Mayotte) ou collectivité territoriale (Saint-Pierre-et-Miquelon), ainsi que, dans une moindre mesure, les territoires d'outre-mer (Nouvelle-Calédonie, Wallis-et-Futuna, Polynésie française).

Concernant l'application du présent code en outre-mer, il convient de la sorte de distinguer :

– ***Dans la collectivité territoriale de Saint-Pierre-et-Miquelon et dans le département de Mayotte***, le code de la route est presque intégralement applicable sous réserve de quelques dispositions particulières d'adaptation liées aux institutions locales. Dans les textes cela se traduit tantôt par de simples variantes de vocabulaire (V. les art. L. 141-1 et L. 142-1), tantôt par l'inapplication de quelques textes (par ex., l'art. L. 130-5).

– ***Dans les territoires d'outre-mer que sont la Nouvelle-Calédonie, Wallis-et-Futuna et la Polynésie française***, le code de la route n'est que très partiellement applicable et seulement si des textes spéciaux le prévoient. Il en est ainsi des dispositions des articles L. 121-6 et L. 130-9 qui sont déclarées, par l'article L. 143-1, applicables dans ces différents territoires, et ce dans leur version issue de la loi du 8 avril 2021 améliorant l'efficacité de la justice de proximité et de la réponse pénale pour l'article L. 121-6 et de la loi du 21 février 2022 relative à la différenciation, la décentralisation, la déconcentration et portant diverses mesures de simplification de l'action publique locale pour l'article L. 130-9, et sous réserve de quelques adaptations liées à l'inapplication des dispositions sur le permis à points dans les territoires concernés (V. comm. introductif aux art. L. 241-1 s.) et à l'organisation institutionnelle de ces territoires (V. par exemple, art. L. 143-1, III indiquant que, pour l'application en Nouvelle-Calédonie de art. L. 130-9, les mots « les collectivités territoriales et leurs groupements » figurant à son avant-dernier al. sont remplacés par les mots « la Nouvelle-Calédonie, les provinces et les communes »). Il en résulte que les principales dispositions du premier livre du code de la route en lien avec la constatation automatique de certaines infractions routières sont donc également applicables en outre-mer.

Des dispositions comparables à celles figurant à l'article L. 130-5 relatives à la constatation des contraventions au code de la route par les agents de police municipale figurent par ailleurs à l'article L. 143-2, créé par la loi du 28 février 2017 de programmation relative à l'égalité réelle outre-mer. Elles ont toutefois un domaine d'application doublement limité : ces dispositions ne concernent que la Nouvelle-Calédonie et ne permettent aux agents des communes de ce territoire de ne constater que certaines contraventions : celles relatives « à l'arrêt pour le stationnement des véhicules, excepté l'arrêt ou le stationnement dangereux » et « à l'apposition du certificat d'assurance sur le véhicule ». ❑

CHAPITRE I DISPOSITIONS PARTICULIÈRES À LA COLLECTIVITÉ TERRITORIALE DE SAINT-PIERRE-ET-MIQUELON

Art. L. 141-1 **Pour l'application des dispositions du présent livre dans la collectivité territoriale de Saint-Pierre-et-Miquelon, les termes énumérés ci-après sont remplacés comme suit :**

1° "Départementales" par "territoriales" ;

2° "Cour d'appel" et "chambre de l'instruction" par "tribunal supérieur d'appel" ;

3° "Procureur général" par "procureur de la République près le tribunal supérieur d'appel" ;

(Ord. nº 2000-1255 du 21 déc. 2000 ; L. nº 2003-495 du 12 juin 2003, art. 43) **« 4° "Tribunal de police" par "tribunal de première instance" ».**

Art. L. 141-2 **L'article L. 130-5 ne s'applique pas dans la collectivité territoriale de Saint-Pierre-et-Miquelon.**

CHAPITRE II DISPOSITIONS APPLICABLES À MAYOTTE

(L. nº 2010-1487 du 7 déc. 2010, art. 36).

Les dispositions de la L. nº 2010-1487 du 7 déc. 2010 sont applicables à compter de la première réunion suivant le renouvellement du conseil général de Mayotte en 2011. Dans tous les lois et les règlements en vigueur, la référence à la collectivité départementale de Mayotte est remplacée par la référence au Département de Mayotte.

Art. L. 142-1 **Pour l'application des dispositions du présent livre à Mayotte, les termes énumérés ci-après sont remplacés comme suit :**

1° "Cour d'appel" et "chambre de l'instruction" par "chambre d'appel de Mamoudzou" ;

2° "Procureur général" par "procureur général près la Cour d'appel" ;

(Ord. nº 2000-1255 du 21 déc. 2000 ; L. nº 2003-495 du 12 juin 2003, art. 43) **« 3° "Préfet" par "représentant de l'État" ; »**

(Abrogé par Ord. nº 2019-964 du 18 sept. 2019, art. 20, à compter du 1er janv. 2020) ***« 4° "Tribunal de police" par "tribunal de première instance". »***

Dans les textes législatifs applicables au Département de Mayotte, la référence au tribunal supérieur d'appel est remplacée par celle à la chambre d'appel de Mamoudzou et la référence au procureur de la République près le tribunal supérieur d'appel par celle au procureur général près la cour d'appel (Ord. nº 2011-337 du 29 mars 2011, art. 12).

Art. L. 142-2 **Les dispositions législatives du présent livre sont applicables à Mayotte, à l'exception des articles L. 110-2 et L. 130-5.**

Art. L. 142-3 *(Abrogé par L. nº 2013-1029 du 15 nov. 2013, art. 23)* ***Les règles relatives à la constatation des contraventions au présent code par les agents de police municipale sont fixées par l'article 4 de l'ordonnance nº 98-728 du 20 août 1998 portant actualisation et adaptation de certaines dispositions de droit pénal et de procédure pénale dans les territoires d'outre-mer, le Département de Mayotte et à Saint-Pierre-et-Miquelon.***

Art. L. 142-4 *(Ord. nº 2000-1255 du 21 déc. 2000 ; L. nº 2003-495 du 12 juin 2003, art. 43)* **Pour l'application à Mayotte du 9º de l'article L. 130-4, les agents verbalisateurs compétents sont :**

1º Sur les voies de toutes catégories :

a) **Les gardes champêtres des communes et les gardes particuliers assermentés ;**

b) **Les agents de police municipale ;**

2º Sur les voies publiques ressortissant à leurs attributions :

a) **Les ingénieurs des ponts** *(L. nº 2011-525 du 17 mai 2011, art. 94-VII)* **« , des eaux et des forêts » et les ingénieurs des travaux publics de l'État, assermentés ;**

b) **Les techniciens des travaux publics de l'État, les contrôleurs principaux des travaux publics de l'État et les agents des travaux publics de l'État, quand ils sont commissionnés et assermentés à cet effet.**

Art. L. 142-4-1 *(L. nº 2003-495 du 12 juin 2003, art. 43)* **Pour l'application à Mayotte du présent code, il est ajouté à l'article L. 130-4 un** *(L. nº 2015-990 du 6 août 2015, art. 20-I-2º)* **« 14º » ainsi rédigé :**

"*(L. nº 2015-990 du 6 août 2015, art. 20-I-2º)* **« 14º » Les fonctionnaires de la police de Mayotte dans les conditions prévues à l'article 879-1 du code de procédure pénale ;".**

Art. L. 142-5 *(Abrogé par L. nº 2011-525 du 17 mai 2011, art. 136) (L. nº 2002-1138 du 9 sept. 2002, art. 67)* ***Outre les agents cités à l'article L. 130-4, les agents de police de la collectivité départementale de Mayotte mis à la disposition de l'État, dans les conditions prévues à l'article 879-1 du code de procédure pénale, ont compétence pour constater par procès-verbal les contraventions prévues par la partie Réglementaire du présent code ou par d'autres dispositions réglementaires dans la mesure où elles se rattachent à la sécurité et à la circulation routières. La liste des contraventions que ces agents sont habilités à constater est fixée par décret en Conseil d'État.***

CHAPITRE III **DISPOSITIONS APPLICABLES EN NOUVELLE-CALÉDONIE, EN POLYNÉSIE FRANÇAISE ET DANS LES ÎLES WALLIS-ET-FUTUNA** *(L. nº 2016-1547 du 18 nov. 2016, art. 34-I-5º).*

(Ord. nº 2009-537 du 14 mai 2009, art. 9-II-1º)

Art. L. 143-1 *(L. nº 2021-401 du 8 avr. 2021, art. 12-III)* **I. — Sous réserve des adaptations prévues au II du présent article, les articles du présent code mentionnés dans la colonne de gauche du tableau ci-après sont applicables en Nouvelle-Calédonie, en Polynésie française et dans les îles Wallis-et-Futuna dans leur rédaction indiquée dans la colonne de droite du même tableau :** *— Tableau mod. par Ord. nº 2022-1521 du 7 déc. 2022, art. 6 et 35, en vigueur le 18 déc. 2022.*

Dispositions applicables	Dans leur rédaction résultant de
Article L. 121-6	la loi nº 2021-401 du 8 avril 2021 améliorant l'efficacité de la justice de proximité et de la réponse pénale
Article L. 130-9	la loi nº 2022-217 du 21 février 2022 relative à la différenciation, la décentralisation, la déconcentration et portant diverses mesures de simplification de l'action publique locale

II. — Au deuxième alinéa de l'article L. 130-9, les mots : "lorsqu'il a récupéré le nombre de points ayant été retirés de son permis de conduire ou" sont supprimés.

(Ord. nº 2022-1521 du 7 déc. 2022, art. 6 et 35, en vigueur le 18 déc. 2022) **« III. — Pour l'application en Nouvelle-Calédonie, à l'avant-dernier alinéa de l'article L. 130-9 :**

« 1º Les mots : "Les collectivités territoriales et leurs groupements" sont remplacés par les mots : "La Nouvelle-Calédonie, les provinces et les communes" ;

« 2° Les mots : "du représentant de l'État dans le département et après consultation de la commission départementale de la sécurité routière" sont remplacés par les mots : "du haut-commissaire de la République et après consultation de l'instance compétente localement en matière de sécurité routière".

« IV. — Pour l'application en Polynésie française, à l'avant-dernier alinéa de l'article L. 130-9 :

« 1° Les mots : "Les collectivités territoriales" sont remplacés par les mots : "La Polynésie française, les communes" ;

« 2° Les mots : "du représentant de l'État dans le département et après consultation de la commission départementale de la sécurité routière" sont remplacés par les mots : "du haut-commissaire de la République et après consultation de l'instance compétente localement en matière de sécurité routière".

« V. — Pour l'application à Wallis-et-Futuna, à l'avant-dernier alinéa de l'article L. 130-9 :

« 1° Les mots : "Les collectivités territoriales et leurs groupements gestionnaires de voirie peuvent" sont remplacés par les mots : "Le territoire des îles Wallis-et-Futuna peut" ;

« 2° Les mots : "du représentant de l'État dans le département et après consultation de la commission départementale de la sécurité routière" sont remplacés par les mots : "de l'administrateur supérieur et après consultation de l'instance compétente localement en matière de sécurité routière". »

Art. L. 143-2 *(L. n° 2017-256 du 28 févr. 2017, art. 94)* Sans préjudice de la compétence générale des officiers et des agents de police judiciaire, les agents des communes de la Nouvelle-Calédonie chargés de la surveillance de la voie publique ont compétence pour constater par procès-verbal les contraventions prévues par la réglementation applicable localement relatives :

1° A l'arrêt pour le stationnement des véhicules, excepté l'arrêt ou le stationnement dangereux ;

2° A l'apposition du certificat d'assurance sur le véhicule.

LIVRE II LE CONDUCTEUR

COMMENTAIRE

Ce livre, comme la plupart des autres livres, comprend quatre titres. Le conducteur en est l'épicentre. Les rédacteurs ont tenu à respecter une logique chronologique : avant d'obtenir le permis de conduire, il faut « *se former* » à la conduite et, le permis obtenu, il convient de maîtriser des règles de comportement en tant que conducteur (indépendamment des conditions proprement dites de circulation). D'où un premier titre portant sur l'enseignement de la conduite et de la sécurité routière, un deuxième sur le permis de conduire et un troisième sur le comportement du conducteur (le titre quatrième est, on le sait, toujours réservé aux dispositions relatives à l'outre-mer). ❑

TITRE I ENSEIGNEMENT DE LA CONDUITE ET DE LA SÉCURITÉ ROUTIÈRE

COMMENTAIRE

Enseignement de la conduite et de la sécurité routière. Le présent titre est divisé en trois chapitres qui ont subi plusieurs modifications depuis la recodification. Dans le chapitre I, dédié à la formation à la conduite et à la sécurité routière, ne figurait, initialement, aucune disposition. On y trouve, aujourd'hui, un article L. 211-1, créé par la loi du 12 juin 2003, et un article L. 211-1 A ajouté par la loi d'orientation des mobilités du 24 décembre 2019. Ces deux articles ne portent cependant pas véritablement sur la formation à la conduite et à la sécurité routière, puisqu'ils sont à mettre en lien avec les délits de violences et d'outrage commis à l'encontre d'un inspecteur du permis de conduire ou d'un examinateur. Il en va différemment des articles L. 211-2 à L. 211-7 insérés dans ce premier chapitre par une loi du 6 août 2015, puisqu'ils prévoient des dispositions relatives aux différents modes d'apprentissage de la conduite d'un véhicule à moteur.

Dans les chapitres II et III du présent titre, en revanche, on trouvait, dès 2001, plusieurs dispositions concernant l'enseignement, à titre onéreux, de la conduite et de la sécurité routière (chap. II) et les établissements d'enseignement (chap. III). Le non-respect de ces dispositions constituant des délits, les règles que ces deux chapitres formulent ne pouvaient être, il est vrai, que de nature législative. Depuis la recodification, ces dispositions ont cependant subi plusieurs modifications visant notamment à étendre leur champ d'application à l'animation des stages de sensibilisation à la sécurité routière.

Animation des stages de sensibilisation à la sécurité routière. Le développement exponentiel des stages de sensibilisation à la sécurité routière (le nombre de stagiaires « volontaires » est passé d'environ 35 000 en 2003 à 100 000 en 2005 et 170 000 en 2007) a, en effet, conduit le législateur à vouloir renforcer les conditions de leur animation. Pour ce faire, la loi n° 2007-297 du 5 mars 2007 a simplement étendu l'application de certaines dispositions figurant dans le présent titre à l'animation des stages de sensibilisation à la sécurité routière. Ce qui l'a conduit, en conséquence, à modifier également, ici, l'intitulé des chapitres II et III. Cette extension pouvait, toutefois, paraître incomplète jusqu'à la loi du 6 août 2015 précitée. La loi de 2007 n'avait pas, en effet, modifié les éléments constitutifs des deux délits prévus dans le présent titre sanctionnant le fait d'enseigner sans autorisation (art. L. 212-4) et le fait d'exploiter un établissement sans agrément (art. L. 213-6), de sorte que ces deux délits n'étaient pas applicables à l'animation des stages de sensibilisation à la sécurité routière. Il en va différemment depuis la loi du 6 août 2015 qui a modifié ces deux délits en étendant leur domaine d'application à l'animation des stages de sensibilisation à la sécurité routière. ❑

CHAPITRE I FORMATION À LA CONDUITE ET À LA SÉCURITÉ ROUTIÈRE

Art. L. 211-1 A *(L. n° 2019-1428 du 24 déc. 2019, art. 98-I)* **I. — Informé d'un dépôt de plainte pour des faits de violence ou d'outrage prévus aux articles 222-9 à 222-13 et 433-5 du code pénal commis à l'encontre d'un inspecteur du permis de conduire et de la sécurité routière** *(L. n° 2023-479 du 21 juin 2023, art. 6)* **« , d'un examinateur mentionné à l'article L. 221-5 du présent code ou d'un examinateur auquel a recours**

l'organisateur agréé mentionné à l'article L. 221-6 », dans l'exercice ou à l'occasion de l'exercice de ses fonctions, le représentant de l'État dans le département où l'infraction a été commise peut, dans les vingt-quatre heures suivant la transmission cette information, à titre provisoire, interdire à l'auteur des faits de se présenter à l'examen *(L. nº 2023-479 du 21 juin 2023, art. 6)* **« théorique ou pratique » du permis de conduire. La durée de l'interdiction ne peut excéder deux mois pour les faits d'outrage et six mois pour les faits de violence.**

II. — Quelle que soit sa durée, l'interdiction prononcée par le représentant de l'État dans le département cesse d'avoir effet lorsqu'est exécutoire une décision judiciaire prononçant une peine d'interdiction de se présenter à l'examen du permis de conduire.

L'interdiction prononcée par le représentant de l'État dans le département est considérée comme non avenue en cas d'ordonnance de non-lieu ou de jugement de relaxe ou si la juridiction ne prononce pas de peine d'interdiction de se présenter à l'examen du permis de conduire.

La durée de l'interdiction administrative s'impute, le cas échéant, sur la durée de la peine d'interdiction de se présenter à l'examen du permis de conduire prononcée par le tribunal.

Dispositions réglementaires : art. R. 211-7.

Art. L. 211-1 *(L. nº 2003-495 du 12 juin 2003, art. 21)* **En cas de commission des délits de violences ou d'outrage prévus par les articles 222-9 à 222-13 et 433-5 du code pénal contre** *(L. nº 2023-479 du 21 juin 2023, art. 6)* **« l'une des personnes mentionnées au I de l'article L. 211-1 A du présent code » dans l'exercice ou à l'occasion de l'exercice de ses fonctions,** *(Abrogé par L. nº 2019-1428 du 24 déc. 2019, art. 98-I)* ***« le tribunal peut prononcer »*** **la peine complémentaire d'interdiction de se présenter à l'examen du permis de conduire pour une durée de trois ans au plus** *(L. nº 2019-1428 du 24 déc. 2019, art. 98-I)* **« est obligatoirement prononcée. La juridiction peut toutefois décider, par une décision spécialement motivée, de ne pas prononcer cette peine, en considération des circonstances de l'infraction et de la personnalité de son auteur. »**

Cette condamnation est portée à la connaissance du préfet du département concerné.

COMMENTAIRE

Violences ou outrage à un inspecteur. Les violences et l'outrage commis à l'encontre d'un inspecteur du permis de conduire peuvent être sanctionnés sur la base de plusieurs incriminations du code pénal, auxquelles renvoient l'article L. 211-1. Ces incriminations ne sont toutefois pas spécifiques aux violences et à l'outrage commis à l'encontre d'un inspecteur du permis de conduire, mais visent plus largement de tels faits lorsqu'ils sont commis à l'encontre d'une personne chargée d'une mission de service public. A ces dispositions plus générales, la loi du 12 juin 2003 est cependant venue ajouter une disposition spécifique aux délits de violences et d'outrage commis à l'encontre d'un inspecteur du permis de conduire consistant dans l'interdiction pour la personne condamnée de se présenter à l'examen du permis de conduire pour une durée de trois ans au plus. Cette peine complémentaire n'a cependant pas été formulée dans le code pénal, au sein ou à la suite des incriminations précédemment évoquées, mais a été insérée dans le code de la route à l'article L. 211-1.

Violences ou outrage à un examinateur. On notera que depuis la loi nº 2015-990 du 6 août 2015, cette peine complémentaire est également applicable aux délits de violences et d'outrage commis à l'encontre d'un agent public ou contractuel recruté comme examinateur de l'épreuve pratique du permis de conduire. En 2015, cette possibilité avait été formulée au sein de l'article L. 221-5, c'est-à-dire au sein de l'article du présent code qui permet de faire appel à de tels examinateurs dans certains cas. Depuis la loi nº 2023-479 du 21 juin 2023, elle résulte des dispositions combinées de l'article L. 211-1 et de l'article L. 211-1 A. Depuis cette loi, l'article L. 211-1 dispose en effet que la peine complémentaire qu'il prévoit est applicable aux délits de violences et d'outrage commis à l'encontre de « l'une des personnes mentionnées au I de l'article L. 211-1 A ». Il en résulte que cette peine est donc applicable aux délits de violences et d'outrage commis à l'encontre d'un inspecteur du permis de conduire et de la sécurité routière, d'un agent public ou contractuel recruté comme examinateur de l'épreuve pratique du permis de conduire en application de l'article L. 221-5 ou d'un examinateur auquel a recours une personne agréée par l'autorité administrative pour faire passer certaines épreuves du permis de conduire conformément à l'article L. 221-4.

Peine complémentaire obligatoire. La loi d'orientation des mobilités du 24 décembre 2019 a par ailleurs apporté des modifications à l'article L. 211-1 en faisant de la peine complémentaire qu'il prévoit une peine complémentaire obligatoire : l'article L. 211-1 indique en effet, depuis cette loi, que cette peine « est obligatoirement prononcée ». En réalité, comme pour la confiscation du véhicule qui est qualifiée d'obligatoire par plusieurs dispositions du code de la route (V. comm. ss. art. L. 212-4), cette peine n'est pas totalement obligatoire, et ce pour des raisons d'ordre constitutionnel. L'article L. 211-1 précise ainsi que la juridiction peut ne pas la prononcer par une décision spécialement motivée. En qualifiant la présente peine « d'obligatoire », le législateur a surtout voulu inciter les juges à la prononcer et renforcer, par là même, la répression des délits de violences et d'outrage à un inspecteur ou à un examinateur. Un renforcement justifié, au cours des travaux préparatoires, par le constat d'une augmentation des plaintes déposées par des inspecteurs du permis de conduire pour agressions : 28 plaintes en 2017, contre 15 en 2016 et 13 en 2015.

Interdiction administrative de se présenter aux épreuves du permis de conduire. C'est également ce constat qui a conduit le législateur a créé l'article L. 211-1 A, que la loi d'orientation des mobilités a inséré avant les présentes dispositions. Cet article L. 211-1 A – dont certains termes ont été précisés par la loi du 21 juin 2023 – permet au préfet, lorsqu'il est informé d'un dépôt de plainte pour violences ou outrage commis à l'encontre d'un inspecteur du permis de conduire ou d'un examinateur, d'interdire, de façon provisoire, à l'auteur des faits de se présenter à l'examen théorique ou pratique du permis de conduire. Le dispositif est calqué sur celui existant en matière de suspension du permis de conduire (V. art. L. 224-7 et L. 224-8). Ainsi, comme pour une suspension administrative du permis de conduire, l'article L. 211-1 A prévoit que l'interdiction prononcée par le préfet ne peut excéder une certaine durée – deux mois en cas d'outrage et six mois en cas de violences – et il précise également qu'elle cesse d'avoir effet lorsqu'est exécutoire une décision judiciaire prononçant cette interdiction sous forme de peine et que, dans le cas contraire, elle est non avenue.

Par cette interdiction administrative, il s'agit, en définitive, d'éviter que l'auteur de violences ou d'un outrage se présente aux épreuves du permis de conduire avant d'avoir été jugé pour ces faits, rendant alors sans intérêt la peine complémentaire prévue à l'article L. 211-1. ❑

Art. L. 211-2 *(L. nº 2015-990 du 6 août 2015, art. 28-II)* **L'apprentissage de la conduite des véhicules à moteur en vue de l'obtention du permis de conduire se déroule selon des modalités fixées par le décret prévu à l'article L. 211-7.**

Pour chaque catégorie de formation, à l'exception de celle mentionnée à l'article L. 211-6, le ministre chargé de la sécurité routière définit les compétences à atteindre.

Les établissements d'enseignement de la conduite et de la sécurité routière et les associations agréés au titre des articles L. 213-1 ou L. 213-7 proposent à chaque élève, lors de son inscription, un des modes d'apprentissage de conduite accompagnée définis aux articles L. 211-3 et L. 211-4.

(L. nº 2019-1428 du 24 déc. 2019, art. 98-I) **« Les établissements ou associations mentionnés aux articles L. 213-1 et L. 213-7 font renseigner par les enseignants de la conduite et de la sécurité routière un livret d'apprentissage numérique retraçant le parcours de formation de leurs élèves. Les candidats aux examens du permis de conduire ayant choisi l'apprentissage défini à l'article L. 211-6 renseignent ce même livret. Le livret d'apprentissage numérique comprend pour chaque élève ou candidat les informations portant notamment sur l'établissement ou l'association mentionnés aux articles L. 213-1 et L. 213-7, sur les enseignants de la conduite et de la sécurité routière ou, le cas échéant, l'accompagnateur, sur les heures de conduite effectuées et sur la formation dispensée. Une base de données centralise, sous la responsabilité du ministre chargé de la sécurité routière, les informations contenues dans les livrets d'apprentissage numériques. »**

Dispositions réglementaires : art. R. 211-3 s.

COMMENTAIRE

Promotion des modes d'apprentissage en conduite accompagnée. Les articles L. 211-2 à L. 211-7 ont été ajoutés au présent chapitre par la loi n° 2015-990 du 6 août 2015. Ils évoquent différents modes d'apprentissage de la conduite : l'apprentissage anticipé de la conduite (art. L. 211-3), l'apprentissage en conduite supervisée (art. L. 211-4) et la conduite encadrée (art. L. 211-5), pour lesquels ils précisent quelque peu le régime. Autant de modes d'apprentissage qui, avant la loi du 6 août 2015, étaient déjà envisagés et réglementés par le code de la route, mais uniquement dans sa partie réglementaire, aux articles R. 211-3 et suivants. La loi du 6 août 2015, en créant les présentes dispositions, a, en somme, transformé des dispositions réglementaires – qui n'ont pas pour autant été supprimées – en dispositions législatives...

Par cette transformation – dont la pertinence a été contestée au cours des travaux parlementaires – il s'est agi pour le législateur de promouvoir et donc développer les modes d'apprentissage en conduite accompagnée, qui, on le sait, permettent aux candidats d'obtenir de meilleurs résultats aux épreuves du permis de conduire et donc de dépenser moins. Dans cette perspective, la loi du 6 août 2015 a prévu que les établissements d'enseignement devaient proposer à chaque élève, lors de son inscription, l'un de ces modes d'apprentissage (art. L. 211-2). Elle a apporté également quelques modifications aux règles qui étaient, jusqu'alors, applicables. On notera en particulier que, pour favoriser le développement de l'apprentissage en conduite supervisée, la loi du 6 août 2015 a prévu, à l'article L. 211-4, que cet apprentissage n'était soumis à aucune condition de distance ou de durée minimales. Une modification qui a conduit le pouvoir réglementaire à supprimer, au sein de l'article R. 211-5-1, l'alinéa qui prévoyait que l'élève conducteur devait, dans un tel cas, parcourir une distance minimale pendant une durée minimale précisées par arrêté (V. cet art. tel que mod. par le Décr. n° 2015-1537 du 25 nov. 2015).

On notera enfin que les articles L. 211-4 et L. 211-5 ont été modifiés par la loi d'orientation des mobilités du 24 décembre 2019 afin d'étendre les dispositifs d'apprentissage qu'ils prévoient. Ces modifications sont ainsi venues permettre à toute personne âgée d'au moins dix-huit ans de suivre un apprentissage en conduite supervisé (art. L. 211-4) et aux personnes suivant une formation professionnelle la pratique de la conduite encadrée sur un véhicule du groupe lourd (V. art. L. 211-5). ❑

Art. L. 211-3 *(L. n° 2015-990 du 6 août 2015, art. 28-II)* **L'apprentissage anticipé de la conduite est un apprentissage particulier dispensé aux élèves âgés d'au moins quinze ans en vue de l'obtention du permis de conduire des véhicules légers. Cet apprentissage ouvre droit à une réduction du délai probatoire suivant l'obtention du permis de conduire.**

Il comprend, d'une part, une période de formation initiale dans un établissement ou une association agréés au titre des articles L. 213-1 ou L. 213-7 et, d'autre part, une période d'apprentissage en conduite accompagnée, sous la surveillance constante et directe d'un accompagnateur remplissant des conditions fixées par le décret mentionné à l'article L. 211-7, pendant laquelle l'élève doit parcourir une distance minimale pendant une durée minimale. Ces conditions de distance et de durée minimales sont précisées par arrêté du ministre chargé de la sécurité routière.

Dispositions réglementaires : art. R. 211-5.

Art. L. 211-4 *(L. n° 2019-1428 du 24 déc. 2019, art. 99)* **Toute personne âgée d'au moins dix-huit ans peut suivre un apprentissage en conduite supervisée des véhicules légers, sous la surveillance constante et directe d'un accompagnateur, après validation soit de sa formation initiale, soit de compétences minimales lors de l'épreuve pratique du permis de conduire définies par arrêté du ministre chargé de la sécurité routière.**

Dispositions réglementaires : art. R. 211-5-1.

Art. L. 211-5 *(L. n° 2015-990 du 6 août 2015, art. 28-II)* **Les personnes suivant une formation professionnelle en vue de l'obtention d'un diplôme de l'éducation nationale** *(L. n° 2019-1428 du 24 déc. 2019, art. 99)* **« ou d'un titre professionnel délivré par le ministre chargé de l'emploi » permettant la délivrance du permis de conduire peuvent pratiquer la conduite encadrée, sur un véhicule léger** *(L. n° 2019-1428 du*

24 déc. 2019, art. 99) « ou un véhicule du groupe lourd », sous la surveillance constante et directe d'un accompagnateur remplissant des conditions fixées par le décret mentionné à l'article L. 211-7.

La conduite encadrée est accessible à partir de l'âge de seize ans aux élèves ayant validé la formation préalable à l'obtention du permis de conduire des véhicules légers *(L. nº 2019-1428 du 24 déc. 2019, art. 99)* « ou des véhicules du groupe lourd ».

Dispositions réglementaires : art. R. 211-5-2.

Art. L. 211-6 *(L. nº 2015-990 du 6 août 2015, art. 28-II)* Sauf dans les périodes de conduite accompagnée définies aux articles L. 211-3 à L. 211-5, l'apprentissage de la conduite des véhicules légers sur la voie publique peut être effectué sur un véhicule répondant à des prescriptions particulières, avec un accompagnateur justifiant d'une condition d'ancienneté du permis de conduire précisée par le décret mentionné à l'article L. 211-7.

Art. L. 211-7 *(L. nº 2015-990 du 6 août 2015, art. 28-II)* Un décret en Conseil d'État définit les conditions d'application du présent chapitre.

Dispositions réglementaires : art. R. 211-3 s.

CHAPITRE II ENSEIGNEMENT À TITRE ONÉREUX ET ANIMATION DE STAGES DE SENSIBILISATION À LA SÉCURITÉ ROUTIÈRE

(L. nº 2007-297 du 5 mars 2007, art. 23, en vigueur le 7 mars 2009).

Art. L. 212-1 *(Ord. nº 2008-507 du 30 mai 2008, art. 9)* I. — L'enseignement, à titre onéreux, de la conduite des véhicules à moteur d'une catégorie donnée et de la sécurité routière ainsi que l'animation de stages de sensibilisation à la sécurité routière mentionnés à l'article L. 223-6 sont subordonnés à la délivrance d'une autorisation administrative.

(Ord. nº 2015-1682 du 17 déc. 2015, art. 5-1º, en vigueur le 1er janv. 2016) « II. — Tout ressortissant d'un État membre de l'Union européenne ou d'un autre État partie à l'accord sur l'Espace économique européen y exerçant les activités mentionnées au I est réputé détenir l'autorisation administrative pour exercer en France ces activités de façon temporaire et occasionnelle, sous réserve d'être légalement établi dans l'un de ces États et, lorsque ni ces activités ni la formation y conduisant n'y sont réglementées, de les avoir exercées dans un ou plusieurs États membres pendant une année ou à temps partiel pendant une durée équivalente au cours des dix années qui précèdent la prestation.

« Lorsque le professionnel fournit pour la première fois une prestation en France, il en informe au préalable l'autorité administrative par une déclaration écrite dont le contenu et la procédure de dépôt sont précisés par décret. Cette déclaration donne lieu à une vérification des qualifications professionnelles du prestataire afin de permettre à l'autorité de s'assurer que la prestation ne portera pas atteinte à la sécurité ou à la santé du bénéficiaire du service du fait du manque de qualification professionnelle du prestataire.

« III. — Un accès partiel à la profession au sens de la directive 2005/36/CE du Parlement européen et du Conseil du 7 septembre 2005 relative à la reconnaissance des qualifications professionnelles peut être accordé au cas par cas aux ressortissants de l'Union européenne ou d'un autre État partie à l'accord sur l'Espace économique européen lorsque les trois conditions suivantes sont remplies :

« 1º Le professionnel est pleinement qualifié pour exercer, dans l'État d'origine membre de l'Union ou partie à l'accord sur l'Espace économique européen, l'activité professionnelle pour laquelle l'accès partiel est sollicité ;

« 2º Les différences entre l'activité professionnelle légalement exercée dans l'État d'origine membre de l'Union ou partie à l'accord sur l'Espace économique européen et la profession réglementée correspondante en France sont si importantes que l'application de mesures de compensation reviendrait à imposer au demandeur de suivre le programme complet d'enseignement et de formation requis en France pour avoir pleinement accès à la profession réglementée ;

« 3° L'activité professionnelle est distincte de la ou des autres activités relevant de la profession réglementée, notamment dans la mesure où elle est exercée de manière autonome dans l'État d'origine.

« L'accès partiel peut être refusé pour des raisons impérieuses d'intérêt général, si ce refus est proportionné à la protection de cet intérêt.

« Les demandes aux fins d'accès partiel sont examinées, selon le cas, comme des demandes à fin d'établissement ou de libre prestation de services temporaire et occasionnelle. »

Dispositions réglementaires : R. 212-1 s.

COMMENTAIRE

Enseignement de la conduite et animation de stages de sensibilisation à la sécurité routière. L'article L. 212-1 subordonne l'enseignement, à titre onéreux, de la conduite et de la sécurité routière à la délivrance d'une autorisation administrative impliquant certaines conditions (V. art. L. 212-2 et R. 212-1 s.). Initialement, cet article n'était applicable qu'à l'enseignement, à titre onéreux, de la conduite et de la sécurité routière. Mais, depuis la loi n° 2007-297 du 5 mars 2007 le modifiant, ses dispositions sont également applicables à l'animation de stages de sensibilisation à la sécurité routière. Depuis cette loi, l'animation de ces stages est donc également subordonnée à une autorisation administrative, dont la délivrance est soumise à des conditions comparables à celles prévues pour l'enseignement, à titre onéreux, de la conduite (V. égal. ici art. L. 212-2 et R. 212-1 s.).

Concernant l'animation de stages de sensibilisation à la sécurité routière, on remarquera que l'article L. 212-1 se réfère uniquement aux stages mentionnés à l'article L. 223-6 du présent code, autrement dit aux stages qui permettent de récupérer des points sur le permis de conduire. Or les stages de sensibilisation à la sécurité routière constituent également une peine prévue, depuis la loi n° 2019-222 du 23 mars 2019, à l'article 131-5-1 du code pénal (ainsi qu'une obligation qui peut assortir un sursis probatoire [C. pén., art. 132-45, 15°], une mesure alternative aux poursuites [C. pr. pén., art. 41-1, 2°] et une mesure de composition pénale [C. pr. pén., art. 41-2, 7° et R. 15-33-55-1], éventuellement en lien avec l'installation d'un éthylotest anti-démarrage [C. pr. pén., art. 41-2, 4° *bis* et R. 15-33-41-1]). Cela ne signifie pas pour autant que l'animation de ces « stages – peine (de même que celle des autres stages) n'est pas soumise aux mêmes conditions que l'animation des « stages – récupération de points ». Pour l'organisation des « stages – peine », l'article R. 131-11-1 du code pénal renvoie, en effet, aux dispositions des articles R. 223-5 à R. 223-13 du code de la route, lesquelles renvoient aux dispositions qui, depuis le décret du 29 décembre 2009, précisent les conditions d'animation des stages de sensibilisation à la sécurité routière (V. l'art. R. 223-7 qui prévoit que « l'animation des stages de sensibilisation à la sécurité routière est assurée conjointement par un enseignant de la conduite et de la sécurité routière et un psychologue, titulaires de l'autorisation d'animer, en cours de validité, mentionnée au II de l'article R. 212-2 »).

Reconnaissance européenne des qualifications professionnelles. L'article L. 212-1 a, par ailleurs, été modifié à deux reprises pour mettre ses dispositions en conformité avec celles de la directive 2005/36/CE du 7 septembre 2005 relative à la reconnaissance des qualifications professionnelles (*JOUE L 255 du 30 sept. 2015, p. 22*). Par cette directive, l'Union européenne a voulu remplacer les nombreuses dispositions adoptées en la matière en les regroupant dans un seul et même texte, mais aussi favoriser ce qu'il est convenu d'appeler la libre prestation de service. Une ordonnance du 30 mai 2008, portant transposition de cette directive en droit français, a, en conséquence, modifié les présentes dispositions afin de permettre aux ressortissants européens d'enseigner, en France, la conduite des véhicules à moteur dans le cadre d'une libre prestation de service, ou bien d'assurer l'animation de stages de sensibilisation à la sécurité routière dans un tel cadre. Mais ces dispositions ont, depuis, été largement réécrites par une ordonnance du 17 décembre 2015 pour tenir compte des modifications apportées à la directive du 7 septembre 2005 par la directive 2013/55/UE du 20 novembre 2013 (*JOUE L 354 du 28 déc. 2013, p. 132*), lesquelles visent notamment à permettre aux ressortissants européens un accès partiel aux professions réglementées.

Libre prestation de service. Une partie des dispositions de la directive du 7 septembre 2005 ont ainsi pour but de permettre aux ressortissants européens (c'est-à-dire aux ressortissants d'un État membre de la Communauté européenne ou d'un État partie à l'Espace économique européen) d'exercer dans un État membre, de façon temporaire et occasionnelle, l'activité professionnelle qu'ils exercent dans un autre État membre. Cette libre prestation de service suppose toutefois que l'intéressé soit légalement établi dans un État membre pour y exercer la profession considérée et qu'il justifie également d'un minimum d'expérience professionnelle lorsqu'il est établi dans un État où la profession ou la formation y conduisant n'y sont pas réglementées (au moins un an d'activité au cours des dix années précédant la prestation, conformément à la directive de 2005 telle que modifiée en 2013). Autant de règles qui ont été reprises au paragraphe II du présent article et qui permettent aux professionnels européens de l'enseignement de la conduite (ou de l'animation de stage de sensibilisation à la sécurité routière) d'exercer en France leur activité de façon temporaire et occasionnelle. En conformité avec la directive, on remarquera que l'article L. 212-1, II, prévoit néanmoins une vérification préalable des qualifications professionnelles des personnes concernées : les activités professionnelles visées ayant des implications en matière de santé ou de sécurité publiques.

Accès partiel. La directive de 2005, telle que modifiée en 2013, demande également aux États membres de permettre aux ressortissants européens d'accéder partiellement à une profession réglementée. Pour se conformer à ces exigences, un paragraphe III a été ajouté au présent article par l'ordonnance du 17 décembre 2015, qui reprend d'ailleurs l'ensemble des conditions formulées par la directive pour un tel accès.

Autres activités professionnelles concernées. Signalons enfin que des dispositions sur la libre prestation de service figurent également à l'article L. 323-1 concernant l'exercice de la profession de contrôleur technique et à l'article L. 326-4 concernant l'exercice de la profession d'expert en automobile et que des dispositions sur l'accès partiel ont été formulées à l'article L. 213-1-1 qui prévoit que l'enseignement de la conduite et l'animation de stages de sensibilisation à la sécurité routière doivent être organisés dans le cadre d'un établissement agréé et à l'article L. 326-4 concernant la profession d'expert en automobile. ❑

Art. L. 212-2 **I. — Nul ne peut être autorisé à enseigner, à titre onéreux, la conduite des véhicules à moteur d'une catégorie donnée et la sécurité routière, s'il ne satisfait aux conditions suivantes :**

1° Ne pas avoir fait l'objet d'une condamnation :

_a)_ Soit à une peine criminelle ;

_b)_ Soit à une peine correctionnelle prononcée pour une infraction figurant sur une liste fixée par décret en Conseil d'État ;

2° Être titulaire du permis de conduire, en cours de validité, valable pour la ou les catégories de véhicules considérés ;

(L. nº 2015-177 du 16 févr. 2015, art. 16-1º) **« 3° Être titulaire d'un titre ou diplôme d'enseignant de la conduite et de la sécurité routière ou, dans des conditions déterminées par décret en Conseil d'État, être en cours de formation pour la préparation à l'un de ces titres ou diplômes ; »**

4° Remplir les conditions d'âge, d'ancienneté du permis de conduire et d'aptitude physique fixées par décret en Conseil d'État.

(L. nº 2007-297 du 5 mars 2007, art. 23, en vigueur le 7 mars 2009) **« II. — Nul ne peut être autorisé à animer des stages de sensibilisation à la sécurité routière s'il ne satisfait aux conditions suivantes :**

« 1° Ne pas avoir fait l'objet d'une condamnation :

« _a)_ Soit à une peine criminelle ;

« _b)_ Soit à une peine correctionnelle prononcée pour une infraction figurant sur une liste fixée par décret en Conseil d'État ;

« 2° Remplir des conditions précisées par décret en Conseil d'État, relatives à la détention d'un permis de conduire, à l'âge, à l'aptitude physique et aux formations suivies. »

COMMENTAIRE

Enseignement de la conduite et animation de stages de sensibilisation à la sécurité routière. Comme le précédent article, l'article L. 212-2 a été modifié par la loi nº 2007-297 du 5 mars 2007, afin de soumettre l'animation des stages de sensibilisation à la sécurité routière à des conditions comparables à celles prévues pour l'enseignement, à titre onéreux, de la conduite. Le présent article formule de la sorte les différentes conditions qui doivent être remplies pour pouvoir enseigner la conduite ou animer des stages, conditions qui sont ensuite précisées dans la partie réglementaire, aux articles R. 212-2 et suivants.

Autorisation temporaire et restrictive d'exercer. Concernant l'enseignement de la conduite, on notera que, depuis la loi n° 2015-177 du 16 février 2015, l'article L. 212-2 permet aux personnes qui ne sont pas titulaires d'un titre ou d'un diplôme d'enseignant de la conduite et de la sécurité routière, mais qui sont en cours de formation à l'un de ces titres ou diplômes, d'être autorisées à enseigner la conduite, dans certaines conditions précisées par décret. Par cette possibilité, il s'est agi pour le législateur – notamment – de vouloir renforcer l'attractivité d'un métier, en permettant à celui qui se forme d'être rémunéré.

Pour ce faire, on notera que l'intéressé doit alors obtenir une autorisation temporaire et restrictive d'exercer qui est délivrée par le préfet pour une durée de douze mois non renouvelable (V. art. R. 212-1, I *bis* et R. 212-2, I *bis*). ❑

Art. L. 212-3 Dans l'hypothèse où les conditions prévues à l'article L. 212-2 cessent d'être remplies, il est mis fin à l'autorisation prévue à l'article L. 212-1. En cas d'urgence justifiée par des faits passibles d'une des condamnations visées à l'article L. 212-2, l'autorité administrative peut, après avoir mis l'intéressé en mesure de présenter ses observations, suspendre, pour une durée maximale de six mois, une autorisation délivrée en application de l'article L. 212-1.

Lorsque sont établis des procès-verbaux d'infractions correspondant à des faits mentionnés à l'alinéa précédent commises par des bénéficiaires d'autorisations délivrées en application de l'article L. 212-1, copie en est transmise par le procureur de la République à l'autorité administrative.

La mesure de suspension provisoire cesse de plein droit dès que l'autorité judiciaire s'est prononcée.

Art. L. 212-4 I. — Le fait d'enseigner, à titre onéreux, la conduite des véhicules à moteur d'une catégorie donnée et la sécurité routière *(L. n° 2015-990 du 6 août 2015, art. 22-1°)* **« ou d'animer un stage de sensibilisation à la sécurité routière » sans être titulaire de l'autorisation prévue à l'article L. 212-1 ou en violation d'une mesure de suspension provisoire de celle-ci est puni d'un an d'emprisonnement et de 15 000 € d'amende.** *(Ord. n° 2008-507 du 30 mai 2008, art. 9)* **« Est puni de la même peine l'exercice temporaire et occasionnel de l'enseignement de la conduite et de la sécurité routière** *(L. n° 2015-990 du 6 août 2015, art. 22-1°)* **« ou de l'animation d'un stage de sensibilisation à la sécurité routière » sans respecter les conditions fixées au II de l'article L. 212-1. »**

II. — Les personnes physiques coupables de l'infraction prévue à l'alinéa précédent encourent également les peines complémentaires suivantes :

1° L'interdiction d'exercer l'activité professionnelle dans l'exercice ou à l'occasion de l'exercice de laquelle l'infraction a été commise, suivant les modalités prévues par l'article 131-27 du code pénal ;

2° L'affichage ou la diffusion de la décision prononcée, dans les conditions prévues par l'article 131-35 du code pénal ;

3° La confiscation de la chose qui a servi ou était destinée à commettre l'infraction ou de la chose qui en est le produit.

COMMENTAIRE

Enseignement de la conduite et animation de stages de sensibilisation à la sécurité routière. On sait que l'article L. 212-1 subordonne l'enseignement, à titre onéreux, de la conduite et de la sécurité routière et, depuis la loi n° 2007-297 du 5 mars 2007, l'animation de stages de sensibilisation à la sécurité routière, à la délivrance d'une autorisation administrative (V. art. L. 212-1 et son comm.). Or, pour assurer le respect de ces dispositions, l'article L. 212-4 prévoit un délit sanctionnant d'un an d'emprisonnement et de 15 000 € d'amende celui qui enseignerait la conduite ou celui qui, depuis la loi n° 2015-990 du 6 août 2015, animerait des stages, sans cette autorisation ou en violation d'une mesure de suspension provisoire de celle-ci.

On rappellera, en effet, que si le domaine d'application des dispositions figurant aux articles L. 212-1 et suivants a été étendu à l'animation des stages de sensibilisation à la sécurité routière par la loi du 5 mars 2007, cette extension n'a pas alors été complète, le législateur n'ayant pas modifié les éléments constitutifs du présent délit. Mais cette différence de traitement entre l'enseignement de la conduite et l'animation de stages ne vaut plus depuis la loi du 6 août 2015 qui a modifié le présent article pour le rendre également applicable au fait d'animer des stages de sensibilisation à la sécurité routière sans autorisation ou en violation d'une mesure de suspension provisoire de celle-ci.

On notera enfin que l'article L. 212-4 sanctionne également, depuis l'ordonnance n° 2008-507 du 30 mai 2008, l'exercice temporaire et occasionnel de l'enseignement de la conduite et de la sécurité routière sans respecter les conditions fixées au II de l'article L. 212-1 (V. cet art. et son comm.) et, depuis la loi du 6 août 2015, l'exercice temporaire et occasionnel de l'animation de stages sans respecter de telles conditions.

QUELQUES GÉNÉRALITÉS SUR LES DÉLITS ROUTIERS

C'est dans le présent article que l'on trouvait le premier délit du code de la route jusqu'à la loi du 24 décembre 2019 d'orientation des mobilités. Depuis cette loi, le premier délit figure à l'article L. 130-12 et il permet de sanctionner de deux ans d'emprisonnement et 30 000 euros d'amende l'exploitant d'un service électronique d'aide à la conduite ou à la navigation par géolocalisation qui ne respecterait pas l'interdiction de signaler certains contrôles routiers formulée à l'article L. 130-11. On notera qu'aucune peine complémentaire n'a été prévue pour le délit de l'article L. 130-11. Il en va différemment pour la plupart des délits routiers et en particulier pour le délit figurant à l'article L. 212-4 qui est assez représentatif des autres incriminations délictuelles prévues dans le présent code.

La formulation des incriminations dans le code de la route a été entièrement revue à l'occasion de la recodification. Sur le modèle des incriminations figurant dans le code pénal de 1994, les incriminations et les peines ont été rapprochées et, pour chaque incrimination, les peines complémentaires ont été précisées à la suite des peines principales.

Incriminations et peines. Dans le code recomposé, les incriminations et les peines ont été rapprochées. L'article L. 212-4 en est un parfait exemple. Si les éléments constitutifs suivants sont réunis : 1. le fait d'enseigner ; 2. à titre onéreux ; 3. la conduite d'un véhicule à moteur d'une catégorie donnée ; 4. sans être titulaire de l'autorisation (ou en violation d'une mesure de suspension provisoire de cette autorisation), l'article L. 212-4 prévoit comme peine principale – qui rappelons-le est toujours un maximum – un an d'emprisonnement et 15 000 € d'amende. Comme le prévoit le présent article, cette peine principale est également applicable à celui qui animerait des stages de sensibilisation à la sécurité routière, sans être titulaire de l'autorisation (ou en violation d'une mesure de suspension provisoire de cette autorisation), ainsi qu'au ressortissant européen qui exercerait de façon temporaire et occasionnelle l'enseignement de la conduite et de la sécurité routière en France (ou l'animation de stages de sensibilisation à la sécurité routière), sans avoir fait la déclaration préalable prévue par l'article L. 212-1, II.

Pour les délits du code de la route, comme pour les délits du code pénal, on remarquera par ailleurs que le montant de l'amende qui est prévu pour chaque incrimination est, en règle générale, en corrélation avec la durée d'emprisonnement encourue (1 an = 15 000 €, 2 ans = 30 000 €...). On notera également que, pour ces délits, les règles du code pénal permettant de remplacer la peine d'emprisonnement prévu par le texte par une peine alternative sont applicables.

Peines complémentaires. Dans le code recomposé, les peines secondaires – c'est-à-dire celles qui s'ajoutent à la peine principale – sont uniquement des peines complémentaires. Il n'existe plus, tout comme dans le code pénal, de peines accessoires découlant automatiquement de la peine principale. Le juge est donc totalement libre d'ajouter, ou non, des peines complémentaires et, s'il le fait, il ne peut que puiser dans celles qui sont limitativement prévues auprès du texte d'incrimination (V. toutefois, ci-après, le cas particulier de la peine de confiscation du véhicule). Ainsi l'article L. 212-4 propose au juge trois peines complémentaires facultatives : l'interdiction d'exercice de l'activité professionnelle, l'affichage ou la diffusion de la décision et la confiscation de la chose qui a servi à commettre l'infraction ou qui en est le produit. Des renvois sont d'ailleurs effectués aux articles correspondants du code pénal. Depuis la recodification, tout texte d'incrimination du code de la route est donc suivi non seulement de la peine principale, mais aussi des peines complémentaires facultatives.

La nature du **retrait de points** est à cet égard ambiguë. Le nombre de points retirés figure dans le texte d'incrimination. Il ne s'agit certes pas d'une peine complémentaire, puisque le juge ne dispose pas du pouvoir de le prononcer ni de celui de l'écarter. Il s'agit certes d'une sanction, mais qui découle automatiquement du prononcé de la condamnation ou du paiement de l'amende. En cela le retrait de points s'apparente à une peine accessoire, mais l'on sait que le code pénal a supprimé cette catégorie. Il appartient à la matière pénale, mais sa nature purement pénale est pour le moins controversée (sur la nature de sanction administrative découlant de la réalité établie ou reconnue d'une infraction spécialement visée, V. les comm. figurant au-dessus de l'art. L. 223-1. Pour une option en faveur de la nature pénale du retrait de points, V. J.-P. Céré, Le permis à points, *5e éd., L'Harmattan, 2013*).

Dans certaines hypothèses – par exemple, en cas d'homicide ou de blessures involontaires aggravés commis par le conducteur d'un véhicule terrestre à moteur, ou bien de récidive de conduite sous l'empire d'un état alcoolique ou après usage de stupéfiants –, **l'annulation du permis de conduire** s'apparente également à une peine accessoire ou plus exactement constitue une peine complémentaire obligatoire, le juge ne disposant que de la possibilité de fixer, dans les limites légales, la durée pendant laquelle l'intéressé ne peut solliciter un nouveau permis [ou, depuis la loi d'orientation des mobilités du 24 décembre 2019, en cas de récidive de conduite sous l'empire d'un état alcoolique, la durée pendant laquelle l'intéressé est astreint à ne conduire qu'un véhicule équipé d'un éthylotest antidémarrage]. C'est d'ailleurs cette possibilité qui a conduit le Conseil constitutionnel a jugé conforme cette peine complémentaire automatique à la Constitution (V. comm. ss. art. L. 234-13). On notera toutefois qu'en cas de récidive d'un délit d'homicide involontaire aggravé commis par le conducteur d'un véhicule terrestre à moteur, la durée de l'interdiction de solliciter un nouveau permis est « de plein droit » portée à dix ans, voire peut être définitive par décision spécialement motivée de la juridiction (V. art. 221-8 C. pén. repris à l'art. L. 232-1 du présent code).

Depuis la loi du 14 mars 2011, dite LOPPSI II, **la confiscation du véhicule** peut également être une peine complémentaire obligatoire. Pour de nombreux délits routiers, la confiscation du véhicule est une peine complémentaire facultative qui peut être prononcée en application des dispositions générales du code pénal sur la confiscation. Depuis la loi du 5 mars 2007 relative à la prévention de la délinquance, l'article 131-21 prévoit en effet que « la peine complémentaire de confiscation est encourue (...) de plein droit pour les crimes et pour les délits punis d'une peine d'emprisonnement d'une durée supérieure à un an, à l'exception des délits de presse » (sur la constitutionnalité de cette peine, V. jurisprudence citée ss. art. 131-21 C. pén., App., v° *Infractions*). Mais, pour certains délits routiers, cette peine complémentaire est, depuis la LOPPSI II, obligatoire : il en est ainsi, par exemple, pour certains délits aggravés d'homicide ou de blessures involontaires commis par le conducteur d'un véhicule terrestre à moteur, en cas de conduite malgré une décision judiciaire de suspension ou d'annulation du permis, ou encore en cas de récidive de conduite sous l'empire d'un état alcoolique ou après usage de stupéfiants. Toutefois, à la différence de l'annulation du permis de conduire qui intervient de plein droit dans certains cas, la confiscation dite obligatoire du véhicule n'est pas automatique. Elle ne peut déjà intervenir que si l'auteur de l'infraction est propriétaire du véhicule avec lequel l'infraction a été commise. Et surtout, on notera que, dans tous les cas, le législateur précise que la juridiction peut ne pas la prononcer par une décision spécialement motivée. Une précision qui fait bien évidemment écho aux dispositions du code pénal sur les peines planchers, abrogées par la loi du 15 août 2014 relative à l'individualisation des peines et renforçant l'efficacité des sanctions pénales (V. ci-après comm. sur la récidive), et qui avait permis à ces dispositions d'être validées par le Conseil constitutionnel. On remarquera enfin que de nouvelles dispositions sur l'immobilisation et la mise en fourrière d'un véhicule ont été créées par la LOPPSI II pour faciliter la mise en œuvre de cette peine de confiscation obligatoire (V. art. L. 325-1-2).

Responsabilité pénale des personnes morales. Les rédacteurs du code de la route recomposé ont également pris en compte pour les délits routiers les règles sur la responsabilité pénale des personnes morales formulées par le code pénal de 1994. A l'origine, l'article 121-2 de ce code avait limité cette responsabilité aux « cas prévus par la loi et le règlement ». Il convenait, ce faisant, de se reporter à chaque texte d'incrimination pour savoir si telle ou telle infraction pouvait être reprochée à une personne morale. Ce principe dit de spécialité, repris dans le code de la route recomposé, faisait que l'infraction prévue à l'article L. 212-4 du présent code ne pouvait pas être mise à la charge d'une personne morale alors que celle de l'article L. 213-6 pouvait l'être.

Cependant, depuis le 31 décembre 2005, ce principe de spécialité ne vaut plus. L'article 54 de la loi Perben II, applicable à cette date, a en effet supprimé de l'article 121-2 du code pénal l'expression « dans les cas prévus par la loi et le règlement ». Toutes les infractions peuvent donc, depuis, être reprochées aux personnes morales, à partir du moment où elles ont été commises pour leur compte et par leurs organes ou représentants. La disparition du principe de spécialité n'a toutefois pas alors été accompagnée d'un toilettage des textes d'incrimination prévoyant spécifiquement la responsabilité pénale des personnes morales, toilettage que la loi du 12 mai 2009 de simplification et clarification du droit a réalisé. Dans le code de la route, ont ainsi été réécrits les dispositions pertinentes de l'article L. 213-6, ainsi que celles des articles L. 317-8, L. 321-4 et L. 413-5, lesquelles ont uniquement pour objet, depuis cette loi, de préciser les peines, autres que d'amende, qui peuvent être prononcées à l'encontre d'une personne morale.

Conformément à l'article 131-37 du code pénal, les peines correctionnelles encourues par les personnes morales sont en effet l'amende et « dans les cas prévus par la loi, les peines énumérées à l'article 131-39 » (allant de la dissolution de la personne morale à l'affichage ou la diffusion de la décision de condamnation). Il en résulte que, pour les délits, les peines prévues à l'article 131-39 du code pénal ne peuvent être prononcées que si la loi d'incrimination les prévoit expressément, ce qui est le cas pour les délits auxquels renvoient les articles L. 213-6, L. 317-8, L. 318-3, III, L. 321-4 et L. 413-5 du présent code. Pour les autres délits, et en l'absence de disposition légale, seule une peine d'amende peut donc être prononcée dont le montant peut atteindre le quintuple du maximum prévu pour les personnes physiques (V. C. pén., art. 131-38).

Soulignons enfin qu'une circulaire consacrée à la généralisation de la responsabilité pénale des personnes morales (Circ. CRIM 2006 03 E8 du 13 févr. 2006, *BOMJ 2006, n° 101*) donne, en annexe, des exemples d'infractions ou de catégories d'infractions pour lesquelles cette généralisation présente un intérêt pratique particulier. Dans notre domaine, les seules infractions au code de la route citées sont les contraventions prévues aux articles R. 121-1 à R. 121-4 (fait pour un employeur d'inciter ses préposés à commettre des excès de vitesse, à dépasser le temps de conduite ou les dispositions sur le poids maximal du véhicule). Pour le reste, il s'agit de délits ou de contraventions figurant dans des dispositions alors non codifiées : par exemple, les délits et contraventions sur le transport de matières dangereuses qui étaient prévus par l'article 4 de la loi n° 75-1335 du 31 décembre 1975 et le décret n° 77-1331 du 30 novembre 1977 ; les délits prévus aux articles 3 et 3 *bis* de l'ordonnance n° 58-1310 du 23 décembre 1958 sur notamment la falsification des documents de contrôle des conditions de travail ou encore les contraventions figurant à l'article 3 du décret n° 86-1130 du 17 octobre 1986 concernant le dépassement du temps de conduite ou le non-respect des dispositions sur le repos journalier et hebdomadaire. En somme, il s'agit ici de délits et de contraventions spécifiques aux transports routiers et qui, depuis, ont été insérés dans le code des transports.

LA RÉCIDIVE DES DÉLITS ROUTIERS

Les dispositions applicables en cas de récidive figurent, pour l'essentiel, dans le code pénal.

Doublement des peines encourues. Conformément à l'article 132-9 du code pénal, un doublement des peines d'emprisonnement et d'amende encourues est tout d'abord prévu lorsqu'une personne physique, déjà condamnée définitivement pour un crime ou pour un délit puni de dix ans d'emprisonnement par la loi, commet, dans un délai de dix ans, un délit puni de la même peine, ou, dans un délai de cinq ans, un délit puni d'une peine d'emprisonnement supérieure à un an et inférieure à dix ans. Il s'agit de ce que l'on appelle la récidive générale. Mais à ce premier cas de récidive légale, s'ajoutent ensuite des cas de récidive dite spéciale. Conformément à l'article 132-10 du code pénal, lorsqu'une personne physique, déjà condamnée définitivement pour un délit, commet, dans un délai de cinq ans, le même délit, le maximum des peines d'emprisonnement et d'amende encourues est également doublé. Et il en est de même lorsque la personne physique commet, non pas le même délit, mais un délit qui lui est assimilé au regard des règles sur la récidive. Or ces dispositions sur la récidive spéciale sont, sans doute, les plus importantes en notre matière, plusieurs délits routiers étant assimilés, c'est-à-dire considérés comme une même infraction, par le code pénal (V. art. 132-16-2). Il en est ainsi des délits d'homicide involontaire ou d'atteinte involontaire à l'intégrité de la personne commis à l'occasion de la conduite d'un véhicule terrestre à moteur, prévus par les articles 221-6-1, 222-19-1 et 222-20-1 du code pénal (et repris en dispositions suiveuses aux articles L. 232-1 et suivants du présent code). De même, sont assimilés entre eux les délits de conduite sans permis, de conduite en état alcoolique ou en état d'ivresse, de conduite après usage de stupéfiants, de grand excès de vitesse en récidive et, depuis la loi du 24 janvier 2022 relative à la responsabilité pénale et à la sécurité intérieure, de refus d'obtempérer. Et tous ces délits sont également assimilés aux délits d'homicide involontaire ou d'atteinte involontaire à l'intégrité de la personne commis à l'occasion de la conduite d'un véhicule terrestre à moteur lorsqu'ils constituent le second terme de la récidive.

On notera par ailleurs que ce doublement des peines encourues suppose que la personne concernée ait été condamnée définitivement pour une première infraction. Tel n'est pas le cas de la personne qui a fait l'objet, pour un délit routier, d'une procédure de composition pénale, celle-ci n'étant pas une condamnation (V. Cass., avis, 18 janv. 2010 : *Bull. crim. 2010, avis n° 1 ; AJ pénal 2010. 187, note Danet* ; qui considère, à juste titre, qu'« une amende de composition pénale exécutée ne peut pas constituer le premier terme d'une récidive, au sens de l'article 132-10 du code pénal »). Cette précision est importante, lorsque l'on sait que la procédure de la composition pénale est fréquemment utilisée pour les délits routiers.

Abrogation des peines planchers. La loi n° 2007-1198 du 10 août 2007 renforçant la lutte contre la récidive des majeurs et des mineurs était par ailleurs venue instaurer ce qu'il était convenu d'appeler des peines d'emprisonnement planchers en cas de récidive légale, c'est-à-dire des peines d'emprisonnement minimales que devaient prononcer les juridictions de jugement, sauf décision contraire spécialement motivée. L'article 132-19-1 du code pénal, créé par cette loi, prévoyait ainsi que pour les délits commis en état de récidive légale, la peine d'emprisonnement ne pouvait être inférieure à un seuil, évolutif en fonction de la peine encourue : un an si le délit était puni de trois ans, deux ans si le délit était puni de cinq ans, trois ans si le délit était puni de sept ans et quatre ans si le délit était puni de dix ans. Et pour appliquer ces dispositions, il fallait se reporter, non pas à la peine encourue pour un délit en cas de récidive légale qui – comme il a été dit – est le double de la peine prévue, mais à celle encourue pour ce délit hors récidive.

De la sorte, si pour plusieurs délits routiers, les dispositions sur les peines planchers n'étaient pas applicables : la peine d'emprisonnement maximale prévue par la loi étant de deux ans (par exemple, en cas de conduite sous l'empire d'un état alcoolique ou après usage de stupéfiants), pour d'autres, en revanche, elles l'étaient et en particulier pour la plupart des délits d'homicide involontaire ou d'atteinte involontaire à l'intégrité de la personne commis à l'occasion de la conduite d'un véhicule terrestre à moteur.

Ces dispositions ont cependant été abrogées par la loi du 15 août 2014 relative à l'individualisation des peines et renforçant l'efficacité des sanctions pénales. Conformément à la règle dite « de la rétroactivité *in mitius* », formulée à l'article 112-1, alinéa 3, du code pénal, cette abrogation vaut également pour les infractions commises avant son entrée en vigueur et n'ayant pas donné lieu à une condamnation passée en force de chose jugée. La Cour de cassation l'a d'ailleurs rappelée dans un arrêt du 14 octobre 2014 (V. Crim. 14 oct. 2014, n° 13-85.779 : *Bull. crim. n° 205 ; D. actu. 4 nov. 2014, obs. Anane*). ❑

Art. L. 212-5 Un décret en Conseil d'État détermine les conditions d'application du présent chapitre.

Dispositions réglementaires : R. 212-1 s.

Se rend coupable d'exercice illégal de la profession de moniteur d'auto-école l'apprenti qui dispense l'enseignement de la conduite automobile sans être titulaire de la carte professionnelle de moniteur. Et le directeur de l'auto-école qui a prêté le véhicule à double commande s'est rendu complice par fourniture de moyens. • T. corr. Montbéliard, 22 nov. 1963 : *D. 1964. 78, note Pelier.*

CHAPITRE III ÉTABLISSEMENT D'ENSEIGNEMENT ET D'ANIMATION DE STAGES DE SENSIBILISATION À LA SÉCURITÉ ROUTIÈRE

(L. n° 2007-297 du 5 mars 2007, art. 23, en vigueur le 7 mars 2009).

Art. L. 213-1 L'enseignement, à titre onéreux, de la conduite des véhicules à moteur d'une catégorie donnée et de la sécurité routière *(L. n° 2007-297 du 5 mars 2007, art. 23, en vigueur le 7 mars 2009)* **« ainsi que l'animation des stages de sensibilisation à la sécurité routière mentionnés à l'article L. 223-6 ne peuvent être organisés » que dans le cadre d'un établissement** *(Abrogé par L. n° 2007-297 du 5 mars 2007, art. 23, à compter du 7 mars 2009)* **« *d'enseignement* » dont l'exploitation est subordonnée à un agrément délivré par l'autorité administrative** *(Abrogé par L. n° 2015-990 du 6 août 2015, art. 23-1°)* **« *, après avis d'une commission* ».**

(L. n° 2015-177 du 16 févr. 2015, art. 16-2°) **« L'enseignement, à titre onéreux, de la conduite des véhicules à moteur d'une catégorie donnée et de la sécurité routière**

est dispensé, au sein des établissements mentionnés au premier alinéa du présent article, par les titulaires d'une autorisation d'enseigner mentionnée à l'article L. 212-1. La proportion maximale des personnes en cours de formation mentionnées au 3° du I de l'article L. 212-2 est déterminée, au regard de l'effectif total des enseignants de la conduite et de la sécurité routière de l'entreprise, selon des modalités fixées par décret en Conseil d'État. »

La formation, à titre onéreux, des candidats à l'un des titres ou diplômes exigés pour l'exercice de la profession d'enseignant de la conduite des véhicules à moteur d'une catégorie donnée et de la sécurité routière ne peut être dispensée que dans le cadre d'un établissement dont l'exploitation est subordonnée à un agrément délivré par l'autorité administrative *(Abrogé par L. nº 2015-990 du 6 août 2015, art. 23-1º)* **« *, après avis d'une commission* ».**

Dispositions réglementaires : art. R. 213-1 s.

Jusqu'au 31 déc. 2016, les établissements d'enseignement de la conduite et de la sécurité routière mentionnés aux art. L. 213-1 et L. 213-7 C. route peuvent utiliser des motocyclettes relevant de la catégorie A pour dispenser la formation en vue de l'obtention du permis de conduire de la catégorie A2 (Décr. nº 2016-723 du 31 mai 2016, art. 3).

COMMENTAIRE

Agrément des établissements d'enseignement de la conduite, de formation à la conduite ou d'animation de stages de sensibilisation à la sécurité routière. L'article L. 213-1 prévoit que l'enseignement, à titre onéreux, de la conduite et de la sécurité routière doit être organisé dans un établissement, dont l'exploitation est subordonnée à un agrément délivré par l'autorité administrative. Il en est de même de la formation des personnes qui souhaitent enseigner la conduite, ainsi que, depuis la loi nº 2007-297 du 5 mars 2007, de l'animation de stages de sensibilisation à la sécurité routière.

Simplification de la procédure d'agrément. Avant la loi nº 2015-990 du 6 août 2015, l'article L. 213-1 subordonnait la délivrance des agréments qu'il prévoit à l'avis préalable d'une commission, à savoir celui de la commission départementale de la sécurité routière, comme le précisait ensuite l'article R. 213-1. Mais cet avis préalable n'est plus nécessaire depuis la loi du 6 août 2015 qui a supprimé à l'article L. 213-1 les formules qui prévoyaient un tel avis (une suppression qui a été répercutée à l'art. R. 213-1 par le Décr. nº 2015-1537 du 25 nov. 2015 supprimant au sein de cet art. la formule « après avis de la commission départementale de la sécurité routière »).

Par cette suppression, le législateur a voulu simplifier la procédure d'agrément des différents établissements que l'article L. 213-1 prévoit, mais aussi éviter des risques d'incompatibilité avec la directive 2006/123/CE du 12 décembre 2006 relative aux services dans le marché intérieur (*JOUE L 376 du 27 déc. 2006, p. 36*). L'article 14 de cette directive prohibe en effet « l'intervention directe ou indirecte d'opérateurs concurrents, y compris au sein d'organes consultatifs, dans l'octroi d'autorisations ou dans l'adoption d'autres décisions des autorités compétentes [...] ». Or, au sein de la commission départementale de la sécurité routière, on trouve des professionnels (ou plus exactement des représentants des organisations professionnelles, V. art. R. 411-11) qui sont sollicités pour donner un avis sur l'agrément de concurrents potentiels. Ce qui ne semblait guère conforme à la directive.

On notera enfin que pour qu'une personne puisse enseigner la conduite dans un établissement d'enseignement agréé par l'administration, il faut que celle-ci ait obtenu l'autorisation d'enseigner prévue à l'article L. 212-1. La loi nº 2015-177 du 16 février 2015 est venue le rappeler en ajoutant un alinéa en ce sens à l'article L. 213-1. Mais cet ajout a surtout eu pour but d'apporter ici une précision concernant la possibilité reconnue, par cette même loi, aux personnes qui sont en cours de formation pour devenir enseignant d'être autorisées à enseigner la conduite (V. art. L. 212-2). Dans cette perspective, la loi du 16 février 2015 est venu préciser dans le présent article que la participation des personnes en cours de formation à l'enseignement de la conduite ne devra pas dépasser une certaine proportion déterminée au regard de l'effectif total des enseignants de l'entreprise, selon des modalités fixées par décret en Conseil d'État. Ces modalités ont, depuis, été précisées par le décret nº 2016-381 du 30 mars 2016 et figurent à l'article R. 212-1, I *bis*. ❑

Code général des impôts

Art. 39 *decies* E *(L. nº 2019-1428 du 24 déc. 2019, art. 98-II)* I. — Les établissements d'enseignement, à titre onéreux, de la conduite et de la sécurité routière agréés en application de l'article L. 213-1 du code de la route et les associations exerçant leur activité dans le champ de l'insertion ou de la réinsertion sociale ou professionnelle agréées en application de l'article L. 213-7 du même code soumis à l'impôt sur les sociétés ou à l'impôt sur le revenu selon un régime réel d'imposition peuvent déduire de leur résultat imposable une somme égale à 40 % de la valeur d'origine, hors frais financiers, des simulateurs d'apprentissage de la conduite dotés d'un poste de conduite.

La déduction est applicable aux biens mentionnés au premier alinéa du présent I acquis à l'état neuf à compter du 9 mai 2019 et jusqu'au 8 mai 2021.

II. — La déduction est répartie linéairement sur la durée normale d'utilisation des biens. En cas de sortie du bien de l'actif avant le terme de cette période, elle n'est acquise à l'établissement ou à l'association qu'à hauteur des montants déjà déduits du résultat à la date de la cession, qui sont calculés *pro rata temporis.*

III. — L'établissement ou l'association mentionné au I qui prend en location un bien neuf mentionné au même I, dans les conditions prévues au 1 de l'article L. 313-7 du code monétaire et financier, en application d'un contrat de crédit-bail ou dans le cadre d'un contrat de location avec option d'achat conclu à compter du 9 mai 2019 et jusqu'au 8 mai 2021, peut déduire une somme égale à 40 % de la valeur d'origine du bien neuf, hors frais financiers, au moment de la signature du contrat. Cette déduction est répartie *pro rata temporis* sur la durée normale d'utilisation du bien.

Si l'établissement ou l'association crédit-preneur ou locataire acquiert le bien, il peut continuer à appliquer la déduction. La déduction cesse à compter de la cession ou de la cessation par l'établissement ou l'association crédit-preneur ou locataire du contrat de crédit-bail ou de location avec option d'achat ou du bien et ne peut pas s'appliquer au nouvel exploitant.

L'entreprise qui donne le bien en crédit-bail ou en location avec option d'achat ne peut pas pratiquer la déduction mentionnée au I du présent article.

IV. — Le bénéfice de la déduction est subordonné au respect du règlement (UE) nº 1407/2013 de la Commission du 18 décembre 2013 relatif à l'application des articles 107 et 108 du traité sur le fonctionnement de l'Union européenne aux aides *de minimis*.

Art. L. 213-1-1 *(Ord. nº 2015-1682 du 17 déc. 2015, art. 6, en vigueur le 1er janv. 2016)* **Un accès partiel, au sens de la directive 2005/36/CE du Parlement européen et du Conseil du 7 septembre 2005 relative à la reconnaissance des qualifications professionnelles, à la profession mentionnée à l'article L. 213-1 peut être accordé au cas par cas aux ressortissants de l'Union européenne ou d'un autre État partie à l'accord sur l'Espace économique européen lorsque les trois conditions suivantes sont remplies :**

1º Le professionnel est pleinement qualifié pour exercer, dans l'État d'origine membre de l'Union ou partie à l'accord sur l'Espace économique européen, l'activité professionnelle pour laquelle l'accès partiel est sollicité ;

2º Les différences entre l'activité professionnelle légalement exercée dans l'État d'origine membre de l'Union ou partie à l'accord sur l'Espace économique européen et la profession réglementée correspondante en France sont si importantes que l'application de mesures de compensation reviendrait à imposer au demandeur de suivre le programme complet d'enseignement et de formation requis en France pour avoir pleinement accès à la profession réglementée ;

3º L'activité professionnelle est distincte de la ou des autres activités relevant de la profession réglementée, notamment dans la mesure où elle est exercée de manière autonome dans l'État d'origine.

L'accès partiel peut être refusé pour des raisons impérieuses d'intérêt général, si ce refus est proportionné à la protection de cet intérêt.

Les demandes aux fins d'accès partiel sont examinées comme des demandes à fin d'établissement.

COMMENTAIRE

Accès partiel à une profession réglementée. Sur les présentes dispositions, créées par l'ordonnance nº 2015-1682 du 17 décembre 2015, permettant aux ressortissants européens un accès partiel à la profession réglementée à l'article L. 213-1, à savoir l'enseignement, à titre onéreux, de la conduite et l'animation de stages de sensibilisation à la sécurité routière, voir le commentaire figurant sous l'article L. 212-1. ❑

Art. L. 213-2 Les conditions et les modalités de l'enseignement, à titre onéreux, de la conduite des véhicules à moteur d'une catégorie donnée et de la sécurité routière font l'objet d'un contrat écrit *(L. n° 2015-990 du 6 août 2015, art. 24-1°)* **«, qui peut être conclu dans l'établissement ou à distance, dans le respect de la section 2 du chapitre I du titre II du livre I du code de la consommation, » entre le candidat et l'établissement.** *(L. n° 2015-990 du 6 août 2015, art. 24-2°)* **« Ce contrat est conclu après une évaluation préalable du candidat** *(Abrogé par L. n° 2020-1525 du 7 déc. 2020, art. 107)* ***« dans le véhicule ou dans les locaux de l'établissement »*. »** *(L. n° 2019-1428 du 24 déc. 2019, art. 98-I)* **« Il est conforme au contrat type de l'enseignement de la conduite, qui est défini par décret en Conseil d'État. »** *(Abrogé par L. n° 2019-1428 du 24 déc. 2019, art. 98-I) (L. n° 2014-344 du 17 mars 2014, art. 136)* ***« La restitution du dossier au candidat qui en fait la demande ne donne lieu à l'application d'aucuns frais. »***

(L. n° 2019-1428 du 24 déc. 2019, art. 98-I) **« La restitution du dossier au candidat qui en fait la demande ne donne lieu à l'application d'aucuns frais. »**

(L. n° 2014-344 du 17 mars 2014, art. 136) **« Le transfert du dossier du candidat vers un autre établissement ne donne lieu à l'application d'aucuns frais. Les conditions d'application du présent alinéa sont définies par décret. »**

(L. n° 2015-990 du 6 août 2015, art. 29-II-1°) **« La présentation du candidat aux épreuves du permis de conduire ne peut donner lieu à l'application d'aucuns frais. Les frais facturés au titre de l'accompagnement du candidat à l'épreuve sont réglementés dans les conditions prévues au deuxième alinéa de l'article L. 410-2 du code de commerce. »**

Les conditions et les modalités de la formation à titre onéreux des candidats à l'un des titres ou diplômes exigés pour l'exercice de la profession d'enseignant de la conduite des véhicules à moteur et de la sécurité routière font l'objet d'un contrat écrit entre le candidat et l'établissement.

Contrat : R. 213-3. — Frais de transfert : R. 213-3-1. — Frais de présentation : R. 213-3-2. — Frais d'accompagnement : R. 213-3-3.

COMMENTAIRE

L'article L. 213-2 apporte un certain nombre de précisions sur les règles applicables aux relations entre les candidats au permis de conduire et les établissements d'enseignement de la conduite.

Un contrat écrit. Le présent article astreint ainsi les établissements d'enseignement de la conduite à conclure avec chaque candidat un contrat écrit indiquant les conditions et les modalités de l'enseignement. Depuis la loi n° 2015-990 du 6 août 2015, l'article L. 213-2 précise que ce contrat peut être conclu à distance. Il impose également une évaluation préalable du candidat avant la conclusion du contrat, laquelle peut également se faire à distance depuis la loi n° 2020-1525 du 7 décembre 2020 supprimant, au sein du présent article, la formule qui prévoyait que l'évaluation préalable devait se faire dans le véhicule ou dans les locaux de l'établissement. Ce contrat doit enfin être conforme à un contrat type défini par décret, comme le précise l'article L. 213-2 depuis la loi d'orientation des mobilités du 24 décembre 2019 (V. ce contrat type en annexe du Décr. n° 2020-142 du 20 févr. 2020, auquel renvoie l'art. R. 213-3 du présent code).

Des frais interdits. Plusieurs précisions ont, par ailleurs, été apportées dans le présent article, afin de mettre fin aux pratiques de certaines auto-écoles qui contribuent à accroître le coût du permis de conduire pour les candidats. Ainsi, la loi n° 2014-344 du 17 mars 2014 est venue interdire ici la pratique consistant à appliquer des frais aux candidats qui souhaitent changer d'auto-école. L'établissement d'origine ne peut, en effet, demander à un candidat de payer des frais pour récupérer son dossier et le nouvel établissement ne peut appliquer – comme le précise, dans la partie réglementaire, l'article R. 213-3-1 – de frais de transfert, quelles que soient leurs dénominations, ou bien une majoration de prix au motif que le candidat était inscrit préalablement dans un autre établissement. Dans la même perspective, la loi du 6 août 2015 a, par ailleurs, interdit au sein du présent article la pratique qui consiste à faire supporter au candidat des frais de présentation aux épreuves du permis de conduire (sur ces frais interdits, V. aussi art. R. 213-3-2), autres que ceux liés à l'accompagnement du candidat à une épreuve (sur ces frais réglementés, V. art. R. 213-3-3). Sur le plan formel, on notera que la phrase interdisant aux auto-écoles d'imposer des frais pour restitution de dossier qui figurait, initialement, à la fin du premier alinéa de l'article L. 213-2 est devenue l'alinéa 2 de cet article, depuis la loi d'orientation des mobilités. Cette modification formelle permet de davantage mettre en exergue cette interdiction.

Sanctions. On notera enfin que la loi du 6 août 2015 est venue assortir ces différentes règles – imposant un contrat écrit et interdisant certains frais – de sanctions administratives. Elles sont formulées à l'article L. 213-2-1 qui permet à l'autorité administrative chargée de la concurrence et de la consommation de prononcer une amende administrative en cas de manquement aux dispositions des quatre premiers alinéas de l'article L. 213-2, une amende dont le montant ne peut excéder 3 000 € pour une personne physique et 15 000 € pour une personne morale. On remarquera que le non-respect des règles formulées à l'article L. 213-2 avait été assorti, par un décret du 27 mai 2015, de sanctions pénales qui avaient été insérées à l'article R. 213-3-2 du présent code. Mais ces sanctions pénales ont, depuis, été abrogées par un décret du 1er décembre 2015 pour tenir compte des sanctions administratives instaurées par la loi du 6 août 2015. ❑

Plateforme en ligne d'enseignement de la conduite. L'enseignement, à titre onéreux, de la conduite et de la sécurité routière constitue une activité réglementée dans les conditions définies par le C. route : il ne peut être organisé que dans le cadre d'un établissement agréé, sous la responsabilité d'un exploitant responsable de la conformité du fonctionnement de l'établissement aux exigences réglementaires et de celle de l'enseignement au programme fixé par l'autorité administrative. Si la L. n° 2015-990 du 6 août 2015 contient plusieurs mesures visant à moderniser les relations entre les élèves et les écoles de conduite, notamment la possibilité pour ces dernières de conclure des contrats sous une forme dématérialisée, sous réserve de la réalisation préalable d'une évaluation de l'élève par un enseignant dans le local ou dans un véhicule de l'établissement, elle n'a en revanche pas modifié l'obligation précitée d'organisation de l'enseignement dans le cadre d'un établissement agréé. C'est au regard de ces dispositions que la légalité de l'activité des plateformes dématérialisées dans le secteur de l'enseignement de la conduite doit être appréciée. Or le fonctionnement de certaines de ces plateformes proposant à des candidats libres au permis de conduire une mise en relation avec des enseignants de la conduite censément bénévoles, mais louant un véhicule d'apprentissage à l'élève, la plateforme se rémunérant par une commission perçue sur le prix de la location du véhicule, constitue un contournement de l'obligation de dispenser l'enseignement de la conduite à titre onéreux dans le cadre d'un établissement agréé, l'enseignement devant être considéré comme dispensé à titre onéreux dès lors qu'il fait l'objet d'une rémunération de la part de l'élève, quels que soient le système de tarification et quelle que soit la qualification donnée au versement. * Rép. min., n° 89118 : *JOAN Q 7 juin 2016, 5098.* ♦ Sur l'annulation de la fermeture administrative d'une telle plateforme pour cause de travail illégal, en raison de l'absence de lien de subordination entre la plateforme et les moniteurs indépendants affiliés à cette dernière, V. • CAA Lyon, 1er oct. 2020, n° 19LY00254 : *D. actu. 13 nov. 2020, obs. Delpech.*

Art. L. 213-2-1 *(L. n° 2015-990 du 6 août 2015, art. 29-II-2°)* **Sont passibles d'une amende administrative, dont le montant ne peut excéder 3 000 € pour une personne physique et 15 000 € pour une personne morale, les manquements aux** *(L. n° 2019-1428 du 24 déc. 2019, art. 98-I)* **« quatre » premiers alinéas de l'article L. 213-2 du présent code.** *(Ord. n° 2016-301 du 14 mars 2016, art. 15-2°, en vigueur le 1er juill. 2016)* **« Ces manquements sont recherchés et constatés par les agents mentionnés aux articles L. 511-3 et L. 511-21 du code de la consommation, dans les conditions prévues à l'article L. 511-7 du même code. »**

L'autorité administrative chargée de la concurrence et de la consommation est l'autorité compétente pour prononcer, dans les conditions prévues *(Ord. n° 2016-301 du 14 mars 2016, art. 15-2°, en vigueur le 1er juill. 2016)* **« au chapitre II du titre II du livre V » du code de la consommation, ces amendes administratives.**

Art. L. 213-3 **Nul ne peut exploiter, à titre individuel, ou être dirigeant ou gérant de droit ou de fait d'un des établissements mentionnés à l'article L. 213-1, s'il ne satisfait aux conditions suivantes :**

1° Ne pas avoir fait l'objet d'une condamnation :

a) **Soit à une peine criminelle ;**

b) Soit à une peine correctionnelle prononcée pour une infraction figurant sur une liste fixée par décret en Conseil d'État ;

c) Soit à une peine prévue par les articles 186 et 192 de la loi n° 85-98 du 25 janvier 1985 relative au redressement et à la liquidation judiciaires des entreprises *[C. com., art. L. 625-2 et L. 625-8]*, **pendant la durée de cette peine.**

2° Justifier de la capacité à la gestion d'un établissement d'enseignement de la conduite ;

3° Remplir les conditions d'âge *(Abrogé par L. n° 2015-990 du 6 août 2015, art. 25)* ***«, d'ancienneté du permis de conduire»*** *(Abrogé par L. n° 2011-12 du 5 janv. 2011, art. 6)* ***«, d'expérience professionnelle»*** **et de réactualisation des connaissances fixées par décret en Conseil d'État.**

COMMENTAIRE

L'article L. 213-3 formule les conditions qui doivent être respectées pour exploiter, diriger ou gérer, un établissement d'enseignement de la conduite ou d'animation de stages de sensibilisation à la sécurité routière, des conditions qui sont ensuite précisées dans la partie réglementaire, à l'article R. 213-2. Sur ces conditions, on notera seulement ici les modifications apportées par la loi du 5 janvier 2011 et par la loi du 6 août 2015.

Loi du 5 janvier 2011. La loi n° 2011-12 du 5 janvier 2011 portant diverses dispositions d'adaptation de la législation au droit de l'Union européenne a supprimé, du présent article, l'une des conditions qui étaient requises pour pouvoir exploiter, diriger ou gérer un établissement d'enseignement de la conduite ou d'animation de stages de sensibilisation à la sécurité routière. Avant cette loi, les dispositions de l'article L. 213-3, 3° – précisées par celles de l'article R. 213-2, I, 4° et II, 4° – imposaient en effet une expérience professionnelle de pratique de l'enseignement de la conduite pour exploiter un établissement d'enseignement de la conduite et dans le domaine de la sensibilisation de la sécurité routière ou de son enseignement pour les établissements d'animation de stages. Or cette condition d'expérience professionnelle a été considérée par les pouvoirs publics comme étant contraire aux dispositions de la directive 2006/123/CE du 12 décembre 2006 relative aux services dans le marché intérieur (*JOUE L 376 du 27 déc. 2006, p. 36*), qui prévoient que les États membres ne peuvent subordonner l'accès à une activité de service à un régime d'autorisation et/ou à des exigences qui seraient discriminatoires, non justifiés par une raison impérieuse d'intérêt général et non proportionnels (V. art. 9, § 1, et 16, § 1, de la directive précitée). C'est donc pour assurer la conformité de notre droit interne à cette directive que cette condition d'expérience professionnelle a été supprimée du présent article par la loi du 5 janvier 2011, les dispositions de l'article R. 213-2 la précisant ayant été, quant à elles, abrogées par un décret du 28 juin 2011.

Loi du 6 août 2015. La loi n° 2015-990 du 6 août 2015 a, par ailleurs, supprimé à l'article L. 213-1 la condition d'ancienneté du permis de conduire qu'il prévoyait. Le législateur a en effet considéré que cette condition pouvait également être jugée contraire à la directive de 2006 précitée. Il en résulte que celui qui exploite, qui dirige ou qui gère un établissement d'enseignement de la conduite ou d'animation de stages de sensibilisation à la sécurité routière peut ne pas être titulaire du permis de conduire… ❑

Art. L. 213-4 **L'enseignement dispensé dans les établissements mentionnés à l'article L. 213-1 doit être conforme au programme de formation défini par l'autorité administrative qui en contrôle l'application.**

Programmes de formation : R. 213-4.

Art. L. 213-4-1 *(Abrogé par L. n° 2020-1525 du 7 déc. 2020, art. 106) (L. n° 2015-990 du 6 août 2015, art. 30)* ***La répartition des places d'examen au permis de conduire attribuées aux établissements d'enseignement de la conduite et de la sécurité routière est assurée dans des conditions objectives, transparentes et non discriminatoires, ne portant pas atteinte à la concurrence entre ces établissements. Ces places sont attribuées aux établissements d'enseignement de la conduite et de la sécurité routière en fonction notamment du nombre d'enseignants à la conduite dont ils disposent, et de manière à garantir l'accès des candidats libres à une place d'examen.***

La méthode nationale de répartition ainsi que les pièces nécessaires à l'inscription à une session d'examen du permis de conduire sont définies par arrêté du ministre chargé de la sécurité routière. — V. Arr. du 22 oct. 2014, App., v° Permis de conduire.

A titre expérimental, dans les départements désignés par arrêté du ministre chargé de la sécurité routière et pour une durée de huit mois à compter d'une date définie par le même arrêté, avec la possibilité, le cas échéant, de la prolonger de trois mois, il est dérogé à l'art. L. 213-4-1 C. route afin de prévoir que les places d'examen du permis de conduire sont attribuées directement de manière nominative aux candidats qui en font la demande par voie électronique sur un système dédié. La demande peut être effectuée selon les mêmes modalités par l'établissement d'enseignement de la conduite et de la sécurité routière auprès duquel le candidat est inscrit. L'expérimentation fait l'objet d'une évaluation (L. n° 2019-1428 du 24 déc. 2019, art. 98-VIII).

V. Arr. du 13 févr. 2020 relatif à la mise en œuvre d'une expérimentation portant sur l'attribution nominative des places d'examens pratiques du permis de conduire en application de l'art. L. 213-4-1 C. route (JO 20 févr.), mod. par Arr. du 8 janv. 2021 (JO 12 janv.) ; Arr. du 27 avr. 2021 relatif à la généralisation progressive d'un système de réservation nominative des places pour l'épreuve pratique des examens du permis de conduire des catégories A1, A2, B1 et B, App., v° Permis de conduire ; et Arr. du 25 avr. 2022 relatif à la généralisation progressive d'un système d'attribution des places pour l'épreuve pratique des examens du permis de conduire des catégories BE, C1, C, C1E, CE, D1, D, D1E et DE (JO 30 avr.), mod. par Arr. du 23 août 2022 (JO 30 août), par Arr. du 24 oct. 2022 (JO 30 oct.), par Arr. du 15 déc. 2022 (JO 29 déc.) et par Arr. du 27 févr. 2023 (JO 28 févr.).

COMMENTAIRE

Création de règles législatives sur la répartition des places d'examen au permis de conduire. Jusqu'à la loi n° 2015-990 du 6 août 2015, la répartition des places d'examen au permis de conduire entre les auto-écoles était fixée uniquement par la voie règlementaire, à savoir en dernier lieu par un arrêté du 22 octobre 2014 fixant la méthode nationale d'attribution des places d'examen du permis de conduire (V. cet Arr., App., v° *Permis de conduire*). La loi du 6 août 2015 a cependant introduit, en la matière, des règles de nature législative, en créant l'article L. 213-4-1. Par cet article, le législateur a en effet non seulement rappelé un certain nombre de principes devant gouverner cette répartition – laquelle doit être assurée dans des conditions objectives, transparentes et non discriminatoires, et ne pas porter atteinte à la concurrence entre les établissements –, mais il a aussi formulé quelques règles précises à respecter pour ce faire : l'attribution des places d'examen aux établissements d'enseignement de la conduite doit tenir compte du nombre d'enseignants dont ils disposent et garantir l'accès des candidats libres à une place d'examen. Un arrêté du 21 juillet 2016 a, en conséquence, modifié certaines règles de l'arrêté du 22 octobre 2014, notamment pour que la répartition des places d'examen tienne compte de la capacité d'enseignement des établissements.

Expérimentation de la désintermédiation. Le dispositif de répartition des places d'examen au permis de conduire résultant de l'article L. 213-4-1 et de l'arrêté du 22 octobre 2014 modifié a cependant suscité des critiques de la part de la députée Françoise Dumas chargée par le Premier ministre, en août 2018, de formuler des propositions pour rendre plus accessible le permis de conduire (V. Dumas, *Vers un permis de conduire plus accessible et une éducation routière renforcée*, Rapport au Premier ministre, 12 févr. 2019). Pour y répondre, elle a préconisé la désintermédiation de l'attribution des places de l'examen pratique. Une proposition qui a été reprise par la loi d'orientation des mobilités du 24 décembre 2019 autorisant l'expérimentation, dans certains départements, d'une attribution directe et nominative des places d'examen du permis de conduire sur une plateforme dédiée, à la demande du candidat ou de l'auto-école dans laquelle celui-ci est inscrit (V. art. 98-VIII de cette loi). Cette expérimentation a été réalisée dans les départements de l'Aude, du Gard, du Gers, de la Haute-Garonne et de l'Hérault, du 2 mars 2020 au 2 mai 2021 (V. Arr. du 13 févr. 2020, *JO 20 févr.*, mod. par Arr. du 8 janv. 2021, *JO 12 janv.*, conformément aux dispositions de l'art. 98-VIII de la L. du 24 déc. 2019, telles que mod. par l'art. 108 de la L. n° 2020-1525 du 7 déc. 2020).

Généralisation de l'expérimentation. L'article 98-IX de la loi d'orientation des mobilités était par ailleurs venu permettre au gouvernement de généraliser cette expérimentation en l'autorisant à modifier l'article L. 213-4-1 du code de la route par voie d'ordonnance. Cette possibilité a cependant été censurée par le Conseil constitutionnel qui a jugé les dispositions prévues par l'article 98-IX contraires à la Constitution (Cons. const. 20 déc. 2019, n° 2019-794 DC : *JO 26 déc.*). Pour le Conseil constitutionnel, si une loi peut comporter des dispositions à caractère expérimental, « il résulte de la combinaison des dispositions des articles 37-1 et 38 de la Constitution que le gouvernement ne saurait être autorisé à procéder à la généralisation d'une expérimentation par le Parlement, sans que ce dernier dispose d'une évaluation de celle-ci » (§ 53). Or une telle évaluation faisait évidemment défaut lors de l'adoption de la loi d'orientation des mobilités, l'expérimentation prévue par l'article 98-VIII n'ayant pas alors commencé.

Abrogation des règles législatives sur la répartition des places d'examen au permis de conduire. Cette décision du Conseil constitutionnel, conduisant à subordonner la généralisation de l'expérimentation de la désintermédiation à l'adoption d'une loi modifiant l'article L. 213-4-1 du code de la route, a dès lors conduit le législateur à une solution radicale : l'abrogation dudit article par la loi du 7 décembre 2020 et donc des règles législatives du code de la route consacrées à la répartition des places d'examen au permis de conduire. Il en résulte que, depuis cette loi, les règles de répartition des places d'examen au permis de conduire sont uniquement réglementaires. Et c'est, en conséquence, par un arrêté ministériel que les pouvoirs publics ont généralisé progressivement la procédure d'attribution directe et nominative des places d'examens du permis de conduire, une généralisation qui est devenue effective le 1er mai 2023 (V. Arr. du 27 avr. 2021 relatif à la généralisation progressive d'un système de réservation nominative des places pour l'épreuve pratique des examens du permis de conduire des catégories A1, A2, B1 et B, App., v° *Permis de conduire*, et Arr. du 25 avr. 2022 relatif à la généralisation progressive d'un système d'attribution des places pour l'épreuve pratique des examens du permis de conduire des catégories BE, C1, C, C1E, CE, D1, D, D1E et DE (*JO 30 avr.*), mod. par Arr. du 23 août 2022 (*JO 30 août*), par Arr. du 24 oct. 2022 (*JO 30 oct.*), par Arr. du 15 déc. 2022 (*JO 29 déc.*) et par Arr. du 27 févr. 2023 (*JO 28 févr.*)). Ainsi, et conformément aux deux arrêtés précités, depuis le 1er mai 2023, pour passer l'épreuve pratique du permis de conduire, il convient de réserver une place sur une plateforme dédiée, dénommée « RdvPermis ». ❑

Art. L. 213-5 **Dans l'hypothèse où les conditions prévues aux articles L. 213-3 et L. 213-4 cessent d'être remplies ou en cas de cessation définitive d'activité de l'établissement, il est mis fin aux agréments prévus à l'article L. 213-1.**

En cas d'urgence justifiée par des faits passibles d'une des condamnations visées à l'article L. 213-3, l'autorité administrative, après avoir mis l'intéressé en mesure de présenter ses observations *(Abrogé par L. n° 2015-990 du 6 août 2015, art. 23-2°)* ***« et recueilli l'avis de la commission mentionnée à l'article L. 213-1 »*****, peut suspendre, pour une durée maximale de six mois, l'agrément délivré en application de l'article L. 213-1.**

Lorsque sont établis des procès-verbaux d'infractions correspondant à des faits mentionnés à l'alinéa précédent commises par des bénéficiaires d'autorisations délivrées en application de l'article L. 213-1, copie en est transmise par le procureur de la République à l'autorité administrative.

La mesure de suspension provisoire cesse de plein droit dès que l'autorité judiciaire s'est prononcée.

Après que l'intéressé a été mis en mesure de présenter ses observations, une mesure de suspension provisoire pour une durée n'excédant pas six mois peut également être prononcée par l'autorité administrative, en cas de refus de se soumettre au contrôle prévu à l'article L. 213-4, de non-respect du programme de formation défini par l'autorité administrative ou pour méconnaissance des dispositions de l'article L. 213-2.

Fin des agréments : R. 213-5.

Art. L. 213-6 **I. — Le fait d'exploiter un établissement d'enseignement de la conduite des véhicules à moteur d'une catégorie donnée et de la sécurité routière ou de formation des candidats pour l'exercice de la profession d'enseignant** *(L. n° 2015-990 du 6 août 2015, art. 22-2°)* **« ou d'exploiter un établissement organisant des stages de sensibilisation à la sécurité routière » sans avoir obtenu l'agrément prévu à l'article L. 213-1 ou en violation d'une mesure de suspension provisoire de celui-ci est puni d'un an d'emprisonnement et de 15 000 € d'amende.**

Est puni des mêmes peines le fait d'employer un enseignant *(L. nº 2015-990 du 6 août 2015, art. 22-2º)* **« ou un animateur » qui n'est pas titulaire de l'autorisation prévue à l'article L. 212-1.**

II. — Les personnes physiques coupables de l'une des infractions prévues au I du présent article encourent également les peines complémentaires suivantes :

1º La fermeture définitive ou pour une durée de cinq ans au plus de l'un, de plusieurs ou de l'ensemble des établissements de l'entreprise appartenant à la personne condamnée ;

2º L'interdiction d'exercer l'activité professionnelle ou sociale dans l'exercice ou à l'occasion de l'exercice de laquelle l'infraction a été commise, suivant les modalités prévues par l'article 131-27 du code pénal ;

3º L'affichage ou la diffusion de la décision prononcée, dans les conditions prévues par l'article 131-35 du code pénal ;

4º La confiscation de la chose qui a servi ou était destinée à commettre l'infraction ou de la chose qui en est le produit.

III. — *(L. nº 2009-526 du 12 mai 2009, art. 125-XIX)* **« Les personnes morales déclarées responsables pénalement, dans les conditions prévues par l'article 121-2 du code pénal, des infractions définies au I du présent article encourent, outre l'amende suivant les modalités prévues par l'article 131-38 du code pénal : »**

2º *[1º]* **La fermeture définitive ou pour une durée de cinq ans au plus de l'un, de plusieurs ou de l'ensemble des établissements de l'entreprise appartenant à la personne morale condamnée ;**

3º *[2º]* **L'interdiction d'exercer l'activité professionnelle ou sociale dans l'exercice ou à l'occasion de l'exercice de laquelle l'infraction a été commise, suivant les modalités prévues par l'article 131-39 du code pénal ;**

4º *[3º]* **L'affichage ou la diffusion de la décision prononcée, dans les conditions prévues par l'article 131-35 du code pénal ;**

5º *[4º]* **La confiscation de la chose qui a servi ou était destinée à commettre l'infraction ou de la chose qui en est le produit.**

COMMENTAIRE

Les dispositions de l'article L. 213-6 permettent de sanctionner celui qui exploite un établissement d'enseignement de la conduite ou de formation à la conduite, ainsi que, depuis la loi nº 2015-990 du 6 août 2015, celui qui exploite un établissement organisant des stages de sensibilisation à la sécurité routière, sans avoir obtenu l'agrément prévu à l'article L. 213-1 ou en violation d'une mesure de suspension provisoire de celui-ci. Elles sont très comparables à celles figurant à l'article L. 212-4 qui sanctionnent celui qui enseigne la conduite ou qui anime des stages de sensibilisation à la sécurité routière, sans avoir obtenu l'autorisation prévue à l'article L. 212-1 ou en violation d'une mesure de suspension provisoire de celle-ci. Comme l'article L. 212-4, le présent article a d'ailleurs été modifié par la loi du 6 août 2015 afin d'étendre son champ d'application à l'animation de stages de sensibilisation à la sécurité routière.

Sur la responsabilité pénale des personnes morales et les modifications apportées au présent article par la loi du 12 mai 2009, voir le commentaire sous l'article L. 212-4. ❑

1. Un prévenu qui exploite un établissement d'enseignement de la conduite automobile et de la sécurité routière sans être titulaire du brevet exigé pour l'exercice de cette profession, si dans son établissement les cours de code de la route sont dispensés à titre onéreux au médian de diapositives et de tests corrigés (avec questions et réponses préenregistrées) par des moniteurs non diplômés, peut être déclaré coupable d'infraction à la réglementation de l'enseignement de la conduite des véhicules à moteur. • Crim. 17 mai 1993 : *Dr. pénal 1993 nº 215, obs. Robert.* ♦ *Contra :* • T. corr. Auxerre, 7 nov. 1967 : *Gaz. Pal. 1968. 2. 11* (qui affirmait que le certificat d'aptitude professionnelle et pédagogique prévu par l'art. R. 243 était exigé seulement de celui qui donne des leçons de conduite proprement dites sur les routes avec des véhicules à moteur et qui exerçait ainsi effectivement l'activité de moniteur).

2. Dans le cadre d'une réglementation professionnelle prévue par la loi, le gouvernement a pu, comme il l'a fait par l'art. R. 247 C. route, subordonner l'exploitation des établissements d'enseignement de la conduite automobile à un agrément préfectoral et renvoyer la définition des conditions techniques mises à l'octroi de l'agrément à un arrêté ministériel. Si l'exigence d'un agrément comporte nécessairement, pour l'autorité qui le donne, le pouvoir de le retirer lorsque le titulaire cesse de remplir les conditions mises à son octroi, le ministre signataire de l'arrêté ne peut légalement instituer un retrait prononcé en cas d'infraction aux dispositions édictées et qui présente ainsi le caractère d'une sanction professionnelle. • CE 25 juill. 1975 : *D. 1975. IR 218.*

Art. L. 213-7 **L'enseignement de la conduite des véhicules à moteur d'une catégorie donnée et de la sécurité routière par les associations régies par la loi du 1er juillet 1901 relative au contrat d'association** *(L. nº 2021-875 du 1er juill. 2021, art. 12)* **« ou les fondations au sens de l'article 18 de la loi nº 87-571 du 23 juillet 1987 sur le développement du mécénat » qui exercent leur activité dans le champ de l'insertion ou de la réinsertion sociale et professionnelle est subordonné à la délivrance d'un agrément par l'autorité administrative qui vérifie que les conditions prévues à l'article L. 212-2, au 1º de l'article L. 213-3 et à l'article L. 213-4 sont remplies.**

Associations : R. 213-7 s.

Jusqu'au 31 déc. 2016, les établissements d'enseignement de la conduite et de la sécurité routière mentionnés aux art. L. 213-1 et L. 213-7 C. route pouvaient utiliser des motocyclettes relevant de la catégorie A pour dispenser la formation en vue de l'obtention du permis de conduire de la catégorie A2 (Décr. nº 2016-723 du 31 mai 2016, art. 3).

Art. L. 213-8 **Les modalités d'application des articles L. 213-1 à L. 213-7 sont fixées par décret en Conseil d'État.**

Dispositions réglementaires : R. 213-1 s.

Art. L. 213-9 *(L. nº 2015-990 du 6 août 2015, art. 28-IV)* **Les établissements et associations agréés au titre des articles L. 213-1 ou L. 213-7 s'engagent dans des démarches d'amélioration de la qualité des prestations de formation qu'ils délivrent. La labellisation ou la certification par un organisme accrédité peuvent faire accéder ces établissements à des droits ou des dispositifs particuliers.**

Ces établissements sont tenus de transmettre chaque année à l'autorité administrative les informations et statistiques relatives à leur activité de formation aux examens théoriques et pratiques du permis de conduire et aux résultats de leurs élèves, à charge pour l'autorité administrative de les analyser selon un cahier des charges fixé par arrêté pour permettre au Conseil supérieur de l'éducation routière d'établir un rapport public annuel sur la base de ces informations.

Les modalités d'application du présent article sont fixées par arrêté du ministre chargé de la sécurité routière.

V. App., vº Enseignement de la conduite, Arr. du 26 févr. 2018 portant création du label « qualité des formations au sein des écoles de conduite » (1er mars).

TITRE II PERMIS DE CONDUIRE

RÉP. PÉN. vº *Permis de conduire,* par CÉRÉ.

BIBL. GÉN. ▶ LEBRETON, *Gaz. Pal. 29 janv. 2019, p. 16* (droit pénal du permis de conduire). - LOMBARD, *RSC 1994. 79* (la double compétence administrative et judiciaire en matière de suspension du permis de conduire). - MABILLE DE LA PAUMELIÈRE, *D. 1977. Chron. 173.* - MARCHAL, *Rev. de la gendarmerie nat. 1978, nº 117-44* (histoire du permis). - PÉLISSIER, *AJ pénal 2003. 89* (un permis de porcelaine). - SAYAG, *JCP 1969. I. 2282* (les mesures relatives au droit de conduire les automobiles).

COMMENTAIRE

Un peu d'historique. Trouvant ses origines dans un décret du préfet de Paris du 10 mars 1899 et ses appellations définitives dans un décret du 27 mai 1921, le permis de conduire traduit l'aptitude de son titulaire à faire circuler sur une voie publique un véhicule à moteur. C'est à la fois un certificat de capacité (technique, intellectuelle et physique) et une autorisation administrative.

« Nul ne peut conduire un véhicule automobile ou un ensemble de véhicules s'il n'est porteur d'un permis de conduire en état de validité... » , affirmait l'article R. 123 de l'ancien code de la route. L'article R. 221-1-1 – R. 221-1 avant un décret du 20 mars 2016 – est

aujourd'hui plus précis et indique que : « *Nul ne peut conduire un véhicule ou un ensemble de véhicules, pour la conduite duquel le permis de conduire est exigé par le présent code, s'il n'est titulaire de la catégorie correspondante du permis de conduire en état de validité et s'il ne respecte les restrictions d'usage mentionnées sur ce titre* ». La partie législative, elle, ne pose pas de principe général analogue. C'est bien sûr sous-entendu.

Le permis de conduire a cependant beaucoup évolué depuis sa création et notamment depuis la loi n° 89-469 du 10 juillet 1989 qui a introduit aux articles L. 11 et suivants de l'ancien code le permis à points. Depuis cette loi, le retrait de points et l'invalidation du permis de conduire se sont en effet ajoutés aux sanctions qui pouvaient déjà être infligées au conducteur que sont la suspension et l'annulation du permis de conduire. Et l'importance de ces sanctions est telle que, dans le code de la route recomposé, le permis à points a fait l'objet d'un chapitre dédié (chap. III, composé des art. L. 223-1 s.).

Voies non ouvertes à la circulation. La question se pose de savoir si le permis de conduire exigé pour circuler sur les voies publiques est aussi nécessaire à la conduite sur des voies non ouvertes à la circulation publique. L'article R. 123 de l'ancien code l'affirmait clairement, sauf exceptions. L'article R. 221-1-1 du code d'aujourd'hui – article R. 221-1 avant un décret du 22 mars 2016 – précise de même que « *ces dispositions sont également applicables à la conduite sur les voies non ouvertes à la circulation publique, sauf dans le cas prévu à l'article R. 221-16* » (manifestations sportives et compétitions dans des lieux non ouverts à la circulation publique). Il aurait été souhaitable que cette extension (de principe) de l'obligation d'être titulaire du permis de conduire pour circuler sur des voies non ouvertes à la circulation publique figure dans la partie législative et non seulement dans la partie réglementaire. On peut toutefois considérer que l'extension de l'article R. 221-1-1 a une valeur quasi législative.

Six chapitres. Ce titre II contient, depuis la loi du 18 novembre 2016, six chapitres (cinq auparavant) intitulés : « Vérification d'aptitude, délivrance et catégories », « Reconnaissance et équivalences » (sans disposition législative), « Permis à points », « Points affectés au conducteur titulaire d'un permis de conduire délivré par une autorité étrangère » (c'est ce chapitre, un chapitre III *bis*, qui a été ajouté par la loi du 18 novembre 2016), « Interdiction de délivrance, rétention, suspension et annulation », et enfin « Enregistrement et communication des informations relatives au permis de conduire ». Les chapitres III et IV relatifs au permis à points puis à la suspension et à l'annulation du permis sont, sans doute, les plus importants. ❑

CHAPITRE I VÉRIFICATION D'APTITUDE, DÉLIVRANCE ET CATÉGORIES *(L. n° 2015-990 du 6 août 2015, art. 28-I-1°).*

Dispositions réglementaires : R. 221-1 s.

COMMENTAIRE

Faciliter le passage du permis de conduire. Dans le présent chapitre, intitulé « Vérification d'aptitude, délivrance et catégories », figurent plusieurs articles visant à faciliter le passage du permis de conduire : l'article L. 221-1 A, créé par la loi n° 2015-990 du 6 août 2015, qualifiant l'accès aux épreuves du permis de conduire de service universel, les articles L. 221-4 et L. 221-5, également issus de la loi du 6 août 2015, permettant de confier l'organisation des épreuves du permis de conduire, dans certains cas, à des personnes autres que les inspecteurs du permis de conduire ou encore l'article L. 221-3-1, ajouté par la loi n° 2023-479 du 21 juin 2023, prévoyant la création d'une plateforme numérique indiquant les dispositifs de financement à la conduite que l'État, les collectivités territoriales et leurs groupements proposent aux particuliers et les orientant vers les dispositifs numériques leur permettant de choisir un établissement d'enseignement de la conduite et de s'inscrire à l'examen du permis de conduire. La loi du 21 juin 2023 – intitulée loi visant à faciliter le passage et l'obtention du permis de conduire – est d'ailleurs à l'origine d'autres dispositions ayant une telle finalité. Dans le code de l'éducation, cette loi a ainsi simplifié les dispositions permettant d'utiliser les locaux des lycées pour faire passer l'épreuve théorique du permis de conduire et les a étendues à la préparation d'une telle épreuve (V. C. éduc., art. L. 312-13, App., v° *Sécurité routière*). Dans le code du travail, cette loi a permis, à compter du 1er janvier 2024, l'utilisation du compte personnel de formation pour financer la préparation des épreuves théoriques et pratiques de toutes les catégories de permis de conduire d'un véhicule terrestre à moteur (V. C. trav., art. L. 6323-6, II, 3°) et non plus seulement le permis de conduire des véhicules du groupe léger et du groupe lourd. Et d'autres dispositions pourraient encore être adoptées en ce sens à l'avenir : la loi du 21 juin 2023 prévoyant, dans les six mois à compter de sa promulgation, la remise par le Gouvernement d'un rapport au Parlement sur la possibilité d'abaisser l'âge d'obtention du permis de conduire (V. art. 7 de cette loi). Sans attendre ce rapport, le Gouvernement a d'ailleurs d'ores et déjà annoncé la possibilité de passer le permis B dès 17 ans à partir du 1er janvier 2024.

Sanctionner la conduite sans permis ou avec un permis faux ou falsifié. On trouve également dans ce chapitre l'article qui permet de sanctionner la conduite sans permis (V. comm. ss. art. L. 221-2), mais aussi, depuis la loi n° 2016-1547 du 18 novembre 2016, une autre incrimination qui permet de sanctionner plus sévèrement celui qui conduit un véhicule en faisant usage d'un permis faux ou falsifié (V. comm. ss. art. L. 221-2-1). ❑

Art. L. 221-1 A *(L. n° 2015-990 du 6 août 2015, art. 28-I-2°)* **L'accès aux épreuves théoriques et pratiques du permis de conduire est un service universel. Tout candidat se présentant librement ou par l'intermédiaire d'un établissement ou d'une association agréé au titre des articles L. 213-1 ou L. 213-7, et ayant déposé une demande de permis de conduire se voit proposer une place d'examen, sous réserve d'avoir atteint le niveau requis.**

Financement du permis de conduire : V. Décr. n° 2005-1225 du 29 sept. 2005 instituant une aide au financement, App., v° Enseignement de la conduite. — V. aussi C. trav., art. L. 6323-6 et D. 6323-8 (compte personnel de formation). — C. mon. fin., art. L. 221-34-2 (livret d'épargne permis de conduire). — Décr. n° 2019-1 du 3 janv. 2019 relatif à l'aide au financement du permis de conduire pour les apprentis (JO 4 janv.).

COMMENTAIRE

Service universel. Les présentes dispositions qualifient l'accès aux épreuves du permis de conduire de service universel. Il s'agit, par là même, de garantir à tout candidat une place d'examen au permis de conduire, dans des délais raisonnables et à un prix raisonnable. Il est, en effet, parfois difficile pour certaines personnes de se présenter aux épreuves du permis de conduire et plus spécialement à l'épreuve pratique. Une difficulté qui s'amplifie lorsqu'un candidat échoue à cette épreuve, celui-ci devant souvent attendre plusieurs mois pour pouvoir se représenter. Ce qui participe alors à augmenter le coût du permis de conduire : l'intéressé, dans l'attente d'une place d'examen, devant reprendre des leçons de conduite…

Or c'est précisément pour mettre fin à ces difficultés, ou du moins les atténuer, que la loi n° 2015-990 du 6 août 2015 a introduit dans le code de la route cet article L. 221-1 A qualifiant l'accès aux épreuves du permis de conduire de service universel et précisant que tout candidat – se présentant librement ou par l'intermédiaire d'un établissement ou d'une association agréés – se voit proposer une place d'examen. Et c'est pour garantir ensuite l'effectivité de ce service universel que cette même loi est venue permettre l'externalisation de l'épreuve théorique et de certaines épreuves pratiques du permis de conduire (V. art. L. 221-4), ainsi que, dans certains cas, le recours à des agents publics ou contractuels pour l'épreuve pratique du permis de conduire des véhicules légers (V. art. L. 221-5), ou encore qu'elle a créé des dispositions sur la répartition des places d'examen au permis de conduire (V. comm. ss. art. L. 213-4-1, abrogé par la L. n° 2020-1525 du 7 déc. 2020). Ces règles n'ont cependant pas permis de résoudre toutes les difficultés évoquées précédemment. Ce qui explique que le législateur soit à nouveau intervenu en la matière, en adoptant une loi dédiée : la loi n° 2023-479 du 21 juin 2023 visant à faciliter le passage et l'obtention de l'examen du permis de conduire (V. comm. ss. art. L. 221-3-1 et L. 221-5). ❑

Art. L. 221-1 Pour l'application du présent titre, sont assimilés au permis de conduire les titres qui, lorsque le permis de conduire n'est pas exigé, sont prévus par les règlements pour la conduite des véhicules à moteur.

Toutefois, les dispositions du présent titre ne sont pas applicables au brevet de sécurité routière *(Abrogé par L. n° 2015-177 du 16 févr. 2015, art. 17)* ***«, lorsqu'il est exigé pour la conduite d'un cyclomoteur».***

COMMENTAIRE

Ce texte étend l'application du titre II aux « suppléances » du permis. On peut donc considérer qu'en application de l'article L. 224-18, le fait, pour une personne, par une fausse déclaration, d'obtenir ou de tenter d'obtenir un permis de conduire est condamnable même si le titre envié est le brevet militaire de conduite ou la licence délivrée par une fédération sportive pour participer à une manifestation sportive ou à une compétition dans des lieux non ouverts à la circulation publique (art. R. 221-16).

Les dispositions du présent titre ne sont toutefois pas applicables au brevet de sécurité routière – qui correspond à la catégorie AM du permis de conduire au sens de la directive de 2006 relative au permis de conduire – exigé par l'article R. 211-2 pour la conduite d'un cyclomoteur ou d'un quadricycle léger à moteur. ❑

Art. L. 221-2 *(L. nº 2004-204 du 9 mars 2004, art. 57)* **« I. — Le fait de conduire un véhicule sans être titulaire du permis de conduire correspondant à la catégorie du véhicule considéré est puni d'un an d'emprisonnement et de 15 000 € d'amende. »**

(L. nº 2012-387 du 22 mars 2012, art. 87) **« Toutefois, les conducteurs des véhicules et appareils agricoles ou forestiers attachés à une exploitation agricole ou forestière, à une entreprise de travaux agricoles ou à une coopérative d'utilisation de matériel agricole sont autorisés à conduire ces véhicules ou appareils pendant la durée de leur activité agricole ou forestière sans être titulaires du permis de conduire correspondant à la catégorie du véhicule considéré dès lors qu'ils sont âgés d'au moins seize ans, sauf exceptions prévues par décret en Conseil d'État. »**

(L. nº 2015-990 du 6 août 2015, art. 27) **« Les personnes titulaires du permis de conduire prévu pour les véhicules ayant un poids total autorisé en charge inférieur à 3,5 tonnes affectés au transport de personnes et comportant, outre le siège du conducteur, huit places assises au maximum ou affectés au transport de marchandises, peuvent conduire tous les véhicules et appareils agricoles ou forestiers dont la vitesse n'excède pas 40 kilomètres par heure, ainsi que les véhicules qui peuvent y être assimilés. »**

(L. nº 2012-387 du 22 mars 2012, art. 87) **« Le fait de conduire un véhicule ou un ensemble de véhicules mentionnés au deuxième alinéa sans respecter les conditions d'âge prévues au même alinéa est puni de l'amende prévue pour les contraventions de la quatrième classe. »**

II. — Toute personne coupable de l'infraction prévue au présent article encourt également les peines complémentaires suivantes :

(L. nº 2016-1547 du 18 nov. 2016, art. 36-I-1º) **« 1º La confiscation du véhicule dont le condamné s'est servi pour commettre l'infraction, s'il en est le propriétaire ; »**

2º La peine de travail d'intérêt général selon des modalités prévues à l'article 131-8 du code pénal et selon les conditions prévues aux articles 131-22 à 131-24 du même code et *(Ord. nº 2019-950 du 11 sept. 2019, art. 5-VI et 9, en vigueur le 30 sept. 2021)* **« à l'article L. 122-1 du code de la justice pénale des mineurs » ;**

3º La peine de jours-amende dans les conditions fixées aux articles 131-5 et 131-25 du code pénal ;

(L. nº 2003-495 du 12 juin 2003, art. 6) **« 4º L'interdiction de conduire certains véhicules terrestres à moteur, y compris ceux pour la conduite desquels le permis de conduire n'est pas exigé, pour une durée de cinq ans au plus ;**

« 5º L'obligation d'accomplir, à ses frais, un stage de sensibilisation à la sécurité routière. » *— Les 1º, 2º et 6º ont été renumérotés 2º, 3º et 1º en vertu des dispositions de la L. nº 2011-267 du 14 mars 2011, art. 70-1º-a.*

III. — L'immobilisation peut être prescrite, dans les conditions prévues aux articles L. 325-1 à L. 325-3.

(L. nº 2016-1547 du 18 nov. 2016, art. 36-I-1º) **« IV. — Dans les conditions prévues aux articles 495-17 et suivants du code de procédure pénale, l'action publique peut être éteinte par le versement d'une amende forfaitaire d'un montant de 800 €. Le montant de l'amende forfaitaire minorée est de 640 € et le montant de l'amende forfaitaire majorée de 1 600 €. »**

L'art. 2 de la L. nº 2021-218 du 26 févr. 2021 modifie la date d'entrée en vigueur du CJPM.

COMMENTAIRE

Incrimination de la conduite sans permis. La conduite sans permis de conduire – appelé communément le défaut de permis – a longtemps constitué une contravention de cinquième classe qui présentait la particularité de se transformer en délit en cas de récidive, comme le prévoyait l'ancien article L. 221-2 du code de la route. Mais, depuis la loi du 9 mars 2004, dite Perben II, l'infraction est devenue un délit, qu'il y ait récidive ou non, pour lequel le présent article prévoit un an d'emprisonnement, 15 000 euros d'amende, ainsi que plusieurs peines complémentaires.

Une nouvelle transformation de la nature de cette incrimination a toutefois été envisagée en 2015. Les pouvoirs publics ont en effet constaté que la nature délictuelle de la conduite sans permis aboutissait à un traitement judiciaire bien trop long de l'infraction (sept mois et demi en moyenne en 2014), alors que la peine prononcée était, le plus souvent, une peine d'amende (dans 69 % des cas en 2014, avec un montant moyen de 396 euros). Il est également apparu que la réponse pénale apportée à ce délit était finalement très hétérogène : le montant de l'amende prononcée variant selon la procédure utilisée (composition pénale, ordonnance pénale, CRPC ou audience correctionnelle) et le ressort judiciaire. C'est pourquoi le gouvernement a proposé, en 2015, de transformer – ou plutôt retransformer – le présent délit en contravention de cinquième classe, sauf certaines circonstances (comme, par exemple, la répétition de l'infraction dans un délai de cinq ans), afin de permettre de traiter cette infraction selon la procédure de l'amende forfaitaire et partant d'apporter une réponse rapide et homogène à la conduite sans permis.

Cette proposition, inscrite dans le projet de loi portant application des mesures relative à la justice du XXIe siècle, a cependant été fortement contestée par les associations de défense des droits des victimes des infractions routières et finalement a été abandonnée par le gouvernement qui a proposé, en lieu et place, d'étendre la procédure de l'amende forfaitaire à certains délits et notamment à la conduite sans permis (V. *infra*).

Incrimination inapplicable. Il est possible de conduire certains véhicules (les véhicules et appareils agricoles ou forestiers) sans être titulaire du permis de conduire correspondant à la catégorie du véhicule considéré, comme l'indiquent les alinéas 2 et 3 de l'article L. 221-2, ainsi que l'article R. 221-20 du présent code. Le domaine d'application de cette dispense du permis de conduire a néanmoins suscité des difficultés qui expliquent les modifications apportées ici par les lois des 22 mars 2012 et 6 août 2015 (sur ces modifications, V. comm. ss. art. R. 221-20).

Incriminations voisines. Le délit prévu au présent article doit par ailleurs être bien distingué de plusieurs autres incriminations voisines :

– celle prévue à l'article L. 221-2-1, créé par la loi du 18 novembre 2016, qui sanctionne de cinq ans d'emprisonnement et 75 000 euros d'amende la conduite avec un permis faux ou falsifié ;

– celle formulée à l'article L. 223-5 qui sanctionne de deux ans d'emprisonnement et 4 500 euros d'amende la conduite avec un permis de conduire invalidé (un solde de points nul) ou plus exactement le fait pour une personne de conduire un véhicule malgré l'injonction qui lui a été faite de remettre au préfet son permis de conduire invalidé ;

– celle prévue à l'article L. 224-16 qui sanctionne de deux ans d'emprisonnement et de 4 500 euros d'amende le fait pour une personne de conduire un véhicule alors qu'elle s'est vue notifiée une décision de rétention, de suspension ou d'annulation de son permis de conduire ou bien une décision d'interdiction d'obtenir la délivrance d'un permis de conduire ;

– celle formulée, enfin, à l'article R. 221-1-1 qui sanctionne le fait de conduire un véhicule sans respecter les conditions de validité ou les restrictions d'usage du permis de conduire de l'amende prévue pour les contraventions de la quatrième classe.

Confiscation du véhicule. Le délit prévu à l'article L. 221-2 fait partie de ceux pour lesquels la loi du 14 mars 2011, dite LOPPSI II, avait fait de la confiscation du véhicule de l'intéressé une peine complémentaire obligatoire (sur cette peine, V. comm. ss. art. L. 212-4). Mais, depuis la loi du 18 novembre 2016, la confiscation du véhicule est redevenue une peine complémentaire facultative pour la conduite sans permis. La création par cette même loi du délit de conduite avec un permis faux et falsifié – délit plus sévèrement sanctionné que la conduite sans permis et pour lequel la loi a fait de la confiscation du véhicule une peine complémentaire obligatoire – justifiait que la confiscation du véhicule ne soit plus une peine complémentaire obligatoire pour le défaut de permis.

Amende forfaitaire délictuelle. La conduite sans permis constitue, enfin, l'un des deux délits prévus par le code de la route – l'autre étant la conduite sans assurance (V. art. L. 324-2) – qui peut faire l'objet d'une amende forfaitaire depuis le 1er novembre 2018, date d'entrée en vigueur des dispositions créées en ce sens par la loi du 18 novembre 2016 ; d'autres délits routiers pouvant cependant faire l'objet d'une telle procédure depuis la loi du 24 janvier 2023 (V. art. L. 236-1, I, L. 318-3 et L. 412-1).

L'extension, en 2016, de la procédure de l'amende forfaitaire contraventionnelle au présent délit constitue la solution retenue par le législateur pour apporter une réponse rapide et homogène à la conduite sans permis, sans contraventionnaliser un tel comportement. Pour ce faire, la loi du 18 novembre 2016 a ajouté toute une section dédiée à la procédure de l'amende forfaitaire applicable à certains délits dans le code de procédure pénale, en s'inspirant des dispositions de ce code sur l'amende forfaitaire contraventionnelle (V. C. pr. pén., art. 495-17 s., App., v° *Infractions* et comm. ss. art. L. 121-5). Des dispositions qui ont été précisées ensuite par celles issues d'un décret n° 2017-429 du 28 mars 2017 (V. C. pr. pén. art. D. 45-3 s., App., v° *Infractions*) et celles formulées par un arrêté du 14 octobre 2018 relatif aux modalités de contestation dématérialisée des amendes forfaitaires délictuelles (V. C. pr. pén. art. A. 36-14 s., App., v° *Infractions*), lesquelles ont fixé au 1er novembre 2018 la date de leur entrée en vigueur. Pour connaître l'ensemble des règles sur l'amende forfaitaire délictuelle, il convient donc de se reporter à toutes les dispositions précitées, auxquelles on peut encore ajouter celles figurant dans une circulaire d'application dédiée (Circ. CRIM/2018-13/H2 du 16 nov. 2018 sur la mise en œuvre de la forfaitisation des délits prévus aux articles L. 221-2 et L. 324-2 du code de la route) qui précise notamment que l'amende forfaitaire délictuelle ne doit pas être utilisée à l'encontre d'un conducteur qui fait l'objet d'une mention au TAJ pour le même délit, cette procédure n'étant pas applicable en cas de récidive. Depuis la loi du 23 mars 2019 de programmation 2018-2022 et de réforme pour la justice, ayant abrogé l'article 495-23 du code de procédure pénale, une telle exclusion n'interdit pas pour autant l'utilisation de l'amende forfaitaire délictuelle à l'encontre d'une personne ayant déjà fait l'objet d'une telle procédure pour conduite sans permis, le paiement d'une amende forfaitaire n'étant plus assimilé à une condamnation définitive pour l'application des règles sur la récidive légale.

Sur cette procédure, le présent article apporte, quant à lui, peu d'informations. En indiquant que, pour le délit qu'il prévoit, l'action publique peut être éteinte par le versement d'une amende forfaitaire dans les conditions prévues aux articles 495-17 et suivants du code de procédure pénale, il se contente en effet de renvoyer le lecteur du code de la route aux dispositions pertinentes du code de procédure pénale. L'article L. 221-2 permet toutefois au lecteur du code de la route de connaître les montants de l'amende forfaitaire (800 euros), de l'amende forfaitaire minorée (640 euros) et de l'amende forfaitaire majorée (1 600 euros) auxquels celui qui conduit sans permis est astreint dans le cadre de cette procédure. Des montants qui apparaissent faibles par rapport aux peines encourues pour le présent délit (15 000 euros d'amende et 1 an d'emprisonnement), mais qui peuvent paraître élevés, au regard du montant moyen de l'amende prononcée pour défaut de permis, avant la loi du 18 novembre 2016, lequel s'était élevé, en 2014, à 396 euros. Quoi qu'il en soit, il s'agit d'une procédure qui, depuis son entrée en vigueur, est largement utilisée : la conduite sans permis ayant donné lieu à 24 858 amendes forfaitaires délictuelles en 2022 (15 630 en 2019). ❑

1. Les dispositions de l'art. L. 12 [C. route, art. L. 221-2] et des articles suivants n'ont pas pour effet de transférer au législateur la compétence, qui appartient à l'autorité administrative, de déterminer les conditions dans lesquelles les permis de conduire sont délivrés. Ainsi les dispositions des art. R. 124, R. 125 et R. 169 C. route rendant impossible depuis le 1er janv. 1985 l'obtention d'un permis de conduire des motocyclettes d'une puissance excédant 100 chevaux sont légales. • CE 2 oct. 1991 : *Rec. 1992. 1082 ; JCP 1992. IV. 147.*

2. L'infraction est consommée par le fait de se trouver au volant d'une automobile, moteur en marche, sans avoir obtenu le permis de conduire, dès lors que le conducteur était sur le point de démarrer au moment où il a été interpellé. • Crim. 24 mai 1966 : *Bull. crim. n° 157.* ♦ ... Lorsque la personne qui se trouve au volant d'un véhicule remorqué par un autre véhicule à l'aide d'une barre fixe, et bien que le conducteur n'ait alors aucune responsabilité dans la conduite de l'attelage. • T. corr. Boulogne-sur-Mer, 23 juin 1960 : *D. 1961. Somm. 39.*

3. Permis de conduire étranger. Commet le délit de conduite sans permis le prévenu circulant avec un permis de conduire délivré par les autorités marocaines alors qu'il réside en France depuis cinq ans en tant que salarié et non en tant que simple étudiant, la dérogation aux règles relatives au permis de conduire, accordée par l'art. 4, al. 2, d'un Arr. du 6 févr. 1989, ne bénéficiant qu'aux seuls étudiants. • Crim. 4 mai 2000 : *Jurispr. auto 2000. 331.* ♦ ... Le prévenu qui n'a pas sollicité l'échange de son permis de conduire gabonais dans le délai d'un an prévu par l'art. R. 223-3 C. route. • Douai, 23 oct. 2006 : *Jurispr. auto 2007. 300.* ♦ ... Le prévenu titulaire d'un permis de conduire délivré par un État membre de l'Union européenne, alors que le relevé d'information intégral du système national des permis de conduire fait apparaître que, d'une part il a commis des infractions rendant obligatoire l'échange de son permis de conduire en vertu des dispositions de l'art. R. 222-2 C. route, et d'autre part, il n'est plus titulaire d'aucun droit à ce titre, en raison de la perte des points résultant de ces infractions. • Crim. 12 mars 2019, n° 18-84.914 P : *D. 2019. 589 ; D. actu. 28 mars 2019, obs. Recotillet ; AJ pénal 2019. 272, obs. Céré ; Dr. pénal 2019, n° 88, note Robert.* ♦ Ne peut en revanche être déclaré coupable de conduite sans permis, le conducteur qui, après avoir restitué son permis à la suite de son invalidation pour perte totale des points, a passé, dans un autre État membre de l'Union européenne, un nouveau permis de conduire après expiration de la période d'interdiction de solliciter ou d'obtenir un permis de conduire. • Crim. 9 mars 2022, n° 21-84.021 A : *D. actu. 18 mars 2022, obs. Goetz ; AJ pénal 2022. 269 ; Dr. pénal 2022, n° 87, note Robert.*

4. Erreur sur le droit. A par ailleurs été relaxée une prévenue, poursuivie pour conduite d'un véhicule sans permis de conduire, qui avait cru pouvoir circuler légitimement en France avec son permis de conduire marocain, comme le lui avait dit son assureur, la prévenue n'ayant pas eu l'intention de commettre l'infraction de conduite d'un véhicule sans permis. • TGI Douai, 16 janv. 2009 : *Gaz. Pal. 7 mai 2010, p. 11, note Hebbadj.*

5. Sur la non-assimilation à une conduite sans permis de la conduite d'un véhicule à moteur par une personne qui aurait pu obtenir un permis de l'État d'accueil en échange du permis délivré par un autre État membre de la Communauté européenne, mais qui n'a pas procédé à cet échange dans le délai imposé, V. • CJCE 29 févr. 1996 : *cité ss. art. R. 222-2.*

6. Complicité. Le fait de prendre place à côté du conducteur ne suffit pas à caractériser la complicité. Il faut lui avoir donné l'ordre de conduire ou, à tout le moins, lui avoir « confié le volant », en connaissance de cause. • T. corr. Poitiers, 6 avr. 1973 : *Gaz. Pal. 1974. 1. Somm. 37, note D.S.* ♦ Ne peut être complice de conduite d'un véhicule sans permis, la prévenue qui prend la place du conducteur d'un véhicule ayant refusé de s'arrêter lors d'un premier contrôle, la complicité nécessitant un acte antérieur ou concommitant à l'infraction principale. • Aix-en-Provence, 7 juill. 2017, n° 16/0397 : *Dr. pénal 2018. Chron. 7, obs. Gauvin.* ♦ Est en revanche complice l'employeur qui autorise le salarié à prendre la route en sachant que ce dernier n'est pas titulaire du permis de conduire correspondant au camion utilisé. • Crim. 18 nov. 1981 : *Jurispr. auto 1982. 316.* ♦ ... Ou le propriétaire d'un véhicule qui donne les clés de son véhicule à un individu alors qu'il sait que celui-ci n'est pas titulaire du permis de conduire, le prévenu ayant ainsi sciemment facilité la consommation du délit de conduite sans permis. (En l'espèce, le conducteur, sous l'empire d'un état alcoolique, décédera à la suite d'une perte de contrôle, et le propriétaire du véhicule sera également déclaré coupable d'homicide involontaire, le prévenu, en remettant volontairement les clés à la victime, alors qu'il savait que celle-ci n'était pas titulaire du permis de conduire et qu'elle se trouvait sous l'emprise de l'alcool, ayant commis une faute caractérisée exposant autrui à un risque d'accident d'une particulière gravité qu'il ne pouvait ignorer et contribué à créer la situation qui a permis la réalisation du dommage.) • Crim. 14 déc. 2010, n° 10-81.189 P : *AJ pénal 2011. 134, note Lasserre Capdeville.*

7. Leçon de conduite. Sur l'absence de poursuites pénales pour conduite sans permis et les responsablités en cas d'accident au cours de leçons de conduite bénévoles, avant même les dispositions sur la conduite accompagnée, • T. corr. Riom, 16 juin 1967 : *D. 1967. 624, note G.A.* • Crim. 24 janv. 1963 : *D. 1963. Somm. 58* • T. corr. Montbéliard, 22 nov. 1963 : *D. 1964. 78, note Pelier.*

8. Conduite d'un véhicule agricole. Les dispositions de l'art. R. 221-20 C. route, en prévoyant que les dispositions sur le permis de conduire « ne sont pas applicables aux conducteurs des véhicules et appareils agricoles ou forestiers, attachés à une exploitation agricole ou forestière », impliquent que le conducteur d'un véhicule agricole soit affilié à la Mutualité sociale agricole pour être dispensé du permis de conduire. A été en conséquence condamné pour conduite sans permis (pour des faits antérieurs à la L. n° 2012-387 du 28 mars 2012) un prévenu qui n'était pas affilié à la Mutualité sociale agricole et qui n'était pas titulaire d'un permis de conduire de catégorie C. • Angers, 20 déc. 2012 : *Dr. pénal 2013. Chron. 7, obs. Gauvin.*

9. Peines (avant la L. du 9 mars 2004). La conduite d'un véhicule malgré l'invalidation du permis de conduire résultant de la perte totale des points constitue la contravention de conduite sans permis, prévue et punie par les art. R. 241-2 [C. route, art. R. 221-1] et 131-12 s. C. pén., lesquels n'édictent pas, pour sa répression, de peine d'emprisonnement, et non l'infraction prévue par l'art. L. 19 C. route [L. 224-16]. • Crim. 6 mai 1998, n° 97-85.201 P : *D. 1998. IR 170 ; Jurispr. auto 1998. 276* • 13 sept. 2000 : *Dr. pénal 2000. Comm. 139, obs. Robert ; Jurispr. auto 2000. 551.*

10. Doit être cassé l'arrêt qui a condamné un contrevenant, pour conduite d'un véhicule sans être titulaire du permis de conduire, à un an de suspension du permis de conduire, dès lors que cette peine complémentaire n'est pas prévue par l'art. R. 241-2 [C. route, art. R. 221-1]. • Crim. 10 mai 2000 : *Jurispr. auto 2000. 330.*

11. Peines (après la L. du 9 mars 2004). Doit être cassé l'arrêt qui a condamné un prévenu, pour conduite d'un véhicule sans être titulaire du permis de conduire, à l'interdiction de solliciter la délivrance d'un nouveau permis de conduire pour une durée de six mois, dès lors que cette peine complémentaire n'est pas prévue par l'art. L. 221-2 C. route. • Crim. 23 oct. 2007 : *Jurispr. auto 2007. 692 ; Dr. pénal 2008. Comm. 4, obs. Véron.*

12. Une juridiction ayant déclaré un prévenu coupable de conduite sans permis et de défaut d'assurance, ne peut prononcer une peine de jours-amende pour le premier délit et une peine d'amende pour le second, dès lors que, d'une part, l'art. 132-3, al. 1er, C. pén., qui permet de prononcer chacune des peines encourues à l'encontre de la personne reconnue coupable de plusieurs infractions en concours à l'occasion d'une même procédure, prévoit que, lorsque plusieurs peines de même nature sont encourues, il ne peut être prononcé qu'une seule peine de cette nature dans la limite du maximum légal le plus élevé, et que, d'autre part, l'art. 131-9, al. 3, C. pén. prohibe expressément le prononcé d'une peine de jours-amende cumulativement avec une peine d'amende. • Crim. 11 janv. 2022, n° 21-84.114 A : *D. 2022. 72 ; D. actu. 28 janv. 2022, obs. Dominati ; Dr. pénal 2022, n° 59, note Dantras-Bioy.*

13. Erreur de qualification. Le prévenu déclaré coupable du délit de conduite sans permis prévu par l'art. L. 221-2 C. route ne saurait faire grief à une cour d'appel de ne pas avoir appliqué les dispositions de l'art. L. 223-5 de ce code, qui réprime le fait de conduire un véhicule malgré l'invalidation du permis de conduire résultant de la perte totale des points, dès lors que les pénalités applicables aux faits incriminés par ce texte sont plus sévères. • Crim. 23 oct. 2007 : *Jurispr. auto 2007. 692.* • 2 févr. 2011 : *Dr. pénal 2011, n° 65, note Robert.*

Art. L. 221-2-1 *(L. n° 2016-1547 du 18 nov. 2016, art. 34-I-7°)* **I. — Le fait de conduire un véhicule sans être titulaire du permis de conduire correspondant à la catégorie du véhicule considéré tout en faisant usage d'un permis de conduire faux ou falsifié est puni de cinq ans d'emprisonnement et de 75 000 € d'amende.**

II. — Toute personne coupable de l'infraction prévue au présent article encourt également, à titre de peine complémentaire :

1° La confiscation obligatoire du véhicule dont elle s'est servie pour commettre l'infraction, si elle en est le propriétaire. La juridiction peut toutefois ne pas prononcer cette peine, par une décision spécialement motivée ;

2° La peine de travail d'intérêt général, selon des modalités prévues à l'article 131-8 du code pénal et dans les conditions prévues aux articles 131-22 à 131-24 du même code et *(Ord. n° 2019-950 du 11 sept. 2019, art. 5-VI et 9, en vigueur le 30 sept. 2021)* **« à l'article L. 122-1 du code de la justice pénale des mineurs » ;**

3° La peine de jours-amende, dans les conditions prévues aux articles 131-5 et 131-25 du code pénal ;

4° L'interdiction de conduire certains véhicules terrestres à moteur, y compris ceux pour la conduite desquels le permis de conduire n'est pas exigé, pour une durée de cinq ans au plus ;

5° L'obligation d'accomplir, à ses frais, un stage de sensibilisation à la sécurité routière.

Sont également encourues les peines complémentaires prévues en matière de faux aux articles 441-10 et 441-11 du code pénal.

III. — L'immobilisation du véhicule peut être prescrite, dans les conditions prévues aux articles L. 325-1 à L. 325-3 du présent code.

L'art. 2 de la L. n° 2021-218 du 26 févr. 2021 modifie la date d'entrée en vigueur du CJPM.

BIBL. ▸ BELLOIR, *Gaz. Pal. 6 nov. 2018, p. 78* (la confiscation obligatoire du véhicule automobile). – LAFAIX, *Jurispr. auto 2012, n° 837, p. 12* (la confiscation obligatoire du véhicule : la nouvelle réponse à la délinquance routière ?).

COMMENTAIRE

Conduite avec un permis faux ou falsifié. Le fait de conduire un véhicule sans être titulaire du permis de conduire est un délit incriminé à l'article L. 221-2 et pour lequel la loi prévoit un an d'emprisonnement et 15 000 euros d'amende, ainsi que plusieurs peines complémentaires. Or ces peines sont aggravées par le présent article, créé par la loi du 18 novembre 2016 de modernisation de la justice du XXIe siècle, si l'intéressé fait, en outre, usage d'un permis de conduire faux ou falsifié. La loi du 18 novembre 2016 a, plus exactement, introduit ici une incrimination à part entière sanctionnant le fait de conduire un véhicule sans être titulaire du permis de conduire tout en faisant usage d'un permis faux ou falsifié. Il s'est agi, par là même, de simplifier les poursuites des personnes concernées, puisqu'auparavant, dans un tel cas, les conducteurs devaient être poursuivis à la fois pour le délit de conduite sans permis prévu à l'article L. 221-2 du code de la route et pour le délit d'usage d'un faux document administratif prévu à l'article 441-2 du code pénal.

Quant aux sanctions encourues, elles peuvent paraître sévères au regard de celles prévues pour la conduite sans permis : l'article L. 221-2-1 prévoyant, à titre principal, cinq d'emprisonnement et 75 000 euros d'amende. Cette sévérité est cependant justifiée par le fait qu'à la conduite sans permis, s'ajoute ici l'usage d'un faux document administratif, fait que l'article 441-2 du code pénal sanctionne de cinq d'emprisonnement et 75 000 euros d'amende. En somme, pour la conduite avec un permis faux ou falsifié, le législateur a prévu les peines les plus sévères auxquelles les personnes concernées s'exposaient avant la création de ce délit, à savoir celles formulées par le code pénal pour le délit d'usage d'un faux document administratif.

A ces peines principales, il faut par ailleurs ajouter une série de peines complémentaires, dont la confiscation du véhicule de l'intéressé qui est qualifiée ici d'obligatoire (sur cette peine obligatoire, V. comm. ss. art. L. 212-4) alors que pour la conduite sans permis de l'article L. 221-2 cette peine n'est pas qualifiée de telle ou, plus exactement, ne l'est plus depuis la loi du 18 novembre 2016, ainsi que les peines complémentaires prévues par le code pénal en matière de faux, comme le précise l'article L. 221-2-1. ❑

Art. L. 221-3 *(L. n° 2015-294 du 17 mars 2015, art. 1er)* **Les candidats à l'examen du permis de conduire sont formés aux notions élémentaires de premiers secours.**

Cette formation fait l'objet d'une évaluation à l'occasion de l'examen du permis de conduire.

Le contenu de cette formation et les modalités de vérification de son assimilation par les candidats sont fixés par voie réglementaire.

COMMENTAIRE

Partant du constat que la prise en charge et la survie des victimes d'un accident de la circulation dépendent beaucoup de la réaction des automobilistes témoins de l'accident, le présent article, créé par la loi n° 2015-294 du 17 mars 2015, impose une formation des candidats à l'examen du permis de conduire aux notions élémentaires de premiers secours.

L'idée n'est pas nouvelle. Dès 1974, le Conseil interministériel de la sécurité routière avait recommandé d'intégrer une formation aux « gestes de survie » pour les candidats à l'examen du permis de conduire. Cette recommandation n'a toutefois jamais été concrétisée. Plus récemment, en 2003, le législateur avait prévu que les candidats au permis de conduire seraient « sensibilisés » aux notions élémentaires de premiers secours dans le cadre de leur formation (V. art. 16 de la L. n° 2003-495 du 12 juin 2003, abrogé par la loi du 17 mars 2015). Mais les modalités de mise en œuvre de cette obligation de sensibilisation ne seront jamais précisées. En créant le présent article, la loi du 17 mars 2015 vient donc réactiver cette volonté ancienne des pouvoirs publics de former les candidats au permis de conduire aux notions élémentaires de premiers secours, et ce en rendant obligatoire une telle formation et en prévoyant son évaluation à l'occasion de l'examen du permis de conduire. Par là même, on notera que la loi du 17 mars 2015 ne va pas aussi loin que la proposition de loi qui en est à l'origine, laquelle proposait de créer une troisième épreuve au permis de conduire venant sanctionner la connaissance des gestes de premiers secours et qui se serait ajoutée à l'épreuve théorique et à l'épreuve pratique déjà existantes. La loi du 17 mars 2015 va en revanche plus loin que la loi du 12 juin 2003, en prévoyant que la formation aux notions élémentaires de premier secours fera l'objet d'une évaluation à l'occasion de l'examen du permis de conduire. Du moins lorsque cette évaluation, ainsi que le contenu de la formation seront précisés par le pouvoir réglementaire... ❑

Art. L. 221-3-1 *(L. n° 2023-479 du 21 juin 2023, art. 1er)* **L'État, les collectivités territoriales et leurs groupements rendent publics, sur une plateforme numérique nationale gérée par** *(L. n° 2023-1196 du 18 déc. 2023, art. 6-I-E, en vigueur le 1er janv. 2024)* **« l'opérateur France Travail** *[ancienne rédaction : Pôle emploi]* **», les dispositifs de financement de la formation à la conduite qu'ils proposent aux particuliers.**

Cette plateforme oriente les particuliers vers les dispositifs numériques permettant de choisir un établissement d'enseignement de la conduite et de s'inscrire à l'examen du permis de conduire.

Un décret en Conseil d'État précise les modalités de mise en œuvre du présent article.

COMMENTAIRE

Plateforme numérique d'information sur les aides financières. Le coût élevé du permis de conduire – 1 592 euros en moyenne fin 2022, selon les données recueillies par la délégation à la sécurité routière – est de nature à empêcher nombre de personnes à se présenter à cet examen. Il existe pourtant de nombreuses aides financières en ce domaine (« permis à 1 euro par jour », compte personnel de formation, aide au permis de Pôle emploi ou encore aides versées par les collectivités territoriales), mais dont l'existence n'est pas toujours connue des intéressés. Partant de ce constat, la loi n° 2023-479 du 21 juin 2023 a créé le présent article dont les dispositions visent à permettre la création d'une plateforme numérique nationale recensant l'ensemble des dispositifs de financement de la formation à la conduite proposés aux particuliers par l'État, les collectivités territoriales et leurs groupements.

Autres plateformes numériques. Il est à noter que deux autres plateformes numériques en lien avec le passage du permis de conduire existent d'ores et déjà : une qui permet de rechercher une auto-école (la plateforme « Carte des auto-écoles ») et une qui permet de réserver en ligne une place d'examen au permis de conduire (la plateforme « Rdv permis »). Deux plateformes auxquelles l'article L. 221-3-1 fait allusion en précisant que la plateforme dont il prévoit la création « oriente les particuliers vers les dispositifs numériques permettant de choisir un établissement d'enseignement de la conduite et de s'inscrire à l'examen du permis de conduire ». ❑

Art. L. 221-4 *(L. n° 2015-990 du 6 août 2015, art. 28-I-3°)* **L'organisation des épreuves suivantes est assurée par l'autorité administrative ou par des personnes agréées par elle à cette fin :**

1° Toute épreuve théorique du permis de conduire ;

2° Toute épreuve pratique des diplômes et titres professionnels du permis de conduire d'une catégorie de véhicule du groupe lourd.

Les frais pouvant être perçus par les organisateurs agréés auprès des candidats sont réglementés par décret, pris après avis de l'Autorité de la concurrence.

Organisation des épreuves du permis de conduire par l'autorité administrative : art. R. 221-3-1 s. — par des personnes agréées à cette fin : art. R. 221-3-4 s.

COMMENTAIRE

Externalisation de certaines épreuves du permis de conduire. L'article L. 221-4, créé par la loi n° 2015-990 du 6 août 2015, permet de confier l'organisation de certaines épreuves du permis de conduire à des personnes agréées à cette fin par l'autorité administrative. Les épreuves qui peuvent ainsi être externalisées sont l'épreuve théorique (appelée communément code), mais aussi les épreuves pratiques des diplômes et titres professionnels du permis de conduire d'une catégorie de véhicule du groupe lourd (V. la liste des personnes agréées en qualité d'organisateur de l'épreuve théorique générale du permis de conduire ss. art. R. 221-3-4). Il s'agit par là même de décharger les inspecteurs du permis de conduire de l'organisation de ces épreuves et de leur permettre ainsi d'être davantage disponibles pour faire passer l'épreuve pratique du permis de conduire des véhicules du groupe léger, et partant réduire les délais de passage de cette épreuve.

On notera que plusieurs dispositions complémentaires visent à garantir la fiabilité de ces épreuves externalisées, en prévoyant notamment que les personnes agréées, ainsi que les examinateurs auxquelles elles ont recours, doivent présenter certaines garanties et en particulier d'indépendance à l'égard des personnes délivrant ou commercialisant des prestations d'enseignement de la conduite (V. art. L. 221-6 et L. 221-8) et qu'elles doivent respecter un cahier des charges défini par l'autorité administrative qui en contrôle l'application (V. art. L. 221-7). ❑

Art. L. 221-5 *(L. n° 2015-990 du 6 août 2015, art. 28-I-3°) (L. n° 2023-479 du 21 juin 2023, art. 5)* **« L'autorité administrative peut recourir à des agents publics ou contractuels comme examinateurs autorisés à faire passer l'épreuve pratique du permis de conduire des véhicules du groupe léger. L'autorité administrative recourt à ces agents en nombre suffisant pour garantir que le délai médian entre deux présentations d'un même candidat à cette épreuve pratique n'excède pas quarante-cinq jours. »**

(Abrogé par L. n° 2023-479 du 21 juin 2023, art. 6) ***« La commission des délits de violences ou d'outrage prévus par les articles 222-9 à 222-13 et 433-5 du code pénal contre***

l'un de ces agents dans l'exercice ou à l'occasion de l'exercice de sa fonction d'examinateur, est sanctionnée dans les conditions prévues à l'article L. 211-1 du présent code. »

Les conditions de formation, d'impartialité et d'incompatibilité de fonctions que remplissent ces agents, ainsi que la durée pour laquelle cette habilitation est délivrée, sont définies par décret.

V. Décr. n° 2015-1379 du 29 oct. 2015 fixant les conditions permettant à des agents publics ou contractuels de faire passer les épreuves pratiques du permis de conduire (JO 31 oct.).

COMMENTAIRE

Épreuve pratique du permis de conduire assurée par des agents publics ou contractuels. C'est pour réduire les délais de passage de l'épreuve pratique du permis de conduire des véhicules du groupe léger (le permis B) et plus précisément le délai médian entre deux présentations d'un même candidat à cette épreuve que l'article L. 221-5 a été créé par la loi n° 2015-990 du 6 août 2015. Pour ce faire, cet article a permis à l'autorité administrative de confier une telle épreuve à des agents publics ou contractuels. Dans sa version d'origine, l'article L. 221-5 imposait à l'autorité administrative de recourir à de tels agents dans tous les départements dans lesquels le délai médian entre deux présentations d'un même candidat était supérieur à 45 jours (en application de ces dispositions, 100 agents de La Poste ont été recrutés pour faire passer l'épreuve pratique du permis de conduire dans les départements concernés). Depuis la loi n° 2023-479 du 21 juin 2023 visant à faciliter le passage et l'obtention de l'examen du permis de conduire, cet article donne la possibilité à l'autorité administrative de recourir à des agents publics ou contractuels dans tous les départements, dès lors qu'un tel recours apparaît nécessaire pour garantir que le délai médian entre deux présentations d'un même candidat n'excède pas 45 jours. Ce qui est le cas dans de nombreux départements, les travaux préparatoires de la loi du 21 juin 2023 faisant état d'un délai d'attente médian annualisé en février 2023 de 60 jours sur l'ensemble du territoire, 17 départements seulement présentant un délai médian inférieur ou égal à 45 jours.

On notera que pour garantir la fiabilité des épreuves pratiques assurées par ces agents publics ou contractuels, l'article L. 221-5 prévoit une formation et des incompatibilités qui ont été précisées par le décret n° 2015-1379 du 29 octobre 2015.

Violences ou outrage commis contre ces agents publics ou contractuels. On remarquera enfin que, dans sa version d'origine, l'article L. 211-5 contenait un alinéa permettant de sanctionner les délits de violences ou d'outrage commis contre ces agents publics ou contractuels de la peine complémentaire d'interdiction de se présenter à l'examen du permis de conduire pour une durée pouvant aller jusqu'à trois ans, prévue à l'article L. 211-1 du présent code. Ces dispositions ont cependant été abrogées par la loi du 21 juin 2023 qui a modifié les articles L. 221-1 A et L. 211-1 afin que la peine complémentaire que prévoit l'article L. 211-1 soit également applicable aux délits de violences ou d'outrage commis contre ces agents (V. comm. ss. art. L. 211-1). ❑

Art. L. 221-6 *(L. n° 2015-990 du 6 août 2015, art. 28-I-3°)* **L'organisateur agréé d'une épreuve du permis de conduire présente des garanties d'honorabilité, de capacité à organiser l'épreuve, d'impartialité et d'indépendance à l'égard des personnes délivrant ou commercialisant des prestations d'enseignement de la conduite.**

Il s'assure que les examinateurs auxquels il recourt présentent les garanties mentionnées à l'article L. 221-8.

Art. L. 221-7 *(L. n° 2015-990 du 6 août 2015, art. 28-I-3°)* **L'organisation des épreuves du permis de conduire répond au cahier des charges défini par l'autorité administrative, qui en contrôle l'application. L'autorité administrative a accès aux locaux où sont organisées les épreuves.**

V. Arr. du 27 avr. 2016 fixant le cahier des charges prévu à l'article L. 221-7 du code de la route (JO 30 avr.).

Art. L. 221-8 *(L. n° 2015-990 du 6 août 2015, art. 28-I-3°)* **Les épreuves du permis de conduire sont supervisées par un examinateur présentant des garanties d'honorabilité, de compétence, d'impartialité et d'indépendance à l'égard des personnes délivrant ou commercialisant des prestations d'enseignement de la conduite.**

V. Arr. du 20 févr. 2017 précisant les modalités de mise en œuvre des audits qualité annuel et quinquennal des examinateurs du permis de conduire (JO 1er mars).

Art. L. 221-9 *(L. nº 2015-990 du 6 août 2015, art. 28-I-3º)* **I. — En cas de méconnaissance de l'une des obligations mentionnées aux articles L. 221-6 à L. 221-8, l'autorité administrative, après avoir mis l'intéressé en mesure de présenter ses observations, peut suspendre, pour une durée maximale de six mois, l'agrément mentionné à l'article L. 221-4.**

II. — En cas de méconnaissance grave ou répétée de l'une des obligations mentionnées aux articles L. 221-6 à L. 221-8, l'autorité administrative, après avoir mis l'intéressé en mesure de présenter ses observations, peut mettre fin à l'agrément mentionné à l'article L. 221-4.

III. — En cas de cessation définitive de l'activité d'organisation d'une épreuve du permis de conduire, il est mis fin à l'agrément mentionné à l'article L. 221-4.

Art. L. 221-10 *(L. nº 2015-990 du 6 août 2015, art. 28-I-3º)* **Les modalités d'application des articles L. 221-4 à L. 221-9 sont fixées par décret en Conseil d'État.**

Dispositions réglementaires : V. art. R. 221-3-1 s.

CHAPITRE II RECONNAISSANCE ET ÉQUIVALENCE

Le présent chapitre ne comprend pas de dispositions législatives.

CHAPITRE III PERMIS À POINTS

COMMENTAIRE

L'introduction du permis à points dans notre droit de la circulation routière date d'une loi nº 89-469 du 10 juillet 1989 qui a créé, par là même, ce que l'on peut appeler une forme de contrôle social à finalité éducative. Le principe consiste à attribuer au permis de conduire un capital de points qui diminue lors de la commission d'infractions routières, et ce jusqu'à l'épuisement éventuel de ce capital (sur le capital de points attribué à chaque permis de conduire, V. art. L. 223-1, al. 2 et son comm.).

Une sanction supplémentaire. Il est bien clair que le retrait de points constitue pour le titulaire du permis de conduire une sanction supplémentaire (il n'existe jamais seul), laquelle n'est pas indifférente, celle-ci s'étant largement développée depuis son instauration et encore plus depuis 2003 et l'expansion des radars automatiques : 16 285 534 points ont ainsi été retirés en 2022 (4 458 497 points avaient été retirés en 2003).

Une sanction administrative. La nature juridique de cette sanction a pu cependant soulever des interrogations, auxquelles le Conseil d'État, la Cour de cassation et la Cour européenne des droits de l'homme ont répondu, en jugeant, respectivement, que le décret d'application de la loi de 1989 en date du 25 juin 1992 n'était pas entaché d'excès de pouvoir ; que la mesure du retrait de points s'apparentait à une sanction administrative dont le fondement légal et l'application échappent à la compétence du juge répressif ; et que cette législation n'était pas incompatible avec les articles 6 et 7 de la Convention européenne des droits de l'homme exigeant en particulier un droit de recours (V. la jurispr. citée ss. l'art. L. 223-1).

Le retrait de points pourrait, par ailleurs, apparaître comme une peine accessoire puisqu'elle découle de la peine principale. Mais, d'une part, le code pénal ne connaît plus de peines accessoires et d'autre part, il ne s'agit pas d'une peine puisqu'elle n'est pas prononcée par une juridiction répressive. Cette mesure, comme l'a relevé la Cour européenne des droits de l'homme, a bien un caractère punitif pour le titulaire du permis ; mais elle n'intervient, de plein droit, qu'après reconnaissance spontanée ou judiciaire de l'infraction. C'est donc bien une sanction administrative découlant de la réalité établie ou reconnue d'une infraction spécialement visée. ❑

Art. L. 223-1 **Le permis de conduire est affecté d'un nombre de points. Celui-ci est réduit de plein droit si le titulaire du permis a commis une infraction pour laquelle cette réduction est prévue.**

(L. nº 2007-297 du 5 mars 2007, art. 23, en vigueur le 31 déc. 2007) **« A la date d'obtention du permis de conduire, celui-ci est affecté de la moitié du nombre maxi-**

mal de points. Il est fixé un délai probatoire de trois ans. Au terme de chaque année de ce délai probatoire, le permis est majoré d'un sixième du nombre maximal de points si aucune infraction ayant donné lieu à un retrait de points n'a été commise depuis le début de la période probatoire. Lorsque le titulaire du permis de conduire a suivi *(L. nº 2015-990 du 6 août 2015, art. 28-III)* **« l'apprentissage anticipé de la conduite défini à l'article L. 211-3 », ce délai probatoire est réduit à deux ans et cette majoration est portée au quart du nombre maximal de points. »** *(Ord. nº 2018-207 du 28 mars 2018)* **« Le délai probatoire est en outre réduit pour le titulaire d'un premier permis de conduire qui se soumet à une formation complémentaire et ne commet durant ce délai aucune infraction ayant donné lieu à retrait de points ou ayant entraîné une mesure de restriction ou de suspension du droit de conduire. »**

Lorsque le nombre de points est nul, le permis perd sa validité.

La réalité d'une infraction entraînant retrait de points est établie par le paiement d'une amende forfaitaire *(L. nº 2003-495 du 12 juin 2003, art. 14)* **« ou l'émission du titre exécutoire de l'amende forfaitaire majorée », l'exécution d'une composition pénale ou par une condamnation définitive.**

(L. nº 2011-267 du 14 mars 2011, art. 75-I) **« Le premier alinéa de l'article L. 223-6 n'est pas applicable pendant le délai probatoire mentionné au deuxième alinéa du présent article. »**

Perte et reconstitution du nombre de points : R. 223-1 s. — Formation complémentaire : R. 223-4-1. — Nouveau permis après perte de validité : R. 224-20 s. — Fichier : L. 225-1 et L. 225-2, R. 225-1 (4º).

RÉP. PÉN. vº *Permis de conduire,* par CÉRÉ.

BIBL. ▶ D'ALET, Comment défendre votre permis à points, *Éd. du citoyen, Toulouse 1994.* - CÉRÉ, Le permis à points, *4e éd., L'Harmattan, 2010.* - DEFRANCE, Le permis de conduire en douze points, *L'Argus 1994.* - GUILBOT, Modélisation de la sécurité routière, *t. 2, coll. Transport et communication nº 48, éd. Paradigme 1994.* - GUILLAUME, Le permis de conduire à points, *Dalloz, 1993.* - JOSSEAUME et LE DALL, Contentieux de la circulation routière (Droits de la défense - Sanctions administratives - Poursuites pénales), *3e éd. Lamy, 2016.*

▶ BOTTEGHI, *AJ pénal 2008. 491* (l'exigence d'information du conducteur à l'épreuve contentieuse). - BUILLY, *AJDA 2001. 34* (la sanction administrative en matière de sécurité routière). - CÉRÉ, *AJ pénal 2008. 485* (le retrait de points sur le permis de conduire et le juge pénal : l'impossible contrôle ?) ; *ibid. 2008. 495* (de la récupération de points sur le permis de conduire) ; *Gaz. Pal. 28-29 janv. 2000, p. 3* (impasse juridique du permis à points). - COQUET et ROBILLARD, *AJDA 2009. 576* (état des lieux du contentieux du permis à points). - COUZINET, *D. 1992. Chron. 255*. - DEFRANCE, *Jurispr. auto 1996. 160* (validité du permis à points) ; *ibid. 2006. 380* (la jurisprudence administrative sur le retrait de points) ; *ibid. 2008. 4* (jurisprudence sur le permis à points) ; *ibid. 2008. 626* (les avis de la Cour de cassation sur le permis à points). - GARNIER, *Gaz. Pal. 1992. 2. Doctr. 512 ; ibid. 1994. 2. Doctr. 699.* - GRYNBAUM, *Jurispr. auto 2010, nº 814, p. 27* (assurance du permis à points : objet et cause illicites ne sont pas loin). - GUILLAUME, *RFDA 1993. 125* (l'évolution du droit du permis de conduire). - IOSCA, *AJ pénal 2019. 421* (le permis à points fête ses trente ans). - LAVAUD, *Rev. gendarmerie nat. 1993, nº 169. 27.* - LE DALL, *Jurispr. auto 2010, nº 814, p. 14* (permis à points : 20 ans déjà). - LE DALL et JOSSEAUME, *ibid. nº 822, p. 23* (la mesure de retrait de points échappe au mécanisme de prescription) ; *ibid. 2014, nº 864, p. 9* (rapide tour du monde des permis à points) ; *ibid. nº 865, p. 11* (l'invalidation du permis de conduire). - LEPETIT-COLLIN et RENAUDIE, *AJDA 2010. 577* (permis à points : comment limiter l'inflation contentieuse ?). - LIÈVREMONT, *Jurispr. auto 2011, nº 830, p. 22* (représentant de personne morale, certificat d'immatriculation et retrait de points : rappel de quelques principes). - MADEC, *AJDA 2011. 2043* (permis de conduire à points - un contentieux enfin majeur). - NOËL, *ibid., p. 27* (le retrait ou la suspension du permis de conduire peuvent-ils justifier un licenciement ?). - PÉRONET, *Jurispr. auto 2010, nº 814, p. 24* (l'offre d'assurance. Quelles garanties pour le permis à points ?). - PONTIER, *JCP Adm. 2008. 2140* (le permis à points et la procédure de retrait de points) ; *ibid. 2013. 2145* (le contentieux du permis de conduire et son dépassement) ; *AJDA 2016. 1384* (l'art de créer du contentieux : le permis à points). - RENAUDIE, *Centre d'analyse stratégique - Note de veille, nº 152, 2009* (le contentieux du permis à points : origine et perspective d'un contentieux de masse). - SAMSON, *Gaz. Pal. 14-15 avr. 1999, p. 4* (bilan de la jurisprudence administrative et judiciaire sur le permis à points). - SAMSON et GUILLON, *Gaz. Pal. 28-30 avr. 2002, p. 12* (le permis à points). - WEYLAND, *JCP 1993. I. 3644* (permis à points... du cycliste).

COMMENTAIRE

Nombre de points affectant le permis de conduire. Depuis la loi n° 2003-495 du 12 juin 2003, il convient de distinguer entre le nombre maximal de points affectant un permis de conduire et le nombre initial de points dont il est affecté lors de son obtention. Tous les conducteurs novices et assimilés – c'est-à-dire ceux qui obtiennent le permis de conduire pour la première fois, mais aussi ceux qui obtiennent un nouveau permis de conduire à la suite de l'annulation ou de l'invalidation d'un permis précédent – ont en effet un permis de conduire affecté de la moitié du nombre maximal de points. Et ce n'est qu'au terme d'une période probatoire que ces conducteurs novices peuvent voir leur permis de conduire affecté du nombre maximal de points (sur le nombre de points effectif et les conséquences de cette période probatoire pour les conducteurs novices, V. comm. ss. art. R. 223-1).

La loi n° 2007-297 du 5 mars 2007 a cependant modifié l'alinéa 2 du présent article afin d'instaurer une progressivité dans l'acquisition, par les conducteurs novices, du nombre maximal de points affectant leur permis de conduire. Depuis cette loi, ces conducteurs voient ainsi, chaque année, leur capital de points progresser, en principe, d'un sixième du nombre maximal de points, s'ils ne commettent pas d'infraction emportant retrait de points.

Quant à la durée de la période probatoire, elle est en principe de trois ans. Cette durée est toutefois réduite à deux ans si le titulaire du permis de conduire a suivi un apprentissage anticipé de la conduite. Au terme d'une année, l'intéressé peut alors voir son capital de points augmenter d'un quart du nombre maximal de points, s'il ne commet pas d'infraction emportant retrait de points. Cette durée probatoire est également réduite pour les titulaires d'un premier permis de conduire qui suivent une formation complémentaire, conformément aux dispositions insérées en ce sens au sein de l'article L. 223-1, par l'ordonnance n° 2018-207 du 28 mars 2018 (sur cette formation complémentaire et ses conséquences sur la durée de la période probatoire, V. art. R. 223-1 et R. 223-4-1).

Réduction automatique du nombre de points en cas d'infraction. C'est l'expression *« de plein droit »*, figurant au premier alinéa du présent article, qui a suscité l'importante polémique évoquée ci-dessus (V. comm. introductif du chap.) et qui autorise aujourd'hui une pleine application du système. Le permis de conduire est réduit de plein droit *« si le titulaire du permis a commis une infraction pour laquelle cette réduction est prévue »*. C'est donc de l'infraction sanctionnée *« par ailleurs »* que dérive automatiquement, et par l'effet de la loi ou du règlement, un retrait de points. A cet égard, l'article L. 223-1 est beaucoup plus explicite que l'ancien article L. 11, puisqu'il fait dépendre le retrait de points de *« la réalité »* d'une infraction entraînant retrait dès que cette infraction est *« établie »* par l'un des moyens évoqués par l'article L. 223-1.

Ainsi ce retrait systématique résulte aussi bien d'une condamnation pénale que du paiement d'une amende forfaitaire (V. art. L. 121-5) ou de l'émission du titre exécutoire d'une amende forfaitaire majorée ou encore de l'exécution d'une composition pénale (V. C. pr. pén., art. 41-2 : proposition émanant du procureur de la République d'une sanction transactionnelle pouvant être, entre autres, une amende dite de composition acceptée par l'auteur de l'infraction qui reconnaît ainsi la commission de sa faute).

Notons ici que c'est à la suite d'un arrêt du Conseil d'État du 14 octobre 2002 (V. note 15), qui a estimé que l'émission du titre exécutoire de l'amende forfaitaire majorée doit être assimilée à une condamnation définitive établissant la réalité de l'infraction, que la loi du 12 juin 2003 a complété l'article L. 223-1 en ce sens. On remarquera également que le Conseil d'État, dans un arrêt du 16 juin 2004 (V. note 24), a considéré qu'une dispense de peine accordée par la juridiction pénale, en application de l'article 469-1 du code de procédure pénale, n'était pas une condamnation et donc ne pouvait entraîner de retrait de points…

Un contentieux administratif de masse. Le retrait de points et l'invalidation du permis de conduire étant des sanctions administratives, les contestations en la matière relèvent principalement des juridictions administratives. Principalement, car les juridictions pénales peuvent également être amenées à se prononcer sur la légalité de ces sanctions. Le fait de refuser de restituer un permis de conduire invalidé ou de conduire malgré une injonction de restitution d'un permis de conduire invalidé sont en effet sanctionnés pénalement. Poursuivi pour de tels faits, l'intéressé peut dès lors soulever une exception d'illégalité devant le juge pénal qui pourra se prononcer conformément à l'article 111-5 du code pénal (V. art. L. 223-5 et la jurispr. citée). En pratique, il est cependant vivement conseillé à l'intéressé d'avoir également introduit une requête en annulation devant le juge administratif.

Cela étant, l'essentiel du contentieux du permis à points est traité par les juridictions administratives, qui sont d'ailleurs confrontées à un contentieux massif (V. Renaudie, Le contentieux du permis à points : origine et perspective d'un contentieux de masse, *Centre d'analyse stratégique – Note de veille, n° 152, 2009*). Or, pour faire face au contentieux, mais aussi le réduire, deux modifications ont été apportées aux modalités de jugement applicables aux litiges relatifs aux permis de conduire. Pour faciliter le traitement de ce contentieux, un décret du 23 décembre 2006 (n° 2006-1708) a, en effet, ajouté à la liste des litiges qui sont jugés à juge unique les litiges relatifs aux permis de conduire (V. CJA, art. R. 222-13). Et, pour le diminuer, un décret du 13 août 2013 (n° 2013-730) les a intégrés dans la liste des litiges pour lesquels le tribunal administratif statue en premier et dernier ressort, autrement dit a supprimé la possibilité de faire appel des décisions rendues en ce domaine (V. CJA, art. R. 811-1).

Référé-suspension. En cas d'invalidation du permis de conduire, l'intéressé ne peut plus conduire. S'il conteste cette décision, les délais de jugement sont tels qu'il est fréquent qu'il accompagne une telle requête d'une demande de suspension. Conformément à l'article 521-1 du code de justice administrative, encore faut-il qu'il y ait urgence à suspendre la décision et qu'il existe un doute sérieux quant à sa légalité. La jurisprudence montre que le juge administratif n'est cependant pas hostile à une telle suspension dès lors que la perte du permis a pour le requérant des conséquences graves et que la suspension n'est pas inconciliable avec les impératifs de sécurité routière (V. notes 25 s.).

Requête en annulation. Concernant la requête en annulation, deux points procéduraux sont à noter. L'un tient à la recevabilité de la requête : le Conseil d'État a en effet précisé, dans un arrêt du 27 janvier 2010, que le titulaire d'un permis de conduire qui demande l'annulation d'une décision portant retrait de points ou invalidation de son permis ne peut se borner à produire le relevé d'information intégral issu du système national des permis de conduire où elle est enregistrée ; il doit produire la décision elle-même, telle qu'il en a reçu notification dans les conditions prévues par l'article R. 223-3 du code de la route ou, en cas d'impossibilité, apporter la preuve des diligences qu'il a accomplies pour en obtenir la communication (V. jurispr. note 27). Mais, dans un arrêt du 19 juillet 2017, le Conseil d'État a semblé revenir sur cette solution en jugeant que l'organisation actuelle du système national du permis de conduire ne mettait pas l'administration en mesure d'éditer des copies des décisions de retrait de points telles qu'elles ont été établies et envoyées aux intéressés, de sorte que lorsqu'un conducteur soutient ne pas avoir reçu communication de la décision de retrait de points dont il demande l'annulation, il lui appartient de produire devant le juge administratif le relevé intégral d'information où ce retrait est mentionné, pour satisfaire aux prescriptions de l'article R. 412-1 du code de justice administrative qui subordonne la recevabilité de la requête à la production de la décision attaquée (V. jurispr. note 28).

L'autre tient aux **pouvoirs du juge administratif** : par un avis du 9 juillet 2010, le Conseil d'État a en effet considéré qu'il appartenait au juge administratif, saisi d'une contestation portant sur un retrait de points, de se prononcer comme juge de plein contentieux. D'autres précisions sont en outre apportées dans cet avis selon que le requérant conteste une décision procédant à un retrait de points ou une décision d'invalidation (V. notes 32 s.). ❑

I. JURISPRUDENCE JUDICIAIRE

1. Le retrait de points : une sanction administrative. La perte de points affectant le permis de conduire ne présente pas le caractère d'une sanction pénale accessoire à une condamnation et en conséquence son fondement légal échappe à l'application du juge répressif. • Crim. 6 juill. 1993 : *D. 1994. 33, note Couvrat et Massé ; Dr. pénal 1993, n° 259, obs. Robert; RSC 1994. 118, obs. Delmas Saint-Hilaire* • 15 févr. 1995, n° 94-81.480 P : *RSC 1996. 116, obs. Bouloc* (selon la chambre criminelle, cette solution résulte de l'art. L. 11-4 [C. route, art. L. 223-4] excluant l'application des art. 55-1 C. pén. (ancien) et 799 C. pr. pén. à la perte de points affectant le permis de conduire). ♦ Dans le même sens : • Crim. 18 mai 1994, n° 93-85.576 P : *D. 1994. IR 184* (qui précise que la cour d'appel a constaté que la mesure du retrait de points constitue une sanction administrative dont le fondement légal et l'application échappent à la compétence du juge répressif) • 10 juill. 1996 : *Jurispr. auto 1996. 546 ; Gaz. Pal. 1997. 1. Chron. crim. 8.* ♦ V. aussi : • Crim. 25 mai 1994 : *Dr. pénal 1994, n° 263, obs. Robert* • 1er juin 1994 : *Dr. pénal 1994 n° 212* • 11 juill. 1994, n° 93-85.801 P : *D. 1994. IR 247* • 31 janv. 1996 : *Jurispr. auto 1996. 276* (ces derniers arrêts étendent la même argumentation à l'impossibilité pour le juge répressif d'apprécier la compatibilité de la L. du 10 juill. 1989 avec l'art. 6 § 1 Conv. EDH. La chambre criminelle justifie l'impossibilité pour le juge pénal d'apprécier le fondement légal de la perte de points par l'argument complémentaire suivant : au surplus, de l'examen des textes organisant le retrait de points, ne dépend pas, au sens de l'art. 111-5 C. pén. entré en vigueur le 1er mars 1994, la solution d'une poursuite exercée, comme en l'espèce, pour contravention d'excès de vitesse) • 26 juin 1996 : *Jurispr. auto 1997. 18.* ♦ V. aussi • Crim. 5 oct. 1994 : *Dr. pénal 1995, no 10, obs. Robert* • 11 janv. 1995 : *Jurispr. auto 1995. 127* • 15 févr. 1995, no 94-81.480 P : *RSC 1996. 116, obs. Bouloc* • 21 juin 1995 : *Jurispr. auto 1995. 401* • 1er févr. 2006 : *Dr. pénal 2006. Comm. 52, note Robert.* ♦ Pour rejeter l'exception soulevée et prise de l'incompatibilité de la législation interne instituant le permis de conduire à points avec les art. 6 et 7 de la Conv. EDH et de l'illégalité des textes réglementaires organisant le système du retrait de points, une cour d'appel justifie sa décision en affirmant que le retrait de points affectant le permis de conduire est une mesure administrative automatisée qui n'intervient de plein droit qu'après le dessaisissement du juge pénal, lequel a souverainement apprécié, au résultat d'un débat contradictoire offrant toutes garanties au prévenu, la réalité de l'infraction poursuivie. • Crim. 10 janv. 1996 : *Jurispr. auto 1996. 278* • 11 déc. 1996 : *Dr. pénal 1997. 37, obs. Robert ; Jurispr. auto 1997. 167.* ♦ *Contra* : dans le sens de l'illégalité constatée du Décr. du 25 juin 1992 pris en application de la L. du 10 juill. 1989 : • T. pol. Millau, 19 janv. 1993 : *Gaz. Pal. 1993. 1. 104* • T. pol. Paris, 29 janv. 1993 : *Gaz. Pal. 1993. 1. 991, note Berthelot* • T. pol. Tarbes, 17 févr. 1993 : *Gaz. Pal. 1993. 1. Somm. 174, note Couzinet* • T. pol. Rambouillet, 27 sept. 1993 : *Gaz. Pal. 1993. 2. Somm. 449,* réformé par : • Versailles, 3 juin 1994 : *Gaz. Pal. 1994. 2. 633* • T. pol. Privas, 12 oct. 1993 : *inédit* • 8 nov. 1994 : *Dr. pénal 1995, no 10, obs. Robert ; Gaz. Pal. 1994. 2. 785* • T. pol. Toulouse, 4 avr. 1995 : *Gaz. Pal. 24 août 1995.*

2. En revanche, lorsqu'ils sont saisis d'une poursuite exercée sur le fondement de la L. du 10 juill. 1989, instituant le permis à points, non pour une infraction pouvant entraîner une perte partielle de ces points mais pour refus de restitution d'un permis invalidé par suite de leur perte totale, les juges sont compétents pour apprécier la conformité de ce texte avec l'art. 6 Conv. EDH. • Crim. 26 juin 1996 (3 arrêts), no 95-83.529 P : *RSC 1997. 373, obs. Bouloc ; JCP 1997. I. 3998, chron. Robert ; Dr. pénal 1996. Comm. 245, note Robert ; Jurispr. auto 1996. 500 et 549 ; Gaz. Pal. 1997. 1. 294 s., notes Petit, Morin et Samson.* [♦ Rejet du pourvoi contre : • Lyon, 16 mai 1995 : *inédit,* infirmant : • T. corr. Lyon, 12 janv. 1995 : *Gaz. Pal. 1995. 2. 436.*] ♦ V. aussi, *contra :* • Paris, 16 févr. 1996 : *Gaz. Pal. 1996. 1. 181, note Samson et Morin* (qui affirme que les juridictions pénales sont compétentes pour interpréter les actes administratifs réglementaires ou individuels et pour en apprécier la légalité, lorsque de cet examen dépend la solution du procès pénal qui leur est soumis, et qui relaxe une prévenue du délit de refus de restitution de son permis en constatant que la décision administrative enjoignant à la conductrice dont le capital de points est devenu nul de restituer son permis ne reprend ni ne cite les art. L. 11 et L. 11-1 C. route et n'est pas motivée conformément à la L. du 11 juill. 1979, cette décision ne visant pas les condamnations judiciaires définitives prononcées à l'encontre de la prévenue) • Rennes, 1er avr. 1996 : *Gaz. Pal. 1997. 1. 301* • Paris, 4 juill. 1996 : *Gaz. Pal. 1998. 1. 114* • Versailles, 24 sept. 1996 : *ibid. 115* • Versailles, 12 juin 1997 : *ibid. 116.*

3. Conventionnalité du permis à points. Aucune incompatibilité n'existe entre la L. du 10 juill. 1989 instituant le permis de conduire à points et l'art. 6 Conv. EDH, dès lors que chaque perte partielle de points, bien que s'appliquant de plein droit et échappant à l'appréciation des juridictions répressives, est subordonnée à la reconnaissance de la culpabilité de l'auteur de l'infraction, soit par le juge pénal, après examen préalable de la cause par un tribunal indépendant et impartial, soit par la personne concernée elle-même qui, en s'acquittant d'une amende forfaitaire, renonce expressément à la garantie d'un procès équitable. • Crim. 26 juin 1996 (3 arrêts) : *préc. note 2* • 11 mars 1998 : *D. 1998. IR 144 ; Gaz. Pal. 1998. 2. Chron. 119 ; Gaz. Pal. 26-27 juill. 2000, p. 2, obs. Lombard* • 28 mars 2001 : *Jurispr. auto 2001. 274.* ♦ En outre, aucune règle de droit international ne fait obstacle à ce qu'un État applique à ses nationaux des règles plus sévères que celles qui s'imposent, sur son territoire, à des ressortissants étrangers. • Crim. 11 mars 1998 : *préc.*

4. Constitutionnalité des dispositions de l'art. L. 223-1, al. 4, prévoyant que le paiement d'une amende forfaitaire emporte retrait de points – Absence de renvoi de plusieurs QPC. N'ont pas été jugées sérieuses les questions prioritaires de constitutionnalité portant sur les dispositions de l'art. L. 223-1, al. 4, C. route en ce qu'elles prévoient que la réalité de l'infraction entraînant retrait de points est établie par le paiement d'une amende forfaitaire, dès lors que la perte de points, directement liée à un comportement délictuel ou contraventionnel portant atteinte aux règles de la circulation routière, ne peut intervenir qu'en cas de reconnaissance de responsabilité pénale, après appréciation éventuelle de la réalité de l'infraction et de son imputabilité par le juge judiciaire, à la demande de la personne intéressée, et qu'en outre la régularité de la procédure de retrait de points peut être contestée devant la juridiction administrative. • Crim. 18 déc. 2012 : *Dr. pénal 2013, no 75, note Robert* • 1er avr. 2014 : *D. actu. 28 avr. 2014, obs. Fleuriot ; Dr. pénal 2014, no 90, note Robert.*

5. Le retrait de plein droit des points prévu par l'art. R. 256 C. route constitue, non pas une sanction pénale, mais une mesure administrative. Dès lors ne peut être retenue l'exception consistant à soulever le défaut de visa de l'article précité dans la citation. • Crim. 19 févr. 1997 (2 arrêts) : *Jurispr. auto 1997. 326 et 328.*

6. Le retrait de points n'est pas une voie de fait. Ne sauraient constituer une voie de fait les décisions du ministre de l'Intérieur, à supposer même que ces décisions soient entachées d'illégalité, de retirer, à deux reprises, des points affectés au permis de conduire d'un dirigeant de société, pour sanctionner des contraventions d'excès de vitesse commises par un ou des salariés non identifiés de son entreprise alors qu'ils circulaient à bord d'un véhicule appartenant à la société, dès lors que le ministre de l'Intérieur a agi dans l'exercice d'un pouvoir conféré par les art. L. 121-2, L. 121-3, L. 223-1, L. 223-3 et R. 223-3 C. route et alors que la mise en œuvre de ces sanctions n'a pas, par elle même, porté une atteinte grave à une liberté fondamentale. Dès lors il n'appartient qu'à la juridiction administrative de connaître de la légalité des décisions par lesquelles le ministre de l'Intérieur réduit le nombre des points affectés à un permis de conduire. • T. confl., 19 nov. 2007 : *Bull. n° 34; AJDA 2007. 2231 ; JCP Adm. Actu. 1041.* ♦ Contra : le retrait de points sur le permis de conduire d'un président-directeur général, qui n'était pas le conducteur des deux véhicules de son entreprise pris en excès de vitesse, constitue une voie de fait imputable à l'administration dans la mesure où, en aucun cas, une personne autre que le contrevenant lui-même ne peut se voir retirer des points de son permis de conduire pour une infraction qu'il n'a pas commise, et ce, quand bien même cette personne aurait payé l'amende forfaitaire et donc établi la réalité de l'infraction. Ainsi, le juge judiciaire est compétent en sa qualité de garant des libertés individuelles. • Paris, 25 avr. 2003 : *Jurispr. auto 2003. 496.*

II. JURISPRUDENCE ADMINISTRATIVE

7. Légalité du décret instituant le permis à points. Le Décr. du 25 juin 1992 pris en application de la L. du 10 juill. 1989 instituant le permis à points n'est pas entaché d'excès de pouvoir. • CE 23 oct. 1992, 2 arrêts : *D. 1992. 511, concl. Legal* • 3 févr. 1993 : *Gaz. Pal. 1993. 2. Pan. dr. adm. 141* • 14 nov. 1995 : *inédit.* ♦ On ne saurait utilement invoquer à l'encontre du Décr. du 23 nov. 1992, lequel concerne exclusivement la procédure relative aux sanctions administratives de retrait de points, la méconnaissance de l'art. 6 § 1 Conv. EDH qui n'est applicable qu'aux procédures contentieuses suivies devant des juridictions. • CE 8 déc. 1995 : *D. 1997. 287, note Sabete ; Jurispr. auto 1996. 172.* ♦ Le moyen tiré de ce que les décisions de retrait de points constitueraient des violations des droits et libertés reconnus par la Conv. EDH, contre lesquelles n'existerait aucun recours effectif et qu'en conséquence se trouveraient méconnues les stipulations de l'art. 13 de cette convention, est sans rapport avec le contenu desdites stipulations et, comme tel, inopérant. • Même décision.

8. Conventionnalité du dispositif du permis à points. L'ensemble des dispositions du code de la route relatives au permis à point doit être regardé comme respectant les dispositions de l'art. 6§ 1 Conv. EDH dès lors que la décision de réduction du nombre de points intervient seulement lorsque la réalité de l'infraction est établie, soit par le paiement de l'amende forfaitaire par le conducteur, soit par la condamnation devenue définitive prononcée par le juge pénal, que le conducteur est informé par l'autorité administrative, dès la constatation de l'infraction, de la perte de points qu'il peut encourir, que la perte de points ne peut intervenir qu'en cas de reconnaissance de responsabilité pénale, le cas échéant après appréciation par le juge judiciaire de la réalité de l'infraction et de son imputabilité, à la demande de la personne intéressée et que, lorsque l'autorité administrative procède au retrait de points, sa décision est soumise au contrôle du juge administratif. • CE 27 sept. 1999 : *Lebon 280 ; JO 4 nov. 1999; RFD. adm. 1999. 1290 ; Dr. adm. 1999, n° 297; Gaz. Pal. 26-27 juill. 2000, p. 6, obs. Couzinet.* ♦ Les dispositions de la L. du 10 juill. 1989, qui introduit le permis à points dans le droit de la circulation routière, a prévu la modulation de la sanction en fonction de la gravité de l'infraction commise par le justiciable. Le dispositif du retrait de points prévoit ainsi des sanctions proportionnées qui peuvent être contestées devant le juge de l'excès de pouvoir, dans des conditions propres à assurer au juge un contrôle suffisant au regard de l'art. 6 § 1 Conv. EDH. • CAA Bordeaux, 30 juin 2009, n° 08BX02852 : *Inédit.*

9. Constitutionnalité du caractère automatique de la perte de validité d'un permis de conduire lorsque le nombre de points est nul – Absence de renvoi d'une QPC. Par l'ensemble des dispositions relatives au permis à points, le législateur a institué un régime de sanction où la peine est individualisée sans qu'une autorité judiciaire ou administrative ait à en assurer la modulation dans chaque cas d'espèce, et qui répond à l'objectif d'intérêt général de la lutte contre des atteintes à la sécurité routière dont la nature et la fréquence rendraient matériellement impossible la répression effective si une telle modulation était permise. Compte tenu des garanties dont est entouré ce régime, il ne saurait être soutenu que la sanction de la perte de validité du permis de conduire prévue par l'art. L. 223-1, al. 3, C. route, constituerait une sanction automatique contraire au principe de nécessité et de proportionnalité des peines. • CE 4 oct. 2010 : *Lebon 364; AJDA 2010. 1852 .* ♦ Sur la constitutionnalité des dispositions de l'art. L. 223-1, al. 4, C. route en ce qu'elles prévoient que l'émission du titre exécutoire de l'amende forfaitaire majorée établit la réalité de l'infraction entraînant retrait de points, V. note 16.

10. Légalité de la gestion automatisée des points affectés au capital du permis de conduire. L'ensemble des garanties qui encadre la procédure aboutissant à l'établissement des décisions dites 48 (décisions informant d'un retrait de points) et 48 S (décisions informant de la perte de validité du permis en raison d'un solde de points nul) est de nature à faire regarder la gestion automatisée des points affectés au capital du permis de conduire comme conforme à la législation et à la réglementation qui s'imposent à l'administration. En particulier, ne contrevient pas à la loi ou à un principe général du droit, l'apposition, sous la forme d'un fac-similé, de la signature du sous-directeur de la circulation et de la sécurité routières au ministère de l'Intérieur sur les décisions « 48 » et « 48 S », un tel procédé inhérent à un traitement automatisé des décisions, identifiant l'auteur de la décision et attestant que l'ensemble des informations qui y sont rapportées ont été enregistrées sous l'autorité et le contrôle du ministre de l'Intérieur dans les conditions prévues par le code de la route. • CE 31 mars 2008 : *JO 16 avr. ; D. 2008. 1279 ; AJDA 2008. 729 ; Jurispr. auto 2008. 372 ; JCP Adm. 2008. 2139, concl. De Salins, et 2140, note Pontier.*

11. La double nature juridique de la décision de retrait de points : une sanction administrative et une accusation en matière pénale. Il résulte des art. L. 11, L. 11-1 et L. 258 C. route, que la réduction du nombre de points affecté au permis de conduire, à la suite d'une condamnation pénale devenue définitive ou du paiement d'une amende forfaitaire, présente le caractère d'une punition tendant à empêcher la réitération des agissements qu'elle vise. Ce dispositif constitue ainsi, même si le législateur a laissé le soin à l'autorité administrative de prononcer la sanction de réduction du nombre de points, une accusation en matière pénale au sens des stipulations de l'art. 6 § 1 Conv. EDH. • CE 27 sept. 1999 : *préc. note 8.*

12. Retrait de points et permis probatoire. Il résulte des dispositions de l'art. L. 223-1 C. route que le délai probatoire est de deux ans lorsque le titulaire du permis de conduire a suivi un apprentissage anticipé de la conduite et de trois ans dans les autres cas. Aucune disposition ne prévoit cependant une prorogation de ce délai lorsque l'intéressé a commis, avant sa date normale d'expiration, une infraction ayant donné lieu à un retrait de points. • CE, avis, 31 mai 2013 : *T. Lebon ; AJDA 2013. 1137.*

13. L'art. L. 223-1, al. 2, C. route prévoit en revanche qu'au terme de chaque année du délai probatoire le nombre de points du permis de conduire est majoré si aucune infraction ayant entraîné un retrait de points n'a été commise depuis le début de la période probatoire. Il en résulte que, lorsque le titulaire d'un permis de conduire commet une infraction ayant entraîné le retrait d'un point pendant la période probatoire, une telle infraction fait obstacle à la majoration, alors même qu'en application de l'art. L. 223-6, al. 3, du même code le point ainsi retiré est rétabli au bout de six mois en l'absence de nouvelle infraction ayant entraîné un retrait de points. • CE 15 juin 2016, n° 393522 B : *JCP Adm. 2016. Actu. 550.*

14. Infractions pouvant donner lieu à retrait de points. Il résulte des dispositions des art. L. 223-1 s. C. route que seules les infractions à ce code commises avec des véhicules pour la conduite desquels le permis de conduire est exigé sont susceptibles d'entraîner un retrait de points sur ce permis (en l'espèce, des points avaient été retirés sur le permis de conduire du requérant pour des infractions commises par celui-ci alors qu'il circulait en cyclomoteur, des retraits qui avaient conduit à l'invalidation de son permis). • CE 14 oct. 2015, n° 374999 B : *JCP Adm. 2015. Actu. 877.* ♦ Commet une erreur de droit, le tribunal qui, après avoir admis que l'erreur commise par l'administration, en retirant des points sur le permis de conduire du requérant au titre d'une infraction ne pouvant donner lieu à une telle mesure, était de nature à engager la responsabilité de l'État, a estimé qu'en l'espèce, la gravité des infractions commises par l'intéressé exonérait l'État de toute responsabilité, alors que des infractions qui ne pouvaient légalement entraîner le retrait de points du permis de conduire ne sauraient être regardées comme ayant concouru au préjudice résultant d'un tel retrait et de la perte de validité subséquente du permis. • Même décision.

A. RÉALITÉ DE L'INFRACTION

15. Titre exécutoire et retrait de points. Il résulte tant des dispositions de l'art. L. 11-1 [art. L. 223-1], éclairées par les travaux préparatoires de la L. du 10 juill. 1989 dont elles sont issues, que de celles du premier al. de l'art. 530 C. pr. pén., qu'en l'absence d'une réclamation formée dans le délai légal, l'émission du titre exécutoire de l'amende forfaitaire majorée doit, pour l'application de l'art. L. 11-1 C. route, être assimilée à une condamnation définitive établissant la réalité de l'infraction et entraînant de plein droit le retrait de points du permis de conduire. • CE 14 oct. 2002, *Assoc. club défense permis,* n° 205204 B : *AJDA 2002. 1407, concl. Chauvaux.* ♦ Cette solution a conduit le législateur à modifier, quelques mois plus tard, la lettre de l'art. L. 223-1. ♦ V. art. L. 223-1, al. 4, tel que modifié par la L. du 12 juin 2003.

16. Constitutionnalité des dispositions prévoyant que l'émission du titre exécutoire emporte retrait de points – Absence de renvoi d'une QPC. L'objectif d'intérêt général de lutte contre les atteintes à la sécurité routière justifie, compte tenu de la nature et de la fréquence des infractions en la matière, que, pour assurer l'efficacité de la répression, le titre exécutoire de l'amende forfaitaire majorée dont résulte la réalité de l'infraction entraînant retrait de points puisse être émis sans que soit organisé un débat contradictoire préalable, chaque fois que l'intéressé, sans contester l'amende forfaitaire qui lui a été infligée, s'est abstenu d'acquitter celle-ci. Les droits de la défense ne sont pas pour autant méconnus dès lors que la personne faisant l'objet du titre exécutoire peut former à l'encontre de celui-ci une réclamation qui, entraînant son annulation, impose, d'une part, au ministère public, s'il ne renonce pas aux poursuites, de saisir la juridiction de proximité et, d'autre part, au ministre de l'Intérieur de rapporter le retrait de points qui avait été décidé à la suite de l'émission du titre. Par suite, l'intéressé dispose toujours de la faculté de demander la saisine du juge pénal qui statuera, dans le respect des droits de la défense, sur la réalité et l'imputabilité de l'infraction, le retrait de points afférent à celle-ci ne pouvant alors être appliqué qu'en cas de condamnation définitive, conformément aux dispositions de l'art. L. 223-1, al. 4, C. route. • CE 26 juill. 2011 : *Gaz. Pal. 29 sept. 2011, p. 31.*

17. Annulation du titre exécutoire. Il ressort des dispositions de l'art. 530 C. pr. pén. qu'une réclamation contre le titre exécutoire d'une amende forfaitaire majorée, lorsqu'elle est formée dans les délais et dans les formes prévus par cet article et par l'art. 529-10 du même code, entraîne l'annulation du titre exécutoire. Il en résulte que la réalité de l'infraction ne peut plus alors être regardée comme établie, eu égard aux dispositions de l'art. L. 223-1 C. route. L'autorité administrative doit, par suite, rétablir sur le permis de conduire de l'intéressé les points qui avaient pu être retirés, sans préjudice d'un nouveau retrait si le juge pénal est saisi et prononce une condamnation. • CE 16 juin 2016, n° 379655 B : *JCP Adm. 2016. Actu. 551.* ♦ Il n'appartient pas au juge administratif, en revanche, de se prononcer sur la recevabilité d'une réclamation contre le titre exécutoire d'une amende forfaitaire majorée, laquelle est appréciée par l'officier du ministère public sous le contrôle de la juridiction pénale devant laquelle l'auteur de la réclamation dispose d'un recours. Dès lors, si le titulaire du permis de conduire peut utilement faire valoir devant le tribunal administratif, à l'appui d'une contestation relative au retrait de points, que la réalité de l'infraction n'est pas établie compte tenu de l'annulation du titre exécutoire du fait d'une réclamation, il ne saurait se borner à justifier de la présentation de cette réclamation mais doit établir qu'elle a été regardée comme recevable et a par suite entraîné l'annulation du titre, une telle preuve pouvant être apportée soit par un document émanant de l'autorité judiciaire, soit, au besoin, par le document couramment nommé « bordereau de situation des amendes et des condamnations pécuniaires », tenu par le comptable public pour chaque contrevenant et dont la personne concernée peut obtenir communication en application de l'art. L. 311-1 CRPA. • Même décision.

18. Paiement de l'amende forfaitaire et retrait de points. Lorsque le destinataire d'un avis de contravention choisit d'éteindre l'action publique par le paiement d'une amende forfaitaire, il résulte des dispositions de l'art. L. 223-1 C. route que ce paiement établit la réalité de l'infraction et entraîne la réduction de plein droit du nombre de points dont est affecté le permis de conduire de l'intéressé. Par suite, celui-ci ne peut donc utilement soutenir devant le juge administratif, à l'appui de ses conclusions dirigées contre la décision de retrait de points, qu'il n'est pas le véritable auteur de l'infraction. • CE, avis, 26 juill. 2006, n° 292750 : *Jurispr. auto 2006. 520.*

19. Dans le cas où un certificat d'immatriculation comporte plusieurs titulaires, lorsque l'avis de contravention indique, d'une part, lequel de ces titulaires verra le solde de points de son permis de conduire réduit en cas de paiement de l'amende forfaitaire et, d'autre part, que ce titulaire a la faculté de former une requête en exonération pour contester être l'auteur de l'infraction, le cas échéant en désignant un autre titulaire comme étant le véritable auteur, le paiement de l'amende forfaitaire, quelle que soit la personne qui l'a effectué, entraîne de plein droit la réduction du nombre de points dont est affecté le permis de conduire du titulaire désigné par ces informations et qui en a été destinataire ; ce titulaire ne peut plus, par suite, soutenir utilement devant le juge administratif, à l'appui du recours dirigé contre la décision de retrait de points, qu'il n'est pas le véritable auteur de l'infraction. • CE 25 févr. 2011, n° 338692 B : *AJDA 2011. 419.*

20. Il résulte des dispositions de l'art. L. 223-1 C. route que le paiement de l'amende forfaitaire établit la réalité de l'infraction et entraîne la réduction de plein droit du nombre de points dont est affecté le permis de conduire de l'intéressé. Dès lors qu'il n'est pas établi, ni même allégué, que celui-ci a élevé une contestation au titre de l'infraction en cause dans le délai qui lui était imparti, il ne peut contester la matérialité de celle-ci en se prévalant de ce que l'amende forfaitaire correspondant à cette infraction a été acquittée par la société titulaire du certificat d'immatriculation du véhicule et non par lui-même. • CE 20 mars 2015, n° 368093 B : *AJDA 2015. 1251.*

21. Valeur probatoire de la mention « paiement de l'amende forfaitaire » ou « émission du titre exécutoire de l'amende forfaitaire majorée » inscrite dans le système national des permis de conduire. Il résulte des art. L. 223-1 C. route, 529, 529-1, 529-2 et 530, al. 1er, C. pr. pén., et L. 225-1 C. route que le mode d'enregistrement et de contrôle des informations relatives aux infractions au code de la route conduit à considérer que la réalité de l'infraction est établie dans les conditions prévues à l'art. L. 223-1 C. route dès lors qu'est inscrite, dans le système national des permis de conduire, la mention du paiement de l'amende forfaitaire ou de l'émission du titre exécutoire de l'amende forfaitaire majorée, sauf si l'intéressé justifie avoir présenté une requête en exonération dans les quarante-cinq jours de la constatation de l'infraction ou de l'envoi de l'avis de contravention ou formé, dans le délai prévu à l'art. 530 C. pr. pén., une réclamation ayant entraîné l'annulation du titre exécutoire de l'amende forfaitaire majorée. • CE 24 juill. 2009, *Morali*, nº 312215 B : *AJDA 2009. 1790 ; Jurispr. auto 2009, nº 813, p. 32, obs. Giraudet-Demay ; JCP Adm. 2010. 2094, note Pontier* • CE, avis, 20 nov. 2009, *Sellem*, nº 329982 : *Lebon 468 ; AJDA 2009. 2256 ; Dr. pénal 2010, nº 19, note Robert ; JCP Adm. 2010. 2093, note Pontier.* ♦ Ainsi, l'émission d'un titre exécutoire établit la réalité d'une infraction, sans que le juge ne doive rechercher si l'intéressé a reçu notification d'un avis d'amende forfaitaire majorée. • CE 24 juill. 2009 : *préc.* ♦ De même, quand de telles mentions (paiement de l'amende forfaitaire ou émission du titre exécutoire de l'amende forfaitaire majorée) figurent au relevé d'information intégral relatif à la situation de son permis de conduire, extrait du système national des permis de conduire, l'intéressé ne peut utilement les contredire en se bornant à affirmer qu'il n'a pas payé une amende forfaitaire enregistrée comme payée ou à soutenir que l'administration n'apporte pas la preuve que la réalité de l'infraction a été établie dans les conditions requises par les dispositions précitées. • CE, avis, 20 nov. 2009 : *préc.* ♦ En revanche, dès lors que l'intéressé justifie avoir présenté une requête en exonération ou avoir formé une réclamation ayant entraîné l'annulation du titre exécutoire de l'amende forfaitaire majorée, il appartient à l'administration qui se prévaut de l'irrecevabilité de ces démarches de justifier, éventuellement dans le cadre d'une mesure d'instruction, de ce qu'une décision de rejet a été prise par l'officier du ministère public ou la juridiction compétente. A défaut, la réalité de l'infraction ne peut être tenue pour établie par la mention, dans le système national des permis de conduire, du paiement de l'amende forfaitaire ou de l'émission du titre exécutoire de l'amende forfaitaire majorée. • CAA Marseille, 17 avr. 2014 : *Gaz. Pal. 22 mai 2014, p. 9, concl. Chamot.*

22. *Valeur probatoire de la mention « condamnation pénale devenue définitive » inscrite dans le système national des permis de conduire.* Il résulte de l'art. L. 225-1 C. route et de l'Arr. du 29 juin 1992 fixant les supports techniques de la communication par le ministère public au ministère de l'intérieur des informations prévues à l'art. L. 30 (4º, 5º, 6º et 7º), devenu l'art. L. 225-1 (3º, 4º, 5º et 6º) C. route, que le mode d'enregistrement et de contrôle des informations relatives aux infractions au code de la route conduit à considérer que la réalité de l'infraction est établie dans les conditions prévues à l'art. L. 223-1 C. route dès lors qu'est inscrite, dans le système national des permis de conduire, la mention d'une condamnation pénale devenue définitive. • CE 18 déc. 2017, nº 408713 B : *JCP Adm. 2018. Actu. 42 ; AJDA 2018. 719 .* ♦ Le titulaire d'un permis de conduire n'établit pas, ainsi qu'il lui incombe de le faire, l'inexactitude d'une telle mention en se bornant à justifier qu'il a présenté un recours contre une condamnation à une date postérieure à celle à laquelle, selon le relevé intégral d'information relatif à son permis, elle a acquis un caractère définitif. • Même décision. ♦ Mais dans l'hypothèse où la juridiction pénale, statuant sur le recours ainsi introduit, le jugerait recevable et annulerait la condamnation postérieurement au rejet par le juge administratif du recours dirigé contre la décision de retrait de points ou celle constatant la perte de validité du permis, il appartiendrait à l'administration de retirer cette décision. • Même décision.

23. Sur la valeur probatoire du relevé d'information intégral issu du système national des permis de conduire pour le titulaire du permis de conduire, V. note 27. ♦ Sur la valeur probatoire des mentions inscrites dans le système national des permis de conduire et l'obligation d'information préalable, V. notes 14 s. ss. art. L. 223-3.

24. *Dispense de peine et retrait de points.* Une décision du juge pénal qui déclare le prévenu coupable d'une infraction au code de la route mais le dispense de la peine conformément à l'art. 469-1 C. pr. pén. ne peut être regardée comme une condamnation de nature à entraîner le retrait de points du permis de conduire. • CE 16 juin 2004, nº 248628 : *AJDA 2004. 1934. concl. Chauvaux ; D. 2005. 2516, note Père .*

B. CONTENTIEUX ADMINISTRATIF

1º RÉFÉRÉ-SUSPENSION

25. *Professionnels de la route.* Si le requérant soutient que l'exécution de la décision portant retrait de points de son permis de conduire et constatant la perte de validité de celui-ci porte une atteinte grave et immédiate à l'exercice de sa profession de chauffeur, une telle circonstance n'est pas de nature à caractériser l'urgence au sens de l'art. L. 521-1 CJA, eu égard à la gravité, à la fréquence et au caractère répété des infractions au code de la route commises par l'intéressé. Sa demande de suspension de l'exécution de la décision doit être en conséquence rejetée. • CE 5 oct. 2007, nº 305574 : *Jurispr. auto. 2008. 81* • 13 juill. 2011 : *inédit* (en l'espèce, le permis de l'intéressé avait été invalidé à la suite de cinq infractions au code de la route commises entre novembre 2007 et mars 2010, dont un retrait de six points à la suite d'une condamnation pour blessures involontaires). ♦ Mais le requérant est fondé à demander la suspension de la décision par laquelle le ministre de l'intérieur a retiré un point de son permis de conduire et constaté la perte de validité de celui-ci, dès lors que cette décision porte une atteinte grave et immédiate à l'exercice par l'intéressé de sa profession de chauffeur de taxi et alors que cette suspension n'est pas, dans les circonstances de l'espèce, inconciliable avec les exigences de la sécurité routière. • CE 13 mars 2009 : *JCP*

A. 2009. 2150, note : Pontier; Jurispr. auto 2009, n° 811, 30, obs. Le Roc'h.

26. Autres situations. La condition d'urgence fixée à l'art. L. 521-1 CJA a été considérée comme remplie dans une espèce où la perte de validité du permis de conduire portait une atteinte grave à l'exercice par l'intéressée de sa profession d'agent d'escale dans un aéroport, qu'elle exerçait à une distance importante de son domicile et à des horaires incompatibles avec l'usage des transports en commun, la suspension de la décision d'invalidation n'étant pas, dans les circonstances de l'espèce, inconciliable avec les exigences de la sécurité routière. • CE 10 mars 2010, n° 332367 : *Jurispr. auto 2010, n° 821, 26, obs. Le Dall.* ♦ A en revanche été annulé l'ordonnance d'un juge des référés qui avait considérée comme remplie la condition d'urgence dès lors que la détention d'un titre de conduite était indispensable à l'intéressé pour faire face à ses contraintes familiales et associatives et que les infractions commises (six infractions au code de la route sur une période de quatre ans) n'établissaient pas que son comportement était irresponsable et systématiquement dangereux. Pour le Conseil d'État, si la décision dont la suspension était demandée était susceptible de porter une atteinte grave et immédiate à la situation de l'intéressé, elle répondait, eu égard à la gravité et au caractère répété des infractions au code de la route commises par celui-ci sur une brève période de temps, à des exigences de protection et de sécurité routière. • CE 16 juill. 2010, n° 337523 : *Jurispr. auto 2010, n° 821, 31.* ♦ De même, la condition d'urgence, qui doit s'apprécier objectivement et globalement, n'a pas été considérée comme remplie dans une espèce où l'exécution d'une décision d'invalidation était susceptible de porter atteinte à l'exercice de la profession de l'intéressée (gérante d'une société), mais qui répondait, eu égard à la gravité et au caractère répété des infractions au code de la route commises, à des exigences de protection et de sécurité routière (en l'espèce, l'invalidation résultait de onze infractions au code de la route commises entre octobre 2003 et mai 2010, dont deux sanctionnées d'un retrait de trois points et huit excès de vitesse sanctionnés d'un retrait d'un point commis entre janvier et novembre 2008). • CE 30 déc. 2010 : *inédit.*

2° REQUÊTE EN ANNULATION

a. Recevabilité de la requête

27. Production du relevé d'information intégral. Le titulaire d'un permis de conduire qui demande l'annulation d'une décision portant retrait de points ou invalidation de son permis ne peut se borner à produire le relevé d'information intégral issu du système national des permis de conduire où elle est enregistrée ; il doit produire la décision elle-même, tel qu'il en a reçu notification dans les conditions prévues par l'art. R. 223-3 C. route ou, en cas d'impossibilité, apporter la preuve des diligences qu'il a accomplies pour en obtenir la communication. • CE 27 janv. 2010 : *Lebon; AJDA 2010. 181 ; JCP Adm. 2010. 2200, note Pontier; Jurispr. auto. 2010, n° 816, p. 30, obs. Le Dall.* ♦ La preuve de telles diligences n'est toutefois pas de nature à justifier de l'impossibilité de produire une décision portant retrait de points, lorsque le requérant a par ailleurs reçu notification de la décision portant invalidation de son permis de conduire, dont les mentions suffisent à établir l'existence et le dispositif des décisions antérieures portant retrait de points qu'elle récapitule. • CAA Versailles, 29 juin 2010 : *AJDA 2010. 2106, note Davesne* .

28. Mais l'organisation actuelle du système national du permis de conduire ne met pas l'administration en mesure d'éditer des copies des décisions de retrait de points telles qu'elles ont été établies et envoyées aux intéressés. Lorsqu'un conducteur soutient ne pas avoir reçu communication de la décision de retrait de points dont il demande l'annulation, il lui appartient dès lors de produire devant le juge administratif le relevé intégral d'information où ce retrait est mentionné, pour satisfaire aux prescriptions de l'art. R. 412-1 CJA, qui subordonne la recevabilité de la requête à la production de la décision attaquée. En raison des garanties qui entourent l'enregistrement des retraits de points du permis de conduire, la mention d'un retrait sur le relevé intégral établit, sauf preuve contraire, que la décision prise à cet effet a été éditée par l'Imprimerie nationale et comporte des indications conformes à celles figurant dans le relevé intégral. • CE 19 juill. 2017, n° 386534 : *Gaz. Pal. 3 oct. 2017, p. 45.*

29. Pour qu'une requête demandant l'annulation d'une décision portant retrait de points soit recevable, encore faut-il que la décision portant invalidation du permis de conduire de l'intéressé ne soit pas définitive, des conclusions tendant à l'annulation d'une décision portant retrait de points étant dépourvues d'objet si la décision par laquelle le ministre de l'intérieur a constaté la perte de validité du permis de conduire de l'intéressé pour solde de points nul est devenue définitive. • CE 7 déc. 2015, n° 388926 B : *JCP Adm. 2015. Actu. 1067.*

30. Incidence d'un recours gracieux sur le délai de recours. Une demande contestant une décision constatant la perte de validité d'un permis de conduire étant dirigée contre une sanction administrative, elle relève du plein contentieux (V. *infra* note 32). Par suite, en application des dispositions de l'art. R. 421-3, 1°, CJA, dans sa version antérieure au Décr. n° 2016-1480 du 2 nov. 2016, lorsque le délai de deux mois imparti à l'intéressé pour saisir le tribunal administratif est interrompu par la présentation d'un recours gracieux, ce délai ne peut courir à nouveau qu'à compter de la notification d'une décision expresse rejetant ce recours. • CE 7 avr. 2016, n° 385005 B : *JCP Adm. 2016. Actu. 344 ; AJDA 2016. 1549*. ♦Solution remise en cause par le Décr. n° 2016-1480 du 2 nov. 2016 supprimant la référence au plein contentieux au sein de l'art. 421-3, 1°, CJA.

31. Mention des délais et voies de recours dans la décision. Il résulte de la combinaison des art. R. 421-1 et R. 421-5 CJA que le destinataire d'une décision administrative individuelle dispose, pour déférer cette décision devant la juridiction administrative, d'un délai de deux mois à compter de sa notification qui n'est opposable qu'à la condition que les délais et les voies de recours aient été indiqués dans cette notification. Pour l'application de ces dispositions, les décisions référencées 48 SI, constatant la perte de validité du permis de conduire pour solde de points nul, 48 M, informant le conducteur que le solde de points sur son permis de conduire est inférieur ou égal à six points, 48 N, informant le conducteur en période probatoire que le solde de points sur son permis de conduire est inférieur ou égal à trois points et qu'il doit suivre un stage de sensibilisation à la sécurité routière dans un délai de quatre mois et, enfin, les décisions référencées 48, informant le conducteur d'un retrait de points, dont l'administration n'est pas en mesure d'éditer des copies, doivent être regardées, sauf preuve contraire, comme conformes au modèle qui sert de base à leur édition automatisée par l'Imprimerie nationale, lequel comporte la mention des délais et voies de recours. • CE 3 févr. 2022, n° 454046 B : *JCP Adm. 2022. Actu. 136 ; ibid. 2197, concl. Polge.*

b. Pouvoirs du juge administratif

32. Le juge administratif : juge de plein contentieux. Il appartient au juge administratif, saisi d'une contestation portant sur un retrait de points du permis de conduire, lequel constitue une sanction que l'administration inflige à un administré, de se prononcer sur cette contestation comme juge de plein contentieux. • CE, avis, 9 juill. 2010 : *JO 18 juill. p. 13303 ; Lebon ; AJDA 2010. 1402 ; ibid. 2162, note Ginocchi ; Dr. adm. 2010, n° 133, note Bailleul ; Jurispr. auto 2010, n° 821, 30 ; NCCC, n° 32, 2011. 206, note Éveillard* (V. aussi, à l'origine de cet avis, • TA Lyon, 2 févr. 2010 : *AJDA 2010. 1032, note Meillier*). ♦Il en va de même lorsque le juge est saisi d'un recours contre une décision constatant la perte de validité d'un permis de conduire pour solde de points nul. • CE 17 févr. 2016, n° 380684 B : *AJDA 2016. 1214*. ♦ Compte tenu des pouvoirs dont il dispose ainsi pour contrôler une sanction de cette nature, il lui appartient, le cas échéant, de faire application d'une loi nouvelle plus douce entrée en vigueur entre la date à laquelle la réalité de l'infraction à l'origine du retrait de points a été établie et celle à laquelle il statue et, à cette fin, de prendre une décision qui se substitue à celle de l'administration. • CE, avis, 9 juill. 2010 : *préc.*

33. Contestation d'une décision procédant à un retrait de points. Saisi de conclusions dirigées contre la décision du ministre de l'intérieur procédant à un retrait de points, le juge peut soit les rejeter, soit prononcer l'annulation demandée, soit réformer la décision en réduisant le nombre de points retirés. L'annulation ou la réformation peuvent résulter de la prise en compte par le juge d'une modification du barème de retrait de points établi sur le fondement de l'art. L. 223-2 C. route, intervenue avant la date à laquelle il statue, si cette modification a rendu le barème moins rigoureux que celui dont le ministre a fait application. En revanche, le législateur n'ayant pas prévu d'autre modulation de la sanction que celle que comporte le barème et ayant disposé que le retrait procède de plein droit de l'établissement de la réalité de l'infraction dans les conditions définies à l'art. L. 223-1 du même code, ni l'administration ni le juge ne sauraient légalement atténuer ou supprimer le retrait qui doit résulter de l'application du barème à l'infraction dont la réalité a été établie dans ces conditions, compte tenu de la qualification qui lui a alors été donnée. L'annulation ou la réformation du retrait de points peuvent également résulter de l'abrogation, postérieure à la commission de l'infraction, des dispositions qui la réprimaient. En revanche, en cas de modification, postérieurement aux faits, de la réglementation routière applicable au lieu où l'infraction a été relevée, ni l'administration ni le juge n'ont à en faire une application rétroactive, dès lors qu'une telle modification des obligations résultant de cette réglementation n'affecte ni l'incrimination, ni la sanction. • Même avis.

34. Contestation d'une décision d'invalidation. Saisi de conclusions tendant exclusivement à l'annulation de la décision invalidant un permis de conduire pour solde de points nul ou enjoignant de restituer le titre invalidé, le juge peut soit rejeter ces conclusions, soit prononcer l'annulation demandée. Il justifie suffisamment l'annulation en constatant que, du fait de l'illégalité totale ou partielle d'un des retraits de points, invoquée par voie d'exception, le solde de points n'est pas nul. Il n'est pas alors tenu de se prononcer sur la légalité des autres retraits de points critiqués par le requérant. • Même avis.

35. Permis probatoire et retrait de points. Si un permis de conduire est invalidé pour avoir perdu tous ses points au cours du délai probatoire et si cette invalidation est annulée au motif que tous les points retirés l'ont été illégalement, l'administration est tenue de tirer les conséquences de ce qu'aucune des infractions sur lesquelles elle avait fondé les retraits illégaux n'est réputée avoir donné lieu au retrait de points. Dans l'hypothèse où l'exécution de l'annulation contentieuse intervient après l'expiration du délai probatoire décompté de la date d'obtention du permis, il lui incombe donc, à moins qu'elle ne prononce un retrait de points au titre d'une autre infraction, de restituer à l'intéressé un permis de conduire affecté d'un capital de 12 points, sans que puisse y faire obstacle la circonstance que le titulaire s'est trouvé empêché de conduire pendant une partie du délai. • CE, avis, 20 nov. 2009, *Sellon : Lebon 468 ; AJDA 2009. 2256 ; Dr. pénal 2010, n° 19, note Robert ; JCP Adm. 2010. 2093, note Pontier.*

III. JURISPRUDENCE EUROPÉENNE

36. Applicabilité de l'art. 6, § 1, Conv. EDH à la mesure de retrait de points. Si la mesure de retrait de points présente un caractère préventif, elle revêt également un caractère punitif et dissuasif et s'apparente donc à une peine accessoire. En conséquence, elle relève de la matière pénale au sens de l'art. 6, § 1, Conv. EDH. En effet, s'agissant de la nature de la sanction du permis de conduire à points, la cour note que le retrait de points résulte de plein droit de la condamnation prononcée par le juge pénal. Par ailleurs, concernant son degré de gravité, il peut entraîner à terme la perte de validité du permis de conduire. • CEDH 23 sept. 1998, *Jérôme Malige c/ France : BICC 1999, n° 1 ; D. 1999. Somm. 154, obs. Lamy et 267, obs. Renucci ; RSC 1999. 145, obs. Massias ; Dr. pénal 1999. Comm. 87, obs. Robert ; JCP 1999. II. 10086, note Sudre ; LPA 1999, n° 234, p. 9, note Pelissier ; Gaz. Pal. 24-25 nov. 1999, p. 2, chron. par Samson et Morin.* ♦ Sur une solution similaire de la jurisprudence administrative interne, V. : • CE, avis, 27 sept. 1999, n° 208242 : *préc. note 11.*

37. Droit d'accès à un tribunal. Doit être rejeté, car manifestement mal fondé, le grief tiré du défaut d'accès à un tribunal, dès lors qu'en vertu des art. 529-1 et 529-2 C. pr. pén., le requérant disposait d'un délai de quarante-cinq jours après sa verbalisation pour s'acquitter de l'amende ou contester l'infraction et qu'il apparaît, qu'en l'espèce, l'intéressé s'était acquitté de l'amende forfaitaire sans contester l'infraction. • CEDH 20 avr. 2010, *Duteil c/ France : AJDA 2010. 980 ; Dr. pénal 2012. Chron. 6, obs. Gauvin.*

38. Droit à être informé. Doit être rejeté, car manifestement mal fondé, le grief selon lequel le requérant n'aurait pas été informé de l'intégralité des conséquences de l'avis de contravention qui lui avait été adressé, dès lors que, sur cet avis, celui-ci a été dûment informé, d'une part, de ce que le paiement de l'amende entraînait reconnaissance de la réalité de l'infraction et, d'autre part, de ce qu'un retrait de points sur son permis de conduire était susceptible d'intervenir ; le requérant ayant, en outre, la possibilité d'interroger directement l'agent verbalisateur sur le nombre de points qui lui seraient retirés pour l'infraction qui lui était reprochée et, à défaut, disposant d'un délai de quarante-cinq jours pour s'enquérir auprès des services de la préfecture, d'un avocat ou par voie électronique de cette information. • Même décision.

Code de justice administrative

(Décr. nos 2000-388 et 2000-389 du 4 mai 2000)

Art. R. 811-1 Toute partie présente dans une instance devant le tribunal administratif ou qui y a été régulièrement appelée, alors même qu'elle n'aurait produit aucune défense, peut interjeter appel contre toute décision juridictionnelle rendue dans cette instance.

(Décr. n° 2013-730 du 13 août 2013, art. 4-1° et 2°, applicables aux décisions des tribunaux administratifs rendues à compter du 1er janv. 2014) « Toutefois, le tribunal administratif statue en premier et dernier ressort :

« 1° Sur les litiges relatifs aux prestations, allocations ou droits attribués au titre de l'aide ou de l'action sociale, du logement ou en faveur des travailleurs privés d'emploi, mentionnés à l'article R. 772-5, y compris le contentieux du droit au logement défini à l'article R. 778-1 ;

« 2° Sur les litiges en matière de consultation et de communication de documents administratifs ou d'archives publiques ;

« 3° Sur les litiges relatifs aux refus de concours de la force publique pour exécuter une décision de justice ;

« 4° Sur les litiges relatifs aux impôts locaux et à la contribution à l'audiovisuel public, à l'exception des litiges relatifs à la contribution économique territoriale ;

« 5° Sur les requêtes contestant les décisions prises en matière fiscale sur des demandes de remise gracieuse ;

« 6° Sur les litiges relatifs au permis de conduire ;

« 7° Sur les litiges en matière de pensions *(Décr. n° 2019-82 du 7 févr. 2019, art. 47)* « de retraite des agents publics » ;

« 8° *(Décr. n° 2016-1480 du 2 nov. 2016, art. 29, en vigueur le 1er janv. 2017)* « Sauf en matière de contrat de la commande publique » sur toute action indemnitaire ne relevant pas des dispositions précédentes, lorsque le montant des indemnités demandées *(Décr. n° 2019-82 du 7 févr. 2019, art. 47)* « n'excède pas le » montant déterminé par les articles R. 222-14 et R. 222-15 ;

(Décr. nº 2018-1249 du 26 déc. 2018, art. 2) « 9° Lorsque la juridiction en a été saisie avant le 1er janvier 2019, les litiges afférents aux actes énumérés par le 5° de l'article R. 311-2 ; »

(Décr. nº 2022-962 du 29 juin 2022, art. 3) « 10° Sur les litiges relatifs aux visas de court séjour en France ;

« 11° Sur les litiges relatifs aux autorisations de voyage prévues par le règlement (UE) 2018/1240 du Parlement européen et du Conseil du 12 septembre 2018 ; »

(Décr. nº 2022-1275 du 29 sept. 2022, art. 1er) « 12° Lorsque la juridiction en a été saisie avant le 1er octobre 2022, les litiges mentionnés à l'article R. 811-1-2. »

« Les ordonnances prises sur le fondement du titre IV du livre V sont également rendues en premier et dernier ressort lorsque l'obligation dont se prévaut le requérant pour obtenir le bénéfice d'une provision porte sur un litige énuméré aux alinéas précédents.

(Décr. nº 2016-1480 du 2 nov. 2016, art. 29, en vigueur le 1er janv. 2017) « Les ordonnances prises sur le fondement du 6° de l'article R. 222-1 sont rendues en premier et dernier ressort quel que soit l'objet du litige. »

« Par dérogation aux dispositions qui précèdent, en cas de connexité avec un litige susceptible d'appel, les décisions portant sur les actions mentionnées au 8° peuvent elles-mêmes faire l'objet d'un appel. » *(Décr. nº 2006-1708 du 23 déc. 2006, en vigueur le 1er janv. 2007)* « Il en va de même pour les décisions statuant sur les recours en matière de taxe foncière lorsqu'elles statuent également sur des conclusions relatives à la *(Décr. nº 2013-730 du 13 août 2013, art. 4-2°)* « cotisation foncière des entreprises », à la demande du même contribuable, et que les deux impositions reposent, en tout ou partie, sur la valeur des mêmes biens appréciée la même année. »

(Décr. nº 2015-233 du 27 févr. 2015, art. 47-2°) « Le tribunal administratif statue également en premier et dernier ressort sur les recours sur renvoi de l'autorité judiciaire et sur les saisines de l'autorité judiciaire en application de l'article 49 du code de procédure civile. » — *Les dispositions issues du Décr. nº 2015-233 du 27 févr. 2015 sont applicables aux jugements rendus à compter de la même date (Décr. préc., art. 50).*

Art. L. 223-2 **I. — Pour les délits, le retrait de points est égal à la moitié** *(L. nº 2003-495 du 12 juin 2003, art. 11)* **« du nombre maximal de points ».**

II. — Pour les contraventions, le retrait de points est, au plus, égal *(L. nº 2003-495 du 12 juin 2003, art. 11)* **« à la moitié du nombre maximal de points ».**

III. — *(L. nº 2003-495 du 12 juin 2003, art. 11)* **« Dans le cas où plusieurs infractions entraînant retrait de points sont commises simultanément, les retraits de points se cumulent dans la limite des deux tiers du nombre maximal de points. »**

COMMENTAIRE

Nombre de points retirés. Dans l'ancien code, un seul article de la partie législative et un seul article de la partie réglementaire regroupaient l'ensemble des cas de retraits de points. Il en va différemment dans le code de la route recomposé, puisque c'est auprès de chaque délit et de chaque contravention qu'est indiqué le nombre de points retirés. Il en résulte que l'absence de mention en ce sens dans un texte d'incrimination signifie que l'infraction qu'il prévoit ne peut donner lieu à retrait de points.

C'est pour tenir compte du délai probatoire institué par la loi du 12 juin 2003 à l'article L. 223-1, alinéa 2, que le législateur a remplacé dans le présent article l'expression « nombre de points initial » par celle de « nombre maximal de points ». Pour les délits (une vingtaine de délits du code de la route), le retrait de points est uniformément de la moitié (sans changement par rapport au texte antérieur) du nombre maximal. Pour les contraventions (une quarantaine de contraventions du code de la route), le retrait de points, qui était au plus égal au tiers du nombre maximal de points, peut aller, depuis 2003, jusqu'à la moitié (de un à six points, le chiffre de cinq n'étant pas prévu). Ainsi, les contraventions de conduite sous l'empire d'état alcoolique entrent dans la catégorie des contraventions entraînant un retrait de six points (art. R. 234-1, IV) ; ce qui n'est pas très logique car c'est autant que le délit existant lorsque le taux d'alcool est plus élevé (V. comm. ss. art. R. 234-1).

Cumul d'infractions. En cas de cumul d'infractions – qu'il s'agisse indifféremment de délits ou de contraventions – les retraits peuvent se cumuler, mais seulement dans la limite des deux tiers. Le conducteur qui dispose d'un capital de douze points ne peut donc, en une seule fois, perdre l'ensemble de ses points. ❑

1. Il résulte des dispositions des art. L. 223-2-III et R. 223-2 C. route que, dans l'hypothèse où un conducteur commet simultanément plusieurs infractions, seuls huit des douze points affectés à son permis de conduire peuvent lui être retirés. Doivent en conséquence être annulés les retraits de points opérés en méconnaissance de ces dispositions (en l'espèce, le requérant s'était vu retirer trois points pour une première infraction et six points pour une seconde infraction, alors que les deux infractions avaient été commises au même endroit et au même moment), mais uniquement en tant qu'ils excèdent la limite fixée par ces dispositions. • TA Cergy-Pontoise, 20 sept. 2012 : *AJDA 2013. 121, concl. Bréchot*.

2. Le plafonnement du retrait de points à huit points, prévu par les art. L. 223-2 et R. 223-2 C. route, ne s'applique qu'en cas d'infractions commises simultanément et non successivement. Ne peut bénéficier d'un tel plafonnement celui qui commet successivement, dans un bref laps de temps, quatre infractions consistant en un non-respect de l'arrêt à un feu rouge et en trois changements de direction sans avertissement préalable. • CE 20 juin 2023, n° 460902 B : *JCP Adm. 2023. Actu. 440.*

Art. L. 223-3 *(L. n° 2003-495 du 12 juin 2003, art. 14)* **« Lorsque l'intéressé est avisé qu'une des infractions entraînant retrait de points a été relevée à son encontre, il est informé des dispositions de l'article L. 223-2, de l'existence d'un traitement automatisé de ces points et de la possibilité pour lui d'exercer le droit d'accès conformément aux articles L. 225-1 à L. 225-9.**

« Lorsqu'il est fait application de la procédure de l'amende forfaitaire ou de la procédure de composition pénale, l'auteur de l'infraction est informé que le paiement de l'amende ou l'exécution de la composition pénale entraîne le retrait du nombre de points correspondant à l'infraction reprochée, dont la qualification est dûment portée à sa connaissance ; il est également informé de l'existence d'un traitement automatisé de ces points et de la possibilité pour lui d'exercer le droit d'accès. »

(Ord. n° 2015-1241 du 7 oct. 2015) **« Quand il est effectif, le retrait de points est porté à la connaissance de l'intéressé par lettre simple ou, sur sa demande, par voie électronique. Un décret en Conseil d'État précise les conditions d'application du présent alinéa. »**

BIBL. ▶ BOTTEGHI, *AJ pénal 2008. 491* (l'exigence d'information du conducteur à l'épreuve contentieuse). – DEFRANCE, *Jurispr. auto 2008. 626* (les avis de la Cour de cassation sur le permis à points). – DENIZOT, *RTD civ. 2016. 2010* (l'Ord. du 7 oct. 2015 relative à la communication dématérialisée des décisions de minoration du solde de points affecté au permis de conduire). – LE DALL, *Jurispr. auto. 2012, n° 845-846, p. 10* (coup de frein sur le contentieux du permis à points). – LEPETIT-COLLIN et RENAUDIE, *AJDA 2010. 577* (permis à points : comment limiter l'inflation contentieuse ?). – MADEC, *AJDA 2011. 2043* (permis de conduire à points – un contentieux enfin majeur). – PONTIER, *AJDA 2016. 1384* (l'art de créer du contentieux : le permis à points). – RENAUDIE, *Centre d'analyse stratégique – Note de veille, n° 152, 2009* (le contentieux du permis à points : origine et perspective d'un contentieux de masse).

COMMENTAIRE

Le problème de l'information des usagers de la route est délicat. Le retrait de points n'est pas une sanction pénale supposée connue du conducteur à partir du principe « nul n'est censé ignorer la loi », c'est une sanction administrative découlant de *« la réalité établie »* de l'infraction. Il importe donc que l'auteur en soit dûment informé. Une double information est d'ailleurs prévue par le présent article.

Une information préalable. Cette information, considérée par les juridictions comme une formalité substantielle (V. la jurisprudence administrative [V. notes 5 s.] et l'avis de la Cour de cassation [V. notes 1 s.] ci-dessous), consiste à alerter l'auteur de l'infraction sur le retrait de points dès le relevé de l'infraction (y compris le contenu de l'art. L. 223-2). En cas de procédure d'amende forfaitaire ou de composition pénale, l'auteur doit être également informé que le paiement de l'amende ou l'exécution de la composition entraîne un retrait de points correspondant à l'infraction (dont la qualification doit être indiquée).

Une information sur le retrait de points quand il est effectif. Cette information, qui ne revêt pas un caractère substantiel selon la Cour de cassation (V. jurisp. citée ci-dessous), consiste pour le ministre de l'Intérieur à porter à la connaissance du titulaire du permis de conduire chaque retrait de points quand il est effectif. Cette information est portée à la connaissance de l'intéressé par lettre simple ou, conformément à l'ordonnance n° 2015-1241 du

7 octobre 2015, par voie électronique, si l'intéressé le demande. Sur cette information, il convient de se reporter aux dispositions de l'article R. 223-3 qui apportent un certain nombre de précisions, en particulier lorsque le retrait effectif de points conduit à l'invalidation du permis de conduire de l'intéressé, ainsi qu'aux dispositions de l'article R. 223-3-1, créées par un décret du 29 décembre 2015, qui précisent les modalités de la communication dématérialisée des retraits de points autorisée par l'ordonnance précitée.

Pour améliorer l'information des usagers. On notera enfin que, depuis le 1er juillet 2007, chaque titulaire du permis de conduire peut connaître l'état de son capital de points sur internet, grâce à un téléservice dédié (V. comm. ss. art. R. 225-6). ❑

I. INFORMATION SUR LE RETRAIT DE POINTS : JURISPRUDENCE JUDICIAIRE

1. C'est à bon droit que les juges du second degré, pour écarter l'argumentation du prévenu, retiennent que la perte de points affectant le permis de conduire ne présente pas le caractère d'une sanction pénale accessoire à une condamnation et en déduisent que le défaut de visa dans le procès-verbal de l'art. L. 11-3 [C. route, art. L. 223-3] qui prévoit que l'avertissement de retrait éventuel de points doit être donné au contrevenant est sans effet sur la validité de la constatation de l'infraction poursuivie, seule soumise à l'appréciation du juge répressif. • Crim. 25 mai 1994 : *Dr. pénal 1994, no 263, obs. Robert.* ♦ L'art. L. 223-3 concerne la seule procédure administrative de retrait de points du permis de conduire. En conséquence, un prévenu poursuivi devant une juridiction pénale pour contravention au code de la route ne saurait exciper de la nullité du procès-verbal de constatation de l'infraction au motif qu'il serait dépourvu des mentions exigées par l'art. L. 223-3, le défaut d'information allégué n'étant pas de nature à vicier le procès-verbal de constatation de l'infraction. • Crim. 30 oct. 2012, no 12-81.580 P : *D. actu. 10 déc. 2012, obs. Martineau ; Dr. pénal 2013, no 5, note Robert.*

2. Information préalable (art. L. 223-3, al. 1er et 2). L'information prévue par les art. L. 223-3, al. 1er et 2, et R. 223-3-I C. route est une formalité substantielle qui conditionne la légalité de chaque retrait administratif de points du permis de conduire. • Cass., avis, 6 oct. 2008 : *Bull. crim. (avis), no 4 ; BICC 15 janv. 2009, no 694, rapp. Koering-Joulin, obs. Di Guardia ; D. 2008. AJ 2601 ; AJ pénal 2009. 32, obs. Céré ; Dr. pénal 2009. Comm. 6, note Robert ; Juripr. auto 2008. 626* • Crim. 13 nov. 2008 : *Jurispr. auto 2009. 22* (cassation d'un arrêt qui n'avait pas répondu aux conclusions d'un prévenu qui soutenait qu'un retrait de points était irrégulier faute d'avoir été avisé lors de la constatation de l'une des infractions que celle-ci était susceptible d'entraîner une perte de points). ♦ Mais, dès lors qu'il ressort des procès-verbaux constatant les infractions qu'il a été remis au contrevenant le formulaire administratif comportant toutes les informations prescrites par l'art. L. 223-3, l'exception d'illégalité de la décision du préfet portant injonction de remettre son permis de conduire invalidé n'est pas recevable. • Crim. 25 sept. 2001 : *Jurispr. auto 2002. 21.* ♦ De même, le prévenu ne peut prétendre n'avoir pas été avisé de l'intégralité des sanctions encourues dès lors que figure sur le timbre-amende la précision que l'infraction relevée est susceptible d'entraîner le retrait d'un point sur le permis de conduire. • Crim. 6 mars 2002 : *Jurispr. auto 2002. 279.* ♦ L'exception d'illégalité de la décision du ministre de l'Intérieur portant notification de l'invalidation d'un permis de conduire et de l'arrêté préfectoral portant injonction de le remettre, prise de ce que l'information prévue par les articles L. 223-3, al. 1er, et R. 223-3-I et II C. route n'aurait pas été accomplie doit également être écartée dès lors que le défaut de ladite information est demeuré à l'état d'allégation. • Crim. 1er avr. 2009 : *AJ pénal 2009. 358, obs. Céré* . ♦ Fait une exacte application des art. L. 223-3 et R. 223-3 C. route l'arrêt qui, pour écarter l'exception d'illégalité soulevée par un prévenu, énonce qu'il ressort du relevé d'information intégral figurant au dossier que celui-ci a été informé et a reçu notification de toutes les infractions ayant entraîné des retraits de points à l'origine de l'annulation (l'invalidation) de son permis de conduire, l'intéressé ayant lui-même indiqué aux fonctionnaires de police qui le contrôlaient que son permis de conduire était annulé (invalidé). • Crim. 2 févr. 2011 : *Dr. pénal 2011, no 65, note Robert.* ♦ Est justifié l'arrêt qui, pour écarter l'exception d'illégalité soulevée par un prévenu, constate que celui-ci, contrôlé au volant de son véhicule, a reconnu qu'ayant restitué son permis de conduire à la préfecture, après avoir été informé de la perte de la totalité de ses points, il circulait sans permis, et qui en déduit que l'allégation selon laquelle il n'aurait pas reçu les informations et avertissements prévus par les art. L. 223-3 et R. 223-3 C. route à la suite de chaque infraction entraînant retrait de points ne peut alors être retenue. • Crim. 31 janv. 2012, no 11-85.253 P : *D. actu. 15 mars 2012, obs. Bombled ; Dr. pénal 2012, no 51, note Robert.* ♦ ... Ou qui énonce que l'illégalité des décisions administratives ayant conduit à l'invalidation, restée à l'état de simple allégation, n'a pas à être examinée par la juridiction judiciaire, dès lors que la réalité des infractions ayant contribué à la perte de la totalité des points est nécessairement établie par le paiement de l'amende forfaitaire, l'exécution d'une composition pénale ou une condamnation définitive (en l'espèce, le prévenu, poursuivi pour conduite sans permis en récidive, avait déjà été condamné pour conduite sans permis après invalidation de ce dernier et n'avait pas relevé appel de cette décision de condamnation). • Crim. 18 sept. 2012, n° 12-80.526 P : *D. actu. 28 oct. 2012, obs. Léna ; D. 2012. Actu. 2396 ; Dr. pénal 2012, n° 162, note Robert ; AJ pénal 2013. 101, obs. Céré*.

3. ***Information sur le retrait effectif de points (art. L. 223-3, al. 3).*** Les dispositions des art. L. 223-3 et R. 223-3 C. route imposent au ministre de l'Intérieur de porter à la connaissance du titulaire du permis de conduire, par lettre simple, chaque retrait de points quand il est effectif. Toutefois, cette formalité, de même que l'envoi d'une lettre recommandée avec accusé de réception récapitulant l'ensemble des retraits de points successifs, ne revêt pas un caractère substantiel et, partant, elle ne conditionne pas la légalité de l'injonction de restituer le permis de conduire délivrée par le préfet du département en application de l'art. L. 223-5 C. route. • Cass., avis, 30 avr. 2007, n° 07-00.009 P : *D. 2007. AJ 1421, note Darsonville ; Dr. pénal 2007. Comm. 102, obs. Robert* • Crim. 27 juin 2007, n° 06-82.709 P : *D. 2007. AJ 2163 ; Jurispr. auto 2007. 483* • 23 sept. 2008 : *Dr. pénal 2009. Comm. 6, note Robert ; Jurispr. auto 2008. 653.* ♦ Les formalités de la notification au conducteur des retraits de points de son permis de conduire, prévues par les art. L. 223-3 et R. 223-3, ne revêtent pas un caractère substantiel et, partant, ne conditionnent pas la légalité de ces retraits. • Crim. 21 nov. 2007 : *Jurispr. auto 2008. 22* (2 arrêts).

4. La personne poursuivie pour une infraction résultant de la perte de son permis de conduire pour défaut de points, est recevable à exciper devant la juridiction pénale de l'illégalité pour une cause autre que celles tirées des conditions d'information et de notification de chaque retrait de points, le juge répressif pouvant lui-même relever d'office une telle illégalité. • Cass., avis, 30 avr. 2007 : *préc. note 3.*

II. INFORMATION SUR LE RETRAIT DE POINTS : JURISPRUDENCE ADMINISTRATIVE

A. L'INFORMATION PRÉALABLE : UNE FORMALITÉ SUBSTANTIELLE

5. Si les dispositions des art. L. 11-1 et L. 11-3 C. route prévoient que le retrait de points intervient de plein droit dès lors qu'a été établie la réalité de l'infraction, elles prescrivent également qu'avant que l'autorité administrative ne prenne la décision administrative de retrait, l'agent verbalisateur ou les services de police ou de gendarmerie doivent remettre ou adresser au contrevenant un formulaire contenant les informations prévues à l'art. R. 258 C. route ; l'accomplissement de cette formalité substantielle, qui constitue une garantie essentielle donnée à l'auteur de l'infraction pour lui permettre d'en contester la réalité et d'en mesurer les conséquences sur la validité de son permis, conditionne la régularité de la procédure suivie et, partant, la légalité du retrait de points. Dans ces conditions, une décision administrative de retraits de points prise à l'encontre d'un contrevenant qui n'a pas reçu préalablement au paiement de l'amende forfaitaire ou à la saisine de l'autorité judiciaire les informations prévues par les art. L. 11-1, L. 11-3 et R. 258 C. route doit être regardée comme intervenue sur une procédure irrégulière et par suite entachée d'excès de pouvoir. • CE 22 nov. 1995, avis n° 171045 : *JO 18 janv. 1996 ; D. 1996. IR 30 ; Jurispr. auto 1996. 174 ; Lebon 421* . ♦ Il résulte des dispositions des art. L. 223-1, L. 223-3 et R. 223-3 C. route que l'administration ne peut légalement prendre une décision retirant des points affectés à un permis de conduire à la suite d'une infraction dont la réalité a été établie que si l'auteur de l'infraction s'est vu préalablement délivrer par elle un document contenant les informations prévues aux art. L. 223-3 et R. 223-3 dudit code, lesquelles constituent une garantie essentielle permettant à l'intéressé de contester la réalité de l'infraction et d'en mesurer les conséquences sur la validité de son permis. • CAA Bordeaux, 9 sept. 2008, n° 07BX00465 : *inédit.* • CAA Lyon, 23 oct. 2008, n° 06LY02031 : *inédit.*

6. ***Pour le titulaire du certificat d'immatriculation.*** Dans le cas où un avis de contravention est adressé au titulaire du certificat d'immatriculation d'un véhicule non intercepté lors de la constatation de l'infraction, l'information préalable, selon laquelle le paiement de l'amende établit la réalité de l'infraction et entraîne le retrait de points de son permis, est une garantie essentielle donnée au destinataire de l'avis de contravention pour lui permettre de contester, devant la juridiction de proximité, être l'auteur de l'infraction ; cette information préalable constitue dès lors une condition de la légalité de la décision de retrait de points, dont la méconnaissance peut être utilement invoquée devant le juge administratif, à l'appui de conclusions dirigées contre cette décision. • CE, avis, 26 juill. 2006, n° 292750 : *Jurispr. auto 2006. 520.*

7. ***Omission de cette formalité et infraction dont la réalité est établie par une condamnation définitive.*** La délivrance, au titulaire du permis de conduire à l'encontre duquel est relevée une infraction donnant lieu à retrait de points, de l'information prévue aux art. L. 223-3 et R. 223-3 C. route constitue une garantie essentielle donnée à l'auteur de l'infraction pour lui permettre, avant d'en reconnaître la réalité par le paiement d'une amende forfaitaire ou l'exécution d'une composition pénale, d'en mesurer les conséquences sur la validité de son permis et éventuellement d'en contester la réalité devant le juge pénal ; elle revêt dès lors le caractère d'une formalité substantielle qui conditionne la régularité de la procédure au terme de laquelle le retrait de points est décidé. Toutefois, lorsque la réalité de l'infraction a été établie par une condamnation devenue définitive prononcée par le juge pénal qui a statué sur tous les éléments de fait et de droit portés à sa connaissance et que l'auteur de l'infraction a ainsi pu la contester, l'omission de cette formalité est sans influence sur la régularité du retrait de points résultant de la condamnation. • CE 9 juin 2011, n° 335469 B : *AJDA. 2011. 1568, concl. Thiellay ; JCP A 2011. Actu. 468* • 11 juill. 2012, n° 349137 B : *AJDA 2012. 1431* . ♦ Il en est de même lorsque la condamnation intervient selon la procédure simplifiée régie par les art. 524 s. C. pr. pén., qui permettent au juge de statuer sans débat préalable sur une contravention de police, mais qui réservent la possibilité, pour le prévenu, de former opposition à l'ordonnance pénale ainsi prononcée et d'obtenir que l'affaire soit portée à l'audience du tribunal de police ou de la juridiction de proximité dans les formes de la procédure ordinaire. • CE 11 juill. 2012 : *préc.*

8. Omission de cette formalité et infraction dont la réalité est établie par l'exécution d'une composition pénale. Il en va en revanche différemment lorsque la réalité de l'infraction a été établie par l'exécution d'une composition pénale, la mesure validant l'exécution d'une composition pénale, même définitive, n'étant pas assimilable à une condamnation pénale. • CAA Douai, 16 mai 2013 : *JCP Adm. 2013. Actu. 526* • CAA Versailles, 30 janv. 2014, n° 12VE00535 : *AJDA 2014. 960* .

B. CONTENU DE L'INFORMATION PRÉALABLE (DEPUIS LA LOI DU 12 JUIN 2003)

9. En application de l'art. L. 223-3, al. 1er. Lorsqu'il n'est pas fait application des procédures d'amende forfaitaire ou de composition pénale, l'information due à l'auteur de l'infraction est celle que prévoit l'al. 1er de l'art. L. 223-3. Dans le document qui lui est remis ou adressé par le service verbalisateur, l'intéressé doit être informé qu'il encourt, en cas de condamnation par le juge pénal, un retrait de points de son permis de conduire, dans les limites prévues par l'art. L. 223-2, dont les dispositions doivent être portées à sa connaissance. L'existence d'un traitement automatisé de ces points et la possibilité d'exercer un droit d'accès conformément aux art. L. 225-1 à L. 225-9 doivent également être mentionnées. • CE, avis, 31 janv. 2007, n° 292750 : *JO 13 févr. 2007 ; AJDA 2007. 739, concl. Chauvaux* .

10. En application de l'art. L. 223-3, al. 2. Lorsqu'il est fait application de la procédure d'amende forfaitaire ou de la procédure de composition pénale, l'information remise ou adressée par le service verbalisateur doit porter, d'une part, sur l'existence d'un traitement automatisé des points et la possibilité d'exercer le droit d'accès conformément aux art. L. 225-1 à L. 225-9 et, d'autre part, sur le fait que le paiement de l'amende ou l'exécution de la composition pénale établit la réalité de l'infraction, dont la qualification est précisée, et entraîne un retrait de points correspondant à cette infraction. Ni l'art. L. 223-3, ni l'art. R. 223-3 n'exigent que le conducteur soit informé du nombre exact de points susceptibles de lui être retirés, dès lors que la qualification de l'infraction qui lui est reprochée est dûment portée à sa connaissance. • CE, avis, 31 janv. 2007 : *préc. note 9* • CAA Paris, 26 juin 2007 : *Jurispr. auto 2007. 565.*

11. Information sur l'existence d'un traitement automatisé et sur le droit d'accès. La mention selon laquelle le droit d'accès s'exerce conformément aux art. L. 225-1 à L. 225-9 n'a pas, par elle-même, un caractère substantiel au regard des garanties essentielles à donner à l'auteur de l'infraction pour lui permettre d'en contester la réalité et d'en mesurer les conséquences sur la validité de son permis, dès lors que les informations utiles auxquelles font référence les articles en cause ont été portées à sa connaissance (est en conséquence annulé pour erreur de droit un arrêt jugeant que le ministre de l'intérieur avait méconnu les dispositions de l'art. L. 223-3 du seul fait que le conducteur n'avait pas été informé de ce que son droit d'accès devait s'exercer selon les modalités prévues aux art. L. 225-1 à L. 225-9 C. route). • CE 21 oct. 2009, n° 315124 : *inédit.* ♦ Les mentions, sur les documents remis au requérant, de ce que les retraits de points donnent lieu à un traitement automatisé dans le cadre du système national des permis de conduire, de ce que les informations relatives au dossier de permis de conduire peuvent être obtenues auprès de la préfecture ou de la sous-préfecture du domicile de l'intéressé et de ce que le droit d'accès et de rectification s'exercent en vertu de la L. du 6 janvier 1978 relative à l'informatique, aux fichiers et aux libertés, auprès d'autorités identifiées, sont suffisantes au regard des exigences d'information qui résultent de l'art. L. 223-3 C. route. • Même décision. ♦ La remise d'un formulaire mentionnant que : « Ce retrait de points donne lieu à un traitement automatisé dans le cadre du système national des permis de conduire » satisfait aux exigences d'information prévues par les art. L. 223-3 et R. 223-3 C. route, qui n'obligent pas à préciser que le traitement automatisé porte à la fois sur les retraits et les reconstitutions de points. L'emploi d'un tel formulaire par le service verbalisateur n'entache dès lors pas la procédure ayant conduit à la décision de retrait de points d'irrégularité. • CE, avis, 20 nov. 2009, *Sellem : Lebon 468 ; AJDA 2009. 2256 ; Dr. pénal 2010, n° 19, note Robert ; JCP Adm. 2010. 2093, note Pontier.* ♦ Lorsque le procès-verbal constatant une infraction, ayant fait l'objet d'une composition pénale, mentionne que celle-ci est de nature à entraîner un retrait de points du permis de conduire mais ne fait pas mention de l'existence d'un traitement automatisé des points et de la possibilité d'exercer un droit d'accès, il appartient au juge, saisi d'un moyen tiré de cette omission, de rechercher si, compte tenu des circonstances de l'espèce, et notamment, le cas échéant, de l'information dont l'intéressé a bénéficié à l'occasion d'autres infractions, elle a eu pour effet de priver l'intéressé de la garantie instituée par la loi, en ne lui permettant pas de mesurer les conséquences qu'aurait pour lui l'acceptation d'une composition pénale, valant reconnaissance de l'infraction et entraînant retrait de points. • CE 9 déc. 2016, nº 395893 B : *AJDA 2017. 151* ; *ibid. 575, concl. Polge*. ♦ La seule circonstance que l'intéressé n'a pas été informé, lors de la constatation d'une infraction, de l'existence d'un traitement automatisé des points et de la possibilité d'y accéder n'entache pas d'illégalité la décision de retrait de points correspondante s'il ressort des pièces du dossier que ces éléments ont été portés à sa connaissance à l'occasion d'infractions antérieures suffisamment récentes. • CE 19 juill. 2017, nº 393102 B : *JCP Adm. 2017. Actu. 542.*

C. MODALITÉS DE L'INFORMATION PRÉALABLE

12. Remise d'un document. Il résulte des dispositions des art. L. 11-1, L. 11-3, L. 11-5 et R. 258 C. route [R. 223-3-II] que l'administration doit délivrer à l'auteur de l'infraction un document contenant les informations prévues aux art. L. 11-3 et R. 258 précités. Ce document n'est pas nécessairement le formulaire prévu par la Circ. du 26 nov. 1992 du ministre de l'intérieur et de la sécurité publique. • CE, avis, 28 juill. 2000, nº 220301 : *D. 2000. IR 241* ; *Jurispr. auto 2000. 428* ; *JCP 2001. IV. 1299.* ♦ Mais l'information selon laquelle un retrait de points est encouru, due dans tous les cas au contrevenant, est suffisamment donnée par la mention « oui » figurant dans une case « retrait de points » du document remis au contrevenant lors de la constatation d'une infraction. • CE, avis, 31 janv. 2007, nº 292750 : *JO 13 févr. 2007* ; *AJDA 2007. 739, concl. Chauvaux*. ♦ ... ou lorsque l'intéressé qui procède au paiement de l'amende forfaitaire entre les mains de l'agent verbalisateur se voit remettre une quittance de paiement comportant, au recto, les éléments relatifs à la constatation de l'infraction et sa qualification, ainsi que la mention « oui » dans la case retrait de points et, au verso, les informations prévues par l'art. L. 223-3 C. route, dès lors qu'il a signé la quittance sous la mention précisant que le paiement entraîne reconnaissance définitive de la réalité de l'infraction et, par là même, la réduction du nombre de points correspondant et qu'il n'a pas inscrit sur celle-ci une réserve sur les modalités selon lesquelles l'information lui avait été délivrée. • CE 22 oct. 2010, *Min. de l'intérieur c/ Savoie*, nº 321456 B : *JCP Adm. 2010. Actu. 806.*

13. Formulaire unique d'avis de contravention pour les infractions constatées par radar automatique. Il résulte des arrêtés pris pour l'application des art. R. 49-1 et R. 49-10 C. pr. pén., notamment de leurs dispositions codifiées à l'art. A. 37-8 de ce code, que lorsqu'une contravention mentionnée à l'art. L. 121-3 C. route est constatée sans interception du véhicule et à l'aide d'un système de contrôle automatisé enregistrant les données en numérique, le service verbalisateur adresse à l'intéressé un formulaire unique d'avis de contravention, qui comprend en bas de page la carte de paiement et comporte, d'une part, les références de l'infraction dont la connaissance est matériellement indispensable pour procéder au paiement de l'amende forfaitaire et, d'autre part, une information suffisante au regard des exigences résultant des art. L. 223-3 et R. 223-3 C. route. En conséquence, lorsqu'il est établi que le titulaire du permis de conduire a payé l'amende forfaitaire prévue à l'art. 529 C. pr. pén. au titre d'une infraction constatée par radar automatique, il découle de cette seule constatation qu'il a nécessairement reçu l'avis de contravention. Eu égard aux mentions dont cet avis doit être revêtu, la même constatation conduit également à regarder comme établi que l'administration s'est acquittée envers lui de son obligation de lui délivrer, préalablement au paiement de l'amende, les informations requises en vertu des dispositions précitées, à moins que l'intéressé, à qui il appartient à cette fin de produire l'avis qu'il a nécessairement reçu, ne démontre avoir été destinataire d'un avis inexact ou incomplet. • CE, avis, 20 nov. 2009, *Sellem : Lebon 468* ; *AJDA 2009. 2256* ; *Dr. pénal 2010, nº 19, note Robert* ; *JCP Adm. 2010. 2093, note Pontier.*

14. Formulaire d'avis de contravention pour les infractions relevées avec interception du véhicule. Le titulaire d'un permis de conduire à l'encontre duquel une infraction au code de la route est relevée au moyen d'un formulaire conforme au modèle prévu, depuis l'Arr. du 5 oct. 1999, par les art. A. 37 et A. 37-4 C. pr. pén. et dont il est établi, notamment par la mention qui en est faite au système national des permis de conduire, qu'il a payé l'amende forfaitaire correspondant à cette infraction, a nécessairement reçu l'avis de contravention. Eu égard aux mentions dont cet avis est réputé être revêtu, l'administration doit alors être regardée comme s'étant acquittée envers le titulaire du permis de son obligation de lui délivrer les informations requises préalablement au paiement de l'amende, à moins que l'intéressé, à qui il appartient à cette fin de produire l'avis qu'il a nécessairement reçu, ne démontre s'être vu remettre un avis inexact ou incomplet. • CE, avis, 8 juin 2011, *Min. de l'intérieur c/ Gendron : Lebon 283* ; *AJDA 2011. 1178* ; *ibid. 1568, concl. Thiellay* ; *Jurispr. auto 2011, nº 832, p. 32, note Le Dall* • 9 juin 2011, *Min. de l'intérieur c/ Mme Morabia*, nº 340878 B : *AJDA 2011. 1568, concl. Thiellay* • 14 mars 2012, nº 347236 : *Jurispr. auto 2012, nº 842, p. 30, note Le Dall.* ♦ Mais l'intervention de l'Arr. du 5 oct. 1999 ne garantit toutefois pas que des formulaires établis selon un modèle antérieur, où le document comportant les informations requises et celui nécessaire au paiement étaient entièrement distincts, n'aient pas continué à être utilisés pour la constatation des infractions. Dans un tel cas, la mention, au système national des permis de conduire, du paiement ultérieur de l'amende forfaitaire au titre d'une infraction relevée avec interception du véhicule ne permet donc au juge de considérer que le titulaire du permis a nécessairement reçu un avis de contravention que si elle est accompagnée de la production du procès-verbal de l'infraction, établissant que le formulaire employé est conforme aux dispositions des art. A. 37 à A. 37-4 C. pr. pén. • CE, avis, 8 juin 2011 : *préc.* ♦ Comp. : • CAA Versailles, 10 mars 2011 : *AJDA 2011. 1337, concl. Davesne*. ♦ Toutefois, si l'intervention de l'Arr. du 5 oct. 1999 ne garantit pas, à elle seule, que des formulaires établis selon un modèle antérieur n'aient pas continué à être utilisés pour la constatation des infractions, il résulte tant du règlement du Conseil du 3 mai 1998 concernant l'introduction de l'euro que des mesures législatives et réglementaires prises pour sa mise en œuvre, s'agissant notamment du montant des amendes, que de tels formulaires, libellés en francs, n'ont pu être employés après le 1er janvier 2002. Pour les infractions relevées avec interception du véhicule à compter de cette date, la mention au système national des permis de conduire du paiement ultérieur de l'amende forfaitaire permet donc au juge d'estimer que le titulaire du permis s'est vu remettre un avis de contravention comportant les informations requises. • CE 11 juill. 2012 : *préc. note 7.* ♦ V. déjà en ce sens, • TA Cergy-Pontoise, 23 févr. 2012 : *AJDA 2012. 1120, note Laloye*.

15. Quittance de paiement pour les infractions relevées avec interception du véhicule. Lorsqu'une contravention soumise à la procédure de l'amende forfaitaire est relevée avec interception du véhicule et donne lieu au paiement immédiat de l'amende entre les mains de l'agent verbalisateur, le contrevenant se voit remettre non les documents régis par les dispositions des art. A. 37 à A. 37-4 C. pr. pén. mais, en application de l'art. R. 49-2 du même code, une quittance de paiement. Le modèle de cette quittance comporte une information suffisante au regard des exigences résultant des art. L. 223-3 et R. 223-3 C. route, qui doit être regardée comme ayant été délivrée préalablement au paiement de l'amende dès lors que le contrevenant conserve la faculté de renoncer à la modalité du paiement immédiat de l'amende avant de procéder à la signature de la quittance ou, le cas échéant, d'inscrire sur celle-ci une réserve sur les modalités selon lesquelles l'information lui avait été délivrée. En conséquence, il incombe à l'administration d'apporter la preuve, par la production de la souche de la quittance dépourvue de réserve sur la délivrance de l'information, que celle-ci est bien intervenue préalablement au paiement. La mention, au système national des permis de conduire, du paiement immédiat de l'amende forfaitaire au titre d'une infraction relevée avec interception du véhicule n'est donc pas, à elle seule, de nature à établir que le titulaire du permis a été destinataire de l'information requise. • CE, avis, 8 juin 2011 : *préc. note 14.* ♦ Si pour les infractions relevées avec interception du véhicule à compter du 1er janv. 2002, date du passage à l'euro, la mention au système national des permis de conduire du paiement ultérieur de l'amende forfaitaire permet au juge d'estimer que le titulaire du permis s'est vu remettre un avis de contravention comportant les informations requises, en revanche, en cas de paiement immédiat de l'amende entre les mains de l'agent verbalisateur, il incombe à l'administration d'apporter la preuve, par la production de la souche de la quittance prévue à l'art. R. 49-2 C. pr. pén. dépourvue de réserve sur la délivrance de l'information requise, que celle-ci est bien intervenue préalablement au paiement. • CE 11 juill. 2012 : *préc. note 7.*

16. Infractions constatées par procès-verbal dématérialisé. Ce n'est que depuis une mise à jour logicielle effectuée le 15 avr. 2015 que tous les appareils électroniques utilisés par les agents verbalisateurs font apparaître sur la page présentée au contrevenant, en cas d'infraction entraînant retrait de points, l'ensemble des informations exigées par la loi. Il en résulte que, pour les infractions constatées à compter de cette date, la signature apposée par l'intéressé et conservée par voie électronique établit que ces informations lui ont été délivrées, la mention certifiée par l'agent selon laquelle le contrevenant a refusé d'apposer sa signature sur la page qui lui était présentée possédant la même valeur probante. En revanche, pour la période antérieure au 15 avr. 2015, la page écran présentée à l'intéressé comportait l'indication du nombre de points dont l'infraction entraînait le retrait mais non celle de l'existence d'un traitement automatisé des points et de la possibilité d'y accéder. Dans ces conditions, pour les infractions antérieures à cette date, la signature du contrevenant ou la mention d'un refus de signer ne suffisent pas à établir la délivrance de l'ensemble des informations exigées par les art. L. 223-3 et R. 223-3 C. route. • CE 19 juill. 2017, no 393102 : *préc. note 11.* ♦ La seule circonstance que l'intéressé n'a pas été informé, lors de la constatation d'une infraction, de l'existence d'un traitement automatisé des points et de la possibilité d'y accéder n'entache toutefois pas d'illégalité la décision de retrait de points correspondante s'il ressort des pièces du dossier que ces éléments ont été portés à sa connaissance à l'occasion d'infractions antérieures suffisamment récentes. La preuve de la délivrance des informations exigées par la loi pouvant par ailleurs également résulter, quelle que soit la date de l'infraction, de la circonstance que le contrevenant a acquitté l'amende forfaitaire ou l'amende forfaitaire majorée dès lors qu'il n'a pu procéder à ce paiement qu'au moyen des documents nécessaires à cet effet, dont le modèle comporte l'ensemble des informations requises. • Même décision.

17. Les dispositions portant application des art. R. 49-1 et R. 49-10 C. pr. pén., notamment celles des art. A. 37-15 à A. 37-18 de ce code issues de l'Arr. du 13 mai 2011 relatif aux formulaires utilisés pour la constatation et le paiement des contraventions soumises à la procédure de l'amende forfaitaire, prévoient que lorsqu'une contravention soumise à cette procédure est constatée par un procès-verbal dressé avec un appareil électronique sécurisé, sans que l'amende soit payée immédiatement entre les mains de l'agent verbalisateur, il est adressé au contrevenant un avis de contravention, qui comporte une information suffisante au regard des exigences des art. L. 223-3 et R. 223-3 C. route, une notice de paiement qui comprend une carte de paiement et un formulaire de requête en exonération. Il en résulte que le titulaire d'un permis de conduire à l'encontre duquel une infraction au code de la route est relevée au moyen d'un appareil électronique sécurisé a nécessairement reçu un avis de contravention dès lors qu'il est établi, notamment par la mention qui en est faite au système national des permis de conduire, qu'il a payé, à une date postérieure à celle de l'infraction, l'amende forfaitaire correspondant à celle-ci. Eu égard aux mentions dont cet avis est réputé être revêtu, l'administration doit alors être regardée comme s'étant acquittée envers le titulaire du permis de son obligation de lui délivrer les informations requises préalablement au paiement de l'amende, à moins que l'intéressé, à qui il appartient à cette fin de produire l'avis qu'il a nécessairement reçu, ne démontre s'être vu remettre un avis inexact ou incomplet. • CE 12 févr. 2016, n° 393236 B : *AJDA 2016. 1048*. ♦ Quelle que soit la date de l'infraction, la preuve de la délivrance des informations exigées par la loi peut en effet résulter de la circonstance que le contrevenant a acquitté l'amende forfaitaire ou l'amende forfaitaire majorée dès lors qu'il n'a pu procéder à ce paiement qu'au moyen des documents nécessaires à cet effet, dont le modèle comporte l'ensemble des informations requises. • CE 19 juill. 2017, n° 393102 : *préc. note 11.*

18. Formulaire d'avis d'amende forfaitaire majorée. Le paiement d'une amende forfaitaire majorée établit que le contrevenant a reçu un avis d'amende forfaitaire majorée. Lorsque le formulaire d'avis d'amende forfaitaire majorée utilisé par l'administration rappelle la qualification de l'infraction et porte à la connaissance du contrevenant l'ensemble des informations requises par les art. L. 223-3 et R. 223-3 C. route – informations qui doivent obligatoirement figurer dans un tel formulaire depuis l'Arr. du 13 mai 2011 introduisant l'art. A. 37-28 dans le code de procédure pénale –, s'il est établi que le titulaire du permis de conduire a payé l'amende forfaitaire majorée, il découle de cette seule constatation qu'il doit être regardé comme établi que l'administration s'est acquittée envers lui de son obligation de lui délivrer, préalablement au paiement de l'amende, les informations requises, à moins que l'intéressé, à qui il appartient à cette fin de produire l'avis qu'il a nécessairement reçu, démontre avoir été destinataire d'un avis inexact ou incomplet • CE 5 nov. 2014, n° 375269 B : *AJDA 2015. 141* • 13 avr. 2016, n° 384667 B : *JCP Adm. 2016. Actu. 369; AJDA 2016. 1550*. ♦ Dans un tel cas, lorsque le contrevenant soutient que le paiement est intervenu par la voie du recouvrement forcé et n'est, par suite, pas de nature à apporter la preuve de la réception des avis, il lui appartient d'apporter la preuve, devant le juge du fond, de ce que l'amende a effectivement fait l'objet d'un recouvrement forcé. • CE 13 avr. 2016, n° 384667 : *préc.*

19. Preuve par tout moyen. Il appartient à l'administration d'apporter la preuve qu'elle a satisfait à son obligation d'information, cette preuve pouvant être apportée par tout moyen. • CE, avis, 28 juill. 2000, n° 220301 : *D. 2000. IR 241 ; Jurispr. auto 2000. 428 ; JCP 2001. IV. 1299.* • CAA Bordeaux, 9 sept. 2008, n° 07BX00465 : *inédit.*

20. Portée des procès-verbaux. Il résulte des dispositions de l'art. 537 C. pr. pén. et de l'art. 429 du même code que les procès-verbaux établis par les officiers ou agents de police judiciaire pour constater des infractions au code de la route font foi jusqu'à preuve du contraire en ce qui concerne la constatation des faits constitutifs des infractions, la mention portée sur ces procès-verbaux selon laquelle le contrevenant a reçu l'information prévue par les art. L. 223-3 et R. 223-3 C. route n'étant pas revêtue de la même force probante. • CE, avis, 30 janv. 2002, n° 329563 : *Lebon; D. 2002. 862.* • 21 mars 2003, n° 244799 : *Jurispr. auto 2003. 428.* ♦ Néanmoins, même contredite par le contrevenant, cette indication peut emporter la conviction du juge si elle est corroborée par d'autres éléments. • CE, avis, 30 janv. 2002, n° 280716 : *préc.* • 9 juin 2006, n° 329563 : *Jurispr. auto 2006. 535.* • CAA Bordeaux, 9 sept. 2008 : *préc. note 19.* ♦ Tel est notamment le cas s'il ressort des pièces du dossier que le contrevenant a contresigné le procès-verbal ou qu'il a pris connaissance, sans élever d'objection, de son contenu. • CE, avis, 30 janv. 2002, n° 329563 : *préc.* • 9 juin 2011, n° 339836 : *AJDA 2011. 1568, concl. Thiellay* • 9 avr. 2014, n° 360202 B : *JCP Adm. 2014. Actu. 353.* ♦ Ainsi le fait que le contrevenant ait apposé sa signature sous la mention : « Le contrevenant reconnaît avoir reçu la carte de paiement et l'avis de contravention sur lequel figurent les informations portées au *verso* du présent formulaire » d'un procès-verbal de police mentionnant, d'une part, la nature de l'infraction et les dispositions du code de la route la réprimant et, d'autre part, le fait que cette infraction entraînait retrait de points est de nature à établir que l'intéressé a bénéficié des informations requises par les art. L. 223-3 et R. 223-3 C. route. • CE 28 mai 2014, n° 361396 B : *AJDA 2014. 1130 ; JCP Adm. 2014. Actu. 473.* ♦ Dans un tel cas, la preuve de l'information doit être regardée comme apportée même si le procès-verbal n'est pas signé par l'agent verbalisateur. • CE 11 mai 2016, n° 391346 B : *JCP Adm. 2016. Actu. 439.* ♦ En revanche, la circonstance que le procès-verbal d'infraction comporte des renseignements exacts sur l'état civil, l'adresse et le numéro du permis de conduire du conducteur, ainsi que sur l'identité et l'adresse du propriétaire du véhicule, atteste seulement que le procès-verbal a été dressé en présence de l'intéressé, mais n'est pas de nature à établir qu'il se serait vu remettre une copie de ce document et qu'il aurait ainsi pu prendre connaissance de l'information requise par les art. L. 223-3 et R. 223-3 C. route. • CE 9 avr. 2014, n° 360202 : *préc.*

21. Procès-verbal de convocation devant le délégué du procureur aux fins de composition pénale. L'administration ne justifie pas qu'elle a satisfait à son obligation d'information, avant l'exécution d'une mesure de composition pénale, en produisant un exemplaire du procès-verbal de convocation devant le délégué du procureur aux fins de composition pénale sur lequel figure l'information requise par l'art. L. 223-3 C. route, dès lors que cet exemplaire ne comporte que la signature de l'officier de police judiciaire qui l'a établi mais aucunement celle, pourtant requise par ce formulaire, de l'intéressé. La seule circonstance que le prévenu se soit rendu à la convocation auprès du tribunal de grande instance pour faire valider l'exécution de la composition pénale ne suffisant pas par ailleurs à établir, en l'espèce, qu'il aurait été préalablement destinataire d'un exemplaire complet du procès-verbal de convocation ou qu'il aurait eu pleine connaissance des informations qu'il contient. • CAA Douai, 16 mai 2013 : *préc. note 8.*

22. Refus de signer le procès-verbal. La circonstance que le requérant a refusé de signer le procès-verbal d'infraction et, pour une autre infraction nié le fait qu'il a signé le carnet de déclaration, alors que cette mention figure dans le procès-verbal, ne suffit pas, dans les circonstances de l'espèce, à établir que l'intéressé n'a pas reçu l'information prévue par l'art. L. 223-3 C. route. • CE 24 juill. 2009, n° 312702 : *inédit.* ♦ Sur le rejet de cette circonstance au motif que l'intéressé doit être regardé comme ayant pris au préalable connaissance du contenu du document. V. • CAA Nantes, 13 déc. 2005, n° 04NT00033 : *inédit* • CAA Versailles, 23 oct. 2008, n° 07VE00439 : *inédit* • CAA Douai, 14 oct. 2008, n° 07DA01999 : *inédit* • CAA Paris, 13 avr. 2012, n° 11PA01495 : *inédit.* ♦ Sur la prise en compte de cette circonstance pour considérer que l'administration n'apporte pas la preuve qu'elle a satisfait à son obligation d'information. V. • CAA Nancy, 4 août 2006, n° 05NC00815 : *inédit* • CAA Lyon, 18 déc. 2008, n° 05LY01002 : *inédit.*

23. Moment de l'information. Est jugé illégal le fait, pour l'administration, de fournir les informations prévues aux art. L. 223-3 et R. 223-3 C. route après que la personne ayant commis une infraction eut acquitté l'amende forfaitaire. Ces informations doivent, en effet, être délivrées avant le paiement afin de permettre à la personne d'exercer son choix. • CAA Nancy, 28 févr. 2005, n° 03NC01220 : *inédit.* ♦ Si une « quittance » sur laquelle figure la mention des conséquences du paiement de l'amende forfaitaire sur la reconnaissance de la réalité de l'infraction peut valablement informer l'automobiliste verbalisé, c'est à la condition qu'un exemplaire de ce document lui ait été remis avant paiement. • CAA Lyon, 23 oct. 2008, n° 06LY02031 : *inédit.*

24. Mais en acquittant de son propre chef l'amende forfaitaire relative à une infraction constatée par radar automatique, sans attendre d'avoir reçu l'avis de contravention consécutive à cette infraction, qui comportait au *verso* les mentions relatives aux informations prévues aux art. L. 223-3 et R. 223-3 C. route, et alors d'ailleurs que la créance de l'État n'était pas encore née, le requérant s'est volontairement mis en situation de ne pas recevoir les informations prescrites préalablement au paiement de l'amende. Dans ces conditions, il ne peut utilement soutenir que la décision portant retrait d'un point consécutive à cette infraction serait intervenue à la suite d'une procédure irrégulière. • CAA Nantes, 27 janv. 2011 : *AJDA 2011. 1168 ; JCP A 2011. 2177, note Pontier.*

D. CONSÉQUENCES D'UN DÉFAUT D'INFORMATION

25. Illégalité de la décision de retrait de points. L'information inexacte sur le nombre de points susceptibles d'être retirés entraîne l'illégalité de la décision de retrait de points (en l'espèce, l'automobiliste s'était vu retirer deux points sur son permis de conduire, alors que l'agent verbalisateur l'avait informé qu'il encourait une perte d'un point). • CE 16 juin 1997, *Min. de l'Interieur c/ Montel,* n° 168292 B.

26. Restitution du permis de conduire et récupération des points retirés. Lorsque l'illégalité constatant la réduction du nombre de points résulte de la méconnaissance par l'administration de l'obligation d'information du contrevenant prévue à l'art. R. 258 C. route, il appartient alors au juge, saisi de conclusions en ce sens, d'ordonner à l'administration, en application de l'art. L. 8-2 C. trib. adm., et dans un délai qu'il détermine, non seulement de restituer le titre de conduite à son titulaire, mais aussi de reconnaître à l'intéressé le bénéfice des points illégalement retirés. En effet, la seule restitution du titre de conduite ne permet pas d'assurer de façon effective l'exécution du jugement, dès lors qu'en application de l'art. L. 11 C. route, lorsque le nombre de points devient nul, le permis perd sa validité. • CE, avis, 28 juill. 2000, n° 220301 : *D. 2000. IR 241 ; Jurispr. auto 2000. 428 ; JCP 2001. IV. 1299.* ♦ L'injonction faite à l'administration de restituer un permis illégalement invalidé et de rétablir les points illégalement retirés est cependant faite sous réserve que l'intéressé n'ait pas commis de nouvelles infractions emportant retrait de points à la date de la notification de la décision d'injonction. • CAA Paris, 16 mars 2006 : *Jurispr. auto 2006. 390.*

27. Il appartient au juge administratif, saisi d'un recours pour excès de pouvoir contre une décision retirant un permis, de soustraire du total des points retirés au conducteur, qui peut être supérieur à douze, ceux qui l'ont été illégalement et de rechercher si, compte tenu de cette soustraction, le nombre de points qui peuvent être légalement retirés du permis est, au jour où il statue, égal ou supérieur à douze, ou égal ou supérieur à six pendant le délai probatoire prévu à l'art. L. 223-1 C. route. S'il apparaît, après cette opération, que le capital de points du conducteur n'a pas été totalement épuisé, le juge annule alors, pour illégalité, la décision du ministre déclarant la perte de validité du permis. En outre, l'exécution du jugement impliquera que l'administration reconnaisse au conducteur le bénéfice des points illégalement retirés à l'exception des cas où les motifs d'illégalité retenus par le juge ne font pas obstacle à ce que l'administration reprenne légalement la ou les mêmes décisions de retrait de points. • CE, avis, 26 juill. 2006, n° 292829 : *AJDA 2006. 1525 ; Jurispr. auto 2006. 517.*

28. Responsabilité de la puissance publique. Le vice de procédure entraînant l'illégalité des décisions de retrait de points du ministre et, par suite, le retrait du permis, est constitutif d'une faute. Toutefois, cette faute ne peut donner lieu à réparation que dans le cas où la décision ne serait pas justifiée au fond. • CAA Douai, 2 mars 2006 : *Jurispr. auto 2006. 394.* ♦ Le vice de procédure entachant un retrait de points d'un permis de conduire ne constitue pas la cause du préjudice résultant de ce retrait de points dès lors que la réalité de l'infraction commise par le titulaire du permis n'est pas contestée. • CE 6 janv. 2006, n° 265688 B. • CAA Bordeaux, 9 sept. 2008 : *préc. note 19.* ♦ L'illégalité d'une décision constatant la perte de validité d'un permis, au motif que les infractions en cause n'avaient pas donné lieu à une condamnation définitive établissant leur réalité, ne constitue pas non plus la cause des troubles subis par l'intéressé du fait de la perte du droit de conduire, dès lors que la perte de validité de son permis pouvait être fondée sur d'autres infractions déjà commises à la date de cette décision et alors même qu'à cette date l'administration n'avait pas encore enregistré ces infractions au relevé intégral d'information. • CE 4 févr. 2019, n° 417885 B : *AJDA 2019. 1487* . ♦ Mais sont illégales les décisions invalidant un permis de conduire et enjoignant à son titulaire de le restituer fondées sur une décision retirant quatre points annulée par le juge administratif, ces décisions ayant été prises en méconnaissance de l'autorité de la chose jugée. Une telle illégalité, qui est la cause directe du préjudice subi (privation du permis de conduire pendant plus de cinq mois et nombreuses démarches effectuées pour obtenir sa restitution), est de nature à engager la responsabilité de l'État. • CE 26 mai 2010 : *AJDA 2010. 1845* .

E. INFORMATION SUR LE RETRAIT EFFECTIF DE POINTS (ART. L. 223-3, AL. 3)

29. Délais de l'information. En vertu des dispositions de l'art. 8 de la L. du 17 juill. 1978 fixant les relations entre l'administration et le public et auxquelles les auteurs de la L. du 10 juill. 1989 n'ont pas entendu déroger, la décision constatant la perte de points n'est opposable à l'intéressé qu'à compter de la date où elle a été portée à sa connaissance par l'administration, cette date constituant le point de départ du délai de recours dont dispose l'intéressé à l'encontre de la décision. Cependant, s'il appartient au ministre de l'Intérieur de porter à la connaissance des intéressés la décision les concernant dans les délais les plus brefs, la durée de ce délai est sans influence sur la légalité de la décision elle-même. • CE, avis, 20 juin 1997, n° 185323 : *JO 23 juill. ; AJDA 1997. 800 ; JCP 1998. I. 125, n° 24, obs. Petit.* ♦ V. aussi dans le même sens : • CAA Paris, 6 mars 2006 : *Jurispr. auto 2006. 390.* ♦ Aucune disposition n'impartit un délai au ministre de l'Intérieur pour notifier à l'intéressé, dès lors que l'infraction est établie, le retrait de points qu'elle entraîne et, le cas échéant, la perte de validité de son permis. Les dispositions de l'art. 9 C. pr. pén., fixant à un an le délai de prescription de l'action publique en matière de contraventions, ne sauraient ainsi être invoquées utilement à l'appui d'un recours contre ces mesures administratives. • CE 22 oct. 2014, n° 364635 B : *JCP Adm. 2014. Actu. 869 ; AJDA 2015. 22* .

30. Conséquences du retard d'information. Le retard mis par le ministre de l'Intérieur à notifier un retrait de points consécutif à une infraction est dépourvu d'incidence sur la légalité de la décision avisant l'intéressé de la perte de la validité de son permis de conduire et de celle lui faisant injonction de le restituer ; le requérant ne saurait prétendre avoir été privé par un tel retard de la possibilité de demander la reconstitution partielle du nombre de points affectés à son permis de conduire, conformément aux dispositions de l'art. L. 223-6 C. route, en suivant un stage de sensibilisation à la sécurité routière, l'intéressé ayant la possibilité de suivre un tel stage avant cette infraction ou à tout le moins avant de commettre celle ayant conduit à l'invalidation de son permis de conduire. • CAA Bordeaux, 27 févr. 2007 : *Jurispr. auto 2007. 488.*

31. Preuve de l'information et changement d'adresse. Aucun principe général, ni aucune disposition législative ou réglementaire ne fait obligation au titulaire d'un permis de conduire de déclarer à l'autorité administrative sa nouvelle adresse en cas de changement de domicile. Il en résulte qu'alors même qu'il n'aurait pas signalé ce changement aux services compétents, la présentation à une adresse où il ne réside plus du pli notifiant une décision relative à son permis de conduire et pris à l'initiative de l'administration n'est pas de nature à faire courir à son encontre le délai de recours contentieux. La circonstance qu'il serait également titulaire du certificat d'immatriculation d'un véhicule, et soumis en cette qualité, par les dispositions de l'art. R. 322-7 C. route, à l'obligation de signaler ses changements de domicile aux services compétents en la matière est à cet égard sans incidence. • CE, avis, 18 sept. 2009, *Chaumette : AJDA 2009.1686 ; D. 2009. 2346, obs. De Gaudemont ; Dr. pénal 2010, n° 20, note Robert ; JCP Adm. 2010. 2010, note Dieu.*

32. Adresse correspondant à une résidence de l'intéressé. La notification d'une décision relative au permis de conduire doit en revanche être regardée comme régulière lorsqu'elle est faite à une adresse correspondant effectivement à une résidence de l'intéressé. Peu importe en conséquence que cette notification soit faite à l'adresse de la résidence secondaire de l'intéressé et non pas à celle de sa résidence principale, dès lors que celui-ci ne justifie pas que la notification a été faite à une adresse où il ne résiderait plus. • CE 29 janv. 2014, *M. Comte*, n° 356812 B : *AJDA 2014. 258*. ♦ Est également régulière la notification d'une décision, constatant la perte de validité du permis de conduire d'un avocat pour solde de points nul et lui enjoignant de restituer ce titre, faite à l'adresse du cabinet professionnel où l'intéressé exerce son activité et qu'il a fait figurer sur le certificat d'immatriculation de son véhicule, alors même que cette adresse n'est pas celle de son domicile. • CE 4 nov. 2015, n° 373930 B : *JCP Adm. 2015. Actu. 941 ; AJDA 2016. 349*.

33. Cas des personnes sans domicile fixe. S'agissant des personnes dépourvues de domicile fixe, la notification peut être régulièrement effectuée à une adresse déclarée à l'administration et où l'intéressé est en mesure de recevoir son courrier. Est ainsi régulière la notification d'une décision constatant la perte de validité du permis de conduire d'une personne sans domicile fixe pour solde de points nul à une adresse mentionnée sur la carte nationale d'identité de l'intéressé, ainsi que sur le livret spécial de circulation qui lui avait été délivré en application de l'art. 1er de la loi n° 69-3 du 3 janv. 1969, son permis de conduire mentionnant les références du livret de circulation, l'adresse figurant sur un relevé d'information intégral relatif à son permis de conduire et le pli recommandé contenant la décision ayant été renvoyé à l'administration revêtu de la mention « avisé, non réclamé » et non de la mention « inconnu à l'adresse indiquée ». • CE 31 mars 2017, n° 389769 B : *AJDA 2017. 1260 ; JCP Adm. 2017. Actu. 298.* ♦ Pour la notification d'une décision d'invalidation à l'adresse de l'Association familiale des gens du voyage d'Île-de-France, auprès de laquelle l'intéressé avait élu domicile, le pli ayant été reçu par le médiateur de l'association, dont il n'est pas établi qu'il n'avait pas qualité pour recevoir un tel pli. • CE 10 juill. 2017, n° 402566 : *Gaz. Pal. 3 oct. 2017, p. 45.*

34. Lettre recommandée portant invalidation du permis de conduire. Il incombe à l'administration, lorsqu'elle oppose une fin de non-recevoir tirée de la tardiveté de l'action introduite devant le tribunal administratif, d'établir que l'intéressé a régulièrement reçu notification de la décision. Lorsqu'un accusé de réception est renvoyé, signé, à l'expéditeur d'un pli recommandé, ce pli peut être regardé comme régulièrement notifié, sauf pour le destinataire à apporter la preuve contraire, par exemple en établissant que la signature apposée sur l'accusé de réception n'est pas la sienne (en l'espèce, eu égard à un faisceau de preuves concordantes, les juges ont considéré que la signature, apposée sur l'accusé de réception de la lettre recommandée envoyée à la requérante et portant invalidation de son permis de conduire, n'était pas celle de l'intéressée et que la requérante pouvait donc soutenir qu'elle n'avait pas reçu cette décision et partant la contester). • CAA Nancy, 17 oct. 2011 : *Gaz. Pal. 22 déc. 2011, p. 7, note Josseaume et Lesage ; Jurispr. auto 2012, n° 837, p. 32, note Le Dall.* ♦ En cas de retour à l'administration, au terme du délai de mise en instance, du pli recommandé contenant la décision, la notification est réputée avoir été régulièrement accomplie à la date à laquelle ce pli a été présenté à l'adresse de l'intéressé, dès lors du moins qu'il résulte soit de mentions précises, claires et concordantes portées sur l'enveloppe, soit, à défaut, d'une attestation du service postal ou d'autres éléments de preuve que le préposé a, conformément à la réglementation en vigueur, déposé un avis d'instance informant le destinataire que le pli était à sa disposition au bureau de poste. Au regard de la réglementation postale, et notamment de l'instruction postale du 6 sept. 1990, précisant les modalités à suivre par le facteur en cas d'absence du destinataire d'une lettre remise contre signature, doit être regardé comme portant des mentions précises, claires et concordantes suffisant à constituer la preuve d'une notification régulière le pli recommandé retourné à l'administration auquel est rattaché un volet « avis de réception » sur lequel a été apposée par voie de duplication la date de vaine présentation du courrier, et qui porte, sur l'enveloppe ou sur l'avis de réception, l'indication du motif pour lequel il n'a pu être remis. • CE 24 avr. 2012, *Min. de l'Intérieur c/ Brun*, n° 341146 B : *AJDA 2012. 1606*.

35. Lettre recommandée informant le titulaire d'un permis probatoire d'un retrait d'au moins trois points et de l'obligation de suivre un stage de sensibilisation à la sécurité routière. En prévoyant à l'art. R. 223-4, § I, C. route, qu'un retrait de trois points ou plus consécutif à une infraction commise pendant le délai probatoire doit être notifié à l'intéressé par lettre recommandée avec demande d'avis de réception, alors que les retraits de points sont normalement notifiés par lettre simple conformément aux dispositions du dernier al. de l'art. L. 223-3 du même code, le pouvoir réglementaire a tenu compte de l'obligation faite à l'intéressé de se soumettre à une formation dans un délai de quatre mois, sous peine d'une sanction pénale qui ne saurait être prononcée en l'absence d'une preuve certaine de notification, mais il n'a pas entendu faire dépendre d'une notification par lettre recommandée avec demande d'avis de réception la légalité du retrait de points. Dès lors s'il appartient à l'administration de respecter la règle prévue à l'art. R. 223-4, la circonstance qu'elle n'est pas en mesure d'établir qu'un retrait de trois points ou plus consécutif à une infraction commise pendant la période probatoire a été notifié à l'intéressé par lettre recommandée avec demande d'avis de réception est sans incidence sur la légalité de ce retrait. • CE, avis, 31 mai 2013, n° 366865 B : *AJDA 2013. 1137* • 22 oct. 2014, n° 364635 B : *JCP Adm. 2014. Actu. 869 ; AJDA 2015. 22*.

36. Non-incidence de la procédure de notification des décisions successives de retrait de points sur la légalité de la décision finale constatant l'invalidité du permis. Le juge administratif suprême a affirmé que le seul objet de la procédure de notification des retraits de points du permis de conduire est de rendre opposables les retraits et de faire courir le délai dont l'intéressé dispose pour en contester la légalité devant la juridiction administrative. Recourant à la théorie des opérations complexes (*JCP Adm. 2005, Actu. 845, obs. M.-C. Rouault ;* R. Chapus, Droit du contentieux administratif, *Montchrestien, 11e éd., 659, n° 781*), le Conseil d'État a jugé que le ministre peut, alors même qu'il n'est pas en mesure d'apporter la preuve que la notification de retraits successifs effectuée par lettre simple a bien été reçue par son destinataire, constater que le permis a perdu sa validité. Dans ce cas de figure, le ministre doit seulement récapituler, dans la décision qui procède au retrait des derniers points, les retraits antérieurs afin de les rendre opposables au conducteur concerné. Ce dernier pourra, alors, exciper devant les juridictions administratives de l'illégalité des décisions de retrait à l'appui du recours exercé contre la décision finale constatant la nullité du permis. • CE 5 déc. 2005, *Min. Intérieur c/ Martineau : JCP Adm. 2005. Actu. 845 ; AJDA 2006. 662, note Mazetier* • CAA Paris, 30 mars 2009, n° 08PA03053 : *AJDA 2009. 1334* • 24 juill. 2009, *Morali*, n° 312215 B : *AJDA 2009. 1790 ; Jurispr. auto 2009, n° 813, p. 24, obs. Giraudet-Demay ; JCP Adm. 2010. 2094, note Pontier.*

III. INFORMATION SUR LE RETRAIT DE POINTS : JURISPRUDENCE EUROPÉENNE

37. Doit être rejeté, car manifestement mal fondé, le grief selon lequel le requérant n'aurait pas été informé de l'intégralité des conséquences de l'avis de contravention qui lui avait été adressé, dès lors que, sur cet avis, celui-ci a été dûment informé, d'une part, de ce que le paiement de l'amende entraînait reconnaissance de la réalité de l'infraction et, d'autre part, de ce qu'un retrait de points sur son permis de conduire était susceptible d'intervenir ; le requérant ayant, en outre, la possibilité d'interroger directement l'agent verbalisateur sur le nombre de points qui lui seraient retirés pour l'infraction qui lui était reprochée et, à défaut, disposant d'un délai de quarante-cinq jours pour s'enquérir, auprès des services de la préfecture, d'un avocat ou par voie électronique de cette information. • CEDH 20 avr. 2010, *Duteil c/ France : AJDA 2010. 980 ; Dr. pénal 2010. Chron. 6, obs. Gauvin.*

Art. L. 223-4 Les dispositions des articles 702-1 du code de procédure pénale et 133-16 du code pénal ne sont pas applicables au retrait de points affectant le permis de conduire.

COMMENTAIRE

Il s'agit des procédures dites du relèvement et de la réhabilitation. Le juge répressif, qui, rappelons-le, ne dispose d'aucun pouvoir sur les points du permis, n'a logiquement pas non plus la possibilité de « relever » ce retrait de points ni d'effacer par la réhabilitation cette sanction purement administrative. ❑

1. Il résulte de l'art. L. 11-4 [C. route, art. L. 223-4], excluant l'application des art. 55-1 C. pén. ancien et 799 C. pr. pén. à la perte des points affectant le permis de conduire, que cette mesure ne présente pas le caractère d'une sanction pénale, accessoire à une condamnation, et qu'en conséquence, son fondement légal échappe à l'appréciation du juge répressif. • Crim. 6 juill. 1993 : *D. 1994. 33, note Couvrat et Massé*. ♦ Une cour d'appel en déduit à bon droit que tant l'incompatibilité alléguée de la L. du 10 juill. 1989 avec l'art. 6 Conv. EDH que l'illégalité prétendue des décrets pris pour son application sont sans portée devant elle. • Crim. 18 mai 1994, n° 93-85.576 P.

2. Dès lors que l'art. L. 11-4 [C. route, art. L. 223-4] a expressément exclu l'application de l'art. 702-1 C. pr. pén., et que le nombre de points retirés est proportionnel à la gravité de la faute, la L. du 10 juill. 1989 instituant le permis à points n'est pas incompatible avec les art. 132-17, 132-24 C. pén. et 702-1 C. pr. pén., qui ne sont que la reprise de textes antérieurs. • Crim. 16 nov. 1999, n° 98-87.635 P : *Jurispr. auto 2000. 67* • 1er févr. 2000 : *Jurispr. auto 2000. 128* • 3 mai 2000 : *Dr. pénal 2000. Comm. 101, obs. Robert.*

Art. L. 223-5 **I. — En cas de retrait de la totalité des points, l'intéressé reçoit de l'autorité administrative l'injonction de remettre son permis de conduire au préfet de son département de résidence et perd le droit de conduire un véhicule.**

II. — Il ne peut *(L. nº 2007-297 du 5 mars 2007, art. 23)* **« obtenir » un nouveau permis de conduire avant l'expiration d'un délai de six mois à compter de la date de remise de son permis au préfet et sous réserve d'être reconnu apte après** *(L. nº 2003-495 du 12 juin 2003, art. 13)* **« un examen ou une analyse médical, clinique, biologique » et psychotechnique effectué à ses frais.** *(L. nº 2003-495 du 12 juin 2003, art. 12)* **« Ce délai est porté à un an lorsqu'un nouveau retrait de la totalité des points intervient dans un délai de cinq ans suivant le précédent. »**

III. — Le fait de refuser de se soumettre à l'injonction prévue au premier alinéa du présent article est puni de deux ans d'emprisonnement et de 4 500 € d'amende.

IV. — Toute personne coupable de ce délit encourt également les peines complémentaires suivantes :

1° La suspension, pour une durée de trois ans au plus, du permis de conduire, cette suspension pouvant être limitée à la conduite en dehors de l'activité professionnelle ;

2° La peine de travail d'intérêt général selon des modalités prévues à l'article 131-8 du code pénal et selon les conditions prévues aux articles 131-22 à 131-24 du même code et *(Ord. nº 2019-950 du 11 sept. 2019, art. 5-VI et 9, en vigueur le 30 sept. 2021)* **« à l'article L. 122-1 du code de la justice pénale des mineurs » ;**

3° La peine de jours-amende dans les conditions fixées aux articles 131-5 et 131-25 du code pénal ;

(L. nº 2003-495 du 12 juin 2003, art. 6) **« 4° L'interdiction de conduire certains véhicules terrestres à moteur, y compris ceux pour la conduite desquels le permis de conduire n'est pas exigé, pour une durée de cinq ans au plus ;**

« 5° L'obligation d'accomplir, à ses frais, un stage de sensibilisation à la sécurité routière ;

« 6° La confiscation du véhicule dont le condamné s'est servi pour commettre l'infraction, s'il en est le propriétaire. »

(L. nº 2003-495 du 12 juin 2003, art. 15) **« V. — Le fait pour toute personne de conduire un véhicule à moteur pour la conduite duquel le permis est nécessaire, malgré l'injonction qui lui a été faite de remettre son permis de conduire conformément au I, est puni des peines prévues aux III et IV. »**

L'art. 2 de la L. nº 2021-218 du 26 févr. 2021 modifie la date d'entrée en vigueur du CJPM.

Conditions d'obtention d'un nouveau permis de conduire : V. art. R. 224-20.

Organisation de l'examen médical et de l'examen psychotechnique : V. art. R. 226-1 s. — V. aussi Arr. du 31 juill. 2012 relatif à l'organisation du contrôle médical de l'aptitude à la conduite, App., vº Permis de conduire, Arr. du 26 août 2016 relatif à l'examen psychotechnique prévu dans le cadre du contrôle médical de l'aptitude à la conduite (JO 6 sept.), mod. par Arr. du 18 janv. 2019 (JO 27 févr.), ainsi que Arr. du 18 janv. 2019 relatif à la formation des psychologues chargés de l'examen psychotechnique dans le cadre du contrôle médical de l'aptitude de la conduite (JO 27 févr.).

COMMENTAIRE

Injonction administrative de restitution du permis de conduire. Lorsque le nombre de points affectant un permis de conduire est nul ou, pour reprendre la formule de l'article L. 223-5, en cas de retrait de la totalité des points, la personne concernée doit remettre son permis de conduire au préfet. Pour ce faire, elle reçoit de l'autorité administrative une injonction en ce sens (sur les modalités de cette injonction, V. art. R. 223-3). Comme toute décision administrative, cette injonction doit cependant être motivée. Or selon la jurisprudence, la motivation nécessaire ne porte que sur les derniers points retirés, le titulaire du permis ayant déjà été informé des pertes précédentes de points.

Infractions. Deux délits sont par ailleurs prévus par le présent article. L'article L. 223-5 incrimine en effet le fait de refuser de se soumettre à l'injonction administrative précédemment évoquée, mais aussi, depuis la loi du 12 juin 2003, le fait de conduire un véhicule malgré cette injonction. Les peines encourues sont cependant identiques. Ces deux délits doivent être bien distingués de ceux qui sanctionnent le fait de refuser de restituer un permis de conduire retenu, suspendu ou annulé (art. L. 224-17) et le fait de conduire un véhicule malgré une décision en ce sens (art. L. 224-16). Ils doivent également être distingués du délit de conduite sans permis prévu par l'article L. 221-2. Les peines encourues pour ces infractions voisines peuvent d'ailleurs varier. A la différence de la conduite sans permis et de la conduite malgré une décision judiciaire de suspension ou d'annulation du permis de conduire, la conduite malgré un permis invalidé n'a ainsi pas été assortie, par la loi du 14 mars 2011, dite LOPPSI II, de la peine complémentaire de confiscation obligatoire du véhicule.

De la possibilité de « solliciter » à la possibilité d'« obtenir » un nouveau permis de conduire. Dans sa rédaction initiale, l'article L. 223-5-II obligeait les personnes dont le permis de conduire avait été invalidé, à attendre, selon les cas, six mois ou un an, avant de pouvoir solliciter un nouveau permis. En pratique, les personnes concernées ne pouvaient cependant espérer récupérer un nouveau permis que bien après ces délais, tant les démarches à accomplir (examen médical et psychotechnique, épreuve théorique du permis de conduire et, le cas échéant, épreuve pratique, V. art. R. 224-20) sont longues. Or, lors du Comité interministériel à la sécurité routière du 8 novembre 2006, les pouvoirs publics ont souhaité réduire ces délais et par là même favoriser le retour au permis de conduire après invalidation. C'est dans cette perspective que la loi n° 2007-297 du 5 mars 2007 a remplacé, dans le présent article, le verbe « solliciter » par le verbe « obtenir ». Certes, les personnes concernées ne peuvent toujours pas récupérer un permis de conduire avant un délai de six mois ou un an, mais elles peuvent désormais engager les démarches dans un tel but avant la fin de ces délais. ❑

I. INJONCTION DE RESTITUTION DU PERMIS DE CONDUIRE

1. Constitutionnalité des dispositions de l'art. L. 223-5 – Absence de renvoi d'une QPC. N'a pas été jugée sérieuse la QPC portant sur les dispositions de l'art. L. 223-5 C. route en ce qu'elles obligent le justiciable à remettre son permis de conduire à l'administration en cas de retrait de la totalité des points et lui font défense de conduire sous peine de poursuites pénales, dès lors que la perte de points, directement liée à un comportement délictuel ou contraventionnel portant atteinte aux règles de la circulation routière, et dont découlent l'injonction de remettre son permis de conduire au préfet et la perte du droit de conduire son véhicule sous peine de sanction, ne peut intervenir qu'en cas de reconnaissance de responsabilité pénale, après appréciation éventuelle de la réalité de l'infraction et de son imputabilité par le juge judiciaire, à la demande de la personne intéressée, et qu'en outre la régularité de la procédure de retrait de points peut être contestée devant la juridiction administrative. • Crim. 1er avr. 2014, n° 14-90.004 P : *D. actu. 28 avr. 2014, obs. Fleuriot ; Dr. pénal 2014, n° 90, note Robert.*

A. APPLICATION

2. Permis déjà suspendu. Les dispositions des art. L. 11-5 et R. 258, dernier al. [C. route, art. L. 223-5], prévues en cas de perte totale des points, s'appliquent au conducteur déjà condamné à une suspension de son permis limitée, conformément à l'art. L. 14 du même code, à la conduite en dehors de son activité professionnelle, de sorte que, lorsque l'intéressé a déjà restitué son permis suspendu, mais dispose du titre de conduite limitée, l'autorité administrative doit lui enjoindre de remettre ce document. A défaut de cette injonction, la mesure de suspension avec aménagement demeure exécutoire, malgré l'invalidation postérieure du permis, et le conducteur reste exposé aux sanctions prévues par l'art. L. 19, al. 1er et 2 [C. route, art. L. 224-16 à L. 224-18], s'il circule en dehors des périodes autorisées. • Crim. 19 mars 1997, n° 95-85.905 P : *Jurispr. auto 1997. 276 ; Gaz. Pal. 1997. 2. Chron. crim. 148.*

B. LÉGALITÉ

a. Jurisprudence administrative

3. Légalité de l'injonction et information préalable sur le retrait de points. V. jurispr. citée ss. art. L. 223-3.

4. Restitution du permis en cas d'annulation de l'injonction. Lorsque la décision du ministre de l'Intérieur constatant la perte de validité d'un permis de conduire pour solde de points nul est annulée par le juge administratif, cette décision est réputée n'être jamais intervenue. Pour déterminer si l'intéressé peut, en exécution du jugement, prétendre à la restitution de son permis par l'administration, il y a lieu de vérifier que son solde de points n'est pas nul, en tenant compte, en premier lieu, des retraits de points sur lesquels reposait la décision annulée qui n'ont pas été regardés comme illégaux par le juge, en deuxième lieu, des retraits justifiés par des infractions qui n'avaient pas été prises en compte par cette décision, y compris celles que l'intéressé a pu commettre en conduisant avec un nouveau permis obtenu dans les conditions prévues par l'art. L. 223-5, II, C. route, et, enfin, des reconstitutions de points prévues par les dispositions applicables au permis illégalement retiré. • CE 22 juill. 2016, n° 382251 B : *AJDA 2016. 1783 ; JCP Adm. 2017. 2053, obs. Le Bot.*

5. Conditions de la restitution lorsque l'intéressé a obtenu un nouveau permis. Une même personne ne saurait disposer de plus d'un permis de conduire. Par suite, le requérant qui obtient l'annulation d'une décision constatant la perte de validité de son permis alors qu'il s'est vu délivrer un nouveau permis ne peut prétendre à la restitution par l'administration du permis initial qu'à la condition que lui-même restitue le nouveau permis. Dans cette perspective, le jugement prononçant l'annulation doit informer l'intéressé d'une telle condition, en précisant que, s'il souhaite qu'il soit procédé à cet échange, il doit le faire savoir à l'administration dans un délai qu'il fixe et qu'à défaut l'intéressé sera regardé comme ayant définitivement opté pour la conservation du nouveau permis. En l'absence d'une telle information, l'administration saisie par l'intéressé d'une demande d'échange du nouveau permis contre le permis initial doit faire droit à cette demande dès lors que le solde de points du permis initial n'est pas nul. Si aucune demande d'échange n'a été formée, il appartient à l'administration, lorsqu'elle constate la perte de validité du nouveau permis pour solde de points nul, de vérifier le solde de points du permis initial et si ce solde est positif, elle doit restituer ce permis à l'intéressé et si le solde est nul, elle doit lui notifier une décision constatant qu'il a perdu le droit de conduire. • CE 22 juill. 2016, n° 382251 : *préc. note 4.*

b. Jurisprudence judiciaire

6. Légalité de l'injonction et motivation des décisions administratives individuelles. Si l'autorité administrative qui enjoint au contrevenant de restituer son permis de conduire, en application de l'art. L. 11-5 [C. route, art. L. 223-5], est tenue d'informer celui-ci de la perte des derniers points qui lui restaient, l'obligation de motiver les décisions administratives individuelles, instituée par les art. 1er et 3 de la L. du 11 juill. 1979, ne lui impose toutefois pas de rappeler, à cette occasion, les précédentes réductions de points, dès lors qu'en application des art. L. 11-3 et R. 258 du même code [C. route, art. L. 223-3], le contrevenant a déjà été informé de la perte des points encourue, lors de la constatation de chacune des infractions, puis de la perte de points effective, lorsque la réalité de ces infractions a été établie par le paiement d'une amende forfaitaire ou par une condamnation définitive. • Crim. 26 juin 1996 (1re esp.), n° 95-83.529 P : *JCP 1997. I. 3998, chron. Robert; Dr. pénal 1996. Comm. 245, obs. Robert; Jurispr. auto 1996. 549; Gaz. Pal. 1997. 1. 296, note Morin et Samson.* ♦ Conf. : • Crim. 12 mars 1997 (2 arrêts), n° 96-81.659 P : *RSC 1997. 830, obs. Bouloc ; Jurispr. auto 1997. 277 et 336; Gaz. Pal. 1997. 2. Chron. crim. 148; Dr. pénal 1997. Comm. 97, obs. Robert* • 21 janv. 1998 : *Jurispr. auto 1998. 229.* ♦ En vertu des art. L. 11-5 [C. route, art. L. 223-5] et 1er à 3 de la L. du 11 juill. 1979, la décision par laquelle, en cas de perte totale de points, l'autorité administrative enjoint à l'intéressé de remettre au préfet son permis de conduire, est suffisamment motivée lorsqu'elle comporte des indications permettant d'identifier la dernière infraction. • Crim. 14 déc. 1999, n° 98-86.781 P : *Jurispr. auto 2000. 68.*

7. Légalité de l'injonction et information préalable sur le retrait de points. L'information prévue par les art. L. 223-3, al. 1er et 2, et R. 223-3, I, C. route est une formalité substantielle qui conditionne la légalité de chaque retrait administratif de points du permis de conduire. • Cass., avis, 6 oct. 2008, n° 08-00.011 P : *BICC 15 janv. 2009, rapp. Koering-Joulin, obs. Di Guardia; D. 2008. AJ 2601 ; AJ pénal 2009. 32, obs. Céré ; Dr. pénal 2009. Comm. 6, note Robert; Jurispr. auto 2008. 626* • Crim. 13 nov. 2008 : *Jurispr. auto 2009. 22* (cassation d'un arrêt qui n'avait pas répondu aux conclusions d'un prévenu qui soutenait qu'un retrait de points était irrégulier faute d'avoir été avisé lors de la constatation de l'une des infractions que celle-ci était susceptible d'entraîner une perte de points). ♦ Mais, dès lors qu'il ressort des procès-verbaux constatant les infractions qu'il a été remis au contrevenant le formulaire administratif comportant toutes les informations prescrites par l'art. L. 223-3, l'exception d'illégalité de la décision du préfet portant injonction de remettre son permis de conduire invalidé n'est pas recevable. • Crim. 25 sept. 2001 : *Jurispr. auto 2002. 21.* ♦ De même, le prévenu ne peut prétendre n'avoir pas été avisé de l'intégralité des sanctions encourues dès lors que figure sur le timbre-amende la précision que l'infraction relevée est susceptible d'entraîner le retrait d'un point sur le permis de conduire. • Crim. 6 mars 2002 : *Jurispr. auto 2002. 279.* ♦ L'exception d'illégalité de la décision du ministre de l'Intérieur portant notification de l'invalidation d'un permis de conduire et de l'arrêté préfectoral portant injonction de le remettre, prise de ce que l'information prévue par les articles L. 223-3, al. 1er, et R. 223-3, I et II, C. route n'aurait pas été accomplie, doit également être écartée dès lors que le défaut de ladite information est demeuré à l'état d'allégation. • Crim. 1er avr. 2009 : *AJ pénal 2009. 358, obs. Céré .* ♦ Fait une exacte application des art. L. 223-3 et R. 223-3 C. route l'arrêt qui, pour écarter l'exception d'illégalité soulevée par un prévenu, énonce qu'il ressort du relevé d'information intégral figurant au dossier que celui-ci a été informé et a reçu notification de toutes les infractions ayant entraîné des retraits de points à l'origine de l'annulation (l'invalidation) de son permis de conduire, l'intéressé ayant lui-même indiqué aux fonctionnaires de police qui le contrôlaient que son permis de conduire était annulé (invalidé). • Crim. 2 févr. 2011 : *Dr. pénal 2011, n° 65, note Robert.* ♦ Est justifié l'arrêt qui, pour écarter l'exception d'illégalité soulevée par un prévenu, constate que celui-ci, contrôlé au volant de son véhicule, a reconnu qu'ayant restitué son permis de conduire à la préfecture, après avoir été informé de la perte de la totalité de ses points, il circulait sans permis et qui en déduit que l'allégation selon laquelle il n'aurait pas reçu les informations et avertissements prévus par les art. L. 223-3 et R. 223-3 C. route à la suite de chaque infraction entraînant retrait de points ne peut alors être retenue. • Crim. 31 janv. 2012, nº 11-85.253 P : *D. actu. 15 mars 2012, obs. Bombled; Dr. pénal 2012, nº 51, note Robert.* ♦ … Ou qui énonce que l'illégalité des décisions administratives ayant conduit à l'invalidation, restée à l'état de simple allégation, n'a pas à être examinée par la juridiction judiciaire, dès lors que la réalité des infractions ayant contribué à la perte de la totalité des points est nécessairement établie par le paiement de l'amende forfaitaire, l'exécution d'une composition pénale ou une condamnation définitive (en l'espèce, le prévenu, poursuivi pour conduite sans permis en récidive, avait déjà été condamné pour conduite sans permis après invalidation de ce dernier et n'avait pas relevé appel de cette décision de condamnation). • Crim. 18 sept. 2012, nº 12-80.526 P : *D. actu. 28 oct. 2012, obs. Léna; D. 2012. Actu. 2396; Dr. pénal 2012, nº 162, note Robert; AJ pénal 2013. 101, obs. Céré.*

8. Légalité de l'injonction et information sur le retrait effectif de points. Les dispositions des art. L. 223-3 et R. 223-3 C. route imposent au ministre de l'Intérieur de porter à la connaissance du titulaire du permis de conduire, par lettre simple, chaque retrait de points quand il est effectif. Toutefois, cette formalité, de même que l'envoi d'une lettre recommandée avec accusé de réception récapitulant l'ensemble des retraits de points successifs, ne revêt pas un caractère substantiel et, partant, elle ne conditionne pas la légalité de l'injonction de restituer le permis de conduire délivrée par le préfet du département en application de l'art. L. 223-5 C. route. • Cass., avis, 30 avr. 2007, nº 07-00.009 P : *D. 2007. AJ 1421, note Darsonville; Dr. pénal 2007. Comm. 102, obs. Robert* • Crim. 27 juin 2007, nº 06-82.709 P : *D. 2007. AJ 2163; Jurispr. auto 2007. 483* • 23 sept. 2008 : *Dr. pénal 2009. Comm. 6, obs. Robert; Jurispr. auto 2008. 653.*

9. Exception d'illégalité. La personne poursuivie pour une infraction résultant de la perte de son permis de conduire pour défaut de points, est recevable à exciper devant la juridiction pénale de l'illégalité pour une cause autre que celles tirées des conditions d'information et de notification, de chaque retrait de points; le juge répressif pouvant lui-même relever d'office une telle illégalité. • Cass., avis, 30 avr. 2007 : *préc. note 8.* ♦ Aux termes de l'art. 111-5 C. pén., les juridictions pénales sont compétentes pour apprécier la légalité des actes administratifs réglementaires ou individuels, lorsque, de cet examen, dépend la solution du procès qui leur est soumis. Méconnaît un tel principe l'arrêt qui écarte l'exception d'illégalité de l'arrêté préfectoral enjoignant à un prévenu de restituer son permis de conduire à raison de la perte de la totalité des points dont il était affecté, alors qu'il résulte des propres énonciations de la décision que le solde de points pourrait être positif. • Crim. 30 janv. 2008, nº 06-81.027 P : *D. 2008. 1805, note Lennon; AJ pénal 2008. 187, note Roussel; Dr. pénal 2008. Comm. 46, obs. Robert; Gaz. Pal. 5 mars 2009, p. 20, note Monnet.*

10. Annulation de l'injonction. L'annulation, par la juridiction administrative, d'un arrêté préfectoral portant cessation de validité d'un permis de conduire par perte totale de points, dont la violation est pénalement sanctionnée, prive les poursuites, pour refus de restitution d'un permis invalidé, de fondement. • Crim. 26 mars 1997 : *Jurispr. auto 1997. 448.* ♦ … L'annulation par la juridiction administrative d'un acte administratif impliquant que cet acte est réputé n'être jamais intervenu (cassation de l'arrêt qui, pour condamner un prévenu pour conduite d'un véhicule malgré l'invalidation de son permis de conduire, retient qu'au moment du contrôle routier la décision administrative de retrait du permis était en vigueur). • Crim. 21 nov. 2007, nº 07-81.659 P : *D. 2008. 109, obs. Caron et Ménotti; Jurispr. auto 2008. 24; Dr. pénal 2008. Comm. 20, obs. Robert.* ♦ L'annulation de l'arrêté préfectoral enjoignant à l'intéressé de restituer son permis de conduire en raison de la perte de la totalité des points dont il était affecté a pour conséquence d'enlever toute base légale à la poursuite et à la condamnation qui est intervenue pour conduite d'un véhicule à moteur malgré l'invalidation du permis de conduire (en l'espèce, l'annulation de l'arrêté préfectoral était postérieure à la condamnation de l'intéressé pour le délit). • Crim. 12 mars 2008, nº 07-84.104 P : *D. 2008. AJ 1062; AJ pénal 2008. 278, note Céré; Jurispr. auto 2008. 307; Dr. pénal 2008. Comm. 64, obs. Robert* • 3 sept. 2008 : *Dr. pénal 2008. Comm. 142, obs. Robert* • 15 oct. 2008 : *Dr. Pénal 2009. Comm. 9, obs. Robert; Jurispr. auto 2008. 718* • 16 nov. 2010, nº 10-83.622 P : *D. 2011. Actu. 82* • 12 déc. 2012, nº 12-82.919 P : *D. actu. 1er févr. 2013, obs. Gayet; Dr. pénal 2013, nº 44, obs. Robert.*

11. Retrait de la décision d'invalidation. Il en est de même en cas de retrait de la décision d'invalidation, le retrait d'un acte administratif impliquant que cet acte est réputé n'avoir jamais existé et privant de base légale la poursuite engagée pour violation de cet acte. Est en conséquence annulé un arrêt ayant condamné un prévenu pour conduite malgré invalidation de son permis de conduire, le prévenu ayant produit un courrier du ministre de l'intérieur, postérieur à l'arrêt attaqué, l'informant que les mentions relatives à plusieurs infractions le concernant avaient été rectifiées et qu'ainsi son permis de conduire avait recouvré sa validité. • Crim. 4 mars 2014, nº 13-82.078 P : *D. 2014. Actu. 668; Jurispr. auto 2014, nº 861, p. 22, note Le Dall; AJ pénal 2014. 418, note Perrier.*

12. La compétence du juge répressif pour apprécier, en application de l'art. 111-5 C. pén., la légalité du retrait total de points d'un permis de conduire, lorsque de cet examen dépend la solution du procès pénal, exclut en revanche que le retrait ultérieur de cet acte par l'autorité administrative, en raison de son illégalité, puisse constituer un fait nouveau de nature à faire naître un doute sur la culpabilité du condamné, au sens de l'art. 622, 4° C. pr. pén. Est en conséquence rejetée la requête en révision d'un conducteur contre une ordonnance pénale l'ayant condamné pour conduite d'un véhicule malgré l'invalidation de son permis de conduire, alors que, postérieurement à cette condamnation, la procédure d'invalidation de son permis de conduire avait été considérée comme nulle et non avenue en raison d'une erreur administrative (deux points retirés par erreur). • Crim. 18 févr. 2009, n° 08-86.953 P : *JCP 2009. IV. 1521 ; AJ Pénal 2009. 319, obs. Demarchi ; Dr. pénal 2009. Comm. 63, note Robert.*

13. Notification d'une reconstitution de points à la suite d'un stage. Si le retrait d'un acte administratif par l'autorité qui l'a édicté ou son annulation par le juge administratif sont de nature à faire perdre aux poursuites engagées pour la violation de cet acte leur base légale, l'acte en cause, après son retrait ou son annulation, étant réputé n'avoir jamais existé, il n'en va pas de même de la notification administrative de la reconstitution de points grâce au suivi, par le prévenu, de stages de sensibilisation à la sécurité routière, laquelle n'a aucun effet rétroactif, de sorte que l'infraction qui consiste à avoir conduit entretemps sans être détenteur d'un permis de conduire n'a pas perdu son fondement légal. • Crim. 7 déc. 2021, n° 21-82.729 : *Dr. pénal 2022, n° 66, note Robert ; ibid. Chron. 8, obs. Gauvin ; JCP 2022. 537, obs. Detraz.*

II. REFUS DE SE SOUMETTRE À L'INJONCTION DE RESTITUTION DU PERMIS DE CONDUIRE

14. Néant.

III. CONDUITE MALGRÉ UNE INJONCTION DE RESTITUTION DU PERMIS DE CONDUIRE

15. Est régulière la citation directe qui énonce le fait poursuivi et l'article du code de la route qui le sanctionne sans faire référence à la décision préfectorale portant injonction de restituer un permis de conduire invalidé. Dès lors que l'intéressé avait connaissance de l'interdiction de conduire à laquelle il était soumis, cette citation garantit le droit du prévenu à être informé de la nature et de la cause de l'accusation portée contre lui afin de préparer sa défense. • Crim. 31 oct. 2006, n° 06-84.670 P : *D. 2006. 3012 ; AJ pénal 2007. 86, obs. Saas ; Jurispr. auto 2006. 643.*

16. Est justifié l'arrêt qui condamne un prévenu pour conduite malgré injonction de restitution de son permis de conduire alors que celui-ci avait été antérieurement relaxé de ce chef par une autre juridiction au motif qu'il n'était pas établi que l'injonction avait été portée à sa connaissance, dès lors que, d'une part, est dépourvue de l'autorité de la chose jugée la mention d'une décision antérieure retenant l'absence de preuve de la notification régulière par l'autorité administrative de l'obligation dont la violation est sanctionnée, seule étant revêtue de cette autorité la décision sur l'action publique du chef de l'infraction en cause et que, d'autre part, il résulte des énonciations de l'arrêt que le prévenu a admis avoir refusé de restituer son permis de conduire lors d'un contrôle effectué antérieurement à celui à l'origine des nouvelles poursuites pour conduite malgré injonction de restituer son permis de conduire, le prévenu étant alors informé de l'invalidation de celui-ci par la perte totale des points. • Crim. 20 juin 2017, n° 16-85.523 : *Dr. pénal 2017, n° 161, note Robert.*

17. Le prévenu poursuivi pour des faits de conduite d'un véhicule malgré injonction de restitution de son permis invalidé, faits réprimés par l'art. L. 223-5, ne saurait être condamné pour conduite malgré suspension du permis de conduire, délit prévu par l'art. L. 224-16. Les juridictions pénales ne peuvent en effet statuer que sur des faits dont elles ont été régulièrement saisies. • Crim. 18 sept. 2007 : *Jurispr. auto 2007. 688 ; Dr. pénal 2007. Comm. 154, obs. Robert.* ♦ Mais il a été jugé que le prévenu déclaré coupable du délit de conduite sans permis prévu par l'art. L. 221-2 ne saurait faire grief à une cour d'appel de ne pas avoir appliqué les dispositions de l'art. L. 223-5, qui réprime le fait de conduire un véhicule malgré l'invalidation du permis de conduire résultant de la perte totale des points, dès lors que les pénalités applicables aux faits incriminés par ce texte sont plus sévères. • Crim. 23 oct. 2007 : *Jurispr. auto 2007. 692* • 2 févr. 2011 : *Dr. pénal 2011, n° 65, note Robert*

18. Permis de conduire étranger ou international. N'est pas justifiée la décision d'une cour d'appel qui relaxe un prévenu poursuivi pour conduite malgré l'invalidation de son permis de conduire au motif que la délivrance d'un permis de conduire étranger homologué, avant l'annulation de son permis français, permet à son titulaire de conduire dès lors que l'État français ne lui a pas retiré le droit de faire usage de son permis de conduire international, sans qu'il ait été vérifié si, en application des dispositions de l'art. 5 de l'Arr. du 8 févr. 1999 fixant les conditions de reconnaissance et d'échange des permis de conduire délivrés par les États n'appartenant ni à l'Union européenne, ni à l'Espace économique européen, ce permis de conduire international était valable à la date des faits ; les juges d'appel se prononçant, de surcroît, sur le fondement erroné de la Convention sur la circulation routière de Genève, texte abrogé et remplacé par la Convention de Vienne du 8 nov. 1968. • Crim. 11 mai 2006, n° 05-87.098 P : *Jurispr. auto 2006. 387.* ♦ L'invalidation du permis de conduire français entraîne nécessairement l'interdiction du droit de conduire sur le territoire national français, quand bien même le prévenu serait-il titulaire d'un permis délivré par un autre État ou d'un permis international. • Crim. 14 mai 2008, nº 08-80.841 P : *D. 2008. AJ 1627 ; AJ pénal 2008. 326* • 7 sept. 2010, nº 09-88.057 : *Dr. pénal 2010 nº 124, note Robert* • 31 mars 2020, nº 19-85.131 : *Dr. pénal 2020, nº 114, note Robert.* • 17 mai 2022, nº 21-85.611 P : *D. 2022. 994 ; D. actu. 30 mai 2022, obs. Goetz ; Dr. pénal 2022, nº 125, note Robert ; ibid. Chron. 8, obs. Gauvin.* ♦ V. aussi, dans le même sens, en cas d'annulation du permis de conduire, jurisp. citée ss. art. L. 224-16.

19. A en revanche été jugée justifiée la relaxe d'un prévenu poursuivi pour conduite malgré l'invalidation de son permis de conduire, dès lors que celui-ci a reçu une attestation, par un agent de police judiciaire, agissant conformément aux instructions d'un vice-procureur de la République, selon laquelle sa situation administrative était parfaitement régulière, malgré l'annulation de son permis de conduire français, l'intéressé ayant pu légitimement croire qu'il était autorisé à conduire avec son permis international, même s'il est avéré que cette attestation lui avait été remise par erreur ; de telles circonstances caractérisant l'erreur de droit au sens de l'art. 122-3 C. pén. • Crim. 11 mai 2006, nº 05-87.099 P : *AJ pénal 2006. 358, obs. Leblois-Happe ; Jurispr. auto 2006. 388 ; Dr. pénal 2006. Comm. 109, note Véron ; JCP 2006. II. 10207, note Fardoux ; Rev. pénit. 2006. 850, obs. Bonfils.* ♦ V. aussi, dans le même sens, une autre affaire concernant le même prévenu : • Aix-en-Provence, 20 sept. 2007 : *Jurispr. auto 2008. 159.*

20. Il résulte des art. R. 222-1 et R. 222-2 C. route que tout permis de conduire régulièrement délivré dans un État membre de l'Union européenne est reconnu en France sous réserve d'être en cours de validité et de l'art. 2 Arr. du 8 févr. 1999 relatif à la reconnaissance des permis délivrés par les États membres de l'Union européenne que le titulaire d'un tel permis ne doit pas avoir obtenu le permis de conduire dans un autre État membre pendant une période d'interdiction de solliciter ou d'obtenir un permis de conduire, accompagnant une peine d'annulation du permis ou résultant d'une décision d'invalidation prise en application des dispositions de l'art. L. 223-5 C. route, lequel prévoit que la personne qui perd la totalité des points perd le droit de conduire et ne peut obtenir un nouveau permis avant un délai de six mois, voire un an. Méconnaît ces dispositions la cour d'appel qui déclare un conducteur coupable de conduite sans permis, alors qu'elle constate qu'il avait restitué son permis, annulé pour perte totale des points, puis passé, dans un autre État membre, un nouveau permis de conduire après que la période d'interdiction de solliciter ou d'obtenir un permis de conduire avait expiré. • Crim. 9 mars 2022, nº 21-84.021 A : *D. actu. 18 mars 2022, obs. Goetz ; AJ pénal 2022. 269 ; Dr. pénal 2022, nº 87, note Robert ; ibid. Chron. 8, obs. Gauvin.*

21. Peine de confiscation du véhicule. La peine complémentaire de confiscation du véhicule ayant servi à commettre l'infraction prévue à l'art. L. 223-5, IV, 6º, est justifiée, dès lors qu'ont été prises en considération la personnalité et la situation personnelle du prévenu, ses ressources et ses charges. • Crim. 17 mai 2022, nº 21-85.611 P : *préc. note 18.*

Art. L. 223-6 **Si le titulaire du permis de conduire n'a pas commis, dans le délai de** *(L. nº 2011-267 du 14 mars 2011, art. 76-1º)* **« deux » ans** *(L. nº 2003-495 du 12 juin 2003, art. 14)* **« à compter de la date du paiement de la dernière amende forfaitaire, de l'émission du titre exécutoire de la dernière amende forfaitaire majorée, de l'exécution de la dernière composition pénale ou de la dernière condamnation définitive », une nouvelle infraction** *(L. nº 2003-495 du 12 juin 2003, art. 11)* **« ayant donné lieu au retrait de points, son permis est affecté du nombre maximal de points. »**

(L. nº 2011-267 du 14 mars 2011, art. 76-2º) **« Le délai de deux ans mentionné au premier alinéa est porté à trois ans si l'une des infractions ayant entraîné un retrait de points est un délit ou une contravention de la quatrième ou de la cinquième classe. »**

(L. nº 2007-297 du 5 mars 2007, art. 23) **« Toutefois, en cas de commission d'une infraction ayant entraîné le retrait d'un point, ce point est réattribué au terme du délai** *(L. nº 2011-267 du 14 mars 2011, art. 76-3º)* **« de six mois » à compter de la date mentionnée** *(L. nº 2011-267 du 14 mars 2011, art. 75-II-1º)* **« au premier alinéa », si le titulaire du permis de conduire n'a pas commis, dans cet intervalle, une infraction ayant donné lieu à un nouveau retrait de points. »**

(L. nº 2003-495 du 12 juin 2003, art. 11) **« Le titulaire du permis de conduire qui a commis une infraction ayant donné lieu à retrait de points peut obtenir une récupération de points s'il suit un stage de sensibilisation à la sécurité routière** *(L. nº 2011-267 du 14 mars 2011, art. 76-4º)* **« qui peut être effectué dans la limite d'une fois par an ». Lorsque le titulaire du permis de conduire a commis une infraction ayant donné lieu à un retrait de points égal ou supérieur au quart du nombre maximal de points et qu'il se trouve dans la période du délai probatoire défini à l'article L. 223-1, il doit**

se soumettre à cette formation spécifique qui se substitue à l'amende sanctionnant l'infraction. »

Sans préjudice de l'application des *(L. n° 2011-267 du 14 mars 2011, art. 75-II-2°)* **« alinéas précédents » du présent article, les points retirés du fait de contraventions** *(L. n° 2007-297 du 5 mars 2007, art. 23)* **« des quatre premières classes au présent code » sont réattribués au titulaire du permis de conduire à l'expiration d'un délai de dix ans à compter de la date à laquelle la condamnation est devenue définitive ou du paiement de l'amende forfaitaire correspondante.**

Les dispositions du présent art. s'appliquent aux infractions commises à compter du 1er janv. 2011 et aux infractions antérieures pour lesquelles le paiement de l'amende forfaitaire, l'émission du titre exécutoire de l'amende forfaitaire majorée, l'exécution de la composition pénale ou la condamnation définitive ne sont pas intervenus (L. n° 2011-267 du 14 mars 2011, art. 138).

BIBL. ▶ CÉRÉ, *AJ pénal 2008. 495* (de la récupération de points sur le permis de conduire).

COMMENTAIRE

Récupération de points. L'article L. 223-6 fixe les règles relatives à la récupération de points. Celles-ci ont été modifiées à plusieurs reprises et en dernier lieu par la loi du 14 mars 2011, dite LOPPSI II. Ces dernières modifications, qui n'avaient pas été envisagées par le gouvernement, trouvent leur origine dans un amendement adopté par le Sénat lors de la première lecture du projet de loi : le texte alors adopté permettait une récupération de points, en totalité, au terme d'un délai d'un an si l'intéressé n'avait pas commis pendant ce délai de nouvelle infraction emportant retrait de points. Il en est résulté une vive controverse – fortement médiatisée – entre les partisans d'un *statu quo* en la matière (toute modification tendant à faciliter la récupération de points allant à l'encontre de la politique de lutte contre l'insécurité routière menée ces dernières années) et ceux favorables à une évolution des règles (notamment compte tenu de l'explosion des pertes de points depuis la mise en place des radars automatiques). Finalement, c'est une solution médiane que les parlementaires ont retenu en assouplissant quelque peu les règles permettant de récupérer des points en l'absence d'infraction pendant un certain délai et en permettant de suivre plus fréquemment un stage de sensibilisation à la sécurité routière.

Ne pas commettre de nouvelle infraction emportant retrait de points pendant un certain délai permet en effet à l'intéressé de récupérer automatiquement les points perdus, en totalité ou pour partie. Plus exactement, trois délais sont prévus par l'article L. 223-6 depuis la LOPPSI II : un délai de principe et deux délais d'exception, un plus long, l'autre plus court.

En principe, c'est désormais au terme d'un délai de deux ans (contre trois ans auparavant), que l'intéressé peut récupérer la totalité de ses points sur son permis de conduire s'il ne commet pas de nouvelle infraction emportant retrait de point(s) (étant précisé que ce délai ne concerne pas les titulaires d'un permis probatoire, conformément au dernier al. de l'art. L. 223-1).

Mais un délai plus long est prévu lorsque la perte de points résulte d'un délit ou d'une contravention de quatrième ou de cinquième classe. Dans un tel cas, ce n'est qu'au terme d'un délai de trois ans que l'intéressé peut récupérer la totalité de ses points.

Il en résulte que le délai de deux ans – qui apparaît à l'article L. 223-6 comme étant le délai de principe – ne peut donc s'appliquer que lorsque l'infraction commise ayant entraîné un retrait de points est une contravention de première, de deuxième ou de troisième classe. Or, lors de l'entrée en vigueur de la LOPPSI II, les contraventions de première, deuxième et troisième classes assorties d'un retrait de point(s) étaient peu nombreuses et elles le sont encore moins depuis le décret n° 2012-3 du 3 janvier 2012, de sorte que ce délai de deux ans apparaît, en réalité, davantage comme un délai d'exception que comme un délai de principe. Concrètement, avant le décret du 3 janvier 2012, ce délai de deux ans ne pouvait s'appliquer que si l'infraction commise était celle :

– d'usage d'un téléphone tenu en main par le conducteur d'un véhicule en circulation (contravention alors de 2e classe assortie d'un retrait de deux points, V. art. R. 412-6-1 et son comm.) ;

– de circulation sur une bande d'arrêt d'urgence (contravention alors de 2e classe assortie d'un retrait de trois points, V. art. R. 412-8 et son comm.) ;

– de changement de direction d'un véhicule effectué sans avertissement préalable (contravention de 2e classe assortie d'un retrait de trois points, V. art. R. 412-10) ;

– ou d'excès de vitesse inférieur à 20 kilomètres à l'heure, lorsque la vitesse maximale autorisée est supérieure à 50 kilomètres à l'heure (contravention de 3e classe assortie d'un retrait d'un seul point, V. art. R. 413-14, et encore, pour cette contravention, le troisième délai prévu par l'art. L. 223-6 est-il alors applicable...).

Mais, depuis le décret du 3 janvier 2012, l'usage d'un téléphone tenu en main par le conducteur d'un véhicule est devenu une contravention de 4e classe assortie d'un retrait de trois points et la circulation sur une bande d'arrêt d'urgence est également devenue une contravention de 4e classe, toujours assortie d'un retrait de trois points. Pour ces deux contraventions, ce n'est donc qu'au terme d'un délai de trois ans que la récupération de points peut désormais avoir lieu.

L'assouplissement opéré par la LOPPSI II en ce qui concerne le délai de principe de récupération de points sur le permis de conduire (deux ans au lieu de trois) doit dès lors être relativisé (V. d'ailleurs la circulaire du ministre de l'Intérieur d'application de la LOPPSI en ce qui concerne l'amélioration de la circulation routière du 28 mars 2011, *BOMI, n° 2011-03, p. 104*, qui demande aux préfectures, dans leurs actions de communication, de souligner la portée limitée du nouveau dispositif de réattribution de points), d'autant plus que sa portée a été, depuis, réduite quasiment à néant par le pouvoir réglementaire...

Quant au troisième délai, plus court, il est prévu dans le cas où l'infraction commise a entraîné la perte d'un seul point (c'est-à-dire concrètement en cas de chevauchement d'une ligne continue, V. art. R. 412-19, d'excès de vitesse inférieur à 20 kilomètres à l'heure, V. art. R. 413-14, de chevauchement ou franchissement des lignes délimitant les bandes d'arrêt d'urgence, V. art. R. 412-22 et de conduite d'une motocyclette sans gants conformes, V. art. R. 431-1-2). Dans un tel cas, c'est au terme d'un délai de six mois (un an auparavant) que l'intéressé peut récupérer le point perdu.

Suivre un stage de sensibilisation à la sécurité routière permet également de récupérer des points sur son permis de conduire. Les modalités d'une telle récupération sont précisées dans la partie réglementaire à l'article R. 223-8. On notera cependant que le présent article, depuis la loi du 14 mars 2011, apporte une précision sur ces modalités en indiquant qu'un tel stage « peut être effectué dans la limite d'une fois par an ». ❑

A. DÉLAIS DE RÉCUPÉRATION DE POINTS

1. *Modification des délais de récupération de points (L. du 14 mars 2011).* Lorsque la réalité d'une infraction a été établie à une date antérieure au 1er janv. 2011, ce n'est qu'à l'expiration d'un délai de trois ans, délai prévu dans tous les cas par l'art. L. 223-6 dans sa rédaction antérieure à la L. n° 2011-267 du 14 mars 2011, que l'intéressé peut récupérer l'intégralité de ses points sur son permis de conduire. En revanche, lorsque la réalité de l'infraction a été établie postérieurement au 31 déc. 2010, la durée du délai de reconstitution intégrale est déterminée par ce même article tel que modifié par la L. du 14 mars 2011. Ce délai est alors normalement de deux ans mais est porté à trois ans si l'une des infractions commises par l'intéressé, depuis la délivrance de son permis de conduire ou, le cas échéant, depuis la date de la dernière reconstitution intégrale opérée en application des deux premiers al. de l'art. L. 223-6, constitue un délit ou une contravention de la 4e ou de la 5e classe. • CE 21 nov. 2016, n° 392555 : *Lebon ; AJDA. 2016. 2248 ; D. actu. 29 nov. 2016, obs. Poupeau ; JCP 2016. 1325.*

2. *Délai de six mois.* Il résulte des art. L. 223-1 et L. 223-6 C. route que si, au cours d'une période de six mois à compter de la date du paiement de l'amende forfaitaire, de l'émission du titre exécutoire de l'amende forfaitaire majorée, de l'exécution de la composition pénale ou de la condamnation définitive qui a établi la réalité d'une infraction entraînant retrait d'un point du permis de conduire, le titulaire de ce permis n'a pas commis d'infraction entraînant retrait de point, le point retiré lui est réattribué. La circonstance que la réalité d'une autre infraction, commise avant le début de cette période de six mois, ait été établie au cours de celle-ci n'est pas de nature à faire obstacle à la restitution du point retiré. • CE 4 déc. 2017, n° 402423 B : *D. actu. 8 déc. 2017, obs. Pastor ; AJDA. 2017. 2385 ; JCP Adm. 2017. Actu. 831.*

3. *Délai de six mois et permis probatoire.* L'art. L. 223-1, al. 2, C. route prévoit qu'au terme de chaque année du délai probatoire le nombre de points du permis de conduire est majoré si aucune infraction ayant entraîné un retrait de points n'a été commise depuis le début de la période probatoire. Il en résulte que, lorsque le titulaire d'un permis de conduire commet une infraction ayant entraîné le retrait d'un point pendant la période probatoire, une telle infraction fait obstacle à la majoration prévue par l'art. L. 223-1, al. 2, C. route, alors même qu'en application de l'art. L. 223-6, al. 3, du même code le point ainsi retiré est rétabli au bout de six mois en l'absence de nouvelle infraction ayant entraîné un retrait de points. • CE 15 juin 2016, n° 393522 B : *JCP Adm. 2016. Actu. 550.*

4. *Délai de dix ans.* L'art. L. 223-6 C. route, dans sa version antérieure à la L. n° 2007-297 du 5 mars 2007, prévoyait que les points retirés du fait de contraventions passibles d'une amende forfaitaire étaient réattribués au titulaire du permis de conduire à l'expiration d'un délai de dix ans à compter de la date à laquelle la condamnation est devenue définitive ou du paiement de l'amende forfaitaire correspondante, et l'art. R. 48-1 C. pr. pén., dans sa version antérieure au Décr. n° 2003-293 du 31 mars 2003, que les contraventions des quatre premières classes réprimées par le code de la route punies uniquement d'une peine d'amende, à l'exclusion de toute peine complémentaire, qu'elles entraînent ou non un retrait de points affectés au permis de conduire, pouvaient donner lieu au paiement d'une amende forfaitaire. Il en résulte que les points retirés pour une contravention de non-respect de l'obligation d'arrêt à un feu rouge commise avant le Décr. du 31 mars 2003 ne pouvaient être réattribués à l'expiration du délai de dix ans prévu à l'art. L. 223-6 C. route, cette contravention de quatrième classe étant passible d'une peine complémentaire aux termes de l'art. 412-30 C. route. Mais, depuis le Décr. du 31 mars 2003, l'art. R. 48-1 C. pr. pén. prévoit que peuvent donner lieu au paiement d'une amende forfaitaire les contraventions des quatre premières classes réprimées par le code de la route, qu'elles entraînent ou non un retrait de points affectés au permis de conduire. Il en résulte que, depuis ce décret, l'infraction de non-respect de l'obligation d'arrêt à un feu rouge peut donner lieu à amende forfaitaire et, en conséquence, que les points retirés à raison de cette infraction sont, désormais, réattribués de plein droit à l'expiration du délai de dix ans prévu par les dispositions de l'art. L. 223-6 C. route, les dispositions combinées de l'art. L. 223-6 C. route et de l'art. R. 48-1 C. pr. pén. dans sa rédaction résultant du Décr. du 31 mars 2003 devant être regardées comme constituant une loi pénale plus douce. • CE 15 mars 2017, n° 395286 B : *AJDA 2017. 1031* ; *JCP Adm. 2017. Actu. 216.*

B. STAGE DE RÉCUPÉRATION DE POINTS

5. En cas de retrait partiel de points, l'intéressé peut user de la possibilité de demander la reconstitution partielle de son nombre de points (en accomplissant un stage de sensibilisation à la sécurité routière) dès que le ministre de l'Intérieur a pris la décision de retrait, quelle que soit la date à laquelle celle-ci a été portée à sa connaissance. Cette faculté est ouverte à l'Intéressé dès qu'il a eu connaissance du retrait partiel de points, soit en utilisant le droit d'accès au traitement automatisé des retraits de points, soit après avoir reçu la lettre du ministre de l'Intérieur l'avertissant du retrait partiel de points. • CE, avis, 20 juin 1997, n°s 185323 à 185326 : *JCP 1998. I. 125, n° 24, obs. Petit.*

6. Stage et invalidation du permis de conduire. L'art. L. 11-6, al. 2, [C. route, L. 223-6], aux termes duquel le titulaire du permis de conduire peut obtenir la reconstitution partielle de son nombre de points, exclut nécessairement de son champ d'application le conducteur dont le titre de conduite a perdu sa validité en raison de la perte de tous les points. Il est dans ce cas indifférent que la privation du droit de conduire ne devienne effective qu'après injonction faite à l'intéressé de restituer son permis de conduire invalidé. • Crim. 11 mars 1998, n° 97-80.983 P. ♦ La notification administrative de la reconstitution de points grâce au suivi, par le prévenu, de stages de sensibilisation à la sécurité routière n'a aucun effet rétroactif, de sorte que l'infraction de conduite après injonction faite à l'intéressé de restituer son permis de conduire en raison du retrait de la totalité de ses points ne perd pas son fondement légal. • Crim. 7 déc. 2021, n° 21-82.729 : *Dr. pénal 2022, n° 66, note Robert ; JCP 2022. 537, obs. Detraz.*

7. L'art. L. 223-6 C. route, qui prévoit que le titulaire du permis de conduire qui a commis une infraction ayant donné lieu à retrait de points peut obtenir une récupération de points s'il suit un stage de sensibilisation à la sécurité routière, n'a ni pour objet ni pour effet de permettre au conducteur, auquel une décision constatant la perte de validité de son permis de conduire pour solde de points nul a été notifiée, de récupérer des points en accomplissant, postérieurement à cette notification, un stage de sensibilisation à la sécurité routière. • CE 21 oct. 2013, *Min. de l'Intérieur c/ Boyer,* n° 370324 B : *AJDA 2013. 2123*. ♦ La circonstance qu'une telle décision a été suspendue par le juge des référés n'ayant pas par ailleurs pour effet, eu égard au caractère provisoire de la suspension, de rouvrir à l'intéressé une possibilité de récupération de points, dont il pourrait se prévaloir pour demander au juge, appelé à statuer sur la demande d'annulation de la décision constatant la perte de validité du permis de conduire en fonction de la situation existant à la date du jugement, de prononcer cette annulation. • Même décision.

8. Mais les décisions portant retrait de points d'un permis de conduire, de même que celles qui constatent la perte de validité du permis pour solde de points nul, n'étant opposables à son titulaire qu'à compter de la date à laquelle elles lui sont notifiées, tant que le retrait de l'ensemble des points du permis ne lui a pas été rendu opposable, l'intéressé peut prétendre au bénéfice des dispositions de l'art. L. 223-6 C. route prévoyant des reconstitutions de points lorsque le titulaire du permis a accompli un stage de sensibilisation à la sécurité routière ou qu'il n'a commis aucune infraction ayant donné lieu à retrait de points pendant une certaine période. • CE 17 févr. 2016, n° 380684 B : *JCP Adm. 2016. Actu. 175; AJDA 2016. 1214*. ♦ Si une décision portant retrait de points d'un permis de conduire n'est pas encore opposable au titulaire de ce permis, faute de lui avoir été notifiée, le retrait est néanmoins effectif dès la date de cette décision. Par conséquent, lorsque l'intéressé a, entre la date de la décision de retrait de points et sa notification, suivi un stage de sensibilisation à la sécurité routière, le retrait doit être pris en compte dans la détermination du solde de points du permis avant d'ajouter la récupération de points attachée à l'accomplissement du stage. • CE 29 sept. 2023, n° 461479 B.

Art. L. 223-7 Les informations relatives au nombre de points détenus par le titulaire d'un permis de conduire ne peuvent être collectées que par les autorités administratives et judiciaires qui doivent en connaître, à l'exclusion des employeurs, assureurs et toutes autres personnes physiques ou morales.

Toute infraction aux dispositions de l'alinéa précédent est punie des peines prévues à l'article 226-21 du code pénal.

La divulgation des mêmes informations à des tiers non autorisés est punie des peines prévues à l'article 226-22 du code pénal.

Art. L. 223-8 Un décret en Conseil d'État précise les modalités d'application des articles L. 223-1 à L. 223-7. Il fixe notamment :

1° *(L. n° 2003-495 du 12 juin 2003, art. 11)* « Le nombre maximal de points du permis de conduire, le nombre de points affecté lors de l'obtention du permis de conduire et les modalités d'acquisition du nombre maximal de points ; »

2° Les contraventions à la police de la circulation routière susceptibles de mettre en danger la sécurité des personnes et entraînant retrait de points ;

3° Le barème de points affecté à ces contraventions ;

4° Les modalités de l'information prévue à l'article L. 223-3 ;

5° Les modalités du retrait de points et de la formation spécifique prévue à l'article L. 223-6.

Fichier : R. 225-1 (4°).

Art. L. 223-9 *(L. n° 2011-267 du 14 mars 2011, art. 77)* I. — Est puni de six mois d'emprisonnement et 15 000 € d'amende le fait, par l'auteur d'une contravention entraînant retrait de point du permis de conduire, de proposer ou de donner une rémunération à une personne pour qu'elle accepte d'être désignée comme conducteur du véhicule dans la requête en exonération ou la réclamation présentée dans les conditions prévues au *b* du 1° de l'article 529-10 du code de procédure pénale.

II. — Est puni des mêmes peines le fait, par toute personne, de proposer ou d'accepter contre rémunération d'être désignée, par l'auteur d'une contravention entraînant retrait de point, comme conducteur du véhicule dans la requête en exonération ou la réclamation présentée dans les conditions prévues au même *b*.

III. — Lorsque les faits prévus au II sont commis de façon habituelle ou par la diffusion, par tout moyen, d'un message à destination du public, la peine est portée à un an d'emprisonnement et 30 000 € d'amende.

IV. — La personne coupable des délits prévus par le présent article encourt également les peines complémentaires suivantes :

1° La suspension, pour une durée de trois ans au plus, du permis de conduire, cette suspension ne pouvant pas être limitée à la conduite en dehors de l'activité professionnelle ;

2° La peine de travail d'intérêt général selon des modalités prévues à l'article 131-8 du code pénal et selon les conditions prévues aux articles 131-22 à 131-24 du même code et *(Ord. n° 2019-950 du 11 sept. 2019, art. 5-VI et 9, en vigueur le 30 sept. 2021)* « à l'article L. 122-1 du code de la justice pénale des mineurs » ;

3° La peine de jours-amendes dans les conditions fixées aux articles 131-5 et 131-25 du code pénal ;

4° L'interdiction de conduire certains véhicules terrestres à moteur, y compris ceux pour la conduite desquels le permis de conduire n'est pas exigé, pour une durée de cinq ans au plus ;

5° L'obligation d'accomplir, à ses frais, un stage de sensibilisation à la sécurité routière.

L'art. 2 de la L. n° 2021-218 du 26 févr. 2021 modifie la date d'entrée en vigueur du CJPM.

COMMENTAIRE

Répression du trafic de points. On sait que la mise en place des radars automatiques a conduit à des aménagements procéduraux concernant l'amende forfaitaire (V. comm. ss. art. L. 121-5). En cas d'infraction constatée par un radar automatique, le véhicule en infraction n'étant pas intercepté, c'est le titulaire du certificat d'immatriculation qui reçoit automatiquement l'avis d'amende forfaitaire. S'il paie l'amende, il reconnaît être l'auteur de l'infraction et, par conséquent, subit une perte de points. Mais, s'il n'est pas l'auteur de l'infraction, l'article 529-10 du code de procédure pénale lui permet de désigner le véritable auteur en révélant son identité, son adresse et son numéro de permis de conduire. Or ces dispositions ont donné naissance à des pratiques contestables consistant pour le titulaire du certificat d'immatriculation à demander à un tiers d'être désigné comme conducteur du véhicule, le cas échéant moyennant finance, pour échapper à la perte de points. Des pratiques que le législateur a voulu sanctionner pénalement en créant le présent article.

Plus précisément, l'article L. 223-9 permet de sanctionner aussi bien celui qui propose « d'acheter » ou « achète » des points que celui qui propose de « vendre » ou « vend » des points. Mais, en toute hypothèse, une rémunération doit être au moins proposée, celle-ci pouvant être en nature (V. jurisp. citée ci-dessous). Dès lors, celui qui propose spontanément d'être désigné comme conducteur du véhicule ne peut être sanctionné sur le fondement de cet article.

Quant aux peines principales encourues, elles sont identiques que l'on soit « acheteur » ou « vendeur », sauf à noter des peines plus sévères pour le « vendeur » habituel ou diffusant un message en ce sens, par tout moyen, à destination du public. Des peines complémentaires sont également prévues par le présent article. ❑

Somme d'argent ou rémunération en nature. Commet le délit de proposition contre rémunération par l'auteur d'une contravention entraînant retrait de point du permis de conduire de désignation comme conducteur du véhicule, celui qui propose à une personne une somme d'argent ainsi que la dation de meubles en échange de ce qu'elle consente à être désignée comme étant le conducteur à la place du prévenu. • Dijon, 5 févr. 2020 : *Dr. pénal 2020. Chron. 8, obs. Gauvin.*

CHAPITRE III *BIS* POINTS AFFECTÉS AU CONDUCTEUR TITULAIRE D'UN PERMIS DE CONDUIRE DÉLIVRÉ PAR UNE AUTORITÉ ÉTRANGÈRE

(L. n° 2016-1547 du 18 nov. 2016, art. 37-I-1° et II, en vigueur au plus tard le 18 nov. 2017)

Art. L. 223-10 **I. — Tout conducteur titulaire d'un permis de conduire délivré par une autorité étrangère circulant sur le territoire national se voit affecter un nombre de points. Ce nombre de points est réduit de plein droit si ce conducteur a commis sur le territoire national une infraction pour laquelle cette réduction est prévue.**

II. — La réalité d'une infraction entraînant un retrait de points, conformément au I du présent article, est établie dans les conditions prévues à l'avant-dernier alinéa de l'article L. 223-1.

Le retrait de points est réalisé dans les conditions prévues à l'article L. 223-2 et aux deux premiers alinéas de l'article L. 223-3. Il est porté à la connaissance de l'intéressé dans les conditions prévues au dernier alinéa du même article L. 223-3.

En cas de retrait de la totalité des points affectés au conducteur mentionné au I du présent article, l'intéressé se voit notifier par l'autorité administrative l'interdiction de circuler sur le territoire national pendant une durée d'un an. Au terme de cette durée, l'intéressé se voit affecter un nombre de points dans les conditions prévues au même I.

III. — Le fait de conduire un véhicule sur le territoire national malgré la notification de l'interdiction prévue au dernier alinéa du II du présent article est puni des peines prévues aux III et IV de l'article L. 223-5.

L'immobilisation du véhicule peut être prescrite dans les conditions prévues aux articles L. 325-1 à L. 325-3.

IV. — Le conducteur mentionné au I du présent article peut se voir affecter le nombre maximal de points ou réattribuer des points dans les conditions prévues aux premier à troisième et dernier alinéas de l'article L. 223-6.

Il peut obtenir une récupération de points s'il suit un stage de sensibilisation à la sécurité routière dans les conditions prévues à la première phrase de l'avant-dernier alinéa de l'article L. 223-6.

V. — Les informations relatives au nombre de points dont dispose le conducteur mentionné au I du présent article ne peuvent être collectées que dans les conditions prévues à l'article L. 223-7.

VI. — Un décret en Conseil d'État fixe les modalités d'application du présent article.

COMMENTAIRE

Permis à points virtuel pour les conducteurs titulaires d'un permis de conduire étranger. Les présentes dispositions, créées par la loi du 18 novembre 2016 de modernisation de la justice du XXIe siècle, ont instauré, en droit français, ce qu'il est convenu d'appeler un permis à points virtuel pour les conducteurs titulaires d'un permis de conduire délivré par une autorité étrangère. Il faut bien noter, en effet, que le dispositif du permis à points et tout ce qu'il implique est d'application strictement nationale. Le conducteur titulaire d'un permis de conduire délivré par une autorité étrangère ne peut donc se voir retirer de points sur son permis de conduire en raison d'infractions au code de la route commises sur le territoire français, ni voir, le cas échéant, son permis invalidé en raison d'un solde de points nul. Cette application strictement nationale du permis à points – qui peut d'ailleurs s'expliquer par les grandes variations existant entre les États en la matière – est cependant souvent ressentie comme source d'inégalité entre conducteurs, selon qu'ils sont titulaires d'un permis de conduire national ou d'un permis de conduire délivré par une autorité étrangère, les sanctions infligées en cas d'infraction routière étant différentes. Elle est également considérée comme un facteur d'insécurité routière, les conducteurs titulaires d'un permis de conduire étranger pouvant avoir un sentiment d'impunité qui les conduit à être moins respectueux du code de la route. Pour atténuer ces inconvénients, certains États (et notamment le Luxembourg) ont, en conséquence, mis en place un permis à points virtuel pour les conducteurs titulaires d'un permis de conduire étranger. Et c'est ce dispositif qui a été repris par le législateur français à l'article L. 223-10.

Modalités. Ce permis à points virtuel repose sur des modalités très proches de celles prévues aux articles L. 223-1 et suivants, auxquelles l'article L. 223-10 renvoie d'ailleurs largement. Chaque conducteur titulaire d'un permis de conduire délivré par une autorité étrangère se voit en effet affecter un capital de points. S'il commet sur le territoire français une infraction au code de la route assortie d'un retrait de points, il s'expose au retrait de points correspondant qui intervient de plein droit dès lors que la réalité de l'infraction est établie conformément aux dispositions de l'article L. 223-1. Comme le titulaire d'un permis de conduire français, le titulaire d'un permis de conduire délivré par une autorité étrangère peut récupérer les points ainsi retirés, en ne commettant pas de nouvelles infractions emportant retrait de points pendant les délais prévus à l'article L. 223-6 ou en effectuant un stage de sensibilisation à la sécurité routière comme le prévoit ce même article. Enfin, si l'intéressé ne récupère pas de points et qu'il commet de nouvelles infractions emportant retrait de points, il peut ne plus avoir de points sur son permis virtuel et se voir notifier par l'autorité administrative l'interdiction de circuler sur le territoire national pendant une durée d'un an. En somme, l'intéressé se retrouve alors dans la même situation qu'un conducteur titulaire d'un permis de conduire français dont le permis serait invalidé, si ce n'est que, en cas d'invalidation, l'interdiction de conduire ne vaut en principe que six mois et que l'intéressé doit repasser le permis de conduire pour pouvoir à nouveau circuler.

On notera enfin que l'article L. 223-10 renvoie à un décret le soin de préciser les modalités d'application du permis à points virtuel, un décret qui devra également fixer la date d'entrée en vigueur de ce dispositif. ❑

Art. L. 223-11 **Sans préjudice du deuxième alinéa de l'article L. 223-1, le permis de conduire national délivré par l'autorité administrative à un conducteur mentionné au I de l'article L. 223-10 ayant sa résidence normale en France est affecté d'un nombre de points équivalent à celui dont dispose ce conducteur à la date d'obtention du permis de conduire.**

CHAPITRE IV **INTERDICTION DE DÉLIVRANCE, RÉTENTION, SUSPENSION ET ANNULATION**

BIBL. ▸ JOSSEAUME et LE DALL, Contentieux de la circulation routière (Droits de la défense - Sanctions administratives - Poursuites pénales), *3e éd., Lamy, 2010.*

▸ Bloch, *JCP 1964. I. 1482.* – Pelier, *D. 1965. Chron. 187* (exécution des mesures). – Vieville, *Jurispr. auto 1979. 325* (étude portant sur 1 300 cas de suspension). – Lesclous et Marsat, *Dr. pénal oct. 1991 et 1992. Chron. 50* (tableaux sur les possibilités de relèvement). – Defrance, *Jurispr. auto 1992. 8* (sur l'aménagement). – Lombard, RSC 1994. *79* (double compétence administrative et judiciaire). – Robert, *Dr. pénal 2000. Comm. 63.* – Noël, *Jurispr. auto 2011, n° 830, p. 27* (le retrait ou la suspension du permis de conduire peuvent-ils justifier un licenciement ?). – Guinchard, *Mél. Lazerges, Dalloz 2014. 621* (l'impossible réforme du contentieux routier ? Velléités de déjudiciarisation et enjeux d'une politique publique de sécurité routière).

COMMENTAIRE

Différentes formes d'interdiction de conduire. Sous ce long intitulé sont rassemblées les diverses interdictions de conduire un véhicule à moteur, auxquelles il faut ajouter l'invalidation du permis due à une perte totale de points (V. chapitre précédent). L'immobilisation du véhicule est aussi une façon d'empêcher de conduire, mais qui n'affecte pas le permis du conducteur (V. art. L. 224-4).

– L'interdiction de délivrance du permis est une mesure de sûreté ou une peine que l'on peut qualifier de remplacement, qui ne vaut que lorsque le conducteur visé n'est pas titulaire du permis de conduire.

– La rétention du permis est une mesure prise à titre conservatoire, de courte durée, et en attente d'une éventuelle mesure plus grave.

– La suspension du permis est une mesure de sûreté ou une peine destinée à écarter du circuit routier, pour une durée déterminée, un conducteur potentiellement dangereux.

– L'annulation du permis est le retrait définitif du droit de conduire accompagné de l'obligation d'attendre un certain délai avant de solliciter un nouveau permis. C'est la mesure la plus grave.

Toutes ces formes de sanctions relatives au permis nécessitent la constatation d'une infraction. Elles sont liées à des infractions spécifiquement visées.

Autorités qui prennent la décision. Certaines de ces mesures sont purement administratives, d'autres sont purement judiciaires, d'autres encore peuvent être l'une et l'autre.

– La rétention du permis de conduire (à distinguer de l'immobilisation du véhicule), mesure de soustraction et de conservation provisoire du permis d'un conducteur, est prise par des officiers et agents de police judiciaire, et éventuellement par des agents de police judiciaire adjoints. Ce n'est pas une mesure judiciaire.

– L'annulation du permis de conduire est en revanche une décision prise uniquement par un juge ou un tribunal soit de plein droit, soit à titre facultatif, lors de la condamnation d'un conducteur pour certaines infractions.

– Les deux autres mesures, la suspension et l'interdiction de délivrance du permis, peuvent, elles, être prises tant par l'autorité administrative (le préfet) que par l'autorité judiciaire (le juge ou le tribunal). La suspension décidée en général rapidement par le préfet est une mesure de sûreté destinée à éviter que l'intéressé pendant un temps fixé ne commette de nouvelles infractions sur la route. La suspension décidée par le juge a un double caractère de mesure de sûreté et de peine.

La distinction entre les mesures administratives et les mesures judiciaires apparaît mieux dans la partie réglementaire du code que dans la partie législative. ❑

A. NATURE DES MESURES DE SUSPENSION ET D'ANNULATION JUDICIAIRE DU PERMIS DE CONDUIRE

1. La suspension et l'annulation du permis de conduire ainsi que l'interdiction de la délivrance d'un permis, qualifiées de peines complémentaires dans l'art. L. 13 C. route, constituent cependant moins des peines proprement dites que des mesures de police et de sécurité publique. Jurisprudence constante depuis : • Crim. 1er mars 1961 : *D. 1961. 295; JCP 1962. II. 12585, note Combaldieu ; RSC 1961. 798, obs. Legal.*

2. Circonstances atténuantes. La suspension du permis de conduire est une mesure de police et de sécurité à laquelle les circonstances atténuantes ne s'appliquent pas. • Crim. 25 mars 1965 : *Bull. crim. n° 88; RSC 1965. 574, obs. Legal* • 14 févr. 1968 : *Gaz. Pal. 1968. 1. 327, note J.P. D.* • 25 janv. 1977 : *Gaz. Pal. 1977. 1. Somm. 121.*

3. Amnistie. Une loi qui entraîne la remise de peines principales, accessoires et complémentaires ainsi que de toutes incapacités ou déchéances subséquentes ne s'applique pas aux décisions judiciaires affectant le permis de conduire. Il en est de même, à plus forte raison, de la suspension prononcée par le préfet en vertu de l'art. L. 18. • Crim. 1er mars 1961 : *D. 1961. 295 ; JCP 1962. II. 12585, note Combaldieu ; RSC 1961. 798, obs. Legal*

• 20 oct. 1964 : *D. 1964. 743.* ♦ Les mesures doivent être maintenues lorsque l'amnistie est acquise après une condamnation définitive. • Crim. 24 juill. 1967 : *Bull. crim. n° 232; JCP. 1968. II. 15507, note Michaud.* ♦ Mais il en est autrement lorsque la condamnation, frappée d'appel, n'est pas définitive, aucune condamnation ne peut dans ce cas être prononcée. • Crim. 3 févr. 1967 : *D. 1967. 339, note Mazard.* ♦ Les lois d'amnistie des 4 août 1981 et 20 juill. 1988 n'ayant prévu, dans leur art. 19, que la remise « des peines complémentaires de suspension ou d'interdiction de délivrance du permis de conduire », la jurisprudence précitée conserve toute son emprise sur l'annulation prévue par l'art. L. 15 C. route. • Crim. 21 déc. 1987 : *D. 1988. IR 47; Gaz. Pal. 1988. 1. 384; Bull. crim. n° 473.* ♦ Sur l'amnistie des suspensions administratives, V. jurispr. citée ss. art. L. 224-10.

B. CONTENU DE LA CITATION ET MOTIVATION DE LA DÉCISION

4. Les juges de répression peuvent prononcer une peine complémentaire facultative légale même si le texte qui la prévoit n'a pas été visé dans la citation qui les a régulièrement saisis des faits poursuivis. Pour regrettable que soit, au regard des dispositions de l'art. 551, al. 2, C. pr. pén., l'omission de viser, dans la citation, l'art. L. 15-1 C. route, ladite citation n'en informe pas moins le prévenu de manière détaillée de la nature et de la cause de la prévention retenue contre lui, lui indiquait le texte définissant l'incrimination et portant les peines principales susceptibles d'être prononcées et le mettait ainsi en mesure de préparer sa défense sur les faits qui lui étaient reprochés. • Crim. 31 mai 1988 : *Bull. crim. n° 236* • 30 nov. 1988 : *JCP. 1989. IV. 35; Jurispr. auto 1989. 103* • 20 août 1991 : *Jurispr. auto 1991. 452* • 24 janv. 1996 : *inédit.*

5. Les juges n'ont pas à motiver spécialement leur décision en ce qui concerne l'application de la peine complémentaire d'annulation du permis de conduire prévue par l'art. L. 15-I. Rejet du pourvoi contre un arrêt prononçant cette peine pour un homicide involontaire sur la personne d'un piéton et contravention de défaut de maîtrise de son véhicule. • Crim. 9 mai 1988 : *Jurispr. auto 1988. 439.*

6. Exemple d'application à un délit de conduite sous l'empire d'un état alcoolique, les juges de la répression ne faisant qu'user, quant à l'application de la peine, du pouvoir discrétionnaire dont ils disposent dans la limite de la loi et dont ils ne doivent aucun compte : • Crim. 31 mai 1988 : *préc. note 5* • 21 sept. 1994 : *Jurispr. auto 1995. 18.* ♦ Application à un délit de fuite : • Crim. 7 oct. 1987 : *Jurispr. auto 1987. 509.*

7. Les juges du fond ne sont pas tenus de justifier par des motifs spéciaux la suspension du permis de conduire qu'ils ordonnent. Cette mesure de police et de sûreté prononcée en suite d'une condamnation est suffisamment justifiée par l'existence de l'infraction elle-même. • Crim. 20 juin 1963 : *Bull. crim. n° 215* • 3 déc. 1963 : *Bull. crim. n° 343* • 25 janv. 1977 : *Bull. crim. n° 33.* ♦ L'arrêt qui précise que le prévenu a déjà été condamné plusieurs fois pour des infractions similaires et que son activité professionnelle n'est absolument pas dépendante de la possibilité de conduire, loin d'ajouter à la loi une exigence qu'elle ne formule pas et de violer l'art. R. 266 C. route, n'a fait qu'exposer, ce qu'il n'était pas tenu de faire, les raisons pour lesquelles il jugeait opportun de prononcer la suspension du permis de conduire du demandeur. • Crim. 12 janv. 1988 : *Jurispr. auto 1988. 384.*

C. PORTÉE ET ENTRÉE EN VIGUEUR DE LA MESURE

8. Permis affectés. Le permis de conduire constituant, en droit, une autorisation administrative unique et l'art. R. 270, al. 2, C. route précisant que la suspension d'un permis entraîne la suspension, pour la même durée et dans les mêmes conditions, de tout autre permis de conduire, de quelque catégorie qu'il soit, dont le conducteur est titulaire, l'arrêt qui a restreint la suspension prononcée à une seule catégorie de véhicule (poids lourds) doit être cassé. • Crim. 8 nov. 1962 : *D. 1963. 22* • Paris, 18 avr. 1974 : *JCP 1974. II. 17797, note Chambon* • Amiens, 22 sept. 1977 : *JCP 1979. II. 19162, note Chambon.*

9. Les mesures judiciaires sont applicables au conducteur qui, n'ayant pas le permis au jour de l'infraction, l'a obtenu postérieurement et en était titulaire au jour de la condamnation. • Crim. 24 janv. 1963 : *Bull. crim. n° 45 ; D. 1963. Somm. 58.*

10. Permis de conduire étranger. La suspension d'un permis de conduire entraîne la suspension pour la même durée et dans les mêmes conditions de tout autre permis de conduire de quelque catégorie que ce soit dont le conducteur est titulaire : le prévenu dont le permis de conduire a été suspendu par un précédent jugement est en infraction s'il conduit une moto quand bien même il était titulaire d'un permis de conduire luxembourgeois. • Limoges, 14 juin 2000 : *Jurispr. auto 2001. 429.* ♦ Un permis de conduire étranger, obtenu en échange d'un permis de conduire annulé, ne peut accorder à son titulaire plus de droits que le permis auquel il s'est substitué. Ainsi, un tel document ne peut valoir autorisation de conduire un véhicule et doit être remis par son détenteur, au lieu et place du permis français, aux autorités chargées de l'exécution de la mesure d'annulation. • Crim. 11 mars 1998, n° 96-84.977 P : *D. 1998. IR 143.* ♦ L'annulation du permis de conduire, lorsqu'elle est prononcée, entraîne nécessairement l'interdiction du droit de conduire sur le territoire national, quand bien même le prévenu serait titulaire d'un permis délivré par un autre État. • Crim. 8 janv. 2013, n° 12-80.501 P : *D. actu. 15 févr. 2013, obs. Gayet ; Dr. pénal 2013, n° 40, note Robert.* • 22 oct. 2013, n° 12-83.112 P : *D. 2013. Actu. 2523 ; Dr.*

pénal 2013, n° 171, note Robert; Jurispr. auto 2014, n° 860, p. 26, note Iosca. ♦ On notera qu'il en est de même en cas d'invalidation du permis de conduire, V. note 18 ss. art. L. 223-5.

11. La suspension du permis de conduire peut être prononcée à l'encontre d'un étranger titulaire du permis de conduire de son propre pays et du permis international. • Crim. 11 juin 1963 : *Bull. crim. n° 207; D. 1964. Somm. 35.* ♦ Il appartient au prévenu, qui soutient que la remise de son permis aux autorités françaises aboutit à lui interdire de circuler en Belgique, de réclamer le bénéfice de la disposition finale de l'art. 24, § 5, de la Conv. de Genève du 19 sept. 1949 prévoyant la restitution du permis de conduire en cas de départ du territoire français. • Crim. 1er déc. 1980 : *Gaz. Pal. 1981. 1. 336, note P. L. G.; RSC 1981. 859, obs. Vitu.* ♦ Pour un exemple de suspension du permis étranger : • Douai, 26 oct. 1994 : *D. 1995. 72, note Couvrat et Massé.*

12. Si l'art. 42 de la Conv. de Vienne du 8 nov. 1968 sur la circulation routière permet aux juridictions françaises de priver un conducteur ressortissant d'un autre État signataire, qui a commis en France une infraction susceptible d'entraîner le retrait du permis de conduire en vertu de la législation française, du droit de faire usage, sur le territoire français, du permis de conduire, national ou international, dont ce conducteur est titulaire, il n'autorise pas ces juridictions à prononcer l'annulation du permis de conduire de ce même conducteur. • Crim. 13 févr. 2007, n° 06-83.564 P : *D. 2007. AJ 1017; AJ pénal 2007. 183.*

13. Exécution provisoire prononcée. V. art. L. 224-13.

14. Condamné emprisonné. Lorsque le condamné subit, pour une autre cause, une peine d'emprisonnement au moment où la condamnation devient définitive et que son permis de conduire se trouve réglementairement déposé, avec d'autres papiers et objets personnels au greffe de la prison, c'est au jour de sa sortie que sera réalisé, par l'autorité compétente, le retrait du permis de conduire fixant le point de départ de la suspension. Il ne résulte cependant d'aucune disposition légale que les mesures de suspension du permis et les peines d'emprisonnement ne puissent, en droit, être exécutées simultanément. • Crim. 24 juill. 1969 : *Bull. crim. n° 235; Gaz. Pal. 1969. 2. 249, note Vassas.*

15. V. également ss. art. L. 224-16 et L. 224-17.

D. AMÉNAGEMENTS SUSCEPTIBLES D'ÊTRE APPORTÉS AUX SUSPENSIONS PRONONCÉES EN TANT QUE PEINES COMPLÉMENTAIRES

16. Possibilité de procéder à des relèvements. Lorsque la suspension est ordonnée à titre de peine complémentaire, seul peut être prononcé en application de l'art. 55-1 C. pén. (anc.) un relèvement total ou partiel de l'incapacité de conduire qui frappe le condamné; l'autorisation de conduire certains véhicules professionnels ne s'analyse pas en une réduction de peine complémentaire mais constitue une modalité d'exécution de la peine autorisée par le seul art. 43-3 C. pén. (anc.), lequel n'est applicable que lorsque le tribunal prononce la suspension du permis à titre de peine principale. • Crim. 6 juin 1990, n° 89-85.530 P : *D. 1992. Somm. 204, obs. Couvrat et Massé* • 3 oct. 1991 : *Jurispr. auto 1992. 58.* ♦ Sur l'impossibilité de limiter la suspension à une catégorie de véhicules déterminée : • Crim. 8 nov. 1962 : *Bull. crim. n° 311.*

17. Mais la levée de l'interdiction de conduire pendant les jours ouvrables s'analyse en une réduction de la durée de la suspension que la cour d'appel a le pouvoir de prononcer en application de l'art. 55-1 C. pén. (anc.). • Crim. 10 oct. 1977 : *Bull. crim. n° 297* • 6 juin 1990, n° 89-85.530 P : *D. 1992. Somm. 204, obs. Couvrat et Massé.* ♦ Même affirmation pour une levée d'interdiction de 48 heures par semaine correspondant au repos hebdomadaire. • Bourges, 26 sept. 1991 : *Juris-Data n° 043562.*

18. Le relèvement de la suspension du permis de conduire prononcée à titre complémentaire constitue pour les juges du fond une simple faculté de l'exercice de laquelle ils ne doivent aucun compte. • Crim. 30 nov. 1988 : *Bull. crim. n° 408* • 5 juin 1991, n° 90-86.079 P • 10 févr. 1993 : *Jurispr. auto 1993. 340.* ♦ Les juges disposant d'une faculté discrétionnaire dont ils ne doivent aucun compte, il ne saurait leur être reproché d'avoir, comme ils l'ont fait, rejeté une demande d'aménagement de la suspension du permis de conduire qu'ils venaient de prononcer. • Crim. 11 juill. 1995 : *Jurispr. auto 1996. 65.* ♦ Un prévenu ne saurait se faire un grief de ce qu'une cour d'appel n'ait pas d'office aménagé la suspension du permis de conduire qu'elle prononçait à titre de peine principale dès lors que les juges disposent à cet effet d'une faculté dont ils ne doivent aucun compte. • Crim. 6 déc. 1995 : *Jurispr. auto 1996. 67* • 14 mai 1997 : *Jurispr. auto 1997. 450* • 17 nov. 1999 : *Jurispr. auto 2000. 121.*

19. Mais si les juges du fond ne sont pas tenus en principe de motiver la décision par laquelle ils statuent sur une requête en relèvement d'incapacité, leur décision encourt néanmoins la censure lorsqu'elle se fonde sur des motifs erronés, contradictoires ou ne répondant pas aux conclusions du requérant; la cour d'appel qui ne répond pas aux conclusions du demandeur faisant valoir que la requête avait pour objet d'être autorisé à conduire pendant les jours ouvrables en qualité de conducteur routier au service d'un nouvel employeur, n'a pas donné de base légale à sa décision. • Crim. 8 avr. 1992 : *Jurispr. auto 1992. 361.*

20. L'attitude d'un employeur qui, même s'il n'y est pas tenu, refuse de collaborer à l'enquête portant sur l'identification parmi ses employés du conducteur d'un véhicule lui appartenant et de dénoncer l'auteur d'une contravention d'excès de vitesse, éclaire cependant le comportement de son salarié par l'indifférence démontrée pour les préoccupations de sécurité routière, et retire toute portée à l'attestation produite par le contrevenant au soutien de sa demande de relèvement partiel de suspension du permis de conduire en application de l'art. 131-6 C. pén. Cette demande ne peut donc qu'être rejetée. • Orléans, 11 janv. 2000 : *BICC 2000, n° 996.*

21. Non-imputation d'une mesure prononcée par le tribunal sur la mesure de suspension. Aucun texte ne prévoit que la durée de la privation du permis de conduire résultant d'une mesure de contrôle judiciaire imposée par l'art. 138, 8°, C. pr. pén. s'impute sur celle de la peine de suspension du permis de conduire prononcée en application de l'art. L. 14 C. route. Dès lors, un arrêt faisant droit à une telle requête en se fondant sur le principe de légalité des peines et l'interdiction d'exécuter plusieurs fois la même sanction, doit être cassé. • Crim. 9 févr. 2000, n° 99-80.729 P : *RSC 2000. 819, obs. Bouloc ; Dr. pénal 2000. Comm. 62, obs. Robert; Jurispr. auto 2000. 123.* ♦ Dans le même sens, V. déjà : • Paris, 28 mars 1973 : *JCP 1974. II. 15794, note F.J.; RSC 1974. 350, obs. Larguier* • Paris, 15 oct. 1975 : *Gaz. Pal. 1975. 2. 806, note Moore.* ♦ Dans le cas où la mise sous contrôle judiciaire a été précédée d'une suspension administrative légalement imputable sur la suspension judiciaire : • Toulouse, 21 juill. 1993 : *Jurispr. auto 1994. 120.*

E. COMBINAISON DE L'ANNULATION ET DES SUSPENSIONS

22. La durée de la suspension administrative antérieurement mise à l'exécution ne s'impute pas sur le délai avant l'expiration duquel un nouveau permis peut être sollicité. • Crim. 23 févr. 1982 : *Bull. crim. n° 58.*

23. Une peine de suspension prononcée trois mois après l'annulation est en réalité sans objet et, en tout cas, sans effet sur l'exécution des différentes peines complémentaires, une autorisation administrative annulée ne pouvant être ultérieurement suspendue. • Paris, 21 janv. 1981 : *D. 1981. 515, note Mabille de La Paumelière.* ♦ Si les peines complémentaires (en l'espèce, suspension administrative et annulation pour une première infraction, puis la suspension judiciaire ci-dessus évoquée, puis une nouvelle annulation) échappent à l'application générale de la règle du non-cumul des peines, elles ne peuvent cependant être cumulativement subies au-delà du maximum prévu par la loi. • Même arrêt.

F. SUSPENSION DU PERMIS DE CONDUIRE ET CONTRAT DE TRAVAIL

24. Jurisprudence administrative. Un agissement d'un salarié intervenu en dehors de l'exécution de son contrat de travail ne peut motiver un licenciement pour faute, sauf s'il traduit la méconnaissance par l'intéressé d'une obligation découlant de ce contrat. Le fait, pour un salarié recruté sur un emploi de chauffeur, de commettre, dans le cadre de sa vie privée, une infraction de nature à entraîner la suspension de son permis de conduire ne saurait dès lors être regardé comme une méconnaissance par l'intéressé de ses obligations contractuelles à l'égard de son employeur. • CE 15 déc. 2010 : *Lebon; AJDA 2011. 527 ; RDT 2011. 99, concl. Dumortier ; ibid. 116, note Adam ; JCP 2011. 353, note Mouly.*

25. Jurisprudence judiciaire. Un motif tiré de la vie personnelle du salarié ne peut, en principe, justifier un licenciement disciplinaire, sauf s'il constitue un manquement de l'intéressé à une obligation découlant de son contrat de travail. Le fait pour un salarié qui utilise un véhicule dans l'exercice de ses fonctions de commettre, dans le cadre de sa vie personnelle, une infraction entraînant la suspension ou le retrait de son permis de conduire ne saurait dès lors être regardé comme une méconnaissance par l'intéressé de ses obligations découlant de son contrat de travail. En l'espèce, la cour d'appel ayant relevé que le salarié s'était vu retirer (invalider) son permis de conduire à la suite d'infractions au code de la route commises en dehors de l'exécution de son contrat de travail, il en résulte que son licenciement, dès lors qu'il a été prononcé pour motif disciplinaire, était dépourvu de cause réelle et sérieuse. • Soc. 3 mai 2011, n° 09-67.464 P : *JCP 2011. 764, note Mouly; JCP S 2011. 1312, note Corrignan-Carsin* • 10 juill. 2013 : *RDT 2014. 43, obs. Mathieu* • 4 oct. 2023, n° 21-25.421 A : *D. actu. 13 oct. 2023, obs. Nivert; D. 2023. 1751 ; JCP 2023. Actu. 1170, obs. Corrignan-Carsin; JCP S 2023. 1275, note Lhernould; RDT 2023. 694, obs. Guillemot*, à propos d'un salarié licencié pour avoir commis des infractions au code de la route avec un véhicule de fonction sur le trajet le conduisant sur son lieu de travail. ♦ *Contra* : Le fait pour un salarié affecté, en exécution de son contrat de travail, à la conduite de véhicules automobiles, de se voir retirer son permis de conduire pour des faits de conduite sous l'empire d'un état alcoolique, même commis en dehors de son temps de travail, se rattache à sa vie professionnelle. Doit, en conséquence, être censuré l'arrêt qui, pour décider que le licenciement est dépourvu de cause réelle et sérieuse, relève que la conduite en état alcoolique d'un chauffeur poids lourds, commise à titre privé, ne peut caractériser une faute disciplinaire. • Soc. 2 déc. 2003, n° 01-43.227 P : *D. 2004. Somm. 2462, note Boudias ; RTD civ. 2004. 263, obs. Hauser ; ibid. 729, obs. Mestre et Fages ; JCP 2004. II. 10025, note Corrignan-Carsin; Dr. social 2004. 550, obs. Savatier* • 19 mars 2008 : *Dr. social 2008. 818, obs. Vigneau.*

26. Aucune clause du contrat de travail ne peut valablement décider qu'une circonstance quelconque constituera en elle-même une cause de licenciement. Le licenciement d'un salarié, dont le permis de conduire a été suspendu à la suite d'un excès de vitesse commis au volant de son véhicule de fonction durant un déplacement privé, ne peut en conséquence être motivé par l'employeur uniquement par référence à une clause de son contrat de travail prévoyant sa rupture en cas de retrait du permis de conduire. • Soc. 12 févr. 2014, n° 12-11.554 P : *JCP 2014. Actu. 277, obs. Dedessus-Le Moustier; JCP S 2014. Actu. 89, obs. Miara; D. actu. 6 mai 2014, obs. Ines; Dr. social 2014. 479, obs. Mouly; JCPS 2014. 1234, note Dumont.*

Art. L. 224-1 *(L. n° 2019-1428 du 24 déc. 2019, art. 98-I)* **I. — Les officiers et agents de police judiciaire retiennent à titre conservatoire le permis de conduire du conducteur :**

1° Lorsque les épreuves de dépistage de l'imprégnation alcoolique et le comportement du conducteur permettent de présumer que celui-ci conduisait sous l'empire de l'état alcoolique défini à l'article L. 234-1 ou lorsque les mesures faites au moyen de l'appareil homologué mentionné à l'article L. 234-4 ont établi cet état;

2° En cas de conduite en état d'ivresse manifeste ou lorsque le conducteur refuse de se soumettre aux épreuves et mesures prévues au 1° du présent I. Le procès-verbal fait état des raisons pour lesquelles il n'a pu être procédé aux épreuves de dépistage prévues au même 1°. En cas de conduite en état d'ivresse manifeste, les épreuves doivent être effectuées dans les plus brefs délais;

3° Lorsqu'il est fait application des dispositions de l'article L. 235-2, si les épreuves de dépistage se révèlent positives;

4° S'il existe une ou plusieurs raisons plausibles de soupçonner que le conducteur a fait usage de stupéfiants ou lorsqu'il refuse de se soumettre aux épreuves de vérification prévues au même article L. 235-2;

5° Lorsque le véhicule est intercepté, lorsque le dépassement de 40 km/h ou plus de la vitesse maximale autorisée est établi au moyen d'un appareil homologué;

6° En cas d'accident de la circulation ayant entraîné la mort d'une personne ou ayant occasionné un dommage corporel, lorsqu'il existe une ou plusieurs raisons plausibles de soupçonner que le conducteur a commis une infraction en matière d'usage du téléphone tenu en main, de respect des vitesses maximales autorisées ou des règles de croisement, de dépassement, d'intersection et de priorités de passage;

7° Lorsque le véhicule est intercepté, lorsqu'une infraction en matière d'usage du téléphone tenu en main est établie simultanément avec une des infractions en matière de respect des règles de conduite des véhicules, de vitesse, de croisement, de dépassement, d'intersection et de priorités de passage dont la liste est fixée par décret en Conseil d'État; — *Infractions concernées, V. art. R. 224-19-1.*

(L. n° 2022-52 du 24 janv. 2022, art. 11-II) **« 8° En cas de refus d'obtempérer commis dans les conditions prévues aux articles L. 233-1 et L. 233-1-1. »**

II. — Les dispositions du I du présent article, hors les cas prévus aux 5°, 6° *(L. n° 2022-52 du 24 janv. 2022, art. 11-II)* **« , 7° et 8° » du même I, sont applicables à l'accompagnateur de l'élève conducteur.**

III. — Les agents de police judiciaire adjoints mentionnés à l'article 21 du code de procédure pénale sont habilités à retenir à titre conservatoire le permis de conduire du conducteur dans les cas prévus aux 5° et 7° du I du présent article.

COMMENTAIRE

Rétention du permis de conduire. L'article L. 224-1 permet aux officiers et agents de police judiciaire et, dans certains cas, aux agents de police judiciaire adjoints, de retenir, à titre conservatoire, le permis de conduire d'un conducteur en infraction au moment où cette infraction est constatée ou, en cas d'accident de la circulation, celui du conducteur soupçonné d'avoir commis certaines infractions.

Loi d'orientation des mobilités. Il a été réécrit par la loi d'orientation des mobilités du 24 décembre 2019, laquelle a créé de nouveaux cas de rétention, tout en clarifiant ceux existant en les présentant plus distinctement.

Rétention en cas d'infraction constatée. Dans ce premier cas, la rétention du permis de conduire suppose que l'une des infractions limitativement énumérées par l'article L. 224-1 ait été constatée par les forces de l'ordre. Sont visés les délits de conduite sous l'empire d'un état alcoolique, conduite en état d'ivresse manifeste et refus de se soumettre aux vérifications destinées à établir l'état alcoolique, les délits de conduite après usage de stupéfiants et refus de se soumettre aux vérifications destinées à établir l'usage de stupéfiants, les contraventions d'excès de vitesse lorsque le dépassement de la vitesse maximale autorisée excède les 40 km/h, ainsi que, depuis la loi d'orientation des mobilités, la contravention d'usage d'un téléphone tenu en main, lorsque celle-ci est commise simultanément avec une autre infraction et, depuis la loi du 24 janvier 2022 relative à la responsabilité pénale et à la sécurité intérieure, les délits de refus d'obtempérer prévus aux articles L. 233-1 et L. 233-1-1.

Concernant ***les délits liés à l'alcoolémie et à l'usage de stupéfiants***, on remarquera que la rétention peut intervenir alors même que l'infraction n'a pas été pleinement constatée. Ainsi, le délit de conduite sous l'empire d'un état alcoolique ne peut être retenu que si les vérifications destinées à établir la preuve de l'état alcoolique ont été effectuées. Or, sans attendre ces vérifications, l'article L. 224-1 autorise la rétention du permis de l'intéressé dès lors que les épreuves de dépistage de l'imprégnation alcoolique et le comportement du conducteur permettent de présumer que celui-ci conduisait sous l'empire d'un état alcoolique. En matière de stupéfiants, des épreuves de dépistage positives sont également suffisantes pour procéder à la rétention du permis, l'article L. 224-1 admettant même de procéder à une rétention lorsqu'il existe une ou plusieurs raisons plausibles de soupçonner que le conducteur a fait usage de stupéfiants. Quant aux autorités compétentes pour procéder à la rétention pour les délits envisagés à l'article L. 224-1, il s'agit uniquement des officiers et des agents de police judiciaire. Il en va différemment, depuis la loi n° 2011-267 du 14 mars 2011, dite LOPPSI II, en cas d'excès de vitesse.

Concernant ***les contraventions en matière d'excès de vitesse***, on notera, au préalable, que le seuil d'excès de vitesse retenu par l'article L. 224-1 ne correspond pas à celui prévu dans la partie réglementaire du présent code et qui permet de distinguer la contravention dite « de grand excès de vitesse » de l'article R. 413-14-1, des autres contraventions en ce domaine formulées à l'article R. 413-14 (V. comm. ss. art. R. 413-14-1). On soulignera également que la rétention du permis de conduire d'un conducteur ayant commis un excès de vitesse supérieur à 40 km/h n'est possible que si son véhicule a été intercepté, ce qui signifie qu'aucune rétention n'est possible pour les excès de vitesse constatés par un radar automatique. On remarquera enfin et surtout que la rétention peut être décidée, en cas d'excès de vitesse, non seulement par un officier ou un agent de police judiciaire, mais aussi, depuis la LOPPSI II, par un agent de police judiciaire adjoint et par conséquent par un agent de police municipale (V. C. pr. pén., art. 21).

Par cette extension, le législateur a voulu mettre fin à une pratique *contra legem* née d'une interprétation pour le moins rapide des dispositions de l'article L. 224-1. Une circulaire du 26 mai 2003 relative aux compétences des polices municipales (toujours applicable) affirme en effet qu'« en vertu de l'article de L. 224-1 du code de la route, les agents de police municipale sont compétents pour procéder à des rétentions immédiates de permis de conduire, en cas de « grand excès de vitesse » et de « très grand excès de vitesse », c'est-à-dire de dépassement de la vitesse autorisée de 40 km/h ou plus et de 50 km/h ou plus ». Et pour justifier cette lecture erronée, cette circulaire de préciser qu'à partir du moment où les agents de police municipale peuvent verbaliser ces contraventions, *« il est logique qu'ils puissent procéder à la mesure complémentaire de rétention immédiate du permis de conduire »*. La loi du 14 mars 2011, en permettant aux agents de police judiciaire adjoints de procéder à une rétention en cas d'excès de vitesse, a ainsi permis de mettre le code de la route en conformité avec les indications d'une circulaire !

Concernant ***la contravention d'usage d'un téléphone tenu en main*** – ajoutée au sein de l'article L. 224-1 par la loi d'orientation des mobilités –, sa commission seule n'est pas suffisante pour que les forces de l'ordre puissent procéder à la rétention du permis de conduire du conducteur qui l'a commise. Il faut que ce dernier ait commis simultanément une autre infraction sanctionnant le non-respect d'une règle de conduite, de vitesse, de croisement, de dépassement, d'intersection ou de priorité de passage prévue par le code de la route, l'article L. 224-1, 7°, renvoyant à un décret le soin de fixer la liste des infractions concernées (V. cette liste d'infractions à l'art. R. 224-19-1, créé par le Décr. n° 2020-605 du 18 mai 2020). Dans un tel cas, on notera que la rétention peut également être décidée par un agent de police judiciaire adjoint.

Rétention en cas d'accident de la circulation. Ce cas de rétention a été ajouté aux présentes dispositions par la LOPPSI II. Il peut intervenir en cas d'accident mortel de la circulation (depuis la LOPPSI II) ou en cas d'accident de la circulation ayant causé un dommage corporel (depuis la loi d'orientation des mobilités), lorsqu'il existe une ou plusieurs raisons plausibles de soupçonner que l'intéressé a commis un excès de vitesse ou n'a pas respecté les règles de croisement, de dépassement, d'intersection ou de priorités de passage ou encore, depuis la loi d'orientation des mobilités, une infraction en matière d'usage de téléphone tenu en main. Cet autre cas de rétention est donc largement laissé à l'appréciation des forces de l'ordre qui, sur les lieux d'un accident de la circulation, doivent déterminer si l'une des infractions précitées peut être ou non à l'origine de l'accident.

Effets de la rétention. Dans tous les cas de rétention, le permis de conduire du conducteur étant pris et conservé par les forces de l'ordre, la personne concernée ne peut évidemment plus conduire. Cette mesure peut dès lors aboutir à l'immobilisation temporaire de son véhicule conformément à l'article L. 224-4. Il en est ainsi, en pratique, lorsque le conducteur en infraction n'est pas accompagné d'un passager apte à conduire.

L'interdiction de conduire découlant de la rétention ne sera toutefois que temporaire : 72 heures ou 120 heures, dans certains cas, depuis la loi d'orientation des mobilités. Mais cette interdiction pourra être prolongée si le préfet décide ensuite de suspendre le permis de conduire de l'intéressé comme le permet l'article L. 224-2. ❑

Art. L. 224-2 *(L. nº 2019-1428 du 24 déc. 2019, art. 98-I)* **I. — Le représentant de l'État dans le département peut, dans les soixante-douze heures de la rétention du permis prévue à l'article L. 224-1, ou dans les cent vingt heures pour les infractions pour lesquelles les vérifications prévues aux articles L. 234-4 à L. 234-6 et L. 235-2 ont été effectuées, prononcer la suspension du permis de conduire lorsque :**

1° L'état alcoolique est établi au moyen d'un appareil homologué, conformément au 1° du I de l'article L. 224-1, ou lorsque les vérifications mentionnées aux articles L. 234-4 et L. 234-5 apportent la preuve de cet état ou si le conducteur ou l'accompagnateur de l'élève conducteur a refusé de se soumettre aux épreuves et vérifications destinées à établir la preuve de l'état alcoolique ;

2° Il est fait application des dispositions de l'article L. 235-2 si les analyses ou examens médicaux, cliniques et biologiques établissent que le conducteur conduisait après avoir fait usage de substances ou plantes classées comme stupéfiants ou si le conducteur ou l'accompagnateur de l'élève conducteur a refusé de se soumettre aux épreuves de vérification prévues au même article L. 235-2 ;

3° Le véhicule est intercepté, lorsque le dépassement de 40 km/h ou plus de la vitesse maximale autorisée est établi au moyen d'un appareil homologué ;

4° Le permis a été retenu à la suite d'un accident de la circulation ayant entraîné la mort d'une personne ou ayant occasionné un dommage corporel, en application du 6° du I de l'article L. 224-1, en cas de procès-verbal constatant que le conducteur a commis une infraction en matière d'usage du téléphone tenu en main, de respect des vitesses maximales autorisées ou des règles de croisement, de dépassement, d'intersection et de priorités de passage ;

5° Le permis a été retenu à la suite d'une infraction en matière d'usage du téléphone tenu en main commise simultanément avec une des infractions en matière de respect des règles de conduite des véhicules, de vitesse, de croisement, de dépassement, d'intersection et de priorités de passage dont la liste est fixée par décret en Conseil d'État ; — *Infractions concernées, V. art. R. 224-19-1.*

(L. nº 2022-52 du 24 janv. 2022, art. 11-II) **« 6° Le permis de conduire a été retenu à la suite d'un refus d'obtempérer commis dans les conditions prévues aux articles L. 233-1 et L. 233-1-1. »**

II. — La durée de la suspension du permis de conduire ne peut excéder six mois. Cette durée peut être portée à un an en cas d'accident de la circulation ayant entraîné la mort d'une personne ou ayant occasionné un dommage corporel, *(L. nº 2022-52 du 24 janv. 2022, art. 11-II)* **« de refus d'obtempérer commis dans les conditions prévues à l'article L. 233-1-1, » de conduite sous l'empire d'un état alcoolique, de conduite après usage de substances ou plantes classées comme stupéfiants et de refus**

de se soumettre aux épreuves de vérification prévues aux articles L. 234-4 à L. 234-6 et L. 235-2.

III. — A défaut de décision de suspension dans le délai prévu au premier alinéa du I du présent article, le permis de conduire est remis à la disposition de l'intéressé, sans préjudice de l'application ultérieure des articles L. 224-7 à L. 224-9.

COMMENTAIRE

Suspension administrative du permis de conduire à la suite d'une rétention. Le préfet peut suspendre le permis de conduire d'un conducteur dans plusieurs hypothèses : à la suite d'une rétention comme le prévoit le présent article ou lorsqu'il est saisi d'un procès-verbal constatant une infraction au code de la route assortie de la peine complémentaire de suspension du permis de conduire, conformément aux articles L. 224-7 et L. 224-8. On notera toutefois qu'en pratique, aujourd'hui, la très grande majorité des suspensions administratives est prononcée en application de l'article L. 224-2. Il est vrai que, dans un tel cas, l'exécution de cette mesure est facilitée : le permis de conduire de l'intéressé étant entre les mains des forces de l'ordre.

Loi d'orientation des mobilités. Comme l'article précédent, l'article L. 224-2 a été réécrit par la loi d'orientation des mobilités du 24 décembre 2019. Par cette réécriture, le législateur a clarifié la présentation des différents cas de suspension qu'il prévoit, mais a aussi apporté plusieurs modifications, en lien avec celles apportées aux cas de rétention prévus à l'article L. 224-1.

Cas de suspension. Le présent article permet au préfet de suspendre le permis de conduire d'un conducteur dans tous les cas où les forces de l'ordre peuvent procéder à une rétention. La loi d'orientation des mobilités ayant notamment créé un nouveau cas de rétention lié à la commission simultanée par un conducteur de la contravention d'usage d'un téléphone tenu en main et d'une autre infraction (à savoir l'une des infractions énumérées à l'art. R. 224-19-1), cette loi est venue permettre ensuite au préfet de suspendre le permis de conduire de l'intéressé, en ajoutant cette hypothèse au sein de l'article L. 224-2. Et la loi du 24 janvier 2022 relative à la responsabilité pénale et à la sécurité intérieure ayant permis aux forces de l'ordre de procéder à la rétention du permis d'un conducteur ayant refusé d'obtempérer dans les conditions prévues à l'article L. 233-1 et L. 233-1-1, elle a ajouté au sein du présent article des dispositions permettant au préfet de suspendre le permis de conduire de la personne concernée dans un tel cas.

Conditions de la suspension. On sait (V. comm. ss. art. L. 224-1) que la rétention du permis de conduire peut être décidée alors qu'une infraction n'a pas été pleinement constatée (en matière d'alcoolémie et d'usage de stupéfiants) ou même n'a pas encore été constatée (en cas d'accident de la circulation). Le caractère très provisoire de la rétention permet de le justifier. La suspension du permis de conduire décidée par le préfet pouvant aller jusqu'à six mois, voire un an (V. ci-après), l'article L. 224-2 subordonne son prononcé à davantage de certitude : l'état alcoolique et l'usage de stupéfiants doivent ainsi avoir été vérifiés et, en cas d'accident de la circulation, l'excès de vitesse ou le non-respect des règles de croisement, de dépassement, d'intersection ou de priorités de passage, ou encore, depuis la loi d'orientation des mobilités, l'usage d'un téléphone tenu en main, doit avoir été constaté par procès-verbal. En cas d'accident de la circulation, il faut plus précisément que le procès-verbal justifie de façon suffisamment probante la commission par le conducteur en cause d'une des infractions énumérées à l'article L. 224-2 pour que le préfet puisse prendre une décision de suspension (V. jurispr. note 4).

On notera que la décision du préfet doit, en principe, intervenir dans les soixante-douze heures. Depuis la loi d'orientation des mobilités, le préfet dispose toutefois d'un délai un peu plus long – cent vingt heures – pour prendre sa décision lorsque la rétention est liée à une conduite sous l'empire d'un état alcoolique ou après usage de stupéfiants, et ce afin de permettre la réalisation des opérations de vérifications prévues en la matière. Si le préfet ne prend pas sa décision dans les soixante-douze ou cent vingt heures, le permis doit être restitué à l'intéressé. Mais le préfet pourra prendre une telle décision ultérieurement, en se fondant sur les dispositions des articles L. 224-7 et L. 224-8, possibilité expressément rappelée à l'article L. 224-2, dernier alinéa, depuis la loi d'orientation des mobilités.

Durée de la suspension. Avant la loi d'orientation des mobilités, la durée de la suspension ne pouvait excéder six mois, sauf en cas d'accident mortel de la circulation où la durée de la suspension pouvait aller jusqu'à un an. Depuis cette loi, si la durée de principe à ne pas dépasser est toujours fixée à six mois, elle peut être portée à un an dans plusieurs cas : en cas d'accident mortel de la circulation ou d'accident ayant occasionné un dommage corporel, mais aussi en cas de conduite sous l'empire d'un état alcoolique, de conduite après usage de stupéfiants ou de refus de se soumettre aux vérifications de l'état alcoolique ou de l'usage de stupéfiants. Il en est de même depuis la loi du 24 janvier 2022 en cas de refus d'obtempérer commis dans les conditions prévues à l'article L. 233-1-1. Ce n'est donc qu'en cas de refus d'obtempérer dans des circonstances exposant directement autrui à un risque de mort ou de blessures de nature à entraîner une mutilation ou une infirmité permanente (V. comm. ss. art. L. 233-1) que la durée de la suspension peut aller jusqu'à un an. En l'absence de telles circonstances, la durée de la suspension pour refus d'obtempérer ne peut excéder six mois.

Sur cette durée, on notera, par ailleurs, qu'une circulaire du 30 décembre 1991 relative à la barémisation des durées de suspension du permis de conduire avait formulé, comme son nom l'indiquait, un barème en la matière. Cette circulaire a toutefois été abrogée par une circulaire du 17 septembre 2002 relative à la rétention du permis de conduire en cas d'alcoolémie ou de grand excès de vitesse. Cette dernière prévoit toujours un barème, mais qui doit « être fixé à l'échelon départemental, en concertation avec les juridictions judiciaires et les forces de l'ordre ». C'est donc au niveau départemental que sont fixés aujourd'hui les barèmes des durées de suspension du permis de conduire : pour une même infraction, la durée de la suspension administrative du permis de conduire peut dès lors varier d'un département à l'autre.

Restriction du droit de conduire. Depuis le décret n° 2018-795 du 17 septembre 2018, lorsque la rétention du permis de conduire est liée à un délit en matière d'alcoolémie, le préfet peut également décider de restreindre le droit de conduire de l'intéressé aux seuls véhicules équipés d'un dispositif homologué d'anti-démarrage par éthylotest électronique (V. art. R. 224-6). Depuis le décret n° 2020-605 du 18 mai 2020, la durée de cette autre mesure conservatoire peut aller jusqu'à un an, comme la suspension du permis de conduire pour un tel délit.

A. SUSPENSION DU PERMIS DE CONDUIRE POUR CONDUITE SOUS L'EMPIRE D'UN ÉTAT ALCOOLIQUE

1. Taux de concentration alcoolique requis. Il résulte du premier al. de l'art. L. 224-1, du premier al. de l'art. L. 224-2 et des I et II de l'art. L. 234-1 C. route que la suspension du permis de conduire qu'ils prévoient ne peut être prononcée par le représentant de l'État dans le département qu'en cas de conduite sous l'empire d'un état alcoolique caractérisé par une concentration d'alcool dans le sang égale ou supérieure à 0,80 gramme par litre ou par une concentration d'alcool dans l'air expiré égale ou supérieure à 0,40 milligramme par litre. • CE 14 févr. 2018, n° 407914 B : *JCP Adm. 2018. Actu. 187 ; AJDA 2018. 1200*.

2. Prise en compte par le préfet de la marge d'erreur des appareils de contrôle. Compte tenu de la tolérance admise par l'art. 15 de l'Arr. du 8 juill. 2003 relatif au contrôle des éthylomètres et du Décr. n° 2001-387 du 3 mai 2001 relatif au contrôle des instruments de mesure, il appartient au représentant de l'État dans le département, lorsqu'il entend prononcer la suspension de permis de conduire prévue par l'art. L. 224-2 C. route au titre d'une conduite sous l'empire d'un état alcoolique caractérisé par une concentration d'alcool dans le sang égale ou supérieure à 0,80 gramme par litre ou par une concentration d'alcool dans l'air expiré égale ou supérieure à 0,40 milligramme par litre, de s'assurer qu'il est établi que ces seuils ont été effectivement dépassés. Il lui appartient, par suite, de prendre en compte la marge d'erreur maximale tolérée en vertu de l'Arr. du 8 juill. 2003, sauf si le résultat qui lui a été communiqué mentionne que le chiffre indiqué tient déjà compte de la marge d'erreur, ou fait état d'une marge d'erreur de la technique utilisée inférieure à cette marge maximale. • CE 14 févr. 2018, n° 407914 : *préc.* ♦ Sur la prise en compte des marges d'erreur par le juge judiciaire lorsqu'il est saisi d'une infraction de conduite sous l'empire d'un état alcoolique, V. • Crim. 26 mars 2019, n° 18-84.900 P : *D. 2019. 643 ; D. actu. 10 mai 2019, obs. Azoulay ; AJ pénal 2019. 328, obs. Céré ; JCP 2019. 571, note Desessard ; Dr. pénal 2019, n° 108, note Robert ; ibid. Chron. 7, obs. Gauvin ; Gaz. Pal. 16 avr. 2019, p. 22, note Josseaume.*

B. AUTRES CAS DE SUSPENSION

3. Conduite après usage de stupéfiants. Il résulte de l'Arr. du 22 févr. 1990 fixant la liste des substances classées comme stupéfiants que la méthadone est classée comme un produit stupéfiant. Il en résulte que ne commet pas d'erreur de droit le préfet qui suspend le permis de conduire d'un prévenu, autorisé à consommer de la méthadone dans le cadre d'un traitement médical de substitution, pour conduite après usage de stupéfiant sur le fondement de l'art. L. 224-2 C. route. • TA Châlons-en-Champagne, 26 mai 2020, n° 1900588 : *AJ pénal 2020. 469, note Bisiou*.

4. Accident de la circulation. Il résulte des dispositions de l'art. L. 224-2 C. route que le représentant de l'État dans le département ne peut prononcer, sur leur fondement, une suspension de permis de conduire à la suite d'un accident de la circulation ayant entraîné la mort d'une personne que si un procès-verbal établi par un officier ou par un agent de police judiciaire justifie de façon suffisamment probante, quels que soient son intitulé ou sa formulation, de la commission par le conducteur en cause d'une des infractions qu'elles énumèrent. • CE 21 nov. 2023, n° 473372 B. ♦ Un avis de rétention immédiate des services de gendarmerie, qui se borne à indiquer que les conditions de cette rétention immédiate étaient réunies, sans précision sur les circonstances de l'accident et l'implication du conducteur ne peut être regardé comme un procès-verbal constatant une infraction au sens de l'art. L. 224-2 C. route. En revanche, un procès-verbal établi par une brigade de gendarmerie, dressé par un agent de police judiciaire et un officier de police judiciaire au vu de constats immédiatement consécutifs à l'accident mortel impliquant le conducteur, et qui relève que l'accident de la circulation justifiant la suspension est consécutif à une manœuvre qu'il a effectuée en méconnaissance d'une règle de priorité matérialisée par un panneau lui imposant de céder le passage, doit être regardé, alors même qu'il ne renvoie pas à l'art. R. 415-7 C. route et qu'il ne procède pas à la qualification expresse d'une infraction à ces dispositions, comme un procès-verbal satisfaisant aux conditions posées par l'art. L. 224-2 C. route. • Même décision.

C. RÈGLES COMMUNES

5. Motivation de l'arrêté préfectoral de suspension. La suspension d'un permis de conduire est une mesure de police qui doit être motivée en application de l'art. L. 211-2 CRPA, dans le respect d'une procédure contradictoire préalable dont les modalités sont définies à l'art. L. 122-1 de ce même code. Cependant, compte tenu des conditions particulières d'urgence dans lesquelles intervient la décision par laquelle le préfet suspend un permis de conduire sur le fondement de l'art. L. 224-2 C. route, qui doit être prise dans les 72 heures et qui a pour objet de faire obstacle à ce qu'un conducteur dont l'état d'ébriété a été établi retrouve l'usage de son véhicule, le préfet peut légalement, en application du 1° de l'art. L. 121-2 CRPA, se dispenser de cette formalité. • CE 18 déc. 2017, n° 409694 B : *JCP Adm. 2018. Actu. 43; AJDA 2018. 664*. ♦ Sur la motivation de l'arrêté préfectoral de suspension pris sur le fondement de l'art. L. 224-7, V. notes 9 s. ss. art. L. 224-10.

6. Contrôle du juge. Il appartient au juge du fond de contrôler, sans se limiter à vérifier l'absence d'erreur manifeste d'appréciation, tant le principe que la durée des suspensions de permis de conduire prononcées par un préfet sur le fondement des art. L. 224-2 ou L. 224-7 C. route. • CE 23 oct. 2019, n° 427431 A : *AJDA 2019. 2150*. ♦ Doit cependant être annulé le jugement qui se fonde, pour juger qu'une durée de suspension de quatre mois n'était pas légalement justifiée par les nécessités de l'ordre public, sur la circonstance que l'infraction avait été commise par beau temps, sur une autoroute peu fréquentée et que l'intéressé disposait alors de douze points au capital de son permis de conduire, le tribunal ayant par là même inexactement qualifié les faits qui lui étaient soumis. • Même décision.

Art. L. 224-3 **Dans** *(L. n° 2001-1062 du 15 nov. 2001, art. 20)* **« les cas prévus »** *(L. n° 2019-1428 du 24 déc. 2019, art. 98-I)* **« au I » de l'article L. 224-2, le représentant de l'État dans le département, s'il s'agit d'un brevet militaire de conduite délivré par l'autorité militaire, transmet directement ce titre à ladite autorité, à qui il appartient de prendre les mesures nécessaires.**

Art. L. 224-4 **Pendant la durée de la rétention du permis de conduire ainsi que dans le cas où le conducteur n'est pas titulaire de ce titre, il peut être procédé d'office à l'immobilisation du véhicule. L'immobilisation est cependant levée dès qu'un conducteur qualifié, proposé par le conducteur ou l'accompagnateur de l'élève conducteur ou éventuellement par le propriétaire du véhicule, peut en assurer la conduite. A défaut, les fonctionnaires et agents habilités à prescrire l'immobilisation peuvent prendre toute mesure destinée à placer le véhicule en stationnement régulier.**

Art. L. 224-5 *Abrogé par L. n° 2006-10 du 5 janv. 2006, art. 12, et dispositions reprises à l'art. L. 325-3-1.*

COMMENTAIRE

Obstacle à l'immobilisation du véhicule. L'article L. 224-5, qui sanctionnait le fait de faire obstacle à l'immobilisation du véhicule, a été abrogé par la loi n° 2006-10 du 5 janvier 2006. Cette incrimination figure désormais, et plus logiquement, à l'article L. 325-3-1, qui sanctionne également le fait de faire obstacle à un ordre d'envoi en fourrière (V. comm. ss. art. L. 325-3-1).

Art. L. 224-6 **Dans le cas où la rétention du permis de conduire ne peut être effectuée faute pour le conducteur ou l'accompagnateur de l'élève conducteur titulaire de ce titre d'être en mesure de le présenter, les dispositions des articles L. 224-1 à L. 224-4 s'appliquent. Il lui est fait obligation de mettre à disposition de l'autorité requérante son permis de conduire dans le délai de vingt-quatre heures.**

Dispositions réglementaires : R. 224-1 s. — Délit : L. 224-17 (II).

Art. L. 224-7 **Saisi d'un procès-verbal constatant une infraction punie par le présent code de la peine complémentaire de suspension du permis de conduire, le représentant de l'État dans le département où cette infraction a été commise peut, s'il n'estime pas devoir procéder au classement, prononcer à titre provisoire soit un avertissement, soit la suspension du permis de conduire ou l'interdiction de sa délivrance lorsque le conducteur n'en est pas titulaire. Il peut également prononcer à titre provisoire soit un avertissement, soit la suspension du permis de conduire à l'encontre de l'accompagnateur d'un élève conducteur lorsqu'il y a infraction aux dispositions des articles L. 234-1** *(L. nº 2003-495 du 12 juin 2003, art. 32)* **« et L. 234-8 »** *(L. nº 2019-1428 du 24 déc. 2019, art. 98-I)* **« et aux dispositions des articles L. 235-1 et L. 235-3 ».**

Art. L. 224-8 **La durée de la suspension ou de l'interdiction prévue à l'article L. 224-7 ne peut excéder six mois. Cette durée est portée à un an en cas d'infraction d'atteinte involontaire à la vie ou d'atteinte involontaire à l'intégrité de la personne susceptible d'entraîner une incapacité totale de travail personnel,** *(L. nº 2022-52 du 24 janv. 2022, art. 11-II)* **« de refus d'obtempérer commis dans les conditions prévues à l'article L. 233-1-1, » de conduite en état d'ivresse** *(L. nº 2019-1428 du 24 déc. 2019, art. 98-I)* **« manifeste ou sous l'empire d'un état alcoolique, de conduite après usage de substances ou plantes classées comme stupéfiants, de refus de se soumettre aux épreuves de vérification prévues aux articles L. 234-4 à L. 234-6 et L. 235-2 ou de délit de fuite. » Le représentant de l'État dans le département peut également prononcer une telle mesure à l'encontre de l'accompagnateur d'un élève conducteur lorsqu'il y a infraction aux dispositions des articles L. 234-1** *(L. nº 2003-495 du 12 juin 2003, art. 32)* **« et L. 234-8 »** *(L. nº 2019-1428 du 24 déc. 2019, art. 98-I)* **« et aux dispositions des articles L. 235-1 et L. 235-3 ».**

COMMENTAIRE

Suspension administrative du permis de conduire pour une infraction assortie de la peine complémentaire de suspension du permis de conduire. Outre la possibilité reconnue au préfet de prononcer une suspension du permis de conduire à la suite d'une rétention (V. art. L. 224-2 et son comm.), les articles L. 224-7 et L. 224-8 permettent également au préfet de prononcer une suspension – ou une interdiction de délivrance lorsque le conducteur n'est pas titulaire du permis de conduire – lorsqu'il est saisi d'un procès-verbal constatant n'importe quelle infraction au code de la route sanctionnée de la peine complémentaire de suspension du permis (il peut aussi procéder à un classement ou ne prononcer qu'un avertissement, comme l'indique l'art. L. 224-7, ou, dans certains cas, opter pour une restriction du droit de conduire de l'intéressé, comme le précise l'art. R. 224-6, V. *infra*).

Dans un tel cas, la durée de la suspension ne peut excéder six mois sauf pour quelques infractions graves où elle peut être portée à un an : atteinte involontaire à la vie ou à l'intégrité d'une personne, conduite en état d'ivresse manifeste ou sous l'empire d'un état alcoolique, délit de fuite, ainsi que, depuis la loi du 24 décembre 2019 d'orientation des mobilités, conduite après usage de stupéfiants et refus de se soumettre aux vérifications de l'état alcoolique ou de l'usage de stupéfiants et, depuis la loi du 24 janvier 2022 relative à la responsabilité pénale et à la sécurité intérieure, refus d'obtempérer commis dans les conditions prévues à l'article L. 233-1-1, c'est-à-dire dans des circonstances exposant directement autrui à un risque de mort ou de blessures de nature à entraîner une mutilation ou une infirmité permanente.

Commission spéciale et procédure d'urgence. Initialement, l'article L. 224-8 prévoyait, dans un tel cas, l'avis d'une commission spéciale – dite commission de suspension du permis de conduire – avant toute décision du représentant de l'État, sauf urgence où une suspension jusqu'à deux mois pouvait être prononcée sur avis d'un seul délégué de la commission. Cette commission spéciale – et du même coup la procédure d'urgence prévue par l'article L. 224-8 – a toutefois été supprimée en 2004, le gouvernement ayant souhaité réduire le nombre de commissions administratives à caractère consultatif.

Procédure contradictoire et motivation de la décision. On notera que la procédure contradictoire applicable devant cette commission et la procédure d'urgence que prévoyait l'article L. 224-8 ont été sources d'un contentieux abondant, contentieux réduit quasiment à néant par la suppression de cette commission et de la procédure contradictoire qui était alors prévue par les textes. Le préfet doit néanmoins toujours respecter certaines règles lorsqu'il décide de suspendre le permis de conduire d'un conducteur, en application des dispositions des articles L. 224-7 et L. 224-8 du code de la route.

Comme l'a rappelé le Conseil d'État dans deux arrêts du 28 octobre 2016 (V. jurispr. ss. art. L. 224-10, notes 9 s.), en l'absence d'une procédure contradictoire particulière organisée par les textes, le préfet doit en effet se conformer aux dispositions du code des relations entre le public et l'administration qui obligent l'administration à respecter une procédure contradictoire préalable pour les décisions individuelles qui doivent être motivées (V. CRPA, art. L. 121-1). Or une décision de suspension du permis de conduire est une décision individuelle qui doit être motivée car défavorable pour la personne concernée (V. CRPA, art. L. 211-2 reprenant les dispositions de l'art. 1er de la loi du 11 juill. 1979 sur la motivation des actes administratifs). Il en résulte que le préfet qui veut suspendre le permis de conduire d'un conducteur doit, en principe, informer celui-ci d'une telle intention et de la possibilité qui lui est offerte de présenter des observations dans les conditions prévues par l'article L. 122-1 du code des relations entre le public et l'administration.

Le préfet peut toutefois être dispensé du respect d'une telle procédure. Comme le prévoit l'article L. 121-2 du code des relations entre le public et l'administration, la procédure contradictoire préalable prévue par l'article L. 121-1 de ce code n'est pas applicable en cas d'urgence. De la sorte, comme l'a précisé le Conseil d'État dans ses arrêts du 28 octobre 2016, s'il apparaît, eu égard au comportement du conducteur, que le fait de différer la suspension du permis de conduire pendant le temps nécessaire à l'accomplissement de cette procédure contradictoire créerait des risques graves pour lui-même ou pour le tiers, le préfet peut suspendre le permis de conduire de l'intéressé sans respecter la procédure contradictoire prévue par l'article L. 122-1 du code des relations entre le public et l'administration. Il devra néanmoins motiver sa décision et notamment motiver l'urgence qui l'a conduit à suspendre sans attendre le permis de conduire de l'intéressé. Le passé routier du conducteur – comme, par exemple, le fait qu'il ait déjà fait l'objet d'une suspension de son permis de conduire pour la même infraction – sera alors un élément décisif.

(Sur la possibilité pour le préfet de se dispenser de respecter une telle procédure contradictoire préalable, en cas de suspension décidée sur le fondement de l'art. L. 224-2, V. jurispr. ss. art. L. 224-2, note 5.)

Restriction du droit de conduire. Depuis le décret n° 2018-795 du 17 septembre 2018, le préfet peut également décider, lorsqu'il est saisi d'un procès-verbal constatant une infraction en matière d'alcoolémie, de restreindre le droit de conduire de l'intéressé aux seuls véhicules équipés d'un dispositif homologué d'anti-démarrage par éthylotest électronique (V. art. R. 224-6). Depuis le décret n° 2020-605 du 18 mai 2020, une telle restriction ne peut excéder une durée d'un an (six mois auparavant). ❑

Art. L. 224-9 Quelle que soit sa durée, la suspension du permis de conduire ou l'interdiction de sa délivrance ordonnée par le représentant de l'État dans le département en application des articles L. 224-2 et L. 224-7 cesse d'avoir effet lorsque est exécutoire une décision judiciaire prononçant une mesure restrictive du droit de conduire prévue au présent titre.

Les mesures administratives prévues aux articles L. 224-1 à L. 224-3 et L. 224-7 sont considérées comme non avenues en cas d'ordonnance de non-lieu ou de jugement de relaxe ou si la juridiction ne prononce pas effectivement de mesure restrictive du droit de conduire.

Les modalités d'application des deux alinéas précédents sont fixées par décret en Conseil d'État. La durée des mesures administratives s'impute, le cas échéant, sur celle des mesures du même ordre prononcées par le tribunal.

COMMENTAIRE

Coordination entre les mesures administratives et judiciaires. Cet article est un point de rapprochement et de résolution des conflits entre les mesures administratives et les mesures judiciaires. Chaque autorité – pour un même fait – agit en toute indépendance mais toute décision prise est systématiquement transmise à l'autre autorité (V. art. R. 224-16 et R. 224-17). Le législateur donne la solution de coordination dans l'hypothèse la plus fréquente où c'est le préfet qui a réagi le plus vite : la décision de suspension prise par ce dernier cesse d'avoir effet dès qu'une décision judiciaire prononçant une mesure restrictive du droit de conduire est exécutoire. Et une ordonnance de non-lieu ou un jugement de relaxe rend la mesure administrative de suspension non avenue, ce qui signifie un effet extinctif absolu mais non rétroactif (la décision n'est pas pour autant annulée). La suspension prononcée par le représentant de l'État a donc un caractère préventif, ce qui ne l'empêche pas d'être exécutoire.

Prise en compte des mesures administratives. En prévoyant que « la durée des mesures administratives s'impute, le cas échéant, sur celle des mesures du même ordre prononcées par le tribunal », l'article L. 224-9 permet de prendre en compte certaines mesures administratives prises par le préfet au moment de l'exécution de certaines peines prononcées par le juge judiciaire. Une telle prise en compte suppose que ces mesures et peines soient du même ordre. La durée d'une mesure de suspension du permis de conduire décidée par le préfet va venir ainsi s'imputer sur la durée d'une peine de suspension prononcée par le juge judiciaire. En revanche, la durée d'une mesure de restriction du droit de conduire aux seuls véhicules équipés d'un éthylotest antidémarrage – mesure qui peut remplacer aujourd'hui une suspension administrative dans certains cas (V. art. R. 224-6) – ne peut venir s'imputer sur la durée d'une peine de suspension du permis de conduire prononcée par le juge judiciaire, les mesures de suspension du permis de conduire et de restriction du droit de conduire étant de nature différente (V., en ce sens, jurisp. citée ss. art. L. 224-10). ❑

Art. L. 224-10 Les dispositions des articles L. 224-7 à L. 224-9 ne sont pas applicables aux conducteurs de véhicules militaires, lorsqu'ils sont titulaires des brevets délivrés à cet effet par l'autorité militaire.

BIBL. ▸ JOSSEAUME et LE DALL, Contentieux de la circulation routière (Droits de la défense - Sanctions administratives - Poursuites pénales), *3e éd., Lamy 2016.*

▸ JOSSEAUME, *Gaz. Pal. 12 déc. 2013, p. 7* (suspension du permis de conduire : le préfet à l'amende !). – KERNEIS-CARDINET, *RFDA 2023. 753* (le contentieux du permis de conduire : incidences réciproques des décisions administratives et judiciaires). – SAMSON et MORIN, *Gaz. Pal. 23-24 janv. 1998, p. 2* (suspension administrative du permis de conduire).

I. CONFORMITÉ DE LA PROCÉDURE DES ART. L. 224-7 S. À LA CONV. EDH

A. JURISPRUDENCE JUDICIAIRE

1. L'art. 6 § 1 Conv. EDH ne concerne pas les mesures prises par le préfet en application de l'art. L. 18 C. route dès lors que le fonctionnaire n'est pas appelé à statuer, selon les termes de la Convention, sur le bien-fondé d'une accusation en matière pénale mais qu'il prend seulement, dans l'attente de la décision judiciaire qui se prononcera sur cette accusation, une mesure de sécurité provisoire. • Crim. 4 nov. 1988 : *Bull. crim. n° 371 ; JCP 1989. IV. 17, comm. critique Couvrat et Massé ; RSC 1989. 451* • 23 mars 1992, n° 91-80.066 P : *RSC 1993. 314, obs. Bouloc* • 1er juin 1994 : *D. 1994. IR 212* • 9 mars 1995, n° 94-83.230 P : *D. 1995. IR 126 ; RSC 1996. 116, obs. Bouloc* (qui précise l'argumentation de la façon suivante : au surplus la décision judiciaire, une fois devenue exécutoire, se substituera à la décision préfectorale ainsi que le prévoit l'art. L. 18, al. 4, 5 et 6, [C. route, art. L. 224-9] et la mesure préfectorale n'est prise qu'à titre provisoire et pour la sécurité des autres usagers).

B. JURISPRUDENCE ADMINISTRATIVE

2. Les dispositions de l'art. 6 § 2 Conv. EDH ne sont pas applicables aux mesures de suspension du permis de conduire prononcée par le préfet, lesquelles ne constituent pas la sanction d'une faute mais une mesure de police administrative. • CE 3 nov. 1989, *Blanquie,* n° 88408 B. • 18 déc. 1991, *Pelardy* : *Gaz. Pal. 1992. Pan. dr. adm. 106,* qui confirme l'inapplicabilité des dispositions de l'art. 6 de la convention aux mesures de suspension administrative du permis. ♦ Le Conseil d'État a, de nouveau, qualifié, expressément, les dispositions de l'art. L. 224-7 de mesures de police administrative échappant, par voie de conséquence, aux exigences européennes du droit à un procès équitable ; les droits de la défense sont toutefois garantis car l'avis de la commission ne lie pas le préfet, son absence de communication au requérant ne violant donc pas l'art. 3 de la L. du 11 juill. 1979 ; par ailleurs, le code de la route impose uniquement que la lettre de convocation du conducteur soit envoyée, et non pas nécessairement reçue par ce dernier, dix jours au moins avant la séance. • CE 19 mars 2003, *Leclère : D. 2003. IR*

1264 ; JCP 2003. IV. 2705 ; AJDA 2003. 1623, note Courrier . ♦ V. en dernier lieu, • CAA Marseille 28 juin 2004 : *inédit.*

C. JURISPRUDENCE EUROPÉENNE

3. A propos d'une procédure allemande applicable en matière de contravention routière, la CEDH a considéré qu'eu égard au grand nombre des infractions légères, notamment dans le domaine de la circulation routière, un État contractant peut avoir de bons motifs de décharger ses juridictions du soin de les poursuivre et de les réprimer ; confier cette tâche pour de telles infractions à des autorités administratives ne se heurte pas à la convention pour autant que l'intéressé puisse saisir de toute décision prise ainsi à son encontre un tribunal offrant les garanties de l'art. 6 Conv. EDH. • CEDH 21 févr. 1984, *Oztürk : Rec. série A n° 73.*

4. A l'occasion d'une procédure allemande applicable en matière de contravention administrative au code de la route, la CEDH a considéré que le caractère général de la norme et le but à la fois préventif et répressif de la sanction suffisent à établir, au regard de l'art. 6 Conv. EDH, la nature pénale de l'infraction litigieuse. • CEDH 25 août 1987, *Lutz c/ Allemagne : série A n° 123 : Jur. CEDH, Sirey, 6e éd., n° 86, obs. Berger.* ♦ Dans le même sens, à propos d'une condamnation par les juridictions autrichiennes pour homicide par imprudence et conduite en état d'ébriété, la CEDH affirme que si l'infraction en cause et la procédure appliquée relèvent du domaine administratif, elles n'en présentent pas moins un caractère pénal. • CEDH 23 oct. 1995, *Gradinger c/ Autriche : série A n° 328-C ; RFDA 1997. 5, note Moderne ; Jur. CEDH, Sirey, 6e éd., n° 108, obs. Berger.*

5. Non bis in idem. Concernant les mesures de retrait de permis qui, dans certains droits, peuvent être prononcées par l'autorité administrative après une condamnation pénale pour infraction routière, la CEDH a jugé que si le retrait de permis est traditionnellement considéré en droit interne comme une mesure administrative visant à la protection de la sécurité routière, il relève de la matière « pénale » aux fins de l'art. 4 du Prot. n° 7 à la Conv. EDH lorsqu'il est motivé par une condamnation pénale. • CEDH 13 déc. 2005, *Nilsson c/ Suède*, n° 73661/01 • 17 févr. 2015, *Boman c/ Finlande*, n° 41604/11 • 4 oct. 2016, *Rivard c/ Suisse*, n° 21563/12 : *D. actu. 17 oct. 2016, obs. Autier ; JCP 2016. 1147 ; Dr. pénal 2016, n° 181, note Peltier.* ♦ Mais, dans un tel cas, si les diverses sanctions infligées à l'intéressé sont prononcées par deux autorités différentes à l'issue de procédures distinctes, il existe entre elles un lien matériel et temporel suffisamment étroit pour qu'elles soient considérées comme deux aspects d'un système unique et qu'il n'y ait donc pas dualité de procédure au sens de l'art. 4, § 1, du Prot. n° 7 à la Conv. EDH. Partant, on ne saurait déduire du prononcé d'une telle mesure que l'intéressé a été poursuivi ou puni en raison d'une infraction pour laquelle il a déjà été condamné par un jugement définitif au mépris du principe *Non bis idem* formulé à l'art. 4, § 1, du Prot. n° 7 à la Conv. EDH. • Mêmes décisions.

II. CONSTATATION D'UNE INFRACTION ASSORTIE DE LA PEINE COMPLÉMENTAIRE DE SUSPENSION DU PERMIS DE CONDUIRE

A. PREUVE DE L'INFRACTION

6. Si pour estimer qu'un accident survenu à un automobiliste constaté par un procès-verbal était imputable à un excès de vitesse le préfet s'est fondé sur la circonstance que le véhicule avait heurté les glissières de sécurité de l'autoroute après que le conducteur en eut perdu la maîtrise, cette seule circonstance ne suffit pas à établir à l'encontre de l'automobiliste l'existence d'une infraction aux dispositions de l'art. R. 11-1er (article anciennement visé à l'art. R. 266, 4°) ; le préfet ne pouvait légalement au seul vu du procès-verbal prononcer une suspension du permis. • CE 19 févr. 1993 : *JCP 1993. IV. 1059.*

7. Il découle nécessairement de la motivation d'un arrêt de cour d'appel passé en force de chose jugée ayant relaxé un automobiliste, que ce dernier ne peut être regardé comme coupable de l'infraction d'homicide et blessures involontaires visée à l'art. L. 14, 2°, à raison de l'existence présumée de laquelle le préfet a prononcé une suspension du permis de conduire ; l'arrêté préfectoral se trouve privé de base légale. • CAA Lyon, 29 juin 1993 : *Gaz. Pal. 1994. Pan. dr. adm. 146.*

B. IDENTIFICATION DU CONDUCTEUR

8. Si un procès-verbal de gendarmerie qui a permis d'identifier un véhicule en cause ne contient aucun élément susceptible de prouver que le véhicule était au moment des faits conduit par le propriétaire et s'il ne résulte des pièces du dossier aucune présomption sérieuse de nature à établir que le propriétaire est l'auteur de l'infraction d'excès de vitesse, le préfet ne peut légalement, au seul vu du procès-verbal, imputer cette dernière au propriétaire du véhicule et décider de suspendre la validité de son permis de conduire. • CE 29 juin 1990 : *D. 1991. 388, concl. Fornacciari .*

III. PROCÉDURE DE SUSPENSION DU PERMIS DE CONDUIRE

9. Motivation de l'arrêté préfectoral de suspension. La décision par laquelle un préfet suspend un permis de conduire sur le fondement de l'art. L. 224-7 C. route est une décision individuelle défavorable qui doit être motivée en application de l'art. 1er de la L. du 11 juill. 1979 relative à la motivation des actes administratifs et à l'amélioration des relations entre l'administration et le public, désormais codifié à l'art. L. 211-2 CRPA. • CE 28 sept. 2016, 2 arrêts, nos 390438 et 390439 B : *D. actu. 11 oct. 2016, obs. Pastor ; AJDA 2016. 1845 ; ibid.*

2017. 422, note Gonzalez ; *JCP Adm. 2016. Actu. 764-765.* ♦ V. déjà en ce sens, avant la L. du 9 déc. 2004 supprimant la commission de suspension du permis de conduire mentionnée à l'art. L. 224-8 C. route, • Crim. 11 oct. 1990, n° 90-81.201 P : *D. 1991. 75* (1re esp.), *obs. Couvrat et Massé* (jugeant illégal un arrêté préfectoral de suspension du permis de conduire qui se borne à mentionner la date et le lieu des faits, ainsi que les textes applicables et qui ne fait que viser l'avis de la commission de suspension du permis de conduire sans le reproduire ou le joindre, dès lors que selon les art. 1 et 3 de la L. du 11 juill. 1979 relative à la motivation des actes administratifs, les décisions administratives individuelles défavorables doivent être motivées et que cette motivation doit être écrite et comporter l'énoncé des considérations de droit et de fait qui constituent le fondement de la décision).

10. Procédure contradictoire. Depuis la suppression, par la L. du 9 déc. 2004 de simplification du droit, des dispositions de l'art. L. 224-8 C. route qui prévoyaient que la suspension prononcée par le préfet en application de l'art. L. 224-7 intervenait après avis d'une commission spéciale devant laquelle le conducteur ou son représentant pouvait présenter sa défense, aucune disposition ne fixe de modalités particulières pour le recueil des observations du conducteur. Mais, en l'absence d'une procédure contradictoire particulière organisée par les textes, le préfet doit se conformer aux dispositions issues de l'art. 24 de la L. du 12 avr. 2000, désormais codifié aux art. L. 121-1, L. 121-2 et L. 122-1 CRPA, en informant le conducteur de son intention de suspendre son permis de conduire et de la possibilité qui lui est offerte de présenter des observations dans les conditions prévues par ces dispositions. • CE 28 sept. 2016, n° 390438 : *préc. note 9.*

11. Le préfet peut toutefois légalement se dispenser d'une telle formalité, en raison d'une situation d'urgence, s'il apparaît, eu égard au comportement du conducteur, que le fait de différer la suspension de son permis pendant le temps nécessaire à l'accomplissement de la procédure contradictoire créerait des risques graves pour lui-même ou pour les tiers. • CE 28 sept. 2016, n° 390438 : *préc. note 9.* ♦ Ne commet pas, en conséquence, d'irrégularité le préfet qui suspend le permis de conduire d'un requérant pour conduite sous l'empire d'un état alcoolique, sans l'avoir préalablement mis à même de présenter des observations dans les conditions prévues par les art. L. 121-1, L. 121-2 et L. 122-1 CRPA, dès lors qu'il est constaté que l'intéressé, dont l'imprégnation alcoolique a été établie, a déjà fait l'objet d'une telle mesure pour le même motif. • CE 28 sept. 2016, n° 390438 : *préc. note 9.* ♦ Sur la possibilité pour le préfet de se dispenser d'une telle formalité pour les décisions de suspension d'un permis de conduire prises à la suite d'une rétention, V. note 5 ss. art. L. 224-2.

12. Contrôle du juge. Il appartient au juge du fond de contrôler, sans se limiter à vérifier l'absence d'erreur manifeste d'appréciation, tant le principe que la durée des suspensions de permis de conduire prononcées par un préfet sur le fondement de l'art. L. 224-2 ou L. 224-7 C. route. • CE 23 oct. 2019, n° 427431 A : *AJDA 2019. 2150*. ♦ Comp. antérieurement • CE 28 sept. 2016, n° 390439 : *préc. note 9* (dont il résultait que le juge exerçait un contrôle restreint à l'erreur manifeste d'appréciation sur la durée de la suspension d'un permis de conduire prononcée par un préfet sur le fondement de l'art. L. 224-7 C. route). ♦ Doit cependant être annulé le jugement qui se fonde, pour juger qu'une durée de suspension de quatre mois n'était pas légalement justifiée par les nécessités de l'ordre public, sur la circonstance que l'infraction avait été commise par beau temps, sur une autoroute peu fréquentée et que l'intéressé disposait alors de douze points au capital de son permis de conduire, le tribunal ayant par là même inexactement qualifié les faits qui lui étaient soumis. • CE 23 oct. 2019, n° 427431 A : *préc.*

IV. INFLUENCE DE LA DÉCISION JUDICIAIRE

A. EFFET D'UN CLASSEMENT SANS SUITE ANTÉRIEUR DU PARQUET

13. L'autorité de la chose jugée en matière pénale ne s'attache qu'aux décisions des juridictions de jugement qui statuent sur le fond de l'action publique ; tel n'est pas le cas des décisions de classement sans suite prises par le ministère public qui ne s'opposent pas à la reprise des poursuites ; la décision de classement prise n'est pas de nature à lier le juge administratif. • CE 3 nov. 1989 : *JCP 1989. IV. 416.*

B. EFFET D'UNE DÉCISION JUDICIAIRE POSTÉRIEURE À L'ARRÊTÉ

14. Autorité de la chose jugée. L'autorité de la chose jugée, appartenant aux décisions des juges répressifs devenues définitives, qui s'impose aux juridictions administratives s'attache à la constatation matérielle des faits mentionnés dans le jugement et qui sont le support nécessaire du dispositif. Le moyen tiré de la méconnaissance de cette autorité, qui présente un caractère absolu, est d'ordre public et peut être invoqué pour la première fois devant le Conseil d'État, juge de cassation. A été en conséquence annulé le jugement d'un tribunal administratif qui avait annulé l'arrêté d'un préfet portant suspension d'un permis de conduire d'un conducteur pour excès de vitesse au motif que l'excès de vitesse n'était pas établi, les pièces produites en cassation devant le Conseil d'État établissant que l'intéressé avait été condamné pour excès de vitesse par une ordonnance pénale devenue définitive. • CE 27 mai 2021, n° 436815 B : *AJDA 2021. 1120*.

15. Relaxe. Si aux termes de l'art. L. 18, al. 5, [C. route, art. L. 224-9] les décisions administratives que vise ce texte sont considérées comme non avenues en cas notamment de relaxe du prévenu devant une juridiction pénale, il ne s'ensuit pas pour autant que ces décisions soient rétroactivement caduques mais seulement qu'elles demeurent sans effet pour l'avenir ; la décision de relaxe qui peut intervenir sur la prévention d'infractions aux règles de la circulation routière n'a pas pour effet de rendre illégale la décision administrative de suspension et donc de faire disparaître le délit de refus de restitution d'un permis de conduire suspendu. • Crim. 4 nov. 1988, n° 87-81.697 P. ♦ Une telle décision ne saurait non plus avoir d'effet sur l'application d'une clause d'exclusion de garantie prévue par un contrat d'assurance, dès lors que cette décision intervient après l'accident de la circulation en cause et donc à une date où l'intéressé était sous le coup d'une suspension administrative de son permis de conduire. • Civ. 2e, 7 mars 2019, n° 18-10.729 : *RCA 2019, n° 200.*

16. Responsabilité de l'État. Une mesure de suspension du permis de conduire, décidée par le préfet, sur le fondement de l'art. L. 224-2 ou de l'art. L. 224-7 C. route, est illégale et constitue, en conséquence, une faute de nature à engager la responsabilité de l'État si elle a été prise alors que les conditions prévues par ces articles n'étaient pas réunies. Il appartient par suite au juge administratif, saisi par le conducteur d'un recours indemnitaire tendant à la réparation du préjudice que lui a causé la décision du préfet de déterminer si les pièces au vu desquelles ce dernier a pris sa décision étaient de nature à justifier la mesure de suspension. Dans le cas où l'intéressé a été relaxé non au bénéfice du doute mais au motif qu'il n'a pas commis l'infraction, l'autorité de la chose jugée par la juridiction répressive impose au juge administratif d'en tirer les conséquences quant à l'absence de valeur probante des éléments retenus par le préfet. En dehors de cette hypothèse, la circonstance que la mesure de suspension doive être regardée comme non avenue, par application du 2e al. de l'art. L. 224-9, eu égard à la décision rendue par le juge pénal, est par elle-même sans incidence sur la légalité de cette mesure et, par suite, sur l'engagement de la responsabilité de l'État. • CE 2 févr. 2011, *Radix : Lebon 29; AJDA 2011. 247 ; Jurispr. auto 2011, n° 829, p. 32, note Josseaume & Illouz.* ♦ Si l'illégalité d'une décision de suspension d'un permis de conduire constitue une faute de nature à engager la responsabilité de l'État, une telle faute n'est susceptible d'ouvrir droit à réparation qu'à la condition qu'elle soit à l'origine d'un préjudice personnel, direct et certain (préjudice non reconnu en l'espèce pour la requérante qui invoquait la nécessité dans laquelle elle s'était trouvée d'acheter en urgence un véhicule sans permis et qui considérait que la conduite d'un tel véhicule portait atteinte à son image de dirigeante d'une société). • CAA Douai, 30 mai 2013, n° 12DA01837 : *inédit.*

17. Condamnation à une simple amende. Si en vertu des dispositions de l'al. 5 de l'art. L. 18 [C. route, art. L. 224-9] la suspension du permis de conduire d'un automobiliste doit, à compter de l'ordonnance pénale le condamnant à une seule amende, être tenue pour non avenue, cette sanction administrative ne saurait être regardée, par l'effet de la décision de la juridiction répressive, comme retirée ni même comme dépourvue de base légale dès lors que le juge pénal a reconnu l'existence de l'infraction commise ; c'est à tort que le tribunal administratif a annulé la décision préfectorale. • CE 21 nov. 1990 : *Gaz. Pal. 1991. 2. Pan. dr. adm. 59* • 26 juin 1991 : *inédit.*

18. Paiement d'une amende forfaitaire. Si l'extinction de l'action publique par le paiement d'une amende forfaitaire fait obstacle à ce que le préfet puisse légalement prendre une mesure conservatoire de suspension du permis de conduire de l'auteur de l'infraction postérieurement au paiement de cette amende forfaitaire, ne saurait en revanche être regardé comme entaché d'illégalité l'arrêté préfectoral portant suspension provisoire du permis de conduire du contrevenant, édicté antérieurement au paiement de l'amende forfaitaire. • CAA Marseille, 27 févr. 2007 : *Jurispr. auto 2007. 563.*

19. Imputation de la durée de la suspension administrative. Une cour d'appel n'est nullement tenue d'imputer elle-même sur la durée de la suspension du permis de conduire qu'elle prononce, celle de la mesure de même nature prononcée par le préfet ; l'imputation prévue par l'art. L. 18, al. 7, [C. route, art. L. 224-9] relève exclusivement de la procédure d'exécution. • Crim. 3 févr. 1987 : *Jurispr. auto 1989. 101.* ♦ S'impute sur la durée de la suspension du permis de conduire décidée par le juge, la mesure administrative de suspension du permis de conduire, pendant la totalité de sa durée, qu'elle corresponde à la suspension décidée par le préfet en application de l'art. L. 224-2 C. route, ou au maintien de cette mesure, en application de l'art. R. 221-14-1 de ce même code. • Crim. 14 avr. 2021, n° 20-83.607 P : *D. 2021. 744 ; D. actu. 12 mai 2021, obs. Pamart ; Dr. pénal 2021, n° 106, note Robert.*

20. Absence d'imputation de la durée des mesures administratives de nature différente. La suspension et l'annulation du permis de conduire n'étant pas des mesures du même ordre, il résulte des dispositions de l'art. L. 18, al. 7 [C. route, art. L. 224-9], que lorsqu'une juridiction prononce l'annulation dudit permis, la durée d'une suspension administrative antérieurement mise à exécution ne s'impute pas sur le délai avant l'expiration duquel un nouveau permis ne peut être sollicité. • Crim. 23 févr. 1982, n° 81-91.625 B. ♦ Les mesures de suspension du permis de conduire et de restriction du droit de conduire étant de nature différente, la durée de l'une ne peut s'imputer sur celle de l'autre. Justifie sa décision la cour d'appel qui, saisie d'une demande d'imputation d'une décision de restriction du permis de conduire aux véhicules équipés d'un éthylotest antidémarrage sur une peine de suspension du permis de conduire, la rejette en relevant que ces mesures ne sont pas du même ordre. • Crim. 11 mai 2023, n° 22-85.301 B : *D. 2023. 953*; *D. actu. 30 mai 2023, obs. Goetz; Dr. pénal 2023, n° 121, note Robert; ibid. Chron. 8, obs. Gauvin.*

V. AMNISTIE

21. L'amnistie prévue par une loi peut s'appliquer aux mesures administratives de suspension et d'interdiction de délivrance du permis de conduire visées à l'art. L. 18 [C. route, art. L. 224-7 à L. 224-10] mais non aux décisions par lesquelles l'autorité administrative limite la durée de validité d'un permis par application des dispositions de l'art. R. 128 du même code. • Crim. 7 juin 1988 : *Bull. crim. n° 255.*

22. Si une loi prévoit d'amnistier des faits constituant des agissements passibles d'une mesure administrative concernant le permis de conduire prévue par l'art. L. 18 [C. route, art. L. 224-7 à L. 224-10], l'entrée en vigueur de cette loi fait définitivement obstacle à l'exécution de la décision préfectorale; c'est à tort qu'un tribunal administratif a prononcé le rejet au fond d'une demande d'annulation de l'arrêté dès lors que celle-ci aurait dû faire l'objet d'un non-lieu à statuer. • CE 16 nov. 1994, *Bruche : inédit.*

23. A noter que la L. n° 95-884 du 3 août 1995 portant amnistie n'a pas repris les dispositions de l'art. 18 de la loi précédente (L. n° 88-828 du 20 juill. 1988) portant amnistie de certaines mesures administratives concernant le permis de conduire. Il en est de même dans la L. n° 2002-1062 du 6 août 2002 portant amnistie.

Art. L. 224-11 Le règlement qui réprime une contravention au présent code peut prévoir, dans les conditions prévues à l'article L. 224-12, lorsque le coupable est une personne physique, la peine complémentaire d'interdiction de délivrance du permis de conduire.

La suspension et l'annulation du permis de conduire ainsi que l'interdiction de la délivrance d'un permis, qualifiées de peines complémentaires dans l'art. L. 13 C. route, constituent cependant moins des peines proprement dites que des mesures de police et de sécurité publique. Jurisprudence constante depuis : • Crim. 1er mars 1961 : *D. 1961. 295; JCP 1962. II. 12585, note Combaldieu; RSC 1961. 798, obs. Legal.*

Art. L. 224-12 Lorsqu'un conducteur a fait l'objet d'une condamnation susceptible de motiver le prononcé des peines complémentaires de suspension ou d'annulation du permis de conduire et qu'il n'est pas titulaire de celui-ci, ces peines sont remplacées à son égard, pour la même durée, par la peine d'interdiction d'obtenir la délivrance du permis de conduire.

Immobilisation du véhicule : R. 221-1, R. 325-4. — Circonstances aggravantes : L. 224-15.

1. Est justifié l'arrêt qui, pour déclarer le conducteur d'une voiture automobile coupable du délit prévu et réprimé par l'art. L. 12 C. route (aujourd'hui contravention de l'art. R. 241-2), constate qu'au moment de l'accident occasionné par ce véhicule, le conducteur était dépourvu de permis et ne prenait pas de leçon de conduite. • Crim. 24 janv. 1963 : *D. 1963. Somm. 59.* ♦ Mais l'art. L. 14 n'exige pas que le prévenu soit titulaire du permis à la date de l'infraction motivant la suspension, il suffit qu'il en ait obtenu depuis lors la délivrance. • Même arrêt.

2. Si par erreur un tribunal a prononcé l'interdiction de délivrance du permis de conduire pour 3 ans à l'égard d'une personne dont on découvre par la suite qu'elle en était titulaire, le même tribunal ne peut pas, sur le fondement de l'art. 710 C. pr. pén., annuler cette interdiction et lui substituer une peine de suspension de permis d'un an. • Crim. 12 nov. 1975 : *Bull. crim. n° 243.*

Art. L. 224-13 Les peines complémentaires de suspension, d'annulation ou d'interdiction de délivrance du permis de conduire *(L. n° 2019-1428 du 24 déc. 2019, art. 98-I)* **« ainsi que d'interdiction de se présenter à l'examen du permis de conduire » peuvent être déclarées exécutoires par provision, à titre de mesure de protection.**

BIBL. ▸ SAMSON et GUILLON, *Gaz. Pal. 28-30 avr. 2002, p. 5* (l'article L. 224-13 : prendre d'abord, juger après).

1. Exécution provisoire prononcée. La décision d'exécution provisoire n'emporte aucune obligation de motivation spéciale. • Crim. 3 mai 1995 : *Jurispr. auto 1995. 290.* ♦ Lorsque les juges ont fait usage de l'art. 13, al. 2 [désormais C. route, art. L. 224-13], la suspension est exécutoire nonobstant l'exercice d'un pourvoi en cassation. • Crim. 17 janv. 1961 : *Bull. crim. n° 25; JCP 1961. II. 12048, note Bloch.* ♦ Cette mesure de protection prend effet à compter du jour où le prévenu en a eu légalement connaissance et non du jour où le permis a été restitué au commissaire de police. • Crim. 25 févr. 1965 : *Bull. crim. n° 62; D. 1965. 413; JCP. 1965. II. 14182, note Combaldieu* • 7 févr. 1990 : *Dr. pénal 1990.*

Comm. 197, obs. Robert; Jurispr. auto 1990. 102 • 3 sept. 1998, n° 97-85.613 P : *D. 1998. IR 232* ; *Dr. pénal 1999. Comm. 8, obs. Robert.*

2. L'exécution provisoire des peines complémentaires de suspension ou d'annulation du permis de conduire n'est pas incompatible avec l'art. 6, § 2, Conv. EDH établissant la présomption d'innocence de toute personne accusée d'une infraction, dès lors que cette mesure, ainsi ordonnée en application de l'art. L. 13, al. 2 [désormais C. route, art. L. 224-13], s'attache à une peine prononcée par la juridiction répressive après que celle-ci a décidé que la culpabilité du prévenu était légalement établie. • Crim. 10 janv. 1996, n° 95-83.381 P : • 10 juill. 1996 : *ibid. n° 289; Jurispr. auto 1996. 546* • 6 août 1996 : *Jurispr. auto 1997. 16* • 19 févr. 1997 : *Jurispr. auto 1997. 273* • 26 juin 2001 : *Jurispr. auto 2001. 433.* ♦ Pour un exemple d'exécution provisoire ordonnée en cas d'annulation du permis de conduire. • Crim. 8 nov. 1988 : *Jurispr. auto 1989. 278.* ♦ Si la cour d'appel n'a pas répondu au moyen tiré du défaut de conformité de l'art. L. 13, al. 2, [désormais C. route, art. L. 224-13], à l'art. 6 Conv. EDH, une telle omission ne saurait donner lieu à cassation dès lors que la faculté, pour le juge, d'ordonner l'exécution provisoire d'une suspension du permis de conduire n'est pas incompatible avec les dispositions conventionnelles invoquées qui n'interdisent pas le prononcé d'une mesure de protection, après déclaration de culpabilité. • Crim. 14 mai 1996, n° 95-84.123 P : *RSC 1997. 377, obs. Bouloc* ; *Jurispr. auto 1996. 452.*

3. Exécution provisoire non prononcée. Aux termes de l'art. L. 19 C. route, hormis le cas où les juges auraient ordonné l'exécution provisoire de leur décision, la suspension du permis prend effet à l'égard de l'intéressé du jour où la notification lui a été faite de la décision prononçant cette suspension. • Crim. 24 mai 1966 : *Bull. crim. n° 156; Gaz. Pal. 1966. 2. 210, note Vassas.* ♦ Cet article ne précisant pas les formes de la notification, la preuve que l'intéressé a eu connaissance de la mesure le concernant peut résulter des constatations souveraines de l'arrêt. • Crim. 29 juin 1977 : *Bull. crim. n° 250; D. 1977. IR 391.* ♦ Mais un conducteur ne saurait prétendre, l'agent de l'autorité lui ayant retiré son permis plus de quatre mois après que la décision fut devenue définitive, avoir déjà exécuté lui-même la mesure de suspension en s'abstenant spontanément de conduire pendant le mois qui avait suivi la date où l'arrêt était devenu définitif. • Crim. 19 oct. 1967 : *D. 1968. 31; JCP 1968. II. 15458, note Vitu.*

Art. L. 224-14 *(L. n° 2003-495 du 12 juin 2003, art. 13)* **En cas d'annulation du permis de conduire prononcée en application du présent code ou pour les délits prévus par les articles 221-6-1, 222-19-1 et 222-20-1 du code pénal ou en cas de suspension du permis de conduire dont la durée est fixée par décret en Conseil d'État, l'intéressé ne peut solliciter un nouveau permis ou la restitution de son permis sans avoir été reconnu apte après un examen ou une analyse médicale, clinique, biologique et psychotechnique effectué à ses frais.**

Dispositions réglementaires : V. art. R. 224-21 s.

1. Si l'annulation du permis de conduire s'exécute de plein droit dès que la condamnation est devenue définitive et n'est pas susceptible de prescription, l'interdiction de solliciter la délivrance d'un nouveau permis avant un certain délai se prescrit à compter de la même date et n'est plus susceptible d'exécution si le délai de prescription est expiré. La notification prévue par l'art. L. 19 [C. route, art. L. 224-16] est alors inopérante. Cassation sans renvoi d'un arrêt qui ordonne l'exécution cumulative de deux peines d'interdiction de solliciter la délivrance d'un nouveau permis alors que l'une de ces peines, prononcée le 6 juin 1986, n'avait été notifiée au condamné que le 2 juill. 1992. • Crim. 9 févr. 1994, n° 92-85.138 P : *Dr. pén. 1994. Comm. 111, obs. Robert.*

2. Il résulte des art. L. 224-16 et L. 224-17 C. route que l'exécution d'une mesure d'interdiction de solliciter la délivrance d'un nouveau permis de conduire faisant suite à l'annulation de ce document ne prend effet qu'à compter du jour de la notification de la mesure par l'agent de l'autorité chargé de l'exécution (cassation de l'arrêt énonçant que le délai d'interdiction de solliciter un nouveau permis de conduire commence à compter du moment où l'arrêt de condamnation est devenu définitif, soit à l'issue du délai de pourvoi en cassation). • Crim. 28 nov. 2012, n° 12-82.183 P : *D. actu. 28 janv. 2013, obs. Winckelmuller; D. 2013. Actu. 89* ; *Dr. pénal 2013, n° 23, note Robert.*

3. La personne à laquelle a été notifiée une décision prononçant l'annulation du permis de conduire peut être poursuivie du chef de l'infraction prévue par l'art. L. 19, al. 1er, [C. route, art. L. 224-16] même après l'expiration de la période pendant laquelle il lui a été fait interdiction de solliciter la délivrance d'un nouveau permis. • Crim. 15 févr. 1994 : *Jurispr. auto 1994. 226* • 15 juin 1994 : *Jurispr. auto 1994. 455* • 10 mai 1995 : *Jurispr. auto 1995. 284.* ♦ V. jurispr. ss. l'art. L. 224-16.

4. Relèvement. Si les dispositions de l'art. 55-1 anc. C. pén. ne permettent pas le relèvement d'une mesure d'annulation du permis de conduire, elles autorisent cependant les juges à relever, en tout ou en partie, le condamné, du délai avant l'expiration duquel il ne peut solliciter un nouveau permis, dès lors que l'annulation n'a pas été prononcée à titre principal. • Crim. 17 oct. 1991, n° 88-82.809 P : *D. 1992. Somm. 206, obs.*

Couvrat et Massé ; Gaz. Pal. 1992. 1. 333, note Doucet; RSC 1992. 745, obs. Vitu • Crim. 11 juill. 1994 : *Dr. pénal 1994. Comm. 262, obs. Robert.*

5. Bien que le requérant ait été condamné pour des faits particulièrement graves, homicide involontaire, conduite sous l'empire d'un état alcoolique et délit de fuite, il y a lieu de le relever de l'interdiction de solliciter un nouveau permis de conduire avant un certain délai en raison, d'une part, des difficultés rencontrées pour l'exercice de sa profession d'artisan peintre, ne pouvant accepter de chantiers éloignés, et, d'autre part, des bons renseignements obtenus. • Paris, 3 janv. 1991 : *Juris-Data n° 020244.*

6. Si l'annulation du permis de conduire n'a pas été prononcée en application des art. 131-6 et 131-9 (peine alternative) mais conformément à l'art. 131-10 C. pén. et à l'art. L. 15-II [C. route, art. L. 234-13], elle peut se cumuler avec une peine d'emprisonnement avec sursis assortie d'une obligation d'accomplir un travail d'intérêt général. • Crim. 23 mai 1995 : *Dr. pénal 1995 n° 282.*

Art. L. 224-15 *Abrogé par L. n° 2003-495 du 12 juin 2003, art. 6.*

Art. L. 224-16 **I. — Le fait pour toute personne, malgré la notification qui lui aura été faite d'une décision prononçant à son encontre la suspension, la rétention, l'annulation ou l'interdiction d'obtenir la délivrance du permis de conduire, de conduire un véhicule à moteur pour la conduite duquel une telle pièce est nécessaire est puni de deux ans d'emprisonnement et de 4 500 € d'amende.**

II. — Toute personne coupable du délit prévu au présent article encourt également les peines complémentaires suivantes :

1° La confiscation *(L. n° 2011-267 du 14 mars 2011, art. 70-2°-b)* **« obligatoire » du véhicule dont le condamné s'est servi pour commettre l'infraction, s'il en est le propriétaire.** *(L. n° 2011-267 du 14 mars 2011, art. 70-2°-b)* **« La juridiction peut toutefois ne pas prononcer cette peine, par une décision spécialement motivée. La confiscation n'est pas obligatoire lorsque le délit a été commis à la suite d'une des mesures administratives prévues aux articles L. 224-1, L. 224-2 et L. 224-7. »**

2° La suspension, pour une durée de trois ans au plus, du permis de conduire, *(L. n° 2003-495 du 12 juin 2003, art. 5)* **« cette suspension ne pouvant pas être limitée à la conduite en dehors de l'activité professionnelle » ;**

3° La peine de travail d'intérêt général selon des modalités prévues à l'article 131-8 du code pénal et selon les conditions prévues aux articles 131-22 à 131-24 du même code et *(Ord. n° 2019-950 du 11 sept. 2019, art. 5-VI et 9, en vigueur le 30 sept. 2021)* **« à l'article L. 122-1 du code de la justice pénale des mineurs » ;**

4° La peine de jours-amende dans les conditions fixées aux articles 131-5 et 131-25 du code pénal ;

(L. n° 2003-495 du 12 juin 2003, art. 6) **« 5° L'interdiction de conduire certains véhicules terrestres à moteur, y compris ceux pour la conduite desquels le permis de conduire n'est pas exigé, pour une durée de cinq ans au plus ;**

« 6° L'obligation d'accomplir, à ses frais, un stage de sensibilisation à la sécurité routière. » *— Les 1°, 2°, 3°, 4°, 5°, et 6° ont été renumérotés 2°, 3°, 4°, 5°, 6° et 1° en vertu des dispositions de la L. n° 2011-267 du 14 mars 2011, art. 70-2°-a.*

III. — Toute personne coupable du délit prévu au présent article, dans les cas où il a été commis à la suite d'une décision de suspension ou de rétention du permis de conduire, encourt également la peine complémentaire d'annulation de ce permis, avec interdiction de solliciter la délivrance d'un nouveau permis pendant trois ans au plus.

IV. — L'immobilisation peut être prescrite dans les conditions prévues aux articles L. 325-1 à L. 325-3.

V. — Le délit prévu au présent article, dans le cas où il a été commis à la suite d'une décision de suspension ou de rétention du permis de conduire, donne lieu de plein droit à la réduction de la moitié *(L. n° 2003-495 du 12 juin 2003, art. 11)* **« du nombre maximal de points » du permis de conduire.**

En ce qui concerne les peines complémentaires prononcées à titre de peine principale, V. C. pén., art. 131-11, App., v° Infractions.

L'art. 2 de la L. n° 2021-218 du 26 févr. 2021 modifie la date d'entrée en vigueur du CJPM.

BIBL. ▶ BELLOIR, *Gaz. Pal. 6 nov. 2018, p. 78* (la confiscation obligatoire du véhicule automobile). – LAFAIX, *Jurispr. auto 2012, n° 837, p. 12* (la confiscation obligatoire du véhicule : la nouvelle réponse à la délinquance routière ?).

COMMENTAIRE

Conduite malgré interdiction – Refus de restitution – Fausse déclaration pour l'obtention du permis. Trois infractions, reprises de l'ancien article L. 19, sont prévues aux articles L. 224-16 à L. 224-18 : la conduite malgré une interdiction temporaire (suspension, rétention) ou définitive (annulation, interdiction de délivrance), le refus de restituer un permis suspendu ou annulé et l'obtention (ou la tentative d'obtention qui est exceptionnellement retenue ici d'un permis par une fausse déclaration.

On notera que le fait de refuser de restituer un permis de conduire invalidé et le fait de conduire malgré une injonction administrative en ce sens – infractions comparables à celles figurant respectivement à l'article L. 224-17 et L. 224-16 – sont, quant à eux, incriminés à l'article L. 223-5 au sein des dispositions sur le permis à points.

Peines complémentaires. Pour les trois délits prévus aux articles L. 224-16 à L. 224-18, les peines principales encourues sont identiques (2 ans et 4 500 € d'amende), plusieurs variations sont en revanche à noter concernant les peines complémentaires. Des variations qui ont encore été accentuées par la loi du 12 juin 2003 et la loi du 14 mars 2011, dite LOPPSI II, qui ont, toutes les deux, renforcé l'arsenal des peines complémentaires assortissant la conduite malgré une interdiction.

Confiscation obligatoire du véhicule. Le délit prévu à l'article L. 224-16 fait ainsi partie de ceux pour lesquels la confiscation du véhicule (qui désormais figure en première position au sein de la liste des peines complémentaires) est devenue obligatoire depuis la LOPPSI II, sauf si la juridiction ne prononce pas cette peine par une décision spécialement motivée (V. comm. ss. art. L. 212-4). Le caractère obligatoire de la confiscation est cependant ici limité à certains cas d'interdiction de conduire : la peine de confiscation n'étant en effet pas qualifiée d'obligatoire, par l'article L. 224-16, lorsque l'interdiction de conduire est de nature administrative, c'est-à-dire en cas de rétention (art. L. 224-1), de suspension administrative du permis de conduire à la suite d'une rétention (art. L. 224-2) et de suspension ou d'interdiction de délivrance décidée par le préfet saisi d'un procès-verbal constatant une infraction punie par le code de la route de la peine complémentaire de suspension du permis de conduire (art. L. 224-7).

Pour les délits prévus aux articles L. 224-17 et L. 224-18, rappelons que la confiscation du véhicule peut toujours être prononcée par application des dispositions de l'article 131-21 du code pénal (V. comm. ss. art. 212-4).

Suspension du permis de conduire. Cette peine complémentaire est, quant à elle, envisagée pour les trois délits (même dans le cas où la personne est poursuivie pour refus de restituer son permis à la suite d'une décision de suspension : art. L. 224-17). Mais, depuis la loi du 12 juin 2003, un aménagement de cette peine de suspension en lien avec l'activité professionnelle de l'intéressé n'est plus possible en cas de conduite malgré une décision de rétention, de suspension ou d'annulation du permis de conduire (art. L. 224-16). Il en va différemment en cas de refus de restituer un permis retenu ou suspendu (art. L. 224-17) ou de fausse déclaration pour l'obtention du permis (art. L. 224-18), mais aussi en cas de refus de restituer un permis invalidé et de conduite malgré une injonction en ce sens (art. L. 223-5-III et V). Cette différence de traitement a été justifiée au cours des travaux préparatoires de la loi du 12 juin 2003, les parlementaires ayant en effet voulu écarter les délits des articles L. 223-5-III et V et L. 224-17 de ceux concernés par la suppression de cette mesure d'aménagement, en considérant qu'il convenait de limiter l'interdiction des permis blancs aux délits les plus graves mettant en danger la sécurité d'autrui. ❑

I. INCRIMINATION

1. Le fait de conduire un véhicule malgré l'invalidation du permis de conduire résultant de la perte totale des points n'est pas réprimé par l'art. L. 19 [C. route, art. L. 224-16] mais constitue la contravention de conduite sans permis, prévue et punie par les art. R. 241-2 [R. 221-1] C. route et 131-12 s. C. pén. • Crim. 6 mai 1998, n° 97-85.201 P : *D. 1998. IR 170* • 13 sept. 2000 : *Dr. pénal 2000. Comm. 139, obs. Robert; Jurispr. auto 2000. 551* • 11 sept. 2001 : *Jurispr. auto 2001. 478.* – V. aujourd'hui les art. L. 221-2 (délit de conduite sans permis) et L. 223-5 (délit de conduite malgré injonction de remise du permis de conduire invalidé).

2. Le prévenu poursuivi pour des faits de conduite d'un véhicule malgré injonction de restitution de son permis invalidé, faits réprimés par l'art. L. 223-5, ne saurait être condamné pour conduite malgré suspension du permis de conduire, délit prévu par l'art. L. 224-16. Les juridictions pénales ne peuvent en effet statuer que sur des faits dont elles ont été régulièrement saisies. • Crim. 18 sept. 2007 : *Jurispr. auto 2007. 688; Dr. pénal 2007. Comm. 154, obs. Robert.*

3. Le prévenu dont le permis de conduire a été annulé par une décision judiciaire en 1983 mais n'a pas ensuite repassé un nouveau permis alors que la période pendant laquelle il lui était interdit de solliciter un permis était expirée, est passible des peines prévues à l'art. L. 224-16 s'il conduit un véhicule. • Crim. 5 janv. 2005 : *Jurispr. auto 2005. 458.*

4. Le fait de conduire un véhicule en dehors des horaires autorisés par le tribunal correctionnel qui a suspendu le permis de l'intéressé dans une précédente condamnation peut être qualifié de violation des obligations ou interdictions résultant des peines de suspension du permis de conduire prévue par l'art. 434-41 du C. pén. au lieu d'être qualifié de conduite d'un véhicule malgré suspension du permis de conduire prévue par l'art. L. 19 [L. 224-16] C. route. • Crim. 7 févr. 2001 : *Jurispr. auto 2001. 172.*

5. Notification. Si la décision de suspension a été régulièrement notifiée et volontairement exécutée par le prévenu, il n'y a pas lieu de s'arrêter à l'exception d'illégalité de la décision administrative soulevée par le prévenu poursuivi pour avoir conduit un véhicule sans permis, cette exception, à la supposer fondée, n'étant pas de nature à enlever aux faits constatés leur caractère délictueux défini par l'art. L. 19 [C. route, art. L. 224-16]. • Rennes, 24 janv. 1991 : *inédit.* ♦ L'exception d'illégalité de l'arrêté préfectoral de suspension du permis de conduire servant de base aux poursuites ne peut être présentée après l'interrogatoire sur les faits, cet interrogatoire impliquant l'engagement du prévenu dans la défense au fond. • Crim. 23 mai 1995 : *Jurispr. auto 1995. 508.*

6. Le prévenu qui a conduit un véhicule malgré la suspension de son permis de conduire doit être relaxé s'il n'est pas établi que la décision de suspension lui a été régulièrement notifiée, conformément aux exigences de l'art. R. 224-4, al. 2, C. route prévoyant qu'une telle décision est notifiée à l'intéressé soit directement s'il se présente au service indiqué dans l'avis de rétention, soit par lettre recommandée avec accusé de réception. • Angers, 29 sept. 2020 : *Dr. pénal 2021. Chron. 8, obs. Gauvin.* ♦ Mais les éléments matériel et intentionnel du délit de conduite malgré une suspension du permis de conduire sont caractérisés dès lors que la cour relève que le contrevenant avait reçu la notification de la suspension de son permis la veille du contrôle. • Crim. 21 nov. 2001 : *Jurispr. auto 2002. 63.* ♦ Il en est de même lorsque les juges constatent que la notification de la décision de suspension du permis de conduire, exigée par l'art. L. 224-16 C. route, a été réalisée antérieurement au contrôle par la présentation de la lettre recommandée avec accusé de réception, prévue par l'art. R. 224-4 C. route, au domicile de l'intéressé. • Crim. 4 juin 2013, n° 12-86-877 P : *Dr. pénal 2013, n° 127, note Robert; Jurispr. auto 2013, n° 855, p. 30, note Dall.*

7. Il résulte des art. L. 224-16 et L. 224-17 C. route que l'exécution d'une mesure d'interdiction de solliciter la délivrance d'un nouveau permis de conduire faisant suite à l'annulation de ce document ne prend effet qu'à compter du jour de la notification de la mesure par l'agent de l'autorité chargé de l'exécution (cassation de l'arrêt énonçant que le délai d'interdiction de solliciter un nouveau permis de conduire commence à compter du moment où l'arrêt de condamnation est devenu définitif, soit à l'issue du délai de pourvoi en cassation). • Crim. 28 nov. 2012, n° 12-82.183 P : *D. actu. 28 janv. 2013, obs. Winckelmuller; D. 2013. AJ 89; Dr. pénal 2013, n° 23, note Robert.* ♦ Il en est de même de la mesure d'annulation d'un permis de conduire (cassation d'un arrêt condamnant un prévenu pour conduite malgré annulation de son permis de conduire au motif que la décision d'annulation était de nature contradictoire et, en conséquence, avait acquis un caractère exécutoire à l'expiration du délai d'appel). • Crim. 26 avr. 2017, n° 16-84.539 P : *D. actu. 31 mai 2017, obs. Goetz; Dr. pénal 2017, n° 108, note Robert.*

8. L'acte par lequel le ministère public sollicite du parquet d'une autre juridiction la copie de notification d'une mesure de suspension du permis constitue un acte interruptif de la prescription. • Crim. 29 mars 1990 : *Jurispr. auto 1990. 189.*

9. La personne à laquelle a été notifiée une décision prononçant l'annulation de son permis de conduire peut être poursuivie du chef de l'infraction prévu par l'art. L. 19, al. 1er [C. route, art. L. 224-16], même après l'expiration de la période où il lui a été fait interdiction de solliciter la délivrance d'un nouveau permis. L'annulation du permis de conduire ne cesse pas de produire effet et la délivrance d'un nouveau permis reste subordonnée aux conditions particulières prévues par l'art. L. 15-III [C. route, art. L. 224-14]. • Crim. 15 févr. 1994 : *D. 1994. 459, note Gestermann; Dr. pénal 1994 n° 137, obs. Robert* • 15 juin 1994, n° 93-85.662 P • 10 mai 1995 : *Jurispr. auto 1995. 330.* ♦ Le délit est constitué même si le prévenu allègue un retard dû aux modalités de restitution de son permis de conduire après suspension administrative. • Crim. 27 nov. 2001 : *Jurispr. auto 2002. 234.*

10. Les dispositions des art. L. 11-5 [C. route, art. L. 223-5] et R. 258, dernier al., C. route prévues en cas de perte totale des points s'appliquent au conducteur déjà condamné à une suspension de son permis limitée, conformément à l'art. L. 14 du même code, à la conduite en dehors de son activité professionnelle, de sorte que, lorsque l'intéressé a déjà restitué son permis suspendu, mais dispose du titre de conduite limitée, l'autorité administrative doit lui enjoindre de remettre ce document. A défaut de cette injonction, la mesure de suspension avec aménagement demeure exécutoire, malgré l'invalidation postérieure du permis, et le conducteur reste exposé aux sanctions prévues par l'art. L. 19, al. 1er et 2, [C. route, art. L. 224-16 à L. 224-18], s'il circule en dehors des périodes autorisées. • Crim. 19 mars 1997, n° 95-85.905 P.

11. Permis de conduire étranger. Commet le délit prévu par l'art. L. 19 [C. route, art. L. 224-16] la prévenue qui a conduit en France, postérieurement à la notification de la décision d'annulation de son permis français, sous couvert d'un permis de conduire luxembourgeois, irrégulièrement obtenu et dès lors sans valeur. • Crim. 11 mars 1998, nº 96-84.977 P : *D. 1998. IR 143*. ♦ L'annulation du permis de conduire, lorsqu'elle est prononcée, entraîne nécessairement l'interdiction du droit de conduire sur le territoire national, quand bien même le prévenu serait titulaire d'un permis délivré par un autre État. • Crim. 8 janv. 2013, nº 12-80.501 P : *D. actu. 15 févr. 2013, obs. Gayet ; Dr. pénal 2013, nº 40, note Robert* (où il est par ailleurs précisé qu'une éventuelle irrégularité concernant l'échange du permis de conduire est en revanche un motif inopérant, mais surabondant). • 22 oct. 2013, nº 12-83.112 P : *D. 2013. Actu. 2523 ; Dr. pénal 2013, nº 171, note Robert ; Jurispr. auto 2014, nº 860, p. 26, note Iosca.*

12. Erreur. A été relaxé du chef de conduite sans permis un prévenu qui avait été condamné à la peine d'annulation du permis de conduire avec interdiction de solliciter un nouveau permis pendant un délai de deux ans, délai au terme duquel son permis lui avait été restitué, sans que l'intéressé n'ait repassé les épreuves du permis de conduire. Pour la cour d'appel, si le prévenu ne démontrait nullement en quoi la remise par l'autorité administrative de son permis de conduire constituait une erreur de droit et encore moins en quoi il n'était pas en mesure de l'éviter alors qu'une démarche administrative aurait pu l'informer de sa situation, une erreur avait bel et bien été commise par un service administratif et le prévenu, en possession du document autorisant la conduite, pouvait penser qu'il était en droit d'utiliser un véhicule à moteur, malgré l'annulation judiciaire de son permis. Il existait dès lors une erreur de fait qui doit profiter au prévenu, cette erreur faisant disparaître l'élément intellectuel de l'infraction. • Angers, 15 nov. 2011 : *Dr. pénal 2012. Chron. 6, obs. Gauvin.*

II. RÉPRESSION

13. L'al. 1er de l'art. 395 C. pr. pén. permet au procureur de la République d'utiliser la procédure de comparution immédiate sans condition de flagrance, dès que le délit retenu est puni d'une peine dont le maximum est au moins égal à deux ans d'emprisonnement, ce qui est le cas à l'art. L. 19, al. 1er [C. route, art. L. 224-16]. • Crim. 18 juill. 1990 : *JCP 1990. IV. 379.*

Art. L. 224-17 I. — **Le fait, pour toute personne ayant reçu la notification d'une décision prononçant à son encontre la suspension ou l'annulation du permis de conduire, de refuser de restituer le permis suspendu ou annulé à l'agent de l'autorité chargé de l'exécution de cette décision est puni de deux ans d'emprisonnement et de 4 500 € d'amende.**

II. — **Le fait pour toute personne, pendant la période pour laquelle une décision de rétention du permis de conduire lui a été notifiée en application de l'article L. 224-1, de refuser de restituer le permis de conduire est puni de deux ans d'emprisonnement et de 4 500 € d'amende.**

III. — **Toute personne coupable de l'un des délits prévus au présent article encourt également les peines complémentaires suivantes :**

1° **La peine de travail d'intérêt général selon des modalités prévues à l'article 131-8 du code pénal et selon les conditions prévues aux articles 131-22 à 131-24 du même code et** *(Ord. nº 2019-950 du 11 sept. 2019, art. 5-VI et 9, en vigueur le 30 sept. 2021)* **« à l'article L. 122-1 du code de la justice pénale des mineurs » ;**

2° **La peine de jours-amende dans les conditions fixées aux articles 131-5 et 131-25 du code pénal.**

IV. — **Toute personne coupable de l'un des délits prévus au présent article, dans les cas où il a été commis à la suite d'une décision de suspension ou de rétention du permis de conduire, encourt également les peines complémentaires suivantes :**

1° **La suspension, pour une durée de trois ans, du permis de conduire, cette suspension pouvant être limitée à la conduite en dehors de l'activité professionnelle ;**

2° **L'annulation du permis, avec interdiction de solliciter la délivrance d'un nouveau permis pendant trois ans au plus.**

V. — **Les délits prévus au présent article, dans les cas où ils ont été commis à la suite d'une décision de suspension ou de rétention du permis de conduire, donnent lieu de plein droit à la réduction de la moitié** *(L. nº 2003-495 du 12 juin 2003, art. 11)* **« du nombre maximal de points » du permis de conduire.**

En ce qui concerne la suspension du permis de conduire prononcée à titre de peine principale, V. C. pén., art. 131-14 et 131-16, App., vº Infractions.

L'art. 2 de la L. nº 2021-218 du 26 févr. 2021 modifie la date d'entrée en vigueur du CJPM.

I. REFUS DE RESTITUTION D'UN PERMIS DE CONDUIRE SUSPENDU OU ANNULÉ

A. ART. L. 224-17-I

1. Le refus de restituer un permis de conduire suspendu est constitué par une abstention volontaire d'obtempérer à une injonction de l'agent de l'autorité chargé de l'exécution de la décision de suspension, quel que soit le mobile de cette abstention. • Crim. 15 juin 1977 : *Bull. crim. n° 222* • 3 mars 1980 : *Bull. crim. n° 72* • 4 avr. 1991 : *D. 1992. Somm. 204, obs. Couvrat et Massé*.

2. Permis de conduire étranger. Le prévenu n'étant pas titulaire d'un permis de conduire en France, il ne peut être condamné pour refus de restitution de permis de conduire suspendu. • Paris, 11 févr. 2004 : *Jurispr. auto 2004. 536.*

a. La décision de suspension

3. Un arrêté préfectoral qui se borne à mentionner, outre la date et le lieu des faits, la référence à l'art. L. 4 C. route et qui ne fait que viser l'avis de la commission de suspension du permis de conduire sans le reproduire ou le joindre, ne comporte pas une motivation conforme à celle exigée par la L. du 11 juill. 1979 et se trouve dès lors entaché d'illégalité ; dans ces conditions le refus de restitution du permis n'est pas constitué. • Crim. 11 oct. 1990 : *D. 1991. 75, 1re esp., note Couvrat et Massé* • 5 déc. 1991 : *Dr. pénal 1992, n° 98.* ♦ De même un arrêté préfectoral de suspension du permis qui ne porte pas l'indication de la vitesse à laquelle circulait le prévenu ni la vitesse maximale autorisée pas plus que le contenu de l'avis du délégué de la commission ne peut servir de base à une poursuite pour refus de restitution d'un permis de conduire. • Caen, 20 juill. 1992 : *Jurispr. auto 1993. 445.*

b. La notification de la décision

4. L'art. L. 19 [C. route, art. L. 224-17] ne précise pas les formes de la notification à l'intéressé de la décision prononçant la suspension. • Crim. 17 mai 1990, n° 86-95.509 P : *Dr. pénal 1990 n° 330; D. 1992. 509, 1re esp., note Fournier* • 22 mai 1991 : *D. 1992. 509, 2e esp., note Fournier ; D. 1992. Somm. 204, 2e esp., obs. Couvrat et Massé* • Crim. 23 mars 1992, n° 91-80.066 P • 17 févr. 1998, n° 96-86.257 P : *D. 1998. IR 116 ; Jurispr. auto 1998. 226,* et sur renvoi : • Toulouse, 25 mars 1999 : *BTL 1999. 463.*

5. La constatation par une cour d'appel selon laquelle une décision préfectorale a été régulièrement notifiée au prévenu est souveraine ; la juridiction justifie la décision de condamnation dès lors que l'art. R. 269 C. route ne soumet pas à une forme particulière la notification de la décision de suspension du permis de conduire. • Crim. 20 févr. 1991 : *Jurispr. auto 1991. 367.*

6. La notification résultant d'une visite des gendarmes au domicile du prévenu qui lui ont présenté l'arrêté préfectoral le concernant sert de base à une abstention volontaire d'obtempérer à une injonction des autorités chargées de l'exécution de la décision sans qu'une forme particulière de notification soit exigée. • Crim. 14 mai 1991 : *Jurispr. auto 1991. 409.*

7. L'exécution d'une mesure d'annulation du permis de conduire, qui n'est pas subordonnée à la formalité prévue par l'art. L. 30, 7° [C. route, art. L. 225-8], c'est-à-dire l'enregistrement de la décision judiciaire la prononçant, prend effet du jour même de sa notification, ou, si celle-ci est effectuée alors qu'une mesure de même nature est en cours, à l'expiration de cette dernière pour une durée s'ajoutant à la première, dans la limite du maximum légal. • Crim. 17 févr. 1998 : *préc. note 4.* ♦ Il résulte des art. L. 224-16 et L. 224-17 C. route que l'exécution d'une mesure d'interdiction de solliciter la délivrance d'un nouveau permis de conduire faisant suite à l'annulation de ce document ne prend effet qu'à compter du jour de la notification de la mesure par l'agent de l'autorité chargé de l'exécution (cassation de l'arrêt énonçant que le délai d'interdiction de solliciter un nouveau permis de conduire commence à compter du moment où l'arrêt de condamnation est devenu définitif, soit à l'issue du délai de pourvoi en cassation). • Crim. 28 nov. 2012, n° 12-82.183 P : *D. actu. 28 janv. 2013, obs. Winckelmuller ; D. 2013. Actu. 89 ; Dr. pénal 2013, n° 23, note Robert.* ♦ Il en est de même de la mesure d'annulation d'un permis de conduire (cassation d'un arrêt condamnant un prévenu pour conduite malgré annulation de son permis de conduire au motif que la décision d'annulation était de nature contradictoire et, en conséquence, avait acquis un caractère exécutoire à l'expiration du délai d'appel). • Crim. 26 avr. 2017, n° 16-84.539 P : *D. actu. 31 mai 2017, obs. Goetz ; Dr. pénal 2017, n° 108, note Robert.*

8. L'infraction est constituée si le prévenu reconnaît devant les gendarmes avoir eu connaissance de l'arrêté pris à son encontre et s'est volontairement abstenu de restituer son permis. • Crim. 12 déc. 1990 : *Jurispr. auto 1991. 60.* ♦ La preuve de la connaissance par le prévenu de l'existence de la mesure prise résulte des constatations souveraines des juges du fond. • Crim. 29 juin 1977 : *D. 1977. IR 391 ; RSC 1978. 332, obs. Vitu* • 17 mai 1990 : *D. 1992. 509, 1re esp., note Fournier*. ♦ L'infraction est constituée si le prévenu reconnaît avoir reçu une notification verbale de la décision. • Crim. 27 juin 1990 : *Jurispr. auto 1990. 372.*

c. La décision judiciaire postérieure

9. Un jugement de relaxe n'a pas pour conséquence de rendre illégale la décision administrative de suspension du permis de conduire mais seulement de la priver d'effet pour l'avenir ; celui qui est l'objet de cette décision ne peut s'y soustraire sans commettre l'infraction prévue par l'art. L. 19, al. 2 [C. route, art. L. 224-17]. • Crim. 4 nov. 1988 :

D. 1989. Somm. 171, obs. Pradel • 30 mai 1990 : *Jurispr. auto 1990. 231.*

10. Tant que la décision judiciaire ne prononçant aucune mesure restrictive au droit de conduire n'est pas définitive, le refus de restituer le permis de conduire en application d'une décision administrative de suspension est punissable. • Grenoble, 7 déc. 1990 : *Juris-Data n° 046173* • Crim. 19 juin 1991 : *Jurispr. auto 1991. 406.*

d. Les sanctions de l'art. L. 224-17-I

11. Une mesure de suspension du permis de conduire ne prend effet que du jour de la remise du document à l'agent de l'autorité chargé de l'exécution. • Crim. 4 nov. 1999, n° 99-84.586 P : *RSC 2000. 603, obs. Bouloc ; Jurispr. auto 2000. 69* • 12 mars 2008, n° 07-85.965 P : *D. 2008. AJ 1062 ; AJ pénal. 2008. 237 ; Jurispr. auto 2008. 305 ; Dr. pénal 2008. Comm. 63, obs. Robert.*

12. La suspension du permis de conduire ne peut être prononcée pour refus de restitution du permis si cette infraction n'a pas été commise à l'occasion de la conduite d'un véhicule. • Crim. 23 mars 1992, n° 91-80.066 P • 3 janv. 1996 : *inédit* • 18 mai 1998, n° 97-82.652 P : *D. 1998. IR 217 ; RSC 1999. 314, obs. Bouloc ; Dr. pénal 1998. Comm. 130, obs. Robert.*

B. ART. L. 224-17-II

13. *Néant.*

II. RÉPRESSION

14. En sanctionnant le fait de refuser de restituer un permis de conduire annulé, l'art. L. 224-17 vise le seul refus opposé en cas d'annulation judiciaire du permis de conduire. Doit être en conséquence relaxé le prévenu poursuivi pour refus de restituer un permis de conduire annulé sur le fondement de l'art. L. 224-17, dès lors qu'aucun élément du dossier (et notamment le bulletin n° 1 du casier judiciaire de l'intéressé) ne permet à la Cour de retenir que le prévenu a fait l'objet d'une annulation judiciaire de son permis de conduire (en l'espèce, le fichier des permis de conduire avait révélé que le permis de l'intéressé était « annulé » alors qu'en réalité celui-ci avait été invalidé pour perte totale des points). • Aix-en-provence, 6 mars 2008 : *JCP 2008. IV. 1458.*

Art. L. 224-18 **I. — Le fait pour toute personne, par une fausse déclaration, d'obtenir ou de tenter d'obtenir le permis de conduire est puni de deux ans d'emprisonnement et de 4 500 € d'amende.**

II. — Toute personne coupable de ce délit encourt également les peines complémentaires suivantes :

1° La suspension, pour une durée de trois ans au plus, du permis de conduire, cette suspension pouvant être limitée à la conduite en dehors de l'activité professionnelle ;

2° La peine de travail d'intérêt général selon des modalités prévues à l'article 131-8 du code pénal et selon les conditions prévues aux articles 131-22 à 131-24 du même code et *(Ord. n° 2019-950 du 11 sept. 2019, art. 5-VI et 9, en vigueur le 30 sept. 2021)* **« à l'article L. 122-1 du code de la justice pénale des mineurs » ;**

3° La peine de jours-amende dans les conditions fixées aux articles 131-5 et 131-25 du code pénal.

III. — Ce délit donne lieu de plein droit à la réduction de la moitié *(L. n° 2003-495 du 12 juin 2003, art. 11)* **« du nombre maximal de points » du permis de conduire.**

En ce qui concerne la suspension du permis de conduire prononcée à titre de peine principale, V. C. pén., art. 131-14 et 131-16, App., v° Infractions.

L'art. 2 de la L. n° 2021-218 du 26 févr. 2021 modifie la date d'entrée en vigueur du CJPM.

CHAPITRE V ENREGISTREMENT ET COMMUNICATION DES INFORMATIONS RELATIVES AU PERMIS DE CONDUIRE

COMMENTAIRE

La présentation de ce chapitre n'appelle pas de longs commentaires. C'est la reprise des articles L. 30 à L. 42 de l'ancien code issus d'une loi du 19 décembre 1990 et présentés dans le même ordre. La seule différence est que, dans ce chapitre V, inséré dans le titre consacré au permis de conduire, n'apparaissent que les informations relatives au conducteur et à son permis de conduire. Les informations relatives au véhicule sont dans le titre III, livre III. Dès lors les dispositions législatives concernant le fichier des permis de conduire, appelé Système national des permis de conduire, figurent dans le présent chapitre ; celles relatives au fichier national des immatriculations – et de son remplaçant dénommé Système d'immatriculation des véhicules – sont inscrites aux articles L. 330-1 et suivants.

Art. L. 225-1 I. — Il est procédé, dans les services de l'État et sous l'autorité et le contrôle du ministre de l'intérieur, à l'enregistrement :

1° De toutes informations relatives aux permis de conduire dont la délivrance est sollicitée ou qui sont délivrés en application du présent code, ainsi qu'aux permis de conduire délivrés par les autorités étrangères et reconnus valables sur le territoire national ;

2° De toutes décisions administratives dûment notifiées portant restriction de validité, retrait, suspension, annulation et restriction de délivrance du permis de conduire *(L. n° 2019-1428 du 24 déc. 2019, art. 98-I)* « ou interdiction de se présenter à l'examen du permis de conduire », ainsi que des avertissements prévus par le présent code ;

3° De toutes mesures de retrait du droit de faire usage du permis de conduire qui seraient communiquées par les autorités compétentes des territoires et collectivités territoriales d'outre-mer ;

4° De toutes mesures de retrait du droit de faire usage du permis de conduire prises par une autorité étrangère et communiquées aux autorités françaises conformément aux accords internationaux en vigueur ;

5° Des procès-verbaux des infractions entraînant retrait de points et ayant donné lieu au paiement d'une amende forfaitaire ou à l'émission d'un titre exécutoire de l'amende forfaitaire majorée ;

6° De toutes décisions judiciaires à caractère définitif en tant qu'elles portent restriction de validité, suspension, annulation et interdiction de délivrance du permis de conduire *(L. n° 2019-1428 du 24 déc. 2019, art. 98-I)* « ou interdiction de se présenter à l'examen du permis de conduire », ou qu'elles emportent réduction du nombre de points du permis de conduire ainsi que de l'exécution d'une composition pénale ;

7° De toute modification du nombre de points affectant un permis de conduire dans les conditions définies aux articles L. 223-1 à L. 223-8 ;

(L. n° 2016-1547 du 18 nov. 2016, art. 37-I-2° et II, en vigueur au plus tard le 18 nov. 2017) « 8° Du nombre de points affectés au conducteur mentionné au I de l'article L. 223-10 lorsque ce conducteur a commis une infraction entraînant un retrait de points, de toute modification de ce nombre et des décisions administratives dûment notifiées portant interdiction de conduire sur le territoire national. »

II. — Ces informations peuvent faire l'objet de traitements automatisés, soumis aux dispositions de la loi n° 78-17 du 6 janvier 1978 relative à l'informatique, aux fichiers et aux libertés.

Dispositions réglementaires : R. 225-1 s.

V. App., v° Permis de conduire : Arr. du 29 juin 1992 (système national des permis de conduire), Arr. du 29 juin 1992 (supports techniques des informations prévues à l'art. L. 30 [4° à 7°] du code de la route [C. route, art. L. 225-1]).

V. Arr. du 2 févr. 2015 confiant à l'Agence nationale des titres sécurisés (ANTS) la maîtrise d'œuvre de la tierce maintenance applicative de l'application réglementaire « Système national des permis de conduire » (SNPC) et de son environnement (JO 11 févr.).

V. Arr. du 14 févr. 2022 portant création d'un traitement automatisé de données à caractère personnel dénommé « Recours.permisdeconduire » (JO 1er mars).

Art. L. 225-2 I. — Sans préjudice de l'application des lois d'amnistie, les informations relatives aux condamnations judiciaires, aux compositions pénales, aux amendes forfaitaires et aux mesures administratives affectant le permis de conduire doivent être effacées lorsque s'est écoulé un délai de *(L. n° 2003-495 du 12 juin 2003, art. 32)* « dix ans » sans que soit à nouveau intervenue une décision judiciaire, une mesure administrative mentionnée au 2° du I de l'article L. 225-1 ou une mesure établissant la réalité d'une infraction dans les conditions prévues à l'article L. 223-1.

II. — Le délai prévu au I du présent article court :

1° Pour les condamnations judiciaires, à compter du jour où la dernière condamnation est devenue définitive ; pour les compositions pénales, à compter du jour où la mesure est exécutée ;

2° Pour les amendes forfaitaires, à compter du jour du paiement de la dernière amende ou de l'émission du titre exécutoire de cette amende ;

3° Pour les mesures administratives, à compter du jour de la dernière décision.

III. — Au cas où une mesure administrative est annulée, l'effacement des informations relatives à cette mesure est effectué au jour de la décision judiciaire ou administrative prononçant cette annulation.

IV. — *(L. n° 2003-495 du 12 juin 2003, art. 32)* **« En cas d'interdiction définitive de solliciter un nouveau permis de conduire, les informations mentionnées au I sont effacées lorsque la personne atteint sa quatre-vingtième année. »**

V. — Le délai est réduit à trois ans à compter du jour où la dernière condamnation est devenue définitive, du jour du paiement de la dernière amende ou de l'émission du titre exécutoire de cette amende pour les informations mentionnées au 7° du I de l'article L. 225-1.

VI. — Le délai est réduit à deux ans à compter du jour de l'enregistrement pour les informations relatives aux permis de conduire dont la délivrance est sollicitée.

Art. L. 225-3 Le titulaire du permis de conduire *(L. n° 2016-1547 du 18 nov. 2016, art. 37-I-3° et II, en vigueur au plus tard le 18 nov. 2017)* **« et le conducteur mentionné au I de l'article L. 223-10 ont » droit à la communication du relevé intégral des mentions le concernant.** *(Ord. n° 2005-650 du 6 juin 2005, art. 11-I)* **« Cette communication s'exerce dans les conditions prévues par** *(Ord. n° 2015-1341 du 23 oct. 2015, art. 3 et 6, en vigueur le 1er janv. 2016)* **« les articles L. 300-1 et suivants du code des relations entre le public et l'administration ». »**

Communication impossible d'une copie des décisions de retrait de points. La gestion du décompte des points retirés ou réattribués aux permis de conduire est assurée, sur le fondement des dispositions de l'art. L. 225-1, par un traitement automatisé d'informations à caractère nominatif dénommé « Système national des permis de conduire » qui transmet une fois par semaine, de manière groupée, les données relatives aux retraits de points qu'il enregistre à l'Imprimerie nationale, afin qu'elle procède de manière automatisée à la mise en forme, à l'impression et à l'expédition des décisions correspondantes, qui sont datées du jour de leur édition et revêtues du fac-similé de la signature du fonctionnaire habilité à cette date à les signer au nom du ministre de l'Intérieur. Au terme de ces opérations, l'Imprimerie nationale, qui ne figure pas parmi les autorités que l'art. L. 225-4 habilite à accéder aux informations énumérées à l'art. L. 225-1 préc., efface les fichiers informatiques utilisés pour éditer les décisions. Il en résulte que le ministre de l'Intérieur n'est pas en mesure de fournir une copie conforme d'une décision de retrait de points et peut seulement communiquer à l'intéressé le relevé intégral d'informations relatif à son permis de conduire, prévu à l'art. L. 225-3, où figurent les informations relatives à ce retrait qui ont été transmises à l'Imprimerie nationale, notamment la date, le lieu et la qualification pénale de l'infraction ainsi que l'événement qui en a établi la réalité. • CE 19 juill. 2017, n° 386534 : *Gaz. Pal. 3 oct. 2017, p. 45.*

Art. L. 225-4 *(L. n° 2008-644 du 1er juill. 2008, art. 10)* **Les autorités judiciaires,** *(L. n° 2011-267 du 14 mars 2011, art. 79)* **« les magistrats de l'ordre administratif dans le cadre des recours formulés contre les décisions de retrait de point du permis de conduire, » les officiers de police judiciaire chargés de l'exécution d'une ordonnance juridictionnelle ou agissant dans le cadre d'une enquête de flagrance, le représentant de l'État dans le département dans l'exercice de ses compétences en matière de permis de conduire, les militaires de la gendarmerie et les fonctionnaires de la police nationale habilités à effectuer des contrôles routiers en application du présent code** *(L. n° 2016-1547 du 18 nov. 2016, art. 37-I-4° et II, en vigueur à une date fixée par Décr. en Conseil d'État, et au plus tard le 18 nov. 2017)* **« , les agents spécialement habilités des observatoires et des établissements publics chargés de réaliser des études statistiques sur les accidents de la route pour le compte du ministre chargé de la sécurité routière »** *(Ord. n° 2016-460 du 14 avr. 2016)* **« ainsi que les fonctionnaires ou agents de l'État chargés du contrôle des transports terrestres placés sous l'autorité du ministre chargé des transports pour l'exercice des compétences en matière de contrôle du transport routier prévues au présent code, » sont autorisés à accéder** *(Abrogé par L. n° 2016-339 du 22 mars 2016, art. 7)* **«** ***directement*** **» aux informations enregistrées en application de l'article L. 225-1.**

COMMENTAIRE

Autorités et personnes pouvant accéder à l'ensemble des informations du Système national des permis de conduire. L'article L. 225-4 énumère la liste des autorités et personnes qui peuvent accéder à l'ensemble des informations figurant dans le Système national des permis de conduire. Il a été modifié à plusieurs reprises.

La loi du 1er juillet 2008 a ainsi modifié le présent article afin de permettre aux diverses autorités qu'il énumère un accès direct au fichier national des permis de conduire. Dans sa version initiale, l'article L. 225-4 permettait certes à ces autorités (du moins à certaines d'entre elles) d'accéder à l'ensemble des informations de ce fichier, mais seulement sur demande... Ce qui était d'ailleurs contradictoire avec les dispositions correspondantes de la partie réglementaire qui prévoyaient, quant à elles, un accès direct aux informations figurant dans le Système national des permis de conduire (V. art. R. 225-4, aussi bien dans sa version initiale que dans sa version actuelle, résultant d'un décret du 24 mai 2018).

En permettant à ces autorités d'accéder directement aux informations du fichier national des permis de conduire, le législateur a également voulu, en 2008, améliorer l'exécution des peines de suspension du permis de conduire. Une telle peine est en effet souvent précédée d'une suspension administrative du permis de conduire dont la durée s'impute sur la durée de la suspension prononcée, le cas échéant, par l'autorité judiciaire. Or, le législateur a constaté que les autorités judiciaires n'avaient pas toujours à leur disposition les informations pertinentes concernant la suspension administrative, notamment en ce qui concerne son point de départ. En permettant aux autorités judiciaires d'accéder directement au fichier national des permis de conduire, qui contient de telles informations, on a donc voulu faciliter la mise à exécution des peines de suspension.

La loi du 14 mars 2011 a, ensuite, ajouté à la liste des autorités et personnes pouvant accéder directement aux informations figurant au fichier national des permis de conduire, « les magistrats de l'ordre administratif ». Par là même, il s'est agi de faciliter le traitement du contentieux des permis à points, ces magistrats pouvant accéder directement aux informations de ce fichier « dans le cadre des recours contre les décisions de retrait de points du permis de conduire ».

La loi du 22 mars 2016 a, par la suite, supprimé l'adverbe « directement » qui figurait à l'article L. 225-4, *in fine*. Cette modification est à mettre en lien avec la suppression, par cette même loi, de la formule « sur leur demande » qui figurait à l'article L. 225-5. Le législateur a en effet considéré qu'il appartenait au pouvoir réglementaire, et non au pouvoir législatif, de préciser les modalités d'accès aux données figurant dans un fichier. Surtout, il a estimé que, dans les différents cas envisagés à l'article L. 225-4 et L. 225-5, l'accès au Système national des permis de conduire pouvait être qualifié de direct, en ce sens que les autorités et personnes concernées peuvent accéder à ce fichier, sans passer par la CNIL. Pour le législateur, concernant l'accès aux informations du Système national des permis de conduire, la différence de traitement entre les autorités et personnes énumérées dans les deux articles porte, en réalité, sur les informations auxquelles elles peuvent accéder. Les autorités et personnes visées à l'article L. 225-4 peuvent en effet accéder à toutes les informations du fichier, alors que les personnes listées à l'article L. 225-5 ne peuvent accéder qu'aux informations concernant l'existence, la catégorie et la validité d'un permis de conduire. Toutes ces autorités et personnes ne peuvent toutefois pas accéder à ces informations directement, comme le précisent les articles R. 225-4 à R. 225-6, qui font une distinction entre les autorités et personnes qui peuvent accéder directement aux données du Système national des permis de conduire et celles qui ne peuvent y accéder que par l'intermédiaire d'un agent de l'État (V. comm. ss. art. R. 225-6).

On notera enfin que ***l'ordonnance du 15 avril 2016*** a encore allongé la liste des personnes pouvant accéder à l'ensemble des informations figurant dans le Système national du permis de conduire, en y ajoutant les fonctionnaires et agents de l'État chargés du contrôle des transports terrestres. Ces derniers pouvaient déjà accéder, depuis une loi du 28 mai 2013, aux informations inscrites dans le Système national du permis de conduire relatives à l'existence, la catégorie et la validité d'un permis de conduire (V. art. L. 225-5, 10° dont les dispositions n'ont d'ailleurs pas été modifiées par l'Ord. du 15 avr. 2016). Ils peuvent, depuis cette ordonnance de 2016, accéder à l'ensemble des informations qui y figurent.

Et, à toutes ces autorités ou personnes, il faut encore ajouter, depuis **la loi du 18 novembre 2016**, les agents spécialement habilités des observatoires et établissements publics chargés de réaliser des études statistiques sur les accidents de la route. Pour le législateur, il s'est agi, par là même, de mieux identifier les facteurs de risque en matière d'accident de la route, en permettant aux spécialistes de l'accidentologie routière, par exemple, de faire des liens entre un conducteur impliqué dans un accident de la circulation et son passé pénal routier. ❑

1. Consultation du fichier national des permis de conduire par le juge administratif. Si, en vertu de l'art. L. 225-4 C. route, dans sa rédaction applicable avant la L. du 14 mars 2011, seules les autorités judiciaires sont autorisées à accéder directement aux informations enregistrées dans le fichier informatique dit « relevé d'information intégral du conducteur », il appartient toutefois au juge administratif de requérir des administrations compétentes la production de tous les documents nécessaires à la solution des litiges qui lui sont soumis, à la seule exception de ceux qui sont couverts par un secret garanti par la loi. Or il ne résulte ni de l'art. L. 225-4 C. route, ni d'aucune disposition législative, que les informations nominatives contenues dans le relevé d'information intégral relatif à la situation d'un conducteur ne puissent, de par leur nature, être communiquées par l'administration au juge administratif, soit de sa propre initiative, soit à la demande de ce dernier, à l'occasion d'un litige relatif au permis de conduire de ce conducteur, cette communication n'ayant pas pour effet d'autoriser la divulgation de ce fichier en dehors des cas prévus par la loi, dès lors qu'elle se limite au juge administratif. • CAA Paris, 27 juin 2014, n° 13PA04512 : *inédit* (qui précise qu'en tout état de cause, l'art. L. 225-4 C. route, dans sa rédaction issue de l'art. 79 de la L. du 14 mars 2011, autorise les magistrats de l'ordre administratif, dans le cadre des recours formulés contre les décisions de retrait de point du permis de conduire, à accéder directement aux informations enregistrées dans le relevé d'information intégral).

2. Cause d'interruption de la prescription. Il résulte de l'art. 9-2 C. pr. pén. que la consultation du fichier national des permis de conduire constitue, dans tous les cas, un acte d'instruction ou de poursuite, interruptif de prescription de l'action publique, même lorsque cette consultation vise une infraction ne donnant pas lieu à retrait de points du permis de conduire. • Crim. 1er sept. 2020, n° 19-87.157 P : *D. 2020. 1681 ; D. actu. 29 sept. 2020, obs. Dominati ; Dr. pénal 2020, n° 173, note Robert ; ibid. n° 180, obs. Maron et Haas ; Gaz. Pal. 13 oct. 2020, p. 16, note Hardouin-Legoff.* ♦ V., déjà en ce sens, avant la L. du 27 févr. 2017 portant réforme de la prescription en matière pénale. • Crim. 28 oct. 2014, n° 13-86.413 : *Dr. pénal 2014, n° 151, note Maron et Haas,* jugeant que la consultation du fichier national des permis de conduire constitue un acte d'instruction ou de poursuite, interruptif de prescription de l'action publique au sens de l'art. 7 C. pr. pén. ♦ Pour une solution identique, en cas de consultation du fichier national des immatriculations, V. notes ss. art. L. 330-2.

Art. L. 225-5 Les informations relatives à l'existence, la catégorie et la validité du permis de conduire sont communiquées *(Abrogé par L. n° 2016-339 du 22 mars 2016, art. 7-2°)* « *sur leur demande* » :

1° Au titulaire du permis *(L. n° 2016-1547 du 18 nov. 2016, art. 37-I-5° et II, en vigueur à une date fixée par Décr. en Conseil d'État, et au plus tard le 18 nov. 2017)* « ou au conducteur mentionné au I de l'article L. 223-10 », à son avocat ou à son mandataire ;

2° Aux autorités compétentes des territoires et collectivités territoriales d'outre-mer, aux fins d'authentification du permis de conduire ;

3° Aux autorités étrangères compétentes, aux fins d'authentification du permis de conduire, conformément aux accords internationaux en vigueur ;

4° Aux officiers ou agents de police judiciaire agissant dans le cadre d'une enquête préliminaire ;

5° Aux militaires de la gendarmerie ou aux fonctionnaires de la police nationale habilités à effectuer des contrôles routiers en application des dispositions du présent code ;

(L. n° 2003-239 du 18 mars 2003, art. 86) « 5° *bis* Aux agents de police judiciaire adjoints et aux gardes champêtres, aux seules fins d'identifier les auteurs des infractions au présent code qu'ils sont habilités à constater ; »

6° Aux autorités administratives civiles ou militaires pour les personnes employées ou susceptibles d'être employées comme conducteur de véhicule à moteur ;

7° Aux entreprises d'assurances pour les personnes dont elles garantissent ou sont appelées à garantir la responsabilité encourue du fait des dommages causés par les véhicules à moteur ;

(L. n° 2003-495 du 12 juin 2003, art. 24) « 8° A l'organisme chargé de la délivrance et de la gestion des cartes de conducteur associées au chronotachygraphe électronique utilisé pour le contrôle des transports routiers ; »

(L. n° 2009-1503 du 8 déc. 2009, art. 41) « 9° A l'organisme chargé de la délivrance et de la gestion des cartes de qualification de conducteur destinées à prouver la qualification initiale et la formation continue des conducteurs de certains véhicules routiers affectés aux transports de marchandises ou de voyageurs ; »

(L. n° 2013-431 du 28 mai 2013, art. 20) « 10° Aux fonctionnaires ou agents de l'État chargés du contrôle des transports terrestres placés sous l'autorité du ministre

chargé des transports pour l'exercice des compétences en matière de contrôle du transport routier prévues au présent code » ;

(L. nº 2016-339 du 22 mars 2016, art. 7-2º) **« 11º Aux entreprises exerçant une activité de transport public routier de voyageurs ou de marchandises, pour les personnes qu'elles emploient comme conducteur de véhicule à moteur ; »**

(L. nº 2023-479 du 21 juin 2023, art. 4) **« 12º A la Caisse des dépôts et consignations pour sa mission de gestion du système d'information du compte personnel de formation mentionné au II de l'article L. 6323-8 du code du travail. »**

(L. nº 2016-1547 du 18 nov. 2016, art. 37-I-5º et II, en vigueur à une date fixée par Décr. en Conseil d'État, et au plus tard le 18 nov. 2017) **« Pour le conducteur mentionné au I de l'article L. 223-10, les informations mentionnées au premier alinéa du présent article comprennent celles relatives aux décisions dûment notifiées portant interdiction de conduire sur le territoire national enregistrées en application du 8º du I de l'article L. 225-1. »**

COMMENTAIRE

Autorités et personnes pouvant accéder à certaines informations du Système national des permis de conduire. L'article L. 225-5 énumère la liste des autorités et personnes qui peuvent accéder à certaines informations du Système national des permis de conduire, à savoir celles relatives à l'existence, la catégorie et la validité du permis de conduire. Cette liste a été modifiée à plusieurs reprises depuis la recodification, afin de permettre à de nouvelles personnes d'accéder aux informations concernées, ou bien en raison de leur fonction ou de leur domaine d'activité.

Parmi ces modifications, on notera celles apportées par la loi du 18 mars 2003 qui, en définitive, est venu combler une lacune, en faisant figurer, dans cette liste, les agents de police judiciaire adjoints – et donc notamment les agents de police municipale – ainsi que les gardes champêtres. Logiquement, l'article L. 225-5, 5º *bis*, créé par cette loi, précise cependant que l'accès de ces personnes au Système national des permis de conduire a seulement pour but de leur permettre d'identifier les auteurs des infractions au code de la route qu'ils sont habilités à constater (sur ces infractions, V. art. R. 130-1-1 s.).

Il convient également de remarquer les modifications apportées à l'article L. 225-5 par la loi du 18 novembre 2016, en lien avec l'instauration par cette loi d'un permis à points virtuel pour les conducteurs titulaires d'un permis de conduire étranger circulant en France (V. art. L. 223-10 et son comm.). Afin de permettre à ces conducteurs de vérifier la validité de leur permis virtuel, le législateur est en effet venu précisé ici que ceux-ci pouvaient accéder aux informations les concernant dans le Système national du permis de conduire et notamment aux décisions qui leur ont été notifiées portant interdiction de circuler sur le territoire national.

Accès direct ou sur demande. Sur la suppression par loi du 22 mars 2016 de la formule « sur leur demande » qui figurait au sein de l'article L. 225-5, voir commentaire sous l'article L. 225-4. ❑

Art. L. 225-6 **Aucune** *(Ord. nº 2018-1125 du 12 déc. 2018, art. 19, en vigueur le 1er juin 2019)* **« donnée à caractère personnel » relative au permis de conduire ne peut être divulguée en dehors des cas expressément prévus aux articles L. 225-3 à L. 225-5.**

1. Est justifié le rejet de la demande d'un avocat tendant à obtenir le relevé intégral des mentions relatives au permis de conduire concernant son client, dès lors que notamment l'art. L. 35 [C. route, art. L. 225-5] ne leur permet d'avoir accès qu'aux informations relatives à l'existence, la catégorie et la validité du permis de conduire. L'existence d'un mandat, au sens des dispositions de l'art. 1984 C. civ., ne peut avoir pour effet d'écarter, au profit du mandataire, l'application des règles relatives à la communication des informations sur le permis de conduire telles que prévues par le code de la route. • CAA Paris, 21 nov. 2006 : *Juripr. auto 2007. 87.*

2. Information des employeurs sur la situation du permis de conduire de leurs salariés. En l'état actuel de la réglementation, les employeurs n'ont pas la possibilité de se voir communiquer les informations nominatives relatives à la situation du permis de conduire de leurs salariés. Le code de la route (art. L. 225-3 à L. 225-5) limite très précisément les personnes pouvant se voir délivrer ce type d'information. Suite à l'accident récent, causé par un car conduit par un chauffeur qui faisait l'objet d'une invalidation de permis de conduire, le Gouvernement a toutefois décidé de mettre en place un groupe de travail afin d'étudier l'opportunité de la mise en place d'un dispositif d'information des employeurs concernant la situation du permis de conduire de leurs salariés. * Rép. min. n° 45777 : *JOAN Q, 28 juill. 2009, p. 7534.* ♦ Les informations relatives au permis de conduire constituent des informations nominatives à caractère personnel. Les modalités d'accès à ces informations sont très strictement encadrées par le code de la route. Cependant, aucune obligation ni interdiction à ce sujet ne figurant dans le code du travail ou dans le code de la route, rien ne s'oppose à ce qu'un employeur demande à ses salariés de lui présenter périodiquement leur permis. Une telle obligation peut figurer dans le règlement intérieur de l'entreprise ou dans une instruction du chef d'entreprise. De plus, la jurisprudence n'a pas interdit à l'employeur de demander à son salarié de l'informer de la perte des points de son permis. La convention collective du transport routier prévoit ainsi la déclaration par le salarié à son employeur de la perte de ses points ou de son permis de conduire, la perte partielle ouvrant droit à un stage de reconstitution de points avec autorisation d'absence. Les conséquences de la perte du permis, par retrait, invalidation, suspension ou annulation, sont variables en fonction des possibilités de l'entreprise, mais la perte du permis n'est pas à elle seule un motif de licenciement. L'amélioration de l'information de l'employeur sur le statut de ses salariés, au regard du permis de conduire, passe par la relation entre l'employeur et ses employés et les dispositions internes à l'entreprise. * Rép. min. n° 56372 : *JOAN Q, 13 janv. 2010, p. 658.*

3. Application du RGPD. L'art. 10 du Règl. (UE) 2016/679 du 27 avr. 2016 relatif à la protection des personnes physiques à l'égard du traitement des données à caractère personnel et à la libre circulation de ces données (dit RGPD) doit être interprété en ce sens qu'il s'applique au traitement des données à caractère personnel relatives aux points de pénalité imposés aux conducteurs de véhicules pour des infractions routières. • CJUE 22 juin 2021, n° C-439/19 : *CCE 2022, n° 13, note Debet.*

4. Les dispositions du RGPD doivent être interprétées en ce sens qu'elles s'opposent à une législation nationale qui fait obligation à l'organisme public chargé du registre dans lequel sont inscrits les points de pénalité imposés aux conducteurs de véhicules pour des infractions routières de rendre ces données accessibles au public, sans que la personne demandant l'accès ait à justifier d'un intérêt spécifique à obtenir lesdites données. • CJUE 22 juin 2021, n° C-439/19 : *préc. note 3.* ♦ ... De communiquer ces données à des opérateurs économiques à des fins de réutilisation. • Même décision.

Art. L. 225-7 **Le fait de prendre le nom d'une personne dans des circonstances qui ont déterminé ou auraient pu déterminer, en application de l'article L. 225-1, l'enregistrement au nom de cette personne d'une condamnation judiciaire ou d'une décision administrative est puni des peines prévues par l'article 434-23 du code pénal.**

Art. L. 225-8 **Le fait, en prenant un faux nom ou une fausse qualité, de se faire communiquer le relevé des mentions enregistrées en application de l'article L. 225-1 et concernant un tiers est puni de la peine prévue par l'article 781 du code de procédure pénale.**

Est puni de la même peine le fait d'obtenir soit directement, soit indirectement, communication *(Ord. n° 2018-1125 du 12 déc. 2018, art. 19, en vigueur le 1er juin 2019)* **« de données à caractère personnel » dont la divulgation n'est pas expressément prévue par le présent code.**

COMMENTAIRE

Les deux textes d'incrimination de ce chapitre (art. L. 225-7 et L. 225-8) portent de lourdes peines : cinq ans d'emprisonnement et 75 000 euros d'amende, peines prévues par l'article 434-23 du code pénal, concernant l'entrave à l'exercice de la justice ; 7 500 euros d'amende, ce qui constitue une peine délictuelle, curieusement ici prévue par le code de procédure pénale : article 781 relatif au casier judiciaire. Mais ce sont des textes quasiment inappliqués. ❑

Art. L. 225-9 **Des décrets en Conseil d'État fixent les conditions d'application des dispositions des articles L. 225-1 à L. 225-8 et notamment les modalités de la communication des décisions de justice par les autorités judiciaires.**

Informations relatives au permis de conduire : R. 225-1 s.

TITRE III COMPORTEMENT DU CONDUCTEUR

COMMENTAIRE

Bien conduire et bien se conduire. Ce troisième titre s'intéresse au comportement, c'est-à-dire à la manière d'être et d'agir du conducteur d'un véhicule (et pas nécessairement à moteur). Il aurait été possible de formuler dans le présent titre tout ce qui concerne la conduite proprement dite, mais les rédacteurs du code recomposé ont préféré mettre la plupart des règles de conduite, comme, par exemple, les règles à respecter en matière de vitesse, dans le livre IV consacré à l'usage des voies. Le terme de comportement doit ainsi être entendu ici au sens d'action ou de réaction personnelle adopté par le conducteur d'un véhicule à l'occasion de la conduite elle-même ou d'événements qui peuvent survenir. Plusieurs comportements que le conducteur ne doit pas adopter sont plus exactement mis en avant, à savoir fuir en cas d'accident (chapitre I), refuser d'obtempérer ou de se soummettre aux vérifications lors d'un contrôle routier (chapitre III), conduire sous l'influence de l'alcool (chapitre IV) ou après usage de stupéfiants (chapitre V) et, depuis la loi n° 2018-701 du 3 août 2018, compromettre délibérément la sécurité ou la tranquillité des usagers de la route (chapitre VI). En somme, par toutes ces interdictions, le présent titre impose à tout conducteur et en toutes circonstances d'adopter un comportement raisonnable et responsable, autrement dit de bien conduire et de bien se conduire.

Bien conduire, c'est également ne pas causer d'accident engendrant des conséquences dommageables aux personnes. C'est ce que rappelle le chapitre II du présent titre en reproduisant les dispositions du code pénal sur l'homicide et les blessures involontaires commis à l'occasion de la conduite d'un véhicule terrrestre à moteur. ❑

CHAPITRE I COMPORTEMENT EN CAS D'ACCIDENT

Art. L. 231-1 Les dispositions relatives au délit de fuite commis par le conducteur d'un véhicule sont fixées par les articles 434-10 et 434-45 du code pénal ci-après reproduits :

Art. 434-10 Le fait, pour tout conducteur d'un véhicule ou engin terrestre, fluvial ou maritime, sachant qu'il vient de causer ou d'occasionner un accident, de ne pas s'arrêter et de tenter ainsi d'échapper à la responsabilité pénale ou civile qu'il peut avoir encourue est puni de *(L. n° 2011-267 du 14 mars 2011, art. 82)* « trois ans d'emprisonnement et de 75 000 € d'amende ».

Lorsqu'il y a lieu à l'application des articles 221-6 et 222-19, les peines prévues par ces articles sont portées au double *(L. n° 2003-495 du 12 juin 2003, art. 3)* « hors les cas prévus par les articles 221-6-1, 222-19-1 et 222-20-1 ».

Art. 434-45 Les personnes physiques coupables du délit prévu par l'article 434-10 encourent également la suspension, pour une durée de cinq ans au plus, du permis de conduire, *(L. n° 2003-495 du 12 juin 2003, art. 5)* « cette suspension ne pouvant pas être limitée à la conduite en dehors de l'activité professionnelle ».

RÉP. PÉN. v° *Délit de fuite*, par REDON.

Art. L. 231-2 Les personnes physiques coupables du délit prévu à l'article 434-10 du code pénal commis à l'occasion de la conduite d'un véhicule encourent également les peines complémentaires suivantes :

1° L'annulation du permis de conduire avec interdiction de solliciter la délivrance d'un nouveau permis pendant trois ans au plus ;

2° La peine de travail d'intérêt général selon des modalités prévues à l'article 131-8 du code pénal et selon les conditions prévues aux articles 131-22 à 131-24 du même code et *(Ord. n° 2019-950 du 11 sept. 2019, art. 5-VI et 9, en vigueur le 30 sept. 2021)* **« à l'article L. 122-1 du code de la justice pénale des mineurs » ;**

3° La peine de jours-amende dans les conditions fixées aux articles 131-5 et 131-25 du code pénal ; – *[Anc. art. L. 1er-1, al. 2, L. 1er-2, et L. 15, I.]*

(L. n° 2003-495 du 12 juin 2003, art. 6) **« 4° L'interdiction de conduire certains véhicules terrestres à moteur, y compris ceux pour la conduite desquels le permis de conduire n'est pas exigé, pour une durée de cinq ans au plus ;**

« 5° L'obligation d'accomplir, à leurs frais, un stage de sensibilisation à la sécurité routière ;

« 6° La confiscation du véhicule dont le condamné s'est servi pour commettre l'infraction, s'il en est le propriétaire. »

L'art. 2 de la L. n° 2021-218 du 26 févr. 2021 modifie la date d'entrée en vigueur du CJPM.

Art. L. 231-3 Le délit rappelé à l'article L. 231-1 donne lieu de plein droit à la réduction de la moitié *(L. nº 2003-495 du 12 juin 2003, art. 11)* **« du nombre maximal de points » du permis de conduire.** – *[Anc. art. L. 11-1, al. 1er et 2, et L. 11-2, al. 1er.]*

Comportement en cas d'accident : R. 231-1.

RÉP. PÉN. vº *Délit de fuite,* par REDON.

BIBL. ▶ PERRAUD-CHARMANTIER, *Gaz. Pal. 1955. 2. Doctr. 6.* - PELOQUIN, *Gaz. Pal. 1969. 2. Doctr. 56.* - MAYER, *RD pén. crim. 1975-76, p. 822.* - CORBOZ, *RI crim. et pol. techn. 1979. 7.* - DEFRANCE, *Jurispr. auto 1997. 540.* - SAMUEL, *J.-Cl. Pénal, art. 434-10.*

COMMENTAIRE

Délit de fuite. C'est la première fois que figure dans la loi l'expression « délit de fuite », expression couramment utilisée depuis bien longtemps.

L'histoire de ce délit ne manque pas d'originalité. Il a été créé par une loi du 17 juillet 1908 et introduit dans le code de la route à l'article L. 2, c'est-à-dire dans les tout premiers articles de ce code. Avec le nouveau code pénal, il a quitté le code de la route pour se généraliser à l'article 434-10 (véhicule ou engin terrestre, fluvial ou maritime). Mais le texte de l'article L. 2 a été maintenu avec l'expression « Ainsi qu'il est dit à l'article 434-10 du code pénal », c'est-à-dire sous forme de rappel ou, si l'on préfère, d'application particulière. Et voilà curieusement que le code de la route reprend le dessus puisque l'article L. 231-1 introduit en dispositions « suiveuses » les textes du code pénal. Cela est d'autant plus original que c'est une des seules fois où des articles du code pénal sont ramenés au rang de dispositions suiveuses. Dans l'ensemble, cela a été dit plus haut, le code pénal a bien un caractère dominant par rapport au code de la route.

Peines principales. Les peines principales sont celles du code pénal, à savoir, depuis la loi du 14 mars 2011, dite LOPPSI II, trois ans d'emprisonnement et 75 000 euros d'amende (deux ans d'emprisonnement et 30 000 euros d'amende auparavant).

L'article 434-10 du code pénal prévoit par ailleurs que ces peines principales sont multipliées par deux lorsque est retenu en cumul idéal (commis simultanément) un homicide ou des blessures involontaires, soit six ans et 150 000 euros d'amende. Mais, depuis la loi du 12 juin 2003, lorsque ces infractions sont commises par le conducteur d'un véhicule terrestre à moteur, ce coefficient multiplicateur est remplacé par le renvoi à d'autres textes : 222-6-1, 6º (homicide involontaire : sept ans et 100 000 euros) ; 222-19-1, 6º (ITT supérieure à trois mois : cinq ans et 75 000 euros) ; 222-20-1, 6º (ITT inférieure ou égale à trois mois : trois ans et 45 000 euros). Sauf homicide involontaire, les peines encourues en cas de délit de fuite sont donc désormais inférieures à celles découlant du doublement prévu par l'article 434-10.

Peines complémentaires. En ce qui concerne les peines complémentaires la question était beaucoup plus délicate et les rédacteurs du code de la route ont dû faire des choix tout en ne débordant pas trop les limites du droit constant. D'une certaine façon, on peut dire qu'aucun des codes n'est perdant. En ce qui concerne la suspension du permis de conduire, le code pénal prévoit une suspension d'un maximum de cinq ans (art. 434-45) et le code de la route prévoyait une suspension d'un maximum de trois ans. C'est sur ce point le code pénal qui l'emporte : les juges pourront prononcer – curieusement par rapport aux autres délits routiers – jusqu'à cinq ans de suspension. Mais en ce qui concerne l'annulation du permis, la peine de travail d'intérêt général et les jours-amende, autant de peines complémentaires non prévues pour le délit de fuite par le code pénal, c'est le code de la route qui l'emporte : ces peines sont bien prévues à l'article L. 231-2 ; et ce délit entraîne de plein droit (sans que cela soit une peine complémentaire) une réduction de points de moitié.

La loi du 12 juin 2003 a renforcé de deux façons les pénalités, d'une part en excluant expressément la possibilité pour le juge de limiter la suspension du permis de conduire à la conduite en dehors de l'activité professionnelle (renversement complet de la formule de l'article 434-45 du code pénal reproduit dans l'article L. 231-1), d'autre part en ajoutant trois nouvelles peines complémentaires facultatives : l'interdiction de conduire certains véhicules à moteur, l'obligation d'accomplir un stage de sensibilisation à la sécurité routière et la confiscation du véhicule dont le condamné est propriétaire. ❑

1. Constitutionnalité de l'incrimination de délit de fuite - Absence de renvoi d'une QPC. La Cour de cassation a refusé de renvoyer au Conseil constitutionnel une question prioritaire de constitutionnalité portant sur la conformité des art. 434-10 C. pén. et L. 231-1 C. route, incriminant le délit de fuite, aux droits de la défense et au principe de la présomption d'innocence, garantis pas les art. 9 et 16 DDH, et leur corollaire que sont le droit de se taire et celui de ne pas contribuer à sa propre incrimination. Pour la Cour de cassation, outre qu'elle n'est pas nouvelle, la question posée ne présente pas un caractère sérieux, dès lors que l'obligation faite au conducteur d'un véhicule de s'arrêter après un accident au cours duquel sa responsabilité civile ou pénale est susceptible d'être encourue, prévue par le code pénal et par le code de la route, et destinée à permettre de déterminer les circonstances de l'accident, ne porte atteinte ni aux droits de la défense ni au principe de présomption d'innocence, puisque l'intéressé a le droit de ne faire aucune déclaration incriminante et peut contester sa responsabilité dans la cause de l'accident, celle-ci devant, en outre, en matière pénale, être démontrée par l'autorité de poursuite. • Crim. 19 août 2015, n° 15-81.055 : *Dr. pénal 2015, n° 155, note Conte; NCCC 2016, n° 50, p. 103.*

I. CONDITIONS PRÉALABLES

A. UN VÉHICULE VIENT DE CAUSER UN ACCIDENT

a. Le véhicule

2. Pour un exemple de délit de fuite réalisé avec une embarcation sur une rivière : • Paris, 16 mai 1924 : *Gaz. Pal. 1924. 2. 396.* ♦ ... Et avec un véhicule hippomobile : • Rennes, 19 janv. 1992 : *Juris-Data n° 040355.*

b. L'accident

3. Notion. L'accident est un événement fortuit et anormal. • Crim. 4 mai 1950 : *Bull. crim. n° 142.* ♦ Le délit de fuite ne peut être constitué que si le dommage corporel ou matériel a été occasionné involontairement. • T. corr. Foix, 26 avr. 1983 : *JCP 1986. II. 20581, note Bonzon.* ♦ L'automobiliste qui, dans l'impossibilité de quitter le lieu de stationnement, heurte volontairement le véhicule gênant, commet la contravention de dégradation d'objet appartenant à autrui et non pas le délit de fuite et la contravention de changement dangereux de direction que lui reprochait le premier juge. • Poitiers, 2 mars 1990 : *Juris-Data n° 046022.*

4. *Contra :* le délit de fuite est susceptible d'être constitué même si le dommage corporel ou matériel a été occasionné volontairement. L'accident doit en effet se définir non comme un événement fortuit à l'origine d'un dommage non délibéré mais comme une implication à l'occasion de la conduite d'un véhicule dans une rupture du cours normal des choses se traduisant par des dommages dont l'origine intentionnelle ou non intentionnelle importe peu. Il ne s'agit là que d'une application particulière de l'autonomie du droit pénal dont la mission fondamentale est de protéger la société à l'occasion de manifestations morbides de la volonté pénale du prévenu qui, en l'espèce, a délibérément foncé sur les fonctionnaires de police sans qu'il soit établi que l'ordre de s'arrêter avait été clairement perçu par lui. Requalification du refus d'obtempérer en délit de fuite. • Douai, 11 janv. 1995 : *Jurispr. auto 1995. 116; Gaz. Pal. 21 oct. 1995.*

5. Un choc de peu d'importance, survenu dans un carrefour, considéré comme banal et n'ayant occasionné que des dégâts minimes est considéré comme un accident. • Crim. 3 nov. 1988 : *Jurispr. auto 1989. 576.*

6. Il n'est même pas nécessaire qu'il y ait eu contact entre la personne ou la chose accidentée et le véhicule du conducteur poursuivi. C'est le cas de l'accident provoqué par un éblouissement. • Crim. 1er juin 1935 : *Gaz. Pal. 1935. 2. 314.* ♦ ... De la personne qui perd le contrôle de son véhicule en évitant la collision avec un poids lourd circulant en sens inverse et venant de déboîter face à elle pour doubler un ensemble agricole. • Crim. 11 oct. 1983 : *Jurispr. auto 1984. 232.* ♦ ... De la personne qui doit sortir de la route pour éviter un poids lourd roulant à gauche. • Crim. 11 mai 1989 : *Jurispr. auto 1989. 324.*

7. Il y a accident au sens de l'art. L. 2 [abrogé; V. désormais C. route, art. L. 231-1] lorsqu'un automobiliste franchit le corps d'une personne allongée sur la voie publique sans que l'on ait pu établir par la suite comment la victime a été tuée ni si elle était vivante lorsque la voiture lui est passée sur le corps. • T. corr. Yvetot, 26 janv. 1956 : *D. 1956. Somm. 105.* ♦ ... Et même s'il est prouvé qu'elle était déjà morte. • Crim. 30 oct. 1973 : *Bull. crim. n° 394.*

8. Lieu. En l'absence de dispositions contraires, les prescriptions de l'art. L. 2 [abrogé ; V. désormais art. L. 231-1] sont applicables sur l'ensemble du territoire, serait-ce sur une voie privée, en l'occurrence à l'intérieur d'une résidence privée sur la rampe d'accès à un parking souterrain. • Crim. 3 oct. 1983 : *Bull. crim. n° 235 ; D. 1984. IR 50.* ♦ Jurisprudence constante ; V. également : • Crim. 24 févr. 1971 : *Bull. crim. n° 62.*

9. Nature et conséquences. Le délit de fuite existe en cas de coups et blessures causés non seulement à des personnes mais également à des animaux, même en état de divagation. • Douai, 20 nov. 1908 : *DP 1910. 2. 224* • T. corr. Metz, 2 oct. 1925 : *Gaz. Pal. 1925. 2. 637.*

10. Les conséquences de l'accident peuvent être simplement matérielles. • Crim. 2 mai 1930 : *DH 1930. 317.* ♦ ... Et même considérées comme banales. • Crim. 3 nov. 1988 : *Jurispr. auto 1989. 142.* ♦ ... Notamment en cas de heurts de voitures en stationnement. • Crim. 12 juill. 1966 : *D. 1966. 605* • 10 juin 1970 : *Bull. crim. n° 195.* ♦ ... De clôtures. • Besançon, 8 mars 1979 : *JCP 1980. IV. 134.* ♦ ... D'un muret de jardin. • Crim. 27 juin 1989 : *Jurispr. auto 1989. 407.* ♦ ... D'un panneau de signalisation. • Crim. 19 janv. 1994 : *Jurispr. auto 1994. 168.*

B. LE CONDUCTEUR EN EST CONSCIENT

11. Le conducteur. Est considéré comme conducteur et poursuivi pour délit de fuite le chauffeur-routier qui, au moment de l'accident, dormait dans son camion à l'arrêt. • T. corr. Épernay, 23 mars 1983 : *Gaz. Pal. 1983. 1. 971.*

12. Du véhicule impliqué dans l'accident. Ne peut être retenu comme auteur du délit de fuite le mari de la conductrice qui prend le volant immédiatement après l'accident causé par sa femme. • Crim. 25 févr. 1981 : *Bull. crim. n° 75 ; RSC 1982. 341, obs. Vitu.* ♦ ... Ni le conducteur d'un véhicule qui, participant à une course de vitesse avec l'une des automobiles accidentées, a fait demi-tour sans même s'inquiéter du sort de son camarade seul impliqué dans l'accident. • T. corr. Dôle, 6 mai 1985 : *Jurispr. auto 1986. 17.*

13. La preuve de l'identité du conducteur peut résulter du comportement de celui qui, reconnaissant être le conducteur habituel du véhicule mais contestant s'en être servi ce jour-là, se soustrait à toutes les auditions consécutives à l'accident au cours duquel le numéro minéralogique de la voiture a pu être relevé. • Crim. 23 oct. 1989 : *Jurispr. auto 1990. 15.* ♦ Elle peut également être déduite des mensonges de la passagère, propriétaire du véhicule, dont l'attitude n'a eu d'autres fins que de disculper le prévenu dont elle partage la vie. • Crim. 29 juin 1994 : *Jurispr. auto 1994. 561.* ♦ Elle peut encore résulter d'un mot laissé sur le pare-brise par un témoin précisant le numéro minéralogique ainsi que la marque du véhicule responsable des dégâts et notant avec précision l'emplacement de ces dégâts sur la portière du véhicule accidenté, lorsque rien ne permet de suspecter les déclarations précises du témoin quant à la réalité du choc et à la conscience qu'en a eue le conducteur du véhicule impliqué. • Crim. 10 mai 1994 : *Jurispr. auto 1994. 450.* ♦ Doit être déclaré coupable le prévenu propriétaire d'un véhicule dont l'immatriculation et la marque ont été relevées lors d'un accrochage et sur lequel apparaissaient des traces de choc lorsqu'il ne peut justifier de son emploi du temps au moment des faits si ce n'est en ayant recours à des témoins un an après les faits, alors même que dans un premier temps il n'avait pas répondu clairement aux questions des policiers. • Crim. 18 sept. 2002 : *Jurispr. auto 2002. 595.* ♦ ... Le prévenu qui admet qu'il circulait sur les lieux de l'accident au jour et à l'heure des faits, de sorte qu'il n'existe aucun doute sur l'identité du conducteur du véhicule impliqué, peu importe les légères divergences existant entre les déclarations des témoins et celles de la victime qui peuvent s'expliquer par l'état de choc dans lequel se trouvait cette dernière après l'accident et peu importe également qu'il n'y ait pas de traces de choc sur le capot du véhicule. • Crim. 11 mai 2006 : *Jurispr. auto 2006. 584.*

14. Preuve de la conscience de l'accident. Doit être cassé l'arrêt qui omet de préciser que le conducteur a eu conscience d'avoir causé un accident. • Crim. 15 mai 1990 : *Jurispr. auto 1990. 272.*

15. Il suffit que le conducteur ait eu conscience de l'accident, même s'il n'a pas été en mesure d'en apprécier la gravité et les conséquences. • Crim. 4 mai 1950 : *Bull. crim. n° 142* • 16 juin 1988 : *Jurispr. auto 1988. 484.* ♦ Peu importe également que le prévenu, en raison de son alcoolémie n'en ait pas gardé de souvenir. • Crim. 11 janv. 1982 : *Jurispr. auto 1982. 317.*

16. La preuve peut résulter de l'aveu du conducteur reconnaissant avoir entendu un bruit. • Crim. 19 janv. 1994 : *Jurispr. auto 1994. 168.* ♦ ... Ressenti un choc et constaté l'éclatement de son rétroviseur extérieur. • Crim. 16 juin 1988 : *Jurispr. auto 1988. 484* • 30 mai 2000 : *Jurispr. auto 2000. 498.* ♦ Dans un cas où l'automobiliste reconnaissait avoir eu une altercation avec des motocyclistes mais niait avoir été à l'origine de l'accident en les empêchant de le dépasser. • Crim. 23 janv. 1985 : *Jurispr. auto 1985. 537.* ♦ Les juges peuvent également se fonder sur les contradictions apparaissant dans le comportement du conducteur. • Colmar, 12 avr. 1957 : *D. 1957. 490.* ♦ ... Notamment lorsqu'il prétend que son véhicule a été volé. • Crim. 18 nov. 1981 : *Juris-Data n° 000740.* ♦ ... Lorsque, le véhicule étant à l'arrêt dans les locaux d'une société, il refuse d'établir un constat amiable et quitte les lieux sans permettre son identification. • Crim. 11 oct. 1989 : *Jurispr. auto 1989. 497.* ♦ ... Ou lorsqu'il tente de faire réparer les dommages causés à son propre véhicule au titre d'un autre accident. • Crim. 19 juill. 1989 : *Jurispr. auto 1989. 449.* ♦ S'il convient de souligner que le délit de fuite est instantané, le comportement du prévenu postérieurement aux faits peut cependant être pris en considération pour établir sa conscience de l'accident et sa volonté de fuir ses responsabilités. • Crim. 29 mars 1995 : *Jurispr. auto 1995. 278.*

17. Doit être condamné pour délit de fuite le conducteur qui ne s'est pas arrêté alors qu'en freinant devant un véhicule après l'avoir doublé, il a provoqué un accident, le second véhicule étant entré en collision avec une autre voiture en se déportant sur la gauche pour l'éviter, ce dont il a dû avoir connaissance puisqu'il a nécessairement observé les faits dans son rétroviseur. • Crim. 24 avr. 2003 : *Jurispr. auto 2003. 351.*

18. La preuve résulte plus souvent de témoignages des propres passagers de l'automobiliste. • Crim. 19 mars 1956 : *Bull. crim. n° 272 ; D. 1957. Somm. 19.* ♦ ... De personnes qui ont vu le conducteur ralentir et « ricaner ». • Crim. 9 déc. 1948 : *Bull. crim. n° 280.* ♦ ... Ou affirment que le choc a provoqué un bruit considérable. • Crim. 24 janv. 1973 : *Bull. crim. n° 35* • 4 nov. 1988 : *Gaz. Pal. 1989. 1. Somm. 81, obs. Doucet.* ♦ ... Ou encore de la victime qui a multiplié les appels de phares et sonores. • Crim. 1er juin 1981 : *Bull. crim. n° 177.* ♦ ... Qui déclare s'être trouvée face à face avec un camion l'ayant obligée à quitter la route et finir dans le fossé. • Crim. 11 mai 1989 : *Jurispr. auto 1989. 324.*

19. La violence du choc, telle que le conducteur ne pouvait l'ignorer, peut encore résulter de constatations matérielles postérieures à l'accident, carrosserie enfoncée, traces de sang. • Crim. 11 juin 1981 : *Jurispr. auto 1981. 284.* ♦ ... Traces de freinage. • Crim. 11 janv. 1982 : *Jurispr. auto 1982. 317.*

20. L'appréciation de la preuve relève de la souveraineté des juges du fait. Ont été relaxés, le conducteur d'un véhicule hippomobile eu égard à son grand âge, à sa ruralité et au fait que le « bruit du charroi » avait pu couvrir celui de la collision survenue à l'arrière, le cyclomotoriste venu s'écraser sur la charrette ayant cependant trouvé la mort dans l'accident. • Rennes, 19 janv. 1992 : *Juris-Data nº 040355.* ♦ ... Le conducteur d'un camion de dix-sept tonnes dont l'arrière, à la suite d'une « queue de poisson », avait pu heurter la voiture légère dépassée sans qu'il ait entendu le bruit du choc. • Paris, 8 mars 1984 : *Juris-Data nº 022249.* ♦ ... Celui de la voiture transportant un animal qui heurte le rétroviseur et le pare-choc du camion dépassé, compte tenu du tangage inévitable de tout véhicule effectuant un tel dépassement et alors même que le prévenu avait répondu par un bras d'honneur aux appels de phare du poids lourd serré de près. • Agen, 14 mai 1993 : *Juris-Data nº 043708.*

C. SA RESPONSABILITÉ EST SUSCEPTIBLE D'ÊTRE ENCOURUE

21. Il suffit, selon les termes de la loi, que le prévenu ait pu encourir une responsabilité pénale ou civile, ce qui est le cas dès lors que son véhicule a causé ou occasionné un accident. La répression du délit de fuite n'exige nullement que le juge se prononce sur l'étendue ou la nature de cette responsabilité. Jurisprudence constante, V. notamment : • Crim. 23 mars 1953 : *D. 1953. 371* • 30 oct. 1973 : *Bull. crim. nº 394.*

22. La poursuite demeure justifiée quand bien même le prévenu serait ensuite relaxé du chef d'homicide par imprudence. • Crim. 23 mars 1953 : *D. 1953. 371* • 3 nov. 1983 : *Bull. crim. nº 276 ; D. 1984. 314, note D. Mayer ; D. 1984. IR 226, obs. Roujou de Boubée.* ♦ ... Ou de blessures involontaires. • Crim. 2 janv. 1959 : *D. 1959. 469, note Prévault.* ♦ Peu importe également que les faits délictueux à l'occasion desquels le délit de fuite a été commis soient susceptibles d'être amnistiés. • Crim. 3 nov. 1983 : *Jurispr. auto 1984. 291.* ♦ ... Ou que la responsabilité de la victime soit elle-même engagée du fait d'un stationnement gênant. • Crim. 3 oct. 1983 : *Bull. crim. nº 235 ; D. 1984. IR 50 ; RSC 1985. 293, obs. Delmas Saint-Hilaire.*

II. ÉLÉMENTS CONSTITUTIFS

A. MATÉRIEL

a. Omission de s'arrêter spontanément sur le lieu de l'accident

23. Le délit de fuite est constitué par le fait que le conducteur ne s'est pas arrêté à l'endroit même où l'accident s'est produit et a tenté d'échapper à sa responsabilité. • Crim. 12 juill. 1966 : *D. 1966. 605.* ♦ Il suffit que le prévenu, sachant qu'il vient de causer un accident, ne se conforme pas à l'obligation stricte qui lui est imposée de s'arrêter aussitôt. • Crim. 19 nov. 1974 : *Bull. crim. nº 337.*

24. Est condamnable le prévenu qui s'est arrêté en raison de l'obstacle constitué devant lui par l'autre véhicule accidenté, mais refuse de s'identifier et de laisser relever le numéro d'immatriculation. • Crim. 10 juill. 1968 : *D. 1969. Somm. 3.* ♦ ... Celui qui gare sa voiture hors d'état de marche à une certaine distance pour la dissimuler aux recherches. • Crim. 10 juin 1970 : *Bull. crim. nº 195.* ♦ ... Celui qui est rejoint par les occupants du véhicule heurté après s'être immobilisé un instant et être reparti au motif qu'il n'aurait pas vu que cet autre véhicule s'était arrêté. • Crim. 20 juin 1990 : 🏛 *Jurispr. auto 1990. 327.* ♦ ... Celui qui a heurté un véhicule avec l'angle droit de sa propre voiture et a quitté les lieux, après avoir reculé pour se dégager, sans s'arrêter bien qu'eu égard à l'importance du choc, il se fût nécessairement rendu compte de l'accident. • Crim. 4 mai 2000 : 🏛 *Jurispr. auto 2000. 393.* ♦ ... Celui qui, circulant en tracteur, a occasionné des dommages au mur bordant le chemin communal qu'il a emprunté pour accéder à ses parcelles agricoles, ne s'est pas arrêté et n'a pas cherché à contacter l'un des propriétaires indivis du mur, qu'il connaît, à savoir ce qu'il devait dédommager, le fait d'exploiter sa terre à proximité des lieux de l'accident ne constituant pas un « arrêt » au sens de l'art. 434-10 C. pén. • Poitiers, 18 oct. 2019 : *Dr. pénal 2020. Chron. 8, obs. Gauvin.*

25. Il n'importe que le conducteur, après avoir parcouru un trajet assez long après l'accident, se soit présenté à la gendarmerie. • Crim. 19 mars 1956 : *D. 1957. Somm. 19.* ♦ ... Alors surtout qu'il ressort des constatations de l'arrêt qu'il avait été identifié par des témoins. • Crim. 19 nov. 1974 : *Bull. crim. nº 337.* ♦ Solution identique même s'il ne s'est écoulé que très peu de temps (30 minutes) entre l'accident et le moment où le conducteur s'est rendu au commissariat de police. • Crim. 20 févr. 1985 : *Jurispr. auto 1985. 232.*

26. Il n'importe pas davantage que le conducteur soit revenu sur les lieux dès lors que toutes les autres circonstances établissent qu'il a tenté d'échapper à sa responsabilité. • Crim. 30 oct. 1973 : *Bull. crim. nº 394 ; Gaz. Pal. 1974. 1. 32.* ♦ ... Ou que le prévenu ait ensuite payé spontanément la facture des dégâts occasionnés lors de l'accident, le délit étant constitué dès lors qu'après la collision il est parti précipitamment sans laisser ses coordonnées. • Crim. 25 avr. 2001 : *Jurispr. auto 2001. 320.* ♦ ... Ou qu'un constat de l'accident ait été établi, dès lors que celui-ci ne l'a pas été sur place, à la suite de l'accident, mais ultérieurement, au cours de la procédure ouverte sur plainte de la victime. • Crim. 7 mai 2008 : *Jurispr. auto 2008. 509.* ♦ ... Ou que la prévenue se soit entretenue ultérieurement avec la victime, mais non spontanément et sans laisser la moindre indication après l'accrochage. • Douai, 17 juin 2008 : *Jurispr. auto 2008. 642.*

b. ... Dans le temps et dans des conditions permettant l'identification du conducteur

27. L'arrêt qui déclare un prévenu coupable de délit de fuite, tout en énonçant qu'il s'est arrêté après l'accident, justifie sa décision dès lors que les autres circonstances retenues établissent qu'il a tenté d'échapper à sa responsabilité. L'obligation de s'arrêter est en effet destinée à permettre la détermination des causes de l'accident ou tout au moins l'identification du conducteur qui l'a causé. Jurisprudence constante depuis : • Crim. 3 déc. 1975 : *Bull. crim. n° 268 ; Gaz. Pal. 1976. 1. 184 ; RSC 1976. 419, obs. Vitu.* ♦ V. également : • Crim. 24 oct. 1978 : *D. 1979. IR 39, obs. Puech ; Bull. crim. n° 287 ; RSC 1979. 325, obs. Vitu* • 10 févr. 1993, n° 92-83.528 P : *JCP 1993. IV. 1451* • 15 déc. 1993 : *Jurispr. auto 1994. 222* • 29 oct. 1997, n° 96-86.320 P : *D. 1998. IR 3 ; Dr. pénal 1998. 17, obs. Véron ; Jurispr. auto 1997. 559 ; JCP 1998. IV. 1269 ; Gaz. Pal. 1998. 2. Chron. crim. 23* • 20 mars 2001 : *Jurispr. auto 2001. 262.* ♦ *Contra :* • Crim. 16 janv. 1958 : *D. 1958. 450* • 25 janv. 1962 : *D. 1962. 223.* ♦ L'infraction est consommée dès lors que le prévenu ne s'est pas arrêté volontairement pour se faire identifier et avoir une concertation avec le conducteur du véhicule qu'il a heurté. • Crim. 1er juin 1981 : *Bull. crim. n° 177.* ♦ ... Ou, dès lors que le prévenu ne s'arrête pas suffisamment longtemps pour s'enquérir de son éventuelle responsabilité ou permettre son identification. • Crim. 11 janv. 2001 : *Jurispr. auto 2001. 165* • 13 janv. 2004 : *Jurispr. auto. 2004. 276* • 3 févr. 2004 : *Jurispr. auto. 2004. 269* • Montpellier, 21 oct. 2014 : *Dr. pénal 2015. Chron. 7, obs. Gauvin.* ♦ ... Ou lorsqu'après avoir laissé son véhicule sur le lieu de l'accident, le conducteur a rapidement quitté les lieux en sachant que personne n'avait pu relever son identité et a ignoré les interpellations des gendarmes. • Crim. 24 juin 2003 : *Jurispr. auto 2003. 501.* ♦ Le prévenu qui s'est arrêté quelques instants après le choc puis est reparti sans descendre de son véhicule ne peut prétendre qu'il est resté sur place pour donner le temps aux témoins de permettre son identification. • Crim. 12 déc. 2001 : *Jurispr. auto 2002. 117.*

28. Les ruses, manœuvres ou violences du conducteur. Violence sur un des témoins. • Crim. 2 juill. 1958 : *Bull. crim. n° 517.* ♦ Tentative d'intimidation en bousculant la victime qui s'efforçait de relever le numéro d'immatriculation. • Crim. 10 juill. 1968 : *D. 1969. Somm. 3 ; Bull. crim. n° 218.* ♦ Fourniture d'une fausse identité. • T. corr. Lille, 19 févr. 1954 : *D. 1954. 395 ; RSC 1954. 545* • Angers, 17 janv. 1991 : *Juris-Data n° 040845* • Crim. 5 nov. 2002 : *Jurispr. auto 2003. 62.* ♦ Communication d'un numéro d'immatriculation erroné et invocation de sa profession avant tout dialogue. • Crim. 11 déc. 1996 : *Jurispr. auto 1997. 227.* ♦ Communication d'une identité erronée, d'une adresse incomplète et d'un faux numéro de téléphone. • Crim. 18 févr. 2004 : *Jurispr. auto 2004. 340.* ♦ Fuite en abandonnant le véhicule au milieu d'une rue et dépôt de plainte pour vol du véhicule auprès de la gendarmerie le soir de l'accident. • Crim. 6 nov. 2001 : *Jurispr. auto 2002. 65.*

29. Le simple comportement passif du conducteur. Le délit est constitué lorsque le prévenu, s'étant arrêté, laisse sa voiture près du lieu, mais pas à l'endroit même, de l'accident et repart le lendemain matin sans se faire connaître des propriétaires de véhicules en stationnement endommagés. • Crim. 12 juill. 1966 : *D. 1996. 605.* ♦ Dans le même sens, V. aussi : • Crim. 8 mars 2000 : *Jurispr. auto 2000. 342.* ♦ ... Part, sans laisser ses coordonnées sur le véhicule endommagé, en l'absence de toute personne et sans avoir été interpellé par quelqu'un, ce qui manifeste une volonté de tenter d'échapper à sa responsabilité. • Crim. 8 mars 2000 : *Jurispr. auto 2000. 395.* ♦ ... Part en laissant uniquement un numéro de téléphone sans autre élément permettant une identification complète. • Crim. 6 nov. 2001 : *Jurispr. auto 2002. 64.* ♦ ... Descend de son camion, transporte la victime sur le trottoir et dit qu'il va prévenir la police. • Crim. 3 déc. 1975 : *Bull. crim. n° 268 ; Gaz. Pal. 1976. 1. 184 ; RSC 1976. 419, obs. Vitu.* ♦ ... Abandonne sur place son véhicule et s'enfuit sans avoir pu être identifié. • Crim. 24 oct. 1978 : *D. 1979. IR 39, obs. Puech ; Bull. crim. n° 287 ; RSC 1979. 325, obs. Vitu* • Douai, 23 oct. 1990 : *Juris-Data n° 47025.* ♦ ... Même si une passagère est restée dans le véhicule. • Crim. 16 févr. 1982 : *Jurispr. auto 1982. 430.* ♦ ... Refusant d'établir un constat amiable, quitte les lieux sans communiquer à la victime toutes les indications utiles à son identification, l'obligeant à relever le numéro d'immatriculation et à porter plainte pour le retrouver. • Crim. 10 févr. 1993, n° 92-83.528 P : *JCP 1993. IV. 1451* • 22 juin 1994 : *Jurispr. auto 1994. 561.* ♦ ... Vérifiant discrètement les dégâts qu'il venait d'occasionner, loin de chercher à se faire connaître de la victime, se désintéresse de la situation et compte sur l'absence de témoins. • Crim. 7 avr. 1994 : *Jurispr. auto 1994. 336.* ♦ *Contra :* lorsqu'il résulte de la procédure que le prévenu est sorti de sa voiture et a parlementé quelques instants avec la victime, les faits doivent être requalifiés en contravention de non-communication de son identité et de son adresse par tout conducteur impliqué dans un accident de la circulation prévue et réprimée par les art. R. 53-3 et R. 233-1er C. route. • Douai, 10 oct. 1989 : *Dr. pénal 1990. Comm. 329* • Orléans, 1er juill. 1991 : *Juris-Data no 047956.* ♦ Cf. Couvrat et Massé, no 244.

30. Il n'y a pas infraction, en revanche, dans le comportement du conducteur de nationalité espagnole, ne sachant pas écrire le français et devant se rendre à son travail qui ne lui permettait aucun retard, qui laisse sur place son véhicule en état de circuler en pensant que celui-ci, porteur des traces de l'accident, serait reconnu par la victime, ce qui s'est effectivement produit. • T. corr. Lyon, 19 déc. 1980 : *Gaz. Pal. 1981. 2. Somm. 295.* ♦ ... De la conductrice qui, endommageant plusieurs voitures, se gare si maladroitement et laborieusement que les voisins habitant le même immeuble ont eu tout le temps de l'identifier. • Aix-en-Provence, 20 avr. 1989 : *Juris-Data no 43300.* ♦ ... Du conducteur d'un véhicule facilement reconnaissable, puisque peint à l'enseigne de son employeur que le prévenu s'empresse d'aviser. • Aix-en-Provence, 2 mai 1989 : *Juris-Data no 43304.* ♦ ... D'un personnage de l'État occasionnant un accident en présence de la gendarmerie qui a eu tout le temps nécessaire pour identifier le véhicule. • Paris, 6 avr. 1990 : *Juris-Data no 023495.* ♦ ... Du prévenu qui n'a pas cherché à échapper à l'établissement d'un constat amiable, qui ne lui a pas été proposé par la victime, lorsque les témoignages produits ne permettent pas d'établir qu'il a tenté d'échapper à sa responsabilité. • Orléans, 21 janv. 1990 : *Juris-Data no 048324.*

B. MORAL

31. Volonté nécessaire. L'infraction suppose que le prévenu ait tenté d'échapper à la responsabilité civile ou pénale susceptible d'être encourue. La preuve de cette volonté n'est pas suffisamment établie par les seules déclarations d'un second automobiliste, lui aussi impliqué dans l'accident et qui ne s'est pas davantage arrêté à proximité. • Bordeaux, 9 avr. 1992 : *Juris-Data no 044476.*

32. Le prévenu invoque vainement un état de choc dû au décès des victimes de l'accident causé par un excès de vitesse. Cet état n'est pas démontré. • Paris, 21 déc. 1990 : *Juris-Data no 25693.* ♦ L'état d'ivresse ne fait pas non plus disparaître la volonté de commettre l'infraction. • Crim. 17 nov. 1981 : *Jurispr. auto 1982. 282* • Toulouse, 9 avr. 2014 : *Dr. pénal 2014. Chron. 7, obs. Gauvin.* ♦ Une apathie pathologique médicalement constatée avec défaut d'initiative et déficit de sens critique et du *self-control* dus à une insuffisance thyroïdienne conduit en revanche à une relaxe. • T. corr. Besançon, 25 nov. 1977 : *Jurispr. auto 1978. 195.*

33. Mobile indifférent. La nécessité d'arriver à l'heure à son travail n'est pas un mobile exonératoire. • Crim. 18 nov. 1981 : *Jurispr. auto 1982. 163.* ♦ ... Ni l'estimation, purement subjective, que les conséquences de l'accident n'étaient que de faible gravité. • T. corr. Guingamp, 3 nov. 1989 : *Gaz. Pal. 1990. 1. Somm. 136.* ♦ ... L'obligation de s'arrêter existant quelle que soit la gravité apparente de l'accident et même si l'on n'en a pas mesuré immédiatement toutes les conséquences. • Crim. 16 juin 1988 : *Jurispr. auto 1988. 484.*

34. L'obligation de porter secours ne dispense pas de permettre son identification. Est condamné le conducteur qui aide le motocycliste renversé à se rendre dans une pharmacie et disparaît aussitôt après. • Aix-en-Provence, 2 mars 1989 : *Juris-Data no 43240.* ♦ ... Ou qui, ayant pris en charge à bord de son véhicule le cyclomotoriste et son cyclomoteur, dépose le blessé à sa demande devant le domicile d'amis puis repart immédiatement et abandonne le cyclomoteur sans laisser ni nom ni adresse. • Orléans, 12 nov. 1991 : *Juris-Data no 051513.*

III. RÉPRESSION

35. Personnes responsables. Seul le conducteur encourt une sanction et non le passager qui prend le volant à la suite de l'accident occasionné par sa femme pour s'échapper et se soustraire avec son épouse aux responsabilités encourues. • Crim. 25 févr. 1981 : *Bull. crim. no 75.* ♦ Le passager peut être poursuivi pour complicité s'il refuse de communiquer à la victime les renseignements sur l'identité de l'auteur principal. • Versailles, 12 mars 1990 : *Dr. pénal 1991. Comm. 50.* ♦ Il peut également être coauteur du délit de non-assistance à personne en danger. • Paris, 5 juill. 1990 : *Juris-Data no 023606.*

36. Peines complémentaires. La lecture du nouveau code pénal pourrait laisser penser que seule la suspension du permis de conduire est encourue par application de l'art. 434-45. En réalité, tout en décidant d'introduire le délit de fuite dans le C. pén., le législateur a toutefois conservé cette infraction dans le C. route sans abroger divers articles de ce dernier code portant répression de cette infraction. Dès lors, pour les infractions commises après le 1er mars 1994 les peines suivantes sont applicables : suspension du permis de conduire pour une durée de 5 ans, prévue à l'art. 434-35 nouv. C. pén., par préférence à la suspension pour une durée de 3 ans prévue à l'art. L. 14 C. route, la nouvelle disposition qui prévoit une peine plus sévère ayant été adoptée postérieurement par le parlement ; travail d'intérêt général (L. 1-1 C. route) ; jour-amende (L. 1-2) ; annulation du permis de conduire (L. 15) ; interdiction d'obtenir le permis de conduire (L. 16). • Douai, 28 sept. 1994 : *Jurispr. auto 1994. 446.*

37. Cumuls. Le délit de fuite est distinct de la non-assistance à personne en danger qui suppose une attitude négative n'impliquant pas nécessairement une fuite, acte caractérisant le délit de l'art. L. 1er C. route. • Rennes, 20 déc. 1948 : *JCP 1949. II. 4945, note Magnol ; S. 1949. 2. 61, note Bouzat.*

38. Si la règle du non-cumul des peines exige qu'une seule peine soit prononcée lorsqu'une contravention et un délit découlent de faits procédant d'une même action coupable, il en est autrement lorsque les infractions considérées diffèrent dans leurs éléments constitutifs. La contravention de l'art. R. 11 [C. route, art. R. 413-17], qui consiste dans l'inobservation des prescriptions réglementaires relatives à la maîtrise du véhicule et à la vitesse du conducteur, est ainsi sans rapport nécessaire avec le délit de fuite. • Crim. 18 mars 1992, n° 91-82.163 P : *Jurispr. auto 1992. 408 ; RSC 1993. 314, obs. Bouloc*.

39. Action civile. Le délit de fuite n'est pas exclu des prévisions de l'art. 3 C. pr. pén. selon lequel l'action civile est recevable pour tous les chefs de dommages découlant des faits objets de la poursuite. • Crim. 18 oct. 1990, n° 89-84.152 P.

CHAPITRE II **ATTEINTES INVOLONTAIRES AUX PERSONNES**

COMMENTAIRE

La loi du 12 juin 2003 renforçant la lutte contre la violence routière a apporté des modifications importantes en matière d'atteintes involontaires aux personnes. Depuis cette loi, toutes les atteintes involontaires aux personnes commises à l'occasion de la conduite d'un véhicule terrestre à moteur sont devenues des incriminations autonomes par rapport aux autres atteintes involontaires aux personnes, et ces infractions commises par un conducteur sont punies de peines plus lourdes. Sur ce point, chaque code a son domaine : les homicides et blessures involontaires sont et restent uniquement dans le code pénal, mais les homicides et blessures involontaires commis par le conducteur d'un véhicule terrestre à moteur figurent à la fois dans le code pénal, s'apparentant à des circonstances aggravantes des atteintes involontaires de droit commun, et dans le code de la route, puisque ces textes du code pénal (art. 211-6-1, 222-19-1 et 222-20-1) ont été reproduits dans les articles L. 232-1 et L. 232-2 du code de la route. Ainsi le code pénal fait état de deux étages d'infractions involontaires alors que le code de la route ne connaît que le degré le plus élevé, c'est-à-dire les atteintes commises involontairement par un conducteur.

Trois infractions. Dans le présent chapitre, le lecteur du code de la route retrouve ainsi les dispositions du code pénal applicables à trois infractions, toutes commises par un conducteur de véhicule à moteur (les homicides et blessures involontaires commises par un cycliste devant être considérés comme des homicides et blessures involontaires « ordinaires ») : l'homicide involontaire, les blessures involontaires ayant entraîné plus de trois mois d'incapacité de travail et les blessures involontaires ayant entraîné une incapacité de travail inférieure ou égale à trois mois. L'homicide involontaire réalisé à l'occasion de la conduite d'un véhicule à moteur est punissable de cinq ans d'emprisonnement, les blessures involontaires commises dans ces conditions sont punissables de trois ans ou de deux ans selon que l'incapacité de travail est supérieure ou inférieure ou égale à trois mois. Dans un cas, il y a eu correctionnalisation légale puisque les blessures involontaires commises à l'aide d'un véhicule à moteur et entraînant une incapacité de travail inférieure ou égale à trois mois ne sont plus une contravention mais bien un délit.

Chacune de ces trois infractions peut par ailleurs faire l'objet de circonstances aggravantes dont certaines étaient déjà prévues avant la loi du 12 juin 2003 (mise en danger délibérée, consommation d'alcool, usage de stupéfiants et délit de fuite) et d'autres ont été ajoutées par cette loi : conducteur qui n'a pas ou n'a plus son permis de conduire et excès de vitesse supérieur à 50 km/h. Deux de ces circonstances aggravantes concomitantes entraînent, qui plus est, des peines encore plus élevées, allant jusqu'à dix ans d'emprisonnement pour l'homicide involontaire.

Peines complémentaires. Les auteurs de ces infractions encourent également des peines complémentaires facultatives énumérées aux articles 221-8 et 222-44 du code pénal, dont l'interdiction de conduire certains véhicules à moteur, y compris ceux pour la conduite desquels le permis de conduire n'est pas exigé, l'obligation d'accomplir, aux frais du condamné, un stage de sensibilisation à la sécurité routière et, depuis la loi n° 2007-297 du 5 mars 2007, un stage de sensibilisation aux dangers de l'usage de produits stupéfiants. L'annulation du permis de conduire est également une peine complémentaire prévue par les articles précités qui présente toutefois la particularité d'être obligatoire dans certains cas (V. comm. ss. art. L. 212-4).

Sur ces peines complémentaires, on notera enfin les modifications apportées par la loi du 14 mars 2011 dite LOPPSI II :

La peine de confiscation du véhicule – qui peut être prononcée, dans tous les cas, conformément aux dispositions de l'article 131-21 du code pénal – est, depuis cette loi, une peine complémentaire obligatoire dans certains cas d'homicide ou d'atteintes involontaires à l'intégrité de la personne commis par le conducteur d'un véhicule terrestre à un moteur (V. C. pén., art. 221-8-11° et 222-44, 13°). Toutefois, la juridiction peut, pour tous les délits qui en sont assortis, écarter la peine complémentaire de confiscation obligatoire par une décision spécialement motivée (V. comm. ss. art. L. 212-4).

Par ailleurs, a été ajoutée par la LOPPSI II une nouvelle peine complémentaire consistant en l'interdiction de conduire un véhicule non équipé d'un dispositif homologué d'antidémarrage par éthylotest électronique. Cette peine complémentaire – qui est également prévue en cas de conduite sous l'empire d'un état alcoolique et de conduite en état d'ivresse manifeste (V. art. L. 234-2 et son comm.) – peut être prononcée en cas d'homicide ou de blessures involontaires commis par un conducteur en état d'ivresse manifeste, sous l'empire d'un état alcoolique ou ayant refusé de se soumettre aux vérifications destinées à établir l'état alcoolique, mais aussi en cas d'homicide ou de blessures involontaires aggravés par au moins deux circonstances.

Récidive. Rappelons, par ailleurs (V. comm. ss. art. L. 212-4), que les trois délits d'homicide et de blessures involontaires de plus ou moins trois mois commis par un conducteur sont considérés, au regard de la récidive, comme une même infraction (art. 132-16-2, al. 1er, du code pénal). Et les infractions suivantes doivent également leur être assimilées lorsqu'elles constituent le second terme de la récidive (art. 132-16-2, al. 2, du code pénal) : conduite sans permis, conduite en état alcoolique ou en état d'ivresse, conduite après usage de stupéfiants, grand excès de vitesse en récidive et, depuis la loi du 24 janvier 2022 relative à la responsabilité pénale et à la sécurité intérieure, refus d'obtempérer (elles sont en outre assimilables entre elles).

Enfant à naître. Il est à noter enfin qu'il n'existe pas de délit spécial réprimant l'atteinte involontaire à l'enfant à naître. Un amendement avait été déposé en ce sens (avec circonstance aggravante si les faits étaient réalisés par un conducteur) lors du vote de la loi du 12 juin 2003 pour combler ce que certains ont appelé un vide juridique causé par un arrêt de l'Assemblée plénière de la Cour de cassation du 29 juin 2001 affirmant que « *le principe de la légalité des délits et des peines, qui impose une interprétation stricte de la loi pénale, s'oppose à ce que l'incrimination prévue par l'article 221-6 du code pénal, réprimant l'homicide involontaire d'autrui, soit étendue au cas de l'enfant à naître dont le régime juridique relève de textes particuliers sur l'embryon ou le fœtus* » (Cass., ass. plén., 29 juin 2001, n° 99-85.973 P : *D. 2001. 2917, note Mayaud ; JCP 2001. II. 10569, Rapp. Sargos, concl. Sainte-Rose, et note Rassat ; RSC 2002. 97, obs. Bouloc*). Cet amendement a cependant été retiré. Il n'est donc pas possible, aujourd'hui, de poursuivre pour homicide involontaire le conducteur impliqué dans un accident de la circulation ayant conduit au décès d'un enfant à naître. En revanche, une telle qualification peut être envisagée, lorsqu'un enfant naît vivant à la suite d'un tel accident et qu'il décède des suites des blessures provoquées par celui-ci, même si ce décès intervient immédiatement après la naissance (V. en ce sens, Crim. 2 déc. 2003, n° 03-82.344 P : *D. 2004. 449, note Pradel ; AJ pénal 2004. 118, obs. Pitoun ; JCP 2004. II. 10054, note Rassat ; Dr. Famille 2004. 26, obs. de Lamy ; Dr. pénal 2004, n° 18, obs. Véron ; RSC 2004. 348, obs. Mayaud*).

Homicide routier et blessures routières. Les dispositions du code pénal sur l'homicide involontaire et les atteintes involontaires à l'intégrité de la personne commises par le conducteur d'un véhicule terrestre à moteur – ainsi que celles du code de la route les reproduisant dans le présent chapitre – devraient cependant être prochainement modifiées. Lors du Comité interministériel de la sécurité routière (CISR) du 17 juillet 2023, le gouvernement a en effet annoncé la création d'une qualification d'homicide routier et d'une qualification de blessures routières. Il s'agirait par là même de prendre en compte l'incompréhension que suscitent les qualifications d'homicide involontaire et de blessures involontaires, lorsqu'un accident de la circulation routière, mortel ou corporel, implique un conducteur sous l'empire d'un état alcoolique ou ayant fait usage de stupéfiants. Les modifications annoncées ne seraient toutefois que formelles et consisteraient à indiquer au sein de l'article 221-6-1 du code pénal que l'incrimination qu'il prévoit est un homicide routier et au sein des articles 222-19-1 et 222-20-2 de ce même code que les incriminations qu'ils formulent sont des blessures routières. En somme, les modifications apportées ici seraient avant tout symboliques. Toutefois, le CISR du 17 juillet 2023 ayant annoncé, dans le même temps, un renforcement de la lutte contre les comportements les plus dangereux (notamment la conduite après usage de stupéfiants), il est possible que d'autres modifications soient apportées aux dispositions du code pénal ici reproduites pour renforcer encore la répression des homicides et blessures commis par le conducteur d'un véhicule terrestre moteur lorsqu'ils sont assortis de certaines circonstances aggravantes. ❑

Pour la jurisprudence, on se référera aux notes insérées dans le C. pén. ss. les art. 221-6 s.

Art. L. 232-1 *(L. n° 2003-495 du 12 juin 2003, art. 30)* **Les dispositions relatives à l'homicide involontaire commis à l'occasion de la conduite d'un véhicule terrestre à moteur sont fixées par les articles 221-6-1 et 221-8 du code pénal ci-après reproduits :**

Art. 221-6-1 Lorsque la maladresse, l'imprudence, l'inattention, la négligence ou le manquement à une obligation législative ou réglementaire *(L. n° 2011-525 du 17 mai 2011, art. 185)* « de prudence ou de sécurité » prévu par l'article 221-6 est commis par le conducteur d'un véhicule terrestre à moteur, l'homicide involontaire est puni de cinq ans d'emprisonnement et de 75 000 € d'amende.

Les peines sont portées à sept ans d'emprisonnement et à 100 000 € d'amende lorsque :

1° Le conducteur a commis une violation manifestement délibérée d'une obligation particulière *(L. n° 2011-525 du 17 mai 2011, art. 185)* « de prudence ou de sécurité » prévue par la loi ou le règlement autre que celles mentionnées ci-après ;

2° Le conducteur se trouvait en état d'ivresse manifeste ou était sous l'empire d'un état alcoolique caractérisé par une concentration d'alcool dans le sang ou dans l'air expiré égale ou supérieure aux taux fixés par les dispositions législatives ou réglementaires du code de la route, ou a refusé de se soumettre aux vérifications prévues par ce code et destinées à établir l'existence d'un état alcoolique ;

3° Il résulte d'une analyse sanguine *(L. n° 2016-41 du 26 janv. 2016, art. 45)* « ou salivaire » que le conducteur avait fait usage de substances ou de plantes classées comme stupéfiants, ou a refusé de se soumettre aux vérifications prévues par le code de la route destinées à établir s'il conduisait en ayant fait usage de stupéfiants ;

4° Le conducteur n'était pas titulaire du permis de conduire exigé par la loi ou le règlement ou son permis avait été annulé, invalidé, suspendu ou retenu ;

5° Le conducteur a commis un dépassement de la vitesse maximale autorisée égal ou supérieur à 50 km/h ;

6° Le conducteur, sachant qu'il vient de causer ou d'occasionner un accident, ne s'est pas arrêté et a tenté ainsi d'échapper à la responsabilité pénale ou civile qu'il peut encourir.

Les peines sont portées à dix ans d'emprisonnement et 150 000 € d'amende lorsque l'homicide involontaire a été commis avec deux ou plus des circonstances mentionnées aux 1° et suivants du présent article.

Art. 221-8 *(L. n° 2012-304 du 6 mars 2012, art. 20)* « I. — » Les personnes physiques coupables des infractions prévues au présent chapitre encourent également les peines complémentaires suivantes :

1° *(L. n° 2008-776 du 4 août 2008, art. 70)* « L'interdiction, suivant les modalités prévues par l'article 131-27, soit d'exercer une fonction publique ou d'exercer l'activité professionnelle ou sociale dans l'exercice ou à l'occasion de l'exercice de laquelle l'infraction a été commise, soit, pour les crimes prévus par les articles 221-1, 221-2, 221-3, 221-4 et 221-5, d'exercer une profession commerciale ou industrielle, de diriger, d'administrer, de gérer ou de contrôler à un titre quelconque, directement ou indirectement, pour son propre compte ou pour le compte d'autrui, une entreprise commerciale ou industrielle ou une société commerciale. Ces interdictions d'exercice peuvent être prononcées cumulativement ; »

2° L'interdiction de détenir ou de porter, pour une durée de cinq ans au plus, une arme soumise à autorisation ;

3° La suspension, pour une durée de cinq ans au plus, du permis de conduire, cette suspension pouvant être limitée à la conduite en dehors de l'activité professionnelle *(L. n° 2003-495 du 12 juin 2003, art. 5)* « ; dans les cas prévus par l'article 221-6-1, la suspension ne peut pas être assortie du sursis, même partiellement, et ne peut pas être limitée à la conduite en dehors de l'activité professionnelle ; dans les cas prévus par les 1° à 6° et le dernier alinéa de l'article 221-6-1, la durée de cette suspension est de dix ans au plus » ;

4° L'annulation du permis de conduire avec interdiction de solliciter la délivrance d'un nouveau permis pendant cinq ans au plus ;

(L. n° 2007-297 du 5 mars 2007, art. 53) « 4° *bis* L'obligation d'accomplir un stage de sensibilisation aux dangers de l'usage de produits stupéfiants, selon les modalités fixées à l'article 131-35-1 ; »

5° La confiscation d'une ou de plusieurs armes dont le condamné est propriétaire ou dont il a la libre disposition ;

6° Le retrait du permis de chasser avec interdiction de solliciter la délivrance d'un nouveau permis pendant cinq ans au plus;

(L. n° 2003-495 du 12 juin 2003, art. 6) « 7° Dans les cas prévus par l'article 221-6-1, l'interdiction de conduire certains véhicules terrestres à moteur, y compris ceux pour la conduite desquels le permis de conduire n'est pas exigé, pour une durée de cinq ans au plus;

« 8° Dans les cas prévus par l'article 221-6-1, l'obligation d'accomplir, à ses frais, un stage de sensibilisation à la sécurité routière;

« 9° Dans les cas prévus par l'article 221-6-1, l'immobilisation, pendant une durée d'un an au plus, du véhicule dont le condamné s'est servi pour commettre l'infraction, s'il en est le propriétaire;

« 10° Dans les cas prévus par l'article 221-6-1, la confiscation du véhicule dont le condamné s'est servi pour commettre l'infraction, s'il en est le propriétaire. »

(L. n° 2011-267 du 14 mars 2011, art. 73-I) « La confiscation du véhicule est obligatoire dans les cas prévus par les 4° et dernier alinéa de l'article 221-6-1 ainsi que, dans les cas prévus par les 2°, 3° et 5° du même article, en cas de récidive ou si la personne a déjà été définitivement condamnée pour un des délits prévus par les articles L. 221-2, L. 224-16, L. 234-1, L. 234-8, L. 235-1, L. 235-3 ou L. 413-1 du code de la route ou pour la contravention mentionnée à ce même article L. 413-1. La juridiction peut toutefois ne pas prononcer cette peine, par une décision spécialement motivée;

« 11° Dans les cas prévus par les 2° et dernier alinéa de l'article 221-6-1, l'interdiction, pendant une durée de cinq ans au plus, de conduire un véhicule qui ne soit pas équipé par un professionnel agréé ou par construction d'un dispositif d'anti-démarrage par éthylotest électronique, homologué dans les conditions prévues à l'article L. 234-17 du code de la route. Lorsque cette interdiction est prononcée en même temps que la peine d'annulation ou de suspension du permis de conduire, elle s'applique, pour la durée fixée par la juridiction, à l'issue de l'exécution de cette peine. »

(L. n° 2003-495 du 12 juin 2003, art. 6) « Toute condamnation pour les délits prévus par les 1° à 6° et le dernier alinéa de l'article 221-6-1 donne lieu de plein droit à l'annulation du permis de conduire avec interdiction de solliciter un nouveau permis pendant dix ans au plus. En cas de récidive, la durée de l'interdiction est portée de plein droit à dix ans et le tribunal peut, par décision spécialement motivée, prévoir que cette interdiction est définitive. »

(L. n° 2012-304 du 6 mars 2012, art. 7) « II. — En cas de condamnation pour les infractions prévues à la section 1 du présent chapitre, le prononcé des peines complémentaires prévues aux 2°, 5° et 6° du I est obligatoire. La durée des peines prévues aux 2° et 6° du I est portée à quinze ans au plus.

« Toutefois, la juridiction peut, par une décision spécialement motivée lorsque la condamnation est prononcée par une juridiction correctionnelle, décider de ne pas prononcer ces peines, en considération des circonstances de l'infraction et de la personnalité de son auteur. »

BIBL. ▶ BELLOIR, *Gaz. Pal. 6 nov. 2018, p. 78* (la confiscation obligatoire du véhicule automobile). – DALLEST, *AJ pénal 2003. 94* (justice et accidents mortels de la route). – LAFAIX, *Jurispr. auto 2012, n° 837, p. 12* (la confiscation obligatoire du véhicule : la nouvelle réponse à la délinquance routière ?).

Art. L. 232-2 *(L. n° 2003-495 du 12 juin 2003, art. 30)* **Les dispositions relatives aux atteintes involontaires à l'intégrité de la personne commises par le conducteur d'un véhicule terrestre à moteur sont fixées par les articles 222-19-1, 222-20-1 et 222-44 du code pénal ci-après reproduits :**

Art. 222-19-1 Lorsque la maladresse, l'imprudence, l'inattention, la négligence ou le manquement à une obligation législative ou réglementaire *(L. n° 2011-525 du 17 mai 2011, art. 185)* « de prudence ou de sécurité » prévu par l'article 222-19 est commis par le conducteur d'un véhicule terrestre à moteur, l'atteinte involontaire à l'intégrité de la personne ayant entraîné une incapacité totale de travail pendant plus de trois mois est punie de trois ans d'emprisonnement et de 45 000 € d'amende.

Les peines sont portées à cinq ans d'emprisonnement et à 75 000 € d'amende lorsque :

1° Le conducteur a commis une violation manifestement délibérée d'une obligation particulière de prudence ou de sécurité prévue par la loi ou le règlement autre que celles mentionnées ci-après;

2° Le conducteur se trouvait en état d'ivresse manifeste ou était sous l'empire d'un état alcoolique caractérisé par une concentration d'alcool dans le sang ou dans l'air expiré égale ou supérieure aux taux fixés par les dispositions législatives ou réglementaires du code de la route, ou a refusé de se soumettre aux vérifications prévues par ce code et destinées à établir l'existence d'un état alcoolique ;

3° Il résulte d'une analyse sanguine *(L. n° 2016-41 du 26 janv. 2016, art. 45)* « ou salivaire » que le conducteur avait fait usage de substances ou de plantes classées comme stupéfiants, ou a refusé de se soumettre aux vérifications prévues par le code de la route destinées à établir s'il conduisait en ayant fait usage de stupéfiants ;

4° Le conducteur n'était pas titulaire du permis de conduire exigé par la loi ou le règlement ou son permis avait été annulé, invalidé, suspendu ou retenu ;

5° Le conducteur a commis un dépassement de la vitesse maximale autorisée égal ou supérieur à 50 km/h ;

6° Le conducteur, sachant qu'il vient de causer ou d'occasionner un accident, ne s'est pas arrêté et a tenté ainsi d'échapper à la responsabilité pénale, ou civile qu'il peut encourir.

Les peines sont portées à sept ans d'emprisonnement et à 100 000 € d'amende lorsque l'atteinte involontaire à l'intégrité de la personne a été commise avec deux ou plus des circonstances mentionnées aux 1° et suivants du présent article.

Art. 222-20-1 Lorsque la maladresse, l'imprudence, l'inattention, la négligence ou le manquement à une obligation législative ou réglementaire *(L. n° 2011-525 du 17 mai 2011, art. 185)* « de prudence ou de sécurité » prévu par l'article 222-19 est commis par le conducteur d'un véhicule terrestre à moteur, l'atteinte involontaire à l'intégrité de la personne ayant entraîné une incapacité totale de travail d'une durée inférieure ou égale à trois mois est punie de deux ans d'emprisonnement et de 30 000 € d'amende.

Les peines sont portées à trois ans d'emprisonnement et à 45 000 € d'amende lorsque :

1° Le conducteur a commis une violation manifestement délibérée d'une obligation particulière de prudence ou de sécurité prévue par la loi ou le règlement autre que celles mentionnées ci-après ;

2° Le conducteur se trouvait en état d'ivresse manifeste ou était sous l'empire d'un état alcoolique caractérisé par une concentration d'alcool dans le sang ou dans l'air expiré égale ou supérieure aux taux fixés par les dispositions législatives ou réglementaires du code de la route, ou a refusé de se soumettre aux vérifications prévues par ce code et destinées à établir l'existence d'un état alcoolique ;

3° Il résulte d'une analyse sanguine *(L. n° 2016-41 du 26 janv. 2016, art. 45)* « ou salivaire » que le conducteur avait fait usage de substances ou de plantes classées comme stupéfiants, ou a refusé de se soumettre aux vérifications prévues par le code de la route destinées à établir s'il conduisait en ayant fait usage de stupéfiants ;

4° Le conducteur n'était pas titulaire du permis de conduire exigé par la loi ou le règlement ou son permis avait été annulé, invalidé, suspendu ou retenu ;

5° Le conducteur a commis un dépassement de la vitesse maximale autorisée égal ou supérieur à 50 km/h ;

6° Le conducteur, sachant qu'il vient de causer ou d'occasionner un accident, ne s'est pas arrêté et a tenté ainsi d'échapper à la responsabilité pénale ou civile qu'il peut encourir.

Les peines sont portées à cinq ans d'emprisonnement et à 75 000 € d'amende lorsque l'atteinte involontaire à l'intégrité de la personne a été commise avec deux ou plus des circonstances mentionnées aux 1° et suivants du présent article.

Art. 222-44 *(L. n° 2012-304 du 6 mars 2012, art. 20)* « I. — » Les personnes physiques coupables des infractions prévues au présent chapitre encourent également les peines complémentaires suivantes :

1° *(L. n° 2008-776 du 4 août 2008, art. 70)* « L'interdiction, suivant les modalités prévues par l'article 131-27, soit d'exercer une fonction publique ou d'exercer l'activité professionnelle ou sociale dans l'exercice ou à l'occasion de l'exercice de laquelle l'infraction a été commise, soit, pour les infractions prévues par les articles 222-1 à 222-6, 222-7, 222-8, 222-10, les 1° et 2° de l'article 222-14, les 1° à 3° de l'article 222-14-1, les articles 222-15, 222-23 à 222-26, 222-34, 222-35, 222-36, 222-37, 222-38 et 222-39, d'exercer une profession commerciale ou industrielle, de diriger, d'administrer, de gérer ou de contrôler à un titre quelconque, directement ou indirectement, pour son propre compte ou pour le compte d'autrui, une entreprise commerciale ou industrielle ou une société commerciale. Ces interdictions d'exercice peuvent être prononcées cumulativement ; »

2° L'interdiction de détenir ou de porter, pour une durée de cinq ans au plus, une arme soumise à autorisation ;

3° La suspension, pour une durée de cinq ans au plus, du permis de conduire, cette suspension pouvant être limitée à la conduite en dehors de l'activité professionnelle *(L. n° 2003-495 du 12 juin 2003, art. 5)* « ; dans les cas prévus par les articles 222-19-1 et 222-20-1, la suspension ne peut pas être assortie du sursis, même partiellement, et ne peut pas être limitée à la conduite en dehors de l'activité professionnelle ; dans les cas prévus par les 1° à 6° et le dernier alinéa des articles 222-19-1 et 222-20-1, la durée de cette suspension est de dix ans au plus » ;

4° L'annulation du permis de conduire avec interdiction de solliciter la délivrance d'un nouveau permis pendant cinq ans au plus ;

5° La confiscation d'un ou plusieurs véhicules appartenant au condamné ;

6° La confiscation d'une ou plusieurs armes dont le condamné est propriétaire ou dont il a la libre disposition ;

7° La confiscation de la chose qui a servi ou était destinée à commettre l'infraction ou de la chose qui en est le produit ; — *Pén. 131-21.*

(L. n° 2003-495 du 12 juin 2003, art. 6) « 8° Dans les cas prévus par les articles 222-19-1 et 222-20-1, l'interdiction de conduire certains véhicules terrestres à moteur, y compris ceux pour la conduite desquels le permis de conduire n'est pas exigé, pour une durée de cinq ans au plus ; »

(Abrogé par L. n° 2019-222 du 23 mars 2019, art. 71 et 109, à compter du 24 mars 2020) « *9° Dans les cas prévus par les articles 222-19-1 et 222-20-1, l'obligation d'accomplir, à leurs frais, un stage de sensibilisation à la sécurité routière ;* »

(L. n° 2007-297 du 5 mars 2007, art. 53) « *9° bis L'obligation d'accomplir un stage de sensibilisation aux dangers de l'usage de produits stupéfiants, selon les modalités fixées à l'article 131-35-1 ;* »

(L. n° 2003-495 du 12 juin 2003, art. 6) « 10° Dans les cas prévus par les articles 222-19-1 et 222-20-1, l'immobilisation, pendant une durée d'un an au plus, du véhicule dont le condamné s'est servi pour commettre l'infraction, s'il en est le propriétaire ; »

(L. n° 2007-297 du 5 mars 2007, art. 25) « 11° La confiscation de l'animal ayant été utilisé pour commettre l'infraction ;

« 12° L'interdiction, à titre définitif ou temporaire, de détenir un animal ; »

(L. n° 2011-267 du 14 mars 2011, art. 73-II) « 13° Dans les cas prévus par les articles 222-19-1 et 222-20-1, la confiscation du véhicule dont le condamné s'est servi pour commettre l'infraction, s'il en est le propriétaire. La confiscation du véhicule est obligatoire dans les cas prévus par les 4° et dernier alinéa de ces articles ainsi que, dans les cas prévus par les 2°, 3° et 5° des mêmes articles, en cas de récidive ou si la personne a déjà été définitivement condamnée pour un des délits prévus par les articles L. 221-2, L. 224-16, L. 234-1, L. 234-8, L. 235-1, L. 235-3 ou L. 413-1 du code de la route ou pour la contravention mentionnée à ce même article L. 413-1. La juridiction peut toutefois ne pas prononcer cette peine, par une décision spécialement motivée ;

« 14° Dans les cas prévus par les 2° et dernier alinéa des articles 222-19-1 et 222-20-1 du présent code, l'interdiction, pendant une durée de cinq ans au plus, de conduire un véhicule qui ne soit pas équipé par un professionnel agréé ou par construction d'un dispositif d'anti-démarrage par éthylotest électronique, homologué dans les conditions prévues à l'article L. 234-17 du code de la route. Lorsque cette interdiction est prononcée en même temps que la peine d'annulation ou de suspension du permis de conduire, elle s'applique, pour la durée fixée par la juridiction, à l'issue de l'exécution de cette peine ; »

(Abrogé par L. n° 2019-222 du 23 mars 2019, art. 71 et 109, à compter du 24 mars 2020) (L. n° 2014-873 du 4 août 2014, art. 50-IV) « *15° La réalisation, à leurs frais, d'un stage de responsabilisation pour la prévention et la lutte contre les violences au sein du couple et sexistes.* »

(L. n° 2003-495 du 12 juin 2003, art. 6) « Toute condamnation pour les délits prévus par les 1° à 6° et le dernier alinéa de l'article 222-19-1 donne lieu de plein droit à l'annulation du permis de conduire avec interdiction de solliciter un nouveau permis pendant dix ans au plus. »

(L. n° 2012-304 du 6 mars 2012, art. 8) « II. — En cas de condamnation pour les crimes ou pour les délits commis avec une arme prévus aux sections 1, 2, 3 *ter* et 4 du présent chapitre, le prononcé des peines complémentaires prévues aux 2° et 6° du I est obligatoire. La durée de la peine prévue au 2° du I est portée à quinze ans au plus.

« Toutefois, la juridiction peut, par une décision spécialement motivée lorsque la condamnation est prononcée par une juridiction correctionnelle, décider de ne pas prononcer ces peines, en considération des circonstances de l'infraction et de la personnalité de son auteur. »

Art. L. 232-3 *(L. nº 2003-495 du 12 juin 2003, art. 30)* **Les infractions d'atteintes involontaires à la vie ou à l'intégrité de la personne commises à l'occasion de la conduite d'un véhicule à moteur prévues par les articles 221-6-1, 222-19-1 et 222-20-1 du code pénal donnent lieu de plein droit au retrait de la moitié du nombre maximal de points du permis de conduire.**

CHAPITRE III **COMPORTEMENT EN CAS DE CONTRÔLE ROUTIER**

COMMENTAIRE

Refus d'obtempérer et refus de soumettre aux vérifications. Dans le présent chapitre, on trouve deux délits – qui figuraient à l'article L. 4 de l'ancien code – permettant de sanctionner certains comportements en cas de contrôle routier : l'omission d'obtempérer à une sommation de s'arrêter, ce que l'on appelle plus communément le refus d'obtempérer (art. L. 233-1) et le refus de soumettre aux vérifications (art. L. 233-2).

Depuis la recodification, les dispositions relatives au refus d'obtempérer ont toutefois été modifiées à plusieurs reprises (V. comm. ss. art. L. 233-1), alors que celles sur le refus de se soumettre aux vérifications n'ont pas évolué, l'article L. 233-2 continuant à prévoir pour ce délit trois mois d'emprisonnement et 3 750 euros d'amende, ainsi que trois peines complémentaires (suspension du permis de conduire, peine de travail d'intérêt général et peine de jours-amende).

Obstacle à l'immobilisation d'un véhicule. A ces deux délits sanctionnant certains comportements inadaptés lors d'un contrôle routier, il faut en ajouter un troisième punissant le fait de faire obstacle à l'immobilisation d'un véhicule. Ce délit – qui figurait également au sein de l'article L. 4 de l'ancien code – n'a pas été formulé dans le présent chapitre lors de la recodification. Il a en effet été inscrit à l'article L. 224-5 et donc à la suite des dispositions sur l'immobilisation d'un véhicule en cas de rétention, ce qui pouvait prêter à confusion en laissant croire que ce délit était désormais limité aux immobilisations nées d'une rétention. La loi nº 2006-10 du 5 janvier 2006 a permis de supprimer toute ambiguïté sur ce point en transférant ce délit au sein du chapitre sur l'immobilisation et la mise en fourrière des véhicules (art. L. 325-3-1). Si cet emplacement apparaît pertinent, il n'en demeure pas moins vrai que ce délit permet également de sanctionner un comportement inadapté lors d'un contrôle routier.

❑

Art. L. 233-1 *(L. nº 2022-52 du 24 janv. 2022, art. 11-III)* **I. — Le fait, pour tout conducteur, d'omettre d'obtempérer à une sommation de s'arrêter émanant d'un fonctionnaire ou d'un agent chargé de constater les infractions et muni des insignes extérieurs et apparents de sa qualité est puni de deux ans d'emprisonnement et de 15 000 euros d'amende.**

II. — Nonobstant les articles 132-2 à 132-5 du code pénal, les peines prononcées pour le délit prévu au I du présent article se cumulent, sans possibilité de confusion, avec celles prononcées pour les autres infractions commises à l'occasion de la conduite du véhicule.

III. — Toute personne coupable du délit prévu au I encourt également les peines complémentaires suivantes :

1º La suspension, pour une durée ne pouvant excéder trois ans, du permis de conduire ; cette suspension ne peut être assortie du sursis, ni limitée à la conduite en dehors de l'activité professionnelle ;

2º La peine de travail d'intérêt général, selon les modalités prévues à l'article 131-8 du code pénal et dans les conditions prévues aux articles 131-22 à 131-24 du même code ainsi qu'à l'article L. 122-1 du code de la justice pénale des mineurs ;

3º La peine de jours-amende, dans les conditions fixées aux articles 131-5 et 131-25 du code pénal ;

4º L'annulation du permis de conduire, avec interdiction de solliciter la délivrance d'un nouveau permis pendant une durée ne pouvant excéder trois ans ;

5° La confiscation du véhicule dont le condamné s'est servi pour commettre l'infraction, s'il en est le propriétaire ou, sous réserve des droits du propriétaire de bonne foi, s'il en a la libre disposition, à la condition, dans ce second cas, que le propriétaire dont le titre est connu ou qui a réclamé cette qualité au cours de la procédure ait été mis en mesure de présenter ses observations sur la mesure de confiscation envisagée par la juridiction de jugement aux fins, notamment, de faire valoir le droit qu'il revendique et sa bonne foi ;

6° La confiscation d'un ou de plusieurs véhicules appartenant au condamné ;

7° L'obligation pour le condamné d'accomplir, à ses frais, un stage de sensibilisation à la sécurité routière.

IV. — L'immobilisation du véhicule peut être prescrite, dans les conditions prévues aux articles L. 325-1 à L. 325-3.

V. — Le délit prévu au I du présent article donne lieu, de plein droit, à la réduction de la moitié du nombre maximal de points du permis de conduire.

BIBL. ▶ JOSSEAUME, *Gaz. Pal. 29 juin 2021, p. 16* (le refus d'obtempérer à l'épreuve du juge pénal).

COMMENTAIRE

Les articles L. 233-1 à L. 233-1-2 sont relatifs au refus d'obtempérer, comportement dont la répression a été renforcée par trois lois depuis la recodification du code de la route : la loi du 9 mars 2004 portant adaptation de la justice aux évolutions de la criminalité, la loi du 28 février 2017 relative à la sécurité publique et la loi du 24 janvier 2022 relative à la responsabilité pénale et à la sécurité intérieure.

Refus d'obtempérer simple. L'article L. 233-1 incrimine le refus d'obtempérer simple, c'est-à-dire sans circonstance aggravante, lequel est constitué lorsque le conducteur d'un véhicule omet d'obtempérer à une sommation de s'arrêter émanant des forces de l'ordre. Dans sa version d'origine, l'article L. 233-1 prévoyait, pour ce délit, trois mois d'emprisonnement et 3 750 euros d'amende et trois peines complémentaires : suspension du permis de conduire de l'intéressé pour une durée de trois ans au plus, avec possibilité de limiter cette suspension à la conduite en dehors de l'activité professionnelle, peine de travail d'intérêt général et peine de jours-amende. Le refus d'obtempérer était de la sorte sanctionné des mêmes peines que le refus de se soumettre aux vérifications de l'article L. 233-2. Ces peines ont cependant été jugées insuffisantes par le législateur pour lutter contre un comportement qui serait de plus en plus fréquent : un refus d'obtempérer aurait lieu toutes les dix-sept minutes, selon les calculs effectués par les parlementaires au cours des travaux préparatoires de la loi du 24 janvier 2022. Le législateur les a donc renforcées, et ce à deux reprises.

Les peines encourues pour le délit prévu à l'article L. 233-1 ont été aggravées une première fois par la loi du 28 février 2017. Les peines principales pour refus d'obtempérer ont alors été portées à un an d'emprisonnement – seuil de peine permettant d'envisager une comparution immédiate en cas de flagrance – et 7 500 euros d'amende et trois peines complémentaires supplémentaires ont été ajoutées au sein de l'article L. 233-1 : l'annulation du permis de conduire de l'intéressé, avec interdiction de solliciter la délivrance d'un nouveau permis pendant une durée de trois ans au plus, la confiscation d'un ou plusieurs véhicules appartenant au condamné et le stage de sensibilisation à la sécurité routière. Ces nouvelles peines ne semblent cependant pas avoir permis de réduire les refus d'obtempérer. Ce qui a conduit le législateur à les aggraver une deuxième fois en 2022.

Depuis la loi du 24 janvier 2022, le conducteur qui omet d'obtempérer à une sommation encourt en effet deux ans d'emprisonnement et 15 000 euros d'amende et les peines prononcées à ce titre peuvent, depuis cette loi, se cumuler sans possibilité de confusion avec les peines de même nature prononcées pour les autres infractions commises à l'occasion de la conduite du véhicule (précision importante lorsque l'on sait que les personnes poursuivies pour refus d'obtempérer sont bien souvent poursuivies, dans le même temps, pour un autre délit).

Toujours depuis cette loi, on notera par ailleurs que la suspension du permis de conduire ne peut plus être assortie du sursis, ni être limitée à la conduite en dehors de l'activité professionnelle et que la confiscation du véhicule dont le condamné s'est servi pour commettre l'infraction s'il en est propriétaire (ou s'il en a la libre disposition) est possible (cette peine complémentaire s'ajoutant cependant à la peine de confiscation d'un ou de plusieurs véhicules appartenant au condamné qui figure dans ce texte depuis la loi de 2017).

Il est à noter enfin qu'au cours des travaux préparatoires du projet de la loi d'orientation et de programmation du ministère de l'Intérieur, les parlementaires ont envisagé d'aggraver, à nouveau, les peines encourues pour le présent délit, en les portant à trois ans d'emprisonnement et 30 000 euros d'amende. Les dispositions adoptées en ce sens ont cependant été censurées par le Conseil constitutionnel (Décis. n° 2022-846 DC du 19 janv. 2023) qui a considéré qu'elles ne présentaient pas de lien, même indirect, avec les dispositions de l'article 14 du projet de loi initial qui prévoyait d'étendre la procédure de l'amende forfaitaire délictuelle aux délits punis d'un an d'emprisonnement, ni avec aucune autre des dispositions qui figuraient dans le projet de loi déposé sur le bureau du Sénat, et donc qui a vu dans ces dispositions « un cavalier législatif » contraire aux dispositions de l'article 45, alinéa 1, de la Constitution.

Récidive. La répression du refus d'obtempérer en cas de récidive a également été renforcée par les lois précitées de 2017 et 2022. Ainsi, en 2017, le législateur est venu créer un article L. 233-1-2 permettant, en cas de récidive de l'infraction prévue à l'article L. 233-1, d'assortir la peine d'annulation du permis de conduire d'une interdiction de solliciter un nouveau permis pendant cinq ans au plus (cette interdiction étant plafonnée à trois ans en l'absence de récidive). Surtout, en 2022, il est venu prévoir dans un tel cas, au sein de cet article L. 233-1-2, la confiscation obligatoire du véhicule ayant servi à commettre l'infraction (avec possibilité toutefois par la juridiction de ne pas la prononcer par une décision spécialement motivée) et l'annulation de plein droit du permis de conduire de l'intéressé avec interdiction de solliciter un nouveau permis pendant trois ans au plus.

Ces peines sont d'autant plus lourdes qu'elles sont applicables non seulement à la personne déjà condamnée définitivement pour refus d'obtempérer qui commettrait le même délit dans un délai de cinq ans (conformément aux règles de l'art. 132-10 C. pén.), mais aussi à la personne déjà condamnée pour ce délit qui commettrait un délit assimilé : la loi du 24 janvier 2022 ayant ajouté le refus d'obtempérer au sein des délits assimilés de l'article 132-16-2 du code pénal (V. comm. ss. art. 212-4).

Refus d'obtempérer aggravé. Le législateur a par ailleurs voulu renforcer la répression du refus d'obtempérer lorsque celui est commis dans certaines circonstances. Ce refus d'obtempérer aggravé a été créé par la loi du 9 mars 2004 à l'article L. 233-1-1. Il peut être retenu quand le refus d'obtempérer est commis dans des circonstances exposant directement autrui à un risque de mort ou de blessures de nature à entraîner une mutilation ou une infirmité permanente. L'intéressé encourt alors cinq ans d'emprisonnement et 75 000 euros d'amende et plusieurs peines complémentaires.

Depuis la loi du 24 janvier 2022, lorsque le refus d'obtempérer est commis dans les circonstances précitées au détriment des forces de l'ordre, les peines sont même encore plus sévères, l'intéressé encourant alors sept ans d'emprisonnement et 100 000 euros d'amende.

En cas de refus d'obtempérer aggravé, qu'il soit commis ou non au détriment des forces de l'ordre, la personne concernée s'expose en outre à deux nouvelles peines complémentaires depuis la loi du 24 janvier 2022 : la confiscation obligatoire du véhicule dont le condamné s'est servi pour commettre l'infraction s'il en est propriétaire ou s'il en a la libre disposition (sauf décision spécialement motivée) et l'annulation de plein droit du permis de conduire avec interdiction de solliciter un nouveau permis pendant une durée ne pouvant excéder cinq ans.

Récidive. Enfin, la loi du 24 janvier 2022 a prévu que toute condamnation pour refus d'obtempérer aggravé commis en état de récidive donnait lieu, de plein droit, à l'annulation du permis de conduire de l'intéressé, avec interdiction de solliciter la délivrance d'un nouveau permis pendant une durée ne pouvant excéder dix ans. Une peine qui peut s'appliquer également à celui qui a été condamné, la première fois, pour un autre délit routier comme la conduite sous l'empire d'un état alcoolique ou la conduite après usage de stupéfiant, le refus d'obtempérer aggravé ayant été inséré au sein de la liste des délits assimilés de l'article 132-16-2 du code pénal.

Mesures conservatoires. A cet ensemble de dispositions toujours plus répressives, la loi du 24 janvier 2022 a enfin ajouté d'autres mesures de nature conservatoire. Depuis cette loi, en cas de refus d'obtempérer simple ou aggravé, le permis de conduire de l'intéressé peut en effet être retenu par les forces de l'ordre et suspendu par le préfet (V. art. L. 224-1 et L. 224-2) et le véhicule de l'intéressé peut être immobilisé et mise en fourrière à titre provisoire sur autorisation du préfet (V. art. L. 325-1-2). ❑

I. QUALITÉ DE CONDUCTEUR

1. L'art. L. 4 [C. route, art. L. 233-1] est applicable aux conducteurs de cycles. • Crim. 27 juin 1931 : *Gaz. Pal. 1931. 2. 462.* ♦ L'art. L. 233-1 ne s'applique pas aux piétons. • Paris, 18 mai 2004 : *Jurispr. auto 2005. 81.*

2. Responsabilité du conducteur. Seul le conducteur du véhicule peut être poursuivi à l'exception des passagers dont la responsabilité ne peut être retenue que pour complicité. • T. corr. Seine, 12 oct. 1964 : *Jurispr. auto 1964. 386* • Alger, 20 oct. 1965 : *Gaz. Pal. 1966. 1. 113.* ♦ La complicité d'un passager a ainsi été retenue par une cour d'appel qui a considéré que les déclarations concordantes du conducteur du véhicule établissaient que c'était sur l'instigation de son passager, qui lui avait déclaré « On se barre, démarre », qu'il avait pris la fuite pour se soustraire au contrôle des gendarmes et refuser d'obtempérer à leurs injonctions. • Rennes, 19 mai 2008 : *Jurispr. auto 2008. 647.* ♦ Mais a été cassé, faute d'avoir suffisamment caractérisé les éléments constitutifs de la complicité par instruction, l'arrêt d'appel qui se borne à constater que le passager, apercevant une voiture de police, a dit : « fonce, voilà les flics » au conducteur qui, pour célébrer une naissance, abusait de son avertisseur sonore. • Crim. 21 sept. 1994 : *Jurispr. auto 1994. 553 ; Dr. pénal 1995. Comm. 2.*

3. La production de documents afférents à la conduite d'un véhicule ne peut être exigée que de la personne qui se trouve au volant au moment du contrôle. L'interpellation d'une personne que les agents n'ont pas vue conduire est impossible hormis le cas où ils auraient connaissance d'une infraction antérieurement commise par ce conducteur. • T. corr. Foix, 22 févr. 1979 : *D. 1980. IR 360 ; JCP 1981. II. 19559, note Chambon ; RSC 1981. 609, obs. Vitu.*

4. Identification du conducteur. La relaxe doit être prononcée dès lors qu'il existe un doute sur les caractéristiques, la marque ou la couleur du véhicule et que le prévenu produit des témoignages crédibles de sa présence dans un autre lieu au moment des faits. • Metz, 14 févr. 1990 : *Juris-Data n° 041074* • Bourges, 15 mars 1990 : *Juris-Data n° 046025.* ♦ ... Lorsque l'appareil de contrôle de vitesse n'était pas associé à un appareil photographique, que les gendarmes ne donnent dans le procès-verbal aucun détail sur la personne du conducteur et que la thèse du prêt de véhicule n'est pas invraisemblable, le prévenu n'ayant jamais varié ni ne s'étant contredit sur ce point dans ses déclarations. Aucune obligation de dénoncer n'existant en la matière, le fait, pour le propriétaire, de refuser d'indiquer quel était le conducteur du véhicule au moment des faits ne peut être considéré en soi comme une reconnaissance de culpabilité. • T. corr. Laval, 23 janv. 1987 : *Gaz. Pal. 1987. 1. 250.* ♦ L'arrêté de suspension du permis de conduire pris par le préfet doit être annulé dès lors que le procès-verbal de gendarmerie qui a permis d'identifier le véhicule en cause ne contient aucun élément susceptible de prouver que le propriétaire en était le conducteur au moment des faits et qu'il n'existe aucune présomption sérieuse de nature à établir ce fait. • CE 29 juin 1990 : *D. 1991. 388, concl. Fornacciari.*

5. Justifie sa décision de condamnation la cour d'appel qui relève que les agents, ayant suivi le véhicule de quelques mètres, ont formellement reconnu le conducteur en la personne du prévenu. • Crim. 29 sept. 1979 : *D. 1980. IR 127.* ♦ ... Que la description détaillée du conducteur par le procès-verbal correspond à la photographie figurant sur le permis de conduire du prévenu auquel le véhicule était loué à l'époque des faits. • Crim. 17 févr. 1993 : *Jurispr. auto 1993. 339.* ♦ ... Que la description physique faite par les gendarmes correspond au signalement du prévenu, et que ce dernier n'a pas rapporté la preuve qu'il se trouvait en un autre lieu ou avait prêté son véhicule à un tiers. • Crim. 28 sept. 1999 : *Jurispr. auto 2000. 65.* ♦ Lorsque à la suite d'un contrôle de vitesse un automobiliste tente d'échapper à l'interception en changeant brutalement de direction, il suffit, au regard de l'art. 429 C. pr. pén., que le comportement ait été constaté par les agents chargés de l'interception, signataires du procès-verbal base des poursuites, bien que le procès-verbal n'ait pas été signé de l'opérateur du cinémomètre opérant en amont. • Crim. 25 mai 1994 : *Jurispr. auto 1994. 548.*

II. OMISSION D'OBTEMPÉRER À UNE SOMMATION DE S'ARRÊTER

6. Régularité de la sommation. Les agents assermentés de l'Office national des forêts sont habilités, lorsqu'ils entendent dresser procès-verbal d'une contravention à l'art. R. 331-3 C. for., réprimant l'interdiction de circuler sur les voies du domaine forestier fermées à la circulation et qu'ils sont munis des signes distinctifs et apparents de leur qualité, pour procéder aux constatations nécessitées par l'application de ce texte, à délivrer une sommation de s'arrêter au conducteur qui contrevient à cette interdiction. • Crim. 21 juill. 1998, n° 97-86.167 P : *D. 1998. IR 221 ; Dr. pénal 1999. Comm. 22, obs. Robert.*

7. Insignes extérieurs et apparents de l'agent. Un gyrophare en fonctionnement et un avertisseur sonore en action, en ce qu'ils permettent d'identifier une voiture de police, tiennent lieu de marques distinctives de la qualité des occupants de cette voiture. • Crim. 23 févr. 1987 : *Jurispr. auto 1987. 143* • 4 oct. 1990 : *Jurispr. auto 1991. 64* • Douai, 11 janv. 1995 : *Jurispr. auto 1995. 116* • Crim. 20 mars 2007 : *Dr. pénal 2007. Chron. 2, obs. Gauvin.* ♦ *Contra :* • T. corr. Avesnes-sur-Helpe, 4 oct. 1960 : *D. 1960. 680* (relaxe du conducteur qui prétend n'avoir ni entendu les coups de sifflet émanant d'une voiture de CRS qui le suivait et avoir confondu la sirène de police avec une sirène d'usine. Les agents se trouvant dans leur véhicule, le prévenu ne pouvait pas distinguer leur uniforme). ♦ Selon les dispositions combinées des art. 96 et 174 du Décr. du 20 mai 1903, seuls les gendarmes exerçant leur action en tenue militaire sont autorisés, dans les conditions définies par ce dernier texte, à faire usage des armes pour immobiliser les véhicules dont les conducteurs n'obtempèrent pas aux ordres d'arrêt. • Crim. 16 janv. 1996 : *D. 1996. IR 78*. ♦ Un conducteur ne peut soutenir ne pas avoir reconnu un policier alors que celui-ci avait distinctement révélé sa qualité, exhibé son brassard « police » et ses menottes administratives. • Crim. 7 mai 2003 : *Jurispr. auto 2003. 420, note Defrance.*

8. Matérialité de l'omission. Commet le délit prévu par l'art. L. 4 [C. route, art. L. 233-1] le prévenu qui conduisait un véhicule sur une route forestière interdite à la circulation, dès lors qu'il refuse d'obtempérer à une sommation de s'arrêter émanant d'un agent de l'Office national des forêts. • Crim. 21 juill. 1998 : *préc. note 6.*

9. Caractère intentionnel de l'omission. En plus des cas dans lesquels il y a utilisation du gyrophare et de la sirène par la voiture poursuivante, la connaissance non équivoque de l'obligation de s'arrêter est établie dès lors qu'un gendarme, placé au milieu de la chaussée, invite le conducteur à immobiliser son véhicule en lui adressant des signes au moyen d'un projecteur et en faisant usage de son sifflet. • Crim. 11 mai 1989 : *Jurispr. auto 1990. 321.* ♦ ... Ou par la seule utilisation d'un sifflet à roulette à l'adresse d'un prévenu dont l'épouse déclare qu'il se trouvait à une dizaine de mètres des gendarmes, précédé d'un autre automobiliste s'étant, lui, aussitôt arrêté. • Crim. 30 sept. 1992 : *Jurispr. auto 1993. 17.* ♦ L'infraction est constituée dès lors qu'il ressort du procès-verbal que le conducteur qui expose n'avoir pas compris les gestes qui lui étaient faits par les agents, a ralenti puis accéléré pour échapper au contrôle. • Crim. 27 mars 2001 : *Jurispr. auto 2001. 264.* ♦ ... Lorsque le conducteur, qui s'arrête à la suite d'une injonction des agents, prend la fuite en faisant crisser ses pneus, après les avoirs insultés. • Crim. 20 févr. 2007 : *Jurispr. auto 2007. 224.* ♦ *Contra :* • T. corr. Saint-Nazaire, 20 juin 1984 : *Jurispr. auto 1985. 151* (des sommations faites à l'arrière du véhicule laissent un doute sur la connaissance qu'a pu en avoir le prévenu).

III. RÉPRESSION

10. Garde à vue. A la suite de son interpellation, le conducteur, qui a accepté de suivre les gendarmes jusqu'à leur brigade et qui n'est resté dans leurs locaux que le temps nécessaire à son audition, n'a fait l'objet d'aucune mesure de coercition nécessitant son placement en garde à vue. • Crim. 12 oct. 2005 : *Dr. pénal 2006. Comm. 17, note Maron.*

11. Cumul d'infractions. Le refus d'obtempérer à une sommation et celui de se soumettre aux vérifications peuvent être retenus tous les deux à l'encontre d'un automobiliste qui a pris trois fois la fuite lors de son interpellation. • Crim. 16 mai 1988 : *Jurispr. auto 1989. 11.*

12. La peine complémentaire d'annulation du permis de conduire n'étant pas prévue par l'art. L. 233-1 C. route, doit être cassé l'arrêt prononçant une telle peine en vertu du principe selon lequel nul ne peut être puni d'une peine qui n'est pas prévue par la loi (C. pén., art. 111-3). • Crim. 20 févr. 2007 : *préc. note 9.*

13. Aux termes de l'art. 131-21 C. pén. la chose confisquée est, sauf disposition particulière prévoyant sa destruction ou son attribution, dévolue à l'État. Est en conséquence justifié l'arrêt prononçant à l'encontre d'un prévenu poursuivi pour refus d'obtempérer, à titre de peine alternative à l'emprisonnement, la peine de confiscation au profit de l'État du véhicule dont il était propriétaire. • Crim. 25 sept. 2007 : *Jurispr. auto 2007. 640.*

Art. L. 233-1-1 *(L. nº 2004-204 du 9 mars 2004, art. 58)* **I. — Lorsque les faits prévus à l'article L. 233-1 ont été commis dans des circonstances exposant directement autrui à un risque de mort ou de blessures de nature à entraîner une mutilation ou une infirmité permanente, ils sont punis de cinq ans d'emprisonnement et de 75 000 € d'amende.**

(L. nº 2022-52 du 24 janv. 2022, art. 11-III) **« Les peines sont portées à sept ans d'emprisonnement et à 100 000 euros d'amende lorsque les faits ont été commis dans des circonstances exposant directement les personnes mentionnées au I de l'article L. 233-1 à un risque de mort ou de blessures de nature à entraîner une mutilation ou une infirmité permanente. »**

II. — Les personnes coupables *(L. nº 2022-52 du 24 janv. 2022, art. 11-III)* **« d'un » délit prévu au présent article encourent également les peines complémentaires suivantes, outre celles prévues par les 2º** *(L. nº 2017-258 du 28 févr. 2017, art. 26-2º)* **« , 3º, »** *(L. nº 2022-52 du 24 janv. 2022, art. 11-III)* **« 6º et 7º du III » de l'article L. 233-1 :**

1º La suspension, pour une durée de cinq ans au plus, du permis de conduire ; cette suspension ne peut être assortie du sursis ni être limitée à la conduite en dehors de l'activité professionnelle ;

(L. nº 2022-52 du 24 janv. 2022, art. 11-III) **« 2º La confiscation obligatoire du véhicule dont le condamné s'est servi pour commettre l'infraction, s'il en est le propriétaire ou, sous réserve des droits du propriétaire de bonne foi, s'il en a la libre disposition, à la condition, dans ce second cas, que le propriétaire dont le titre est connu ou**

qui a réclamé cette qualité au cours de la procédure ait été mis en mesure de présenter ses observations aux fins, notamment, de faire valoir le droit qu'il revendique et sa bonne foi. La juridiction peut toutefois ne pas prononcer cette peine, par une décision spécialement motivée ; »

(Abrogé par L. n° 2017-258 du 28 févr. 2017, art. 26-2°) ***« 3° La confiscation d'un ou de plusieurs véhicules appartenant au condamné ; »***

4° L'interdiction de détenir ou de porter, pour une durée de cinq ans au plus, une arme soumise à autorisation ;

5° La confiscation d'une ou plusieurs armes dont le condamné est propriétaire ou *(L. n° 2022-52 du 24 janv. 2022, art. 11-III)* **« , sous réserve des droits du propriétaire de bonne foi, dont il a la libre disposition, à la condition, dans ce second cas, que le propriétaire dont le titre est connu ou qui a réclamé cette qualité au cours de la procédure ait été mis en mesure de présenter ses observations aux fins, notamment, de faire valoir le droit qu'il revendique et sa bonne foi.**

« III. — Toute condamnation pour les délits prévus au présent article donne lieu, de plein droit, à l'annulation du permis de conduire, avec interdiction de solliciter un nouveau permis pendant une durée ne pouvant excéder cinq ans.

« IV. — Ces délits donnent lieu, de plein droit, à la réduction de la moitié du nombre de points maximal du permis de conduire. »

Justifie sa décision la cour d'appel qui, pour déclarer un prévenu coupable du délit de refus d'obtempérer aggravé, retient que les gestes effectués par les agents de la force publique pour l'inviter à s'arrêter étaient sans équivoque et qu'en poursuivant sa route à très grande vitesse pour tenter de se soustraire à leur contrôle, il a exposé les gendarmes ainsi que les autres personnes circulant sur l'autoroute à un risque de mort ou de blessures de nature à entraîner une mutilation ou une infirmité permanente. • Crim. 21 mai 2008 : *Jurispr. auto 2008. 447.*

Art. L. 233-1-2 *(L. n° 2022-52 du 24 janv. 2022, art. 11-III)* **I. — Toute personne coupable, en état de récidive au sens de l'article 132-10 du code pénal, de l'infraction prévue à l'article L. 233-1 du présent code encourt également la peine complémentaire de confiscation obligatoire du véhicule ayant servi à commettre l'infraction, si le condamné en est le propriétaire ou, sous réserve des droits du propriétaire de bonne foi, s'il en a la libre disposition, à la condition, dans ce second cas, que le propriétaire dont le titre est connu ou qui a réclamé cette qualité au cours de la procédure ait été mis en mesure de présenter ses observations sur la mesure de confiscation envisagée par la juridiction de jugement aux fins, notamment, de faire valoir le droit qu'il revendique et sa bonne foi. La juridiction peut, toutefois, ne pas prononcer cette peine, par une décision spécialement motivée.**

II. — Toute condamnation pour le délit prévu à l'article L. 233-1 du présent code commis en état de récidive, au sens de l'article 132-10 du code pénal, donne lieu, de plein droit, à l'annulation du permis de conduire avec interdiction de solliciter la délivrance d'un nouveau permis pendant une durée ne pouvant excéder trois ans.

III. — Toute condamnation pour les délits prévus au I de l'article L. 233-1-1 du présent code commis en état de récidive, au sens de l'article 132-10 du code pénal, donne lieu, de plein droit, à l'annulation du permis de conduire, avec interdiction de solliciter la délivrance d'un nouveau permis pendant une durée ne pouvant excéder dix ans.

Art. L. 233-2 **I. — Le fait pour tout conducteur de refuser de se soumettre à toutes vérifications prescrites concernant son véhicule ou sa personne est puni de trois mois d'emprisonnement et de 3 750 € d'amende.**

II. — Toute personne coupable de ce délit encourt également les peines complémentaires suivantes :

1° La suspension, pour une durée de trois ans au plus, du permis de conduire, cette suspension pouvant être limitée à la conduite en dehors de l'activité professionnelle ;

2° La peine de travail d'intérêt général selon les modalités prévues à l'article 131-8 du code pénal et selon les conditions prévues aux articles 131-22 à 131-24 du même code et *(Ord. n° 2019-950 du 11 sept. 2019, art. 5-VI et 9, en vigueur le 30 sept. 2021)* **« à l'article L. 122-1 du code de la justice pénale des mineurs » ;**

3° La peine de jours-amende, dans les conditions fixées aux articles 131-5 et 131-25 du code pénal.

III. — Ce délit donne lieu de plein droit à la réduction de la moitié *(L. n° 2003-495 du 12 juin 2003, art. 11)* **« du nombre maximal de points » du permis de conduire.** — *[Anc. art. L. 1er-1, al. 2, L. 1er-2, L. 4, L. 11-1, al. 1er et 2, et L. 14, al. 1er et 2.]*

L'art. 2 de la L. n° 2021-218 du 26 févr. 2021 modifie la date d'entrée en vigueur du CJPM.

I. QUALITÉ DE CONDUCTEUR

1. V. ss. art. L. 233-1, notes 1 à 5.

II. REFUS DE SE SOUMETTRE AUX VÉRIFICATIONS

A. VÉRIFICATIONS PRESCRITES PAR LE CODE DE LA ROUTE LUI-MÊME OU PAR LE CODE DES ASSURANCES

2. V. C. route, art. R. 233-1, C. assur., art. L. 211-5, R. 211-14 et A. 211-4 s. Pour des vérifications dont le refus relève d'une autre sanction que l'art. L. 233-2, V. C. route, art. L. 234-8, L. 235-3, R. 317-1 s. et R. 325-8.

3. Contrôles d'alcoolémie. Les gendarmes qui procèdent aux vérifications prévues par l'art. L. 4 [C. route, art. L. 233-2] peuvent légalement soumettre le conducteur aux épreuves de dépistage et de contrôle de l'imprégnation alcoolique dès lors qu'ils constatent que son comportement laisse présumer qu'il est sous l'empire de l'alcool. • Crim. 26 févr. 1980 : *Bull. crim. n° 71* • 19 oct. 1981 : *Bull. crim. n° 277* • 7 juin 1983 : *D. 1984. IR 225, obs. Roujou de Boubée.* ♦ Mais, en cas de refus de s'y soumettre, les sanctions sont celles de l'art. L. 1-I, dernier al. [C. route, art. L. 234-8]. • Crim. 26 janv. 1980 : *Bull. crim. n° 71.*

B. CONTRÔLES D'IDENTITÉ

V. art. 78-1 s. **C. pr. pén.**

4. L'art. L. 4 [C. route, art. L. 233-2] ne fait pas obligation aux conducteurs de se soumettre à d'autres vérifications que celles relatives à la carte grise du véhicule et au permis de conduire du conducteur, pièces sur lesquelles on peut relever des renseignements d'identité le concernant. Le conducteur n'a pas l'obligation d'indiquer sa filiation aux agents verbalisateurs. • Paris, 11 févr. 1961 : *D. 1961. Somm. 107.*

5. L'immatriculation étrangère d'une automobile est un élément objectif, déduit de circonstances extérieures à la personne même, susceptible de faire apparaître sa qualité d'étranger et de justifier la demande de présentation de documents justifiant la régularité du séjour en France sans qu'il soit préalablement procédé à un contrôle d'identité dans les conditions prévues aux art. 78-1 s. C. pr. pén. • Crim. 25 avr. 1985 : *D. 1985. 329, concl. Dontenville ; JCP 1985. II. 20465, concl. Dontenville, note Jeandidier.* ♦ Le défaut de port de ceinture de sécurité justifie un contrôle d'identité dont la légalité ne saurait être contestée s'il a ensuite permis de découvrir que les occupants de la voiture étaient en situation irrégulière et conduit à la condamnation de leur employeur. • Crim. 30 mai 1995 : *Jurispr. auto 1995. 558.*

C. FOUILLES OU VISITES DE VÉHICULES

1° RECHERCHE D'INFRACTIONS AUX RÈGLES DE LA CIRCULATION

V. art. L. 130-2, al. 1er, et art. L. 325-2, al. 1er, C. route.

BIBL. Couvrat et Massé, *nos 259 s.*

a. Principe

6. Les fonctionnaires d'une CRS qui, ayant interpellé un prévenu pour excès de vitesse, sollicitent des agents des douanes pour fouiller le véhicule sur le fondement des art. 60 et 61 C. douanes et saisir ainsi un détecteur anti-radar commettent un détournement de procédure destiné à mettre en œuvre des pouvoirs que la loi ne leur a pas reconnus. • Crim. 18 déc. 1989 : *JCP 1990. II. 21531, note Chambon.*

7. L'obligation imposée par l'art. L. 4 [C. route, art. L. 233-2] à tout conducteur de se soumettre à toutes vérifications prescrites par ledit code et concernant le véhicule ou la personne ne saurait autoriser les fonctionnaires ou agents chargés de constater les infractions à la circulation routière à exiger sous la menace de sanctions pénales l'ouverture du coffre d'un véhicule hors le cas d'investigations entreprises dans les formes légales. • Crim. 23 juin 1964 : *D. 1964. 578 ; JCP 1965. II. 14080, note E.B.*

8. Les juges ne peuvent, pour justifier la mise en œuvre des pouvoirs prévus aux art. 53 s. C. pr. pén. en cas de crime ou de délit flagrant, substituer leurs propres déductions aux constatations initiales des officiers ou agents de police judiciaire desquelles il résulte que ceux-ci ont entendu procéder à un contrôle routier en application des art. L. 233-2 et R. 233-1 C. route. Est en conséquence censuré un arrêt qui, pour rejeter le moyen tiré de l'introduction irrégulière dans un lieu privé, avait déduit des termes du procès-verbal d'interpellation qu'était caractérisé le délit flagrant de mise en danger d'autrui, alors que ledit procès-verbal énoncait que des policiers, après avoir constaté la commission d'une contravention au code de la route, n'avaient pénétré dans ce lieu privé que pour procéder à un contrôle routier. • Crim. 7 janv. 2020, n° 19-83.774 P : *D. 2020. 14 ; D. actu. 7 févr. 2020, obs. Charlent ; Dr. pénal 2020, n° 62, note Maron & Haas ; Gaz. Pal. 12 mai 2020, p. 57, note Fourment.*

b. Limites

9. Numéro de série. Le refus d'ouvrir le capot de son véhicule pour vérification destinée à établir l'existence d'une infraction à l'art. L. 10 [C. route, art. L. 234-12] est sanctionné par l'art. L. 4 [C. route, art. L. 233-2]. En effet, l'ouverture du capot moteur d'un véhicule automobile, lequel est destiné au seul logement des organes moteurs, ne saurait être assimilée à une visite domiciliaire soumise aux restrictions prévues aux art. 56 s. C. pr. pén. et de surcroît interdites par l'art. L. 23-1 C. route aux gradés et gardiens de la paix de la police nationale pour la constatation et la recherche des infractions au code de la route. Cette ouverture peut être requise pour vérification de la concordance entre le numéro de série porté sur la plaque apposée par le conducteur et celui figurant sur la carte grise sans qu'il puisse en résulter une quelconque atteinte à la liberté ou à l'intimité du conducteur ou de ses passagers. • Rennes, 8 nov. 1984 : *D. 1984, Flash n° 42.* ♦ Rejet du pourvoi par : • Crim. 17 juin 1986 : *Jurispr. auto 1986. 460.*

10. Détecteur de radar. Le conducteur qui ralentit brusquement à l'approche d'un contrôle de vitesse et qui prend la fuite ne permet pas à la police de vérifier si le véhicule ne comporte pas un appareil prohibé par l'art. R. 242-4 et se rend coupable, à défaut d'un excès de vitesse non constaté, de l'infraction prévue par l'art. L. 4 [C. route, art. L. 233-2] qui fait obligation à tout conducteur d'un véhicule de se soumettre à toutes vérifications prescrites concernant le véhicule ou la personne. • Crim. 9 janv. 1986 : *D. 1986. IR 146 ; Bull. crim. n° 13 ; Gaz. Pal. 1986. 2. 556.* ♦ Commet également l'infraction, le conducteur qui s'oppose à toute vérification de la part des agents ayant noté la présence d'une boîte offrant l'aspect d'un appareil prohibé par l'art. R. 249-4 dont le jeune fils du conducteur s'est emparé et qu'il dissimule dans ses vêtements. • Crim. 12 mai 1987 : *Jurispr. auto 1987. 232.*

2° RECHERCHE D'INFRACTIONS INDÉPENDANTES DE LA CIRCULATION

BIBL. Chambon, *JCP 1980. I. 2983.* – * Rép. min. n° 68934 du 27 mai 1985, *D. 1985, Flash n° 34.*

a. Principe

11. Porte atteinte aux principes essentiels sur lesquels repose la protection de la liberté individuelle, en raison de l'étendue des pouvoirs, dont la nature n'est, par ailleurs, pas définie, conférés aux OPJ et à leurs agents, du caractère très général des cas dans lesquels ces pouvoirs pourraient s'exercer et de l'imprécision de la portée des contrôles auxquels ils seraient susceptibles de donner lieu, le texte qui a pour objet de donner aux OPJ ou, sur ordre de ceux-ci, aux APJ le pouvoir de procéder à la visite de tout véhicule ou de son contenu aux seules conditions que ce véhicule se trouve sur une voie ouverte à la circulation publique et que cette visite ait lieu en présence du propriétaire ou du conducteur. • Cons. const. 12 janv. 1977 : *D. 1978. 173, note Hamon et Léauté.*

12. Les opérations de fouille de véhicules afin d'y découvrir et de saisir des armes au sens de l'art. 132-75 C. pén., dans la mesure où elles confortent le constat d'infractions et entraînent la poursuite de leurs auteurs, relèvent de la police judiciaire. S'agissant de telles opérations, qui mettent en cause la liberté individuelle, l'autorisation d'y procéder doit être donnée par l'autorité judiciaire, gardienne de cette liberté selon l'art. 66 de la Constitution. Ce texte de loi autorise des fouilles, sur les lieux d'une manifestation ou à proximité immédiate, afin de s'assurer du respect de l'interdiction préfectorale de transporter des objets pouvant être utilisés comme projectiles ou constituer une arme, sans prévoir l'autorisation préalable de ces opérations par l'autorité judiciaire, se bornant à indiquer que le procureur de la République sera immédiatement informé des instructions données par le préfet. • Cons. const. 18 janv. 1995 : *Gaz. Pal. 14 févr. 1995.*

13. L'art. L. 4 [C. route, art. L. 233-2] n'autorise pas à exiger l'ouverture d'un coffre de véhicule hors le cas d'investigations entreprises dans les formes légales. • Crim. 23 juin 1964 : *D. 1964. 578 ; JCP 1965. II. 14080, note E.B.*

b. Limites

14. L'exigence de l'ouverture d'un coffre d'automobile au cours d'investigations policières concernant un crime flagrant n'a pas le caractère d'une perquisition domiciliaire et n'est donc pas soumise aux restrictions résultant des art. 56 s. C. pr. pén. Est dès lors justifiée la condamnation d'un conducteur, qui, en de telles circonstances, a refusé de se soumettre aux vérifications prescrites concernant le véhicule ou la personne visée par l'art. L. 4 [C. route, art. L. 233-2], ledit texte ne concernant pas seulement la constatation des infractions à la circulation routière. • Crim. 8 nov. 1979 : *D. 1980. IR 523, obs. Puech ; JCP 1980. II. 19337, note Davia* • 22 juin 1994 : ⚖ *Dr. pénal 1994. Chron. 62.*

III. RÉPRESSION

15. Cumul d'infractions. Le refus d'obtempérer à une sommation et celui de se soumettre aux « vérifications » peuvent être retenus tous les deux à l'encontre d'un automobiliste qui a pris trois fois la fuite lors de son interpellation. • Crim. 16 mai 1988 : *Jurispr. auto 1989. 11.*

16. Rébellion. Le délit de l'art. 433-6 C. pén. n'est consommé qu'en cas de résistance active aux personnes dépositaires de l'autorité publique. Ce n'est pas le cas lorsqu'un prévenu, « sexagénaire d'allure frêle », refuse de suivre les gendarmes en s'agrippant au volant de son véhicule. • Crim. 1er mars 2006, ⚖ n° 05-84.444 P : *Dr. pénal 2006. Comm. 68, note Robert.*

CHAPITRE IV CONDUITE SOUS L'INFLUENCE DE L'ALCOOL

RÉP. PÉN. v° *Conduite sous influence : alcools, stupéfiants,* par CÉRÉ.

BIBL. ▶ AMOUROUX, *Gaz. Pal. 1989. 1. Doctr. 154.* – BENAROSCH, *Gaz. Pal. 1994. 2. Doctr. 911.* – DEFRANCE, *Jurispr. auto 2004. 13* (la conduite en état d'ivresse manifeste) ; *ibid. 72* (l'élément moral de la conduite sous l'empire d'un état alcoolique) ; *ibid. 2006. 449* (la preuve de l'alcoolémie au volant) ; *ibid. 2009. 12* (le contrôle d'alcoolémie) ; *ibid. 1995. 108* (répression de l'alcool au volant dans les territoires d'outre-mer) ; *ibid. 1998. 4* (conduite sous l'empire d'un état alcoolique). – ESTOUP, *Gaz. Pal. 1987. 2. Doctr. 513.* – GUILBOT, *Rev. INRETS n° 33, mars 1992, p. 25* ; *Rev. de la Gendarmerie 1993, n° 169, p. 48.* – JOSSEAUME, *Gaz. Pal. 30 mai 2013, p. 7* (alcool au volant : quand la procédure boit de l'eau) ; *ibid. 12 juin 2014, p. 5* (le délit de conduite sous l'empire d'un état d'ivresse manifeste est inconstitutionnel !). – KLETZEN, *Genèse 1995. 27* (santé publique et circulation routière). *Actes INRETS n° 24, nov. 1989* (colloque). – LEBRETON, *Gaz. Pal. 26 mars 2019, p. 16* (alcool, stupéfiants et circulation routière) ; *AJ pénal 2019. 424* (preuve de la consommation d'alcool et de l'ivresse manifeste). – MÉMETEAU, *La Revue hospitalière de France 1989. 847* (secret médical et conduite en état d'ivresse). – OBRADOVIC, *Tendances, n° 91, 2013* (la réponse pénale à la conduite sous influence (alcool et stupéfiants)). – PELIER, *D. 1973. Chron. 68.* – PEREZ-DIAZ, *Archives de politique criminelle, 2009, n° 31, p. 155* (l'alcool au volant : prise en charge pénale et sanitaire). – PRADEL, *D. 1987. Chron. 251.* – RETIÈRE et TRÉMEAU, *Droit et société, 2014/3, n° 88, p. 621* (la répression de l'alcool au volant – une réponse pénale sous tensions). – VLAMYNCK, *AJ pénal 2009. 121* (la garde à vue de la personne sous l'emprise de boissons alcooliques).

COMMENTAIRE

Rédaction améliorée. Bien qu'il n'ait aucune conséquence juridique, l'intitulé de ce chapitre est intéressant car il permet d'englober toutes les incriminations relatives à la conduite (de tout véhicule et quel que soit le lieu de conduite) sous imprégnation alcoolique. L'alcool en effet exerce « une influence » sur le comportement de tout conducteur : amoindrissement des qualités de perception visuelle, diminution de la vigilance, brusquerie des mouvements, mauvaises évaluations des distances, audaces incontrôlées, bref un accroissement de la dangerosité. Ainsi est-il apparu indispensable, dès 1958, d'interdire la conduite « sous alcool » afin d'éviter que le conducteur ne réalise d'autres infractions pouvant entraîner des dommages corporels graves à autrui. Le conducteur ne peut conduire *« sous l'empire »* de cet *« état »*.

Ce chapitre est une des meilleures illustrations des bienfaits d'une nouvelle rédaction du code. Tous les textes concernant cette question étaient auparavant épars, mal situés et confus. Ils sont maintenant regroupés. La rédaction elle-même a été améliorée en suivant des règles admises dans le code pénal, par exemple la formule *« le fait de »* et la transformation du futur en présent (la personne qui aura conduit... devient le fait de conduire *« est »* puni...).

Trois incriminations principales. Les deux premières sont à l'article L. 234-1 : la conduite en état alcoolique (étant précisé qu'en présence de quotités moindres l'infraction peut être une contravention prévue dans la partie réglementaire, V. art. R. 234-1) et la conduite en état d'ivresse. L'article L. 234-2 prévoit les pénalités complémentaires possibles. La troisième incrimination est le refus de se soumettre aux « vérifications » par l'un des deux procédés de détermination de la concentration d'alcool dans l'air expiré ou dans le sang. Elle figure aujourd'hui intégralement à l'art. L. 234-8 (l'art. L. 234-10 qui sanctionnait le refus de se soumettre aux vérifications prévues par l'art. L. 234-9, ayant été abrogé et son contenu combiné avec celui de l'art. L. 234-8).

Récidive. Au regard de la récidive, il convient enfin de noter que la conduite sans permis de l'article L. 221-2, la conduite après usage de stupéfiants de l'article L. 235-1, le grand excès de vitesse de l'article L. 413-1, ainsi que, depuis la loi du 24 janvier 2022 relative à la responsabilité pénale et à la sécurité intérieure, le refus d'obtempérer simple ou aggravé des articles L. 233-1 et L. 233-1-1, sont considérés comme la même infraction que la conduite en état alcoolique et la conduite en état d'ivresse sanctionnées par l'article L. 234-1 (V. C. pén., art. 132-16-2, al. 2, App., v° *Infractions*, et comm. ss. art. L. 234-13). ❑

Art. L. 234-1 **I. — Même en l'absence de tout signe d'ivresse manifeste, le fait de conduire un véhicule sous l'empire d'un état alcoolique caractérisé par une concentration d'alcool dans le sang égale ou supérieure à 0,80 gramme par litre ou par une**

concentration d'alcool dans l'air expiré égale ou supérieure à 0,40 milligramme par litre est puni de deux ans d'emprisonnement et de 4 500 € d'amende.

II. — Le fait de conduire un véhicule en état d'ivresse manifeste est puni des mêmes peines.

III. — Dans les cas prévus au I et II du présent article, l'immobilisation peut être prescrite dans les conditions prévues aux articles L. 325-1 à L. 325-3.

IV. — Ces délits donnent lieu de plein droit à la réduction de la moitié *(L. nº 2003-495 du 12 juin 2003, art. 11)* **« du nombre maximal de points » du permis de conduire.**

V. — Les dispositions du présent article sont applicables à l'accompagnateur d'un élève conducteur.

Dépistage et vérifications : L. 234-3 s. ; R. 234-2 s. — Examen médical : R. 221-13. — Rétention et suspension du permis de conduire : L. 224-1 s. ; R. 224-1 s.

Contravention de conduite sous l'empire d'un état alcoolique : R. 234-1. — Autres contraventions : R. 234-5 et R. 234-6.

V. App., vº Alcoolémie : CSP, art. L. 3341-4, L. 3354-1 s. et R. 3353-6 s. (lutte contre l'alcoolisme), Arr. du 8 juill. 2003 (contrôle des éthylomètres), Décr. du 1er sept. 2008 (éthylotests électroniques) et Décr. du 29 juin 2015 (éthylotests chimiques).

1. Codification à droit constant, visa de textes inexistants et site internet Légifrance. Est nulle la citation (en l'espèce, une convocation par OPJ) qui vise des articles du code de la route (art. L. 1 s.) qui n'existent plus. Ce visa de textes inexistants porte en effet grief au prévenu qui, s'il se reporte à la source d'information destinée au public, soit le site internet Légifrance, pour l'art. L. 1, obtient la réponse : Aucun article trouvé. Dans ces conditions, quand même la codification nouvelle se serait faite à droit constant, il lui est impossible de se reporter aux textes nouveaux. Il ne peut donc prendre connaissance des peines qu'il encourt. De même, il peut légitimement penser que le texte a été abrogé et qu'il n'encourt aucune sanction pénale pour une infraction qui n'existe plus. • Montpellier, 19 août 2008 : *Dr. pénal 2008. Chron. 10, obs. Lepage.*

2. Constitutionnalité du délit de conduite en état d'ivresse manifeste - Absence de renvoi d'une QPC. La Cour de cassation a refusé de renvoyer au Conseil constitutionnel une question prioritaire de constitutionnalité portant sur la conformité des dispositions de l'art. L. 234-1-II C. route, réprimant le fait de conduire un véhicule en état d'ivresse manifeste, au principe des droits de la défense et en particulier au droit à une procédure juste et équitable en ce que la preuve de l'état d'ivresse ne repose que sur une appréciation subjective de l'officier de police. Pour la Cour de cassation, outre qu'elle n'est pas nouvelle, la question posée ne présente pas un caractère sérieux au regard du principe constitutionnel des droits de la défense, dès lors que la preuve contraire de la constatation de l'état d'ivresse manifeste par un officier ou agent de police judiciaire peut être rapportée par le prévenu. • Crim. 16 juill. 2010 : *RSC 2011. 178, obs. de Lamy.*

3. Conduite sous l'influence de l'alcool. V. notes ss. art. L. 234-7.

4. Condamnation pour conduite sous l'empire d'un état alcoolique et acquisition de la nationalité française. Le Premier ministre ne peut s'opposer à l'acquisition de la nationalité française d'un conjoint étranger à la suite de son mariage avec un conjoint de nationalité française au motif que l'intéressé a été condamné à deux reprises pour conduite sous l'empire d'un état alcoolique, ces deux condamnations n'étant pas de nature à le rendre indigne d'acquérir la nationalité française à la suite de son mariage eu égard au nombre des infractions relevées, à la nature des faits en cause et à leur caractère ancien. • CE 28 avr. 2014, nº 372679 : *Lebon 122 ; AJDA 2014. 954 ; AJ fam. 2014. 380 ; JCP Adm. 2014. Actu. 402.* ♦ V. déjà en ce sens, • CE 10 juin 1992, *Meguitif*, nº 113608 B. ♦ Comp. • CE 13 mars 2006, *Da Sylva*, nº 264420 : *Lebon 145 ; AJDA 2006. 634 ; RFDA 2006. 652* (en l'espèce, l'intéressé avait fait l'objet entre 1987 et 2000 de diverses condamnations correspondant notamment à des infractions au code de la route commises dans un état alcoolique et à des faits de rébellion et d'outrage à agent, des condamnations qui, compte tenu de leur caractère récent et répétitif, ont été jugées comme constitutives d'une indignité de nature à faire opposition à l'acquisition de la nationalité française) • CE 30 janv. 2019, nº 417548 B : *AJDA 2019. 259 ; D. actu. 13 févr. 2019, obs. Pastor* (en l'espèce, l'intéressé avait été plusieurs fois condamné pour infractions au code de la route et en dernier lieu pour récidive de conduite en état d'ivresse, des faits considérés comme constitutifs d'une indignité, compte tenu du caractère encore récent, à la date du décret attaqué, du dernier fait relevé à l'encontre de l'intéressé).

Art. L. 234-2 I. — Toute personne coupable de l'un des délits prévus à l'article L. 234-1 encourt également les peines complémentaires suivantes :

1º La suspension, pour une durée de trois ans au plus, du permis de conduire, *(L. nº 2003-495 du 12 juin 2003, art. 5)* **« cette suspension ne pouvant pas être limitée à la conduite en dehors de l'activité professionnelle » ;**

2° L'annulation du permis de conduire avec interdiction de solliciter la délivrance d'un nouveau permis pendant trois ans au plus ;

3° La peine de travail d'intérêt général selon des modalités prévues à l'article 131-8 du code pénal et selon les conditions prévues aux articles 131-22 à 131-24 du même code et *(Ord. nº 2019-950 du 11 sept. 2019, art. 5-VI et 9, en vigueur le 30 sept. 2021)* **« à l'article L. 122-1 du code de la justice pénale des mineurs » ;**

4° La peine de jours-amende dans les conditions fixées aux articles 131-5 et 131-25 du code pénal ;

(L. nº 2003-495 du 12 juin 2003, art. 6) **« 5° L'interdiction de conduire certains véhicules terrestres à moteur, y compris ceux pour la conduite desquels le permis de conduire n'est pas exigé, pour une durée de cinq ans au plus ;**

« 6° L'obligation d'accomplir, à ses frais, un stage de sensibilisation à la sécurité routière » ;

(L. nº 2011-267 du 14 mars 2011, art. 71-1º) **« 7° L'interdiction, pendant une durée de cinq ans au plus, de conduire un véhicule qui ne soit pas équipé par un professionnel agréé ou par construction d'un dispositif homologué d'anti-démarrage par éthylotest électronique. Lorsque cette interdiction est prononcée en même temps que la peine d'annulation ou de suspension du permis de conduire, elle s'applique, pour la durée fixée par la juridiction, à l'issue de l'exécution de cette peine » ;**

(L. nº 2019-1428 du 24 déc. 2019, art. 98-I) **« 8° La confiscation du véhicule dont le condamné s'est servi pour commettre l'infraction, s'il en est le propriétaire. »**

II. — La suspension du permis de conduire prévue au présent article ne peut être assortie du sursis, même partiellement.

L'art. 2 de la L. nº 2021-218 du 26 févr. 2021 modifie la date d'entrée en vigueur du CJPM.

En ce qui concerne les peines complémentaires prononcées à titre de peine principale, V. C. pén., art. 131-11, App., vº Infractions.

Sur la peine complémentaire d'interdiction de conduire un véhicule non équipé d'un dispositif homologué d'antidémarrage par éthylotest électronique, V. aussi art. L. 232-1 et L. 232-2 (homicide et blessures involontaires commis à l'occasion de la conduite d'un véhicule terrestre à moteur), L. 234-8 (refus de se soumettre aux vérifications de l'état alcoolique), L. 234-13 (récidive) et R. 234-1 (contravention de conduite sous l'empire d'un état alcoolique).

Sur cette interdiction, V. également art. R. 224-6 (mesure alternative à une suspension du permis de conduire). — C. pén., art. 131-6, 5º bis (peine alternative), 132-45, 7º, (obligation d'un sursis avec mise à l'épreuve) R. 131-4-1 (modalités d'application), — C. pr. pén., art. 41-2, 4º bis, R. 15-33-41-1 et R. 15-33-53-1 (mesure de composition pénale) et 138, 8º (obligation d'un contrôle judiciaire). — Arr. du 28 mars 2022 fixant la liste des affections médicales incompatibles ou compatibles avec ou sans aménagements ou restrictions pour l'obtention, le renouvellement ou le maintien du permis de conduire ou pouvant donner lieu à la délivrance de permis de conduire de durée de validité limitée (refonte), art. 7 et annexe 4, App., vº Permis de conduire.

Sur le non-respect de cette interdiction, V. art. L. 234-16 et R. 234-5.

COMMENTAIRE

Peines complémentaires. L'article L. 234-2 énumère la liste des peines complémentaires encourues pour conduite sous l'empire d'un état alcoolique et conduite en état d'ivresse manifeste, étant précisé que des peines complémentaires supplémentaires sont applicables en cas de récidive (V. art. L. 234-12 et L. 234-13). Concernant les peines complémentaires encourues hors récidive, comme pour d'autres infractions, la loi du 12 juin 2003 a écarté pour ces deux délits la possibilité d'aménager la peine de suspension du permis de conduire. Elle a également ajouté deux peines complémentaires que sont l'interdiction de conduire certains véhicules terrestres à moteur, y compris ceux pour la conduite desquels le permis de conduire n'est pas exigé, et l'obligation d'accomplir un stage de sensibilisation à la sécurité routière.

Confiscation du véhicule. La loi du 12 juin 2003 n'a en revanche pas intégré à la présente liste la peine complémentaire de confiscation du véhicule. Il est vrai que la confiscation du véhicule était alors une peine complémentaire supplémentaire prévue en cas de récidive par l'article L. 234-12, ce qui pouvait justifier qu'elle ne soit pas prévue en l'absence de récidive. Depuis la loi du 14 mars 2011 dite « LOPPSI II », en cas de récidive, la confiscation du véhicule est cependant devenue une peine complémentaire obligatoire pour les délits en matière d'alcoolémie, sauf si la juridiction décide de ne pas la prononcer par une décision spécialement motivée. Cette modification permettait dès lors d'envisager que la confiscation du véhicule soit ajoutée à la liste des peines complémentaires facultatives prévues par le présent article. Or c'est précisément ce que le législateur a décidé de faire par sa loi d'orientation des mobilités adoptée le 19 novembre 2019, afin de renforcer encore davantage l'arsenal répressif de la conduite sous l'influence de l'alcool. On remarquera toutefois que cet ajout ne change rien sur le fond. Depuis une loi du 5 mars 2007, la peine de confiscation pouvait déjà être prononcée pour conduite sous l'empire d'un état alcoolique et conduite en état d'ivresse manifeste, même en l'absence de récidive, et ce par application des dispositions de l'article 131-21 du code pénal qui prévoient que « la peine complémentaire de confiscation est (...) encourue de plein droit (...) pour les délits punis d'une peine d'emprisonnement d'une durée supérieure à un an ». D'un point de vue formel, cet ajout présente néanmoins un intérêt en améliorant la lisibilité des différentes peines applicables en matière d'alcoolémie au volant.

SUR L'ÉTHYLOTEST ANTIDÉMARRAGE

L'interdiction de conduire un véhicule non équipé d'un éthylotest antidémarrage (EAD) – autre peine complémentaire ajoutée au sein du présent article en 2011 – peut prendre, aujourd'hui, de nombreuses formes.

Cas d'application. Une telle interdiction peut déjà prendre la forme d'une peine complémentaire, qui peut être prononcée, depuis la loi du 14 mars 2011, en cas de délits de conduite sous l'empire d'un état alcoolique ou de conduite en état d'ivresse manifeste (V. le présent art.), mais aussi dans certains cas d'homicide et de blessures involontaires commis par le conducteur d'un véhicule terrestre à moteur (V. art. L. 232-1 et L. 232-2), ainsi que, depuis le décret n° 2018-795 du 17 septembre 2018, en cas de contravention de conduite sous l'empire d'un état alcoolique (V. art. R. 234-1). Depuis la loi d'orientation des mobilités du 24 décembre 2019, cette interdiction constitue également une peine complémentaire qui peut être prononcée, en cas de refus de se soumettre aux vérifications destinées à établir l'état alcoolique (V. art. L. 234-8) et surtout constitue une peine complémentaire obligatoire en cas de récidive d'un délit en matière d'alcoolémie, en lien avec la peine d'annulation du permis du conduire (V. art. L. 234-13).

Une telle interdiction peut ensuite prendre la forme d'une peine alternative, et ce depuis la loi du 15 août 2014 relative à l'individualisation des peines et renforçant l'efficacité des sanctions pénales ajoutant cette interdiction à la liste des peines alternatives à l'emprisonnement énumérées à l'article 131-6 du code pénal.

Une telle interdiction peut également prendre la forme, depuis la loi du 14 mars 2011, d'une mesure de composition pénale proposée par le procureur de la République dans le cadre d'un programme de réhabilitation et de sensibilisation (V. C. pr. pén., art. 41-2, 4°*bis*, App., v° *Infractions*), ou encore, depuis la loi du 18 novembre 2016 de modernisation de la justice du XXIe siècle, d'une obligation à laquelle une personne mise en examen est astreinte dans le cadre d'un contrôle judiciaire (V. C. pr. pén., art. 138, 8°) ou à laquelle une personne condamnée est soumise dans le cadre d'un sursis avec mise à l'épreuve, devenu sursis probatoire depuis la loi du 23 mars 2019 (V. C. pén., art. 132-45, 7°, App., v° *Infractions*).

Une telle interdiction peut enfin résulter d'une décision du préfet, l'autorité administrative pouvant décider de restreindre le droit de conduire d'un conducteur à la conduite d'un véhicule équipé d'un EAD au lieu de suspendre son permis de conduire (V. art. R. 224-6 créé par le décret du 17 sept. 2018) ou, depuis le 1er janvier 2019, à la suite d'une proposition en ce sens de la part des commissions médicales chargées d'apprécier l'aptitude médicale à la conduite d'un conducteur (V. Arr. du 31 juil. 2012 relatif à l'organisation du contrôle médical de l'aptitude à la conduite, art. 5-V, et Arr. du 28 mars 2022 fixant la liste des affections médicales incompatibles ou compatibles avec ou sans aménagements ou restrictions pour l'obtention, le renouvellement ou le maintien du permis de conduire ou pouvant donner lieu à la délivrance de permis de conduire de durée de validité limitée (refonte), art. 7, App., v° *Permis de conduire*).

Modalités d'application. Lorsque l'interdiction de conduire un véhicule non équipé d'un EAD prend la forme d'une peine complémentaire, les dispositions qui permettent de prononcer une telle peine en fixent toujours la durée maximale. Par exemple, pour les délits de conduite sous l'empire d'un état alcoolique et de conduite en état d'ivresse manifeste, une telle interdiction peut être prononcée pour une durée pouvant aller jusqu'à cinq ans, cette durée ne commençant à courir qu'à l'issue de l'exécution de la peine d'annulation ou de suspension du permis de conduire éventuellement prononcée à l'encontre de l'intéressé, comme le précise l'article L. 234-2, 7°. Il en est de même lorsque cette interdiction prend la forme d'une peine alternative à l'emprisonnement (V. C. pén., art. 131-6, 5° *bis*). Dans les deux cas, on notera que l'article R. 131-4-1 du code pénal (V. cet art., App., v° *Infractions*) apporte d'autres précisions sur les modalités d'application de cette interdiction, en indiquant notamment que le condamné à une telle peine se voit remettre, en échange de son permis de conduire, un certificat indiquant que l'intéressé n'est autorisé à conduire qu'un véhicule équipé d'un dispositif d'antidémarrage par éthylotest électronique. C'est ce certificat qui doit être présenté aux forces de l'ordre en cas de contrôle routier, accompagné des documents attestant que son véhicule est équipé d'un dispositif homologué d'antidémarrage par éthylotest électronique dont le fonctionnement a été vérifié (V. C. route, art. R. 233-1, I, 5°). C'est également ce certificat qui doit être restitué au préfet si l'intéressé commet de nouvelles infractions emportant invalidation de son permis de conduire (V. C. route, art. R. 223-3, III).

Lorsque cette interdiction prend la forme d'une mesure de composition pénale, l'article 41-2, 4° *bis*, du code de procédure pénale précise qu'une telle mesure peut être mise en œuvre pendant une période pouvant aller de six mois à trois ans. Une fourchette de temps qui a été reprise à l'article R. 15-33-41-1 de ce même code, qui ajoute que cette mesure peut être proposée en lien ou non avec un stage de sensibilisation à la sécurité routière. Une fois la mesure validée, l'article R. 15-33-53-1 du code de procédure pénale indique par ailleurs que l'intéressé se voit alors remettre, en échange de son permis de conduire, un certificat établi conformément aux dispositions des deux premiers alinéas de l'art. R. 131-4-1 du code pénal, lequel doit donc être présenté par l'intéressé aux forces de l'ordre en cas de contrôle routier, avec les documents attestant que son véhicule est équipé d'un dispositif homologué d'antidémarrage par éthylotest électronique dont le fonctionnement a été vérifié et doit être restitué au préfet si l'intéressé commet de nouvelles infractions emportant invalidation de son permis de conduire.

Lorsque cette interdiction résulte d'une décision prise par le préfet à la place d'une mesure de suspension du permis de conduire, l'article R. 224-6 précise, depuis un décret du 18 mai 2020, que cette interdiction peut être décidée pour une durée maximale d'un an (six mois auparavant). Dans un tel cas, c'est l'arrêté du préfet qui vaut alors titre justifiant du droit de conduire au sens de l'article R. 233-1, I du code de la route et qui doit donc être présenté aux forces de l'ordre en cas de contrôle routier.

Lorsqu'elle est décidée par le préfet à la suite d'un avis en ce sens des commissions médicales chargées d'évaluer l'aptitude médicale à la conduite, cette interdiction s'accompagne d'une obligation de suivi d'un stage spécifique dans un établissement spécialisé en addictologie, pour une période pouvant aller de six à douze mois (V. annexe 4 de l'Arr. du 28 mars 2022 préc.).

Incriminations. On notera par ailleurs que plusieurs incriminations ont été créées en lien avec l'interdiction de conduire un véhicule non équipé d'un EAD. Un délit permet ainsi de sanctionner celui qui ne respecterait pas une telle interdiction en conduisant un véhicule non équipé d'un EAD, au moins dans le cas où cette interdiction a été prononcée comme peine complémentaire pour l'un des délits de conduite sous l'influence de l'alcool prévus dans le présent chapitre (V. art. L. 234-16 et son comm.). Une contravention permet ensuite de sanctionner celui qui conduit un véhicule équipé d'un EAD, mais en recourant à un tiers pour le faire démarrrer ou en neutralisant son dispositif, et cette contravention est applicable aussi bien dans le cas où l'interdiction de conduire un véhicule non équipé d'un EAD constitue une peine que dans le cas où elle prend la forme d'une mesure de composition pénale, d'une obligation assortissant un contrôle judiciaire ou un sursis avec mise à l'épreuve (V. art. R. 234-5 qui prévoit également une contravention sanctionnant le complice). Une autre contravention permet enfin de sanctionner celui qui conduit un véhicule non équipé d'un EAD ou qui conduit un véhicule équipé, mais en recourant à un tiers pour le faire démarrer ou en neutralisant le dispositif, lorsque l'obligation de conduire un véhicule équipé d'un EAD résulte d'une décision du préfet prise sur le fondement de l'article R. 224-6 (V. cet art.).

Installation d'un EAD. Quant à l'installation sur un véhicule d'un dispositif d'antidémarrage par éthylostest électronique – dont le coût pour l'intéressé a été évalué, au cours des travaux préparatoires de la loi du 14 mars 2011, à 1 000-1 200 euros –, elle doit être effectuée par un professionnel agréé dans les conditions précisées par le décret n° 2011-1661 du 28 novembre 2011 (V. App., v° Alcoolémie). Ce décret, pris en application de l'article L. 234-17 du présent code, détermine également les conditions d'homologation des dispositifs d'antidémarrage par éthylotest électronique.

Taux d'alcoolémie. On remarquera enfin que, depuis le décret n° 2019-871 du 21 août 2019, le seuil d'alcoolémie autorisé pour les conducteurs dont le droit de conduire est limité aux seuls véhicules équipés d'un EAD est plus faible que celui prévu pour la plupart des autres conducteurs, l'article R. 234-1 prévoyant pour ces conducteurs que la contravention de conduite sous l'empire d'un état alcoolique est constituée à partir de 0,2 gramme d'alcool par litre de sang (0,1 mg par litre d'air expiré). ❑

1. Interdiction du sursis. Doit être cassé l'arrêt qui, en déclarant un individu coupable d'infraction aux dispositions de l'art. L. 1er [C. route, art. L. 234-1] prononce une peine d'emprisonnement et de suspension du permis de conduire pour six mois dont trois avec sursis, car l'art. L. 14 [C. route, art. L. 234-2] interdit d'assortir du sursis toute condamnation à suspension de permis prononcée pour une infraction prévue par l'art. L. 1er. • Crim. 4 juin 1981 : *Bull. crim. n° 190* • 13 nov. 1986 : *Jurispr. auto 1987. 234* • 14 mai 1997, n° 96-85.701 P : *Jurispr. auto 1997. 397; Gaz. Pal. 1997. 2. Chron. crim. 194* • 17 mai 2000 : *Jurispr. auto 2000. 547* • 24 janv. 2007, n° 06-84.272 P : *AJ pénal 2007. 134 ; Dr. pénal 2007. Comm. 52 et 71, obs. Robert.*

2. Application du sursis. Selon l'art. 132-31 du code pénal, qui ne comporte aucune restriction analogue à celle prévue par l'art. L. 234-2, II du code de la route, le sursis simple est applicable à la peine de suspension du permis de conduire lorsque celle-ci est prononcée, à titre principal, sur le fondement des articles 131-6 et 131-9 du code pénal. • Crim. 18 févr. 2004, n° 03-84.774 P : *D. 2004. IR 852 ; JCP 2004. IV. 1661 ; AJ pénal 2004. 201 ; Jurispr. auto 2004. 159, obs. Defrance ; Dr. pénal. 2004. Comm. 86, obs. Robert.*

3. Récidive. Les délits de conduite sous l'empire d'un état alcoolique et de conduite en état d'ivresse manifeste, prévus par l'art. L. 234-1 et le délit de refus de se soumettre aux vérifications destinées à établir la preuve de l'état alcoolique, réprimé par l'art. L. 234-8, ne sont pas assimilés au regard des règles de la récidive par l'art. 132-16-2 C. pén. • Crim. 21 juin 2005 : *Jurispr. auto 2005. 527 ; Dr. pénal 2005. Comm. 139, note Véron.*

Art. L. 234-3 **Les officiers ou agents de police judiciaire** *(L. n° 2011-267 du 14 mars 2011, art. 93-1°)* **« de la gendarmerie ou de la police nationales territorialement compétents »** *(Abrogé par L. n° 2021-646 du 25 mai 2021, art. 66)* ***« et, sur l'ordre et sous la responsabilité desdits officiers de police judiciaire, les agents de police judiciaire adjoints »*** **soumettent à des** *(L. n° 2021-646 du 25 mai 2021, art. 66)* **« vérifications destinées à établir l'état alcoolique, qui peuvent être précédées des » épreuves de dépistage de l'imprégnation alcoolique par l'air expiré l'auteur présumé d'une infraction punie par le présent code de la peine complémentaire de suspension du permis de conduire ou le conducteur ou l'accompagnateur de l'élève conducteur impliqué dans un accident de la circulation ayant occasionné un dommage corporel.** *(L. n° 2021-646 du 25 mai 2021, art. 66)* **« Sur l'ordre et sous la responsabilité desdits officiers de police judiciaire, les agents de police judiciaire adjoints soumettent à des épreuves de dépistage de l'imprégnation alcoolique par l'air expiré l'auteur présumé d'une infraction punie par le présent code de la peine complémentaire de suspension du permis de conduire ou le conducteur ou l'accompagnateur de l'élève conducteur impliqué dans un accident de la circulation ayant occasionné un dommage corporel.**

« Les officiers ou agents de police judiciaire de la gendarmerie ou de la police nationales territorialement compétents et, sur l'ordre et sous la responsabilité desdits officiers de police judiciaire, les agents de police judiciaire adjoints » peuvent soumettre aux mêmes épreuves tout conducteur ou tout accompagnateur d'élève conducteur impliqué dans un accident quelconque de la circulation ou auteur présumé de l'une des infractions aux prescriptions du présent code *(L. n° 2016-41 du 26 janv. 2016, art. 45-II-1°)* **« autres que celles mentionnées au premier alinéa ».**

Épreuves de dépistage : R. 234-2. — Vérifications : R. 234-3 et R. 234-4.

Art. L. 234-4 **Lorsque les épreuves de dépistage permettent de présumer l'existence d'un état alcoolique ou lorsque le conducteur ou l'accompagnateur de l'élève conducteur refuse de les subir** *(L. n° 2021-646 du 25 mai 2021, art. 66)* **« ou en cas d'impossibilité de les subir résultant d'une incapacité physique attestée par le médecin requis », les officiers ou agents de police judiciaire font procéder aux vérifications destinées à établir la preuve de l'état alcoolique.**

Lorsque la constatation est faite par un agent de police judiciaire *(L. n° 2001-1062 du 15 nov. 2001, art. 13)* **« mentionné aux 1° *bis*, 1° *ter*, 1° *quater* ou 2° de l'article 21 » du code de procédure pénale, il rend compte immédiatement de la présomption de l'existence d'un état alcoolique ou du refus du conducteur ou de l'accompagnateur**

de l'élève conducteur de subir les épreuves de dépistage *(L. n° 2021-646 du 25 mai 2021, art. 66)* **« ou de l'impossibilité de les subir résultant d'une incapacité physique attestée par le médecin requis » à tout officier de police judiciaire de la police nationale ou de la gendarmerie nationale territorialement compétent, qui peut alors lui ordonner sans délai de lui présenter sur-le-champ la personne concernée.**

Les vérifications destinées à établir la preuve de l'état alcoolique sont faites soit au moyen d'analyses *(L. n° 2019-222 du 23 mars 2019, art. 51-IV)* **« ou » examens médicaux, cliniques** *(L. n° 2019-222 du 23 mars 2019, art. 51-IV)* **« ou » biologiques, soit au moyen d'un appareil permettant de déterminer la concentration d'alcool par l'analyse de l'air expiré à la condition que cet appareil soit conforme à un type homologué.** *(L. n° 2019-222 du 23 mars 2019, art. 51-IV)* **« A cette fin, l'officier ou l'agent de police judiciaire peut requérir un médecin, un interne en médecine, un étudiant en médecine autorisé à exercer la médecine à titre de remplaçant ou un infirmier pour effectuer une prise de sang. »** – *[Anc. art. L. 1er, I, al. 3.]*

Rétention et suspension du permis de conduire : L. 224-1 s.; R. 224-1 s. – Vérifications : R. 234-3 et R. 234-4.

Art. L. 234-5 **Lorsque les vérifications sont faites au moyen d'analyses** *(L. n° 2019-222 du 23 mars 2019, art. 51-IV)* **« ou » examens médicaux, cliniques** *(L. n° 2019-222 du 23 mars 2019, art. 51-IV)* **« ou » biologiques, un échantillon est conservé.**

Lorsqu'elles sont faites au moyen d'un appareil permettant de déterminer la concentration d'alcool par l'analyse de l'air expiré, un second contrôle peut être immédiatement effectué, après vérification du bon fonctionnement de l'appareil ; ce contrôle est de droit lorsqu'il est demandé par l'intéressé. – *[Anc. art. L. 1er, I, al. 4.]*

Rétention et suspension du permis de conduire : L. 224-1 s.; R. 224-1 s. – Vérifications : R. 234-3 et R. 234-4.

Art. L. 234-6 **L'auteur présumé de conduite en état d'ivresse manifeste ou d'accompagnement, en état d'ivresse manifeste, d'un élève conducteur peut être soumis directement aux vérifications destinées à établir l'état alcoolique.** – *[Anc. art. L. 1er, II, al. 2.]*

Art. L. 234-7 **Un décret en Conseil d'État détermine les conditions dans lesquelles sont effectuées les opérations de dépistage et les vérifications prévues aux articles L. 234-3 à L. 234-6.** – *[Anc. art. L. 1er, IV.]*

V. art. R. 234-2 s.

COMMENTAIRE

Contrôles d'alcoolémie. Les articles L. 234-3 à L. 234-7 sont relatifs aux opérations de dépistage et aux vérifications réalisées par les forces de l'ordre lors d'un contrôle d'alcoolémie. Nombre de dispositions qui y figurent ont été modifiées ces dernières années, notamment par la loi du 14 mars 2011 dite LOPPSI II, la loi du 26 janvier 2016 de modernisation de notre système de santé, la loi du 23 mars 2019 de programmation et de réforme pour la justice et la loi du 25 mai 2021 pour une sécurité globale préservant les libertés. Autant de lois qui ont modifié les articles commentés dans une même finalité : simplifier et, en conséquence, faciliter les contrôles d'alcoolémie effectués par les forces de l'ordre.

Cas de contrôle. Le code de la route permet aux forces de l'ordre de contrôler l'alcoolémie d'un conducteur, mais aussi celle de l'accompagnateur d'un élève conducteur, dans différents cas. Plusieurs sont formulés à l'article L. 234-3, mais d'autres figurent à l'article L. 234-9 et donc après les dispositions de l'article L. 234-7 renvoyant à un décret le soin de préciser certaines conditions dans lesquelles ces contrôles sont effectués (V., dans la partie réglementaire, les art. R. 234-2 s.). Pour une meilleure lisibilité des règles en la matière, il serait sans doute utile de transférer les dispositions de l'article L. 234-9 à la suite de celles prévues à l'article L. 234-3.

Contrôles obligatoires et contrôles facultatifs. L'article L. 234-3 prévoit plusieurs cas de contrôle, certains où l'alcoolémie d'un conducteur doit être contrôlée et d'autres où celle-ci peut être contrôlée. Le contrôle d'alcoolémie est de la sorte obligatoire lorsqu'un conducteur est présumé avoir commis une infraction au C. route assortie de la peine complémentaire de suspension du permis de conduire ou bien est impliqué dans un accident de la circulation ayant occasionné un dommage corporel. Dans ces deux hypothèses, l'article L. 234-3, alinéa 1er, prévoit en effet que les forces de l'ordre « soumettent » l'intéressé à un contrôle de son alcoolémie. Le contrôle d'alcoolémie est en revanche facultatif lorsqu'un conducteur est impliqué dans un accident quelconque de la circulation ou, depuis la loi précitée du 26 janvier 2016, lorsque celui-ci est présumé de toute infraction prévue par le présent code non assortie de la peine complémentaire de suspension du permis de conduire (avant cette loi de 2016, cette possibilité de contrôle était limitée aux conducteurs présumés avoir commis une infraction relative à la vitesse ou au port de la ceinture de sécurité ou du casque). Dans ces deux hypothèses, l'article L. 234-3, alinéa 2, prévoit en effet que les forces de l'ordre « peuvent soumettre » l'intéressé à un contrôle de son alcoolémie. En cas d'accident de la circulation ou d'infraction au code de la route, il est donc toujours possible de contrôler l'alcoolémie d'un conducteur sur le fondement de l'article L. 234-3.

Contrôles préventifs ou aléatoires. A ces différents cas prévus à l'article L. 234-3, il faut ajouter ceux formulés, comme il a été dit, à l'article L. 234-9. Cet article permet en effet aux forces de l'ordre de soumettre un conducteur à un contrôle d'alcoolémie « même en l'absence d'infraction préalable ou d'accident ». Il autorise donc les forces de l'ordre à réaliser des contrôles préventifs ou aléatoires.

Personnes compétentes pour réaliser les contrôles. Les différents cas de contrôle prévus à l'article L. 234-3 (contrôles obligatoires et contrôles facultatifs) peuvent être réalisés par toute personne ayant la qualité d'officier ou d'agent de police judiciaire de la police ou de la gendarmerie nationales. Il en est de même des contrôles aléatoires prévus à l'article L. 234-9, lesquels peuvent être effectués sur instruction du procureur de la République ou à l'initiative d'un officier, mais aussi, depuis la loi précitée du 23 mars 2019, d'un agent de police judiciaire. Les personnes ayant la qualité d'agent de police judiciaire adjoint, ce qui est le cas des agents de police municipale, sont également compétentes pour effectuer les différents cas de contrôle prévus par le code de la route, y compris les contrôles aléatoires de l'article L. 234-9 depuis la loi précitée du 14 mars 2011. Cependant leur compétence est conditionnée et limitée. Les agents de police judiciaire adjoints ne peuvent en effet assurer un contrôle d'alcoolémie que sur l'ordre et sous la responsabilité d'un officier de la police judiciaire de la police ou de la gendarmerie nationales (V. art. L. 234-3, al. 1er et 2 et, plus implicitement, art. L. 234-9, al. 2). Il résulte de cette condition qu'un contrôle d'alcoolémie ne peut être effectué par des agents de police municipale sur l'ordre et sous la responsabilité du maire d'une commune, même si celui-ci a la qualité d'officier de police judiciaire, comme la Cour de cassation l'a souligné dans un arrêt du 8 septembre 2015 (V. note 20). Par ailleurs, si les agents de police judiciaire adjoints peuvent réaliser tous les contrôles d'alcoolémie prévus par le code de la route, ces agents ne peuvent procéder qu'aux épreuves de dépistage de l'imprégnation alcoolique des personnes concernées, lesquelles sont insuffisantes pour établir la preuve de l'état alcoolique d'un conducteur. On remarquera enfin que les gardes champêtres sont également compétents pour procéder aux épreuves de dépistage mentionnées à l'article L. 234-3 du code de la route. Cette compétence ne découle pas des présentes dispositions, mais résulte de l'alinéa 4 de l'article L. 521-1 du code de la sécurité intérieure qui donne compétence aux gardes champêtres pour constater par procès-verbal les contraventions aux dispositions du code de la route dont la liste est fixée par décret en Conseil d'État (V. art. R. 130-4 du présent code) et leur permet, à cette occasion, de procéder aux épreuves de dépistage de l'imprégnation alcoolique mentionnées à l'article L. 234-3 du code de la route.

Dépistage et vérifications de l'alcoolémie. Pour établir la preuve de l'état alcoolique d'un conducteur, les forces de l'ordre doivent procéder en deux temps, du moins en principe. Elles doivent, d'abord, soumettre l'intéressé à des épreuves de dépistage de son imprégnation alcoolique par l'air expiré, en ayant recours à un appareil appelé éthylotest, comme le prévoit, dans la partie réglementaire du présent code, l'article R. 234-2. Lorsque ces épreuves de dépistage sont positives et permettent de présumer l'existence d'un état alcoolique, les forces de l'ordre doivent, ensuite, procéder aux vérifications destinées à établir la preuve de l'état alcoolique de la personne concernée. Ces vérifications peuvent se faire de deux manières : soit au moyen d'analyses ou examens médicaux, cliniques ou biologiques, soit au moyen d'un appareil appelé éthylomètre permettant de mesurer la concentration d'alcool par analyse de l'air expiré (V. art. L. 234-4, al. 3 et R. 234-3 s.). Il est cependant possible, dans certains cas, de soumettre la personne concernée directement aux opération de vérification destinées à établir la preuve de son état alcoolique, des cas qui sont plus nombreux depuis la loi du 25 mai 2021 pour une sécurité globale préservant les libertés.

Vérifications sans dépistage préalable. Depuis la loi du 25 mai 2021, un conducteur peut en effet être directement soumis aux vérifications destinées à établir la preuve de son état alcoolique dans plusieurs cas :

– lorsque le contrôle d'alcoolémie est obligatoire, l'article L. 234-3, alinéa 1er, indiquant que les officiers et agents de police judiciaire soumettent l'intéressé aux vérifications destinées à établir son état alcoolique, tout en précisant que ces vérifications peuvent être précédées d'un dépistage de l'imprégnation alcoolique de l'intéressé ;

– lorsque le contrôle d'alcoolémie est un contrôle aléatoire, l'article L. 234-9 prévoyant que les officiers et agents de police judiciaire soumettent les conducteurs contrôlés aux vérifications destinées à établir leur état alcoolique « qui sont soit réalisées immédiatement et sur les lieux, soit précédées d'épreuves de dépistage de l'imprégnation alcoolique par l'air expiré » ;

– lorsque les épreuves de dépistage ne sont pas possibles, ou bien parce que le conducteur à refusé de les subir (hypothèse prévue à l'art. L. 234-4 qui existait avant la loi du 25 mai 2021), ou bien en raison d'une incapacité physique de l'intéressé attestée par le médecin requis rendant impossibles ces épreuves (hypothèse ajoutée par la loi du 25 mai 2021 à l'art. L. 234-4, mais qui était déjà prévue à l'art. L. 234-9 en cas de contrôle aléatoire) ;

– et lorsque le conducteur est présumé de conduite en état d'ivresse manifeste (hypothèse prévue à l'art. L. 234-6 qui existait également avant la loi du 25 mai 2021).

Vérifications après dépistage. Dans tous les autres cas, les vérifications destinées à établir l'état alcoolique d'un conducteur ne peuvent intervenir qu'après que l'intéressé ait été soumis aux épreuves de dépistage de l'imprégnation alcoolique et que celles-ci permettent de présumer l'existence d'un état alcoolique. Il en est ainsi lorsque le contrôle d'alcoolémie est facultatif, comme le prévoit l'article L. 234-3, alinéa 2. Il en est également ainsi lorsque le contrôle d'alcoolémie est obligatoire ou aléatoire et qu'il est réalisé par des agents de police judiciaire adjoints. On sait en effet que ces derniers ne peuvent procéder aux vérifications destinées à établir la preuve de l'état alcoolique d'un conducteur, mais peuvent uniquement réaliser des épreuves de dépistage. L'article L. 234-4, alinéa 2, demande d'ailleurs aux agents de police judiciaire adjoints d'informer immédiatement l'officier de police judiciaire compétent lorsque les épreuves de dépistage pratiquées s'avèrent positives ou si l'intéressé a refusé de subir ces épreuves ou est dans l'impossibilité de les subir en raison d'une incapacité physique attestée par un médecin.

Vérifications facilitées. On notera enfin que la loi précitée du 23 mars 2019 a assoupli les contraintes pesant sur les officiers et agents de police judiciaire lorsque les vérifications destinées à établir la preuve d'un état alcoolique ne peuvent être faites au moyen d'un éthylomètre. Dans un tel cas, une prise de sang s'avère en effet nécessaire, laquelle devait être effectuée, avant la loi du 23 mars 2019, par un médecin ou, à défaut, par un interne ou un étudiant en médecine remplaçant. Depuis la loi du 23 mars 2019, les forces de l'ordre peuvent également requérir un infirmier, comme le précise l'article L. 234-4, alinéa 3, *in fine*. Et le prélèvement peut ensuite être analysé directement par un laboratoire, la loi ayant remplacé, au sein de l'article L. 234-4, alinéa 3, la conjonction « et » qui y figurait par la conjonction « ou ». Ce qui peut permettre d'éviter aux forces de l'ordre de se déplacer aux urgences d'un établissement hospitalier, déplacement toujours très contraignant et chronophage.

Refus de se soumettre au contrôle d'alcoolémie. On notera enfin que le refus de se soumettre aux vérifications destinées à établir l'état alcoolique d'un conducteur est un délit incriminé à l'article L. 234-8 (V. cet art. et son comm.), mais que le refus de se soumettre aux épreuves de dépistage n'est, lui, pas incriminé. Dans un tel cas, on sait cependant que l'article L. 234-4 permet aux forces de l'ordre de soumettre directement l'intéressé aux vérifications, ce qui peut permettre de le poursuivre, s'il refuse également ces vérifications, pour le délit de l'article L. 234-8. ❑

I. LA CONDUITE...

1. L'infraction peut être relevée en dehors des voies ouvertes à la circulation publique. La chambre criminelle a affirmé que la partie législative du C. route recevait application sur l'ensemble du territoire excepté les dispositions particulières limitant l'application aux voies ouvertes à la circulation publique. L'arrêt vise expressément l'art. L. 1er [C. route, art. L. 234-1] parmi les articles applicables en tous lieux (en l'espèce sur un terrain militaire). • Crim. 24 févr. 1971 : *D. 1971. 393, note A. D.*

2. La notion de conduite suppose une initiative positive. Le prévenu de conduite en état alcoolique dont le véhicule s'est mis en mouvement sans son intervention (clefs de contact confisquées par un tiers) doit donc être relaxé. • Poitiers, 11 nov. 1990 : *Juris-Data n° 046019.* ♦ Doit également être relaxé le prévenu appréhendé à proximité de son véhicule accidenté, dès lors qu'il n'est pas prouvé qu'il conduisait le véhicule (notamment en raison de l'absence d'élément objectif dans le procès-verbal permettant d'établir sa qualité de conducteur). • Amiens, 21 sept. 2007 : *JCP 2008. II. 10037, note Benillouche.* ♦ Mais le prévenu, qui, au moment de l'intervention de la police, avait pris place derrière le volant, fermé la porte du conducteur, mis sa ceinture de sécurité et mis en mouvement le moteur avant de s'endormir au volant, doit être condamné pour conduite sous l'empire d'un état alcoolique. • Poitiers, 22 janv. 2004 : *Jurispr. auto 2004. 476.* ♦ De même, le fait qu'il soit constaté que le prévenu ait chuté de son cyclomoteur ne fait pas obstacle à une condamnation pour conduite d'un véhicule sous l'empire d'un état alcoolique. • Crim. 7 mai 1996 : *Jurispr. auto 1996. 449.*

3. Un moniteur d'auto-école, occupant la place avant droite d'un véhicule muni de doubles commandes, qui, alors qu'il est en état d'ivresse, fait conduire son fils mineur, sur lequel au surplus il a l'autorité nécessaire pour lui prescrire d'agir sur les organes de direction, se rend coupable du délit de conduite sous l'empire d'un état alcoolique. En effet, est conducteur d'un véhicule toute personne qui dispose des organes mécaniques permettant d'en moduler ou d'en arrêter la progression sur une chaussée ouverte à la circulation publique. • TGI Bobigny, 20 déc. 1996 : *Gaz. Pal. 1997. 1. 305, note Lévy.*

4. Véhicule à l'arrêt. Le fait que le véhicule soit arrêté au moment du contrôle et la personne allongée sur le siège avant et profondément endormie n'empêche pas la poursuite et la condamnation. • Crim. 12 oct. 1988 : *Jurispr. auto 1989. 191.* ♦ Et l'automobiliste qui vient de descendre de son véhicule ne peut prétendre qu'il n'était pas au volant pour échapper à la répression. • Douai, 18 oct. 1990 : *Juris-Data n° 047026.* ♦ Peu importe : que le prévenu ait été retrouvé au volant de son véhicule à l'arrêt, l'infraction de conduite sous l'empire d'un état alcoolique est constituée dès lors que les gendarmes ont été alertés par des témoins et que lorsqu'ils sont arrivés près du véhicule à l'endroit indiqué, ils ont constaté que le moteur éteint était encore chaud. • Crim. 25 févr. 2003 : *Dr. pénal 2003. Comm. 85, obs. Robert.* ♦ ... Ou que le prévenu nie être le conducteur d'un véhicule accidenté, un témoin l'ayant vu sortir du véhicule du côté du conducteur. • Crim. 8 janv. 2008 : *Dr. pénal 2008. Chron. 6, obs. Gauvin.* ♦ ... Ou que le prévenu ne se trouve pas au volant de son véhicule au moment du contrôle, dès lors qu'il résulte de la procédure qu'il a été soumis à un dépistage de l'imprégnation alcoolique par des policiers qui, après avoir remarqué un véhicule circulant en marche arrière sur la voie publique puis se garant dans une cour privée, ont constaté que son conducteur, qui s'était approché d'eux, sentait l'alcool. • Crim. 19 févr. 2019, n° 18-84.553 : *Dr. pénal 2019. Chron. 7, obs. Gauvin.* ♦ Mais le délit de conduite d'un véhicule en état d'ivresse manifeste, qui suppose, en l'absence de toute mesure du taux d'alcoolémie, la constatation de signes manifestant une imprégnation alcoolique qui soient concomitants à une action de conduite ou qui la suivent dans un court délai, et le délit de refus de se soumettre aux vérifications tendant à établir l'état alcoolique, qui suppose pour être caractérisé que la personne poursuivie soit conducteur d'un véhicule ou accompagnatrice d'un élève conducteur, n'ont en revanche pas été retenus dans le cas d'un prévenu découvert par des gendarmes assoupi au volant de son véhicule stationné sur un parking, qui avait déclaré, sans être démenti par aucun élément de l'enquête, avoir cessé de conduire au moins deux heures et demi auparavant, l'importance de ce délai lui faisant perdre la qualité de conducteur de son véhicule au moment du contrôle. • Chambéry, 12 janv. 2011 : *Dr. pénal 2011. Chron. 6, obs. Gauvin.*

5. N'a en revanche pas la qualité de conducteur au sens de l'art. L. 234-1 C. route la personne qui pousse une mini-moto jouet sur laquelle est installé un enfant dans un champ. • Paris, 10 janv. 2003 : *Jurispr. auto 2003. 424, obs. Defrance.*

6. Tentative. Avant la L. du 18 mai 1965, il a été jugé que le fait d'essayer désespérément d'ouvrir les portières d'une voiture ou même d'introduire la clef de contact pour mettre le moteur en marche constituait un commencement d'exécution punissable. • Crim. 2 févr. 1961 : *D. 1961. 238* • Paris, 7 mars 1961 : *D. 1961. 396.* ♦ Depuis la L. du 18 mai 1965, la tentative n'étant plus incriminée, de tels faits ne constituent qu'un commencement d'exécution non punissable.

7. Complicité des débitants de boissons. Un restaurateur routier ayant servi de l'alcool à un individu déjà ivre peut être condamné en tant que complice de conduite en état d'ivresse. • T. pol. Bar-sur-Seine, 20 mars 1980 : *Gaz. Pal. 1982. 2. Somm. 284.* ♦ Mais il n'y a pas lieu de condamner le débitant de boissons pour complicité de conduite en état d'ivresse dès lors qu'il n'est pas établi que ce débitant savait que l'intéressé était arrivé au volant de sa voiture, que les signes extérieurs d'imprégnation alcoolique de ce dernier ne sont pas décrits par les gendarmes qui ont procédé aux premières constatations sur les lieux de l'accident survenu quelques minutes après que l'intéressé eut quitté le café, et que le débitant a refusé de servir une consommation supplémentaire à l'intéressé. • Douai, 3 mai 2005 : *Jurispr. auto 2005. 591.* ♦ V. aussi • Douai, 21 mars 1989 : *inédit* (qui considère que le cabaretier donnant à boire à une personne déjà ivre ne le fait pas dans le but de la réalisation par son client du délit de conduite sous l'empire d'un état alcoolique mais dans un intérêt financier personnel).

8. Autres cas de complicité. Se rendent complices du délit de conduite sous l'empire d'un état alcoolique : le propriétaire d'un véhicule qui, bien que connaissant l'état d'ébriété du conducteur de son propre véhicule, l'a cependant laissé le conduire. • T. corr. Limoges, 10 août 1999 : *BICC 2000, n° 116 ; Jurispr. auto 2000. 175.* ♦ … Les prévenus ayant permis à leur collègue de travail ivre, en le soutenant, de rejoindre sa voiture alors que celui-ci avait, de manière expresse et déterminée, manifesté sa volonté de rejoindre son domicile en conduisant son véhicule ; les prévenus ont ainsi accompli un acte positif volontaire d'assistance qui a facilité la préparation et la consommation du délit principal de conduite sous l'empire d'un état alcoolique. • Angers, 3 oct. 2006 : *JCP 2007. IV. 2029 ; Jurispr. auto 2007. 235.* ♦ … Celui qui confie les clés d'un véhicule automobile à un conducteur qu'il savait être sous l'emprise de l'alcool et sous celle du cannabis, pour l'avoir vu en consommer peu de temps auparavant. • Papeete, 7 sept. 2017, n° 16/00124 : *Dr. pénal 2018. Chron. 7, obs. Gauvin.*

II. … D'UN VÉHICULE

9. L'art. L. 1er [C. route, art. L. 234-1] s'applique aux conducteurs de tous les véhicules entrant dans le champ d'application du C. route et pas seulement aux véhicules terrestres à moteur. Pour un exemple d'application au conducteur d'un cycle : • Bordeaux, 11 févr. 2010, n° 09/00281.

10. L'art. L. 1er [C. route, art. L. 234-1] ne s'applique pas aux véhicules circulant sur les chemins de fer. Les véhicules visés par ce texte doivent, en effet, s'apprécier dans le cadre du code dans lequel cet article prend place. Le code de la route est issu de l'ord. n° 58-1216 « relative à la police de la circulation routière », cette précision excluant la circulation ferroviaire, fluviale ou aérienne. La police des chemins de fer est, d'ailleurs, réglée par des textes spécifiques et, en particulier, l'art. R. 228 C. route dispose que « le présent code ne s'applique pas aux véhicules circulant sur les voies ferrées empruntant l'assiette des routes ». Dès lors, le mécanicien conducteur d'un train de voyageur qui a conduit sa locomotive en état d'ivresse manifeste verra sa relaxe confirmée. • Poitiers, 17 sept. 1998 : *JCP 1999. IV. 2178.*

III. … SOUS L'EMPIRE D'UN ÉTAT ALCOOLIQUE

11. L'état alcoolique peut provenir de la seule respiration de vapeurs alcooliques au cours du nettoyage d'une cuve dans un chai vinicole. • T. corr. Montauban, 9 févr. 1968 : *JCP 1969. II. 15781, note Clavel.* ♦ … Ou encore de la manipulation de solvants par un ébéniste. • Metz, 19 oct. 1989 : *Dr. pén. 1990. Comm. 166.*

12. Le fait que le prévenu ait reconnu avoir consommé plusieurs boissons alcooliques, avoir effectué des zigzags, brûlé un feu rouge et que selon les policiers il tenait à peine debout et sentait fortement l'alcool, ne suffit pas à caractériser la concentration d'alcool visée par l'art. L. 234-1. • Crim. 8 févr. 2005 : *Jurispr. auto 2005. 350.*

13. L'infraction est constituée dès lors que le conducteur a conduit un ensemble de véhicules sur une autoroute alors qu'il se trouvait, même en l'absence de tout signe d'ivresse manifeste, sous l'empire d'un état alcoolique caractérisé par la présence dans l'air expiré d'un taux d'alcool égal ou supérieur au taux légalement autorisé. • Crim. 6 févr. 2001 : *Jurispr. auto 2001. 174.*

14. La conduite d'un véhicule sous l'empire d'un état alcoolique qui procède d'un comportement volontaire est une infraction intentionnelle au regard de l'art. 121-3, al. 1er, C. pén. Le fait que l'arrêt attaqué n'ait pas constaté que le prévenu au moment où il a pris le volant et a conduit son véhicule ait eu conscience d'être dans un état alcoolique et ait commis soit une imprudence, soit une négligence, soit ait mis en danger délibérément la personne d'autrui est indifférent ; la seule présence caractérisée de 1,09 mg d'alcool pur par litre d'air expiré chez le conducteur suffit. • Crim. 19 déc. 1994, n° 94-82.361 P : *JCP 1995. IV. 821 ; Jurispr. auto 1995. 224* • 25 avr. 2001 : *Jurispr. auto 2001. 312* • 15 mai 2002 : *Jurispr. auto 2002. 337.*

A. DÉPISTAGE, ÉTHYLOTEST

15. Dépistage négatif ou absence de dépistage. L'infraction de conduite sous l'empire d'un état alcoolique reprochée au prévenu n'est pas établie, dès lors qu'il a été soumis de façon illégale à des vérifications à l'aide d'un éthylomètre, à la suite d'un dépistage préalable négatif. En effet, il résulte des dispositions de l'art. L. 1 [C. route, art. L. 234-4] que le conducteur ne peut être soumis aux vérifications destinées à établir la preuve de l'état alcoolique à l'aide d'un éthylomètre que si le résultat du dépistage préalable s'est révélé positif. • T. corr. Saumur, 16 janv. 1998 : *Gaz. Pal. 1998. 2. Somm. 635* • T. corr. Grenoble, 18 juin 2004 : *AJ pénal 2004. 445, note Céré.* ♦ Il en est de même lorsque le prévenu n'a pas été soumis à un dépistage préalable par éthylotest et alors qu'aucun élément, ni signe manifeste physique, ne laisse présumer qu'il était sous l'emprise d'un état alcoolique. * J. prox. Châtellerault, 17 déc. 2012 : *inédit.*

16. Dépistage nul. En vertu de l'art. L. 234-4 C. route, en l'absence d'une présomption d'état d'ivresse manifeste, il est nécessaire que les épreuves de dépistage permettent de présumer l'existence d'un état alcoolique, ou que la personne contrôlée ait refusé de s'y soumettre, pour qu'il puisse être procédé aux vérifications destinées à établir la preuve de l'état alcoolique. En conséquence, lorsque la fiche d'examen du comportement d'un prévenu, figurant à la procédure, ne laisse rien apparaître d'un état d'ivresse manifeste et que les épreuves de dépistage sont déclarées nulles, les vérifications destinées à établir la preuve de l'état alcoolique sont également nulles. • Angers, 29 nov. 2011 : *Dr. pénal 2012. Chron. 6, obs. Gauvin.*

17. Modalités du dépistage. Le fait pour des agents de police administrative ou judiciaire de pénétrer dans une cour d'immeuble non close ne pouvant être assimilé à un domicile et d'inviter en application de l'art. L. 1er [C. route, art. L. 234-4 s.] l'auteur présumé d'une infraction visée par l'art. L. 14 [C. route, art. L. 234-2] à se soumettre aux épreuves de dépistage de l'imprégnation alcoolique ne constitue pas une visite domiciliaire ou une perquisition. • Crim. 26 sept. 1980 : *Bull. crim. n° 321.* ♦ Le fait par des gendarmes recherchant les auteurs d'un délit de conduite en état d'ivresse de se rendre au domicile d'un suspect et de l'accompagner avec son assentiment à la gendarmerie ne constitue pas une instruction domiciliaire au sens de l'art. 59 C. pr. pén. • Crim. 15 mars 1990, n° 87-84.629 P. ♦ V. aussi : • Crim. 9 févr. 1994 : *Jurispr. auto 1994. 224.*

18. Régularité du dépistage. Un agent de police judiciaire est compétent en application de l'art. L. 234-3 pour soumettre un prévenu aux épreuves de dépistage de l'imprégnation alcoolique dès lors que cet agent a relevé des indices laissant présumer une conduite sous l'empire d'un état alcoolique, en l'espèce, des difficultés pour maintenir le véhicule sur la voie de circulation puis la tenue de propos incohérents, une haleine sentant fortement l'alcool et une allure titubante. • Crim. 19 nov. 2002 : *Jurispr. auto 2003. 16.* ♦ Est régulier le dépistage de l'imprégnation alcoolique effectué par un gendarme à l'accueil d'une brigade, ce gendarme ayant vu arriver le prévenu au volant de son véhicule et ayant constaté que son haleine sentait l'alcool. • Crim. 13 nov. 2008 : *Jurispr. auto 2009. 21.* ♦ ... Le dépistage de l'imprégnation alcoolique d'un prévenu qui conduisait son véhicule sans pouvoir le maintenir sur une trajectoire rectiligne, une telle constatation permettant de présumer l'existence d'une infraction de conduite en état d'ivresse. • Crim. 1er avr. 2015, n° 14-83.221 : *Dr. pénal 2015. Chron. 7, obs. Gauvin.*

19. L'art. L. 234-3 C. route permet de soumettre aux épreuves de dépistage de l'imprégnation alcoolique tout auteur présumé d'une infraction punie par le code de la route de la peine complémentaire de suspension du permis de conduire, ou tout conducteur impliqué dans un accident ayant occasionné un dommage corporel, ainsi que tout conducteur impliqué dans un accident quelconque de la circulation, et tout auteur présumé de l'une des infractions du code de la route relatives à la vitesse des véhicules et au port de la ceinture de sécurité ou du casque. Ont été, en conséquence, jugées irrégulières les épreuves de dépistage imposées au conducteur d'un véhicule au seul motif que celui-ci avait une conduite anormale, la découverte *a posteriori*, dans la description des faits faite par les policiers, d'une éventuelle contravention (après réception des procès-verbaux, le parquet avait considéré que le prévenu n'avait pas respecté les dispositions de l'art. R. 413-17 C. route sur le défaut de maîtrise), ne suffisant pas à régulariser la procédure. • Angers, 16 nov. 2010 : *Dr. pénal 2011. Chron. 6, obs. Gauvin.* ♦ Comp. : • Caen, 15 oct. 2010 : *Dr. pénal 2011. Chron. 6, obs. Gauvin* (validant les épreuves de dépistage imposées à un conducteur au motif qu'il résultait sans ambiguïté du procès-verbal rédigé par l'agent de police judiciaire que le contrôle avait été opéré en raison des embardées faites sur la chaussée par le prévenu, l'agent de police judiciaire ayant ainsi relevé une infraction, au moins un défaut de maîtrise, condition préalable à un tel contrôle, pour contester la régularité des épreuves de dépistage, le prévenu faisait valoir que le procès-verbal établi ne faisait mention d'aucune infraction).

20. L'art. L. 234-3 C. route permet aux agents de police judiciaire adjoints, sous l'ordre et la responsabilité d'un officier de policier judiciaire de la gendarmerie ou de la police nationale, de soumettre aux épreuves de dépistage de l'imprégnation alcoolique l'auteur présumé d'une infraction punie par le code de la route de la peine complémentaire de suspension du permis de conduire. Un dépistage d'alcoolémie effectué par des agents de police municipale est par conséquent irrégulier dès lors qu'il n'a pas été réalisé sous l'ordre et la responsabilité d'un officier de police judiciaire. • Crim. 22 oct. 2013, n° 12-86.825 P : *D. 2013. Actu. 2522 ; AJDA 2013. 2125 ; Dr. pénal 2013, n° 173, note Robert.* ♦ Il résulte de l'art. L. 234-9 C. route que les épreuves de dépistage de l'imprégnation alcoolique dans l'air expiré auxquelles les agents de police judiciaire adjoints peuvent soumettre, même en l'absence d'infraction préalable ou d'accident, tout conducteur de véhicule doivent être réalisées sur l'ordre et sous la responsabilité d'officiers de police judiciaire de la gendarmerie ou de la police nationales territorialement compétents. Méconnaît un tel principe le jugement qui, pour déclarer régulières des épreuves de dépistage réalisées par des agents de police municipale, en application des dispositions de l'art. L. 234-9 C. route, indique que ces agents de police judiciaire adjoints avaient agi conformément aux ordres reçus du maire, lequel a la qualité d'officier de police judiciaire. • Crim. 8 sept. 2015, n° 14-85.562 P : *D. actu. 5 oct. 2015, obs. Priou-Alibert ; Dr. pénal 2015, n° 142, note Robert ; ibid. 2016. Chron. 7, obs. Gauvin.*

21. L'irrégularité des épreuves de dépistage a pour effet d'entraîner celle des vérifications ultérieures destinées à établir la preuve de l'état alcoolique. Doit en conséquence être censuré l'arrêt condamnant un prévenu pour conduite sous l'empire d'un état alcoolique qui, après avoir énoncé que le dépistage d'alcoolémie effectué était irrégulier, retient que cette nullité ne pouvait entraîner celle de la procédure ultérieure. • Crim. 22 oct. 2013 : *préc. note 20.*

22. Fiabilité de l'éthylotest. L'absence d'indication, dans le procès-verbal d'enquête, des caractéristiques propres à l'éthylotest utilisé ne saurait être une cause de nullité des opérations de dépistage et de vérification de l'alcoolémie d'un prévenu, dès lors que les épreuves de dépistage permettent uniquement de présumer l'existence d'un état alcoolique, ainsi que le prévoient les dispositions des art. L. 234-3 et L. 234-4 C. route et, qu'en application de ce dernier texte, seuls les analyses et examens médicaux, cliniques et biologiques ou les mesures par éthylomètre sont, à la condition que cet appareil soit conforme à un type homologué, de nature à déterminer le taux d'alcoolémie susceptible d'être retenu à l'occasion d'une procédure judiciaire. • Crim. 28 janv. 2014, n° 13-81.330 P : *Dr. pénal 2014. Chron. 7, obs. Gauvin.* ♦ Les officiers ou agents de police judiciaire procédant à un contrôle d'alcoolémie ne sont ainsi pas tenus de justifier de la fiabilité de l'éthylotest à partir des résultats duquel sont menées, au moyen d'un appareil homologué, les opérations destinées à établir la preuve de l'état alcoolique. • Crim. 8 sept. 2020, n° 19-85.987 : *inédit.*

B. DEUX MODALITÉS DE VÉRIFICATION

23. Absence de choix. L'art. L. 1er [C. route, art. L. 234-1] ne prévoit pas pour les auteurs des infractions visées par cet article et les conducteurs impliqués dans un accident de la circulation le droit de choisir entre deux modes de vérification auxquels la loi accorde la même valeur probante, sans que ces dispositions soient incompatibles avec la Conv. EDH. • Crim. 27 oct. 1993, n° 93-81.570 P : *D. 1994. IR 9*. ♦ Sur l'absence de choix par le conducteur du procédé de vérification, V. • Crim. 11 juill. 1995 : *Jurispr. auto 1996. 65* • 9 févr. 2000 : *Jurispr. auto 2000. 335.* ♦ La prise de sang, sollicitée par le prévenu après les mesures de dépistage par éthylomètre, n'est qu'un moyen de contrôle autorisé par la loi et non un droit, par conséquent, il n'y a pas lieu d'annuler la procédure lorsqu'il n'a pas été répondu positivement à cette requête. • Crim. 10 déc. 2002 : *Jurispr. auto 2003. 116.* ♦ Le recours à l'éthylomètre ou à la prise de sang relève de l'opportunité de choix de l'officier de police judiciaire ou du médecin requis, et non du prévenu, les officiers de police judiciaire n'ayant l'obligation de recourir à des examens biologiques et sanguins qu'en cas d'incapacité physique attestée par un médecin. • Chambéry, 30 juin 2022 : *Dr. pénal 2023. Chron. 8, obs. Gauvin.*

24. Les deux formes de contrôle ont pu être utilisées cumulativement. Si les deux taux constatés sont supérieurs aux taux légaux il y a lieu d'entrer en voie de condamnation. • Crim. 2 juin 1993 : *Jurispr. auto 1994. 14.*

25. Refus de se soumettre. L'infraction de refus de se soumettre aux vérifications peut être constatée dans l'hypothèse où le conducteur refuse le recours à l'éthylomètre même si celui-ci réclame une prise de sang. • Versailles, 20 nov. 1989 : *JCP 1990. IV. 197* • Crim. 12 févr. 1992 : *Jurispr. auto 1992. 286* • Chambéry, 30 juin 2022 : *préc. note 23.*

26. Le refus pourra être sanctionné même si l'infraction visée à l'art. L. 14 dont le conducteur est présumé auteur n'est pas ensuite l'objet d'une condamnation. A propos d'un excès de vitesse : • Crim. 29 mars 1977 : *D. 1977. IR 335* • 26 févr. 1980 : *Bull. crim. n° 71.* ♦ A propos d'une conduite en état d'ivresse : • Crim. 6 oct. 1987 : *Bull. crim. n° 337.*

C. ANALYSES SANGUINES ET EXAMENS MÉDICAUX, CLINIQUES ET BIOLOGIQUES

27. Objet de la mesure. C'est le poids d'alcool par rapport au poids du sang (1 000 g) qui sert de critère et non par rapport à un volume de sang (litre). Mais la Cour de cassation, tout en faisant état de la regrettable impropriété de terme d'un arrêt qui avait énoncé qu'un état alcoolique était caractérisé par la présence dans le sang du prévenu d'un taux d'alcool pur par litre de sang, admet que le taux ainsi relevé peut impliquer sans ambiguïté que l'alcool excède le barème légal pour mille. • Crim. 2 juill. 1980 : *Bull. crim. n° 209; RSC 1981. 611, obs. Vitu.*

28. Modalités du prélèvement. L'expertise à laquelle il a été procédé ne peut servir de base à une condamnation pénale dès lors que le médecin qui a effectué l'expertise atteste avoir désinfecté la peau avec de l'alcool à 90° avant de procéder au prélèvement. • T. corr. Mont-de-Marsan, 9 juin 1987 : *Gaz. Pal. 1988. 2. 727, note Amouroux.* ♦ Il appartient au prévenu, invoquant la nullité des opérations d'analyse de sang, de démontrer en quoi un prélèvement éventuellement insuffisant « aurait pu modifier les résultats de l'analyse pratiquée ». L'absence de mention relative à la quantité de sang prélevée sur les fiches B et C est dès lors indifférente. • Crim. 8 janv. 1997 : *Jurispr. auto 1997. 119.* – V. aussi jurispr. citée ss. art. R. 3354-1 s. CSP, App., v° *Alcoolémie.*

1° CIRCONSTANCES DU PRÉLÈVEMENT

29. A la suite d'un accident de la circulation, une analyse à but thérapeutique effectuée à l'entrée de l'hôpital ne peut être utilisée pour établir le taux d'alcoolémie dans le cadre d'une procédure pénale. • Poitiers, 12 oct. 1990 : *Juris-Data n° 047674.*

30. Les agents de police judiciaire peuvent soumettre des conducteurs à un contrôle d'imprégnation alcoolique lorsqu'ils relèvent des indices (yeux brillants, haleine sentant fortement l'alcool, équilibre précaire) laissant présumer qu'ils conduisaient sous l'empire d'un état alcoolique. • Crim. 23 janv. 2002 : *Jurispr. auto 2002. 167.*

31. Parmi les infractions énumérées à l'art. L. 14 [C. route, art. L. 234-2] entraînant obligation de subir les vérifications, figure la conduite en état alcoolique qui peut donc servir de base, s'il y a présomption, à cette obligation. • Crim. 7 juin 1983 : *D. 1984. IR 225, obs. Roujou de Boubée.* ♦ La simple déduction opérée par les policiers que l'intéressé cherchait à se soustraire à leur contrôle n'entre pas dans le cadre des prévisions de l'art. L. 1-I [C. route, art. L. 234-4 s.]. • TGI Angers, 11 janv. 1990 : *Juris-Data n° 045260.*

32. La conduite au mépris de restrictions de validité du permis de conduire (port de verres correcteurs) équivaut à la conduite sans permis autorisant les épreuves de vérification de l'état alcoolique. • Crim. 13 nov. 1986 : *Bull. crim. n° 339 ; RSC 1987. 422, obs. Delmas Saint-Hilaire.*

2° NOTIFICATION DU RÉSULTAT

33. L'absence de signature du procès-verbal de notification du taux d'alcoolémie par le gendarme, agent de police judiciaire, ne suffit pas pour faire annuler la procédure. • Lyon, 2 juin 1992 : *Juris-Data n° 050275.* ♦ L'absence de la fiche d'examen de comportement dite fiche A est également indifférente. • Crim. 23 mars 1994, n° 93-80.024 P. ♦ ... Les dispositions du dernier alinéa de l'art. R. 3354-3 CSP, selon lesquelles les opérations de contrôle de l'imprégnation alcoolique sont précédées d'un examen du comportement de la personne concernée, n'étant pas prescrites à peine de nullité. • Crim. 27 mars 1996, n° 95-81.360 : *Jurispr. auto 1996. 447* • 20 mars 2018, n° 17-81.238 P : *D. actu. 9 avr. 2018, obs. Diaz ; Dr. pénal 2018. Chron. 7, obs. Gauvin.*

34. Il n'y a pas lieu d'annuler une procédure au motif que dans un premier temps il a été annoncé par erreur au prévenu que le résultat du prélèvement sanguin de contrôle de l'alcoolémie était négatif et qu'une semaine plus tard dans un nouveau procès-verbal il lui a été notifié un résultat positif dès lors que la notification ne crée pas de droit acquis pour le prévenu et qu'il ne peut invoquer aucun grief puisqu'il a été informé lors de la seconde notification de son droit à solliciter une contre-expertise dans un délai de 5 jours. • Crim. 12 févr. 2003 : *Jurispr. auto 2003. 222.*

3° CONTRE-EXPERTISE

35. L'arrêt n'encourt pas de grief si les juges ont retenu à la charge du prévenu, au vu des preuves qui leur étaient apportées au cours des débats et contradictoirement débattues devant eux, le taux d'alcoolémie qui lui était le plus favorable à la suite de prélèvements et d'analyses. • Crim. 6 févr. 1992, n° 91-81.527 P : *JCP 1992. IV. 1910.* ♦ Mais s'il y a une différence importante entre les deux analyses (en l'espèce 2,44 g pour mille et 1,5 g pour mille), il s'ensuit qu'aucun taux précis d'alcoolémie ne peut être retenu à l'encontre du prévenu. • Angers, 7 janv. 1988 : *Gaz. Pal. 1989. Somm. 93.* ♦ V. auparavant : • Nancy, 13 mai 1975 : *JCP 1976. II. 18314.* ♦ V. aussi : • Crim. 7 juin 1988 : *Bull. crim. n° 259.*

36. L'absence d'analyse de contrôle, si elle est de nature à compromettre la preuve du délit, n'affecte en aucun degré la validité de la citation. Après qu'un tribunal a ordonné un supplément d'informations pour procéder à l'analyse de contrôle, le prévenu ne peut faire plaider la nullité de la procédure au motif que l'analyse de contrôle aurait dû précéder la convocation à l'audience et que les résultats ne lui ont pas été notifiés. • Crim. 25 mai 1994 : *Jurispr. auto 1994. 391.* ♦ Dès lors qu'il ressort des déclarations du prévenu et des procès-verbaux d'audition qu'il n'a pas réclamé d'analyse de contrôle, l'apposition d'une croix dans la rubrique « je désire une analyse de contrôle » résulte manifestement d'une erreur matérielle qui n'entraîne pas la nullité de la procédure. • Crim. 2 mai 2001 : *Jurispr. auto 2001. 315.*

37. L'infraction ne peut être caractérisée si la seconde analyse ne peut être effectuée en raison de la perte du second flacon de sang. • Grenoble, 17 avr. 1991 : *Juris-Data n° 000339.*

38. Le prévenu n'est pas admis à contester devant les juges du fond la régularité des vérifications si dans le délai de cinq jours de la notification du taux d'alcoolémie il n'a pas demandé l'analyse de contrôle prévue par l'art. R. 26 C. déb. boiss. [CSP, art. R. 3354-14]. • Crim. 19 déc. 1991, n° 88-85.149 P : *D. 1992. Somm. 319, obs. Pradel* • 23 juin 1993 : *Jurispr. auto 1994. 13* • 18 janv. 2005 : *Jurispr. auto 2005. 344* • 3 oct. 2006 : *Jurispr. auto 2007. 20.* ♦ ... Ou s'il a expressément renoncé à l'analyse de contrôle prévue par l'art. R. 3354-14 CSP. • Crim. 12 nov. 2008, n° 08-84.006 P : *D. 2009. AJ 23 ; Jurispr. auto 2009. 19 ; AJ pénal 2009. 73, note Céré.* ♦ Le prévenu est sans intérêt à se prévaloir d'une impossibilité de faire procéder à sa requête à une analyse du second échantillon dès lors que celui-ci a déjà été analysé conformément à l'art. R. 26 C. déb. boiss. [CSP, art. R. 3354-14] (notamment sur la demande du procureur). • Crim. 6 févr. 1992, n° 91-81.527 P : *JCP 1992. IV. 1910.* ♦ Sur l'impossibilité pour le procureur de la République de demander l'analyse de contrôle après saisine du tribunal. • Poitiers, 6 sept. 1990 : *Juris-Data n° 047314.*

39. Le second échantillon de sang prélevé peut être conservé par le biologiste expert qui a procédé à l'analyse du premier, la transmission à un autre expert n'ayant lieu que si le contrôle est sollicité. • Chambéry, 5 déc. 1990 : *inédit.*

40. Second expert. Le fait que le second expert désigné pour réaliser l'analyse de contrôle prévue par l'art. R. 3354-14 CSP exerce au sein du même laboratoire que celui ayant réalisé la première analyse n'est pas, en soi, de nature à faire douter de sa neutralité. • Crim. 20 mars 2018, n° 17-81.238 P : *D. actu. 9 avr. 2018, obs. Diaz ; Dr. pénal 2018. Chron. 7, obs. Gauvin.*

41. Le délai de neuf mois prescrit par l'art. R. 26 C. déb. boiss. n'est imposé au biologiste expert que pour la seule conservation de l'échantillon de sang dans le cas où l'analyse de contrôle ne lui est pas demandée. Si les résultats d'une première analyse n'ont été portés à la connaissance de l'intéressé que neuf mois après un accident, les résultats d'une seconde analyse demandée au moment de la notification et réalisée postérieurement aux neuf mois peuvent être pris en compte. • Crim. 3 avr. 1990, n° 88-87.407 P.

D. ANALYSES DE L'AIR EXPIRÉ PAR ÉTHYLOMÈTRE

42. Le pourvoi formé par le prévenu doit être rejeté si le taux légal d'alcool dans l'air expiré est supérieur à 0,40 mg par litre, si les prescriptions légales ont été remplies et si le prévenu n'apporte pas la preuve contraire. • Crim. 5 févr. 1990 : *Jurispr. auto 1990. 194.* ♦ Dès lors que l'arrêt confirmatif attaqué et le jugement énoncent que le prévenu est poursuivi pour avoir conduit un véhicule sous l'empire d'un état alcoolique caractérisé par la présence, dans l'air expiré, d'un taux d'alcool pur de 1,21 mg/l, il importe peu que l'arrêt, faisant référence ultérieure à ce taux d'alcool, n'ait pas repris cette précision. • Crim. 15 janv. 1997 : *Jurispr. auto 1997. 171.*

43. Peu importe le comportement du prévenu qui s'était rincé la bouche avant le contrôle et avait fumé. • Toulouse, 30 nov. 2004 : *AJ pénal 2005. 116, obs. Céré.*

44. Délai d'attente. Conformément aux dispositions figurant en annexe de l'Arr. du 8 juill. 2003, auxquelles renvoient l'art. 4 de cet Arr., les éthylomètres doivent porter la mention suivante : « Ne pas souffler moins de XX min, après avoir absorbé un produit », la durée XX min étant égale à 30 minutes pour certains éthylomètres, une durée qui peut être diminuée pour d'autres, sans pouvoir être inférieure à 10 minutes. Il en résulte qu'un délai d'attente doit être respecté entre l'absorption d'un produit et la vérification de l'état alcoolique par éthylomètre de la personne concernée. Est toutefois justifiée la décision écartant l'argument d'un prévenu selon lequel la vérification effectuée à l'aide d'un éthylomètre, moins d'une demi-heure après son interpellation, méconnaissait les dispositions de l'art. 4 de l'Arr. du 8 juill. 2003, dès lors que les juges du fond ont souverainement retenu que le prévenu, au moment de la vérification de son alcoolémie, n'avait pas consommé d'alcool depuis plus d'une demi-heure. • Crim. 6 janv. 2010 : *Dr. pénal 2010. Chron. 6, obs. Gauvin.* ♦ Un tel argument ne saurait par ailleurs suffire à déclarer irrégulières les opérations de vérification dès lors que le prévenu ne rapporte pas la preuve d'un grief résultant du non-respect allégué du délai d'attente. • Crim. 13 oct. 2009, n° 09-82.015 P : *AJ pénal 2009. 500 ; Jurispr. auto 2010, n° 814. 30, obs. Mercié.* ♦ N'est par ailleurs pas justifié le jugement qui, ayant relevé que le procès-verbal de vérification et de notification de l'état d'alcoolémie n'avait pas été signé par le prévenu, en déduit que cette absence de signature est de nature à remettre en cause la mention selon laquelle il n'avait pas fumé ni bu d'alcool dans les trente minutes précédant le contrôle, dès lors que le refus de signer le procès-verbal n'affecte en rien sa validité et que l'officier de police judiciaire avait mentionné que l'intéressé avait refusé de signer ledit procès-verbal. • Crim. 2 sept. 2020, n° 19-84.665 P : *D. 2020. 1681 ; D. actu. 28 sept. 2020, obs. Goudjil ; Dr. pénal 2021. Chron. 8, obs. Gauvin.*

45. Variations. Une différence constatée entre les deux taux relevés (0,74 et 0,67 mg par litre) et dont le second seul a été retenu n'affecte pas la validité du contrôle. • Crim. 6 juill. 1994 : *Jurispr. auto 1995. 560.* ♦ Une cour d'appel justifie sa décision de condamnation pour conduite sous l'empire d'un état alcoolique à l'égard d'un prévenu qui, après avoir emprunté un sens interdit, a fait l'objet d'un contrôle d'alcoolémie par éthylomètre, le taux révélé étant de 0,59 mg/l d'air expiré, puis de 0,68 mg/l quatre minutes plus tard, dès lors que la contestation du prévenu sur le fonctionnement de l'éthylomètre et le taux d'alcoolémie retenu est infondée. En effet, ce dernier a reconnu avoir consommé des bières au cours de la soirée précédant le contrôle. Par ailleurs, l'appareil avait été vérifié quatre mois plus tôt, et la différence entre les deux taux révélés ne caractérise pas une défectuosité. De surcroît, même en appliquant au taux le plus faible la marge d'erreur tolérée par l'art. 3 du Décr. du 31 déc. 1985 [Arr. du 8 juill. 2003, art. 15], l'alcoolémie reste supérieure au seuil de 0,40 mg/l. • Crim. 29 févr. 2000 : *JCP 2000. II. 10412, note Céré ; Jurispr. auto 2000. 236.*

46. Marges d'erreur. V., *infra*, note 63.

1° HOMOLOGATION ET VÉRIFICATION DE L'APPAREIL

47. En matière de conduite sous l'empire d'un état alcoolique, la recherche de la concentration d'alcool par l'analyse de l'air expiré est réalisée au moyen d'un appareil conforme à un type homologué et soumis à des vérifications périodiques. N'est dès lors pas justifié l'arrêt infirmatif qui retient la culpabilité d'un prévenu pour conduite sous l'empire d'un état alcoolique, en énonçant que les omissions relevées par les premiers juges (absence, dans le procès-verbal, de toute mention sur l'homologation de l'éthylomètre ainsi que sur sa dernière date de vérification) ne résultaient que d'une erreur matérielle de dactylographie, et en ajoutant que les mentions au procès-verbal de la prochaine date de vérification ainsi que du nom de laboratoire ayant effectué la précédente vérification attestaient de la conformité de l'appareil. • Crim. 11 mai 2006 : *Jurispr. auto 2006. 459.* ♦ Le bon fonctionnement de l'éthylomètre est établi par son homologation et sa vérification périodique et aucune disposition légale ou réglementaire n'impose que les imprimés délivrés, le cas échéant, par l'éthylomètre, soient joints à la procédure pour établir le bon fonctionnement de l'appareil. • Crim. 6 mai 1997, n° 96-80.160 P : *Jurispr. auto 1997. 335 ; Gaz. Pal. 1997. 2. Chron. crim. 194* • 7 déc. 2021, n° 21-81.370 : *Dr. pénal 2022, n° 27, note Robert.* ♦ La validité du contrôle d'alcoolémie par un éthylomètre ne saurait dès lors être remise en cause du seul chef de l'absence d'émission, lors de ces opérations, d'un ticket reproduisant les résultats. • Crim. 7 déc. 2021, n° 21-81.370 : *préc.*

48. Au regard des dispositions du Décr. n° 2001-387 du 3 mai 2001 relatif au contrôle des instruments de mesure, les mentions relatives à l'homologation et à la vérification annuelle de l'éthylomètre utilisé, figurant dans le procès-verbal, suffisent à établir le bon fonctionnement de l'appareil. • Crim. 28 janv. 2014, n° 13-81.330 P : *Dr. pénal 2014. Chron. 7, obs. Gauvin.* ♦ Mais les juges ne sauraient se contenter de reprendre les informations figurant dans la procédure, concernant notamment le type de l'éthylomètre, son homologation, sa date de vérification primitive, la date de la dernière vérification et le nom de l'organisme vérificateur, lorsque la production du carnet métrologique est sollicitée par le prévenu aux fins de vérifier si, comme l'imposent les textes applicables, l'éthylomètre en cause avait, suite à une éventuelle réparation, fait l'objet d'une nouvelle vérification primitive, les juges devant alors procéder à cette vérification. • Crim. 28 mars 2023, n° 22-84.077 : *Dr. pénal 2023. Chron. 8, obs. Gauvin.*

49. Homologation de l'éthylomètre. Si le procès-verbal ne comporte aucune mention sur la conformité de l'appareil à un type homologué, la relaxe est justifiée. • Douai, 13 déc. 1994 : *inédit* (qui précise qu'un procès-verbal dressé postérieurement au jugement à la requête du parquet et apportant les renseignements manquants ne peut être pris en considération).

50. Homologation transférée. Le caractère probant des constatations opérées au moyen d'un type d'appareil homologué n'est cependant aucunement affecté par le transfert à une autre personne morale du certificat d'examen de type initialement obtenu par son fabricant. • Crim. 10 janv. 2012, n° 11-85.773 P : *Dr. pénal 2012, n° 89, note Robert ; Jurispr. auto 2012, n° 841, p. 32, note Le Dall.*

51. Homologation non prorogée. Aux termes de l'art. 6 du Décr. n° 2001-387 du 3 mai 2001 relatif au contrôle des instruments de mesure, « lorsque la validité du certificat d'examen de type n'est pas prorogée, les instruments en service conformes à ce type continuent à pouvoir être utilisés et réparés ». La vérification de l'imprégnation alcoolique au moyen d'un éthylomètre dont l'homologation n'a pas été prorogée ne saurait dès lors être une cause de nullité du contrôle, la caducité de la décision d'approbation n'affectant pas l'utilisation de l'appareil, mais concernant seulement la fabrication de nouveaux appareils. • Angers, 6 déc. 2012 : *Dr. pénal 2013. Chron. 7, obs. Gauvin.* • Chambéry, 21 févr. 2013 : *ibid.* • Crim. 15 janv. 2014, n° 13-83.218 P : *D. 2014. Actu. 211 ; Dr. pénal 2014, n° 40, note Robert ; AJ pénal 2014. 298, note Céré* • 28 janv. 2014, n° 13-81.330 P : *préc. note 48.*

52. Vérification annuelle de l'éthylomètre. S'il n'est pas établi que l'éthylomètre litigieux avait, conformément à l'art. R. 295 [C. route, art. R. 234-2] et à ses arrêtés d'application, été soumis à une vérification dans l'année ayant précédé l'interpellation du prévenu, il y a lieu de relaxer celui-ci des fins de la poursuite. • Basse-Terre, 3 oct. 1995 : *Gaz. Pal. 2 avr. 1998, p. 8,* infirmant : • TGI Basse-Terre, 19 mai 1995 : *inédit.* ♦ Dans le même sens : • T. corr. Vannes, 16 déc. 1997 : *Gaz. Pal. 1998. 1. Chron. crim. 40.* ♦ La preuve de la vérification régulière de l'éthylomètre ne saurait résulter de la seule mention au procès-verbal de la date de la prochaine vérification de l'appareil. • Bordeaux, 1er oct. 2008 : *Dr. pénal 2009. Chron. 7, obs. Gauvin.* ♦ La mention de la date de la dernière vérification doit en effet figurer au procès-verbal constatant le taux d'alcoolémie. • Paris, 9 oct. 2008 : *Dr. pénal 2009. Chron. 7, obs. Gauvin.* ♦ N'est pas justifiée la décision qui retient qu'en raison de la périodicité annuelle des contrôles, la date de la dernière vérification d'un éthylomètre peut être aisément déterminée en se référant à celle de la prochaine vérification de l'appareil figurant sur le procès-verbal. • Crim. 7 mars 2007, n° 05-87.292 P : *D. 2007. AJ 1141 ; AJ pénal 2007. 325, note Céré.* ♦ Il ne saurait résulter de la date fixant uniquement la limite à partir de laquelle la validité de l'appareil ayant servi au contrôle d'alcoolémie arrive à son terme l'indication de la date à laquelle celui-ci a fait l'objet d'une vérification de sa conformité. • Rennes, 28 avr. 2008 : *JCP 2008. IV. 2817.* ♦ N'est pas justifiée la décision qui, pour écarter l'argumentation d'un prévenu prise de l'absence de mention au procès-verbal de la dernière vérification de l'éthylomètre, retient que, la date de la prochaine vérification étant précisée dans le procès-verbal, il s'en déduit que l'éthylomètre avait bien fait l'objet d'une vérification annuelle lors de son utilisation. • Crim. 17 févr. 2010 : *Procédures 2010. Comm. 206, obs. Buisson.* ♦ Mais la mention, dans le procès-verbal de notification de l'état alcoolique, de la date de contrôle de l'éthylomètre n'est pas prescrite à peine de nullité ; dès lors l'exception de nullité tirée de la mention erronée de la date de contrôle de l'éthylomètre doit être rejetée. • Crim. 2 sept. 2003 : *Jurispr. auto 2004. 146.*

53. Cas particulier des instruments neufs. Il résulte des dispositions des art. 30 du Décr. du 3 mai 2001 relatif au contrôle des instruments de mesure et 13 de l'Arr. du 8 juill. 2003 relatif au contrôle des éthylomètres que, si les éthylomètres sont soumis à une vérification périodique annuelle, cependant, durant les cinq ans suivant la mise en service d'un instrument neuf, deux vérifications ne sont pas obligatoires, sous réserve que l'appareil soit vérifié la première année et qu'il ne soit pas dispensé de vérification deux années consécutives. Méconnaît ces dispositions la cour d'appel qui, pour rejeter l'argumentation d'un prévenu selon laquelle la vérification périodique de l'éthylomètre remontait à plus d'un an, alors que l'appareil utilisé n'était pas un instrument neuf pouvant être dispensé de deux vérifications annuelles durant les cinq ans suivant sa mise en service, énonce que l'appareil employé était bien dans les cinq premières années de sa vérification puisque le certificat d'examen de type, délivré le 24 sept. 2009, était valable jusqu'au 23 sept. 2019 et qu'au jour de la mesure, la vérification périodique pouvait « conformément aux dispositions des art. 13 et 30 du Décr. de 2001 » avoir lieu tous les deux ans, dès lors que, d'une part, le certificat d'examen de type analysé s'appliquait à un appareil d'un type différent, et que, d'autre part, il lui appartenait de rechercher si l'appareil utilisé était un instrument neuf mis en service depuis moins de cinq ans et pouvant à ce titre être dispensé pendant cette période de deux vérifications. • Crim. 8 sept. 2015, n° 14-85.563 P : *D. actu. 28 sept. 2015, obs. Benelli de Bénazé.* ♦ Ce qui ne peut être déduit de la date de la vérification primitive de l'appareil, laquelle, aux termes de l'art. 14 du Décr. du 3 mai 2001, est susceptible d'intervenir sur un instrument réparé. • Crim. 7 févr. 2017, n° 16-80.514 : *Dr. pénal 2017. Chron. 7, obs. Gauvin.*

54. *Vérification de l'éthylomètre par un organisme spécialement désigné.* Aucune disposition légale ou réglementaire n'impose que le nom du laboratoire ayant procédé à la dernière vérification de l'éthylomètre figure sur le procès-verbal de vérification du taux d'alcoolémie. • Crim. 15 sept. 2010, n° 10-82.099 : *inédit* • 3 janv. 2012, n° 11-83.279 : *inédit* • 15 oct. 2014, n° 13-86.062 : *inédit.* ♦ Mais doit être censuré l'arrêt qui, pour écarter le moyen tiré du défaut de fiabilité de l'éthylomètre résultant de l'absence de mention de l'organisme ayant procédé à la vérification périodique, énonce qu'aucune disposition légale ou réglementaire n'impose, à peine de nullité, que le nom dudit organisme figure au procès-verbal, dès lors qu'il appartient au juge, dans un tel cas, de rechercher l'organisme ayant procédé à la vérification de l'appareil et de soumettre cet élément au débat contradictoire sur la preuve. • Crim. 26 mars 2019, n° 18-84.900 P : *D. 2019. 643 ; D. actu. 10 mai 2019, obs. Azoulay ; JCP 2019. 571, note Desessard ; Dr. pénal 2019, n° 108, note Robert.*

2° SECOND CONTRÔLE

55. *Information sur la possibilité de solliciter un second contrôle.* Les deux souffles exigés par le mode de fonctionnement d'un éthylomètre ne peuvent être confondus avec les deux contrôles auxquels le prévenu a droit en application des dispositions des art. L. 234-4, L. 234-5 et R. 234-4 C. route. Est dès lors irrégulier, le contrôle d'alcoolémie au cours duquel le prévenu n'a été informé ni du résultat du premier souffle, ni de la possibilité de solliciter un second contrôle, celui-ci ayant été privé du droit de se prévaloir devant la juridiction de jugement d'une éventuelle distorsion des taux mise en évidence par les deux contrôles successifs. • Crim. 2 sept. 2009 : *Jurispr. auto 2009, n° 811. 34* ; confirmant • Orléans, 2 déc. 2008 : *Jurispr. auto 2009. 87.* ♦ Lorsque les mentions figurant sur le timbre-amende et le procès-verbal de notification laissent planer un doute sur l'existence d'une possibilité offerte au prévenu d'un second contrôle, ce doute doit bénéficier au prévenu (le taux relevé en l'espèce – 0,27 mg/l – étant très voisin du seuil de l'infraction). • Douai, 1er mars 2006 : *Jurispr. auto 2007. 352.* ♦ Sur l'impossibilité de soulever pour la première fois devant une cour d'appel une exception de nullité pour défaut d'indication de la possibilité d'un second contrôle : • Crim. 19 janv. 1994 : *Jurispr. auto 1994. 168.* ♦ ... Ou devant la Cour de cassation : • Crim. 4 avr. 2013, n° 12-85.067 P : *Procédures 2013, n° 196, note Chavent-Leclère.*

56. *Notification immédiate.* Justifie sa décision la cour d'appel qui, pour refuser d'annuler un procès-verbal de vérification du taux d'alcoolémie, relève que la notification de celui-ci et du droit de la personne en faisant l'objet de demander un second contrôle a été retardée de neuf heures en raison de l'état alcoolique de l'intéressé qui ne lui permettait pas de comprendre le sens de cette mesure, le prévenu ayant refusé, à deux reprises, le contrôle auxquels les fonctionnaires de police entendaient le soumettre d'office. • Crim. 10 janv. 2007 : *Dr. pénal 2007. Comm. 61, obs. Maron.* ♦ Mais a également été considérée comme justifiée la décision d'une cour d'appel rejetant la demande d'annulation d'une procédure de vérification de l'alcoolémie dans une espèce où le taux d'alcoolémie avait été notifié immédiatement au prévenu, alors que l'intéressé, placé en garde à vue, ne s'était vu notifier les droits afférents à cette mesure que plusieurs heures après en raison de son état alcoolique (ce qui conduira les juges à annuler la mesure de garde à vue pour notification tardive), dès lors que les vérifications d'alcoolémie ont été effectuées conformément aux art. L. 234-4 et R. 234-4 C. route et qu'il se déduit desdites dispositions que les vérifications doivent être effectuées dans le temps le plus voisin des épreuves de dépistage lorsqu'elles se sont révélées positives. • Crim. 16 févr. 2011, n° 10-80.855 P : *D. 2011. 881 ; AJ pénal 2011. 413, note Vlamynck.*

57. *Vérification du bon fonctionnement de l'éthylomètre.* En cas de second contrôle, l'art. R. 234-4 C. route impose une vérification préalable du bon fonctionnement de l'appareil. Mais en l'absence de texte sanctionnant le défaut de vérification de l'éthylomètre préalablement à un second contrôle, les juges ne peuvent procéder à l'annulation des opérations de dépistage de l'imprégnation alcoolique que s'ils constatent également une contradiction entre les résultats des analyses d'air expiré incompatible avec un bon fonctionnement dudit appareil. • Crim. 9 nov. 1994, n° 94-80.043 P : *Dr. pénal 1995, n° 6*

• 2 oct. 2001 : *Jurispr. auto 2002. 17.* ♦ V. aussi : • TGI Sens, 7 juill. 1989 : *Juris-Data n° 022797* • Paris, 26 sept. 2005 : *Jurispr. auto 2006. 461.* ♦ Sur les conditions de la vérification de l'appareil, V. • Besançon, 28 janv. 1988 : *Gaz. Pal. 1989. 1. 251, note Amouroux.*

58. Si l'art. R. 234-4 C. route impose de vérifier le bon fonctionnement de l'appareil utilisé avant le second contrôle, aucun texte ne prévoit l'obligation de vérifier l'éthylomètre avant le premier souffle, ni de changer l'embout de l'appareil entre les deux souffles, à peine de nullité. • Crim. 19 mai 2015, n° 14-85.046 P : *D. 2015. 1157 ; JCP 2015. Actu. 617, obs. Desessard ; Dr. pénal 2015. Chron. 7, obs. Gauvin ; AJ pénal 2015. 547, note Céré .*

59. L'absence de second contrôle ne saurait être une cause de nullité des opérations de vérifications de l'état alcoolique d'un conducteur, dès lors qu'il est constaté que celui-ci n'est pas parvenu à effectuer ce second souffle. • Crim. 1er avr. 2015, n° 14-83.221 : *Dr. pénal 2015. Chron. 7, obs. Gauvin.* ♦ Est ainsi justifié l'arrêt qui, pour infirmer un jugement ayant accueilli une exception de nullité prise de ce que le second contrôle prévu à l'art. L. 234-5 C. route n'avait pas été opéré, fût-ce d'office, en raison de l'état du prévenu qui n'était pas en mesure de le réclamer, relève que si le second contrôle est de droit, si la personne en fait la demande, la loi n'en fait pas une obligation dans le cas contraire, dès lors, que le second contrôle prévu par l'art. R. 234-4, 2°, dudit code n'a pas été sollicité et n'avait pas à être opéré d'office par l'officier ou l'agent de police judiciaire. • Crim. 6 déc. 2016, n° 15-86.619 P : *D. actu. 10 janv. 2017, obs. Goetz.*

E. APPRÉCIATION DU JUGE

1° APPRÉCIATION DES PREUVES

60. Moment du contrôle. Aucun texte n'exigeant que l'infraction de conduite en état alcoolique soit constatée en flagrant délit, le prévenu qui reconnaît avoir pris sa dernière consommation avant l'accident et dont le contrôle s'est révélé positif deux heures après l'accident doit être condamné. • Douai, 4 juin 1991 : *Juris-Data n° 043599.*

61. Mais il y a lieu de relaxer le prévenu (dont le véhicule est tombé en panne sur les lieux du contrôle) si les constatations ont été réalisées après que ce dernier eut absorbé des boissons alcoolisées et alors qu'il ne conduisait plus. • Douai, 4 sept. 1990 : *Juris-Data n° 043718.* ♦ De même, la conductrice, dont il est établi que, pendant le délai séparant l'heure de l'infraction et l'heure de vérification de l'alcoolémie, elle a consommé deux bières, doit être relaxée si le taux d'alcoolémie n'est que très légèrement supérieur au taux légal. • TGI Les Sables-d'Olonne, 26 avr. 1990 : *inédit.* ♦ Mais aucun texte n'exige que l'infraction prévue par l'art. L. 1-I [C. route, art. L. 234-1] soit constatée sur-le-champ pour être punissable. • Crim. 23 févr. 1987 : *Jurispr. auto 1987. 191.*

62. Résultats du contrôle. Les résultats d'analyses sont soumis à l'appréciation des juges du fond qui conservent, aux termes de l'art. 427 C. pr. pén., le droit de se décider d'après leur intime conviction en se fondant sur les preuves qui leur sont apportées au cours des débats et contradictoirement discutées devant eux. • Crim. 7 juin 1988 : *Bull. crim. n° 259* • 31 oct. 2006, n° 06-81.809 P : *D. 2006. 2946 ; AJ pénal 2007. 29, obs. Céré ; Jurispr. auto 2007. 22.*

63. Prise en compte des marges d'erreur des éthylomètres. Il se déduit de l'art. 15 de l'Arr. du 8 juill. 2003 relatif au contrôle des éthylomètres que le juge, lorsqu'il est saisi d'une infraction pour conduite sous l'empire d'un état alcoolique, doit vérifier que, dans le procès-verbal qui fonde la poursuite, il a été tenu compte, pour interpréter la mesure du taux d'alcool effectuée au moyen d'un éthylomètre, des marges d'erreur maximales prévues par ce texte. • Crim. 26 mars 2019, n° 18-84.900 P : *D. 2019. 643 ; D. actu. 10 mai 2019, obs. Azoulay ; AJ pénal 2019. 328, obs. Céré ; JCP 2019. 571, note Desessard ; Dr. pénal 2019, n° 108, note Robert ; ibid. Chron. 7, obs. Gauvin ; Gaz. Pal. 16 avr. 2019, p. 22, note Josseaume.* ♦ Comp., antérieurement, • Crim. 20 mars 1996, n° 95-85.596 P • 22 oct. 1997, n° 96-86.186 : *Jurispr. auto 1998. 18 ; Dr. pénal 1998, n° 35, obs. Robert* • 31 oct. 2001, n° 01-81.420 : *Jurispr. auto 2002. 72* • 24 juin 2009, n° 09-81.119 P : *D. 2009. AJ 2040 ; AJ pénal 2009. 410* (où la Cour de cassation considérait que le juge pouvait, pour déterminer la qualification de l'infraction, tenir compte des marges d'erreur admises par l'art. 15 de l'Arr. du 8 juill. 2003, l'interprétation des mesures du taux d'alcoolémie effectuées au moyen d'un éthylomètre constituant pour le juge une faculté et non une obligation). ♦ Sur la prise en compte des marges d'erreur par le préfet en cas de suspension du permis de conduire pour conduite sous l'empire d'un état alcoolique. V. • CE 14 févr. 2018, n° 407914 B : *JCP Adm. 2018. Actu. 187 ; AJDA 2018. 1200 .*

64. Lorsque la personne ayant fait l'objet d'une vérification d'alcoolémie est soumise à un second contrôle en application de l'art. R. 234-4 C. route, seul le taux qui lui est le plus favorable doit être retenu et se voir appliquer la marge d'erreur de 8 % prévu par l'art. 15 de l'Arr. du 8 juill. 2003. • Crim. 14 déc. 2021, n° 20-86.969 A : *D. 2022. 12 ; ibid. 424, obs. Joly ; D. actu. 3 janv. 2022, obs. Goetz ; Dr. pénal 2022, n° 26, note Robert.*

2° APPRÉCIATION DE LA RESPONSABILITÉ

65. Prise de médicament. La prétendue prise de médicaments contre-indiquée avec la consommation d'alcool n'entraîne pas l'application de l'art. 64 (anc.) C. pén. car le prévenu a délibérément provoqué dans son organisme un phénomène qu'il n'a plus été en mesure de maîtriser. • Metz, 20 nov. 1991 : *Juris-Data n° 048798 ; JCP 1992. IV. 1837.* ♦ Une prévenue ne saurait s'exonérer de sa responsabilité pénale en arguant qu'elle n'avait bu qu'un seul verre de vin au cours du repas et qu'elle prenait un médicament contenant de l'alcool pour soigner une bronchite, cette dernière circonstance ne pouvant être prise en compte dans la mesure où une mise en garde quant aux effets de ce médicament figure sur son emballage et que la prévenue était dès lors consciente du risque qu'elle encourait en prenant le volant après avoir ingéré un tel produit. • Toulouse, 30 avr. 2002, n° 01/00763. ♦ L'éventuelle influence de la prise d'un médicament sur le taux d'alcoolémie relève par ailleurs de l'appréciation souveraine des juges du fond. A ainsi été rejeté le pourvoi intenté contre un arrêt de condamnation qui, pour répondre à l'argumentation du prévenu concernant l'absorption de médicament, avait considéré qui celui-ci, qui avait reconnu avoir consommé deux whiskies avant de prendre le volant de son véhicule, ne rapportait pas la preuve, qui lui incombe, de l'influence du médicament sur son taux d'alcoolémie. • Crim. 18 janv. 1995 : *Jurispr. auto 1995. 173.* ♦ De même, a été rejeté le pourvoi intenté contre un arrêt qui, selon le moyen, après avoir constaté que la prévenue souffrait d'une angine et était sous traitement antibiotique, se bornait à déclarer que l'infraction de conduite sous l'empire d'un état alcoolique était établie par le taux d'alcool révélé par l'éthylomètre. • Crim. 1er avr. 2008 : *Dr. pénal 2008. Chron. 6, obs. Gauvin.* ♦ Mais ne justifie pas sa décision la cour d'appel qui relaxe un prévenu sans rechercher, d'une part, si la prise de médicament invoquée par celui-ci comme l'exonérant de sa responsabilité pénale avait été effective et si, à la supposer établie, il avait pu être en mesure d'en connaître les effets, et alors, d'autre part, que les juges du second degré se sont référés aux seules déclarations de l'intéressé pour déterminer la quantité de boissons alcoolisées qu'il aurait ingérée volontairement. • Crim. 10 déc. 2003, n° 03-84.096 P.

66. Mesure de la peine. Pour déterminer la peine qu'ils prononcent les juges peuvent prendre en considération la profession ou les titres du prévenu (en l'espèce peine plus lourde en raison de la qualité de professeur de médecine) dès lors qu'ils n'usent que de leur faculté discrétionnaire de déterminer le quantum de la sanction, sans méconnaître le principe d'égalité. • Crim. 18 avr. 1991 : *D. 1992. Somm. 207, obs. Couvrat et Massé.* ♦ Le fait qu'un prévenu (conducteur d'un véhicule de lutte contre l'incendie) n'ait pris le volant qu'à la suite d'un appel imprévu et le fait qu'il existe chez lui une bonne intention de servir autrui impliquent une application modérée de la loi. • Bourges, 15 nov. 1990 : *Juris-Data n° 052437.* ♦ Le fait d'être en cure de désintoxication et en mauvaise santé n'est pas une cause d'adoucissement de la peine. • Angers, 4 oct. 1990 : *Juris-Data n° 047847.* ♦ Le prévenu poursuivi pour délit de conduite sous l'empire d'un état alcoolique, qui subit postérieurement à la commission de l'infraction un traumatisme crânien entraînant des séquelles qualifiées de massives, ne peut être considéré comme irresponsable, mais peut être dispensé de peine si les conditions en sont réunies. • Versailles, 23 mai 1995 : *Jurispr. auto 1995. 447.*

F. RÉTENTION ET GARDE À VUE

BIBL. Vlamynck, *AJ pénal 2009. 121* (la garde à vue de la personne sous l'emprise de boissons alcooliques).

67. Rétention. Les officiers et agents de police judiciaire qui procèdent aux vérifications destinées à établir la preuve de l'état alcoolique d'un conducteur disposent du droit de retenir la personne concernée pendant le temps strictement nécessaire à ces opérations ; dès lors doit être cassé l'arrêt qui, pour annuler les actes de procédure postérieurs à l'interpellation d'un conducteur soumis aux épreuves de dépistage de son imprégnation alcoolique, retient que l'intéressé aurait dû être placé en garde à vue avant d'être conduit dans les locaux de gendarmerie pour y subir les épreuves de vérifications de son état alcoolique (en l'espèce, l'intéressé avait été laissé en liberté, après deux vérifications successives par éthylomètre, une heure après l'épreuve de dépistage). • Crim. 21 juin 2006, n° 06-80.392 P : *D. 2006. IR 2274 ; RSC 2007. 587, obs. Buisson ; Jurispr. auto 2006. 457 ; AJ pénal 2006. 449, obs. Girault ; Dr. pénal 2007. Chron. 37 et 38, obs. Lesclous* • 24 oct. 2007 : *Jurispr. auto 2007. 691.*

68. Garde à vue. Toutefois, un automobiliste sous l'empire d'un état alcoolique ne saurait être retenu dans un service de police ou de gendarmerie jusqu'à complet dégrisement sans qu'il soit placé en garde à vue et sans que les droits afférents à cette mesure lui soient notifiés dès que son état le permet ; la garde à vue ne peut être évitée que si est constaté un état d'ivresse publique au sens de l'art. L. 76 C. déb. boiss. justifiant une retenue pour dégrisement. • Crim. 11 janv. 2001, n° 00-82.024 P. ♦ En l'absence de placement en garde à vue, la nullité de la procédure de rétention du prévenu n'affecte cependant pas la validité des actes antérieurs régulièrement accomplis, notamment, des procès-verbaux de vérification de l'état alcoolique. • Crim. 25 sept. 2002 : *Jurispr. auto 2002. 596.* ♦ V. désormais les dispositions de l'art. L. 234-18 créées par la L. n° 2011-392 du 14 avr. 2011 relative à la garde à vue.

69. Méconnaît le sens et la portée de l'art. 62-2 C. pr. pén. l'arrêt qui, pour prononcer la nullité des poursuites intentées contre une prévenue du chef de conduite sous l'empire d'un état alcoolique en récidive, énonce que son placement en garde à vue décidé dans l'unique but d'assurer son déférement devant le procureur de la République n'était pas justifié, dès lors qu'il résulte du texte précité qu'une mesure de garde à vue peut être décidée lorsqu'elle constitue l'unique moyen de permettre l'exécution des investigations impliquant la présence ou la participation de la personne ou de garantir la présentation de la personne devant le procureur de la République, afin que ce magistrat puisse apprécier la suite à donner à l'enquête. • Crim. 18 nov. 2014, n° 14-81.332 P : *AJ pénal 2015. 53, obs. Girault*.

70. Notifications des droits - État d'ébriété, circonstance insurmontable. Aucune nullité ne saurait résulter de ce que la notification des droits ouverts à la personne placée en garde à vue est intervenue 8 heures après le début de cette mesure, en violation de l'art. 63-1 C. pr. pén., dès lors que l'arrêt constate que, lors de son interpellation, l'intéressé se trouvait dans un état d'ébriété, circonstance insurmontable, l'empêchant de comprendre la portée des droits qui auraient pu lui être notifiés et de les exercer utilement. • Crim. 3 avr. 1995, n° 94-81.792 P : *RSC 1995. 609, obs. Dintilhac ; D. 1996. 261, obs. Pradel ; Dr. pénal 1995, n° 187, obs. Maron ; Procédures 1995, n° 191, obs. Buisson.* ♦ La notification des droits ne peut en effet intervenir qu'à partir du moment où la personne gardée à vue est en état d'en comprendre la portée. • Crim 18 oct. 2000, n° 00-83.656 : *Dr. pénal 2001. Chron. 23, obs. Marsat* • 19 mai 2009 : *Procédures 2009, n° 336, obs. Buisson* • 6 déc. 2016, n° 15-86.619 P : *D. actu. 10 janv. 2017, obs. Goetz.*

71. Droit au silence et droit de ne pas contribuer à sa propre incrimination. Un prévenu ne saurait refuser de se soumettre aux vérifications destinées à établir la preuve de son état alcoolique aux motifs que, placé en garde à vue, il a le droit de se taire et de ne pas contribuer à sa propre incrimination, dès lors que le droit au silence et celui de ne pas contribuer à sa propre incrimination ne s'étendent pas au recueil de données qu'il convient d'obtenir indépendamment de la volonté de la personne concernée. • Crim. 6 janv. 2015, n° 13-87.652 P : *Dr. pénal 2015, n° 26, note Maron et Haas.*

IV. ... OU EN ÉTAT D'IVRESSE MANIFESTE

72. Si les gendarmes ou les policiers ont pu présumer que le conducteur était sous l'empire de l'alcool, ils doivent lui faire subir les épreuves du dépistage. • Crim. 7 juin 1983 : *D. 1984. IR 225, obs. Roujou de Boubée* • 12 juin 1990 : *Jurispr. auto 1990. 409* • 21 janv. 1992 : *Jurispr. auto 1992. 187.* ♦ Peu importe que le prévenu ait ensuite été relaxé du délit de conduite en état d'ivresse. • Crim. 6 oct. 1987 : *Bull. crim. n° 337.*

73. L'épreuve de l'éthylotest, si elle est obligatoire dans certaines conditions prévues par la loi, ne saurait être considérée comme le préliminaire indispensable aux opérations de contrôle en fonction des termes de l'art. L. 1-II, al. 2 [C. route, art. L. 234-6]. • Crim. 25 janv. 1984 : *D. 1984. IR 226, obs. Roujou de Boubée* • 8 nov. 1988 : *Bull. crim. n° 380.* ♦ L'absence de dépistage préalable par éthylotest et le défaut d'audition du prévenu à l'issue de son séjour en cellule de dégrisement sont sans incidence sur la régularité de la procédure, l'intéressé ayant été ultérieurement interrogé, après avoir eu connaissance des résultats de l'analyse sanguine. • Crim. 1er oct. 2003 : *Jurispr. auto 2004. 212.*

74. Si l'art. L. 1-II [C. route, art. L. 234-6] énonce que les épreuves de dépistage ainsi que les vérifications seront utilisées à l'égard de l'auteur présumé de l'infraction de conduite en état d'ivresse manifeste, les juges du fond peuvent recourir à tout autre moyen de preuve pour se prononcer sur la culpabilité du prévenu conformément à leur intime conviction, alors même que les vérifications précitées n'auraient abouti à aucun résultat positif. • Crim. 9 oct. 1984 : *Bull. crim. n° 293.* ♦ La preuve du délit de conduite en état d'ivresse manifeste peut être établie par tous moyens. • Crim. 6 déc. 2000 : *Jurispr. auto 2001. 211* • 21 juin 2006 : *Dr. pénal 2007. Chron. 2, obs. Gauvin.* ♦ Ainsi, peu importe que les vérifications médicales destinées à établir l'état alcoolique du conducteur soient irrégulières, dès lors qu'il est constaté que le prévenu est arrivé au commissariat au volant de son véhicule et qu'il avait une haleine qui sentait l'alcool, les yeux brillants et des explications répétitives. • Crim. 7 juin 2001 : *Jurispr. auto 2001. 376.* ♦ De même, l'éventuelle irrégularité du dépistage de l'imprégnation alcoolique auquel a été soumis un prévenu est sans incidence, dès lors que, lors de son interpellation, il a été constaté qu'il présentait un état alcoolique caractérisé par une haleine sentant l'alcool, des yeux brillants et un comportement extrêmement virulent. • Paris, 16 avr. 2008 : *Jurispr. auto 2008. 648.*

75. Si l'épreuve de l'éthylotest ne suffit pas à elle seule à établir l'état d'imprégnation alcoolique, ses résultats peuvent corroborer d'autres éléments de conviction du juge. • Crim. 10 mars 1970 : *D. 1970. 501.*

76. Les juges apprécient souverainement la valeur des éléments de preuve dans lesquels ils puisent leur conviction. • Crim. 14 févr. 1968 : *Bull. crim. n° 46* • 24 janv. 1973 : *D. 1973. 240, rapp. E. Robert ; JCP 1974. I. 17679, note Mourgeon* • 5 févr. 1991 : *Jurispr. auto 1991. 152.* ♦ Il est en effet loisible aux juges, en considération de faits de conduite en état d'ivresse manifeste, de recourir à tout moyen de preuve pour se prononcer sur la culpabilité du prévenu d'après leur intime conviction. • Crim. 27 nov. 2018, n° 17-87.385 P : *Procédures 2018, n° 57, obs. Buisson.*

77. La conduite en état d'ivresse manifeste est caractérisée lorsqu'une prévenue dont l'haleine sent fortement l'alcool a des difficultés à garder son équilibre et tient des propos incohérents. • TGI Paris, 13 déc. 1988 : *Juris-Data n° 022395.* ♦ ... Ou lorsque les gendarmes ont pu relever cumulativement une consommation d'alcool avouée, une mesure positive à l'éthylotest et un comportement présentant tous les signes d'une ivresse très avancée. • Chambéry, 17 janv. 1996 : *Jurispr. auto 1996. 121.* ♦ Sur l'interprétation de l'impossibilité de souffler suffisamment dans l'éthylomètre : • Crim. 13 janv. 1993 : *Jurispr. auto 1993. 181.* ♦ ... Ou lorsqu'un témoin qui suivait le prévenu a relevé qu'il était au volant d'un véhicule circulant à une vitesse élevée et zigzaguant sur la chaussée et qu'il ressort de la fiche de comportement établie par le médecin que le prévenu avait une allure somnolente et tremblante, une haleine sentant l'alcool, une élocution pâteuse et fournissait des explications embrouillées. • Crim. 23 oct. 2001 : *Jurispr. auto 2002. 124.*

78. Doit être rejeté le pourvoi dans le cas où le prévenu tenait des propos incohérents et agressifs à l'égard des secours, son haleine sentait fortement l'alcool et, une heure après les faits, ses yeux étaient brillants, ses élocutions bégayantes et ses explications embrouillées. • Crim. 12 avr. 1995, n° 94-84.888 P : *D. 1995. IR 145.* ♦ Sur des faits établis par les constatations des services de police, les aveux du prévenu et l'ensemble des éléments du dossier : • Crim. 29 juin 1994 : *Jurispr. auto 1995. 559.*

79. L'ivresse manifeste est un fait matériel qui peut être constaté à l'aide de témoignages des sens sans qu'il soit nécessaire que le rapport qui l'atteste relate à l'appui des signes particuliers. Par comparaison avec la contravention d'ivresse publique et manifeste : • Crim. 24 avr. 1990, n° 89-81.515 P.

80. Constitutionnalité du délit de conduite en état d'ivresse manifeste – Absence de renvoi d'une QPC. La Cour de cassation a refusé de renvoyer au Conseil constitutionnel une question prioritaire de constitutionnalité portant sur la conformité des dispositions de l'art. L. 234-1, II, C. route, réprimant le fait de conduire un véhicule en état d'ivresse manifeste, au principe des droits de la défense et en particulier au droit à une procédure juste et équitable en ce que la preuve de l'état d'ivresse ne repose que sur une appréciation subjective de l'officier de police. Pour la Cour de cassation, outre qu'elle n'est pas nouvelle, la question posée ne présente pas un caractère sérieux au regard du principe constitutionnel des droits de la défense, dès lors que la preuve contraire de la constatation de l'état d'ivresse manifeste par un officier ou agent de police judiciaire peut être rapportée par le prévenu. • Crim. 16 juill. 2010, n° 10-90.080 P.

81. Refus de se soumettre. L'ivresse manifeste ne saurait avoir pour effet de supprimer en toute circonstance l'élément intentionnel du délit de se soumettre aux vérifications prévues par l'art. L. 1 [C. route, art. L. 234-4 s.]. • Crim. 2 mai 1971 : *D. 1971. 440.*

82. Chambre de dégrisement ou garde à vue. Le placement en cellule de dégrisement, mesure de police prévue par l'art. L. 76 C. déb. boiss., ne doit pas nécessairement être précédé d'une mise en garde à vue. • Crim. 9 sept. 1998, n° 98-80.662 P • 26 nov. 2003 : *Dr. pénal 2004. Comm. 57, note Maron.* ♦ Il n'y a pas lieu de placer en garde à vue la personne qui, interpellée à bord de son véhicule après avoir refusé d'obtempérer à une sommation de s'arrêter, accepte de suivre les gendarmes à la brigade mais refuse de se soumettre au contrôle d'alcoolémie (en l'espèce, après placement en cellule de dégrisement, la personne avait accepté d'être entendue et elle avait été remise en liberté). • Crim. 26 oct. 2005 : *Dr. pénal 2006. Comm. 62, note Maron.*

V. CONCOURS DE QUALIFICATIONS

83. Un conducteur ne peut être condamné pour homicide involontaire commis en état d'ivresse et conduite en état d'ivresse, le même fait ne pouvant être retenu comme constitutif à la fois d'un délit et d'une circonstance aggravante. • Crim. 3 oct. 1984 : *Bull. crim. n° 285.*

84. L'état alcoolique et l'ivresse manifeste (au volant) procèdent d'une même action coupable et constituent un fait juridique unique ne pouvant faire l'objet que d'une seule incrimination dont l'application simultanée avec l'un des délits d'homicide ou blessures involontaires entraîne l'annulation du permis de conduire. • Crim. 13 oct. 1982 : *Bull. crim. n° 215.* ♦ L'état alcoolique et l'ivresse manifeste qui résultent d'une même action constituant un fait unique, les juges du fond sont fondés à restituer aux faits leur exacte qualification. • Crim. 12 juin 1996 : *Jurispr. auto 1996. 556.* ♦ Mais encore faut-il que le prévenu ait été en mesure de se défendre sur la nouvelle qualification envisagée ; encourt, dès lors, la cassation l'arrêt qui requalifie d'office des faits poursuivis sous la qualification de conduite d'un véhicule sous l'empire d'un état alcoolique en conduite en état d'ivresse manifeste, sans que le prévenu n'ait été invité à s'expliquer sur cette modification. • Crim. 4 nov. 2003, n° 03-80.838 P : *Dr. pénal 2004. Comm. 58, note Maron* • 19 déc. 2007 : *Jurispr. auto 2008. 153* (où il est précisé que le fait de mentionner dans l'arrêt que le prévenu a pu s'exprimer sur le délit de conduite en état d'ivresse ne suffit pas à établir qu'il ait été invité à se défendre sur la nouvelle qualification envisagée) • 7 mai 2008, n° 07-86.931 P : *Dr. pénal 2008. Comm. 98, obs. Robert.*

85. L'ordonnance pénale de condamnation à une peine d'amende pour contravention d'ivresse publique et manifeste, dont a fait l'objet un chauffeur de poids lourd contrôlé alors qu'il dormait sur le siège de son véhicule arrêté et dont le taux d'alcoolémie s'est révélé de 2,29 g pour mille, n'a pas eu pour effet d'éteindre l'action publique entreprise à son encontre pour délit de conduite de véhicule sous l'empire d'un état alcoolique, les deux infractions étant distinctes et prévues par des textes spécifiques. • Versailles, 31 mai 1979 : *Gaz. Pal. 1979. 2. 591, note Vitu ; RSC 1980. 128.*

86. L'obligation de se soumettre aux vérifications dont le refus constitue le délit de l'art. L. 1-I, al. 5 [C. route, art. L. 234-8], n'est pas incompatible avec la constatation dans le même arrêt de la contravention d'ivresse publique et manifeste. • Crim. 10 avr. 1973 : *Bull. crim. n° 189.*

87. Le refus de se soumettre aux vérifications peut constituer une infraction distincte et cumulative de la conduite en état d'ivresse. • Crim. 6 oct. 1987 : *Bull. crim. n° 337* • 7 mars 1989 : *Jurispr. auto 1989. 276.*

88. Si la règle du non-cumul des peines exige qu'une seule peine soit prononcée lorsqu'une contravention et un délit découlent de faits procédant d'une même action coupable, il en est autrement lorsque les infractions considérées diffèrent dans leurs éléments constitutifs. Sont ainsi distincts : la contravention de défaut de maîtrise de la vitesse d'un véhicule et le délit de conduite sous l'empire d'un état alcoolique, la première consistant dans l'inobservation de prescriptions réglementaires, le second étant constitué par la conduite d'un véhicule sous l'empire d'un état alcoolique sans rapport nécessaire avec la contravention. • Crim. 24 mars 1981, n° 81-93.338 : *Bull. crim. n° 107.* ♦ … La contravention de franchissement d'une ligne longitudinale continue prévu par l'art. R. 5 C. route et le délit de blessures involontaires commises par un conducteur sous l'empire d'un état alcoolique. • Crim. 12 mai 1993, n° 92-84.179 P. ♦ Mais une faute pénale unique ne peut être sanctionnée que par une seule peine. Puisque aux termes de l'art. L. 1er-III [C. route, art. L. 234-11], lorsqu'il y a lieu à l'application des art. 221-6 et 222-19 C. pén. à l'encontre de l'auteur de l'une des infractions visées à l'art. L. 1er-I et II [C. route, art. L. 234-1], les peines sont portées au double et celles prévues par l'art. 222-19 sont applicables si l'incapacité de travail n'est pas supérieure à trois mois, une juridiction ne peut condamner à la fois à une peine d'emprisonnement pour conduite sous l'empire d'un état alcoolique et à des amendes pour blessures involontaires. • Crim. 22 févr. 1995, n° 94-82.102 P : *RSC 1996. 116, obs. Bouloc.*

89. Le délit prévu par l'art. L. 234-1 C. route et la contravention prévue par l'art. R. 625-3 C. pén. sont deux infractions distinctes aux éléments constitutifs différents. La conduite sous l'empire d'un état alcoolique n'est pas une circonstance aggravante de la contravention prévue par l'art. R. 625-3 C. pén., mais elle en est un élément défini de manière spécifique par son libellé qui vise, précisément, la violation manifestement délibérée d'une obligation particulière de sécurité ou de prudence prévue par la loi ou le règlement. • Douai, 30 oct. 2007 : *Jurispr. auto 2008. 166.*

VI. AUTRES MODALITÉS DE LA RÉPRESSION

90. Requalification. Le juge correctionnel, qui n'est pas tenu par la qualification donnée par la prévention, ne peut prononcer une décision de relaxe qu'autant qu'il a vérifié que les faits dont il est saisi ne sont constitutifs d'aucune infraction. Est en conséquence censurée une cour d'appel qui avait relaxé un prévenu du chef de conduite sous l'empire d'un état alcoolique, au motif que le contrôle d'alcoolémie n'avait pas été effectué régulièrement, sans rechercher, après avoir invité le prévenu à s'en expliquer, si les faits dont elle était saisie ne pouvaient recevoir la qualification de conduite d'un véhicule en état d'ivresse manifeste (en l'espèce, il résultait des pièces de procédure que le prévenu avait été retrouvé par des policiers assis au milieu de la chaussée, à côté d'un véhicule automobile dont le moteur était en marche, l'intéressé tenant des propos incohérents et ayant une haleine qui sentait fortement l'alcool). • Crim. 21 mai 2008 : *Jurispr. auto 2008. 450.* ♦ Des faits poursuivis sous la qualification de conduite sous l'empire d'un état alcoolique, qualification qui ne pouvait être retenue, en l'espèce, en raison d'une irrégularité dans le contrôle d'alcoolémie (la dernière vérification de l'éthylomètre datant de plus de cinq ans avant les faits), peuvent été requalifiés en conduite en état d'ivresse manifeste dès lors qu'il résulte des pièces de procédure que le prévenu sentait fortement l'alcool lors de son interpellation, qu'il avait les yeux brillants, qu'il avait vomi pendant sa garde à vue et avait reconnu avoir consommé une quantité importante de whisky avant de prendre le volant ; le prévenu ayant par ailleurs été informé de la nouvelle qualification envisagée et mis en mesure de se défendre sur ce point. • Paris, 29 janv. 2009 : *Dr. pénal 2009. Chron. 7, obs. Gauvin.* ♦ La non-comparution de l'intéressé ne saurait par ailleurs faire obstacle à la requalification de faits de conduite en état alcoolique en conduite en état d'ivresse manifeste, dès lors que la requalification envisagée a fait l'objet d'un débat contradictoire, l'avocat du prévenu, qui le représentait valablement, ayant été en mesure de présenter la défense de son client sur la nouvelle qualification envisagée. • Crim. 27 nov. 2018, n° 17-87.385 P : *Procédures 2018, n° 57, obs. Buisson.*

91. Constitution de partie civile. Si la partie civile n'est pas la victime directe des blessures involontaires visées à la prévention, les juges d'appel, après avoir énoncé que la circonstance de conduite en état alcoolique ne lèse que l'intérêt général, peuvent retenir que la prévention concerne les dommages causés à une personne et non à une chose et déclarer que la société propriétaire du véhicule accidenté est irrecevable à se constituer partie civile dans les poursuites exercées sur les personnes des coprévenus. • Crim. 18 oct. 1995, n° 94-83.119 P : *Jurispr. auto 1996. 15.*

Art. L. 234-8 **I. — Le fait de refuser de se soumettre aux vérifications prévues par les articles L. 234-4 à L. 234-6** *(L. nº 2003-495 du 12 juin 2003, art. 32)* **« ou aux vérifications prévues par l'article L. 234-9 » est puni de deux ans d'emprisonnement et de 4 500 € d'amende.**

II. — Toute personne coupable de ce délit encourt également les peines complémentaires suivantes :

1º La suspension, pour une durée de trois ans au plus, du permis de conduire, *(L. nº 2003-495 du 12 juin 2003, art. 5)* **« cette suspension ne pouvant pas être limitée à la conduite en dehors de l'activité professionnelle » ;**

2º L'annulation du permis de conduire avec interdiction de solliciter la délivrance d'un nouveau permis pendant trois ans au plus ;

3º La peine de travail d'intérêt général selon des modalités prévues à l'article 131-8 du code pénal et selon les conditions prévues aux articles 131-22 à 131-24 du même code et *(Ord. nº 2019-950 du 11 sept. 2019, art. 5-VI et 9, en vigueur le 30 sept. 2021)* **« à l'article L. 122-1 du code de la justice pénale des mineurs » ;**

4º La peine de jours-amende dans les conditions fixées aux articles 131-5 et 131-25 du code pénal ;

(L. nº 2003-495 du 12 juin 2003, art. 6) **« 5º L'interdiction de conduire certains véhicules terrestres à moteur, y compris ceux pour la conduite desquels le permis de conduire n'est pas exigé, pour une durée de cinq ans au plus ;**

« 6º L'obligation d'accomplir, à ses frais, un stage de sensibilisation à la sécurité routière » ;

(L. nº 2019-1428 du 24 déc. 2019, art. 98-I) **« 7º La confiscation du véhicule dont le condamné s'est servi pour commettre l'infraction, s'il en est le propriétaire ;**

« 8º L'interdiction, pendant une durée de cinq ans au plus, de conduire un véhicule qui ne soit pas équipé par un professionnel agréé ou par construction d'un dispositif homologué d'anti-démarrage par éthylotest électronique. Lorsque cette interdiction est prononcée en même temps que la peine d'annulation ou de suspension du permis de conduire, elle s'applique, pour la durée fixée par la juridiction, à l'issue de l'exécution de cette peine. »

III. — Ce délit donne lieu de plein droit à la réduction de la moitié *(L. nº 2003-495 du 12 juin 2003, art. 11)* **« du nombre maximal de points » du permis de conduire.**

IV. — La suspension du permis de conduire prévue au présent article ne peut être assortie du sursis, même partiellement. — *[Anc. art. L. 1er, I, al. 5, L. 1er-1, al. 1er, L. 1er-2, L. 11-1, al. 1er et 2, L. 11-2, al. 1er, L. 14, al. 1er, 2, 4, 6 et 8, et L. 15, I.]*

L'art. 2 de la L. nº 2021-218 du 26 févr. 2021 modifie la date d'entrée en vigueur du CJPM.

Examen médical : R. 221-13.

En ce qui concerne les peines complémentaires prononcées à titre de peine principale, V. C. pén., art. 131-11, App., vº Infractions.

COMMENTAIRE

Refus de se soumettre aux vérifications. Le fait de refuser de se soumettre aux vérifications destinées à établir l'état alcoolique constitue un délit spécifique incriminé par l'article L. 234-8.

Ce texte, qui permet de sanctionner plus exactement « le fait de refuser de se soumettre aux vérifications prévues par les articles L. 234-4 à L. 234-6 ou aux vérifications prévues par l'article L. 234-9 », n'a cependant pas été modifié par la loi du 25 mai 2021 pour une sécurité globale préservant les libertés. Or, depuis cette loi, l'article L. 234-3, alinéa 1er, permet aux officiers et agents de police judiciaire de soumettre certains conducteurs directement aux vérifications destinées à établir la preuve de leur état alcoolique (conducteurs présumés avoir commis une infraction au code de la route assortie de la peine complémentaire de suspension du permis de conduire ou impliqués dans un accident de la circulation ayant occasionné un dommage corporel, V. comm. ss. art. L. 234-7). Si ces derniers refusent de se soumettre aux vérifications prévues par cet article, le présent délit ne peut donc *a priori* s'appliquer, puisqu'il n'incrimine pas le refus de se soumettre aux vérifications prévues à l'article L. 234-3.

Quant aux peines encourues pour le présent délit, elles sont identiques à celles prévues pour les délits de conduite sous l'empire d'un état alcoolique et de conduite en état d'ivresse manifeste de l'article L. 234-1, du moins depuis la loi d'orientation des mobilités du 24 décembre 2019.

Interdiction de conduire un véhicule non équipé d'un EAD. Avant cette loi, une différence existait entre la présente incrimination et celles prévues à l'article L. 234-1 concernant la peine complémentaire d'interdiction de conduire un véhicule non équipé d'un éthylotest antidémarrage (EAD). Cette peine complémentaire, instaurée par la loi du 14 mars 2011 pour les délits de conduite sous l'empire d'un état alcoolique et de conduite en état d'ivresse manifeste (V. art. L. 234-2-I, 7°), n'avait en effet pas été ajoutée par le législateur à la liste figurant au II du présent article et l'interdiction de conduire un véhicule non équipé d'un EAD ne pouvait donc être prononcée, comme peine complémentaire, pour le délit que l'article L. 234-8 prévoit. En pratique, cette interdiction pouvait cependant être prononcée dans le cas où la personne poursuivie pour refus de se soumettre aux vérifications destinées à établir l'état alcoolique était également poursuivie – comme c'est fréquemment le cas – pour conduite en état d'ivresse manifeste, délit pour lequel cette peine complémentaire est prévue. Qui plus est, depuis la loi du 15 août 2014 relative à l'individualisation des peines et renforçant l'efficacité des sanctions pénales, l'interdiction de conduire un véhicule non équipé d'un EAD a été ajoutée à la liste des peines alternatives à l'emprisonnement, prévue à l'article 131-6 du code pénal. Ce qui permettait, depuis cette loi, de condamner une personne poursuivie uniquement pour refus de se soumettre aux vérifications destinées à établir l'état alcoolique à une telle interdiction sous la forme d'une peine alternative. Depuis la loi d'orientation des mobilités, il n'est cependant plus nécessaire de recourir à toutes ces solutions alternatives, l'interdiction de conduire un véhicule non équipé d'un EAD figurant parmi les peines complémentaires qui peuvent être prononcées à l'encontre de celui qui refuse de se soumettre aux vérifications destinées à établir l'état alcoolique.

Confiscation du véhicule. On notera enfin que la loi d'orientation des mobilités a également ajouté ici, comme au sein de la liste des peines complémentaires applicables à la conduite sous l'empire d'un état alcoolique et à la conduite en état d'ivresse manifeste, la peine de confiscation du véhicule. Cet ajout est essentiellement formel, car, comme nous l'avons dit (V. comm. ss. art. L. 234-2), cette peine pouvait déjà être prononcée pour tous les délits en matière d'alcoolémie depuis une loi du 5 mars 2007, par application des dispositions de l'article 131-21 du code pénal prévoyant que « la peine complémentaire de confiscation est (...) encourue de plein droit (...) pour les délits punis d'une peine d'emprisonnement d'une durée supérieure à un an ». ❑

1. Le délit de refus de se soumettre à la vérification alcoolique est constitué dès lors que la personne refuse de subir un prélèvement sanguin. • Crim. 21 janv. 2004, n° 03-82.225 P : *JCP 2004. IV. 1492.* ♦ Ce délit est une infraction instantanée, constituée dès lors que le conducteur s'oppose en toute conscience au contrôle ; peu importe que plusieurs heures plus tard il se prête finalement à ce contrôle. • Crim. 18 mai 2004 : *Jurispr. auto 2004. 403.* ♦ Aucun texte n'exige par ailleurs que les vérifications prévues par l'art. L. 234-4 C. route soient effectuées sur-le-champ. Est ainsi justifiée la condamnation d'un prévenu qui avait refusé de se soumettre aux épreuves de dépistage, puis aux vérifications destinées à établir la preuve de l'état alcoolique, trois quarts d'heure après un accident alors que les gendarmes l'avaient retrouvé à son domicile. • Crim. 8 juin 2006, n° 05-85.296 P : *AJ pénal 2006. 365 ; Jurispr. auto 2006. 458.* ♦ Mais méconnaît le sens et la portée de l'art. L. 234-8 C. route, la cour d'appel qui condamne un prévenu pour refus de se soumettre aux vérifications de l'état alcoolique alors que celui-ci n'a pas manifesté un tel refus (en l'espèce, le prévenu, victime d'un accident de la route, est soumis à l'épreuve de l'éthylotest qui s'avère positif. Les gendarmes lui font alors part de leur intention de le soumettre à un contrôle sanguin une fois parvenu au centre hospitalier où il devait être conduit par les pompiers. Toutefois, à la suite d'instructions données par le centre de régulation des urgences, il est conduit dans une clinique, qu'il quitte ensuite librement alors que les gendarmes l'attendaient vainement à l'hôpital...). • Crim. 7 mars 2007, n° 06-82.064 P : *D. 2007. AJ 1141 ; AJ pénal 2007. 281, note Céré ; Jurispr. auto 2007. 225.*

2. Le délit de refus de se soumettre aux vérifications médicales, cliniques et biologiques, pour l'auteur présumé d'une infraction visée à l'art. L. 14 C. route qui a déjà refusé les épreuves de dépistage, est établi quand bien même le prévenu serait en définitive renvoyé des fins de la poursuite pour la contravention dont il a été présumé être l'auteur. • Crim. 29 mars 1977 : *Bull. crim. n° 114 ; D. 1977. IR 335* • 6 oct. 1987 : *Bull. crim. n° 337.*

3. Se rend coupable du délit prévu par l'art. L. 1er-I, dernier al. [C. route, art. L. 234-8], celui qui, étant présumé être l'auteur d'une des infractions énumérées à l'art. L. 14, refuse de se soumettre aux épreuves de dépistage et de vérification de l'état alcoolique quand bien même il ne serait pas établi qu'il était le conducteur de la voiture. • Crim. 2 mai 1982 : *Bull. crim. n° 119* • 21 janv. 2004 : *préc. note 1.*

4. Seul le praticien qui doit effectuer la prise de sang est qualifié pour recevoir les déclarations de l'intéressé au sujet de son état de santé ou de ses particularités physiologiques et pour apprécier si la prise de sang est ou non contre-indiquée. • Crim. 24 oct. 1973 : *D. 1974. 140.* ♦ V. aussi : • Crim. 24 nov. 1970 : *D. 1971. Somm. 95.*

5. Le fait pour un prévenu de faire demi-tour à deux reprises sur une autoroute puis de simuler un manque de souffle, de souffler à côté du tube de l'éthylomètre et de souffler trop brièvement alors que l'épreuve de dépistage a permis de présumer l'existence d'un état alcoolique, est constitutif du délit de refus de se soumettre aux vérifications tendant à établir l'état alcoolique. • Crim. 20 déc. 2000 : *Jurispr. auto 2001. 213.*

6. Récidive. Les délits de conduite sous l'empire d'un état alcoolique et de conduite en état d'ivresse manifeste, prévus par l'art. L. 234-1 et le délit de refus de se soumettre aux vérifications destinées à établir la preuve de l'état alcoolique, réprimé par l'art. L. 234-8, ne sont pas assimilés au regard des règles de la récidive par l'art. 132-16-2 C. pén. • Crim. 21 juin 2005 : *Jurispr. auto 2005. 527 ; Dr. pénal 2005. Comm. 139, note Véron.*

Art. L. 234-9 *(L. nº 2011-267 du 14 mars 2011, art. 93-2º-a)* **« Les officiers** *(L. nº 2019-222 du 23 mars 2019, art. 51-IV)* **« ou agents » de police judiciaire de la gendarmerie ou de la police nationales territorialement compétents soit sur l'instruction du procureur de la République, soit à leur initiative** *(Abrogé par L. nº 2021-646 du 25 mai 2021, art. 66)* ***« et, sur l'ordre et sous la responsabilité*** *(L. nº 2019-222 du 23 mars 2019, art. 51-IV)* ***« des officiers de police judiciaire, » les agents de police judiciaire adjoints »*** **peuvent », même en l'absence d'infraction préalable ou d'accident, soumettre toute personne qui conduit un véhicule ou qui accompagne un élève conducteur à des** *(L. nº 2021-646 du 25 mai 2021, art. 66)* **« vérifications destinées à établir l'état alcoolique, qui sont soit réalisées immédiatement et sur les lieux, soit précédées d' »épreuves de dépistage de l'imprégnation alcoolique par l'air expiré.**

(L. nº 2021-646 du 25 mai 2021, art. 66) **« Sur l'ordre et sous la responsabilité des officiers de police judiciaire, les agents de police judiciaire adjoints peuvent, même en l'absence d'infraction préalable ou d'accident, soumettre toute personne qui conduit un véhicule ou qui accompagne un élève conducteur à des épreuves de dépistage de l'imprégnation alcoolique par l'air expiré. »**

(Abrogé par L. nº 2021-646 du 25 mai 2021, art. 66) ***« Lorsque les épreuves de dépistage permettent de présumer l'existence d'un état alcoolique, les officiers ou agents de police judiciaire font procéder aux vérifications destinées à établir la preuve de l'état alcoolique au moyen de l'appareil permettant de déterminer la concentration d'alcool par l'analyse de l'air expiré, mentionné aux articles L. 234-4 et L. 234-5 et dans les conditions prévues par ces mêmes articles. »***

En cas d'impossibilité de subir ces épreuves résultant d'une incapacité physique attestée par le médecin requis, les officiers ou agents de police judiciaire font procéder aux vérifications destinées à établir la preuve de l'état alcoolique au moyen d'analyses *(L. nº 2019-222 du 23 mars 2019, art. 51-IV)* **« ou » examens médicaux, cliniques** *(L. nº 2019-222 du 23 mars 2019, art. 51-IV)* **« ou » biologiques, dans les conditions prévues par les articles L. 234-4 et L. 234-5.**

(Abrogé par L. nº 2021-646 du 25 mai 2021, art. 66) (L. nº 2011-267 du 14 mars 2011, art. 93-2º-b) ***« Lorsque la constatation est faite par un agent de police judiciaire adjoint mentionné aux 1º bis, 1º ter, 1º quater ou 2º de l'article 21 du code de procédure pénale, il rend compte immédiatement de la présomption de l'existence d'un état alcoolique ou du refus du conducteur ou de l'accompagnateur de l'élève conducteur de subir les épreuves de dépistage dans les conditions prévues à l'article L. 234-4 du présent code. »***

Vérifications médicales : R. 234-3. Vérifications par éthylomètre : R. 234-4.

Sur l'interdiction de signaler les contrôles routiers prévus à l'art. L. 234-9, V. les art. L. 130-11 et R. 130-11.

BIBL. ▸ DEFRANCE, *Jurispr. auto 2003. 7* (le contrôle de l'alcool au volant).

COMMENTAIRE

Sur les contrôles d'alcoolémie préventifs ou aléatoires autorisés par le présent article L. 234-9, voir le commentaire sous l'article L. 234-7. ❑

1. Les gendarmes qui, après avoir effectué un contrôle des pièces du véhicule, relèvent chez le conducteur des signes extérieurs d'ivresse avant de procéder au dépistage de son alcoolémie, agissent dans le cadre de l'art. L. 1-I [C. route, art. L. 234-4 s.] et non dans celui de l'art. L. 3 [C. route, art. L. 234-9]. Le prévenu ne peut objecter que les agents de police judiciaire ne peuvent procéder à un contrôle préventif d'alcoolémie sans l'ordre du procureur de la République ou d'un officier de police judiciaire. • Crim. 19 janv. 1994 : *Jurispr. auto 1994. 126.* ♦ Cf. note 2. ♦ Les agents de police judiciaire sont compétents, en vertu de l'art. L. 1er-I [C. route, art. L. 234-3], pour soumettre un conducteur aux épreuves de dépistage de l'imprégnation alcoolique, dès lors qu'ils relèvent des indices laissant présumer qu'il conduisait sous l'empire d'un état alcoolique, même s'ils ne sont pas placés sous la responsabilité d'un officier de police judiciaire. • Crim. 5 nov. 1997, n° 97-81.178 P : *D. 1998. IR 28 ; Jurispr. auto 1998. 16 ; Gaz. Pal. 1998. 2. Chron. crim. 40.*

2. Contrôle préventif réalisé à l'initiative d'un OPJ. Un contrôle préventif d'alcoolémie effectué par un officier de police judiciaire agissant d'initiative, en l'absence d'infraction préalable ou d'accident, est autorisé par l'art. L. 3 [L. 234-9] C. route. • Crim. 23 mai 2001 : *Jurispr. auto 2001. 321.* ♦ Ni l'art. L. 3 [C. route, art. L. 234-9], qui dispose que les officiers de police judiciaire peuvent, à leur initiative, même en l'absence d'infraction préalable ou d'accident, soumettre toute personne qui conduit un véhicule à des épreuves de dépistage de l'imprégnation alcoolique par l'air expiré, ni aucun autre texte ne prévoit qu'un tel contrôle doive être effectué à l'égard des autres conducteurs utilisant la voie publique au même moment. • Crim. 4 nov. 1999 : *Jurispr. auto 2000. 117.*

3. Contrôle réalisé sous l'ordre et la responsabilité d'un OPJ. En autorisant les agents de police judiciaire, même en l'absence d'infraction préalable ou d'accident, à soumettre toute personne qui conduit un véhicule à des épreuves de dépistage de l'imprégnation alcoolique par l'air expiré, sur l'ordre et sous la responsabilité d'un officier de police judiciaire, l'art. L. 3 [C. route, art. L. 234-9] n'exige pas la présence de celui-ci sur les lieux. • Crim. 3 juill. 1996, n° 95-83.886 P : *Jurispr. auto 1996. 498 ; BTL 1996. 800 ; Gaz. Pal. 1997. 1. Chron. crim. 8.* ♦ Il est toutefois indispensable à la régularité du dépistage préventif que la procédure matérialise suffisamment l'ordre donné par l'officier de police judiciaire et son intervention dans l'opération qu'il a ordonnée et sous la responsabilité duquel elle se déroule afin de permettre au juge de procéder à son contrôle sur l'application de la loi. • Rennes, 22 oct. 1991, n° 1498/91 : *inédit.* ♦ Le procès-verbal, qui n'est signé que par un agent de police judiciaire et qui ne mentionne aucun ordre donné par un officier de police judiciaire, si ce n'est « les instructions permanentes reçues d'un commissaire de police », sans plus de précision sur le contenu de ces instructions, est ainsi insuffisant. • Angers, 16 nov. 2010 : *Dr. pénal 2011. Chron. 6, obs. Gauvin.* ♦ Il en est de même du procès-verbal qui ne rapporte pas la présence sur place de l'officier de police judiciaire, qui n'a d'ailleurs pas contresigné le procès-verbal et n'y est pas désigné, et qui ne fait état d'aucun ordre exprès et précis de sa part quant au périmètre de la délégation. • Montpellier, 24 mars 2014 : *Dr. pénal 2014. Chron. 7, obs. Gauvin.* ♦ Un procès-verbal qui indique l'heure et le lieu du contrôle et fait ressortir que l'agent de police judiciaire a agi sous l'autorité d'un officier de police judiciaire ne saurait également suffire, il appartient au juge du fond, dans un tel cas, de rechercher si l'ordre reçu de l'officier de police judiciaire permettait un contrôle préventif aux heure et lieu de la constatation de l'infraction. • Crim. 22 mars 2016, n° 15-86.093 P : *Dr. pénal 2016. Chron. 7, obs. Gauvin ; Gaz. Pal. 19 juill. 2016, n° 27, p. 59, note Fourment.*

4. Formalisme. Il se déduit, en outre, de l'art. L. 3 [C. route, art. L. 234-9] que l'agent de police judiciaire qui dresse un procès-verbal de conduite sous l'empire d'un état alcoolique, à l'occasion d'un contrôle préventif d'alcoolémie pratiqué sur l'ordre et sous la responsabilité d'un officier de police judiciaire, doit seulement mentionner dans le procès-verbal l'identité de celui-ci, ainsi que la nature de l'ordre reçu, concernant les heure et lieu de contrôle. Il n'est pas nécessaire que soit joint à la procédure un écrit matérialisant cet ordre. • Crim. 10 mars 1998, n° 97-81.908 P. ♦ Sur l'absence d'exigence d'un ordre écrit, en vertu de l'art. L. 3 [C. route, art. L. 234-9], V. : • Crim. 20 oct. 1999 : *Jurispr. auto 2000. 16.* ♦ Si le procès-verbal constatant l'infraction doit mentionner l'identité de l'OPJ sur l'ordre et sous la responsabilité duquel a agi l'agent verbalisateur ainsi que les heure et lieu du contrôle préventif effectué, le juge peut suppléer le défaut de ces mentions en se référant à tout élément de preuve apporté au cours des débats et soumis à la discussion des parties : ainsi, le document intitulé « situation de prise d'armes » peut compléter le procès-verbal. • Crim. 16 mars 2005, n° 04-82.435 P : *D. 2005. IR 1247 ; AJ pénal 2005. 291 ; Jurispr. auto 2005. 283.* ♦ En revanche, dans un procès-verbal, la formule contradictoire selon laquelle le dépistage aurait été effectué « d'initiative APJ sur ordre de l'OPJ » ne permet pas de déterminer si le contrôle a bien été effectué conformément à la loi et cette éventuelle absence de respect des prescriptions légales, qui fait nécessairement grief au prévenu, est cause de nullité des opérations de dépistage de l'imprégnation alcoolique. • Angers, 29 nov. 2011 : *Dr. pénal 2012. Chron. 6, obs. Gauvin.*

5. Les juges du fond ont justifié leur décision en affirmant que le contrôle d'alcoolémie a eu lieu dans le cadre d'un plan anti-délinquance, placé sous la responsabilité d'un officier de police judiciaire qui a agi conformément aux ordres de ses chefs. • Crim. 27 mars 1996 : *Jurispr. auto 1996. 334.* ♦ Fait une exacte application de l'art. L. 3 [C. route, art. L. 234-9] la cour d'appel qui énonce que les deux gendarmes, agents de police judiciaire, ayant procédé au contrôle d'alcoolémie, agissaient en service commandé sur l'ordre de l'officier de police judiciaire, commandant de brigade. • Crim. 15 oct. 1997 : *Jurispr. auto 1998. 17.*

6. Contrôle effectué par des APJ adjoints. Il résulte de l'art. L. 234-9 C. route que les épreuves de dépistage de l'imprégnation alcoolique dans l'air expiré auxquelles les agents de police judiciaire adjoints peuvent soumettre, même en l'absence d'infraction préalable ou d'accident, tout conducteur de véhicule, doivent être réalisées sur l'ordre et sous la responsabilité d'officiers de police judiciaire de la gendarmerie ou de la police nationales territorialement compétents. Méconnaît un tel principe le jugement qui, pour déclarer régulières des épreuves de dépistage réalisées par des agents de police municipale, en application des dispositions de l'art. L. 234-9 C. route, indique que ces agents de police judiciaire adjoints avaient agi conformément aux ordres reçus du maire, lequel a la qualité d'officier de police judiciaire. • Crim. 8 sept. 2015, nº 14-85.562 P : *D. actu. 5 oct. 2015, obs. Priou-Alibert; Dr. pénal 2015, nº 142, note Robert.*

7. Personnes susceptibles d'être soumises à un contrôle préventif. Une personne qui, après s'être endormie auprès de sa moto, s'est blessée au pied en tentant de mettre la moto sur la béquille, n'est pas un conducteur au sens de l'art. L. 3 [C. route, art. L. 234-9] et l'éthylotest positif auquel elle a été soumise ne peut se situer dans le cadre préventif d'une mission spécifique et programmée avec information préalable des parquets quant aux dates et lieux des contrôles. • Versailles, 20 juin 1995 : *BICC 1996, nº 258.*

8. En l'absence d'infraction préalable ou d'accident, seule la personne qui conduit un véhicule ou qui accompagne un élève conducteur peut être soumise au contrôle de l'imprégnation alcoolique par l'air expiré ; peu importe que l'intéressé reconnaisse avoir conduit un véhicule une heure avant le contrôle, alors qu'il était en état d'ébriété. • Crim. 23 oct. 2002, nº 02-81.694 P : *D. 2002. IR 3242 ; Dr. pénal 2003. Comm. 8, obs. Robert; Jurispr. auto 2003. 14; R. 2002, p. 513.*

Art. L. 234-10 *(Abrogé par L. nº 2003-495 du 12 juin 2003, art. 32)* ***Le fait de refuser de se soumettre aux vérifications prévues par l'article L. 234-9 est puni de deux ans d'emprisonnement et de 4 500 € d'amende.***

Toute personne coupable de ce délit encourt également la peine complémentaire de suspension, pour une durée de trois ans au plus, du permis de conduire, cette suspension pouvant être limitée à la conduite en dehors de l'activité professionnelle.

Ce délit donne lieu de plein droit à la réduction de la moitié du nombre de points initial du permis de conduire. — [Anc. art. L. 3, al. 4, L. 11-1, al. 1er et 2, L. 11-2, al. 1er, et L. 14, al. 1er, 2, 4, 6 et 8.]

Art. L. 234-11 *(Abrogé par L. nº 2003-495 du 12 juin 2003, art. 3)* ***Les peines prévues aux articles 221-6 et 222-19 du code pénal sont portées au double en cas de commission simultanée d'une des infractions prévues aux articles L. 234-1 et L. 234-8.***

Les peines prévues à l'article 222-19 du code pénal sont applicables si l'atteinte à l'intégrité physique ou psychique de la personne n'a pas entraîné une incapacité totale de travail pendant plus de trois mois en cas de commission simultanée d'une des infractions prévues aux articles L. 234-1 et L. 234-8. — [Anc. art. L. 1er, III.]

Les dispositions de l'art. L. 234-11 demeurent applicables aux infractions commises avant l'entrée en vigueur de la L. nº 2003-495 du 12 juin 2003 (L. préc., art. 3-III).

Art. L. 234-12 **I. — Toute personne coupable, en état de récidive au sens de l'article 132-10 du code pénal, de l'une des infractions prévues aux articles L. 234-1 et L. 234-8 encourt également les peines complémentaires suivantes :**

1° La confiscation *(L. nº 2011-267 du 14 mars 2011, art. 74-1º-a)* **« obligatoire » du véhicule dont le prévenu s'est servi pour commettre l'infraction, s'il en est propriétaire** *(Abrogé par L. nº 2011-267 du 14 mars 2011, art. 81-II)* ***« , les dispositions de l'article L. 325-9 étant alors applicables, le cas échéant, au créancier gagiste ».*** *(L. nº 2011-267 du 14 mars 2011, art. 74-1º-b)* **« La juridiction peut toutefois ne pas prononcer cette peine, par une décision spécialement motivée » ;**

2° L'immobilisation, pendant une durée d'un an au plus, du véhicule dont le prévenu s'est servi pour commettre l'infraction, s'il en est propriétaire.

II. — Abrogé par L. nº 2003-495 du 12 juin 2003, art. 3.

III. *[II.]* **— Le fait de détruire, détourner ou tenter de détruire ou de détourner un véhicule confisqué en application des dispositions du présent article est puni des peines prévues par l'article 434-41 du code pénal.**

BIBL. ▶ BELLOIR, *Gaz. Pal. 6 nov. 2018, p. 78* (la confiscation obligatoire du véhicule automobile). – LAFAIX, *Jurispr. auto 2012, n° 837, p. 12* (la confiscation obligatoire du véhicule : la nouvelle réponse à la délinquance routière ?).

1. Des juges ont pu prononcer la confiscation du véhicule en tant que peine complémentaire, en application de l'art. L. 10 [C. route, art. L. 234-12], en relevant que le prévenu propriétaire avait conduit en état de récidive légale sous l'empire d'un état alcoolique et alors qu'il exécutait une mesure de suspension de son permis de conduire. • Crim. 8 nov. 1988 : *Jurispr. auto 1989. 278.*

2. Le fait pour un chauffeur dont le véhicule a fait l'objet d'une immobilisation de reprendre la route sans avoir demandé la main-levée de cette mesure ne constitue ni une infraction à la coordination des transports ni une infraction à la réglementation sociale, mais une infraction au code de la route. Due au seul comportement du conducteur cette infraction n'engage pas la responsabilité pénale du transporteur qui doit de ce fait être relaxé. • Poitiers, 6 sept. 1990 : *Juris-Data n° 047313.*

Code pénal

(L. n° 92-686 du 22 juill. 1992)

Art. 434-41 Est punie de deux ans d'emprisonnement et de 30 000 € d'amende la violation, par le condamné, des obligations ou interdictions résultant des peines de suspension ou d'annulation du permis de conduire, *(L. n° 2003-495 du 12 juin 2003, art. 6)* « , d'interdiction de conduire certains véhicules terrestres à moteur, *(L. n° 2004-204 du 9 mars 2004, art. 44-XV, en vigueur le 1er oct. 2004)* « d'interdiction de paraître dans certains lieux ou de rencontrer certaines personnes, » d'obligation d'accomplir un stage », d'interdiction de détenir ou de porter une arme, de retrait du permis de chasser, *(L. n° 2007-297 du 5 mars 2007, art. 25)* « d'interdiction de détenir un animal, » d'interdiction d'émettre des chèques ou d'utiliser des cartes de paiement, de fermeture d'établissement ou d'exclusion des marchés publics prononcées en application des articles *(L. n° 2004-204 du 9 mars 2004, art. 44-XVI, en vigueur le 1er oct. 2004)* « 131-5-1, » 131-6, 131-10, 131-14, 131-16 ou 131-17 *(L. n° 2009-1311 du 28 oct. 2009)* « , d'interdiction de souscrire un nouveau contrat d'abonnement à un service de communication au public en ligne résultant de la peine complémentaire prévue en matière délictuelle par l'article L. 335-7 du code de la propriété intellectuelle » *(L. n° 2014-366 du 24 mars 2014, art. 77-I-2°)* « , d'interdiction d'acheter un bien immobilier ou un fonds de commerce d'un établissement recevant du public à usage total ou partiel d'hébergement résultant de la peine complémentaire prévue au *(L. n° 2018-1021 du 23 nov. 2018, art. 190-I-3°)* « 2° du I de l'article 225-26 » du présent code, au 3° du III de l'article *(Ord. n° 2020-1144 du 16 sept. 2020, art. 8, en vigueur le 1er janv. 2021)* « L. 511-22 *[ancienne rédaction : L. 511-6]* » du code de la construction et de l'habitation » *(Abrogé par Ord. n° 2020-1144 du 16 sept. 2020, art. 8, à compter du 1er janv. 2021)* *« et au 3° du IV de l'article L. 1337-4 du code de la santé publique »*.

Est puni des mêmes peines le fait de détruire, détourner ou tenter de détruire ou de détourner un véhicule immobilisé ou un véhicule, une arme, *(L. n° 2013-1117 du 6 déc. 2013, art. 26)* « tout autre bien, corporel ou incorporel, ou un animal confisqués en application des articles 131-6, 131-10, 131-14, 131-16, 131-21 ou 131-39. »

Est également puni des mêmes peines le fait, par une personne recevant la notification d'une décision prononçant à son égard, en application des articles précités, la suspension ou l'annulation du permis de conduire, le retrait du permis de chasser ou la confiscation d'un véhicule, d'une arme *(L. n° 2007-297 du 5 mars 2007, art. 25)* « , de tout autre » *(L. n° 2013-1117 du 6 déc. 2013, art. 26)* « bien corporel ou incorporel ou d'un animal, de refuser de remettre le permis suspendu, annulé ou retiré, le bien ou l'animal confisqué » à l'agent de l'autorité chargé de l'exécution de cette décision.

Les dispositions issues de l'Ord. n° 2020-1144 du 16 sept. 2020 entrent en vigueur le 1er janv. 2021 et ne sont applicables qu'aux arrêtés notifiés à compter de cette date (Ord. préc., art. 19).

Le fait de conduire un véhicule en dehors des horaires autorisés par le tribunal correctionnel qui a suspendu le permis de l'intéressé dans une précédente condamnation peut être qualifié de violation des obligations ou interdictions résultant des peines de suspension du permis de conduire prévu par l'art. 434-41 C. pén. au lieu d'être qualifié de conduite d'un véhicule malgré suspension du permis de conduire prévue par l'art. L. 19 [L. 224-16] du C. route. • Crim. 7 févr. 2001 : *Jurispr. auto 2001. 172.*

Art. L. 234-13 **Toute condamnation pour l'une des infractions prévues aux articles L. 234-1 et L. 234-8, commise en état de récidive au sens de l'article 132-10 du code pénal, donne lieu de plein droit à l'annulation du permis de conduire avec interdiction de** *(L. n° 2019-1428 du 24 déc. 2019, art. 98-I)* **« conduire un véhicule qui ne soit pas équipé par un professionnel agréé ou par construction d'un dispositif homologué d'anti-démarrage par éthylotest électronique pendant une durée de trois ans au plus, applicable à compter de la date d'obtention d'un nouveau permis de conduire ; cette interdiction ne s'applique cependant pas si ce nouveau permis a été obtenu plus de trois ans après l'annulation du précédent. A l'issue de cette période d'interdiction, l'intéressé est soumis à un contrôle médical de l'aptitude à la conduite. »**

(Abrogé par L. n° 2003-495 du 12 juin 2003, art. 3) ***« Toute condamnation pour l'une des infractions prévues aux articles 221-6 et 222-19 du code pénal commise simultanément avec l'une des infractions prévues aux articles L. 234-1 et L. 234-8 donne lieu de plein droit à l'annulation du permis de conduire avec interdiction de solliciter un nouveau permis pendant cinq ans au plus. »*** *— Dispositions applicables aux infractions commises avant l'entrée en vigueur de la L. n° 2003-495 du 12 juin 2003.*

Nouveau permis après annulation : R. 224-20 à R. 224-23.

BIBL. ▶ MABILLE DE LA PAUMELIÈRE, *D. 1978. Chron. 187.* - DEFRANCE, *Jurispr. auto 1990. 400.*

COMMENTAIRE

Peines complémentaires supplémentaires en cas de récidive. Les deux articles L. 234-12 et L. 234-13 supposent l'état de récidive de l'un des trois délits de conduite sous l'influence de l'alcool : conduite en état alcoolique, conduite en état d'ivresse et refus de se soumettre aux vérifications. Selon l'article 132-10 du code pénal, auquel renvoient ces deux articles, la personne déjà condamnée pour un délit qui, dans le délai de cinq ans à compter de l'expiration de la peine, commet le même délit, encourt le double des peines d'emprisonnement et d'amende. A ce doublement des peines principales, l'article L. 234-12 ajoute deux peines complémentaires supplémentaires à celles prévues pour les délits concernés aux articles L. 234-2 et L. 234-8, II : la confiscation obligatoire du véhicule, sauf si la juridiction ne prononce pas cette peine par une décision spécialement motivée (sur le caractère obligatoire de cette confiscation depuis la loi du 14 mars 2011, V. comm. ss. art. L. 212-4) et l'immobilisation du véhicule de l'intéressé pour une durée au maximum d'un an. Et l'article L. 234-13 ajoute encore à cet arsenal répressif l'annulation de plein droit du permis de conduire de la personne condamnée.

Le doublement des peines d'emprisonnement et d'amende, les peines complémentaires de l'article L. 234-12 et l'annulation de plein droit du permis de conduire de l'article L. 234-13 sont également applicables dans le cas d'une personne qui aurait été condamnée pour conduite en état alcoolique (1er terme de la récidive) et qui serait poursuivie, dans le délai de cinq ans, pour conduite en état d'ivresse (2nd terme de la récidive), ou inversement. Au regard de la récidive, les deux délits de l'article L. 234-1 sont en effet assimilés (V. C. pén., art. 132-16-2, al. 2). Il en va différemment si, par exemple, la personne a été condamnée pour conduite en état alcoolique et est poursuivie ensuite pour refus de se soumettre aux vérifications de l'article L. 234-8. L'article 132-16-2, alinéa 2, du code pénal qui assimile, au regard de la récidive, certains délits, ne visant pas le délit de l'article L. 234-8 du code de la route. En ce sens, voir l'arrêt de la chambre criminelle du 21 juin 2005, jurisprudence note 7. Sont en revanche assimilés aux deux délits de l'article L. 234-1 les délits de conduite sans permis de l'article L. 221-2, de conduite après usage de stupéfiants de l'article L. 235-1, de grand excès de vitesse de l'article L. 413-1, ainsi que, depuis la loi du 24 janvier 2022 relative à la responsabilité pénale et à la sécurité intérieure, de refus d'obtempérer des articles L. 233-1 et L. 233-1-1.

On rappellera enfin que ces règles ne peuvent s'appliquer si la première infraction commise a fait l'objet d'une mesure de composition pénale, l'exécution d'une telle mesure ne pouvant constituer le premier terme d'une récidive, au sens de l'article 132-10 du code pénal (V. comm. ss. art. L. 212-4).

Annulation automatique du permis de conduire. Cette peine complémentaire obligatoire – dans sa version antérieure à la loi d'orientation des mobilités du 24 décembre 2019 – a été jugée conforme à la Constitution. Saisi d'une question prioritaire de constitutionnalité, le Conseil constitutionnel a considéré que le juge conservait, dans un tel cas, son pouvoir d'individualisation des peines en fixant la durée pendant laquelle le condamné se voit interdit de solliciter un nouveau permis de conduire (V. Décis. citée note 4). On remarquera que le Conseil constitutionnel a également considéré que le juge pouvait toujours appliquer les dispositions du code pénal relatives aux dispenses (V. en ce sens jurispr. citée note 12) et au relevé des peines. Il faut rappeler toutefois que, pour la Cour de cassation, l'annulation de plein droit du permis de conduire ne peut faire l'objet d'une décision de relèvement, seule l'interdiction de solliciter un nouveau permis de conduire pendant un certain délai pouvant être l'objet d'une telle décision (V. jurispr. citée note 9).

Interdiction de conduire un véhicule non équipé d'un EAD. Les modalités d'application de la peine d'annulation de plein droit du permis de conduire ont été modifiées par la loi d'orientation des mobilités du 24 décembre 2019. Avant cette loi, cette peine s'accompagnait d'une interdiction pour l'intéressé de solliciter un nouveau permis de conduire pendant une durée pouvant aller jusqu'à trois ans. La loi d'orientation des mobilités a remplacé cette modalité par l'interdiction pour la personne condamnée de conduire un véhicule non équipé d'un éthylotest antidémarrage (EAD) pendant une durée de trois ans au plus, à compter de la date d'obtention du nouveau permis de conduire. L'article L. 234-13 n'impose donc plus de délai pour repasser un permis de conduire annulé pour récidive d'un délit de conduite sous l'influence de l'alcool, mais prévoit, dans un tel cas, que, lorsque l'intéressé obtient un nouveau permis, son droit de conduire est restreint à certains véhicules pendant un délai qui peut aller jusqu'à trois ans. L'article L. 234-13 précise toutefois que cette restriction apportée au droit de conduire n'est pas applicable si ce nouveau permis a été obtenu plus de trois ans après l'annulation du précédent. Il en résulte qu'une personne dont le permis a été annulé sur le fondement de l'article L. 234-13 peut également attendre trois ans, à compter de l'annulation de son permis, pour repasser son permis de conduire et ainsi ne pas être soumis à cette restriction. Par ces modifications, le législateur a ainsi encore étendu le champ d'application de l'interdiction faite aux conducteurs ayant commis une infraction en matière d'alcoolémie de conduire un véhicule non équipé d'un EAD (V. comm. ss. art. L. 234-2). Une interdiction qui a pourtant du mal à se développer en pratique, en raison du coût d'installation d'un EAD et du nombre limité de professionnels habilités pour procéder à une telle installation. Ce qui conduit d'ailleurs les juges à ne pas la prononcer comme peine. En la rendant quasi obligatoire en cas de récidive de conduite sous l'influence de l'alcool – si l'intéressé veut reconduire rapidement il n'a pas le choix –, la loi d'orientation des mobilités vise donc également au développement pratique de cette interdiction qui semble être pour le législateur, depuis 2011, la panacée pour lutter contre l'alcool au volant. ❑

A. ANNULATION AUTOMATIQUE

1. Annulation de plein droit. Aux termes de l'art. L. 234-13, toute condamnation pour l'une des infractions prévues aux art. L. 234-1 et L. 234-8, commise en état de récidive légale au sens de l'art. 132-10 C. pén., donne lieu de plein droit à l'annulation du permis de conduire avec interdiction de solliciter la délivrance d'un nouveau permis pendant trois ans au plus; doit dès lors être cassé l'arrêt qui ne prononce qu'une peine de trois mois d'emprisonnement avec sursis et mise à l'épreuve, pour prendre en compte la profession de chauffeur routier du prévenu. • Crim. 18 oct. 2006 : *Jurispr. auto 2006. 644* • 12 mars 2008 : *Jurispr. auto. 2008. 463* (cassation d'un arrêt omettant de statuer sur l'annulation du permis de conduire et donc sur le délai à l'expiration duquel l'intéressé peut solliciter un nouveau permis).

2. S'il n'est pas nécessaire que l'art. L. 15 [C. route, art. L. 234-13] soit expressément visé dans la citation (cf. jurisprudence préc. en introduction aux art. L. 224-1 s.), la cassation est encourue, sur le fondement de l'art. 6 Conv. EDH, dès lors que l'arrêt d'appel n'énonce aucune des circonstances de nature à justifier l'annulation de plein droit. • Crim. 7 déc. 1994, nº 93-83.330 P : *JCP 1995. IV. 706; Jurispr. auto 1995. 648.* ♦ ... Ou lorsque le prévenu, qui a été jugé contradictoirement en son absence, tant en première instance qu'en appel, n'a pas été mis en mesure de s'expliquer sur la circonstance de récidive. • Crim. 20 juill. 1993 : *Jurispr. auto 1994. 16.* ♦ S'agissant d'une peine complémentaire encourue de plein droit du fait de la loi, il ne saurait être fait grief à une cour d'appel d'avoir prononcé l'annulation du permis de conduire en la constatant avec toutes les conséquences qui en découlent; et la possibilité offerte aux juges de substituer une peine complémentaire à une peine principale dans les conditions de l'art. 131-6 C. pén. n'est pour eux qu'une faculté discrétionnaire dont ils ne doivent aucun compte. • Crim. 7 juin 1995 : *Jurispr. auto 1996. 69.* ♦ Fait une exacte application de l'art. L. 15 [C. route, art. L. 234-13] la cour d'appel qui retient que l'annulation de plein droit s'étend à toutes les catégories de permis dont le prévenu est titulaire. • Crim. 29 oct. 1997, nº 97-81.447 P : *Jurispr. auto 1998. 11 et 19, note Defrance; JCP 1998. IV. 1268; Gaz. Pal. 1998. 1. Chron. crim. 23.* ♦ Les droits de la défense n'ont pas été méconnus dès lors que le prévenu a été informé de la circonstance aggravante de récidive légale et mis en mesure de se défendre sur ce point. • Crim. 3 avr. 1996 : *Jurispr. auto*

1996. 450. ♦ Pour prononcer l'annulation de plein droit du permis de conduire en application des dispositions de l'art. L. 234-13, la juridiction du fond doit constater que l'infraction sanctionnée a été commise en état de récidive. • Crim. 22 févr. 2005 : *Jurispr. auto 2005. 349.*

3. Conventionnalité de l'art. L. 234-13 C. route. Aucune incompatibilité n'existe entre l'art. L. 234-13 et l'art. 6 Conv. EDH dès lors que l'annulation du permis de conduire, bien qu'intervenant de plein droit, est subordonnée à la reconnaissance de la culpabilité de l'auteur de l'infraction par un tribunal indépendant et impartial. • Crim. 12 mars 2002 : *Juripr. auto 2002. 285.* ♦ Les dispositions de l'art. L. 234-13 ne sont pas contraires aux dispositions conventionnelles protégeant la liberté de circulation des personnes. • Crim. 10 déc. 2003 : *Jurispr. auto 2004. 27.*

4. Constitutionnalité de l'art. L. 234-13 C. route. En instituant une peine obligatoire directement liée à un comportement délictuel commis à l'occasion de la conduite d'un véhicule, l'art. L. 234-13 C. route vise, aux fins de garantir la sécurité routière, à améliorer la prévention et renforcer la répression des atteintes à la sécurité des biens et des personnes provoquées par la conduite sous l'influence de l'alcool. Si, conformément aux dispositions de l'art. L. 234-13 C. route, le juge qui prononce une condamnation pour de telles infractions commises en état de récidive légale est tenu de prononcer l'annulation du permis de conduire avec interdiction de solliciter la délivrance d'un nouveau permis de conduire, il peut, outre la mise en œuvre des dispositions du code pénal relatives aux dispense et relevé de peines, fixer la durée de l'interdiction dans la limite du maximum de trois ans. Dans ces conditions, le juge n'est donc pas privé du pouvoir d'individualiser la peine et les dispositions de l'art. L. 234-13 ne sont pas contraires à l'art. 8 DDH. • Cons. const., QPC, 29 sept. 2010 : *D. 2010. Actu. 2230 ; Cah. Cons. const. n° 30 ; AJ pénal 2010. 501, note Perrier ; JCP 2010. 1149, note Lepage & Matsopoulou ; Dr. pénal 2010, n° 122, note Robert ; Gaz. Pal. 2 déc. 2010, p. 19, note Sordino.* (Décision de renvoi : • Crim. 8 juill. 2010, n° 10-90.077 P : *D. 2010. Actu. 1717 ; Dr. pénal 2010, n° 107, note Robert*).

5. Récidive de l'un des délits prévus aux art. L. 234-1 et L. 234-8. Il faut qu'une condamnation antérieure soit devenue définitive au moment où les faits nouveaux ont été commis. Cassation de l'arrêt d'appel demeuré muet sur ce point. • Crim. 24 févr. 1988 : *Jurispr. auto 1988. 297.* ♦ Mais le pourvoi est rejeté si le prévenu n'a pas contesté devant les juges du fond son état de récidive visé par la prévention. Il ne saurait le faire pour la première fois devant la Cour de cassation. • Crim. 17 mai 1993 : *Jurispr. auto 1993. 513.*

6. Une condamnation amnistiée ne peut servir de premier terme de la récidive. • Crim. 22 déc. 1966 : *JCP. 1967. II. 14968.* ♦ L'art. L. 15 [C. route, art. L. 234-13] n'apporte aucune dérogation au principe général énoncé par l'art. 58 (ancien) C. pén. selon lequel il n'y a récidive que si le premier terme est une condamnation à l'emprisonnement. • Crim. 23 mars 1981 : *Bull. crim. n° 103* • 13 nov. 1986 : *Bull. crim. n° 339 ; RSC 1987. 422, obs. Delmas Saint-Hilaire.* ♦ Le premier terme de la récidive ne peut pas être la simple contravention de conduite sous l'empire d'un état alcoolique (aujourd'hui réintroduite dans le C. route, art. R. 233-5, par décr. 11 juill. 1994). • Crim. 23 juin 1981 : *Bull. crim. n° 217 ; JCP 1981. IV. 89 ; Gaz. Pal. 1981. 2. Somm. 66* (jurisprudence constante sous l'ancien C. pén., mais cette condition a été supprimée par l'art. 132-10 nouv. C. pén. qui n'est pas rétroactif).

7. Délits assimilés. Les délits de conduite sous l'empire d'un état alcoolique et de conduite en état d'ivresse, prévus à l'art. L. 234-1, et le délit de refus de se soumettre aux vérifications destinées à établir la preuve de l'état alcoolique, réprimé par l'art. L. 234-8, ne sont pas assimilés au regard de la récidive par l'art. 132-16-2 C. pén. Est en conséquence cassé l'arrêt d'appel qui avait déclaré en état de récidive une personne poursuivie pour refus de se soumettre aux vérifications au motif qu'elle avait été condamnée depuis moins de cinq ans pour infraction à l'art. L. 234-1. • Crim. 21 juin 2005 : *Jurispr. auto 2005. 527 ; Dr. pénal 2005. Comm. 139, note Véron.* ♦ *Contra :* il n'est pas nécessaire que le premier et le deuxième terme de la récidive soient des délits identiques, pourvu qu'ils soient tous les deux visés par l'art. L. 1er [C. route, art. L. 234-1 et L. 234-8]. Cassation de l'arrêt qui avait écarté l'application de l'art. L. 15 [C. route, art. L. 234-13] parce qu'il n'y avait pas identité d'infraction entre un délit de conduite sous l'empire d'un état alcoolique et le refus de se soumettre aux vérifications médicales dans un tel cas. • Crim. 11 févr. 1981 : *D. 1981. 254.* ♦ Ainsi, la conduite en état d'ivresse manifeste, la conduite en état alcoolique voire le refus de se soumettre aux vérifications concernant l'alcoolisme sont les mêmes infractions pour la récidive. • Chambéry, 17 janv. 1996 : *Jurispr. auto 1996. 121.*

8. Le délit de conduite sous l'empire d'un état alcoolique, prévu à l'art. L. 234-1 C. route, et le délit de blessures involontaires ayant entraîné une incapacité totale de travail n'excédant pas trois mois, par un conducteur de véhicule sous l'empire d'un état alcoolique, prévu à l'art. 222-20-1 C. pén., ne sont assimilés au regard de la récidive par l'art. 132-16-2 C. pén. que si le délit de conduite sous l'empire d'un état alcoolique en constitue le second terme. Est en conséquence cassé l'arrêt condamnant un prévenu pour blessures involontaires ayant entraîné une incapacité totale de travail n'excédant pas trois mois, par un conducteur de véhicule sous l'empire d'un état alcoolique, en récidive, au motif que l'intéressé avait été condamné antérieurement pour conduite sous l'empire d'un état alcoolique. • Crim. 31 mai 2016, n° 15-84.329 P : *D. actu. 20 juin 2016, obs. Fonteix ; Gaz. Pal. 19 juill. 2016, n° 27, p. 49, note Detraz.*

9. *Application simultanée de l'art. L. 1er [C. route, art. L. 234-1 et L. 234-8] et d'une infraction d'homicide ou de coups et violences involontaires.* Ne relève pas de cette hypothèse, et n'entraîne pas l'annulation de plein droit, la conduite sous l'empire d'un état alcoolique ou d'un état d'ivresse manifeste ayant occasionné un accident corporel de la circulation n'entraînant pas une incapacité de travail supérieure à trois mois (simple contravention même si elle est, dans ce cas, sanctionnée aux termes de l'art. L. 1-III, dernier al., C. route, des peines délictuelles de l'art. 320 devenu 222-19 C. pén.). En effet, la condition d'application des § I (al. 2) ou II de l'art. L. 1 n'est pas remplie dans l'hypothèse prévue par le § III qui, en faisant référence à l'art. 320 C. pén., est seulement indicatif des pénalités encourues. • Crim. 4 juin 1981 : *Bull. crim. n° 189* • 21 juin 1989 : *Dr. pénal 1990. Comm. 24, obs. Robert ; Jurispr. auto 1989. 453.* ♦ Sur la possibilité, dans cette hypothèse, d'appliquer l'art. 15, § I, et de prononcer l'annulation à titre de peine complémentaire facultative : • Crim. 5 janv. 1989 : *Jurispr. auto 1989. 409.* ♦ Dans un cas où il y avait discussion sur la durée de l'I.T.T. : • Crim. 31 janv. 1989 : *Jurispr. auto 1989. 368.*

10. Cassation de l'arrêt qui avait évité de prononcer l'annulation du permis de conduire au motif « qu'aucun état d'ivresse manifeste n'avait été constaté », alors que l'analyse du sang avait révélé un taux d'alcool égal à 1,35 g pour mille. En effet l'état alcoolique et l'ivresse manifeste procèdent d'une même action coupable et ne constituent en l'espèce qu'un fait juridique unique ne pouvant faire l'objet que d'une seule incrimination dont l'application simultanée avec un des délits réprimés par les art. 319 et 320 (ancien) C. pén. entraîne l'annulation de plein droit du permis de conduire. • Crim. 13 oct. 1982 : *Bull. crim. n° 215 ; JCP 1983. IV. 5.*

B. RELÈVEMENT

11. *Condamnation prononcée en application de l'art. L. 15-II [C. route, art. L. 234-13].* L'annulation de plein droit du permis de conduire, en cas de condamnation pour conduire sous l'empire d'un état alcoolique commise en état de récidive, ne peut faire l'objet d'une décision de relèvement dans les conditions prévues par l'art. 702-1 C. pr. pén. • Crim. 18 janv. 2000, n° 99-81.778 P : *RSC 2000. 819, obs. Bouloc ; Jurispr. auto 2000. 169.* ♦ Sur l'inapplication du relèvement aux mesures de caractères réel, comme l'annulation du permis de conduire, V. déjà : • Crim. 17 juin 1986 : *D. 1986. IR 485 ; Bull. crim. n° 209 ; RSC 1986. 844, obs. Vitu.* ♦ L'annulation de plein droit du permis de conduire, prévue par l'art. L. 15-II [C. route, art. L. 234-13] revêt le caractère, non d'une interdiction, d'une déchéance ou d'une incapacité, mais d'une peine complémentaire obligatoire et n'entre pas, comme telle, dans les prévisions de l'art. 775-1, al. 2, C. pr. pén. • Crim. 30 mai 1991, n° 87-81.210 P : *Gaz. Pal. 1992. 1. 17, note Doucet ; JCP 1991. IV. 349 ; Jurispr. auto 1991. 364 ; RSC 1992. 746, obs. Vitu .* ♦ Mais si les dispositions de l'art. 55-1 C. pén. ne permettent pas le relèvement d'une mesure d'annulation du permis de conduire, elles autorisent cependant les juges à relever, en tout ou en partie, le condamné, du délai avant l'expiration duquel il ne peut solliciter un nouveau permis dès lors que l'annulation n'a pas été prononcée à titre principal. • Crim. 17 oct. 1991 : *Bull. crim. n° 358 ; Gaz. Pal. 29-30 mai 1992, note Doucet.*

C. DISPENSE DE PEINE

12. Selon les termes de l'art. 469-1, al. 2, du code de procédure pénale, la déclaration de culpabilité suivie d'une dispense de peine exclut l'application des dispositions prévoyant des interdictions, déchéances ou incapacités de quelque nature qu'elles soient qui résulteraient de plein droit d'une condamnation, ce qui est le cas de l'annulation de plein droit du permis de conduire résultant d'une condamnation pour conduite sous l'empire d'un état alcoolique en récidive. • Crim. 4 févr. 2004, n° 03-85.591 P : *D. 2004. IR 849 ; JCP 2004. IV. 1659 ; Dr. pénal 2004. Comm. 86, obs Robert.*

D. CONDAMNATION NON AVENUE

13. Fait une exacte application des art. 132-10, 133-13 et 133-16 C. pén. la cour d'appel qui, pour déclarer coupable un prévenu pour conduite sous l'empire d'un état alcoolique en état de récidive légale, énonce que l'intéressé a été condamné pour des faits similaires à une peine d'emprisonnement intégralement assortie d'un sursis avec mise à l'épreuve, réputée non avenue selon le bulletin n° 1 de son casier judiciaire, dès lors qu'une condamnation assortie du sursis, bien que réputée non avenue, peut constituer le premier terme de la récidive. • Crim. 11 janv. 2011, n° 10-81.781 P : *JCP 2011. 346, note Robert.* ♦ V. déjà, en ce sens, • Cass., avis, 26 janv. 2009, n° 08-00.013 P : *D. 2009. 501, note Léna ; AJ pénal 2009. 173, note Saas ; Rev. pénit. 2009. 433, note Pin ; RSC 2010. 125, note Fortis .*

E. INTERDICTION DE CONDUIRE UN VÉHICULE NON ÉQUIPÉ D'UN EAD (L. DU 24 DÉC. 2019)

14. *Application immédiate.* La modification apportée à l'art. L. 234-13 C. route par la L. n° 2019-1428 du 24 déc. 2019, ayant supprimé la fixation du délai préalable à l'obtention d'un nouveau permis de conduire au profit de l'interdiction, à compter de cette obtention, de conduire un véhicule non équipé d'un dispositif d'antidémarrage par éthylotest électronique, est applicable aux infractions commises avant son entrée en vigueur et n'ayant pas donné lieu à une condamnation passée en force de chose jugée, dès lors que cette nouvelle modalité de la peine d'annulation rend cette sanction moins sévère. • Crim. 12 oct. 2021, nº 21-80.370 B : *D. 2021. 1869* ; *D. actu. 25 oct. 2021, obs. Dominati; Dr. pénal 2021, nº 207, note Robert; ibid. 2022. Chron. 8, obs. Gauvin.*

Art. L. 234-14 *(Abrogé par L. nº 2019-1428 du 24 déc. 2019, art. 98-I)* ***A compter d'une date et dans les conditions fixées par décret en Conseil d'État, tout conducteur d'un véhicule automobile devra justifier de la possession d'un éthylotest.*** — [L. nº 70-597 du 9 juill. 1970, art. 6.]

COMMENTAIRE

Sur l'article L. 234-14, abrogé par la loi d'orientation des mobilités du 24 décembre 2019, voir le commentaire sous l'article R. 234-7. ❑

Art. L. 234-15 *(L. nº 2009-1503 du 8 déc. 2009, art. 42)* **Les éthylotests anti-démarrage dont sont équipés, à titre préventif, les véhicules des entreprises de transport permettent le traitement automatisé de données relatives à leur fonctionnement, au taux d'alcoolémie des conducteurs et au démarrage des véhicules.**

Les données relatives au taux d'alcoolémie des conducteurs ne doivent être ni consultées, ni communiquées, ni utilisées. Les autres données ne peuvent être consultées que par des personnes nommément désignées par le chef d'entreprise.

Utilisation obligatoire de l'éthylotest antidémarrage par les conducteurs des véhicules de transport en commun : V. art. R. 234-6.

Art. L. 234-16 *(L. nº 2011-267 du 14 mars 2011, art. 71-2º)* **I. — Le fait de contrevenir à l'interdiction prononcée sur le fondement du 7º de l'article L. 234-2** *(L. nº 2019-1428 du 24 déc. 2019, art. 98-I)* **« , du 8º du II de l'article L. 234-8 ou de l'article L. 234-13 » est puni de deux ans d'emprisonnement et de 4 500 € d'amende.**

II. — Toute personne coupable de l'infraction prévue au I encourt également les peines complémentaires suivantes :

1º L'interdiction de conduire certains véhicules terrestres à moteur, y compris ceux pour la conduite desquels le permis de conduire n'est pas exigé, pendant une durée de cinq ans au plus ;

2º L'annulation du permis de conduire avec interdiction de solliciter la délivrance d'un nouveau permis pendant trois ans au plus ;

3º La peine de travail d'intérêt général selon les modalités prévues à l'article 131-8 du code pénal et selon les conditions prévues aux articles 131-22 à 131-24 du même code et *(Ord. nº 2019-950 du 11 sept. 2019, art. 5-VI et 9, en vigueur le 30 sept. 2021)* **« à l'article L. 122-1 du code de la justice pénale des mineurs ».**

III. — Toute personne coupable, en état de récidive au sens de l'article 132-10 du code pénal, de l'infraction prévue au I du présent article encourt également la confiscation obligatoire du véhicule dont elle s'est servie pour commettre l'infraction, si elle en est le propriétaire. La juridiction peut toutefois ne pas prononcer cette peine, par une décision spécialement motivée.

Contraventions : V. art. R. 234-5.

L'art. 2 de la L. nº 2021-218 du 26 févr. 2021 modifie la date d'entrée en vigueur du CJPM.

COMMENTAIRE

Le présent délit, créé par la loi du 14 mars 2011, dite LOPPSI II, est à mettre en lien avec la peine complémentaire, également créée par cette loi, d'interdiction de conduire un véhicule non équipé d'un dispositif d'anti-démarrage par éthylotest électronique (EAD). La loi d'orientation des mobilités, du 24 décembre 2019, y a apporté des modifications afin d'en étendre le champ d'application.

Incrimination. Initialement, l'article L. 234-16 incriminait uniquement « le fait de contrevenir à l'interdiction prononcée sur le fondement du 7º de l'article L. 234-2, I » et donc le fait, pour celui qui a été condamné à cette peine complémentaire pour les délits de conduite sous l'empire d'un état alcoolique ou de conduite en état d'ivresse manifeste, de conduire un véhicule non équipé d'un EAD. Depuis la loi d'orientation des mobilités, l'interdiction de conduire un véhicule non équipé d'un EAD constitue également une peine complémentaire du délit de refus de se soumettre aux vérifications de l'état alcoolique, prévu à l'article L. 234-8, et est par ailleurs imposée par l'article L. 234-13 à celui dont le permis est annulé pour récidive d'un délit en matière d'alcoolémie. La loi d'orientation des mobilités a, en conséquence, modifié le présent article pour étendre l'incrimination qu'il prévoit à ces deux autres hypothèses.

On notera qu'au cours des travaux préparatoires de la LOPPSI II, le rapporteur pour l'Assemblée nationale avait considéré que, par assimilation, devait également être sanctionné sur le fondement du présent article tout comportement visant à rendre inopérant un tel dispositif. Un point de vue qui a cependant été démenti par le pouvoir réglementaire, qui a préféré créer ensuite une contravention sanctionnant spécifiquement un tel comportement (V. art. R. 234-5).

Par ailleurs, en renvoyant à l'interdiction prononcée sur le fondement de l'article L. 234-2, I, 7° et, depuis la loi d'orientation des mobilités, à l'interdiction prononcée sur le fondement de l'article L. 234-8, II, 8° ou de l'article L. 234-13, le présent délit semble ne pouvoir s'appliquer à l'encontre de celui qui serait condamné à cette peine, sur le fondement de l'article 221-8, I, 11° ou 222-44, 14°, du code pénal pour homicide ou blessures involontaires aggravés, ou bien sur le fondement de l'article R. 234-1, III, 2° du présent code pour contravention de conduite sous l'empire d'un état alcoolique, ou encore sur le fondement de l'article 131-6, 5° *bis*, du code pénal qui permet de prononcer une telle peine en lieu et place d'une peine d'emprisonnement. L'article R. 131-4-1 du code pénal prévoit pourtant que lorsque la peine – sans autre précision – d'interdiction de conduire un véhicule non équipé d'un EAD est prononcée, un certificat est remis au condamné dans lequel sont rappelées les dispositions de l'article L. 234-16... De manière certaine, le présent délit – à la différence de la contravention prévue à l'article R. 234-5 – ne peut, en tout cas, être retenu à l'encontre de celui qui, ayant accepté dans le cadre d'une composition pénale d'installer un EAD conformément à l'article 41-2, 4° *bis* du code de procédure pénale, ne respecterait pas son engagement, une mesure de composition pénale n'étant pas une peine. Il ne peut pas non plus être retenu à l'encontre de la personne qui est astreinte, par arrêté préfectoral, à ne conduire que les véhicules équipés d'un EAD sur le fondement des dispositions de l'article R. 224-6 : cet article prévoyant une contravention sanctionnant la personne ayant fait l'objet d'un tel arrêté qui conduirait un véhicule non équipé d'un EAD.

Peines. Quant aux peines encourues pour le présent délit, elles sont comparables à celles prévues pour les autres délits en matière d'alcoolémie, à savoir deux ans d'emprisonnement et 4 500 € d'amende, à titre principal. Plusieurs peines complémentaires facultatives viennent également assortir ce délit. A celles énumérées à l'article L. 234-16, rappelons par ailleurs qu'il faut ajouter la confiscation du véhicule par application des dispositions de l'article 131-21 du code pénal. Une confiscation qui devient obligatoire en cas de récidive, sauf si la juridiction ne prononce pas cette peine par décision spécialement motivée, comme le prévoit le III du présent article.

Contraventions. On soulignera enfin qu'au présent délit, il faut ajouter plusieurs contraventions de cinquième classe, sanctionnant la conduite d'un véhicule équipé d'un EAD grâce à l'aide d'un tiers ou par neutralisation du dispositif (V. art. R. 234-5 et son comm.). ❑

Art. L. 234-17 *(L. nº 2011-267 du 14 mars 2011, art. 71-2°)* **Les conditions d'homologation des dispositifs d'anti-démarrage par éthylotest électronique ainsi que les modalités d'agrément des professionnels chargés de les installer sont fixées par voie réglementaire.**

V. Décr. nº 2011-1661 du 28 nov. 2011 relatif aux dispositifs d'antidémarrage par éthylotest électronique, App., vº Alcoolémie.

Art. L. 234-18 *(L. nº 2011-392 du 14 avr. 2011, art. 15, en vigueur le 1er juin 2011)* **Lorsqu'il a été procédé aux épreuves de dépistage et aux vérifications prévues par les articles L. 234-3 et L. 234-5, le placement en garde à vue de la personne, si les conditions de cette mesure prévues par le code de procédure pénale sont réunies, n'est pas obligatoire dès lors qu'elle n'est pas tenue sous la contrainte de demeurer à la disposition des enquêteurs et qu'elle a été informée** *(L. nº 2016-731 du 3 juin 2016, art. 83-VII)* **« des droits mentionnés à l'article 61-1 du code de procédure pénale ».**

1. Méconnaît le sens et la portée de l'art. 62-2 C. pr. pén. l'arrêt qui, pour prononcer la nullité des poursuites intentées contre une prévenue du chef de conduite sous l'empire d'un état alcoolique en récidive, énonce que son placement en garde à vue décidé dans l'unique but d'assurer son déférement devant le procureur de la République n'était pas justifié, dès lors qu'il résulte du texte précité qu'une mesure de garde à vue peut être décidée lorsqu'elle constitue l'unique moyen de permettre l'exécution des investigations impliquant la présence ou la participation de la personne ou de garantir la présentation de la personne devant le procureur de la République afin que ce magistrat puisse apprécier la suite à donner à l'enquête. • Crim. 18 nov. 2014, n° 14-81.332 P : *AJ pénal 2015. 53, obs. Girault*.

2. Droit au silence et droit de ne pas contribuer à sa propre incrimination. Un prévenu ne saurait refuser de se soumettre aux vérifications destinées à établir la preuve de son état alcoolique aux motifs que, placé en garde à vue, il a le droit de se taire et de ne pas contribuer à sa propre incrimination, dès lors que le droit au silence et celui de ne pas contribuer à sa propre incrimination ne s'étendent pas au recueil de données qu'il convient d'obtenir indépendamment de la volonté de la personne concernée. • Crim. 6 janv. 2015, n° 13-87.652 P : *Dr. pénal 2015, n° 26, note Maron et Haas.*

CHAPITRE V CONDUITE APRÈS USAGE DE SUBSTANCES OU PLANTES CLASSÉES COMME STUPÉFIANTS *(L. n° 2011-525 du 17 mai 2011, art. 164-3°).*

RÉP. PÉN. v° *Conduite sous influence : alcools stupéfiants,* par CÉRÉ.

COMMENTAIRE

L'histoire contemporaine de la prise en compte des stupéfiants dans la conduite des véhicules à moteur mérite d'être contée. Postérieure à celle de la conduite sous l'influence de l'alcool, elle en emprunte les traits et conduit à des situations non pas identiques mais voisines.

1999. C'est la loi du 18 juin 1999 portant diverses mesures relatives à la sécurité routière qui inaugure les mesures légales sur ce point.

Elle impose un dépistage systématique des stupéfiants éventuellement suivi de vérifications sur tout conducteur impliqué dans un accident mortel de la circulation, l'objectif étant à partir de ces cas de mener une étude épidémiologique sur les effets de la drogue au volant.

Dans le code refondu, ce premier texte a trouvé sa place à l'article L. 235-1, dans un chapitre logiquement situé après le chapitre IV portant sur la conduite sous l'influence de l'alcool.

Cet article créait seulement l'infraction de refus de se soumettre, non aux opérations de dépistage, mais aux analyses et examens médicaux, cliniques et biologiques. Deux ans plus tard, le décret du 27 août 2001 a déterminé les conditions d'application du dépistage (par test urinaire) et des analyses (par prélèvement sanguin), conditions entrées en vigueur le 1er octobre 2001 (V. les comm. dans la partie réglementaire correspondante).

2001. Une deuxième étape intervient avec la loi du 15 novembre 2001 relative à la sécurité quotidienne qui étend le dépistage de stupéfiants et ses suites aux conducteurs de véhicules impliqués dans un accident seulement corporel (anc. art. L. 235-1, al. 2). Les officiers de police judiciaire se voient reconnaître dans ce cas la « possibilité » de procéder à ces mesures alors qu'en cas d'accident mortel, ils « font procéder » à ces épreuves.

2003. Une troisième étape, sans aucun doute la plus importante, est franchie en 2003, sans même attendre les résultats de l'étude épidémiologique confiée à l'Observatoire français des drogues et des toxicomanies portant sur les effets de la consommation de stupéfiants dans la conduite automobile. La loi n° 2003-87 du 3 février 2003 est venue en effet élargir considérablement les hypothèses de contrôle de conduite sous l'influence de stupéfiants, en créant, en effet, un délit de conduite sous l'influence de stupéfiants ou, plus exactement, après usage de stupéfiants. Ce délit est sanctionné des mêmes peines que la conduite délictuelle en état alcoolique, y compris la réduction de plein droit de six points du permis de conduire. Au plan formel, cette loi a modifié l'article L. 235-1 et a créé les articles L. 235-2 à L. 235-5. Elle a modifié aussi l'article L. 211-6 du code des assurances (V. App., v° *Accidents de la circulation)* en réputant non écrite toute clause stipulant la déchéance de la garantie de l'assuré en cas de condamnation pour cette nouvelle infraction.

2011. En 2011, deux lois vont, cependant, apporter de nouvelles modifications aux dispositions en la matière. La loi du 14 mars 2011, dite LOPPSI II, est venue encore étendre les possibilités de dépistage de l'usage de stupéfiants afin de les rapprocher de celles prévues en matière d'alcoolémie (V. comm. ss. art. L. 235-2). Et la loi du 17 mai 2011 de simplification et d'amélioration de la qualité du droit est venue modifier l'intitulé du présent chapitre pour l'adapter à ce qu'il incrimine véritablement : la conduite après usage de stupéfiants et non pas la conduite sous l'influence de stupéfiants.

2016. Une nouvelle étape a encore été franchie avec la loi du 26 janvier 2016 de modernisation de notre système de santé. Cette loi – qui a aussi, et à nouveau, facilité le dépistage de l'usage de stupéfiants par les forces de l'ordre en modifiant certaines dispositions de l'article L. 235-2 – est en effet venue préciser que l'usage de stupéfiants d'un conducteur pouvait, désormais, être établi, et donc le délit prouvé, par une analyse salivaire et non plus seulement par une analyse sanguine (V. art. L. 235-1 et son comm.).

2019. La loi du 23 mars 2019 de programmation et de réforme pour la justice a enfin apporté de nouvelles modifications aux dispositions de l'article L. 235-2, afin de faciliter, encore une fois, le contrôle de l'usage de stupéfiants, et ce en lien avec les modifications comparables apportées par cette loi aux dispositions sur le contrôle de l'alcoolémie (V. comm. ss. art. L. 234-7). ❑

Art. L. 235-1 *(L. nº 2003-87 du 3 févr. 2003)* **I. — Toute personne qui conduit un véhicule ou qui accompagne un élève conducteur alors qu'il résulte d'une analyse sanguine** *(L. nº 2016-41 du 26 janv. 2016, art. 45-II-2º)* **« ou salivaire » qu'elle a fait usage de substances ou plantes classées comme stupéfiants est punie de deux ans d'emprisonnement et de 4 500 € d'amende.**

Si la personne se trouvait également sous l'empire d'un état alcoolique caractérisé par une concentration d'alcool dans le sang ou dans l'air expiré égale ou supérieure aux taux fixés par les dispositions législatives ou réglementaires du présent code, les peines sont portées à trois ans d'emprisonnement et 9 000 € d'amende.

II. — Toute personne coupable des délits prévus par le présent article encourt également les peines complémentaires suivantes :

1º La suspension pour une durée de trois ans au plus du permis de conduire; *(L. nº 2003-495 du 12 juin 2003, art. 5)* **« cette suspension ne peut pas être limitée à la conduite en dehors de l'activité professionnelle »; elle ne peut être assortie du sursis, même partiellement;**

2º L'annulation du permis de conduire avec interdiction de solliciter la délivrance d'un nouveau permis pendant trois ans au plus ;

3º La peine de travail d'intérêt général selon les modalités prévues à l'article 131-8 du code pénal et selon les conditions prévues aux articles 131-22 à 131-24 du même code et *(Ord. nº 2019-950 du 11 sept. 2019, art. 5-VI et 9, en vigueur le 30 sept. 2021)* **« à l'article L. 122-1 du code de la justice pénale des mineurs » ;**

4º La peine de jours-amende dans les conditions fixées aux articles 131-5 et 131-25 du code pénal ;

(L. nº 2003-495 du 12 juin 2003, art. 6) **« 5º L'interdiction de conduire certains véhicules terrestres à moteur, y compris ceux pour la conduite desquels le permis de conduire n'est pas exigé, pour une durée de cinq ans au plus ;**

« 6º L'obligation d'accomplir, à ses frais, un stage de sensibilisation à la sécurité routière ; »

(L. nº 2007-297 du 5 mars 2007, art. 48) **« 7º L'obligation d'accomplir, à ses frais, un stage de sensibilisation aux dangers de l'usage de produits stupéfiants » ;**

(L. nº 2019-1428 du 24 déc. 2019, art. 98-I) **« 8º La confiscation du véhicule dont le condamné s'est servi pour commettre l'infraction, s'il en est le propriétaire. »**

III. — L'immobilisation du véhicule peut être prescrite dans les conditions prévues aux articles L. 325-1 à L. 325-3.

IV. — Les délits prévus par le présent article donnent lieu de plein droit à la réduction de la moitié *(L. nº 2003-495 du 12 juin 2003, art. 11)* **« du nombre maximal de points » du permis de conduire.**

Les dispositions de l'art. L. 235-1 sont applicables à Mayotte (L. nº 2003-495 du 12 juin 2003, art. 42).

L'art. 2 de la L. nº 2021-218 du 26 févr. 2021 modifie la date d'entrée en vigueur du CJPM.

BIBL. ▶ DEFRANCE, *Jurispr. auto 2001. 420* (dépistage de la conduite sous l'empire de la drogue) ; *ibid. 2003. 52* (délit de conduite sous l'influence de stupéfiants) ; *ibid. 2008.*

295 (la conduite après usage de stupéfiants). – Fournié, *Dr. pénal 2014. Étude 21* (conduite et stupéfiants : quand l'autorité administrative s'en mêle, le juge s'emmêle). – Josseaume, *Gaz. Pal. 25 sept. 2014, p. 6* (drogues au volant : quand la procédure part en fumée !). – Lebreton, *Gaz. Pal. 26 mars 2019, p. 16* (alcool, stupéfiants et circulation routière) ; *AJ pénal 2019. 424* (la preuve de l'usage de stupéfiants). – Le Dall et Josseaume, *Jurispr. auto 2015, nº 869, p. 15* (la conduite après usage de stupéfiants). – Obradovic, *Tendances, nº 91, 2013* (la réponse pénale à la conduite sous influence (alcool et stupéfiants)).

COMMENTAIRE

Incrimination. L'article L. 235-1 incrimine le fait pour une personne de conduire un véhicule alors qu'il résulte d'une analyse sanguine ou, depuis la loi du 26 janvier 2016 de modernisation de notre système de santé, d'une analyse salivaire, qu'elle a fait usage de substances ou plantes classées comme stupéfiants. Avant cette loi du 26 janvier 2016, l'usage de stupéfiants d'un conducteur ne pouvait en effet être prouvé que par analyse sanguine (V., en ce sens, la jurisprudence citée ci-dessous). Or, il en va différemment depuis cette loi, qui a modifié la présente incrimination, afin de permettre de prouver l'usage de stupéfiants également par analyse salivaire. Que l'usage de stupéfiants soit établi par analyse sanguine ou salivaire, on notera que l'article L. 235-1 ne fait pas référence à des seuils *minima* de consommation contrairement aux dispositions sur la conduite en état alcoolique. Il suffit donc d'apporter la preuve que la personne a fait usage de stupéfiants, quelle qu'en soit la quantité, pour que le délit soit constitué. On notera également que le champ de la présente incrimination est limité aux substances et plantes classées comme stupéfiants, la conduite « sous l'influence de médicaments » ne peut donc *a priori* être punie sur le fondement de l'article L. 235-1. Cependant, certains médicaments contiennent des molécules figurant sur la liste des substances classées comme stupéfiants fixée par un arrêté du 22 février 1990 (*JO 7 juin*), voire figurent sur cette liste (méthadone), et certains produits à base de cannabidiol (CBD) peuvent contenir une faible dose de THC, molécule active du cannabis. Leur usage peut donc conduire à des poursuites sur le fondement de l'article L. 235-1 et à l'application de l'ensemble des règles prévues par le présent code dans un tel cas (V. notes 6 s.)

On remarquera enfin que l'article L. 235-1 prévoit une circonstance aggravante au cas où la conduite est aussi réalisée sous l'empire d'un état alcoolique (peu importe alors que le taux d'alcoolémie soit contraventionnel ou délictuel).

Peines. Outre deux ans d'emprisonnement et 4 500 € d'amende (ou trois ans d'emprisonnement et 9 000 € d'amende dans le cas où l'intéressé était également sous l'empire d'un état alcoolique), la conduite après usage de stupéfiants peut être sanctionnée de plusieurs peines complémentaires facultatives. Parmi ces peines, on trouve, depuis la loi d'orientation des mobilités du 24 décembre 2019, la confiscation du véhicule. Comme pour les délits en matière d'alcoolémie (V. comm. ss. art. L. 234-2), cet ajout est avant tout formel. Il faut en effet rappeler que la peine de confiscation du véhicule pouvait déjà être prononcée pour le présent délit avant cette loi, et ce par application des dispositions de l'article 131-21 du code pénal prévoyant que « la peine complémentaire de confiscation est (...) encourue de plein droit (...) pour les délits punis d'une peine d'emprisonnement d'une durée supérieure à un an ».

Récidive. Rappelons également (V. comm. ss. art. L. 212-4) que la conduite d'un véhicule à moteur en ayant fait usage de stupéfiants est considérée comme la même infraction que la conduite sans permis, la conduite en état alcoolique, le grand excès de vitesse de l'article L. 413-1, ainsi que, depuis la loi du 24 janvier 2022 relative à la responsabilité pénale et à la sécurité intérieure, le refus d'obtempérer des articles L. 233-1 et L. 233-1-1 (C. pén., art. 132-16-2, al. 2). Elle est aussi assimilée à l'homicide involontaire ou à l'atteinte involontaire à l'intégrité de la personne commis à l'occasion de la conduite d'un véhicule terrestre à moteur lorsqu'elle constitue le second terme de la récidive (même article du code pénal). On ajoutera ici qu'en cas de récidive, des peines complémentaires supplémentaires et l'annulation de plein droit du permis de conduire sont prévues par l'article L. 235-4. ❑

1. Constitutionnalité de l'art. L. 235-1, al. 1er, C. route. L'art. L. 235-1, § 1, al. 1er, C. route a été jugé conforme à la Constitution, ne portant atteinte ni au principe de la légalité, ni au principe de nécessité des peines, ni à aucun autre droit ou liberté que la Constitution garantit. Le législateur tient en effet de l'art. 34 Const., ainsi que du principe de légalité des délits et des peines qui résulte de l'art. 8 DDH 1789, l'obligation de fixer lui-même le champ d'application de la loi pénale, il lui était donc loisible d'instituer une qualification pénale particulière pour réprimer la conduite lorsque le conducteur a fait usage de stupéfiants. Il lui appartient cependant de définir les crimes et délits en termes suffisamment clairs et précis. Ce qui est le cas de la présente infraction à partir du moment où le législateur a précisé que l'infraction est constituée dès lors que l'usage de produits ou de plantes classés comme stupéfiants est établi par une analyse sanguine et à partir du moment où il appartient au pouvoir réglementaire, sous le contrôle du juge compétent, de fixer, en l'état des connaissances scientifiques, médicales et techniques, les seuils minima de détection témoignant de l'usage de stupéfiants. Partant, le moyen tiré de ce que le législateur aurait méconnu le principe de légalité des délits en omettant de préciser la quantité de produits stupéfiants présente dans le sang pour que l'infraction soit constituée doit être écarté. L'art. L. 235-1, § 1, al. 1er, C. route ne porte pas non plus atteinte au principe de nécessité des peines, dès lors que les peines encourues de deux ans d'emprisonnement et de 4 500 € d'amende ne sont pas manifestement disproportionnées, compte tenu des risques induits par le comportement réprimé. • Cons. const., QPC, 9 déc. 2011 : *D. actu. 19 déc. 2011, obs. Bombled; AJ pénal 2012. 96, obs. Céré ; Dr. pénal 2012, n° 22, note Robert; ibid. Chron. 6, obs. Gauvin; Gaz. Pal. 2 févr. 2012, p. 9, note Detraz; Jurispr. auto 2012, n° 838, p. 32, note Lièvremont; RSC 2012. 131, obs. Fortis.* ♦ V. aussi la décision de renvoi • Crim. 5 oct. 2011, n° 11-90.085 : *Dr. pénal 2011, n° 150, obs. Robert.*

2. Incrimination de la conduite après usage de stupéfiants. L'art. L. 235-1 C. route, même s'il figure au chapitre V dudit code intitulé « Conduite sous l'influence de substances ou de plantes classées comme stupéfiants », incrimine le seul fait de conduire un véhicule après avoir fait usage de stupéfiants dès lors que cet usage résulte d'une analyse sanguine. • Crim. 12 mars 2008, n° 07-83.476 P : *D. 2008. 1719, obs. Caron et Ménotti ; AJ pénal 2008. 283 ; Jurispr. auto 2008. 306; Dr. pénal 2008. Comm. 86, obs. Robert.* ♦ On notera que, depuis la L. n° 2011-525 du 17 mai 2011 de simplification et d'amélioration de la qualité du droit, ce chapitre V du code de la route est intitulé « Conduite après usage de substances ou de plantes classées comme stupéfiants ».

3. L'art. L. 235-1 C. route réprime le fait pour toute personne de conduire un véhicule alors qu'il résulte d'une analyse sanguine qu'elle a fait usage de substances ou de plantes classées comme stupéfiants et l'art. 221-6-1-3° C. pén. édicte, dans les mêmes termes, une aggravation des sanctions pour tout conducteur auteur d'un homicide involontaire, en conséquence la circonstance aggravante d'usage de substances ou de plantes classées comme stupéfiants doit être considérée comme constituée dès lors que l'analyse du prélèvement sanguin effectué sur un conducteur établit l'usage de stupéfiants (en l'espèce, cannabis), sans qu'il y ait lieu de tenir compte de l'aptitude à conduire ou de la datation de la consommation. • Lyon, 23 juin 2005, *Service de documentation et d'études de la Cour de cassation : n° CT0028.* ♦ L'art. L. 235-1 C. route incrimine le seul fait de conduire un véhicule après avoir fait usage de stupéfiants dès lors que cet usage est révélé par une analyse sanguine. Est en conséquence cassé un arrêt relaxant un prévenu pour conduite d'un véhicule après usage de stupéfiants et qui considère qu'il résulte d'un consensus national de la Société française de toxicologie analytique que la seule présence d'acide tétrahydrocannabinol-carboxylique (THC-COOH) dans le sang à un taux inférieur à 20 ng/ml de sang, comme en l'espèce, révèle que l'intéressé a fait usage de cannabis plus de six heures avant le contrôle, ce dont il se déduit qu'il n'était pas sous l'influence du cannabis lors dudit contrôle. • Crim. 8 juin 2011, n° 11-81.218 : *Jurispr. auto 2011, n° 832, p. 37; Gaz. Pal. 10 nov. 2011, p. 11, note Detraz.* • 3 oct. 2012, n° 12-82.498 P : *D. actu. 6 nov. 2012, obs. Blombled; D. 2012. Actu. 2450 ; Dr. pénal 2012, n° 160, note Robert; Gaz. Pal. 13 déc. 2012, p. 7, note Mésa.* ♦ Comp. • Angers, 11 sept. 2012 : *JCP 2013. 36, obs. Gauvin; Jurispr. auto 2013, n° 847, note Jamoteau et Rouiller* (qui relaxe un prévenu dont les analyses sanguines révélaient la présence de THC-COOH, en se référant aux dispositions de l'art. 11 de l'Arr. du 5 sept. 2001 [art. 10, Arr. du 13 déc. 2016, V. cet Arr. ss. art. R. 235-13] déterminant les seuils minima de détection des produits stupéfiants dans le sang, lesquelles mentionnent, s'agissant du cannabis, un seuil de THC et non de THC-COOH. Il en résulte, pour la cour d'appel, qu'en ce qui concerne le cannabis, seule la teneur en THC, principe actif du cannabis, doit être prise en compte pour établir l'usage de stupéfiants, la recherche de métaboliques non actifs, tels que le THC-COOH, dans le sang et la détermination de leur taux n'étant pas prévues par les textes) • Angers, 27 juin 2013 : *Dr. pénal 2014. Chron. 7, obs. Gauvin.* ♦ Mais pour la Cour de cassation, fait une exacte application de l'art. L. 235-1 C. route, la cour d'appel qui, pour écarter l'argumentation d'un prévenu qui soutenait que l'usage de produits stupéfiants n'était pas établi, au sens de l'art. L. 235-1 C. route, le taux de THC mis en évidence par l'analyse sanguine étant inférieur au seuil minimal de détection de cette substance prévu par l'Arr. du 5 sept. 2001, énonce que ce seuil minimal, fixé par cet arrêté, n'est pas un seuil d'incrimination mais un seuil de détection qui constitue une modalité de la recherche et du dosage des stupéfiants, non prévu à peine de nullité de l'analyse sanguine, laquelle n'est pas alors privée de sa force probante, dès lors que la cour d'appel a, en se prononçant ainsi, relevé la présence de substances cannabiniques dans l'organisme de l'intéressé. • Crim. 14 oct. 2014, 2e arrêt, n° 13-87.094 P : *D. actu. 5 nov. 2014, obs. Fonteix; JCP 2014. 1108; Dr. pénal 2014, n° 147, note Robert; D. 2015. Chron. C. cass. 110, obs. Barbier* • 7 mai 2018, n° 17-84.744 : *Dr. pénal 2018. Chron. 7, obs. Gauvin* (qui, après avoir rappelé que le seuil minimal prévu par l'Arr. du 5 sept. 2001 est un seuil de détection et non un seuil d'incrimination, casse un arrêt qui avait relaxé un prévenu présentant un taux de substances cannabiniques inférieur au seuil minimal de détection prévu par l'Arr. du 5 sept. 2001 en considérant qu'il existait dès lors un doute sur l'usage de stupéfiants, une inhalation passive de fumée de cannabis, non répréhensible, pouvant rendre décelable un taux de THC très bas). ♦ De même, fait une exacte application de l'art. L. 235-1 C. route une cour d'appel qui, après avoir souverainement apprécié, au regard des dispositions des art. R. 235-1 s. C. route, la régularité des épreuves de dépistage et des opérations de prélèvement et d'analyse biologiques, a relevé la présence de substances cannabiniques dans l'organisme de l'intéressé • Crim. 14 oct. 2014, 1er arrêt, n° 13-81.390 P : *D. actu. 5 nov. 2014, obs. Fonteix ; JCP 2014. 1108 ; Dr. pénal 2014, n° 147, note Robert ; D. 2015. Chron. C. cass. 110, obs. Barbier*.

4. *Preuve par analyse sanguine.* L'usage de stupéfiants, élément constitutif de l'infraction prévue par l'art. L. 235-1 C. route, ne peut être prouvé que par analyse sanguine. Est en conséquence cassé l'arrêt qui avait déclaré un prévenu coupable de conduite d'un véhicule après usage de stupéfiants en se fondant sur son aveu d'avoir « fumé un joint » préalablement à la conduite de son véhicule (en l'espèce, l'analyse sanguine n'avait pas été opérée régulièrement). • Crim. 15 févr. 2012, n° 11-84.607 : n° 11-84.607 P : *D. actu. 29 mars 2012, obs. Blombled ; Dr. pénal 2012, n° 70, note Robert ; ibid. Chron. 6, obs. Gauvin ; Gaz. Pal. 21 avr. 2012, p. 37, note Fourment ; ibid. 28 juill. 2012, p. 17, note Detraz ; Jurispr. auto 2012, n° 843, p. 32, note Petit.* – V. aussi la décision censurée qui, après avoir constaté que la procédure de vérification de l'usage de stupéfiants était irrégulière, avait rejeté l'exception de nullité de la procédure dès lors qu'aucun grief n'était rapporté par le prévenu, celui-ci ayant avoué avoir consommé des stupéfiants avant de conduire. • Dijon, 10 mars 2011 : *Dr. pénal 2011. Chron. 6, obs. Gauvin.* ♦ Comp. • Pau, 13 mars 2014 : *Dr. pénal 2014. Chron. 7, obs. Gauvin* (qui, après avoir relaxé un prévenu pour conduite après usage de stupéfiants, au motif que l'analyse sanguine n'avait pas été opérée régulièrement, le condamne pour usage de stupéfiants, celui-ci ayant déclaré au cours de la procédure être un consommateur régulier de cannabis à raison de 2 ou 3 « joints » quotidiens).

5. *Preuve par analyse salivaire.* Depuis la L. n° 2016-41 du 26 janv. 2016, l'usage de stupéfiants peut également être prouvé par analyse salivaire. Une cour d'appel, ayant annulé l'opération de dépistage salivaire, ne saurait cependant déclarer un prévenu coupable de conduite après usage de stupéfiants au motif que l'analyse du prélèvement salivaire établissait l'usage de stupéfiants, dès lors qu'il résulte de l'art. 174 C. pr. pén. que lorsqu'une cour d'appel constate la nullité d'un acte de la procédure, doivent être annulées par voie de conséquence les pièces qui ont pour support nécessaire l'acte vicié. • Crim. 25 janv. 2023, n° 22-83.804 : *AJ pénal 2023. 141, obs. Céré*.

6. *Conducteur sous traitement médical (Ritaline) inscrit sur la liste des stupéfiants.* La Ritaline est un médicament qui contient du méthylphénidate, molécule rentrant dans la liste des produits stupéfiants. L'usage de ce produit, bien qu'autorisé dans le cadre d'un traitement médical, est souvent incompatible avec la conduite automobile. Il appartient donc au prescripteur d'apprécier au cas par cas si la prise de ce médicament est compatible avec la conduite automobile. En cas de contrôle routier, c'est au procureur de la République, au vu des éléments du dossier, d'apprécier s'il y a lieu de renoncer aux poursuites pour conduite après usage de stupéfiants à l'encontre de l'automobiliste usager de ce produit. Si le conducteur parvient à établir, notamment par le biais de certificats médicaux antérieurs au contrôle, que le médicament n'a aucun effet sur son organisme dans le cadre de la conduite automobile, il est probable qu'aucune poursuite ne sera engagée. Une telle difficulté ne paraît pas pouvoir être réglée autrement que par une appréciation individualisée de chaque situation. * Rép. min. n° 66175 : *JOAN Q, 2 mars 2010, p. 2452.*

7. *Conducteur sous méthadone.* Il résulte de l'Arr. du 22 févr. 1990 fixant la liste des substances classées comme stupéfiants que la méthadone est classée comme un produit stupéfiant. Il en résulte que ne commet pas d'erreur de droit le préfet qui, sur le fondement de l'art. L. 224-2 C. route, suspend le permis de conduire d'un prévenu, autorisé à consommer de la méthadone dans le cadre d'un traitement médical de substitution, pour conduite après usage de stupéfiant. • TA Châlons-en-Champagne, 26 mai 2020, n° 1900588 : *AJ pénal 2020. 469, note Bisiou*.

8. *Conducteur ayant consommé du CBD.* L'autorisation de commercialiser certains dérivés du cannabis, dont la teneur en Delta-9 THC, substance elle-même classée comme stupéfiant, n'est pas supérieure à 0, 30 %, est sans incidence sur l'incrimination de conduite après usage de stupéfiants, cette infraction étant constituée s'il est établi que le prévenu a conduit un véhicule après avoir fait usage d'une substance classée comme stupéfiant, peu important la dose absorbée. • Crim. 21 juin 2023, n° 22-85.530 B : *D. 2023. 1223 ; D. actu. 10 juill. 2023, obs. Roques ; AJ pénal 2023. 396, obs. Céré ; Dr. pénal 2023, n° 158, obs. Robert ; JCP 2023. 1111, obs. Detraz ; Gaz. Pal. 29 août 2023, p. 26, note Josseaume.* ♦ Pour une condamnation d'un prévenu pour conduite après usage de stupéfiants alors qu'il indiquait avoir consommé du CBD la veille du contrôle, V. • Rennes, 13 juill. 2022 : *JCP 2022. Actu. 1307, obs. Zouhal ; Dr. pénal 2023. Chron. 8, obs. Gauvin.*

9. *Complicité.* Se rend complice du délit de conduite après usage de stupéfiants celui qui confie les clés d'un véhicule automobile à un conducteur qu'il savait être sous l'emprise de l'alcool et sous celle du cannabis, pour l'avoir vu en consommer peu de temps auparavant. • Papeete, 7 sept. 2017, n° 16/00124 : *Dr. pénal 2018. Chron. 7, obs. Gauvin.*

10. Récidive. Il résulte de l'art. 132-10 C. pén. qu'il y a récidive lorsqu'une personne, déjà condamnée définitivement pour un délit, commet, dans le délai de cinq ans à compter de l'expiration ou de la prescription de la précédente peine, soit le même délit, soit un délit qui lui est assimilé, et de l'art. 132-16-2 du même code que le délit de conduite d'un véhicule en ayant fait usage de substances ou plantes classées comme stupéfiants, prévu par l'art. L. 235-1 C. route, est assimilé au délit d'homicide involontaire commis à l'occasion de la conduite d'un véhicule terrestre à moteur lorsqu'il constitue le second terme de la récidive. Est en conséquence censuré l'arrêt qui, pour constater l'annulation de plein droit du permis de conduire d'un prévenu sur le fondement du II de l'art. L. 235-4 C. route, énonce que celui-ci, poursuivi pour conduite après usage de stupéfiants en date du 10 oct. 2018, a été précédemment condamné le 13 mars 2017 pour infractions à la législation sur les stupéfiants et homicide involontaire par violation manifestement délibérée d'une obligation de sécurité ou de prudence, l'intéressé n'ayant pas été condamné pour homicide involontaire par conducteur d'un véhicule terrestre à moteur. • Crim. 10 mai 2022, n° 21-86.071 : *Dr. pénal 2022, n° 136, note Bonis* (qui limite cependant la cassation à la peine d'annulation du permis de conduire, le prévenu pouvant être déclaré en récidive légale, par application de l'art. 132-9, al. 2, C. pén.).

11. Conduite sous l'empire d'un état alcoolique ou après usage de stupéfiants et loi du 5 juillet 1985. Ayant déduit des circonstances de l'accident l'absence de lien de causalité entre l'état d'alcoolémie d'un conducteur victime et la réalisation de son dommage, une cour d'appel peut refuser à bon droit de limiter ou d'exclure son droit à indemnisation. • Cass., ass. plén., 6 avr. 2007, n° 05-81.350 P : *BICC 15 juin 2007, rapp. Gallet, avis Charpenel ; D. 2007. 1839, note Groutel ; ibid. 1199, obs. Gallmeister ; ibid. 2906, obs. Brun ; JCP 2007. II. 10078, note Jourdain ; ibid. I. 185, n° 9, obs. Stoffel-Munck ; LPA 21 nov. 2007, note Dagorne-Labbe ; RTD civ. 2007. 789, obs. Jourdain.* ♦ *Contra*, antérieurement : la conduite d'un véhicule terrestre à moteur sous l'empire d'un état alcoolique ou de stupéfiants constitue, au sens de l'art. 4 de la L. du 5 juill. 1985, une faute en relation avec le dommage du conducteur victime de nature à limiter ou exclure son droit à indemnisation. • Civ. 2e, 13 oct. 2005, n° 04-17.428 P : *D. 2006. 425, note Cornut ; JCP 2006. II. 10004, note Kessler ; ibid. I. 111, n° 11, obs. Stoffel-Munck ; RCA 2005, n° 348, note Groutel.*

12. Conduite après usage de stupéfiants et incapacité professionnelle. A été jugé conforme à la Constitution le 7° de l'art. L. 212-9 C. sport prévoyant que nul ne peut exercer les fonctions d'éducateur sportif s'il a fait l'objet d'une condamnation pour les délits prévus aux art. L. 235-1 et L. 235-3 C. route, ces dispositions ne portant pas une atteinte disproportionnée à la liberté d'entreprendre au regard de leur finalité (garantir l'éthique des personnes qui entraînent les pratiquants d'une activité physique ou sportive ou enseignent, animent ou encadrent cette activité, en raison de l'influence qu'elles peuvent exercer sur eux et la sécurité de ces derniers) et des possibilités de relèvement de l'incapacité professionnelle qu'elles prévoient. • Cons. const. 7 mai 2021, n° 2021-904 QPC : *AJDA 2021. 1000 ; JS 2021, n° 220, p. 8, obs. Lagarde.*

13. Bilan d'application de la loi du 3 février 2003. Le nombre de poursuites pour conduite après usage de stupéfiants et/ou homicides et blessures involontaires par conducteur ayant fait usage de stupéfiants est en constante progression. Ainsi, en 2003, 69 conducteurs avaient été condamnés pour de tels faits. En 2008, ce chiffre est passé à 8 417 condamnations. La mise en place des tests salivaires devrait d'ailleurs conforter cette tendance : dans les ressorts où les services de police et de gendarmerie ont été dotés de tels tests, on assiste en effet à une augmentation significative du nombre de procédures qui concernent majoritairement l'usage du cannabis ou de ses dérivés. * Rép. min. Q. n° 12017 : *JO Sénat 29 juill. 2010, p. 1984.*

14. Politique pénale. Les parquets apportent une réponse pénale systématique à ce type de comportements. A l'image des politiques pénales définies pour le traitement des autres délits routiers, les parquets utilisent tout le panel des réponses procédurales à l'encontre des auteurs de ces infractions en fonction des antécédents du mis en cause et des circonstances de l'espèce. Ces politiques pénales tiennent compte du taux de tétrahydrocannabinol carboxylique (THC) dans le sang révélant une consommation ancienne ou occasionnelle. Ainsi, lorsque le taux de tétrahydrocannabinol carboxylique dans le sang est faible, un rappel à la loi ou une composition pénale peut être ordonnée. Lorsque le taux relevé ou la quantité de produit dépisté sont plus importants et témoignent d'une dangerosité manifeste du mis en cause, des poursuites sont exercées devant le magistrat du parquet en vue d'une comparution immédiate ou d'une comparution par procès-verbal. Les parquets généraux, dans leur mission d'harmonisation des politiques pénales, restent attentifs à ce qu'au sein d'une même cour d'appel ne se développent des politiques pénales différentes qui aboutiraient à des inégalités de traitement entre justiciables. * Même Rép. min.

Art. L. 235-2 *(L. n° 2003-87 du 3 févr. 2003) (L. n° 2011-267 du 14 mars 2011, art. 83-1°)* « Les officiers ou agents de police judiciaire de la gendarmerie ou la police nationales territorialement compétents et, sur l'ordre et sous la responsabilité des officiers de police judiciaire, les agents de police judiciaire adjoints font procéder, sur le conducteur ou l'accompagnateur de l'élève conducteur impliqué dans un accident mortel ou corporel de la circulation, à des épreuves de dépistage en vue d'établir si cette personne conduisait en ayant fait usage de substances ou plantes classées comme stupéfiants.

« Les officiers ou agents de police judiciaire de la gendarmerie ou la police nationales territorialement compétents et, sur l'ordre et sous la responsabilité des officiers de police judiciaire, les agents de police judiciaire adjoints peuvent également faire procéder à ces mêmes épreuves sur tout conducteur ou tout accompagnateur d'élève conducteur qui est impliqué dans un accident matériel de la circulation ou est l'auteur présumé de l'une des infractions au présent code ou à l'encontre duquel il existe une ou plusieurs raisons plausibles de soupçonner qu'il a fait usage de stupéfiants.

« Les officiers ou agents de police judiciaire de la gendarmerie ou la police nationales territorialement compétents, agissant sur réquisitions du procureur de la République précisant les lieux et dates des opérations et, sur l'ordre et sous la responsabilité de ces officiers de police judiciaire, les agents de police judiciaire adjoints peuvent également, même en l'absence d'accident de la circulation, d'infraction ou de raisons plausibles de soupçonner un usage de stupéfiants, procéder ou faire procéder, sur tout conducteur ou tout accompagnateur d'élève conducteur, à des épreuves de dépistage en vue d'établir si cette personne conduisait en ayant fait usage de substances ou plantes classées comme stupéfiants. Les réquisitions prévues au présent alinéa peuvent être adressées par tout moyen. Si elles sont adressées oralement, il en est fait mention dans le procès-verbal dressé par l'officier ou l'agent de police judiciaire. »

(L. n° 2016-41 du 26 janv. 2016, art. 45-II-3°) « Les officiers *(L. n° 2019-222 du 23 mars 2019, art. 51-IV)* « ou agents de police judiciaire de la gendarmerie ou de la police nationales territorialement compétents à leur initiative et, sur l'ordre et sous la responsabilité des officiers de police judiciaire, les agents de police judiciaire adjoints » peuvent également, même en l'absence d'accident de la circulation, d'infraction ou de raisons plausibles de soupçonner un usage de stupéfiants, procéder ou faire procéder, sur tout conducteur ou tout accompagnateur d'élève conducteur, à des épreuves de dépistage en vue d'établir si cette personne conduisait en ayant fait usage de substances ou plantes classées comme stupéfiants. »

Si *(L. n° 2011-267 du 14 mars 2011, art. 83-2°)* « les épreuves » de dépistage se révèlent positives ou lorsque le conducteur refuse ou est dans l'impossibilité de les subir, les officiers ou agents de police judiciaire font procéder à des vérifications consistant en des analyses ou examens médicaux, cliniques et biologiques, en vue d'établir si la personne conduisait *(L. n° 2003-495 du 12 juin 2003, art. 35)* « en ayant fait usage de substances ou plantes classées comme stupéfiants ». *(L. n° 2019-222 du 23 mars 2019, art. 51-IV)* « A cette fin, l'officier ou l'agent de police judiciaire peut requérir un médecin, un interne en médecine, un étudiant en médecine autorisé à exercer la médecine à titre de remplaçant ou un infirmier pour effectuer une prise de sang. »

(L. n° 2011-267 du 14 mars 2011, art. 83-3°) « Lorsque la constatation est faite par un agent de police judiciaire adjoint mentionné aux 1° *bis*, 1° *ter*, 1° *quater* ou 2° de l'article 21 du code de procédure pénale, il rend compte immédiatement de la présomption de l'existence d'un usage de substances ou plantes classées comme stupéfiants ou du refus du conducteur ou de l'accompagnateur de l'élève conducteur de subir les épreuves de dépistage à tout officier de police judiciaire de la police nationale ou de la gendarmerie nationale territorialement compétent, qui peut alors lui ordonner sans délai de lui présenter sur-le-champ la personne concernée. »

Un décret en Conseil d'État détermine les conditions d'application du présent article.

Les dispositions de l'art. L. 235-2 sont applicables à Mayotte (L. n° 2003-495 du 12 juin 2003, art. 42).

Sur l'interdiction de signaler les contrôles routiers prévus à l'art. L. 235-2, V. art. L. 130-11 et R. 130-11.

COMMENTAIRE

Contrôle de l'usage de stupéfiants. Depuis la loi du 5 février 2003, l'article L. 235-2 a été modifié à plusieurs reprises, afin de simplifier les hypothèses de contrôle de l'usage de stupéfiants qu'il prévoit, mais aussi de les rapprocher de celles prévues en matière d'alcoolémie.

Contrôles obligatoires. Simplification et rapprochement peuvent être constatés en cas d'accident corporel de la circulation. Depuis la loi du 14 mars 2011, dite LOPPSI II, le contrôle de l'usage de stupéfiants, qui était déjà obligatoire en cas d'accident mortel, est en effet devenu obligatoire dans tous les cas d'accidents corporels, sans condition supplémentaire (auparavant, l'article L. 235-2, alinéa 1er, subordonnait cette hypothèse de dépistage à l'existence d'une ou plusieurs raisons plausibles de soupçonner l'usage de stupéfiants). Il en est de même en matière d'alcoolémie, comme le prévoit l'article L. 234-3, alinéa 1er. En revanche, on notera que le contrôle d'alcoolémie est également obligatoire en cas d'infraction assortie de la peine complémentaire de suspension du permis de conduire, ce qui n'est pas le cas du contrôle de l'usage de stupéfiants. Dans cette hypothèse, les dispositions de l'alinéa 2 de l'article L. 235-2 permettent certes un tel contrôle, mais ne l'imposent pas.

Contrôles facultatifs. La simplification est également évidente en cas d'infraction au code de la route. Depuis la loi du 14 mars 2011, l'article L. 235-2, alinéa 2, permet en effet de contrôler l'usage de stupéfiants de tout conducteur présumé d'avoir commis une infraction au code de la route. Auparavant, seules certaines infractions étaient visées : les infractions punies de la peine de suspension du permis de conduire, ainsi que celles relatives à la vitesse ou au port de la ceinture de sécurité ou du casque. En matière d'alcoolémie, l'article L. 234-3, depuis la loi du 26 janvier 2016, permet également aux forces de l'ordre de contrôler l'alcoolémie de tout conducteur présumé d'une infraction au code de la route. Mais il faut rappeler que le contrôle d'alcoolémie est obligatoire si l'infraction commise est punie de la peine complémentaire de suspension du permis de conduire, alors qu'il est facultatif dans le cas contraire.

Comme auparavant, l'article L. 235-2, alinéa 2, permet également de contrôler l'usage de stupéfiants d'un conducteur en cas d'accident matériel (le dépistage de l'imprégnation alcoolique est également possible dans un tel cas) et, de manière large, lorsqu'il existe une ou plusieurs raisons plausibles de soupçonner l'usage de stupéfiants.

Contrôles préventifs ou aléatoires. Avant la LOPPSI II, cette dernière hypothèse de contrôle facultatif pouvait permettre des contrôles préventifs de l'usage de stupéfiants comparables à ceux réalisés en matière d'alcoolémie sur le fondement de l'article L. 234-9. Depuis la loi du 14 mars 2011, de tels contrôles sont clairement envisagés par l'alinéa 3 du présent article qui a repris, pour l'usage de stupéfiants, ce que prévoit l'article L. 234-9 pour l'alcoolémie, à une réserve près. En effet, si la loi du 14 mars 2011 est venue permettre aux forces de l'ordre de procéder à un contrôle aléatoire de l'usage de stupéfiants, c'est uniquement sur réquisition du procureur de la République. Une limitation apportée à ce type de contrôle qui ne vaut plus depuis la loi du 26 janvier 2016 qui a ajouté un alinéa 4 à l'article L. 235-2, afin de permettre aux officiers de police judiciaire de décider d'office un tel contrôle, comme en matière d'alcoolémie.

Ces contrôles préventifs, aussi bien en matière de stupéfiants qu'en matière d'alcoolémie, peuvent enfin être initiés par les agents de police judiciaire depuis la loi du 23 mars 2019 de programmation et pour la réforme de la justice, qui a modifié l'alinéa 4 du présent article en ce sens, ainsi que les dispositions correspondantes de l'article L. 234-9.

Compétence des agents de police municipale et des gardes champêtres. On sait que les agents de police municipale peuvent procéder aux épreuves de dépistage de l'imprégnation alcoolique d'un conducteur, y compris, depuis la loi du 14 mars 2011, dans le cadre d'un contrôle d'alcoolémie préventif (V. comm. ss. art. L. 234-7). Or les dispositions en ce sens prévues en matière d'alcoolémie ont été reproduites, par la loi du 14 mars 2011, à l'article L. 235-2. Partant, comme en matière d'alcoolémie, les agents de police municipale – agents de police judiciaire adjoints mentionnés au 2° de l'article 21 du code de procédure pénale –, peuvent, depuis cette loi, participer aux épreuves de dépistage de l'usage de stupéfiants, dans les différents cas prévus à l'article L. 235-2 et selon des conditions identiques à celles prévues en matière d'alcoolémie, c'est-à-dire sur l'ordre et sous la responsabilité d'un officier de police judiciaire de la police ou de la gendarmerie nationales.

Depuis la loi du 25 mai 2021 pour une sécurité globale préservant les libertés, les gardes champêtres peuvent également procéder aux épreuves de dépistage de l'usage de stupéfiants mentionnées aux deux premiers alinéas de l'article L. 235-2, donc celles prévues en cas d'accident de la circulation ou d'infraction au code de la route. Cette possibilité résulte de l'alinéa 4 de l'article L. 521-1 du code de la sécurité intérieure qui donne compétence aux gardes champêtres pour constater par procès-verbal les contraventions aux dispositions du code de la route dont la liste est fixée par décret en Conseil d'État (V. art. R. 130-3) et leur permet, à cette occasion, de procéder aux épreuves de dépistage de l'imprégnation alcoolique mentionnées à l'article L. 234-3 du code de la route, ainsi que, depuis la loi du 25 mai 2021, aux épreuves de dépistage de l'usage de stupéfiants précédemment évoquées. Cette compétence donnée aux gardes champêtres de procéder à de telles épreuves figure également à l'article R. 235-3 du présent code, depuis le décret n° 2021-1351 du 15 octobre 2021 d'application des mesures en matière de sécurité routière prévues par la loi du 25 mai 2021. On remarquera cependant que cet article R. 235-3, en renvoyant aux épreuves de dépistage prévues par l'article L. 235-2, permet aux gardes champêtres de procéder à toutes les épreuves de dépistage prévues par cet article, y compris celles réalisées dans le cadre d'un contrôle aléatoire prévues par son alinéa 3, ce qui est contraire à l'article L. 521-1 du code de la sécurité intérieure qui permet aux gardes champêtres de procéder uniquement aux épreuves de dépistage mentionnées aux deux premiers alinéas de l'article L. 235-2 du code de la route.

Dépistage et vérifications. Comme en matière d'alcoolémie, le contrôle de l'usage de stupéfiants se fait, en principe, en deux temps. Le conducteur concerné est d'abord soumis à des épreuves de dépistage, puis, si celles-ci s'avèrent positives, il est soumis à des vérifications. L'article L. 235-2, comme son équivalent en matière d'alcoolémie (V. art. L. 234-4), permet néanmoins de soumettre un conducteur directement aux vérifications destinées à établir l'usage de stupéfiants s'il refuse les épreuves de dépistage ou est dans l'impossibilité de les subir. En matière d'alcoolémie, depuis la loi précitée du 25 mai 2021, il est cependant possible de procéder à des vérifications sans dépistage préalable dans d'autres hypothèses que celle du refus ou de l'impossibilité de subir les épreuves de dépistage (V. comm. ss. art. L. 234-7). Ce qui participe à différencier des contrôles que les réformes précédentes avaient pourtant cherché à rapprocher.

Vérifications facilitées. Parmi les réformes visant à rapprocher les contrôles prévus par le code de la route en matière d'alcoolémie et d'usage de stupéfiants, on notera enfin celle issue de la loi du 23 mars 2019 visant à faciliter les vérifications aussi bien de l'usage de stupéfiant que de l'état alcoolique. Depuis cette loi, lorsqu'une prise de sang s'avère nécessaire pour procéder aux vérifications, l'article L. 235-2, comme l'article L. 234-4 en matière d'alcoolémie, permet à l'officier ou l'agent de police judiciaire de recourir non seulement à un médecin, un interne ou un étudiant en médecine remplaçant, mais aussi à un infirmier (sur les implications de cette modification, V. comm. ss. art. L. 234-7). ❑

1. Dépistage. Est irrégulier le contrôle de l'usage de stupéfiants opéré sur un prévenu au motif qu'il existait une ou plusieurs raisons plausibles de soupçonner qu'il avait fait usage de stupéfiants, dès lors qu'aucun procès-verbal, établi le jour même du contrôle, ne fait état d'éléments sur le comportement du prévenu pouvant constituer une raison plausible de soupçonner qu'il avait fait usage de stupéfiants (en l'espèce, un tel procès-verbal avait été rédigé, mais trois semaines après le contrôle, lorsque les gendarmes avaient notifié à l'intéressé les résultats positifs de l'analyse sanguine). • Pau, 22 déc. 2009 : *Dr. pénal 2010. Chron. 6, obs. Gauvin.* ♦ Est justifié l'arrêt qui, pour déclarer irrégulier un dépistage, retient que les raisons plausibles de soupçonner une telle consommation par un conducteur doivent résulter, non d'un interrogatoire effectué à l'occasion d'un contrôle ayant un fondement autre que les dispositions de l'art. L. 235-2 C. route, mais des seules constatations effectuées par l'officier ou l'agent de police judiciaire sur le comportement ou l'environnement du conducteur permettant de soupçonner la commission de cette infraction, dès lors qu'en l'absence des conditions requises par l'art. L. 235-2 C. route, dans sa rédaction antérieure à l'entrée en vigueur de la L. n° 2016-41 du 26 janv. 2016, notamment d'indice objectif faisant soupçonner un usage de stupéfiants ou toute autre infraction, il n'entre pas dans les prérogatives de l'officier ou de l'agent de police judiciaire, qui ne dispose pas de réquisition appropriée du procureur de la République, de procéder à un interrogatoire du conducteur du véhicule (en l'espèce, il avait été procédé aux opérations de dépistage de l'usage de stupéfiants après que le policier avait interrogé le prévenu sur une telle consommation, lequel avait alors avoué un usage de cannabis la veille). • Crim. 10 févr. 2016, n° 15-81.268 P : *D. 2016. Actu. 425* ; *D. actu.*

9 mars 2016, obs. Collot; JCP 2016. Doctr. 381, obs. Detraz; Dr. pénal 2016, n° 61, note Robert; ibid. Chron. 7, obs. Gauvin. ♦ V., désormais, les dispositions de l'art. L. 235-2, al. 4, C. route.

2. Vérifications. N'a pas été jugée sérieuse – et en conséquence n'a pas été renvoyée au Conseil constitutionnel – une question prioritaire de constitutionnalité portant sur les dispositions de l'art. L. 235-2 C. route en ce qu'elles prévoient la possibilité d'effectuer des analyses et examens médicaux, cliniques et biologiques, comportant le cas échéant un prélèvement sanguin, afin de vérifier si le conducteur d'un véhicule a fait usage de produits stupéfiants, dès lors que l'obligation à laquelle l'intéressé se trouve soumis par ces dispositions procède d'un juste équilibre entre l'impératif de sécurité publique et l'atteinte à la dignité de la personne et au principe d'inviolabilité du corps humain qui en découle, et n'emporte ni déclaration, ni même présomption de culpabilité; l'obligation pénalement sanctionnée de se soumettre à ces analyses et examens, qui n'implique pas davantage de reconnaissance de culpabilité, n'étant pas par ailleurs contraire à la règle selon laquelle nul n'est tenu de s'accuser. • Crim. 18 déc. 2013 : *inédit.*

3. Les dispositions de l'art. 77-1 C. pr. pén. permettant à un officier de police judiciaire de recourir, sur autorisation du procureur de la République, à toutes personnes qualifiées lorsqu'il y a lieu de procéder à des constatations techniques ou à des examens techniques ou scientifiques, ne sont pas applicables aux vérifications consistant en des analyses ou examens médicaux, cliniques et biologiques en vue d'établir si une personne conduisait en ayant fait usage de stupéfiants, dès lors que l'officier de police judiciaire tire de l'art. L. 235-2, al. 5, C. route le pouvoir de faire procéder à ces vérifications, sans autorisation préalable du procureur. • Crim. 21 juin 2016, n° 15-86.449 P : *Dr. pénal 2016, n° 127, note Robert.*

Art. L. 235-3 *(L. n° 2003-87 du 3 févr. 2003)* **I. — Le fait de refuser de se soumettre aux vérifications prévues par l'article L. 235-2 est puni de deux ans d'emprisonnement et de 4 500 € d'amende.**

II. — Toute personne coupable de ce délit encourt également les peines complémentaires suivantes :

1° La suspension pour une durée de trois ans au plus du permis de conduire; *(L. n° 2003-495 du 12 juin 2003, art. 5)* **« cette suspension ne peut pas être limitée à la conduite en dehors de l'activité professionnelle »; elle ne peut être assortie du sursis, même partiellement;**

2° L'annulation du permis de conduire avec interdiction de solliciter la délivrance d'un nouveau permis pendant trois ans au plus;

3° La peine de travail d'intérêt général selon les modalités prévues à l'article 131-8 du code pénal et selon les conditions prévues aux articles 131-22 à 131-24 du même code et *(Ord. n° 2019-950 du 11 sept. 2019, art. 5-VI et 9, en vigueur le 30 sept. 2021)* **« à l'article L. 122-1 du code de la justice pénale des mineurs »;**

4° La peine de jours-amende dans les conditions fixées aux articles 131-5 et 131-25 du code pénal;

(L. n° 2003-495 du 12 juin 2003, art. 6) **« 5° L'interdiction de conduire certains véhicules terrestres à moteur, y compris ceux pour la conduite desquels le permis de conduire n'est pas exigé, pour une durée de cinq ans au plus;**

« 6° L'obligation d'accomplir, à ses frais, un stage de sensibilisation à la sécurité routière; »

(L. n° 2007-297 du 5 mars 2007, art. 48) **« 7° L'obligation d'accomplir, à ses frais, un stage de sensibilisation aux dangers de l'usage de produits stupéfiants »;**

(L. n° 2019-1428 du 24 déc. 2019, art. 98-I) **« 8° La confiscation du véhicule dont le condamné s'est servi pour commettre l'infraction, s'il en est le propriétaire. »**

III. — Ce délit donne lieu de plein droit à la réduction de la moitié *(L. n° 2003-495 du 12 juin 2003, art. 11)* **« du nombre maximal de points » du permis de conduire.**

Les dispositions de l'art. L. 235-3 sont applicables à Mayotte (L. n° 2003-495 du 12 juin 2003, art. 42).

L'art. 2 de la L. n° 2021-218 du 26 févr. 2021 modifie la date d'entrée en vigueur du CJPM.

COMMENTAIRE

Refus de se soumettre aux vérifications. L'article L. 235-3 incrimine le refus de se soumettre aux vérifications visant à établir l'usage de stupéfiants. Cette incrimination – comparable à celle que l'on trouve en matière d'alcoolémie à l'art. L. 234-8 – est sanctionnée des mêmes peines que le délit de conduite après usage de stupéfiants, incriminé à l'article L. 235-1, et est également assortie d'un retrait de six points sur le permis de conduire de l'intéressé.

Concernant les peines, on notera que la loi d'orientation des mobilités du 24 décembre 2019 a ajouté au sein du présent article, comme à l'article L. 235-1, la peine complémentaire de confiscation du véhicule. Un ajout qui ne change rien sur le fond : cette peine complémentaire pouvant déjà être prononcées pour le présent délit, avant cette loi, par application des règles de l'article 131-21 du code pénal. ❑

1. L'infraction prévue par l'art. L. 235-3 C. route est constituée dès lors que le prévenu, à la suite d'un dépistage salivaire positif, a refusé de se soumettre aux vérifications médicales, cliniques et biologiques destinées à établir la preuve de l'usage de plantes ou substances classées comme stupéfiants, la phobie des piqûres invoquée par le prévenu, fût-elle avérée, ne pouvant être constitutive d'une excuse exonératoire. • Montpellier, 25 janv. 2012 : *Dr. pénal 2012. Chron. 6, obs. Gauvin.*

2. Interprétation stricte. Elle n'est en revanche pas constituée lorsque les procès-verbaux constatent uniquement un refus de se soumettre aux épreuves de dépistage, sans indiquer que le prévenu a été invité à se soumettre aux vérifications par analyse ou examens médicaux, cliniques ou biologiques, l'art. L. 235-3 C. route incriminant exclusivement le fait de refuser de se soumettre aux vérifications. • Riom, 11 sept. 2019 : *Dr. pénal 2020. Chron. 8, obs. Gauvin.*

Art. L. 235-4 *(L. nº 2003-87 du 3 févr. 2003)* **I. — Toute personne coupable, en état de récidive au sens de l'article 132-10 du code pénal, de l'une des infractions prévues aux articles L. 235-1 et L. 235-3 du présent code encourt également les peines complémentaires suivantes :**

1° La confiscation *(L. nº 2011-267 du 14 mars 2011, art. 74-2º-a)* **« obligatoire » du véhicule dont le prévenu s'est servi pour commettre l'infraction, s'il en est propriétaire** *(Abrogé par L. nº 2011-267 du 14 mars 2011, art. 81-II)* ***« , les dispositions de l'article L. 325-9 étant alors applicables, le cas échéant, au créancier gagiste ».*** *(L. nº 2011-267 du 14 mars 2011, art. 74-2º-b)* **« La juridiction peut toutefois ne pas prononcer cette peine, par une décision spécialement motivée » ;**

2° L'immobilisation, pendant une durée d'un an au plus, du véhicule dont le prévenu s'est servi pour commettre l'infraction, s'il en est propriétaire.

Le fait de détruire, détourner ou tenter de détruire ou de détourner un véhicule confisqué ou immobilisé en application des 1° et 2° est puni des peines prévues à l'article 434-41 du code pénal.

II. — Toute condamnation pour les délits prévus aux articles L. 235-1 et L. 235-3 commis en état de récidive au sens de l'article 132-10 du code pénal donne lieu de plein droit à l'annulation du permis de conduire avec interdiction de solliciter la délivrance d'un nouveau permis pendant trois ans au plus.

Les dispositions de l'art. L. 235-4 sont applicables à Mayotte (L. nº 2003-495 du 12 juin 2003, art. 42).

COMMENTAIRE

Peines complémentaires en cas de récidive. Des peines complémentaires supplémentaires sont prévues par le présent article en cas de récidive, au sens de l'article 132-10 du code pénal, de l'une des infractions prévues par les articles L. 235-1 et L. 235-3. Ces peines complémentaires supplémentaires ne peuvent donc s'appliquer, conformément à l'article 132-10 du code pénal, que si l'intéressé, qui a été condamné définitivement pour un délit, commet, dans un délai de cinq ans à compter de l'expiration ou de la prescription de la précédente peine, le même délit ou un délit assimilé. Par application de l'article 132-16-2 du code pénal, ces peines peuvent ainsi s'appliquer, par exemple, à l'encontre d'une personne condamnée définitivement pour délit de conduite après usage de stupéfiants (1er terme), qui commet ensuite le délit de conduite sous l'empire d'un état alcoolique (2d terme), ces délits étant assimilés au regard des règles de la récidive. En revanche, elles ne peuvent s'appliquer à l'encontre d'une personne condamnée pour homicide involontaire par violation manifestement délibérée d'une obligation de sécurité ou de prudence (1er terme), qui commet ensuite le délit de conduite après usage de stupéfiants (2d terme), seul l'homicide involontaire par conducteur d'un véhicule terrestre à moteur étant assimilé, dans un tel cas, au délit de conduite après usage de stupéfiants (V. note 2).

Lorsque l'état de récidive au sens de l'article 132-10 du code pénal peut être retenu, l'intéressé s'expose à trois peines supplémentaires : une peine complémentaire facultative (l'immobilisation du véhicule pour une durée maximale d'un an), une peine complémentaire quasi obligatoire depuis la loi du 14 mars 2011, dite LOPPSI II (la confiscation du véhicule qui peut ne pas être prononcée par une décision spécialement motivée. Sur cette peine, V. comm. ss. art. L. 212-4) et une peine obligatoire (l'annulation de plein droit du permis de conduire de l'intéressé avec interdiction de solliciter la délivrance d'un nouveau permis pendant un délai maximal de trois ans. Sur la constitutionnalité de cette peine automatique, V. jurispr. citée). ❑

1. Constitutionnalité de la peine d'annulation du permis de conduire (art. L. 235-4, II). Il n'y a pas lieu de renvoyer au Conseil constitutionnel la question prioritaire de constitutionnalité portant sur l'art. L. 235-4, II, C. route dès lors que le Conseil constitutionnel a déjà déclaré conforme à la Constitution l'art. L. 234-13 C. route qui prévoit, dans les mêmes termes, l'annulation du permis de conduire en cas de récidive de conduite sous l'empire d'un état alcoolique (V. jurisp. ss. C. route, art. L. 234-13). Si, conformément aux dispositions de l'art. L. 235-4, II, C. route, le juge qui prononce une condamnation pour conduite d'un véhicule en ayant fait usage de substances ou plantes classées comme stupéfiants, commise en état de récidive légale, est tenu de prononcer l'annulation du permis de conduire avec interdiction de solliciter la délivrance d'un nouveau permis de conduire, il peut, outre la mise en œuvre des dispositions du code pénal relatives aux dispense et relevé des peines, fixer la durée de l'interdiction dans la limite du maximum de trois ans. Dans ces conditions, le juge n'est donc pas privé du pouvoir d'individualiser la peine. • Cass., QPC, 25 janv. 2011, n° 10-90.119.

2. Délits assimilés. Il résulte de l'art. 132-10 C. pén. qu'il y a récidive lorsqu'une personne, déjà condamnée définitivement pour un délit, commet, dans le délai de cinq ans à compter de l'expiration ou de la prescription de la précédente peine, soit le même délit, soit un délit qui lui est assimilé, et de l'art. 132-16-2 du même code que le délit de conduite d'un véhicule en ayant fait usage de substances ou plantes classées comme stupéfiants, prévu par l'art. L. 235-1 C. route, est assimilé au délit d'homicide involontaire commis à l'occasion de la conduite d'un véhicule terrestre à moteur lorsqu'il constitue le second terme de la récidive.. Est en conséquence censuré l'arrêt qui, pour constater l'annulation de plein droit du permis de conduire d'un prévenu sur le fondement du II de l'art. L. 235-4 C. route, énonce que celui-ci, poursuivi pour conduite après usage de stupéfiants en date du 10 oct. 2018, a été précédemment condamné le 13 mars 2017 pour infractions à la législation sur les stupéfiants et homicide involontaire par violation manifestement délibérée d'une obligation de sécurité ou de prudence, l'intéressé n'ayant pas été condamné pour homicide involontaire par conducteur d'un véhicule terrestre à moteur. • Crim. 10 mai 2022, n° 21-86.071 : *Dr. pénal 2022, n° 136, note Bonis* (qui limite cependant la cassation à la peine d'annulation du permis de conduire, le prévenu pouvant être déclaré en récidive légale, par application de l'art. 132-9, al. 2, C. pén.).

Art. L. 235-5 *(L. n° 2011-392 du 14 avr. 2011, art. 15, en vigueur le 1er juin 2011)* **Lorsqu'il a été procédé aux épreuves de dépistage et aux vérifications prévues par l'article L. 235-2, le placement en garde à vue de la personne, si les conditions de cette mesure prévues par le code de procédure pénale sont réunies, n'est pas obligatoire dès lors qu'elle n'est pas tenue sous la contrainte de demeurer à la disposition des enquêteurs et qu'elle a été informée** *(L. n° 2016-731 du 3 juin 2016, art. 83-VII)* **« des droits mentionnés à l'article 61-1 du code de procédure pénale ».**

L'art. L. 235-5 avait été abrogé par L. n° 2003-495 du 12 juin 2003, art. 3.

CHAPITRE VI COMPORTEMENTS COMPROMETTANT DÉLIBÉRÉMENT LA SÉCURITÉ OU LA TRANQUILLITÉ DES USAGERS DE LA ROUTE

(L. n° 2018-701 du 3 août 2018)

COMMENTAIRE

Lutte contre les rodéos motorisés. Ce chapitre VI a été inséré dans le code de la route par la loi n° 2018-701 du 3 août 2018 renforçant la lutte contre les rodéos motorisés. Il s'est agi par là même de mieux lutter contre ces rassemblements qui consistent pour des conducteurs de véhicules à moteur, et plus particulièrement de motos, mini-motos ou quads, à effectuer des démonstrations, des courses ou des figures sur la voie publique, en compromettant leur sécurité (les conducteurs de ces véhicules étant bien souvent dépourvus de casques) comme celle des autres usagers de la route, mais aussi la tranquillité des riverains des lieux où sont organisés de tels rassemblements par les nuisances sonores qu'ils occasionnent (l'article L. 236-1 vise d'ailleurs les comportements compromettant la tranquillité publique et non pas la tranquillité des usagers de la route, comme l'indique l'intitulé du présent chapitre). Ces rodéos des temps modernes seraient nombreux et réguliers : en 2017, selon les travaux parlementaires, la police nationale aurait en effet constaté 8 700 rodéos motorisés et la gendarmerie nationale aurait procédé à plus de 6 600 interventions concernant de tels rassemblements.

Plusieurs incriminations ont été créées ici pour renforcer, comme l'indique l'intitulé de la loi du 3 août 2018, la lutte contre les rodéos motorisés. Les parlementaires ont en effet considéré que les incriminations existantes étaient insuffisantes pour appréhender tous les comportements s'y rattachant. Il en est ainsi du délit de mise en danger d'autrui prévu à l'article 223-1 du code pénal qui a été considéré comme difficile à appliquer à de tels faits, en raison de ses éléments constitutifs appliqués strictement par la jurisprudence dans le domaine de la sécurité routière. Il en est ainsi également de plusieurs incriminations formulées dans le présent code qui, en sanctionnant l'organisation sans autorisation de courses de véhicules à moteur sur la voie publique (art. L. 411-7), l'utilisation sur la voie publique de mini-motos, quads ou autres engins comparables non soumis à réception (art. L. 321-1-1), l'utilisation d'un cyclomoteur débridé (art. R. 317-23-1) ou encore non muni d'un dispositif d'échappement silencieux en bon état de fonctionnement (art. R. 318-3) ne permettent d'appréhender que certains faits en lien avec la pratique des rodéos motorisés et, qui plus est, de manière imparfaite ou pas suffisamment dissuasive.

C'est pourquoi le législateur a créé plusieurs délits dans le présent chapitre permettant de sanctionner aussi bien la participation à un rodéo motorisé (art. L. 236-1) que le fait d'inciter à participer à un tel rodéo, de l'organiser ou d'en faire la promotion (art. L. 236-2).

Lutte contre d'autres comportements. On notera cependant qu'aucun des textes figurant dans ce chapitre VI ne vise expressément les rodéos motorisés. Les dispositions des articles L. 236-1 et suivants pourraient donc permettre d'appréhender d'autres comportements, si tant est que ceux-ci correspondent aux éléments constitutifs des incriminations qu'ils formulent.

On peut imaginer surtout que d'autres incriminations soient ajoutées dans ce chapitre pour sanctionner d'autres comportements compromettant délibérément la sécurité des usagers de la route. Le législateur pourrait déjà ainsi insérer ici un article renvoyant aux dispositions de l'article 223-1 du code pénal sur le délit de mise en danger d'autrui, ce délit permettant de sanctionner des comportements compromettant délibérément la sécurité des usagers de la route, même si la jurisprudence, comme il a été dit, se montre exigeante sur son application à la circulation routière. ❑

Art. L. 236-1 **I. — Le fait d'adopter, au moyen d'un véhicule terrestre à moteur, une conduite répétant de façon intentionnelle des manœuvres constituant des violations d'obligations particulières de sécurité ou de prudence prévues par les dispositions législatives et réglementaires du présent code dans des conditions qui compromettent la sécurité des usagers de la route ou qui troublent la tranquillité publique est puni d'un an d'emprisonnement et de 15 000 € d'amende.**

II. — Les peines sont portées à deux ans d'emprisonnement et à 30 000 € d'amende lorsque les faits sont commis en réunion.

III. — Les peines sont portées à trois ans d'emprisonnement et 45 000 € d'amende :

1° Lorsqu'il résulte d'une analyse sanguine ou salivaire que la personne a fait usage de substances ou plantes classées comme stupéfiants ou lorsque cette personne a refusé de se soumettre aux vérifications prévues par le présent code destinées à établir s'il conduisait en ayant fait usage de stupéfiants ;

2° Lorsque la personne se trouvait sous l'empire d'un état alcoolique caractérisé par une concentration d'alcool dans le sang ou dans l'air expiré égale ou supérieure aux taux fixés par les dispositions législatives ou réglementaires du présent code ou lorsque cette personne a refusé de se soumettre aux vérifications prévues par le présent code et destinées à établir l'existence d'un état alcoolique ;

3° Lorsque le conducteur n'était pas titulaire du permis de conduire exigé par la loi ou le règlement ou que son permis avait été annulé, invalidé, suspendu ou retenu.

IV. — Les peines sont portées à cinq ans d'emprisonnement et 75 000 € d'amende en cas de cumul d'au moins deux des circonstances prévues aux 1°, 2° et 3° du III.

A titre expérimental, pour l'infraction mentionnée au I de l'art. L. 236-1 C. route, l'action publique peut être éteinte, dans les conditions prévues aux art. 495-17 à 495-25 C. pr. pén., par le versement d'une amende forfaitaire d'un montant de 500 €. Le montant de l'amende forfaitaire minorée est de 400 € et le montant de l'amende forfaitaire majorée est de 1 000 €.

Au plus tard 6 mois avant la fin de l'expérimentation, le Gouvernement remet au Parlement un rapport d'évaluation de l'expérimentation afin de déterminer les conditions d'une éventuelle généralisation. Ces dispositions sont applicables sur l'ensemble du territoire national (L. nº 2023-22 du 24 janv. 2023, art. 25-XI).

BIBL. ▸ GAUVIN, *JCP 2018. 914* (de la lutte contre les rodéos motorisés - à propos de la loi nº 2018-701 du 3 août 2018). - MURBACH-VIBERT, *AJCT 2023. 146* (lutte contre les rodéos : une occasion manquée par la LOPMI). - ROBERT, *Dr. pénal 2018. Comm. nº 158* (excès de vitesse législatif derrière les rodéos). - ROUSSEAU, *RSC 2019. 469* (la répression des « rodéos motorisés »).

COMMENTAIRE

Incrimination de la participation. L'article L. 236-1, créé pour mieux appréhender le fait de participer à un rodéo motorisé (V. comm. introductif du présent chapitre), incrimine plus largement le fait pour le conducteur d'un véhicule terrestre à moteur d'adopter certains comportements dans des conditions compromettant la sécurité des usagers de la route ou la tranquillité publique. Il n'est pas sans rappeler le délit de mise en danger d'autrui prévu à l'article 223-1 du code pénal.

Pour que le présent délit soit constitué, il faut que le conducteur d'un véhicule terrestre à moteur (de n'importe quel véhicule terrestre à moteur, puisque le texte ne vise pas de catégories particulières) répète de façon intentionnelle des manœuvres constituant des violations d'obligations particulières de sécurité ou de prudence prévues par le code de la route. Une pluralité d'actes est ainsi requise ou plus exactement une répétition d'actes, lesquels doivent constituer des violations d'obligations particulières de sécurité ou de prudence prévues par le présent code. Or de nombreux actes constitutifs d'infractions au code de la route (excès de vitesse, non-respect d'un panneau stop ou d'un feu de signalisation ou encore dépassement dangereux) constituent de telles violations, de nombreuses infractions visant, en définitve, à sanctionner le non-respect d'obligations particulières de sécurité ou de prudence formulées par le code la route. Il en résulte que la répétition de plusieurs infractions au code de route – comme, par exemple, le fait de "griller" plusieurs feux rouges dans le cadre d'une course entre plusieurs véhicules – peut permettre d'établir les comportements incriminés à l'article L. 236-1. Encore faut-il toutefois que ces comportement soient accomplis dans des conditions compromettant la sécurité des usagers de la route ou bien, plus largement, la tranquillité publique. Cette condition est toutefois peu contraignante, celui qui, pour reprendre cet exemple, "grille" plusieurs feux rouges dans le cadre d'une course entre plusieurs véhicules compromet avec évidence la sécurité des usagers de la route. Cette condition est, en tout cas, moins exigeante que celle prévue par le code pénal pour que soit constitué le délit de mise en danger d'autrui, ce délit supposant un acte exposant directement autrui à un risque immédiat de mort ou de blessures de nature à entraîner une mutilation ou une infirmité permanente.

Répression. Le présent délit encourt un an d'emprisonnement et 15 000 euros d'amende. Ces peines sont cependant aggravées si l'infraction est commise en réunion, c'est-à-dire à plusieurs participants, ou commise par un conducteur conduisant sous l'influence de l'alcool ou ayant consommé des stupéfiants, ou par un conducteur n'ayant pas ou plus de permis de conduire. Par le jeu des circonstances aggravantes, l'auteur ou les auteurs de ce délit peuvent ainsi encourir jusqu'à cinq ans d'emprisonnement et 75 000 euros d'amende. Il est à noter qu'au cours des travaux préparatoires du projet de la loi d'orientation et de programmation du ministère de l'Intérieur, par un amendement, les parlementaires avaient décidé de créer une circonstance aggravante supplémentaire « lorsque les faits ont été commis dans des circonstances exposant directement autrui à un risque de mort ou de blessures de nature à entraîner une mutilation ou une infirmité permanente », permettant, à elle seule, de condamner l'intéressé à cinq ans d'emprisonnement et 75 000 euros d'amende. Les dispositions adoptées en ce sens ont cependant été censurées par le Conseil constitutionnel (Décis. nº 2022-846 DC du 19 janv. 2023) qui a considéré qu'elles ne présentaient pas de lien, même indirect, avec les dispositions de l'article 14 du projet de loi initial qui prévoyait d'étendre la procédure de l'amende forfaitaire délictuelle aux délits punis d'un an d'emprisonnement, ni avec aucune autre des dispositions qui figuraient dans le projet de loi déposé sur le bureau du Sénat, et donc qui a vu dans ces dispositions « un cavalier législatif » contraire aux dispositions de l'article 45, alinéa 1, de la Constitution.

Aux peines principales précitées il faut par ailleurs ajouter plusieurs peines complémentaires, formulées à l'article L. 236-3, parmi lesquelles figure la confiscation, qualifiée d'obligatoire, du véhicule ayant servi à commettre l'infraction (dans le projet de loi d'orientation et de programmation du ministère de l'intérieur, les parlementaires avaient ajouté, à la liste des peines complémentaires prévues à l'article L. 236-3, la confiscation d'un ou de plusieurs véhicules appartenant au condamné, mais les dispositions adoptées en ce sens ont également été censurées par le Conseil constitutionnel pour les raisons précédemment évoquées). Une telle qualification est importante, car elle permet aux forces de l'ordre de procéder, à la demande du préfet, à l'immobilisation et à la mise en fourrière des véhicules utilisés dans un rodéo motorisé, comme le prévoit l'article L. 325-1-2 du présent code (sur la gestion de ces véhicules lorsqu'ils sont mis en fourrières, V. art. L. 325-7, tel que modifié par la L. n° 2022-52 du 24 janv. 2022).

Expérimentation de l'amende forfaitaire délictuelle. Depuis la loi du 24 janvier 2023 précitée, le délit prévu au I de l'article L. 236-1 – donc commis sans circonstance aggravante – fait partie des délits pour lesquels il est possible de recourir à la procédure de l'amende forfaitaire délictuelle, mais uniquement à titre expérimental. Cette possibilité résulte de l'article 25-IX de la loi du 24 janvier 2023 qui fixe les montants de l'amende forfaitaire (500 €), de l'amende forfaitaire minorée (400 €) et de l'amende forfaitaire majorée (1 000 €) applicables dans le cadre de cette procédure et qui prévoit une évaluation de son application afin de déterminer les conditions d'une éventuelle généralisation. On peut toutefois d'ores et déjà se demander si cette procédure pourra pleinement s'appliquer au délit prévu à l'article L. 236-1, I, dès lors que l'amende forfaitaire délictuelle n'est pas applicable, par principe, aux délits commis par un mineur (V. C. pr. pén., art. 495-17) et donc ne pourra être utilisée pour sanctionner les mineurs qui participeraient à des rodéos motorisés. ❑

LUTTE CONTRE LES RODÉOS MOTORISÉS

1. Compétence du préfet dans certaines communes. Il résulte des dispositions du CGCT que, dans les communes où la police est étatisée, le maire est compétent pour réprimer les atteintes à la tranquillité publique en ce qui concerne uniquement les troubles de voisinage, le représentant de l'État dans le département étant pour sa part compétent pour réprimer les autres atteintes à la tranquillité publique au sens des dispositions du 2° de l'art. L. 2212-2 CGCT. Lorsque les nuisances sonores résultants de rodéos motorisés ne peuvent constituer des bruits de voisinage, il ne saurait dès lors être reproché au maire d'une telle commune de ne pas avoir pris de mesures pour lutter contre ces nuisances. • TA Marseille, 3 août 2020, n° 1800819 : *AJDA 2020. 2514, note Travard* ; *JCP Adm. 2020. 2231, note Pauliat* • TA Lyon, 24 nov. 2021, n° 2101049 : *AJCT 2022. 176, obs. Yazi-Roman*.

2. Responsabilité de l'État pour faute lourde. En ne prenant pas de mesures suffisantes pour mettre fin aux rodéos motorisés se déroulant à proximité du domicile de la requérante, le préfet des Bouches-du-Rhône, qui assure, sur le territoire de la commune de Marseille, les missions de police municipale qui lui sont attribuées par les dispositions de l'art. L. 2212-2 CGCT, méconnaît les dispositions de l'art. L. 2214-4 CGCT, cette insuffisance constituant une faute engageant la responsabilité de l'État. • TA Marseille, 3 août 2020, n° 1800819 : *AJDA 2020. 2514, note Travard* ; *JCP Adm. 2020. 2231, note Pauliat.*

Art. L. 236-2 Est puni de deux ans d'emprisonnement et de 30 000 € d'amende le fait :

1° D'inciter directement autrui à commettre les faits mentionnés à l'article L. 236-1 ;

2° D'organiser un rassemblement destiné à permettre la commission des faits mentionnés au II du même article L. 236-1 ;

3° De faire, par tout moyen, la promotion des faits mentionnés audit article L. 236-1 ou du rassemblement mentionné au 2° du présent article.

COMMENTAIRE

Incriminations de l'incitation, de l'organisation et de la promotion. L'article L. 236-2 formule trois incriminations – encourant deux ans d'emprisonnement et 30 000 euros d'amende, ainsi que les peines complémentaire prévues à l'article L. 236-3 –, en lien avec celle prévue à l'article L. 236-1 et donc en lien avec la lutte contre les rodéos motorisés.

L'article L. 236-2, 1° vise ainsi à sanctionner ceux qui incitent directement autrui à participer à un rodéo motorisé. La provocation à commettre une infraction qui constitue habituellement un cas de complicité est érigé ici en délit autonome. Cela permet de sanctionner l'incitation à participer à un rodéo motorisé, même lorsqu'elle n'est pas suivie d'effet. Cela peut permettre également de sanctionner plus sévèrement l'incitateur que le simple participant, du moins en l'absence de circonstance aggravante.

L'article L. 236-2, 2° a pour but de sanctionner les organisateurs d'un rassemblement destiné à la pratique d'un rodéo motorisé et, là encore, plus sévèrement que la simple participation à un tel rodéo.

L'article L. 236-2, 3° vise enfin à empêcher la publication et la diffusion sur les réseaux sociaux d'images ou de films de rodéos motorisés. De telles publications et diffusions sont en effet de nature à assurer la promotion de telles pratiques et constituent, pour reprendre les propos des parlementaires au cours des travaux préparatoires, une provocation indirecte à celles-ci, en les faisant apparaître sous un jour favorable. ❑

Art. L. 236-3 Toute personne coupable des délits prévus aux articles L. 236-1 et L. 236-2 encourt également, à titre de peine complémentaire :

1° La confiscation obligatoire du véhicule ayant servi à commettre l'infraction si la personne en est le propriétaire ou, sous réserve des droits du propriétaire de bonne foi, si elle en a la libre disposition *(L. n° 2022-52 du 24 janv. 2022, art. 32-I)* **« , à la condition, dans ce second cas, que le propriétaire dont le titre est connu ou qui a réclamé cette qualité au cours de la procédure ait été mis en mesure de présenter ses observations sur la mesure de confiscation envisagée par la juridiction de jugement aux fins, notamment, de faire valoir le droit qu'il revendique et sa bonne foi. La bonne foi est appréciée notamment au regard d'éléments géographiques et matériels objectifs. » La juridiction peut toutefois ne pas prononcer cette peine par une décision spécialement motivée ;**

2° La suspension pour une durée de trois ans au plus du permis de conduire ;

3° L'annulation du permis de conduire avec interdiction de solliciter la délivrance d'un nouveau permis pendant trois ans au plus ;

4° La peine de travail d'intérêt général selon les modalités prévues à l'article 131-8 du code pénal et selon les conditions prévues aux articles 131-22 à 131-24 du même code et *(Ord. n° 2019-950 du 11 sept. 2019, art. 5-VI et 9, en vigueur le 30 sept. 2021)* **« à l'article L. 122-1 du code de la justice pénale des mineurs » ;**

5° La peine de jours-amende dans les conditions fixées aux articles 131-5 et 131-25 du code pénal ;

6° L'interdiction de conduire certains véhicules terrestres à moteur, y compris ceux pour la conduite desquels le permis de conduire n'est pas exigé, pour une durée de cinq ans au plus ;

7° L'obligation d'accomplir, à ses frais, un stage de sensibilisation à la sécurité routière.

L'immobilisation du véhicule peut être prescrite dans les conditions prévues aux articles L. 325-1 à L. 325-3 du présent code.

L'art. 2 de la L. n° 2021-218 du 26 févr. 2021 modifie la date d'entrée en vigueur du CJPM.

TITRE IV **DISPOSITIONS RELATIVES À L'OUTRE-MER**

COMMENTAIRE

Pour Saint-Pierre-et-Miquelon et Mayotte, voir les observations faites sous l'intitulé du titre IV du livre I.

Application de certaines dispositions du livre II dans les territoires d'outre-mer. Le titre IV du livre II rend applicable dans les territoires d'outre-mer, que sont la Nouvelle-Calédonie, la Polynésie française et les îles Wallis-et-Futuna, une partie seulement des dispositions du livre II du code de la route. Il s'agit des dispositions relatives à la conduite sous l'influence de l'alcool, à la conduite après usage de stupéfiants, au comportement que doit adopter un conducteur en cas d'accident ou de contrôle routier et aux comportements compromettant délibérément la sécurité ou la tranquillité des usagers de la route. Il en résulte que, par exemple, les dispositions du présent livre dédiées au permis à points ne sont pas applicables dans les territoires d'outre-mer. Quant aux dispositions qui y sont applicables, elles ne le sont pas nécessairement à l'identique.

Conduite sous l'influence de l'alcool. Les articles L. 243-1, L. 244-1 et L. 245-1 rendent applicables dans les territoires d'outre-mer les dispositions des articles L. 234-1 à L. 234-9 sur la conduite sous l'influence de l'alcool, sous réserve de quelques adaptations.

Dans les territoires d'outre-mer, plusieurs peines complémentaires ne sont en effet pas applicables. Il en est ainsi de la peine de suspension et d'annulation du permis de conduire, ainsi que des peines d'interdiction de conduire certains véhicules terrestres à moteur et d'obligation d'accomplir un stage de sensibilisation à la sécurité routière ajoutées par la loi du 12 juin 2003 aux articles L. 234-2, I, et L. 234-8, II. Ne sont également pas applicables dans les territoires d'outre-mer les peines complémentaires supplémentaires prévues, en cas de récidive, par les articles L. 234-12 et L. 234-13, que sont la confiscation obligatoire du véhicule, son immobilisation pendant une durée d'un an au plus et l'annulation de plein droit du permis de conduire de l'intéressé. Le permis à points n'étant par ailleurs pas applicable dans ces territoires, logiquement, les dispositions relatives au retrait de points n'ont également pas été reprises aux articles L. 243-1, L. 244-1 et L. 245-1.

On notera qu'en revanche la peine complémentaire d'interdiction de conduire un véhicule non équipé d'un dispositif d'antidémarrage par éthylotest électronique, insérée à l'article L. 234-2 par la loi du 14 mars 2011, dite LOPPSI II, est applicable dans ces territoires, de même que les dispositions qui y sont liées et qui figurent aux articles L. 234-16 et L. 234-17 (V. art. L. 243-2, L. 244-2 et L. 245-2).

Les modalités de dépistage et de vérification de l'état alcoolique d'un conducteur dans ces territoires peuvent également quelque peu différer de celles applicables en France métropolitaine. On sait que les dispositions de l'article L. 234-3 permettent aux agents de police judiciaire adjoints – et donc aux agents de police municipale – de procéder aux épreuves de dépistage de l'alcoolémie que ce texte prévoit (V. comm. ss. art. L. 234-7). Il en va différemment en Polynésie française et dans les îles Wallis-et-Futuna où les textes applicables ne visent que les officiers et agents de police judiciaire (V. art. L. 244-1 et L. 245-1). En revanche, en Nouvelle-Calédonie, les agents de police judiciaire adjoints peuvent procéder à de telles épreuves, depuis la loi n° 2017-256 du 28 février 2017 – loi relative à l'égalité réelle outre-mer – qui a modifié, en ce sens, les dispositions de l'article L. 243-1. On remarquera que ces dispositions indiquent que les agents de police judiciaire adjoints ne peuvent procéder à ces épreuves de dépistage que sous l'ordre et la responsabilité d'un officier de police judiciaire. A la différence des dispositions applicables en métropole, elles ne précisent donc pas que cet officier de police judiciaire doit être un officier de police judiciaire de la gendarmerie ou de la police nationale.

Concernant les contrôles aléatoires prévus à l'article L. 234-9, depuis la loi du 23 mars 2019 de programmation et de réforme pour la justice, les règles applicables dans les trois territoires d'outre-mer sont en revanche identiques et se rapprochent de celles applicables en métropole. Elles permettent ainsi aux agents de police judiciaire adjoints de procéder aux épreuves de dépistage sur toute personne qui conduit un véhicule (alors que cette possibilité n'est pas reconnue à ces agents dans les autres cas de contrôle en Polynésie française et dans les îles Wallis-et-Futuna). Elles permettent également, comme en métropole, aux agents de police judiciaire de prendre l'initiative de ces contrôles aléatoires.

On notera enfin que les modifications apportées aux modalités de contrôles de l'alcoolémie par la loi du 25 mai 2021 pour une sécurité globale préservant les libertés (V. comm. ss. art. L. 234-7) ont été répercutées au sein des dispositions ici commentées. Depuis cette loi, dans les trois territoires d'outre-mer, les officiers et agents de police judiciaire peuvent donc soumettre un conducteur directement aux vérifications destinées à établir la preuve de son état alcoolique dans les cas prévus à l'article L. 234-3, alinéa 1er, et à l'article L. 234-9.

Conduite après usage de stupéfiants. L'extension des dispositions sur la conduite après usage de stupéfiants aux territoires d'outre-mer résulte de la loi du 12 juin 2003, en ce qui concerne la Polynésie française (art. L. 244-2), et de l'ordonnance n° 2004-567 du 17 juin 2004 en ce qui concerne la Nouvelle-Calédonie et les îles Wallis-et-Futuna (art. L. 243-2 et L. 245-2). L'application de ces dispositions fait cependant également l'objet d'adaptations, qui sont comparables à celles prévues pour la conduite sous l'influence de l'alcool.

Ne sont en effet pas applicables dans les territoires d'outre-mer les dispositions des articles L. 235-1 et suivants sur la suspension, l'annulation du permis de conduire et le retrait de points. Il en est de même des dispositions sur l'interdiction de conduire certains véhicules terrestres à moteur et l'obligation d'accomplir un stage de sensibilisation à la sécurité routière, ajoutées par la loi du 12 juin 2003 aux articles L. 235-1, II et L. 235-3, II.

On notera en revanche que la confiscation et l'immobilisation du véhicule, peines complémentaires supplémentaires prévues, en cas de récidive, par l'article L. 235-4, I, sont applicables ici, alors qu'elles ne le sont pas en cas de récidive de conduite sous l'influence de l'alcool.

Comportement du conducteur en cas d'accident ou de contrôle routier. La loi du 28 février 2017 relative à la sécurité publique a par la suite étendu dans les territoires d'outre-mer plusieurs dispositions du livre II qui sanctionnent le mauvais comportement des conducteurs en cas d'accident ou de contrôle routier (V. art. L. 243-2, L. 244-2 et L. 245-2). Le délit de fuite, le refus d'obtempérer et le refus de se soumettre à des vérifications peuvent ainsi être sanctionnés dans ces territoires, sous réserve, là aussi, de quelques adaptations. Comme en cas de conduite sous l'influence de l'alcool ou après usage de stupéfiants, certaines peines complémentaires ne sont, en conséquence, pas applicables dans ces territoires (suspension et annulation du permis de conduire par exemple), ainsi que les retraits de points prévus pour ces infractions.

On remarquera que les articles L. 243-2, L. 244-2 et L. 245-2 précisent, depuis la loi du 24 janvier 2023, que « L'article L. 233-1 est applicable [dans les territoires concernés] dans sa rédaction résultant de la loi n° 2023-22 du 24 janvier 2023 d'orientation et de programmation du ministère de l'Intérieur ». Une telle précision n'a cependant pas ou plutôt plus vraiment de sens, à partir du moment où les modifications apportées à l'article L. 233-1 par le projet de loi d'orientation et de programmation du ministère de l'Intérieur ont été censurées par le Conseil constitutionnel (V. comm. ss. art. L. 233-1) et que l'article L. 233-1 n'a donc finalement pas été modifié par la loi du 24 janvier 2023.

Comportements compromettant délibérément la sécurité ou la tranquillité des usagers de la route. La loi du 3 août 2018 renforçant la lutte contre les rodéos motorisés a enfin créé les articles L. 243-3, L. 244-3 et L. 245-3 rendant applicables en Nouvelle-Calédonie, en Polynésie française et dans les îles Wallis-et-Futuna, les dispositions des articles L. 236-1 à L. 236-3 créés par cette même loi afin de sanctionner les comportements compromettant délibérément la sécurité ou la tranquillité des usagers de la route et plus spécifiquement la pratique des rodéos motorisés, et ce sans adaptation particulière (si ce n'est la formule « dispositions législatives et réglementaires du présent code » figurant à l'article L. 236-1 remplacée par les mots « applicables localement en matière de circulation routière »).

On remarquera, là aussi, que les articles L. 243-3, L. 244-3 et L. 245-3 précisent, depuis la loi du 24 janvier 2023, que les articles L. 236-1 et L. 236-3 sont applicables dans les territoires concernés « dans [leur] rédaction résultant de la loi n° 2023-22 du 24 janvier 2023 d'orientation et de programmation du ministère de l'Intérieur ». Comme pour les dispositions de l'article L. 233-1 sur le refus d'obtempérer, une telle précision n'a cependant pas ou plutôt plus vraiment de sens, à partir du moment où les modifications apportées aux articles L. 236-1 et L. 236-3 par le projet de loi d'orientation et de programmation du ministère de l'Intérieur ont été censurées par le Conseil constitutionnel (V. comm. ss. art. L. 236-1) et que ces articles n'ont donc finalement pas été modifiés par la loi du 24 janvier 2023. ❑

CHAPITRE I DISPOSITIONS PARTICULIÈRES À LA COLLECTIVITÉ TERRITORIALE DE SAINT-PIERRE-ET-MIQUELON

Art. L. 241-1 Pour l'application du présent livre dans la collectivité territoriale de Saint-Pierre-et-Miquelon, le terme "département" est remplacé par "collectivité territoriale".

CHAPITRE II DISPOSITIONS APPLICABLES À MAYOTTE

(L. n° 2010-1487 du 7 déc. 2010, art. 36).

Les dispositions de la L. n° 2010-1487 du 7 déc. 2010 sont applicables à compter du 31 mars 2011. Dans tous les règlements et lois en vigueur, la référence à la collectivité départementale de Mayotte est remplacée par le référence au Département de Mayotte.

Art. L. 242-1 Les dispositions législatives du présent livre sont applicables à Mayotte. – *[Ord. n° 92-256 du 4 mars 1992, art. 1er.]*

Art. L. 242-2 Pour l'application des dispositions du présent livre à Mayotte, les termes énumérés ci-après sont remplacés comme suit :

1° "Préfet" par "représentant de l'État" ;

2° "Département" par "collectivité départementale". – *[Ord. n° 92-256 du 4 mars 1992, art. 3.]*

CHAPITRE III DISPOSITIONS APPLICABLES À LA NOUVELLE-CALÉDONIE

Art. L. 243-1 *(L. n° 2008-644 du 1er juill. 2008, art. 13)* **« Pour l'application de l'article L. 225-4 en Nouvelle-Calédonie, les mots : "dans le département" sont remplacés par les mots : "dans la collectivité". »**

(Ord. n° 2004-567 du 17 juin 2004, art. 5 ; L. n° 2003-495 du 12 juin 2003, art. 46-1) **« Les articles L. 234-1 à L. 234-9 » sont applicables à la Nouvelle-Calédonie dans la rédaction suivante :**

Art. L. 234-1 I. — Même en l'absence de tout signe d'ivresse manifeste, le fait de conduire un véhicule sous l'empire d'un état alcoolique caractérisé par une concentration d'alcool dans le sang égale ou supérieure à 0,80 gramme par litre ou par une concentration d'alcool dans l'air expiré égale ou supérieure à 0,40 milligramme par litre est puni de deux ans d'emprisonnement et de 4 500 € d'amende.

II. — Le fait de conduire un véhicule en état d'ivresse manifeste est puni des mêmes peines.

Art. L. 234-2 Toute personne coupable de l'un des délits prévus à l'article L. 234-1 encourt également les peines complémentaires suivantes :

1° La peine de travail d'intérêt général selon des modalités prévues à l'article 131-8 du code pénal et selon les conditions prévues aux articles 131-22 à 131-24 du même code et *(Ord. n° 2019-950 du 11 sept. 2019, art. 5-VI et 9, en vigueur le 30 sept. 2021)* « à l'article L. 122-1 du code de la justice pénale des mineurs » ;

2° La peine de jours-amende dans les conditions fixées aux articles 131-5 et 131-25 du code pénal ;

(L. n° 2011-267 du 14 mars 2011, art. 137-1°) « 3° L'interdiction, pendant une durée de cinq ans au plus, de conduire un véhicule qui ne soit pas équipé, par un professionnel agréé ou par construction, d'un dispositif homologué d'anti-démarrage par éthylotest électronique. Lorsque cette interdiction est prononcée en même temps que la peine d'annulation ou de suspension du permis de conduire, elle s'applique, pour la durée fixée par la juridiction, à l'issue de l'exécution de cette peine. »

Art. L. 234-3 Les officiers ou agents de police judiciaire *(Abrogé par L. n° 2021-646 du 25 mai 2021, art. 77) (L. n° 2017-256 du 28 févr. 2017, art. 95-1°) « et, sur l'ordre et sous la responsabilité des officiers de police judiciaire, les agents de police judiciaire adjoints »* soumettent à des *(L. n° 2021-646 du 25 mai 2021, art. 77)* « vérifications destinées à établir l'état alcoolique qui peuvent être précédées des » épreuves de dépistage de l'imprégnation alcoolique par l'air expiré l'auteur présumé de l'une des infractions prévues par les dispositions applicables localement susceptibles d'entraîner une suspension du permis de conduire, ou le conducteur impliqué dans un accident de la circulation ayant occasionné un dommage corporel. *(L. n° 2021-646 du 25 mai 2021, art. 77)* « Sur l'ordre et sous la responsabilité desdits officiers de police judiciaire, les agents de police judiciaire adjoints soumettent à des épreuves de dépistage de l'imprégnation alcoolique par l'air expiré l'auteur présumé d'une infraction punie par le présent code de la peine complémentaire de suspension du permis de conduire ou le conducteur impliqué dans un accident de la circulation ayant occasionné un dommage corporel.

« Les officiers ou agents de police judiciaire et, sur l'ordre et sous la responsabilité desdits officiers de police judiciaire, les agents de police judiciaire adjoints » peuvent soumettre aux mêmes épreuves tout conducteur impliqué dans un quelconque accident de la circulation ou l'auteur présumé de l'une des infractions aux prescriptions applicables localement *(Ord. n° 2017-496 du 6 avr. 2017, art. 1er-I)* « autres que celles mentionnées au premier alinéa ».

Art. L. 234-4 Lorsque les épreuves de dépistage permettent de présumer l'existence d'un état alcoolique ou lorsque le conducteur refuse de les subir *(L. n° 2021-646 du 25 mai 2021, art. 77)* « ou en cas d'impossibilité de subir les épreuves résultant d'une incapacité physique attestée par le médecin requis », les officiers ou agents de police judiciaire font procéder aux vérifications destinées à établir la preuve de l'état alcoolique.

(L. n° 2017-256 du 28 févr. 2017, art. 95-2° et 3°) « Lorsque la constatation est faite par un agent de police judiciaire adjoint mentionné au 2° de l'article 21 du code de procédure pénale, il rend compte immédiatement de la présomption de l'existence d'un état alcoolique ou du refus du conducteur ou de l'accompagnateur de l'élève conducteur de subir les épreuves de dépistage *(L. n° 2021-646 du 25 mai 2021, art. 77)* « , ou de l'impossibilité de subir les épreuves résultant d'une incapacité physique attestée par le médecin requis, » à tout officier de police judiciaire, qui peut alors lui ordonner sans délai de lui présenter sur-le-champ la personne concernée.

« Les vérifications prévues au premier alinéa » sont faites soit au moyen d'analyses *(L. n° 2019-222 du 23 mars 2019, art. 110-V)* « ou examens médicaux, cliniques ou » biologiques, soit au moyen d'un appareil permettant de déterminer la concentration d'alcool par l'analyse de l'air expiré, à la condition que cet appareil soit conforme à un type homologué. *(L. n° 2019-222 du 23 mars 2019, art. 110-V)* « A cette fin, l'officier ou l'agent de police judiciaire peut requérir un médecin, un interne en médecine, un étudiant en médecine autorisé à exercer la médecine à titre de remplaçant ou un infirmier pour effectuer une prise de sang. »

Art. L. 234-5 Lorsque les vérifications sont faites au moyen d'analyses *(L. n° 2019-222 du 23 mars 2019, art. 110-V)* « ou examens médicaux, cliniques ou » biologiques, un échantillon est conservé.

Lorsqu'elles sont faites au moyen d'un appareil permettant de déterminer la concentration d'alcool par l'analyse de l'air expiré, un second contrôle peut être immédiatement effectué, après vérification du bon fonctionnement de l'appareil ; ce contrôle est de droit lorsqu'il est demandé par l'intéressé.

Art. L. 234-6 L'auteur présumé de conduite en état d'ivresse manifeste peut être soumis directement aux vérifications destinées à établir l'état alcoolique.

Art. L. 234-7 Un décret en Conseil d'État détermine les conditions dans lesquelles sont effectuées les opérations de dépistage et les vérifications prévues aux articles L. 234-3 à L. 234-6.

Art. L. 234-8 I. — Le fait de refuser de se soumettre aux vérifications prévues par les articles L. 234-4 à L. 234-6 *(Ord. n° 2004-567 du 17 juin 2004, art. 5 ; L. n° 2003-495 du 12 juin 2003, art. 46-1)* « ou aux vérifications prévues par l'article L. 234-9 » est puni de deux ans d'emprisonnement et de 4 500 € d'amende.

II. — Toute personne coupable de ce délit encourt également les peines complémentaires suivantes :

1° La peine de travail d'intérêt général selon des modalités prévues à l'article 131-8 du code pénal et selon les conditions prévues aux articles 131-22 à 131-24 du même code et à l'article 20-5 de l'ordonnance n° 45-174 du 2 février 1945 relative à l'enfance délinquante ;

2° La peine de jours-amende dans les conditions fixées aux articles 131-5 et 131-25 du code pénal.

Art. L. 234-9 *(L. n° 2019-222 du 23 mars 2019, art. 110-V)* « Les officiers ou les agents de police judiciaire soit sur instruction du procureur de la République, soit à leur initiative *(Abrogé par L. n° 2021-646 du 25 mai 2021, art. 77) « et, sur l'ordre et sous la responsabilité de ceux-ci, les agents de police judiciaire adjoints »* peuvent, même en l'absence d'infraction préalable ou d'accident, soumettre toute personne qui conduit un véhicule à des *(L. n° 2021-646 du 25 mai 2021, art. 77)* « vérifications destinées à établir l'état alcoolique, qui sont soit réalisées immédiatement et sur les lieux, soit précédées d' » épreuves de dépistage de l'imprégnation alcoolique par l'air expiré. » *(L. n° 2021-646 du 25 mai 2021, art. 77)* « Sur l'ordre et sous la responsabilité des officiers de police judiciaire, les agents de police judiciaire adjoints peuvent, même en l'absence d'infraction préalable ou d'accident, soumettre toute personne qui conduit un véhicule ou qui accompagne un élève conducteur à des épreuves de dépistage de l'imprégnation alcoolique par l'air expiré. »

Lorsque les épreuves de dépistage permettent de présumer l'existence d'un état alcoolique, les officiers ou agents de police judiciaire font procéder aux vérifications destinées à établir la preuve de l'état alcoolique au moyen de l'appareil permettant de déterminer la concentration d'alcool par l'analyse de l'air expiré, mentionné aux articles L. 234-4 et L. 234-5 et dans les conditions prévues par ces mêmes articles.

En cas d'impossibilité de subir ces épreuves résultant d'une incapacité physique attestée par le médecin requis, les officiers ou agents de police judiciaire font procéder aux vérifications destinées à établir la preuve de l'état alcoolique au moyen d'analyses *(L. nº 2019-222 du 23 mars 2019, art. 110-V)* « ou examens médicaux, cliniques ou » biologiques, dans les conditions prévues par les articles L. 234-4 et L. 234-5.

L'art. 2 de la L. nº 2021-218 du 26 févr. 2021 modifie la date d'entrée en vigueur du CJPM.

Il résulte des art. L. 234-4, L. 234-5, L. 234-8 et L. 234-9 C. route métropolitain rendus applicables à la Nouvelle-Calédonie par l'Ord. nº 2000-930 du 22 sept. 2000 que les officiers et agents de police judiciaire qui procèdent aux vérifications destinées à établir la preuve de l'état alcoolique d'un conducteur disposent du droit de retenir la personne concernée le temps strictement nécessaire à ces opérations. Aucune nullité ne saurait donc être encourue pour défaut de placement en garde à vue concernant la période courant jusqu'à la vérification de l'état alcoolique, étant observé au demeurant que la nullité d'une garde à vue est sans effet sur les actes antérieurs régulièrement accomplis et notamment sur le procès-verbal de dépistage et de vérification de l'état alcoolique. • Nouméa, 12 juin 2007 : *JCP 2004. IV. 2851.*

Art. L. 243-2 *(Ord. nº 2004-567 du 17 juin 2004, art. 1er) (L. nº 2011-267 du 14 mars 2011, art. 137-2º)* **« Les** *(L. nº 2017-258 du 28 févr. 2017, art. 40-III-A)* **« 2º, 3º et 6º de l'article L. 231-2,** *(Ord. nº 2023-15 du 18 janv. 2023, art. 1er)* **« le I, le II et les 2º, 3º, 5º et 6º du III de l'article L. 233-1, le I et les 2º, 4º et 5º du II de l'article L. 233-1-1, le I de l'article L. 233-1-2***[,]* **» le I et les 2º et 3º du II de l'article L. 233-2, les » articles L. 234-16 et L. 234-17, » le I, les 3º et 4º du II et le III de l'article L. 235-1, l'article L. 235-2, le I, les 3º et 4º du II de l'article L. 235-3 et le I de l'article L. 235-4 sont applicables en Nouvelle-Calédonie.**

(Ord. nº 2019-950 du 11 sept. 2019, art. 8-V et 9, en vigueur le 30 sept. 2021) **« Les articles L. 231-2,** *(Abrogé par Ord. nº 2023-15 du 18 janv. 2023, art. 1er ; Abrogé par L. nº 2023-22 du 24 janv. 2023, art. 28-VI)* *« L. 233-1, »* **L. 233-2, L. 234-16, L. 235-1, L. 235-3 sont applicables en Nouvelle-Calédonie dans leur rédaction résultant de l'ordonnance nº 2019-950 du 11 septembre 2019 portant partie législative du code de la justice pénale des mineurs. »**

(Ord. nº 2023-15 du 18 janv. 2023, art. 1er) **« Les articles L. 233-1, L. 233-1-1 et L. 233-1-2 sont applicables dans leur rédaction résultant de la loi nº 2022-52 du 24 janvier 2022 relative à la responsabilité pénale et à la sécurité intérieure. »**

(L. nº 2023-22 du 24 janv. 2023, art. 28-VI) **« L'article L. 233-1 est applicable en Nouvelle-Calédonie dans sa rédaction résultant de la loi nº 2023-22 du 24 janvier 2023 d'orientation et de programmation du ministère de l'intérieur. »**

Les dispositions issues de la L. nº 2017-258 du 28 févr. 2017 sont applicables en Nouvelle-Calédonie, en Polynésie française et dans les îles Wallis-et-Futuna (L. préc., art. 40-III-B).

L'art. 2 de la L. nº 2021-218 du 26 févr. 2021 modifie la date d'entrée en vigueur du CJPM.

Art. L. 243-3 *(L. nº 2018-701 du 3 août 2018)* **Les articles L. 236-1 à L. 236-3 sont applicables en Nouvelle-Calédonie. Pour l'application du I de l'article L. 236-1, les mots : "législatives et réglementaires du présent code" sont remplacés par les mots : "applicables localement en matière de circulation routière".**

(L. nº 2023-22 du 24 janv. 2023, art. 28-VI) **« L'article L. 236-1 est applicable en Nouvelle-Calédonie dans sa rédaction résultant de la loi nº 2023-22 du 24 janvier 2023 d'orientation et de programmation du ministère de l'intérieur. »**

(Ord. nº 2019-950 du 11 sept. 2019, art. 8-V et 9, en vigueur le 30 sept. 2021) **« L'article L. 236-3 est applicable en Nouvelle-Calédonie dans sa rédaction résultant de** *(L. nº 2023-22 du 24 janv. 2023, art. 28-VI)* **« la loi nº 2023-22 du 24 janvier 2023 d'orientation et de programmation du ministère de l'intérieur ». »**

L'art. 2 de la L. nº 2021-218 du 26 févr. 2021 modifie la date d'entrée en vigueur du CJPM.

CHAPITRE IV **DISPOSITIONS APPLICABLES À LA POLYNÉSIE FRANÇAISE**

Art. L. 244-1 *(L. nº 2008-644 du 1er juill. 2008, art. 13)* **« Pour l'application de l'article L. 225-4 en Polynésie française, les mots : "dans le département" sont remplacés par les mots : "dans la collectivité". »**

(Ord. nº 2004-567 du 17 juin 2004, art. 5 ; L. nº 2003-495 du 12 juin 2003, art. 46-1) **« Les articles L. 234-1 à L. 234-9 » sont applicables à la Polynésie française, dans la rédaction suivante :**

Art. L. 234-1 I. — Même en l'absence de tout signe d'ivresse manifeste, le fait de conduire un véhicule sous l'empire d'un état alcoolique caractérisé par une concentration d'alcool dans le sang égale ou supérieure à 0,80 gramme par litre ou par une concentration d'alcool dans l'air expiré égale ou supérieure à 0,40 milligramme par litre est puni de deux ans d'emprisonnement et de 4 500 € d'amende.

II. — Le fait de conduire un véhicule en état d'ivresse manifeste est puni des mêmes peines.

Art. L. 234-2 Toute personne coupable de l'un des délits prévus à l'article L. 234-1 encourt également les peines complémentaires suivantes :

1° La peine de travail d'intérêt général selon des modalités prévues à l'article 131-8 du code pénal et selon les conditions prévues aux articles 131-22 à 131-24 du même code et *(Ord. nº 2019-950 du 11 sept. 2019, art. 5-VI et 9, en vigueur le 30 sept. 2021)* « à l'article L. 122-1 du code de la justice pénale des mineurs » ;

2° La peine de jours-amende dans les conditions fixées aux articles 131-5 et 131-25 du code pénal ;

(L. nº 2011-267 du 14 mars 2011, art. 137-1°) « 3° L'interdiction, pendant une durée de cinq ans au plus, de conduire un véhicule qui ne soit pas équipé, par un professionnel agréé ou par construction, d'un dispositif homologué d'anti-démarrage par éthylotest électronique. Lorsque cette interdiction est prononcée en même temps que la peine d'annulation ou de suspension du permis de conduire, elle s'applique, pour la durée fixée par la juridiction, à l'issue de l'exécution de cette peine. »

Art. L. 234-3 Les officiers ou agents de police judiciaire soumettent à des *(L. nº 2021-646 du 25 mai 2021, art. 77)* « vérifications destinées à établir l'état alcoolique qui peuvent être précédées des » épreuves de dépistage de l'imprégnation alcoolique par l'air expiré l'auteur présumé de l'une des infractions prévues par les dispositions applicables localement susceptibles d'entraîner une suspension du permis de conduire, ou le conducteur impliqué dans un accident de la circulation ayant occasionné un dommage corporel.

Ils peuvent soumettre aux mêmes épreuves tout conducteur impliqué dans un quelconque accident de la circulation ou l'auteur présumé de l'une des infractions aux prescriptions applicables localement *(Ord. nº 2017-496 du 6 avr. 2017, art. 1er-I)* « autres que celles mentionnées au premier alinéa ».

Art. L. 234-4 Lorsque les épreuves de dépistage permettent de présumer l'existence d'un état alcoolique ou lorsque le conducteur refuse de les subir *(L. nº 2021-646 du 25 mai 2021, art. 77)* « ou en cas d'impossibilité de subir les épreuves résultant d'une incapacité physique attestée par le médecin requis », les officiers ou agents de police judiciaire font procéder aux vérifications destinées à établir la preuve de l'état alcoolique.

Ces vérifications sont faites soit au moyen d'analyses *(L. nº 2019-222 du 23 mars 2019, art. 110-V)* « ou examens médicaux, cliniques ou » biologiques, soit au moyen d'un appareil permettant de déterminer la concentration d'alcool par l'analyse de l'air expiré à la condition que cet appareil soit conforme à un type homologué. *(L. nº 2019-222 du 23 mars 2019, art. 110-V)* « A cette fin, l'officier ou l'agent de police judiciaire peut requérir un médecin, un interne en médecine, un étudiant en médecine autorisé à exercer la médecine à titre de remplaçant ou un infirmier pour effectuer une prise de sang. »

Art. L. 234-5 Lorsque les vérifications sont faites au moyen d'analyses *(L. nº 2019-222 du 23 mars 2019, art. 110-V)* « ou examens médicaux, cliniques ou » biologiques, un échantillon est conservé.

Lorsqu'elles sont faites au moyen d'un appareil permettant de déterminer la concentration d'alcool par l'analyse de l'air expiré, un second contrôle peut être immédiatement effectué, après vérification du bon fonctionnement de l'appareil ; ce contrôle est de droit lorsqu'il est demandé par l'intéressé.

Art. L. 234-6 L'auteur présumé de conduite en état d'ivresse manifeste peut être soumis directement aux vérifications destinées à établir l'état alcoolique.

Art. L. 234-7 Un décret en Conseil d'État détermine les conditions dans lesquelles sont effectuées les opérations de dépistage et les vérifications prévues aux articles L. 234-3 à L. 234-6.

Art. L. 234-8 I. — Le fait de refuser de se soumettre aux vérifications prévues par les articles L. 234-4 à L. 234-6 *(Ord. nº 2004-567 du 17 juin 2004, art. 5 ; L. nº 2003-495 du 12 juin 2003, art. 46-1)* « ou aux vérifications prévues par l'article L. 234-9 » est puni de deux ans d'emprisonnement et de 4 500 € d'amende.

II. — Toute personne coupable de ce délit encourt également les peines complémentaires suivantes :

1° La peine de travail d'intérêt général selon des modalités prévues à l'article 131-8 du code pénal et selon les conditions prévues aux articles 131-22 à 131-24 du même code et à l'article 20-5 de l'ordonnance n° 45-174 du 2 février 1945 relative à l'enfance délinquante ;

2° La peine de jours-amende dans les conditions fixées aux articles 131-5 et 131-25 du code pénal.

Art. L. 234-9 *(L. nº 2019-222 du 23 mars 2019, art. 110-V)* « Les officiers ou les agents de police judiciaire soit sur instruction du procureur de la République, soit à leur initiative *(Abrogé par L. nº 2021-646 du 25 mai 2021, art. 77) « et, sur l'ordre et sous la responsabilité de ceux-ci, les agents de police judiciaire adjoints »* peuvent, même en l'absence d'infraction préalable ou d'accident, soumettre toute personne qui conduit un véhicule à des *(L. nº 2021-646 du 25 mai 2021, art. 77)* « vérifications destinées à établir l'état alcoolique, qui sont soit réalisées immédiatement et sur les lieux, soit précédées d' » épreuves de dépistage de l'imprégnation alcoolique par l'air expiré. » *(L. nº 2021-646 du 25 mai 2021, art. 77)* « Sur l'ordre et sous la responsabilité des officiers de police judiciaire, les agents de police judiciaire adjoints peuvent, même en l'absence d'infraction préalable ou d'accident, soumettre toute personne qui conduit un véhicule ou qui accompagne un élève conducteur à des épreuves de dépistage de l'imprégnation alcoolique par l'air expiré. »

Lorsque les épreuves de dépistage permettent de présumer l'existence d'un état alcoolique, les officiers ou agents de police judiciaire font procéder aux vérifications destinées à établir la preuve de l'état alcoolique au moyen de l'appareil permettant de déterminer la concentration d'alcool par l'analyse de l'air expiré, mentionné aux articles L. 234-4 et L. 234-5 et dans les conditions prévues par ces mêmes articles.

En cas d'impossibilité de subir ces épreuves résultant d'une incapacité physique attestée par le médecin requis, les officiers ou agents de police judiciaire font procéder aux vérifications destinées à établir la preuve de l'état alcoolique au moyen d'analyses *(L. nº 2019-222 du 23 mars 2019, art. 110-V)* « ou examens médicaux, cliniques ou » biologiques, dans les conditions prévues par les articles L. 234-4 et L. 234-5.

L'art. 2 de la L. nº 2021-218 du 26 févr. 2021 modifie la date d'entrée en vigueur du CJPM.

Art. L. 244-2 *(L. nº 2003-495 du 12 juin 2003, art. 45) (L. nº 2011-267 du 14 mars 2011, art. 137-2º)* **« Les** *(L. nº 2017-258 du 28 févr. 2017, art. 40-III-A)* **« 2°, 3° et 6° de l'article L. 231-2,** *(Ord. nº 2023-15 du 18 janv. 2023, art. 1er)* **« le I, le II et les 2°, 3°, 5° et 6° du III de l'article L. 233-1, le I et les 2°, 4° et 5° du II de l'article L. 233-1-1, le I de l'article L. 233-1-2***[,]* **» le I et les 2° et 3° du II de l'article L. 233-2, les » articles L. 234-16 et L. 234-17, » le I, les 3° et 4° du II et le III de l'article L. 235-1, l'article L. 235-2, le I, les 3° et 4° du II de l'article L. 235-3 et le I de l'article L. 235-4 sont applicables en Polynésie française.**

(Ord. nº 2019-950 du 11 sept. 2019, art. 8-V et 9, en vigueur le 30 sept. 2021) **« Les articles L. 231-2,** *(Abrogé par Ord. nº 2023-15 du 18 janv. 2023, art. 1er ; Abrogé par L. nº 2023-22 du 24 janv. 2023, art. 28-VI)* ***« L. 233-1, »*** **L. 233-2, L. 234-16, L. 235-1, L. 235-3 sont applicables en Polynésie française dans leur rédaction résultant de l'ordonnance n° 2019-950 du 11 septembre 2019 portant partie législative du code de la justice pénale des mineurs. »**

(Ord. nº 2023-15 du 18 janv. 2023, art. 1er) **« Les articles L. 233-1, L. 233-1-1 et L. 233-1-2 sont applicables dans leur rédaction résultant de la loi n° 2022-52 du 24 janvier 2022 relative à la responsabilité pénale et à la sécurité intérieure. »**

(L. nº 2023-22 du 24 janv. 2023, art. 28-VI) **« L'article L. 233-1 est applicable en Polynésie française dans sa rédaction résultant de la loi n° 2023-22 du 24 janvier 2023 d'orientation et de programmation du ministère de l'intérieur. »**

Les dispositions issues de la L. n° 2017-258 du 28 févr. 2017 sont applicables en Nouvelle-Calédonie, en Polynésie française et dans les îles Wallis-et-Futuna (L. préc., art. 40-III-B).

L'art. 2 de la L. n° 2021-218 du 26 févr. 2021 modifie la date d'entrée en vigueur du CJPM.

Art. L. 244-3 *(L. n° 2018-701 du 3 août 2018)* **Les articles L. 236-1 à L. 236-3 sont applicables en Polynésie française. Pour l'application du I de l'article L. 236-1, les mots : "législatives et réglementaires du présent code" sont remplacés par les mots : "applicables localement en matière de circulation routière".**

(L. n° 2023-22 du 24 janv. 2023, art. 28-VI) **« L'article L. 236-1 est applicable en Polynésie française dans sa rédaction résultant de la loi n° 2023-22 du 24 janvier 2023 d'orientation et de programmation du ministère de l'intérieur. »**

(Ord. n° 2019-950 du 11 sept. 2019, art. 8-V et 9, en vigueur le 30 sept. 2021) **« L'article L. 236-3 est applicable en Polynésie française dans sa rédaction résultant** *(Ord. n° 2023-15 du 18 janv. 2023, art. 1er)* **« de la loi n° 2022-52 du 24 janvier 2022 relative à la responsabilité pénale et à la sécurité intérieure ». »**

L'art. 2 de la L. n° 2021-218 du 26 févr. 2021 modifie la date d'entrée en vigueur du CJPM.

CHAPITRE V DISPOSITIONS APPLICABLES AU TERRITOIRE DES ÎLES WALLIS-ET-FUTUNA

Art. L. 245-1 *(L. n° 2008-644 du 1er juill. 2008, art. 13)* **« Pour l'application de l'article L. 225-4 dans les îles Wallis-et-Futuna, les mots : "dans le département" sont remplacés par les mots : "dans la collectivité". »**

(Ord. n° 2004-567 du 17 juin 2004, art. 5 ; L. n° 2003-495 du 12 juin 2003, art. 46-1) **« Les articles L. 234-1 à L. 234-9 » sont applicables au territoire des îles Wallis-et-Futuna, dans la rédaction suivante :**

Art. L. 234-1 I. — Même en l'absence de tout signe d'ivresse manifeste, le fait de conduire un véhicule sous l'empire d'un état alcoolique caractérisé par une concentration d'alcool dans le sang égale ou supérieure à 0,80 gramme par litre ou par une concentration d'alcool dans l'air expiré égale ou supérieure à 0,40 milligramme par litre est puni de deux ans d'emprisonnement et de 4 500 € d'amende.

II. — Le fait de conduire un véhicule en état d'ivresse manifeste est puni des mêmes peines.

Art. L. 234-2 Toute personne coupable de l'un des délits prévus à l'article L. 234-1 encourt également les peines complémentaires suivantes :

1° La peine de travail d'intérêt général selon des modalités prévues à l'article 131-8 du code pénal et selon les conditions prévues aux articles 131-22 à 131-24 du même code et *(Ord. n° 2019-950 du 11 sept. 2019, art. 5-VI et 9, en vigueur le 30 sept. 2021)* « à l'article L. 122-1 du code de la justice pénale des mineurs » ;

2° La peine de jours-amende dans les conditions fixées aux articles 131-5 et 131-25 du code pénal ;

(L. n° 2011-267 du 14 mars 2011, art. 137-1°) « 3° L'interdiction, pendant une durée de cinq ans au plus, de conduire un véhicule qui ne soit pas équipé, par un professionnel agréé ou par construction, d'un dispositif homologué d'anti-démarrage par éthylotest électronique. Lorsque cette interdiction est prononcée en même temps que la peine d'annulation ou de suspension du permis de conduire, elle s'applique, pour la durée fixée par la juridiction, à l'issue de l'exécution de cette peine. »

Art. L. 234-3 Les officiers ou agents de police judiciaire soumettent à des *(L. n° 2021-646 du 25 mai 2021, art. 77)* « vérifications destinées à établir l'état alcoolique qui peuvent être précédées des » épreuves de dépistage de l'imprégnation alcoolique par l'air expiré l'auteur présumé de l'une des infractions prévues aux dispositions applicables localement susceptibles d'entraîner une suspension du permis de conduire, ou le conducteur impliqué dans un accident de la circulation ayant occasionné un dommage corporel.

Ils peuvent soumettre aux mêmes épreuves tout conducteur impliqué dans un quelconque accident de la circulation ou l'auteur présumé de l'une des infractions aux prescriptions applicables localement *(Ord. n° 2017-496 du 6 avr. 2017, art. 1er-I)* « autres que celles mentionnées au premier alinéa ».

Art. L. 234-4 Lorsque les épreuves de dépistage permettent de présumer l'existence d'un état alcoolique ou lorsque le conducteur refuse de les subir *(L. n° 2021-646 du 25 mai 2021, art. 77)* « ou en cas d'impossibilité de subir les épreuves résultant d'une incapacité physique attestée par le médecin requis », les officiers ou agents de police judiciaire font procéder aux vérifications destinées à établir la preuve de l'état alcoolique.

Ces vérifications sont faites soit au moyen d'analyses *(L. n° 2019-222 du 23 mars 2019, art. 110-V)* « ou examens médicaux, cliniques ou » biologiques, soit au moyen d'un appareil permettant de déterminer la concentration d'alcool par l'analyse de l'air expiré à la condition que cet appareil soit conforme à un type homologué. *(L. n° 2019-222 du 23 mars 2019, art. 110-V)* « A cette fin, l'officier ou l'agent de police judiciaire peut requérir un médecin, un interne en médecine, un étudiant en médecine autorisé à exercer la médecine à titre de remplaçant ou un infirmier pour effectuer une prise de sang. »

Art. L. 234-5 Lorsque les vérifications sont faites au moyen d'analyses *(L. n° 2019-222 du 23 mars 2019, art. 110-V)* « ou examens médicaux, cliniques ou » biologiques, un échantillon est conservé.

Lorsqu'elles sont faites au moyen d'un appareil permettant de déterminer la concentration d'alcool par l'analyse de l'air expiré, un second contrôle peut être immédiatement effectué, après vérification du bon fonctionnement de l'appareil ; ce contrôle est de droit lorsqu'il est demandé par l'intéressé.

Art. L. 234-6 L'auteur présumé de conduite en état d'ivresse manifeste peut être soumis directement aux vérifications destinées à établir l'état alcoolique.

Art. L. 234-7 Un décret en Conseil d'État détermine les conditions dans lesquelles sont effectuées les opérations de dépistage et les vérifications prévues aux articles L. 234-3 à L. 234-6.

Art. L. 234-8 I. — Le fait de refuser de se soumettre aux vérifications prévues par les articles L. 234-4 à L. 234-6 *(Ord. n° 2004-567 du 17 juin 2004, art. 5 ; L. n° 2003-495 du 12 juin 2003, art. 46-1)* « ou aux vérifications prévues par l'article L. 234-9 » est puni de deux ans d'emprisonnement et de 4 500 € d'amende.

II. — Toute personne coupable de ce délit encourt également les peines complémentaires suivantes :

1° La peine de travail d'intérêt général selon des modalités prévues à l'article 131-8 du code pénal et selon les conditions prévues aux articles 131-22 à 131-24 du même code et à l'article 20-5 de l'ordonnance n° 45-174 du 2 février 1945 relative à l'enfance délinquante ;

2° La peine de jours-amende dans les conditions fixées aux articles 131-5 et 131-25 du code pénal.

Art. L. 234-9 *(L. n° 2019-222 du 23 mars 2019, art. 110-V)* « Les officiers ou les agents de police judiciaire soit sur instruction du procureur de la République, soit à leur initiative *(Abrogé par L. n° 2021-646 du 25 mai 2021, art. 77)* *« et, sur l'ordre et sous la responsabilité de ceux-ci, les agents de police judiciaire adjoints »* peuvent, même en l'absence d'infraction préalable ou d'accident, soumettre toute personne qui conduit un véhicule à des *(L. n° 2021-646 du 25 mai 2021, art. 77)* « vérifications destinées à établir l'état alcoolique, qui sont soit réalisées immédiatement et sur les lieux, soit précédées d' » épreuves de dépistage de l'imprégnation alcoolique par l'air expiré. » *(L. n° 2021-646 du 25 mai 2021, art. 77)* « Sur l'ordre et sous la responsabilité des officiers de police judiciaire, les agents de police judiciaire adjoints peuvent, même en l'absence d'infraction préalable ou d'accident, soumettre toute personne qui conduit un véhicule ou qui accompagne un élève conducteur à des épreuves de dépistage de l'imprégnation alcoolique par l'air expiré. »

Lorsque les épreuves de dépistage permettent de présumer l'existence d'un état alcoolique, les officiers ou agents de police judiciaire font procéder aux vérifications destinées à établir la preuve de l'état alcoolique au moyen de l'appareil permettant de déterminer la concentration d'alcool par l'analyse de l'air expiré, mentionné aux articles L. 234-4 à L. 234-6 et dans les conditions prévues par ces mêmes articles.

En cas d'impossibilité de subir ces épreuves résultant d'une incapacité physique attestée par le médecin requis, les officiers ou agents de police judiciaire font procéder aux vérifications destinées à établir la preuve de l'état alcoolique au moyen d'analyses *(L. n° 2019-222 du 23 mars 2019, art. 110-V)* « ou examens médicaux, cliniques ou » biologiques, dans les conditions prévues par les articles L. 234-4 à L. 234-6.

L'art. 2 de la L. n° 2021-218 du 26 févr. 2021 modifie la date d'entrée en vigueur du CJPM.

Art. L. 245-2 *(Ord. n° 2004-567 du 17 juin 2004, art. 2) (L. n° 2011-267 du 14 mars 2011, art. 137-2°)* **« Les** *(L. n° 2017-258 du 28 févr. 2017, art. 40-III-A)* **« 2°, 3° et 6° de l'article L. 231-2,** *(Ord. n° 2023-15 du 18 janv. 2023, art. 1er)* **« le I, le II et les 2°, 3°, 5° et 6° du III de l'article L. 233-1, le I et les 2°, 4° et 5° du II de l'article L. 233-1-1, le I de l'article L. 233-1-2***[,]* **» le I et les 2° et 3° du II de l'article L. 233-2, les » articles L. 234-16 et L. 234-17, » le I, les 3° et 4° du II et le III de l'article L. 235-1, l'article L. 235-2, le I, les 3° et 4° du II de l'article L. 235-3 et le I de l'article L. 235-4 sont applicables dans les îles Wallis-et-Futuna.**

(Ord. n° 2019-950 du 11 sept. 2019, art. 8-V et 9, en vigueur le 30 sept. 2021) **« Les articles L. 231-2,** *(Abrogé par Ord. n° 2023-15 du 18 janv. 2023, art. 1er ; (Abrogé par L. n° 2023-22 du 24 janv. 2023, art. 28-VI)* **« L. 233-1, » L. 233-2, L. 234-16, L. 235-1, L. 235-3 sont applicables dans les îles Wallis-et-Futuna dans leur rédaction résultant de l'ordonnance n° 2019-950 du 11 septembre 2019 portant partie législative du code de la justice pénale des mineurs. »**

(Ord. n° 2023-15 du 18 janv. 2023, art. 1er) **« Les articles L. 233-1, L. 233-1-1 et L. 233-1-2 sont applicables dans leur rédaction résultant de la loi n° 2022-52 du 24 janvier 2022 relative à la responsabilité pénale et à la sécurité intérieure. »**

(L. n° 2023-22 du 24 janv. 2023, art. 28-VI) **« L'article L. 233-1 est applicable dans les îles Wallis-et-Futuna dans sa rédaction résultant de la loi n° 2023-22 du 24 janvier 2023 d'orientation et de programmation du ministère de l'intérieur. »**

Les dispositions issues de la L. n° 2017-258 du 28 févr. 2017 sont applicables en Nouvelle-Calédonie, en Polynésie française et dans les îles Wallis-et-Futuna (L. préc., art. 40-III-B).

L'art. 2 de la L. n° 2021-218 du 26 févr. 2021 modifie la date d'entrée en vigueur du CJPM.

Art. L. 245-3 *(L. n° 2018-701 du 3 août 2018)* **Les articles L. 236-1 à L. 236-3 sont applicables dans les îles Wallis-et-Futuna. Pour l'application du I de l'article L. 236-1, les mots : "législatives et réglementaires du présent code" sont remplacés par les mots : "applicables localement en matière de circulation routière".**

(L. n° 2023-22 du 24 janv. 2023, art. 28-VI) **« L'article L. 236-1 est applicable dans les îles Wallis-et-Futuna dans sa rédaction résultant de la loi n° 2023-22 du 24 janvier 2023 d'orientation et de programmation du ministère de l'intérieur. »**

(Ord. n° 2019-950 du 11 sept. 2019, art. 8-V et 9, en vigueur le 30 sept. 2021) **« L'article L. 236-3 est applicable dans les îles Wallis-et-Futuna dans sa rédaction résultant de** *(L. n° 2023-22 du 24 janv. 2023, art. 28-VI)* **« la loi n° 2023-22 du 24 janvier 2023 d'orientation et de programmation du ministère de l'intérieur ». »**

L'art. 2 de la L. n° 2021-218 du 26 févr. 2021 modifie la date d'entrée en vigueur du CJPM.

LIVRE III LE VÉHICULE

COMMENTAIRE

Contenu du livre troisième. Par véhicule, il convient d'entendre tout véhicule et pas seulement les véhicules à moteur, même si ce sont eux qui sont le plus souvent visés. Certains textes valent par exemple pour la remorque (V., pour ces définitions, ss. art. L. 110-1 et ss. art. L. 311-1).

Dans ce livre III ont été regroupées aussi bien dans la partie législative que dans la partie réglementaire toutes les dispositions propres au véhicule lui-même, indépendamment de son conducteur (livre II) et de son utilisation sur route (livre IV).

Ce livre est divisé en quatre titres : le premier concerne les dispositions techniques ; le second les dispositions administratives ; le troisième, qui n'est pas sans rappeler l'équivalent en ce qui concerne le permis de conduire (chapitre V du titre II du livre II), porte sur l'enregistrement et la communication des informations relatives à la circulation des véhicules ; le quatrième, comme chaque titre IV, est relatif à l'outre-mer.

Le plan, y compris dans ses subdivisions, a été établi surtout en fonction de la partie réglementaire, ce qui explique que de nombreuses divisions de la partie législative ne contiennent pas de textes, notamment en ce qui concerne les dispositions techniques et administratives (pratiquement rien avant le chapitre VII dans les dispositions techniques par exemple). En revanche, les textes de la partie législative sont plus nombreux dans le titre III consacré à l'enregistrement et à la communication des informations relatives à la circulation des véhicules.

Les questions techniques et administratives ne sont plus traitées par types de véhicules. Les rédacteurs ont privilégié une approche par règles applicables, ce qui évite de nombreux renvois internes au code et permet une lecture plus facile (rapport au Président de la République reproduit en tête de ce code).

L'automobile est un lieu privé. Il n'est pas inutile de le rappeler en exergue de cette partie aride et pour tout dire déshumanisée du code. La Cour de cassation l'a souligné dans une affaire célèbre (princesse décédée à la suite d'un accident de voiture dans un tunnel parisien) où des poursuites avaient eu lieu sur le fondement de l'article 226-1 du code pénal : hors les hypothèses de contrôle de vitesse, toute photographie prise des occupants d'une automobile requiert leur consentement, serait-ce à la sortie d'un grand hôtel ; de surcroît, « ni l'intervention des services de secours, ni l'exposition involontaire aux regards d'autrui d'une victime gravement atteinte lors d'un accident ne font perdre au véhicule la transportant son caractère de lieu privé » (Crim. 12 avr. 2005 : *Bull. crim. n° 122 ; RSC 2005. 845, obs. Mayaud*).

Les dispositions du titre III sur les fichiers sont également, en partie, rattachables au souci de protection de la vie privée. ❑

TITRE I DISPOSITIONS TECHNIQUES

CHAPITRE I DISPOSITIONS GÉNÉRALES ET DÉFINITIONS

Art. L. 311-1 Les véhicules doivent être construits, commercialisés, exploités, utilisés, entretenus et, le cas échéant, réparés de façon à assurer la sécurité de tous les usagers de la route.

Des décrets en Conseil d'État déterminent les conditions d'application du présent article. — *[Anc. art. L. 8-A, al. 1er (partie) et 4.]*

Dispositions réglementaires : R. 311-1 s.

COMMENTAIRE

Principe de sécurité routière. Issu d'une partie de l'article L. 8-A de l'ancien code, le présent article pose un principe clair de sécurité routière dont le non-respect peut entraîner des mesures de rétention, de mise en fourrière, de retrait de la circulation, voire d'aliénation ou de destruction du véhicule en vertu de l'article L. 318-4 renvoyant à ce texte.

Personnes visées. L'importance de cet article L. 311-1 (al. 1er) doit être soulignée. Sans doute est-il inclus dans les dispositions relatives au véhicule (et non au conducteur), et plus précisément dans les dispositions techniques, et ne vise donc pas particulièrement le conducteur. Mais il pose le principe de sécurité pour tous les usagers de la route, et l'on sait toute l'importance que les pouvoirs publics attachent à la sécurité routière. Ce texte s'adresse essentiellement aux constructeurs, aux vendeurs, aux exploitants et aux réparateurs ; mais on peut remarquer qu'il vise aussi les utilisateurs : les véhicules devant être utilisés de façon à assurer la sécurité de tous les usagers de la route. Les sanctions réelles, portant sur le véhicule lui-même, pourraient, à partir de ce texte, être appliquées très largement. Il suffirait par décret d'étendre les conditions d'application et de prévoir dans la partie réglementaire un texte d'incrimination et de pénalité au-delà de ce qui est prévu à l'article R. 311-3.

Catégories de véhicules. L'article L. 311-1 vise les véhicules sans autre précision. Toutes les catégories de véhicules définies dans la partie réglementaire, à l'article R. 311-1 doivent donc être construites, commercialisées, exploitées, utilisées, entretenues et, le cas échéant, réparées de façon à assurer la sécurité de tous les usagers de la route. ❑

1. Rejet de la demande d'interdiction de mise en circulation des véhicules dépassant les 130 km/h. Si les art. R. 321-9 et R. 321-14 C. route permettent au ministre chargé des transports de ne pas mettre en circulation des véhicules ayant fait l'objet d'une réception communautaire s'ils sont susceptibles de compromettre gravement la sécurité routière, ces articles n'autorisent pas le ministre à faire usage de son pouvoir de délivrance de certificats d'immatriculation pour interdire, de façon générale et absolue, la mise en circulation de tout véhicule, quel que soit son type, dont la vitesse maximale par construction dépasserait la vitesse maximale autorisée sur le réseau routier français. Est, en conséquence, justifié le rejet de la demande d'une association tendant à la fixation d'une date à partir de laquelle il sera interdit de délivrer des documents administratifs permettant de mettre en circulation un véhicule dont la vitesse maximale par construction dépasserait les 130 km/h ; cette association ne pouvant utilement invoquer la violation, par la décision de rejet, de l'art. L. 311-1 C. route imposant une construction des véhicules de façon à assurer la sécurité de tous, ni de l'art. L. 318-1 du même code exigeant une construction des véhicules de façon à minimiser la consommation d'énergie, ni de l'art. L. 110-1 C. envir. relatif au respect du principe de précaution. • CE 10 juill. 2006, *Assoc. pour l'interdiction des véhicules inutilement rapides*, n° 271835 : *D. 2006. IR 2208* ; *Jurispr. auto 2006. 455.*

2. Entretien d'un véhicule et force majeure. La survenance d'une défaillance mécanique que, par sa nature même, le conducteur, à qui l'art. L. 311-1 C. route impose d'entretenir et réparer son véhicule de façon à assurer la sécurité de tous les usagers de la route, a la possibilité de prévenir, par la vérification préalable de l'état dudit véhicule, avant d'en faire usage, ne saurait suffire, à elle seule, à constituer la force majeure au sens de l'art. 121-3, al. 5, C. pén. Est en conséquence justifié le jugement condamnant un prévenu pour changement de direction d'un véhicule sans avertissement préalable qui, pour obtenir la relaxe, argumentait qu'il n'avait pu s'apercevoir de la panne du clignotant équipant le véhicule qu'il conduisait, la présence accidentelle d'eau dans la commande de cet équipement ayant constitué, selon lui, un cas de force majeure. • Crim. 6 nov. 2013, n° 12-82.182 P : *D. 2013. Actu. 2644* ; *AJ pénal 2014. 131, note Lasserre Capdeville* ; *Jurispr. auto 2014, n° 858, p. 26, note Josseaume* ; *Dr. pénal 2014, n° 24, note Robert* ; *Gaz. Pal. 11 févr. 2014, p. 31, note Detraz.* ♦ Sur la défaillance mécanique invoquée comme cas de force majeure, V., déjà en ce sens, • Crim. 8 juill. 1971, n° 70-92.991 P.

Décret n° 2018-1278 du 28 décembre 2018,

Portant création du service à compétence nationale dénommé Centre national de réception des véhicules (JO 29 déc.).

Art. 1er Il est créé un service à compétence nationale dénommé "Centre national de réception des véhicules", rattaché à la sous-direction de la sécurité et des émissions des véhicules de la direction générale de l'énergie et du climat.

Art. 2 Sans préjudice des missions exercées par la direction régionale et interdépartementale de l'environnement et de l'énergie, les directions régionales de l'environnement, de l'aménagement et du logement et les directions de l'environnement, de l'aménagement et du logement, le Centre national de réception des véhicules est chargé de :

— délivrer les réceptions européennes (réception UE) par type de véhicules et de composants, systèmes et entités techniques distinctes destinés à ces véhicules ;

— délivrer les réceptions nationales par type de petites séries des véhicules (appelées NKS) et les réceptions nationales par type des véhicules ;

— délivrer les réceptions individuelles ou à titre isolé des véhicules neufs ;

— délivrer des agréments de prototype ;

— instruire les dossiers de déclaration d'adaptation réversible de série de certains types de véhicules non immatriculés ;

— gérer l'enregistrement des réceptions nationales par type de petites séries ;

— valider les modèles de méthodes d'essais virtuels proposés par les constructeurs sur la base de l'examen technique effectué par le laboratoire de l'Union technique de l'automobile, du motocycle et du cycle ;

— communiquer aux États membres les informations selon les modalités prévues par la réglementation de l'Union européenne en vigueur ;

— communiquer aux États membres à la demande du constructeur, en vue de leur reconnaissance, les réceptions nationales par type de petites séries (appelées NKS) délivrées par la France ;

— recevoir et instruire, en vue de leur reconnaissance au niveau national les dossiers de réceptions nationales par type de petites séries (NKS) transmis par les autres autorités compétentes en matière de réception UE ;

— recevoir et instruire, en liaison avec l'autorité compétente en matière de réception, les rappels des véhicules notifiés par les constructeurs et les autres États membres ;

— effectuer des visites de surveillance des constructeurs ayant obtenu des réceptions nationales par type de petites séries (NKS) et nationales par type (RPT) ;

— procéder à des opérations visant au contrôle de conformité de production des véhicules dont les réceptions ont été délivrées par la France.

Art. 3 Le chef du Centre national de réception des véhicules est nommé par arrêté du ministre chargé des transports.

Art. 4 Le présent décret entre en vigueur le 1er janvier 2019.

Art. L. 311-2 *(L. nº 2016-1547 du 18 nov. 2016, art. 37-I-6º)* **A l'occasion des contrôles des véhicules et de leurs conducteurs effectués dans les conditions prévues au code de procédure pénale ou au présent code, les agents compétents pour effectuer ces contrôles, dont la liste est fixée par voie réglementaire, sont autorisés à procéder aux opérations leur permettant d'accéder aux informations et aux données physiques et numériques embarquées relatives à l'identification et à la conformité du véhicule et de ses composants, afin de vérifier le respect des prescriptions fixées au présent livre III et de vérifier si ce véhicule ou tout ou partie de ses équipements n'ont pas été volés ou recelés.**

Les informations et données embarquées du véhicule autres que celles mentionnées au premier alinéa ne peuvent être utilisées comme preuve de la commission d'autres infractions prévues par le présent code.

Liste des agents compétents : V. art. D. 311-4.

Sur l'accès aux données des véhicules, V. C. transp., art. L. 1514-1 s. et D. 1514-1 s., App., vº Accidents de la circulation.

BIBL. ▸ Véhicules connectés : ARCHAMBAULT, *Gaz. Pal. 20 oct. 2020, p. 15* (l'incontournable dépendance du véhicule connecté aux données à caractère personnel). - TERESI, *LPA 17 nov. 2020, p. 6* (véhicule à délégation de conduite et risque automobile : une lecture juridique). - VINGIANO-VIRICEL, *Dalloz IP/IT 2020. 436* (les véhicules connectés confrontés à la liberté de panorama).

CHAPITRE II **POIDS ET DIMENSION**

Art. L. 312-1 *(L. nº 2012-387 du 22 mars 2012, art. 92)* **Sauf exceptions prévues par voie réglementaire, la norme maximale en termes de poids total autorisé en charge d'un véhicule articulé, d'un train double ou d'un ensemble composé d'un véhicule à moteur et d'une remorque est fixée à 44 tonnes pour cinq essieux.**

CHAPITRE III **ÉCLAIRAGE ET SIGNALISATIONS**

Art. L. 313-1 *(L. nº 2019-1428 du 24 déc. 2019, art. 55, en vigueur le 1er janv. 2021)* **Les véhicules de plus de 3,5 tonnes sont équipés d'une signalisation matérialisant la position des angles morts apposée sur le véhicule. Cette signalisation est apposée selon des modalités adaptées pour une visibilité la plus grande possible, en particulier pour les cyclistes, les piétons et les utilisateurs d'engins de déplacement personnels.**

Le non-respect de cette obligation est puni d'une amende dont le montant est fixé par décret en Conseil d'État.

Les modalités de mise en œuvre de cette obligation sont définies par décret en Conseil d'État.

V. art. R. 313-32-1.

CHAPITRE IV **PNEUMATIQUES**

Art. L. 314-1 *(L. nº 2016-1888 du 28 déc. 2016, art. 27)* **Dans les massifs mentionnés à l'article 5 de la loi nº 85-30 du 9 janvier 1985 relative au développement et à la protection de la montagne, le représentant de l'État détermine, après avis du comité de massif, les obligations d'équipement des véhicules en période hivernale.**

Un décret pris après avis du Conseil national de la montagne fixe les modalités d'application du présent article, et notamment les dispositifs inamovibles et amovibles antidérapants requis, dans le respect du règlement (CE) nº 661/2009 du Parlement européen et du Conseil du 13 juillet 2009 concernant les prescriptions pour l'homologation relatives à la sécurité générale des véhicules à moteur, de leurs remorques et des systèmes, composants et entités techniques distinctes qui leur sont destinés.

V. art. D. 314-8.

CHAPITRE V **FREINAGE**

Le présent chapitre ne comprend pas de dispositions législatives.

CHAPITRE VI **ORGANE DE MANŒUVRE, DE DIRECTION ET DE VISIBILITÉ**

Le présent chapitre ne comprend pas de dispositions législatives.

CHAPITRE VII **DISPOSITIFS ET AMÉNAGEMENTS PARTICULIERS**

COMMENTAIRE

Ce chapitre prévoit plusieurs délits portant sur le dispositif de limitation de vitesse obligatoire sur certains véhicules (art. L. 317-1), sur les plaques ou inscriptions obligatoires sur tout véhicule à moteur ou remorqué (art. L. 317-2 à L. 317-4-1) et en lien avec la pratique du « débridage » dont peuvent faire l'objet certains véhicules (art. L. 317-5).

Depuis la loi nº 2015-990 du 6 août 2015, il prévoit également que tout autocar doit être équipé de dispositifs permettant d'en prévenir la conduite sous l'empire d'un état alcoolique (art. L. 317-9), sans formuler d'incrimination concernant cet équipement. En lien avec cet équipement, il existe pourtant des incriminations, mais qui sont de nature contraventionnelle (V. art. R. 234-6). ❑

Art. L. 317-1 **Le fait, pour le responsable de l'exploitation d'un véhicule de transport routier** *(L. nº 2019-1428 du 24 déc. 2019, art. 42)* **« , d'un engin de déplacement personnel à moteur ou d'un cycle à pédalage assisté » soumis à une obligation de limitation de vitesse par construction, de ne pas respecter cette obligation, de modifier, ou, en tant que commettant, de faire ou de laisser modifier le dispositif de limitation de vitesse par construction afin de permettre au véhicule** *(L. nº 2019-1428 du 24 déc. 2019, art. 42)* **« , à l'engin ou au cycle » de dépasser sa vitesse maximale autorisée, est puni d'un an d'emprisonnement et de 30 000 € d'amende.**

Le préposé est passible des mêmes peines lorsque l'infraction résulte de son fait personnel.

Toute personne coupable de ce délit encourt également la peine complémentaire de suspension, pour une durée de trois ans au plus, du permis de conduire, cette suspension pouvant être limitée à la conduite en dehors de l'activité professionnelle.

Le véhicule *(L. nº 2019-1428 du 24 déc. 2019, art. 42)* **« , l'engin ou le cycle » sur lequel l'infraction a été commise est immobilisé et retiré de la circulation jusqu'à ce**

qu'il ait été mis en conformité ou réparé. Un décret en Conseil d'État fixe les conditions d'application du présent alinéa. – *[Anc. art. L. 9-1 et L. 14, al. 1er et 2.]*

Dispositions réglementaires : R. 317-1 s. – Recherche et constatation : L. 130-6.

COMMENTAIRE

Véhicules de transport routier. Les véhicules de transport routier les plus lourds sont soumis à une obligation de limitation de vitesse par construction dont le respect est garanti par la présence d'un dispositif technique qui permet de « brider » le moteur des véhicules concernés. Un tel dispositif fait que les véhicules de transport en commun de plus de 10 tonnes ne peuvent dépasser les 100 km/h et que les véhicules de transport de marchandises de plus de 3,5 tonnes ne peuvent dépasser les 90 km/h (V. comm. ss. art. R. 317-6-1). Il s'agit d'ailleurs des vitesses maximales que ces véhicules ne doivent pas dépasser sur les voies les plus rapides que sont les autoroutes. Or, l'article L. 317-1 incrimine le fait pour l'exploitant d'un véhicule de transport routier de modifier, de faire modifier ou de laisser modifier un tel dispositif ou, plus largement encore, de ne pas respecter l'obligation de limitation de vitesse par construction à laquelle est soumis son véhicule. Ce qui peut permettre de sanctionner l'exploitant d'un véhicule astreint à une limitation de vitesse par construction dont le limiteur de vitesse n'aurait subi aucune modification, mais qui tout simplement ne fonctionnerait pas. Le préposé qui, de lui-même, modifierait, ferait modifier ou laisserait modifier le limiteur de vitesse de son véhicule peut également être sanctionné sur le fondement du présent article.

Engins de déplacement personnel motorisés et cycles à pédalage assisté. Le présent délit a été étendu, par la loi d'orientation des mobilités du 24 décembre 2019, à l'exploitant d'un engin de déplacement personnel motorisé ou d'un cycle à pédalage assisté, deux catégories de véhicule également astreintes à une limitation de vitesse par construction (V. art. R. 311-1 et not., au sein de cet art., la définition donnée des engins de déplacement personnel motorisés par le Décr. du 23 oct. 2019). Il s'est agi par là même de pouvoir sanctionner les exploitants des entreprises qui mettent à disposition du public, en libre-service, des trottinettes électriques ou des vélos à assistance électrique qui ne respecteraient pas la vitesse maximale de 25 km/h par construction prévue pour ces véhicules par la réglementation.

Peines. On notera que l'article L. 317-1 qui, initialement, ne visait que les exploitants de véhicules de transport routier et leur préposé, prévoit la suspension du permis de conduire de l'intéressé comme peine complémentaire. Cette sanction peut également être prononcée à l'encontre de l'exploitant d'un engin de déplacement personnel motorisé ou d'un cycle à pédalage assisté, puisqu'il résulte de l'article L. 317-1 que cette peine est applicable à « toute personne coupable de ce délit ». Elle ne semble pourtant guère adaptée dans un tel cas dès lors qu'aucun permis n'est requis pour conduire une trottinette ou un vélo électriques. En revanche, l'immobilisation du véhicule prévue au dernier alinéa de l'article L. 317-1 est parfaitement adaptée à ces autres catégories de véhicule : la loi d'orientation des mobilités a d'ailleurs tenu à le préciser.

Il convient enfin de rappeler qu'en vertu de l'article L. 130-6 cette infraction peut être constatée par les fonctionnaires ou les agents de l'État chargés du contrôle des transports terrestres placés sous l'autorité du ministre chargé des transports. ❑

Art. L. 317-2 I. – Le fait de faire usage d'une plaque ou d'une inscription, exigée par les règlements en vigueur et apposée sur un véhicule à moteur ou une remorque, portant un numéro, un nom ou un domicile faux ou supposé est puni de cinq ans d'emprisonnement et de 3 750 € d'amende.

II. – Toute personne coupable de cette infraction encourt également les peines complémentaires suivantes :

1° La suspension, pour une durée de trois ans au plus, du permis de conduire, cette suspension pouvant être limitée à la conduite en dehors de l'activité professionnelle ;

2° La confiscation du véhicule.

III. – Ce délit donne lieu de plein droit à la réduction de la moitié *(L. n° 2003-495 du 12 juin 2003, art. 11)* **« du nombre maximal de points » du permis de conduire.** – *[Anc. art. L. 9, al. 1er, 2 et 5, L. 11-1, al. 1er, 2, 5 et 6, L. 11-2, al. 1er, et L. 14, al. 1er et 2.]*

En ce qui concerne la suspension du permis de conduire prononcée, à titre de peine principale, V. C. pén., art. 131-14 et 131-16, App., v° Infractions.

1. Le directeur d'une société de location de véhicules est coupable d'usage de fausses plaques d'immatriculation résultant de la non-apposition de la nouvelle plaque et de l'utilisation par le locataire d'un véhicule muni de plaques portant les numéros provisoires. • Crim. 14 févr. 1989 : *Bull. crim.*

n° 71 ; D. 1989. IR 143. ♦ Il appartient au propriétaire de veiller non seulement au transfert de la carte grise mais également à l'apposition de nouvelles plaques dès la remise au locataire de la carte grise définitive. • Même arrêt.

2. L'infraction prévue à l'art. L. 9 (1°) [C. route, art. L. 317-2] n'implique pas que le véhicule sur lequel la plaque a été apposée circule ou stationne dans un lieu public. • Crim. 22 févr. 1990 : *Dr. pénal 1990. Comm. 165.*

Art. L. 317-3 I. — **Le fait de faire circuler, sur les voies ouvertes à la circulation publique un véhicule à moteur ou une remorque sans que ce véhicule soit muni des plaques ou inscriptions exigées par les règlements et, en outre, de déclarer un numéro, un nom ou un domicile autre que le sien ou que celui du propriétaire est puni de cinq ans d'emprisonnement et de 3 750 € d'amende.**

II. — Toute personne coupable de cette infraction encourt également les peines complémentaires suivantes :

1° La suspension, pour une durée de trois ans au plus, du permis de conduire, cette suspension pouvant être limitée à la conduite en dehors de l'activité professionnelle ;

2° La confiscation du véhicule.

III. — Ce délit donne lieu de plein droit à la réduction de la moitié *(L. n° 2003-495 du 12 juin 2003, art. 11)* **« du nombre maximal de points » du permis de conduire.** — *[Anc. art. L. 9, al. 1er, 3 et 5, L. 11-1, al. 1er et 2, L. 11-2, al. 1er, et L. 14, al. 1er et 2.]*

En ce qui concerne la suspension du permis de conduire prononcée, à titre de peine principale, V. C. pén., art. 131-14 et 131-16, App., v° Infractions.

1. Le fait d'avoir fait circuler un véhicule muni d'un faux numéro minéralogique et dépourvu de plaques de constructeur et de numéro gravé à froid constitue le délit. • Crim. 18 avr. 1989 : *Jurispr. auto 1989. 234.*

2. Le fait pour l'acquéreur d'un véhicule de tarder à faire changer la plaque d'immatriculation à la suite d'une transaction impliquant ce changement constitue le délit de l'art. L. 9 [C. route, art. L. 317-3]. • Crim. 3 févr. 1987 : *Jurispr. auto 1989. 98.*

Art. L. 317-4 I. — **Le fait de mettre en circulation un véhicule à moteur ou une remorque muni d'une plaque ou d'une inscription ne correspondant pas à la qualité de ce véhicule ou à celle de l'utilisateur est puni de cinq ans d'emprisonnement et de 3 750 € d'amende.**

II. — Toute personne coupable de cette infraction encourt également les peines complémentaires suivantes :

1° La suspension, pour une durée de trois ans au plus, du permis de conduire, cette suspension pouvant être limitée à la conduite en dehors de l'activité professionnelle ;

2° La confiscation du véhicule.

III. — Ce délit donne lieu de plein droit à la réduction de la moitié *(L. n° 2003-495 du 12 juin 2003, art. 11)* **« du nombre maximal de points » du permis de conduire.** — *[Anc. art. L. 9, al. 1er, 4 et 5, L. 11-1, al. 1er et 2, L. 11-2, al. 1er, et L. 14, al. 1er et 2.]*

En ce qui concerne la suspension du permis de conduire prononcée, à titre de peine principale, V. C. pén., art. 131-14 et 131-16, App., v° Infractions.

Celui qui met en service un véhicule non assuré en remplacement d'un autre véhicule de même type accidenté dont il a utilisé les plaques d'immatriculation et les documents administratifs commet le délit de l'art. L. 9 [C. route, art. L. 317-4]. • Crim. 15 févr. 1978 : *Jurispr. auto 1978. 380.* ♦ L'utilisation dans des conditions illégales par l'acquéreur d'un véhicule constitue une mise en circulation au sens de l'art. 9 [C. route, art. L. 317-4] et le caractère volontaire de l'infraction se trouve démontré par les constatations elles-mêmes. • Crim. 3 févr. 1987 : *Jurispr. auto 1989. 98.*

Art. L. 317-4-1 *(L. n° 2004-204 du 9 mars 2004, art. 61-I)* I. — **Le fait de mettre en circulation ou de faire circuler un véhicule à moteur ou une remorque muni d'une plaque portant un numéro d'immatriculation attribué à un autre véhicule dans des circonstances qui ont déterminé ou auraient pu déterminer des poursuites pénales contre un tiers est puni de sept ans d'emprisonnement et de 30 000 € d'amende.**

II. — Toute personne coupable de cette infraction encourt également les peines complémentaires suivantes :

1° La suspension, pour une durée de trois ans au plus, du permis de conduire, cette suspension ne pouvant être limitée à la conduite en dehors de l'activité professionnelle ;

2° L'annulation du permis de conduire avec interdiction de solliciter la délivrance d'un nouveau permis pendant trois ans au plus ;

3° La confiscation du véhicule.

III. — Ce délit donne lieu de plein droit à la réduction de la moitié du nombre maximal de points du permis de conduire.

COMMENTAIRE

Ventilation des délits. Quatre infractions différentes sont prévues par les articles L. 317-2 à L. 317-4-1. L'article L. 317-2 concerne l'usage de fausses plaques ou inscriptions. L'article L. 317-3 porte sur la circulation sur voies ouvertes sans plaques tout en faisant une fausse déclaration de nom ou de numéro. L'article L. 317-4 est relatif à la mise en circulation d'un véhicule avec une plaque non conforme. Enfin l'article L. 317-4-1, ajouté par la loi Perben II du 9 mars 2004, concerne l'usurpation de plaque d'immatriculation. Un regroupement ou du moins une unification de ces infractions serait souhaitable, au moins des trois premières…

On peut remarquer par ailleurs que l'adverbe volontairement ne figure plus dans ces incriminations. Ce sont cependant des infractions intentionnelles. L'article 121-3 du code pénal, rappelons-le, prévoit que tout délit est intentionnel sauf, lorsque la loi le prévoit, en cas de mise en danger délibérée d'autrui et en cas de faute d'imprudence. Il était donc devenu inutile de maintenir l'adjectif volontaire ou l'adverbe volontairement.

Sévérité des peines. Les trois premières incriminations sont sanctionnées de peines lourdes (5 ans d'emprisonnement et 3 750 € d'amende). La quatrième est sanctionnée de peines encore plus lourdes (7 ans d'emprisonnement et 30 000 € d'amende). Cette dernière infraction et la sévérité qui en découle s'expliquent par le fait que de nombreuses infractions à la circulation routière sont aujourd'hui constatées à partir du seul numéro d'immatriculation du véhicule, sans que l'auteur soit interpellé ou même identifié (notamment en raison du développement des radars automatiques), d'où le risque de poursuites pénales contre un tiers en cas d'usurpation de plaque.

Contraventions. La seule absence de plaques ou d'inscriptions constitue par ailleurs une cinquième qualification, sanctionnée de l'amende prévue pour les contraventions de la 4e classe (art. R. 317-8, V). Elle peut être réalisée en dehors des voies ouvertes à la circulation publique contrairement au délit de l'article L. 317-3 qui implique en outre une fausse déclaration. A cet ensemble, il faut enfin ajouter plusieurs autres contraventions sanctionnant d'une amende de 3e classe celui qui utilise des plaques d'immatriculation non conformes, mal entretenues ou mal posées (art. R. 317-8, VI) et d'une amende de 4e classe celui qui « commercialise » des plaques non conformes (art. R. 317-8, VIII). ❑

Est justifié l'arrêt qui, pour déclarer un prévenu coupable d'avoir fait circuler des véhicules portant des numéros d'immatriculation attribués à d'autres véhicules, dans des conditions ayant pu déterminer des poursuites pénales contre des tiers, énonce que celui-ci avait commis des vols aggravés en utilisant des véhicules sur lesquels il avait apposé des numéros d'immatriculation correspondant à ceux d'autres véhicules, mais de même modèle, la cour d'appel constatant par là même que les véhicules avaient été utilisés pour commettre des infractions au cours des périodes visées par la prévention. • Crim. 30 juin 2021, n° 20-84.946 : *Dr. pénal 2021, n° 164, note Robert ; ibid. 2022. Chron. 8, obs. Gauvin.*

Art. L. 317-5 *(L. n° 2006-10 du 5 janv. 2006, art. 11)* **« I. — Le fait pour un professionnel de fabriquer, d'importer, d'exporter, d'exposer, d'offrir, de mettre en vente, de vendre, de proposer à la location ou d'inciter à acheter ou à utiliser un dispositif ayant pour objet de dépasser les limites réglementaires fixées en matière de vitesse, de cylindrée ou de puissance maximale du moteur d'un cyclomoteur, d'une motocyclette** *(L. n° 2019-1428 du 24 déc. 2019, art. 42)* **« , d'un engin de déplacement personnel à moteur, d'un cycle à pédalage assisté » ou d'un quadricycle à moteur est puni de deux ans d'emprisonnement et de 30 000 € d'amende.**

« II. — Le fait pour un professionnel de réaliser, sur un cyclomoteur, une motocyclette *(L. n° 2019-1428 du 24 déc. 2019, art. 42)* **« , un engin de déplacement personnel à moteur, un cycle à pédalage assisté » ou un quadricycle à moteur, des transformations ayant pour effet de dépasser les limites réglementaires fixées en matière de vitesse, de cylindrée ou de puissance maximale du moteur est puni des mêmes peines. »**

(L. n° 2003-495 du 12 juin 2003, art. 18) **« III. — Le dispositif prévu au I est saisi. Lorsque le dispositif est placé, adapté ou appliqué sur un véhicule,** *(L. n° 2019-1428*

du 24 déc. 2019, art. 42) **« , un engin de déplacement personnel à moteur ou un cycle à pédalage assisté, ce véhicule, cycle ou engin » peut également être saisi. »**

COMMENTAIRE

« Débridage » et insécurité routière. Les conducteurs de deux-roues motorisés sont sur-représentés dans les données statistiques sur l'accidentologie. Le renforcement de la répression de ce que l'on appelle couramment le « débridage » de ces véhicules – c'est-à-dire la transformation de leurs moteurs afin d'en augmenter la puissance – participe de la volonté des pouvoirs publics de réduire le trop grand nombre de motocyclistes tués chaque année sur les routes.

Dans cette perspective, ***la loi du 12 juin 2003***, créant l'article L. 317-5, a correctionnalisé la commercialisation de dispositifs ayant pour objet d'augmenter la puissance du moteur d'un cyclomoteur au-delà de la puissance maximale autorisée et « le débridage » fait par un professionnel d'un moteur de cyclomoteur. Ces comportements étaient auparavant sanctionnés d'une contravention de 5e classe par l'article R. 317-29.

La loi du 5 janvier 2006, modifiant le présent article, est ensuite allée plus loin. Elle a en effet étendu le domaine d'application de ces deux délits non seulement aux motocylettes, mais aussi aux quadricyles à moteur (ce qui inclut « les quads » ainsi que « les voiturettes »). Par ailleurs, la définition du « débridage » a été revue puisqu'elle vise plus largement toutes les transformations ayant pour effet de dépasser les limites réglementaires fixées en matière de vitesse, de cylindrée ou de puissance maximale du moteur. Ce qui semble plus conforme aux définitions des véhicules concernés figurant à l'article R. 311-1.

Enfin ***la loi d'orientation des mobilités*** du 24 décembre 2019, a encore élargi le champ d'application des délits prévus à l'article L. 317-5, lequel, depuis cette loi, permet de sanctionner les professionnels qui commercialisent un dispositif de débridage d'un engin de déplacement personnel motorisé ou d'un cycle à pédalage assisté, ainsi que le fait pour un professionnel de procéder au débridage de ces véhicules.

Peines. On remarquera qu'aux peines principales prévues au présent article – deux ans d'emprisonnement et 30 000 euros d'amende – peuvent s'ajouter les peines complémentaires formulées à l'article L. 317-7 : suspension du permis de conduire, confiscation du véhicule débridé et, depuis la loi du 5 janvier 2006, interdiction d'exercer l'activité professionnelle dans l'exercice de laquelle, ou à l'occasion de l'exercice de laquelle, l'infraction a été commise. Cette dernière peine peut être particulièrement dissuasive ici, puisque les délits de l'article L. 317-5 ne visent que les professionnels. On notera, ce faisant, que « le bricoleur » qui réussit à débrider un cyclomoteur, une motocyclette, ou encore un engin de déplacement personnel motorisé, comme une trottinette électrique, ne peut donc être poursuivi pour ces délits.

Ces peines complémentaires sont par définition facultatives et doivent être distinguées de la confiscation du dispositif de « débridage » également prévue par l'article L. 317-7 qui est, quant à elle, automatique en cas de condamnation.

Autres incriminations. Notons enfin que la commercialisation de certains véhicules « débridés » peut également être sanctionnée sur le fondement de l'article L. 321-1 du présent code (V. cet art. et son comm.). Quant à l'utilisation d'un cyclomoteur « débridé », elle est sanctionnée, depuis un décret du 12 novembre 2010, de l'amende prévue pour les contraventions de la quatrième classe (V. art. R. 317-23-1). Et il en est de même de l'utilisation d'un engin de déplacement personnel motorisé « débridé » depuis le décret du 23 octobre 2019 qui a intégré cette catégorie de véhicule dans le code de la route et étendu, à cette occasion, la contravention prévue à l'article R. 317-23-1 à l'utilisation d'un tel engin « débridé ». ❑

1. La vente de dispositifs ayant pour objet d'augmenter la puissance du moteur des cyclomoteurs est interdite quel que soit l'usage ultérieur qui sera fait des engins modifiés, ainsi, l'argument selon lequel les pièces litigieuses seraient utilisées uniquement en compétition et sur terrain privé ne saurait être retenu. • Crim. 4 déc. 2001 : *Jurispr. auto 2002. 71.* ♦ Les art. L. 317-5 s. C. route qui sanctionnent l'importation et la vente, par un professionnel, de dispositifs augmentant la puissance des moteurs de cyclomoteurs ne prévoient aucune dérogation qui serait applicable selon l'utilisation des cyclomoteurs transformés ou les voies de circulation empruntées par ces engins. • Crim. 9 sept. 2008, nº 08-81.449 P : *AJ pénal 2008. 466 ; Dr. pénal 2008. Comm. 141, note Robert.*

2. Application de la loi dans le temps. Justifie sa décision la cour d'appel qui condamne un prévenu pour fabrication, importation, exposition, offre, vente et mise en vente de dispositifs ayant pour objet d'augmenter la puissance du moteur d'un cyclomoteur sur le fondement de l'art. L. 317-7 C. route, issu de la L. du 12 juin 2003, à des faits de même nature antérieurement poursuivis sous la qualification de détention en vue de la vente par l'art. R. 317-29 du même code, abrogé par le décr. du 11 juill. 2003, dès lors que les peines d'amende prononcées ne dépassent pas le maximum fixé par les textes en vigueur à la date des faits (140 amendes de 10 € pour des faits s'étalant entre mai et nov. 2002). • Crim. 21 mars 2006 : *Dr. pénal 2006. Comm. 84, note Robert.*

Art. L. 317-6 *(L. nº 2003-495 du 12 juin 2003, art. 18)* **La tentative des délits prévus par l'article L. 317-5 est punie des mêmes peines.**

Art. L. 317-7 *(L. nº 2003-495 du 12 juin 2003, art. 18)* **Les personnes physiques coupables des infractions prévues par l'article L. 317-5 encourent également les peines complémentaires suivantes :**

1° La suspension, pour une durée de trois ans au plus, du permis de conduire ;

2° La confiscation du véhicule, lorsque le dispositif qui a servi ou était destiné à commettre l'infraction est placé, adapté ou appliqué sur un véhicule ;

(L. nº 2006-10 du 5 janv. 2006, art. 11) **« 3° L'interdiction, suivant les modalités prévues par l'article 131-27 du code pénal, d'exercer l'activité professionnelle ou sociale dans l'exercice ou à l'occasion de l'exercice de laquelle l'infraction a été commise, pour une durée de cinq ans au plus. »**

Toute condamnation pour le délit prévu à l'article L. 317-5 donne lieu de plein droit à la confiscation du dispositif qui a servi ou était destiné à commettre l'infraction.

Art. L. 317-8 *(L. nº 2009-526 du 12 mai 2009, art. 125-XIX)* **Les personnes morales déclarées responsables pénalement, dans les conditions prévues par l'article 121-2 du code pénal, des infractions définies à l'article L. 317-5 encourent, outre l'amende suivant les modalités prévues par l'article 131-38 du code pénal, les peines prévues par les 4° à 6°, 8° et 9° de l'article 131-39 du même code.**

COMMENTAIRE

Sur la responsabilité pénale des personnes morales et les modifications résultant de la loi du 12 mai 2009, voir le commentaire de l'article L. 212-4. ❑

Art. L. 317-9 *(L. nº 2015-990 du 6 août 2015, art. 3)* **Sous réserve des dérogations prévues par voie réglementaire, tout autocar est équipé de dispositifs permettant d'en prévenir la conduite sous l'empire d'un état alcoolique. Les modalités d'application du présent article sont définies par décret en Conseil d'État.**

COMMENTAIRE

Libéralisation du transport par autocar et sécurité routière. L'article L. 317-9 a été créé par la loi nº 2015-990 du 6 août 2015 pour la croissance, l'activité et l'égalité des chances économiques, dite loi Macron, dont l'un des objets est la libéralisation du transport par autocar. Certains parlementaires, craignant que le développement du transport par autocar ait des conséquences sur la sécurité routière, ont souhaité sécuriser davantage ce mode de transport, en rendant obligatoire l'installation, sur tout autocar, de dispositifs permettant d'en prévenir la conduite sous l'empire d'un état alcoolique. Et c'est ce que prévoit le présent article, qui précise toutefois que cette obligation peut être assortie de dérogations prévues par voie réglementaire.

Cette obligation, en réalité, n'est pas nouvelle. Elle était même en voie de généralisation sur cette catégorie des véhicules au moment de l'élaboration de la loi du 6 août 2015 : l'article 70 *bis* de l'arrêté du 2 juillet 1982 relatif aux transports en commun de personnes – article créé en 2009 – rendant obligatoire l'installation d'un dispositif antidémarrage par éthylotest sur tout autocar affecté au transport en commun de personnes à partir du 1er septembre 2015.

En lien avec cette obligation, on notera, par ailleurs, l'existence de contraventions qui permettent de sanctionner le conducteur d'un autocar qui rendrait inopérant le dispositif d'antidémarrage de son véhicule ou qui aurait recours à un tiers pour faire démarrer son véhicule (V. art. R. 234-6). ❑

CHAPITRE VIII ÉNERGIE, ÉMISSIONS POLLUANTES ET NUISANCES

COMMENTAIRE

Environnement et santé publique. Les rédacteurs du code recomposé ont tenu à bien distinguer, dans les deux parties législative et réglementaire, un chapitre spécial consacré à l'énergie, aux émissions polluantes et aux nuisances. Cet intitulé est inspiré de la loi n° 96-1236 du 30 décembre 1996 sur l'air et l'utilisation rationnelle de l'énergie, qui avait introduit dans le code de la route, aux articles L. 8-A à L. 8-C, des dispositions concernant les véhicules pour assurer la sécurité des usagers de la route et la protection de la santé publique. Les deux finalités de l'ancien article L. 8-A ont cependant été scindées : la sécurité à l'article L. 311-1 et la santé publique dans ce chapitre. Cette scission présente l'avantage de bien mettre en évidence les problèmes liés à la pollution et autres nuisances.

La loi n° 2015-992 du 17 août 2015 relative à la transition énergétique pour la croissance verte a toutefois déplacé dans le code de l'environnement les dispositions qui figuraient dans le présent chapitre aux articles L. 318-2 et L. 318-3 visant à inciter l'État et ses établissements publics, les collectivités territoriales et leurs groupements ou encore les entreprises nationales à acquérir ou utiliser des véhicules à faibles niveaux d'émission de gaz à effet de serre et de polluants atmosphériques. Ces dispositions, dont le contenu a été modifié par loi du 17 août 2015 afin de renforcer l'incitation qu'elles prévoient, figurent, depuis cette loi, aux articles L. 224-7 à L. 224-9 du code de l'environnement, dans un chapitre dédié aux mesures techniques nationales de prévention de la pollution atmosphérique et d'utilisation rationnelle de l'énergie. Quant aux articles L. 318-2 et L. 318-3 du code de la route, l'un a été abrogé (L. 318-2) et l'autre contient, depuis cette loi, un délit sanctionnant les transformations réalisées sur un véhicule de nature à porter atteinte aux dispositifs antipollution (L. 318-3). ❑

Art. L. 318-1 Les véhicules doivent être construits, commercialisés, exploités, utilisés, entretenus et, le cas échéant, réparés de façon à minimiser la consommation d'énergie, la création de déchets non valorisables, les émissions de substances polluantes, notamment de dioxyde de carbone, visées à l'article 2 de la loi n° 96-1236 du 30 décembre 1996 sur l'air et l'utilisation rationnelle de l'énergie *[C. envir., art. L. 220-2]* **ainsi que les autres nuisances susceptibles de compromettre la santé publique.**

La consommation énergétique des véhicules et ses méthodes de mesure *(L. n° 2019-1428 du 24 déc. 2019, art. 84)* **« ainsi que leur classification au titre de leur contribution à la limitation de la pollution atmosphérique, telle que définie au troisième alinéa du présent article, » doivent être affichées sur le lieu de leur vente ou de leur location.**

Les véhicules à moteur font l'objet d'une identification fondée sur leur contribution à la limitation de la pollution atmosphérique *(L. n° 2015-992 du 17 août 2015, art. 37-VIII)* **« et sur leur sobriété énergétique. Dans des conditions fixées par l'autorité chargée de la police de la circulation et du stationnement, les véhicules à très faibles émissions, en référence à des critères déterminés par décret, peuvent notamment bénéficier de conditions de circulation et de stationnement privilégiées.**

« Cette identification est renouvelée lors du contrôle technique mentionné à l'article L. 323-1 du présent code. »

Des décrets en Conseil d'État déterminent les conditions d'application du présent article. — *[Anc. art. L. 8-A.]*

Dispositions réglementaires : R. 318-1 s.

BIBL. ▸ Rapport du Centre d'analyse stratégique, La voiture de demain : carburants et électricité, *La Doc. fr., 2011.*

Rejet de la demande d'interdiction de mise en circulation des véhicules dépassant les 130 km/h. Si les art. R. 321-9 et R. 321-14 C. route permettent au ministre chargé des transports de ne pas mettre en circulation des véhicules ayant fait l'objet d'une réception communautaire s'ils sont susceptibles de compromettre gravement la sécurité routière, ces articles n'autorisent pas le ministre à faire usage de son pouvoir de délivrance de certificats d'immatriculation pour interdire, de façon générale et absolue, la mise en circulation de tout véhicule, quel que soit son type, dont la vitesse maximale par construction dépasserait la vitesse maximale autorisée sur le réseau routier français. Est, en conséquence, justifié le rejet de la demande d'une association tendant à la fixation d'une date à partir de laquelle il sera interdit de délivrer des documents administratifs permettant de mettre en circulation un véhicule dont la vitesse maximale par construction dépasserait les 130 km/h ; cette association ne pouvant utilement invoquer la violation, par la décision de rejet, de l'art. L. 311-1 C. route imposant une construction des véhicules de façon à assurer la sécurité de tous, ni de l'art. L. 318-1 du même code exigeant une construction des véhicules de façon à minimiser la consommation d'énergie, ni de l'art. L. 110-1 C. envir. relatif au respect du principe de précaution. • CE 10 juill. 2006, *Assoc. pour l'interdiction des véhicules inutilement rapides*, n° 271835 : *D. 2006. IR 2208 ; Jurispr. auto 2006. 455.*

Art. L. 318-2 *Abrogé par L. n° 2015-992 du 17 août 2015, art. 37-VIII.*
V. désormais C. envir., art. L. 224-7 s., App., v° Environnement.

Art. L. 318-3 *(L. n° 2015-992 du 17 août 2015, art. 58-I)* **I. — Est puni d'une amende de 7 500 € le fait de réaliser** *(L. n° 2019-1428 du 24 déc. 2019, art. 95-IV)* **« ou de faire réaliser » sur un véhicule des transformations ayant pour effet de supprimer un dispositif de maîtrise de la pollution, d'en dégrader la performance ou de masquer son éventuel dysfonctionnement, ou de se livrer à la propagande ou à la publicité, quel qu'en soit le mode, en faveur de ces transformations.**

II. — Les personnes physiques coupables du délit mentionné au I du présent article encourent également la peine complémentaire d'interdiction, suivant les modalités prévues à l'article 131-27 du code pénal, d'exercer l'activité professionnelle ou sociale dans l'exercice ou à l'occasion de l'exercice de laquelle le délit a été commis, pour une durée maximale d'un an.

III. — Les personnes morales déclarées pénalement responsables, dans les conditions prévues à l'article 121-2 du code pénal, du délit défini au I du présent article encourent, outre l'amende suivant les modalités prévues à l'article 131-38 du code pénal, les peines prévues aux 4°, 5°, 8° et 9° de l'article 131-39 du même code.

(L. n° 2023-22 du 24 janv. 2023, art. 25-VI) **« IV. — Pour l'infraction mentionnée au I du présent article, l'action publique peut être éteinte, dans les conditions prévues aux articles 495-17 à 495-25 du code de procédure pénale, par le versement d'une amende forfaitaire d'un montant de 200 euros. Le montant de l'amende forfaitaire minorée est de 150 euros et le montant de l'amende forfaitaire majorée est de 450 euros. »**

COMMENTAIRE

Délit. Depuis la loi n° 2015-992 du 17 août 2015 ayant transféré dans le code de l'environnement les dispositions qui figuraient, avant cette loi, aux articles L. 318-2 et L. 318-3 (V. comm. introductif du présent chap.), l'article L. 318-3 prévoit un délit qui sanctionne le fait de réaliser sur un véhicule des transformations ayant pour effet de supprimer un dispositif de maîtrise de la pollution, d'en dégrader la performance ou de masquer son éventuel dysfonctionnement, autrement dit ce que les spécialistes appellent la pratique du « défapage » (terme désignant le fait d'enlever le filtre à particules). Le présent délit permet également de sanctionner, depuis la loi du 24 décembre 2019 d'orientation des mobilités, le fait de faire réaliser de telles transformations, ainsi que, depuis sa création en 2015, le fait de se livrer à de la propagande ou à de la publicité, quel qu'en soit le mode, en faveur de telles transformations. Dans tous les cas, la personne concernée s'expose à une peine d'amende de 7 500 € et à une peine complémentaire d'interdiction d'exercer l'activité professionnelle dans le cadre de laquelle de telles transformations auraient été pratiquées et, si cette personne est une personne morale, l'article L. 318-3 permet de prononcer plusieurs peines autres que l'amende, laquelle s'élève alors à 37 500 € par le jeu des dispositions de l'article 131-38 du code pénal.

Amende forfaitaire délictuelle. Depuis la loi du 24 janvier 2023 d'orientation et de programmation du ministère de l'intérieur, le présent délit fait par ailleurs partie des délits pour lesquels il est possible de recourir à la procédure de l'amende forfaitaire délictuelle, conformément aux dispositions prévues en ce sens aux articles 495-17 et suivants du code de procédure pénale (V. comm. ss. art. L. 121-5). Le paragraphe IV ajouté au présent article par la loi du 24 janvier 2023 a ainsi pour objet de rendre applicable la procédure de l'amende forfaitaire au délit qu'il prévoit et de fixer les montants de l'amende forfaitaire (200 €), de l'amende forfaitaire minorée (150 €) et de l'amende forfaitaire majorée (450 €) applicables dans le cadre de cette procédure. Des montants qu'il faut multiplier par cinq pour les personnes morales, comme le prévoit l'article 495-24-1 du code de procédure pénale.

Contraventions. Au présent délit, il faut enfin ajouter plusieurs contraventions sanctionnant le fait de compromettre la santé et la sécurité publiques par l'émission de fumées ou de gaz toxiques, le fait de causer une gêne aux usagers de la route et aux riverains par l'émission de bruits et le fait d'utiliser un véhicule non muni d'antiparasites radioélectriques. Toutes ces contraventions sont sanctionnées, depuis un décret du 4 avril 2011, de l'amende prévue pour les contraventions de la quatrième classe (V. art. R. 318-1, R. 318-3 et R. 318-4). ❑

Art. L. 318-4 Les mesures prévues aux articles L. 121-4, L. 325-1 à L. 325-3 et L. 325-6 à L. 325-9 sont applicables aux véhicules en infraction aux dispositions des articles L. 311-1 *(L. nº 2015-992 du 17 août 2015, art. 58-II)* **« , L. 318-1 et L. 318-3 » ou aux textes pris pour leur application.** – *[L. nº 96-1236 du 30 déc. 1996, art. 37.]*

COMMENTAIRE

Ce texte, qui apparaît quelque peu caché à la fin du titre premier, « *sanctionne* » par un certain nombre de mesures dites réelles – prévues aux articles L. 121-4, L. 325-1 à L. 325-3 et L. 325-6 à L. 325-9 – « *les véhicules en infraction* » aux dispositions des articles L. 318-1 et L. 318-3. Il prévoit également que ces mesures sont applicables aux véhicules en infraction aux dispositions de l'article L. 311-1 – texte plus lointain – portant sur les éléments tenant à la sécurité des usagers.

L'article L. 121-4 prévoit notamment pour les étrangers la rétention du véhicule, la consignation d'une somme d'argent et la mise en fourrière. Les articles L. 325-1 et suivants concernent l'immobilisation et la mise en fourrière, le retrait de la circulation et le cas échéant l'aliénation ou la destruction du véhicule. L'article L. 325-6 et ceux qui suivent sont relatifs au retrait de la fourrière, aux abandons « *réputés* », à l'aliénation et à la destruction. La définition de ces termes est donnée dans la partie réglementaire.

Le simple renvoi à ces articles n'est pas entièrement pertinent, car aucune décision de justice n'est rendue, dans ces cas, contre le conducteur ou contre le propriétaire. C'est le véhicule lui-même qui est inapte à la circulation. Il est d'ailleurs notable que le chapitre 5 relatif à l'immobilisation et à la mise en fourrière (art. L. 325-1 s.) fasse partie du titre 2 portant sur les dispositions administratives. ❑

CHAPITRE IX DISPOSITIONS APPLICABLES AU VÉHICULE À DÉLÉGATION DE CONDUITE

(Ord. nº 2021-443 du 14 avr. 2021, art. 3)

BIBL. ▸ Véhicules autonomes : ANDREU (dir.), Des voitures autonomes. Une offre de loi, *Dalloz 2018*. - BARSAN, *CCE 2018 Étude 3* (la voiture autonome : aspects juridiques). - BÉNÉJAT-GUERLIN, *D. 2016. 1146* (véhicule autonome et responsabilité pénale) ; *AJ pénal 2019. 428* (le droit pénal de la route face aux nouveaux modes de transport). - BONNARDEL, *RCA 2023. Dossier 4* (les risques générés par les véhicules autonomes). - CHRISTODOULOU, *Gaz. Pal. 29 juin 2021, p. 10* (quand la responsabilité pénale embarque à bord d'un véhicule à délégation de conduite). - COLLECTIF, *Dalloz IP/IT 2018. 578* (le procès de l'intelligence artificielle et de la voiture autonome). - COULON, *RCA 2016. Alerte 7* (révision de la Convention de Vienne sur la circulation routière : les voitures autonomes (pas tout à fait) sur la ligne de départ). - CROZE, *JCP 2018. 378* (de l'intelligence artificielle à la morale artificielle, les dilemmes de la voiture autonome). - DETRAZ, *D. 2021. 1039* (de la mauvaise conduite des véhicules autonomes en droit pénal - à propos de l'Ord. nº 2021-443 du 14 avr. 2021). - DREYER, *Gaz. Pal. 7 déc. 2021, p. 13* (de l'intelligence à la responsabilité artificielle, s'agissant des véhicules autonomes). - GRIGUER et SCEMAMA, *Cah. dr. entr. 2020. prat. 20* (retour sur le régime juridique de responsabilité en matière de véhicules autonomes issu de la loi Pacte). - HADRI, *LPA 3 janv. 2019, p. 6* (pleins phares sur les évolutions du cadre légal et réglementaire des véhicules autonomes). - IDRAC, *Dalloz IP/IT 2018. 572* (voiture autonome : avenir et réglementation). - JOSSEAUME, *Gaz. Pal. 1er oct. 2015, p. 5* (la voiture autonome : un défi au code de la route !). - LE CHATELIER et DURAFFOURG, *AJCT 2019. 333* (le point sur... les véhicules autonomes). - LOISEAU, *CCE 2022, nº 3* (la responsabilité du conducteur d'un véhicule à délégation de conduite automatisée). - MONOT-FOULETIER et CLÉMENT, *D. 2018. 129* (véhicule autonome : vers une autonomie du régime de responsabilité applicable ?). - NAMIN, *RCA 2023. Dossier 5* (assurance : esquisse en matière de gestion des sinistres automobiles impliquant des véhicules à délégation de conduite). - TERESI, *LPA 17 nov. 2020, p. 6* (véhicule à délégation de conduite et risque automobile : une lecture juridique). – TERESI et RAKOTOVAHINY, *CCE 2020. Étude 8* (enjeux juridiques liés à l'information et la formation des conducteurs des véhicules à délégation de conduite). – TERESI, RAKOTOVAHINY et JAMBORT, *JCP 2019. Doctr. 83* (incidences des systèmes de conduite automatiques sur les responsabilités civiles et pénales). – VINGIANO, *LPA 1er déc. 2014, p. 6* (quel avenir juridique pour le « conducteur » d'une « voiture intelligente » ?) ; *RGDA 2016, nº 5* (l'amendement à la Convention de Vienne : un pas de plus vers l'introduction des véhicules à conduite déléguée). – VINGIANO-VIRICEL, Véhicule autonome : qui est responsable ? Impacts de la délégation de conduite sur les régimes de responsabilité, *LexisNexis 2019 ; JCP 2021. 346* (ALKS, une approche juridique du système, *JCP 2021. 346*).

COMMENTAIRE

Dispositions applicables aux véhicules à délégation de conduite. On sait que la circulation sur la voie publique des véhicules à délégation de conduite, appelés communément véhicules autonomes, a été autorisée, à titre expérimental, par l'ordonnance nº 2016-1057 du 3 août 2016, dans des conditions qui ont été précisées par le décret nº 2018-211 du 28 mars 2018 et un arrêté du 17 avril 2018 (V. ces différents textes, ss. art. L. 319-1). Autant de textes formulant des dispositions applicables aux véhicules à délégation de conduite qui n'ont pas été codifiées, car applicables dans le cadre de l'expérimentation de leur circulation sur la voie publique et donc nécessairement provisoires. Sans attendre la fin des expérimentations en ce domaine, les pouvoirs publics ont cependant voulu adapter le code de la route à la circulation de ces véhicules, en y intégrant plusieurs dispositions. Dans cette perspective, l'ordonnance nº 2021-443 du 14 avril 2021, prise en application de l'article 31 de la loi du 24 décembre 2019 d'orientation des mobilités, est venue insérer dans le code de la route un chapitre dédié à la responsabilité pénale applicable en cas de circulation d'un véhicule à délégation de conduite (V. art. L. 123-1 s.), ainsi que le présent chapitre intitulé « Dispositions applicables au véhicule à délégation de conduite », composé des articles L. 319-1 à L. 319-4.

A ces dispositions, il faut par ailleurs ajouter plusieurs dispositions de la partie réglementaire du présent code créées par le décret nº 2021-873 du 29 juin 2021 et notamment celles figurant aux articles R. 311-1 et R. 311-1-1 qui définissent les véhicules à délégation de conduite et plusieurs expressions utilisées au sein du présent chapitre, ainsi que celles de l'article R. 319-1 précisant certaines dispositions de ce chapitre.

Conditions d'utilisation des véhicules à délégation de conduite. Les articles L. 319-1 et suivants portent plus précisément sur les conditions d'utilisation des véhicules à délégation de conduite ou plus exactement du système de conduite automatisé dont sont équipés ces véhicules. Si les conditions d'utilisation d'un tel système sont définies par le constructeur du véhicule indique l'article L. 319-1, un système de conduite automatisé doit respecter un certain nombre d'exigences formulées par les articles L. 319-3, afin que le conducteur du véhicule soit informé qu'il peut l'activer ou, au contraire, qu'il doit reprendre en main le véhicule. Ces exigences sont importantes, car elles ont des implications sur la responsabilité du conducteur et donc sur celle du constructeur en cas d'infraction (V. art. L. 123-1 s.).

Information des consommateurs. Les pouvoirs publics ont souhaité par ailleurs imposer aux professionnels une obligation d'information à l'égard des consommateurs sur les conditions d'utilisation de ces véhicules. Logiquement, l'ordonnance du 14 avril 2021 a intégré cette obligation dans le code de la consommation à l'article L. 224-68-1, tout en la rappelant au sein du présent chapitre du code de la route, à l'article L. 319-2 renvoyant audit article du code de la consommation. Quant au contenu et aux modalités de fourniture de cette information, ils ont été précisés par un arrêté du 8 décembre 2022 (*JO 29 déc.*), auquel il convient donc également de se reporter. ❑

Art. L. 319-1 Le système de conduite automatisé est soumis à des conditions d'utilisation définies par le constructeur du véhicule ou son mandataire, au sens de l'article 3 du règlement (UE) 2018/858 du Parlement européen et du Conseil du 30 mai 2018.

Sur les conditions d'utilisation du système de conduite automatisé, V. art. R. 319-1.

Ordonnance nº 2016-1057 du 3 août 2016,

Relative à l'expérimentation de véhicules à délégation de conduite sur les voies publiques (JO 5 août).

Art. 1er *(L. nº 2019-486 du 22 mai 2019, art. 125-I)* La circulation sur la voie publique de véhicules à délégation partielle ou totale de conduite à des fins expérimentales est autorisée.

Cette circulation est subordonnée à la délivrance d'une autorisation destinée à assurer la sécurité du déroulement de l'expérimentation.

La délivrance de l'autorisation est subordonnée à la condition que le système de délégation de conduite puisse être à tout moment neutralisé ou désactivé par le conducteur. En l'absence de conducteur à bord, le demandeur fournit les éléments de nature à attester qu'un conducteur situé à l'extérieur du véhicule, chargé de superviser ce véhicule et son environnement de conduite pendant l'expérimentation, sera prêt à tout moment à prendre le contrôle du véhicule, afin d'effectuer les manœuvres nécessaires à la mise en sécurité du véhicule, de ses occupants et des usagers de la route.

Art. 1er-1 *(L. nº 2019-486 du 22 mai 2019, art. 125-I)* La circulation à des fins expérimentales de véhicules à délégation partielle ou totale de conduite ne peut être autorisée sur les voies réservées aux transports collectifs que pour des véhicules utilisés pour effectuer ou mettre en place un service de transport public de personnes ou, pour les autres véhicules, sous réserve de l'avis conforme de l'autorité de police de la circulation concernée et de l'autorité organisatrice des transports.

Art. 2 L'autorisation est accordée par le ministre chargé des transports après avis du ministre de l'intérieur, s'il y a lieu après avis du gestionnaire de la voirie, de l'autorité compétente en matière de la police de la circulation et de l'autorité organisatrice des transports concernés.

Art. 2-1 *(L. nº 2019-486 du 22 mai 2019, art. 125-I)* Le premier alinéa de l'article L. 121-1 du code de la route n'est pas applicable au conducteur pendant les périodes où le système de délégation de conduite, qu'il a activé conformément à ses conditions d'utilisation, est en fonctionnement et l'informe en temps réel être en état d'observer les conditions de circulation et d'exécuter sans délai toute manœuvre en ses lieux et place.

Le même premier alinéa est à nouveau applicable après sollicitation du système de conduite et à l'issue d'un délai de reprise de contrôle du véhicule précisé par l'autorisation d'expérimentation, dont le conducteur est informé. Il en va de même lorsque le conducteur a ignoré la circonstance évidente que les conditions d'utilisation du système de délégation de conduite, définies pour l'expérimentation, n'étaient pas ou plus remplies.

Art. 2-2 *(L. nº 2019-486 du 22 mai 2019, art. 125-I)* Si la conduite du véhicule, dont le système de délégation de conduite a été activé et fonctionne dans les conditions prévues au premier alinéa de l'article 2-1, contrevient à des règles dont le non-respect constitue une contravention, le titulaire de l'autorisation est pécuniairement responsable du paiement des amendes. Si cette conduite a provoqué un accident entraînant un dommage corporel, ce titulaire est pénalement responsable des délits d'atteinte involontaire à la vie ou à l'intégrité de la personne prévus aux articles 221-6-1, 222-19-1 et 222-20-1 du code pénal lorsqu'il est établi une faute au sens de l'article 121-3 du même code dans la mise en œuvre du système de délégation de conduite.

Art. 3 Un décret en Conseil d'État précise les conditions de délivrance de l'autorisation et les modalités de sa mise en œuvre. *(L. nº 2019-486 du 22 mai 2019, art. 125-I)* « Il prévoit les modalités d'information du public sur la circulation à des fins expérimentales de véhicules à délégation partielle ou totale de conduite. »

Un arrêté conjoint des ministres chargés de la sécurité routière et des transports fixe la composition du dossier de demande d'autorisation et le contenu du registre créé pour répertorier les autorisations accordées.

Décret nº 2018-211 du 28 mars 2018,

Relatif à l'expérimentation de véhicules à délégation de conduite sur les voies publiques (JO 30 mars).

TITRE I. DÉLIVRANCE DE L'AUTORISATION D'EXPÉRIMENTATION

Art. 1er L'autorisation prévue par l'article 1er de l'ordonnance du 3 août 2016 susvisée porte sur l'expérimentation de véhicules à délégation de conduite dans un ou plusieurs des cas suivants :

1° Essais techniques et mise au point ;

2° Évaluation des performances en situation pour l'usage auquel est destiné le véhicule à délégation de conduite ;

3° Démonstration publique, notamment lors de manifestations événementielles.

L'autorisation peut porter sur un véhicule affecté à l'exécution d'un service de transport de personnes ou de marchandises.

La demande d'autorisation est déposée selon des modalités prises par arrêté conjoint du ministre chargé des transports et du ministre de l'intérieur.

Art. 2 La demande d'autorisation est soumise aux consultations préalables des autorités administratives mentionnées à l'article 2 de l'ordonnance du 3 août 2016 susvisée dans les conditions suivantes :

1° L'avis du gestionnaire de la voirie sur laquelle se déroule l'expérimentation, lorsqu'il ne se confond pas avec le demandeur ;

2° L'avis de l'autorité compétente en matière de police de la circulation lorsque des mesures spécifiques de police de la circulation sont requises ;

3° L'avis de l'*(Décr. nº 2020-1495 du 2 déc. 2020)* « autorité organisatrice mentionnée aux articles L. 1231-1, L. 1231-3 ou L. 1241-1 du code des transports territorialement compétente » lorsque la demande d'autorisation d'expérimentation porte sur des véhicules affectés à l'exécution d'un *(Décr. nº 2020-1495 du 2 déc. 2020)* « service public de transport de personnes.

« Lorsque la demande a pour objet la circulation à des fins expérimentales, sur les voies réservées aux transports collectifs, de véhicules qui ne sont pas utilisés pour effectuer ou mettre en place un service de transport public de personnes, l'autorisation ne peut être délivrée que sur l'avis conforme de l'autorité de police de la circulation et de l'autorité organisatrice précitée concernées. »

Une autorité mentionnée aux 1°, 2° ou 3° dispose d'un délai de *(Décr. nº 2020-1495 du 2 déc. 2020)* « deux » mois, à compter de sa sollicitation par le ministre chargé des transports, pour lui rendre son avis. A défaut, *(Décr. nº 2020-1495 du 2 déc. 2020)* « sauf le cas visé au précédent alinéa, » son avis est réputé rendu.

Art. 3 L'autorisation précise les sections de voirie sur lesquelles le véhicule est autorisé à circuler en délégation de conduite ainsi que les fonctions de délégation de conduite qui peuvent être activées.

Elle détermine *(Décr. nº 2020-1495 du 2 déc. 2020)* « les trajets sur lesquels » se déroule l'expérimentation des véhicules destinés au transport *(Abrogé par Décr. nº 2020-1495 du 2 déc. 2020)* « *public* » de personnes ou au transport de marchandises.

(Décr. nº 2020-1495 du 2 déc. 2020) « Elle précise le délai de reprise de contrôle du véhicule mentionné au second alinéa de l'article 2-1 de l'ordonnance du 3 août 2016 susvisée. »

Art. 4 L'autorisation peut être assortie de conditions en vue de garantir la sécurité durant l'expérimentation.

Art. 5 L'autorisation précise la date de début et la durée de l'expérimentation. La durée maximale de l'autorisation est de deux ans.

Elle peut être renouvelée une fois à la demande du bénéficiaire, compte tenu notamment des données recueillies lors du suivi et du bilan de l'expérimentation.

Elle peut être modifiée selon les modalités prévues pour la délivrance de l'autorisation initiale.

Art. 6 Le silence gardé par l'administration pendant six mois vaut décision de rejet d'une demande d'autorisation d'expérimentation.

Art. 7 Les gestionnaires de voirie, les autorités compétentes en matière de police de la circulation, les services de l'État chargés du contrôle des transports terrestres *(Décr. nº 2020-1495 du 2 déc. 2020)* « , les fonctionnaires de la police nationale, les militaires de la gendarmerie nationale et les agents de police judiciaire adjoints habilités à effectuer des contrôles routiers en application des dispositions du code de la route, les gardes champêtres des communes » et les *(Décr. nº 2020-1495 du 2 déc. 2020)* « autorités organisatrices mentionnées aux articles L. 1231-1, L. 1231-3 et L. 1241-1 du code des transports exerçant leur compétence dans le périmètre géographique de l'expérimentation » sont informés de la délivrance d'une autorisation d'expérimentation, de son périmètre géographique, de sa date de début et de sa durée.

....

TITRE III. CONDITIONS RELATIVES AU DÉROULÉ DE L'EXPÉRIMENTATION

SECTION 1. *CONDITIONS GÉNÉRALES DE L'EXPÉRIMENTATION*

Art. 9 Les véhicules relevant d'une expérimentation de véhicule à délégation de conduite circulent sous couvert d'un certificat WW DPTC.

Art. 10 *(Décr. n° 2020-1495 du 2 déc. 2020)* « Le titulaire de l'autorisation » met en œuvre les mesures nécessaires pour remédier aux événements susceptibles de porter atteinte à la sécurité.

(Décr. n° 2020-1495 du 2 déc. 2020) « Il informe le public présent dans le champ de l'expérimentation, par tout moyen approprié, de la circulation à des fins expérimentales de véhicules à délégation partielle ou totale de conduite. »

Art. 11 Les véhicules sont équipés d'un dispositif d'enregistrement permettant de déterminer à tout instant *(Décr. n° 2020-1495 du 2 déc. 2020)* « l'état de délégation de conduite. Les données sont automatiquement effacées à l'issue d'un délai de quatre mois. Le conducteur du véhicule a accès à ces données à sa demande. »

En cas d'accident, les données enregistrées au cours des dernières cinq minutes sont conservées par le titulaire de l'autorisation durant un an.

Art. 12 I. — Lors de l'activation des fonctions de délégation de conduite, une personne assure, en qualité de conducteur, la conduite du véhicule.

II. — Lors de l'activation des fonctions de délégation de conduite, le conducteur *(Décr. n° 2020-1495 du 2 déc. 2020)* « , qu'il soit à bord du véhicule ou non, » est à tout instant en capacité de prendre le contrôle du véhicule, notamment en cas d'urgence *(Décr. n° 2020-1495 du 2 déc. 2020)* « pour sa mise en sécurité, celle de ses occupants et des usagers de la route » ou lorsque le véhicule sort des conditions d'utilisation définies pour l'expérimentation.

III. — Le conducteur doit avoir reçu une formation préalable adéquate aux fonctions de délégation de conduite mises en œuvre pendant l'expérimentation.

(Décr. n° 2020-1495 du 2 déc. 2020) « IV. — Le conducteur est informé du délai de reprise de contrôle du véhicule mentionné au second alinéa de l'article 2-1 de l'ordonnance du 3 août 2016 susvisée. Il est également informé qu'il a la possibilité d'accéder, à sa demande, aux données relatives à l'état de délégation de conduite du véhicule dans les conditions et le délai prévus à l'article 11 du présent décret. »

Art. 13 I. — Les véhicules à délégation de conduite ne peuvent transporter que les personnes et le matériel autorisés par le conducteur, qui en fait mention dans un registre tenu à bord du véhicule.

Les personnes transportées sont informées de leur participation à une expérimentation et donnent leur accord à cette participation.

II. — Par dérogation au I, dans les véhicules affectés *(Abrogé par Décr. n° 2020-1495 du 2 déc. 2020)* « *exclusivement* » à l'exécution d'un service de transport de personnes, il peut être transporté du public non inscrit nominativement sur un registre à condition de l'informer préalablement de sa participation à une expérimentation.

III. — Les personnes mineures ne sont pas autorisées à participer à une expérimentation.

(Décr. n° 2020-1495 du 2 déc. 2020) « Par dérogation, l'autorisation prévue par l'article 1er de l'ordonnance du 3 août 2016 susvisée peut autoriser, dans les conditions et les limites qu'elle fixe, la présence de personnes mineures lorsque l'expérimentation concerne un véhicule affecté à l'exécution d'un service de transport de personnes. »

IV. — Lorsque le véhicule est *(Décr. n° 2020-1495 du 2 déc. 2020)* « affecté à l'exécution d'un service de transport de personnes », il comporte une mention visible *(Décr. n° 2020-1495 du 2 déc. 2020)* « et accessible » par tous ses occupants indiquant qu'il s'agit d'un véhicule expérimental à délégation de conduite *(Décr. n° 2020-1495 du 2 déc. 2020)* « ainsi que les prescriptions » qui s'appliquent au transport des personnes mineures.

Art. 14 L'expérimentation donne lieu à un suivi et à un bilan dont les modalités sont définies par un arrêté conjoint du ministre de l'intérieur et du ministre chargé des transports.

…………………………………………………………………………………………

TITRE III *BIS*. DISPOSITIONS PARTICULIÈRES À CERTAINS VÉHICULES
(Décr. n° 2020-1495 du 2 déc. 2020)

Art. 17-1 I. — A titre expérimental et pendant une durée de dix ans, afin de permettre l'expérimentation de certaines catégories particulières de véhicules, l'autorisation prévue par l'article 1er de l'ordonnance du 3 août 2016 susvisée peut autoriser le titulaire de l'expérimentation à déroger, dans les conditions qu'il fixe, aux dispositions :

1° De l'article R. 412-12 du code de la route afin d'autoriser la circulation de véhicules en peloton, caractérisée par la circulation de plusieurs véhicules qui se suivent en maintenant entre eux des distances de sécurité inférieures à celles prévues par cet article ;

2° Des articles R. 321-15, R. 412-7 et R. 412-8 du même code afin d'autoriser la circulation d'engins roulants destinés à la livraison de marchandises sur certaines chaussées et certains trottoirs et accotements.

II. — L'autorisation définit les conditions et limites dans lesquelles son titulaire est autorisé à déroger aux dispositions précitées. Elle détermine les voies concernées par l'expérimentation et le nombre maximal de véhicules auquel elle s'applique.

III. — Le conducteur qui contrevient aux dispositions de l'un des articles mentionnés au I dans des conditions excédant les termes de l'autorisation, encourt les peines et réductions de points de permis de conduire prévues par les articles correspondants.

IV. — Le ministre chargé des transports établit un rapport d'évaluation des expérimentations autorisées en application du présent article au plus tard trois mois avant la fin de la durée prévue au I.

TITRE IV. CONTRÔLE ET SANCTIONS

Art. 18 Sans préjudice de l'application des dispositions de l'article R. 610-5 du code pénal, en cas de manquement constaté aux conditions d'expérimentation, le ministre chargé des transports peut décider soit de suspendre l'autorisation pour une durée maximale de deux mois, soit de la retirer.

En cas d'événement de nature à porter atteinte à la sécurité impliquant un véhicule à délégation de conduite, le ministre chargé des transports peut décider soit de subordonner le maintien de l'autorisation d'expérimentation à des conditions supplémentaires, soit de la suspendre pour une durée maximale de deux mois, soit de la retirer. Cette décision peut porter soit sur le seul véhicule impliqué, soit sur l'ensemble des véhicules couverts par l'autorisation.

Dans les cas prévus aux premier et deuxième alinéas, la mesure est prononcée, sauf en cas d'urgence, après que *(Décr. nº 2020-1495 du 2 déc. 2020)* « le titulaire de l'autorisation » a été en mesure de présenter ses observations. Elle tient compte de la nature et de la gravité des faits.

Elle emporte, selon le cas, la suspension ou le retrait du certificat WW DPTC.

TITRE V. DISPOSITIONS TRANSITOIRES ET FINALES

Art. 19 L'article 9 entre en vigueur le 1er janvier 2019.

Les véhicules relevant d'une expérimentation dont l'autorisation est délivrée avant le 1er janvier 2019 circulent sous couvert d'un certificat W garage.

Arrêté du 17 avril 2018,

Relatif à l'expérimentation de véhicules à délégation de conduite sur les voies publiques (JO 4 mai).

Art. 1er Le présent arrêté fixe la composition du dossier de demande d'autorisation de circulation à des fins expérimentales d'un véhicule à délégation de conduite sur les voies ouvertes à la circulation publique en vue de la délivrance d'un certificat WW DPTC.

(Arr. du 26 mai 2021) « Il précise les conditions d'attribution et de durée d'utilisation du certificat WW DPTC, les modalités de suivi et de bilan, et le contenu du registre créé pour répertorier les autorisations accordées. »

Art. 2 Pour l'application du présent arrêté, les termes ci-après définis désignent :

1° "Véhicule DPTC" : *(Arr. du 28 juill. 2023)* « véhicule à délégation partielle ou totale de conduite se rattachant à la catégorie internationale M, N, L, T, C ou qui relève d'un genre national (machines agricoles automotrices, navettes) ou engin roulant tel que défini au 2° de l'article 17-1 du décret nº 2018-211 du 28 mars 2018 susvisé, muni d'une ou plusieurs fonctionnalités permettant de déléguer au véhicule tout ou partie des tâches de conduite pendant tout ou partie du parcours du véhicule. »

La délégation est partielle lorsque le conducteur délègue au système électronique du véhicule une partie des tâches de conduite mais conserve *a minima* une action physique de conduite.

La délégation est totale lorsque le conducteur délègue complètement au système électronique du véhicule l'ensemble des tâches de conduite.

(Arr. du 28 juill. 2023, art. 2) « Cette définition de délégation partielle ou totale de conduite exclut les systèmes d'aides à la conduite, qui ne dispensent pas le conducteur d'exercer les tâches de conduite. Elle exclut également les dispositifs de sécurité légaux, qui font

l'objet d'une homologation et/ou d'une obligation d'équipement au sens de la réglementation en vigueur. »

Les véhicules DPTC circulant à des fins expérimentales ne sont pas des systèmes de transports au sens de l'article L. 1612-2 du code des transports.

2° *(Arr. du 26 mai 2021)* « "Circulation en mode délégué" : circulation d'un véhicule DPTC » lorsque la conduite est partiellement ou totalement déléguée et que les fonctionnalités permettant une telle conduite sont activées.

3° *(Arr. du 26 mai 2021)* « "Circulation en mode conventionnel" : circulation d'un véhicule DPTC lorsque le véhicule ne circule pas en mode délégué. »

4° "Expérimentation de véhicules DPTC" : désigne toute circulation de véhicules DPTC pendant une période déterminée et à des fins expérimentales sur les voies ouvertes à la circulation publique, selon les conditions prévues par *(Arr. du 26 mai 2021)* « l'autorisation prévue par l'article 1er de l'ordonnance du 3 août 2016 susvisée. »

(Abrogé par Arr. du 26 mai 2021) « 5° "Conducteur de véhicules DPTC" : désigne une personne physique responsable de la conduite d'un véhicule DPTC, titulaire du permis de conduire valide requis par les caractéristiques du véhicule concerné, que ce dernier fonctionne en mode délégué ou en mode conventionnel. »

CHAPITRE I. *DOSSIER DE DEMANDE D'AUTORISATION*

Art. 3 I. — Le dossier de demande d'autorisation de circulation à des fins expérimentales d'un véhicule *(Arr. du 26 mai 2021)* « DPTC » est adressé au ministre chargé des transports et au ministre de l'intérieur, par le propriétaire du ou des véhicules DPTC concernés par l'expérimentation, ou par une personne justifiant de son lien avec ce propriétaire.

Un dossier de demande d'autorisation de circulation peut être présenté pour plusieurs véhicules concernés par une même expérimentation.

Ce dossier, ainsi que toutes les pièces l'accompagnant, *(Arr. du 26 mai 2021)* « est rédigé en langue française. »

(Arr. du 26 mai 2021) « II. — Le dossier de demande d'autorisation de circulation à des fins expérimentales d'un véhicule DPTC décrit les conditions dans lesquelles l'expérimentation sera réalisée. L'ensemble des éléments déclarés dans le dossier engage le demandeur.

« Toute modification de l'expérimentation par rapport au dossier déposé ou aux conditions spécifiques définies dans l'autorisation fait l'objet d'une nouvelle demande, par le détenteur de l'autorisation initialement accordée.

« Les conditions définies dans l'autorisation sont révisées, le cas échéant, selon les modalités prévues pour la délivrance de l'autorisation initialement accordée.

« III. — Le dossier de demande d'autorisation de circulation à des fins expérimentales d'un véhicule DPTC est composé des pièces suivantes :

« 1° Le questionnaire figurant en annexe 1 du présent arrêté, dûment complété, documenté et signé, ainsi que l'ensemble des informations permettant d'établir le respect des dispositions des articles L. 311-1 et L. 318-1 du code de la route et, dans le cas de véhicules de transport en commun de personnes, des dispositions de l'arrêté du 2 juillet 1982 susvisé ou de l'arrêté du 6 mai 2019 susvisé ;

« 2° Le formulaire complété pour le recueil de l'identification des sections de voirie dont le modèle figure en annexe 2 du présent arrêté, ainsi que la description détaillée du parcours en cas de demande sur un parcours prédéfini, figurant en annexe 3 du présent arrêté ;

« 3° L'inventaire complété des manœuvres types envisagées dans le cadre de la demande dont le modèle figure en annexe 4 du présent arrêté ; »

(Arr. du 28 juill. 2023, art. 3) « 4° Le formulaire complété pour la qualification d'un service de transport de personnes dont le modèle figure en annexe 6 du présent arrêté ;

« 5° L'analyse réglementaire complétée s'agissant de la conformité aux domaines réglementés dans le cas d'une demande d'autorisation de circulation de véhicules DPTC sur base non réceptionnée dont le modèle figure en annexe 7 du présent arrêté. »

IV. — La lettre de demande est adressée au ministre chargé des transports et au ministre de l'intérieur. Les pièces accompagnant la demande sont envoyées en version électronique aux adresses suivantes : vdptc@developpement-durable.gouv.fr et vdptc@interieur.gouv.fr. *(Arr. du 26 mai 2021)* « La demande peut également être effectuée au moyen de la téléprocédure dédiée et accessible sur le site : www.demarches-simplifiees.fr. »

Le signataire du dossier de demande d'autorisation doit avoir la capacité pour représenter son entreprise dans cette démarche (délégation de pouvoirs, mandat...).

V. — L'instruction de la demande d'autorisation de circulation à des fins expérimentales d'un véhicule à délégation de conduite est effectuée conjointement par les services du ministre chargé des transports et du ministre de l'intérieur.

VI. — L'autorisation de circulation à des fins expérimentales d'un véhicule à délégation de conduite est signée par le ministre chargé des transports, après avis du ministre de l'intérieur.

VII. — La demande de renouvellement de l'autorisation de circulation est présentée au ministre chargé des transports et au ministre de l'intérieur au plus tard trois mois avant l'expiration de l'autorisation.

VIII. — L'autorisation de circulation à des fins expérimentales d'un véhicule à délégation de conduite peut être modifiée, suspendue ou retirée, par décision du ministre chargé des transports.

Art. 4 I. — La demande de certificat WW DPTC est effectuée auprès du ministre de l'intérieur par voie électronique ou par l'intermédiaire d'un professionnel de l'automobile habilité par le ministre de l'intérieur *(Arr. du 26 mai 2021)* « , » par le propriétaire du ou des véhicules DPTC concernés par l'expérimentation.

Le certificat WW DPTC est délivré par le ministre de l'intérieur sur présentation de la décision d'autorisation de circulation à des fins expérimentales d'un véhicule à délégation de conduite du ministre chargé des transports prise après avis du ministre de l'intérieur.

Après instruction de la demande de certificat WW DPTC, celui-ci est expédié à l'adresse électronique déclarée *(Abrogé par Arr. du 26 mai 2021)* « *sous la forme d'un document sécurisé* ».

II. — Un certificat WW DPTC est attribué à un seul et unique véhicule identifié par son numéro d'identification gravé ou frappé à froid sur le châssis du véhicule.

Dans le cas où le certificat WW DPTC est sollicité pour un véhicule automobile déjà immatriculé, *(Arr. du 26 mai 2021)* « seul » le numéro d'immatriculation du *(Abrogé par Arr. du 26 mai 2021)* « *véhicule associé à ce* » certificat WW DPTC est utilisé.

Les éléments constitutifs d'un ensemble de véhicules à moteur ne sont pas couverts par le même certificat WW DPTC.

III. — Le certificat WW DPTC est valable pour la période mentionnée dans l'autorisation de circulation à des fins expérimentales d'un véhicule à délégation de conduite. Il comporte la date de fin de validité de l'immatriculation provisoire.

En cas de renouvellement de l'autorisation, le certificat WW DPTC peut être renouvelé par voie électronique, sur présentation de la décision de renouvellement d'autorisation.

IV. — Le certificat WW DPTC permet la circulation en mode délégué sur les sections de voirie indiquées dans la décision d'autorisation de circulation à des fins expérimentales d'un véhicule à délégation de conduite. Ce certificat permet la circulation en mode conventionnel sur l'ensemble du territoire national sauf si une mention contraire est inscrite dans la décision d'autorisation.

En cas de contrôle routier, la décision d'autorisation de circulation à des fins expérimentales concernant le véhicule, ou sa copie, est présentée lors de toute réquisition des agents de l'autorité compétente.

(Arr. du 26 mai 2021) « V. — Le titulaire du certificat WW DPTC ou son préposé est présent à bord du véhicule DPTC. Par dérogation, dans le cas des expérimentations dont les conditions prévoient que le conducteur ne soit pas présent physiquement à bord du véhicule DPTC, le titulaire du certificat WW DPTC ou son préposé est présent sur le site de l'expérimentation, dans les conditions prévues dans le dossier de demande d'autorisation.

« Le préposé doit justifier, par tout document signé du titulaire du certificat WW DPTC, de ses liens avec le titulaire du certificat WW DPTC.

« Le titulaire du certificat WW DPTC peut donner mandat à une personne tierce participant à l'expérimentation pour le représenter à bord du véhicule. Dans ce cas, un exemplaire du mandat est présent dans le véhicule. En cas de contrôle routier, il est présenté lors de toute réquisition des agents de l'autorité compétente.

« VI. — Le ministre chargé des transports et le ministre de l'intérieur sont informés sans délai de tout événement susceptible de porter une atteinte immédiate à la sécurité des personnes impliquant un véhicule circulant sous couvert d'un certificat WW DPTC aux adresses suivantes : vdptc@developpement-durable.gouv.fr et vdptc@interieur.gouv.fr. Le délai d'information de tout autre événement susceptible de porter atteinte à la sécurité impliquant un véhicule circulant sous couvert d'un certificat WW DPTC est de trois jours ouvrés.

« En cas d'accident impliquant un véhicule circulant sous couvert d'un certificat WW DTPC, le titulaire du certificat, son préposé ou son mandataire informe immédiatement l'administration. Les modalités d'information sont précisées dans l'autorisation de circulation à des fins expérimentales d'un véhicule à délégation de conduite associée au certificat WW DPTC. »

VII. — Les dispositions du I entrent en vigueur le 1er janvier 2019.

VIII. — Par dérogation au 3.4 de l'annexe 9 de l'arrêté du 9 février 2009 relatif aux modalités d'immatriculation des véhicules, les certificats W garage délivrés avant le 1er janvier 2019 permettent aux véhicules DPTC affectés exclusivement à l'exécution d'un service de transport de personnes de transporter du public, à condition de l'informer de sa participation à une expérimentation. A cet effet, les organisateurs mettent en place les moyens d'information préalables adaptés.

CHAPITRE II. *SUIVI DES EXPÉRIMENTATIONS*

Art. 5 Les informations relatives aux expérimentations autorisées font l'objet d'un enregistrement dans un registre national interne aux services de l'État *(Arr. du 26 mai 2021)* « en charge de l'instruction du pilotage et de l'évaluation de l'expérimentation » et d'un suivi dans le respect du secret industriel et commercial.

(Arr. du 26 mai 2021) « A l'exception des informations divulguées conformément aux dispositions de l'article 10 du décret n° 2018-211 du 28 mars 2018, les autres informations protégées au titre des règles régissant les relations entre le public et l'administration ne peuvent être rendues publiques qu'avec le consentement de la personne les ayant communiquées dans sa demande, le titulaire de l'autorisation ou le titulaire du certificat WW DPTC. »

Art. 6 *(Arr. du 26 mai 2021)* Le titulaire de l'autorisation présente aux ministres compétents :

1° Un suivi semestriel de l'expérimentation autorisée dans le mois suivant chaque semestre échu comprenant *a minima* les éléments listés en annexe 5 ;

2° Un bilan final dans le mois suivant la fin de l'expérimentation reprenant de manière synthétique l'ensemble des suivis semestriels et précisant, le cas échéant, les besoins et les modalités d'une prochaine expérimentation.

Ces bilans sont adressés par voie électronique aux adresses suivantes :

vdptc@developpement-durable.gouv.fr et vdptc@interieur.gouv.fr.

V. Annexe (JO 4 mai), mod. par Arr. du 26 mai 2021 (JO 22 juin), mod. par Arr. du 28 juill. 2023 (JO 30 août).

Art. L. 319-2 Les obligations d'information, préalables à la mise à disposition d'un véhicule à délégation de conduite, en cas de vente ou de location, sont fixées par l'article L. 224-68-1 du code de la consommation.

Code de la consommation

Art. L. 224-68-1 *(Ord. n° 2021-443 du 14 avr. 2021, art. 4)* Préalablement à la conclusion d'un contrat de vente ou de location d'un véhicule à délégation de conduite tel que défini par le code de la route, le professionnel communique au consommateur une information relative aux conditions d'utilisation du système de conduite automatisé dont le véhicule est équipé.

Le contrat de vente ou de location comporte la mention expresse de la fourniture de l'information mentionnée au premier alinéa.

Le contenu de l'information visée au premier alinéa est mis à la disposition du professionnel par le constructeur du véhicule ou son mandataire, au sens de l'article 3 du règlement (UE) 2018/858 du Parlement européen et du Conseil du 30 mai 2018, sur tout support.

Le constructeur du véhicule ou son mandataire, au sens de l'article 3 du règlement (UE) 2018/858 du Parlement européen et du Conseil du 30 mai 2018, garantit également l'accès public à des contenus informatifs par tout support, y compris de communication électronique.

Un arrêté conjoint des ministres chargés des transports, de la sécurité routière et de l'économie fixe le contenu et les modalités de fourniture des informations prévues au présent article.

V. Arr. du 8 déc. 2022 fixant le contenu et les modalités de fourniture de l'information obligatoire relative aux conditions d'utilisation du système de conduite automatisé équipant un véhicule (JO 29 déc.).

....

Art. L. 242-25-1 *(Ord. n° 2021-443 du 14 avr. 2021, art. 4)* Tout manquement à l'article L. 224-68-1 est passible d'une amende administrative dont le montant ne peut excéder 3 000 euros pour une personne physique et 15 000 euros pour une personne morale.

Cette amende est prononcée dans les conditions prévues au chapitre II du titre II du livre V.

Art. L. 319-3 **I. — La décision d'activer un système de conduite automatisé est prise par le conducteur, préalablement informé par le système que ce dernier est en capacité d'exercer le contrôle dynamique du véhicule conformément à ses conditions d'utilisation.**

II. — Lorsque son état de fonctionnement ne lui permet plus d'exercer le contrôle dynamique du véhicule ou dès lors que les conditions d'utilisation ne sont plus remplies ou qu'il anticipe que ses conditions d'utilisation ne seront vraisemblablement plus remplies pendant l'exécution de la manœuvre, le système de conduite automatisé doit :

1° Alerter le conducteur ;

2° Effectuer une demande de reprise en main ;

3° Engager et exécuter une manœuvre à risque minimal à défaut de reprise en main à l'issue de la période de transition ou en cas de défaillance grave.

Art. L. 319-4 **Les modalités d'application du présent chapitre sont fixées par décret en Conseil d'État.**

TITRE II DISPOSITIONS ADMINISTRATIVES

COMMENTAIRE

De six à neuf chapitres. Le présent titre comprenait initialement six chapitres classés dans un ordre logique : la réception et l'homologation, l'immatriculation, le contrôle technique, l'assurance, l'immobilisation et la mise en fourrière, enfin le retrait de la circulation des véhicules accidentés.

La loi du 12 juin 2003 a cependant apporté deux modifications dans cette construction : elle a renommé le chapitre VI « Organisation de la profession d'expert en automobile », et créé un chapitre VII intitulé « Véhicules endommagés », reprenant certains articles qui figuraient auparavant dans le chapitre VI. Et deux autres chapitres y ont ensuite été ajoutés : un chapitre VIII intitulé « Messages promotionnels », inséré par la loi du 24 décembre 2019 d'orientation des mobilités, et un chapitre IX dédié à la surveillance du marché des véhicules à moteurs, créé par l'ordonnance n° 2020-701 du 10 juin 2020, prise en application de l'article 95-I de la loi d'orientation des mobilités. Si le chapitre VIII est composé de deux articles seulement, le chapitre IX contient une cinquantaine d'articles mettant en œuvre plusieurs règlements européens.

Dispositions réglementaires. Les textes correspondants sont toutefois beaucoup plus nombreux dans la partie réglementaire, ce qui a nécessité bien souvent dans cette autre partie une subdivision des chapitres en sections que l'on ne trouve pas toujours dans les chapitres du présent titre. ❑

CHAPITRE I RÉCEPTION ET HOMOLOGATION

(L. n° 2006-10 du 5 janv. 2006, art. 11)

COMMENTAIRE

Aucune disposition ne figurait dans ce chapitre avant que la loi n° 2006-10 du 5 janvier 2006 y intègre un délit visant principalement à sanctionner la commercialisation de certains véhicules « débridés » (V. art. L. 321-1). La répression de ce délit a été ensuite quelque peu retouchée par la loi n° 2007-297 du 5 mars 2007, qui a par ailleurs ajouté dans ce chapitre une contravention de cinquième classe dans le but de lutter plus efficacement contre l'utilisation dangereuse de véhicules de type « mini-motos » ou « quads » (V. art. L. 321-1-1). Depuis, le législateur est à nouveau intervenu : les dispositions, pourtant récentes, des articles L. 321-1 et L. 321-1-1 ont en effet été modifiées par la loi n° 2008-491 du 26 mai 2008, qui a également instauré de nouvelles règles (V. notamment celles de l'art. L. 321-1-2).

En somme, trois lois ont ici été adoptées en trois ans… ❑

Art. L. 321-1 *(L. n° 2007-297 du 5 mars 2007, art. 21)* **« Le fait d'importer, d'exposer, d'offrir, de mettre en vente, de vendre, de proposer à la location ou d'inciter à acheter ou à utiliser un cyclomoteur, une motocyclette** *(L. n° 2008-491 du 26 mai 2008, art. 1er)* **« , un tricycle à moteur ou un quadricycle à moteur soumis à réception et**

non réceptionné ou qui n'est plus conforme à celle-ci » est puni de six mois d'emprisonnement et de 7 500 € d'amende. Lorsque cette infraction est commise par un professionnel, elle est punie de deux ans d'emprisonnement et de 30 000 € d'amende. Le véhicule peut être saisi. »

Un décret détermine les conditions dans lesquelles il peut être dérogé aux dispositions du présent article pour tout véhicule destiné à participer à une course ou épreuve sportive.

BIBL. ▸ RIBEYRE, *RSC 2008. 950* (loi n° 2008-491 du 26 mai 2008 relative aux conditions de commercialisation et d'utilisation de certains engins motorisés).

COMMENTAIRE

Lutte contre la commercialisation de certains véhicules « débridés ». Le présent délit a été créé en 2006 afin de lutter contre la commercialisation de cyclomoteurs et engins comparables « débridés ». Par là même, le législateur a alors complété l'arsenal répressif existant en matière de « débridage », l'incrimination de l'article L. 321-1 s'ajoutant à deux autres délits portant l'un sur la commercialisation de dispositifs de « débridage » et l'autre sur le fait pour un professionnel de « débrider » certains véhicules (V. art. L. 317-5). Depuis un décret du 12 novembre 2010, l'amende prévue pour les contraventions de la quatrième classe vient par ailleurs sanctionner l'utilisation d'un cyclomoteur « débridé » (V. art. R. 317-23-1).

Incrimination. On notera toutefois que les dispositions de l'article L. 321-1 n'incriminent pas spécialement la commercialisation de véhicules débridés, mais plus largement la commercialisation de certains véhicules soumis à réception, et non réceptionnés ou qui ne sont plus conformes à celle-ci (ce décalage entre l'objectif de la loi et le contenu de l'incrimination s'expliquant par le fait que le législateur, en créant le présent délit, s'est inspiré des dispositions de l'article R. 321-4, alinéa 1er, qui permettaient alors de sanctionner une telle pratique).

La commercialisation. Ce terme, qui n'est pas utilisé par le législateur, doit être entendu largement. L'article L. 321-1 permet en effet de sanctionner non seulement la vente et la mise en vente, mais aussi l'importation, l'exposition, la location… et même le fait d'inciter à utiliser certains véhicules. Peu importe en outre que cet acte soit réalisé ou non par un professionnel (sauf à préciser que les peines encourues sont alors différentes, V. *infra*).

De certains véhicules. Seule la commercialisation de certains véhicules est prohibée par l'article L. 321-1. Le présent délit sanctionne uniquement la commercialisation des cyclomoteurs, motocyclettes, tricycles à moteur et quadricyles à moteur soumis à réception et qui n'ont pas été réceptionnés ou qui ont été transformés après réception. Notons que la loi n° 2008-491 du 26 mai 2008 est venue préciser ici que les véhicules concernés étaient les véhicules « soumis à réception ». Certaines juridictions auraient en effet utilisé, à tort, les dispositions de l'article L. 321-1 pour sanctionner les vendeurs de « mini-motos et quads » qui ne sont pas destinés à circuler sur la voie publique et donc par hypothèse ne sont pas soumis à réception.

Répression. Les peines sanctionnant le délit prévu par l'article L. 321-1 ont été quelque peu modifiées par la loi n° 2007-297 du 5 mars 2007. Initialement, les peines encourues étaient de deux ans d'emprisonnement et 30 000 € d'amende, quel que soit l'auteur de l'infraction. Après de longs débats, le législateur a cependant considéré qu'il était opportun de faire une distinction selon la qualité de la personne qui commercialise le type de véhicule visé par l'article L. 321-1. De la sorte, depuis la loi précitée de 2007, seuls les professionnels s'exposent à deux ans d'emprisonnement et 30 000 € d'amende, les particuliers encourant une peine moindre (six mois et 7 500 € d'amende).

On ajoutera enfin que certaines peines complémentaires peuvent être prononcées à l'encontre des personnes physiques (V. art. L. 321-3) et que les personnes morales s'exposent, outre à la peine d'amende multipliée par cinq, aux peines énumérées à l'article L. 321-4. La répression de la tentative a par ailleurs été prévue (V. art. L. 321-2). ❑

Importation et proposition à la vente de quads et mini-motos. Il résulte de la L. n° 2008-491 du 26 mai 2008 relative aux conditions de commercialisation et d'utilisation de certains engins motorisés que l'importation et la proposition à la vente de quads et mini-motos non soumis à réception ne constituent pas une infraction pénale. Seul leur usage sur les voies publiques ou les voies ouvertes au public est susceptible de constituer une infraction (en l'espèce, est relaxé, en appel, un prévenu poursuivi pour importation et vente par un professionnel de cycle à moteur non réceptionné ou non conforme à sa réception, qui avait été condamné, en première instance, par un jugement antérieur à la L. du 26 mai 2008). • Paris, 12 juin 2008 : *Jurispr. auto 2008. 723 ; Dr. pénal 2009. Chron. 7, obs. Gauvin.*

Art. L. 321-1-1 *(L. n° 2008-491 du 26 mai 2008)* **Le fait de circuler sur les voies ouvertes à la circulation publique ou les lieux ouverts à la circulation publique ou au public avec un cyclomoteur, une motocyclette, un tricycle à moteur ou un quadricycle à moteur non soumis à réception est puni d'une contravention de la cinquième classe.**

Les véhicules mentionnés au premier alinéa dont la vitesse peut excéder, par construction, vingt-cinq kilomètres par heure sont vendus, cédés ou loués par des professionnels dans des conditions définies par décret. *(L. n° 2022-52 du 24 janv. 2022, art. 32-I, applicable aux contrats de location conclus à compter du 1er avr. 2022)* **« Lorsqu'un de ces véhicules est loué, le contrat de location comporte le numéro d'identification du véhicule mentionné à l'article L. 321-1-2 et le numéro d'immatriculation du véhicule servant à le transporter. »** — *V., ci-desscus, Décr. n° 2009-911 du 27 juill. 2009 et Décr. n° 2010-44 du 12 janv. 2010.*

Les véhicules mentionnés au deuxième alinéa ne peuvent pas être vendus, cédés ou faire l'objet d'une location-vente à un mineur. Ils ne peuvent pas être loués à un mineur de quatorze ans ou mis à sa disposition. Toutefois, la mise à disposition de ces véhicules aux mineurs de quatorze ans dans le cadre d'une association sportive agréée est autorisée.

Le fait de vendre, céder, louer ou mettre à disposition un de ces véhicules en violation de ces dispositions est puni d'une contravention de la cinquième classe.

Les véhicules mentionnés au deuxième alinéa ne peuvent être utilisés que sur des terrains adaptés à leur pratique dans des conditions définies par décret. Toutefois, un décret détermine les conditions dans lesquelles ces véhicules peuvent être utilisés sur des terrains privés à des fins professionnelles. Les mineurs de quatorze ans ne peuvent les utiliser sur des terrains adaptés que dans le cadre d'une association sportive agréée. — *V., ci-dessous, Décr. n° 2009-719 du 17 juin 2009 et Décr. n° 2009-804 du 26 juin 2009.*

Est puni d'une contravention de la cinquième classe le fait d'utiliser ou de favoriser l'utilisation de ces véhicules en violation de ces dispositions.

La confiscation, l'immobilisation ou la mise en fourrière peuvent être prescrites dans les conditions prévues aux articles L. 325-1 à L. 325-9.

La récidive des contraventions prévues aux alinéas précédents est punie conformément aux articles 132-11 et 132-15 du code pénal. La confiscation du véhicule utilisé pour commettre l'infraction est de plein droit, sauf décision spécialement motivée de la juridiction.

BIBL. ▸ BLOCH, *RCA 2018. Alerte 5* (assurance et nouvelles mobilités : le cas de la trottinette électrique). - DELEBECQUE, *EEI. 2019. Repère 1* (la trottinette et le Code de la route). - GARANDEAU, *JT 2019, n° 217, p. 44* (le statut juridique des trottinettes électriques, gyroroues et hoverboards). - LOCHOUARN, *Dr. rur. 2018. Étude 17* (quid du quad agricole ?). - MAZOUZ, *Gaz. Pal. 25 juin 2019, p. 16* (responsabilité civile et trottinette électrique).

COMMENTAIRE

Utilisation et commercialisation de mini-motos, quads et autres engins comparables. Le présent article a été créé par la loi n° 2007-297 du 5 mars 2007 pour lutter contre l'utilisation sur la voie publique et les lieux ouverts à la circulation publique ou au public (du type parking) des mini-motos et quads. Il a été cependant modifié et substantiellement complété par la loi n° 2008-491 du 26 mai 2008. Plusieurs accidents, largement médiatisés, ont en effet conduit le législateur à renforcer les conditions d'utilisation de cette catégorie de véhicules et à mieux encadrer leur commercialisation.

Utilisation. Comme auparavant, l'article L. 321-1-1, alinéa 1er, sanctionne d'une contravention de cinquième classe le fait de circuler sur la voie publique, les lieux ouverts à la circulation publique ou au public avec l'un des véhicules qu'il énumère. Les catégories de véhicule concernées par cette interdiction ont toutefois été précisées par la loi du 26 mai 2008 : il s'agit des cyclomoteurs, des motocyclettes, des tricycles à moteur et des quadricycles à moteur « non soumis à réception », autrement dit des véhicules qui par définition ne peuvent circuler sur la voie publique.

A cette première contravention, la loi du 26 mai 2008 en a ajouté une autre, également de cinquième classe, qui vient sanctionner le non-respect de nouvelles conditions d'utilisation créées par cette loi. Depuis cette loi, les catégories de véhicules précédemment évoquées dont la vitesse, par construction, peut excéder les 25 km/h, non seulement ne peuvent pas circuler sur la voie publique, mais doivent être utilisées sur des terrains adaptés. Comme le prévoit le décret n° 2009-719 du 17 juin 2009, pris en application du cinquième alinéa du présent article, il peut s'agir de circuits, terrains ou parcours tels qu'ils sont définis par l'article R. 331-21 du code du sport ou bien de terrains répondant à certains critères définis par ce décret. Les utilisateurs de ces véhicules doivent également respecter certaines conditions posées par ce décret du 17 juin 2009, auxquelles il faut ajouter celle prévue par l'article L. 321-1-1, alinéa 5, *in fine* qui précise que pour les mineurs âgés de moins de 14 ans l'utilisation de ces véhicules sur terrains adaptés ne peut se faire que dans le cadre d'une association sportive agréée.

On notera par ailleurs que, comme le prévoit l'alinéa 5 du présent article, ces catégories de véhicules peuvent également être utilisées sur des terrains privés à des fins professionnelles. Un autre décret – le décret n° 2009-804 du 26 juin 2009 – est venu préciser les conditions d'utilisation de ces véhicules dans un tel cas : sous réserve des dispositions qui permettent au maire d'interdire ou de réglementer la circulation dans sa commune (V. art. L. 2213-4 CGCT), ces véhicules peuvent ainsi être utilisés dans le cadre d'une activité agricole, pastorale ou forestière.

Commercialisation. La loi du 26 mai 2008 a par ailleurs voulu mieux encadrer la commercialisation des cyclomoteurs, motocyclettes, tricycles à moteur et quadricycles à moteur, non soumis à réception, et dont la vitesse, par construction, peut excéder les 25 km/h. Pour ce faire, elle a déjà prévu que les professionnels qui vendent, cèdent ou louent ce type de véhicules doivent respecter certaines conditions définies par décret. Un premier décret – décret n° 2009-911 du 27 juillet 2009 – est venu prévoir une charte que le professionnel se doit d'afficher de manière visible et lisible sur les lieux de commercialisation de ces véhicules et dont il doit remettre copie à toute personne faisant l'acquisition ou souscrivant la location d'un tel véhicule. Une charte qui, pour l'essentiel, rappelle l'ensemble des dispositions applicables en ce domaine tenant à l'acquisition et aux conditions d'utilisation de ce type de véhicules. Un second décret – décret n° 2010-44 du 12 janvier 2010 – a cependant encore renforcé l'obligation d'information des professionnels en leur imposant, à partir du 1er mai 2010, de faire figurer, notamment sur les engins concernés, la mention « interdiction de circulation sur les voies ouvertes au public », de manière lisible, visible et indélébile, et ce sous peine de l'amende prévue pour les contraventions de troisième classe. Enfin, à ces obligations formulées par décret, il faut ajouter, depuis la loi du 24 janvier 2022, une obligation supplémentaire ajoutée au sein de l'article L. 321-1-1 par cette loi qui impose au loueur d'un tel véhicule de faire figurer, dans le contrat de location, le numéro d'identification du véhicule mentionné à l'article L. 321-1-2 et le numéro d'immatriculation du véhicule servant à le transporter.

Mais c'est surtout la commercialisation de ces véhicules à l'égard des mineurs qui a été strictement réglementée par la loi du 26 mai 2008. La vente et assimilée (cession, location-vente) de ces véhicules à un mineur est, en effet, depuis cette loi, prohibée, de même que leur location ou mise à disposition pour les mineurs âgés de moins de 14 ans (la mise à disposition de ces véhicules demeure toutefois possible pour les mineurs de moins de 14 ans dans le cadre d'une association sportive agréée). Le non-respect de ces dispositions est sanctionné de l'amende prévue pour les contraventions de cinquième classe.

Répression. Outre que pour l'ensemble des comportements incriminés par l'article L. 321-1-1 est prévue une contravention de cinquième classe (on peut d'ailleurs se demander si, pour ce faire, un décret n'aurait pas été suffisant…), l'immobilisation, la mise en fourrière ainsi que la confiscation du véhicule sont possibles (V. art. L. 321-1-1, al. 7, ainsi que L. 321-5 et L. 321-6). On notera également que la récidive des contraventions figurant au présent article peut être sanctionnée. Concrètement, une personne physique qui commet la même contravention dans un délai d'un an, dans les conditions posées par l'article 132-11 du code pénal, encourt ainsi 3 000 € d'amende, mais aussi une peine automatique ou quasi automatique de confiscation de son véhicule (V. art. L. 321-1-1, al. 8). ❑

Mini-motos et loi du 5 juill. 1985. Constitue un véhicule terrestre à moteur au sens de l'art. 1er de la L. du 5 juill. 1985 et non un simple jouet une mini-moto circulant sur route au moyen d'un moteur à propulsion, avec faculté d'accélération. • Civ. 2e, 22 oct. 2015, n° 14-13.994 P : *D. 2015. 2181 ; ibid. 2016. 35, obs. Brun ; RCA 2016, n° 7, obs. Groutel ; RGDA 2015. 559, note Landel ; Gaz. Pal. 19 janv. 2016, p. 34, note Mekki.*

Décret nº 2009-719 du 17 juin 2009,

Pris en application du cinquième alinéa de l'article L. 321-1-1 du code de la route.

Art. 1er Les véhicules mentionnés au deuxième alinéa de l'article L. 321-1-1 du code de la route peuvent être utilisés sur les circuits, terrains ou parcours définis à l'article *(Décr. nº 2017-1279 du 9 août 2017, art. 37)* « R. 331-18 » du code du sport, dans les conditions définies par ce code, ainsi que sur les terrains adaptés dans les conditions fixées par le présent décret.

Art. 2 Les terrains mentionnés à l'article L. 321-1-1 du code de la route précité doivent être :

1° Exclusivement réservés à l'utilisation des véhicules mentionnés au même article ;

2° Réalisés avec des matériaux naturels tels que, notamment, le sable et la terre ;

3° Aménagés de telle façon que les bosses et les sauts ne puissent pas permettre au véhicule de s'élever de plus de 50 cm du sol et d'atteindre une vitesse supérieure à 50 km/h ;

4° Pourvus d'un sens de circulation ;

5° Dépourvus de tout obstacle ou élément susceptible de présenter un risque particulier pour les utilisateurs.

Par exception au 2°, des terrains plats et bitumés peuvent accueillir des activités basées exclusivement sur la maniabilité des véhicules et en aucun cas sur la vitesse.

Le véhicule et son équipement doivent être adaptés à la nature et au revêtement du terrain.

Art. 3 Les utilisateurs doivent porter :

1° Un casque intégral composé d'une seule pièce ;

2° Des vêtements de protection en matière résistante qui couvrent les jambes, le torse et les bras ;

3° Des gants en matière résistante ;

4° Des chaussures montantes couvrant au minimum la malléole.

Art. 4 Les emplacements éventuellement réservés au public doivent être :

1° Situés à l'extérieur de l'aire d'évolution des véhicules ;

2° Protégés par une clôture ou un obstacle naturel.

Des protections permettant d'absorber les chocs doivent être placées sur tous les obstacles situés autour du terrain.

Décret nº 2009-804 du 26 juin 2009,

Relatif aux conditions d'utilisation à des fins professionnelles sur des terrains privés des cyclomoteurs, motocyclettes, tricycles ou quadricycles à moteur définis à l'article L. 321-1-1 du code de la route.

Art. 1er Les cyclomoteurs, motocyclettes, tricycles à moteur ou quadricycles à moteur, non soumis à réception et dont la vitesse peut, par construction, excéder vingt-cinq kilomètres par heure, peuvent être utilisés sur des terrains privés à des fins professionnelles dans les conditions définies par le présent décret.

Art. 2 Sous réserve des dispositions des articles L. 2213-4 et L. 2215-3 du code général des collectivités territoriales, les engins visés à l'article 1er peuvent être utilisés sur des terrains privés lorsqu'ils sont utilisés à des fins professionnelles, liées à des activités agricoles, pastorales ou forestières, par les propriétaires de ces terrains ou leurs ayants droit.

Décret nº 2009-911 du 27 juillet 2009,

Relatif aux conditions de vente, de cession et de location de certains engins motorisés.

Art. 1er Les véhicules mentionnés au deuxième alinéa de l'article L. 321-1-1 du code de la route susvisé sont vendus, cédés ou loués par les professionnels dans le respect des dispositions fixées par le présent décret.

Art. 2 La charte annexée au présent décret fait l'objet d'un affichage visible et lisible sur les lieux de vente, de cession et de location des véhicules mentionnés à l'article 1er. Une copie de cette charte est remise à toute personne faisant l'acquisition ou souscrivant la location d'un tel véhicule.

ANNEXE

CHARTE RELATIVE AUX CONDITIONS DE VENTE, DE CESSION, DE LOCATION ET D'UTILISATION DES ENGINS MOTORISÉS NON RÉCEPTIONNÉS SOUMIS À L'ARTICLE L. 321-1-1 DU CODE DE LA ROUTE

Annexe mod. par Décr. nº 2017-1279 du 9 août 2017, art. 37.

(Engins à moteur non réceptionnés dont la vitesse par construction peut dépasser 25 km/h, tels que mini-motos, moto-cross, *pit bike*, *dirt bike* ou *quads*)

Acquisition :

1. Le professionnel ne peut vendre ou céder aucun des véhicules concernés par la présente charte à un mineur. Il ne peut les louer à un mineur de moins de 14 ans.

(Décr. nº 2023-849 du 31 août 2023, art. 2) « Le professionnel qui vend un des véhicules concernés neuf est tenu de le déclarer au ministre de l'intérieur par voie électronique à l'occasion de sa vente et de faire graver le numéro sur une partie inamovible de l'engin. »

2. Le professionnel doit expliquer à l'usager le maniement de l'engin et le fonctionnement des commandes.

3. *(Décr. nº 2023-849 du 31 août 2023, art. 2)* « L'acquéreur » d'un engin motorisé *(Décr. nº 2023-849 du 31 août 2023, art. 2)* « d'occasion » devra obligatoirement :

(Décr. nº 2023-849 du 31 août 2023, art. 2) « *a)* Déclarer celui-ci, dans les quarante-huit heures suivant la date de son acquisition, auprès des services du ministère de l'intérieur, soit par voie postale, soit par voie électronique à partir du site internet www.interieur.gouv.fr, qui lui délivreront un récépissé et un numéro d'identification ;

« *b)* Déclarer, dans les quarante-huit heures suivant l'évènement, tout changement d'état civil ou d'adresse, toute cession ou vente, ainsi que la destruction du véhicule ;

« *c)* Faire graver le numéro sur une partie inamovible de l'engin ;

« *d)* Faire apparaître le même numéro sur une plaque fixée en évidence ; cette plaque pourra être retirée temporairement dans le cadre d'une pratique sportive. »

Conditions d'utilisation :

4. Les engins motorisés visés par la présente charte ne peuvent en aucun cas circuler sur les voies ou dans des lieux ouverts à la circulation publique ou au public. Un tel usage est formellement interdit par le code de la route.

Ils ne pourront être utilisés dans le cadre de randonnées ou promenades empruntant des voies privées (routes, chemins, sentiers, layons...), ni circuler en "hors piste" sur des espaces naturels.

Ces engins doivent impérativement circuler sur des circuits, des parcours, des terrains à usage sportif définis par le code du sport (art. R. 331-18) ou des terrains adaptés. Ces derniers doivent :

a) Être exclusivement réservés à l'utilisation des engins visés par la présente charte ;

b) Être réalisés avec des matériaux naturels tels que, notamment, le sable et la terre ;

c) Être aménagés de telle façon que les bosses et les sauts ne puissent pas permettre au véhicule de s'élever de plus de 50 cm du sol et d'atteindre une vitesse supérieure à 50 km/h ;

d) Être pourvus d'un sens de circulation ;

e) Être dépourvus de tout obstacle ou élément susceptible de présenter un risque particulier pour les utilisateurs ; les obstacles situés autour du terrain doivent être munis de protections permettant d'absorber les chocs ;

f) Offrir une protection par clôture ou obstacles naturels aux éventuels emplacements réservés au public et maintenir ceux-ci à l'extérieur de l'aire d'évolution des engins.

Par exception au *b*, des terrains adaptés plats et bitumés peuvent accueillir des activités basées exclusivement sur la maniabilité des véhicules et en aucun cas sur la vitesse.

5. Par exception au point 4, un usage est admis sur des terrains privés à des fins professionnelles liées à des activités agricoles, pastorales ou forestières par les propriétaires des terrains ou leurs ayants droit, à l'exception des secteurs protégés par arrêté municipal ou préfectoral.

6. Les mineurs de moins de 14 ans ne peuvent utiliser ces engins que dans le cadre des activités organisées par une association sportive agréée (notamment la Fédération française de motocyclisme ou l'Union française des œuvres laïques d'éducation physique) : apprentissage de la moto, entraînement, compétition, loisirs.

7. Le port d'équipements de protection est indispensable :

— casque intégral composé d'une seule pièce ;

— vêtements de protection en matière résistante couvrant jambes, torse et bras ;

— gants en matière résistante ;

— chaussures montantes couvrant au minimum la malléole.

8. Le bon état mécanique de l'engin doit être vérifié avant chaque utilisation.

9. Le propriétaire d'un engin doit veiller à être couvert par une assurance garantissant les dommages corporels et matériels qu'il pourrait causer à autrui lorsqu'il pilote l'engin. Il doit vérifier par ailleurs que les personnes à qui il loue ou prête son engin sont couvertes de la même manière, soit par l'assurance qu'il a souscrite, soit par une assurance souscrite par l'utilisateur.

S'agissant de la couverture du conducteur, celle-ci n'est pas formellement obligatoire mais est vivement recommandée.

Décret nº 2010-44 du 12 janvier 2010,

Relatif à l'information concernant l'interdiction de circulation sur les voies ouvertes au public de certains engins motorisés.

Art. 1er La mention lisible, visible et indélébile : "interdiction de circulation sur les voies ouvertes au public" figure sur les engins mentionnés au deuxième alinéa de l'article L. 321-1-1 du code de la route, sur leur emballage, sur la notice d'emploi jointe et sur toute publicité relative à ces engins, quel qu'en soit le support. Elle est affichée sur leur lieu de vente ou de mise à disposition.

Art. 2 Il est interdit d'exposer, de distribuer à titre gratuit, de mettre en vente, de vendre ou de mettre à disposition les engins mentionnés à l'article 1er qui ne répondraient pas aux dispositions du présent décret.

Art. 3 Est puni de la peine d'amende prévue pour les contraventions de *(Décr. nº 2016-884 du 29 juin 2016, art. 5-IV)* « 5e classe » le fait d'exposer, de distribuer à titre gratuit, de mettre en vente, de vendre ou de mettre à disposition les engins mentionnés à l'article 1er qui ne répondraient pas aux dispositions du présent décret.

(Décr. nº 2016-884 du 29 juin 2016, art. 5-IV) « La récidive est réprimée conformément aux dispositions des articles 132-11 et 132-15 du code pénal. »

Art. 4 Le présent décret entre en vigueur le premier jour du quatrième mois suivant celui de sa publication *[JO du 14 janv. 2010 soit une entrée en vigueur au 1er mai 2010]*.

Art. L. 321-1-2 *(L. nº 2008-491 du 26 mai 2008) (L. nº 2022-52 du 24 janv. 2022, art. 32-I, en vigueur le 1er avr. 2022)* **« Toute personne qui vend un véhicule neuf mentionné au deuxième alinéa de l'article L. 321-1-1 déclare ce véhicule auprès de l'autorité administrative, pour le compte de son acquéreur. Tout acquéreur d'un véhicule d'occasion mentionné au même deuxième alinéa déclare ce véhicule auprès de l'autorité administrative.**

« L'autorité administrative mentionnée au premier alinéa du présent article délivre au vendeur ou à l'acquéreur un numéro d'identification, qui doit être gravé sur une partie inamovible du véhicule. »

Chacun de ces véhicules doit être muni d'une plaque fixée en évidence et portant le numéro d'identification délivré. Cette plaque peut être retirée dans le cadre d'une pratique sportive.

Un décret en Conseil d'État détermine les conditions d'application du présent article.

Les informations fournies lors de la déclaration peuvent faire l'objet d'un traitement automatisé dans les conditions prévues par la loi nº 78-17 du 6 janvier 1978 relative à l'informatique, aux fichiers et aux libertés.

V., ci-dessous, Décr. nº 2008-1455 du 30 déc. 2008.

V. aussi Arr. du 15 mai 2009 autorisant la mise en œuvre d'un traitement automatisé de données à caractère personnel dénommé « DICEM » (déclaration et identification de certains engins motorisés) (JO 31 mai), mod. par Arr. du 25 mai 2022 (JO 1er juin).

COMMENTAIRE

Identification des mini-motos et quads. Partant du constat que l'immatriculation des cyclomoteurs rendue obligatoire en 2003 (V. comm. ss. art. R. 322-1) avait facilité la constatation des infractions commises par leur conducteur, le législateur a souhaité étendre ce dispositif aux mini-motos et quads. Toutefois, ce n'est pas une procédure d'immatriculation qui est prévue par le présent article, mais une procédure d'identification, l'immatriculation étant réservée aux véhicules soumis à réception.

Dans sa version d'origine, issue de la loi du 26 mai 2008, l'article L. 321-1-2 demandait au propriétaire d'une mini-moto ou d'un quad – ou plus exactement d'un cyclomoteur, d'une motocyclette, d'un tricycle à moteur ou d'un quadricycle à moteur non soumis à réception et dont la vitesse, par construction, peut excéder les 25 km/h – de déclarer son véhicule auprès de l'autorité administrative, afin d'obtenir un numéro d'identification. Depuis la loi du 24 janvier 2022, cette obligation est liée à la vente d'un tel véhicule, l'article L. 321-1-2 distinguant selon que le véhicule est vendu neuf ou d'occasion. Lorsqu'il est vendu neuf, c'est au vendeur de procéder à la déclaration pour le compte de l'acquéreur. Lorsqu'il est vendu d'occasion, c'est à l'acquéreur de déclarer le véhicule auprès de l'autorité administrative. Quelle que soit la personne ayant déclaré le véhicule, il appartient ensuite à l'autorité administrative de délivrer un numéro d'identification, qui doit être gravé sur une partie inamovible du véhicule et figurer sur une plaque fixée en évidence sur celui-ci.

Mise en œuvre. Les modalités de mise en œuvre de cette procédure d'identification, applicable depuis le 2 juin 2009, ont été précisées par le décret n° 2008-1455 du 30 décembre 2008 (V. *infra*), complété par trois arrêtés du 15 mai 2009 (*JO 31 mai*). Plusieurs dispositions du décret du 30 décembre 2008 ont cependant été modifiées par le décret n° 2022-1040 du 22 juillet 2022 pour tenir compte des modifications apportées à l'article L. 321-1-2 par la loi du 24 janvier 2022.

Ainsi, depuis le décret du 22 juillet 2022, le décret de 2008 prévoit, conformément au présent article depuis la loi du 24 janvier 2022, qu'il appartient à toute personne qui vend un véhicule neuf de le déclarer à l'occasion de sa vente (art. 1er, § I) et à tout acquéreur d'un véhicule d'occasion de le faire dans les quarante-huit heures suivant l'acquisition dudit véhicule (art. 1er, § II). Depuis sa modification, l'article 1er, paragraphe II, de ce décret indique également que, « Dans les mêmes délais, il [tout acquéreur d'un véhicule d'occasion] doit déclarer tout changement d'état civil ou d'adresse, toute cession ou vente, ainsi que la destruction du véhicule ». Il résulte de cette formulation – reprenant maladroitement des dispositions qui, avant le décret du 22 juillet 2022, étaient applicables aux propriétaires des véhicules concernés – que l'acquéreur d'un véhicule neuf n'est donc pas astreint, par exemple, à déclarer un changement d'adresse ou la destruction de son véhicule. Quant aux modalités de cette déclaration, le décret de 2008 précise seulement qu'elle doit être adressée au ministère de l'Intérieur par la voie électronique, l'acquéreur d'un véhicule d'occasion ayant toutefois la possibilité de le faire par la voie postale. Pour le reste, il convient donc de se référer à l'arrêté du 15 mai 2009 relatif aux modalités et au contenu de la déclaration concernant certains engins motorisés non autorisés à circuler sur la voie publique, modifié par un arrêté du 9 janvier 2023 pour tenir compte des modifications apportées par le décret du 22 juillet 2022 au décret du 30 décembre 2008. Concernant l'obligation de déclaration, l'arrêté du 15 mai 2009, tel que modifié par l'arrêté du 9 janvier 2023, apparaît d'ailleurs mieux rédigé que le décret de 2008, puisqu'il astreint tout acquéreur d'un engin motorisé à effectuer une déclaration à l'occasion d'un changement d'état civil, d'adresse, de propriétaire, de la destruction de l'engin déclaré ou pour tout autre cas nécessitant d'être porté à la connaissance des services du ministère de l'Intérieur, notamment le vol de l'engin (V. art. 1er de cet Arr.)

Quant aux autres règles formulées dans le décret de 2008, elles n'ont pas été modifiées par le décret du 22 juillet 2022. Ainsi ce décret prévoit toujours que le numéro d'identification attribué par l'autorité administrative doit figurer sur une plaque du même nom fixée, en principe, à l'arrière du véhicule, en renvoyant à un arrêté le soin de fixer les caractéristiques de cette plaque d'identification (V. Arr. du 15 mai 2009 relatif aux caractéristiques des plaques d'identification concernant certains engins motorisés non autorisés à circuler sur la voie publique).

Le décret du 30 décembre 2008 continue également à formuler plusieurs contraventions (de quatrième ou troisième classe) sanctionnant le non-respect des différentes dispositions qu'il prévoit. Le fait de ne pas faire les déclarations précédemment évoquées, de faire circuler un véhicule sans plaque d'identification, de ne pas respecter les dispositions relatives aux caractéristiques des plaques d'identification, et d'exposer, d'offrir, de mettre en vente, de vendre, de proposer ou d'inciter à acheter ou à utiliser une plaque d'identification non conforme sont de la sorte incriminés par l'article 5 du décret du 30 décembre 2008. Autant d'incriminations assez comparables à celles existant en matière d'immatriculation des véhicules et qui auraient pu aussi être intégrées dans la partie réglementaire du présent code.

Il faut encore noter que les informations fournies dans le cadre de cette procédure d'identification font l'objet d'un traitement automatisé, comme le prévoit l'article L. 321-1-2 et l'arrêté du 15 mai 2009 autorisant la mise en œuvre d'un traitement automatisé de données à caractère personnel dénommé DICEM (pour Déclaration et Identification de Certains Engins Motorisés), fichier auquel les forces de l'ordre peuvent accéder (fonctionnaires de la police nationale et militaires de la gendarmerie nationale, individuellement désignés et spécialement habilités par leur supérieur hiérarchique, ainsi qu'agents de police municipale agissant en leur qualité d'agents de police judiciaire adjoints, individuellement désignés et spécialement habilités par le maire de la commune). ❑

Décret nº 2008-1455 du 30 décembre 2008,

Relatif à la déclaration et à l'identification de certains engins motorisés non autorisés à circuler sur la voie publique.

Art. 1er *(Décr. nº 2022-1040 du 22 juill. 2022, en vigueur le 1er oct. 2022)* I. — Toute personne qui vend un véhicule neuf mentionné au deuxième alinéa de l'article L. 321-1-1 est tenu*[e]* de le déclarer à l'occasion de sa vente.

II. — Tout acquéreur d'un véhicule d'occasion mentionné au même deuxième alinéa est tenu de le déclarer dans les quarante-huit heures suivant la date de son acquisition. Dans les mêmes délais, il doit déclarer tout changement d'état civil ou d'adresse, toute cession ou vente, ainsi que la destruction du véhicule.

Art. 2 *(Décr. nº 2022-1040 du 22 juill. 2022, en vigueur le 1er oct. 2022)* « Toute déclaration prévue à l'article 1er est adressée au ministre de l'intérieur par voie électronique, excepté pour l'acquéreur d'un véhicule d'occasion visé au II de l'article 1er qui peut, le cas échéant, l'adresser par voie postale. »

(Décr. nº 2018-795 du 17 sept. 2018, art. 21, en vigueur le 1er janv. 2020) « Les dispositions prévues à l'article R. 350-2 du code de la route sont applicables à la démarche par voie électronique prévue au présent article. »

Un arrêté du ministre de l'intérieur précise les modalités et le contenu de cette déclaration.

Les dispositions issues du Décr. nº 2018-795 du 17 sept. 2018 entrent en vigueur par arrêté du ministre de l'intérieur, au plus tard le 1er janv. 2020 (Décr. préc., art. 21-II).

V. Arr. du 15 mai 2009 relatif aux modalités et au contenu de la déclaration concernant certains engins motorisés non autorisés à circuler sur la voie publique (JO 31 mai), mod. par Arr. du 25 mai 2022 (JO 1er juin).

Art. 3 *(Décr. nº 2022-1040 du 22 juill. 2022, en vigueur le 1er oct. 2022)* « Le vendeur d'un véhicule neuf ou l'acquéreur d'un véhicule d'occasion » reçoit, par voie électronique ou *(Décr. nº 2022-1040 du 22 juill. 2022, en vigueur le 1er oct. 2022)* « , le cas échéant, » par voie postale, *(Abrogé par Décr. nº 2022-1040 du 22 juill. 2022, à compter du 1er oct. 2022)* « *une attestation sécurisée de déclaration et* » un numéro unique d'identification du véhicule.

Ce numéro doit être gravé sur une partie inamovible du véhicule et figurer, sauf en cas de pratique sportive, sur une plaque d'identification fixée à l'arrière du véhicule. Toutefois, si les caractéristiques techniques du véhicule y font obstacle, la plaque est positionnée à l'avant.

(Décr. nº 2022-1040 du 22 juill. 2022, en vigueur le 1er oct. 2022) « L'acquéreur d'un véhicule neuf ou d'un véhicule d'occasion reçoit une attestation sécurisée de déclaration par voie électronique ou, le cas échéant, par voie postale. »

Un arrêté du ministre de l'intérieur fixe les caractéristiques de ces plaques d'identification *(Décr. nº 2018-795 du 17 sept. 2018, art. 21, en vigueur le 1er janv. 2020)* « et les caractéristiques de l'attestation sécurisée ».

V. note ss. art. 2.

V. Arr. du 15 mai 2009 relatif aux caractéristiques des plaques d'identification de certains engins motorisés non autorisés à circuler sur la voie publique (JO 31 mai).

Art. 4 Les propriétaires de ces véhicules à la date d'entrée en vigueur du présent décret disposent d'un délai de six mois pour en faire la déclaration et procéder à leur identification.

Art. 5 I. — Le fait de ne pas effectuer les déclarations prévues à l'article 1er et à l'article 4 du présent décret est puni de l'amende prévue pour les contraventions de la quatrième classe.

II. — Le fait de faire circuler, y compris sur des voies non ouvertes à la circulation publique, un véhicule mentionné au deuxième alinéa de l'article L. 321-1-1 du code de la route sans qu'il comporte le numéro d'identification gravé sur une partie inamovible ou qu'il soit muni d'une plaque portant ce numéro d'identification, conformément aux dispositions du deuxième alinéa de l'article 3 du présent décret, est puni de l'amende prévue pour les contraventions de la quatrième classe.

III. — Le fait de contrevenir aux dispositions de l'article 3 du présent décret relatives aux caractéristiques des plaques d'identification est puni de l'amende prévue pour les contraventions de la troisième classe.

IV. — Le fait d'exposer, d'offrir, de mettre en vente, de vendre, de proposer ou d'inciter à acheter ou à utiliser une plaque d'identification non conforme aux caractéristiques visées à l'article 3 du présent décret est puni de l'amende prévue pour les contraventions de la quatrième classe.

Art. L. 321-2 **La tentative des délits prévus par l'article L. 321-1 est punie des mêmes peines.**

Art. L. 321-3 **Les personnes physiques coupables des infractions prévues par l'article L. 321-1 encourent également les peines complémentaires suivantes :**

1° La suspension, pour une durée de trois ans au plus, du permis de conduire ;

2° La confiscation de la chose qui a servi ou était destinée à commettre l'infraction, ou de la chose qui en est le produit ;

3° L'interdiction, suivant les modalités prévues par l'article 131-27 du code pénal, d'exercer l'activité professionnelle ou sociale dans l'exercice ou à l'occasion de l'exercice de laquelle l'infraction a été commise, pour une durée de cinq ans au plus.

Art. L. 321-4 *(L. n° 2009-526 du 12 mai 2009, art. 125-XIX)* **Les personnes morales déclarées responsables pénalement, dans les conditions prévues par l'article 121-2 du code pénal, des infractions définies à l'article L. 321-1 encourent, outre l'amende suivant les modalités prévues par l'article 131-38 du code pénal, les peines prévues par les 4° à 6°, 8° et 9° de l'article 131-39 du même code.**

COMMENTAIRE

Sur la responsabilité pénale des personnes morales et les modifications résultant de la loi du 12 mai 2009, voir le commentaire de l'article L. 212-4. ❑

Art. L. 321-5 *(L. n° 2008-491 du 26 mai 2008)* **Les personnes physiques coupables des contraventions définies à l'article L. 321-1-1 encourent également la peine complémentaire de confiscation du véhicule qui a servi ou était destiné à commettre l'infraction.**

Art. L. 321-6 *(L. n° 2008-491 du 26 mai 2008)* **Les personnes morales coupables des contraventions définies à l'article L. 321-1-1 encourent également la peine complémentaire mentionnée au 5° de l'article 131-16 du code pénal.**

CHAPITRE II **IMMATRICULATION**

Art. L. 322-1 *(L. n° 2014-58 du 27 janv. 2014, art. 63-III, en vigueur le 1er janv. 2018)* **« I. — » Lorsqu'une amende forfaitaire majorée a été émise** *(L. n° 2008-644 du 1er juill. 2008, art. 9)* **« , le comptable »** *(Ord. 2010-420 du 27 avr. 2010, art. 116)* **« public compétent »** *(L. n° 2019-1428 du 24 déc. 2019, art. 159-I)* **« a la possibilité et, dans le cas prévu au second alinéa du III de l'article 529-6 du code de procédure pénale, l'obligation de »** *(Abrogé par L. n° 2003-495 du 12 juin 2003, art. 8)* ***« demander au procureur de la République de »*** **faire opposition** *(Décr. n° 2009-136 du 9 févr. 2009, en vigueur le 15 avr. 2009)* **« auprès de l'autorité administrative compétente » à tout transfert du certificat d'immatriculation.** *(L. n° 2003-495 du 12 juin 2003, art. 8)* **« Il en informe alors le procureur de la République. »**

Cette opposition suspend la prescription de la peine.

Elle est levée par le paiement de l'amende forfaitaire majorée. En outre, lorsque l'intéressé a formé une réclamation, *(L. n° 2003-495 du 12 juin 2003, art. 8)* **« selon les modalités et dans les délais prévus par les articles 529-10 et 530 du code de procédure pénale à peine d'irrecevabilité », et qu'il justifie avoir déclaré sa nouvelle adresse** *(Décr. n° 2009-136 du 9 févr. 2009, en vigueur le 15 avr. 2009)* **« à l'autorité administrative compétente », le procureur de la République lève l'opposition.** – *[Anc. art. L. 27-4.]*

(Ord. n° 2015-401 du 9 avr. 2015, art. 6-1°, en vigueur le 1er janv. 2018) **« II. – L'opposition au transfert du certificat d'immatriculation prévue par le premier alinéa du I est également applicable en cas d'émission du titre exécutoire prévu à l'article L. 2333-87 du code général des collectivités territoriales, dans les conditions prévues par arrêté du ministre chargé du budget. Cette opposition suspend la prescription de l'action en recouvrement. Elle est levée par paiement du titre exécutoire. »** – *V. Arr. du 1er sept. 2016 relatif aux modalités d'inscription et de mainlevée de l'opposition au transfert du certificat d'immatriculation en cas de défaut de paiement du forfait de post-stationnement prévu par l'art. L. 2333-87 CGCT (JO 13 oct.).*

Opposition : R. 322-15 s.

Pour l'entrée en vigueur du Décr. n° 2009-136, V. Arr. du 23 mars 2009 (JO 29 mars).

COMMENTAIRE

Opposition au transfert du certificat d'immatriculation. Les dispositions de l'article L. 322-1 visent à garantir le paiement des amendes forfaitaires. L'hypothèse retenue est celle d'une amende forfaitaire majorée non payée. On sait qu'en l'absence de paiement de l'amende forfaitaire et de requête de la part du contrevenant celui-ci devient redevable de plein droit d'une amende majorée qui sera recouvrée en vertu d'un titre rendu exécutoire par le ministère public (V. comm. ss. art. L. 121-5). Or, dans un tel cas, le présent article permet au comptable public compétent – à savoir le comptable de la direction générale des finances publiques, appelé, auparavant, comptable du Trésor (V. art. R. 322-17) – de faire opposition au transfert du certificat d'immatriculation du véhicule de la personne concernée. Par application des dispositions de l'article L. 322-2, il devient alors impossible de vendre ce véhicule.

Notons que cette procédure d'opposition a été largement facilitée depuis 2003. Auparavant, le comptable public devait demander au procureur de la République de faire une telle opposition. La loi du 12 juin 2003 a supprimé cette intervention du procureur de la République dans la procédure, en permettant au comptable public de faire lui-même cette opposition (il doit toutefois en informer le procureur de la République). Par ailleurs, cette procédure ne pouvait être utilisée initialement que dans le cas où le comptable public ne pouvait joindre le contrevenant et plus précisément dans le cas d'un changement d'adresse de l'intéressé non signalé au fichier national des immatriculations. Or cette restriction ne vaut plus depuis la loi du 1er juillet 2008 : dès qu'une amende forfaitaire majorée est émise, le comptable public peut donc faire opposition au transfert du certificat d'immatriculation (deux cas sont plus précisément envisagés dans la partie réglementaire, V. art. R. 322-16).

Décret du 9 février 2009. Quelques modifications ont par ailleurs été apportées au présent article par un décret... Le pouvoir réglementaire a fait application ici des dispositions de l'article 37, alinéa 2, de la Constitution qui lui permettent de modifier par décret en Conseil d'État des textes en forme législative intervenus dans une matière de nature réglementaire. Conformément à cet article 37, alinéa 2, de la Constitution, le Conseil constitutionnel a d'ailleurs reconnu la nature réglementaire des dispositions ici modifiées par sa décision n° 2008-210, L. du 7 mai 2008 (Pour un autre exemple, V. comm. introductif aux art. L. 327-1 s.).

Quant aux modifications apportées, elles sont en lien avec la réforme des règles relatives à l'immatriculation des véhicules résultant du décret du 9 février 2009 (V. comm. introductif aux art. R. 322-1 s.). Cette réforme, qui conduira à attribuer, à terme, à chaque véhicule un numéro d'immatriculation définitif, s'est en effet accompagnée d'une simplification des démarches administratives en matière d'immatriculation. Ainsi, depuis ce décret, l'article R. 322-17 indique que les demandes d'opposition au transfert d'un certificat d'immatriculation doivent être adressées *« au ministre de l'intérieur, soit par l'intermédiaire du préfet d'un département, soit par voie électronique »* et non plus uniquement au préfet du département d'immatriculation comme auparavant. En conséquence, ce même décret a supprimé la référence faite, au sein de l'article L. 322-1, à la préfecture d'immatriculation, en la remplaçant par une formule plus large qui est celle d'*« autorité administrative compétente »*.

Dépénalisation du stationnement payant. La loi n° 2014-58 du 27 janvier 2014 a ensuite ajouté tout un paragraphe au présent article en lien avec la dépénalisation du stationnement payant décidée par cette même loi (V. comm. ss. art. L. 411-1) ; un paragraphe réécrit par l'ordonnance n° 2015-401 du 9 avr. 2015 afin de modifier ou préciser un certain nombre de dispositions de l'article L. 2333-87 du CGCT créées par la loi du 27 janvier 2014. Par ces dispositions, il s'est agi de garantir le paiement des forfaits de post-stationnement qui remplacent, depuis le 1er janvier 2018, les amendes forfaitaires infligées à ceux qui ne paient pas leur stationnement, en permettant au comptable public compétent de faire opposition au transfert du certificat d'immatriculation du véhicule des personnes ne payant pas leur forfait de post-stationnement dans le délai imparti.

Loi d'orientation des mobilités. L'opposition au transfert du certificat d'immatriculation a enfin été rendue obligatoire, dans un cas particulier, par la loi d'orientation des mobilités du 24 décembre 2019. Depuis cette loi, l'article L. 322-1 indique en effet que le comptable public compétent a l'obligation de faire opposition au transfert du certificat d'immatriculation « dans le cas prévu au second alinéa du III de l'article 529-6 du code de procédure pénale » alors que, dans tous les autres cas, il s'agit d'une possibilité. L'hypothèse visée est celle d'une amende forfaitaire majorée pour non-paiement de péage qui n'a pas été payée par l'intéressé dans un délai de quatre mois à compter de l'envoi à son domicile du titre exécutoire. Dans un tel cas, depuis la loi d'orientation des mobilités, l'article 529-6 du code de procédure pénale demande au Trésor public de faire opposition au transfert du certificat d'immatriculation du véhicule de la personne concernée (V. comm. ss. art. L. 121-5) et c'est cette obligation que cette loi est venue rappeler ici. ❑

Art. L. 322-1-1 *(L. n° 2016-1547 du 18 nov. 2016, art. 37-I-7°)* **Lorsque qu'une** *[Lorsqu'une]* **personne physique propriétaire d'un véhicule effectue une demande de certificat d'immatriculation, ce certificat est établi à son nom si cette personne est titulaire d'un permis de conduire correspondant à la catégorie du véhicule considéré.**

Si la personne physique propriétaire du véhicule n'est pas titulaire d'un permis de conduire correspondant à la catégorie du véhicule considéré, le certificat d'immatriculation est établi au nom d'une personne titulaire du permis de conduire requis, désignée par le propriétaire ou, si celui-ci est mineur, par son représentant légal. Dans ce cas, la personne désignée est inscrite en tant que titulaire du certificat d'immatriculation au sens des articles L. 121-2 et L. 121-3. Le propriétaire est également inscrit sur le certificat d'immatriculation.

Les conditions d'application du présent article sont fixées par décret en Conseil d'État.

COMMENTAIRE

Règles sur l'immatriculation d'un véhicule. L'essentiel des règles relatives à l'immatriculation d'un véhicule figure dans la partie réglementaire aux articles R. 322-1 et suivants. Jusqu'à la loi du 18 novembre 2016 de modernisation de la justice du XXIe siècle, on ne trouvait dans le présent chapitre dédié à l'immatriculation que des dispositions concernant l'opposition au transfert du certificat d'immatriculation (art. L. 322-1 et L. 322-2), ainsi qu'un délit, ajouté en 2011, sanctionnant le fait pour le propriétaire d'un véhicule de faire une déclaration mensongère certifiant la cession de son véhicule (art. L. 322-3). Il en va différemment depuis la loi du 18 novembre 2016 qui a créé le présent article qui fixe quelques règles concernant l'immatriculation d'un véhicule, afin de lier l'immatriculation d'un véhicule à la possession d'un permis de conduire.

Immatriculation d'un véhicule au nom d'une personne titulaire d'un permis de conduire. L'article L. 322-1-1 oblige en effet les personnes physiques propriétaires d'un véhicule à immatriculer celui-ci au nom d'une personne titulaire d'un permis de conduire. De là, deux cas : ou bien le propriétaire est titulaire du permis de conduire et son véhicule est immatriculé à son nom, ou bien le propriétaire n'est pas titulaire du permis de conduire et son véhicule doit être immatriculé au nom d'une personne titulaire du permis de conduire qu'il a désigné. Dans ce second cas, deux noms figurent alors sur le certificat d'immatriculation, celui du propriétaire en tant que propriétaire et celui de la personne désignée en tant que titulaire du certificat d'immatriculation au sens des articles L. 121-2 et L. 121-3, c'est-à-dire au sens des articles prévoyant la responsabilité ou la redevabilité pécuniaire du titulaire du certificat d'immatriculation pour certaines infractions.

Par ces dispositions, le législateur a en effet voulu mettre fin à certaines pratiques consistant à faire immatriculer un véhicule au nom d'une personne non titulaire du permis de conduire, voire au nom d'un mineur, afin d'échapper à un retrait de points en cas d'excès de vitesse ou d'autres infractions constatés automatiquement. Pour de telles infractions, on sait que c'est le titulaire du certificat d'immatriculation qui reçoit l'avis de contravention lui demandant de payer une amende forfaitaire. Or s'il paie l'amende, il reconnaît être l'auteur de l'infraction et subit de plein droit un retrait de points sur son permis de conduire, sauf, bien évidemment, s'il n'est pas titulaire du permis de conduire...

On notera que les dispositions de l'article L. 322-1-1 ne concernent que l'immatriculation des véhicules dont le propriétaire est une personne physique et ne sont donc pas applicables à l'immatriculation des véhicules appartenant à une personne morale. Mais lorsqu'un véhicule est immatriculé au nom d'une personne morale, d'autres dispositions – créées également par la loi du 18 novembre 2016 – ont une finalité comparable, à savoir celles de l'article L. 121-6 qui obligent le représentant légal de la personne morale, lorsqu'une infraction est constatée automatiquement, à indiquer aux autorités compétentes l'identité et l'adresse de la personne physique qui conduisait le véhicule au moment où l'infraction a été constatée. ❑

Art. L. 322-2 Préalablement à la vente d'un véhicule d'occasion, le propriétaire est tenu de remettre à l'acquéreur un certificat établi depuis moins de *(Décr. nº 2009-136 du 9 févr. 2009, en vigueur le 15 avr. 2009)* **« quinze jours » par** *(Décr. nº 2009-136 du 9 févr. 2009, en vigueur le 15 avr. 2009)* **« l'autorité administrative compétente » et attestant qu'il n'a pas été fait opposition au transfert du certificat d'immatriculation dudit véhicule en application des dispositions législatives en vigueur.** – *[Anc. art. L. 28.]*

Certificat de non-opposition : R. 322-15.

V. L. nº 77-747 du 8 juill. 1977 (D. et BLD 1977. 286) instituant dans les territoires d'outre-mer un système de perception différée d'amendes forfaitaires pour certaines contraventions de simple police (contraventions en matière de police de la circulation routière), mod. par L. nº 83-520 du 27 juin 1983, art. 42 (JO 28 juin) ; Décr. nº 77-1267 du 10 nov. 1977 (JO 20 nov.) fixant les conditions d'application de cette loi.

Pour l'entrée en vigueur du Décr. nº 2009-136, V. Arr. du 23 mars 2009 (JO 29 mars).

COMMENTAIRE

C'est la lecture des présentes dispositions qui montre tout l'intérêt de la procédure d'opposition au transfert du certificat d'immatriculation prévue à l'article L. 322-1. Cette procédure rend en effet impossible la vente du véhicule concerné par son propriétaire, préalablement à toute vente, le propriétaire étant tenu de fournir à l'acheteur un certificat de non-opposition. Si le titulaire du certificat d'immatriculation souhaite vendre son véhicule, il doit donc payer au préalable ce qu'il doit...

Décret du 9 février 2009. Comme à l'article L. 322-1, le décret du 9 février 2009 a supprimé, dans le présent article, la référence à *« la préfecture du département d'immatriculation »* au profit d'une référence plus large à *« l'autorité administrative compétente »* (V. comm. ss. art. L. 322-1). Mais on notera surtout ici la réduction de la durée de validité du certificat de non-opposition : elle est désormais de 15 jours. La simplification des démarches administratives en matière d'immatriculation permet, il est vrai, d'obtenir plus facilement un tel certificat. Il était d'ailleurs d'ores et déjà possible d'obtenir un tel certificat par voie électronique via le site du ministère de l'Intérieur (V. anc. art. R. 322-4, al. 4). ❑

Art. L. 322-3 *(L. nº 2011-1862 du 13 déc. 2011, art. 31-III)* **Est puni de deux ans d'emprisonnement et de 30 000 € d'amende tout propriétaire qui fait une déclaration mensongère certifiant la cession de son véhicule.**

La personne coupable du délit prévu au présent article encourt également la peine complémentaire de confiscation de son véhicule.

COMMENTAIRE

La création du présent délit par la loi du 13 décembre 2011 relative à la répartition des contentieux et à l'allégement de certaines procédures juridictionnelles est à mettre en lien avec les dispositions procédurales créées par cette même loi et qui permettent au titulaire du certificat d'immatriculation d'un véhicule, qui reçoit un avis d'amende forfaitaire pour une contravention constatée par un radar automatique, de contester cet avis au motif qu'il n'était plus propriétaire du véhicule au moment de l'infraction et ce en adressant les documents attestant de la cession de son véhicule (V. comm. ss. art. L. 121-5). Craignant que ces dispositions soient dévoyées par certaines personnes afin d'échapper à leur redevabilité pécuniaire, le législateur a accompagné leur création de ce délit qui vise à les dissuader de faire des déclarations mensongères concernant la cession de leur véhicule. ❑

CHAPITRE III CONTRÔLE TECHNIQUE

Art. L. 323-1 *(Ord. n° 2008-507 du 30 mai 2008, art. 11)* **I. — Lorsqu'en application du présent code, des véhicules sont astreints à un contrôle technique, celui-ci est effectué par les services de l'État ou par des contrôleurs agréés par l'État** *(L. n° 2019-1428 du 24 déc. 2019, art. 96-I, en vigueur le 26 déc. 2021)* **« dans des installations agréées.**

« Ces agréments peuvent être délivrés soit à des contrôleurs et installations indépendants, soit à des contrôleurs et installations organisés en » réseaux d'importance nationale, sous réserve *(L. n° 2019-1428 du 24 déc. 2019, art. 96-I, en vigueur le 26 déc. 2021)* **« que les contrôleurs et les personnes physiques assurant l'exploitation de l'installation » n'aient fait l'objet d'aucune condamnation inscrite au bulletin n° 2 de leur casier judiciaire.**

Les fonctions de contrôleur ainsi que les autres fonctions exercées dans ces réseaux *(L. n° 2019-1428 du 24 déc. 2019, art. 96-I, en vigueur le 26 déc. 2021)* **« et installations » sont exclusives de toute autre activité exercée dans la réparation ou le commerce automobile.**

Les frais de contrôle sont à la charge du propriétaire du véhicule.

Un décret en Conseil d'État fixe les modalités de fonctionnement du système de contrôle et en particulier les conditions d'agrément des contrôleurs, des installations nécessaires au contrôle et des réseaux mentionnés au deuxième alinéa. — *V. art. R. 323-6 s.*

II. — Par dérogation au I, tout ressortissant d'un État membre de *(Ord. n° 2016-1809 du 22 déc. 2016, art. 14)* **« l'Union » européenne ou d'un autre État partie à l'Espace économique européen, légalement établi, pour l'exercice de la profession de contrôleur technique de véhicules, dans un de ces États, peut exercer cette activité de façon temporaire et occasionnelle en France.**

Toutefois, lorsque cette activité ou la formation y conduisant n'est pas réglementée dans l'État d'établissement, le prestataire doit avoir exercé cette activité *(Ord. n° 2016-1809 du 22 déc. 2016, art. 14)* **« dans un ou plusieurs États membres pendant une année, à temps plein ou à temps partiel pendant une durée totale équivalente, » au cours des dix années qui précèdent la prestation.**

Lorsque le prestataire fournit pour la première *(L. n° 2009-179 du 17 févr. 2009, art. 38)* **« fois » des services en France, il en informe au préalable l'autorité compétente par une déclaration écrite, dans les conditions fixées par décret en Conseil d'État.**

Ancien art. L. 323-1 (Ord. n° 2008-507 du 30 mai 2008, art. 11) ***I. — Lorsqu'en application du présent code, des véhicules sont astreints à un contrôle technique, celui-ci est effectué par les services de l'État ou par des contrôleurs agréés par l'État.***

Cet agrément peut être délivré soit à des contrôleurs indépendants, soit à des contrôleurs organisés en réseaux d'importance nationale, sous réserve qu'ils n'aient fait l'objet d'aucune condamnation inscrite au bulletin n° 2 de leur casier judiciaire.

Les fonctions de contrôleur ainsi que les autres fonctions exercées dans ces réseaux sont exclusives de toute autre activité exercée dans la réparation ou le commerce automobile.

Les frais de contrôle sont à la charge du propriétaire du véhicule.

Un décret en Conseil d'État fixe les modalités de fonctionnement du système de contrôle et en particulier les conditions d'agrément des contrôleurs, des installations nécessaires au contrôle et des réseaux mentionnés au deuxième alinéa. — V. art. R. 323-6 s.

II. — Par dérogation au I, tout ressortissant d'un État membre de (Ord. n° 2016-1809 du 22 déc. 2016, art. 14) ***« l'Union » européenne ou d'un autre État partie à l'Espace économique européen, légalement établi, pour l'exercice de la profession de contrôleur technique de véhicules, dans un de ces États, peut exercer cette activité de façon temporaire et occasionnelle en France.***

Toutefois, lorsque cette activité ou la formation y conduisant n'est pas réglementée dans l'État d'établissement, le prestataire doit avoir exercé cette activité (Ord. n° 2016-1809 du 22 déc. 2016, art. 14) ***« dans un ou plusieurs États membres pendant une année, à temps plein ou à temps partiel pendant une durée totale équivalente, » au cours des dix années qui précèdent la prestation.***

Lorsque le prestataire fournit pour la première (L. n° 2009-179 du 17 févr. 2009, art. 38) ***« fois » des services en France, il en informe au préalable l'autorité compétente par une déclaration écrite, dans les conditions fixées par décret en Conseil d'État.***

BIBL. ▶ DEFRANCE, *Jurispr. auto 2005. 510* (absence d'obligation de conseil du centre de contrôle technique).

COMMENTAIRE

L'article L. 323-1 est le seul article de la partie législative consacré au contrôle technique. Les règles en la matière sont en effet essentiellement de nature réglementaire et figurent aux articles R. 323-1 et suivants du présent code, ainsi que dans un certain nombre d'arrêtés d'application (V. App., v° *Contrôle technique*). L'article L. 323-1 formule néanmoins quelques principes, notamment en indiquant que le contrôle technique doit être réalisé par des contrôleurs agréés par l'État et de manière indépendante.

Reconnaissance européenne des qualifications professionnelles. Le contrôle technique doit être réalisé par des contrôleurs agréés par l'État, du moins en principe. Un tel agrément n'est en effet pas nécessaire dans certains cas depuis l'ordonnance n° 2008-507 du 30 mai 2008 réécrivant le présent article. Les modifications apportées par cette ordonnance à l'article L. 323-1 sont comparables à celles opérées à l'article L. 212-1 concernant l'enseignement de la conduite et l'animation des stages de sensibilisation à la sécurité routière (V. comm. de cet art.). Elles ont donc été adoptées afin de mettre ses dispositions en conformité avec celles de la directive 2005/36/CE du 7 septembre 2005 relative à la reconnaissance des qualifications professionnelles. L'ordonnance n° 2016-1809 du 22 décembre 2016 y a apporté ensuite d'autres modifications pour tenir compte de celles apportées à la directive du 7 septembre 2005 par la directive 2013/55/UE du 20 novembre 2013.

Libre prestation de service. Depuis l'ordonnance du 30 mai 2008, l'article L. 323-1 permet ainsi aux ressortissants européens d'exercer, en France, de façon temporaire et occasionnelle, l'activité de contrôleur technique de véhicules. Comme pour l'enseignement de la conduite, l'exercice d'une telle activité suppose que l'intéressé soit légalement établi dans un État membre de l'Union européenne (ou dans un autre État partie à l'Espace économique européen) pour y exercer la profession de contrôleur technique de véhicules et qu'il justifie également d'un minimum d'expérience professionnelle lorsqu'il est établi dans un État où la profession ou la formation y conduisant n'y sont pas réglementées. Depuis l'ordonnance du 22 décembre 2016, l'article L. 323-1 précise que le prestataire doit avoir exercé cette activité au moins un an au cours des dix années précédant la prestation, dans un ou plusieurs États membres, et ce en conformité avec ce que prévoit la directive de 2005 telle que modifiée en 2013.

On notera, en revanche, que, contrairement à l'article L. 212-1, l'article L. 323-1 ne subordonne pas l'exercice temporaire et occasionnel de l'activité, qu'il prévoit une vérification des qualifications professionnelles de l'intéressé et qu'aucune disposition sur l'accès partiel à la profession de contrôleur technique n'a été insérée au sein du présent article (Comp. avec les dispositions introduites en ce sens à l'art. L. 212-1 par l'Ord. n° 2015-1682 du 17 déc. 2015).

Indépendance du contrôle technique. L'article L. 323-1 exige par ailleurs que le contrôle technique soit réalisé de manière indépendante, en indiquant que « les fonctions de contrôleurs ainsi que les autres fonctions exercées dans les réseaux de contrôle technique sont exclusives de toute autre activité exercée dans la réparation ou le commerce automobile ». Cette indication a cependant été jugée insuffisante pour garantir l'absence de tout lien entre les opérations de contrôle technique et d'autres activités liées à l'automobile, l'article L. 323-1 n'interdisant pas aux exploitants de centres de contrôle technique non rattachés à un réseau d'exercer une telle activité. C'est pourquoi la loi d'orientation des mobilités du 24 décembre 2019 a quelque peu modifié l'article L. 323-1 afin que l'interdiction faite aux contrôleurs d'exercer une activité dans le commerce ou la réparation automobiles concerne également tous les exploitants de centres de contrôle technique, que ces centres soient ou non rattachés à un réseau. Cette loi est venue également préciser ici que l'exploitant d'un centre de contrôle technique ne doit pas avoir fait l'objet d'une condamnation inscrite au bulletin n° 2 de son casier judiciaire, condition qui était déjà exigée par le présent article, mais uniquement pour les contrôleurs. Il est à noter cependant que ces modifications apportées par la loi d'orientation des mobilités à l'article L. 323-1 n'entreront en vigueur que deux ans après sa publication, soit le 26 décembre 2021. ❑

Responsabilité des centres de contrôle technique. La mission d'un centre de contrôle technique se bornant à la vérification, sans démontage du véhicule, d'un certain nombre de points limitativement énumérés par l'arrêté ministériel du 18 juin 1991, sa responsabilité ne peut être engagée en dehors de cette mission ainsi restreinte qu'en cas de négligence susceptible de mettre en cause la sécurité du véhicule. • Civ. 1re, 19 oct. 2004, n° 01-13.956 P : *D. 2005. Jur. 1974, note Causse ; RTD civ. 2005. 136, obs. Jourdain*. ♦ La mission des centres de contrôle technique se limite, eu égard aux dispositions qui les régissent, à la détection de défaillances en des points définis. • Civ. 1re, 21 juin 2005 : *D. 2006. Jur. 1221, note Huet.* ♦ Un centre de contrôle technique n'étant tenu, sauf négligence de sa part, qu'à la détection de défaillances en des points définis, une cour d'appel, qui fait ressortir qu'un contrôle technique a été réalisé suivant les normes de vérification alors en vigueur, peut en déduire que le centre de contrôle technique n'a pas commis de faute. • Com. 13 mars 2012, n° 11-14.459 P : *D. actu. 23 mars 2012, obs. Delpech.*

CHAPITRE IV ASSURANCE

Art. L. 324-1 Les règles relatives à l'obligation de s'assurer pour faire circuler un véhicule à moteur ou une remorque sont fixées par les articles L. 211-1 et L. 211-2 du code des assurances ci-après reproduits :

Art. L. 211-1 Toute personne physique ou toute personne morale autre que l'État, dont la responsabilité civile peut être engagée *(L. nº 85-677 du 5 juill. 1985)* « en raison de dommages subis par des tiers résultant d'atteintes aux personnes ou aux biens dans la réalisation desquels un véhicule *(Abrogé par L. nº 2007-1774 du 17 déc. 2007, art. 1er-II-1º)* « *terrestre à moteur, ainsi que ses remorques ou semi-remorques,* » est impliqué, » doit, pour faire circuler *(L. nº 2007-1774 du 17 déc. 2007, art. 1er-II-1º)* « celui-ci », être couverte par une assurance garantissant cette responsabilité, *(L. nº 89-1014 du 31 déc. 1989)* « dans les conditions fixées par décret en Conseil d'État ». *(L. nº 2007-1774 du 17 déc. 2007, art. 1er-II-2º)* « Pour l'application du présent article, on entend par "véhicule" tout véhicule terrestre à moteur, c'est-à-dire tout véhicule automoteur destiné à circuler sur le sol et qui peut être actionné par une force mécanique sans être lié à une voie ferrée, ainsi que toute remorque, même non attelée. »

(Ord. nº 2023-1138 du 6 déc. 2023, art. 2 et 15, en vigueur le 23 déc. 2023) « Le fauteuil roulant automoteur, dispositif médical exclusivement utilisé pour le déplacement d'une personne en situation de handicap, n'est pas considéré comme un véhicule au sens du précédent alinéa. »

(L. nº 85-677 du 5 juill. 1985) « Les contrats d'assurance couvrant la responsabilité mentionnée au premier alinéa du présent article doivent également couvrir la responsabilité civile de toute personne ayant la garde ou la conduite, même non autorisée, du véhicule, à l'exception des professionnels de la réparation, de la vente et du contrôle de l'automobile, ainsi que la responsabilité civile des passagers du véhicule objet de l'assurance. *(L. nº 93-1444 du 31 déc. 1993)* « Toutefois, en cas de vol d'un véhicule, ces contrats ne couvrent pas la réparation des dommages subis par les auteurs, coauteurs ou complices du vol. »

« L'assureur est subrogé dans les droits que possède le créancier de l'indemnité contre la personne responsable de l'accident lorsque la garde ou la conduite du véhicule a été obtenue contre le gré du propriétaire.

« Ces contrats doivent être souscrits auprès d'une entreprise d'assurance agréée pour pratiquer les opérations d'assurance contre les accidents résultant de l'emploi de véhicules automobiles. »

(L. n° 99-505 du 18 juin 1999) « Les membres de la famille du conducteur ou de l'assuré, ainsi que les élèves d'un établissement d'enseignement de la conduite des véhicules terrestres à moteur agréé, en cours de formation ou d'examen, sont considérés comme des tiers au sens du premier alinéa du présent article. » — **C. assur.**, *art. L. 421-9, R. 211-45.*

Art. L. 211-2 Les dispositions de l'article L. 211-1 ne sont pas applicables aux dommages causés par les chemins de fer et les tramways. — **C. assur.**, *art. L. 214-3. — Les dispositions de la partie législative du code de la route qui citent en les reproduisant des articles d'autres codes ou de lois non codifiées sont de plein droit modifiées par l'effet des modifications ultérieures de ces articles (Ord. n° 2000-930 du 22 sept. 2000, art. 3).*

I. DOMAINE DE L'OBLIGATION D'ASSURANCE

A. VÉHICULES TERRESTRES À MOTEUR

1. Véhicule en circulation. L'art. 3, § 1, de la première directive [72/166/CEE du 24 avr. 1972] doit être interprété en ce sens que relève de la notion de « circulation de véhicule » qui y figure toute utilisation d'un véhicule qui est conforme à la fonction habituelle de ce véhicule. Pourrait ainsi relever de ladite notion la manœuvre d'un tracteur dans la cour d'une ferme afin de faire entrer dans une grange la remorque dont ce tracteur est muni. • CJUE 4 sept. 2014, n° C-162/13 : *RGDA 2014. 506, note Landel.* ♦ Aucune disposition de la Dir. 2009/103 ne limite l'étendue de l'obligation d'assurance, et de la protection que cette obligation entend conférer aux victimes d'accidents causés par des véhicules automoteurs, aux cas d'utilisation de tels véhicules sur certains terrains et sur certaines voies. Le fait que le véhicule en cause circulait, lorsqu'il s'est renversé, sur un terrain de manœuvre militaire dont l'accès était interdit à tout véhicule non militaire, et dans une zone de ce terrain qui n'était pas adaptée à la circulation des véhicules à roues, n'est pas de nature à influer sur cette conclusion et, partant, à limiter l'obligation d'assurance qui découle de cette disposition. • CJUE 20 déc. 2017, n° C-334/16 : *RGDA 2018. 127, note Landel.* ♦ En revanche, l'art. 3, § 1, de la première directive [n° 72/166/CEE du 24 avr. 1972] doit être interprété en ce sens que ne relève pas de la notion de « circulation de véhicule », visée à cette disposition, une situation dans laquelle un tracteur agricole a été impliqué dans un accident alors que sa fonction principale, au moment de la survenance de cet accident, consistait non pas à servir de moyen de transport, mais à générer, en tant que machine de travail, la force motrice nécessaire pour actionner la pompe d'un pulvérisateur d'herbicide. • CJUE 28 nov. 2017, n° C-514/16 : *RGDA 2018.*

2. Motocyclette. Commet le délit prévu et réprimé par les art. L. 211-1 et L. 211-8 le motocycliste qui, circulant, même en dehors de la voie publique, s'expose à voir sa responsabilité civile engagée envers des tiers auxquels il est susceptible de causer des dommages à l'occasion de la conduite de sa motocyclette, alors qu'il n'est pas garanti contre ce risque par une assurance valable. • Crim. 15 févr. 1982, n° 81-92.845 : *D. 1982. IR 206.* ♦ Méconnaît l'art. L. 211-1 l'arrêt qui, pour déclarer qu'un motocycliste n'était pas assujetti à l'obligation d'assurance, énonce qu'il évoluait en circuit fermé sur un terrain de moto-cross exploité par une association, hors de toute course, compétition sportive ou épreuve préparatoire. • Crim. 18 déc. 2001, n° 01-80.956 : *RCA 2002, n° 152.*

3. Tondeuse à gazon. Ayant retenu que la tondeuse instrument du dommage était un engin à moteur doté de quatre roues lui permettant de circuler, équipé d'un siège sur lequel une personne prend place pour le piloter, une cour d'appel a exactement déduit que cet engin était un véhicule terrestre à moteur au sens de la L. du 5 juill. 1985, assujetti comme tel à l'assurance automobile obligatoire. • Civ. 2e, 24 juin 2004, n° 02-20.208 : *BICC 1er nov. 2004, n° 1551 et la note ; D. 2005. Pan. 1321, obs. Groutel ; Gaz. Pal. 2004. 3752, note Sardin ; Dr. et patr. 12/2004. 82, obs. Chabas ; RGDA 2004. 967, note Landel.*

4. Voiture pour enfants sur un manège. Une voiture miniature réservée à des enfants en bas âge en dessous de 5 ans, assimilable à un jouet, n'est pas soumise à l'obligation de l'assurance automobile obligatoire. • Civ. 2e, 4 mars 2008, n° 96-12.242 P : *JCP G 1999. I. 137, n° 9, obs. Favre-Rochex ; RTD civ. 1998. 693, note Jourdain.*

5. Véhicule immobilisé et accident de la circulation. Le fait que le véhicule impliqué dans l'accident était à l'arrêt au moment de la survenance de celui-ci n'exclut pas, à lui seul, que l'utilisation de ce véhicule à ce moment puisse relever de sa fonction de moyen de transport et, en conséquence, de la notion de « circulation des véhicules » au sens de l'art. 3, § 1, de la première directive. Ainsi, il y a lieu de considérer que l'action d'ouvrir la portière d'un véhicule constitue une utilisation de celui-ci qui est conforme à sa fonction de moyen de transport, dans la mesure où elle permet notamment l'embarquement et le débarquement des personnes ou le chargement et le déchargement de biens qui sont à transporter ou qui viennent d'être transportés au moyen de ce véhicule. Et cette conclusion n'est pas affectée par la circonstance que les véhicules en cause au principal étaient, au moment de l'accident, à l'arrêt et qu'ils se trouvaient sur un parking. • CJUE 15 nov. 2018, n° C-648/17 : *RGDA janv. 2019. 18, note Landel.* ♦ L'art. 3, premier al., de la Dir. 2009/103/CE du Parlement européen et du Conseil, du 16 sept. 2009, concernant l'assurance de la responsabilité civile résultant de la circulation de véhicules automoteurs et le contrôle de l'obligation d'assurer cette responsabilité, doit être interprété en ce sens que relève de la notion de « circulation des véhicules », visée à cette disposition, une situation, telle que celle en cause au principal, dans laquelle un véhicule, stationné dans un garage privé d'un immeuble utilisé conformément à sa fonction de moyen de transport, a pris feu, provoquant un incendie, lequel trouve son origine dans le circuit électrique de ce véhicule, et causé des dommages à cet immeuble, alors même que ledit véhicule n'a pas été déplacé depuis plus de 24 heures avant la survenance de l'incendie. • CJUE 20 juin 2019, nº C-100/18 : *BTL 2019, nº 3744, note Razafimaharavo ; RGDA oct. 2019. 16, note Landel ; RCA 2019, alerte 20, note Coulon et nº 228.* ♦ Ayant constaté que seul avait été heurté par un aéronef un tracteur de piste et que l'unique fonction de ce véhicule terrestre à moteur était d'assurer le déplacement sur la zone aéroportuaire de divers outils, tels que des groupes électrogènes, chariots à bagages, remorques et passerelles d'embarquement, qui lui sont attelés et dont il est dissociable, une cour d'appel en a exactement déduit que cette collision constituait un accident de la circulation au sens de l'art. 1er de la L. nº 85-677 du 5 juill. 1985. • Civ. 2e, 18 avr. 2019, nº 18-15.759 : *RGDA juin 2019. 37, note Landel ; BTL 2019, nº 3736, note Razafimaharavo ; RCA 2019, nº 187.* ♦ L'art. 3, premier al., de la Dir. 2009/103 doit être interprété en ce sens que relève de la notion de « circulation des véhicules », visée à cette disposition, une situation dans laquelle un véhicule ayant effectué des manœuvres et/ou ayant été stationné dans un parking privé, conformément à sa fonction de moyen de transport, est impliqué dans un accident survenu sur ce parking. • CJUE 11 déc. 2019, nº C-431/18 : *RGDA févr. 2020. 27, note Landel.*

6. Véhicule non utilisé garé sur un terrain privé. Un véhicule qui est immatriculé et n'a donc pas été retiré régulièrement de la circulation, et qui est apte à circuler, répond à la notion de « véhicule », au sens de l'art. 1er, point 1, de la première directive, et ne cesse, par conséquent, pas de relever de l'obligation d'assurance énoncée à l'art. 3, § 1, de cette directive, au seul motif que son propriétaire n'a plus l'intention de le conduire et l'immobilise sur un terrain privé. • CJUE 4 sept. 2018, nº C-80/17 : *D. actu. 18 sept. 2018, note Bigot ; JCP 2018. 992, note Berlin ; RGDA 2018. 467, note Landel ; RCA 2018, Étude 13, par Groutel.* ♦ V. précédemment : ne justifie pas sa décision la juridiction de proximité qui déclare le propriétaire d'un véhicule coupable de non-apposition du certificat d'assurance sur un véhicule automobile, sans répondre à l'un des chefs péremptoires des conclusions du prévenu qui faisait valoir que l'obligation de contracter une assurance et subsidiairement d'apposer la vignette ne s'imposait qu'à l'égard des véhicules appelés à circuler, ce qui n'était pas le cas du véhicule verbalisé, non utilisé à l'époque et garé sur un parking privé. • Crim. 2 sept. 2005, nº 05-82.536 : *RCA 2005, nº 362, note Groutel.*

7. Véhicule immobilisé et accident autre que de la circulation. Ayant exactement retenu qu'il résulte de l'art. R. 211-5 C. assur., dans sa version applicable, que les accidents causés par les accessoires ou la chute d'objets sont garantis même si le véhicule ne circule pas et si l'accident ne constitue pas un accident de la circulation au sens de la L. du 5 juill. 1985, puis relevé que le dommage avait été causé, à un moment où l'engin n'était pas en mouvement, d'abord par la rupture d'une manille, accessoire de la pelleteuse, véhicule terrestre à moteur, en ce qu'elle sert à son chargement et ensuite par la manipulation du godet, c'est-à-dire par le véhicule en lui-même, une cour d'appel a, à juste titre, décidé que l'assureur du véhicule devait sa garantie. • Civ. 2e, 13 sept. 2018, nº 17-26.671 : *RGDA 2018. 506, note Landel ; RCA 2018, nº 314, note Groutel.* ♦ L'art. L. 211-1 impose à toute personne physique ou morale autre que l'État dont la responsabilité peut être engagée en raison de dommages subis par des tiers résultant d'atteintes aux personnes ou aux biens dans la réalisation desquelles un véhicule terrestre à moteur ainsi que ses remorques ou semi-remorques sont impliqués, pour faire circuler lesdits véhicules, d'être couverte par une assurance garantissant cette responsabilité dans les conditions fixées par décret en Conseil d'État, aucun élément de ce texte ne limitant son champ d'application aux seuls véhicules en mouvement. • Civ. 2e, 21 nov. 2013, nº 12-14.714 : *RCA 2014, nº 70, note Groutel.* ♦ *Contra*, dans la même affaire : viole les art. L. 211-1 et R. 211-5, la cour d'appel qui condamne l'assureur du véhicule à garantie tout en retenant que l'accident était survenu alors que le véhicule était immobile, lors d'une opération de déchargement du camion au moyen d'un appareil de levage étranger à la fonction de déplacement. • Civ. 2e, 28 mai 2009, nº 08-16.942 : *RCA 2009, nº 226, note Groutel ; RGDA 2009. 776, note Landel.*

8. Renvoi. V. notes 11 à 14 ss. L. du 5 juill. 1985, art. 1er.

B. PERSONNES TENUES DE SOUSCRIRE UNE ASSURANCE

9. État. Fait une fausse application de l'art. L. 211-1 la juridiction du second degré qui, pour déclarer l'État tenu à garantie, expose que, si celui-ci est exempté de l'obligation de souscrire un contrat d'assurance par l'al. 1er de l'art. L. 211-1 il n'en est pas moins soumis, en vertu du deuxième al. du même art., à toutes les obligations qui pèsent sur le propriétaire d'un véhicule terrestre moteur, et notamment à celle de couvrir la responsabilité civile de tout conducteur ou gardien, même non autorisé, dudit véhicule. • Crim. 24 oct. 1989, nº 88-80.089 P : *RCA 1989, nº 396 ; RGAT 1990. 123.*

10. Propriétaire. L'obligation d'assurance incombe, en application de l'art. L. 211-1 C. assur., au propriétaire du véhicule et non au conducteur occasionnel. • Civ. 2e, 15 déc. 2005, n° 04-12.957.

11. Possibilité de limiter à l'assurance obligatoire. En matière d'assurance obligatoire des véhicules terrestres à moteur, la liberté de contracter de l'assureur se trouve limitée par l'obligation légale qui lui est faite de conclure ou de maintenir un contrat couvrant le risque obligatoire. Il s'ensuit donc qu'un assureur ne peut refuser de renouveler un contrat au motif que l'assuré souhaitait limiter la garantie au seul risque obligatoire et refusait de continuer à souscrire à la garantie « défense recours ». • Civ. 1re, 17 mai 1982, n° 81-10.335 P : *D. 1984. IR 33, obs. Berr et Groutel ; RGAT 1983. 75, note Besson ; JCP 1983. II. 20009, note Besson ; Gaz. Pal. 1982. 2. 591, note Roussel.*

12. Toute personne dont la responsabilité peut être recherchée. L'art. 3, § 1 de la première directive énonce de manière générale que c'est « la responsabilité civile relative à la circulation des véhicules ayant leur stationnement habituel sur son territoire [de chaque État membre] » qui doit être couverte par une assurance. Ni cette disposition, ni les autres dispositions des directives relatives à l'assurance obligatoire ne limitent la couverture de l'assurance obligatoire à la responsabilité civile d'une catégorie de personnes déterminée, telle que le conducteur du véhicule. En revanche, l'art. 2, § 1, de la deuxième directive qui évoque « l'utilisation ou la conduite de véhicules », et l'art. 3 de cette directive, qui se réfère au conducteur ou à toute autre personne dont la responsabilité civile est engagée dans un sinistre et couverte par l'assurance obligatoire, donnent à penser que cette assurance porte sur la responsabilité civile résultant non seulement de la conduite des véhicules, mais également d'autres utilisations de ceux-ci et d'utilisations qui en sont faites par des personnes autres que le conducteur. • CJUE 15 nov. 2018, n° C-648/17 : *RGDA 2019. 18, note Landel.*

C. PERSONNES ASSURÉES

13. Conducteur ou gardien. L'assurance obligatoire des véhicules terrestres à moteur, prévue par l'art. L. 211-1, n'est pas limitée à la responsabilité civile du souscripteur du contrat. • Crim. 4 déc. 2001, n° 01-81.985 : *RCA 2002, n° 109, note Groutel.* ♦ Les contrats d'assurance de responsabilité obligatoire prévus par l'art. L. 211-1 doivent couvrir la responsabilité civile de toute personne ayant la garde ou la conduite même non autorisée du véhicule, et les clauses d'exclusion de garantie qu'ils peuvent comporter sont limitativement prévues par le législateur. • Civ. 1re, 9 juill. 2003, n° 00-19.113 P : *Gaz. Pal. 2004. 512, note Favre-Rochex ; RCA 2003, n° 300, obs. Groutel.* ♦ Les contrats d'assurance prévus à l'art. L. 211-1 doivent couvrir la responsabilité civile, quel qu'en soit le fondement, de toute personne ayant la garde ou la conduite même non autorisée du véhicule. • Civ. 2e, 19 nov. 2009, n° 08-70.208 : *RCA 2010, n° 64, note Groutel.*

D. BÉNÉFICIAIRES DE L'ASSURANCE

14. Souscripteur conducteur et gardien. Dès lors qu'il possède à la fois la qualité de conducteur et celle de gardien de son propre véhicule, et en l'absence d'un tiers débiteur d'une indemnisation à son égard, le souscripteur victime ne peut se prévaloir des dispositions de la L. du 5 juill. 1985 à l'encontre de son propre assureur pour obtenir l'indemnisation des dommages subis directement ou par ricochet. • Civ. 2e, 7 déc. 2006, n° 05-16.720 P : *RCA 2007, n° 85, note Groutel.* ♦ En sa qualité de conducteur, le souscripteur ne peut obtenir, de son propre assureur, la réparation des préjudices subis directement ou par ricochet. • Civ. 2e, 3 nov. 2011, n° 10-27.041 P : *RCA 2012, n° 45, note Groutel.*

15. Souscripteur gardien et non conducteur. Le gardien d'un véhicule terrestre à moteur, victime d'un accident de la circulation, ne peut se prévaloir des dispositions de la L. du 5 juill. 1985 à l'encontre de son propre assureur, pour obtenir l'indemnisation de son dommage, en l'absence d'un tiers conducteur du véhicule, débiteur d'une indemnisation à son égard. • Civ. 2e, 13 juill. 2006, n° 05-17.095 P : *RCA 2006. Étude 12, note Groutel ; RTD civ. 2006. 780, note Jourdain ; JCP 2007. I. 115, n° 10, note Stoffel-Munck.*

16. Souscripteur non gardien et non conducteur. Les première, deuxième et troisième directives s'opposent à une réglementation nationale, qui permet de refuser à un piéton, sur le seul fondement de sa qualité de preneur d'assurance et de propriétaire du véhicule qui lui a causé des dommages corporels et matériels, le droit d'être indemnisé par l'assurance obligatoire de la responsabilité civile résultant de la circulation de véhicules automoteurs. • CJUE 14 sept. 2017, n° C-503/16 : *RGDA 2017. 536, note Parléani ; ibid. 552, note Landel.* ♦ En l'absence d'un tiers, conducteur de son véhicule et débiteur d'une indemnisation à son égard, le souscripteur, descendu de son véhicule, ne peut se prévaloir des dispositions de la L. du 5 juill. 1985 à l'encontre de son propre assureur pour obtenir l'indemnisation de son dommage. • Civ. 2e, 13 juill. 2006, n° 04-20.290 P : *RCA 2006. Étude 12, note Groutel ; RTD civ. 2006. 780, note Jourdain ; JCP 2007. I. 115, n° 10, note Stoffel-Munck.*

17. Application de la loi dans le temps. S'agissant de déterminer les victimes d'un accident de la circulation garanties par l'assurance automobile obligatoire, c'est la législation en vigueur au jour du sinistre qui est applicable. • Civ. 1re, 15 déc. 1998, n° 96-22.850 : *RCA 1999, n° 78 ; RGDA 1999. 289, note Mayaux.*

18. Agent d'une collectivité publique. L'art. L. 211-1, qui prévoit une obligation d'assurance des dommages provoqués par un véhicule terrestre à moteur, a une portée générale, et s'applique dès lors aux accidents de service régis par les règles du droit commun et dont est victime un agent titulaire d'une collectivité publique, sans que puisse être opposée l'exception de l'art. R. 211-8, 1°, laquelle a pour justification une indemnisation forfaitaire des salariés ou préposés. • Crim. 15 févr. 1990, n° 89-80.930 P : *RCA 1990, n° 174; ibid., Chron. 8, note Groutel* • Civ. 2e, 24 juin 1998, n° 96-17.678 P : *RCA 1998, n° 326, note Groutel.*

19. Passagers membres de la famille du preneur d'assurance ou du conducteur. L'art. 3 de la deuxième directive (assurance automobile) exige que l'assurance obligatoire de la responsabilité civile résultant de la circulation des véhicules automoteurs couvre les dommages corporels causés aux passagers membres de la famille du preneur d'assurance ou du conducteur, transportés à titre gratuit, indépendamment de l'existence d'une faute de la part du conducteur du véhicule ayant provoqué l'accident, uniquement si le droit national de l'État membre concerné impose une telle couverture des dommages corporels causés dans les mêmes conditions aux autres passagers tiers. • CJCE 14 sept. 2000, n° C-348/98 : *Rec. CJCE I-6711 ; D. 2000. 266.*

20. Membres de la famille proche des victimes. Les États membres sont tenus de garantir que l'indemnisation due, selon leur droit national de la responsabilité civile, à raison du préjudice immatériel subi par les membres de la famille proche des victimes d'accidents de la circulation soit couverte par l'assurance obligatoire à concurrence des montants minimaux déterminés à l'art. 1er, § 2, de la deuxième directive (assurance automobile). • CJUE 24 oct. 2013, n° C-22/12 : *RGDA 2014. 108, note Landel.*

21. Auteurs, coauteurs et complices d'un vol. Toute appropriation de la chose appartenant à autrui contre le gré de son propriétaire ou légitime détenteur caractérisant la soustraction frauduleuse constitutive d'un vol, une cour d'appel a, en excluant la garantie de l'assureur d'un véhicule volé pour les dommages subis par l'auteur du vol, exactement appliqué les dispositions de l'art. L. 211-1, al. 2, • Civ. 2e, 7 mai 2003, n° 01-15.607 : *D. 2004. Somm. 915, obs. Groutel.* ♦ Mais l'art. L. 211-1, qui exclut les dommages subis par les auteurs, coauteurs ou complices du vol d'un véhicule, ne régit que l'assurance obligatoire des véhicules terrestres à moteur et ne s'applique pas à un contrat d'assurance garantissant la responsabilité civile des parents d'un mineur ; en effet, les dispositions d'ordre public de la L. du 5 juill. 1985 n'excluent pas la responsabilité des parents, recherchée comme civilement responsables. • Crim. 8 févr. 2011, n° 10-81.568 : *D. 2012. 1980, obs. Groutel ; RCA 2011, n° 161, obs. Groutel ; RLDC 2011/83, n° 4264, note Alipoé et Ayewouadan ; RGDA 2011. 739, obs. Landel ; JCP 2011. 555, note Perdrix.*

22. Proches de l'auteur, du coauteur ou du complice d'un vol. L'exclusion de garantie prévue à l'art. L. 211-1, al. 2, est opposable aux victimes par ricochet dont l'action en indemnisation, bien que distincte par son objet de celle que la victime directe aurait pu exercer, n'en procède pas moins du même fait originaire considéré dans toutes ses circonstances. • Civ. 2e, 17 janv. 2013, n° 11-25.265 : *D. 2013. 245 ; RCA 2013, n° 156, obs. Groutel ; RGDA 2013. 339, obs. Landel.*

23. Receleur. Les clauses excluant de la garantie légale obligatoire due par l'assureur d'un véhicule terrestre à moteur les dommages causés aux passagers sont d'application stricte. Dès lors, la personne, qui a pris place à bord d'un véhicule dont elle savait qu'il venait d'être volé, ne peut être considérée que comme receleur, qualification qui n'est pas prévue par l'art. L. 211-1, al. 2, et peut donc bénéficier de la garantie de l'assureur. • Civ. 2e, 13 mai 2004, n° 03-13.126 P : *RCA 2004, n° 270 ; RGDA 2004. 613, note Landel.*

II. EXISTENCE DE L'ASSURANCE

24. Autorité de la chose jugée au pénal. Principe. Les décisions de la juridiction pénale ayant, au civil, autorité de chose jugée à l'égard de tous, c'est à bon droit qu'une cour d'appel, pour déclarer un assureur tenu à garantir l'auteur d'un accident, alors qu'il soutenait que la police avait été résiliée, a retenu que la décision du tribunal correctionnel ayant relaxé l'auteur de l'accident, sur les poursuites pour défaut d'assurance dont il avait fait l'objet, avait l'autorité de la chose jugée. • Civ. 1re, 18 juin 1980 : *D. 1981. IR 174 (1re esp.), obs. Berr et Groutel.* ♦ V. aussi • Civ. 1re, 7 juin 1979 : *D. 1980. IR 178, obs. Berr et Groutel.*

25. Autorité de la chose jugée au pénal. Étendue. Viole les dispositions de l'art. 1351 C. civ. et le principe de l'autorité de la chose jugée au pénal la cour d'appel qui, pour faire droit à l'action en garantie formée par un assuré contre sa compagnie d'assurances, retient que le jugement de relaxe du chef de défaut d'assurance s'imposait au juge civil, alors que la décision de relaxe, qui était fondée sur le motif que la preuve du défaut d'assurance n'était pas rapportée, n'avait pas statué sur l'existence d'un contrat d'assurance invoqué dans l'instance civile. • Civ. 1re, 1er juill. 1980, n° 78-15.300 P : *D. 1981. IR 174* (2e esp.), obs. Berr et Groutel ; RGAT 1981. 209, note Bigot. ♦ En outre, l'attestation d'assurance, sur laquelle a été fondée une relaxe, ne constitue qu'une simple présomption d'assurance, et, en prononçant ladite relaxe, le juge pénal n'avait statué ni sur la validité du contrat d'assurance, ni sur son éventuelle suspension. • Civ. 1re, 2 mai 1984, n° 83-10.264 P : *D. 1986. IR 98, obs. Berr et Groutel ; RGAT 1985. 75, note Bigot.* ♦ Dès lors qu'une juridiction pénale, pour relaxer un prévenu du chef de conduite d'un véhicule sans assurance, s'est fondée uniquement sur le fait que, le jour de l'accident dans lequel était impliqué ce prévenu, la garantie du contrat d'assurance qu'il avait souscrit n'avait pas été suspendue à la suite d'une mise en demeure de payer la prime adressée par son assureur, une cour d'appel, saisie d'une demande de garantie dirigée contre l'assureur, décide justement que l'autorité de la chose ainsi jugée au pénal était limitée à l'exigibilité, au jour de l'accident, des garanties résultant des clauses de la police et ne s'étendait pas à la teneur desdites clauses. • Civ. 1re, 11 juin 1981, n° 80-12.305 P : *D. 1982. IR 382, obs. Berr et Groutel; RGAT 1982. 371.*

III. CUMUL D'ASSURANCES

26. Assurance de responsabilité des commettants et asssurance automobile. La garantie due par l'assureur de responsabilité civile du commettant n'est pas exclue lorsque le dommage est susceptible de relever aussi de la garantie du véhicule manœuvré par le préposé dont la faute a causé le dommage. • Civ. 2e, 8 mars 2018, n° 17-13.554 : *RGDA 2018. 253, note Landel; RCA 2018, n° 182, note Groutel.*

IV. RECOURS DE L'ASSUREUR

A. UTILISATION DU VÉHICULE CONTRE LE GRÉ DU PROPRIÉTAIRE

27. Exclusivité du fondement de l'art. L. 211-1 C. assur. L'assureur n'est subrogé dans les droits que possède le créancier de l'indemnité contre la personne responsable de l'accident que lorsque la garde ou la conduite du véhicule a été obtenue contre le gré du propriétaire. Il en résulte que l'assureur qui entend exercer un recours contre le conducteur d'un véhicule terrestre à moteur impliqué dans un accident de la circulation pour obtenir le remboursement des indemnités allouées aux victimes de cet accident ne peut agir que sur le fondement de l'art. L. 211-1, al. 3, à l'exclusion du droit commun. Dès lors, en accueillant les demandes de l'assureur à l'encontre du conducteur sur le fondement de l'art. 1382 C. civ., alors qu'elle constatait que le propriétaire du véhicule n'en avait pas été dépossédé contre sa volonté, la cour a violé par refus d'application l'art. L. 211-1, al. 3. • Civ. 2e, 12 sept. 2013, n° 12-24.409 : *D. 2013. 2223; RCA 2013, n° 391, note Groutel; RGDA 2014. 113, note Landel* • 5 nov. 2020, n° 19-17.062 : *D. 2021. 222, note Gréau; RGDA déc. 2020. 41, note Landel; RCA 2021, n° 35, note Groutel; D. actu. 25 nov. 2020, note R. Bigot et Cayol; bjda.fr 2020, n° 72, note Casson.*

28. Distinction avec le recours de l'art. R. 211-13 C. assur. Le champ d'application du recours subrogatoire ouvert par l'art. L. 211-1, à l'encontre des conducteurs non autorisés, auxquels se trouve étendue l'obligation légale d'assurance, est distinct de celui de l'action en remboursement prévue par l'art. R. 211-13, dernier al., qui ne concerne, aux termes de l'art. R. 211-10, que les conducteurs autorisés faisant l'objet d'une exclusion contractuelle de garantie. • Civ. 1re, 17 nov. 1998, n° 96-17.461 P : *RCA 1999, n° 19; ibid. Chron. 2, note Groutel; RGDA 1999. 132, note Landel* • 23 sept. 2003, n° 02-11.316 : *RCA 2003, n° 327, obs. Groutel; RGDA 2004. 88, note Landel.*

29. Distinction avec le recours de l'art. L. 121-12 C. assur. La subrogation prévue par l'art. L. 121-12, ainsi que l'immunité qui bénéficie aux personnes visées à ce texte, ne trouve application que lorsque l'assuré, dans les droits duquel l'assureur est subrogé, après indemnisation, a été la victime du dommage; elle ne s'applique pas dans le cas de l'art. L. 211-1 où le subrogeant n'est pas l'assuré mais la victime créancière d'indemnité contre le responsable de l'accident. • Civ. 1re, 14 nov. 1995, n° 93-12.763 : *RGDA 1996. 129, note Landel.*

30. Notion d'utilisation contre le gré du propriétaire. Aux termes de l'art. L. 211-1, al. 3, l'assureur est subrogé dans les droits que possède le créancier de l'indemnité contre la personne responsable de l'accident lorsque la garde ou la conduite du véhicule a été obtenue contre le gré du propriétaire. Viole cet article la cour d'appel qui, pour accueillir le recours subrogatoire de l'assureur, se borne à énoncer que le propriétaire du véhicule n'en a pas autorisé la conduite, sans constater que cette conduite a été obtenue contre son gré. • Civ. 1re, 9 juin 1993, n° 91-11.323 P : *RCA 1993, n° 322.* ♦ Le recours subrogatoire distinct ouvert à l'assureur par l'art. L. 211-1, al. 3, C. assur., dans le seul cas où la garde ou la conduite du véhicule a été obtenue contre le gré du propriétaire, est subordonné à la preuve, qui incombe à l'assureur, que le propriétaire a exprimé un refus formel de confier la garde ou la conduite de son véhicule à un tiers non autorisé. [04-10.342] • Civ. 2e, 3 févr. 2005, n° 04-10.342 P : *D. 2005. 459; RGDA 2005. 419, note Landel.* ♦ Ayant retenu qu'il résultait des faits que le préposé s'était introduit dans le véhicule non seulement sans l'accord de la victime mais aussi sans que celle-ci s'en rende compte, qu'il a ainsi pénétré dans la cabine du véhicule et a mis le moteur en route à l'insu du propriétaire, d'où il résultait que la garde et la conduite du véhicule de la victime avaient été obtenues par le préposé contre le gré du propriétaire, une cour d'appel a exactement déduit que l'action récursoire de l'assureur de ce véhicule, dirigée contre le commettant du conducteur responsable et son assureur, était recevable au regard des dispositions de l'art. L. 211-1 C. assur. • Civ. 2e, 3 juin 2004, n° 03-10.819 : *RCA 2004, nos 250 et 271, note Groutel; RGDA 2004. 605, note Landel; Gaz. Pal. 2004. 3857, note Gréau.*

31. Autorité de la chose jugée au pénal. La déclaration de culpabilité du chef de vol, passée en force de chose jugée, exclut que la victime ait consenti à la soustraction de son véhicule, quand bien même elle aurait laissé son véhicule ouvert avec les clés sur le tableau de bord. Encourt la cassation l'arrêt d'appel qui déboute l'assureur du propriétaire du véhicule volé de son recours contre la personne responsable du mineur à l'origine de l'accident et son assureur en énonçant que la procédure pénale a établi que le propriétaire avait laissé son véhicule ouvert avec les clés sur le tableau de bord, de sorte que la condition posée par l'art. L. 211-1 C. assur. ne se trouvait pas remplie, la garde et la conduite de l'automobile n'ayant pas été obtenues contre le gré du propriétaire. • Crim. 19 juin 2007, n° 06-88.454 : *RCA 2007, n° 284; RGDA 2007. 851, note Landel.*

32. Instance pénale. L'assureur du prévenu est sans qualité pour exercer, devant la juridiction pénale, une action récursoire contre la personne responsable de l'accident qui a obtenu la garde ou la conduite du véhicule contre le gré du propriétaire. • Crim. 27 mai 2014, n° 13-80.849 P : *RCA 2014, nos 281 et 255 ; ibid. Étude 7, note Groutel ; RGDA 2014. 391, note Landel.*

B. AUTRES HYPOTHÈSES

33. Absence de recours de l'assureur du propriétaire contre l'assureur du locataire. Selon les art. L. 211-1 et R. 211-2, les contrats d'assurance doivent couvrir la responsabilité civile du souscripteur du contrat, du propriétaire du véhicule et de toute personne ayant la garde ou la conduite de ce dernier. Viole ces textes la cour d'appel qui, pour retenir la garantie de l'assureur du locataire au profit de l'assureur du propriétaire du véhicule, énonce que le contrat de location mettait à la charge du locataire la seule responsabilité des accidents corporels et matériels survenus au cours ou à l'occasion des opérations dont il se chargeait, alors que la convention invoquée ne pouvait priver d'effet, à l'encontre du gardien ou conducteur autorisé, la garantie d'assurance imposée à son profit par la loi. • Civ. 1re, 4 juill. 2000, n° 98-11.318 P : *RGDA 2000. 874, note Landel.*

34. Absence de recours contre l'ancien assuré. Tenu de payer pour le compte du responsable d'un accident en raison de la forclusion de son exception de non-garantie fondée sur la résiliation du contrat pour non-paiement de la prime, l'assureur ne peut exercer un recours contre son ancien assuré, non conducteur, dès lors qu'aucun lien de causalité n'est établi entre le préjudice allégué et la faute reproché à celui-ci. • Civ. 2e, 13 déc. 2012, n° 11-23.970 : *RCA 2013, n° 98, note Groutel.*

Code des assurances

Art. L. 211-1-1 *(L. n° 2020-105 du 10 févr. 2020, art. 102)* Le contrat d'assurance prévu à l'article L. 211-1 prévoit que lorsque l'assuré d'un véhicule techniquement ou économiquement irréparable n'accepte pas la proposition d'indemnisation prévue à l'article L. 327-1 du code de la route, la résiliation du contrat d'assurance est conditionnée à la fourniture d'un justificatif de destruction du véhicule, de sa réparation ou de souscription d'un contrat auprès d'un nouvel assureur. Un décret précise la nature du justificatif et les modalités de mise en œuvre du présent article.

L'assureur est tenu de rembourser à l'assuré la partie de prime ou de cotisation qui correspond à la période pendant laquelle le risque n'a pas couru, période calculée à compter de la date de cession du véhicule en vue de sa destruction.

Les dispositions du présent article sont d'ordre public et s'appliquent aux contrats en cours à compter du 1er juillet 2021.

Art. L. 324-2 *(L. n° 2004-204 du 9 mars 2004, art. 59-1)* **I. — Le fait, y compris par négligence, de mettre ou de maintenir en circulation un véhicule terrestre à moteur ainsi que ses remorques ou semi-remorques sans être couvert par une assurance garantissant sa responsabilité civile conformément aux dispositions de l'article L. 211-1 du code des assurances est puni de 3 750 € d'amende.**

II. — Toute personne coupable de l'infraction prévue au présent article encourt également les peines complémentaires suivantes :

1° La peine de travail d'intérêt général, selon les modalités prévues à l'article 131-8 du code pénal et selon les conditions prévues aux articles 131-22 à 131-24 du même code ;

2° La peine de jours-amende dans les conditions fixées aux articles 131-5 et 131-25 du code pénal ;

3° La suspension, pour une durée de trois ans au plus, du permis de conduire, cette suspension ne pouvant pas être limitée à la conduite en dehors de l'activité professionnelle ;

4° L'annulation du permis de conduire avec interdiction de solliciter la délivrance d'un nouveau permis pendant trois ans au plus ;

5° L'interdiction de conduire certains véhicules terrestres à moteur, y compris ceux pour la conduite desquels le permis de conduire n'est pas exigé, pour une durée de cinq ans au plus ;

6° L'obligation d'accomplir, à ses frais, un stage de sensibilisation à la sécurité routière ;

7° La confiscation du véhicule dont le condamné s'est servi pour commettre l'infraction, s'il en est le propriétaire.

III. — L'immobilisation peut être prescrite dans les conditions prévues aux articles L. 325-1 à L. 325-3.

(L. nº 2016-1547 du 18 nov. 2016, art. 36-I-2º) **« IV. — Dans les conditions prévues aux articles 495-17 et suivants du code de procédure pénale, l'action publique peut être éteinte par le versement d'une amende forfaitaire d'un montant de 500 €. Le montant de l'amende forfaitaire minorée est de 400 € et le montant de l'amende forfaitaire majorée de 1 000 €. »**

BIBL. ▶ BLOCH, *RCA 2018. Alerte 5* (assurance et nouvelles mobilités : le cas de la trottinette électrique). - DELEBECQUE, *EEI. 2019. Repère 1* (la trottinette et le Code de la route). - GARANDEAU, *JT 2019, nº 217, p. 44* (le statut juridique des trottinettes électriques, gyroroues et hoverboards). - MAZOUZ, *Gaz. Pal. 25 juin 2019, p. 16* (responsabilité civile et trottinette électrique).

COMMENTAIRE

Obligation de s'assurer. L'article L. 324-1 reproduit, en « dispositions suiveuses », les dispositions de l'article L. 211-1 du code des assurances qui astreignent tout conducteur de véhicule à moteur à être assuré pour la réparation des dommages subis par des tiers résultant d'atteintes aux personnes et aux biens.

Conduite sans assurance. Le non-respect d'une telle obligation a longtemps été une contravention de cinquième classe prévue à l'article R. 211-45 du code des assurances et repris en dispositions suiveuses à l'article R. 324-1 du code de la route. Mais, depuis la loi Perben II du 9 mars 2004, la conduite sans assurance est devenue un délit qui peut être intentionnel ou non intentionnel et pour lequel l'article L. 324-2 du présent code prévoit une amende de 3 750 € et une série de peines complémentaires.

Comme pour la conduite sans permis (V. comm. ss. art. L. 221-2), on notera que les pouvoirs publics ont, un temps, envisagé de retransformer la conduite sans assurance en contravention de cinquième classe, afin de permettre de traiter cette infraction selon la procédure de l'amende forfaitaire et partant d'apporter une réponse plus rapide et plus homogène à la conduite sans assurance. Un tel projet a toutefois été abandonné et remplacé par l'extension de la procédure de l'amende forfaitaire à certains délits par la loi du 18 novembre 2016 de modernisation de la justice du XXIe siècle.

Amende forfaitaire délictuelle. La conduite sans assurance constitue en effet – avec la conduite sans permis (V. art. L. 221-2) – l'un des deux délits pouvant faire l'objet d'une amende forfaitaire délictuelle depuis le 1er novembre 2018, date d'entrée en vigueur des dispositions créées en ce sens par la loi du 18 novembre 2016 ; d'autres délits routiers pouvant cependant faire l'objet d'une telle procédure depuis la loi du 24 janvier 2023 (V. art. L. 236-1, I, L. 318-3 et L. 412-1). Dans cette perspective, on sait que le législateur a inséré des dispositions sur l'amende forfaitaire délictuelle dans le code de procédure pénale, aux articles 495-17 et suivants (V. comm. ss. art. L. 121-5 et art. L. 221-2). Or, pour que ces dispositions s'appliquent à la conduite sans assurance, il était nécessaire que la loi le précise ici. C'est ce que prévoit l'article L. 324-2 en indiquant que, pour le présent délit, l'action publique peut être éteinte par le paiement d'une amende forfaitaire d'un montant de 500 €, montant abaissé à 400 € en cas d'amende forfaitaire minorée et porté à 1000 € en cas d'amende forfaitaire majorée. Comme pour la conduite sans permis, on notera que ces montants d'amende apparaissent élevés, au regard du montant moyen de l'amende prononcée pour défaut d'assurance, avant cette loi, montant qui s'était élevé, en 2014, à 297 €. On remarquera également que cette procédure est largement utilisée pour le présent délit, la conduite sans assurance ayant donné lieu à 127 397 amendes forfaitaires délictuelles en 2022 (41 686 en 2019).

Majoration au profit du FGAO. Depuis la loi du 9 mars 2004, dite « Perben II », l'article L. 211-27 du code des assurances prévoit, en outre, que les amendes prononcées pour violation de l'obligation d'assurance prévue par l'article L. 211-1 de ce code sont affectées d'une majoration de 50 % perçue, lors de leur recouvrement, au profit du Fonds de garantie des assurances obligatoires de dommages (FGAO). Or cette majoration est également applicable aux amendes forfaitaires ainsi qu'aux amendes de composition pénale qui peuvent être prononcées pour ce délit, comme le prévoit l'article L. 211-27, tel que modifié par la loi du 18 novembre 2016.

Fichier des véhicules assurés. Par ailleurs, afin de renforcer la lutte contre la conduite sans assurance, la loi du 18 novembre 2016 a inséré, dans le code des assurances, des dispositions permettant à l'Association pour la gestion des informations sur le risque automobile (AGIRA) – organisme d'information mentionné à l'article L. 451-1 du code des assurances – de mettre en place un fichier des véhicules assurés et, sur la base des informations y figurant, un fichier des véhicules susceptibles de ne pas satisfaire à l'obligation d'assurance (V., en textes complémentaires, art. L. 451-1-1 s. C. assur.). Par un tel fichier, il s'agit de permettre au fonds de garantie des assurances obligatoires (FGAO) de mener des actions visant à permettre aux propriétaires de véhicules non assurés de régulariser leur situation (V. C. assur., art. L. 421-1, App., v° *Accident de la circulation*). Il s'agit aussi de faciliter la constatation du délit prévu à l'article L. 324-2 du code de la route, en permettant aux forces de l'ordre de savoir si un véhicule en circulation est assuré ou non, à partir de son seul numéro d'immatriculation et de la consultation dudit fichier. Les modalités d'application de ces dispositions ont été précisées par le décret n° 2018-644 du 20 juillet 2018 (V. en textes complémentaires, art. R. 451-2 à R. 451-6 C. assur.), lequel a également fixé leur date d'entrée en vigueur. Il en est résulté une application en deux temps de ces dispositions. Le décret du 20 juillet 2018 a rendu applicable, dès le lendemain de sa publication, les dispositions relatives à la mise en place du fichier des véhicules assurés et il a prévu que le fichier des véhicules susceptibles de ne pas satisfaire à l'obligation d'assurance soit effectif le 31 décembre 2018. C'est en effet depuis cette date que, conformément à l'article R. 451-4 du code des assurances, l'État et le FGAO peuvent accéder aux informations contenues dans les deux fichiers et les utiliser.

Suppression de l'attestation et du certificat d'assurance. Actuellement, le contrôle de l'obligation d'assurance par les forces de l'ordre se fait à partir de l'attestation d'assurance (la carte verte) que tout conducteur d'un véhicule doit être en mesure de présenter lors d'un contrôle et par l'apposition sur le véhicule d'un certificat d'assurance (la vignette). Plusieurs contraventions visent à garantir ces obligations en sanctionnant le fait de ne pas présenter une telle attestation ou d'avoir omis d'apposer un tel certificat ou d'avoir apposé un certificat non valide (V. art. R. 211-14 et R. 211-21-5 C. assur, reproduits, en dispositions suiveuses, à l'art. R. 233-3 du présent code). Demain, le contrôle de l'obligation d'assurance se fera cependant uniquement à partir de la présence ou non du numéro d'immatriculation du véhicule contrôlé dans le fichier des véhicules assurés. Ce qui conduira à la suppression de l'attestation et du certificat d'assurance, ainsi que des contraventions liées, précédemment évoquées. Les pouvoirs publics ont annoncé une telle suppression à partir du 1er avril 2024. Ce qui supposera, auparavant, la modification des dispositions du code des assurances et du code de la route se référant à ces documents.

Contrôles automatisés et vidéo-verbalisation. Les dispositions sur le fichier des véhicules assurés sont enfin à mettre en lien avec plusieurs dispositions ajoutées dans le code de la sécurité intérieure par la loi du 18 novembre 2016. Cette loi est venue en effet insérer dans ce code un article L. 233-1-1 autorisant les forces de l'ordre à « mettre en œuvre des dispositifs fixes ou mobiles de contrôle automatisé des données signalétiques des véhicules prenant la photographie de leurs occupants, en tous points appropriés du territoire » et ce « afin de faciliter la constatation des infractions au code de la route, permettre le rassemblement des preuves de ces infractions et la recherche de leurs auteurs ». Par une lecture automatisée des plaques d'immatriculation – la technique LAPI – et la consultation du fichier dédié, le délit de conduite sans assurance peut ainsi être constaté automatiquement, sans que les forces de l'ordre aient besoin d'intercepter le véhicule. Et ce délit peut également faire l'objet d'une vidéo-verbalisation, la loi du 18 novembre 2016 ayant ajouté un 10° à l'article L. 251-2 du code de la sécurité intérieure autorisant l'utilisation par les autorités publiques compétentes de la vidéo protection pour veiller au respect de l'obligation d'être assuré pour faire circuler un véhicule terrestre à moteur. ❑

1. La récidive légale pour le délit de circulation avec un véhicule terrestre à moteur sans assurance ne peut être retenue dès lors que le premier terme de la récidive est une contravention (en l'espèce, le prévenu avait déjà été condamné pour conduite sans assurance, mais avant l'entrée en vigueur de la L. du 9 mars 2004 correctionnalisant cette infraction). • Aix-en-Provence, 16 juin 2006 : *Jurispr. auto 2007. 295.*

2. Aux termes de l'art. 111-3 C. pén., nul ne peut être puni d'une peine qui n'est pas prévue par la loi si l'infraction est un crime ou un délit. Est en conséquence infirmé le jugement condamnant un prévenu à 15 jours d'emprisonnement avec sursis pour le délit de défaut d'assurance alors que l'art. L. 324-2 qui réprime ce délit ne fait encourir à son auteur qu'une peine de 3 750 € d'amende. • Grenoble, 4 sept. 2007 : *Jurispr. auto 2008. 26.*

3. Une juridiction ayant déclaré un prévenu coupable de conduite sans permis et de défaut d'assurance, ne peut prononcer une peine de jours-amende pour le premier délit et une peine d'amende pour le second, dès lors que, d'une part, l'art. 132-3, al. 1er, C. pén., qui permet de prononcer chacune des peines encourues à l'encontre de la personne reconnue coupable de plusieurs infractions en concours à l'occasion d'une même procédure, prévoit que, lorsque plusieurs peines de même nature sont encourues, il ne peut être prononcé qu'une seule peine de cette nature dans la limite du maximum légal le plus élevé, et que, d'autre part, l'art. 131-9, al. 3, C. pén. prohibe expressément le prononcé d'une peine de jours-amende cumulativement avec une peine d'amende. • Crim. 11 janv. 2022, n° 21-84.114 A : *D. 2022. 72 ; D. actu. 28 janv. 2022, obs. Dominati ; Dr. pénal 2022, n° 59, note Dantras-Bioy.*

Code des assurances

Art. L. 451-1 Un organisme d'information est chargé d'informer les personnes résidant dans un État membre partie à l'accord sur l'Espace économique européen, lorsque celles-ci sont lésées dans un accident de la circulation :

a) Survenu sur le territoire d'un de ces États, à l'exception de leur État de résidence, ou dans un État tiers dont le bureau national a adhéré au régime de la carte internationale d'assurance ;

b) Et mettant en cause un véhicule ayant son stationnement habituel sur le territoire de la République française et assuré auprès d'une entreprise mentionnée à l'article L. 451-2.

Lorsque ces personnes ou leur représentant en font la demande, l'organisme leur communique, dans des conditions fixées par décret en Conseil d'État, les informations suivantes :

1° La dénomination et l'adresse de l'entreprise d'assurance couvrant la responsabilité civile visée à l'article L. 211-1 à la date de l'accident ;

2° Le numéro du contrat d'assurance ;

3° Le numéro de carte internationale d'assurance ou du contrat d'assurance frontière, si le véhicule est couvert par l'un de ces documents ;

4° Le nom et l'adresse du représentant de cette entreprise dans leur pays de résidence ;

5° Pour les véhicules d'État bénéficiant de l'exonération prévue à l'article L. 211-1, les coordonnées des autorités chargées de l'indemnisation.

Si la personne lésée prouve qu'elle y a un intérêt légitime, l'organisme d'information lui communique le nom et l'adresse du propriétaire ou du conducteur habituel ou du détenteur déclaré du véhicule impliqué dans l'accident.

Art. L. 451-1-1 *(L. n° 2016-1547 du 18 nov. 2016, art. 35-I-3°)* I. — L'organisme d'information mentionné à l'article L. 451-1 est chargé de la mise en place d'un fichier des véhicules terrestres à moteur assurés conformément au chapitre I du titre I du livre II et des véhicules de l'État non soumis à cette obligation d'assurance, en vue de permettre, à partir des immatriculations, des données techniques et de la couverture d'assurance responsabilité civile desdits véhicules, l'information :

1° Des personnes prévue à l'article L. 451-1 ;

2° De l'État dans le cadre de sa mission de contrôle de l'obligation d'assurance de responsabilité civile automobile prévue au chapitre I du titre I du livre II ;

(L. n° 2020-105 du 10 févr. 2020, art. 105, en vigueur le 1er janv. 2021) « 2° *bis* De l'État dans le cadre de sa mission de lutte contre la gestion illégale des véhicules hors d'usage ; »

3° Du fonds de garantie des assurances obligatoires de dommages dans le cadre de ses missions prévues au V de l'article L. 421-1.

D'autres organismes peuvent interroger l'organisme d'information à des fins de sécurisation de leurs activités, dans des conditions fixées par décret en Conseil d'État.

II. — Un fichier des véhicules susceptibles de ne pas satisfaire à l'obligation d'assurance prévue au chapitre I du titre I du livre II est mis en place sur la base des informations figurant dans le fichier prévu au I du présent article et dans les conditions fixées par décret en Conseil d'État.

Les dispositions issues de l'art. 35 de la L. n° 2016-1547 du 18 nov. 2016 entrent en vigueur à une date fixée par Décr. en Conseil d'État, et au plus tard le 31 déc. 2018 (L. préc., art. 35-V).

Art. L. 451-1-2 *(L. n° 2016-1547 du 18 nov. 2016, art. 35-I-3°)* L'organisme d'information mentionné à l'article L. 451-1 communique à l'État, selon des modalités fixées par décret en Conseil d'État, les informations relatives à l'ensemble des véhicules terrestres à moteur susceptibles de ne pas satisfaire à l'obligation d'assurance prévue au chapitre I du titre I du livre II.

Lorsque l'État en fait la demande dans le cadre de sa mission de contrôle de l'obligation d'assurance de responsabilité civile automobile, l'organisme d'information lui indique, selon des modalités fixées par décret en Conseil d'État, si le véhicule contrôlé répond à l'obligation d'assurance prévue au chapitre I du titre I du livre II ou s'il bénéficie de l'exonération prévue à l'article L. 211-1.

Pour permettre au fonds de garantie de répondre à ses missions prévues au V de l'article L. 421-1, l'organisme d'information lui communique, selon des modalités fixées par décret en Conseil d'État, les numéros d'immatriculation des véhicules susceptibles de ne pas satisfaire à l'obligation d'assurance prévue au chapitre I du titre I du livre II.

V. note ss. art. L. 451-1-1.

Art. L. 451-2 *(L. n° 2016-1547 du 18 nov. 2016, art. 35-I-4°)* « I. — » Toute entreprise d'assurance couvrant sur le territoire de la République française les risques de responsabilité civile résultant de l'emploi de véhicules terrestres à moteur, à l'exclusion de la responsabilité du transporteur, adhère à l'organisme d'information visé à l'article L. 451-1.

(Abrogé par Ord. n° 2023-1138 du 6 déc. 2023, art. 2 et 15, à compter du 23 déc. 2023) *« Toute entreprise d'assurance qui ne se conforme pas à cette obligation est considérée comme ne fonctionnant plus conformément à la législation en vigueur. Elle encourt, selon le cas, les sanctions prévues (Ord. n° 2010-76 du 21 janv. 2010, art. 9-III, ratifiée par L. n° 2010-1249 du 22 oct. 2010, art. 12-I) « aux articles L. 612-39 du code monétaire et financier, ou (Ord. n° 2015-378 du 2 avr. 2015, art. 8-7°, en vigueur le 1er janv. 2016) « L. 363-4 » du présent code ». »*

(L. n° 2016-1547 du 18 nov. 2016, art. 35-I-4°) « Pour permettre à l'organisme d'information d'accomplir les missions prévues aux articles L. 451-1 à L. 451-1-2 et L. 451-3, les entreprises d'assurance mentionnées au *(Ord. n° 2023-1138 du 6 déc. 2023, art. 14 et 15, en vigueur le 23 déc. 2023)* « dernier alinéa du présent I » lui communiquent, selon des modalités fixées par décret en Conseil d'État, pour tous les véhicules qu'elles assurent par un contrat de responsabilité civile automobile, les informations suivantes :

« 1° La dénomination et l'adresse de l'entreprise d'assurance couvrant la responsabilité civile mentionnée à l'article L. 211-1 ;

« 2° Le numéro du contrat d'assurance et sa période de validité ;

« 3° Le numéro d'immatriculation du véhicule.

« II. — Pour permettre à l'organisme d'information d'accomplir les missions prévues aux articles L. 451-1 à L. 451-1-2 et L. 451-3, l'État lui communique, selon des modalités fixées par décret en Conseil d'État, pour l'ensemble des véhicules dérogataires à l'obligation d'assurance prévue à l'article L. 211-1 :

« 1° Le numéro d'immatriculation du véhicule ;

« 2° Les coordonnées des autorités qui en sont responsables.

« III. — L'organisme d'information est tenu de conserver les informations mentionnées aux I et II du présent article pendant un délai de sept ans à compter de la fin du contrat d'assurance.

« Les entreprises d'assurance sont également tenues de conserver, pendant un délai de sept ans à compter de la fin du contrat d'assurance, le nom et l'adresse du propriétaire ou du conducteur habituel ou du détenteur déclaré du véhicule, pour permettre à l'organisme d'information de répondre à la demande de la personne lésée dans un accident de la circulation qui y a un intérêt légitime. Cette obligation repose sur l'entreprise d'assurance nouvelle en cas de transfert de portefeuille.

« Les organismes immatriculant les véhicules bénéficiant de la dérogation à l'obligation d'assurance prévue à l'article L. 211-1 sont tenus de conserver le nom et l'adresse du service gestionnaire de ces véhicules pendant un délai de sept ans à compter de la fin de leur immatriculation. »

(Ord. n° 2023-1138 du 6 déc. 2023, art. 14 et 15, en vigueur le 23 déc. 2023) « Tout manquement aux obligations définies au présent article est susceptible d'entraîner l'application des sanctions mentionnées à L. 363-4. »

Les dispositions issues de la L. n° 2016-1547 du 18 nov. 2016 entrent en vigueur à une date fixée par Décr. en Conseil d'État (L. préc., art. 35-V). — V. Décr. n° 2018-644 du 20 juill. 2018, art. 3-1°.

Les obligations de conservation et de communication des données mentionnées à l'art. L. 451-2 dans sa rédaction antérieure à celle résultant de l'art. 35 de la L. n° 2016-1547 du 18 nov. 2016 [V. ci-dessous] demeurent applicables :

1° Aux contrats d'assurance dont les garanties de responsabilité civile automobile ont cessé antérieurement à l'entrée en vigueur du présent décret ;

2° Aux véhicules de l'État dérogataires à l'obligation d'assurance fixée à l'art. L. 211-1 dont l'immatriculation a pris fin antérieurement à l'entrée en vigueur du présent décret (Décr. n° 2018-644 du 20 juill. 2018, art. 4-II).

Art. L. 451-3 En cas d'accident de la circulation mettant en cause un véhicule ayant son stationnement habituel sur le territoire de la République française, l'organisme d'information fournit les informations prévues aux 1° à 5° de l'article L. 451-1 aux entreprises d'assurance des personnes lésées, au fonds de garantie mentionné à l'article L. 421-1, à l'organisme d'indemnisation mentionné à l'article L. 424-1 et au bureau national d'assurance mentionné à l'article L. 421-15.

Art. L. 451-4 *(L. n° 2016-1547 du 18 nov. 2016, art. 35-I-5°)* I. — Dans le cadre des missions prévues aux articles L. 451-1 à L. 451-1-2 et L. 451-3, l'organisme d'information mentionné à l'article L. 451-1 du présent code et les entreprises d'assurance, par son intermédiaire, ont accès, dans les conditions prévues à l'article L. 330-5 du code de la route, aux immatriculations et aux données techniques du fichier des pièces administratives et décisions prévu à l'article L. 330-1 du même code.

II. — Afin de répondre à la personne lésée qui a prouvé un intérêt légitime à obtenir de l'organisme d'information le nom et l'adresse du propriétaire ou du conducteur habituel ou du détenteur déclaré du véhicule impliqué dans l'accident, l'organisme d'information peut interroger le fichier des pièces administratives et décisions prévu à l'article L. 330-1 du code de la route, lorsque le véhicule n'est pas assuré.

Les dispositions issues de la L. n° 2016-1547 du 18 nov. 2016 entrent en vigueur à une date fixée par Décr. en Conseil d'État (L. préc., art. 35-V). — V. Décr. n° 2018-644 du 20 juill. 2018, art. 3.

Art. L. 451-5 *(L. n° 2016-1547 du 18 nov. 2016, art. 35-I-6°)* Il est institué une commission de suivi, chargée de veiller au bon fonctionnement des fichiers prévus à l'article L. 451-1-1. Les membres de la commission sont désignés par voie réglementaire.

V. note ss. art. L. 451-4.

....

Art. R. 451-2 *(Décr. n° 2018-644 du 20 juill. 2018, art. 2, en vigueur le 31 déc. 2018)* Les organismes mentionnés au dernier alinéa du I de l'article L. 451-1-1 sont les suivants :

1° Les entreprises d'assurance mentionnées au I de l'article L. 451-2 et les intermédiaires d'assurance mentionnés à l'article L. 511-1 ayant reçu à cet effet de ces entreprises d'assurance une délégation de gestion, à des fins de gestion de leurs contrats ;

2° Les organismes mentionnés à l'article L. 451-3, pour les sinistres qu'ils prennent en charge ;

3° Les organismes dont la liste est fixée par arrêté du ministre chargé de la sécurité routière et du ministre chargé de l'économie, et dont l'objet est de faciliter, ou nécessite, l'identification de l'entreprise d'assurance couvrant pour un véhicule donné la responsabilité civile mentionnée à l'article L. 211-1.

Les organismes énumérés au présent article peuvent interroger l'organisme d'information mentionné à l'article L. 451-1 par voie électronique.

Art. R. 451-3 *(Décr. n° 2018-644 du 20 juill. 2018, art. 2)* Le fichier mentionné au II de l'article L. 451-1-1 est constitué par l'organisme d'information mentionné à l'article L. 451-1, à partir du croisement, effectué chaque jour, des informations provenant du fichier prévu au I du même article L. 451-1-1 et des informations mentionnées à l'article L. 330-1 du code de la route.

Art. R. 451-4 *(Décr. n° 2018-644 du 20 juill. 2018, art. 2, en vigueur le 31 déc. 2018)* L'organisme d'information mentionné à l'article L. 451-1 transmet à l'État et au fonds de garantie des assurances obligatoires de dommages par tous moyens, et notamment par voie électronique, les informations contenues dans les fichiers mentionnés au I et au II de l'article L. 451-1-1. Il répond par les mêmes moyens aux demandes de l'État.

L'État et le fonds de garantie des assurances obligatoires de dommages peuvent interroger l'organisme d'information par voie électronique.

Art. R. 451-5 *(Décr. n° 2018-644 du 20 juill. 2018, art. 2) (Décr. n° 2023-1152 du 8 déc. 2023, art. 4 et 7, en vigueur le 1er avr. 2024)* « I. — » Les entreprises d'assurance, ainsi que les intermédiaires d'assurance ayant reçu à cet effet de la part de ces entreprises une délégation de gestion, communiquent à l'organisme d'information mentionné à l'article L. 451-1 les informations prévues au I de l'article L. 451-2 dans des délais permettant que ces informations puissent être disponibles au sein du fichier mentionné au I de l'article L. 451-1-1 et communicables par l'organisme d'information au plus tard dans les soixante-douze heures suivant l'entrée en vigueur ou la cessation de la garantie de responsabilité civile automobile.

(Décr. n° 2023-1152 du 8 déc. 2023, art. 4 et 7, en vigueur le 1er avr. 2024) « Lorsqu'il est saisi par le titulaire d'un contrat de responsabilité civile automobile constatant, lors de la consultation de ce fichier dans les conditions prévues au I de l'article R. 211-14-0, que ces informations n'ont pas été communiquées à l'organisme mentionné à l'article L. 451-1 dans les délais fixés au précédent alinéa, l'entreprise d'assurance ou l'intermédiaire d'assurance procède sans délai à cette communication. »

L'État communique chaque jour au même organisme les informations prévues au II de l'article L. 451-2 à partir des informations mentionnées à l'article L. 330-1 du code de la route.

(Décr. n° 2023-1152 du 8 déc. 2023, art. 4 et 7, en vigueur le 1er avr. 2024) « II. — Afin de vérifier la complétude des informations portées sur le fichier mentionné au I de l'article L. 451-1-1, les entreprises d'assurance et les intermédiaires d'assurance mentionnés au 1° de l'article R. 451-2 confrontent au moins une fois par an les informations sur les véhicules assurés qu'ils ont communiquées à l'organisme mentionné à l'article L. 451-1. S'il ressort de cet examen conjoint des divergences, l'entreprise d'assurance ou l'intermédiaire d'assurance procède sans délai aux rectifications qui en découlent auprès de cet organisme. »

Les personnes mentionnées au 1er et 2d al. de l'art. R. 451-5 communiquent les informations mentionnées dans les dispositions de ces al. dans des délais permettant que ces informations soient communicables par l'organisme d'information mentionné à l'art. L. 451-1 à compter du 1er janv. 2019 (Décr. n° 2018-644 du 20 juill. 2018, art. 4).

Art. R. 451-6 *(Décr. n° 2018-644 du 20 juill. 2018, art. 2, en vigueur le 31 déc. 2018)* I. — Placée auprès du *(Décr. n° 2023-1225 du 21 déc. 2023, art. 5, en vigueur le 23 déc. 2023)* « ministre chargé de l'économie », la commission de suivi mentionnée à l'article L. 451-5 comprend les membres suivants :

1° *(Décr. n° 2023-1225 du 21 déc. 2023, art. 5, en vigueur le 23 déc. 2023)* « Le directeur général du Trésor » ou son représentant, président de la commission ;

2° *(Décr. n° 2023-1225 du 21 déc. 2023, art. 5, en vigueur le 23 déc. 2023)* « Le délégué à la sécurité routière » ou son représentant ;

3° Le chef de l'unité de coordination de lutte contre l'insécurité routière ou son représentant, placé auprès du ministre de l'intérieur ;

4° Le directeur général du fonds de garantie des assurances obligatoires de dommages mentionné à l'article L. 421-1 ou son représentant ;

5° Le président de l'organisme d'information mentionné à l'article L. 451-1 ou son représentant ;

6° Le président de la Fédération française de l'assurance ou son représentant.

II. — La commission de suivi peut formuler des recommandations relatives au fonctionnement des fichiers prévus à l'article L. 451-1-1.

La commission se réunit sur convocation de son président, qui fixe l'ordre du jour. Son secrétariat est assuré par *(Décr. n° 2023-1225 du 21 déc. 2023, art. 5, en vigueur le 23 déc. 2023)* « la direction générale du Trésor ».

La commission établit son règlement intérieur, lequel précise notamment les modalités d'adoption des recommandations.

CHAPITRE V IMMOBILISATION ET MISE EN FOURRIÈRE

COMMENTAIRE

Définition et nature juridique. Des définitions de l'immobilisation et de la mise en fourrière sont données dans la partie réglementaire aux articles R. 325-2 et R. 325-12. La mise en fourrière est qualifiée, par le juge administratif, de mesure judiciaire (prise par les officiers ou agents de police judiciaire), ainsi que les décisions s'y rattachant dont la mention est portée à la connaissance du contrevenant par la notification de mise en fourrière. L'immobilisation peut aussi être une sanction pénale prononcée par un juge ou une juridiction. Le code pénal (art. 131-6-5° et 131-10) comme le code de la route (art. L. 234-12 et L. 317-1 par exemple) la prévoient comme peine complémentaire. Et l'article R. 325-1 du code de la route indique bien que ces mesures (sous-entendu prises par une autorité administrative) ne font pas obstacle aux saisies ordonnées par l'autorité judiciaire.

Sont dorénavant regroupés dans ce chapitre tous les textes qui jusque-là étaient dispersés portant sur l'immobilisation administrative et la mise en fourrière. Depuis la loi n° 2006-10 du 5 janvier 2006, figure également dans ce chapitre le délit d'obstacle à l'immobilisation d'un véhicule qui était prévu auparavant à l'article L. 224-5 et donc dans un titre du code de la route consacré au permis de conduire… On notera que l'article L. 325-3-1, qui reprend le délit d'obstacle à l'immobilisation d'un véhicule, incrimine désormais aussi le fait de faire obstacle à un ordre d'envoi en fourrière.

Autres mesures visées dans le chapitre. A vrai dire, le retrait de circulation, l'aliénation et même la destruction des véhicules (également visée dans ce chapitre) débordent quelque peu de la division, mais peuvent être une suite des mesures précédentes. De même l'article L. 325-12 prend des dispositions portant sur des véhicules laissés sans droit dans des lieux où ne s'applique pas le code de la route, donc hors champ de notre domaine. ❑

Art. L. 325-1 Les véhicules dont la circulation ou le stationnement en infraction aux dispositions du présent code ou aux règlements de police ou à la réglementation relative à l'assurance obligatoire des véhicules à moteur *(L. n° 2003-495 du 12 juin 2003, art. 24)* **« ou à la réglementation du transport des marchandises dangereuses par route » compromettent la sécurité ou le droit à réparation des usagers de la route, la tranquillité ou l'hygiène publique, l'esthétique des sites et des paysages classés, la conservation ou l'utilisation normale des voies ouvertes à la circulation publique et de leurs dépendances, notamment par les véhicules de transport en commun** *(Abrogé par L. n° 2016-1917 du 29 déc. 2016, art. 84-II-1°)* «, *(L. n° 2011-1978 du 28 déc. 2011, art. 53)* ***« ainsi que les véhicules en infraction aux dispositions des articles 269 à 283 ter*** *(Abrogé par L. n° 2013-431 du 28 mai 2013, art. 12)* ***« et 285 septies » du code des douanes »,* » peuvent,** *(L. n° 2003-239 du 18 mars 2003, art. 87)* **« à la demande et sous la responsabilité du maire ou de l'officier de police judiciaire territorialement compétent, même sans l'accord du propriétaire du véhicule » dans les cas et conditions précisés par le décret prévu aux articles L. 325-3 et L. 325-11, être immobilisés, mis en fourrière, retirés de la circulation et, le cas échéant, aliénés ou livrés à la destruction.** – *[Anc. art. L. 25, al. 1er.]*

(L. n° 2001-1062 du 15 nov. 2001, art. 17) **« Peuvent également** *(L. n° 2003-239 du 18 mars 2003, art. 87)* **« à la demande et sous la responsabilité du maire ou de l'officier de police judiciaire territorialement compétent, même sans l'accord du propriétaire du véhicule » être immobilisés, mis en fourrière, retirés de la circulation et, le cas échéant, aliénés ou livrés à la destruction les véhicules qui, se trouvant sur les voies ouvertes à la circulation publique ou sur leurs dépendances, sont privés d'éléments indispensables à leur utilisation normale et insusceptibles de réparation immédiate à la suite de dégradations ou de vols ».**

(L. n° 2007-297 du 5 mars 2007, art. 24) **« L'immobilisation des véhicules se trouvant dans l'une des situations prévues aux deux alinéas précédents peut également être décidée, dans la limite de leur champ de compétence, par les agents habilités à constater les infractions au présent code susceptibles d'entraîner une telle mesure. »**

Immobilisation : R. 325-1, R. 325-2 s. — Mise en fourrière : R. 325-1, R. 325-12 s. — Retrait de la circulation : R. 325-1, R. 327-1 s.

En ce qui concerne la mise en fourrière des véhicules en infraction à la réglementation des espaces naturels, V. C. envir., art. L. 362-7, App., v° Environnement ; … ou laissés, sans droit, dans les lieux où ne s'applique pas le code de la route, V. art. L. 325-12 et R. 325-47 s. ; … ou en infraction aux dispositions de la loi sur l'air et l'utilisation rationnelle de l'énergie, ou aux textes pris pour son application, V. C. envir., art. L. 226-7 ; … ou qui semblent privés des éléments indispensables à leur utilisation normale et semblent insusceptibles de réparation immédiate à la suite de dégradations ou de vols, V. C. envir., art. L. 541-21-3 et L. 541-21-4, App., v° Environnement.

BIBL. ▶ DEBOUY, *JCP 1995. II. 22520* (compétence juridictionnelle). - MRABTI, *ALD 1995. 25* (nouvelle réglementation). - MODERNE, *LPA 1997, n° 73.* - DEFRANCE, *Jurispr. auto 2005. 516* (les conditions de mise en fourrière). - ROUX, *ibid. 2013, n° 851, p. 19* (immobilisation du véhicule : une mesure d'accompagnement du dispositif répressif des infractions routières). - DREIFUSS, *ibid., p. 24* (régime juridique de la mise en fourrière : un compromis entre prérogative de police et droit de propriété).

COMMENTAIRE

Mesures applicables aux véhicules privés d'éléments indispensables à leur utilisation normale et insusceptibles de réparation immédiate à la suite de dégradation ou de vols. Depuis la loi n° 2001-1062 du 15 novembre 2001, l'article L. 325-1 permet l'immobilisation, la mise en fourrière, le retrait de la circulation et, le cas échéant, l'aliénation et la destruction des véhicules privés d'éléments indispensables à leur utilisation normale et insusceptibles de réparation immédiate à la suite de dégradations ou de vols. Ces véhicules délabrés peuvent faire l'objet de ces mesures, dès lors qu'ils se trouvent sur les voies ouvertes à la circulation publique ou sur leurs dépendances. On notera que la mise en fourrière (et les mesures annexes) de tels véhicules, lorsqu'ils se trouvent dans les lieux publics ou privés où ne s'applique pas le code de la route, est également possible, en application des dispositions de l'article L. 325-12, alinéa 3, du présent code. Ces mesures impliquent alors une demande du « maître des lieux ».

Depuis la loi n° 2015-992 du 17 août 2015 relative à la transition énergétique pour la croissance verte, il faut par ailleurs ajouter à ces dispositions celles qui figurent aux articles L. 541-21-3 et L. 541-21-4 du code de l'environnement (V. App., *v° Environnement*). L'article L. 541-21-3 permet, en effet, au maire de mettre en demeure le propriétaire d'un véhicule stocké sur la voie publique ou sur le domaine public et qui semble privé des éléments indispensables à son utilisation normale et insusceptible de réparation immédiate à la suite de dégradations ou de vol, de remettre son véhicule en état de circuler dans des conditions normales de sécurité ou de le transférer à un centre de véhicules hors d'usage agréé, dans un certain délai. A défaut, le véhicule, après expertise, peut être évacué d'office vers un centre de véhicules hors d'usage s'il est déclaré irréparable ou, s'il est déclaré réparable, mis en fourrière, conformément aux dispositions des articles L. 325-1 et suivants du code de la route. L'article L. 541-21-4 du code de l'environnement, quant à lui, permet au maire de mettre en demeure le propriétaire d'un tel véhicule, de le remettre à un centre de véhicules hors d'usage, lorsque que ce véhicule se trouve sur un terrain privé et que cette présence peut constituer une atteinte grave à la santé ou à la salubrité publiques, notamment en pouvant servir de gîte à des nuisibles susceptibles de générer une telle atteinte, ou peut contribuer à la survenance d'un risque sanitaire grave, ou peut constituer une atteinte grave à l'environnement. A défaut, le maire peut recourir aux sanctions prévues par l'article L. 541-3 du code de l'environnement pour faire enlever le véhicule aux frais du maître des lieux.

Autorités compétentes. Depuis la loi n° 2003-239 du 18 mars 2003, l'article L. 325-1 précise que dans tous les cas qu'il prévoit, immobilisation, mise en fourrière (et mesures annexes) peuvent être prises à la demande du maire ou de l'officier de police judiciaire territorialement compétent et qu'elles sont accomplies sous leur responsabilité, même sans l'accord du propriétaire du véhicule. Depuis cette loi du 18 mars 2003, dans les lieux publics ou privés où ne s'applique pas le code de la route, ces mesures peuvent également être prises à la demande du maire ou de l'officier de police judiciaire territorialement compétent, mais sur initiative et sous la responsabilité du maître des lieux (art. L. 325-12, al. 3).

Enfin, dans les cas visés à l'article L. 325-1, l'immobilisation des véhicules peut être décidée par les agents habilités à constater les infractions au présent code susceptibles d'entraîner une telle mesure. Une précision qui a été apportée dans le présent article par la loi n° 2007-297 du 5 mars 2007, afin de conforter les dispositions réglementaires de l'article R. 325-3 qui, depuis un décret du 15 octobre 2002, permettaient déjà à tous les agents de police judiciaire adjoints, ainsi qu'aux gardes champêtres, de procéder à l'immobilisation d'un véhicule. ❑

1. Compétence des tribunaux judiciaires. La mise en fourrière d'un véhicule en application des dispositions des art. L. 25 et R. 284 [C. route, art. L. 325-1 et L. 417-1] a le caractère d'une opération de police judiciaire dont il n'appartient qu'aux tribunaux judiciaires de connaître. Par suite, le juge administratif n'est pas compétent pour connaître d'une demande tendant à la restitution d'un véhicule mis en fourrière en application de ces dispositions. • CE 13 janv. 1992, n° 116218 : *D. 1993. Somm. 149, obs. Bon et Terneyre*. ♦ Ne ressortit pas à la juridiction administrative le litige relatif à une décision de mise en fourrière, laquelle a le caractère d'une opération de police judiciaire, et aux décisions par lesquelles un maire classe le véhicule mis en fourrière dans la catégorie des épaves, refuse de restituer le véhicule et signifie au propriétaire qu'il sera détruit en vertu de l'art. R. 290 C. route. • CE 14 mai 1982 : *Gaz. Pal. 1983. 1. Somm. 221*. ♦ La mise en fourrière ayant le caractère d'une opération de police judiciaire, les litiges relatifs à une telle décision et aux décisions qui ne sont pas dissociables d'une telle opération ne relèvent pas de la juridiction administrative. • CE 12 avr. 1995, n° 125153, *D. 1995. IR 135*. ♦ La mise en fourrière d'un véhicule ayant le caractère d'une opération de police judiciaire, l'autorité judiciaire est seule compétente pour connaître des actions en responsabilité fondées sur les irrégularités dont serait entachée la mise en fourrière et, notamment, sur celles qui se rapportent à la réalité ou à la constatation des infractions qui l'ont motivée. Il en est ainsi également lorsque la mise en fourrière est ordonnée par l'officier de police judiciaire territorialement compétent, sur le fondement de l'art. L. 325-12 C. route, à la demande du maître des lieux qui souhaite faire procéder à l'enlèvement d'un véhicule laissé sans droit dans des lieux publics ou privés où ne s'applique pas le code de la route. • TA Paris, 6 mai 2019 : *JCP Adm. 2019. Actu. 353.* ♦ Il résulte des art. L. 325-1 et L. 417-1 C. route qu'une demande tendant à ce que des véhicules illégalement stationnés sur une dépendance du domaine public routier soient enlevés et mis en fourrière, qui vise à la mise en œuvre de pouvoirs de police judiciaire, est manifestement insusceptible de se rattacher à un litige relevant de la compétence de la juridiction administrative. Le juge des référés saisi sur le fondement de l'art. 521-3 CJA n'est, en conséquence, pas compétent pour enjoindre au préfet de faire procéder, en exerçant le pouvoir de substitution qu'il tient de l'art. L. 2215-1 CGCT en cas de carence des autorités municipales, au retrait des véhicules stationnant de manière irrégulière sur le domaine public routier. • CE 11 mai 2021, n° 447948 B : *AJDA 2021. 1064 ; JCP Adm. 2021. Actu. 328 ; ibid. 2364, note Pauliat.*

2. Des prestations d'enlèvement et de gardiennage de véhicules accidentés qui ont été accomplies sur réquisition d'un officier de police judiciaire en application de l'art. 60 C. pr. pén. ne sont pas détachables du fonctionnement du service public de la police judiciaire. La juridiction administrative n'est dès lors pas compétente pour connaître d'une demande tendant au paiement des prestations correspondantes. • TA Nice, 9 mars 2007, n° 0601292 : *AJDA 2007. 970, concl. Dieu .*

3. Ne relève pas de la compétence du juge de l'exécution la mise en fourrière d'un véhicule dès lors qu'en vertu des art. L. 25 et R. 285 [C. route, art. L. 325-1 et L. 417-1], dans leur rédaction alors applicable, elle revêt le caractère d'une opération de police judiciaire. • Civ. 2e, 11 juin 1997 : *Jurispr. auto 1997. 398.*

4. Les juridictions de l'ordre judiciaire sont seules compétentes pour statuer sur la réparation du préjudice qui a pu être causé du fait de la destruction d'un véhicule par des services municipaux le même jour que celui de son enlèvement, la commune ayant commis une voie de fait en procédant ainsi en méconnaissance des règles édictées par les art. L. 25 et L. 25-3 [C. route, art. L. 325-1 et L. 325-3] et en dehors de toute urgence. • T. confl. 4 nov. 1991 : *D. 1992. IR 34* • CAA Paris, 7 mars 2000 : *inédit* • 4 déc. 2001, n° 99PA01425 : *inédit.* ♦ … Pour connaître des actions en responsabilité fondées sur les irrégularités dont serait entachée la mise en fourrière et, notamment, sur celles qui se rapportent à la réalité ou à la constatation des infractions qui l'ont motivée. • CAA Marseille, 9 juill. 2007 : *Jurispr. auto 2007. 564.* ♦ … Lorsque le dommage invoqué résulte d'un défaut d'information sur la mise en fourrière d'un véhicule, une telle information devant être notifiée par l'auteur de la mesure, selon l'art. R. 325-31 C. route, et donc par un officier de police judiciaire lorsque celle-ci est prise sur le fondement de l'art. L. 325-1. • CAA Paris, 22 sept. 2020, n° 19PA01453 : *AJDA 2021. 144, note Baffray .*

5. Une mise en fourrière sans fondement portant atteinte à la propriété du véhicule de la demanderesse est de la compétence de l'autorité judiciaire ; la ville est responsable civilement des dommages résultant de cet enlèvement. • TI Aix-en-Provence, 11 avr. 1989 : *Jurispr. auto 1989. 329.*

6. Demande de remboursement des frais de mise en fourrière. La juridiction de proximité n'est pas compétente pour connaître des demandes de remboursement des frais de mise en fourrière à la suite d'une opération judiciaire, lesquelles relèvent de la compétence d'attribution des juridictions civiles. Une telle demande ne peut constituer un incident contentieux relatif à une sentence prononcée par la juridiction de proximité et, à ce titre, relevant de sa compétence (en l'espèce, la juridiction de proximité, saisie de poursuites pour arrêt ou stationnement gênant, avait constaté l'extinction de l'action publique par effet de la prescription. Le propriétaire du véhicule mis en fourrière avait alors saisi le préfet d'une demande de remboursement des frais de mise en fourrière, qui l'avait transmise à la juridiction de proximité, laquelle avait retenu sa compétence au titre des incidents contentieux). • Crim. 12 janv. 2010, n° 09-84.007 : *inédit* • 20 sept. 2011 : *Dr. pénal 2011, n° 159, obs. Maron et Haas.*

7. Compétence des tribunaux administratifs. L'action en responsabilité relève de la compétence du juge administratif lorsqu'elle tend à la réparation de dommages imputés au fait de l'autorité administrative à qui le véhicule a été remis en exécution d'une décision de l'officier de police judiciaire. • CE 14 mai 1982 : *Gaz. Pal. 1983. 1. Somm. 221* • CAA Nantes, 20 déc. 2001, n° 98NT00155 : *inédit.* • CAA Marseille, 9 juill. 2007 : *préc. note 3.* ♦ Le juge administratif est ainsi compétent pour connaître d'une action en responsabilité engagée pour obtenir l'indemnisation du préjudice causé par la destruction, en application du dernier al. de l'art. L. 25-3 [C. route, art. L. 325-7], d'un véhicule mis en fourrière. • CE 13 janv. 1992 : *D. 1993. Somm. 149, obs. Bon et Terneyre .* ♦ Il en est de même dans le cas où la mise en fourrière est ordonnée par l'officier de police judiciaire territorialement compétent, sur le fondement de l'art. L. 325-12 C. route, à la demande du maître des lieux qui souhaite faire procéder à l'enlèvement d'un véhicule laissé sans droit dans des lieux publics ou privés où ne s'applique pas le code de la route. • TA Paris, 6 mai 2019 : *préc. note 1.*

8. Les conditions de gardiennage du véhicule engagent la responsabilité de la puissance publique dès la faute simple. Le fait d'avoir laissé le véhicule pendant onze mois en plein air sur un terrain herbeux et sans protection contre les intempéries ne saurait être regardé comme constituant des conditions de gardiennage normales ; la faute ainsi commise dans l'organisation du service est susceptible d'engager la responsabilité de l'administration. • CE 5 avr. 1991, n° 76309 : *D. 1992. Somm. 146, obs. Bon et Terneyre.*

9. Maires et mise en fourrière. Conformément aux dispositions des art. L. 325-1, L. 325-3 et L. 325-11 C. route, les maires ne sauraient valablement prescrire la mise en fourrière d'un véhicule à la place d'un officier de police judiciaire territorialement compétent de la police nationale ou de la gendarmerie ; le pouvoir de prescription est limité au seul cas prévu par l'art. R. 325-15, c'est-à-dire aux véhicules en infraction aux règlements édictés pour la sauvegarde de l'esthétique des sites et des paysages classés ; la loi pour la sécurité intérieure du 18 mars 2003 a inscrit la possibilité pour le maire de demander, sous sa responsabilité, la mise en fourrière des véhicules, mais elle n'a pas étendu son pouvoir de prescription en ce domaine. * Rép. min. n° 25531 : *JOAN Q, 2 mars 2004. 1632* * Rép. min. n° 06940 : *JO Sénat Q, 23 oct. 2003. 3159.*

Art. L. 325-1-1 *(L. n° 2004-204 du 9 mars 2004, art. 60-I)* **En cas de constatation d'un délit** *(L. n° 2006-10 du 5 janv. 2006, art. 12)* **« ou d'une contravention de la cinquième classe » prévu par le présent code ou le code pénal pour lequel la peine de confiscation du véhicule est encourue, l'officier ou l'agent de police judiciaire peut, avec l'autorisation préalable du procureur de la République donnée par tout moyen, faire procéder à l'immobilisation et à la mise en fourrière du véhicule.**

Si la juridiction ne prononce pas la peine de confiscation du véhicule, celui-ci est restitué à son propriétaire, sous réserve des dispositions du troisième alinéa. Si la confiscation est ordonnée, le véhicule est remis *(L. n° 2012-409 du 27 mars 2012, art. 20)* **« au service des domaines » en vue de sa destruction ou de son aliénation. Les frais d'enlèvement et de garde en fourrière sont à la charge de l'acquéreur.** *(L. n° 2011-267 du 14 mars 2011, art. 81-I-2°)* **« Le produit de la vente est tenu, le cas échéant, à la disposition du créancier gagiste pouvant justifier de ses droits, pendant un délai de deux ans. A l'expiration de ce délai, ce produit est acquis à l'État. »**

Si la juridiction prononce la peine d'immobilisation du véhicule, celui-ci n'est restitué au condamné qu'à l'issue de la durée de l'immobilisation fixée par la juridiction contre paiement des frais d'enlèvement et de garde en fourrière, qui sont à la charge de ce dernier.

(L. n° 2011-1862 du 13 déc. 2011, art. 31-III) **« En cas de relaxe, le propriétaire dont le véhicule a été mis en fourrière sur autorisation du procureur de la République peut, selon des modalités précisées par arrêté du ministre de la justice, demander à l'État le remboursement, au titre des frais de justice, des frais d'enlèvement et de garde en fourrière qu'il a dû acquitter pour récupérer son véhicule. »** — *Sur le remboursement des frais d'enlèvement et de garde en fourrière, V. C. pr. pén., art. A. 43-15, App., v° Fourrière.*

COMMENTAIRE

C'est la loi du 9 mars 2004, dite « Perben II », qui a créé les présentes dispositions afin de faciliter la mise en œuvre de la peine complémentaire de confiscation en cas de délits routiers. La loi du 5 janvier 2006 a ensuite étendu le dispositif aux contraventions de cinquième classe en la matière. C'est donc pour les infractions assorties de la peine complémentaire de confiscation que le présent article permet l'immobilisation et la mise en fourrière d'un véhicule.

Infractions assorties de la peine complémentaire de confiscation. Conformément à l'article 131-21 du code pénal, dans sa rédaction issue de la loi n° 2007-297 du 5 mars 2007, cette peine complémentaire de confiscation est aujourd'hui « encourue de plein droit pour les crimes et pour les délits punis d'une peine d'emprisonnement d'une durée supérieure à un an, à l'exception des délits de presse ». Il en résulte que, pour une majorité de délits prévus par le code de la route, la peine complémentaire de confiscation du véhicule ayant servi à commettre l'infraction peut être prononcée, car la plupart de ces délits sont punis d'une peine d'emprisonnement supérieure à un an. Dans le cas contraire, ainsi que pour les contraventions, cette peine complémentaire ne peut en revanche être prononcée que si elle est expressément prévue par la loi (pour les délits) ou par le règlement (pour les contraventions).

Immobilisation et mise en fourrière sur autorisation préalable du procureur. Le présent article vient plus précisément permettre à la police judiciaire, avec l'autorisation préalable du procureur, de faire procéder à l'immobilisation et à la mise en fourrière du véhicule dès lors que la peine de confiscation est encourue. Il est évident que si la confiscation est ensuite prononcée par le tribunal, elle peut alors être exécutée efficacement.

On ajoutera que, pour certains délits routiers, depuis la loi du 14 mars 2011, dite « LOPPSI II », la confiscation du véhicule est, en principe, obligatoire (V. comm. ss. art. L. 212-4). L'immobilisation et la mise en fourrière conservatoires du véhicule, toujours possibles en application des présentes dispositions, peuvent alors aussi se faire en application des dispositions de l'article L. 325-1-2 issues de la LOPPSI II (V. cet art. et son comm.) ❑

Art. L. 325-1-2 *(L. nº 2019-1428 du 24 déc. 2019, art. 98-I)* **« I. — Les officiers ou agents de police judiciaire peuvent, avec l'autorisation préalable donnée par tout moyen du représentant de l'État dans le département où l'infraction a été commise, faire procéder à titre provisoire à l'immobilisation et à la mise en fourrière du véhicule dont l'auteur s'est servi pour commettre l'infraction :**

« 1º Lorsqu'est constatée une infraction pour laquelle une peine de confiscation obligatoire du véhicule est encourue ;

« 2º En cas de conduite d'un véhicule sans être titulaire du permis de conduire correspondant à la catégorie du véhicule considéré ;

« 3º En cas de conduite d'un véhicule en état d'ivresse manifeste ou lorsque l'état alcoolique défini à l'article L. 234-1 est établi au moyen d'un appareil homologué mentionné à l'article L. 234-4 ;

« 4º Lorsqu'il est fait application des dispositions de l'article L. 235-2, si les épreuves de dépistage se révèlent positives ;

« 5º En cas de refus de se soumettre aux épreuves de vérification prévues aux articles L. 234-4 à L. 234-6 et L. 235-2 ;

« 6º Lorsqu'est constaté le dépassement de 50 km/h ou plus de la vitesse maximale autorisée ;

« 7º Lorsque le véhicule a été utilisé :

« *a)* Pour déposer, abandonner, jeter ou déverser, dans un lieu public ou privé, à l'exception des emplacements désignés à cet effet par l'autorité administrative compétente, soit une épave de véhicule, soit des ordures, déchets, déjections, matériaux, liquides insalubres ou tout autre objet de quelque nature qu'il soit si ces faits ne sont pas accomplis par la personne ayant la jouissance du lieu ou avec son autorisation ;

« *b)* Ou pour déposer ou laisser sans nécessité sur la voie publique des matériaux ou objets quelconques qui entravent ou diminuent la liberté ou la sûreté de passage ;

(L. nº 2022-52 du 24 janv. 2022, art. 11-IV) **« 8º En cas de refus d'obtempérer commis dans les conditions prévues à l'article L. 233-1. »**

« Ils en informent immédiatement, par tout moyen, le procureur de la République, sauf s'il a été fait recours à la procédure de l'amende forfaitaire.

« Si les vérifications prévues à l'article L. 235-2 ne permettent pas d'établir que la personne conduisait en ayant fait usage de substances ou plantes classées comme stupéfiants, l'immobilisation et la mise en fourrière sont immédiatement levées.

« II. — » *(L. nº 2011-267 du 14 mars 2011, art. 84-1º)* **Lorsque l'immobilisation ou la mise en fourrière prévue à l'article L. 325-1-1 n'est pas autorisée par le procureur de la République dans un délai de sept jours suivant la décision** *(L. nº 2019-1428 du 24 déc. 2019, art. 98-I)* **« prise en application du I du présent article », le véhicule est restitué à son propriétaire. En cas de mesures successives, le délai n'est pas prorogé.**

Lorsqu'une peine d'immobilisation ou de confiscation du véhicule est prononcée par la juridiction, les règles relatives aux frais d'enlèvement et de garde en fourrière prévues à l'article L. 325-1-1 s'appliquent.

Lorsque l'auteur de l'infraction visée au *(L. nº 2019-1428 du 24 déc. 2019, art. 98-I)* **« I » du présent article n'est pas le propriétaire du véhicule, l'immobilisation ou la mise en fourrière est levée** *(L. nº 2019-1428 du 24 déc. 2019, art. 98-I)* **« à l'issue du délai prévu au présent II ». Les frais d'enlèvement et de garde en fourrière sont à la**

charge du propriétaire. *(L. nº 2019-1428 du 24 déc. 2019, art. 98-I)* **« Toutefois, en cas de vol du véhicule ayant servi à commettre l'infraction ou lorsque le véhicule était loué à titre onéreux à un tiers, l'immobilisation ou la mise en fourrière est levée dès qu'un conducteur qualifié proposé par le titulaire du certificat d'immatriculation du véhicule peut en assurer la conduite. »**

Les frais d'enlèvement et de garde du véhicule immobilisé et mis en fourrière pendant une durée maximale de sept jours en application du présent article ne constituent pas des frais de justice relevant de l'article 800 du code de procédure pénale.

BIBL. ▶ BELLOIR, *Gaz. Pal. 6 nov. 2018, p. 78* (la confiscation obligatoire du véhicule automobile). – LAFAIX, *Jurispr. auto 2012, nº 837, p. 12* (la confiscation obligatoire du véhicule : la nouvelle réponse à la délinquance routière ?).

COMMENTAIRE

Immobilisation et mise en fourrière décidées par le préfet. L'article L. 325-1-1 permet aux forces de l'ordre de procéder à l'immobilisation et à la mise en fourrière d'un véhicule lorsqu'est constatée une infraction pour laquelle la peine complémentaire de confiscation est applicable. Cette possibilité est cependant alourdie par la nécessité pour les forces de l'ordre d'obtenir, en amont, l'autorisation du procureur de la République. C'est pourquoi la loi du 14 mars 2011, dite « LOPPSI II », a créé l'article L. 325-1-2, afin de permettre au préfet, dans certains cas, de faire procéder à l'immobilisation et à la mise en fourrière d'un véhicule à titre provisoire.

Infractions assorties de la peine de confiscation obligatoire du véhicule. L'immobilisation et la mise en fourrière provisoires prévues par le présent article sont tout d'abord possibles dans tous les cas où est constatée une infraction pour laquelle la confiscation obligatoire du véhicule est encourue. C'est d'ailleurs pour faciliter la mise en œuvre de cette peine complémentaire ajoutée à plusieurs délits par la loi du 14 mars 2011 (V. comm. ss. art. L. 212-4) que cette même loi a créé les présentes dispositions.

Grand excès de vitesse. A ces délits, la loi du 18 novembre 2016 de modernisation de la justice du XXIe siècle a toutefois ajouté la contravention dite « de grand excès de vitesse » prévue à l'article R. 413-14-1 qui sanctionne les excès de vitesse supérieurs à 50 km/h et donc une infraction pour laquelle la confiscation du véhicule est possible, mais n'est pas qualifiée d'obligatoire.

Autres infractions. Puis, à ces infractions, la loi d'orientation des mobilités du 24 décembre 2019 en a encore ajouté plusieurs autres pour lesquelles la peine de confiscation du véhicule est également une peine complémentaire facultative : la conduite sans permis (délit pour lequel la peine de confiscation du véhicule n'est plus obligatoire depuis la loi du 18 nov. 2016, V. comm. ss. art. L. 221-2), la conduite sous l'empire d'un état alcoolique ou en état d'ivresse manifeste, la conduite après usage de stupéfiants et le refus de se soumettre aux vérifications de l'état alcoolique ou de l'usage de stupéfiants, ainsi que les infractions réprimant les dépôts illégaux d'ordures prévues aux articles R. 635-8 et R. 644-2 du code pénal. Et, à cet ensemble, la loi du 24 janvier 2022 relative à la responsabilité pénale et à la sécurité intérieure a encore ajouté le refus d'obtempérer simple incriminé à l'article L. 233-1 (l'immobilisation et la mise en fourrière prévues par le présent article étant également possibles pour le refus d'obtempérer aggravé de l'art. L. 233-1-1, dès lors que la loi prévoit, pour ce délit, la confiscation obligatoire du véhicule).

Confirmation par le procureur de la République. On notera que l'immobilisation et la mise en fourrière, initiées par le préfet sur le fondement des présentes dispositions, sont provisoires. Ces mesures doivent en effet être confirmées par le procureur de la République dans un délai de sept jours. ❑

Art. L. 325-2 **Pour l'application** *(L. nº 2006-10 du 5 janv. 2006, art. 12 ; L. nº 2011-267 du 14 mars 2011, art. 84-2º)* **« des articles L. 325-1, L. 325-1-1 et L. 325-1-2 » et sur prescription de l'officier de police judiciaire territorialement compétent, les fonctionnaires de police en tenue et les militaires de la gendarmerie habilités à constater par procès-verbaux les contraventions à la police de la circulation routière peuvent, en cas de besoin, ouvrir ou faire ouvrir les portes du véhicule, manœuvrer ou faire manœuvrer tous appareils. Ils peuvent conduire le véhicule ou le faire**

conduire, en leur présence, vers le lieu de mise en fourrière en utilisant, le cas échéant, les moyens autonomes de propulsion dont le véhicule est muni.

(L. nº 2003-239 du 18 mars 2003, art. 89) **« La mise en fourrière peut également être prescrite par l'agent de police judiciaire adjoint, chef de la police municipale ou qui occupe ces fonctions, territorialement compétent** *(L. nº 2017-257 du 28 févr. 2017, art. 27-1º)* **« et, à Paris, par les agents de police judiciaire adjoints appartenant au corps des contrôleurs relevant du statut des administrations parisiennes exerçant leurs fonctions dans la spécialité voie publique ». Pour l'application de cette disposition et sur prescription de l'agent de police judiciaire adjoint, chef de la police municipale ou qui occupe ces fonctions, les agents de police municipale** *(L. nº 2021-646 du 25 mai 2021, art. 16)* **« , les gardes champêtres »** *(L. nº 2017-257 du 28 févr. 2017, art. 27-1º)* **« et, à Paris, les agents de surveillance de Paris, » habilités à constater par procès-verbal les contraventions à la police de la circulation routière peuvent, en cas de besoin, ouvrir ou faire ouvrir les portes du véhicule, manœuvrer ou faire manœuvrer tous appareils. Ils peuvent conduire le véhicule ou le faire conduire, en leur présence, vers le lieu de mise en fourrière en utilisant, le cas échéant, les moyens autonomes de propulsion dont le véhicule est muni.**

« Dans les cas prévus aux alinéas précédents », l'assureur du propriétaire du véhicule est tenu de garantir dans les limites du contrat la réparation du dommage causé au tiers, sauf recours, s'il y a lieu, contre la collectivité publique qui, par son fait, a causé le dommage ayant donné lieu à la responsabilité de l'assureur et sans qu'une majoration de prime puisse en résulter pour le propriétaire. Il est statué sur ce recours ainsi que sur toute action en responsabilité en cas de non-assurance du véhicule dans les conditions prévues par l'article 1er de la loi nº 57-1424 du 31 décembre 1957 attribuant aux tribunaux judiciaires compétence pour statuer sur les actions en responsabilité des dommages causés par tout véhicule et dirigées contre une personne morale de droit public.

Véhicules à deux roues à moteur : L. 431-1.

V. art. R. 325-14, tel que modifié par Décr. nº 2005-1148 du 6 sept. 2005.

BIBL. ▶ AUBIN, *AJDA 2004. 1163* (sur les évolutions récentes de la fonction d'agent des polices municipales).

Chef de la police municipale et mise en fourrière. Jusqu'à l'intervention du décret d'application de l'art. 89 de la loi sur la sécurité intérieure reconnaissant au chef de la police municipale ayant la qualité d'agent de police judiciaire adjoint le pouvoir de prescrire la mise en fourrière, un agent municipal chargé de la surveillance du stationnement ne saurait prescrire l'enlèvement de véhicules en stationnement gênant sans autorisation exclusive d'un officier de police judiciaire. Toutefois, si ce comportement traduit, de la part de l'agent concerné, l'existence d'une faute professionnelle, il ne saurait être regardé comme une absence de garantie d'honorabilité justifiant un retrait d'agrément. • CAA Paris, 2 déc. 2004, *Garde des Sceaux : AJDA 2005. 398*.

Art. L. 325-3 **Un décret en Conseil d'État détermine les conditions d'application des articles** *(L. nº 2006-10 du 5 janv. 2006, art. 12)* **« L. 325-1 à L. 325-2 ».**

Il détermine notamment les clauses devant obligatoirement figurer dans le contrat type susceptible d'être passé entre les collectivités publiques intéressées et les entreprises aptes à effectuer la démolition des véhicules à moteur. — *[Anc. art. L. 25-7.]*

Conditions d'application : R. 325-1 s. — Contrat : R. 325-45.

BIBL. ▶ BLOCH, *JCP 1960. I. 1563*. - DEBOUY, *JCP 1995. II. 22520* (sur la compétence juridictionnelle). - DOLL, *BTL 1971, nº 1499. 30*. - PUPP, *Jurispr. auto 1989. 47* (sur les responsabilités). - G. D., *Jurispr. auto 1991. 109*.

1. Le fait pour un chauffeur dont le véhicule a fait l'objet d'une mesure d'immobilisation de reprendre la route sans avoir demandé la levée de la mesure ne constitue ni une infraction à la coordination des transports ni une infraction à la réglementation sociale mais une infraction au C. route. Due au seul comportement du conducteur cette infraction n'engage pas la responsabilité pénale du transporteur qui doit de ce fait être relaxé. • Poitiers, 6 sept. 1990 : *Juris-Data nº 047313*.

2. Les frais d'enlèvement et de mise en fourrière d'un véhicule qui, après avoir été volé, a été retrouvé immergé dans un fleuve et qui, immatriculé, avait un propriétaire connu ou identifiable, incombent à l'assureur. Cette solution découle tant de la L. du 30 déc. 1970 que de l'art. L. 25-5 [C. route, art. L. 325-9] qui prévoit de manière générale que les frais d'enlèvement et de mise en fourrière sont à la charge du propriétaire. • Colmar, 20 mars 1997 : *Gaz. Pal. 1er-2 avr. 1998, p. 9, note Vray.*

Art. L. 325-3-1 *(L. nº 2006-10 du 5 janv. 2006, art. 12)* **I. — Le fait, pour tout conducteur d'un véhicule, de faire obstacle à l'immobilisation de celui-ci ou à un ordre d'envoi en fourrière est puni de trois mois d'emprisonnement et de 3 750 € d'amende.**

II. — Toute personne physique coupable de ce délit encourt également les peines complémentaires suivantes :

1° La suspension, pour une durée de trois ans au plus, du permis de conduire, cette suspension pouvant être limitée à la conduite en dehors de l'activité professionnelle ;

2° La peine de travail d'intérêt général selon les modalités prévues à l'article 131-8 du code pénal et selon les conditions prévues aux articles 131-22 à 131-24 du même code et *(Ord. nº 2019-950 du 11 sept. 2019, art. 5-V et 9, en vigueur le 30 sept. 2021)* **« à l'article L. 122-1 du code de la justice pénale des mineurs » ;**

3° La peine de jours-amende dans les conditions fixées aux articles 131-5 et 131-25 du code pénal.

III. — Ce délit donne lieu de plein droit à la réduction de la moitié du nombre maximal de points du permis de conduire.

L'art. 2 de la L. nº 2021-218 du 26 févr. 2021 modifie la date d'entrée en vigueur du CJPM.

COMMENTAIRE

Transfert d'incrimination. Le présent article, créé par la loi du 5 janvier 2006, reprend les dispositions sur l'obstacle à l'immobilisation d'un véhicule qui figuraient à l'article L. 224-5. Il est vrai que la place donnée à cette incrimination par le code recomposé (dans un chapitre consacré à l'interdiction de délivrance, à la rétention, à la suspension et à l'annulation du permis de conduire) pouvait prêter à confusion (V. comm. ss. art. L. 233-2). Désormais, elle figure, plus logiquement, dans le titre du code de la route consacré au véhicule et au sein d'un chapitre précisément consacré à l'immobilisation et à la mise en fourrière…

Nouvelle incrimination. La loi du 5 janvier 2006 a par ailleurs créé ici un nouveau délit d'obstacle à la mise en fourrière d'un véhicule. Les peines encourues sont identiques à celles de l'incrimination « transférée ». ❑

QUALITÉ DE CONDUCTEUR

1. L'art. L. 4 [C. route, art. L. 325-3-1] est applicable aux conducteurs de cycles. • Crim. 27 juin 1931 : *Gaz. Pal. 1931. 2. 462.*

2. Responsabilités du conducteur. Seul le conducteur du véhicule peut être poursuivi à l'exception des passagers dont la responsabilité ne peut être retenue que pour complicité. • T. corr. Seine, 12 oct. 1964 : *Jurispr. auto 1964. 386* • Alger, 20 oct. 1965 : *Gaz. Pal. 1966. 1. 113.* ♦ Doit cependant être cassé, faute d'avoir suffisamment caractérisé les éléments constitutifs de la complicité par instruction, l'arrêt d'appel qui se borne à constater que le passager, apercevant une voiture de police, a dit : « fonce, voilà les flics » au conducteur qui, pour célébrer une naissance, abusait de son avertisseur sonore. • Crim. 21 sept. 1994 : *Jurispr. auto 1994. 553 ; Dr. pénal 1995. Comm. 2.*

3. La production de documents afférents à la conduite d'un véhicule ne peut être exigée que de la personne qui se trouve au volant au moment du contrôle. L'interpellation d'une personne que les agents n'ont pas vue conduire est impossible hormis le cas où ils auraient connaissance d'une infraction antérieurement commise par ce conducteur. • T. corr. Foix, 22 févr. 1979 : *D. 1980. IR 360 ; JCP 1981. II. 19559, note Chambon ; RSC 1981. 609, obs. Vitu.*

4. Identification du conducteur. La relaxe doit être prononcée dès lors qu'il existe un doute sur les caractéristiques, la marque ou la couleur du véhicule et que le prévenu produit des témoignages crédibles de sa présence dans un autre lieu au moment des faits. • Metz, 14 févr. 1990 : *Juris-Data nº 041074* • Bourges, 15 mars 1990 : *Juris-Data nº 046025.* ♦ ... Lorsque l'appareil de contrôle de vitesse n'était pas associé à un appareil photographique, que les gendarmes ne donnent dans le procès-verbal aucun détail sur la personne du conducteur et que la thèse du prêt de véhicule n'est pas invraisemblable, le prévenu n'ayant jamais varié ni ne s'étant contredit sur ce point dans ses déclarations. Aucune obligation de dénoncer n'existant en la matière, le fait, pour le propriétaire, de refuser d'indiquer quel était le conducteur du véhicule au moment des faits ne peut être considéré en soi comme une reconnaissance de culpabilité. • T. corr. Laval, 23 janv. 1987 : *Gaz. Pal. 1987. 1. 250.* ♦ L'arrêté de suspension du permis de conduire pris par le préfet doit être annulé dès lors que le procès-verbal de gendarmerie qui a permis d'identifier le véhicule en cause ne contient aucun élément susceptible de prouver que le propriétaire en était le conducteur au moment des faits et qu'il n'existe aucune présomption sérieuse de nature à établir ce fait. • CE 29 juin 1990 : *D. 1991. 388, concl. Fornacciari.*

5. Justifie sa décision de condamnation la cour d'appel qui relève que les agents, ayant suivi le véhicule de quelques mètres, ont formellement reconnu le conducteur en la personne du prévenu. • Crim. 29 sept. 1970 : *D. 1980. IR 127.* ♦ ... Que la description détaillée du conducteur par le procès-verbal correspond à la photographie figurant sur le permis de conduire du prévenu auquel le véhicule était loué à l'époque des faits. • Crim. 17 févr. 1993 : *Jurispr. auto 1993. 339.* ♦ Lorsque à la suite d'un contrôle de vitesse un automobiliste tente d'échapper à l'interception en changeant brutalement de direction, il suffit, au regard de l'art. 429 C. pr. pén., que le comportement ait été constaté par les agents chargés de l'interception, signataires du procès-verbal base des poursuites, bien que le procès-verbal n'ait pas été signé de l'opérateur du cinémomètre opérant en amont. • Crim. 25 mai 1994 : *Jurispr. auto 1994. 548.*

Art. L. 325-4 *(Abrogé par Ord. nº 2010-1307 du 28 oct. 2010, art. 7, à compter du 1er déc. 2010)* ***L'absence à bord du véhicule du document prévu par l'article 26 de la loi nº 95-96 du 1er février 1995 concernant les clauses abusives et la présentation des contrats et régissant diverses activités d'ordre économique et commercial*** [document rempli au fur et à mesure de l'opération de transport, et mentionnant les dates et heures d'arrivée et de départ du véhicule, **C. com.**] ***ou, pour les transports qui ne sont pas soumis aux dispositions de cet article, de la lettre de voiture prévue par la convention de Genève du 19 mai 1956 relative au contrat de transport international de marchandises par route*** [V. **C. com.**], ***dûment rempli et signé par le remettant ou son représentant, entraîne l'immobilisation immédiate du véhicule ou de l'ensemble routier et de son chargement, prévue à l'article L. 325-1 dans les cas suivants :***

1º Soit le dépassement de plus de 20 km/h de la vitesse maximale autorisée sur les voies ouvertes à la circulation publique ou de la vitesse maximale autorisée par construction pour son véhicule ;

2º Soit le dépassement de plus de 20 p. 100 de la durée maximale de conduite journalière ;

3º Soit la réduction à moins de six heures de la durée de repos journalier. – [Anc. art. L. 9-2.]

V. C. transp., art. L. 3242-1, App., vº Transports routiers.

Art. L. 325-5 *(Abrogé par Ord. nº 2010-1307 du 28 oct. 2010, art. 7, à compter du 1er déc. 2010)* ***En cas de délit ou de contravention concernant les conditions de travail dans les transports routiers, constaté sur le territoire national, le dépassement des temps de conduite et la réduction du temps de repos sont calculés, pour la période de temps considérée, en incluant les périodes de temps de conduite et de repos effectuées à l'étranger.*** – [Anc. art. L. 9-3.] – V. C. transp., art. L. 3315-3, App., vº Transports routiers.

Art. L. 325-6 *(Abrogé par Ord. nº 2020-773 du 24 juin 2020, art. 1er, à compter au plus tard du 1er avr. 2021)* ***Les véhicules dont l'état ne permet pas la circulation dans les conditions normales de sécurité*** *(L. nº 2006-10 du 5 janv. 2006, art. 11)* ***« ou qui ne sont plus conformes à leur réception » ne peuvent être retirés de la fourrière que par des réparateurs chargés par les propriétaires d'effectuer les travaux reconnus indispensables*** *(L. nº 2006-10 du 5 janv. 2006, art. 11)* ***« à leur remise en état ou en conformité ».***

Ils ne peuvent ensuite être restitués à leurs propriétaires qu'après vérification de la bonne exécution des travaux.

En cas de désaccord sur l'état du véhicule, un expert est désigné dans des conditions fixées par décret en Conseil d'État. S'il constate que le véhicule n'est pas en état de circuler dans des conditions normales de sécurité *(L. nº 2006-10 du 5 janv. 2006, art. 11)* ***« ou qu'il nécessite une mise en conformité à la réception », il détermine les travaux à effectuer avant sa remise au propriétaire.*** – [Anc. art. L. 25-2.]

Les dispositions issues de l'Ord. nº 2020-773 du 24 juin 2020 entrent en vigueur à une date fixée, pour chaque département, par arrêté du ministre chargé de la sécurité routière, et au plus tard le 1er avr. 2021. Elles s'appliquent aux véhicules entrés en fourrière à compter de l'entrée en vigueur de l'Ord. (Ord. préc., art. 2) ; V. Arr. du 4 nov. 2020 pris pour l'application de l'art. 2 de l'Ord. nº 2020-773 du 24 juin 2020 relative aux fourrières automobiles (JO 14 nov.), mod. par Arr. du 22 janv. 2021 (JO 27 janv.).

Art. L. 325-7 **Sont réputés abandonnés les véhicules laissés en fourrière à l'expiration d'un délai de** *(L. nº 2019-1428 du 24 déc. 2019, art. 98-VI)* **« quinze » jours à compter de la mise en demeure faite au propriétaire d'avoir à retirer son véhicule.**

La notification est valablement faite à l'adresse indiquée *(Décr. nº 2009-136 du 9 févr. 2009, en vigueur le 15 avr. 2009)* **« par le traitement automatisé mis en œuvre pour l'immatriculation** *(L. nº 2022-52 du 24 janv. 2022, art. 32-I, en vigueur le 1er avr. 2022)* **« ou l'identification » des véhicules ». Dans le cas où le véhicule fait l'objet d'un gage régulièrement inscrit, cette notification est également faite au créancier gagiste.**

Si le propriétaire ne peut être identifié, le délai précité court du jour où cette impossibilité a été constatée.

Le délai prévu au premier alinéa est réduit à dix jours en ce qui concerne les véhicules *(Ord. nº 2020-773 du 24 juin 2020, art. 1er, en vigueur au plus tard le 1er avr. 2021)* **« estimés d'une valeur marchande insuffisante, compte tenu de leurs caractéristiques techniques, de leur date de première mise en circulation et, le cas échéant, des motifs de leur mise en fourrière s'il s'agit de ceux mentionnés au deuxième alinéa de l'article L. 325-1 et au troisième alinéa de l'article L. 325-12, dans les conditions fixées par arrêté conjoint du ministre chargé de la sécurité routière et du ministre chargé du domaine ».**

Les véhicules visés à l'alinéa précédent sont, à l'expiration du délai de dix jours, livrés à la destruction.

(L. nº 2022-52 du 24 janv. 2022, art. 32-I, en vigueur le 1er avr. 2022) **« Le délai prévu au premier alinéa du présent article est réduit à sept jours pour les véhicules ayant servi à commettre l'infraction prévue à l'article L. 236-1. Ces véhicules sont, à l'expiration de ce délai de sept jours, livrés à la destruction.**

« Les véhicules ayant servi à commettre ladite infraction pour lesquels les obligations relatives à l'immatriculation ou à l'identification n'ont pas été satisfaites au moment de leur mise en fourrière sont, en l'absence de réclamation du propriétaire dont le titre est connu ou de revendication de cette qualité au cours de la procédure, considérés comme abandonnés dès leur entrée en fourrière et livrés à la destruction. » — *[Anc. art. L. 25-3.]*

V. art. A. 325-14.

Pour l'entrée en vigueur du Décr. nº 2009-136, V. Arr. du 23 mars 2009 (JO 29 mars).

V. note ss. art. L. 325-6.

COMMENTAIRE

Gestion des fourrières. Partant du constat que l'encombrement des fourrières serait un obstacle à l'enlèvement des véhicules abandonnés et des épaves dans certaines villes ou certains quartiers – enlèvement autorisé par les dispositions de l'art. L. 325-1 – la loi nº 2007-297 du 5 mars 2007 a modifié, dans le présent article, le délai de principe à compter duquel un véhicule est réputé abandonné et peut être aliéné, voire détruit, conformément aux dispositions de l'article L. 325-8. Cette loi est ainsi venue réputer abandonnés les véhicules laissés en fourrière à l'expiration d'un délai de trente jours, contre quarante-cinq auparavant. Ce délai a cependant été jugé encore trop long et il a été abaissé à quinze jours par la loi d'orientation des mobilités du 24 décembre 2019.

Toujours pour améliorer la gestion des fourrières, l'ordonnance nº 2020-773 du 24 juin 2020, prise en application de l'article 98-VII de la loi du 24 décembre 2019 d'orientation des mobilités, a par ailleurs apporté des modifications aux dispositions du présent article permettant de réputer un véhicule abandonné au terme d'un délai de dix jours. Avant cette ordonnance, dans un tel cas, un expert devait intervenir afin d'estimer la valeur marchande du véhicule et le déclarer hors d'état de circuler. Depuis cette ordonnance, un véhicule peut être considéré comme abandonné dans un délai de dix jours s'il est estimé d'une valeur marchande insuffisante au regard de ses caractéristiques techniques, de sa date de première mise en circulation et, le cas échéant, des motifs de sa mise en fourrière (véhicule mis en fourrière car privé d'éléments indispensables à son utilisation normale et insusceptible de réparation immédiate à la suite de dégradations ou de vols).

Lutte contre les rodéos motorisés. Un délai encore plus court a enfin été ajouté à la fin de l'article L. 325-7 par la loi nº 2022-52 du 24 janvier 2022. Depuis cette loi, pour les véhicules ayant servi à commettre l'infraction prévue à l'article L. 236-1 du présent code, c'est-à-dire l'infraction qui permet de sanctionner le fait de participer à un rodéo motorisé, le délai au terme duquel un véhicule est réputé abandonné est en effet de sept jours. Les véhicules concernés sont alors, qui plus est, livrés à la destruction. Par ailleurs, si le propriétaire d'un tel véhicule n'a pas procédé aux formalités d'immatriculation ou d'identification de son véhicule, l'article L. 325-7 précise que le véhicule est considéré comme abandonné dès son entrée en fourrière. Il s'agit par là même d'inciter les propriétaires de tels véhicules à procéder à ces formalités qui peuvent permettre ensuite aux forces de l'ordre de les identifier lorsqu'ils sont utilisés au cours d'un rodéo motorisé. ❑

Art. L. 325-8 *(L. nº 2007-297 du 5 mars 2007, art. 21)* **I. — L'autorité dont relève la fourrière remet au service chargé du domaine les véhicules gardés en fourrière dont elle a constaté l'abandon à l'issue du délai prévu au premier alinéa de l'article L. 325-7 en vue de leur mise en vente. Ceux d'entre eux que le service chargé du domaine estime invendables et ceux qui ont fait l'objet d'une tentative de vente infructueuse sont livrés, sans délai, par l'autorité dont relève la fourrière, à la destruction.**

(L. nº 2019-1428 du 24 déc. 2019, art. 98-VI) **« Les véhicules remis au service du domaine peuvent être récupérés par leur propriétaire avant leur vente, dans des conditions fixées par décret. »**

II. — La propriété d'un véhicule abandonné en fourrière est transférée, selon le cas, soit au jour de son aliénation par le service chargé du domaine, soit à celui de sa remise à la personne chargée de la destruction.

V. Décr. nº 72-823 du 6 sept. 1972, App., vº Fourrière.

COMMENTAIRE

C'est également pour améliorer la gestion des fourrières (V. comm. de l'art. L. 325-7) que les présentes dispositions ont été modifiées par la loi du 5 mars 2007. Le service chargé du domaine destinataire des véhicules réputés abandonnés n'est en effet plus obligé de vendre ou tenter de vendre ceux qu'il estime invendables. Ces véhicules peuvent ainsi être détruits sans délai. ❑

Art. L. 325-9 **Les frais d'enlèvement, de garde en fourrière** *(Abrogé par Ord. nº 2020-773 du 24 juin 2020, art. 1er, à compter au plus tard du 1er avr. 2021)* ***« , d'expertise »*** **et** *(L. nº 2019-1428 du 24 déc. 2019, art. 98-VI)* **« de mise en vente » ou de destruction du véhicule sont à la charge du propriétaire.**

Le produit de la vente, sous déduction des frais énumérés à l'alinéa précédent, est tenu à la disposition du propriétaire ou de ses ayants droit ou, le cas échéant, du créancier gagiste pouvant justifier de ses droits, pendant un délai de deux ans. A l'expiration de ce délai, ce produit est acquis à l'État.

Lorsque le produit de la vente est inférieur au montant des frais visés ci-dessus, le propriétaire ou ses ayants droit restent débiteurs de la différence. Celle-ci est recouvrée dans les conditions fixées par décret. — *[Anc. art. L. 25-5.]*

(L. nº 2003-495 du 12 juin 2003, art. 37) **« Le montant des redevances pour frais de fourrière est fixé par arrêté et tient compte des difficultés de mise en œuvre des opérations d'enlèvement et de garde liées à l'importance des communes dans lesquelles ces opérations sont effectuées et à l'existence des problèmes de circulation et de stationnement que connaissent ces communes. »**

V. Décr. nº 72-823 du 6 sept. 1972, art. 8, App., vº Fourrière.

V. note ss. art. L. 325-6.

Art. L. 325-10 *(Abrogé par L. nº 2007-297 du 5 mars 2007, art. 21)* ***La collectivité publique intéressée n'est pas responsable des dommages subis par les véhicules visés à l'alinéa 4 de l'article L. 325-7, placés dans une fourrière non clôturée et non gardée.*** — [Anc. art. L. 25-6.]

Comp. : R. 325-24.

COMMENTAIRE

Dispositions contradictoires. Comme nous l'avions indiqué, les dispositions de la partie législative entraient ici en contradiction avec les dispositions de la partie réglementaire. L'article

L. 325-10 prévoyait en effet que la collectivité publique intéressée n'était pas responsable des dommages subis par les véhicules placés dans une fourrière non clôturée et non gardée, alors que, dans le même temps, l'article R. 325-24 indiquait que les fourrières devaient être clôturées et satisfaire aux dispositions législatives et réglementaires relatives à la protection de l'environnement. De la sorte, on pouvait considérer que l'article L. 325-10 était tacitement abrogé dans la mesure où toutes les fourrières doivent aujourd'hui être clôturées. La loi n° 2007-297 du 5 mars 2007 a pris acte de cette contradiction en abrogeant expressément l'article L. 325-10. ❑

Art. L. 325-11 **Un décret en Conseil d'État détermine les conditions d'application des articles** *(Ord. n° 2020-773 du 24 juin 2020, art. 1er, en vigueur au plus tard le 1er avr. 2021)* **« L. 325-7 à L. 325-9 ».**

V. note ss. art. L. 325-6.

Art. L. 325-12 **Peuvent, à la demande du maître des lieux et sous sa responsabilité, être mis en fourrière, aliénés et éventuellement livrés à la destruction les véhicules laissés, sans droit, dans les lieux publics ou privés où ne s'applique pas le code de la route.**

Un décret en Conseil d'État fixe les conditions d'application du présent article.

(L. n° 2003-239 du 18 mars 2003, art. 87) **« Peuvent également, même sans l'accord du propriétaire du véhicule, à la demande du maire ou de l'officier de police judiciaire territorialement compétent, agissant sur initiative et sous la responsabilité du maître des lieux publics ou privés où ne s'applique pas le présent code, être mis en fourrière et, le cas échéant, aliénés ou livrés à la destruction les véhicules privés d'éléments indispensables à leur utilisation normale et insusceptibles de réparation immédiate, à la suite de dégradations ou de vols. »**

Sur l'enlèvement des véhicules stockés sur une propriété privée qui semblent privés des éléments indispensables à leur utilisation normale et insusceptibles de réparation immédiate à la suite de dégradations ou de vols, V. C. envir., art. L. 541-21-4, App., v° Environnement.

COMMENTAIRE

Sur la mise en fourrière et autres mesures applicables aux véhicules se trouvant dans des lieux publics ou privés où ne s'applique pas le code de la route, voir le commentaire sous l'article L. 325-1. ❑

La mise en fourrière d'un véhicule ayant le caractère d'une opération de police judiciaire, l'autorité judiciaire est seule compétente pour connaître des actions en responsabilité fondées sur les irrégularités dont serait entachée la mise en fourrière et, notamment, sur celles qui se rapportent à la réalité ou à la constatation des infractions qui l'ont motivée. Ces actions ne relèvent de la juridiction administrative que lorsqu'elles tendent à la réparation de dommages imputés au fait de l'autorité administrative à qui le véhicule a été remis, en exécution de la décision de l'officier de police judiciaire. Ces règles de répartition des compétences entre les deux ordres de juridiction s'appliquent également lorsque la mise en fourrière est ordonnée par l'officier de police judiciaire territorialement compétent, sur le fondement de l'art. L. 325-12 C. route, à la demande du maître des lieux qui souhaite faire procéder à l'enlèvement d'un véhicule laissé sans droit dans des lieux publics ou privés où ne s'applique pas le code de la route. • TA Paris, 6 mai 2019 : *JCP Adm. 2019. Actu. 353.*

Art. L. 325-13 *(L. n° 2003-239 du 18 mars 2003, art. 88)* **Le maire, le président d'un établissement public de coopération intercommunale** *(L. n° 2017-257 du 28 févr. 2017, art. 27-2°)* **« , le président du conseil départemental et, à Paris, le maire de Paris » ont chacun la faculté d'instituer un ou plusieurs services publics de fourrières pour automobiles relevant de leur autorité respective.**

Art. L. 325-14 *(L. n° 2020-105 du 10 févr. 2020, art. 92)* **Dans les collectivités régies par l'article 73 de la Constitution, à défaut d'institution d'un service public local de fourrière, et si aucun gardien n'a pu être agréé ou si le nombre de gardiens agréés est insuffisant, il est possible, sur proposition du représentant de l'État dans le département et pour une durée définie, d'agréer comme gardien de fourrière une personne morale qui exerce également une activité de destruction ou de retraitement de véhicules usagés.**

Les conditions d'application du présent article sont précisées par décret.

V. art. D. 325-24-1.

CHAPITRE VI **ORGANISATION DE LA PROFESSION D'EXPERT EN AUTOMOBILE** *(L. nº 2003-495 du 12 juin 2003, art. 20).*

BIBL. ▶ PERONET et QUET, *Jurispr. auto 2011, nº 833, p. 23* (expertise en automobile : un profil sur mesure pour l'expert judiciaire ?). – VINGIANO-VIRICEL, *RCA 2016. Étude 14* (le renouveau du paradigme de l'expertise automobile au bénéfice des assureurs).

COMMENTAIRE

Loi du 12 juin 2003. Lors de la recodification, ce chapitre qui traitait essentiellement de la qualité d'expert en automobile avait été curieusement intitulé « Retrait de la circulation des véhicules accidentés ». Un tel décalage a cependant été corrigé par la loi du 12 juin 2003 qui a changé cet intitulé afin de l'adapter au contenu de ce chapitre, tout en déplaçant les dispositions relatives aux véhicules accidentés qui y figuraient dans un chapitre VII ci-après.

C'est en effet bel et bien l'organisation de la profession d'expert en automobile qui est ici réglementée. Une réglementation qui nous vient d'une loi du 11 décembre 1972, plusieurs fois modifiée, et qui, à l'occasion de la recodification, a été non seulement intégrée au code, mais aussi réécrite afin de la rendre plus lisible et cohérente.

Ordonnance du 30 mai 2008. Plusieurs dispositions de ce chapitre ont toutefois été modifiées par l'ordonnance nº 2008-507 du 30 mai 2008. Par ces modifications, il s'est agi de permettre aux ressortissants européens de s'installer librement en France comme expert en automobile (V. art. L. 326-1), ainsi que d'y exercer de façon temporaire et occasionnelle cette profession (V. art. L. 326-4). Ces modifications étaient nécessaires pour se conformer aux dispositions de la directive 2005/36/CE du Parlement européen et du Conseil du 7 septembre 2005 relative à la reconnaissance des qualifications professionnelles.

Loi du 5 janvier 2011. D'autres modifications importantes ont par ailleurs été apportées aux présentes dispositions par la loi nº 2011-12 du 5 janvier 2011 et tenant aux compétences de la Commission nationale des experts en automobile. Avant cette loi, cette Commission avait deux principales fonctions : établir la liste des personnes pouvant exercer la profession d'expert en automobile et exercer un pouvoir disciplinaire à l'égard des experts en cas de faute ou de manquement aux règles professionnelles. Or, désormais, ces deux fonctions sont assurées par le ministre chargé des transports, la Commission nationale n'ayant plus qu'un rôle consultatif en matière disciplinaire (V. art. L. 326-3 et L. 326-5, ainsi que les dispositions d'application fixées par le décret nº 2011-760 du 28 juin 2011 aux art. R. 326-5 s. du présent code). Il s'est agi par là même de simplifier la procédure d'inscription sur la liste des experts et surtout de réduire tout un contentieux qui s'est développé devant le Conseil d'État et concernant les sanctions disciplinaires prononcées par cette Commission. On notera enfin que la loi du 5 janvier 2011 est venue préciser à l'article L. 326-6 qu'un expert en automobile doit exercer sa profession dans des conditions ne portant pas atteinte à son indépendance. Cette précision pourrait justifier un refus d'inscription ou une radiation sur la liste des experts en automobile dans des situations ne correspondant pas aux cas d'incompatibilité prévus par ce même article. ❑

Art. L. 326-1 *(Ord. nº 2008-507 du 30 mai 2008, art. 10)* **Ont la qualité d'experts en automobile les ressortissants d'un État membre de la Communauté européenne ou d'un autre État partie à l'accord sur l'Espace économique européen qui remplissent les conditions de qualification professionnelle déterminées par décret en Conseil d'État.**

COMMENTAIRE

Reconnaissance européenne des qualifications professionnelles. L'article L. 326-1 a été modifié par l'ordonnance nº 2008-507 du 30 mai 2008 afin de faciliter l'acquisition par les ressortissants européens de la qualité d'expert en automobile en France. Auparavant, pour acquérir une telle qualité, l'article L. 326-1 imposait l'obtention d'un diplôme. Or les règles communautaires sur la liberté d'établissement posent comme principe que lorsque, dans un État membre, l'accès à certaines activités professionnelles est subordonné à certaines connaissances et aptitudes (générales, commerciales ou professionnelles), l'exercice préalable de l'activité dans un autre État membre doit être considéré comme une preuve suffisante de ces connaissances et aptitudes (sous réserve que l'activité ait été exercée pendant une certaine durée). Pour se conformer à ce principe, l'article L. 326-1 ne subordonne donc plus l'acquisition de la qualité d'expert en automobile à l'obtention d'un diplôme, mais à des conditions de qualification professionnelle précisées par décret. ❑

Art. L. 326-2 **Nul ne peut avoir la qualité d'expert en automobile s'il a fait l'objet d'une condamnation pour vol, escroquerie, recel, abus de confiance, agressions sexuelles, soustraction commise par un dépositaire de l'autorité publique, faux témoignage, corruption ou trafic d'influence, faux ou pour un délit puni des peines du vol, de l'escroquerie ou de l'abus de confiance.** – *[L. n° 72-1097 du 11 déc. 1972, art. 1er, al. 1er.]*

COMMENTAIRE

Certaines condamnations pénales font obstacle à l'acquisition de la qualité d'expert en automobile. L'article L. 326-2 fixe la liste des condamnations concernées. On notera qu'au sein de cette liste figurent les condamnations pour délit – n'importe quel délit pourrait-on ajouter – puni des peines du vol, de l'escroquerie ou de l'abus de confiance. Ce qui est bien vague… ❑

Art. L. 326-3 *(L. n° 2011-12 du 5 janv. 2011, art. 7-I-1°, en vigueur le 1er mai 2011)* **« Nul ne peut exercer la profession d'expert en automobile s'il ne figure sur une liste fixée par l'autorité administrative. »**

L'inscription sur cette liste est de droit pour les personnes remplissant les conditions fixées par le présent chapitre. – *[L. n° 72-1097 du 11 déc. 1972, art. 1er, al. 7 et 8.]*

Art. L. 326-4 *(Ord. n° 2008-507 du 30 mai 2008, art. 10)* **I. — Seuls les ressortissants mentionnés à l'article L. 326-1 inscrits sur la liste nationale des experts en automobile peuvent exercer les activités suivantes :**

1° Rédaction à titre habituel de rapports destinés à être produits à des tiers et relatifs à tous dommages causés aux véhicules à moteur ainsi qu'aux cycles et à leurs dérivés, notamment toutes opérations et études nécessaires à la détermination de l'origine, de la consistance, de la valeur de ces dommages et à leur réparation ;

2° Détermination de la valeur des véhicules mentionnés au 1° du I du présent article.

(Ord. n° 2015-1682 du 17 déc. 2015, art. 7-1°, en vigueur le 1er janv. 2016) **« II. — Tout professionnel ressortissant d'un État membre de l'Union européenne ou d'un autre État partie à l'Espace économique européen y exerçant l'activité d'expert en automobile est réputé détenir la qualification professionnelle pour exercer en France tout ou partie de cette activité de façon temporaire et occasionnelle, sous réserve d'être légalement établi dans l'un de ces États et, lorsque ni cette activité ni la formation y conduisant n'y sont réglementées, de l'avoir exercée dans un ou plusieurs États membres pendant une année ou à temps partiel pendant une durée équivalente au cours des dix années qui précèdent la prestation. Il est inscrit à titre temporaire sur la liste nationale des experts en automobile.**

« Lorsque le professionnel fournit pour la première fois une prestation en France, il en informe au préalable l'autorité administrative par une déclaration écrite dont le contenu et la procédure de dépôt sont précisées par décret. Cette déclaration donne lieu à une vérification des qualifications professionnelles du prestataire afin de permettre à l'autorité de s'assurer que la prestation ne portera pas atteinte à la sécurité ou à la santé du bénéficiaire du service du fait du manque de qualification professionnelle du prestataire.

« II *bis*. — Un accès partiel à la profession au sens de la directive 2005/36/CE du Parlement européen et du Conseil du 7 septembre 2005 relative à la reconnaissance des qualifications professionnelles peut être accordé au cas par cas aux ressortissants de l'Union européenne ou d'un autre État partie à l'accord sur l'Espace économique européen lorsque les trois conditions suivantes sont remplies :

« 1° Le professionnel est pleinement qualifié pour exercer, dans l'État d'origine membre de l'Union ou partie à l'accord sur l'Espace économique européen, l'activité professionnelle pour laquelle l'accès partiel est sollicité ;

« 2° Les différences entre l'activité professionnelle légalement exercée dans l'État d'origine membre de l'Union ou partie à l'accord sur l'Espace économique européen

et la profession réglementée correspondante en France sont si importantes que l'application de mesures de compensation reviendrait à imposer au demandeur de suivre le programme complet d'enseignement et de formation requis en France pour avoir pleinement accès à la profession réglementée ;

« 3° L'activité professionnelle est distincte de la ou des autres activités relevant de la profession réglementée, notamment dans la mesure où elle est exercée de manière autonome dans l'État d'origine.

« L'accès partiel peut être refusé pour des raisons impérieuses d'intérêt général, si ce refus est proportionné à la protection de cet intérêt.

« Les demandes aux fins d'accès partiel sont examinées, selon le cas, comme des demandes à fin d'établissement ou de libre prestation de services temporaire et occasionnelle. »

III. — Par dérogation aux I et II ci-dessus, les activités exercées dans le cadre d'une procédure judiciaire ou intéressant la sécurité de l'État ou la défense nationale relèvent des seules dispositions particulières qui les réglementent.

IV. — Les conditions d'application du présent article sont fixées par décret en Conseil d'État.

COMMENTAIRE

Reconnaissance européenne des qualifications professionnelles. Les modifications apportées au présent article par l'ordonnance n° 2008-507 du 30 mai 2008, puis par l'ordonnance n° 2015-1682 du 17 décembre 2015 sont comparables à celles opérées à l'article L. 212-1 concernant l'enseignement de la conduite et l'animation des stages de sensibilisation à la sécurité routière (V. comm. de cet art.). Il s'est agi, là aussi, de permettre aux ressortissants européens d'exercer de façon temporaire et occasionnelle une activité professionnelle en France, à savoir ici celle d'expert en automobile, et de permettre également un accès partiel à cette activité professionnelle. ❑

Art. L. 326-5 *(L. n° 2011-12 du 5 janv. 2011, art. 7-I-2°, en vigueur le 1er mai 2011)* **Les conditions d'application des articles L. 326-1 à L. 326-4, et notamment le régime disciplinaire auquel sont soumis les experts en automobile, sont fixées par un décret en Conseil d'État.**

Une commission nationale composée de représentants de l'État, de représentants des professions concernées par l'expertise et l'assurance et de représentants d'associations d'usagers est consultée pour avis par l'autorité administrative qui rend les décisions disciplinaires, selon des modalités prévues par décret.

Dispositions réglementaires : R. 326-1 s.

Art. L. 326-6 **I. — Est incompatible avec l'exercice de la profession d'expert en automobile :**

1° La détention d'une charge d'officier public ou ministériel ;

2° L'exercice d'activités touchant à la production, la vente, la location, la réparation et la représentation de véhicules à moteur et des pièces accessoires ;

3° L'exercice de la profession d'assureur ;

(L. n° 2011-12 du 5 janv. 2011, art. 7-I-3°, en vigueur le 1er mai 2011) **« I *bis*. — Les conditions dans lesquelles un expert en automobile exerce sa profession ne doivent pas porter atteinte à son indépendance. »**

(Ord. n° 2008-507 du 30 mai 2008, art. 10) **« II. » — Un décret en Conseil d'État fixe les conditions d'application du présent article et notamment les règles professionnelles que doivent respecter les experts en automobile.** — *[L. n° 72-1097 du 11 déc. 1972, art. 5.]*

BIBL. ▶ NAMIN, *Jurispr. auto 2009. 64* (expertises de dommages et missions judiciaires : deux activités compatibles).

1. Un maire peut exercer la profession d'expert automobile dans la mesure où il ne détient pas une charge d'officier public ou ministériel au sens de l'art. L. 326-6 du code de la route. • CE 28 déc. 2001, n° 236427 : *Lebon*.

2. Viole l'art. 1er de l'Ord. n° 67-821 du 23 sept. 1967, devenu l'art. L. 251-1 C. com., ensemble l'art. 5, L. n° 72-1097 du 11 déc. 1972, devenu l'art. L. 326-6 C. route, la cour d'appel qui, pour rejeter la demande d'annulation du groupement d'intérêt économique (GIE) Bureau Commun automobile, retient que ce GIE n'a pas une activité propre en matière d'expertise, qu'il ne se livre pas à une activité d'assureur mais à une activité qui se rattache à celle des compagnies qui en sont les membres et que, doté d'une personnalité juridique distincte de celle de ses membres, il se borne à réaliser pour le compte des compagnies d'assurances membres du GIE, des expertises automobiles par l'intermédiaire d'experts, alors que l'exercice de la profession d'assureur étant incompatible avec celui de la profession d'expert en automobile, la seconde activité ne peut valablement se rattacher à la première et constituer l'auxiliaire de celle-ci. • Com. 13 nov. 2003, n° 01-11.072 P : *RTD com. 2004. 120, obs. Grosclaude ; Rev. sociétés 2004. 369, note Conac.*

3. Doit être annulée la décision de radiation de la liste nationale des experts en automobile d'un expert gérant d'une société dont l'objet social était uniquement l'activité d'expert en automobile aux motifs que cette société avait un lien avec une autre société ayant pour activité le garage, la vente, la réparation et la location de véhicules automobiles ; la situation de l'intéressé ne correspondant à aucun des cas d'incompatibilité limitativement prévus par l'art. L. 326-6 C. route. • CE 29 mars 2010, *Anizan,* n° 318987 B : *Jurispr. auto 2010, n° 820, 30, obs. Namin.*

Art. L. 326-7 Tout expert en automobile doit être couvert par un contrat d'assurance garantissant la responsabilité civile qu'il peut encourir en raison des activités mentionnées à l'article L. 326-4.

Un arrêté du ministre de la justice et du ministre chargé de l'économie et des finances fixe les limites, conditions et garanties minimales de cette assurance. – *[L. n° 72-1097 du 11 déc. 1972, art. 2.]*

Art. L. 326-8 *(Ord. n° 2008-507 du 30 mai 2008, art. 10)* **L'usage, sans droit, de la qualité d'expert en automobile ou le fait de s'en réclamer ainsi que l'exercice temporaire et occasionnel** *(Ord. n° 2015-1682 du 17 déc. 2015, art. 7-2°, en vigueur le 1er janv. 2016)* **« , même partiel, » de cette activité sans respecter les conditions fixées** *(Ord. n° 2015-1682 du 17 déc. 2015, art. 7-2°, en vigueur le 1er janv. 2016)* **« au II et au II *bis* » de l'article L. 326-4 sont punis des peines prévues aux articles 433-17 et 433-22 du code pénal.**

COMMENTAIRE

Le présent article incrimine l'usage sans droit de la qualité d'expert en automobile en renvoyant aux articles 433-17 et 433-22 du code pénal. Ce sont les textes qui sanctionnent l'usurpation de titre, pour laquelle sont prévus, à titre principal, un an d'emprisonnement et 15 000 € d'amende.

Cette incrimination est également applicable aujourd'hui aux ressortissants européens qui exerceraient en France, de façon temporaire et occasionnelle, même de façon partielle, l'activité d'expert en automobile, sans respecter les conditions posées par l'article L. 326-4, II et II *bis*. ❑

Art. L. 326-9 En cas de condamnation d'un expert en automobile pour des faits constituant un manquement à l'honneur ou à la probité, le tribunal peut, à titre de peine complémentaire, lui interdire, temporairement ou définitivement, l'exercice des activités mentionnées à l'article L. 326-4. – *[L. n° 72-1097 du 11 déc. 1972, art. 4.]*

CHAPITRE VII **VÉHICULES ENDOMMAGÉS** *(L. n° 2003-495 du 12 juin 2003, art. 20).*

Les art. L. 326-10 à L. 326-12 ont été renumérotés L. 327-1 à L. 327-3 en application des dispositions de la L. n° 2003-495 du 12 juin 2003.

V. Arr. du 26 juill. 2011 relatif à l'obtention et au maintien de la qualification pour le contrôle des véhicules endommagés pour les experts en automobile (JO 31 juill.), mod. par Arr. du 15 juin 2017 (JO 29 juin) et par Arr. du 5 déc. 2022 (JO 24 déc.) ; Arr. du 7 oct. 2020 relatif à la prolongation de la qualification pour le contrôle des véhicules endommagés pour les experts en automobile au titre de l'année 2020 (JO 21 oct.).

BIBL. ▸ NAMIN, *Jurispr. auto 2009. 258* (VGE : radioscopie de la nouvelle procédure) ; *ibid. 2012, n° 838, p. 23* (VGE : les experts en automobile partie prenante de l'interprétation du droit applicable). – LETOCART-CALAME, *ibid., p. 19* (les véhicules endommagés au sens du code de la route). – RAVAYROL, *ibid., p. 27* (VEI : le nouveau système d'immatriculation des véhicules malmène le dispositif en place).

COMMENTAIRE

Loi du 12 juin 2003. Dans ce chapitre VII, créé par la loi du 12 juin 2003, les articles L. 327-1 à L. 327-3 formulent les obligations de l'assureur lorsqu'un rapport d'expertise fait apparaître un montant de réparation supérieur à la valeur de la chose assurée. Ces dispositions, qui étaient prévues aux anciens articles L. 326-10 à L. 326-12, ne pouvaient effectivement être maintenues dans le chapitre VI consacré à la profession d'expert en automobile… Ont été ajoutés les articles L. 327-4 à L. 327-6 relatifs aux pouvoirs respectifs de l'officier ou de l'agent de police judiciaire, du préfet et de l'expert en automobile, lorsque la gravité des dommages au véhicule est constatée.

Décret du 10 avril 2009. Quelques modifications ont par ailleurs été apportées aux articles L. 327-2 à L. 327-5 par un décret… Le pouvoir réglementaire a fait application des dispositions de l'article 37, alinéa 2, de la Constitution qui lui permettent de modifier par décret en Conseil d'État des textes en forme législative intervenus dans une matière de nature réglementaire. Conformément à cet article 37, alinéa 2, de la Constitution, le Conseil constitutionnel a reconnu la nature réglementaire des dispositions ici modifiées par sa décision n° 2008-213, L. du 16 octobre 2008. Il ne s'agissait d'ailleurs ici que d'adapter le vocabulaire utilisé dans ces articles aux nouvelles modalités en matière d'immatriculation des véhicules (V. comm. ss. art. L. 322-1, égal. modif. par un Décr. et pour les mêmes raisons). ❑

Art. L. 327-1 Les entreprises d'assurances tenues à un titre quelconque à indemniser les dommages à un véhicule dont un rapport d'expertise fait apparaître que le montant des réparations est supérieur à la valeur de la chose assurée au moment du sinistre doivent dans les quinze jours suivant la remise du rapport d'expertise proposer une indemnisation en perte totale avec cession du véhicule à l'assureur. Le propriétaire du véhicule dispose de trente jours pour donner sa réponse. – *[Anc. art. L. 27, 1°.]*

Cession du véhicule à l'assureur : R. 327-1.

1. Absence de suspension de la circulaire relative aux véhicules économiquement irréparables. La Circ. du 4 sept. 2003 relative aux véhicules économiquement irréparables dont la suspension est demandée se substitue à une Circ. du 30 mars 1995, prise elle-même pour l'application des dispositions figurant aujourd'hui aux art. L. 327-1 s. C. route ; il ne résulte ni des indications très générales de la requête, ni de l'objet de la circulaire, ni de l'ensemble des pièces du dossier que l'intervention de la Circ. du 4 sept. 2003 soit de nature à entraîner, pour les intérêts des négociants en véhicules accidentés et en pièces de remploi, un préjudice constitutif d'une situation d'urgence au sens des dispositions du titre II du livre V CJA ; dès lors, cette requête doit être rejetée pour défaut d'urgence sans qu'il soit besoin de rechercher dans quelle mesure elle est recevable. • CE 6 nov. 2003, n° 261489 : *inédit* • CE 18 nov. 2003, n° 261497 : *inédit.*

2. Légalité de cette circulaire. Contestée par une association de professionnels, la Circ. du 4 sept. 2003 qui définit les obligations des assureurs, des particuliers, des pouvoirs publics et des professionnels de l'automobile en présence d'un véhicule économiquement irréparable a été jugée légale au motif, d'une part, que si elle procède à l'énumération de quelques professionnels de l'automobile en omettant notamment les négociants en véhicules et pièces automobiles, elle concerne, en réalité, tous les professionnels de l'automobile concernés, et, d'autre part, qu'elle n'ajoute pas à la loi en précisant que lorsqu'ils ont été cédés par leur propriétaire à son assureur, puis vendus par celui-ci à un acheteur professionnel, les véhicules déclarés économiquement irréparables ne peuvent être ni vendus à un particulier, ni revendus en l'état par un particulier à un autre. • CE 12 janv. 2005, n° 261393 : *inédit.*

Art. L. 327-2 En cas d'accord du propriétaire de céder le véhicule à l'assureur, celui-ci transmet le certificat d'immatriculation du véhicule *(Décr. n° 2009-397 du 10 avr. 2009)* **« à l'autorité administrative compétente ».**

L'assureur doit vendre le véhicule à un acheteur professionnel pour destruction, réparation ou récupération des pièces en vue de leur revente ou reconstruction. *(L. n° 2015-992 du 17 août 2015, art. 77-II)* **« Lorsqu'il s'agit d'une voiture particulière ou d'une camionnette destinée à la destruction ou à la récupération des pièces en vue de leur revente ou reconstruction, l'assureur remet le véhicule à un centre de véhicules hors d'usage agréé. »**

En cas de réparation du véhicule, celui-ci ne peut être remis en circulation et faire l'objet d'une réimmatriculation qu'au vu du rapport d'expertise certifiant que ledit véhicule a fait l'objet des réparations touchant à la sécurité prévues par le premier

rapport d'expertise et qu'il est en état de circuler dans des conditions normales de sécurité. — *[Anc. art. L. 27, 2° et 3°.]*

Cession du véhicule à l'assureur : R. 327-1.

Il résulte de l'art. L. 327-2 C. route que le professionnel qui acquiert d'un assureur un véhicule gravement accidenté et déclaré économiquement irréparable, ne peut le revendre à un particulier sans l'avoir au préalable réparé, et ne peut le remettre en circulation sans avoir fait procéder à une expertise certifiant que le véhicule a fait l'objet des réparations touchant à la sécurité préconisées par le rapport d'expertise ayant conduit à son classement en véhicule économiquement irréparable, et qu'il est en état de circuler dans des conditions normales de sécurité. Viole ce texte et les dispositions de l'art. 1382 C. civ., l'arrêt qui décide que la responsabilité d'une société exploitant un garage n'est pas engagée envers un des acquéreurs successifs du véhicule gravement accidenté, alors que cette société avait vendu le véhicule, acquis auprès d'une société d'assurance, à un particulier, sans avoir réalisé les réparations nécessaires et sans faire procéder à une expertise du véhicule. • Civ. 2e, 9 juill. 2009, n° 08-16.453 P : *D. 2009. AJ 2109 ; ibid. Chron. C. cass. 2069, spéc. 2077, obs. Nicolétis ; Jurispr. auto 2009, n° 810, 30, obs. Namin.*

Art. L. 327-3 **En cas de refus du propriétaire de céder le véhicule à l'assureur ou de silence dans le délai fixé à l'article** *(L. n° 2003-495 du 12 juin 2003, art. 20)* **« L. 327-1 », l'assureur doit en informer** *(Décr. n° 2009-397 du 10 avr. 2009)* **« l'autorité administrative compétente.**

« Celle-ci procède alors, pendant la durée nécessaire et jusqu'à ce que le propriétaire l'ait informée que le véhicule a été réparé, à l'inscription d'une opposition à tout transfert du certificat d'immatriculation. Elle » en informe le propriétaire par lettre simple.

Pour obtenir la levée de cette opposition, le propriétaire doit présenter un second rapport d'expertise certifiant que ledit véhicule a fait l'objet des réparations touchant à la sécurité prévues par le premier rapport d'expertise et que le véhicule est en état de circuler dans des conditions normales de sécurité.

Un arrêté interministériel fixe la valeur de la chose assurée au moment du sinistre à partir de laquelle les dispositions prévues au présent article sont applicables. — *[Anc. art. L. 27-1.]*

Valeur fixée à 1000 F [152,45 €] par Arr. du 3 avr. 1998 (JO 4 avr.).

Véhicules endommagés : R. 327-1 s.

Art. L. 327-4 *(L. n° 2003-495 du 12 juin 2003, art. 20)* **Lorsqu'en** *[Lorsque, en]* **raison de la gravité des dommages qu'il a subis, un véhicule a été immobilisé en application des articles L. 325-1 à L. 325-3, l'officier ou l'agent de police judiciaire qui procède aux constatations retire à titre conservatoire le certificat d'immatriculation.** *(Ord. n° 2020-773 du 24 juin 2020, art. 1er, en vigueur au plus tard le 1er avr. 2021)* **« Lorsqu'en raison de la gravité des dommages qu'il a subis un véhicule a été mis en fourrière en application des articles L. 325-1 à L. 325-3 ou L. 325-12, l'officier ou l'agent mentionné à l'article L. 325-2 qui procède aux constatations retire à titre conservatoire le certificat d'immatriculation. »**

En l'absence de remise du certificat d'immatriculation, *(Décr. n° 2009-397 du 10 avr. 2009)* **« l'autorité administrative compétente » avise le propriétaire de l'interdiction de circulation de son véhicule et procède à l'inscription d'une opposition au transfert du certificat d'immatriculation jusqu'à la remise de ce document.**

Le véhicule n'est remis en circulation qu'au vu du rapport d'un expert en automobile certifiant que ledit véhicule est en état de circuler dans des conditions normales de sécurité.

Les dispositions issues de l'Ord. n° 2020-773 du 24 juin 2020 entrent en vigueur à une date fixée, pour chaque département, par arrêté du ministre chargé de la sécurité routière, et au plus tard le 1er avr. 2021. Elles s'appliquent aux véhicules entrés en fourrière à compter de l'entrée en vigueur de l'Ord. (Ord. préc., art. 2).

Art. L. 327-5 *(L. n° 2003-495 du 12 juin 2003, art. 20)* **Lorsqu'un expert en automobile constate qu'en raison de son état un véhicule ne peut circuler dans des conditions normales de sécurité, il en informe** *(Décr. n° 2009-397 du 10 avr. 2009)* **« l'autorité administrative compétente », sans que puissent y faire obstacle les règles relatives au**

secret professionnel. *(Décr. nº 2009-397 du 10 avr. 2009)* **« L'autorité administrative compétente » avise le propriétaire de l'interdiction de circulation de son véhicule et procède à l'inscription d'une opposition au transfert du certificat d'immatriculation jusqu'à la remise de ce document.**

Le véhicule n'est remis en circulation qu'au vu d'un rapport d'un expert en automobile certifiant que le dit véhicule est en état de circuler dans des conditions normales de sécurité.

Art. L. 327-6 *(L. nº 2003-495 du 12 juin 2003, art. 20)* **Un décret en Conseil d'État fixe, en tant que de besoin, les conditions d'application du présent chapitre.**

CHAPITRE VIII

(L. nº 2019-1428 du 24 déc. 2019, art. 75)

COMMENTAIRE

Achetez des véhicules terrestres à moteur, mais ne les utilisez pas. L'article L. 328-1, créé, comme le présent chapitre, par la loi du 24 décembre 2019 d'orientation des mobilités, prévoit que toute publicité en faveur des véhicules terrestres à moteur doit être accompagnée d'un message visant à inciter ceux qui acquièrent de tels véhicules à ne pas les utiliser. Par un tel message, pour le moins paradoxal, le législateur a voulu promouvoir les modes de transport les plus compatibles avec la protection de l'environnement. Dans cette perspective, l'article L. 328-1 demande aux annonceurs, agences de communication et autres agences de publicité de promouvoir dans les publicités en faveur des véhicules terrestres à moteur l'usage de l'une des mobilités qu'il énumère à savoir :

– les mobilités dites actives, c'est-à-dire les modes de déplacement pour lesquels la force motrice humaine est nécessaire, avec ou sans assistance motorisée (V. art. L. 1271-1 C. transp., qui vise expressément la marche à pied ou le vélo) ;
– les mobilités partagées, c'est-à-dire, le covoiturage ou l'auto-partage ;
– ou le transport en commun.

Les conditions d'application de ces dispositions ont été fixées par le décret nº 2021-1841 du 28 décembre 2021, créant les articles D. 328-1 et suivants dans le présent code, lesquels précisent notamment que l'obligation prévue par l'article L. 328-1 concerne toute publicité en faveur de la vente ou de la location de longue durée de véhicules de tourisme, de véhicules à moteur à deux ou trois roues et de quadricycles à moteur (V. art. D. 328-1), dans ou hors du lieu de vente (V. art. D. 328-2). Quant à la teneur des messages promotionnels, elle a été précisée par un arrêté du 28 décembre 2021 pris pour l'application de l'article D. 328-3 du code de la route (*JO 29 déc.*), lequel indique également leur modalité d'insertion dans les publicités concernées.

On notera enfin que, pour garantir le respect de cette obligation, la loi nº 2021-1104 du 22 août 2021 portant lutte contre le dérèglement climatique et renforcement de la résilience face à ses effets a ajouté, au sein du présent chapitre, un article L. 328-2 prévoyant une amende administrative de 50 000 euros, portée à 100 000 euros en cas de récidive. Les modalités de cette répression administrative, ont, quant à elles, été formulées à l'article R. 328-4 du présent code, créé par le décret nº 2021-1840 du 28 décembre 2021. ❑

Art. L. 328-1 **Toute publicité en faveur de véhicules terrestres à moteur est obligatoirement accompagnée d'un message promotionnel encourageant l'usage des mobilités actives, telles que définies à l'article L. 1271-1 du code des transports, ou partagées, ou des transports en commun.**

Un décret fixe les conditions d'application du présent article.

Dispositions réglementaires : art. D. 328-1 s.

Art. L. 328-2 *(L. nº 2021-1104 du 22 août 2021, art. 13)* **Dans des conditions fixées par décret en Conseil d'État, l'autorité administrative peut sanctionner le manquement à l'obligation prévue à l'article L. 328-1 par une amende d'un montant de 50 000 € par diffusion. En cas de récidive, le montant de l'amende peut être porté à 100 000 €.**

Dispositions réglementaires : art. R. 328-4.

CHAPITRE IX SURVEILLANCE DU MARCHÉ DES VÉHICULES À MOTEUR

(Ord. nº 2020-701 du 10 juin 2020)

BIBL. ▶ SEGONDS, *RSC 2020. 980* (à scandale majeur, délits mineurs ? A propos de l'ordonnance nº 2020-701 du 10 juin 2020).

COMMENTAIRE

Réglementation européenne. Ce chapitre IX a été créé par l'ordonnance nº 2020-701 du 10 juin 2020, prise en application de l'article 95, I de la loi du 24 décembre 2019 d'orientation des mobilités. Les dispositions y figurant sont à mettre en lien avec plusieurs règlements européens et en particulier le règlement 2018/858 du 30 mai 2018 relatif à la réception et à la surveillance du marché des véhicules à moteur et de leurs remorques, ainsi que des systèmes, composants et entités techniques distinctes destinés à ces véhicules (*JOUE L 151 du 14 juin 2018*). Les fraudes réalisées par le groupe Volkswagen afin de réduire les émissions polluantes de certains moteurs lors des tests d'homologation sont à l'origine de ce règlement révisant et renforçant les règles en la matière au sein de l'Union.

Surveillance de la conformité des véhicules en circulation. Le présent chapitre est dédié à la surveillance du marché des véhicules à moteur, opération qu'il convient de distinguer de la réception. La réception (ou l'homologation) vise à s'assurer qu'un véhicule, avant sa commercialisation, respecte la réglementation en vigueur alors que la surveillance du marché consiste à vérifier que les véhicules en circulation sont conformes à celle-ci. Il s'agit plus précisément, indique le règlement du 30 mai 2018, de « garantir que les véhicules », mais aussi « les systèmes, les composants et les entités techniques distinctes ainsi que les pièces et équipements mis à disposition sur le marché sont conformes aux prescriptions énoncées dans la législation d'harmonisation applicable de l'Union et ne portent pas atteinte à la santé, à la sécurité, à l'environnement ou à tout autre aspect lié à la protection de l'intérêt public » (art. 3, pt 34).

Dans cette perspective, le règlement du 30 mai 2018 demande à chaque État membre de l'Union de désigner une autorité chargée de la surveillance du marché (art. 6, § 1) ayant pour rôle d'effectuer des contrôles réguliers afin de vérifier la conformité des véhicules, systèmes, composants et entités techniques distinctes avec les prescriptions pertinentes (art. 8, § 1). Pour ce faire, il prévoit notamment que les autorités chargées de la surveillance du marché doivent être autorisées, lorsque cela est nécessaire et justifié, à pénétrer dans les locaux des opérateurs économiques concernés et à prélever tout échantillon nécessaire pour les besoins de la vérification (art. 6, § 7). Il demande aussi, en cas de non-conformité, de prévoir des sanctions effectives, proportionnées et dissuasives (art. 84).

Autant de règles que l'ordonnance du 10 juin 2020, ainsi que son décret d'application nº 2020-703 du 10 juin 2020, mettent en œuvre en créant, ici, les articles L. 329-1 à L. 329-51 et, dans la partie réglementaires, les articles R. 329-1 à R. 329-25.

L'article L. 329-3 vient ainsi créer en droit interne « l'autorité chargée de la surveillance du marché des véhicules et des moteurs » – le ministre étant désigné comme étant cette autorité par l'article R. 329-1 – dont le rôle est d'assurer des contrôles appropriés, d'imposer aux opérateurs économiques les mesures correctives nécessaires au respect de la réglementation applicable et, faute pour ces opérateurs de les mettre en œuvre, de prendre les mesures et sanctions qui s'imposent. Conformément aux dispositions européennes précitées, les dispositions françaises permettent ensuite aux agents habilités de cette autorité d'accéder aux locaux des opérateurs économiques concernés (art. L. 329-3 s.) et de prélever des échantillons des produits contrôlés (art. L. 329-19 s.). Elles formulent également différentes mesures et sanctions administratives en cas de manquement (art. L. 329-33 s.), mais aussi des sanctions pénales (art. L. 329-47 s., et art. R. 329-25).

Toutes ces dispositions sont enfin mises en œuvre par un service dédié à compétence nationale : le service de surveillance du marché des véhicules et des moteurs (SSMVM), créé par un arrêté du 10 juin 2020 (*JO 11 juin*). ❑

SECTION 1 Dispositions générales

Art. L. 329-1 Les dispositions du présent chapitre définissent les conditions dans lesquelles s'exercent les contrôles de la conformité, ainsi que la recherche et les sanctions des non-conformités :

1° Des véhicules à moteur et de leurs remorques, des véhicules agricoles et forestiers et de leurs remorques, des véhicules à deux ou trois roues et quadricycles, des systèmes, des composants ainsi que des entités techniques distinctes, mis à disposition sur le territoire national, à la réglementation applicable en matière de réception des véhicules régis par les titres I et II du présent livre ainsi qu'à la réglementation européenne, à l'exception de l'article 18 du règlement (UE) n° 167/2013 du Parlement européen et du Conseil du 5 février 2013 relatif à la réception et à la surveillance du marché des véhicules agricoles et forestiers ;

2° Des pièces détachées et des équipements destinés à ces véhicules ainsi que de l'étiquetage des pneumatiques aux textes pris pour l'application des titres I et II du présent livre ainsi qu'à la réglementation européenne ;

3° Des feux spéciaux d'avertissement de certains véhicules à la réglementation du présent code relative aux dispositifs spéciaux d'éclairage et de signalisation des véhicules.

Art. L. 329-2 Les dispositions du présent chapitre sont applicables aux opérateurs économiques définis :

1° Par l'article 3 du règlement (CE) n° 1222/2009 du Parlement européen et du Conseil du 25 novembre 2009 sur l'étiquetage des pneumatiques en relation avec l'efficacité en carburant et d'autres paramètres essentiels, en ce qui concerne le marché des pneumatiques ;

2° Par l'article 3 du règlement (UE) n° 167/2013 du Parlement européen et du Conseil du 15 janvier 2013 relatif à la réception et à la surveillance du marché des véhicules agricoles et forestiers, en ce qui concerne le marché des véhicules agricoles et forestiers ;

3° Par l'article 3 du règlement (UE) n° 168/2013 du Parlement européen et du Conseil du 5 février 2013 relatif à la réception et à la surveillance du marché des véhicules à deux ou trois roues et des quadricycles, en ce qui concerne le marché des véhicules à deux ou trois roues et des quadricycles ;

4° Par l'article 3 du règlement (UE) 2018/858 du Parlement européen et du Conseil du 30 mai 2018 relatif à la réception et à la surveillance du marché des véhicules à moteur et de leurs remorques, ainsi que des systèmes, composants et entités techniques distinctes destinés à ces véhicules, modifiant les règlements (CE) n° 715/2007 et (CE) n° 595/2009 et abrogeant la directive 2007/46/CE, en ce qui concerne le marché des véhicules à moteur et de leurs remorques ainsi que des systèmes, composants et entités techniques distinctes destinés à ces véhicules ;

5° Par l'article 3 du règlement (UE) 2019/1020 du Parlement européen et du Conseil du 20 juin 2019 sur la surveillance du marché et la conformité des produits, et modifiant la directive 2004/42/CE et les règlements (CE) n° 765/2008 et (UE) n° 305/2011, en ce qui concerne le marché des pièces détachées et des équipements.

Elles sont également applicables aux prestataires de services de la société de l'information au sens de l'article 3 du règlement (UE) 2019/1020 du 20 juin 2019.

Art. L. 329-3 L'autorité chargée de la surveillance du marché des véhicules et des moteurs est une autorité administrative de l'État désignée par décret en Conseil d'État.

Elle assure cette surveillance par des contrôles appropriés, impose aux opérateurs économiques les mesures correctives nécessaires au respect de la réglementation applicable et, faute pour ces opérateurs de les mettre en œuvre, prend les mesures et sanctions qui s'imposent.

V. note ss. art. R. 329-1.

Art. L. 329-4 Les opérateurs économiques coopèrent avec l'autorité chargée de la surveillance du marché des véhicules et des moteurs en vue de l'adoption de mesures susceptibles d'éliminer ou de réduire les risques que représentent des produits mis à disposition sur le marché par ces opérateurs.

Les prestataires de services de la société de l'information coopèrent avec cette autorité et à sa demande, dans les cas particuliers, en vue de faciliter toute mesure prise en vue d'éliminer ou, si cela n'est pas possible, d'atténuer les risques posés par un produit qui est ou a été proposé à la vente par l'intermédiaire de leur service.

SECTION 2 Habilitations

Art. L. 329-5 Les agents de l'autorité chargée de la surveillance du marché des véhicules et des moteurs, commissionnés et assermentés à cet effet, sont habilités à rechercher et constater les manquements ou les infractions aux réglementations relatives à la conformité des produits mentionnées à l'article L. 329-1 ainsi qu'aux textes pris pour leur application. Ils ont une compétence nationale.

Ces agents peuvent également rechercher et constater les infractions de faux prévues aux articles 441-1 à 441-3 et 441-5 à 441-12 du code pénal, les infractions d'escroqueries prévues aux articles 313-1 à 313-3 du code pénal et les infractions de tromperie prévues aux articles L. 441-1, L. 454-1 à L. 454-5 du code de la consommation.

Agents commissionnés, V. art. R. 329-2 et Arr. du 27 janv. 2023 (JO 14 mars).

Art. L. 329-6 Pour l'accomplissement de leurs missions, les agents habilités de l'autorité chargée de la surveillance du marché des véhicules et des moteurs peuvent recourir à toute personne qualifiée, dans les conditions prévues à l'article L. 512-17 du code de la consommation.

Art. L. 329-7 L'autorité chargée de la surveillance du marché des véhicules et des moteurs peut confier le prélèvement et l'acheminement des échantillons destinés au contrôle prévus par les articles L. 329-20 et L. 329-21 :

1° A des agents habilités à cet effet par le ministre chargé des transports, appartenant à des organismes de droit public ou de droit privé ;

2° A des organismes de droit privé agissant par voie d'huissier de justice.

Art. L. 329-8 Lorsque la législation de l'Union européenne prévoit une coopération entre les États membres ou avec la Commission européenne, les personnes désignées par les autorités compétentes d'un autre État membre ou de la Commission européenne peuvent assister les agents habilités de l'autorité chargée de la surveillance du marché des véhicules et des moteurs dans les opérations de contrôle prévues par le présent chapitre.

SECTION 3 Pouvoirs d'enquête pour le contrôle de la conformité des produits

SOUS-SECTION 1 Dispositions communes

Art. L. 329-9 Les manquements ou les infractions sont constatés par des procès-verbaux, qui font foi jusqu'à preuve contraire.

Art. L. 329-10 Le secret professionnel ne peut être opposé aux agents habilités agissant dans le cadre des pouvoirs qui leur sont conférés par le présent chapitre.

Art. L. 329-11 Il est interdit de faire obstacle à l'exercice des fonctions des agents habilités.

Art. L. 329-12 Les contrôles de conformité, qu'ils résultent de contrôles documentaires, de tests, d'analyses, de contrôles physiques, d'essais en laboratoire ou d'essais sur route, sont réalisés de façon contradictoire.

SOUS-SECTION 2 Recueil de renseignements et de documents

Art. L. 329-13 Lorsque l'autorité chargée de la surveillance du marché des véhicules et des moteurs sollicite des documents ou des explications, l'opérateur économique les lui transmet dans le délai raisonnable qu'elle fixe et qui ne peut excéder deux mois.

Art. L. 329-14 Le recueil de renseignements et de documents par les agents habilités s'exerce dans les conditions prévues aux articles L. 512-8 à L. 512-10 et L. 512-12 à L. 512-14 du code de la consommation.

Il comporte le droit d'accéder aux données issues d'un système informatique ou d'un traitement de données nominatives, sans que puisse être opposée l'obligation au secret professionnel.

Art. L. 329-15 Lorsque les documents sont sous une forme informatisée, les agents habilités de l'autorité chargée de la surveillance du marché des véhicules et des moteurs ont accès aux logiciels, aux données stockées et aux algorithmes et peuvent solliciter l'assistance de l'opérateur économique afin d'être en mesure de les exploiter. Ils peuvent demander la transcription de ces données par tout traitement approprié dans des documents directement utilisables pour les besoins du contrôle. Un format déterminé pour ces données peut être fixé par arrêté du ministre chargé des transports.

Art. L. 329-16 Les agents habilités de l'autorité chargée de la surveillance du marché des véhicules et des moteurs peuvent exiger des opérateurs économiques qu'ils fournissent des informations, pour autant que ces informations soient pertinentes au regard du respect des exigences applicables et des contrôles en cours, d'une part, aux fins de l'identification du propriétaire d'un site internet et, d'autre part, sur :

1° La chaîne d'approvisionnement ;

2° Le détail des réseaux de distribution ;

3° Les quantités de produits sur le marché ;

4° D'autres modèles de produits dotés des mêmes caractéristiques techniques que le produit contrôlé.

Art. L. 329-17 Le secret des affaires n'est pas opposable aux agents chargés du recueil de renseignements et de documents en application des articles L. 329-13 et L. 329-14. La protection du secret des affaires s'exerce dans les conditions prévues au titre V du livre I du code de commerce.

Art. L. 329-18 Lorsqu'un opérateur économique n'a pas donné accès, communiqué ou transmis les documents, informations ou explications demandés sur le fondement des dispositions de la présente sous-section dans le délai imparti, l'autorité chargée de la surveillance du marché des véhicules et des moteurs peut lui ordonner de le faire, sous astreinte journalière, dont le montant ne peut excéder 10 000 euros.

SOUS-SECTION 3 **Analyses, tests et essais**

Art. L. 329-19 Dans le cadre de leurs missions de surveillance du marché, les agents habilités de l'autorité chargée de la surveillance du marché des véhicules et des moteurs prélèvent des échantillons des produits contrôlés afin de réaliser des analyses, des tests, des essais en laboratoire et des essais sur route.

Ces prélèvements sont réalisés dans les conditions fixées par le décret prévu à l'article L. 329-51.

Art. L. 329-20 Les échantillons de véhicules ou de remorques, neufs ou d'occasion, permettant d'effectuer les contrôles peuvent :

1° Être acquis par l'autorité chargée de la surveillance du marché des véhicules et des moteurs et, à l'issue des contrôles, être détruits ou cédés à des tiers selon leur état ;

2° Être loués auprès de professionnels ;

3° Être mis à disposition par les opérateurs économiques mentionnés à l'article L. 329-2 ;

4° Être mis à disposition par le titulaire du certificat d'immatriculation du véhicule ou de la remorque.

Dans le cas prévu au 4°, une indemnité peut être versée durant le temps de l'immobilisation, dont le montant est déterminé par arrêté du ministre chargé des transports. Si le bien vient à être endommagé et ne peut être restitué en l'état, une indemnisation est due, dont le montant est déterminé selon des modalités précisées par arrêté du ministre chargé des transports, ou, le cas échéant pour tenir compte de situations particulières, par accord amiable avec le titulaire du certificat d'immatriculation.

V. Arr. du 25 nov. 2020 définissant les conditions d'application des points 3° et 4° de l'article L. 329-20 du code de la route (JO 18 déc.).

Art. L. 329-21 Les échantillons de systèmes, de composants, d'entités techniques distinctes et de pièces détachées et équipements destinés aux véhicules peuvent être :

1° Prélevés chez des opérateurs économiques par les agents habilités, à leur demande et dans les limites strictement nécessaires à la réalisation du contrôle. Les échantillons dont la non-conformité à la réglementation n'a pas été établie sont remboursés à leur valeur, toutes taxes comprises, du jour où ils ont été remis aux agents ou remis à la disposition des opérateurs économiques avec leur accord ;

2° Acquis par l'autorité chargée de la surveillance du marché des véhicules et des moteurs, dans la mesure nécessaire aux vérifications à opérer.

Art. L. 329-22 Les résultats des contrôles documentaires, des tests, des analyses, des contrôles physiques, des essais en laboratoire et des essais sur route et les constatations opérées en application des dispositions du présent chapitre sont immédiatement transmis aux agents habilités de l'autorité chargée de la surveillance du marché des véhicules et des moteurs.

SOUS-SECTION 4 **Accès aux locaux, visites et saisies, consignation**

Art. L. 329-23 L'accès aux locaux et aux moyens de transport à usage professionnel s'exerce dans les conditions prévues aux articles L. 512-5 à L. 512-7 du code de la consommation.

Art. L. 329-24 I. — Les agents habilités mentionnés à l'article L. 329-5 peuvent procéder aux visites et saisies dans les lieux à usage professionnel ou dans les lieux d'exécution d'une prestation de service ainsi que dans les moyens de transport à usage professionnel sur autorisation donnée par ordonnance du juge des libertés et de la détention du tribunal judiciaire dans le ressort duquel sont situés les lieux à visiter. Lorsque ces lieux sont situés dans le ressort de plusieurs juridictions et qu'une action simultanée doit être menée dans chacun d'eux, une ordonnance unique peut être délivrée par l'un des juges des libertés et de la détention compétente.

Le juge vérifie que la demande d'autorisation qui lui est soumise est fondée. Cette demande doit comporter tous les éléments d'information en possession du demandeur de nature à justifier la visite.

L'ordonnance comporte l'adresse des lieux à visiter, le nom et la qualité du ou des agents habilités à procéder aux opérations de visite ainsi que les heures auxquelles ils sont autorisés à se présenter.

II. — L'ordonnance est notifiée sur place par les agents habilités mentionnés à l'article L. 329-5 au moment de la visite à l'occupant des lieux ou à son représentant, qui en reçoit copie intégrale contre récépissé ou émargement au procès-verbal de visite. En l'absence de l'occupant des lieux ou de son représentant, l'ordonnance est notifiée, après la visite, par lettre recommandée avec demande d'avis de réception. Il en va de même lorsqu'il n'est pas procédé à la visite dans un des lieux visés par l'ordonnance. La notification est réputée faite à la date de réception figurant sur l'avis. A défaut de réception, il est procédé à la signification de l'ordonnance par acte d'huissier de justice.

L'acte de notification comporte mention des voies et délais de recours contre l'ordonnance ayant autorisé la visite et contre le déroulement des opérations de visite. Il mentionne également que le juge ayant autorisé la visite peut être saisi d'une demande de suspension ou d'arrêt de cette visite.

III. – La visite s'effectue sous l'autorité et le contrôle du juge des libertés et de la détention qui l'a autorisée. Le juge des libertés et de la détention peut, s'il l'estime utile, se rendre dans les locaux pendant l'intervention. Lorsque la visite a lieu en dehors du ressort de son tribunal judiciaire, il délivre une commission rogatoire pour exercer ce contrôle au juge des libertés et de la détention dans le ressort duquel s'effectue la visite. A tout moment, il peut décider la suspension ou l'arrêt de la visite. La saisine du juge des libertés et de la détention aux fins de suspension ou d'arrêt des opérations de visite n'a pas d'effet suspensif.

IV. – La visite est effectuée en présence de l'occupant des lieux ou de son représentant, qui peut se faire assister d'un conseil de son choix. En l'absence de l'occupant des lieux, les agents chargés de la visite ne peuvent procéder à celle-ci qu'en présence de deux témoins qui ne sont pas placés sous leur autorité.

Un procès-verbal relatant les modalités et le déroulement de l'opération et consignant les constatations effectuées est dressé sur-le-champ par les agents qui ont procédé à la visite. Le procès-verbal est signé par ces agents et par l'occupant des lieux ou, le cas échéant, son représentant et les témoins. En cas de refus de signer, mention en est faite au procès-verbal.

L'original du procès-verbal est, dès qu'il a été établi, adressé au juge qui a autorisé la visite. Une copie de ce même document est remise ou adressée par lettre recommandée avec demande d'avis de réception à l'occupant des lieux ou à son représentant.

Le procès-verbal mentionne le délai et les voies de recours.

V. – L'ordonnance autorisant la visite est susceptible d'appel devant le président de la chambre de l'instruction dans les dix jours à compter de sa notification, par déclaration au greffe de la chambre de l'instruction. Les parties ne sont pas tenues de constituer avocat.

L'ordonnance du président de la chambre de l'instruction est susceptible d'un pourvoi en cassation selon les règles prévues par le code de procédure pénale.

Art. L. 329-25 Les opérations de consignations et de saisie des produits mentionnés aux 3° de l'article L. 512-26 et 4° de l'article L. 512-29 du code de la consommation s'effectuent dans les cas et conditions prévues par les articles L. 512-27 à L. 512-33 ou L. 512-34 à L. 512-38 du même code.

SOUS-SECTION 5 **Contrôle de la vente des biens en ligne**

Art. L. 329-26 Lorsque les biens sont vendus sur internet, les agents habilités de l'autorité chargée de la surveillance du marché des véhicules et des moteurs peuvent, pour effectuer les contrôles de la conformité prévus par l'article L. 329-1, faire usage d'une identité d'emprunt.

Les conditions dans lesquelles ils procèdent à leurs constatations sont précisées par le décret prévu par l'article L. 329-51.

SOUS-SECTION 6 **Échange et diffusion d'informations**

Art. L. 329-27 Les dispositions de l'article 11 du code de procédure pénale ou celles relatives au secret professionnel ne font pas obstacle à la communication, aux autorités compétentes des États membres de l'Union européenne et à la Commission européenne, d'informations ou de documents détenus et recueillis par l'autorité administrative chargée de la surveillance du marché des véhicules et des moteurs dans l'exercice de ses missions de recherche et de constatation des manquements ou des infractions aux dispositions entrant dans le champ d'application de la réglementation européenne.

Cette communication s'effectue selon les conditions et modalités définies par la réglementation européenne.

Art. L. 329-28 Les informations et documents recueillis dans le cadre des contrôles prévus par le présent chapitre peuvent être communiqués, pour l'exercice de leurs missions respectives en matière de conformité ou de sécurité des produits :

1° Aux agents des douanes ;

2° Aux agents de la concurrence, de la consommation et de la répression des fraudes ;

3° Aux agents du ministère de l'agriculture chargés de la surveillance du marché des véhicules agricoles et forestiers pour l'application de l'article 18 du règlement (UE) n° 167/2013 ;

4° Aux agents de contrôle de l'inspection du travail mentionnés à l'article L. 8112-1 du code du travail ;

5° Aux agents de l'Agence nationale des fréquences mentionnés à l'article L. 40 du code des postes et des communications électroniques ;

6° A la Commission européenne ou aux autorités de surveillance des autres États membres de l'Union européenne compétentes pour contrôler la conformité des produits à l'obligation générale de sécurité ou l'application de la réglementation applicable aux véhicules à moteur.

Il en va de même des informations et documents recueillis dans le cadre de la surveillance de l'étiquetage des pneumatiques.

Art. L. 329-29 Les dispositions de l'article 11 du code de procédure pénale ou celles relatives au secret professionnel ne font pas obstacle à la divulgation d'informations par les agents habilités de l'autorité chargée de la surveillance du marché des véhicules et des moteurs, en vue de prévenir un danger grave ou immédiat pour la santé ou la sécurité des personnes.

SECTION 4 Procédure, mesures et sanctions consécutives aux contrôles de conformité

SOUS-SECTION 1 Notification de la non-conformité par l'autorité chargée de la surveillance du marché

Art. L. 329-30 Le caractère probant de constatations établies par l'autorité de surveillance du marché d'un autre État membre dans le cadre d'enquêtes visant à vérifier la conformité d'un même produit n'est subordonnée à aucune exigence formelle supplémentaire.

Art. L. 329-31 Lorsque l'autorité chargée de la surveillance du marché des véhicules et des moteurs constate une non-conformité sur le fondement des contrôles réalisés, elle transmet le rapport à l'opérateur économique et l'invite à présenter ses observations accompagnées de tout élément explicatif dans un délai raisonnable qu'elle fixe.

A l'issue du délai, si la non-conformité est avérée, l'autorité chargée de la surveillance du marché des véhicules et des moteurs en dresse procès-verbal.

Art. L. 329-32 I. — Le procès-verbal prévu à l'article L. 329-31 accompagné des pièces justificatives est transmis à l'opérateur économique qui dispose d'un délai de cinq jours francs à compter de sa notification pour indiquer s'il demande la mise en œuvre d'une expertise complémentaire.

II. — Lorsque l'opérateur économique ne demande pas d'expertise complémentaire, l'autorité administrative chargée de la surveillance du marché des véhicules et des moteurs dresse un procès-verbal définitif et met en œuvre les mesures prévues aux articles L. 329-35 à L. 329-42.

III. — Lorsque l'expertise complémentaire est demandée, deux experts sont choisis parmi les personnes physiques et morales figurant sur une liste établie par le ministre chargé des transports, l'un par l'autorité chargée de la surveillance du marché des véhicules et des moteurs, l'autre par l'opérateur économique, s'il le souhaite et dans un délai imparti par cette autorité.

Si l'opérateur renonce explicitement à choisir un expert ou ne le désigne pas dans le délai imparti, cet expert est nommé par l'autorité chargée de la surveillance du marché des véhicules et des moteurs.

L'autorité chargée de la surveillance du marché des véhicules et des moteurs met en demeure le détenteur de fournir le ou les échantillons prélevés, intacts, aux experts sous huitaine. Si les échantillons ne sont pas présentés dans ce délai, l'expertise complémentaire ne peut être réalisée et l'autorité chargée de la surveillance du marché des véhicules et des moteurs dresse un procès-verbal définitif et met en œuvre les mesures et sanctions prévues aux articles L. 329-35 à L. 329-45.

L'expert désigné par l'opérateur ou nommé d'office par l'autorité en l'absence de désignation par l'opérateur économique procède à une première expertise.

Si à l'issue de cette expertise, le résultat confirme les constatations portées sur le procès-verbal de non-conformité prévu à l'article L. 329-31, l'autorité chargée de la surveillance du marché des véhicules et des moteurs dresse un procès-verbal définitif et met en œuvre les mesures et sanctions prévues aux articles L. 329-35 à L. 329-45.

Si à l'issue de cette expertise, le résultat de l'expertise infirme les constatations portées sur le procès-verbal de non-conformité prévu à l'article L. 329-31, une contre-expertise est menée par l'expert désigné par l'autorité chargée de la surveillance du marché des véhicules et des moteurs.

A l'issue de cette contre-expertise, l'autorité chargée de la surveillance du marché des véhicules et des moteurs dresse un procès-verbal définitif et en cas de non-conformité met en œuvre les mesures et sanctions prévues aux articles L. 329-35 à L. 329-45.

L'expertise complémentaire s'effectue aux frais de l'opérateur économique. Toutefois, si aucune non-conformité n'est établie à l'issue de celle-ci, l'autorité chargée de la surveillance du marché des véhicules et des moteurs rembourse à l'opérateur les coûts liés à l'expertise complémentaire.

IV. — Lorsqu'un essai destructif doit être réalisé sur un véhicule, l'autorité chargée de la surveillance du marché des véhicules et des moteurs informe l'opérateur économique lors du prélèvement de la possibilité de demander une expertise et lui communique la liste des experts mentionnée au III.

L'opérateur économique dispose d'un délai de cinq jours francs pour indiquer s'il demande la mise en œuvre d'une expertise.

Lorsque l'expertise est demandée, l'essai ne peut être réalisé qu'une fois les experts désignés dans les conditions prévues par le III.

Lorsqu'il n'a été possible de disposer que d'un seul échantillon pour cette expertise portant sur un essai destructif, les experts procèdent en commun à l'analyse de l'échantillon.

Les frais liés à la participation à l'essai de l'expert désigné par l'opérateur économique sont supportés par l'opérateur économique. Si aucune non-conformité n'est constatée à l'issue de l'essai, ces frais sont remboursés à l'opérateur économique.

V. — Lorsque le procès-verbal définitif établi conformément au II ou au III du présent article constate une infraction de tromperie prévue aux articles L. 441-1, L. 454-1 à L. 454-5 du code de la consommation, sur le fondement d'essais ou d'analyses, l'auteur présumé de l'infraction est informé par l'autorité chargée de la surveillance du marché des véhicules et des moteurs de la possibilité qui lui est offerte de demander une expertise qui s'effectue dans les conditions fixées par les articles L. 512-40 à L. 512-48 du code de la consommation.

V. Arr. du 28 juill. 2021 établissant la liste des personnes physiques et morales admises à réaliser l'expertise complémentaire prévue à l'art. L. 329-32 C. route (JO 22 août).

SOUS-SECTION 2 **Mesures et sanctions administratives**

Art. L. 329-33 Les mesures et sanctions prévues à l'article L. 329-35 sont décidées par l'autorité chargée de la surveillance du marché des véhicules et des moteurs en cas de manquement :

1° Aux dispositions techniques et aux dispositions administratives relatives à la réception des véhicules édictées en vertu des titres I et II du livre III du code de la route et de la réglementation européenne ;

2° Aux articles L. 441-1 et L. 454-1 à L. 454-5 du code de la consommation relatifs à la tromperie ;

3° Aux obligations relatives à l'étiquetage des pneumatiques résultant de la réglementation européenne ;

4° Aux obligations prévues par la réglementation du présent code relative aux dispositifs spéciaux d'éclairage et de signalisation des véhicules.

Art. L. 329-34 Les mesures et sanctions prévues par la présente sous-section sont motivées et notifiées à l'opérateur en cause.

Art. L. 329-35 I. — L'autorité chargée de la surveillance du marché des véhicules et des moteurs peut, à l'issue d'une procédure contradictoire dont les modalités sont fixées par le décret prévu à l'article L. 329-51, prononcer une ou plusieurs des mesures suivantes :

1° L'avertissement ;

2° La mise en conformité ;

3° Le rappel ;

4° La suspension de mise sur le marché ;

5° Le retrait du produit ;

6° L'interdiction de mise à disposition sur le marché ;

7° La destruction des produits présentant un risque grave.

II. — Tout manquement à la réglementation de mise à disposition sur le marché des véhicules, remorques, systèmes, composants, entités techniques distinctes ainsi que des pièces détachées et équipements destinés aux véhicules est passible d'une amende administrative infligée par l'autorité chargée de la surveillance du marché des véhicules et des moteurs, dont le montant ne peut excéder un million d'euros par produit concerné.

III. — Lorsqu'elle prend des mesures ou inflige une sanction, l'autorité chargée de la surveillance du marché des véhicules et des moteurs en informe sans délai l'autorité administrative chargée de la réception des véhicules, la Commission européenne et les autorités de surveillance des autres États membres.

Art. L. 329-36 Lorsque des mesures de retrait ou de rappel sont mises en œuvre, les opérateurs économiques établissent et maintiennent à jour un état chiffré des produits retirés ou rappelés, qu'ils tiennent à la disposition des agents habilités de l'autorité chargée de la surveillance du marché des véhicules et des moteurs.

Sans préjudice des mesures d'information des personnes et des autorités administratives compétentes prévues par la réglementation en vigueur, les opérateurs économiques qui procèdent au rappel ou au retrait en font la déclaration par voie dématérialisée, selon des modalités fixées par décret.

Art. L. 329-37 Lorsqu'est constatée une non-conformité telle que le produit présente un danger grave ou immédiat pour la santé, la sécurité ou l'environnement, l'autorité chargée de la surveillance du marché des véhicules et des moteurs peut prononcer, à titre conservatoire, une suspension provisoire de mise sur le marché, un rappel ou un retrait des produits non conformes, aux frais de l'opérateur économique.

La durée de ces mesures conservatoires ne peut excéder quinze jours, renouvelables une fois.

La procédure contradictoire préalable au prononcé d'une mesure prévue à l'article L. 329-35 est engagée dès la notification de la mesure conservatoire.

Art. L. 329-38 Lorsqu'il n'existe pas de moyen efficace pour éliminer un risque grave, l'autorité chargée de la surveillance du marché des véhicules et des moteurs peut exiger le retrait du contenu d'une interface en ligne qui mentionne les produits concernés ou exiger l'affichage d'une mise en garde explicite des utilisateurs finaux lorsque ceux-ci accèdent à une interface en ligne.

Art. L. 329-39 Lorsqu'un opérateur économique fait l'objet d'une des mesures prévues par le I de l'article L. 329-35 en raison d'un manquement à la réglementation applicable mais s'avère dans l'incapacité manifeste de l'exécuter dans un délai raisonnable, l'autorité chargée de la surveillance du marché des véhicules et des moteurs peut lui enjoindre, pour une durée de deux mois susceptible d'être renouvelée par périodes de deux mois, d'informer les consommateurs de la mesure dont il a fait l'objet et de mentionner le véhicule, la remorque, le système, le composant, l'entité technique distincte ainsi que les pièces et équipements destinés aux véhicules, visés par cette mesure, selon les modalités fixées par cette injonction.

Les modalités d'application du présent article sont fixées par le décret prévu à l'article L. 329-51.

Art. L. 329-40 Lorsque l'opérateur économique n'a pas exécuté dans le délai qui lui a été imparti la ou les mesures qui ont été prononcées en application du I de l'article L. 329-35, l'autorité chargée de la surveillance du marché des véhicules et des moteurs peut :

1° Lui infliger une amende d'un montant maximal de 100 000 €, qui peut être assortie d'une astreinte journalière d'un montant maximal de 10 000 € ;

2° S'il y a lieu exiger du prestataire de services de la société de l'information qu'il restreigne l'accès à l'interface en ligne concernée, y compris en demandant à des tiers concernés d'appliquer de telles mesures.

Art. L. 329-41 A défaut pour l'opérateur économique d'effectuer le retrait, le rappel ou la destruction des véhicules, remorques, systèmes, composants, entités techniques distinctes, pièces détachées et équipements destinés à ces véhicules non conformes qui lui a été imposé sur le fondement du I de l'article L. 329-35, l'autorité chargée de la surveillance du marché des véhicules et des moteurs peut, après une nouvelle injonction sans résultat, y procéder d'office aux frais de l'opérateur.

Art. L. 329-42 L'autorité chargée de la surveillance du marché des véhicules et des moteurs peut décider la publication des mesures et sanctions prononcées sur le fondement des dispositions de la présente sous-section sur son site internet mais également par voie de presse ou sur tout autre support approprié.

L'opérateur économique est informé, préalablement à la publication envisagée, de la nature et des modalités de celle-ci qui est effectuée à ses frais.

Art. L. 329-43 Les amendes et astreintes prévues par les articles L. 329-35 et L. 329-40 ne peuvent porter sur des faits remontant à plus de dix ans s'il n'a été accompli dans ce délai aucun acte tendant à leur recherche, leur constatation ou leur sanction.

Art. L. 329-44 Les amendes et les astreintes prévues par le présent chapitre bénéficient d'un privilège de même rang que celui prévu à l'article 1920 du code général des impôts. Il est procédé à leur recouvrement comme en matière de créances de l'État étrangères à l'impôt et au domaine.

L'opposition à l'état exécutoire pris en application d'une mesure de consignation ordonnée par l'autorité chargée de la surveillance du marché des véhicules et des moteurs devant le juge administratif n'a pas de caractère suspensif.

Art. L. 329-45 Sans préjudice des autres sanctions encourues, lorsque la non-conformité à la réglementation d'un produit a été établie par des contrôles réalisés en application du présent chapitre, le responsable de la mise sur le marché du produit ou, le cas échéant, toute autre personne responsable de la non-conformité supporte la totalité des frais directement exposés par l'autorité chargée de la surveillance du marché des véhicules et des moteurs pour réaliser les opérations de contrôle en cause.

SOUS-SECTION 3 Transaction

Art. L. 329-46 L'autorité chargée de la surveillance du marché des véhicules et des moteurs peut, tant que l'action publique n'a pas été mise en mouvement, transiger, après accord du procureur de la République, selon les modalités fixées par le décret prévu à l'article L. 329-51, pour les infractions prévues aux titres I et II du livre III punies d'une peine d'emprisonnement inférieur à trois ans.

La transaction s'effectue selon les modalités prévues aux articles L. 523-2 à L. 523-4 du code de la consommation.

SOUS-SECTION 4 Sanctions pénales

Art. L. 329-47 Le fait de faire obstacle aux fonctions des agents habilités en violation de l'article L. 329-11 est puni de six mois d'emprisonnement et de 100 000 euros d'amende.

Art. L. 329-48 Le fait de dissimuler des données ou des spécifications techniques établissant un manquement visé par l'article L. 329-33, à l'exclusion de son 2°, est puni de six mois d'emprisonnement et de 15 000 euros d'amende.

Art. L. 329-49 Le fait d'importer, de mettre sur le marché ou de maintenir sur le marché des véhicules, remorques, systèmes, composants, entités techniques distinctes, pièces et équipements destinés aux véhicules est puni de trois ans d'emprisonnement et d'un million d'euros d'amende lorsqu'ils ne sont pas conformes aux prescriptions techniques suivantes :

1° Prescriptions applicables à la réception des véhicules, des systèmes, composants et entités techniques distinctes prévues par l'annexe II du règlement (UE) 2018/858, les annexes II et VI du règlement (UE) n° 168/2013, l'annexe I du règlement (UE) n° 167/2013 et les annexes IV et XI de la directive 2007/46/CE ;

2° Prescriptions résultant de la réglementation du présent code relative aux dispositifs spéciaux d'éclairage et de signalisation des véhicules.

Le montant de l'amende peut être porté, de manière proportionnée aux avantages tirés de la non-conformité, à 10 % du chiffre d'affaires moyen annuel, calculé sur les trois derniers chiffres d'affaires annuels connus à la date des faits, lorsque les produits concernés ont constitué un danger pour la santé, la sécurité ou l'environnement.

Art. L. 329-50 I. — Les personnes physiques coupables des délits prévus à la présente sous-section encourent également les peines complémentaires suivantes :

1° L'interdiction, suivant les modalités prévues par l'article 131-27 du code pénal, soit d'exercer une fonction publique ou d'exercer l'activité professionnelle ou sociale dans l'exercice ou à l'occasion de l'exercice de laquelle l'infraction a été commise, soit d'exercer une profession commerciale ou industrielle, de diriger, d'administrer, de gérer ou de contrôler à un titre quelconque, directement ou indirectement, pour son propre compte ou pour le compte d'autrui, une entreprise commerciale ou industrielle ou une société commerciale. Ces interdictions d'exercice peuvent être prononcées cumulativement ;

2° L'exclusion des marchés publics ;

3° La confiscation de la chose qui a servi ou était destinée à commettre l'infraction ou de la chose qui en est le produit, à l'exception des objets susceptibles de restitution.

II. — Les personnes morales déclarées responsables pénalement, dans les conditions prévues par l'article 121-2 du code pénal encourent, outre l'amende suivant les modalités prévues par l'article 131-38 du même code, les peines complémentaires prévues à l'article 131-39 de ce code.

SECTION 5 Modalités d'application

Art. L. 329-51 Sauf dispositions contraires, les modalités d'application du présent chapitre sont prises par décret en Conseil d'État.

TITRE III ENREGISTREMENT ET COMMUNICATION DES INFORMATIONS RELATIVES À LA CIRCULATION DES VÉHICULES

COMMENTAIRE

Figurent ici les dispositions législatives permettant l'enregistrement et la communication des informations relatives aux pièces administratives exigées pour la circulation des véhicules ou affectant la disponibilité de ceux-ci. Ces informations ont été enregistrées pendant plusieurs années dans ce que l'on appelle le fichier national des immatriculations. Ce fichier national des immatriculations a toutefois montré ses limites tenant à la mise à jour des informations y figurant, ainsi qu'aux problèmes d'interconnexions avec d'autres systèmes de données. Les pouvoirs publics ont donc décidé de le remplacer par un nouveau fichier dénommé « Système d'Immatriculation des Véhicules » (SIV). Créé par un arrêté du 10 février 2009 (V. App., v° *Immatriculation*), le SIV participe de la réforme relative à l'immatriculation des véhicules issue du décret n° 2009-136 du 9 février 2009 (V. comm. introductif aux art. R. 322-1 s.) et remplacera, à terme, le fichier national des immatriculations.

Un arrêté du 1er septembre 2009 (V. App., v° *Immatriculation*) a, par ailleurs, créé un autre fichier dénommé « Système d'information décisionnel du système d'immatriculation des véhicules » dont l'une des finalités est de réaliser des statistiques et des études (V. art. 1er de cet Arr. et les précisions apportées par son art. 4 concernant la communication des informations y figurant). Cet autre fichier a remplacé le fichier central des automobiles, créé par un arrêté du 11 octobre 1983 et abrogé par l'arrêté du 25 octobre 2013 portant création d'un traitement de données à caractère personnel dénommé « RSVERO » (répertoire statistique des véhicules routiers ; V. App., v° *Immatriculation*).

A ces différents fichiers, il faut encore ajouter celui créé par un arrêté du 28 août 2017 (V. App., v° *Immatriculation*) qui vise à lutter contre les fraudes en matière d'immatriculation en détectant, par des algorithmes, les demandes potentiellement frauduleuses d'un usager en la matière. La dématérialisation des formalités d'immatriculation, opérée par le décret n° 2017-1278 du 9 août 2017 (V. art. R. 322-1 s.), peut, il est vrai, conduire à des fraudes que ce fichier vise à détecter.

Les dispositions concernant les informations relatives au conducteur et à son permis de conduire, qui alimentent le fichier dénommé « Système national des permis de conduire », sont, quant à elles, logiquement insérées dans le livre II du code, consacré au conducteur, aux articles L. 225-1 et suivants. ❑

Art. L. 330-1 **Il est procédé, dans les services de l'État et sous l'autorité et le contrôle du ministre de l'intérieur, à l'enregistrement de toutes informations concernant les pièces administratives exigées pour la circulation des véhicules ou affectant la disponibilité de ceux-ci.**

Ces informations peuvent faire l'objet de traitements automatisés, soumis aux dispositions de la loi n° 78-17 du 6 janvier 1978 relative à l'informatique, aux fichiers et aux libertés. — *[Anc. art. L. 30, al. 1er et 3, et L. 31.]*

Dispositions réglementaires : R. 330-1 s.

V. App., v° Immatriculation : Arr. du 10 févr. 2009 (système d'immatriculation des véhicules), Arr. du 1er sept. 2009 (système d'information décisionnel du système d'immatriculation des véhicules, Arr. du 25 oct. 2013 (répertoire statistique des véhicules routiers) et Arr. du 28 août 2017 (traitement automatisé de lutte contre la fraude au certificat d'immatriculation des véhicules).

V. Décr. n° 2023-97 du 14 févr. 2023 relatif à la publicité du gage portant sur un véhicule terrestre à moteur ou une remorque immatriculés (JO 16 févr.).

Légalité de l'Arr. du 10 févr. 2009. Les dispositions de l'art. 3 de l'Arr. du 10 févr. 2009 qui ne mentionnent pas les organismes de contrôle technique automobile parmi les destinataires des informations figurant sur le fichier SIV ne sont pas illégales, dès lors que ni les dispositions des art. L. 330-2 à L. 330-5 et R. 330-1 à R. 330-11 C. route, qui fixent la liste des personnes auxquelles tout ou partie des informations figurant sur le fichier SIV peuvent être communiquées, ni aucune autre disposition de nature législative ou réglementaire, n'autorisent la communication de ces données aux organismes chargés du contrôle technique. • CE 21 mars 2011 : *JCP E 2012. 1489.*

Art. L. 330-2 I. – Ces informations, à l'exception de celles relatives aux gages constitués sur les véhicules à moteur et aux oppositions au transfert du certificat d'immatriculation, sont communiquées *(Abrogé par L. nº 2016-339 du 22 mars 2016, art. 7-3º)* « *sur leur demande* » :

1º A la personne physique ou morale titulaire des pièces administratives, à son avocat ou à son mandataire ;

2º Aux autorités judiciaires ;

3º Aux officiers ou agents de police judiciaire, dans l'exercice des missions définies à l'article 14 du code de procédure pénale ;

4º Aux militaires de la gendarmerie ou aux fonctionnaires de la police nationale habilités à effectuer des contrôles routiers en application des dispositions du présent code ;

(L. nº 2003-239 du 18 mars 2003, art. 86) « 4º *bis* Aux agents de police judiciaire adjoints et aux gardes champêtres, aux seules fins d'identifier les auteurs des infractions au présent code *(L. nº 2020-105 du 10 févr. 2020, art. 99)* « et aux infractions liées à l'abandon ou au dépôt illégal de déchets » qu'ils sont habilités à constater ; »

5º Aux fonctionnaires habilités à constater des infractions au présent code, aux seules fins d'identifier les auteurs de ces infractions ;

(L. nº 2014-58 du 27 janv. 2014, art. 63-III, en vigueur le 1er janv. 2018 ; Ord. nº 2015-401 du 9 avr. 2015, art. 6-2º) « 5º *bis* Aux agents habilités de l'établissement public de l'État chargé de participer aux opérations nécessaires à la délivrance par voie postale de l'avis de paiement mentionné à l'article L. 2333-87 du code général des collectivités territoriales ou à l'émission du titre exécutoire prévu au même article ; »

(L. nº 2019-773 du 24 juill. 2019, art. 4-VII) « 5º *ter* Aux fonctionnaires et agents mentionnés à l'article L. 172-4 du code de l'environnement, aux seules fins d'identifier les auteurs des infractions qu'ils sont habilités à rechercher ; »

6º Aux préfets, pour l'exercice de leurs compétences en matière de circulation des véhicules ;

(L. nº 2001-1062 du 15 nov. 2001, art. 18) « 7º Aux services du ministre de l'intérieur, du ministre de la défense *(L. nº 2015-992 du 17 août 2015, art. 37-VIII)* « , du ministre chargé de l'écologie », du ministre chargé de l'industrie et du ministre chargé des transports pour l'exercice de leurs compétences ; »

(L. nº 2017-1775 du 28 déc. 2017, art. 65-II) « 7º *bis* Aux agents de l'administration des finances publiques pour l'exercice de leurs compétences ; »

8º Aux entreprises d'assurances garantissant les dommages subis par des tiers résultant d'atteintes aux personnes ou aux biens dans la réalisation desquels un véhicule à moteur, ainsi que ses remorques, est impliqué et aux organismes assimilés à ces entreprises dès lors que ces informations ont pour seul but d'identifier les biens et les personnes impliqués dans un accident de la circulation à condition qu'au moins un des véhicules soit assuré par le demandeur ou que ce dernier ait en charge l'indemnisation d'une des victimes ;

(L. nº 2016-1547 du 18 nov. 2016, art. 35-III et V, en vigueur à une date fixée par Décr. en Conseil d'État, et au plus tard le 31 déc. 2018) « 8º *bis* Aux personnels habilités du fonds de garantie des assurances obligatoires de dommages mentionné à l'article L. 421-1 du code des assurances en vue de mener les missions fixées au V du même article ; »

(L. nº 2006-10 du 5 janv. 2006, art. 13) « 9º Aux autorités étrangères *(Abrogé par L. nº 2007-297 du 5 mars 2007, art. 21)* « ***extérieures à l'Union européenne et à l'Espace économique européen*** » avec lesquelles existe un accord d'échange d'informations relatives à l'identification du titulaire du certificat d'immatriculation ;

(L. nº 2013-619 du 16 juill. 2013, art. 35) « 9º *bis* Aux services compétents des États membres, pour l'application » *(L. nº 2015-992 du 17 août 2015, art. 37-VIII ; L. nº 2015-993 du 17 août 2015, art. 35, en vigueur le 1er oct. 2015)* « des instruments de l'Union européenne destinés à faciliter l'échange transfrontalier d'informations concernant les infractions en matière de sécurité routière *(L. nº 2021-1308 du 8 oct. 2021, art. 14)* « et le défaut d'acquittement du péage » ; »

« 10° Aux services compétents en matière d'immatriculation des États membres de l'Union européenne et aux autres États parties à l'accord sur l'Espace économique européen, dans le cadre des dispositions prévoyant un échange d'informations relatives à l'immatriculation d'un véhicule précédemment immatriculé dans un autre de ces États, ou au titre de la répression de la criminalité visant les véhicules et ayant des incidences transfrontalières ; »

(Ord. nº 2021-659 du 26 mai 2021, art. 55) « 11° Aux agents de la Collectivité européenne d'Alsace assermentés, mentionnés au 1° de l'article 37 de l'ordonnance nº 2021-659 du 26 mai 2021, aux agents de la police nationale, des douanes et des droits indirects, de la police aux frontières, de la gendarmerie nationale et du contrôle des transports terrestres, aux seules fins de vérifier la régularité de la situation des redevables au regard de la taxe prévue par ladite ordonnance et d'identifier les auteurs des manquements au regard de cette taxe ;

« 12° Aux personnels agréés du prestataire autorisé par la Collectivité européenne d'Alsace mentionnées au deuxième alinéa de l'article 51 de l'ordonnance mentionnée au 11° aux fins d'exploiter les appareils de contrôle automatique et de procéder à la constatation des manquements au regard de la taxe prévue par la même ordonnance, aux seules fins de vérifier la régularité de la situation des redevables au regard de cette taxe et d'identifier les auteurs des manquements au regard de cette taxe » ; — *La taxe entre en vigueur à une date fixée par délibération de la Collectivité européenne d'Alsace, et antérieure à un délai de six ans à compter de la publication de l'Ord. nº 2021-659 du 26 mai 2021 (Ord. préc., art. 56).*

(L. nº 2009-431 du 20 avr. 2009, art. 29-I) « 13° Aux constructeurs de véhicules ou à leurs mandataires pour les besoins des rappels de sécurité et des rappels de mise au point des véhicules ; »

(L. nº 2010-788 du 12 juill. 2010, art. 58-I) « 14° Aux agents des exploitants d'une autoroute ou d'un ouvrage routier ouvert à la circulation publique et soumis à péage, assermentés dans les conditions prévues à l'article L. 130-7, aux seules fins d'identifier les auteurs des contraventions au présent code qu'ils sont habilités à constater conformément au 8° de l'article L. 130-4 ; »

(L. nº 2013-431 du 28 mai 2013, art. 20) « 15° Aux agents mentionnés aux articles L. 2132-21 et L. 2132-23 du code général de la propriété des personnes publiques ainsi qu'aux articles L. 2241-1, L. 4321-3, L. 4272-1, L. 5243-1 et L. 5337-2 du code des transports habilités à dresser procès-verbal de contravention de grande voirie en application de ces mêmes codes et aux personnels de Voies navigables de France mentionnés à l'article L. 4272-2 du code des transports habilités à constater les infractions définies par les règlements de police de la navigation intérieure, aux seules fins d'identifier le titulaire du certificat d'immatriculation ; »

(L. nº 2015-992 du 17 août 2015, art. 37-VIII et 77-II) « 16° Au maire dans le cadre des attributions prévues aux articles L. 541-21-3 et L. 541-21-4 du code de l'environnement, aux seules fins d'identifier le titulaire du certificat d'immatriculation ;

« 17° Aux personnels habilités du prestataire autorisé par l'État aux seules fins d'établir et de délivrer le dispositif d'identification des véhicules prévu à l'article L. 318-1 du présent code » ;

(L. nº 2019-1428 du 24 déc. 2019, art. 98-I) « 18° Aux agents de la concurrence, de la consommation et de la répression des fraudes pour l'exercice de leurs missions en application du présent code et du code de la consommation ;

« 19° Aux personnels habilités de l'organisme chargé par l'État de participer au traitement des appels d'urgence à seule fin d'identifier un véhicule conformément aux dispositions du règlement délégué (UE) nº 305/2013 de la Commission du 26 novembre 2012 complétant la directive 2010/40/UE du Parlement européen et du Conseil en ce qui concerne la mise à disposition harmonisée d'un service d'appel d'urgence (eCall) interopérable dans toute l'Union européenne. Toutefois, la communication d'informations est limitée aux données techniques liées à la marque, au modèle, à la couleur, à l'immatriculation et au type d'énergie utilisé » ;

(L. nº 2021-1520 du 25 nov. 2021, art. 19) « **20° Aux agents chargés de la réception, du traitement et de la réorientation des demandes de secours et de la coordination de l'activité opérationnelle ainsi qu'aux sapeurs-pompiers et aux marins-pompiers des services d'incendie et de secours, pour l'exercice de leurs missions de sécurité civile impliquant des véhicules à moteur, en application du code de la sécurité intérieure et du code général des collectivités territoriales.** »

II. — Les entreprises d'assurances doivent fournir à l'appui de leur demande tous éléments utiles permettant de vérifier la réalité du sinistre.

(L. nº 2010-788 du 12 juill. 2010, art. 58-I) « **III. — Les exploitants d'une autoroute ou d'un ouvrage routier ouvert à la circulation publique et soumis à péage doivent produire à l'appui de leur demande tous éléments utiles permettant de vérifier la réalité de la contravention pour non-paiement du péage.** »

(L. nº 2022-269 du 28 févr. 2022, art. 17) « **IV. — Les personnes mentionnées au 12° du I du présent article doivent produire à l'appui de leur demande tous éléments utiles permettant de vérifier la réalité des manquements au regard de la taxe prévus par l'ordonnance nº 2021-659 du 26 mai 2021 relative aux modalités d'instauration d'une taxe sur le transport routier de marchandises recourant à certaines voies du domaine public routier de la Collectivité européenne d'Alsace.** »

La L. nº 2015-991 du 7 août 2015 (art. 77) a repoussé l'entrée en vigueur des dispositions issues du III de l'art. 63 de la L. nº 2014-58 du 27 janv. 2014 au 1er oct. 2016, puis la L. nº 2015-1785 du 29 déc. 2015 (art. 45-IV) au 1er janv. 2018. A compter de cette même date, aucune sanction, de quelque nature que ce soit, ne peut être établie ou maintenue en raison de l'absence ou de l'insuffisance de paiement de la redevance de stationnement des véhicules établie dans les conditions prévues à l'art. L. 2333-87 CGCT. Par dérogation aux dispositions de l'art. 112-1, al. 3, et de l'art. 112-4, al. 2, C. pén., les contraventions en matière de stationnement payant prévues au C. route commises avant le 1er janv. 2018 demeurent punissables, et l'exécution des sanctions prononcées se poursuit, selon les dispositions en vigueur lors de leur commission (L. nº 2014-58 du 27 janv. 2014, art. 63-V, mod. par L. nº 2015-991 du 7 août 2015 portant nouvelle organisation territoriale de la République, art. 77, mod. par L. nº 2015-1785 du 29 déc. 2015 de finances pour 2016).

COMMENTAIRE

Autorités et personnes pouvant accéder aux informations figurant au sein du Système d'immatriculation des véhicules. L'article L. 330-2 fixe la liste des personnes, autorités et services qui peuvent se voir communiquer les informations liées à l'immatriculation des véhicules enregistrées par l'État, qui figurent, depuis 2009, dans un fichier dénommé Système d'immatriculation des véhicules (SIV). La communication de certaines informations y figurant – celles relatives aux gages constitués sur les véhicules et aux oppositions au transfert du certificat d'immatriculation – est cependant spécialement réglementée par les articles L. 330-3 et L. 330-4, auxquels il convient donc également de se référer.

Quant à la présente liste, elle a subi de nombreuses modifications depuis la recodifications, afin de permettre à de nouvelles autorités ou personnes d'accéder aux informations du SIV dans différents cas.

Agents de police judiciaire adjoints (L. 330-2, 4° bis). Depuis la loi du 18 mars 2023, le présent article permet ainsi aux agents de police judiciaire adjoints – ce qui inclut les agents de police municipale – d'accéder aux informations figurant dans le SIV afin de leur permettre d'identifier les auteurs des infractions au code de la route qu'ils sont habilités à constater (sur ces infractions, V. art. R. 130-1-1 s.). La formule large de l'article L. 330-2-5° permettait déjà aux agents de police judiciaire adjoints, ayant la qualité de fonctionnaire, d'accéder à ce fichier. Le 4° *bis* de l'article L. 330-2 a permis cependant d'ajouter à la liste des personnes ayant accès au SIV les agents de police judiciaire adjoints contractuels et en particulier les adjoints de sécurité. Il est à noter que ces agents peuvent également, depuis une loi du 10 février 2020, accéder à ce fichier pour identifier les auteurs d'autres infractions que celles prévues par le code de la route, mais qui sont bien souvent commises à l'aide d'un véhicule, à savoir les infractions liées à l'abandon ou au dépôt illégal de déchet que ces agents peuvent constater.

Autorités étrangères (L. 330-2, 9°, 9° bis et 10°). Depuis une loi du 5 janvier 2006, l'article L. 330-2 permet aux services compétents des États membres de l'Union européenne et des États parties à l'accord sur l'Espace économique européen (10° du présent art.), ainsi qu'aux autorités étrangères d'autres États (9° du présent art.) de se voir communiquer les informations figurant dans le SIV. En créant ces dispositions, le législateur a voulu faciliter la conclusion et la mise en œuvre d'accords de coopération transfrontalière visant à améliorer la répression des infractions commises sur le territoire français par les conducteurs de véhicules immatriculés à l'étranger, et inversement (sur ces accords, V. comm. ss. art. L. 121-4-1). La conclusion de tels accords suppose en effet une réciprocité dans les échanges d'informations, qui était, par la création des dispositions figurant aux 9° et 10° du présent article, garantie côté français. Toutefois, le législateur a considéré, par la suite, que ces dispositions étaient mal rédigées, l'article L. 330-2, 10° ne permettant pas nécessairement aux services compétents des États membres de l'Union européenne ou parties à l'accord sur l'Espace économique européen d'avoir accès aux informations du SIV dans le cadre des accords de coopération précédemment évoqués. C'est pourquoi la loi du 5 mars 2007 a supprimé au 9° du présent article l'incise « extérieures à l'Union européenne et à l'Espace économique européen », permettant ainsi à toutes les autorités étrangères, y compris européennes, avec lesquelles existe un accord d'échange d'informations relatives à l'identification du titulaire du certificat d'immatriculation de se voir communiquer les informations figurant au SIV.

Postérieurement à la création de ces dispositions, l'Union européenne a cependant adopté une directive facilitant l'échange transfrontalier d'informations concernant certaines infractions en matière de sécurité routière, et ce afin d'améliorer la répression des infractions concernées commises sur le territoire d'un État membre par les conducteurs de véhicules immatriculés dans un autre État membre. Cette directive en date du 25 octobre 2011 n'étant pas un accord d'échange d'informations relatives à l'identification du titulaire du certificat d'immatriculation, au sens du 9° du présent article, la loi du 16 juillet 2013 est venue ajouter un 9° *bis* à l'article L. 330-2 permettant aux services compétents des États membres de l'Union d'accéder aux données nationales en matière d'immatriculation dans le cadre de cette directive. Ces dispositions – qui renvoyaient expressément à la directive du 25 octobre 2011 – ont dû toutefois être modifiées ensuite, pour tenir compte de la directive du 11 mars 2015 qui est venue remplacer celle de 2011, à la suite de son annulation par un arrêt de la Cour de justice de l'Union européenne du 6 mai 2014 (V. comm. ss. art. L. 121-4-1). Deux lois du 17 août 2015 ont, en conséquence, supprimé, au 9° *bis* du présent article, la référence qui était faite à la directive du 25 octobre 2011, laquelle a été remplacée par une référence plus large « aux instruments de l'Union européenne destinés à faciliter l'échange transfrontalier d'informations concernant les infractions en matière de sécurité routière ». Si cette modification était bienvenue, on peut en revanche s'étonner qu'elle ait été opérée par deux lois différentes, datées du même jour : la loi n° 2015-992 relative à la transition énergétique pour la croissance verte et la loi n° 2015-993 portant adaptation de la procédure pénale au droit de l'Union européenne… On notera enfin que ce 9° *bis* a encore été modifié ou plutôt complété par une loi du 8 octobre 2021, afin de permettre aux services compétents des États membres de l'Union d'accéder aux données nationales en matière d'immatriculation en cas de défaut d'acquittement de péage, comme le prévoit une autre directive : la directive 2019/520 du 19 mars 2019 concernant l'interopérabilité des systèmes de télépéage routier et facilitant l'échange transfrontière d'informations relatives au défaut de paiement des redevances routières dans l'Union.

Quant au 10° du présent article, il permet aux services compétents des États membres de l'Union européenne ou parties à l'accord sur l'Espace économique européen d'avoir accès aux informations du SIV dans deux autres cas. Il leur permet d'accéder à de telles informations, d'une part, « au titre de la répression de la criminalité visant les véhicules et ayant des incidences transfrontalières » et, d'autre part, « dans le cadre des dispositions prévoyant un échange d'informations relatives à l'immatriculation d'un véhicule précédemment immatriculé dans un autre de ces États ». Sont visées par ce second cas les dispositions de la directive 1999/37/CE du 29 avril 1999 relative aux documents d'immatriculation des véhicules (*JOCE 1er juin 1999, L. 138, p. 57*), qui prévoient un tel échange d'informations notamment pour permettre de vérifier la situation légale d'un véhicule dans un État membre avant toute immatriculation de ce véhicule dans un autre État membre.

Personnes contrôlant le paiement de la taxe sur l'utilisation par les poids lourds de certaines voies du domaine public routier (L. 330-2, 11° et 12°). La loi de finances du 27 décembre 2008 était venue permettre à certaines personnes, aux 11° et 12° du présent article, d'accéder aux informations figurant dans le SIV dans le cadre du contrôle du paiement de la taxe nationale sur les véhicules de transport de marchandises, instituée par cette même loi. Cette écotaxe poids lourds ayant été abandonnée par les pouvoirs publics, les dispositions prévues à l'article L. 330-2, 11° et 12° avaient été ensuite abrogées par la loi de finance du 22 décembre 2016. Une telle taxe a cependant, à nouveau, été envisagée lors la création de la Collectivité européenne d'Alsace par la loi n° 2019-816 du 2 août 2019, laquelle a habilité le Gouvernement à prendre par ordonnance des dispositions en ce sens. L'ordonnance n° 2021-650 du 29 mai 2021 est, en conséquence, venue permettre à cette collectivité de percevoir une telle taxe et, pour garantir son paiement, elle est venue recréer des dispositions au sein des 11° et 12° du présent article afin de permettre aux personnes qu'elles énumèrent d'accéder aux informations figurant dans le SIV et identifier ceux ne payant pas cette taxe. Ces dispositions ont toutefois été modifiées par l'ordonnance n° 2023-661 du 26 juillet 2023 prise en application de l'article 137 de la loi du 22 août 2021 habilitant le Gouvernement à permettre aux régions volontaires d'instituer, à compter du 1er janvier 2024, des taxes pour l'usage par les poids lourds du réseau routier relevant du domaine public national, mis à leur disposition par l'État en application de la loi du 3 février 2022, dite « loi 3DS ». Les dispositions des 11° et 12° du présent article ont, en conséquence, été réécrites par l'ordonnance du 26 juillet 2023 pour permettre aux agents compétents de tous les départements et régions concernés et aux personnels des prestataires autorisés d'accéder aux informations du SIV.

Constructeurs de véhicules (L. 330-2, 13°). Depuis la loi de finance rectificative du 20 avril 2009, le 13° du présent article permet aux constructeurs de véhicules ou à leurs mandataires d'accéder aux informations envisagées par l'article L. 330-1 « pour les besoins des rappels de sécurité et des rappels de mise au point des véhicules ». Il s'est agi par là même de leur permettre d'accéder aux informations figurant non pas dans le SIV, mais dans un autre fichier créé par un arrêté du 1er septembre 2009 et dénommé « Système d'information décisionnel du système d'immatriculation des véhicules » qui a remplacé le fichier central des automobiles (V. comm. ss. introductif du présent titre).

Exploitants d'une autoroute ou d'un ouvrage routier (L. 330-2, 14°). Depuis la loi du 12 juillet 2010, le 14° du présent article permet aux agents des exploitants d'une autoroute ou d'un ouvrage routier, ouverts à la circulation publique et soumis à péage, d'accéder aux informations relatives à l'immatriculation des véhicules afin d'identifier les auteurs des contraventions de non-paiement de péage, prévues, depuis le décret n° 2020-1494 du 30 novembre 2020, aux articles R. 419-1 et R. 419-2 du présent code. Un accès qui est à mettre en lien avec la procédure de transaction applicable à ces contraventions depuis la loi du 12 juillet 2010 (V. comm. ss. art. L. 121-5).

Maire (L. 330-2, 16°). Depuis une loi du 17 août 2015, le 16° du présent article permet au maire d'avoir accès aux informations du SIV pour identifier le titulaire du certificat d'immatriculation d'un véhicule qui se trouve sur la voie publique ou le domaine public, voire sur un terrain privé, et qui semble privé des éléments indispensables à son utilisation normale et insusceptible de réparation immédiate à la suite de dégradations ou de vol, afin d'exercer les pouvoirs que lui confèrent les articles L. 541-21-3 et L. 541-21-4 du code de l'environnement, créés par cette même loi.

Personnels habilités à délivrer la vignette Crit'Air (L. 330-2, 17°). Depuis cette même loi du 17 août 2015, peuvent également accéder au SIV les personnels habilités à établir et délivrer la vignette Crit'air, ce certificat qualité de l'air prévu à l'article L. 318-1 du présent code, qui permet d'identifier les véhicules les moins polluants et les plus sobres, pouvant bénéficier de conditions de circulation et de stationnement privilégiées (V. comm. ss art. R. 318-2).

Accès direct ou sur demande. On remarquera enfin qu'une loi du 22 mars 2016 a supprimé la formule « sur leur demande » qui figurait au début du présent article, ainsi qu'aux articles L. 330-3 et L. 330-4. Pour le législateur, une telle précision n'avait pas sa place ici à partir du moment où il appartient au pouvoir réglementaire, et non au pouvoir législatif, de préciser les modalités d'accès aux données figurant dans un fichier (V. comm. ss. art. L. 225-4). Pour connaître ces modalités, il convient dès lors de se reporter aux dispositions correspondantes de la partie réglementaire (V. art. R. 330-2 à R. 330-5), lesquelles font une distinction entre les autorités et personnes pouvant accéder directement aux informations figurant dans le Sytème d'immatriculation des véhicules et celles qui ne peuvent y accéder que par un intermédiaire (V. comm. ss. art. R. 330-5). ❑

La consultation du fichier national des immatriculations constitue un acte d'instruction ou de poursuite, interruptif de prescription de l'action publique au sens de l'art. 7 C. pr. pén. • Crim.

19 juin 2012, ⚖ n° 11-88.684 P : *D. actu. 3 oct. 2012, obs. Priou-Alibert ; D. 2012. Actu. 1889* ; *Dr. pénal 2012, n° 135, note Maron et Haas ; Gaz. Pal. 27 oct. 2012, p. 38, note Fourment.* ♦ Il en est de même de la consultation du fichier national des permis de conduire, V. notes ss. art. L. 225-4.

Nouvel art. L. 330-2 *I. — Ces informations, à l'exception de celles relatives aux gages constitués sur les véhicules à moteur et aux oppositions au transfert du certificat d'immatriculation, sont communiquées* (Abrogé par L. n° 2016-339 du 22 mars 2016, art. 7-3°) *« sur leur demande » :*

1° A la personne physique ou morale titulaire des pièces administratives, à son avocat ou à son mandataire ;

2° Aux autorités judiciaires ;

3° Aux officiers ou agents de police judiciaire, dans l'exercice des missions définies à l'article 14 du code de procédure pénale ;

4° Aux militaires de la gendarmerie ou aux fonctionnaires de la police nationale habilités à effectuer des contrôles routiers en application des dispositions du présent code ;

(L. n° 2003-239 du 18 mars 2003, art. 86) *« 4° bis Aux agents de police judiciaire adjoints et aux gardes champêtres, aux seules fins d'identifier les auteurs des infractions au présent code* (L. n° 2020-105 du 10 févr. 2020, art. 99) *« et aux infractions liées à l'abandon ou au dépôt illégal de déchets » qu'ils sont habilités à constater ; »*

5° Aux fonctionnaires habilités à constater des infractions au présent code, aux seules fins d'identifier les auteurs de ces infractions ;

(L. n° 2014-58 du 27 janv. 2014, art. 63-III, en vigueur le 1er janv. 2018 ; Ord. n° 2015-401 du 9 avr. 2015, art. 6-2°) *« 5° bis Aux agents habilités de l'établissement public de l'État chargé de participer aux opérations nécessaires à la délivrance par voie postale de l'avis de paiement mentionné à l'article L. 2333-87 du code général des collectivités territoriales ou à l'émission du titre exécutoire prévu au même article ; »*

(L. n° 2019-773 du 24 juill. 2019, art. 4-VII) *« 5° ter Aux fonctionnaires et agents mentionnés à l'article L. 172-4 du code de l'environnement, aux seules fins d'identifier les auteurs des infractions qu'ils sont habilités à rechercher ; »*

6° Aux préfets, pour l'exercice de leurs compétences en matière de circulation des véhicules ;

(L. n° 2001-1062 du 15 nov. 2001, art. 18) *« 7° Aux services du ministre de l'intérieur, du ministre de la défense* (L. n° 2015-992 du 17 août 2015, art. 37-VIII) *« , du ministre chargé de l'écologie », du ministre chargé de l'industrie et du ministre chargé des transports pour l'exercice de leurs compétences ; »*

(L. n° 2017-1775 du 28 déc. 2017, art. 65-II) *« 7° bis Aux agents de l'administration des finances publiques pour l'exercice de leurs compétences ; »*

8° Aux entreprises d'assurances garantissant les dommages subis par des tiers résultant d'atteintes aux personnes ou aux biens dans la réalisation desquels un véhicule à moteur, ainsi que ses remorques, est impliqué et aux organismes assimilés à ces entreprises dès lors que ces informations ont pour seul but d'identifier les biens et les personnes impliqués dans un accident de la circulation à condition qu'au moins un des véhicules soit assuré par le demandeur ou que ce dernier ait en charge l'indemnisation d'une des victimes ;

(L. n° 2016-1547 du 18 nov. 2016, art. 35-III et V, en vigueur à une date fixée par Décr. en Conseil d'État, et au plus tard le 31 déc. 2018) *« 8° bis Aux personnels habilités du fonds de garantie des assurances obligatoires de dommages mentionné à l'article L. 421-1 du code des assurances en vue de mener les missions fixées au V du même article ; »*

(L. n° 2006-10 du 5 janv. 2006, art. 13) *« 9° Aux autorités étrangères* (Abrogé par L. n° 2007-297 du 5 mars 2007, art. 21) *« extérieures à l'Union européenne et à l'Espace économique européen » avec lesquelles existe un accord d'échange d'informations relatives à l'identification du titulaire du certificat d'immatriculation ;*

(L. n° 2013-619 du 16 juill. 2013, art. 35) *« 9° bis Aux services compétents des États membres, pour l'application »* (L. n° 2015-992 du 17 août 2015, art. 37-VIII ; L. n° 2015-993 du 17 août 2015, art. 35, en vigueur le 1er oct. 2015) *« des instruments de l'Union européenne destinés à faciliter l'échange transfrontalier d'informations concernant les infractions en matière de sécurité routière* (L. n° 2021-1308 du 8 oct. 2021, art. 14) *« et le défaut d'acquittement du péage » ; »*

« 10° Aux services compétents en matière d'immatriculation des États membres de l'Union européenne et aux autres États parties à l'accord sur l'Espace économique européen, dans le cadre des dispositions prévoyant un échange d'informations relatives à l'immatriculation d'un véhicule précédemment immatriculé dans un autre de ces États, ou au titre de la répression de la criminalité visant les véhicules et ayant des incidences transfrontalières ; »

(Ord. n° 2023-661 du 26 juill. 2023, art. 5, en vigueur le 1er janv. 2024) *« 11° Aux agents compétents du département ou de la région en application, respectivement, des dispositions du 1° de l'article L. 3333-27 et de l'article L. 4332-8 du code général des collectivités territoriales, pour constater les contraventions et délits mentionnés au premier alinéa de l'article L. 3333-27, ainsi qu'aux agents de la police nationale, des douanes et des droits indirects, de la police aux frontières, de la gendarmerie nationale et du contrôle des transports terrestres, aux seules fins de vérifier la régularité de la situation des redevables au regard de la taxe sur l'utilisation par les poids lourds de certaines voies du domaine public routier mentionnée à l'article L. 421-186 du code des impositions sur les biens et services, et d'identifier les auteurs des manquements au régime de cette taxe ;*

« 12° Aux personnels des prestataires autorisés par le département ou de la région, en application, respectivement, des dispositions de l'article [des articles] *L. 3333-12 et L. 4332-8 du code général des collectivités territoriales, et agréés pour les mêmes collectivités, en application, respectivement, des dispositions de l'article L. 3333-14 et de l'article L. 4332-8 du même code, afin d'exploiter les appareils de contrôle automatique et procéder à la constatation des irrégularités au régime de la taxe sur l'utilisation par les poids lourds de certaines voies du domaine public routier mentionnée à l'article L. 421-186 du code des impositions sur les biens et services. Les constatations doivent seulement tendre à vérifier la régularité de la situation des redevables au regard de cette taxe et à identifier les auteurs d'irrégularités ; »*

(L. n° 2009-431 du 20 avr. 2009, art. 29-I) *« 13° Aux constructeurs de véhicules ou à leurs mandataires pour les besoins des rappels de sécurité et des rappels de mise au point des véhicules ; »*

(L. n° 2010-788 du 12 juill. 2010, art. 58-I) *« 14° Aux agents des exploitants d'une autoroute ou d'un ouvrage routier ouvert à la circulation publique et soumis à péage, assermentés dans les conditions prévues à l'article L. 130-7, aux seules fins d'identifier les auteurs des contraventions au présent code qu'ils sont habilités à constater conformément au 8° de l'article L. 130-4 ; »*

(L. n° 2013-431 du 28 mai 2013, art. 20) *« 15° Aux agents mentionnés aux articles L. 2132-21 et L. 2132-23 du code général de la propriété des personnes publiques ainsi qu'aux articles L. 2241-1, L. 4321-3, L. 4272-1, L. 5243-1 et L. 5337-2 du code des transports habilités à dresser procès-verbal de contravention de grande voirie en application de ces mêmes codes et aux personnels de Voies navigables de France mentionnés à l'article L. 4272-2 du code des transports habilités à constater les infractions définies par les règlements de police de la navigation intérieure, aux seules fins d'identifier le titulaire du certificat d'immatriculation ; »*

(L. n° 2015-992 du 17 août 2015, art. 37-VIII et 77-II) *« 16° Au maire dans le cadre des attributions prévues aux articles L. 541-21-3 et L. 541-21-4 du code de l'environnement, aux seules fins d'identifier le titulaire du certificat d'immatriculation ;*

« 17° Aux personnels habilités du prestataire autorisé par l'État aux seules fins d'établir et de délivrer le dispositif d'identification des véhicules prévu à l'article L. 318-1 du présent code » ;

(L. n° 2019-1428 du 24 déc. 2019, art. 98-I) *« 18° Aux agents de la concurrence, de la consommation et de la répression des fraudes pour l'exercice de leurs missions en application du présent code et du code de la consommation ;*

« 19° Aux personnels habilités de l'organisme chargé par l'État de participer au traitement des appels d'urgence à seule fin d'identifier un véhicule conformément aux dispositions du règlement délégué (UE) n° 305/2013 de la Commission du 26 novembre 2012 complétant la directive 2010/40/UE du Parlement européen et du Conseil en ce qui concerne la mise à disposition harmonisée d'un service d'appel d'urgence (eCall) interopérable dans toute l'Union européenne. Toutefois, la communication d'informations est limitée aux données techniques liées à la marque, au modèle, à la couleur, à l'immatriculation et au type d'énergie utilisé » ;

(L. n° 2021-1520 du 25 nov. 2021, art. 19) *« 20° Aux agents chargés de la réception, du traitement et de la réorientation des demandes de secours et de la coordination de l'activité opérationnelle ainsi qu'aux sapeurs-pompiers et aux marins-pompiers des services d'incendie et de secours, pour l'exercice de leurs missions de sécurité civile impliquant des véhicules à moteur, en application du code de la sécurité intérieure et du code général des collectivités territoriales. »*

II. — Les entreprises d'assurances doivent fournir à l'appui de leur demande tous éléments utiles permettant de vérifier la réalité du sinistre.

(L. n° 2010-788 du 12 juill. 2010, art. 58-I) *« III. — Les exploitants d'une autoroute ou d'un ouvrage routier ouvert à la circulation publique et soumis à péage doivent produire à*

l'appui de leur demande tous éléments utiles permettant de vérifier la réalité de la contravention pour non-paiement du péage. »

(L. n° 2022-269 du 28 févr. 2022, art. 17) ***« IV. — Les personnes mentionnées au 12° du I du présent article doivent produire à l'appui de leur demande tous éléments utiles permettant de vérifier la réalité des manquements au regard de la taxe*** (Ord. n° 2023-661 du 26 juill. 2023, art. 5, en vigueur le 1er janv. 2024) ***« sur l'utilisation par les poids lourds de certaines voies du domaine public routier mentionné à l'article L. 421-186 du code des impositions sur les biens et services » prévus par l'ordonnance n° 2021-659 du 26 mai 2021 relative aux modalités d'instauration d'une taxe sur le transport routier de marchandises recourant à certaines voies du domaine public routier de la Collectivité européenne d'Alsace. »***

La L. n° 2015-991 du 7 août 2015 (art. 77) a repoussé l'entrée en vigueur des dispositions issues du III de l'art. 63 de la L. n° 2014-58 du 27 janv. 2014 au 1er oct. 2016, puis la L. n° 2015-1785 du 29 déc. 2015 (art. 45-IV) au 1er janv. 2018. A compter de cette même date, aucune sanction, de quelque nature que ce soit, ne peut être établie ou maintenue en raison de l'absence ou de l'insuffisance de paiement de la redevance de stationnement des véhicules établie dans les conditions prévues à l'art. L. 2333-87 CGCT. Par dérogation aux dispositions de l'art. 112-1, al. 3, et de l'art. 112-4, al. 2, C. pén., les contraventions en matière de stationnement payant prévues au C. route commises avant le 1er janv. 2018 demeurent punissables, et l'exécution des sanctions prononcées se poursuit, selon les dispositions en vigueur lors de leur commission (L. n° 2014-58 du 27 janv. 2014, art. 63-V, mod. par L. n° 2015-991 du 7 août 2015 portant nouvelle organisation territoriale de la République, art. 77, mod. par L. n° 2015-1785 du 29 déc. 2015 de finances pour 2016).

Art. L. 330-3 I. — Les informations relatives, d'une part, aux gages constitués sur les véhicules à moteur et, d'autre part, aux oppositions au transfert du certificat d'immatriculation sont communiquées *(Abrogé par L. n° 2016-339 du 22 mars 2016, art. 7-3°)* ***« sur leur demande »*** **:**

1° A la personne physique ou morale titulaire des pièces administratives exigées pour la circulation du véhicule, à son avocat ou à son mandataire;

2° Aux autorités judiciaires;

3° Aux officiers ou agents de police judiciaire, dans l'exercice des missions définies à l'article 14 du code de procédure pénale;

4° Aux préfets, pour l'exercice de leurs compétences en matière de circulation des véhicules;

5° Aux autorités compétentes des territoires et collectivités territoriales d'outre-mer pour l'exercice de leurs attributions en matière de circulation des véhicules;

(Ord. n° 2021-1192 du 15 sept. 2021, art. 31-VI, en vigueur à une date qui sera fixée par Décr. et qui ne pourra être postérieure au 1er janv. 2023) **« 6° Aux greffiers des tribunaux de commerce, pour l'exercice de leurs compétences en matière de tenue de registres et au conseil national des greffiers des tribunaux de commerce pour l'exercice de ses compétences en matière de diffusion des données d'un registre. »**

II. — L'absence de déclaration de gage ou d'opposition faite au transfert du certificat d'immatriculation d'un véhicule défini par son seul numéro d'immatriculation peut, à l'exclusion de toute autre information, être portée à la connaissance de toute personne qui en fait la demande. — *[Anc. art. L. 37.]*

Code civil

Art. 2338, al. 2 *(Ord. n° 2021-1192 du 15 sept. 2021)* Sauf s'il est soumis à l'article 2342, le gage portant sur un véhicule terrestre à moteur ou une remorque immatriculés est publié par une inscription sur un registre tenu par l'autorité administrative dans les conditions fixées par décret en Conseil d'État. L'inscription d'un tel gage fait obstacle à toute nouvelle inscription sur le même véhicule.

V. Décr. n° 2023-97 du 14 févr. 2023 relatif à la publicité du gage portant sur un véhicule terrestre à moteur ou une remorque immatriculés (JO 16 févr.).

Art. L. 330-4 Les informations relatives à l'état civil du titulaire du certificat d'immatriculation, au numéro d'immatriculation et aux caractéristiques du véhicule

ainsi qu'aux gages constitués et aux oppositions, sont, à l'exclusion de tout autre renseignement, communiquées *(Abrogé par L. nº 2016-339 du 22 mars 2016, art. 7-3º) « sur leur demande, »* **pour l'exercice de leur mission :**

1º Aux agents chargés de l'exécution d'un titre exécutoire ;

2º Aux administrateurs judiciaires ou mandataires liquidateurs désignés dans le cadre des procédures de sauvegarde ou de redressement judiciaire ou de liquidation de biens prévues par le code de commerce *[codifiée ss.* ***C. com.****, art. L. 620-1 s.]* **;**

3º Aux syndics désignés dans le cadre d'une procédure de règlement judiciaire ou de liquidation de biens prévue par la loi nº 67-563 du 13 juillet 1967 sur le règlement judiciaire, la liquidation des biens, la faillite personnelle et les banqueroutes. — *[Anc. art. L. 38.]*

Art. L. 330-5 *(L. nº 2009-431 du 20 avr. 2009, art. 29-II)* **Sous réserve des dispositions des alinéas suivants, les** *(Ord. nº 2018-1125 du 12 déc. 2018, art. 19, en vigueur au plus tard le 1er juin 2019)* **« données à caractère personnel » figurant dans les pièces administratives exigées pour la circulation des véhicules ne peuvent être communiquées qu'aux destinataires mentionnés aux articles L. 330-2 à L. 330-4.**

Ces *(Ord. nº 2018-1125 du 12 déc. 2018, art. 19, en vigueur au plus tard le 1er juin 2019)* **« données à caractère personnel » sont également communicables à des tiers préalablement agréés par l'autorité administrative afin d'être réutilisées dans les conditions prévues au chapitre II du titre I de la loi nº 78-753 du 17 juillet 1978** *[CRPA, art. L. 321-1 à L. 327-1]* **portant diverses mesures d'amélioration des relations entre l'administration et le public et diverses dispositions d'ordre administratif, social et fiscal :**

— à des fins statistiques, ou à des fins de recherche scientifique ou historique, sans qu'il soit nécessaire de recueillir l'accord préalable des personnes concernées mais sous réserve que les études réalisées ne fassent apparaître aucune *(Ord. nº 2018-1125 du 12 déc. 2018, art. 19, en vigueur au plus tard le 1er juin 2019)* **« donnée à caractère personnel » ;**

— à des fins d'enquêtes et de prospections commerciales, sauf opposition des personnes concernées selon les modalités prévues *(Ord. nº 2018-1125 du 12 déc. 2018, art. 19, en vigueur au plus tard le 1er juin 2019)* **« à l'article 21 du règlement (UE) 2016/679 du Parlement européen et du Conseil du 27 avril 2016 relatif à la protection des personnes physiques à l'égard du traitement des données à caractère personnel et à la libre circulation de ces données, et abrogeant la directive 95/46/CE » de la loi nº 78-17 du 6 janvier 1978 relative à l'informatique, aux fichiers et aux libertés ;**

(L. nº 2014-1654 du 29 déc. 2014, art. 1er-II-3º et 47, en vigueur le 1er janv. 2015) **« — à des fins de sécurisation des activités économiques qui nécessitent une utilisation de caractéristiques techniques des véhicules fiables, sans communication des nom, prénom et adresse des personnes concernées. »**

(L. nº 2011-267 du 14 mars 2011, art. 80) **« La décision d'agrément mentionnée au deuxième alinéa peut être précédée d'une enquête administrative, dans les conditions prévues par l'article 17-1 de la loi nº 95-73 du 21 janvier 1995 d'orientation et de programmation relative à la sécurité, pour des motifs d'intérêt général liés à la protection des personnes et des biens. »**

Dispositions réglementaires : R. 330-7 s.

V. aussi Arr. du 11 avr. 2011 fixant le montant de la redevance due en contrepartie de la mise à disposition des informations issues du système d'immatriculation des véhicules (JO 21 avr.), mod. par Arr. du 31 janv. 2014 (JO 8 févr.) et par Arr. du 26 oct. 2017 (JO 29 oct.).

COMMENTAIRE

L'article L. 330-5 précisait déjà que les informations nominatives, figurant dans les pièces administratives exigées pour la circulation des véhicules, ne peuvent être communiquées qu'aux destinataires mentionnés aux articles L. 330-2 à L. 330-4 du présent code. Toutefois, depuis la loi du 20 avril 2009, cet article prévoit quelques exceptions en permettant de communiquer ces informations, sous certaines conditions, à des tiers qui peuvent alors les utiliser à des fins statistiques ou à des fins d'enquêtes et de prospections commerciales. Ces exceptions sont à mettre en lien avec le fichier dénommé Système d'information décisionnel du système d'immatriculation des véhicules créé par un arrêté du 1er septembre 2009 (V. art. 4 de cet Arr., App., v° *Immatriculation*) qui a remplacé le fichier central des automobiles. ❑

Art. L. 330-6 **Le fait de prendre le nom d'une personne dans des circonstances qui ont déterminé ou auraient pu déterminer, en application de l'article L. 330-1, l'enregistrement au nom de cette personne d'une condamnation judiciaire ou d'une décision administrative est puni des peines prévues par l'article 434-23 du code pénal.** – *[Anc. art. L. 40.]*

Art. L. 330-7 **Le fait, en prenant un faux nom ou une fausse qualité, de se faire communiquer le relevé des mentions enregistrées en application de l'article L. 330-1 et concernant un tiers est puni de la peine prévue par l'article 781 du code de procédure pénale.**

Est puni de la même peine le fait d'obtenir soit directement, soit indirectement, communication *(Ord. n° 2018-1125 du 12 déc. 2018, art. 19, en vigueur le 1er juin 2019)* **« de données à caractère personnel » dont la divulgation n'est pas expressément prévue par le présent code.** – *[Anc. art. L. 41.]*

COMMENTAIRE

Les deux infractions visées aux articles L. 330-6 et L. 330-7 ont été présentées ci-dessus puisqu'elles figurent également aux articles L. 225-7 et L. 225-8 à propos du permis de conduire. ❑

Art. L. 330-8 *(L. n° 2009-431 du 20 avr. 2009, art. 29-III)* **Des décrets en Conseil d'État fixent les conditions d'application du premier alinéa de l'article L. 330-1 et des articles L. 330-2 à L. 330-7.** – *[Anc. art. L. 42.]*

Informations relatives aux autres pièces administratives : R. 330-1 s.

Arrêté du 17 mars 2014,

Portant autorisation à titre expérimental d'un traitement automatisé de données à caractère personnel dénommé « Fichier des objets et des véhicules signalés » (FOVeS).

Art. 1er Le directeur général de la police nationale et le directeur général de la gendarmerie nationale sont autorisés à mettre en œuvre, à titre expérimental, un traitement automatisé de données à caractère personnel dénommé "Fichier des objets et véhicules signalés" (FOVeS) ayant pour finalité de faciliter les recherches de la police et de la gendarmerie ainsi que celles effectuées par les agents des douanes habilités à exercer des missions de police judiciaire ou par les services des douanes à l'occasion des contrôles relevant de leurs attributions, pour :

— la découverte et la restitution des véhicules volés ;

— la surveillance des véhicules et objets signalés dans le cadre de missions répressives ou préventives ;

— la découverte et la restitution des objets perdus ou volés.

Art. 2 Le traitement est constitué des données à caractère personnel et informations issues :

— des procédures judiciaires diligentées pour des faits de vol établies par les services de la police nationale ou par les unités de la gendarmerie nationale ;

— des mesures de surveillance exécutées dans le cadre de leurs missions répressives ou préventives ;

— des déclarations de perte effectuées auprès des services habilités à les recevoir ;

(Arr. du 18 févr. 2015, art. 1er) « — des décisions d'invalidation de documents prononcées par les autorités administratives ; »

— des mesures de surveillance exécutées par les agents de douanes dans le cadre de leurs attributions légales ;

— des données à caractère personnel issues des traitements gérés par des organismes de coopération internationale en matière de police judiciaire ou des services de police étrangers, dans le respect des conditions posées à l'article L. 235-1 du code de la sécurité intérieure.

Les catégories de données à caractère personnel et informations enregistrées sont définies en annexe du présent arrêté.

Art. 3 L'inscription au fichier mentionné à l'article 1er est effectuée par les services de police ou les unités de la gendarmerie nationales.

L'inscription d'une mesure de surveillance peut également être effectuée par les services des douanes.

(Arr. du 18 févr. 2015, art. 2) « L'inscription d'un document invalidé par décision d'une autorité administrative peut être effectuée par la direction des libertés publiques et des affaires juridiques du ministère de l'intérieur. »

Pour les véhicules ou objets déclarés volés, cette inscription est effectuée dans les meilleurs délais après le dépôt de plainte.

Art. 4 I. — Ont accès à tout ou partie des données à caractère personnel et informations mentionnées à l'article 2, à raison de leurs attributions légales et dans la limite du besoin d'en connaître :

1° Les agents des services de la police nationale individuellement désignés et spécialement habilités soit par les chefs des services territoriaux de la police nationale, soit par les chefs de services actifs à la préfecture de police ou, le cas échéant, le préfet de police, soit par les chefs des services centraux de la police nationale ou, le cas échéant, la *[le]* directeur général de la police nationale ;

2° Les militaires de la gendarmerie nationale individuellement désignés et spécialement habilités soit par les commandants de groupement, soit par les commandants de la gendarmerie dans les départements et territoires d'outre-mer et en Nouvelle-Calédonie, soit par les commandants de région ou d'organisme assimilé, soit par les commandants de gendarmeries spécialisées, soit par le sous-directeur de la police judiciaire ou, le cas échéant, par le directeur général de la gendarmerie nationale ;

3° Les agents des douanes individuellement désignés et spécialement habilités soit par les directeurs régionaux des douanes, soit par le chef du service nationale de douane judiciaire ou, le cas échéant, par la directrice générale des douanes et droits indirects ;

(Arr. du 18 févr. 2015, art. 3) « 4° Les agents de la direction des libertés publiques et des affaires juridiques du ministère de l'intérieur individuellement désignés et spécialement habilités par le directeur. »

II. — Peuvent être destinataires, dans le cadre de leurs attributions légales et dans la limite du besoin d'en connaître, de tout ou partie des mêmes données et informations :

1° Les autorités administratives en charge de l'immatriculation des véhicules, de la gestion des titres sécurisés et de la délivrance d'autorisations de détention et d'acquisition d'armes ;

2° Les organismes de coopération internationale en matière de police judiciaire ou des services de police étrangers ;

3° Les agents de police municipale ;

4° Les organismes d'assurance liés par un protocole d'accord avec le ministère de l'intérieur ; ces derniers ne sont destinataires que des informations relatives aux véhicules volés ;

5° Les autorités judiciaires.

Art. 5 Les durées de conservation des données à caractère personnel et informations relatives aux véhicules et objets volés s'établissent comme suit :

— cinq ans pour les moyens de paiement et les appareils audiovisuels ou objets divers ;

— dix ans pour les véhicules volés (véhicules terrestres, bateaux et aéronefs) ainsi que pour les documents, containers et équipements industriels, plaques d'immatriculation, certificats d'immatriculation et moteurs de bateau ;

— vingt ans pour les billets de banque ;

— cinquante ans pour les armes, munitions, explosifs, bijoux, montres, horlogeries et objets d'art.

La durée de conservation des données concernant les objets perdus s'établit comme suit :

— dix ans pour les documents ;

— cinquante ans pour les armes.

La durée de conservation des données concernant les véhicules et les objets surveillés est de six mois renouvelables *[renouvelable]*.

Art. 6 La mise à jour des informations est réalisée par les services dûment habilités par la direction générale de la police nationale ou la direction générale de la gendarmerie nationale ou de la direction générale des douanes et droits indirects *(Arr. du 18 févr. 2015, art. 4)* « ou la direction des libertés publiques et des affaires juridiques du ministère de l'intérieur ».

La radiation des véhicules et objets volés, perdus ou surveillés doit être effectuée sans délai avant restitution ou dès que la mesure de surveillance devient sans objet.

Art. 7 Les consultations font l'objet d'un enregistrement comprenant l'identification du consultant, la date et l'heure de la consultation. Ces informations sont conservées cinq ans.

Art. 8 Les droits d'information et d'opposition prévus aux articles 32 et 38 de la loi du 6 janvier 1978 susvisée ne s'appliquent pas au présent traitement. Par exception, les victimes de vol et les propriétaires d'objets perdus sont informés qu'ils peuvent faire l'objet d'une inscription dans le traitement prévu par le présent arrêté.

Le droit d'accès s'exerce de manière indirecte, dans les conditions prévues aux alinéas 1 à 3 de l'article 41 de la loi n° 78-17 du 6 janvier 1978, par demande portée préalablement devant la Commission nationale de l'informatique et des libertés, pour les véhicules et les objets surveillés.

Conformément aux dispositions du dernier alinéa de l'article 41 de la loi n° 78-17 du 6 janvier 1978, le droit d'accès s'exerce directement auprès de la direction générale de la police nationale ou de la direction générale de la gendarmerie nationale, pour les véhicules volés et les objets volés ou perdus.

Art. 9 La présente expérimentation est autorisée pour une durée de deux ans à compter de la publication du présent arrêté. Il est procédé à son évaluation.

Un rapport sera transmis à la Commission nationale de l'informatique et des libertés.

ANNEXE

Données à caractère personnel et informations enregistrées dans le traitement

I CONCERNANT LES VOLS ET DÉCOUVERTES

1. Vols :

— nature de l'objet (ou de l'animal) ou du véhicule ;

— numéro de série et autre numéro d'identification ;

— photographies de l'objet ou du véhicule ; date de la photographie ;

— numéro de procédure ;

— date et heure de plainte ;

— date, heure et lieu du vol ;

— coordonnées du service de plainte ;

— état civil et coordonnées du propriétaire, du plaignant ou du titulaire pour les documents ;

— le cas échéant, identité de la personne susceptible d'utiliser le véhicule ou l'objet ;

— code de la compagnie d'assurance et numéro de police du véhicule ;

— descriptifs et caractéristiques complémentaires de l'objet ;

— conduite à tenir en cas de découverte.

2. Découvertes :

Outre les données précitées relatives aux vols, sont également enregistrées les informations suivantes :

— numéro de procédure de découverte ;

— date, heure et lieu de découverte ;

— coordonnées du service de découverte ;

— descriptif complémentaire de l'objet.

II CONCERNANT LES SURVEILLANCES ET CESSATIONS DE SURVEILLANCES

1. Surveillances :

— nature de l'objet ou du véhicule ;

— numéro de série et autre numéro d'identification ;

— numéro de procédure ou numéro d'ordre administratif ;
— cadre juridique ;
— date de mise sous surveillance ;
— coordonnées du service demandeur et, lorsqu'il diffère, du service inscripteur ;
— photographies de l'objet ou du véhicule [date de la photographie] ;
— le cas échéant, identité de la personne susceptible d'utiliser le véhicule ou l'objet ;
— conduite à tenir ;
— descriptif et caractéristiques complémentaires de l'objet ;
— date et heure de cessation de la surveillance.

2. Cessations de surveillances :

Outre les données précitées relatives aux surveillances, sont également enregistrées les informations suivantes :
— numéro de procédure ou numéro d'ordre administratif de cessation ;
— motif, date et heure de cessation de surveillance.

III CONCERNANT LES PERTES ET DÉCOUVERTES

1. Pertes :
— nature de l'objet ;
— numéro de série et autre numéro d'identification ;
— numéro d'ordre administratif ;
— date et heure de déclaration de perte ;
— date, heure et lieu de la perte ;
— coordonnées du service saisi ;
— propriétaire : état civil et coordonnées ;
— descriptif et caractéristiques complémentaires de l'objet ;
— conduite à tenir.

2. Découvertes :

Outre les données précitées relatives aux pertes, sont également enregistrées les informations suivantes :
— numéro d'ordre administratif de découverte ;
— date, heure et lieu de découverte ;
— coordonnées du service de découverte.

Loi n° 2001-1062 du 15 novembre 2001,

Relative à la sécurité quotidienne.

Art. 19 La mise en circulation d'un véhicule à moteur à deux-roues est subordonnée à la délivrance d'un certificat d'immatriculation.

Les formalités de première immatriculation des véhicules en deçà d'une cylindrée déterminée par décret sont mises à la charge du constructeur ou du vendeur.

Un décret en Conseil d'État fixe les conditions d'application du présent article.

Dispositions applicables à Mayotte (L. n° 2001-1062 du 15 nov. 2001, art. 70).

Loi n° 2003-239 du 18 mars 2003,

Pour la sécurité intérieure.

Art. 26 *(Abrogé par Ord. n° 2012-351 du 12 mars 2012, art. 19, à compter du 1er mars 2012) (L. n° 2006-64 du 23 janv. 2006, art. 8) Afin de prévenir et de réprimer le terrorisme, de faciliter la constatation des infractions s'y rattachant, de faciliter la constatation des infractions criminelles ou liées à la criminalité organisée au sens de l'article 706-73 du code de procédure pénale, des infractions de vol et de recel de véhicules volés, des infractions de contrebande, d'importation ou d'exportation commises en bande organisée, prévues et réprimées par le deuxième alinéa de l'article 414 du code des douanes, ainsi que la constatation, lorsqu'elles portent sur des fonds provenant de ces mêmes infractions, de la réalisation ou de* *la tentative de réalisation des opérations financières définies à l'article 415 du même code et afin de permettre le rassemblement des preuves de ces infractions et la recherche de leurs auteurs, les services de police et de gendarmerie nationales et des douanes peuvent mettre en œuvre des dispositifs fixes ou mobiles de contrôle automatisé des données signalétiques des véhicules prenant la photographie de leurs occupants, en tous points appropriés du territoire, en particulier dans les zones frontalières, portuaires ou aéroportuaires ainsi que sur les grands axes de transit national ou international.*

L'emploi de tels dispositifs est également possible par les services de police et de gendarmerie nationales, à titre temporaire, pour la préservation de l'ordre public, à l'occasion d'événements particuliers ou de grands rassemblements de personnes, par décision de l'autorité administrative.

Pour les finalités mentionnées au présent article, les données à caractère personnel collectées à l'occasion des contrôles susmentionnés peuvent faire l'objet de traitements automatisés mis en œuvre par les services de police et de gendarmerie nationales (L. n° 2011-267 du 14 mars 2011, art. 111) « et les services des douanes » et soumis aux dispositions de la loi n° 78-17 du 6 janvier 1978 relative à l'informatique, aux fichiers et aux libertés.

Ces traitements comportent une consultation du traitement automatisé des données relatives aux véhicules volés ou signalés ainsi que du système d'information Schengen.

Afin de permettre cette consultation, les données collectées sont conservées durant un délai maximum de huit jours au-delà duquel elles sont effacées dès lors qu'elles n'ont donné lieu à aucun rapprochement positif avec les traitements mentionnés au précédent alinéa. Durant cette période de huit jours, la consultation des données n'ayant pas fait l'objet d'un rapprochement positif avec ces traitements est interdite, sans préjudice des nécessités de leur consultation pour les besoins d'une procédure pénale (L. n° 2011-267 du 14 mars 2011, art. 111) « ou douanière ». Les données qui font l'objet d'un rapprochement positif avec ces mêmes traitements sont conservées pour une durée d'un mois sans préjudice des nécessités de leur conservation pour les besoins d'une procédure pénale ou douanière.

Aux fins de prévenir et de réprimer les actes de terrorisme et de faciliter la constatation des infractions s'y rattachant, les agents individuellement désignés et dûment habilités des services de police et de gendarmerie nationales spécialement chargés de ces missions peuvent avoir accès à ces traitements.

V. désormais CSI, art. L. 233-1 et L. 233-2.

Art. 27 L'inscription des véhicules au fichier national des véhicules volés doit être effectuée dans les meilleurs délais après le dépôt de plainte.

Arrêté du 7 juillet 2017,

Portant autorisation d'un traitement automatisé de données à caractère personnel dénommé « Fichier des objets et des véhicules signalés » (FOVeS) (JO 12 juill.).

Art. 1er Le ministre de l'intérieur (direction générale de la police nationale et direction générale de la gendarmerie nationale) est autorisé à mettre en œuvre un traitement automatisé de données à caractère personnel dénommé "Fichier des objets et véhicules signalés" (FOVeS) ayant pour finalités de faciliter les recherches et les contrôles de la police, de la gendarmerie et des douanes dans le cadre de leurs attributions respectives pour :

— la découverte et la restitution des véhicules volés ;

— la découverte et la restitution des objets perdus ou volés ;

— la surveillance des véhicules et objets signalés.

Ce traitement peut faire l'objet d'une consultation, lors de la réalisation des enquêtes administratives prévues aux articles L. 114-1, L. 114-2 et L. 211-11-1 du code de la sécurité intérieure.

Art. 2 Le traitement est constitué des données à caractère personnel et informations issues :

1° Des procédures judiciaires diligentées pour des faits de vol établies par les services de la police nationale ou par les unités de la gendarmerie nationale ;

2° Des mesures de surveillance exécutées par les services de la police nationale, les unités de la gendarmerie nationale ou les services des douanes dans le cadre de leurs attributions légales ;

3° Des déclarations de perte effectuées auprès des services habilités à les recevoir ;

4° Des décisions d'invalidation de documents prononcées par les autorités administratives;

5° Des traitements gérés par des organismes de coopération internationale en matière de police judiciaire ou des services de police étrangers, dans les conditions énoncées à l'article L. 235-1 du code de la sécurité intérieure.

Les catégories de données à caractère personnel et informations enregistrées dans le traitement sont définies en annexe du présent arrêté.

Art. 3 L'inscription dans le traitement mentionné à l'article 1er est effectuée par les services de police ou les unités de la gendarmerie nationales.

L'inscription d'une mesure de surveillance peut également être effectuée par les services des douanes.

L'inscription d'un document invalidé par décision d'une autorité administrative peut être effectuée par la direction des libertés publiques et des affaires juridiques du ministère de l'intérieur.

Pour les véhicules ou objets déclarés volés, cette inscription est effectuée dans les meilleurs délais après le dépôt de plainte.

Art. 4 I. — Ont accès à tout ou partie des données à caractère personnel et informations mentionnées à l'article 2, à raison de leurs attributions légales et dans la limite du besoin d'en connaître :

1° Les agents des services de la police nationale, individuellement désignés et habilités soit par les chefs des services territoriaux de la police nationale, soit par les chefs de services actifs à la préfecture de police ou, le cas échéant, par le préfet de police, soit par les chefs des services centraux de la police nationale ou, le cas échéant, par le directeur général de la police nationale;

2° Les militaires des unités de la gendarmerie nationale, individuellement désignés et habilités soit par les commandants de groupement, soit par les commandants de la gendarmerie dans les départements, collectivités et territoires d'outre-mer et en Nouvelle-Calédonie, soit par les commandants de région, soit par les commandants de gendarmeries spécialisées, soit par le sous-directeur de la police judiciaire ou, le cas échéant, par le directeur général de la gendarmerie nationale;

3° Les agents des douanes, individuellement désignés et habilités soit par les directeurs régionaux des douanes, soit par le chef du service national de douane judiciaire ou, le cas échéant, par le directeur général des douanes et droits indirects;

4° Les agents de la direction des libertés publiques et des affaires juridiques du ministère de l'intérieur, individuellement désignés et habilités par leur directeur;

5° Les agents du service à compétence nationale dénommé "Unité Information Passagers" rattaché au ministère chargé du budget, individuellement désignés et habilités par le directeur de l'unité;

6° Les agents du service à compétence nationale dénommé "Service national des enquêtes administratives de sécurité" rattaché à la direction générale de la police nationale, individuellement désignés et habilités par le directeur général de la police nationale;

7° Les agents du service à compétence nationale dénommé "Commandement spécialisé pour la sécurité nucléaire" relevant du ministre chargé de l'énergie et du ministre de l'intérieur et rattaché à la direction générale de la gendarmerie nationale, individuellement désignés et habilités par le directeur général de la gendarmerie nationale.

II. — Peuvent être destinataires, dans le cadre de leurs attributions légales et dans la limite du besoin d'en connaître, de tout ou partie des mêmes données et informations :

1° Les autorités administratives en charge de l'immatriculation des véhicules, de la gestion des titres sécurisés et de la délivrance d'autorisations de détention et d'acquisition d'armes;

2° Les organismes de coopération internationale en matière de police judiciaire ou des services de police étrangers dans les conditions énoncées à l'article L. 235-1 du code de la sécurité intérieure;

3° Les agents de police municipale;

4° Les contrôleurs de la préfecture de police exerçant leurs fonctions dans la spécialité voie publique et les agents de surveillance de Paris;

5° Les organismes d'assurance liés par un protocole d'accord avec le ministère de l'intérieur pour les seules informations relatives aux véhicules volés et découverts;

6° Les autorités judiciaires;

7° Le service statistique ministériel de la sécurité intérieure.

Art. 5 I. — Les données à caractère personnel et informations relatives aux véhicules et objets volés sont conservées pendant :

1° Cinq ans pour les moyens de paiement et les appareils audiovisuels ou objets divers;

2° Dix ans pour les véhicules (véhicules terrestres, bateaux et aéronefs), documents, containers et équipements industriels, plaques d'immatriculation, certificats d'immatriculation et moteurs de bateau ;

3° Vingt ans pour les billets de banque ;

4° Cinquante ans pour les armes, munitions, explosifs, bijoux, montres, horlogeries et objets d'art.

II. — Les données à caractère personnel et informations relatives aux objets perdus sont conservées pendant :

1° Dix ans pour les documents ;

2° Cinquante ans pour les armes.

III. — Les données à caractère personnel et informations relatives aux véhicules et objets surveillés sont conservées pendant une durée maximale de six mois renouvelables.

IV. — En cas de découverte ou de fin de surveillance avant les délais fixés aux I, II et III, les données à caractère personnel et informations relatives aux véhicules et aux objets sont conservées pendant quatre mois.

Cette durée est portée à cinq ans pour les seules découvertes de véhicules terrestres, de bateaux et de moteurs de bateau.

Elles sont uniquement accessibles aux administrateurs du traitement.

V. — A l'issue de ces délais, les données à caractère personnel et informations relatives aux objets et véhicules sont supprimées du traitement et archivées pendant une durée de dix ans. Elles sont uniquement accessibles au seul exploitant technique du traitement, sur demande expresse et écrite des administrateurs du traitement.

Art. 6 La mise à jour des informations est réalisée par les services dûment habilités par la direction générale de la police nationale, la direction générale de la gendarmerie nationale, la direction des libertés publiques et des affaires juridiques du ministère de l'intérieur ou la direction générale des douanes et droits indirects.

Art. 7 Les opérations de création, consultation, modification et suppression font l'objet d'un enregistrement comprenant l'identification de l'auteur, la date, l'heure et la nature de l'opération. Ces informations sont conservées pendant cinq ans.

Art. 8 Les droits d'information et d'opposition prévus aux articles 32 et 38 de la loi du 6 janvier 1978 susvisée ne s'appliquent pas au présent traitement. Par exception, les victimes de vol et les propriétaires d'objets perdus sont informés qu'ils peuvent faire l'objet d'une inscription dans le traitement prévu par le présent arrêté.

Le droit d'accès s'exerce de manière indirecte auprès de la Commission nationale de l'informatique et des libertés dans les conditions prévues à l'article 41 de la loi du 6 janvier 1978 susvisée, pour les données à caractère personnel et informations relatives aux véhicules et aux objets surveillés.

Le droit d'accès s'exerce directement auprès de la direction générale de la police nationale ou de la direction générale de la gendarmerie nationale, conformément aux dispositions du dernier alinéa de l'article 41 de la loi du 6 janvier 1978 susvisée, pour les données à caractère personnel et informations relatives aux véhicules volés, aux objets volés ou perdus et aux documents invalidés.

Art. 9 L'arrêté du 15 mai 1996 relatif au fichier des véhicules volés est abrogé.

ANNEXE

Données à caractère personnel et informations enregistrées dans le traitement

I. DONNÉES CONCERNANT LES VOLS ET DÉCOUVERTES

1° Vols :

— nature de l'objet (ou de l'animal) ou du véhicule ;
— numéro de série et autre numéro d'identification ;
— photographies de l'objet ou du véhicule ; date de la photographie ;
— numéro de procédure ;
— date et heure de plainte ;
— date, heure et lieu du vol ;
— coordonnées du service de plainte ;

— état civil et coordonnées du propriétaire, du plaignant ou du titulaire pour les documents ;
— le cas échéant, identité de la personne susceptible d'utiliser le véhicule ou l'objet ;
— code de la compagnie d'assurance et numéro de police du véhicule ;
— descriptifs et caractéristiques complémentaires de l'objet ;
— conduite à tenir en cas de découverte ;

2° Découvertes :
Outre les données précitées relatives aux vols, sont également enregistrées les informations suivantes :
— numéro de procédure de découverte ;
— date, heure et lieu de découverte ;
— coordonnées du service de découverte ;
— descriptif complémentaire de l'objet.

II. DONNÉES CONCERNANT LES SURVEILLANCES ET CESSATIONS DE SURVEILLANCES

1° Surveillances :
— nature de l'objet ou du véhicule ;
— numéro de série et autre numéro d'identification ;
— numéro de procédure ou numéro d'ordre administratif ;
— cadre juridique ;
— date de mise sous surveillance ;
— coordonnées du service demandeur et, lorsqu'il diffère, du service inscripteur ;
— photographies de l'objet ou du véhicule [date de la photographie] ;
— le cas échéant, identité de la personne susceptible d'utiliser le véhicule ou l'objet ;
— conduite à tenir ;
— descriptif et caractéristiques complémentaires de l'objet ;
— date et heure de cessation de la surveillance ;

2° Cessations de surveillances :
Outre les données précitées relatives aux surveillances, sont également enregistrées les informations suivantes :
— numéro de procédure ou numéro d'ordre administratif de cessation ;
— motif, date et heure de cessation de surveillance.

III. DONNÉES CONCERNANT LES PERTES ET DÉCOUVERTES

1° Pertes :
— nature de l'objet ;
— numéro de série et autre numéro d'identification ;
— numéro d'ordre administratif ;
— date et heure de déclaration de perte ;
— date, heure et lieu de la perte ;
— coordonnées du service saisi ;
— propriétaire : état civil et coordonnées ;
— descriptif et caractéristiques complémentaires de l'objet ;
— conduite à tenir ;

2° Découvertes :
Outre les données précitées relatives aux pertes, sont également enregistrées les informations suivantes :
— numéro d'ordre administratif de découverte ;
— date, heure et lieu de découverte ;
— coordonnées du service de découverte.

TITRE IV DISPOSITIONS RELATIVES À L'OUTRE-MER

COMMENTAIRE

Pour Saint-Pierre-et-Miquelon et Mayotte, voir les observations faites sous l'intitulé du titre IV du livre I.

En Polynésie française (V. art. L. 343-1), les seuls textes du livre III applicables sont ceux qui régissent l'immobilisation et la mise en fourrière des véhicules (art. L. 325-1 s.). Tous les articles en ce domaine ne sont toutefois pas applicables en Polynésie française et pour ceux qui le sont, l'article L. 343-1 tient compte des pouvoirs du gouvernement et de l'Assemblée de la Polynésie française.

En Nouvelle-Calédonie, une partie des dispositions du livre III sur l'immobilisation et la mise en fourrière des véhicules est également applicable, depuis l'ordonnance n° 2004-567 du 17 juin 2004. On remarquera cependant que l'article L. 344-1 qui fixe les dispositions en ce domaine applicables en Nouvelle-Calédonie reprend également celles de l'article L. 325-1-1 créé par la loi Perben II concernant l'immobilisation et la mise en fourrière en prévision d'une peine de confiscation. Et un article L. 344-1-2 a été ajouté ici par la loi du 24 décembre 2019 d'orientation des mobilités afin de rendre applicables en Nouvelle-Calédonie les dispositions de l'article L. 325-1-2 permettant une immobilisation et mise en fourrière à titre provisoire. Il en va différemment en Polynésie française où ces dispositions récentes ne sont pas applicables (V. art. L. 343-1). Enfin, un article L. 344-2, créé par une ordonnance du 14 mai 2009, permet au comptable public compétent de faire opposition au transfert d'un certificat d'immatriculation lorsqu'une amende forfaitaire majorée n'est pas payée, dans des conditions comparables à celles prévues à l'article L. 322-1. ❑

CHAPITRE I DISPOSITIONS PARTICULIÈRES À LA COLLECTIVITÉ TERRITORIALE DE SAINT-PIERRE-ET-MIQUELON

Art. L. 341-1 Pour l'application des dispositions du présent livre dans la collectivité territoriale de Saint-Pierre-et-Miquelon, le terme "département" est remplacé par "collectivité territoriale".

CHAPITRE II DISPOSITIONS APPLICABLES À MAYOTTE

(L. n° 2010-1487 du 7 déc. 2010, art. 36).

Les dispositions de la L. n° 2010-1487 du 7 déc. 2010 sont applicables à compter de la première réunion suivant le renouvellement du conseil général de Mayotte en 2011. Dans tous les lois et règlement en vigueur, la référence à la collectivité départementale de Mayotte est remplacée par la référence au Département de Mayotte.

Art. L. 342-1 Pour l'application des dispositions du présent livre à Mayotte, les termes énumérés ci-après sont remplacés comme suit :

1° "Préfecture" par "représentation de l'État" ;

2° "Département" par "collectivité départementale" ;

3° "Préfet" par "représentant de l'État". – *[Ord. n° 92-256 du 4 mars 1992, art. 3.]*

Art. L. 342-2 Les dispositions législatives du présent livre sont applicables à Mayotte, à l'exception des articles *(L. n° 2015-992 du 17 août 2015, art. 37-VIII)* **« L. 318-1 et L. 318-3 ».** – *[Ord. n° 92-256 du 4 mars 1992, art. 1er.]*

Art. L. 342-3 Les règles relatives à l'application du titre I du livre II du code des assurances à Mayotte sont fixées par l'article L. 214-3 du code des assurances, ci-après reproduit :

Art. L. 214-3 *Abrogé par L. n° 2005-1564 du 15 déc. 2005.*

CHAPITRE III DISPOSITIONS APPLICABLES À LA POLYNÉSIE FRANÇAISE

Art. L. 343-1 Les articles L. 325-1, L. 325-2, L. 325-6 à L. 325-11 sont applicables à la Polynésie française, dans la rédaction suivante :

Art. L. 325-1 Les véhicules dont la circulation ou le stationnement, en infraction aux dispositions applicables localement, aux règlements de police ou à la réglementation relative à l'assurance obligatoire des véhicules à moteur, compromettent la sécurité ou le droit à réparation des usagers de la route, la tranquillité ou l'hygiène publique, l'esthétique des sites et paysages classés, la conservation ou l'utilisation normale des voies ouvertes à la circulation publique et de leurs dépendances, notamment par les véhicules de transport en commun, peuvent *(L. n° 2003-239 du 18 mars 2003, art. 138)* « à la demande et sous la responsabilité du maire ou de l'officier de police judiciaire territorialement compétent, même sans l'accord du propriétaire du véhicule », dans les cas et conditions précisés par le décret prévu à l'article L. 325-11, être immobilisés, mis en fourrière, retirés de la circulation et, le cas échéant, aliénés ou livrés à la destruction.

(L. n° 2001-1062 du 15 nov. 2001) « Peuvent également *(L. n° 2003-239 du 18 mars 2003, art. 138)* «, à la demande et sous la responsabilité du maire ou de l'officier de police judiciaire territorialement compétent, même sans l'accord du propriétaire du véhicule, » être immobilisés, mis en fourrière, retirés de la circulation et, le cas échéant, aliénés ou livrés à la destruction les véhicules qui, se trouvant sur les voies ouvertes à la circulation publique ou sur leurs dépendances, sont privés d'éléments indispensables à leur utilisation normale et insusceptibles de réparation immédiate à la suite de dégradations ou de vols. »

Art. L. 325-2 Pour l'application de l'article L. 325-1 et sur prescription de l'officier de police judiciaire territorialement compétent, les fonctionnaires de police en tenue et les militaires de la gendarmerie habilités à constater par procès-verbaux les contraventions à la police de la circulation routière peuvent, en cas de besoin, ouvrir ou faire ouvrir les portes du véhicule, manœuvrer ou faire manœuvrer tous appareils. Ils peuvent conduire le véhicule ou le faire conduire, en leur présence, vers le lieu de mise en fourrière en utilisant, le cas échéant, les moyens autonomes de propulsion dont le véhicule est muni.

(L. n° 2003-239 du 18 mars 2003, art. 139) « La mise en fourrière peut également être prescrite par un chef de police municipale territorialement compétent ou l'agent de police judiciaire adjoint qui occupe les fonctions de chef de chef de la police municipale. Pour l'application de cette disposition et sur prescription du chef de service de police municipale territorialement compétent ou de l'agent de police judiciaire adjoint qui occupe les fonctions de chef de la police municipale, les agents de police municipale habilités à constater par procès-verbal les contraventions à la police de la circulation routière peuvent, en cas de besoin, ouvrir ou faire ouvrir les portes du véhicule, manœuvrer ou faire manœuvrer tous appareils. Ils peuvent conduire le véhicule ou le faire conduire, en leur présence, vers le lieu de mise en fourrière en utilisant, le cas échéant, les moyens autonomes de propulsion dont le véhicule est muni.

« Dans les cas prévus aux alinéas précédents », l'assureur du propriétaire du véhicule est tenu de garantir, dans les limites du contrat, la réparation du dommage causé au tiers sauf recours, s'il y a lieu, contre la collectivité publique qui, par son fait, a causé le dommage ayant donné lieu à la responsabilité de l'assureur et sans qu'une majoration de prime puisse en résulter pour le propriétaire.

Art. L. 325-6 Les véhicules dont l'état ne permet pas la circulation dans des conditions normales de sécurité ne peuvent être retirés de la fourrière que par des réparateurs chargés par les propriétaires d'effectuer les travaux reconnus indispensables.

Ils ne peuvent ensuite être restitués à leurs propriétaires qu'après vérification de la bonne exécution des travaux.

En cas de désaccord sur l'état du véhicule, un expert est désigné dans des conditions fixées par délibération de l'assemblée de la Polynésie française. S'il constate que le véhicule n'est pas en état de circuler dans des conditions normales de sécurité, il détermine les travaux à effectuer avant sa remise au propriétaire.

Art. L. 325-7 Sont réputés abandonnés les véhicules laissés en fourrière à l'expiration d'un délai de quarante-cinq jours à compter de la mise en demeure faite au propriétaire d'avoir à retirer son véhicule.

La notification est valablement faite à l'adresse indiquée au répertoire des immatriculations. Dans le cas où le véhicule fait l'objet d'un gage régulièrement inscrit, cette notification est également faite au créancier gagiste.

Si le propriétaire ne peut être identifié, le délai précité court du jour où cette impossibilité a été constatée.

Le délai prévu au premier alinéa est réduit à dix jours en ce qui concerne les véhicules qu'un expert désigné dans des conditions fixées par délibération de l'assemblée de la

Polynésie française aura estimés d'une valeur marchande inférieure à un montant fixé par le gouvernement de la Polynésie française et déclarés hors d'état de circuler dans des conditions normales de sécurité.

Les véhicules visés à l'alinéa précédent sont, à l'expiration du délai de dix jours, livrés à la destruction.

(Ord. n° 2023-15 du 18 janv. 2023, art. 1er) « Le délai prévu au premier alinéa du présent article est réduit à sept jours pour les véhicules ayant servi à commettre l'infraction prévue à l'article L. 236-1. Ces véhicules sont, à l'expiration de ce délai de sept jours, livrés à la destruction. »

Art. L. 325-8 Les véhicules abandonnés dans les conditions prévues au premier alinéa de l'article L. 325-7 sont remis au service des domaines en vue de leur aliénation dans les formes prévues pour les ventes du mobilier de la Polynésie française. Les véhicules qui n'ont pas trouvé preneur, à l'expiration d'un délai fixé par le président du gouvernement de la Polynésie française, sont livrés à la destruction sur l'initiative de l'autorité administrative investie des pouvoirs de police en matière de circulation.

Art. L. 325-9 Les frais d'enlèvement, de garde en fourrière, d'expertise et de vente ou de destruction du véhicule sont à la charge du propriétaire.

Le produit de la vente, sous déduction des frais énumérés à l'alinéa précédent, est tenu à la disposition du propriétaire ou de ses ayants droit ou, le cas échéant, du créancier gagiste pouvant justifier de ses droits, pendant un délai de deux ans. A l'expiration de ce délai, ce produit est acquis à la Polynésie française.

Lorsque le produit de la vente est inférieur au montant des frais visés ci-dessus, le propriétaire ou ses ayants droit restent débiteurs de la différence. Celle-ci est recouvrée dans les conditions fixées par délibération de l'assemblée de la Polynésie française.

(L. n° 2011-267 du 14 mars 2011, art. 137-3°) « Le présent article est applicable au créancier gagiste en cas de confiscation du véhicule qui a servi pour commettre une infraction. »

Art. L. 325-10 La collectivité publique intéressée n'est pas responsable des dommages subis par les véhicules visés au quatrième alinéa de l'article L. 325-7, placés dans une fourrière non clôturée et non gardée.

Art. L. 325-11 Un décret en Conseil d'État détermine les conditions d'application des articles L. 325-1, L. 325-2, L. 325-6 à L. 325-9.

Une délibération de l'assemblée de la Polynésie française détermine les clauses devant obligatoirement figurer dans le contrat type susceptible d'être passé entre les collectivités publiques intéressées et les entreprises aptes à effectuer la démolition des véhicules à moteur. — *[L. n° 96-609 du 5 juill. 1996, art. 40.]*

CHAPITRE IV DISPOSITIONS APPLICABLES EN NOUVELLE-CALÉDONIE

(Ord. n° 2004-567 du 17 juin 2004, art. 3)

Art. L. 344-1 *(L. n° 2011-884 du 27 juill. 2011, art. 19-II-1°)* **« I. — » Les articles L. 325-1, L. 325-1-1, L. 325-2 et L. 325-6 à L. 325-11 sont applicables en Nouvelle-Calédonie, dans la rédaction suivante :**

Art. L. 325-1 Les véhicules dont la circulation ou le stationnement, en infraction aux dispositions applicables localement, aux règlements de police ou à la réglementation relative à l'assurance obligatoire des véhicules à moteur, compromettent la sécurité ou le droit à réparation des usagers de la route, la tranquillité ou l'hygiène publique, l'esthétique des sites et paysages classés, la conservation ou l'utilisation normale des voies ouvertes à la circulation publique et de leurs dépendances, notamment par les véhicules de transport en commun, peuvent, à la demande et sous la responsabilité du maire ou de l'officier de police judiciaire territorialement compétent, même sans l'accord du propriétaire du véhicule dans les cas et conditions précisés par le décret prévu à l'article L. 325-11, être immobilisés, mis en fourrière, retirés de la circulation et, le cas échéant, aliénés ou livrés à la destruction.

Peuvent également, à la demande et sous la responsabilité du maire ou de l'officier de police judiciaire territorialement compétent, même sans l'accord du propriétaire du véhicule, être immobilisés, mis en fourrière, retirés de la circulation et, le cas échéant, aliénés ou livrés à la destruction les véhicules qui, se trouvant sur les voies ouvertes à la circulation publique ou sur leurs dépendances, sont privés d'éléments indispensables à leur utilisation normale et insusceptibles de réparation immédiate à la suite de dégradations ou de vols.

Art. L. 325-1-1 *(L. nº 2006-10 du 5 janv. 2006, art. 12)* « En cas de constatation d'un délit ou d'une contravention de la cinquième classe prévu par le présent code ou le code pénal pour lequel » la peine de confiscation du véhicule est encourue, l'officier ou l'agent de police judiciaire peut, avec l'autorisation préalable du procureur de la République donnée par tout moyen, faire procéder à l'immobilisation et à la mise en fourrière du véhicule.

Si la juridiction ne prononce pas la peine de confiscation du véhicule, celui-ci est restitué à son propriétaire, sous réserve des dispositions du troisième alinéa. Si la confiscation est ordonnée, le véhicule est remis au service des domaines en vue de sa destruction ou de son aliénation. Les frais d'enlèvement et de garde en fourrière sont à la charge de l'acquéreur.

Si la juridiction prononce la peine d'immobilisation du véhicule, celui-ci n'est restitué au condamné qu'à l'issue de la durée d'immobilisation fixée par la juridiction contre paiement des frais d'enlèvement et de garde en fourrière, qui sont à la charge de ce dernier.

(L. nº 2011-1862 du 13 déc. 2011, art. 31-III) « En cas de relaxe, le propriétaire dont le véhicule a été mis en fourrière sur autorisation du procureur de la République peut, selon des modalités précisées par arrêté du ministre de la justice, demander à l'État le remboursement, au titre des frais de justice, des frais d'enlèvement et de garde en fourrière qu'il a dû acquitter pour récupérer son véhicule. »

Art. L. 325-2 Pour l'application *(L. nº 2006-10 du 5 janv. 2006, art. 12)* « des articles L. 325-1 et L. 325-1-1 » et sur prescription de l'officier de police judiciaire territorialement compétent, les fonctionnaires de police en tenue et les militaires de la gendarmerie habilités à constater par procès-verbaux les contraventions à la police de la circulation routière peuvent, en cas de besoin, ouvrir ou faire ouvrir les portes du véhicule, manœuvrer ou faire manœuvrer tous appareils. Ils peuvent conduire le véhicule ou le faire conduire, en leur présence, vers le lieu de mise en fourrière en utilisant, le cas échéant, les moyens autonomes de propulsion dont le véhicule est muni.

La mise en fourrière peut également être prescrite par un chef de service de police municipale territorialement compétent ou l'agent de police judiciaire adjoint qui occupe les fonctions de chef de la police municipale. Pour l'application de cette disposition et sur prescription du chef de service de police municipale territorialement compétent ou de l'agent de police judiciaire adjoint qui occupe les fonctions de chef de la police municipale, les agents de police municipale habilités à constater par procès-verbal les contraventions à la police de la circulation routière peuvent, en cas de besoin, ouvrir ou faire ouvrir les portes du véhicule, manœuvrer ou faire manœuvrer tous appareils. Ils peuvent conduire le véhicule ou le faire conduire, en leur présence, vers le lieu de mise en fourrière en utilisant, le cas échéant, les moyens autonomes de propulsion dont le véhicule est muni.

Dans les cas prévus aux alinéas précédents, l'assureur du propriétaire du véhicule est tenu de garantir, dans les limites du contrat, la réparation du dommage causé au tiers sauf recours, s'il y a lieu, contre la collectivité publique qui, par son fait, a causé le dommage ayant donné lieu à la responsabilité de l'assureur et sans qu'une majoration de prime puisse en résulter pour le propriétaire.

Art. L. 325-6 Les véhicules dont l'état ne permet pas la circulation dans des conditions normales de sécurité ne peuvent être retirés de la fourrière que par des réparateurs chargés par les propriétaires d'effectuer les travaux reconnus indispensables.

Ils ne peuvent ensuite être restitués à leurs propriétaires qu'après vérification de la bonne exécution des travaux.

En cas de désaccord sur l'état du véhicule, un expert est désigné dans des conditions fixées par délibération du congrès de la Nouvelle-Calédonie. S'il constate que le véhicule n'est pas en état de circuler dans des conditions normales de sécurité, il détermine les travaux à effectuer avant sa remise au propriétaire.

Art. L. 325-7 Sont réputés abandonnés les véhicules laissés en fourrière à l'expiration d'un délai de quarante-cinq jours à compter de la mise en demeure faite au propriétaire d'avoir à retirer son véhicule.

La notification est valablement faite à l'adresse indiquée au répertoire des immatriculations. Dans le cas où le véhicule fait l'objet d'un gage régulièrement inscrit, cette notification est également faite au créancier gagiste.

Si le propriétaire ne peut être identifié, le délai précité court du jour où cette impossibilité a été constatée.

Le délai prévu au premier alinéa est réduit à dix jours en ce qui concerne les véhicules qu'un expert désigné dans des conditions fixées par délibération du congrès de la Nouvelle-Calédonie aura estimés d'une valeur marchande inférieure à un montant fixé par le gouvernement de la Nouvelle-Calédonie et déclarés hors d'état de circuler dans des conditions normales de sécurité.

Les véhicules visés à l'alinéa précédent sont, à l'expiration du délai de dix jours, livrés à la destruction.

(Ord. nº 2023-15 du 18 janv. 2023, art. 1er) « Le délai prévu au premier alinéa du présent article est réduit à sept jours pour les véhicules ayant servi à commettre l'infraction prévue à l'article L. 236-1. Ces véhicules sont, à l'expiration de ce délai de sept jours, livrés à la destruction. »

Art. L. 325-8 Les véhicules abandonnés dans les conditions prévues au premier alinéa de l'article L. 325-7 sont remis au service compétent de la Nouvelle-Calédonie en vue de leur aliénation dans les formes prévues pour les ventes du mobilier de la Nouvelle-Calédonie. Les véhicules qui n'ont pas trouvé preneur, à l'expiration d'un délai fixé par les autorités locales compétentes, sont livrés à la destruction sur l'initiative de l'autorité administrative investie des pouvoirs de police en matière de circulation.

Art. L. 325-9 Les frais d'enlèvement, de garde en fourrière, d'expertise et de vente ou de destruction du véhicule sont à la charge du propriétaire.

Le produit de la vente, sous déduction des frais énumérés à l'alinéa précédent, est tenu à la disposition du propriétaire ou de ses ayants droit ou, le cas échéant, du créancier gagiste pouvant justifier de ses droits, pendant un délai de deux ans. A l'expiration de ce délai, ce produit est acquis à la Nouvelle-Calédonie.

Lorsque le produit de la vente est inférieur au montant des frais visés ci-dessus, le propriétaire ou ses ayants droit restent débiteurs de la différence. Celle-ci est recouvrée dans les conditions fixées par délibération du congrès de la Nouvelle-Calédonie.

(L. nº 2011-267 du 14 mars 2011, art. 137-3º) « Le présent article est applicable au créancier gagiste en cas de confiscation du véhicule qui a servi pour commettre une infraction. »

Art. L. 325-10 La collectivité publique intéressée n'est pas responsable des dommages subis par les véhicules visés au quatrième alinéa de l'article L. 325-7, placés dans une fourrière non clôturée et non gardée.

Art. L. 325-11 Un décret en Conseil d'État détermine les conditions d'application des articles L. 325-1, L. 325-1-1, L. 325-2 et L. 325-6 à L. 325-9.

Les autorités de la Nouvelle-Calédonie déterminent les clauses obligatoires des contrats susceptibles d'être passés entre les collectivités publiques intéressées et les entreprises aptes à procéder à la démolition des véhicules à moteur.

(L. nº 2011-884 du 27 juill. 2011, art. 19-II-2º) **« II. — L'article L. 330-2 est applicable en Nouvelle-Calédonie dans la rédaction suivante :**

Art. L. 330-2 Sans préjudice de la compétence générale de la police nationale et de la gendarmerie nationale, les informations concernant les pièces administratives exigées pour la circulation des véhicules ou affectant la disponibilité de ceux-ci sont, à l'exception de celles relatives aux gages constitués sur les véhicules à moteur et aux oppositions au transfert du certificat d'immatriculation, communiquées sur leur demande aux agents de police judiciaire adjoints mentionnés au 2º de l'article 21 du code de procédure pénale, aux seules fins d'identifier les auteurs des infractions au code de la route applicable en Nouvelle-Calédonie qu'ils sont habilités à constater. »

Art. L. 344-1-1 *(L. nº 2019-1428 du 24 déc. 2019, art. 98-I)* **Sont applicables en Nouvelle-Calédonie les dispositions des articles mentionnés dans la colonne de gauche du tableau ci-après, dans leur rédaction indiquée dans la colonne de droite du même tableau :** — *Tableau mod. par Ord. nº 2023-15 du 18 janv. 2023, art. 1er.*

Dispositions applicables	Dans leur rédaction
Art. L. 325-1-2	Résultant de la loi nº 2022-52 du 24 janvier 2022 relative à la responsabilité pénale et à la sécurité intérieure

Art. L. 344-2 *(Ord. n° 2009-537 du 14 mai 2009, art. 9-II-2°)* Lorsqu'une amende forfaitaire majorée a été émise et que le comptable *(Ord. n° 2010-420 du 27 avr. 2010, art. 116)* « public compétent » constate que le contrevenant n'habite plus à l'adresse enregistrée au fichier territorial des immatriculations, il peut faire opposition au service d'immatriculation territorialement compétent à tout transfert du certificat d'immatriculation. Il en informe le procureur de la République.

Cette opposition suspend la prescription de la peine.

Elle est levée par le paiement de l'amende forfaitaire majorée. En outre, lorsque l'intéressé a formé une réclamation, selon les modalités et dans les délais prévus par les articles 529-10 et 530 du code de procédure pénale à peine d'irrecevabilité et qu'il justifie avoir déclaré sa nouvelle adresse au service d'immatriculation des véhicules de la Nouvelle-Calédonie, le procureur de la République lève l'opposition.

LIVRE IV L'USAGE DES VOIES

COMMENTAIRE

Après la présentation des textes relatifs au conducteur (livre II) et au véhicule (livre III), le livre IV est intitulé L'usage des voies. Les conditions de la circulation étant réunies – un véhicule (livre III) et un conducteur (livre II) – le code se *« met en mouvement »* dans cette dernière division... mise en mouvement sur le support que sont les voies et principalement les voies ouvertes à la circulation publique... d'où le titre *« L'usage des voies »*, ou, si l'on préfère, les conditions de la circulation sur les voies routières.

Définition et classification des voies. Ces voies – et leurs différentes catégories variant selon leur appartenance et selon leur trafic – ont été présentées dès le début du code. Se reporter aux articles L. 110-2 reproduisant des articles du code *« cousin »* de la voirie routière et L. 110-3 qui a fait *« remonter »* à la partie législative la définition des routes à grande circulation. Signalons en outre que l'article R. 110-2 fournit par ordre alphabétique de nombreuses définitions dont certaines sont utiles à une *« bonne »* circulation, y compris d'ailleurs la signification de l'expression *« voie de circulation »* ou encore celle de *« chaussée »*.

Importance de la partie réglementaire. L'essentiel des dispositions de ce livre se trouve d'ailleurs dans la partie réglementaire, qu'il s'agisse des *« règles »* de conduite proprement dites (constituant le code de la route tel qu'il est enseigné et en principe observé) ou des infractions encourues par le conducteur qui sont en majorité des contraventions, donc de la compétence du pouvoir réglementaire. Cela explique que de nombreuses divisions, voire subdivisions, du livre IV n'ont pas de contenu dans la partie législative (par exemple les chapitres IV, V, VI et VIII du titre I et l'ensemble du titre II). Nous sommes là dans un domaine où la réglementation est reine.

Plan. Tant dans la partie législative que dans la partie réglementaire, ce livre est divisé en quatre titres. On sait que le quatrième, là comme ailleurs, est réservé aux dispositions relatives à l'outre-mer. Le premier titre, intitulé Dispositions générales, contient des règles communes à la circulation sur routes (au sens large) quelles que soient les voies et quels que soient les véhicules. Le deuxième titre, vacant dans la partie législative, apporte des dispositions *« complémentaires »* pour la circulation sur *« certaines »* voies, et le troisième titre des dispositions *« complémentaires »* pour la circulation de *« certains »* véhicules. ❑

TITRE I DISPOSITIONS GÉNÉRALES

COMMENTAIRE

Dispositions générales et dispositions spéciales. L'expression *« Dispositions générales »* est à rapprocher – pour la distinguer – du terme analogue utilisé dans l'intitulé du livre premier. Au début du code, il s'agissait de présenter les principes généraux applicables en matière de droit routier, donc dominant l'ensemble du code de la route (principes, on l'a vu, spécifiques mais s'ajoutant voire dérogeant bien souvent à d'autres principes découlant de codes dominants que sont par exemple le code pénal et le code de procédure pénale). Ici les dispositions ne sont générales que dans le domaine particulier de l'usage des voies, c'est-à-dire de la circulation active, du déplacement sur ces voies (y compris l'arrêt et le stationnement qui l'implique). Et elles ne sont générales que par rapport aux règles spéciales applicables sur certaines voies ou à la circulation de certains véhicules.

Il convient de noter que la partie réglementaire contient aussi des *« principes généraux de circulation »* qui constituent une section du chapitre II relatif à la conduite des véhicules et à la circulation des piétons. C'est dans ces principes généraux que l'on trouve notamment la conduite à droite (art. R. 412-9) qui constitue tout de même un élément majeur du code de la route. ❑

CHAPITRE I POUVOIRS DE POLICE DE LA CIRCULATION

COMMENTAIRE

La police peut être définie comme l'ensemble des règles imposées par l'autorité publique aux citoyens (ici aux usagers de la route) en vue de faire régner l'ordre, la tranquillité et la sécurité. Le code de la route, l'ensemble de ce code, constitue bien sûr la clé de voûte de la police de la circulation. Mais il nécessite des adaptations territoriales et des traductions visuelles (panneaux, signaux...) qui impliquent l'intervention d'un certain nombre d'autorités locales « sur le terrain ». Il est logique que le code de la route détermine lui-même ces autorités ou, pour le moins, les rappelle.

Reprise du ou renvoi au CGCT. Dans le présent chapitre, certains articles du code général des collectivités territoriales ont, en conséquence, été reproduits en dispositions suiveuses. L'abandon de cette technique de codification (V. comm. ss. art. L. 121-5) conduit cependant le législateur, au fil des réformes, à ne plus reproduire ici les dispositions pertinentes du CGCT, mais à se contenter d'un simple renvoi informatif aux dispositions de ce code qui précisent les pouvoirs de police de la circulation routière dévolus aux différentes autorités locales.

Les pouvoirs du maire en ce domaine sont ainsi rappelés à l'article L. 411-1 qui, depuis le 1er janvier 2018, se contente d'indiquer que ces pouvoirs sont fixés par les articles L. 2213-1 à L. 2213-6 du code général des collectivités territoriales. Des pouvoirs qui doivent, conformément à l'article L. 2213-1 CGCT, être combinés avec ceux du représentant de l'État dans le département sur les routes à grande circulation et qui peuvent par ailleurs faire l'objet d'aménagements dans la commune de Paris, conformément à l'article L. 2512-14 CGCT, auquel renvoie l'article L. 411-2.

On trouve également reproduites ou référencées ici les dispositions du code général des collectivités territoriales qui répartissent les pouvoirs de police de la circulation routière dans les départements entre le président du conseil général et le représentant de l'État (art. L. 411-3) et les dispositions particulières applicables dans la métropole de Lyon (art. L. 411-3-1), dans la collectivité territoriale de Corse (art. L. 411-4), dans les départements des Hauts-de-Seine, de la Seine-Saint-Denis et du Val-de-Marne (art. L. 411-5) ainsi que dans les régions d'outre-mer où la voirie nationale a été transférée à la région (art. L. 411-5-1).

La lecture de ces dispositions du code de la route ne permet pas, toutefois, d'avoir une vue complète des compétences dévolues aux autorités locales en la matière. On notera ainsi que l'article L. 411-1 du présent code ne renvoie pas aux dispositions de l'article L. 2213-6-1 du CGCT – créées par une loi du 12 mai 2009 – qui figurent, pourtant, dans la section de ce code dédiée aux pouvoirs du maire en matière de circulation et de stationnement. On notera également que ne sont pas rappelées ici les dispositions de l'article L. 5211-9-2 du CGCT qui permettent, aujourd'hui, de transférer les compétences dévolues aux maires en matière de police de la circulation et du stationnement au président d'un établissement public de coopération intercommunale.

Autres dispositions. Figurent également dans ce chapitre d'autres dispositions liées aux pouvoirs de police de la circulation routière : celles, issues du code de la voirie routière, portant sur le droit de placer en vue du public des indications ou signaux (art. L. 411-6) et celles incriminant le fait d'organiser une course de véhicules à moteur sur les voies ouvertes à la circulation publique sans avoir obtenu une autorisation en ce sens de l'autorité investie du pouvoir de police (art. L. 411-7). On y trouve aussi, depuis la loi d'orientation des mobilités du 24 décembre 2019, celles permettant à l'autorité investie du pouvoir de police de la circulation de réserver certaines voies, hors agglomération, à la circulation des véhicules de transports en commun, des taxis, des véhicules utilisé en covoiturage et des véhicules à très faible émissions, y compris de façon permanente (art. L. 411-8). Des dispositions comparables à celles insérées par cette même loi au sein de l'article L. 2213-3 du code général des collectivités territoriales, auquel renvoie l'article L. 411-1, afin de permettre au maire de réserver des voies de circulation sur le territoire de sa commune aux mobilités partagées. ❑

Art. L. 411-1 Les règles relatives aux pouvoirs de police de la circulation routière dévolus au maire dans la commune, à l'exception pour les communes des départements de la Moselle, du Bas-Rhin et du Haut-Rhin de celles visées à l'article L. 2213-6, sont fixées par les articles L. 2213-1 à L. 2213-6 du code général des collectivités territoriales *(Abrogé par L. nº 2014-58 du 27 janv. 2014, art. 63-III, mod. par L. nº 2015-1785 du 29 déc. 2015, art. 45-IV, à compter du 1er janv. 2018)* ***« ci-après reproduits :***

Art. L. 2213-1 *Le maire exerce la police de la circulation sur les routes nationales, les routes départementales et (L. nº 2019-1461 du 27 déc. 2019, art. 50) « l'ensemble des voies publiques ou privées ouvertes à la circulation publique » à l'intérieur des agglomérations, sous réserve des pouvoirs dévolus au représentant de l'État dans le département sur les routes à grande circulation. (L. nº 2014-58 du 27 janv. 2014, art. 62-I) « A l'extérieur des* *agglomérations, le maire exerce également la police de la circulation sur les voies du domaine public routier communal et du domaine public routier intercommunal, sous réserve des pouvoirs dévolus au représentant de l'État dans le département sur les routes à grande circulation. »*

Les conditions dans lesquelles le maire exerce la police de la circulation sur les routes à grande circulation sont fixées par décret en Conseil d'État.

Par dérogation aux dispositions des deux alinéas précédents et à celles des articles L. 2213-2 et L. 2213-3, des décrets peuvent transférer, dans les attributions du représentant de l'État dans le département, la police de la circulation sur certaines sections des routes à grande circulation.

Art. L. 2213-1-1 (L. n° 2015-992 du 17 août 2015, art. 47) *Sans préjudice de l'article L. 2213-1, le maire peut, par arrêté motivé, fixer pour tout ou partie des voies de l'agglomération ouvertes à la circulation publique une vitesse maximale autorisée inférieure à celle prévue par le code de la route, eu égard à une nécessité de sécurité et de circulation routières, de mobilité ou de protection de l'environnement.*

Art. L. 2213-2 *Le maire peut, par arrêté motivé, eu égard aux nécessités de la circulation et de la protection de l'environnement :*

1° Interdire à certaines heures l'accès de certaines voies de l'agglomération ou de certaines portions de voie ou réserver cet accès, à certaines heures, à diverses catégories d'usagers ou de véhicules ;

2° Réglementer l'arrêt et le stationnement des véhicules ou de certaines catégories d'entre eux, ainsi que la desserte des immeubles riverains ;

(L. n° 2014-58 du 27 janv. 2014, art. 51) *« 3° Réserver sur la voie publique ou dans tout autre lieu de stationnement ouvert au public des emplacements de stationnement aménagés aux véhicules utilisés par les personnes titulaires de la* (L. n° 2016-1321 du 7 oct. 2016, art. 107-III, en vigueur le 1er janv. 2017) *« carte "mobilité inclusion" portant la mention "stationnement pour personnes handicapées" mentionnée à l'article L. 241-3 » du code de l'action sociale et des familles »* (L. n° 2019-1428 du 24 déc. 2019, art. 35) *« , aux véhicules bénéficiant d'un label "auto-partage", aux véhicules bénéficiant d'un signe distinctif de covoiturage* (L. n° 2021-1104 du 22 août 2021, art. 108-III) *« , aux véhicules des usagers des transports publics de personnes » ou aux véhicules à très faibles émissions au sens de l'article L. 318-1 du code de la route ».*

(Abrogé par L. n° 2004-809 du 13 août 2004, art. 27) *« Un décret en Conseil d'État fixe les conditions d'application du présent article. »*

Art. L. 2213-3 *Le maire peut, par arrêté motivé :*

1° Instituer, à titre permanent ou provisoire, pour les véhicules affectés à un service public et pour les besoins exclusifs de ce service (L. n° 2000-646 du 10 juill. 2000) *« et, dans le cadre de leurs missions, pour les véhicules de transport de fonds, de bijoux et de métaux précieux, » des stationnements réservés sur les voies publiques de l'agglomération ;*

2° Réserver des emplacements sur ces mêmes voies pour faciliter la circulation et le stationnement des transports publics de voyageurs et des taxis (L. n° 2000-646 du 10 juill. 2000) *« ainsi que des véhicules de transport de fonds, de bijoux ou de métaux précieux, dans le cadre de leurs missions »* (L. n° 2000-1208 du 13 déc. 2000, art. 107) *« et l'arrêt des véhicules effectuant un chargement ou un déchargement de marchandises ».*

Art. L. 2213-3-1 (L. n° 2010-788 du 12 juill. 2010, art. 51-1°) *Lorsqu'une commune est membre* (L. n° 2010-1563 du 16 déc. 2010, art. 17-XI) *« d'une métropole, » d'une communauté urbaine ou d'une communauté d'agglomération compétente en matière de voirie dont le territoire est couvert par un plan de déplacements urbains, ou d'une communauté de communes compétente en matière de voirie dont le territoire est couvert par un plan de déplacements urbains, le stationnement des véhicules à moteur est soit interdit, soit réservé à des catégories particulières de véhicules, ou limité dans le temps, ou soumis à paiement, sur les voies publiques supportant la circulation de véhicules assurant un service régulier de transport public et sur les trottoirs adjacents à ces voies lorsque ces mesures sont nécessaires pour faciliter la circulation de ces véhicules ou l'accès des usagers au service.*

Art. L. 2213-4 *Le maire peut, par arrêté motivé, interdire l'accès de certaines voies ou de certaines portions de voies ou de certains secteurs de la commune aux véhicules dont la circulation sur ces voies ou dans ces secteurs est de nature à compromettre soit la tranquillité publique, soit la qualité de l'air, soit la protection des espèces animales ou végétales,* *soit la protection des espaces naturels, des paysages ou des sites ou leur mise en valeur à des fins esthétiques, écologiques, agricoles, forestières ou touristiques.*

Dans ces secteurs, le maire peut, en outre, par arrêté motivé, soumettre à des prescriptions particulières relatives aux conditions d'horaires et d'accès à certains lieux et aux niveaux sonores admissibles les activités s'exerçant sur la voie publique, à l'exception de celles qui relèvent d'une mission de service public.

Ces dispositions ne s'appliquent pas aux véhicules utilisés pour assurer une mission de service public et ne peuvent s'appliquer d'une façon permanente aux véhicules utilisés à des fins professionnelles de recherche, d'exploitation ou d'entretien des espaces naturels.

Art. L. 2213-4-1 (L. n° 2015-992 du 17 août 2015, art. 48-I) *I. — Pour lutter contre la pollution atmosphérique, des zones à circulation restreinte peuvent être créées dans les agglomérations et les zones pour lesquelles un plan de protection de l'atmosphère est adopté, en cours d'élaboration ou en cours de révision en application de l'article L. 222-4 du code de l'environnement, par le maire ou par le président d'un établissement public de coopération intercommunale à fiscalité propre lorsque celui-ci dispose du pouvoir de police de la circulation, sur tout ou partie du territoire de la commune ou de l'établissement public de coopération intercommunale.*

II. — Les zones à circulation restreinte sont délimitées par un arrêté qui fixe les mesures de restriction de circulation applicables et détermine les catégories de véhicules concernés. L'inclusion de voies du domaine public routier national ou de voies du domaine public routier départemental situées hors agglomération dans les zones à circulation restreinte est subordonnée à l'accord, respectivement, du représentant de l'État dans le département et du président du conseil départemental sur les mesures de restriction qu'il est prévu d'y appliquer. Les véhicules circulant dans une zone à circulation restreinte font l'objet de l'identification fondée sur leur contribution à la limitation de la pollution atmosphérique prévue à l'article L. 318-1 du code de la route.

L'arrêté précise la durée pour laquelle les zones à circulation restreinte sont créées.

Les mesures de restriction fixées par l'arrêté sont cohérentes avec les objectifs de diminution des émissions fixés par le plan de protection de l'atmosphère défini à l'article L. 222-4 du code de l'environnement.

III. — Le projet d'arrêté, accompagné d'une étude présentant l'objet des mesures de restriction, justifiant leur nécessité et exposant les bénéfices environnementaux et sanitaires attendus de leur mise en œuvre, notamment en termes d'amélioration de la qualité de l'air et de diminution de l'exposition de la population à la pollution atmosphérique, est soumis pour avis, par l'autorité compétente, aux autorités organisatrices de la mobilité dans les zones et dans leurs abords, aux conseils municipaux des communes limitrophes, aux gestionnaires de voirie, ainsi qu'aux chambres consulaires concernées. A l'expiration d'un délai fixé par le décret prévu au V du présent article, cet avis est réputé favorable.

Le projet d'arrêté, l'étude et les avis recueillis en application du premier alinéa du présent III sont mis à la disposition du public, dans les conditions prévues à l'article L. 122-8 du même code.

IV. — L'autorité compétente pour prendre l'arrêté en évalue de façon régulière, au moins tous les trois ans, l'efficacité au regard des bénéfices attendus et peut le modifier en suivant la procédure prévue au III du présent article.

V. — Après consultation des représentants des catégories professionnelles concernées, un décret en Conseil d'État précise les modalités d'application du présent article, notamment les catégories de véhicules, y compris de transport collectif de personnes, dont la circulation dans une zone à circulation restreinte ne peut être interdite, ainsi que les modalités selon lesquelles des dérogations individuelles aux mesures de restriction peuvent être accordées.

Art. L. 2213-5 *Le maire peut, par arrêté motivé, interdire l'accès de certaines voies ou de certaines portions de voies aux véhicules de transport de matières dangereuses visées par la directive 82/501 du Conseil du 24 juin 1982 concernant les risques d'accidents majeurs de certaines activités industrielles et de nature à compromettre la sécurité publique.*

Art. L. 2213-6 *Le maire peut, moyennant le paiement de droits fixés par un tarif dûment établi, donner des permis de stationnement ou de dépôt temporaire sur la voie publique* (Abrogé par L. n° 2006-1772 du 30 déc. 2006, art. 72-1°) *«, sur les rivières, ports et quais fluviaux» et autres lieux publics, sous réserve que cette autorisation n'entraîne aucune gêne pour la circulation* (Abrogé par L. n° 2006-1772 du 30 déc. 2006, art. 72-1°) *«, la*

navigation » et la liberté du commerce. *(L. nº 2014-58 du 27 janv. 2014, art. 63-I, en vigueur le 1er janv. 2018)* ***« Les modalités de la tarification et la gestion matérielle du stationnement des véhicules sur la voie publique sont régies par l'article L. 2333-87 ». »*** — Les dispositions de la partie législative du code de la route qui citent en les reproduisant des articles d'autres codes ou de lois non codifiées sont de plein droit modifiées par l'effet des modifications ultérieures de ces articles (Ord. nº 2000-930 du 22 sept. 2000, art. 3).

Sur les pouvoirs de police dans les communes des départements de la Moselle, du Bas-Rhin et du Haut-Rhin, V. CGCT, art. L. 2542-1 s. **– CGCT**.

Sur la circulation des véhicules dans les espaces naturels, V. C. envir., art. L. 362-1 s., App., vº Environnement.

Sur les zones à faibles émissions mobilité prévues à l'art. L. 2213-4-1 CGCT, V. aussi CGCT, art. R. 2213-1-0-1, App., vº Environnement.

Sur le transfert des pouvoirs de police de la circulation routière et du stationnement dévolus au maire pendant les jeux Olympiques et Paralympiques de 2024, V. Ord. nº 2019-207 du 20 mars 2019 (JO 21 mars).

Les dispositions issues du I de l'art. 63 de la L. nº 2014-58 du 27 janv. 2014 entrent en vigueur le 1er janv. 2018. A compter de cette même date, aucune sanction, de quelque nature que ce soit, ne peut être établie ou maintenue en raison de l'absence ou de l'insuffisance de paiement de la redevance de stationnement des véhicules établie dans les conditions prévues à l'art. L. 2333-87 CGCT. Par dérogation aux dispositions de l'art. 112-1, al. 3, et de l'art. 112-4, al. 2, C. pén., les contraventions en matière de stationnement payant prévues au code de la route commises avant le 1er janv. 2018 demeurent punissables, et l'exécution des sanctions prononcées se poursuit, selon les dispositions en vigueur lors de leur commission (L. préc., art. 63-V, mod. par L. nº 2015-991 du 7 août 2015 portant nouvelle organisation territoriale de la République, art. 77, mod. par L. nº 2015-1785 du 29 déc. 2015 de finances pour 2016, art. 45-IV).

BIBL. ▶ ADDA, DEMOUVEAUX et LEGLISE, *Berger-Levrault, 4e éd. 2008* (les pouvoirs de police du maire). - AUBIN et ROCHE, *Gualino éditeur, 2005* (droit de la nouvelle décentralisation). - BRECQ-COUTANT, *Gaz. cnes 2003. 52* (transports de fonds : les nouvelles responsabilités des communes). - GOLIARD, *JT 2019, nº 221, p. 35* (un outil financier de régulation du trafic automobile en agglomération : le péage urbain). - JOYE, *AJDA 2005. 27* (le nouveau pouvoir de police du président d'un établissement public de coopération intercommunale). - Le Foyer de Costil, *JCP Adm. 2017. 2159* (lever les freins à l'usage du vélo, les outils juridiques des collectivités locales). - PONTIER, *AJDA 2023. 875* (les collectivités territoriales et la voirie terrestre).

▶ **Protection de l'environnement :** BILLET, *JCP Adm. 2003, fiche pratique 2* (la réglementation à des fins environnementales de la fréquentation motorisée de certaines voies et secteurs de la commune) ; *ibid. 2004. 1377* (préservation des espaces naturels utilisés à des fins sportives) ; *ibid. 2016. 2276* (collectivités territoriales et mobilité « propre »). - GOLIARD, *JT 2019, nº 219, p. 40* (un dispositif de restriction de circulation à des fins environnementales : les zones à faibles émissions). - HANOUN et BOUCTON, *EEI 2020, Dossier 8* (la loi d'orientation des mobilités et le réchauffement climatique). - MOLINER-DUBOST, *EEI 2016, nº 78* (les zones à circulation restreinte peuvent être lancées) ; *AJCT 2019. 382* (la police de la circulation au service de l'environnement).

▶ **Stationnement payant :** ALHAMA, *AJDA 2020. 1929* (la tarification sociale du stationnement sur voirie). - CANO et GIRARD, *JCP Adm. 2019. 2366* (état des lieux du stationnement payant - un cadre législatif redessiné par une nouvelle juridiction administrative, la CCSP). - CARCENAC et NOUGEIN, *Rapport d'information Sénat 10 juill. 2019, nº 651* (le recouvrement des amendes de circulation et des forfaits de post-stationnement). - DÉFENSEUR DES DROITS, *Rapport janv. 2020* (la défaillance du forfait de post-stationnement : rétablir les droits des usagers). - de GAUDEMAR, *JCP Adm. 2014. 2055* (la dépénalisation du stationnement payant des véhicules sur la voie publique). - DREIFUSS, *JCP Adm. 2015. 2061* (quand la dépénalisation du stationnement payant sur voirie porte une juridiction administrative sur les fonts baptismaux - genèse de la commission du contentieux du stationnement payant) ; *ibid. 2015. 2127* (prolégomènes relatifs au recouvrement et au contentieux de la future redevance de post-stationnement). - FINON, *AJCT 2017. 446* (réforme du stationnement payant - préparation des arrêtés et des délibérations) ; *ibid. 502* (traitement du contentieux). - JOSSEAUME et MAZZOCCHI, *Gaz. Pal. 7 mars 2023, p. 15* (le forfait poststationnement devant son juge). - LAVIALLE, *RFDA 2015. 305* (les métamorphoses du stationnement payant sur voirie et l'évolution de la domanialité publique). - PASTOR, *AJDA 2018. 1468* (stationnement payant : les premiers pas d'une nouvelle juridiction) ; *ibid. 1470* (choix du mode de gestion par la collectivité). - PAULIAT, *JCP Adm. 2015. Actu. 351* (forfait de post-stationnement : mode d'emploi de la dépénalisation) ; *ibid. 2015. Actu. 473* (décentralisation du stationnement payant : mode d'emploi) ;

ibid. 2015. Actu. 534 (fonctionnement de la commission du contentieux du stationnement payant, nouvelle juridiction administrative spécialisée). – PETIT, *AJDA 2014. 1134* (la dépénalisation du stationnement payant). – ROBERT, *Dr. pénal 2017, Étude 25* (dépénalisation des manquements aux règles du stationnement payant). – SCHMALTZ, *JCP Adm. 2018. 2334* (la réforme du stationnement payant remet-elle en cause son exonération de TVA ?).

COMMENTAIRE

Pouvoirs du maire en matière de police de la circulation routière. Dans sa version d'origine, l'article L. 411-1 du code de la route reproduisait, en dispositions suiveuses, les articles L. 2213-1 à L. 2213-6 du code général des collectivités territoriales qui déterminent les pouvoirs du maire en matière de police de la circulation routière. On sait toutefois que ce procédé, qui consiste à reproduire dans un code certaines dispositions qui figurent dans un autre code, a été critiqué et qu'il est remplacé, au fil des réformes du code de la route, par un simple renvoi informatif (V. comm. ss. art. L. 121-5). Or, ce procédé a également été abandonné au sein du présent article par la loi n° 2014-58 du 27 janvier 2014 de modernisation de l'action publique territoriale et d'affirmation des métropoles, dont les dispositions en ce sens sont entrées en vigueur le 1er janvier 2018. Depuis lors, l'article L. 411-1 se contente d'informer le lecteur du code de la route qu'il trouvera les règles relatives aux pouvoirs de police de la circulation routière dévolus au maire aux articles L. 2213-1 à L. 2213-6 du code général des collectivités territoriales.

On notera que le législateur aurait pu profiter de cette loi pour modifier l'article L. 411-1 du code de la route, afin qu'il renvoie également à l'article L. 2213-6-1 du CGCT qui, on l'a dit, a été ajouté, en 2009, aux dispositions du code général des collectivités territoriales dédiées aux pouvoirs du maire en matière de police de la circulation routière…

RÉGLEMENTATION DU STATIONNEMENT PAYANT

La loi du 27 janvier 2014 a également apporté plusieurs modifications aux articles L. 2213-1 à L. 2213-6 du code général des collectivités importante dans ses conséquences étant indéniablement celle qui a réformé le stationnement payant en le dépénalisant.

Redevance de stationnement. Avant cette réforme, l'article L. 2213-6 du CGCT permettait au maire (ou, par le jeu des dispositions de l'article L. 5211-9-2 du CGCT, au président d'un établissement public de coopération intercommunale (EPCI)) d'instituer un stationnement payant sur les voies publiques de sa commune et ce dans le respect des dispositions de l'article L. 2213-2 de ce même code qui lui permettent, par arrêté motivé, de réglementer l'arrêt ou le stationnement des véhicules eu égard aux nécessités de la circulation. En application des dispositions de l'article L. 2333-87 du CGCT, il appartenait en revanche au conseil municipal (ou à l'organe délibérant de l'EPCI ou du syndicat mixte compétent pour l'organisation des transports urbains) d'établir la redevance de stationnement, c'est-à-dire notamment les tarifs applicables à chaque zone de stationnement payant. Une redevance qui – dans les grandes villes – pouvait être beaucoup plus élevée que l'amende qui pouvait être infligée à l'encontre de celui qui ne payait pas ou qui payait insuffisamment cette redevance, l'absence ou l'insuffisance de paiement constituant en effet une contravention de première classe (V. art. R. 417-6 C. route) sanctionnée, depuis le décret n° 2011-876 du 25 juillet 2011, d'une amende forfaitaire de 17 € (V. art. R. 49 C. pr. pén.). Or ce décalage entre tarif de stationnement et amende forfaitaire pouvait conduire certains à préférer s'exposer à une amende de 17 € plutôt qu'à payer leur stationnement…

Il en va différemment depuis le 1er janvier 2018, date d'entrée en vigueur des modifications apportées à l'article L. 2213-6 du CGCT par la loi du 27 janvier 2014. Depuis cette date, cet article précise en effet que « les modalités de la tarification et la gestion matérielle du stationnement des véhicules sur la voie publique sont régies par l'article L. 2333-87 ». Il en résulte qu'il appartient, depuis cette réforme, au seul conseil municipal (ou à l'organe délibérant de l'EPCI ou du syndicat mixte compétent pour l'organisation des transports urbains) de gérer le stationnement payant sur la voie publique en instituant une redevance de stationnement des véhicules qui peut, comme le prévoit l'article L. 2333-87 du CGCT dans sa rédaction issue de la loi du 27 janvier 2014, être payée immédiatement ou *a posteriori*.

Barème. Cette redevance peut en effet être payée immédiatement, c'est-à-dire dès le début du stationnement, en application d'un barème établi afin de favoriser la fluidité de la circulation, la rotation du stationnement des véhicules sur voirie et l'utilisation des moyens de transport collectif ou respectueux de l'environnement (un barème qui peut également être modulé en fonction de la durée du stationnement, de la surface occupée par le véhicule ou de son impact sur la pollution atmosphérique et qui peut prévoir une tranche gratuite pour une durée déterminée ainsi qu'une tarification spécifique pour certaines catégories d'usagers, dont les résidents). Depuis la loi d'orientation des mobilités du 24 décembre 2019, l'article L. 2333-87 précise que ce barème doit également prendre en compte « un objectif d'équité sociale » et qu'« il peut être réduit en fonction du niveau du revenu des usagers, de leur statut ou du nombre de personnes vivant au sein de leur foyer, en vue de favoriser l'égalité d'accès à la mobilité des personnes en situation de vulnérabilité économique ou sociale ».

Forfait de post-stationnement. Cette redevance peut aussi être payée *a posteriori*, sous la forme d'un forfait de post-stationnement, lequel a remplacé l'amende de première classe qui pouvait, auparavant, être infligée à celui qui ne payait pas son stationnement. Un forfait post-stationnement dont le montant est également fixé par le conseil municipal (ou l'organe délibérant compétent) dans certaines limites énoncées à l'article L. 2333-87 du CGCT. Le montant de la somme due, en cas de non-paiement immédiat ou de paiement insuffisant, peut de la sorte varier en fonction du barème tarifaire immédiat, autrement dit du coût local du stationnement sur la voie publique.

Quant aux modalités d'application de ce forfait de post stationnement, elles sont parfois très proches de celles qui étaient applicables auparavant en cas de contravention. L'article L. 2333-87 du CGCT indique ainsi que son montant est notifié par un avis de paiement apposé sur le véhicule concerné par un agent assermenté ou bien par envoi postal au domicile du titulaire du certificat d'immatriculation du véhicule concerné. Il précise aussi que les mentions portées sur l'avis de paiement par l'agent assermenté font foi jusqu'à preuve contraire… Et l'absence de paiement peut également conduire le comptable public compétent à faire opposition au transfert du certificat d'immatriculation de l'intéressé (V. art. L. 322-1 C. route modifié en ce sens par la loi du 27 janv. 2004).

Le traitement du forfait de post-stationnement n'est toutefois pas totalement identique au traitement contraventionnel. Selon les termes de l'article L. 2333-87 du code général des collectivités territoriales, l'avis de paiement peut en effet être apposé sur le véhicule concerné non seulement par un agent assermenté de la commune, de l'EPCI ou du syndicat mixte, mais aussi par un agent assermenté « du tiers contractant désigné pour exercer cette mission ». Par là même, le contrôle du paiement du stationnement payant peut donc, depuis cette réforme, être délégué à un tiers.

Contestation. En outre, en cas de contestation, la juridiction compétente n'est plus judiciaire. Conformément à l'article L. 2333-87 du code général des collectivités territoriales, les recours contentieux, qui doivent être précédés d'un recours administratif préalable obligatoire auprès de la personne dont relève l'agent assermenté ayant établi l'avis de paiement, doivent être portés devant une juridiction administrative spécialisée, à savoir la Commission du contentieux du stationnement payant créée par une ordonnance du 23 janvier 2015 (V. CGCT, art. L. 2333-87-1 s.). Ces recours sont par ailleurs subordonnés à des conditions qui ont été précisées par une ordonnance du 9 avril 2015 (Ord. n° 2015-401 du 9 avr. 2015), laquelle est venue, d'une part, conditionner tout recours contentieux au paiement préalable par l'intéressé du forfait de post-stationnement contesté et de sa majoration éventuelle (CGCT, art. L. 2333-87-5) et, d'autre part, écarter certains moyens de contestation, à savoir ceux tendant à contester l'illégalité pour vice de forme ou de procédure de la délibération instituant une redevance de stationnement ou l'illégalité de l'acte par lequel, le cas échéant, la collecte de la redevance de stationnement a été déléguée par la collectivité à un tiers (CGT, art. L. 2333-87-7). Si la limitation donnée aux motifs de contestation a été considérée par le juge administratif comme ne portant pas une atteinte injustifiée au droit d'exercer un recours juridictionnel effectif (V. note 25), l'exigence d'un paiement préalable a été en revanche remise en cause par le Conseil constitutionnel. Par une décision QPC du 9 septembre 2020, le Conseil constitutionnel a en effet jugé que le législateur n'avait pas prévu les garanties de nature à assurer que l'exigence de paiement préalable ne porte pas d'atteinte substantielle au droit d'exercer un recours juridictionnel effectif, en ne prévoyant aucune disposition garantissant que la somme à payer pour contester des forfaits de post-stationnement et leur majoration éventuelle ne soit d'un montant trop élevé et en n'apportant à l'exigence de paiement préalable desdits forfaits et majorations aucune exception tenant compte de certaines circonstances ou de la situation particulière de certains redevables (V. note 24). Depuis cette décision – et en attendant une éventuelle réécriture de l'article L. 2333-87-5 du code général des collectivités territoriales – il n'est donc plus nécessaire de payer avant de contester, les dispositions de cet article ayant été déclarées inconstitutionnelles avec effet immédiat.

A toutes ces dispositions, il faut enfin ajouter des dispositions réglementaires qui sont venues préciser, d'une part, les règles figurant à l'article L. 2333-87 du CGCT (V. art. R. 2333-120-1 s. CGCT, créés par le Décr. n° 2015-557 du 20 mai 2015) et, d'autre part, celles de ce code consacrées à la Commission du contentieux du stationnement payant (V. art. R. 2333-120-20 s. CGCT, créés par le Décr. n° 2015-646 du 10 juin 2015. – V. art. R. 417-3-1).

Entrée en vigueur de la réforme du stationnement payant. Engagée par la loi du 27 janvier 2014, la réforme du stationnement payant aurait dû entrer en vigueur le 1er janvier 2016. Cette date d'entrée en vigueur a toutefois été repoussée à deux reprises, par la loi portant nouvelle organisation territoriale de la République (L. n° 2015-991 du 7 août 2015) au 1er octobre 2016 (V. art. 77 de cette loi), puis par la loi de finances pour 2016 (L. n° 2015-1785 du 29 déc. 2015) au 1er janvier 2018 (V. art. 45-IV de cette loi).

On notera que l'article 63-V, de la loi du 27 janvier 2014, qui fixe la date d'entrée en vigueur de la réforme du stationnement payant, précise que « par dérogation au dernier alinéa de l'article 112-1 et au second alinéa de l'article 112-4 du code pénal, les contraventions en matière de stationnement payant prévues au code de la route commises avant le 1er janvier 2018 demeurent punissables, et l'exécution des sanctions prononcées se poursuit, selon les dispositions en vigueur lors de leur commission ». La règle dite de la rétroactivité *in mitius*, qui permet d'appliquer immédiatement les dispositions pénales nouvelles lorsqu'elles sont moins sévères que les dispositions anciennes, a ainsi été écartée par le législateur et ne permet pas aux auteurs de contraventions de stationnement payant commis avant le 1er janvier 2018 d'échapper au paiement de leur amende par le jeu des règles d'application de la loi pénale dans le temps…

PROTECTION DE L'ENVIRONNEMENT

Plusieurs dispositions du code général des collectivités territoriales permettent par ailleurs au maire de réglementer la circulation, l'arrêt et le stationnement des véhicules au sein de son agglomération afin de protéger l'environnement.

Des zones à circulation restreinte aux zones à faibles émissions mobilité. Parmi ces dispositions, on remarquera plus particulièrement celles qui figurent à l'article L. 2213-4-1 du CGCT créées par la loi du 17 août 2015 relative à la transition énergétique pour la croissance verte. Ces dispositions sont en effet venues permettre au maire (ou au président d'un établissement public de coopération intercommunale à fiscalité propre lorsque celui-ci dispose du pouvoir de police de la circulation) de créer des zones à circulation restreinte pour lutter contre la pollution atmosphérique, notamment en interdisant aux véhicules les plus polluants de circuler sur tout ou partie du territoire de la commune (ou de l'établissement public de coopération intercommunale). Cependant, seulement trois zones à circulation restreinte ont été créées en application de cette loi (à Paris, Grenoble et Strasbourg). Ce qui a été jugé bien faible par les pouvoirs publics au regard des problèmes de pollution auxquels doivent faire face nombre d'agglomérations. C'est pourquoi la loi du 24 décembre 2019 d'orientation des mobilités a apporté plusieurs modifications aux dispositions de l'article L. 2213-4-1 du CGCT. Au sein de ces dispositions, elle a, en premier lieu, modifié la dénomination de ces zones, en remplaçant, l'expression « zones à circulation restreinte » par celle de « zones à faibles émissions mobilité » (ZFE-m) et ce, afin d'améliorer leur acceptabilité en mettant l'accent sur un aspect positif (des zones à faibles émissions) et non plus sur un aspect négatif (des zones à circulation restreinte). Elle a, en second lieu – et surtout –, rendu obligatoire l'instauration de telles zones sur les territoires où les normes de qualité de l'air, mentionnées à l'article L. 221-1 du code de l'environnement, ne sont pas respectées de manière régulière. Il en est ainsi lorsque, sur un territoire, les valeurs limites relatives au dioxyde d'azote ou aux particules fines mentionnées à l'article R. 221-1 du code de l'environnement ont été dépassées au moins trois années sur les cinq dernières ou lorsque les transports terrestres sont à l'origine d'une part prépondérante des dépassements de ces valeurs, soit parce qu'ils sont la première source des émissions polluantes, soit parce que les lieux concernés par ces dépassements sont situés majoritairement à proximité des voies de circulation routière (V. art. D. 2213-1-0-2 et D. 2213-1-0-3 CGCT, créés par le Décr. n° 2020-1138 du 16 sept. 2020). Par ailleurs, pour garantir le respect des restrictions de circulation applicables dans de telles zones, la loi d'orientation des mobilités a ajouté un article L. 2213-4-2 dans le code général des collectivités territoriales permettant la mise en place dans les zones concernées de dispositifs de contrôle automatisé. Le fait de circuler dans de telles zones peut en effet être puni d'une amende de troisième ou de quatrième classe en fonction de la catégorie du véhicule en infraction (V. art. R. 411-19-1), des contraventions qui, depuis cette loi, peuvent donc être constatées automatiquement.

Ces dispositions ont cependant encore été jugées insuffisantes pour lutter efficacement contre la pollution atmosphérique liée à la circulation routière. La loi du 22 août 2021 portant lutte contre le dérèglement climatique et renforcement de la résilience face à ses effets a, en conséquence, ajouté des dispositions au sein de l'article L. 2213-4-1 rendant obligatoire l'instauration d'une ZFE-m dans toutes les agglomérations de plus de 150 000 habitants situées sur le territoire métropolitain – soit 43 agglomérations – d'ici le 31 décembre 2024 (peu importe que les normes de qualité de l'air y soient respectées ou non). Elle a également rendu obligatoire la prise de mesures de restriction de la circulation dans toutes les ZFE-m créées en application de la loi d'orientation des mobilités. Et, pour unifier les mesures de restriction mises en place dans ces ZFE-m en cas de dépassement des normes de qualité de l'air, la loi du 22 août 2021 est venue préciser, au sein de l'article L. 2213-4-1, un calendrier progressif d'interdiction de circulation de certaines véhicules en fonction de leur date de première immatriculation (les mesures de restriction de circulation applicables dans chaque zone et les catégories de véhicules concernés étant ensuite fixées par un arrêté du maire ou du président de l'EPCI, conformément à l'art. L. 2213-4-1, II). Ainsi, dans ces ZFE-m, la loi du 22 août 2021 est venue interdire la circulation des véhicules Crit'air 5 et plus au 1er janvier 2023 au plus tard, des véhicules Crit'air 4 et plus au 1er janvier 2024 au plus tard et des véhicules Crit'air 3 et plus au 1er janvier 2025 au plus tard (sur le certificat qualité de l'air, appelé vignette Crit'air, V. art. R. 318-2 et son comm.).

Zones à trafic limité. Pour protéger l'environnement, le maire peut également, depuis la loi d'orientation des mobilités, réserver, sur le fondement de l'article L. 2213-2, 1°, du CGCT, l'accès de certaines voies de son agglomération à diverses catégories d'usagers ou de véhicules « à tout moment » (auparavant, cette possibilité ne pouvait être prévue que pendant certaines heures). Il s'est agi par là même de permettre au maire d'instaurer dans les centres urbains des zones à trafic limité dans lesquelles seuls les riverains, les professionnels et les transports en commun pourraient circuler et de favoriser, en conséquence, l'usage des mobilités dites « actives ».

Mobilités partagées. Toujours dans cette perspective de protection de l'environnement, on notera enfin les modifications apportées par la loi d'orientation des mobilités aux dispositions des articles L. 2213-2 et L. 2213-3 du CGCT afin de permettre au maire de réserver des emplacements sur la voie publique pour le stationnement des véhicules utilisés en covoiturage ou à très faibles émissions (V. art. L. 2213-2, 3°, CGCT qui ne visait auparavant que les véhicules bénéficiant du label autopartage), mais aussi pour faciliter la circulation des véhicules de transports en commun, des taxis, des véhicules utilisés en covoiturage et des véhicules à très faibles émissions (art. L. 2213-3, 3°, CGCT). Des dispositions qui visent à encourager les mobilités partagées et partant limiter « l'autosolisme » néfaste à l'environnement. ❑

A. RÉGLEMENTATION DE LA CIRCULATION

1. Les arrêtés du maire qui réglementent la police de la circulation sur les routes à grande circulation de façon plus rigoureuse que ne le fait le code de la route doivent être pris après avis du préfet. * Rép. min. n° 9028 : *JO Sénat Q, 27 mai 2004. 1127.*

2. Limitation de la vitesse à 30 km/h dans l'agglomération parisienne. Il résulte de l'art. L. 2213-1-1 CGCT que le maire peut, par arrêté motivé, fixer pour tout ou partie des voies de l'agglomération ouvertes à la circulation publique une vitesse maximale autorisée inférieure à celle prévue par le code de la route, eu égard à une nécessité de sécurité et de circulation routières, de mobilité ou de protection de l'environnement. A été, en conséquence, rejeté le recours en annulation contre l'Arr. du 8 juill. 2021 par lequel le préfet de police et la maire de Paris ont limité la vitesse à 30 km/h sur l'ensemble des voies de la Ville de Paris, l'arrêté n'étant pas entaché d'une erreur d'appréciation compte tenu des bénéfices attendus, notamment en ce qui concerne la réduction des accidents graves et mortels. • TA Paris, 30 nov. 2022 : *AJCT 2023. 241, obs. Didriche.*

3. Un maire peut légalement prendre une mesure limitant le tonnage des véhicules sur certaines portions seulement du territoire, dans le but de préserver l'état de la chaussée ainsi que la sécurité des usagers. • CE 20 oct. 1995, n° 154868 : *inédit.* ♦ De même, fait légalement usage de ses pouvoirs de police le maire d'une commune qui, par arrêté, a interdit la circulation des poids lourds de plus de 12 tonnes sur une portion de route nationale longeant l'agglomération, en raison des atteintes portées à la tranquillité publique, à la sécurité des personnes et des immeubles riverains, dès lors que l'interdiction prononcée n'est ni générale ni absolue et ne présente pas un caractère excessif, les transporteurs concernés pouvant contourner l'agglomération par une déviation autoroutière. • CE 18 juin 1997 : *BTL 1998. 340.* ♦ De même, un maire peut légalement interdire, à titre permanent, la circulation de tous les véhicules de plus de 3,5 tonnes dans les deux sens de la circulation, sur une portion de route départementale située à l'intérieur d'une agglomération – sauf pour certains véhicules ou en cas d'accidents ou de dérogations –, dès lors que cette interdiction est justifiée par des raisons de sécurité, en raison de l'étroitesse des voies, de l'intensité du trafic et du risque d'accidents, et par des motifs de tranquillité, en vue de supprimer le bruit et les vibrations que cause le passage des poids lourds. • CAA Versailles, 23 juin 2005 : *inédit.*

4. Protection de l'environnement et interdiction d'accès de certains véhicules. La protection de l'environnement, et notamment de la qualité de l'air, justifie légalement une mesure interdisant l'accès des véhicules 4 × 4 à certaines voies ou certains secteurs de la commune. • TA Amiens, 5 mai 1995 : *RJE 1996. 86.* ♦ Une telle mesure peut même concerner tous les véhicules à moteur dès lors qu'il existe un risque d'érosion et de dégradation des chemins et terrains concernés. • CAA Lyon, 29 mars 2001 : *inédit.* ♦ En application de l'art. L. 2213-4 CGCT, les maires peuvent aggraver les interdictions de circulation dans les espaces naturels faites aux véhicules terrestres à moteur par les art. L. 321-9 et L. 362-1 C. envir. et interdire l'accès aux voies ou secteurs de la commune aux véhicules dont la circulation sur ces voies ou dans ces secteurs est de nature à compromettre la protection de ces espaces. La légalité de ces mesures est toutefois subordonnée à leur nécessité. Méconnaît ce principe la juridiction de proximité qui, pour relaxer un prévenu poursuivi pour ne pas avoir respecté un arrêté pris pour protéger les espaces naturels du littoral et notamment le cordon dunaire, considère cet arrêté illégal car portant atteinte au droit de propriété de manière disproportionnée avec le but de protection de l'environnement recherché, alors que cet arrêté ne présentait pas le caractère d'une interdiction générale et absolue et qu'il incombait au juge de rechercher si l'objectif de protection du cordon dunaire poursuivi par le maire pouvait être atteint par des mesures moins restrictives. • Crim. 14 mai 2008, nº 07-87.123 P : *AJ pénal 2008. 372, obs. Charbonnier ; Jurispr. auto 2008. 451 ; Envir. 2008 Comm. 99, note : Février ; RSC 2009. 382, obs. Mascala .*

5. Site touristique et interdiction de circulation des vélos en période de forte affluence. Est justifié l'arrêté qui interdit la circulation des vélos sur la digue-route, le pont-passerelle et l'esplanade d'accès au Mont-Saint-Michel pendant la période de forte affluence touristique, une telle interdiction ne revêtant pas un caractère général et absolu et étant justifiée, d'une part, par la nécessité de garantir la commodité et la sécurité des piétons qui circulent en nombre sur les platelages-bois pendant cette période, et d'autre part, par la nécessité de garantir la sécurité des cyclistes et de réserver la chaussée bitumée, dont la largeur est réduite, notamment au niveau du tronçon terminal du pont-passerelle, aux navettes et aux véhicules motorisés autorisés, dont la circulation est particulièrement intense pendant cette période. • CAA Nantes, 8 déc. 2017, nº 16NT00395 et nº 16NT01372 : *JCP A 2018. 2128, concl. Bréchot.*

6. Illégalité de mesures interdisant la circulation des véhicules. Un maire ne peut légalement interdire toute circulation automobile, en dehors de celle des riverains, sur un chemin rural en fondant la mesure sur l'étroitesse et la dégradation du chemin ainsi que les protestations des habitants contre le passage des voitures. • TA Nancy, 23 janv. 2001 : *Coll. Terr. 2001. comm. nº 111.* ♦ De même, une interdiction générale et permanente de circulation des véhicules à moteur sur toute l'étendue du territoire de la commune non desservi par une voie bitumée revêt un caractère excessif. • CAA Bordeaux, 28 mai 2002 : *inédit.* ♦ ... Ainsi qu'une mesure interdisant la circulation de certains véhicules qui est prise, en réalité, pour empêcher les travaux de réalisation d'une ligne électrique à haute tension. • CE 3 juill. 1998 : *RGCT 1998. 59.*

7. Mise en sens unique d'une voie. S'il est légal de mettre une rue en sens unique (• CE 18 janv. 1974 : *Lebon 883*), une telle mesure excède celles qui étaient nécessaires à la réalisation des buts poursuivis lorsqu'elle entraîne des manœuvres difficiles pour certains riverains alors même qu'il était possible de limiter le sens unique à une partie seulement de la voie concernée. • TA Amiens, 14 nov. 2000 : *inédit.* ♦ De même, un maire ne peut prendre un arrêté mettant en sens unique la circulation sur une même voie dès lors que par son application, et en raison de la configuration des lieux, cette mesure a des conséquences sur les conditions de circulation de la commune voisine ; il aurait donc fallu édicter une mesure de police conjointe. • CAA Douai, 25 mai 2004 : *JCP A 2004, nº 1474, note Moreau.*

8. Illégalité de la mesure en raison d'un changement de circonstances. Une mesure de police interdisant la circulation de poids lourds sur une route et un pont, fondée sur la sécurité des promeneurs et des cyclistes, peut devenir illégale dès lors qu'elle oblige les véhicules d'un GAEC à effectuer un détour par les agglomérations de deux communes, ce qui porte atteinte à la fois aux intérêts du GAEC et à la sécurité publique. • CE 30 juin 2004 : *AJDA 2004. 1839 .*

9. Voie privée ouverte à la circulation publique. Le propriétaire d'une voie privée ouverte à la circulation publique est en droit d'en interdire à tout moment l'usage au public. Un maire ne peut dès lors, sans excéder les pouvoirs qu'il tient de l'art. L. 2213-2 CGCT, rouvrir une voie privée à la circulation publique si ses propriétaires s'y opposent. • CE 5 mars 2008 : *Jurispr. auto 2008. 722.*

B. RÉGLEMENTATION DE L'ARRÊT ET DU STATIONNEMENT

10. Légalité de la réglementation sur le stationnement. Un maire peut interdire le stationnement des voitures en attente de location eu égard aux difficultés particulières qu'entraîne l'occupation, par ces véhicules, d'un grand nombre d'emplacements sur la voie publique ; cette mesure ne porte pas atteinte au principe d'égalité car les sociétés de location sont placées, vis-à-vis de l'utilisation de la voie publique, dans une situation différente de celle des usagers locataires ou propriétaires de véhicules identiques. • CE 29 mai 2002 : *AJDA 2002. 764*. ♦ Est également légal l'arrêté interdisant aux poids lourds de stationner sur les trottoirs de la partie d'une route départementale se trouvant au sein d'une agglomération – exception faite des cas de desserte locale –, un tel arrêté étant motivé par la sécurité des piétons se trouvant sur les trottoirs et des véhicules débouchant sur la voie par des rues perpendiculaires. • CAA Douai, 12 mai 2005 : *inédit.*

11. Stationnement des camping-cars. Est régulier l'arrêté qui limite le stationnement des camping-cars dans une commune entre 23 h et 7 h, dès lors que cette limitation apportée au stationnement nocturne des autocaravanes ne présente pas le caractère d'une interdiction de stationnement d'une généralité excessive et que ces véhicules ont la possibilité de stationner dans cinq parcs de stationnement public de la commune. • CAA Bordeaux, 12 avr. 2005, *Synd. des constructeurs de véhicules de loisir : AJDA 2005. 1310*. ♦ Il en est de même de l'arrêté qui interdit le stationnement des camping-cars pendant la seule période nocturne dans certains zones d'une commune du littoral connaissant une fréquentation touristique importante, dès lors que les zones interdites au stationnement de ces véhicules représentent une partie limitée du territoire communal, correspondant principalement au front de mer du centre urbain, et que ces véhicules ont la possibilité de stationner en dehors des zones sensibles désignées par l'arrêté. • CAA Nantes, 8 févr. 2017, n° 15NT01506 : *AJDA 2017. 757, note Bréchot*. ♦ Ont en revanche été jugées illégales les dispositions d'un arrêté qui limitaient le stationnement des camping-cars à deux heures par jour sur l'ensemble des parkings d'une commune, à l'exception de deux parkings situés en bord de mer où le stationnement était totalement interdit, et qui n'autorisaient le stationnement nocturne de ces véhicules que sur deux emplacements spécialement aménagés à cet effet, les restrictions apportées à la liberté de stationnement par ces dispositions présentant un caractère de généralité excessif par rapport aux fins recherchées de protection du site littoral (les dispositions de cet arrêté interdisant totalement le stationnement des camping-cars sur les deux parkings de la commune situés en bord de mer avaient, quant à elles, été antérieurement jugées légales, en raison des nuisances visuelles qu'un stationnement incontrôlé de ces véhicules était susceptible d'entraîner sur les paysages naturels de la commune concernée disposant d'une façade maritime donnant sur la baie du Mont-Saint-Michel). • CAA Nantes, 8 févr. 2017, n° 16NT01333 : *AJDA 2017. 757, note Bréchot*.

12. Stationnement sur trottoirs. Si le maire ne saurait légalement, dans l'exercice de ses pouvoirs de police, prendre des mesures contraires au code de la route, les dispositions de l'art. R. 417-10 de ce code ne font pas obstacle à ce que, lorsque les besoins du stationnement et la configuration de la voie publique le rendent nécessaire, le maire autorise le stationnement de véhicules sur une partie des trottoirs, à condition qu'un passage suffisant soit réservé au cheminement des piétons, notamment de ceux qui sont à mobilité réduite, ainsi qu'à leur accès aux habitations et aux commerces riverains, et qu'une signalisation adéquate précise les emplacements autorisés. • CE 8 juill. 2020, n° 425556 B : *JCP Adm. 2020. Actu. 448; AJDA 2020. 1449*.

13. Motivation de la réglementation sur le stationnement. Fait une exacte interprétation de l'art. L. 2213-2 CGCT, le jugement qui considère qu'un arrêté municipal réglementant le stationnement motivé par les seules nécessités de la circulation satisfait aux prescriptions de cet article, dès lors que les conditions d'édiction d'un arrêté de réglementation du stationnement à raison des nécessités de la circulation et de la protection de l'environnement prévues par l'art. L. 2213-2 CGCT sont alternatives. • Crim. 8 juin 2017, n° 16-85.633 P : *AJDA 2017. 1202*.

14. Matérialisation de la réglementation sur le stationnement. L'installation de panneaux de signalisation, qui a seulement pour objet de matérialiser la réglementation existante, ne constitue pas une mesure visant à règlementer l'arrêt et le stationnement des véhicules ou de certaines catégories d'entre eux et n'entre donc pas dans le champ d'application des dispositions de l'art. L. 2213-2 CGCT. Est, en conséquence, inopérant le moyen tiré d'une méconnaissance de ces dispositions par une décision portant sur l'implantation de panneaux de signalisation matérialisant la réglementation du stationnement des camping-cars dans une commune. • CAA Bordeaux, 6 déc. 2016, n° 16BX01295 : *JCP Adm. 2017. 2165, concl. De la Taille.*

15. Emplacements réservés. Un maire ne peut légalement réserver aux seuls taxis de sa commune le stationnement sur les emplacements réservés aux taxis devant une gare, compte tenu de l'importance de la restriction et du fait que la desserte de la gare en question – qui fait partie du domaine public communal – dépasse largement le cadre de la commune. • CE 6 juin 2001, *Cne de Vannes :*

Lebon 256 ; *Coll. terr. 2001. n° 229, note Célérier.* ♦ En revanche, l'art. L. 2213-3-2° CGCT permet au maire de réserver une voie à une seule catégorie de transports publics (tramways) lorsque les nécessités de la circulation justifient une telle mesure. • CE 19 juin 2002, *Briot : Coll. terr. 2002. n° 198, note Moreau.*

16. Ne justifie pas sa décision (condamnation pour arrêt ou stationnement gênant sur un emplacement réservé aux véhicules utilisés par les personnes handicapées) la cour d'appel qui ne recherche pas s'il existait un arrêté municipal, pris en application de l'art. L. 2213-2 CGCT, instituant, sur la place de parking où stationnait le véhicule du demandeur, un emplacement réservé aux personnes handicapées. • Crim. 12 oct. 2005, n° 05-80.596 P : *Dr. pénal 2006. Comm. 8, obs. Robert ; JCP 2006. I. 159, obs. Robert* • 12 mars 2008 : *Jurispr. auto 2008. 314.* ♦ De même, ne justifie pas sa décision (condamnation pour stationnement gênant sur un emplacement réservé aux livraisons) la juridiction qui ne recherche pas, comme l'y invitaient les conclusions régulièrement déposées par le prévenu, s'il existait une disposition réglementaire, prise en application de l'art. L. 2213-2 CGCT, rendant gênant le stationnement aux lieu, date et heure de constatation de l'infraction. • Crim. 4 déc. 2012 : *Dr. pénal 2013. Chron. 7, obs. Gauvin.*

17. Stationnement payant (avant sa dépénalisation). La redevance d'utilisation du domaine public, légalement fixée par le maire dans le cadre des pouvoirs qu'il tient de l'art. L. 2213-6 CGCT, échappe au code de la consommation ; l'instauration d'un système de règlement de la redevance de stationnement exclusivement au moyen d'une carte prépayée (en l'espèce, la « Paris-carte ») ne saurait être dès lors contraire aux dispositions de l'art. L. 122-1 C. consom. interdisant la vente liée. • Crim. 26 avr. 2006, n° 06-80.263 P : *D. 2006. IR 1632* ; *AJ pénal 2006. 309, obs. Céré* ; *AJDA 2006. 2001, note Lombard* ; *Jurispr. auto 2006. 327 ; Dr. pénal 2006. Comm. 111, note Robert ; RSC 2007. 87, obs. Mascala* .

18. Ne justifie pas sa décision (condamnation pour contravention aux règles du stationnement) la cour d'appel qui ne recherche pas, comme elle y était invitée par les conclusions de la prévenue, si les arrêtés municipaux instituant un stationnement payant répondaient aux exigences des dispositions de l'art. L. 2213-2 CGCT. • Crim. 9 sept. 2008 : *Jurispr. auto 2008. 721.* ♦ ... Ou s'il existait un arrêté municipal conforme aux dispositions de l'art. L. 2213-2 CGCT. • Crim. 4 mars 2009, n° 08-87.465 P : *D. 2009. AJ 1091* ; *ibid. Pan. 2826, obs. Roujou de Boubée* ; *AJ pénal 2009. 229* . ♦ ... Ou s'il existait une disposition réglementaire rendant payant le stationnement aux lieu, date et heure de constatation de l'infraction. • Crim. 27 nov. 2012 : *Dr. pénal 2013. Chron. 7, obs. Gauvin* • 12 oct. 2013 : *Dr. pénal 2014. Chron. 7, obs. Gauvin.* ♦ Est en revanche justifié le jugement qui, pour écarter le moyen d'un prévenu faisant valoir qu'aucune infraction ne pouvait être retenue à sa charge, faute de production d'un arrêté municipal prévoyant le stationnement payant à l'emplacement où avait été relevée l'infraction, énonce que le lieu de l'infraction se situe dans l'une des zones de l'Arr. du 31 mars 2005 visant les textes réglementaires concernant le stationnement payant à Paris depuis sa mise en œuvre dans la capitale, dès lors qu'il résulte de cet arrêté municipal du 31 mars 2005 que le stationnement était payant aux lieu, date et heure de la constatation de l'infraction. • Crim. 12 nov. 2014 (2 arrêts), n° 13-87-101 P et 13-88.040 P : *D. actu. 2 déc. 2014, obs. Priou-Alibert ; D. 2014. Actu. 2344* ; *ibid. 2015. Chron. C. cass. 110, obs. Barbier* ; *Dr. pénal 2015, n° 7, note Robert* • 28 mai 2015, n° 14-85.768 : *Dr. pénal 2015. Chron. 7, obs. Gauvin.*

19. Est illégal l'arrêté municipal réglementant le stationnement payant qui est dépourvu de toute motivation, dès lors qu'une telle motivation est rendue impérative par les dispositions de l'art. L. 2213-2 CGCT. • T. prox. Versailles, 10 sept. 2010 : *AJ pénal 2010. 507* ; *Gaz. Pal. 28 oct. 2010, p. 8, note Josseaume.*

20. Lutte contre le stationnement sauvage. Il résulte des art. L. 2212-1 s. CGCT que le maire a l'obligation de prendre des mesures appropriées, réglementaires ou matérielles, pour que, sur le territoire de sa commune, les usagers de la voie publique bénéficient d'un niveau raisonnable de sécurité et de commodité de passage dans les rues, sa carence dans l'exercice des pouvoirs de police qu'il détient à ce titre constituant une faute qui engage la responsabilité de la commune. Il ne peut toutefois être reproché à un maire une telle carence lorsque celui-ci, pour lutter contre les pratiques liées au « stationnement sauvage » des véhicules, a mis en œuvre une politique active afin d'y mettre fin et a pris plusieurs mesures significatives (augmentation très forte du nombre de verbalisations pour stationnements gênants et très gênants, interdiction de l'accès de tous les véhicules à moteur dans des secteurs identifiés du centre-ville et lancement d'une campagne de communication dans le but de renforcer la sensibilisation des usagers à la problématique de la régulation du stationnement gênant et d'informer le public de la mise en place de mesures et de réflexions complémentaires à la verbalisation des infractions). • TA Besançon, 17 mars 2022 : *JCP Adm. 2022. 2234, note Doebelin.*

C. REDEVANCE DE STATIONNEMENT (ART. L. 2333-87 S. CGCT)

BIBL. Lacassagne, *AJDA 2021. 845* (la jurisprudence relative au stationnement payant en 2020).

21. Le forfait de post-stationnement : une redevance d'occupation du domaine public. Il résulte des termes de l'art. L. 2333-87 CGCT, ainsi que des travaux parlementaires préalables à son adoption, que le législateur a entendu qualifier le forfait de post-stationnement et sa majoration de redevance d'occupation du domaine public, les règles de procédure administrative auxquelles sont soumises l'édiction et la contestation de ce forfait ainsi que de sa majoration ne sauraient dès lors être contestées au motif qu'elles auraient été prises en méconnaissance des exigences constitutionnelles s'appliquant aux sanctions administratives ou en méconnaissance des dispositions des art. L. 121-1, L. 122-1 et L. 122-2 CRPA. • CE 30 sept. 2019, n° 421427 : *AJDA 2020. 82 et 524, note Alhama.* ♦ Le forfait de post-stationnement prévu par l'art. L. 2333-87 CGCT constitue le montant de la redevance d'occupation du domaine public qui doit être acquitté lorsque celle-ci n'a pas été payée dès le début du stationnement. Ne visant pas à réprimer un manquement du titulaire du certificat d'immatriculation à une obligation légale ou contractuelle, il ne saurait avoir le caractère d'une sanction ni d'une indemnité qui viserait à réparer un dommage causé par une faute de celui qui doit l'acquitter. Par suite, il ne peut être utilement soutenu que les dispositions relatives au paiement du forfait de post-stationnement méconnaissent les principes des droits de la défense et de personnalité des peines et le principe selon lequel nul ne peut s'exonérer de sa responsabilité personnelle, garantis par les art. 8 et 4 DDH. • CE 30 sept. 2020, n° 438253 B : *D. actu. 9 oct. 2020, obs. Maupin ; AJDA 2020. 1878 ; JCP Adm. 2020. Actu. 555.*

22. Un recours administratif préalable justifié. L'institution d'un recours administratif préalable obligatoire, qui permet aux intéressés de faire valoir tous éléments de fait et de droit de nature à faire revenir l'administration sur sa position, répond à des considérations de bonne administration de la justice et ne porte pas atteinte aux principes garantis par les art. 6 et 13 Conv. EDH. • CE 30 sept. 2019, n° 421427 : *préc. note 21.*

23. Un paiement préalable jugé conventionnel. Les dispositions de l'art. L. 2333-87-5 CGCT, en ce qu'elles font obligation au redevable qui saisit la commission du contentieux du stationnement payant de s'acquitter au préalable de la somme réclamée, sans conférer de caractère suspensif à sa requête, ne méconnaissent pas, par elles-mêmes, les exigences résultant des art. 6 et 13 Conv. EDH, dès lors qu'elles visent, dans un but de bonne administration de la justice, à prévenir l'introduction de recours dilatoires dans des litiges très nombreux portant, la plupart du temps, sur de faibles sommes. • CE 30 sept. 2019, n° 421427 : *préc. note 21.*

24. Un paiement préalable jugé inconstitutionnel. En imposant, à l'art. L. 2333-87-5 CGCT, que le forfait de post-stationnement et sa majoration éventuelle soient acquittés avant de pouvoir les contester devant la commission du contentieux du stationnement payant, le législateur a entendu, dans un but de bonne administration de la justice, prévenir les recours dilatoires dans un contentieux exclusivement pécuniaire susceptible de concerner un très grand nombre de personnes. Cependant, en ne prévoyant aucune disposition garantissant que la somme à payer pour contester des forfaits de post-stationnement et leur majoration éventuelle ne soit d'un montant trop élevé et en n'apportant à l'exigence de paiement préalable desdits forfaits et majorations aucune exception tenant compte de certaines circonstances ou de la situation particulière de certains redevables, le législateur n'a pas prévu les garanties de nature à assurer que l'exigence de paiement préalable ne porte pas d'atteinte substantielle au droit d'exercer un recours juridictionnel effectif. Les dispositions de l'art. L. 2333-87-5 CGCT ont été en conséquence déclarées inconstitutionnelles, avec prise d'effet immédiat, aucun motif ne justifiant de reporter celle-ci. • Cons. const. 9 sept. 2020, n° 2020-855 QPC : *D. 2020. 1722 ; D. actu. 10 sept. 2020, obs. Pastor ; AJDA 2020. 1636 ; JCP Adm. 2020. Actu. 517 ; AJ pénal 2020. 521, obs. Céré.* ♦ Décision de renvoi : • CE 10 juin 2020, n° 433276 : *AJDA 2020. 1199 ; D. actu. 16 juin 2020, obs. Pastor ; Rev. CMP 2020, n° 269, note Soler-Couteaux.*

25. Une limitation justifiée des moyens de contestation. Les limites explicitement énoncées à l'art. L. 2333-87-7 CGCT quant à la recevabilité des moyens susceptibles d'être soulevés devant la commission de contrôle du stationnement payant, lesquelles ne font nullement obstacle à ce que les moyens visés puissent être soulevés à l'appui de contestations formées par voie d'action contre les actes en cause, répondent à des considérations de sécurité juridique et ne portent, en tout état de cause, pas d'atteinte injustifiée au droit au recours effectif garanti par les stipulations de la Conv. EDH. • CE 30 sept. 2019, n° 421427 : *préc. note 21.*

26. Absence de publication des tarifs de forfait de post-stationnement. Il résulte des dispositions combinées des art. L. 2131-1, L. 2131-2 et L. 2131-3 CGCT que les délibérations réglementaires du conseil municipal relatives aux tarifs de stationnement, au nombre desquels figurent les barèmes tarifaires de paiement immédiat de la redevance de stationnement et les tarifs du forfait de post-stationnement prévus par les dispositions du I de l'art. L. 2333-87 du même code, entrent en vigueur dès qu'il a été procédé à leur affichage ou à leur publication. Le fait que les dispositions réglementaires par lesquelles une commune avait fixé les tarifs des forfaits de post-stationnement n'aient été ni affichées ni publiées, y compris, ainsi que le permet le dernier al. de l'art. L. 131-1 CGCT, par voie électronique, prive, en conséquence, de base légale les titres exécutoires émis pour le recouvrement de forfaits de post-stationnement. • CE 23 déc. 2020, n° 437649 : *AJDA 2021. 1004.*

27. Cession du véhicule. Il résulte de l'art. L. 2333-87 CGCT que le débiteur du forfait de post-stationnement et de sa majoration éventuelle est la personne titulaire du certificat d'immatriculation du véhicule à la date d'émission de l'avis de paiement de ce forfait. Toutefois, lorsque le véhicule a été cédé, son acquéreur est le débiteur du forfait de post-stationnement dès lors que le vendeur a cédé son véhicule avant l'émission de l'avis de paiement et a procédé à la déclaration prévue par l'art. R. 322-4 C. route avant cette date ou, en tout état de cause, dans le délai de quinze jours prévu à cet article. Il en résulte que lorsque l'ancien propriétaire d'un véhicule conteste un avis de paiement ou un titre exécutoire qui lui a été adressé à raison d'un stationnement de ce véhicule constaté après la date de la cession, il ne peut utilement invoquer, devant l'administration ou, le cas échéant, devant la commission du contentieux du stationnement payant, le fait qu'il n'était plus propriétaire du véhicule à la date d'établissement de l'avis de paiement que s'il justifie, en outre, avoir déclaré la cession de son véhicule au ministre de l'intérieur avant l'établissement de l'avis de paiement ou dans le délai de quinze jours prévu par l'art. R. 322-4 C. route. • CE 10 juin 2020, n° 427155 B avec les concl. : *AJDA 2020. 1199* ; *D. actu. 16 juin 2020, obs. Pastor ; Rev. CMP 2020, n° 269, note Soler-Couteaux.* ♦ Mais il résulte du VII de l'art. L. 2333-87 et de l'art. R. 2333-120-13 CGCT, ainsi que des art. L. 330-1 et R. 322-4 C. route que, lorsque le véhicule est cédé à un professionnel de l'automobile, ce dernier doit être regardé, qu'il ait procédé ou non à la déclaration d'achat prévue par le III de l'art. R. 322-4 C. route, comme seul redevable des forfaits de post-stationnement émis après la date de la cession, laquelle peut être établie par tout moyen • CE 19 juill. 2023, n° 473260 B : *AJDA 2023. 1425*.

28. Succession de plusieurs véhicules sur un même emplacement. Le conducteur qui s'est acquitté, au titre d'un emplacement sur la voirie, d'une redevance de stationnement correspondant à une certaine durée peut en principe faire stationner successivement, à cet emplacement et pendant cette durée, différents véhicules dont les caractéristiques correspondent au barème tarifaire choisi, qu'il soit ou non titulaire de leur certificat d'immatriculation, sauf si le conseil municipal ou l'organe délibérant de l'établissement public de coopération intercommunal ou du syndicat mixte compétent en a disposé autrement, notamment dans l'objectif, mentionné au 6° al. du I de l'art. L. 2333-87 CGCT, de favoriser la rotation du stationnement des véhicules sur la voirie. Si le règlement fixant les dispositions relatives au stationnement payant sur la voirie n'interdit pas expressément le stationnement successif de plusieurs véhicules, une telle interdiction doit néanmoins être regardée comme résultant des dispositions de ce règlement prescrivant au conducteur de renseigner le numéro d'immatriculation de son véhicule au moment de s'acquitter, au début du stationnement, de la redevance au barème de paiement immédiat. • CE 18 déc. 2020, n° 440935 B : *AJDA 2020. 2532*.

29. Preuve du paiement immédiat. Si le conducteur qui procède au paiement immédiat de la redevance de stationnement peut établir celui-ci par la production du justificatif imprimé ou transmis par voie électronique lors de ce paiement, il peut également apporter cette preuve par tout moyen, en particulier lorsque le justificatif remis au moment du paiement immédiat de la redevance comporte, en raison d'une erreur commise par lui, des renseignements incomplets ou inexacts (l'intéressé n'ayant pas, en l'espèce, saisi correctement le numéro de la plaque d'immatriculation de son véhicule), la commune pouvant apporter, le cas échéant, des éléments susceptibles d'établir que le caractère incomplet ou inexact de ces renseignements résulte d'une fraude du conducteur. • CE 16 juill. 2021, n° 435621 B : *AJDA 2022. 111, note Duranthon*.

30. Contestation d'un titre exécutoire. Le titre exécutoire émis en l'absence de paiement d'un forfait de post-stationnement peut être contesté par le redevable devant la commission du contentieux du stationnement payant, qu'il ait ou non engagé un recours administratif contre l'avis de paiement et contesté au contentieux le rejet de son recours. A ce titre, s'il résulte des termes mêmes de l'art. R. 2333-120-35 CGCT que le redevable qui saisit la commission du contentieux du stationnement payant d'une requête contre un titre exécutoire n'est pas recevable à exciper de l'illégalité de l'avis de paiement du forfait de post-stationnement auquel ce titre exécutoire s'est substitué, ces mêmes dispositions ne font pas obstacle à ce que l'intéressé conteste, dans le cadre d'un litige dirigé contre le titre exécutoire, l'obligation de payer la somme réclamée par l'administration. • CE 10 juin 2020, n° 427155 B : *préc. note 27* • 23 déc. 2020, n° 437649 : *préc. note 26.*

31. Recours en responsabilité en matière de forfait post-stationnement. La décision par laquelle l'administration refuse de faire droit à une demande préalablement formée devant elle tendant à la réparation du préjudice subi à raison de l'édiction de l'avis de paiement du forfait de post-stationnement et, le cas échéant, du titre exécutoire émis, doit être regardée comme une décision individuelle relative au forfait de post-stationnement au sens de l'art. L. 2333-87-2 CGCT. Il en résulte que des conclusions tendant à la réparation de ce préjudice, qui ne sont recevables qu'après intervention d'une telle décision, relèvent de la compétence de la commission du contentieux du stationnement payant. • CE 20 févr. 2019, n° 422499 B : *D. actu. 28 févr. 2019, obs. Pastor ; AJDA 2019. 433*.

32. Régularisation d'une contestation d'un forfait de post-stationnement. Il résulte des art. R. 2333-120-31, R. 2333-120-32 *octies*, R. 2333-120-38 et R. 2333-120-39 CGCT que lorsque, en application de l'art. R. 2333-120-39, le greffe de la commission du contentieux du stationnement payant notifie à un requérant que sa requête ne peut, en l'état, qu'être rejetée comme irrecevable, faute de comporter une ou plusieurs des pièces mentionnées à l'art. R. 2333-120-31, il appartient à l'intéressé, s'il ne conteste pas qu'une régularisation est nécessaire, de produire les pièces requises dans le délai d'un mois qui lui est imparti. • CE 18 déc. 2020, n° 436605 B : *AJDA 2020. 2525*. ♦ Le requérant ne peut être regardé comme ayant renoncé à son action si, dans ce délai d'un mois, il conteste qu'une régularisation est nécessaire, ou si, dans ce même délai, il adresse à la commission les pièces qui lui ont été demandées ou s'il produit une partie seulement des pièces demandées par le greffe ou s'il fait valoir qu'il est dans l'impossibilité de les produire. Dans toutes ces hypothèses, il appartient à la commission de statuer sur sa requête, la commission ne pouvant statuer sur la requête avant l'expiration du délai d'un mois. Si le requérant a fourni, dans ce délai, les éléments justifiant qu'il est dans l'impossibilité de procéder à la régularisation demandée dans le délai imparti, la commission ne peut statuer qu'après qu'un nouveau délai de régularisation lui a été fixé. • Même décision. ♦ Si le requérant n'adresse aucune réponse à la commission dans le délai d'un mois, il résulte des dispositions de l'art. R. 2333-120-39 CGCT que l'expiration du délai met fin à l'instance, sans qu'une décision de la commission soit nécessaire. • Même décision. ♦ Si la commission reçoit, après l'expiration du délai d'un mois, une réponse du requérant comportant tout ou partie des pièces demandées ou contestant la nécessité d'une régularisation, l'intéressé doit être regardé comme contestant avoir renoncé à son action. Dans ce cas, l'instance est rouverte et la commission statue sur sa requête. Toutefois, dès lors que la réponse du requérant a été reçue après l'expiration du délai d'un mois, la commission ne peut, sauf à ce qu'il fasse état de circonstances de nature à justifier qu'il n'a pas respecté ce délai, que lui donner acte de sa renonciation. • Même décision.

Code général des collectivités territoriales

PREMIÈRE PARTIE : **LÉGISLATIVE**

DEUXIÈME PARTIE. **LA COMMUNE**

LIVRE II. **ADMINISTRATION ET SERVICES COMMUNAUX**

TITRE I. POLICE

CHAPITRE III. *POUVOIRS DE POLICE PORTANT SUR DES OBJETS PARTICULIERS*

SECTION 1. *Police de la circulation et du stationnement*

Art. L. 2213-1 Le maire exerce la police de la circulation sur les routes nationales, les routes départementales et *(L. n° 2019-1461 du 27 déc. 2019, art. 50)* « l'ensemble des voies publiques ou privées ouvertes à la circulation publique » à l'intérieur des agglomérations, sous réserve des pouvoirs dévolus au représentant de l'État dans le département sur les routes à grande circulation. *(L. n° 2014-58 du 27 janv. 2014, art. 62-I-1°)* « A l'extérieur des agglomérations, le maire exerce également la police de la circulation sur les voies du domaine public routier communal et du domaine public routier intercommunal, sous réserve des pouvoirs dévolus au représentant de l'État dans le département sur les routes à grande circulation. »

Les conditions dans lesquelles le maire exerce la police de la circulation sur les routes à grande circulation sont fixées par décret en Conseil d'État.

Par dérogation aux dispositions des deux alinéas précédents et à celles des articles L. 2213-2 et L. 2213-3, des décrets peuvent transférer, dans les attributions du représentant de l'État dans le département, la police de la circulation sur certaines sections des routes à grande circulation.

Art. L. 2213-1-1 *(L. n° 2015-992 du 17 août 2015, art. 47)* Sans préjudice de l'article L. 2213-1, le maire peut, par arrêté motivé, fixer pour tout ou partie des voies de l'agglomération ouvertes à la circulation publique une vitesse maximale autorisée inférieure à celle prévue par le code de la route, eu égard à une nécessité de sécurité et de circulation routières, de mobilité ou de protection de l'environnement.

(L. n° 2019-1428 du 24 déc. 2019, art. 51) « Le maire peut également, par arrêté motivé, fixer des règles dérogatoires à celles prévues par le code de la route pour la circulation des engins de déplacement personnel sur tout ou partie des voies sur lesquelles il exerce son pouvoir de police ainsi que sur leurs dépendances, dans des conditions fixées par décret. »

Art. L. 2213-2 Le maire peut, par arrêté motivé, eu égard aux nécessités de la circulation et de la protection de l'environnement :

1° Interdire à certaines heures l'accès de certaines voies de l'agglomération ou de certaines portions de voie ou réserver cet accès, à certaines heures *(L. n° 2019-1428 du 24 déc. 2019, art. 88)* « ou de manière permanente », à diverses catégories d'usagers ou de véhicules ;

2° Réglementer l'arrêt et le stationnement des véhicules ou de certaines catégories d'entre eux, ainsi que la desserte des immeubles riverains ;

(L. n° 2014-58 du 27 janv. 2014, art. 51) « 3° Réserver sur la voie publique ou dans tout autre lieu de stationnement ouvert au public des emplacements de stationnement aménagés aux véhicules utilisés par les personnes titulaires de la *(L. n° 2016-1321 du 7 oct. 2016, art. 107-III, en vigueur le 1er janv. 2017)* « carte "mobilité inclusion" portant la mention "stationnement pour personnes handicapées" mentionnée à l'article L. 241-3 » du code de l'action sociale et des familles *(L. n° 2019-1428 du 24 déc. 2019, art. 35-IV)* « , aux véhicules bénéficiant d'un label "auto-partage", aux véhicules bénéficiant d'un signe distinctif de covoiturage *(L. n° 2021-1104 du 22 août 2021, art. 108)* « , aux véhicules des usagers des transports publics de personnes » ou aux véhicules à très faibles émissions au sens de l'article L. 318-1 du code de la route ». »

(Abrogé par L. n° 2004-809 du 13 août 2004, art. 27) « Un décret en Conseil d'État fixe les conditions d'application du présent article. »

Art. L. 2213-3 Le maire peut, par arrêté motivé :

1° Instituer, à titre permanent ou provisoire, pour les véhicules affectés à un service public et pour les besoins exclusifs de ce service *(L. n° 2000-646 du 10 juill. 2000)* « et, dans le cadre de leurs missions, pour les véhicules de transport de fonds, de bijoux et de métaux précieux, » des stationnements réservés sur les voies publiques de l'agglomération ;

2° Réserver des emplacements sur ces mêmes voies pour faciliter la circulation et le stationnement des transports publics de voyageurs et des taxis *(L. n° 2000-646 du 10 juill. 2000)* « ainsi que des véhicules de transport de fonds, de bijoux ou de métaux précieux, dans le cadre de leurs missions » *(L. n° 2000-1208 du 13 déc. 2000, art. 107)* « et l'arrêt des véhicules effectuant un chargement ou un déchargement de marchandises » ;

(L. n° 2019-1428 du 24 déc. 2019, art. 35-V) « « 3° Réserver des emplacements sur la voie publique, de façon permanente ou à certaines heures, pour faciliter la circulation des véhicules de transport en commun, des taxis, des véhicules transportant un nombre minimal d'occupants notamment dans le cadre du covoiturage au sens de l'article L. 3132-1 du code des transports ou des véhicules à très faibles émissions au sens de l'article L. 318-1 du code de la route.

« Pour des raisons liées aux conditions de circulation et à la sécurité routière, le maire peut ne pas autoriser la circulation sur ces emplacements réservés des véhicules de transport de marchandises de plus de 3,5 tonnes même s'ils répondent aux conditions du premier alinéa du présent 3°. »

Art. L. 2213-3-1 *(L. n° 2010-788 du 12 juill. 2010, art. 51-1°)* Lorsqu'une commune est membre *(L. n° 2010-1563 du 16 déc. 2010, art. 17-XI)* « d'une métropole, » d'une communauté urbaine ou d'une communauté d'agglomération compétente en matière de voirie dont le territoire est couvert par un *(L. n° 2019-1428 du 24 déc. 2019, art. 16)* « plan de mobilité », ou d'une communauté de communes compétente en matière de voirie dont le territoire est couvert par un *(L. n° 2019-1428 du 24 déc. 2019, art. 16)* « plan de mobilité », le stationnement des véhicules à moteur est soit interdit, soit réservé à des catégories particulières de véhicules, ou limité dans le temps, ou soumis à paiement, sur les voies publiques supportant la circulation de véhicules assurant un service régulier de transport public et sur les trottoirs adjacents à ces voies lorsque ces mesures sont nécessaires pour faciliter la circulation de ces véhicules ou l'accès des usagers au service.

Art. L. 2213-4 Le maire peut, par arrêté motivé, interdire l'accès de certaines voies ou de certaines portions de voies ou de certains secteurs de la commune aux véhicules dont la circulation sur ces voies ou dans ces secteurs est de nature à compromettre soit la tranquillité publique, soit la qualité de l'air, soit la protection des espèces animales ou végétales, soit la protection des espaces naturels, des paysages ou des sites ou leur mise en valeur à des fins esthétiques, écologiques, agricoles, forestières ou touristiques.

Dans ces secteurs, le maire peut, en outre, par arrêté motivé, soumettre à des prescriptions particulières relatives aux conditions d'horaires et d'accès à certains lieux et aux niveaux sonores admissibles les activités s'exerçant sur la voie publique, à l'exception de celles qui relèvent d'une mission de service public.

Ces dispositions ne s'appliquent pas aux véhicules utilisés pour assurer une mission de service public et ne peuvent s'appliquer d'une façon permanente aux véhicules utilisés à des fins professionnelles de recherche, d'exploitation ou d'entretien des espaces naturels.

(L. nº 2019-1428 du 24 déc. 2019, art. 10) « Dans les îles mono-communales, l'interdiction mentionnée au premier alinéa peut couvrir l'ensemble du territoire de la commune. »

Art. L. 2213-4-1 *(L. nº 2015-992 du 17 août 2015, art. 48-I)* I. — Pour lutter contre la pollution atmosphérique, *(L. nº 2019-1428 du 24 déc. 2019, art. 86-1)* « des zones à faibles émissions mobilité peuvent être créées dans les agglomérations et dans » les zones pour lesquelles un plan de protection de l'atmosphère est adopté, en cours d'élaboration ou en cours de révision en application de l'article L. 222-4 du code de l'environnement, par le maire ou par le président d'un établissement public de coopération intercommunale à fiscalité propre lorsque celui-ci dispose du pouvoir de police de la circulation, sur tout ou partie du territoire de la commune ou de l'établissement public de coopération intercommunale.

(L. nº 2019-1428 du 24 déc. 2019, art. 86-1) « L'instauration d'une zone à faibles émissions mobilité est obligatoire avant le 31 décembre 2020 lorsque les normes de qualité de l'air mentionnées à l'article L. 221-1 du même code ne sont, au regard de critères définis par voie réglementaire, pas respectées de manière régulière sur le territoire de la commune ou de l'établissement public de coopération intercommunale à fiscalité propre compétent. A compter du 1er janvier 2021, l'instauration d'une zone à faibles émissions mobilité est également obligatoire, dans un délai de deux ans, lorsque les normes de qualité de l'air mentionnées au même article L. 221-1 ne sont pas respectées de manière régulière, au regard de critères définis par voie réglementaire, sur le territoire de la commune ou de l'établissement public de coopération intercommunale à fiscalité propre compétent et que les transports terrestres sont à l'origine d'une part prépondérante des dépassements. » *(L. nº 2021-1104 du 22 août 2021, art. 119-I)* « Un décret précise les conditions d'application du présent alinéa, en particulier les modalités de dérogation à cette obligation, compte tenu de la faible proportion de population exposée aux dépassements des normes de qualité de l'air ou des actions alternatives mises en place afin de respecter ces normes dans des délais plus courts que ceux procédant de la mise en place d'une zone à faibles émissions mobilité. — *V. art. D. 2213-1-0-2 et D. 2213-1-0-3 CGCT.*

« L'instauration d'une zone à faibles émissions mobilité est obligatoire avant le 31 décembre 2024 dans toutes les agglomérations de plus de 150 000 habitants situées sur le territoire métropolitain.

« Pour l'application du troisième alinéa du présent I, la liste des communes incluses dans ces agglomérations est fixée par arrêté conjoint des ministres chargés de l'environnement et des transports. Cette liste est actualisée au moins tous les cinq ans.

« L'obligation d'instaurer une zone à faibles émissions mobilité en application du même troisième alinéa est satisfaite sur le territoire de l'agglomération lorsque, le cas échéant, le président de l'établissement public de coopération intercommunale à fiscalité propre dont la population est la plus importante au sein de l'agglomération a créé une zone à faibles émissions mobilité couvrant la majeure partie de la population de l'établissement public.

« Un décret précise les conditions d'application dudit troisième alinéa, en particulier les modalités de dérogation aux obligations pour des motifs légitimes ou en cas d'actions alternatives mises en place et conduisant à des effets similaires à ceux de la création d'une zone à faibles émissions mobilité. »

II. — Les zones à *(L. nº 2019-1428 du 24 déc. 2019, art. 86-1)* « faibles émissions mobilité » sont délimitées par un arrêté qui fixe les mesures de restriction de circulation applicables *(L. nº 2021-1104 du 22 août 2021, art. 119-I)* « , détermine les catégories de véhicules concernés et précise les motifs légitimes pour lesquels des dérogations individuelles peuvent être accordées. » L'inclusion de voies du domaine public routier national ou de voies du domaine public routier départemental situées hors agglomération dans les zones à *(L. nº 2019-1428 du 24 déc. 2019, art. 86-1)* « faibles émissions mobilité » est subordonnée à l'accord, respectivement, du représentant de l'État dans le département et du président du conseil départemental sur les mesures de restriction qu'il est prévu d'y appliquer. Les véhicules circulant dans une zone à *(L. nº 2019-1428 du 24 déc. 2019, art. 86-1)* « faibles émissions mobilité » font l'objet de l'identification fondée sur leur contribution à la limitation de la pollution atmosphérique prévue à l'article L. 318-1 du code de la route.

L'arrêté précise la durée pour laquelle les zones à *(L. nº 2019-1428 du 24 déc. 2019, art. 86-1)* « faibles émissions mobilité » sont créées.

Les mesures de restriction fixées par l'arrêté sont cohérentes avec les objectifs de diminution des émissions fixés par le plan de protection de l'atmosphère défini à l'article L. 222-4 du code de l'environnement.

III. — Le projet d'arrêté, accompagné d'une étude présentant l'objet des mesures de restriction, justifiant leur nécessité et exposant les bénéfices environnementaux et sanitaires attendus de leur mise en œuvre, notamment en termes d'amélioration de la qualité de l'air et de diminution de l'exposition de la population à la pollution atmosphérique, *(L. n° 2021-1104 du 22 août 2021, art. 119-I)* « ainsi que les impacts socio-économiques attendus à l'échelle de la zone urbaine, » est *(L. n° 2019-1428 du 24 déc. 2019, art. 86-1)* « mis à la disposition du public dans les conditions prévues à l'article L. 123-19-1 du code de l'environnement et » soumis pour avis, par l'autorité compétente, aux autorités organisatrices de la mobilité dans les zones et dans leurs abords, aux conseils municipaux des communes limitrophes, aux gestionnaires de voirie, ainsi qu'aux chambres consulaires concernées. A l'expiration d'un délai fixé par le décret prévu au V du présent article, cet avis est réputé favorable.

(Abrogé par L. n° 2019-1428 du 24 déc. 2019, art. 86-1) « Le projet d'arrêté, l'étude et les avis recueillis en application du premier alinéa du présent III sont mis à la disposition du public, dans les conditions prévues à l'article L. 122-8 du même code. »

(L. n° 2019-1428 du 24 déc. 2019, art. 86-1) « Lorsqu'un projet de zone à faibles émissions mobilité couvre le territoire de plusieurs collectivités territoriales, ce projet peut faire l'objet d'une étude unique et d'une seule procédure de participation du public.

« L'étude réalisée préalablement à l'institution d'une zone à faibles émissions mobilité peut être reprise lorsqu'il est envisagé d'étendre les mesures arrêtées à tout ou partie du territoire d'une autre commune ou collectivité territoriale limitrophe, en y apportant les éléments justifiant cette extension et, le cas échéant, ceux nécessaires à l'actualisation de l'étude initiale.

« Les dispositions du présent III ne sont toutefois pas applicables lorsque l'institution d'une zone à faibles émissions mobilité constitue l'une des mesures du plan d'action pour la réduction des émissions de polluants atmosphériques du plan climat-air-énergie territorial prévu au 3° du II de l'article L. 229-26 du code de l'environnement et que les restrictions envisagées ont, pour l'essentiel, fait l'objet de l'étude prévue au deuxième alinéa du même 3°.

« La création d'une zone à faibles émissions mobilité est accompagnée d'une campagne d'information locale, d'une durée minimale de trois mois. Cette campagne porte à la connaissance du public le périmètre contrôlé ainsi que les restrictions de circulation mises en œuvre. » *(L. n° 2021-1104 du 22 août 2021, art. 119-I)* « Elle expose également les alternatives à l'usage individuel de la voiture au sein du périmètre contrôlé, notamment l'offre de transport public, dont le transport à la demande. »

IV. — L'autorité compétente pour prendre l'arrêté en évalue de façon régulière, au moins tous les trois ans, l'efficacité au regard des bénéfices attendus et peut le modifier en suivant la procédure prévue au III du présent article.

V. — Après consultation des représentants des catégories professionnelles concernées, un décret en Conseil d'État précise les modalités d'application du présent article, notamment les catégories de véhicules, y compris de transport collectif de personnes, dont la circulation dans une zone à *(L. n° 2019-1428 du 24 déc. 2019, art. 86-1)* « faibles émissions mobilité » ne peut être interdite, ainsi que les modalités selon lesquelles des dérogations individuelles aux mesures de restriction peuvent être accordées.

(L. n° 2021-1104 du 22 août 2021, art. 119-I) « VI. — Dans les zones à faibles émissions mobilité rendues obligatoires en application du deuxième alinéa du I, l'autorité compétente prend des mesures de restriction de la circulation des véhicules automobiles construits pour le transport de personnes ou de marchandises dont le poids total autorisé en charge est inférieur ou égal à 3,5 tonnes et disposant d'au moins quatre roues.

« En application du premier alinéa du présent VI, lorsque les normes de qualité de l'air mentionnées à l'article L. 221-1 du code de l'environnement ne sont pas respectées dans ces zones de manière régulière au regard des critères mentionnés au deuxième alinéa du I du présent article, les mesures de restriction interdisent la circulation des véhicules automobiles construits pour le transport de personnes dont le poids total autorisé en charge est inférieur ou égal à 3,5 tonnes et disposant d'au moins quatre roues suivants :

« 1° Au plus tard le 1er janvier 2023, les véhicules diesel et assimilés dont la date de première immatriculation est antérieure au 31 décembre 2000 ainsi que les véhicules essence et assimilés dont la date de première immatriculation est antérieure au 31 décembre 1996 ;

« 2° Au plus tard le 1er janvier 2024, les véhicules diesel et assimilés dont la date de première immatriculation est antérieure au 31 décembre 2005 ;

« 3° Au plus tard le 1er janvier 2025, les véhicules diesel et assimilés dont la date de première immatriculation est antérieure au 31 décembre 2010 ainsi que les véhicules essence et assimilés dont la date de première immatriculation est antérieure au 31 décembre 2005.

« Pour l'application du présent article, les mots : "véhicules diesel et assimilés" désignent les véhicules ayant une motorisation au gazole ainsi que les véhicules combinant une motorisation électrique et une motorisation au gazole. Les mots : "véhicules essence et assimilés" désignent les véhicules ayant une motorisation à l'essence ainsi que les véhicules combinant une motorisation électrique et à l'essence.

« Les mesures de restriction rendues obligatoires en application du présent VI ne s'appliquent pas aux véhicules dont l'autonomie équivalente en mode tout électrique en ville est supérieure à cinquante kilomètres.

« VII. — Dans les zones à faibles émissions mobilité rendues obligatoires en application du deuxième alinéa du I ou dans les agglomérations ou dans les zones mentionnées au premier ou au troisième alinéas du même I ou concernées par les dépassements mentionnés au deuxième alinéa dudit I, l'autorité compétente s'assure du déploiement et de l'installation des infrastructures de recharge pour véhicules électriques nécessaires au respect des normes de circulation.

« L'autorité compétente a notamment la charge de concevoir, en concertation avec l'ensemble des parties prenantes, un schéma directeur de développement des infrastructures de recharge prévu à l'article L. 353-5 du code de l'énergie. Ce schéma directeur tient compte des spécificités techniques de chaque borne et, le cas échéant, de la compensation financière des difficultés techniques qui y sont liées. »

Art. L. 2213-4-2 *(L. n° 2019-1428 du 24 déc. 2019, art. 86-II)* I. — Afin de faciliter la constatation des infractions aux règles de circulation arrêtées en application de l'article L. 2213-4-1 et de permettre le rassemblement des preuves de ces infractions ainsi que la recherche de leurs auteurs, des dispositifs fixes ou mobiles de contrôle automatisé des données signalétiques des véhicules peuvent être mis en œuvre par les services de police et de gendarmerie nationales ou par les services de police municipale des communes sur le territoire desquelles a été instituée une zone à faibles émissions mobilité ou, pour la zone instaurée à Paris, par le service dont relèvent les agents de surveillance de Paris.

II. — La mise en œuvre des dispositifs de contrôle est autorisée par arrêté du représentant de l'État dans le département et, à Paris, du préfet de police.

Les lieux d'implantation des dispositifs fixes sont déterminés en tenant compte notamment des niveaux de pollution atmosphérique observés sur les voies de circulation concernées.

L'autorisation ne peut être délivrée que si :

1° Les modalités de contrôle ne conduisent pas à contrôler chaque jour plus de 15 % du nombre moyen journalier de véhicules circulant au sein de la zone ;

2° Le rapport entre le nombre de dispositifs de contrôle permettant les traitements automatisés des données signalétiques des véhicules mentionnés au III du présent article mis en œuvre au cours d'une même journée au sein de la zone à faibles émissions mobilité et la longueur totale de la voirie publique mesurée en kilomètres n'excède pas 0,025 ;

3° Les lieux de déploiement retenus n'ont pas pour effet de permettre un contrôle de l'ensemble des véhicules entrant dans la zone à faibles émissions mobilité ou dans un espace continu au sein de cette zone.

Les conditions prévues pour la délivrance de l'autorisation doivent être respectées lorsque des dispositifs mobiles de contrôle sont ajoutés.

La demande d'autorisation est accompagnée d'une étude de la circulation et de la pollution au sein de la zone à faibles émissions mobilité permettant d'apprécier le respect des conditions fixées aux 1° à 3° du présent II.

Le taux mentionné au 1° du présent II est le rapport entre le nombre de véhicules ayant donné lieu aux traitements automatisés mentionnés au deuxième alinéa du III et le nombre moyen de véhicules ayant circulé dans la zone.

Les huitième et avant-dernier alinéas et les conditions mentionnées aux 1° et 2° du présent II ne sont pas applicables lorsque les dispositifs mis en œuvre pour les finalités mentionnées au I permettent de s'assurer du respect par un véhicule des règles de circulation mentionnées au même I sans que soient mis en œuvre les traitements automatisés mentionnés au deuxième alinéa du III.

III. — Les données à caractère personnel collectées au moyen des dispositifs mentionnés au I peuvent, pour les finalités prévues au même I, faire l'objet de traitements automatisés dans les conditions prévues par la loi n° 78-17 du 6 janvier 1978 relative à l'informatique, aux fichiers et aux libertés.

Ces traitements automatisés peuvent comporter la consultation du fichier des véhicules pour lesquels une identification fondée sur leur contribution à la limitation de la pollution atmosphérique a été délivrée en application de l'article L. 318-1 du code de la route, ainsi que des fichiers des véhicules autorisés à circuler sur les voies et espaces concernés. Dans les seuls cas où ces consultations ne permettent pas de procéder à une telle vérification, ils peuvent également comporter une consultation du système d'immatriculation des véhicules prévu à l'article L. 330-1 du même code. Ces consultations, qui ont lieu immédiatement après la collecte des données signalétiques, ne portent que sur les données relatives aux caractéristiques du véhicule et à sa contribution à la limitation de la pollution atmosphérique et ne peuvent avoir pour objet d'identifier le titulaire du certificat d'immatriculation du véhicule.

Dès que la consultation de l'un de ces fichiers a permis de s'assurer du respect par un véhicule des règles de circulation mentionnées au I du présent article, les données collectées relatives à ce véhicule sont détruites immédiatement.

Les données relatives aux autres véhicules font immédiatement l'objet d'un traitement destiné à masquer les images permettant l'identification des occupants du véhicule, de façon irréversible s'agissant des tiers et des passagers du véhicule. Elles peuvent être enregistrées et conservées pour une durée qui ne peut excéder huit jours ouvrés à compter de leur collecte, sous réserve des besoins d'une procédure pénale.

Sur demande du titulaire du certificat d'immatriculation ou de l'une des personnes mentionnées aux trois derniers alinéas de l'article L. 121-2 du code de la route, destinataire de l'avis d'amende forfaitaire, ou de l'officier du ministère public en cas de requêtes ou de réclamations, le responsable du traitement communique les données permettant l'identification du conducteur du véhicule.

Seuls les agents de police municipale intervenant dans les communes sur le territoire desquelles une zone à faibles émissions mobilité a été instituée en application de l'article L. 2213-4-1 du présent code et, pour la zone instaurée à Paris, les agents de surveillance de Paris ont accès aux données issues des traitements prévus au premier alinéa du présent III.

Lorsque les dispositifs et traitements mentionnés au présent article sont mis en œuvre par l'État, les agents de police municipale intervenant dans les communes concernées et, à Paris, les agents de surveillance de Paris peuvent être rendus destinataires des données caractérisant l'infraction pour les besoins du constat qu'ils ont compétence pour opérer.

IV. — Lorsque les dispositifs et les traitements automatisés prévus au présent article sont mis en œuvre par l'État à la demande d'une collectivité territoriale ou d'un établissement public de coopération intercommunale qui a créé une zone à faibles émissions mobilité, une convention entre l'État et la collectivité ou l'établissement concerné définit les modalités de cette mise en œuvre et, le cas échéant, la contribution de la collectivité ou de l'établissement à son financement.

Art. L. 2213-5 Le maire peut, par arrêté motivé, interdire l'accès de certaines voies ou de certaines portions de voies aux véhicules de transport de matières dangereuses visées par la directive 82/501 du Conseil du 24 juin 1982 concernant les risques d'accidents majeurs de certaines activités industrielles et de nature à compromettre la sécurité publique.

Art. L. 2213-6 Le maire peut, moyennant le paiement de droits fixés par un tarif dûment établi, donner des permis de stationnement ou de dépôt temporaire sur la voie publique *(Abrogé par L. n° 2006-1772 du 30 déc. 2006, art. 72-1°)* «*, sur les rivières, ports et quais fluviaux*» et autres lieux publics, sous réserve que cette autorisation n'entraîne aucune gêne pour la circulation *(Abrogé par L. n° 2006-1772 du 30 déc. 2006, art. 72-1°)* «*, la navigation*» et la liberté du commerce. *(L. n° 2014-58 du 27 janv. 2014, art. 63-I-1° et V, en vigueur le 1er janv. 2018)* « Les modalités de la tarification et la gestion matérielle du stationnement des véhicules sur la voie publique sont régies par l'article L. 2333-87. »

Art. L. 2213-6-1 *(L. n° 2009-526 du 12 mai 2009, art. 101)* Le maire peut, dans la limite de deux fois par an, soumettre au paiement d'un droit l'accès des personnes à certaines voies ou à certaines portions de voies ou à certains secteurs de la commune à l'occasion de manifestations culturelles organisées sur la voie publique, sous réserve de la desserte des immeubles riverains.

....

LIVRE III. FINANCES COMMUNALES

TITRE III. RECETTES

CHAPITRE III. *TAXES, REDEVANCES OU VERSEMENTS NON PRÉVUS PAR LE CODE GÉNÉRAL DES IMPÔTS*

SECTION 12. *Redevance de stationnement des véhicules sur voirie*

SOUS-SECTION 1. *Redevance de stationnement*

Art. L. 2333-87 *(L. n° 2014-58 du 27 janv. 2014, art. 63-I-3°-b et V, en vigueur le 1er janv. 2018) (Ord. n° 2015-401 du 9 avr. 2015, art. 1er, en vigueur à la date prévue au V de l'art. 63 de la L. n° 2014-58 du 27 janv. 2014)* « I. — » Sans préjudice de l'application des articles L. 2213-2 et L. 2512-14, le conseil municipal ou l'organe délibérant de l'établissement public de coopération intercommunale ou du syndicat mixte compétent pour l'organisation *(L. n° 2015-991 du 7 août 2015, art. 18-II-6°)* « de la mobilité au sens du titre III du livre II de la première partie du code des transports », lorsqu'il y est autorisé par ses statuts ou par une délibération prise dans les conditions de majorité prévues au II de l'article L. 5211-5, peut instituer une redevance de stationnement, compatible avec les dispositions du plan de mobilité, s'il existe. Dans le cas où le domaine public concerné relève d'une autre collectivité, l'avis de cette dernière est requis. Si elle ne s'est pas prononcée dans un délai d'un mois à compter de sa saisine, cet avis est réputé favorable.

(L. n° 2019-1428 du 24 déc. 2019, art. 38) « En Île-de-France, dans les conditions énoncées au premier alinéa du présent I, les établissements publics de coopération intercommunale à fiscalité propre et les établissements publics territoriaux peuvent également instituer une redevance de stationnement, après accord de l'établissement public défini à l'article L. 1241-1 du code des transports et s'ils y sont autorisés par leurs statuts ou par une délibération prise dans les conditions de majorité prévues au II de l'article L. 5211-5 du présent code. »

La délibération institutive établit :

1° Le barème tarifaire de paiement immédiat de la redevance, applicable lorsque la redevance correspondant à la totalité de la période de stationnement est réglée par le conducteur du véhicule dès le début du stationnement ;

2° Le tarif du forfait de post-stationnement, applicable lorsque la redevance correspondant à la totalité de la période de stationnement n'est pas réglée dès le début du stationnement ou est insuffisamment réglée. Son montant ne peut être supérieur au montant de la redevance due pour la durée maximale de stationnement prévue, hors dispositifs d'abonnement, par le barème tarifaire de paiement immédiat en vigueur dans la zone considérée.

Le barème tarifaire de paiement immédiat est établi en vue de favoriser la fluidité de la circulation, la rotation du stationnement des véhicules sur voirie et l'utilisation des moyens de transport collectif ou respectueux de l'environnement *(L. n° 2019-1428 du 24 déc. 2019, art. 37)* « , en prenant en compte un objectif d'équité sociale ». Il tient compte de l'ensemble des coûts nécessaires à la collecte du produit de la redevance de stationnement.

Le barème tarifaire peut être modulé en fonction de la durée du stationnement, de la surface occupée par le véhicule ou de son impact sur la pollution atmosphérique. Il peut prévoir une tranche gratuite pour une durée déterminée ainsi qu'une tarification spécifique pour certaines catégories d'usagers, dont les résidents *(L. n° 2021-1104 du 22 août 2021, art. 115)* « , et pour les véhicules bénéficiant d'un signe distinctif de covoiturage créé en application des articles L. 1231-15 ou L. 1241-1 du code des transports ». *(L. n° 2019-1428 du 24 déc. 2019, art. 37)* « Il peut être réduit en fonction du niveau du revenu des usagers, de leur statut ou du nombre de personnes vivant au sein de leur foyer, en vue de favoriser l'égalité d'accès à la mobilité des personnes en situation de vulnérabilité économique ou sociale. »

(Ord. n° 2015-401 du 9 avr. 2015, art. 1er, en vigueur à la date prévue au V de l'art. 63 de la L. n° 2014-58 du 27 janv. 2014) « II. — » Le montant du forfait de post-stationnement dû, déduction faite, le cas échéant, du montant de la redevance de stationnement réglée dès le début du stationnement, est notifié par un avis de paiement délivré soit par son apposition sur le véhicule concerné par un agent assermenté de la commune, de l'établissement public de coopération intercommunale, du syndicat mixte ou du tiers contractant désigné pour exercer cette mission, soit par envoi postal au domicile du titulaire du certificat d'immatriculation du véhicule concerné effectué par un établissement public spécialisé de l'État *(Ord. n° 2015-401 du 9 avr. 2015, art. 1er, en vigueur à la date prévue au V de l'art. 63 de la L. n° 2014-58*

du 27 janv. 2014) « , soit transmis sous une forme dématérialisée par ce même établissement public aux personnes titulaires de certificats d'immatriculation ayant conclu avec lui une convention à cet effet. La notification est également réputée faite lorsque le titulaire du certificat d'immatriculation, averti par tout moyen, a pris connaissance de l'avis de paiement sous une forme dématérialisée au moyen d'un dispositif mis en place par la commune, l'établissement public de coopération intercommunale, le syndicat mixte ou le tiers contractant.

« Lorsque l'avis de paiement du forfait de post-stationnement est apposé sur le véhicule ou transmis par l'établissement public spécialisé sous une forme dématérialisée, le titulaire du certificat d'immatriculation est réputé en avoir reçu notification le jour-même. Dans le dernier cas mentionné au premier alinéa du présent II, la notification est réputée reçue à la date à laquelle le titulaire du certificat d'immatriculation a pris connaissance de l'avis de paiement.

« Lorsque cet avis de paiement est notifié par voie postale, la notification est réputée avoir été reçue par le titulaire du certificat d'immatriculation cinq jours francs à compter du jour de l'envoi. L'établissement public de l'État mentionné au premier alinéa du présent II justifie par tout moyen de l'envoi à l'adresse connue du titulaire du certificat d'immatriculation du véhicule. »

Les mentions portées sur l'avis de paiement du forfait de post-stationnement par l'agent assermenté font foi jusqu'à preuve contraire. *(Ord. nº 2015-401 du 9 avr. 2015, art. 1er, en vigueur à la date prévue au V de l'art. 63 de la L. nº 2014-58 du 27 janv. 2014)* « Les mentions prévues par l'article 4 de la loi nº 2000-321 du 12 avril 2000 relative aux droits des citoyens dans leurs relations avec les administrations sont remplacées par la désignation non nominative de l'agent ayant délivré l'avis et les coordonnées de l'entité dont celui-ci relève.

« III. — » Le produit des forfaits de post-stationnement finance les opérations destinées à améliorer les transports en commun ou respectueux de l'environnement et la circulation. Si la commune, l'établissement public de coopération intercommunale ou le syndicat mixte qui a institué la redevance de stationnement est compétent en matière de voirie, une partie de ce produit peut être utilisée pour financer des opérations de voirie.

(L. nº 2015-991 du 7 août 2015, art. 73, en vigueur à la date prévue au V de l'art. 63 de la L. nº 2014-58 du 27 janv. 2014) « Hors Île-de-France, les recettes issues des forfaits de post-stationnement sont perçues par la commune, l'établissement public de coopération intercommunale ou le syndicat mixte ayant institué la redevance. Celui-ci les reverse à la commune, à l'établissement public de coopération intercommunale ou au syndicat mixte compétent pour la réalisation des opérations mentionnées au premier alinéa du présent III, déduction faite des coûts de mise en œuvre des forfaits de post-stationnement. Un décret précise les modalités de reversement, en fonction des conditions d'organisation locale du stationnement payant sur voirie. »

Dans le cas particulier de la métropole de Lyon, les communes situées sur son territoire reversent le produit des forfaits de post-stationnement à la métropole de Lyon, déduction faite des coûts relatifs à la mise en œuvre de ces forfaits.

(Ord. nº 2015-401 du 9 avr. 2015, art. 1er, en vigueur à la date prévue au V de l'art. 63 de la L. nº 2014-58 du 27 janv. 2014) « IV. — Le forfait de post-stationnement doit être réglé en totalité dans les trois mois suivant la notification de l'avis de paiement prévu au II du présent article.

« A défaut, le forfait de post-stationnement est considéré impayé et fait l'objet d'une majoration dont le produit est affecté à l'État. Le forfait de post-stationnement impayé et la majoration sont dus par l'ensemble des titulaires du certificat d'immatriculation du véhicule, solidairement responsables du paiement.

« En vue du recouvrement du forfait de post-stationnement impayé et de la majoration, un titre exécutoire est émis, le cas échéant, sous une forme électronique, par un ordonnateur désigné par l'autorité administrative. Ce titre mentionne le montant du forfait de post-stationnement impayé et la majoration.

« Un titre d'annulation est émis par ce même ordonnateur lorsque, pour un motif autre qu'un paiement, tout ou partie du forfait de post-stationnement impayé n'est plus dû.

« Un décret en Conseil d'État détermine le montant et les modalités de la majoration du forfait de post-stationnement mentionnée au deuxième alinéa. Il précise les modalités d'émission du titre exécutoire et l'autorité chargée de désigner l'ordonnateur mentionnés au troisième alinéa et les modalités d'émission du titre d'annulation mentionné au quatrième alinéa ainsi que les informations transmises à l'ordonnateur par l'entité ayant délivré l'avis de paiement du forfait de post-stationnement pour permettre l'établissement du titre exécutoire et les modalités de cette transmission.

« V. — La perception et le recouvrement du forfait de post-stationnement impayé et de sa majoration sont régis par les dispositions de l'article L. 2323-7-1 du code général de la propriété des personnes publiques.

« Le produit de la redevance de stationnement et du forfait de post-stationnement, acquitté spontanément ou après émission d'un titre exécutoire, est reversé au comptable public assignataire de la commune, de l'établissement public de coopération intercommunale ou du syndicat mixte ayant institué la redevance. Les modalités d'application de ce reversement, notamment en cas de modification de la collectivité bénéficiaire, sont précisées par arrêté du ministre chargé du budget.

« VI. — Les litiges relatifs aux actes pris en application du présent article sont régis par l'article L. 2331-1 du code général de la propriété des personnes publiques.

« Les recours contentieux visant à contester l'avis de paiement du montant du forfait de post-stationnement dû font l'objet d'un recours administratif préalable obligatoire auprès de la commune, de l'établissement public de coopération intercommunale, du syndicat mixte ou du tiers contractant dont relève l'agent assermenté ayant établi ledit avis. Par dérogation aux dispositions de l'article 19 de la loi n° 2000-321 du 12 avril 2000 relative aux droits des citoyens dans leurs relations avec les administrations, l'avis de réception postale ou électronique adressé au demandeur par le représentant de l'entité chargée de statuer sur le recours administratif tient lieu de l'accusé de réception prévu par ces dispositions. Le délai à l'issue duquel le silence gardé sur le recours administratif préalable vaut décision de rejet court à compter de la date de réception du recours indiquée sur l'avis postal ou électronique. L'avis de paiement du forfait de post-stationnement mentionne cette dérogation, le délai au terme duquel est susceptible de naître une décision implicite de rejet à la suite de l'exercice du recours administratif préalable et ses conséquences contentieuses.

(L. n° 2019-222 du 23 mars 2019, art. 40-II) « Si la décision rendue à l'issue du recours administratif est notifiée par voie postale, sa notification intervient dans les conditions prévues au troisième alinéa du II. »

« La décision rendue à l'issue du recours administratif préalable contre l'avis de paiement du forfait de post-stationnement peut faire l'objet d'un recours devant la commission du contentieux du stationnement payant. Le titre exécutoire émis en cas d'impayé peut également faire l'objet d'un recours devant cette commission. Il se substitue alors à l'avis de paiement du forfait de post-stationnement impayé.

« VII. — Lorsque les mentions du certificat d'immatriculation permettent l'identification d'un locataire, celui-ci est substitué au titulaire dudit certificat dans la mise en œuvre des dispositions prévues aux II et IV du présent article. Lorsque, à la suite de la cession d'un véhicule, le système enregistrant les informations mentionnées à l'article L. 330-1 du code de la route mentionne un acquéreur qui n'est pas le titulaire du certificat d'immatriculation du véhicule, l'acquéreur est substitué au titulaire dudit certificat dans la mise en œuvre des dispositions prévues aux II et IV du présent article.

« VIII. — » Les modalités d'application du présent article, et notamment les conditions d'information des conducteurs sur le barème tarifaire et le forfait mentionnés aux 1° et 2°, les mentions devant figurer sur l'avis de paiement *(Ord. n° 2015-401 du 9 avr. 2015, art. 1er, en vigueur à la date prévue au V de l'art. 63 de la L. n° 2014-58 du 27 janv. 2014)* « en plus de celles précédemment indiquées » et les modalités de sa délivrance, les modalités permettant d'attester du paiement *(Ord. n° 2015-401 du 9 avr. 2015, art. 1er, en vigueur à la date prévue au V de l'art. 63 de la L. n° 2014-58 du 27 janv. 2014)* « spontané » de la redevance de stationnement due, ainsi que les obligations incombant au tiers contractant de la commune, de l'établissement public de coopération intercommunale ou du syndicat mixte, et à ses agents au titre de la collecte de la redevance de stationnement, sont déterminées par décret en Conseil d'État. Ce décret précise également les éléments devant figurer dans un rapport annuel établi par la personne chargée de statuer sur les recours administratifs préalables obligatoires, en vue de son examen par l'assemblée délibérante, qui en prend acte. – *V. CGCT, art. R. 2333-120-1 s., ss. art. R. 417-3-1.*

V. Arr. du 28 déc. 2017 portant création et organisation du service à compétence nationale « greffe de la commission du contentieux du stationnement payant » (JO 30 déc.).

V. Arr. du 19 janv. 2018 portant création d'un traitement automatisé de données à caractère personnel dénommé « système d'information de la commission du contentieux du stationnement payant » (SI CCSP) (JO 24 janv.).

La L. n° 2015-991 du 7 août 2015 (art. 77) a repoussé l'entrée en vigueur des dispositions issues du I de l'art. 63 de la L. n° 2014-58 du 27 janv. 2014 au 1er oct. 2016, puis la L. n° 2015-1785 du 29 déc. 2015 (art. 45-IV) au 1er janv. 2018. A compter de cette même date, aucune sanction, de quelque nature que ce soit, ne peut être établie ou maintenue en raison de l'absence ou de l'insuffisance de paiement de la redevance de stationnement des véhicules établie dans les conditions prévues à l'art. L. 2333-87 CGCT. Par dérogation aux dispositions de l'art. 112-1, al. 3 et de l'art. 112-4, al. 2 C. pén., les contraventions en matière de stationnement payant prévues au code de la route commises avant le 1er janv. 2018 demeurent punissables, et l'exécution des sanctions prononcées se poursuit, selon les dispositions en vigueur lors de leur commission (L. nº 2014-58 du 27 janv. 2014, art. 63-V, mod. par L. nº 2015-991 du 7 août 2015 portant nouvelle organisation territoriale de la République, art. 77, mod. par L. nº 2015-1785 du 29 déc. 2015 de finances pour 2016, art. 45-IV).

Dans les conditions prévues à l'art. 38 de la Constitution, le Gouvernement est autorisé, dans un délai de douze mois à compter de la promulgation la L. nº 2014-58 du 27 janv. 2014, à prendre par ordonnance des dispositions de nature législative destinées à définir les règles constitutives de la juridiction prévue à l'art. L. 2333-87 CGCT. Un projet de loi de ratification est déposé devant le Parlement dans un délai de trois mois à compter de la publication de cette ordonnance (L. préc., art. 63-II).

SOUS-SECTION 2. *Commission du contentieux du stationnement payant*

§ 1. *Missions et organisation de la commission du contentieux du stationnement payant*

Art. L. 2333-87-1 *(Ord. nº 2015-45 du 23 janv. 2015) (Ord. nº 2015-401 du 9 avr. 2015, art. 2, en vigueur à la date prévue au V de l'art. 63 de la L. nº 2014-58 du 27 janv. 2014)* La commission du contentieux du stationnement payant est présidée par un magistrat des tribunaux administratifs et cours administratives d'appel, nommé par décret.

La L. nº 2015-991 du 7 août 2015 (art. 77) a repoussé l'entrée en vigueur des dispositions issues du I de l'art. 63 de la L. nº 2014-58 du 27 janv. 2014 au 1er oct. 2016, puis la L. nº 2015-1785 du 29 déc. 2015 (art. 45-IV) au 1er janv. 2018.

Art. L. 2333-87-2 *(Ord. nº 2015-45 du 23 janv. 2015, en vigueur à la date prévue au V de l'art. 63 de la L. nº 2014-58 du 27 janv. 2014)* La commission du contentieux du stationnement payant statue sur les recours formés contre les décisions individuelles relatives aux forfaits de post-stationnement.

Pour l'entrée en vigueur de cet art., V. note ss. art. L. 2333-87-1.

Art. L. 2333-87-3 *(Ord. nº 2015-45 du 23 janv. 2015, en vigueur à la date prévue au V de l'art. 63 de la L. nº 2014-58 du 27 janv. 2014)* La commission du contentieux du stationnement payant se compose d'un président et de magistrats des tribunaux administratifs et des cours administratives d'appel en activité ou honoraires. Elle peut également comprendre des magistrats de l'ordre judiciaire en activité ou honoraires.

(L. nº 2019-222 du 23 mars 2019, art. 40-II) « Les magistrats de la commission se répartissent entre membres permanents et non permanents. »

Pour l'entrée en vigueur de cet art., V. note ss. art. L. 2333-87-1.

Art. L. 2333-87-4 *(Ord. nº 2015-45 du 23 janv. 2015, en vigueur à la date prévue au V de l'art. 63 de la L. nº 2014-58 du 27 janv. 2014)* Les décisions de la commission du contentieux du stationnement payant sont rendues par le président de la commission ou par un magistrat désigné par lui qui statue seul. Le président de la commission ou le magistrat désigné par lui peut, lorsque la question posée le justifie, décider d'inscrire l'affaire au rôle d'une formation collégiale.

Pour l'entrée en vigueur de cet art., V. note ss. art. L. 2333-87-1.

§ 2. *Recours devant la commission du contentieux du stationnement payant*

Art. L. 2333-87-5 *(Ord. nº 2015-401 du 9 avr. 2015, art. 3, en vigueur à la date prévue au V de l'art. 63 de la L. nº 2014-58 du 27 janv. 2014)* La recevabilité du recours contentieux contre la décision rendue à l'issue du recours administratif préalable obligatoire et contre le titre exécutoire émis est subordonnée au paiement préalable du montant de l'avis de paiement du forfait de post-stationnement et de la majoration prévue au IV de l'article L. 2333-87 si un titre exécutoire a été émis.

Le présent art., dans sa rédaction résultant de l'Ord. nº 2015-401 du 9 avr. 2015 relative à la gestion, au recouvrement et à la contestation du forfait de post-stationnement prévu à l'art. L. 2333-87 CGCT, est contraire à la Constitution (Cons. const. 9 sept. 2020, nº 2020-855 QPC).

Pour l'entrée en vigueur de cet art., V. note ss. art. L. 2333-87-1.

Art. L. 2333-87-6 *(Ord. nº 2015-401 du 9 avr. 2015, art. 3, en vigueur à la date prévue au V de l'art. 63 de la L. nº 2014-58 du 27 janv. 2014)* Au cours de l'instruction les échanges entre, d'une part, la juridiction et, d'autre part, la commune, l'établissement public de coopération intercommunale ou le syndicat mixte peuvent avoir lieu par voie électronique dans des conditions définies par voie réglementaire.

Pour l'entrée en vigueur de cet art., V. note ss. art. L. 2333-87-1.

Art. L. 2333-87-7 *(Ord. nº 2015-401 du 9 avr. 2015, art. 3, en vigueur à la date prévue au V de l'art. 63 de la L. nº 2014-58 du 27 janv. 2014)* Ne peuvent être invoqués devant la commission du contentieux du stationnement payant les moyens tirés de :

1° L'illégalité pour vice de forme ou de procédure de la délibération instituant, sur le fondement de l'article L. 2333-87, une redevance de stationnement ;

2° L'illégalité de l'acte par lequel, le cas échéant, la collecte de la redevance de stationnement a été déléguée par la collectivité à un tiers.

Pour l'entrée en vigueur de cet art., V. note ss. art. L. 2333-87-1.

Art. L. 2333-87-8 *(Ord. nº 2015-401 du 9 avr. 2015, art. 3, en vigueur à la date prévue au V de l'art. 63 de la L. nº 2014-58 du 27 janv. 2014)* La juridiction condamne la partie perdante à payer à l'autre partie la somme qu'elle détermine, au titre des frais exposés et non compris dans les dépens. *(L. nº 2021-1729 du 22 déc. 2021, art. 48-IV)* « Les parties peuvent produire les justificatifs des sommes qu'elles demandent et » le juge tient compte de l'équité ou de la situation économique de la partie condamnée. Il peut, même d'office, pour des raisons tirées des mêmes considérations, dire qu'il n'y a pas lieu à cette condamnation.

Pour l'entrée en vigueur de cet art., V. note ss. art. L. 2333-87-1.

Art. L. 2333-87-8-1 *(L. nº 2019-222 du 23 mars 2019, art. 40-II)* Lorsque sa décision implique nécessairement que la collectivité territoriale, l'établissement public de coopération intercommunale ou le syndicat mixte concerné prenne une mesure d'exécution, la commission du contentieux du stationnement payant peut, même d'office, prononcer à son encontre une injonction, assortie, le cas échéant, d'une astreinte.

Art. L. 2333-87-9 *(Ord. nº 2015-401 du 9 avr. 2015, art. 3, en vigueur à la date prévue au V de l'art. 63 de la L. nº 2014-58 du 27 janv. 2014)* Avant de statuer sur une requête soulevant une question de droit nouvelle, présentant une difficulté sérieuse et se posant dans de nombreux litiges, la commission du contentieux du stationnement payant peut, par une décision qui n'est susceptible d'aucun recours, transmettre le dossier de l'affaire au Conseil d'État, qui examine dans un délai de trois mois la question soulevée. Il est sursis à toute décision au fond jusqu'à un avis du Conseil d'État ou, à défaut, jusqu'à l'expiration de ce délai.

Pour l'entrée en vigueur de cet art., V. note ss. art. L. 2333-87-1.

Art. L. 2333-87-10 *(Ord. nº 2015-401 du 9 avr. 2015, art. 3, en vigueur à la date prévue au V de l'art. 63 de la L. nº 2014-58 du 27 janv. 2014)* Les dispositions de l'article 10 de la loi nº 91-647 du 10 juillet 1991 relative à l'aide juridique ne sont pas applicables aux recours présentés devant la commission du contentieux du stationnement payant.

Pour l'entrée en vigueur de cet art., V. note ss. art. L. 2333-87-1.

Art. L. 2333-87-11 *(Ord. nº 2015-401 du 9 avr. 2015, art. 3, en vigueur à la date prévue au V de l'art. 63 de la L. nº 2014-58 du 27 janv. 2014)* Les modalités d'application de la présente sous-section sont fixées par décret en Conseil d'État.

Pour l'entrée en vigueur de cet art., V. note ss. art. L. 2333-87-1.

V. CGCT, art. R. 2333-120-20 s.

Art. L. 411-2 *(L. nº 2017-257 du 28 févr. 2017, art. 27-3º)* **Les règles relatives aux pouvoirs de police de la circulation routière à Paris sont fixées à l'article L. 2512-14 du code général des collectivités territoriales.**

Sur le transfert des pouvoirs de police de la circulation routière et du stationnement dévolus au maire de Paris pendant les jeux Olympiques et Paralympiques de 2024, V. Ord. nº 2019-207 du 20 mars 2019 (JO 21 mars).

COMMENTAIRE

Pouvoirs de police de la circulation routière à Paris. Dans la commune de Paris, la police de la circulation routière relève à la fois de la compétence du maire et de celle du préfet de police, comme le prévoit l'article L. 2512-14 du code général des collectivités territoriales, auquel renvoie le présent article depuis la loi du 28 février 2017 relative au statut de Paris et à l'aménagement métropolitain (auparavant, l'art. L. 411-2 reproduisait, en dispositions suiveuses, les dispositions de cet art.).

Sur ces dispositions, on notera qu'elles ont été à plusieurs reprises modifiées au cours de ces dernières années et, en dernier lieu, par la loi précitée du 28 février 2017 qui a intégralement réécrit l'article L. 2512-14 du code général des collectivités territoriales. Autant de modifications qui ont permis de renforcer les pouvoirs du maire de Paris, qui a, aujourd'hui, une compétence de principe en la matière (art. L. 2512-14, I). Sur certains sites, voies ou portions de voies, c'est toutefois le préfet de police qui exerce cette compétence, ou bien de manière permanente ou bien à titre temporaire (art. L. 2512-14, II). Et, sur certains axes, s'il appartient au maire de Paris d'assurer la police de la circulation et du stationnement, on notera que cette compétence doit être exercée en respectant certaines prescriptions prises par le préfet de police (art. L. 2512-14, III) ou après avis du préfet de police (art. L. 2512-14, IV). ❑

Code général des collectivités territoriales

Art. L. 2512-14 *(L. nº 2017-257 du 28 févr. 2017, art. 25 et 30, en vigueur le 1er juill. 2017)* I. — Le maire de Paris exerce les pouvoirs conférés au maire par la section 1 du chapitre III du titre I du livre II de la présente partie, sous réserve des II à VII du présent article.

II. — Sur certains sites, voies ou portions de voies fixés par arrêté du préfet de police après avis du maire de Paris, le préfet de police réglemente de manière permanente les conditions de circulation ou de stationnement ou en réserve l'accès à certaines catégories d'usagers ou de véhicules pour des motifs liés à la sécurité des personnes et des biens ou pour assurer la protection du siège des institutions de la République et des représentations diplomatiques.

Des dispositions de même nature et à caractère temporaire peuvent être arrêtées par le préfet de police pour assurer la sécurité des personnes faisant l'objet de mesures de protection particulières par les autorités publiques ou, après avis du maire de Paris, pour des motifs d'ordre public, en cas de manifestation de voie publique à caractère revendicatif ainsi qu'en cas de manifestation à caractère festif, sportif ou culturel, si la manifestation est itinérante ou si elle se déroule dans le périmètre défini au premier alinéa du présent II.

III. — Sur les axes essentiels à la sécurité à Paris et au bon fonctionnement des pouvoirs publics, le maire de Paris exerce la police de la circulation et du stationnement dans le respect des prescriptions prises par le préfet de police pour les aménagements de voirie projetés par *(L. nº 2017-257 du 28 févr. 2017, art. 38-II et III, en vigueur le 1er janv. 2019)* « la Ville de Paris ». Ces prescriptions visent à garantir la fluidité de la circulation des véhicules de sécurité et de secours. La liste de ces axes est fixée par décret.

IV. — Sur les axes dont l'utilisation concourt à la sécurité des personnes et des biens à Paris en situation de crise ou d'urgence, le maire de Paris exerce, en tenant compte des motifs qui ont présidé à l'élaboration de la liste de ces axes, la police de la circulation et du stationnement, après avis du préfet de police. La liste de ces axes est fixée par arrêté du préfet de police, pris après avis du maire de Paris.

V. — Pour l'application du présent article, le contrôle administratif et le pouvoir de substitution conférés au représentant de l'État dans le département sont exercés, au nom de l'État, par le préfet de police.

VI. — Les pouvoirs conférés par le code de la route au préfet sont exercés, à Paris, par le préfet de police.

VII. — L'exécution du présent article est assurée par les fonctionnaires de la police nationale ou, le cas échéant, en matière de circulation ou de stationnement, par des agents de *(L. nº 2017-257 du 28 févr. 2017, art. 38-II et III, en vigueur le 1er janv. 2019)* « la Ville de Paris » placés sous l'autorité du préfet de police ou du maire de Paris selon leurs attributions respectives.

V. Décr. nº 2017-1175 du 18 juill. 2017 fixant les axes mentionnés au III de l'art. L. 2512-14 CGCT (JO 20 juill.).

Art. L. 411-3 Les règles relatives aux pouvoirs de police de la circulation routière dévolus au président du conseil général dans le département sont fixées par les articles L. 3221-4 et L. 3221-5 du code général des collectivités territoriales ci-après reproduits :

Art. L. 3221-4 Le président du conseil départemental gère le domaine du département. A ce titre, il exerce les pouvoirs de police afférents à cette gestion, notamment en ce qui concerne la circulation sur ce domaine, sous réserve des attributions dévolues aux maires par le présent code et au représentant de l'État dans le département, ainsi que du pouvoir de substitution du représentant de l'État dans le département prévu à l'article L. 3221-5.

Art. L. 3221-5 Le représentant de l'État dans le département peut, dans le cas où il n'y aurait pas été pourvu par le président du conseil départemental, et après une mise en demeure restée sans résultat, exercer les attributions dévolues au président du conseil départemental en matière de police en vertu des dispositions de l'article L. 3221-4. — *Les dispositions de la partie législative du code de la route qui citent en les reproduisant des articles d'autres codes ou de lois non codifiées sont de plein droit modifiées par l'effet des modifications ultérieures de ces articles (Ord. nº 2000-930 du 22 sept. 2000, art. 3). Sur le transfert des pouvoirs de police de la circulation routière dévolus au président du conseil départemental par l'art. L. 3221-4 CGCT pendant les jeux Olympiques et Paralympiques de 2024, V. Ord. nº 2019-207 du 20 mars 2019 (JO 21 mars).*

COMMENTAIRE

L'article L. 411-3 reproduit en dispositions suiveuses certains articles du code général des collectivités territoriales relatifs aux pouvoirs de police de la circulation routière dévolus au président du conseil départemental, appellation qui a remplacé celle de conseil général depuis 2015, mais qui est toujours présente dans la première phrase du présent article. Seuls deux articles de ce code sont par ailleurs reproduits ici, l'article L. 411-3 visant les articles L. 3221-4 et L. 3221-5 du code général des collectivités territoriales.

Articles L. 3221-4 et L. 3221-5 CGCT. Dans notre domaine, la compétence du président du conseil départemental apparaît complémentaire et subsidiaire : complémentaire, car elle s'exerce sous réserve des attributions dévolues au maire et au représentant de l'État, et subsidiaire car le préfet dispose en ce domaine d'un pouvoir de substitution. On notera cependant qu'en pratique le champ d'application des compétences du président du conseil départemental a été considérablement élargi par la loi nº 2004-809 du 13 août 2004 sur les libertés et responsabilités locales qui a transféré aux départements la gestion des routes nationales.

Art. L. 3221-4-1 CGCT. Aux deux articles reproduits ici, il faut ajouter, depuis la loi d'orientation des mobilités du 24 décembre 2019, l'article L. 3221-4-1 permettant au président du conseil départemental, dans certaines conditions, de revenir sur la règle des 80 km/h, en principe applicable sur une bonne partie du réseau routier depuis le 1er juillet 2018 (V. comm. ss. art. R. 413-2). ❑

1. Le président du conseil général n'est pas tenu, pour refuser d'aménager un accès pour les véhicules à une route départementale, au droit d'un immeuble se situant à l'intérieur d'une agglomération, de se conformer à l'avis négatif émis par le maire de la commune. • CAA Nancy, 22 janv. 2004 : *inédit.*

2. Limites des pouvoirs du président du conseil général en tant qu'autorité de police routière. Dans un avis rendu en 1996 (*EDCE 1996. 302*), la section de l'intérieur du Conseil d'État avait estimé que le président du conseil général ne pouvait, en tant qu'autorité de police routière, déclencher préventivement des avalanches pour protéger le domaine public routier dont il a la charge, une telle mesure devant se rattacher à un pouvoir de police générale. Au contentieux, le Conseil d'État a précisé que les pouvoirs de police spéciale du président du conseil général ne sauraient s'exercer hors du strict périmètre du domaine routier. Il ne peut, par exemple, faire effectuer des travaux de purge visant à éviter des éboulements dès lors que la parcelle concernée appartient à un propriétaire privé. • CE 29 nov. 2004 : *AJDA 2005. 1006, concl. Collin*.

Code général des collectivités territoriales

Art. L. 3221-4-1 *(L. nº 2019-1428 du 24 déc. 2019, art. 36)* Le président du conseil départemental ou, lorsqu'il est l'autorité détentrice du pouvoir de police de la circulation, le maire ou le président de l'établissement public de coopération intercommunale peut fixer, pour les sections de routes hors agglomération relevant de sa compétence et ne comportant pas au moins deux voies affectées à un même sens de circulation, une vitesse maximale autorisée supérieure de 10 km/h à celle prévue par le code de la route. Cette décision prend la forme d'un arrêté motivé, pris après avis de la commission départementale de la sécurité routière, sur la base d'une étude d'accidentalité portant sur chacune des sections de route concernées.

Art. L. 411-3-1 *(Ord. nº 2014-1543 du 19 déc. 2014, art. 10-1º, en vigueur le 1er janv. 2015)* **Dans la métropole de Lyon, les règles relatives aux pouvoirs de police de la circulation routière du président du conseil de la métropole et aux pouvoirs de police du stationnement des maires sont fixées au 5º du I de l'article L. 3642-2 du code général des collectivités territoriales.**

Sur le transfert des pouvoirs de police de la circulation routière dévolus au président du conseil de la métropole de Lyon par l'art. L. 3642-2 CGCT pendant les jeux Olympiques et Paralympiques de 2024, V. Ord. nº 2019-207 du 20 mars 2019 (JO 21 mars).

Art. L. 411-4 Les règles relatives aux pouvoirs de police de la circulation routière dévolus au président du conseil exécutif dans la collectivité territoriale de Corse sont fixées par les articles L. 4424-4 et L. 4424-30 du code général des collectivités territoriales *[devenus respectivement les art. L. 4422-25 et L. 4424-21 en vertu de la L. nº 2002-92 du 22 janv. 2002, art. 3]* **ci-après reproduits :**

Art. L. 4422-25 Le président du conseil exécutif prépare et exécute les délibérations de l'Assemblée.

Il est l'ordonnateur des dépenses et prescrit l'exécution des recettes de la collectivité territoriale de Corse, sous réserve des dispositions particulières du code général des impôts relatives au recouvrement des recettes fiscales des collectivités locales.

Il est le chef des services de la collectivité territoriale de Corse. Il gère les personnels de la collectivité dans les conditions prévues par l'article 16-3 de la loi nº 72-619 du 5 juillet 1972 portant création et organisation des régions et la loi nº 84-53 du 26 janvier 1984 portant dispositions statutaires relatives à la fonction publique territoriale. Il peut, sous sa surveillance et sa responsabilité, donner une délégation de signature aux responsables desdits services.

Il gère le patrimoine de la collectivité territoriale de Corse. A ce titre, il exerce les pouvoirs de police afférents à cette gestion.

Il délègue par arrêté, sous sa surveillance et sa responsabilité, l'exercice d'une partie de ses attributions aux conseillers exécutifs. Ces délégations subsistent tant qu'elles n'ont pas été rapportées.

(L. nº 2002-92 du 22 janv. 2002, art. 57) « En cas d'empêchement pour quelque cause que ce soit, le président du conseil exécutif de Corse est provisoirement remplacé par un conseiller exécutif dans l'ordre de la liste élue. »

Art. L. 4424-21 La collectivité territoriale de Corse assure la construction, l'aménagement, l'entretien et la gestion de la voirie classée en route nationale. *(Abrogé par L. nº 2015-991 du 7 août 2015, art. 30) « Par convention, la collectivité territoriale peut en déléguer la mise en œuvre aux départements. »*

La voirie classée en route nationale est transférée dans le patrimoine de la collectivité territoriale.

(L. nº 2002-92 du 22 janv. 2002, art. 14) « Sur le territoire de la Corse, par dérogation à l'article L. 110-3 du code de la route, la liste des routes à grande circulation est fixée par délibération de l'Assemblée de Corse ». — *Les dispositions de la partie législative du code de la route qui citent en les reproduisant des articles d'autres codes ou de lois non codifiées sont de plein droit modifiées par l'effet des modifications ultérieures de ces articles (Ord. nº 2000-930 du 22 sept. 2000, art. 3).*

Art. L. 411-5 Les règles relatives aux pouvoirs de police de la voie publique sur les routes à grande circulation dans les départements des Hauts-de-Seine, de la Seine-Saint-Denis et du Val-de-Marne sont fixées par l'article L. 2521-1 du code général des collectivités territoriales ci-après reproduit :

Art. L. 2521-1 Dans les départements des Hauts-de-Seine, de la Seine-Saint-Denis et du Val-de-Marne, le représentant de l'État dans le département a la charge de la police de la voie publique sur les routes à grande circulation y compris en ce qui concerne la liberté et la sûreté, en plus des attributions de police exercées dans les communes où la police est étatisée conformément aux articles L. 2214-3 et L. 2214-4. — *Les dispositions de la partie législative du code de la route qui citent en les reproduisant des articles d'autres codes ou de lois non codifiées sont de plein droit modifiées par l'effet des modifications ultérieures de ces articles (Ord. nº 2000-930 du 22 sept. 2000, art. 3).*

V. aussi CGCT, art. L. 2521-2. — **CGCT**.

Sur le transfert des pouvoirs de police de la circulation routière dévolus au président du conseil de la métropole de Lyon par l'art. L. 3642-2 CGCT pendant les jeux Olympiques et Paralympiques de 2024, V. Ord. n° 2019-207 du 20 mars 2019 (JO 21 mars).

COMMENTAIRE

La compétence des préfets est dans ces départements exclusive sur les routes à grande circulation. ❑

Art. L. 411-5-1 *(L. n° 2003-660 du 21 juill. 2003, art. 51)* **Dans les régions d'outre-mer où la voirie nationale a été transférée à la région, les règles relatives aux pouvoirs de police de la circulation routière dévolus au président du conseil régional sont fixées par les articles L. 4433-24-1-1 et L. 4433-24-1-2 du code général des collectivités territoriales ci-après reproduits :**

Art. L. 4433-24-1-1 A compter du transfert de la voirie nationale à une région d'outre-mer, le président du conseil régional gère le domaine transféré. A ce titre, il exerce les pouvoirs de police afférents à cette gestion, notamment en ce qui concerne la circulation sur ce domaine sous réserve des attributions dévolues par le présent code au maire et au préfet.

Art. L. 4433-24-1-2 Le préfet peut, dans le cas où il n'y aurait pas été pourvu par le président du conseil régional et après une mise en demeure restée sans résultat, exercer les attributions dévolues au président du conseil régional en matière de police en vertu de l'article L. 4433-24-1-1.

Art. L. 411-6 **Le droit de placer en vue du public, par tous les moyens appropriés, des indications ou signaux concernant, à un titre quelconque, la circulation n'appartient qu'aux autorités chargées des services de la voirie.**

V. C. voirie rout., art. R. 111-1 et R. 119-1 s.

COMMENTAIRE

Code dominant, code suiveur. Cet article a son histoire particulière. Il figurait tel quel dans le code de la voirie routière à l'article L. 113-1. Il aurait été concevable de l'introduire dans le code de la route en dispositions suiveuses. Mais les rédacteurs ont pensé que la compétence exclusive attribuée aux services de la voirie pour placer les indications et signaux de circulation devait se trouver à part entière dans le code de la route. Ainsi l'ordonnance n° 2000-930 du 22 septembre 2000 relative à la partie législative du code de la route, en son article 4, a modifié le code de la voirie routière en y maintenant certes le texte mais sous forme de dispositions suiveuses introduites et provenant du code de la route. Ce petit jeu conduit à conférer indirectement un caractère dominant au code de la route par rapport au code de la voirie routière..., maigre compensation peut-être par rapport au caractère dominant ou pilote du code pénal sur le code de la route. ❑

Art. L. 411-7 **Sur les voies ouvertes à la circulation publique, l'organisation de courses de véhicules à moteur est soumise à autorisation de l'autorité investie du pouvoir de police.**

(Ord. n° 2014-1543 du 19 déc. 2014, art. 10-2°, en vigueur le 1er janv. 2015) **« Pour l'application de l'alinéa précédent sur le territoire de la métropole de Lyon, l'autorité à laquelle il est fait référence est celle investie du pouvoir de police de la circulation. »**

Le fait d'organiser une course de véhicules à moteur sans avoir obtenu l'autorisation prévue par le présent article est puni de six mois d'emprisonnement et de 18 000 € d'amende. — *[Anc. art. L. 5.]*

Autorisation : R. 411-29 s. — Contravention : R. 411-30, R. 411-32. — Interdiction d'accès aux autoroutes : R. 421-8. — Véhicules de collection : R. 412-16.

V. aussi C. sport, art. R. 331-6 s. et A. 331-1 s., App., v° Courses et épreuves sportives.

BIBL. ▶ DAVERAT, *Gaz. Pal. 1989. 2. 732.*

COMMENTAIRE

Le texte précédent (art. L. 5) ne prévoyait que l'incrimination de l'organisation de courses sans autorisation de *« l'autorité administrative »*. Le texte nouveau affirme la nécessité d'une autorisation avant de prévoir le délit et cette autorisation devient celle de *« l'autorité investie du pouvoir de police »*, ce qui rattache mieux cet article au chapitre premier consacré aux pouvoirs de police de la circulation. ❑

Les dispositions de la L. du 5 juill. 1985 ne sont pas applicables entre concurrents d'une compétition sportive dans laquelle sont engagés des véhicules terrestres à moteur. • Civ. 2e, 28 févr. 1996 : *inédit.*

Art. L. 411-8 *(L. nº 2019-1428 du 24 déc. 2019, art. 35-VII)* **L'autorité investie du pouvoir de police de la circulation peut, eu égard aux nécessités de la circulation ou de la protection de l'environnement, réglementer, de façon temporaire, notamment à certaines heures, ou de façon permanente, la circulation sur la voie publique du réseau routier national ou du réseau routier départemental hors agglomération.**

Elle peut notamment réserver une partie de la voie publique pour en faire une voie de circulation destinée à faciliter la circulation des véhicules de transport en commun, des taxis, des véhicules transportant un nombre minimal d'occupants notamment dans le cadre du covoiturage au sens de l'article L. 3132-1 du code des transports ou des véhicules à très faibles émissions au sens de l'article L. 318-1 du présent code.

Pour des raisons liées aux conditions de circulation et à la sécurité routière, elle peut ne pas autoriser la circulation sur ces emplacements réservés des véhicules de transport de marchandises de plus de 3,5 tonnes même s'ils répondent aux conditions du deuxième alinéa du présent article.

CHAPITRE II CONDUITE DES VÉHICULES ET CIRCULATION DES PIÉTONS

Art. L. 412-1 Le fait, en vue d'entraver ou de gêner la circulation, de placer ou de tenter de placer, sur une voie ouverte à la circulation publique, un objet faisant obstacle au passage des véhicules ou d'employer, ou de tenter d'employer un moyen quelconque pour y mettre obstacle, est puni de deux ans d'emprisonnement et de 4 500 € d'amende.

Toute personne coupable de l'une des infractions prévues au présent article encourt également la peine complémentaire de suspension, pour une durée de trois ans au plus, du permis de conduire, cette suspension pouvant être limitée à la conduite en dehors de l'activité professionnelle.

Lorsqu'un délit prévu au présent article est commis à l'aide d'un véhicule, l'immobilisation et la mise en fourrière peuvent être prescrites dans les conditions prévues aux articles L. 325-1 à L. 325-3.

Les délits prévus au présent article donnent lieu de plein droit à la réduction de la moitié *(L. nº 2003-495 du 12 juin 2003, art. 11)* **« du nombre maximal de points » du permis de conduire.**

(L. nº 2023-22 du 24 janv. 2023, art. 25-VI) **« L'action publique peut être éteinte, y compris en cas de récidive, dans les conditions prévues aux articles 495-17 à 495-25 du code de procédure pénale, par le versement d'une amende forfaitaire d'un montant de 800 €. Le montant de l'amende forfaitaire minorée est de 640 € et le montant de l'amende forfaitaire majorée est de 1 600 €.**

« Les dispositions des articles 495-20 et 495-21 du même code relatives à l'exigence d'une consignation préalable à la contestation de l'amende forfaitaire ne sont pas applicables. » — *[Anc. art. L. 7, L. 11-1, al. 1er et 2, L. 11-2, al. 1er, L. 14, al. 1er et 2, R. 278, 8º, et R. 285-2, 3º.]*

En ce qui concerne la suspension du permis de conduire prononcée, à titre de peine principale, V. C. pén., art. 131-14 et 131-16, App., vº Infractions.

V. C. pén., art. R. 635-8 et R. 644-2, App., vº Infractions.

BIBL. ▶ PAULIAT, *JCP Adm. 2023. 2332* (manifestations, attroupements et dommages : vers la rigueur ?).

COMMENTAIRE

Entrave à la circulation routière. Cet article – qui reprend les dispositions qui figuraient à l'article L. 7 de l'ancien code de la route – est relatif au délit d'entrave à la circulation routière. Inscrit au sein d'un chapitre intitulé « Conduite des véhicules et circulation des piétons », il ne concerne, à vrai dire, ni la conduite des véhicules ni la circulation des piétons, si ce n'est que le délit qu'il prévoit y met obstacle ou la gêne.

L'article 412-1 vise à sanctionner plus précisément le fait de placer, sur une voie ouverte à la circulation publique, un objet faisant obstacle au passage des véhicules ou d'employer un moyen quelconque pour y mettre obstacle, et ce en vue d'entraver ou de gêner la circulation. En l'absence d'une telle intention, on notera que certaines entraves à la circulation publique peuvent être sanctionnées sur le fondement de l'article R. 644-2 du code pénal qui incrimine « le fait d'embarrasser la voie publique en y déposant ou y laissant sans nécessité des matériaux ou objets quelconques (il peut s'agir d'ordures ou de déchets) qui entravent ou diminuent la liberté ou la sûreté de passage ». Dans ce cas, l'intéressé s'expose à l'amende prévue pour les contraventions de quatrième classe, alors que, pour le délit prévu à l'article L. 412-1, il encourt une peine de deux ans d'emprisonnement et de 4 500 euros d'amende, mais aussi un retrait de six points sur son permis de conduire.

Tentative punissable. Le délit prévu à l'article L. 412-1 constitue par ailleurs l'un des seuls délits routiers dont la tentative soit punissable, l'article L. 412-1 incriminant « le fait de placer ou de tenter de placer » ou « d'employer ou de tenter d'employer » (pour un autre exemple, V. art. L. 413-2 et L. 413-3).

Amende forfaitaire délictuelle. On notera enfin que le présent délit fait partie des délits pour lesquels il est possible de recourir à la procédure de l'amende forfaitaire délictuelle, comme le prévoit l'alinéa 5 du présent article depuis la loi du 24 janvier 2023 d'orientation et de programmation du ministère de l'Intérieur. L'objet de cet alinéa est, outre de rendre applicable la procédure de l'amende forfaitaire au délit prévu à l'article L. 412-1, de fixer les montants de l'amende forfaitaire (800 €), de l'amende forfaitaire minorée (640 €) et de l'amende forfaitaire majorée (1 600 €) applicables dans le cadre de cette procédure.

Pour le délit d'entrave à la circulation routière, on notera par ailleurs que la procédure de l'amende forfaitaire délictuelle peut être envisagée en cas de récidive et que, en cas de contestation, l'intéressé n'est pas tenu de verser une consignation préalable. ❑

1. Constitue le délit de l'art. L. 7 [C. route, art. L. 412-1] le fait d'abandonner le véhicule au travers d'une voie ouverte à la circulation publique ou d'édifier un mur et deux piliers pour supporter un portail destiné à fermer l'entrée d'une voie. • Crim. 19 mars 1969 : *D. 1969. 384.* ♦... Le fait pour un lieutenant de louveterie agissant pour la répression du braconnage de mettre en place sans l'assistance des gendarmes un barrage routier. • Crim. 24 févr. 1976 : *Bull. crim. n° 69 ; RSC 1976. 759, obs. Vitu.* ♦ ... Le fait de poser des piquets sur un chemin ouvert à la circulation publique quelle que soit sa nature de chemin rural ou de terre. • Crim. 17 avr. 1991 : *Jurispr. auto 1991. 281.* ♦... Le fait pour un prévenu de jeter des poubelles et placer un conteneur sur la chaussée, bloquant par là même le passage de policiers devant intervenir pour une agression en cours sur un agent de la régie des transports commise par plusieurs individus dans un bus. • Aix-en-Provence, 6 juill. 2020 : *Dr. pénal 2021. Chron. 8, obs. Gauvin.*

2. Voie ouverte à la circulation publique. Il appartient aux juges du fond d'apprécier souverainement si une voie privée est ouverte ou non à la circulation publique. • Crim. 6 mars 1984 : *Bull. crim. n° 88 ; JCP 1984. IV. 155* (qui précise à propos d'un barrage par une chaîne d'un chemin ouvert à la circulation publique se trouvant à l'intérieur même d'une propriété que les juges du fait ne sont pas tenus de surseoir à statuer jusqu'à ce que la juridiction civile éventuellement saisie se soit prononcée). ♦ V. aussi : • Crim. 14 juin 1988 : *Jurispr. auto 1988. 382* (à propos de la fermeture par une chaîne d'une rue conduisant à un lotissement).

3. L'édification d'un muret qui réduit la largeur de la chaussée ne constitue pas le délit qui exige pour son application que l'acte matériel ait été volontairement accompli en vue de gêner ou d'enrayer la circulation. • Crim. 4 déc. 1969 : *Bull. crim. n° 327.*

4. L'organisateur d'une course cycliste qui met en place à chaque carrefour pendant la durée de l'épreuve des commissaires pour empêcher les éventuels automobilistes de circuler dans le sens inverse de la course ne commet pas le délit de l'art. L. 7 [C. route, art. L. 412-1] qui vise non celui qui a entravé ou gêné la circulation mais celui qui a placé un objet en vue d'entraver ou de gêner la circulation. • Grenoble, 21 oct. 1992 : *Juris-Data n° 49622 ; Jurispr. auto 1992. 493.*

5. Manifestations. Des motocyclistes membres de la fédération française des motards en colère, interpellant les automobilistes arrivant au poste de péage d'une autoroute, n'encourent pas les sanctions de l'art. L. 7 [C. route, art. L. 412-1] même s'il s'agit d'une manifestation non autorisée sur la voie publique. • Besançon, 17 avr. 1985 : *Gaz. Pal. 1986. 1. Somm. 5, note Doucet.* ♦ Mais il y a lieu de déclarer les prévenus coupables du délit d'entrave à la circulation publique dès lors que ceux-ci, avertis de l'illégalité de leur comportement par les policiers, ont délibérément fait obstacle au passage des véhicules dans le dessein d'entraver leur progression. Peu importe que ces faits aient été commis lors d'une manifestation sur la voie publique à l'appel de syndicats. • Crim. 8 mars 2005, nº 04-83.979 P : *AJ pénal 2005. 286 ; Jurispr. auto 2005. 284 ; RSC 2005. 836, note Vermelle ; RSC 2006. 72, note Delmas Saint-Hilaire.* ♦ Une telle condamnation constitue certes une ingérence dans le droit à la liberté de réunion pacifique, qui englobe la liberté de manifestation, mais cette ingérence est proportionnée au but poursuivi, à savoir la protection de l'ordre et celle des droits et libertés d'autrui, dès lors que l'opération qui a provoqué, à plusieurs reprises, un blocage complet de l'autoroute va manifestement au-delà de la simple gêne occasionnée par toute manifestation sur la voie publique ; dès lors elle ne saurait être jugée contraire à l'art. 11 Conv. EDH. • CEDH 5 mars 2009, *Barraco c/ France : JCP 2009. Actu. 241 ; Procédures avr. 2009, Comm. 115, note Fricero ; JCP S 2009. 1298, note Cavallini ; RD transp. 2010. Comm. 4, note Carré.* ♦ Une obstruction complète du trafic, à savoir l'occupation par des manifestants d'une gare de péage et des voies de circulation, va manifestement au-delà de la simple gêne occasionnée par toute manifestation sur la voie publique. • Crim. 15 juin 2010 : *Dr. pénal 2010. Chron. 9, obs. Segonds.*

6. Constitue la contravention d'embarras volontaire à la libre circulation d'autrui sur la voie publique (art. R. 236), le fait par deux chauffeurs de taxi d'empêcher un collègue de quitter la file d'attente et de persister dans cette attitude sans avoir égard à l'intervention des agents habilités à constater les infractions de cette nature. • Crim. 10 nov. 1992, nº 92-83.055 P : *D. 1994. Somm. 260, obs. Couvrat et Massé.*

7. Qualification du délit d'entrave par le juge administratif. Les déversements, à l'occasion d'une manifestation agricole, de plusieurs centaines de tonnes de pommes de terre dans les rues de l'agglomération, rendant impossible toute circulation automobile, constituent des entraves à la circulation au sens de l'art. L. 7 [C. route, art. L. 412-1]. • CE 18 nov. 1998 : *Dr. adm. 1999, nº 21.*

8. Délit d'entrave et responsabilité administrative. Aux termes de l'art. L. 2216-3, al. 1er, CGCT [CSI, art. L. 211-10], l'État est civilement responsable des dégâts et dommages résultants des crimes et délits commis, à force ouverte ou par violence, par des attroupements ou rassemblements armés ou non armés, soit contre les personnes, soit contre les biens. L'application de ces dispositions est toutefois subordonnée à la condition que les dommages dont l'indemnisation est demandée résultent de manière directe et certaine de crimes et délits commis par des rassemblements ou des attroupements précisément identifiés. Est en conséquence annulé le jugement qui avait rejeté la demande d'une société tendant à condamner l'État en réparation des préjudices subis en raison de barrages routiers alors qu'il résultait de l'instruction que le préjudice résultant pour cette société de l'impossibilité d'assurer l'approvisionnement de son circuit de magasins d'alimentation à partir de son dépôt résultait du délit d'entrave à la circulation commis par un rassemblement précisément identifié (en l'espèce, alors que se déroulait un mouvement national de grève des transports routiers, la société avait produit des constats quotidiens d'huissiers décrivant le barrage qui rendait impossible les entrées et sorties de camions de la zone où se trouvait le dépôt). • CE 25 juill. 2007 : *Rev. dr. transports 2007. Comm. 206, note Paulin.* ♦ Sont de nature à engager la responsabilité de l'État à raison des dommages directs et certains qui en ont été la conséquence, les faits d'immobilisation, pendant cinq jours, de camions d'une entreprise frigorifique par des barrages routiers en grève, ces faits ayant été commis par des attroupements et rassemblements au sens de l'art. L. 2216-3 CGCT [CSI, art. L. 211–10] et étant constitutifs du délit, commis à force ouverte, d'entrave à la circulation au sens de l'art. L. 412-1 C. route. La seule circonstance que la société de transports ait eu connaissance du conflit national des transporteurs routiers n'étant pas de nature à établir que cette dernière ait commis une faute en faisant circuler ses camions au cours des jours suivants. • CAA Douai, 30 déc. 2003, nº 02DA00334 : *inédit.* ♦ … Les faits d'immobilisation, constatés par quatre constats d'huissiers suffisamment circonstanciés, de quarante-trois véhicules appartenant à une société de transport, ainsi que de dix-huit semi-remorques appartenant à certains de ses fournisseurs et contenant des marchandises destinées à lui être livrées, aux abords et au sein de sa plate-forme logistique alors que se déroulait un mouvement national de grève des transports routiers. La circonstance que la société aurait eu connaissance dudit mouvement de grève des transporteurs routiers par les médias n'étant pas de nature à établir que cette dernière ait commis une imprudence en faisant circuler ses camions aux dates litigieuses et le fait pour certains des chauffeurs de cette société de s'être volontairement immobilisés par solidarité avec le mouvement, n'étant pas, au vu de l'ampleur dudit mouvement, de nature à exonérer même partiellement l'État de sa responsabilité. • CAA Marseille,30 juin 2008, nº 07MA00868 : *inédit.*

9. Mais un groupe, qui s'est constitué et organisé à seule fin de commettre le délit d'entrave à la circulation puni par l'art. L. 412-1 C. route, ne peut être regardé comme un attroupement ou un rassemblement au sens de l'art. L. 2216-3 CGCT, devenu l'art. L. 211-10 CSI. • CE 30 déc. 2016, nº 389835 B : *D. actu. 19 janv. 2017, obs. Pastor ; AJDA 2017. 15 ; Dr. adm. 2017. Étude 15, note Diemer.*

Art. L. 412-2 *(L. nº 2002-3 du 3 janv. 2002)* **Est puni de six mois d'emprisonnement et de 3 750 € d'amende tout conducteur d'un véhicule à moteur qui, dans un tunnel, ne respecte pas la distance de sécurité suffisante entre deux véhicules ou la distance de 50 mètres pour les véhicules de plus de 3,5 tonnes, et qui commet la même infraction dans un délai d'un an à compter de la date à laquelle cette condamnation est devenue définitive.**

Tout conducteur coupable de ce délit encourt également la peine complémentaire de suspension, pour une durée de trois ans au plus, du permis de conduire, cette suspension pouvant être limitée à la conduite en dehors de l'activité professionnelle.

L'immobilisation et la mise en fourrière peuvent être prescrites dans les conditions prévues aux articles L. 325-1 à L. 325-3.

Ce délit donne lieu de plein droit à la réduction de la moitié du nombre de points initial du permis de conduire.

COMMENTAIRE

Dans un tunnel. Plusieurs accidents graves ont conduit à la création, par la loi nº 2002-3 du 3 janvier 2002, de ce délit de récidive du non-respect de la distance de sécurité dans un tunnel (V. J.-F. Seuvic, *RSC 2002. 389*).

Cette infraction est à rapprocher de celle de l'article L. 413-1 qui concerne la récidive de grand excès de vitesse. On peut remarquer que toutes deux impliquent une première contravention analogue, puis la commission des mêmes faits dans le délai d'un an à compter de la date à laquelle la première condamnation est devenue définitive. Certaines peines sont les mêmes (amende, suspension du permis de conduire et réduction de six points du permis de conduire) ; d'autres sont différentes (six mois d'emprisonnement pour cette infraction, trois seulement pour la récidive de grand excès de vitesse, immobilisation et mise en fourrière pour la nouvelle infraction, nouvelles peines complémentaires pour la seconde).

Distance de sécurité. L'application de cet article n'est pas sans poser de difficultés en raison des mises à jour lentes des casiers judiciaires et surtout de la mesure délicate de la distance de sécurité insuffisante. Les distances à respecter sont fixées par l'article R. 412-12 (distance parcourue par le véhicule pendant un délai d'au moins deux secondes, avec un minimum d'au moins 50 mètres pour les camions hors agglomération) dont le paragraphe IV prévoit d'ailleurs que, *« pour les ouvrages routiers dont l'exploitation ou l'utilisation présente des risques particuliers »*, l'autorité investie du pouvoir de police *« peut imposer des distances de sécurité plus grandes entre les véhicules »*. L'installation d'appareils automatiques constatant le non-respect des distances de sécurité dans les tunnels peut entraîner une application plus fréquente de ce texte.

Hors d'un tunnel. Il convient de constater que, hors tunnel, la récidive du non-respect de la distance de sécurité n'est pas un délit (la loi du 12 juin 2003 a bien prévu que certaines contraventions de cinquième classe constituaient en récidive des délits, mais pas des contraventions de quatrième classe comme l'art. R. 412-12). ❑

CHAPITRE III **VITESSE**

Art. L. 413-1 *(L. nº 2011-267 du 14 mars 2011, art. 74-3º-a)* **« I. — » Est puni de trois mois d'emprisonnement et de 3 750 € d'amende tout conducteur d'un véhicule à moteur qui, déjà condamné définitivement pour un dépassement de la vitesse maximale autorisée égal ou supérieur à 50 km/h, commet la même infraction** *(L. nº 2003-495 du 12 juin 2003, art. 4)* **« en état de récidive dans les conditions prévues par le deuxième alinéa de l'article 132-11 du code pénal ».**

(L. nº 2011-267 du 14 mars 2011, art. 74-3º-a et b) **« II. — Tout conducteur coupable de ce délit encourt également les peines complémentaires suivantes :**

« 1º La confiscation obligatoire du véhicule dont il s'est servi pour commettre l'infraction, s'il en est le propriétaire. La juridiction peut toutefois ne pas prononcer cette peine, par une décision spécialement motivée ;

« 2º La suspension, pour une durée de trois ans au plus, du permis de conduire, cette suspension ne pouvant pas être limitée à la conduite en dehors de l'activité professionnelle ;

« 3° L'interdiction de conduire certains véhicules terrestres à moteur, pour une durée de cinq ans au plus ;

« 4° L'obligation d'accomplir, à ses frais, un stage de sensibilisation à la sécurité routière.

« III. — » Ce délit donne lieu de plein droit à la réduction de la moitié *(L. n° 2003-495 du 12 juin 2003, art. 11)* **« du nombre maximal de points » du permis de conduire.**

En ce qui concerne les peines complémentaires prononcées à titre de peine principale, V. C. pén., art. 131-11, App., v° Infractions.

BIBL. ▶ Belloir, *Gaz. Pal. 6 nov. 2018, p. 78* (la confiscation obligatoire du véhicule automobile). – Lafaix, *Jurispr. auto 2012, n° 837, p. 12* (la confiscation obligatoire du véhicule : la nouvelle réponse à la délinquance routière ?).

COMMENTAIRE

Incrimination. Tous les excès de vitesse sont des contraventions sanctionnées dans la partie réglementaire aux articles R. 413-14 et R. 413-14-1. Toutefois, la contravention dite de grand excès de vitesse, prévue à l'article R. 413-14-1, se transforme en délit en cas de récidive. Par conséquent, lorsqu'une personne, déjà condamnée définitivement pour la contravention de l'article R. 413-14-1, commet, dans un délai de trois ans, cette même contravention, il encourt des peines correctionnelles qui sont celles prévues par le présent article.

Peines. Aux trois mois d'emprisonnement et 3 750 € d'amende encourus à titre de peine principale, peuvent s'ajouter plusieurs peines complémentaires énumérées par le présent article. Concernant ces peines complémentaires, on notera les modifications formelles apportées par la loi du 14 mars 2011, dite LOPPSI II. Des modifications qui ont permis d'améliorer la lisibilité du présent article, mais aussi de mettre en exergue, au sein de la liste des peines complémentaires, la peine de confiscation du véhicule. Cette mise en évidence était d'autant plus importante que le présent délit fait partie de ceux pour lesquels la LOPPSI II a prévu qu'elle est obligatoire, sauf si la juridiction ne prononce pas cette peine par une décision spécialement motivée (V. comm. ss. art. L. 212-4).

Récidive. Rappelons enfin (V. comm. ss. art. L. 212-4) que, pour l'application des règles sur la récidive, le présent délit est assimilé aux délits de conduite sans permis, de conduite en état alcoolique ou en état d'ivresse, de conduite après usage de stupéfiants, ainsi que, depuis la loi du 24 janvier 2022 relative à la responsabilité pénale et à la sécurité intérieure, de refus d'obtempérer (C. pén., art. 132-16-2, al. 2) et qu'il est également assimilé aux délits d'homicide involontaire ou d'atteinte involontaire à l'intégrité de la personne commis à l'occasion de la conduite d'un véhicule terrestre à moteur lorsqu'il constitue le second terme de la récidive (C. pén., art. 132-16-2, al. 1er). Il en résulte que les peines encourues pour grand excès de vitesse seront doublées si l'intéressé a déjà été condamné définitivement pour l'un des délits précités. ❑

1. Proportionnalité de la peine. Les peines prévues par l'art. L. 4-1 [C. route, art. L. 413-1] ne sont pas entachées de disproportion manifeste, et en l'absence d'une telle disproportion, il n'appartient pas au Conseil constitutionnel de substituer sa propre appréciation à celle du législateur. En effet, les éléments constitutifs du délit institué par l'art. 4-1 nouveau sont distincts de ceux du délit de mise en danger d'autrui institué par l'art. 223-1 C. pén. Ensuite, le dépassement d'au moins 50 km/h de la vitesse maximale autorisée ne constitue qu'une contravention de la 5e classe pour laquelle la récidive n'est pas prévue, et en prévoyant la récidive de cette contravention et la réprimant par une peine délictuelle de trois mois d'emprisonnement et de 25 000 F d'amende, le législateur a fixé une peine maximale inférieure au quantum de la peine de la mise en danger délibérée d'autrui, prenant en considération le degré de gravité propre aux différents faits incriminés. • Cons. const. 16 juin 1999, n° 99-411 DC : *JO 19 juin, p. 9018 ; D. 1999. 589, note Mayaud ; ibid. 2000. Somm. 197, obs. Sciortino-Bayart ; RD publ. 1999. 1283, chron. par Luchaire ; AJDA 1999. 694, obs. Schoettl ; LPA 1999, n° 188, p. 12, obs. B. M.*

2. Nécessité d'un élément moral. Aux termes de l'art. 9 DDH, la culpabilité ne saurait résulter de la seule imputabilité matérielle d'actes pénalement sanctionnés. En conséquence, la définition d'une incrimination, en matière délictuelle, doit inclure, outre l'élément matériel de l'infraction, l'élément moral, intentionnel ou non de celle-ci. Dès lors, en l'espèce, en l'absence de précision sur l'élément moral de l'infraction prévue à l'art. L. 4-1 [C. route, art. L. 413-1], il appartiendra au juge de faire application des dispositions générales de l'art. 121-3 C. pén., aux termes desquelles « il n'y a point de crime ou de délit sans intention de le commettre », et sous cette stricte réserve, l'art. 7 de la L. du 18 juin 1999 portant diverses mesures relatives à la sécurité routière, instituant l'art.

L. 4-1, est conforme aux art. 8 et 9 de la DDH. • Cons. const. 16 juin 1999, n° 99-411 DC : *préc. note 1.* ♦ Rappelant qu'en l'absence de précision sur l'élément moral de l'infraction prévue à l'art. L. 413-1 C. route il appartient au juge de faire application des dispositions générales de l'art. 121-3 C. pén., une cour d'appel a ainsi jugé que, nul n'étant censé ignorer la loi, la deuxième violation en connaissance de cause des limitations de vitesse autorisées (dépassement égal ou supérieur à 50 km/h) caractérisait chez le prévenu l'élément intentionnel exigé par les textes. • Douai, 13 nov. 2008 : *Dr. pénal 2009. Chron. 7, obs. Gauvin.*

3. Les dispositions de l'art. 537 C. pr. pén. (sur la preuve des contraventions) trouvent à s'appliquer lorsque les faits n'acquièrent un caractère délictuel qu'en raison de l'état de récidive dans lequel ils ont été commis ; est en conséquence cassé l'arrêt relaxant un prévenu du chef d'excès de vitesse d'au moins 50 km/h en récidive au motif qu'un doute subsiste quant aux conditions de commission de l'infraction, la cour n'ayant pas constaté expressément que la preuve contraire aux énonciations du procès-verbal avait été rapportée dans les conditions prévues par la loi. • Crim. 13 juin 2007, n° 06-85.441 P : *Jurispr. auto 484.*

4. Est justifié l'arrêt qui, pour déclarer coupable un prévenu du délit d'excès de vitesse de plus de 50 km/h en récidive, relève que le casier judiciaire de l'intéressé mentionne une condamnation prononcée par un tribunal de police le 3 juin 2010 pour des faits similaires. • Crim. 1er mars 2016, n° 14-87.368 P : *Dr. pénal 2016, n° 88, note Peltier.*

Art. L. 413-2 *(L. n° 2003-495 du 12 juin 2003, art. 18)* **I. — Le fait de fabriquer, d'importer, d'exporter, d'exposer, d'offrir, de mettre en vente, de vendre, de proposer à la location ou d'inciter à acheter ou à utiliser un appareil, dispositif ou produit de nature ou présenté comme étant de nature à déceler la présence ou perturber le fonctionnement d'appareils, instruments ou systèmes servant à la constatation des infractions à la législation ou la réglementation de la circulation routière ou de permettre de se soustraire à la constatation desdites infractions est puni de deux ans d'emprisonnement et de 30 000 € d'amende.**

II. — Cet appareil, ce dispositif ou ce produit est saisi. Lorsque l'appareil, le dispositif ou le produit est placé, adapté ou appliqué sur un véhicule, ce véhicule peut également être saisi.

Contravention : R. 413-15.

COMMENTAIRE

Commercialisation de détecteurs de radars. Depuis la loi du 12 juin 2003, la commercialisation d'appareils de nature à déceler la présence ou à perturber le fonctionnement d'instruments servant à la constatation d'infractions routières constitue un délit. Ces faits étaient auparavant punissables d'une contravention de cinquième classe prévue à l'article R. 413-15, texte qui continue à sanctionner certains comportements. Il convient dès lors de bien distinguer, comme le fait le normateur, en utilisant les subtilités de la langue française : détenir, transporter et faire usage d'un appareil, dispositif ou produit de nature (ou même présenté comme de nature) à déceler la présence ou le fonctionnement de ces systèmes restent une contravention de cinquième classe (art. R. 413-15) ; mais fabriquer, importer, exporter, exposer, offrir, vendre, mettre en vente, proposer à la location et inciter à acheter ou utiliser ces mêmes appareils sont autant de façons de commettre le délit de l'article L. 413-2 du code de la route. Notons que des peines autres que l'amende peuvent ici être prononcées contre les personnes morales (art. L. 413-5).

On remarquera que le présent texte ne sanctionne pas la commercialisation des avertisseurs de radars, appareils permettant d'avertir ou d'informer le conducteur d'un véhicule de la localisation d'un radar, alors que la contravention prévue à l'article R. 413-5 permet, depuis un décret du 3 janvier 2012, de sanctionner la détention, le transport ou l'usage de tels appareils. ❑

Art. L. 413-3 *(L. n° 2003-495 du 12 juin 2003, art. 18)* **La tentative des délits prévus par l'article L. 413-2 est punie des mêmes peines.**

Art. L. 413-4 *(L. n° 2003-495 du 12 juin 2003, art. 18)* **Les personnes physiques coupables des infractions prévues par l'article L. 413-2 encourent également les peines complémentaires suivantes :**

1° La suspension, pour une durée de trois ans au plus, du permis de conduire ;

2° La confiscation du véhicule, lorsque le dispositif qui a servi ou était destiné à commettre l'infraction est placé, adapté ou appliqué sur un véhicule.

Toute condamnation pour le délit prévu à l'article L. 413-2 donne lieu de plein droit à la confiscation du dispositif qui a servi ou était destiné à commettre l'infraction.

Art. L. 413-5 *(L. n° 2009-526 du 12 mai 2009, art. 125-XIX)* **Les personnes morales déclarées responsables pénalement, dans les conditions prévues par l'article 121-2 du code pénal, des infractions définies à l'article L. 413-2 encourent, outre l'amende suivant les modalités prévues par l'article 131-38 du code pénal, les peines prévues par les 4° à 6°, 8° et 9° de l'article 131-39 du même code.**

COMMENTAIRE

Sur la responsabilité pénale des personnes morales et les modifications résultant de la loi du 12 mai 2009, voir le commentaire de l'article L. 212-4. ❑

CHAPITRE IV CROISEMENT ET DÉPASSEMENT

Le présent chapitre ne comprend pas de dispositions législatives.

CHAPITRE V INTERSECTIONS ET PRIORITÉ DE PASSAGE

Le présent chapitre ne comprend pas de dispositions législatives.

CHAPITRE VI USAGE DES DISPOSITIFS D'ÉCLAIRAGE ET DE SIGNALISATION

Le présent chapitre ne comprend pas de dispositions législatives.

CHAPITRE VII ARRÊT ET STATIONNEMENT

Art. L. 417-1 Les véhicules laissés en stationnement en un même point de la voie publique ou de ses dépendances pendant une durée excédant sept jours consécutifs peuvent être mis en fourrière. – *[Anc. art. L. 25, al. 2.]*

Mise en fourrière : R. 325-1, R. 325-12 s.

Incompétence du juge administratif. Il résulte des art. L. 325-1 et L. 417-1 C. route qu'une demande tendant à ce que des véhicules illégalement stationnés sur une dépendance du domaine public routier soient enlevés et mis en fourrière, qui vise à la mise en œuvre de pouvoirs de police judiciaire, est manifestement insusceptible de se rattacher à un litige relevant de la compétence de la juridiction administrative. Le juge des référés saisi sur le fondement de l'art. 521-3 CJA n'est, en conséquence, pas compétent pour enjoindre au préfet de faire procéder, en exerçant le pouvoir de substitution qu'il tient de l'art. L. 2215-1 CGCT en cas de carence des autorités municipales, au retrait des véhicules stationnant de manière irrégulière sur le domaine public routier. • CE 11 mai 2021, n° 447948 B : *AJDA 2021. 1064 ; JCP Adm. 2021. Actu. 328 ; ibid. 2364, note Pauliat.*

CHAPITRE VIII PUBLICITÉ ET PRÉENSEIGNES

Le présent chapitre ne comprend pas de dispositions législatives.

CHAPITRE IX PÉAGES

(L. n° 2019-1428 du 24 déc. 2019, art. 159-I)

Art. L. 419-1 I. – Le fait pour tout conducteur d'éluder de manière habituelle le paiement du péage sur une autoroute ou un ouvrage routier ouvert à la circulation publique est puni de 7 500 € d'amende.

II. – Au sens et pour l'application du I, le conducteur qui élude de manière habituelle le paiement du péage est celui qui a fait l'objet, sur une période inférieure ou égale à douze mois, de plus de cinq contraventions pour avoir circulé sur une autoroute ou un ouvrage routier sans s'acquitter de l'intégralité du montant du péage.

Pour l'application du premier alinéa du présent II, une contravention ayant donné lieu à une transaction en application de l'article 529-6 du code de procédure pénale n'est pas prise en compte dans le calcul du nombre de contraventions.

Contraventions : V. art. R. 419-1 (ouvrage routier) et R. 419-2 (autoroute).

COMMENTAIRE

Délit de non-paiement habituel de péage. Le non-paiement de péage a longtemps constitué une contravention de deuxième classe prévue aux articles R. 412-17 (péage d'ouvrage routier) et R. 421-9 (péage d'autoroute). Depuis le décret n° 2020-1494 du 30 novembre 2020, il s'agit d'une contravention de quatrième classe figurant aux articles R. 419-1 (péage d'ouvrage routier) et R. 419-2 (péage d'autoroute), ces deux textes incriminant, comme les précédents, le fait, pour tout conducteur, de refuser d'acquitter le montant d'un péage ou de se soustraire de manière quelconque à ce paiement. Ce changement de catégorie contraventionnelle est à mettre en lien avec la création, par la loi d'orientation des mobilités du 24 décembre 2019, du présent délit sanctionnant le fait pour un conducteur d'éluder de manière habituelle le paiement d'un péage sur une autoroute ou un ouvrage routier.

Le développement des péages à flux libre, c'est-à-dire des péages sans barrière physique, a fait craindre aux pouvoirs publics une augmentation des cas de non-paiement. Pour l'éviter, ils ont donc voulu inciter les conducteurs à ne pas frauder en renforçant les sanctions applicables en ce domaine. Ce qui a amené le pouvoir réglementaire a transformé la contravention de non-paiement de péage en contravention de quatrième classe et le législateur a créé les présentes dispositions qui conduisent à transformer une infraction de nature contraventionnelle en cette infraction de nature délictuelle, avec une peine d'amende pouvant alors atteindre les 7 500 euros.

Pour qu'une telle peine puisse être prononcée, encore faut-il qu'un conducteur élude de manière habituelle le paiement d'un péage. Ce qui suppose, selon les propres termes de l'article L. 419-1, la commission, au cours d'une période inférieure ou égale à douze mois, de plus de cinq contraventions de non-paiement de péage, étant précisé qu'une contravention ayant donné lieu à une transaction en application de l'article 529-6 du code de procédure pénale (V. comm. ss. art. L. 121-5) n'est pas prise en compte dans le calcul du nombre de contraventions. ❑

TITRE II DISPOSITIONS COMPLÉMENTAIRES APPLICABLES SUR CERTAINES VOIES

Le présent titre ne comprend pas de dispositions législatives.

TITRE III DISPOSITIONS COMPLÉMENTAIRES APPLICABLES À LA CIRCULATION DE CERTAINS VÉHICULES

CHAPITRE I MOTOCYCLETTES, TRICYCLES ET QUADRICYCLES À MOTEUR, CYCLOMOTEURS ET CYCLES

Art. L. 431-1 Le véhicule à deux roues à moteur dont le conducteur circule sans être coiffé d'un casque ou muni des équipements obligatoires destinés à garantir sa propre sécurité peut être immobilisé.

Lorsque le conducteur du véhicule n'a pas justifié de la cessation de l'infraction dans un délai de quarante-huit heures, l'officier de police judiciaire peut transformer l'immobilisation en une mise en fourrière.

Les dispositions du présent article sont mises en application dans les conditions prévues par les articles L. 325-2, L. 325-3, L. 325-7 à L. 325-11. — *[Anc. art. L. 8.]*

Réglementation : R. 431-1, R. 431-3. — Contravention : R. 431-1. — Immobilisation : R. 431-1. — Perte de points : R. 431-1. — Refus d'obtempérer : L. 224-5.

COMMENTAIRE

Ce texte applicable au conducteur d'un véhicule à deux-roues à moteur et exigeant le port du casque prévoit l'immobilisation possible du véhicule et la mise en fourrière selon des modalités rappelées par renvoi. L'infraction elle-même de conduite sans dispositif garantissant sa propre sécurité est une contravention de quatrième classe (art. R. 431-1), texte qui rappelle d'ailleurs lui aussi le recours possible à l'immobilisation du véhicule. ❑

CHAPITRE II VÉHICULES D'INTÉRÊT GÉNÉRAL

Le présent chapitre ne comprend pas de dispositions législatives.

CHAPITRE III TRANSPORTS EXCEPTIONNELS ET ENSEMBLES DE VÉHICULES COMPORTANT PLUS D'UNE REMORQUE

Art. L. 433-1 *(L. n° 2009-1503 du 8 déc. 2009, art. 43)* **L'accompagnement des transports exceptionnels est effectué par des conducteurs soumis à une obligation de formation professionnelle.**

Sont dispensés de cette obligation les fonctionnaires des services actifs de la police nationale et les militaires de la gendarmerie nationale, en activité ou ayant cessé leur activité.

Un décret en Conseil d'État détermine les conditions d'application du présent article et notamment les conditions dans lesquelles les agents mentionnés à l'alinéa précédent sont dispensés de cette obligation lorsqu'ils ont cessé leur activité.

CHAPITRE IV CONVOIS ET VÉHICULES À TRACTION ANIMALE

Le présent chapitre ne comprend pas de dispositions législatives.

TITRE IV DISPOSITIONS RELATIVES À L'OUTRE-MER

COMMENTAIRE

Sur les dispositions relatives à Saint-Pierre-et-Miquelon et Mayotte, voir sous le titre IV du livre I.

C'est l'ancien code des communes et non le nouveau code général des collectivités territoriales qui s'applique dans ces deux collectivités. De toute façon, pour les articles L. 411-4 et L. 411-5, leur exclusion est inutile puisque ces textes ne valent que pour la Corse et des départements de la région parisienne.

En ce qui concerne la Polynésie française, on sait à la lecture du titre IV du livre III que les textes portant sur l'immobilisation et la mise en fourrière y sont rendus applicables dans une rédaction particulière donnée à l'article L. 343-1 du code de la route. Il est donc logique que l'article L. 417-1 portant sur les mêmes mesures soit aussi applicable.

Il en est de même désormais en Nouvelle-Calédonie. On sait que l'ordonnance n° 2004-567 du 17 juin 2004 a créé un article L. 344-1 permettant d'y appliquer les textes sur l'immobilisation et la mise en fourrière et cette même ordonnance a logiquement rendu applicable en Nouvelle-Calédonie l'article L. 417-1. ❑

CHAPITRE I DISPOSITIONS PARTICULIÈRES À LA COLLECTIVITÉ TERRITORIALE DE SAINT-PIERRE-ET-MIQUELON

Art. L. 441-1 **Les articles L. 411-1 à L. 411-5 ne s'appliquent pas dans la collectivité territoriale de Saint-Pierre-et-Miquelon.**

Art. L. 441-2 **Les règles relatives aux pouvoirs de police de la circulation routière sont fixées par les articles L. 131-3, L. 131-4, à l'exclusion du 5e alinéa, L. 131-4-1, L. 131-4-2 et L. 131-5, 1er alinéa, du code des communes applicable dans la collectivité territoriale de Saint-Pierre-et-Miquelon et par les articles 25, 5e alinéa, et 34, III, 2e alinéa, de la loi n° 82-213 du 2 mars 1982 relative aux droits et libertés des communes, des départements et des régions.**

CHAPITRE II DISPOSITIONS APPLICABLES À MAYOTTE
(L. No 2010-1487 DU 7 DÉC. 2010, ART. 36).

Les dispositions de la L. no 2010-1487 du 7 déc. 2010 sont applicables depuis le 31 mars 2011.

Art. L. 442-1 Les dispositions législatives du présent livre sont applicables à Mayotte, à l'exception des articles L. 411-1 à L. 411-5. – *[Ord. no 92-256 du 4 mars 1992, art. 1er.]*

Art. L. 442-2 Les règles relatives aux pouvoirs de police de la circulation routière sont fixées par les articles L. 131-3, L. 131-4, à l'exclusion du 5e alinéa, L. 131-4-1, L. 131-4-2 et L. 131-5, 1er alinéa, du code des communes applicable à Mayotte et par l'article 5, 2e alinéa, de la loi no 76-1212 du 24 décembre 1976 relative à l'organisation de Mayotte.

CHAPITRE III DISPOSITIONS APPLICABLES À LA POLYNÉSIE FRANÇAISE

Art. L. 443-1 L'article L. 417-1 est applicable à la Polynésie française. – *[L. no 96-609 du 5 juill. 1996, art. 40.]*

CHAPITRE IV DISPOSITIONS APPLICABLES EN NOUVELLE-CALÉDONIE

(Ord. no 2004-567 du 17 juin 2004, art. 4)

Art. L. 444-1 L'article L. 417-1 est applicable en Nouvelle-Calédonie.

Rapport au Président de la République,
Relatif à l'ordonnance no 2000-930 du 22 septembre 2000 relative à la partie législative du code de la route.

Monsieur le Président,

Le Code de la route (partie Législative) qui fixe actuellement la plupart des règles de circulation routière est issu de l'ordonnance n° 58-1216 du 15 décembre 1958 relative à la police de la circulation routière.

Depuis cette date, de nombreux textes sont venus le modifier sans qu'un souci de cohérence ait toujours prévalu. Par ailleurs, certaines lois, lors de leur adoption, n'ont pas été codifiées.

Ainsi, l'accès au droit de la circulation routière est devenu malaisé. La nécessité de procéder à une réécriture de ces textes a été soulignée à maintes reprises depuis plusieurs années.

Dans un rapport du 7 janvier 1974, l'ingénieur général des ponts et chaussées Guy précisait déjà : « La succession des articles laisse beaucoup à désirer au plan de la logique et il est difficile à un non-initié de trouver facilement le ou les articles du code traitant d'un sujet déterminé. »

Dans un rapport du 24 mars 1994, le préfet Philip concluait à la nécessité de « recodifier » le Code de la route afin d'assurer une structure plus cohérente et une meilleure lisibilité des normes. Il précisait en outre que la règle doit être compréhensible par les usagers et ressentie par ces derniers comme nécessaire et juste.

Le Conseil d'État, lui-même, a critiqué à plusieurs reprises l'état actuel du Code de la route.

Enfin, la Commission supérieure de codification a indiqué dans son rapport d'activités de 1995 : « La réfection du Code de la route est impérative et urgente. Il a été tant de fois modifié depuis 1958 qu'il a perdu sa cohérence et sa lisibilité au détriment de ceux-là mêmes qui sont chargés de son application. »

Effectivement, le Code de la route actuel ne répond pas aux impératifs de lisibilité, de compréhension et de cohérence que l'on est en droit d'attendre d'un texte législatif applicable à plus de trente millions de conducteurs. Par exemple, pour connaître la législation en matière de conduite sous l'empire d'un état alcoolique et les sanctions qui s'y attachent, il est nécessaire de se reporter à plusieurs articles, inscrits dans des titres différents, l'un décrivant l'infraction et les peines principales encourues, l'autre, les possibilités d'immobilisation du véhicule, le troisième, le retrait de points, le quatrième, la procédure de suspension du permis de conduire et le cinquième, les conditions d'annulation du permis.

Lors d'une réunion interministérielle tenue le 30 mai 1994, la décision a été prise de procéder à la refonte du Code de la route conformément au programme général de codification arrêté précédemment.

La loi n° 99-1071 du 16 décembre 1999 a autorisé le Gouvernement à procéder, par ordonnances, à l'adoption de la partie Législative de certains codes, dont le Code de la route. Le projet établi en application de cette habilitation a été examiné, le 1er mars 2000, par la Commission supérieure de codification et, le 27 avril 2000, par le Conseil d'État.

*
* *

Avant de commencer tout travail de codification proprement dit, il a été décidé de garder l'appellation « Code de la route », même s'il était possible de s'interroger sur celle-ci, le mot : « route » pouvant être interprété comme faisant référence plus à la voirie routière qu'à la circulation routière. Néanmoins, aucun doute ne demeurant sur le champ d'intervention du code actuel, changer d'appellation aurait pu entraîner des confusions.

Les points communs ou les frontières avec d'autres codes ont aussi été examinés.

Le Code de la route comprend deux types de dispositions, les unes techniques concernant le véhicule ou la route et les autres pénales lorsqu'il s'agit d'incriminer le comportement des usagers.

Plusieurs infractions sont communes au Code pénal et au Code de la route et la question d'une harmonisation entre ces deux textes s'est bien évidemment posée. Les solutions qui ont été choisies sont explicitées au fur et à mesure de l'examen des textes concernés mais il convient de préciser dès à présent que, pour harmoniser l'état du droit entre ces deux codes, la prépondérance du Code pénal a été retenue. De toute évidence, le Code de la route est en grande partie un code pénal de la route. Par ailleurs, il est plus ancien que le Code pénal.

La définition du périmètre du code a également nécessité l'examen des frontières existant entre le Code de la route et le Code général des collectivités territoriales, le Code de la voirie routière et le futur Code général des transports. Les pouvoirs de police de la circulation sont définis dans le Code général des collectivités territoriales dont les principaux articles traitant de ce sujet sont rappelés dans le nouveau Code de la route. Il a par ailleurs été décidé de modifier l'articulation avec le Code de la voirie routière à propos du pouvoir de placer en vue du public la signalisation routière, ce pouvoir devant de toute évidence être inscrit dans le Code de la route et simplement rappelé dans celui de la voirie routière. Le partage avec le Code général des transports dont la réalisation a été décidée pose des difficultés, au regard notamment des transports routiers de marchandises, lesquelles ne pourront être résolues que lorsque ce nouveau texte sera réalisé. Pour l'instant, afin de maintenir ces dispositions dans un ensemble codifié, il est indispensable de les conserver dans le Code de la route dont l'articulation avec le Code général des transports devra être examinée au fur et à mesure de l'élaboration de ce dernier.

En définitive, le périmètre du code actuel a été conservé puisque la matière dont il traite est connue de tous.

Seuls quelques textes législatifs, non encore codifiés mais traitant de toute évidence de la matière concernée, ont été intégrés dans le nouveau code. Il s'agit :

— de l'article 6 de la loi n° 70-597 du 9 juillet 1970 sur la possession d'un éthylotest ;

— de l'article 3 de la loi n° 70-1301 du 31 décembre 1970 sur la mise en fourrière ;

— des articles 1er à 6 de la loi n° 72-1097 du 11 décembre 1972 et de l'article 32, IV, de la loi n° 85-695 du 11 juillet 1985 sur la qualité d'expert en automobile ;

— de l'article 23 de la loi n° 89-469 du 10 juillet 1989 sur le contrôle technique ;

— de l'article 37 de la loi n° 96-1236 du 30 décembre 1996 autorisant l'immobilisation et la mise en fourrière des véhicules en infraction avec la loi sur l'air ;

— de l'article 3 de la loi n° 99-505 du 18 juin 1999 relatif à l'enseignement de la conduite par des associations d'insertion.

Ont également été codifiés quelques articles de loi rendant certaines dispositions applicables à l'outre-mer : les articles 1er à 4 de la loi n° 95-97 du 1er février 1995 rendant applicables à la Nouvelle-Calédonie, à la Polynésie française et au territoire des îles Wallis-et-Futuna les dispositions concernant la conduite sous l'empire d'un état alcoolique, l'article 40 de la loi n° 96-609 du 5 juillet 1996 rendant applicables à la Polynésie française les dispositions concernant l'immobilisation et la mise en fourrière.

*

* *

Avant de procéder à l'examen particulier de l'ordonnance qui vous est soumise, il convient de rappeler les principes qui ont guidé la démarche de codification et de formuler quelques observations sur le contenu du code lui-même.

*

* *

La codification s'est faite à droit constant.

La loi portant habilitation du Gouvernement à procéder, par ordonnances, à l'adoption de la partie Législative de certains codes a donné une définition de cette notion en précisant que devaient être codifiées les dispositions en vigueur au moment de la publication des ordonnances, sous la seule réserve des modifications qui seraient rendues nécessaires pour assurer le respect de la hiérarchie des normes et la cohérence rédactionnelle des textes et pour harmoniser l'état du droit. Le Conseil constitutionnel, dans sa décision n° 99-421 DC du 16 décembre 1999, a précisé ce que recouvraient ces notions. Il a notamment décidé que « les modifications rendues nécessaires pour harmoniser l'état du droit doivent se borner à remédier aux incompatibilités pouvant apparaître entre des dispositions soumises à codification ». C'est notamment le cas pour les peines complémentaires encourues pour les infractions d'atteinte involontaire à la vie ou à l'intégrité d'une personne suivant que l'on applique le Code pénal ou le Code de la route. Il en est de même pour le délit de fuite. Afin de procéder à cette harmonisation, il a été décidé d'appliquer la règle résultant de la loi la plus récente sur la récidive, à savoir en l'espèce le Code pénal, mais de garder les causes d'aggravation propres à l'utilisation d'un véhicule et contenues uniquement dans le Code de la route.

Dans chaque livre du nouveau code, les dispositions propres à l'outre-mer ont été rassemblées dans un titre IV, intitulé Dispositions relatives à l'outre-mer. Ce choix permet, par le rapprochement de ces dispositions de celles applicables en métropole, de sensibiliser ceux qui seront conduits ultérieurement à modifier le code, à la nécessité de s'interroger sur les extensions à réaliser.

Par le biais de la codification et conformément à l'habilitation législative, l'application des textes publiés depuis l'ordonnance n° 92-256 du 4 mars 1992 rendant le Code de la route applicable à Mayotte a été étendue à cette collectivité.

A plusieurs reprises, la technique dite du code suiveur, c'est-à-dire la possibilité de rappeler *in extenso* un ou plusieurs articles d'un autre code, a été utilisée pour permettre de reproduire dans le Code de la route des dispositions contenues dans d'autres codes mais qui s'appliquent particulièrement au domaine de la circulation routière. Il en est ainsi des dispositions du Code général des collectivités territoriales pour les pouvoirs de police de la circulation, du Code de la voirie routière pour la définition des voiries, du Code de procédure pénale pour les amendes forfaitaires, du Code des assurances sur l'obligation d'assurance et du Code pénal sur le délit de fuite.

Parallèlement, les dispositions de la loi n° 85-677 du 5 juillet 1985 tendant à l'amélioration de la situation des victimes d'accidents de la circulation et à l'accélération des procédures d'indemnisation, qui n'ont pas encore été intégrées dans le Code civil mais ont vocation à l'être, sont rappelées en dispositions suiveuses.

Enfin, pour faciliter la lecture du code et la recherche des sanctions applicables, il a été choisi de rapprocher les incriminations des sanctions et, dans la mesure du possible, de les inscrire dans le même article, dans une rédaction conforme à celle utilisée dans le Code pénal. Ainsi, toutes les peines principales et complémentaires de même que la perte de points du permis de conduire sont rassemblées à proximité de l'incrimination. Il en est de même des règles administratives concernant l'immobilisation ou la mise en fourrière.

*

* *

La partie Législative de l'actuel Code de la route est organisée, sans logique apparente, autour de huit titres dont le premier décrit les principales infractions alors que le titre VI contient les dispositions générales et que le titre VII traite de l'enseignement de la conduite.

Celle du nouveau code qui comprend 163 articles contre 85 précédemment est découpée en quatre livres, eux-mêmes scindés chacun en quatre titres. Ce nouveau plan, après présentation des dispositions générales (livre I), met en exergue l'importance de la formation et du comportement du conducteur (livre II) avant de présenter les règles techniques et administratives applicables aux véhicules (livre III) et les règles de circulation (livre IV). L'organisation des livres et chapitres est guidée par un souci de chronologie, l'enseignement de la conduite, par exemple dans le livre II, étant abordé avant l'obtention du permis de conduire et avant le comportement sur la route.

Le premier livre est consacré aux dispositions générales : définitions, responsabilité, recherche et constatation des infractions.

Le champ d'application du Code de la route actuel n'est pas expressément défini. Seule la jurisprudence de la Cour de cassation fournit des éléments sur ce point. Il aurait été souhaitable que cette lacune soit comblée mais une telle modification ne pouvait s'inscrire dans l'application du droit constant.

Le premier titre est donc uniquement consacré aux définitions, notamment à celles des véhicules à moteur et des remorques qui jusqu'à présent n'étaient pas incluses dans le code alors que ces termes sont employés dans la partie Législative.

L'article L. 22 du Code de la route actuel qui prévoit les conditions de la récidive des contraventions en matière de police de la circulation a été abrogé puisque le nouveau Code pénal a modifié profondément les règles concernant la récidive. Il n'y a plus de récidive pour les contraventions des quatre premières classes (et il n'y a d'ailleurs plus de casier judiciaire des contraventions) et l'article 132-11 du Code pénal dispose que, dans le cas où un règlement le prévoit, l'amende encourue est portée à 20 000 F pour les contraventions de police de la 5e classe.

Des dispositions particulières pour le Code de la route ne se justifient donc plus.

Le chapitre II du titre II traite de l'indemnisation des victimes d'accident de la circulation. Il se borne à reprendre en les citant les articles 1er à 6 de la loi n° 85-677 du 5 juillet 1985 qui n'ont été inscrits ni dans le Code des assurances ni dans le Code civil mais qui ont vocation à intégrer ce texte conformément au souhait de la Commission supérieure de codification.

Comme dans chaque livre, le titre IV contient les dispositions relatives à l'outre-mer. Pour Mayotte et Saint-Pierre-et-Miquelon, il présente une grille de lecture applicable au livre concerné.

Le deuxième livre rassemble tout ce qui concerne le conducteur : enseignement de la conduite et de la sécurité routière, permis de conduire, comportement du conducteur.

Au chapitre I du titre II, il avait été envisagé de créer, à la demande de la Commission supérieure de codification, un article posant le principe de l'exigence d'un permis de conduire même en dehors des voies ouvertes à la circulation publique, cette exigence n'étant aujourd'hui inscrite que dans la partie Réglementaire. Cette proposition n'a pu être retenue compte tenu des limites de la codification à droit constant.

L'article 4 de la loi n° 70-597 du 9 juillet 1970 qui dispose que les examens du permis de conduire doivent comporter une interrogation sur les effets de l'absorption d'alcool a été abrogé, car il s'agit d'une question relevant du domaine réglementaire. Effectivement, le contenu du programme de formation et des examens du permis de conduire est défini dans la partie Réglementaire du code.

Dans ce livre apparaît pour la première fois un exemple de rédaction retenue pour les infractions et leurs sanctions. Cette rédaction s'inspire de celle utilisée par le Code pénal. Néanmoins, aucune harmonisation n'a été réalisée pour appliquer la règle non écrite mais largement appliquée dans le Code pénal visant à faire correspondre un an d'emprisonnement avec 100 000 F d'amende.

Cette nouvelle présentation des infractions et de leurs sanctions a conduit à ce que l'alinéa 1 de l'article L. 13, en ce qui concerne les peines complémentaires correctionnelles, soit abrogé puisque les peines complémentaires sont exposées sous chacun des articles les prévoyant.

Il convient de souligner que le deuxième alinéa de l'article L. 12 de l'actuel Code de la route a été lui aussi abrogé. Il permettait de ne pas retenir le cas de récidive de conduite sans permis pour les élèves en leçon de conduite. Or, de toute évidence, le premier terme de la récidive ne peut jamais être constitué puisque, par définition, l'élève en leçon de conduite ne peut être poursuivi pour défaut de permis de conduire.

Pour les cas d'immobilisation et de mise en fourrière, l'article L. 25 du code actuel en fixe le principe mais les cas sont déterminés en partie Réglementaire aussi bien pour les délits que pour les contraventions. Le nouveau code redonne au législateur le pouvoir de déterminer les délits pour lesquels ces mesures peuvent être prises et permet, par le rapprochement avec l'incrimination, de déterminer rapidement si cette possibilité est offerte.

Le chapitre I du titre III présente une utilisation du principe du code suiveur à propos de l'article 434-10 du Code pénal relatif au délit de fuite. Cette technique conduit à abroger l'article L. 2 du Code de la route actuel mais introduit une difficulté née de l'absence d'harmonisation des peines complémentaires entre le Code pénal et le Code de la route.

En effet, le Code pénal prévoit la possibilité de prononcer pour le délit de fuite la peine complémentaire de suspension du permis de conduire pour une durée de cinq ans (article 434-45). Or, l'article L. 14 du Code de la route limite cette durée à trois ans. De même, les articles L. 1er-1, L. 1er-2 et L. 15 du Code de la route prévoient, pour cette infraction, des peines complémentaires non prévues par le Code pénal. Enfin, l'article L. 17 dispose que certaines peines complémentaires sont doublées en cas de récidive. Or, le Code pénal ne fixe comme conséquence de la récidive que le doublement des peines principales.

Pour procéder à l'indispensable harmonisation de l'état du droit, il a été décidé de rappeler les peines complémentaires prévues à l'article 434-45 du Code pénal mais compte tenu de la spécificité de la conduite automobile de garder les peines complémentaires prévues aux articles L. 1er-1, L. 1er-2 et L. 15 et en revanche d'abroger la disposition de l'article L. 17 instaurant le doublement des peines complémentaires en cas de récidive, cette notion étant strictement définie par le Code pénal. Cette règle a été retenue pour l'ensemble des peines complémentaires encourues du fait soit du Code pénal, soit du Code de la route pour la même infraction. Par ailleurs, les aggravations de ces peines, à l'exception de la récidive, résultant de l'application du Code de la route ont été maintenues du fait de la spécificité de ce texte.

Le titre IV, consacré à l'outre-mer, contient notamment les dispositions relatives à la conduite sous l'empire d'un état alcoolique applicables en Nouvelle-Calédonie, en Polynésie française et dans le territoire des îles Wallis-et-Futuna.

Le troisième livre est intitulé « Le véhicule », ce qui justifie que plusieurs chapitres du titre I ne comportent pas de dispositions législatives puisque ce domaine relève du pouvoir réglementaire. Cela permet néanmoins de souligner que le plan a été établi de manière à être utilisé tant pour la partie Législative que pour la partie Réglementaire. Il faut également indiquer que le nouveau code ne traite plus ces questions par type de véhicules mais privilégie une approche par règle applicable, ce qui évite de nombreux renvois internes au code et permet une lecture plus facile.

Le chapitre V du titre II traite de l'immobilisation et de la mise en fourrière des véhicules. Dans ce cadre, l'article L. 25-6 du Code de la route, qui prévoit l'absence de responsabilité de la collectivité publique pour les véhicules placés dans une fourrière non gardée et non clôturée, a été maintenu même si la question de son abrogation a été posée puisque, depuis 1997, les fourrières doivent obligatoirement être gardées et les véhicules placés sous la garde juridique du gardien de fourrière. Néanmoins, cette obligation étant de nature réglementaire, elle ne pouvait justifier l'abrogation envisagée.

Le chapitre VI du titre II traite du retrait de la circulation des véhicules accidentés et par conséquent de la qualité d'expert en automobile. L'organisation de cette profession résulte de la loi n° 72-1097 du 11 décembre 1972. Mais, depuis cette date, ce texte a été modifié à plusieurs reprises et ses dispositions sont devenues peu lisibles voire incohérentes. Il apparaissait ainsi que pour être expert il fallait être titulaire du diplôme mais aussi avoir déjà exercé les activités liées à cette qualité. Ce texte a donc été réécrit pour inscrire clairement que pour avoir la qualité d'expert il faut être titulaire du diplôme correspondant ou avoir obtenu la reconnaissance d'une équivalence, que pour exercer cette profession il faut être inscrit sur la liste nationale, inscription de droit lorsque les conditions sont remplies, et qu'enfin cette inscription donne le droit de rédiger certains rapports et de déterminer la valeur des véhicules accidentés.

Le titre IV reprend les articles relatifs à l'immobilisation et à la mise en fourrière dans une rédaction applicable à la Polynésie française.

Le quatrième livre est consacré à l'usage des voies. Il cite en code suiveur les dispositions du Code général des collectivités territoriales qui définissent les pouvoirs de police de la circulation routière. Ce code n'étant applicable ni à Saint-Pierre-et-Miquelon ni dans la collectivité territoriale de Mayotte, une exclusion expresse est prévue dans le titre IV.

L'article L. 113-1 du Code de la voirie routière qui détermine les autorités compétentes pour placer la signalisation est transféré dans le Code de la route. Il apparaît en effet que cette disposition relève plus de la circulation routière que de la police domaniale. Cet article sera néanmoins rappelé en code suiveur dans le Code de la voirie routière.

Les autres dispositions législatives de ce livre sont peu nombreuses, car ce domaine relève en grande partie du pouvoir réglementaire.

*

* *

La présente ordonnance comprend elle-même huit articles.

L'article 1er dispose que les dispositions annexées à l'ordonnance constituent la partie Législative du Code de la route.

L'article 2 procède au remplacement, dans tous les textes législatifs, des références à l'actuel code par celles au nouveau code.

L'article 3 fixe les règles applicables pour la modification de plein droit des articles de codes ou de lois non codifiées cités dans le nouveau texte.

L'article 4 procède à la modification de l'article L. 113-1 du Code de la voirie routière, comme indiqué dans la présentation du livre IV du code.

L'article 5 a pour objet de réaliser l'abrogation des textes nouvellement codifiés dès l'entrée en vigueur de l'ordonnance. Il vise également à assurer l'abrogation, mais seulement lors de l'entrée en vigueur de la partie Réglementaire du code, des textes relevant de ce domaine. Il en est ainsi :

— de la deuxième phrase du 3° de l'article L. 2213-2 du Code général des collectivités territoriales, qui qualifie de gênant le stationnement sur les emplacements réservés aux invalides, mesure relevant de toute évidence du domaine réglementaire et qui viendra compléter la liste des cas de stationnement gênant ;

— de l'article 4 de la loi n° 70-597 du 9 juillet 1970, qui concerne le contenu de l'examen du permis de conduire ;

— des I, II et VII de l'article 63 de la loi n° 98-546 du 2 juillet 1998 définissant les conditions d'immatriculation des véhicules appartenant aux personnes morales.

L'article 6 rend l'ordonnance, à l'exception de son article 4, applicable en Nouvelle-Calédonie, en Polynésie française, dans le territoire des îles Wallis-et-Futuna et dans la collectivité territoriale de Mayotte dans les conditions prévues aux dispositions annexées.

L'article 7 prévoit que la partie Législative du nouveau Code de la route entrera en vigueur à la date d'entrée en vigueur de la partie Réglementaire et au plus tard le 1er juin 2001, le Gouvernement souhaitant que les parties Législative et Réglementaire soient applicables à la même date.

L'article 8 est l'article d'exécution.

Tel est l'objet de la présente ordonnance que nous avons l'honneur de soumettre à votre approbation.

Veuillez agréer, Monsieur le Président, l'assurance de notre profond respect.

Ordonnance n° 2000-930 du 22 septembre 2000,

Relative à la partie Législative du Code de la route.

Art. 1er Les dispositions annexées à la présente ordonnance constituent la partie Législative du code de la route.

Art. 2 Les références, contenues dans les dispositions de nature législative, à des dispositions abrogées par l'article 5 de la présente ordonnance sont remplacées par les références aux dispositions correspondantes du code de la route.

Art. 3 Les dispositions de la partie législative du code de la route qui citent en les reproduisant des articles d'autres codes ou de lois non codifiées sont de plein droit modifiées par l'effet des modifications ultérieures de ces articles.

Art. 4 L'article L. 113-1 du code de la voirie routière est remplacé par les dispositions suivantes :

Art. L. 113-1 Les règles relatives au droit de placer en vue du public des indications ou signaux concernant la circulation sont fixées par l'article L. 411-6 du code de la route, ci-après reproduit :

Art. L. 411-6 Le droit de placer en vue du public, par tous les moyens appropriés, des indications ou signaux concernant, à un titre quelconque, la circulation n'appartient qu'aux autorités chargées des services de la voirie.

Art. 5 I. — Sont abrogés :

1° L'ordonnance n° 58-1216 du 15 décembre 1958 relative à la police de la circulation routière ;

2° L'article 6 de la loi n° 70-597 du 9 juillet 1970 instituant un taux légal d'alcoolémie et généralisant le dépistage par l'air expiré ;

3° La loi n° 70-1301 du 31 décembre 1970 relative à la mise en fourrière, à l'aliénation et à la destruction des véhicules terrestres ;

4° La loi n° 72-1097 du 11 décembre 1972 modifiée relative à l'organisation de la profession d'expert en automobile ;

5° Le IV de l'article 32 de la loi n° 85-695 du 11 juillet 1985 portant diverses dispositions d'ordre économique et financier ;

6° L'article 23 de la loi n° 89-469 du 10 juillet 1989 relative à diverses dispositions en matière de sécurité routière et en matière de contraventions ;

7° L'ordonnance n° 92-256 du 4 mars 1992 portant extension et adaptation du code de la route dans la collectivité territoriale de Mayotte ;

8° Les articles 1er à 4 de la loi n° 95-97 du 1er février 1995 étendant dans les territoires d'outre-mer certaines dispositions du Code de la route et portant dispositions diverses relatives à l'outre-mer ;

9° L'article 40 de la loi n° 96-609 du 5 juillet 1996 portant dispositions diverses relatives à l'outre-mer ;

10° L'article 37 de la loi n° 96-1236 du 30 décembre 1996 sur l'air et l'utilisation rationnelle de l'énergie en ce qui concerne son application aux articles L. 311-1 et L. 318-1 à L. 318-3 du code de la route ;

11° L'article 3 de la loi n° 99-505 du 18 juin 1999 portant diverses mesures relatives à la sécurité routière et aux infractions sur les agents des exploitants de réseau de transport public de voyageurs.

II. — Sont abrogés, à compter de la date d'entrée en vigueur du décret relatif à la partie Réglementaire du code de la route :

1° La deuxième phrase du 3° de l'article L. 2213-2 du code général des collectivités territoriales ;

2° L'article 4 de la loi n° 70-597 du 9 juillet 1970 instituant un taux légal d'alcoolémie et généralisant le dépistage par l'air expiré ;

3° Les I, II et VII de l'article 63 de la loi n° 98-546 du 2 juillet 1998 portant diverses dispositions d'ordre économique et financier.

Art. 6 La présente ordonnance est applicable, à l'exception de l'article 4, dans la collectivité territoriale de Mayotte, en Nouvelle-Calédonie, en Polynésie française et dans le territoire des îles Wallis-et-Futuna.

Art. 7 Les dispositions de la présente ordonnance entreront en vigueur à la date d'entrée en vigueur de la partie Réglementaire du code de la route et, au plus tard, le 1er juin 2001.

DEUXIÈME PARTIE : RÉGLEMENTAIRE

(Décr. n°s 2001-250 et 2001-251 du 22 mars 2001)

COMMENTAIRE

La partie réglementaire, plus étoffée que la partie législative, est présentée selon le même plan. C'est bien sûr dans cette partie réglementaire que figurent toutes les contraventions au code de la route, réparties tout au long de ces articles R.

Le lecteur trouvera successivement des règles communes dans le livre I (art. R. 110-1 s.), des textes concernant le conducteur dans le livre II (art. R. 211-1 s.), ceux concernant le véhicule dans le livre III (art. R. 311-1 s.), enfin ceux concernant l'usage des voies dans le livre IV (art. R. 411-1 s.).

Les parties législative et réglementaire se complètent. Il convient donc, même en matière de contravention, de se référer parfois à la partie législative. Puisque les deux parties sont présentées selon la même structure, il peut arriver que, dans l'une ou l'autre de ces parties, certaines divisions ne contiennent aucun texte. ❑

LIVRE I DISPOSITIONS GÉNÉRALES

COMMENTAIRE

Ces dispositions générales viennent compléter celles de la partie législative (art. L. 110-1 s.). Elles contiennent selon le même plan des définitions, des textes relatifs à la responsabilité, puis à la recherche et à la constatation des infractions et, enfin, des dispositions relatives à l'outre-mer. On remarquera que l'on peut trouver dans ce livre premier quelques incriminations (V. art. R. 121-1 s.). ❑

TITRE I DÉFINITIONS

COMMENTAIRE

Les définitions données ci-dessous complètent harmonieusement celles données dans la partie législative aux articles L. 110-1 à L. 110-3. Le véhicule à moteur et les voies ouvertes à la circulation publique de toutes natures sont présentés dans la partie législative. Les articles figurant ci-dessous indiquent que certains articles du code peuvent prévoir expressément des dispositions pour l'usage des voies non ouvertes à la circulation publique (art. R. 110-1) et fournissent quinze définitions classées par ordre alphabétique, allant de l'« agglomération » à la « zone 30 » (art. R. 110-2).

Le lecteur du code a donc tout intérêt à se référer à ces définitions d'ordre général chaque fois que l'un de ces termes est utilisé (par exemple la différence entre l'arrêt et le stationnement). Il va de soi que d'autres définitions plus ponctuelles figurent dans les textes mêmes des articles concernés. ❑

Art. R. 110-1 L'usage des voies ouvertes à la circulation publique est régi par les dispositions du présent code. Il en est de même de l'usage des voies non ouvertes à la circulation publique, lorsqu'une disposition du présent code le prévoit. – *[Anc. art. R. 1er, al. 1er.]*

BIBL. Clavel, *JCP 1964. I. 1845.* – Vitu, *Droit pénal spécial n° 1630.* – Couvrat et Massé, *n°s 45 s.*

1. La notion de voie ouverte à la circulation publique est laissée à l'appréciation souveraine des juges du fait. • Crim. 6 mars 1984 : *Bull. crim. n° 88 ; JCP 1984. IV. 155* • Cass., Ass. plén. 5 févr. 1988 : *D. 1988. IR 53* • Crim. 14 juin 1988 : *Jurispr. auto 1988. 382.*

2. Les dispositions du code de la route relatives aux règles de circulation des véhicules ne s'appliquent qu'aux voies pour lesquelles ont été prises des décisions d'autorisation de circuler. A défaut d'une telle décision administrative, il n'y a pas d'infraction. • T. pol. Millau, 16 déc. 1997 : *BICC 1999, n° 1138.*

3. Exclusion des voies privées non ouvertes à la circulation publique. Sont considérés comme des voies privées non ouvertes à la circulation publique : un chemin de terre exclusivement destiné à la desserte des champs. • Crim. 19 févr. 1957 : *Bull. crim. n° 163.* ♦ ... Un chemin à sens unique, partiellement empierré, ni signalé, ni entretenu et servant à l'exploitation des terres riveraines devant être considéré comme un chemin de terre au sens de l'art. R. 7 C. route [C. route, art. R. 415-9]. • Crim. 14 janv. 1975 : *Bull. crim. n° 13.* ♦ ... Une allée qui dessert uniquement le parc de stationnement privé des occupants d'un immeuble devant être considéré comme un accès non ouvert à la circulation publique au sens de l'art. R. 7 C. route [C. route, art. R. 415-9]. • Crim. 9 janv. 1974 : *D. 1974. IR 28.* ♦ ... Une voie privée qui a pour seul objet de desservir les occupants d'un lotissement et qui, étant en impasse, ne permet pas au public de l'utiliser à quelque fin que ce soit et qui peut être fermée à l'entrée par deux piquets et une chaîne. • Crim. 14 juin 1988 : *Jurispr. auto 1988. 382.* ♦ Pour une appréciation opposée dans une affaire similaire : • Crim. 27 avr. 1981 : *Bull. crim. n° 124* (qui ajoute que l'art. R. 1 [C. route, art. R. 110-1] soumet aux dispositions du code toutes les voies ouvertes à la circulation publique sans faire aucune distinction selon qu'elles appartiennent aux collectivités publiques ou à des particuliers et que le caractère de voie privée, non apparent pour les usagers, est sans influence sur les règles de circulation applicable).

4. Sur l'interdiction de la circulation des véhicules dans les bois et forêts en dehors des routes et chemins ouverts à la circulation publique, V. C. for., art. R. 163-6 et R. 163-11, *App., v° Environnement.*

5. Application aux voies privées ouvertes à la circulation publique. Tout chemin, s'il est ouvert à la circulation publique, est soumis aux dispositions du code de la route et spécialement aux règles de priorité. • Cass., ass. plén., 5 févr. 1988 : *D. 1988. IR 53.*

6. Un chemin classé dans la voirie communale ou dans celle d'une communauté urbaine ne peut être assimilé à un chemin de terre au sens de l'art. R. 7 [C. route, art. R. 415-9], quelle que soit la nature de son revêtement. • Crim. 5 mars 1985 : *Bull. crim. n° 99.* ♦ Sur la qualification de voie ouverte à la circulation publique de la voirie d'un lotissement communal : • Bordeaux, 8 avr. 1992 : *Juris-Data n° 044512.*

7. Les motifs afférents à l'état du chemin, au défaut de signalisation et à l'inexistence d'une décision administrative de classement sont inopérants. • Crim. 8 nov. 1988 : *Jurispr. auto 1989. 52.* ♦ Pour l'indifférence du classement, notion étrangère à l'art. R. 1 [C. route, art. R. 110-1] qui ne considère que l'ouverture à la circulation publique : • Bordeaux, 25 oct. 1979 : *D. 1980. IR 143.*

8. Une voie ouverte à la circulation publique qui débouche par « un bateau » pavé sur une rue, ne perd pas du fait de cette disposition le caractère d'une voie ouverte à la circulation publique. • Civ. 2e, 22 mars 1982 : *JCP 1982. IV. 204.*

9. Il résulte des art. R. 1 et R. 37-1 [C. route, art. R. 110-1 et R. 417-10] que les règles édictées par ledit code s'appliquent aux trottoirs établis sur un terrain privé dès lors qu'ils sont ouverts à la circulation publique notamment aux piétons (en laissant leurs véhicules en stationnement sur un trottoir ouvert à la circulation publique et en gênant la progression des piétons, les prévenus peuvent êtres condamnés pour stationnement gênant). • Crim. 24 sept. 1991, n° 91-80.532 P : *D. 1991. IR 245.*

10. Les dispositions du code de la route sont applicables sur les voies des parcs de stationnement ouvertes à la circulation publique. Ainsi, la circulation dans le croisement des voies desservant les emplacements de stationnement, situées dans un centre commercial, qui ne sont pas interdites à la circulation publique, est régie par les dispositions du code de la route. • Civ. 2e, 14 déc. 2000 : *D. 2001. IR 279.* ♦ Les règles du code de la route s'appliquent à l'intersection de deux voies situées à l'intérieur d'une aire de stationnement d'un centre commercial, voies ouvertes à la circulation publique. • Crim. 5 déc. 1973 : *D. 1974. IR 58* • 9 janv. 1980 : *Bull. crim. n° 15* • 22 oct. 1980 : *D. 1981. IR 139, obs. Roujou de Boubée.*

11. Il en est de même à la sortie d'un parc de stationnement de gare, la cour de la gare étant qualifiée de parking privé à usage public. • Crim. 19 févr. 1986 : *D. 1986. IR 193.*

Art. R. 110-2 Pour l'application du présent code, les termes ci-après ont le sens qui leur est donné dans le présent article :

— "agglomération" : espace sur lequel sont groupés des immeubles bâtis rapprochés et dont l'entrée et la sortie sont signalées par des panneaux placés à cet effet le long de la route qui le traverse ou qui le borde ;

(Décr. n° 2008-754 du 30 juill. 2008) « *[—]* "aire piétonne" : section ou ensemble de sections de voies en agglomération, hors routes à grande circulation, constituant une zone affectée à la circulation des piétons de façon temporaire ou permanente. Dans cette zone, sous réserve des dispositions *(Décr. n° 2019-1082 du 23 oct. 2019, art. 2)* « des articles R. 412-43-1 et R. 431-9, » seuls les véhicules nécessaires à la desserte interne de la zone sont autorisés à circuler à l'allure du pas et les piétons sont prioritaires sur ceux-ci. Les entrées et sorties de cette zone sont annoncées par une signalisation ; »

— "arrêt" : immobilisation momentanée d'un véhicule sur une route durant le temps nécessaire pour permettre la montée ou la descente de personnes, le charge-

ment ou le déchargement du véhicule, le conducteur restant aux commandes de celui-ci ou à proximité pour pouvoir, le cas échéant, le déplacer ;

— "bande cyclable" : voie exclusivement réservée aux cycles à deux ou trois roues *(Décr. nº 2022-31 du 14 janv. 2022)* **« , aux cyclomobiles légers »** *(Décr. nº 2019-1082 du 23 oct. 2019, art. 2)* **« et aux engins de déplacement personnel motorisés » sur une chaussée à plusieurs voies ;**

— "bande d'arrêt d'urgence" : partie d'un accotement située en bordure de la chaussée et spécialement réalisée pour permettre, en cas de nécessité absolue, l'arrêt ou le stationnement des véhicules ;

— "bretelle de raccordement autoroutière" : route reliant les autoroutes au reste du réseau routier ;

— "carrefour à sens giratoire" : place ou carrefour comportant un terre-plein central matériellement infranchissable, ceinturé par une chaussée mise à sens unique par la droite sur laquelle débouchent différentes routes et annoncé par une signalisation spécifique. Toutefois, *(Abrogé par Décr. nº 2010-1390 du 12 nov. 2010, art. 2)* ***« en agglomération exclusivement »*** **les carrefours à sens giratoire peuvent comporter un terre-plein central matériellement franchissable, qui peut être chevauché par les conducteurs lorsque l'encombrement de leur véhicule rend cette manœuvre indispensable ;**

— "chaussée" : partie(s) de la route normalement utilisée(s) pour la circulation des véhicules ;

— "intersection" : lieu de jonction ou de croisement à niveau de deux ou plusieurs chaussées, quels que soient le ou les angles des axes de ces chaussées ;

— "piste cyclable" : chaussée exclusivement réservée aux cycles à deux ou trois roues *(Décr. nº 2022-31 du 14 janv. 2022)* **« , aux cyclomobiles légers »** *(Décr. nº 2019-1082 du 23 oct. 2019, art. 2)* **« et aux engins de déplacement personnel motorisés » ;**

— "stationnement" : immobilisation d'un véhicule sur la route hors les circonstances caractérisant l'arrêt ;

— "voie de circulation" : subdivision de la chaussée ayant une largeur suffisante pour permettre la circulation d'une file de véhicules ;

(Décr. nº 2004-998 du 16 sept. 2004) **« — "voie verte" : route exclusivement réservée à la circulation des véhicules non motorisés** *(Décr. nº 2019-1082 du 23 oct. 2019, art. 2)* **« à l'exception des engins de déplacement personnel motorisés »** *(Décr. nº 2022-31 du 14 janv. 2022)* **« , aux cyclomobiles légers », des piétons et des cavaliers. »** *(Décr. nº 2022-635 du 22 avr. 2022, art. 1er)* **« Par dérogation, les véhicules motorisés mentionnés à l'article R. 411-3-2 peuvent également être autorisés à y circuler dans les conditions prévues au même article ; »**

(Décr. nº 2008-754 du 30 juill. 2008) **« — "zone de rencontre" : section ou ensemble de sections de voies en agglomération constituant une zone affectée à la circulation de tous les usagers. Dans cette zone, les piétons sont autorisés à circuler sur la chaussée sans y stationner et bénéficient de la priorité sur les véhicules. La vitesse des véhicules y est limitée à 20 km/h. Toutes les chaussées sont à double sens pour les cyclistes** *(Décr. nº 2022-31 du 14 janv. 2022)* **« , les conducteurs de cyclomobiles légers »** *(Décr. nº 2019-1082 du 23 oct. 2019, art. 2)* **« et les conducteurs d'engins de déplacement personnel motorisés, » sauf dispositions différentes prises par l'autorité investie du pouvoir de police. Les entrées et sorties de cette zone sont annoncées par une signalisation et l'ensemble de la zone est aménagé de façon cohérente avec la limitation de vitesse applicable ;**

« — "zone 30" : section ou ensemble de sections de voies constituant une zone affectée à la circulation de tous les usagers. Dans cette zone, la vitesse des véhicules est limitée à 30 km/h. Toutes les chaussées sont à double sens pour les cyclistes *(Décr. nº 2022-31 du 14 janv. 2022)* **« , les conducteurs de cyclomobiles légers »** *(Décr. nº 2019-1082 du 23 oct. 2019, art. 2)* **« et les conducteurs d'engins de déplacement personnel motorisés, » sauf dispositions différentes prises par l'autorité investie du pouvoir de police. Les entrées et sorties de cette zone sont annoncées par une signalisation et l'ensemble de la zone est aménagé de façon cohérente avec la limitation de vitesse applicable. »**

Les dispositions de l'al. 16 de l'art. R. 110-2 C. route relatives à la circulation des cyclistes sur les chaussées à double sens des zones 30 sont rendues applicables, en ce qui concerne les zones 30 existantes, par arrêté de l'autorité investie du pouvoir de police de la circulation qui devra intervenir au plus tard le 1er juill. 2010 (Décr. nº 2008-754 du 30 juill. 2008, art. 13).

V. aussi les définitions données par la Conv. 8 nov. 1968 sur la circulation routière, App., vº Circulation internationale.

BIBL. ▶ CLAVEL, Voies privées et circulation publique, *JCP 1964. I. 1845.* – COLIN, Les règles de droit administratif applicables aux pistes cyclables, *JCP Adm. 2010. 2336.* – DEVES, Les itinéraires cyclables, *JT 2023, nº 260, p. 32.* – DEFRANCE, La définition des Voies ouvertes à la circulation publique, *Jurispr. auto. 1995. 492.*

COMMENTAIRE

Code de la rue. Les modifications apportées au présent article par le décret nº 2008-754 du 30 juillet 2008 s'inscrivent dans la démarche visant à instaurer en France, à l'instar de ce qui existe en Belgique, « un code de la rue ». Plus précisément, en droit français, il ne s'agit pas de créer un nouveau code à proprement parler, mais d'adapter les dispositions du code de la route afin d'améliorer les déplacements en milieu urbain, tout en assurant aux usagers les plus vulnérables (piétons et cyclistes) une plus grande sécurité. Dans cette perspective, le décret précité est venu définir à l'article R. 110-2 un nouvel espace de circulation appelé « zone de rencontre » et redéfinir deux espaces qui existaient déjà : l'« aire piétonne » et la « zone 30 ». Il est également venu ajouter, au sein de l'article R. 412-6, un principe de prudence auquel doit s'astreindre tout conducteur d'un véhicule, en particulier à l'égard des usagers les plus vulnérables.

Toujours dans cette perspective, d'autres modifications ont ensuite été apportées aux dispositions du code de la route. Le décret nº 2010-1390 du 12 novembre 2010 est ainsi venu préciser à l'article R. 415-11 que tout conducteur était tenu de céder le passage à un piéton dès lors que celui-ci manifeste clairement son intention de traverser la chaussée. Il a également modifié l'article R. 415-15 afin de faciliter la mise en place par les collectivités locales sur les feux tricolores d'une signalisation adaptée pour les cyclistes permettant ce que l'on appelle le « tourne-à-droite » cycliste ou le « tout droit cycliste ». Le décret nº 2015-808 du 2 juillet 2015 relatif au plan d'actions pour les mobilités actives et au stationnement a également apporté plusieurs modifications visant à sécuriser la pratique de la marche et du vélo, comme, par exemple, en créant un article R. 412-28-1 rendant possible la circulation à double sens pour les cyclistes sur l'ensemble des voies de circulation où la vitesse maximale autorisée est inférieure ou égale à 30 km/h.

Pour les pouvoirs publics, toutes ces modifications montrent d'ailleurs qu'il est possible d'adapter le code de la route aux nouveaux enjeux de mobilité, sans qu'il soit nécessaire de créer, en plus, un code de la rue (V., en ce sens, Rép. min. nº 2144 : *JOAN Q 12 déc. 2017, p. 6369*).

Des définitions et des règles de circulation. On sait que l'objet principal du présent article est de donner des définitions d'ordre général d'un certain nombre de termes utilisés plus loin dans le code de la route (V. comm. au-dessus de l'article R. 110-1). Mais on y trouve également, pour les espaces précités, des règles de circulation les concernant.

Ainsi, la zone de rencontre est définie ici comme une zone, composée d'une section ou d'un ensemble de sections en agglomération, affectée à la circulation de tous les usagers. De cette définition ressort déjà une règle qui veut que tous les usagers de la route puissent circuler dans une telle zone (à comparer, par exemple, avec la définition donnée, dans ce même article, de « la voie verte »). Mais d'autres règles sont ensuite posées par l'alinéa du présent article définissant la zone de rencontre et qui portent sur la vitesse maximale des véhicules et sur la circulation des piétons et des cyclistes, ainsi que, depuis le décret nº 2019-1082 du 23 octobre 2019, des conducteurs d'engins de déplacement personnel motorisés et, depuis le décret nº 2022-31 du 14 janvier 2022, des conducteurs de cyclomobiles légers. Ces règles de circulation qui donnent la priorité aux piétons sur les véhicules, qui permettent aux cyclistes et aux conducteurs d'engins de déplacement personnel motorisés ou de cyclomobiles légers de circuler à double sens, s'inscrivent d'ailleurs dans cette démarche « code de la rue » précédemment évoquée. Notons enfin que certaines de ces règles sont également formulées ailleurs dans le code, ce qui permet de les sanctionner pénalement (V. notamment les art. R. 412-35 et R. 415-11).

Lieux de circulation des engins de déplacement personnel motorisés et des cyclomobiles légers. On soulignera enfin les modifications apportées par le décret du 23 octobre 2019, aux définitions de plusieurs voies de circulation prévues par le présent article (bande cyclable, piste cyclable et voie verte) pour tenir compte des règles relatives aux lieux de circulation des engins de déplacement personnel motorisés instaurées par ce même décret à l'article R. 412-43-1. On notera également celles résultant du décret du 14 janvier 2022 qui ont conduit à ajouter, dans les définitions des voies de circulation précitées, une référence aux cyclomobiles légers, qui ont été intégrés dans le code de la route par ce décret (V. art. R. 311-1, pt 4.1.3.) et dont la circulation obéit aux mêmes règles que celles prévues par le présent code pour la circulation des engins de déplacement personnel motorisés (V. art. R. 412-43-4). ❑

1. Agglomérations. BIBL. Zarka, *Ann. Univ. de Toulouse 1992. 245.*

2. L'existence de maisons en bordure de la route où l'accident s'est produit et le fait que l'auteur de l'accident ait dépassé un panneau portant le nom de la localité constituent des éléments suffisants pour caractériser l'agglomération. • Crim. 15 févr. 1956 : *D. 1956. Somm. 126.*

3. Il n'y a pas agglomération lorsque, au lieu d'une collision située à un carrefour, n'existe aucun groupe de maisons mais seulement une habitation isolée au-delà de laquelle d'autres immeubles également isolés les uns des autres sont échelonnés sur une certaine distance. • Civ. 2e, 17 oct. 1956 : *D. 1957. 18.*

4. Il suffit que des immeubles bâtis rapprochés soient implantés d'un seul côté de la route pour que l'on se trouve en agglomération dès lors que l'entrée en a été signalée par le panneau réglementaire dont la présence n'est pas contestée. • Douai, 9 févr. 1995 : *Jurispr. auto 1995. 171.*

5. Une cour d'appel peut justement considérer que le Bois de Boulogne fait partie de l'agglomération parisienne constituée par des espaces sur lesquels s'intègrent des bois, des parcs et des jardins publics. • Crim. 15 juin 1994 : *Jurispr. auto 1994. 453.* ♦ *Contra :* pour le juge administratif, les Bois de Boulogne et de Vincennes ne peuvent être regardés comme constituant un « espace sur lequel sont groupés des immeubles bâtis rapprochés » au sens du code de la route, quel que soit l'emplacement des panneaux qui signalent l'entrée et la sortie d'agglomération. • CAA Paris, 6 mars 2001, nº 99PA03830.

6. Est déclaré illégal l'arrêté d'un maire fixant les limites de l'agglomération au-delà de l'espace groupant les immeubles bâtis rapprochés de la commune, alors même que les limites retenues seraient celles de la zone constructible. • CE 20 mai 1996 : *Lebon 1055*. ♦ De même, un maire ne peut pas légalement intégrer dans l'agglomération de la commune la portion d'une route nationale qui traverse une zone d'activité économique comportant plusieurs groupes séparés les uns des autres de bâtiments à usage commercial non rapprochés. • CAA Marseille, 22 janv. 2002, *Préfet de l'Hérault : JCP Coll. terr. 2002. nº 141, note Moreau.*

7. Intersections. Le fait que deux rues débouchant dans une autre voie ne soient pas exactement l'une en face de l'autre mais légèrement décalées n'empêche pas de considérer qu'il s'agit d'une intersection. • Grenoble, 5 mai 1959 : *D. 1959. 252.*

8. Ne forment pas une intersection au point où elles se rejoignent au-delà des piliers d'un pont, les deux parties de la chaussée d'un boulevard qui se séparent pour passer de part et d'autre des piliers d'un pont. • Civ. 2e, 12 mai 1980 : *Bull. civ. II, nº 108.*

9. Pour une extension à la notion de zone d'intersection : • Crim. 16 janv. 1958 : *D. 1959. 225.*

10. Pistes et bandes cyclables. Il résulte des prescriptions de l'art. R. 110-2 C. route que les pistes et bandes cyclables ne peuvent être réalisées que sur une chaussée, soit la partie de la route utilisée pour la circulation des véhicules ; tel n'est pas le cas de terre-pleins, qui ne font pas partie de la chaussée, mais sont surélevés par rapport à elle, ces terre-pleins constituant, non des aires piétonnes au sens de ces mêmes prescriptions, mais des emplacements réservés aux piétons au sens des dispositions de l'art. R. 412-34 C. route. Dès lors les bandes cyclables situées sur ces terre-pleins doivent être réservées, conformément à l'art. R. 412-34, aux enfants de moins de huit ans conduisant un cycle, à la condition de conserver l'allure du pas et de ne pas occasionner de gêne aux piétons et aux personnes qui conduisent à la main un cycle ou un cyclomoteur. • TA Marseille, 30 déc. 2008 : *AJDA 2009. 943, concl. Boyer*.

Art. R. 110-3 *(Décr. nº 2003-425 du 9 mai 2003, art. 68)* **« Le présent code ne s'applique pas aux véhicules de transport public assujettis à suivre, de façon permanente, une trajectoire déterminée par un ou des rails matériels et empruntant l'assiette des routes. »**

Toutefois, les conducteurs de ces véhicules sont tenus de respecter les signaux comportant des prescriptions absolues ainsi que les indications données par les agents réglant la circulation routière. — *[Anc. art. R. 228, al. 1er à 3 et 5.]*

TITRE II RESPONSABILITÉ

CHAPITRE I RESPONSABILITÉ PÉNALE

COMMENTAIRE

Des contraventions. La plupart des articles du présent chapitre prévoient des contraventions de cinquième classe permettant d'engager la responsabilité pénale d'un employeur ou d'un donneur d'ordre (un expéditeur, un commissionnaire, un affréteur, un mandataire ou encore un destinataire de marchandises) dont les instructions amènent un salarié chargé de la conduite d'un véhicule de transport routier de personnes ou de marchandises à ne pas respecter les vitesses maximales autorisées (art. R. 121-1 et R. 121-5), la réglementation sur les temps de conduite et de repos (art. R. 121-2 et R. 121-5) ou encore celle sur le poids des véhicules (art. R. 121-3, R. 121-4 et R. 121-5, qui visent l'ensemble des infractions à la réglementation sur le poids des véhicules depuis le Décr. n° 2023-563 du 5 juill. 2023, en lien avec l'automatisation du contrôle des véhicules de transport routier en surcharge autorisé par l'art. L. 130-9-2). On notera que les contraventions prévues par ces différents articles font partie des rares infractions formulées par le code de la route pour lesquelles la responsabilité pénale des personnes morale présentes un intérêt (V. comm. ss. l'art. L. 212-4).

Pas de règles spécifiques de responsabilité pénale dans le domaine réglementaire. Ce chapitre ne formule aucune règle spécifique de responsabilité pénale dans le domaine réglementaire, comme pourrait pourtant le laisser entendre son intitulé. Les règles en la matière figurent dans le code pénal, notamment en ses articles 121-1 et suivants inclus dans le titre II de ce code consacré à la responsabilité pénale et, pour ce qu'il en est des règles de responsabilité pénale spécifiquement applicables à la circulation routière, dans la partie législative du présent code aux articles L. 121-1 à L. 121-6 (V. les comm. de ces art.). Ces dispositions peuvent toutefois nécessiter certaines précisions qui, logiquement, ont été insérées dans le présent chapitre. Ainsi, depuis le décret n° 2016-1955 du 28 décembre 2016, on trouve, ici, un article qui précise les infractions pour lesquelles le titulaire du certificat d'immatriculation d'un véhicule peut être déclaré redevable pécuniairement de l'amende encourue, en application de l'article L. 121-3 (V. art. R. 121-6). ❑

Art. R. 121-1 Le fait pour tout employeur, hormis l'employeur des conducteurs de véhicules d'intérêt général dans les cas nécessités par l'urgence de leur mission, de donner, directement ou indirectement, à un de ses salariés chargé de la conduite d'un véhicule de transport routier de personnes ou de marchandises des instructions incompatibles avec le respect des vitesses maximales autorisées par le présent code est puni de l'amende prévue pour les contraventions de la cinquième classe. – *[Décr. n° 92-699 du 23 juill. 1992, art. 1er.]*

Art. R. 121-2 Le fait, pour tout employeur auquel s'applique la réglementation relative au transport routier de personnes ou de marchandises, de donner, directement ou indirectement, à un de ses salariés chargé de la conduite d'un véhicule de transport routier de personnes ou de marchandises des instructions incompatibles avec le respect des dispositions :

1° *(Décr. n° 2008-269 du 18 mars 2008)* **« De l'article 6 du règlement (CE) n° 561/2006 du Parlement européen et du Conseil du 15 mars 2006, » relatives aux durées maximales de conduite ;**

2° *(Décr. n° 2008-269 du 18 mars 2008)* **« De l'article 8 du règlement (CE) n° 561/2006 du Parlement européen et du Conseil du 15 mars 2006, » relatives à la durée minimale du repos journalier ainsi qu'à la durée minimale du repos hebdomadaire ;**

3° *(Décr. n° 2016-1550 du 17 nov. 2016, art. 3, en vigueur le 1er janv. 2017)* **« Des articles R. 3312-51 à R. 3312-64 du code des transports », relatives à la durée quotidienne du travail dans les entreprises de transport routier ;**

4° *(Décr. n° 2016-1551 du 18 nov. 2016, art. 6-VI, en vigueur le 1er janv. 2017)* **« Des articles L. 3121-20 à L. 3121-26 » du code du travail relatives à la durée hebdomadaire du travail,**

est puni de l'amende prévue pour les contraventions de la cinquième classe. — *[Décr. n° 92-699 du 23 juill. 1992, art. 2.]*

1. Le fait, pour un employeur, de faire effectuer par son salarié un transport routier assorti d'une date et d'une heure impératives de livraison incompatibles avec le respect des dispositions du règlement CEE n° 3820-85 du 20 déc. 1985, caractérise en tous ses éléments constitutifs l'infraction à l'art. 2 du Décr. du 23 juill. 1992. La responsabilité du donneur d'ordre, dès lors qu'il n'est pas démontré qu'il connaissait les conditions de travail du chauffeur, ne peut être retenue. • Crim. 26 mars 1996, n° 95-80.526 P.

2. Prime au chiffre d'affaires. Est illicite, car contraire aux prescriptions de l'art. 9 de la loi d'orientation des transports routiers du 30 déc. 1982 et de l'art. 14 de l'annexe 1 de la convention collective nationale des transports routiers, la prime qui incite les salariés, dont la rémunération est proportionnelle au chiffre d'affaires réalisé, à dépasser la durée normale du travail et les temps de conduite autorisés. • Soc. 21 mai 1997, n° 95-42.542 P. ♦ ... La prime de rendement au kilomètre, qui constitue une incitation au dépassement de la durée du travail. • Soc. 13 nov. 2003, n° 01-46.075 P. ♦ ... La prime d'efficacité, versée dans le cadre d'un système de rémunération des coursiers « aux bons », conduisant à une majoration du salaire en fonction des distances parcourues et des délais de livraison, ce qui incite les salariés à dépasser la durée normale de travail et les temps de conduite autorisés, la vitesse jouant nécessairement un rôle dans le nombre de courses. • Soc. 24 sept. 2008, n° 07-44.847 P : *JCP S. 2008. 1659, note : Péru-Pirotte.* ♦ Mais il a été jugé qu'une prime au chiffre d'affaires, conduisant le salarié à effectuer des heures supplémentaires, des déplacements de nuit et des livraisons le samedi et le dimanche, ne caractérisait pas la contravention de l'art. R. 121-2 C. route, et ceci d'autant moins qu'une prime était également prévue dans le cas où le chauffeur n'aurait pas d'accident où sa responsabilité serait engagée. • Paris, 15 janv. 2007 : *Rev. droit des transports 2007. Comm. 85.*

Art. R. 121-3 **Le fait, pour tout employeur, de donner, directement ou indirectement, à un salarié des instructions incompatibles avec le respect des dispositions des articles** *(Décr. n° 2023-563 du 5 juill. 2023, art. 2)* **« R. 312-2 à R. 312-6 » relatives aux limites de poids des véhicules de transport routier de personnes ou de marchandises, est puni de l'amende prévue pour les contraventions de la cinquième classe.** — *[Décr. n° 92-699 du 23 juill. 1992, art. 3.]*

Art. R. 121-4 **Le fait, pour tout expéditeur, commissionnaire, affréteur, mandataire, destinataire ou tout autre donneur d'ordres à un transporteur routier de marchandises, directement ou par l'intermédiaire d'un mandataire ou d'un préposé, de provoquer, par une fausse déclaration du poids d'un chargement placé à bord d'un véhicule, un dépassement des limites de poids fixées par les articles** *(Décr. n° 2023-563 du 5 juill. 2023, art. 3)* **« R. 312-2 à R. 312-6 », est puni de l'amende prévue pour les contraventions de la cinquième classe.** — *[Décr. n° 92-699 du 23 juill. 1992, art. 4.]*

Art. R. 121-5 **Le fait, pour tout expéditeur, commissionnaire, affréteur, mandataire, destinataire ou tout autre donneur d'ordres, en connaissance de cause, de donner à tout transporteur routier de marchandises, ou à tout préposé de celui-ci, des instructions incompatibles avec le respect des dispositions :**

1° *(Décr. n° 2008-269 du 18 mars 2008)* **« De l'article 6 du règlement (CE) n° 561/2006 du Parlement européen et du Conseil du 15 mars 2006, » relatives aux durées maximales de conduite journalière ;**

2° *(Décr. n° 2016-1550 du 17 nov. 2016, art. 3, en vigueur le 1er janv. 2017)* **« De l'article R. 3312-51 du code des transports » ;**

3° Relatives aux vitesses maximales autorisées par le présent code ;

4° Des articles *(Décr. n° 2023-563 du 5 juill. 2023, art. 4)* **« R. 312-2 à R. 312-6 », relatives aux limites de poids des véhicules ;**

5° Des articles R. 433-1 à R. 433-3 relatives aux transports exceptionnels de marchandises, d'engins ou de véhicules concernant le poids du véhicule et les dimensions du chargement, est puni de l'amende prévue pour les contraventions de la cinquième classe. — *[Décr. n° 92-699 du 23 juill. 1992, art. 5.]*

Art. R. 121-6 *(Décr. n° 2016-1955 du 28 déc. 2016, art. 1er)* **Le titulaire du certificat d'immatriculation du véhicule est, en application de l'article L. 121-3, redevable pécuniairement de l'amende encourue pour des infractions aux règles sur :**

1° Le port d'une ceinture de sécurité homologuée dès lors que le siège qu'il occupe en est équipé prévu à l'article R. 412-1 ;

2° L'usage du téléphone tenu en main *(Décr. n° 2018-795 du 17 sept. 2018, art. 2)* **« ou le port à l'oreille de tout dispositif susceptible d'émettre du son prévus à » l'article R. 412-6-1 ;**

3° L'usage de voies et chaussées réservées à certaines catégories de véhicules *(Décr. n° 2018-795 du 17 sept. 2018, art. 2)* **« , de voies vertes et d'aires piétonnes prévu au II » de l'article R. 412-7 ;**

4° L'arrêt, le stationnement ou la circulation sur les bandes d'arrêt d'urgence prévus à l'article R. 412-8, au 9° du II de l'article R. 417-10 et à l'article R. 421-7 ;

5° Le respect des distances de sécurité entre les véhicules prévu à l'article R. 412-12 ;

6° Le franchissement et le chevauchement des lignes continues prévus aux articles R. 412-19 et R. 412-22 ;

(Décr. n° 2018-795 du 17 sept. 2018, art. 2) **« 6° *bis* Le sens de la circulation ou les manœuvres interdites prévus aux articles R. 412-28 et R. 421-6 » ;**

7° Les signalisations imposant l'arrêt des véhicules prévues aux articles R. 412-30, R. 412-31 et R. 415-6 ;

8° Les vitesses maximales autorisées prévues aux articles R. 413-14, R. 413-14-1 et R. 413-17 ;

9° Le dépassement prévu aux articles R. 414-4, R. 414-6 *(Décr. n° 2023-563 du 5 juill. 2023, art. 5)* **«** *[,]* **R. 414-7 » et R. 414-16 ;**

10° L'engagement *(Décr. n° 2018-795 du 17 sept. 2018, art. 2)* **« dans une intersection ou » dans l'espace compris entre les deux lignes d'arrêt prévu** *(Décr. n° 2018-795 du 17 sept. 2018, art. 2)* **« à » l'article R. 415-2 ;**

(Décr. n° 2018-795 du 17 sept. 2018, art. 2) **« 10° *bis* La priorité de passage à l'égard du piéton prévue à l'article R. 415-11 » ;**

11° L'obligation du port d'un casque homologué d'une motocyclette, d'un tricycle à moteur, d'un quadricycle à moteur ou d'un cyclomoteur prévue à l'article R. 431-1 ;

12° L'obligation, pour faire circuler un véhicule terrestre à moteur, d'être couvert par une assurance garantissant la responsabilité civile, prévue aux articles L. 211-1 et L. 211-2 du code des assurances et à l'article L. 324-2 ; *— Les dispositions du 12° de l'art. R. 121-6 entrent en vigueur par un Décr. pris en Conseil d'État ou au plus tard le 31 déc. 2018 comme mentionné à l'art. 35-V de la L. n° 2016-1547 du 18 nov. 2016 (Décr. n° 2016-1955 du 28 déc. 2016, art. 2-2°).*

(Décr. n° 2018-795 du 17 sept. 2018, art. 2) **« 13° Le port de plaques d'immatriculation dans les conditions prévues à l'article R. 317-8 » ;**

(Décr. n° 2022-1 du 3 janv. 2022, art. 9) **« 14° Le niveau d'émissions sonores prévue** *[prévu]* **au deuxième alinéa de l'article R. 318-3 ; »**

(Décr. n° 2023-563 du 5 juill. 2023, art. 5) **« 15° Les limites de poids des véhicules ou ensembles de véhicules prévues aux articles R. 312-2 et R. 312-3, au VII de l'article R. 312-4 et aux articles R. 312-5 et R. 312-6 ;**

« 16° La circulation d'un véhicule en marche normale sur la partie gauche d'une chaussée à double sens de circulation prévue au septième alinéa de l'article R. 412-9. »

COMMENTAIRE

Infractions pour lesquelles le titulaire du certificat d'immatriculation du véhicule peut être déclaré redevable pécuniairement de l'amende encourue. Le présent article, créé par le décret n° 2016-1955 du 28 décembre 2016, énumère la liste des infractions qui peuvent conduire à déclarer le titulaire du certificat d'immatriculation d'un véhicule redevable pécuniairement de l'amende encourue, en application des règles prévues à l'article L. 121-3. Cette liste d'infractions, beaucoup plus longue que celle qui figurait, auparavant, à l'article L. 121-3 (V. comm. de cet art.), a été modifiée à trois reprises depuis sa création par le décret du 28 décembre 2016.

Le décret n° 2018-795 du 17 septembre 2018 a ainsi ajouté plusieurs infractions à cette liste, comme la contravention de port à l'oreille d'un dispositif susceptible d'émettre du son prévue à l'article R. 412-6-1 (dans sa version d'origine, l'art. R. 121-6 ne visait que l'usage d'un téléphone tenu en main prévu par ce même art.), la contravention de l'article R. 415-11 qui sanctionne le non-respect de la priorité de passage que tout conducteur doit accorder au piéton, ou encore la circulation en sens interdit sanctionnée par l'article R. 412-28. Le décret n° 2022-1 du 3 janvier 2022, quant à lui, y a ajouté une contravention, celle de l'article R. 318-3, alinéa 2, qui permet de sanctionner le fait de circuler en agglomération avec un véhicule à moteur excédant le niveau d'émissions sonores fixé par arrêté ministériel, infraction dont la constatation par ces appareils de contrôle automatique est expérimentée depuis ce même décret (V. art. L. 130-9 et son comm.). Enfin, le décret n° 2023-563 du 5 juillet 2023 a encore étendu cette liste en y ajoutant des contraventions sanctionnant certaines règles générales de circulation (contravention de l'art. R. 412-9, al. 7) et de dépassement (contravention de l'art. R. 414-7), ainsi que plusieurs contraventions à la réglementation sur le poids des véhicules ou ensemble des véhicules (contraventions visées au 15° du présent article).

Cette liste d'infractions doit par ailleurs être mise en lien avec celle figurant à l'article R. 130-11 énumérant les infractions susceptibles d'être constatées automatiquement. C'est notamment lorsqu'une infraction est constatée automatiquement que peut en effet se poser la question de la redevabilité pécuniaire du titulaire du certificat d'immatriculation. Les listes d'infractions figurant dans ces deux articles sont dès lors très proches, sans être pour autant identiques. Par exemple, la circulation sur une bande d'arrêt d'urgence fait partie des infractions inscrites dans les deux listes, alors que l'arrêt et le stationnement sur une bande d'urgence sont des infractions figurant uniquement au sein de l'article R. 121-6. Autres exemples, depuis le décret du 17 septembre 2018, le port à l'oreille d'un dispositif susceptible d'émettre du son et le non-respect de la priorité de passage que tout conducteur doit accorder au piéton sont des contraventions prévues à l'article R. 121-6, alors qu'elles n'ont pas été ajoutées par ce décret à liste des infractions de l'article R. 130-11. Toutes ces différences s'expliquent par le fait que l'article R. 130-11 énumère uniquement les infractions pouvant être constatées par ou à partir d'appareils de contrôles automatiques, alors que l'article R. 121-6 énumère toutes les infractions pour lesquelles la question de la redevabilité pécuniaire peut se poser, car constatées sans interception du véhicule. Il en est ainsi des infractions constatées automatiquement, mais aussi de celles constatées par vidéo-verbalisation, en application de l'article L. 251-2 du code de la sécurité intérieure.

On rappellera enfin que la plupart des infractions énumérées ici sont des contraventions et donc des infractions pour lesquelles la procédure d'amende forfaitaire est applicable (V. comm. ss. art. L. 121-5), la conduite sans assurance mise à part qui constitue un délit, mais un délit pour lequel la procédure de l'amende forfaitaire est également applicable depuis la loi du 18 novembre 2016 de modernisation de la justice du XXIe siècle (V. comm. ss. art. L. 324-2). ❑

CHAPITRE II INDEMNISATION DES VICTIMES D'ACCIDENTS DE LA CIRCULATION

Le présent chapitre ne comprend pas de dispositions réglementaires codifiées.

TITRE III RECHERCHE ET CONSTATATION DES INFRACTIONS

V. art. L. 130-1 s. et C. pr. pén., art. 16 s.

RÉP. PÉN. v° *Garde champêtre,* par DREUILLE.

BIBL. ▸ VASSA, *Gaz. Pal. 1967. 2. Doctr. 150* (problème des contraventions connexes).

COMMENTAIRE

Personnels ou agents habilités à constater des contraventions en matière de circulation routière. Les articles suivants concernent certains personnels ou agents habilités à constater des contraventions en matière de circulation routière. Cela correspond à un troisième étage d'habilitation. Le premier est celui du code de procédure pénale qui, en ses articles 16 et 20, confère une compétence générale aux officiers et agents de police judiciaire. Il va de soi qu'ils sont nécessairement compétents en matière de circulation routière. Le deuxième est celui de la partie législative du code de la route qui, en ses articles L. 130-1 à L. 130-3, concerne certains fonctionnaires de police spécialement habilités à constater, dans leur circonscription territoriale, des délits et contraventions commis dans le domaine de la circulation routière et des infractions réalisées à l'occasion d'accidents de la circulation. Le troisième étage est à cheval entre la partie législative et la partie réglementaire du code de la route. Il ne concerne que les contraventions : l'article L. 130-4 énumère certains agents aptes à constater par procès-verbal des contraventions se rattachant à la sécurité et à la circulation routières, et ce sont les articles R. 130-1 et suivants qui indiquent de façon limitative les contraventions que chaque catégorie d'agents peut constater.

Des listes de contraventions. Plus précisément, parmi les articles suivants, certains énumèrent effectivement les différentes contraventions que peuvent constater les catégories d'agents visées : articles R. 130-1 et R. 130-4 à R. 130-8. D'autres, au contraire, dressent la liste des contraventions qui ne peuvent pas être constatées par les agents concernés : articles R. 130-1-1 à R. 130-3. Dans les deux cas, il convient d'interpréter strictement ces textes de la partie réglementaire.

Infractions constatées automatiquement. Certaines infractions peuvent également être constatées par des appareils de contrôle automatique ou à partir de tels appareils, comme le prévoit l'article L. 130-9. Des infractions dont la liste figure, depuis le décret n° 2016-1955 du 28 décembre 2016, dans le présent titre, à l'article R. 130-11. ❑

Art. R. 130-1 Les personnels assermentés de l'office national des forêts peuvent constater, lorsqu'elles sont commises sur les chemins forestiers ouverts à la circulation publique, les contraventions prévues par :

1° Le présent code ;

2° Les articles R. 644-2 et R. 653-1 du code pénal, lorsqu'il s'agit de contraventions se rapportant à la circulation routière ;

3° *(Décr. n° 2005-320 du 30 mars 2005, art. 1er)* **« L'article R. 625-3 du code pénal, lorsqu'il s'agit de contraventions commises à l'occasion de la conduite d'un véhicule ; »**

4° L'article R. 211-21-5 du code des assurances relatif à l'affichage sur les véhicules d'un certificat d'assurance.

V. C. assur., art. R. 211-21-5 reproduit à l'art. R. 233-3 et App., v° Infractions, C. pén., art. R. 625-2 (atteintes involontaires à l'intégrité de la personne), R. 644-2 (entraves à la libre circulation sur la voie publique) et R. 653-1 (atteintes involontaires à la vie ou à l'intégrité d'un animal).

COMMENTAIRE

Compétence des personnels assermentés de l'office national des forêts. L'article R. 130-1 fixe la liste des contraventions pouvant être constatées par les personnels de l'office national des forêts, conformément aux dispositions de l'article L. 130-4, 1°, du présent code. La compétence de ces personnels apparaît large puisqu'ils peuvent constater toutes les contraventions prévues par le code de la route à partir du moment où elles sont commises sur les chemins forestiers ouverts à la circulation publique. Ils peuvent également constater les contraventions prévues par le code pénal sanctionnant les atteintes involontaires à l'intégrité d'une personne commises à l'occasion de la conduite d'un véhicule n'ayant pas entraîné d'incapacité de travail (art. R. 625-3) les entraves à la libre circulation sur la voie publique (art. R. 644-2) et les atteintes involontaires à la vie ou à l'intégrité d'un animal (art. R. 653-1) lorsque ces entraves et atteintes se rapportent à la circulation routière, ainsi que les contraventions prévues par le code des assurances sanctionnant le fait de ne pas apposer sur son véhicule de certificat d'assurance ou d'apposer un certificat non valide (C. assur., R. 211-21-5).

On notera que le décret n° 2005-320 du 30 mars 2005 a supprimé au 3° du présent article le renvoi qu'il faisait à l'article R. 625-2 du code pénal. Cette suppression est une des conséquences de la correctionnalisation, opérée par la loi du 12 juin 2003, des blessures involontaires commises par le conducteur d'un véhicule terrestre à moteur ayant entraîné une incapacité de travail inférieure ou égale à trois mois (V. comm. introductif aux art. L. 232-1 s.). Prenant acte de cette correctionnalisation, le décret n° 2003-642 du 11 juillet 2003 a en effet exclu du domaine d'application de l'article R. 625-2 du code pénal les blessures involontaires commises à l'occasion de la conduite d'un véhicule à moteur qui sont, depuis lors, réprimées par l'article 222-20-1 de ce code. Il était donc logique qu'à la suite de ces modifications la contravention prévue par l'article R. 625-2 du code pénal soit retirée de la liste des contraventions pouvant être constatées par les personnels assermentés de l'office national des forêts. ❑

Aucune disposition n'impose aux rédacteurs des procès-verbaux visés à l'art. R. 248 [C. route, art. R. 130-1] des énonciations démonstratives de leur qualité d'agent spécialement habilité au sens de ce texte, le numéro de matricule de l'agent étant suffisant. • Crim. 9 juill. 1987 : *Jurispr. auto 1988. 102* • 2 févr. 1994 : *Jurispr. auto 1994. 221.*

Art. R. 130-1-1 *(Décr. nº 2002-1256 du 15 oct. 2002)* **Les agents de police judiciaire adjoints mentionnés aux 1°, 1 *bis* et 1 *ter* de l'article 21 du code de procédure pénale peuvent constater par procès-verbal les contraventions aux dispositions du présent code, à l'exception de celles prévues aux articles R. 121-1 à R. 121-5, R. 221-18, R. 234-1, R. 314-2,** *(Abrogé par Décr. nº 2005-320 du 30 mars 2005, art. 1er)* **«*R. 317-29,*» R. 321-4 (alinéas 1 à 4) et R. 413-15** *(Abrogé par Décr. nº 2005-320 du 30 mars 2005, art. 1er)* **«*pour ce qui concerne la mise en vente ou la vente*».**

Art. R. 130-1-2 *(Décr. nº 2002-1256 du 15 oct. 2002)* **Les agents de police judiciaire adjoints mentionnés au 1° *quater* de l'article 21 du code de procédure pénale peuvent constater par procès-verbal, lorsqu'elles sont commises à l'intérieur du territoire de la ville de Paris, les contraventions aux dispositions du présent code, à l'exception de celles prévues aux articles R. 121-1 à R. 121-5, R. 221-18, R. 222-2,** *(Abrogé par Décr. nº 2017-1523 du 3 nov. 2017, art. 2-I)* **«*R. 222-3*», R. 234-1, R. 314-2,** *(Abrogé par Décr. nº 2005-320 du 30 mars 2005, art. 1er)* **«*R. 317-29,*» R. 321-4 (alinéas 1 à 4), R. 411-32,** *(Décr. nº 2020-1494 du 30 nov. 2020, art. 1er)* **«R. 419-1», R. 412-51, R. 412-52 et R. 413-15.**

La notice du Décr. nº 2020-1494 du 30 nov. 2020 prévoit que ce texte entre en vigueur six mois après sa publication (JO 2 déc.). Cependant, cette indication n'est pas reprise dans les dispositions réglementaires.

Sur la compétence des agents de surveillance de Paris, V. CSI, art. R. 532-1, App., vº Infractions.

COMMENTAIRE

Compétence des agents de police judiciaire adjoints. Depuis la loi nº 2001-1062 du 15 novembre 2001, tous les agents de police judiciaire adjoints, mentionnés à l'article 21 du code de procédure pénale, peuvent constater par procès-verbal les contraventions au code de la route dont la liste est fixée par décret en Conseil d'État. C'est en application de ces dispositions que les deux articles précédents ont été créés par le décret nº 2002-1256 du 15 octobre 2002. Rappelons cependant que, depuis la loi nº 2003-495 du 12 juin 2003, cette compétence des agents de police judiciaire adjoints résulte également de l'article L. 130-4, 11° du présent code…

Des contraventions qui ne peuvent pas être constatées. Plus précisément, l'article R. 130-1-1 énumère les contraventions au code de la route que ne peuvent pas constater les fonctionnaires des services actifs de police nationale ne remplissant pas les conditions pour être agents de police judiciaire, les volontaires servant en qualité de militaire dans la gendarmerie, les militaires servant au titre de la réserve opérationnelle de la gendarmerie nationale qui ne remplissent pas les conditions pour être agents de police judiciaire et les adjoints de sécurité. L'article R. 130-1-2 fixe, quant à lui, les contraventions que ne peuvent pas constater les agents de surveillance de Paris (pour les agents de police municipale, également agents de police judiciaire adjoints, V. art. R. 130-2).

On notera que les deux listes de contraventions figurant aux articles R. 130-1-1 et R. 130-1-2 ont été retouchées, à l'identique, par le décret nº 2005-320 du 30 mars 2005. Dans ces deux articles, il a supprimé la référence à l'article R. 317-29 et la précision «pour ce qui concerne la mise en vente ou la vente» accolée à l'article R. 413-15. Ces modifications sont liées à la correctionnalisation de certains comportements opérée par la loi du 12 juin 2003. L'article R. 317-29 a en effet été abrogé à la suite de la transformation en délits des infractions concernant les «kits de débridage» des cyclomoteurs qui y figuraient. De même, la mise en vente et la vente d'appareils, de dispositifs ou de produits «anti-radars», sanctionnées auparavant par l'article R. 413-15, sont devenues des délits prévus à l'article L. 413-2. Au fond, ces modifications n'ont cependant rien changé au pouvoir de constatation des contraventions au code de la route par les agents de police judiciaire adjoints, car il s'agissait ici de contraventions qu'ils ne pouvaient pas constater…

Néanmoins la seconde correction apportée à ces deux articles par le décret du 30 mars 2005 a conduit incidemment – involontairement ? – à réduire quelque peu ce pouvoir de constatation. Avant le décret de 2005, les articles R. 130-1-1 et R. 130-1-2 ne permettaient pas en effet à ces agents de constater les contraventions prévues par l'article R. 413-15 pour ce qui concerne la mise en vente ou la vente. *A contrario*, ces agents pouvaient donc constater les autres contraventions prévues par cet article et relatives à la détention, l'usage ou le transport de matériels « anti-radars ». En supprimant uniquement la formule « pour ce qui concerne la mise en vente ou la vente » accolée à l'article R. 413-15, le décret du 30 mars 2005 a abouti, ce faisant, à exclure de la liste des contraventions pouvant être constatées par les agents de police judiciaire adjoints celles de détention, d'usage et de transport toujours prévues par l'article R. 413-15 (et il en est de même pour les agents de police municipale, V. art. R. 130-2). Il peut pourtant paraître étonnant que ces agents ne puissent plus constater ces contraventions, alors que les gardes champêtres peuvent le faire (V. art. R. 130-3).

Sur l'immobilisation des véhicules par ces agents. Il faut par ailleurs remarquer que le décret du 15 octobre 2002 précité a également modifié l'article R. 325-3 du code de la route concernant l'immobilisation des véhicules. Longtemps, parmi les agents de police judiciaire adjoints mentionnés à l'article 21 du code de procédure pénale, seuls les agents de police municipale pouvaient prescrire une telle mesure. Aujourd'hui, tous les agents de police judiciaire adjoints, ainsi que les gardes champêtres, peuvent procéder à l'immobilisation d'un véhicule.

Art. R. 130-2 *(Décr. nº 2023-563 du 5 juill. 2023, art. 6)* **Les agents de police judiciaire adjoints mentionnés au 2° de l'article 21 du code de procédure pénale peuvent constater par procès-verbal, lorsqu'elles sont commises à l'intérieur du territoire communal :**

1° Sur les voies autres que les autoroutes, les contraventions aux articles R. 644-2 et R. 653-1 du code pénal commises à l'occasion de la conduite d'un véhicule ainsi que les contraventions aux dispositions du présent code à l'exception de celles prévues aux articles R. 1211 à R. 121-5, R. 221-18, R. 222-2, R. 234-1, R. 314-2, R. 411-32, R. 419-1, R. 412-51, R. 412-52 et R. 413-15 ;

2° Sur les autoroutes, les contraventions au II de l'article R. 412-7, selon les modalités prévues à l'article L. 130-9-1.

COMMENTAIRE

Compétence des agents de police municipale. Pour l'essentiel, le pouvoir des agents de police municipale – agents de police judiciaire adjoints mentionnés au 2° de l'article 21 du code de procédure pénale – a longtemps été limité à la police du stationnement. La loi nº 99-291 du 15 avril 1999 a permis d'étendre leur compétence : les dispositions de l'article L. 2212-5 du code général des collectivités territoriales, issues de cette loi, leur permettent de constater par procès-verbal les contraventions aux dispositions du code de la route dont la liste est fixée par décret en Conseil d'État. Cette compétence est aujourd'hui formulée à l'article L. 511-1 du code de la sécurité intérieure, créé par l'ordonnance nº 2012-351 du 12 mars 2012, auquel renvoie l'article L. 130-5 du présent code. Elle découle également des dispositions de l'article 21 du code de procédure pénale prévoyant que les agents de police judiciaire adjoints ont pour mission de constater par procès-verbal les contraventions aux dispositions du code de la route dont la liste est fixée par décret en Conseil d'État.

Cette liste de contraventions figurait dans l'ancien code à l'article R. 249-1. Dans le code recomposé, elle a été formulée à l'article R. 130-2, mais de manière négative. Après avoir indiqué que les agents de police municipale peuvent constater les contraventions prévues aux articles R. 644-2 et R. 653-1 du code pénal commises à l'occasion de la conduite d'un véhicule (articles sanctionnant, respectivement, les entraves à la libre circulation sur la voie publique et les atteintes involontaires à la vie ou à l'intégrité d'un animal), l'article R. 130-2 énumère ainsi les contraventions au code de la route que ne peuvent pas constater ces agents. Depuis la recodification, le principe est donc que ces agents peuvent constater toutes les contraventions au code de la route, sauf celles énumérées à l'article R. 130-2. Encore faut-il que ces contraventions aient été commises à l'intérieur du territoire communal, sur les voies autres que les autoroutes, du moins en principe. Depuis le décret nº 2023-563 du 5 juillet 2023, ayant réécrit l'article R. 130-2, les agents de police municipale peuvent en effet constater certaines contraventions commises sur les autoroutes, à savoir celles visées au 2° de l'article R. 130-2. Quant aux contraventions commises sur les voies autres que les autoroutes que ne peuvent pas constater les agents de police municipale, elles sont, depuis ce décret du 5 juillet 2023, énumérées au 1° de cet article.

Il ne faut cependant pas oublier qu'en application des articles 21 et 21-2 du code de procédure pénale les agents de police municipale ont pour mission de rendre compte au maire mais aussi à l'officier de police judiciaire territorialement compétent de tous crimes, délits et contraventions dont ils ont connaissance (Crim. 14 nov. 2000 : *Bull. crim. n° 340 ; D. 2001. IR 524 ; Jurispr. auto 2001. 67*). Dès lors, s'ils ne peuvent pas dresser procès-verbal des contraventions au code de la route commises sur les voies autres que les autoroutes énumérées à l'article R. 130-2, 1°, ils doivent néanmoins en rendre compte dans leurs rapports. Et il en est de même des contraventions commises sur les autoroutes autres que celles visées à l'article R. 130-2, 2°.

Notons également que, depuis un décret du 15 octobre 2002, l'article R. 130-10 prévoit, de manière expresse, que les agents de police municipale peuvent régler la circulation… Il en est de même pour les agents de surveillance de Paris et les gardes champêtres.

Sur la compétence du chef de la police municipale pour prescrire une mise en fourrière, voir le commentaire sous l'article R. 325-14.

Contraventions ne pouvant pas être constatées par les agents de police municipale sur les voies autres que les autoroutes.

La liste des contraventions au code de la route que les agents de police municipale ne peuvent pas constater sur les voies autres que les autoroutes figure, depuis le décret du 5 juillet 2023, au 1° de l'article R. 130-2. Cette liste vise notamment les contraventions permettant de sanctionner les employeurs et donneurs d'ordre dont les instructions amènent un salarié chargé de la conduite d'un véhicule de transport routier à ne pas respecter les vitesses maximales autorisées, la réglementation sur les temps de conduite et de repos ou encore celle sur le poids des véhicules (art. R. 121-1 à R. 121-5), le défaut d'échange de permis de conduire contre un permis français (art. R. 222-2), la conduite sous l'empire d'un état alcoolique (art. R. 234-1), le non-paiement de péage d'un ouvrage routier (art. R. 419-1) ou encore la détention ou l'utilisation d'un détecteur ou d'un avertisseur de radars (art. R. 413-15).

Contraventions pouvant être constatées par les agents de police municipale sur les autoroutes. Depuis le décret du 5 juillet 2023, les agents de police municipale peuvent également constater certaines contraventions commises sur les autoroutes, à la condition que ces autoroutes se situent à l'intérieur du territoire communal, la compétence des agents de police municipale ne pouvant s'exercer qu'à l'intérieur de ce territoire. Les contraventions concernées sont prévues au 2° de l'article R. 130-2 qui vise « les contraventions au II de l'article R. 412-7 » et donc aux dispositions qui interdisent, sur les voies réservées à certaines catégories de véhicules, aux conducteurs d'autres catégories de véhicules d'y circuler. Ces contraventions ne peuvent cependant être constatées par les agents de police municipale que « selon les modalités prévues à l'article L. 130-9-1 » et donc uniquement à partir d'un dispositif automatisé de contrôle. L'article L. 130-9-1, créé par la loi du 24 décembre 2019 d'orientation des mobilités, qui permet la constatation automatique des infractions d'usage d'une voie de circulation réservée aux véhicules de transports en commun, aux taxis, aux véhicules transportant un nombre minimal d'occupants ou aux véhicules à très faibles émissions autorise d'ailleurs les services de police municipale des communes sur le territoire desquels une telle voie a été instituée d'utiliser de tels dispositifs.

Verbalisation par lecture automatisée des plaques d'immatriculation (LAPI). Pour faciliter la constatation des infractions au code de la route, l'article L. 233-1-1 du code de la sécurité intérieure permet aux services de police et de gendarmerie nationales de recourir à des dispositifs fixes ou mobiles de contrôle automatisé des données signalétiques des véhicules prenant la photographie de leurs occupants. Ces dispositions, qui visent uniquement les services de police et de gendarmerie nationales, ne peuvent donc permettre aux agents de police municipale de recourir au système de lecture automatisée des plaques d'immatriculation (LAPI) pour verbaliser les contraventions au code de la route qu'ils peuvent constater. Une telle utilisation apparaît, qui plus est, contraire à l'arrêté du 14 avril 2009 autorisant la mise en œuvre de traitements automatisés dans les communes ayant pour objet la recherche et la constatation des infractions pénales par leurs fonctionnaires et agents habilités (*JO 5 juin*), dont les dispositions ne permettent pas la collecte de fichiers photographiques. La CNIL a été amenée à le rappeler à plusieurs communes ayant décidé de recourir à de tels dispositifs pour constater certaines contraventions en matière de stationnement (CNIL, communiqué, 5 août 2020). Si la CNIL admet le recours à de tels dispositifs dans le cadre du contrôle du forfait de post stationnement, une commune ne peut en revanche profiter de ces dispositifs pour constater certaines contraventions et notamment celles prévues en matière de stationnement (stationnement gênant, très gênant ou dangereux). ❑

1. Compétence des agents de police municipale pour constater par rapport les infractions dont ils ont connaissance. Les dispositions spéciales des art. R. 248 à R. 252 [C. route, art. R. 130-1 à R. 130-9], et notamment l'art. R. 250-1 C. route visé à tort par le jugement attaqué, n'excluent pas l'application des dispositions générales de l'art. 21 C. pr. pén., aux termes desquelles les agents de police municipale, qui ont la qualité d'agents de police judiciaire adjoints, ont notamment pour mission de constater et de rendre compte à leurs chefs hiérarchiques de tous crimes, délits, contraventions dont ils ont connaissance. Dès lors, doit être cassé le jugement qui a relaxé un prévenu, ayant été découvert en circulation en sens interdit et sans ceinture de sécurité par des agents de police municipale, au motif que les faits reprochés ne relevaient pas de la liste limitative de l'art. R. 250-1. • Crim. 14 nov. 2000, n° 00-82.007 P : *D. 2001. IR 524*. ♦ V. déjà, antérieurement, • Orléans, 8 oct. 1990 : *Gaz. Pal. 1992. 1. 429, réquis. Magdeleine.* ♦ Jugeant qu'il résulte de l'art. 21 C. pr. pén. que rien ne limite le domaine d'intervention des agents de la police municipale dans le domaine de la constatation des contraventions, la compétence de ces agents étant très large. Ils peuvent en effet constater, non par procès-verbal mais par rapport valant simple renseignement, les contraventions des cinq classes. Il s'ensuit que des agents de police municipale qui ont rapporté sur un refus de priorité n'ont pas excédé cette compétence et que ce rapport n'a pas à être annulé.

2. Compétence des agents de police municipale pour constater par procès-verbal certaines contraventions. L'art. 21 C. pr. pén., dans ses deux derniers al., confère aux agents de police judiciaire adjoints le pouvoir de constater par procès-verbal les infractions au code de la route dans les limites fixées par l'art. R. 130-2 C. route. Est, dès lors, régulier le procès-verbal dressé par un agent de police municipale constatant la contravention d'usage d'un téléphone tenu en main par le conducteur d'un véhicule en circulation. • Crim. 27 mai 2015, n° 14-82.126 P : *Dr. pénal 2015, n° 97, note Robert.*

Art. R. 130-3 *(Décr. n° 2002-1256 du 15 oct. 2002)* **Les gardes champêtres peuvent constater par procès-verbal si elles sont commises à l'intérieur du territoire communal et sur des voies autres que les autoroutes :**

a) **Les contraventions de police prévues aux articles R. 644-2 et R. 653-1 du code pénal lorsqu'il s'agit de contraventions se rapportant à la circulation routière ;**

(Décr. n° 2017-1523 du 3 nov. 2017, art. 2-II) **«** ***b)*** **Les contraventions aux dispositions du présent code à l'exception de celles prévues aux articles R. 121-1 à R. 121-5, R. 221-18, R. 222-2, R. 234-1, R. 314-2, R. 411-32,** *(Décr. n° 2020-1494 du 30 nov. 2020, art. 1er)* **« R. 419-1 », R. 412-51 et R. 412-52 ; »**

(Abrogé par Décr. n° 2017-1523 du 3 nov. 2017, art. 2-II) ***« c) Les contraventions au présent code mentionnées à l'article R. 413-15 en ce qui concerne la détention, l'usage ou le transport ;***

« d) Les contraventions prévues par l'article R. 211-21-5 du code des assurances. »

La notice du Décr. n° 2020-1494 du 30 nov. 2020 prévoit que ce texte entre en vigueur six mois après sa publication (JO 2 déc.). Cependant, cette indication n'est pas reprise dans les dispositions réglementaires.

Sur la compétence des gardes champêtres, V. CSI, art. L. 521-1 et R. 521-1, App., v° Infractions.

COMMENTAIRE

Compétence des gardes champêtres. Dans le domaine de la circulation routière, les gardes champêtres n'ont longtemps pu constater que les contraventions prévues aux articles R. 644-2 et R. 653-1 du code pénal et à l'article R. 211-21-5 du code des assurances.

Mais, depuis la loi n° 2002-276 du 27 février 2002, les gardes champêtres sont compétents pour constater toutes les contraventions au code de la route dont la liste est fixée par décret en Conseil d'État. Initialement, cette compétence était formulée à l'article L. 2213-18 du code général des collectivités territoriales. Depuis l'ordonnance n° 2002-351 du 12 mars 2012, elle est formulée à l'article L. 521-1 du code de la sécurité intérieure créé par cette ordonnance. Quant au domaine d'application de cette compétence, il est précisé par le présent article réécrit par le décret n° 2002-1256 du 15 octobre 2002, quelque peu modifié par le décret n° 2005-320 du 30 mars 2005 et plus largement par le décret n° 2017-1523 du 3 novembre 2017.

Liste des contraventions ne pouvant pas être constatées par les gardes champêtres. Depuis le décret du 3 novembre 2017, l'article R. 130-3, après avoir indiqué que les gardes champêtres peuvent constater les contraventions prévues aux articles R. 644-2 et R. 653-1 du code pénal, lorsqu'il s'agit de contraventions se rapportant à la circulation routière, énumère les contraventions prévues par le code de la route qui ne peuvent pas être constatées par les gardes champêtres (auparavant, cet article précisait les contraventions à ce code que les gardes champêtres pouvaient constater). Il en résulte un élargissement du champ de compétences des gardes champêtres.

Quant à la liste des contraventions qui ne peuvent pas être constatées par les gardes champêtres, elle est, depuis ce décret de 2017, quasi identique à celle qui figure à l'article R. 130-2 énumérant les contraventions au code de la route que les agents de police municipale ne peuvent pas constater. En étendant le champ des contraventions susceptibles d'être constatées par les gardes champêtres, le décret du 3 novembre 2017 a donc également unifié les compétences de ces deux catégories d'agents. On notera néanmoins que les gardes champêtres peuvent constater les contraventions de détention, d'usage et de transport de matériels « anti-radars » prévues à l'article R. 413-15 (il en était déjà ainsi, avant le décret de 2017, conformément au *c* de l'art. R. 130-3), alors que les agents de police municipale ne le peuvent pas.

On notera enfin que l'abrogation du *d* de l'article R. 130-3 ne permet plus aux gardes champêtres de constater les contraventions sanctionnant le fait de ne pas apposer sur son véhicule de certificat d'assurance ou d'apposer un certificat non valide, ces contraventions étant prévues uniquement dans le code des assurances. Conformément à l'article R. 130-4, ces contraventions peuvent, en revanche, toujours être constatées par les agents mentionnés à l'article L. 130-4, 3°, c'est-à-dire par les agents titulaires ou contractuels de l'État et les agents des communes, titulaires ou non, chargés de la surveillance de la voie publique, agréés par le procureur de la République.

Dépistage de l'alcoolémie et de l'usage de stupéfiants. Outre la possibilité de constater certaines contraventions au code de la route, les gardes champêtres peuvent également, en application de l'article 521-1 du code de la sécurité intérieure, procéder aux épreuves de dépistage de l'imprégnation alcoolique mentionnées à l'article L. 234-3 du code de la route, ainsi que, depuis la loi du 25 mai 2021 pour une sécurité globale préservant les libertés, aux épreuves de dépistage de l'usage de stupéfiants mentionnées aux deux premiers alinéas de l'article L. 235-2 de ce même code (V. comm. ss. art. L. 234-7 et L. 235-2).

Immobilisation et mise en fourrière. Les gardes champêtres peuvent également procéder à l'immobilisation d'un véhicule, comme le prévoit l'article R. 325-3 du code de la route depuis le décret précité du 15 octobre 2002 (V. aussi le dernier al. de l'art. L. 325-1 qui permet aux agents habilités à constater les infractions au présent code susceptibles d'entraîner l'immobilisation d'un véhicule d'y procéder). Et, depuis la loi du 25 mai 2021 pour une sécurité globale préservant les libertés, les gardes champêtres peuvent participer à une mise en fourrière prescrite par le chef de la police municipale, conformément aux dispositions de l'article L. 325-2, alinéa 2, et donc en cas de besoin, ouvrir ou faire ouvrir les portes du véhicule, manœuvrer ou faire manœuvrer tous appareils, ou encore conduire le véhicule ou le faire conduire, en leur présence, vers le lieu de mise en fourrière en utilisant, le cas échéant, les moyens autonomes de propulsion dont le véhicule est muni (V. également, depuis le Décr. n° 2021-1351 du 15 oct. 2021, art. R. 325-15). ❑

Art. R. 130-4 Les agents mentionnés aux 3° et 4° de l'article L. 130-4 peuvent constater les contraventions aux dispositions concernant l'arrêt ou le stationnement des véhicules autres que celles prévues à l'article R. 417-9.

(Décr. n° 2003-536 du 20 juin 2003, art. 1er) **« Les agents mentionnés au 5° et au 10° de l'article L. 130-4 peuvent constater les mêmes contraventions lorsqu'elles sont commises respectivement dans les enceintes portuaires ou dans l'emprise des aérodromes. »** — *Dispositions applicables à Mayotte.*

Les agents mentionnés *(Décr. n° 2002-1256 du 15 oct. 2002)* **« au 3° » de l'article L. 130-4 peuvent également constater les contraventions prévues par l'article R. 211-21-5 du code des assurances.**

La liste des services publics urbains de transport en commun de voyageurs prévue au 4° de l'article L. 130-4 est fixée par *(Décr. n° 2003-536 du 20 juin 2003, art. 1er)* **« arrêté préfectoral ».** — *[Anc. art. R. 250-1.]*

(Décr. n° 2004-568 du 11 juin 2004, art. 3) **« Les agents mentionnés au 12° de l'article L. 130-4 peuvent constater les contraventions prévues par les articles R. 321-4, R. 323-16 et R. 323-19. »**

(Décr. nº 2022-1040 du 22 juill. 2022) **« Les agents mentionnés au 15° de l'article L. 130-4 peuvent constater, sur la propriété qu'ils sont chargés de surveiller, les contraventions prévues par les articles R. 412-7, R. 413-17, R. 419-1 et les contraventions aux dispositions concernant l'arrêt ou le stationnement des véhicules autres que celles prévues à l'article R. 417-9. »**

V. Arr. du 12 mars 1973 (agents des services publics urbains de transport en commun), App., vº Infractions.

COMMENTAIRE

Compétence de plusieurs catégories d'agents. L'article R. 130-4, modifié à plusieurs reprises depuis l'entrée en vigueur du code de la route recomposé, porte sur la compétence de plusieurs catégories d'agents mentionnées à l'article L. correspondant.

– ***Les agents de surveillance de la voie publique et les agents des services publics urbains de transport en commun de voyageurs.*** Le présent article énonce, en premier lieu, les contraventions pouvant être constatées par les agents de surveillance de la voie publique (agents mentionnés au 3° de l'art. L. 130-4) et les agents des services publics urbains de transport en commun de voyageurs (agents mentionnés au 4° de l'art. L. 130-4). Il s'agit des contraventions aux dispositions concernant l'arrêt ou le stationnement des véhicules autres que celles prévues à l'article R. 417-9 sanctionnant l'arrêt ou le stationnement dangereux qui sont les seules contraventions en ce domaine assorties d'un retrait de points sur le permis de conduire. Il résulte par ailleurs de l'alinéa 3 de l'article R. 130-4 que les agents de surveillance de la voie publique peuvent aussi constater les contraventions prévues par l'article R. 211-21-5 du code des assurances sanctionnant le fait de ne pas apposer sur son véhicule de certificat d'assurance ou d'apposer un certificat non valide.

– ***Les officiers de port, les officiers de port adjoints et les agents des exploitants d'aérodromes.*** L'article R. 130-4 vise, en deuxième lieu, les officiers de port et officiers de port adjoints (agents mentionnés au 5° de l'art. L. 130-4), ainsi que, depuis le décret nº 2003-536 du 20 juin 2003, les agents des exploitants d'aérodromes (agents mentionnés au 10° de l'art. L. 130-4), lesquels peuvent également constater les contraventions aux règles sur l'arrêt et le stationnement – l'arrêt et le stationnement dangereux exceptés – commises dans les espaces dont ils ont la charge (enceintes portuaires ou emprises des aérodromes). On notera que c'est la loi nº 2002-3 du 3 janvier 2002 qui a ajouté les agents des exploitants d'aérodrome à la liste de l'article L. 130-4, un article qui précise déjà les contraventions que peuvent constater ces agents, à savoir « les seules contraventions aux règles de stationnement dans l'emprise de l'aérodrome ». Le décret du 20 juin 2003, en reconnaissant aux agents des exploitants d'aérodrome le pouvoir de constater non seulement la plupart des contraventions en matière de stationnement, mais aussi celles concernant l'arrêt des véhicules, ne paraît dès lors guère conforme aux dispositions de l'article L. 130-4, 10°. Ce n'est d'ailleurs pas tant les dispositions réglementaires que les dispositions légales qu'il faut bannir ici. On ne voit pas en effet pour quelle raison le pouvoir de constatation des agents des exploitants d'aérodromes, dans l'emprise des aérodromes, devrait être différent de celui des officiers de ports et officiers de ports adjoints, dans les enceintes portuaires, également prévu par l'alinéa 2 de l'article R. 130-4. On peut dès lors regretter que la loi du 12 juin 2003, qui a réécrit l'article L. 130-4, n'en ait pas profité pour supprimer, au 10° de cet article, la référence « aux seules contraventions aux règles de stationnement ».

– ***Les fonctionnaires ou agents de l'État, chargés des réceptions des véhicules ou éléments de véhicule.*** Depuis le décret nº 2004-568 du 11 juin 2004, l'article R. 130-4 fixe, en troisième lieu, la liste des contraventions que peuvent constater les fonctionnaires ou agents de l'État, chargés des réceptions des véhicules ou éléments de véhicules, catégorie d'agents mentionnée au 12° de l'article L. 130-4 depuis la loi du 12 juin 2003. Il s'agit, avant tout, des contraventions sanctionnant la mise en vente, la vente ou encore la mise en circulation d'un véhicule ou d'un élément de véhicule non réceptionné (art. R. 321-4), mais aussi des contraventions qui permettent de sanctionner les professionnels assurant le contrôle technique des véhicules qui ne respectent pas certaines dispositions en la matière (art. R. 321-16 et R. 321-19).

– ***Les gardes particuliers assermentés.*** Depuis le décret nº 2022-1040 du 22 juillet 2022, le présent article précise, en dernier lieu, les contraventions pouvant être constatées par les gardes particuliers assermentés, catégorie d'agents mentionnée au 15° de l'article L. 130-4 depuis la loi n° 2022-52 du 24 janvier 2022. Sont visées, dès lors qu'elles sont commises sur la propriété qu'ils sont chargés de surveiller, les contraventions sanctionnant le fait de circuler sur une voie réservée à certaines catégories de véhicules (art. R. 412-7), de ne pas maîtriser sa vitesse ou ne pas la réduire dans certains cas (art. R. 413-17) et de ne pas payer le péage d'un ouvrage routier (art. R. 419-1), ainsi que, là aussi, les contraventions aux dispositions concernant l'arrêt ou le stationnement des véhicules, autres que celles prévues à l'article R. 417-9 (arrêt ou stationnement dangereux).

– ***Les gardes champêtres.*** On rappellera enfin que, depuis 2002, le pouvoir de constatation des gardes champêtres, catégorie d'agents mentionnée au 2° de l'article L. 130-4, est entièrement fixé à l'article R. 130-3, le décret n° 2002-1256 du 15 octobre 2002 ayant supprimé, à l'article R. 130-4, alinéa 3, le renvoi qu'il opérait à cette catégorie d'agents. ❑

Art. R. 130-5 Les agents mentionnés à l'article L. 116-2 du code de la voirie routière peuvent constater par procès-verbal les contraventions prévues par :

1° Les 1° et 2° de l'article R. 130-1 :

***a)* Lorsqu'elles sont connexes à des infractions à la police de la conservation du domaine public routier ;**

***b)* Lorsqu'elles sont commises au droit ou aux abords de chantiers situés sur la voie publique et qu'elles ont ou peuvent avoir pour effet de porter atteinte à l'exploitation normale desdits chantiers ou à la sauvegarde du personnel employé sur ceux-ci ;**

2° L'article R. 418-9. – *[Anc. art. R. 251, al. 1er à 3, et Décr. n° 76-148 du 11 févr. 1976, art. 13.]*

Art. R. 130-6 *(Décr. n° 2003-536 du 20 juin 2003, art. 2)* **« Les fonctionnaires ou agents de l'État chargés du contrôle des transports terrestres placés sous l'autorité du ministre chargé des transports peuvent constater par procès-verbal : »**

(Décr. n° 2014-784 du 8 juill. 2014, art. 7-1°) **« 1° Les contraventions aux dispositions des articles R. 121-1 à R. 121-5,** *(Décr. n° 2017-198 du 16 févr. 2017, art. 1er-1°)* **« R. 221-1-1 », R. 221-20, R. 233-1, R. 233-2, R. 234-6, R. 311-3, R. 312-2 à R. 312-6, R. 312-10 à R. 312-14, R. 312-19 à R. 312-23, R. 313-1 à R. 313-7, R. 313-9, R. 313-10, R. 313-12, R. 313-14, R. 313-17 à R. 313-20, R. 313-21, R. 313-24, R. 313-25, R. 313-26,** *(Décr. n° 2020-1396 du 17 nov. 2020, art. 2, en vigueur le 1er janv. 2021)* **« R. 313-32-1, » R. 313-33, R. 314-1, R. 314-3, R. 315-1, R. 315-2, R. 316-1, R. 316-3, R. 316-4, R. 316-6, R. 316-7, R. 316-8, R. 317-1, R. 317-3, R. 317-4, R. 317-5, R. 317-8 à R. 317-14, R. 317-18, R. 317-20, R. 317-23, R. 317-24, R. 317-24-1, R. 317-26, R. 317-28, R. 318-1, R. 318-3, R. 318-4, R. 322-1, R. 323-1, R. 323-2, R. 323-6, R. 323-22, R. 323-23 à R. 323-26, R. 325-2, R. 325-8, R. 411-17, R. 411-18,** *(Décr. n° 2015-1693 du 17 déc. 2015, art. 6, en vigueur le 1er janv. 2016)* **« R. 411-19, »** *(Décr. n° 2020-1088 du 24 août 2020, art. 3)* **« R. 411-19-1, » R. 411-21, R. 411-21-1, R. 411-23, R. 411-23-1, R. 411-23-2, R. 412-1, R. 412-13, R. 412-16, R. 433-1 à R. 433-8, R. 433-11, R. 433-12, R. 433-14 à R. 433-16, R. 433-20, R. 435-1 et** *(Décr. n° 2017-15 du 6 janv. 2017, art. 1er)* **« R. 435-3 » ainsi que, lorsqu'elles sont commises par le conducteur d'un véhicule qui doit être équipé d'un appareil de contrôle dit chronotachygraphe, les contraventions aux dispositions relatives aux vitesses maximales autorisées par le présent code ; »**

(Décr. n° 2011-368 du 4 avr. 2011) **« 2° Toutes les autres contraventions prévues aux 1° et 2° de l'article R. 130-1 lorsqu'elles sont connexes à des infractions aux dispositions législatives relatives à l'accès aux professions du transport ferroviaire ou guidé et du transport routier et à leurs conditions d'exercice prévues au livre IV de la première partie et à la troisième partie du code des transports ainsi qu'aux dispositions réglementaires prises pour leur application ; »** – *Le 2° est entré en vigueur le 1er déc. 2010 (Décr. n° 2011-368 du 4 avr. 2011, art. 1er-II).*

(Décr. n° 2014-784 du 8 juill. 2014, art. 7-1°) **« 3° Les contraventions prévues à l'article R. 211-14 du code des assurances. »**

COMMENTAIRE

Le présent article, qui fixe la liste des contraventions pouvant être constatées par les fonctionnaires ou les agents de l'État chargés du contrôle des transports terrestres, a été modifié à plusieurs reprises.

Décret du 20 juin 2003. Les modifications apportées à l'article R. 130-6 par le décret n° 2003-536 du 20 juin 2003 apparaissent comme d'heureux correctifs à ses dispositions.

L'appellation « contrôleurs des transports terrestres », qui figurait auparavant dans cet article, a été logiquement remplacée par celle de « fonctionnaires ou agents de l'État chargés du contrôle des transports terrestres ». Il s'agit en effet de l'appellation utilisée, depuis la loi n° 2002-3 du 3 janvier 2002, par l'article L. 130-4-6°. Plusieurs contraventions ont également, à juste titre, été ajoutées à la liste figurant au 1° de l'article R. 130-6. La codification à droit constant avait en effet conduit à exclure ici certaines contraventions pourtant très proches de celles expressément prévues par cet article. Il en est ainsi des contraventions aux dispositions du code de la route sur le contrôle technique prévues à l'article R. 323-26 et de celles relatives au transport exceptionnel de marchandises de l'article R. 433-5 et de personnes de l'article R. 433-7. Depuis le décret du 20 juin 2003, ces contraventions peuvent être constatées par ces fonctionnaires ou ces agents. D'autres contraventions, sans lien de rattachement avec celles envisagées auparavant par l'article R. 130-6-1°, ont alors fait également leur apparition : les contraventions prévues aux articles R. 121-1 à R. 121-5 visant l'employeur ou tout donneur d'ordre.

Décret du 4 avril 2011. La liste des contraventions pouvant être constatées par les fonctionnaires et les agents de l'État chargés du contrôle des transports terrestres a été à nouveau allongée, ensuite, par le décret n° 2011-368 du 4 avril 2011. Ce décret a lui même ajouté de très nombreuses contraventions : la conduite sans permis valide de l'article R. 221-1, la non-présentation, lors d'un contrôle routier, des documents requis par l'article R. 233-1, certaines contraventions en matière d'éclairage et de signalisation des véhicules prévues aux articles R. 313-1 et suivants ou encore les contraventions prévues aux articles R. 317-8 et suivants sanctionnant le non-respect des dispositions réglementaires concernant les plaques et inscriptions.

Décret du 8 juillet 2014. Et d'autres contraventions ont encore été ajoutées à cette liste par le décret n° 2014-784 du 8 juillet 2014 : par exemple, celles prévues à l'article R. 234-6 sanctionnant le fait pour un conducteur astreint à la conduite d'un véhicule équipé d'un dispositif d'antidémarrage par éthylotest électronique de le conduire en rendant inopérant ce dispositif ou en ayant recours à un tiers pour faire démarrer son véhicule, celles en matière d'éclairage et de signalisation des véhicules formulées aux articles R. 313-9, R. 313-21, R. 313-24, R. 313-25, R. 313-26 et R. 313-33 ou encore les contraventions en lien avec l'immobilisation d'un véhicule prévues aux articles R. 325-2 et R. 325-6. Depuis ce décret, les fonctionnaires et les agents de l'État chargés du contrôle des transports terrestres peuvent également constater les contraventions, prévues à l'article R. 211-14 du code des assurances sanctionnant la non-présentation de l'attestation d'assurance d'un véhicule lors d'un contrôle.

Décrets du 17 décembre 2015 et du 24 août 2020. A cet ensemble de contraventions, le décret n° 2015-1693 du 17 décembre 2015 a ajouté celle prévue à l'article R. 411-19 qui permet de sanctionner les conducteurs qui ne respectent pas les mesures préfectorales de suspension ou de restriction de la circulation visant à limiter l'ampleur et les effets des pointes de pollution sur la population, et le décret n° 2020-1088 du 24 août 2020 celles de l'article R. 411-19-1 sanctionnant le fait de circuler ou de stationner dans le périmètre d'une zone de circulation restreinte/zone à faibles émissions mobilité.

Décret du 17 novembre 2020. Enfin, le décret n° 2020-1396 du 17 novembre 2020 a ajouté à la liste des contraventions énumérées à l'article R. 130-6 la contravention de l'article R. 313-32-1, créée par ce même décret, permettant de sanctionner les conducteurs de véhicules dont le PTAC excède 3,5 tonnes sur lesquels n'est pas apposée la signalisation idoine matérialisant la position des angles morts.

Décrets du 6 janvier et du 16 février 2017. Quant aux modifications apportées par les décrets du 6 janvier et du 16 février 2017, elles sont à mettre en lien avec la renumérotation de deux articles auxquels renvoyaient l'article R. 130-6 : l'article R. 221-1 devenu l'article R. 221-1-1 et l'article R. 436-1 devenu l'article R. 435-3.

On ajoutera que toutes les contraventions énumérées au sein du présent article peuvent être constatées par les fonctionnaires ou les agents de l'État chargés du contrôle des transports terrestres, lorsqu'elles sont commises au moyen de véhicules affectés au transport routier de voyageurs ou de marchandises. Si cette précision – qui a été formulée à l'article L. 130-6 concernant les délits pouvant être constatés par ces fonctionnaires ou agents – n'a pas été apportée ici, elle découle du domaine de compétence de ces fonctionnaires et agents : le contrôle des transports terrestres, ce qui vise le contrôle du transport routier de voyageurs et de marchandises. ❑

Art. R. 130-7 Les agents des douanes peuvent constater par procès-verbal les contraventions aux dispositions des articles R. 312-2 à R. 312-6, R. 411-18, R. 412-16, R. 433-1 à R. 433-7, ainsi que les infractions prévues aux articles R. 211-14, R. 211-17, R. 211-21-1 et R. 211-21-2 du code des assurances. — *[Anc. art. R. 251, al. 7.]*

Art. R. 130-8 Après avoir été agréés par le préfet et assermentés conformément à l'article L. 130-7, les agents *(Décr. n° 2013-10 du 3 janv. 2013)* « de l'exploitant » d'une autoroute ou d'un ouvrage routier ouvert à la circulation publique et régulièrement soumis à péage peuvent constater par procès-verbal les contraventions aux dispositions *(Décr. n° 2020-1494 du 30 nov. 2020, art. 1er)* « des articles R. 419-1 et R. 419-2 ». — *[Anc. art. R. 251, al. 8.]*

(Décr. n° 2013-10 du 3 janv. 2013) « Ces contraventions peuvent être constatées au moyen d'un système de vidéoprotection dans les conditions prévues aux articles L. 251-1 à L. 252-7 du code de la sécurité intérieure. »

La notice du Décr. n° 2020-1494 du 30 nov. 2020 prévoit que ce texte entre en vigueur six mois après sa publication (JO 2 déc.). Cependant, cette indication n'est pas reprise dans les dispositions réglementaires.

Art. R. 130-9 La formule du serment, prévu par l'article L. 130-7, est la suivante :

"Je jure de bien et fidèlement remplir mes fonctions et de ne rien révéler ou utiliser de ce qui sera porté à ma connaissance à l'occasion de leur exercice." — *[Anc. art. R. 252.]*

Art. R. 130-10 I. — Sans préjudice des pouvoirs conférés à d'autres agents par des lois spéciales, peuvent régler la circulation :

1° *(Décr. n° 2006-46 du 13 janv. 2006)* « Les réservistes de la gendarmerie, les élèves gendarmes et » les gendarmes auxiliaires placés sous le commandement de militaires de la gendarmerie et les volontaires servant en qualité de militaires dans la gendarmerie ;

2° *(Décr. n° 2006-46 du 13 janv. 2006)* « Les réservistes de la police, les élèves policiers et » les policiers auxiliaires et les adjoints de sécurité placés sous le commandement de fonctionnaires de la police nationale ;

3° Certains personnels militaires des unités de circulation de l'arme du train pour assurer l'acheminement des véhicules militaires ;

(Décr. n° 2002-1256 du 15 oct. 2002) « 4° Les agents de police municipale, les agents de surveillance de Paris et les gardes champêtres à l'intérieur du territoire communal, sur les voies autres que les autoroutes. »

II. — Pour l'application du 3° du I ci-dessus, les modalités de l'habilitation et la définition des catégories de personnels habilités font l'objet d'un arrêté conjoint du ministre de l'intérieur, du ministre de la justice, du ministre de la défense et du ministre chargé des transports. — *[Anc. art. R. 229-1.] — V. Arr. du 4 janv. 1978 (JONC 19 janv.).*

Art. R. 130-11 *(Décr. n° 2016-1955 du 28 déc. 2016, art. 1er)* Font foi jusqu'à preuve du contraire les constatations, effectuées par ou à partir des appareils de contrôle automatique ayant fait l'objet d'une homologation, relatives aux infractions sur :

1° Le port d'une ceinture de sécurité homologuée dès lors que le siège qu'il occupe en est équipé prévu à l'article R. 412-1 ;

2° L'usage du téléphone tenu en main prévu aux premier, quatrième et cinquième alinéas de l'article R. 412-6-1 ;

3° L'usage de voies et chaussées réservées à certaines catégories de véhicules prévu aux II et III de l'article R. 412-7 ;

4° La circulation sur les bandes d'arrêt d'urgence prévue à l'article R. 412-8 ;

5° Le respect des distances de sécurité entre les véhicules prévu à l'article R. 412-12 ;

6° Le franchissement et le chevauchement des lignes continues prévus à l'article R. 412-19 ;

(Décr. n° 2018-795 du 17 sept. 2018, art. 3) « 6° *bis* Le sens de la circulation prévu aux articles R. 412-28 et R. 421-6 » ;

7° Les signalisations imposant l'arrêt des véhicules prévues aux articles R. 412-30 et R. 415-6 ;

8° Les vitesses maximales autorisées prévues aux articles R. 413-14 et R. 413-14-1 ;

9° Le dépassement prévu aux II et IV de l'article R. 414-4 et aux articles R. 414-6 et R. 414-16 ;

10° L'engagement *(Décr. n° 2018-795 du 17 sept. 2018, art. 3)* **« dans une intersection ou » dans l'espace compris entre les deux lignes d'arrêt prévu** *(Décr. n° 2018-795 du 17 sept. 2018, art. 3)* **« à » l'article R. 415-2 ;**

11° L'obligation du port d'un casque homologué d'une motocyclette, d'un tricycle à moteur, d'un quadricycle à moteur ou d'un cyclomoteur prévue à l'article R. 431-1 ;

12° L'obligation, pour faire circuler un véhicule terrestre à moteur, d'être couvert par une assurance garantissant la responsabilité civile, prévue aux articles L. 211-1 et L. 211-2 du code des assurances et à l'article L. 324-2 ; — *Les dispositions du 12° de l'art. R. 121-6 entrent en vigueur par un Décr. pris en Conseil d'État ou au plus tard le 31 déc. 2018 comme mentionné à l'art. 35-V de la L. n° 2016-1547 du 18 nov. 2016 (Décr. n° 2016-1955 du 28 déc. 2016, art. 2-2°).*

(Décr. n° 2022-1 du 3 janv. 2022, art. 9) **« 13° Le niveau d'émissions sonores prévue** *[prévu]* **au deuxième alinéa de l'article R. 318-3 ; »**

(Décr. n° 2023-563 du 5 juill. 2023, art. 7) **« 14° Les limites de poids des véhicules ou ensembles de véhicules prévues aux articles R. 312-2 et R. 312-3, au VII de l'article R. 312-4 et aux articles R. 312-5 et R. 312-6 ;**

« 15° La circulation d'un véhicule en marche normale sur la partie gauche d'une chaussée à double sens de circulation prévue au septième alinéa de l'article R. 412-9. »

COMMENTAIRE

Infractions pouvant être constatées automatiquement. Le présent article, créé par le décret n° 2016-1955 du 28 décembre 2016, énumère la liste des infractions pouvant être constatées automatiquement, conformément à ce que prévoit les articles L. 130-9 (V. cet art. et son comm.), L. 130-9-1 et L. 130-9-2. Les infractions concernées tendent à être de plus en plus nombreuses, comme le laisse entendre les différentes modifications apportées à la présente liste depuis le décret du 28 décembre 2016. Ainsi, aux infractions visées initialement (sur le port de la ceinture de sécurité, l'usage d'un téléphone tenu en main, l'usage de voies ou chaussées réservées à certaines catégories de véhicules, la circulation sur les bandes d'arrêt d'urgence, le respect des distances de sécurité, le franchissement et le chevauchement des lignes continues, les signalisations imposant l'arrêt des véhicules, les vitesses maximales autorisées, le dépassement, l'engagement dans l'espace compris entre les deux lignes d'arrêt sur une voie munie de feux de signalisation, l'obligation du port d'un casque et le défaut d'assurance), le décret n° 2018-795 du 17 septembre 2018 a ajouté quelques contraventions, comme la circulation en sens interdit prévue à l'article R. 412-28, le décret n° 2022-1 du 3 janvier 2022 celle de l'article R. 318-3, alinéa 2, qui permet de sanctionner le fait de circuler en agglomération avec un véhicule à moteur excédant le niveau d'émissions sonores fixé par arrêté ministériel, infraction dont la constatation par des appareils de contrôle automatique est expérimentée depuis ce même décret (V. art. L. 130-9 et son comm.), et le décret n° 2023-563 du 5 juillet 2023 celle prévue à article R. 412-9, alinéa 7, sanctionnant le fait de circuler sur la partie gauche d'une chaussée à double sens de circulation, ainsi que plusieurs contraventions à la réglementation sur le poids des véhicules ou ensembles de véhicules, en lien avec les dispositions figurant à l'article L. 130-9-2.

Sur cette liste d'infractions, on rappellera qu'elle doit être comparée à celle figurant à l'article R. 121-6 énumérant les infractions qui peuvent conduire à déclarer le titulaire du certificat d'immatriculation d'un véhicule redevable pécuniairement de l'amende encourue. Ces deux listes sont en effet liées, mais ne sont pas pour autant identiques (V. comm. ss. art. R. 121-6). ❑

TITRE III *BIS* CONSEIL NATIONAL DE LA SÉCURITÉ ROUTIÈRE

(Décr. n° 2021-468 du 19 avr. 2021, en vigueur le 1er nov. 2021)

Néant.

TITRE III *TER* SIGNALEMENT DES CONTRÔLES ROUTIERS PAR LES SERVICES ÉLECTRONIQUES D'AIDE À LA CONDUITE OU À LA NAVIGATION

(Décr. nº 2021-468 du 19 avr. 2021, en vigueur le 1er nov. 2021)

Art. R. 130-12 I. — L'interdiction de rediffusion de tout message ou de toute indication émis par les utilisateurs d'un service électronique d'aide à la conduite ou à la navigation par géolocalisation mentionnée à l'article L. 130-11 est prise par le préfet *(Décr. nº 2022-1174 du 24 août 2022, art. 3, en vigueur le 1er sept. 2022)* « de département ou, à Paris, par le préfet de police ou, dans le département des Bouches-du-Rhône, par le préfet de police des Bouches-du-Rhône », sur proposition des officiers ou agents de police judiciaire et des agents de police judiciaire adjoints de la gendarmerie et de la police nationales.

Le cas échéant, pour les contrôles routiers mentionnés à l'article L. 130-11 autres que ceux visant à procéder aux opérations prévues aux articles L. 234-9 ou L. 235-2, cette interdiction peut être prise par le ministre de l'intérieur.

La décision d'interdiction de rediffusion précise les voies ou portions de voies concernées et définit la date et les heures de commencement et de fin de cette interdiction.

II. — Les informations relatives à l'interdiction de rediffusion, à l'exclusion de toute information relative aux motifs du contrôle routier concerné, sont communiquées aux exploitants de service électronique d'aide à la conduite ou à la navigation au moyen d'un système d'information permettant de garantir leur confidentialité et leur intégrité lors de la transmission. Les informations relatives aux heures de commencement et de fin de l'interdiction font l'objet d'une communication distincte.

Les exploitants de service électronique d'aide à la conduite ou à la navigation accusent réception des informations communiquées au moyen du système d'information mentionné à l'alinéa précédent. La communication ainsi opérée vaut mise à disposition de la décision d'interdiction de rediffusion mentionnée au I.

La sécurité des informations échangées, notamment leur confidentialité et leur intégrité, ainsi que l'identification des exploitants destinataires de ces informations sont assurées conformément au référentiel général de sécurité mentionné à l'article 9 de l'ordonnance nº 2005-1516 du 8 décembre 2005 relative aux échanges électroniques entre les usagers et les autorités administratives et entre les autorités administratives et aux dispositions prises pour son application.

III. — Les informations communiquées au moyen du système d'information mentionné au premier alinéa du II sont détruites par ces exploitants dès la fin de la durée de l'interdiction de rediffusion.

IV. — Les modalités techniques d'échanges avec les exploitants de service électronique d'aide à la conduite ou à la navigation et de traçabilité des informations adressées ainsi que les moyens à mettre en place pour en assurer la protection et la destruction après utilisation sont définis par arrêté du ministre de l'intérieur pris après avis de l'Agence nationale de la sécurité des systèmes d'information.

TITRE IV DISPOSITIONS RELATIVES À L'OUTRE-MER

CHAPITRE I DISPOSITIONS PARTICULIÈRES À LA COLLECTIVITÉ TERRITORIALE DE SAINT-PIERRE-ET-MIQUELON

Art. R. 141-1 Les 1º et 2º de l'article R. 121-2 et le 1º de l'article R. 121-5 ne sont pas applicables dans la collectivité territoriale de Saint-Pierre-et-Miquelon.

CHAPITRE II DISPOSITIONS APPLICABLES À MAYOTTE
(L. nº 2010-1487 du 7 déc. 2010, art. 36).

Les dispositions de la L. nº 2010-1487 du 7 déc. 2010 sont applicables depuis le 31 mars 2011.

Art. R. 142-1 Pour l'application du présent livre à Mayotte, le terme "préfet" est remplacé par "représentant de l'État". — *[Décr. n° 93-301 du 8 mars 1993, art. 16.]*

Art. R. 142-2 Les dispositions réglementaires du présent livre sont applicables à Mayotte. — *[Décr. n° 93-301 du 8 mars 1993, art. 1er.]*

Art. R. 142-3 *(Abrogé par Décr. n° 2018-953 du 31 oct. 2018, art. 20)* ***Pour son application à Mayotte, l'article R. 121-2 est rédigé comme suit :***

Art. R. 121-2 *Le fait, pour tout employeur auquel s'applique la réglementation relative au transport routier de personnes ou de marchandises, de donner, directement ou indirectement, à un de ses salariés chargé de la conduite d'un véhicule de transport routier de personnes ou de marchandises des instructions incompatibles avec le respect des dispositions du code du travail, applicable localement, relatives au temps de travail, est puni de l'amende prévue pour les contraventions de la cinquième classe.* — [Décr. n° 93-301 du 8 mars 1993, art. 3.]

Art. R. 142-4 *(Abrogé par Décr. n° 2018-953 du 31 oct. 2018, art. 20)* ***Pour son application à Mayotte, l'article R. 121-5 est rédigé comme suit :***

Art. R. 121-5 *Le fait, pour tout expéditeur, commissionnaire, affréteur, mandataire, destinataire ou tout autre donneur d'ordres, en connaissance de cause, de donner à tout transporteur routier de marchandises, ou à tout préposé de celui-ci, des instructions incompatibles avec le respect des dispositions :*

1° Du code du travail applicable localement, relatives au temps de travail ;

2° Relatives aux vitesses maximales autorisées par le présent code ;

3° Relatives aux limites de poids des véhicules prévues aux articles R. 312-2 et R. 312-3, est puni de l'amende prévue pour les contraventions de la cinquième classe.

Art. R. 142-5 Pour l'application de l'article R. 130-5, les mots "à l'article L. 116-2 du code de la voirie routière" sont remplacés par les mots "à l'article L. 142-4".

Art. R. 142-6 *(Décr. n° 2002-1256 du 15 oct. 2002)* Pour l'application de l'article R. 130-10 :

a) Le 4° est ainsi rédigé :

"4° Les agents de police municipale à l'intérieur du territoire communal"

b) Le ministre chargé de l'outre-mer signe l'arrêté prévu au II de cet article.

CHAPITRE III DISPOSITIONS APPLICABLES EN NOUVELLE-CALÉDONIE, EN POLYNÉSIE FRANÇAISE ET DANS LES ÎLES WALLIS-ET-FUTUNA

(Décr. n° 2016-1955 du 28 déc. 2016, art. 1er)

Art. R. 143-1 Sont applicables en Nouvelle-Calédonie, en Polynésie française et dans les îles Wallis-et-Futuna, les dispositions des articles mentionnés dans la colonne de gauche du tableau ci-après, dans leur rédaction indiquée dans la colonne de droite du même tableau : *Tableau mod. par Décr. n° 2018-795 du 17 sept. 2018, art. 4, et par Décr. n° 2023-563 du 5 juill. 2023, art. 16.*

DISPOSITIONS APPLICABLES	DANS LEUR RÉDACTION
R. 130-11	Résultant du décret n° 2023-563 du 5 juillet 2023.

LIVRE II LE CONDUCTEUR

TITRE I ENSEIGNEMENT DE LA CONDUITE ET DE LA SÉCURITÉ ROUTIÈRE

CHAPITRE I FORMATION À LA CONDUITE ET À LA SÉCURITÉ ROUTIÈRE

SECTION 1 Attestations et brevet de sécurité routière

(Décr. n° 2002-675 du 30 avr. 2002)

COMMENTAIRE

Attestations scolaires et brevet de sécurité routière. La connaissance des règles de la conduite et de la sécurité routière ne s'impose pas aux seuls candidats à l'obtention du permis de conduire. Tous les usagers de la route, quel que soit leur âge, sont confrontés quotidiennement à ces règles, notamment en tant que piéton, cycliste ou encore cyclomotoriste. C'est pourquoi l'enseignement de ces règles est prévu dès l'école primaire (V. C. éduc., art. L. 312-13 et D. 312-43). Cet enseignement est sanctionné par la délivrance de plusieurs attestations : attestation scolaire de première éducation à la route (APER) et attestations scolaires de sécurité routière de premier niveau (ASSR1) et de second niveau (ASSR2). L'APER, qui permet de valider l'acquisition de règles et comportements liés à l'usage de la rue et de la route, est évoquée, depuis la loi d'orientation des mobilités du 24 décembre 2019, à l'article L. 312-13-2 du code de l'éducation créé par cette loi afin de former chaque élève de primaire à l'usage du vélo. Quant aux attestations scolaires de sécurité routière, elles sont prévues à l'article R. 211-1 du code de la route, qui précise qu'elles viennent sanctionner les connaissances théoriques en la matière. A ces différentes attestations, il faut enfin ajouter le brevet de sécurité routière, également envisagé à l'article R. 211-1 du code de la route, et qui est délivré aux titulaires de l'attestation scolaire de premier ou de second niveau ayant suivi une formation pratique à la conduite sur les voies ouvertes à la circulation publique.

Des titres obligatoires pour la conduite des cyclomoteurs et l'obtention du permis de conduire. Depuis le décret n° 2002-675 du 30 avril 2002, la possession de ces différents titres est obligatoire pour la conduite des cyclomoteurs et des quadricycles légers à moteur, ainsi que pour l'obtention du permis de conduire.

Auparavant, le brevet de sécurité routière n'était obligatoire que pour les personnes âgées de moins de 16 ans souhaitant conduire un cyclomoteur. Aujourd'hui, tout conducteur de cyclomoteur, quel que soit son âge, doit être titulaire de ce brevet ou du permis de conduire (art. R. 211-2, II). Il en est de même pour la conduite des quadricycles légers à moteur. Quant à l'attestation scolaire de sécurité routière de second niveau, elle est devenue nécessaire pour se présenter aux épreuves du permis de conduire (V. art. R. 221-5, 2°, *a)* modifié).

Encore faut-il préciser que toutes ces dispositions ne sont applicables qu'aux personnes nées après le 31 décembre 1987 (V. art. R. 211-2, II).

Attestation de sécurité routière « non scolaire » et titres européens. Par ailleurs, afin de permettre aux personnes sorties du système scolaire d'obtenir le brevet de sécurité routière, ainsi que de se présenter aux épreuves du permis de conduire, le décret précité a créé une attestation de sécurité routière « non scolaire », équivalant à celles délivrées en milieu scolaire (art. R. 211-1, II). Cette attestation concerne également les titulaires d'un contrat d'apprentissage, quel que soit leur âge (V. art. R. 211-1, II, tel que modifié par le décret n° 2006-1712 du 23 déc. 2006). En outre, le décret n° 2004-795 du 29 juillet 2004 a permis aux ressortissants européens – non titulaires d'un permis de conduire – de conduire les cyclomoteurs, tout en respectant les dispositions de l'article R. 211-2, II. Il suffit que ces derniers soient titulaires d'un titre – délivré par un État membre de l'Union européenne ou même par un autre État partie à l'accord sur l'Espace économique européen dont la liste est fixée par arrêté ministériel – reconnu comme équivalent au brevet de sécurité routière. Il en est de même pour la conduite des quadricycles légers à moteurs.

Décret du 9 novembre 2011. Plusieurs dispositions de la présente section ont cependant été modifiées par le décret n° 2011-1475 du 9 novembre 2011, afin de transposer dans notre droit interne les dispositions de la directive 2006/126/CE du 20 décembre 2006 relative au permis de conduire (App., v° *Permis de conduire*) qui remplacent, depuis le 19 janvier 2013, celles prévues par la précédente directive en la matière (Dir. 91/439/CEE du 29 juill. 1991 relative au permis de conduire, *JOUE L 237 du 24 août 1991, p. 1*).

Dans cette perspective, le décret du 9 novembre 2011 est venu instaurer une durée de validité administrative pour le brevet de sécurité routière, qui, on le sait, est obligatoire pour conduire un cyclomoteur ou un quadricycle léger à moteur pour les conducteurs nés après le 31 décembre 1987 (sauf s'ils ont le permis de conduire). Les brevets de sécurité routière délivrés depuis le 19 janvier 2013 ont ainsi une durée de validité de quinze ans à compter de leur délivrance (V. art. R. 211-1, III, dans sa rédaction issue du Décr. du 9 nov. 2011), conformément aux dispositions de la directive de 2006 qui prévoient qu'à partir de cette date, tous les titres de conduite délivrés par les États membres auront une validité administrative limitée dans le temps et ce pour lutter contre les falsifications en ce domaine (V. comm. ss. art. R. 221-1).

Pour le reste, on notera que le décret du 9 novembre 2011 est venu préciser que le brevet de sécurité routière correspondait à la catégorie AM du permis de conduire au sens de la directive de 2006 et en a profité pour intégrer au sein de l'article R. 211-2 les dispositions qui figuraient, auparavant, à l'article R. 431-4 et portant sur la conduite d'un quadricyle léger à moteur.

Décret du 31 octobre 2014. Toujours en lien avec la directive du 20 décembre 2006 relative au permis de conduire, notons que de nouvelles modifications ont été ensuite apportées à l'article R. 211-2 par le décret n° 2014-1295 du 31 octobre 2014. Depuis ce décret, la conduite d'un quadricycle léger à moteur est en effet possible – comme la conduite d'un cyclomoteur – dès l'âge de 14 ans (contre 16 ans auparavant) : la directive de 2006 prévoyant un âge minimal identique pour la délivrance du permis de conduire (en droit français, le brevet de sécurité routière) autorisant la conduite des cyclomoteurs et des quadricycles légers à moteur. Quant à l'âge minimal requis, on notera qu'il diffère de celui prévu par l'article 4, paragraphe 2, de cette directive qui fixe à 16 ans l'âge minimum requis pour la conduite de ces véhicules. Mais ce même article, dans son paragraphe 6, permet aux États membres d'abaisser ou de relever l'âge minimal requis pour la délivrance d'un permis de conduire et en particulier permet d'abaisser à 14 ans l'âge minimum requis pour la conduite d'un cyclomoteur et d'un quadricycle léger à moteur. Une possibilité que les pouvoirs publics français ont retenue en abaissant l'âge de conduite d'un quadricycle léger à moteur à 14 ans.

Contraventions de l'article R. 211-2. On notera enfin que le fait de conduire un cyclomoteur ou un quadricycle léger à moteur avant l'âge de 14 ans ou sans être titulaire du brevet de sécurité routière – ou d'un titre européen équivalent – est sanctionné de l'amende prévue pour les contraventions de la deuxième classe. Dans tous ces cas, le véhicule de l'intéressé peut également être immobilisé, conformément aux articles L. 325-1 à L. 325-3 du présent code. ❑

Art. R. 211-1 *(Décr. n° 2006-1712 du 23 déc. 2006)* **« I. — Des attestations scolaires de sécurité routière de premier et de second niveaux sont délivrées aux élèves qui ont subi avec succès un contrôle des connaissances théoriques des règles de sécurité routière. Ce contrôle est organisé pour les élèves soumis à l'obligation scolaire définie à l'article L. 131-1 du code de l'éducation ainsi que pour les élèves âgés de plus de seize ans inscrits dans un établissement scolaire.**

« II. — Une attestation de sécurité routière est délivrée aux personnes qui ont subi avec succès un contrôle des connaissances théoriques des règles de sécurité routière. Ce contrôle est ouvert aux personnes qui, pour quelque raison que ce soit, ne peuvent bénéficier des dispositions du I. Les titulaires d'un contrat d'apprentissage relèvent, quel que soit leur âge, des dispositions du présent alinéa. »

(Décr. n° 2012-688 du 7 mai 2012, art. 2) **« Un arrêté conjoint du ministre chargé de la sécurité routière, du ministre de l'intérieur, du ministre chargé de l'emploi, du ministre chargé de l'éducation nationale, du ministre de la justice, du ministre chargé de la mer, du ministre chargé de la santé et du ministre chargé de l'agriculture fixe les modalités d'application du I et du II. »**

(Décr. nº 2011-1475 du 9 nov. 2011, en vigueur le 19 janv. 2013) **« III. — Le brevet de sécurité routière prévu au second alinéa de l'article L. 221-1 est délivré aux personnes âgées de quatorze ans révolus :**

« 1º Ayant réussi un contrôle des connaissances théoriques des règles de sécurité routière sanctionnée *[sanctionné]* **par la délivrance de l'attestation scolaire de sécurité routière de premier ou de second niveau ou de l'attestation de sécurité routière ;**

« 2º Et ayant suivi une formation dispensée par un établissement ou une association agréés au titre de l'article L. 213-1 ou L. 213-7.

« La durée de validité du titre attestant de la qualité de titulaire du brevet de sécurité routière est de quinze ans à compter de sa délivrance.

« La date limite de validité est inscrite sur le titre de conduite.

« Le brevet de sécurité routière correspond à la catégorie AM du permis de conduire au sens de la directive 2006/126/CE du Parlement européen et du Conseil du 20 décembre 2006 relative au permis de conduire.

« Un arrêté du ministre chargé de la sécurité routière fixe les modalités d'application du présent article. »

V. App., vº Sécurité routière : C. éduc., art. D. 312-43 à D. 312-47-1 (enseignement des règles de sécurité routière), Arr. du 25 mars 2007 (organisation et délivrance des attestations scolaires de sécurité routière de premier et de second niveau, de l'attestation de sécurité routière et de l'attestation d'éducation à la route) et Arr. du 8 nov. 2012 (conditions d'obtention du brevet de sécurité routière).

Art. R. 211-2 I. — *(Décr. nº 2011-1475 du 9 nov. 2011, en vigueur le 19 janv. 2013)* **« Tout conducteur de cyclomoteur** *(Décr. nº 2014-1295 du 31 oct. 2014, art. 2-1º)* **« ou de quadricycle léger à moteur » doit être âgé d'au moins quatorze ans.** *(Abrogé par Décr. nº 2014-1295 du 31 oct. 2014, art. 2-2º)* ***« Tout conducteur de quadricycle léger à moteur doit être âgé d'au moins seize ans. »***

« II. — Tout conducteur de cyclomoteur ou de quadricycle léger à moteur né après le 31 décembre 1987 doit être titulaire soit du permis de conduire, soit du brevet de sécurité routière ou d'un titre reconnu équivalent délivré par un État membre de l'Union européenne ou un autre État partie à l'accord sur l'Espace économique européen dont la liste est fixée par arrêté du *(Décr. nº 2012-688 du 7 mai 2012)* **« ministre chargé de la sécurité routière ». »**

III. — Le fait de contrevenir aux dispositions des deux alinéas précédents est puni de l'amende prévue pour les contraventions de la 2e classe.

IV. — L'immobilisation du véhicule peut être prescrite dans les conditions prévues aux articles L. 325-1 à L. 325-3.

BIBL. ▶ COLIN, *Dr. adm. 2006, nº 135* (le brevet de sécurité routière).

1. Conformément à l'art. R. 211-2, al. 2, C. route, pour conduire un cyclomoteur, il convient d'être titulaire, soit du brevet de sécurité routière (BSR) – ou d'un titre délivré dans un autre État et reconnu comme équivalent –, soit du permis de conduire. Par conséquent, l'ensemble des titulaires du permis de conduire sont autorisés à conduire un cyclomoteur, et ce même sans avoir passé le BSR. En revanche, les personnes ayant passé l'examen théorique mais n'ayant pas encore réussi l'épreuve pratique ne peuvent conduire un cyclomoteur si elles ne sont pas titulaires du BSR ou équivalent. * Rép. min. nº 76083 : *JOAN Q, 31 août 2010. 9536.*

2. « Voiture sans permis » et majeur sous curatelle. La demande d'une personne placée sous curatelle tendant à obtenir du juge des tutelles l'autorisation d'acquérir un véhicule sans permis – son curateur ayant refusé son assistance à une telle acquisition – doit être rejetée dès lors que l'intéressée ne paraît pas apte à conduire un véhicule, l'achat d'une voiture sans permis ne dispensant pas le conducteur d'être capable de conduire de manière sûre sur la route (en l'espèce, le juge subordonne l'achat d'un tel véhicule par la personne concernée à l'obtention du permis de conduire). • TI Alençon, 14 mars 2011 : *Dr. famille 2011, nº 116, note Raoul-Cormeil.* ♦ Selon les dispositions de l'art. 415 C. civ., la protection des majeurs, de leur personne et de leurs biens, que leur état ou leur situation rend nécessaire, a pour finalité l'intérêt de la personne protégée. C'est dès lors dans l'exercice de son pouvoir souverain d'appréciation de l'intérêt de la personne protégée qu'une cour d'appel, après avoir analysé les avis médicaux produits, a pu estimer que, eu égard à l'acuité visuelle du majeur protégé, définitivement incompatible avec les impératifs de la sécurité routière, celui-ci ne pouvait être autorisé à acquérir un véhicule dont la conduite n'exige pas de permis. • Civ. 1re, 27 févr. 2013, nº 11-28.307 P : *AJ fam. 2013. 304, note Verheyde ; LPA 14 juin 2013, p. 23, note Corpart ; RTD civ. 2013. 350, obs. Hauser ; D. 2013. 2196, obs. Noguéro.*

SECTION 2 Apprentissage de la conduite

BIBL. ▶ ROUGON-ANDREY, *Jurispr. auto 2010, n° 814, p. 6* (pour un permis plus court et moins cher).

COMMENTAIRE

Faciliter l'obtention du permis de conduire. Les dispositions de la présente section ont été modifiées à plusieurs reprises ces dernières années afin d'améliorer l'apprentissage de la conduite et, en conséquence de faciliter l'obtention du permis de conduire.

Décret du 18 décembre 2009. Plusieurs modifications, issues du décret n° 2009-1590 du 18 décembre 2009, sont venues concrétiser les annonces du comité interministériel à la sécurité routière du 13 janvier 2009 visant à « rendre le permis de conduire plus sûr, moins long et moins cher ». Par ces modifications, il s'est agi notamment de favoriser la conduite accompagnée dans le cadre de l'apprentissage anticipé de la conduite (V. art. R. 211-5) et, pour les plus de 18 ans, dans le cadre de la conduite dite « supervisée » (V. art. R. 211-5-1).

Décret du 31 octobre 2014. Le décret n° 2014-1295 du 31 octobre 2014 est ensuite venu modifier l'article R. 211-3, 1°, afin d'abaisser l'âge à partir duquel il est possible d'apprendre à conduire un véhicule à moteur sur une voie ouverte à la circulation publique. Depuis ce décret, cet âge est en effet fixé à 15 ans (contre 16 ans auparavant) dans le cadre de l'apprentissage anticipé de la conduite.

Loi du 6 août 2015 et décret du 25 novembre 2015. Toujours dans cette perspective d'amélioration de l'apprentissage de la conduite, la loi n° 2015-990 du 6 août 2015 pour la croissance, l'activité et l'égalité des chances économiques, dite « loi Macron », a par la suite créé de nouvelles dispositions visant à promouvoir l'apprentissage anticipé de la conduite, l'apprentissage en conduite supervisée et la conduite encadrée prévus aux articles R. 211-5 à R. 211-5-2. Pour inciter les candidats au permis de conduire à suivre ces modes d'apprentissage, cette loi a en effet introduit, dans la partie législative du présent code, des articles qui leur sont consacrés (V. art. L. 211-3 à L. 211-5 et comm. ss. art. L. 211-2). La création de ces dispositions législatives n'a pas, pour autant, conduit le pouvoir réglementaire à supprimer les dispositions de la présente section consacrées à ces modes d'apprentissage de la conduite, seul l'article R. 211-5-1 ayant été quelque peu modifié à la suite de cette loi. Pour se conformer aux dispositions de l'article L. 211-4 créées par la loi du 6 août 2015, le décret n° 2015-1537 du 25 novembre 2015 est en effet venu supprimer, au sein de l'article R. 211-5-1, l'alinéa qui prévoyait que, dans le cadre de l'apprentissage en conduite supervisée, l'élève conducteur devait parcourir une distance minimale pendant une durée minimale précisées par arrêté, l'article L. 211-4 prévoyant qu'un tel apprentissage n'est soumis à aucune condition de distance ou de durée minimales.

Loi du 24 décembre 2019 et décret du 18 mai 2020. Enfin, la loi du 24 décembre 2019 d'orientation des mobilités a modifié l'article L. 211-4 afin d'étendre l'apprentissage en conduite supervisée à toutes les personnes âgées d'au moins dix-huit ans (auparavant, l'article visait uniquement les élèves de dix-huit ans inscrits pour suivre une formation à la conduite). Il s'est agi par là même de permettre aux candidats ayant échoué l'épreuve pratique du permis de conduire de pouvoir bénéficier d'un tel mode apprentissage. Pour tenir compte de cette extension, le décret n° 2020-605 du 18 mai 2020 a largement réécrit l'article R. 211-5-1, lequel vise expressément une telle hypothèse en la conditionnant à la validation de compétences minimales par l'inspecteur du permis de conduire (V. art. R. 211-5-1, 2°).

Loi du 24 décembre 2019 et décret du 29 juillet 2022. La loi du 24 décembre 2019 a par ailleurs modifié l'article L. 211-5 afin de permettre aux personnes suivant une formation professionnelle de pratiquer également la conduite encadrée lorsqu'elles préparent un titre professionnel délivré par le ministère du Travail en vue d'exercer un métier de la route (auparavant, seules les personnes suivant une formation en vue de l'obtention d'un diplôme de l'éducation nationale préparant à un tel métier pouvaient le faire) et afin d'autoriser la pratique de la conduite encadrée sur un véhicule du groupe lourd. Le décret n° 2022-1090 du 29 juillet 2022 a, en conséquence, réécrit l'article R. 211-5-2, dans lequel il a été ajouté des dispositions concernant la conduite encadrée par les personnes préparant un titre professionnel délivré par le ministère du Travail et permettant la conduite encadrée sur un véhicule du groupe lourd. ❑

Art. R. 211-3 *(Décr. nº 2009-1590 du 18 déc. 2009)* **Pour apprendre à conduire un véhicule à moteur sur une voie ouverte à la circulation publique, en vue de l'obtention du permis de conduire, il faut :**

1º Être âgé de seize ans minimum *(Décr. nº 2014-1295 du 31 oct. 2014, art. 3)* **« , ou de quinze ans dans le cadre de l'apprentissage dit anticipé de la conduite mentionné à l'article R. 211-5 » ;**

2º Être détenteur d'un livret d'apprentissage établi dans les conditions fixées par arrêté du *(Décr. nº 2012-688 du 7 mai 2012)* **« ministre chargé de la sécurité routière », et précisant les objectifs et la progressivité de la formation ;**

3º Être détenteur du formulaire de la demande de permis de conduire validée par le préfet du département dans lequel cette demande a été déposée, ou d'un récépissé du dépôt de la demande pour la catégorie B du permis de conduire délivré par le préfet pour une durée maximale de deux mois, dans les conditions fixées par arrêté du *(Décr. nº 2012-688 du 7 mai 2012)* **« ministre chargé de la sécurité routière » ;**

4º Être, durant l'apprentissage, sous la surveillance constante et directe d'un enseignant, titulaire de l'autorisation d'enseigner la conduite des véhicules à moteur mentionnée aux articles L. 212-1 et R. 212-1 correspondant à la catégorie du véhicule utilisé *(Décr. nº 2016-381 du 30 mars 2016, art. 2)* **« , d'une personne en cours de formation titulaire de l'autorisation temporaire et restrictive d'exercer mentionnée au I *bis* de l'article R. 212-1, » ou d'un accompagnateur titulaire, depuis au moins cinq ans sans interruption, du permis de conduire correspondant à la catégorie du véhicule utilisée.** *(Abrogé par Décr. nº 2015-1537 du 25 nov. 2015, art. 2)* ***« L'accompagnateur doit avoir suivi, dans les conditions définies par arrêté du*** *(Décr. nº 2012-688 du 7 mai 2012)* ***« ministre chargé de la sécurité routière », une formation spécifique le préparant à assurer cette fonction et à utiliser, dans de bonnes conditions, les dispositifs de double commande dont doit être équipé le véhicule conformément aux dispositions mentionnées à l'article R. 317-25. Toutefois, cette obligation de formation spécifique ne s'applique pas à l'accompagnateur exerçant cette fonction pendant les périodes dites d'apprentissage anticipé de la conduite, de conduite supervisée ou de conduite encadrée, mentionnées aux articles R. 211-5, R. 211-5-1 et R. 211-5-2 ; »***

5º Utiliser, durant l'apprentissage, un véhicule conforme aux dispositions de l'article R. 317-25.

Livret d'apprentissage : V. Arr. du 29 juill. 2013, mod. par Arr. du 12 mai 2014 (livret d'apprentissage catégorie B), et Arr. du 12 mai 2014 (livret d'apprentissage catégorie A1 et A2), mod. par Arr. du 19 déc. 2023, art. 6, en vigueur le 1er janv. 2024 (JO 27 déc.), App., vº Enseignement de la conduite.

V. aussi Arr. du 12 mai 2014 relatif au livret d'apprentissage des catégories D1, D1E, D et DE du permis de conduire (JO 25 mai), mod. par Arr. du 19 déc. 2023, art. 9, en vigueur le 1er janv. 2024 (JO 27 déc.), Arr. du 12 mai 2014 relatif au livret d'apprentissage des catégories C1, C1E, C, CE du permis de conduire (JO 25 mai), mod. par Arr. du 19 déc. 2023, art. 8, en vigueur le 1er janv. 2024 (JO 27 déc.), et Arr. du 12 mai 2014 relatif au livret d'apprentissage de la catégorie BE du permis de conduire (JO 25 mai), mod. par Arr. du 19 déc. 2023, art. 7, en vigueur le 1er janv. 2024 (JO 27 déc.).

Conditions de l'apprentissage de la conduite : V. Arr. du 16 juill. 2013 (apprentissage de la conduite des véhicules à moteur de la catégorie B du permis de conduire à titre non onéreux), App., vº Enseignement de la conduite.

Apprentissage de la conduite sur un véhicule équipé d'une boîte de vitesses automatique. L'apprentissage de la conduite peut être réalisé aussi bien sur des véhicules équipés d'une boîte de vitesses manuelle que sur des véhicules équipés d'une boîte de vitesses automatique. Actuellement, la grande majorité des élèves conducteurs est formée et passe son examen du permis de conduire sur des véhicules équipés d'une boîte de vitesses manuelle. Les élèves qui le souhaitent, souvent en raison des difficultés qu'ils éprouvent à manipuler la boîte de vitesses, peuvent prendre des leçons de conduite et passer leur examen sur un véhicule équipé d'une boîte de vitesses automatique. Dans ce cas, leur permis de conduire comporte une restriction les limitant à l'usage de ce type de véhicule. En revanche, les candidats à l'épreuve du permis de conduire qui passent leur examen sur un véhicule équipé d'une boîte de vitesses manuelle peuvent aussi conduire un véhicule équipé d'une boîte automatique. * Rép. min. nº 52520 : *JOAN Q, 31 août 2010. 9535.*

Art. R. 211-4 Pour chaque catégorie de permis de conduire, un arrêté du *(Décr. nº 2012-688 du 7 mai 2012)* « ministre chargé de la sécurité routière » définit le contenu, la progressivité ainsi que la durée minimale de la formation. S'agissant des véhicules dont le poids total autorisé en charge n'excède pas 3,5 tonnes, la durée minimale de la formation est identique à celle prévue dans le cadre de l'apprentissage anticipé de la conduite. — *[Anc. art. R. 123-2, al. 7.]*

Art. R. 211-5 *(Décr. nº 2009-1590 du 18 déc. 2009)* I. — L'apprentissage dit anticipé de la conduite est un apprentissage particulier dispensé en vue de l'obtention de la catégorie B du permis de conduire. Cet apprentissage ne peut être effectué après annulation ou invalidation du permis de conduire.

II. — Il comprend deux périodes :

1° Une période de formation initiale dans un établissement ou une association agréés au titre de l'article L. 213-1 ou L. 213-7.

Cette formation initiale est validée si l'élève conducteur a réussi l'épreuve théorique générale de l'examen du permis de conduire ou détient une catégorie du permis de conduire obtenue depuis cinq ans au plus, et s'il réussit l'évaluation réalisée par l'enseignant de la conduite à la fin de cette période ;

2° Une période d'apprentissage en conduite accompagnée sous la surveillance constante et directe d'un accompagnateur titulaire depuis au moins cinq ans sans interruption du permis de conduire de la catégorie B.

Cette période commence par un rendez-vous pédagogique préalable entre l'enseignant de la conduite, l'accompagnateur et l'élève conducteur. Deux autres rendez-vous pédagogiques doivent avoir lieu au cours de cette période, pendant laquelle l'élève conducteur doit parcourir une distance minimale pendant une durée minimale, précisées par arrêté du *(Décr. nº 2012-688 du 7 mai 2012)* « ministre chargé de la sécurité routière ».

III. — Les conditions dans lesquelles les établissements d'enseignement de la conduite peuvent proposer et encadrer un apprentissage anticipé de la conduite sont fixées par arrêté du *(Décr. nº 2012-688 du 7 mai 2012)* « ministre chargé de la sécurité routière ».

V. 2e Arr. du 22 déc. 2009 (apprentissage de la conduite des véhicules à moteur de la catégorie B dans un établissement d'enseignement agréé), App., vº Enseignement de la conduite.

La surveillance de l'élève conducteur pendant la période de conduite accompagnée doit être constante et directe et elle soumet l'accompagnateur à une obligation particulière de conseil, de prudence, de responsabilité et de sécurité. • T. corr. Chartres, 11 juill. 2000 : *BICC 2000, nº 1408 ; Jurispr. auto 2001. 267.*

Art. R. 211-5-1 *(Décr. nº 2009-1590 du 18 déc. 2009) (Décr. nº 2020-605 du 18 mai 2020, art. 2)* « La période d'apprentissage en conduite dite supervisée, prévue à l'article L. 211-4, par un accompagnateur titulaire depuis au moins cinq ans sans interruption de la catégorie B du permis de conduire est accessible, à partir de l'âge de dix-huit ans :

« 1° A tout élève conducteur, inscrit dans un établissement ou une association agréés au titre de l'article L. 213-1 ou L. 213-7 pour suivre une formation à la conduite des véhicules de la catégorie B après la validation de la formation initiale. »

La formation initiale est validée si l'élève conducteur a réussi l'épreuve théorique générale de l'examen du permis de conduire ou est titulaire d'une catégorie du permis de conduire obtenue depuis cinq ans au plus, et s'il a réussi l'évaluation réalisée par l'enseignant de la conduite *(Décr. nº 2020-605 du 18 mai 2020, art. 2)* « et de la sécurité routière » à la fin de cette période.

La période d'apprentissage en conduite supervisée *(Abrogé par Décr. nº 2020-605 du 18 mai 2020, art. 2)* ***« est accessible à partir de l'âge de dix-huit ans. Elle »*** commence par un rendez-vous pédagogique préalable entre l'enseignant de la conduite, l'accompagnateur et l'élève conducteur.

(Abrogé par Décr. nº 2015-1537 du 25 nov. 2015, art. 3-1º) ***« Au cours de cette période, l'élève doit participer à au moins un autre rendez-vous pédagogique et parcourir une distance minimale pendant une durée minimale, précisées par arrêté du*** *(Décr. nº 2012-688 du 7 mai 2012)* ***« ministre chargé de la sécurité routière ». »***

Les conditions dans lesquelles les établissements d'enseignement de la conduite *(Décr. n° 2015-1537 du 25 nov. 2015, art. 3-2°)* **« proposent et encadrent » une phase de conduite supervisée sont fixées par arrêté du** *(Décr. n° 2012-688 du 7 mai 2012)* **« ministre chargé de la sécurité routière ».** — *V. 2e Arr. du 22 déc. 2009.*

(Décr. n° 2020-605 du 18 mai 2020, art. 2) **« 2° Après validation, lors de l'épreuve pratique de l'examen du permis de conduire, des compétences minimales prévues par l'arrêté mentionné à l'article L. 211-4 par un inspecteur du permis de conduire et de la sécurité routière, par un agent public mentionné au quatrième alinéa de l'article D. 221-3 ou par l'un des agents publics ou contractuels mentionnés à l'article L. 221-5. »**

Art. R. 211-5-2 *(Décr. n° 2022-1090 du 29 juill. 2022)* **La conduite encadrée s'adresse, d'une part, aux élèves conducteurs, apprentis conducteurs et stagiaires en formation professionnelle, âgés de seize ans au moins et préparant un diplôme professionnel et, d'autre part, aux apprentis conducteurs et stagiaires en formation professionnelle, âgés de dix-huit ans au moins et préparant un titre professionnel délivré par le ministère du travail.**

La personne qui souhaite recourir à la conduite encadrée ne peut le faire que si :

1° Elle a préalablement validé les compétences théoriques et pratiques permettant d'obtenir le permis de conduire requis dans le cadre de la formation conduisant à l'obtention du diplôme ou du titre professionnel qu'elle souhaite obtenir ;

2° Elle a, préalablement à la période de conduite encadrée, participé avec l'accompagnateur désigné, selon le cas, au 1° ou au 2° du quatrième alinéa du présent article, à un rendez-vous pédagogique avec le formateur référent de l'enseignement de la conduite ou l'enseignant chargé de l'enseignement de la conduite dans le cadre de la formation professionnelle.

Au moins un autre rendez-vous pédagogique doit avoir lieu au cours de la période de conduite encadrée.

La conduite encadrée est pratiquée sur un véhicule :

1° De la catégorie B du permis de conduire, avec un accompagnateur titulaire depuis au moins cinq ans sans interruption du permis de conduire de cette catégorie ;

2° Des catégories C1, C1E, C, CE, D1, D1E, D, DE du permis de conduire, uniquement dans le cadre des périodes de formation en milieu professionnel ou des périodes d'alternance en entreprise, avec un accompagnateur titulaire, sous réserve qu'ils *[qu'elles]* **soient en cours de validité pour la catégorie du véhicule concerné, d'une part, du permis de conduire de la catégorie du véhicule concerné depuis au moins cinq ans sans interruption et, d'autre part, de la carte de qualification de conducteur mentionnée à l'article R. 3314-28 du code des transports.**

Un arrêté conjoint des ministres chargés de la sécurité routière, des transports, de l'emploi et de l'éducation nationale fixe les conditions d'application du présent article.

V. Arr. du 5 janv. 2023 relatif à la conduite encadrée (JO 13 janv.).

Art. R. 211-5-3 *(Décr. n° 2009-1590 du 18 déc. 2009)* **Lorsqu'une interdiction temporaire de délivrance du permis de conduire est prononcée par le préfet ou l'autorité judiciaire en application du présent code, la validité du formulaire de demande du permis de conduire ou du récépissé est suspendue jusqu'à l'expiration de cette interdiction.**

Le préfet notifie à l'élève conducteur cette interdiction et l'obligation de restituer à la préfecture, dans un délai de dix jours francs à compter de la notification, son formulaire de demande de permis validée ou son récépissé.

L'élève conducteur qui ne défère pas à cette obligation est passible de l'amende prévue pour les contraventions de la cinquième classe.

Art. R. 211-6 *(Décr. n° 2009-1590 du 18 déc. 2009)* **Les leçons de conduite des véhicules à moteur sont autorisées sur les autoroutes, dans les conditions fixées par arrêté conjoint du** *(Décr. n° 2012-688 du 7 mai 2012)* **« ministre chargé de la sécurité routière » et du ministre chargé de l'intérieur.**

Le fait, pour toute personne enseignant la conduite des véhicules à moteur, de contrevenir aux dispositions fixées par l'arrêté susmentionné est puni de l'amende prévue pour les contraventions de la deuxième classe.

V. 2e Arr. du 22 déc. 2009 (enseignement de la conduite des véhicules terrestres à moteur sur les autoroutes), App., vo Enseignement de la conduite.

Décret no 70-759 du 18 août 1970,

Portant règlement d'administration publique et relatif à l'application de la loi no 69-7 du 3 janvier 1969 relative aux voies rapides et complétant le régime de la voirie nationale et locale (D. et BLD 1970. 241).

Art. 7 Le préfet peut, sur tout ou partie d'une route express interdire les leçons de conduite automobile, les essais de véhicule à moteur ou de châssis, les courses, épreuves ou compétitions sportives.

Art. R. 211-7 *(Décr. no 2020-605 du 18 mai 2020, art. 3)* **Lorsqu'une mesure d'interdiction de se présenter à l'examen du permis de conduire a été prise en application de l'article L. 211-1 A, elle est notifiée à l'intéressé par lettre recommandée avec demande d'avis de réception.**

L'arrêté du préfet portant interdiction de se présenter à l'examen du permis de conduire est transmis sans délai au procureur de la République dans le ressort duquel l'infraction a été commise.

Le procureur de la République communique sans délai au préfet du lieu de l'infraction toute décision judiciaire exécutoire ou définitive prononcée pour une infraction punie par le présent code de la peine complémentaire d'interdiction de se présenter à l'examen du permis de conduire.

CHAPITRE II ENSEIGNEMENT À TITRE ONÉREUX ET ANIMATION DE STAGES DE SENSIBILISATION À LA SÉCURITÉ ROUTIÈRE

(Décr. no 2009-1678 du 29 déc. 2009, art. 2).

Les personnes titulaires d'un certificat d'aptitude à l'animation des stages de sensibilisation à la sécurité routière doivent, pour poursuivre leur activité, être titulaires d'une autorisation d'animer ces stages dans les conditions prévues au chapitre II du titre I du livre II C. route avant le 1er janv. 2013.

Toutefois, pour les personnes déjà titulaires d'un tel certificat avant la date de la publication de l'arrêté fixant les conditions d'exploitation des établissements chargés d'animer les stages de sensibilisation à la sécurité routière prévu au dern. al. de l'art. R. 213-2 C. route [Arr. du 26 juin 2012, JO 30 juin] et de l'arrêté relatif à l'autorisation d'animer les stages de sensibilisation à la sécurité routière prévu au III de l'art. R. 212-2 de ce code [Arr. du 26 juin 2012, JO 30 juin], les conditions fixées au II de ce dernier art. relatives à l'âge et, pour les titulaires du diplôme permettant de faire usage du titre de psychologue, au permis de conduire ne sont pas applicables pour l'obtention de cette autorisation et jusqu'à son premier renouvellement (Décr. no 2009-1678 du 29 déc. 2009, art. 24-1o, tel que modifié par Décr. no 2012-688 du 7 mai 2012, art. 1er).

COMMENTAIRE

L'intitulé du présent chapitre ainsi que plusieurs articles y figurant ont été modifiés par le décret no 2009-1678 du 29 décembre 2009.

Animation des stages de sensibilisation à la sécurité routière. Certaines de ces modifications sont à mettre en lien avec les dispositions de la loi du 5 mars 2007 étendant à l'animation des stages de sensibilisation à la sécurité routière certaines conditions requises pour l'enseignement de la conduite (V. comm. introductif du titre I, livre II, de la partie Législative). Par exemple, le décret du 29 décembre 2009 est venu préciser ici que l'animation des stages de sensibilisation à la sécurité routière est subordonnée, à l'instar de l'enseignement de la conduite, à une autorisation préfectorale délivrée pour une durée de cinq ans (V. art. R. 212-1).

Reconnaissance européenne des qualifications professionnelles. D'autres modifications – qui peuvent concerner aussi bien l'enseignement de la conduite que l'animation des stages de sensibilisation à la sécurité routière – sont, quant à elles, à mettre en lien avec l'ordonnance du 30 mai 2008 portant transposition de la directive communautaire du 7 septembre 2005 relative à la reconnaissance des qualifications professionnelles (V. comm. ss. art. L. 212-1). Par exemple, le décret du 29 décembre 2009 a reformulé, au sein du présent chapitre, les conditions requises pour qu'un titre acquis dans un État européen soit reconnu comme équivalent aux titres ou diplômes permettant en France d'enseigner la conduite (V. art. R. 212-3-1). Conformément à la directive précitée et à ses dispositions sur la libre prestation de service, le décret du 29 décembre 2009 est également venu préciser ici les conditions que doit remplir un ressortissant européen pour qu'il puisse exercer, de façon temporaire et occasionnelle, l'activité d'enseignement de la conduite ou d'animation de stages de sensibilisation à la sécurité routière (V. art. R. 212-1, II).

Toutes ces dispositions qui visent à assurer la reconnaissance européenne des qualifications professionnelles ont cependant été retouchées par le décret n° 2016-613 du 17 mai 2016, pour tenir compte des modifications apportées à la directive du 7 septembre 2005 par une directive du 20 novembre 2013 (V. comm. ss. art. L. 212-1). Dans cette perspective, le décret du 17 mai 2016 a ainsi apporté quelques modifications aux conditions requises pour qu'un ressortissant européen puisse exercer, de façon temporaire et occasionnelle, l'activité d'enseignement de la conduite ou d'animation de stages de sensibilisation à la sécurité routière. Il a également ajouté des dispositions visant à permettre aux ressortissants européens un accès partiel aux activités professionnelles concernées (V. art. R. 212-3-1, 4°).

Sur la reconnaissance européenne des qualifications professionnelles, voir aussi les articles R. 213-2-1 et R. 213-2-2 concernant l'exploitation d'un établissement d'enseignement, à titre onéreux, de la conduite ou d'un établissement organisant des stages de sensibilisation à la sécurité routière ; les articles R. 323-18-1 et suivants concernant l'exercice de la profession de contrôleur technique, et les articles R. 326-6 et suivants concernant la profession d'expert en automobile.

Autres modifications. Notons enfin que d'autres modifications ont été apportées aux dispositions du présent chapitre par un décret du 31 octobre 2014 et par un décret du 30 mars 2016.

Le décret n° 2014-1295 du 31 octobre 2014 a ainsi réécrit intégralement l'article R. 212-3 fixant la liste des titres ou diplômes requis pour pouvoir enseigner la conduite et la sécurité routière, et ce en lien avec la directive du 20 décembre 2006 relative au permis de conduire et les différentes catégories de permis qu'elle prévoit. Il a également ajouté plusieurs délits à la liste des infractions figurant à l'article R. 212-4 dont les dispositions visent à garantir la bonne moralité des professionnels qui veulent enseigner la conduite ou animer des stages de sensibilisation à la sécurité routière.

Le décret n° 2016-381 du 30 mars 2016 a, quant à lui, inséré plusieurs dispositions au sein des articles R. 212-1 et R. 212-2 précisant les modalités d'exercice de l'enseignement de la conduite par les personnes qui sont en cours de formation pour devenir enseignant, comme le permet l'article L. 212-2 du présent code depuis une loi du 16 février 2015. Il a par ailleurs modifié l'article R. 212-3 pour y intégrer le titre professionnel d'enseignant de la conduite et de la sécurité routière qui a remplacé, depuis le 1er janvier 2017, le brevet pour l'exercice de la profession d'enseignant de la conduite automobile et de la sécurité routière (BEPECASER), sous réserve des dispositions particulières prévues par cet article concernant les mentions « deux roues » et « groupe lourd » de ce diplôme. ❑

A été rejeté le recours en annulation contre le Décr. du 29 déc. 2009 relatif à l'enseignement de la conduite et à l'animation de stages de sensibilisation à la sécurité routière, ce décret ne portant pas atteinte notamment au principe de sécurité juridique. Ayant pour objet, conformément à la volonté du législateur, de conforter la qualité et l'efficacité des stages de sensibilisation à la sécurité routière en renforçant les conditions d'agrément des établissements organisant ces stages, le Décr. du 29 déc. 2009 a en effet prévu que les agréments pour l'organisation des stages de sensibilisation à la sécurité routière délivrés avant l'entrée en vigueur de ses dispositions demeuraient valides jusqu'au 30 juin 2010 pour permettre aux organisateurs déjà titulaires d'un agrément de se mettre en conformité avec les nouvelles exigences posées ; une échéance qui a, au demeurant, été reportée au 1er janvier 2011 par le Décr. du 15 mars 2010 modifiant le Décr. du 29 décembre 2009. En prolongeant ainsi la validité des agréments en cours, le pouvoir réglementaire a donc laissé à leurs bénéficiaires un délai raisonnable pour s'adapter à la modification de la réglementation. • CE 11 févr. 2011, *Sté Allo permis et a.*, n° 337018 B : *AJDA 2011. 1167*.

Art. R. 212-1 *(Décr. n° 2009-1678 du 29 déc. 2009, art. 3)* **« I. — » L'autorisation d'enseigner la conduite des véhicules à moteur d'une catégorie donnée et la sécurité**

routière *(Décr. n° 2009-1678 du 29 déc. 2009, art. 3)* « ainsi que l'autorisation d'animer les stages de sensibilisation à la sécurité routière mentionnés aux articles L. 223-6 et R. 223-5 sont délivrées », pour une durée de cinq ans, par le préfet du lieu de résidence du demandeur ou, pour un non-résident en France, par le préfet du département où il envisage d'exercer la profession d'enseignant *(Décr. n° 2009-1678 du 29 déc. 2009, art. 3)* « ou d'animateur », dans les conditions fixées par arrêté du *(Décr. n° 2012-688 du 7 mai 2012)* « ministre chargé de la sécurité routière ».

(Décr. n° 2016-381 du 30 mars 2016, art. 3) « I *bis*. — L'autorisation temporaire et restrictive d'exercer est délivrée pour une durée de douze mois non renouvelable, dans les conditions fixées par le I *bis* de l'article R. 212-2, par le préfet du département où se trouve le siège de l'établissement d'enseignement de la conduite et de la sécurité routière avec lequel le demandeur, en cours de formation pour l'accès au titre professionnel, envisage d'exercer.

« Cette autorisation permet à son titulaire l'exercice des seules compétences composant le certificat de compétences professionnelles qu'il a obtenu.

« La proportion maximale par entreprise des personnes en cours de formation, mentionnées au 3° du I de l'article L. 212-2, représente 20 % par excès de l'effectif total, calculé en équivalent temps plein, des enseignants de la conduite et de la sécurité routière, salariés ou exploitants, titulaires d'une autorisation d'enseigner en cours de validité.

« I *ter*. — Les autorisations mentionnées aux I et I *bis* sont valables sur l'ensemble du territoire national. Ces autorisations, ainsi que toutes les mesures affectant leur validité, sont inscrites dans un registre national qui est élaboré et tenu à jour dans les conditions prévues par la loi n° 78-17 du 6 janvier 1978 relative à l'informatique, aux fichiers et aux libertés. »

(Décr. n° 2009-1678 du 29 déc. 2009, art. 3) « II. — La déclaration mentionnée au II de l'article L. 212-1 est adressée au préfet du département dans lequel le prestataire envisage d'exercer l'activité d'enseignement de la conduite ou d'animation de stages de sensibilisation à la sécurité routière, ou les deux, pour la première fois sur le territoire national, accompagnée des documents suivants :

« 1° Une preuve de la nationalité du professionnel ;

« 2° Une attestation certifiant qu'il est légalement établi dans un autre État membre de *(Décr. n° 2016-613 du 17 mai 2016, art. 1er-2°)* « l'Union » européenne ou dans un autre État partie à l'accord sur l'Espace économique européen pour y exercer, selon le cas, soit l'activité d'enseignement de la conduite, soit l'activité d'animation de stages de sensibilisation à la sécurité routière, soit les deux, et qu'il n'encourt, *(Décr. n° 2016-613 du 17 mai 2016, art. 1er-1°)* « au moment de la délivrance de l'attestation, aucune interdiction temporaire ou définitive d'exercer la profession, ni aucune condamnation pénale prévue à l'article R. 212-4 du code de la route » ;

« 3° Une preuve de ses qualifications professionnelles ;

« 4° » *(Décr. n° 2016-613 du 17 mai 2016, art. 1er-1°)* « Le cas échéant, la preuve par tout moyen qu'il a exercé l'activité mentionnée au premier alinéa ci-dessus pendant la durée prévue au premier alinéa du II de l'article L. 212-1 dans un ou plusieurs États membres, lorsque l'activité ou la formation y conduisant n'est pas réglementée dans l'État du lieu d'établissement.

« La déclaration et les documents joints peuvent être transmis par tout moyen, accompagnés, le cas échéant, de leur traduction en langue française.

« III. — Au vu de la déclaration mentionnée au deuxième alinéa du II de l'article L. 212-1, le préfet procède à la vérification des qualifications professionnelles du prestataire prévue à cet article.

« Dans un délai maximal d'un mois à compter de la réception de la déclaration et des documents prévus au II, le préfet informe le prestataire de sa décision consistant soit à autoriser la prestation de service sans vérification des qualifications professionnelles, soit après vérification, d'autoriser la prestation de service ou d'imposer à l'intéressé une épreuve d'aptitude dans les conditions prévues ci-après.

« La prestation de service consiste en l'exercice de tout ou partie des activités autorisées.

« En cas de demande d'informations complémentaires ou de difficulté susceptible de provoquer un retard dans sa décision, le préfet informe le prestataire dans ce même délai des causes de ce retard. La difficulté est résolue dans le mois qui suit cette information. La décision du préfet est prise dans les deux mois qui suivent la levée des difficultés ou de la réponse à la demande d'information.

« En cas de différence substantielle existant entre les qualifications professionnelles du prestataire et la formation exigée en France pour l'enseignement de la conduite ou l'animation de stages de sensibilisation à la sécurité routière, qui ne peut être considérée comme étant compensée par l'expérience professionnelle du prestataire ou par les connaissances, aptitudes et compétences acquises et qui est de nature à nuire à la sécurité des bénéficiaires du service, le prestataire se voit offrir la possibilité de démontrer qu'il a acquis les connaissances et compétences manquantes en passant une épreuve d'aptitude. Cette épreuve d'aptitude est organisée et les résultats lui en sont communiqués dans un délai maximal de trente jours à compter de la décision mentionnée au deuxième alinéa ci-dessus. »

(Décr. n° 2009-1678 du 29 déc. 2009, art. 3) « En l'absence de décision du préfet, ou, le cas échéant, de l'organisation de l'épreuve d'aptitude, dans les délais prévus ci-dessus, la prestation de services peut être effectuée.

« Un arrêté du *(Décr. n° 2012-688 du 7 mai 2012)* « ministre chargé de la sécurité routière » fixe les conditions d'application du présent article. »

V. App., v° Enseignement de la conduite : 1er Arr. du 8 janv. 2001 (autorisation d'enseigner, à titre onéreux, la conduite des véhicules à moteur et la sécurité routière), mod. par Arr. du 4 sept. 2017 (JO 12 sept.). — 1er Arr. du 13 avr. 2016 (autorisation temporaire et restrictive d'exercer mentionnée à l'art. R. 212-1 C. route). — App., v° Sécurité routière, 1er Arr. du 26 juin 2012 (autorisation d'animer les stages de sensibilisation à la sécurité routière).

Concernant les demandes d'autorisation d'enseigner la conduite et la sécurité routière et d'animer les stages de sensibilisation à la sécurité routière, le silence gardé par l'administration pendant un délai de deux mois vaut, par exception, décision de rejet (Décr. n° 2014-1294 du 23 oct. 2014, JO 1er nov.).

Art. R. 212-2 *(Décr. n° 2009-1678 du 29 déc. 2009, art. 4)* « I. — » L'autorisation d'enseigner *(Décr. n° 2009-1678 du 29 déc. 2009, art. 4)* « la conduite et la sécurité routière » est délivrée aux personnes remplissant les conditions suivantes :

(Décr. n° 2009-1678 du 29 déc. 2009, art. 4) « 1° » Être titulaire d'un des titres ou diplômes mentionnés à l'article R. 212-3 ;

(Décr. n° 2009-1678 du 29 déc. 2009, art. 4) « 2° » Être âgé d'au moins vingt ans ;

(Décr. n° 2009-1678 du 29 déc. 2009, art. 4) « 3° Être titulaire du permis de conduire de la catégorie B dont le délai probatoire fixé à l'article L. 223-1 est expiré ; »

(Décr. n° 2012-886 du 17 juill. 2012, art. 3, en vigueur le 1er sept. 2012) « 4° Remplir les conditions d'aptitude physique, cognitive et sensorielle requises pour l'obtention du permis de conduire des catégories *(Décr. n° 2016-381 du 30 mars 2016, art. 4-1°)* « C1, C, D1, D, C1E, CE, D1E et DE » dont les modalités sont fixées par arrêté du ministre chargé de la sécurité routière.

« Le maintien de cette aptitude est subordonné à l'avis émis par un médecin agréé consultant hors commission médicale ou par la commission médicale, dans les conditions fixées au 2° du I de l'article R. 221-11.

« La validité de l'autorisation d'enseigner est limitée à l'enseignement théorique lorsqu'une décision d'inaptitude à l'enseignement pratique de la conduite ou à la conduite elle-même a été prise par le préfet après avis du médecin précité ou de la commission médicale. »

(Décr. n° 2016-381 du 30 mars 2016, art. 4-2°) « I *bis*. — L'autorisation temporaire et restrictive d'exercer est délivrée aux personnes remplissant les conditions mentionnées aux 2°, 3° et 4° du I, ainsi que les conditions suivantes :

« 1° Être titulaire d'un des certificats de compétences professionnelles composant le titre professionnel délivré par le ministre chargé de l'emploi, mentionné au I de l'article R. 212-3 ;

« 2° Avoir souscrit un contrat de travail avec un établissement agréé d'enseignement de la conduite et de la sécurité routière ;

« 3° Être inscrit à une session d'examen permettant de compléter la validation des compétences nécessaire à l'obtention du titre professionnel d'enseignant de la conduite et de la sécurité routière. »

(Décr. n° 2009-1678 du 29 déc. 2009, art. 4) « II. — L'autorisation d'animer les stages de sensibilisation à la sécurité routière est délivrée aux personnes remplissant les conditions suivantes :

« — soit être titulaire de l'autorisation d'enseigner mentionnée au I du présent article et d'un diplôme complémentaire dans le domaine de la formation à la sécurité routière figurant sur une liste fixée par arrêté du *(Décr. n° 2012-688 du 7 mai 2012)* « ministre chargé de la sécurité routière » ;

« — soit être titulaire d'un diplôme permettant de faire usage du titre de psychologue et du permis de conduire dont le délai probatoire fixé à l'article L. 223-1 est expiré ;

« — et, dans les deux cas, être âgé d'au moins vingt-cinq ans et être titulaire d'une attestation de suivi de formation initiale à l'animation de stages de sensibilisation à la sécurité routière délivrée dans les conditions fixées par arrêté du *(Décr. n° 2012-688 du 7 mai 2012)* « ministre chargé de la sécurité routière ».

« III. — Un arrêté du *(Décr. n° 2012-688 du 7 mai 2012)* « ministre chargé de la sécurité routière » définit les conditions d'application du présent article. »

Art. R. 212-3 *(Décr. n° 2014-1295 du 31 oct. 2014, art. 4)* Les titres ou diplômes prévus au 1° du I de l'article R. 212-2 sont :

(Décr. n° 2016-381 du 30 mars 2016, art. 5-1° et 2°) « I. — Le titre professionnel d'enseignant de la conduite automobile et de la sécurité routière et les certificats de spécialisation de ce titre délivrés par le ministre chargé de l'emploi en application des articles R. 338-1 et suivants du code de l'éducation.

« II. — Le brevet pour l'exercice de la profession d'enseignant de la conduite automobile et de la sécurité routière (BEPECASER) obtenu avant le 31 décembre 2016 et les mentions "deux roues" et "groupe lourd" de ce même diplôme obtenues avant le 31 décembre 2019, dans des conditions fixées par un arrêté du ministre chargé de la sécurité routière. Ces mentions correspondent respectivement aux catégories AM, A1, A2 et A et aux catégories C1, C, D1, D, C1E, CE, D1E et DE du permis de conduire. »

III. — L'un des titres ou diplômes énumérés ci-après :

1° Pour l'enseignement de la conduite des véhicules terrestres à moteur relevant de la catégorie B, B1 et BE du permis de conduire :

a) Le certificat d'aptitude professionnelle à l'enseignement de la conduite des véhicules terrestres à moteur (CAPEC) ;

b) La carte professionnelle et le certificat d'aptitude professionnelle et pédagogique (CAPP) ;

c) Les titres ou diplômes militaires définis par arrêté conjoint du ministre chargé de la sécurité routière et du ministre de la défense ;

d) Les diplômes d'enseignement de la conduite délivrés par les collectivités d'outre-mer et la Nouvelle-Calédonie ;

2° Pour l'enseignement de la conduite des véhicules correspondant aux mentions précisées au I :

a) Le certificat d'aptitude professionnelle à l'enseignement de la conduite des véhicules terrestres à moteur (CAPEC), pour les personnes ayant subi avec succès la ou les épreuves correspondantes auxdites mentions ;

b) Les titres ou diplômes mentionnés aux *b, c* et *d* du 1° du II à la condition que les titulaires aient été en possession, le 1er janvier 1982, des catégories de permis de conduire correspondantes.

IV. — Une qualification professionnelle satisfaisant aux conditions prévues à l'article R. 212-3-1.

V. — Un diplôme d'enseignement de la conduite délivré par un État qui n'est ni membre de l'Union européenne ni partie à l'accord sur l'Espace économique euro-

péen et reconnu pour l'exercice de la profession d'enseignant de la conduite automobile et de la sécurité routière par décision du ministre chargé de la sécurité routière.

Les II, III et IV deviennent respectivement les III, IV et V (Décr. nº 2016-381 du 30 mars 2016, art. 5-3º).

V. App., vº Enseignement de la conduite, Arr. du 19 déc. 2016 (mentions « deux roues » et « groupe lourd » du BEPECASER), Arr. du 26 janv. 2021 (titre professionnel d'enseignant de la conduite et de la sécurité routière).

Titres ou diplômes militaires requis pour la délivrance de l'autorisation d'enseigner la conduite des véhicules terrestres à moteur et la sécurité routière, V. Arr. du 3 déc. 2019 (JO 7 déc.).

Art. R. 212-3-1 *(Décr. nº 2009-1678 du 29 déc. 2009, art. 6)* **Les personnes ayant acquis leurs qualifications dans un autre État membre de** *(Décr. nº 2016-613 du 17 mai 2016, art. 1er-2º)* **« l'Union » européenne ou dans un autre État partie à l'accord sur l'Espace économique européen sont réputées satisfaire aux conditions de qualification professionnelle énoncées au 1º du I ou au II de l'article R. 212-2 dans les conditions suivantes :**

1º Conditions générales de la reconnaissance :

a) **Lorsque l'État dans lequel ont été acquises les qualifications réglemente la profession, le demandeur doit posséder l'attestation de compétences ou le titre de formation prescrit pour exercer la profession dans cet État ;**

b) **Lorsque l'État dans lequel ont été acquises les qualifications ne réglemente pas la profession, le demandeur doit avoir exercé la profession au cours des dix années précédentes** *(Décr. nº 2016-613 du 17 mai 2016, art. 1er-4º)* **« dans un ou plusieurs États membres, un an, consécutif ou non, à temps plein ou pendant une durée totale équivalente, à temps partiel », et posséder au moins une attestation de compétences ou un titre de formation attestant la préparation à l'exercice de cette profession.** *(Abrogé par Décr. nº 2016-613 du 17 mai 2016, art. 1er-3º)* ***« La condition relative à l'expérience professionnelle n'est toutefois pas exigée quand le candidat possède un titre sanctionnant une formation réglementée, spécifiquement orientée sur l'exercice de la profession, correspondant au minimum à un cycle d'études secondaires » ;***

2º Conditions de validité des titres :

Les attestations de compétences ou les titres de formation mentionnés aux *a* et *b* du 1º doivent avoir été délivrés par une autorité compétente de l'État dans lequel ont été acquises les qualifications.

Est assimilé au titre de formation mentionné aux *a* et *b* du 1º tout titre de formation ou ensemble de titres de formation qui :

— a été délivré par une autorité compétente d'un autre État membre de *(Décr. nº 2016-613 du 17 mai 2016, art. 1er-2º)* **« l'Union » européenne ou d'un autre État partie à l'accord sur l'Espace économique européen ;**

— sanctionne une formation acquise dans *(Décr. nº 2016-613 du 17 mai 2016, art. 1er-2º)* **« l'Union » européenne ou dans l'Espace économique européen et reconnue par l'État de délivrance du titre comme étant de niveau équivalent ;**

— et confère les mêmes droits d'accès ou d'exercice de la profession, ou prépare à l'exercice de cette profession.

Est également assimilée à un tel titre de formation toute qualification professionnelle qui, sans répondre aux exigences prévues par les dispositions législatives, réglementaires ou administratives de l'État dans lequel ont été acquises les qualifications pour l'accès à la profession ou son exercice, confère à son titulaire des droits acquis en vertu de ces dispositions.

Peuvent également justifier de leur capacité à exercer la profession les personnes qui possèdent un titre permettant son exercice, acquis dans un pays tiers et admis en équivalence dans un État membre de *(Décr. nº 2016-613 du 17 mai 2016, art. 1er-2º)* **« l'Union » européenne ou dans un État partie à l'accord sur l'Espace économique européen si cet État réglemente l'exercice de la profession. Elles doivent en outre justifier avoir exercé la profession pendant trois ans dans l'État qui a admis l'équivalence de leur titre ;**

3° Mesures de compensation :

Il peut être exigé de la personne qui remplit les conditions fixées aux alinéas précédents qu'elle accomplisse, selon son choix, un stage d'adaptation d'une durée maximum d'un an ou qu'elle se soumette à une épreuve d'aptitude dans l'un des cas suivants :

a) Lorsque la formation qu'elle a reçue porte sur des matières substantiellement différentes de celles que comporte la formation exigée des personnes ayant acquis leurs qualifications en France ;

b) Lorsqu'une ou plusieurs des activités réglementées constitutives de la formation exigée en France n'existent pas dans la profession correspondante dans l'État ayant délivré l'attestation de compétences ou le titre de formation dont elle fait état, et que cette différence est caractérisée par une formation spécifique qui est requise en France et qui porte sur des matières substantiellement différentes de celles couvertes par l'attestation de compétences ou le titre de formation.

Le contenu du stage d'adaptation ou de l'épreuve d'aptitude tient compte des connaissances acquises par le candidat au cours de son expérience professionnelle *(Décr. n° 2016-613 du 17 mai 2016, art. 1er-4°)* « ou lors de son apprentissage tout au long de la vie.

« Par dérogation au deuxième alinéa ci-dessus, le préfet de département peut imposer au demandeur, par une décision motivée, soit le stage d'adaptation soit l'épreuve d'aptitude mentionnés ci-dessus, lesquels doivent intervenir dans les six mois à compter de cette décision.

« Le préfet prend sa décision après avoir vérifié les connaissances, les aptitudes et les compétences que le demandeur a acquises au cours de son expérience professionnelle à temps plein ou à temps partiel ou par la voie de l'apprentissage tout au long de la vie, et ayant fait l'objet à cette fin d'une validation en bonne et due forme par un organisme compétent, dans un État membre ou dans un pays tiers.

« Les conditions dans lesquelles cette décision du préfet peut intervenir sont précisées par un arrêté du ministre chargé de la sécurité routière. »

Le candidat est dispensé du stage d'adaptation ou de l'épreuve d'aptitude si les connaissances qu'il a acquises au cours de son expérience professionnelle couvrent l'intégralité de la différence substantielle constatée entre la formation qu'il a reçue et la formation dispensée sur le territoire français et requise pour l'enseignement de la conduite ou l'animation de stages de sensibilisation à la sécurité routière.

Les dispositions fixées au présent article sont précisées par arrêté du *(Décr. n° 2012-688 du 7 mai 2012)* « ministre chargé de la sécurité routière » ;

(Décr. n° 2016-613 du 17 mai 2016, art. 1er-3°) « 4° Peuvent s'établir en France, pour y exercer tout ou partie des activités placées sous le régime du III de l'article L. 212-1, les personnes, ressortissant d'un État membre de l'Union européenne ou d'un État partie à l'Espace économique européen :

« *a)* Lorsqu'elles sont titulaires d'une attestation de compétences ou d'un titre de formation requis par l'autorité compétente d'un de ces États pour accéder à ces activités sur son territoire ou les y exercer ;

« *b)* Ou, dans le cas où l'État dont elles sont le ressortissant ne réglemente pas l'exercice des activités en cause, lorsqu'elles peuvent justifier de l'exercice de ces activités à temps plein pendant une durée d'un an ou à temps partiel pendant une durée totale équivalente au cours des dix années précédentes. »

Concernant les demandes de reconnaissance d'équivalence des qualifications acquises dans un État membre de l'Union européenne ou de l'Espace économique européen par un enseignant de la conduite ou un animateur de stages de sensibilisation à la sécurité routière, le délai à l'expiration duquel le silence gardé par l'administration vaut décision d'acceptation est, par exception, de quatre mois (Décr. n° 2014-1293 du 23 oct. 2014, JO 1er nov.).

V. Arr. du 13 sept. 2017 relatif à la reconnaissance des qualifications acquises dans un État membre de l'Union européenne ou dans un autre État partie à l'accord sur l'Espace économique européen par les personnes souhaitant exercer les professions réglementées de l'éducation routière (JO 20 sept.).

Art. R. 212-3-2 *(Décr. nº 2009-1678 du 29 déc. 2009, art. 6)* Les personnes ayant obtenu la reconnaissance de leurs qualifications professionnelles acquises dans d'autres États ou souhaitant exercer une prestation temporaire et occasionnelle dans les conditions du II de l'article L. 212-1 doivent avoir *(Décr. nº 2016-613 du 17 mai 2016, art. 1er-5º)* « un niveau de connaissance du français suffisant pour » l'exercice de l'activité d'enseignant de la conduite ou d'animateur de stages de sensibilisation à la sécurité routière en France.

(Décr. nº 2016-613 du 17 mai 2016, art. 1er-5º) « Le préfet peut contrôler le respect par les professionnels de cette obligation lorsqu'il existe un doute sérieux et concret sur leur niveau de connaissance du français au regard des activités qu'ils entendent exercer.

« Ce contrôle est limité à la connaissance du français et est réalisé après la reconnaissance de la qualification professionnelle de l'intéressé. »

Art. R. 212-4 *(Décr. nº 2016-381 du 30 mars 2016, art. 6)* « Les autorisations mentionnées à l'article R. 212-2 ne peuvent être délivrées » aux personnes qui ont fait l'objet d'une condamnation prononcée par une juridiction française ou par une juridiction étrangère, à une peine criminelle, ou à une peine correctionnelle pour l'une des infractions suivantes :

I. — Délits d'atteinte à la personne humaine prévus par le code pénal :

— atteinte involontaire à la vie *(Décr. nº 2003-642 du 11 juill. 2003, art. 5-I)* « (art. 221-6-1) » ;

— atteinte à l'intégrité physique ou psychique de la personne (art. 222-9 à 222-13, 222-14 [3º et 4º], *(Décr. nº 2003-642 du 11 juill. 2003, art. 5-I)* « 222-19-1 et 222-20-1 », 222-27 à 222-33) ;

— mise en danger de la vie d'autrui (art. 223-1) ;

— trafic de stupéfiants (art. 222-36 [1er alinéa], 222-37 à 222-40) ;

— entrave aux mesures d'assistance et omission de porter secours (art. 223-5 à 223-7) ;

— proxénétisme (art. 225-5 à 225-7, art. 225-10 et 225-11) ;

(Décr. nº 2014-1295 du 31 oct. 2014, art. 5-1º) « — provocation de mineur à l'usage illicite de stupéfiants (art. 227-18) ;

« — provocation de mineur au trafic de stupéfiants (art. 227-18-1) ;

« — provocation de mineur à la consommation habituelle et excessive de boissons alcooliques (art. 227-19) ;

« — provocation de mineur à la commission d'un crime ou d'un délit (art. 227-21) ;

« — corruption de mineur (art. 227-22) ;

« — propositions sexuelles à un mineur de quinze ans en utilisant un moyen de communication électronique (art. 227-22-1) ;

« — fixation, enregistrement ou transmission d'images de mineur à caractère pornographique, offre, diffusion, importation, exportation, acquisition ou détention de ces images, consultation d'un service de communication au public en ligne mettant à disposition ces images (art. 227-23) ;

« — fabrication, transport, diffusion ou commerce d'un message violent, pornographique ou incitant à se livrer à des jeux dangereux susceptible d'être vu ou perçu par un mineur (art. 227-24) ;

« — incitation à la soumission ou à la commission d'une mutilation sexuelle d'un mineur (art. 227-24-1) ;

« — atteinte sexuelle sur mineur de quinze ans (art. 227-25 et 227-26) ;

« — atteinte sexuelle sur mineur de plus de quinze ans par ascendant ou personne ayant autorité (art. 227-27) ;

« — atteinte sexuelle sur mineur de plus de quinze ans par personne abusant de l'autorité que lui confèrent ses fonctions (art. 227-27) ;

« — provocation à la commission à l'encontre d'un mineur de l'un des crimes ou délits visés aux articles 222-22 à 222-31, 225-5 à 225-11, 227-22, 227-23 et 227-25 à 227-28 (art. 227-28-3). »

II. – Délits d'atteinte aux biens prévus par le code pénal :
– vol et tentative (art. 311-3 à 311-6 et 311-13) ;
– extorsion et tentative (art. 312-1, 312-2 et 312-9) ;
– escroquerie et tentative (art. 313-1 à 313-4) ;
– abus de confiance (art. 314-1) ;
– détournement de gage ou d'objet saisi (art. 314-5 et 314-6) ;
– organisation frauduleuse de l'insolvabilité (art. 314-7) ;
– recel (art. 321-1 et 321-2) ;
– détérioration de biens et tentative (art. 322-1 à 322-4).

III. – Délits d'atteinte à l'autorité de l'État et à la confiance publique prévus par le code pénal :
– corruption active et trafic d'influence (art. 433-1 et 433-2) ;
– outrage et rébellion envers une personne dépositaire de l'autorité publique *(Décr. n° 2018-795 du 17 sept. 2018, art. 14)* « ou chargée d'une mission de service public telle que définie aux articles R. 213-4 et D. 221-3, dans l'exercice ou à l'occasion de l'exercice de sa mission » (art. 433-5, 433-7 et 433-8) ;
– témoignage mensonger et subornation de témoin (art. 434-13 à 434-15) ;
– violation, par le condamné, des obligations ou interdictions résultant des peines de suspension ou d'annulation du permis de conduire ou refus de restituer celui-ci *(Décr. n° 2009-1678 du 29 déc. 2009, art. 7)* « ou destruction ou détournement d'un véhicule immobilisé (art. 434-41) ; »
– faux, usage de faux en écriture et détention de faux documents administratifs (art. 441-1 à 441-3) ;
– établissement d'attestation, ou de certificat inexact, après avoir sollicité des offres, dons ou avantages (art. 441-8).

IV. – Délit prévu par la loi du 23 décembre 1901 modifiée réprimant les fraudes dans les examens et concours publics.

V. – Délits prévus par le code du travail :
– atteinte à l'égalité professionnelle entre les hommes et les femmes *(Décr. n° 2009-1678 du 29 déc. 2009, art. 7)* « (art. L. 1142-1 et L. 1146-1) ; »
– fourniture illégale de main d'œuvre *(Décr. n° 2009-1678 du 29 déc. 2009, art. 7)* « (art. L. 8231-1 et L. 8234-1) ; »
– prêt de main-d'œuvre *(Décr. n° 2009-1678 du 29 déc. 2009, art. 7)* « (art. L. 8241-1 et L. 8243-1) ; »
– travail dissimulé *(Décr. n° 2009-1678 du 29 déc. 2009, art. 7)* « (art. L. 8221-1, L. 8221-3 à L. 8221-5, L. 8224-1) ; »
– emploi d'étranger en situation irrégulière *(Décr. n° 2009-1678 du 29 déc. 2009, art. 7)* « (art. L. 8251-1, L. 8256-1, L. 8256-2). »

VI. – Délits prévus par le code de la route :
(Décr. n° 2009-1678 du 29 déc. 2009, art. 7) « – délit de fuite, refus d'obtempérer à une sommation d'arrêt, refus d'obtempérer aggravé par la mise en danger d'autrui, refus de se soumettre aux vérifications concernant son véhicule ou sa personne, conduite ou accompagnement sous l'empire d'un état alcoolique ou en état d'ivresse, refus de se soumettre aux vérifications destinées à établir la preuve de l'état alcoolique, conduite ou accompagnement sous l'influence de substances ou plantes classées comme stupéfiants, refus de se soumettre aux vérifications destinées à établir la preuve de la conduite sous l'influence de substances ou plantes classées comme stupéfiants (art. L. 231-1, L. 233-1, L. 233-1-1, L. 233-2, L. 234-1, L. 234-8, L. 235-1 et L. 235-3) ; »
– entrave *(Décr. n° 2009-1678 du 29 déc. 2009, art. 7)* « volontaire » à la circulation (art. L. 412-1) ;
– *(Décr. n° 2009-1678 du 29 déc. 2009, art. 7)* « usage d'une fausse plaque d'immatriculation, circulation sans plaque d'immatriculation, mise en circulation d'un véhicule muni de plaques inexactes, usurpation de plaques », modification du dispositif de limitation de vitesse par construction des véhicules de transports routiers, absence à bord du véhicule du transport routier de certains documents, destruction ou détournement d'un véhicule confisqué (art. L. 234-12 (III), L. 317-1 à L. 317-4,

(Décr. n° 2009-1678 du 29 déc. 2009, art. 7) « **L. 317-4-1** et **L. 325-4** *[C. transp., art. L. 3242-1]* ») ; – *L'art. L. 325-4 C. route a été abrogé par l'Ord. n° 2010-1307 du 28 oct. 2010, art. 7. – V. désormais C. transp., art. L. 3242-1, App., v° Transports routiers.*

– conduite *(Abrogé par Décr. n° 2009-1678 du 29 déc. 2009, art. 7)* **« en récidive » d'un véhicule sans être titulaire du permis de conduire correspondant à la catégorie du véhicule considéré, conduite d'un véhicule malgré la rétention,** *(Décr. n° 2003-642 du 11 juill. 2003, art. 5-I)* **« l'invalidation, » la suspension ou l'annulation du permis de conduire (art. L. 221-2,** *(Décr. n° 2003-642 du 11 juill. 2003, art. 5-I)* **« L. 223-5 » et L. 224-16) ;**

– enseignement de la conduite des véhicules terrestres à moteur *(Décr. n° 2015-1537 du 25 nov. 2015, art. 4-1°)* **« ou animation d'un stage de sensibilisation à la sécurité routière » sans autorisation ou en violation d'une mesure de suspension (art. L. 212-4) ;**

(Décr. n° 2014-1295 du 31 oct. 2014, art. 5-2°) **« – exploitation d'un établissement d'enseignement de la conduite des véhicules terrestres à moteur et de la sécurité routière ou de formation des candidats pour l'exercice de la profession d'enseignant** *(Décr. n° 2015-1537 du 25 nov. 2015, art. 4-2°)* **« ou d'un établissement organisant des stages de sensibilisation à la sécurité routière » sans l'agrément ou en violation d'une mesure provisoire de suspension (art. L. 213-6) ;**

« – emploi d'un enseignant *(Décr. n° 2015-1537 du 25 nov. 2015, art. 4-3°)* **« ou d'un animateur non titulaire de l'autorisation prévue à l'article L. 212-1 » (art. L. 213-6) ; »**

– usage du nom d'une personne pour enregistrement, au nom de cette personne, d'une condamnation judiciaire ou d'une décision administrative (art. L. 225-7 et L. 330-6) ;

– usage d'un faux nom ou d'une fausse qualité pour obtenir des renseignements sur un conducteur (art. L. 225-8 et L. 330-7) ;

(Décr. n° 2003-642 du 11 juill. 2003, art. 5-I) **« – délits liés à** *(Décr. n° 2009-1678 du 29 déc. 2009, art. 7)* **« l'offre ou à la commercialisation » de dispositifs ayant pour objet d'augmenter la puissance du moteur** *(Décr. n° 2009-1678 du 29 déc. 2009, art. 7)* **« d'un cyclomoteur, d'une motocyclette ou d'un quadricycle à moteur » (art. L. 317-5 à** *(Décr. n° 2009-1678 du 29 déc. 2009, art. 7)* **« L. 317-7 ») ;**

(Décr. n° 2009-1678 du 29 déc. 2009, art. 7) **« – délits liés à l'offre ou à la commercialisation par un professionnel d'un cyclomoteur, d'une motocyclette, d'un tricycle ou d'un quadricycle à moteur soumis à réception et non réceptionné ou qui n'est plus conforme à celle-ci (art. L. 321-1 et L. 321-2) ; »**

« – défaut d'assurance (art. L. 324-2) ;

« – obstacle à une mesure d'immobilisation ou à un ordre d'envoi en fourrière (art. L. 325-3-1) ;

« – organisation de courses de véhicules à moteur sans autorisation (art. L. 411-7) ;

« – récidive de non-respect des distances de sécurité entre deux véhicules dans un tunnel (art. L. 412-2) ;

« – grand excès de vitesse en récidive (art. L. 413-1) ; »

(Décr. n° 2003-642 du 11 juill. 2003, art. 5-I) **« – délits liés à** *(Décr. n° 2009-1678 du 29 déc. 2009, art. 7)* **« l'offre ou à la commercialisation » de dispositifs destinés à déceler la présence ou à perturber le fonctionnement des systèmes de constatation des infractions à la circulation routière (art. L. 413-2 à L. 413-5). »**

VII. – Délit prévu par le code de la santé publique :

– usage de manière illicite de l'une des substances ou plantes classées comme stupéfiants *(Décr. n° 2009-1678 du 29 déc. 2009, art. 7)* **« (art. L. 3421-1) ».** – *[Anc. art. R. 243-2.]*

COMMENTAIRE

Autorisation d'enseigner ou d'animer des stages de sensibilisation à la sécurité routière et condamnations pénales. Nul ne saurait enseigner la conduite des véhicules à moteur – ou, depuis le décret n° 2009-1678 du 29 décembre 2009, animer des stages de sensibilisation à la sécurité routière – s'il ne respecte pas lui-même les règles du code de la route. Partant de ce principe de bon sens et conformément à l'article L. 212-2 du présent code, l'article R. 212-4 interdit de délivrer l'une des autorisations mentionnées à l'article

R. 212-2 (c'est-à-dire l'autorisation d'enseigner la conduite et la sécurité routière, l'autorisation temporaire et restrictive d'exercice – qui concerne les personnes en formation pour devenir enseignant – et l'autorisation d'animer un stage de sensibilisation à la sécurité routière) à toute personne ayant été condamnée – même par une juridiction étrangère – à une peine criminelle, ou à une peine correctionnelle pour l'une des infractions qu'il énumère.

La bonne moralité des professionnels. On remarquera cependant que l'obtention de l'autorisation d'enseigner la conduite ou d'animer des stages n'est pas subordonnée au respect des seules dispositions du code de la route ou d'autres règles en rapport avec la circulation routière. L'article R. 212-4, en incluant également toute une série de délits prévus par le code pénal (tels que le trafic de stupéfiants, le proxénétisme…) ou même par le code du travail (tels que l'atteinte à l'égalité entre les hommes et les femmes ou le travail dissimulé), vise ainsi plus largement à garantir la bonne moralité des professionnels de la conduite et de la sécurité routière. Inversement, le respect de toutes les règles du code de la route n'est pas une condition à l'obtention d'une telle autorisation, puisque seules les condamnations pour l'un des délits de ce code peuvent faire obstacle à sa délivrance. De la sorte, celui qui aura été condamné, par exemple, pour la contravention de conduite sous l'empire d'un état alcoolique prévue par l'article R. 234-1, pourra être autorisé à enseigner la conduite ou à animer des stages de sensibilisation à la sécurité routière…

Modification de la liste des incriminations. La technique de l'énumération, imposée par l'article L. 212-2, n'est pas sans présenter certains inconvénients. Elle oblige notamment le pouvoir réglementaire à intervenir à chaque fois que le législateur modifie les incriminations visées par l'article R. 212-4 ou crée de nouveaux délits en matière de circulation routière. En 2003, la création de plusieurs nouveaux délits – délits de conduite après usage de stupéfiants et de refus de se soumettre aux vérifications en ce domaine, délit d'homicide involontaire commis par le conducteur d'un véhicule terrestre à moteur – avait déjà conduit le pouvoir réglementaire à apporter plusieurs modifications à la présente liste. Mais d'autres modifications ont dû, par la suite, être apportées à l'article R. 212-4, afin de mettre à jour la liste des incriminations y figurant (le Décr. du 29 déc. 2009 est venu, par exemple, modifier les art. du code du travail auxquels renvoie l'art. R. 212-4, en lien avec la recodification du code du travail), voire en ajouter de nouvelles (le Décr. du 31 oct. 2014 a, par ex., ajouté ici plusieurs délits de provocation de mineur). ❑

Art. R. 212-4-1 *(Décr. nº 2009-1678 du 29 déc. 2009, art. 8)* **I. — Pour obtenir le renouvellement quinquennal de l'autorisation d'enseigner la conduite des véhicules à moteur d'une catégorie donnée et la sécurité routière, l'enseignant doit remplir les conditions fixées au I de l'article R. 212-2 et à l'article R. 212-4.**

II. — Pour obtenir le renouvellement quinquennal de l'autorisation d'animer les stages de sensibilisation à la sécurité routière, l'animateur doit :

1° Remplir les conditions fixées au II de l'article R. 212-2 et à l'article R. 212-4 ;

2° Justifier d'une attestation de formation continue à l'animation des stages de sensibilisation à la sécurité routière délivrée par le *(Décr. nº 2012-688 du 7 mai 2012)* **« ministre chargé de la sécurité routière ».**

Un arrêté du *(Décr. nº 2012-688 du 7 mai 2012)* **« ministre chargé de la sécurité routière » précise les conditions d'application du présent article.**

Art. R. 212-5 **En application de l'article L. 212-3, le retrait de l'autorisation d'enseigner la conduite des véhicules terrestres à moteur d'une catégorie donnée et la sécurité routière** *(Décr. nº 2009-1678 du 29 déc. 2009, art. 9)* **« ou d'animer un stage de sensibilisation à la sécurité routière » est prononcé après que l'intéressé a été mis à même de présenter ses observations, par arrêté du préfet du lieu de résidence du titulaire de l'autorisation ou, pour un non-résident, par le préfet du département où il exerce son activité lorsqu'une des conditions prévues pour sa délivrance cesse d'être remplie. La suspension de l'autorisation est prononcée dans les conditions prévues à l'article L. 212-3 par l'autorité préfectorale précitée.**

Le procureur de la République transmet copie du procès-verbal visé à l'article L. 212-3 à l'autorité préfectorale susmentionnée. — *[Anc. art. R. 243-3.]*

(Décr. nº 2009-1678 du 29 déc. 2009, art. 9) **« Un arrêté du** *(Décr. nº 2012-688 du 7 mai 2012)* **« ministre chargé de la sécurité routière » précise les conditions d'application du présent article. »**

1. Dans le cadre d'une réglementation professionnelle prévue par la loi, le gouvernement a pu, comme il l'a fait par l'art. R. 247 [devenu art. R. 243-3, puis R. 212-5 C. route], subordonner l'exploitation des établissements d'enseignement de la conduite automobile à un agrément préfectoral et renvoyer la définition des conditions techniques mises à l'octroi de l'agrément à un arrêté ministériel. Si l'exigence d'un agrément comporte nécessairement pour l'autorité qui le donne le pouvoir de le retirer lorsque le titulaire cesse de remplir les conditions mises à son octroi, le ministre signataire de l'arrêté ne peut légalement instituer un retrait prononcé en cas d'infraction aux dispositions édictées et qui présente ainsi le caractère d'une sanction professionnelle. • CE 25 juill. 1975 : *D. 1975. IR 218.*

2. Responsabilité de l'État pour retrait illégal de l'autorisation d'enseigner la conduite. Le retrait illégal de l'autorisation d'enseigner la conduite est constitutive d'une faute de nature à engager la responsabilité de l'État à raison des préjudices qui en ont résulté pour l'intéressé (en l'espèce, l'arrêté du préfet portant retrait de l'autorisation d'enseigner la conduite avait été annulé au motif que les infractions pour lesquelles l'intéressé avait été condamné – travail clandestin – ne pouvaient être assimilées à celles figurant dans la liste prévue à l'art. R. 244 C. route alors en vigueur). • CAA Paris, 9 juill. 2009, n° 07PA02341 : *Jurispr. auto 2009, n° 810, p. 35.*

Art. R. 212-5-1 *(Décr. n° 2009-1678 du 29 déc. 2009, art. 10)* **A la demande d'une autorité compétente d'un autre État membre de** *(Décr. n° 2016-613 du 17 mai 2016, art. 1er-2°)* **« l'Union » européenne ou partie à l'accord sur l'Espace économique européen sur le territoire duquel un enseignant de la conduite ou un animateur de stages de sensibilisation à la sécurité routière exécute ou déclare vouloir exécuter une prestation de services, le préfet du département du lieu de résidence de l'enseignant ou de l'animateur communique à cette autorité toutes les informations pertinentes sur la légalité de l'établissement en France du professionnel concerné. Si le professionnel est, à la date de la communication, sous le coup d'une suspension ou d'un retrait d'autorisation, mention en est faite.**

Art. R. 212-6 **Le brevet d'animateur pour la formation des conducteurs responsables d'infractions (BAFCRI) est délivré par le** *(Décr. n° 2012-688 du 7 mai 2012)* **« ministre chargé de la sécurité routière » aux personnes ayant subi avec succès les épreuves d'un examen.**

Seuls peuvent se présenter à cet examen, en vue de l'obtention de ce brevet, les titulaires du brevet pour l'exercice de la profession d'enseignant de la conduite automobile et de la sécurité routière (BEPECASER) ou d'un titre ou diplôme reconnu équivalent en application de l'article R. 212-3.

L'examen est composé de deux épreuves écrites d'admissibilité et d'une épreuve orale d'admission.

Les épreuves écrites d'admissibilité portent l'une sur la réglementation de la sécurité routière et l'autre sur des éléments d'accidentologie, de pédagogie et de psychologie.

L'épreuve orale d'admission consiste en un entretien destiné à évaluer l'aptitude du candidat à animer un groupe de stagiaires.

Un arrêté du *(Décr. n° 2012-688 du 7 mai 2012)* **« ministre chargé de la sécurité routière » précise le contenu détaillé des épreuves et les modalités de l'examen.** – *[Anc. art. R. 244.]*

V. App., v° Enseignement de la conduite : Arr. du 25 juin 1992 (examen du BAFCRI) et Circ. 25 juin 1992 (formation des conducteurs responsables d'infractions).

CHAPITRE III ÉTABLISSEMENTS D'ENSEIGNEMENT ET D'ANIMATION DES STAGES DE SENSIBILISATION À LA SÉCURITÉ ROUTIÈRE

(Décr. n° 2009-1678 du 29 déc. 2009, art. 11).

SECTION 1 Établissements d'enseignement à titre onéreux et d'animation des stages de sensibilisation à la sécurité routière *(Décr. n° 2009-1678 du 29 déc. 2009, art. 11).*

Les agréments spécifiques pour l'organisation des stages de sensibilisation à la sécurité routière prévus à l'art. L. 223-6 C. route, délivrés avant la date de publication [de l'Arr. fixant les conditions d'exploitation des établissements chargés d'animer les stages de sensibilisation à la sécurité routière prévu au dern. al. de l'art. R. 213-2 C. route (Arr. du 26 juin 2012, JO 30 juin) et de l'Arr. relatif à l'autorisation d'animer les stages de sensibilisation à la sécurité routière prévu au III de l'art. R. 212-2 de ce code (Arr. du 26 juin 2012, JO 30 juin)], demeurent valides jusqu'au 31 déc. 2012. Leurs titulaires doivent, avant cette date, en demander le renouvellement dans les conditions prévues par le 1° de l'art. R. 213-6 de ce code. Pour les agréments spécifiques pour l'organisation des stages de sensibilisation à la sécurité routière prévus à l'art. R. 213-1L. 223-6 C. route, délivrés à compter de la date de publication des arrêtés [préc.], les conditions prévues au II de l'art. R. 213-2 de ce même code doivent être remplies pour la demande d'agrément, à l'exception de celle relative à la formation initiale à la gestion technique et administrative, qui peut être remplie au plus tard le 31 déc. 2012 (Décr. n° 2009-1678 du 29 déc. 2009, art. 24-2° et 3°, tels que modifiés par Décr. n° 2012-688 du 7 mai 2012, art. 1er).

Art. R. 213-1 **Les agréments visés à l'article L. 213-1 sont délivrés pour une durée de cinq ans par le préfet du lieu d'implantation de l'établissement** *(Abrogé par Décr. n° 2015-1537 du 25 nov. 2015, art. 5)* **«*, après avis de la commission départementale de la sécurité routière*».**

Les agréments, ainsi que toutes les mesures affectant leur validité, sont inscrits dans un registre national qui est élaboré et tenu à jour dans les conditions prévues par la loi n° 78-17 du 6 janvier 1978 relative à l'informatique, aux fichiers et aux libertés.

Lorsqu'un exploitant décède ou est *(Décr. n° 2009-1678 du 29 déc. 2009, art. 12)* **« dans l'incapacité d'exploiter l'établissement, suite à une incapacité physique ou une mise sous tutelle ou curatelle », le préfet qui a délivré l'agrément peut maintenir ce dernier, sans qu'il soit justifié de la qualification d'une autre personne, pendant une période maximale d'un an à compter du jour du décès ou de l'incapacité.** – *[Anc. art. R. 245.]*

Concernant les demandes d'agrément initial, le silence gardé par l'administration pendant un délai de deux mois vaut, par exception, décision de rejet (Décr. n° 2014-1294 du 23 oct. 2014, JO 1er nov.).

Concernant les demandes de renouvellement d'agrément, le délai à l'expiration duquel le silence gardé par l'administration vaut décision d'acceptation est, par exception, de quatre mois (Décr. n° 2014-1293 du 23 oct. 2014, JO 1er nov.).

COMMENTAIRE

Agrément des établissements d'enseignement de la conduite, de formation à la conduite ou d'animation de stages de sensibilisation à la sécurité routière. L'exploitation d'un établissement d'enseignement de la conduite, de formation à la conduite ou d'animation de stages de sensibilisation à la sécurité routière est subordonnée à l'obtention d'un agrément préfectoral délivré dans certaines conditions qui sont précisées aux articles R. 213-1 et suivants. Avant le décret n° 2015-1537 du 25 novembre 2015, l'article R. 213-1 prévoyait que cet agrément était délivré après avis de la commission départementale de la sécurité routière, et ce conformément aux dispositions qui étaient prévues, en ce sens, à l'article L. 213-1. Pour simplifier cette procédure d'agrément, mais aussi éviter des risques d'incompatibilité avec la directive 2006/123/CE du 12 décembre 2006 relative aux services dans le marché intérieur, la loi n° 2015-990 du 6 août 2015 a toutefois supprimé, au sein de l'article L. 213-1, les formules qui subordonnaient la délivrance des agréments qu'il prévoit à l'avis préalable d'une commission (V. comm. ss. art. L. 213-1). Une modification qui explique la suppression, par le décret du 25 novembre 2015, de la formule qui prévoyait, au sein de l'article R. 213-1, que l'agrément préfectoral était délivré après avis de la commission départementale de la sécurité routière. ❑

Art. R. 213-2 *(Décr. n° 2009-1678 du 29 déc. 2009, art. 13)* **I. – Pour les exploitants des établissements d'enseignement, à titre onéreux, de la conduite des véhicules à moteur d'une catégorie donnée et de la sécurité routière et pour les exploitants des établissements de formation des candidats à l'un des titres ou diplômes exigés pour l'exercice de la profession d'enseignant de la conduite, l'agrément prévu à l'article L. 213-1 est délivré aux personnes remplissant les conditions suivantes :**

1° Ne pas avoir fait l'objet d'une condamnation prononcée par une juridiction française ou par une juridiction étrangère à une peine criminelle ou à une peine correctionnelle pour l'une des infractions prévues à l'article R. 212-4 ;

(Décr. n° 2015-1537 du 25 nov. 2015, art. 6, en vigueur le 1er juill. 2016) **« 2° Justifier de la capacité à gérer un tel établissement en étant titulaire :**

« – soit d'un diplôme d'État ou d'un titre ou diplôme visé ou homologué de l'enseignement supérieur ou technologique d'un niveau égal ou supérieur au niveau III sanctionnant une formation juridique, économique, comptable ou commerciale ou d'un diplôme étranger d'un niveau comparable ;

« – soit du certificat de qualification professionnelle de la branche professionnelle des services de l'automobile reconnu par arrêté du ministre chargé de la sécurité routière ;

« – soit d'une qualification professionnelle satisfaisant aux conditions définies à l'article R. 213-2-1 ; »

3° Être âgé d'au moins vingt-trois ans ;

(Décr. nº 2017-1518 du 31 oct. 2017) « 4° Ne pas avoir fait l'objet dans les trois années précédentes d'un retrait de l'agrément prévu aux articles L. 213-1 et R. 213-1 en raison d'un manquement aux règles régissant l'exercice de l'activité d'exploitant d'un établissement mentionné à l'article L. 213-1. Cette condition s'applique à toute demande présentée sur le territoire national. A cette fin, ce retrait est inscrit dans le registre national mentionné à l'article R. 213-1. Il n'a pas pour effet de mettre fin aux autres agréments dont l'intéressé serait titulaire à la date de ce retrait ; »

5° Justifier de garanties minimales concernant les moyens de formation de l'établissement. Ces garanties concernent les locaux, les véhicules, les moyens matériels et les modalités d'organisation de la formation ;

6° Justifier de la qualification des personnels enseignants :

– pour les établissements d'enseignement de la conduite, les enseignants doivent être titulaires de l'autorisation d'enseigner mentionnée à l'article L. 212-1 pour assurer les prestations d'enseignement théorique et pratique ;

– pour les établissements de formation des candidats à l'un des titres ou diplômes exigés pour l'exercice de la profession d'enseignant de la conduite des véhicules à moteur et de la sécurité routière, les personnels enseignants doivent satisfaire à des conditions particulières fixées par un arrêté du *(Décr. nº 2012-688 du 7 mai 2012)* « ministre chargé de la sécurité routière ». Dans chacun de ces établissements un directeur pédagogique est désigné. Il organise et encadre effectivement la formation. Ce directeur doit être *(Décr. nº 2022-895 du 15 juin 2022)* « titulaire soit du brevet d'aptitude à la formation des moniteurs (BAFM), soit du titre à finalité professionnelle de formateur aux métiers de l'éducation et de la sécurité routières (FMESR) ». Nul ne peut être directeur pédagogique dans plus d'un établissement.

II. – Pour les personnes assurant l'exploitation effective d'au moins un établissement organisant des stages de sensibilisation à la sécurité routière mentionnés aux articles L. 223-6 et R. 223-5 et, le cas échéant, pour les personnes qu'elles désignent nommément pour l'encadrement administratif des stages, à l'exclusion des 5° et 6° pour ces dernières, l'agrément prévu à l'article L. 213-1 est délivré si celles-ci remplissent les conditions suivantes :

1° Ne pas avoir fait l'objet d'une condamnation prononcée par une juridiction française ou par une juridiction étrangère à une peine criminelle ou à une peine correctionnelle pour l'une des infractions prévues à l'article R. 212-4 ;

2° Justifier d'une formation initiale à la gestion technique et administrative d'un établissement agréé pour l'animation des stages de sensibilisation à la sécurité routière ;

3° Être âgé d'au moins vingt-cinq ans ;

(Décr. nº 2017-1518 du 31 oct. 2017) « 4° Ne pas avoir fait l'objet dans les trois années précédentes d'un retrait de l'agrément prévu aux articles L. 213-1 et R. 213-1 en raison d'un manquement aux règles régissant l'exercice de l'activité d'exploitant d'un établissement mentionné à l'article L. 213-1. Cette condition s'applique à toute demande présentée sur le territoire national. A cette fin, ce retrait est inscrit dans le registre national mentionné à l'article R. 213-1. Il n'a pas pour effet de mettre fin aux autres agréments dont l'intéressé serait titulaire à la date de ce retrait ; »

5° Justifier des garanties minimales concernant les moyens de formation de l'établissement. Ces garanties concernent les locaux, les moyens matériels, les modalités d'organisation de la formation et, le cas échéant, les véhicules ;

6° Justifier de la qualification des personnels animateurs qui doivent être titulaires de l'autorisation mentionnée au II de l'article R. 212-2.

Les conditions fixées au présent article sont précisées par arrêté du *(Décr. nº 2012-688 du 7 mai 2012)* **« ministre chargé de la sécurité routière ».**

La formation agréée, portant sur la gestion et l'exploitation des établissements d'enseignement de la conduite, permet à son titulaire de justifier de sa capacité à gérer un établissement d'enseignement de la conduite et de la sécurité routière (Décr. nº 2015-1537 du 25 nov. 2015, art. 9).

V. App., vº Enseignement de la conduite, Arr. du 8 janv. 2001 (exploitation des établissements d'enseignement, à titre onéreux, de la conduite des véhicules à moteur et de la sécurité routière), 2e Arr. du 13 avr. 2016 (certificat de qualification professionnelle « responsable d'unité(s) d'enseignement de la sécurité routière et de la conduite »). — App., vº Sécurité routière, Arr. du 26 juin 2012 (conditions d'exploitation des établissements chargés d'organiser les stages de sensibilisation à la sécurité routière).

V. aussi Arr. du 12 avr. 2016 relatif à l'exploitation des établissements assurant à titre onéreux la formation des candidats aux titres ou diplômes exigés pour l'exercice de la profession d'enseignant de la conduite et de la sécurité routière (JO 16 avr.), mod. par Arr. du 8 août 2022 (JO 13 août).

COMMENTAIRE

Exploitation d'un établissement d'enseignement, à titre onéreux, de la conduite ou d'animation de stages de sensibilisation à la sécurité routière. L'article R. 213-2 fait partie de ces articles qui ont été modifiés par le décret nº 2009-1678 du 29 décembre 2009 portant extension des dispositions applicables à l'enseignement de la conduite à l'animation des stages de sensibilisation à la sécurité routière (V. comm. introductif aux art. R. 212-1 s.). Globalement, celui qui veut exploiter un établissement organisant des stages de sensibilisation à la sécurité routière doit aujourd'hui remplir des conditions comparables à celles requises pour exploiter un établissement d'enseignement, à titre onéreux, de la conduite.

Conditions modifiées. L'une des conditions prévues par le présent article – aussi bien pour l'exploitation d'un établissement d'enseignement, à titre onéreux, de la conduite que pour l'exploitation d'un établissement d'animation de stages de sensibilisation à la sécurité routière – a toutefois été supprimée par le décret nº 2011-759 du 28 juin 2011, qui a abrogé les 4° des I et II de l'article R. 213-2 exigeant de l'intéressé une certaine expérience professionnelle. La loi nº 2011-12 du 5 janvier 2011 ayant en effet supprimé cette condition à l'article L. 213-3 en raison d'un problème de conformité avec la directive du 12 décembre 2006 relative aux services dans le marché intérieur (V. comm. ss. art. L. 213-3), cette condition devait également disparaître des présentes dispositions réglementaires.

Le décret nº 2017-1518 du 31 octobre 2017 a, à l'inverse, ajouté une condition au sein de l'article R. 213-2, en réintroduisant un 4° aux paragraphes I et II de cet article. Ce décret est en effet venu subordonner l'exploitation d'un établissement d'enseignement, à titre onéreux, de la conduite, ainsi que l'exploitation d'un établissement qui organise des stages de sensibilisation à la sécurité routière, à l'absence, dans les trois années précédant une demande, d'un retrait d'agrément en raison d'un manquement aux règles régissant l'exercice de l'activité d'exploitant d'un établissement d'enseignement de la conduite ou d'animation de stage. Cette condition supplémentaire participe d'une volonté des pouvoirs publics de renforcer le caractère dissuasif des sanctions administratives qui peuvent être prononcées en ce domaine et qui doivent être inscrites dans le registre national prévu à l'article R. 213-1, comme le rappelle expressément les 4° des I et II de l'article R. 213-2. ❑

A. AUTO-ÉCOLE

1. Tout agrément préfectoral délivré à un établissement d'enseignement de la conduite des véhicules terrestres à moteur doit être précédé d'un avis de la commission départementale de la sécurité routière. Aucune disposition réglementaire n'institue un agrément provisoire délivré par le préfet préalablement à l'avis de la commission. • TA Strasbourg, 4 févr. 1994 : *Gaz. Pal. 29 nov. 1994.*

2. L'art. 85 du traité CEE ne s'oppose pas à une réglementation nationale qui limite les activités d'une école de conduite automobile au territoire de la commune où elle est établie. La directive nº 80/1263 du 4 déc. 1980 du Conseil relative à l'instauration d'un permis de conduire communautaire n'impose pas aux États membres d'organiser un examen de conduite automobile sur des autoroutes chaque fois que celles-ci sont accessibles à partir du centre d'examen et ils n'ont dès lors pas davantage l'obligation de garantir que l'enseignement de la conduite automobile puisse être assuré sur ce type de route. • CJCE 19 mars 1992 : *D. 1992. IR 131*.

3. En faisant obligation à tout exploitant d'un établissement d'enseignement de la conduite des véhicules de disposer dans l'établissement même ou à proximité immédiate d'un local ou d'un terrain de surface suffisante pour recevoir la totalité des véhicules-écoles qu'il entend utiliser, le préfet de police à Paris n'a pas excédé la limite de ses pouvoirs ni rompu au détriment d'un exploitant de telles entreprises l'égalité qui doit exister entre usagers de la voie publique placés dans une même situation. • CE 5 janv. 1968 : *AJDA 1968. 221, chron. Massot et Dewost; RD publ. 1968. 905, concl. Fournier; JCP 1968. II. 15529, note Vincent.*

B. RESPONSABILITÉ DU MONITEUR D'UNE AUTO-ÉCOLE

4. Un moniteur d'auto-école est pénalement responsable d'homicide involontaire lorsque est établi à son encontre un manquement à son obligation permanente quant aux faits et gestes de son élève. N'étant pas le conducteur de la voiture, il ne peut faire l'objet d'une suspension du permis de conduire. • Aix-en-Provence, 8 mars 1994 : *Juris-Data n° 042630.*

C. INDEMNISATION DU MONITEUR D'UNE AUTO-ÉCOLE

5. Le moniteur d'auto-école blessé dans son véhicule au cours d'une leçon de conduite a la qualité de conducteur au sens de la L. du 5 juill. 1985; la possibilité effective de pouvoir intervenir directement sur les organes moteurs du véhicule équipé d'une double commande de frein et de débrayage et de limiter ainsi les conséquences des maladresses toujours prévisibles de l'élève est caractéristique d'un acte de conduite; il en résulte que toute faute en relation de cause à effet avec l'accident telle qu'imputable au moniteur est susceptible de limiter ou d'exclure son droit à indemnisation. • Versailles, 5 févr. 1988 : *Gaz. Pal. 1988. 1. 265, note Estoup.*

D. MONITEUR OCCASIONNEL : CONDUITE ACCOMPAGNÉE

6. Une contravention ne peut être imputée qu'au conducteur du véhicule qui en l'espèce était la fille du prévenu à qui son père donnait des leçons de conduite; l'inobservation d'un panneau stop ne peut être reprochée au père qui jouait le rôle de moniteur. • Poitiers, 27 avr. 1990 : *Dr. pénal 1991, n° 48.*

Art. R. 213-2-1 *(Décr. n° 2009-1678 du 29 déc. 2009, art. 14)* **Pour satisfaire aux conditions de qualifications professionnelles énoncées** *(Décr. n° 2011-759 du 28 juin 2011, art. 2-2°)* **« au 2° du I et au 2° du II » de l'article R. 213-2, les personnes ayant acquis leurs qualifications dans un autre État membre de** *(Décr. n° 2016-613 du 17 mai 2016, art. 1er-2°)* **« l'Union » européenne ou dans un autre État partie à l'accord sur l'Espace économique européen doivent satisfaire aux conditions suivantes :**

1° Conditions générales de la reconnaissance :

a) **Lorsque l'État dans lequel ont été acquises les qualifications réglemente la profession, le demandeur doit posséder l'attestation de compétences ou le titre de formation prescrit pour exercer la profession dans cet État;**

b) **Lorsque l'État dans lequel ont été acquises les qualifications ne réglemente pas la profession, le demandeur doit avoir exercé la profession au cours des dix années précédentes** *(Décr. n° 2016-613 du 17 mai 2016, art. 1er-4°)* **« dans un ou plusieurs États membres, un an, consécutif ou non, à temps plein ou pendant une durée totale équivalente, à temps partiel », et posséder au moins une attestation de compétences ou un titre de formation attestant la préparation à l'exercice de cette profession. La condition relative à l'expérience professionnelle n'est toutefois pas exigée quand le candidat possède un titre sanctionnant une formation réglementée, spécifiquement orientée sur l'exercice de la profession, correspondant au minimum à un cycle d'études secondaires.**

2° Conditions de validité des titres :

Les attestations de compétences ou les titres de formation mentionnés aux *a* et *b* du 1° doivent avoir été délivrés par une autorité compétente de l'État dans lequel ont été acquises les qualifications.

Est assimilé au titre de formation mentionné aux *a* et *b* du 1° tout titre de formation ou ensemble de titres de formation qui :

— a été délivré par une autorité compétente d'un autre État membre de *(Décr. n° 2016-613 du 17 mai 2016, art. 1er-2°)* **« l'Union » européenne ou d'un autre État partie à l'accord sur l'Espace économique européen;**

— sanctionne une formation acquise dans *(Décr. n° 2016-613 du 17 mai 2016, art. 1er-2°)* **« l'Union » européenne ou dans l'Espace économique européen et reconnue par l'État de délivrance du titre comme étant de niveau équivalent;**

— et confère les mêmes droits d'accès ou d'exercice de la profession, ou prépare à l'exercice de cette profession.

Est également assimilée à un tel titre de formation toute qualification professionnelle qui, sans répondre aux exigences prévues par les dispositions législatives, réglementaires ou administratives de l'État dans lequel ont été acquises les qualifications pour l'accès à la profession ou son exercice, confère à son titulaire des droits acquis en vertu de ces dispositions.

Peuvent également justifier de leur capacité à exercer la profession les personnes qui possèdent un titre permettant son exercice, acquis dans un pays tiers et admis en équivalence dans un État membre de *(Décr. n° 2016-613 du 17 mai 2016, art. 1er-2°)* « l'Union » européenne ou dans un État partie à l'accord sur l'Espace économique européen si cet État réglemente l'exercice de la profession. Elles doivent en outre justifier avoir exercé la profession pendant trois ans dans l'État qui a admis l'équivalence de leur titre ;

3° Mesures de compensation :

Il peut être exigé de la personne qui remplit les conditions fixées aux alinéas précédents qu'elle accomplisse, selon son choix, un stage d'adaptation d'une durée maximum d'un an ou qu'elle se soumette à une épreuve d'aptitude dans l'un des cas suivants :

a) Lorsque la formation qu'elle a reçue porte sur des matières substantiellement différentes de celles que comporte la formation exigée des personnes ayant acquis leurs qualifications en France ;

b) Lorsqu'une ou plusieurs des activités réglementées constitutives de la formation exigée en France n'existent pas dans la profession correspondante dans l'État ayant délivré l'attestation de compétences ou le titre de formation dont elle fait état, et que cette différence est caractérisée par une formation spécifique qui est requise en France et qui porte sur des matières substantiellement différentes de celles couvertes par l'attestation de compétences ou le titre de formation.

Le contenu du stage d'adaptation ou de l'épreuve d'aptitude tient compte des connaissances acquises par le candidat au cours de son expérience professionnelle *(Décr. n° 2016-613 du 17 mai 2016, art. 1er-4°)* « ou lors de son apprentissage tout au long de la vie.

« Par dérogation au deuxième alinéa ci-dessus, le préfet de département peut imposer au demandeur, par une décision motivée, soit le stage d'adaptation soit l'épreuve d'aptitude mentionnés ci-dessus, lesquels doivent intervenir dans les six mois à compter de cette décision.

« Le préfet prend sa décision après avoir vérifié les connaissances, les aptitudes et les compétences que le demandeur a acquises au cours de son expérience professionnelle à temps plein ou à temps partiel ou par la voie de l'apprentissage tout au long de la vie, et ayant fait l'objet à cette fin d'une validation en bonne et due forme par un organisme compétent, dans un État membre ou dans un pays tiers.

« Les conditions dans lesquelles cette décision du préfet peut intervenir sont précisées par un arrêté du ministre chargé de la sécurité routière. »

Le candidat est dispensé du stage d'adaptation ou de l'épreuve d'aptitude si les connaissances qu'il a acquises au cours de son expérience professionnelle couvrent l'intégralité de la différence substantielle constatée entre la formation qu'il a reçue et la formation dispensée sur le territoire français et requise pour l'enseignement de la conduite ou l'animation de stages de sensibilisation à la sécurité routière.

Les dispositions fixées au présent article sont précisées par arrêté du *(Décr. n° 2012-688 du 7 mai 2012)* « ministre chargé de la sécurité routière » ;

(Décr. n° 2016-613 du 17 mai 2016, art. 1er-6°) « 4° Peuvent s'établir en France, pour y exercer tout ou partie des activités placées sous le régime de l'article L. **213-1-1**, les personnes, ressortissant d'un État membre de l'Union européenne ou d'un État partie à l'Espace économique européen :

« *a)* Lorsqu'elles sont titulaires d'une attestation de compétences ou d'un titre de formation requis par l'autorité compétente d'un de ces États pour accéder à ces activités sur son territoire ou les y exercer ;

« *b)* Ou, dans le cas où l'État dont elles sont le ressortissant ne réglemente pas l'exercice des activités en cause, lorsqu'elles peuvent justifier de l'exercice de ces activités à temps plein pendant une durée d'un an ou à temps partiel pendant une durée totale équivalente au cours des dix années précédentes. »

V. Arr. du 13 sept. 2017 relatif à la reconnaissance des qualifications acquises dans un État membre de l'Union européenne ou dans un autre État partie à l'accord sur l'Espace économique européen par les personnes souhaitant exercer les professions réglementées de l'éducation routière (JO 20 sept.).

Art. R. 213-2-2 *(Décr. nº 2016-613 du 17 mai 2016, art. 1er-7º)* **Les personnes ayant obtenu la reconnaissance de leurs qualifications professionnelles acquises dans un autre État membre de l'Union européenne ou dans un État partie à l'Espace économique européen doivent avoir un niveau de connaissance du français suffisant pour l'exercice de l'activité mentionnée au présent chapitre.**

Le préfet peut contrôler le respect par les intéressés de cette obligation lorsqu'il existe un doute sérieux et concret sur leur niveau de connaissance du français au regard des activités qu'ils entendent exercer.

Ce contrôle est limité à la connaissance du français et est réalisé après la reconnaissance de la qualification professionnelle de l'intéressé.

Art. R. 213-3 *(Décr. nº 2020-142 du 20 févr. 2020)* **« I. — Le contrat passé entre le candidat et l'établissement d'enseignement de la conduite, mentionné au premier alinéa de l'article L. 213-2, est conforme au contrat type annexé au décret nº 2020-142 du 20 février 2020 définissant le contrat type d'enseignement de la conduite prévu à l'article L. 213-2 du code de la route.** — *V. Annexe Contrat type de l'enseignement de la conduite (JO 21 févr.).*

« Pour chaque catégorie de permis de conduire, un modèle de contrat type est arrêté par le ministre chargé de l'économie, après consultation du conseil national de la consommation. » — *V. Arr. du 29 mai 2020 définissant le modèle de contrat type pour l'enseignement de la conduite pour la catégorie B du permis de de conduire (JO 6 juin).*

(Décr. nº 2016-381 du 30 mars 2016, art. 7-2º) **« II. — Le contrat passé entre le candidat et l'établissement, mentionné au quatrième alinéa de l'article L. 213-2, peut prendre la forme d'une convention simplifiée de formation professionnelle ou d'un contrat de formation professionnelle. »**

V. Recomm. nº 2005-03 de la Commission des clauses abusives relative aux contrats de formation à titre onéreux à la conduite automobile (BOCCRF 16 déc. 2005, p. 939).

Les dispositions du Décr. nº 2020-142 du 20 févr. 2020 sont applicables aux contrats d'enseignement de la conduite conclus à compter du 1er juin 2020 (Décr. préc., art. 2).

Art. R. 213-3-1 *(Décr. nº 2015-578 du 27 mai 2015, en vigueur le 1er juill. 2015)* **Constituent** *(Décr. nº 2015-1571 du 1er déc. 2015)* **« les frais » de transfert interdits, en application de l'article L. 213-2, tous frais, quelles que soient leurs dénominations,** *(Décr. nº 2015-1571 du 1er déc. 2015)* **« ou toutes majorations de prix, appliqués » spécifiquement par un établissement d'enseignement de la conduite et de la sécurité routière à un candidat précédemment inscrit dans un autre de ces établissements.**

Art. R. 213-3-2 *(Décr. nº 2015-1571 du 1er déc. 2015)* **Constituent les frais de présentation interdits en application de l'article L. 213-2 tous frais, quelles que soient leurs dénominations, ou toutes majorations de prix, appliqués spécifiquement par un établissement d'enseignement de la conduite et de la sécurité routière à un candidat au titre de sa présentation à l'une des épreuves du permis de conduire ou dont le paiement est une condition à cette présentation.**

Ne constituent des frais de présentation au titre du présent article ni les montants exigés pour la conclusion du contrat prévu à l'article L. 213-2, ni le coût de la formation initiale prévue aux articles L. 211-3 et L. 211-4.

Art. R. 213-3-3 *(Décr. nº 2015-1571 du 1er déc. 2015)* **I. — Constituent les frais d'accompagnement au sens de l'article L. 213-2 tous frais, quelles que soient leurs dénominations, ou toute majoration de prix, appliqués spécifiquement par un établis-**

sement d'enseignement de la conduite et de la sécurité routière aux candidats au titre de la présence d'un membre de son personnel lors de l'épreuve ou du transport du candidat sur le site de celle-ci.

II. — Les frais appliqués au titre de l'accompagnement du candidat à l'épreuve sont déterminés préalablement à cette prestation.

Pour la partie pratique, ils couvrent forfaitairement l'ensemble de la charge de l'accompagnement, tant à l'épreuve en circulation que, le cas échéant, à celle hors circulation. Ils ne peuvent excéder les prix appliqués par l'établissement pour les durées de formation suivantes :

— pour le permis des catégories A1, A2, A et BE : une heure et demie ;
— pour le permis des catégories B1 et B : une heure ;
— pour les permis des catégories C1, C, D1 et D : deux heures ;
— pour les permis des catégories C1E, CE, D1E et DE : deux heures et demie.

Ces prix sont calculés en référence au tarif horaire de la formation pratique correspondante.

Art. R. 213-4 Les programmes de formation prévus à l'article L. 213-4 sont définis par arrêtés du *(Décr. nº 2012-688 du 7 mai 2012)* « ministre chargé de la sécurité routière ». *(Décr. nº 2014-1295 du 31 oct. 2014, art. 7)* « Ils incluent notamment une sensibilisation aux comportements à adopter en cas d'accident, aux premiers secours à apporter aux victimes et aux risques encourus par les usagers vulnérables ainsi qu'à l'impact écologique et économique des déplacements. » Les délégués et inspecteurs du permis de conduire et de la sécurité routière ou les agents publics qualifiés et spécialement habilités par un arrêté du *(Décr. nº 2012-688 du 7 mai 2012)* « ministre chargé de la sécurité routière » procèdent au contrôle de l'application des programmes de formation *(Décr. nº 2009-1678 du 29 déc. 2009, art. 15)* « et du respect des obligations mises à la charge du titulaire de l'agrément par le présent code. — *[Anc. art. R. 245-3.]*

« Les agents des services de l'État chargés des procédures d'agrément de ces établissements peuvent également procéder à des contrôles administratifs.

« Indépendamment de ces contrôles, des audits pédagogiques des établissements agréés pour l'organisation des stages de sensibilisation à la sécurité routière peuvent être opérés par tout expert autorisé par le *(Décr. nº 2012-688 du 7 mai 2012)* « ministre chargé de la sécurité routière ». »

Pour l'accomplissement de l'ensemble des opérations de la session 2014 de l'examen du brevet pour l'exercice de la profession d'enseignant de la conduite automobile et de la sécurité routière (BEPECASER), le programme national de formation à la conduite fixé par l'Arr. du 23 janv. 1989 demeure le document de référence (Arr. du 13 mai 2013, JO 6 juin).

Art. R. 213-5 Le retrait des agréments *(Décr. nº 2009-1678 du 29 déc. 2009, art. 16)* « mentionnés à l'article L. 213-l » est prononcé par le préfet du lieu d'implantation de l'établissement lorsqu'une des conditions prévues pour leur délivrance cesse d'être remplie *(Décr. nº 2009-1678 du 29 déc. 2009, art. 16)* « ou en cas de cessation d'activité ». Le retrait est prononcé après que l'intéressé a été mis à même de présenter ses observations. La suspension des agréments est prononcée, dans les conditions prévues par l'article L. 213-5, par l'autorité préfectorale précitée.

Le procureur de la République transmet copie du procès-verbal visé à l'article L. 213-5 au préfet du lieu d'implantation de l'établissement. — *[Anc. art. R. 245-4.]*

Art. R. 213-6 *(Décr. nº 2009-1678 du 29 déc. 2009, art. 17)* Lors du renouvellement quinquennal de l'agrément mentionné à l'article L. 213-1, l'exploitant doit :

1º Remplir les conditions fixées aux 1º, *(Décr. nº 2017-1518 du 31 oct. 2017)* « 4º, » 5º et 6º du I ou du II de l'article R. 213-2, selon l'activité exercée ;

2º Justifier d'une formation attestant de la réactualisation de ses connaissances professionnelles dans le domaine spécifique de l'activité exercée ;

3º Justifier, en outre, pour les personnes désignées nommément par l'exploitant pour l'encadrement administratif des stages de sensibilisation à la sécurité routière,

d'une attestation de réactualisation de leurs connaissances professionnelles dans ce domaine spécifique.

Les conditions fixées au présent article sont précisées par arrêté du *(Décr. nº 2012-688 du 7 mai 2012)* **« ministre chargé de la sécurité routière ».**

V. Arr. du 18 déc. 2002 (conditions de réactualisation des connaissances des exploitants des établissements d'enseignement de la conduite, à titre onéreux, des véhicules à moteur et de la sécurité routière et des exploitants des établissements agréés assurant à titre onéreux la formation des candidats aux titres ou diplômes exigés pour l'exercice de la profession d'enseignant de la conduite et de la sécurité routière), App., vº Enseignement de la conduite et, pour la réactualisation des connaissances des exploitants chargés d'organiser des stages de sensibilisation à la sécurité routière, Arr. du 26 juin 2012 (conditions d'exploitation des établissements chargés d'organiser les stages de sensibilisation à la sécurité routière), App., vº Sécurité routière.

SECTION 2 **Enseignement de la conduite et de la sécurité routière par les associations d'insertion ou de réinsertion sociale ou professionnelle**

Art. R. 213-7 Les associations d'insertion ou de réinsertion sociale ou professionnelle mentionnées à l'article L. 213-7 ont pour objet de faciliter l'insertion ou la réinsertion des personnes citées au 3° de l'article R. 213-8 en s'appuyant notamment sur la formation à la conduite et à la sécurité routière. Ces associations mettent en œuvre des modalités spécifiques d'accueil, d'accompagnement et de suivi social et professionnel. — *[Anc. art. R. 246.]*

Art. R. 213-8 La délivrance de l'agrément aux associations mentionnées à l'article L. 213-7 est subordonnée à l'ensemble des conditions suivantes :

1° Être déclarée conformément à l'article 5 de la loi du 1er juillet 1901 susvisée relative au contrat d'association et soit être partie à une convention signée avec l'État, une collectivité locale, un établissement public ou une association chargée d'une mission de service public, soit être bénéficiaire d'une aide attribuée par une des personnes morales précitées, pour des actions parmi lesquelles l'apprentissage de la conduite et de la sécurité routière constitue un des moyens de l'insertion ou de la réinsertion sociale ou professionnelle ;

2° S'adresser exclusivement à des personnes qui relèvent soit des dispositifs d'insertion, soit de situation de marginalité ou de grande difficulté sociale, soit d'une prise en charge au titre de l'aide sociale ;

3° Ne recourir pour les prestations d'enseignement de la conduite théorique et pratique qu'à des titulaires de l'autorisation d'enseigner qui remplissent les conditions prévues par l'article R. 212-2 ;

4° Dispenser un enseignement conforme au programme de formation de l'enseignement de la conduite et de la sécurité routière visé à l'article R. 213-4 ;

5° Justifier de garanties minimales concernant les moyens de l'établissement. Ces garanties concernent les locaux, les véhicules, les moyens matériels. Ces garanties sont fixées par un arrêté du *(Décr. nº 2012-688 du 7 mai 2012)* « ministre chargé de la sécurité routière » ;

6° Remplir les conditions prévues à l'article R. 213-2 (1°). Ces conditions sont exigées du président et de toute personne qu'il a, le cas échéant, dûment mandatée pour encadrer l'activité réglementée au présent chapitre. — *[Anc. art. R. 246-1.]*

Art. R. 213-9 L'agrément est délivré, retiré ou suspendu dans les conditions fixées aux articles R. 213-1 et R. 213-5.

En outre, l'association agréée est tenue de présenter annuellement au préfet du département dans lequel elle dispense la formation mentionnée à l'article R. 213-7 un rapport d'activité. Ce rapport doit porter sur les activités de l'association pour l'insertion ou la réinsertion sociale ou professionnelle et préciser en particulier les actions entreprises pour la formation à la conduite et à la sécurité routière des publics concernés. Un arrêté du *(Décr. nº 2012-688 du 7 mai 2012)* « ministre chargé de la sécurité routière » précise les conditions d'application du présent alinéa. — *[Anc. art. R. 246-2.]*

V. Arr. du 8 janv. 2001 (conditions d'agrément des associations qui s'appuient sur la formation à la conduite et à la sécurité routière pour faciliter l'insertion ou la réinsertion sociale ou professionnelle), App., vº Enseignement de la conduite.

Concernant les demandes d'agrément initial, le silence gardé par l'administration pendant un délai de deux mois vaut, par exception, décision de rejet (Décr. nº 2014-1294 du 23 oct. 2014, JO 1er nov.).

Concernant les demandes de renouvellement d'agrément, le délai à l'expiration duquel le silence gardé par l'administration vaut décision d'acceptation est, par exception, de quatre mois (Décr. nº 2014-1293 du 23 oct. 2014, JO 1er nov.).

CHAPITRE IV **CONSEIL SUPÉRIEUR DE L'ÉDUCATION ROUTIÈRE (CSER)**

(Décr. nº 2009-1182 du 5 oct. 2009)

Art. D. 214-1 **Le Conseil supérieur de l'éducation routière est placé auprès du** *(Décr. nº 2011-570 du 24 mai 2011)* **« ministre chargé de la sécurité routière », qui peut le saisir de toute question relative à l'éducation routière, notamment l'apprentissage de la conduite, le permis de conduire et l'organisation des professions.**

(Décr. nº 2016-815 du 17 juin 2016, art. 2) **« Le Conseil supérieur de l'éducation routière assure le suivi, l'observation et l'évaluation statistique des conditions d'accès au permis de conduire sur l'ensemble du territoire national. Il élabore un rapport public annuel. »**

Le Conseil supérieur de l'éducation routière peut présenter toutes propositions *(Abrogé par Décr. nº 2011-570 du 24 mai 2011)* ***« au ministre chargé des transports »*** **dans le domaine de l'éducation routière.**

Renouvellement du Conseil supérieur de l'éducation routière, V. Décr. nº 2014-597 du 6 juin 2014 (JO 8 juin) ; Décr. nº 2015-628 du 5 juin 2015 (JO 7 juin) ; Décr. nº 2020-690 du 5 juin 2020 (JO 7 juin) ; Décr. nº 2020-1187 du 29 sept. 2020 (JO 30 sept.).

COMMENTAIRE

Remplacement. Le Conseil supérieur de l'éducation routière est venu prendre la suite du Conseil supérieur de l'enseignement de la conduite automobile et de l'organisation de la profession (CSECAOP) qui avait été créé par le décret nº 75-41 du 20 janvier 1975. Reprises aux articles D. 214-1 et suivants du code de la route lors de sa recodification, les dispositions consacrées à ce conseil ont été abrogées le 9 juin 2009 par application des dispositions sur les commissions administratives à caractère consultatif prévues par le décret nº 2006-672 du 8 juin 2006 (V. art. 17) et remplacées, quelques mois plus tard, par les présentes dispositions relatives au Conseil supérieur de l'éducation routière, créées par le décret nº 2009-1182 du 5 octobre 2009. Il s'est agi par là même d'étendre le domaine de compétence de cette commission à l'ensemble des questions relatives à l'éducation routière et non plus seulement celles liées à l'enseignement de la conduite.

Renouvellement. On notera que, comme la plupart des commissions administratives à caractère consultatif dont l'existence n'est pas prévue par la loi, le Conseil supérieur de l'éducation routière doit faire l'objet, tous les cinq ans, d'un nouveau décret prolongeant son existence (V. art. R.* 133-2 CRPA). Le Conseil supérieur de l'éducation routière, d'abord renouvelé pour une durée d'un an par le décret nº 2014-597 du 6 juin 2014, a vu ensuite son existence prolongée jusqu'au 8 juin 2020 par le décret nº 2015-628 du 5 juin 2015, puis, temporairement, en raison de la crise sanitaire, jusqu'au 20 septembre 2020 par le décret nº 2020-690 du 5 juin 2020 et, enfin, jusqu'au 8 juin 2025 par le décret nº 2020-1187 du 29 septembre 2020. ❑

Art. D. 214-2 *(Décr. nº 2016-815 du 17 juin 2016, art. 3)* **Le Conseil supérieur de l'éducation routière comprend :**

1º Deux parlementaires :

– un sénateur et un député désignés par leurs assemblées respectives ;

2º Cinq représentants de l'État :

– le délégué à la sécurité et à la circulation routières ou son représentant. Il préside ce conseil ;

– *(Décr. nº 2022-1025 du 20 juill. 2022, art. 5-II, en vigueur le 1er sept. 2022)* **« le chef de l'inspection générale** *[ancienne rédaction : le vice-président du Conseil général]* **» de l'environnement et du développement durable ou son représentant ;**

— le directeur général de l'enseignement scolaire ou son représentant ;
— le directeur général de la concurrence, de la consommation et de la répression des fraudes ou son représentant ;
— le directeur général du travail ou son représentant ;

3° Un représentant de chacune des organisations syndicales d'employeurs et de salariés du secteur de l'enseignement de la conduite et de la sécurité routière, représentatives au niveau de la branche professionnelle au sens des articles L. 2122-5 et L. 2152-1 du code du travail ; — *Jusqu'au 31 déc. 2017, les représentants des professionnels mentionnés au 3° de l'art. D. 214-2 sont désignés à titre transitoire par le ministre chargé de la sécurité routière en prenant en compte les résultats des élections organisées par l'Arr. du 31 mai 2010 relatif aux élections pour la désignation des représentants de la profession de l'enseignement de la conduite et de la sécurité routière au Conseil supérieur de l'éducation routière (Décr. n° 2016-815 du 17 juin 2016, art. 5).*

4° Un représentant de chacune des organisations syndicales représentatives des inspecteurs du permis de conduire et de la sécurité routière et des délégués au permis de conduire et à la sécurité routière ;

5° Deux représentants des consommateurs désignés sur proposition des organisations de consommateurs et après avis du ministre chargé de la consommation ;

6° Un représentant des jeunes désigné sur proposition du ministre chargé de la jeunesse ;

7° Un représentant des associations œuvrant pour la sécurité routière désigné par le ministre chargé de la sécurité routière ;

8° Un représentant des assureurs désigné sur proposition du ministre chargé de l'économie ;

9° Un représentant des éditeurs pédagogiques spécialisés dans l'éducation routière désigné par le ministre chargé de la sécurité routière ;

10° Un représentant des concepteurs de simulateurs de conduite désigné par le ministre chargé de la sécurité routière ;

11° Quatre personnalités qualifiées choisies en raison de leurs activités professionnelles ou de leurs travaux en matière d'éducation routière désignées par le ministre chargé de la sécurité routière.

Les membres du Conseil supérieur mentionnés aux 3°, 4°, 5°, 6°, 7°, 8°, 9°, 10° et 11° sont nommés par arrêté du ministre chargé de la sécurité routière pour une durée de cinq ans.

Art. D. 214-3 *(Abrogé par Décr. n° 2016-815 du 17 juin 2016, art. 4)* ***Le président du Conseil supérieur de l'éducation routière est nommé par arrêté du*** *(Décr. n° 2011-570 du 24 mai 2011)* ***« ministre chargé de la sécurité routière », parmi les membres du conseil.***

Art. D. 214-4 Le Conseil supérieur de l'éducation routière siège au moins deux fois par an. Il peut être convoqué à tout moment par le président du conseil ou à la demande de la moitié au moins de ses membres.

Le Conseil supérieur de l'éducation routière établit son règlement intérieur, qui est approuvé par arrêté du *(Décr. n° 2011-570 du 24 mai 2011)* « ministre chargé de la sécurité routière ».

Art. D. 214-5 Le secrétariat du Conseil supérieur de l'éducation routière est assuré par la délégation à la sécurité routière.

TITRE II PERMIS DE CONDUIRE

A compter du 19 janv. 2013, dans l'ensemble des dispositions du code de la route, les mentions des art. R. 221-3 et R. 222-8 seront respectivement remplacées par celles des art. D. 221-3 et D. 222-8 (Décr. n° 2011-1475 du 9 nov. 2011, art. 17-II).

RÉP. PÉN. *v° Permis de conduire*, par CÉRÉ.

BIBL. ▸ LEBRETON, *Gaz. Pal. 29 janv. 2019, p. 16* (droit pénal du permis de conduire).

COMMENTAIRE

Comme dans le titre II de la partie législative correspondant, on trouvait ici, à l'origine, cinq chapitres, dont les intitulés étaient identiques. Le décret n° 2003-642 du 11 juillet 2003 a cependant ajouté à l'intitulé du chapitre IV de la partie réglementaire, « Interdiction de délivrance, rétention, suspension et annulation », le terme d'« Invalidation », rompant par là même avec l'identité parfaite des intitulés des principales structures de la partie législative et de la partie réglementaire. Qui plus est, depuis le décret n° 2012-886 du 17 juillet 2012, la structure de ce titre du code de la route consacré au permis de conduire n'est plus identique dans les deux parties. Depuis ce décret, on trouve en effet, dans la partie réglementaire, un chapitre VI, dédié à l'organisation du contrôle médical de l'aptitude à la conduite, qui n'a pas d'équivalent dans la partie législative. On remarquera enfin que, depuis la loi n° 2015-990 du 6 août 2015, le premier chapitre du titre II du livre II de la partie législative est intitulé « Vérification d'aptitude, délivrance et catégories » et non plus « Délivrance et catégories », nouvel intitulé que l'on retrouve également dans la partie réglementaire, depuis le décret n° 2016-516 du 26 avril 2016. ❑

CHAPITRE I VÉRIFICATION D'APTITUDE, DÉLIVRANCE ET CATÉGORIES *(Décr. nº 2016-516 du 26 avr. 2016, art. 1er-1º).*

A compter du 19 janv. 2013, dans l'ensemble des dispositions du code de la route, les mentions des art. R. 221-3 et R. 222-8 seront respectivement remplacées par celles des art. D. 221-3 et D. 222-8 (Décr. nº 2011-1475 du 9 nov. 2011, art. 17-II).

COMMENTAIRE

Permis de conduire européen. Ce chapitre précise les différentes catégories de permis de conduire et leur condition de délivrance ou de renouvellement, ainsi que les différents cas où l'aptitude de l'intéressé à conduire est soumise à vérification. Il convient, cependant, de noter que l'essentiel des règles en ce domaine a aujourd'hui une origine européenne, à savoir la directive 2006/126/CE du 20 décembre 2006 relative au permis de conduire (App., vº *Permis de conduire*), qui a remplacé, depuis le 19 janvier 2013, une précédente directive du 29 juillet 1991 (*JOUE L* 237 du 24 août 1991, p. 1). Cette nouvelle directive vise à harmoniser un peu plus encore les règles concernant la délivrance et les différentes catégories du permis de conduire prévues dans les États membres de l'Union et par là même à mettre en place un permis de conduire européen ou, du moins, un permis de conduire reposant sur un modèle commun.

Décret du 9 novembre 2011. C'est précisément pour se mettre en conformité avec cette directive de 2006 que le décret n° 2011-1475 du 9 novembre 2011 a modifié plusieurs articles de ce chapitre. Par ces modifications, il s'est agi :

– de mettre en conformité les différentes catégories du permis de conduire prévues en droit interne avec celles prévues par l'article 4 de la directive de 2006 (V. art. R. 221-4) ;

– mais aussi d'adapter l'âge minimum requis pour obtenir chaque catégorie de permis de conduire aux dispositions prévues en ce sens par ce même article 4 de la directive (V. art. R. 221-5, qui reformule par ailleurs la progressivité – imposée par l'art. 6 de la directive – pour obtenir certaines catégories du permis de conduire) ;

– et surtout de fixer une durée de validité administrative pour chaque catégorie du permis de conduire conformément à l'article 7 de cette directive (V., au sein de l'art. R. 221-1-1, le paragraphe I *bis* ajouté par le décret de 2011 et le comm. de cet art.).

Toutes ces modifications concernent les permis de conduire obtenus depuis le 19 janvier 2013, date d'entrée en vigueur des modifications opérées par le décret du 9 novembre 2011 et date à laquelle la directive de 2006 a remplacé la directive de 1991. Des dispositions transitoires ont été prévues pour faire le lien entre les anciennes modalités et celles applicables depuis le 19 janvier 2013 (V., par ex., art. R. 221-9).

Loi du 6 août 2015. Il faut par ailleurs rappeler que l'on trouve, depuis la loi n° 2015-990 du 6 août 2015 pour la croissance, l'activité et l'égalité des chances économiques, plusieurs dispositions consacrées à la délivrance du permis de conduire dans la partie législative correspondante. Ces dispositions législatives – qui qualifient l'accès aux épreuves du permis de conduire de service universel (V. art. L. 221-1 A) et qui portent sur l'organisation des épreuves du permis de conduire (V. art. L. 221-4 s.) – ont été créées afin de permettre aux candidats de se présenter plus facilement aux épreuves du permis de conduire. Depuis cette loi, l'organisation de certaines épreuves peut ainsi être confiée à des personnes agréées à cette fin par l'autorité administrative (V. art. L. 221-4) dans des conditions qui ont été précisées dans la partie réglementaire, dans une section dédiée créée par le décret n° 2016-516 du 26 avril 2016 (V. art. R. 221-3-4 à R. 221-3-17). Ce décret, qui a structuré l'ensemble du présent chapitre en plusieurs sections, a également apporté des précisions sur l'organisation des épreuves du permis de conduire par l'autorité administrative (V. art. R. 221-3-1 à R. 221-3-3).

Décret du 22 mars 2016. On notera enfin que le contenu de l'article R. 221-1 a été transféré dans un article R. 221-1-1 par le décret n° 2016-347 du 22 mars 2016. Depuis ce décret, le premier article du présent chapitre vient rappeler les différentes manières d'obtenir le permis de conduire pour les personnes résidant normalement en France, en précisant ce qu'il faut entendre par résidence normale. ❑

SECTION 1 **Dispositions générales**

(Décr. n° 2016-516 du 26 avr. 2016, art. 1er-2°)

Art. R. 221-1 *(Décr. n° 2016-347 du 22 mars 2016, art. 2-I, en vigueur le 1er juill. 2016)* **I. — Le permis de conduire un véhicule terrestre à moteur s'obtient soit après réussite à l'examen du permis de conduire, soit après conversion d'un brevet militaire de conduite français, soit après échange d'un permis de conduire étranger, soit après réussite à une formation dispensée à cette fin ou validation d'un diplôme ou d'un titre professionnel délivrés à cette fin en France.**

Les titres mentionnés à l'article L. 221-1 qui sont assimilés au permis de conduire lorsque celui-ci n'est pas exigé pour la conduite d'un véhicule à moteur, comprennent notamment le certificat d'examen du permis de conduire, l'attestation de suivi de la formation requise pour la conduite des véhicules de types L5e et L6e pour les personnes nées après le 31 décembre 1987 et le récépissé de déclaration de perte ou de vol d'un permis de conduire.

II. — Toute personne sollicitant un permis de conduire, national ou international, doit justifier de sa résidence normale ainsi que, le cas échéant, de son droit au séjour en France ou, pour les élèves et étudiants étrangers titulaires d'un titre de séjour ou d'un visa long séjour valant titre de séjour validé par l'Office français de l'immigration et de l'intégration correspondant à leur statut, de la poursuite de leurs études en France depuis au moins six mois en France à la date de leur demande de permis de conduire.

III. — On entend par résidence normale le lieu où une personne demeure habituellement, c'est-à-dire pendant au moins 185 jours par année civile, en raison d'attaches personnelles et professionnelles, ou, dans le cas d'une personne sans attaches professionnelles, en raison d'attaches personnelles révélant des liens étroits entre elle-même et l'endroit où elle demeure.

Toutefois, la résidence normale d'une personne dont les attaches personnelles sont situées en France mais qui est établie à l'étranger pour y poursuivre ses études, une formation, un stage ou pour l'exécution d'une mission d'une durée déterminée, se situe en France.

Art. R. 221-1-1 *(Décr. n° 2016-347 du 22 mars 2016, art. 2-II, en vigueur le 1er juill. 2016) (Décr. n° 2005-320 du 30 mars 2005, art. 2)* **I. — Nul ne peut conduire un véhicule ou un ensemble de véhicules, pour la conduite duquel le permis de conduire est exigé par le présent code, s'il n'est titulaire de la catégorie correspondante du permis de conduire en état de validité et s'il ne respecte les restrictions d'usage mentionnées sur ce titre.**

Par dérogation à l'article R. 110-1, ces dispositions sont également applicables à la conduite sur les voies non ouvertes à la circulation publique, sauf dans le cas prévu à l'article R. 221-16.

(Décr. n° 2011-1475 du 9 nov. 2011, en vigueur le 19 janv. 2013) **« I *bis*. — La durée de validité des titres attestant de la qualité de titulaire du permis de conduire est limitée ainsi qu'il suit :**

« 1° Les permis de conduire comportant les catégories A1, A2, A, B, B1 et BE du permis de conduire ont une durée de validité de quinze ans à compter de leur délivrance, sous réserve des dispositions de l'article R. 221-10 ;

« 2° Sous la même réserve, les permis de conduire comportant les catégories C, CE, C1, C1E, D, DE, D1 et D1E ont une durée de validité de cinq ans.

« La date limite de validité est inscrite sur le titre de conduite.

« Les conditions de renouvellement des titres attestant de la qualité de titulaire du permis de conduire sont fixées par arrêté du ministre chargé de la sécurité routière. »

II. — Le permis de conduire est délivré à tout candidat qui a satisfait aux épreuves d'examen prévues au présent chapitre par le préfet du département de sa résidence ou par le préfet du département dans lequel ces épreuves ont été subies.

III. — Le fait de conduire un véhicule sans respecter les conditions de validité ou les restrictions d'usage du permis de conduire est puni de l'amende prévue pour les contraventions de la quatrième classe.

IV. — L'immobilisation du véhicule peut être prescrite dans les conditions prévues aux articles L. 325-1 à L. 325-3.

V. — Toute personne coupable de l'une des infractions prévues au présent article encourt également les peines complémentaires suivantes :

1° La suspension, pour une durée de trois ans au plus, du permis de conduire, cette suspension pouvant être limitée à la conduite en dehors de l'activité professionnelle ;

2° L'interdiction de conduire certains véhicules terrestres à moteur, y compris ceux pour la conduite desquels le permis de conduire n'est pas exigé, pour une durée de trois ans au plus ;

3° L'obligation d'accomplir, à ses frais, un stage de sensibilisation à la sécurité routière.

VI. — La contravention prévue au III donne lieu de plein droit à la réduction de trois points du permis de conduire. — *[Anc. art. R. 221-1.]*

Conduite sans permis : L. 221-2.

Contrôle routier : R. 233-1. — Fichiers : L. 225-1 et L. 330-1 s., R. 225-1. — Perte ou vol : R. 233-1.

V. App., v° Permis de conduire, Arr. du 28 mars 2022 (affections médicales incompatibles ou compatibles avec ou sans aménagements ou restrictions pour l'obtention, le renouvellement ou le maintien du permis de conduire ou pouvant donner lieu à la délivrance de permis de conduire de durée de validité limitée).

V. Arr. du 12 juin 2015 autorisant la création d'un traitement automatisé de données à caractère personnel dénommé « Résultats du permis de conduire » (JO 25 juin).

L'art. R. 221-1 devient l'art. R. 221-1-1 (Décr. n° 2016-347 du 22 mars 2016, art. 2-II, en vigueur le 1er juill. 2016).

COMMENTAIRE

Décret du 30 mars 2005 et décret du 22 mars 2016. La (re)correctionnalisation du défaut de permis de conduire, opérée par la loi du 9 mars 2004 (V. art. L. 221-2), explique la réécriture des présentes dispositions par le décret n° 2005-320 du 30 mars 2005. Des dispositions qui figuraient à l'article R. 221-1 et qui ont été transférées à l'article R. 221-1-1 par le décret n° 2016-347 du 22 mars 2016.

Depuis ce décret de 2016, c'est donc l'article R. 221-1-1, I, qui prévoit que pour conduire un véhicule ou un ensemble de véhicules, il faut, en principe, être titulaire d'un permis de conduire en état de validité et correspondant à la catégorie du véhicule considéré. C'est également cet article qui précise que tout conducteur doit respecter les restrictions d'usage mentionnées, le cas échéant, sur son permis de conduire (comme, par exemple, le port de verres correcteurs), une précision qui avait été apportée au sein des dispositions de l'ancien article R. 221-1 par le décret du 30 mars 2005. Depuis ce décret de 2005, le non-respect de ces restrictions d'usage, comme le fait de conduire un véhicule sans respecter les conditions de validité de son permis de conduire est d'ailleurs plus sévèrement sanctionné, l'article R. 221-1-1 prévoyant une amende de quatrième classe, plusieurs peines complémentaires, ainsi qu'un retrait de trois points sur le permis de conduire de l'intéressé.

Rappelons enfin que c'est également aujourd'hui l'article R. 221-1-1 qui rend obligatoire la possession d'un permis de conduire pour circuler sur les voies non ouvertes à la circulation publique, sauf pour les conducteurs de véhicules participant à des entraînements, des manifestations sportives, des compétitions se déroulant entièrement dans des lieux non ouverts à la circulation publique, comme le prévoit l'article R. 221-16 (V. comm. introductif, titre II du livre II de la partie L.).

Décret du 9 novembre 2011. Depuis le décret n° 2011-1475 du 9 novembre 2011, un paragraphe I *bis* a par ailleurs été ajouté au sein des présentes dispositions. Ce paragraphe a été créé afin de mettre nos dispositions internes relatives à la délivrance du permis de conduire en conformité avec les dispositions de l'article 7 de la directive 2006/126/CE du 20 décembre 2006 relative au permis de conduire (App., v° *Permis de conduire*. – V. aussi comm. introductif aux art. R. 221-1 s., ci-dessus). Cet article 7 impose en effet aux États membres d'instaurer une durée de validité administrative pour les permis de conduire délivrés à partir du 19 janvier 2013. Conformément à cet article 7, deux durées sont plus précisément prévues par le paragraphe I *bis* du présent article : une durée de validité de quinze ans pour certaines catégories du permis de conduire (et en particulier la catégorie B) et une durée de validité de cinq ans pour d'autres catégories. On notera que le pouvoir réglementaire a retenu une durée de validité de quinze ans pour certaines catégories du permis de conduire alors que la directive de 2006 prévoit une durée de principe de dix ans, tout en laissant aux États la possibilité d'étendre cette durée jusqu'à quinze ans (V. art. 7, § 2, a, de cette directive)... Quoi qu'il en soit, l'instauration de ces durées de validité dans notre droit interne obligera, à terme, chaque titulaire d'un permis de conduire à le renouveler tous les quinze ans ou tous les cinq ans. Notons bien cependant qu'il ne s'agira pas pour l'intéressé de « repasser » son permis de conduire, mais de renouveler le document attestant qu'il est titulaire de celui-ci. Par ces dispositions, il s'agit en effet de mieux lutter contre les falsifications en ce domaine.

Il convient par ailleurs de souligner que ces dispositions sont applicables aux permis de conduire délivrés depuis le 19 janvier 2013. Cependant, pour des raisons techniques, la délivrance par l'administration française de permis de conduire conformes au nouveau modèle européen n'a été possible qu'à partir du 16 septembre 2013. Les permis de conduire délivrés entre le 19 janvier 2013 et le 15 septembre 2013 – selon un modèle transitoire – devront, en conséquence, être remplacés par un permis conforme au modèle européen à une date qui sera fixée par le ministre chargé de la sécurité routière (V. Arr. du 20 avr. 2012, art. 8, App., v° *Permis de conduire*). Et, à terme, les permis de conduire délivrés avant le 19 janvier 2013 devront également être échangés contre un nouveau modèle de permis de conduire, lequel aura alors une durée de validité de quinze ou cinq ans. L'article R. 221-4, III, prévoit une date butoir pour un tel échange, celle du 19 janvier 2033.

On notera enfin que les permis de conduire délivrés conformément à ces nouvelles dispositions se présentent sous la forme d'une « carte de crédit » plastifiée et qu'ils ont été dotés, jusqu'à présent, d'une puce électronique. Le coût élevé que représente l'ajout d'un tel dispositif – 2 euros 40 par permis – a toutefois conduit les pouvoirs publics à renoncer à doter chaque permis de conduire d'une puce électronique. Concrètement, c'est depuis le 15 juillet 2015 que les permis de conduire délivrés par les autorités françaises ne sont plus dotés d'une telle puce, et ce en application des dispositions d'un arrêté du 3 juin 2015 qui a supprimé, à l'article 8, paragraphe I, alinéa 3, de l'arrêté du 20 avril 2012 précité, la formule qui prévoyait que le nouveau modèle de permis était doté d'une puce électronique (V. *infra*, Arr. du 20 avr. 2012, art. 8, App., v° *Permis de conduire*). ❑

1. Le titulaire d'un permis B qui conduit une voiture attelée d'une remorque de plus de 750 kg commet une infraction. Il ne peut invoquer sa bonne foi, soutenant pour sa défense avoir été induit en erreur par l'ambiguïté des mentions portées sur le document en sa possession. • Crim. 25 juin 1975 : *Gaz. Pal. 1975. 2. Somm. 288.*

2. La conduite d'un véhicule au mépris des conditions restrictives mises à la délivrance du permis de conduire, en l'absence de verres correcteurs en l'espèce, équivaut à une conduite sans obtention d'un permis valable. • Crim. 3 avr. 1973 : *D. 1973. 463* • 13 nov. 1986 : *JCP 1987. IV. 28 ; Bull. crim. n° 339 ; RSC 1987. 422, obs. Delmas Saint-Hilaire.* ♦ Cette solution a été codifiée en 1986. Sur les conséquences relatives à l'assurance, V. note 1 ss. l'art. R. 221-14, et C. assur., art. R. 211-10, *App.*, v° *Accidents de la circulation*.

3. Doit cependant être relaxé le prévenu poursuivi, sur le fondement de l'art. R. 221-1 C. route, pour avoir conduit un véhicule sans respecter les restrictions d'usage mentionnées sur son permis de conduire concernant le port de lunettes de vue, dès lors qu'il est établi que celui-ci portait des lentilles de contact, prescrites par un médecin, qui lui assuraient une correction de la vision conforme à la mention restrictive apposée sur son permis de conduire. • Rouen, 5 sept. 2013 : *Dr. pénal 2014. Chron. 7, obs. Gauvin.* ♦ Il résulte de l'art. 111-3 C. pén. que nul ne peut être puni pour une contravention dont les éléments ne sont pas définis par le règlement. Doit, en conséquence, être cassé le jugement condamnant un prévenu, sur le fondement de l'art. R. 221-2, III, C. route, pour conduite d'un véhicule à moteur sans respecter une restriction d'usage mentionnée sur le permis de conduire, au motif que l'intéressé, étant porteur de lentilles de contact, a conduit un véhicule sans avoir à sa disposition une paire de lunettes correctrices, en méconnaissance de l'art. 12 de l'Arr. du 8 févr. 1999, relatif aux conditions d'établissement, de délivrance et de validité du permis de conduire, dès lors que l'Arr. ministériel du 4 oct. 1988, qui faisait obligation au conducteur d'un véhicule, porteur de lentilles de contact, d'avoir à sa disposition une paire de lunettes correctrices, a été abrogé par un Arr. du 7 mai 1997, et, d'autre part, que l'Arr. du 8 févr. 1999, visé dans le jugement, a été abrogé par un Arr. du 20 avr. 2012. • Crim. 2 mars 2016, n° 15-83.336 P : *D. 2016. Actu. 602 ; D. actu. 21 mars 2016, obs. Goetz ; Dr. pénal 2016. Chron 7, obs. Gauvin.*

4. Loi du 5 juillet 1985. Justifie sa décision et fait l'exacte application de l'art. 4 de la L. 5 juill. 1985 la cour d'appel qui déduit de l'examen des circonstances d'un accident survenu entre une automobile et le pilote d'une motocyclette ayant entrepris le dépassement par la gauche d'une file de voitures, alors qu'il n'était pas titulaire du permis de conduire pour ce type de véhicule, l'absence de lien de causalité entre le défaut de permis de conduire imputable au conducteur victime et la réalisation des dommages subis par celui-ci. • Crim. 27 nov. 2007, n° 07-81.585 P : *JCP 2008. II. 10022, note Bakouche.*

Art. R. 221-2 **Le préfet peut autoriser un sous-préfet d'arrondissement à délivrer un permis de conduire à une personne non domiciliée dans cet arrondissement, lorsque cette dérogation est de nature à améliorer sensiblement le service rendu à l'usager.** – *[Anc. art. R. 123, al. 6.]*

Art. D. 221-3 **Les examens du permis de conduire susvisés comportent une épreuve théorique et une épreuve pratique qui se déroulent dans les conditions et selon les modalités fixées par arrêté du ministre** *(Décr. n° 2011-1475 du 9 nov. 2011, en vigueur le 19 janv. 2013)* **« chargé de la sécurité routière.**

« Par exception aux dispositions de ce premier alinéa : l'épreuve pratique de la catégorie A *(Décr. n° 2016-723 du 31 mai 2016, art. 1er-1°)* **« est » remplacée par le suivi d'une formation dispensée par un établissement ou une association agréés au titre de l'article L. 213-1 ou L. 213-7 pour les titulaires de la catégorie A2 depuis deux ans au moins. »**

Les examens organisés en vue de l'obtention du permis de conduire comprennent notamment une interrogation sur les effets de l'absorption de l'alcool ou d'autres substances modificatives du comportement des conducteurs.

Le permis de conduire *(Décr. n° 2011-1475 du 9 nov. 2011, en vigueur le 19 janv. 2013)* **«** *[,]* **à l'exception de la catégorie A obtenue dans les conditions définies au deuxième alinéa du présent article, » est délivré sur l'avis favorable soit d'un inspecteur du permis de conduire et de la sécurité routière, soit d'un agent public appartenant à une des catégories fixées par arrêté** *(Abrogé par Décr. n° 2011-1475 du 9 nov. 2011, à compter du 19 janv. 2013)* ***« du ministre chargé de la sécurité routière »***. – *V. Arr. du 30 juin 2014 (JO 3 juill).*

Il n'est valable pour les catégories autres que celles qu'il vise expressément que dans les conditions définies aux articles R. 221-7 à R. 221-9. – *[Anc. art. R. 123, al. 2 à 4 et L. n° 70-597 du 9 juill. 1970, art. 4.]*

(Décr. n° 2011-1475 du 9 nov. 2011, en vigueur le 19 janv. 2013) **« Le ministre chargé de la sécurité routière fixe par arrêtés les conditions et modalités d'application du présent article. »**

L'art. R. 221-3 devient l'art. D. 221-3 à compter du 19 janv. 2013 et peut désormais être modifié par décret (Décr. n° 2011-1475 du 9 nov. 2011, art. 17 et 18).

Pendant une période de six mois à compter de la publication du Décr. n° 2016-723 du 31 mai 2016, les personnes âgées de vingt-quatre ans au moins et ayant déjà déposé auprès de l'autorité administrative compétente une demande de permis de conduire de la catégorie A peuvent passer l'épreuve pratique prévue au 1er al. de l'art. D. 221-3 C. route (Décr. préc., art. 2). Ces personnes peuvent, après un échec à l'examen pratique du permis de conduire de la catégorie A, souscrire un prêt destiné à financer une formation complémentaire dans les conditions prévues aux art. 2 et 3 du Décr. n° 2005-1225 du 29 sept. 2005 (V. App., v° Enseignement de la conduite) (Décr. n° 2016-891 du 30 juin 2016, art. 6, en vigueur le 1er juill. 2016).

Financement du permis de conduire : V. Décr. n° 2005-1225 du 29 sept. 2005 instituant une aide au financement, App., v° Enseignement de la conduite. — V. aussi C. trav., art. L. 6323-6 et D. 6323-8 (compte personnel de formation). — C. mon. fin., art. L. 221-34-2 (livret d'épargne permis de conduire). — Décr. n° 2019-1 du 3 janv. 2019 relatif à l'aide au financement du permis de conduire pour les apprentis (JO 4 janv.).

1. L'Arr. ministériel du 31 juill. 1975 a pu légalement prévoir en son art. 11 que l'examen technique des candidats au permis de conduire prévu par l'art. R. 123 [C. route, art. R. 221-3] soit passé devant un seul expert désigné par le ministre des Transports. • TA Bordeaux, 22 févr. 1990 : *JCP 1991. IV. 48.*

2. Légalité de la Circ. du 13 janv. 2006 définissant les nouvelles modalités d'attribution des places aux examens du permis de conduire. Deux circulaires de 2001 et 2004, de portée réglementaire, ont défini une nouvelle méthode de convocation aux épreuves du permis de conduire, expérimentée dans plusieurs départements puis progressivement étendue à l'ensemble du territoire et généralisée par la Circ. du 13 janv. 2006, en déterminant le nombre de candidats pouvant être présentés à l'épreuve pratique par chaque établissement d'enseignement de la conduite, en fonction, notamment, des résultats obtenus à l'épreuve théorique générale. Pour le Conseil d'État, outre qu'elles ne portent pas atteinte au principe d'égalité, ces circulaires se bornent à fixer de nouvelles modalités d'organisation du permis de conduire et n'ont ni pour objet ni pour effet de limiter l'activité des auto-écoles, de sorte qu'elles ne portent atteinte ni au principe de sécurité juridique ni au principe de liberté du commerce et de l'industrie. • CE 15 juin 2007, *Centre d'éducation routière Gargan Gare et a.*, n° 284773 : *inédit.*

SECTION 2 Organisation des épreuves par l'autorité administrative

(Décr. n° 2016-516 du 26 avr. 2016, art. 1er-4°)

Art. R. 221-3-1 L'autorité administrative organise directement les épreuves du permis de conduire suivantes :

1° L'épreuve théorique générale, en cas de carence de l'offre proposée dans les conditions prévues à la section 3 par les organismes agréés en application de l'article L. 221-4 ;

2° Les sessions spécialisées pour l'épreuve théorique générale mentionnées à l'article R. 221-3-2 ;

3° Toute autre épreuve du permis de conduire.

Art. R. 221-3-2 Des sessions spécialisées sont organisées par l'autorité administrative pour des publics particuliers ne pouvant pas se présenter aux épreuves théorique et pratique de l'examen du permis de conduire dans les mêmes conditions que les autres candidats.

Les modalités d'organisation de ces sessions sont fixées par arrêté du ministre chargé de la sécurité routière.

La fréquence de ces sessions est décidée par le préfet dans le respect des seuils minimaux fixés par l'arrêté mentionné au précédent alinéa.

Si l'organisation d'une session spécialisée implique le recours à une traduction, la durée totale de l'épreuve théorique est fixée à une heure trente pour permettre la bonne compréhension des candidats, dont le nombre ne peut excéder dix.

Art. R. 221-3-3 *(Décr. n° 2016-516 du 26 avr. 2016, art. 1er-4° et 3°, en vigueur le 1er juin 2016)* Le passage de l'épreuve théorique générale organisée par l'autorité administrative donne lieu à la perception d'une redevance pour service rendu dont le montant est fixé par arrêté conjoint des ministres chargés des finances, de l'économie et de la sécurité routière. Cette redevance couvre, au plus, toutes les prestations nécessaires à un unique passage de cette épreuve, y compris l'inscription et la remise de l'attestation de résultat.

Cette redevance est acquittée préalablement à l'inscription à l'examen, par paiement dématérialisé, selon des modalités fixées par l'arrêté mentionné au premier alinéa.

Cet arrêté prévoit également les cas de dispense de paiement de cette redevance par les usagers dont l'insertion sociale est conditionnée par l'obtention du permis de conduire.

Sous réserve des dispositions du précédent alinéa, l'inscription à l'examen est subordonnée au paiement de cette redevance.

La redevance prévue à l'art. R. 221-3-3 C. route est de 30 € toutes taxes comprises.

Tout candidat se présentant à l'épreuve théorique générale organisée par l'autorité administrative s'acquitte préalablement au passage de l'épreuve et par paiement dématérialisé du montant de cette redevance.

Toutefois, les candidats atteints d'un handicap présentant un avis médical sur leur aptitude à la conduite et devant, en cas d'obtention du permis de conduire, effectuer des visites médicales périodiques sont dispensés du paiement de cette redevance (Arr. du 1er juin 2016, art. 1er et 2).

SECTION 3 Organisation des épreuves par les organismes agréés

(Décr. nº 2016-516 du 26 avr. 2016, art. 1er-5º)

Art. R. 221-3-4 **I. — Les personnes pouvant organiser l'épreuve théorique générale du permis de conduire mentionnées au 1º de l'article L. 221-4 sont agréées par le ministre chargé de la sécurité routière pour une durée de dix ans renouvelable.**

II. — La demande d'agrément mentionne l'identité du demandeur et son statut juridique. Elle justifie de sa capacité à respecter les conditions définies aux articles R. 221-3-6 à R. 221-3-9 et dans le cahier des charges prévu à l'article L. 221-7.

Le silence gardé pendant quatre mois sur une demande vaut décision d'acceptation.

III. — Si la personne agréée souhaite cesser son activité, elle notifie cette intention au ministre chargé de la sécurité routière quatre mois au moins avant l'arrêt de l'exploitation.

V. Arr. du 27 avr. 2016 fixant le cahier des charges prévu à l'art. L. 221-7 C. route (JO 30 avr.). — Arr. du 21 mai 2016 portant agrément de la société par actions simplifiée SGS AUTOMOTIVE SERVICES et du groupe La Poste en qualité d'organisateurs de l'épreuve théorique générale du permis de conduire (JO 25 mai). — Arr. du 28 juill. 2016 portant agrément de la société Pearson Professional Assesments Limited-Pearson VUE en qualité d'organisateur de l'épreuve théorique générale du permis de conduire (JO 6 août). — Arr. du 30 août 2016 portant agrément de BUREAU VERITAS SOLUTIONS en qualité d'organisateur de l'épreuve théorique générale du permis de conduire (JO 13 sept.), mod. par Arr. du 8 févr. 2017 (JO 18 févr.) et mod. par Arr. du 14 nov. 2019 (JO 21 nov.). — Arr. du 8 févr. 2017 portant agrément de DEKRA SERVICES FRANCE en qualité d'organisateur de l'épreuve théorique générale du permis de conduire (JO 18 févr.). — Arr. du 7 déc. 2018 portant agrément de EXA CODE en qualité d'organisateur de l'épreuve théorique générale du permis de conduire (JO 15 déc.), abrogé par un Arr. du 12 nov. 2020 (JO 15 nov.) retiré par Arr. du 22 déc. 2020 (JO 27 déc.). — Arr. du 1er sept. 2020 portant agrément de FRANCE CODE en qualité d'organisateur de l'épreuve théorique générale du permis de conduire (JO 24 sept.), agrément suspendu pour une durée de trois mois par Arr. du 6 avr. 2023 (JO 21 avr.). — Arr. du 11 août 2022 portant agrément de EASY CODE en qualité d'organisateur de l'épreuve théorique générale du permis de conduire (JO 14 août).

Art. R. 221-3-5 **I. — L'ouverture de chaque site d'examen est subordonnée à une déclaration préalable, renouvelable tous les cinq ans, auprès du préfet du département où est situé le site. A Paris, cette déclaration est adressée au préfet de police.**

II. — La déclaration par l'organisateur comprend :

1º Une copie de la décision d'agrément ou, le cas échéant, de la demande ayant donné naissance à une décision d'acceptation implicite conformément à l'article L. 231-1 du code des relations entre le public et l'administration ;

2º La localisation du site, les heures d'ouverture et le nombre de places d'examen qui y seront proposées ;

3º Lorsque l'exploitation du site est confiée par l'organisateur agréé à une entité juridique différente, son identité et son statut juridique.

III. — L'arrêt d'exploitation d'un site ou la réduction du nombre de places offertes sont soumis à déclaration dans les mêmes conditions que l'ouverture d'un site. L'arrêt d'exploitation peut être refusé s'il conduit à la méconnaissance par l'organisateur agréé des obligations d'accès prévues par l'article R. 221-3-8 ou des textes pris pour son application.

Art. D. 221-3-6 L'organisateur agréé organise le passage de l'examen à un prix identique toutes taxes comprises pour tous les candidats, quel que soit le site, sans imposer d'autres conditions que celles requises pour l'inscription. Ce prix couvre toutes les prestations nécessaires à un unique passage de l'épreuve théorique générale, y compris l'inscription et la remise de l'attestation de résultat, à l'exclusion de tout autre produit ou service.

Ce prix est arrêté conjointement par le ministre chargé de l'économie et par le ministre chargé de la sécurité routière en fonction des coûts supportés par les organisateurs, du nombre total de candidats et des obligations d'accès prévues à l'article R. 221-3-8.

L'achat de ces prestations ne peut être conditionné à celui d'autres produits ou services, ni être la condition de l'octroi d'un avantage commercial pour d'autres produits ou services.

Par dérogation à l'art. D. 221-3-6, les organisateurs agréés ne peuvent facturer aucuns frais pour le passage d'une épreuve avant le 1er juin 2016. Pour les organisateurs agréés avant cette date, le délai d'un an prévu au dernier al. de l'art. R. 221-3-8 est comptabilisé à compter du 1er juin 2016 (Décr. no 2016-516 du 26 avr. 2016, art. 3).

Le prix du passage de l'épreuve théorique générale prévu à l'art. D. 221-3-6 est fixé à 30 €, toutes taxes comprises : V. Arr. du 28 avr. 2016 relatif aux obligations des organisateurs agréés de l'épreuve théorique générale du permis de conduire en matière de tarif et de couverture territoriale (JO 29 avr.).

Art. R. 221-3-7 L'organisateur agréé assure l'égal accès des candidats aux épreuves qu'il organise, indépendamment des conditions dans lesquelles ceux-ci ont été formés et des établissements qui leur ont délivré cette formation.

Art. R. 221-3-8 L'organisateur agréé assure, dans les conditions prévues au présent article, l'accès des candidats à des sites d'examen sur le territoire de chaque département métropolitain et de chacune des collectivités suivantes : Guadeloupe, Guyane, Martinique, La Réunion, Mayotte et Saint-Pierre-et-Miquelon.

Cet accès est assuré à des dates et horaires qu'il détermine et qui sont proposés aux candidats à la réservation en ligne.

Une session ne peut être annulée que si aucun candidat ne s'est inscrit sept jours avant la date programmée.

L'arrêté prévu à l'article D. 221-3-6 peut, pour chacun des territoires mentionnés au premier alinéa et en fonction du nombre d'examens qui y sont passés, de sa population et de sa superficie, préciser le nombre minimal de places à proposer et imposer la présence de sites dans certaines zones qui, sans cela, risqueraient de ne pas être desservies. Pour les territoires où la demande est faible, cet arrêté peut prévoir que les obligations de couverture peuvent être remplies conjointement par plusieurs des organisateurs agréés.

Dans un délai d'un an à compter de la date de son agrément, l'organisateur agréé est tenu d'assurer l'accès aux prestations précisées à l'article D. 221-3-6, dans les conditions prévues au présent article et par l'arrêté mentionné au quatrième alinéa. En cas de modification des obligations d'accès prévues par cet arrêté, ce dernier fixe un délai, qui ne peut pas être inférieur à six mois, pour leur prise en compte par les organisateurs déjà agréés. Cet arrêté peut fixer des obligations de couverture intermédiaires pendant ces périodes transitoires.

V. Arr. du 28 avr. 2016 relatif aux obligations des organisateurs agréés de l'épreuve théorique générale du permis de conduire en matière de tarif et de couverture territoriale (JO 29 avr.).

Art. R. 221-3-9 I. — La personne qui assure la direction permanente et effective de l'activité pour le compte de l'organisateur agréé ne doit pas avoir fait l'objet d'une condamnation prononcée par une juridiction française ou par une juridiction étrangère à une peine criminelle ou à une peine correctionnelle pour l'une des infractions prévues à l'article R. 212-4 ou avoir assuré la direction de l'activité pour le compte d'un organisateur dont l'agrément a été retiré en application de l'article L. 221-9 dans les cinq années qui précèdent.

II. — L'organisateur agréé n'est lié, au sens du II de l'article 19 de l'ordonnance n° 2015-899 du 23 juillet 2015 relative aux marchés publics, à aucun établissement d'enseignement de la conduite et de la sécurité routière et à aucune entreprise commercialisant des produits pédagogiques dans le domaine de l'enseignement de la conduite et de la sécurité routière.

III. — L'activité d'un site d'examen s'exerce dans des locaux n'abritant aucune activité en lien avec l'enseignement de la conduite et ne communiquant avec aucun local abritant une telle activité.

Art. R. 221-3-10 I. — Pour l'application du présent article, le qualificatif "examinateur" désigne toute personne du site d'examen intervenant pour le passage de l'épreuve.

II. — L'examinateur ne doit pas avoir fait l'objet d'une condamnation prononcée par une juridiction française ou par une juridiction étrangère à une peine criminelle ou à une peine correctionnelle pour l'une des infractions prévues à l'article R. 212-4.

III. — L'examinateur dispose des compétences nécessaires au bon déroulement de l'épreuve, y compris la gestion des incidents.

IV. — L'examinateur ne peut pas superviser les personnes suivantes :

1° Son conjoint ou son partenaire d'un pacte civil de solidarité ;

2° Ses ascendants et ses descendants au premier degré ;

3° Ses collatéraux au deuxième degré.

V. — L'examinateur n'exerce pas et n'a pas exercé, depuis trois ans, d'activité dans un établissement d'enseignement de la conduite et de la sécurité routière ou dans une entreprise commercialisant des produits pédagogiques dans le domaine de l'enseignement de la conduite et de la sécurité routière.

Art. R. 221-3-11 Les organisateurs agréés :

1° Publient sur leur site internet la liste des sites d'examen déclarés et pour chacun d'entre eux le nombre de places proposées ;

2° Recueillent les données transmises par le ministre chargé de la sécurité routière pour l'organisation de l'épreuve, notamment les questionnaires soumis aux candidats ;

3° Vérifient auprès du ministre chargé de la sécurité routière l'éligibilité du candidat à passer l'épreuve ;

4° Transmettent au ministre chargé de la sécurité routière les réponses des candidats ;

5° Communiquent aux candidats le résultat transmis par le ministre chargé de la sécurité routière ;

6° S'assurent du respect par les examinateurs des garanties mentionnées à l'article R. 221-3-10 et du respect, pour chaque site, du cahier des charges prévu à l'article L. 221-7 ;

7° Transmettent annuellement au ministre chargé de la sécurité routière et au ministre chargé de l'économie un rapport d'exploitation qui comprend, pour chaque site, le nombre de places proposées et celui des examens effectivement organisés ;

8° Communiquent au ministre chargé de la sécurité routière ou au ministre chargé de l'économie, sur sa demande, toute autre information statistique relative à l'exploitation des sites d'examen.

Art. R. 221-3-12 Le ministre chargé de la sécurité routière :

1° Approuve par arrêté le cahier des charges prévu à l'article L. 221-7, lequel énonce :

a) Les moyens matériels et techniques nécessaires à la réalisation des examens de l'épreuve théorique générale du permis de conduire ;

b) Les conditions dans lesquelles l'organisateur agréé s'assure du respect par les examinateurs des garanties mentionnées à l'article L. 221-8 ;

c) Les conditions dans lesquelles l'organisateur agréé s'assure du respect du cahier des charges pour chaque site d'examen ;

2° Est chargé du contrôle de l'application de ce cahier des charges ;

3° Élabore les questionnaires soumis aux candidats et les communique aux organisateurs agréés ;

4° Recueille et corrige les réponses des candidats et transmet le résultat aux organisateurs agréés.

V. Arr. du 27 avr. 2016 fixant le cahier des charges prévu à l'art. L. 221-7 C. route (JO 30 avr.).

Art. R. 221-3-13 Pour l'application de l'article L. 221-7, les locaux auxquels l'autorité administrative a accès comprennent :

1° Les sites d'examen ;

2° Tout autre lieu où est entreposé le matériel nécessaire à l'organisation de l'examen à l'exception des locaux d'habitation des examinateurs.

Art. R. 221-3-14 I. — Les données personnelles collectées par l'organisateur agréé pour l'inscription du candidat sont celles qui sont strictement nécessaires à l'organisation de l'examen.

II. — Le numéro d'enregistrement préfectoral harmonisé et le résultat de l'épreuve ne peuvent être conservés par l'organisateur agréé au-delà du délai nécessaire au contrôle de l'application du cahier des charges prévu à l'article L. 221-7. Ils ne donnent lieu à aucune utilisation ou diffusion à des tiers autres que l'autorité administrative.

Art. R. 221-3-15 Les déclarations de sites d'examen ainsi que toutes les mesures affectant leur validité sont inscrites dans un registre national, élaboré et tenu à jour dans les conditions prévues par la loi n° 78-17 du 6 janvier 1978 relative à l'informatique, aux fichiers et aux libertés.

Art. R. 221-3-16 I. — En cas de méconnaissance, pour un site d'examen déclaré, de l'une des obligations prévues à l'article R. 221-3-7, au III de l'article R. 221-3-9, à l'article R. 221-3-10 ou par le cahier des charges prévu à l'article L. 221-7, le préfet, après avoir mis l'organisateur agréé en mesure de présenter ses observations, peut suspendre, pour une durée maximale de six mois, l'exploitation de ce site.

II. — En cas de méconnaissance grave ou répétée, pour un site d'examen déclaré, de l'une des obligations prévues à l'article R. 221-3-7, au III de l'article R. 221-3-9, à l'article R. 221-3-10 ou par le cahier des charges prévu à l'article L. 221-7, le préfet, après avoir mis l'organisateur agréé en mesure de présenter ses observations, peut mettre fin à l'exploitation du site.

III. — En cas de non-respect des obligations de couverture prévues par l'article R. 221-3-8 ou par ses textes d'application, le ministre chargé de la sécurité routière, après avoir mis l'organisateur agréé en mesure de présenter ses observations, peut suspendre pour une durée maximale de six mois l'exploitation d'un ou plusieurs de ses sites d'examen. Cette mesure de suspension porte sur des sites situés dans des territoires autres que ceux où la défaillance a été constatée. Elle respecte les conditions suivantes :

1° Le nombre de places d'examen proposées par les sites dont l'exploitation est suspendue ne peut excéder le double du déficit de places dans les territoires où les obligations de couverture ne sont pas remplies ;

2° La suspension ne place pas l'organisateur agréé en situation de manquement à ses obligations de couverture dans le territoire concerné.

IV. — Les compétences prévues par le présent article sont exercées à Paris par le préfet de police.

Art. R. 221-3-17 Est puni de l'amende prévue pour les contraventions de la 5e classe le fait :

1° D'organiser un examen de l'épreuve théorique générale sans disposer de l'agrément prévu à l'article L. 221-4 ou lorsque ce dernier a été suspendu ;

2° D'organiser un examen de l'épreuve théorique générale dans un site dont l'exploitation n'a pas été déclarée conformément à l'article R. 221-3-5 ou dont l'exploitation a été suspendue ;

3° Pour un examinateur, de superviser un examen de l'épreuve théorique générale en infraction à l'article R. 221-3-10 ;

4° De contrevenir aux dispositions de l'article R. 221-3-14.

SECTION 4 Catégories de permis

(Décr. n° 2016-516 du 26 avr. 2016, art. 1er-6°)

Art. R. 221-4 *(Décr. n° 2011-1475 du 9 nov. 2011, en vigueur le 19 janv. 2013)* I. — Les différentes catégories du permis de conduire énoncées ci-dessous autorisent la conduite des véhicules suivants :

Catégorie A1 :

Motocyclettes avec ou sans side-car, d'une cylindrée maximale de 125 cm^3, d'une puissance n'excédant pas 11 kilowatts et dont le rapport puissance/poids ne dépasse pas 0,1 kilowatt par kilogramme ;

Tricycles à moteur d'une puissance maximale de 15 kilowatts.

Catégorie A2 :

Motocyclettes avec ou sans side-car d'une puissance n'excédant pas 35 kilowatts et dont le rapport puissance/poids n'excède pas 0,2 kilowatt par kilogramme. La puissance ne peut résulter du bridage d'un véhicule développant plus *(Décr. n° 2014-1295 du 31 oct. 2014, art. 8-1°)* « de 70 kW ».

Catégorie A :

Motocyclettes avec ou sans side-car ;

Tricycles à moteur d'une puissance supérieure à 15 kilowatts.

Catégorie B1 :

Véhicules de la catégorie L7e.

Catégorie B :

Véhicules automobiles ayant un poids total autorisé en charge (PTAC) qui n'excède pas 3,5 tonnes, affectés au transport de personnes *(Décr. n° 2014-1295 du 31 oct. 2014, art. 8-2°)* « ou de marchandises, conçus et construits pour le transport de huit passagers au maximum non compris le conducteur » ainsi que les véhicules qui peuvent être assimilés aux véhicules précédents et dont la liste est fixée par arrêté du ministre chargé de la sécurité routière.

Véhicules mentionnés à l'alinéa précédent attelés d'une remorque lorsque le poids total autorisé en charge (PTAC) de la remorque est inférieur ou égal à 750 kilogrammes.

(Décr. n° 2013-58 du 17 janv. 2013) « Mêmes véhicules attelés d'une remorque lorsque le poids total autorisé en charge (PTAC) de la remorque est supérieur à 750 kilogrammes, sous réserve que la somme des poids totaux autorisés en charge (PTAC) du véhicule tracteur et de la remorque de l'ensemble n'excède pas 4 250 kilogrammes. »

Catégorie C1 :

Véhicules automobiles autres que ceux de la catégorie D et D1 dont le poids total autorisé en charge (PTAC) est supérieur à 3 500 kilogrammes sans excéder 7 500 kilogrammes et qui sont conçus et construits pour le transport de huit passagers au plus outre le conducteur.

Aux véhicules de cette catégorie peut être attelée une remorque dont le poids total autorisé en charge (PTAC) n'excède pas 750 kilogrammes.

Catégorie C :

Véhicules automobiles autres que ceux des catégories D et D1, dont le poids total autorisé en charge (PTAC) excède 3,5 tonnes et qui sont conçus et construits pour le transport de huit passagers au plus outre le conducteur.

Aux véhicules de cette catégorie peut être attelée une remorque dont le poids total autorisé en charge (PTAC) n'excède pas 750 kilogrammes.

Catégorie D1 :

Véhicules automobiles conçus et construits pour le transport de *(Décr. n° 2014-1295 du 31 oct. 2014, art. 8-3°)* « seize passagers au maximum non compris le » conducteur,

(Abrogé par Décr. n° 2014-1295 du 31 oct. 2014, art. 8-3°) **« *seize places assises maximum* » et d'une longueur n'excédant pas huit mètres.**

Aux véhicules de cette catégorie peut être attelée une remorque dont le poids total autorisé en charge (PTAC) n'excède pas 750 kilogrammes.

Catégorie D :

Véhicules automobiles conçus et construits pour le transport de *(Abrogé par Décr. n° 2014-1295 du 31 oct. 2014, art. 8-4°)* **« *personnes comportant plus de huit places assises outre le siège du conducteur ou transportant* » plus de huit** *(Décr. n° 2014-1295 du 31 oct. 2014, art. 8-4°)* **« passagers », non compris le conducteur.**

Aux véhicules de cette catégorie peut être attelée une remorque dont le poids total autorisé en charge (PTAC) n'excède pas 750 kilogrammes.

Catégorie BE :

Véhicules relevant de la catégorie B auxquels est attelée une remorque ou une semi-remorque qui a un poids total autorisé en charge (PTAC) n'excédant pas 3 500 kilogrammes *(Décr. n° 2013-58 du 17 janv. 2013)* **« lorsque l'ensemble formé par le véhicule tracteur et la remorque ne relève pas de la catégorie B ».**

Catégorie C1E :

Véhicules relevant de la catégorie C1 attelés d'une remorque ou d'une semi-remorque dont le poids total autorisé en charge (PTAC) excède 750 kilogrammes ;

Véhicules relevant de la catégorie B attelés d'une remorque ou d'une semi-remorque dont le poids total autorisé en charge excède 3 500 kilogrammes.

Le poids total roulant autorisé des ensembles de véhicules relevant de la catégorie C1E ne peut excéder 12 000 kilogrammes.

Catégorie CE :

Véhicules relevant de la catégorie C attelés d'une remorque ou d'une semi-remorque dont le poids total autorisé en charge (PTAC) excède 750 kilogrammes.

Catégorie D1E :

Véhicules relevant de la catégorie D1 attelés d'une remorque dont le poids total autorisé en charge (PTAC) excède 750 kilogrammes.

Catégorie DE :

Véhicules relevant de la catégorie D attelés d'une remorque dont le poids total autorisé en charge excède 750 kilogrammes.

II. — Le permis de conduire peut être délivré, dans des conditions fixées par le ministre chargé de la sécurité routière, aux personnes atteintes d'un handicap physique nécessitant l'aménagement du véhicule.

III. — *(Décr. n° 2013-58 du 17 janv. 2013)* **« Il sera substitué au plus tard avant le 19 janvier 2033, dans les conditions fixées par un arrêté du ministre chargé de la sécurité routière, aux permis de conduire délivrés avant le 19 janvier 2013 un nouveau modèle de permis de conduire défini par arrêté du ministre chargé de la sécurité routière. »**

1. Le conducteur d'un véhicule relevant de la catégorie B attelé d'une remorque dont le poids total en charge excède 750 kg doit être titulaire du permis de conduire de catégorie E lorsque le poids total autorisé en charge de la remorque est supérieur au poids à vide du véhicule tracteur ou que la somme des poids totaux autorisée en charge de l'ensemble excède 3 500 kg. Ces conditions sont alternatives et non cumulatives. Si une seule de ces conditions est remplie, l'assureur n'est pas tenu à garantie. • Civ. 1re, 20 janv. 1987 : *JCP 1987. IV. 102.*

2. Circulaire relative à la circulation des quads dans les espaces naturels. Méconnaît les dispositions des art. R. 311-1 et R. 221-4 C. route et doit en conséquence être annulée, l'annexe 1 de la Circ. du 6 sept. 2005 relative à la circulation des quads et autres véhicules à moteur dans les espaces naturels en ce qu'elle indique que le permis de conduire de la sous-catégorie B1 est obligatoire pour la conduite des « quads », sans mentionner qu'il n'est requis que pour les quadricycles lourds à moteur. • CE 10 janv. 2007, *Collectif pour la défense des loisirs verts,* n° 286701 : *inédit.*

Art. R. 221-4-1 *(Décr. n° 2019-1260 du 29 nov. 2019)* **Lorsqu'ils sont utilisés par les sapeurs-pompiers professionnels et volontaires des services d'incendie et de secours, les personnels de l'État et les militaires des unités investis à titre permanent de missions de sécurité civile ou les membres des associations agréées de sécurité civile au sens de l'article L. 725-1 du code de la sécurité intérieure, les véhicules de transport**

de personnes ou de marchandises, conçus et construits pour le transport de huit passagers au maximum non compris le conducteur, affectés aux missions de sécurité civile, et dont le poids total autorisé en charge (PTAC) est supérieur à 3 500 kilogrammes sans excéder 4 500 kilogrammes, peuvent être conduits par le titulaire d'un permis de conduire de la catégorie B en cours de validité à la double condition que :

— le délai probatoire fixé à l'article L. 223-1 du présent code soit expiré ;

— le titulaire du permis ait suivi et validé une formation dont les modalités sont définies par arrêtés du ministre chargé de la sécurité routière.

V. Arr. du 20 déc. 2019 relatif à la formation requise pour les sapeurs-pompiers professionnels et volontaires des services d'incendie et de secours titulaires de la catégorie B du permis de conduire en application de l'art. R. 221-4-1 C. route (JO 29 déc.) ; Arr. du 9 juin 2020 relatif à la formation requise pour les personnels des services de l'État investis à titre permanent de missions de sécurité civile titulaires de la catégorie B du permis de conduire en application de l'art. R. 221-4-1 C. route (JO 18 juin) ; Arr. du 4 août 2020 relatif à la formation requise pour les militaires des unités investis à titre permanent de missions de sécurité civile titulaires de la catégorie B du permis de conduire en application de l'art. R. 221-4-1 C. route (JO 14 août) ; Arr. du 29 sept. 2020 relatif à la formation requise pour les membres des associations agréées de sécurité civile titulaires de la catégorie B du permis de conduire en application de l'art. R. 221-4-1 C. route (JO 7 oct.).

Légalité du Décr. du 29 nov. 2019. Le Décr. nº 2019-1260 du 29 nov. 2019, à l'origine de l'art. R. 221-4-1 C. route, permettant à certains personnels de la sécurité civile de conduire des véhicules dont le PTAC est supérieur à 3,5 tonnes en étant seulement titulaires d'un permis de conduire de la catégorie B, n'est pas applicable aux personnes exerçant une activité de transport sanitaire qui sont susceptibles d'intervenir en cas d'urgence médicale. Une telle différence de traitement a été jugée justifiée par le Conseil d'État dès lors que le domaine du transport sanitaire excède notablement le champ de la sécurité civile, de sorte que les véhicules utilisés par les personnes exerçant une activité de transport sanitaire ne peuvent être regardés comme des véhicules affectés aux missions de sécurité civile, les personnes exerçant des activités de transport sanitaire n'étant ainsi pas placées dans la même situation que les bénéficiaires des dispositions de l'art. R. 221-4-1 C. route, qui assurent principalement ou concourent à l'accomplissement des missions de la sécurité civile. • CE 12 juill. 2022, nº 443202 : *AJDA 2022. 1480*. ♦ Pour le Conseil d'État, ledit décret n'a pas créé par ailleurs une distorsion de concurrence entre les services d'incendie et de secours et les entreprises de transport sanitaire, dès lors que les services d'incendie et de secours ne sont amenés à effectuer, à la demande de la régulation médicale du centre 15, des interventions de transport sanitaire, dites carences ambulancières, que lorsque celle-ci constate le défaut de disponibilité des transporteurs sanitaires privés. • Même décision.

Art. R. 221-5 *(Décr. nº 2011-1475 du 9 nov. 2011, en vigueur le 19 janv. 2013)* **Les conditions minimales requises pour l'obtention du permis de conduire sont les suivantes :**

1º Être âgé(e) :

— de seize ans révolus pour les catégories A1 et B1 ;

(Décr. nº 2023-1214 du 20 déc. 2023, en vigueur le 1er janv. 2024) **« — de dix-sept ans révolus pour la catégorie B ; »**

— de dix-huit ans révolus pour les catégories A2, *(Abrogé par Décr. nº 2023-1214 du 20 déc. 2023, à compter du 1er janv. 2024)* **« B, » C1, BE et C1E ;**

(Abrogé par Décr. nº 2016-723 du 31 mai 2016, art. 1er-2º) ***« — de vingt-quatre ans révolus pour la catégorie A, sauf pour les titulaires du permis A2 depuis au moins deux ans ; »***

— de vingt et un ans révolus pour le conducteur d'un tricycle à moteur d'une puissance supérieure à 15 kilowatts ;

— de vingt et un ans révolus pour les catégories C, CE, D1 et D1E, sans préjudice des dispositions relatives à l'âge autorisant la conduite de ces véhicules figurant aux articles R. 3314-4 et R. 3314-6 du code des transports.

— de vingt-quatre ans révolus pour les catégories D et DE, sans préjudice des dispositions relatives à l'âge autorisant la conduite de ces véhicules figurant aux articles R. 3314-4 et R. 3314-6 précités.

La reconnaissance des permis de conduire prévue aux articles R. 222-1 à D. 222-8 est également subordonnée au respect de ces conditions d'âge ;

2º Être titulaire :

a) Pour la première obtention du permis de conduire, s'agissant des personnes *(Décr. nº 2018-795 du 17 sept. 2018, art. 15)* **« âgées de moins de 21 ans », de l'attesta-**

tion scolaire de sécurité routière de second niveau ou de l'attestation de sécurité routière ;

b) En outre :

(Décr. nº 2016-723 du 31 mai 2016, art. 1er-2º) « – pour l'obtention de la catégorie A, de la catégorie A2 du permis de conduire depuis deux ans au moins *(Décr. nº 2017-1578 du 16 nov. 2017, en vigueur le 1er déc. 2017)* « sauf, s'ils sont âgés de vingt-quatre ans révolus, pour les militaires de la gendarmerie nationale, titulaires du brevet militaire de conduite motocycliste lorsqu'ils en sollicitent la conversion en permis de conduire ainsi que pour les fonctionnaires de la police nationale lorsque le permis de conduire leur est délivré après réussite à l'épreuve théorique et à l'épreuve pratique dans le cadre de leur formation professionnelle » ; »

– pour l'obtention des catégories C1, C, D1, D, BE, de la catégorie B du permis de conduire ;

– pour l'obtention de la catégorie C1E, de la catégorie C1 du permis de conduire ;

– pour l'obtention de la catégorie CE, de la catégorie C du permis de conduire ;

– pour l'obtention de la catégorie D1E, de la catégorie D1 du permis de conduire ;

– pour l'obtention de la catégorie DE, de la catégorie D du permis de conduire.

Art. R. 221-6 *(Décr. nº 2016-723 du 31 mai 2016, art. 1er-3º)* Les modalités de la formation prévues au deuxième alinéa de l'article D. 221-3 sont fixées par arrêté du ministre chargé de la sécurité routière.

Art. R. 221-7 *(Décr. nº 2011-1475 du 9 nov. 2011, en vigueur le 19 janv. 2013) (Décr. nº 2013-58 du 17 janv. 2013)* « La catégorie A du permis de conduire autorise la conduite des véhicules relevant des catégories A2 et A1.

« La catégorie A2 du permis de conduire autorise la conduite des véhicules relevant de la catégorie A1. »

La catégorie B du permis de conduire autorise la conduite des quadricycles à moteur (véhicules des catégories L6e et L7e).

Les catégories C1E, CE, D1E et DE du permis de conduire autorisent la conduite des véhicules relevant de la catégorie BE.

La catégorie CE du permis de conduire autorise la conduite des véhicules relevant de la catégorie DE sous réserve que son titulaire soit en possession de la catégorie D du permis de conduire.

La catégorie C1E du permis de conduire autorise la conduite des véhicules relevant de la catégorie D1E sous réserve que son titulaire soit en possession de la catégorie D1 du permis de conduire.

Art. R. 221-8 *(Décr. nº 2005-320 du 30 mars 2005, art. 3)* « I. – » La catégorie A du permis de conduire, obtenue avant le 1er mars 1980, ou les catégories A2 ou A3, obtenues entre le 1er mars 1980 et le 31 décembre 1984, autorisent la conduite de toutes les motocyclettes.

Une licence de circulation, délivrée avant le 1er avril 1958, une catégorie quelconque du permis obtenue avant le 1er mars 1980, ou la catégorie A1 du permis obtenue entre le 1er mars 1980 et le 31 décembre 1984, autorise la conduite des motocyclettes dont la cylindrée n'excède pas 125 cm^3, mises en circulation pour la première fois avant le 31 décembre 1984, et celle des motocyclettes légères.

(Décr. nº 2011-1475 du 9 nov. 2011, en vigueur le 19 janv. 2013) (Décr. nº 2013-58 du 17 janv. 2013) « La catégorie A du permis de conduire, obtenue avant le 19 janvier 2013, n'autorise à compter de sa date d'obtention et pendant une période de deux ans que la conduite des motocyclettes dont la puissance n'excède pas 35 kilowatts, avec un rapport puissance/poids en ordre de marche ne dépassant pas 0,2 kilowatt par kilogramme. Cette restriction d'usage est levée si le conducteur était âgé d'au moins 21 ans à la date d'obtention de la catégorie A.

« La catégorie A du permis de conduire, obtenue avant le 19 janvier 2013, autorise la conduite des tricycles à moteur d'une puissance supérieure à 15 kW quel que soit l'âge du conducteur.

« Les catégories A et A1 du permis de conduire obtenues avant le 19 janvier 2013 autorisent la conduite des quadricycles à moteur (véhicules des catégories L6e et L7e).

« Les catégories B et B1 du permis de conduire obtenues avant le 19 janvier 2013 autorisent la conduite des tricycles à moteur dont la puissance n'excède pas 15 kilowatts et dont le poids à vide n'excède pas 550 kilogrammes ainsi que les quadricycles à moteur (véhicules des catégories L6e et L7e). »

(Décr. n° 2010-1390 du 12 nov. 2010, art. 4 et 20, en vigueur le 1er janv. 2011) « II. — La catégorie B du permis de conduire autorise la conduite, sur le territoire national, d'une motocyclette légère à la double condition que le conducteur soit titulaire de cette catégorie de permis depuis au moins deux ans et qu'il ait suivi une formation pratique dispensée par un établissement ou une association agréés au titre de l'article L. 213-1 ou L. 213-7.

« Toutefois, la condition relative à la formation pratique n'est pas exigée des conducteurs qui justifient d'une pratique de la conduite d'une motocyclette légère *(Décr. n° 2012-3 du 3 janv. 2012, art. 3)* « ou d'un véhicule de la catégorie L5e » au cours des cinq années précédant le 1er janvier 2011. La preuve de cette pratique est apportée par la production d'un document délivré par l'assureur et attestant la souscription d'une assurance *(Décr. n° 2012-3 du 3 janv. 2012, art. 3)* « couvrant l'usage de l'un ou l'autre de ces véhicules » au cours de la période considérée. »

(Décr. n° 2011-1475 du 9 nov. 2011, en vigueur le 19 janv. 2013) « III. — La catégorie B du permis de conduire autorise la conduite, sur le territoire national, d'un véhicule de la catégorie L5e à la triple condition que le conducteur soit âgé de 21 ans, soit titulaire de cette catégorie de permis depuis au moins deux ans et qu'il ait suivi une formation pratique dispensée par un établissement ou une association agréés au titre de l'article L. 213-1 ou L. 213-7.

« Toutefois, ces deux dernières conditions ne sont pas exigées des conducteurs qui justifient d'une pratique de la conduite d'un véhicule de la catégorie L5e *(Décr. n° 2012-3 du 3 janv. 2012, art. 3)* « ou d'une motocyclette légère » au cours des cinq années précédant le 1er janvier 2011. La preuve de cette pratique est apportée par la production d'un document délivré par l'assureur et attestant la souscription d'une assurance *(Décr. n° 2012-3 du 3 janv. 2012, art. 3)* « couvrant l'usage de l'un ou l'autre de ces véhicules » au cours de la période considérée.

(Décr. n° 2011-1475 du 9 nov. 2011, en vigueur le 19 janv. 2013, mod. par Décr. n° 2013-58 du 17 janv. 2013) « III *bis*. — La catégorie B du permis de conduire autorise la conduite des véhicules de la catégorie B attelés d'une remorque lorsque le poids total autorisé en charge (PTAC) de la remorque excède 750 kilogrammes et lorsque la somme des poids totaux autorisés en charge (PTAC) du véhicule tracteur et de la remorque est supérieure à 3 500 kilogrammes mais ne dépasse pas 4 250 kilogrammes sous réserve que le titulaire du permis ait suivi une formation dont les modalités sont définies par arrêté du ministre chargé de la sécurité routière. »

(Décr. n° 2010-1390 du 12 nov. 2010, art. 4 et 20, en vigueur le 1er janv. 2011) « IV. — Un arrêté conjoint du *(Décr. n° 2011-1475 du 9 nov. 2011, en vigueur le 19 janv. 2013)* « ministre chargé de la sécurité routière » et du ministre chargé des assurances fixe les modalités d'application des II et III. »

V. Arr. du 17 déc. 2010 relatif aux conditions requises pour la conduite des motocyclettes légères et des véhicules de la catégorie L5e par les titulaires de la catégorie B du permis de conduire, App., v° Enseignement de la conduite.

SECTION 5 **Vérification d'aptitude**

(Décr. n° 2016-516 du 26 avr. 2016, art. 1er-7°)

Art. R. 221-9 *(Décr. n° 2011-1475 du 9 nov. 2011, art. 11, en vigueur le 19 janv. 2013)* « I. — La catégorie C du permis de conduire, obtenue avant le 20 janvier 1975, ou la catégorie C1 du permis de conduire obtenue entre le 20 janvier 1975 et le 31 décembre 1984 ou la catégorie C du permis de conduire obtenue entre le 1er janvier 1985 et le 1er juillet 1990 autorise la conduite de tous les véhicules affectés au

transport de marchandises ainsi que celle des véhicules affectés au transport en commun sur des parcours de ligne dépassant 50 kilomètres sous réserve, pour ces derniers, des conditions relatives à l'expérience de conduite ou à la formation du conducteur fixées par arrêté du ministre chargé des transports. »

II. — La catégorie C du permis de conduire, obtenue entre le 20 janvier 1975 et le 31 décembre 1984, ou la catégorie C limitée, obtenue entre le 1er janvier 1985 et le 1er juillet 1990, autorise la conduite des véhicules affectés au transport de marchandises suivants :

1° Véhicules isolés dont le poids total autorisé en charge (PTAC) excède 3,5 tonnes ;

2° Véhicules dont le poids total roulant autorisé (PTRA) n'excède pas 12,5 tonnes, lorsqu'il s'agit du véhicule tracteur d'un ensemble de véhicules ou du véhicule tracteur d'un véhicule articulé.

(Décr. nº 2011-1475 du 9 nov. 2011, art. 11, en vigueur le 19 janv. 2013) **« II *bis*. — La catégorie C du permis de conduire obtenue avant le 19 janvier 2013 autorise la conduite de véhicules automobiles isolés autres que ceux de la catégorie D et dont le poids total autorisé en charge (PTAC) excède 3,5 tonnes.**

« III. — La catégorie D du permis de conduire, obtenue avant le 20 janvier 1975, lorsque l'examen a été subi sur un véhicule d'un poids total autorisé en charge (PTAC) de plus de 3,5 tonnes, autorise la conduite de tous les véhicules affectés au transport de marchandises ainsi que celle des véhicules affectés au transport en commun sur des parcours de ligne dépassant 50 km sous réserve, pour ces derniers, des conditions relatives à l'expérience de conduite ou à la formation du conducteur fixées par arrêté du ministre chargé des transports. »

IV. — La catégorie D du permis de conduire, obtenue soit avant le 1er juin 1979, lorsque l'examen a été subi sur un véhicule d'un poids total autorisé en charge (PTAC) inférieur ou égal à 3,5 tonnes, soit entre le 1er juin 1979 et le 1er juillet 1990, lorsque l'examen a été subi sur un véhicule d'un poids total autorisé en charge (PTAC) inférieur à 7 tonnes, autorise la conduite des véhicules relevant de la catégorie B.

V. — La catégorie D du permis de conduire obtenue soit entre le 20 janvier 1975 et le 1er juin 1979, lorsque l'examen a été subi sur un véhicule d'un poids total autorisé en charge (PTAC) de plus de 3,5 tonnes, soit entre le 1er juin 1979 et le 1er juillet 1990, lorsque l'examen a été subi sur un véhicule d'un poids total autorisé en charge (PTAC) égal ou supérieur à 7 tonnes, autorise la conduite des véhicules affectés au transport de marchandises suivants :

1° Véhicules isolés dont le poids total autorisé en charge (PTAC) excède 3,5 tonnes ;

2° Véhicules dont le poids total roulant autorisé (PTRA) n'excède pas 12,5 tonnes, lorsqu'il s'agit du véhicule tracteur d'un ensemble de véhicules ou du véhicule tracteur d'un véhicule articulé.

(Décr. nº 2011-1475 du 9 nov. 2011, art. 11, en vigueur le 19 janv. 2013) **« VI. — La catégorie D du permis de conduire obtenue avant le 19 janvier 2013 autorise la conduite de véhicules automobiles affectés au transport de personnes comportant plus de huit places assises outre le siège du conducteur ou transportant plus de huit personnes, non compris le conducteur.**

« Aux véhicules de cette catégorie peut être attelée une remorque dont le poids total autorisé en charge (PTAC) n'excède pas 750 kilogrammes. »

Art. R. 221-10 **I. — Les** *(Décr. nº 2011-1475 du 9 nov. 2011, en vigueur le 19 janv. 2013)* **« catégories A1, A2, A, B1 »** *(Décr. nº 2016-723 du 31 mai 2016, art. 1er-4º)* **« , B et BE » du permis de conduire sont délivrées sans visite médicale préalable sauf dans les cas où cette visite est rendue obligatoire par arrêté du ministre** *(Décr. nº 2011-1475 du 9 nov. 2011, en vigueur le 19 janv. 2013 ; Décr. nº 2012-886 du 17 juill. 2012, art. 3, en vigueur le 1er sept. 2012)* **« chargé de la sécurité routière » pris en application de l'article** *(Décr. nº 2012-886 du 17 juill. 2012, art. 3, en vigueur le 1er sept. 2012)* **« R. 226-1 ».**

II. — Les *(Décr. nº 2011-1475 du 9 nov. 2011, en vigueur le 19 janv. 2013)* **« catégories A1, A2, A, B1 » et B délivrées pour la conduite des véhicules spécialement aménagés pour tenir compte du handicap du conducteur et les** *(Décr. nº 2011-1475 du 9 nov.*

2011, en vigueur le 19 janv. 2013) **« catégories C1, C1E, C, CE, D1, D1E, D »** *(Décr. n° 2016-723 du 31 mai 2016, art. 1er-4°)* **« et DE » ne peuvent être obtenues ou renouvelées qu'à la suite** *(Décr. n° 2011-1475 du 9 nov. 2011, en vigueur le 19 janv. 2013)* **« d'un avis médical favorable ».**

III. — La catégorie B du permis de conduire ne permet la conduite :

(Décr. n° 2014-1725 du 30 déc. 2014, art. 4-IV-1°) **« 1° Des taxis et des voitures de transport avec chauffeur ; »**

2° Des ambulances ;

3° Des véhicules affectés au ramassage scolaire ;

4° Des véhicules affectés au transport public de personnes,

que si le conducteur est en possession d'une attestation délivrée par le préfet après vérification médicale de l'aptitude physique.

(Décr. n° 2010-1223 du 11 oct. 2010, art. 2-I, en vigueur le 1er avr. 2011) **« IV. — La catégorie A du permis de conduire ne permet la conduite des véhicules motorisés à deux ou trois roues utilisés pour le transport à titre onéreux de personnes que si le conducteur est en possession d'une attestation délivrée par le préfet après vérification médicale de l'aptitude physique. »**

V. Arr. du 31 juill. 2012 relatif à l'organisation du contrôle médical de l'aptitude à la conduite, App., v° Permis de conduire.

Art. R. 221-11 **I. — Lorsqu'une visite médicale est obligatoire en vue de la délivrance ou du renouvellement du permis de conduire, celui-ci peut être :**

1° Dans les cas prévus au I de l'article R. 221-10, accordé sans limitation de durée ou délivré ou prorogé *(Décr. n° 2022-1177 du 24 août 2022)* **« selon une périodicité qui ne peut excéder cinq ans » ;**

2° *(Décr. n° 2010-1223 du 11 oct. 2010, en vigueur le 1er avr. 2011)* **« Dans les cas prévus aux II, III et IV de l'article R. 221-10 », délivré ou prorogé selon la périodicité maximale suivante : cinq ans pour les conducteurs de moins de soixante ans, deux ans à partir de l'âge de soixante ans et un an à partir de l'âge de soixante-seize ans.** *(Décr. n° 2006-46 du 13 janv. 2006)* **« Toutefois, pour les conducteurs titulaires** *(Décr. n° 2011-1475 du 9 nov. 2011, en vigueur le 19 janv. 2013)* **« des catégories D1, D, D1E ou DE » du permis de conduire, la périodicité maximale est d'un an à partir de l'âge de soixante ans. »** — *La validité de la catégorie D des permis de conduire délivrés ou renouvelés avant la date de publication du Décr. n° 2006-46 du 13 janv. 2006 (JO 15 janv.) est prorogée jusqu'à la date d'échéance inscrite sur le titre de conduite.*

(Décr. n° 2012-886 du 17 juill. 2012, art. 3, en vigueur le 1er sept. 2012) **« II. — La validité du permis ainsi délivré ne peut être prorogée qu'après l'avis médical établi par un médecin agréé consultant hors commission médicale ou par la commission médicale. »**

III. — La demande de prorogation doit être adressée au préfet du département du domicile du pétitionnaire. *(Décr. n° 2014-1295 du 31 oct. 2014, art. 9)* **« Lorsque l'avis médical est émis avant l'expiration de la durée de validité des catégories concernées, et tant que le préfet n'a pas statué sur la demande de prorogation dans les conditions fixées par arrêté du ministre chargé de la sécurité routière, le permis reste provisoirement valide. Cette disposition s'applique pour les avis médicaux concluant à l'aptitude, l'aptitude temporaire ou l'aptitude avec restriction d'utilisation du permis, dès lors que le conducteur justifie du respect de ces restrictions. »**

IV. — Les *(Décr. n° 2011-1475 du 9 nov. 2011, en vigueur le 19 janv. 2013)* **« catégories A1, A2, A, B1 » et B du permis de conduire délivrées pour la conduite des véhicules spécialement aménagés pour tenir compte du handicap du conducteur sont toutefois délivrées sans limitation de durée si** *(Décr. n° 2012-886 du 17 juill. 2012, art. 3, en vigueur le 1er sept. 2012)* **« l'avis » médical favorable à l'attribution de ces catégories établit que l'intéressé est atteint d'une invalidité ou d'une infirmité incurable, définitive ou stabilisée.**

(Abrogé par Décr. n° 2005-320 du 30 mars 2005, art. 3) ***« V. — Le fait de conduire un véhicule sans avoir déposé une demande de prorogation de validité de la catégorie du permis de conduire prévue par le présent article ou sans avoir obtenu cette prorogation est puni de l'amende prévue pour les contraventions de la troisième classe. »***

COMMENTAIRE

L'abrogation du V de l'article R. 221-11 est en lien avec la réécriture de l'article R. 221-1 du présent code par le décret n° 2005-320 du 30 mars 2005, devenu l'article R. 221-1-1 depuis le décret n° 2016-347 du 22 mars 2016. Le fait de conduire sans respecter les conditions de validité du permis de conduire étant sanctionné de manière générale par le paragraphe III de l'article R. 221-1-1, les dispositions ici abrogées étaient devenues inutiles. ❑

La décision par laquelle un préfet, en application des dispositions de l'art. R. 127 [art. R. 221-11 C. route], restreint pour des motifs médicaux la validité d'un permis de conduire, constitue une mesure de police et doit, par suite, être motivée en application des dispositions de l'art. 1er de la L. du 11 juill. 1979. • CE 10 mai 1995, n° 127339 : *Lebon*. ♦ Si les dispositions de l'art. 6 *bis* de la L. du 17 juill. 1978 et le principe du secret médical peuvent justifier que le dossier médical au vu duquel la décision a été prise ne soit communiqué à l'intéressé que par l'intermédiaire du médecin de son choix, ces dispositions n'ont ni pour objet ni pour effet de dispenser le préfet de motiver sa décision en indiquant les raisons de droit et de fait qui la justifient. • Même décision. ♦ Sur l'obligation de motivation de la décision par laquelle un préfet restreint la validité d'un permis de conduire pour des raisons médicales, V. aussi jurispr. citée ss. art. R. 221-14.

Art. R. 221-12 **La validité d'une ou plusieurs catégories du permis peut être limitée dans sa durée, si lors de la délivrance ou de son renouvellement, il est constaté que le candidat est atteint d'une affection compatible avec l'obtention du permis de conduire mais susceptible de s'aggraver.** — *[Anc. art. R. 128, al. 1er.] — V. Arr. du 31 juill. 2012 relatif à l'organisation du contrôle médical de l'aptitude à la conduite, App., v° Permis de conduire.*

Art. R. 221-13 *(Décr. n° 2017-1523 du 3 nov. 2017, art. 3-I)* **Le préfet soumet au contrôle médical de l'aptitude à la conduite :**

1° Tout conducteur ou accompagnateur d'un élève conducteur auquel est imputable l'une des infractions prévues par les articles L. 234-1, L. 234-8, L. 235-1 et L. 235-3 ;

2° Tout conducteur qui a fait l'objet d'une mesure portant restriction du droit de conduire ;

3° Tout conducteur qui fait l'objet d'une mesure portant suspension du droit de conduire d'une durée supérieure à un mois pour l'une des infractions prévues au présent code, autres que celles mentionnées au 1° ci-dessus.

Les dispositions du 2° de l'art. R. 221-13 C. route, dans leur rédaction antérieure au Décr. n° 2017-1523 du 3 nov. 2017 [R. 221-13, 2° et 3° depuis ce Décr.], soumettent à des analyses ou à des examens médicaux, cliniques et biologiques les conducteurs qui ont fait l'objet d'une mesure portant restriction ou suspension du droit de conduire d'une durée supérieure à un mois pour l'une des infractions qu'elles mentionnent, que cette mesure ait été prononcée par l'autorité administrative ou par l'autorité judiciaire, et subordonnent la restitution du permis de conduire à la réalisation de ces analyses ou examens. • CE 20 févr. 2019, n° 419702 B : *AJDA 2019. 1201*. ♦ Les dispositions des art. L. 224-14 et R. 224-21 C. route, en prévoyant qu'un conducteur dont le permis de conduire a été suspendu pour une durée égale ou supérieure à six mois doit, pour être admis à solliciter la restitution de son permis suspendu, produire à l'appui de sa demande un avis médical, n'ont pas pour objet d'exclure toute obligation de faire procéder à une vérification médicale de l'aptitude à la conduite en cas de suspension du permis de conduire d'une durée inférieure à six mois, mais imposent aux conducteurs dont le permis a fait l'objet d'une suspension d'une durée égale ou supérieure à six mois une vérification comportant l'ensemble des éléments qu'elles mentionnent, dont un examen psychotechnique. • Même décision.

SECTION 6 Dérogations à l'obligation d'être titulaire du permis de conduire et conditions de délivrance

(Décr. n° 2016-516 du 26 avr. 2016, art. 1er-8°)

Art. R. 221-14 I. — *(Décr. n° 2012-886 du 17 juill. 2012, art. 3, en vigueur le 1er sept. 2012)* **« Postérieurement à la délivrance du permis, le préfet peut enjoindre à un conducteur de se soumettre à un contrôle médical** *(Décr. n° 2017-1523 du 3 nov. 2017, art. 3-II)* **« de l'aptitude à la conduite »***[:]* **»**

1° Dans le cas où les informations en sa possession lui permettent d'estimer que l'état *(Décr. nº 2017-1523 du 3 nov. 2017, art. 3-II)* **« de santé » du titulaire du permis peut être incompatible avec le maintien de ce permis de conduire. Cet examen médical** *(Décr. nº 2012-886 du 17 juill. 2012, art. 3, en vigueur le 1er sept. 2012)* **« est réalisé par un médecin agréé consultant hors commission médicale » ; au vu** *(Décr. nº 2012-886 du 17 juill. 2012, art. 3, en vigueur le 1er sept. 2012)* **« de l'avis médical émis », le préfet prononce, s'il y a lieu, soit la restriction de validité, la suspension ou l'annulation du permis de conduire, soit le changement de catégorie de ce titre ;**

2° A tout conducteur impliqué dans un accident corporel de la circulation routière ;

3° Avant la restitution de son permis, à tout conducteur ou accompagnateur d'un élève conducteur à l'encontre duquel il a prononcé une mesure restrictive ou suspensive du droit de conduire pour l'une des infractions prévues par les *(Décr. nº 2017-1523 du 3 nov. 2017, art. 3-II)* **« articles L. 234-1, L. 234-8, L. 235-1 et L. 235-3 », afin de déterminer si l'intéressé dispose** *(Décr. nº 2017-1523 du 3 nov. 2017, art. 3-II)* **« de l'aptitude médicale » à la conduite du véhicule. Cette mesure est prononcée, selon le cas, par le préfet du département de résidence du conducteur ou de l'accompagnateur de l'élève conducteur.**

(Abrogé par Décr. nº 2017-1523 du 3 nov. 2017, art. 3-II) (Décr. nº 2012-886 du 17 juill. 2012, art. 3, en vigueur le 1er sept. 2012) ***« II. — Lorsque le titulaire du permis de conduire néglige ou refuse de se soumettre, dans les délais qui lui sont prescrits, au contrôle médical dans les conditions du présent article, le préfet peut prononcer ou maintenir la suspension du permis de conduire jusqu'à ce qu'un avis médical soit émis par le médecin agréé consultant hors commission médicale, ou par la commission médicale. »***

Moment de l'examen médical : R. 224-12.

V. Arr. du 31 juill. 2012 relatif à l'organisation du contrôle médical de l'aptitude à la conduite, App., vº Permis de conduire.

1. L'exclusion de garantie que les assureurs peuvent introduire en application de l'art. R. 211-10 C. assur. dans les polices d'assurance des véhicules terrestres à moteur en cas d'absence de certificat en état de validité n'entraîne pas la suppression de la garantie du seul fait du non-respect de la restriction tenant à l'obligation de porter des verres correcteurs. • Civ. 1re, 8 déc. 1987 : *Jurispr. auto 1988. 72.* ♦ Sur la jurisprudence antérieure contraire, V. : • Civ. 1re, 6 mai 1980 : *D. 1981. IR 176, obs. Berr et Groutel* • 27 nov. 1984 : *Gaz. Pal. 1985. 1. Pan. 85, note Piedelièvre.* ♦ V. C. assur., art. R. 211-10, al. 2, *App., vº Accidents de la circulation.*

2. C'est à l'initiative du préfet que les conducteurs ayant fait l'objet d'une mesure restrictive du droit de conduire peuvent être soumis à un examen médical ; ce n'est que lorsque le titulaire du permis refuse de se soumettre à l'une des visites médicales qui lui aurait été prescrite, en s'abstenant de se présenter devant la commission départementale après une seconde convocation, que l'autorité administrative peut prononcer ou reconduire la suspension du permis jusqu'à la production d'un certificat médical favorable. • Crim. 10 mai 1990, nº 89-84.984 P : *D. 1990. IR 166.*

3. Il résulte de l'art. R. 128 [C. route, art. R. 221-13 et R. 221-14] que lorsque le titulaire du permis de conduire ne se soumet pas à une visite médicale prescrite, la suspension de son permis n'est pas automatiquement prononcée ; l'arrêté de prorogation, qui doit notamment préciser sa durée de validité doit faire l'objet d'une décision explicite notifiée à l'intéressé. • TA Limoges, 21 janv. 1993 : *Gaz. Pal. 1993. Pan. dr. adm. 172.*

4. Motivation. La décision par laquelle un préfet suspend ou annule un permis de conduire, ou restreint sa validité, au motif que son titulaire est atteint d'une affection médicale incompatible avec la conduite d'un véhicule présente le caractère d'une mesure de police et doit, par suite, être motivée. • CE 10 mai 1995, nº 121113 : *Lebon* • 19 juill. 2017, nº 393408 B : *JCP Adm. 2017. Actu. 543.* ♦ Est insuffisamment motivée la décision de suspension d'un permis de conduire qui ne s'approprie pas les motifs d'un avis motivé de la commission médicale précisant la nature des affections justifiant une telle suspension et dont l'intéressé aurait pu recevoir communication par l'intermédiaire d'un médecin de son choix. • CE 10 mai 1995, nº 121113 : *préc.* ♦ ... La décision d'un préfet, limitant la validité du permis B d'un requérant pour une durée de six mois et déclarant inapte l'intéressé à la conduite de poids lourds, qui se borne à indiquer suivre l'avis de la commission médicale des permis de conduire, sans ajouter aucune précision. • TA Nancy, 12 juill. 2012 : *Jurispr. auto 2012, nos 845-846, note Lesage et Josseaume.* ♦ Est en revanche suffisamment motivée la décision qui mentionne les dispositions du code de la route dont elle fait application, vise l'avis rendu par la commission médicale des permis de conduire concluant à l'inaptitude du requérant à la conduite d'un véhicule à moteur et qui mentionne que l'intéressé a pris connaissance des motifs d'ordre médical justifiant cette conclusion, le préfet n'ayant pas à faire figurer ces motifs dans sa décision dès lors que le secret médical interdit aux médecins chargés du contrôle de préciser dans leur avis destiné à l'administration l'affection qu'ils ont constatée. • CE 19 juill. 2017, n° 393408 : *préc.*

5. Il appartient au médecin chargé du contrôle prévu par l'art. R. 221-14 C. route, lorsqu'il estime que le titulaire du permis de conduire est inapte à la conduite, de porter à sa connaissance le motif d'inaptitude qu'il retient parmi ceux que mentionne l'Arr. du 21 déc. 2005, l'intéressé pouvant par ailleurs demander communication, sur le fondement des dispositions de l'art. L. 1111-7 CSP, des documents énonçant ces motifs conservés par le médecin • CE 19 juill. 2017, n° 393408 : *préc note 4.*

6. Est illégale la décision du préfet de suspendre la validité d'un permis de conduire en s'estimant lié par l'avis rendu par la commission médicale sur l'aptitude physique d'un individu à conduire des véhicules. Il méconnaît ainsi le champ de sa compétence. • TA Nantes, 14 avr. 1997 : *LPA 15 août 1997, p. 11.*

7. Il existe un doute sérieux, justifiant une suspension en urgence, sur la légalité de la décision implicite du préfet refusant de restituer un permis de conduire à l'issue de la période de suspension de quatre mois dès lors que la décision ne précise ni la nature des examens médicaux requis, ni le délai dans lequel ils doivent être effectués; par ailleurs, ces indications n'avaient pas été portées à la connaissance de l'intéressé. • CE 7 juin 2004 : *AJDA 2004. 1276.*

8. Le préfet est autorisé, lorsqu'il constate que le titulaire d'un permis de conduire délivré à titre permanent est atteint d'une des incapacités physiques figurant sur la liste prévue à l'art. R. 129 [C. route, art. R. 221-19], à mettre fin à cette autorisation et à délivrer à l'intéressé un permis de conduire de durée de validité limitée, même si l'incapacité est antérieure à la délivrance du permis de conduire initial et si l'état physique de l'intéressé était lors de cette délivrance connu des services préfectoraux. • CE 26 juin 1995, *Grenier : inédit.*

9. Un certificat médical délivré dans le cadre de la procédure d'exemption du port de la ceinture de sécurité a seulement pour objet d'apprécier les raisons médicales invoquées par l'intéressé en vue d'être exonéré du port de la ceinture et n'établit pas que son état physique est incompatible avec le maintien du permis de conduire. C'est à tort qu'un préfet se fonde sur ce certificat médical pour restreindre la durée de validité du permis de conduire délivré à l'intéressé; sa décision méconnaît le champ d'application de l'art. R. 128 [C. route, art. R. 221-12 à R. 221-14] et doit être annulée. • TA Strasbourg, 7 juill. 1992 : *Jurispr. auto 1992. 502.*

10. L'amnistie prévue par l'art. 17 (2°) de la L. du 4 août 1981 s'applique aux mesures administratives de suspension et d'interdiction de délivrance du permis de conduire visées à l'art. L. 18 [C. route, art. L. 224-7 à L. 224-10] mais non aux décisions par lesquelles l'autorité administrative limite la durée de validité d'un permis par application des dispositions de l'art. R. 128 [C. route, art. R. 221-12 s.]. • Crim. 7 juin 1988 : *Bull. crim. n° 255.*

Art. R. 221-14-1 *(Décr. n° 2017-1523 du 3 nov. 2017, art. 4)* **La mesure portant suspension du droit de conduire est maintenue lorsque le titulaire du permis de conduire néglige ou refuse de se soumettre, avant la fin de la durée de cette suspension, au contrôle médical de l'aptitude à la conduite qu'il doit effectuer en application des articles R. 221-13 et R. 221-14.**

Le permis de conduire est suspendu lorsque son titulaire, qui ne fait pas l'objet d'une mesure portant suspension du droit de conduire, néglige ou refuse de se soumettre au contrôle médical de l'aptitude à la conduite, en application des articles R. 221-13 et R. 221-14, à l'issue du délai prescrit par le préfet.

Dans les cas prévus aux alinéas précédents, la suspension du permis de conduire prend fin lorsqu'une décision d'aptitude est rendue par le préfet, après avis médical émis, à la demande de l'intéressé, par le médecin agréé consultant hors commission médicale, ou par la commission médicale.

Durée de la suspension administrative du permis de conduire. En cas de délit de conduite sous l'empire d'un état alcoolique, le préfet peut prononcer une suspension du permis de conduire de l'intéressé, lequel ne peut se voir restituer son permis de conduire qu'après un contrôle médical qui doit être effectué avant l'expiration des effets de la décision administrative de suspension du permis de conduire, cette mesure poursuivant cependant ses effets, comme le prévoit l'art. R. 221-14-1 C. route, si le conducteur néglige ou refuse de se soumettre à ce contrôle avant la fin de la suspension administrative. Par ailleurs, selon l'art. L. 224-9 de ce même code, la durée des mesures administratives de suspension du permis de conduire s'impute sur une suspension judiciaire du permis de conduire, ordonnée par la juridiction de jugement. Il en résulte que s'impute sur la durée de la suspension du permis de conduire, décidée par le juge, la mesure administrative de suspension du permis de conduire, pendant la totalité de sa durée, qu'elle corresponde à la suspension décidée par le préfet, ou au maintien de cette mesure, en application de l'art. R. 221-14-1 C. route. • Crim. 14 avr. 2021, n° 20-83.607 P : *D. 2021. 744; D. actu. 12 mai 2021, obs. Pamart; Dr. pénal 2021, n° 106, note Robert.*

Art. R. 221-15 Ne sont pas soumis à l'obligation d'être titulaires du permis de conduire les conducteurs de véhicules à moteur électrique d'une puissance au plus égale à 1 kilowatt.

Un arrêté du ministre chargé des transports fixe le mode de détermination de la puissance pour l'application du présent article. – *[Anc. art. R. 126, al. 1er.]*

V. Arr. du 31 déc. 1974 (détermination de la puissance des véhicules électriques), App., v° Permis de conduire.

Art. R. 221-16 Ne sont pas soumis à l'obligation d'être titulaires du permis de conduire les conducteurs de véhicules participant à des entraînements, des manifestations sportives, des compétitions se déroulant entièrement dans les lieux non ouverts à la circulation publique, lorsque les conditions suivantes sont réunies :

1° Les lieux où se déroulent ces activités ont été homologués en application de la réglementation des épreuves ou manifestations organisées dans les lieux non ouverts à la circulation publique et comportant la participation de véhicules à moteur ;

2° L'organisation est assurée par une fédération sportive bénéficiant d'une délégation du ministre chargé des sports pour la discipline concernée ou par un organisme affilié à cette fédération ;

3° Tous les participants sont titulaires d'une licence délivrée par la fédération sportive intéressée et attestant qu'ils répondent aux conditions fixées à l'article R. 221-17. – *[Décr. n° 88-294 du 28 mars 1988, art. 1er.]*

Art. R. 221-17 Les intéressés doivent, pour pouvoir prendre part à ces entraînements, manifestations sportives et compétitions, satisfaire à un test concluant une formation à la maîtrise du véhicule et aux comportements et règles de sécurité routière et sportive.

Un arrêté du ministre de l'intérieur, du ministre chargé des transports et du ministre chargé des sports fixe les conditions d'âge des participants pour chaque type de véhicule, l'âge minimal déterminé en fonction des catégories d'activité sportive et le contenu de la formation visée à l'alinéa précédent. – *[Décr. n° 88-294 du 28 mars 1988, art. 2 et 3.]*

Art. R. 221-18 Le fait d'organiser des entraînements, compétitions ou manifestations sportives en violation de l'une des prescriptions de l'article R. 221-16 est puni de l'amende prévue pour les contraventions de la cinquième classe.

Le fait pour tout dirigeant de droit ou de fait de fédération sportive de délivrer une licence à une personne ne satisfaisant pas aux dispositions de l'article R. 221-17 et de celles prises pour son application est puni de l'amende prévue pour les contraventions de la cinquième classe. – *[Décr. n° 88-294 du 28 mars 1988, art. 5.]*

Art. R. 221-19 Le ministre *(Décr. n° 2012-886 du 17 juill. 2012, art. 3, en vigueur le 1er sept. 2012)* « chargé de la sécurité routière » détermine les conditions dans lesquelles doit être demandé, établi et délivré le permis de conduire et sont prononcées les extensions, prorogations et restrictions de validité des catégories de ce permis.

(Abrogé par Décr. n° 2012-886 du 17 juill. 2012, art. 3, à compter du 1er sept. 2012) ***« Il fixe la liste des incapacités physiques incompatibles avec l'obtention du permis de conduire ainsi que la liste des incapacités susceptibles de donner lieu à l'application des articles R. 221-12 à R. 221-14. »*** – *[Anc. art. R. 129.]*

V. App., v° Permis de conduire : Arr. du 20 avr. 2012 (conditions d'établissement et de délivrance) et Arr. du 28 mars 2022 (affections médicales incompatibles ou compatibles avec ou sans aménagements ou restrictions pour l'obtention, le renouvellement ou le maintien du permis de conduire ou pouvant donner lieu à la délivrance de permis de conduire de durée de validité limitée).

S'agissant de l'apposition de photographies d'identité sur les permis de conduire, V. Arr. du 10 avr. 2007 (JO 10 mai) ; de la justification de l'identité, du domicile, de la résidence normale et de la régularité du séjour pour l'obtention du permis de conduire, V. Arr. du 23 déc. 2016 (JO 30 déc.), mod. par Arr. du 27 juin 2017 (JO 6 juill.).

1. Légalité du refus de délivrance d'un permis de conduire à une personne de confession musulmane portant un foulard islamique. Confirmant la position adoptée par les premiers juges, la cour de Nancy juge légal le refus opposé par un préfet de délivrer un permis de conduire à une personne de confession musulmane dans la mesure où l'intéressée n'apparaissait pas tête nue sur la photographie fournie qui aurait été apposée sur son permis de conduire. Cette solution est logique car la norme NFZ 12-010 prescrit, notamment, que la tête soit nue. • CAA Nancy, 2 juin 2005, n° 01NC00831 : *inédit.*

2. Incompétence du ministre de l'Intérieur pour exiger une photographie tête nue aux demandeurs de permis de conduire. Saisi d'une requête formée par une personne de confession sikhe, le Conseil d'État a jugé, en urgence, que le ministre de l'Intérieur n'est pas compétent pour exiger une photographie tête nue, l'art. R. 221-19 C. route réservant au seul ministre des Transports le soin de déterminer les pièces à fournir. Pour le juge de l'urgence, l'Arr. du 8 février 1999 n'est pas suffisamment précis pour être interprété comme créant l'obligation de fournir des photographies tête nue ; il existe donc un doute quant à la légalité de la décision de refuser de délivrer un duplicata de permis de conduire au demandeur fournissant une photographie sur laquelle il apparaît avec un turban. • CE, réf., 5 déc. 2005, n° 278133, *Mann Singh : AJDA 2005. 2319 ; JCP 2006. II. 10053, note Rouault.* ♦ A la suite de cet arrêt, le ministre des Transports a pris une circulaire exigeant, sur les photographies produites à l'appui d'une demande de délivrance de permis de conduire, que la personne pose tête « nue et de face ». * Circ. 6 déc. 2005, *Direction de la sécurité et de la circulation : AJDA 2005. 2373.*

3. Légalité et conventionnalité de la Circ. du 6 déc. 2005 et des décisions préfectorales d'application. Pour contester la légalité de cette circulaire, les requérants ont fait valoir qu'elle méconnaissait le principe d'égalité et de non-discrimination et les stipulations combinées des art. 9 et 14 Conv. EDH, en ce que l'obligation de présenter des photographies « tête nue » constituait une ingérence dans les droits et libertés garantis par cet art. 9, notamment la liberté religieuse, et une mesure discriminatoire au regard de l'origine ethnique ; qu'elle portait également atteinte au droit au respect de la vie privée et à la liberté d'expression garanti par les art. 8 et 10 de la même Convention ; et, en particulier, que s'agissant des Sikhs, la mesure n'était pas adaptée à l'objectif poursuivi, le port du turban ne faisant nullement obstacle à leur identification, et que dès lors l'obligation posée était disproportionnée compte tenu de son caractère général et absolu. Mais les stipulations invoquées prévoient elles-mêmes que les libertés qu'elles garantissent puissent faire l'objet de restrictions, notamment dans l'intérêt de la sécurité publique et de la protection de l'ordre. Or les dispositions contestées, qui visent à limiter les risques de fraude et de falsification en permettant une identification par le document en cause aussi complète que possible de la personne qu'il représente, ne paraissent ni inadaptées ni disproportionnées par rapport à cet objectif. • CE, réf., 6 mars 2006, *Assoc. United Sikhs et M.S. Mann Singh : D. 2006. IR 881.* ♦ La circonstance que, par le passé, la production de photographies avec port de couvre-chef ait été tolérée, ne fait pas obstacle à ce que, face à l'augmentation du nombre de falsifications constatées, il ait été décidé de mettre fin à cette tolérance. L'atteinte particulière invoquée aux exigences et aux rites de la religion sikhe n'est pas disproportionnée au regard de l'objectif poursuivi, compte tenu notamment du caractère ponctuel de l'obligation faite de se découvrir. Elle n'implique pas qu'un traitement différent aurait dû être réservé aux personnes de confession sikhe par rapport aux autres demandeurs. • CE 15 déc. 2006, *Assoc. United Sikhs et Mann Singh : Jurispr. auto 2007. 84.* ♦ L'absence de publication de la circulaire au *Journal officiel* ne peut fonder l'illégalité de ce texte qui a été publié au bulletin officiel du ministère de l'Équipement, des Transports, du Tourisme et de la Mer. • CAA Versailles, 3 juill. 2008, *Min. des Transports, de l'Équipement, du Tourisme et de la Mer,* n° 07VE00215 : *inédit.* ♦ Le fait d'exiger une photographie tête nue pour les photos d'identité apposées sur les permis de conduire ne porte pas une atteinte disproportionnée aux exigences et aux rites de la religion sikhe au regard de l'objectif poursuivi et compte tenu notamment du caractère ponctuel de l'obligation faite de se découvrir. Partant cette circulaire et la décision du préfet qui en fait application, en exigeant la production de photographies « tête nue » sans distinction de l'origine sociale, l'appartenance ou non à une ethnie ou à une race, n'ont procédé à aucune discrimination, ni méconnu le principe d'égalité ainsi que les stipulations des art. 9 et 14 Conv. EDH. • Même décision.

Art. R. 221-20 *(Décr. n° 2005-320 du 30 mars 2005, art. 3)* « I. — » **Les dispositions du présent chapitre ne sont pas applicables aux conducteurs des véhicules et appareils agricoles ou forestiers, attachés à une exploitation agricole ou forestière, à une entreprise de travaux agricoles ou à une coopérative d'utilisation de matériel agricole.**

(Décr. n° 2005-320 du 30 mars 2005, art. 3) « II. — » **Tout conducteur d'un véhicule ou appareil agricole appartenant à une exploitation agricole, à une entreprise de travaux agricoles ou à une coopérative d'utilisation de matériel agricole doit être âgé d'au moins seize ans.**

(Décr. n° 2005-320 du 30 mars 2005, art. 3) « III. — » **Tout conducteur de machine agricole automotrice ou d'ensemble comprenant un matériel remorqué, lorsque la largeur de ceux-ci excède 2,50 mètres, d'ensemble comprenant un véhicule tracteur et plusieurs remorques ou matériels remorqués, d'ensemble comprenant une**

remorque transportant du personnel et appartenant à une exploitation agricole, à une entreprise de travaux agricoles ou à une coopérative d'utilisation de matériel agricole, doit être âgé d'au moins dix-huit ans.

(Décr. nº 2005-320 du 30 mars 2005, art. 3) **« IV. – » Les conditions d'application aux départements d'outre-mer du présent article sont déterminées par arrêté du ministre chargé de l'outre-mer, pris sur avis du ministre chargé des transports et du ministre chargé de l'agriculture.**

(Décr. nº 2005-320 du 30 mars 2005, art. 3) **« V. – Le fait de conduire un véhicule ou un ensemble de véhicules mentionnés au présent article sans respecter les conditions d'âge prévues aux II et III est puni de l'amende prévue pour les contraventions de la quatrième classe.**

« VI. – L'immobilisation peut être prescrite dans les conditions prévues aux articles L. 325-1 à L. 325-3. »

COMMENTAIRE

Domaine d'application de la dispense de permis de conduire. Le domaine d'application des présentes dispositions, qui conduisent à dispenser le conducteur d'un véhicule agricole d'être titulaire du permis de conduire correspondant à la catégorie du véhicule considéré, a suscité plusieurs difficultés. S'est notamment posée la question de savoir si un exploitant agricole ayant fait valoir ses droits à la retraite pouvait continuer à bénéficier d'une telle dispense ou si les dispositions de l'article R. 221-20 pouvaient bénéficier aux conducteurs des tracteurs utilisés par les collectivités territoriales. A ces deux questions, la loi nº 2012-387 du 22 mars 2012 relative à la simplification du droit et à l'allégement des procédures administratives avait apporté une réponse, au sein de l'article L. 221-2 du présent code, en permettant aux personnes concernées (exploitants retraités et employés municipaux) de conduire de tels véhicules, en étant titulaires du permis de conduire prévu pour les véhicules ayant un PTAC inférieur à 3,5 tonnes. Mais cette réponse a ensuite été jugée insuffisante par le législateur qui a considéré qu'elle aboutissait à une différence de traitement injustifiée entre les titulaires du permis de conduire prévu pour les véhicules ayant un PTAC inférieur à 3,5 tonnes. C'est pourquoi, depuis la loi nº 2015-990 du 6 août 2015, l'article L. 221-2 permet à toutes les personnes titulaires d'un tel permis de conduire tous les véhicules et appareils agricoles ou forestiers dont la vitesse n'excède pas 40 kilomètres par heure, ainsi que les véhicules qui peuvent y être assimilés.

Sanctions. Si le présent article permet de dispenser le conducteur d'un véhicule agricole d'être titulaire du permis de conduire correspondant à la catégorie du véhicule considéré, encore faut-il que l'intéressé soit âgé d'au moins seize ans (V. art. R. 221-20, II), voire d'au moins dix-huit ans pour certaines machines ou certains ensembles de véhicules agricoles (V. art. R. 221-20, III). Depuis le décret nº 2005-320 du 30 mars 2005, le non-respect de ces conditions d'âge est sanctionné de l'amende prévue pour les contraventions de la quatrième classe (deuxième classe auparavant) et l'immobilisation du véhicule peut également être prescrite. On notera que cette contravention est également prévue, pour partie, à l'article L. 221-2, tel que modifié par la loi du 22 mars 2012 précitée. ❑

Les dispositions de l'art. R. 221-20 C. route, en prévoyant que les dispositions sur le permis de conduire « ne sont pas applicables aux conducteurs des véhicules et appareils agricoles ou forestiers, attachés à une exploitation agricole ou forestière », impliquent que le conducteur d'un véhicule agricole soit affilié à la Mutualité sociale agricole pour être dispensé du permis de conduire. Est en conséquence condamné pour conduite sans permis (pour des faits antérieurs à la L. du 28 mars 2012, modifiant l'art. L. 221-2 C. route) un prévenu qui n'était pas affilié à la Mutualité sociale agricole et qui n'était pas titulaire d'un permis de conduire de catégorie C. • Angers, 20 déc. 2012 : *Dr. pénal 2013. Chron. 7, obs. Gauvin.*

Art. R. 221-21 **Les dispositions du présent chapitre ne sont pas applicables, lorsqu'ils sont titulaires des brevets correspondants délivrés par l'autorité militaire, aux conducteurs :**

1º Des véhicules militaires et des véhicules d'instruction et d'intervention de la sécurité civile ;

2º Des véhicules des formations de la sécurité civile mises sur pied dans le cadre des dispositions de l'ordonnance nº 59-147 du 7 janvier 1959 portant organisation générale de la défense. – *[Anc. art. R. 229, al. 1er et 5 et R. 229-2.]*

CHAPITRE II RECONNAISSANCE ET ÉQUIVALENCES

Art. R. 222-1 *(Décr. nº 2016-347 du 22 mars 2016, art. 3-1º, en vigueur le 1er juill. 2016)* **« Tout permis de conduire national régulièrement délivré par un État membre de l'Union européenne ou partie à l'accord sur l'Espace économique européen** *(Décr. nº 2021-1064 du 9 août 2021)* **« ou par un État qui était membre de l'Union européenne ou partie à l'accord sur l'Espace économique européen à la date de sa délivrance », est reconnu en France sous réserve d'être en cours de validité. »**

Dans le cas où ce permis a été délivré en échange d'un permis de conduire d'un État n'appartenant pas à *(Décr. nº 2016-347 du 22 mars 2016, art. 3-2º, en vigueur le 1er juill. 2016)* **« l'Union européenne » ou à l'Espace économique européen et avec lequel la France n'a pas conclu d'accord de réciprocité en ce domaine, il n'est reconnu que pendant un délai d'un an après l'acquisition de la résidence normale en France de son titulaire.**

Tout titulaire d'un des permis de conduire considérés aux deux alinéas précédents, qui établit sa résidence normale en France, peut le faire enregistrer par le préfet du département de sa résidence selon les modalités définies par *(Décr. nº 2017-1523 du 3 nov. 2017, art. 5)* **« arrêté du ministre chargé de la sécurité routière, après avis du ministre chargé des affaires étrangères ».**

(Abrogé par Décr. nº 2016-347 du 22 mars 2016, art. 3-3º, à compter du 1er juill. 2016) ***« On entend par "résidence normale" le lieu où une personne demeure habituellement, c'est-à-dire pendant au moins 185 jours par année civile, en raison d'attaches personnelles ou d'attaches professionnelles. »*** *— [Anc. art. R. 123-1, al. 1er à 4.]*

V. Arr. du 8 févr. 1999 (reconnaissance des permis délivrés par les États appartenant à l'Union européenne) et Arr. du 3 avr. 2019 (reconnaissance des permis de conduire délivrés par le Royaume-Uni de Grande-Bretagne et d'Irlande du Nord), App., vº Permis de conduire.

Concernant les demandes d'échange de permis de conduire, le silence gardé par l'administration pendant un délai de deux mois vaut, par exception, décision de rejet (Décr. nº 2014-1294 du 23 oct. 2014, JO 1er nov.).

Concernant les demandes de délivrance d'un permis de conduire international, conformément à l'art. 7 de l'Arr. du 20 avr. 2012 fixant les conditions d'établissement, de délivrance et de validité du permis de conduire (V. App., vº Permis de conduire), le silence gardé par l'administration pendant un délai de deux mois vaut, par exception, décision de rejet (Décr. nº 2014-1294 du 23 oct. 2014, JO 1er nov.).

BIBL. ▶ PICAVEZ et BROQUET, *Jurispr. auto 2012, nº 841, p. 12* (principe de reconnaissance mutuelle et tourisme du permis de conduire ?). – LE DALL, *Jurispr. auto 2014, nº 864, p. 16* (l'infraction au code de la route commise à l'étranger). – MEYER-HEINE, *Rev. UE 2017. 115* (séniors et enjeux de la réglementation européenne du permis de conduire).

A. JURISPRUDENCE EUROPÉENNE

1. Reconnaissance mutuelle des permis de conduire. L'art. 1er, § 2, de la Dir. 91/439/CEE du Conseil du 29 juillet 1991 relative au permis de conduire [art. 2, § 1, de la Dir. 2006/126/CE du Parlement européen et du Conseil du 20 déc. 2006], pose le principe de la reconnaissance mutuelle des permis de conduire délivrés par d'autres États membres. Cette reconnaissance, qui doit se faire sans aucune formalité, est une obligation claire et inconditionnelle et les États membres ne disposent d'aucune marge d'appréciation quant aux modalités à adopter pour s'y conformer. Dès lors que l'enregistrement d'un permis de conduire délivré par un autre État membre devient une obligation, du fait que le titulaire dudit permis est passible d'une sanction lorsque, après s'être établi dans l'État membre d'accueil, il conduit un véhicule sans avoir fait enregistrer son permis de conduire, cet enregistrement doit être considéré comme constituant une formalité et il est dès lors contraire à l'art. 1er, § 2, de ladite directive. • CJCE 10 juill. 2003, *Commission c/ Pays-Bas*, nº C-246/00 : *Europe 2003, nº 352 ; RSC 2004. 178, obs. Idot*. – V. aussi avant la mise en application de la directive du 29 juillet 1991 : • CJCE 29 févr. 1996, *Skanavi*, nº C-193/94 : *Rec. CJCE I. 929.* ♦ L'art. 1er, § 1 et 2, de la Dir. du 29 juillet 1991 doit être interprété en ce sens qu'il s'oppose à une réglementation d'un État membre qui prévoit, dans certaines circonstances, à la charge des titulaires d'un permis de conduire délivré par un autre État membre qui se sont établis sur son territoire, une obligation d'échanger ledit permis contre un permis de conduire national au motif qu'un permis de conduire délivré par un autre État membre et qui n'est pas conforme aux dispositions en matière de durée de validité applicables dans l'État membre d'accueil ne peut pas être inscrit au registre des permis de conduire de ce dernier État. • CJCE, ord., 29 janv. 2004, *Krüger*, nº C-253/01 : *Europe 2004, nº 74 ; RSC 2004. 712, obs. Idot*.

2. Permis de conduire délivré par un État avant son adhésion à l'Union européenne. Un État membre peut cependant refuser de reconnaître à une personne le droit de conduire résultant d'un permis de conduire délivré par un autre État avant l'adhésion de celui-ci à l'Union européenne, si ce permis a été délivré antérieurement à un permis de conduire délivré par le premier État membre dans lequel ce second permis a fait l'objet d'un retrait pour cause d'inaptitude de son titulaire à la conduite. • CJCE 19 févr. 2009, *Schwarz,* n° C-321/07 : *Europe 2009, n° 159, obs. Michel ; RSC 2009. 679, obs. Idot.*

3. Permis de conduire délivré par un État tiers. Les dispositions de la Dir. du 20 déc. 2006 relative au permis de conduire ne s'opposent pas, par ailleurs, à ce qu'un État membre refuse de reconnaître un permis de conduire, dont le titulaire a sa résidence normale sur son territoire, qui a été délivré par un autre État membre, sans examen d'aptitude, sur le fondement d'un permis de conduire délivré par un autre État membre, lui-même issu de l'échange d'un permis de conduire délivré par un État tiers. • CJUE 28 févr. 2019, *Meyn,* n° C-9/18 : *Europe 2019, n° 157, obs. Gazin.*

4. Certificat d'examen du permis de conduire. Un État membre peut également refuser de reconnaître un certificat délivré dans un autre État membre, attestant l'existence d'un droit de conduire de son titulaire – en l'espèce, le certificat d'examen du permis de conduire remis, en principe, à tout candidat ayant réussi en France les examens théorique et pratique du permis de conduire de catégorie B et qui tient lieu, en vertu de la réglementation française, de permis de conduire sur le territoire national au regard des forces de l'ordre pendant un délai de quatre mois à dater du jour de l'examen pratique – lorsque ce certificat ne remplit pas les exigences du modèle de permis de conduire prévu par la directive 2006/126/CE du Parlement européen et du Conseil du 20 décembre 2006, même dans l'hypothèse où les conditions imposées par cette directive pour la délivrance d'un permis de conduire sont remplies par le titulaire dudit certificat. • CJCE 26 oct. 2017, n° C-196/16 : *Europe 2017, n° 461, obs. Michel.* ♦ Dans un tel cas, un État membre peut sanctionner la personne qui, bien qu'ayant satisfait aux conditions de délivrance d'un permis de conduire prévues par cette directive, conduit un véhicule à moteur sur son territoire sans disposer d'un permis de conduire conforme aux exigences du modèle de permis de conduire prévu par ladite directive et qui, dans l'attente de la délivrance d'un tel permis de conduire par un autre État membre, peut uniquement prouver l'existence de son droit de conduire acquis dans ledit autre État membre par un certificat temporaire délivré par celui-ci, à condition que cette sanction ne soit pas disproportionnée par rapport à la gravité des faits en cause. Il appartient à cet égard à la juridiction de prendre en compte, dans le cadre de son appréciation de la gravité de l'infraction commise par la personne concernée et de la sévérité de la sanction à lui infliger, en tant qu'éventuelle circonstance atténuante, le fait que la personne concernée a obtenu le droit de conduire dans un autre État membre, attesté par l'existence d'un certificat délivré par ledit autre État membre. • Même décision.

5. Conditions d'application des dispositions nationales. Les mesures adoptées par un État membre pour faire usage de la faculté, offerte par l'art. 1er, § 3, de la directive du 29 juillet 1991, d'appliquer au titulaire d'un permis de conduire délivré par un autre État membre ses dispositions nationales en matière de durée de validité du permis, de contrôle médical ainsi que de fiscalité et d'inscrire sur le permis les mentions indispensables à sa gestion ne doivent pas gêner ou rendre moins attrayant l'exercice par les ressortissants communautaires de la libre circulation des personnes et de la liberté d'établissement et, au cas où elles le feraient néanmoins, ces mesures doivent être appliquées de manière non discriminatoire, être justifiées par des raisons impérieuses d'intérêt général, être propres à garantir la réalisation de l'objectif poursuivi et ne pas aller au-delà de ce qui est nécessaire pour atteindre ledit objectif. • CJCE 10 juill. 2003 : *préc. note 1.* ♦ Il appartient au titulaire d'un permis de conduire délivré par un État membre qui acquiert sa résidence normale sur le territoire d'un autre État membre, qui a fait usage de la faculté prévue à l'art. 1er, § 3, de la directive du 29 juillet 1991 d'appliquer certaines de ses dispositions nationales, de rapporter la preuve qu'il remplit les conditions énoncées par les dispositions de l'État membre d'accueil relatives au renouvellement du permis de conduire. Toutefois, dès lors que cette preuve est rapportée, il appartient aux autorités de ce dernier État d'en tirer les conséquences et d'autoriser ledit titulaire à conduire un véhicule sous couvert de son permis de conduire d'origine. • CJCE, ord., 29 janv. 2004 : *préc. note 1.* ♦ Les dispositions combinées des art. 1er, § 2, et 8, § 2 et 4, de la directive du 29 juillet 1991, ainsi que celles des art. 2, § 1, et 11, § 4, de la Dir. 2006/126/CE du Parlement européen et du Conseil, du 20 décembre 2006, relative au permis de conduire, doivent être interprétées en ce sens qu'elles s'opposent à la réglementation d'un État membre d'accueil qui permet à celui-ci de refuser de reconnaître, sur son territoire, un permis de conduire délivré par un autre État membre lorsque le titulaire de ce permis n'a fait l'objet, de la part de cet État membre d'accueil, d'aucune mesure au sens desdits art. 8, § 4, de la directive du 29 juillet 1991 ou 11, § 4, al. 2, de la Dir. du 20 décembre 2006, mais s'est vu refuser, dans ce dernier État, la délivrance d'un premier permis de conduire au motif qu'il ne remplissait pas, selon la réglementation de cet État, les conditions d'aptitude physique et mentale à la conduite d'un véhicule à moteur en toute sécurité. • CJUE 1er mars 2012, *B. Akyüz,* n° C-467/10 : *D. actu. 5 mars*

2012, obs. Allain; Europe 2012, n° 189, obs. Michel; Rev. dr. transports 2012, n° 23, note Grard. ♦ Les art. 2, § 1, et 11, § 4, al. 2 de la Dir. 2006/126/CE du 20 déc. 2006 relative au permis de conduire ne s'opposent pas en revanche à ce qu'un État membre, sur le territoire duquel le titulaire d'un permis de conduire délivré par un autre État membre séjourne de manière temporaire, refuse de reconnaître la validité de ce permis de conduire, en raison d'un comportement infractionnel de son titulaire survenu sur ce territoire postérieurement à la délivrance dudit permis de conduire et qui, conformément à la loi nationale du premier État membre, est de nature à entraîner l'inaptitude à la conduite de véhicules à moteur. L'État membre qui refuse de reconnaître la validité d'un permis de conduire, dans une telle situation, est compétent pour fixer les conditions auxquelles le titulaire d'un permis de conduire doit se soumettre pour recouvrer le droit de conduire sur son territoire, sous réserve que, par ces conditions, l'État membre en question ne s'oppose pas, en réalité, indéfiniment à la reconnaissance du permis de conduire délivré par un autre État membre. • CJUE 23 avr. 2015, *Aykul*, n° C-260/13 : *D. 2015. 974; Europe 2015, n° 227, obs. Michel.*

6. *Refus de reconnaissance en cas de suspension, retrait ou annulation du permis.* Un État membre ne peut refuser de reconnaître la validité d'un permis de conduire établi par un autre État membre au motif que son titulaire a fait l'objet, sur son territoire, d'une mesure de retrait ou d'annulation d'un permis de conduire délivré par cet État membre, lorsque la période d'interdiction temporaire d'y obtenir un nouveau permis, dont cette mesure est assortie, est écoulée avant la date de délivrance du permis de conduire établi par l'autre État membre. • CJCE 29 avr. 2004, *Kapper*, n° C-476/01 : *Europe 2004, n° 201, obs. Mariatte; RSC 2004. 712, obs. Idot.* ♦ ... Ou au motif que son titulaire, ayant fait l'objet sur son territoire d'une mesure de retrait d'un permis obtenu antérieurement, ne s'est pas soumis à l'examen d'aptitude à la conduite requis par la réglementation de cet État pour la délivrance d'un nouveau permis à la suite dudit retrait, dès lors que l'interdiction temporaire d'obtenir un nouveau permis dont était assorti ce retrait avait expiré lors de la délivrance du permis de conduire dans l'autre État membre. • CJCE, ord., 6 avr. 2006, *Halbritter*, n° C-227/05 : *RSC 2007. 143, obs. Idot.* ♦ De même, un État membre ne peut refuser de reconnaître, sur son territoire, le droit de conduire résultant d'un permis de conduire délivré dans un autre État membre et, partant, la validité de ce permis tant que le titulaire dudit permis, qui a fait l'objet, sur le territoire du premier État membre, d'une mesure de retrait d'un permis antérieur non assortie d'une mesure d'interdiction temporaire d'obtenir un nouveau permis, ne s'est pas soumis aux conditions requises par la réglementation de ce premier État pour la délivrance d'un nouveau permis à la suite de ce retrait, en ce compris l'examen d'aptitude à la conduite attestant que les motifs ayant justifié ledit retrait n'existent plus. • CJCE 28 sept. 2006, *Kremer*, n° C-340/05 : *RSC 2007. 143, obs. Idot* • 26 juin 2008, *Wiedemann*, n°s C-329/06 et C-343-06; • 26 juin 2008, *Zerche, Zerche*, n°s C-334/06 à C-336/06 : *Europe 2008, n° 264, obs. Michel; RSC 2008. 713, obs. Idot.* ♦ Les art. 2, § 1, et 11, § 4, al. 2, de la Dir. 2006/126/CE du 20 déc. 2006 relative au permis de conduire s'opposent à ce qu'un État membre refuse, en dehors de toute période d'interdiction de solliciter un nouveau permis de conduire imposée au titulaire d'un permis de conduire délivré par un autre État membre et alors même que la condition de résidence normale sur le territoire de ce dernier a été respectée, de reconnaître la validité de ce permis de conduire, lorsque ledit titulaire a fait l'objet, sur le territoire du premier État membre, d'une mesure de retrait d'un précédent permis de conduire. • CJUE 26 avr. 2012, *W. Hofmann*, n° C-469/10 : *Europe 2012, n° 247, obs. Michel.*

7. Un État membre peut en revanche refuser de reconnaître la validité d'un permis de conduire délivré par un autre État membre lorsque son titulaire était, à la date de cette délivrance, sous le coup d'une interdiction temporaire de délivrance d'un nouveau permis de conduire dans le premier État membre. • CJCE, ord., 3 juill. 2008, *Möginger*, n° C-225/07 : *Europe 2008, n° 322, obs. Michel; RSC 2009. 197, obs. Idot.* ♦ Un État membre peut également refuser de reconnaître, sur son territoire, le droit de conduire résultant d'un permis de conduire délivré dans un autre État membre à une personne faisant l'objet, sur le territoire du premier État membre, d'une mesure de retrait de l'autorisation de conduire, alors même que ce retrait a été prononcé postérieurement à la délivrance dudit permis, dès lors que ce dernier a été obtenu au cours de la période de validité : d'une mesure de suspension du permis délivré dans le premier État membre et que tant celle-ci que ladite mesure de retrait sont justifiées par des motifs existant à la date de délivrance du second permis de conduire. • CJCE 20 nov. 2008, *Weber*, n° C-1/07 : *Europe 2009, n° 25, obs. Michel; RSC 2009. 197, obs. Idot.* ♦ ... Ou d'une mesure par laquelle l'État membre, qui ne pouvait retirer à cette personne, conductrice d'un véhicule automobile, son permis de conduire au motif que celui-ci avait déjà fait l'objet d'une décision de retrait antérieure, ordonne qu'un nouveau permis de conduire ne pourra être délivré à ladite personne pendant une période déterminée, une telle mesure devant être considérée comme une mesure de restriction, de suspension ou de retrait du permis de conduire au sens de l'art. 11, § 4, al. 2, de la Dir. du 20 déc. 2006 faisant obstacle à la reconnaissance de la validité de tout permis délivré par un autre État membre avant l'expiration de cette période. La circonstance que l'arrêt prononçant cette mesure est devenu définitif postérieurement à la délivrance du permis de conduire dans le second État est à cet égard sans incidence, dès lors que ce permis a été obtenu après le prononcé de cet arrêt et que les motifs justifiant ladite mesure existaient à la date de délivrance dudit permis. • CJUE 21 mai 2015, *Wittmann,* nº C-339/14 : *Europe 2015, nº 262, obs. Michel.* ♦ Les dispositions de la Dir. du 20 déc. 2006 ne s'opposent pas par ailleurs à ce qu'un État membre sur le territoire duquel le titulaire d'un permis de conduire délivré par un autre État membre a été déchu du droit de conduire en raison d'un comportement infractionnel, survenu lors d'un séjour temporaire sur ce territoire postérieurement à la délivrance dudit permis, refuse de reconnaître ultérieurement la validité de ce permis de conduire, après que celui-ci a été renouvelé par l'État membre où se situe la résidence normale du titulaire dudit permis, dès lors que, conformément au principe de proportionnalité, les règles prévues par la législation du premier État membre, fixant les conditions auxquelles le titulaire du permis de conduire doit se soumettre pour recouvrer le droit de conduire sur son territoire, n'excèdent pas les limites de ce qui est approprié et nécessaire pour atteindre l'objectif poursuivi par la directive consistant à améliorer la sécurité routière. • CJUE 29 avr. 2021, nº C-47/20 : *RTD eur. 2022. 547, obs. Grard.*

8. La Dir. du 20 déc. 2006 s'oppose à ce qu'un État membre ayant adopté une décision refusant de reconnaître la validité d'un permis de conduire délivré par un autre État membre en raison d'un comportement infractionnel de son titulaire, survenu lors d'un séjour temporaire sur le territoire du premier État membre postérieurement à la délivrance de ce permis, appose sur ledit permis une mention portant interdiction, pour ce titulaire, de conduire sur ledit territoire, les modifications formelles d'un permis de conduire ne pouvant être effectuées que par l'État membre de résidence normale du titulaire d'un permis, lequel peut, à la demande de l'État membre de séjour temporaire, consigner sur le permis de conduire d'éventuelles mentions d'interdiction de conduite sur le territoire de cet État membre. • CJUE 29 avr. 2021, nº C-56/20.

9. Résidence normale sur le territoire de l'État de délivrance. Un État membre peut également refuser de reconnaître sur son territoire le droit de conduire résultant d'un permis de conduire ultérieurement délivré par un autre État membre s'il est établi, sur la base des mentions figurant sur celui-ci ou d'autres informations incontestables provenant de l'État membre de délivrance, que, lorsque ledit permis a été délivré, son titulaire, qui a fait l'objet, sur le territoire du premier État membre, d'une mesure de retrait d'un permis antérieur, n'avait pas sa résidence normale sur le territoire de l'État membre de délivrance. • CJCE 26 juin 2008 : *préc. note 6.* ♦ A cet égard, la circonstance que ces informations sont transmises par l'État membre de délivrance aux autorités compétentes de l'État membre d'accueil non pas directement, mais uniquement de manière indirecte, sous la forme d'une communication effectuée par des tiers, n'est pas, en soi, de nature à exclure que ces informations puissent être considérées comme émanant de l'État membre de délivrance, pour autant qu'elles proviennent d'une autorité de ce dernier État membre. Il incombe cependant à la juridiction de vérifier si les informations obtenues dans de telles circonstances peuvent être qualifiées d'informations émanant de l'État membre de délivrance ainsi que, le cas échéant, d'évaluer lesdites informations et d'apprécier, en tenant compte de toutes les circonstances du litige dont elle est saisie, si elles constituent des informations incontestables, attestant que le titulaire du permis n'avait pas sa résidence normale sur le territoire de ce dernier État lors de la délivrance de son permis de conduire. • CJUE 1er mars 2012 : *préc. note 5.*

B. JURISPRUDENCE NATIONALE

10. Distinction entre les permis de conduire obtenus et les permis de conduire échangés dans un État membre de l'Union européenne. Il résulte de l'art. R. 222-1 C. route que tout permis de conduire national délivré à une personne ayant sa résidence normale en France, par un État membre de l'Union européenne, est reconnu sur le territoire français sous réserve qu'il soit en cours de validité dans cet État et que son titulaire satisfasse à certaines conditions définies par arrêté du ministre chargé des transports et relatives à la durée de validité, au contrôle médical, aux mentions indispensables à la gestion du permis de conduire et aux mesures restrictives affectant ce titre et que, dans le cas où le permis a été délivré en échange d'un permis de conduire d'un État n'appartenant pas à l'Union européenne ou à l'Espace économique européen et avec lequel la France n'a pas conclu d'accord de réciprocité en ce domaine, il n'est reconnu que pendant un an après l'acquisition de la résidence normale en France de son titulaire. N'est, en conséquence, pas justifié l'arrêt qui déclare coupable un prévenu, ressortissant camerounais titulaire d'un permis de conduire délivré par le Danemark de conduite sans permis, au motif que l'intéressé, n'ayant pas la qualité de ressortissant de l'Union européenne et étant installé sur le territoire national depuis plus d'un an, aurait dû faire procéder à l'échange de son permis danois aux fins d'obtenir la délivrance d'un permis français, dès lors que la Cour n'a pas recherché si l'intéressé avait obtenu son permis de conduire au Danemark ou si ce titre lui avait été délivré par cet État en échange d'un permis de conduire d'un État n'appartenant pas à l'Union européenne ou à l'Espace économique européen et avec lequel la France n'a pas conclu d'accord de réciprocité. • Crim. 17 nov. 2015, nº 13-84.294 P : *D. actu.*

4 déc. 2015, obs. Goetz ; Dr. pénal 2016, n° 7, note Robert.

11. Reconnaissance refusée. Si, en vertu de l'art. R. 222-1 C. route, un permis délivré régulièrement par un autre État membre de l'Union européenne ou partie à l'accord sur l'Espace économique européen doit, en principe, être reconnu en France, ces dispositions ne sauraient imposer aux autorités françaises de reconnaître en France un tel permis dans le cas où il a été délivré par l'autre État par voie d'échange avec un permis français qui n'était plus valide à la date à laquelle il a été échangé, notamment en raison d'un retrait de points. • CE 12 févr. 2020, n° 428983 B.

Art. R. 222-2 **Toute personne ayant sa résidence normale en France, titulaire d'un permis de conduire national délivré par un État membre** *(Décr. n° 2017-1523 du 3 nov. 2017, art. 6)* **« de l'Union européenne » ou d'un autre État partie à l'accord sur l'Espace économique européen, en cours de validité dans cet État, peut, sans qu'elle soit tenue de subir les examens prévus au premier alinéa de l'article D. 221-3, l'échanger contre le permis de conduire français selon les modalités définies par** *(Décr. n° 2017-1523 du 3 nov. 2017, art. 6)* **« arrêté du ministre chargé de la sécurité routière, après avis du ministre de la justice et du ministre chargé des affaires étrangères ».**

L'échange d'un tel permis de conduire contre le permis français est obligatoire lorsque son titulaire a commis, sur le territoire français, une infraction au présent code ayant entraîné une mesure de restriction, de suspension, de retrait du droit de conduire ou de retrait de points. Cet échange doit être effectué selon les modalités définies par l'arrêté prévu à l'alinéa précédent, aux fins d'appliquer les mesures précitées.

Le fait de ne pas effectuer l'échange de son permis de conduire dans le cas prévu à l'alinéa précédent est puni de l'amende prévue pour les contraventions de la quatrième classe. — *[Anc. art. R. 123-1, al. 5 et 6, et R. 241-5, al. 2.]*

V. Arr. du 8 févr. 1999 (permis délivrés par les États appartenant à l'Union européenne) et Arr. du 3 avr. 2019 (permis de conduire délivrés par le Royaume-Uni de Grande-Bretagne et d'Irlande du Nord), App., v° Permis de conduire.

A compter du 1er janv. 2013, dans l'ensemble du code de la route, la mention de l'art. R. 221-3 est remplacée par celle de l'art. D. 221-3 (Décr. n° 2011-1475 du 9 nov. 2011, art. 17-II).

Concernant les demandes d'échange de permis de conduire, le silence gardé par l'administration pendant un délai de deux mois vaut, par exception, décision de rejet (Décr. n° 2014-1294 du 23 oct. 2014, JO 1er nov.).

1. Avant la mise en application de la Dir. 91/439/CEE du 29 juillet 1991, relative au permis de conduire, il a été jugé que l'art. 52 du Traité CEE ne s'opposait pas à ce qu'un État membre exige que le titulaire d'un permis de conduire délivré par un autre État membre échange ce permis contre un permis de l'État membre d'accueil dans un délai d'un an à compter de l'établissement de sa résidence habituelle sur le territoire de cet État pour continuer à y bénéficier du droit de conduire un véhicule à moteur. • CJCE 29 févr. 1996, *Skanavi*, n° C-193/94 : *Rec. CJCE I. 929.* ♦ En revanche, la conduite d'un véhicule à moteur, par une personne qui aurait pu obtenir un permis de l'État d'accueil en échange du permis délivré par son État membre d'origine, mais qui n'a pas procédé à cet échange dans le délai imposé, ne peut être alors assimilée à une conduite sans permis et de ce fait sanctionnée d'une peine d'amende ou d'emprisonnement. • Même décision.

2. Un ressortissant français ayant échangé son permis de conduire français contre un permis de conduire d'un autre État membre de l'Union européenne où il réside habituellement ne peut se voir retirer des points sur son permis de conduire à la suite d'une infraction commise en France sur le fondement des dispositions de l'art. R. 222-2 C. route ou de l'art. 4 de l'Arr. du 8 févr. 1999 fixant les conditions de reconnaissance et d'échange des permis de conduire délivrés par les États appartenant à l'Union européenne et à l'Espace économique européen ces dispositions n'étant applicables qu'aux titulaires d'un permis de conduire étranger résidant en France. • TA Besançon, 27 juill. 2010 : *AJDA 2010. 1841, concl. Pernot.*

3. Refus d'exécution d'une décision de suspension prononcée par un autre État membre. L'État membre de résidence normale du titulaire d'un permis de conduire, délivré par cet État membre, peut ne pas reconnaître et exécuter sur son territoire une décision de suspension du droit de conduire un véhicule à moteur adoptée à l'égard de ce titulaire par un autre État membre en raison d'une infraction routière commise sur le territoire de celui-ci, y compris lorsque ce permis de conduire a été délivré en échange d'un permis de conduire précédemment délivré par l'État membre où cette infraction routière a été commise. • CJUE 6 oct. 2022, n° C-266/21 : *D. actu. 6 oct. 2022, obs. Goetz ; Europe 2022, n° 422, obs. Cazet ; Dr. pénal 2023. Chron. 8, obs. Gauvin.*

4. Échange obligatoire en cas d'infraction. Il résulte not. du 2e al. de l'art. R. 222-2 C. route que, comme le permettent les dispositions de l'art. 8.2 de la Dir. 91/439/CEE du Conseil du 29 juill. 1991 relative au permis de conduire, reprises par la Dir. 2006/126/CE du Parlement européen et du Conseil du 20 déc. 2006, le titulaire d'un permis de conduire délivré par un autre État membre de l'Union européenne ayant sa résidence normale en France peut faire l'objet des mesures prévues par le code de la route concernant le permis à points et que, pour permettre l'exécution de ces mesures, l'intéressé est tenu, en application du 3e al. de ces mêmes dispositions, de faire procéder à l'échange de son permis de conduire national contre un permis français lorsqu'il a commis, sur le territoire français, une infraction ayant entraîné une mesure de restriction, de suspension, de retrait du droit de conduire ou de retrait de points. Lorsque le titulaire d'un permis de conduire étranger a sa résidence normale en France et que le ministère de l'Intérieur a pris à son encontre des décisions successives lui retirant douze points, de sorte que son permis a perdu sa validité, il appartient dès lors au ministre, sur le fondement du 1er al. de l'art. L. 223-5 C. route et alors même que le fait de ne pas effectuer l'échange du permis est également puni de l'amende prévue pour les contraventions de la quatrième classe, d'enjoindre à l'intéressé de remettre son permis au préfet de son département de résidence, afin qu'il soit échangé contre un permis français et, par voie de conséquence, que les mesures administratives de retrait de points et de retrait du droit de conduire prises à son encontre puissent être exécutées. • TA Cergy-Pontoise, 21 mars 2013 : *JCP Adm. 2013. 2316, concl. Bréchot.*

5. Il résulte de la combinaison des art. R. 222-1 et R. 222-2 C. route et de l'Arr. du 8 févr. 1999 fixant les conditions de reconnaissance et d'échange des permis de conduire délivrés par les États appartenant à l'Union européenne et à l'Espace économique européen que si le titulaire d'un permis de conduire délivré par l'un de ces pays n'est, en principe, pas tenu de procéder à l'échange de ce permis pour conduire en France, cet échange devient en revanche obligatoire si, ayant sa résidence normale en France, il a commis sur le territoire national une infraction ayant entraîné une mesure de restriction, de suspension, de retrait ou d'annulation du droit de conduire ou de retrait de points. Lorsque le titulaire d'un tel permis n'a pas procédé à l'échange auquel il était tenu, l'administration est fondée à le regarder comme étant exclusivement titulaire d'un permis français et à appliquer sur ce permis les mesures qu'appelle l'infraction commise et, le cas échéant, des mesures ultérieurement applicables. Sont dépourvues d'incidence à cet égard les dispositions du dernier al. de l'art. R. 222-2 C. route selon lesquelles le conducteur qui, en pareille hypothèse, n'effectue pas l'échange de son permis s'expose à une amende. • CE 30 déc. 2016, n° 397638 B : *AJDA 2017. 556.*

6. Il résulte des dispositions combinées du 2.2 de l'art. 2 et de l'art. 4 de l'Arr. du 8 févr. 1999 fixant les conditions de reconnaissance et d'échange des permis de conduire délivrés par les États appartenant à l'Union européenne (UE) et à l'Espace économique européen (EEE) qu'un permis de conduire délivré par un État appartenant à l'UE ou à l'EEE en échange d'un permis délivré par un État tiers avec lequel la France n'a pas conclu d'accord de réciprocité en matière d'échange des permis de conduire ne peut pas, en principe, être échangé contre un permis français. • CE 4 avr. 2018, n° 409542 B : *AJDA 2018. 1073.* ♦ Toutefois, dans le cas où l'État appartenant à l'UE ou à l'EEE a étendu la validité du permis à une catégorie de véhicules qu'il ne visait pas initialement, à la suite du succès de son titulaire aux épreuves prévues à cet effet, l'intéressé peut prétendre obtenir par voie d'échange un permis français valable pour la catégorie qui a fait l'objet de cette extension. Lorsque l'extension n'a été possible, conformément à la progressivité du permis de conduire mise en œuvre par les dispositions du 1 de l'art. 6 de la Dir. 2006/126/CE du Parlement européen et du Conseil du 20 déc. 2006 relative au permis de conduire et par l'art. R. 221-5 C. route, que parce que le permis initial concernait une certaine catégorie, l'intéressé peut prétendre obtenir un permis français valable tant pour cette catégorie que pour celle qui a fait l'objet de l'extension. • Même décision.

7. Délit de conduite sans permis. Commet le délit de conduite sans permis le prévenu, titulaire d'un permis de conduire délivré par un État membre de l'Union européenne, qui conduit un véhicule alors que le relevé d'information intégral du système national des permis de conduire fait apparaître que, d'une part il a commis des infractions rendant obligatoire l'échange de son permis de conduire en vertu des dispositions de l'art. R. 222-2 C. route, et d'autre part, il n'est plus titulaire d'aucun droit à ce titre, en raison de la perte des points résultant de ces infractions. • Crim. 12 mars 2019, n° 18-84.914 P : *D. 2019. 589 ; D. actu. 28 mars 2019, obs. Recotillet ; AJ pénal 2019. 272, obs. Céré ; Dr. pénal 2019, n° 88, note Robert ; ibid. Chron. 7, obs. Gauvin.* ♦ Ne peut en revanche être déclaré coupable de conduite sans permis le conducteur qui, après avoir restitué son permis à la suite de son invalidation pour perte totale des points, a passé, dans un autre État membre de l'Union européenne, un nouveau permis de conduire après expiration de la période d'interdiction de solliciter ou d'obtenir un permis de conduire. • Crim. 9 mars 2022, n° 21-84.021 P : *D. actu. 18 mars 2022, obs. Goetz ; AJ pénal 2022. 269 ; Dr. pénal 2022, n° 87, note Robert.*

Art. R. 222-3 Tout permis de conduire national, en cours de validité, délivré par un État ni membre *(Décr. n° 2017-1523 du 3 nov. 2017, art. 7)* **« de l'Union européenne », ni partie à l'accord sur l'Espace économique européen, peut être reconnu en France**

jusqu'à l'expiration d'un délai d'un an après l'acquisition de la résidence normale de son titulaire. Pendant ce délai, il peut être échangé contre le permis français, sans que son titulaire soit tenu de subir les examens prévus au premier alinéa de l'article D. 221-3. Les conditions de cette reconnaissance et de cet échange sont définies par *(Décr. nº 2017-1523 du 3 nov. 2017, art. 7)* **« arrêté du ministre chargé de la sécurité routière, après avis du ministre de la justice et du ministre chargé des affaires étrangères ».** *(Décr. nº 2005-320 du 30 mars 2005, art. 3)* **« Au terme de ce délai, ce permis n'est plus reconnu et son titulaire perd tout droit de conduire un véhicule pour la conduite duquel le permis de conduire est exigé. »**

(Abrogé par Décr. nº 2005-320 du 30 mars 2005, art. 3) ***« Le fait de conduire un véhicule, dans le cas prévu au présent article, après l'expiration du délai d'un an sans avoir sollicité l'échange de son permis de conduire est puni de l'amende prévue pour les contraventions de la quatrième classe. »***

V. Arr. du 12 janv. 2012 (permis délivrés par les États n'appartenant ni à l'Union européenne ni à l'Espace économique européen) et, à titre transitoire, 2e Arr. du 8 févr. 1999, art. 14, App., vº Permis de conduire.

V. note ss. art. R. 222-2.

Concernant les demandes d'échange de permis de conduire, le silence gardé par l'administration pendant un délai de deux mois vaut, par exception, décision de rejet (Décr. nº 2014-1294 du 23 oct. 2014, JO 1er nov.).

1. Compétence du préfet du département de résidence. Il résulte des art. 6 et 8 de l'Arr. du 8 févr. 1999 fixant les conditions de reconnaissance et d'échange des permis de conduire délivrés par les États n'appartenant ni à l'Union européenne ni à l'Espace économique européen [Arr. du 12 janv. 2012, art. 6] que la demande d'échange de permis de conduire doit être adressée au préfet du département dans lequel l'intéressé a sa résidence, ce préfet restant compétent pour statuer sur la demande lorsque l'intéressé déménage ultérieurement dans un autre département. • CE 26 avr. 2018, nº 410682 B : *AJDA 2018. 946*.

2. Reconnaissance des permis de conduire étrangers pendant un délai d'un an. Il résulte de l'art. R. 222-3 C. route et de l'art. 2 de l'Arr. du 12 janv. 2012 que tout permis de conduire étranger en cours de validité, délivré par un État qui n'est ni membre de l'Union européenne, ni partie à l'accord sur l'EEE, permet à son titulaire de conduire un véhicule en France jusqu'à l'expiration d'un délai d'un an suivant l'acquisition de sa résidence normale sur le territoire national, dès lors qu'il satisfait aux exigences de l'art. 3 de l'Arr. du 12 janv. 2012, quand bien même l'intéressé ne remplit pas les conditions pour obtenir, pendant ce délai, l'échange de son permis de conduire étranger contre un permis de conduire français, le « droit à reconnaissance » n'étant pas subordonné au « droit à l'échange » (en l'espèce, le permis de conduire étranger avait été délivré par le Rwanda, État avec lequel il n'existe pas d'accord de réciprocité avec la France, condition nécessaire à un échange de permis). • Crim. 26 nov. 2019, nº 19-80.597 P : *D. 2019. 2302 ; D. actu. 23 déc. 2019, obs. Charlent; Dr. pénal 2020, nº 32, note Robert.*

3. Échange des permis de conduire étrangers contre un permis français dans le délai d'un an. Tout titulaire d'un permis de conduire étranger doit obligatoirement demander l'échange de celui-ci contre un permis français pendant le délai d'un an qui suit l'acquisition de sa résidence normale en France. Toutefois, aux termes de l'art. 6 de l'Arr. du 8 févr. 1999, « l'échange demeure possible ultérieurement si, pour des raisons d'âge ou pour des motifs légitimes d'empêchement, il n'a pu être effectué dans le délai prescrit ». Or ne constitue pas un tel motif légitime le fait qu'une première décision portant refus d'un tel échange ait été retirée par le préfet. • CAA Nancy, 16 oct. 2006, *Préfet du Bas-Rhin,* nº 05NC00408 : *inédit.* ♦ Constitue en revanche un tel motif légitime le fait que des étrangers aient vu, pour l'examen de leur dossier, leur permis être conservé par l'OFPRA qui ne le leur a restitué qu'après leur avoir délivré un certificat de réfugié. • CE 7 juill. 2004, *Cté d'agglomération Val-de-Garonne,* nº 256398 B : *AJDA 2004. 1894*. ♦ Dans l'Arr. du 12 janv. 2012, cette possibilité d'échanger un permis de conduire étranger au-delà du délai d'un an pour motif légitime n'a cependant pas été reprise.

4. Point de départ du délai d'un an. Il résulte des art. R. 222-3 C. route, 2 et 4 de l'Arr. du 12 janv. 2012 que tout permis de conduire national, en cours de validité, délivré par un État ni membre de l'Union européenne, ni partie à l'accord sur l'Espace économique européen, peut être reconnu en France jusqu'à l'expiration d'un délai d'un an après l'acquisition de la résidence normale de son titulaire, la date d'acquisition de la résidence normale étant celle du début de validité du premier titre de séjour. Le délai d'un an dont dispose le titulaire d'un permis de conduire étranger pour demander son échange contre un permis de conduire français a ainsi pour point de départ la date d'établissement effectif résultant du premier titre de séjour délivré à l'intéressé, et non la délivrance à ce dernier d'une autorisation provisoire de séjour, renouvelable tous les six mois, attestant du dépôt d'une demande d'asile. • Crim. 11 mars 2020, n° 19-80.465 P : *Dr. pénal 2020, n° 95, note Robert.* ♦ V. déjà en ce sens, avant l'Arr. du 12 janv. 2012 : • CE 9 déc. 2016, n° 386393 B : *AJDA. 2017. 331*.

5. Visa long séjour. Il résulte des dispositions de l'art. 4 de l'Arr. du 12 janv. 2012 que, pour les étrangers auxquels les autorités consulaires ont délivré un visa de long séjour, le délai d'un an court à compter de la date d'apposition sur leurs passeports de la vignette et du cachet prévus par l'Arr. du 19 mai 2009 relatif aux formalités que doivent accomplir auprès de l'Office français de l'immigration et de l'intégration les titulaires de certaines catégories de visa pour un séjour en France d'une durée supérieure à trois mois. • CE 9 déc. 2016, n° 386393 : *préc. note 4.* ♦ Ces dispositions ne sauraient toutefois être appliquées aux personnes entrées sur le territoire français sous couvert d'un visa de long séjour avant l'entrée en vigueur de l'Arr. du 12 janv. 2012. Pour ces personnes, seule la délivrance d'un titre de séjour sur le territoire français peut faire courir le délai imparti pour demander l'échange de leur permis de conduire. • Même arrêt.

6. Lorsqu'un ressortissant étranger a connu plusieurs périodes de résidence normale en France séparées par des périodes de résidence à l'étranger lui ayant fait perdre sa résidence normale en France, chacun de ces établissements sur le territoire national fait démarrer une période d'un an au cours de laquelle l'intéressé peut demander l'échange d'un permis de conduire obtenu antérieurement. Mais tel n'est pas le cas du ressortissant étranger ayant obtenu un premier titre de séjour le 20 décembre 2005, renouvelé à plusieurs reprises, qui a été ensuite placé sous récépissé de demande de titre de séjour de juillet 2013 à août 2014, avant d'obtenir un nouveau titre de séjour le 20 août 2014, l'intéressé ne pouvant être regardé comme ayant entamé le 20 août 2014 une nouvelle période de résidence normale en France. • CE 28 juill. 2017, n° 400767 B : *JCP Adm. 2017. Actu. 571 ; AJDA 2017. 2289*.

7. Tant qu'un titre de séjour ne lui a pas été délivré, un étranger ne saurait être regardé comme ayant acquis une résidence normale en France, au sens des dispositions de l'art. R. 222-3 C. route. Il suit de là que les dispositions des art. 4 et 11 de l'Arr. du 12 janv. 2012, prévoyant que « la date d'acquisition de la résidence normale est celle du début de validité du premier titre de séjour » ou, pour les réfugiés, celle du « début de validité du titre de séjour provisoire », ne peuvent légalement avoir pour effet de fixer à une date antérieure à celle de la délivrance du premier titre de séjour ou, pour les réfugiés, du titre de séjour provisoire établi à la suite de la reconnaissance de la qualité de réfugié, le point de départ du délai d'un an imparti pour demander l'échange d'un permis délivré par un État n'appartenant ni à l'Union européenne, ni à l'Espace économique européen. • CE 4 déc. 2017, n° 402041 B : *JCP Adm. 2017. Actu. 833.*

8. Il résulte des art. R. 222-1 et R. 222-3 C. route ainsi que de l'art. 5 de l'Arr. du 12 janv. 2012 qu'un Français possédant également la nationalité de l'État qui lui a délivré un permis de conduire dont il demande l'échange doit établir que ce titre lui a été délivré au cours d'une période où il avait sa résidence normale dans cet État. Cette condition ne peut normalement être regardée comme remplie que si le permis a été obtenu au cours d'une année pendant laquelle l'intéressé a résidé, en raison d'attaches personnelles ou professionnelles, pendant au moins 185 jours dans le pays de délivrance. Elle doit également être regardée comme remplie si le permis a été obtenu au cours d'une période de résidence dans ce pays précédant ou suivant immédiatement une année pendant laquelle il a résidé pendant au moins 185 jours. • CE 20 juin 2018, n° 410838 B. ♦ La preuve de la résidence normale peut être apportée par tout document probant et présentant des garanties d'authenticité. • Même décision.

9. Perte du permis de conduire étranger. Eu égard aux stipulations de l'art. 25 de la convention de Genève relative au statut des réfugiés, l'obligation faite par l'art. 8 de l'Arr. du 8 févr. 1999 de présenter le titre de conduite dont l'échange est demandé ne peut faire obstacle à ce qu'une personne à laquelle la qualité de réfugié a été reconnue puisse valablement demander un permis de conduire français lorsque, étant dans l'impossibilité de présenter le titre qui lui a été délivré dans son pays d'origine, elle fournit des éléments permettant de tenir pour suffisamment établi qu'elle en est titulaire. • CE 1er juill. 2011, *Ahmad Fatah,* n° 345369 B • 7 mars 2012 : *AJDA 2012. 1304* (qui suspend la décision d'un préfet ayant refusé une demande d'échange de permis de conduire d'un réfugié au motif que le document produit par l'intéressé à l'appui de sa demande, un reçu, délivré par la direction de la police des circulations de son pays d'origine, établi à son nom, constatant le versement de la taxe requise lors de la délivrance de son permis de conduire, ne comportait pas les précisions permettant de tenir pour suffisamment établi qu'il était titulaire d'un permis de conduire).

10. Doute sur l'authenticité d'un permis de conduire étranger. Le ministre justifie suffisamment les raisons ayant amené un préfet à douter de l'authenticité d'un permis de conduire et donc à mettre en œuvre la procédure d'authentification prévue à l'art. R. 222-3 C. route, en faisant valoir que le permis de conduire est l'un des titres réglementaires les plus falsifiés et que la modernisation des techniques de reproduction des documents rend difficilement décelables certaines falsifications dès lors que chaque État adopte un modèle de permis de conduire qui lui est propre. • CAA Versailles, 29 nov. 2007, *Min. des*

Transports, de l'Équipement, du Tourisme et de la Mer, n° 06VE01645 : *AJDA 2008. 319*. ♦ Mais la seule circonstance que le permis de conduire étranger soit revêtu d'un timbre fiscal falsifié ne démontre pas qu'il soit inauthentique. Dans une telle hypothèse, la demande d'échange ne peut donc légalement être rejetée pour défaut d'authenticité. • CE 16 juin 2016, n° 385123 B : *JCP Adm. 2016. Actu. 552 ; AJDA 2016. 2025*.

11. Demande d'avis. L'art. R. 222-3 C. route n'impose pas au préfet de recueillir les avis du ministre de la justice, du ministre de l'intérieur et du ministre chargé des affaires étrangères avant tout échange ou refus d'échange de permis. • CAA Lyon, 9 oct. 2008 : *inédit.* ♦ Le permis de conduire ne faisant pas partie des actes d'état civil, il n'entre pas dans le champ d'application de l'art. 47 C. civ. ni dans celui du Décr. 23 févr. 2005 pris pour l'application de cet art. (dispositions qui permettent, en cas de doute sur l'authenticité d'un acte de l'état civil, de saisir le procureur de la République de Nantes). • Même décision. ♦ La détention d'un permis de conduire ne permet pas d'exécuter un acte de la vie civile au sens de l'art. L. 721-3 CESEDA et ledit permis ne peut pas non plus être regardé comme une pièce intéressant la protection de son détenteur tel un acte de l'état civil. Par suite, un préfet n'a pas, avant de refuser l'échange d'un permis de conduire, à saisir le directeur de l'OFPRA pour juger de l'authenticité d'un permis de conduire, le fait que le préfet se soit prévalu d'un courrier dudit office étant sans incidence sur la légalité de sa décision. • CAA Lyon, 3 juill. 2008 : *inédit.*

12. Vérification de l'authenticité d'un permis de conduire étranger (avant l'Arr. du 12 janv. 2012). Conformément aux dispositions de l'art. 11 de l'Arr. du 8 févr. 1999, en cas de doute sur l'authenticité du titre à échanger, le préfet demande aux autorités du pays concerné – par la voie diplomatique seule à même d'apporter les garanties d'authenticité requises – un certificat attestant de sa légalité. A défaut de réponse dans les six mois à compter de la demande du certificat, le préfet peut alors légalement refuser l'échange des permis. • CAA Nancy, 25 sept. 2006, *Préfet du Bas-Rhin : inédit.* ♦ En cas d'échec de la procédure d'authentification du permis de conduire auprès des autorités consulaires de l'État ayant délivré le permis, le préfet peut s'appuyer sur l'examen du document produit par l'intéressé effectué par les services compétents du ministère de l'intérieur et révélant qu'il s'agirait d'une contrefaçon, pour justifier sa décision de refus. • CAA Lyon, 3 juill. 2008 : *préc. note 1.* ♦ Toutefois, en raison même de leur statut, certaines personnes à qui la qualité de réfugié a été reconnue, ne sont pas en mesure de bénéficier du concours des autorités de leur pays d'origine lorsque celui-ci est normalement nécessaire pour l'exercice de leurs droits. Dans ces conditions, et eu égard aux stipulations de l'art. 25 de la Conv. de Genève du 28 juill. 1951 relative au statut des réfugiés, la procédure prévue à l'art. 11 de l'Arr. du 8 févr. 1999 pour authentifier un titre de conduite étranger, n'est pas applicable à une personne à qui a été reconnue la qualité de réfugié. Il appartient dès lors aux ministres compétents de rechercher pour les réfugiés les modalités particulières d'échange de permis de conduire adaptées à leur situation. • CE 14 sept. 2007 : *AJDA 2007. 1733 ; Jurispr. auto 2007. 551* • CAA Versailles, 27 janv. 2009 : *Jurispr. auto 2009. 147* • CE 7 déc. 2011, n° 340612 B : *AJDA 2011. 2451*, qui précise que ces stipulations ne font en revanche pas obstacle à ce que les autorités françaises refusent cet échange, sous le contrôle du juge de l'excès de pouvoir, au motif qu'elles ont établi elles-mêmes l'inauthenticité du titre (en l'espèce, le bureau de la fraude documentaire du ministère de l'intérieur avait constaté que le permis de conduire azerbaïdjanais de l'intéressé n'était pas authentique, ce qui a justifié le refus d'échange de son permis). ♦ V. aussi • TA Strasbourg, 28 mars 2003, *Y. Badalyan : AJDA 2003. 1561, note R. Collier* (qui a considéré qu'en cas de doute sur l'authenticité du permis de conduire d'un réfugié politique, le préfet ne peut pas exiger un certificat d'authenticité délivré par les autorités du pays d'origine ; pour s'assurer de l'authenticité de ce document, il appartient alors au préfet de saisir le directeur de l'OFPRA, qui est seul compétent pour apprécier l'authenticité d'un document produit par un réfugié ; en refusant d'échanger le permis de conduire d'un réfugié politique contre un titre français en raison de la contrefaçon du document produit sans avoir saisi le directeur de l'OFPRA, le préfet commet une erreur de droit justifiant l'annulation de sa décision).

13. Vérification de l'authenticité d'un permis de conduire étranger (depuis l'Arr. du 12 janv. 2012). Il résulte de l'art. 7 de l'Arr. du 12 janv. 2012 qu'en cas de doute sur l'authenticité du titre dont l'échange est demandé, le préfet fait procéder à son analyse avec l'aide d'un service spécialisé en fraude documentaire et peut compléter son analyse en consultant par la voie diplomatique l'autorité étrangère qui a délivré le titre. • CE 14 févr. 2018, n° 407880 B : *JCP Adm. 2018. Actu. 186 ; AJDA 2018. 956*. ♦ Toutefois, l'intéressé peut, lors de l'instruction de sa demande par l'administration, comme à l'appui d'un recours pour excès de pouvoir contre une décision refusant l'échange pour absence d'authenticité du titre, apporter la preuve de son authenticité par tout moyen présentant des garanties suffisantes, cette possibilité lui étant ouverte y compris dans le cas où l'autorité étrangère, consultée par le préfet, n'a pas répondu. Par ailleurs, si des documents produits par l'intéressé et présentés comme des attestations de l'autorité étrangère ne peuvent être pris en considération que s'ils présentent eux-mêmes des garanties suffisantes d'authenticité, ils ne sauraient être écartés au seul motif qu'ils n'ont pas été transmis aux autorités françaises par la voie diplomatique. • Même décision.

14. Cas des réfugiés. Lorsque la personne, qui demande, sur le fondement des dispositions de l'art. R. 222-3 C. route et de l'art. 7 de l'Arr. du 12 janv. 2012, l'échange d'un permis de conduire délivré par un État ni membre de l'UE, ni partie à l'accord sur l'EEE, a la qualité de réfugié en raison des craintes de persécution de la part des autorités de cet État, les dispositions précitées doivent être appliquées en tenant compte des stipulations de l'art. 25 de la convention de Genève du 28 juill. 1951 relative au statut des réfugiés. • CE 22 juill. 2020, n° 431299 B : *AJDA 2020. 2406*. ♦ Si, après avoir le cas échéant saisi le service spécialisé dans la détection de la fraude documentaire placé auprès du ministre de l'Intérieur aux fins qu'il se prononce sur l'authenticité du titre de conduite étranger, l'autorité compétente estime que cette authenticité est établie sans que subsiste, par ailleurs, de doute sur la validité des droits à conduire de son titulaire, l'échange ne peut être légalement refusé, dès lors que ses autres conditions sont satisfaites. • Même décision. ♦ Si, après avoir le cas échéant saisi le service spécialisé dans la détection de la fraude documentaire, l'autorité compétente estime que le caractère falsifié du titre de conduite est établi, elle rejette la demande d'échange de permis de conduire, sans être tenue de mettre préalablement en mesure l'intéressé, alors même qu'il a le statut de réfugié, de lui soumettre des éléments de nature à établir l'authenticité de son titre ou la validité de ses droits à conduire. • Même décision. ♦ Si, après avoir saisi le service spécialisé dans la détection de la fraude documentaire, l'autorité compétente conserve un doute sur l'authenticité du titre de conduite ou si elle conserve un doute sur la validité des droits à conduire du demandeur, il lui appartient, faute de pouvoir se fonder sur une consultation des autorités du pays à l'égard duquel le demandeur a obtenu le statut de réfugié, de mettre ce dernier en mesure de lui soumettre tous éléments de nature à faire regarder l'authenticité de son titre ou la validité de ses droits à conduire comme suffisamment établis et d'apprécier ces éléments en tenant compte de sa situation particulière. L'administration ne peut légalement refuser l'échange sans avoir invité le demandeur à fournir de tels éléments. • Même décision. ♦ V. déjà en ce sens : • CE 20 févr. 2019, n° 413625 B : *préc.* ♦ Si, à l'issue de cette procédure, le doute persiste, l'échange ne peut légalement avoir lieu. • CE 22 juill. 2020, n° 431299 : *préc.*

15. Consultation de l'autorité étrangère ayant délivré le permis de conduire. Réponse dans un délai de six mois. Le point de départ du délai de six mois prévu par l'art. 11 de l'Arr. du 8 févr. 1999 [art. 7, Arr. du 12 janv. 2012], au terme duquel l'échange du permis de conduire étranger ne peut avoir lieu, est nécessairement la date à laquelle les autorités qui ont délivré le permis étranger ont été saisies de la demande d'authentification par les services consulaires français et non la date à laquelle les services préfectoraux ont saisi le ministre des affaires étrangères français. • CAA Versailles, 12 juill. 2007 : *Jurispr. auto 2007. 557.* ♦ Mais, en l'absence d'un dispositif permettant, dans l'ensemble des États entrant dans le champ d'application de l'art. R. 222-3 C. route, de donner date certaine à la réception de cette demande par l'autorité étrangère sur son territoire, le délai de six mois prévu par le dernier al. de l'art. 11 de l'Arr. du 8 févr. 1999 court à compter de la date à laquelle le consulat de France envoie à l'autorité étrangère la demande du préfet. • CE 6 nov. 2013, *Min. de l'Intérieur, c/ Reategui,* n° 365454 B : *AJDA 2013. 2235* ; *JCP Adm. 2013. Actu. 881.* ♦ Depuis l'Arr. du 12 janv. 2012, en cas de consultation de l'autorité étrangère, celle-ci doit être informée de ce qu'elle dispose d'un délai de six mois à compter de sa saisine par le consulat de France compétent pour répondre à la demande de vérification des droits à conduire de l'intéressé. – V. art. 7 de cet Arr.

16. Réponse tardive de l'autorité étrangère. Si les dispositions de l'art. 11 de l'Arr. du 8 févr. 1999 [art. 7, Arr. du 12 janv. 2012] permettent au préfet, en cas de doute sur l'authenticité du permis de conduire, d'en refuser l'échange lorsque le délai de six mois prévu à son dernier al. est expiré et qu'aucune réponse des autorités étrangères à sa demande n'est parvenue aux autorités françaises, il ne saurait toutefois se fonder sur un doute sur l'authenticité du permis pour en refuser l'échange si, à la date à laquelle il se prononce, ce doute a été levé par la transmission, même tardive, d'un certificat d'authenticité émanant des autorités qui ont délivré le titre. • CE 6 nov. 2013, n° 365454 : *préc. note 15.*

17. Validité du permis de conduire étranger. Il résulte de l'art. 7 de l'Arr. du 12 janv. 2012 que, saisi d'une demande d'échange d'un permis de conduire étranger, le préfet doit s'assurer non seulement de l'authenticité mais également de la validité de ce permis. Cette condition ne peut être regardée comme remplie lorsque le permis de conduire est revêtu d'un timbre fiscal falsifié, une note verbale du ministre des Affaires étrangères de l'État concerné ayant indiqué que « si un timbre fiscal apposé sur un permis de conduire est falsifié, cela équivaut à un document sans timbre donc inachevé dans son droit de délivrance ». • CE 16 juin 2016, n° 385123 : *préc. note 10.* ♦ Toutefois, si un permis de conduire étranger, regardé comme authentique, n'est pas revêtu du timbre fiscal qu'exige la réglementation qui lui est applicable, une telle circonstance, qui n'est d'ailleurs pas nécessairement imputable à l'intéressé et peut n'être pas connue de lui jusqu'à l'expertise réalisée par les autorités françaises à l'occasion de sa demande d'échange, ne peut conduire le préfet à rejeter la demande d'échange dont il est saisi sans avoir au préalable restitué son permis de conduire au demandeur en lui impartissant un délai raisonnable pour présenter un titre de conduite régularisé par les autorités de son pays. • Même décision.

18. Permis de conduire expiré. Il résulte de l'art. 11 de l'Arr. du 12 janv. 2012 que le préfet ne peut légalement refuser d'échanger le permis de conduire étranger présenté par un réfugié contre un permis français au motif que son permis a expiré, si son expiration est intervenue entre la date d'obtention de son titre de séjour provisoire et la date de sa demande d'échange. • CE 17 déc. 2018, n° 411121 B : *JCP Adm. 2019. 2100, note Rouy.* ♦ Il résulte également de cet article que le préfet ne saurait refuser un tel échange au motif que le permis a expiré avant l'obtention du titre de séjour provisoire, si, à la date de son expiration, son renouvellement était soumis à l'acquittement d'une taxe ou à un examen médical. • Même décision.

19. Eu égard aux stipulations de l'art. 25 Conv. de Genève relative au statut des réfugiés, et quels que soient les termes des art. 5 et 11 de l'Arr. du 12 janv. 2012, les autorités françaises ne sauraient par ailleurs légalement refuser d'échanger contre un permis français le permis de conduire étranger présenté par un réfugié au motif que ce titre n'est pas en cours de validité, si l'intéressé s'est trouvé empêché d'en obtenir le renouvellement par le risque de persécutions auquel il est exposé dans son pays. • CE 4 déc. 2017, n° 406700 B : *JCP Adm. 2017. Actu. 832* • CE 17 déc. 2018, n° 411121 B : *préc. note 18.*

20. Condition de réciprocité (avant l'Arr. du 12 janv. 2012). L'art. 7.1.1 de l'Arr. du 8 févr. 1999 subordonnait l'échange d'un permis de conduire étranger contre un permis français à la condition que l'État qui a délivré le permis de conduire étranger procède, de manière réciproque, à l'échange du permis de conduire français, et l'art. 14 de ce même arrêté confiait au ministre des Transports le soin d'établir la liste des États remplissant cette condition de réciprocité. Cette liste, fixée par une Circ. du 22 sept. 2006, a cependant été considérée comme inopposable aux administrés, dès lors que le tableau fixant la liste des États concernés, annexé à la circulaire, n'avait pas été reproduit dans la version mise en ligne de cette circulaire, laquelle se bornait à renvoyer, pour sa consultation, au *Bulletin officiel* du ministère de l'Équipement. • CE 24 oct. 2011, n° 345514 B : *AJDA 2011. 2094 ; ibid. 2012. 43, concl. (contraires) Thiellay*. ♦ Il a par ailleurs été jugé que les dispositions de l'art. 7.1.1 de l'Arr. du 8 févr. 1999 ne subordonnaient pas l'échange d'un permis de conduire étranger entrant dans le champ d'application de l'article R. 222-3 C. route à la conclusion d'un accord de réciprocité, sous quelque forme que ce soit, entre la France et l'État au nom duquel le permis a été délivré. L'absence de mention d'un État sur la liste prévue par l'art. 14 de cet arrêté ne pouvait dès lors faire obstacle à l'échange d'un permis de conduire, s'il était établi, par tout moyen, que cet État qui l'a délivré procédait effectivement, dans les mêmes conditions, à l'échange des permis de conduire français. • CE 16 mai 2012, n° 342768 : *Lebon 224 ; AJDA 2012. 1037 ; Jurispr. auto 2012, n° 844, p. 32, note Cadet et Spira* • TA Nancy, 26 avr. 2011 : *AJDA 2011. 1519*. ♦ Il en va différemment depuis l'Arr. du 12 janv. 2012, dont l'art. 5, I. A. subordonne l'échange d'un permis de conduire à l'existence d'un accord de réciprocité entre la France et l'État concerné.

21. Condition de réciprocité (depuis l'Arr. du 12 janv. 2012). Il résulte des termes du 1er al. de l'art. 14 de l'Arr. du 12 janv. 2012 qu'une liste des États dont les permis de conduire nationaux sont échangés en France contre un permis français est établie conformément aux art. R. 222-1 et R. 222-3 C. route, à savoir par arrêté du ministre chargé des Transports, après avis du ministre de l'Intérieur et du ministre chargé des affaires étrangères. Aucune liste n'ayant été établie par le ministre des Transports en application de ces dispositions, il résulte du second al. du même article que les demandes d'échange doivent dès lors être traitées sur la base de la liste prévue à l'art. 14 de l'Arr. du 8 févr. 1999. Or si une Circ. du 22 sept. 2006 du ministre des transports avait fixé une liste d'États sur le fondement de cet article, l'annexe de cette circulaire fixant la liste n'a pas été mise en ligne sur le site internet, relevant du Premier ministre, prévu au 1er al. de l'art. 1er du Décr. du 8 déc. 2008 relatif aux conditions de publication des instructions et circulaires, repris à l'art. R. 312-8 CRPA. Il en résulte qu'en application de l'art. 2 du même décret, aux termes duquel les instructions et circulaires déjà signées « sont regardées comme abrogées si elles ne sont pas reprises sur le site mentionné à l'art. 1er », la liste doit être regardée comme abrogée. Dans ces conditions, pour déterminer si un permis de conduire délivré par un État n'appartenant ni à l'Union européenne, ni à l'Espace économique européen est susceptible d'être échangé contre un permis français, il y a seulement lieu de vérifier si, conformément aux dispositions du I de l'art. 5 de l'Arr. du 12 janv. 2012, cet État est lié à la France par un accord de réciprocité en matière d'échange de permis de conduire. • CE 21 nov. 2016, n° 382484 : *AJDA 2016. 2250 ; JCP 2016. 1324.*

22. Cas des réfugiés. Depuis un Arr. du 9 avr. 2019 modifiant l'art. 11 de l'Arr. du 12 janv. 2012, la condition d'existence d'un accord de réciprocité pour tout échange d'un permis de conduire délivré par un État n'appartenant ni à l'UE ni à l'EEE est applicable aux bénéficiaires du statut de réfugié, aux apatrides ou aux étrangers ayant obtenu la protection subsidiaire. Il en résulte que, lorsque l'administration statue sur une demande d'échange à compter du 19 avr. 2019, c'est-à-dire après l'entrée en vigueur des dispositions de l'Arr. du 9 avr. 2019, il lui appartient de vérifier le respect de cette condition, y compris pour les demandes qui ont été déposées avant le 19 avr. 2019. Il en va ainsi même si la décision de refus prise postérieurement au 19 avr. 2019 fait suite à une demande, déposée par un bénéficiaire d'une protection internationale, qui a donné lieu, avant cette date, à une première décision de rejet, expresse ou implicite, fondée sur l'absence d'un accord de réciprocité. L'illégalité susceptible d'entacher ce premier refus est en effet sans incidence sur le bien-fondé de la décision qui, postérieurement au 19 avr. 2019, abroge ce premier refus, lequel n'est pas créateur de droit, et oppose un nouveau refus fondé sur l'absence, à la date de la nouvelle décision, d'un accord de réciprocité entre la France et l'État ayant délivré le permis. • CE, avis, 19 févr. 2021 : *JO 5 mars ; AJDA 2021. 1181* .

23. Échange d'un permis de conduire délivré par la MINUK. La Mission d'administration provisoire des Nations unies au Kosovo (MINUK), instituée sur le fondement de la résolution du Conseil de sécurité de l'ONU n° 1244 du 10 juin 1999, doit être regardée, tant qu'elle a exercé ses fonctions, comme l'autorité légale sur ce territoire. Elle a délivré des permis de conduire aux personnes y résidant sur le fondement du règlement n° 2001/29 du 27 oct. 2001 du représentant spécial du secrétaire général, qui définissait également les droits et obligations des titulaires de permis de conduire délivrés hors du Kosovo et assurait le respect de la condition de réciprocité pour les titulaires du permis de conduire français. En conséquence, les permis de conduire délivrés par la MINUK sur le fondement de ce règlement remplissent, pour l'application des dispositions de l'art. R. 222-3 C. route et l'Arr. du 8 févr. 2009, la condition tenant à leur délivrance par un État ou au nom d'un État. • CE, avis, 4 oct. 2010 : *JO 16 oct., p. 18584.* ♦ ... Mais commet une erreur de droit le tribunal qui juge que l'échange d'un permis de conduire délivré au Kosovo avec un permis français était impossible avant l'avis du Conseil d'État du 4 oct. 2010, dès lors que, par cet avis, le Conseil d'État s'est borné à constater que les titulaires de permis de conduire délivrés par la MINUK tiraient des dispositions réglementaires en vigueur le droit d'en obtenir l'échange contre des permis de conduire français. • CE 2 mai 2016, n° 388615 : *AJDA 2016. 2142* .

24. Nationalité du demandeur. Pour déterminer les conditions auxquelles est subordonné l'échange d'un permis de conduire étranger contre un permis de conduire français, la nationalité du demandeur doit être appréciée à la date à laquelle il a obtenu son permis de conduire. Est en conséquence suspendue la décision d'un préfet refusant l'échange d'un permis de conduire obtenu en 1991 en Tunisie par un Tunisien ayant acquis la nationalité française en 2006 au motif que, pour l'application de l'Arr. du 8 févr. 1999, la nationalité du demandeur devait être appréciée au jour du dépôt de sa demande d'échange, à savoir le 27 oct. 2010, date à laquelle l'intéressé avait déjà acquis la nationalité française et qu'en conséquence il devait apporter la preuve de sa résidence en Tunisie pendant une période d'au moins six mois à l'époque de la délivrance de son permis, preuve qui n'était pas apportée par l'intéressé. • CE 8 févr. 2012, *Azaiez*, n° 350881 B. ♦ Il résulte des dispositions des art. R. 222-1 et R. 222-3 C. route et de l'art. 5 de l'Arr. du 12 janv. 2012 que lorsque le demandeur n'a, à la date d'obtention de son permis étranger, d'autre nationalité que celle de l'État de délivrance de ce permis, il est dispensé de faire la preuve de sa résidence normale dans cet État. La circonstance que l'intéressé se soit par la suite vu reconnaître la nationalité française étant, même lorsqu'il est réputé français dès sa naissance, sans incidence sur l'application de cette règle de preuve. • CE 20 févr. 2019, n° 419143 B.

25. Retrait d'une décision d'échange. La décision par laquelle un préfet procède à l'échange d'un permis de conduire étranger contre un permis de conduire français présente le caractère d'une décision individuelle créatrice de droits pour son bénéficiaire, même si l'administration a accordé cet échange par erreur, sauf si cet échange est intervenu à la suite d'une fraude du bénéficiaire ou d'une indélicatesse d'un agent de l'administration. Lorsque l'échange d'un permis de conduire est entaché d'une illégalité commise en toute connaissance de cause par un agent de l'administration au mépris de la réglementation en vigueur, celui-ci est nul et non avenu et ne peut faire naître aucun droit au profit de l'intéressé. Dans un tel cas, l'administration est tenue de procéder au retrait de la décision inexistante. • TA Montreuil, 21 avr. 2011 : *AJDA 2011. 1781, note Felsenheld* .

26. Poursuites pour défaut de permis de conduire. Peut être reconnu coupable de défaut de permis un étranger qui, titulaire d'un permis de conduire de son pays, a obtenu son premier titre de séjour en France à une date antérieure et ne peut donc bénéficier des dispositions de l'Arr. du 2 févr. 1984 ; ce texte ne concerne que les étrangers ayant acquis une résidence en France et leur titre de séjour postérieurement à la date de délivrance du permis de conduire étranger, peu important que le permis ait été ou non obtenu régulièrement à l'étranger. • Crim. 11 oct. 1989 : *Bull. crim. n° 350 ; D. 1989. IR 320 ; JCP 1990. IV. 33.* ♦ Un permis de conduire qu'un ressortissant étranger résidant en France obtient à l'étranger (durant son séjour en France) ne peut être échangé contre un permis français. • TA Lyon, 16 mai 1995 : *inédit.*

27. Commet le délit de conduite sans permis de conduire le prévenu qui n'a pas sollicité l'échange de son permis de conduire gabonais dans le délai d'un an prévu par l'art. R. 223-3 C. route. • Douai, 23 oct. 2006 : *Jurispr. auto 2007. 300.*

28. Ne justifie pas sa décision la cour d'appel qui déclare un prévenu coupable de conduite d'un véhicule sans permis sans rechercher, alors qu'elle y était invitée, si, à la date de commission du délit, l'intéressé, qui se prévalait d'un permis de conduire international obtenu en Tunisie, ne résidait pas normalement en France, au sens des art. R. 222-1 et R. 222-3 C. route, depuis moins d'un an. • Crim. 12 mars 2014, n° 13-81.273 P : *D. actu. 31 mars 2014, obs. Fonteix; Dr. pénal 2014, n° 76, note Robert.*

29. Preuve de l'existence d'un permis de conduire. La seule production de la photocopie d'un permis de conduire ne peut suffire à établir son existence. A été en conséquence censuré un arrêt ayant relaxé un prévenu poursuivi pour conduite sans permis qui, pour dire que l'intéressé était titulaire d'un permis de conduire en cours de validité délivré par le Rwanda, mentionnait que la photocopie de ce titre figurait au dossier de la procédure. • Crim. 26 nov. 2019, n° 19-80.597 P : *préc. note 2.*

Art. R. 222-4 **Les titulaires du permis de conduire en cours de validité délivré dans les conditions prévues aux articles** *(Décr. n° 2017-198 du 16 févr. 2017, art. 1er-1°)* **« R. 221-1-1 », D. 221-3, R. 222-1 à R. 222-3, R. 222-7 ou D. 222-8 sont habilités, pour la catégorie définie à l'article R. 221-4 au titre de laquelle le permis leur a été délivré, à conduire les véhicules du ministère de la défense ou des établissements publics qui en dépendent.**

Pour les véhicules du ministère de la défense ne relevant d'aucune de ces catégories ou pour certains types de conduite nécessaires aux besoins des armées, un arrêté du ministre de la défense fixe les conditions dans lesquelles un brevet militaire de conduite peut leur être attribué. — *[Décr. n° 97-479 du 9 mai 1997, art. 1er.]*

A compter du 1er janv. 2013, dans l'ensemble du code de la route, les mentions des art. R. 221-3 et R. 222-8 seront respectivement remplacées par celles des art. D. 221-3 et D. 222-8 (Décr. n° 2011-1475 du 9 nov. 2011, art. 17-II).

Art. R. 222-5 **Le personnel militaire non détenteur de l'une des catégories du permis de conduire visées au premier alinéa de l'article R. 222-4 ne peut être habilité à conduire les véhicules des catégories correspondantes du ministère chargé des armées ou des établissements publics qui en dépendent que s'il est titulaire du brevet militaire de conduite.** — *[Décr. n° 97-479 du 9 mai 1997, art. 2.]*

Art. R. 222-6 **Le brevet militaire de conduite est délivré au personnel militaire qui a satisfait à un examen comportant, outre celles exigées par le présent code, des épreuves définies par arrêté du ministre de la défense.** — *[Décr. n° 97-479 du 9 mai 1997, art. 3.]*

Art. R. 222-7 **Tout titulaire d'un brevet militaire de conduite, validé par l'autorité militaire, peut, sans être tenu de subir les examens prévus au premier alinéa de l'article D. 221-3 obtenir la délivrance de la ou des catégories du permis de conduire correspondantes selon les modalités définies** *(Décr. n° 2018-795 du 17 sept. 2018, art. 16)* **« par arrêté du ministre chargé de la sécurité routière, après avis du ministre de la défense ».** — *[Anc. art. R. 123-1, al. 8, et Décr. n° 97-479 du 9 mai 1997, art. 4.]*

V. note ss. art. R. 222-4.

V. App., v° Permis de conduire : Arr. du 1er juin 1999 (brevets militaires).

Concernant les demandes de conversion du brevet militaire de conduite, le silence gardé par l'administration pendant un délai de deux mois vaut, par exception, décision de rejet (Décr. n° 2014-1292 du 23 oct. 2014, JO 1er nov.).

Art. D. 222-8 *(Décr. n° 2011-1475 du 9 nov. 2011, art. 14, en vigueur le 19 janv. 2013)* **Le ministre chargé de la sécurité routière fixe, par arrêté pris après avis du ministre chargé de l'éducation nationale et du ministre chargé de la formation professionnelle, les modalités et la liste des diplômes délivrés par le ministre chargé de l'éducation nationale ainsi que des titres professionnels de conduite routière délivrés par le ministre chargé de la formation professionnelle permettant, compte tenu de la nature et du contenu des épreuves conduisant à leur obtention, d'obtenir la délivrance du permis de conduire, sans subir les épreuves prévues à l'article R. 221-3** *[D. 221-3].* — *Le Décr. n° 2011-1475 du 9 nov. 2011 a transformé l'art. R. 221-3 en art. D. 221-3.*

V. App., v° Permis de conduire : Arr. du 17 janv. 2013 (équivalence des diplômes professionnels).

Concernant les demandes de délivrance du permis de conduire par validation des diplômes professionnels, le silence gardé par l'administration pendant un délai de deux mois vaut, par exception, décision de rejet (Décr. n° 2014-1292 du 23 oct. 2014, JO 1er nov.).

CHAPITRE III **PERMIS À POINTS**

COMMENTAIRE

Un peu d'historique. Les premières dispositions réglementaires sur le permis à points ont été fixées par le décret n° 92-559 du 25 juin 1992 (V. art. R. 255 s. de l'anc. code). Ces dispositions furent jugées tardives au regard de l'article 21-II de la loi n° 89-469 du 10 juillet 1989, qui prévoyait une entrée en vigueur du permis à points à une date fixée par décret en Conseil d'État devant intervenir au plus tard le 1er janvier 1992. La validité du décret précité fut néanmoins reconnue par le Conseil d'État qui considéra que la date butoir fixée dans la loi du 10 juillet 1989 ne signifiait pas que « *la loi ne serait pas appliquée, au cas où le gouvernement ne prendrait pas, dans le délai prévu, le décret* » (CE, ass., 23 oct. 1992, cité ss. art. L. 223-1).

Certaines dispositions issues du décret du 25 juin 1992 eurent cependant une durée de vie écourtée. En effet, après quelques mois d'application seulement, les dispositions sur le nombre initial de points affectant le permis de conduire ainsi que le barème de points retirés en cas de contraventions furent modifiés par le décret n° 92-1228 du 23 novembre 1992 (V. art. R. 255, R. 256 et R. 257 de l'anc. code).

Toutes ces dispositions ont ensuite été reprises aux articles R. 223-1 s. du présent code, à l'exception toutefois de celles qui figuraient à l'article R. 256 de l'ancien code fixant la liste des contraventions pouvant donner lieu à un retrait de points et le nombre de points retirés. Rappelons en effet qu'il faut désormais se reporter à chaque contravention pour savoir si un retrait de points est possible et, le cas échéant, la réduction de points encourue.

Permis probatoire. Ces dispositions ont toutefois été substantiellement modifiées par le décret n° 2003-642 du 11 juillet 2003. Ces modifications sont la conséquence directe de l'instauration, par la loi n° 2003-495 du 12 juin 2003, d'un permis de conduire probatoire pour les conducteurs novices. Les rédacteurs du décret précité ont d'ailleurs profité de cette réforme pour scinder en deux sections les dispositions réglementaires sur le permis à points. Depuis, une première section formule des principes généraux en ce domaine. La seconde section, quant à elle, est relative aux stages permettant, le cas échéant, de récupérer certains points. ❑

SECTION 1 **Principes généraux** *(Décr. n° 2003-642 du 11 juill. 2003).*

Art. R. 223-1 *(Décr. n° 2003-642 du 11 juill. 2003, art. 4-IV, en vigueur le 1er mars 2004)* **I. — Le permis de conduire est affecté d'un nombre maximal de douze points.**

II. — A la date d'obtention du permis de conduire, celui-ci est affecté d'un nombre initial de six points.

(Décr. n° 2007-753 du 9 mai 2007) **« Au terme de chaque année du délai probatoire défini à l'article L. 223-1, si aucune infraction ayant donné lieu à retrait de points n'a été commise depuis le début de la période probatoire, ce permis de conduire est majoré de deux points. Cette majoration est portée à trois points si le titulaire du permis a suivi un apprentissage anticipé de la conduite. »**

(Décr. n° 2018-715 du 3 août 2018, en vigueur le 1er janv. 2019) **« Si le titulaire d'un premier permis de conduire a suivi la formation complémentaire prévue à l'article L. 223-1, le délai probatoire est réduit d'une année et le permis de conduire est majoré de deux points au terme de la première année du délai probatoire.**

« Si le titulaire du permis de conduire a bénéficié de l'apprentissage anticipé de la conduite défini à l'article L. 211-3 et a suivi la formation complémentaire, le délai probatoire de deux ans est réduit de six mois et le permis de conduire est majoré de trois points au terme de la première année du délai probatoire ainsi réduit.

« Au terme du délai probatoire réduit, le nombre de points affectés au permis est égal au nombre maximal de points prévu au I. »

(Décr. n° 2007-753 du 9 mai 2007) **« III. — Pendant le délai probatoire, le permis de conduire ne peut être affecté d'un nombre de points supérieur à six. Ce nombre est augmenté de la majoration résultant de l'application du II du présent article. »**

IV. — A l'issue de ce délai probatoire, si aucune infraction ayant donné lieu à retrait de points n'a été commise, le permis de conduire est affecté du nombre maximal de douze points.

En cas de commission d'infraction ayant donné lieu à retrait de points au cours du délai probatoire, l'affectation du nombre maximal de points intervient dans les conditions définies à l'article L. 223-6.

V. — Le délai probatoire de trois ans court à compter de la date d'obtention du permis de conduire, quelle qu'en soit la catégorie. Ce délai est réduit à deux ans ou, s'il n'est pas achevé alors que la durée de deux ans est dépassée, prend fin lors de l'obtention de la catégorie B du permis de conduire dans le cadre de l'apprentissage anticipé de la conduite.

Les dispositions du Décr. n° 2007-753 du 9 mai 2007 sont applicables aux permis de conduire obtenus à compter du 31 déc. 2007 (Décr. préc., art. 5).

COMMENTAIRE

Nombre de points affectant le permis de conduire. Depuis la loi n° 2003-495 du 12 juin 2003, il convient de distinguer entre le nombre maximal de points affectant un permis de conduire et le nombre initial de points dont il est affecté lors de son obtention.

Nombre maximal de points. C'est l'article R. 223-1 qui fixe le nombre maximal de points que chaque conducteur peut avoir sur son permis de conduire. Fixé à six par le décret n° 92-559 du 25 juin 1992, ce nombre maximal a été doublé quelques mois après par le décret n° 92-1228 du 23 novembre 1992 pour mieux adapter le nombre de points retirés à la gravité estimée des infractions, mais aussi prendre en compte les craintes de certains professionnels de la route. Depuis ce décret, chaque conducteur peut ainsi avoir jusqu'à douze points sur son permis de conduire.

Nombre initial de points. Conformément aux dispositions de l'article L. 223-1, alinéa 2, le présent article précise cependant qu'à sa date d'obtention chaque permis est affecté d'un nombre initial de six points. Ce nombre initial de points affecte le permis de conduire de tous les conducteurs novices et assimilés – c'est-à-dire ceux qui obtiennent leur permis de conduire pour la première fois et ceux qui sont amenés à le repasser à la suite de l'annulation ou de l'invalidation d'un permis précédent – titulaires d'un permis dit probatoire. Ce n'est en effet qu'au terme d'une période probatoire de trois ans (deux ans pour ceux ayant suivi un apprentissage anticipé de la conduite) que les conducteurs novices et assimilés peuvent espérer voir leur permis de conduire affecté du nombre maximal de points.

Acquisition du nombre maximal de points. Jusqu'en 2007, le permis de conduire d'un conducteur novice ou assimilé demeurait affecté de son capital initial de points pendant toute la durée du délai probatoire. Il en résultait que la commission par l'intéressé au cours de ce délai d'une infraction sanctionnée d'un retrait de six points – un délit ou certaines contraventions – était lourde de conséquences, le retrait de points emportant alors invalidation de son permis de conduire. Il en va différemment depuis l'instauration par la loi n° 2007-297 du 5 mars 2007 d'une progressivité dans l'acquisition du nombre maximal de points (V. comm. ss. art. L. 223-1), une progressivité que le décret n° 2007-753 du 9 mai 2007 est venu préciser dans le présent article, et qui s'est appliquée aux permis de conduire obtenus à compter du 31 décembre 2007.

Depuis lors, au terme de chaque année du délai probatoire, le conducteur novice peut ainsi voir son permis de conduire affecté de deux points supplémentaires (ou trois en cas d'apprentissage anticipé de la conduite) s'il n'a pas commis d'infraction emportant retrait de point(s). De la sorte, si, au cours de la première année du délai probatoire, la commission d'un délit routier – ou d'une contravention assortie d'un retrait de six points – demeure lourde de conséquences pour le conducteur novice, qui peut alors voir son permis invalidé, au bout d'une année, en revanche, la commission d'une telle infraction n'emporte plus automatiquement la perte de celui-ci.

Réduction de la période probatoire pour formation complémentaire. Depuis le 1er janvier 2019, la durée de la période probatoire peut par ailleurs être réduite pour les titulaires d'un premier permis de conduire qui suivent une formation complémentaire. Cette réduction de la période probatoire – formulée à l'article L. 223-1 par l'ordonnance n° 2018-207 du

28 mars 2018 et précisée au sein du présent article par le décret n° 2008-715 du 3 août 2018 – est cependant variable dans son ampleur selon que l'intéressé a bénéficié ou non d'un apprentissage anticipé de la conduite. Pour les titulaires d'un premier permis de conduire n'ayant pas bénéficié de l'apprentissage anticipé de la conduite – et donc qui doivent habituellement attendre trois ans pour avoir le nombre maximal de points sur leur permis de conduire –, la durée de la période probatoire est en effet réduite d'une année. L'intéressé est dès lors soumis à une période probatoire de deux ans et il peut voir son capital de points majoré de deux points au terme de la première année et de quatre autres points au bout de deux ans.

Pour les titulaires d'un premier permis de conduire ayant bénéficié de l'apprentissage anticipé de la conduite – et donc qui doivent habituellement attendre deux ans pour avoir le nombre maximal de points sur leur permis de conduire –, la durée de la période probatoire est réduite de six mois. L'intéressé est dès lors soumis à une période probatoire de dix-huit mois et il peut voir son capital de points majoré de trois points au terme de la première année et de trois autres points au bout de six mois. On notera bien que cette réduction du délai probatoire pour formation complémentaire ne concerne que les titulaires d'un premier permis de conduire et donc ne peut s'appliquer aux personnes amenées à repasser leur permis de conduire à la suite de l'invalidation ou de l'annulation d'un permis précédent. Conformément aux dispositions de l'article L. 223-1, alinéa 2, cette réduction est par ailleurs subordonnée non seulement à l'absence d'infraction ayant donné lieu à retrait de points, mais aussi à l'absence d'infraction ayant entraîné une mesure de restriction ou de suspension du droit de conduire. Elle ne peut enfin intervenir que si l'intéressé suit ladite formation complémentaire entre le sixième et le douzième mois suivant l'obtention de son permis de conduire, comme l'exige l'article R. 223-4-1 précisant les modalités de cette formation complémentaire.

Commission d'infractions pendant la période probatoire. En cas d'infraction emportant retrait de point(s) pendant le délai probatoire, on notera par ailleurs que l'article R. 223-1 précise que « l'affectation du nombre maximal de points intervient dans les conditions définies à l'article L. 223-6 ». Depuis la LOPPSI II, on sait que c'est, en principe, au terme d'un délai de deux ans que le titulaire d'un permis de conduire peut récupérer la totalité de ses points s'il ne commet pas de nouvelle infraction emportant retrait de point(s) (V. art. L. 223-6 et son comm.). Mais ce délai de deux ans, qui est prévu au premier alinéa de l'article L. 223-6, n'est pas applicable aux titulaires d'un permis probatoire, la loi du 14 mars 2011 étant venue préciser à l'article L. 223-1 que « le premier alinéa de l'article L. 223-6 n'est pas applicable pendant le délai probatoire... ». Il en résulte, même si la solution n'est guère explicite, que, lorsque le titulaire d'un permis probatoire commet une infraction emportant retrait de point(s), ce n'est qu'au terme d'un délai de trois ans qu'il peut acquérir le nombre maximal de points sur son permis de conduire. Il peut toutefois récupérer certains points avant. Conformément à l'alinéa 3 de l'article L. 223-6, si l'infraction commise a entraîné le retrait d'un point, ce point lui est réattribué au terme d'un délai de six mois. Il peut également récupérer des points en suivant un stage de sensibilisation de sécurité routière, stage qui, dans certains cas, est même obligatoire pour le titulaire d'un permis probatoire (V. art. R. 223-4 et son comm.). ❑

Art. R. 223-2 *(Décr. n° 2003-642 du 11 juill. 2003, art. 4-IV)* **Dans le cas où plusieurs infractions entraînant retrait de points sont commises simultanément, les retraits de points se cumulent dans la limite de huit points.**

COMMENTAIRE

La simplification des règles de cumul des retraits de points prévues par l'article L. 223-2, III et résultant de la loi n° 2003-495 du 12 juin 2003 explique les modifications apportées au présent article par le décret n° 2003-642 du 11 juillet 2003. Aujourd'hui, quelle que soit la nature des infractions commises simultanément, les retraits de points peuvent se cumuler dans la limite de huit points. On notera qu'en cas de concours uniquement de contraventions le nombre total de points pouvant être retirés peut donc atteindre huit, contre six auparavant. ❑

1. Le retrait de points ne constituant pas une sanction pénale, le requérant ne peut invoquer la violation, par l'art. R. 257 [C. route, art. R. 223-2], du principe du non-cumul des sanctions pénales. • CE 8 déc. 1995 : *D. 1997. 287, note Sabete ; Jurispr. auto 1996. 172.*

2. Il résulte des dispositions des art. L. 223-2-III et R. 223-2 C. route que, dans l'hypothèse où un conducteur commet simultanément plusieurs infractions, seuls huit des douze points affectés à son permis de conduire peuvent lui être retirer. Doivent en conséquence être annulés les retraits de points opérés en méconnaissance de ces dispositions (en l'espèce, le requérant s'était vu retiré trois points pour une première infraction et six points pour une seconde infraction, alors que les deux infractions avaient été commises au même endroit et au même moment), mais uniquement en tant qu'ils excédent la limite fixée par ces dispositions. • TA Cergy-Pontoise, 20 sept. 2012 : *AJDA 2013. 121, concl. Bréchot*.

3. Le plafonnement du retrait de points à huit points, prévu par les art. L. 223-2 et R. 223-2 C. route, ne s'applique qu'en cas d'infractions commises simultanément et non successivement. Ne peut bénéficier d'un tel plafonnement celui qui commet successivement, dans un bref laps de temps, quatre infractions consistant en un non-respect de l'arrêt à un feu rouge et en trois changements de direction sans avertissement préalable. • CE 20 juin 2023, n° 460902 B : *JCP Adm. 2023. Actu. 440.*

Art. R. 223-3 *(Décr. n° 2003-642 du 11 juill. 2003, art. 4-IV)* **I. — Lors de la constatation d'une infraction entraînant retrait de points, l'auteur de celle-ci est informé qu'il encourt un retrait de points si la réalité de l'infraction est établie dans les conditions définies à l'article L. 223-1.**

II. — Il est informé également de l'existence d'un traitement automatisé des retraits et reconstitutions de points et de la possibilité pour lui d'accéder aux informations le concernant. Ces mentions figurent sur le document qui lui est remis ou adressé par le service verbalisateur. Le droit d'accès aux informations ci-dessus mentionnées s'exerce dans les conditions fixées par les articles L. 225-1 à L. 225-9.

III. — *(Décr. n° 2007-753 du 9 mai 2007, en vigueur le 1er janv. 2008)* **« Lorsque le ministre de l'intérieur constate que la réalité d'une infraction entraînant retrait de points est établie dans les conditions prévues par le quatrième alinéa de l'article L. 223-1, il réduit en conséquence le nombre de points affecté au permis de conduire de l'auteur de cette infraction.**

« Si le retrait de points lié à cette infraction n'aboutit pas à un nombre nul de points affectés au permis de conduire de l'auteur de l'infraction, celui-ci est informé par le ministre de l'intérieur par lettre simple du nombre de points retirés. Le ministre de l'intérieur constate et notifie à l'intéressé, dans les mêmes conditions, les reconstitutions de points obtenues en application *(Décr. n° 2015-1892 du 29 déc. 2015, art. 2, en vigueur le 31 oct. 2016)* **« des premier, deuxième, troisième et cinquième alinéas de l'article L. 223-6 ».**

« Si le retrait de points aboutit à un nombre nul de points affectés au permis de conduire, l'auteur de l'infraction est informé par le ministre de l'intérieur par lettre recommandée avec demande d'avis de réception du nombre de points retirés. Cette lettre récapitule les précédents retraits ayant concouru au solde nul, prononce l'invalidation du permis de conduire et enjoint à l'intéressé de restituer celui-ci au préfet du département ou de la collectivité d'outre-mer de son lieu de résidence dans un délai de dix jours francs à compter de sa réception. »

(Décr. n° 2011-1048 du 5 sept. 2011, art. 3) **« S'il avait été remis à la personne un certificat en échange de son permis de conduire, en application des articles R. 131-2, R. 131-4** *(Décr. n° 2017-198 du 16 févr. 2017, art. 1er-2°)* **« , R. 131-4-1 ou R. 132-45-1 du code pénal ou des articles R. 15-33-53, R. 15-33-53-1 ou R. 17-4-1 du code de procédure pénale », cette personne est tenue de remettre ce certificat au préfet. Le permis de conduire détenu par le greffe du tribunal judiciaire en application des mêmes dispositions est remis par le greffe au préfet. »**

COMMENTAIRE

L'article R. 223-3 a pour objet de préciser les modalités des informations prévues par l'article L. 223-3 du code de la route, ainsi que de l'injonction de restitution du permis de conduire « en cas de retrait de la totalité des points » prévue par l'article L. 223-5 du même code.

Informations sur le retrait de points. En ce qui concerne l'information préalable de l'auteur d'une infraction, cet article n'ajoute guère aux dispositions figurant déjà à l'article L. 223-3, si ce n'est qu'il est précisé que les différentes informations sur le retrait de points doivent figurer sur un document remis ou communiqué à l'intéressé.

En ce qui concerne l'information du caractère effectif d'un retrait de points, depuis le décret n° 2007-753 du 9 mai 2007, il convient de distinguer selon que le retrait de points lié à l'infraction conduit ou non à l'invalidation du permis de conduire de l'intéressé :

– Si le retrait de points n'emporte pas invalidation du permis de conduire, son titulaire est informé de son effectivité par lettre simple, comme l'indique déjà l'article L. 223-3, *in fine*. L'article R. 223-3, III, précise tout au plus que c'est le ministre de l'Intérieur qui doit procéder au retrait de points et en informer l'auteur de l'infraction. Il est également précisé ici que c'est au ministre de l'Intérieur de constater et informer l'intéressé, dans les mêmes formes, des reconstitutions de points prévues par l'article L. 223-6.

– Si le retrait de points emporte invalidation du permis de conduire (le solde de points est nul), depuis le 1er janvier 2008, l'intéressé doit être informé de son effectivité par lettre recommandée avec demande d'avis de réception. Cette lettre doit en outre récapituler les précédents retraits de points et qui font que l'auteur de l'infraction n'a plus de points sur son permis de conduire. On remarquera que ces modalités correspondent à la pratique préconisée par le ministère de l'Intérieur depuis 2001 (V. Circ. NOR INT D 01 00116C *Nouvelle version de l'application réglementaire du système national du permis de conduire* du 6 avril 2001) pour tenir compte de la jurisprudence du Conseil d'État sur l'opposabilité du retrait de points (V. jurispr. citée ss. L. 223-3). Le décret du 9 mai 2007 précité n'a donc fait, en définitive, que consacrer cette pratique.

Information par voie électronique. Depuis l'ordonnance n° 2015-1241 du 7 octobre 2015, l'article L. 223-3 prévoit que l'information sur le retrait de points quand il est effectif peut également être portée à la connaissance de l'intéressé, s'il le demande, par voie électronique, dans ces conditions précisées par décret. Cette communication dématérialisée des retraits de points, en lieu et place d'une information par lettre simple, est précisée à l'article R. 223-3-1 créé par le décret n° 2015-1892 du 29 décembre 2015 (V. cet art. et son comm.).

Rappelons, cependant, que depuis le 1er juillet 2007, le titulaire d'un permis de conduire peut déjà connaître le solde de points affectant son permis, à tout moment, au moyen d'un site internet dédié et sécurisé (V. art. R. 225-6).

Injonction de restitution du permis de conduire. En ce qui concerne l'injonction de restitution du permis de conduire liée à son invalidation, le décret du 9 mai 2007 apporte également ici quelques modifications. Auparavant, il revenait au préfet du département de lieu de résidence d'adresser une telle injonction par lettre recommandée. Depuis le 1er janvier 2008, date d'entrée en vigueur des modifications apportées au présent article par le décret du 9 mai 2007, c'est la lettre recommandée adressée par le ministre de l'intérieur, informant l'intéressé que le retrait de points lié à une infraction aboutit à un solde de points nul sur son permis de conduire, qui enjoint celui-ci à restituer son permis de conduire. A compter de la réception de la lettre recommandée, l'intéressé a un délai de dix jours francs pour restituer son permis (une semaine auparavant), délai au bout duquel il peut être poursuivi pour le délit prévu par l'article L. 223-5, III.

Restitution du permis de conduire ou du certificat portant restriction du droit de conduire. Dans certains cas, un conducteur peut voir son droit de conduire restreint. Il en est ainsi en cas de suspension du permis de conduire limitée à la conduite en dehors de l'activité professionnelle (permis blanc), d'interdiction de conduire certains véhicules et d'interdiction de conduire un véhicule non équipé d'un dispositif d'antidémarrage par éthylotest électronique. Dans tous ces cas, la personne concernée reçoit alors un certificat spécifique en échange de son permis de conduire et qui précise les conditions dans lesquelles elle peut conduire (V. les dispositions du C. pén. et C. pr. pén., auxquelles renvoie le dernier alinéa du présent article). L'intéressé, n'étant pas privé complètement du droit de conduire, peut alors commettre de nouvelles infractions au code la route assorties d'un retrait de points et, le cas échéant, voir son permis de conduire invalidé. Cependant, il ne peut pas alors, logiquement, restituer son permis de conduire qu'il a échangé contre un certificat. C'est pourquoi, pour éviter toute contestation, le décret n° 2011-1048 du 5 septembre 2011 est venu préciser à l'article R. 223-3 que, lorsqu'une personne s'est vu remettre un certificat en échange de son permis de conduire en application des dispositions précitées, c'est ce certificat qui doit être restitué au préfet si son permis est invalidé. ❑

Sur les conséquences de l'absence de communication de ces informations aux contrevenants, V. jurispr. ss. art. L. 223-3.

Art. R. 223-3-1 *(Décr. nº 2015-1892 du 29 déc. 2015, art. 1er, en vigueur le 31 oct. 2016)* **I. — Le titulaire du permis de conduire peut demander sur un site internet dédié et sécurisé que les informations relatives aux retraits et reconstitutions de points mentionnés au deuxième alinéa du III de l'article R. 223-3 ne lui soient plus commu-**

niquées par courrier simple, mais mises à sa disposition sous une forme dématérialisée sur un compte personnel accessible à partir de ce site.

Ce compte personnel lui est attribué sous réserve qu'il ait :

1° Communiqué une adresse électronique, qu'il lui revient de tenir à jour ;

2° Souscrit aux conditions générales de fonctionnement du site informatique ;

3° Attesté avoir pris connaissance des modalités de computation du délai de recours contre les décisions dématérialisées.

A tout moment, le titulaire du permis de conduire peut, dans les mêmes formes que celles de son ouverture, obtenir la fermeture de son compte qui ne prend effet qu'au terme du délai fixé par l'arrêté mentionné au IV. Celle-ci met fin à l'ensemble des prestations qui lui étaient proposées, ses éventuels retraits et reconstitutions de points postérieurs à la fermeture du compte lui étant communiqués selon les modalités prévues au deuxième alinéa du III de l'article R. 223-3.

II. — Lorsqu'une décision dématérialisée de retrait ou de reconstitution de points est déposée sur son compte personnel, l'intéressé en est alerté par un courrier électronique envoyé à l'adresse qu'il a déclarée au moment de l'enregistrement de sa demande et le cas échéant mise à jour.

III. — Les retraits et les reconstitutions de points dématérialisés sont réputés avoir été portés à la connaissance du titulaire du permis de conduire à la date à laquelle il les a consultés pour la première fois sur le compte personnel prévu au I, ou à défaut de consultation dans un délai de quinze jours à compter de la date de leur mise à disposition sur celui-ci, à l'issue de ce délai.

La date de notification de ces décisions dématérialisées est certifiée par le dispositif d'horodatage du site.

IV. — Un arrêté du ministre de l'intérieur précise les modalités selon lesquelles le titulaire du permis de conduire demande à bénéficier de cette procédure d'information dématérialisée et peut clôturer son compte personnel. Il fixe les caractéristiques et exigences techniques devant être respectées par les utilisateurs de l'application, ainsi que les modalités de la certification par horodatage et la durée de conservation des décisions dématérialisées sur le site.

COMMENTAIRE

Communication dématérialisée des retraits de points. L'ordonnance n° 2015-1241 du 7 octobre 2015 est venue préciser à l'article L. 223-3 que l'information sur le retrait de points quand il est effectif pouvait également être portée à la connaissance de l'intéressé, s'il le demande, par voie électronique, en lieu et place d'une information par lettre simple. Les pouvoirs publics ont souhaité par là même améliorer l'information des titulaires de permis de conduire concernant les retraits de points, mais également réaliser des économies : l'information par lettre simple ayant un coût pour la collectivité qui a été évalué par les parlementaires à plus de 13 000 000 € par an.

Les présentes dispositions, créées par le décret n° 2015-1892 du 29 décembre 2015, précisent les modalités de cette communication dématérialisée, qui est effective depuis le 31 octobre 2016. L'article R. 223-3-1 commence par rappeler que la communication dématérialisée est subordonnée à une demande de l'intéressé en ce sens, prenant la forme de la création d'un compte personnel sur un site internet dédié et sécurisé. Il indique par ailleurs que seules les informations pouvant être communiquées par lettre simple, à savoir les retraits de points n'emportant pas invalidation du permis de conduire et les reconstitutions de points, peuvent faire l'objet d'une communication dématérialisée. Il en résulte que lorsqu'un retrait de points aboutit à l'invalidation du permis de conduire de l'intéressé, ce dernier sera toujours informé de cette décision par lettre recommandée avec accusé de réception, même s'il a opté pour une communication dématérialisée des retraits de points. De même, les titulaires d'un permis probatoire, astreints à un stage de sensibilisation à la sécurité routière, en cas d'un retrait d'au moins trois points sur leur permis de conduire, continueront à être informés de ce retrait et de cette obligation de faire un stage par lettre recommandée.

On remarquera enfin que l'article R. 223-3-1 précise que « *les retraits et les reconstitutions de points dématérialisés sont réputés avoir été portés à la connaissance du titulaire du permis de conduire à la date à laquelle il les a consultés pour la première fois sur [son] compte personnel [...], ou à défaut de consultation dans un délai de quinze jours à compter de la date de leur mise à disposition sur celui-ci, à l'issue de ce délai».* Ces précisions sont d'importance. Lorsqu'un retrait de points est notifié par lettre simple, l'administration ne peut jamais apporter la preuve que celui-ci a bel et bien été notifié à l'intéressé, lequel peut le contester bien après le délai de deux mois du recours contentieux. La communication dématérialisée présente dès lors pour l'administration un avantage indéniable sur la notification par lettre simple : prouver que l'intéressé a bel et bien été informé du retrait de points et éviter toute contestation tardive.

Information sur le solde de points. On rappellera par ailleurs que le titulaire d'un permis de conduire peut prendre connaissance du solde de points affectant son permis, à tout moment, au moyen d'un site internet dédié et sécurisé, depuis le 1er juillet 2007 (V. art. R. 225-6). ❑

Art. R. 223-4 *(Décr. n° 2003-642 du 11 juill. 2003, art. 4-IV, en vigueur le 1er mars 2004)* **I. — Lorsque le conducteur titulaire du permis de conduire a commis, pendant le délai probatoire défini à l'article L. 223-1, une infraction ayant donné lieu au retrait d'au moins trois points, la notification du retrait de points lui est adressée par lettre recommandée avec demande d'avis de réception. Cette lettre l'informe de l'obligation de se soumettre à la formation spécifique mentionnée** *(Décr. n° 2008-754 du 30 juill. 2008)* **« au** *(Décr. n° 2015-1892 du 29 déc. 2015, art. 3, en vigueur le 31 oct. 2016)* **« quatrième » alinéa de l'article L. 223-6 » dans un délai de quatre mois.**

II. — Le fait de ne pas se soumettre à la formation spécifique mentionnée au I dans le délai de quatre mois est puni de l'amende prévue pour les contraventions de la 4e classe.

III. — Toute personne coupable de cette infraction encourt également la peine complémentaire de suspension, pour une durée de trois ans au plus, du permis de conduire, cette suspension pouvant être limitée à la conduite en dehors de l'activité professionnelle.

COMMENTAIRE

Stage de sensibilisation à la sécurité routière et conducteurs novices. Il est possible de reconstituer partiellement son capital de points en suivant la formation spécifique prévue par l'article L. 223-6, alinéa 3. Le contenu et les modalités de cette formation sont détaillés par les articles R. 223-5 à R. 223-13, inscrits, depuis le décret n° 2003-642 du 11 juillet 2003, dans une section spécifique consacrée aux stages. L'article R. 223-4 apporte toutefois quelques précisions sur le stage obligatoire que doivent suivre les conducteurs novices. Il a été modifié par le décret précité pour adapter ses dispositions à l'instauration du permis probatoire.

Conducteurs novices concernés. Par conducteur novice, on entend tout conducteur ayant obtenu son permis de conduire depuis moins de trois ans (contre deux ans auparavant). Rappelons en effet qu'il s'agit du délai probatoire défini à l'article L. 223-1 du présent code, pendant lequel le permis de l'intéressé n'est affecté initialement que d'un capital de six points. Toutefois, ce même article prévoit un délai probatoire plus court, de deux ans, pour tous ceux qui ont suivi un apprentissage anticipé de la conduite. Dès lors les présentes dispositions ne seront applicables à cette catégorie de conducteurs novices que pendant un délai de deux ans à compter de la date d'obtention de leur permis de conduire. A ces conducteurs novices à proprement parler, il faut ajouter ceux qui sont assimilés à des conducteurs novices, c'est-à-dire ceux qui sont amenés à repasser leur permis de conduire à la suite de l'invalidation ou de l'annulation d'un permis précédent.

Stage obligatoire. Comme par le passé, l'article R. 223-4 impose à ces conducteurs l'obligation de suivre un stage de sensibilisation à la sécurité routière lorsqu'ils commettent une infraction donnant lieu au retrait d'un certain nombre de points. Ce nombre de points est fixé à trois (contre quatre auparavant). Dans un tel cas, le retrait de points doit être notifié à l'intéressé par lettre recommandée avec demande d'avis de réception, qui l'informe de l'obligation de suivre ledit stage dans un délai de quatre mois (trois auparavant).

Conséquences. Lorsqu'il est effectué, l'intéressé peut récupérer quatre points (art. R. 223-8, II). Toutefois, le nombre de points récupérés peut être inférieur : l'article R. 223-8, II, prenant en effet le soin de préciser que cette récupération se fait « dans la limite du plafond affecté au permis de conduire de son titulaire ». Concrètement, le nombre de points récupérés sera inférieur à quatre seulement lorsque l'intéressé aura perdu trois points (nombre de points à partir duquel le stage devient obligatoire) alors que son capital, de points, avant infraction, était de six (V. sur ce capital de six points, art. R. 223-1 et son comm.).

Par ailleurs, lorsque le conducteur novice effectue le stage, il est dispensé de payer l'amende sanctionnant son infraction (art. L. 223-6, al. 3). Le cas échéant, il peut être remboursé de l'amende déjà acquittée (art. R. 223-8, IV). Toutefois, il ne faut pas oublier que cette formation est payante et que son coût s'élève environ à 225 €.

Enfin, lorsque le stage n'est pas effectué, non seulement l'intéressé doit payer l'amende sanctionnant l'infraction commise, mais il s'expose en outre à une nouvelle amende (de quatrième classe) et à une suspension du permis de conduire. ❑

1. Pour l'application de l'art. R. 223-4, le tribunal doit rechercher si le prévenu était titulaire du permis de conduire à la date de l'infraction qui lui était reprochée, il ne suffit pas d'énoncer que « selon les documents transmis par la préfecture, le prévenu ne semblait plus être titulaire d'un permis de conduire » au moment de l'infraction. • Crim. 18 déc. 2002 : *Jurispr. auto 2003. 115.*

2. Il n'y a pas lieu de condamner le conducteur qui ne s'est pas soumis au stage prévu par l'art. R. 223-4 dès lors que l'intéressé n'a jamais accusé réception de la lettre recommandée lui notifiant l'obligation d'effectuer dans un délai de trois mois un stage de sensibilisation aux causes et aux conséquences des accidents de la circulation. • Crim. 24 nov. 2004 : *Jurispr. auto 2005. 85.*

3. Le manque de ressources du prévenu ne saurait justifier le fait de ne pas avoir réalisé le stage obligatoire prévu par l'art. R. 223-4 C. route (en l'espèce, l'intéressé est condamné à 150 euros d'amende et à un mois de suspension du permis de conduire). • Douai, 2 juin 2008 : *Jurispr. auto 2008. 643.*

4. Notification par lettre recommandée et légalité du retrait de points. En prévoyant, à l'art. R. 223-4, § I, C. route, qu'un retrait de trois points ou plus consécutif à une infraction commise pendant le délai probatoire doit être notifié à l'intéressé par lettre recommandée avec demande d'avis de réception, alors que les retraits de points sont normalement notifiés par lettre simple conformément aux dispositions du dernier al. de l'art. L. 223-3 du même code, le pouvoir réglementaire a tenu compte de l'obligation faite à l'intéressé de se soumettre à une formation dans un délai de quatre mois, sous peine d'une sanction pénale qui ne saurait être prononcée en l'absence d'une preuve certaine de notification, mais il n'a pas entendu faire dépendre d'une notification par lettre recommandée avec demande d'avis de réception la légalité du retrait de points. Dès lors s'il appartient à l'administration de respecter la règle prévue à l'art. R. 223-4, la circonstance qu'elle n'est pas en mesure d'établir qu'un retrait de trois points ou plus consécutif à une infraction commise pendant la période probatoire a été notifié à l'intéressée par lettre recommandée avec demande d'avis de réception est sans incidence sur la légalité de ce retrait. • CE, avis, 31 mai 2013, nº 366865 B : *AJDA 2013. 1137* • 22 oct. 2014, nº 364635 B : *JCP Adm. 2014. Actu. 869 ; AJDA 2015. 22.*

Art. R. 223-4-1 *(Décr. nº 2018-715 du 3 août 2018, en vigueur le 1er janv. 2019)* **I. — La formation complémentaire prévue au II de l'article L. 223-1 a pour objectif de renforcer les compétences acquises par les conducteurs depuis le début de leur apprentissage de la conduite.**

II. — Cette formation est d'une durée d'un jour. Elle a lieu entre le sixième et le douzième mois après l'obtention du permis de conduire et comprend :

1º Un module général qui précise les enjeux de cette formation complémentaire ;

2º Un ou plusieurs modules spécialisés afin de permettre aux conducteurs ayant une faible expérience de conduite de davantage percevoir les risques et mieux connaître les dangers spécifiques auxquels ils sont exposés.

III. — Cette formation est dispensée par un enseignant de la conduite et de la sécurité routière titulaire de l'autorisation d'enseigner, en cours de validité, mentionnée au I de l'article L. 212-2.

L'enseignant doit avoir suivi préalablement une formation spécifique.

IV. — Cette formation est dispensée dans :

1º Les établissements d'enseignement, à titre onéreux, de la conduite et de la sécurité routière agréés en application de l'article L. 213-1 ;

2º Les associations exerçant leur activité dans le champ de l'insertion ou de la réinsertion sociale ou professionnelle agréées en application de l'article L. 213-7.

Ces établissements et associations doivent disposer d'un label de qualité prévu par arrêté du ministre chargé de la sécurité routière au titre de l'article L. 213-9 ou d'une équivalence reconnue par ce même arrêté.

Les exploitants de ces établissements et associations délivrent une attestation de suivi de cette formation complémentaire. Ils transmettent un exemplaire de cette

attestation au préfet du département du lieu de la formation, dans un délai de quinze jours à compter de la fin de celle-ci. Cette procédure peut être dématérialisée.

V. — Le contenu et l'organisation de la formation complémentaire et de la formation spécifique des enseignants, ainsi que les modalités de délivrance et de transmission de l'attestation de suivi des bénéficiaires sont fixés par arrêtés du ministre chargé de la sécurité routière.

V. 1er Arr. du 2 mai 2019 (formation requise pour l'animation de la formation complémentaire prévue à l'art. L. 223-1 C. route) et 2e Arr. du 2 mai 2019 (formation complémentaire prévue à l'art. L. 223-1 C. route), App., vº Enseignement de la conduite.

COMMENTAIRE

Formation complémentaire pour les titulaires d'un premier permis de conduire. Le présent article, créé par le décret nº 2008-715 du 3 août 2018, fixe les principales modalités de la formation complémentaire prévue à l'article L. 223-1, II et qui peut permettre aux titulaires d'un premier permis de conduire, depuis le 1er janvier 2019, de voir la durée de leur période probatoire réduite, dans les conditions précisées à l'article R. 223-1, II. L'article R. 223-1-4 apporte de la sorte un certain nombre d'informations concernant le contenu (un module général et un ou plusieurs modules spécialisés), l'organisation (la formation doit se faire sur une journée et avoir lieu entre le sixième et le douzième mois après l'obtention du permis de conduire), les acteurs et les lieux de cette formation, des informations qu'il convient de compléter par celles figurant dans les arrêtés d'application auxquels l'article renvoie, à savoir deux arrêtés du 2 mai 2019, l'un relatif à la formation requise pour l'animation de cette formation complémentaire, et l'autre dédié à ladite formation complémentaire. ❑

SECTION 2 **Des stages de sensibilisation à la sécurité routière** *(Décr. nº 2003-642 du 11 juill. 2003, art. 4 ; Décr. nº 2009-1678 du 29 déc. 2009, art. 18).*

Art. R. 223-5 *(Décr. nº 2009-1678 du 29 déc. 2009, art. 19)* **Le stage de sensibilisation à la sécurité routière prévu à l'article L. 223-6 est destiné à éviter la réitération des comportements dangereux. Il est d'une durée de deux jours consécutifs. Il est organisé dans les conditions fixées par arrêté du** *(Décr. nº 2012-688 du 7 mai 2012)* **« ministre chargé de la sécurité routière ».**

V. 1er Arr. du 26 juin 2012 (conditions d'exploitation des établissements chargés d'organiser les stages de sensibilisation à la sécurité routière) et 2e Arr. du 26 juin 2012 (autorisation d'animer les stages de sensibilisation à la sécurité routière), App., vº Sécurité routière.

COMMENTAIRE

Décret du 29 décembre 2009. Les articles R. 223-5 et suivants ont été largement réécrits par le décret nº 2009-1678 du 29 décembre 2009. Cette réécriture est à mettre en relation avec l'extension des conditions prévues pour l'enseignement de la conduite à l'animation des stages de sensibilisation à la sécurité routière (V. comm. introductif du chap. II, titre I, livre II de la partie Réglementaire).

Pour l'essentiel, cette réécriture a consisté à supprimer, au sein de ces articles, les dispositions qui précisaient les conditions requises pour animer de tel stages, ces conditions étant désormais formulées aux articles R. 212-1 et suivants.

L'article R. 223-5 a de la sorte uniquement pour objet, aujourd'hui, d'indiquer la finalité de ces stages : « éviter la réitération de comportements dangereux », ainsi que quelques modalités d'organisation ; il est seulement indiqué ici que ces stages sont d'une durée de deux jours consécutifs. On trouvera d'autres modalités dans les articles suivants, qu'il convient de compléter, le cas échéant, par les dispositions de l'arrêté ministériel d'application. ❑

Il résulte de l'art. R. 223-5 C. route, dans sa rédaction antérieure au Décr. du 29 déc. 2009, qu'il appartient au préfet, saisi d'une demande d'agrément d'un centre de formation à la sécurité routière, de vérifier que la délivrance de cet agrément permettra de respecter les exigences réglementaires, notamment l'obligation relative au nombre de stagiaires par stage fixée par l'art. 5 de l'Arr. du 25 juin 1992. Un préfet peut en conséquence légalement limiter le nombre de centres agréés en fonction de la demande annuelle de stages évaluée au plan départemental. Les principes de liberté d'entreprendre et de libre concurrence ne peuvent par ailleurs être utilement invoqués à l'encontre d'une décision de refus d'agrément dès lors que la création de centres de stage de formation à la circulation routière est, en vertu des dispositions du code de la route, légalement subordonnée à l'octroi d'un agrément administratif, les dispositions du code de la route fixant des règles identiques pour tous les candidats. • CAA Nantes, 29 juin 2010 : *JCP A 2010. 2317, concl. (contraires) Degommier.*

Art. R. 223-6 *(Décr. nº 2009-1678 du 29 déc. 2009, art. 20)* **Le stage doit comprendre :**

1° Un premier module ayant pour objet de poser le cadre et les enjeux du stage de sensibilisation à la sécurité routière ;

2° Un ou plusieurs modules spécialisés dont l'objet est d'impulser un processus de changement d'attitudes et de comportements chez le conducteur.

Le cadre de référence, le programme et les méthodes d'intervention sont fixés par arrêté du *(Décr. nº 2012-688 du 7 mai 2012)* **« ministre chargé de la sécurité routière ».**

Ce programme d'éducation peut inclure un entretien avec un psychologue et une séquence de conduite.

Art. R. 223-7 *(Décr. nº 2009-1678 du 29 déc. 2009, art. 21)* **L'animation des stages de sensibilisation à la sécurité routière est assurée conjointement par un enseignant de la conduite et de la sécurité routière et un psychologue, titulaires de l'autorisation d'animer, en cours de validité, mentionnée au II de l'article R. 212-2.**

Art. R. 223-8 *(Décr. nº 2003-642 du 11 juill. 2003, art. 4-VII, en vigueur le 1er mars 2004)* **« I. — »** *(Décr. nº 2009-1678 du 29 déc. 2009, art. 22)* **« Le titulaire de l'agrément prévu au II de l'article R. 213-2 délivre une attestation de stage à toute personne qui a suivi un stage de sensibilisation à la sécurité routière dans le respect de conditions d'assiduité et de participation fixées par arrêté du** *(Décr. nº 2012-688 du 7 mai 2012)* **« ministre chargé de la sécurité routière ». Il transmet un exemplaire de cette attestation au préfet du département du lieu du stage, dans un délai de quinze jours à compter de la fin de celui-ci. »**

II. — *(Décr. nº 2005-320 du 30 mars 2005, art. 6)* **« L'attestation délivrée à l'issue du stage effectué** *(Décr. nº 2008-754 du 30 juill. 2008)* **« en application des dispositions du** *(Décr. nº 2014-1295 du 31 oct. 2014, art. 10-1º)* **« quatrième alinéa » de l'article L. 223-6 » donne droit à la récupération de quatre points dans la limite du plafond affecté au permis de conduire de son titulaire. »** *(Abrogé par Décr. nº 2014-1295 du 31 oct. 2014, art. 10-2º)* ***« Une nouvelle reconstitution de points, après une formation spécifique effectuée en application des mêmes dispositions, n'est possible qu'au terme d'un délai de deux ans. »***

III. — *(Décr. nº 2009-1678 du 29 déc. 2009, art. 22)* **« Le préfet mentionné » au I ci-dessus procède à la reconstitution du nombre de points dans un délai d'un mois à compter de la réception de l'attestation et notifie cette reconstitution à l'intéressé par lettre simple. La reconstitution prend effet le lendemain de la dernière journée de stage.**

IV. — Dans le cas prévu à l'article R. 223-4, sont transmises au *(Décr. nº 2014-551 du 27 mai 2014, art. 25-1º)* **« comptable de la direction générale des finances publiques » du lieu de commission de l'infraction, dans le délai de quinze jours mentionné au I ci-dessus, l'attestation de suivi de stage ainsi que, si l'amende a été acquittée, les pièces nécessaires à son remboursement.**

L'attestation de suivi de stage et les pièces nécessaires au remboursement de l'amende payée sont définies par arrêté conjoint du ministre de l'intérieur, du ministre chargé du budget et du *(Décr. nº 2012-688 du 7 mai 2012)* **« ministre chargé de la sécurité routière ».** — *[Anc. art. R. 262.]*

V. Arr. du 25 févr. 2004 (documents établis à l'occasion du suivi des stages de sensibilisation à la sécurité routière), App., vº Permis de conduire.

COMMENTAIRE

Stages de sensibilisation à la sécurité routière et récupération de points. Le présent article apporte un certain nombre de précisions concernant la récupération de points dont peut bénéficier le titulaire d'un permis de conduire qui a suivi un stage de sensibilisation à la sécurité routière. Il est notamment indiqué ici que « l'attestation délivrée à l'issue d'un stage effectué en application des dispositions du quatrième alinéa de l'article L. 223-6 donne droit à la récupération de quatre points ». Par cette précision, l'article R. 223-8 laisse ainsi entendre que l'attestation délivrée à l'issue d'un stage effectué en application d'autres dispositions ne saurait permettre à l'intéressé de récupérer des points sur son permis de conduire.

Il faut en effet rappeler que l'article L. 223-6 du code de la route n'est pas le seul texte à prévoir des stages de sensibilisation à la sécurité routière, lesquels peuvent également prendre la forme :

– d'une peine qu'une juridiction peut prescrire lorsqu'un délit est puni d'une peine d'emprisonnement, à la place ou en même temps que l'emprisonnement (V. art. 131-5-1 C. pén. dans sa rédaction issue de la L. n° 2019-222 du 23 mars 2019 ; auparavant il s'agissait d'une peine complémentaire qui ne pouvait être prononcée que dans les cas où elle était prévue par le texte d'incrimination, V. anc. art. 131-35-1 C. pén.) ;

– d'une obligation dans le cadre d'un sursis probatoire (V. art. 132-45, 15°, C. pén.) ;

– d'une mesure alternative aux poursuites (V. art. 41-1, 2°, C. pr. pén.) ;

– d'une mesure de composition pénale (V. art. 41-2, 7° et R. 15-33-55-1 C. pr. pén.), qui peut être liée à l'installation d'un éthylotest anti-démarrage (V. art. 41-2, 4° *bis* et R. 15-33-41-1 C. pr. pén.).

Dans une précédente version (celle issue du Décr. du 11 juill. 2003), le présent article précisait expressément que « la délivrance de l'attestation de stage effectué dans le cadre des dispositions de l'article 131-35-1 du code pénal ne donne pas droit à récupération de points ». Il était donc clair qu'un stage effectué comme peine complémentaire ne pouvait permettre à l'intéressé de récupérer des points sur son permis de conduire. Cette précision a cependant disparu à l'occasion de la réécriture du paragraphe II de l'article R. 223-8 par le décret du 30 mars 2005... Depuis ce décret, ce n'est donc que par un raisonnement implicite que l'on peut dire que les différents stages effectués en application de dispositions autres que celles de l'article L. 223-6, alinéa 4, du code de la route ne peuvent permettre aux personnes concernées de récupérer des points sur leur permis de conduire (sur cette question : V. X. Pin, Traitements administratif et judiciaire des infractions routières. Inexécution des sanctions, *J.-Cl. Pénal Lois pénales spéciales, v° Circulation routière, Fasc. 100, n° 178*).

Récupération de points une fois par an. On rappellera, par ailleurs, que, depuis la loi n° 2011-267 du 14 mars 2011, l'article L. 223-6, alinéa 4, précise qu'un stage de sensibilisation à la sécurité routière visant à récupérer des points sur le permis de conduire « peut être effectué dans la limite d'une fois par an » (V. cet art. et son comm.). Il a fallu toutefois attendre un décret du 31 octobre 2014 pour que soit supprimée, à l'article R. 223-8, II, la phrase qui prévoyait qu'une nouvelle reconstitution de points, à la suite d'un stage de sensibilisation à la sécurité routière, « n'est possible qu'au terme d'un délai de deux ans », autrement dit, il a fallu attendre deux ans et demi pour que les dispositions réglementaires sur la périodicité des stages de récupération de points soient mises en conformité avec les dispositions législatives en la matière... ❑

La demande de reconstitution de points acquis à la suite d'un stage de sensibilisation à la sécurité routière doit être rejetée par le préfet lorsque le conducteur a régulièrement reçu, avant le dernier jour du stage, notification d'une décision du ministre de l'intérieur l'informant que son permis de conduire a perdu sa validité par suite de l'épuisement de son capital de points. • CE 22 févr. 2008 : *AJDA 2009. 209, note Saadoun*. ♦ Il résulte de la combinaison des art. L. 223-6, R. 223-5 et R. 223-8 C. route que, sous la réserve du cas où le conducteur a, avant la dernière journée du stage de sensibilisation, reçu régulièrement notification d'une décision du ministère de l'intérieur l'informant que son permis de conduire a perdu sa validité par suite de l'épuisement de son capital de points, le préfet auquel est transmise l'attestation délivrée par une personne agréée à l'issue d'un stage de sensibilisation à la sécurité routière, effectué pour l'obtention d'une récupération de points, ne peut refuser cette récupération que lorsque la précédente reconstitution de points par application du même dispositif date de moins de deux ans. Est en conséquence annulée, la décision d'un préfet refusant de procéder à la reconstitution partielle du capital de points affecté au permis de conduire de bénéficiaires d'attestations, au motif que l'effectif lors du stage n'aurait pas été suffisant au regard des prescriptions de l'art. 5 de l'Arr. du 25 juin 1992 (cet art. prévoit que, pour garantir la qualité pédagogique de chaque stage, le nombre de candidats ne peut être inférieur à dix ni supérieur à vingt). • TA Versailles, 23 févr. 2009 : *AJDA 2009. 1391*.

Art. R. 223-9 et R. 223-10 *Abrogés par Décr. n° 2009-1678 du 29 déc. 2009, art. 23.*

Art. R. 223-11 et R. 223-12 *Abrogés par Décr. n° 2006-665 du 7 juin 2006, art. 31.*

COMMENTAIRE

Le comité départemental de la formation des conducteurs responsables d'infractions fait partie de ces commissions administratives à caractère consultatif que le gouvernement a voulu supprimer dans le cadre de sa politique de simplification du droit. Le décret n° 2006-665 du 7 juin 2006 a abrogé en conséquence les articles R. 223-11 et R. 223-12 qui prévoyaient ce comité départemental. Les fonctions assurées par ce comité ont cependant été confiées à la commission départementale de la sécurité routière prévue aux articles R. 411-10 et suivants du présent code. Une commission dont le rôle consultatif a été, à cette occasion, précisé par le décret du 7 juin 2006. ❑

Art. R. 223-13 **Le brevet d'animateur pour la formation des conducteurs responsables d'infractions (BAFCRI) est délivré par le** *(Décr. n° 2012-688 du 7 mai 2012)* **« ministre chargé de la sécurité routière » aux personnes ayant subi avec succès les épreuves d'un examen.**

Seuls peuvent se présenter à l'examen, en vue de l'obtention de ce brevet, les titulaires du brevet pour l'exercice de la profession d'enseignant de la conduite automobile et de la sécurité routière (BEPECASER).

L'examen est composé de deux épreuves écrites d'admissibilité et d'une épreuve orale d'admission.

Les épreuves écrites d'admissibilité portent l'une sur la réglementation de la sécurité routière et l'autre sur des éléments d'accidentologie, de pédagogie et de psychologie.

L'épreuve orale d'admission consiste en un entretien destiné à évaluer l'aptitude du candidat à animer un groupe de stagiaires.

Un arrêté du *(Décr. n° 2012-688 du 7 mai 2012)* **« ministre chargé de la sécurité routière » précise le contenu détaillé des épreuves et les modalités de l'examen. –** *[Anc. art. R. 244.]*

V. App., v° Enseignement de la conduite : Arr. du 25 juin 1992 (examen du BAFCRI) et Circ. du 25 juin 1992 (formation des conducteurs responsables d'infractions).

Art. R. 223-14 *(Abrogé par Décr. n° 2003-642 du 11 juill. 2003, art. 4-VIII)* ***Tout conducteur dont le permis de conduire a perdu sa validité en application de l'article L. 223-1 et qui sollicite un nouveau permis doit subir à nouveau les épreuves prévues à l'article R. 221-3.***

Toutefois, pour les conducteurs titulaires du permis de conduire depuis au moins trois ans à la date de la perte de validité du permis, l'épreuve pratique est supprimée sous réserve qu'ils sollicitent un nouveau permis moins de trois mois après la date à laquelle ils sont autorisés à le faire. – [Anc. art. R. 130.]

COMMENTAIRE

Les dispositions de cet article, concernant l'invalidation du permis de conduire, figurent dans le chapitre suivant, renommé, à l'occasion, « Interdiction de délivrance, rétention, suspension, annulation, invalidation » (V. art. R. 224-20). ❑

CHAPITRE IV **INTERDICTION DE DÉLIVRANCE, RÉTENTION, SUSPENSION, ANNULATION, INVALIDATION** *(Décr. n° 2003-642 du 11 juill. 2003, art. 4).*

SECTION 1 **Rétention et suspension administratives après constatation d'une infraction**

COMMENTAIRE

La présente section, qui apporte des précisions aux règles relatives à la rétention et à la suspension administratives du permis de conduire prévues dans la partie législative, a fait l'objet de plusieurs modifications depuis la recodification du code de la route.

Suppression de la commission de suspension du permis de conduire. Plusieurs articles y figurant ont ainsi été abrogés (art. R. 224-6 à R. 224-11 et art. R. 224-13) ou modifiés par le décret n° 2006-665 du 7 juin 2006 à la suite de la suppression de la commission dite de suspension du permis de conduire par l'ordonnance n° 2004-637 du 1er juillet 2004 et la loi n° 2004-1343 du 9 décembre 2004 (V. comm. ss. l'art. L. 224-8).

Création d'une mesure alternative à la suspension du permis de conduire. L'un de ces articles (art. R. 224-6) a cependant été ensuite rétabli par le décret n° 2018-795 du 17 septembre 2018 pour y insérer les dispositions permettant au préfet de restreindre le droit de conduire d'un conducteur aux seuls véhicules équipés d'un dispositif homologué d'antidémarrage par éthylotest électronique (EAD), en lieu et place d'une suspension du permis de conduire de l'intéressé en cas de conduite sous l'influence de l'alcool.

Énumération des infractions pouvant donner lieu à une rétention et à une suspension du permis de conduire en cas d'usage d'un téléphone tenu en main. Le décret n° 2020-605 du 18 mai 2020 a par la suite ajouté un article R. 224-19-1 à la fin de la présente section fixant la liste des infractions pouvant donner lieu à une rétention et à une suspension du permis de conduire de l'intéressé en cas d'usage d'un téléphone tenu en main.

Autorité compétente. Enfin, le décret n° 2022-1174 du 14 août 2022 a encore ajouté un article dans cette section (art. R. 224-19-2), dont l'objet est de préciser que la compétence donnée au préfet en matière de suspension du permis de conduire est dévolue au préfet de police lorsqu'elle est exercée sur les emprises des aérodromes de Paris-Charles de Gaulle, Paris-Le Bourget et Paris-Orly et par le préfet de police des Bouches-du-Rhône dans le département des Bouches-du-Rhône. ❑

Art. R. 224-1 **Dans les cas prévus à l'article L. 224-1, la décision de rétention du permis de conduire, qu'elle soit ou non accompagnée de la remise matérielle de ce titre, donne lieu à l'établissement d'un avis de rétention dont un exemplaire est immédiatement remis au conducteur ou à l'accompagnateur de l'élève conducteur.** – *[Anc. art. R. 267.]*

Art. R. 224-2 **L'avis de rétention indique notamment au conducteur ou à l'accompagnateur de l'élève conducteur à quel service il devra s'adresser pour se voir restituer son permis de conduire.** – *[Anc. art. R. 267-1.]*

Art. R. 224-3 **Pendant les douze heures qui suivent la fin de la période de rétention, le permis de conduire est tenu à la disposition du conducteur ou de l'accompagnateur de l'élève conducteur dans les bureaux du service désigné dans l'avis de rétention.**

Toutefois, si la période de rétention expire entre dix-huit et vingt-deux heures, le délai de mise à disposition est prorogé jusqu'à midi le jour suivant. – *[Anc. art. R. 267-2.]*

Art. R. 224-4 **A l'issue du délai de mise à disposition mentionné à l'article R. 224-3, ou dès la fin de la période de rétention si l'intéressé en fait la demande, le permis de conduire lui est restitué par lettre recommandée avec accusé de réception si aucune mesure de suspension n'a été décidée.**

Lorsqu'une mesure de suspension a été prise en application de l'article L. 224-2, elle est notifiée à l'intéressé soit directement s'il se présente au service indiqué dans l'avis de rétention, soit par lettre recommandée avec accusé de réception. – *[Anc. art. R. 267-3.]*

Le prévenu qui a conduit un véhicule malgré la suspension de son permis de conduire doit être relaxé s'il n'est pas établi que la décision de suspension lui a été régulièrement notifiée, conformément aux exigences de l'art. R. 224-4, al. 2, C. route prévoyant qu'une telle décision est notifiée à l'intéressé soit directement s'il se présente au service indiqué dans l'avis de rétention, soit par lettre recommandée avec accusé de réception. • Angers, 29 sept. 2020 : *Dr. pénal 2021. Chron. 8, obs. Gauvin.* ♦ Les éléments matériel et intentionnel du délit de conduite malgré une suspension du permis de conduire sont caractérisés dès lors que la cour relève que le contrevenant avait reçu la notification de la suspension de son permis la veille du contrôle. • Crim. 21 nov. 2001, n° 01-80.410 : *Jurispr. auto 2002. 63.* ♦ Il en est de même lorsque les juges constatent que la notification de la décision de suspension du permis de conduire, exigée par l'art. L. 224-16 C. route, a été réalisée antérieurement au contrôle par la présentation de la lettre recommandée avec accusé de réception, prévue par l'art. R. 224-4 C. route, au domicile de l'intéressé. • Crim. 4 juin 2013, n° 12-86.877 P : *Dr. pénal 2013, n° 127, note Robert ; Jurispr. auto 2013, n° 855, p. 30, note Dall.*

Art. R. 224-5 Si, après vérification, l'état alcoolique du conducteur ou de l'accompagnateur de l'élève conducteur n'est pas établi, son permis de conduire est remis sans délai à sa disposition. — *[Anc. art. R. 267-4.]*

Art. R. 224-6 *(Décr. nº 2018-795 du 17 sept. 2018, art. 5)* I. — Dans les cas prévus aux articles L. 224-2 et L. 224-7, le préfet peut restreindre le droit de conduire d'un conducteur ayant commis l'une des infractions prévues par les articles L. 234-1, L. 234-8 et R. 234-1, par arrêté, pour une durée qui ne peut excéder *(Décr. nº 2020-605 du 18 mai 2020, art. 4)* « un an », aux seuls véhicules équipés d'un dispositif homologué d'anti-démarrage par éthylotest électronique, installé par un professionnel agréé ou par construction, conformément aux dispositions de l'article L. 234-17, en état de fonctionnement et après avoir utilisé lui-même ce dispositif sans en avoir altéré le fonctionnement.

Pendant cette durée, le permis de conduire de l'intéressé est conservé par l'administration et l'arrêté du préfet vaut permis de conduire au sens des articles R. 221-1-1 à D. 221-3 et titre justifiant de son autorisation de conduire au sens du I de l'article R. 233-1.

L'arrêté du préfet est notifié à l'intéressé soit directement s'il se présente au service indiqué dans l'avis de rétention du permis de conduire, soit par lettre recommandée avec demande d'avis de réception.

(Décr. nº 2020-605 du 18 mai 2020, art. 4) « L'arrêté du préfet portant restriction du droit de conduire en application du premier alinéa du présent I est transmis sans délai au procureur de la République dans le ressort duquel l'infraction a été commise.

« Le procureur de la République communique sans délai au préfet du lieu de l'infraction toute décision judiciaire exécutoire ou définitive prononcée pour une infraction punie de la peine complémentaire d'interdiction de conduire un véhicule qui n'est pas équipé d'un dispositif homologué d'anti-démarrage par éthylotest électronique, installé par un professionnel agréé ou par construction. »

II. — Est puni de l'amende prévue pour les contraventions de la cinquième classe le fait pour une personne ayant fait l'objet de l'arrêté mentionné au I :

1° De conduire un véhicule non équipé du dispositif mentionné au I ;

2° De conduire un véhicule équipé d'un tel dispositif soit après que celui-ci a été utilisé par un tiers pour permettre le démarrage, soit après l'avoir neutralisé ou détérioré ou l'avoir utilisé dans des conditions empêchant la mesure exacte de son état d'imprégnation alcoolique.

III. — Le fait, par toute personne, de faciliter sciemment, par aide ou assistance, la préparation ou la consommation de la contravention prévue au II est puni de la même peine.

IV. — Les personnes coupables des contraventions prévues au présent article encourent également les peines complémentaires suivantes :

1° La suspension du permis de conduire pour une durée de trois ans au plus, cette suspension ne pouvant pas être limitée à la conduite en dehors de l'activité professionnelle, ni être assortie du sursis, même partiellement ;

2° L'interdiction de conduire certains véhicules terrestres à moteur, y compris ceux pour la conduite desquels le permis de conduire n'est pas exigé, pour une durée de trois ans au plus ;

3° L'obligation d'accomplir, à ses frais, un stage de sensibilisation à la sécurité routière ;

4° La confiscation du véhicule dont le prévenu s'est servi pour commettre l'infraction, s'il en est propriétaire.

V. — La récidive des contraventions prévues au présent article est réprimée conformément à l'article 132-11 du code pénal.

VI. — Ces contraventions donnent lieu de plein droit à la réduction de six points du permis de conduire.

VII. — L'immobilisation du véhicule peut être prescrite dans les conditions prévues aux articles L. 325-1 à L. 325-3.

COMMENTAIRE

Mesure alternative à la suspension du permis de conduire. L'article R. 224-6, créé, ou plus exactement rétabli par le décret n° 2018-795 du 17 septembre 2018, permet au préfet de restreindre le droit de conduire d'un conducteur aux seuls véhicules équipés d'un dispositif homologué d'antidémarrage par éthylotest électronique (EAD), au lieu de suspendre son permis de conduire, lorsque ce conducteur a conduit sous l'influence de l'alcool. Le décret du 17 septembre 2018 a par là même instauré une mesure alternative à la suspension du permis de conduire que peut prononcer le préfet en application des articles L. 224-2 et L. 224-7.

Extension de l'EAD. Les présentes dispositions s'ajoutent ainsi aux nombreuses autres dispositions visant à astreindre les conducteurs ayant des difficultés avec l'alcool à ne conduire que des véhicules équipés d'un EAD (sur l'ensemble des cas d'application de l'EAD, V. comm. ss. l'art. L. 234-2). Cependant, si de nombreux textes, depuis 2011, permettent d'astreindre certains conducteurs à ne conduire que les véhicules équipés d'un EAD, ceux-ci ont été peu appliqués en pratique. L'effectivité d'une telle interdiction suppose en effet, le plus souvent, qu'un EAD soit installé sur le véhicule de l'intéressé par un professionnel agréé. Or peu de professionnels ayant demandé un tel agrément, cette interdiction a été rarement prononcée ces dernières années.

En créant ce nouveau cas d'application, le décret du 17 septembre 2018 vise ainsi à développer l'installation des EAD, avec l'idée que la décision prise par le préfet en ce sens pourra inciter les juges à en prolonger les effets en condamnant l'intéressé à la peine d'interdiction de conduire un véhicule non équipé d'un EAD.

Modalités d'application. Le présent article apporte par ailleurs plusieurs précisions sur les modalités d'application de la mesure de restriction qu'il prévoit (durée, notification de la mesure…), certaines ayant été ajoutées par le décret n° 2020-605 du 18 mai 2020 afin d'assurer une bonne coordination entre les mesures prises par le préfet sur le fondement de l'article R. 224-6 et les décisions judiciaires rendues pour conduite sous l'influence de l'alcool. Concernant la durée de cette mesure de restriction, on notera qu'elle peut aller, depuis ce décret du 18 mai 2020, jusqu'à un an (six mois auparavant). Cette durée maximale est à mettre en lien avec celle prévue par l'article L. 224-2 en cas de suspension du permis de conduire pour conduite sous l'influence de l'alcool, cette mesure pouvant également durer jusqu'à un an depuis la loi d'orientation des mobilités. Il s'est agi par là même d'éviter que les mesures prises par le préfet (suspension ou restriction du droit de conduire aux seuls véhicules équipés d'un EAD) ne prennent fin avant qu'une décision judiciaire ait été rendue à l'encontre de la personne concernée.

Contraventions. Plusieurs contraventions sont enfin prévues par le présent article. Elles permettent de sanctionner celui qui, ayant fait l'objet d'un arrêté de restriction, conduit un véhicule non équipé d'un EAD ou qui conduit un véhicule équipé d'un EAD, en neutralisant son dispositif ou en ayant recours à tiers pour démarrer son véhicule, ce tiers pouvant lui même être sanctionné comme complice. Autant de contraventions qui font écho aux contraventions prévues à l'article R. 234-5 qui permettent de sanctionner ceux qui ne respectent pas notamment la peine d'interdiction de conduire un véhicule non équipé d'un EAD. On notera toutefois que lorsque cette interdiction prend la forme d'une peine, le fait que l'intéressé conduise un véhicule non équipé d'un EAD constitue un délit prévu à l'article L. 234-16 alors qu'ici un tel fait constitue une contravention. ❑

Les mesures de suspension du permis de conduire et de restriction du droit de conduire étant de nature différente, la durée de l'une ne peut s'imputer sur celle de l'autre. Justifie sa décision la cour d'appel qui, saisie d'une demande d'imputation d'une décision de restriction du permis de conduire aux véhicules équipés d'un éthylotest antidémarrage sur une peine de suspension du permis de conduire, la rejette en relevant que ces mesures ne sont pas du même ordre. • Crim. 11 mai 2023, n° 22-85.301 B : *D. 2023. 953 ; D. actu. 30 mai 2023, obs. Goetz, Dr. pénal 2023, n° 121, note Robert; ibid. Chron. 8, obs. Gauvin.*

Art. R. 224-7 à R. 224-11 *Abrogés par Décr. n° 2006-665 du 7 juin 2006, art. 31.*

Art. R. 224-12 *(Décr. n° 2006-665 du 7 juin 2006, art. 31)* **« L'examen médical prévu** *(Décr. n° 2017-1523 du 3 nov. 2017, art. 8)* **« à » l'article R. 221-13 est effectué avant l'expiration de la décision administrative de suspension du permis de conduire. »**

Dans le cas où, à la suite d'un examen médical, le préfet est appelé à prononcer la restriction de la validité, la suspension ou l'annulation du permis de conduire ou le

changement de catégorie du titre, cette mesure est prononcée en application des articles R. 221-12 à R. 221-14 indépendamment de la décision judiciaire qui a pu ou pourra intervenir. Dans le cas où la décision judiciaire n'est pas encore intervenue, l'arrêté du préfet est communiqué sans délai au parquet. – *[Anc. art. R. 268-6.]*

Art. R. 224-13 *Abrogé par Décr. nº 2006-665 du 7 juin 2006, art. 31.*

Art. R. 224-14 Le permis de conduire suspendu est conservé par l'administration pendant la durée prévue par l'arrêté du préfet.

La suspension et le retrait du permis de conduire s'appliquent à toutes les catégories dont le conducteur ou l'accompagnateur de l'élève conducteur est titulaire. – *[Anc. art. R. 270.]*

Permis de conduire étranger. La suspension d'un permis de conduire entraîne la suspension pour la même durée et dans les mêmes conditions de tout autre permis de conduire de quelque catégorie que ce soit dont le conducteur est titulaire : le prévenu dont le permis de conduire a été suspendu par un précédent jugement est en infraction s'il conduit une moto quand bien même il serait titulaire d'un permis de conduire luxembourgeois. • Limoges, 14 juin 2000 : *Jurispr. auto 2001. 429.*

Art. R. 224-15 *(Décr. nº 2006-665 du 7 juin 2006, art. 31)* Lorsque l'intéressé n'a pas de domicile connu ou qu'il l'a quitté, la notification de la décision est valablement adressée au maire du lieu de l'infraction en vue de son affichage à la mairie.

Art. R. 224-16 En vue de l'application *(Décr. nº 2020-605 du 18 mai 2020, art. 5)* « du troisième alinéa » de l'article L. 224-9, tout arrêté du préfet portant suspension du permis de conduire est transmis sans délai en copie au procureur de la République dans le ressort duquel l'infraction a été commise. – *[Anc. art. R. 272.]*

Art. R. 224-17 Le procureur de la République communique sans délai au préfet du lieu de l'infraction toute décision judiciaire exécutoire ou définitive prononcée pour une infraction punie par le présent code de la peine complémentaire de suspension du permis de conduire ou pour l'une des infractions d'atteinte involontaire à la vie ou à l'intégrité physique ou psychique de la personne commise à l'occasion de la conduite d'un véhicule. – *[Anc. art. R. 273.]*

Art. R. 224-18 Les articles *(Décr. nº 2006-665 du 7 juin 2006, art. 31)* « R. 224-12 et R. 224-14 » à R. 224-17 sont applicables à la mesure d'interdiction de délivrance du permis de conduire prévue à l'article L. 224-7. – *[Anc. art. R. 274.]*

Art. R. 224-19 Si le préfet n'ordonne pas une suspension du permis de conduire, il peut adresser un avertissement à l'auteur de toute contravention punie par le présent code de la peine complémentaire de suspension du permis de conduire. – *[Anc. art. R. 274-1.]*

Art. R. 224-19-1 *(Décr. nº 2020-605 du 18 mai 2020, art. 6)* Les dispositions du 7° du I de l'article L. 224-1 et du 5° du I de l'article L. 224-2 sont applicables aux infractions aux règles sur :

1° La conduite des véhicules prévues aux articles R. 412-9 et R. 412-10 ;

2° Les distances de sécurité entre les véhicules prévues à l'article R. 412-12 ;

3° Le franchissement et le chevauchement des lignes continues prévues aux articles R. 412-19 et R. 412-22 ;

4° Les feux de signalisation lumineux prévues aux articles R. 412-30 et R. 412-31 ;

5° Les vitesses prévues aux articles R. 413-14, R. 413-14-1 et R. 413-17 ;

6° Le dépassement prévues aux articles R. 414-4, R. 414-6, R. 414-7, R. 414-11 et R. 414-16 ;

7° Les signalisations imposant l'arrêt des véhicules ou de céder le passage aux véhicules prévues aux articles R. 415-6 et R. 415-7 ;

8° La priorité de passage à l'égard du piéton prévue à l'article R. 415-11.

COMMENTAIRE

Liste des infractions pouvant donner lieu à une rétention et à une suspension du permis de conduire en cas d'usage d'un téléphone tenu en main. Depuis la loi du 24 décembre 2019 d'orientation des mobilités, l'usage par un conducteur d'un téléphone tenu en main peut conduire à la rétention, puis à la suspension de son permis de conduire, lorsque celui-ci a commis simultanément une autre infraction (V. art. L. 224-1, I, 7° et L. 224-2, I, 5°). Cette autre infraction doit être une infraction aux règles de conduite des véhicules, de vitesse, de croisement, de dépassement, d'intersection et de priorités de passage dont la liste est fixée par décret en Conseil d'État. Or c'est précisément l'objet du présent article, créé par le décret n° 2020-605 du 18 mai 2020, que d'énumérer les infractions pouvant donner lieu à une rétention et à une suspension du permis de conduire en cas d'usage par un conducteur d'un téléphone tenu en main. ❑

Art. R. 224-19-2 *(Décr. n° 2022-1174 du 14 août 2022, art. 3, en vigueur le 1er sept. 2022)* **Les attributions dévolues au représentant de l'État dans le département par le présent chapitre sont exercées sur les emprises des aérodromes de Paris-Charles de Gaulle, Paris-Le Bourget et Paris-Orly par le préfet de police et, dans le département des Bouches-du-Rhône, par le préfet de police des Bouches-du-Rhône.**

SECTION 2 Interdiction de délivrance, suspension et annulation judiciaires, invalidation *(Décr. n° 2003-642 du 11 juill. 2003, art. 4)*.

Art. R. 224-20 *(Décr. n° 2003-642 du 11 juill. 2003, art. 4-XI)* **Tout conducteur dont le permis de conduire a perdu sa validité en application de l'article L. 223-1 ou a été annulé à la suite d'une condamnation pour une infraction prévue par le présent code ou par les articles 221-6-1, 222-19-1 ou 222-20-1 du code pénal, et qui sollicite un nouveau permis doit** *(Décr. n° 2011-1475 du 9 nov. 2011, en vigueur le 19 janv. 2013)* **« répondre à nouveau aux conditions fixées » à l'article D. 221-3.**

Toutefois, pour les conducteurs titulaires du permis de conduire depuis trois ans ou plus à la date de la perte de validité du permis ou à la date de son annulation, et auxquels il est interdit de solliciter un nouveau permis pendant une durée inférieure à un an, l'épreuve pratique *(Décr. n° 2011-1475 du 9 nov. 2011, en vigueur le 19 janv. 2013)* **« ou la formation prévue à l'article R. 221-3 » est supprimée sous réserve qu'ils sollicitent un nouveau permis moins de** *(Décr. n° 2007-753 du 9 mai 2007)* **« neuf mois » après la date à laquelle ils sont autorisés à le faire.**

Dans l'ensemble du code de la route, la mention de l'art. R. 221-3 est remplacée par celle de l'art. D. 221-3 (Décr. n° 2011-1475 du 9 nov. 2011, art. 17).

COMMENTAIRE

Conditions d'obtention d'un nouveau permis de conduire après invalidation ou annulation du précédent. Le décret n° 2003-642 du 11 juillet 2003 a regroupé dans cet article les règles qui figuraient à l'article R. 223-14 abrogé et celles de l'ancien article R. 224-20. Que le permis ait perdu sa validité ou ait été annulé, les conditions pour solliciter un nouveau permis de conduire sont, il est vrai, les mêmes : repasser l'ensemble des épreuves prévues à l'article R. 221-3 du présent code.

Conducteurs dispensés de l'épreuve pratique. Les conducteurs qui étaient titulaires du permis de conduire depuis plus de trois ans au moment de son invalidation ou de son annulation peuvent toutefois être dispensés de l'épreuve pratique. Ne peuvent donc être dispensés d'une telle épreuve les conducteurs novices à proprement parler qui, par définition, sont titulaires du permis de conduire depuis moins de trois ans.

Deux autres conditions doivent toutefois être remplies pour que cette dispense soit effective :

– L'interdiction de solliciter un nouveau permis de conduire, qui vient assortir l'invalidation ou l'annulation d'un permis, doit être inférieure à un an. En cas d'invalidation, cette condition n'est donc pas remplie si l'intéressé voit son permis invalidé une deuxième fois dans un délai de cinq ans après une première invalidation (V. art. L. 223-5, II). En cas d'annulation, tout dépend de la décision judiciaire qui va fixer la durée pendant laquelle l'intéressé ne peut solliciter un nouveau permis de conduire et donc, par ricochet, dispenser ou non l'intéressé de l'épreuve pratique lorsqu'il sera amené à solliciter un nouveau permis.

– L'intéressé doit solliciter un nouveau permis dans un certain délai à compter de la date à laquelle il est autorisé à le faire. Ce délai est, depuis le décret n° 2007-753 du 9 mai 2007, de neuf mois (contre trois auparavant). L'allongement de ce délai participe de la volonté des pouvoirs publics de faciliter « le retour au permis de conduire » (V. aussi, en ce sens, les modifications apportées à l'art. L. 223-5 du présent code). ❑

Art. R. 224-21 *(Décr. n° 2016-39 du 22 janv. 2016, art. 2)* **Tout conducteur dont le permis de conduire a été annulé, invalidé ou suspendu pour une durée égale ou supérieure à six mois doit, pour être admis à se présenter aux épreuves exigées pour la délivrance d'un nouveau permis ou solliciter la restitution de son permis suspendu, produire à l'appui de sa demande un avis médical délivré par un médecin agréé consultant hors commission médicale ou par la commission médicale attestant qu'il n'est atteint d'aucune affection médicale incompatible avec la délivrance du permis de conduire ou sa restitution.**

L'avis médical ne peut être émis qu'après que l'intéressé a satisfait à un examen psychotechnique.

COMMENTAIRE

Examen médical et examen psychotechnique obligatoires. Pour pouvoir obtenir un nouveau permis de conduire à la suite d'une invalidation ou d'une annulation, l'intéressé doit, au préalable, se soumettre à un examen médical et à un examen psychotechnique, comme le prévoit l'article R. 224-21. Mais il en est de même, depuis le décret n° 2016-39 du 22 janvier 2016 qui a réécrit le présent article, de tout conducteur dont le permis de conduire a été suspendu pour une durée égale ou supérieure à six mois, lorsque celui-ci veut obtenir sa restitution. ❑

1. Il résulte des dispositions de l'art. R. 224-21 C. route et de l'art. 6 de l'Arr. du 8 févr. 1999 relatif aux conditions d'établissement, de délivrance et de validité du permis de conduire que, lorsqu'un préfet déclare inapte un conducteur à se présenter aux épreuves exigées pour la délivrance d'un nouveau permis de conduire au vu d'un avis d'inaptitude émis par la commission d'examen médical, il se borne à tirer les conséquences de l'avis de la commission et se trouve ainsi dans une situation de compétence liée. Cette situation ne fait toutefois pas obstacle à ce qu'à l'appui de sa demande dirigée contre la décision du préfet, le demandeur puisse contester la régularité et le bien-fondé de l'avis de la commission (en l'espèce, pour contester la pertinence de l'avis de la commission, l'intéressé a invoqué des résultats d'analyses sanguines effectuées postérieurement à l'avis de la commission médicale d'examen, ce qui n'est pas de nature à remettre en cause le bien-fondé de cet avis). • CAA Douai, 6 août 2010, n° 09DA00889 : *AJDA 2010. 2231*.

2. Les dispositions des art. L. 224-14 et R. 224-21 C. route, en prévoyant qu'un conducteur dont le permis de conduire a été annulé, invalidé ou suspendu pour une durée égale ou supérieure à six mois doit, pour être admis à se présenter aux épreuves exigées pour la délivrance d'un nouveau permis ou solliciter la restitution de son permis suspendu, produire à l'appui de sa demande un avis médical, n'ont pas pour objet d'exclure toute obligation de faire procéder à une vérification médicale de l'aptitude à la conduite en cas de suspension du permis de conduire d'une durée inférieure à six mois, mais imposent aux conducteurs dont le permis a fait l'objet d'une suspension d'une durée égale ou supérieure à six mois une vérification comportant l'ensemble des éléments qu'elles mentionnent dont un examen psychotechnique. • CE 20 févr. 2019, n° 419702 B : *AJDA 2019. 1201*.

Art. R. 224-22 *(Décr. n° 2012-886 du 17 juill. 2012, art. 3, en vigueur le 1er sept. 2012)* **En vue d'établir** *(Décr. n° 2016-39 du 22 janv. 2016, art. 3-1°)* **« l'avis » mentionné à l'article R. 224-21, le médecin agréé consultant hors commission médicale ou la commission médicale procède à l'examen médical du candidat pour s'assurer que celui-ci est indemne de toute affection incompatible avec la délivrance du permis de conduire.**

Dans l'affirmative, le candidat est soumis à un examen psychotechnique, qui porte sur les tests prescrits par le médecin agréé consultant hors commission médicale ou la commission médicale.

Les résultats de cet examen *(Abrogé par Décr. n° 2016-39 du 22 janv. 2016, art. 3-2°, à compter du 1er juill. 2016)* ***«, qui se déroule dans un centre agréé par le préfet, »*** **sont communiqués au médecin agréé ou à la commission susmentionnée** *(Décr. n° 2018-795 du 17 sept. 2018, art. 17)* **« qui en prend connaissance avant de rendre son avis ».**

Organisation de l'examen médical et de l'examen psychotechnique : V. art. R. 226-1 s.

V. aussi Arr. du 31 juill. 2012 relatif à l'organisation du contrôle médical de l'aptitude à la conduite, App., v° Permis de conduire, Arr. du 26 août 2016 relatif à l'examen psychotechnique prévu dans le cadre du contrôle médical de l'aptitude à la conduite (JO 6 sept.), mod. par Arr. du 18 janv. 2019 (JO 27 févr.), et Arr. du 18 janv. 2019 relatif à la formation des psychologues chargés de l'examen psychotechnique dans le cadre du contrôle médical de l'aptitude de la conduite (JO 27 févr.).

Art. R. 224-23 *(Abrogé par Décr. n° 2018-795 du 17 sept. 2018, art. 17)* ***Si le résultat de l'examen médical et de l'examen psychotechnique est favorable,*** *(Décr. n° 2012-886 du 17 juill. 2012, art. 3, en vigueur le 1er sept. 2012)* ***« le médecin agréé consultant hors commission médicale ou la commission médicale » délivre le certificat prévu à l'article R. 224-21.***

Si le résultat est défavorable, *(Décr. n° 2012-886 du 17 juill. 2012, art. 3, en vigueur le 1er sept. 2012)* ***« le médecin agréé consultant hors commission médicale ou la commission médicale » établit un certificat concluant à l'inaptitude du candidat.*** — [Décr. n° 60-848 du 6 août 1960, art. 3.]

Art. R. 224-24 Après une mesure de suspension, la licence de circulation, délivrée antérieurement au 1er avril 1958, n'est pas restituée. Elle est remplacée par le permis de conduire mentionnant la catégorie correspondante. — *[Anc. art. R. 186, al. 3.]*

CHAPITRE V ENREGISTREMENT ET COMMUNICATION DES INFORMATIONS RELATIVES AU PERMIS DE CONDUIRE

Art. R. 225-1 Le ministre de l'intérieur fait procéder à l'enregistrement :

1° Des mesures individuelles relatives au droit de faire usage du permis de conduire prises dans l'exercice de son pouvoir hiérarchique ;

2° Des mesures de retrait du droit de faire usage du permis de conduire prises par des autorités étrangères et communiquées aux autorités françaises conformément aux accords internationaux en vigueur ;

3° Des informations relatives aux échanges de titres français par les États appartenant à l'Union européenne ou à l'Espace économique européen ;

4° Des retraits de points du permis de conduire en application des articles L. 223-1 *(Décr. n° 2018-387 du 24 mai 2018, art. 1er)* « , L. 223-2 et L. 223-10 » ;

(Décr. n° 2018-387 du 24 mai 2018, art. 1er) « 4° *bis* Des décisions administratives dûment notifiées portant interdiction de conduire sur le territoire national, en application du troisième alinéa du II de l'article L. 223-10 ; »

5° Des décisions de création, de rectification et de radiation de dossiers à la suite d'enquêtes administratives ;

6° Des mises à jour consécutives notamment aux mesures de grâce, aux lois d'amnistie ainsi qu'aux transferts des informations relatives aux conducteurs décédés. — *[Anc. art. R. 247-1.]*

Art. R. 225-2 *(Décr. n° 2016-347 du 22 mars 2016, art. 4-1°, en vigueur le 1er juill. 2016)* « I. — Le préfet de département » dans lequel est domicilié le demandeur ou le titulaire du permis de conduire fait procéder à l'enregistrement :

1° Des demandes de permis de conduire, d'extension de permis de conduire et de duplicata de titres de conduite ;

2° Des décisions portant délivrance, extension et prorogation de catégories du permis de conduire ;

3° Des informations relatives à la délivrance et la gestion des titres de conduite ;

4° Des informations relatives aux permis de conduire délivrés par les autorités étrangères et reconnus valables sur le territoire national et aux échanges de titres français dans les États membres de la Communauté européenne dans les cas où ces titres seraient adressés directement aux autorités préfectorales émettrices par les autorités étrangères qui ont procédé aux échanges ;

5° Des décisions dûment notifiées portant retrait total ou partiel de titres ou de permis de conduire obtenus irrégulièrement ou frauduleusement ;

6° Des décisions dûment notifiées prises sur avis *(Décr. nº 2012-886 du 17 juill. 2012, art. 3, en vigueur le 1er sept. 2012)* « des médecins agréés consultant hors commission médicale ou des commissions médicales en application du présent code, » portant inaptitude à la conduite des véhicules d'une ou plusieurs catégories, ou portant prorogation, limitation de la durée de validité, suspension, annulation, rétablissement ou changement de catégories du permis de conduire ;

7° Des mesures administratives dûment notifiées portant restriction du droit de faire usage du permis de conduire prises conformément aux articles L. 224-1, L. 224-2, L. 224-7, L. 224-8 et R. 224-6 à R. 224-19 à l'encontre de titulaires de permis français ou étrangers ainsi que des renseignements relatifs à la notification et à l'exécution de ces mesures ;

8° Des mesures de retrait du droit de faire usage du permis de conduire communiquées par les autorités compétentes des territoires et collectivités territoriales d'outre-mer ;

9° Des mesures de retrait du droit de faire usage du permis de conduire prises par une autorité étrangère et communiquées aux autorités françaises conformément aux accords internationaux en vigueur ;

(Décr. nº 2020-605 du 18 mai 2020, art. 7) « 10° Des mesures administratives dûment notifiées portant interdiction de se présenter à l'examen du permis de conduire ; »

11° Des décisions rapportant les mesures précédentes. — *[Anc. art. R. 247-2.]*

(Décr. nº 2016-347 du 22 mars 2016, art. 4-2°, en vigueur le 1er juill. 2016) « II. — Les préfets font procéder à l'enregistrement des demandes de renouvellement ou de duplicata des permis de conduire perdus, volés ou détériorés ainsi qu'aux décisions de délivrance correspondantes formulées par les personnes établies à l'étranger définies au deuxième alinéa du III de l'article R. 221-1, avec le concours de l'autorité diplomatique ou consulaire territorialement compétente.

« Le cas échéant, ils assurent l'enregistrement des demandes de rétablissement de leurs droits à conduire et les décisions correspondantes lorsque le permis perdu, volé ou détérioré est un permis de conduire étranger obtenu en échange d'un permis de conduire français.

« Les conditions et modalités de mise en œuvre des dispositions figurant aux deux alinéas précédents, sont fixées par un arrêté du ministre chargé de la sécurité routière pris après avis du ministre des affaires étrangères. »

(Décr. nº 2018-715 du 3 août 2018, en vigueur le 1er janv. 2019) « III. — Le préfet du département du lieu de la formation complémentaire définie au deuxième alinéa de l'article L. 223-1 procède à l'enregistrement des attestations de suivi de la formation complémentaire prévues au IV de l'article R. 223-4-1 et réduit le délai probatoire du II de l'article L. 223-1 si aucune infraction donnant lieu à un retrait de points ou entraînant une mesure de restriction ou de suspension du droit de conduire n'a été commise.

« IV. — Le préfet du lieu du stage de sensibilisation à la sécurité routière défini au quatrième alinéa de l'article L. 223-6 procède à l'enregistrement des décisions portant reconstitution partielle du nombre de points du permis de conduire en application du I de l'article R. 223-8.

« V. — Les procédures du III et du IV peuvent être dématérialisées. »

Art. R. 225-3 Le ministère public communique sans délai pour enregistrement au ministre de l'intérieur les informations relatives aux mesures et décisions énumérées aux 3°, 4°, 5° et 6° de l'article L. 225-1.

Les supports techniques de cette communication sont fixés par arrêté conjoint des ministres de la justice et de l'intérieur. — *[Anc. art. R. 247-3.]*

V. 2e Arr. du 29 juin 1992 (supports techniques de communication des informations), App., vº Permis de conduire.

Art. R. 225-4 *(Décr. nº 2018-387 du 24 mai 2018, art. 2)* I. — Sont autorisés à accéder directement aux informations mentionnées à l'article L. 225-1, à raison de leurs attributions et dans la limite du besoin d'en connaître :

1° Les agents habilités des services centraux placés sous l'autorité du ministre de l'intérieur chargés de l'application des dispositions de l'article L. 225-1 et les membres de l'inspection générale de l'administration chargés du contrôle de leur mise en œuvre ;

2° Pour l'application de l'article L. 225-4 :

a) Les autorités judiciaires ;

b) Les magistrats de l'ordre administratif dans le cadre des recours formulés contre les décisions de retrait de points du permis de conduire ;

c) Les officiers de police judiciaire des services de police ou des unités de la gendarmerie nationales chargés de l'exécution d'une ordonnance juridictionnelle ou agissant dans le cadre d'une enquête de flagrance ;

d) Le préfet dans l'exercice de ses compétences en matière de permis de conduire, ainsi que les agents des directions départementales interministérielles, placés sous son autorité et chargés de l'inscription au permis de conduire et les agents des préfectures et des sous-préfectures chargés de l'application de la réglementation relative aux permis de conduire ;

e) Les militaires de la gendarmerie nationale et les fonctionnaires de la police nationale habilités à effectuer des contrôles routiers en application du présent code ;

f) Les agents spécialement habilités des observatoires et des établissements publics chargés de réaliser des études statistiques sur les accidents de la route pour le compte du ministre chargé de la sécurité routière ;

g) Les fonctionnaires et agents de l'État chargés du contrôle des transports terrestres placés sous l'autorité du ministre chargé des transports pour l'exercice des compétences en matière de contrôle du transport routier prévues au présent code ;

3° Dans les conditions prévues par l'acte créant le traitement des données énumérées à l'article L. 225-1, les personnels de l'Agence nationale des titres sécurisés individuellement désignés et spécialement habilités.

II. — Sont également autorisés à accéder directement aux informations mentionnées à l'article L. 225-1, dans les conditions fixées à l'article L. 222-1 du code de la sécurité intérieure :

1° Les agents des services de la police nationale et les militaires des unités de la gendarmerie nationale chargés des missions de prévention et de répression des atteintes aux intérêts fondamentaux de la Nation et des actes de terrorisme ;

2° Les agents des services spécialisés du renseignement mentionnés à l'article R. 222-1 du code de la sécurité intérieure, pour les seuls besoins de la prévention des atteintes aux intérêts fondamentaux de la Nation et des actes de terrorisme.

III. — Les modalités techniques et financières de l'accès à ces données et informations sont définies :

1° Par un arrêté conjoint du ministre de l'intérieur et du ministre de la justice pour les autorités judiciaires et les juridictions administratives mentionnées au I du présent article ;

2° Par un arrêté conjoint du ministre de l'intérieur et du ministre chargé des transports pour les agents de l'État chargés du contrôle des transports terrestres pour l'exercice de leurs compétences en matière de contrôle du transport routier prévues au présent code.

Art. R. 225-5 *(Décr. nº 2018-387 du 24 mai 2018, art. 2)* I. — Parmi les autorités et personnes énumérées à l'article L. 225-5, reçoivent communication des informations mentionnées à cet article, à raison de leurs attributions et dans la limite du besoin d'en connaître, au moyen d'un accès direct :

1° Les officiers ou agents de police judiciaire, des services de police ou des unités de la gendarmerie nationales agissant dans le cadre d'une enquête préliminaire ;

2° Les agents de police judiciaire adjoints et les gardes champêtres, individuellement désignés et habilités par le préfet, sur proposition du maire de la commune, aux seules fins d'identifier les auteurs des infractions au présent code qu'ils sont habilités à constater ;

3° Les agents individuellement désignés et habilités des organismes chargés de la délivrance et de la gestion des cartes de conducteur associées au chronotachygraphe électronique pour le contrôle des transports routiers, ou des cartes de qualification de conducteur destinées à prouver la qualification initiale et la formation continue des conducteurs de certains véhicules routiers affectés aux transports de marchandises ou de voyageurs ;

4° Les personnels individuellement désignés et habilités des entreprises exerçant une activité de transport public routier de voyageurs ou de marchandises pour les personnes qu'elles emploient comme conducteur de véhicule à moteur ;

5° Les autorités des États membres de l'Union Européenne, aux fins d'authentification du permis de conduire, conformément aux accords internationaux en vigueur.

II. — Reçoivent, à leur demande, communication des données et informations mentionnées à l'article L. 225-5, à raison de leurs attributions et dans la limite du besoin d'en connaître, les autres personnes et autorités énumérées par cet article :

1° Par l'intermédiaire du responsable du traitement :

a) Les autorités compétentes de Saint-Barthélemy, de Saint-Martin, de Wallis-et-Futuna, de la Nouvelle-Calédonie et de la Polynésie française, aux fins d'authentification du permis de conduire ;

b) Les autorités étrangères compétentes, aux fins d'authentification du permis de conduire, conformément aux accords internationaux en vigueur ;

2° Par l'intermédiaire du préfet :

a) Les autorités administratives civiles ou militaires pour les personnes employées ou susceptibles d'être employées comme conducteur de véhicule à moteur ;

b) Les entreprises d'assurances pour les personnes dont elles garantissent ou sont appelées à garantir la responsabilité encourue du fait des dommages causés par des véhicules à moteur ;

3° Par l'intermédiaire des services de la police ou de la gendarmerie nationales territorialement compétents :

a) Les militaires de la gendarmerie nationale et les fonctionnaires de la police nationale habilités à effectuer des contrôles routiers en application du présent code, autres que ceux bénéficiant d'un accès direct en application du *e* du 2° du I de l'article R. 225-4 ;

b) Les fonctionnaires et agents de l'État chargés du contrôle des transports terrestres placés sous l'autorité du ministre chargé des transports pour l'exercice des compétences en matière de contrôle du transport routier prévues au présent code, autres que ceux bénéficiant d'un accès direct en application du *g* du 2° du I de l'article R. 225-4 ;

c) Les agents de police judiciaire adjoints et les gardes champêtres autres que ceux mentionnés au 2° du I du présent article, aux seules fins d'identifier les auteurs des infractions au présent code qu'ils sont habilités à constater.

III. — Les modalités d'application du présent article sont fixées par arrêté du ministre de l'intérieur.

Légalité du décret du 24 mai 2018. Le Décr. du 24 mai 2018, en autorisant un accès direct aux informations relatives à l'existence, la catégorie et la validité du permis de conduire aux « personnels individuellement désignés et habilités des entreprises exerçant une activité de transport routier de voyageurs ou de marchandises pour les personnes qu'elles emploient comme conducteur de véhicule à moteur » n'autorise pas un accès aux données collectées excédant ce qui est nécessaire aux finalités poursuivies par le système national des permis de conduire et ne méconnaît pas l'art. 8 Conv. EDH, un tel accès étant en adéquation avec l'objectif de sécurité routière poursuivi par le traitement, en leur permettant de s'assurer de la validité du permis de conduire des personnes que ces entreprises emploient comme chauffeur, restant limité aux informations relatives à l'existence, la catégorie et la validité du permis de conduire, à l'exclusion du nombre de points affectés au conducteur et des éventuelles infractions pénales que celui-ci aurait pu commettre et étant limité aux seules personnes habilitées et individuellement désignées des entreprises de transport routier de voyageurs ou de marchandises. • CE 24 oct. 2019, n° 422583 : *AJDA 2020. 435*.

Art. R. 225-5-1 *(Décr. n° 2018-795 du 17 sept. 2018, art. 8, en vigueur au plus tard le 1er janv. 2020)* **Afin d'accéder aux informations mentionnées à l'article L. 225-5, les entreprises exerçant une activité de transport public routier de voyageurs ou de marchandises déclarent les personnes qu'elles emploient comme conducteur de véhicule à moteur.**

Lorsque les personnels mentionnés au 4° du I de l'article R. 225-5 accèdent à ces informations, ils reçoivent une attestation sécurisée et datée, délivrée par voie électronique par le ministère de l'intérieur, comportant ces informations.

Un arrêté du ministre de l'intérieur et du ministre chargé des transports précise la liste des activités concernées et détermine les conditions de déclaration des personnes employées et les modalités de délivrance et les caractéristiques de l'attestation sécurisée.

Les dispositions issues du Décr. n° 2018-795 du 17 sept. 2018 entrent en vigueur à une date fixée par arrêté du ministre de l'intérieur, au plus tard le 1er janv. 2020 (Décr. préc., art. 8-II).

Art. R. 225-5-2 *(Décr. n° 2021-1788 du 23 déc. 2021)* **Le service permettant aux entreprises exerçant une activité de transport public routier de voyageurs ou de marchandises d'accéder aux informations mentionnées à l'article L. 225-5 donne lieu à la perception d'une redevance, qu'elles versent à la personne morale chargée de les délivrer.**

Les modalités de tarification de la redevance sont fixées par arrêté du ministre chargé de la sécurité routière.

La personne morale chargée de délivrer les informations mentionnées à l'article L. 225-5 assure le recouvrement de la redevance. Elle tient une comptabilité des services rendus permettant d'identifier les coûts relatifs à la gestion de la redevance mentionnée au premier alinéa.

Art. R. 225-6 *(Décr. n° 2018-387 du 24 mai 2018, art. 2)* **I. — La communication au titulaire du permis de conduire, ou au conducteur mentionné au I de l'article L. 223-10, du relevé intégral des mentions le concernant mentionné à l'article L. 225-3 est assurée par le préfet du département dans lequel il a établi son domicile, ou s'il réside à l'étranger, par l'agent diplomatique ou le consul compétent.**

II. — Le titulaire du permis de conduire ou le conducteur mentionné au I de l'article L. 223-10, son avocat ou son mandataire reçoit, à sa demande, communication des informations mentionnées à l'article L. 225-5 par l'intermédiaire du préfet.

Le titulaire du permis de conduire, s'il réside à l'étranger, peut demander au préfet ayant délivré son titre de conduite qu'il communique les informations le concernant à l'autorité étrangère auprès de laquelle il a sollicité l'échange de son permis de conduire français. Le préfet assure cette communication par voie dématérialisée et en informe l'auteur de la demande.

L'autorité étrangère peut également demander par voie dématérialisée la communication de ces informations auprès du préfet ayant délivré le titre présenté à l'appui de la demande d'échange. S'il a été directement saisi par l'autorité étrangère, il lui communique ces informations par voie dématérialisée.

Les modalités d'application du présent II sont fixées par arrêté conjoint du ministre de l'intérieur et du ministre des affaires étrangères.

III. — Nonobstant les dispositions du I et du II, le titulaire du permis de conduire peut consulter directement le solde des points affectés à son permis de conduire au moyen d'un site internet dédié et sécurisé.

Les modalités d'application du présent III sont fixées par arrêté du ministre de l'intérieur.

V. Arr. du 13 nov. 2023 autorisant la création d'un traitement automatisé dénommé « Mes Points Permis », App., v° Permis de conduire.

COMMENTAIRE

Accès direct ou par l'intermédiaire d'un agent de l'État aux informations figurant dans le SNPC. Les articles R. 225-4, R. 225-5 et R. 225-6, réécrits par le décret n° 2018-387 du 24 mai 2018, précisent les modalités d'accès aux informations figurant dans le Système national du permis de conduire (SNPC) des autorités et personnes énumérées aux articles L. 225-4 et L. 225-5. Depuis la loi n° 2016-339 du 22 mars 2016, ces articles se contentent en effet d'énumérer les autorités et personnes pouvant accéder à l'ensemble des informations du SNPC (art. L. 225-4) ou seulement à certaines de ces informations (art. L. 225-5), le législateur ayant considéré qu'il appartenait au pouvoir réglementaire de préciser les modalités d'accès aux données figurant dans un fichier (V. comm. ss. art. L. 225-4). Et c'est donc dans la partie réglementaire du code qu'il faut rechercher ces précisions.

Deux modalités d'accès sont de la sorte prévues par les articles R. 225-4, R. 225-5 et R. 225-6. Certaines autorités et personnes ont en effet un accès direct aux informations figurant dans le SNPC, à savoir les autorités et personnes énumérées aux articles R. 225-4 et R. 225-5, I, alors que d'autres ne peuvent y accéder que par l'intermédiaire d'un agent de l'État, à savoir les autorités et personnes visées aux articles R. 225-5, II et R. 225-6.

Entreprises exerçant une activité de transport public routier de voyageurs ou de marchandises. Parmi les personnes pouvant accéder directement à certaines informations figurant dans le SNPC, l'article R. 225-5, I vise, dans son 4e, les personnels individuellement désignés et habilités des entreprises exerçant une activité de transport public routier de voyageurs ou de marchandises. Il s'est agi par là même de permettre aux entreprises concernées de pouvoir être informées notamment de la validité du permis de conduire des personnes qu'elles emploient comme conducteur de véhicule à moteur. On notera que les modalités d'un tel accès ont été précisées à l'article R. 225-5-1 par le décret n° 2018-795 du 17 septembre 2018 et que, depuis le décret n° 2021-1788 du 23 décembre 2021 créant l'article R. 225-5-2, cet accès est subordonné au versement d'une redevance par les entreprises concernées.

Communication des informations figurant dans le SNPC au titulaire du permis de conduire. Parmi les personnes ne pouvant pas accéder directement aux informations figurant dans le SNPC, on trouve le titulaire du permis de conduire. En principe, et conformément à l'article R. 225-6, ce dernier doit en effet demander communication des informations le concernant au préfet du département dans lequel il a établi son domicile. Toutefois, certaines de ces informations peuvent être consultées directement par l'intéressé sur un site internet dédié, comme le précise le paragraphe III de l'article R. 225-6, dont les dispositions ont été créées par le décret n° 2007-753 du 9 mai 2007 afin d'améliorer l'information des titulaires du permis de conduire concernant le nombre de points affectant leur permis.

Téléservice « Mes Points Permis ». Depuis le 1er juillet 2007, chaque titulaire d'un permis de conduire peut en effet consulter directement et à tout moment son solde de points sur internet, grâce à un téléservice dédié. Longtemps dénommé « Télépoints » (V. Arr. du 27 juin 2007 autorisant la création d'un traitement automatisé dénommé « Télépoints », *JO 1er juill.*), ce téléservice a été rebaptisé « Mes Points Permis » par un arrêté du 13 novembre 2023 (V. cet Arr., App., v° *Permis de conduire*). Comme le précise l'article 3 de cet arrêté, le titulaire du permis de conduire peut y accéder en utilisant France Connect, et donc à partir de l'identifiant et du mot de passe que l'intéressé utilise, par exemple, pour accéder au site internet des impôts, ou bien en créant un compte personnel, ce qui suppose qu'il dispose du numéro de dossier de son permis de conduire (numéro NEPH qui figure notamment sur les permis de conduire en format carte bancaire ou dans les lettres informant l'intéressé d'une perte ou d'une récupération de points). Outre les informations relatives à son solde de points, le titulaire du permis de conduire peut également accéder sur Mes Points Permis au relevé restreint des mentions le concernant précise l'article 1er de l'arrêté du 13 novembre 2023, c'est-à-dire aux informations mentionnées à l'article L. 225-5 du code de la route relatives à l'existence, la catégorie et la validité de son permis de conduire.

Communication dématérialisée des retraits de points. Rappelons enfin que depuis le 31 octobre 2016, chaque titulaire du permis de conduire peut également opter pour une communication dématérialisée des retraits de points, en lieu et place d'une information par lettre simple (V. art. R. 223-3-1 et son comm.). ❑

CHAPITRE VI ORGANISATION DU CONTRÔLE MÉDICAL DE L'APTITUDE À LA CONDUITE

(Décr. n° 2012-886 du 17 juill. 2012, art. 2, en vigueur le 1er sept. 2012)

COMMENTAIRE

Clarification. Le décret n° 2012-886 du 17 juillet 2012, créant le présent chapitre, et son arrêté d'application (V. Arr. du 31 juill. 2012, App., *v° Permis de conduire*) ont pour finalité première de clarifier les règles applicables au contrôle médical de l'aptitude à la conduite. Les différents cas où le code de la route impose ou permet de contrôler l'aptitude à la conduite sont ainsi synthétisés (V. art. R. 226-1 et Arr. du 31 juill. 2012, art. 1er et 2) et, surtout, les modalités d'organisation de ce contrôle médical sont désormais formulées dans le code de la route et précisées dans un seul et même arrêté (V. art. R. 226-2 à R. 226-4 et Arr. du 31 juill.

2012, art. 5 s.). Auparavant, ces modalités résultaient de dispositions éparses et donc peu lisibles : par exemple, concernant les commissions médicales, il convenait de se référer à l'article 2 du décret n° 92-559 du 25 juin 1992, lequel renvoyait aux dispositions du décret n° 60-848 du 6 août 1960 ; aux dispositions de l'arrêté du 7 mars 1973 relatif aux commissions médicales départementales chargées d'apprécier l'aptitude physique des candidats au permis de conduire et des conducteurs ; ou encore aux articles 2 à 7 de l'arrêté du 8 février 1999 relatif aux conditions d'établissement, de délivrance et de validité du permis de conduire.

Modifications. Le décret du 17 juillet 2012 et son arrêté d'application ne se contentent pas, toutefois, de clarifier l'organisation du contrôle médical de l'aptitude à la conduite, ils apportent également des modifications aux règles applicables. Ces modifications portent notamment sur l'étendu du contrôle médical (V. comm. ss. art. R. 226-1) et sur la compétence des médecins agréés et des commissions médicales en ce domaine (V. comm. ss. art. R. 226-3).

Application. Enfin, concernant l'application de ces dispositions, on se reportera utilement à la circulaire du 3 août 2012 relative à l'organisation du contrôle médical de l'aptitude à la conduite des conducteurs et des candidats au permis de conduire (*BOMI n° 2012-07, p. 189*).

Art. R. 226-1 Le contrôle médical de l'aptitude à la conduite consiste en une évaluation de l'aptitude physique, cognitive et sensorielle du candidat au permis de conduire ou du titulaire du permis :

1° Dans les cas prévus aux articles L. 223-5 et L. 224-14 ;

2° Atteint d'une affection médicale incompatible avec l'obtention ou le maintien du permis de conduire ou pouvant donner lieu à la délivrance de permis de conduire de durée de validité limitée, figurant sur une liste fixée par arrêté conjoint des ministres chargés de la sécurité routière et de la santé ;

3° Soumis à un contrôle médical, périodique ou occasionnel, dans les cas figurant sur une liste fixée par arrêté du ministre chargé de la sécurité routière.

V. Arr. du 31 juill. 2012 relatif à l'organisation du contrôle médical de l'aptitude à la conduite et Arr. du 28 mars 2022 fixant la liste des affections médicales incompatibles ou compatibles avec ou sans aménagements ou restrictions pour l'obtention, le renouvellement ou le maintien du permis de conduire ou pouvant donner lieu à la délivrance de permis de conduire de durée de validité limitée (refonte), App., v° Permis de conduire.

COMMENTAIRE

Évaluation de l'aptitude physique, cognitive et sensorielle. Le présent article vient donner une définition du contrôle médical de l'aptitude à la conduite. Par un tel contrôle, il s'agit d'évaluer l'aptitude physique, cognitive et sensorielle de l'intéressé. Comme l'indique la circulaire du 3 août 2012 commentant ces dispositions (*BOMI n° 2012-07, 189*), les médecins assurant un tel contrôle doivent donc évaluer, depuis le décret du 17 juillet 2012 créant les articles R. 226-1 et suivants, non seulement l'aptitude physique de la personne examinée, mais aussi son aptitude cognitive en vérifiant qu'elle « sera en mesure, en situation normale de conduite, de maîtriser les règles de circulation et les spécificités de son environnement afin de réagir de manière appropriée aux diverses situations rencontrées » et son aptitude sensorielle en évaluant « sa sensibilité aux différentes situations que pose la conduite ».

Cas de contrôle. L'article R. 226-1 indique également les cas où le candidat à un permis de conduire ou le titulaire d'un permis de conduire est ou peut être soumis à un contrôle médical d'aptitude, ou du moins certains de ces cas. L'article R. 226-1 évoque ainsi, dans son 1°, les contrôles médicaux prévus par le code de la route en cas d'invalidation du permis de conduire (art. L. 223-5) et d'annulation du permis de conduire (art. L. 224-14) et, dans son 2°, les contrôles médicaux des conducteurs atteints de certaines affections médicales. Mais, pour avoir une vision complète des différents cas de contrôle, il convient de se reporter aux articles 1er et 2 de l'arrêté du 31 juillet 2012, qui recensent et précisent l'ensemble des cas prévus par le code de la route imposant ou permettant un contrôle médical. Et pour déterminer les conducteurs devant se soumettre à un contrôle médical en raison d'une affection médicale, il faut également se référer à l'arrêté du 28 mars 2022 fixant la liste des affections médicales incompatibles ou compatibles avec ou sans aménagements ou restrictions pour l'obtention, le renouvellement ou le maintien du permis de conduire ou pouvant donner lieu à la délivrance de permis de conduire de durée de validité limitée.

Arr. du 28 mars 2022 et Convention relative aux droits des personnes handicapées. Les stipulations de l'art. 4, § 3 et de l'art. 20 de la Conv. relative aux droits des personnes handicapées, qui requièrent l'intervention d'actes complémentaires pour produire des effets à l'égard des particuliers, ont pour objet exclusif de régir les relations entre États. Il en résulte que leur méconnaissance ne peut être utilement invoquée à l'encontre de l'Arr. du 28 mars 2022 (en l'espèce, étaient contestées au regard de ces stipulations les dispositions figurant en annexe de l'Arr. du 28 mars 2022 fixant les règles d'incompatibilité temporaire ou définitive avec la conduite de certains troubles neurologiques, comme ceux des maladies d'Alzheimer ou de Parkinson). • CE 29 sept. 2023, n° 464677 B : *AJDA 2023. 1743* ; *JCP Adm. 2023. Actu. 584.*

Art. R. 226-2 **Ce contrôle est effectué par un médecin agréé par le préfet, consultant hors commission médicale, ou des médecins siégeant dans une commission médicale primaire départementale ou interdépartementale, mentionnés à l'article R. 221-11.**

Une commission médicale d'appel, composée de médecins généralistes et de spécialistes agréés, est créée dans chaque département. A défaut de praticiens en nombre suffisant, elle peut être interdépartementale.

Un médecin agréé ne peut effectuer le contrôle médical d'une personne dont il est le médecin traitant.

Si le contrôle médical de l'aptitude à la conduite intervient à la suite d'une invalidation, annulation ou suspension du permis *(Décr. n° 2016-39 du 22 janv. 2016, art. 4-1°)* **« d'une durée de six mois ou plus », il est complété par un examen psychotechnique réalisé dans les conditions prévues à l'article R. 224-22.**

Lors de ce contrôle médical, le médecin agréé ou la commission médicale peut prescrire tout examen complémentaire. Il peut également solliciter, dans le respect du secret médical, l'avis de professionnels de santé qualifiés dans des domaines particuliers.

S'il l'estime médicalement nécessaire, le médecin agréé peut demander au préfet de convoquer la personne examinée devant la commission médicale primaire dont la compétence est alors substituée à la sienne.

Le médecin agréé consultant hors commission médicale ou la commission médicale émet un avis médical sur l'aptitude, l'aptitude temporaire, l'aptitude avec restrictions d'utilisation du permis ou sur l'inaptitude à la conduite de la personne examinée. *(Décr. n° 2018-795 du 17 sept. 2018, art. 18)* **« Lorsque cet avis est rendu par la commission médicale, il est transmis au préfet par ses soins. »**

Le contrôle médical de l'aptitude à la conduite n'est pas pris en charge par l'assurance maladie.

Les modalités d'organisation de ce contrôle médical *(Décr. n° 2016-39 du 22 janv. 2016, art. 4-2°, en vigueur le 1er juill. 2016)* **« et des tests psychotechniques » sont fixées par arrêté conjoint des ministres chargés de la sécurité routière et de la santé.**

V. Arr. du 31 juill. 2012 relatif à l'organisation du contrôle médical de l'aptitude à la conduite, App., v° Permis de conduire, Arr. du 26 août 2016 relatif à l'examen psychotechnique prévu dans le cadre du contrôle médical de l'aptitude à la conduite (JO 6 sept.), mod. par Arr. du 18 janv. 2019 (JO 27 févr.), ainsi que Arr. du 18 janv. 2019 relatif à la formation des psychologues chargés de l'examen psychotechnique dans le cadre du contrôle médical de l'aptitude de la conduite (JO 27 févr.).

V. aussi Arr. du 1er févr. 2016 fixant le montant des honoraires des médecins agréés pour le contrôle médical de l'aptitude à la conduite (JO 20 févr.).

V. Arr. du 18 déc. 2023 fixant les conditions de santé particulières et les modalités de leur vérification pour l'accès aux corps des délégués au permis de conduire et à la sécurité routière et des inspecteurs du permis de conduire et de la sécurité routière (JO 27 déc.).

1. Examen psychotechnique complémentaire. Le médecin agréé ou la commission médicale peut prescrire un examen psychotechnique sur le fondement du cinquième alinéa de l'art. R. 226-2 C. route si cet examen apparaît justifié, alors même que l'intéressé ne se trouve pas dans une situation où un tel examen est imposé en vertu des dispositions du quatrième al. de cet art. • CE 30 juin 2017, n° 399607 B : *JCP Adm. 2017. Actu. 490* ; *AJDA 2017. 1814*.

2. La délivrance d'un permis de conduire temporaire fondée sur un constat erroné de la commission médicale primaire quant aux capacités visuelles d'un conducteur est une illégalité de nature à engager la responsabilité de l'État en cas d'accident de la circulation causé ultérieurement par l'intéressé du fait d'un manque de perception visuelle. • CE 13 juill. 2016, n° 387496 B : *AJDA 2016. 1484*.

Art. R. 226-3 **La commission médicale primaire réalise les contrôles médicaux :**

1° A la suite d'une annulation ou suspension consécutive à une infraction pour conduite sous l'influence de l'alcool ou après usage de substances ou plantes classées comme stupéfiants ;

2° A la suite d'une invalidation résultant de sanctions dont l'une au moins est imputable à une infraction pour conduite sous l'influence de l'alcool ou après usage de substances ou plantes classées comme stupéfiants ;

3° Après sa saisine par un médecin agréé dans les conditions mentionnées à l'article R. 226-2 ;

4° Dans les autres cas définis par décret.

COMMENTAIRE

Compétence respective des médecins agréés et de la commission médicale primaire. Comme l'indique l'article R. 226-2, le contrôle médical de l'aptitude à la conduite peut être réalisé par un médecin agréé par le préfet ou par les médecins siégeant dans la commission médicale primaire départementale ou interdépartementale. L'article R. 226-3 réserve toutefois aux seules commissions médicales primaires le soin de réaliser certains contrôles médicaux : ceux intervenant à la suite d'une annulation ou d'une suspension du permis de conduire consécutive à une infraction pour conduite sous l'influence de l'alcool ou après usage de stupéfiants, ceux intervenant à la suite d'une invalidation résultant de sanctions dont l'une au moins est imputable à une telle infraction, ainsi que ceux prévus dans d'autres cas définis par décret (V. art. D. 226-3-1 qui prévoit le cas des contrôles médicaux intervenant à la suite d'une mesure de restriction du droit de conduire aux seuls véhicules équipés d'un EAD prise en application de l'art. R. 224-6). Ce qui signifie également que, depuis le décret du 17 juillet 2012, tous les autres contrôles médicaux relèvent, en principe, de la compétence des médecins agréés hors commission médicale (V. d'ailleurs, en ce sens, Arr. du 31 juill. 2012, art. 5, App., v° *Permis de conduire*). Le décret du 17 juillet 2012 ayant par là même parachevé un processus, initié en 2001-2002, consistant à transférer une partie des contrôles médicaux de l'aptitude à la conduite vers la médecine de ville.

Pour faciliter la mise en œuvre de ce partage de compétences, l'article R. 226-2 a par ailleurs permis aux médecins agréés hors commission médicale d'émettre des avis d'aptitude temporaire ou assortie de restrictions, ainsi que des avis d'inaptitude à la conduite (auparavant, lorsque le médecin de ville agréé considérait qu'il fallait restreindre la validité du permis de conduire de la personne examinée ou constater son inaptitude à la conduite, il devait obligatoirement saisir la commission médicale primaire). Dans une perspective identique, l'agrément des médecins a en outre été facilité et sa durée allongée (V. Arr. du 31 juill. 2012, art. 6, *préc.*).

On notera enfin que la commission médicale primaire peut, depuis ce décret, avoir une compétence territoriale étendue. Pour faire face aux difficultés de mise en place d'une telle commission dans certains départements, l'article 9 de l'arrêté du 31 juillet 2012 permet en effet aux préfets de créer une commission médicale primaire ayant compétence sur deux ou plusieurs départements voisins. ❑

Art. D. 226-3-1 *(Décr. n° 2018-1143 du 13 déc. 2018)* **La commission médicale primaire réalise les contrôles médicaux à la suite d'une mesure de restriction du droit de conduire aux seuls véhicules équipés d'un dispositif homologué d'anti-démarrage par éthylotest électronique prise en application de l'article R. 224-6.**

COMMENTAIRE

Compétence complémentaire de la commission médicale primaire. C'est l'article R. 226-3 qui fixe les cas de compétence de la commission médicale primaire et, par déduction, celle des médecins agréés. Aux différents cas prévus à l'article R. 226-3, il faut toutefois ajouter un autre cas figurant dans le présent article pris en application de l'article R. 226-3, 4°.

Ce cas de compétence complémentaire est à mettre en lien avec la création, par le décret n° 2018-795 du 17 septembre 2018, de la mesure de restriction du droit de conduire d'un conducteur aux seuls véhicules équipés d'un EAD que peut prononcer le préfet, en lieu et place d'une suspension du permis de conduire, lorsqu'un conducteur a conduit sous l'influence de l'alcool (V. art. R. 224-6). Dans un tel cas, l'intéressé doit en effet se soumettre à un contrôle médical de l'aptitude de la conduite pour obtenir la restitution de son permis de conduire et ce contrôle médical – comme tous les contrôles médicaux liés à l'alcool – relève de la compétence de la commission médicale primaire. ❑

Art. R. 226-4 La commission médicale d'appel peut être saisie par la personne qui a fait l'objet d'un contrôle médical lorsque, à la suite de l'avis qui lui a été transmis, le préfet a rendu à son encontre une décision d'aptitude temporaire, d'aptitude avec restrictions d'utilisation du permis ou d'inaptitude.

Cet appel ne suspend pas l'application de la décision préfectorale.

La commission médicale d'appel, après avoir examiné la personne et entendu, si elle le juge nécessaire, le ou les médecins agréés qui ont réalisé son contrôle médical en première instance, transmet au préfet son avis motivé.

La personne ayant fait l'objet d'une décision d'inaptitude, d'aptitude temporaire ou d'aptitude assortie de restrictions du préfet prise après avis de la commission d'appel, peut demander un nouveau contrôle médical par un médecin agréé consultant hors commission médicale ou par la commission médicale à l'expiration d'un délai de six mois suivant cette décision.

COMMENTAIRE

Recours. Lorsque, à la suite de l'avis d'un médecin agréé ou de la commission médicale primaire, le préfet prend une décision d'aptitude temporaire, d'aptitude avec restrictions d'utilisation du permis ou d'inaptitude, la personne peut faire appel de la décision devant une commission médicale d'appel. Cette procédure d'appel est désormais réglementée à l'article R. 226-4, qui reprend, pour l'essentiel, les dispositions en ce sens qui figuraient, auparavant, à l'article 6 de l'arrêté du 8 février 1999 relatif aux conditions d'établissement, de délivrance et de validité du permis de conduire.

Quelques modifications sont en revanche à noter concernant la composition de la commission d'appel. L'article 10 de l'arrêté du 31 juillet 2012 (V. App., v° *Permis de conduire*) prévoit en effet que la commission d'appel est composée, outre un ou plusieurs médecins spécialistes, d'au moins deux médecins agréés désignés parmi ceux composant la commission médicale primaire (auparavant, les médecins siégeant dans la commission médicale primaire ne pouvaient pas être désignés pour siéger dans la commission d'appel). Une partie des décisions d'aptitude temporaire, d'aptitude avec restrictions ou d'inaptitude pouvant désormais intervenir à la suite de l'avis d'un médecin agréé hors commission médicale (V. comm. ss. art. R. 226-3), il n'était plus en effet nécessaire d'exclure totalement de la commission d'appel les médecins siégeant au sein de la commission primaire. Pour autant, les médecins de la commission médicale primaire ne pourront pas toujours siéger au sein de la commission médicale d'appel. Dans tous les cas où l'avis médical est donné par la commission médicale primaire, le principe d'impartialité implique en effet que la personne concernée ne puisse pas être examinée en commission d'appel par un médecin qui l'a déjà examinée en première instance (V. d'ailleurs Arr. du 31 juill. 2012, art. 10, III) et donc que ce médecin de la commission médicale primaire ne puisse être alors désigné pour siéger dans la commission d'appel.

Par ailleurs, lorsque la décision prise par le préfet est une décision d'aptitude assortie de restrictions ou une décision d'inaptitude, elle peut faire, comme toute décision faisant grief, l'objet d'un recours devant le juge administratif. Pour limiter le risque d'annulation des décisions préfectorales, la circulaire du 3 août 2012 (*BOMI n° 2012-07, p. 189*) demande aux préfectures de bien veiller au respect du contradictoire en donnant la possibilité aux personnes concernées de faire des observations avant que le préfet ne prenne sa décision. Elle demande également aux préfets de suffisamment motiver leur décision et ce, notamment, en renvoyant explicitement aux éventuelles observations figurant dans l'avis médical. ❑

TITRE III COMPORTEMENT DU CONDUCTEUR

CHAPITRE I COMPORTEMENT EN CAS D'ACCIDENT

Art. R. 231-1 Tout conducteur ou tout usager de la route impliqué dans un accident de la circulation doit :

1° S'arrêter aussitôt que cela lui est possible, sans créer un danger pour la circulation ;

2° Lorsque l'accident n'a provoqué que des dégâts matériels, communiquer son identité et son adresse à toute personne impliquée dans l'accident ;

3° Si une ou plusieurs personnes ont été blessées ou tuées dans l'accident :

***a)* Avertir ou faire avertir les services de police ou de gendarmerie ;**

***b)* Communiquer à ceux-ci ou à toute personne impliquée dans l'accident son identité et son adresse ;**

***c)* Éviter, dans toute la mesure compatible avec la sécurité de la circulation, la modification de l'état des lieux et la disparition des traces susceptibles d'être utilisées pour établir les responsabilités.**

Délit de fuite : L. 231-1.

Sur l'indemnisation des victimes d'accident de la circulation, V. L. n° 85-677 du 5 juill. 1985, App., v° Accidents de la circulation.

Modification de l'état des lieux et effacement des traces : V. C. pén., art. 434-4. — ***C. pén.***

RÉP. PÉN. v° *Délit de fuite*, par REDON.

1. Un juge ne peut condamner un conducteur pour avoir refusé de communiquer son identité et son adresse après un accident matériel de la circulation en application des dispositions des art. R. 53-3 [C. route, art. R. 231-1], R. 233, al 1er, et R. 233-1 C. route, car les faits poursuivis n'entrent pas dans les prévisions ni de l'art. R. 233-1, dernier al., du code précité relatif aux conditions de l'arrêt et du stationnement des véhicules, ni d'aucun texte réprimant les contraventions aux dispositions réglementaires du C. route ; le juge ne peut prononcer une condamnation que si le fait poursuivi constitue une infraction punissable. • Crim. 24 nov. 1993, n° 93-82.160 P : *D. 1994. Somm. 259, obs. Couvrat et Massé*. ♦ Par comparaison, aucune sanction pénale ne peut non plus être attachée à la L. du 3 janv. 1977 interdisant aux exploitants de voitures de petite remise de porter sur les véhicules des signes distinctifs de caractère commercial concernant leur activité. • Crim. 12 janv. 1983 : *Bull. crim. n° 15* (qui refuse de faire application de l'art. R. 26 (15°) ancien C. pén. à des dispositions législatives). ♦ En sens contraire, se rend coupable de refus de communication d'identité en application des art. R. 53-3 et R. 233 C. route le prévenu qui après un léger accident de la circulation, a poursuivi sa route. • Paris, 13e sect., 7 juin 1990 : *Juris-Data n° 023381.* ♦ De même un prévenu qui, responsable d'un accident matériel, s'arrête, constate les dégâts et repart sans avoir communiqué son nom et son adresse ne se rend pas coupable d'un délit de fuite mais de la contravention de refus de communiquer son identité à toute personne impliquée dans un accident en application des art. R. 53-3 et R. 233, al. 1, § 1, C. route. • Orléans, 1er juill. 1991 : *Juris-Data n° 047956.* ♦ Dans le même sens : • Douai, 10 oct. 1989 : *Dr. pénal 1990. 329.* ♦ V. aussi : • Crim. 8 janv. 1992 : *Jurispr. auto 1992. 293* (rejetant un pourvoi contre un jugement de condamnation d'un prévenu qui n'avait pas communiqué son identité et son adresse à la suite d'un accident de la circulation ; le procès-verbal d'enquête ayant constaté la contravention, il appartenait au prévenu de rapporter par témoins la preuve contraire aux informations contenues dans le procès-verbal).

2. Constitue un faux en écriture privée la fabrication d'un constat amiable au moyen d'un rajout de signature et de mentions écrites dont certaines inexactes. • Crim. 1er juin 1981 : *Bull. crim. n° 177.*

3. Caractérise le délit de fuite le refus pour un prévenu arrêté au-delà de l'accident d'établir un constat amiable impliquant qu'il avait été mis au courant de l'accident et avait quitté les lieux sans donner d'éléments permettant son identification. • Crim. 11 oct. 1989 : *Jurispr. auto 1989. 497.* ♦ V. aussi ss. art. L. 231-1 C. route.

CHAPITRE II ATTEINTES INVOLONTAIRES AUX PERSONNES

COMMENTAIRE

La correctionnalisation des blessures involontaires commises par le conducteur d'un véhicule terrestre à moteur ayant entraîné une incapacité de travail inférieure ou égale à trois mois explique l'abrogation de l'article unique qui figurait dans ce chapitre. Depuis la loi du 12 juin 2003, ce comportement est en effet un délit sanctionné par l'article 222-20-1 du code pénal et repris en dispositions suiveuses à l'article L. 232-2 du présent code (V. comm. introductif aux art. L. 232-1 s.). En conséquence, le décret n° 2003-642 du 11 juillet 2003 avait modifié l'article R. 625-2 du code pénal (V. cet art. App., v° *Infractions*), afin d'exclure de son domaine d'application les blessures involontaires commises à l'occasion de la conduite d'un véhicule à moteur. Logiquement, l'article ci-après, qui renvoyait à la contravention de l'article R. 625-2 du code pénal lorsqu'elle est commise à l'occasion de la conduite d'un véhicule à moteur, ne pouvait donc qu'être abrogé. ❑

Art. R. 232-1 *(Abrogé par Décr. nº 2005-320 du 30 mars 2005, art. 1er)* ***La contravention d'atteinte involontaire à l'intégrité d'une personne prévue à l'article R. 625-2 du code pénal commise à l'occasion de la conduite d'un véhicule à moteur donne lieu de plein droit à la réduction de quatre points du permis de conduire.*** – [Anc. art. R. 256, al. 5 à 12.]

CHAPITRE III COMPORTEMENT EN CAS DE CONTRÔLE ROUTIER

Art. R. 233-1 **I. –** *(Décr. nº 2012-284 du 28 févr. 2012, en vigueur le 1er juill. 2012)* **« Lorsque les dispositions du présent code l'exigent, tout conducteur** *(Décr. nº 2014-1295 du 31 oct. 2014, art. 11-1º)* **« ou, le cas échéant, tout accompagnateur d'un apprenti conducteur, » est tenu de présenter à toute réquisition des agents de l'autorité compétente : »**

1º Tout titre justifiant de son autorisation de conduire ;

2º *(Décr. nº 2009-136 du 9 févr. 2009, en vigueur le 15 avr. 2009)* **« Le certificat d'immatriculation » du véhicule et, le cas échéant,** *(Décr. nº 2009-136 du 9 févr. 2009, en vigueur le 15 avr. 2009)* **« celui » de la remorque si le poids total autorisé en charge (PTAC) de cette dernière excède 500 kilogrammes, ou de la semi-remorque s'il s'agit d'un véhicule articulé, ou les récépissés provisoires, ou les photocopies** *(Abrogé par Décr. nº 2003-536 du 20 juin 2003, art. 4)* ***« certifiées conformes »*** *(Décr. nº 2009-136 du 9 févr. 2009, en vigueur le 15 avr. 2009)* **« des certificats d'immatriculation » dans les cas et dans les conditions prévues par un arrêté du ministre de la justice et du ministre de l'intérieur ;**

(Décr. nº 2015-1537 du 25 nov. 2015, art. 7) **« 3º Pour l'accompagnateur d'un apprenti conducteur, le permis de conduire exigé pour la conduite du véhicule obtenu depuis au moins cinq ans ou l'autorisation d'enseigner la conduite des véhicules à moteur mentionnée aux articles L. 212-1 et R. 212-1 correspondant à la catégorie du véhicule utilisé ; »**

(Décr. nº 2010-1390 du 12 nov. 2010, art. 5) **« 4º Dans les cas mentionnés aux II et III de l'article R. 221-8, une attestation de la formation pratique ou le document attestant d'une expérience de la conduite conforme aux conditions prévues par ces dispositions » ;**

(Décr. nº 2011-1048 du 5 sept. 2011, art. 4) **« 5º Les documents attestant de l'équipement du véhicule d'un dispositif homologué d'antidémarrage par éthylotest électronique et de la vérification de son fonctionnement, lorsque le conducteur :**

« ***a)*** **A été condamné à une peine d'interdiction de conduire un véhicule qui ne soit pas équipé par un professionnel agréé ou par construction d'un tel dispositif ; ou »**

(Décr. nº 2017-198 du 16 févr. 2017, art. 1er-3º) **«** ***b)*** **Est soumis à l'obligation prévue au 7º de l'article 132-45 du code pénal, au 4º** ***bis*** **de l'article 41-2 ou au 8º de l'article 138 du code de procédure pénale ; »**

(Décr. nº 2016-1289 du 30 sept. 2016, art. 1er-1º, en vigueur le 1er déc. 2016) **«** ***c)*** **Fait l'objet d'une décision de restriction d'usage du permis de conduire par l'autorité administrative compétente en application des articles R. 221-1-1 et R. 226-1 ; »**

(Décr. nº 2018-795 du 17 sept. 2018, art. 6) **«** ***d)*** **Fait l'objet d'une décision du préfet restreignant le droit de conduire, pendant une durée déterminée, aux seuls véhicules équipés par un professionnel agréé ou par construction, conformément aux dispositions de l'article L. 234-17, d'un dispositif homologué d'anti-démarrage par éthylotest électronique ; »**

(Abrogé par Décr. nº 2020-605 du 18 mai 2020, art. 8) (Décr. nº 2012-284 du 28 févr. 2012, mod. par Décr. nº 2012-1197 du 29 oct. 2012, en vigueur le 1er mars 2013) ***« 6º Un éthylotest dans les conditions prévues à l'article R. 234-7 ; »***

(Décr. nº 2014-784 du 8 juill. 2014, art. 7-2º) **« 7º Le procès-verbal de contrôle technique périodique pour les véhicules mentionnés aux articles R. 323-23 et R. 323-25 ; »**

(Décr. nº 2015-514 du 7 mai 2015, art. 1er-1º, en vigueur le 1er janv. 2016) **« 8º Le triangle de présignalisation prévu au I de l'article R. 416-19 ;**

« 9º Le gilet de haute visibilité prévu au II de l'article R. 416-19. »

II. — En cas de perte ou de vol du *(Décr. nº 2002-675 du 30 avr. 2002)* **« titre justifiant de l'autorisation de conduire » le récépissé de déclaration de perte ou de vol tient lieu de** *(Décr. nº 2002-675 du 30 avr. 2002)* **« titre » pendant un délai de deux mois au plus.**

III. — *(Décr. nº 2020-605 du 18 mai 2020, art. 8)* **« Le » fait de ne pas présenter immédiatement aux agents de l'autorité compétente** *(Décr. nº 2012-284 du 28 févr. 2012, en vigueur le 1er juill. 2012)* **« les éléments exigés » par le présent article est puni de l'amende prévue pour les contraventions de la première classe.**

IV. — Le fait, pour toute personne invitée à justifier dans un délai de cinq jours de la possession de son brevet de sécurité routière, de ne pas présenter ce document avant l'expiration de ce délai est puni de l'amende prévue pour les contraventions de la deuxième classe. — *Dispositions applicables seulement aux personnes qui ont atteint l'âge de 14 ans après le 5 juill. 1996 (Décr. nº 96-601 du 4 juill. 1996, art. 6).*

V. — *(Décr. nº 2012-284 du 28 févr. 2012, mod. par Décr. nº 2012-1197 du 29 oct. 2012, en vigueur le 1er mars 2013 ; Décr. nº 2015-514 du 7 mai 2015, art. 1er-2º, en vigueur le 1er janv. 2016)* **« Hors les cas prévus aux** *(Abrogé par Décr. nº 2020-605 du 18 mai 2020, art. 8) « 6º, »* **8º et 9º du I, le fait, pour toute personne invitée à justifier dans un délai de cinq jours de la possession des autorisations et pièces exigées par le présent article, de ne pas présenter ces documents avant l'expiration de ce délai est puni de l'amende prévue pour les contraventions de la quatrième classe. »**

V. Arr. du 28 juill. 2006 (présentation de la photocopie de la carte grise), App., vº Immatriculation ; Arr. du 17 déc. 2010, App., vº Enseignement de la conduite.

Pour l'entrée en vigueur du Décr. nº 2009-136, V. Arr. du 23 mars 2009 (JO 29 mars).

COMMENTAIRE

Le présent article, qui a pour objet de préciser les documents et autres éléments que doivent présenter les conducteurs d'un véhicule aux forces de l'ordre en cas de contrôle routier, ainsi que ceux que doivent présenter, le cas échéant, tout accompagnateur d'un apprenti conducteur, a été modifié à de très nombreuses reprises. Seules certaines de ces modifications seront évoquées ici.

Titre justifiant de l'autorisation de conduire. Parmi ces modifications, on peut déjà s'arrêter à celles issues du décret nº 2002-675 du 30 avril 2002 qui ont conduit à remplacer les termes « permis de conduire » qui figuraient au paragraphe II de cet article par ceux de « titre justifiant de l'autorisation de conduire ». Il s'est agi par là même de tenir compte du fait que le brevet de sécurité routière est alors devenu obligatoire pour la conduite des cyclomoteurs, pour tout conducteur non titulaire du permis de conduire (V. art. R. 211-2), ainsi que pour la conduite des quadricycles légers à moteur (V. art. R. 431-4).

Notons que le décret nº 2004-795 du 29 juillet 2004, qui est venu ensuite permettre aux titulaires d'un titre européen équivalent au brevet de sécurité routière de conduire un cyclomoteur ou un quadricycle léger à moteur, n'a en revanche pas modifié les éléments constitutifs de la contravention de deuxième classe prévue par le paragraphe IV du présent article. Ce dernier continue toujours à exiger que la personne justifie dans un délai de cinq jours la possession de son brevet de sécurité routière qu'elle n'a pas pu présenter immédiatement.

Certificat d'immatriculation. Dans le présent article, un autre changement de vocabulaire résulte du décret nº 2009-136 du 9 février 2009. Ce décret est venu en effet remplacer à l'article R. 233-1 les termes « carte grise » par ceux de « certificat d'immatriculation ». L'appellation « carte grise » ayant été supprimée à l'occasion de la réforme des règles en matière d'immatriculation des véhicules issue du décret du 9 février 2009, il convenait en effet de la faire disparaître de l'ensemble des textes l'utilisant (V. comm. ss. art. R. 322-2).

Concernant le certificat d'immatriculation, il faut également noter les modifications apportées dans le présent article par le décret nº 2003-536 du 20 juin 2003. L'article R. 233-1 permet en effet au conducteur de présenter une simple photocopie de ce document. Or le décret du 20 juin 2003 a supprimé l'obligation, figurant ici, de certifier conforme une telle photocopie. Une suppression qui s'inscrit dans la politique générale de simplification des démarches administratives entreprise par les pouvoirs publics ces dernières années (V. d'ailleurs le Décr. nº 2001-899 du 1er oct. 2001 portant abrogation des dispositions réglementaires relatives à la certification conforme des copies de documents délivrés par les autorités administratives).

Autres documents pour les personnes astreintes à la conduite d'un véhicule équipé d'un EAD. Plusieurs dispositions ont par ailleurs été ajoutées au 5° du I du présent article en lien avec l'interdiction de conduire un véhicule non équipé d'un dispositif d'antidémarrage par éthylotest électronique (EAD) à laquelle peuvent être astreints certains conducteurs. Une telle interdiction peut prendre différentes formes (V. comm. ss. art. L. 234-2). Elle peut constituer une peine, une obligation d'un sursis avec mise à l'épreuve ou d'un contrôle judiciaire ou bien encore une obligation liée à une mesure de composition pénale. Dans tous ces cas, l'intéressé se voit alors remettre un certificat en échange de son permis de conduire indiquant qu'il ne peut conduire qu'un véhicule équipé d'un tel dispositif (V. art. R. 131-4-1 et R. 132-45, al. 1er, C. pén., ainsi que R. 15-33-53-1 et R. 17-4-1 C. pr. pén.), et c'est ce certificat – lequel constitue alors le titre justifiant de son autorisation de conduire – qui doit être présenté aux forces de l'ordre lors d'un contrôle routier. Mais une telle interdiction peut également résulter d'une décision du préfet venant restreindre le droit de conduire d'un conducteur aux seuls véhicules équipés d'un EAD, soit à la suite d'un avis d'une commission médicale d'aptitude à la conduite préconisant une telle restriction, soit à la place d'une suspension du permis de conduire de l'intéressé. Dans ces autres cas, c'est alors l'arrêté du préfet notifiant une telle restriction qui vaut permis de conduire et qui doit être présenté aux forces de l'ordre en cas de contrôle. Outre le certificat précédemment évoqué ou l'arrêté préfectoral, les personnes concernées doivent cependant également présenter d'autres documents, comme l'indique l'article R. 233-1, 5°, à savoir ceux « attestant de l'équipement du véhicule d'un dispositif homologué d'antidémarrage par éthylotest électronique et de la vérification de son fonctionnement ».

Éthylotest. Jusqu'au décret n° 2020-605 du 18 mai 2020, le 6° du I de l'article R. 233-1 prévoyait que le conducteur devait pouvoir présenter aux forces de l'ordre un éthylotest dans les conditions prévues à l'article R. 234-7. Cette obligation – dont le non-respect ne pouvait être sanctionné – a cependant été supprimée par le décret du 18 mai 2020 à la suite de l'abrogation, par la loi du 24 décembre 2019 d'orientation des mobilités, de l'article L. 234-14 qui rendait obligatoire la possession d'un éthylotest par tout conducteur d'un véhicule automobile. Cette obligation de possession d'un éthylotest, qui avait été précisée par le pouvoir réglementaire à l'article R. 234-7, ayant disparu, il était logique que celle formulée au sein du présent article soit également supprimée.

Procès-verbal de contrôle technique. A la liste des documents devant être présentés aux forces de l'ordre lors d'un contrôle routier, le décret n° 2014-784 du 8 juillet 2014 a ajouté, au 7° du I du présent article, le procès-verbal de contrôle technique périodique. Seuls les conducteurs de certains véhicules sont toutefois concernés par la présentation de ce document, à savoir les conducteurs des véhicules de transports en commun (véhicules mentionnés à l'art. R. 323-23) et des véhicules de transport de marchandises de plus de 3,5 tonnes (véhicules mentionnés à l'art. R. 323-25).

Triangle de présignalisation et gilet de haute visibilité. On notera enfin que, conformément au décret n° 2015-514 du 7 mai 2015, le présent article impose, depuis le 1er janvier 2016, aux conducteurs de la plupart des véhicules à moteur de présenter immédiatement, en cas de contrôle, le triangle de présignalisation (art. R. 233-1, I, 8°) et le gilet de haute visibilité (art. R. 233-1, I, 9°) qu'ils doivent posséder en application des dispositions de l'article R. 416-19 (V. comm. de cet art.), et ce sous peine de l'amende de première classe prévue au paragraphe III du présent article. En l'absence de présentation immédiate, la non-présentation de ces éléments dans un délai de cinq jours ne peut en revanche être sanctionnée de l'amende de quatrième classe prévue au paragraphe V de l'article R. 233-1. ❑

1. Aucun formalisme particulier n'est exigé par l'art. R. 137 [C. route, art. R. 233-1]. • Poitiers, 26 mai 1989 : *Juris-Data n° 044643.*

2. Suivant l'art. R. 138 C. route, les dispositions des titres I et III dudit code sont seules applicables aux véhicules et matériels dont il donne la définition. Il s'ensuit que les dispositions de l'art. R. 137 [C. route, art. R. 233-1] ne sont pas applicables aux tracteurs agricoles. • Crim. 17 juill. 1957 : *D. 1957. 733.*

3. En application de l'art. R. 233-1 C. route, tout conducteur est tenu de présenter, à toute réquisition des agents de l'autorité compétente, tout titre justifiant de son autorisation de conduire, ainsi que les documents ou équipements exigés par les dispositions du code de la route qu'il énonce. A été, en conséquence, censuré un arrêt ayant constaté l'irrégularité d'un contrôle effectué par un gendarme agent de police judiciaire aux motifs qu'il n'était pas précisé que cet agent avait agi sous les ordres et le contrôle d'un officier de police judiciaire, comme l'exige l'art. 75 C. pr. pén. en cas d'enquête préliminaire, dès lors que le gendarme agissait dans le cadre d'un contrôle routier prévu par l'art. R. 233-1 C. route auquel le prévenu devait se soumettre. • Crim. 14 janv. 2020, n° 19-84.635 : *Procédures 2020, n° 76, obs. Buisson.*

Art. R. 233-2 Lorsque le conducteur d'un véhicule de transport en commun ne peut présenter *(Décr. nº 2005-1434 du 18 nov. 2005)* **« l'attestation d'aménagement prévue à l'article R. 323-23 », l'immobilisation peut être prescrite dans les conditions prévues aux articles L. 325-1 à L. 325-3.** – *[Anc. art. R. 278, al. 1er et 10.]*

Art. R. 233-3 Les règles pénales relatives à l'obligation de présentation de l'attestation d'assurance et d'apposition sur le véhicule du certificat d'assurance sont fixées par les articles R. 211-14, R. 211-21-1 et R. 211-21-5 du code des assurances ci-après reproduits :

Art. R. 211-14 *(Décr. nº 85-879 du 22 août 1985 ; Décr. nº 97-635 du 31 mai 1997)* « Tout conducteur d'un véhicule mentionné à l'article L. 211-1 doit, dans les conditions prévues aux articles de la présente section, être en mesure de présenter un document faisant présumer que l'obligation d'assurance a été satisfaite. »

Cette présomption résulte de la production, aux fonctionnaires ou agents chargés de constater les infractions à la police de la circulation, d'un des documents dont les conditions d'établissement et de validité sont fixées par le règlement d'administration publique prévu à l'article L. 211-1.

A défaut d'un de ces documents, la justification est fournie aux autorités judiciaires par tous moyens.

(Décr. nº 97-635 du 31 mai 1997) « Sera puni de la peine d'amende prévue pour les contraventions de 2e classe tout conducteur d'un véhicule mentionné à l'article L. 211-1 et non soumis à l'obligation prévue à l'article R. 211-21-1 qui ne sera pas en mesure de présenter un des documents justificatifs prévus aux articles R. 211-15 et R. 211-17. » *(Décr. nº 89-111 du 21 févr. 1989)* « Toutefois, ces dispositions ne sont pas applicables lorsque ce conducteur est passible de la sanction prévue à l'alinéa suivant. »

(Décr. nº 86-1043 du 18 sept. 1986) « Sera punie de la peine d'amende prévue pour les contraventions de la 4e classe toute personne qui, invitée à justifier dans un délai de cinq jours de la possession d'un des documents mentionnés à l'alinéa précédent, n'aura pas présenté ce document avant l'expiration de ce délai. » – *Entrée en vigueur le 1er oct. 1986.*

Les documents justificatifs prévus au présent article n'impliquent pas une obligation de garantie à la charge de l'assureur.

Art. R. 211-21-1 *(Décr. nº 89-111 du 21 févr. 1989)* Tout souscripteur d'un contrat d'assurance prévu par l'article L. 211-1 doit apposer sur le véhicule automoteur assuré, dans les conditions fixées par un arrêté du ministre chargé de l'économie, le certificat d'assurance décrit aux articles R. 211-21-2 et R. 211-21-3, alinéa 2.

(Décr. nº 2001-251 du 22 mars 2001) « Les dispositions de l'alinéa 1er sont applicables aux véhicules à moteur dont le poids total autorisé en charge est inférieur ou égal à 3,5 tonnes, à l'exception des véhicules et matériels agricoles ou de travaux publics, des engins spéciaux et des véhicules circulant avec un certificat d'immatriculation spécial W. »

Art. R. 211-21-5 Sera puni de la peine d'amende prévue pour les contraventions de deuxième classe tout souscripteur d'un contrat d'assurance relatif à un véhicule mentionné à l'article R. 211-21-1 qui aura omis d'apposer sur le véhicule concerné le certificat prévu aux articles R. 211-21-2 et R. 211-21-3 ou aura apposé un certificat non valide. – *Entrée en vigueur le 1er juill. 1986.*

ART. R. 211-14 C. ASSUR.

1. Aux termes de l'art. 7 de la L. du 27 févr. 1958 [art. R. 211-14 C. assur.], la production d'une attestation d'assurance fait présumer que l'obligation d'assurance, prévue à l'art. 1er de ladite loi, a été satisfaite, sans distinguer entre les rapports de l'assuré avec l'assureur ou avec les tiers. • Civ. 1re, 22 juin 1971 : *Bull. civ. I, nº 202 ; RGAT 1972. 89 (3e esp.), note Besson.*

2. Toutefois, pour faire présumer que l'obligation d'assurance édictée par l'art. L. 211-1 C. assur. a été satisfaite, l'attestation d'assurance doit contenir les mentions essentielles prescrites par les art. R. 211-15 et R. 211-16 du même code. • Crim. 2 avr. 1997, nº 95-84.631 P : *RCA 1997. Comm. 313, note Groutel ; RGDA 1997. 762, note Favre-Rochex.*

3. Cette attestation constitue à la charge de l'assureur une présomption de garantie qui ne peut être détruite que par la preuve contraire. • Civ. 1re, 4 mai 1971, nº 69-14.317 P : *RGAT 1972. 89 (2e esp.), note Besson* • 28 juin 1972 : *Bull. civ. I, nº 168.* ♦ Il appartient à l'assureur d'apporter la preuve que la garantie n'est pas acquise. • Civ. 1re, 23 juill. 1974 : *Bull. civ. I, nº 239.* ♦ Mais toute preuve contraire peut être rapportée. • Civ. 1re, 28 avr. 1971 : *RGAT 1972. 89 (1re esp.), note Besson.* ♦ Dès lors, doit être cassé l'arrêt qui décide que l'assureur ne peut faire échec à la présomption qu'en faisant la preuve d'une cause de nullité du contrat. • Même arrêt.

4. L'attestation d'assurance crée seulement une présomption d'assurance. • Civ. 1re, 23 juin 1971 : *Bull. civ. I, n° 205; RGAT 1972. 89 (4e esp.), note Besson* • 29 janv. 1975 : *Bull. civ. I, n° 34; RGAT 1976. 45; RTD civ. 1975. 728, obs. Durry* • 14 janv. 1976, n° 73-11.841 P. ♦ Il en va de même pour la carte verte en ce qui concerne les accidents survenus en France. • Civ. 1re, 14 mars 1984 : *Bull. civ. I, n° 94.*

5. L'attestation d'assurance ne constitue qu'une simple présomption, combattue par la résiliation du contrat par l'assureur, sauf à l'assuré d'établir l'irrégularité éventuelle de celle-ci. • Civ. 1re, 13 févr. 1996 : *RGDA 1996. 321, note Favre-Rochex.*

6. La preuve contraire peut résulter de la constatation que le détenteur de l'attestation n'a pas eu la volonté de s'engager envers l'assureur. • Civ. 1re, 22 juin 1971 : *préc. note 1.* ♦ ... Ou que l'attestation, délivrée par un agent d'assurances, l'avait été par pure complaisance pour permettre à un automobiliste de répondre aux réquisitions de la police de la route. • Civ. 1re, 19 mai 1969 : *RGAT 1969. 526 (4e esp.), note Besson.* ♦ Une cour d'appel, qui constate souverainement qu'il n'existe pas de contrat d'assurance, n'a pas à s'attacher aux effets d'une attestation d'assurance. • Civ. 1re, 14 janv. 1976 : *préc. note 4.* ♦ Manque de base légale, la décision qui, en l'état de l'accident causé par l'acquéreur d'une voiture automobile, condamne l'assureur, qui soutenait que la police avait été suspendue du fait de cette vente, à fournir sa garantie au motif que le conducteur était en possession d'une attestation, sans rechercher si la présomption n'était pas détruite en raison des circonstances de la cause. • Civ. 1re, 29 janv. 1975 : *préc. note 4.*

7. Une attestation d'assurance, même si elle entraîne présomption de garantie, n'établit pas le paiement de la prime, et doit être cassée la décision qui déboute une compagnie d'assurances de sa demande en paiement de prime, au motif que l'assuré se trouvait garanti par la possession d'une attestation d'assurance qui lui avait été délivrée par l'assureur. • Civ. 1re, 29 oct. 1979 : *Bull. civ. I, n° 261 ; RGAT 1980. 218.*

8. Si les attestations d'assurance délivrées en exécution de l'art. 1er de la L. du 27 févr. 1958 valent présomption qu'il existe un contrat d'assurance couvrant les dommages causés aux tiers, cette présomption ne s'applique pas aux dommages subis par l'assuré lui-même. • Civ. 1re, 4 mars 1975 : *Bull. civ. I, n° 88 ; JCP 1976. II. 18220, note Besson ; RGAT 1975. 543 ; RTD civ. 1976. 153, obs. Durry.*

9. Aucun texte n'impose à l'assureur, qui délivre une attestation en remplacement d'une autre, d'exiger de son client la restitution de cette dernière. • Civ. 1re, 1er oct. 1986 : *Bull. civ. I, n° 226.*

Nouvel art. R. 233-3 (Décr. n° 2023-1152 du 8 déc. 2023, art. 5 et 7, en vigueur le 1er avr. 2024) ***Les règles pénales relatives à l'obligation de présentation de l'attestation d'assurance et d'apposition sur le véhicule du certificat d'assurance sont fixées par les articles R. 211-14, R. 211-21-1 et R. 211-21-5 du code des assurances.***

CHAPITRE IV **CONDUITE SOUS L'INFLUENCE DE L'ALCOOL**

Art. R. 234-1 *(Décr. n° 2004-1138 du 25 oct. 2004)* **« I. — Même en l'absence de tout signe d'ivresse manifeste, est puni de l'amende prévue pour les contraventions de la quatrième classe le fait de conduire un véhicule sous l'empire d'un état alcoolique caractérisé par :**

« 1° Une concentration d'alcool dans le sang égale ou supérieure à 0,20 gramme par litre ou par une concentration d'alcool dans l'air expiré égale ou supérieure à 0,10 milligramme par litre et inférieure aux seuils fixés à l'article L. 234-1, *(Décr. n° 2015-743 du 24 juin 2015, art. 1er-1°)* **« chez le conducteur d'un véhicule de transport en commun,** *(Décr. n° 2019-871 du 21 août 2019, en vigueur le 1er oct. 2019)* **« chez le conducteur dont le droit de conduire est limité aux seuls véhicules équipés d'un dispositif homologué d'anti-démarrage par éthylotest électronique, installé par un professionnel agréé ou par construction, conformément aux dispositions de l'article L. 234-17, » ainsi que chez le conducteur titulaire d'un permis de conduire soumis au délai probatoire défini à l'article L. 223-1 ou en situation d'apprentissage définie à l'article R. 211-3 » ;**

« 2° Une concentration d'alcool dans le sang égale ou supérieure à 0,50 gramme par litre ou par une concentration d'alcool dans l'air expiré égale ou supérieure à 0,25 milligramme par litre et inférieure aux seuils fixés à l'article L. 234-1, *(Décr. n° 2015-743 du 24 juin 2015, art. 1er-1°)* **« chez les autres conducteurs ». »**

(Décr. n° 2003-642 du 11 juill. 2003, art. 6-I) **« II. — » L'immobilisation peut être prescrite dans les conditions prévues aux articles L. 325-1 à L. 325-3.**

(Décr. n° 2018-795 du 17 sept. 2018, art. 7) **« III. – Toute personne coupable de l'une des infractions mentionnées au I encourt également les peines complémentaires suivantes :**

« 1° La suspension du permis de conduire pour une durée de trois ans au plus, cette suspension pouvant être limitée à la conduite en dehors de l'activité professionnelle ;

« 2° L'interdiction, pendant une durée de trois ans au plus, de conduire un véhicule qui ne soit pas équipé d'un dispositif homologué d'anti-démarrage par éthylotest électronique par un professionnel agréé ou par construction, conformément aux dispositions de l'article L. 234-17, en état de fonctionnement et après avoir utilisé elle-même ce dispositif sans en avoir altéré le fonctionnement. »

(Décr. n° 2003-642 du 11 juill. 2003, art. 6-I) **« IV. – » Cette contravention donne lieu de plein droit à la réduction de** *(Décr. n° 2003-642 du 11 juill. 2003, art. 6-I)* **« six » points du permis de conduire.**

(Décr. n° 2003-642 du 11 juill. 2003, art. 6-I) **« V. – » Les dispositions du présent article sont applicables à l'accompagnateur d'un élève conducteur.** – *[Anc. art. R. 233-5, R. 256, al. 13 à 23, et R. 278, al. 1er et 2.]*

Délits : L. 234-1 s.

V. App., v° Alcoolémie : CSP, art. L. 3341-4, L. 3354-1 s. et R. 3353-6 s. (lutte contre l'alcoolisme), Arr. du 8 juill. 2003 (contrôle des éthylomètres), Décr. du 1er sept. 2008 (éthylotests électroniques) et Décr. du 29 juin 2015 (éthylotests chimiques).

Les dispositions issues du Décr. n° 2019-871 du 21 août 2019 s'appliquent à tous les conducteurs faisant l'objet d'une décision limitant le droit de conduire aux seuls véhicules équipés d'un dispositif homologué d'anti-démarrage par éthylotest électronique prononcée à compter du 1er oct. 2019 (Décr. préc., art. 2).

BIBL. ▶ DEFRANCE, *Jurispr. auto 1994. 384.* – BERTHELOT, *Gaz. Pal. 8 déc. 1994.*

COMMENTAIRE

CONTRAVENTION DE CONDUITE SOUS L'EMPIRE D'UN ÉTAT ALCOOLIQUE

La conduite sous l'empire d'un état alcoolique constitue un délit, incriminé à l'article L. 234-1, ou une contravention, prévue au présent article, selon le taux d'imprégnation alcoolique de l'intéressé.

Alcoolémie égale ou supérieure à 0,5 g/l de sang. Cette distinction, selon différents seuils, date d'un décret de 1994 (V. Décr. n° 94-570 du 11 juill. 1994, *JO 12 juill.*) qui avait créé un article R. 233-5 dans l'ancien code sanctionnant celui qui conduit un véhicule avec une alcoolémie égale ou supérieure à 0,7 gramme par litre de sang (0,35 mg par litre d'air expiré) de l'amende prévue pour les contraventions de la quatrième classe. Un peu plus d'un an après, cet article fut modifié (Décr. n° 95-962 du 29 août 1995, *JO 30 août*) et le seuil d'alcoolémie « contraventionnel » abaissé à 0,5 gramme par litre de sang (0,25 mg par litre d'air expiré). Un taux qui a ensuite été repris à l'article R. 234-1 du code de la route recomposé et qui correspond d'ailleurs au taux maximal d'alcool dans le sang que ne devraient pas dépasser les conducteurs de tout véhicule à moteur pour les instances de l'Union européenne (V. Recomm. de la Commission du 17 janv. 2001 : *JOCE 14 févr. L. 43/31 et C. 48/2*).

Alcoolémie égale ou supérieure à 0,2 g/l de sang. Depuis la recodification, le seuil d'alcoolémie prévu à l'article R. 234-1 a cependant été, à nouveau, abaissé, mais seulement pour certains conducteurs. Le seuil maximal d'alcoolémie autorisé est en effet de 0,2 gramme par litre de sang (0,1 mg par litre d'air expiré) pour les conducteurs de véhicules de transports en commun (depuis le Décr. n° 2004-1138 du 25 oct. 2004), pour les conducteurs en situation d'apprentissage et ceux titulaires d'un permis probatoire (depuis le Décr. n° 2015-743 du 24 juin 2015), ainsi que pour les conducteurs dont le droit de conduire est limité aux véhicules équipés d'un éthylotest anti-démarrage (EAD) (depuis le Décr. n° 2009-871 du 21 août 2019). On peut voir, dans cet abaissement du seuil d'alcoolémie à ne pas dépasser pour certains conducteurs, une influence européenne. Dans sa recommandation de 2001 précitée, la Commission européenne préconisait en effet un seuil maximal d'alcool dans le sang de 0,2 gramme par litre de sang pour certains usagers de la route et notamment pour les conducteurs inexpérimentés et ceux de « gros véhicules ». Mais, en droit français, ce seuil d'alcoolémie peut également concerner les conducteurs ayant commis des infractions au code de la route et dont le permis a été invalidé ou annulé : titulaires d'un permis probatoire lorsqu'ils obtiennent un nouveau permis de conduire, ces conducteurs sont en effet astreints à ce seuil d'alcoolémie de 0,2 gramme par litre de sang. Et il peut aussi concerner les conducteurs ayant commis une infraction de conduite sous l'empire d'un état alcoolique lorsqu'ils ont été astreints, d'une manière ou d'une autre (V. comm. ss. art. L. 234-2), à ne conduire que des véhicules équipés d'un EAD.

Sanctions. Que le taux d'imprégnation alcoolique à ne pas dépasser soit de 0,2 ou de 0,5 gramme par litre de sang, l'amende encourue est cependant toujours la même, à savoir celle prévue pour les contraventions de la quatrième classe. Une sanction qui est évidemment moindre que celles à laquelle l'intéressé s'expose si son alcoolémie excède 0,8 gramme par litre de sang (0,4 mg par litre d'air expiré) : l'article L. 234-1 prévoyant deux ans d'emprisonnement et 4 500 € d'amende pour le délit de conduite sous l'empire d'un état alcoolique.

Les autres sanctions de la conduite sous l'empire d'un état alcoolique sont en revanche très proches. Depuis le décret n° 2003-642 du 11 juillet 2003, l'article R. 234-1 prévoit que la contravention de conduite sous l'empire d'un état alcoolique entraîne un retrait de six points du permis de conduire, à l'instar du délit de l'article L. 234-1. Ce qui signifie que la commission de la présente contravention par un conducteur titulaire d'un permis probatoire – qui, rappelons-le depuis le décret du 24 juin 2015 ne doit pas dépasser un seuil d'alcoolémie de 0,2 gramme par litre de sang – emporte automatiquement invalidation de son permis de conduire si celui-ci est affecté de son capital initial de six points... Deux peines complémentaires sont par ailleurs similaires. Depuis le décret n° 2003-293 du 31 mars 2003, la peine complémentaire de suspension du permis de conduire peut en effet être prononcée à l'encontre de l'auteur de la présente contravention (V. ci-dessous). Par rapport au délit de l'article L. 234-1, la seule différence notable tient alors à ce que la suspension prononcée en matière contraventionnelle peut encore être limitée à la conduite en dehors de l'activité professionnelle. Autrement dit, l'auteur de la contravention de conduite sous l'empire d'un état alcoolique peut toujours obtenir un permis blanc, possibilité qui est prohibée en matière délictuelle, depuis 2003. Et, depuis le décret n° 2018-795 du 17 septembre 2018, la contravention de conduite sous l'empire d'un état alcoolique peut également être sanctionnée de la peine complémentaire d'interdiction de conduire un véhicule qui ne soit pas équipé d'un dispositif homologué d'antidémarrage par éthylotest électronique (sur cette peine, V. comm. ss. art. L. 234-2). La seule différence entre la contravention et le délit tient à la durée maximale d'une telle interdiction lorsqu'elle est prononcée, cette durée étant fixée à trois ans pour la présente contravention alors qu'elle peut aller jusqu'à cinq ans pour le délit de l'article L. 234-1.

EXTENSION DE LA SUSPENSION DU PERMIS DE CONDUIRE EN MATIÈRE CONTRAVENTIONNELLE

La présente contravention figure parmi celles qui ont été assorties de la peine complémentaire de suspension du permis de conduire par le décret du 31 mars 2003 précité. La généralisation de la procédure de l'amende forfaitaire pour les contraventions des quatre premières classes, en lien avec le développement des systèmes automatisés de contrôle, explique cette création.

En effet, pour qu'une contravention au code de la route puisse faire l'objet de la procédure de l'amende forfaitaire, il n'est plus nécessaire que cette contravention soit sanctionnée uniquement d'une peine d'amende, à l'exclusion de toute peine complémentaire (V. C. pr. pén., art. R. 48-1, 1°, modifié par le Décr. du 31 mars 2003, App., v° *Infractions*). De la sorte, toutes les contraventions des quatre premières classes du présent code qui étaient déjà assorties de cette peine peuvent, depuis 2003, être forfaitisées (par exemple, le non-respect de l'obligation de s'arrêter à un feu rouge de l'art. R. 412-30).

Partant, le décret du 31 mars 2003 en a profité pour rétablir cette peine complémentaire pour toute une série de contraventions, pour lesquelles elle avait été supprimée par le décret n° 95-600 du 5 mai 1995, afin précisément de permettre de leur appliquer, à l'époque, la procédure de l'amende forfaitaire (V., par exemple, certaines contraventions en matière de dépassement prévues aux art. R. 414-4 s.). En outre, il l'a également prévue pour deux contraventions qui n'en avaient jamais été assorties : la contravention de non-respect des distances de sécurité de l'article R. 412-12 et celle, prévue par le présent article, de conduite sous l'empire d'un état alcoolique...

Outre l'aspect évidemment répressif de ces dispositions rétablissant ou prévoyant la peine complémentaire de suspension du permis de conduire, l'objectif avoué est de dissuader les contrevenants faisant l'objet de la procédure de l'amende forfaitaire – qui sont de plus en plus nombreux avec l'automatisation de certains contrôles – de contester celle-ci. En cas de contestation injustifiée, ces derniers s'exposent en effet à une suspension de leur permis de conduire par le juge… ❑

Conduite sous l'influence de l'alcool, V. jurispr. ss. art. L. 234-7.

Art. R. 234-2 *(Décr. nº 2015-774 du 29 juin 2015, art. 1er)* **Les opérations de dépistage de l'imprégnation alcoolique par l'air expiré, prévues par les articles L. 234-3 à L. 234-5 et L. 234-9, sont effectuées au moyen d'un éthylotest électronique ou chimique qui répond, selon sa nature, aux exigences fixées par le décret nº 2008-883 du 1er septembre 2008 relatif aux éthylotests électroniques ou par le décret nº 2015-775 du 29 juin 2015 fixant les exigences de fiabilité et de sécurité relatives aux éthylotests chimiques destinés à un usage préalable à la conduite routière.**

V. Décr. du 1er sept. 2008 (éthylotests électroniques) et Décr. du 29 juin 2015 (éthylotests chimiques), App., vº Alcoolémie.

COMMENTAIRE

Dépistage de l'alcoolémie par éthylotest. Le présent article, réécrit par le décret nº 2015-774 du 29 juin 2015, apporte des précisions sur l'appareil que doivent utiliser les forces de l'ordre pour procéder au dépistage de l'imprégnation alcoolique d'un conducteur. Cet appareil, appelé éthylotest, doit être distingué de l'appareil, appelé éthylomètre, que les forces de l'ordre utilisent pour vérifier le taux d'alcoolémie d'un conducteur par analyse de l'air expiré, conformément aux dispositions de l'article R. 234-4.

Fiabilité des éthylotests. Avant le décret précité du 29 juin 2015, l'article R. 234-2 indiquait que le dépistage de l'alcoolémie d'un conducteur par les forces de l'ordre devait être effectué au moyen d'un appareil conforme à un type homologué selon des modalités qui étaient définies par un arrêté (V. Arr. du 14 oct. 2008, *JO 18 oct.*, mod. par Arr. du 27 avr. 2012, *JO 10 mai*). Or les pouvoirs publics ont décidé d'abandonner la procédure d'homologation prévue par cet arrêté, en raison de sa lourdeur, aussi bien pour les fabricants d'éthylotests que pour l'administration, et de son intérêt limité. Un abandon qui explique, d'une part, la réécriture de l'article R. 234-2 qui prévoit, désormais, que les opérations de dépistage de l'alcoolémie se font au moyen d'un éthylotest, électronique ou chimique, sans faire référence à une quelconque procédure d'homologation, et, d'autre part, l'abrogation de l'arrêté dédié à l'homologation des éthylotests utilisés par les forces de l'ordre (V. Arr. du 29 juin 2015, *JO 30 juin*, qui procède à cette abrogation).

Ces modifications ne signifient pas pour autant que les éthylotests utilisés par les forces de l'ordre ne doivent pas respecter certaines normes. Qu'ils soient électroniques ou chimiques, ces appareils doivent toujours respecter les exigences visant à garantir leur fiabilité et leur sécurité. Pour les éthylotests électroniques, ces exigences sont fixées par le décret nº 2008-883 du 1er septembre 2008, dont les dispositions sont, depuis le décret du 29 juin 2015, également applicables aux éthylotests électroniques utilisés par les forces de l'ordre en application de l'article R. 234-2 du code de la route (auparavant, les dispositions de ce décret n'étaient en effet pas applicables aux appareils mentionnés à l'article R. 234-2 du code de la route, V. al. 2 de l'art. 1er de ce décret, abrogé par le décret nº 2015-774 du 29 juin 2015). Pour les éthylotests chimiques, ces exigences sont formulées dans un autre décret du 29 juin 2015, le décret nº 2015-775. ❑

Art. R. 234-3 **Les vérifications médicales, cliniques et biologiques opérées en application des articles** *(Décr. nº 2021-1351 du 15 oct. 2021, art. 2)* **« L. 234-3 à L. 234-5 et L. 234-9 » et destinées à établir la preuve de l'état alcoolique sont effectuées dans les conditions prévues au chapitre IV du titre V du livre III de la troisième partie du code de la santé publique.** – *[Anc. art. R. 296.]*

V. CSP, art. R. 3354-1 s., App., vº Alcoolémie.

Art. R. 234-4 **Lorsque, pour procéder aux vérifications prévues par les articles** *(Décr. nº 2021-1351 du 15 oct. 2021, art. 3)* **« L. 234-3 à L. 234-5 et L. 234-9 du présent code, ainsi que par l'article » L. 3354-1 du code de la santé publique, l'officier ou l'agent de police judiciaire fait usage d'un appareil homologué permettant de déter-**

miner le taux d'alcool par l'analyse de l'air expiré, la vérification est faite selon les modalités ci-après :

1° Le délai séparant l'heure, selon le cas, de l'infraction ou de l'accident ou d'un dépistage positif effectué dans le cadre d'un contrôle ordonné par le procureur de la République ou effectué sur initiative de l'officier ou de l'agent de police judiciaire et l'heure de la vérification doit être le plus court possible ;

2° L'officier ou l'agent de police judiciaire, après avoir procédé à la mesure du taux d'alcool, en notifie immédiatement le résultat à la personne faisant l'objet de cette vérification. Il l'avise qu'il peut demander un second contrôle. Le procureur de la République, le juge d'instruction ou l'officier ou l'agent de police judiciaire ayant procédé à la vérification peuvent également décider qu'il sera procédé à un second contrôle. Celui-ci est alors effectué immédiatement, après vérification du bon fonctionnement de l'appareil ; le résultat en est immédiatement porté à la connaissance de l'intéressé. — *[Anc. art. R. 297.]*

V. Arr. du 8 juill. 2003 (contrôle des éthylomètres), App., v° Alcoolémie.

1. Notification des résultats. Les dispositions de l'art. R. 297 [R. 234-4] prescrivant la notification immédiate ont pour seul objet de permettre à l'intéressé de solliciter un second contrôle, en conséquence, lorsque plusieurs mois après les faits le procès-verbal de notification est annulé par jugement, une nouvelle notification des mêmes résultats sur réquisitions du procureur est valable car elle ne fait pas grief au prévenu qui avait bénéficié de deux épreuves de dépistage, le taux le plus faible ayant été retenu. • Crim. 27 juin 2001 : *Jurispr. auto 2001. 434.*

2. Les dispositions de l'art. R. 234-4, prescrivant la notification immédiate des résultats de la vérification d'alcoolémie, ayant pour seul objet de permettre à l'intéressé de solliciter un second contrôle, le prévenu ne saurait se faire grief de l'absence de notification de la seconde analyse, qu'il n'avait pas sollicitée, dès lors que seul le taux le plus faible, résultant de la première analyse, a été retenu. • Crim. 2 sept. 2004 : *Jurispr. auto 2004. 595.*

3. Justifie sa décision la cour d'appel qui, pour refuser d'annuler un procès-verbal de vérification du taux d'alcoolémie, relève que la notification de celui-ci et du droit de la personne en faisant l'objet de demander un second contrôle a été retardée de neuf heures en raison de l'état alcoolique de l'intéressé qui ne lui permettait pas de comprendre le sens de cette mesure, le prévenu ayant refusé, à deux reprises, le contrôle auquel les fonctionnaires de police entendaient le soumettre d'office. • Crim. 10 janv. 2007 : *Dr. pénal 2007. Comm. 61, obs. Maron.* ♦ Mais a également été considérée comme justifiée la décision d'une cour d'appel rejetant la demande d'annulation d'une procédure de vérification de l'alcoolémie dans une espèce où le taux d'alcoolémie avait été notifié immédiatement au prévenu, alors que l'intéressé, placé en garde à vue, ne s'était vu notifier les droits afférents à cette mesure que plusieurs heures après en raison de son état alcoolique (ce qui conduira les juges à annuler la mesure de garde à vue pour notification tardive), dès lors que les vérifications d'alcoolémie ont été effectuées conformément aux art. L. 234-4 et R. 234-4 C. route et qu'il se déduit desdites dispositions que les vérifications doivent être effectuées dans le temps le plus voisin des épreuves de dépistage lorsqu'elles se sont révélées positives. • Crim. 16 févr. 2011, n° 10-80.855 P : *D. 2011. 881 ; AJ pénal 2011. 413, note Vlamynck.*

4. Vérification du bon fonctionnement de l'éthylomètre. En cas de second contrôle, l'art. R. 234-4 C. route impose une vérification préalable du bon fonctionnement de l'appareil. Mais en l'absence de texte sanctionnant le défaut de vérification de l'éthylomètre préalablement à un second contrôle, les juges ne peuvent procéder à l'annulation des opérations de dépistage de l'imprégnation alcoolique que s'ils constatent également une contradiction entre les résultats des analyses d'air expiré incompatible avec un bon fonctionnement dudit appareil. ♦ • Crim. 9 nov. 1994 : *Bull. crim. n° 357; Dr. pénal 1995, n° 6* • 2 oct. 2001 : *Jurispr. auto 2002. 17.* ♦ V. aussi : • TGI Sens, 7 juill. 1989 : *Juris-Data n° 022797* • Paris, 26 sept. 2005 : *Jurispr. auto 2006. 461.* ♦ Sur les conditions de la vérification de l'appareil, V. • Besançon, 28 janv. 1988 : *Gaz. Pal. 1989. 1. 251, note Amouroux.*

5. Si l'art. R. 234-4 C. route impose de vérifier le bon fonctionnement de l'appareil utilisé avant le second contrôle, aucun texte ne prévoit l'obligation de vérifier l'éthylomètre avant le premier souffle, ni de changer l'embout de l'appareil entre les deux souffles, à peine de nullité. • Crim. 19 mai 2015, n° 14-85.046 P : *D. 2015. 1157 ; JCP 2015. Actu. 617, obs. Desessard; Dr. pénal 2015. Chron. 7, obs. Gauvin; AJ pénal 2015. 547, note Céré.*

6. L'absence de second contrôle ne saurait être une cause de nullité des opérations de vérifications de l'état alcoolique d'un conducteur, dès lors qu'il est constaté que celui-ci n'est pas parvenu à effectuer ce second souffle. • Crim. 1er avr. 2015, n° 14-83.221 : *Dr. pénal 2015. Chron. 7, obs. Gauvin.* ♦ Est ainsi justifié l'arrêt qui, pour infirmer un jugement ayant accueilli une exception de nullité prise de ce que le second contrôle prévu à l'art. L. 234-5 C. route n'avait pas été opéré, fût-ce d'office, en raison de l'état du prévenu qui n'était pas en mesure de le réclamer, relève que si le second contrôle est de droit, si la personne en fait la demande, la loi n'en fait pas une obligation dans le cas contraire, dès lors que le second contrôle prévu par l'art. R. 234-4, 2°, dudit code n'a pas été sollicité et n'avait pas à être opéré d'office par l'officier ou l'agent de police judiciaire. • Crim. 6 déc. 2016, n° 15-86.619 P : *D. actu. 10 janv. 2017, obs. Goetz.*

7. Prise en compte des marges d'erreur. Il se déduit de l'art. 15 de l'Arr. du 8 juill. 2003 relatif au contrôle des éthylomètres que le juge, lorsqu'il est saisi d'une infraction pour conduite sous l'empire d'un état alcoolique, doit vérifier que, dans le procès-verbal qui fonde la poursuite, il a été tenu compte, pour interpréter la mesure du taux d'alcool effectuée au moyen d'un éthylomètre, des marges d'erreur maximales prévues par ce texte. • Crim. 26 mars 2019, n° 18-84.900 P : *D. 2019. 643 ; D. actu. 10 mai 2019, obs. Azoulay ; AJ pénal 2019. 328, obs. Céré ; JCP 2019. 571, note Desessard ; Dr. pénal 2019, n° 108, note Robert ; ibid. Chron. 7, obs. Gauvin ; Gaz. Pal. 16 avr. 2019, p. 22, note Josseaume.* ♦ Lorsque la personne ayant fait l'objet d'une vérification d'alcoolémie est soumise à un second contrôle en application de l'art. R. 234-4 C. route, seul le taux qui lui est le plus favorable doit être retenu et se voir appliquer la marge d'erreur de 8 % prévu par l'art. 15 de l'Arr. du 8 juill. 2003. • Crim. 14 déc. 2021, n° 20-86.969 A : *D. 2022. 12 ; ibid. 424, obs. Joly ; D. actu. 3 janv. 2022, obs. Goetz ; Dr. pénal 2022, n° 26, note Robert.*

Art. R. 234-5 *(Décr. n° 2011-1048 du 5 sept. 2011, art. 5)* **I. — Est puni de l'amende prévue pour les contraventions de la cinquième classe le fait pour une personne ayant été condamnée à la peine d'interdiction de conduire un véhicule qui ne soit pas équipé par un professionnel agréé ou par construction d'un dispositif homologué d'antidémarrage par éthylotest électronique de conduire un véhicule équipé d'un tel dispositif soit après que celui-ci a été utilisé par un tiers pour permettre le démarrage, soit après l'avoir neutralisé ou détérioré ou l'avoir utilisé dans des conditions empêchant la mesure exacte de son état d'imprégnation alcoolique.**

(Décr. n° 2017-198 du 16 févr. 2017, art. 1er-4°) **« Les dispositions du précédent alinéa sont également applicables lorsque les faits ont été commis :**

« — par une personne ayant accepté d'exécuter à titre de composition pénale la mesure prévue au 4° *bis* de l'article 41-2 du code de procédure pénale, dès lors que la composition pénale a été validée dans les conditions prévues par cet article ;

« — par une personne soumise à une interdiction de conduire un véhicule qui ne soit pas équipé, par un professionnel agréé ou par construction, d'un dispositif homologué d'antidémarrage par éthylotest électronique prononcée en application du 8° de l'article 138 du code de procédure pénale dans le cadre d'un contrôle judiciaire ou d'une assignation à résidence sous surveillance électronique ;

« — par une personne soumise à une interdiction de conduire un véhicule qui ne soit pas équipé, par un professionnel agréé ou par construction, d'un dispositif homologué d'antidémarrage par éthylotest électronique prononcée en application du 7° de l'article 132-45 du code pénal, dans le cadre d'une contrainte pénale, d'un suivi socio-judiciaire, d'un sursis avec mise à l'épreuve ou assorti de l'obligation d'accomplir un travail d'intérêt général, d'un des aménagements de peine prévus aux articles 720-1-1, 721-2, 723-4 ou 723-10 du code de procédure pénale, d'une libération conditionnelle, ou d'une surveillance judiciaire ou de sûreté. »

II. — Le fait, par toute personne, de faciliter sciemment, par aide ou assistance, la préparation ou la consommation de la contravention prévue au I est puni de la même peine.

III. — Les personnes coupables des contraventions prévues au présent article encourent également les peines complémentaires suivantes :

1° La suspension du permis de conduire pour une durée de trois ans au plus, cette suspension ne pouvant pas être limitée à la conduite en dehors de l'activité professionnelle, ni être assortie du sursis, même partiellement ;

2° L'interdiction de conduire certains véhicules terrestres à moteur, y compris ceux pour la conduite desquels le permis de conduire n'est pas exigé, pour une durée de trois ans au plus ;

3° L'obligation d'accomplir, à ses frais, un stage de sensibilisation à la sécurité routière ;

4° La confiscation du véhicule dont le prévenu s'est servi pour commettre l'infraction, s'il en est propriétaire.

IV. — La récidive des contraventions prévues au présent article est réprimée conformément à l'article 132-11 du code pénal.

V. — Ces contraventions donnent lieu de plein droit à la réduction de six points du permis de conduire.

VI. — L'immobilisation du véhicule peut être prescrite dans les conditions prévues aux articles L. 325-1 à L. 325-3.

COMMENTAIRE

Contraventions en lien avec l'EAD. L'interdiction de conduire un véhicule non équipé d'un dispositif d'antidémarrage par éthylotest électronique (EAD) constitue une peine complémentaire qui vient assortir certaines infractions liées à l'alcool, mais aussi une peine alternative à l'emprisonnement, une mesure de composition pénale, une obligation à laquelle une personne mise en examen peut être astreinte dans le cadre d'un contrôle judiciaire ou encore une obligation venant assortir un sursis avec mise à l'épreuve (V. comm. ss. art. L. 234-2, I, 7°). Or, pour garantir le respect d'une telle interdiction, quel que soit le cadre dans lequel elle a été prononcée, plusieurs contraventions ont été formulées dans le présent article, auxquelles il faut ajouter un délit qui sanctionne le fait pour une personne faisant l'objet d'une telle interdiction de conduire un véhicule non équipé d'un EAD, au moins dans le cas où cette interdiction a été prononcée comme peine complémentaire pour les délits de conduite sous l'empire d'état alcoolique et de conduite en état d'ivresse manifeste (V. art. L. 234-16 et son comm.).

L'article R. 234-5 incrimine ainsi le fait de conduire un véhicule équipé d'un tel dispositif en le rendant inopérant, d'une manière ou d'une autre : l'intéressé l'a neutralisé, l'a détérioré ou l'a utilisé dans des conditions lui permettant de démarrer son véhicule alors qu'il était sous imprégnation alcoolique, ou bien, plus simplement, a eu recours à un tiers pour démarrer son véhicule. On remarquera que le tiers qui aiderait l'intéressé à démarrer son véhicule peut également être sanctionné, au titre de la complicité par aide ou assistance, qui est ici spécialement incriminée. Quant aux sanctions encourues, outre l'amende prévue pour les contraventions de cinquième classe, l'intéressé, mais aussi son complice, s'exposent à plusieurs peines complémentaires dont la suspension du permis de conduire et la confiscation du véhicule ayant servi à commettre l'infraction. Un retrait de six points sur le permis de conduire s'ajoute encore à cet arsenal répressif.

Autres contraventions. On notera enfin que les présentes contraventions doivent être distinguées de celles prévues à l'article R. 224-6 et à l'article R. 234-6 qui sanctionnent des comportements comparables à ceux incriminés par l'article R. 234-5, mais commis dans d'autres cas que ceux énumérés par le présent article. Les contraventions de l'article R. 224-6 concernent ainsi les conducteurs ayant fait l'objet d'un arrêté du préfet limitant leur droit de conduire aux seuls véhicules équipés d'un EAD et les contraventions de l'article R. 234-6 concernent les conducteurs des véhicules qui doivent être obligatoirement équipés d'un dispositif antidémarrage par éthylotest électronique. ❑

Art. R. 234-6 *(Décr. nº 2012-3 du 3 janv. 2012, art. 4)* **Tout conducteur d'un véhicule obligatoirement équipé d'un éthylotest antidémarrage doit utiliser ce dispositif préalablement au démarrage du véhicule.**

Le fait pour le conducteur de conduire un véhicule équipé d'un tel dispositif soit après que celui-ci a été utilisé par un tiers pour permettre le démarrage, soit après l'avoir neutralisé ou détérioré ou l'avoir utilisé dans des conditions empêchant la mesure exacte de son état d'imprégnation alcoolique est puni de l'amende prévue pour les contraventions de la quatrième classe.

Le fait, par toute personne, de faciliter sciemment, par aide ou assistance, la préparation ou la consommation de la contravention prévue à l'alinéa précédent est puni de la même peine.

COMMENTAIRE

Certains véhicules doivent être obligatoirement équipés d'un dispositif d'antidémarrage par éthylotest électronique. Il en est ainsi, depuis le 1er septembre 2015, de l'ensemble des autocars de transports en commun de personnes (V. art. 70 *bis*, Arr. du 2 juill. 1982 relatif aux transports en commun de personnes, créé par l'Arr. du 13 oct. 2009, *JO 25 nov.*, dont les dispositions généralisent une obligation à laquelle étaient astreints, depuis le 1er janv. 2010, les autocars affectés aux transports en commun d'enfants mis pour la première fois en circulation. V. égal., pour cette même catégorie de véhicules, les dispositions de l'art. L. 317-9 du présent code créées par la L. n° 2015-990 du 6 août 2015).

Or, le présent article prévoit plusieurs contraventions – rédigées sur le modèle de celles prévues à l'article R. 234-5 – sanctionnant le fait pour le conducteur d'un véhicule concerné de le conduire en rendant inopérant son dispositif d'antidémarrage ou en ayant recours à un tiers pour le faire démarrer ; un tiers qui peut également ici être sanctionné au titre de la complicité par aide ou assistance. On notera que ces contraventions sont punies uniquement d'une amende de quatrième classe, à la différence de celles formulées à l'article R. 234-5. Les contraventions de l'article R. 234-5 sont, il est vrai, applicables à des personnes qui ont commis un délit ou ayant reçu une contravention pour conduite sous l'empire d'un état alcoolique et qui ont été condamnées ou ont accepté une mesure de composition pénale leur interdisant de conduire un véhicule non équipé d'un dispositif d'antidémarrage par éthylotest électronique. Ce qui justifie un traitement pénal différencié. ❑

Art. R. 234-7 *(Décr. n° 2020-605 du 18 mai 2020, art. 9)* **Le fait de contrevenir aux dispositions de l'article L. 3341-4 du code de la santé publique et de ses textes d'application est puni de l'amende prévue pour les contraventions de la quatrième classe.**

Textes d'applications, V. Arr. du 24 août 2011 (JO 1er oct.), mod. par Arr. du 9 mai 2016 (JO 20 mai), ainsi qu'Arr. du 30 mars 2021 (JO 7 avr.).

COMMENTAIRE

Possession obligatoire d'un éthylotest. Dans sa version d'origine – issue du décret n° 2012-284 du 28 février 2012 – l'article R. 234-7 imposait aux conducteurs des véhicules terrestres à moteur de posséder dans leur véhicule un éthylotest non usagé. Par là même, le décret du 28 février 2012 avait rendu applicable une obligation formulée par une loi du 9 juillet 1970 et qui avait été reprise à l'article L. 234-14 dans le code de la route recomposé. Il avait fallu de la sorte attendre plus de quarante ans pour que le décret rendant effectif cette obligation soit adopté.

Sept ans après, cette obligation a cependant été remise en cause par le législateur qui a considéré qu'elle posait des difficultés d'application et, au final, était peu efficace pour lutter contre l'alcoolémie au volant. L'article L. 234-14 a été en conséquence abrogé par la loi du 24 décembre 2019 d'orientation des mobilités et les dispositions du présent article qui en fixait les modalités d'application ont été supprimées par le décret n° 2020-605 du 18 mai 2020.

Dispositifs de dépistage de l'imprégnation alcoolique dans les débits de boissons. L'article R. 234-7 n'a pas pour autant été purement et simplement abrogé par le décret du 18 mai 2020. De nouvelles dispositions y ont en effet été insérées, toujours en lien avec le dépistage de l'alcoolémie. Depuis le décret du 18 mai 2020, l'article R. 234-7 prévoit en effet une contravention de quatrième classe sanctionnant le fait de contrevenir aux dispositions de l'article L. 3341-4 du code de la santé publique. Ces dispositions prévoient que dans les débits de boissons à consommer sur place, dont la fermeture intervient entre 2 heures et 7 heures, des dispositifs de dépistage de l'imprégnation alcoolique doivent être mis à disposition du public et, depuis la loi du 24 décembre 2019, que, dans les débits de boissons à emporter, de tels dispositifs doivent être proposés à la vente à proximité des étalages de boissons alcooliques. Il s'agit par là même d'obliger les professionnels concernés à s'équiper de dispositifs de dépistage de l'imprégnation alcoolique (ou à les proposer à la vente) afin que les consommateurs de ces débits de boisson soient incités à dépister leur alcoolémie avant de conduire. Ces dispositions ont donc une finalité comparable à celle qui était donnée aux dispositions qui figuraient à l'article R. 234-7 avant le décret du 18 mai 2020.

D'un point de vue formel, on peut cependant se demander s'il était nécessaire de formuler la présente contravention dans le code de la route. Cette contravention sanctionne en effet des obligations qui ne sont pas imposées aux conducteurs et qui ne figurent pas dans le code de la route. Il s'agit d'obligations qui pèsent sur certains débits de boissons et qui sont formulées dans le code de la santé publique. Il aurait donc été logique que la contravention venant sanctionner ces obligations soit formulée dans le code de la santé publique et non au sein du présent article. Dans le code de la santé publique, le décret du 18 mai 2020 a d'ailleurs créé un article

R. 3353-2 renvoyant le lecteur de ce code à l'article R. 234-7 du code de la route pour connaître les sanctions applicables en cas de non-respect des dispositions de l'article L. 3341-4 du code de la santé publique. Le pouvoir réglementaire a peut-être pensé qu'en mettant les présentes dispositions au sein du code de la route, leur contenu serait enseigné aux apprentis conducteurs avec l'ensemble des règles de ce code relatives à l'alcoolémie au volant et par là même serait une manière de les inciter à dépister leur imprégnation alcoolique avant de conduire. ❑

Sur le rejet de la demande d'indemnité formulée contre l'État par un fabricant d'éthylotests à la suite de la suppression par le Décr. n° 2013-180 du 28 févr. 2013 de l'amende venant sanctionner le défaut de possession d'un éthylotest, V. • TA Paris, 17 févr. 2015 : *AJDA 2015. 1027*.

CHAPITRE V **CONDUITE APRÈS USAGE DE SUBSTANCES OU PLANTES CLASSÉES COMME STUPÉFIANTS** *(Décr. n° 2003-293 du 31 mars 2003, art. 5).*

(Décr. n° 2001-751 du 27 août 2001)

Les dispositions de ce chapitre entrent en vigueur le 1er oct. 2001 ; elles sont applicables à Mayotte (Décr. n° 2001-751 du 27 août 2001, art. 7 et 8).

COMMENTAIRE

Épreuves de dépistage, analyses et examens. Les dispositions du présent chapitre ont pour objet de préciser la manière de procéder aux épreuves de dépistage de l'usage de stupéfiants par un conducteur (art. R. 235-3 et R. 235-4), ainsi qu'aux analyses et examens médicaux, cliniques et biologiques visant à vérifier un tel usage (art. R. 235-5 à R. 235-11). Elles ont été modifiées à plusieurs reprises et en dernier lieu par le décret n° 2016-1152 du 24 août 2016 afin de permettre aux forces de l'ordre de procéder, au stade des vérifications de l'usage de stupéfiants, à un prélèvement salivaire, en lieu et place d'un prélèvement sanguin.

A cet ensemble de dispositions, il faut ajouter celles figurant dans l'arrêté du 13 décembre 2016 fixant les modalités du dépistage des substances témoignant de l'usage de stupéfiants et des analyses et examens prévus par le code de la route (V. cet Arr. ss. art. R. 235-13). Un arrêté qui a remplacé, comme l'indique d'ailleurs son intitulé, l'arrêté du 5 septembre 2001 dans lequel figuraient, auparavant, ces modalités. ❑

SECTION 1 **Dispositions générales**

COMMENTAIRE

Sont formulées ici quelques dispositions générales concernant le contrôle de l'usage de stupéfiants en cas d'accident de la circulation.

Pertinence des contrôles. L'article R. 235-1 demande aux forces de l'ordre de respecter le délai le plus court possible entre l'heure de l'accident – qu'il soit mortel ou non – et celle des épreuves de dépistage. Il s'agit, par là même, de garantir la pertinence des contrôles. Seule la présence de substances ou de plantes classées comme stupéfiants permet en effet au délit de l'article L. 235-1 d'être constitué. Or, en la matière, il semblerait que les analyses sanguines ne s'avèrent positives qu'en cas d'usage relativement récent : 4 heures pour le cannabis, 6 heures pour l'héroïne, 12 heures pour la cocaïne et 48 heures pour les ecstasys (V. Circ. n° 2003-08 E du 10 juin 2003).

Accident mortel de la circulation. L'article R. 235-2, quant à lui, a pour objet de préciser ce qu'est un accident mortel de la circulation. Une telle précision est à mettre en lien avec les conditions de contrôle de l'usage de stupéfiants telles qu'elles existaient avant la loi du 14 mars 2011, dite « LOPPSI II ». Avant cette loi, le contrôle de l'usage de stupéfiants était en effet toujours obligatoire dans le cas où un conducteur était impliqué dans un accident mortel de la circulation (en cas d'accident corporel, un tel contrôle ne devait intervenir que lorsqu'il existait une ou plusieurs raisons plausibles de soupçonner qu'il avait fait usage de stupéfiants). Pour éviter des problèmes d'interprétation (un accident pouvant être qualifié de mortel lorsqu'une personne blessée décède quelques jours après celui-ci), mais aussi, là encore, rendre pertinents les épreuves de dépistage et, éventuellement, les analyses et examens subséquents, le pouvoir réglementaire était donc venu définir l'accident mortel de la circulation ici comme celui qui a eu des conséquences immédiatement mortelles. Concrètement cela signifiait que la recherche de stupéfiants était donc obligatoire lorsqu'une personne décédait sur les lieux mêmes de l'accident (V. Circ. CRIM 01-16 F1 du 21 sept. 2001, *BOMJ 2001, n° 83, p. 134 s.*).

Depuis la LOPPSI II, le dépistage de l'usage de stupéfiants est obligatoire aussi bien en cas d'accident mortel qu'en cas d'accident corporel (V. comm. ss. art. L. 235-2). La définition de l'accident mortel donnée par l'article R. 235-2 ne présente dès lors plus vraiment d'intérêt. ❑

Art. R. 235-1 *(Décr. n° 2003-293 du 31 mars 2003, art. 5)* **En vue de procéder aux épreuves de dépistage et, le cas échéant,** *(Décr. n° 2016-1152 du 24 août 2016, art. 1er-1°)* **« aux analyses ou examens médicaux », cliniques et biologiques prévus par l'article L. 235-2, le délai séparant, d'une part, l'heure de l'accident et, d'autre part, l'heure de l'épreuve de dépistage et le cas échéant** *(Décr. n° 2016-1152 du 24 août 2016, art. 1er-1°)* **« des analyses ou examens précités » doit être le plus court possible.**

V. Circ. CRIM. n° 2003-08 E8 du 10 juin 2003 présentant les dispositions du Décr. n° 2003-293 du 31 mars 2003 relatif à la sécurité routière, et de la loi n° 2003-87 du 3 févr. 2003 relative à la conduite sous l'influence de substances ou plantes classées comme stupéfiants (BOMJ 2003, n° 90, p. 145 s.).

Est légal l'art. 5 du Décr. du 31 mars 2003 qui met en concordance les dispositions des art. R. 235-1 s. avec la L. du 3 février 2003 et précise les modalités de dépistage de la conduite après usage de substances ou plantes classées comme stupéfiants. En effet, est inopérant le moyen selon lequel ce décret créerait une incertitude sur les types de stupéfiants concernés dès lors que le pouvoir réglementaire n'avait pas à les définir ; lesquels sont au demeurant définis par l'art. 2 de l'arrêté du ministre de la santé pris en application de l'art. R. 235-4. • CE 5 janv. 2005, n° 257341 : *inédit.*

Art. R. 235-2 *(Décr. n° 2003-293 du 31 mars 2003, art. 5)* **Pour l'application de l'article L. 235-2, doit être regardé comme étant un accident mortel de la circulation celui qui a des conséquences immédiatement mortelles.**

SECTION 2 Épreuves de dépistage

Art. R. 235-3 Les épreuves de dépistage prévues par *(Décr. n° 2003-293 du 31 mars 2003, art. 5)* **« l'article L. 235-2 » sont effectuées par un médecin, un biologiste, ou un étudiant en médecine autorisé à exercer à titre de remplaçant, dans les conditions fixées à l'article L. 4131-2 du code de la santé publique, requis à cet effet** *(Décr. n° 2021-1351 du 15 oct. 2021, art. 4)* **« soit » par un officier ou agent de police judiciaire** *(Décr. n° 2021-1351 du 15 oct. 2021, art. 4)* **« soit par un agent de police judiciaire adjoint ou par un garde champêtre »** *(Décr. n° 2012-3 du 3 janv. 2012, art. 6)* **« , sur l'ordre et sous la responsabilité d'un officier de police judiciaire, » qui leur fournit les matériels nécessaires au dépistage** *(Décr. n° 2008-754 du 30 juill. 2008, art. 14)* **« lorsqu'il s'agit d'un recueil urinaire.**

« Ces épreuves sont effectuées par un officier ou agent de police judiciaire *(Décr. n° 2021-1351 du 15 oct. 2021, art. 4)* **« , par un agent de police judiciaire adjoint ou par un garde champêtre »** *(Décr. n° 2012-3 du 3 janv. 2012, art. 6)* **« dans les conditions prévues à l'alinéa précédent, » lorsqu'il s'agit d'un recueil salivaire. »**

COMMENTAIRE

Test urinaire. Le test urinaire a longtemps constitué l'unique épreuve de dépistage de l'usage de substances et plantes stupéfiantes. Cette modalité de dépistage, qui peut toujours être utilisée, est cependant contraignante. Comme l'indique l'article R. 235-3, alinéa 1er, elle suppose l'intervention d'un médecin (ou d'un biologiste), ce qui implique sa présence sur les lieux de contrôle ou bien que les forces de l'ordre conduisent la personne contrôlée dans un établissement de santé (ou dans un laboratoire). Sans oublier que le recueil urinaire implique un minimum d'intimité qu'il peut être difficile de respecter lorsque l'épreuve de dépistage se déroule sur les lieux du contrôle.

Test salivaire. Le progrès technique a cependant permis de mettre au point une nouvelle modalité de dépistage à partir d'un recueil salivaire. L'existence de cette nouvelle modalité, mais aussi la volonté des pouvoirs publics de renforcer les contrôles en matière de conduite après usage de stupéfiants, expliquent les modifications apportées au présent article par le décret n° 2008-754 du 30 juillet 2008 qui est venu autoriser le dépistage à partir d'un test salivaire. Un tel test est, il est vrai, beaucoup moins contraignant que le test urinaire, puisque celui-ci est réalisé directement par les forces de l'ordre, comme l'indique l'alinéa 2 du présent article. Rappelons toutefois que si ce test salivaire s'avère positif, l'usage de stupéfiants doit ensuite être vérifié pour pouvoir établir que la personne concernée conduisait en ayant fait usage de stupéfiants et donc pour la poursuivre, le cas échéant, pour le délit prévu à l'article L. 235-1. Or, jusqu'en 2016, ces vérifications demeuraient contraignantes pour les forces de l'ordre car elles supposaient une analyse sanguine et donc une prise de sang par un médecin. Il en va différemment depuis la loi du 26 janvier 2016 de modernisation de notre système de santé, qui, en modifiant l'incrimination de l'article L. 235-1 afin de permettre d'établir l'usage de stupéfiants d'un conducteur par analyse salivaire, a rendu possible les vérifications de l'usage de stupéfiants d'un conducteur à partir d'un prélèvement salivaire, comme le prévoit l'article R. 235-5 du présent code.

Sur les modifications apportées au présent article par le décret n° 2021-1351 du 15 octobre 2021 donnant compétence aux gardes champêtres pour procéder aux épreuves de dépistage de l'usage de stupéfiants, voir le commentaire sous l'article L. 235-2. ❑

Dépistage salivaire. L'opération de dépistage salivaire, qui permet seulement de déterminer chez l'intéressé une éventuelle consommation de produits stupéfiants, est un préalable aux vérifications de l'usage de stupéfiants par prélèvement sanguin. Le fait qu'il soit impossible d'identifier le kit salivaire utilisé lors du dépistage ne saurait dès lors être une cause de nullité du contrôle, l'absence d'informations précises sur le kit de dépistage utilisé n'étant pas susceptible de causer un grief au prévenu. • Chambéry, 7 févr. 2018 : *JCP 2018. 685, obs. Gauvin.*

Art. R. 235-4 *(Décr. n° 2016-1152 du 24 août 2016, art. 1er-2°)* **Les épreuves de dépistage réalisées à la suite d'un recueil de liquide biologique sont effectuées conformément aux méthodes et dans les conditions prescrites par un arrêté des ministres de la justice et de l'intérieur ainsi que du ministre chargé de la santé, après avis du directeur général de l'Agence nationale de sécurité du médicament et des produits de santé.**

V. Arr. du 13 déc. 2016, ss. art. R. 235-13.

SECTION 3 Analyses et examens médicaux, cliniques et biologiques

Art. R. 235-5 *(Décr. n° 2016-1152 du 24 août 2016, art. 1er-2°)* **Les vérifications mentionnées au cinquième alinéa de l'article L. 235-2 comportent une ou plusieurs des opérations suivantes :**

— examen clinique en cas de prélèvement sanguin ;

— analyse biologique du prélèvement salivaire ou sanguin.

Art. R. 235-6 *(Décr. n° 2016-1152 du 24 août 2016, art. 1er-2°)* **I. — Le prélèvement salivaire est effectué par un officier ou agent de police judiciaire de la gendarmerie ou de la police nationales territorialement compétent à l'aide d'un nécessaire, en se conformant aux méthodes et conditions prescrites par l'arrêté prévu à l'article R. 235-4.**

A la suite de ce prélèvement, l'officier ou l'agent de police judiciaire demande au conducteur s'il souhaite se réserver la possibilité de demander l'examen technique ou l'expertise prévus par l'article R. 235-11 ou la recherche de l'usage des médicaments psychoactifs prévus au même article.

Si la réponse est positive, il est procédé dans le plus court délai possible à un prélèvement sanguin dans les conditions fixées au II.

II. — Le prélèvement sanguin est effectué par un médecin ou un étudiant en médecine autorisé à exercer à titre de remplaçant, dans les conditions fixées à l'article L. 4131-2 du code de la santé publique, requis à cet effet par un officier ou un agent de police judiciaire. Le prélèvement sanguin peut également être effectué par un biologiste requis dans les mêmes conditions.

Ce praticien effectue le prélèvement sanguin à l'aide d'un nécessaire mis à sa disposition par un officier ou un agent de police judiciaire, en se conformant aux méthodes prescrites par un arrêté pris dans les conditions prévues à l'article R. 235-4.

Un officier ou un agent de police judiciaire assiste au prélèvement sanguin.

III. — L'examen clinique, en cas de prélèvement sanguin, est effectué par un médecin ou un étudiant en médecine autorisé à exercer à titre de remplaçant, dans les conditions fixées à l'article L. 4131-2 du code de la santé publique, requis à cet effet par un officier ou un agent de police judiciaire.

COMMENTAIRE

Vérifications de l'usage de stupéfiants. Lorsque le dépistage de l'usage de stupéfiants s'avère positif, il convient de vérifier cet usage. Ces vérifications ont longtemps supposé un prélèvement sanguin, l'article L. 235-1 incriminant le fait de conduire un véhicule alors qu'il résulte d'une analyse sanguine que l'intéressé a fait usage de stupéfiants. Depuis la loi du 26 janvier 2016 de modernisation de notre système de santé, l'article L. 235-1 incrimine le fait de conduire un véhicule alors qu'il résulte d'une analyse sanguine ou salivaire que la personne a fait usage de stupéfiants. Il en résulte que les vérifications de l'usage de stupéfiants peuvent, depuis cette loi, prendre aussi la forme d'une analyse de la salive du conducteur, comme le précisent les présentes dispositions depuis le décret n° 2016-1152 du 24 août 2016.

Prélèvement salivaire ou/et prélèvement sanguin. Vérifier l'usage de stupéfiants par analyse salivaire suppose que soit effectué un prélèvement de salive sur le conducteur. Celui-ci est réalisé par un officier ou un agent de police judiciaire, indique l'article R. 235-6, I. Ce qui présente indéniablement un avantage par rapport aux vérifications de l'usage de stupéfiants par analyse sanguine, lesquelles nécessitent, conformément à l'article R. 235-6, II, un prélèvement sanguin effectué par un médecin, auquel l'officier ou l'agent de police judiciaire doit assister. Toutefois, comme le précise l'article 7 de l'arrêté du 13 décembre 2016 fixant les modalités du dépistage des substances témoignant de l'usage de stupéfiants et des analyses et examens prévus par le code de la route (V. cet Arr. ss. art. R. 235-13), c'est en réalité le conducteur qui doit effectuer, lui-même, un tel prélèvement, sous le contrôle de l'officier ou de l'agent de police judiciaire et non pas l'officier ou l'agent de police judiciaire comme le laisse entendre l'article R. 235-6, I. Par ailleurs, en cas de prélèvement salivaire, l'officier ou l'agent de police judiciaire doit demander au conducteur s'il souhaite se réserver la possibilité de demander l'examen technique ou l'expertise prévus par l'article R. 235-11 ou bien une recherche de l'usage de médicaments psychoactifs également prévue par l'article R. 235-11. Or si le conducteur répond par l'affirmative, l'officier ou l'agent de police judiciaire doit alors faire procéder à un prélèvement sanguin complémentaire… ❑

I. PRÉLÈVEMENT SALIVAIRE

1. Nullité du prélèvement salivaire. Une cour d'appel, ayant annulé l'opération de dépistage salivaire, ne saurait déclarer un prévenu coupable de conduite après usage de stupéfiants au motif que l'analyse du prélèvement salivaire établissait l'usage de stupéfiants, dès lors qu'il résulte de l'art. 174 du C. pr. pén. que lorsqu'une cour d'appel constate la nullité d'un acte de la procédure, doivent être annulées par voie de conséquence les pièces qui ont pour support nécessaire l'acte vicié. • Crim. 25 janv. 2023, n° 22-83.804 : *AJ pénal 2023. 141, obs. Céré.*

2. Possibilité pour le conducteur de demander un examen de contrôle ou une expertise. Il résulte de l'art. R. 235-6 que la personne soupçonnée d'un usage de stupéfiants, à la suite d'un prélèvement salivaire de dépistage, peut se réserver la possibilité de demander l'examen technique, l'expertise ou la recherche de l'usage des médicaments psychoactifs prévus par l'art. R. 235-11 C. route. La circonstance que le conducteur n'a pas été mis à même de se réserver une telle possibilité ou qu'un souhait exprimé en ce sens n'a pas été pris en compte est de nature à entacher la régularité de la procédure engagée à son encontre. Une telle circonstance ne saurait cependant l'autoriser à se prévaloir, pour contester les résultats du prélèvement salivaire, des résultats d'une expertise réalisée de sa propre initiative, en-dehors de la procédure organisée par l'art. R. 235-11 C. route. • CE 21 nov. 2023, n° 467841 B.

II. PRÉLÈVEMENT SANGUIN

3. Kit de prélèvement. Si l'art. R. 235-6, al. 2, C. route [R. 235-6, II, C. route, depuis Décr. n° 2016-1152 du 24 août 2016] prévoit que le praticien effectue le prélèvement biologique à l'aide d'un nécessaire mis à sa disposition par un officier ou un agent de police judiciaire, la remise d'un tel nécessaire ne constitue pas une formalité substantielle dont la violation est sanctionnée par la nullité, mais est seulement destinée à faciliter la réalisation du prélèvement biologique. Le prévenu ne saurait en outre prétendre que l'absence de mention de l'utilisation du nécessaire dans les procès-verbaux lui cause un grief, dès lors qu'il résulte de la procédure que le prélèvement a été réalisé par un professionnel, dans les règles de l'art et sous le contrôle d'un officier de police judiciaire. • Douai, 9 janv. 2012 : *Dr. pénal 2012. Chron. 6, obs. Gauvin.* ♦ Est ainsi justifié l'arrêt qui, pour déclarer un prévenu coupable du délit de conduite après usage de stupéfiants, énonce que le prélèvement sanguin prescrit par l'art. R. 235-6 C. route a été effectué, en présence des gendarmes, par un médecin requis à cette fin, dans le service des urgences d'un centre hospitalier universitaire, rendant ainsi inutile l'emploi d'un kit de prélèvement, dès lors que la cour d'appel, qui, après avoir souverainement apprécié, au regard des dispositions des art. R. 235-1 s. C. route, la régularité des épreuves de dépistage et des opérations de prélèvement et d'analyse biologiques, a relevé la présence de substances cannabiniques dans l'organisme de l'intéressé. • Crim. 14 oct. 2014, 1er arrêt, n° 13-81.390 P : *D. actu. 5 nov. 2014, obs. Fonteix; JCP 2014. 1108; Dr. pénal 2014, n° 147, note Robert; D. 2015. Chron. C. cass. 110, obs. Barbier*.

4. Le prélèvement, une simple opération technique. Le médecin qui procède au prélèvement biologique prévu à l'art. R. 235-5 C. route n'a pas à prêter serment, dès lors que le seul prélèvement de sang effectué par l'un des praticiens énumérés par les art. R. 235-5 et R. 235-6, préalablement à l'analyse aux fins de recherche et de dosage des stupéfiants, ne constitue qu'une simple opération technique n'impliquant aucune appréciation personnelle de sa part. • Crim. 23 juin 2015, n° 14-84.464 P : *Dr. pénal 2015, n° 112, note Robert; Gaz. Pal. 3 nov. 2015, p. 37, note Fourment.*

5. Fiches présentant les résultats. Une procédure de vérification de l'usage de stupéfiants est en revanche irrégulière lorsque la fiche « D » des résultats des épreuves de dépistage, prévue par l'art. R. 235-4 C. route et l'Arr. du 5 sept. 2001, n'a pas été renseignée et ne permet donc pas de connaître les conditions du prélèvement sanguin réalisé à la suite d'un dépistage positif (en particulier par quel médecin celui-ci a été effectué, aucune signature du praticien ne figurant dans la case prévue à cet effet), ni de savoir, si, conformément aux art. R. 235-6 et R. 235-7 C. route, deux flacons du prélèvement sanguin ont bien été remplis, étiquetés et scellés, en présence d'un officier de police judiciaire. • Dijon, 10 mars 2011 : *Dr. pénal 2011. Chron. 6, obs. Gauvin* (malgré cette irrégularité, les juges condamneront l'intéressé en s'appuyant sur son aveu d'avoir « fumé un joint » avant de conduire, l'irrégularité ne lui causant aucun grief. Une solution sanctionnée ensuite par la Cour de cassation, V. art. L. 235-1 C. route : note 4). ♦ Depuis le Décr. n° 2016-1152 du 24 août 2016, les art. R. 235-4 et R. 235-10 n'imposent plus l'utilisation de fiches présentant les résultats conformes à un modèle fixé par arrêté ; ces fiches qui figuraient en annexe de l'Arr. du 5 sept. 2001 (fiches D à F) n'ont pas été reprises dans l'Arr. du 13 déc. 2016 et ne sont donc plus requises.

6. Quantité de sang prélevé. L'art. 8 de l'Arr. du 5 sept. 2001, qui imposait le prélèvement d'une quantité minimale de sang en vue de l'analyse destinée à établir la présence de cannabis à l'occasion de la conduite d'un véhicule, a été abrogé par l'Arr. du 13 déc. 2016, qui prévoit seulement la mise à la disposition, par l'enquêteur qui requiert le prélèvement, au praticien qui l'exécute, de deux tubes de 10 ml chacun, sans imposer le recueil d'une quantité minimale de sang. Est, en conséquence, justifiée la décision rejetant la demande de nullité d'un prévenu du procès-verbal d'expertise toxicologique le concernant dans lequel le médecin ayant réalisé le prélèvement sanguin n'avait pas précisé ni le volume de sang prélevé, ni le nombre de tubes utilisés pour son prélèvement. • Crim. 18 mai 2022, n° 21-84.613 B : *D. actu. 14 juin 2022, obs. Bisiou; Dr. pénal 2022, n° 124, note Robert; ibid. Chron. 8, obs. Gauvin.* ♦ Comp., antérieurement, • Pau, 13 mars 2014 : *Dr. pénal 2014. Chron. 7, obs. Gauvin*, déclarant irrégulière la procédure de vérification de l'usage de stupéfiants au cours de laquelle il n'avait été procédé qu'à un prélèvement de 5 ml de sang dans un seul tube, les dispositions de l'art. 8 de l'Arr. du 5 sept. 2001 prévoyant un prélèvement de 10 ml de sang par ponction, dans deux tubes. • Crim. 11 juill. 2017, n° 16-86.907 : *Dr. pénal 2017, n° 179, note Robert; ibid. 2018. Chron. 7, obs. Gauvin*, jugeant que la violation des prescriptions édictées par l'Arr. du 5 sept. 2001 fixant les modalités du dépistage des substances témoignant de l'usage de stupéfiants quant à la quantité minimale de sang prélevé et au versement de celui-ci dans deux tubes distincts destinés à l'analyse et pour permettre une éventuelle contre-expertise, contredit nécessairement la fiabilité du résultat de l'analyse sanguine.

Art. R. 235-7 *(Décr. n° 2016-1152 du 24 août 2016, art. 1er-2°)* **Le prélèvement sanguin mentionné au troisième alinéa du I de l'article R. 235-6 est conservé dans un tube étiqueté et scellé par un officier ou agent de police judiciaire.**

Le prélèvement sanguin prévu au II de l'article R. 235-6 est réparti entre deux tubes étiquetés et scellés par un officier ou agent de police judiciaire.

Art. R. 235-8 *(Décr. n° 2016-1152 du 24 août 2016, art. 1er-2°)* **En cas de décès du ou des conducteurs impliqués, le prélèvement des échantillons sanguins est effectué dans les conditions fixées par l'article R. 235-5 et par le II de l'article R. 235-6.**

Les méthodes de prélèvement et de conservation des échantillons sanguins applicables en cas de décès du ou des conducteurs impliqués sont fixées par l'arrêté prévu à l'article R. 235-4.

Le cas échéant, sur réquisition ou ordonnance de commission d'expert, il est procédé à un examen de corps ou à une autopsie.

Art. R. 235-9 *(Décr. n° 2016-1152 du 24 août 2016, art. 1er-2°)* L'officier ou l'agent de police judiciaire adresse l'échantillon salivaire prélevé, et le cas échéant l'échantillon sanguin prélevé, ou les deux échantillons sanguins prélevés, accompagnés des résultats des épreuves de dépistage, à un laboratoire de biologie médicale ou à un laboratoire de police scientifique, ou à un expert inscrit en toxicologie sur l'une des listes instituées en application de l'article 2 de la loi n° 71-498 du 29 juin 1971 relative aux experts judiciaires et de l'article 157 du code de procédure pénale, dans les conditions prévues par l'article R. 3354-20 du code de la santé publique.

Le laboratoire ou l'expert conserve le tube prévu au premier alinéa de l'article R. 235-7 ou un des deux tubes mentionnés au second alinéa du même article en vue d'une demande éventuelle d'un examen technique ou d'une expertise. L'arrêté prévu à l'article R. 235-4 précise les conditions de réalisation des examens de biologie médicale et de conservation des échantillons.

Art. R. 235-10 *(Décr. n° 2016-1152 du 24 août 2016, art. 1er-2°)* Les analyses des prélèvements salivaires et sanguins sont conduites en vue d'établir si la personne conduisait en ayant fait usage de substances ou plantes classées comme stupéfiants. Elles le sont dans les conditions définies par l'arrêté prévu à l'article R. 235-4.

Analyses par chromatographie gazeuse ou liquide. Le fait que les analyses n'aient pas été faites selon la méthode de chromatographie gazeuse prévue par l'art. 10 de l'Arr. du 5 sept. 2001, mais selon une méthode de chromatographie liquide, ne saurait être une cause de nullité des opérations de vérification de l'usage de stupéfiants, dès lors que, quel que soit le type de chromatographie employé, le but est le même, à savoir l'identification des composants par le biais de la spectrométrie. Il ne peut ainsi être soutenu que l'utilisation d'une méthode plus élaborée de chromatographie porterait préjudice au prévenu puisque, d'une part, le résultat dépend en fait de la spectrométrie et que, d'autre part, l'utilisation de la chromatographie liquide constitue un progrès scientifique indéniable. • Chambéry, 7 févr. 2018 : *JCP 2018. 685, obs. Gauvin.* ♦ V. désormais art. 9 Arr. du 13 déc. 2016, qui vise la technique dite « de chromatographie couplée à la spectrométrie de masse », sans apporter de précision quant à la méthode de chromatographie à utiliser.

Art. R. 235-11 *(Décr. n° 2016-1152 du 24 août 2016, art. 1er-2°)* Dans un délai de cinq jours suivant la notification des résultats de l'analyse de son prélèvement salivaire ou sanguin, à condition, dans le premier cas, qu'il se soit réservé la possibilité prévue au deuxième alinéa du I de l'article R. 235-6, le conducteur peut demander au procureur de la République, au juge d'instruction ou à la juridiction de jugement qu'il soit procédé à partir du tube prévu au second alinéa de l'article R. 235-9 à un examen technique ou à une expertise en application des articles 60, 77-1 et 156 du code de procédure pénale.

De même, le conducteur peut demander qu'il soit procédé, dans les mêmes délais et conditions, à la recherche de l'usage de médicaments psychoactifs pouvant avoir des effets sur la capacité de conduire le véhicule *(Abrogé par Décr. n° 2019-1284 du 2 déc. 2019)* *« tels que mentionnés au p de l'article R. 5128-2 du code de la santé publique »*.

En cas d'examen technique ou d'expertise, ceux-ci sont confiés à un autre laboratoire ou à un autre expert répondant aux conditions fixées par l'article R. 235-9. Celui-ci pratique l'expertise de contrôle en se conformant aux méthodes prescrites en application de l'article R. 235-10.

1. Absence de délai (avant le décret du 24 août 2016). Selon l'art. R. 235-11 C. route, dans sa rédaction antérieure au Décr. n° 2016-1152 du 24 août 2016, le conducteur, qui a fait l'objet d'un dépistage de produits stupéfiants se révélant positif, est en droit de demander à la juridiction de jugement une expertise ou examen technique de contrôle ou une recherche de médicaments psychoactifs, sans qu'un délai ne lui soit légalement imparti à peine de forclusion. Est en conséquence cassé l'arrêt qui pour rejeter la demande d'expertise de contrôle, formée par un prévenu en application de l'art. R. 235-11 C. route, retient qu'elle est tardive pour ne pas avoir été présentée au cours de la procédure de vérification. • Crim. 21 janv. 2015, n° 14-82.293 P : *D. 2015. Actu. 267 ; Dr. pénal 2015, n° 36, note Robert ; ibid. Chron. 7, obs. Gauvin ; Jurispr. auto 2015, n° 872, p. 24, note Le Dall* • 18 déc. 2018, n° 17-87.038 : *Dr. pénal 2019, n° 49, note Robert.* ♦ ... Depuis le Décr. du 24 août 2016, l'art. R. 235-11 prévoit qu'une telle demande doit intervenir dans un délai de cinq jours à compter de la notification au conducteur des résultats de l'analyse de son prélèvement salivaire ou sanguin.

2. Délai de cinq jours (depuis le décret du 24 août 2016). Si le délai de cinq jours prévu à l'art. R. 235-11 C. route doit être notifié au conducteur au moment de la notification des résultats de la première analyse, l'absence de notification de ce délai n'a pas de conséquence sur la validité de la procédure lorsque les juges ont sollicité un supplément d'information afin d'obtenir les résultats de l'analyse du second flacon. • Angers, 2 juin 2020 : *Dr. pénal 2021. Chron. 8, obs. Gauvin.*

3. Second expert. Il résulte du dernier al. de l'art. R. 235-11 C. route que l'examen technique ou l'expertise faite à la demande du conducteur, après la notification des résultats de l'analyse de son prélèvement sanguin, doit être confié à un autre laboratoire ou à un autre expert. Le fait que cet examen ait été réalisé par le même expert que celui ayant réalisé la première analyse est de nature à causer grief au prévenu et justifie, en conséquence, sa relaxe. • Angers, 2 juin 2020 : *préc. note 2.*

4. Expertise réalisée à l'initiative du conducteur. Il résulte de l'art. R. 235-6 C. route que la personne soupçonnée d'un usage de stupéfiants, à la suite d'un prélèvement salivaire de dépistage, peut se réserver la possibilité de demander l'examen technique, l'expertise ou la recherche de l'usage des médicaments psychoactifs prévus par l'art. R. 235-11 C. route. La circonstance que le conducteur n'a pas été mis à même de se réserver une telle possibilité ou qu'un souhait exprimé en ce sens n'a pas été pris en compte est de nature à entacher la régularité de la procédure engagée à son encontre. Une telle circonstance ne saurait cependant l'autoriser à se prévaloir, pour contester les résultats du prélèvement salivaire, des résultats d'une expertise réalisée de sa propre initiative, en-dehors de la procédure organisée par l'art. R. 235-11 C. route. • CE 21 nov. 2023, n° 467841 B.

SECTION 4 Dispositions matérielles

Art. R. 235-12 *(Décr. n° 2016-1152 du 24 août 2016, art. 1er-2°)* **Les honoraires et indemnités de déplacement afférents aux épreuves de dépistage, aux prélèvements et aux examens biologiques prévus aux articles R. 235-4 et R. 235-6 sont calculés par référence aux articles R. 110, R. 111 et R. 117** *(Abrogé par Décr. n° 2017-248 du 27 févr. 2017, art. 6-1° et 9-II, à compter du 30 mars 2017 au plus tard)* **« (1°, c et e) » du code de procédure pénale.** — *Les dispositions issues du Décr. n° 2017-248 du 27 févr. 2017 entrent en vigueur à une date fixée par l'Arr. auquel renvoient les 2° et 7° de l'art. 2 et l'art. 3 dudit Décr. et au plus tard le 30 mars 2017, et s'appliquent aux actes prescrits à compter de cette date (Décr. préc., art. 9-II).*

Lorsqu'il est procédé à un examen clinique et à un prélèvement biologique, tant en application des dispositions de l'article R. 235-6 que des dispositions des articles R. 3354-7 à R. 3354-11 du code de la santé publique, il n'est dû qu'une seule indemnité de déplacement et des honoraires que pour un seul acte.

Les frais afférents aux examens de laboratoire mentionnés aux articles R. 235-10 et R. 235-11 relatifs à la recherche de produits stupéfiants et, le cas échéant, les frais afférents à la recherche de médicaments psychoactifs sont fixés *(Décr. n° 2017-248 du 27 févr. 2017, art. 6-2° et 9-I, en vigueur au plus tard le 30 sept. 2017)* **« conformément aux dispositions » de l'article R. 118 du code de procédure pénale.** — *Les dispositions issues du Décr. n° 2017-248 du 27 févr. 2017 entrent en vigueur à une date fixée par l'Arr. auquel renvoie le 4° de l'art. 2 dudit Décr., et au plus tard le 30 sept. 2017, et s'appliquent aux actes prescrits à compter de cette date (Décr. préc., art. 9-I).*

Les frais afférents à l'acquisition des matériels de recueil et de dépistage prévus par l'article R. 235-3 sont fixés par arrêté conjoint du ministre de la justice et du ministre chargé du budget.

Art. R. 235-13 **Les dépenses visées à l'article précédent constituent des frais de justice criminelle, correctionnelle et de police.**

Le paiement de ces frais a lieu conformément aux dispositions du titre X du livre V du code de procédure pénale.

Décret nº 2001-751 du 27 août 2001,

Relatif à la recherche de stupéfiants pratiquée sur les conducteurs impliqués dans un accident mortel de la circulation.

Art. 4 Pour ce qui concerne les accidents mortels de la circulation routière tels que définis à l'article R. 235-1 du code de la route, intervenus dans les deux ans à compter du 1er octobre 2001, le procureur de la République du lieu de l'accident ou, sur les instructions de ce dernier, l'officier ou l'agent de police judiciaire transmet, par dérogation à l'article R. 156 du code de procédure pénale et après en avoir fait mention dans la procédure, un exemplaire des fiches d'examen mentionnées aux articles R. 235-4 et R. 235-10 du code de la route à l'Observatoire français des drogues et toxicomanies placé sous le contrôle du ministre chargé de la santé et chargé par lui de réaliser une étude épidémiologique. Cette transmission se fait lorsque l'enquête est close et que, le cas échéant, l'instruction est close.

A seule fin de réaliser l'étude épidémiologique précitée, il est joint à cet envoi une copie certifiée conforme des documents de la procédure de flagrance d'accident mortel de la circulation comportant, notamment, le procès-verbal de synthèse, le procès-verbal de constatation, les procès-verbaux d'audition des parties et témoins, le plan du lieu de l'accident, les clichés photographiques et les fiches et les procès-verbaux concernant l'alcoolémie.

Les conditions de traitement des données aux fins de l'étude épidémiologique précitée sont définies par un arrêté du ministre chargé de la santé pris après saisine de la Commission nationale de l'informatique et des libertés. Les personnes désignées par le ministre chargé de la santé pour procéder au traitement de ces données sont soumises au secret professionnel dans les conditions de l'article 226-13 du code pénal et ne peuvent en aucune manière révéler tout ou partie des informations nominatives contenues dans les documents qui leur ont été transmis. Elles ne peuvent, pour le traitement de ces données, faire usage d'informations nominatives.

COMMENTAIRE

Étude épidémiologique. Lorsque le législateur a permis, en 1999, la recherche de stupéfiants sur les conducteurs des véhicules impliqués dans un accident mortel de la circulation, le but recherché était alors de réaliser une étude épidémiologique afin de mieux appréhender l'influence des stupéfiants sur la conduite des véhicules. Toutefois, on sait que le législateur n'a pas attendu les résultats de cette étude pour décider, en 2003, d'incriminer la conduite après usage de stupéfiants (V. les comm. dans la partie législative). Pour autant les dispositions de l'article 4 du décret n° 2001-751 du 27 août 2001, précisant certaines modalités de cette étude, n'ont pas alors été abrogées (V. égal. l'Arr. du 4 sept. 2001, *JO 18 sept.*) et l'étude épidémiologique s'est donc poursuivie.

Les conclusions de cette étude ont finalement été publiées par l'Observatoire français des drogues et des toxicomanies en octobre 2005. Portant sur 10 748 conducteurs impliqués dans 7 458 accidents mortels survenus entre octobre 2001 et septembre 2003, elle a surtout permis de mettre en évidence les risques liés à l'usage de cannabis. 8,8 % des conducteurs responsables d'accidents mortels ont en effet été contrôlés positifs au cannabis, de sorte que les conducteurs sous l'influence du cannabis auraient 1,8 fois plus de risques d'être responsables d'un accident mortel que les conducteurs négatifs. Selon les estimations des auteurs de cette étude, le cannabis serait ainsi à l'origine de 230 décès par an sur les routes ; ces accidents mortels liés au cannabis pouvant s'expliquer par une plus grande vulnérabilité du conducteur face à un événement inattendu ou, dans le cas d'une forte consommation ou de mélange avec l'alcool, par la perte de contrôle du véhicule. Notons par ailleurs que l'étude a également confirmé l'importance de l'alcool comme facteur de risque d'accident mortel. Les conducteurs sous l'influence de l'alcool auraient ainsi 8,5 fois plus de risques d'être responsables d'un accident mortel et 2 270 décès par an sur les routes seraient imputables à l'alcool. ❑

Arrêté du 13 décembre 2016,

Fixant les modalités du dépistage des substances témoignant de l'usage de stupéfiants, et des analyses et examens prévus par le code de la route et abrogeant l'arrêté du 5 septembre 2001 modifié fixant les modalités du dépistage des substances témoignant de l'usage de stupéfiants, et des analyses et examens prévus par le code de la route (JO 15 déc.).

SECTION 1. *Modalités relatives aux épreuves de dépistage*

Art. 1er Les épreuves de dépistage prévues aux articles R. 235-3 et R. 235-4 du code de la route consistent, à partir d'un recueil salivaire ou urinaire, à rechercher la présence d'une ou plusieurs substances témoignant de l'usage de stupéfiants appartenant aux quatre familles suivantes : cannabiniques, amphétaminiques, cocaïniques, opiacés.

Art. 2 Le recueil salivaire s'effectue dans les conditions prévues dans la notice du test de dépistage utilisé.

Le recueil urinaire s'effectue dans un flacon muni d'un couvercle en assurant l'étanchéité, sans additif, incassable et d'une contenance au moins égale à 100 millilitres.

Art. 3 I. — Le dépistage, à partir d'un recueil salivaire, est réalisé au moyen de tests salivaires respectant les seuils minima de détection suivants :

1° S'agissant des cannabiniques :

— 9-tétrahydrocannabinol (THC) : 15 ng/ml de salive ;

2° S'agissant des amphétaminiques :

— amphétamine : 50 ng/ml de salive ;

— métamphétamine : 50 ng/ml de salive ;

— méthylène dioxymétamphétamine (MDMA) : 50 ng/ml de salive ;

3° S'agissant des cocaïniques :

— cocaïne ou benzoylecgonine : 10 ng/ml de salive ;

4° S'agissant des opiacés :

— morphine : 10 ng/ml de salive ;

— 6 mono acéthylmorphine : 10 ng/ml de salive.

II. — Le dépistage, à partir d'un recueil urinaire, est réalisé au moyen de tests de dépistage respectant les seuils minima de détection suivants :

1° S'agissant des cannabiniques :

— acide carboxylique du tétrahydrocannabinol (9 THCCOOH) : 50 ng/ml d'urine ;

2° S'agissant des amphétaminiques :

— amphétamine : 1 000 ng/ml d'urine ;

— métamphétamine : 1 000 ng/ml d'urine ;

— méthylène dioxymétamphétamine (MDMA) : 1 000 ng/ml d'urine ;

3° S'agissant des cocaïniques :

— cocaïne ou benzoylecgonine : 300 ng/ml d'urine ;

4° S'agissant des opiacés :

— morphine : 300 ng/ml d'urine.

Art. 4 Les tests de dépistage urinaire peuvent être acquis et détenus par les forces de l'ordre pour l'usage exclusif du médecin requis conformément à l'article R. 235-3 du code de la route.

SECTION 2. *Modalités relatives aux analyses et examens*

Art. 5 Le prélèvement salivaire ou sanguin, prévu aux articles R. 235-5 et R. 235-6 du code de la route, est destiné à la recherche et à la confirmation de la présence d'un ou plusieurs produits stupéfiants tels que définis à l'article 1er.

Art. 6 En cas de prélèvement salivaire, prévu au I de l'article R. 235-6 du code de la route, le nécessaire*[,]* mis à disposition de l'officier ou l'agent de police judiciaire pour le prélèvement, comprend :

— un collecteur destiné au recueil de la salive et des cellules buccales ;

— un flacon ou tube permettant la conservation du prélèvement ;

— une enveloppe de conditionnement destinée à enfermer et identifier le prélèvement.

En cas de demande du conducteur d'un prélèvement sanguin en vue d'un examen technique ou d'une expertise, prévu au troisième alinéa du I de l'article R. 235-6 du code de la route, le nécessaire mis à disposition du praticien chargé d'effectuer le prélèvement comprend :

— un tampon de stérilisation sans alcool ;

— un tube à prélèvement sous vide de 10 ml avec héparinate de lithium et étiquettes ;

— une aiguille à prélèvement sous vide qui accompagne le tube de prélèvement avec l'adaptateur adéquat ;

— un contenant permettant l'apposition d'un scellé et la protection du tube à prélèvement sous vide.

En cas de prélèvement sanguin, prévu au II de l'article R. 235-6 du code de la route, le nécessaire mis à disposition du praticien, chargé d'effectuer le prélèvement, comprend :

— un tampon de stérilisation sans alcool ;

— deux tubes à prélèvement sous vide de 10 ml avec héparinate de lithium et étiquette ;

— une aiguille à prélèvement sous vide qui accompagne le tube de prélèvement avec l'adaptateur adéquat ;

— deux contenants permettant l'apposition d'un scellé et la protection du tube à prélèvement sous vide.

Art. 7 La salive est prélevée grâce à un collecteur placé dans la cavité buccale selon la procédure indiquée sur la notice d'emploi. Le prélèvement doit être effectué par le conducteur lui-même, sous le contrôle de l'officier ou l'agent de police judiciaire.

Le sang est prélevé par ponction veineuse dans le tube à prélèvement sous vide. Le ou les tubes sont agités par retournement pour prévenir la coagulation du sang.

Art. 8 Le prélèvement et la conservation des échantillons sanguins en cas de décès du ou des conducteurs impliqués, prévus à l'article R. 235-8 du code de la route, sont pratiqués par prélèvement de sang veineux périphérique au niveau d'une veine fémorale ou sous-clavière, ou de sang intracardiaque, sur fluorure de sodium dans chacun des deux flacons en verre avec capsule de téflon et bouchon à vis.

Art. 9 La recherche et la confirmation des produits stupéfiants dans le sang ou dans la salive, prévus à l'article R. 235-10 du code de la route, s'effectuent en utilisant la technique dite "de chromatographie couplée à la spectrométrie de masse".

Art. 10 Les analyses sont exécutées avec des matériels et des méthodes respectant les seuils minima de détection suivants :

I. — En cas d'analyse salivaire :

1° S'agissant des cannabiniques :

— 9-tétrahydrocannabinol (THC) : 1 ng/ml de salive (ou équivalent) ;

2° S'agissant des amphétaminiques :

— amphétamine : 10 ng/ml de salive (ou équivalent) ;

— métamphétamine : 10 ng/ml de salive (ou équivalent) ;

— méthylène dioxymétamphétamine (MDMA) : 10 ng/ml de salive (ou équivalent) ;

— 3,4-méthylènedioxyamphétamine (MDA) : 10 ng/ml de salive (ou équivalent) ;

— 3,4-méthylènedioxy-*N*-éthylamphétamine (MDEA) : 10 ng/ml de salive (ou équivalent) ;

3° S'agissant des cocaïniques :

— cocaïne : 10 ng/ml de salive (ou équivalent) ;

— benzoylecgonine : 10 ng/ml de salive (ou équivalent) ;

4° S'agissant des opiacés :

— 6-mono acéthylmorphine : 10 ng/ml de salive (ou équivalent) ;

— morphine : 10 ng/ml de salive (ou équivalent).

II. — En cas d'analyse sanguine :

1° S'agissant des cannabiniques :

— 9-tétrahydrocannabinol (THC) : 0,5 ng/ml de sang ;

2° S'agissant des amphétaminiques :

— amphétamine : 10 ng/ml de sang ;

— métamphétamine : 10 ng/ml de sang ;

— méthylène dioxymétamphétamine (MDMA) : 10 ng/ml de sang ;

— 3,4-méthylènedioxyamphétamine (MDA) : 10 ng/ml de sang ;

— 3,4-méthylènedioxy-*N*-éthylamphétamine (MDEA) : 10 ng/ml de sang ;

3° S'agissant des cocaïniques :

— cocaïne : 10 ng/ml de sang ;

— benzoylecgonine : 10 ng/ml de sang ;

4° S'agissant des opiacés :

— 6-mono acéthylmorphine : 10 ng/ml de sang ;

— morphine : 10 ng/ml de sang.

Art. 11 La recherche dans le sang des médicaments psychoactifs ayant des effets sur la capacité de conduire des véhicules est effectuée, à la demande du conducteur, en utilisant au moins une technique dite de "chromatographie couplée à la spectrométrie de masse".

Art. 12 Les analyses ou examens biologiques prévus aux articles R. 235-5 à R. 235-10 du code de la route sont effectuées *[effectués]* par :

1° Un médecin ou un pharmacien exerçant dans un laboratoire de police scientifique ;

2° Un expert inscrit en toxicologie dans l'une des listes instituées en application de l'article 2 de la loi n° 71-498 du 29 juin 1971 relative aux experts judiciaires et à l'article 157 du code de procédure pénale, dans les conditions prévues par l'article R. 3354-20 du code de la santé publique ;

3° Un biologiste médical d'un laboratoire de biologie médicale répondant aux conditions fixées par les articles L. 6213-1 et L. 6213-2 du code de la santé publique ;

Ces personnes doivent justifier de travaux et d'expérience dans les activités de toxicologie ou d'une pratique des analyses en toxicologie médico-légale d'au moins trois ans.

Art. 13 Les laboratoires mentionnés à l'article R. 235-9 du code de la route doivent disposer des installations, de l'appareillage, du matériel, des produits et du personnel nécessaires à la réalisation d'analyses selon les méthodes prévues aux articles 9 et 11 du présent arrêté, permettant la recherche des produits stupéfiants et la recherche et le dosage des médicaments psychoactifs dans les liquides biologiques.

Ils doivent également disposer des installations, de l'appareillage, du matériel, des produits nécessaires à la conservation des échantillons à – 20°C pendant au moins un an et se soumettre au contrôle de qualité exécuté par un organisme d'évaluation externe de la qualité.

Les laboratoires de police scientifique devront faire l'objet d'une accréditation selon la norme NF-EN-ISO n° 17025 avant le 31 octobre 2022.

Les laboratoires de biologie médicale sont accrédités conformément aux dispositions de l'article L. 6221-1 du code de la santé publique et au I de l'article 7 de l'ordonnance n° 2010-49 du 13 janvier 2010 modifiée.

SECTION 3. *Dispositions finales*

Art. 14 L'arrêté du 5 septembre 2001 susvisé est abrogé.

Les dispositions relatives à la Nouvelle-Calédonie, à la Polynésie française et aux îles Wallis-et-Futuna prévues par l'arrêté du 5 septembre 2001 susvisé demeurent applicables dans leur rédaction antérieure à l'abrogation de cet arrêté.

TITRE IV **DISPOSITIONS RELATIVES À L'OUTRE-MER**

CHAPITRE I **DISPOSITIONS PARTICULIÈRES À LA COLLECTIVITÉ TERRITORIALE DE SAINT-PIERRE-ET-MIQUELON**

Art. R. 241-1 **Pour l'application des dispositions du présent livre dans la collectivité territoriale de Saint-Pierre-et-Miquelon, les termes énumérés ci-après sont remplacés comme suit :**

1° "département" par "collectivité territoriale" ;

2° "départemental" par "territorial" ;

3° "départementale" par "territoriale" ;

(Abrogé par Décr. n° 2023-1013 du 2 nov. 2023, art. 20-II, à compter du 1er déc. 2023) ***« 4° "directeur départemental de la sécurité publique" par "directeur de la sécurité publique" ; »***

5° "directeur départemental de l'équipement" par "directeur de l'équipement" ;

6° "direction départementale de l'équipement" et "direction régionale de l'industrie, de la recherche et de l'environnement" par "direction de l'équipement" ;

(Décr. n° 2016-516 du 26 avr. 2016, art. 1er-9°) **« 7° "préfet du département" par "préfet territorialement compétent". »**

Art. R. 241-2 **La commission médicale prévue à l'** *(Décr. n° 2012-886 du 17 juill. 2012, art. 3, en vigueur le 1er sept. 2012)* **« article R. 226-1 » est constituée, pour l'application de cet article dans la collectivité territoriale de Saint-Pierre-et-Miquelon, dans les conditions fixées par arrêté du préfet.** – *[Décr. n° 79-982 du 20 nov. 1979, art. 3.]*

Art. R. 241-3 *Abrogé par Décr. n° 2006-665 du 7 juin 2006, art. 31.*

CHAPITRE II **DISPOSITIONS APPLICABLES À MAYOTTE**
(L. n° 2010-1487 du 7 déc. 2010, art. 36).

Les dispositions de la L. n° 2010-1487 du 7 déc. 2010 sont applicables depuis le 31 mars 2011.

Art. R. 242-1 **Pour l'application du présent livre à Mayotte, les termes énumérés ci-après sont remplacés comme suit :**

1° "préfet" par "représentant de l'État" ;

2° "département" par "collectivité départementale" ;
3° "départemental" par "territorial" ;
4° "départementale" par "territoriale" ;
(Abrogé par Décr. n° 2023-1013 du 2 nov. 2023, art. 20-II, à compter du 1er déc. 2023) ***« 5° "directeur départemental de la sécurité publique" par "directeur de la sécurité publique" ; »***
6° "directeur départemental de l'équipement" par "directeur de l'équipement" ;
7° "direction départementale de l'équipement" par "direction de l'équipement" ;
8° "direction régionale de l'industrie, de la recherche et de l'environnement" par "service chargé de la réception des véhicules" ;
9° "préfecture" par "représentation de l'État". — *[Décr. n° 93-301 du 8 mars 1993, art. 5.]*

Art. R. 242-2 Les dispositions réglementaires du présent livre sont applicables à Mayotte à l'exception de l'article R. 221-2 et du 2° de l'article R. 221-21. — *[Décr. n° 93-301 du 8 mars 1993, art. 1er.]*

Art. R. 242-3 Pour l'application du présent livre à Mayotte :
1° Au I de l'article R. 212-3 et dans les articles R. 212-6, R. 213-2, R. 213-4 et R. 213-9, le terme "ministre chargé des transports" est remplacé par "représentant de l'État" ;
2° Le ministre chargé de l'outre-mer signe les arrêtés ministériels prévus par les articles R. 221-4, R. 221-10 et R. 233-1 ;
3° Les arrêtés ministériels prévus par les articles R. 222-1 à R. 222-3, R. 222-7, D. 222-8 et R. 234-2 sont pris après avis du ministre chargé de l'outre-mer ;
4° Au quatrième alinéa de l'article R. 221-20, après les mots : "départements d'outre-mer", il est ajouté les mots : "et à Mayotte". — *[Décr. n° 93-301 du 8 mars 1993, art. 3, 4 et 9.]*

A compter du 1er janv. 2013, dans l'ensemble du code de la route, les mentions des art. R. 221-3 et R. 222-8 seront respectivement remplacées par celles des art. D. 221-3 et D. 222-8 (Décr. n° 2011-1475 du 9 nov. 2011, art. 17-II).

Art. R. 242-4 *(Abrogé par Décr. n° 2018-953 du 31 oct. 2018, art. 20)* ***Pour leur application à Mayotte, les V et VII de l'article R. 212-4 sont ainsi rédigés :***
"V. — Délits prévus par le code du travail applicable à Mayotte :
"— atteinte à l'égalité professionnelle entre les hommes et les femmes (art. L. 123-1) ;
"— fourniture illégale de main-d'œuvre (art. L. 124-1) ;
"— prêt de main-d'œuvre (art. L. 124-3) ;
"— travail dissimulé (art. L. 312-1, L. 312-2, L. 341-1, L. 342-1 et L. 342-2) ;
"— emploi d'étranger en situation irrégulière (art. L. 330-1 et L. 330-2).
"VII. — Délit prévu par le code de la santé publique :
"— usage de manière illicite de l'une des substances ou plantes classées comme stupéfiants (art. L. 3815-1)."

Art. R. 242-5 *Abrogé par Décr. n° 2006-665 du 7 juin 2006, art. 31.*

Art. R. 242-6 Pour l'application à Mayotte de l'article R. 234-4, les mots "L. 3354-1" sont remplacés par "L. 3819-16".

Art. R. 242-7 *(Décr. n° 2001-751 du 27 août 2001) (Abrogé par Décr. n° 2019-1284 du 2 déc. 2019)* ***« I. — Pour l'application de l'article R. 235-5 à Mayotte, les mots : "tels que mentionnés au p de l'article R. 5128-2 du code de la santé publique" sont supprimés. »***
II. — Pour l'application de l'article R. 235-12 à Mayotte, le représentant de l'État fixe par arrêté :
— les honoraires et indemnités de déplacement afférents aux épreuves de dépistage *(Décr. n° 2019-1284 du 2 déc. 2019)* « , aux prélèvements » et aux examens *(Abrogé par Décr. n° 2019-1284 du 2 déc. 2019)* ***« cliniques, médicaux et »*** biologiques prévus aux articles R. 235-4 et R. 235-6 ;

— les frais afférents aux examens de laboratoire prévus par les articles R. 235-10 et R. 235-11 relatifs à la recherche *(Abrogé par Décr. nº 2019-1284 du 2 déc. 2019)* ***« et au dosage »*** **des produits stupéfiants et, le cas échéant, les frais afférents à la recherche des médicaments psychoactifs.**

III. — Pour son application à Mayotte, le deuxième alinéa de l'article R. 235-13 est ainsi rédigé :

"Le paiement de ces frais a lieu conformément à la réglementation en vigueur à Mayotte."

Ces dispositions sont applicables à compter du 1er oct. 2001 (Décr. nº 2001-751 du 27 août 2001, art. 8).

CHAPITRE III DISPOSITIONS APPLICABLES À LA NOUVELLE-CALÉDONIE

Art. R. 243-1 **Les articles R. 234-1, R. 234-2** *(Décr. nº 2011-1048 du 5 sept. 2011, art. 6)* **« , R. 234-4 et R. 234-5 » sont applicables en Nouvelle-Calédonie dans la rédaction suivante :**

Art. R. 234-1 *(Décr. nº 2007-1626 du 16 nov. 2007)* I. — Même en l'absence de tout signe d'ivresse manifeste, est puni de l'amende prévue pour les contraventions de la quatrième classe le fait de conduire un véhicule sous l'empire d'un état alcoolique caractérisé par :

1° Une concentration d'alcool dans le sang égale ou supérieure à 0,20 gramme par litre ou par une concentration d'alcool dans l'air expiré égale ou supérieure à 0,10 milligramme par litre et inférieure aux seuils fixés à l'article L. 234-1, *(Décr. nº 2015-743 du 24 juin 2015, art. 1er-2º)* « chez le conducteur d'un véhicule de transport en commun, *(Décr. nº 2019-871 du 21 août 2019, en vigueur le 1er oct. 2019)* « chez le conducteur dont le droit de conduire est limité aux seuls véhicules équipés d'un dispositif homologué d'anti-démarrage par éthylotest électronique, installé par un professionnel agréé ou par construction, conformément aux dispositions de l'article L. 234-17, » ainsi que chez le conducteur titulaire d'un permis de conduire soumis au délai probatoire défini à l'article L. 223-1 ou en situation d'apprentissage définie à l'article R. 211-3 » ;

2° Une concentration d'alcool dans le sang égale ou supérieure à 0,50 gramme par litre ou par une concentration d'alcool dans l'air expiré égale ou supérieure à 0,25 milligramme par litre et inférieure aux seuils fixés à l'article L. 234-1, *(Décr. nº 2015-743 du 24 juin 2015, art. 1er-2º)* « chez les autres conducteurs ».

II. — L'immobilisation peut être prescrite dans les conditions prévues aux articles L. 325-1 à L. 325-3.

III. — Toute personne coupable de l'une des infractions mentionnées au I encourt également la peine complémentaire de suspension du permis de conduire pour une durée de trois ans au plus, cette suspension pouvant être limitée à la conduite en dehors de l'activité professionnelle.

Art. R. 234-2 Les opérations de dépistage de l'imprégnation alcoolique par l'air expiré, prévues par les articles L. 234-3 à L. 234-5 et L. 234-9 sont effectuées au moyen d'un appareil conforme à un type homologué selon des modalités définies par arrêté du ministre chargé de la santé publique, après avis du ministre chargé des transports, du ministre de l'intérieur et du ministre de la défense.

Art. R. 234-4 Lorsque, pour procéder aux vérifications prévues par les articles *(Décr. nº 2021-1351 du 15 oct. 2021, art. 5)* « L. 234-3, L. 234-4, L. 234-5 et L. 234-9 », l'officier ou l'agent de police judiciaire fait usage d'un appareil homologué permettant de déterminer le taux d'alcool par l'analyse de l'air expiré, la vérification est faite selon les modalités ci-après :

1° Le délai séparant l'heure, selon le cas, de l'infraction ou de l'accident ou d'un dépistage positif effectué dans le cadre d'un contrôle ordonné par le procureur de la République ou effectué sur initiative de l'officier ou de l'agent de police judiciaire et l'heure de la vérification doit être le plus court possible ;

2° L'officier ou l'agent de police judiciaire, après avoir procédé à la mesure du taux d'alcool, en notifie immédiatement le résultat à la personne faisant l'objet de cette vérification. Il l'avise qu'il peut demander un second contrôle. Le procureur de la République, le juge d'instruction ou l'officier ou l'agent de police judiciaire ayant procédé à la vérification peuvent également décider qu'il sera procédé à un second contrôle. Celui-ci est alors effectué immédiatement, après vérification du bon fonctionnement de l'appareil ; le résultat en est immédiatement porté à la connaissance de l'intéressé.

Art. R. 234-5 *(Décr. nº 2011-1048 du 5 sept. 2011, art. 6)* I. — Est puni de l'amende prévue pour les contraventions de la cinquième classe le fait pour une personne ayant été condamnée à la peine d'interdiction de conduire un véhicule qui ne soit pas équipé par un professionnel agréé ou par construction d'un dispositif homologué d'antidémarrage par éthylotest électronique de conduire un véhicule équipé d'un tel dispositif soit après que celui-ci a été utilisé par un tiers pour permettre le démarrage, soit après l'avoir neutralisé ou détérioré ou l'avoir utilisé dans des conditions empêchant la mesure exacte de son état d'imprégnation alcoolique.

(Décr. nº 2017-198 du 16 févr. 2017, art. 1er-5º) « Les dispositions du précédent alinéa sont également applicables lorsque les faits ont été commis :

« — par une personne ayant accepté d'exécuter à titre de composition pénale la mesure prévue au 4º *bis* de l'article 41-2 du code de procédure pénale, dès lors que la composition pénale a été validée dans les conditions prévues par cet article ;

« — par une personne soumise à une interdiction de conduire un véhicule qui ne soit pas équipé, par un professionnel agréé ou par construction, d'un dispositif homologué d'antidémarrage par éthylotest électronique prononcée en application du 8º de l'article 138 du code de procédure pénale, dans le cadre d'un contrôle judiciaire ou d'une assignation à résidence sous surveillance électronique. »

II. — Le fait, par toute personne, de faciliter sciemment, par aide ou assistance, la préparation ou la consommation de la contravention prévue au I est puni de la même peine.

III. — Les personnes coupables des contraventions prévues au présent article encourent également les peines complémentaires suivantes :

1º La suspension du permis de conduire pour une durée de trois ans au plus, cette suspension ne pouvant pas être limitée à la conduite en dehors de l'activité professionnelle, ni être assortie du sursis, même partiellement ;

2º L'interdiction de conduire certains véhicules terrestres à moteur, y compris ceux pour la conduite desquels le permis de conduire n'est pas exigé, pour une durée de trois ans au plus ;

3º L'obligation d'accomplir, à ses frais, un stage de sensibilisation à la sécurité routière ;

4º La confiscation du véhicule dont le prévenu s'est servi pour commettre l'infraction, s'il en est propriétaire.

IV. — La récidive des contraventions prévues au présent article est réprimée conformément à l'article 132-11 du code pénal.

V. — L'immobilisation du véhicule peut être prescrite dans les conditions prévues aux articles L. 325-1 à L. 325-3.

Les dispositions issues du Décr. nº 2019-871 du 21 août 2019 s'appliquent à tous les conducteurs faisant l'objet d'une décision limitant le droit de conduire aux seuls véhicules équipés d'un dispositif homologué d'anti-démarrage par éthylotest électronique prononcée à compter du 1er oct. 2019 (Décr. préc., art. 2).

Art. R. 243-2 *(Décr. nº 2019-1284 du 2 déc. 2019)* **Sont également applicables en Nouvelle-Calédonie, sous réserve des adaptations prévues au présent chapitre, les dispositions du présent titre mentionnées dans la colonne de gauche du tableau ci-après, dans leur rédaction indiquée dans la colonne de droite du même tableau :**

DISPOSITIONS APPLICABLES	DANS LEUR RÉDACTION
R. 235-1	résultant du décret nº 2016-1152 du 24 août 2016
R. 235-2	résultant du décret nº 2003-293 du 31 mars 2003
R. 235-3	résultant du décret nº 2012-3 du 3 janvier 2012
R. 235-4	résultant du décret nº 2016-1152 du 24 août 2016
R. 235-5	résultant du décret nº 2016-1152 du 24 août 2016
R. 235-6	résultant du décret nº 2016-1152 du 24 août 2016

DISPOSITIONS APPLICABLES	DANS LEUR RÉDACTION
R. 235-7	résultant du décret n° 2016-1152 du 24 août 2016
R. 235-8	résultant du décret n° 2016-1152 du 24 août 2016
R. 235-9	résultant du décret n° 2016-1152 du 24 août 2016
R. 235-10	résultant du décret n° 2016-1152 du 24 août 2016
R. 235-11	résultant du décret n° 2019-1284 du 2 décembre 2019
R. 235-12	résultant du décret n° 2017-248 du 27 février 2017
R. 235-13	résultant du décret n° 2003-293 du 31 mars 2003

Art. R. 243-3 *(Décr. n° 2019-1284 du 2 déc. 2019)* **Pour l'application en Nouvelle-Calédonie du présent titre :**

1° Au premier alinéa de l'article R. 235-3, les mots : "un médecin, un biologiste, ou un étudiant en médecine autorisé à exercer à titre de remplaçant, dans les conditions fixées à l'article L. 4131-2 du code de la santé publique" sont remplacés par les mots : "un médecin ou un biologiste" ;

2° A l'article R. 235-4, les mots : "un arrêté des ministres de la justice et de l'intérieur ainsi que du ministre chargé de la santé" sont remplacés par les mots : "un arrêté, tenant compte des particularités locales, des ministres de la justice et de l'intérieur ainsi que des ministres chargés de l'outre-mer et de la santé" ;

3° Au II et au III de l'article R. 235-6, les mots : "ou un étudiant en médecine autorisé à exercer à titre de remplaçant, dans les conditions fixées à l'article L. 4131-2 du code de la santé publique" sont supprimés ;

4° Le premier alinéa de l'article R. 235-9 est ainsi rédigé :

"L'officier ou l'agent de police judiciaire adresse l'échantillon salivaire prélevé et, le cas échéant, l'échantillon sanguin prélevé, ou les deux échantillons sanguins prélevés, accompagnés des résultats des épreuves de dépistage, à un expert inscrit, sous une rubrique spéciale en toxicologie, sur la liste de la cour d'appel ou à un laboratoire de police technique et scientifique" ;

5° Au deuxième alinéa de l'article R. 235-12, les mots : "tant" et "que des dispositions des articles R. 3354-7 à R. 3354-11 du code de la santé publique" sont supprimés.

CHAPITRE IV **DISPOSITIONS APPLICABLES À LA POLYNÉSIE FRANÇAISE**

Art. R. 244-1 **Les articles R. 234-1, R. 234-2** *(Décr. n° 2011-1048 du 5 sept. 2011, art. 6)* **« , R. 234-4 et R. 234-5 » sont applicables en Polynésie française dans la rédaction suivante :**

Art. R. 234-1 *(Décr. n° 2007-1626 du 16 nov. 2007)* I. — Même en l'absence de tout signe d'ivresse manifeste, est puni de l'amende prévue pour les contraventions de la quatrième classe le fait de conduire un véhicule sous l'empire d'un état alcoolique caractérisé par :

1° Une concentration d'alcool dans le sang égale ou supérieure à 0,20 gramme par litre ou par une concentration d'alcool dans l'air expiré égale ou supérieure à 0,10 milligramme par litre et inférieure aux seuils fixés à l'article L. 234-1, *(Décr. n° 2015-743 du 24 juin 2015, art. 1er-2°)* « chez le conducteur d'un véhicule de transport en commun, *(Décr. n° 2019-871 du 21 août 2019, en vigueur le 1er oct. 2019)* « chez le conducteur dont le droit de conduire est limité aux seuls véhicules équipés d'un dispositif homologué d'anti-démarrage par éthylotest électronique, installé par un professionnel agréé ou par construction, conformément aux dispositions de l'article L. 234-17, » ainsi que chez le conducteur titulaire d'un permis de conduire soumis au délai probatoire défini à l'article L. 223-1 ou en situation d'apprentissage définie à l'article R. 211-3 » ;

2° Une concentration d'alcool dans le sang égale ou supérieure à 0,50 gramme par litre ou par une concentration d'alcool dans l'air expiré égale ou supérieure à 0,25 milligramme par litre et inférieure aux seuils fixés à l'article L. 234-1, *(Décr. n° 2015-743 du 24 juin 2015, art. 1er-2°)* « chez les autres conducteurs ».

II. — L'immobilisation peut être prescrite dans les conditions prévues aux articles L. 325-1 à L. 325-3.

III. — Toute personne coupable de l'une des infractions mentionnées au I encourt également la peine complémentaire de suspension du permis de conduire pour une durée de trois ans au plus, cette suspension pouvant être limitée à la conduite en dehors de l'activité professionnelle.

Art. R. 234-2 Les opérations de dépistage de l'imprégnation alcoolique par l'air expiré, prévues par les articles L. 234-3 à L. 234-5 et L. 234-9 sont effectuées au moyen d'un appareil conforme à un type homologué selon des modalités définies par arrêté du ministre chargé de la santé publique, après avis du ministre chargé des transports, du ministre de l'intérieur et du ministre de la défense.

Art. R. 234-4 Lorsque, pour procéder aux vérifications prévues par les articles *(Décr. n° 2021-1351 du 15 oct. 2021, art. 5)* « L. 234-3, L. 234-4, L. 234-5 et L. 234-9 », l'officier ou l'agent de police judiciaire fait usage d'un appareil homologué permettant de déterminer le taux d'alcool par l'analyse de l'air expiré, la vérification est faite selon les modalités ci-après :

1° Le délai séparant l'heure, selon le cas, de l'infraction ou de l'accident ou d'un dépistage positif effectué dans le cadre d'un contrôle ordonné par le procureur de la République ou effectué sur initiative de l'officier ou de l'agent de police judiciaire et l'heure de la vérification doit être le plus court possible ;

2° L'officier ou l'agent de police judiciaire, après avoir procédé à la mesure du taux d'alcool, en notifie immédiatement le résultat à la personne faisant l'objet de cette vérification. Il l'avise qu'il peut demander un second contrôle. Le procureur de la République, le juge d'instruction ou l'officier ou l'agent de police judiciaire ayant procédé à la vérification peuvent également décider qu'il sera procédé à un second contrôle. Celui-ci est alors effectué immédiatement, après vérification du bon fonctionnement de l'appareil ; le résultat en est immédiatement porté à la connaissance de l'intéressé.

Art. R. 234-5 *(Décr. n° 2011-1048 du 5 sept. 2011, art. 6)* I. — Est puni de l'amende prévue pour les contraventions de la cinquième classe le fait pour une personne ayant été condamnée à la peine d'interdiction de conduire un véhicule qui ne soit pas équipé par un professionnel agréé ou par construction d'un dispositif homologué d'antidémarrage par éthylotest électronique de conduire un véhicule équipé d'un tel dispositif soit après que celui-ci a été utilisé par un tiers pour permettre le démarrage, soit après l'avoir neutralisé ou détérioré ou l'avoir utilisé dans des conditions empêchant la mesure exacte de son état d'imprégnation alcoolique.

(Décr. n° 2017-198 du 16 févr. 2017, art. 1er-5°) « Les dispositions du précédent alinéa sont également applicables lorsque les faits ont été commis :

« — par une personne ayant accepté d'exécuter à titre de composition pénale la mesure prévue au 4° *bis* de l'article 41-2 du code de procédure pénale, dès lors que la composition pénale a été validée dans les conditions prévues par cet article ;

« — par une personne soumise à une interdiction de conduire un véhicule qui ne soit pas équipé, par un professionnel agréé ou par construction, d'un dispositif homologué d'antidémarrage par éthylotest électronique prononcée en application du 8° de l'article 138 du code de procédure pénale, dans le cadre d'un contrôle judiciaire ou d'une assignation à résidence sous surveillance électronique. »

II. — Le fait, par toute personne, de faciliter sciemment, par aide ou assistance, la préparation ou la consommation de la contravention prévue au I est puni de la même peine.

III. — Les personnes coupables des contraventions prévues au présent article encourent également les peines complémentaires suivantes :

1° La suspension du permis de conduire pour une durée de trois ans au plus, cette suspension ne pouvant pas être limitée à la conduite en dehors de l'activité professionnelle, ni être assortie du sursis, même partiellement ;

2° L'interdiction de conduire certains véhicules terrestres à moteur, y compris ceux pour la conduite desquels le permis de conduire n'est pas exigé, pour une durée de trois ans au plus ;

3° L'obligation d'accomplir, à ses frais, un stage de sensibilisation à la sécurité routière ;

4° La confiscation du véhicule dont le prévenu s'est servi pour commettre l'infraction, s'il en est propriétaire.

IV. — La récidive des contraventions prévues au présent article est réprimée conformément à l'article 132-11 du code pénal.

V. — L'immobilisation du véhicule peut être prescrite dans les conditions prévues aux articles L. 325-1 à L. 325-3.

Les dispositions issues du Décr. n° 2019-871 du 21 août 2019 s'appliquent à tous les conducteurs faisant l'objet d'une décision limitant le droit de conduire aux seuls véhicules équipés d'un dispositif homologué d'anti-démarrage par éthylotest électronique prononcée à compter du 1er oct. 2019 (Décr. préc., art. 2).

Art. R. 244-2 *(Décr. n° 2019-1284 du 2 déc. 2019)* **Sont également applicables en Polynésie française, sous réserve des adaptations prévues au présent chapitre, les dispositions du présent titre mentionnées dans la colonne de gauche du tableau ci-après, dans leur rédaction indiquée dans la colonne de droite du même tableau :** *— Tableau mod. par Décr. n° 2021-1351 du 15 oct. 2021, art. 6.*

DISPOSITIONS APPLICABLES	DANS LEUR RÉDACTION
R. 235-1	résultant du décret n° 2016-1152 du 24 août 2016
R. 235-2	résultant du décret n° 2003-293 du 31 mars 2003
R. 235-3	résultant du décret n° 2021-1351 du 15 octobre 2021
R. 235-4	résultant du décret n° 2016-1152 du 24 août 2016
R. 235-5	résultant du décret n° 2016-1152 du 24 août 2016
R. 235-6	résultant du décret n° 2016-1152 du 24 août 2016
R. 235-7	résultant du décret n° 2016-1152 du 24 août 2016
R. 235-8	résultant du décret n° 2016-1152 du 24 août 2016
R. 235-9	résultant du décret n° 2016-1152 du 24 août 2016
R. 235-10	résultant du décret n° 2016-1152 du 24 août 2016
R. 235-11	résultant du décret n° 2019-1284 du 2 décembre 2019
R. 235-12	résultant du décret n° 2017-248 du 27 février 2017
R. 235-13	résultant du décret n° 2003-293 du 31 mars 2003

Art. R. 244-3 *(Décr. n° 2019-1284 du 2 déc. 2019)* **Pour l'application en Polynésie française du présent titre :**

1° A l'article R. 235-3, les mots : "un médecin, un biologiste, ou un étudiant en médecine autorisé à exercer à titre de remplaçant, dans les conditions fixées à l'article L. 4131-2 du code de la santé publique" sont remplacés par les mots : "un médecin ou un biologiste" et les mots : "ou par un agent de police judiciaire adjoint" sont supprimés ;

2° A l'article R. 235-4, les mots : "un arrêté des ministres de la justice et de l'intérieur ainsi que du ministre chargé de la santé" sont remplacés par les mots : "un arrêté, tenant compte des particularités locales, des ministres de la justice et de l'intérieur ainsi que des ministres chargés de l'outre-mer et de la santé" ;

3° Au II et au III de l'article R. 235-6, les mots : "ou un étudiant en médecine autorisé à exercer à titre de remplaçant, dans les conditions fixées à l'article L. 4131-2 du code de la santé publique" sont supprimés ;

4° Le premier alinéa de l'article R. 235-9 est ainsi rédigé :

"L'officier ou l'agent de police judiciaire adresse l'échantillon salivaire prélevé et, le cas échéant, l'échantillon sanguin prélevé, ou les deux échantillons sanguins prélevés, accompagnés des résultats des épreuves de dépistage, à un expert inscrit, sous une

rubrique spéciale en toxicologie, sur la liste de la cour d'appel ou à un laboratoire de police technique et scientifique" ;

5° Au deuxième alinéa de l'article R. 235-12, les mots : "tant" et "que des dispositions des articles R. 3354-7 à R. 3354-11 du code de la santé publique" sont supprimés.

CHAPITRE V **DISPOSITIONS APPLICABLES AU TERRITOIRE DES ÎLES WALLIS-ET-FUTUNA**

Art. R. 245-1 **Les articles R. 234-1, R. 234-2** *(Décr. nº 2011-1048 du 5 sept. 2011, art. 6)* **« , R. 234-4 et R. 234-5 » sont applicables au territoire des Iles Wallis-et-Futuna dans la rédaction suivante :**

Art. R. 234-1 *(Décr. nº 2007-1626 du 16 nov. 2007)* I. — Même en l'absence de tout signe d'ivresse manifeste, est puni de l'amende prévue pour les contraventions de la quatrième classe le fait de conduire un véhicule sous l'empire d'un état alcoolique caractérisé par :

1° Une concentration d'alcool dans le sang égale ou supérieure à 0,20 gramme par litre ou par une concentration d'alcool dans l'air expiré égale ou supérieure à 0,10 milligramme par litre et inférieure aux seuils fixés à l'article L. 234-1, *(Décr. nº 2015-743 du 24 juin 2015, art. 1er-2°)* « chez le conducteur d'un véhicule de transport en commun, *(Décr. nº 2019-871 du 21 août 2019, en vigueur le 1er oct. 2019)* « chez le conducteur dont le droit de conduire est limité aux seuls véhicules équipés d'un dispositif homologué d'antidémarrage par éthylotest électronique, installé par un professionnel agréé ou par construction, conformément aux dispositions de l'article L. 234-17, » ainsi que chez le conducteur titulaire d'un permis de conduire soumis au délai probatoire défini à l'article L. 223-1 ou en situation d'apprentissage définie à l'article R. 211-3 » ;

2° Une concentration d'alcool dans le sang égale ou supérieure à 0,50 gramme par litre ou par une concentration d'alcool dans l'air expiré égale ou supérieure à 0,25 milligramme par litre et inférieure aux seuils fixés à l'article L. 234-1, *(Décr. nº 2015-743 du 24 juin 2015, art. 1er-2°)* « chez les autres conducteurs ».

II. — L'immobilisation peut être prescrite dans les conditions prévues aux articles L. 325-1 à L. 325-3.

III. — Toute personne coupable de l'une des infractions mentionnées au I encourt également la peine complémentaire de suspension du permis de conduire pour une durée de trois ans au plus, cette suspension pouvant être limitée à la conduite en dehors de l'activité professionnelle.

Art. R. 234-2 Les opérations de dépistage de l'imprégnation alcoolique par l'air expiré, prévues par les articles L. 234-3 à L. 234-5 et L. 234-9 sont effectuées au moyen d'un appareil conforme à un type homologué selon des modalités définies par arrêté du ministre chargé de la santé publique, après avis du ministre chargé des transports, du ministre de l'intérieur et du ministre de la défense.

Art. R. 234-4 Lorsque, pour procéder aux vérifications prévues par les articles *(Décr. nº 2021-1351 du 15 oct. 2021, art. 5)* « L. 234-3, L. 234-4, L. 234-5 et L. 234-9 », l'officier ou l'agent de police judiciaire fait usage d'un appareil homologué permettant de déterminer le taux d'alcool par l'analyse de l'air expiré, la vérification est faite selon les modalités ci-après :

1° Le délai séparant l'heure, selon le cas, de l'infraction ou de l'accident ou d'un dépistage positif effectué dans le cadre d'un contrôle ordonné par le procureur de la République ou effectué sur initiative de l'officier ou de l'agent de police judiciaire et l'heure de la vérification doit être le plus court possible ;

2° L'officier ou l'agent de police judiciaire, après avoir procédé à la mesure du taux d'alcool, en notifie immédiatement le résultat à la personne faisant l'objet de cette vérification. Il l'avise qu'il peut demander un second contrôle. Le procureur de la République, le juge d'instruction ou l'officier ou l'agent de police judiciaire ayant procédé à la vérification peuvent également décider qu'il sera procédé à un second contrôle. Celui-ci est alors effectué immédiatement, après vérification du bon fonctionnement de l'appareil ; le résultat en est immédiatement porté à la connaissance de l'intéressé.

Art. R. 234-5 *(Décr. nº 2011-1048 du 5 sept. 2011, art. 6)* I. — Est puni de l'amende prévue pour les contraventions de la cinquième classe le fait pour une personne ayant été condamnée à la peine d'interdiction de conduire un véhicule qui ne soit pas équipé par un professionnel agréé ou par construction d'un dispositif homologué d'antidémarrage par éthylotest électronique de conduire un véhicule équipé d'un tel dispositif soit après que celui-ci a été utilisé par un tiers pour permettre le démarrage, soit après l'avoir neutralisé ou détérioré ou l'avoir utilisé dans des conditions empêchant la mesure exacte de son état d'imprégnation alcoolique.

(Décr. nº 2017-198 du 16 févr. 2017, art. 1er-5º) « Les dispositions du précédent alinéa sont également applicables lorsque les faits ont été commis :

« — par une personne ayant accepté d'exécuter à titre de composition pénale la mesure prévue au 4º *bis* de l'article 41-2 du code de procédure pénale, dès lors que la composition pénale a été validée dans les conditions prévues par cet article ;

« — par une personne soumise à une interdiction de conduire un véhicule qui ne soit pas équipé, par un professionnel agréé ou par construction, d'un dispositif homologué d'antidémarrage par éthylotest électronique prononcée en application du 8º de l'article 138 du code de procédure pénale, dans le cadre d'un contrôle judiciaire ou d'une assignation à résidence sous surveillance électronique. »

II. — Le fait, par toute personne, de faciliter sciemment, par aide ou assistance, la préparation ou la consommation de la contravention prévue au I est puni de la même peine.

III. — Les personnes coupables des contraventions prévues au présent article encourent également les peines complémentaires suivantes :

1º La suspension du permis de conduire pour une durée de trois ans au plus, cette suspension ne pouvant pas être limitée à la conduite en dehors de l'activité professionnelle, ni être assortie du sursis, même partiellement ;

2º L'interdiction de conduire certains véhicules terrestres à moteur, y compris ceux pour la conduite desquels le permis de conduire n'est pas exigé, pour une durée de trois ans au plus ;

3º L'obligation d'accomplir, à ses frais, un stage de sensibilisation à la sécurité routière ;

4º La confiscation du véhicule dont le prévenu s'est servi pour commettre l'infraction, s'il en est propriétaire.

IV. — La récidive des contraventions prévues au présent article est réprimée conformément à l'article 132-11 du code pénal.

V. — L'immobilisation du véhicule peut être prescrite dans les conditions prévues aux articles L. 325-1 à L. 325-3.

Les dispositions issues du Décr. nº 2019-871 du 21 août 2019 s'appliquent à tous les conducteurs faisant l'objet d'une décision limitant le droit de conduire aux seuls véhicules équipés d'un dispositif homologué d'anti-démarrage par éthylotest électronique prononcée à compter du 1er oct. 2019 (Décr. préc., art. 2).

Art. R. 245-2 *(Décr. nº 2019-1284 du 2 déc. 2019)* **Sont également applicables dans les îles Wallis-et-Futuna, sous réserve des adaptations prévues au présent chapitre, les dispositions du présent titre mentionnées dans la colonne de gauche du tableau ci-après, dans leur rédaction indiquée dans la colonne de droite du même tableau :**

DISPOSITIONS APPLICABLES	DANS LEUR RÉDACTION
R. 235-1	résultant du décret nº 2016-1152 du 24 août 2016
R. 235-2	résultant du décret nº 2003-293 du 31 mars 2003
R. 235-3	résultant du décret nº 2012-3 du 3 janvier 2012
R. 235-4	résultant du décret nº 2016-1152 du 24 août 2016
R. 235-5	résultant du décret nº 2016-1152 du 24 août 2016
R. 235-6	résultant du décret nº 2016-1152 du 24 août 2016
R. 235-7	résultant du décret nº 2016-1152 du 24 août 2016
R. 235-8	résultant du décret nº 2016-1152 du 24 août 2016
R. 235-9	résultant du décret nº 2016-1152 du 24 août 2016

DISPOSITIONS APPLICABLES	DANS LEUR RÉDACTION
R. 235-10	résultant du décret n° 2016-1152 du 24 août 2016
R. 235-11	résultant du décret n° 2019-1284 du 2 décembre 2019
R. 235-12	résultant du décret n° 2017-248 du 27 février 2017
R. 235-13	résultant du décret n° 2003-293 du 31 mars 2003

Art. R. 245-3 *(Décr. n° 2019-1284 du 2 déc. 2019)* Pour l'application dans les îles Wallis-et-Futuna du présent titre :

1° Au premier alinéa de l'article R. 235-3, les mots : "un médecin, un biologiste, ou un étudiant en médecine autorisé à exercer à titre de remplaçant, dans les conditions fixées à l'article L. 4131-2 du code de la santé publique" sont remplacés par les mots : "un médecin ou un biologiste" ;

2° A l'article R. 235-4, les mots : "un arrêté des ministres de la justice et de l'intérieur ainsi que du ministre chargé de la santé" sont remplacés par les mots : "un arrêté, tenant compte des particularités locales, des ministres de la justice et de l'intérieur ainsi que des ministres chargés de l'outre-mer et de la santé" ;

3° Au II et au III de l'article R. 235-6, les mots : "ou un étudiant en médecine autorisé à exercer à titre de remplaçant, dans les conditions fixées à l'article L. 4131-2 du code de la santé publique" sont supprimés ;

4° Le premier alinéa de l'article R. 235-9 est ainsi rédigé :

"L'officier ou l'agent de police judiciaire adresse l'échantillon salivaire prélevé et, le cas échéant, l'échantillon sanguin prélevé, ou les deux échantillons sanguins prélevés, accompagnés des résultats des épreuves de dépistage, à un expert inscrit, sous une rubrique spéciale en toxicologie, sur la liste de la cour d'appel ou à un laboratoire de police technique et scientifique" ;

5° Au deuxième alinéa de l'article R. 235-12, les mots : "tant" et "que des dispositions des articles R. 3354-7 à R. 3354-11 du code de la santé publique" sont supprimés.

LIVRE III LE VÉHICULE

TITRE I DISPOSITIONS TECHNIQUES

CHAPITRE I DISPOSITIONS GÉNÉRALES ET DÉFINITIONS

Art. R. 311-1 *(Décr. n° 2009-497 du 30 avr. 2009)* Pour l'application du présent code, les termes ci-après ont le sens qui leur est donné dans le présent article :

1. Véhicules de catégorie M : véhicules à moteur conçus et construits pour le transport de personnes et ayant au moins quatre roues :

1.1. Véhicule de catégorie M1 : véhicule conçu et construit pour le transport de personnes et comportant, outre le siège du conducteur, huit places assises au maximum ;

1.2. Véhicule de catégorie M2 : véhicule conçu et construit pour le transport de personnes, comportant, outre le siège du conducteur, plus de huit places assises et ayant un poids maximal inférieur ou égal à 5 tonnes ;

1.3. Véhicule de catégorie M3 : véhicule conçu et construit pour le transport de personnes, comportant, outre le siège du conducteur, plus de huit places assises et ayant un poids maximal supérieur à 5 tonnes ;

1.4. Voiture particulière : véhicule de catégorie M1 ne répondant pas à la définition du véhicule de la catégorie L6e ou L7e et ayant un poids total autorisé en charge inférieur ou égal à 3,5 tonnes ;

1.5. Véhicule de transport en commun : véhicule de catégorie M2 ou M3 ;

1.6. Autobus : véhicule de transport en commun qui, par sa construction et son aménagement, est affecté au transport en commun de personnes et de leurs bagages ;

1.7. Autocar : autobus, répondant à des caractéristiques définies par arrêté du ministre chargé des transports, affecté au transport de personnes sur de longues distances et permettant le transport des occupants du véhicule principalement en places assises ;

1.8. Autobus articulé ou autocar articulé : autobus ou autocar composé d'au moins deux tronçons rigides reliés entre eux par des sections articulées, lesquelles permettent la libre circulation des voyageurs ; les sections rigides sont reliées de façon permanente et ne peuvent être disjointes que par une opération nécessitant des installations spécifiques ;

(Décr. n° 2014-784 du 8 juill. 2014, art. 7-3°) « 1.9. Véhicule de transport en commun d'enfants : véhicule de catégorie M2 ou M3 affecté à titre principal au transport de personnes de moins de dix-huit ans, quel que soit le motif du déplacement ;

« 1.10. Véhicule affecté au transport d'enfants : véhicule comportant, outre le siège du conducteur, huit places assises au maximum défini aux points 1.4 et 6.7 du présent article assurant un transport organisé à titre principal pour des personnes de moins de dix-huit ans, quel que soit le motif du déplacement. »

2. Véhicules de catégorie N : véhicules à moteur conçus et construits pour le transport de marchandises et ayant au moins quatre roues :

2.1. Véhicule de catégorie N1 : véhicule conçu et construit pour le transport de marchandises ayant un poids maximal inférieur ou égal à 3,5 tonnes ;

2.2. Véhicule de catégorie N2 : véhicule conçu et construit pour le transport de marchandises ayant un poids maximal supérieur à 3,5 tonnes et inférieur ou égal à 12 tonnes ;

2.3. Véhicule de catégorie N3 : véhicule conçu et construit pour le transport de marchandises ayant un poids maximal supérieur à 12 tonnes ;

2.4. Camionnette : véhicule de catégorie N1 ne répondant pas à la définition du véhicule de catégorie L6e ou L7e.

(Décr. n° 2016-448 du 13 avr. 2016, art. 2-1°) « 3. Véhicules de catégorie O : véhicules remorqués conçus et construits pour le transport de marchandises ou de personnes ainsi que l'hébergement de personnes. »

3.1. Véhicule de catégorie O1 : véhicule remorqué ayant un poids maximal inférieur ou égal à 0,75 tonne ;

3.2. Véhicule de catégorie O2 : véhicule remorqué ayant un poids maximal supérieur à 0,75 tonne et inférieur ou égal à 3,5 tonnes ;

3.3. Véhicule de catégorie O3 : véhicule remorqué ayant un poids maximal supérieur à 3,5 tonnes et inférieur ou égal à 10 tonnes ;

3.4. Véhicule de catégorie O4 : véhicule remorqué ayant un poids maximal supérieur à 10 tonnes ;

3.5. Remorque : véhicule non automoteur sur roues, destiné à être tracté par un autre véhicule ;

3.6. Semi-remorque : remorque dont une partie appréciable de son poids et du poids de son chargement est supportée par le véhicule tracteur.

4. Véhicules de catégorie L : véhicules à moteur à deux ou trois roues et quadricycles à moteur :

(Décr. n° 2016-448 du 13 avr. 2016, art. 2) « 4.1. Véhicule de catégorie L1e : véhicule à deux roues dont la vitesse maximale par construction est égale ou supérieure à 6 km/h et ne dépasse pas 45 km/h et équipé d'un moteur d'une cylindrée ne dépassant pas 50 cm^3 s'il est à combustion interne à allumage commandé et d'une puissance maximale nette n'excédant pas 4 kilowatts ;

« 4.1.1. Véhicule de sous-catégorie L1e-A : véhicule de la catégorie L1e muni de pédales dont le mode de propulsion auxiliaire d'aide au pédalage d'une puissance maximale est inférieure à 1 kW et s'interrompt dès que le véhicule atteint une vitesse égale ou supérieure à 25 km/h. Ce véhicule peut être équipé de trois ou quatre roues ;

« 4.1.2. Véhicule de la sous-catégorie L1e-B : véhicule de la catégorie L1e autre que L1e-A ;

(Décr. n° 2022-31 du 14 janv. 2022) « 4.1.3. Cyclomobile léger : véhicule de la sous-catégorie L1e-B conçu et construit pour le déplacement d'une seule personne et dépourvu de tout aménagement destiné au transport de marchandises, dont la vitesse maximale par construction n'excède pas 25 km/h, équipé d'un moteur non thermique dont la puissance maximale nette est inférieure ou égale à 350 W, ayant un poids à vide inférieur ou égal à 30 kg. »

« 4.2. Véhicule de catégorie L2e : véhicule à trois roues (L2e) dont la vitesse maximale par construction est égale ou supérieure à 6 km/h et ne dépasse pas 45 km/h et équipé d'un moteur d'une cylindrée ne dépassant pas 50 cm^3 s'il est à combustion interne à allumage commandé ou d'une cylindrée ne dépassant pas 500 cm^3 s'il est à combustion interne à allumage par compression et d'une puissance maximale nette n'excédant pas 4 kilowatts ;

« 4.2.1. Véhicule de sous-catégorie L2e-P : véhicule de la catégorie L2e destiné au transport de personnes ;

« 4.2.2. Véhicule de sous-catégorie L2e-U : véhicule de la catégorie L2e conçu à des fins utilitaires ;

« 4.3. Véhicule de catégorie L3e : véhicule à deux roues sans side-car autre que L1 ;

« 4.3.1. Véhicule de la sous-catégorie L3e-A1 : véhicule de la catégorie L3e équipé d'un moteur d'une cylindrée ne dépassant pas 125 cm^3 et d'une puissance maximale ne dépassant pas 11 kW et d'un ratio puissance/poids à vide ne dépassant pas 0,1 kW/kg ;

« 4.3.2. Véhicule de la sous-catégorie L3e-A2 : véhicule de la catégorie L3e, autre que L3e-A1, équipé d'un moteur d'une puissance maximale ne dépassant pas 35 kW et d'un ratio puissance/ poids à vide ne dépassant pas 0,2 kW/kg et non dérivé d'un véhicule équipé d'un moteur de plus du double de sa puissance ;

« 4.3.3. Véhicule de la sous-catégorie L3e-A3 : véhicule de la catégorie L3e, autre que L3e-A1 et L3e-A2 ;

« 4.3.4. Véhicule des sous-sous-catégories L3e-A1E, L3e-A2E, L3e-A3E : motocyclette d'enduro ;

« 4.3.5. Véhicule des sous-sous-catégories L3e-A1T, L3e-A2T, L3e-A3T : motocyclette de trial ;

« 4.4. Véhicule de catégorie L4e : véhicule de la catégorie et sous-catégorie L3e équipé d'un side-car pouvant transporter au plus quatre personnes y compris le conducteur dont deux au plus dans le side-car ;

« 4.5. Véhicule de catégorie L5e : véhicule à trois roues autre que L2e et dont la masse en ordre de marche ne dépasse pas 1 000 kg ;

« 4.5.1. Véhicule de la sous-catégorie L5e-A : véhicule de la catégorie L5e destiné au transport de personnes dans la limite de cinq places assises y compris le conducteur ;

« 4.5.2. Véhicule de la sous-catégorie L5e-B : véhicule de la catégorie L5e conçu à des fins utilitaires et comportant au plus deux places assises y compris le conducteur ;

« 4.6. Véhicule de catégorie L6e : véhicule à moteur à quatre roues dont le poids à vide n'excède pas 425 kilogrammes, la vitesse maximale par construction est égale ou supérieure à 6 km/h et ne dépasse pas 45 km/h et la cylindrée n'excède pas 50 cm^3 pour les moteurs à combustion interne à allumage commandé, 500 cm^3 pour les moteurs à combustion interne à allumage par compression et conçu pour transporter au plus deux personnes y compris le conducteur ;

« 4.6.1. Véhicule de la sous-catégorie L6e-A : véhicule de la catégorie L6e autre que L6e-B et équipé d'un moteur d'une puissance maximale ne dépassant pas 4 kW ;

« 4.6.2. Véhicule de la sous-catégorie L6e-B : véhicule de la catégorie L6e muni d'un habitacle fermé accessible par trois côtés au maximum et équipé d'un moteur d'une puissance maximale ne dépassant pas 6 kW ;

« 4.6.2.1. Véhicule de la sous-sous-catégorie L6e-BP : véhicule de la sous-catégorie L6e-B destiné au transport de personnes ;

« 4.6.2.2. Véhicule de la sous-sous-catégorie L6e-BU : véhicule de la sous-catégorie L6e-B conçu pour le transport de marchandises ;

« 4.7. Véhicule de catégorie L7e : véhicule à moteur à quatre roues n'appartenant pas à la catégorie L6e dont le poids à vide n'excède pas 600 kilogrammes pour les quadricycles affectés au transport de marchandises et 450 kilogrammes pour les quadricycles destinés au transport de personnes ;

« 4.7.1. Véhicule de la sous-catégorie L7e-A : véhicule de la catégorie L7e n'appartenant pas aux sous-catégories L7e-B et L7e-C, conçu uniquement pour le transport de personnes et équipé d'un moteur d'une puissance maximale n'excédant pas 15 kW ;

« 4.7.1.1. Véhicule de la sous-sous-catégorie L7e-A1 : véhicule de la sous-catégorie L7e-A équipé d'un guidon de direction et pouvant transporter au plus deux personnes assises à califourchon ;

« 4.7.1.2. Véhicule de la sous-sous-catégorie L7e-A2 : véhicule de la sous-catégorie L7e-A n'appartenant pas à la sous-sous-catégorie L7e-A1 et pouvant transporter au plus deux personnes assises ;

« 4.7.2. Véhicule de la sous-catégorie L7e-B : véhicule de la catégorie L7e n'appartenant pas à la sous-catégorie L7e-C conçu pour le hors route ;

« 4.7.2.1. Véhicule de la sous-sous-catégorie L7e-B1 : véhicule de la sous-catégorie L7e-B équipé d'un guidon de direction et pouvant transporter au plus deux personnes assises à califourchon à une vitesse maximale de 90 km/h ;

« 4.7.2.2. Véhicule de la sous-sous-catégorie L7e-B2 : véhicule de la sous-catégorie L7e-B, n'appartenant pas à la sous-sous-catégorie L7e-B1, pouvant transporter trois personnes assises dont deux sont côte à côte et équipé d'un moteur d'une puissance maximale n'excédant pas 15 kW ;

« 4.7.3. Véhicule de la sous-catégorie L7e-C : véhicule de la catégorie L7e n'appartenant pas à la sous-catégorie L7e-B, muni d'un habitacle fermé accessible par trois côtés au maximum, équipé d'un moteur d'une puissance maximale ne dépassant pas 15 kW et dont la vitesse maximale ne dépasse pas 90 km/h ;

« 4.7.3.1. Véhicule de la sous-sous-catégorie L7e-CP : véhicule de la sous-catégorie L7e-C conçu pour le transport d'au plus quatre personnes assises y compris le conducteur ;

« 4.7.3.2. Véhicule de la sous-sous-catégorie L7e-CU : véhicule de la sous-catégorie L7e-C conçu pour le transport de marchandises et comportant au plus deux places assises y compris le conducteur ; »

4.8. Cyclomoteur : véhicule de catégorie L1e ou L2e ;

(Décr. n° 2016-448 du 13 avr. 2016, art. 2) « 4.9. Motocyclette : véhicule de catégorie L3e ou L4e ; l'adjonction d'un side-car à une motocyclette ne modifie pas le classement de celle-ci ;

« 4.9.1. Motocyclette légère : véhicule de la sous-catégorie L3e-A1 ; les motocyclettes qui, avant le 5 juillet 1996, étaient considérées comme motocyclettes légères ou qui avaient été réceptionnées comme telles restent classées dans ces catégories après cette date, à l'exception des véhicules à deux roues à moteur dont la cylindrée n'excède pas 50 cm^3 et dont la vitesse n'excède pas 45 km/h munis d'un embrayage ou d'une boîte de vitesses non automatique qui sont des cyclomoteurs ; les véhicules à deux roues à moteur d'une cylindrée n'excédant pas 125 cm^3 mis en circulation sous le genre "vélomoteur" avant le 1er mars 1980 sont considérés comme des motocyclettes légères ; l'adjonction d'un side-car à une motocyclette légère ne modifie pas le classement de celle-ci ;

« 4.9.2. Motocyclette d'enduro : véhicule de la sous-sous-catégorie L3e-A1E ou L3e-A2E ou L3e-A3E ;

« 4.9.3. Motocyclette de trial : véhicule de la sous-sous-catégorie L3e-A1T ou L3e-A2T ou L3e-A3T ;

« 4.10. Tricycle à moteur : véhicule de catégorie L5e dont le poids à vide n'excède pas 1 000 kilogrammes et la charge utile n'excède pas 1 000 kilogrammes pour les tricycles destinés au transport de marchandises ou la valeur du poids à vide du véhicule pour les tricycles destinés au transport de personnes ;

« 4.11. Quadricycle léger à moteur : véhicule de la sous-catégorie L6eB dont la charge utile n'excède pas 250 kilogrammes s'il est destiné au transport de personnes et 300 kilogrammes s'il est conçu pour le transport de marchandises ;

« 4.12. Quadricycle lourd à moteur : véhicule de catégorie L7e dont la charge utile n'excède pas 1 000 kilogrammes s'il est destiné au transport de marchandises ou la valeur du poids à vide du véhicule s'il est destiné au transport de personnes ;

« 4.13. Quad routier léger à moteur : quadricycle léger de la sous-catégorie L6e-A ;

« 4.14. Quad routier lourd à moteur : quadricycle lourd de la sous-catégorie L7e-A ;

« 4.15. Quad tout terrain lourd à moteur : quadricycle lourd de la sous-catégorie L7e-B ; *[.]* »

5. Véhicules agricoles ou forestiers : un véhicule destiné à l'exploitation forestière est assimilé à la catégorie correspondante du véhicule agricole ;

(Décr. no 2016-448 du 13 avr. 2016, art. 2) « 5.1. Véhicules de catégorie T (à roues) ou C (à chenilles) : véhicules agricoles à moteur conçus pour une vitesse n'excédant pas 40 km/h (indice "a") ou excédant 40 km/h (indice "b") ;

« 5.1.1. Tracteur agricole : véhicule à moteur, à roues ou à chenilles, ayant au moins deux essieux et une vitesse maximale par construction égale ou supérieure à 6 km/h, dont la fonction réside essentiellement dans sa puissance de traction et qui est spécialement conçu pour tirer, pousser, porter ou actionner certains équipements interchangeables destinés à des usages agricoles ou tracter des véhicules remorqués agricoles ; il peut être aménagé pour transporter une charge dans un contexte agricole ou forestier et/ou peut être équipé d'un ou de plusieurs sièges passagers ;

« 5.1.2. Véhicule de catégorie T1 ou C1, a ou b : tracteur agricole dont la voie minimale de l'essieu le plus proche du conducteur est égale ou supérieure à 1 150 mm, la masse à vide en ordre de marche supérieure à 600 kilogrammes et la garde au sol inférieure ou égale à 1 000 mm ;

« 5.1.3. Véhicule de catégorie T2 ou C2, a ou b : tracteur agricole dont la voie minimale est inférieure à 1 150 mm, la masse à vide en ordre de marche supérieure à 600 kilogrammes et la garde au sol inférieure ou égale à 600 mm et dont la vitesse maximale par construction est limitée à 30 km/h si la hauteur du centre de gravité du tracteur (mesurée par rapport au sol), divisée par la moyenne des voies minimales de chaque essieu est supérieure à 0,90 ;

« 5.1.4. Véhicule de catégorie T3 ou C3, a ou b : tracteur agricole d'une masse à vide en ordre de marche inférieure ou égale à 600 kilogrammes ;

« 5.1.5. Véhicule de catégorie T4 ou C4, a ou b : tracteur agricole spécial ;

« 5.1.5.1. Véhicule de "catégorie T4. 1" (tracteur enjambeur) : tracteur conçu pour les cultures hautes en ligne, telles que la vigne. Il est caractérisé par un châssis entièrement ou partiellement surélevé de telle sorte qu'il peut circuler parallèlement aux lignes de culture avec les roues droites et gauches de part et d'autre d'une ou plusieurs lignes. Il est conçu pour porter ou actionner des outils qui peuvent être fixés à l'avant, entre les essieux, à l'arrière ou sur une plate-forme. Lorsque le tracteur est en position de travail, la garde au sol mesurée dans le plan vertical des lignes de cultures est supérieure à 1 000 mm. Lorsque la hauteur du centre de gravité du tracteur mesurée par rapport au sol et en utilisant des pneumatiques de monte normale, divisée par la moyenne des voies minimales de l'ensemble des essieux, est supérieure à 0,90, la vitesse maximale par construction ne doit pas dépasser 30 km/h ;

« 5.1.5.2. Véhicule de la "catégorie T4. 2" (tracteur de grande largeur) : tracteur se caractérisant par ses dimensions importantes plus spécialement destiné aux grandes surfaces agricoles ;

« 5.1.5.3. Véhicule de la "catégorie T4. 3" (tracteur à basse garde au sol) : tracteur à quatre roues motrices, dont les engins interchangeables sont destinés à l'usage agricole ou forestier, se caractérisant par un châssis porteur équipé d'une ou plusieurs prises de force et dont la masse techniquement admissible n'est pas supérieure à 10 tonnes, le rapport entre cette masse et la masse maximale à vide en ordre de marche est inférieur à 2,5 et le centre de gravité mesuré par rapport au sol en utilisant des pneumatiques de monte normale est inférieur à 850 mm ; »

(Abrogé par Décr. n° 2016-448 du 13 avr. 2016, art. 2) « ***5.1.6. Véhicule de catégorie T5 ou C5 : tracteur agricole à vitesse maximale par construction supérieure à 40 km/h ;*** »

5.2. Véhicules de catégorie R : véhicules agricoles remorqués :

(Décr. n° 2016-448 du 13 avr. 2016, art. 2) « 5.2.1. Remorque agricole : tout véhicule essentiellement conçu pour être tiré par un tracteur ou une machine agricole automotrice et principalement destiné au transport de charges ou au traitement de matières et dont le rapport entre la masse maximale en charge techniquement admissible et la masse à vide est égal ou supérieur à 3 ; »

5.2.2. Semi-remorque agricole : remorque agricole dont une partie de son poids et du poids de son chargement repose en partie sur le véhicule tracteur ; — *V. Arr. du 2 juill. 2014 relatif à la réception des semi-remorques agricoles (JO 10 juill.).*

(Abrogé par Décr. n° 2016-448 du 13 avr. 2016, art. 2) « ***5.2.3. Est assimilé à un véhicule agricole remorqué tout véhicule remorqué comportant un outil à demeure si le rapport entre le poids total en charge et le poids à vide du véhicule est supérieur ou égal à la valeur 3 et si le véhicule n'est pas conçu pour le traitement de matières ;*** »

5.2.4. Véhicule de catégorie R1a : remorque ou semi-remorque agricole ayant un poids maximal sur l'ensemble de ses essieux inférieur ou égal à 1 500 kilogrammes et conçue pour une vitesse inférieure ou égale à 40 km/h ;

5.2.5. Véhicule de catégorie R1b : remorque ou semi-remorque agricole ayant un poids maximal sur l'ensemble de ses essieux inférieur ou égal à 1 500 kilogrammes et conçue pour une vitesse supérieure à 40 km/h ;

5.2.6. Véhicule de catégorie R2a : remorque ou semi-remorque agricole ayant un poids maximal sur l'ensemble de ses essieux supérieur à 1 500 kilogrammes et inférieur ou égal à 3 500 kilogrammes et conçue pour une vitesse inférieure ou égale à 40 km/h ;

5.2.7. Véhicule de catégorie R2b : remorque ou semi-remorque agricole ayant un poids maximal sur l'ensemble de ses essieux supérieur à 1 500 kilogrammes et inférieur ou égal à 3 500 kilogrammes et conçue pour une vitesse supérieure à 40 km/h ;

5.2.8. Véhicule de catégorie R3a : remorque ou semi-remorque agricole ayant un poids maximal sur l'ensemble de ses essieux supérieur à 3 500 kilogrammes et inférieur ou égal à 21 000 kilogrammes et conçue pour une vitesse inférieure ou égale à 40 km/h ;

5.2.9. Véhicule de catégorie R3b : remorque ou semi-remorque agricole ayant un poids maximal sur l'ensemble de ses essieux supérieur à 3 500 kilogrammes et inférieur ou égal à 21 000 kilogrammes et conçue pour une vitesse supérieure à 40 km/h ;

5.2.10. Véhicule de catégorie R4a : remorque ou semi-remorque agricole ayant un poids maximal sur l'ensemble de ses essieux supérieur à 21 000 kilogrammes et conçue pour une vitesse inférieure ou égale à 40 km/h ;

5.2.11. Véhicule de catégorie R4b : remorque ou semi-remorque agricole ayant un poids maximal sur l'ensemble de ses essieux supérieur à 21 000 kilogrammes et conçue pour une vitesse supérieure à 40 km/h ;

5.3. Véhicules de catégorie S : machines ou instruments agricoles remorqués :

(Décr. nº 2016-448 du 13 avr. 2016, art. 2) « 5.3.1. Machine ou instrument agricole remorqué : tout véhicule conçu pour être tiré par un tracteur ou par une machine agricole automotrice et qui modifie la fonction de ce dernier ou lui apporte une fonction nouvelle, qui comporte un outil à demeure ou est conçu pour le traitement de matières, qui peut comporter un plateau de chargement conçu et réalisé pour recevoir les outils et dispositifs nécessaires pour l'exécution des tâches et le stockage temporaire des matières produites ou nécessaires pendant le travail, si le rapport entre la masse maximale en charge techniquement admissible et la masse à vide de ce véhicule est inférieur à 3 ; »

(Abrogé par Décr. nº 2016-448 du 13 avr. 2016, art. 2) « 5.3.2. Est assimilé à une machine ou instrument agricole remorqué tout véhicule comportant un outil à demeure ou conçu pour le traitement des matières, si le rapport entre le poids total en charge et le poids à vide du véhicule est inférieur à la valeur 3. »

5.3.3. Véhicule de catégorie S1a : machine ou instrument agricole remorqué ayant un poids maximal sur l'ensemble de ses essieux inférieur ou égal à 3,5 tonnes et conçu pour une vitesse inférieure ou égale à 40 km/h ;

5.3.4. Véhicule de catégorie S1b : machine ou instrument agricole remorqué ayant un poids maximal sur l'ensemble de ses essieux inférieur ou égal à 3,5 tonnes et conçu pour une vitesse supérieure à 40 km/h ;

5.3.5. Véhicule de catégorie S2a : machine ou instrument agricole remorqué ayant un poids maximal sur l'ensemble de ses essieux supérieur à 3,5 tonnes et conçu pour une vitesse inférieure ou égale à 40 km/h ;

5.3.6. Véhicule de catégorie S2b : machine ou instrument agricole remorqué ayant un poids maximal sur l'ensemble de ses essieux supérieur à 3,5 tonnes et conçu pour une vitesse supérieure à 40 km/h ;

5.4. Machine agricole automotrice : appareil pouvant évoluer par ses propres moyens, normalement destiné à l'exploitation agricole et dont la vitesse de marche par construction ne peut excéder 25 km/h en palier ; cette vitesse est portée à 40 km/h pour les appareils dont la largeur est inférieure ou égale à 2,55 mètres et dont les limites de cylindrée ou de puissance sont supérieures à celles de la catégorie L6e. Des dispositions spéciales définies par arrêté du ministre chargé des transports, prises après consultation du ministre chargé de l'agriculture, sont applicables aux machines agricoles automotrices à un seul essieu.

6. Autres véhicules :

6.1. Engin de service hivernal : véhicule à moteur *(Décr. nº 2019-260 du 21 juin 2019)* « ou véhicule remorqué » de transport de marchandises, d'un poids total autorisé en charge supérieur à 3,5 tonnes, ou tracteur agricole appartenant aux collectivités gestionnaires des voies publiques ou aux personnes agissant pour leur compte, lorsqu'ils sont équipés d'outils spécifiques destinés à lutter contre le verglas ou la neige sur les voies ouvertes à la circulation publique ; un arrêté du ministre chargé des transports définit les caractéristiques de ces outils ; *— V. Arr. du 18 nov. 1996, App., vº Engins spéciaux.*

6.2. Engin spécial : engin automoteur ou remorqué servant à l'élévation, au gerbage ou au transport de produits de toute nature, à l'exclusion du transport de personnes autres que le conducteur et éventuellement un convoyeur, et dont la vitesse ne peut excéder par construction 25 km/h ;

(Décr. nº 2017-208 du 20 févr. 2017, art. 1er) « 6.3. Véhicule présentant un intérêt historique (véhicule dit de collection) : véhicule qui remplit l'ensemble des conditions suivantes :

« — il a été construit ou immatriculé pour la première fois il y a au moins trente ans ;

« — son type particulier, tel que défini par la législation pertinente de l'Union européenne ou nationale, n'est plus produit ;

« – il est préservé sur le plan historique et maintenu dans son état d'origine, et aucune modification essentielle n'a été apportée aux caractéristiques techniques de ses composants principaux ; »

6.4. Véhicule d'intérêt général : véhicule d'intérêt général prioritaire ou bénéficiant de facilités de passage ;

6.5. Véhicule d'intérêt général prioritaire : véhicule des services de police, de gendarmerie, des douanes, *(Décr. n° 2019-1328 du 9 déc. 2019, art. 2)* **« des services d'incendie et de secours et des unités militaires investies à titre permanent des missions de sécurité civile »,** *(Décr. n° 2016-697 du 27 mai 2016)* **« d'intervention des services de déminage de l'État », d'intervention des unités mobiles hospitalières ou, à la demande du service d'aide médicale urgente, affecté exclusivement à l'intervention de ces unités et du ministère de la justice affecté au transport des détenus ou au rétablissement de l'ordre dans les établissements pénitentiaires ;**

6.6. Véhicule d'intérêt général bénéficiant de facilités de passage : ambulance de transport sanitaire, *(Décr. n° 2019-1328 du 9 déc. 2019, art. 2)* **« véhicule de premiers secours à personnes des associations agréées de sécurité civile, » véhicule d'intervention** *(Décr. n° 2016-448 du 13 avr. 2016, art. 2)* **« de sécurité des sociétés gestionnaires d'infrastructures électriques et gazières », du service de la surveillance de la Société nationale des chemins de fer français,** *(Décr. n° 2016-697 du 27 mai 2016)* **« du service de la surveillance de la Régie autonome des transports parisiens », de transports de fonds de la Banque de France, des associations médicales concourant à la permanence des soins, des médecins lorsqu'ils participent à la garde départementale, de transports de produits sanguins et d'organes humains, engin de service hivernal et, sur autoroutes ou routes à deux chaussées séparées, véhicule d'intervention des services gestionnaires de ces voies ;**

6.7. Véhicule spécialisé : véhicule de catégorie M, N, O, T ou C prévu pour une fonction qui requiert un aménagement ou un équipement spécifique ;

6.8. Véhicule spécialisé dans les opérations de remorquage : véhicule spécialisé dont l'aménagement comporte un engin de levage installé à demeure permettant le remorquage d'un véhicule en panne ou accidenté avec ou sans soulèvement du train avant ou du train arrière de ce dernier ;

6.9. Matériel de travaux publics : matériel spécialement conçu pour les travaux publics, ne servant pas normalement sur route au transport de marchandises ou de personnes autres que deux convoyeurs et dont la liste est établie par le ministre chargé des transports ; *– V. Arr. du 7 avr. 1955 (D. 1955. 186 ; Rect. 211 ; BLD 1955. 446 ; Rect. 495), mod. par Arr. du 10 févr. 1977 (D. et BLD 1977. 125).*

6.10. Cycle : véhicule ayant au moins deux-roues et propulsé exclusivement par l'énergie musculaire des personnes se trouvant sur ce véhicule, notamment à l'aide de pédales ou de manivelles ;

6.11. Cycle à pédalage assisté : cycle équipé d'un moteur auxiliaire électrique d'une puissance nominale continue maximale de 0,25 kilowatt, dont l'alimentation est réduite progressivement et finalement interrompue lorsque le véhicule atteint une vitesse de 25 km/h, ou plus tôt si le cycliste arrête de pédaler ;

(Décr. n° 2017-15 du 6 janv. 2017, art. 1er-2°, en vigueur le 1er mars 2017) **« 6.12. Bateau amphibie : bateau normalement destiné à des activités de loisirs ou de sauvetage, équipé de roues ou de chenilles, à caractère routier non prédominant, pouvant transporter au plus trois personnes autres que le conducteur et dont la vitesse maximale par construction ne peut excéder 25 km/h ; »**

(Décr. n° 2018-1045 du 28 nov. 2018) **« 6.13. Navette urbaine : véhicule à moteur conçu et construit pour le transport de personnes en agglomération, ne répondant pas aux définitions des catégories internationales M1, M2 ou M3 et ayant la capacité de transporter, outre le conducteur, neuf passagers au moins et seize passagers au plus, dont quatre ou cinq peuvent être assis ; »** *– V. Arr. du 6 mai 2019 définissant les conditions d'homologation, d'exploitation et de circulation des navettes urbaines (JO 13 juin), mod. par Arr. du 24 avr. 2020 (JO 13 mai).*

(Décr. n° 2019-1082 du 23 oct. 2019, art. 3) **« 6.14. Engin de déplacement personnel : engin de déplacement personnel motorisé ou non motorisé ;**

« 6.15. Engin de déplacement personnel motorisé : véhicule sans place assise, conçu et construit pour le déplacement d'une seule personne et dépourvu de tout aménagement destiné au transport de marchandises, équipé d'un moteur non thermique ou d'une assistance non thermique et dont la vitesse maximale par construction est supérieure à 6 km/h et ne dépasse pas 25 km/h. Il peut comporter des accessoires, comme un panier ou une sacoche de petite taille. Un gyropode, tel que défini au paragraphe 71 de l'article 3 du règlement (UE) n° 168/2013 du Parlement européen et du Conseil du 15 janvier 2013 relatif à la réception et à la surveillance du marché des véhicules à deux ou trois roues et des quadricycles, peut être équipé d'une selle. Les engins exclusivement destinés aux personnes à mobilité réduite sont exclus de cette catégorie ; — *V. Arr. du 21 juill. 2020 relatif au freinage des engins de déplacement personnel motorisés (JO 26 juill.) et Arr. du 22 juill. 2020 relatif à l'avertisseur sonore des engins de déplacement personnel motorisés (26 juill.).*

« 6.16. Engin de déplacement personnel non motorisé : véhicule de petite dimension sans moteur. »

7. Ensembles de véhicules :

7.1. Train double : ensemble composé d'un véhicule articulé et d'une semi-remorque dont l'avant repose soit sur un avant-train, soit sur le train roulant arrière coulissant de la première semi-remorque qui tient alors lieu d'avant-train ;

7.2. Train routier : ensemble constitué d'un véhicule à moteur auquel est attelée une remorque ou une semi-remorque dont l'avant repose sur un avant-train ;

7.3. Véhicule articulé : ensemble composé d'un véhicule tracteur et d'une semi-remorque ;

(Décr. n° 2018-1045 du 28 nov. 2018) « 7.4. Train urbain : ensemble routier, conçu et construit pour le transport de personnes en agglomération, composé d'un véhicule automoteur destiné au transport de personnes tractant au plus trois véhicules non automoteurs. » — *V. Arr. du 24 avr. 2020 définissant les conditions d'homologation des trains urbains (JO 14 mai).*

(Décr. n° 2021-873 du 29 juin 2021, art. 1er) « 8. Véhicule à délégation de conduite : véhicule à moteur des catégories M, N, L, T ou C, telles que définies aux 1, 2, 4 et 5.1, ou navette urbaine telle que définie au 6.13, équipé d'un système de conduite automatisé.

« Le véhicule à délégation de conduite peut être partiellement, hautement ou totalement automatisé ;

« 8.1. Véhicule partiellement automatisé : véhicule équipé d'un système de conduite automatisé exerçant le contrôle dynamique du véhicule dans un domaine de conception fonctionnelle particulier, devant effectuer une demande de reprise en main pour répondre à certains aléas de circulation ou certaines défaillances pendant une manœuvre effectuée dans son domaine de conception fonctionnelle ;

« 8.2. Véhicule hautement automatisé : véhicule équipé d'un système de conduite automatisé exerçant le contrôle dynamique d'un véhicule dans un domaine de conception fonctionnelle particulier, pouvant répondre à tout aléa de circulation ou défaillance, sans exercer de demande de reprise en main pendant une manœuvre effectuée dans son domaine de conception fonctionnelle. Ce véhicule peut être intégré dans un système technique de transport routier automatisé tel que défini au 1° de l'article R. 3151-1 du code des transports ;

« 8.3. Véhicule totalement automatisé : véhicule équipé d'un système de conduite automatisé exerçant le contrôle dynamique d'un véhicule pouvant répondre à tout aléa de circulation ou défaillance, sans exercer de demande de reprise en main pendant une manœuvre dans le domaine de conception technique du système technique de transport routier automatisé auquel ce véhicule est intégré, tels que définis aux 1° et 4° de l'article R. 3151-1 du code des transports. »

Pour les conditions d'accessibilité aux personnes à mobilité réduite des véhicules terrestres à moteur des catégories M1 et N1, V. Arr. du 23 août 2013 (JO 7 sept.), mod. par Arr. du 29 déc. 2020 (JO 22 janv. 2021).

V. Arr. du 22 sept. 2015 fixant les normes d'émission de polluants atmosphériques des véhicules assurant des services réguliers interurbains de transport public routier de personnes librement organisés (JO 24 sept.).

V. Décr. n° 2017-26 du 12 janv. 2017 relatif aux infrastructures de recharge pour véhicules électriques et portant diverses mesures de transposition de la directive 2014/94/UE du Parlement européen et du Conseil du 22 oct. 2014 sur le déploiement d'une infrastructure pour carburants alternatifs (JO 13 janv.), mod. par Décr. n° 2021-546 du 4 mai 2021 (JO 5 mai).

V. Arr. du 30 nov. 2017 relatif aux conditions d'homologation et d'installation des dispositifs de conversion des véhicules à motorisation essence en motorisation à carburant modulable essence - superéthanol E85 (JO 15 déc.), mod. par Arr. 19 févr. 2021 (JO 5 mars).

V. Arr. du 17 juin 2019 définissant les conditions d'homologation, d'exploitation et de circulation des remorques affectées au transport de personnes en milieu urbain (JO 3 juill.), mod. par Arr. du 24 avr. 2020 (JO 13 mai).

Identification des cycles, V. C. transp., art. L. 1271-2 s. et R. 1271-1 s., App., v° Cycle.

V. Arr. du 11 janv. 2021 relatif à la réception des véhicules à moteur, de leurs remorques et des systèmes et équipements destinés à ces véhicules en application du règlement UE/2018/858 (JO 24 janv.), mod. par Arr. du 31 mars 2021 (JO 11 avr.), Arr. du 18 févr. 2022 (JO 3 mars) et Arr. du 7 juin 2023 (JO 6 juill.).

BIBL. ▶ **Engins de déplacement personnel (avant Décr. du 23 oct. 2019)** : Benejat, *AJ pénal 2019. 428* (le droit pénal de la route face aux nouveaux modes de transport). – Bloch, *RCA 2018. Alerte 5* (assurance et nouvelles mobilités : le cas de la trottinette électrique),. – Delebecque, *Énergie - Env. - Infrastr. 2019. Repère 1* (la trottinette et le Code de la route). – Du Puy-Montbrun, *JCP 2019. 625* (quelle régulation pour les nouvelles mobilités ? Le cas des trottinettes en flotte libre). – Garandeau, *JT 2019, n° 217, p. 44* (le statut juridique des trottinettes électriques, gyroroues et hoverboards). – Mazouz, *Gaz. Pal. 25 juin 2019, p. 16* (responsabilité civile et trottinette électrique).

▶ **Décret du 23 octobre 2019** : Charbonnel, *JCP Adm. 2019. Actu. 688* (trottinettes : « pas sur le trottoir ! » sauf si le maire y consent...). – De Montecler, *D. actu. 29 oct. 2019* (les trottinettes entrent dans le code de la route). – Garandeau, *JT 2020, n° 229, p. 36* (réglementation des engins de déplacement personnel motorisés). – Gency-Tandonnet, *JCP 2019. 1153* (fin de l'anarchie pour les engins de déplacement personnel motorisés). – Lepoutre, *EEI 2020. Dossier 9* (l'encadrement attendu des trottinettes électriques). – Rombauts-Chabrol, *AJCT 2020. 191* (loi d'orientation des mobilités : encadrement des engins de déplacement personnel, suite (et fin ?)).

▶ **Autres catégories de véhicules** : Lochouarn, *Dr. rural 2018. Étude 17* (quid du quad agricole ?).

COMMENTAIRE

Catégories de véhicules. Dans sa version d'origine, cet article reprenait, par ordre alphabétique, vingt-cinq définitions qui figuraient de façon éparse dans l'ancien code. Étaient ainsi définis les autobus, autocars, camionnettes, cycles, cyclomoteurs, engins divers, motocyclettes, quadricycles, semi-remorques, trains routiers, tricycles, véhicules variés (de collection, d'intérêt général ou agricoles), ainsi que les voitures particulières. Depuis son entrée en vigueur, cet article a cependant été modifié à de très nombreuses reprises, notamment pour prendre en compte les nomenclatures européennes et internationales utilisées en ce domaine. Il en résulte une liste extrêmement technique et, il faut bien l'admettre, quasi-illisible.

Engins de déplacement personnel. Le décret n° 2019-1082 du 23 octobre 2019 a intégré au sein de cette liste (points 6.14., 6.15. et 6.16.) la catégorie des engins de déplacement personnel, lesquels peuvent être motorisés (trottinettes électriques, hoverboards, gyropodes et autres gyroroues) ou non motorisés (trottinettes non électriques, skates et rollers). Il s'est agi par là même de permettre aux pouvoirs publics de réglementer la circulation de ces engins lorsqu'ils sont motorisés, des engins qui se sont multipliés dans de nombreuses villes ces dernières années, au détriment bien souvent de la circulation des piétons et de leur sécurité.

Avant ce décret, seuls les engins de déplacement personnel non motorisés étaient envisagés par le code de la route, en son article R. 412-34 assimilant à un piéton le conducteur de « tout (…) véhicule de petite dimension sans moteur ». Et c'est cette formule qui a été reprise dans le présent article pour les définir. Les engins de déplacement personnel motorisés n'étaient en revanche pas envisagés et ne pouvaient, pour la plupart, être assimilés à l'une des catégories de véhicules d'ores et déjà définies à l'article R. 311-1. Le décret du 23 octobre 2019 a donc permis de donner une existence juridique aux engins de déplacement personnel motorisés, de les définir et partant de réglementer leur circulation sur la voie publique (V. art. R. 412-43-1 à R. 412-43-3).

On notera que la définition des engins de déplacement personnel motorisés à l'article R. 311-1 a conduit le pouvoir réglementaire à apporter plusieurs modifications au sein du présent titre du code la route consacré aux dispositions techniques applicables aux véhicules. Ces modifications ont eu souvent pour objet d'exclure, pour ces engins, l'application d'un certain nombre d'exigences techniques habituellement applicables aux véhicules à moteur et concernant, par exemple, leur éclairage (art. R. 313-1, al. 5), leur équipement en pneumatiques (art. R. 314-1, al. 1er), leur dispositif de freinage (art. R. 315-1, al. 1er) ou encore leur identification par des plaques d'immatriculation et une plaque constructeur (art. R. 317-14-1). Mais, parallèlement à ces exclusions, le décret du 23 octobre 2019 a aussi créé plusieurs dispositions ayant pour objet ou bien de formuler des exigences techniques propres à ces engins, comme celles concernant leur dimension (art. R. 312-10, I, 7° et R. 312-11, I, 12°) et leur freinage (art. R. 315-7), ou bien d'étendre à ces engins l'application de certaines dispositions applicables aux cycles, comme celles concernant les feux de position, avant et arrière, dont ces engins doivent être munis la nuit ou en cas de visibilité insuffisante (art. R. 313-4 et R. 313-5), la présence de catadioptres (art. R. 313-18, R. 313-19 et R. 313-20) et d'un appareil avertisseur (art. R. 313-33). Autant d'exigences techniques qui s'ajoutent à celles qui découlent de la définition donnée de ces engins par le présent article et notamment celle qui prévoit qu'ils ne peuvent dépasser par construction la vitesse maximale de 25 km/h (l'utilisation d'un engin de déplacement personnel motorisé dépassant une telle vitesse peut d'ailleurs être sanctionnée, V. art. R. 317-23-1 et R. 321-4-2).

Véhicules à délégation de conduite. Une autre catégorie de véhicules a par ailleurs été définie au sein de l'article R. 311-1 par le décret n° 2021-873 du 29 juin 2021. Il s'agit de la catégorie des véhicules à délégation de conduite (V. pt 8 de cet art.). Tous les véhicules équipés d'un système de conduite automatisé relèvent de cette catégorie, laquelle est ensuite subdivisée en trois sous-catégories en fonction de l'importance de l'automatisation. L'article R. 311-1, point 8, distingue de la sorte les véhicules à délégation de conduite selon qu'ils sont partiellement, hautement ou totalement automatisés. Pour bien comprendre ce que recouvre chacune de ces trois sous-catégories, il convient cependant de se reporter à l'article R. 311-1-1 créé également par le décret du 29 juin 2021. Dans cet article, on trouve en effet la définition de plusieurs mots ou expressions clés utilisés à l'article R. 311-1 pour définir les véhicules à délégation de conduite, comme « système de conduite automatisé », « contrôle dynamique » ou « reprise en main ».

Cyclomobiles légers. On notera enfin l'ajout, par le décret n° 2022-31 du 14 janvier 2022, des cyclomobiles légers au sein de la catégorie des véhicules à moteur à deux roues (V. pt 4.1.3. du présent art.). Il s'est agi par là même d'autoriser la circulation sur la voie publique des draisiennes électriques et des trottinettes électriques dotées d'une selle. Ces véhicules n'appartiennent pas à la catégorie des engins de déplacement personnel motorisés, définis par l'article R. 311-1 comme des véhicules « sans place assise » (V. pt 6.15.), mais les règles qui leur sont applicables sont, le plus souvent, celles prévues pour ces engins (V. art. R. 412-43-4 déclarant applicable les dispositions sur la circulation des engins de déplacement personnel motorisés aux cyclomobiles légers, ainsi que les nombreux articles modifiés par le décr. du 14 janv. 2022 dans lesquels ont été insérés les mots « cyclomobiles légers » après les mots « engins de déplacement personnel motorisés ») et non pas celles applicables aux cyclomoteurs (les propriétaires de cyclomobiles légers n'étant pas astreints, par exemple, à l'obligation d'immatriculation qui pèse sur les propriétaires de cyclomoteurs, V. art. R. 322-1). ❑

1. Circulaire relative à la circulation des quads dans les espaces naturels. Méconnaît les dispositions des art. R. 311-1 [ancien] et R. 221-4 C. route et doit en conséquence être annulée, l'annexe 1 de la Circ. du 6 sept. 2005 relative à la circulation des quads et autres véhicules à moteur dans les espaces naturels en ce qu'elle indique que le permis de conduire de la sous-catégorie B1 est obligatoire pour la conduite des « quads », sans mentionner qu'il n'est requis que pour les quadricycles lourds à moteur. • CE 10 janv. 2007, *Collectif pour la défense des loisirs verts,* n° 286701 : *inédit.*

2. Statut juridique des trottinettes électriques, hoverboards, gyropodes et gyroroues. Les véhicules légers électriques unipersonnels, également appelés engins de déplacements personnels électriques (EDP électriques), regroupent des engins tels que la trottinette électrique, les gyropodes, la monoroue ou l'hoverboard. Les EDP électriques étant explicitement exclus du règlement européen UE 168/2013 du 15 janv. 2013 relatif à la réception et à la surveillance du marché des véhicules à deux et trois roues et des quadricycles, chaque État membre européen peut définir sa propre réglementation nationale. En France, les

EDP électriques n'appartiennent à aucune des catégories de véhicules actuellement définies dans le code de la route et leur circulation dans l'espace public n'est actuellement pas réglementée. Si les utilisateurs d'EDP non motorisés (trottinettes, skate-boards, rollers) sont assimilés à des piétons par l'art. R. 412-34 C. route et peuvent donc circuler sur les trottoirs et sur les autres espaces autorisés aux piétons, rien n'est prévu concernant les EDP électriques dont l'usage devrait être limité aux espaces privés ou fermés à la circulation. Les règles de circulation que chaque catégorie d'EDP doit respecter devraient cependant être prochainement définies dans le code de la route. *Rép. min. n° 4782 : *JOAN Q, 11 sept. 2018. 8054*. ♦ V., depuis le Décr. n° 2019-1082 du 23 oct. 2019, art. R. 311-1, points 6.14, 6.15 et 6.16 (définition des EDP) et art. R. 412-43-1 s. (circulation des EDP motorisés).

Art. R. 311-1-1 *(Décr. n° 2021-873 du 29 juin 2021, art. 2)* Pour l'application du présent code, les termes ci-après ont le sens qui leur est donné dans le présent article :

1. Système de conduite automatisé : système associant des éléments matériels et logiciels, permettant d'exercer le contrôle dynamique d'un véhicule de façon prolongée ;

2. Contrôle dynamique : exécution de toutes les fonctions opérationnelles et tactiques en temps réel nécessaires au déplacement du véhicule. Il s'agit notamment du contrôle du déplacement latéral et longitudinal du véhicule, de la surveillance de l'environnement routier, des réactions aux événements survenant dans la circulation routière et de la préparation et du signalement des manœuvres ;

3. Reprise en main : action du conducteur aux fins d'exercer le contrôle dynamique du véhicule. Les modalités de la reprise en main sont définies dans les conditions d'utilisation du système de conduite automatisé ;

3.1. Demande de reprise en main : requête du système de conduite automatisé aux fins de reprise en main du conducteur avant expiration de la période de transition ;

3.2. Période de transition : délai maximal dont le conducteur est informé entre une demande de reprise en main et une manœuvre à risque minimal ;

4. Domaine de conception fonctionnelle : conditions notamment géographiques, météorologiques, horaires, de circulation, de trafic et d'infrastructure dans lesquelles un système de conduite automatisé est spécifiquement conçu pour exercer le contrôle dynamique du véhicule et en informer le conducteur ;

5. Manœuvre à risque minimal : manœuvre ayant pour finalité la mise à l'arrêt du véhicule en situation de risque minimal pour ses occupants et les autres usagers de la route, automatiquement effectuée par le système de conduite automatisé, suite à un aléa non prévu dans ses conditions d'utilisation, à une défaillance grave ou un défaut de reprise en main à expiration de la période de transition ;

6. Manœuvre d'urgence : manœuvre automatiquement effectuée par le système de conduite automatisé en cas de risque imminent de collision, dans le but de l'éviter ou de l'atténuer ;

7. Dispositif d'enregistrement des données d'état de délégation de conduite : dispositif de stockage de données permettant de déterminer les interactions entre le conducteur et le système de conduite automatisé.

Art. R. 311-2 La masse des batteries de propulsion des motocyclettes, des quadricycles et tricycles à moteur et des cyclomoteurs électriques n'est pas prise en compte pour la détermination des poids visés au présent titre. – *[Anc. art. R. 169-3, al. 1er et R. 188-2.]*

Art. R. 311-3 En cas d'infraction aux dispositions du présent titre, si le mauvais état du véhicule crée un danger important pour les autres usagers ou constitue une menace pour l'intégrité de la chaussée, l'immobilisation peut être prescrite dans les conditions prévues aux articles L. 325-1 à L. 325-3. – *[Anc. art. R. 278, al. 1er et 4.]*

Art. D. 311-4 *(Décr. n° 2017-589 du 20 avr. 2017)* A l'occasion des contrôles des véhicules et de leurs conducteurs, sont seuls compétents pour procéder, en application de l'article L. 311-2, aux opérations permettant d'accéder aux informations et aux données numériques embarquées relatives à l'identification et à la conformité du véhicule et de ses composants les officiers ou agents de police judiciaire de la gendarmerie ou de la police nationales territorialement compétents ainsi que les fonctionnaires ou agents de l'État chargés du contrôle des transports terrestres placés sous l'autorité du ministre chargé des transports et détenteurs d'un dispositif technique permettant la lecture de ces informations et données.

Lorsqu'elles sont de nature physique, les informations et données relatives à l'identification et à la conformité du véhicule et de ses composants peuvent être relevées par l'ensemble des agents habilités à procéder à ces contrôles conformément aux dispositions du code de procédure pénale ou du présent code.

CHAPITRE II **POIDS ET DIMENSIONS**

SECTION 1 **Poids**

Art. R. 312-1 Le poids à vide d'un véhicule s'entend du poids du véhicule en ordre de marche comprenant le châssis avec les accumulateurs et le réservoir d'eau rempli, les réservoirs à carburant ou les gazogènes remplis, la carrosserie, les équipements normaux, les roues et les pneus de rechange et l'outillage courant normalement livrés avec le véhicule.

Le poids total d'un véhicule articulé, d'un ensemble de véhicules ou d'un train double est appelé poids "total roulant" du véhicule articulé, de l'ensemble de véhicules ou du train double.

Le ministre chargé des transports fixe par arrêté la définition du poids à vide et de la charge utile des motocyclettes, des tricycles et des quadricycles à moteur et des cyclomoteurs.

Art. R. 312-2 Il est interdit de faire circuler un véhicule ou un élément de véhicule dont le poids réel excède le poids total autorisé en charge fixé par *(Décr. nº 2016-448 du 13 avr. 2016, art. 3)* « le service en charge des réceptions désigné par arrêté par le ministre chargé des transports » ou par l'autorité compétente d'un État membre de la Communauté européenne et inscrit sur le certificat d'immatriculation de chaque véhicule ou élément de véhicule.

Il est interdit de faire circuler un véhicule ou un élément de véhicule dont un essieu supporte une charge réelle qui excède le poids maximal autorisé pour cet essieu.

Il est interdit de faire circuler un ensemble de véhicules, un véhicule articulé ou un train double dont le poids total roulant réel dépasse le poids total roulant autorisé fixé par *(Décr. nº 2016-448 du 13 avr. 2016, art. 3)* « le service en charge des réceptions désigné par arrêté par le ministre chargé des transports » ou par l'autorité compétente d'un État membre de la Communauté européenne et inscrit sur le certificat d'immatriculation du véhicule tracteur.

Les conditions de circulation du véhicule tracteur d'un véhicule articulé même non attelé d'une semi-remorque sont déterminées par son poids total roulant autorisé.

Le ministre chargé des transports détermine par arrêté les modalités d'application du présent article et les conditions dans lesquelles des dérogations peuvent être accordées à certains ensembles de véhicules circulant à vitesse réduite et aux matériels de travaux publics. – *Concernant les dérogations, V. Arr. du 5 févr. 1969, App., vº Transports routiers.*

(Décr. nº 2011-368 du 4 avr. 2011) « Toute infraction aux dispositions du présent article ou à celles prises pour son application est punie :

« *a)* Pour un véhicule ou un élément de véhicule d'un poids total autorisé en charge inférieur ou égal à 3,5 tonnes : de l'amende prévue pour les contraventions de la quatrième classe pour le dépassement jusqu'à 0,5 tonne du poids autorisé et, pour un dépassement supérieur, de la même amende prononcée autant de fois qu'il y a de tranches de dépassement de 0,5 tonne ;

« *b)* Pour un ensemble de véhicules d'un poids total roulant autorisé inférieur ou égal à 3,5 tonnes : de l'amende prévue pour les contraventions de la quatrième classe pour le dépassement jusqu'à 0,5 tonne du poids autorisé et, pour un dépassement

supérieur, de la même amende prononcée autant de fois qu'il y a de tranches de dépassement de 0,5 tonne ;

« *c)* Pour un véhicule ou un élément de véhicule d'un poids total autorisé en charge supérieur à 3,5 tonnes : de l'amende prévue pour les contraventions de la quatrième classe pour le dépassement jusqu'à une tonne du poids autorisé et, pour un dépassement supérieur, de la même amende prononcée autant de fois qu'il y a de tranches de dépassement d'une tonne ;

« *d)* Pour un ensemble de véhicules d'un poids total roulant autorisé supérieur à 3,5 tonnes : de l'amende prévue pour les contraventions de la quatrième classe pour le dépassement jusqu'à une tonne du poids autorisé et, pour un dépassement supérieur, de la même amende prononcée autant de fois qu'il y a de tranches de dépassement d'une tonne ;

« *e)* Pour chaque essieu, de l'amende prévue pour les contraventions de la quatrième classe pour le dépassement jusqu'à 0,3 tonne du poids maximal autorisé pour cet essieu et, pour un dépassement supérieur, de la même amende prononcée autant de fois qu'il y a de tranches de dépassement de 0,3 tonne.

« Toutefois, lorsqu'il est constaté une infraction aux dispositions du présent article en ce qui concerne le poids total autorisé en charge ou le poids total roulant autorisé, et qu'il est constaté concomitamment une infraction aux dispositions de l'article R. 312-4 similaire, seule l'infraction la plus grave est retenue et réprimée.

« Lorsqu'il est constaté une infraction aux dispositions du présent article en ce qui concerne la charge à l'essieu, et qu'il est constaté concomitamment pour le même essieu une infraction aux dispositions des articles R. 312-5 ou R. 312-6, seule l'infraction la plus grave est retenue et réprimée. »

En cas de dépassement du poids autorisé excédant 5 %, l'immobilisation peut être prescrite dans les conditions prévues aux articles L. 325-1 à L. 325-3.

Sur les instructions incompatibles avec le respect de l'art. R. 312-2 ci-dessus données par les employeurs à leurs salariés ou par les donneurs d'ordre à leurs transporteurs, V. art. R. 121-3 et R. 121-5.

1. Les infractions de surcharge constituent des contraventions au C. route. • Crim. 16 déc. 1987 : *JCP 1988. IV. 78.*

2. Constitue la contravention de l'art. R. 54 [C. route, art. R. 312-2], distincte de l'infraction prévue en matière de coordination des transports ferroviaires et routiers consistant en un délit ou une contravention suivant que le dépassement du tonnage total autorisé est ou non inférieur à 10 %, la mise en circulation par un entrepreneur de transports d'un véhicule dont le poids réel dépasse le poids total autorisé en charge fixé par le service des mines. • Crim. 16 févr. 1972 : *Bull. crim. n° 63.* ♦ Sur la possibilité de poursuivre pour délit de dépassement de poids total autorisé en charge par la réglementation de la coordination des transports un chef d'entreprise précédemment poursuivi et condamné pour infraction à l'art. R. 54 [C. route, art. R. 312-2] : • Crim. 6 nov. 1963 : *Bull. crim. n° 313.*

3. Il n'importe que la contravention à l'art. R. 54 [C. route, art. R. 312-2] n'ait pas été spécifiée dans la prévention dès lors que l'inobservation des règlements dont l'arrêt d'appel souligne le rôle dans la réalisation de l'accident est un des éléments constitutifs du délit d'homicide ou de blessures involontaires. • Crim. 16 févr. 1972 : *Bull. crim. n° 63.*

4. Les dispositions de l'art. R. 54 [C. route, art. R. 312-2] interdisent de faire circuler un véhicule ou un élément de véhicule dont le poids réel dépasse le poids total autorisé en charge inscrit sur le certificat d'immatriculation de chaque véhicule ; bien que le conducteur d'un camion n'ait pas procédé lui-même au chargement et qu'aucun bon de pesée ne lui ait été délivré, sa condamnation est justifiée dès lors qu'il pouvait, comme tout conducteur averti, se rendre compte de la surcharge de plus de 2 tonnes et ce par un simple examen des lames de ressort du camion et lors de la mise en route de celui-ci. • Paris, 6 nov. 1970 : *D. 1971. 364, note D. S.*

5. La relaxe de l'employeur doit être prononcée alors qu'on ne saurait raisonnablement déclarer pénalement responsable de la contravention le gérant d'une entreprise de transport et exiger de lui qu'il surveille personnellement l'opération de chargement lorsque celle-ci a lieu loin du siège de l'entreprise. • Paris, 6 nov. 1970 : *D. 1971. 364, note D. S.* ♦ En sens contraire pour une responsabilité qui remonte à l'employeur : • Crim. 10 juill. 1963 : *Bull. crim. n° 225* • 6 nov. 1963 : *Bull. crim. n° 313.*

6. Après avoir constaté que le prévenu avait justifié du paiement de l'amende forfaitaire pour surcharge de véhicule, une cour d'appel peut déclarer l'action publique éteinte de ce chef mais ne commet pas d'excès de pouvoir en recherchant si la surcharge du camion avait contribué à la réalisation de l'accident et en retenant le délit d'homicide involontaire à la charge du prévenu employeur qui avait privé le conducteur de son temps de repos avant le transport. • Crim. 8 déc. 1992 : *Jurispr. auto 1993. 120.*

7. C'est pour délit de refus de se soumettre aux vérifications concernant le chargement d'un véhicule qu'est à bon droit condamné le conducteur d'un camion qui a été invité à faire peser son véhicule sur une balance privée et qui a refusé de se soumettre à ce contrôle au motif que son employeur lui avait interdit par écrit d'y laisser procéder. • Crim. 3 avr. 1973 : *Gaz. Pal. 1973. Somm. 232.*

8. Ne commet pas de faute l'automobiliste qui conduisant sa voiture sur une route nationale percute dans un virage la remorque d'un poids lourd circulant en sens inverse, laquelle ayant été déportée à la sortie du virage sur la gauche de la chaussée réservée à la circulation des véhicules venant en sens opposé. • T. pol. Parthenay, 23 févr. 1973 : *JCP 1974. II. 17702, note H. B.*

Art. R. 312-3 **Le poids réel de la remorque ou des remorques attelées derrière un véhicule tracteur ne peut excéder 1,3 fois le poids réel de celui-ci.**

Toutefois dans le cas où le poids total roulant réel d'un ensemble constitué d'un véhicule tracteur et d'une remorque est supérieur à 32 tonnes, le coefficient 1,3 ci-dessus est majoré d'une valeur égale à 80 p. 100 du rapport entre la partie du poids total roulant réel excédant 32 tonnes et 32 tonnes, sans pouvoir être supérieur à 1,5.

Le poids total en charge des remorques des motocyclettes, des tricycles et des quadricycles à moteur, des cyclomoteurs ne peut dépasser 50 p. 100 du poids à vide du véhicule tracteur.

Les dispositions du présent article ne sont pas applicables aux remorques des cycles et aux véhicules à traction animale.

Le ministre chargé des transports détermine par arrêté les modalités d'application du présent article et les conditions dans lesquelles des dérogations peuvent être accordées à certains ensembles de véhicules circulant à vitesse réduite et aux matériels de travaux publics et aux véhicules agricoles. *— V. Arr. du 2 juin 1970 (JO 20 juin) ; Arr. du 26 juill. 1983 (JONC 25 août).*

(Décr. nº 2011-368 du 4 avr. 2011) **« Toute infraction aux dispositions du présent article ou à celles prises pour son application est punie de l'amende prévue pour les contraventions de la quatrième classe pour le dépassement jusqu'à 0,1 du coefficient autorisé et, pour un dépassement supérieur, de la même amende prononcée autant de fois qu'il y a de tranches de dépassement de 0,1 du coefficient autorisé. »**

En cas de dépassement du poids autorisé excédant 5 %, l'immobilisation peut être prescrite dans les conditions prévues aux articles L. 325-1 à L. 325-3.

Art. R. 312-4 **I. — Le poids total autorisé en charge d'un véhicule ne doit pas dépasser les limites suivantes :**

1° Véhicule à moteur à deux essieux, ou remorque à deux essieux : 19 tonnes ;

2° Véhicule à moteur à trois essieux, ou véhicule remorqué à trois essieux ou plus : 26 tonnes ;

3° Véhicule à moteur à quatre essieux ou plus : 32 tonnes ;

4° Autobus articulé comportant une seule section articulée : 32 tonnes ;

5° Autobus articulé comportant au moins deux sections articulées : 38 tonnes ;

6° Autocar articulé : 28 tonnes.

(Décr. nº 2014-784 du 8 juill. 2014, art. 7-4°) **« II. — Le poids total roulant autorisé d'un véhicule articulé, d'un train double ou d'un ensemble composé d'un véhicule à moteur et d'une remorque ne doit pas dépasser : »**

1° 38 tonnes, si l'ensemble considéré ne comporte pas plus de quatre essieux ;

(Décr. nº 2011-64 du 17 janv. 2011, art. 2, en vigueur le 31 déc. 2011) **« 2° »** *(Décr. nº 2021-1006 du 29 juill. 2021, art. 1er, en vigueur le 1er janv. 2022)* **« 40 »** *(Décr. nº 2012-1359 du 4 déc. 2012, en vigueur le 1er janv. 2013)* **« tonnes, si l'ensemble considéré comporte plus de quatre essieux » ;**

(Décr. nº 2021-1006 du 29 juill. 2021, art. 1er) **« 3° 42 tonnes, si l'ensemble considéré comporte un véhicule à moteur à deux essieux avec semi-remorque à trois essieux transportant en opération de transport intermodal un ou plusieurs conteneurs ou caisses mobiles jusqu'à une longueur totale maximale de 13,72 mètres (45 pieds) ;**

« 4° 44 tonnes, si l'ensemble considéré comporte un véhicule à moteur à trois essieux avec semi-remorque à deux ou trois essieux transportant en opération de

transport intermodal un ou plusieurs conteneurs ou caisses mobiles jusqu'à une longueur totale maximale de 13,72 mètres (45 pieds).

« II *bis*. – Pour l'application du II, il faut entendre par opération de transport intermodal :

« 1° Les opérations de transports combinés comprenant des transports de marchandises entre États membres effectuant un transport d'un ou plusieurs conteneurs ou caisses mobiles jusqu'à une longueur totale maximale de 13,72 mètres (45 pieds), qui utilisent la route pour la partie initiale ou terminale du trajet et, pour l'autre partie, le chemin de fer, une voie navigable, ou un parcours maritime lorsque celui-ci excède 100 kilomètres à vol d'oiseau.

« Le trajet initial ou terminal routier est effectué, soit entre le point de chargement de la marchandise et la gare ferroviaire d'embarquement appropriée la plus proche pour le trajet initial et entre la gare ferroviaire de débarquement appropriée la plus proche et le point de déchargement de la marchandise pour le trajet terminal, soit dans un rayon n'excédant pas 150 kilomètres à vol d'oiseau à partir du port fluvial ou maritime d'embarquement ou de débarquement ;

« 2° Les opérations de transport de marchandises par voie d'eau effectuant un transport d'un ou plusieurs conteneurs ou caisses mobiles jusqu'à une longueur totale maximale de 13,72 mètres (45 pieds), pour autant que le trajet routier initial ou terminal ne dépasse pas 150 kilomètres.

« La distance de 150 kilomètres mentionnée au précédent alinéa peut être dépassée en vue d'atteindre le terminal de transport approprié le plus proche pour les véhicules mentionnés aux 2°, 3° et 4° du II.

« III. – Par dérogation aux dispositions du *[des]* 2°, 3° et 4° du II, le poids total roulant autorisé d'un ensemble comportant plus de quatre essieux peut dépasser 40 tonnes, sans excéder 44 tonnes, pour un transport routier réalisé entièrement sur le territoire national. – *Le III entre en vigueur le 1er janv. 2022 (Décr. no 2021-1006 du 29 juill. 2021, art. 7). – Conditions de circulation de ces ensembles routiers, V. Arr. du 4 déc. 2012 relatif au poids total roulant autorisé des véhicules terrestres à moteur (JO 8 déc.), mod. par Arr. du 29 juill. 2021 (JO 3 août).*

« IV. – Les véhicules à gazogène, gaz naturel pour véhicules, accumulateurs électriques ou systèmes de propulsion alternatifs bénéficient, dans la limite maximale d'une tonne, de dérogations correspondant au poids en ordre de marche soit du gazogène et de ses accessoires, soit du gaz naturel pour véhicules et de ses accessoires, soit des accumulateurs et de leurs accessoires, soit des stockages d'énergie mécaniques et de leurs accessoires. Ces dérogations peuvent être portées jusqu'à la limite maximale de deux tonnes pour les véhicules des catégories M2, M3, N2 et N3, dans les configurations mentionnées aux 1°, 2° et 6° du I, ainsi que dans les configurations mentionnées aux II et III, lorsque le véhicule à moteur est à émission nulle.

« Les véhicules munis d'un ralentisseur bénéficient, dans la limite maximale de 0,5 tonne, d'une dérogation au poids en ordre de marche correspondant au poids de cet équipement.

« Les ensembles routiers comportant au moins six essieux bénéficient, dans la limite maximale d'une tonne, d'une dérogation au poids en ordre de marche correspondant au poids du sixième essieu. »

V. – Le poids à vide des cyclomoteurs à trois roues ne peut excéder 270 kilogrammes et leur charge utile ne peut excéder 300 kilogrammes.

VI. – Le ministre chargé des transports détermine par arrêté les modalités d'application du présent article et fixe le poids total autorisé en charge des engins de service hivernal.

(Décr. no 2011-368 du 4 avr. 2011) « VII. – Toute infraction aux dispositions du I au IV ou à celles prises pour leur application est punie de l'amende prévue pour les contraventions de la quatrième classe pour le dépassement jusqu'à une tonne du poids autorisé et, pour un dépassement supérieur, de la même amende prononcée autant de fois qu'il y a de tranches de dépassement d'une tonne du poids total autorisé.

« VIII. — Toute infraction aux dispositions du V ou à celles prises pour leur application est punie de l'amende prévue pour les contraventions de la quatrième classe.

« IX. — Toutefois, lorsque les dépassements excèdent de plus de 20 % les limites réglementaires prévues au V, l'amende encourue est celle prévue pour les contraventions de la cinquième classe.

« X. — En cas de dépassement excédant 5 % des poids autorisés au présent article, l'immobilisation peut être prescrite dans les conditions prévues aux articles L. 325-1 à L. 325-3. »

Sur le poids total roulant autorisé de la catégorie internationale N3 et le poids total autorisé en charge des véhicules de la catégorie internationale O4, V. Arr. du 2 févr. 2011 (JO 13 févr.), mod. par Arr. du 5 mai 2011 (JO 24 mai).

Transport de bois ronds : art. R. 433-9 s.

Transport routier de betteraves, V. Décr. n° 2021-1806 du 23 déc. 2021 autorisant l'expérimentation de la circulation de véhicules de transport routier de betteraves dépassant le poids total roulant autorisé prévu par le code de la route (JO 26 déc.), Arr. du 27 déc. 2021 (JO 1er janv. 2022) et Arr. du 19 oct. 2022 (JO 26 oct.).

Transport combiné de marchandises, V. Décr. n° 2022-1045 du 25 juill. 2022 relatif à l'expérimentation relevant à 46 tonnes le poids total roulant autorisé des véhicules réalisant la part routière d'opérations de transport combiné (JO 26 juill.).

BIBL. ▸ MORINET, *Rev. dr. transports 2008. Prat. 4* (aperçu des règles relatives au poids des véhicules terrestres à moteur destinés au transport de marchandises).

PTAC supérieur à 40 tonnes. En vertu de l'art. R. 312-4 C. route, le poids maximal autorisé est fixé à 40 tonnes. Cette limite correspond à celle qui est prévue par la réglementation européenne pour le transport international, et à celle qui est en vigueur dans d'autres pays européens comme l'Allemagne ou l'Espagne. Des dérogations sont prévues pour le transport combiné lorsque la plus grande partie du trajet s'effectue par voie ferrée ou par voie navigable, la limite autorisée pouvant être portée à 44 tonnes pour les dessertes routières terminales. La desserte des ports maritimes, ainsi que des autoroutes ferroviaires, Perpignan-Luxembourg et Aiton-Orbassano, peut également être effectuée à 44 tonnes dans un périmètre de 100 km. D'autres dérogations à la règle des 40 tonnes existent aussi pour répondre aux besoins de certains trafics particuliers, comme le transport du bois ou des récoltes de betteraves. A la suite du Grenelle de l'environnement, M. le ministre d'État a demandé à ses services de travailler sur l'extension de cette dérogation aux dessertes des installations fluviales, sur le modèle de ce qui existe pour les ports maritimes. Cette extension devrait contribuer à rendre plus attractif ce mode de transport, qui est, par ailleurs, particulièrement intéressant sur le plan écologique. Nous aurons également une discussion au niveau communautaire sur la question des poids et dimensions des poids lourds, car la Commission européenne vient de faire réaliser une évaluation de la directive actuellement en vigueur, qui date de 1996. Cette étude, qui aborde en particulier la question des équilibres modaux susceptibles d'être modifiés en cas d'évolution des règles existantes en la matière, traite aussi des implications qu'auraient ces mesures en termes d'économie, de sécurité routière ou d'entretien des infrastructures. * Rép. min. n° 0286S : *JO Sénat Q, 28 janv. 2009, p. 910.* ♦ Sur le transport de bois ronds, V. art. R. 433-9 s. ; sur le transport routier de betteraves, V. Décr. n° 2021-1806 du 23 déc. 2021 autorisant l'expérimentation de la circulation de véhicules de transport routier de betteraves dépassant le poids total roulant autorisé prévu par le code de la route : *JO 26 déc.*, Arr. du 27 déc. 2021 : *JO 1er janv. 2022*, Arr. du 19 oct. 2022 : *JO 25 oct.* ; sur le transport combiné de marchandises, V. Décr. n° 2022-1045 du 25 juill. 2022 relatif à l'expérimentation relevant à 46 tonnes le poids total roulant autorisé des véhicules réalisant la part routière d'opérations de transport combiné : *JO 26 juill.*

Arrêté du 4 décembre 2012,

Relatif au poids total roulant autorisé des véhicules terrestres à moteur.

Art. 1er *(Arr. du 29 juill. 2021, en vigueur le 1er janv. 2022)* « I. — Pour l'application du III de l'article R. 312-4 du code de la route, la circulation à plus de 40 tonnes pour un transport routier réalisé entièrement sur le territoire national est autorisée dans les conditions suivantes :

« — jusqu'au 30 septembre 2025, pour les ensembles routiers dont la date de première mise en circulation du véhicule moteur est postérieure au 1er octobre 2009 ou dont le véhicule moteur est de type Euro 5 et plus ;

« — à compter du 1er octobre 2025, pour les ensembles routiers dont la date de première mise en circulation du véhicule moteur est postérieure au 1er janvier 2014 ou dont le véhicule moteur est de type Euro 6 et plus. »

II. — Les remorques et semi-remorques des ensembles routiers circulant à plus de 40 tonnes ne peuvent être utilisées avec des ridelles amovibles ou des réhausses non prévues par construction.

III. — Le ou les essieux moteurs du véhicule moteur d'un ensemble routier circulant à plus de 40 tonnes doivent être équipés de suspensions pneumatiques ou de dispositifs reconnus comme équivalents par la réglementation, lorsque la date de première mise en circulation du véhicule moteur est postérieure au 1er janvier 2014.

Art. 2 Les prescriptions techniques relatives aux véhicules visées *(Arr. du 29 juill. 2021, en vigueur le 1er janv. 2022)* « au III de l'article R. 312-4 » du code de la route sont les suivantes :

— pour les véhicules à moteur, le poids total roulant autorisé doit être d'au moins 44 tonnes ;

— pour les semi-remorques, le poids total autorisé en charge doit être d'au moins 37 tonnes pour les véhicules à deux essieux et d'au moins 38 tonnes pour les véhicules à trois essieux.

Si nécessaire, le certificat d'immatriculation du véhicule est modifié selon les dispositions applicables au poids total autorisé en charge de certains véhicules de la catégorie internationale O4 (véhicules remorqués ayant un poids maximal supérieur à 10 tonnes) et au poids total roulant autorisé des véhicules de la catégorie internationale N3 (véhicules conçus et construits pour le transport de marchandises ayant un poids maximal supérieur à 12 tonnes).

Pour ce qui concerne les véhicules soumis à délivrance d'un certificat d'agrément au titre de la réglementation des transports de matières dangereuses, les limites de poids tiennent compte des exigences spécifiques de cette réglementation.

Art. 3 L'arrêté du 17 janvier 2011 relatif au poids total roulant autorisé des véhicules terrestres à moteur utilisés pour le transport combiné, la desserte des ports maritimes et fluviaux et le transport de certains produits agricoles et agroalimentaires est abrogé.

Art. 4 Le directeur des services de transport est chargé de l'exécution du présent arrêté, qui sera publié au *Journal officiel* de la République française et entrera en vigueur le 1er janvier 2013.

Art. R. 312-5 *(Décr. no 2014-784 du 8 juill. 2014, art. 7-5o)* **« L'essieu le plus chargé d'un véhicule ou d'un élément de véhicule ne doit pas supporter une charge supérieure à 13 tonnes, cette limite étant fixée à 12 tonnes pour un véhicule articulé, un train double ou un ensemble composé d'un véhicule à moteur et d'une remorque, circulant** *(Décr. no 2021-1006 du 29 juill. 2021, art. 2)* **« à plus de 40 tonnes ». »**

Le ministre chargé des transports détermine par arrêté les conditions dérogatoires applicables à certains matériels de travaux publics. — *V. Arr. du 2 juin 1970 (JO 20 juin) ; Arr. du 26 juill. 1983 (JONC 25 août).*

(Décr. no 2011-368 du 4 avr. 2011) **« Toute infraction aux dispositions du présent article ou à celles prises pour son application est punie de l'amende prévue pour les contraventions de la quatrième classe pour le dépassement jusqu'à 0,3 tonne de la charge autorisée et, pour un dépassement supérieur, de la même amende prononcée autant de fois qu'il y a de tranches de dépassement de 0,3 tonne de la charge autorisée. »**

En cas de dépassement de la charge par essieu excédant 5 p. 100, l'immobilisation peut être prescrite dans les conditions prévues aux articles L. 325-1 à L. 325-3.

Sur le poids total roulant autorisé de la catégorie internationale N3 et le poids total autorisé en charge des véhicules de la catégorie internationale O4, V. Arr. du 2 févr. 2011 (JO 13 févr.), mod. par Arr. du 5 mai 2011 (JO 24 mai).

Art. R. 312-6 **I. — Sur les véhicules ou éléments de véhicules comportant plus de deux essieux, la charge de l'essieu le plus chargé appartenant à un groupe d'essieux ne doit pas, en fonction de la distance séparant deux essieux consécutifs de ce groupe, dépasser les valeurs suivantes :**

a) **Pour une distance entre deux essieux consécutifs inférieure à 0,90 mètre : 7,350 tonnes ;**

b) Pour une distance entre deux essieux consécutifs supérieure ou égale à 0,90 mètre et inférieure à 1,35 mètre : 7,350 tonnes majorées de 0,35 tonne par tranche de 5 centimètres de la distance entre les deux essieux diminuée de 0,90 mètre ;

c) Pour une distance entre deux essieux consécutifs supérieure ou égale à 1,35 mètre et inférieure à 1,80 mètre : 10,5 tonnes.

II. — Toutefois, la charge maximale de l'essieu moteur appartenant à un groupe de deux essieux d'un véhicule à moteur peut être portée à 11,5 tonnes, à condition que la charge totale du groupe ne dépasse pas, en fonction de la distance séparant les deux essieux, les valeurs suivantes :

1° Pour une distance entre les deux essieux inférieure à 0,90 mètre : 13,15 tonnes ;

2° Pour une distance entre les deux essieux supérieure ou égale à 0,90 mètre et inférieure à 1 mètre : 13,15 tonnes majorées de 0,65 tonne par tranche de 5 centimètres de la distance entre les deux essieux diminuée de 0,90 mètre ;

3° Pour une distance entre les deux essieux supérieure ou égale à 1 mètre et inférieure à 1,35 mètre, la plus grande des deux valeurs suivantes :

a) 13,15 tonnes majorées de 0,65 tonne par tranche de 5 centimètres de la distance entre les deux essieux diminuée de 0,90 mètre ;

b) 16 tonnes ;

4° Pour une distance entre les deux essieux supérieure ou égale à 1,35 mètre et inférieure à 1,80 mètre : 19 tonnes.

(Décr. n° 2014-784 du 8 juill. 2014, art. 7-6°) « II *bis*. — Lorsqu'un véhicule articulé, un train double ou un ensemble composé d'un véhicule à moteur et d'une remorque circulent *(Décr. n° 2021-1006 du 29 juill. 2021, art. 3)* « à plus de 40 tonnes » et comportent un groupe de trois essieux, la charge totale supportée par ce groupe ne doit pas dépasser 27 tonnes. »

III. — Le ministre chargé des transports détermine par arrêté les conditions dérogatoires applicables à certains matériels de travaux publics. — *V. Arr. du 2 juin 1970 (JO 20 juin) ; Arr. du 26 juill. 1983 (JO 25 août NC).*

(Décr. n° 2011-368 du 4 avr. 2011) « IV. — Toute infraction aux dispositions du présent article ou à celles prises pour son application est punie de l'amende prévue pour les contraventions de la quatrième classe pour le dépassement jusqu'à 0,3 tonne de la charge autorisée et, pour un dépassement supérieur, de la même amende prononcée autant de fois qu'il y a de tranches de dépassement de 0,3 tonne de la charge autorisée. »

(Abrogé par Décr. n° 2011-368 du 4 avr. 2011) ***« V. — Toutefois, lorsque les dépassements excèdent les limites réglementaires de plus de 20 %, l'amende encourue est celle prévue pour les contraventions de la cinquième classe.***

« VI. — Dans ce dernier cas, la récidive de cette contravention est réprimée conformément à l'article 132-11 du code pénal. »

V. — En cas de dépassement des charges par essieu excédant 5 p. 100, l'immobilisation peut être prescrite dans les conditions prévues aux articles L. 325-1 à L. 325-3. *— Le VII est devenu le V en vertu des dispositions du Décr. n° 2011-368 du 4 avr. 2011.*

Sur le poids total roulant autorisé de la catégorie internationale N3 et le poids total autorisé en charge des véhicules de la catégorie internationale O4, V. Arr. du 2 févr. 2011 (JO 13 févr.), mod. par Arr. du 5 mai 2011 (JO 24 mai).

Art. R. 312-7 Pour les véhicules et matériels agricoles et les véhicules à traction animale non munis de pneumatiques, la charge supportée par le sol ne doit à aucun moment pouvoir excéder 150 kilogrammes par centimètre de largeur du bandage.

Toute infraction aux dispositions du présent article est punie de l'amende prévue pour les contraventions de la quatrième classe.

En cas de dépassement du poids autorisé excédant 5 p. 100, l'immobilisation peut être prescrite dans les conditions prévues aux articles L. 325-1 à L. 325-3.

Art. R. 312-8 Le ministre chargé des transports détermine par arrêté les règles relatives aux poids des engins spéciaux dont la vitesse ne peut excéder par construction 25 km/h.

(Décr. nº 2011-368 du 4 avr. 2011) « Toute infraction aux dispositions du présent article ou à celles prises pour son application est punie de l'amende prévue pour les contraventions de la quatrième classe pour le dépassement jusqu'à une tonne du poids autorisé et, pour un dépassement supérieur, de la même amende prononcée autant de fois qu'il y a de tranches de dépassement d'une tonne du poids autorisé. »

En cas de dépassement du poids autorisé excédant 5 p. 100, l'immobilisation peut être prescrite dans les conditions prévues aux articles L. 325-1 à L. 325-3.

Art. R. 312-9 Les dispositions de la présente section ne sont applicables aux véhicules et aux matériels spéciaux des armées que si elles sont compatibles avec leurs caractéristiques techniques de fabrication et d'emploi.

SECTION 2 Dimensions des véhicules

Art. R. 312-10 I. — Sauf pour les machines agricoles automotrices et les machines et instruments agricoles remorqués, la largeur totale des véhicules ou parties de véhicules, y compris les superstructures amovibles et les pièces de cargaison normalisées telles que les conteneurs et caisses mobiles, mesurée toutes saillies comprises dans une section transversale quelconque, ne doit pas dépasser les valeurs suivantes, sauf dans les cas et conditions où des saillies excédant ce gabarit sont explicitement autorisées par arrêté du ministre chargé des transports :

1° 2,60 mètres pour les superstructures à parois épaisses conçues pour le transport de marchandises sous température dirigée ;

2° 2,55 mètres pour les autres véhicules ou parties de véhicules ;

3° 2,95 mètres pour les véhicules à traction animale dont la carrosserie ou les garde-boue ne surplombent pas les roues ;

(Décr. nº 2016-448 du 13 avr. 2016, art. 5-1º) « 4° 2 mètres pour les motocyclettes, les tricycles, les cyclomoteurs à trois roues et quadricycles à moteur autres que les quadricycles légers de la sous-catégorie L6e-B et les quadricycles lourds de la sous-catégorie L7e-C ; »

5° 1 mètre pour les cyclomoteurs à deux-roues ;

(Décr. nº 2016-448 du 13 avr. 2016, art. 5-2º) « 6° 1,5 mètre pour les quadricycles légers de la sous-catégorie L6e-B et les quadricycles lourds de la sous-catégorie L7e-C ; »

(Décr. nº 2019-1082 du 23 oct. 2019, art. 4, en vigueur le 1er juill. 2020) « 7° 0,90 mètres *[mètre]* pour les engins de déplacement personnel motorisés. »

II. — Le ministre chargé des transports détermine par arrêté les modalités d'application du présent article, les conditions dérogatoires applicables à certains matériels de travaux publics, et fixe la largeur maximale des engins de service hivernal.

III. — Le fait de contrevenir aux dispositions du présent article ou à celles prises pour son application est puni de l'amende prévue pour les contraventions de la quatrième classe.

IV. — Toutefois, lorsque les dépassements excèdent les limites réglementaires de plus de 20 %, l'amende encourue est celle prévue pour les contraventions de la cinquième classe.

V. — Dans ce cas, la récidive de cette contravention est réprimée conformément à l'article 132-11 du code pénal.

VI. — *(Abrogé par Décr. nº 2017-16 du 6 janv. 2017, art. 2 et 16, à compter du 1er mars 2017)* « ***En l'absence d'autorisation ou de réglementation préfectorale de transport exceptionnel,*** » L'immobilisation peut être prescrite dans les conditions prévues aux articles L. 325-1 à L. 325-3.

Constatation des infractions : art. R. 130-6.

Art. R. 312-11 I. — *(Décr. nº 2021-1006 du 29 juill. 2021, art. 4)* « Sous réserve des dispositions des I *bis* à I *quinquies,* » la longueur des véhicules et ensembles de véhicules mesurée en comprenant les superstructures amovibles et les pièces de cargaison normalisées telles que les conteneurs et caisses mobiles, et toutes saillies comprises dans une section longitudinale quelconque, ne doit pas dépasser les valeurs suivantes,

sauf dans les cas et conditions où des saillies excédant ce gabarit sont explicitement autorisées par arrêté du ministre chargé des transports :

(Décr. nº 2016-448 du 13 avr. 2016, art. 6º) **« 1º Cyclomoteur, motocyclette, tricycle à moteur et quadricycle à moteur autre que le quadricycle léger de la sous-catégorie L6e-B et le quadricycle lourd de la sous-catégorie L7e-C : 4 mètres ;**

« 1º *bis* Quadricycle léger de la sous-catégorie L6e-B : 3 mètres ;

« 1º *ter* Quadricycle lourd de la sous-catégorie L7e-C : 3,7 mètres ; »

(Décr. nº 2022-31 du 14 janv. 2022) **« 1º *quater* Cyclomobile léger : 1,65 mètre. »**

2º Véhicule à moteur, *(Abrogé par Décr. nº 2003-468 du 28 mai 2003, art. 1er)* ***« non compris les perches et dispositifs enrouleurs de cordes s'il s'agit d'un trolleybus »*** **: 12 mètres.** *(Décr. nº 2003-468 du 28 mai 2003, art. 1er)* **« Toutefois, la longueur des autobus ou autocars à deux essieux peut atteindre 13,50 mètres et celle des autobus ou autocars à plus de deux essieux peut atteindre 15 mètres ; »**

(Décr. nº 2021-1006 du 29 juill. 2021, art. 4) **« 3º Remorque :**

« *a)* Remorque de catégorie O, y compris le dispositif d'attelage : 12 mètres ;

« *b)* Remorque de catégorie R et S, non compris le dispositif d'attelage : 12 mètres ;

« 4º Semi-remorque :

« *a)* 12 mètres entre le pivot d'attelage et l'arrière de la semi-remorque, et

« *b)* 2,04 mètres entre l'axe du pivot d'attelage et un point quelconque de l'avant de la semi-remorque ; »

5º Véhicule articulé : 16,5 mètres ;

6º Autobus ou autocar articulé, *(Abrogé par Décr. nº 2003-468 du 28 mai 2003, art. 1er)* ***« non compris les perches et dispositifs enrouleurs de cordes s'il s'agit d'un trolleybus »*** **:** *(Décr. nº 2003-468 du 28 mai 2003, art. 1er)* **« 18,75 » mètres ;**

7º Autobus articulé comportant plus d'une section articulée : 24,5 mètres ;

8º Train routier *(Décr. nº 2018-1045 du 28 nov. 2018)* **« , train urbain » et train double : 18,75 mètres ;**

9º Véhicule ou matériel de travaux publics : 15 mètres ;

10º Ensembles de véhicules ou de matériels de travaux publics : 22 mètres ;

11º *(Décr. nº 2003-468 du 28 mai 2003, art. 1er)* **« Autres ensembles de véhicules : 18 mètres ; toutefois, la longueur d'un ensemble formé par un autobus ou un autocar et sa remorque peut atteindre 18,75 mètres ; »**

(Décr. nº 2019-1082 du 23 oct. 2019, art. 5, en vigueur le 1er juill. 2020) **« 12º Engins de déplacement personnel motorisés :** *(Décr. nº 2022-31 du 14 janv. 2022)* **« 1,65 mètre ». »**

(Décr. nº 2021-1006 du 29 juill. 2021, art. 4) **« I *bis*. — La longueur maximale fixée aux 2º, 3º, au *a* du 4º, au 5º et au 8º du I peut être dépassée de 15 centimètres pour les véhicules ou les ensembles de véhicules effectuant un transport de conteneurs ou de caisses mobiles d'une longueur de 13,72 mètres (45 pieds), vides ou chargés, si le transport routier du conteneur ou de la caisse mobile en question s'inscrit dans une opération de transport intermodal telle que définie au II *bis* de l'article R. 312-4.**

« I *ter*. — Les longueurs maximales des véhicules ou ensembles de véhicules affectés au transport de marchandises peuvent être dépassées pour l'emploi de cabines qui améliorent les performances aérodynamiques et l'efficacité énergétique ainsi que les performances en matière de sécurité. Ces dépassements n'entraînent pas d'augmentation de la charge utile. Ces véhicules ou ensembles de véhicules en mouvement doivent pouvoir s'inscrire dans une couronne circulaire d'un rayon extérieur de 12,50 mètres et d'un rayon intérieur de 5,30 mètres.

« I *quater*. — Les longueurs maximales des véhicules de catégorie M2, M3, N2, N3, O1, O2, O3 ou O4, ou leurs ensembles, peuvent être dépassées pour l'emploi de dispositifs aérodynamiques montés à l'arrière des véhicules. Ces dépassements n'entraînent pas d'augmentation de la longueur de chargement. Ces véhicules ou ensembles de véhicules en mouvement doivent pouvoir s'inscrire dans une couronne circulaire d'un rayon extérieur de 12,50 mètres et d'un rayon intérieur de 5,30 mètres.

« I *quinquies*. — La longueur maximale fixée au *a* du 3º du I peut ne pas tenir compte du dispositif d'attelage :

« – pour les véhicules remorqués de catégorie O ayant fait l'objet d'une réception européenne et mis en circulation pour la première fois avant le 1er novembre 2014 ;

« – pour les véhicules remorqués de catégorie O ayant fait l'objet d'une réception nationale et mis en circulation pour la première fois avant l'entrée en vigueur du présent décret. »

II. – Les dispositions du présent article ne sont pas applicables aux véhicules à traction animale.

III. – Le ministre chargé des transports détermine par arrêté les modalités d'application du présent article et fixe la longueur maximale des engins de service hivernal.

IV. – Le fait de ne pas respecter les longueurs fixées au présent article ou dans les dispositions prises pour son application est puni de l'amende prévue pour les contraventions de la quatrième classe.

V. – Toutefois, lorsque les dépassements excèdent les limites réglementaires de plus de 20 %, l'amende encourue est celle prévue pour les contraventions de la cinquième classe.

VI. – Dans ce cas, la récidive de cette contravention est réprimée conformément à l'article 132-11 du code pénal.

VII. – *(Abrogé par Décr. nº 2017-16 du 6 janv. 2017, art. 2 et 16, à compter du 1er mars 2017)* *« En l'absence d'autorisation ou de réglementation préfectorale de transport exceptionnel, »* L'immobilisation peut être prescrite dans les conditions prévues aux articles L. 325-1 à L. 325-3.

(Décr. nº 2003-468 du 28 mai 2003, art. 1er) « Pour l'application du présent article, la longueur d'un autobus ou d'un autocar ou d'un autobus ou d'un autocar articulé ou d'un ensemble formé d'un autobus ou d'un autocar et de sa remorque est mesurée non compris les perches et dispositifs enrouleurs de cordes s'il s'agit d'un trolleybus et en incluant tout accessoire démontable tel qu'un coffre à skis. »

V. Arr. du 13 août 2021 relatif au dépassement des longueurs maximales de certains véhicules ou ensembles de véhicules de transport routier (JO 20 août).

Art. R. 312-12 I. – Sauf dans les cas et conditions où des saillies excédant le gabarit sont explicitement autorisées par arrêté du ministre chargé des transports, les trains routiers doivent satisfaire aux conditions suivantes :

1° La distance mesurée parallèlement à l'axe longitudinal du train routier entre les points extérieurs situés le plus à l'avant de la zone de chargement derrière la cabine et le plus à l'arrière de la remorque de l'ensemble, diminuée de la distance comprise entre l'arrière du véhicule à moteur et l'avant de la remorque ne doit pas excéder 15,65 mètres ;

2° La distance mesurée parallèlement à l'axe longitudinal du train routier entre les points extérieurs situés le plus à l'avant de la zone de chargement derrière la cabine et le plus à l'arrière de la remorque de l'ensemble ne doit pas excéder 16,40 mètres.

II. – Les distances fixées au présent article sont mesurées, toutes saillies comprises dans une section longitudinale quelconque, en comprenant les superstructures amovibles et les pièces de cargaison normalisées telles que les conteneurs et caisses mobiles.

III. – Le ministre chargé des transports fixe par arrêté les modalités d'application du présent article.

IV. – Le fait de contrevenir aux dispositions du présent article ou à celles prises pour son application est puni de l'amende prévue pour les contraventions de la quatrième classe.

V. – Toutefois, lorsque les dépassements excèdent les limites réglementaires de plus de 20 %, l'amende encourue est celle prévue pour les contraventions de la cinquième classe.

VI. – Dans ce cas, la récidive de cette contravention est réprimée conformément à l'article 132-11 du code pénal.

Art. R. 312-13 I. – Sauf dans les cas et conditions où des saillies excédant le gabarit sont explicitement autorisées par arrêté du ministre chargé des transports, les trains doubles doivent satisfaire aux conditions suivantes :

1° La distance mesurée parallèlement à l'axe longitudinal du train double entre les points extérieurs situés le plus à l'avant de la zone de chargement derrière la cabine et le plus à l'arrière de la semi-remorque attelée au véhicule articulé, diminuée de la distance comprise entre l'arrière du véhicule articulé et l'avant de la semi-remorque, ne doit pas excéder 15,65 mètres ;

2° La distance mesurée parallèlement à l'axe longitudinal du train double entre les points extérieurs situés le plus à l'avant de la zone de chargement derrière la cabine et le plus à l'arrière de la semi-remorque attelée au véhicule articulé ne doit pas excéder 16,40 mètres.

II. – Les distances fixées au présent article sont mesurées, toutes saillies comprises dans une section longitudinale quelconque, en comprenant les superstructures amovibles et les pièces de cargaison normalisées telles que les conteneurs et caisses mobiles.

III. – Le ministre chargé des transports fixe par arrêté les modalités d'application du présent article.

IV. – Le fait de contrevenir aux dispositions du présent article ou à celles prises pour son application est puni de l'amende prévue pour les contraventions de la quatrième classe.

V. – Toutefois, lorsque les dépassements excèdent les limites réglementaires de plus de 20 %, l'amende encourue est celle prévue pour les contraventions de la cinquième classe.

VI. – Dans ce cas, la récidive de cette contravention est réprimée conformément à l'article 132-11 du code pénal.

Art. R. 312-14 La longueur des ensembles formés par un véhicule remorqueur et un véhicule en panne ou accidenté ne peut excéder *(Décr. nº 2003-468 du 28 mai 2003, art. 2)* « 30 » mètres.

La longueur des ensembles formés par un véhicule remorqueur et un autobus en panne ou accidenté comportant plus d'une section articulée ne peut excéder *(Décr. nº 2003-468 du 28 mai 2003, art. 2)* « 36 » mètres.

La longueur des véhicules articulés transportant un véhicule en panne ou accidenté d'un poids total autorisé en charge supérieur à 3,5 tonnes peut, lorsqu'ils sont en charge, dépasser 16,5 mètres sans excéder 20 mètres, ce dernier chiffre comprenant l'éventuel dépassement du chargement vers l'arrière, qui ne doit pas être supérieur à 3 mètres.

En outre, la largeur de ces ensembles de véhicules et véhicules articulés peut dépasser 2,55 mètres, sans excéder 3,20 mètres en cas notamment de déformation du véhicule accidenté consécutive au choc reçu.

Le fait, pour tout conducteur, de contrevenir aux dispositions du présent article est puni de l'amende prévue pour les contraventions de la quatrième classe.

Toutefois, lorsque les dépassements excèdent les limites réglementaires de plus de 20 %, l'amende encourue est celle prévue pour les contraventions de la cinquième classe.

Dans ce cas, la récidive de cette contravention est réprimée conformément à l'article 132-11 du code pénal.

Art. R. 312-15 Les parties mobiles ou aisément démontables des véhicules et des matériels agricoles ou de travaux publics et des engins spéciaux doivent être repliées lors des trajets sur route.

Le fait, pour tout conducteur, de contrevenir aux dispositions du présent article est puni de l'amende prévue pour les contraventions de la quatrième classe.

Art. R. 312-16 La hauteur des motocyclettes, des tricycles et quadricycles à moteur et des cyclomoteurs ne peut excéder 2,50 mètres.

Le fait de contrevenir aux dispositions du présent article est puni de l'amende prévue pour les contraventions de la quatrième classe.

Toutefois, lorsque les dépassements excèdent les limites réglementaires de plus de 20 %, l'amende encourue est celle prévue pour les contraventions de la cinquième classe.

Dans ce cas, la récidive de cette contravention est réprimée conformément à l'article 132-11 du code pénal.

Art. R. 312-17 Le ministre chargé des transports fixe par arrêté les règles relatives aux dimensions des engins spéciaux dont la vitesse ne peut excéder par construction 25 km/h.

Le fait, pour tout conducteur d'un engin spécial, de contrevenir aux dispositions prises en application du présent article est puni de l'amende prévue pour les contraventions de la quatrième classe.

Toutefois, lorsque les dépassements excèdent les limites réglementaires de plus de 20 %, l'amende encourue est celle prévue pour les contraventions de la cinquième classe.

Dans ce cas, la récidive de cette contravention est réprimée conformément à l'article 132-11 du code pénal. — *V. Arr. du 20 nov. 1969, App., v° Engins spéciaux.*

Art. R. 312-18 Les dispositions de la présente section ne sont applicables aux véhicules et aux matériels spéciaux des armées que si elles sont compatibles avec leurs caractéristiques techniques de fabrication et d'emploi.

SECTION 3 Dimensions et conditions du chargement

Art. R. 312-19 I. — Toutes précautions utiles doivent être prises pour que le chargement d'un véhicule ne puisse être une cause de dommage ou de danger.

II. — Tout chargement débordant ou pouvant déborder le contour extérieur du véhicule du fait des oscillations du transport doit être solidement amarré. Les pièces de grande longueur doivent être solidement amarrées entre elles et au véhicule, de manière à ne pas déborder dans leurs oscillations le contour latéral extérieur de celui-ci.

III. — Les chaînes, bâches et autres accessoires, mobiles ou flottants, doivent être fixés au véhicule de manière à ne sortir à aucun moment du contour extérieur du chargement et à ne pas traîner sur le sol.

IV. — Le fait, pour tout conducteur, de contrevenir aux dispositions du II ou du III ci-dessus est puni de l'amende prévue pour les contraventions de la troisième classe. — *[Anc. art. R. 65, R. 146, R. 171, R. 212 et R. 238, al. 4.]*

(Décr. n° 2020-1088 du 24 août 2020, art. 4-1°) « V. — L'immobilisation des véhicules qui contreviennent aux dispositions du présent article peut être prescrite dans les conditions prévues aux articles L. 325-1, L. 325-2 et L. 325-3. »

Constatation des infractions : R. 130-6. — Éclairage et signalisation : R. 313-32. — Véhicules spéciaux des armées et véhicules de lutte contre l'incendie : R. 312-25.

1. La vérification de l'arrimage ou du sanglage des palettes afin d'éviter tout danger pour les usagers de la route relève du conducteur et non de l'employeur ; le conducteur est responsable d'un mauvais arrimage de la cargaison en application de l'art. R. 65 [C. route, art. R. 312-19]. • Paris, 13e ch., 15 avr. 1992 : *Juris-Data n° 000137.*

2. Un agriculteur peut être responsable d'un accident de la route s'il a contribué à l'épandage de terre sur la chaussée provenant d'un dépôt de betteraves situé à une centaine de mètres et n'a pas tenté d'apporter remède à cet état de choses par des mesures de nettoyage et de signalisation appropriées. • Crim. 23 oct. 1978 : *D. 1979. IR 131.*

3. Une couche épaisse de neige et de verglas sur le toit d'un véhicule constitue juridiquement un chargement de véhicule dont le conducteur a la responsabilité aux termes de l'art. R. 312-19 C. route ; en cas d'accident, la violation manifestement délibérée d'une obligation particulière de sécurité et de prudence peut être retenue par les tribunaux, comme circonstance aggravante des blessures ou de l'homicide involontaire, du fait de ce manquement à la réglementation. * Rép. min. n° 120703 : *JOAN Q, 24 avr. 2007. 4009.*

Art. R. 312-20 La largeur du chargement d'un véhicule, mesurée toutes saillies comprises dans une section transversale quelconque, ne doit nulle part dépasser 2,55 mètres.

Toutefois, le chargement des matériels de travaux publics peut excéder 2,55 mètres sous réserve de n'excéder en aucun cas la largeur du véhicule tracteur.

Les dispositions du présent article ne sont pas applicables aux récoltes, à la paille ou au fourrage transportés sur les véhicules agricoles à traction animale, sur le parcours des champs à la ferme et des champs ou de la ferme au marché ou lieu de livraison situé dans un rayon de 25 kilomètres.

Le fait, pour tout conducteur, de contrevenir aux dispositions du présent article est puni de l'amende prévue pour les contraventions de la quatrième classe.

Toutefois, lorsque les dépassements excèdent les limites réglementaires de plus de 20 %, l'amende encourue est celle prévue pour les contraventions de la cinquième classe.

Dans ce cas, la récidive de cette contravention est réprimée conformément à l'article 132-11 du code pénal. – *[Anc. art. R. 66, R. 146, R. 171, R. 212 et R. 238, al. 4.]*

Art. R. 312-21 A l'arrière, le chargement d'un véhicule ou d'une remorque ne doit pas dépasser de plus de 3 mètres l'extrémité dudit véhicule ou de sa remorque.

La longueur des ensembles spécialisés dans le transport des véhicules peut, lorsqu'ils sont en charge, être augmentée par l'emploi d'un support de charge autorisé pour ces transports. L'ensemble, y compris son chargement, ne doit en aucun cas excéder une longueur totale de 20,35 mètres s'il s'agit d'un train routier ou de 16,5 mètres s'il s'agit d'un véhicule articulé.

Le fait, pour tout conducteur, de contrevenir aux dispositions du présent article est puni de l'amende prévue pour les contraventions de la quatrième classe.

Toutefois, lorsque les dépassements excèdent les limites réglementaires de plus de 20 %, l'amende encourue est celle prévue pour les contraventions de la cinquième classe.

Dans ce cas, la récidive de cette contravention est réprimée conformément à l'article 132-11 du code pénal. – *[Anc. art. R. 67, R. 146, R. 212 et R. 238, al. 4.]*

Art. R. 312-22 A l'avant, le chargement ne doit, en aucun cas, dépasser l'aplomb antérieur du véhicule et, s'il s'agit d'un ensemble de véhicules, du véhicule tracteur. A l'arrière, il ne doit pas traîner sur le sol. Le support de charge des ensembles spécialisés dans le transport des véhicules ne doit pas faire saillie à l'arrière du chargement.

Le fait, pour tout conducteur, de contrevenir aux dispositions du présent article est puni de l'amende prévue pour les contraventions de la troisième classe. – *[Anc. art. R. 68, R. 146, R. 212 et R. 239.]*

Art. R. 312-22-1 *(Décr. nº 2010-1390 du 12 nov. 2010)* Par dérogation au premier alinéa de l'article R. 312-22, les véhicules d'exploitation des routes peuvent être équipés, pour l'exercice de leur mission, d'un outillage en dépassement de leur aplomb.

Un arrêté du ministre chargé des transports fixe les conditions d'application du présent article ainsi que les conditions de circulation des véhicules ainsi équipés.

V. Arr. du 2 mai 2011 relatif aux véhicules d'exploitation de la route et à leurs conditions de circulation (JO 12 mai), mod. par Arr. du 10 févr. 2016 (JO 27 févr.).

Art. R. 312-23 Sans préjudice de la réglementation relative au transport des matières dangereuses, les véhicules-citernes doivent satisfaire à des conditions de construction relatives à la capacité des citernes et de leurs compartiments ainsi qu'à leur stabilité transversale et à des règles de remplissage assurant un comportement dynamique satisfaisant dans les conditions de circulation normales.

Le ministre chargé des transports fixe par arrêté les règles de stabilité de route.

Toute infraction aux dispositions du présent article est punie de l'amende prévue pour les contraventions de la troisième classe. – *[Anc. art. R. 68-1 et R. 239.]*

Art. R. 312-24 Le ministre chargé des transports fixe par arrêté les règles relatives au chargement des engins spéciaux dont la vitesse ne peut excéder par construction 25 km/h.

Le fait, pour tout conducteur d'un engin spécial, de contrevenir aux dispositions *(Décr. nº 2001-751 du 27 août 2001, art. 6)* « relatives aux conditions du chargement »

est puni de l'amende prévue pour les contraventions de la troisième classe. – *[Anc. art. R. 168 et R. 238, al. 4.]*

(Décr. nº 2001-751 du 27 août 2001, art. 6) **« Le fait, pour tout conducteur d'un engin spécial, de contrevenir aux dimensions du chargement ou au gabarit du véhicule est puni de l'amende prévue par les contraventions de la quatrième classe. Toutefois, lorsque les dépassements excèdent les limites réglementaires de plus de 20 %, l'amende encourue est celle prévue pour les contraventions de la cinquième classe.**

« Dans ce dernier cas, la récidive de cette contravention est réprimée conformément à l'article 132-11 du code pénal. »

Les dispositions du Décr. nº 2001-751 du 27 août 2001 sont applicables à Mayotte.

COMMENTAIRE

Réglementations concernant les engins spéciaux. Les engins spéciaux – engins automoteurs ou remorqués servant à l'élévation, au gerbage ou au transport de produits de toute nature, dont la vitesse ne peut excéder par construction 25 km/h (V. la définition donnée à l'article R. 311-1) – sont soumis à des dispositions techniques et administratives spécifiques fixées par arrêté du ministre chargé des transports. Des règles particulières, actuellement prévues par l'arrêté du 20 novembre 1969 (V. App., vº *Engins spéciaux*), existent, par exemple quant à l'éclairage et à la signalisation de ces engins (V. art. R. 313-32), quant aux dispositifs de freinage de ces véhicules (V. art. R. 315-6), mais aussi quant à leur immatriculation (V. art. R. 322-13) ou bien leur contrôle technique (V. art. R. 323-5). Le présent article en prévoit d'autres relatives au chargement de ces véhicules.

Contraventions en matière de chargement. Dans sa première rédaction, l'article R. 312-24 sanctionnait de l'amende de troisième classe le fait de ne pas respecter les différentes règles en la matière. Mais le décret nº 2001-751 du 27 août 2001 a modifié cet article et fait désormais une distinction selon que les dispositions non respectées sont relatives aux conditions de chargement – une amende de troisième classe est alors encourue – ou bien aux dimensions du chargement ou au gabarit dont la violation est plus gravement sanctionnée : amende de quatrième classe, voire de cinquième classe en cas de dépassement de plus de 20 % des limites réglementaires. Il s'est agi ici de corriger une erreur de codification. L'article R. 238, alinéa 4, créé par le décret nº 2000-1256 du 21 décembre 2000, permettait de sanctionner de l'amende de quatrième classe – voire de cinquième classe – toute personne qui contrevenait aux dispositions de l'ancien code concernant le gabarit et les dimensions de chargement des véhicules... Ces peines ont bien été retranscrites aux articles R. 312-20 et R. 312-21 fixant les règles générales de chargement des véhicules, elles avaient été oubliées pour les engins spéciaux.

Notons par ailleurs que les infractions de l'article R. 312-24 ne peuvent être imputées qu'au seul conducteur du véhicule, alors que les dispositions répressives de l'ancien code permettaient de sanctionner *« toute personne »* (V. anc. art. R. 238). Il en est de même pour les infractions prévues aux articles R. 312-19 à R. 312-22. ❑

Art. R. 312-25 Les dispositions de la présente section ne sont applicables aux véhicules et aux matériels spéciaux des armées et des services de secours et de lutte contre l'incendie que si elles sont compatibles avec leurs caractéristiques techniques de fabrication et d'emploi. – *[Anc. art. R. 229, al. 1er et 3 et R. 231.]*

CHAPITRE III ÉCLAIRAGE ET SIGNALISATIONS

SECTION 1 Éclairage et signalisation des véhicules

COMMENTAIRE

Éclairage et signalisation des cyclomoteurs. Le décret nº 2001-1362 du 28 décembre 2001 relatif à l'éclairage et à la signalisation lumineuse des cyclomoteurs à deux ou trois roues et des quadricycles légers à moteur a modifié plusieurs articles de cette section. Il s'agit de retouches ponctuelles des dispositions applicables aux cyclomoteurs et quadricycles légers à moteur et concernant les feux de position avant (art. R. 313-4), les feux de brouillard avant (art. R. 313-8) et arrière (art. R. 313-9), le dispositif d'éclairage de la plaque d'immatriculation arrière ou de la plaque d'exploitation (art. R. 313-12), les feux de marche arrière (art. R. 313-15) et le signal de détresse (art. R. 313-17). Ces modifications étaient en fait nécessaires au vu d'une directive de la Commission du 22 novembre 2000 (n° 2000/73/CE : *JOCE 29 nov. 2000, L. 300/20*) visant notamment à permettre l'installation de feux de brouillard avant et arrière, de feux de marche arrière et de signaux de détresse sur les cyclomoteurs à trois roues et les quadricycles légers, directive qui a donc été ici transposée. Soulignons que, sur ces véhicules, les dispositifs d'éclairage et de signalisation lumineuse évoqués précédemment n'ont rien d'obligatoire, mais que désormais ceux qui en seront pourvus pourront être mis en vente, immatriculés et circuler en France.

Feux de circulation diurne. Une partie des accidents de la circulation de jour pourrait être évitée par une plus grande visibilité des véhicules. C'est pourquoi les pouvoirs publics recommandent, depuis 2004, l'utilisation des feux de croisement le jour, hors agglomération (V. comm. au-dessus des art. R. 416-4 s.). Mais cette mesure, peu respectée, est critiquée par les usagers : risque d'éblouissement, consommation d'énergie plus importante... Pour mettre un terme à ces critiques, tout en atteignant l'objectif d'une plus grande visibilité des véhicules en circulation, les pouvoirs publics souhaitent ainsi aujourd'hui inciter les constructeurs à installer sur les véhicules des feux dédiés spécifiques. Pour ce faire, le décret n° 2006-499 du 3 mai 2006 a créé ici un article R. 313-4-1 qui leur donne la possibilité d'installer sur les véhicules à moteur – autres que les cyclomoteurs, motocyclettes, quadricyles, tricycles et véhicules et matériels agricoles ou forestiers – des « feux de circulation diurne émettant vers l'avant une lumière blanche permettant de rendre le véhicule plus visible de jour ». En outre, pour que ces feux de circulation diurne soient effectivement en fonctionnement dès lors qu'un véhicule circule, ce même décret ajoute à l'article R. 313-24 des dispositions prévoyant leur allumage automatique dès le démarrage du moteur...

Le décret du 3 mai 2006 permet également la mise en place sur les véhicules de feux d'angle (V. art. R. 313-3-1 et R. 313-24, al. 4). Il s'agit là aussi d'améliorer la visibilité, mais cette fois-ci celle du conducteur d'un véhicule lorsqu'il tourne. ❑

Art. R. 313-1 **Tout véhicule ne peut être pourvu que des dispositifs d'éclairage ou de signalisation prévus au présent code. Ceux-ci doivent être installés conformément aux prescriptions du présent chapitre.**

Ces dispositions ne concernent pas l'éclairage intérieur des véhicules sous réserve qu'il ne soit pas gênant pour les autres conducteurs.

Le fait, pour tout conducteur d'un véhicule à moteur ou à traction animale, de contrevenir aux dispositions du présent article est puni de l'amende prévue pour les contraventions de la troisième classe.

Le fait, pour tout conducteur d'un *(Décr. n° 2019-1082 du 23 oct. 2019, art. 6)* **« engin de déplacement personnel motorisé ou d'un » cycle, de contrevenir aux dispositions du présent article est puni de l'amende prévue pour les contraventions de la première classe.** – *[Anc. art. R. 42, al. 1er et 2 et R. 239.]*

(Décr. n° 2019-1082 du 23 oct. 2019, art. 6) **« Les dispositions des articles R. 313-2, R. 313-3, R. 313-3-1 à R. 313-3-4, R. 313-4-1, R. 313-6 à R. 313-17 et R. 313-17-1 ne sont pas applicables aux engins de déplacement personnel motorisés. »**

(Décr. n° 2020-1088 du 24 août 2020, art. 4-2°) **« L'immobilisation des véhicules qui contreviennent aux dispositions du présent article peut être prescrite dans les conditions prévues aux articles L. 325-1, L. 325-2 et L. 325-3. »**

En ce qui concerne les véhicules publicitaires, V. C. envir., art. L. 581-15 et L. 581-34, App., v° Consommation (droit de la).

Art. R. 313-2 Feux de route.

I. — Sauf dispositions différentes prévues au présent article, tout véhicule à moteur doit être muni à l'avant de deux ou de quatre feux de route émettant vers l'avant une lumière jaune ou blanche permettant d'éclairer efficacement la route la nuit, par temps clair, sur une distance minimale de 100 mètres.

(Décr. n° 2008-1095 du 28 oct. 2008) **« Sous réserve de l'observation des prescriptions précédentes, le véhicule peut être équipé d'un système d'éclairage avant adaptatif tel que défini à l'article R. 313-3-2 du présent code. »**

II. — Toute motocyclette, tout tricycle à moteur, tout quadricycle lourd à moteur doit être muni à l'avant d'un ou de deux feux de route.

III. — Tout tricycle à moteur ou quadricycle lourd à moteur, dont la largeur dépasse 1,30 mètre, doit être muni à l'avant de deux feux de route.

IV. — Les dispositions du I ci-dessus ne sont *(Abrogé par Décr. n° 2003-536 du 20 juin 2003, art. 5)* **« *pas* » applicables ni aux cyclomoteurs ni aux quadricycles légers à moteur qui, toutefois, peuvent être munis d'un ou de deux feux de route.**

V. — Lorsqu'un cyclomoteur à trois roues ou un quadricycle léger à moteur, dont la largeur dépasse 1,30 mètre, est muni de feux de route, ceux-ci doivent être au nombre de deux.

VI. — Les dispositions du I ci-dessus ne sont pas applicables aux véhicules et matériels agricoles ou de travaux publics, automoteurs, qui, toutefois, peuvent être munis de deux ou de quatre feux de route.

VII. — Le fait de contrevenir aux dispositions du présent article est puni de l'amende prévue pour les contraventions de la troisième classe.

VIII. — La nuit, ou le jour lorsque la visibilité est insuffisante, en cas d'absence, de non-conformité ou de défectuosité des feux de route, l'immobilisation peut être prescrite dans les conditions prévues *(Décr. n° 2020-1088 du 24 août 2020, art. 4-10°)* **« aux articles L. 325-1, L. 325-2 et L. 325-3 ».** — *[Anc. art. R. 83, R. 150, al. 7, R. 175, al. 1er et 2, R. 177, al. 1er et 2, R. 196-1, al. 1er et 3, R. 239 et R. 278, al. 1er et 4.]*

Contrairement à l'art. R. 195 [C. route, art. R. 313-5] qui vise expressément la circulation des cycles et cyclomoteurs, l'art. R. 175 [C. route, art. R. 313-2 à R. 313-5 et R. 313-24] se référant aux art. R. 82 à R. 85 du même code [C. route, art. R. 313-2 à R. 313-5 et R. 313-24] et qui réglemente l'éclairage et la signalisation des motocyclettes et vélomoteurs ne prévoit aucune dérogation aux conditions d'éclairage pour ces véhicules conduits à la main pendant la nuit. Ils ne sauraient donc être tolérés sans feux sur la chaussée ; en poussant sa motocyclette dépourvue d'éclairage la nuit sur le côté droit de la chaussée et ne s'assurant pas qu'elle pouvait y circuler sans avoir pris les précautions suffisantes, la victime a commis une faute conduisant à un partage de responsabilité avec le conducteur d'une automobile qui circulait sans utilisation de ses feux de route. • Crim. 13 janv. 1970 (jurisprudence antérieure à la L. du 5 juill. 1985) : *D. 1970. 187.*

Art. R. 313-3 Feux de croisement.

I. — Sauf dispositions différentes prévues au présent article, tout véhicule à moteur doit être muni à l'avant de deux feux de croisement, émettant vers l'avant une lumière jaune ou blanche permettant d'éclairer efficacement la route la nuit, par temps clair, sur une distance minimale de 30 mètres sans éblouir les autres conducteurs.

(Décr. n° 2008-1095 du 28 oct. 2008) **« Sous réserve de l'observation des prescriptions précédentes, le véhicule peut être équipé d'un système d'éclairage avant adaptatif tel que défini à l'article R. 313-3-2. »**

II. — Toute motocyclette, tout tricycle à moteur, tout quadricycle à moteur, tout cyclomoteur doit être muni à l'avant d'un ou de deux feux de croisement.

III. — Tout tricycle à moteur, tout quadricycle à moteur, tout cyclomoteur à trois roues, dont la largeur dépasse 1,30 mètre, doit être muni à l'avant de deux feux de croisement.

IV. — Tout véhicule et matériel agricole ou de travaux publics, automoteur, peut être muni de deux feux de croisement supplémentaires.

V. — Le fait, pour tout conducteur, de contrevenir aux dispositions du présent article est puni de l'amende prévue pour les contraventions de la troisième classe.

VI. — La nuit, ou le jour lorsque la visibilité est insuffisante, en cas d'absence, de non-conformité ou de défectuosité des feux de croisement, l'immobilisation peut être prescrite dans les conditions prévues *(Décr. n° 2020-1088 du 24 août 2020, art. 4-10°)* **« aux articles L. 325-1, L. 325-2 et L. 325-3 ».** — *[Anc. art. R. 84, al. 1er, R. 150, al. 1er, 3 et 7, R. 175, al. 1er et 2, R. 177, al. 1er et 2, R. 195, al. 2, R. 239 et R. 278, al. 1er et 4.]*

1. La force majeure ne saurait résulter d'une circonstance qui peut être prévue ou prévisible. Le fait d'être immobilisé brusquement sans éclairage par suite d'une défaillance mécanique ne peut suffire à constituer la force majeure sans que les juges du fond aient spécifié les circonstances qui lui donnaient le caractère fortuit, imprévisible et inévitable ; les juges du fond ne peuvent dans ces conditions relaxer le conducteur de ce véhicule poursuivi pour blessures involontaires à l'encontre d'un autre automobiliste blessé dans le choc. • Crim. 4 déc. 1958 : *Bull. crim. n° 722.* ♦ V. aussi : • Crim. 8 juill. 1971 : *JCP 1971. IV. 221.*

2. L'art. R. 84 [C. route, art. R. 313-3 et R. 313-24] édicte des règles techniques applicables à tout véhicule automobile en vue d'assurer la sécurité des usagers de la route ; le respect de ces prescriptions s'impose à ceux qui mettent en circulation lesdits véhicules et les rend passibles des peines prévues par la L. du fait de son inobservation ; le gérant d'une société prévenu d'avoir mis en circulation un camion dont le feu de croisement était éblouissant est responsable puisque le matériel conduit par son préposé est dans un état défectueux. • Crim. 11 juin 1963 : *D. 1964. 121.*

Art. R. 313-3-1 *(Décr. n° 2016-448 du 13 avr. 2016, art. 7)* Feux d'angle.

Tout véhicule à moteur, peut être muni à l'avant de deux feux d'angle émettant latéralement une lumière blanche afin de compléter l'éclairage de la route située du côté vers lequel le véhicule va tourner.

Les véhicules agricoles à moteur peuvent être munis de deux feux supplémentaires.

Art. R. 313-3-2 *(Décr. n° 2008-1095 du 28 oct. 2008)* Système d'éclairage avant adaptatif.

Tout véhicule à moteur peut être muni d'un système d'éclairage avant adaptatif destiné à s'adapter aux conditions ambiantes et aux paramètres d'utilisation du véhicule.

Le système d'éclairage avant adaptatif est un dispositif d'éclairage émettant des faisceaux fixes ou orientables et possédant des caractéristiques différenciées pour une adaptation automatique à des conditions variables d'utilisation des feux de croisement et, le cas échéant, des feux de route. Son fonctionnement est automatique sans intervention du conducteur du véhicule.

Le système d'éclairage avant adaptatif est constitué du fonctionnement simultané ou non, symétrique ou non, des feux définis aux articles R. 313-2, R. 313-3, *(Décr. n° 2016-448 du 13 avr. 2016, art. 8)* « R. 313-3-1, » R. 313-4 et R. 313-8.

Si le système d'éclairage avant adaptatif est neutralisé, les feux visés aux articles R. 313-2, R. 313-3, *(Décr. n° 2016-448 du 13 avr. 2016, art. 8)* « R. 313-3-1, » R. 313-4 et R. 313-8 doivent remplir chacun leur fonction de base.

Art. R. 313-3-3 *(Décr. n° 2016-448 du 13 avr. 2016, art. 9)* Feux de courtoisie extérieurs.

Tout véhicule à moteur peut être muni de feux servant à fournir un éclairage supplémentaire pour aider le conducteur et les passagers à monter dans le véhicule, à en descendre ou à faciliter les opérations de chargement.

Art. R. 313-3-4 *(Décr. n° 2016-448 du 13 avr. 2016, art. 9)* Feux de manœuvre.

Tout véhicule à moteur peut être muni de feux fournissant un éclairage supplémentaire sur le côté du véhicule pour faciliter les manœuvres à vitesse réduite.

Art. R. 313-4 Feux de position avant.

I. — Sauf dispositions différentes prévues au présent article, tout véhicule à moteur doit être muni à l'avant de deux feux de position émettant vers l'avant une lumière blanche *(Décr. n° 2016-448 du 13 avr. 2016, art. 10-1°)* « , orange » ou jaune, visible la nuit, par temps clair, à une distance de 150 mètres, sans être éblouissante pour les autres conducteurs.

(Décr. n° 2008-1095 du 28 oct. 2008) « Lorsque le véhicule est équipé d'un système d'éclairage avant adaptatif tel que défini à l'article R. 313-3-2, en mode d'éclairage en virage, le feu de position avant peut être orienté en même temps que le feu auquel il est incorporé. »

II. — Toute motocyclette, tout tricycle à moteur, tout quadricycle à moteur, tout cyclomoteur à trois roues doit être muni à l'avant d'un ou de deux feux de position.

III. — Lorsque la largeur d'un tricycle à moteur, d'un quadricycle à moteur ou d'un cyclomoteur à trois roues dépasse 1,30 mètre, il doit être muni à l'avant de deux feux de position.

IV. — Tout side-car équipant une motocyclette doit être muni d'un feu de position avant.

V. — Les dispositions du I ci-dessus ne sont pas applicables aux cyclomoteurs à deux-roues qui, toutefois, peuvent être munis *(Décr. n° 2001-1362 du 28 déc. 2001, art. 1er)* « d'un ou de deux feux de position avant. »

VI. — Tout véhicule et matériel agricole ou de travaux publics, automoteur *(Décr. n° 2016-448 du 13 avr. 2016, art. 10-2°)* « , tout véhicule, machine ou instrument agricole remorqué », peut être muni de deux feux de position avant supplémentaires.

VII. — Toute remorque peut être munie à l'avant de deux feux de position émettant vers l'avant une lumière blanche non éblouissante.

VIII. — La présence des feux de position visés au VII ci-dessus est obligatoire lorsque la largeur hors tout de la remorque dépasse 1,60 mètre *(Abrogé par Décr. n° 2009-497 du 30 avr. 2009)* ***« ou dépasse de plus de 0,20 mètre la largeur du véhicule tracteur ».***

IX. — Les dispositions du I ci-dessus ne sont pas applicables aux véhicules *(Abrogé par Décr. n° 2016-448 du 13 avr. 2016, art. 10-3°)* ***« et appareils agricoles ou »*** de travaux publics remorqués.

X. — La nuit, ou le jour lorsque la visibilité est insuffisante, tout *(Décr. n° 2019-1082 du 23 oct. 2019, art. 7, en vigueur le 1er juill. 2020)* « engin de déplacement personnel motorisé ou » cycle doit être muni d'un feu de position émettant vers l'avant une lumière non éblouissante, jaune ou blanche.

XI. — Le fait, pour tout conducteur d'un véhicule à moteur, de contrevenir aux dispositions du présent article est puni de l'amende prévue pour les contraventions de la troisième classe.

XII. — La nuit, ou le jour lorsque la visibilité est insuffisante, en cas d'absence, de non-conformité ou de défectuosité des feux de position avant, l'immobilisation peut être prescrite dans les conditions prévues *(Décr. n° 2020-1088 du 24 août 2020, art. 4-10°)* « aux articles L. 325-1, L. 325-2 et L. 325-3 ».

XIII. — Le fait pour tout conducteur d'un *(Décr. n° 2019-1082 du 23 oct. 2019, art. 8, en vigueur le 1er juill. 2020)* « engin de déplacement personnel motorisé ou d'un » cycle de contrevenir aux dispositions du présent article est puni de l'amende prévue pour les contraventions de la première classe. — *[Anc. art. R. 82, al. 1er à 4, R. 150, al. 1er, 2 et 7, R. 175, al. 1er, 2 et 7, R. 177, al. 1er, 2 et 3, R. 195, al. 1er et 2, R. 239 et R. 278, al. 1er et 4.]*

Les dispositions du Décr. n° 2001-1362 du 28 déc. 2001 sont applicables à Mayotte.

Éclairage avant des cycles et engins de déplacement personnel motorisés, V. Arr. du 30 août 1982 (JONC 12 oct.), mod. par Arr. du 5 août 1999 (JO 29 août), par Arr. du 30 juin 2021 (JO 20 juill.), par Arr. du 27 oct. 2021 (JO 5 nov.) et par Arr. du 21 juin 2023 (JO 12 juill.).

1. L'art. R. 195 [C. route, art. R. 313-4] ne prescrit pas un éclairage permanent susceptible de pallier l'interruption résultant de l'arrêt du cycle ; l'automobiliste qui de nuit entre en collision avec un cycliste arrêté au milieu de la chaussée à une intersection de voies avec l'intention de tourner à gauche est entièrement responsable en ayant débordé son couloir de marche. • Crim. 18 juin 1969 (jurisprudence antérieure à la L. du 5 juill. 1985) : *D. 1970. 624, note Prévault.*

2. La contravention de conduite par visibilité insuffisante d'un cycle non muni de feux de position conformes n'est pas constituée dès lors qu'il est établi que, même si le soleil était effectivement couché, la lumière diurne n'avait pas diminué au point de rendre nécessaire l'allumage des feux du cycle. • Bordeaux, 11 févr. 2010 : *Dr. pénal 2010. Chron. 6, obs. Gauvin.*

Art. R. 313-4-1 *(Décr. n° 2016-448 du 13 avr. 2016, art. 11)* Feux de circulation diurne.

Tout véhicule à moteur peut être muni à l'avant de deux feux de circulation diurne émettant vers l'avant une lumière blanche permettant de rendre le véhicule plus visible de jour.

Tout side-car équipant une motocyclette peut être muni à l'avant d'un feu de circulation diurne.

Art. R. 313-5 Feux de position arrière.

I. — Sauf dispositions différentes prévues au présent article, tout véhicule à moteur ou toute remorque doit être muni à l'arrière de deux feux de position émettant vers l'arrière une lumière rouge non éblouissante, visible la nuit, par temps clair, à une distance de 150 mètres.

II. — Toute motocyclette, tout tricycle à moteur, tout quadricycle à moteur, tout cyclomoteur doit être muni d'un ou de deux feux de position arrière.

III. — Lorsque la largeur d'un tricycle à moteur, d'un quadricycle à moteur ou d'un cyclomoteur à trois roues dépasse 1,30 mètre, il doit être muni de deux feux de position arrière.

IV. — Tout side-car équipant une motocyclette doit être muni d'un feu de position arrière.

V. — La nuit, ou le jour lorsque la visibilité est insuffisante, tout *(Décr. nº 2019-1082 du 23 oct. 2019, art. 7, en vigueur le 1er juill. 2020)* « engin de déplacement personnel motorisé ou » cycle doit être muni d'un feu de position arrière. Ce feu doit être nettement visible de l'arrière lorsque le véhicule est monté.

VI. — Lorsque la remorque d'une motocyclette, d'un tricycle à moteur, d'un quadricycle à moteur, d'un cyclomoteur ou d'un cycle, ou son chargement, sont susceptibles de masquer les feux de position arrière du véhicule tracteur, la remorque doit être munie du ou des dispositifs correspondants, dont le nombre est fixé à deux obligatoirement si la largeur de la remorque dépasse 1,30 mètre.

VII. — Tout véhicule et matériel agricole ou de travaux publics doit être muni de deux feux de position arrière. Ces feux ne sont pas obligatoires pour les véhicules ou appareils remorqués qui ne masquent pas ceux du véhicule tracteur. Pour ces derniers véhicules ou appareils, ces feux peuvent en outre être fixés sur un support amovible.

VIII. — Les dispositions du présent article ne sont applicables aux véhicules et matériels spéciaux des services de secours et de lutte contre l'incendie que si elles sont compatibles avec leurs caractéristiques techniques de fabrication ou d'emploi.

IX. — Le fait, pour tout conducteur d'un véhicule à moteur, de contrevenir aux dispositions du présent article est puni de l'amende prévue pour les contraventions de la troisième classe.

X. — La nuit, ou le jour lorsque la visibilité est insuffisante, en cas d'absence, de non-conformité ou de défectuosité des feux de position arrière, l'immobilisation peut être prescrite dans les conditions prévues *(Décr. nº 2020-1088 du 24 août 2020, art. 4-10º)* « aux articles L. 325-1, L. 325-2 et L. 325-3 ».

XI. — Le fait, pour tout conducteur d'un *(Décr. nº 2019-1082 du 23 oct. 2019, art. 8, en vigueur le 1er juill. 2020)* « engin de déplacement personnel motorisé ou d'un » cycle, de contrevenir aux dispositions du présent article est puni de l'amende prévue pour les contraventions de la première classe. — *[Anc. art. R. 85, al. 1er et 2, R. 150, al. 1er et 4, R. 151, al. 1er, 2 et 5, R. 175, al. 1er, 3, 7 et 10, R. 177, al. 1er, 2 et 3, R. 195, R. 231, R. 239 et R. 278, al. 1er et 4.]*

Art. R. 313-6 Feux de position latéraux.

I. — Tout véhicule à moteur ou toute remorque, dont la longueur est supérieure à 6 mètres, à l'exception des châssis-cabines et des véhicules agricoles ou forestiers, doit être muni de feux de position latéraux.

(Décr. nº 2016-448 du 13 avr. 2016, art. 12) « II. — Tout véhicule à moteur ou toute remorque, d'une longueur inférieure ou égale à 6 mètres, tout véhicule agricole ou forestier peut être muni de ces feux. »

III. — Le fait, pour tout conducteur, de contrevenir aux dispositions du I ci-dessus est puni de l'amende prévue pour les contraventions de la troisième classe.

(Décr. nº 2020-1088 du 24 août 2020, art. 4-3º) « IV. — L'immobilisation des véhicules qui contreviennent aux dispositions du présent article peut être prescrite dans les conditions prévues aux articles L. 325-1, L. 325-2 et L. 325-3. »

Art. R. 313-7 Feux stop.

I. — Sauf dispositions différentes prévues au présent article, tout véhicule à moteur ou toute remorque dont le poids total autorisé en charge est supérieur à 0,5 tonne doit être muni à l'arrière de deux ou de trois feux stop émettant vers l'arrière une lumière rouge non éblouissante.

II. — Les feux stop doivent s'allumer lors de l'entrée en action du dispositif de freinage principal.

(Décr. nº 2008-1095 du 28 oct. 2008) « Ces feux peuvent également s'activer dans les conditions de la signalisation de freinage d'urgence telles que définies à l'article R. 313-17-1. »

III. — Leur intensité lumineuse doit être notablement supérieure à celle des feux de position arrière tout en demeurant non éblouissante.

(Décr. nº 2016-448 du 13 avr. 2016, art. 13-1º) « IV. — Toute motocyclette, tout tricycle à moteur, tout quadricycle à moteur, tout cyclomoteur doit être muni à l'arrière d'un, deux ou trois feux stop. »

V. — Tout side-car équipant une motocyclette doit être muni à l'arrière d'un feu stop.

VI. — Lorsque la largeur d'un tricycle à moteur, d'un quadricycle à moteur ou d'un cyclomoteur à trois roues dépasse 1,30 mètre, il doit être muni à l'arrière de deux feux stop.

VII. — Les dispositions du I ci-dessus ne sont pas applicables aux véhicules et matériels agricoles ou de travaux publics qui, toutefois, peuvent être munis à l'arrière de deux *(Décr. nº 2016-448 du 13 avr. 2016, art. 13-2º)* « ou trois » feux stop répondant aux caractéristiques prévues par le présent article.

VIII. — Lorsqu'une remorque d'un poids total autorisé en charge inférieur ou égal à 0,5 tonne ou son chargement masque le ou les feux stop du véhicule tracteur, la remorque doit être munie du ou des dispositifs correspondants, dont le nombre est fixé à deux obligatoirement si la largeur de la remorque dépasse 1,30 mètre.

IX. — Le fait, pour tout conducteur, de contrevenir aux dispositions du présent article est puni de l'amende prévue pour les contraventions de la troisième classe.

X. — La nuit, ou le jour lorsque la visibilité est insuffisante, en cas d'absence, de non-conformité ou de défectuosité des feux stop, l'immobilisation peut être prescrite dans les conditions prévues *(Décr. nº 2020-1088 du 24 août 2020, art. 4-10º)* « aux articles L. 325-1, L. 325-2 et L. 325-3 ». — *[Anc. art. R. 88, R. 150, al. 7, R. 175, al. 1er, 3, 7 et 10, R. 177, al. 1er, 2 et 3, R. 196-1, al. 1er, R. 239 et R. 278, al. 1er et 4.]*

Art. R. 313-8 Feux de brouillard avant.

I. — Tout véhicule à moteur peut être muni à l'avant de deux feux de brouillard émettant de la lumière jaune ou blanche.

(Décr. nº 2008-1095 du 28 oct. 2008) « Le véhicule peut être équipé d'un système d'éclairage avant adaptatif tel que défini à l'article R. 313-3-2.

« Lorsque les feux de brouillard sont inclus dans un système d'éclairage avant adaptatif dans lequel ils exercent également une autre fonction d'éclairage, leur axe peut être automatiquement orienté vers l'un ou l'autre côté. »

II. — Toute motocyclette, tout tricycle à moteur, *(Décr. nº 2001-1362 du 28 déc. 2001, art. 2)* « tout quadricycle à moteur, tout cyclomoteur à trois roues » peut être muni d'un ou de deux feux de brouillard avant.

III. — *(Décr. nº 2001-1362 du 28 déc. 2001, art. 2)* « Les dispositions du présent article ne sont pas applicables aux cyclomoteurs à deux-roues. » — *[Anc. art. R. 92, al. 1er et 2, R. 150, al. 7, R. 176, al. 1er, 3 et 4 et R. 178.]*

Les dispositions du Décr. nº 2001-1362 du 28 déc. 2001 sont applicables à Mayotte.

Art. R. 313-9 Feux de brouillard arrière.

I. — Tout véhicule à moteur ou toute remorque doit être muni d'un ou de deux feux de brouillard arrière émettant de la lumière rouge. Cette disposition ne s'applique qu'aux véhicules mis pour la première fois en circulation à compter du 1er octobre 1990.

II. — Les dispositions du I ci-dessus ne sont applicables ni aux motocyclettes, ni aux tricycles à moteur, *(Décr. nº 2001-1362 du 28 déc. 2001, art. 3)* « ni aux quadricycles à moteur, ni aux cyclomoteurs à trois roues », ni aux véhicules et matériels agricoles ou de travaux publics, automoteurs, qui, toutefois, peuvent être munis d'un ou de deux feux de brouillard arrière émettant de la lumière rouge.

III. — Les dispositions du I ci-dessus ne sont applicables *(Décr. nº 2001-1362 du 28 déc. 2001, art. 3)* « ni aux cyclomoteurs à deux-roues, » ni aux véhicules et appareils agricoles ou de travaux publics remorqués.

IV. — Le fait, pour tout conducteur, de contrevenir aux dispositions du I ci-dessus est puni de l'amende prévue pour les contraventions de la troisième classe. — *[Anc. art. R. 92, al. 3, R. 150, al. 7, R. 176, al. 1er, 3 et 5, R. 178 et R. 239.]*

Les dispositions du Décr. nº 2001-1362 du 28 déc. 2001 sont applicables à Mayotte.

Art. R. 313-10 Feux d'encombrement.

I. — Tout véhicule à moteur ou toute remorque, dont la largeur, chargement compris, excède 2,10 mètres doit être muni de deux feux visibles de l'avant et de deux feux visibles de l'arrière situés le plus près possible de l'extrémité de la largeur hors tout. Ces feux doivent émettre une lumière non éblouissante de couleur blanche vers l'avant et rouge vers l'arrière. *(Décr. nº 2016-448 du 13 avr. 2016, art. 14-1º)* « Deux feux supplémentaires visibles de l'avant et deux feux supplémentaires visibles de l'arrière peuvent être installés. »

II. — Les feux d'encombrement arrière sont facultatifs sur les châssis-cabines.

III. — Tout véhicule à moteur ou toute remorque dont la largeur est comprise entre 1,80 et 2,10 mètres peut être muni de ces feux d'encombrement.

IV. — L'obligation prévue au I ci-dessus n'est pas applicable aux véhicules et appareils agricoles ou de travaux publics, automoteurs, qui, toutefois, peuvent être munis des feux qu'il prévoit.

V. — Les dispositions du I ci-dessus ne sont pas applicables aux véhicules et matériels agricoles ou de travaux publics remorqués *(Décr. nº 2016-448 du 13 avr. 2016, art. 14-2º)* « à l'exception des véhicules, machines ou instruments agricoles remorqués d'une largeur supérieure à 1,8 m qui peuvent être munis des feux qu'il prévoit ».

VI. — Le fait, pour tout conducteur, de contrevenir aux dispositions *(Décr. nº 2016-448 du 13 avr. 2016, art. 14-3º)* « du I » ci-dessus est puni de l'amende prévue pour les contraventions de la troisième classe.

VII. — La nuit, ou le jour lorsque la visibilité est insuffisante, en cas d'absence, de non-conformité ou de défectuosité des feux d'encombrement, l'immobilisation peut être prescrite dans les conditions prévues *(Décr. nº 2020-1088 du 24 août 2020, art. 4-10º)* « aux articles L. 325-1, L. 325-2 et L. 325-3 ». — *[Anc. art. R. 86, R. 150, al. 7, R. 239 et R. 278, al. 1er et 4.]*

Art. R. 313-11 Feux de stationnement.

Tout véhicule à moteur, à l'exception des véhicules à deux ou trois roues et des véhicules *(Abrogé par Décr. nº 2016-448 du 13 avr. 2016, art. 15)* ***« ou appareils agricoles ou »*** de travaux publics, peut être muni de feux de stationnement. Ces feux, situés sur les côtés du véhicule, doivent émettre soit vers l'avant et vers l'arrière une lumière orangée, soit vers l'avant la même lumière que les feux de position et vers l'arrière une lumière rouge. — *[Anc. art. R. 90 et R. 150, al. 7.]*

Art. R. 313-12 Dispositif d'éclairage de la plaque d'immatriculation arrière ou de la plaque d'exploitation.

I. — Tout véhicule à moteur ou toute remorque doit être muni d'un dispositif lumineux capable de rendre lisible, à une distance minimale de 20 mètres, la nuit, par temps clair, le numéro inscrit sur sa plaque d'immatriculation arrière ou sur sa plaque d'exploitation.

II. — Pour les véhicules agricoles remorqués, ce dispositif peut être fixé sur un support amovible.

(Abrogé par Décr. nº 2016-448 du 13 avr. 2016, art. 16) ***« III. — Les dispositions du I ci-dessus ne sont applicables ni aux cyclomoteurs*** *(Abrogé par Décr. nº 2001-1362 du 28 déc. 2001, art. 4)* ***« à trois roues » ni aux quadricycles légers à moteur, qui, toutefois, peuvent être munis d'un dispositif d'éclairage de la plaque d'immatriculation. »***

IV. — Les dispositions du présent article ne sont applicables aux véhicules et matériels spéciaux des services de secours et de lutte contre l'incendie que si elles sont compatibles avec leurs caractéristiques techniques de fabrication ou d'emploi.

V. – Le fait, pour tout conducteur, de contrevenir aux dispositions du présent article est puni de l'amende prévue pour les contraventions de la troisième classe. – *[Anc. art. R. 87, al. 1er et 2, R. 150, al. 8, R. 151, al. 5 et 6, R. 175, al. 1er, 3 et 5, R. 177, al. 1er et 3, R. 196-1, al. 2, R. 231 et R. 239.]*

Art. R. 313-13 Lorsque la largeur d'une machine agricole automotrice ou d'un matériel de travaux publics automoteur dépasse 2,55 mètres, ce véhicule doit porter à l'avant et à sa partie supérieure un panneau carré éclairé la nuit, visible de l'avant et de l'arrière du véhicule à une distance de 150 mètres par temps clair, sans être éblouissant et faisant apparaître en blanc sur fond noir une lettre "D" d'une hauteur égale ou supérieure à 0,20 mètre.

Lorsque la largeur d'une machine, d'un instrument ou d'un matériel agricole ou de travaux publics, remorqué, dépasse 2,55 mètres, le véhicule tracteur doit être muni du panneau prévu à l'alinéa précédent.

Si ce panneau n'est pas visible de l'arrière de l'ensemble, le dernier véhicule remorqué doit porter à l'arrière un ensemble de dispositifs réfléchissants dessinant en blanc sur fond noir une lettre "D" de même dimension que ci-dessus.

Les dispositions du présent article ne sont pas applicables aux véhicules tracteurs équipés des feux spéciaux prévus pour les véhicules à progression lente ou encombrants.

Le fait, pour tout conducteur, de contrevenir aux dispositions relatives à l'installation du panneau "D" et des dispositifs réfléchissants mentionnés au présent article est puni de l'amende prévue pour les contraventions de la troisième classe.

La nuit, ou le jour lorsque la visibilité est insuffisante, en cas d'absence, de non-conformité ou de défectuosité du feu d'éclairage du panneau "D", l'immobilisation peut être prescrite dans les conditions prévues *(Décr. no 2020-1088 du 24 août 2020, art. 4-10o)* « aux articles L. 325-1, L. 325-2 et L. 325-3 ».

Le fait pour tout conducteur, dans les conditions visées au présent article, de circuler sans faire usage du dispositif d'éclairage du panneau "D" est puni de l'amende prévue pour les contraventions de la quatrième classe. – *[Anc. art. R. 152, R. 232, al. 1er et 8, R. 239 et R. 278, al. 1er et 4.]*

Art. R. 313-14 Feux indicateurs de direction.

I. – Tout véhicule à moteur ou toute remorque dont le poids total autorisé en charge est supérieur à 0,5 tonne doit être pourvu de feux indicateurs de direction à position fixe et à lumière clignotante. Ces dispositifs doivent émettre une lumière non éblouissante orangée vers l'avant et vers l'arrière.

(Décr. no 2008-1095 du 28 oct. 2008) « Ces feux peuvent également s'activer dans les conditions du signal de détresse ou du freinage d'urgence telles que définies aux articles R. 313-17 et R. 313-17-1. »

(Décr. no 2016-448 du 13 avr. 2016, art. 17) « II. – Les dispositions du I ci-dessus ne sont pas applicables aux cyclomoteurs qui, toutefois, peuvent être munis de feux indicateurs de direction. »

III. – Lorsqu'une remorque d'un poids total autorisé en charge inférieur ou égal à 0,5 tonne ou un appareil agricole ou de travaux publics remorqué, ou son chargement masque les feux indicateurs de direction du véhicule tracteur, la remorque ou l'appareil doit être muni des dispositifs correspondants.

IV. – Pour tout véhicule ou matériel agricole ou de travaux publics remorqué, les feux indicateurs de direction peuvent être fixés sur un support amovible.

V. – Le fait, pour tout conducteur, de contrevenir aux dispositions du présent article est puni de l'amende prévue pour les contraventions de la troisième classe.

VI. – La nuit, ou le jour lorsque la visibilité est insuffisante, en cas d'absence, de non-conformité ou de défectuosité des feux indicateurs de direction, l'immobilisation peut être prescrite dans les conditions prévues *(Décr. no 2020-1088 du 24 août 2020, art. 4-10o)* « aux articles L. 325-1, L. 325-2 et L. 325-3 ». – *[Anc. art. R. 89, R. 150, al. 1er et 5, R. 151, al. 1er, 3 et 6, R. 175, al. 1er, 4 et 10, R. 177, al. 1er et 3, R. 196-1, al. 1er, R. 197, R. 239 et R. 278, al. 1er et 4.]*

Art. R. 313-15 Feux de marche arrière.

Tout véhicule à moteur, toute remorque, à l'exception des motocyclettes et des cyclomoteurs *(Décr. nº 2001-1362 du 28 déc. 2001, art. 5)* « à deux-roues », peut être muni d'un ou de deux feux de marche arrière, émettant une lumière blanche. – *[Anc. art. R. 92, al. 5, R. 150, al. 1er et 7 et R. 178.]*

Art. R. 313-16 Feux orientables.

I. – Tout véhicule à moteur peut, dans les conditions prévues par le ministre chargé des transports, être muni de feux orientables, émettant une lumière *(Décr. nº 2016-448 du 13 avr. 2016, art. 18)* « blanche, » jaune sélective ou orangée.

II. – Les dispositions du I ci-dessus ne sont applicables ni aux motocyclettes, ni aux tricycles et quadricycles à moteur, ni aux cyclomoteurs. – *[Anc. art. R. 92, al. 4 et 5, et R. 150, al. 7.]*

Art. R. 313-17 Signal de détresse.

I. – Tout véhicule à moteur ou toute remorque doit être muni d'un signal de détresse constitué par le fonctionnement simultané des indicateurs de direction.

(Décr. nº 2008-1095 du 28 oct. 2008) « Le signal de détresse se déclenche automatiquement en cas de collision si le véhicule est équipé d'un dispositif le permettant. »

II. – Les dispositions du I ci-dessus ne sont applicables ni aux motocyclettes *(Décr. nº 2001-1362 du 28 déc. 2001, art. 6)* « ni aux cyclomoteurs à *(Décr. nº 2016-448 du 13 avr. 2016, art. 19-1º)* « deux ou » trois roues, ni aux quadricycles légers à moteur », ni aux *(Abrogé par Décr. nº 2016-448 du 13 avr. 2016, art. 19-1º)* *« véhicules et »* appareils agricoles ou de travaux publics automoteurs qui, toutefois, peuvent être munis d'un signal de détresse.

III. – Les dispositions du I ci-dessus ne sont pas applicables *(Abrogé par Décr. nº 2016-448 du 13 avr. 2016, art. 19-2º) (Décr. nº 2001-1362 du 28 déc. 2001, art. 6)* *« aux cyclomoteurs à deux-roues, »* aux véhicules et matériels de travaux publics remorqués.

IV. – Le fait, pour tout conducteur, de contrevenir aux dispositions du I ci-dessus est puni de l'amende prévue pour les contraventions de la troisième classe. – *[Anc. art. R. 92, al. 15, R. 150, al. 7, R. 176, al. 1er, 3 et 6, R. 177, al. 1er et 3, et R. 239.]*

Les dispositions du Décr. nº 2001-1362 du 28 déc. 2001 sont applicables à Mayotte.

Art. R. 313-17-1 *(Décr. nº 2008-1095 du 28 oct. 2008)* Signalisation de freinage d'urgence.

Tout véhicule à moteur ou toute remorque peut être muni d'une signalisation de freinage d'urgence destinée à indiquer aux usagers de la route qui se trouvent en arrière du véhicule que celui-ci subit une puissante force de ralentissement.

La signalisation de freinage d'urgence est obtenue, sans intervention du conducteur du véhicule, par le fonctionnement synchrone de tous les feux stop ou de tous les feux indicateurs de direction, définis aux articles R. 313-7 et R. 313-14.

Art. R. 313-18 Catadioptres arrière.

I. – Sauf dispositions différentes prévues au présent article, tout véhicule à moteur ou toute remorque doit être muni de deux catadioptres arrière rouges, de forme non triangulaire pour les véhicules à moteur et de forme triangulaire pour les remorques.

(Décr. nº 2009-497 du 30 avr. 2009) « Toutefois, les remorques peuvent également être munies de deux catadioptres arrière rouges, de forme non triangulaire, à condition qu'ils soient groupés avec les dispositifs arrière de signalisation lumineuse. »

II. – Toute motocyclette, tout cyclomoteur à deux-roues *(Décr. nº 2016-448 du 13 avr. 2016, art. 20-1º)* « , tout side-car équipant une motocyclette » doit être muni à l'arrière d'un catadioptre.

III. – Tout tricycle à moteur, tout quadricycle à moteur, tout cyclomoteur à trois roues doit être muni d'un ou de deux catadioptres arrière.

IV. – Tout cyclomoteur à trois roues *(Décr. nº 2016-448 du 13 avr. 2016, art. 20-2º)* « ou tricycle » ou quadricycle à moteur dont la largeur dépasse 1 mètre doit être muni de deux catadioptres arrière.

V. — Tout *(Décr. n° 2019-1082 du 23 oct. 2019, art. 7, en vigueur le 1er juill. 2020)* « engin de déplacement personnel motorisé ou » cycle doit être muni d'un ou plusieurs catadioptres arrière.

VI. — Lorsque la remorque d'une motocyclette, d'un quadricycle à moteur, d'un tricycle à moteur, d'un cyclomoteur ou d'un cycle, ou son chargement, masque le ou les catadioptres du véhicule tracteur, la remorque doit être munie du ou des dispositifs correspondants, dont le nombre est fixé à deux obligatoirement si la largeur de la remorque dépasse 1,30 mètre.

VII. — La nuit, ou le jour lorsque la visibilité est insuffisante, tout véhicule à traction animale doit être muni à l'arrière de deux catadioptres arrière. Lorsque, chargement compris, la longueur du véhicule dépasse 6 mètres ou sa largeur 2 mètres, ces dispositifs doivent être situés à la limite du gabarit du véhicule. Ces dispositifs doivent être placés de telle sorte qu'aucune partie du véhicule ou de son chargement n'en détruise l'efficacité en les cachant d'une façon totale ou partielle.

VIII. — La nuit, ou le jour lorsque la visibilité est insuffisante, les voitures à bras doivent être munies à l'arrière d'un catadioptre arrière, placé à gauche, à moins de 0,40 mètre de la largeur hors tout du véhicule. Ce dispositif doit être placé de telle sorte qu'aucune partie du véhicule ou de son chargement n'en détruise l'efficacité en le cachant d'une façon totale ou partielle.

IX. — Pour tout véhicule ou appareil agricole remorqué ou tout matériel de travaux publics remorqué, les catadioptres peuvent être fixés sur un support amovible.

X. — Le fait, pour tout conducteur d'un véhicule à moteur ou à traction animale, de contrevenir aux dispositions du présent article est puni de l'amende prévue pour les contraventions de la troisième classe.

XI. — Le fait, pour tout conducteur d'un *(Décr. n° 2019-1082 du 23 oct. 2019, art. 8, en vigueur le 1er juill. 2020)* « engin de déplacement personnel motorisé ou d'un » cycle, de contrevenir aux dispositions du présent article est puni de l'amende prévue pour les contraventions de la première classe. — *[Anc. art. R. 91, al. 1er et 2, R. 150, al. 1er et 6, R. 151, al. 1er à 4, R. 175, al. 1er, 3 et 10, R. 177, al. 1er, 2 et 3, R. 196, al. 1er et 2, R. 197, R. 215, al. 1er à 3, R. 216, al. 1er, et R. 239.]*

Art. R. 313-19 Catadioptres latéraux.

(Décr. n° 2016-448 du 13 avr. 2016, art. 21) « I. — Tout véhicule à moteur dont la longueur dépasse 6 mètres, toute remorque, tout cyclomoteur à deux roues ou trois roues, tout tricycle, tout quadricycle doit être muni d'au moins un ou de deux catadioptres latéraux, non triangulaires, de couleur orangée.

« I *bis*. — Les catadioptres latéraux placés dans la partie arrière des véhicules de la catégorie L1e peuvent être de couleur rouge. »

II. — Tout autre véhicule à moteur peut être muni d'un ou de deux catadioptres latéraux, non triangulaires, de couleur orangée.

III. — Tout *(Décr. n° 2019-1082 du 23 oct. 2019, art. 7, en vigueur le 1er juill. 2020)* « engin de déplacement personnel motorisé ou » cycle doit être muni de catadioptres orange visibles latéralement.

IV. — Le fait, pour tout conducteur d'un véhicule à moteur, de contrevenir aux dispositions du présent article est puni de l'amende prévue pour les contraventions de la troisième classe.

V. — Le fait, pour tout conducteur d'un *(Décr. n° 2019-1082 du 23 oct. 2019, art. 8, en vigueur le 1er juill. 2020)* « engin de déplacement personnel motorisé ou d'un » cycle, de contrevenir aux dispositions du présent article est puni de l'amende prévue pour les contraventions de la première classe. — *[Anc. art. R. 91, al. 1er et 4, R. 150, al. 1er et 6, R. 151, al. 1er à 4 et 6, R. 176, al. 1er, 3 et 6, R. 196, al. 1er et 3, et R. 239.]*

Art. R. 313-20 Autres catadioptres.

I. — Toute remorque d'un véhicule à moteur à quatre roues, à l'exception de celle des quadricycles à moteur et des véhicules et appareils agricoles ou de travaux publics, doit être munie à l'avant de deux catadioptres non triangulaires de couleur blanche.

II. — Tout véhicule à moteur, à l'exception des véhicules *(Abrogé par Décr. nº 2016-448 du 13 avr. 2016, art. 22-1º)* *« et appareils agricoles ou »* de travaux publics automoteurs, peut être muni à l'avant de tels catadioptres.

III. — Les pédales de tout cycle, cyclomoteur ou quadricycle léger à moteur doivent comporter des catadioptres *(Décr. nº 2016-448 du 13 avr. 2016, art. 22-2º)* « de couleur orangée », sauf dans le cas des *(Décr. nº 2008-1095 du 28 oct. 2008)* « cyclomoteurs » à deux-roues à pédales rétractables.

IV. — Tout *(Décr. nº 2019-1082 du 23 oct. 2019, art. 7, en vigueur le 1er juill. 2020)* « engin de déplacement personnel motorisé ou » cycle doit être muni d'un catadioptre blanc visible de l'avant.

V. — Tout cycle peut comporter à l'arrière et à gauche un dispositif "écarteur de danger".

VI. — La nuit, ou le jour lorsque la visibilité est insuffisante, tout véhicule à traction animale, dont, chargement compris, la longueur dépasse 6 mètres ou la largeur 2 mètres, doit être muni à l'avant, à la limite du gabarit, de deux catadioptres avant, réfléchissant une lumière blanche.

VII. — Le fait, pour tout conducteur d'un véhicule à moteur ou à traction animale, de contrevenir aux dispositions du présent article est puni de l'amende prévue pour les contraventions de la troisième classe.

VIII. — Le fait, pour tout conducteur d'un *(Décr. nº 2019-1082 du 23 oct. 2019, art. 8, en vigueur le 1er juill. 2020)* « engin de déplacement personnel motorisé ou d'un » cycle, de contrevenir aux dispositions du présent article est puni de l'amende prévue pour les contraventions de la première classe. — *[Anc. art. R. 91, al. 1er et 3, R. 151, al. 1er et 4, R. 175, al. 1er et 10, R. 177, al. 1er et 3, R. 196, al. 1er et 4, R. 197, R. 215, al. 2, R. 239 et Arr. du 16 juill. 1954, art. 45 c, al. 1er.]*

Art. R. 313-21 Si la largeur hors tout d'un chargement dépasse de plus de 0,40 mètre le point de la plage éclairante le plus éloigné du plan longitudinal médian du véhicule, le chargement doit être signalé la nuit, ou le jour lorsque la visibilité est insuffisante, par un feu ou un dispositif réfléchissant blanc vers l'avant et par un feu ou un dispositif réfléchissant rouge vers l'arrière, disposés de telle façon que le point de la plage éclairante ou réfléchissante de ces feux ou de ces dispositifs le plus éloigné du plan longitudinal médian du véhicule soit à moins de 0,40 mètre de l'extrémité de la largeur hors tout du chargement.

Le fait, pour tout conducteur, de contrevenir aux dispositions du présent article est puni de l'amende prévue pour les contraventions de la troisième classe.

La nuit, ou le jour lorsque la visibilité est insuffisante, en cas d'absence, de non-conformité ou de défectuosité des feux ou dispositifs exigés par le présent article, l'immobilisation peut être prescrite dans les conditions prévues *(Décr. nº 2020-1088 du 24 août 2020, art. 4-10º)* « aux articles L. 325-1, L. 325-2 et L. 325-3 ». — *[Anc. art. R. 92, al. 7 et 8, R. 239 et R. 278, al. 1er et 4.]*

Art. R. 313-22 Tout véhicule ou matériel agricole ou de travaux publics peut être muni, pour le travail de nuit, d'un ou plusieurs projecteurs de travail.

Le fait pour tout conducteur de faire usage de ces appareils sur les voies ouvertes à la circulation publique dans des conditions autres que le travail de nuit est puni de l'amende prévue pour les contraventions de la quatrième classe. — *[Anc. art. R. 153 et R. 232, al. 1er et 8.]*

Art. R. 313-23 I. — La nuit, ou le jour lorsque la visibilité est insuffisante, tout véhicule à traction animale doit être muni des dispositifs suivants :

1º A l'avant, un ou deux feux émettant vers l'avant une lumière blanche ou jaune ;

2º A l'arrière, un ou deux feux émettant vers l'arrière une lumière rouge.

II. — Ces lumières doivent être visibles la nuit par temps clair à une distance de 150 mètres sans être éblouissantes pour les autres conducteurs.

III. — S'il y a deux feux à lumière blanche ou jaune ou deux feux à lumière rouge, ils doivent être placés symétriquement. S'il n'y a qu'un seul feu à lumière blanche ou jaune ou un seul feu à lumière rouge, chacun d'eux doit être placé à la gauche du

véhicule si ce dernier est en mouvement et du côté opposé au trottoir ou à l'accotement s'il est en stationnement.

IV. — Toutefois, peuvent n'être signalés que par un feu unique, placé du côté opposé à l'accotement ou au trottoir, émettant vers l'avant une lumière blanche ou jaune et vers l'arrière une lumière rouge :

1° Les véhicules à traction animale à un seul essieu ;

2° Les véhicules à traction animale à usage agricole ; le feu doit alors être fixé au véhicule ou porté à la main par un convoyeur se trouvant immédiatement à côté et à gauche du véhicule ;

3° Les autres véhicules à traction animale en stationnement, à la condition que leur longueur ne dépasse pas 6 mètres.

V. — Quand plusieurs véhicules à traction animale circulent en convoi, le premier véhicule de chaque groupe de deux ou trois véhicules se suivant sans intervalle doit être muni du ou des feux émettant une lumière blanche ou jaune et le dernier véhicule du ou des feux émettant une lumière rouge prévus ci-dessus. Le véhicule intermédiaire, s'il existe, est dispensé de tout éclairage.

VI. — Toutefois, pour les véhicules à l'arrêt ou en stationnement en agglomération, l'emploi des feux prévus au présent article n'est pas requis lorsque l'éclairage de la chaussée permet aux autres usagers de voir distinctement le véhicule à une distance suffisante.

VII. — La nuit, ou le jour lorsque la visibilité est insuffisante, toute voiture à bras doit être munie des dispositifs lumineux exigés pour les véhicules à traction animale à un seul essieu. Dans les mêmes circonstances, tout conducteur d'une voiture à bras, en circulation, à l'arrêt ou en stationnement sur une route, doit faire usage de ces dispositifs.

VIII. — Les feux visés au présent article doivent être placés de telle sorte qu'aucune partie du véhicule ou de son chargement n'en détruise l'efficacité en les cachant d'une façon totale ou partielle.

IX. — Le fait pour tout conducteur de contrevenir aux dispositions du présent article relatives à l'équipement des véhicules est puni de l'amende prévue pour les contraventions de la troisième classe.

X. — Le fait, pour tout conducteur de ne pas faire usage, la nuit ou le jour lorsque la visibilité est insuffisante, des feux prévus au présent article est puni de l'amende prévue pour les contraventions de la quatrième classe. — *[Anc. art. R. 40-1, al. 1er, 3 et 4, R. 41-1, al. 1er et 4, R. 214, R. 216, al. 1er, R. 232, al. 1er et 8, et R. 239.]*

1. Une personne poussant devant elle une voiture d'enfant constitue un piéton et n'est pas astreinte à signaler sa position sur la chaussée par un éclairage quelconque. • TGI Chambéry, 20 janv. 1961 : *D. 1961. Somm. 79.*

2. Aucune des dispositions du C. route n'ayant prévu la signalisation des brouettes par un dispositif éclairant, l'existence d'une faute ne saurait être déduite de leur seul défaut d'éclairage. • Crim. 16 déc. 1971 : *Gaz. Pal. 1972. 1. 184.* ♦ L'obligation d'éclairage prévue par l'art. R. 40-1 et l'art. R. 214 [C. route, art. R. 313-23] ne vise que les voitures à bras et les charrettes et aucun texte n'impose un dispositif d'éclairage aux brouettes. S'agissant d'un véhicule de petite dimension sans moteur, une remorque poussée à la main permet d'assimiler son conducteur à un piéton qui n'a pas l'obligation de se signaler aux automobilistes par un système d'éclairage. • T. corr. Besançon, 25 sept. 1981 : *Gaz. Pal. 1982. Somm. 102.*

3. Une sanction est nécessairement encourue par le conducteur d'un véhicule hippomobile dépourvu d'éclairage et la juridiction saisie en même temps du délit de blessures involontaires doit, après avoir retenu la contravention, rechercher dans quelle mesure le défaut d'éclairage a influé sur l'accident. • Crim. 5 févr. 1957 : *Bull. crim. n° 109.*

Art. R. 313-24 *(Décr. n° 2016-448 du 13 avr. 2016, art. 23-1°)* **« I. — Le ministre chargé des transports fixe par arrêté les conditions dans lesquelles sont assurées les connexions électriques des véhicules à moteur et de leurs remorques permettant le fonctionnement des dispositifs d'éclairage et de signalisation. »**

(Abrogé par Décr. n° 2016-448 du 13 avr. 2016, art. 23-2°) ***« II. — Les connexions électriques des véhicules à moteur à deux ou trois roues doivent être telles que le feu de position avant ou, en l'absence d'un feu de position avant, le feu de croisement, le feu de position arrière et le dispositif d'éclairage de la plaque d'immatriculation arrière ne puissent être allumés et éteints que simultanément.***

« Pour ces mêmes véhicules, les connexions électriques doivent être telles que le feu de route, le feu de croisement et le feu de brouillard ne puissent être allumés que si le feu de position avant ou, en l'absence d'un feu de position avant, le feu de croisement, le feu de position arrière et le dispositif d'éclairage de la plaque d'immatriculation le sont également. Cependant, cette condition n'est pas imposée pour le feu de route ou le feu de croisement lorsqu'ils sont utilisés pour des signaux lumineux produits par allumage intermittent à court intervalle du feu de croisement ou par allumage intermittent du feu de route ou par allumage alterné à court intervalle du feu de croisement et du feu de route.

« III. — Les connexions électriques des tracteurs agricoles et forestiers doivent être telles que les feux de position avant, les feux d'encombrement, lorsqu'ils existent, et le dispositif d'éclairage de la plaque d'immatriculation arrière ne puissent être allumés que simultanément.

« Pour ces mêmes véhicules, les connexions électriques doivent être telles que les feux de route, les feux de croisement et les feux de brouillard avant et arrière ne puissent être allumés que si les feux de position avant, les feux d'encombrement lorsqu'ils existent et le dispositif d'éclairage de la plaque d'immatriculation arrière le sont également. Cependant, cette condition n'est pas imposée pour les feux de route ou les feux de croisement lorsque leurs avertissements lumineux consistent en l'allumage intermittent à de courts intervalles des feux de croisement ou en l'allumage intermittent des feux de route ou en l'allumage alterné à de courts intervalles des feux de croisement et des feux de route. »

IV. — Le fait de contrevenir aux dispositions *(Décr. nº 2016-448 du 13 avr. 2016, art. 23-3º)* « prises en application du I » du présent article est puni de l'amende prévue pour les contraventions de la troisième classe.

V. — La nuit, ou le jour lorsque la visibilité est insuffisante, en cas de non-conformité ou de défectuosité des équipements exigés par le présent article, l'immobilisation peut être prescrite dans les conditions prévues *(Décr. nº 2020-1088 du 24 août 2020, art. 4-10º)* « aux articles **L. 325-1**, **L. 325-2** et **L. 325-3** ». — *[Anc. art. R. 82, al. 1er et 3, R. 84, al. 2 et 3, R. 85, al. 1er et 3, R. 87, al. 1er et 3, R. 150, al. 9, R. 151, al. 5, R. 175, al. 1er, 5 et 6, R. 177, al. 1er, R. 196-1, al. 3, R. 239 et R. 278, al. 1er et 4.]*

Art. R. 313-25 Sauf dispositions contraires prises par arrêté du ministre chargé des transports, deux feux ou dispositifs de même signification et susceptibles d'être employés en même temps doivent être placés symétriquement par rapport au plan longitudinal de symétrie du véhicule ; ils doivent émettre ou réfléchir des faisceaux lumineux de même couleur et de même intensité.

Les feux et signaux ne peuvent être à intensité variable, sauf ceux des indicateurs de direction *(Décr. nº 2016-448 du 13 avr. 2016, art. 24)* « , des feux de position arrière, des feux stop, des feux de brouillard arrière » et du signal de détresse.

Le fait, pour tout conducteur, de contrevenir aux dispositions du présent article est puni de l'amende prévue pour les contraventions de la troisième classe. — *[Anc. art. R. 93, al. 1er à 3, R. 179 et R. 239.]*

Usage : R. 416-4 s. — Cycles : R. 313-2 s.

V. Arr. du 16 juill. 1954, art. 44 s., App., vº Éclairage et signalisation.

Art. R. 313-26 *(Décr. nº 2009-497 du 30 avr. 2009)* « Le doublement des feux rouges, des feux stop et des feux indicateurs de direction arrière est autorisé sur les véhicules à moteur dont le poids total autorisé en charge excède 3,5 tonnes et les véhicules remorqués dont le poids total autorisé en charge excède 0,75 tonne, dans les conditions fixées par arrêté du ministre chargé des transports. »

Le fait de contrevenir aux dispositions du présent article est puni de l'amende prévue pour les contraventions de la troisième classe. — *[Anc. art. R. 239 et Arr. du 18 juill. 1985, art. 18 bis, al. 1er.]*

Art. R. 313-27 Feux spéciaux des véhicules d'intérêt général.

I. — Tout véhicule d'intérêt général prioritaire peut être muni de feux spéciaux tournants ou d'une rampe spéciale de signalisation.

II. — Tout véhicule d'intérêt général bénéficiant de facilités de passage peut être muni, sur autorisation préfectorale, de feux spéciaux à éclats.

III. — Tout véhicule d'intérêt général peut être muni de dispositifs complémentaires de signalisation par éléments fluorescents ou rétroréfléchissants. — *[Anc. art. R. 92, al. 9 à 11, et R. 175, al. 9.]*

Feux spéciaux : V. Arr. du 30 oct. 1987 relatif aux dispositifs spéciaux de signalisation des véhicules d'intervention urgente, App., v° Éclairage et signalisation.

Dispositifs complémentaires de signalisation : V. Arr. du 20 janv. 1987 (JO 12 févr.), mod. par Arr. du 16 déc. 2005 (JO 27 déc.), Arr. du 7 avr. 2006 (JO 17 mars), Arr. du 1er juin 2010 (JO 16 juin), Arr. du 15 juill. 2015 (JO 23 juill.) et Arr. du 17 déc. 2020 (JO 26 déc.).

Sur les avertisseurs sonores spéciaux pouvant équiper ces véhicules, V. art. R. 313-34, Arr. du 3 juill. 1974 modifié relatif aux avertisseurs sonores spéciaux des véhicules équipés des feux spéciaux de catégorie B prévus à l'art. R. 313-27 C. route, mod. par Arr. du 2 nov. 1987 (JO 20 nov.) et par Arr. du 27 août 2015 (JO 6 sept.).

Art. R. 313-28 **Tout véhicule à progression lente ou encombrant dont la liste est fixée par le ministre chargé des transports peut être muni de feux spéciaux et de dispositifs complémentaires de signalisation par éléments fluorescents ou rétroréfléchissants.** — *[Anc. art. R. 92, al. 13, 16 et 17.]*

Feux spéciaux : V. Arr. du 4 juill. 1972 (JO 10 août), mod., en dernier lieu, par Arr. 25 juill. 2019 (JO 9 août). Dispositifs complémentaires de signalisation : V. Arr. du 20 janv. 1987 (JO 12 févr.), mod. par Arr. du 16 déc. 2005 (JO 27 déc.), Arr. du 7 avr. 2006 (JO 17 mars), Arr. 1er juin 2010 (JO 16 juin), Arr. du 15 juill. 2015 (JO 23 juill.) et Arr. du 17 déc. 2020 (JO 26 déc.).

Art. R. 313-29 **Le fait de détenir, d'utiliser, d'adapter, de placer, d'appliquer ou de transporter à un titre quelconque les feux réservés aux véhicules d'intérêt général est puni de l'amende prévue pour les contraventions de la quatrième classe.**

Ces feux peuvent être saisis et confisqués.

L'immobilisation peut être prescrite dans les conditions prévues *(Décr. n° 2020-1088 du 24 août 2020, art. 4-10°)* **« aux articles L. 325-1, L. 325-2 et L. 325-3 ».** — *[Anc. art. R. 240, al. 2, et R. 278, al. 1er et 16.]*

Art. R. 313-30 **Les règles techniques prévues à la présente section ne sont applicables aux véhicules et matériels spéciaux des armées que si elles sont compatibles avec leurs caractéristiques techniques de fabrication et d'emploi.** — *[Anc. art. R. 229, al. 1er et 3.]*

Art. R. 313-31 **I. — Le ministre chargé des transports fixe par arrêté :**

1° Les conditions d'application de la présente section et les conditions d'homologation et d'installation des dispositifs d'éclairage et de signalisation qu'elle prévoit ;

2° Les caractéristiques des feux spéciaux des véhicules d'intérêt général et des véhicules à progression lente ou encombrants ;

3° Les caractéristiques des dispositifs complémentaires de signalisation par éléments fluorescents ou rétroréfléchissants pouvant équiper à l'avant, à l'arrière ou latéralement les véhicules d'intérêt général et les véhicules à progression lente ;

4° Les catégories de véhicules devant comporter à l'arrière une signalisation complémentaire par des dispositifs fluorescents et rétroréfléchissants ainsi que les caractéristiques de ces dispositifs ;

5° Les catégories de véhicules pouvant comporter une signalisation complémentaire par des dispositifs fluorescents ou rétroréfléchissants ainsi que les caractéristiques de ces dispositifs ;

6° Les catégories de véhicules devant comporter, en fonction de leur longueur, des catadioptres latéraux supplémentaires ainsi que les caractéristiques et les conditions d'installation de ces dispositifs.

II. — Pour les véhicules et appareils agricoles et forestiers, le ministre chargé de l'agriculture doit être consulté.

III. — Le ministre chargé des transports peut interdire l'usage de dispositifs d'éclairage ou de signalisation non conformes à des types ayant reçu son agrément. — *[Anc. art. R. 92, al. 4, 9 à 14, 16 et 17, R. 93, al. 4 et 5, R. 154, R. 175, al. 8, R. 176, al. 7, R. 177,* *al. 4, R. 179, R. 195, al. 1er et 3, R. 196, al. 5, et R. 196-1, al. 4.] — V. Arr. du 20 janv. 1987 (JO 12 févr.).*

V. Arr. du 16 juill. 1954, Arr. du 4 juill. 1972 (feux spéciaux des véhicules à progression lente) et Arr. du 30 oct. 1987 (signalisation des véhicules d'intervention urgente), App., v° Éclairage et signalisation.

Les serruriers spécialisés dans les interventions d'urgence ne bénéficient pas de l'autorisation d'installation d'un gyrophare sur leur véhicule. * Rép. min. : *JOAN Q, août 1991. 3181.*

Art. R. 313-32 **Le ministre chargé des transports fixe par arrêté :**

1° Les conditions spéciales d'éclairage et de signalisation des véhicules effectuant des transports de bois en grume ou de pièces de grande longueur débordant l'arrière des véhicules ;

2° Les règles relatives à la signalisation lumineuse des engins de service hivernal ;

3° Les règles relatives à l'éclairage et à la signalisation de certains engins spéciaux dont la vitesse ne peut excéder par construction 25 km/h. — *[Anc. art. R. 92, al. 6, R. 168, R. 231-1, al. 5, et R. 216, al. 2.]*

Art. R. 313-32-1 *(Décr. n° 2020-1396 du 17 nov. 2020, art. 1er, en vigueur le 1er janv. 2021)* **A l'exception des véhicules agricoles et forestiers, d'une part, et des engins de service hivernal et des véhicules d'intervention des services gestionnaires des autoroutes ou routes à deux chaussées séparées tels que définis respectivement aux points 5, 6.1 et 6.6 de l'article R. 311-1 du présent code, d'autre part, les véhicules dont le poids total autorisé en charge excède 3,5 tonnes doivent porter, visible sur les côtés ainsi qu'à l'arrière du véhicule, une signalisation matérialisant la position des angles morts.**

Le modèle de la signalisation et ses modalités d'apposition sont fixés par arrêté conjoint du ministre chargé des transports et du ministre chargé de la sécurité routière.

Le fait, pour tout conducteur, de contrevenir à l'obligation de signalisation imposée par le présent article et aux dispositions prises pour son application est puni de l'amende prévue pour les contraventions de la quatrième classe.

V. Arr. du 5 janv. 2021 portant application de l'art. R. 313-32-1 C. route relatif à la signalisation matérialisant les angles morts sur les véhicules lourds (JO 6 janv.).

SECTION 2 Signaux d'avertissement

Art. R. 313-33 **Sauf dispositions différentes prévues au présent article, tout véhicule à moteur doit être muni d'un avertisseur sonore de route. Il peut être muni d'un avertisseur sonore pour l'usage urbain.**

Les dispositifs sonores sont conformes à des types homologués répondant à des spécifications déterminées par le ministre chargé des transports. — *V. Arr. du 14 janv. 1958 (JO 22 janv.), mod. par Arr. du 4 mai 2009 (JO 6 mai).*

Tout *(Décr. n° 2019-1082 du 23 oct. 2019, art. 7, en vigueur le 1er juill. 2020)* **« engin de déplacement personnel motorisé ou » cycle doit être muni d'un appareil avertisseur constitué par un timbre ou un grelot dont le son peut être entendu à 50 mètres au moins. L'emploi de tout autre signal sonore est interdit.**

Le fait, pour tout conducteur d'un véhicule à moteur, de contrevenir aux dispositions du présent article est puni de l'amende prévue pour les contraventions de la troisième classe.

Le fait, pour tout conducteur d'un *(Décr. n° 2019-1082 du 23 oct. 2019, art. 8, en vigueur le 1er juill. 2020)* **« engin de déplacement personnel motorisé ou d'un » cycle, de contrevenir aux dispositions du présent article est puni de l'amende prévue pour les contraventions de la première classe.** — *[Anc. art. R. 94, R. 155, R. 180, R. 198 et R. 239.]*

Usage : R. 416-1 s. — Dépassement : R. 414-4, R. 416-1. — Intersection : R. 415-1.

Art. R. 313-34 **Les véhicules d'intérêt général prioritaires peuvent être équipés d'avertisseurs spéciaux en plus des avertisseurs exigés pour tout véhicule à moteur.**

Les véhicules d'intérêt général bénéficiant de facilités de passage, à l'exception des engins de service hivernal, peuvent être équipés de timbres spéciaux en plus des avertisseurs exigés pour tout véhicule à moteur.

Un arrêté du ministre chargé des transports définit les caractéristiques de ces avertisseurs et timbres spéciaux. — *[Anc. art. R. 95, R. 96, R. 181 et Arr. du 30 oct. 1987, art. 1er, II, 4°.]*

V. Arr. du 3 juill. 1974 modifié relatif aux avertisseurs sonores spéciaux des véhicules équipés des feux spéciaux de catégorie B prévus à l'art. R. 313-27 C. route, mod. par Arr. du 2 nov. 1987 (JO 20 nov.) et par Arr. du 27 août 2015 (JO 6 sept.). V. aussi Arr. du 30 oct. 1987 relatif aux dispositifs spéciaux de signalisation des véhicules d'intervention urgente, art. 4, App., v° Éclairage et signalisation.

Art. R. 313-35 **Le fait de détenir, d'utiliser, d'adapter, de placer, d'appliquer ou de transporter à un titre quelconque les timbres ou avertisseurs** *(Décr. n° 2003-536 du 20 juin 2003, art. 6)* **« sonores » spéciaux réservés aux véhicules d'intérêt général est puni de l'amende prévue pour les contraventions de la quatrième classe.**

Ces dispositifs peuvent être saisis et confisqués. — *[Anc. art. R. 240, al. 2.]*

CHAPITRE IV **PNEUMATIQUES**

Art. R. 314-1 **Les roues de tout véhicule à moteur et de toute remorque, à l'exception des véhicules et appareils agricoles** *(Décr. n° 2019-1082 du 23 oct. 2019, art. 9)* **« et des engins de déplacement personnel motorisés », doivent être munies de pneumatiques.**

Les pneumatiques, à l'exception de ceux des matériels de travaux publics, doivent présenter sur toute leur surface de roulement des sculptures apparentes.

Aucune toile ne doit apparaître ni en surface ni à fond de sculpture des pneumatiques.

En outre, ceux-ci ne doivent comporter sur leurs flancs aucune déchirure profonde.

Lorsque les véhicules et appareils agricoles *(Décr. n° 2019-1082 du 23 oct. 2019, art. 9)* **« et les engins de déplacement personnel motorisés » sont munis de pneumatiques, ceux-ci ne doivent comporter sur leurs flancs aucune déchirure profonde et aucune toile ne doit apparaître ni en surface ni en fond de sculpture.**

La nature, la forme, l'état et les conditions d'utilisation des pneumatiques et autres dispositifs prévus par le présent article sont déterminés par arrêté du ministre chargé des transports. — *V. Arr. du 18 juill. 2019, App., v° Pneumatiques.*

Le ministre chargé des transports peut accorder des dérogations aux obligations prévues au présent article pour les matériels de travaux publics.

Le fait de contrevenir aux dispositions du présent article relatives à la nature, la forme, l'état et les conditions d'utilisation des pneumatiques est puni de l'amende prévue pour les contraventions de la quatrième classe.

L'immobilisation du véhicule peut être prescrite dans les conditions prévues *(Décr. n° 2020-1088 du 24 août 2020, art. 4-10°)* **« aux articles L. 325-1, L. 325-2 et L. 325-3 ».** — *[Anc. art. R. 59, R. 139, R. 142, R. 170, R. 188-2, R. 238, al. 1er et 2, et R. 278, al. 1er et 4.]*

Constatation des infractions : R. 130-6.

1. Les peines prévues à l'art. R. 238 [C. route, art. R. 314-1] sont applicables à toute personne en infraction aux dispositions réglementaires énumérées ; il en résulte que le conducteur du véhicule est coupable de contravention à l'art. R. 59 [C. route, art. R. 314-1] même si dans une instance antérieure diligentée contre le propriétaire du véhicule le prévenu avait attesté être seul utilisateur du véhicule. • Crim. 19 nov. 1985 : *Jurispr. auto 1986. 54.*

2. En présentant une fiche technique du fournisseur de pneumatiques selon laquelle les creux restants pouvaient être évalués à 2 mm ou 2,5 mm, le prévenu n'établit pas que la profondeur était la même sur toute la surface du roulement et n'apporte pas la preuve contraire des constatations effectuées par les agents verbalisateurs selon lesquelles les pneus ne présentaient plus de sculptures apparentes sur toute leur surface de roulement. • Crim. 4 déc. 1984 : *Jurispr. auto 1986. 14.*

3. Selon l'art. R. 238 (1°) [C. route, art. R. 314-1] l'inobservation des prescriptions réglementaires sur l'état des pneumatiques est constitutive d'une faute unique ; il en résulte qu'une cour d'appel ne peut pas relever deux contraventions à l'encontre d'un prévenu dont le véhicule présentait deux pneumatiques sans sculptures apparentes ; si la règle du non-cumul des peines n'est pas applicable en matière de contraventions, encore faut-il pour que des condamnations cumulatives puissent être prononcées que le prévenu ait commis plusieurs fautes distinctes punissables séparément. • Crim. 25 mai 1994, n° 94-80.325 P : *Dr. pénal 1994, n° 211 ; JCP 1994. IV. 1969.* ♦ Condamnation à une seule amende alors que le véhicule présentait deux pneus lisses et que la citation mentionnait « un équipement pneumatique lisse ». • Orléans, 2 juill. 1991 : *Juris-Data n° 049209.*

Art. R. 314-2 **Le fait de mettre en vente ou de vendre, sauf pour être mis au rebut, un pneumatique ne présentant pas les caractéristiques d'utilisation prévues à l'article R. 314-1 ou détérioré par un retaillage trop profond est puni de l'amende prévue pour les contraventions de la quatrième classe.** – *[Anc. art. R. 242-2.]*

Art. R. 314-3 **Il est interdit d'introduire dans les surfaces de roulement des pneumatiques des éléments métalliques susceptibles de faire saillie. Le ministre chargé des transports fixe par arrêté les conditions dans lesquelles il peut être dérogé à cette interdiction ou fait usage de tout autre dispositif antidérapant.**

L'usage des chaînes n'est autorisé que sur les routes enneigées.

Les dispositions du présent article ne sont applicables ni aux cyclomoteurs, ni aux quadricycles légers à moteur.

Le ministre chargé des transports, après avis du ministre chargé de l'agriculture, fixe par arrêté les caractéristiques auxquelles doivent répondre les chaînes d'adhérence employées sur les pneumatiques des véhicules ou appareils agricoles automoteurs.

Le fait de contrevenir aux dispositions du présent article ou à celles prises pour son application est puni de l'amende prévue pour les contraventions de la quatrième classe.

L'immobilisation du véhicule peut être prescrite dans les conditions prévues *(Décr. n° 2020-1088 du 24 août 2020, art. 4-10°)* **« aux articles L. 325-1, L. 325-2 et L. 325-3 ».** – *[Anc. art. R. 141, R. 142, R. 170, R. 210, R. 238, al. 1er et 2, et R. 278, al. 1er et 4.]*

V. Arr. du 18 juill. 1985 (dispositifs antidérapants), App., v° Pneumatiques.

Art. R. 314-4 **Le ministre chargé des transports, après avis du ministre chargé de l'agriculture, fixe par arrêté les caractéristiques auxquelles doivent répondre les bandages métalliques des véhicules ou matériels agricoles.** – *V. Arr. du 25 août 1959 (D. 1959. 578 ; BLD 1959. 1118), mod. par Arr. du 18 janv. 1960 (D. 1960. 85 ; BLD 1960. 174).*

Le fait pour tout conducteur de contrevenir aux dispositions prises en application du présent article est puni de l'amende prévue pour les contraventions de la troisième classe.

L'immobilisation du véhicule peut être prescrite dans les conditions prévues *(Décr. n° 2020-1088 du 24 août 2020, art. 4-10°)* **« aux articles L. 325-1, L. 325-2 et L. 325-3 ».** – *[Anc. art. R. 141, R. 239 et R. 278, al. 1er et 4.]*

Art. R. 314-5 **Les bandages métalliques des véhicules à traction animale ne doivent présenter aucune saillie sur leurs surfaces prenant contact avec le sol.**

Le fait de contrevenir aux dispositions du présent article est puni de l'amende prévue pour les contraventions de la troisième classe. – *[Anc. art. R. 210 et R. 239.]*

Art. R. 314-6 **Les dispositions du présent chapitre ne sont applicables aux véhicules et matériels spéciaux des armées que si elles sont compatibles avec leurs caractéristiques techniques de fabrication et d'emploi.** – *[Anc. art. R. 229, al. 1er et 3.]*

Art. R. 314-7 **Le ministre chargé des transports fixe par arrêté les règles relatives aux pneumatiques des engins spéciaux dont la vitesse ne peut excéder par construction 25 km/h.**

Le fait, pour tout conducteur d'un engin spécial, muni de pneumatiques, de contrevenir aux dispositions prises en application du présent article est puni de l'amende prévue pour les contraventions de la quatrième classe.

Le fait, pour tout conducteur d'un engin spécial, muni de bandages métalliques, de contrevenir aux dispositions prises en application du présent article est puni de l'amende prévue pour les contraventions de la troisième classe. – *[Anc. art. R. 168, R. 238, al. 1er et 2, et R. 239.]*

Art. D. 314-8 *(Décr. n° 2020-1264 du 16 oct. 2020, art. 1er et 3, en vigueur le 1er nov. 2021)* I. — Dans les massifs mentionnés à l'article 5 de la loi n° 85-30 du 9 janvier 1985 relative au développement et à la protection de la montagne, le préfet de département détermine, par arrêté pris après avis du comité de massif, la liste des communes sur lesquelles des obligations d'équipement des véhicules en circulation s'appliquent en période hivernale. Des dérogations aux obligations d'équipements peuvent être définies par arrêté du préfet de département sur certaines sections de routes et certains itinéraires de délestage.

II. — Les obligations d'équipement en période hivernale sont les suivantes :

1° Pour les véhicules de catégorie M1 et N1 : la détention de dispositifs antidérapants amovibles permettant d'équiper au moins deux roues motrices ou le port, sur au moins deux roues de chaque essieu, de pneumatiques "hiver" ;

2° Pour les véhicules de catégorie M2 et M3 : la détention de dispositifs antidérapants amovibles permettant d'équiper au moins deux roues motrices ou le port, sur au moins deux roues directrices du système de direction principal et au moins deux roues motrices, de pneumatiques "hiver" ;

3° Pour les véhicules de catégorie N2 et N3, sans remorque ni semi-remorque : la détention de dispositifs antidérapants amovibles permettant d'équiper au moins deux roues motrices ou le port, sur au moins deux roues directrices du système de direction principal et au moins deux roues motrices, de pneumatiques "hiver" ;

4° Pour les véhicules de catégorie N2 et N3, avec remorque ou semi-remorque : la détention de dispositifs antidérapants amovibles permettant d'équiper au moins deux roues motrices.

III. — Les dispositions des 1° à 4° du II ne sont pas applicables aux véhicules portant des dispositifs antidérapants inamovibles définis par arrêté du ministre chargé des transports.

IV. — La période hivernale débute le 1er novembre et se termine le 31 mars de l'année suivante.

V. — Pour l'application du présent article, les pneumatiques "hiver" sont identifiés par l'un des marquages "M+S", "M.S" ou "M&S" ou par la présence conjointe du marquage du "symbole alpin" et de l'un des marquages "M+S", "M.S" ou "M&S".

VI. — Le présent article s'applique sans préjudice des interdictions, restrictions et conditions de circulation prises par le préfet de département ou par l'autorité détentrice du pouvoir de police de la circulation au titre des articles R. 411-17 à R. 411-21-1.

Nouvel art. D. 314-8 (Décr. n° 2020-1264 du 16 oct. 2020, art. 2 et 4, en vigueur le 1er nov. 2024) *V. — Pour l'application du présent article, les pneumatiques "hiver" sont identifiés par la présence conjointe du marquage du "symbole alpin" et de l'un des marquages "M+S", "M.S" ou "M&S".*

CHAPITRE V **FREINAGE**

Art. R. 315-1 I. — Tout véhicule à moteur et toute remorque, à l'exception des véhicules et matériels agricoles ou de travaux publics *(Décr. n° 2019-1082 du 23 oct. 2019, art. 10)* « et des engins de déplacement personnel motorisés », doit être pourvu de deux dispositifs de freinage dont les commandes sont entièrement indépendantes. L'installation de freinage doit être à action rapide et suffisamment puissante pour arrêter et maintenir à l'arrêt le véhicule. Sa mise en œuvre ne doit pas affecter la direction du véhicule circulant en ligne droite.

II. — L'un au moins des dispositifs de freinage doit agir sur des surfaces freinées fixées aux roues rigidement ou par l'intermédiaire de pièces donnant une sécurité suffisante.

III. — Les dispositions du présent article ne sont pas applicables :

1° Aux remorques, dont le poids total autorisé en charge n'excède pas 80 kilogrammes, attelées à un cyclomoteur, une motocyclette, un tricycle ou un quadricycle à moteur ;

2° Aux remorques uniques, attelées à tout autre véhicule, sous la double condition que leur poids total autorisé en charge ne dépasse pas 750 kilogrammes ni la moitié du poids à vide du véhicule tracteur.

IV. — Le ministre chargé des transports, qui peut soumettre à homologation tout dispositif de freinage et interdire l'usage de dispositifs non conformes à des types ayant reçu son agrément, fixe les conditions dans lesquelles doivent être réalisées l'indépendance et l'efficacité du freinage des véhicules, quel qu'en soit le poids.

V. — Le fait de contrevenir aux dispositions du présent article ou à celles prises pour son application, lorsqu'elles s'appliquent à des véhicules de transport en commun ou aux véhicules dont le poids total en charge excède 3,5 tonnes, est puni de l'amende prévue pour les contraventions de la quatrième classe.

VI. — Toute autre infraction aux dispositions du présent article ou à celles prises pour son application est punie de l'amende prévue pour les contraventions de la troisième classe.

VII. — Dans tous les cas, l'immobilisation du véhicule peut être prescrite dans les conditions prévues *(Décr. n° 2020-1088 du 24 août 2020, art. 4-10°)* « aux articles **L. 325-1, L. 325-2** et **L. 325-3** ». — *[Anc. art. R. 79, R. 80, R. 81, R. 174, R. 194, al. 1er, R. 238, al. 1er et 3, R. 239 et R. 278, al. 1er et 4.]*

V. Arr. du 18 août 1955 (véhicules automobiles), App., v° Freinage.

Art. R. 315-2 I. — Le ministre chargé des transports fixe les conditions dans lesquelles doit être assuré le freinage des véhicules et matériels agricoles et de travaux publics.

II. — Le fait de contrevenir aux dispositions prises en application du premier alinéa du présent article, lorsqu'elles s'appliquent aux véhicules dont le poids total autorisé en charge excède 3,5 tonnes, est puni de l'amende prévue pour les contraventions de la quatrième classe.

III. — Le fait de contrevenir aux dispositions prises en application du I ci-dessus, lorsqu'elles s'appliquent aux autres véhicules et matériels agricoles ou de travaux publics, est puni de l'amende prévue pour les contraventions de la troisième classe.

IV. — Dans tous les cas, l'immobilisation du véhicule peut être prescrite dans les conditions prévues *(Décr. n° 2020-1088 du 24 août 2020, art. 4-10°)* « aux articles **L. 325-1, L. 325-2** et **L. 325-3** ». — *[Anc. art. R. 149, R. 238, al. 1er et 3, R. 239 et R. 278, al. 1er et 4.]*

V. Arr. du 18 août 1955, art. 40 s., App., v° Freinage.

Art. R. 315-3 Tout cycle doit être muni de deux dispositifs de freinage efficaces.

Le fait de contrevenir aux dispositions du présent article est puni de l'amende prévue pour les contraventions de la première classe. — *[Anc. art. R. 194, al. 2, et R. 239.]*

Art. R. 315-4 Si le relief l'exige, les véhicules à traction animale doivent être munis d'un frein ou d'un dispositif d'enrayage.

Le fait de contrevenir aux dispositions du présent article est puni de l'amende prévue pour les contraventions de la troisième classe. — *[Anc. art. R. 213 et R. 239.]*

Art. R. 315-5 Les dispositions du présent chapitre ne sont applicables aux véhicules et matériels spéciaux des armées que si elles sont compatibles avec leurs caractéristiques techniques de fabrication et d'emploi. — *[Anc. art. R. 229, al. 1er et 3.]*

Art. R. 315-6 Le ministre chargé des transports fixe par arrêté les règles relatives aux dispositifs de freinage des engins spéciaux dont la vitesse ne peut excéder par construction 25 km/h.

Le fait, pour tout conducteur d'un engin spécial d'un poids total autorisé en charge supérieur à 3,5 tonnes, de contrevenir aux dispositions prises en application du présent article est puni de l'amende prévue pour les contraventions de la quatrième classe.

Le fait, pour tout conducteur d'un engin spécial d'un poids total autorisé en charge égal ou inférieur à 3,5 tonnes, de contrevenir aux dispositions prises en application du présent article est puni de l'amende prévue pour les contraventions de la troisième classe. – *[Anc. art. R. 168, R. 238, al. 1er et 3, et R. 239.]*

Art. R. 315-7 *(Décr. nº 2019-1082 du 23 oct. 2019, art. 11, en vigueur le 1er juill. 2020)* I. — Tout engin de déplacement personnel motorisé doit être muni d'un dispositif de freinage efficace, dont les caractéristiques sont fixées par un arrêté du ministre chargé de la sécurité routière et du ministre chargé des transports.

II. — Le fait de contrevenir aux dispositions du présent article ou à celles prises pour son application est puni de l'amende prévue pour les contraventions de la première classe.

CHAPITRE VI ORGANES DE MANŒUVRE, DE DIRECTION ET DE VISIBILITÉ

Art. R. 316-1 Tout véhicule à moteur, à l'exception des véhicules et matériels agricoles *(Décr. nº 2016-448 du 13 avr. 2016, art. 25)* « dont la vitesse maximale n'excède pas 40 km/h » ou de travaux publics, doit être construit ou équipé de telle manière que le champ de visibilité du conducteur, vers l'avant, vers la droite et vers la gauche soit suffisant pour que celui-ci puisse conduire avec sûreté.

Le ministre chargé des transports fixe par arrêté les modalités d'application du présent article.

Le fait de contrevenir aux dispositions du présent article ou à celles prises pour son application est puni de l'amende prévue pour les contraventions de la troisième classe. – *[Anc. art. R. 72, R. 148, al. 1er, R. 173, al. 1er et 3, R. 188-2 et R. 239.]*

Art. R. 316-2 Si le champ de visibilité du conducteur d'un véhicule ou matériel agricole *(Décr. nº 2016-448 du 13 avr. 2016, art. 26)* « dont la vitesse maximale n'excède pas 40 km/h » ou de travaux publics n'est pas suffisant en toutes directions pour que le conducteur puisse conduire avec sûreté, celui-ci doit être guidé par un convoyeur précédant le véhicule.

Le fait de contrevenir aux dispositions du présent article est puni de l'amende prévue pour les contraventions de la troisième classe. – *[Anc. art. R. 148, al. 1er, et R. 239.]*

Art. R. 316-3 Toutes les vitres doivent être en substance transparente telle que le danger d'accidents corporels soit, en cas de bris, réduit dans toute la mesure du possible. Elles doivent être suffisamment résistantes aux incidents prévisibles d'une circulation normale et aux facteurs atmosphériques et thermiques, aux agents chimiques et à l'abrasion. Elles doivent également présenter une faible vitesse de combustion. – *[Anc. art. R. 73, R. 148, al. 2, R. 173, al. 1er et 3, R. 188-2 et R. 239.]*

(Décr. nº 2016-448 du 13 avr. 2016, art. 27, en vigueur le 1er janv. 2017) « Les vitres du pare-brise et les vitres latérales avant côté conducteur et côté passager doivent en outre avoir une transparence suffisante, tant de l'intérieur que de l'extérieur du véhicule, et ne provoquer aucune déformation notable des objets vus par transparence ni aucune modification notable de leurs couleurs. La transparence de ces vitres est considérée comme suffisante si le facteur de transmission régulière de la lumière est d'au moins 70 %. En cas de bris, elles doivent permettre au conducteur de continuer à voir distinctement la route.

« Toute opération susceptible de réduire les caractéristiques de sécurité ou les conditions de transparence des vitres prévues aux alinéas précédents est interdite.

« Le ministre chargé des transports fixe par arrêté les modalités d'application du présent article. Il détermine notamment les conditions d'homologation, y compris de transparence, des différentes catégories de vitres équipant les véhicules et, le cas échéant, les dérogations que justifieraient des raisons médicales ou des conditions d'aménagement de véhicules blindés.

« Le fait de contrevenir aux dispositions du présent article ou à celles prises pour son application, à l'exception de celles relatives aux conditions de transparence, est puni de l'amende prévue pour les contraventions de la troisième classe. »

V. App., vº Vitrages : Arr. du 29 avr. 1982 (toits en vitrage), Arr. du 18 oct. 2016 (vitrages).

V. aussi App., v° Permis de conduire : Arr. du 31 juill. 2012, art. 1er, 6° (certificat médical attestant d'une affection permettant de bénéficier d'une dérogation à l'obligation de transparence suffisante des vitrages d'un véhicule).

Art. R. 316-3-1 *(Décr. n° 2016-448 du 13 avr. 2016, art. 28, en vigueur le 1er janv. 2017)* **Le fait, pour tout conducteur, de circuler avec un véhicule ne respectant pas les dispositions de l'article R. 316-3 relatives aux conditions de transparence des vitres fixées à cet article ou à celles prises pour son application est puni de l'amende prévue pour les contraventions de la quatrième classe. Cette contravention donne lieu de plein droit à la réduction de trois points du permis de conduire.**

L'immobilisation peut être prescrite dans les conditions prévues *(Décr. n° 2020-1088 du 24 août 2020, art. 4-10°)* **« aux articles L. 325-1, L. 325-2 et L. 325-3 ».**

BIBL. ▸ DUFOUR, *Dr. pénal 2017. Entretien 3* (vitres teintées : avis de relaxes au tribunal de police). – JOSSEAUME, *Gaz. Pal. 13 mars 2018, p. 18* (vitres teintées : des PV qui manquent de transparence !).

1. Transparence suffisante des vitres du pare-brise et des vitres latérales avant. Les textes du code de la route n'interdisent pas tout collage sur les vitres avant d'un véhicule mais se bornent à exiger que toutes les vitres soient en substance transparente et que le conducteur ait un champ de visibilité suffisant. Ne peut en conséquence être sanctionnée la prévenue qui a mis en circulation un véhicule dont les vitres latérales avant étaient recouvertes d'un film plastique de couleur foncée, dès lors que celui-ci n'entraîne pas à lui seul une réduction du champ de visibilité de la conductrice. • Crim. 22 mai 2001 : *Jurispr. auto 2001. 380.* ♦ Depuis le 1er janv. 2017, encore faut-il que ces vitres aient une transparence suffisante au sens de l'art. R. 316-3 C. route, tel que modifié par le Décr. n° 2016-448 du 13 avr. 2016.

2. Légalité du décret du 13 avril 2016. En prévoyant à l'art. R. 316-3 C. route que les vitres du pare-brise et les vitres latérales ont une transparence suffisante si le facteur de transmission régulière de la lumière est d'au moins 70 %, le décret du 13 avr. 2016 ne fait que respecter les spécifications techniques fixées par le règlement n° 43 CEE-ONU. • CE 30 déc. 2016, n° 399779 : *Inédit.*

3. Application de l'infraction prévue à l'art. R. 316-3-1 aux véhicules mis en circulation avant le 1er janv. 2017. Si l'application, depuis le 1er janv. 2017, aux véhicules maintenus en circulation à cette date, de la réglementation sur la transparence des vitres porte atteinte au droit de propriété des détenteurs de véhicule concernés, une telle atteinte n'est pas disproportionnée au regard des exigences de sécurité routière et d'ordre public. • Crim. 19 juin 2018, n° 17-85.046 P : *D. 2018. 1386 ; Dr. pénal 2018, n° 156, note Robert; ibid. 2019. Chron. 7, obs. Gauvin; JCP 2018. 1077, note Wattellin.*

4. Preuve de l'infraction. Il résulte de l'art. R. 316-3 C. route que la preuve de l'infraction à la réglementation sur la transparence des vitres de véhicule est établie par la constatation, par l'agent verbalisateur, de ce que celle-ci n'est pas suffisante, le contrevenant pouvant rapporter la preuve contraire conformément à l'art. 537 C. pr. pén., notamment en établissant que le facteur de transmission régulière de la lumière est d'au moins 70 %. • Crim. 19 juin 2018, n° 17-85.046 P : *préc. note 3.* ♦ N'est en conséquence pas justifié le jugement qui relaxe un prévenu pour cette infraction au motif de l'absence d'une mesure de la transparence des vitres effectuée à l'aide d'un appareil homologué. • Crim. 23 oct. 2018, n° 18-80.854 : *Dr. pénal 2018, n° 211, note Robert; ibid. 2019. Chron. 7, obs. Gauvin.* ♦ Les dispositions des art. R. 316-3 et R. 316-3-1 C. route n'exigeant pas la mesure du coefficient de pénétration de la lumière pour caractériser l'infraction à la réglementation sur la transparence des vitres de véhicule. • Crim. 27 nov. 2018, n° 18-80.513 : *Dr. pénal 2019, n° 32, note Robert.*

5. Procès-verbal insuffisant. L'infraction n'est cependant pas établie, lorsque le procès-verbal de constatation de l'infraction ne précise pas concrètement quelles vitres étaient concernées ni en quoi leur transparence était insuffisante, et partant ne comporte pas de constatations au sens de l'art. 537 C. pr. pén. • Crim. 19 juin 2018, n° 17-85.046 P : *préc. note 3.* ♦ ... Ou, tout en relevant un défaut de transparence concernant les vitres latérales avant du véhicule, ne comporte aucune appréciation personnelle de l'agent lui ayant permis de constater que le pourcentage de transparence desdites vitres était inférieur à celui exigé par la réglementation applicable. • Crim. 27 nov. 2018, n° 18-80.941 : *Dr. pénal 2019, n° 32, note Robert.*

6. Procès-verbal suffisant. L'infraction est en revanche établie, lorsque le procès-verbal de contravention précise quelles vitres étaient concernées et en quoi leur transparence était insuffisante, en constatant expressément l'apposition de films teintés à l'avant rendant l'habitacle et les occupants non visibles. • Crim. 23 oct. 2018, n° 18-80.854 : *préc. note 3* • Rennes, 1er oct. 2018 : *Dr. pénal 2019. Chron. 7, obs. Gauvin.*

Art. R. 316-4 **Le pare-brise des véhicules à moteur, à l'exception des cyclomoteurs à deux-roues, des cyclomoteurs à trois roues non carrossés, des quadricycles légers à**

moteur *(Décr. n° 2019-1082 du 23 oct. 2019, art. 12)* « et des engins de déplacement personnel motorisés » non carrossés, des motocyclettes, doit être muni d'au moins un essuie-glace ayant une surface d'action, une puissance et une fréquence suffisantes pour que le conducteur puisse, de son siège, voir distinctement la route.

Le pare-brise doit également être équipé d'un dispositif lave-glace.

Le ministre chargé des transports fixe par arrêté les conditions d'application du présent article.

Le fait de contrevenir aux dispositions du présent article ou à celles prises pour son application est puni de l'amende prévue pour les contraventions de la troisième classe. – *[Anc. art. R. 74, R. 148, al. 5, R. 173, al. 2, R. 188-2 et R. 239.]*

(Décr. n° 2020-1088 du 24 août 2020, art. 4-4°) « L'immobilisation des véhicules qui contreviennent aux dispositions du présent article ou à celles prises pour son application peut être prescrite dans les conditions prévues aux articles L. 325-1, L. 325-2 et L. 325-3. »

V. Arr. du 5 févr. 1969 (lave-glace), App., v° Vitrages.

Art. R. 316-5 *(Décr. n° 2016-448 du 13 avr. 2016, art. 29)* A l'exception des quadricycles non équipés de carrosserie, des véhicules à deux ou trois roues *(Décr. n° 2019-1082 du 23 oct. 2019, art. 12)* « et des engins de déplacement personnel motorisés » non équipés de carrosserie et des véhicules ou matériels agricoles ou de travaux publics autres que les tracteurs agricoles, tout véhicule à moteur dont le poids à vide excède 350 kilogrammes doit être muni de dispositifs de marche arrière. Le fait de contrevenir aux dispositions du présent article est puni de l'amende prévue pour les contraventions de la troisième classe.

Art. R. 316-6 Tout véhicule à moteur, à l'exception des véhicules et appareils agricoles *(Décr. n° 2019-1082 du 23 oct. 2019, art. 12)* « et des engins de déplacement personnel motorisés » n'ayant pas de cabine fermée, doit être muni d'un ou de plusieurs *(Décr. n° 2016-448 du 13 avr. 2016, art. 30)* « systèmes de vision indirecte », disposés de façon à permettre au conducteur de surveiller de son siège la route vers l'arrière du véhicule quel que soit le chargement normal de celui-ci et dont le champ de visibilité ne comporte pas d'angle mort notable susceptible de masquer un véhicule s'apprêtant à dépasser.

(Abrogé par Décr. n° 2009-1590 du 18 déc. 2009) ***« Tout véhicule utilisé pour l'apprentissage de la conduite des véhicules à moteur, à l'exception des motocyclettes, doit être muni de deux rétroviseurs intérieurs et deux rétroviseurs latéraux réglés pour l'élève conducteur et l'accompagnateur.***

« Pour l'apprentissage anticipé de la conduite, les véhicules utilisés pendant la période de conduite accompagnée ne sont pas soumis à l'obligation d'être munis de deux rétroviseurs intérieurs. »

Le ministre chargé des transports fixe les conditions d'application du présent article.

Le fait de contrevenir aux dispositions *(Décr. n° 2009-1590 du 18 déc. 2009)* « du présent article » ou à celles prises pour *(Décr. n° 2009-1590 du 18 déc. 2009)* « son » application est puni de l'amende prévue pour les contraventions de la troisième classe. – *[Anc. art. R. 76, R. 123-2, al. 8 et 10, R. 123-3, al. 5, R. 148, al. 2 et 3, R. 173, al. 1er et 3, R. 188-2 et R. 239.]*

V. Arr. du 20 nov. 1969 (rétroviseurs), App., v° Rétroviseurs.

Art. R. 316-7 *(Décr. n° 2003-536 du 20 juin 2003, art. 7)* I. – Les organes de direction doivent présenter des garanties suffisantes de solidité.

II. – Dans le cas où le fonctionnement des organes de direction fait appel *(Décr. n° 2009-497 du 30 avr. 2009)* « à un système hydraulique ou électrique, ceux-ci doivent être conçus de telle sorte que le conducteur puisse garder le contrôle de son véhicule en cas de défaillance du système ». Les véhicules et matériels agricoles *(Décr. n° 2016-448 du 13 avr. 2016, art. 31)* « dont la vitesse maximale n'excède pas 40 km/h » et de travaux publics ne sont pas soumis à cette obligation.

III. — Le fait de contrevenir aux dispositions du présent article est puni de l'amende prévue pour les contraventions de la troisième classe.

Art. R. 316-8 Les commandes des divers organes du véhicule susceptibles d'être utilisés pendant la marche doivent être facilement accessibles par le conducteur en position normale de conduite.

Le fait de contrevenir aux dispositions du présent article est puni de l'amende prévue pour les contraventions de la troisième classe. — *[Anc. art. R. 78-2 et R. 239.]*

Art. R. 316-9 Les dispositions du présent chapitre ne sont applicables aux véhicules et matériels spéciaux des armées que si elles sont compatibles avec leurs caractéristiques techniques de fabrication et d'emploi. — *[Anc. art. R. 229, al. 1er et 3.]*

Art. R. 316-10 Le ministre chargé des transports fixe par arrêté les règles relatives aux organes de manœuvre, de direction et de visibilité des engins spéciaux dont la vitesse ne peut excéder par construction 25 km/h.

Le fait de contrevenir aux dispositions prises en application du présent article est puni de l'amende prévue pour les contraventions de la troisième classe. — *[Anc. art. R. 168 et R. 239.]*

CHAPITRE VII **DISPOSITIFS ET AMÉNAGEMENTS PARTICULIERS**

SECTION 1 **Appareils de contrôle et de limitation de la vitesse**

Art. R. 317-1 Indicateur de vitesse.

(Décr. nº 2016-448 du 13 avr. 2016, art. 32) « I. — Tout véhicule à moteur, à l'exception des véhicules agricoles, hors les tracteurs enjambeurs dont la vitesse maximale par construction n'excède pas 30 km/h et matériels agricoles ou de travaux publics, des cyclomoteurs, tricycles ou quadricycles *(Décr. nº 2019-1082 du 23 oct. 2019, art. 12)* « et des engins de déplacement personnel motorisés » dont la vitesse maximale par construction n'excède pas 25 km/h, doit être muni d'un indicateur de vitesse placé bien en vue du conducteur et maintenu constamment en bon état de fonctionnement. »

II. — Le ministre chargé des transports détermine les spécifications auxquelles doivent répondre les indicateurs de vitesse ainsi que les conditions de leur mise en place et de leur contrôle.

III. — Les dispositions du présent article ne sont applicables aux véhicules et aux matériels spéciaux des armées que si elles sont compatibles avec leurs caractéristiques techniques de fabrication et d'emploi.

IV. — Le fait de contrevenir aux dispositions du présent article et à celles prises pour son application est puni de l'amende prévue pour les contraventions de la troisième classe. — *[Anc. art. R. 78, al. 1er à 3, R. 173, al. 1er et 3, R. 188-2, R. 229, al. 1er et 3, et R. 239.]*

(Décr. nº 2020-1088 du 24 août 2020, art. 4-5º) « V. — L'immobilisation des véhicules qui contreviennent aux dispositions du présent article ou à celles prises pour son application peut être prescrite dans les conditions prévues aux articles L. 325-1, L. 325-2 et L. 325-3. »

Art. R. 317-2 Appareil de contrôle.

I. — Le ministre chargé des transports définit les véhicules qui doivent être équipés d'un appareil de contrôle permettant l'enregistrement de la vitesse du véhicule. Le ministre chargé de la métrologie légale définit, en accord avec le ministre chargé des transports, les exigences réglementaires applicables à cet appareil ainsi que les conditions de son installation, de sa réparation et de sa vérification. Le ministre chargé des transports définit les délais d'application du présent alinéa.

II. — Le conducteur d'un véhicule est tenu de présenter ou de remettre, à toutes réquisitions des agents ayant qualité pour constater les délits ou les contraventions en matière de circulation routière, les feuilles d'enregistrement de l'appareil de contrôle. Ces feuilles doivent être conservées pendant un an au moins et tenues à la disposition des agents de constatation.

III. — Pour l'application de la réglementation concernant les conditions de travail dans les transports routiers publics et privés, l'appareil de contrôle prévu ci-dessus devra permettre également l'enregistrement de tout ou partie des éléments suivants :
— distance parcourue par le véhicule ;
— temps de conduite ou autre temps de travail effectif en dehors de la conduite ;
— autre temps de présence au travail ;
— interruption de travail et temps de repos journaliers ;
— ouverture du boîtier contenant la feuille d'enregistrement. — *[Anc. art. R. 78, al. 4, 5 et 7 à 13.]*

V. App., v° Transports routiers : Accord europ. 1er juill. 1970, art. 10 (transports internationaux) et Arr. du 30 août 1983 (homologation, installation, contrôle et utilisation).

A. VÉHICULES DEVANT ÊTRE ÉQUIPÉS D'UN CHRONOTACHYGRAPHE

1. Tout véhicule de la catégorie énumérée à l'arrêté interministériel du 30 déc. 1972, que son conducteur soit un exploitant indépendant ou un travailleur salarié, doit être muni d'un appareil de contrôle visé à l'art. R. 78 (2°), al. 4, [C. route, art. R. 317-2] ; l'inobservation de cette prescription est sanctionnée par les dispositions de l'art. 2 du Décr. du 30 sept. 1972. Ces textes ont été édictés non seulement pour la protection du travail dans ces entreprises de transport mais aussi en vue d'assurer la sécurité de la circulation routière. • Crim. 1er mars 1978 : *Bull. crim. n° 80.*

2. Si les véhicules de dépannage sont dispensés de chronotachygraphe, tel n'est pas le cas de transport public de voitures entre garagistes sur une longue distance. • Paris, 13e ch., 13 avr. 1992 : *Juris-Data n° 020918.*

B. INFRACTIONS

3. La violation sciemment effectuée des obligations imposées aux transporteurs routiers suffit, en interdisant tout contrôle de l'administration publique, à caractériser l'infraction ; un règlement communautaire impose aux transporteurs routiers de conserver pendant un an les feuilles d'enregistrement des temps de travail et de présenter ces feuilles aux agents de contrôle ; l'art. 3 de l'Ord. du 23 déc. 1958 sanctionne pénalement le refus de présenter ces documents, de communiquer les renseignements ou de laisser effectuer les contrôles. • Crim. 8 oct. 1985 : *Gaz. Pal. 1986. 1. Somm. 114.*

4. Il se déduit des art. 14 et 15-7 du règlement CEE n° 3821-85 du 20 déc. 1985 que le conducteur d'un véhicule équipé d'un chronotachygraphe est tenu de présenter aux agents de contrôle les feuilles d'enregistrement de la semaine en cours le concernant personnellement, sauf à justifier d'une absence d'activité pendant un ou plusieurs jours de celle-ci ; les feuilles d'enregistrement ne sont pas attachées au véhicule ; en imposant au prévenu de présenter celles qui correspondaient aux périodes pendant lesquelles il prétendait ne pas avoir conduit, au lieu de vérifier s'il justifiait des jours de repos allégués, une cour d'appel méconnaît le sens et la portée du principe ci-dessus. • Crim. 3 juin 1993 : *Jurispr. auto 1993. 554.*

C. RESPONSABILITÉ DU CHEF D'ENTREPRISE

5. En constatant qu'un conducteur avait omis de renseigner la feuille d'enregistrement de l'appareil de contrôle, alors en panne, du véhicule à lui confié, ou une feuille *ad hoc*, une cour d'appel peut retenir cumulativement à la charge du conducteur et à celle du chef d'entreprise la contravention prévue par l'Arr. du 30 déc. 1972 et réprimée par l'art. 2 du Décr. du même jour, la carence du préposé impliquant que le chef d'entreprise avait manqué à l'obligation personnelle mise à sa charge par l'art. 1er du décret précité. • Crim. 1er oct. 1980 : *Bull. crim. n° 244.*

6. Lorsqu'à l'occasion d'un contrôle routier, il est constaté une défectuosité de l'appareil dit chronotachygraphe obligatoire sur certains véhicules, la responsabilité pénale de ce fait constitutif d'une contravention au Décr. du 30 déc. 1972 incombe à l'exploitant du véhicule sans qu'il puisse s'en décharger sur le conducteur son préposé, ni sur celui qui lui a vendu le véhicule équipé de l'appareil. • T. pol. Foix, 6 févr. 1984 : *JCP 1985. II. 20341, note De Lestang.*

7. Le dirigeant d'une entreprise de transports routiers ne peut être condamné pour emploi irrégulier d'un chronotachygraphe, commis en Belgique par ses préposés, s'il n'est pas établi que le délit retenu est également puni par la législation en vigueur au lieu de sa perpétration. • Crim. 24 sept. 1996 : *BTL 1996. 778.*

8. Le dirigeant d'une entreprise de transport doit être relaxé du chef d'usage de disque endommagé quand cette anomalie est simplement due à un fonctionnement défectueux du chronotachygraphe. • Rouen, 20 févr. 1997 : *BTL 1997. 684.*

D. DÉLÉGATION DE POUVOIRS PAR LE CHEF D'ENTREPRISE

9. Le gérant d'une entreprise de travaux publics poursuivi pour défaut d'installation d'un chronotachygraphe, ne peut être condamné par une cour d'appel s'il a délégué ses pouvoirs à un chef de service investi par lui et pourvu de la compétence de l'autorité et des moyens nécessaires pour veiller à l'observation des dispositions en vigueur. • Crim. 19 janv. 1988 : *Jurispr. auto 1989. 9.*

Art. R. 317-3 *(Décr. nº 2014-784 du 8 juill. 2014, art. 7-7º)* L'appareil de contrôle, dénommé chronotachygraphe, doit être constamment maintenu en bon état de fonctionnement.

Le chronotachygraphe est astreint à un contrôle en service renouvelé tous les deux ans, sur l'initiative et aux frais du détenteur de l'appareil, par l'un des centres de contrôle agréés à cet effet par les préfets des départements où ces centres sont situés.

Les véhicules mentionnés à l'article R. 317-2 doivent être munis d'une plaquette d'installation périodique certifiant la conformité de l'appareil de contrôle aux prescriptions réglementaires et mentionnant la date limite avant laquelle le contrôle en service suivant devra être effectué.

Le fait de contrevenir aux dispositions du présent article est puni de l'amende prévue pour les contraventions de la quatrième classe.

Art. R. 317-4 L'immobilisation des véhicules devant être équipés d'un appareil de contrôle permettant l'enregistrement de la vitesse peut être prescrite dans les conditions prévues *(Décr. nº 2020-1088 du 24 août 2020, art. 4-10º)* « aux articles L. 325-1, L. 325-2 et L. 325-3 » :

1º Lorsque le conducteur est en infraction aux règles relatives aux conditions de travail dans les transports routiers, publics ou privés ;

2º Lorsque le conducteur ne peut présenter les documents dûment renseignés concernant les conditions de travail dans les transports publics et privés ;

3º *(Décr. nº 2003-536 du 20 juin 2003, art. 8)* « En l'absence d'appareil de contrôle permettant l'enregistrement de la vitesse ou lorsque celui-ci a fait l'objet d'une modification ou d'une détérioration affectant son fonctionnement normal ; » — *[Anc. art. R. 278, al. 1er, 11 et 17.]*

(Décr. nº 2014-784 du 8 juill. 2014, art. 7-8º) « 4º Lorsque le chronotachygraphe n'a pas fait l'objet du contrôle en service. »

Art. R. 317-5 Compteur kilométrique.

I. — Tout véhicule à moteur, à l'exception des véhicules et matériels agricoles ou de travaux publics, *(Décr. nº 2016-448 du 13 avr. 2016, art. 33)* « des cyclomoteurs, tricycles, ou quadricycles *(Décr. nº 2019-1082 du 23 oct. 2019, art. 12)* « et des engins de déplacement personnel motorisés » dont la vitesse maximale par construction n'excède pas 25 km/h » doit être muni d'un dispositif qui enregistre de façon cumulative la distance parcourue.

II. — Le ministre chargé des transports fixe par arrêté les spécifications auxquelles doit répondre ce dispositif et les conditions d'application du présent article aux cyclomoteurs.

III. — Les dispositions du présent article ne sont applicables aux véhicules et aux matériels spéciaux des armées que si elles sont compatibles avec leurs caractéristiques techniques de fabrication et d'emploi.

IV. — Le fait de contrevenir aux dispositions du présent article ou à celles prises pour son application est puni de l'amende prévue pour les contraventions de la troisième classe. — *[Anc. art. R. 78, al. 14 et 15, R. 173, al. 1er et 3, R. 188-2, R. 229, al. 1er et 3, et R. 239.]*

Art. R. 317-6 *(Décr. nº 2005-186 du 25 févr. 2005)* Les véhicules de transport en commun de personnes d'un poids total autorisé en charge supérieur à 10 tonnes mis en circulation pour la première fois à partir du 1er janvier 1985 doivent être construits ou équipés de telle manière que leur vitesse maximale ne puisse pas dépasser 100 km/h.

Les autres véhicules d'un poids total autorisé en charge supérieur à 12 tonnes mis en circulation pour la première fois à partir du 1er octobre 1984 et les véhicules de transport de matières dangereuses mis en circulation pour la première fois à partir du 1er mai 1980 doivent être construits ou équipés de telle manière que leur vitesse maximale ne puisse pas dépasser 90 km/h.

Un arrêté du ministre chargé des transports fixe les modalités d'application de ces dispositions.

Art. R. 317-6-1 *(Décr. n° 2005-186 du 25 févr. 2005)* **I. — Les véhicules de transport en commun de personnes d'un poids total autorisé en charge inférieur ou égal à 10 tonnes et les autres véhicules d'un poids total autorisé en charge supérieur à 3,5 tonnes et inférieur ou égal à 12 tonnes, conformes aux valeurs limites d'émissions polluantes définies par arrêté du ministre chargé des transports et mis en circulation pour la première fois à compter du 1er octobre 2001, doivent, au plus tard le 1er janvier 2007, être construits ou équipés de telle manière que leur vitesse maximale ne puisse pas dépasser respectivement 100 km/h et 90 km/h.**

II. — Un arrêté du ministre chargé des transports fixe les modalités d'application de ces dispositions.

Le calendrier d'application des dispositions des art. R. 317-6 et R. 317-6-1 sera défini par arrêté du ministre chargé des transports (Décr. n° 2005-186 du 25 févr. 2005, art. 3) : V. Arr. du 25 févr. 2005 (JO 26 févr.), mod. par Arr. du 26 avr. 2006 (JO 4 juin).

COMMENTAIRE

Limiteurs de vitesse. Pour lutter contre les excès de vitesse, l'installation d'un équipement limitant la vitesse des véhicules apparaît pour le moins efficace. Depuis plusieurs années, en France, les véhicules les plus lourds de transport en commun et de transport de marchandises doivent être équipés de limiteurs de vitesse. Une obligation que le décret n° 2005-186 du 25 février 2005 a étendu à tous les véhicules de transport en commun et à tous les véhicules dont le poids total autorisé en charge (PTAC) est supérieur à 3,5 tonnes, conformément à la directive 2002/85/CE du 5 novembre 2002.

Dans sa nouvelle rédaction, l'article R. 317-6 reprend globalement les règles qui figuraient déjà dans cet article. Tout au plus il indique désormais les véhicules effectivement astreints à un limiteur de vitesse en fonction de leur date de première mise en circulation et évoque le cas des véhicules de transport de matières dangereuses. Ces précisions étaient jusqu'à présent prévues par l'arrêté ministériel d'application.

Le nouvel article R. 317-6-1, quant à lui, procède à l'extension de l'obligation d'équipement précédemment évoquée. A terme, tous les véhicules de transport en commun et tous les véhicules dont le PTAC est supérieur à 3,5 tonnes devront de la sorte être équipés d'un limiteur de vitesse (pour le calendrier d'application, V. le tableau annexé à l'Arr. du 25 févr. 2005 mod. par l'Arr. du 26 avr. 2006).

Rappelons que le non-respect de ces dispositions constitue un délit sanctionné d'un an d'emprisonnement et de 30 000 € d'amende par l'article L. 317-1 du présent code.

Par ailleurs, pour éviter des distorsions de concurrence entre ces véhicules bridés et les véhicules non astreints à cette obligation d'équipement (véhicules anciens et véhicules des États non membres de l'Union européenne), mais aussi pour faciliter les contrôles de vitesse des poids lourds et des véhicules de transport en commun, les vitesses maximales autorisées en circulation de ces véhicules ont été harmonisées par le décret n° 2006-1812 du 23 décembre 2006. Désormais la vitesse de circulation de tous les véhicules de transport de marchandises d'un PTAC supérieur à 3,5 tonnes est plafonnée à 90 km/h (V. art. R. 413-8, 1° ; auparavant, la vitesse maximale autorisée pour ces véhicules était de 110 km/h sur les autoroutes, dès lors que leur PTAC était inférieur ou égal à 12 tonnes). Pour les véhicules de transport en commun, la vitesse maximale autorisée est de 100 km/h (V. art. R. 413-10 ; auparavant, ce plafond n'était prévu que pour les véhicules de transport en commun dont le poids total était supérieur à 10 tonnes).

Régulateurs de vitesse. Pour le moment, l'installation d'un limiteur de vitesse sur les voitures particulières et les camionnettes, préconisée par certaines associations de victimes d'accident de la circulation, ne semble pas envisagée. Il faut noter toutefois que la loi du 12 juin 2003, en son article 17, prévoit que « les engins terrestres à moteur vendus neufs sur le territoire français devront être munis d'un régulateur de vitesse ». Cette disposition programmatique pourrait inciter les constructeurs, au moins nationaux, à généraliser cet instrument d'aide au respect des vitesses maximales autorisées par les conducteurs... ❑

Système LAVIA. Le système LAVIA est un projet d'expérimentation et d'évaluation, en partenariat avec Renault et PSA, achevé en 2009, qui vise à démontrer l'intérêt et l'acceptabilité par les usagers d'un limiteur de vitesse s'adaptant à la vitesse autorisée. Ce système se décline en trois modes, testés lors de la réalisation du projet : un mode « informatif » qui indique la vitesse autorisée sur la voie où se trouve le véhicule ; un mode « actif débrayable » qui limite la vitesse du véhicule à celle réglementairement autorisée, mais que le conducteur peut neutraliser s'il souhaite utiliser normalement son véhicule ; un mode « actif » qui est installé en permanence sur le véhicule et ne peut être neutralisé. Dans les deux derniers cas, le conducteur peut à tout moment freiner et, si besoin est, accélérer en mettant momentanément le système hors service. Comme pour les limiteurs de vitesse qui existent déjà en série sur certains véhicules, le système coupe l'accélération lorsque la vitesse limite est atteinte, mais n'agit pas sur le frein. En aidant l'automobiliste à respecter les limitations de vitesse imposées pour la sécurité des usagers, l'étude démontre des gains en matière de sécurité routière. Le système LAVIA ne constitue en rien une surveillance des trajets effectués ou des vitesses pratiquées par les usagers puisque ce GPS reçoit des données, mais ne peut en émettre. Enfin, ce système responsabilise les usagers. En effet, l'usager utilisant le mode « informatif » connaît à tout instant la vitesse maximale autorisée mais reste libre de choisir la vitesse de son véhicule. L'automobiliste qui utilise le mode « actif débrayable » conserve le choix de mettre en service le système afin d'obtenir une aide à la conduite ou de le désactiver. L'étude révèle toutefois que le troisième mode est peu accepté par les usagers. * Rép. min. n° 59145 : *JOAN Q, 2 févr. 2010, p. 1141.*

Art. R. 317-7 **Les dispositions de la présente section ne sont applicables aux véhicules et aux matériels spéciaux des armées que si elles sont compatibles avec leurs caractéristiques techniques de fabrication et d'emploi.** – *[Anc. art. R. 229, al. 1er et 3.]*

SECTION 2 Plaques et inscriptions

Art. R. 317-8 *(Décr. n° 2003-1186 du 11 déc. 2003)* **« I. – Tout véhicule à moteur, à l'exception » des matériels de travaux publics** *(Abrogé par Décr. n° 2009-136 du 9 févr. 2009, à compter du 15 avr. 2009)* ***« et des véhicules et matériels agricoles ou forestiers attachés à une exploitation agricole ou forestière, à une entreprise de travaux agricoles ou à une coopérative d'utilisation de matériel agricole, »*** **doit être muni de deux plaques d'immatriculation, portant le numéro assigné au véhicule et fixées en évidence d'une manière inamovible à l'avant et à l'arrière du véhicule.**

(Décr. n° 2003-1186 du 11 déc. 2003) **« Toutefois, toute motocyclette, tout tricycle ou quadricycle à moteur, tout cyclomoteur »** *(Décr. n° 2009-136 du 9 févr. 2009, en vigueur le 15 avr. 2009)* **« , tout véhicule agricole ou forestier à moteur attaché à une exploitation agricole ou forestière, à une entreprise de travaux agricoles ou à une coopérative d'utilisation de matériel agricole » peut ne porter qu'une plaque d'immatriculation, fixée en évidence d'une manière inamovible à l'arrière du véhicule.**

(Décr. n° 2003-1186 du 11 déc. 2003) **« II. – »** *(Décr. n° 2009-136 du 9 févr. 2009, en vigueur le 15 avr. 2009)* **« Tout véhicule ou appareil agricole remorqué » dont le poids total autorisé en charge est supérieur à 1,5 tonne, toute autre remorque dont le poids total autorisé en charge est supérieur à 500 kilogrammes, toute autre semi-remorque doit être munie d'une plaque d'immatriculation portant son numéro d'immatriculation et fixée en évidence, d'une manière inamovible, à l'arrière du véhicule.**

(Décr. n° 2009-136 du 9 févr. 2009, en vigueur le 15 avr. 2009) **« Tout véhicule ou appareil agricole remorqué attaché à une exploitation agricole ou forestière, à une entreprise de travaux agricoles ou à une coopérative d'utilisation de matériel agricole, lorsqu'il n'est pas soumis à cette obligation, doit être muni à l'arrière de la plaque d'identité prévue à l'article R. 317-12.**

« Tout véhicule ou appareil agricole remorqué non attaché à une exploitation agricole ou forestière, à une entreprise de travaux agricoles ou à une coopérative d'utilisation de matériel agricole, toute autre remorque, toute autre semi-remorque, lorsqu'il n'est pas soumis à cette obligation, doit être muni à l'arrière d'une plaque d'immatriculation reproduisant la plaque arrière du véhicule tracteur. La plaque d'immatriculation peut, dans ce cas, être amovible. »

Toutefois, toute remorque attelée à une motocyclette *(Décr. n° 2003-1186 du 11 déc. 2003)* **« , à un cyclomoteur, à un quadricycle léger à moteur » ou à un tricycle à moteur ne doit porter à l'arrière une plaque d'immatriculation reproduisant le numéro d'immatriculation du véhicule tracteur que si les dimensions de la remorque ou du chargement sont telles que la plaque d'immatriculation du véhicule tracteur n'est pas visible pour un observateur placé à l'arrière.**

(Décr. n° 2003-1186 du 11 déc. 2003) **« III. — »** *(Décr. n° 2003-536 du 20 juin 2003, art. 9)* **« Chaque plaque doit être maintenue dans un état d'entretien permettant la lecture des inscriptions qu'elle comporte. »**

(Décr. n° 2003-1186 du 11 déc. 2003) **« IV. — » Le ministre chargé des transports et le ministre de l'intérieur fixent par arrêté les caractéristiques et le mode de pose des plaques d'immatriculation.**

(Décr. n° 2003-1186 du 11 déc. 2003) **« V. — » Le fait de faire circuler un véhicule à moteur ou une remorque sans qu'il soit muni des plaques ou inscriptions exigées par le présent article est puni de l'amende prévue pour les contraventions de la quatrième classe.**

(Décr. n° 2003-1186 du 11 déc. 2003) **« VI. — »** *(Décr. n° 2003-536 du 20 juin 2003, art. 9)* **« Le fait de contrevenir aux dispositions du présent article relatives à l'entretien, aux caractéristiques ou au mode de pose des plaques d'immatriculation est puni de l'amende prévue pour les contraventions de la** *(Décr. n° 2012-3 du 3 janv. 2012, art. 9)* **« quatrième » classe.**

(Décr. n° 2003-1186 du 11 déc. 2003) **« VII. — »** *(Décr. n° 2003-42 du 8 janv. 2003)* **« L'immobilisation du véhicule peut être prescrite dans les conditions prévues** *(Décr. n° 2020-1088 du 24 août 2020, art. 4-10°)* **« aux articles L. 325-1, L. 325-2 et L. 325-3 ». »**

(Décr. n° 2006-46 du 13 janv. 2006) **« VIII. — Le fait d'exposer, d'offrir, de mettre en vente, de vendre, de proposer ou d'inciter à acheter ou à utiliser une plaque d'immatriculation non conforme aux caractéristiques visées au IV est puni de l'amende prévue pour les contraventions de la quatrième classe. La plaque est saisie et confisquée. »**

L'art. 15 du Décr. n° 2003-1186 du 11 déc. 2003 est abrogé (Décr. n° 2009-136 du 9 févr. 2009, art. 11-I).

Délits : L. 317-2 à L. 317-4-1.

Immatriculation : R. 322-1 s.

V. App., v° Immatriculation : Arr. du 15 avr. 1996 (plaques réflectorisées), Arr. du 1er juill. 1996 (plaques d'immatriculation), 1er Arr. du 9 févr. 2009 (caractéristiques et mode de pose des plaques d'immatriculation) et 2e Arr. du 9 févr. 2009 (modalités d'immatriculation des véhicules).

Pour l'entrée en vigueur du Décr. n° 2009-136, V. Arr. du 23 mars 2009 (JO 29 mars).

V. Arr. du 12 mai 2021 relatif à l'emplacement et au montage des plaques d'immatriculation arrière des véhicules à moteur et de leurs remorques (JO 30 mai).

COMMENTAIRE

L'article R. 317-8 est relatif aux plaques d'immatriculation qui doivent être fixées sur la plupart des véhicules à moteur. Il convient toutefois de se reporter également à l'arrêté d'application prévu par le paragraphe IV de cet article pour connaître avec précision les règles applicables en la matière. Des règles qui sont par ailleurs indissociables de celles figurant aux articles R. 322-1 et suivants sur l'immatriculation des véhicules, de sorte que toute réforme en la matière a nécessairement des répercussions sur les dispositions consacrées aux plaques d'immatriculation.

Plaque d'immatriculation des cyclomoteurs. Le présent article a ainsi été modifié par le décret n° 2003-1186 du 11 décembre 2003 pour tenir compte des dispositions rendant obligatoire l'immatriculation des cyclomoteurs à deux-roues et des cyclomoteurs à trois roues non munis d'une carrosserie (V. art. R. 322-1 et son comm.). Comme pour les motocyclettes et autres tricyles ou quadricycles à moteur qui étaient déjà soumis à l'obligation d'immatriculation, le décret précité est venu alors indiquer à l'article R. 317-8, alinéa 2, que les cyclomoteurs peuvent ne porter qu'une seule plaque d'immatriculation, fixée à l'arrière du véhicule.

Plaque d'immatriculation de certains véhicules et appareils agricoles. De même, c'est une nouvelle extension de l'obligation d'immatriculation qui explique les modifications apportées à l'article R. 317-8 par le décret n° 2009-136 du 9 février 2009. Ce décret a en effet étendu l'obligation d'immatriculation à certains véhicules et appareils agricoles (V. art. R. 322-1 et son comm.), il convenait donc d'adapter les dispositions relatives à la plaque d'immatriculation des véhicules concernés, qui doit, en conséquence, être fixée sur ces véhicules et appareils.

Nouvelles plaques d'immatriculation. La réforme des règles en matière d'immatriculation des véhicules résultant du décret de 2009 précité a enfin conduit le pouvoir réglementaire a adopté un nouvel arrêté d'application des dispositions de l'article R. 317-8, à savoir un arrêté du 9 février 2009 fixant les caractéristiques et le mode de pose des plaques d'immatriculation des véhicules (V. 1er Arr. du 9 févr. 2009, App., *v° Immatriculation*) qui remplacera à terme l'arrêté du 1er juillet 1996 relatif aux plaques d'immatriculations des véhicules (cet Arr. de 1996 continuant à s'appliquer aux véhicules déjà immatriculés dont le certificat d'immatriculation ne comporte pas le numéro définitif prévu à l'art. R. 322-2 C. route jusqu'à la réalisation de toute formalité administrative conduisant à l'édition d'un nouveau certificat d'immatriculation). Deux particularités sont à noter concernant ces « nouvelles » plaques d'immatriculation prévues par l'arrêté du 9 février 2009. La première tient à la couleur du fond des plaques d'immatriculation qui est désormais, en principe, blanc, aussi bien pour la plaque fixée à l'avant que pour celle fixée à l'arrière d'un véhicule (V. art. 7 et les quelques exceptions prévues à l'annexe 7 de cet Arr.). Les plaques d'immatriculation à fond jaune prévues par l'article 3 de l'arrêté du 1er juillet 1996 vont donc, à terme, disparaître, et notamment pour des raisons écologiques, la couleur jaune nécessitant de recourir à des composés à base de plomb nuisibles pour l'environnement. La seconde particularité tient à l'identifiant territorial qui doit figurer sur les plaques d'immatriculation et qui est composé du logo officiel d'une région et du numéro de l'un des départements de cette région, choisis librement par le titulaire du certificat d'immatriculation (V. art. 9 de cet Arr. qui permet également, depuis un Arr. du 7 mai 2020, de faire figurer sur les plaques d'immatriculation le logo officiel de la collectivité européenne d'Alsace, regroupant les départements du Bas-Rhin et du Haut-Rhin). C'est pour satisfaire un certain nombre d'élus, faisant état du profond attachement des Français à l'identification territoriale des véhicules via le numéro figurant sur les plaques d'immatriculation, que cet identifiant territorial a été prévu : les nouveaux numéros d'immatriculation qui sont attribués à titre définitif ne comportant plus le numéro du département d'immatriculation d'un véhicule (V. art. R. 322-2 et son comm.).

Contraventions. Notons enfin que le respect des dispositions réglementaires sur les plaques d'immatriculation apparaît aujourd'hui indispensable au bon développement des procédés automatiques de constatation des infractions au code de la route. Plusieurs contraventions visent par conséquent à assurer un tel respect et s'ajoutent aux délits déjà prévus en ce domaine par les articles L. 317-2 à L. 317-4-1. Le fait de faire circuler un véhicule à moteur ou une remorque sans plaques ou inscriptions est ainsi puni d'une amende de quatrième classe (V. § V du présent art.), contravention qu'il faut bien distinguer du délit de l'article L. 317-3 qui suppose en outre une fausse déclaration de nom ou de numéro. Une amende de quatrième classe peut également être prononcée à l'encontre de celui qui utilise des plaques d'immatriculation non conformes, mal entretenues ou encore mal posées (V. § VI du présent art., mod. par le Décr. n° 2012-3 du 3 janv. 2012 qui a aggravé la peine encourue pour cette contravention qui, auparavant, était de troisième classe). Et, dans tous ces cas, l'immobilisation du véhicule peut en outre être prescrite. Enfin, à toutes ces infractions, le décret n° 2006-46 du 13 janvier 2006 en a ajouté une autre qui concerne celui qui « commercialise » des plaques d'immatriculation non conformes et qui encourt également une amende de quatrième classe, ainsi que la saisie et la confiscation de la plaque non conforme (V. § VII du présent art.). ❑

1. Absence de plaque d'immatriculation ou d'inscription. On ne saurait considérer comme mis en circulation au sens du code de la route le véhicule automobile conduit à un garage, en le poussant à la main, pour sa remise en état. Les prescriptions ayant trait uniquement à l'équipement que doivent comporter les véhicules ne sauraient recevoir application en l'espèce. • Crim. 24 mai 1958 : *Bull. crim. n° 385.*

2. Tout véhicule automobile doit être muni de deux plaques d'immatriculation qui doivent être fixées en évidence d'une manière inamovible à l'avant et à l'arrière. Un tribunal condamne à bon droit en application des art. R. 99 et R. 239 [C. route, art. R. 317-8] un prévenu qui a collé sur le capot avant de son véhicule les chiffres correspondant à l'immatriculation de celui-ci. • Crim. 18 mars 1987 : *Gaz. Pal. 1987. 2. Somm. 292.*

3. Entretien et dimension des plaques d'immatriculation. L'art. R. 239 [C. route, art. R. 317-8] punissant toute personne, quelle que soit sa qualité, qui contrevient aux prescriptions réglementaires concernant les plaques d'immatriculation, s'applique ainsi nécessairement à l'utilisateur d'un véhicule muni de plaques non conformes à ces prescriptions. • Crim. 9 juill. 1997, n° 96-84.663 P : *RSC 1998. 317, obs. Bouloc ; JCP 1998. IV. 1270 ; Gaz. Pal. 1997. 2. Chron. crim. 242.*

4. L'art. R. 239, al. 1er [C. route, art. R. 317-8], réprime non seulement les infractions aux règles concernant les dimensions et l'entretien des plaques d'immatriculation mais également celles relatives à l'inobservation des dispositions sur les équipements autres que ceux mentionnés à l'art. R. 238 du même code. • Crim. 9 juill. 1997, n° 96-84.663 P : *RSC 1998. 317, obs. Bouloc ;*

Jurispr. auto 1998. 70; Gaz. Pal. 1997. 2. Chron. crim. 241.

5. Est justifié le jugement qui, pour condamner un prévenu, dont le véhicule était en stationnement dans une rue de Paris, pour circulation d'un véhicule muni d'une plaque d'immatriculation illisible, retient que cette infraction, qui concerne l'équipement du véhicule et non sa conduite, peut être relevée même si le véhicule n'est pas en mouvement et s'il n'y a pas de conducteur, un véhicule étant mis en circulation au sens du code de la route, dès lors qu'il se trouve sur la voie publique. • Crim. 21 oct. 2015, n° 14-87.306 : *Dr. pénal 2015, n° 161, note Robert; ibid. 2016. Chron. 7, obs. Gauvin; Gaz. Pal. 26 janv. 2016, p. 48, note Detraz.*

6. Identifiant territorial. L'attribution de numéros d'immatriculation à partir d'une série chronologique non plus départementale mais nationale a fait disparaître la référence départementale du numéro d'immatriculation proprement dit mais non de la plaque minéralogique, sur la partie droite de laquelle le numéro de département continue à figurer, surmonté du logo de la région correspondante. Certains usagers déplorent aujourd'hui le fait de n'avoir pas accès à des plaques sans référent local : les uns estiment que l'obligation d'affichage de l'attachement à un territoire contrevient à leurs droits fondamentaux; les autres se plaignent d'avoir été finalement privés d'une gamme de produits nécessairement moins onéreuse. En tout état de cause, en raison de sa destination, la plaque d'immatriculation est strictement encadrée par des textes qui en régissent notamment le format, la composition, le contenu et, plus généralement, les caractéristiques techniques. Soumises à homologation, les plaques d'immatriculation doivent répondre à un cahier des charges précis qui en garantit certaines propriétés, par exemple en termes de réflectorisation. Elles font partie des équipements dont l'état est par ailleurs vérifié dans le cadre du contrôle technique applicable aux véhicules. En ce qui concerne les indications dont la plaque minéralogique est porteuse, l'usager ne saurait être autorisé à y apporter la moindre modification, en quelque endroit que ce soit, qu'il s'agisse de sa partie centrale, dédiée au numéro d'immatriculation, ou des identifiants latéraux (euro bande à gauche et référent territorial à droite). * Rép. min. n° 63570 : *JOAN Q, 19 janv. 2010, p. 622.* ♦ L'interdiction, issue des art. R. 317-8 C. route, 9 et 10 Arr. du 9 févr. 2009 fixant les caractéristiques et le mode de pose des plaques d'immatriculation des véhicules, de modifier les plaques d'immatriculation des véhicules à moteur, sans l'intervention d'un fabricant homologué, ne méconnaît aucun principe ni disposition du traité sur le fonctionnement de l'Union européenne. Est en conséquence censuré un arrêt ayant écarté l'action en concurrence déloyale d'une société fabriquant et commercialisant des plaques d'immatriculation contre une autre société vendant en ligne des autocollants ("stickers") reproduisant le logo des départements et des régions pouvant être apposés en partie droite des plaques d'immatriculation automobile, la commercialisation de dispositifs destinés à se soustraire à cette réglementation étant constitutive d'une faute de concurrence déloyale. • Com. 16 déc. 2020, n° 18-25.196 : *inédit.*

Art. R. 317-9 **I. — Sauf dispositions différentes prévues au présent article, tout véhicule à moteur, toute semi-remorque agricole, toute remorque, à l'exception des véhicules ou matériels agricoles remorqués montés sur bandages non pneumatiques ou dont le poids total autorisé en charge est inférieur ou égal à 1,5 tonne, doit être muni d'une plaque du constructeur portant de manière apparente le nom de celui-ci ou sa marque ou le symbole qui l'identifie, le type, le numéro d'identification, ou, pour les véhicules ou matériels agricoles, le numéro d'ordre dans la série du type et les caractéristiques de poids du véhicule.**

II. — La plaque du constructeur *(Abrogé par Décr. n° 2016-448 du 13 avr. 2016, art. 34)* ***« de tout véhicule ou matériel agricole monté sur pneumatiques et dont le poids total autorisé en charge est supérieur à 1,5 tonne et »*** **de tout matériel de travaux publics doit en outre comporter l'adresse du constructeur.**

III. — La plaque du constructeur de toute motocyclette, tout tricycle, tout quadricycle à moteur ou tout cyclomoteur doit comporter le nom du constructeur, la marque de réception, le numéro d'identification, le niveau sonore à l'arrêt et le régime moteur correspondant.

IV. — Sur tout véhicule à moteur de transport de marchandises d'un poids total autorisé en charge supérieur à 12 tonnes et sur toute remorque d'un poids total autorisé en charge supérieur à 10 tonnes, dont la date de première mise en circulation est postérieure au 1er octobre 1990, à l'exception de tout véhicule ou matériel agricole ou de tout matériel de travaux publics, doit être fixée une plaque dite plaque relative aux dimensions portant le nom du constructeur ou sa marque, ou le symbole qui l'identifie, le type, le numéro d'identification et les caractéristiques de dimension du véhicule.

V. — Dans tous les cas,

1° Les indications mentionnées sur la plaque du constructeur et sur la plaque relative aux dimensions peuvent être réunies sur une plaque unique ;

2° L'indication du type et le numéro d'ordre dans la série du type ou le numéro d'identification du véhicule doivent être frappés à froid, dans la moitié droite du véhicule, de façon à être facilement lisibles à un endroit accessible sur le châssis ou sur un élément essentiel et indémontable du véhicule. Pour toute motocyclette, tout tricycle, tout quadricycle à moteur ou tout cyclomoteur, le numéro d'identification doit être frappé à froid de façon à être facilement lisible à un endroit accessible du châssis ou du cadre, sur la partie droite du véhicule.

Pour les véhicules ou matériels agricoles, ces diverses inscriptions sont faites sous la responsabilité du constructeur. — *V. Arr. du 20 nov. 1969, art. 3 (JO 19 déc.) relatif au délai d'application des prescriptions concernant l'indication du poids total roulant autorisé.*

VI. — Le ministre chargé des transports fixe par arrêté les modalités d'application du présent article. — *V. Arr. du 24 nov. 1978 (JONC 27 déc.) relatif aux plaques et inscriptions réglementaires des véhicules à moteur et de leurs remorques ; Arr. du 7 oct. 1982 (JONC 21 nov.). — V. aussi Arr. du 4 déc. 1984 (JO 29 déc. NC).*

VII. — Le fait de contrevenir aux dispositions du présent article ou à celles prises pour son application est puni de l'amende prévue pour les contraventions de la quatrième classe. — *[Anc. art. R. 97, R. 156, al. 1er, 2, 3 et 5, R. 182, R. 199 et R. 240, al. 1er.]*

Art. R. 317-10 *(Décr. nº 2016-448 du 13 avr. 2016, art. 35)* « Tout véhicule ou matériel agricole, à l'exception de celui disposant d'une réception au titre de l'article R. 321-6 du présent code, ou de travaux publics soumis à réception doit porter, sur une plaque spéciale, l'indication du lieu et de la date de sa réception par le service en charge des réceptions désigné par le ministre chargé des transports. »

Ces diverses inscriptions sont faites sous la responsabilité du constructeur.

Le fait de contrevenir aux dispositions du présent article est puni de l'amende prévue pour les contraventions de la quatrième classe.

Art. R. 317-11 I. — Sauf dispositions différentes prévues au présent article, tout véhicule à moteur ou toute remorque, dont le poids total autorisé en charge excède 3,5 tonnes, *(Abrogé par Décr. nº 2016-448 du 13 avr. 2016, art. 36) « ainsi que tout véhicule destiné à transporter des marchandises, »* à l'exception des véhicules ou matériels agricoles automoteurs, des véhicules ou matériels de travaux publics, des motocyclettes, des tricycles ou quadricycles à moteur et des cyclomoteurs, doivent porter, en évidence, pour un observateur placé à droite, l'indication :

1° De son poids à vide, de son poids total autorisé en charge et de son poids total roulant autorisé ;

2° De sa longueur, de sa largeur et de sa surface maximales.

II. — Les remorques agricoles ne doivent porter que l'indication du poids à vide et du poids total autorisé en charge.

III. — Le ministre chargé des transports fixe par arrêté les conditions d'application du présent article.

IV. — Le fait de contrevenir aux dispositions du présent article ou à celles prises pour son application est puni de l'amende prévue pour les contraventions de la quatrième classe. — *[Anc. art. R. 98, al. 1er, 2 et 4, R. 157 et R. 240, al. 1er.]*

Art. R. 317-12 Tout véhicule ou matériel agricole ou forestier, attaché à une exploitation agricole, à une entreprise de travaux agricoles, à une coopérative d'utilisation de matériel agricole ou à une exploitation forestière, *(Décr. nº 2009-136 du 9 févr. 2009, en vigueur le 15 avr. 2009)* « peut » être muni *(Décr. nº 2009-136 du 9 févr. 2009, en vigueur le 15 avr. 2009)* « , en complément d'une plaque d'immatriculation visée à l'article R. 317-8, » d'une plaque d'identité portant un numéro d'ordre et fixée en évidence à l'arrière du véhicule.

Le ministre chargé des transports détermine, après avis du ministre chargé de l'agriculture, le modèle et le mode de pose de ces plaques dites plaques d'exploitation.

(Abrogé par Décr. n° 2009-136 du 9 févr. 2009, à compter du 15 avr. 2009) ***« Le fait de faire circuler un véhicule non muni de la plaque exigée par le présent article est puni de l'amende prévue pour les contraventions de la quatrième classe. »*** *– [Anc. art. R. 158 et R. 240, al. 1er.]*

Pour l'entrée en vigueur du Décr. n° 2009-136, V. Arr. du 23 mars 2009 (JO 29 mars).

Art. R. 317-13 **Le ministre chargé des transports détermine les conditions d'application de la présente section aux matériels de travaux publics.** *– [Anc. art. R. 160.]*

Art. R. 317-14 **Le ministre chargé des transports fixe par arrêté les règles applicables aux plaques et inscriptions des engins spéciaux dont la vitesse ne peut excéder par construction 25 km/h.**

Le fait, pour tout conducteur d'un engin spécial, de contrevenir aux dispositions prises en application du présent article est puni de l'amende prévue pour les contraventions de la troisième classe. *– [Anc. art. R. 168 et R. 239.]*

Art. R. 317-14-1 *(Décr. n° 2019-1082 du 23 oct. 2019, art. 13)* **Les dispositions des articles R. 317-8 et R. 317-9 ne s'appliquent pas aux engins de déplacement personnel motorisés.**

SECTION 3 Dispositif antivol

Art. R. 317-15 **Tout véhicule à moteur, à l'exception** *(Abrogé par Décr. n° 2016-448 du 13 avr. 2016, art. 37)* ***« des cyclomoteurs, des quadricycles légers à moteur, »*** **des véhicules et matériels agricoles ou de travaux publics, doit être muni d'un dispositif antivol.**

Un arrêté du ministre de l'intérieur et du ministre chargé des transports détermine les conditions d'application du présent article.

Le fait de contrevenir aux dispositions du présent article ou à celles prises pour son application est puni de l'amende prévue pour les contraventions de la troisième classe. *– [Anc. art. R. 77, R. 173, al. 1er et 3, R. 188-2 et R. 239.]*

V. App., v° Antivols : Arr. du 28 sept. 1988 (dispositifs complémentaires et alarmes).

Art. R. 317-16 **Les dispositions de la présente section ne sont applicables aux véhicules et aux matériels spéciaux des armées que si elles sont compatibles avec leurs caractéristiques techniques de fabrication et d'emploi.** *– [Anc. art. R. 229, al. 1er et 3.]*

(Décr. n° 2019-1082 du 23 oct. 2019, art. 14) **« Elles ne sont pas applicables aux engins de déplacement personnel motorisés. »**

Art. R. 317-17 **Le ministre chargé des transports fixe par arrêté les règles relatives aux dispositifs antivol des engins spéciaux dont la vitesse ne peut excéder par construction 25 km/h.**

Le fait, pour tout conducteur d'un engin spécial, de contrevenir aux dispositions prises en application du présent article est puni de l'amende prévue pour les contraventions de la troisième classe. *– [Anc. art. R. 168 et R. 239.]*

SECTION 4 Attelage des remorques

Art. R. 317-18 I. – Toute remorque, dont le poids total autorisé en charge excède :

1° Soit 1,5 tonne pour les remorques agricoles ou de travaux publics ;

2° Soit 750 kilogrammes pour toute autre remorque ;

3° Soit la moitié du poids à vide du véhicule tracteur,

doit être équipée d'un dispositif de freinage permettant son arrêt automatique en cas de rupture de l'attelage pendant la marche.

II. – A l'exception des remorques sans timon utilisées pour le transport des bois en grume ou des pièces de grande longueur et des semi-remorques, le dispositif de freinage prévu au I ci-dessus n'est pas obligatoire sur les remorques à un essieu dont le poids total autorisé en charge ne dépasse pas 1,5 tonne, si elles sont munies, en plus du dispositif d'attelage, d'une attache secondaire qui, en cas de rupture du dispositif d'attelage, empêche le timon de toucher le sol et assure un guidage résiduel de la remorque.

III. – L'attache secondaire ne peut être utilisée, après rupture de l'attache principale, qu'à titre de dépannage et à condition qu'une allure très modérée soit observée. Il en est de même pour l'utilisation d'attelages de fortune au moyen de cordes ou de tout autre dispositif.

IV. – Les attaches secondaires ou de fortune doivent être parfaitement visibles de jour comme de nuit.

V. – Lorsqu'un même tracteur remorque plusieurs véhicules, il ne peut être employé de moyen de fortune que pour un seul attelage.

VI. – Les dispositions du présent article ne sont pas applicables aux remorques des motocyclettes, des tricycles et quadricycles à moteur et des cyclomoteurs.

VII. – Le fait de contrevenir aux dispositions du présent article est puni de l'amende prévue pour les contraventions de la troisième classe. – *[Anc. art. R. 103, R. 161 et R. 239.]*

Art. R. 317-19 Les dispositions de la présente section ne sont applicables aux véhicules et aux matériels spéciaux des armées que si elles sont compatibles avec leurs caractéristiques techniques de fabrication et d'emploi. – *[Anc. art. R. 229, al. 1er et 3.]*

Art. R. 317-20 Le ministre chargé des transports fixe par arrêté les règles relatives aux dispositifs d'attelage des engins spéciaux dont la vitesse ne peut excéder par construction 25 km/h.

Le fait, pour tout conducteur d'un engin spécial, de contrevenir aux dispositions prises en application du présent article est puni de l'amende prévue pour les contraventions de la troisième classe. – *[Anc. art. R. 168 et R. 239.]*

SECTION 5 Remorquage des véhicules en panne ou accidentés

Art. R. 317-21 Le ministre chargé des transports fixe par arrêté les conditions dans lesquelles les véhicules en panne ou accidentés peuvent être remorqués par un autre véhicule.

Il fixe également par arrêté les caractéristiques techniques auxquelles doivent répondre les véhicules spécialisés dans les opérations de remorquage ainsi que leurs conditions de circulation.

Le fait de contrevenir aux dispositions prises en application du présent article est puni de l'amende prévue pour les contraventions de la troisième classe. – *[Anc. art. R. 105-1 et R. 239.]*

Gabarit : R. 312-14. – Cycles : R. 431-8.

V. Arr. du 30 sept. 1975 (évacuation des véhicules), App., vo Véhicules en panne ou accidentés.

Concernant les demandes d'autorisation de mise en circulation d'un véhicule de dépannage faites en application de l'art. 7 de l'Arr. du 30 sept. 1975, le silence gardé par l'administration pendant un délai deux mois vaut, par exception, décision de rejet (Décr. no 2014-1273 du 30 oct. 2014, JO 1er nov.).

Art. R. 317-22 Les dispositions de la présente section ne sont applicables aux véhicules et aux matériels spéciaux des armées que si elles sont compatibles avec leurs caractéristiques techniques de fabrication et d'emploi. – *[Anc. art. R. 229, al. 1er et 3.]*

SECTION 6 Autres aménagements

Art. R. 317-23 Tout véhicule à moteur, toute remorque, à l'exception des *(Abrogé par Décr. no 2016-448 du 13 avr. 2016, art. 38) « véhicules ou »* matériels agricoles ou de travaux publics, doit être aménagé de manière à réduire autant que possible, en cas de collision, les risques d'accidents corporels, aussi bien pour les occupants du véhicule que pour les autres usagers de la route.

Le ministre chargé des transports fixe les règles auxquelles sont soumis la construction et l'équipement des véhicules mentionnés au présent article. – *V. Arr. du 19 déc. 1958 (D. 1959. 19 ; BLD 1959. 11), mod. en dernier lieu par Arr. du 12 mai 2021 (JO 30 mai).*

Le fait de contrevenir aux dispositions du présent article ou à celles prises pour son application est puni de l'amende prévue pour les contraventions de la troisième classe. — *[Anc. art. R. 104 et R. 171-1, al. 2 et R. 188-2 et R. 239.]*

(Décr. nº 2020-1088 du 24 août 2020, art. 4-6º) **« L'immobilisation des véhicules qui contreviennent aux dispositions du présent article ou à celles prises pour son application peut être prescrite dans les conditions prévues aux articles L. 325-1, L. 325-2 et L. 325-3. »**

Sur les ceintures et systèmes de retenue, les ancrages des ceintures de sécurité, la résistance des sièges et de leurs ancrages, et les appuie-tête, V. Arr. du 5 déc. 1996 (JO 18 déc.), mod. par Arr. du 4 avr. 1997 (JO 19 avr.), Arr. du 2 oct. 1997 (JO 1er nov.), Arr. du 7 sept. 1999 (JO 24 sept.), Arr. du 17 janv. 2001 (JO 2 févr.), Arr. du 28 avr. 2015 (JO 12 mai)), Arr. du 12 mai 2021 (JO 30 mai).

Sur les réservoirs de carburant, V. Arr. du 24 oct. 1994 (JO 27 oct.), mod. par Arr. du 4 mai 2009 (JO 6 mai), mod. par Arr. du 3 mars 2015 (JO 11 mars). — V. aussi Arr. du 12 janv. 2006 (JO 31 janv.).

Sur les systèmes de protection frontale, V. Arr. du 28 juill. 2006 (JO 6 août).

V. App., vº Transports routiers, Arr. du 2 mars 1995 (extincteurs).

Art. R. 317-23-1 *(Décr. nº 2010-1390 du 12 nov. 2010)* **Le fait d'utiliser un cyclomoteur** *(Décr. nº 2019-1082 du 23 oct. 2019, art. 15)* **« ou un engin de déplacement personnel motorisé » muni d'un dispositif ayant pour effet de permettre à celui-ci de dépasser les limites réglementaires fixées à l'article R. 311-1 en matière de vitesse, de cylindrée ou de puissance maximale du moteur ou ayant fait l'objet d'une transformation à cette fin est puni de l'amende prévue pour les contraventions de la quatrième classe.**

L'immobilisation et la mise en fourrière peuvent être prescrites dans les conditions prévues *(Décr. nº 2020-1088 du 24 août 2020, art. 4-10º)* **« aux articles L. 325-1, L. 325-2 et L. 325-3 ».**

La confiscation du véhicule peut être prononcée à titre de peine complémentaire.

COMMENTAIRE

Utilisation d'un cyclomoteur débridé. La présente contravention, créée par le décret nº 2010-1390 du 12 novembre 2010, complète l'arsenal répressif de lutte contre la pratique du « débridage ». Plusieurs dispositions sanctionnent en effet les professionnels qui commercialisent des dispositifs de « débridage », qui « débrident » certains véhicules ou qui commercialisent des véhicules « débridés » (V. art. L. 317-5 et L. 321-1). Par cette contravention, c'est l'utilisation d'un véhicule « débridé » que l'on a voulu sanctionner et plus spécialement l'utilisation d'un cyclomoteur « débridé », seule catégorie de véhicules visée à l'article R. 317-23-1 en 2010.

Utilisation d'un engin de déplacement personnel motorisé débridé. Depuis le décret nº 2019-1082 du 23 octobre 2019, l'article R. 317-23-1 permet également de sanctionner l'utilisation d'un engin de déplacement personnel motorisé « débridé ». Cette catégorie de véhicule, que le décret de 2019 a intégrée dans le code de la route, ne peut dépasser par construction la vitesse maximale de 25 km/h (V. art. R. 311-1, point 6.15). Une vitesse que certains utilisateurs de trottinettes électriques dépassaient allègrement sans aucun risque sur le plan pénal tant que ces engins n'étaient pas réglementés dans le code de la route. Il en va différemment depuis le décret du 23 octobre 2019, les conducteurs de ces engins circulant à une vitesse supérieure à 25 km/h pouvant être sanctionnés sur le fondement du présent article en cas de débridage, ou sur le fondement de l'article R. 321-4-2, s'ils circulent avec un engin dont la vitesse maximale de construction est supérieure à 25 km/h. ❑

Art. R. 317-24 **Tout véhicule destiné normalement ou employé exceptionnellement au transport de personnes doit être aménagé de manière à assurer la sécurité et la commodité des voyageurs.**

Le ministre chargé des transports détermine les conditions particulières auxquelles doivent répondre, en plus de celles qui sont déjà prescrites par le présent chapitre, les différentes catégories de véhicules affectés au transport de personnes. — *V. Arr. du 2 juill. 1982 relatif au transport en commun de personnes (JONC 5 sept.), mod., en dernier lieu, par Arr. du 5 sept. 2022 (JO 29 sept.).*

Le fait de contrevenir aux dispositions du présent article ou à celles prises pour son application relatives à la solidité des véhicules, à leur poids, à leur mode de chargement, au nombre et à la sûreté des voyageurs, à l'indication, à l'intérieur des voitures, des places qu'elles contiennent et du prix des places, à l'indication, à l'extérieur, du nom du propriétaire est puni *(Abrogé par Décr. nº 2014-784 du 8 juill. 2014, art. 7-9º)* *« de l'amende prévue pour les contraventions de la deuxième classe et, s'il s'agit de transport en commun de personnes, »* *(Décr. nº 2011-368 du 4 avr. 2011)* « de l'amende prévue pour les contraventions de la quatrième classe.

« L'immobilisation du véhicule de transport en commun de personnes peut être prescrite dans les conditions prévues *(Décr. nº 2020-1088 du 24 août 2020, art. 4-10º)* « aux articles L. 325-1, L. 325-2 et L. 325-3 ». »

Constatation des infractions : V. art. R. 130-6.

Concernant l'autorisation de mise en circulation des véhicules de transport en commun de personnes prévue par l'art. 85 de l'Arr. du 2 juill. 1982 mod., le silence gardé par l'administration pendant un délai deux mois vaut, par exception, décision de rejet (Décr. nº 2014-1273 du 30 oct. 2014, JO 1er nov.).

Art. R. 317-24-1 *(Décr. nº 2014-784 du 8 juill. 2014, art. 7-10º)* A partir d'une date définie par arrêté du ministre chargé des transports, tout transport effectué par un autocar est réalisé au moyen d'un véhicule équipé de ceintures de sécurité.

Cette disposition n'est pas applicable aux véhicules dont le certificat d'immatriculation porte la mention d'usage "véhicule de collection".

Le fait de contrevenir aux dispositions du présent article ou à celles prises pour son application est puni de l'amende prévue pour les contraventions de la quatrième classe.

L'immobilisation du véhicule de transport en commun de personnes peut être prescrite dans les conditions prévues *(Décr. nº 2020-1088 du 24 août 2020, art. 4-10º)* « aux articles L. 325-1, L. 325-2 et L. 325-3 ».

Pour les besoins de leurs missions opérationnelles, il est dérogé jusqu'au 31 déc. 2019 à l'application des dispositions du premier al. de l'art. R. 317-24-1 C. route pour les véhicules de la police et de la gendarmerie mis en service avant le 21 avr. 2006 (Décr. nº 2016-697 du 27 mai 2016, art. 2).

Art. R. 317-25 *(Décr. nº 2009-1590 du 18 déc. 2009)* Tout véhicule utilisé pour l'apprentissage de la conduite des véhicules à moteur, à l'exception des cyclomoteurs, des tricycles et quadricycles à moteur et des motocyclettes, doit être muni :

— à l'usage de l'élève, d'un rétroviseur intérieur, d'un rétroviseur latéral extérieur gauche et d'un rétroviseur latéral extérieur droit ;

— à l'usage de l'enseignant de la conduite ou de l'accompagnateur, d'un rétroviseur intérieur et d'un rétroviseur ou dispositif de rétrovision équivalent latéral extérieur droit ;

— à l'usage de l'enseignant ou de l'accompagnateur, de dispositifs de double commande dont la liste est définie par arrêté du ministre chargé des transports.

Les véhicules non munis réglementairement d'un rétroviseur intérieur destiné au conducteur ne sont pas soumis à l'obligation de rétroviseur intérieur complémentaire.

En outre, tout véhicule utilisé pour l'apprentissage de la conduite des véhicules à moteur, autre que les cyclomoteurs, les tricycles à moteur et les motocyclettes, doit être muni d'un panneau placé sur le toit du véhicule ou d'inscriptions visibles de l'avant et de l'arrière signalant aux usagers qu'il s'agit d'un véhicule d'apprentissage.

Pour l'apprentissage de la conduite des cyclomoteurs, des tricycles à moteur et des motocyclettes, les inscriptions signalant la situation d'apprentissage doivent figurer sur un gilet de haute visibilité, conforme aux dispositions du code du travail relatives aux équipements de protection individuelle, porté par l'élève conducteur et par l'enseignant ou l'accompagnateur lorsque celui-ci est assis à l'arrière du véhicule. Lorsque l'enseignant ou l'accompagnateur est à bord d'un véhicule suiveur à quatre roues à moteur, celui-ci doit être muni d'un panneau de toit. L'enseignant ou l'accompagnateur, à bord d'un véhicule suiveur à deux ou trois roues à moteur, doit être équipé d'un gilet de haute visibilité comportant les inscriptions signalant la situation d'apprentissage.

Les véhicules utilisés pendant les périodes d'apprentissage anticipé, de conduite supervisée ou de conduite encadrée, mentionnées aux articles R. 211-5, R. 211-5-1 et R. 211-5-2 ne sont pas soumis aux obligations définies au présent article.

Un arrêté du ministre chargé des transports fixe les conditions d'application du présent article.

Le fait de contrevenir aux dispositions du présent article est puni de l'amende prévue pour les contraventions de la troisième classe.

V. Arr. du 27 juin 2017 relatif à l'adaptation réversible des véhicules destinés à l'enseignement ou à l'apprentissage de la conduite (JO 14 juill.).

Art. R. 317-26 *(Décr. nº 2016-448 du 13 avr. 2016, art. 39)* « Tout véhicule des catégories N et O doit être équipé de dispositifs antiprojections homologués. »

Un arrêté du ministre chargé des transports fixe les conditions d'application du présent article. — *V. Arr. du 18 sept. 1992 (JO 7 oct.).*

Le fait de contrevenir aux dispositions du présent article ou à celles prises pour son application est puni de l'amende prévue pour les contraventions de la troisième classe. — *[Anc. art. R. 104-1 et R. 239.]*

Art. R. 317-26-1 *(Décr. nº 2005-173 du 24 févr. 2005)* Les *(Abrogé par Décr. nº 2016-448 du 13 avr. 2016, art. 40) « tracteurs agricoles et »* machines agricoles automotrices peuvent être équipés de sièges de convoyeurs. Ils peuvent également être aménagés pour transporter une charge à des fins agricoles ou forestières.

Un arrêté du ministre des transports, pris après avis du ministre de l'agriculture, fixe les modalités d'application du présent article.

Art. R. 317-27 Les dispositions de la présente section ne sont applicables aux véhicules et matériels spéciaux des armées que si elles sont compatibles avec leurs caractéristiques techniques de fabrication et d'emploi. — *[Anc. art. R. 229, al. 1er, 3 et 5.]*

Art. R. 317-28 Le ministre chargé des transports fixe par arrêté les règles relatives aux aménagements, prévus à la présente section, des engins spéciaux dont la vitesse ne peut excéder par construction 25 km/h.

Le fait pour tout conducteur d'un engin spécial de contrevenir aux dispositions prises en application du présent article est puni de l'amende prévue pour les contraventions de la troisième classe. — *[Anc. art. R. 168 et R. 239.]*

Art. R. 317-29 *(Abrogé par Décr. nº 2003-642 du 11 juill. 2003, art. 5-III)* ***La fabrication, l'importation, la détention en vue de la vente, la vente, la distribution à titre gratuit des dispositifs ayant pour objet d'augmenter la puissance du moteur des cyclomoteurs sont interdites.***

Toute transformation par des professionnels des moteurs de cyclomoteurs en vue d'en augmenter la puissance est également interdite.

Au sens du présent article, on entend par importation l'entrée sur le territoire douanier de marchandises non communautaires.

Le fait de contrevenir aux dispositions du présent article est puni de l'amende prévue pour les contraventions de la cinquième classe.

La récidive de cette contravention est réprimée conformément à l'article 132-11 du code pénal. — [Décr. nº 92-987 du 10 sept. 1992, art. 1er à 3.]

COMMENTAIRE

Les infractions concernant les « kits de débridage » des cyclomoteurs, sanctionnées de l'amende prévue pour les contraventions de la cinquième classe par l'article R. 317-29, sont désormais de nature délictuelle (V. art. L. 317-5 à L. 317-8). Le présent article a en conséquence été abrogé. ❑

CHAPITRE VIII ÉNERGIE, ÉMISSIONS POLLUANTES ET NUISANCES

Art. R. 318-1 Les véhicules à moteur ne doivent pas émettre de fumées, de gaz toxiques, corrosifs ou odorants, dans des conditions susceptibles d'incommoder la population ou de compromettre la santé et la sécurité publiques.

Le ministre chargé des transports, le ministre chargé de la santé et le ministre chargé de l'environnement fixent par arrêté les conditions d'application du présent article.

Le fait de contrevenir aux dispositions du présent article ou à celles prises pour son application est puni de l'amende prévue pour les contraventions de la *(Décr. n° 2011-368 du 4 avr. 2011)* « quatrième classe ».

L'immobilisation peut être prescrite dans les conditions prévues aux articles L. 325-1 à L. 325-3.

1. Interdiction de faire tourner le moteur d'un véhicule en stationnement. Est justifiée la décision d'un tribunal condamnant, sur le fondement de l'art. R. 318-1 C. route, un prévenu ayant laissé son véhicule à l'arrêt, moteur tournant, dès lors que l'art. 2 de l'Arr. du 12 nov. 1963 relatif aux fumées produites par les véhicules automobiles pris pour application de l'art. R. 69 ancien C. route, dont les dispositions ont été reprises par l'art. R. 318-1 dudit code, prescrit que les véhicules en stationnement doivent avoir leur moteur arrêté. • Crim. 22 mars 2022, n° 21-85.693 : *Dr. pénal 2022, n° 88, note Robert ; ibid. Chron. 8, obs. Gauvin.*

2. Constatation de l'émission de fumées, de gaz toxiques, corrosifs ou odorants. Ni l'art. R. 318-1 C. route ni aucune disposition réglementaire n'impose l'emploi d'un dispositif technique particulier pour caractériser la contravention sanctionnant le non-respect de la réglementation relative aux rejets de fumées ou gaz toxiques, corrosifs ou odorants par un véhicule à moteur. • Crim. 17 sept. 2003 : *Jurispr. auto 2004. 148, obs. Defrance.*

Art. R. 318-2 *(Décr. n° 2016-858 du 29 juin 2016)* I. — Les véhicules à moteur des catégories M, N et L définies à l'article R. 311-1 *(Décr. n° 2017-782 du 5 mai 2017, art. 3, en vigueur le 1er juill. 2017)* « sont identifiés », lorsque les conditions de leur utilisation le nécessitent, *(Abrogé par Décr. n° 2017-782 du 5 mai 2017, art. 3, à compter du 1er juill. 2017)* *« être identifiés »* au moyen d'une vignette sécurisée appelée "certificat qualité de l'air".

Le certificat qualité de l'air atteste de la conformité des véhicules à différentes classes établies en tenant compte du niveau d'émission de polluants atmosphériques et de leur sobriété énergétique. Le classement des véhicules tient compte notamment de leur catégorie au sens de l'article R. 311-1, de leur motorisation, des normes techniques applicables à la date de réception des véhicules ou de leur date de première immatriculation ainsi que des éventuels dispositifs de traitement des émissions polluantes installés postérieurement à la première mise en circulation des véhicules.

L'organisme chargé de la délivrance des certificats peut percevoir à titre de rémunération une redevance versée par les demandeurs, destinée à couvrir les coûts de développement, de maintenance et d'exploitation du service, ainsi que les coûts d'élaboration, de fabrication, d'acheminement et de suivi des demandes de certificats. Un arrêté du ministre chargé de l'environnement fixe le montant de cette redevance.

II. — Un arrêté des ministres chargés de l'environnement, des transports et de l'intérieur précise les critères de classement des véhicules et fixe les modalités d'application du présent article.

III. — Le fait, pour tout propriétaire ou locataire dans le cadre d'un contrat d'une durée supérieure ou égale à deux ans ou dans le cadre d'un crédit-bail, d'apposer sur son véhicule un certificat qualité de l'air ne correspondant pas aux caractéristiques de ce véhicule est puni de l'amende prévue pour les contraventions de la 4e classe.

V. Arr. du 21 juin 2016 établissant la nomenclature des véhicules classés en fonction de leur niveau de polluants atmosphériques en application de l'article R. 318-2 du code de la route, App., v° Environnement.

V. Arr. du 15 mai 2013 visant les conditions d'installation et de réception des dispositifs de post-équipement permettant de réduire les émissions de polluants des véhicules en service (JO 7 juin), mod. par Arr. du 22 août 2014 (JO 6 sept.), mod. par Arr. du 21 juin 2016 (JO 23 juin), mod. par Arr. du 29 juin 2023 (JO 24 oct.).

Sanctions : art. R. 411-19 et R. 411-19-1.

V. Arr. du 29 juin 2016 relatif aux modalités de délivrance et d'apposition des certificats qualité de l'air (JO 30 juin).

V. Arr. du 29 juin 2016 fixant le tarif de la redevance pour la délivrance du certificat qualité de l'air (JO 30 juin), mod. par Arr. du 14 févr. 2018 (JO 18 févr.).

COMMENTAIRE

Certificat qualité de l'air. Le présent article est consacré à la vignette « certificat qualité de l'air » qui doit être apposée sur certains véhicules afin d'identifier leur niveau de pollution. Cette vignette est de couleur différente – six couleurs existent pour six classes de véhicule – selon que le véhicule est considéré comme plus ou moins polluant. Le type de véhicule et son année de première immatriculation sont notamment pris en compte pour classer chaque catégorie de véhicule en fonction de leur niveau d'émission de polluants atmosphériques et, en conséquence, déterminer la couleur de la vignette pouvant être apposée sur chaque véhicule (V. Arr. du 21 juin 2016 établissant un tel classement, App., v° *Environnement*), étant précisé que l'article R. 318-2 prévoit une amende de quatrième classe à l'encontre de ceux qui apposeraient sur leur véhicule une vignette ne correspondant pas aux caractéristiques de leur véhicule.

D'un point de vue pratique, on notera qu'un tel certificat peut être demandé directement sur internet, via un site dédié (www.certificat-air.gouv.fr), moyennant une somme de 3,11 € correspondant au montant de la redevance fixé pour sa délivrance, auquel s'ajoute le montant de son acheminement par la voie postale (V. Arr. du 29 juin 2016 fixant le tarif de la redevance pour la délivrance du certificat qualité de l'air, *JO 30 juin*, mod. par Arr. du 14 févr. 2018, *JO 18 févr.*) et que ce certificat doit être apposé sur la partie inférieure droit du pare-brise pour les voitures, véhicules utilitaires légers, poids lourds, autobus et autocars et sur toute surface située à l'avant du plan formé par la fourche pour les deux-roues, tricycles et quadricycles à moteur (V. Arr. du 29 juin 2016 relatif aux modalités de délivrance et d'apposition des certificats qualité de l'air, *JO 30 juin*).

Circulation lors des pointes de pollution. Tout propriétaire de véhicule n'est cependant pas tenu d'apposer sur son véhicule une vignette « certificat qualité de l'air ». Une telle apposition peut néanmoins être utile pour pouvoir circuler lors des pointes de pollution. Dans un tel cas, l'article R. 411-19 permet en effet au préfet d'interdire aux véhicules de circuler certains jours en fonction de leur numéro d'immatriculation ou, depuis le décret n° 2017-782 du 5 mai 2017, en fonction de la vignette « certificat qualité de l'air » apposée sur le véhicule.

Circulation et stationnement dans une zone à circulation restreinte ou une zone à faibles émissions mobilité. L'apposition d'une telle vignette est même obligatoire lorsque l'on veut circuler, mais aussi stationner dans une zone à circulation restreinte, rebaptisée « zone à faibles émissions mobilité » par la loi d'orientation des mobilités du 24 décembre 2019. Dans une telle zone – créée en application de l'article L. 2213-4-1 du code général des collectivités territoriales –, le maire peut en effet interdire ou limiter la circulation des véhicules en fonction de leur niveau de pollution. Or ces restrictions de circulation peuvent être sanctionnées sur le fondement de l'article R. 411-19-1 d'une amende de quatrième classe ou de troisième classe. Ce qui suppose de pouvoir identifier chaque véhicule en fonction de son niveau de pollution pour savoir s'il est autorisé ou non à circuler dans une telle zone. Le fait de circuler dans une telle zone sans vignette « certificat qualité de l'air » apposée sur son véhicule est d'ailleurs expressément sanctionné par l'article R. 411-19-1 depuis le décret précité du 5 mai 2017.

Dans une zone à circulation restreinte ou à faibles émissions mobilité, depuis la loi d'orientation des mobilités, l'apposition d'une vignette d'identification « certificat qualité de l'air » est, qui plus est, obligatoire non seulement pour pouvoir circuler, mais aussi pour pouvoir stationner, l'article R. 411-19-1 sanctionnant également le fait de stationner un véhicule dans une telle zone alors que ce véhicule ne dispose pas d'une telle vignette. ❑

Illégalité de l'Arr. du 11 avr. 2022. L'Arr. du 11 avr. 2022, modifiant l'Arr. du 21 juin 2016 établissant la nomenclature des véhicules classés en fonction de leur niveau de polluants atmosphériques en application de l'art. R. 318-2 C. route, a été jugé illégal pour avoir été adopté sans consultation préalable du public, cet arrêté ayant une incidence directe et significative sur l'environnement, au sens de l'art. L. 123-19-1 C. envir., dès lors qu'il accorde aux véhicules biodiesel une classification équivalente à celle des « véhicules essence » et plus favorable que celle des « véhicules diesel », facilitant, quelles que soient les restrictions de circulation définies dans chacune des zones à faibles émissions mobilité, la circulation d'une catégorie de véhicules, dont il n'est pas contesté qu'ils émettent des polluants atmosphériques. • CE 25 janv. 2023, n° 465058 B : *D. actu. 3 févr. 2023, obs. Pastor ; AJDA 2023. 152*.

Art. R. 318-3 **Les véhicules à moteur ne doivent pas émettre de bruits susceptibles de causer une gêne aux usagers de la route ou aux riverains.**

(Décr. nº 2022-1 du 3 janv. 2022, art. 8) **« Les bruits émis par les véhicules à moteur circulant sur une voie située à l'intérieur d'une agglomération et où la vitesse maximale autorisée des véhicules n'excède pas 50 km/h ne doivent pas être d'un niveau d'émissions sonores supérieur à celui fixé par arrêté du ministre chargé de l'environnement, compte tenu de leur catégorie, de leur date de première mise en circulation et des vitesses maximales autorisées sur les voies de circulation. »** — *V. Arr. du 7 juill. 2023 (JO 14 juill.).*

Le moteur doit être muni d'un dispositif d'échappement silencieux en bon état de fonctionnement sans possibilité d'interruption par le conducteur.

Toute opération tendant à supprimer ou à réduire l'efficacité du dispositif d'échappement silencieux est interdite.

Le ministre chargé des transports, le ministre chargé de la santé et le ministre chargé de l'environnement fixent par arrêté les conditions d'application du présent article.

(Décr. nº 2022-1 du 3 janv. 2022, art. 8) **« Les dispositions du présent article ne sont pas applicables aux émissions sonores liées à l'usage des avertisseurs mentionnés à l'article R. 313-33 et des avertisseurs spéciaux mentionnés aux articles R. 432-1 et R. 432-2. »**

Le fait de contrevenir aux dispositions du présent article ou à celles prises pour son application est puni de l'amende prévue pour les contraventions de la *(Décr. nº 2011-368 du 4 avr. 2011)* **« quatrième classe ».**

L'immobilisation peut être prescrite dans les conditions prévues aux articles L. 325-1 à L. 325-3.

COMMENTAIRE

Nuisances sonores des véhicules à moteur. Le présent article permet de sanctionner, de l'amende prévue pour les contraventions de la quatrième classe, plusieurs comportements en lien avec les nuisances sonores que peut causer la circulation des véhicules à moteur.

L'article R. 318-3, alinéa 1er, permet ainsi de sanctionner le fait de circuler avec un véhicule à moteur émettant des bruits susceptibles de causer une gêne aux usagers de la route ou aux riverains. Il s'agit d'une incrimination assez ouverte, qui a, par exemple, été utilisée pour sanctionner les nuisances sonores provoquées par des participants à une cérémonie de mariage faisant tourner le moteur de leur véhicule à un régime excessif (V. note 1). Depuis le décret nº 2022-1 du 3 janvier 2022, ajoutant un alinéa à l'article R. 318-3 indiquant que « les dispositions du présent article ne sont pas applicables aux émissions sonores liées à l'usage des avertisseurs mentionnés à l'article R. 313-33 et des avertisseurs spéciaux mentionnés aux articles R. 432-1 et R. 432-2 », cette contravention ne peut en revanche s'appliquer aux participants à une cérémonie de mariage usant, de manière continue, du klaxon de leur véhicule pour fêter l'événement...

Les alinéas 3 et 4 de l'article R. 318-3, en prévoyant que « le moteur doit être muni d'un dispositif d'échappement silencieux en bon état de fonctionnement sans possibilité d'interruption par le conducteur » et que « toute opération tendant à supprimer ou à réduire l'efficacité du dispositif d'échappement silencieux est interdite », permettent, quant à eux, de sanctionner le fait de circuler avec un véhicule à moteur sans dispositif d'échappement silencieux ou de supprimer ou transformer un tel dispositif sur un véhicule. Une incrimination qu'il convient de distinguer du délit prévu à l'article L. 318-3 sanctionnant des faits comparables portant sur le filtre à particules du système d'échappement.

Radars anti-bruit. Enfin, depuis le décret nº 2022-1 du 3 janvier 2022, l'alinéa 2 du présent article incrimine le fait de circuler, sur une voie située à l'intérieur d'une agglomération et où la vitesse maximale autorisée des véhicules n'excède pas 50 km/h, avec un véhicule à moteur excédant un niveau d'émissions sonores fixé par arrêté ministériel, les émissions sonores liées à l'usage d'un avertisseur mises à part. Cette incrimination est à mettre en lien avec l'expérimentation des radars « anti-bruit » mise en œuvre par ce même décret de 2022 (V. art. L. 130-9 et son comm.), laquelle a conduit à l'installation d'appareils de contrôle automatique du niveau d'émissions sonores des véhicules en circulation sur le territoire de plusieurs communes et de deux métropoles, afin, dans un premier temps, d'effectuer les tests nécessaires pour homologuer de tels appareils, puis, dans un second temps, sanctionner les nuisances sonores de certains véhicules à moteur lorsqu'ils circulent en agglomération. Pour ce faire, et conformément aux dispositions de l'alinéa 2 du présent article, un arrêté du 7 juillet 2023 a fixé à 85 décibels le niveau d'émissions sonores à ne pas dépasser par un véhicule à moteur circulant sur une voie située à l'intérieur d'une agglomération où la vitesse maximale autorisée des véhicules n'excède pas 50 km/h. Cet arrêté du 7 juillet 2023 a toutefois prévu que certaines catégories de véhicule, dont la première mise en circulation est antérieure à une certaine date (par ex., le 1er oct. 1990, pour les véhicules de la catégorie L3e, c'est-à-dire pour les véhicules à deux roues équipés d'un moteur d'une cylindrée supérieure à 50 cm^3), ainsi que les véhicules agricoles, pouvaient dépasser un tel seuil. ❑

1. Le fait d'utiliser le moteur d'un véhicule à des régimes excessifs à l'occasion de la célébration d'un mariage contrevient aux dispositions de l'art. R. 318-3 C. route prévoyant que les véhicules à moteur ne doivent pas émettre de bruits susceptibles de causer une gêne aux usagers de la route ou aux riverains, la célébration d'un mariage n'autorisant pas les participants à troubler la tranquillité du voisinage. Et si le bruit d'un autoradio qui diffuse de la musique peut encore être toléré, il n'en est pas de même du bruit particulièrement désagréable d'un moteur en accélération qui est la cause d'une grande nuisance et d'une pollution pour les riverains. • Rouen, 1er sept. 2011 : *Dr. pénal 2012. Chron. 6, obs. Gauvin.*

2. La contravention prévue par l'art. R. 318-3 C. route, qui dispose que les véhicules à moteur ne doivent pas émettre de bruits susceptibles de causer une gêne aux usagers de la route ou aux riverains, peut être retenue à l'encontre du propriétaire du véhicule, dans le cas où il l'a prêté à autrui. • Crim. 17 déc. 2013, n° 12-87.646 P : *D. 2014. Actu. 13 ; Gaz. Pal. 13 mai 2014, p. 29, note Detraz.*

Art. R. 318-4 Tout véhicule à moteur doit être muni de dispositifs antiparasites radioélectriques.

Le ministre chargé des transports fixe par arrêté les conditions d'application du présent article.

Le fait de contrevenir aux dispositions du présent article ou à celles prises pour son application est puni de l'amende prévue pour les contraventions de la *(Décr. n° 2011-368 du 4 avr. 2011)* **« quatrième classe ».**

V. App., v° Environnement : Arr. du 12 nov. 1963 (fumées), Arr. du 16 janv. 1975 (gaz polluants), Arr. du 17 juill. 1984 (contrôles de pollution), Arr. du 6 mai 1988 (contrôles des moteurs Diesel), Arr. du 20 févr. 1991 (dispositifs d'échappement) ; Arr. du 13 avr. 1972 (bruit), Arr. du 18 juill. 1985 (contrôle du niveau sonore).

En ce qui concerne les exigences en matière de carburant du moteur des véhicules automobiles, V. Arr. du 6 mai 1988 (JO 8 mai), mod. par Arr. du 25 janv. 1990 (JO 7 févr.) et Arr. du 1er juill. 1992 (JO 1er août).

Art. R. 318-5 Le ministre chargé des transports fixe par arrêté les règles relatives aux émissions polluantes et aux nuisances sonores des engins spéciaux dont la vitesse ne peut excéder par construction 25 km/h.

Le fait de contrevenir aux dispositions prises en application du présent article est puni de l'amende prévue pour les contraventions de la *(Décr. n° 2011-368 du 4 avr. 2011)* **« quatrième classe ».**

L'immobilisation peut être prescrite dans les conditions prévues aux articles L. 325-1 à L. 325-3.

Art. R. 318-6 Les dispositions du présent chapitre ne sont applicables aux véhicules et aux matériels des armées que si elles sont compatibles avec leurs caractéristiques techniques de fabrication et d'emploi.

Art. R. 318-7 *(Abrogé par Décr. n° 2017-21 du 11 janv. 2017, art. 2)* ***I. — Le parc automobile mentionné à l'article L. 318-2 est constitué des voitures particulières, ainsi que des véhicules de transport de personnes et des véhicules de transport de marchandises ou assimilés dont le poids total autorisé en charge (PTAC) n'excède pas 3,5 tonnes, qui ont été acquis ou loués par des contrats d'une durée cumulée supérieure à un an et pour lesquels il existe sur le marché européen des modèles concurrents de même usage fonctionnant à l'énergie électrique, au gaz de pétrole liquéfié ou au gaz naturel.***

II. — Pour les services de l'État, le parc automobile est apprécié dans le cadre de chaque :
1° Direction gestionnaire de moyens pour les administrations centrales ;
2° Service déconcentré gestionnaire de crédits permettant l'acquisition de véhicules ;
3° Service à compétence nationale ;
4° Autorité administrative indépendante. — [Anc. art. R. 137-1.]

Art. R. 318-8 *(Abrogé par Décr. n° 2017-21 du 11 janv. 2017, art. 2)* ***Des dérogations aux obligations instituées par l'article L. 318-2 peuvent être accordées par le préfet si les contraintes liées aux nécessités du service le justifient, notamment lorsque les conditions d'approvisionnement en carburant, les exigences de sécurité liées à l'utilisation des véhicules fonctionnant à l'énergie électrique, au gaz de pétrole liquéfié ou au gaz naturel, ou les performances de ces véhicules sont incompatibles avec les missions de service.*** — [Anc. art. R. 137-2.]

L'art. R. 318-10 a été créé par le Décr. n° 2003-727 du 1er août 2003 sans qu'il y ait au préalable création d'un art. R. 318-9.

Art. R. 318-10 *(Décr. n° 2011-153 du 4 févr. 2011, art. 3)* **« I. — Les voitures particulières et les camionnettes doivent être construites de façon à limiter l'utilisation de substances dangereuses afin de prévenir le rejet de ces substances dans l'environnement, de faciliter le recyclage des composants et matériaux des véhicules et d'éviter d'avoir à éliminer des déchets dangereux au sens des articles R. 541-7 à R. 541-11 du code de l'environnement.**

« Les substances dangereuses visées à l'alinéa précédent répondent aux critères des classes ou catégories de danger suivantes, visées à l'annexe I du règlement (CE) n° 1272/2008 du Parlement européen et du Conseil du 16 décembre 2008 relatif à la classification, à l'étiquetage et à l'emballage des substances et des mélanges :

« *a)* Les classes de danger 2.1 à 2.4, 2.6 et 2.7, 2.8 types A et B, 2.9, 2.10, 2.12, 2.13 catégories 1 et 2, 2.14 catégories 1 et 2, 2.15 types A à F ;

« *b)* Les classes de danger 3.1 à 3.6, 3.7 effets néfastes sur la fonction sexuelle et la fertilité ou sur le développement, 3.8 effets autres que des effets narcotiques, 3.9 et 3.10 ;

« *c)* La classe de danger 4.1 ;

« *d)* La classe de danger 5.1.

« Un arrêté conjoint des ministres chargés des transports, de l'environnement et de l'industrie fixe les conditions d'utilisation du plomb, du mercure, du cadmium et du chrome hexavalent dans les composants et matériaux des véhicules. » — *V. Arr. du 9 mars 2012 (JO 17 mars), mod. par Arr. du 16 août 2013 (JO 21 août), mod. par Arr. du 28 mai 2018 (JO 20 juin).*

II. — Les voitures particulières et les camionnettes doivent être construites de façon à faciliter leur démontage et leur dépollution lors de leur destruction ultérieure ainsi que le réemploi ou la valorisation, en particulier le recyclage, de leurs composants et matériaux.

Les composants et matériaux de ces véhicules font l'objet d'une codification afin de faciliter l'identification de ceux qui peuvent être réemployés et valorisés.

Un arrêté conjoint des ministres chargés des transports, de l'environnement et de l'industrie fixe les modalités d'application du présent II.

III. — Le respect des dispositions des I et II ci-dessus est vérifié lors de la réception communautaire prévue par les articles R. 321-6 à R. 321-14 du présent code.

V. C. envir., art. R. 543-153 s., App., v° Environnement.

CHAPITRE IX DISPOSITIONS APPLICABLES AU VÉHICULE À DÉLÉGATION DE CONDUITE

(Décr. n° 2021-873 du 29 juin 2021, art. 3)

Art. R. 319-1 **I. — Les conditions d'utilisation du système de conduite automatisé mentionnées à l'article L. 319-1 précisent notamment :**

1° Le domaine de conception fonctionnelle du véhicule ;

2° L'état et la position dans lesquels le conducteur doit se maintenir, afin notamment de répondre à une demande de reprise en main du système de conduite automatisé, et de respecter les sommations, injonctions ou indications données par les forces de l'ordre ou les règles de priorité de passage des véhicules d'intérêt général prioritaires en application de l'article L. 123-1 ;

3° Les conditions dans lesquelles une demande de reprise en main est adressée au conducteur par le système, notamment la période de transition et les modalités d'information du conducteur ;

4° Les conditions dans lesquelles le système est, le cas échéant, en mesure d'exécuter le contrôle dynamique du véhicule sans effectuer de demande de reprise en main, quelles que soient les conditions de circulation, les situations de conduite et les défaillances rencontrées ;

5° Les modalités de reprise en main du véhicule par le conducteur ;

6° Les fonctions du système de conduite automatisé permettant de présumer que le conducteur est en état et en position de répondre à une demande de reprise en main ;

7° Les conditions dans lesquelles une manœuvre à risque minimal est activée par le système de conduite automatisé, ainsi que les conditions dans lesquelles une reprise en main est possible pendant l'exécution de cette manœuvre ;

8° Les conditions dans lesquelles une manœuvre d'urgence est activée par le système de conduite automatisé, ainsi que les conditions dans lesquelles une reprise en main est différée jusqu'à sa complète exécution pour des raisons de sécurité.

II. – Sous réserve des dispositions du 8° du I, le système de conduite automatisé doit pouvoir être désactivé à tout moment par une reprise en main du conducteur.

TITRE II DISPOSITIONS ADMINISTRATIVES

CHAPITRE I RÉCEPTION ET HOMOLOGATION

SECTION 1 Dispositions générales

Art. R. 321-1 Pour l'application du présent chapitre, les termes ci-après ont le sens qui leur est donné dans le présent article :

– "constructeur" : personne ou organisme qui, quelle que soit sa place dans le processus de production ou de commercialisation, fait la demande de réception et se propose d'être responsable de tous les aspects du processus de la réception et de la conformité de la production ;

– "système" : ensemble de dispositifs techniques destinés à assurer une fonction du véhicule telle que le freinage ou la lutte contre la pollution. – *[Anc. art. R. 109-3, al. 2, et R. 109-4, al. 1er.]*

Art. R. 321-2 Les dispositions du présent chapitre ne sont pas applicables aux véhicules et aux matériels spéciaux des armées dont la réception est assurée par les services techniques de la défense nationale. – *[Anc. art. R. 229, al. 1er et 4.]*

Art. R. 321-3 Le ministre chargé des transports fixe par arrêté les règles relatives à la réception et à l'homologation pour les engins spéciaux dont la vitesse ne peut excéder par construction 25 km/h. – *[Anc. art. R. 168.]*

Art. R. 321-4 Le fait de mettre en vente ou de vendre un véhicule ou un élément de véhicule sans qu'il ait fait l'objet d'une réception est puni de l'amende prévue pour les contraventions de la cinquième classe, sans préjudice des mesures administratives qui peuvent être prises par le ministre chargé des transports.

La récidive de cette contravention est réprimée conformément à l'article 132-11 du code pénal.

Le fait de mettre ou maintenir en circulation un véhicule à moteur ou une remorque sans qu'il ait fait l'objet d'une réception est puni de l'amende prévue pour les contraventions de la quatrième classe.

Le fait de mettre en vente ou de vendre un dispositif ou un équipement non conforme à un type homologué ou à un type ayant fait l'objet d'une réception, lorsque l'agrément de ce dispositif ou équipement est imposé par le présent code ou par les textes réglementaires pris pour son application, est puni de l'amende prévue pour les contraventions de la quatrième classe.

Le fait de faire usage d'un dispositif ou d'un équipement non conforme à un type homologué ou à un type ayant fait l'objet d'une réception, lorsque l'agrément de ce dispositif ou équipement est imposé par le présent code ou par les textes réglementaires pris pour son application, est puni de l'amende prévue pour les contraventions de la *(Décr. nº 2022-1040 du 22 juill. 2022)* **« troisième » classe.** – *[Anc. art. R. 241, al. 1er et 2, R. 242-1 et R. 242-3.]*

(Décr. nº 2022-1040 du 22 juill. 2022) **« Dans les cas prévus aux troisième et cinquième alinéas, l'immobilisation et la mise en fourrière peuvent être prescrites dans les conditions prévues aux articles L. 325-1, L. 325-2 et L. 325-3. »**

L'usage d'un dispositif soumis à agrément, non conforme à un type homologué, en l'espèce le sigle « SE », abréviation d'État souverain de Savoie, tombe sous le coup de l'art. R. 242-1, al. 2, [C. route, art. R. 321-4, al. 5]. • Crim. 9 juill. 1997, nº 96-84.663 P : *JCP 1998. IV. 1270; Gaz. Pal. 1997. 2. Chron. crim. 242.*

Art. R. 321-4-1 *(Décr. nº 2009-497 du 30 avr. 2009)* **La vente, l'offre de vente ou la mise en service des pièces ou équipements susceptibles de présenter un risque important pour le bon fonctionnement de systèmes essentiels pour la sécurité ou la performance environnementale d'un véhicule** *(Décr. nº 2016-448 du 13 avr. 2016, art. 41)* **« de catégorie M, N, O, L, T, C, R ou S » n'est permise que si lesdites pièces ou équipements sont autorisés par l'autorité compétente en matière de réception.**

Chaque pièce ou partie d'équipement autorisée en vertu du présent article doit recevoir un marquage approprié.

Le ministre chargé des transports fixe par arrêté les modalités d'application du présent article et, en particulier, la liste des pièces et équipements concernés.

Art. R. 321-4-2 *(Décr. nº 2019-1082 du 23 oct. 2019, art. 16)* **Le fait de circuler sur la voie publique avec un engin de déplacement personnel motorisé dont la vitesse maximale par construction est supérieure à celle définie au 6.15 de l'article R. 311-1 est puni de l'amende prévue pour les contraventions de la cinquième classe.**

La confiscation, l'immobilisation ou la mise en fourrière peuvent être prescrites dans les conditions prévues aux articles L. 325-1 à L. 325-9.

COMMENTAIRE

Depuis le décret nº 2019-1082 du 23 octobre 2019, la circulation des engins de déplacement personnel motorisés est réglementée dans le code de la route (V. art. R. 412-43-1 à R. 412-43-2). La vitesse maximale par construction de ces engins a été fixée à 25 km/h par les dispositions les définissant à l'article R. 311-1. Or ceux qui circulent sur ces engins en dépassant cette vitesse maximale peuvent être sanctionnés ou bien sur le fondement du présent article si l'engin utilisé a une vitesse maximale par construction supérieure à 25 km/h, ou bien sur le fondement de l'article R. 317-23-1 si l'engin utilisé a été « débridé ». ❑

Art. R. 321-5 **Le ministre chargé des transports fixe par arrêté les dispositions nécessaires à la vérification de la puissance et de la vitesse maximale des motocyclettes, des tricycles et quadricycles à moteur et des cyclomoteurs.** – *[Anc. art. R. 169-3, al. 2, et R. 188-2.]*

Art. D. 321-5-1 *(Décr. nº 2007-405 du 22 mars 2007)* **Dans le cadre de la dérogation prévue au second alinéa de l'article L. 321-1, l'offre, la mise en vente, la vente et la proposition à la location d'un cyclomoteur, d'une motocyclette ou d'un quadricycle à moteur immatriculé, non conforme à sa réception et destiné à participer à une course ou une épreuve sportive, sont subordonnées à la déclaration préalable du retrait de la circulation du véhicule à l'autorité administrative compétente, selon les modalités de l'article R. 322-6.**

Art. D. 321-5-2 *(Décr. n° 2007-405 du 22 mars 2007)* **La personne qui offre, met en vente, vend ou propose à la location les véhicules mentionnés à l'article D. 321-5-1 conserve une copie de la déclaration de retrait de la circulation et, en cas de vente, du document attestant de cette vente pendant une durée minimale de cinq ans.**

Ces pièces sont présentées sur simple demande à tout agent habilité à constater les infractions aux dispositions de l'article L. 321-1.

Art. R. 321-5-3 *(Décr. n° 2009-497 du 30 avr. 2009)* **Le ministre chargé des transports fixe par arrêté les conditions et la durée de validité des réceptions.**

SECTION 2 **Réception communautaire ou réception CE**

Art. R. 321-6 **La réception communautaire, dite réception CE, est destinée à constater qu'un** *(Décr. n° 2009-497 du 30 avr. 2009)* **« véhicule ou un » type de véhicule, de système ou d'équipement satisfait aux prescriptions techniques exigées pour sa mise en circulation.**

Les règles techniques élaborées en application des *(Décr. n° 2009-497 du 30 avr. 2009)* **« actes réglementaires communautaires relatifs » à la réception des véhicules, des systèmes ou des équipements sont fixées par arrêté du ministre chargé des transports.**

(Décr. n° 2009-497 du 30 avr. 2009) **« Pour l'application de la présente section, les termes ci-après ont le sens qui leur est donné dans le présent article :**

« – "réception CE par type" : l'acte par lequel un État membre de la CE certifie qu'un type de véhicule, de système, de composant ou d'entité technique satisfait aux dispositions administratives et aux exigences techniques communautaires ;

« – "réception individuelle" : l'acte par lequel un État membre de la CE certifie qu'un véhicule donné, qu'il soit unique ou non, satisfait aux dispositions administratives et aux exigences techniques applicables ;

« – "mandataire du constructeur" : toute personne physique ou morale établie dans la Communauté européenne, dûment mandatée par le constructeur pour le représenter auprès de l'autorité compétente en matière de réception et agir pour son compte pour les questions relevant de la présente section, toute référence au terme "constructeur" devant être comprise comme visant le constructeur ou son mandataire. »

V. Règl. (UE) 2018/858 du 30 mai 2018 relatif à la réception et à la surveillance du marché des véhicules à moteur et de leurs remorques, ainsi que des systèmes, composants et entités techniques distinctes destinés à ces véhicules, modifiant les règlements (CE) n° 715/2007 et (CE) n° 595/2009 et abrogeant la directive 2007/46/CE (JOUE 14 juin 2018).

Sur la réception des véhicules à moteur, de leurs remorques et des systèmes et équipements destinés à ces véhicules en application du Règl. (UE) 2018/858, V. Arr. du 11 janv. 2021 (JO 24 janv.), mod. par Arr. du 31 mars 2021 (JO 11 avr.), Arr. du 18 févr. 2022 (JO 3 mars) et Arr. du 7 juin 2023 (JO 6 juill.).

Sur la réception des véhicules à moteur et de leurs remorques en ce qui concerne l'installation des dispositifs d'éclairage et de signalisation lumineuse, V. Arr. du 26 mars 1998 (JO 8 avr.), mod. par Arr. du 15 déc. 1998 (JO 5 janv. 1999), Arr. du 16 nov. 2007 (JO 28 nov.).

Sur la réception des véhicules automobiles et de leurs équipements en matière de contrôle des émissions polluantes, V. Arr. du 2 juin 1999, mod. par Arr. du 12 mai 2021 (JO 30 mai).

Sur la réception des véhicules à moteur en ce qui concerne les saillies extérieures, V. Arr. du 10 déc. 2007 (JO 20 déc.).

Sur la réception des véhicules automobiles en ce qui concerne les systèmes de climatisation, V. Arr. du 21 déc. 2007 (JO 29 déc.).

Sur le poids total roulant autorisé, V. Arr. du 2 févr. 2011 (JO 13 févr.), mod. par Arr. du 5 mai 2011 (JO 24 mai).

Concernant les demandes de réception par type de véhicule et les demandes de réception par type des composants/systèmes/entités, le silence gardé par l'administration pendant un délai de six mois vaut, par exception, décision de rejet (Décr. n° 2014-1273 du 30 oct. 2014, JO 1er nov.).

Concernant les demandes de réception à titre isolé/individuelle des véhicules et les demandes de dérogation dans le cadre de la mise en application de réglementations nationales ou communautaires, le silence gardé par l'administration pendant un délai de quatre mois vaut, par exception, décision de rejet (Décr. n° 2014-1273 du 30 oct. 2014, JO 1er nov.).

Art. R. 321-7 Le ministre chargé des transports est l'autorité compétente pour l'application des règles prévues en matière de réception CE. – *[Anc. art. R. 109-3, al. 3.]*

Art. R. 321-8 *(Décr. n° 2016-448 du 13 avr. 2016, art. 42)* **Les réceptions CE sont prononcées par délégation du ministre chargé des transports par le service en charge des réceptions désigné par arrêté par le même ministre.**

V. Décr. n° 2018-1278 du 28 déc. 2018 portant création du service à compétence nationale dénommé Centre national de réception des véhicules (JO 29 déc.).

Art. R. 321-9 Le constructeur adresse la demande de réception CE d'un type de véhicule, de système, ou d'équipement au ministre chargé des transports.

La demande est accompagnée d'un dossier constructeur qui comporte toutes les précisions nécessaires au contrôle de la conformité du type de véhicule, de système ou d'équipement aux prescriptions techniques exigées pour sa mise en circulation. La demande de réception d'un type de véhicule est également accompagnée de toutes les fiches de réception CE qui ont été accordées à des systèmes ou des équipements du type de véhicule concerné.

Le ministre chargé des transports vérifie, le cas échéant en coopération avec les autorités compétentes en matière de réception des autres États, que les mesures nécessaires ont été prises pour garantir la conformité des véhicules ou équipements produits au type réceptionné.

Lorsque le ministre chargé des transports constate que le type de véhicule, de système ou d'équipement satisfait aux exigences requises par la législation communautaire, il délivre une fiche de réception CE.

Néanmoins, si le ministre chargé des transports estime qu'un type de véhicule, de système ou d'équipement, quoique conforme aux exigences requises par la législation communautaire, compromet gravement la sécurité routière *(Décr. n° 2009-497 du 30 avr. 2009)* « ou nuit gravement à l'environnement ou à la santé publique », il peut refuser de délivrer la fiche de réception CE. Cette décision doit être motivée et notifiée au constructeur intéressé *(Décr. n° 2009-497 du 30 avr. 2009)* « avec indication des voies et délais de recours », aux autorités compétentes en matière de réception des autres États et à la Commission européenne.

Le constructeur donne à chacun des véhicules conformes à un type ayant fait l'objet d'une réception CE un numéro d'identification. Il remet à l'acheteur du véhicule *(Abrogé par Décr. n° 2009-497 du 30 avr. 2009)* ***« une copie de la fiche de réception CE du type de véhicule ainsi qu' »*** un certificat de conformité attestant que le véhicule livré est entièrement conforme au type réceptionné.

Le constructeur, détenteur d'une fiche de réception CE d'un type d'équipement, appose sur chaque équipement fabriqué conformément au type réceptionné sa marque *(Décr. n° 2019-1316 du 9 déc. 2019, art. 14-V)* « de produits ou de services », l'indication du type ou, si la directive communautaire applicable à l'équipement en cause le prévoit, le numéro ou la marque de réception.

Le ministre chargé des transports fixe par arrêté les modalités de l'examen des demandes de réception CE et le modèle type auquel doivent être conformes le dossier constructeur, la fiche de réception et le certificat de conformité. – *[Anc. art. R. 109-4, al. 2 et 9.]*

Art. R. 321-10 Lorsque le ministre chargé des transports a accordé une réception CE à un type de véhicule, de système ou d'équipement, il peut à tout moment faire vérifier par ses services les méthodes de contrôle de conformité appliquées dans les établissements de production du type réceptionné. Si une vérification met en lumière des résultats non satisfaisants, le ministre chargé des transports veille, le cas échéant en coopération avec les autorités compétentes en matière de réception d'autres États, à ce que les mesures nécessaires soient prises pour rétablir la conformité de la production dans les plus brefs délais.

Si le ministre chargé des transports constate que des véhicules, systèmes ou équipements accompagnés d'un certificat de conformité ou comportant la marque adéquate ne sont pas conformes au type auquel il a délivré la réception CE, il prend les mesures nécessaires pour faire en sorte que les véhicules, systèmes ou équipements redeviennent conformes au type réceptionné. Les mesures prises, qui peuvent aller jusqu'au retrait de la réception, sont portées à la connaissance des autorités compétentes en matière de réception des autres États.

Toute décision portant retrait d'une réception doit être précédée d'une demande d'explications adressée au constructeur sur les griefs qui lui sont reprochés. La décision est motivée et notifiée au constructeur avec indication des voies et délais de recours.

Si la non-conformité d'un véhicule découle exclusivement de la non-conformité d'un système ou d'un équipement, le ministre chargé des transports demande à l'autorité compétente de l'État ayant octroyé la réception du système ou de l'équipement de prendre les mesures nécessaires pour que les véhicules produits redeviennent conformes au type réceptionné.

Il en est de même si la non-conformité découle exclusivement de la non-conformité d'une version incomplète du véhicule, à laquelle un autre État membre a octroyé la réception CE. – *[Anc. art. R. 109-5.]*

Art. R. 321-11 Tout véhicule dont le type a fait l'objet d'une réception CE et qui est muni d'un certificat de conformité valide peut être librement commercialisé et mis en circulation.

Un arrêté du ministre chargé des transports définit les types de véhicules incomplets qui, bien que munis d'un certificat de conformité valide, ne peuvent être immatriculés qu'après une nouvelle réception du véhicule complété.

Le certificat de conformité nécessaire pour l'obtention de l'immatriculation d'un véhicule dont le type a fait l'objet d'une réception CE doit être rédigé en français.

Le ministre chargé des transports peut préciser par arrêté les ajouts à lui apporter de façon à faire apparaître les données nécessaires à l'immatriculation des véhicules. – *[Anc. art. R. 109-6.]*

Art. R. 321-12 Tout équipement ou système dont le type a fait l'objet d'une réception CE *(Décr. nº 2009-497 du 30 avr. 2009)* « valide » ou équivalente et comportant la marque adéquate peut être commercialisé librement. – *[Anc. art. R. 109-7.]*

Art. R. 321-13 S'il est établi que des véhicules, systèmes ou équipements accompagnés d'un certificat de conformité ou portant la marque adéquate ne sont pas conformes au type réceptionné, le ministre chargé des transports demande aux autorités compétentes en matière de réception de l'État ayant procédé à la réception CE de vérifier si les véhicules, systèmes ou équipements produits sont conformes au type réceptionné. – *[Anc. art. R. 109-8.]*

Art. R. 321-14 S'il est établi que des véhicules, systèmes ou équipements d'un type ayant fait l'objet d'une réception CE compromettent gravement la sécurité routière *(Décr. nº 2009-497 du 30 avr. 2009)* « ou nuisent gravement à l'environnement ou à la santé publique » alors qu'ils sont accompagnés d'un certificat de conformité en cours de validité ou qu'ils portent une marque de réception valide, le ministre chargé des transports peut, pour une durée de six mois au maximum, refuser d'immatriculer ces véhicules ou interdire la vente ou la mise en service de ces véhicules, systèmes ou équipements. Il en informe immédiatement *(Décr. nº 2009-497 du 30 avr. 2009)* « le constructeur et » les autorités compétentes en matière de réception des autres États et la Commission européenne en motivant sa décision. La décision doit également être notifiée au constructeur intéressé et indiquer les voies et délais de recours. – *[Anc. art. R. 109-9.]*

Contravention : R. 321-4.

1. Rejet de la demande d'interdiction de mise en circulation des véhicules dépassant les 130 km/h. Si les art. R. 321-9 et R. 321-14 C. route permettent au ministre chargé des Transports de ne pas mettre en circulation des véhicules ayant fait l'objet d'une réception communautaire s'ils sont susceptibles de compromettre gravement la sécurité routière, ces articles n'autorisent pas le ministre à faire usage de son pouvoir de délivrance de certificats d'immatriculation pour interdire de façon générale et absolue la mise en circulation de tout véhicule, quel que soit son type, dont la vitesse maximale par construction dépasserait la vitesse maximale autorisée sur le réseau routier français. Est, en conséquence, justifié le rejet de la demande d'une association tendant à la fixation d'une date à partir de laquelle il sera interdit de délivrer des documents administratifs permettant de mettre en circulation un véhicule dont la vitesse maximale par construction dépasserait les 130 km/h ; cette association ne pouvant utilement invoquer la violation, par la décision de rejet, de l'art. L. 311-1 C. route imposant une construction des véhicules de façon à assurer la sécurité de tous, ni de l'art. L. 318-1 du même code exigeant une construction des véhicules de façon à minimiser la consommation d'énergie, ni de l'art. L. 110-1 C. envir. relatif au respect du principe de précaution. • CE 10 juill. 2006, *Assoc. pour l'interdiction des véhicules inutilement rapides*, n° 271835 : *D. 2006. IR 2208* ; *Jurispr. auto 2006. 455.*

2. Refus d'immatriculation de certains véhicules Mercedes pour atteinte grave à l'environnement. Seuls les motifs prévus à l'art. R. 321-14 C. route peuvent permettre au ministre chargé des transports de refuser d'immatriculer des véhicules ayant fait l'objet d'une réception CE dans une autre État. N'est, en conséquence, pas justifiée la décision du ministre qui, pour refuser l'immatriculation des véhicules Mercedes classes A, B, CLA et SL, fait valoir sa volonté de s'opposer au détournement, par le constructeur Daimler AG, de la procédure de réception CE prévue par la directive 2007/46/CE, d'empêcher la méconnaissance des dispositions du § 4 de l'art. 5 de la directive 2006/40/CE et de prévenir la distorsion de concurrence entre les constructeurs automobiles présents sur le marché européen pouvant résulter de l'utilisation, pour le système de climatisation des véhicules, du gaz R134a, moins coûteux que le gaz R1234yf. • CE 5 mai 2014, *Sté Mercedes-Benz France*, n° 370830 B : *JCP Adm. 2014. Actu. 397.* ♦ En particulier, le ministre ne peut se borner à invoquer une méconnaissance des dispositions du § 4 de l'art. 5 de la directive 2006/40/CE, sans établir qu'elle est de nature à nuire gravement à l'environnement ou à la santé publique (en l'espèce, le Conseil d'État a considéré que les éléments relevés par le ministre ne suffisaient pas à caractériser une atteinte grave à l'environnement, compte tenu du faible pourcentage de véhicules correspondant à de nouveaux modèles immatriculés en France en 2013 équipés d'un système de climatisation utilisant un gaz répondant aux exigences prévues au § 4 de l'art. 5 de la directive 2006/40/CE et du fait de la très faible part des véhicules Mercedes en cause dans le parc automobile français). • Même décision. ♦ V. aussi, antérieurement, l'ordonnance du Conseil d'État ayant suspendu, en référé, l'exécution de la décision du ministre refusant d'immatriculer les véhicules en cause. • CE, ord., 27 août 2013, *Sté Mercedes-Benz France*, n° 370831 : *RJEP 2013, n° 52, note Chabrier ; Europe 2014. Chron. 2, obs. Kalflèche.*

Art. R. 321-14-1 *(Décr. n° 2009-497 du 30 avr. 2009)* **Un constructeur auquel a été octroyée une réception CE par type de véhicule** *(Décr. n° 2016-448 du 13 avr. 2016, art. 41)* **« de catégorie M, N, O, L, T, C, R ou S » doit rappeler les véhicules déjà vendus, immatriculés ou mis en service lorsqu'un ou plusieurs systèmes, composants ou entités techniques installés sur ces véhicules, qu'ils aient ou non été dûment réceptionnés, risquent de compromettre gravement la sécurité routière, la santé publique ou la protection de l'environnement. Il en informe immédiatement le ministre chargé des transports pour les réceptions CE par type de véhicule que ce dernier a accordées et lui propose un ensemble de solutions appropriées en vue de neutraliser le risque. Le ministre chargé des transports communique aux autorités compétentes en matière de réception des autres États membres les mesures proposées par le constructeur. Il veille à la mise en œuvre efficace de ces mesures sur le territoire national.**

Si le ministre chargé des transports juge insuffisantes les mesures communiquées par une autorité compétente en matière de réception ou si ces mesures n'ont pas été mises en œuvre dans un délai assez court, il en informe l'autorité compétente en matière de réception qui a accordé la réception CE par type de véhicule.

Lorsque le ministre chargé des transports est informé par une autorité compétente en matière de réception d'un autre État membre que les mesures communiquées sont insuffisantes ou n'ont pas été mises en œuvre dans un délai assez court, il en informe le constructeur et, s'il n'est pas satisfait des mesures de ce dernier, prend toutes les mesures de protection qui s'imposent, y compris le retrait de la réception CE par type de véhicule lorsque le constructeur s'abstient de proposer et de mettre en œuvre des mesures de correction efficaces. En cas de retrait de la réception CE par type de véhicule, le ministre chargé des transports informe le constructeur, les autorités compétentes en matière de réception des autres États membres ainsi que la Commission européenne.

Le ministre chargé des transports fixe par arrêté les modalités d'application des dispositions du présent article.

V. Arr. du 7 févr. 2022 fixant les modalités d'information des autorités compétentes concernant les véhicules, les systèmes, les composants, les entités techniques distinctes, les pièces ou équipements destinés à ces véhicules, ainsi que les moteurs à combustion interne destinés aux engins mobiles non routiers, présentant une non-conformité ou un risque (JO 1er mars).

SECTION 3 Réception nationale par type ou à titre isolé et homologation

Art. R. 321-15 **Avant sa mise en circulation et en l'absence de réception CE, tout véhicule à moteur, toute remorque ou tout élément de véhicule** *(Abrogé par Décr. nº 2016-448 du 13 avr. 2016, art. 43)* ***« dont le poids total autorisé en charge est supérieur à 500 kilogrammes »*****, toute semi-remorque doit faire l'objet d'une réception nationale effectuée soit par type à la demande du constructeur, soit à titre isolé à la demande du propriétaire ou de son représentant.**

Toutefois, en ce qui concerne les véhicules ou éléments de véhicules qui ne sont pas fabriqués ou assemblés sur le territoire d'un État membre de l'Union européenne, la réception par type n'est admise que si le constructeur possède en France un représentant spécialement accrédité auprès du ministre chargé des transports. Dans ce cas, elle a lieu sur demande dudit représentant.

Le ministre chargé des transports détermine par arrêté les éléments de véhicule soumis à réception ainsi que les conditions particulières auxquelles sont soumis les différents éléments de véhicule pour assurer la conformité des véhicules formés à partir d'éléments avec les dispositions du présent code. — *V. Arr. du 19 juill. 1954 (D. 1954. 292 ; BLD 1954. 651 ; JO 21 juill.) relatif à la réception des véhicules automobiles, mod. par Arr. du 14 févr. 1958 (D. 1958. 115 ; BLD 1958. 204), Arr. du 5 août 1980 (D. et BLD 1980. 352), Arr. du 10 août 1981 (D. et BLD 1981. 317), Arr. du 29 juin 1983 (D. et ALD 1983. 445 ; JO 28 août NC), Arr. du 12 avr. 1984 (D. et ALD 1984. 316), Arr. du 8 juill. 1985 (D. et ALD 1985. 398), Arr. du 16 déc. 1985 (JO 18 janv. 1986), Arr. du 17 févr. 1988 (D. et ALD 1988. 219 ; JO 27 mars), Arr. du 26 juin 1989 (JO 25 juill.), Arr. du 23 janv. 1990 (JO 7 févr.), Arr. du 3 avr. 1995, art. 3 (JO 3 mai), Arr. du 12 mars 1996 (JO 14 mai), Arr. du 3 mai 2004 (JO 13 mai), Arr. du 5 nov. 2007 (JO 16 nov.), Arr. du 16 mars 2011 (JO 31 mars), Arr. du 22 juin 2016 (JO 24 juin), Arr. du 15 avr. 2020 (JO 13 mai), Arr. du 3 nov. 2022 (JO 20 nov.), Arr. du 4 août 2023 (JO 17 août), Arr. du 12 sept. 2023 (JO 24 oct.).*

(Décr. nº 2014-357 du 19 mars 2014) **« Toutefois, tout véhicule carrossé individuellement peut être mis en circulation après un contrôle de conformité initial effectué par un opérateur qualifié. Les catégories de véhicules soumis à ce contrôle, les modalités de ce contrôle et les conditions de désignation des opérateurs qualifiés sont fixées par arrêté du ministre chargé des transports. »** — *V. Arr. du 3 nov. 2022 relatif au contrôle de conformité initial prévu à l'art. R. 321-15 C. route (JO 20 nov.).*

Le ministre chargé des transports fixe la liste des matériels de travaux publics, appelés à être employés normalement sur les routes, qui doivent faire l'objet d'une réception.

Les remorques ou appareils agricoles destinés à être attelés à un tracteur ou à une machine agricole automotrice, s'ils sont montés sur bandages pleins ou si, étant équipés de bandages pneumatiques, leur poids total autorisé en charge (PTAC) est inférieur à 1,5 tonne, ne sont pas soumis à l'obligation de réception.

Les dispositions du présent article ne sont pas applicables aux véhicules de collection *(Décr. nº 2019-1082 du 23 oct. 2019, art. 17)* **« [,] aux engins de déplacement personnel motorisés »** *(Décr. nº 2009-136 du 9 févr. 2009, en vigueur le 15 avr. 2009)* **« et aux véhicules appartenant à des personnes de statut diplomatique ou assimilé ».**

Sur le service en charge des réceptions, V. Décr. nº 2018-1278 du 28 déc. 2018 portant création du service à compétence nationale dénommé Centre national de réception des véhicules (JO 29 déc.).

Sur la réception et la réglementation technique des véhicules à moteur à deux ou trois roues et des quadricycles à moteur et de leurs systèmes et équipements, V. Arr. du 7 juill. 1995 (JO 2 août), mod. par Arr. du 11 juill. 1996 (JO 27 juill.), Arr. du 3 sept. 1997 (JO 26 sept.), Arr. du 8 déc. 1999 (JO 14 déc.), Arr. du 22 sept. 2000 (JO 5 oct.), Arr. du 17 avr. 2001 (JO 8 mai) ; cet Arr. du 7 juill. 1995 est abrogé à compter du 9 nov. 2004, ses dispositions sont remplacées par celles de l'Arr. du 2 mai 2003 à compter du 9 nov. 2003 qui fixe également les dispositions transitoires aux art. 27 à 30, V. Arr. du 2 mai 2003 (JO 31 mai), mod. par Arr. du 27 mars 2006 (JO 13 mai), Arr. du 3 déc. 2009 (JO 6 janv. 2010), Arr. du 18 mars 2010 (JO 24 mars).

Sur l'homologation communautaire en ce qui concerne l'indicateur de vitesse des véhicules à moteur à deux ou trois roues et des quadricycles à moteurs, V. Arr. du 22 sept. 2000 (JO 5 oct.).

Sur la réception des véhicules automobiles en ce qui concerne les systèmes de climatisation, V. Arr. du 21 déc. 2007 (JO 29 déc.).

V. l'accord concernant l'adoption de prescriptions techniques uniformes applicables aux véhicules à deux-roues, aux équipements et aux pièces susceptibles d'être montés ou utilisés sur un véhicule à roues et les conditions de reconnaissance réciproque des homologations délivrées conformément à ces prescriptions adopté à New York le 16 oct. 1995 et publié par le Décr. n° 2001-1175 du 4 déc. 2001 (JO 12 déc.).

Pour l'entrée en vigueur du Décr. n° 2009-136, V. Arr. du 23 mars 2009 (JO 29 mars).

Sur le poids total roulant autorisé, V. Arr. du 2 févr. 2011 (JO 13 févr.).

Concernant les demandes de réception par type de véhicule et les demandes de réception par type des composants/systèmes/entités, le silence gardé par l'administration pendant un délai de six mois vaut, par exception, décision de rejet (Décr. n° 2014-1273 du 30 oct. 2014, JO 1er nov.).

Concernant les demandes de réception à titre isolé/individuelle des véhicules et les demandes de dérogation dans le cadre de la mise en application de réglementations nationales ou communautaires, le silence gardé par l'administration pendant un délai de quatre mois vaut, par exception, décision de rejet (Décr. n° 2014-1273 du 30 oct. 2014, JO 1er nov.).

L'Arr. du 24 juin 1994, qui a pour objet d'ajouter à l'art. 16 de l'Arr. du 5 nov. 1984 du ministre de l'équipement une disposition fixant les règles applicables à l'immatriculation des véhicules soumis à la procédure prévue par l'art. L. 27 (2°) et prévoyant que l'immatriculation desdits véhicules n'est pas subordonnée à la production d'un procès-verbal de réception du véhicule délivré par le service des mines, est annulé car en apportant une telle dérogation à la règle fixée à l'art. R. 106 [C. route, art. R. 321-15] et en l'appliquant à des véhicules qui font l'objet d'une « reconstruction », le ministre a excédé l'habilitation qu'il tenait tant de l'art. R. 106 que de l'art. R. 111 [C. route, art. R. 321-15 et R. 322-2] qui prévoit que le ministre fixe les conditions dans lesquelles est établi le certificat d'immatriculation dit « carte grise ». • CE 28 juin 1995 : *inédit.*

Art. R. 321-16 **Tout véhicule isolé ou élément de véhicule ayant subi des transformations notables est obligatoirement soumis à une nouvelle réception. Le propriétaire du véhicule ou de l'élément de véhicule doit demander cette nouvelle réception au préfet.**

Le ministre chargé des transports définit *(Décr. n° 2003-536 du 20 juin 2003, art. 11)* **« par arrêté » les transformations notables rendant nécessaires une nouvelle réception.** — *[Anc. art. R. 106, al. 8.]*

Art. R. 321-17 **Tout véhicule à moteur ou toute remorque, dont les dimensions ou les poids excèdent les limites réglementaires et dont le déplacement est subordonné à l'autorisation** *(Décr. n° 2017-16 du 6 janv. 2017, art. 3 et 16, en vigueur le 1er mars 2017)* **« ou à la déclaration préalable exigée » pour les transports exceptionnels de marchandises, d'engins ou de véhicules, doit, avant sa mise en circulation, faire l'objet d'une réception par** *(Décr. n° 2016-448 du 13 avr. 2016, art. 3)* **« le service en charge des réceptions désigné par arrêté par le ministre chargé des transports », sous l'autorité du ministre chargé des transports qui fixe, par arrêté, les conditions d'application du présent article.**

Tout matériel de travaux publics dont les dimensions ou les poids excèdent les limites réglementaires, appelé à circuler occasionnellement sur les routes et dont le déplacement est subordonné à l'autorisation *(Décr. n° 2017-16 du 6 janv. 2017, art. 3 et 16, en vigueur le 1er mars 2017)* **« ou à la déclaration préalable exigée » pour les transports exceptionnels, doit répondre aux prescriptions fixées par arrêté du ministre chargé des transports.**

Sur le poids total roulant autorisé, V. Arr. du 2 févr. 2011 (JO 13 févr.).

Art. R. 321-18 **Le ministre chargé des transports détermine les catégories de véhicules qui, lorsque leur carrosserie est montée sur un châssis déjà réceptionné, ne peuvent être mis en circulation qu'après une nouvelle réception faite par** *(Décr.*

nº 2016-448 du 13 avr. 2016, art. 3) « le service en charge des réceptions désigné par arrêté par le ministre chargé des transports ». – *[Anc. art. R. 106, al. 6.]*

Art. R. 321-19 La demande de réception doit être accompagnée d'une notice descriptive dans les conditions fixées par le ministre chargé des transports et donnant les caractéristiques du véhicule ou de l'élément de véhicule ou du type de véhicule ou de l'élément de véhicule nécessaires aux vérifications *(Décr. nº 2016-448 du 13 avr. 2016, art. 3)* « du service en charge des réceptions désigné par arrêté par le ministre chargé des transports ». – *[Anc. art. R. 106, al. 5.]*

Art. R. 321-20 Au moment de la réception d'un véhicule ou d'un élément de véhicule, le constructeur doit déclarer le poids maximal admissible pour lequel le véhicule est construit ainsi que le poids maximal admissible sur chaque essieu. Il doit également déclarer, s'il s'agit d'un véhicule à moteur, le poids total roulant admissible de l'ensemble de véhicules ou du véhicule articulé que l'on peut former à partir de ce véhicule à moteur.

Le poids maximal autorisé d'un véhicule ou d'un élément de véhicule et le poids maximal autorisé pour chaque essieu sont fixés par *(Décr. nº 2016-448 du 13 avr. 2016, art. 3)* « le service en charge des réceptions désigné par arrêté par le ministre chargé des transports » lors de la réception de ce véhicule, dans la limite des poids maximaux admissibles déclarés par le constructeur. Un ou plusieurs poids totaux autorisés en charge sont alors fixés par *(Décr. nº 2016-448 du 13 avr. 2016, art. 3)* « le service en charge des réceptions désigné par arrêté par le ministre chargé des transports » dans la limite du poids maximal autorisé.

Le poids maximal roulant autorisé des ensembles de véhicules ou des véhicules articulés que l'on peut former à partir d'un véhicule à moteur est fixé par *(Décr. nº 2016-448 du 13 avr. 2016, art. 3)* « le service en charge des réceptions désigné par arrêté par le ministre chargé des transports » lors de la réception de ce véhicule dans la limite du poids total roulant admissible déclaré par le constructeur. Un ou plusieurs poids totaux roulants autorisés sont alors fixés pour ce véhicule par *(Décr. nº 2016-448 du 13 avr. 2016, art. 3)* « le service en charge des réceptions désigné par arrêté par le ministre chargé des transports », dans la limite du poids maximal roulant autorisé.

Le ministre chargé des transports fixe par arrêté les modalités d'application du présent article. – *[Anc. art. R. 54, al. 10 à 13, et R. 139.]*

V. Arr. du 7 oct. 1982 (JONC 21 nov.).

Art. R. 321-21 Lorsque le véhicule présenté satisfait aux prescriptions réglementaires, *(Décr. nº 2016-448 du 13 avr. 2016, art. 3)* « le service en charge des réceptions désigné par arrêté par le ministre chargé des transports » dresse de ces opérations un procès-verbal de réception dont une expédition est remise au demandeur. Le modèle de ce procès-verbal est fixé par le ministre chargé des transports. – *[Anc. art. R. 107.]*

Art. R. 321-22 Le constructeur donne à chacun des véhicules, conforme à un type ayant fait l'objet d'un procès-verbal de réception, un numéro d'ordre dans la série du type auquel le véhicule appartient et il remet à l'acheteur une copie du procès-verbal de réception ainsi qu'un certificat attestant que le véhicule livré est entièrement conforme à la notice descriptive du type.

Le modèle de ce certificat, dit certificat de conformité, est fixé par le ministre chargé des transports.

Pour les véhicules qui ne sont pas fabriqués ou assemblés sur le territoire d'un État membre de l'Union européenne, le certificat de conformité doit être signé, pour le constructeur, par son représentant accrédité en France. – *[Anc. art. R. 108.]*

Art. R. 321-23 Les fonctionnaires *(Décr. nº 2016-448 du 13 avr. 2016, art. 3)* « du service en charge des réceptions désigné par arrêté par le ministre chargé des transports » peuvent prélever gratuitement des véhicules ou éléments de véhicules, dont le type a fait l'objet d'une réception, chez les constructeurs, importateurs ou revendeurs en vue de contrôler la conformité de ces véhicules aux notices descriptives des prototypes réceptionnés.

Après contrôle, les véhicules sont restitués. S'il apparaît que les véhicules contrôlés ne sont pas conformes à la notice descriptive du prototype réceptionné, le procès-verbal de réception peut être annulé par décision du ministre chargé des transports. – *[Anc. art. R. 109-1.]*

Art. R. 321-24 Le bénéfice de l'homologation d'un dispositif d'équipement de véhicule à moteur appartient à celui qui en a fait la demande et qui garde la responsabilité de la fabrication, c'est-à-dire soit au fabricant, soit à toute autre personne faisant fabriquer pour son compte par un façonnier. En cas de cession, le cédant et le concessionnaire doivent en aviser sans délai le ministre chargé des transports. Les noms du façonnier ou des façonniers successifs, s'il y a lieu, doivent être communiqués au ministre chargé des transports ; celui-ci peut faire effectuer tout contrôle et décider, le cas échéant, le retrait de l'agrément sur proposition de la commission de réception des projecteurs et des dispositifs d'équipement pour véhicules routiers.

Si le fabricant n'est pas établi dans un État de l'Union européenne, l'agrément ne peut être accordé qu'à son représentant en France, dûment accrédité auprès du ministre chargé des transports.

Les fonctionnaires et agents dûment habilités par le ministre chargé des transports peuvent procéder à des prélèvements gratuits de dispositifs homologués en vue d'en contrôler la conformité au type homologué.

Après essai, les dispositifs prélevés sont restitués si les essais et contrôles effectués ne les ont pas détruits. Ils sont conservés par la commission de réception des projecteurs et dispositifs d'équipement pour véhicules routiers dans le cas contraire.

Lorsque les dispositifs prélevés ne sont pas conformes au type agréé en ce qui concerne les matériaux, la forme et les dimensions ou si leurs caractéristiques sont hors des limites fixées par le cahier des charges auquel les dispositifs doivent être conformes, l'agrément du type peut être retiré par décision du ministre chargé des transports, sur proposition de la commission de réception des projecteurs et dispositifs d'équipement pour véhicules routiers.

Le retrait de l'agrément d'un type entraîne la suspension de la vente et de la livraison des dispositifs portant le numéro d'homologation de ce type dans les délais fixés par la décision de retrait. – *[Anc. art. R. 109-2.]*

Contraventions : R. 321-4.

Art. R. 321-25 *(Décr. nº 2009-497 du 30 avr. 2009)* Un constructeur auquel a été octroyée une réception nationale par type de véhicule *(Décr. nº 2016-448 du 13 avr. 2016, art. 41)* « de catégorie M, N, O, L, T, C, R ou S » doit rappeler les véhicules déjà vendus, immatriculés ou mis en service lorsqu'un ou plusieurs systèmes, composants ou entités techniques installés sur ces véhicules, qu'ils aient ou non été dûment réceptionnés, risquent de compromettre gravement la sécurité routière, la santé publique ou la protection de l'environnement. Il en informe immédiatement le ministre chargé des transports et lui propose un ensemble de solutions appropriées en vue de neutraliser le risque. Le ministre chargé des transports veille à la mise en œuvre efficace de ces mesures.

Si le ministre chargé des transports juge insuffisantes les mesures communiquées par le constructeur ou si ces mesures n'ont pas été mises en œuvre dans un délai assez court, il en informe le constructeur et prend toutes les mesures de protection qui s'imposent, y compris le retrait de la réception par type lorsque le constructeur s'abstient de proposer et de mettre en œuvre des mesures de correction efficaces.

En cas de retrait de la réception par type, le ministre chargé des transports informe le constructeur.

Le ministre chargé des transports fixe par arrêté les modalités d'application des dispositions du présent article.

V. note ss. art. R. 321-14-1.

CHAPITRE II IMMATRICULATION

COMMENTAIRE

Identification d'un véhicule et de son propriétaire. Le certificat d'immatriculation constitue la carte d'identité d'un véhicule. A l'instar d'une carte d'identité, y figurent en effet tous les éléments permettant d'identifier un véhicule et son propriétaire : informations sur les caractéristiques techniques du véhicule, ainsi que nom et adresse de son propriétaire. Ce certificat d'immatriculation comporte en outre un numéro dit d'immatriculation (V. art. R. 322-2) qui doit figurer, en principe, sur deux plaques du même nom « *fixées en évidence d'une manière inamovible à l'avant et à l'arrière du véhicule* » (V. art. R. 317-8). A partir du numéro inscrit sur ces plaques, il est alors possible d'identifier facilement un véhicule et son propriétaire, l'ensemble des informations figurant sur le certificat d'immatriculation faisant l'objet d'un traitement automatisé (V. art. L. 330-1 s. et R. 330-1 s.). Ce procédé d'identification est d'ailleurs essentiel aujourd'hui lorsque l'on sait qu'un certain nombre d'infractions routières sont constatées sans interception du véhicule et qu'en application de l'article L. 121-3 du code de la route, le titulaire du certificat d'immatriculation est redevable pécuniairement de toute une série d'infractions ainsi constatées, à moins qu'il n'apporte les éléments permettant d'établir qu'il n'est pas l'auteur véritable de l'infraction.

Numéro d'immatriculation définitif. Les règles relatives à l'immatriculation d'un véhicule figurent, pour l'essentiel, au sein du présent chapitre. Ses dispositions ont été largement réécrites par le décret n° 2009-136 du 9 février 2009 en lien avec la mise en place d'un nouveau système d'immatriculation des véhicules conduisant à attribuer à chaque véhicule un numéro d'immatriculation définitif. Il s'est agi par là même de simplifier les démarches des automobilistes mais aussi de lutter plus efficacement contre les fraudes en matière d'immatriculation. On notera que, pour concrétiser cette réforme, plusieurs arrêtés ministériels ont également été adoptés et en particulier un arrêté du 9 février 2009 relatif aux modalités d'immatriculation des véhicules (V. 2e Arr. du 9 févr. 2009, App., v° *Immatriculation*) qui a remplacé le précédent arrêté fixant ces modalités qui datait du 5 novembre 1984.

Dématérialisation des formalités d'immatriculation. Plusieurs dispositions du présent chapitre ont cependant été modifiées par le décret n° 2017-1278 du 9 août 2017, afin de permettre la dématérialisation de l'ensemble des formalités d'immatriculation. Dans la plupart des articles de ce chapitre, le décret du 9 août 2017 est ainsi venu préciser que les demandes en la matière devaient être adressées au ministère de l'Intérieur, soit directement par la voie électronique, soit par l'intermédiaire d'un professionnel de l'automobile habilité. Il n'est donc plus possible d'accomplir les formalités d'immatriculation d'un véhicule directement au sein d'une préfecture. Des points d'accueil numériques ont toutefois été mis en place dans les préfectures et nombre de sous-préfectures pour tous ceux qui sont dans l'incapacité d'accomplir de telles formalités par la voie électronique, comme le prévoit l'article R. 350-2 du présent code créé par le décret précité de 2017.

Immatriculation d'un véhicule au nom d'une personne titulaire d'un permis de conduire. Outre les modifications liées à la dématérialisation, on notera celles apportées par le décret de 2017 à l'article R. 322-1 qui précisent que, lorsque le propriétaire du véhicule dont l'immatriculation est demandée est une personne physique, celui-ci doit pouvoir justifier qu'il est titulaire d'un permis de conduire ou, le cas échéant, que la personne physique désignée pour être titulaire du certificat d'immatriculation possède son permis. Ces précisions sont à mettre en lien avec l'obligation faite aux personnes physiques propriétaires d'un véhicule d'immatriculer celui-ci au nom d'une personne titulaire du permis de conduire, inscrite à l'article L. 322-1-1 du présent code par la loi du 18 novembre 2016 de modernisation de la justice du XXIe siècle (V. comm. ss. art. L. 322-1-1). ❑

SECTION 1 Délivrance du certificat d'immatriculation

Art. R. 322-1 *(Décr. n° 2017-1278 du 9 août 2017, art. 2-1°)* **« I. — Tout propriétaire d'un véhicule à moteur** *(Décr. n° 2022-31 du 14 janv. 2022)* **« autre qu'un cyclomobile léger », d'une remorque dont le poids total autorisé en charge est supérieur à 500 kilogrammes ou d'une semi-remorque et qui souhaite le mettre en circulation pour la première fois doit faire une demande de certificat d'immatriculation en justifiant de son identité. Le propriétaire doit également pouvoir justifier, à la demande du ministre de l'intérieur :**

« 1° De la souscription, pour le véhicule considéré, d'une assurance conforme aux dispositions de l'article L. 211-1 du code des assurances ;

« 2° Lorsque le propriétaire est une personne physique, d'un permis de conduire, le cas échéant celui de la personne physique désignée pour être titulaire du certificat d'immatriculation, correspondant à la catégorie du véhicule considéré conformément aux dispositions de l'article L. 322-1-1 ;

« 3° De son domicile, siège social ou établissement d'affectation ou de mise à disposition du véhicule ;

« 4° Sauf pour les véhicules définis au 6.3 de l'article R. 311-1, soit de la conformité de son véhicule à un type CE réceptionné ou à un type national réceptionné, soit que son véhicule a fait l'objet d'une réception à titre isolé ou d'une réception individuelle au sens des articles R. 321-6 et R. 321-15.

« Cette demande de certificat d'immatriculation est adressée au ministre de l'intérieur par le propriétaire, soit directement par voie électronique, soit par l'intermédiaire d'un professionnel de l'automobile habilité par le ministre de l'intérieur. »

(Décr. nº 2009-136 du 9 févr. 2009, en vigueur le 15 avr. 2009) **« II. — Lorsque le propriétaire est une personne morale ou une entreprise individuelle, celui-ci** *(Décr. nº 2017-1278 du 9 août 2017, art. 2-2º)* **« doit pouvoir justifier, à la demande du ministre de l'intérieur, » de son identité et de l'adresse de son siège social ou de celle de l'établissement d'affectation du véhicule.**

« III. — Pour un véhicule de location, le propriétaire *(Décr. nº 2017-1278 du 9 août 2017, art. 2-2º)* **« doit pouvoir justifier, à la demande du ministre de l'intérieur, » de son identité et de l'adresse de son siège social ou de celle de l'établissement de mise à disposition du véhicule.**

« IV. — Pour un véhicule faisant l'objet soit d'un contrat de crédit-bail, soit d'un contrat de location de deux ans ou plus, le propriétaire *(Décr. nº 2017-1278 du 9 août 2017, art. 2-2º)* **« doit pouvoir justifier, à la demande du ministre de l'intérieur, » de son identité et de l'adresse du domicile du locataire.**

« V. — Les dispositions du présent article ne sont pas applicables *(Décr. nº 2019-1082 du 23 oct. 2019, art. 18)* **« aux engins de déplacement personnel motorisés et » aux véhicules ou appareils agricoles remorqués dont le poids total en charge est inférieur à 1,5 tonne.**

« VI. — » Un arrêté du ministre chargé des transports, pris après avis du ministre de l'intérieur, fixe les conditions d'application du présent article.

(Décr. nº 2009-136 du 9 févr. 2009, en vigueur le 15 avr. 2009) **« VII. — » Le fait, pour tout propriétaire, de mettre en circulation un véhicule sans avoir obtenu un certificat d'immatriculation est puni de l'amende prévue pour les contraventions de la quatrième classe.**

V. App., vº Immatriculation : 2e Arr. du 9 févr. 2009 (modalités d'immatriculation des véhicules) et Arr. du 10 févr. 2009 (système d'immatriculation des véhicules), Arr. du 28 août 2017 (traitement automatisé de lutte contre la fraude au certificat d'immatriculation d'un véhicule).

V. aussi Arr. du 23 mai 2017 portant création d'un système de téléservices destiné à l'accomplissement de démarches administratives relatives aux certificats d'immatriculation des véhicules (JO 1er juin), mod. par Arr. du 9 août 2017 (JO 13 août), mod. par Arr. du 29 sept. 2017 (JO 21 oct.), mod. par Arr. du 12 sept. 2023 (JO 17 oct.) et Arr. du 13 oct. 2017 portant information du public sur la dématérialisation des démarches administratives relatives aux certificats d'immatriculation et modifiant l'Arr. du 9 févr. 2009 relatif aux modalités d'immatriculation des véhicules (JO 21 oct.).

Décret nº 2009-136 du 9 février 2009, art. 13 : I. — Les dispositions du présent décret entrent en vigueur à une date fixée par arrêté du ministre chargé des transports après avis du ministre de l'Intérieur et au plus tard le 1er juill. 2009. L'entrée en vigueur a été fixée au 15 avr. 2009 par Arr. du 23 mars 2009, art. 1er-I (JO 29 mars).

II. — Toutefois, pour les véhicules déjà immatriculés dont le certificat d'immatriculation ne comporte pas le numéro définitif prévu à l'art. R. 322-2 C. route, les dispositions de la section 1 du chapitre II du titre II du livre III C. route dans leur rédaction antérieure à leur modification par le présent décret continuent à s'appliquer dans des conditions et jusqu'à une date fixée par arrêté du ministre chargé des transports après avis du ministre de l'Intérieur et au plus tard jusqu'au 31 déc. 2009. Cette date a été fixée au 14 oct. 2009 par Arr. du 23 mars 2009, art. 1er-II (JO 29 mars), tel que modifié par Arr. du 8 juin 2009 (JO 13 juin).

III. — Les véhicules déjà immatriculés dont le certificat d'immatriculation ne comporte pas le numéro définitif prévu à l'art. R. 322-2 C. route peuvent continuer à circuler sous couvert de leur numéro d'immatriculation jusqu'à la réalisation de toute formalité administrative conduisant à l'édition d'un nouveau certificat d'immatriculation (Abrogé par Décr. n° 2019-1328 du 9 déc. 2019, art. 4) « ou jusqu'à une date fixée par arrêté du ministre chargé des transports après avis du ministre de l'Intérieur et au plus tard jusqu'au 31 déc. 2020 ».

IV. — Sont soumis à l'obligation d'immatriculation :
— les machines agricoles automotrices mises en circulation pour la première fois à compter du 1er janv. 2010 ;
— les véhicules ou appareils agricoles remorqués dont le poids total autorisé en charge est supérieur à 1,5 tonne mis en circulation pour la première fois à compter du 1er janv. 2013.

V. — Les cyclomoteurs mis en circulation avant le 1er juill. 2004 doivent être immatriculés au plus tard le 31 déc. 2010.

Concernant les demandes de mise en circulation d'un véhicule à moteur, d'une remorque dont le poids total autorisé en charge est supérieur à 500 kg, ou d'une semi-remorque, le silence gardé par l'administration pendant un délai de deux mois vaut, par exception, décision de rejet (Décr. n° 2014-1292 du 23 oct. 2014, JO 1er nov.).

BIBL. ▶ GIRAUDET-DEMAY et NAMIN, *Jurispr. auto 2009. 132* (le nouveau système d'immatriculation des véhicules (SIV)).

COMMENTAIRE

L'article R. 322-1, dont les dispositions ont été modifiées par le décret n° 2009-136 du 9 février 2009 et par le décret n° 2017-1278 du 9 août 2017, formule quelques règles de base quant aux formalités à accomplir pour obtenir un certificat d'immatriculation. Il permet également de dégager les catégories de véhicules soumis à l'obligation d'immatriculation.

OBLIGATION D'IMMATRICULATION

La mise en circulation de la plupart des véhicules à moteur (mais aussi des remorques excédant un certain poids en charge et des semi-remorques) est subordonnée à la délivrance d'un certificat d'immatriculation.

Immatriculation des cyclomoteurs. Les cyclomoteurs à trois roues non munis d'une carrosserie et les cyclomoteurs à deux roues ont pourtant longtemps échappé à cette obligation. En 2001, le législateur a voulu toutefois mettre fin à cette dérogation (V. L. n° 2001-1062 du 15 nov. 2001, art. 19) afin, était-il indiqué, de mieux lutter contre le vol de cyclomoteurs. Il faut bien admettre néanmoins qu'en imposant l'immatriculation des cyclomoteurs le législateur ne pouvait ignorer qu'il faciliterait également la constatation des infractions commises par les conducteurs de ces véhicules... Quoi qu'il en soit, c'est un décret du 11 décembre 2003 qui est venu concrétiser le principe posé par le législateur en 2001 en abrogeant l'alinéa de l'article R. 322-1 qui excluait les cyclomoteurs de l'obligation d'immatriculation. Cela étant, tous les cyclomoteurs n'étaient pas encore soumis, en 2003, à cette obligation. Conformément au décret du 11 décembre 2003 (art. 15), il convenait en effet de distinguer les cyclomoteurs mis en circulation après le 1er juillet 2004, qui étaient astreints à une telle obligation, et les cyclomoteurs mis en circulation avant cette date pour lesquels l'immatriculation n'était qu'une faculté laissée à l'initiative du propriétaire. Le décret du 9 février 2009 a parachevé cette évolution en obligeant les propriétaires des cyclomoteurs mis en circulation avant le 1er juillet 2004 à les immatriculer avant le 31 décembre 2010 (V. art. 13-V de ce décret).

Cyclomobiles légers. Depuis le décret n° 2002-31 du 14 janvier 2022, l'article R. 322-1 précise toutefois que les propriétaires de cyclomobiles légers ne sont pas soumis à l'obligation d'immatriculation qu'il prévoit. Il en résulte que les draisiennes électriques et les trottinettes électriques dotées d'une selle ne sont pas soumises à immatriculation, même si ces véhicules appartiennent à la catégorie des cyclomoteurs (V. art. R. 311-1, pt 4.1.3., créé par ce même décret, définissant les cyclomobiles légers comme des véhicules de la catégorie L1e qui est celle correspondant aux cyclomoteurs). On notera que, formellement, c'est au sein du premier alinéa de l'article R. 322-1 que le décret du 14 janvier 2022 est venu préciser que les cyclomobiles légers n'étaient pas soumis à immatriculation. Cette exception à l'obligation d'immatriculation aurait pu cependant être formulée au paragraphe 5 du présent article déclarant inapplicable les dispositions qu'il prévoit aux engins de déplacement personnel motorisés (V. *infra*), d'autant que le régime juridique des cyclomobiles légers est proche de celui de ces engins (V. comm. ss. art. R. 311-1).

Immatriculation des véhicules et matériels agricoles. Avant le décret du 9 février 2009, l'art. R. 322-1 dispensait également certaines machines, véhicules ou appareils agricoles de l'obligation d'immatriculation. Étaient plus précisément visés : les machines agricoles automotrices et les véhicules ou appareils agricoles remorqués, qui appartenaient à une exploitation agricole, une entreprise de travaux agricoles ou une coopérative d'utilisation de matériel agricole, ou bien, dont le poids total en charge était inférieur à 1,5 tonne. Pour l'essentiel, seuls les tracteurs agricoles – qui font partie de la catégorie des véhicules et matériels agricoles (V. art. R. 311-1) – étaient donc soumis à l'obligation d'immatriculation. Le décret du 9 février 2009 a cependant étendu cette obligation à d'autres véhicules et matériels agricoles. En effet, depuis ce décret, l'article R. 322-1-V, qui prévoit que « les dispositions du présent article ne sont pas applicables » à certaines catégories de véhicules, vise uniquement « les véhicules ou appareils agricoles remorqués dont le poids total en charge est inférieur à 1,5 tonne ». Il en résulte que les autres véhicules et matériels agricoles doivent, depuis, être immatriculés, comme le prévoit d'ailleurs l'article 13-IV, du décret du 9 février 2009, qui, plus précisément, impose l'immatriculation des machines agricoles automotrices mises en circulation pour la première fois à compter du 1er janvier 2010 et celle des véhicules ou appareils agricoles remorqués dont le poids total autorisé en charge est supérieur à 1,5 tonne mis en circulation pour la première fois à compter du 1er janvier 2013.

Engins de déplacement personnel motorisés. On notera enfin que le décret n° 2019-1082 du 23 octobre 2019 a ajouté à la liste des véhicules à moteur non soumis à immatriculation les engins de déplacement personnel motorisés, catégorie de véhicules que ce décret a intégrée dans le code de la route (V. art. R. 311-1) et dont il a réglementé la circulation (V. art. R. 412-43-1 à R. 412-43-2). Sur l'inapplication aux engins de déplacement personnel motorisés d'autres règles applicables aux véhicules à moteur (V. comm. ss. art. R. 311-1).

DEMANDE D'IMMATRICULATION

L'article R. 322-1 a surtout pour objet de préciser les principales formalités que doit accomplir le propriétaire d'un véhicule lorsqu'il souhaite le mettre en circulation pour la première fois. Des formalités qui ont évolué, à plusieurs reprises, ces dernières années.

Une première évolution a été opérée par le décret du 9 février 2009 qui est venu prévoir que, dans un tel cas, les demandes d'immatriculation devaient être adressées au ministre de l'Intérieur, soit par l'intermédiaire d'une préfecture choisie par le propriétaire, soit par l'intermédiaire d'un professionnel de l'automobile habilité (auparavant, il incombait au propriétaire d'un véhicule d'adresser une demande d'immatriculation au préfet du département de son domicile). Depuis ce décret, il n'était donc plus nécessaire d'accomplir de formalités en préfecture, les professionnels de l'automobile, habilités par le ministère de l'Intérieur, pouvant gérer directement les demandes d'immatriculation.

Une seconde évolution a été réalisée par le décret du 9 août 2017 qui est venu supprimer toute compétence préfectorale en ce domaine, en dématérialisant les formalités d'immatriculation des véhicules. Depuis ce décret, toute demande de certificat d'immatriculation doit en effet être adressée au ministre de l'Intérieur par le propriétaire, soit directement par la voie électronique, soit par l'intermédiaire d'un professionnel de l'automobile habilité. Il en résulte qu'il n'est donc plus possible d'accomplir les formalités d'immatriculation d'un véhicule en préfecture. Toutefois, pour tenir compte de l'incapacité de certaines personnes à accomplir des démarches par voie électronique, le décret de 2017 a prévu que tout usager devait pouvoir bénéficier d'un accès à un dispositif connecté au site de la démarche considérée et d'une assistance numérique, mis en place par l'administration (V. art. R. 350-2, inséré dans un titre dédié aux démarches effectuées par voie électronique). Il est donc toujours possible de se déplacer en préfecture pour effectuer une demande d'immatriculation, mais uniquement pour accéder à un point numérique mis à disposition par l'administration et permettant à l'intéressé d'adresser sa demande par voie électronique, avec l'aide, si besoin, d'un médiateur.

On notera, par ailleurs, que l'article R. 322-1 indique que le propriétaire qui demande l'immatriculation d'un véhicule doit justifier de son identité et doit pouvoir justifier, à la demande du ministère de l'Intérieur, de son domicile. Il doit également pouvoir justifier qu'il a souscrit un contrat d'assurance pour le véhicule considéré et, si le propriétaire est une personne physique, qu'il est titulaire du permis de conduire ou que la personne désignée pour être titulaire du certificat d'immatriculation en possède un. Ces dernières exigences sont à mettre en lien avec la loi du 18 novembre 2016 de modernisation de la justice du XXIe siècle qui a créé un article L. 322-1-1 imposant aux personnes physiques propriétaires d'un véhicule d'immatriculer celui-ci au nom d'une personne titulaire du permis de conduire (V. cet art. et son comm.).

On ajoutera enfin que le présent article apporte également des précisions concernant les demandes d'immatriculation de véhicules appartenant à une personne morale ou de véhicules mis en location et que d'autres règles se trouvent dans les articles suivants, ainsi que dans l'arrêté ministériel d'application (V. 2e Arr. du 9 févr. 2009, App., v° *Immatriculation*), auxquels il convient donc de se reporter. ❑

1. L'immatriculation d'un véhicule réalisée préalablement à sa vente implique nécessairement une première mise en circulation en vertu de l'art. R. 110 C. route. • Crim. 24 janv. 1996, n° 93-83.830 P.

2. Consultation non obligatoire du fichier des véhicules volés dans l'espace Schengen. En vertu de l'art. R. 322-1, le certificat d'immatriculation d'un véhicule délivré par l'administration constitue un récépissé des déclarations du propriétaire. Il s'ensuit que les services préfectoraux n'ont pas l'obligation, d'une part, de vérifier l'exactitude des indications et documents fournis par une personne se présentant comme le nouveau propriétaire du véhicule et, d'autre part, de consulter le fichier des véhicules volés dans l'espace Schengen alors qu'aucun élément ne permettait de suspecter le vol. • CAA Douai, 18 oct. 2007 : *AJDA 2008. 266*.

3. Il résulte des dispositions de l'ancien art. R. 322-1 C. route, applicable au litige, et de l'art. 1599 C CGI, dans sa rédaction applicable aux impositions établies au titre de la période postérieure au 1er mars 2005, qu'un véhicule faisant l'objet d'un contrat de location de moins de deux ans doit être immatriculé dans le département de l'établissement où il est matériellement mis à la disposition d'un locataire, au titre de son premier contrat de location, en vue d'une utilisation effective, et que la taxe différentielle sur les véhicules à moteur correspondante doit dès lors être acquittée dans ce département. • CE 24 juin 2013, *Min. délégué auprès du min. de l'Économie et des Finances c/ Sté Hertz France*, n° 359904 B : *JCP Adm. 2013. Actu. 596.*

Art. R. 322-2 *(Décr. n° 2009-136 du 9 févr. 2009, en vigueur le 15 avr. 2009)* **« I. — Le certificat d'immatriculation est établi dans les conditions fixées par le ministre chargé des transports, après avis du ministre de l'intérieur, et expédié à l'adresse du demandeur. Ce certificat comporte un numéro d'immatriculation attribué à titre définitif au véhicule par un système informatique centralisé. Le certificat d'immatriculation peut comporter un coupon détachable.**

« II. — » Dans le cas de véhicules de transport exceptionnel dont les dimensions ou le poids excèdent les limites réglementaires, *(Décr. n° 2009-136 du 9 févr. 2009, en vigueur le 15 avr. 2009)* **« le certificat d'immatriculation » doit porter** *(Décr. n° 2002-505 du 8 avr. 2002)* **« un signe distinctif ou une mention spéciale » pour indiquer que le véhicule a fait l'objet d'une réception spéciale par** *(Décr. n° 2016-448 du 13 avr. 2016, art. 3)* **« le service en charge des réceptions désigné par arrêté par le ministre chargé des transports » et qu'il ne peut circuler que sous couvert d'une autorisation du préfet. Toutefois, pour les véhicules dont seul le poids total autorisé en charge ou le poids total roulant autorisé excède les limites réglementaires,** *(Décr. n° 2002-505 du 8 avr. 2002 ; Décr. n° 2009-136 du 9 févr. 2009, en vigueur le 15 avr. 2009)* **« le certificat d'immatriculation » peut porter une mention spéciale complémentaire » permettant, sans autorisation du préfet, la circulation du véhicule, dans les limites de poids fixées au présent livre.**

(Décr. n° 2009-136 du 9 févr. 2009, en vigueur le 15 avr. 2009) **« III. — »** *(Décr. n° 2002-505 du 8 avr. 2002)* **« Le signe distinctif, la mention spéciale et la mention spéciale complémentaire prévus ci-dessus sont fixés par arrêté du ministre de l'intérieur et du ministre chargé des transports. »**

(Décr. n° 2009-136 du 9 févr. 2009, en vigueur le 15 avr. 2009) **« IV. — Des mentions relatives à des usages ou à des caractéristiques techniques particulières du véhicule peuvent être indiquées sur le certificat d'immatriculation dans des conditions fixées par arrêté du ministre chargé des transports après avis du ministre de l'intérieur.**

« V. — Dans le cas de véhicules appartenant à des personnes de statut diplomatique ou assimilé, le numéro d'immatriculation est complété par un numéro d'immatriculation spécifique lié à ce statut ». — *[Anc. art. R. 111, R. 114-1, R. 159, R. 165, R. 166, R. 185, R. 200-2, R. 241, al. 1er et 4, et L. n° 98-546 du 2 juill. 1998, art. 63, I, II et VII.]*

VI. — Un arrêté du ministre chargé des transports, pris après avis du ministre de l'intérieur, fixe les conditions d'application du présent article.

Contrôle routier : R. 233-1. — Fichier : L. 330-1 ; R. 330-1. — Visites techniques : R. 323-2.

V. 2e Arr. du 9 févr. 2009 (modalités d'immatriculation des véhicules), Arr. du 29 avr. 2009 (retrait conservatoire de la carte grise du certificat d'immatriculation en cas d'accident), App., v° Véhicules accidentés.

Pour l'entrée en vigueur de l'art. R. 322-2 modifié, V. Décr. n° 2009-136 du 9 févr. 2009, art. 13, note ss. art. R. 322-1.

COMMENTAIRE

C'était dans le présent article, relatif à l'établissement et au contenu des certificats d'immatriculation, qu'il était indiqué que le certificat d'immatriculation d'un véhicule est également appelé « carte grise ». Une appellation usuelle qui a disparu dans les textes depuis le décret n° 2009-136 du 9 février 2009, qui l'a supprimée ici comme dans l'ensemble des dispositions l'utilisant (V. les différents articles du code la route modifiés en ce sens par le décret de 2009 et l'art. 12 de ce décret). Il est fort probable cependant que, par habitude, nos concitoyens continuent encore longtemps à utiliser cette appellation pour désigner les certificats d'immatriculation… Quoi qu'il en soit, d'autres modifications plus importantes ont été apportées au présent article par le décret du 9 février 2009 et notamment concernant le contenu du certificat d'immatriculation, son établissement étant largement fixé par arrêté ministériel.

Établissement du certificat d'immatriculation. En effet, aux termes de l'article R. 322-2, « *le certificat d'immatriculation est établi dans les conditions fixées par le ministre chargé des transports, après avis du ministre de l'intérieur* ». C'est donc bel et bien dans l'arrêté ministériel d'application que l'on trouvera les conditions d'établissement des certificats d'immatriculation (V. 2e Arr. du 9 févr. 2009, App., v° *Immatriculation*). On notera toutefois ici que le ministre chargé des transports n'est pas entièrement libre dans la détermination de ces conditions. Afin de faciliter la libre circulation des véhicules, l'Union européenne a en effet adopté une directive relative aux documents d'immatriculation des véhicules qui tend à harmoniser la présentation des certificats d'immatriculation délivrés par les États membres (V. la directive du Conseil 99/37/CE du 23 avr. 1999, modifiée par la directive de la Commission 2003/127/CE du 23 déc. 2003). Il existe de la sorte aujourd'hui un modèle européen en la matière qui influence l'établissement des certificats d'immatriculation délivrés en France. Cette influence apparaît d'ailleurs aujourd'hui avec évidence dans l'arrêté du 9 février 2009 lorsque celui-ci nous indique, en son article 2, que « *le certificat d'immatriculation, visé à l'article R. 322-2 du code de la route, se compose d'une seule partie au sens de la directive 1999/37/CE du Conseil du 29 avril 1999 modifiée…* ». L'influence de cette directive sur nos règles nationales apparaît également dans ce même article lorsqu'il précise que « *le certificat d'immatriculation est délivré sous forme d'un document papier* ». Une telle précision était en effet nécessaire au regard de la directive de 1999 qui permet aux États de délivrer les certificats d'immatriculation sous la forme d'une carte à puce électronique. Lorsque l'on sait le nombre considérable de certificats d'immatriculation délivrés chaque année en France, on comprend que les pouvoirs publics français, à l'instar de ceux des autres États membres, aient opté pour la solution la plus économique du support papier. On notera en revanche qu'en France le certificat d'immatriculation comporte un élément spécifique, qui n'est pas envisagé par la directive de 1999 modifiée, consistant en un coupon détachable. Cette spécificité, prévue par l'article R. 322-2 et par son arrêté d'application, a été créée en 2003 et permet au propriétaire d'un véhicule de circuler en attendant de recevoir un nouveau certificat d'immatriculation.

Contenu du certificat d'immatriculation. Sur cet aspect, il convient là aussi de se reporter à l'arrêté d'application. Néanmoins, l'article R. 322-2 apporte déjà quelques précisions en ce qui concerne le numéro d'immatriculation et certaines mentions qui doivent figurer sur les certificats d'immatriculation de certains véhicules. Si, sur ces deux points, le décret du 9 février 2009 a apporté un certain nombre de modifications, c'est sans aucun doute celles apportées à l'article R. 322-2 concernant le numéro d'immatriculation qui sont ici les plus importantes.

Numéro d'immatriculation définitif. Avant le décret de 2009, l'article R. 322-2 se contentait de souligner que le certificat d'immatriculation « indique le numéro d'immatriculation assigné au véhicule ». Dans sa rédaction, issue du décret de 2009, cet article précise que « ce certificat comporte un numéro d'immatriculation attribué à titre définitif au véhicule par un système informatique centralisé ». C'est donc dans cet article R. 322-2 qu'apparaît la principale nouveauté introduite par le décret de 2009 en matière d'immatriculation des véhicules : l'attribution, à terme, pour chaque véhicule d'un numéro d'immatriculation définitif. Quant au numéro attribué, l'arrêté d'application nous indique qu'il est composé « de deux lettres, suivies de trois chiffres, suivis de deux lettres, les blocs de chiffres et de lettres étant séparés par des tirets » (V. Annexe 7 du 2e Arr. du 9 févr. 2009, qui donne comme exemple la formule AA-111-AA). En somme, a été généralisé ici le système de numérotation créé en 2003 pour les cyclomoteurs. On notera enfin que l'article 13, paragraphe III, du décret du 9 février 2009 prévoyait, initialement, que tous les véhicules déjà immatriculés se voient attribuer un numéro d'immatriculation définitif au plus tard le 31 décembre 2020. Mais le décret no 2019-1328 du 9 décembre 2019 a supprimé la phrase qui, au sein de cet article, fixait une telle date butoir, de sorte que les véhicules déjà immatriculés dont le certificat d'immatriculation ne comporte pas de numéro définitif peuvent continuer à circuler sous couvert de leur numéro d'immatriculation, sans limite dans le temps, ou, pour le moins, jusqu'à la réalisation de toute formalité administrative conduisant à l'édition d'un nouveau certificat d'immatriculation.

Identifiant territorial. On notera enfin que ces numéros d'immatriculation attribués à titre définitif ne font plus référence au département du domicile du propriétaire du véhicule. Annoncée de longue date, la disparition d'une telle référence dans les numéros d'immatriculation a été à l'origine d'une véritable fronde menée par plusieurs élus faisant état du profond attachement des Français à l'identification territoriale des véhicules via le numéro figurant sur les plaques d'immatriculation. C'est pourquoi un autre arrêté du 9 février 2009 fixant les caractéristiques et le mode de pose des plaques d'immatriculation des véhicules est venu imposer l'inscription d'un identifiant territorial sur les plaques d'immatriculation. Composé du logo officiel d'une région et du numéro de l'un des départements de cette région, cet identifiant est choisi librement par le titulaire du certificat d'immatriculation (V. art. 9 du 1er Arr. 9 févr. 2009, App., vo *Immatriculation*). ❑

1. Sur l'annulation de l'Arr. du 24 juin 1994 ajoutant à l'art. 16 de l'Arr. du 5 nov. 1984 du ministre de l'équipement une disposition fixant les règles applicables à l'immatriculation des véhicules soumis à la procédure prévue par l'art. L. 27 (2o) [C. route, art. R. 326-11, 2o] et prévoyant que l'immatriculation desdits véhicules n'est pas subordonnée à la production d'un procès-verbal de réception du véhicule délivré par le service des mines, V. : • CE 28 juin 1995 : *ss. art. R. 321-15.*

2. Le certificat d'immatriculation dit carte grise est un titre de police mais ne préjuge pas de la propriété du véhicule. • Civ. 1re, 25 févr. 1958 : *Bull. civ. I, no 114.* ♦ La carte grise d'un véhicule est une simple pièce administrative qui permet la mise en circulation du véhicule mais qui ne vaut pas titre de propriété. Ainsi, le fils du titulaire de la carte grise, qui produit la facture d'achat à son nom, le chèque qu'il a établi en paiement et le prêt qu'il a contracté pour cet achat, fait ainsi la preuve qu'il est le véritable propriétaire, alors même que la carte grise avait été établie au nom de sa mère pour des raisons tenant à l'assurance. Dès lors doit être annulée la saisie qui porte sur un bien n'appartenant pas au débiteur. • Paris, 14 sept. 2000 : *D. 2000. IR 265.*

3. Aucune disposition législative n'interdit que deux ou plusieurs personnes soient en commun propriétaires d'un véhicule automobile ; il résulte des dispositions des art. R. 110 et R. 111 [C. route, art. L. 322-1 et R. 322-2] que tout propriétaire d'un véhicule automobile est en droit d'obtenir la délivrance à son nom d'un certificat d'immatriculation et que ce document de police ayant un caractère unique il en découle qu'en cas de pluralité de propriétaires d'un même véhicule, le certificat d'immatriculation doit mentionner le nom de chacun des propriétaires. • CE 14 déc. 1988 : *D. 1989. 338, concl. Fornacciari.* ♦ Dans le même sens et précisant que l'exigence que la carte grise ne comporte qu'un seul nom n'est pas au nombre des conditions que l'art. R. 111 donne au ministre compétence de fixer : • CE 31 oct. 1990 : *D. 1991. 220, concl. contraires Fornacciari.* ♦ L'art. L. 21-1 [C. route, art. L. 121-2] n'a ni pour objet ni pour effet de faire obstacle à ce que plusieurs noms figurent sur le certificat d'immatriculation. • CE 14 déc. 1988 : *D. 1989. 338, concl. Fornacciari* • 31 oct. 1990 : *D. 1991. 220, concl. contraires Fornacciari.*

4. Il n'appartient pas à l'administration préfectorale, postérieurement à la délivrance d'une carte grise sur la base d'une déclaration non contestée à l'époque, de remettre en cause, à la demande de l'un des propriétaires mentionnés sur ce document, à la suite d'une séparation, les mentions de cette déclaration initiale au seul vu de pièces telles que celles produites par Mme X tendant à établir qu'elle était, dès l'origine, seule propriétaire du véhicule ; dès lors, l'administration était tenue de rejeter la demande de rectification des mentions du certificat d'immatriculation présentée par l'intéressée. • CAA Douai, 18 mars 2004 : *inédit.*

Art. R. 322-3 *(Décr. no 2009-136 du 9 févr. 2009, en vigueur le 15 avr. 2009)* **I. — Par dérogation aux dispositions des articles R. 322-1 et R. 322-2, la circulation d'un véhicule est autorisée sous couvert d'un certificat provisoire d'immatriculation, d'un coupon détachable dûment rempli, d'un certificat W garage** *(Décr. no 2018-211 du 28 mars 2018, art. 8)* **« , d'un certificat provisoire d'immatriculation permettant la**

circulation à titre expérimental d'un véhicule à délégation partielle ou totale de conduite, dit certificat WW DPTC, » ou d'un certificat de transit ou d'un document équivalent délivré par les autorités compétentes d'un État membre de *(Décr. nº 2018-211 du 28 mars 2018, art. 8)* « l'Union européenne ».

II. — Les conditions d'attribution et de durée d'utilisation *(Décr. nº 2018-211 du 28 mars 2018, art. 8)* « du certificat provisoire d'immatriculation, du coupon détachable dûment rempli, du certificat W garage ou d'un certificat de transit ou d'un document équivalent délivré par les autorités compétentes d'un État membre de l'Union européenne » sont définies par arrêté du ministre chargé des transports pris après avis du ministre de l'intérieur.

(Décr. nº 2018-211 du 28 mars 2018, art. 8) « Les conditions d'attribution et de durée d'utilisation du certificat WW DPTC sont définies par arrêté conjoint du ministre chargé des transports et du ministre de l'intérieur. »

III. — Le fait pour toute personne d'utiliser l'un de ces titres provisoires de circulation sans respecter les dispositions du présent article ou celles prises pour son application est puni de l'amende prévue pour les contraventions de la quatrième classe.

L'immobilisation du véhicule peut être prescrite dans les conditions prévues aux articles L. 325-1 à L. 325-3.

Certificat provisoire d'immatriculation, V. App., vº Immatriculation : 2e Arr. du 9 févr. 2009, art. 7 s. Certificat WW DPTC, V. Arr. du 17 avr. 2018, art. 4, ss. art. L. 311-1.

Pour l'entrée en vigueur de l'art. R. 322-3 modifié, V. Décr. nº 2009-136 du 9 févr. 2009, art. 13, note ss. art. R. 322-1.

Concernant les demandes d'autorisation provisoire de circuler et les demandes d'autorisation de circuler pour les véhicules détenus par certaines catégories de professionnels de l'automobile, le silence gardé par l'administration pendant un délai de deux mois vaut, par exception, décision de rejet (Décr. nº 2014-1292 du 23 oct. 2014, JO 1er nov.).

Il résulte de l'art. R. 322-3 C. route que la circulation d'un véhicule d'occasion déjà immatriculé, dont la mise en circulation par un professionnel du commerce de l'automobile a pour objet la revente, n'est autorisée que sous couvert d'un certificat d'immatriculation W garage. En conséquence, si un professionnel du commerce de l'automobile, dans le cadre de son activité de négoce, qui a enregistré sa déclaration d'achat, n'a pas l'obligation de demander l'immatriculation du véhicule à son nom avant toute cession, comme le prévoit l'art. R. 322-5 C. route, il lui appartient de justifier de la délivrance d'un certificat W garage dans les conditions prévues par l'Arr. du 9 févr. 2009 relatif aux modalités d'immatriculation des véhicules. • Crim. 8 nov. 2016, nº 15-85.532 P : *D. actu. 8 déc. 2016, obs. Gallois.*

Art. R. 322-4 *(Décr. nº 2009-136 du 9 févr. 2009, en vigueur le 15 avr. 2009)* « I. — En cas de changement de propriétaire d'un véhicule soumis à immatriculation et déjà immatriculé, l'ancien propriétaire doit effectuer, dans les quinze jours suivant la cession, *(Décr. nº 2017-1278 du 9 août 2017, art. 3)* « une déclaration au ministre de l'intérieur l'informant de cette cession » et indiquant l'identité et le domicile déclarés par le nouveau propriétaire. Avant de remettre le certificat d'immatriculation à ce dernier, *(Décr. nº 2017-1278 du 9 août 2017, art. 3)* « l'ancien propriétaire doit le barrer et y porter d'une manière très lisible » et inaltérable la mention : "vendu le / .... / .... " ou "cédé le .... / .... / .... " (date de la cession), suivie de sa signature, et *(Décr. nº 2017-1278 du 9 août 2017, art. 3)* « , sauf en cas de vente ou de cession à un professionnel de l'automobile, remplir le coupon » ou, à défaut, découper la partie supérieure droite de ce document lorsqu'il comporte l'indication du coin à découper.

(Décr. nº 2017-1278 du 9 août 2017, art. 3) « II. — L'ancien propriétaire effectue la déclaration mentionnée au I soit directement par voie électronique, soit par l'intermédiaire d'un professionnel de l'automobile habilité par le ministre de l'intérieur.

« III. — En cas de cession à un professionnel de l'automobile, ce dernier effectue une déclaration d'achat dans les quinze jours suivant la transaction, soit directement par voie électronique, soit par l'intermédiaire d'un professionnel de l'automobile habilité par le ministre de l'intérieur.

« IV. — Lorsqu'un professionnel de l'automobile propriétaire d'un véhicule déjà immatriculé le revend à un non*[-]*professionnel de l'automobile, il remet à l'acquéreur le certificat d'immatriculation sur lequel sont portées les mentions prévues au

I, accompagné du récépissé de la déclaration d'achat en sa possession et remplit, s'il existe, le coupon de ce certificat d'immatriculation. »

(Décr. n° 2009-136 du 9 févr. 2009, en vigueur le 15 avr. 2009) **« V. — Dans chacun des cas définis aux alinéas précédents, la remise du certificat d'immatriculation doit être accompagnée d'un certificat, établi depuis moins de quinze jours par le ministre de l'intérieur, attestant à sa date d'édition de** *(Décr. n° 2017-1278 du 9 août 2017, art. 3)* **« la situation administrative du véhicule. Celle-ci précise l'existence ou non d'un gage ainsi que toute opposition au transfert du certificat d'immatriculation du véhicule ou au transfert de la propriété du véhicule ».**

« VI. — » Le ministre chargé des transports définit par arrêté pris après avis du ministre de l'intérieur les conditions d'application du présent article, notamment en ce qui concerne *(Décr. n° 2017-1278 du 9 août 2017, art. 3)* **« la situation administrative du véhicule, » les véhicules tombés dans une succession, vendus aux enchères publiques ou à la suite d'une décision judiciaire, et les véhicules de location.**

(Décr. n° 2009-136 du 9 févr. 2009, en vigueur le 15 avr. 2009) **« VII. — » Le fait de ne pas effectuer les déclarations ou de ne pas respecter les délais prévus au présent article est puni de l'amende prévue pour les contraventions de la quatrième classe.** *— [Anc. art. R. 112, R. 159, R. 165, R. 185, R. 200-2 et R. 241, al. 1er et 4.]*

Opposition au transfert du certificat d'immatriculation : art. L. 322-1 et L. 322-2, R. 322-15 s. — Information des tiers : art. L. 330-3.

V. App., v° Immatriculation : 2e Arr. du 9 févr. 2009, art. 10.

V. aussi Arr. du 23 mai 2017 portant création d'un système de téléservices destiné à l'accomplissement de démarches administratives relatives aux certificats d'immatriculation des véhicules (JO 1er juin), mod. par Arr. du 9 août 2017 (JO 13 août), mod. par Arr. du 29 sept. 2017 (JO 21 oct.), mod. par Arr. du 12 sept. 2023 (JO 17 oct.) et Arr. du 14 août 2017 portant information du public sur la dématérialisation des procédures de déclaration de cession du véhicule, de demande de changement d'adresse du titulaire du certificat d'immatriculation d'un véhicule ou de demande de changement de titulaire du certificat d'immatriculation d'un véhicule et modifiant l'arrêté du 9 février 2009 relatif aux modalités d'immatriculation des véhicules (JO 15 août).

Pour l'entrée en vigueur de l'art. R. 322-4 modifié, V. Décr. n° 2009-136 du 9 févr. 2009, art. 13, note ss. art. R. 322-1.

BIBL. ▶ DEFRANCE, *Jurispr. auto 2007. 338* (vente de véhicule entre professionnels de l'automobile). - *ibid. 2008. 703* (la remise de la carte grise avec le véhicule).

1. Dès lors que l'art. R. 322-4 C. route n'oblige pas le vendeur d'un véhicule à remettre la carte grise revêtue de la mention « vendu, cédé ou revendu à », à l'acheteur concomitamment à la vente, une cour d'appel, qui a relevé, d'un côté, qu'il était d'usage, entre professionnels, que le vendeur ne transmette que dans les quinze jours de la vente, à l'acheteur, les documents administratifs afférents aux véhicules vendus, et, d'un autre, qu'il n'était pas exceptionnel que des loueurs de véhicules procèdent à leur revente, éventuellement à bref délai, a souverainement retenu qu'une société, en faisant l'acquisition de véhicules auprès d'une société de négoces de véhicules terrestres à moteur, sans que celle-ci lui ait remis les cartes grises et bien que ces documents, présentés lors de la vente à un préposé de la société acquéreur, eussent désigné comme propriétaire une société de location de véhicules automobiles, était de bonne foi lors de son acquisition. • Com. 24 avr. 2007, n° 05-17.778 P : *D. 2007. AJ 1337, note Delpech ; Jurispr. auto 2007. 379.* ♦ Mais en ayant exactement relevé que le document administratif dénommé carte grise constitue un accessoire indispensable à l'immatriculation obligatoire de tout véhicule automobile, une cour d'appel a estimé souverainement que présente un caractère équivoque la possession d'un véhicule automobile par un professionnel qui a accepté de l'acquérir d'un autre professionnel sans se faire remettre la carte grise y afférente, ni, à tout le moins, vérifier que celui-ci détenait ce document. • Civ 1re, 30 oct. 2008 : *Bull. civ. I, n° 242 ; D. 2008. AJ 2935 ; Jurispr. auto 2008. 738.* ♦ V. déjà en ce sens, • Com. 15 oct. 2002 : *Bull. civ. IV, n° 146.*

2. Cession d'un véhicule et forfait de post-stationnement. Il résulte de l'art. L. 2333-87 CGCT que le débiteur du forfait de post-stationnement et de sa majoration éventuelle est la personne titulaire du certificat d'immatriculation du véhicule à la date d'émission de l'avis de paiement de ce forfait. Toutefois, lorsque le véhicule a été cédé, son acquéreur est le débiteur du forfait de post-stationnement dès lors que le vendeur a cédé son véhicule avant l'émission de l'avis de paiement et a procédé à la déclaration prévue par l'art. R. 322-4 C. route avant cette date ou, en tout état de cause, dans le délai de quinze jours prévu à cet article. • CE 10 juin 2020, n° 427155 B avec les concl. : *AJDA 2020. 1199 ; D. actu. 16 juin 2020, obs. Pastor; Rev. CMP 2020, n° 269, note Soler-Couteaux.* ♦ Mais il résulte du VII des art. L. 2333-87 et R. 2333-120-13 CGCT, ainsi que des art. L. 330-1 et R. 322-4 C. route que, lorsque le véhicule est cédé à un professionnel de l'automobile, ce dernier doit être regardé, qu'il ait procédé ou non à la déclaration d'achat prévue par le III de l'art. R. 322-4 C. route, comme seul redevable des forfaits de post-stationnement émis après la date de la cession, laquelle peut être établie par tout moyen. • CE 19 juill. 2023, n° 473260 B : *AJDA 2023. 1425*.

Art. R. 322-5 *(Décr. nº 2017-1278 du 9 août 2017, art. 4-1º)* **« I. — Le nouveau propriétaire d'un véhicule déjà immatriculé doit, s'il veut le maintenir en circulation, faire établir, dans un délai d'un mois à compter de la date de la cession, un certificat d'immatriculation à son nom dans les conditions prévues à l'article R. 322-1.**

« Cette demande est adressée au ministre de l'intérieur soit directement par voie électronique, soit par l'intermédiaire d'un professionnel de l'automobile habilité par le ministre de l'intérieur.

« Le nouveau propriétaire doit pouvoir justifier, à la demande du ministre de l'intérieur :

« 1º De la souscription, pour le véhicule considéré, d'une assurance conforme aux dispositions de l'article L. 211-1 du code des assurances ;

« 2º De la déclaration certifiant la cession et indiquant que le véhicule n'a pas subi de transformation susceptible de modifier les indications du précédent certificat d'immatriculation ;

« 3º Lorsque le nouveau propriétaire est une personne physique, d'un permis de conduire, le cas échéant celui de la personne physique désignée pour être titulaire du certificat d'immatriculation, correspondant à la catégorie du véhicule considéré conformément aux dispositions de l'article L. 322-1-1 ;

« 4º De son domicile, siège social ou établissement d'affectation ou de mise à disposition du véhicule ;

« 5º D'être en possession de l'ancien certificat d'immatriculation du véhicule barré et signé, portant la mention "vendu le ...... / ...... / ......" ou "cédé le ..... / ...... / ......" ;

« 6º Pour tout véhicule soumis à visite technique, que celui-ci répond aux conditions requises pour être maintenu en circulation conformément aux dispositions du chapitre III du présent titre. »

II. — *(Décr. nº 2009-136 du 9 févr. 2009, en vigueur le 15 avr. 2009)* **« Le nouveau propriétaire peut circuler à titre provisoire et pendant une période d'un mois à compter de la date de la cession sous couvert soit du coupon** *(Décr. nº 2017-1278 du 9 août 2017, art. 4-2º)* **« rempli du certificat d'immatriculation s'il existe », soit d'un certificat provisoire d'immatriculation. »**

III. — Le ministre chargé des transports définit par arrêté pris après avis du ministre de l'intérieur les conditions d'application du présent article, notamment en ce qui concerne les véhicules vendus par les domaines, aux enchères publiques ou à la suite d'une décision judiciaire, les véhicules de collection et ceux démunis de *(Décr. nº 2009-136 du 9 févr. 2009, en vigueur le 15 avr. 2009)* **« certificat d'immatriculation ».**

IV. — Le fait, pour tout propriétaire, de maintenir en circulation un véhicule sans avoir obtenu un certificat d'immatriculation dans les conditions fixées au présent article est puni de l'amende prévue pour les contraventions de la quatrième classe. — *[Anc. art. R. 113, R. 113-2, R. 114-1, R. 159, R. 165, R. 185, R. 200-2, R. 241, al. 1er et 2, et Arr. 5 nov. 1984, art. 10, § 5.]*

(Décr. nº 2003-42 du 8 janv. 2003, art. 3) **« L'immobilisation du véhicule peut être prescrite dans les conditions prévues aux articles L. 325-1 à L. 325-3. »**

V. App., vº Immatriculation : 2e Arr. du 9 févr. 2009, art. 11 et 12.

V. aussi Arr. du 23 mai 2017 portant création d'un système de téléservices destiné à l'accomplissement de démarches administratives relatives aux certificats d'immatriculation des véhicules (JO 1er juin), mod. par Arr. du 9 août 2017 (JO 13 août), mod. par Arr. du 29 sept. 2017 (JO 21 oct.), mod. par Arr. du 12 sept. 2023 (JO 17 oct.) et Arr. du 14 août 2017 portant information du public sur la dématérialisation des procédures de déclaration de cession du véhicule, de demande de changement d'adresse du titulaire du certificat d'immatriculation d'un véhicule ou de demande de changement de titulaire du certificat d'immatriculation d'un véhicule et modifiant l'arrêté du 9 février 2009 relatif aux modalités d'immatriculation des véhicules (JO 15 août).

Pour l'entrée en vigueur de l'art. R. 322-5 modifié, V. Décr. n° 2009-136 du 9 févr. 2009, art. 13, note ss. art. R. 322-1.

BIBL. ▶ DESMORIEUX, *Dr. fisc. 2007. 514* (cartes grises des véhicules apportés dans les fusions).

A. VÉHICULES DE COLLECTION

1. Le ministre des Transports ne peut légalement se fonder sur la délégation de compétence qui lui a été donnée par les art. R. 112 et R. 113 [C. route, art. R. 322-4 et R. 322-5] pour créer, par les art. 23 et 24 de son Arr. du 5 nov. 1981, un certificat d'immatriculation particulier pour les véhicules de collection, qui n'ouvre aux propriétaires de ces véhicules que le droit de circuler dans certaines circonstances fixées par ces articles et dans les zones géographiques qu'ils déterminent; le certificat d'immatriculation n'est pas un titre de circulation mais un titre d'identification des véhicules; aucune disposition émanant de l'autorité investie du pouvoir réglementaire ne donne au ministre le pouvoir de fixer des règles en la matière. • CE 3 nov. 1989 : *Gaz. Pal. 1990. 1. Pan. dr. adm. 260; Gaz. Pal. 1990. 1. 321, note Amouroux.*

B. CHAMP D'APPLICATION DE L'ARTICLE

2. Cession d'un véhicule. Les art. R. 112 et R. 113 [C. route, art. R. 322-4 et R. 322-5] ne visent que le seul cas de vente d'un véhicule; ils ne prévoient pas le cas où la transmission s'est effectuée par voie testamentaire ou successorale, hypothèses dans lesquelles aucun délai n'est prescrit au nouveau propriétaire pour demander le transfert de la carte grise. • T. corr. Avranches, 22 nov. 1967 : *D. 1968. 276* • T. corr. Rennes, 16 mai 1968 : *D. 1968. Somm. 123.* ♦ Même solution si le prévenu n'a pas acheté le véhicule qui lui a été donné par son père. • Besançon, 24 janv. 1963 : *D. 1963. 248, note Petit.*

3. Maintien du véhicule en circulation. Doit être relaxé le garagiste détenant dans son garage une automobile dont la carte grise portait encore le nom de l'ancien propriétaire alors que l'achat remontait à plus de quinze jours, dès lors qu'il n'était pas prouvé que le véhicule a été mis en circulation plus de quinze jours après son acquisition. • T. corr. Albertville, 15 févr. 1960 : *D. 1960. 348* • T. corr. Le Mans, 4 mars 1968 : *Gaz. Pal. 1968. 1. 384, note Vassas.* ♦ Ne justifie pas sa décision le juge de proximité qui déclare le prévenu coupable de l'infraction de défaut de mutation de la carte grise sans répondre aux conclusions de l'intéressé qui faisait valoir que le véhicule était garé sur un fond privé attenant à son domicile et ne circulait pas sur la voie publique. • Crim. 11 mai 2005 : *Jurispr. auto 2005. 403; Dr. pénal 2005. Comm. 146, obs. Robert.*

4. Doit être relaxé le prévenu faisant valoir que n'ayant pu obtenir le permis de conduire, après avoir acheté un véhicule, il l'a revendu sans avoir jamais pu l'utiliser; il n'a pas fait usage d'une carte grise qu'il savait périmée ou annulée. • T. corr. Montbéliard, 10 nov. 1961 : *D. 1962. 44.*

5. Le propriétaire d'un tracteur agricole à chenilles ne saurait être astreint à l'obligation résultant de l'art. R. 113 [C. route, art. R. 322-5], cette dernière disposition ne s'imposant que dans le cadre d'application du C. route qui régit l'usage des voies ouvertes à la circulation publique. • Agen, 24 oct. 1963 : *D. 1964. Somm. 15.*

6. Inapplication au professionnel du commerce de l'automobile. Il résulte de l'art. R. 322-3 C. route que la circulation d'un véhicule d'occasion déjà immatriculé, dont la mise en circulation par un professionnel du commerce de l'automobile a pour objet la revente, n'est autorisée que sous couvert d'un certificat d'immatriculation W garage. En conséquence, si un professionnel du commerce de l'automobile, dans le cadre de son activité de négoce, qui a enregistré sa déclaration d'achat, n'a pas l'obligation de demander l'immatriculation du véhicule à son nom avant toute cession, comme le prévoit l'art. R. 322-5 C. route, il lui appartient de justifier de la délivrance d'un certificat W garage dans les conditions prévues par l'Arr. du 9 févr. 2009 relatif aux modalités d'immatriculation des véhicules. • Crim. 8 nov. 2016, n° 15-85.532 P : *D. actu. 8 déc. 2016, obs. Gallois.*

C. PÉNALITÉS

7. Le fait d'être porteur d'une carte grise au nom de l'ancien propriétaire du véhicule au-delà du délai fixé constitue une contravention de 4e classe sanctionnée par l'art. R. 241 (1°) [C. route, art. R. 322-5]. • Paris, 6 mai 1988 : *Juris-Data n° 24865.*

D. RESPONSABILITÉ DE L'ÉTAT

8. Si les services préfectoraux ne sont pas tenus de vérifier les indications et documents fournis par le nouveau propriétaire d'un véhicule déjà immatriculé, la responsabilité de l'État peut toutefois être engagée si, une copie de plainte déposée pour vol contre un tiers leur ayant été communiquée, ils ont néanmoins délivré une nouvelle carte grise pour le véhicule considéré. • CE 16 déc. 1983 : *Lebon 855.* ♦ De même la responsabilité de l'État est engagée lorsque le délai de transmission de la plainte pour vol des services de police à la préfecture a été si long qu'un nouveau propriétaire s'est vu délivrer une nouvelle carte grise pour le même véhicule. • CE 6 mars 2002, *Min. de l'Intérieur c/ Feyti,* n° 207645 : *Jurispr. auto 2003. 120.*

9. Retard dans la délivrance d'une carte grise. Lorsqu'un usager demande à l'État la délivrance d'un titre sécurisé pour lequel l'Agence nationale des titres sécurisés (ANTS) exerce ses missions et qu'il doit, en conséquence, s'enregistrer sur la plate-forme de cet établissement public, les dysfonctionnements ou retards qui peuvent survenir à l'occasion des différentes étapes au cours desquelles, successivement, les données sont transmises par l'agence aux services de l'État, ceux-ci instruisent la demande et, si le titre est octroyé, l'agence assure son édition et son acheminement, tout en ayant en charge, tout au long du processus, un soutien à l'usager, peuvent avoir différentes causes, qui sont susceptibles d'engager, selon le cas, la responsabilité de l'agence ou celle de l'État mais dont l'usager n'est pas en mesure d'identifier l'auteur. Par suite, lorsqu'un usager adresse une réclamation préalable à l'ANTS afin d'obtenir la réparation de préjudices qu'il estime avoir subis en raison de dysfonctionnements ou de retards lors de la délivrance, par cette agence, d'une carte grise, cette réclamation doit être regardée comme adressée à la fois à l'agence et à l'État et il appartient au juge administratif, saisi d'une action indemnitaire de l'usager après le rejet d'une telle réclamation, de regarder des conclusions tendant à l'obtention de dommages et intérêts de la part de l'ANTS comme étant également dirigées contre l'État et de communiquer la requête tant à l'agence qu'à l'autorité compétente de l'État. • CE 27 mai 2021, n° 439199 B : *AJDA 2021. 1126*.

Art. R. 322-6 *(Décr. n° 2009-136 du 9 févr. 2009, en vigueur le 15 avr. 2009)* **« I. — Si le propriétaire d'un véhicule déjà immatriculé ne désire pas le maintenir en circulation, il doit adresser au** *(Décr. n° 2017-1278 du 9 août 2017, art. 5)* **« ministre de l'intérieur par voie électronique » le certificat d'immatriculation accompagné d'une déclaration l'informant de son retrait de la circulation.**

« Si cette déclaration fait suite à une cession du véhicule, elle doit être adressée par le nouvel acquéreur au *(Décr. n° 2017-1278 du 9 août 2017, art. 5)* **« ministre de l'intérieur par voie électronique » dans un délai d'un mois à compter de la date de la cession portée sur le certificat d'immatriculation du véhicule.**

« Le propriétaire n'est plus autorisé à circuler avec ce véhicule sur les voies ouvertes à la circulation publique et la validité du certificat d'immatriculation du véhicule est alors suspendue par le ministre de l'intérieur.

« II. — Lorsque le propriétaire du véhicule souhaite le remettre en circulation, il en fait la déclaration au *(Décr. n° 2017-1278 du 9 août 2017, art. 5)* **« ministre de l'intérieur par voie électronique », la suspension de l'autorisation de circuler est alors levée et un nouveau certificat d'immatriculation est délivré au propriétaire du véhicule. Dans l'attente de ce nouveau certificat d'immatriculation, le propriétaire peut circuler pendant un mois sous couvert d'un certificat provisoire d'immatriculation.**

« III. — » Le ministre chargé des transports détermine, par arrêté pris après avis du ministre de l'intérieur, les conditions d'application du présent article.

(Décr. n° 2009-136 du 9 févr. 2009, en vigueur le 15 avr. 2009) **« IV. — » Le fait, pour tout propriétaire, de ne pas effectuer la déclaration ou de ne pas observer les délais prévus au présent article est puni de l'amende prévue pour les contraventions de la quatrième classe.** — *[Anc. art. R. 113-1, R. 159, R. 165, R. 185, R. 200-2, R. 241, al. 1er et 4.]*

V. App., v° Immatriculation : 2e Arr. du 9 févr. 2009, art. 13 et 14.

V. aussi Arr. du 23 mai 2017 portant création d'un système de téléservices destiné à l'accomplissement de démarches administratives relatives aux certificats d'immatriculation des véhicules (JO 1er juin), mod. par Arr. du 9 août 2017 (JO 13 août), mod. par Arr. du 29 sept. 2017 (JO 21 oct.), mod. par Arr. du 12 sept. 2023 (JO 17 oct.) et Arr. du 14 août 2017 portant information du public sur la dématérialisation des procédures de déclaration de cession du véhicule, de demande de changement d'adresse du titulaire du certificat d'immatriculation d'un véhicule ou de demande de changement de titulaire du certificat d'immatriculation d'un véhicule et modifiant l'arrêté du 9 février 2009 relatif aux modalités d'immatriculation des véhicules (JO 15 août).

Pour l'entrée en vigueur de l'art. R. 322-6 modifié, V. Décr. n° 2009-136 du 9 févr. 2009, art. 13, note ss. art. R. 322-1.

Le défaut de déclaration de retrait et de renvoi du certificat d'immatriculation est une infraction instantanée ; l'action publique est prescrite si les faits remontent à plus d'un an avant le premier acte de poursuite. • Poitiers, 26 avr. 1990 : *Juris-Data n° 043138.*

Art. R. 322-7 *(Décr. n° 2017-1278 du 9 août 2017, art. 6-1°)* **« I. — Tout propriétaire d'un véhicule soumis à immatriculation doit, dans le mois qui suit le changement de domicile, de siège social ou d'établissement d'affectation ou de mise à disposition du véhicule, adresser par voie électronique une déclaration au ministre de l'intérieur l'informant de ce changement. Le propriétaire doit pouvoir justifier, à la demande du ministre de l'intérieur, de son nouveau domicile, siège social ou établissement d'affectation ou de mise à disposition du véhicule. »**

(Décr. n° 2009-136 du 9 févr. 2009, en vigueur le 15 avr. 2009) « II. — » **Lorsqu'il s'agit d'un véhicule faisant l'objet soit d'un crédit-bail, soit d'un contrat de location de deux ans ou plus,** *(Décr. n° 2017-1278 du 9 août 2017, art. 6-2°)* « **le locataire du véhicule déclare, dans un délai maximum d'un mois, tout changement mentionné au I au propriétaire qui le déclare par voie électronique au ministre de l'intérieur dans un délai maximum de dix jours à compter de la réception de la déclaration du locataire** ».

(Abrogé par Décr. n° 2017-1278 du 9 août 2017, art. 6-3°) « ***III. — Le propriétaire peut également adresser directement sa déclaration de changement de domicile au ministre de l'intérieur par voie électronique.***

« ***IV.*** — » *(Décr. n° 2004-1408 du 23 déc. 2004)* « ***Pour l'accomplissement des formalités prévues au présent article, le propriétaire doit justifier de son identité et,*** » *(Décr. n° 2009-136 du 9 févr. 2009, en vigueur le 15 avr. 2009)* « ***de son domicile, de l'adresse de son siège social ou de l'établissement d'affectation ou de mise à disposition du véhicule ou de celle du locataire.*** »

(Décr. n° 2009-136 du 9 févr. 2009, en vigueur le 15 avr. 2009) « **V. — Lorsque le ministre de l'intérieur est informé de la réimmatriculation du véhicule dans un pays de** *(Décr. n° 2017-1278 du 9 août 2017, art. 6-4°)* « **l'Union** » **européenne ou de l'Espace économique européen, la validité du certificat d'immatriculation est suspendue en France.**

« **VI. — Lorsque ce véhicule est remis en circulation en France, son propriétaire en fait la déclaration au** *(Décr. n° 2017-1278 du 9 août 2017, art. 6-5°)* « **ministre de l'intérieur par voie électronique** ». **La suspension de l'autorisation de circuler du véhicule est levée par le ministre de l'intérieur et un nouveau certificat d'immatriculation est délivré au propriétaire du véhicule. Dans l'attente de ce nouveau certificat d'immatriculation, le propriétaire peut circuler pendant un mois sous couvert d'un certificat provisoire d'immatriculation.**

« **VII. — Un arrêté du ministre chargé des transports, pris après avis du ministre de l'intérieur, fixe les conditions d'application du présent article.**

(Décr. n° 2017-1278 du 9 août 2017, art. 6-6°) « **VIII. — Le fait, pour tout propriétaire d'un véhicule ou pour tout locataire d'un véhicule faisant l'objet soit d'un crédit-bail, soit d'un contrat de location de deux ans ou plus, de ne pas effectuer les déclarations ou de ne pas respecter les délais prévus au présent article, est puni de l'amende prévue pour les contraventions de la quatrième classe.** »

V. App., v° Immatriculation : 2e Arr. du 9 févr. 2009, art. 15.

V. aussi Arr. du 23 mai 2017 portant création d'un système de téléservices destiné à l'accomplissement de démarches administratives relatives aux certificats d'immatriculation des véhicules (JO 1er juin), mod. par Arr. du 9 août 2017 (JO 13 août), mod. par Arr. du 29 sept. 2017 (JO 21 oct.), mod. par Arr. du 12 sept. 2023 (JO 17 oct.) et Arr. du 14 août 2017 portant information du public sur la dématérialisation des procédures de déclaration de cession du véhicule, de demande de changement d'adresse du titulaire du certificat d'immatriculation d'un véhicule ou de demande de changement de titulaire du certificat d'immatriculation d'un véhicule et modifiant l'arrêté du 9 février 2009 relatif aux modalités d'immatriculation des véhicules (JO 15 août).

Pour l'entrée en vigueur de l'art. R. 322-7 modifié, V. Décr. n° 2009-136 du 9 févr. 2009, art. 13, note ss. art. R. 322-1.

1. Légalité du texte d'incrimination. Si c'est à tort qu'une juridiction de proximité a dit ne pouvoir discuter de la légalité de l'art. R. 322-7 C. route, alors que l'art. 111-5 C. pén. dispose que les juridictions pénales sont compétentes pour interpréter les actes administratifs, réglementaires ou individuels et pour en apprécier la légalité lorsque de cet examen dépend la solution du procès pénal qui leur est soumis, son jugement n'encourt pas pour autant la censure, dès lors que, d'une part, la contravention prévue à l'art. R. 322-7 C. route ne constitue pas une entrave à la liberté de domicile et, d'autre part, l'obligation de déclaration de domicile en préfecture a pour but légitime de faciliter l'exercice des poursuites, à l'égard notamment des redevables pécuniairement. • Crim. 9 mai 2018, n° 17-80.893 : *Dr. pénal 2018. Chron. 7, obs. Gauvin ; ibid. n° 162, obs. Robert.*

2. Une infraction continue. Est justifié le jugement qui, pour écarter l'exception de prescription invoquée par un prévenu poursuivi pour défaut de mutation de carte grise constaté le 25 avril 2015 faisant valoir qu'il avait changé de résidence à l'automne 2001, énonce qu'en raison du caractère continu de cette infraction, la prescription n'était pas acquise, l'acte délictueux s'étant poursuivi jusqu'au jour de sa constatation. • Crim. 9 mai 2018, n° 17-80.893 : *préc. note 1.*

3. Preuve de l'infraction. Aux termes de l'art. 427 C. pr. pén., hors les cas où la loi en dispose autrement, les infractions peuvent être établies par tout mode de preuve et le juge décide d'après son intime conviction. Méconnaît ce principe l'arrêt qui, pour relaxer un prévenu poursuivi pour défaut de déclaration de changement de domicile par le propriétaire d'un véhicule, retient qu'il n'est versé aux débats aucun procès-verbal constatant cette infraction et que le formulaire d'interrogation simple du fichier national des automobiles, qui n'a pas valeur de procès-verbal au sens de l'art. 537 C. pr. pén, ne peut faire foi de l'infraction reprochée, alors que, si l'art. 537 C. pr. pén. prévoit des règles particulières de preuve des contraventions, il n'en résulte pas pour autant que les dispositions plus générales de l'art. 427 du même code ne soient pas applicables en la matière et que les autres modes de preuve de l'infraction ne soient pas admissibles. • Crim. 16 janv. 2008 : *Jurispr. auto 2008. 461.*

Art. R. 322-8 *(Décr. nº 2017-1278 du 9 août 2017, art. 7)* **« I. — Toute transformation apportée à un véhicule soumis à immatriculation et déjà immatriculé, qu'il s'agisse d'une transformation notable ou de toute autre transformation susceptible de modifier les caractéristiques indiquées sur le certificat d'immatriculation, nécessite la modification de celui-ci. Pour maintenir la validité du certificat d'immatriculation, le propriétaire doit adresser au ministre de l'intérieur par voie électronique une déclaration dans le mois qui suit la transformation du véhicule. Le propriétaire peut circuler à titre provisoire, pendant une période d'un mois à compter de la date de la déclaration, sous couvert d'un certificat provisoire d'immatriculation. »**

(Décr. nº 2009-136 du 9 févr. 2009, en vigueur le 15 avr. 2009) **« II. — Un arrêté du ministre chargé des transports, pris après avis du ministre de l'intérieur, fixe les conditions d'application du présent article.**

« III. — » Le fait, pour tout propriétaire, de ne pas effectuer la déclaration ou de ne pas observer le délai, prévus au présent article, est puni de l'amende prévue pour les contraventions de la quatrième classe. — *[Anc. art. R. 115, R. 159, R. 165, R. 185, R. 200-2 et R. 241, al. 1er et 4.]*

V. App., vº Immatriculation : 2e Arr. du 9 févr. 2009, art. 15.

V. aussi Arr. du 23 mai 2017 portant création d'un système de téléservices destiné à l'accomplissement de démarches administratives relatives aux certificats d'immatriculation des véhicules (JO 1er juin), mod. par Arr. du 9 août 2017 (JO 13 août), mod. par Arr. du 29 sept. 2017 (JO 21 oct.), mod. par Arr. du 12 sept. 2023 (JO 17 oct.) et Arr. du 14 août 2017 portant information du public sur la dématérialisation des démarches administratives ralatives aux certificats d'immatriculation et modifiant l'arrêté du 9 février 2009 relatif aux modalités d'immatriculation des véhicules (JO 31 oct.).

Pour l'entrée en vigueur de l'art. R. 322-8 modifié, V. Décr. nº 2009-136 du 9 févr. 2009, art. 13, note ss. art. R. 322-1.

Art. R. 322-9 *(Décr. nº 2009-136 du 9 févr. 2009, en vigueur le 15 avr. 2009)* **I. —** *(Décr. nº 2022-1495 du 24 nov. 2022, art. 2)* **« Tout propriétaire d'une voiture particulière, d'une camionnette, d'un véhicule à moteur à deux roues ou trois roues et d'un quadricycle à moteur qui le cède pour destruction remet le certificat d'immatriculation à un centre VHU mentionné au 7° de l'article R. 543-154 du code de l'environnement en application de l'article R. 543-155 du même code. » A cet effet, il appose sur le certificat d'immatriculation, d'une manière très lisible et inaltérable, la mention "vendu le .... / .... / ...." ou "cédé le .... / .... / ...." (date de la cession) "pour destruction", suivie de sa signature** *(Abrogé par Décr. nº 2017-1278 du 9 août 2017, art. 8-1º)* **«*, et découpe la partie supérieure droite de ce document*».** *(Décr. nº 2017-1278 du 9 août 2017, art. 8-1º)* **« Lorsque ce document comporte un coupon, il le complète, le découpe et le conserve dans les conditions fixées à l'article R. 353. Lorsqu'il comporte, dans la partie supérieure droite, l'indication du coin à découper, il le découpe et le détruit. »**

(Décr. nº 2017-675 du 28 avr. 2017, art. 2-1º) **« Si le propriétaire du véhicule ne dispose pas du certificat d'immatriculation, il remet au** *(Décr. nº 2022-1495 du 24 nov. 2022, art. 2)* **« centre VHU » soit un document officiel prouvant que le certificat d'immatriculation ne peut être fourni, soit la justification de propriété du véhicule. »**

(Décr. nº 2011-153 du 4 févr. 2011, art. 2-2º, en vigueur le 31 mars 2011) **« II. — Au moment de l'achat pour destruction du véhicule hors d'usage, le** *(Décr. nº 2022-1495 du 24 nov. 2022, art. 2)* **« centre VHU » délivre un certificat de destruction au proprié-**

taire du véhicule. Concomitamment, le *(Décr. n° 2022-1495 du 24 nov. 2022, art. 2)* « centre VHU » adresse au *(Décr. n° 2017-1278 du 9 août 2017, art. 8-2°)* « ministre de l'intérieur par voie électronique » une déclaration l'informant de l'achat pour destruction du véhicule. Cette déclaration s'effectue dans les conditions prévues à l'article R. 322-4. *(Abrogé par Décr. n° 2017-1278 du 9 août 2017, art. 8-2°)* ***« Si le centre VHU agréé est habilité par le ministre de l'intérieur, il peut également effectuer ces démarches par voie électronique. »*** Le ministre de l'intérieur procède alors à l'annulation de l'immatriculation du véhicule.

« III. — Le *(Décr. n° 2022-1495 du 24 nov. 2022, art. 2)* « centre VHU » qui a déclaré l'achat d'un véhicule et qui souhaite ultérieurement le faire détruire émet à ce moment un certificat de destruction du véhicule. Concomitamment, le *(Décr. n° 2022-1495 du 24 nov. 2022, art. 2)* « centre VHU » adresse au *(Décr. n° 2017-1278 du 9 août 2017, art. 8-3°)* « ministre de l'intérieur par voie électronique » une déclaration l'informant de son intention de détruire ce véhicule. *(Abrogé par Décr. n° 2017-1278 du 9 août 2017, art. 8-3°)* ***« S'il est habilité par le ministre de l'intérieur, il peut également effectuer ces démarches par voie électronique. »*** Le ministre de l'intérieur procède alors à l'annulation de l'immatriculation du véhicule.

« IV. — Les dispositions du présent article s'appliquent également à la destruction des véhicules autres que ceux visés au I. Leur propriétaire n'est toutefois pas tenu de s'adresser à un *(Décr. n° 2022-1495 du 24 nov. 2022, art. 2)* « centre VHU ».

« V. — Le fait, pour tout propriétaire, de ne pas effectuer les déclarations ou de ne pas observer le délai prévu au I est puni de l'amende prévue pour les contraventions de la quatrième classe.

« VI. — Le fait, pour tout *(Décr. n° 2022-1495 du 24 nov. 2022, art. 2)* « centre VHU », de ne pas délivrer un certificat de destruction au moment du transfert du véhicule hors d'usage *(Abrogé par Décr. n° 2017-1278 du 9 août 2017, art. 8-4°)* ***« , de ne pas adresser au préfet du département de son choix le double du certificat de destruction »*** ou de ne pas effectuer les déclarations prévues aux II et III est puni de l'amende prévue pour les contraventions de la quatrième classe.

« VII. — Un arrêté conjoint des ministres chargés des transports, de l'intérieur, de l'industrie et de l'écologie fixe les conditions d'application du présent article. »

V. App., v° Immatriculation : 2e Arr. du 9 févr. 2009, art. 16.

Art. R. 322-10 En cas de perte, de vol ou de détérioration *(Décr. n° 2009-136 du 9 févr. 2009, en vigueur le 15 avr. 2009)* « d'un certificat d'immatriculation », *(Décr. n° 2017-911 du 9 mai 2017, art. 1er-1°)* « le propriétaire du véhicule » peut en obtenir un duplicata en adressant une demande *(Décr. n° 2017-911 du 9 mai 2017, art. 1er-1°)* « au ministre de l'intérieur par voie électronique ».

(Abrogé par Décr. n° 2017-1278 du 9 août 2017, art. 9-1°) ***« L'accomplissement des formalités prévues au présent article est subordonné à la justification, par le propriétaire, de son identité*** *(Décr. n° 2017-911 du 9 mai 2017, art. 1er-2° et 3°)* ***« dans les conditions fixées par l'article R. 112-9-1 du code des relations entre le public et l'administration.***

« A défaut de pouvoir faire lui-même sa demande de duplicata par voie électronique, le propriétaire peut bénéficier d'un accès à un dispositif connecté au site de demande de duplicata et d'une assistance numérique, mis en place par l'administration. »

Pour tout véhicule soumis à contrôle technique, la délivrance du duplicata est subordonnée à la preuve que ce véhicule répond aux conditions requises pour être maintenu en circulation conformément aux dispositions du chapitre III du présent titre.

Un arrêté du ministre chargé des transports, pris après avis du ministre de l'intérieur, fixe les conditions d'application des *(Décr. n° 2017-1278 du 9 août 2017, art. 9-2°)* « deux » précédents alinéas.

La déclaration de perte ou de vol permet la circulation du véhicule pendant un délai d'un mois à compter de la date de ladite déclaration.

Pour l'entrée en vigueur de l'art. R. 322-10 modifié, V. Décr. n° 2009-136 du 9 févr. 2009, art. 13, note ss. art. R. 322-1.

Conformément au CRPA, un arrêté conjoint du ministre de l'Intérieur et du ministre chargé des transports informe le public de la mise en place du téléservice de demande de duplicata du certificat d'immatriculation afin que le droit pour celui-ci de saisir l'administration par voie électronique puisse s'exercer à compter de la publication de cet Arr. (Décr. n° 2017-911 du 9 mai 2017, art. 2).

V. Arr. du 23 mai 2017 portant création d'un système de téléservices destiné à l'accomplissement de démarches administratives relatives aux certificats d'immatriculation des véhicules (JO 21 oct.), mod. par Arr. du 12 sept. 2023 (JO 17 oct.) et Arr. du 14 août 2017 (JO 13 août), mod. par Arr. du 29 sept. 2017 (JO 21 oct.) et Arr. du 30 mai 2017 portant information du public sur la dématérialisation de la procédure de demande de duplicata de certificat d'immatriculation d'un véhicule et modifiant l'arrêté du 9 février 2009 relatif aux modalités d'immatriculation des véhicules (JO 1er juin).

V. également App., v° Immatriculation : 2e Arr. du 9 févr. 2009, art. 17.

Art. R. 322-11 *(Abrogé par Décr. n° 2009-136 du 9 févr. 2009, à compter du 15 avr. 2009)* ***Le ministre chargé des transports et le ministre de l'intérieur peuvent, par arrêté interministériel, déroger dans des ressorts déterminés aux règles de compétence territoriale fixées à la présente section et désigner un préfet compétent autre que celui du domicile du demandeur ou du titulaire du certificat d'immatriculation lorsque cette dérogation est de nature à améliorer sensiblement le service rendu à l'usager.*** — [Anc. art. R. 110-1, al. 1er, R. 159, R. 165, R. 185 et R. 200-2.]

Pour l'entrée en vigueur de l'art. R. 322-11 modifié, V. Décr. n° 2009-136 du 9 févr. 2009, art. 13, note ss. art. R. 322-1.

Art. R.* 322-12 *(Abrogé par Décr. n° 2009-136 du 9 févr. 2009, à compter du 15 avr. 2009)* ***Le préfet peut autoriser un sous-préfet d'arrondissement à délivrer un certificat d'immatriculation à une personne non domiciliée dans cet arrondissement, lorsque cette dérogation est de nature à améliorer sensiblement le service rendu à l'usager.*** — [Anc. art. R. 110-1, al. 2.]

Pour l'entrée en vigueur de l'art. R. 322-12 modifié, V. Décr. n° 2009-136 du 9 févr. 2009, art. 13, note ss. art. R. 322-1.

Art. R.* 322-12-1 *(Abrogé par Décr. n° 2009-136 du 9 févr. 2009, à compter du 15 avr. 2009)* *(Décr. n° 2003-1186 du 11 déc. 2003, art. 3)* ***Le certificat d'immatriculation des cyclomoteurs à deux-roues est délivré par le ministre de l'intérieur.*** — Dispositions applicables à Mayotte.

Les dispositions introduites par le Décr. n° 2003-1186 du 11 déc. 2003, rendant obligatoire l'immatriculation des cyclomoteurs sont applicables à compter du 1er juillet 2004 aux cyclomoteurs mis pour la première fois en circulation postérieurement à cette date et selon des dates fixées par arrêté conjoint du ministre de l'Intérieur et du ministre chargé des transports (au plus tard au 30 juin 2009) pour les cyclomoteurs mis pour la première fois en circulation avant le 1er juillet 2004, sauf demande d'immatriculation faite à l'initiative du propriétaire du véhicule concerné (Décr. n° 2003-1186 du 11 déc. 2003, art. 15).

Pour l'entrée en vigueur de l'art. R. 322-12-1 modifié, V. Décr. n° 2009-136 du 9 févr. 2009, art. 13, note ss. art. R. 322-1.

Art. R.* 322-12-2 *(Abrogé par Décr. n° 2009-136 du 9 févr. 2009, à compter du 15 avr. 2009)* *(Décr. n° 2003-1186 du 11 déc. 2003, art. 3)* ***I. — Les dispositions de la présente section sont applicables aux cyclomoteurs à deux-roues sous réserve des dérogations suivantes :***

1° A l'exception des certificats d'immatriculation spéciaux visés au I de l'article R. 322-3, toute demande d'immatriculation est adressée au ministre de l'intérieur ;

2° La demande d'immatriculation d'un véhicule en vue de sa première mise en circulation est présentée par le vendeur professionnel de celui-ci dans un délai de dix jours à compter de la date de la vente ; cette demande peut être adressée par voie électronique ;

3° Les autres demandes d'immatriculation sont présentées par le propriétaire du véhicule ou, si celui-ci souhaite adresser sa demande par voie électronique, par un vendeur professionnel ;

4° Les vendeurs professionnels visés aux 2° et 3° ne peuvent adresser une demande d'immatriculation par voie électronique qu'après avoir passé une convention à cette fin avec l'État ;

5° Le récépissé d'une demande d'immatriculation adressée par voie électronique permet de circuler, dans l'attente de la délivrance du titre demandé, pendant un délai d'un mois. — Jusqu'au 31 mars 2006, lorsque la demande d'immatriculation d'un cyclomoteur à deux-roues en vue de sa première mise en circulation n'est pas adressée par voie électronique, une attestation du vendeur professionnel mentionnant notamment la date d'envoi de la demande d'immatriculation tient lieu de récépissé, prévu au 5° du I de l'article R. 322-12-2 du code de la route (Décr. n° 2003-1186 du 11 déc. 2003, art. 15, et Décr. n° 2005-946 du 2 août 2005).

Un arrêté conjoint du ministre de l'intérieur et du ministre chargé des transports précise les conditions d'application du présent I, et notamment le contenu des conventions relatives à la transmission par voie électronique des demandes d'immatriculation et les modalités de contrôle des vendeurs professionnels conventionnés. — V. Arr. du 11 déc. 2003 (JO 1er janv. 2004).

II. — Le fait de ne pas respecter les dispositions du 2° du I du présent article est puni de l'amende prévue pour les contraventions de la 4e classe.

III. — Les personnes morales peuvent être déclarées responsables pénalement, dans les conditions prévues par l'article 121-2 du code pénal, de l'infraction définie au II du présent article. La peine encourue par les personnes morales est l'amende suivant les modalités prévues par l'article 131-41 du code pénal. — Dispositions applicables à Mayotte.

Les dispositions introduites par le Décr. n° 2003-1186 du 11 déc. 2003, rendant obligatoire l'immatriculation des cyclomoteurs sont applicables à compter du 1er juillet 2004 aux cyclomoteurs mis pour la première fois en circulation postérieurement à cette date et selon des dates fixées par arrêté conjoint du ministre de l'Intérieur et du ministre chargé des transports (au plus tard au 30 juin 2009) pour les cyclomoteurs mis pour la première fois en circulation avant le 1er juillet 2004, sauf demande d'immatriculation faite à l'initiative du propriétaire du véhicule concerné (Décr. n° 2003-1186 du 11 déc. 2003, art. 15).

Pour l'entrée en vigueur de l'art. R. 322-12-2 modifié, V. Décr. n° 2009-136 du 9 févr. 2009, art. 13, note ss. art. R. 322-1.

COMMENTAIRE

Demande d'immatriculation des cyclomoteurs. Le présent article prévoyait des règles dérogatoires concernant les demandes d'immatriculation des cyclomoteurs à deux-roues. Ces règles dérogatoires trouvaient leur origine dans la loi n° 2001-1062 du 15 novembre 2001, qui en posant le principe de l'immatriculation de ces véhicules avait précisé qu'en deçà d'une certaine cylindrée, fixée par décret, la demande de première immatriculation devait être mise à la charge du constructeur ou du vendeur (V. art. 19 de cette loi). Le législateur avait par là même souhaité dispenser les jeunes propriétaires de « mobylettes » et autres « scooters » des frais inhérents à une telle demande. C'est pourquoi le décret n° 2003-1186 du 11 décembre 2003 était venu prévoir à l'article R. 322-12-2, 2°, que, pour les cyclomoteurs à deux-roues, la demande d'immatriculation, en vue de la première mise en circulation, est présentée par le vendeur professionnel.

Décret du 9 février 2009. Le présent article a toutefois été abrogé par le décret du 9 février 2009. A partir du moment où, dans sa nouvelle rédaction, l'article R. 322-1 prévoit que pour l'ensemble des véhicules les demandes d'immatriculation peuvent se faire via un professionnel habilité, les dispositions spécifiques du présent article ne semblaient en effet plus justifiées. Deux remarques toutefois : L'article R. 322-12-2, 2°, imposait au vendeur professionnel de faire, pour les cyclomoteurs à deux-roues, la demande d'immatriculation lors de leur première mise en circulation. Or il en va un peu différemment dans l'article R. 322-1 qui prévoit que c'est au propriétaire du véhicule de faire la demande d'immatriculation par l'intermédiaire d'un professionnel habilité ou directement par la voie électronique. On regrettera par ailleurs que dans cet article R. 322-1, désormais applicable aux demandes d'immatriculation des cyclomoteurs, les professionnels visés soient uniquement les professionnels de l'automobile… ❑

Art. R. 322-13 **Le ministre chargé des transports fixe par arrêté les règles relatives à l'immatriculation des engins spéciaux dont la vitesse ne peut excéder par construction 25 km/h et des matériels de travaux publics.** — *[Anc. art. R. 167 et R. 168.] — V. Arr. du 7 avr. 1955 (D. 1955. 186 ; Rect. 211 ; BLD 1955. 446 ; Rect. 495), mod. par Arr. du 10 févr. 1977 (D. et BLD 1977. 125).*

Art. R. 322-14 **Les dispositions de la présente section ne sont pas applicables** *(Abrogé par Décr. n° 2009-136 du 9 févr. 2009, à compter du 15 avr. 2009)* ***« aux véhicules et »*** **aux matériels civils et militaires de l'État qui font l'objet d'immatriculations spéciales.** — *[Anc. art. R. 229, al. 1er et 4, et R. 230.]*

Pour l'entrée en vigueur de l'art. R. 322-14 modifié, V. Décr. n° 2009-136 du 9 févr. 2009, art. 13, note ss. art. R. 322-1.

SECTION 2 Opposition au transfert du certificat d'immatriculation

COMMENTAIRE

Les dispositions réglementaires relatives à l'opposition au transfert du certificat d'immatriculation ont été modifiées à plusieurs reprises depuis l'entrée en vigueur du code de la route recomposé.

Décret du 11 juillet 2003. Pour tenir compte des modifications apportées par la loi du 12 juin 2003 aux dispositions législatives correspondantes (V. art. L. 322-1 et L. 322-2), le décret n° 2003-642 du 11 juillet 2003 a ainsi abrogé l'article R. 322-16 dont les dispositions n'étaient plus justifiées à partir du moment où, depuis la loi du 12 juin 2003, l'article L. 322-1 permet au comptable public compétent de faire lui-même opposition au transfert d'un certificat d'immatriculation. A l'article R. 322-18, ce décret a par ailleurs ajouté un renvoi aux dispositions de l'article 529-10 du code de procédure pénale que l'on trouve également, depuis la loi du 12 juin 2003, à l'article L. 322-1.

Décret du 9 février 2009. De nouvelles modifications ont ensuite été apportées par le décret n° 2009-136 du 9 février 2009. Elles s'inscrivent dans la logique de simplification des démarches administratives en matière d'immatriculation opérée par ce décret. Dans cette perspective, ce décret est venu préciser à l'art. R. 322-15 que le titulaire du certificat d'immatriculation peut demander un certificat de non-opposition au ministre de l'Intérieur directement par la voie électronique. Une possibilité qui n'était en réalité pas nouvelle, puisqu'elle était d'ores et déjà prévue, depuis le décret n° 2003-293 du 31 mars 2003, par l'article R. 322-4, alinéa 4, du présent code. Est en revanche nouvelle la possibilité donnée au comptable public compétent de faire sa demande d'opposition par cette même voie (V. art. R. 322-17).

Décret du 6 avril 2009. L'article R. 322-16, qui avait disparu en 2003, a par ailleurs été recréé par le décret n° 2009-383 du 6 avril 2009. Depuis une loi du 1er juillet 2008, l'opposition au transfert du certificat d'immatriculation n'est en effet plus limitée à l'hypothèse d'un changement d'adresse du contrevenant non signalé au fichier national des immatriculations (V. comm. ss. art. L. 322-1) et l'article R. 322-16 rétabli vient le préciser. Le décret du 6 avril 2009 a également retouché aux articles R. 322-17 et R. 322-18. Sur ces modifications, on notera seulement que les rédacteurs du décret du 6 avril 2009 semblent avoir oublié que l'article R. 322-17 avait été modifié deux mois auparavant par le décret du 9 février, la phrase « Toutefois, il peut également intervenir par télépaiement automatisé ou par timbre dématérialisé conformément aux dispositions des articles R. 49-3 et R. 49-3-1 du code de procédure pénale » ajoutée à cet article par le décret du 6 avril 2009 devant logiquement figurer à l'alinéa 3 de l'article R. 322-17 et non à l'alinéa 2 comme l'indique ce décret.

Décrets du 7 novembre 2012 et du 27 mai 2014. On notera encore que les dispositions de l'article R. 322-17 ont été actualisées par le décret n° 2012-1247 du 7 novembre 2012. En lien avec la réforme des règles relatives à la gestion budgétaire et comptable publique, ce décret a en effet remplacé, au sein de cet article, l'appellation « comptable du Trésor » par celle de « comptable de la direction générale des finances publiques ». Ce changement de vocabulaire a également été réalisé au sein des articles R. 322-16 et R. 322-18, mais par un autre décret, le décret n° 2014-551 du 27 mai 2014.

Décret du 9 août 2017. Enfin, le décret n° 2017-1278 du 9 août 2017 est venu supprimer, au sein de l'article R. 322-15, la formule qui permettait au titulaire du certificat d'immatriculation de demander un certificat de non-opposition au préfet du département de son choix. La dématérialisation des formalités d'immatriculation des véhicules opérée par ce décret explique cette suppression. ❑

Art. R. 322-15 *(Décr. n° 2009-136 du 9 févr. 2009, en vigueur le 15 avr. 2009)* **« Le ministre de l'intérieur » délivre, à la demande du titulaire du certificat d'immatriculation du véhicule, le certificat mentionné à l'article L. 322-2 attestant** *(Décr. n° 2009-136 du 9 févr. 2009, en vigueur le 15 avr. 2009)* **« de » l'absence d'une opposition au transfert du certificat d'immatriculation.** *(Décr. n° 2009-136 du 9 févr. 2009, en vigueur le 15 avr. 2009)* **« Le titulaire du certificat d'immatriculation du véhicule doit adresser sa demande au** *(Décr. n° 2017-1278 du 9 août 2017, art. 10)* **« ministre de l'intérieur » par voie électronique. »** – *[Anc. art. R. 298.]*

Pour l'entrée en vigueur du Décr. n° 2009-136, V. Arr. du 23 mars 2009 (JO 29 mars).

Art. R. 322-16 *(Décr. n° 2009-383 du 6 avr. 2009)* **L'opposition au transfert du certificat d'immatriculation prévue par l'article L. 322-1 en cas d'émission d'une amende forfaitaire majorée peut être effectuée par le** *(Décr. n° 2014-551 du 27 mai 2014, art. 25-1°)* **« comptable de la direction générale des finances publiques » dans l'un des deux cas suivants :**

1° Le contrevenant n'habite plus à l'adresse enregistrée au fichier national des immatriculations ;

2° Le contrevenant n'a pas payé le montant de cette amende dans un délai de quatre mois à compter de l'envoi à son domicile de l'avis prévu par l'article R. 49-6 du code de procédure pénale.

Art. R. 322-17 *(Décr. n° 2009-136 du 9 févr. 2009, en vigueur le 15 avr. 2009)* **Le** *(Décr. n° 2012-1247 du 7 nov. 2012)* **« comptable de la direction générale des finances publiques » adresse sa demande d'opposition au transfert du certificat d'immatriculation au ministre de l'intérieur, soit par l'intermédiaire du préfet d'un département, soit par voie électronique.**

Le *(Décr. n° 2012-1247 du 7 nov. 2012)* **« comptable de la direction générale des finances publiques » remet, sur sa demande, au titulaire du certificat d'immatriculation un avis récapitulatif détaillant les amendes qui ont entraîné l'opposition.**

Par dérogation à l'*(Décr. n° 2012-1247 du 7 nov. 2012)* **« article 25 du décret n° 2012-1246 du 7 novembre 2012 relatif à la gestion budgétaire et comptable publique », le règlement des amendes pour lesquelles il a été fait opposition s'effectue exclusivement par versement d'espèces, par carte de paiement ou remise à un** *(Décr. n° 2012-1247 du 7 nov. 2012)* **« comptable de la direction générale des finances publiques » d'un chèque certifié.** – *[Anc. art. R. 300.]*

Pour l'entrée en vigueur du Décr. n° 2009-136 du 9 févr. 2009, V. Arr. du 23 mars 2009 (JO 29 mars).

Art. R. 322-18 **La levée de l'opposition intervient, soit à la suite du règlement au** *(Décr. n° 2014-551 du 27 mai 2014, art. 25-1°)* **« comptable de la direction générale des finances publiques » des amendes pour lesquelles il a été fait opposition, soit lorsque l'intéressé a formé une réclamation** *(Décr. n° 2003-642 du 11 juill. 2003, art. 5-V)* **« selon les modalités et dans les délais prévus par les articles 529-10 et 530 du code de procédure pénale à peine d'irrecevabilité »,** *(Décr. n° 2009-383 du 6 avr. 2009)* **« et, s'il n'habitait plus à l'adresse enregistrée dans le fichier, qu'il justifie » avoir adressé la déclaration mentionnée à l'article R. 322-7.**

(Abrogé par Décr. n° 2009-136 du 9 févr. 2009, à compter du 15 avr. 2009) ***« Dès lors qu'il a été informé de la levée de l'opposition, le préfet délivre le certificat de non-opposition. »*** – *[Anc. art. R. 301.]*

Pour l'entrée en vigueur du Décr. n° 2009-136, V. Arr. du 23 mars 2009 (JO 29 mars).

CHAPITRE III CONTRÔLE TECHNIQUE

BIBL. ▶ NONIN, *Jurispr. auto 2012, n° 836, p. 17* (la réglementation du contrôle technique des véhicules à moteur). – RAVAYROL, *ibid., p. 24* (l'étendue de la responsabilité civile du contrôleur technique). – LE CHEUALIER, *ibid., p. 28* (les conséquences du défaut de contrôle technique sur le contrat d'assurance).

COMMENTAIRE

Réglementation applicable. Dès 1976, l'Europe communautaire a souhaité que, dans chaque État membre, la plupart des véhicules à moteur soient soumis à un contrôle technique périodique. Pour ce faire, elle adopta une directive – la directive 77/143/CEE du Conseil du 29 décembre 1976 concernant le rapprochement des législations des États membres relatives au contrôle technique des véhicules à moteur et de leurs remorques (*JO n° L 47 du 18 févr. 1977, p. 47*) – transposée en France par le décret n° 91-369 du 15 avril 1991.

Depuis ce décret, la plupart des véhicules à moteur immatriculés en France doivent ainsi subir périodiquement un contrôle technique vérifiant leur bon état de marche et d'entretien, et ce conformément aux dispositions prévues aux articles R. 323-1 et suivants, qu'il convient, le cas échéant, de compléter, par celles formulées dans des arrêtés d'application (V. not. l'Arr. du 18 juin 1991 relatif à la mise en place et à l'organisation du contrôle technique des véhicules dont le poids n'excède pas 3,5 tonnes et, plus récemment, l'Arr. du 23 oct. 2023 relatif au contrôle technique des véhicules motorisés à deux ou trois roues et quadricycles à moteur, App., v° *Contrôle technique*). Toutes ces dispositions sont par ailleurs à mettre en relation avec celles figurant dans la directive européenne dédiée, à savoir, en dernier lieu, la directive 2014/45/UE du Parlement européen et du Conseil du 3 avril 2014 relative au contrôle technique périodique des véhicules à moteur et de leurs remorques (V. ce texte, App., v° *Contrôle technique*).

Organisation du présent chapitre. Dans le code de la route recomposé, les dispositions issues du décret précité du 15 avril 1991 ont été reprises dans le présent chapitre, lequel a toutefois été réorganisé par un décret du 11 juin 2004.

De trois à quatre sections. En effet, trois sections composaient initialement ce chapitre : une section 1 consacrée à des dispositions générales et composée des articles R. 323-1 à R. 323-5 ; une section 2 intitulée « Dispositions applicables aux voitures particulières et aux camionnettes » et comprenant les articles R. 323-6 à R. 323-22 et une section 3 relative aux dispositions applicables aux autres véhicules, où figuraient les articles R. 323-23 à R. 323-26. Depuis le décret du 11 juin 2004 précité, ce chapitre est composé de quatre sections :

– ***La section 1*** n'a pas été modifiée et continue donc à formuler, en ses articles R. 323-1 à R. 323-5, des dispositions générales.

– ***La section 2*** a en revanche été renommée « Agrément des contrôleurs, des installations et des réseaux » et a été intégralement réécrite. Il est vrai que la quasi-totalité des dispositions de l'ancienne section 2 de ce chapitre fixait des règles concernant l'organisation et le fonctionnement du système de contrôle (V. anc. art. R. 323-7 à R. 323-21), des règles dont l'application ne pouvait se limiter au contrôle technique des voitures particulières et des camionnettes... Seul l'ancien article R. 323-6 de cette section prévoyait de la sorte des dispositions applicables spécifiquement à ces catégories de véhicules.

– ***La section 3*** a repris en un seul article (art. R. 323-22) les règles qui figuraient auparavant à l'article R. 323-6 concernant le contrôle technique des voitures particulières et des camionnettes. Une section 3, intitulée en 2004 « Dispositions applicables aux voitures particulières et aux camionnettes », qui a été renommée « Dispositions applicables aux véhicules légers » par le décret n° 2017-208 du 20 février 2017.

– ***La section 4*** contient enfin les articles R. 323-23 à R. 323-26, qui se trouvaient dans l'ancienne section 3, dont l'intitulé « Dispositions applicables aux autres véhicules », a été repris ici. Le décret n° 2021-1062 du 9 août 2021 y a ajouté un article concernant le contrôle technique des véhicules motorisés à deux ou trois roues et quadricycles à moteur (V. art. R. 323-27). ❑

SECTION 1 Dispositions générales

COMMENTAIRE

Contrôle technique obligatoire. Les défaillances mécaniques peuvent encore aujourd'hui être un facteur d'accident. C'est pourquoi un contrôle technique périodique de la quasi-totalité des véhicules à moteur est imposé sous peine de sanctions pénales, logiquement prévues au sein des présentes dispositions générales (V. art. R. 323-1).

Exceptions. Quelques véhicules échappent cependant à un tel contrôle. Conformément à l'article R. 323-3, il s'agit des véhicules et matériels spéciaux des armées, des véhicules immatriculés dans les séries diplomatiques ou assimilées et la série spéciale FFECSA (c'est-à-dire des Forces françaises et éléments civils stationnés en Allemagne), ainsi que de certains véhicules de collection, ainsi que, depuis le décret n° 2023-974 du 23 octobre 2023, de certains véhicules motorisées à deux roues que sont les motocyclettes d'enduro et les motocyclettes de trial (ou pour reprendre les termes de l'art. R. 323-3, 4° les *« véhicules relevant des sous-sous-catégories L3e-A1E, L3e-A2E, L3e-A3E, L3e-A1T, L3e-A2T, L3e-A3T définies aux points 4.3.4 et 4.3.5 de l'article R. 311-1 »*), lorsque ces véhicules appartiennent aux titulaires d'une licence sportive et donc sont utilisés dans le cadre d'une pratique sportive.

Véhicules de collection. Concernant les véhicules de collection, les règles applicables ont, par ailleurs, évolué. Initialement, ces véhicules faisaient partie des véhicules cités par l'article R. 323-3 et, à ce titre, étaient dispensés de contrôle technique. Cette catégorie de véhicules a toutefois été supprimée au sein de cet article, par le décret n° 2009-136 du 9 février 2009.

La réforme des modalités d'immatriculation des véhicules opérée par ce décret a en effet conduit les pouvoirs publics à soumettre ces véhicules à un contrôle technique périodique (V. Arr. du 14 oct. 2009, relatif aux visites techniques des véhicules de collection, *JO 29 oct.*), en lien avec la possibilité pour ces véhicules de circuler sur l'ensemble du territoire national, autorisée par ce même décret de 2009 (V. art. R. 412-16).

Cette extension du contrôle technique aux véhicules de collection a toutefois été vivement critiquée. Plusieurs parlementaires ont alors proposé que la périodicité du contrôle prévue pour ces véhicules soit au moins de dix ans (V., par ex., Rép. min. n° 01436 : *JO Sénat Q, 27 déc. 2012, p. 3082*), d'autres de dispenser purement et simplement ces véhicules de tout contrôle technique (V. Proposition de loi sur les véhicules de collection n° 695 déposée à l'Assemblée nationale le 6 févr. 2013), en se fondant sur la directive 2009/40/CE du 6 mai 2009 relative au contrôle technique des véhicules à moteur et de leur remorque qui permet aux États membres d'exclure certains véhicules de collection d'un tel contrôle (V. art. 4, § 2, de cette directive, qui vise notamment « les véhicules présentant un intérêt historique et construits avant le 1er janvier 1960 »). Et toutes ces critiques ont vraisemblablement convaincu le pouvoir réglementaire.

La catégorie des véhicules de collection a en effet été réintroduite au sein de l'article R. 323-3 par le décret n° 2017-208 du 20 février 2017. Il en résulte que ces véhicules ne sont plus astreints à un tel contrôle, du moins en principe. Peut être en effet qualifié de véhicule de collection, tout véhicule construit ou immatriculé pour la première fois il y a au moins trente ans, à condition que son type particulier ne soit plus produit et qu'il ait été préservé sur le plan historique et maintenu dans son état d'origine et qu'aucune modification substantielle n'ait été apportée aux caractéristiques techniques de ses composants principaux (V. le pt 6.3 de l'art. R. 311-1, tel que modifié par le Décr. du 20 févr. 2017). Mais seuls certains de ces véhicules peuvent échapper au contrôle technique en application de l'article R. 323-3, à savoir les véhicules dont le PTAC est inférieur ou égal à 3,5 tonnes mis en circulation avant le 1er janvier 1960 et les véhicules dont le PTAC est supérieur à 3,5 tonnes. Les véhicules de collection dont le PTAC est inférieur ou égal à 3,5 tonnes mis en circulation après le 1er janvier 1960 sont donc toujours astreints à un tel contrôle.

Certains véhicules sont par ailleurs soumis à une réglementation spécifique fixée par arrêté ministériel : les matériels de travaux publics, ainsi que les véhicules et matériels agricoles (art. R. 323-4), les engins spéciaux (art. R. 323-5), mais aussi tous les véhicules devant être dotés d'équipements spéciaux tels que les taxis, les véhicules utilisés pour l'enseignement de la conduite (art. R. 323-22, III et R. 323-26)...

Périodicité et objet des contrôles. Quant à la périodicité de ces contrôles, elle varie selon le type de véhicule et est, en principe, précisée par les dispositions particulières des sections 3 et 4 de ce chapitre. L'article R. 323-2 ajoute enfin qu'il appartient au ministre chargé des transports de fixer, par arrêté, le contenu de ces contrôles, mais aussi les catégories de contrôles, précision apportée à l'article R. 323-2 par le décret n° 2004-568 du 11 juin 2004. ❑

Art. R. 323-1 Tout propriétaire d'un véhicule mentionné au présent chapitre n'est autorisé à le mettre ou le maintenir en circulation qu'après un contrôle technique ayant vérifié qu'il est en bon état de marche et en état satisfaisant d'entretien.

Ce contrôle est effectué à l'initiative du propriétaire, dans les délais prescrits et à ses frais.

Le fait pour tout propriétaire de mettre ou maintenir en circulation un véhicule sans avoir satisfait aux obligations de contrôle technique fixées par le présent chapitre est puni de l'amende prévue pour les contraventions de la quatrième classe.

L'immobilisation peut être prescrite dans les conditions prévues aux articles L. 325-1 à L. 325-3.

A défaut de présentation aux contrôles techniques obligatoires ou dans le cas où les réparations ou aménagements prescrits par l'expert chargé des contrôles techniques ne sont pas exécutés, la mise en fourrière peut également être prescrite. – *[Anc. art. R. 117-1, al. 1er, R. 121, R. 241, al. 1er et 2, R. 278, al. 1er et 13, et R. 285-2, al. 1er et 6.]*

BIBL. ▶ UTUDJIAN, *Gaz. Pal. 1962. 2. Doctr. 48.* – VASSAS, *JCP 1962. I. 1689.* – BROCHET et ROLAND, *Gaz. Pal. 1992. 2. Doctr. 712.*

COMMENTAIRE

Sanctions pénales. Outre l'objectif assigné au contrôle technique, on trouve dans cet article les sanctions encourues par le propriétaire du véhicule qui a mis et surtout maintenu en circulation celui-ci sans avoir satisfait aux obligations du contrôle (amende de quatrième classe, immobilisation, voire mise en fourrière du véhicule). Il s'agit d'une disposition générale, de sorte que le propriétaire de n'importe lequel des véhicules mentionnés dans ce chapitre (à l'exception de ceux visés à l'article R. 323-3 qui sont dispensés du contrôle technique) s'expose à ces sanctions, même si le contrôle technique de son véhicule relève d'une réglementation spécifique en application des articles R. 323-4, R. 323-5 et R. 323-26.

Responsabilité du propriétaire. Il faut, par ailleurs, souligner que, depuis la recodification du code de la route, c'est le propriétaire qui est responsable de l'infraction prévue par le présent article. Il en allait différemment dans l'ancien code, dans lequel l'article R. 241, alinéas 1er et 2, sanctionnait « toute personne » qui mettait ou maintenait en circulation un véhicule n'ayant pas satisfait aux obligations du contrôle technique. Si les rédacteurs du code de la route recomposé n'ont pas respecté ici le principe d'une codification à droit constant, ils ont opté pour une évolution logique à partir du moment où il appartient au propriétaire d'un véhicule de faire procéder au contrôle technique de celui-ci à ses frais. Elle va d'ailleurs dans le sens d'un mouvement général tendant à confier de plus en plus de responsabilités au propriétaire du véhicule (stationnement, vitesse...). ❑

1. L'obligation de faire subir à un véhicule de transport de marchandises une visite technique renouvelée périodiquement incombe au propriétaire, qui supporte les frais de visite, et non à l'utilisateur – en l'espèce un locataire – seulement tenu de prouver, en fournissant la pièce administrative appropriée, qu'a été respectée cette exigence légale. • Crim. 2 oct. 1985 : *Jurispr. auto 1986. 107.*

2. Commet la contravention prévue par l'art. R. 241, 1° [C. route, R. 323-1], le propriétaire d'un véhicule de transport de marchandises qui l'a laissé en circulation alors qu'il n'avait pas fait procéder à la visite technique périodique obligatoire. • Crim. 18 janv. 2000 : *Jurispr. auto 2000. 448.*

Art. R. 323-2 *(Décr. nº 2004-568 du 11 juin 2004, art. 1er)* **Le ministre chargé des transports fixe par arrêté les conditions d'application du présent chapitre et, notamment, les catégories de contrôles techniques, le contenu de ces contrôles et les conditions dans lesquelles ils sont matérialisés sur le certificat d'immatriculation et, le cas échéant, sur le véhicule lui-même.**

Dans toutes les autres dispositions réglementaires en vigueur, la mention : « carte grise » est remplacée par la mention : « certificat d'immatriculation » (Décr. nº 2009-136 du 9 févr. 2009, art. 12, en vigueur le 15 avr. 2009). — V. Arr. du 23 mars 2009 (JO 29 mars).

Pour les véhicules essence, le contrôle technique réalisé dans les conditions fixées en application de l'art. R. 323-2 C. route est complété par la mesure des niveaux d'émission d'oxydes d'azote et de particules fines. Pour les véhicules diesel, ce même contrôle est complété par la mesure des niveaux d'émissions de monoxyde de carbone, d'hydrocarbures imbrûlés, d'oxydes d'azote, de dioxyde de carbone et d'oxygène (Décr. nº 2016-812 du 17 juin 2016, art. 1er).

Art. R. 323-3 **Les dispositions du présent chapitre ne sont pas applicables :**

1° Aux véhicules et matériels spéciaux des armées ;

2° Aux véhicules immatriculés dans les séries diplomatiques ou assimilées et dans la série spéciale FFECSA ;

(Décr. nº 2017-208 du 20 févr. 2017, art. 2) **« 3° Aux véhicules de collection dont le poids total autorisé en charge est inférieur ou égal à 3,5 tonnes et dont la mise en circulation est antérieure au 1er janvier 1960 ;**

« 4° Aux véhicules de collection dont le poids total autorisé en charge est supérieur à 3,5 tonnes ; »

(Décr. nº 2023-974 du 23 oct. 2023, art. 1er) **« 5° Aux véhicules relevant des sous-sous-catégories L3e-A1E, L3e-A2E, L3e-A3E, L3e-A1T, L3e-A2T, L3e-A3T définies aux points 4.3.4 et 4.3.5 de l'article R. 311-1 et appartenant aux titulaires d'une licence délivrée par une fédération sportive ayant reçu du ministre chargé des sports, en vertu de l'article L. 131-14 du code du sport, délégation pour la pratique du motocyclisme. »**

Art. R. 323-4 **Un arrêté du ministre chargé des transports fixe les conditions d'application du présent chapitre aux matériels de travaux publics et, après avis du ministre de l'agriculture, aux véhicules et matériels agricoles.** – *[Anc. art. R. 164.]*

Art. R. 323-5 **Le ministre chargé des transports fixe par arrêté les règles relatives aux contrôles techniques applicables à certains engins spéciaux dont la vitesse ne peut excéder par construction 25 km/h.** – *[Anc. art. R. 168.]*

SECTION 2 Agrément des contrôleurs, des installations et des réseaux

(Décr. nº 2004-568 du 11 juin 2004)

Les dispositions du Décr. nº 2004-568 du 11 juin 2004 sont applicables à Mayotte.

COMMENTAIRE

Règles concernant l'agrément des contrôleurs, des installations et des réseaux. Comme il a été dit, on retrouve, dans cette section, depuis le décret nº 2004-568 du 11 juin 2004, les dispositions sur l'agrément des contrôleurs, des installations et des réseaux qui faisaient l'objet, auparavant, des dispositions des anciens articles R. 323-7 à R. 323-21 de cette même section 2, alors intitulé « Dispositions applicables aux voitures particulières et aux camionnettes ». Le décret du 11 juin 2004 ne s'est cependant pas contenté de modifier l'intitulé de cette section et de renvoyer les dispositions de l'ancien article R. 323-6 – véritablement spécifiques aux voitures particulières et aux camionnettes – dans une section 3 également renommée. Il a en effet retouché à l'ensemble des règles concernant l'agrément des contrôleurs, des installations et des réseaux.

Ainsi, contrairement à l'ancien article R. 323-7 qui ne visait que le contrôle technique des voitures particulières et des camionnettes, l'article R. 323-6 prévoit, depuis ce décret de 2004, que tous les contrôles techniques prévus au présent chapitre sont effectués par les services de l'État ou un contrôleur agréé par l'État, dans les conditions prévues par la présente section. En conséquence, on trouvera ici des dispositions concernant l'agrément pour le contrôle technique aussi bien des véhicules légers que des véhicules lourds, des catégories définies à l'article R. 323-6, II, par référence aux catégories internationales pertinentes depuis le décret nº 2017-208 du 20 février 2017 modifiant ce paragraphe.

On notera également que la présente section, depuis ce décret de 2004, présente de manière plus ordonnée les règles concernant les réseaux de contrôle (art. R. 323-8 à R. 323-12), les installation de contrôle (art. R. 323-13 à R. 323-16) et les contrôleurs (art. R. 323-17 à R. 323-19).

Sanctions pénales. Enfin et surtout, il faut remarquer que certaines de ces dispositions ont été assorties de sanctions pénales par le décret du 11 juin 2004 précité. Depuis ce décret, les exploitants des installations de contrôle s'exposent ainsi à une amende contraventionnelle de cinquième classe s'ils ne respectent pas toute une série d'obligations formulées à l'article R. 323-16 et les contrôleurs encourent l'amende prévue pour les contraventions de quatrième classe s'ils ne réalisent pas un contrôle technique en bonne et due forme (V. art. R. 323-19). Des contraventions qui font partie de celles que peuvent constater les fonctionnaires ou agents de l'État, chargés des réceptions des véhicules ou éléments de véhicules, en application de l'article R. 130-4, alinéa 5, également issu du décret du 11 juin 2004.

Amende administrative. Et à ces contraventions, il faut encore ajouter, depuis le décret nº 2019-1127 du 4 novembre 2019 insérant au sein de la présente section les articles R. 323-13-1 à R. 323-13-3, une amende administrative de 1500 euros sanctionnant le fait pour les exploitants des installations de contrôle technique de ne pas transmettre au ministre chargé de l'économie ou à un organisme désigné par celui-ci le prix de leurs prestations concernant le contrôle technique des véhicules légers (sur cette obligation et son entrée en vigueur, V. comm. ss. art. R. 323-13-3).

Modifications en lien avec le contrôle technique des deux ou trois roues motorisés. On notera enfin que plusieurs articles de la présente section ont été modifiés par le décret nº 2021-1062 du 9 août 2021 relatif à la mise en place du contrôle technique des véhicules motorisés à deux ou trois roues et quadricycles à moteur, afin de permettre à des réseaux de contrôle, des centres de contrôle et des contrôleurs d'être agréés pour le contrôle technique de ces véhicules (V. art. R. 323-27 et son comm.). A l'article R. 323-6 qui prévoit que les contrôles techniques doivent être effectués dans des installations de contrôle agréés, le décret du 9 août 2021 a ainsi ajouté un alinéa précisant que par véhicules motorisés à deux ou trois roues et quadricycles à moteur, il faut entendre « les véhicules de catégorie L1e, L2e, L3e, L4e, L5e, L6e et L7e » (V. égal. les dispositions sur le contrôle technique de ces véhicules insérées à l'art. R. 323-8 concernant l'agrément des réseaux de contrôle et à l'art. R. 323-18 concernant l'agrément des contrôleurs, ainsi que les modifications apportées à plusieurs articles de la présente section afin d'interdire aux centres de contrôle d'exercer leur activité dans des locaux abritant une activité de réparation ou de commerce de motocycles). La mise en place quelque peu chaotique du contrôle technique des deux ou trois roues motorisés (V. comm. ss art. R. 323-27) n'a cependant pas incité les centres de contrôle et les contrôleurs à demander à être agréées pour le contrôle technique de ces véhicules. C'est pourquoi le décret n° 2023-974 du 23 octobre 2023 et son arrêté d'application du 23 octobre 2023 (V. cet Arr., App., v° *Contrôle technique*) rendant effectif le contrôle technique de ces véhicules à partir du 15 avril 2024, ont créé des dispositions transitoires permettant aux centres de contrôle et aux contrôleurs déjà agréés pour le contrôle technique des véhicules légers ou des véhicules lourds de voir leur agrément étendu au contrôle technique des véhicules des deux ou trois roues motorisés (V. Décr. n° 2023-974 du 23 oct. 2023, art. 2, ss. art. R. 323-14 pour les centres de contrôle et art. 3 de ce même décret, ss. art. R. 323-18 pour les contrôleurs, ainsi que l'Arr. du 23 oct. 2023, art. 41 et 42 fixant la durée de validité de ces extensions d'agrément). Concernant les réseaux de contrôle, des dispositions dérogatoires ont également été prévues – et ce dès 2021 – afin de permettre à un réseau d'être agréé provisoirement pour le contrôle technique des véhicules motorisés à deux ou trois roues et quadricycles à moteur, sans comporter de centres de contrôle de tels véhicules répartis dans au moins quatre-vingt-dix départements, comme l'exige l'article R. 323-8 (V. Décr. n° 2021-1062 du 9 août 2021, art. 7, mod. par Décr. n° 2023-974 du 23 oct. 2023, ss. art. R. 323-8, ainsi que l'Arr. du 23 oct. 2023, art. 40 fixant la durée de cet agrément provisoire). ❑

Art. R. 323-6 **I. — Les contrôles techniques prévus au présent chapitre sont effectués par les services de l'État ou par un contrôleur agréé par l'État** *(Décr. n° 2010-163 du 22 févr. 2010)* **« ou un prestataire visé au II de l'article L. 323-1 » exerçant ses fonctions, dans les conditions prévues par la présente section, dans des installations de contrôle agréées rattachées, le cas échéant, à un réseau de contrôle agréé.**

(Décr. n° 2017-208 du 20 févr. 2017, art. 3) **« II. — Pour l'application du présent chapitre, sont considérés comme :**

« 1° Véhicules légers, les véhicules dont le poids total autorisé en charge est inférieur ou égal à 3,5 tonnes, de catégorie M1 ou N1, à l'exception des véhicules tracteurs composant les ensembles de véhicules mentionnés au 7.3 de l'article R. 311-1 et des véhicules utilisés pour le transport de marchandises dangereuses ;

« 2° Véhicules lourds :

« *a)* Les véhicules de catégorie M2, M3, N2, N3, O3, O4 ;

« *b)* Les véhicules tracteurs composant les ensembles de véhicules mentionnés au 7.3 de l'article R. 311-1, quel que soit leur poids total autorisé en charge, et les véhicules utilisés pour le transport de marchandises dangereuses ;

« *c)* Les véhicules de catégorie M1 dont le poids total autorisé en charge est supérieur à 3,5 tonnes. Pour ces véhicules, les périodicités de contrôle technique sont celles fixées à l'article R. 323-22 ; »

(Décr. n° 2018-1045 du 28 nov. 2018) **« *d)* Les navettes urbaines mentionnées au 6.13. de l'article R. 311-1 et les remorques de catégorie O2 affectées au transport de personnes » ;**

(Décr. n° 2021-1062 du 9 août 2021, art. 2, en vigueur le 1er janv. 2022) **« 3° Véhicules motorisés à deux ou trois roues et quadricycles à moteur, les véhicules de catégorie L1e, L2e, L3e, L4e, L5e, L6e et L7e. »** *— Le Décr. n° 2021-1062 du 9 août 2021 relatif à la mise en place du contrôle technique des véhicules motorisés à deux ou trois roues et quadricycles à moteur est abrogé par le Décr. n° 2022-1044 du 25 juill. 2022 (JO 26 juill.). Le Décr. n° 2022-1044 du 25 juill. 2022 a été annulé par la Décis. CE n° 466125 du 31 oct. 2022.*

L'ancien art. R. 323-6 est devenu un art. R. 323-22 en vertu des dispositions du Décr. n° 2004-568 du 11 juin 2004, art. 1er.

Art. R. 323-7 I. — Le ministre chargé des transports désigne un organisme technique, dénommé organisme technique central, chargé pour son compte et selon ses instructions :

1° De recueillir et d'analyser les résultats des contrôles afin de surveiller le fonctionnement des installations, de s'assurer de l'homogénéité des contrôles et de collecter des informations sur l'état du parc automobile national ;

2° De tenir à jour les éléments permettant d'adapter au progrès technique les équipements et les méthodes de contrôle, ainsi que l'information et la formation des contrôleurs ;

3° De fournir une assistance technique pour la vérification de la qualité des prestations fournies par les installations de contrôle.

II. — Cet organisme remplit ces missions dans le cadre d'une convention avec l'État approuvée par décret.

V. Décr. n° 91-1021 du 4 oct. 1991 portant désignation d'un organisme technique central du contrôle technique des véhicules (JO 6 oct.), mod. par Décr. n° 2020-36 du 22 janv. 2020 (JO 23 janv.).

Art. R. 323-8 *(Décr. n° 2021-1062 du 9 août 2021, art. 3, en vigueur le 1er janv. 2022)* Les réseaux de contrôle sont les personnes morales de droit privé soumises à l'agrément du ministre chargé des transports.

Pour être agréé pour le contrôle technique des véhicules légers, un réseau doit comporter des centres de contrôle de véhicules légers répartis dans au moins quatre-vingt-dix départements.

Un réseau ne peut être agréé pour le contrôle technique des véhicules lourds que s'il exploite lui-même les centres de contrôle qui lui sont rattachés et s'il en compte au moins trente situés dans au moins treize collectivités parmi les régions de métropole, la Corse, la Guadeloupe, la Guyane, la Martinique et La Réunion.

Pour être agréé pour le contrôle technique des véhicules motorisés à deux ou trois roues et quadricycles à moteur, un réseau doit comporter des centres de contrôle de véhicules motorisés à deux ou trois roues et quadricycles à moteur répartis dans au moins quatre-vingt-dix départements.

Un réseau de contrôle ne peut exercer aucune autre activité que celle de contrôle technique.

L'agrément mentionné à l'art. R. 323-8 peut être délivré à titre provisoire pour une durée de 18 mois non renouvelable à un réseau de contrôle des véhicules motorisés à deux ou trois roues et quadricycles à moteur qui ne dispose pas du nombre minimal de centres de contrôle exigé pour cette catégorie de contrôle. Cet agrément provisoire est accordé au vu de la demande prévue à l'art. R. 323-9, complétée par l'engagement du demandeur de se doter des moyens nécessaires pour disposer du nombre minimal exigé de centres de contrôle de véhicules motorisés à deux ou trois roues et quadricycles à moteur au plus tard à la date d'expiration de cet agrément. La date limite à laquelle un agrément à titre provisoire peut être demandé et la date à laquelle la durée de cet agrément commence à courir sont fixées par arrêté du ministre chargé des transports (Décr. n° 2021-1062 du 9 août 2021, art. 7 ; mod. par Décr. n° 2023-974 du 23 oct. 2023, art. 4).

Le Décr. n° 2021-1062 du 9 août 2021 relatif à la mise en place du contrôle technique des véhicules motorisés à deux ou trois roues et quadricycles à moteur est abrogé par le Décr. n° 2022-1044 du 25 juill. 2022 (JO 26 juill.). Le Décr. n° 2022-1044 du 25 juill. 2022 a été annulé par la Décis. CE n° 466125 du 31 oct. 2022.

Art. R. 323-9 La demande d'agrément d'un réseau de contrôle indique l'identité du demandeur, son statut juridique et les catégories de contrôles techniques qui seront couvertes par l'agrément. Elle comporte la liste des centres de contrôle *(Abrogé par Décr. n° 2017-208 du 20 févr. 2017, art. 4)* *« et des installations auxiliaires »*.

Elle est accompagnée d'un document par lequel le réseau s'engage à respecter les prescriptions d'un cahier des charges et précise les moyens qu'il compte mettre en œuvre pour respecter cet engagement. Ce document expose en particulier l'organisation envisagée et le règlement intérieur du réseau, décrit les moyens matériels centralisés dont il dispose et prévoit les procédures qui s'imposeront aux contrôleurs et aux responsables des installations de contrôle. Le demandeur doit également s'engager à établir tous les moyens se rapportant à son activité prescrits par le ministre chargé des transports et à faciliter la mission des agents désignés par lui pour surveiller le bon fonctionnement des centres de contrôle.

L'agrément d'un réseau de contrôle est délivré pour une durée de dix ans renouvelable. L'engagement prévu à l'alinéa précédent est joint à la décision d'agrément.

Art. R. 323-10 Le réseau de contrôle s'assure en permanence de la bonne exécution des contrôles techniques conformément aux dispositions de la présente section. Il transmet à l'organisme technique central les données relatives aux contrôles techniques transmises par les installations de contrôle qui lui sont rattachées.

Art. R. 323-11 Le réseau de contrôle doit respecter les modalités d'organisation fixées par arrêté du ministre chargé des transports destinées à assurer la disponibilité et la qualité des prestations et veiller à ce que les contrôleurs et toute personne physique ou morale exerçant des fonctions au sein du réseau n'aient pas d'activité dans la réparation ou le commerce automobile *(Décr. n° 2021-1062 du 9 août 2021, art. 4-I, en vigueur le 1er janv. 2022)* « ou de motocycles » et ne soient pas salariés d'une entreprise ayant un lien avec une telle activité.

Le Décr. n° 2021-1062 du 9 août 2021 relatif à la mise en place du contrôle technique des véhicules motorisés à deux ou trois roues et quadricycles à moteur est abrogé par le Décr. n° 2022-1044 du 25 juill. 2022 (JO 26 juill.). Le Décr. n° 2022-1044 du 25 juill. 2022 a été annulé par la Décis. CE n° 466125 du 31 oct. 2022.

Art. R. 323-12 L'agrément d'un réseau de contrôle peut être retiré ou suspendu pour tout ou partie des catégories de contrôles techniques qu'il concerne si les conditions d'organisation et de fonctionnement du réseau de contrôle ne répondent plus aux prescriptions du cahier des charges et de la réglementation en vigueur. Cette décision de retrait n'intervient qu'après que le représentant du réseau intéressé a pu être entendu et mis à même de présenter des observations écrites ou orales.

En cas d'urgence, l'agrément d'un réseau de contrôle peut être suspendu immédiatement pour une durée maximale de deux mois.

Art. R. 323-13 I. — Les installations de contrôle doivent comporter les moyens matériels nécessaires aux catégories de contrôles techniques réalisés et les moyens techniques permettant de recueillir les données relatives à ces contrôles et de transmettre ces données dans le délai fixé par arrêté du ministre chargé des transports soit à la direction du réseau de contrôle auquel elles sont rattachées, soit à l'organisme technique central, selon qu'il s'agit d'installations rattachées ou non à un réseau. L'ensemble de ces équipements est défini par arrêté du ministre chargé des transports.

II. — L'activité d'un centre de contrôle doit s'exercer dans des locaux n'abritant aucune activité de réparation ou de commerce automobile *(Décr. n° 2021-1062 du 9 août 2021, art. 4-II, en vigueur le 1er janv. 2022)* « ou de motocycles » et ne communiquant avec aucun local abritant une telle activité.

(Abrogé par Décr. n° 2012-1145 du 10 oct. 2012) ***« Toutefois, afin d'assurer une meilleure couverture géographique, de répondre aux besoins des usagers ou, s'agissant des véhicules lourds, de réduire les déplacements, un réseau de contrôle agréé peut utiliser des installations auxiliaires situées dans des locaux abritant des activités de réparation ou de commerce automobile. Il doit pour cela obtenir un agrément particulier.***

« Une convention de mise à disposition à titre onéreux est passée entre le réseau et l'exploitant de ces installations.

« Lorsqu'un véhicule est contrôlé dans une installation auxiliaire, il ne doit faire l'objet d'aucune réparation pendant la durée de ce contrôle.

« Les installations auxiliaires font l'objet d'une surveillance spéciale de la part des fonctionnaires ou agents de l'État cités au I de l'article R. 323-21. » — *Les agréments délivrés aux installations auxiliaires en vertu du II de l'art. R. 323-13, dans sa rédaction antérieure à la publication du Décr. n° 2012-1145 du 10 oct. 2012 (JO 12 oct.), peuvent être maintenus dans l'intérêt de la sécurité routière pour une durée d'au plus quatre ans à partir de cette date de publication si les circonstances locales le justifient (Décr. préc., art. 2-I).*

III. — Sur la demande du ministre chargé des transports, le titulaire de l'agrément des installations d'un centre de contrôle met l'une ou plusieurs de ces installations à la disposition des fonctionnaires ou agents de l'État chargés des réceptions des véhicules ou éléments de véhicules, placés sous l'autorité des ministres chargés de l'industrie et des transports. Une convention à titre onéreux est passée entre l'exploitant et l'administration.

Le Décr. nº 2021-1062 du 9 août 2021 relatif à la mise en place du contrôle technique des véhicules motorisés à deux ou trois roues et quadricycles à moteur est abrogé par le Décr. nº 2022-1044 du 25 juill. 2022 (JO 26 juill.). Le Décr. nº 2022-1044 du 25 juill. 2022 a été annulé par la Décis. CE nº 466125 du 31 oct. 2022.

Illégalité de l'art. R. 323-13, II. Sont illégales les dispositions de l'art. R. 323-13, II, C. route en ce qu'elles réservent aux seuls réseaux de contrôle agréés la possibilité dérogatoire d'utiliser des installations auxiliaires situées dans des locaux abritant des activités de réparation ou de commerce automobile à la condition d'obtenir un agrément particulier ; la différence de situation entre ces réseaux et un contrôleur indépendant n'est pas telle qu'elle justifierait la différence de traitement instituée par les dispositions précitées. Est en conséquence annulée la décision d'un préfet rejetant une demande d'agrément d'une société au motif qu'elle ne faisait pas partie d'un réseau de contrôle agréé. • TA Lyon, 2 févr. 2010 : *AJDA 2010. 1711, note Meillier*. ♦ Cette différence de traitement, qui a pour effet d'attribuer un avantage substantiel aux centres organisés en réseau, étant manifestement disproportionnée par rapport à leur différence de situation avec les autres centres, les dispositions de l'art. R. 323-13, II, C. route méconnaissent le principe d'égalité. Eu égard à l'objet de l'interdiction édictée par ces dispositions et du dispositif dérogatoire qu'elles prévoient et à la nature de l'illégalité qui les entache, celle-ci prive de fondement juridique tant les décisions de refus d'agrément des centres indépendants que celles d'agrément des centres rattachés à des réseaux. Il appartient dès lors au titulaire du pouvoir réglementaire de tirer les conséquences de cette illégalité, soit en abrogeant ces dispositions, soit en les modifiant pour en étendre le bénéfice, avec les adaptations qui apparaîtraient nécessaires, à l'ensemble des centres. • CE 21 oct. 2011, *Sté Auto Bilan France : Lebon 497 ; AJDA 2011. 2040 ; JCP A 2011. Actu. 683 ; Rev. juridique de l'économie publique, 2012, nº 22, note Pellissier.* – En conséquence de cette jurisprudence, les dispositions de l'art. R. 323-13, II, C. route ont été abrogées par le Décr. nº 2012-1145 du 10 oct. 2012.

Art. R. 323-13-1 *(Décr. nº 2019-1127 du 4 nov. 2019)* **Toute personne physique ou morale exploitant une installation agréée en application de l'article R. 323-14 transmet au ministre chargé de l'économie ou à l'organisme que celui-ci désigne le prix de ses prestations relatives aux véhicules légers au sens du 1º du II de l'article R. 323-6.**

Lorsqu'une installation agréée propose pour la première fois de telles prestations, elle communique ses prix dans un délai de quarante-huit heures après leur entrée en vigueur.

Les personnes concernées communiquent également toute intention de modification de prix, avec la date et l'heure d'entrée en vigueur de celle-ci.

Par dérogation aux dispositions du II de l'article R. 323-21, les conditions d'application des précédents alinéas sont fixées par arrêté du ministre chargé de l'économie, après consultation du Conseil national de la consommation.

Les dispositions des art. R. 323-13-1 et R. 323-13-2 entrent en vigueur trente jours après la publication de l'arrêté mentionné dans le premier de ces art. (Décr. nº 2019-1127 du 4 nov. 2019, art. 2).

V. Arr. du 29 juill. 2020 relatif à la publicité des prix des prestations de contrôle technique de certaines catégories de véhicules légers, App., vº Contrôle technique.

Art. R. 323-13-2 *(Décr. nº 2019-1127 du 4 nov. 2019)* **Tout manquement aux dispositions des trois premiers alinéas de l'article R. 323-13-1 est passible d'une amende administrative dont le montant ne peut excéder 1 500 euros. Ce montant peut être porté à 3 000 euros en cas de réitération.**

Les agents de la concurrence, de la consommation et de la répression des fraudes sont habilités à rechercher et constater ces manquements. L'autorité administrative chargée de la concurrence et de la consommation est compétente pour prononcer les amendes administratives sanctionnant les manquements constatés.

Le délai de prescription de l'action de l'administration pour la sanction du manquement est d'une année révolue à compter du jour où le manquement a été commis si,

dans ce délai, il n'a été fait aucun acte tendant à la recherche, à la constatation ou à la sanction de ce manquement.

Une copie du procès-verbal constatant les manquements est transmise à la personne mise en cause.

Avant toute décision, l'autorité administrative chargée de la concurrence et de la consommation informe par écrit la personne mise en cause de la sanction envisagée à son encontre, en lui indiquant qu'elle peut se faire assister par le conseil de son choix et en l'invitant à présenter, dans un délai d'un mois, ses observations écrites et, le cas échéant, ses observations orales. Passé ce délai, elle peut, par décision motivée, prononcer l'amende.

L'amende est recouvrée comme en matière de créances étrangères à l'impôt et au domaine.

V. note ss. art. R. 323-13-1.

Art. R. 323-13-3 *(Décr. nº 2019-1127 du 4 nov. 2019)* **Le ministre chargé de l'économie ou, le cas échéant, l'organisme qu'il désigne, rend librement accessible au public, sous forme électronique, les prix qui lui ont été communiqués en application des dispositions de l'article R. 323-13-1, dès leur entrée en vigueur ou, le cas échéant, à bref délai après leur réception.**

Il peut également rendre publiques, sous la même forme, des données relatives aux prix en vigueur ou antérieurement communiqués, selon les modalités fixées par arrêté conjoint du ministre chargé de l'économie et du ministre chargé des transports.

COMMENTAIRE

Information sur les prix du contrôle technique des véhicules légers. Les articles R. 323-13-1 à R. 323-13-3, ajoutés au sein de la présente section par le décret nº 2019-1127 du 4 novembre 2019, visent à permettre au public d'être informé des prix pratiqués par les centres de contrôle technique et, en conséquence, à chacun de choisir en connaissance de cause un centre de contrôle. Pour les pouvoirs publics, cette information sur les prix pourrait participer également à les harmoniser (les prix pratiqués pouvant varier de manière importante d'un centre à l'autre), voire à les faire baisser.

L'article R. 323-13-1 impose ainsi aux exploitants des installations de contrôle de transmettre au ministre chargé de l'économie ou à un organisme désigné par celui-ci le prix de leurs prestations relatives aux véhicules légers, ainsi que, par la suite, toute modification envisagée sur ce prix. Des informations que le ministre chargé de l'économie ou l'organisme désigné s'engage, quant à lui, à mettre à disposition du public sous forme électronique, conformément à l'article R. 323-13-3. Pour garantir le respect de cette obligation imposée aux exploitants des installations de contrôle, on notera que le décret du 4 novembre 2019 a prévu à l'art. R. 323-13-2 une amende administrative de 1500 euros – 3000 euros en cas de réitération – qui peut être prononcée par l'autorité administrative chargée de la concurrence et de la consommation.

A ces dispositions, il faut ajouter celles formulées par un arrêté du 29 juillet 2020 relatif à la publicité des prix des prestations de contrôle technique de certaines catégories de véhicules légers (V. cet Arr., App., vº *Contrôle technique*) pris en application de l'article R. 323-13-1 et qui a rendu applicable les articles R. 323-13-1 et R. 323-13-2, conformément aux dispositions de l'article 2 du décret du 4 novembre 2019 prévoyant leur entrée en vigueur trente jours après la publication de cet arrêté.

Ce dernier apporte cependant peu de précisions au regard de ce que prévoient les présents articles du code de la route. Il rappelle néanmoins que chaque centre de contrôle technique a déjà une obligation d'information *in situ* sur les prix qu'il pratique, et ce, depuis un arrêté du 27 mars 1987 qui leur impose d'afficher de manière visible et lisible de l'extérieur de leur établissement, à l'entrée principale du public, les prix des prestations de contrôle technique périodique et de contre-visite des véhicules légers, classés par type d'énergie, soit essence, diesel, gaz, hybride, électrique (V. art. 2 Arr. du 29 juill. 2020 rappelant les dispositions de l'art. 1er Arr. du 27 mars 1987 relatif aux règles de publicité des prix pour les prestations d'entretien ou de réparation, de contrôle technique, de dépannage ou de remorquage ainsi que de garage des véhicules, vº *Consommation*). Les présentes dispositions permettent donc essentiellement d'améliorer les modalités de cette information, en permettant aux consommateurs de prendre connaissance des prix pratiqués sur un site dédié : prix-controle-technique.gouv.fr. ❑

Art. R. 323-14 **I. — L'agrément des installations d'un centre de contrôle est délivré par le préfet du département où est implanté le centre.**

La demande d'agrément est adressée au préfet par la personne physique ou la personne morale qui exploite les installations du centre. Elle indique l'identité du demandeur, son statut juridique et les catégories de contrôles techniques qui seront effectués dans le centre et précise si celui-ci est rattaché ou non à un réseau de contrôle agréé. Elle est accompagnée d'un document par lequel l'exploitant s'engage à respecter les prescriptions d'un cahier des charges et précise les conditions dans lesquelles il sera satisfait à cet engagement.

L'engagement mentionné ci-dessus décrit notamment l'organisation et les moyens techniques mis en œuvre par le centre pour assurer en permanence la qualité et l'objectivité des contrôles techniques effectués et éviter que les installations soient utilisées par des personnes non agréées ou ayant une activité dans la réparation ou le commerce automobile *(Décr. nº 2021-1062 du 9 août 2021, art. 4-I, en vigueur le 1er janv. 2022)* **« ou de motocycles ». Le demandeur doit s'engager à établir tous les documents se rapportant à son activité prescrits par le ministre chargé des transports et à faciliter la mission des agents désignés par lui pour surveiller le bon fonctionnement des installations de contrôle.**

Le dossier de demande comporte, en outre, l'avis du réseau de contrôle agréé lorsque le centre de contrôle est rattaché à un réseau, ou l'avis de l'organisme technique central dans le cas contraire.

(Abrogé par Décr. nº 2012-1145 du 10 oct. 2012) ***« II. — L'agrément particulier des installations auxiliaires est délivré au réseau qui les utilise par le préfet du département où sont implantées les installations après avis favorable de l'organisme technique central.***

« La demande d'agrément indique l'identité du demandeur, son statut juridique et les catégories de contrôles techniques qui seront effectuées dans les installations. Elle est accompagnée d'un document par lequel le réseau s'engage à respecter les prescriptions d'un cahier des charges. Cet engagement décrit notamment l'organisation et les moyens techniques mis en œuvre pour assurer en permanence la qualité et l'objectivité des contrôles techniques effectués. Le demandeur doit s'engager à établir tous les documents se rapportant à son activité prescrits par le ministre chargé des transports et à faciliter la mission des agents désignés par lui pour surveiller le bon fonctionnement des installations de contrôle.

« Pour le contrôle technique des véhicules lourds, l'agrément des installations auxiliaires est délivré pour une durée de quatre ans renouvelable. »

III. — Les agréments des installations de contrôle, ainsi que toutes les mesures affectant leur validité, sont inscrits dans un registre national qui est élaboré et tenu à jour dans les conditions prévues par la loi nº 78-17 du 6 janvier 1978 relative à l'informatique, aux fichiers et aux libertés.

IV. — L'agrément des installations de contrôle peut être suspendu ou retiré pour tout ou partie des catégories de contrôles techniques qu'il concerne *(Décr. nº 2023-974 du 23 oct. 2023, art. 1er)* **« si les conditions posées lors de sa délivrance ou de bon fonctionnement des installations ou si les prescriptions qui leur sont imposées par la présente section ne sont plus respectées, » et après que la personne bénéficiaire de l'agrément et le représentant du réseau de contrôle auquel les installations sont éventuellement rattachées ont pu être entendus et mis à même de présenter des observations écrites ou orales.**

En cas d'urgence, l'agrément des installations de contrôle peut être suspendu immédiatement pour une durée maximale de deux mois.

Par dérogation au I de l'art. R. 323-14, le titulaire de l'agrément des installations d'un centre de contrôle ou son réseau d'affiliation peuvent déclarer l'extension de cet agrément au contrôle des véhicules de catégorie L dès lors que le fonctionnement des installations de ce centre de contrôle respecte les prescriptions relatives à cette activité. La durée de validité de l'extension de l'agrément des installations d'un centre de contrôle est fixée par arrêté du ministre chargé des transports conformément à l'art. 5 du Décr. nº 2023-974 du 23 oct. 2023.

L'extension de l'agrément des installations d'un centre de contrôle est inscrite au registre national mentionné au III de l'art. R. 323-14.

Sans préjudice de l'application du IV de l'art. R. 323-14, l'extension de l'agrément des installations d'un centre de contrôle peut être suspendue ou retirée s'il est constaté le non-respect des règles encadrant l'activité de contrôle des véhicules de catégorie L. La suspension ou le retrait de l'extension de l'agrément des installations d'un centre de contrôle n'affectent pas l'agrément des installations de ce centre (Décr. préc., art. 2).

Le Décr. nº 2021-1062 du 9 août 2021 relatif à la mise en place du contrôle technique des véhicules motorisés à deux ou trois roues et quadricycles à moteur est abrogé par le Décr. nº 2022-1044 du 25 juill. 2022 (JO 26 juill.). Le Décr. nº 2022-1044 du 25 juill. 2022 a été annulé par la Décis. CE nº 466125 du 31 oct. 2022.

V. Arr. du 23 oct. 2023 relatif au contrôle technique des véhicules motorisés à deux ou trois roues et quadricycles à moteur (JO 24 oct.), App., vº Contrôle technique.

1. Les règles de procédure administrative auxquelles sont soumises les décisions de retrait des agréments de contrôleur technique automobile et des installations de contrôle technique, sont entièrement déterminées par les art. 3 et 6 du Décr. du 15 avr. 1991, ultérieurement codifiés aux art. R. 323-9 et R. 323-12 C. route [art. R. 323-18, IV et R. 323-14, IV, C. route, depuis le Décr. du 11 juin 2004] et sont donc exclusives de l'application des dispositions de l'art. 8 du Décr. du 28 nov. 1983 concernant les relations entre l'administration et les usagers. • CE 7 août 2008, nº 289159 : *inédit.*

2. Le préfet peut légalement fonder sa décision de retrait d'agrément sur un rapport de police, le moyen tiré de ce que le préfet se serait fondé pour prononcer sa décision sur des pièces extraites d'une procédure pénale et couvertes par le secret de l'instruction étant, en tout état de cause, inopérant à l'encontre d'une procédure administrative de sanction. En outre, en raison de l'indépendance des procédures administrative et pénale, l'engagement par le préfet de la procédure de sanction sans attendre que le juge pénal se soit prononcé, sur des faits d'ailleurs distincts de ceux à l'origine de la procédure administrative, ne saurait avoir porté atteinte au principe de la présomption d'innocence. • CE 7 août 2008 : *préc. note 1.*

3. Suspension refusée d'une décision portant retrait d'agrément. Après avoir rappelé que l'urgence s'apprécie concrètement, objectivement et globalement, au terme d'un bilan des intérêts privés et publics en présence, le Conseil d'État a considéré que les exigences liées à la sécurité routière, qui relèvent d'un intérêt général qu'il convient de protéger, imposent que les contrôles techniques soient effectués par des centres agréés respectant les normes techniques en vigueur et les moyens de contrôle définis par le code de la route et ses textes d'application. L'exécution d'une décision préfectorale retirant les agréments de contrôle technique aux établissements d'une société ne saurait en conséquence être suspendue par le juge des référés, dès lors qu'il ressort des pièces du dossier soumis au juge, des manquements graves aux règles en vigueur par les établissements concernés, la poursuite de leur activité étant susceptible de porter une atteinte grave et immédiate aux exigences de la sécurité routière, • CE 31 juill. 2009, nº 323931 : *inédit.*

4. Suspension d'agrément : mesure de police ou sanction administrative. Le préfet qui prononce à l'encontre d'une société une mesure de suspension d'agrément, à raison de graves manquements à la réglementation du contrôle technique des véhicules, ne prend pas une mesure de police mais inflige à la société, dans un but répressif, une sanction administrative, sanction qu'il peut légalement prendre sur le fondement des dispositions de l'art. R. 323-14 C. route. • CE 14 nov. 2012, *Sté auto Bilan France,* nº 345607 B : *AJDA 2013. 325 ; JCP Adm. 2012. Actu. 799.*

5. Une mesure de suspension d'agrément prononcée à l'encontre d'une société, à raison de graves manquements à la réglementation du contrôle technique des véhicules (sérieuses carences de la part de la société dans l'organisation et le fonctionnement du centre de contrôle technique, défaut caractérisé de surveillance de ses préposés), n'est pas une sanction disproportionnée, la société ne pouvant, s'agissant d'une mesure de sanction, utilement exciper de la circonstance que des mesures correctrices auraient été ultérieurement adoptées par elle. • CE 14 nov. 2012, nº 345607 : *préc. note 4.*

Art. R. 323-15 **I. — Lorsqu'un centre de contrôle agréé est rattaché à un réseau agréé, il ne peut dépendre que d'un seul réseau de contrôle.**

(Abrogé par Décr. nº 2012-1145 du 10 oct. 2012) ***« De même, une installation auxiliaire ne peut être rattachée qu'à un seul réseau. Elle ne doit être utilisée, dans le cadre du contrôle technique, que par des contrôleurs relevant de ce réseau. »***

II. — Les contrôles techniques effectués sur des véhicules lourds appartenant à une même personne physique ou morale ne doivent pas représenter, chaque année, plus de 10 % de l'activité de contrôle technique des véhicules lourds d'un centre de contrôle non rattaché à un réseau ou de l'ensemble des installations de contrôles exploitées par le même réseau. Toutefois, le préfet de département peut accorder des

dérogations à ces dispositions lorsque leur application constitue un obstacle manifeste à la bonne couverture géographique du territoire, sans que cette proportion puisse dépasser 35 %.

III. — Les réseaux de contrôle et les centres de contrôle non rattachés à un réseau perçoivent, pour chaque contrôle technique effectué et en sus du prix de celui-ci, une somme qui ne peut excéder 2 % du prix du contrôle qu'ils reversent à l'organisme technique central pour financer les prestations de celui-ci.

Le montant et les modalités de versement de cette somme sont fixés par arrêté conjoint du ministre chargé de l'économie et des finances et du ministre chargé des transports.

Art. R. 323-16 I. — Le fait, pour le titulaire de l'agrément des installations d'un centre de contrôle, de faire réaliser un contrôle technique dans des locaux abritant une activité de réparation ou de commerce automobile *(Décr. n° 2021-1062 du 9 août 2021, art. 4-II, en vigueur le 1er janv. 2022)* « ou de motocycles » ou communiquant avec un lieu abritant une telle activité est puni de l'amende prévue pour les contraventions de la cinquième classe.

II. — Le fait, pour le titulaire de l'agrément des installations de contrôle, de ne pas transmettre les données relatives à un contrôle technique effectué dans ces installations dans le délai fixé par l'arrêté prévu au I de l'article R. 323-13 est puni de l'amende prévue pour les contraventions de la cinquième classe.

III. — Le fait, pour le titulaire de l'agrément des installations de contrôle, de faire réaliser un contrôle technique dans des installations ou au moyen d'équipements non conformes à l'agrément délivré ou aux dispositions définies par l'arrêté visé au I de l'article R. 323-13 est puni de l'amende prévue pour les contraventions de la cinquième classe.

IV. — Le fait, pour le titulaire de l'agrément des installations de contrôle, de faire réaliser un contrôle technique par un contrôleur agréé *(Décr. n° 2010-163 du 22 févr. 2010)* « ou un prestataire visé au II de l'article L. 323-1 » ne possédant pas la qualification requise pour ce contrôle est puni de l'amende prévue pour les contraventions de la cinquième classe.

(Abrogé par Décr. n° 2010-671 du 18 juin 2010) « ***V. — Les personnes morales peuvent être déclarées responsables pénalement, dans les conditions prévues à l'article 121-2 du code pénal, des infractions définies au présent article. La peine encourue par les personnes morales est l'amende, selon les modalités prévues par l'article 131-41 du code pénal.*** »

Le Décr. n° 2021-1062 du 9 août 2021 relatif à la mise en place du contrôle technique des véhicules motorisés à deux ou trois roues et quadricycles à moteur est abrogé par le Décr. n° 2022-1044 du 25 juill. 2022 (JO 26 juill.). Le Décr. n° 2022-1044 du 25 juill. 2022 a été annulé par la Décis. CE n° 466125 du 31 oct. 2022.

Art. R. 323-17 I. — Les contrôleurs agréés doivent posséder une qualification dont les caractéristiques sont définies par arrêté du ministre chargé des transports pour chaque catégorie de contrôle technique.

II. — Un contrôleur agréé ne peut exercer aucune activité dans la réparation ou le commerce automobile *(Décr. n° 2021-1062 du 9 août 2021, art. 4-I, en vigueur le 1er janv. 2022)* « ou de motocycles », que ce soit à titre indépendant ou en qualité de salarié.

(Abrogé par Décr. n° 2012-1145 du 10 oct. 2012) « ***III. — Un contrôleur agréé ne doit pas effectuer, par trimestre, plus de 35 % du nombre de ses contrôles techniques dans des installations auxiliaires. De plus, un contrôleur ne doit pas effectuer, par trimestre, plus de 35 % des contrôles techniques de véhicules lourds réalisés dans une même installation auxiliaire.*** » — *Les dispositions du III de l'art. R. 323-17 demeurent applicables, dans leur rédaction antérieure à la publication du Décr. n° 2012-1145 du 10 oct. 2012 (JO 12 oct.), aux contrôleurs agréés en vertu de l'art. R. 323-17 qui exercent dans les installations auxiliaires mentionnées au I (Décr. préc., art. 2-II).*

(Décr. n° 2010-163 du 22 févr. 2010) « IV. — Lorsqu'il est réalisé par un prestataire visé au II de l'article *L. 323-1*, le contrôle technique prévu par le présent chapitre ne peut être réputé avoir été réalisé que si, pour la prestation considérée, ce prestataire n'a aucun lien de nature à porter atteinte à son indépendance avec des personnes, organismes, sociétés ou entreprises qui exercent une activité de réparation ou de

commerce dans le secteur automobile *(Décr. nº 2021-1062 du 9 août 2021, art. 4-III, en vigueur le 1er janv. 2022)* **« ou de motocycles ». »**

Le Décr. nº 2021-1062 du 9 août 2021 relatif à la mise en place du contrôle technique des véhicules motorisés à deux ou trois roues et quadricycles à moteur est abrogé par le Décr. nº 2022-1044 du 25 juill. 2022 (JO 26 juill.). Le Décr. nº 2022-1044 du 25 juill. 2022 a été annulé par la Décis. CE nº 466125 du 31 oct. 2022.

Art. R. 323-18 **I. — L'agrément d'un contrôleur est délivré par le préfet de département où est implanté le centre de contrôle auquel il est rattaché.**

Cet agrément permet d'exercer sur tout le territoire.

(Décr. nº 2021-1062 du 9 août 2021, art. 5, en vigueur le 1er janv. 2022) **« Un même contrôleur peut être titulaire d'un agrément pour le contrôle technique des véhicules légers, d'un agrément pour le contrôle technique des véhicules motorisés à deux ou trois roues et quadricycles à moteur et d'un agrément pour le contrôle technique des véhicules lourds. »** — *Le Décr. nº 2021-1062 du 9 août 2021 relatif à la mise en place du contrôle technique des véhicules motorisés à deux ou trois roues et quadricycles à moteur est abrogé par le Décr. nº 2022-1044 du 25 juill. 2022 (JO 26 juill.). Le Décr. nº 2022-1044 du 25 juill. 2022 a été annulé par la Décis. CE nº 466125 du 31 oct. 2022.*

II. — La demande d'agrément précise à quel centre de contrôle le contrôleur est rattaché et les catégories de contrôles techniques qu'il pourra effectuer.

Elle est accompagnée de l'avis du réseau de contrôle agréé lorsque le centre de contrôle est rattaché à un réseau ou de l'avis de l'organisme technique central dans le cas contraire.

III. — Les agréments des contrôleurs, ainsi que toutes les mesures affectant leur validité, sont inscrits dans un registre national qui est élaboré et tenu à jour dans les conditions prévues par la loi nº 78-17 du 6 janvier 1978 relative à l'informatique, aux fichiers et aux libertés.

IV. — L'agrément d'un contrôleur peut être suspendu ou retiré pour tout ou partie des catégories de contrôles techniques qu'il concerne si les conditions posées lors de sa délivrance ne sont plus respectées ou s'il est constaté un manquement aux règles fixant l'exercice de l'activité du contrôleur.

La décision de suspension ou de retrait n'intervient qu'après que la personne intéressée a été entendue et mise à même de présenter des observations écrites ou orales.

En cas d'urgence, l'agrément d'un contrôleur peut être suspendu immédiatement pour une durée maximale de deux mois.

Un contrôleur ayant fait l'objet d'un retrait d'agrément ne peut demander un nouvel agrément pendant une durée de cinq ans à compter du retrait.

Concernant les demandes d'agrément des contrôleurs techniques des véhicules, le délai à l'expiration duquel le silence gardé par l'administration vaut décision d'acceptation est, par exception, de quatre mois (Décr. nº 2014-1272 du 23 oct. 2014, JO 1er nov.).

Par dérogation au I de l'art. R. 323-18, le titulaire de l'agrément des installations du centre de contrôle de rattachement d'un contrôleur agréé ou le réseau d'affiliation de ce centre de contrôle peuvent déclarer l'extension de l'agrément de ce contrôleur au contrôle des véhicules de catégorie L dès lors que le contrôleur remplit les conditions de qualification pour effectuer le contrôle des véhicules de catégorie L conformément à l'art. R. 323-17. La durée de validité de l'extension d'agrément du contrôleur est fixée par arrêté du ministre chargé des transports conformément à l'art. 5 du Décr. nº 2023-974 du 23 oct. 2023.

L'extension de l'agrément du contrôleur est inscrite au registre national mentionné au III de l'art. R. 323-18.

Sans préjudice de l'application du IV de cet l'art. R. 323-18, l'extension de l'agrément d'un contrôleur peut être suspendue ou retirée s'il est constaté, pour le contrôle des véhicules de catégorie L, un manquement aux règles fixant l'exercice de l'activité du contrôleur ou aux conditions de qualification. La suspension ou le retrait de l'extension de l'agrément n'affectent pas l'agrément du contrôleur (Décr. préc., art. 3).

V. Arr. du 23 oct. 2023 relatif au contrôle technique des véhicules motorisés à deux ou trois roues et quadricycles à moteur (JO 24 oct.), App., vº Contrôle technique.

Retrait d'agrément. V. jurispr. citée ss. art. R. 323-14.

Art. R. 323-18-1 *(Décr. nº 2010-163 du 22 févr. 2010)* La déclaration mentionnée au II de l'article L. 323-1 est adressée au préfet du département dans lequel le prestataire envisage d'exercer l'activité de contrôleur technique.

Elle doit être accompagnée des documents suivants lorsqu'elle est souscrite pour la première fois ou en cas de changement de situation :

1° Une preuve de la nationalité du prestataire ;

2° Une attestation certifiant que le prestataire est légalement établi dans un autre État membre de l'Union européenne ou dans un autre État partie à l'accord sur l'Espace économique européen pour y exercer la profession de contrôleur technique, et qu'il n'encourt, à la date de l'attestation, aucune interdiction, même temporaire, d'exercer ;

3° Une preuve de ses qualifications professionnelles ;

4° Lorsque la profession de contrôleur technique *(Décr. nº 2011-2046 du 29 déc. 2011, art. 2)* « ou la formation y conduisant » n'est pas réglementée dans l'État d'établissement, la preuve par tout moyen que le prestataire a exercé cette profession pendant *(Décr. nº 2017-127 du 2 févr. 2017)* « la durée mentionnée au deuxième alinéa du II de l'article L. 323-1 » ;

5° Une copie du contrat de travail ou une lettre d'engagement du centre de contrôle employeur.

La déclaration et les documents joints peuvent être transmis par tout moyen. Les documents en langue étrangère sont accompagnés de leur traduction en langue française.

Art. R. 323-18-2 *(Décr. nº 2010-163 du 22 févr. 2010)* La prestation est effectuée sous le titre professionnel porté dans l'État d'établissement ou, si le titre professionnel n'existe pas dans l'État d'établissement, sous le titre de formation du prestataire.

Le titre professionnel ou le titre de formation est indiqué dans la langue officielle ou dans l'une des langues officielles de l'État d'établissement. Le titre de formation est suivi des noms et lieux de l'établissement ou du jury qui l'a délivré.

Art. R. 323-18-3 *(Décr. nº 2010-163 du 22 févr. 2010)* A la demande d'une autorité compétente d'un État membre de l'Union européenne ou partie à l'accord sur l'Espace économique européen sur le territoire duquel un contrôleur technique exécute ou déclare vouloir exécuter une prestation de services, le préfet du département du lieu de résidence de celui-ci communique à cette autorité toutes informations pertinentes sur la légalité de l'établissement en France du professionnel concerné. Si le professionnel est, à la date de la communication, sous le coup d'une suspension ou d'un retrait d'agrément, mention en est faite.

Art. R. 323-19 Le fait, pour tout contrôleur agréé *(Décr. nº 2010-163 du 22 févr. 2010)* « ou prestataire visé au II de l'article L. 323-1 », d'effectuer un contrôle technique dont le contenu, les modalités ou le résultat ne satisfont pas aux dispositions du présent chapitre et des dispositions prises pour son application ou de ne pas tirer de ce contrôle les conclusions qui s'imposent est puni de l'amende prévue pour les contraventions de la quatrième classe.

Art. R. 323-20 Toute utilisation des résultats du contrôle d'un véhicule à des fins autres que celles prévues par la réglementation est interdite. Les résultats du contrôle ne peuvent être communiqués à un tiers autre que l'organisme technique central, la direction du réseau de contrôle, les agents de l'administration chargés de la surveillance des installations et tout organisme désigné à cette fin par le ministre chargé des transports.

(Décr. nº 2020-1638 du 21 déc. 2020, art. 1er) « L'organisme technique central peut également communiquer les résultats du contrôle au ministre de l'intérieur à la seule fin de transmettre au propriétaire d'un véhicule qui le demande un historique des résultats détaillés des contrôles techniques successifs, y compris le kilométrage relevé à chacun de ces contrôles, dont ce même véhicule a fait l'objet. »

Art. R. 323-21 I. — La surveillance administrative des réseaux de contrôle, des installations de contrôle et des contrôleurs agréés est exercée par les fonctionnaires ou agents de l'État chargés de la réception des véhicules ou éléments de véhicules, placés sous l'autorité des ministres chargés de l'industrie et des transports.

II. — Le ministre chargé des transports fixe par arrêté les conditions d'application de la présente section.

SECTION 3 **Dispositions applicables aux véhicules légers** *(Décr. n° 2017-208 du 20 févr. 2017, art. 5).*

Art. R. 323-22 I. — Les *(Décr. n° 2017-208 du 20 févr. 2017, art. 6-1°)* « véhicules légers définis au II de l'article R. 323-6 » doivent faire l'objet :

1° D'un contrôle technique dans les six mois précédant l'expiration d'un délai de quatre ans à compter de la date de leur première mise en circulation ;

2° Postérieurement à ce contrôle, d'un contrôle technique périodique, renouvelé tous les deux ans ;

3° Avant toute mutation intervenant au-delà du délai de quatre ans prévu au 1° ci-dessus, d'un contrôle technique, dont sont toutefois dispensés les véhicules ayant subi un contrôle technique dans les six mois précédant la date de demande d'établissement du nouveau certificat d'immatriculation ;

(Décr. n° 2011-2046 du 29 déc. 2011, art. 3) « 4° Pour les véhicules de collection, le délai entre deux contrôles techniques est porté à cinq ans à l'exception des cas de mutation. »

II. — En outre, les *(Décr. n° 2017-208 du 20 févr. 2017, art. 6-2°)* « véhicules légers de catégorie N1 » doivent faire l'objet, dans les deux mois précédant l'expiration d'un délai d'un an après chaque contrôle technique *(Abrogé par Décr. n° 2017-208 du 20 févr. 2017, art. 6-2°)* ***« réalisé à partir du 1er janvier 1999 »***, d'un contrôle technique complémentaire portant sur le contrôle des émissions polluantes. *(Décr. n° 2011-2046 du 29 déc. 2011, art. 3)* « Cette disposition n'est pas applicable aux camionnettes de collection. »

III. — Ne sont pas soumis à ces obligations les véhicules devant subir un contrôle technique en application d'une réglementation spécifique, notamment les véhicules de moins de dix places, conducteur compris, affectés au transport public *(Décr. n° 2014-1725 du 30 déc. 2014, art. 4-IV-2°)* « , collectif ou particulier, » de personnes, les véhicules utilisés pour les transports sanitaires terrestres, les véhicules utilisés pour l'enseignement de la conduite des véhicules à moteur *(Abrogé par Décr. n° 2014-1725 du 30 déc. 2014, art. 4-IV-2°)* ***« [,] les véhicules utilisés dans le cadre de l'exploitation des entreprises de remise et de tourisme, ainsi que les taxis et les voitures de remise »***. — *[Anc. art. R. 119-1, al. 1er, et R. 120.]*

(Abrogé par Décr. n° 2011-2046 du 29 déc. 2011, art. 3) (Décr. n° 2001-449 du 25 mai 2001, art. 19) ***« IV. — Au titre des mesures prises sur le fondement de l'article 15 du décret n° 2001-449 du 25 mai 2001 et en application d'un plan de protection de l'atmosphère, le préfet peut étendre par arrêté l'obligation de visite complémentaire visée au II, pour les voitures particulières autres que celles mentionnées au III ci-dessus et au I de l'article R. 318-2, immatriculées dans le département. Il en informe les ministres chargés des transports et de l'environnement. »***

L'art. R. 323-22 était anciennement un art. R. 323-6, avant le Décr. n° 2004-568 du 11 juin 2004.

COMMENTAIRE

Contrôle technique des véhicules légers. C'est depuis le 1er janvier 1992, date d'entrée en vigueur du décret n° 91-369 du 15 avril 1991, qu'un contrôle technique périodique est obligatoire pour les voitures particulières et les camionnettes. Deux termes qui ont été remplacés au sein du présent article par l'expression « véhicules légers », depuis le décret n° 2007-208 du 20 février 2017.

Périodicité des contrôles. Tous les véhicules légers définis à l'article R. 323-6, II – c'est-à-dire les véhicules dont le PTAC est inférieur ou égal à 3,5 tonnes de catégorie M1 (véhicules conçus et construits pour le transport de personnes et comportant huit places assises au maximum) ou N1 (véhicules conçus et construits pour le transport de marchandises) – doivent déjà subir un premier contrôle technique dans les six mois précédant un délai de quatre ans après la date de leur première mise en circulation. Ces véhicules sont ensuite astreints à un contrôle technique tous les deux ans ou bien, en principe, avant toute mutation.

Véhicules de collection. Pour les véhicules légers immatriculés comme véhicules de collection, le décret n° 2011-2046 du 29 décembre 2011 est venu préciser ici que – sauf mutation – ces véhicules étaient astreints à un contrôle technique tous les cinq ans (une périodicité qui était d'ailleurs déjà prévue par l'art. 3 de l'Arr. du 14 oct. 2009 relatif aux visites techniques des véhicules de collection, V. App., v° *Contrôle technique*). Depuis le décret n° 2017-208 du 20 février 2017, seuls certains véhicules de collection sont toutefois astreints à un tel contrôle (V. art. R. 323-3 et comm. introductif aux art. R. 323-1 s.)

Visite technique complémentaire. Par ailleurs, depuis le 1er janvier 1999, les camionnettes – véhicules légers de catégorie N1 – doivent faire l'objet d'une visite technique complémentaire portant sur le contrôle des émissions polluantes, et cela tous les ans après un contrôle technique (art. R. 323-22-II). Les camionnettes de collection ont été, logiquement, dispensées de cette visite technique complémentaire par le décret du 29 décembre 2011.

Contrôle des émissions polluantes renforcé. On notera enfin que loi du 17 août 2015 relative à la transition énergétique pour la croissante verte (art. 65) a souhaité renforcer le contrôle des émissions de polluants atmosphériques et des particules fines émanant de l'échappement des véhicules particuliers et des véhicules utilitaires légers, véhicules visés à l'article R. 323-22 et à l'article R. 323-26 du présent code. Pour ce faire, plusieurs étapes ont été prévues par le décret n° 2016-812 du 17 juin 2016 précisant les modalités d'application de ce contrôle renforcé.

Entre le 1er septembre 2016 et le 30 avril 2017, des installations de contrôle volontaires désignées par arrêté (V. la liste de ces installations *in* annexe II, Arr. du 22 juin 2016, *JO 2 juill.*) ont été amenées à mesurer, à l'occasion des contrôles techniques périodiques ou complémentaires qu'elles ont réalisés, les émissions d'oxydes d'azote et de particules fines des véhicules essence et diesel, ainsi que les niveaux d'émissions de monoxyde de carbone, d'hydrocarbures imbrûlés, d'oxydes d'azote, de dioxyde de carbone et d'oxygène des véhicules diesel. Les résultats de ces mesures ont ensuite été analysés par l'organisme technique central, prévu à l'article R. 323-7 du code de la route, lequel a proposé des méthodes de contrôle adaptées et des valeurs de référence au ministère chargé des transports afin qu'elles soient fixées par arrêté ministériel. Ces méthodes de contrôles et valeurs de référence, formulées par un arrêté du 21 déc. 2017 (*JO 20 janv. 2018*), devaient être mises en œuvre pour tous les véhicules légers, particuliers ou utilitaires, à compter du 1er janvier 2019. Une date d'entrée en vigueur qui a été reportée pour une durée de six mois par un arrêté du 20 déc. 2018 (*JO 21 déc.*), en lien avec le mouvement des gilets jaunes et les craintes des conséquences d'un tel renforcement pour les propriétaires de véhicules diesels. Il en va différemment pour les véhicules lourds, pour lesquels un autre arrêté est venu également renforcer le contrôle des émissions polluantes (V. Arr. du 21 déc. 2017, *JO 17 janv. 2018*), dont les dispositions sont bel et bien entrées en vigueur le 1er janvier 2019. ❑

Loi n° 2015-992 du 17 août 2015,

Relative à la transition énergétique pour la croissance verte (JO 18 août).

Art. 65 Le contrôle des émissions de polluants atmosphériques et des particules fines émanant de l'échappement des véhicules particuliers ou utilitaires légers est renforcé lors du contrôle technique. Le contrôle des émissions de particules fines issues de l'abrasion est renforcé dès lors que les moyens techniques seront disponibles.

Ce contrôle porte sur les niveaux d'émissions de monoxyde de carbone, d'hydrocarbures imbrûlés, d'oxydes d'azote, de dioxyde de carbone et d'oxygène ainsi que de particules fines et permet de vérifier que le moteur est à l'optimum de ses capacités thermodynamiques.

Les modalités d'application du présent article sont précisées par décret avant le 1er janvier 2017.

V. Arr. du 21 déc. 2017 relatif au renforcement, lors du contrôle technique, du contrôle des émissions de polluants atmosphériques émanant de l'échappement des véhicules légers (JO 20 janv. 2018).

Décret nº 2016-812 du 17 juin 2016,

Portant application de l'article 65 de la loi nº 2015-992 du 17 août 2015 relative à la transition énergétique pour la croissance verte (JO 19 juin).

Art. 1er Pour les véhicules essence, le contrôle technique réalisé dans les conditions fixées en application de l'article R. 323-2 du code de la route est complété par la mesure des niveaux d'émission d'oxydes d'azote et de particules fines.

Pour les véhicules diesel, ce même contrôle est complété par la mesure des niveaux d'émissions de monoxyde de carbone, d'hydrocarbures imbrûlés, d'oxydes d'azote, de dioxyde de carbone et d'oxygène.

Art. 2 Entre le 1er septembre 2016 et le *(Décr. nº 2017-238 du 24 févr. 2017)* « 30 avril 2017 », les mesures mentionnées à l'article 1er sont réalisées, lors des contrôles techniques périodiques ou complémentaires réalisés en application des articles R. 323-22 et R. 323-26 du code de la route, dans des installations de contrôle volontaires agréées conformément à l'article R. 323-14 du code de la route et désignées par arrêté du ministre chargé des transports. Ces mesures sont réalisées suivant des modalités fixées par arrêté du ministre chargé des transports.

Les résultats des mesures sont transmis à l'organisme technique central qui est chargé, en application de l'article R. 323-7 du code de la route, de les collecter et de les analyser. Les résultats sont communiqués aux propriétaires des véhicules sans être mentionnés sur le document attestant la réalisation du contrôle technique.

L'organisme technique central est également chargé de comparer les résultats de ces mesures avec les résultats obtenus via le système de diagnostic embarqué, lorsqu'il est présent sur le véhicule.

V. Arr. du 22 juin 2016 relatif aux modalités des mesures réalisées en application du décret nº 2016-812 du 17 juin 2016 portant application de l'art. 65 de la loi nº 2015-992 du 17 août 2015 relative à la transition énergétique pour la croissance verte (JO 2 juill.), mod. par Arr. du 8 juill. 2016 (JO 22 juill.).

Art. 3 Sur la base des résultats obtenus lors des contrôles effectués en application de l'article 2 du présent décret, l'organisme technique central propose des méthodes de contrôle adaptées et des valeurs de référence qui sont fixées par arrêté du ministre chargé des transports au plus tard le 1er juillet 2017.

Ces méthodes de contrôle et valeurs de référence sont mises en œuvre à compter du 1er janvier 2019 lors des contrôles techniques périodiques ou complémentaires réalisés en application des articles R. 323-22 et R. 323-26 du code de la route, dans les conditions fixées par arrêté du ministre chargé des transports.

V. note ss. art. 65 de la L. nº 2015-992 du 17 août 2015.

SECTION 4 Dispositions applicables aux autres véhicules

COMMENTAIRE

Les articles R. 323-23 à R. 323-27 sont consacrés au contrôle technique des véhicules autres que les véhicules légers.

Les véhicules de transport en commun et les navettes urbaines. L'article R. 323-23 vise ainsi les véhicules de transport en commun, dont la mise en circulation est subordonnée, depuis le décret nº 2005-1434 du 18 novembre 2005, à l'obtention d'une attestation d'aménagement dont les modalités sont fixées par l'arrêté du 2 juillet 1982 relatif au transport en commun de personnes (*JO 5 sept.*), tel que modifié par l'arrêté du 18 novembre 2005 (*JO 20 nov.*). Ces véhicules sont ensuite soumis à des contrôles techniques périodiques tous les six mois. Depuis le décret nº 2018-1045 du 28 novembre 2018, les dispositions de l'article R. 323-23 sont également applicables aux navettes urbaines, c'est-à-dire aux véhicules à moteur conçus et construits pour le transport de personnes en agglomération (V. art. R. 311-1, pt 6.13).

Les véhicules de transport public de moins de dix places. L'article R. 323-24 est, quant à lui, relatif aux véhicules de transport public de moins de dix places, conducteur compris. Ces véhicules sont astreints à un contrôle technique qui doit intervenir, en principe, dans l'année suivant leur date de mise en circulation, puis tous les ans.

Les véhicules de plus de 3,5 tonnes, les véhicules tracteurs d'une semi-remorque et les véhicules de transport de marchandises dangereuses. L'article R. 323-25 concerne tous les véhicules de plus de 3,5 tonnes, exceptés ceux visés par les articles voisins (véhicules de transport en commun, véhicules de transport public de moins de dix places et véhicules spéciaux), autrement dit est applicable à tous les véhicules de transport de marchandises de plus de 3,5 tonnes. Ces véhicules sont soumis à un contrôle technique devant intervenir dans l'année suivant la date de leur première immatriculation et ensuite être renouvelé tous les ans.

Depuis le décret n° 2017-208 du 20 février 2017, l'article R. 323-35 soumet les véhicules tracteurs d'une semi-remorque (véhicules tracteurs mentionnés au 7.3 de l'art. R. 311-1) et les véhicules utilisés dans le transport de marchandises dangereuses, quels que soient leur poids total autorisé en charges, aux mêmes exigences. Il ne précise plus en revanche que pour les véhicules de collection la périodicité des contrôles est portée à cinq ans, les véhicules de collection de plus de 3,5 tonnes n'étant plus astreint à un contrôle technique depuis ce décret de 2017 (V. art. R. 323-3 et comm. introductif aux art. R. 323-1 s.).

Les véhicules spéciaux. L'article R. 323-26 est dédié aux véhicules dits « spéciaux », car nécessitant des adaptations de la carrosserie ou des équipements spécifiques, comme ceux utilisés pour les transports sanitaires terrestres, les véhicules utilisés pour l'enseignement de la conduite, les véhicules de transport public particulier de personnes (c'est-à-dire les taxis et voitures de transport avec chauffeur), mais aussi les véhicules de transport public de moins de dix places visés à l'article R. 323-24. Pour ces véhicules, l'article R. 323-26 renvoie à un arrêté ministériel le soin de fixer les modalités et les conditions de leur contrôle technique.

En réalité, pour tous les véhicules visés par la présente section du code, les conditions et les modalités des contrôles sont déterminées par arrêté ministériel (V. art. R. 323-2, et pour les véhicules de transport en commun et ceux de transport de marchandises de plus de 3,5 tonnes, Arr. du 27 juill. 2004 relatif au contrôle technique des véhicules lourds, *JO 5 sept.*, et pour les véhicules de transport public de moins de neuf places, conducteur compris, Arr. du 29 nov. 1994, *JO 14 déc.*). Seuls les arrêtés ministériels concernant les véhicules spéciaux de l'article R. 323-26 – mis à part celui concernant les véhicules de l'article R. 323-24 – doivent préciser en outre le moment et la périodicité des contrôles techniques (V., par ex., Arr. du 25 juin 2001, *JO 14 juill.*, pour les véhicules effectuant des transports sanitaires).

Les véhicules motorisés à deux ou trois roues et les quadricycles à moteur. Enfin, l'article R. 323-27 – créé par le décret n° 2021-1062 du 9 août 2021, puis abrogé par le décret n° 2022-1044 du 25 juillet 2022 et finalement rétabli par la décision du Conseil d'État n° 466125 du 31 octobre 2022 – est consacré au contrôle technique des véhicules motorisés à deux ou trois roues et des quadricycles à moteur (sur le contrôle technique de ces véhicules, V. comm. ss. l'art. R. 323-27).

Contrôle des émissions polluantes renforcé. Sur le contrôle renforcé des émissions de polluants atmosphériques et des particules fines des véhicules visés à l'article R. 323-26, voir le commentaire sous l'article R. 322-22 et les textes cités. Concernant les véhicules lourds, voir l'arrêté du 21 décembre 2017 (*JO 17 janv. 2018*). ❑

Art. R. 323-23 Tout véhicule destiné normalement ou employé exceptionnellement au transport en commun de personnes et ayant fait l'objet d'une demande de certificat d'immatriculation ne peut être effectivement mis en circulation *(Décr. n° 2005-1434 du 18 nov. 2005)* **« qu'après obtention d'une attestation d'aménagement délivrée soit par le constructeur si le véhicule a fait l'objet d'une réception par type, soit par les services de l'État chargés de la réception des véhicules ».**

Ces véhicules sont ensuite soumis à des contrôles techniques périodiques renouvelés tous les six mois. — *[Anc. art. R. 118.]*

(Décr. n° 2018-1045 du 28 nov. 2018) **« Ces dispositions s'appliquent également aux navettes urbaines et aux remorques affectées au transport de personnes. »**

Immobilisation du véhicule : R. 233-2. — Mise en fourrière : R. 325-19.

V. Arr. du 27 juill. 2004 relatif au contrôle technique des véhicules lourds, App., v° Contrôle technique.

Art. R. 323-24 Tout véhicule de moins de dix places, conducteur compris, affecté au transport public de personnes est soumis à un contrôle technique, au plus tard un an après la date de sa première mise en circulation, ou préalablement à son utilisation

au transport public lorsque celui-ci a lieu plus d'un an après la date de sa première mise en circulation.

Ce contrôle technique doit ensuite être renouvelé tous les ans. — *[Anc. art. R. 118-1.] — Pour les véhicules de moins de neuf places, V. Arr. du 29 nov. 1994 (JO 14 déc.).*

Art. R. 323-25 *(Décr. n° 2014-357 du 19 mars 2014)* **« Tout véhicule dont le poids total autorisé en charge est supérieur à 3,5 tonnes, à l'exception des véhicules mentionnés aux articles R. 323-23, R. 323-24 et R. 323-26, est soumis à un contrôle technique au plus tard un an après la date de sa première immatriculation. »**

(Décr. n° 2017-208 du 20 févr. 2017, art. 7-1°) **« Quel que soit leur poids total autorisé en charge, les véhicules tracteurs mentionnés au 7.3 de l'article R. 311-1 et les véhicules utilisés dans le transport de marchandises dangereuses sont soumis à un contrôle technique au plus tard un an après la date de leur première immatriculation. »**

Les véhicules mentionnés au présent article sont ensuite soumis à des contrôles techniques périodiques renouvelés tous les ans. — *[Anc. art. R. 119.]*

(Abrogé par Décr. n° 2017-208 du 20 févr. 2017, art. 7-2°) (Décr. n° 2011-2046 du 29 déc. 2011, art. 4) ***« Pour les véhicules de collection, cette périodicité est portée à cinq ans. »***

Responsabilité limitée de l'État pour contrôle insuffisant d'un camion. La responsabilité de l'État est engagée pour contrôle insuffisant d'un camion par les services de la DRIRE dès lors qu'une réparation provisoire des flexibles des freins réalisée sur ce véhicule en 1991, cause d'un accident survenu huit ans plus tard, pouvait être constatée sans démontage, par simple inspection visuelle et que, à la suite des onze contrôles effectués sur ce véhicule de 1992 à 1998, ce dernier avait été reconnu apte à circuler sans qu'ait été relevée la non-conformité de la réparation provisoire effectuée en 1991. Toutefois, la société propriétaire du véhicule ne pouvait ignorer l'obligation qui était la sienne de procéder au changement des flexibles. Dès lors, en s'abstenant de procéder à un tel changement, elle a commis une grave négligence dont elle ne peut s'exonérer en invoquant la faute commise par l'État qui est jugé responsable à hauteur d'un dixième du préjudice causé par l'accident. • CE 31 mars 2008, *Sté Capraro et Cie et Sté Mutuelle d'assurance du bâtiment et des travaux publics : AJDA 2008. 1679*.

Art. R. 323-26 **Tout autre véhicule à moteur, prévu pour une fonction spécifique nécessitant des adaptations de la carrosserie ou des équipements spéciaux, notamment les véhicules visés à l'article R. 323-24, les véhicules utilisés pour les transports sanitaires terrestres, les véhicules utilisés pour l'enseignement de la conduite des véhicules à moteur,** *(Décr. n° 2014-1725 du 30 déc. 2014, art. 4-IV-3°)* **« les véhicules de transport public particulier de personnes », est soumis à un contrôle technique selon des modalités et dans des conditions fixées par arrêté du ministre chargé des transports.** — *[Anc. art. R. 119-1, al. 2.]*

Art. R. 323-27 *(Décr. n° 2021-1062 du 9 août 2021, art. 6, en vigueur le 1er janv. 2023)* **A compter du 1er janvier 2023, les véhicules motorisés à deux ou trois roues et les quadricycles à moteur font l'objet :**

1° D'un contrôle technique dans les six mois précédant l'expiration d'un délai de *(Décr. n° 2023-974 du 23 oct. 2023, art. 1er)* **« cinq » ans à compter de la date de leur première mise en circulation ;**

2° Postérieurement à ce contrôle, d'un contrôle technique périodique, renouvelé tous les *(Décr. n° 2023-974 du 23 oct. 2023, art. 1er)* **« trois » ans ;**

3° Avant toute mutation intervenant au-delà du délai de *(Décr. n° 2023-974 du 23 oct. 2023, art. 1er)* **« cinq » ans prévu au 1° ci-dessus, d'un contrôle technique, dont sont toutefois dispensés les véhicules ayant subi un contrôle technique dans les six mois précédant la date de demande d'établissement du nouveau certificat d'immatriculation ;**

4° Pour les véhicules de collection, le délai entre deux contrôles techniques est porté à cinq ans à l'exception des cas de mutation.

V. Arr. du 23 oct. 2023 relatif au contrôle technique des véhicules motorisés à deux ou trois roues et quadricycles à moteur (JO 24 oct.), App., v° Contrôle technique.

Le Décr. n° 2021-1062 du 9 août 2021 relatif à la mise en place du contrôle technique des véhicules motorisés à deux ou trois roues et quadricycles à moteur est abrogé par le Décr. n° 2022-

1044 du 25 juill. 2022 (JO 26 juill.). Le Décr. n° 2022-1044 du 25 juill. 2022 a été annulé par la Décis. CE n° 466125 du 31 oct. 2022.

COMMENTAIRE

Contrôle technique des véhicules motorisés à deux ou trois roues et des quadricycles à moteur. L'article R. 323-27, créé par le décret n° 2021-1062 du 9 août 2021, est dédié au contrôle technique des véhicules motorisés à deux ou trois roues et des quadricycles à moteur, c'est-à-dire au contrôle technique des véhicules des catégories L1e, L2e, L3e, L4e, L5e, L6e et L7e par application des dispositions de l'article R. 323-6, II, 3°. En créant cet article, ainsi que d'autres dispositions au sein du présent chapitre (V. notamment art. R. 323-6, II, 3°, et R. 323-8), le décret du 9 août 2021 a ainsi permis de mettre le droit français en conformité avec la directive du 3 avril 2014 relative au contrôle technique périodique des véhicules à moteur et de leurs remorques qui impose aux États membres de soumettre les véhicules des catégories L3e, L4e, L5e et L7e, de cylindrée supérieure à 125 cm^3 à un tel contrôle à compter du 1er janvier 2022 (V. Dir. 2014/45/UE du 3 avr. 2014, art. 2, § 1, App., v° *Contrôle technique*), sauf à ce qu'ils mettent « en place des mesures alternatives de sécurité routière pour les véhicules à deux ou trois roues, en tenant notamment compte des statistiques pertinentes en matière de sécurité routière pour les cinq dernières années » (V. Dir. 3 avr. 2014, art. 2, § 2). Le décret du 9 août 2021 apparaît même plus exigeant que la directive, puisqu'il astreint à un contrôle technique tous les deux ou trois roues motorisés et les quadricycles à moteur et pas uniquement « les véhicules des catégories L3e, L4e, L5e et L7e, de cylindrée supérieure à 125 cm^3 », comme le prévoit la directive.

Contrôle technique jugé tardif. Le décret du 9 août 2021 a cependant rendu le contrôle technique obligatoire pour ces véhicules à compter seulement du 1er janvier 2023 et selon un calendrier progressif pour les véhicules immatriculés avant cette date fixé à l'article 8 de ce même décret. Or le Conseil d'État a jugé, par une décision du 27 juillet 2022, qu'une telle date d'entrée en vigueur méconnaissait l'échéance du 1er janvier 2022 fixée par la directive de 2014 alors qu'aucun motif impérieux ne le justifiait. Il a en conséquence annulé les dispositions du décret du 9 août 2021 en tant qu'elles reportent au-delà du 1er janvier 2022 l'entrée en vigueur de l'obligation de contrôle technique des véhicules de catégorie L3e, L4e, L5e et L7e de cylindrée supérieure à 125 cm^3 (V. CE 27 juill. 2022, n° 457398, mais aussi, antérieurement, CE, ord., 17 mai 2022, n° 462679).

Contrôle technique abrogé. Alors que le Conseil d'État jugeait tardive l'entrée en vigueur du contrôle technique des véhicules motorisés à deux ou trois roues et des quadricycles à moteur, le gouvernement décidait de l'abroger purement et simplement. Cette abrogation était d'ailleurs attendue. Dès le lendemain de sa publication, le gouvernement avait en effet annoncé que le décret du 9 août 2021 était « suspendu », que le contrôle technique qu'il envisage ne serait pas mis en place et qu'il serait remplacé par un dispositif alternatif. Il a cependant fallu attendre le décret n° 2022-1044 du 25 juillet 2022 portant abrogation du décret du 9 août 2021 pour que l'obligation de contrôle technique de ces véhicules soit effectivement abrogée, le gouvernement justifiant cette abrogation par la mise en place de mesures alternatives de sécurité routière, conformément à l'article 2, paragraphe 2, de la directive de 2014.

Contrôle technique rétabli. Le Conseil d'État, saisi d'un recours contre le décret du 25 juillet 2022, n'a cependant pas été convaincu par une telle justification. Par une décision du 31 octobre 2022, il a en effet considéré que les mesures notifiées à la Commission européenne par les autorités françaises n'étaient pas des mesures alternatives de sécurité routière au sens de la directive (comme, par exemple, les mesures ayant pour objet de réduire les nuisances sonores ou les émissions de polluants de ces véhicules) ou bien étaient des mesures insuffisantes pour assurer efficacement la sécurité des usagers des véhicules concernés (comme, par exemple, les réformes du permis A en 2016 et des permis A1 et A2 en 2020, l'obligation du port de gants pour les conducteurs et les passagers, l'apposition sur les véhicules lourds d'autocollants « angles mort » ou encore les campagnes de communication et de prévention visant à améliorer la sécurité de tous les conducteurs de deux-roues motorisés). Il a en conséquence annulé le décret du 25 juillet 2022 pour méconnaissance de la directive du 3 avril 2014 et, par là même, rétabli le décret du 9 août 2021 et le contrôle technique qu'il prévoit (V. CE 31 oct. 2022, n° 466125).

Mise en application. A la suite de cette décision du Conseil d'État, les pouvoirs publics ont engagé les concertations et les travaux nécessaires pour rendre effectif le contrôle technique des véhicules motorisés à deux ou trois roues et des quadricycles à moteur. Au 1er juin 2023, les dispositions nécessaires pour ce faire n'étant toutefois toujours pas publiées, le Conseil d'État, saisi d'une requête en référé, a enjoint le gouvernement de prendre l'arrêté d'application du décret du 9 août 2021 dans un délai de 2 mois (V. CE, ord., 1er juin 2023, n° 473930). Ce délai n'a cependant pas été respecté, puisqu'il a fallu attendre le 23 octobre 2023 pour que cet arrêté d'application soit adopté (V. cet Arr. du 23 oct. 2023, App., v° Contrôle technique) en même temps que le décret n° 2023-974 qui a apporté quelques modifications au présent article. Le décret n° 2023-974 du 23 octobre 2023 a en effet modifié au sein de l'article R. 323-27 l'échéance du premier contrôle (5 ans après la première mise en circulation, contre 4 initialement) et la périodicité du contrôle technique de ces véhicules (tous les 3 ans et non plus tous les 2 ans). Quant à l'arrêté du 23 octobre 2023, il est venu préciser les modalités de ce contrôle technique, de l'agrément des contrôleurs, des installations de contrôle et des réseaux de contrôle et il est venu fixer son entrée en vigueur au 1er avril 2024 (V. Arr. 23 oct. 2023, art. 46). A partir de cette date, tous les véhicules motorisés à deux ou trois roues (sauf exception, V. art. R. 323-3, 5°), ainsi que les quadricycles à moteur, devront donc faire l'objet d'un contrôle technique périodique et selon un calendrier progressif pour les véhicules déjà immatriculés, lequel figure à l'article 43 de l'arrêté du 23 octobre 2023. ❑

1. Entrée en vigueur du Décr. du 9 août 2021. Ont été annulées les dispositions des art. 6, 8 et 9 du Décr. n° 2021-1062 du 9 août 2021 en tant qu'elles reportent au-delà du 1er janv. 2022 l'entrée en vigueur de l'obligation de contrôle technique des véhicules de catégorie L3e, L4e, L5e et L7e de cylindrée supérieure à 125 cm³, ces dispositions, qui conduisaient à différer l'application du contrôle technique des deux-roues motorisés au 1er janv. 2023 et à l'échelonner jusqu'à 2026, méconnaissant l'échéance du 1er janv. 2022 fixée par la Dir. 2014/45/UE du 3 avr. 2014 à compter de laquelle le contrôle technique des véhicules motorisés à deux ou trois roues et les quadricycles à moteur est obligatoire, aucun motif impérieux ne justifiant par ailleurs un délai pour la mise en conformité complète du droit français avec le droit de l'UE. • CE 27 juill. 2022, n° 457398 : *inédit.* ♦ V aussi • CE, ord., 17 mai 2022, n° 462679 : *inédit.*

2. Abrogation annulée du Décr. du 9 août 2021. A été annulé le Décr. n° 2022-1044 du 25 juill. 2022 abrogeant le Décr. n° 2021-1062 du 9 août 2021 relatif à la mise en place du contrôle technique des véhicules motorisés à deux ou trois roues et des quadricycles à moteur en raison de la mise en place de mesures alternatives de sécurité routière, une telle abrogation méconnaissant la Dir. 2014/45/UE du 3 avr. 2014 dès lors que la majorité des mesures notifiées en ce sens à la Commission européenne ne peuvent être regardées comme des mesures alternatives de sécurité routière prises au sens et pour l'application de ladite directive. • CE 31 oct. 2022, n° 466125 : *inédit.*

3. Mise en application du Décr. du 9 août 2021. Conformément à la Dir. 2014/45/UE du 3 avr. 2014, l'obligation de contrôle technique des véhicules de catégorie L3e, L4e, L5e et L7e de cylindrée supérieure à 125 cm³ aurait dû être mise en œuvre au plus tard à compter du 1er janv. 2022. La seule circonstance que le ministère de la Transition écologique et de la Cohésion des territoires a engagé, à la suite de la décision du Conseil d'État du 31 oct. 2022, les concertations et les travaux nécessaires à l'adoption de l'arrêté d'application du Décr. du 9 août 2021, n'est, à défaut d'indications quant à la date à laquelle cet arrêté sera publié, pas de nature à justifier de la transposition de cette directive. • CE, ord., 1er juin 2023, n° 473930 (enjoignant au ministre de la Transition écologique et de la Cohésion des territoires de prendre l'arrêté d'application du Décr. du 9 août 2021 dans un délai de deux mois à compter de la notification de cette Ord.).

CHAPITRE IV **ASSURANCE**

COMMENTAIRE

La correctionnalisation du défaut d'assurance par la loi Perben II du 9 mars 2004 explique l'abrogation des deux articles qui figuraient dans ce chapitre (V. comm. ss. l'art. L. 324-2). Logiquement, le décret n° 2005-320 du 30 mars 2005 a également abrogé l'article R. 211-45 du code des assurances qui formulait la contravention de défaut d'assurance et qui avait été reproduit ici en dispositions suiveuses à l'article R. 324-1. ❑

Art. R. 324-1 *(Abrogé par Décr. n° 2005-320 du 30 mars 2005, art. 4)* ***Les règles pénales relatives à l'obligation d'assurance sont fixées à l'article R. 211-45 du code des assurances ci-après reproduit :***

Art. R. 211-45 *Sera punie des peines d'emprisonnement et d'amende prévues pour les contraventions de la 5e classe toute personne qui, contrevenant aux dispositions de l'article L. 211-1 du présent code, aura mis ou maintenu en circulation un véhicule terrestre à* *moteur ainsi que ses remorques ou semi-remorques sans être couverte par une assurance garantissant sa responsabilité civile.*

En cas de récidive, les peines d'amende prévues pour la récidive des contraventions de la 5e classe seront applicables.

Art. R. 324-2 *(Abrogé par Décr. n° 2005-320 du 30 mars 2005, art. 4)* ***Toute personne coupable de l'infraction prévue à l'article R. 211-45 du code des assurances encourt également la peine complémentaire de suspension, pour une durée de trois ans au plus, du permis de conduire, cette suspension pouvant être limitée à la conduite en dehors de l'activité professionnelle*** *(Décr. n° 2003-642 du 11 juill. 2003, art. 2)* ***« et celle de travail d'intérêt général pour une durée de vingt à cent vingt heures ».***

L'immobilisation peut être prescrite dans les conditions prévues aux articles L. 325-1 à L. 325-3.

CHAPITRE V IMMOBILISATION ET MISE EN FOURRIÈRE

SECTION 1 Dispositions générales

Art. R. 325-1 L'immobilisation, la mise en fourrière, le retrait de la circulation et la destruction prévus à l'article L. 325-1 peuvent être décidés dans les cas et les conditions définis au présent code.

(Décr. n° 2005-320 du 30 mars 2005, art. 5) « L'immobilisation et la mise en fourrière peuvent également être ordonnées conformément aux dispositions *(Décr. n° 2012-3 du 3 janv. 2012, art. 10)* « des articles L. 325-1-1 et L. 325-1-2. »

Ces mesures ne font pas obstacle aux saisies ordonnées par l'autorité judiciaire.

Elles ne s'appliquent pas aux véhicules participant à des opérations de maintien de l'ordre. – *[Anc. art. R. 275, al. 1er à 3.]*

Art. R. 325-1-1 *(Décr. n° 2005-320 du 30 mars 2005, art. 5)* Lorsque la juridiction prononce la confiscation d'un véhicule immobilisé et mis en fourrière en application *(Décr. n° 2012-3 du 3 janv. 2012, art. 11)* « des articles L. 325-1-1 ou L. 325-1-2 », *(Décr. n° 2014-551 du 27 mai 2014, art. 25-2°)* « l'administration chargée des domaines chargée » de son aliénation informe préalablement le candidat acquéreur que le montant des frais d'enlèvement et de garde en fourrière seront à sa charge.

Art. R. 325-1-2 *(Décr. n° 2022-1174 du 14 août 2022, art. 3, en vigueur le 1er sept. 2022)* I. — Sur les emprises des aérodromes de Paris-Charles de Gaulle, Paris-Le Bourget et Paris-Orly, les attributions dévolues au préfet de département par le présent chapitre sont exercées par le préfet de police.

II. — Dans le département des Bouches-du-Rhône, les attributions dévolues au préfet de département par le présent chapitre, à l'exception de celles prévues par les articles L. 325-14 et R. 325-24 en matière d'agrément des gardiens et des installations de fourrière, sont exercées par le préfet de police des Bouches-du-Rhône.

SECTION 2 Immobilisation

Art. R. 325-2 L'immobilisation est l'obligation faite au conducteur ou au propriétaire d'un véhicule, dans les cas prévus au présent code, de maintenir ce véhicule sur place ou à proximité du lieu de constatation de l'infraction en se conformant aux règles relatives au stationnement.

En cas d'absence du conducteur ou lorsque celui-ci refuse de déplacer son véhicule, l'immobilisation de ce véhicule peut être assurée par un moyen mécanique.

Pendant tout le temps de l'immobilisation, le véhicule demeure sous la garde juridique de son propriétaire ou de son conducteur.

Le fait pour tout conducteur ou propriétaire d'un véhicule de transport de marchandises d'un poids total autorisé en charge excédant 3,5 tonnes ou d'un véhicule de transport en commun de contrevenir à l'obligation prévue au premier alinéa est puni de l'amende prévue pour les contraventions de la cinquième classe.

Le fait pour tout conducteur ou propriétaire d'un autre véhicule de contrevenir à l'obligation prévue au premier alinéa est puni de l'amende prévue pour les contraventions de la quatrième classe. – *[Anc. art. R. 242 et R. 276.]*

Art. R. 325-3 **L'immobilisation peut être prescrite par les officiers et les agents de police judiciaire ainsi que** *(Décr. n° 2002-1256 du 15 oct. 2002)* **« les agents de police judiciaire adjoints mentionnés à l'article 21 du code de procédure pénale et les gardes champêtres » lorsqu'ils constatent la nécessité de faire cesser sans délai une des infractions pour lesquelles cette mesure est prévue par le présent code.**

Elle peut être prescrite par les agents mentionnés au 2° de l'article L. 116-2 du code de la voirie routière lorsque l'infraction qui la motive est constatée dans les conditions prévues à l'article R. 130-5.

Elle peut également être prescrite, dans le champ de leur compétence, par les inspecteurs des transports, les *(Décr. n° 2003-536 du 20 juin 2003, art. 14)* **« fonctionnaires ou agents de l'État chargés du contrôle des transports terrestres placés sous l'autorité du ministre chargé des transports » mentionnés à l'article 25 de la loi n° 52-401 du 14 avril 1952, modifié par le décret n° 65-714 du 21 août 1965, les agents des douanes et les** *(Décr. n° 2021-143 du 10 févr. 2021, art. 5)* **« agents de contrôle de l'inspection du travail mentionnés à l'article L. 8112-1 du code du travail » lorsqu'il y a nécessité de faire cesser sans délai une infraction pour laquelle cette mesure est prévue par le présent code.**

Elle peut être en outre prescrite par les agents verbalisateurs mentionnés à l'article L. 362-5 du code de l'environnement. – *[Anc. art. R. 277.] – V. ce texte, App., v° Environnement.*

(Décr. n° 2013-652 du 18 juill. 2013, en vigueur à compter de la date fixée par l'Arr. prévu à la 2e phr. du 1 du C du II de l'art. 153 de la L. n° 2008-1425 du 27 déc. 2008) **« L'immobilisation prévue à l'article 283 *bis* du code des douanes peut être prescrite par les agents des douanes, de la police nationale, de la gendarmerie nationale ou du contrôle des transports terrestres. »**

COMMENTAIRE

L'article R. 325-3, qui énumère l'ensemble des personnes pouvant procéder à l'immobilisation d'un véhicule, a été modifié à plusieurs reprises depuis la recodification du code de la route.

Les modifications apportées par le décret n° 2002-1256 du 15 octobre 2002 ont permis d'étendre à l'ensemble des agents de police judiciaire adjoints, ainsi qu'aux gardes champêtres, le pouvoir de procéder à l'immobilisation d'un véhicule reconnu par le présent article (auparavant, seuls les agents de police judiciaire adjoints mentionnés au 2° de l'art. 21 C. pr. pén., c'est-à-dire les agents de police municipale, étaient visés par l'art. R. 325-3 et donc pouvaient prescrire une telle mesure).

Les modifications issues du décret n° 2003-536 du 20 juin 2003 et du décret n° 2021-143 du 10 février 2021 ont, quant à elles, été essentiellement d'ordre formel. Le décret du 20 juin 2003 est, ainsi, venu substituer au sein du présent article l'expression « contrôleurs des transports terrestres » par celle de « fonctionnaires ou agents de l'État chargés du contrôle des transports terrestres placés sous l'autorité du ministre chargé des transports », appellation utilisée, depuis la loi n° 2002-3 du 3 janvier 2002, pour désigner cette catégorie d'agents de contrôle (V. art. L. 130-4, 6°, et le comm. de l'art. R. 130-6). Et le décret du 10 février 2021 est venu remplacer dans le présent texte les mots « inspecteurs de travail » par ceux d'« agents de contrôle de l'inspection du travail mentionnés à l'article L. 8112-1 du code du travail », en lien avec l'évolution des fonctions de contrôle au sein de l'inspection du travail.

Quant aux modifications apportées par le décret n° 2013-652 du 18 juillet 2013, elles participaient de l'arsenal mis en place pour garantir le paiement de la taxe nationale sur les véhicules de transport de marchandises instituée par la loi n° 2008-1425 du 27 décembre 2008, plus connue sous le nom d'écotaxe poids lourds. Elles ont perdu tout intérêt depuis son abandon par les pouvoirs publics fin 2014. Les dispositions du code des douanes relatives à cette taxe – et notamment l'article 283 *bis* auquel il est renvoyé ici – ont d'ailleurs été abrogées par la loi n° 2016-1917 du 29 décembre 2016. ❑

Art. R. 325-4 I. — Lorsque la décision d'immobilisation résulte de l'une des situations suivantes :

1° Le conducteur ou l'accompagnateur de l'élève conducteur est présumé en état d'ivresse ou sous l'empire d'un état alcoolique ;

2° Le conducteur n'est pas titulaire de la catégorie du permis exigée pour la conduite du véhicule considéré ;

3° Le conducteur est en infraction aux règles relatives aux conditions de travail dans les transports routiers, publics ou privés, ou ne peut présenter les documents dûment renseignés permettant de contrôler le respect de ces règles, le véhicule peut poursuivre sa route dès qu'un conducteur qualifié proposé par le conducteur ou, éventuellement, par l'accompagnateur de l'élève conducteur ou par le propriétaire du véhicule peut assurer la conduite de celui-ci.

II. — A défaut, les fonctionnaires et agents habilités à prescrire l'immobilisation peuvent prendre toute mesure destinée à placer le véhicule en stationnement régulier, au lieu qu'ils désignent, en faisant notamment appel à un conducteur qualifié. — *[Anc. art. R. 279.]*

Art. R. 325-5 Lorsque la décision d'immobilisation résulte d'une infraction aux règles concernant l'état ou l'équipement du véhicule, elle peut n'être rendue effective que dans un lieu où le conducteur du véhicule sera susceptible de trouver les moyens de faire cesser l'infraction.

Il ne peut être fait usage de cette faculté que dans la mesure où l'accompagnement du véhicule jusqu'à ce lieu peut être assuré dans des conditions de sécurité satisfaisantes.

Le conducteur peut également être autorisé à faire appel à un professionnel qualifié pour la prise en remorque de son véhicule en vue de sa réparation. L'immobilisation devient alors effective au lieu de réparation. — *[Anc. art. R. 280.]*

Art. R. 325-5-1 *(Décr. n° 2016-448 du 13 avr. 2016, art. 44, en vigueur le 1er janv. 2017)* Lorsque le véhicule circule en infraction aux prescriptions de l'article R. 316-3 relatives aux conditions de transparence des vitres ou à celles prises pour son application, la décision d'immobilisation doit prescrire la mise en conformité du véhicule.

Dans ce cas, une fiche de circulation provisoire, dont la durée de validité ne peut excéder sept jours, peut être établie conformément aux prescriptions du II de l'article R. 325-9 et à celles de l'article R. 325-36.

Art. R. 325-6 Lorsque le véhicule circule en infraction aux règles relatives aux contrôles techniques, la décision d'immobilisation doit prescrire la présentation du véhicule à un contrôle technique dans une installation de contrôle du choix du conducteur.

Dans ce cas, une fiche de circulation provisoire, valable sept jours, est établie par les autorités selon la procédure mentionnée à l'article R. 325-9. La ou les pièces administratives nécessaires à la circulation du véhicule sont restituées au vu d'un document attestant le résultat satisfaisant du contrôle technique. — *[Anc. art. R. 280-1.]*

Art. R. 325-7 *(Décr. n° 2005-947 du 2 août 2005)* I. — Lorsque le véhicule est dépourvu d'appareil de contrôle permettant l'enregistrement de la vitesse ou lorsque cet appareil a fait l'objet d'une modification ou d'une détérioration affectant son fonctionnement normal, la décision d'immobilisation prescrit de faire procéder soit à son installation par un installateur agréé, soit aux réparations et mises en conformité nécessaires.

Un arrêté conjoint du ministre chargé de l'industrie et du ministre chargé des transports fixe les conditions d'application de ces dispositions.

II. — Lorsque le dispositif de limitation de vitesse par construction a fait l'objet d'une modification ou d'une détérioration affectant son fonctionnement normal, la décision d'immobilisation prescrit de faire procéder aux réparations et mises en conformité nécessaires par le constructeur du véhicule ou son représentant autorisé.

Un arrêté du ministre chargé des transports fixe les conditions d'application de ces dispositions.

III. — Lorsque l'immobilisation est prescrite en application des I et II, une fiche de circulation provisoire, dont la durée de validité ne peut excéder sept jours, est établie par les autorités selon la procédure mentionnée à l'article R. 325-9. Les pièces administratives nécessaires à la circulation du véhicule sont restituées au vu de documents attestant la mise en conformité ou, le cas échéant, l'installation du dispositif requis.

V. Arr. du 12 mars 1996 (visites des véhicules immobilisés), App., v° Contrôle technique.

Art. R. 325-8 Lorsqu'un véhicule lui paraît en état de surcharge, le fonctionnaire ou agent habilité à prononcer l'immobilisation peut prescrire au conducteur de présenter son véhicule à une bascule proche autorisée pour un usage légal, en vue de sa pesée et, le cas échéant, de son immobilisation.

Lorsqu'un véhicule paraît exagérément bruyant, le fonctionnaire ou agent peut prescrire de le présenter à un service de contrôle du niveau sonore en vue de sa vérification.

Lorsqu'un véhicule paraît ne pas satisfaire aux prescriptions de l'article R. 318-1 et à celles prises pour son application, le fonctionnaire ou agent peut prescrire de le présenter à un service de contrôle.

(Décr. n° 2010-1390 du 12 nov. 2010, art. 8) « Lorsqu'un cyclomoteur paraît avoir été équipé d'un dispositif ayant pour effet de permettre de dépasser les limites réglementaires fixées à l'article R. 311-1 en matière de vitesse, de cylindrée ou de puissance maximale du moteur ou avoir fait l'objet d'une transformation à cette fin, l'agent peut prescrire de le présenter à un service de contrôle en vue de vérifier la conformité du véhicule aux dispositions de l'article R. 311-1. Un arrêté du ministre chargé des transports fixe les conditions d'application de ces dispositions ».

Dans les cas prévus aux *(Décr. n° 2010-1390 du 12 nov. 2010, art. 8)* « trois précédents alinéas », le conducteur peut être autorisé par le fonctionnaire ou agent verbalisateur à conduire le véhicule dans un établissement de son choix pour y faire procéder aux réparations nécessaires ; en pareil cas, une fiche de circulation provisoire est établie conformément aux prescriptions du II de l'article R. 325-9 et à celles de l'article R. 325-36.

En cas d'infraction, les frais de ces opérations sont à la charge du propriétaire du véhicule.

Le fait pour tout conducteur ou propriétaire d'un véhicule de transport de marchandises d'un poids total autorisé en charge excédant 3,5 tonnes ou un véhicule de transport en commun de contrevenir aux injonctions prévues au présent article est puni de l'amende prévue pour les contraventions de la cinquième classe.

Le fait pour tout conducteur ou propriétaire d'un autre véhicule de contrevenir aux injonctions prévues au présent article est puni de l'amende prévue pour les contraventions de la quatrième classe. — *[Anc. art. R. 242 et R. 281.]*

Art. R. 325-8-1 *(Décr. n° 2020-1088 du 24 août 2020, art. 4-7°)* Lorsqu'un véhicule des catégories M2, M3, N2, N3, O3, O4 et T5 définies à l'article R. 311-1 paraît présenter une défaillance majeure ou critique affectant son état ou son équipement, une décision d'immobilisation peut être prescrite et être assortie de l'obligation de soumettre le véhicule à un contrôle technique routier approfondi. Un arrêté du ministre chargé des transports définit les défaillances majeures ou critiques affectant l'état ou l'équipement du véhicule et les modalités du contrôle technique routier approfondi.

Une fiche de circulation provisoire, dont la durée de validité ne peut excéder sept jours, peut être établie selon la procédure mentionnée au II de l'article R. 325-9.

Le conducteur peut également être autorisé à faire appel à un professionnel qualifié pour la prise en remorque de son véhicule en vue de le soumettre au contrôle technique routier approfondi. L'immobilisation devient alors effective au lieu du contrôle.

Les pièces administratives nécessaires à la circulation du véhicule sont restituées au vu du rapport de contrôle technique et, le cas échéant, de la justification par tout moyen de la remise en état du véhicule lui permettant de reprendre la circulation sur la voie publique.

Art. R. 325-9 I. — Lorsque l'infraction qui a motivé l'immobilisation n'a pas cessé au moment où l'agent quitte le lieu où le véhicule est immobilisé, l'agent *(Décr. nº 2020-1088 du 24 août 2020, art. 4-8º)* « peut saisir » l'officier de police judiciaire *(Décr. nº 2005-1148 du 6 sept. 2005, art. 1er)* « ou l'agent de police judiciaire adjoint, chef de la police municipale ou occupant ces fonctions, » territorialement compétent en lui remettant soit *(Décr. nº 2009-136 du 9 févr. 2009, en vigueur le 15 avr. 2009)* « le certificat d'immatriculation » du véhicule s'il s'agit d'un véhicule dont le poids total autorisé en charge n'excède pas 3,5 tonnes et une fiche d'immobilisation, soit les pièces administratives nécessaires à la circulation du véhicule s'il s'agit d'un véhicule de transport de marchandises d'un poids total autorisé en charge excédant 3,5 tonnes ou de transport en commun et la fiche d'immobilisation. Un double de cette fiche est remis au contrevenant.

II. — La fiche d'immobilisation énonce les date, heure et lieu de l'immobilisation, l'infraction qui l'a motivée, les éléments d'identification du véhicule et *(Décr. nº 2009-136 du 9 févr. 2009, en vigueur le 15 avr. 2009)* « du certificat d'immatriculation », les nom et adresse du contrevenant, les noms, qualités et affectations des agents qui la rédigent et précise la résidence *(Décr. nº 2020-1088 du 24 août 2020, art. 4-8º)* « de l'autorité qualifiée » pour lever la mesure.

(Décr. nº 2003-1186 du 11 déc. 2003, art. 4) « III. » — Par dérogation aux dispositions du I ci-dessus, si la mesure a été motivée par le franchissement d'une barrière de dégel, l'autorité saisie est l'ingénieur des ponts, des eaux et des forêts ou, s'il s'agit d'une voie communale, le maire. — *[Anc. art. R. 282.]*

Pour l'entrée en vigueur du Décr. nº 2009-136, V. Arr. du 23 mars 2009 (JO 29 mars).

Art. R. 325-10 Le procès-verbal de l'infraction qui a motivé l'immobilisation d'un véhicule est transmis dans les plus brefs délais au procureur de la République et au préfet. Il relate de façon sommaire les circonstances et les conditions dans lesquelles la mesure a été prise. — *[Anc. art. R. 283.]*

Art. R. 325-11 I. — L'immobilisation ne peut être maintenue après que la circonstance qui l'a motivée a cessé.

II. — Elle est levée :

1º Par l'agent qui l'a prescrite *(Abrogé par Décr. nº 2020-1088 du 24 août 2020, art. 4-9º)* « ***s'il est encore présent lors de la cessation de l'infraction*** » ;

2º Par l'officier de police judiciaire *(Décr. nº 2005-1148 du 6 sept. 2005, art. 2)* « ou l'agent de police judiciaire adjoint, chef de la police municipale ou occupant ces fonctions, » saisi dans les conditions prévues à l'article R. 325-9, dès que le conducteur ou l'accompagnateur de l'élève conducteur justifie de la cessation de l'infraction. L'officier de police judiciaire *(Décr. nº 2005-1148 du 6 sept. 2005, art. 2)* « ou l'agent de police judiciaire adjoint, chef de la police municipale ou occupant ces fonctions, » restitue alors *(Décr. nº 2009-136 du 9 févr. 2009, en vigueur le 15 avr. 2009)* « le certificat d'immatriculation » au conducteur ou à l'accompagnateur de l'élève conducteur et transmet aux autorités destinataires du procès-verbal mentionné à l'article R. 325-10 un exemplaire de la fiche d'immobilisation ou une copie conforme de cette fiche, comportant la mention de la levée de la mesure. Lorsque le conducteur ou l'accompagnateur de l'élève conducteur n'a pas justifié de la cessation de l'infraction dans un délai de quarante-huit heures, l'officier de police judiciaire *(Décr. nº 2005-1148 du 6 sept. 2005, art. 2)* « ou l'agent de police judiciaire adjoint, chef de la police municipale ou occupant ces fonctions, » peut transformer l'immobilisation en une mise en fourrière ; il joint alors à chacun des exemplaires de la procédure de mise en fourrière qu'il adresse aux autorités mentionnées à l'article R. 325-10 un exemplaire ou une copie conforme de la fiche d'immobilisation ;

3º Par la décision de l'ingénieur des ponts des eaux et des forêts ou du maire supprimant les barrières de dégel, lorsque la mesure a été motivée par leur franchissement. L'ingénieur des ponts des eaux et des forêts ou le maire peut, avant la suppression des barrières de dégel, autoriser l'enlèvement du véhicule dans des conditions qu'il détermine. Il délivre alors au contrevenant une autorisation écrite valant justification à l'égard des services de police.

III. — Dans tous les cas, dès la cessation de l'infraction qui a motivé l'immobilisation, le véhicule peut circuler entre le lieu d'immobilisation et la résidence de l'autorité désignée pour lever la mesure, sous couvert du double de la fiche d'immobilisation remise au conducteur. — *[Anc. art. R. 284.]*

Pour l'entrée en vigueur du Décr. n° 2009-136, V. Arr. du 23 mars 2009 (JO 29 mars).

SECTION 3 **Fourrière**

SOUS-SECTION 1 **Dispositions générales**

Art. R. 325-12 I. — La mise en fourrière est le transfert d'un véhicule en un lieu désigné par l'autorité administrative ou judiciaire en vue d'y être retenu jusqu'à décision de celle-ci, aux frais du propriétaire de ce véhicule.

II. — L'immobilisation matérielle visée à l'article R. 325-2 peut constituer l'une des opérations préalables au commencement d'exécution de la mise en fourrière.

III. — La mise en fourrière est réputée avoir reçu un commencement d'exécution :

1° A partir du moment où deux-roues au moins du véhicule ont quitté le sol, lorsque le transfert du véhicule vers la fourrière est réalisé au moyen d'un véhicule d'enlèvement ;

2° A partir du commencement du déplacement du véhicule vers la fourrière, quel que soit le procédé utilisé à cet effet. — *[Anc. art. R. 285.]*

Art. R. 325-12-1 *(Décr. n° 2020-775 du 24 juin 2020, art. 2)* Il est institué, sous l'autorité et le contrôle du ministre chargé de la sécurité routière, un système d'information permettant l'enregistrement, la gestion et le suivi par les autorités compétentes des procédures relatives aux véhicules mis en fourrière. Les collectivités territoriales ou leurs groupements qui ont mis en place un ou plusieurs services publics de fourrière pour automobiles en application de l'article L. 325-13 peuvent avoir recours à ce système d'information.

Celui-ci centralise notamment les données enregistrées par les gardiens de fourrière en application de l'article R. 325-25. Il permet l'échange d'informations entre les différentes autorités concernées par la procédure de mise en fourrière des véhicules et leur gestion et les gardiens de fourrière.

Les dispositions issues du Décr. n° 2020-775 du 24 juin 2020 entrent en vigueur à une date fixée, pour chaque département, par arrêté du ministre chargé de la sécurité routière, et au plus tard le 1er avr. 2021. Elles s'appliquent aux véhicules entrés en fourrière à compter de la même date (Décr. préc., art. 28) ; V. Arr. du 4 nov. 2020 pris pour l'application de l'art. 2 de l'Ord. n° 2020-773 du 24 juin 2020 relative aux fourrières automobiles (JO 14 nov.), mod. par Arr. du 22 janv. 2021 (JO 27 janv.).

Art. R. 325-13 Toute prescription de mise en fourrière est précédée d'une vérification tendant à déterminer s'il s'agit d'un véhicule volé.

Lorsque le résultat de cette vérification est positif, le propriétaire et son assureur sont immédiatement informés de la découverte du véhicule. Le véhicule est alors confié au gardien de fourrière à titre conservatoire en attendant que le propriétaire ou l'assureur se manifeste. — *[Anc. art. R. 285-1.]*

Art. R. 325-14 *(Décr. n° 2005-1148 du 6 sept. 2005, art. 3)* I. — Dans les cas prévus au présent code ou à la suite d'une immobilisation du véhicule, la mise en fourrière est prescrite dans les conditions prévues à l'article R. 325-9 et au 2° de l'article R. 325-11 :

— soit par un officier de police judiciaire territorialement compétent, de la police nationale ou de la gendarmerie nationale ;

— soit par un agent de police judiciaire adjoint, chef de la police municipale ou occupant ces fonctions, territorialement compétent *(Décr. n° 2020-775 du 24 juin 2020, art. 3, en vigueur au plus tard le 1er avr. 2021)* « et, à Paris, par un agent de

police judiciaire adjoint appartenant au corps des contrôleurs relevant du statut des administrations parisiennes et exerçant ses fonctions dans la spécialité voie publique », de sa propre initiative ou sur proposition de l'agent qui a verbalisé à la suite d'une infraction justificative de mise en fourrière.

II. — Lorsque le véhicule a été volé, que son propriétaire n'a pu être identifié ou lorsqu'il est muni de fausses plaques d'immatriculation, sa mise en fourrière ne peut être prescrite que par un officier de police judiciaire de la police nationale ou de la gendarmerie nationale territorialement compétent, ou avec son accord préalable exprès.

V. note ss. art. R. 325-12-1.

COMMENTAIRE

La loi du 18 mars 2003 a donné compétence au chef de la police municipale ou à l'agent occupant ces fonctions de prescrire la mise en fourrière d'un véhicule (V. art. L. 325-2, al. 2). Plus de deux ans après, le décret n° 2005-1148 du 6 septembre 2005 est venu enfin préciser les conditions d'application de cette disposition (sur la nécessité de ce décret pour rendre effectif l'art. L. 325-2, al. 2, V. jurispr. citée ss. cet art.).

Comme l'illustre l'article R. 325-14, le décret du 6 septembre 2005 s'est contenté, pour l'essentiel, d'ajouter à l'ensemble des dispositions pertinentes de la partie réglementaire une formule permettant au chef de la police municipale d'exercer ce nouveau pouvoir. De la sorte, il est désormais précisé ici que la mise en fourrière est prescrite soit par un officier de police judiciaire… soit par un agent de police judiciaire adjoint, chef de la police municipale ou occupant ces fonctions. voir également les modifications apportées aux articles R. 325-9, R. 325-11, R. 325-15, R. 325-16 et R. 325-22.

Toutefois, ici ou là, des précisions sont apportées aux dispositions législatives correspondantes. Dans le présent article, il est ainsi indiqué que la mise en fourrière ne peut être prescrite que par un officier de police judiciaire – ou du moins qu'avec son accord exprès – dans le cas où le véhicule a été volé et que son propriétaire n'a pas été identifié ou lorsque le véhicule est muni de fausses plaques d'immatriculation… ❑

Art. R. 325-15 En cas d'infraction aux règlements édictés pour la sauvegarde de l'esthétique des sites et des paysages classés, la mise en fourrière peut être également prescrite par le maire ou, à Paris, par le préfet de police.

Un officier de police judiciaire *(Décr. n° 2005-1148 du 6 sept. 2005, art. 4)* **« ou l'agent de police judiciaire adjoint, chef de la police municipale ou occupant ces fonctions, » territorialement compétent peut être chargé d'exécuter, ou de faire exécuter, la mesure prévue à l'alinéa précédent.** *(Décr. n° 2021-1351 du 15 oct. 2021, art. 7)* **« Un garde champêtre peut également être chargé d'exécuter une telle mesure. »**

Les dispositions *(Abrogé par Décr. n° 2020-775 du 24 juin 2020, art. 4, au plus tard à compter du 1er avr. 2021) « du II »* **de l'article R. 325-16 sont appliquées.** – *[Anc. art. R. 285-3.]*

V. note ss. art. R. 325-12-1.

Art. R. 325-16 *(Abrogé par Décr. n° 2005-1148 du 6 sept. 2005, art. 5)* ***« I. — Dans les cas où la mise en fourrière est prévue par le présent code, l'agent verbalisateur qui a constaté l'infraction justifiant la mise en fourrière saisit l'officier de police judiciaire territorialement compétent.***

« II. — » (Décr. n° 2020-775 du 24 juin 2020, art. 5, en vigueur au plus tard le 1er avr. 2021) **« L'officier de police judiciaire ou l'agent de police judiciaire adjoint, chef de la police municipale ou occupant ces fonctions, territorialement compétent et, à Paris, l'agent de police judiciaire adjoint appartenant au corps des contrôleurs relevant du statut des administrations parisiennes et exerçant ses fonctions dans la spécialité voie publique ou l'agent placé sous leur autorité : »**

1° Désigne la fourrière dans laquelle sera transféré le véhicule, cette désignation étant matérialisée par la pose d'un signe distinctif sur celui-ci ;

2° Dresse, si possible contradictoirement en présence du propriétaire ou du conducteur du véhicule et du préposé à l'enlèvement, un état sommaire, extérieur et

intérieur, du véhicule, sans l'ouvrir, au moyen d'une fiche descriptive dont le modèle est fixé par arrêté du ministre de l'intérieur *(Abrogé par Décr. nº 2010-773 du 8 juill. 2010)* ***« et du ministre de la défense »*****, avant que la mise en fourrière reçoive un commencement d'exécution ;**

(Décr. nº 2020-775 du 24 juin 2020, art. 5, en vigueur au plus tard le 1er avr. 2021) **« 3° Remet, le cas échéant, à ce propriétaire ou ce conducteur, s'il est présent, la fiche de circulation provisoire prévue à l'article R. 325-6. La fiche mentionnée au 2° relative à l'état du véhicule est transmise au conducteur ou au propriétaire, à sa demande, par tout moyen ; »**

4° Relate sur le procès-verbal de *(Décr. nº 2005-1148 du 6 sept. 2005, art. 5)* **« constatation ou le rapport » les motifs de la mise en fourrière ; il y fait mention du retrait provisoire du certificat d'immatriculation et de l'heure d'appel du véhicule d'enlèvement.** – *[Anc. art. R. 285-4.]*

Fiche descriptive de l'état du véhicule à enlever, V. art. A. 325-12.

V. note ss. art. R. 325-12-1.

Art. R. 325-17 **Lorsque la mise en fourrière a reçu un commencement d'exécution, le véhicule est restitué à son propriétaire ou son conducteur dans les conditions prévues à l'article R. 325-38.**

Toutefois, si le propriétaire ou le conducteur du véhicule règle les frais d'opérations préalables prévus à l'article R. 325-29 ou s'il s'engage par écrit à les régler, et s'il s'engage à rendre immédiatement son usage normal à la voie publique, il peut être autorisé à reprendre aussitôt son véhicule. – *[Anc. art. R. 285-5.]*

Art. R. 325-18 *(Décr. nº 2005-1148 du 6 sept. 2005, art. 6)* **L'auteur d'une prescription de mise en fourrière informe l'autorité dont relève la fourrière dans les plus brefs délais.**

Art. R. 325-19 **Chaque fourrière relève d'une autorité publique unique.**

Cette autorité publique est l'une de celles qui sont prévues aux articles R. 325-20 et R. 325-21.

Cette autorité publique désigne le gardien de la fourrière sur la liste des gardiens de fourrière agréés par le préfet conformément aux dispositions de l'article R. 325-24. – *[Anc. art. R. 286.]*

Art. R. 325-20 **Si la mise en fourrière est effectuée dans un lieu public ou relevant d'une autorité publique, la fourrière relève de l'autorité respectivement du préfet, du président du conseil départemental, du président du conseil exécutif de Corse, du président de l'organisme de coopération intercommunale ou du maire, selon que l'État, le département, la collectivité de Corse, l'organisme de coopération intercommunale ou la commune est propriétaire, ou dispose de l'immeuble où se trouve la fourrière.** – *[Anc. art. R. 286-1.]*

Art. R. 325-21 *(Décr. nº 2005-1148 du 6 sept. 2005, art. 7)* **A défaut d'institution d'un service public local de fourrière pour véhicules par l'une des autorités précitées, ou en cas de refus de leur part d'enlever, faire enlever, garder ou faire garder un véhicule faisant l'objet d'une prescription de mise en fourrière, l'État est substitué à ces autorités.**

L'auteur de la prescription de la mise en fourrière signale au préfet du département le refus opposé à l'enlèvement ou à la garde du véhicule.

La fourrière peut être située dans un lieu privé avec l'assentiment du propriétaire ou du locataire de cet immeuble s'il accepte d'assurer la garde de cette fourrière.

Art. R. 325-22 **I. — Lorsque le propriétaire du véhicule faisant l'objet de la mise en fourrière est domicilié ou réside dans le ressort de l'officier de police judiciaire** *(Décr. nº 2005-1148 du 6 sept. 2005, art. 8)* **« ou de l'agent de police judiciaire adjoint, chef de la police municipale ou occupant ces fonctions »** *(Décr. nº 2020-775 du 24 juin 2020, art. 6, en vigueur au plus tard le 1er avr. 2021)* **« ou, à Paris, de l'agent de police judiciaire adjoint appartenant au corps des contrôleurs relevant du statut des admi-**

nistrations parisiennes exerçant ses fonctions dans la spécialité voie publique » qui *(Décr. nº 2005-1148 du 6 sept. 2005, art. 8)* **« prescrit » cette mesure, celui-ci peut faire garder le véhicule par son propriétaire, à condition que le certificat d'immatriculation soit immédiatement retiré** *(Abrogé par Décr. nº 2003-1186 du 11 déc. 2003)* ***« sauf lorsqu'il s'agit d'un cyclomoteur à deux-roues »*. Ce document reçoit la destination prévue à l'article R. 325-34.**

II. — Dans cette hypothèse, l'autorité dont relève la fourrière est :

1º Soit le maire, lorsque la mise en fourrière a été décidée par lui ou par un de ses adjoints agissant en qualité d'officier de police judiciaire *(Décr. nº 2005-1148 du 6 sept. 2005, art. 8)* **« ou par l'agent de police judiciaire adjoint, chef de la police municipale ou occupant ces fonctions » ;**

2º Soit le préfet, dans les autres cas. — *[Anc. art. R. 286-3.]*

(Décr. nº 2012-3 du 3 janv. 2012, art. 12) **« III. — Les dispositions du présent article sont applicables à la mise en fourrière prévue à l'article L. 325-1-2 lorsque le propriétaire du véhicule réside dans le département du représentant de l'État qui a prescrit cette mesure. »**

Les dispositions résultant du Décr. nº 2003-1186 du 11 déc. 2003 sont applicables à compter du 1er juill. 2004 aux cyclomoteurs mis pour la première fois en circulation postérieurement à cette date et selon des dates fixées par arrêté conjoint du ministre de l'Intérieur et du ministre chargé des transports (au plus tard au 30 juin 2009) pour les cyclomoteurs mis pour la première fois en circulation avant le 1er juill. 2004, sauf demande d'immatriculation faite à l'initiative du propriétaire du véhicule concerné (Décr. préc., art. 15).

L'art. 15 du Décr. nº 2003-1186 du 11 déc. 2003 est abrogé (Décr. nº 2009-136 du 9 févr. 2009, art. 11-I, en vigueur à une date fixée par arrêté du ministre chargé des transports après avis du ministre de l'Intérieur et au plus tard le 1er juill. 2009).

Concernant les dispositions issues du Décr. nº 2020-775 du 24 juin 2020, V. note ss. art. R. 325-12-1.

Art. R. 325-23 **Le véhicule est placé sous la garde juridique du gardien de la fourrière jusqu'à la date d'effet de la mainlevée** *(Abrogé par Décr. nº 2020-775 du 24 juin 2020, art. 7)* ***« , sauf au cours de la sortie provisoire prévue à l'article R. 325-36 »***. — *[Anc. art. R. 286-4.]*

Concernant les dispositions issues du Décr. nº 2020-775 du 24 juin 2020, V. note ss. art. R. 325-12-1.

Art. R. 325-24 **Le préfet agrée les gardiens de fourrière et les installations de celle-ci, après consultation de la commission départementale de sécurité routière. Il peut, dans les mêmes conditions, procéder au retrait de l'agrément. La décision de retrait n'intervient qu'après que la personne intéressée a été mise à même de présenter des observations écrites et, le cas échéant, sur sa demande, des observations orales.**

Nul ne peut être agréé comme gardien de fourrière s'il exerce également une activité de destruction ou de retraitement de véhicules usagés.

La fourrière doit être clôturée. Ses installations doivent notamment satisfaire aux dispositions législatives et réglementaires relatives à la protection de l'environnement.

(Décr. nº 2005-1148 du 6 sept. 2005, art. 9) **« Les dispositions qui précèdent ne sont applicables ni à la personne occasionnellement requise comme gardien de fourrière ni au propriétaire qui garde son véhicule dans les conditions prévues à l'article R. 325-22. »**

(Abrogé par Décr. nº 2020-775 du 24 juin 2020, art. 8) ***« Le préfet établit un rapport annuel sur les activités et le fonctionnement des fourrières de son département. »*** — *[Anc. art. R. 286-5.]*

Sur la possibilité de déroger aux dispositions du 2e al. de l'art. R. 325-24, V. art. L. 325-14 et D. 325-24-1. V. aussi Décr. nº 2019-1204 du 19 nov. 2019 portant expérimentation en Guyane en matière d'agrément de gardien de fourrière (JO 21 nov.).

Concernant les dispositions issues du Décr. nº 2020-775 du 24 juin 2020, V. note ss. art. R. 325-12-1.

Une personne publique ne peut confier, dans le cadre d'une convention de délégation de service public, la garde d'une fourrière à un candidat exerçant une activité de destruction ou de retraitement de véhicules usagés. L'administration doit saisir le juge du contrat afin qu'il constate la nullité de celui-ci en raison du vice affectant son objet même. • CAA Marseille, 12 juin 2003, *Cne d'Ajaccio c/ SARL Garage du stade : inédit.*

Art. D. 325-24-1 *(Décr. nº 2021-754 du 11 juin 2021)* **En application de l'article L. 325-14 du code de la route, la demande d'agrément comporte un descriptif des mesures prises pour que les activités de destruction ou de retraitement de véhicules usagés soient séparées sur les plans administratif, technique et financier. La durée de l'agrément, délivré dans les conditions prévues au premier et au troisième alinéas de l'article R. 325-24, est limitée à deux ans.**

Art. R. 325-25 **Le gardien de fourrière enregistre, au fur et à mesure de leurs arrivées, les entrées des véhicules mis en fourrière, leurs sorties** *(Abrogé par Décr. nº 2020-775 du 24 juin 2020, art. 9)* **«** ***provisoires et définitives*** **», les décisions de mainlevée de la mise en fourrière et, le cas échéant, les décisions de remise** *(Décr. nº 2014-551 du 27 mai 2014, art. 25-3º)* **« à l'administration chargée des domaines » ou à une entreprise de destruction.** — *[Anc. art. R. 286-6.]*

(Décr. nº 2020-775 du 24 juin 2020, art. 9) **« L'autorité dont relève la fourrière peut prescrire au gardien de fourrière d'enregistrer dans le système d'information prévu à l'article R. 325-12-1, outre les données mentionnées à l'alinéa précédent, celles relatives à l'enlèvement, la garde, la vente ou la destruction des véhicules. Ces données sont précisées par arrêté du ministre chargé de la sécurité routière. »** — *V. art. A. 325-13.*

Concernant les dispositions issues du Décr. nº 2020-775 du 24 juin 2020, V. note ss. art. R. 325-12-1.

Art. R. 325-26 *(Décr. nº 2005-1148 du 6 sept. 2005, art. 10)* **« Les circonstances et les conditions dans lesquelles la mesure de mise en fourrière a été prise sont relatées :**

« — soit dans un procès-verbal de mise en fourrière, consécutivement à la commission d'une infraction. Ce procès-verbal est transmis au procureur de la République et au préfet ;

« — soit dans un rapport de mise en fourrière, dans les autres cas. Ce rapport est transmis au préfet.

« Une copie de ce document est transmise sans délai à l'autorité ayant compétence pour prononcer la mainlevée. »

En cas d'absence du propriétaire ou du conducteur au moment de l'enlèvement du véhicule en fourrière, un double de la fiche descriptive remplie par l' *(Décr. nº 2005-1148 du 6 sept. 2005, art. 10)* **« agent de constatation » est adressé sans délai au responsable de la notification de mise en fourrière.**

Un autre double de cette fiche descriptive est remis *(Décr. nº 2020-775 du 24 juin 2020, art. 10)* **« par tout moyen » au gardien de fourrière.**

Concernant les dispositions issues du Décr. nº 2020-775 du 24 juin 2020, V. note ss. art. R. 325-12-1.

Art. R. 325-27 *(Décr. nº 2005-1148 du 6 sept. 2005, art. 11)* **Les intéressés peuvent contester la décision de mise en fourrière :**

— auprès du procureur de la République du lieu de l'enlèvement du véhicule, lorsque la procédure est consécutive à la commission d'une infraction *(Décr. nº 2012-3 du 3 janv. 2012, art. 13)* **« , à l'exclusion des cas où elle est mise en œuvre par le préfet, dans le cadre des dispositions prévues à l'article L. 325-1-2 » ;**

— auprès du préfet du lieu de l'enlèvement du véhicule, dans les autres cas.

Dans le délai de cinq jours ouvrables, l'autorité compétente confirme la mesure ou, si elle estime la décision infondée, en ordonne la mainlevée. Elle en informe sans délai l'auteur de la prescription.

Art. R. 325-28 *(Décr. nº 2005-1148 du 6 sept. 2005, art. 12)* **Peuvent procéder au transfert d'un véhicule du lieu de son stationnement à celui de sa garde en fourrière :**

1° Les personnels habilités mentionnés aux premier et deuxième alinéas de l'article L. 325-2 ;

2° Le professionnel agréé, ou son préposé, désigné pour l'enlèvement du véhicule dont la mise en fourrière a été prescrite ;

3° Un tiers en vertu d'une réquisition ;

4° Le propriétaire ou le conducteur du véhicule en vertu d'une réquisition.

Art. R. 325-29 **I. — Le propriétaire du véhicule est tenu de rembourser :**

1° Lorsque la prescription de mise en fourrière a reçu le commencement d'exécution défini à l'article R. 325-12, les frais d'enlèvement ainsi que, le cas échéant, les frais de garde en fourrière *(Abrogé par Décr. n° 2020-775 du 24 juin 2020, art. 11)* **«** ***, d'expertise sous réserve de l'application du IV de l'article R. 325-30 et de l'alinéa 3 de l'article R. 325-35,*** **» et de vente ou de destruction du véhicule ;**

(Décr. n° 2020-775 du 24 juin 2020, art. 11) **« 2° Lorsque le véhicule qui a été remis à l'administration chargée des domaines a été récupéré par son propriétaire avant son aliénation, les frais de mise en vente dans les conditions prévues à l'article R. 325-41 ;**

« 3° » Lorsque la prescription de mise en fourrière n'a pas reçu de commencement d'exécution, les frais afférents aux opérations préalables à la mise en fourrière, à condition que le véhicule d'enlèvement se soit rendu sur les lieux.

(Décr. n° 2020-775 du 24 juin 2020, art. 11) **« II. — Le propriétaire du véhicule rembourse sur présentation d'une facture détaillée :**

« 1° Les frais mentionnés au 1° et au 3° du I au gardien de la fourrière ;

« 2° Les frais mentionnés au 2° du I à l'administration chargée des domaines. »

III. — Ces remboursements constituent des recettes budgétaires dans le cas de fourrières publiques.

IV. — Les taux maximaux des frais d'opérations préalables à la mise en fourrière, des frais d'enlèvement, de garde en fourrière, *(Décr. n° 2020-775 du 24 juin 2020, art. 11)* **« de mise en vente » et de destruction des véhicules sont fixés par arrêté conjoint du ministre de l'intérieur et du ministre chargé de l'économie et des finances, compte tenu des catégories de véhicules.**

V. — Les frais de vente par *(Décr. n° 2014-551 du 27 mai 2014, art. 25-4°)* **« l'administration chargée des domaines » sont fixés conformément aux dispositions de l'article A. 114 du code du domaine de l'État.**

(Décr. n° 2005-1148 du 6 sept. 2005, art. 13) **« VI. — Les professionnels auxquels l'autorité dont relève la fourrière fait appel dans le cadre de la mise en fourrière sont rémunérés par cette autorité.**

« A défaut de stipulations contractuelles, cette autorité indemnise les frais énumérés au IV dans les cas suivants :

« 1° Le propriétaire du véhicule mis en fourrière s'avère inconnu, introuvable ou insolvable ;

« 2° La procédure ou la prescription de mise en fourrière est annulée. »

V. Arr. du 14 nov. 2001 (tarifs maxima des frais de fourrière), App., v° Fourrière.

Concernant les dispositions issues du Décr. n° 2020-775 du 24 juin 2020, V. note ss. art. R. 325-12-1.

Art. R. 325-30 *(Décr. n° 2020-775 du 24 juin 2020, art. 12)* **I. — L'autorité dont relève la fourrière classe le véhicule dans l'une des deux catégories suivantes :**

1° Véhicule à remettre à l'administration chargée des domaines en vue de son aliénation, à l'expiration du délai d'abandon prévu au premier alinéa de l'article L. 325-7 ;

2° Véhicule à livrer à la destruction, à l'expiration du délai d'abandon prévu au quatrième alinéa de l'article L. 325-7.

II. — Les véhicules réclamés par leurs propriétaires ou leurs conducteurs dans le délai de trois jours suivant la mise en fourrière peuvent être restitués sans avoir été classés.

Concernant les dispositions issues du Décr. n° 2020-775 du 24 juin 2020, V. note ss. art. R. 325-12-1.

Art. R. 325-31 *(Décr. nº 2005-1148 du 6 sept. 2005, art. 14)* **La mise en fourrière est notifiée par l'auteur de la mesure** *(Décr. nº 2020-775 du 24 juin 2020, art. 13)* **« ou, pour son compte, par le ministre chargé de la sécurité routière lorsque les données sont enregistrées dans le système d'information prévu à l'article R. 325-12-1 » à l'adresse relevée, soit sur** *(Décr. nº 2009-136 du 9 févr. 2009, en vigueur le 15 avr. 2009)* **« le traitement automatisé mis en œuvre pour l'immatriculation des véhicules », soit sur le procès-verbal d'infraction ou le rapport de mise en fourrière.**

Lorsque le véhicule n'est pas identifiable, il n'est pas procédé à cette formalité. Mention en est faite dans le procès-verbal ou dans le rapport de mise en fourrière.

Pour l'entrée en vigueur du Décr. nº 2009-136, V. Arr. du 23 mars 2009 (JO 29 mars).

Concernant les dispositions issues du Décr. nº 2020-775 du 24 juin 2020, V. note ss. art. R. 325-12-1.

Art. R. 325-32 **I. — Cette notification s'effectue par lettre recommandée avec demande d'accusé de réception, dans le délai maximal de cinq jours ouvrables suivant la mise en fourrière du véhicule.**

(Abrogé par Décr. nº 2020-775 du 24 juin 2020, art. 14) ***« Il y est joint un double de la fiche descriptive de l'état du véhicule mis en fourrière en cas d'absence du propriétaire ou du conducteur au moment de l'enlèvement pour mise en fourrière. »***

II. — Cette notification comporte les mentions obligatoires suivantes :

(Décr. nº 2005-1148 du 6 sept. 2005, art. 15) **« 1° Indication de l'auteur de la prescription, du motif de la prescription, de la fourrière désignée et de l'autorité dont relève cette fourrière ; »**

2° Décision de classement prise en application de l'article R. 325-30 *(Abrogé par Décr. nº 2020-775 du 24 juin 2020, art. 14)* ***« et indication de la faculté de faire procéder à une contre-expertise conformément aux articles R. 325-35 et R. 325-36 »*** **;**

3° Autorité qualifiée pour donner mainlevée de la mise en fourrière ;

(Décr. nº 2016-1289 du 30 sept. 2016, art. 1er-2º) **« 3° *bis* Présentation par le propriétaire ou le conducteur, afin d'obtenir la décision de mainlevée, de l'attestation d'assurance prévue à l'article R. 211-14** *[nouvelle rédaction issue du Décr. nº 2023-1152 du 8 déc. 2023, art. 5 et 7, en vigueur le 1er avr. 2024 : « la justification par tout moyen de la souscription d'une assurance conforme aux dispositions de l'article L. 211-1 »]* **du code des assurances couvrant le véhicule et du permis de conduire en cours de validité correspondant à la catégorie du véhicule concerné ; »**

4° Injonction au propriétaire du véhicule, s'il est soumis à immatriculation, de remettre immédiatement sous peine d'encourir l'amende prévue pour les contraventions de la quatrième classe, le certificat d'immatriculation à l'autorité qualifiée pour donner mainlevée de la mise en fourrière ;

5° Mise en demeure au propriétaire de retirer son véhicule avant l'expiration d'un délai :

(Décr. nº 2020-775 du 24 juin 2020, art. 14) **« *a)* De dix jours à compter de la date de notification pour un véhicule à livrer à la destruction ;**

« *b)* De quinze jours à compter de la date de notification pour un véhicule à remettre à l'administration chargée des domaines en vue de son aliénation ; »

(Décr. nº 2022-1040 du 22 juill. 2022, en vigueur le 1er oct. 2022) **« *c)* De sept jours à compter de la date de notification pour un véhicule ayant servi à commettre l'infraction prévue à l'article L. 236-1 » ;**

6° Avertissement au propriétaire que son absence de réponse dans les délais impartis vaudra abandon de son véhicule et que ledit véhicule sera, dans les conditions prévues par décret, soit remis *(Décr. nº 2014-551 du 27 mai 2014, art. 25-3º)* **« à l'administration chargée des domaines » en vue de son aliénation, soit livré à la destruction ;**

7° Nature et montant des frais qu'il sera tenu de rembourser ;

(Décr. nº 2020-775 du 24 juin 2020, art. 14) **« 8° Faculté de demander une copie de la fiche descriptive à l'autorité prescriptrice ;**

« 9° » Énoncé des voies de recours.

III. — Si *(Décr. nº 2009-136 du 9 févr. 2009, en vigueur le 15 avr. 2009)* **« le traitement automatisé mis en œuvre pour l'immatriculation des véhicules » révèle l'inscription d'un gage, copie de la notification de mise en fourrière est adressée** *(Décr. nº 2005-1148 du 6 sept. 2005, art. 15)* **« par l'auteur de la prescription de mise en fourrière »** *(Décr. nº 2020-775 du 24 juin 2020, art. 14)* **« ou, pour son compte, par le ministre chargé de la sécurité routière lorsque les données sont enregistrées dans le système d'information prévu à l'article R. 325-12-1 » au créancier-gagiste, par lettre recommandée avec demande d'accusé de réception, qui fait référence au décret nº 72-823 du 6 septembre 1972 (art. 5, 6 et 7) fixant les conditions de remise** *(Décr. nº 2014-551 du 27 mai 2014, art. 25-3º)* **« à l'administration chargée des domaines » des véhicules non retirés de fourrière par leurs propriétaires.** — *[Anc. art. R. 291-1.]*

Pour l'entrée en vigueur du Décr. nº 2009-136, V. Arr. du 23 mars 2009 (JO 29 mars).

V. Décr. nº 72-823 du 6 sept. 1972 (remise au service des domaines des véhicules non retirés), App., vº Fourrière.

Concernant les dispositions issues du Décr. nº 2020-775 du 24 juin 2020, V. note ss. art. R. 325-12-1.

Art. R. 325-33 Le fait, pour le propriétaire d'un véhicule, de ne pas restituer le certificat d'immatriculation immédiatement après la notification qui lui a été faite en application de l'article R. 325-32 (II, 4º) est puni de l'amende prévue pour les contraventions de la quatrième classe. — *[Anc. art. R. 241, al. 1er et 6.]*

Art. R. 325-34 Toute personne se trouvant destinataire du certificat d'immatriculation d'un véhicule mis en fourrière est tenue de le transmettre sans délai à l'autorité ayant compétence pour prononcer la mainlevée.

L'autorité ayant compétence pour prononcer la mainlevée informe sans délai le préfet du département ou, à Paris, le préfet de police, de la réception du certificat d'immatriculation. — *[Anc. art. R. 291-2.]*

Art. R. 325-35 *(Abrogé par Décr. nº 2020-775 du 24 juin 2020, art. 15)* ***En cas de désaccord sur l'état du véhicule ou sur la décision de classement visée à l'article R. 325-30, le propriétaire a la faculté de faire procéder à une contre-expertise.***

La contre-expertise est faite par un expert choisi sur la liste visée à l'article R. 325-30.

Dans le cas où la contre-expertise confirme l'expertise initiale, les frais d'expertise et de contre-expertise sont à la charge du propriétaire. Dans le cas contraire, ces frais incombent à l'autorité dont relève la fourrière. — [Anc. art. R. 292.]

Concernant les dispositions issues du Décr. nº 2020-775 du 24 juin 2020, V. note ss. art. R. 325-12-1.

Art. R. 325-36 *(Abrogé par Décr. nº 2020-775 du 24 juin 2020, art. 15)* ***L'autorité dont relève la fourrière ne peut s'opposer à la demande d'autorisation provisoire de sortie de fourrière présentée par le propriétaire du véhicule en vue exclusivement de faire procéder aux travaux reconnus indispensables par l'expert. Il en est de même lorsque le propriétaire du véhicule fait procéder à une contre-expertise, aux réparations remettant le véhicule en état de circuler dans des conditions normales de sécurité ainsi qu'au contrôle technique du véhicule dans un centre agréé.***

Cette autorisation provisoire de sortie de fourrière, dont le modèle est fixé par arrêté du ministre de l'intérieur *(Abrogé par Décr. nº 2010-773 du 8 juill. 2010)* ***« et du ministre de la défense », qui tient lieu de pièce de circulation et qui est limitée au temps des parcours nécessaires et des opérations précitées, peut prescrire un itinéraire et des conditions de sécurité.***

Le réparateur doit remettre au propriétaire du véhicule une facture détaillée certifiant l'exécution des travaux prescrits en application du 2º du I de l'article R. 325-30. — [Anc. art. R. 292-1.]

V. Arr. du 18 oct. 1996 (autorisation provisoire de sortie), App., vº Fourrière.

Concernant les dispositions issues du Décr. nº 2020-775 du 24 juin 2020, V. note ss. art. R. 325-12-1.

Art. R. 325-37 *(Abrogé par Décr. nº 2020-775 du 24 juin 2020, art. 15)* ***L'autorité dont relève la fourrière informe l'autorité qualifiée pour prononcer la mainlevée de la délivrance de l'autorisation provisoire de sortie de fourrière et de la durée de sa validité.***

En ce qui concerne les véhicules volés retrouvés en fourrière, l'autorité dont relève la fourrière est tenue d'informer au préalable les services de police ou de gendarmerie compétents de son intention de délivrer une autorisation provisoire de sortie de fourrière. – [Anc. art. R. 292-2.]

Concernant les dispositions issues du Décr. nº 2020-775 du 24 juin 2020, V. note ss. art. R. 325-12-1.

Art. R. 325-38 **I. — Chaque prescription de mise en fourrière prend fin par une décision de mainlevée.**

(Décr. nº 2020-775 du 24 juin 2020, art. 16) **« II. — En cas de restitution du véhicule, cette décision émane de l'autorité qui a prescrit la mise en fourrière ou de l'officier de police judiciaire chargé d'exécuter cette mesure. Elle est réputée donnée par la même autorité à l'issue du délai d'abandon prévu à l'article L. 325-7 pour les véhicules à détruire ou remis à l'administration chargée des domaines pour aliénation. »**

(Décr. nº 2016-1289 du 30 sept. 2016, art. 1er-3º, en vigueur le 1er déc. 2016) **« II *bis*. — La décision de mainlevée ne peut être prononcée qu'après la présentation par le propriétaire ou le conducteur de l'attestation d'assurance prévue par l'article R. 211-14** *[nouvelle rédaction issue du Décr. nº 2023-1152 du 8 déc. 2023, art. 5 et 7, en vigueur le 1er avr. 2024 : « la justification par tout moyen de la souscription d'une assurance conforme aux dispositions de l'article L. 211-1 »]* **du code des assurances couvrant le véhicule et du permis de conduire en cours de validité correspondant à la catégorie du véhicule concerné.**

« Lorsque le propriétaire décide de faire appel à un professionnel qualifié pour la prise en remorque de son véhicule vers un lieu de son choix, la décision de mainlevée est prononcée après la présentation de la seule attestation d'assurance *[nouvelle rédaction issue du Décr. nº 2023-1152 du 8 déc. 2023, art. 5 et 7, en vigueur le 1er avr. 2024 : « justification de la souscription par tout moyen d'une assurance conforme aux dispositions de l'article L. 211-1 »]* **. Cette décision mentionne que l'enlèvement est effectué par un professionnel qualifié. »**

III. — Lorsque l'autorité qualifiée pour prononcer la mainlevée est saisie en ce sens par le procureur de la République *(Décr. nº 2005-1148 du 6 sept. 2005, art. 16)* **« ou le préfet », comme il est prévu à l'article R. 325-27, elle est tenue de donner immédiatement mainlevée** *(Décr. nº 2016-1289 du 30 sept. 2016, art. 1er-3º, en vigueur le 1er déc. 2016)* **« , sous réserve des dispositions du II *bis* ».**

(Décr. nº 2020-775 du 24 juin 2020, art. 16) **« IV. — Sous réserve des dispositions du II *bis*, l'autorité qualifiée pour prononcer la mainlevée est tenue d'y procéder, de restituer le certificat d'immatriculation du véhicule s'il a été retiré et de délivrer une autorisation définitive de sortie de fourrière sur demande du propriétaire ou du conducteur. »**

V. — Les dispositions du IV ci-dessus ne s'appliquent pas aux véhicules volés retrouvés en fourrière ainsi qu'aux véhicules dont le propriétaire et l'assureur demeurent inconnus ou introuvables malgré les recherches effectuées, pour lesquels la mainlevée ne peut être prononcée qu'après accord préalable exprès des services de police ou de gendarmerie compétents. – *[Anc. art. R. 293 et R. 293-1.]*

Concernant les dispositions issues du Décr. nº 2020-775 du 24 juin 2020, V. note ss. art. R. 325-12-1.

Art. R. 325-39 **L'autorité qualifiée qui a prononcé la mainlevée** *(Décr. nº 2016-1289 du 30 sept. 2016, art. 1er-4º, en vigueur le 1er déc. 2016)* **« ou qui a refusé de la prononcer pour défaut de présentation des documents mentionnés au II *bis* de l'article R. 325-38 » en informe sans délai le préfet du département ou, à Paris, le préfet de police, en précisant la date d'effet de cette mesure.** – *[Anc. art. R. 293-2.]*

Art. R. 325-40 **La mainlevée prend effet au jour de la délivrance de l'autorisation définitive de sortie du véhicule dans les cas prévus au IV de l'article R. 325-38.** *(Décr.*

n° 2016-1289 du 30 sept. 2016, art. 1er-5°, en vigueur le 1er déc. 2016) « L'autorisation définitive de sortie du véhicule mentionne la décision de procéder à l'enlèvement du véhicule par un professionnel qualifié dans le cas prévu au deuxième alinéa du II *bis* de l'article R. 325-38. »

La mainlevée prend effet à compter de la remise du véhicule *(Décr. n° 2014-551 du 27 mai 2014, art. 25-3°)* « à l'administration chargée des domaines » s'il est destiné à être aliéné, ou de sa remise à l'entreprise spécialisée s'il est destiné à être détruit. – *[Anc. art. R. 293-3.]*

Art. R. 325-41 Le gardien de la fourrière restitue le véhicule à son propriétaire ou à son conducteur dès que ce dernier produit l'autorisation définitive de sortie de fourrière et s'est acquitté des frais de mise en fourrière, d'enlèvement *(Décr. n° 2020-775 du 24 juin 2020, art. 17)* « et de garde », dans le cas où ces derniers sont à la charge du propriétaire. Ces frais sont arrêtés à la date de reprise du véhicule. – *[Anc. art. R. 293-4.]*

(Décr. n° 2016-1289 du 30 sept. 2016, art. 1er-6°, en vigueur le 1er déc. 2016) « Dans le cas prévu au deuxième alinéa du II *bis* de l'article R. 325-38, le véhicule n'est restitué qu'après présentation d'un document justifiant l'intervention du professionnel qualifié figurant sur l'autorisation définitive de sortie du véhicule. »

(Décr. n° 2020-775 du 24 juin 2020, art. 17) « Si un propriétaire souhaite récupérer son véhicule alors que celui-ci fait l'objet d'une procédure de mise en vente, il doit, au préalable, s'acquitter des frais de mise en vente mentionnés à l'article R. 325-29 auprès de l'administration chargée des domaines et demander une mainlevée en application de l'article R. 325-38. »

Concernant les dispositions issues du Décr. n° 2020-775 du 24 juin 2020, V. note ss. art. R. 325-12-1.

Art. R. 325-42 Aucun véhicule mis en fourrière ne peut être remis *(Décr. n° 2014-551 du 27 mai 2014, art. 25-3°)* « à l'administration chargée des domaines » en vue de son aliénation ou à une entreprise de démolition en vue de sa destruction sans que la mainlevée de cette mesure ait été préalablement prononcée à l'une ou l'autre de ces fins. – *[Anc. art. R. 293-5.]*

Art. R. 325-43 En application des dispositions des articles L. 325-7 et L. 325-8 relatives aux véhicules abandonnés, l'autorité dont relève la fourrière décide de la remise du véhicule *(Décr. n° 2014-551 du 27 mai 2014, art. 25-3°)* « à l'administration chargée des domaines » en vue de son aliénation ; *(Décr. n° 2012-3 du 3 janv. 2012, art. 15)* « elle décide également » de la destruction des véhicules mentionnés au quatrième alinéa de l'article L. 325-7 ainsi que des véhicules qui ont été remis *(Décr. n° 2014-551 du 27 mai 2014, art. 25-3°)* « à l'administration chargée des domaines » pour aliénation et qui n'ont pas trouvé preneur.

L'autorité dont relève la fourrière informe de ces décisions l'autorité qualifiée pour prononcer la mainlevée, détentrice du certificat d'immatriculation, ainsi que le préfet du département ou, à Paris, le préfet de police.

Dans ce cas, en se référant aux décisions susvisées, l'autorité qualifiée précitée envoie le certificat d'immatriculation, dûment barré, au préfet du département ou, à Paris, au préfet de police aux fins d'annulation de ce document. Si l'envoi du certificat d'immatriculation est impossible, elle en précise le motif. – *[Anc. art. R. 293-6.]*

Art. R. 325-44 *(Décr. n° 2020-775 du 24 juin 2020, art. 18)* L'administration chargée des domaines informe l'autorité dont relève la fourrière de l'aliénation du véhicule ou de la nécessité de le détruire s'il n'a pas trouvé preneur. La destruction d'un véhicule ne peut être réalisée que dans des installations exploitées conformément aux dispositions du titre I du livre V du code de l'environnement ou, *(Décr. n° 2022-1495 du 24 nov. 2022, art. 2)* « lorsqu'il s'agit d'un véhicule hors d'usage, au sens du 2° de l'article R. 543-154 du même code, la destruction est opérée par un centre VHU tel que défini au 7° de cet article ».

Concernant les dispositions issues du Décr. n° 2020-775 du 24 juin 2020, V. note ss. art. R. 325-12-1.

Art. R. 325-45 I. — Le responsable de l'entreprise chargée de la destruction d'un véhicule prend en charge celui-ci en remettant au gardien de la fourrière un bon d'enlèvement délivré par l'autorité dont relève la fourrière. Il rend compte de la destruction dudit véhicule à l'autorité dont relève la fourrière, à l'autorité qui a prononcé la mainlevée de mise en fourrière, ainsi qu'au préfet du département ou, à Paris, au préfet de police.

(Décr. nº 2020-775 du 24 juin 2020, art. 19) « II. — L'autorité dont relève la fourrière peut transmettre au gardien de fourrière le bon de destruction afin que celui-ci puisse remettre le véhicule au responsable de l'entreprise chargée de la destruction. Le gardien de fourrière transmet à l'autorité dont il relève les informations relatives à cette entreprise et notamment sa raison sociale, son numéro SIREN, son adresse et, le cas échéant, son numéro d'agrément en tant que centre VHU *(Décr. nº 2022-1495 du 24 nov. 2022, art. 2)* « ou son numéro de dossier figurant dans l'accusé de réception délivré dans le cadre de la demande mentionnée à l'article R. 512-46-3 du code de l'environnement ».

« III. — » *(Décr. nº 2003-727 du 1er août 2003, art. 19)* « Les autorités dont relèvent les fourrières, définies aux articles R. 325-20 et R. 325-21, » peuvent passer contrat avec des entreprises appelées à effectuer la destruction des véhicules.

(Décr. nº 2020-775 du 24 juin 2020, art. 19) « IV. — » Ce contrat doit comporter obligatoirement les clauses suivantes :

1° Obligations de l'entreprise contractante :

"L'entreprise s'engage sur le territoire de (...) :

(Décr. nº 2003-727 du 1er août 2003, art. 19) « *a)* A retirer et détruire les véhicules mis en fourrière et désignés par l'autorité dont relève cette fourrière ;

« *b)* A retirer de fourrière les véhicules ainsi désignés dans le délai maximal de quinze jours à compter de la demande de retrait » ;

c) A adresser au service de police ou de gendarmerie, dès la destruction complète du véhicule et dans le délai maximal de trois mois à compter de la date de la demande, le certificat d'immatriculation revêtu de la mention "Détruit" (suivie du cachet de l'entreprise et de la signature de son représentant) ou, si elle n'a pu entrer en possession de ce titre, une attestation certifiant cette impossibilité »" ;

2° Obligations de l'*(Décr. nº 2003-727 du 1er août 2003, art. 19)* « autorité cocontractante dont relève la fourrière » :

"L'autorité publique s'engage :

a) A désigner et réserver à la seule entreprise contractante toutes opérations d'enlèvement ou de destruction de véhicules auxquelles elle entendra faire procéder dans les conditions prévues par les articles L. 325-1 et suivants à moins que le propriétaire du véhicule n'ait demandé à le faire retirer de la fourrière par un réparateur de son choix conformément aux dispositions de l'article L. 325-6" ;

b) et *c)* *Abrogés par Décr. nº 2003-727 du 1er août 2003, art. 19.*

3° Droits de l'entreprise contractante :

"En contrepartie de ses obligations, l'entreprise a le droit :

a) De réclamer aux propriétaires des véhicules mis, sur la demande de l'autorité publique, *(Abrogé par Décr. nº 2012-3 du 3 janv. 2012, art. 16)* *« en fourrière »* sur son chantier le paiement, conformément au tarif approuvé par l'autorité publique, des frais de transfert et de garde *(Abrogé par Décr. nº 2012-3 du 3 janv. 2012, art. 16)* *« en fourrière »* à la condition que son chantier soit clôturé ou soit gardé jour et nuit. *(Décr. nº 2020-775 du 24 juin 2020, art. 19)* « Toutefois, en ce qui concerne les véhicules hors d'usage mentionnés à l'article R. 543-154 du code de l'environnement, seuls les frais de transfert peuvent éventuellement donner lieu à facturation sous réserve des dispositions de l'article R. 543-157 du même code ; »

b) En cas de démolition du véhicule, de récupérer tout accessoire et toute pièce détachée en vue de sa revente après, en cas de besoin, remise en état ;

c) Après démolition et si l'entreprise effectue elle-même la destruction complète du véhicule, de disposer librement des matières ayant une valeur marchande (fer, cuivre, etc.)." — *[Anc. art. R. 293-8 et Décr. nº 72-822 du 6 sept. 1972, Annexe.]*

Concernant les dispositions issues du Décr. nº 2020-775 du 24 juin 2020, V. note ss. art. R. 325-12-1.

Contrat de concession de service. Les contrats passés par une commune et ayant pour objet de confier à leurs titulaires l'enlèvement des véhicules abandonnés dans les parcs de fourrière placés sous leur responsabilité, en prévoyant que la rémunération du service rendu prend la forme du droit d'exploiter les véhicules abandonnés et en transférant à leurs titulaires le risque inhérent à cette exploitation, présentent le caractère de concession de service. Par suite, ces contrats ne sont pas soumis aux obligations de publicité prévues aux art. L. 2124-1, L. 2131-1 et R. 2131-16 CCP, applicables aux seuls marchés publics. • CE 9 juin 2021, n° 448948 B : *D. actu. 15 juin 2021, obs. Maupin; AJDA 2021. 1240 ; JCP Adm. 2021. 2271, note Pauliat; ibid. 2284, chron. Martin, Pelissier et Vila.*

Art. R. 325-46 Les dispositions concernant la mise en fourrière ne sont pas applicables aux véhicules militaires. – *[Anc. art. R. 275, al. 4.]*

SOUS-SECTION 2 Véhicules laissés sans droit dans des lieux non ouverts à la circulation publique

Art. R. 325-47 Le maître de lieux publics ou privés où ne s'applique pas le code de la route qui veut faire procéder à l'enlèvement d'un véhicule laissé sans droit dans ces lieux en adresse la demande à l'officier de police judiciaire territorialement compétent. – *[Décr. n° 72-824 du 6 sept. 1972, art. 1er.]*

Art. R. 325-48 Lorsque le maître des lieux connaît l'identité et l'adresse du propriétaire du véhicule, il joint à sa requête la justification qu'il l'a mis en demeure, avec demande d'avis de réception, d'avoir à retirer son véhicule dans un délai de huit jours à compter de la date de réception.

L'officier de police judiciaire vérifie, avant de prescrire la mise en fourrière, l'identité du propriétaire du véhicule. – *[Décr. n° 72-824 du 6 sept. 1972, art. 2.]*

Art. R. 325-49 *(Décr. n° 2005-1148 du 6 sept. 2005, art. 17)* Lorsque le maître des lieux ignore l'identité et l'adresse du propriétaire du véhicule, il joint à sa requête une demande d'identification. Si les recherches menées par l'officier de police judiciaire, de la police nationale ou de la gendarmerie nationale, territorialement compétent, permettent d'obtenir ces renseignements, l'officier de police judiciaire procède à l'expédition de la mise en demeure prévue à l'article R. 325-48. Les frais d'expédition sont à la charge du requérant.

Art. R. 325-50 Dans tous les cas où le propriétaire a pu être identifié, l'officier de police judiciaire, après avoir prescrit la mise en fourrière, lui notifie cette mesure dans les conditions prévues à l'article R. 325-32. – *[Décr. n° 72-824 du 6 sept. 1972, art. 4.]*

Art. R. 325-51 Lorsque le propriétaire n'a pu être identifié, l'officier de police judiciaire prescrit la mise en fourrière après avoir vérifié que le véhicule n'a pas été signalé comme ayant été volé. – *[Décr. n° 72-824 du 6 sept. 1972, art. 5.]*

Art. R. 325-52 En ce qui concerne les véhicules abandonnés dans les forêts soumises au régime forestier, les ingénieurs et agents assermentés de l'office national des forêts peuvent demander, concurremment avec le maître des lieux ou en son nom, la mise en fourrière de ces véhicules, conformément à la procédure prévue aux articles R. 325-47 à R. 325-51. – *[Décr. n° 72-824 du 6 sept. 1972, art. 6.]*

CHAPITRE VI ORGANISATION DE LA PROFESSION D'EXPERT EN AUTOMOBILE

(Décr. n° 2006-1808 du 23 déc. 2006)

BIBL. ▶ Defrance, *Jurispr. auto 2007. 10* (profession d'expert automobile).

SECTION 1 Règles générales

Art. R. 326-1 L'expert en automobile doit indiquer à la personne qui envisage de faire appel à lui le prix de sa prestation.

L'expert ne peut se substituer au propriétaire du véhicule que s'il en a reçu mandat écrit.

Art. R. 326-2 L'expert est tenu de donner ses conclusions dans la limite de sa mission. Toutefois, il doit informer sans délai le propriétaire et consigner dans son rapport les déficiences du véhicule ainsi que les défauts de conformité du véhicule ou d'homologation d'accessoires qu'il a découverts au cours de l'accomplissement de sa mission et qui sont susceptibles de mettre en danger la vie du conducteur ou celle d'autres personnes.

Art. R. 326-3 I. — Le rapport d'expertise comporte :

— le nom de l'expert qui a procédé à l'expertise ;

— le rappel des opérations d'expertise effectuées, en précisant si elles l'ont été avant, pendant ou après les réparations ;

— l'indication du nom et de la qualité des personnes présentes lors de l'examen du véhicule ;

— les documents communiqués par le propriétaire ;

— les conclusions de l'expert.

II. — L'expert adresse une copie de son rapport et de tout rapport complémentaire au propriétaire du véhicule.

Art. R. 326-4 Dès qu'il a connaissance d'une contestation portant sur les conclusions techniques ou sur le coût des dommages ou des réparations, l'expert doit en informer, par tous moyens à sa convenance, les parties intéressées, notamment le propriétaire et le professionnel dépositaire du véhicule.

Contestation sur le coût des réparations. Si le réparateur fixe librement ses prix, il appartient à l'expert de se prononcer sur le tarif horaire applicable sans être tenu d'entériner les devis et factures présentés par le réparateur. Lorsque l'expertise a lieu dans un garage non agréé, il peut, pour faire jouer la concurrence, se baser sur les prix publics pratiqués par les professionnels voisins (décision rendue dans une espèce où les dispositions de l'art. L. 211-5-1 C. assur. sur le principe du libre choix du réparateur par l'assuré n'étaient pas applicables). • Civ. 2e, 2 févr. 2017, n° 16-13.505 : *AJ contrat 2017. 227, note Néraudau ; D. 2017. 1213, obs. Grynbaum ; JCP 2017. 373, note Grynbaum.*

SECTION 2 Conditions à remplir pour l'exercice de la profession d'expert en automobile et procédure disciplinaire

(Décr. n° 2011-760 du 28 juin 2011)

COMMENTAIRE

La présente section a été complètement réécrite par le décret n° 2011-760 du 28 juin 2011. Cette réécriture est à mettre en lien avec les modifications apportées par la loi n° 2011-12 du 5 janvier 2006 aux articles L. 326-3 et L. 326-5 et tenant au rôle de la Commission nationale des experts en automobile (V. comm. introductif aux art. L. 326-1 s.). Cette commission n'est plus en effet chargée d'établir la liste des experts en automobile, une compétence désormais exercée par le ministre chargé des transports (V. art. R. 326-5 s). Et, en matière disciplinaire, le rôle de la commission est dorénavant limité à l'émission d'un avis au ministre chargé des transports sur la sanction susceptible d'être prononcée à l'encontre d'un expert (V. art. R. 326-14).

Art. R. 326-5 Toute personne souhaitant être inscrite sur la liste des experts en automobile, à l'exception de celles mentionnées au II de l'article L. 326-4, doit en faire la demande au ministre chargé des transports. Cette demande est accompagnée des pièces justificatives suivantes :

1° Un document établissant l'état civil de l'intéressé ;

2° La copie, suivant le cas :

— soit du brevet professionnel d'expert en automobile ou de la reconnaissance de la qualité d'expert en automobile prévus par le décret n° 74-472 du 17 mai 1974 relatif aux experts en automobile ou du diplôme d'expert en automobile prévu par le décret n° 95-493 du 25 avril 1995 portant création et règlement général du diplôme d'expert en automobile, ou du relevé de notes du diplôme d'expert en automobile délivré par le recteur d'académie ;

– soit d'un titre délivré par un autre État membre de l'Union européenne ou un autre État partie à l'accord sur l'Espace économique européen ou d'un titre reconnu par l'un de ces États, équivalents aux titres mentionnés à l'alinéa précédent ;

– soit de toute pièce de nature à établir l'expérience professionnelle acquise par l'intéressé en matière d'expertise automobile dans l'un des États mentionnés à l'alinéa précédent dans les conditions fixées par arrêté du ministre chargé des transports ;

3° Une déclaration sur l'honneur du demandeur attestant qu'il ne détient pas de charge d'officier public ou ministériel et n'exerce pas une activité incompatible avec la qualité d'expert en automobile, conformément aux dispositions de l'article L. 326-6.

Le ministre chargé des transports peut, en outre, demander à l'intéressé de fournir tout autre document ou renseignement utile, notamment son contrat de travail s'il s'agit d'un expert salarié, afin de lui permettre de vérifier que la condition d'indépendance est remplie ;

4° Un document justificatif de l'assurance obligatoire prévue par l'article L. 326-7 ;

5° Un extrait du bulletin n° 3 du casier judiciaire ou, pour les ressortissants étrangers, un document équivalent, accompagné d'une déclaration sur l'honneur de l'intéressé selon laquelle il n'a fait l'objet d'aucune des condamnations pénales prévues à l'article L. 326-2 et n'est pas sous le coup d'un jugement rendu en application de l'article L. 326-9 lui interdisant d'exercer l'activité d'expert en automobile ;

6° Un justificatif démontrant que, lorsqu'il sollicite la reconnaissance de sa qualification pour le contrôle des véhicules endommagés prévue par les articles L. 327-1 à L. 327-6, le demandeur répond aux conditions prévues à l'article R. 326-11 ;

Les pièces définies aux 4° et 5° ne peuvent dater de plus de trois mois au moment de leur production.

Les documents en langue étrangère mentionnés au présent article sont accompagnés de leur traduction en langue française.

Le ministre chargé des transports accuse réception du dossier du demandeur dans un délai d'un mois à compter de sa réception et l'informe, le cas échéant, de tout document manquant. Il statue sur la demande d'inscription par une décision motivée qui doit intervenir dans un délai de trois mois à compter de la date de réception du dossier complet présenté par l'intéressé.

Concernant les demandes d'inscription sur la liste nationale des experts en automobile, le délai à l'expiration duquel le silence gardé par l'administration vaut décision d'acceptation est, par exception, de trois mois (Décr. n° 2014-1272 du 23 oct. 2014, JO 1er nov.).

Art. R. 326-6 La déclaration mentionnée au II de l'article L. 326-4 tient lieu de demande de première inscription à titre temporaire sur la liste des experts en automobile.

Elle est adressée au ministre chargé des transports et doit être accompagnée des documents suivants lorsqu'elle est souscrite pour la première fois ou en cas de changement matériel relatif à la situation établie par eux :

1° Une preuve de l'identité et de la nationalité du prestataire ;

2° Une attestation certifiant que le prestataire est légalement établi dans un autre État membre de l'Union européenne ou dans un autre État partie à l'accord sur l'Espace économique européen pour y exercer la profession d'expert en automobile, et qu'il n'encourt, lorsque l'attestation est délivrée, aucune interdiction même temporaire d'exercer ;

3° Une preuve de ses qualifications professionnelles ;

4° Lorsque la profession d'expert en automobile ou la formation y conduisant n'est pas réglementée dans l'État d'établissement, la preuve par tout moyen que le prestataire a exercé cette profession pendant *(Décr. n° 2016-613 du 17 mai 2016, art. 1er-8°)* « au moins une année à temps plein ou à temps partiel pendant une durée équivalente au cours des dix années qui précèdent » ;

5° Une preuve que le prestataire est couvert par un contrat d'assurance garantissant la responsabilité civile qu'il peut encourir en raison des activités mentionnées à l'article L. 326-4 ;

La déclaration et les documents joints peuvent être transmis par tout moyen. Les documents en langue étrangère sont accompagnés de leur traduction en langue française.

Art. R. 326-7 *(Décr. nº 2016-613 du 17 mai 2016, art. 1er-9º)* Le ministre chargé des transports peut demander, le cas échéant, au prestataire de justifier qu'il possède un niveau de connaissance du français suffisant pour l'exercice des fonctions d'expert en automobile en France.

Un contrôle de ces connaissances peut être imposé par le même ministre s'il existe un doute sérieux et concret sur le niveau de connaissance du français du prestataire. Ce contrôle ne peut être réalisé qu'après la reconnaissance de la qualification professionnelle de l'intéressé.

Art. R. 326-8 Le ministre chargé des transports procède à la vérification des qualifications professionnelles de l'expert relevant du II de l'article L. 326-4 au vu des pièces prévues à l'article R. 326-6, dans un délai d'un mois à compter de leur réception ainsi que de la déclaration qu'elles accompagnent et inscrit le prestataire sur la liste pour une durée d'un an.

A l'issue du délai mentionné à l'alinéa précédent, en l'absence de demande de complément d'information ou de notification du résultat de la vérification des qualifications, l'expert est réputé être inscrit sur la liste.

Un arrêté du ministre chargé des transports fixe les modalités d'application du présent article, et notamment les conditions dans lesquelles le prestataire peut être soumis à *(Décr. nº 2016-613 du 17 mai 2016, art. 1er-10º)* « une épreuve d'aptitude », si l'examen des documents prévus à l'article R. 326-6 fait apparaître une différence substantielle entre les qualifications professionnelles du prestataire et celles requises pour exercer l'activité en France, et dans la mesure où cette différence est de nature à nuire à la sécurité des personnes.

Si, à l'issue de la première année, le prestataire souhaite à nouveau exercer son activité de manière temporaire et occasionnelle, il adresse au ministre chargé des transports une demande de renouvellement de son inscription sur la liste pour une durée d'un an. Cette demande de renouvellement est accompagnée du document prévu au 5° de l'article 326-6.

V. Arr. du 15 juin 2017 relatif à la reconnaissance des qualifications professionnelles des experts en automobile (JO 29 juin).

Art. R. 326-8-1 *(Décr. nº 2016-613 du 17 mai 2016, art. 1er-11º)* Un arrêté du ministre des transports précise :

1° Les conditions dans lesquelles il peut être exigé d'un ressortissant d'un État membre de l'Union européenne ou partie à l'accord sur l'Espace économique européen qui remplit les conditions fixées par l'article R. 326-5 que, selon son choix, il accomplisse un stage d'adaptation ou qu'il se soumette à une épreuve d'aptitude ;

2° Les modalités de reconnaissance des stages professionnels effectués dans un autre État membre de l'Union européenne ou de l'Espace économique européen.

Art. R. 326-9 A la demande d'une autorité compétente d'un État membre de l'Union européenne ou partie à l'accord sur l'Espace économique européen sur le territoire duquel un expert en automobile exécute ou déclare vouloir exécuter une prestation de services, le ministre chargé des transports communique à cette autorité :

— toute information pertinente sur la légalité de l'établissement en France de l'expert concerné. Si l'expert est, à la date de la communication, sous le coup d'une décision rendue en application de l'article R. 326-12, mention en est faite ;

— les sanctions disciplinaires prononcées, le cas échéant, par le ministre chargé des transports à l'encontre de cet expert ;

Cette communication ne porte pas atteinte au caractère confidentiel des renseignements fournis.

Art. R. 326-10 Les experts inscrits sur la liste signalent au ministre chargé des transports, dans les trente jours, tous les événements pouvant avoir des conséquences sur leur inscription, notamment les changements de lieu d'exercice professionnel, les cessations temporaires ou définitives d'activité ainsi que toute circonstance ou activité nouvelle incompatible avec l'activité d'expert en automobile.

Art. R. 326-11 La qualification des experts en automobile pour le contrôle des véhicules endommagés prévue par les articles L. 327-1 à L. 327-5 est acquise après une formation dispensée dans les conditions définies par arrêté du ministre chargé des transports.

Elle est également accordée, dans des conditions fixées par arrêté du ministre chargé des transports, aux experts ayant bénéficié d'une formation dispensée dans un autre État membre de l'Union européenne ou un autre État partie à l'accord sur l'Espace économique européen ou établissant avoir une expérience professionnelle en matière de contrôle des véhicules endommagés acquise dans l'un de ces États, dès lors que cette formation ou cette expérience professionnelle permettent de justifier que les objectifs de la formation mentionnée à l'alinéa précédent sont acquis.

La liste des experts en automobile mentionne pour chaque expert concerné cette qualification.

Art. R. 326-12 Le ministre chargé des transports vérifie chaque année que l'expert inscrit remplit les conditions requises par l'article R. 326-5 sauf si celui-ci a été inscrit à titre temporaire en application du II de l'article L. 326-4.

Le ministre chargé des transports constatant qu'un expert ne remplit plus les conditions exigées par la réglementation pour l'exercice de sa profession peut à tout moment lui demander, par courrier, de régulariser sa situation.

En l'absence de régularisation, dans le délai d'un mois, le ministre chargé des transports peut décider de la suspension de l'expert jusqu'à régularisation effective.

Art. R. 326-13 *[I. –]* La liste des experts en automobile est consultable sur le site internet de la sécurité routière.

La mise à jour de la liste des experts en automobile sur le site internet de la sécurité routière intervient à tout moment suite à un changement de situation ou de condition d'exercice professionnel nécessitant une mise à jour de cette liste ou encore suite à une décision de suspension ou de radiation d'un expert.

II. — Les décisions de suspension ou de radiation sont consultables sur le site mentionné au I pendant la durée de leur effet.

Art. R. 326-14 I. — La procédure disciplinaire peut être engagée à l'encontre d'un expert en automobile, en cas de faute ou de manquement aux conditions d'exercice de son activité professionnelle, par le ministre chargé des transports, de sa propre initiative ou s'il est saisi d'une demande en ce sens.

II. — Le ministre notifie à l'expert mis en cause les griefs formulés à son encontre par lettre recommandée avec avis de réception ou par remise contre récépissé. Il en informe, le cas échéant, le demandeur. Il désigne pour chaque affaire un rapporteur n'appartenant pas à la Commission nationale des experts en automobile mentionnée à l'article L. 326-5.

Lorsque les griefs formulés à son encontre lui sont notifiés, l'expert mis en cause est informé qu'il peut prendre connaissance et copie, en personne ou par mandataire, des pièces du dossier qui sera soumis aux membres de la commission, notamment du rapport établi par le rapporteur et des éventuelles restitutions écrites de ses auditions. Il est également informé de la possibilité de se faire assister d'un défenseur et du délai dont il dispose, qui ne peut être inférieur à un mois, pour présenter ses observations écrites.

Le rapporteur désigné peut se faire assister de toute personne nécessaire à l'exercice de sa mission. Il entend l'expert si celui-ci le demande ou s'il le juge utile ainsi que toute personne nécessaire à l'instruction ou dont la demande est à l'origine de la procédure engagée. Il consigne le résultat de ses auditions par écrit. Il établit un rapport, au vu de l'ensemble des éléments du dossier.

III. — Au vu du rapport du rapporteur et après avoir, le cas échéant, entendu l'expert mis en cause, la Commission nationale des experts en automobile émet un avis motivé sur la sanction susceptible d'être prononcée par le ministre chargé des transports à l'encontre de l'intéressé parmi les sanctions suivantes : l'avertissement, le blâme, l'interdiction de l'exercice de son activité professionnelle pour une durée n'excédant pas trois ans ou la radiation de la liste des experts en automobile avec interdiction de solliciter une nouvelle inscription pendant cinq ans. La radiation peut être limitée à la qualification mentionnée à l'article R. 326-11. Les sanctions peuvent être assorties d'un sursis total ou partiel.

Au vu de l'avis de la commission, le ministre chargé des transports notifie à l'expert mis en cause la sanction envisagée. Celui-ci dispose d'un délai d'un mois pour présenter ses observations. A l'issue de ce délai, compte tenu, le cas échéant, des observations formulées par l'expert mis en cause, le ministre chargé des transports prend une décision, qu'il notifie à l'intéressé. La notification mentionne que la décision peut faire l'objet d'un recours de pleine juridiction devant la juridiction administrative compétente.

Art. D. 326-15 La commission nationale des experts en automobile comprend :

1° Un président désigné par le ministre chargé des transports ;

2° Quatre représentants de l'État désignés par le ministre chargé des transports ;

3° Quatre experts en automobile désignés par le ministre chargé des transports, sur proposition des organisations professionnelles ;

4° Deux représentants d'associations d'usagers de la route désignés par le ministre chargé des transports ;

5° Deux représentants des entreprises d'assurances désignés par le ministre chargé des assurances.

Les représentants des associations d'usagers de la route ne peuvent appartenir aux catégories mentionnées aux 3° et 5° du présent article.

Un suppléant de chaque membre titulaire de la commission est désigné dans les mêmes conditions.

Les membres titulaires et suppléants de la commission sont nommés pour trois ans par arrêté du ministre chargé des transports.

CHAPITRE VII **VÉHICULES ENDOMMAGÉS**

(Décr. n° 2009-397 du 10 avr. 2009)

V. Arr. du 26 juill. 2011 relatif à l'obtention et au maintien de la qualification pour le contrôle des véhicules endommagés pour les experts en automobile (JO 31 juill.), mod. par Arr. du 15 juin 2017 (JO 29 juin) et Arr. du 5 déc. 2022 (JO 24 déc.) ; Arr. du 7 oct. 2020 relatif à la prolongation de la qualification pour le contrôle des véhicules endommagés pour les experts en automobile au titre de l'année 2020 (JO 21 oct.).

Art. R. 327-1 I. — Dans le cas prévu à l'article L. 327-2 où le propriétaire a donné son accord pour céder son véhicule à l'assureur, celui-ci *(Abrogé par Décr. n° 2017-1278 du 9 août 2017, art. 11-1°)* ***« transmet le certificat d'immatriculation au préfet du département de son choix et il »*** déclare l'achat au ministre de l'intérieur dans les conditions fixées à l'article R. 322-4.

II. — Dans le cas prévu à l'article L. 327-3 où le propriétaire a refusé de céder son véhicule à l'assureur, ce dernier en informe le ministre de l'intérieur *(Décr. n° 2017-1278 du 9 août 2017, art. 11-2°)* « par voie électronique » dans un délai de quinze jours à compter du refus *(Abrogé par Décr. n° 2017-1278 du 9 août 2017, art. 11-2°)* ***« soit par l'intermédiaire du préfet du département de son choix, soit par voie électronique s'il est habilité par le ministre de l'intérieur »***. Le ministre de l'intérieur procède à l'inscription d'une opposition au transfert du certificat d'immatriculation.

III. — Les rapports d'expertise mentionnés aux articles L. 327-1 à L. 327-3 sont établis par un expert en automobile justifiant de la qualification prévue à l'article R. 326-17.

Le rapport visé à l'article L. 327-1 comporte la liste des réparations à effectuer si le véhicule est techniquement réparable.

Les rapports visés aux *[articles]* L. 327-2 et L. 327-3 sont adressés au ministre de l'intérieur *(Abrogé par Décr. nº 2017-1278 du 9 août 2017, art. 11-3º)* ***« soit par l'intermédiaire du préfet du département de son choix, soit »*** par voie électronique *(Abrogé par Décr. nº 2017-1278 du 9 août 2017, art. 11-3º)* ***« si l'expert en automobile est habilité par le ministre de l'intérieur ».***

Ils attestent également que le véhicule n'a pas subi de transformation notable au sens de l'article R. 321-16, ni de transformation susceptible de modifier les caractéristiques indiquées sur le certificat d'immatriculation.

Modalités d'application : V. Arr. du 29 avr. 2009 et Circ. 28 mai 2009, App., vº Véhicules en panne ou accidentés.

BIBL. ▶ NAMIN, *Jurispr. auto 2009. 258* (VGE : radioscopie de la nouvelle procédure) ; *Jurispr. auto 2012, nº 838, p. 23* (VGE : les experts en automobile partie prenante de l'interprétation du droit applicable). – LETOCART-CALAME, *ibid., p. 19* (les véhicules endommagés au sens du code de la route). – RAVAYROL, *ibid., p. 27* (VEI : le nouveau système d'immatriculation des véhicules malmène le dispositif en place).

Art. R. 327-1-1 *(Décr. nº 2017-675 du 28 avr. 2017, art. 2-2º)* Pour l'application du deuxième alinéa de l'article L. 327-2, l'assureur ne doit vendre un véhicule à un acheteur professionnel pour réparation que si ce véhicule est techniquement réparable. L'assureur est tenu de présenter, en cas de contrôle par les agents mentionnés à l'article L. 541-44 du code de l'environnement, le rapport d'expertise prévu à l'article L. 327-1 attestant du caractère réparable de ce véhicule.

Art. R. 327-2 I. — Lorsqu'un véhicule a été *(Décr. nº 2020-775 du 24 juin 2020, art. 20)* « immobilisé ou mis en fourrière en application des articles L. 325-1 à L. 325-3 ou L. 325-12 » en raison de la gravité des dommages qu'il a subis, l'officier ou l'agent *(Décr. nº 2020-775 du 24 juin 2020, art. 20)* « mentionné au premier alinéa de l'article L. 327-4 » qui procède aux constatations en informe le ministre de l'intérieur *(Abrogé par Décr. nº 2017-1278 du 9 août 2017, art. 12-1º)* ***« soit par l'intermédiaire du préfet du département de son choix, soit »*** par voie électronique. Le ministre de l'intérieur informe le titulaire que son véhicule n'est plus autorisé à circuler sur les voies ouvertes à la circulation publique.

Lorsque le titulaire du certificat d'immatriculation ne remet pas son titre à l'officier ou l'agent de police judiciaire qui a procédé aux constatations en application de l'article L. 327-4, le ministre de l'intérieur informe le titulaire que son véhicule n'est plus autorisé à circuler sur les voies ouvertes à la circulation publique et procède à l'inscription d'une opposition au transfert du certificat d'immatriculation.

II. — Lorsque le véhicule est examiné par un expert en automobile justifiant de la qualification prévue à l'article *(Décr. nº 2020-775 du 24 juin 2020, art. 20)* « R. 326-11 », afin de confirmer ou d'infirmer la présomption de dangerosité du véhicule, celui-ci établit un rapport qu'il adresse au ministre de l'intérieur *(Abrogé par Décr. nº 2017-1278 du 9 août 2017, art. 12-2º)* ***« soit par l'intermédiaire du préfet du département de son choix, soit »*** par voie électronique *(Abrogé par Décr. nº 2017-1278 du 9 août 2017, art. 12-2º)* ***« s'il y est habilité par le ministre de l'intérieur ».***

III. — Dans le cas où l'expert infirme la présomption de dangerosité, le certificat d'immatriculation est restitué à son titulaire et l'interdiction de circuler et l'opposition au transfert du certificat d'immatriculation sont levées.

Dans le cas où l'expert confirme la présomption de dangerosité, son rapport comporte la liste des réparations à effectuer si le véhicule est techniquement réparable.

IV. — Lorsque l'expert justifiant de la qualification prévue à l'article *(Décr. nº 2020-775 du 24 juin 2020, art. 20)* « R. 326-11 », missionné par le propriétaire, atteste que les réparations touchant à la sécurité prévues par le premier rapport ont été effectuées et que le véhicule est en état de circuler dans des conditions normales de sécurité, il adresse un rapport au ministre de l'intérieur *(Abrogé par Décr. nº 2017-1278 du 9 août 2017, art. 12-3º)* ***« soit par l'intermédiaire du préfet du département de son choix, soit »*** par voie électronique *(Abrogé par Décr. nº 2017-1278 du 9 août 2017, art. 12-3º)* ***« s'il est habilité par le ministre de l'intérieur »***.

Ce rapport d'expertise mentionné au troisième alinéa de l'article L. 327-4 atteste également que le véhicule n'a pas subi de transformation notable au sens de l'article R. 321-16, ni de transformation susceptible de modifier les caractéristiques indiquées sur le certificat d'immatriculation.

Le certificat d'immatriculation est restitué à son titulaire et l'interdiction de circuler et l'opposition au transfert du certificat d'immatriculation sont levées.

Les dispositions issues du Décr. nº 2020-775 du 24 juin 2020 entrent en vigueur à une date fixée, pour chaque département, par arrêté du ministre chargé de la sécurité routière, et au plus tard le 1er avr. 2021. Elles s'appliquent aux véhicules entrés en fourrière à compter de la même date (Décr. préc., art. 28) ; V. Arr. du 4 nov. 2020 pris pour l'application de l'art. 2 de l'Ord. nº 2020-773 du 24 juin 2020 relative aux fourrières automobiles (JO 14 nov.), mod. par Arr. du 22 janv. 2021 (JO 27 janv.).

Art. R. 327-3 I. — L'information prévue par l'article L. 327-5 est adressée au ministre de l'intérieur *(Abrogé par Décr. nº 2017-1278 du 9 août 2017, art. 13-1º)* ***« soit par l'intermédiaire du préfet du département de son choix, soit »*** par voie électronique *(Abrogé par Décr. nº 2017-1278 du 9 août 2017, art. 13-1º)* ***« si l'expert est habilité par le ministre de l'intérieur »***.

Le ministre de l'intérieur informe le titulaire que son véhicule n'est plus autorisé à circuler sur les voies ouvertes à la circulation publique et procède à l'inscription d'une opposition au transfert du certificat d'immatriculation.

II. — Si le véhicule est techniquement réparable, l'expert précise la liste des réparations à effectuer.

III. — Lorsque l'expert justifiant de la qualification prévue à l'article R. 326-17, missionné par le propriétaire, atteste que les réparations touchant à la sécurité prévues par le premier rapport ont été effectuées et que le véhicule est en état de circuler dans des conditions normales de sécurité, il adresse un rapport au ministre de l'intérieur *(Abrogé par Décr. nº 2017-1278 du 9 août 2017, art. 13-2º)* ***« soit par l'intermédiaire du préfet du département de son choix, soit »*** par voie électronique *(Abrogé par Décr. nº 2017-1278 du 9 août 2017, art. 13-2º)* ***« s'il est habilité par le ministre de l'intérieur »***.

Ce rapport d'expertise mentionné au deuxième alinéa de l'article L. 327-5 atteste également que le véhicule n'a pas subi de transformation notable au sens de l'article R. 321-16, ni de transformation susceptible de modifier les caractéristiques indiquées sur le certificat d'immatriculation.

IV. — Au vu du rapport visé au III du présent article, l'interdiction de circuler du véhicule et l'opposition au transfert du certificat d'immatriculation sont levées.

Art. R. 327-4 Dans le cadre des dispositions des articles L. 327-1 à L. 327-5, un professionnel ayant acquis un véhicule endommagé doit, dans les quinze jours, adresser une déclaration d'achat au ministre de l'intérieur *(Abrogé par Décr. nº 2017-1278 du 9 août 2017, art. 14)* ***« soit par l'intermédiaire du préfet du département de son choix, soit »*** par voie électronique *(Abrogé par Décr. nº 2017-1278 du 9 août 2017, art. 14)* ***« s'il est habilité par le ministre de l'intérieur »***.

Art. R. 327-5 Est puni de l'amende prévue pour les contraventions de la quatrième classe :

1º Le fait pour tout propriétaire de maintenir en circulation un véhicule dont le certificat d'immatriculation a été retiré ou qui a fait l'objet d'une interdiction de circuler ;

2º Le fait pour l'assureur qui propose une indemnisation à l'assuré avec cession du véhicule de ne pas déclarer cet achat au ministre de l'intérieur conformément aux dispositions prévues par l'article R. 327-1 ;

3º Le fait pour un professionnel ayant acquis un véhicule endommagé de ne pas déclarer cet achat au ministre de l'intérieur conformément aux dispositions prévues par l'article R. 327-4.

Art. R. 327-6 Des arrêtés du ministre des transports, pris après avis du ministre de l'intérieur, fixent pour chaque catégorie de véhicules les modalités d'application du présent chapitre.

CHAPITRE VIII MESSAGES PROMOTIONNELS

(Décr. nº 2020-703 du 10 juin 2020)

Art. D. 328-1 *(Décr. nº 2021-1841 du 28 déc. 2021, en vigueur le 1er mars 2022)* L'obligation prévue par l'article L. 328-1 d'accompagner d'un message promotionnel encourageant l'usage des mobilités actives, ou partagées, ou des transports en commun est faite à toute publicité en faveur de la vente ou de la location de longue durée, au sens du 7° de l'article 1007 du code général des impôts, des véhicules suivants :

1° Véhicules de tourisme, tels qu'ils sont définis par le 5° de l'article 1007 du code général des impôts, à l'exception des véhicules à usage spécial accessibles en fauteuil roulant ;

2° Véhicules à moteur à deux ou trois roues et quadricycles à moteur appartenant à la catégorie L tels qu'ils sont définis par l'article R. 311-1.

Art. D. 328-2 *(Décr. nº 2021-1841 du 28 déc. 2021, en vigueur le 1er mars 2022)* L'obligation prévue par l'article L. 328-1 porte sur la publicité dans et hors les lieux de vente.

Elle est applicable à la correspondance publicitaire destinée aux particuliers et aux imprimés publicitaires distribués au public, à l'affichage publicitaire, aux publicités figurant dans les publications de presse, aux publicités diffusées au cinéma, aux publicités émises par les services de télévision ou de radiodiffusion et par voie de services de communication au public en ligne.

Elle n'est pas applicable à la publicité financière ou de recrutement, aux actions de communication effectuées dans le cadre d'opérations de parrainage ou de mécénat ainsi qu'à la communication institutionnelle par voie de publication ou sur les sites dédiés.

Art. D. 328-3 *(Décr. nº 2021-1841 du 28 déc. 2021, en vigueur le 1er mars 2022)* Un arrêté du ministre chargé des transports définit les messages faisant la promotion des mobilités actives, ou des mobilités partagées, ou des transports en commun.

Les mobilités partagées à promouvoir sont celles pour lesquelles le déplacement s'effectue :

1° Par la location ou l'usage en libre-service de cycles, cycles à pédalage assisté et engins de déplacement personnels, respectivement définis par les 6.10, 6.11 et 6.14 de l'article R. 311-1 ;

2° Dans le cadre d'une activité d'auto-partage au sens de l'article L. 1231-14 du code des transports ;

3° Dans le cadre d'une activité de covoiturage au sens de l'article L. 3132-1 du code des transports.

Les transports en commun à promouvoir s'entendent du transport public collectif au sens du titre I du livre I de la troisième partie du code des transports, ainsi que du transport ferroviaire ou guidé tel qu'il est défini à l'article L. 2000-1 du même code.

L'arrêté prévu au premier alinéa détermine les modalités de l'insertion des messages promotionnels dans les publicités en fonction du support et de leur diffusion.

V. Arr. du 28 déc. 2021 pris pour l'application de l'art. D. 328-3 C. route (JO 29 déc.).

Art. R. 328-4 *(Décr. nº 2021-1840 du 28 déc. 2021, art. 2, en vigueur le 1er juin 2022)* En application de l'article L. 328-2, le ministre chargé des transports peut sanctionner le manquement à l'obligation prévue par l'article L. 328-1 dans les conditions suivantes.

Après avoir mis l'annonceur en mesure de présenter par écrit ses observations sur les griefs formulés à son encontre, le ministre chargé des transports peut le mettre en demeure de se conformer à cette obligation dans un délai qu'il détermine. Il peut rendre publique cette mise en demeure.

Lorsque l'annonceur ne se conforme pas à cette mise en demeure dans le délai déterminé, le ministre chargé des transports peut prononcer à son encontre une sanction pécuniaire, dont le montant est proportionné à l'importance, la fréquence et la durée du manquement, au type de support publicitaire et à la situation de l'annonceur, sans pouvoir excéder 50 000 € par diffusion. Cette somme est portée à 100 000 € par diffusion en cas de nouveau manquement à la même obligation.

Les sanctions prononcées en application du présent article sont recouvrées comme les créances de l'État étrangères à l'impôt et au domaine.

Sans préjudice de l'interruption de la prescription par un acte tendant à leur recherche, à leur constatation ou à leur sanction, les faits sanctionnés en application du présent article sont prescrits par trois ans.

Les sanctions prononcées en application du présent article sont motivées, notifiées à l'annonceur et peuvent être rendues publiques en fonction de la gravité du manquement. Elles peuvent faire l'objet d'un recours de pleine juridiction.

CHAPITRE IX SURVEILLANCE DU MARCHÉ DES VÉHICULES À MOTEUR

(Décr. nº 2020-703 du 10 juin 2020)

Sur les dispositions prévues dans le présent chapitre, créé par le Décr. nº 2020-703 du 10 juin 2020, V. comm. introductif aux art. L. 329-1 s.

SECTION 1 Dispositions générales

Autorité chargée de la surveillance

Art. R. 329-1 L'autorité chargée de la surveillance du marché des véhicules et des moteurs mentionnée à l'article L. 329-3 est le ministre chargé des transports.

V. Arr. du 10 juin 2020 portant création du service à compétence nationale dénommé service de surveillance du marché des véhicules et des moteurs (SSMVM) (JO 11 juin).

SECTION 2 Habilitations

Art. R. 329-2 Les agents de l'autorité chargée de la surveillance du marché des véhicules et des moteurs mentionnés à l'article L. 329-5 sont commissionnés par le ministre chargé des transports. Ils prêtent serment devant le tribunal judiciaire de leur résidence administrative selon les modalités prévues par l'article R. 130-9.

Le ministre chargé des transports délivre à ces agents une carte de commissionnement portant mention de leurs attributions et attestant leur assermentation.

Agents commissionnés, V. Arr. du 27 janv. 2023 (JO 14 mars).

Art. R. 329-3 Les agents d'organismes publics ou privés, mentionnés au 1° de l'article L. 329-7, sont habilités par arrêté du ministre chargé des transports.

Art. R. 329-4 Le commissionnement des agents mentionnés à l'article L. 329-5 et l'habilitation des agents mentionnés au 1° de l'article L. 329-7 peuvent être retirés par le ministre chargé des transports, sur proposition de l'autorité chargée de la surveillance du marché des véhicules et des moteurs, compte tenu des nécessités du service ou du comportement de l'agent dans l'exercice de ses fonctions après que l'intéressé a été mis à même de présenter ses observations, sauf urgence.

SECTION 3 Organismes admis à procéder aux contrôles de conformité

Art. R. 329-5 Les contrôles documentaires, les tests, les analyses, les contrôles physiques, les essais en laboratoire et les essais sur route sont réalisés par des organismes publics ou privés.

La désignation des organismes admis à procéder à ces contrôles documentaires, ces tests, ces analyses, ces contrôles physiques, ces essais en laboratoire et ces essais sur route, s'effectue dans le cadre du respect des règles de la commande publique.

Les organismes publics et privés apportent la preuve de leur aptitude à effectuer les contrôles documentaires, les tests, les analyses, les contrôles physiques, les essais en laboratoire et les essais sur route conformément aux normes en vigueur. Ils présentent des garanties de confidentialité, d'impartialité et d'indépendance envers toute entreprise ou groupe d'entreprises exerçant une activité de production, d'importation ou de commercialisation de produits dans le domaine analytique pour lequel ils sont susceptibles d'intervenir.

Les organismes désignés par le ministre chargé des transports sont soumis, à tout moment, au contrôle du respect des conditions de désignation par l'autorité chargée de la surveillance du marché des véhicules et des moteurs.

Organismes désignés : V. Décis. du 17 déc. 2021 (JO 28 déc.), Décis. du 14 mars 2022 (JO 8 avr.) et Décis. du 11 avr. 2022 (JO 16 avr.).

Art. R. 329-6 Lorsque ces organismes ne peuvent effectuer les contrôles documentaires, les tests, les analyses, les contrôles physiques, les essais en laboratoire et les essais sur route en raison de leur caractère de spécialisation exceptionnel ou en cas d'urgence, l'autorité chargée de la surveillance du marché des véhicules et des moteurs recourt à un organisme en mesure d'assurer les prestations requises, ou se fait assister d'un expert de son choix.

Art. R. 329-7 Les organismes publics ou privés exerçant leurs activités dans un autre État membre de l'Union européenne ou partie à l'accord sur l'Espace économique européen sont admis à procéder aux contrôles documentaires, aux tests, aux analyses, aux contrôles physiques, aux essais en laboratoire et aux essais sur route, des échantillons prélevés.

SECTION 4 Pouvoirs d'enquête pour le contrôle de la conformité des produits

SOUS-SECTION 1 Dispositions communes

Art. R. 329-8 Les procès-verbaux constatant un manquement ou une infraction établis par les agents habilités de l'autorité chargée de la surveillance du marché des véhicules et des moteurs énoncent la nature, la date et le lieu des constatations ou contrôles effectués ainsi que la qualification des faits constatés.

Ils sont signés par l'agent ayant procédé aux constatations et contrôles.

Art. R. 329-9 Les agents habilités peuvent requérir, en cas de nécessité, l'assistance des agents de la force publique pour les constatations, les prélèvements ou les saisies.

SOUS-SECTION 2 Modalités de prélèvement des échantillons

Art. R. 329-10 Le nombre d'échantillons à contrôler est fixé par l'autorité chargée de la surveillance du marché des véhicules et des moteurs et est au moins égal à trois, sauf si la valeur du produit contrôlé, sa nature, son poids, son volume ou les quantités disponibles y fait obstacle.

L'un au moins des échantillons est laissé au propriétaire ou au détenteur du produit, lequel ne doit en aucun cas modifier l'état des échantillons qui lui sont confiés.

Toutefois, si le propriétaire ou le détenteur ne dispose pas des moyens de conserver le ou les échantillons dans des conditions de nature à permettre l'expertise, ces échantillons sont conservés dans un endroit désigné par l'agent habilité. Mention en est faite au procès-verbal.

Art. R. 329-11 Lorsqu'un échantillon du produit à contrôler est prélevé, un procès-verbal est rédigé immédiatement, qui, outre un numéro d'ordre et l'indication de la date, de l'heure et du lieu, comporte les mentions suivantes :

1° Les nom, prénoms, qualité et résidence administrative de l'agent habilité ;

2° Les nom, prénoms, raison sociale, adresse et profession de la personne chez laquelle le prélèvement a été opéré ;

3° Une description des produits, des marques et étiquettes apposées ainsi qu'un exposé succinct des modalités d'obtention et de transport envisagées, l'importance du lot de produits échantillonnés, ainsi que toutes les indications jugées utiles pour établir l'authenticité des échantillons prélevés ;

4° L'identité du produit et la dénomination exacte sous laquelle ce dernier était détenu en vue de la vente, mis en vente ou vendu ;

5° Le numéro d'ordre du prélèvement ;

6° La signature de l'agent habilité.

Le propriétaire ou le détenteur du produit peut en outre faire insérer au procès-verbal toutes les déclarations qu'il juge utiles. Il est invité à signer le procès-verbal. En cas de refus, mention en est faite par l'agent habilité.

Si le propriétaire déclare renoncer au remboursement prévu à l'article L. 329-21, il en est fait mention dans le procès-verbal.

Art. R. 329-12 Le détenteur du produit communique aux agents habilités toute information sur les risques éventuels liés aux prélèvements d'échantillons et les mesures qu'il convient de mettre en œuvre pour les réaliser en toute sécurité.

Le détenteur met à disposition des agents habilités le matériel nécessaire et les équipements de protection individuelle adéquats.

Art. R. 329-13 Tout échantillon prélevé est mis sous scellés.

Ces scellés comportent une étiquette d'identification qui, outre un numéro d'ordre et l'indication de la date, de l'heure et du lieu du prélèvement, comporte les mentions prévues par l'article R. 329-11, à l'exception de son 3°.

Art. R. 329-14 Lors du prélèvement, un récépissé est remis au propriétaire ou détenteur de la marchandise.

Il fait mention de la nature et des quantités d'échantillons prélevés.

Art. R. 329-15 Les agents habilités de l'autorité chargée de la surveillance du marché des véhicules et des moteurs ou les agents habilités mentionnés au 1° de l'article L. 329-7 adressent les prélèvements qu'ils ont réalisés, accompagnés du procès-verbal prévu par l'article R. 329-11, à l'organisme public ou privé chargé de réaliser les tests, analyses, contrôles physiques, essais en laboratoire et essais sur route.

La copie de tout procès-verbal de prélèvement est adressée à l'autorité chargée de la surveillance du marché des véhicules et des moteurs qui enregistre le prélèvement.

SOUS-SECTION 3 Contrôle de la vente des biens en ligne

Art. R. 329-16 Le constat de manquements ou d'infractions à l'obligation de conformité de biens vendus en ligne donne lieu à l'établissement par les agents habilités de l'autorité chargée de la surveillance du marché des véhicules et des moteurs qui y procèdent d'un procès-verbal dans lequel sont mentionnées les modalités de consultation et d'utilisation du site internet, et notamment :

1° Les noms, qualité et résidence administrative de l'agent habilité en vertu de l'article L. 329-5 ;

2° Le cas échéant, l'identité d'emprunt sous laquelle l'agent habilité a conduit le contrôle ;

3° La date et l'heure du contrôle ;

4° Les modalités de connexion au site et de recueil des informations.

SECTION 5 Procédure, mesures et sanctions consécutives aux contrôles de conformité

Art. R. 329-17 Les organismes publics ou privés mentionnés aux articles R. 329-5 et R. 329-7 dressent, dès l'achèvement de leurs travaux, un rapport où sont consignés et interprétés les résultats des contrôles documentaires, des tests, des analyses, des contrôles physiques, des essais en laboratoire et des essais sur route effectués sur l'échantillon.

Le rapport est adressé à l'autorité chargée de la surveillance du marché des véhicules et des moteurs.

Art. R. 329-18 Si aucune non-conformité à la réglementation n'est constatée et qu'il n'existe aucun indice d'une présomption de non-conformité, l'autorité chargée de la surveillance du marché des véhicules et des moteurs en avise sans délai l'opérateur économique. Il est procédé d'office au paiement de la valeur des échantillons prélevés en application de l'article L. 329-21, sauf si le propriétaire a renoncé au remboursement dans les conditions définies à l'article R. 329-11.

Art. R. 329-19 Lorsque des non-conformités ont été constatées et qu'une des mesures ou sanctions prévues par les articles L. 329-35 à L. 329-45 est envisagée, l'autorité chargée de la surveillance du marché des véhicules et des moteurs en informe l'opérateur économique concerné en joignant tous les éléments utiles et l'invite à présenter ses observations dans un délai qu'elle fixe en tenant compte de la technicité des irrégularités et de l'urgence à y remédier. Ce délai ne peut être inférieur à dix jours ouvrables.

Art. R. 329-20 Les mesures ou sanctions prévues par les articles L. 329-35 à L. 329-45 ne peuvent intervenir qu'après que l'opérateur économique a été informé des griefs formulés, des décisions envisagées à son encontre ainsi que de leur fondement.

L'opérateur peut demander la communication de son dossier et en obtenir une copie auprès de l'autorité chargée de la surveillance du marché des véhicules et des moteurs, présenter des observations écrites ou orales et se faire assister par un conseil ou se faire représenter par un mandataire de son choix.

Les mesures et sanctions prévues à l'article L. 329-35 peuvent faire l'objet d'un recours de pleine juridiction devant la juridiction administrative.

Art. R. 329-21 Les publications prévues à l'article L. 329-42 peuvent être effectuées par voie de presse, par voie électronique ou par affichage. La diffusion et l'affichage, en lieux publics ou privés et ouverts au public peuvent être ordonnés cumulativement.

La publication peut porter sur tout ou partie des mesures prononcées et prendre la forme d'un communiqué informant le public des motifs et du dispositif des mesures.

Les modalités de la publication sont précisées par la mesure prise par l'autorité chargée de la surveillance du marché des véhicules à moteur.

Art. R. 329-22 Les coûts qui, en application de l'article L. 329-45, peuvent être mis à la charge du responsable de la mise sur le marché du produit ou, le cas échéant, de toute autre personne responsable de la non-conformité lorsque la non-conformité à la réglementation d'un produit a été établie comprennent les frais de prélèvement, de mise sous-scellés, de conditionnement, de transport, de contrôle documentaire, de test, d'analyse, de contrôle physique, d'essai en laboratoire et d'essais sur route, le coût de stockage ainsi que le coût des expertises et des contre-expertises que cette autorité a exposé.

Art. R. 329-23 Le recouvrement est effectué à l'appui d'un titre de perception recouvré par le comptable public compétent, en application des dispositions des articles 23 à 28 et 112 à 124 du décret nº 2012-1246 du 7 novembre 2012 relatif à la gestion budgétaire et comptable publique.

SECTION 6 **Transaction**

Art. R. 329-24 L'autorité mentionnée à l'article R. 329-1 met en œuvre la procédure de transaction dans les conditions prévues par les articles R. 523-2 à R. 523-4 du code de la consommation.

SECTION 7 Sanctions pénales

Art. R. 329-25 Sont punis de la peine prévue pour les contraventions de la cinquième classe :

1° Le fait pour un détenteur de marchandises de ne pas avoir conservé un échantillon laissé à sa garde en application du deuxième alinéa de l'article R. 329-10 ou d'en avoir modifié l'état;

2° Le fait, en méconnaissance des dispositions d'une décision de suspension de mise sur le marché, de retrait du produit ou d'interdiction de mise à disposition sur le marché prise en application du I de l'article L. 329-35 ou d'une mesure prise en application du premier alinéa de l'article L. 329-37 :

a) D'importer, de mettre sur le marché ou de maintenir sur le marché des véhicules, remorques, systèmes, composants, entités techniques distinctes, pièces et équipements ayant fait l'objet d'une mesure de suspension ou d'interdiction de mise sur le marché;

b) De ne pas procéder au retrait, au rappel ou à la destruction d'un véhicule, d'une remorque, d'un système, d'un composant, d'une entité technique distincte, d'une pièce ou d'un équipement;

3° Le fait de ne pas établir et maintenir à jour un état chiffré des produits retirés ou rappelés en application des articles L. 329-35 ou L. 329-37 ou de ne pas en faire la déclaration dématérialisée conformément aux dispositions de l'article L. 329-36.

La récidive est réprimée conformément aux articles 132-11 et 132-15 du code pénal.

TITRE III ENREGISTREMENT ET COMMUNICATION DES INFORMATIONS RELATIVES À LA CIRCULATION DES VÉHICULES

Art. R. 330-1 *(Décr. n° 2017-1278 du 9 août 2017, art. 15)* « Le ministre de l'intérieur » fait procéder à l'enregistrement des informations prévues à l'article L. 330-1. – *[Anc. art. R. 247-6.]*

Art. R. 330-2 *(Décr. n° 2018-387 du 24 mai 2018, art. 3)* I. – Parmi les autorités et personnes énumérées à l'article L. 330-2, reçoivent communication, à raison de leurs attributions et dans la limite du besoin d'en connaître, des informations mentionnées à cet article, au moyen d'un accès direct :

1° Les autorités judiciaires;

2° Les officiers ou agents de police judiciaire des services de police ou des unités de la gendarmerie nationales, dans l'exercice des missions définies à l'article 14 du code de procédure pénale;

3° Les militaires de la gendarmerie nationale et les fonctionnaires de la police nationale habilités à effectuer des contrôles routiers en application des dispositions du présent code;

4° Les agents de police judiciaire adjoints et les gardes champêtres individuellement désignés et habilités par le préfet, sur proposition du maire de la commune, aux seules fins d'identifier les auteurs des infractions au présent code *(Décr. n° 2021-285 du 16 mars 2021)* « et des infractions relatives à l'abandon ou au dépôt illégal de déchets » qu'ils sont habilités à constater;

5° Parmi les fonctionnaires de l'État mentionnés au 5° du I de l'article L. 330-2, et aux seules fins d'identifier les auteurs d'infractions au présent code, les fonctionnaires habilités à constater ces infractions en vertu des 7° et 12° de l'article L. 130-4 ou des articles L. 130-6 et L. 130-8 ;

6° Les personnels de l'Agence nationale de traitement automatisé des infractions, chargés des opérations nécessaires à la délivrance par voie postale de l'avis de paiement mentionné à l'article L. 2333-87 du code général des collectivités territoriales ou à l'émission du titre exécutoire prévu au même article;

7° Les préfets pour l'exercice de leur compétence en matière de circulation des véhicules, ainsi que les agents des préfectures et des sous-préfectures chargés de la délivrance du certificat d'immatriculation et les agents des observatoires départementaux et régionaux de la sécurité routière chargés de réaliser des études statistiques sur les accidents de la route ;

8° Parmi les agents des services mentionnés au 7° du I de l'article L. 330-2 :

a) Les agents de l'observatoire national interministériel de la sécurité routière chargés de réaliser des études statistiques sur les accidents de la route ;

b) Les agents des services centraux du ministère de l'intérieur chargés de l'application de la réglementation relative à la délivrance du certificat d'immatriculation du véhicule *(Décr. n° 2020-1638 du 21 déc. 2020, art. 2)* « ou chargés des procédures relatives à la mise en fourrière d'un véhicule » ainsi que les membres de l'inspection générale de l'administration du ministère de l'intérieur chargés de leur contrôle ;

c) Les agents des services centraux des ministres chargés de l'écologie et des transports, chargés du contrôle technique de l'immatriculation et de la sécurité des véhicules ;

9° Les agents habilités de l'administration des finances publiques pour l'exercice de leurs compétences ;

10° Le maire dans le cadre des attributions prévues aux articles L. 541-21-3 et L. 541-21-4 du code de l'environnement, aux seules fins d'identifier le titulaire du certificat d'immatriculation ;

11° Les personnels habilités du fonds de garantie des assurances obligatoires de dommages mentionné à l'article L. 421-1 du code des assurances en vue de mener les missions fixées au V du même article ; *— Le 11° entre en vigueur à une date fixée par Décr. en Conseil d'État, et au plus tard le 31 déc. 2018.*

12° Les agents habilités du prestataire autorisé par l'État aux seules fins d'établir et de délivrer le dispositif d'identification des véhicules prévu à l'article L. 318-1 ;

13° Dans les conditions prévues par l'acte créant le traitement des données énumérées à l'article L. 330-2, les personnels de l'Agence nationale des titres sécurisés individuellement désignés et spécialement habilités ;

(Décr. n° 2020-1638 du 21 déc. 2020, art. 2) « 14° Les agents de la concurrence, de la consommation et de la répression des fraudes pour l'exercice de leurs missions ; »

(Décr. n° 2021-285 du 16 mars 2021) « 15° Les fonctionnaires et agents mentionnés à l'article L. 172-4 du code de l'environnement, aux seules fins d'identifier les auteurs des infractions qu'ils sont habilités à constater. »

II. — Sont également autorisés à accéder directement aux informations mentionnées à l'article L. 330-2, dans les conditions fixées par l'article L. 222-1 du code de la sécurité intérieure :

1° Les agents des services de la police nationale et les militaires des unités de la gendarmerie nationale chargés des missions de prévention et de répression des atteintes aux intérêts fondamentaux de la Nation et des actes de terrorisme ;

2° Les agents des services spécialisés du renseignement mentionnés à l'article R. 222-1 du code de la sécurité intérieure, pour les seuls besoins de la prévention des atteintes aux intérêts fondamentaux de la Nation et des actes de terrorisme.

III. — Les modalités d'application du présent article sont fixées par arrêté du ministre de l'intérieur.

Art. R. 330-3 *(Décr. n° 2018-387 du 24 mai 2018, art. 3)* I. — Parmi les autorités et personnes énumérées à l'article L. 330-2, reçoivent, à leur demande, à raison de leurs attributions et dans la limite du besoin d'en connaître, communication des informations mentionnées à cet article :

1° Par l'intermédiaire des services de la police ou de la gendarmerie nationales territorialement compétents :

a) Les agents de police judiciaire adjoints et les gardes champêtres autres que ceux mentionnés au 4° du I de l'article R. 330-2, aux seules fins d'identifier les auteurs des infractions au présent code *(Décr. n° 2021-285 du 16 mars 2021)* « et des infractions relatives à l'abandon ou au dépôt illégal de déchets » qu'ils sont habilités à constater ;

b) Aux seules fins d'identifier les auteurs des infractions au présent code, les fonctionnaires habilités à constater ces infractions en application des 1°, 3°, 4°, 5° et 9° de l'article L. 130-4 ;

2° Par l'intermédiaire du ministre de l'intérieur, par voie électronique :

a) La personne physique ou morale titulaire des pièces administratives, son avocat ou son mandataire ;

b) Les entreprises d'assurances garantissant les dommages subis par des tiers résultant d'atteintes aux personnes ou aux biens dans la réalisation desquels un véhicule à moteur, ainsi que ses remorques, est impliqué et les organismes assimilés à ces entreprises, dès lors que ces informations ont pour seul but d'identifier les biens et les personnes impliqués dans un accident de la circulation, à condition qu'au moins un des véhicules soit assuré par le demandeur ou que ce dernier ait en charge l'indemnisation d'une des victimes ; ces entreprises d'assurances ou organismes assimilés doivent notamment fournir à l'appui de leur demande le numéro et la date de la police d'assurance ainsi que le numéro d'inscription de la déclaration du sinistre ;

c) Les autorités étrangères avec lesquelles existe un accord d'échange d'informations relatives à l'identification du titulaire du certificat d'immatriculation ;

d) Les services compétents des États membres, pour l'application des instruments de l'Union européenne destinés à faciliter l'échange transfrontalier d'informations concernant les infractions en matière de sécurité routière *(Décr. nº 2022-504 du 7 avr. 2022, art. 3)* « et le défaut d'acquittement du péage » ;

e) Les services compétents en matière d'immatriculation des États membres de l'Union européenne et des autres États parties à l'accord sur l'Espace économique européen, dans le cadre des dispositions prévoyant un échange d'informations relatives à l'immatriculation d'un véhicule précédemment immatriculé dans un autre de ces États, ou au titre de la répression de la criminalité visant les véhicules et ayant des incidences transfrontalières ;

f) Les agents mentionnés aux articles L. 2132-21 et L. 2132-23 du code général de la propriété des personnes publiques ainsi qu'aux articles L. 2241-1, L. 4321-3, L. 4272-1, L. 5243-1 et L. 5337-2 du code des transports habilités à dresser procès-verbal de contravention de grande voirie en application de ces mêmes codes et les personnels de Voies navigables de France mentionnés à l'article L. 4272-2 du code des transports habilités à constater les infractions définies par les règlements de police de la navigation intérieure, aux seules fins d'identifier le titulaire du certificat d'immatriculation ;

(Décr. nº 2020-1638 du 21 déc. 2020, art. 3) « *g)* Les personnels habilités de l'organisme chargé par l'État de participer au traitement des appels d'urgence en ce qui concerne la mise à disposition harmonisée d'un service d'appel d'urgence, dans les limites fixées par le 19° du I de l'article L. 330-2. »

3° Par l'intermédiaire des services de la police ou de la gendarmerie nationales territorialement compétents, ou du ministre de l'intérieur par voie électronique :

a) Les agents habilités des services mentionnés au 7° du I de l'article L. 330-2, autres que ceux bénéficiant d'un accès direct en application du 8° du I de l'article R. 330-2 ;

b) Les agents des exploitants d'une autoroute ou d'un ouvrage routier ouvert à la circulation publique et soumis à péage, assermentés dans les conditions prévues à l'article L. 130-7, aux seules fins d'identifier les auteurs des contraventions au présent code qu'ils sont habilités à constater conformément au 8° de l'article L. 130-4, sous réserve qu'ils produisent, à l'appui de leur demande de communication, la date et l'heure de la contravention de non-paiement du péage, le numéro d'immatriculation du véhicule ainsi que le numéro identifiant de la demande de l'agent assermenté ;

(Décr. nº 2023-1387 du 29 déc. 2023) « *c)* Aux seules fins de faciliter et de sécuriser leurs interventions, lorsque celles-ci impliquent des véhicules à moteur, les sapeurs-pompiers et marins-pompiers des services d'incendie et de secours mentionnés à l'article L. 722-1 du code de la sécurité intérieure qui sont chargés de la réception, du traitement et de la réorientation des demandes de secours et de la coordination de l'activité opérationnelle, individuellement désignés et habilités à cet effet par leur

chef de service, ainsi que ceux chargés de la conduite et de l'exécution de ces interventions. »

II. — La communication aux constructeurs de véhicules ou à leurs mandataires mentionnés au 13° du I de l'article L. 330-2 des informations mentionnées à cet article est effectuée à titre gratuit par le ministre de l'intérieur, selon des modalités fixées par voie conventionnelle.

Pour l'application de ces dispositions :

1° Les rappels de sécurité s'entendent des rappels de véhicules effectués auprès des titulaires des certificats d'immatriculation en application des dispositions de l'article R. 321-14-1 ;

2° Les rappels de mise au point s'entendent des rappels de véhicules effectués auprès des titulaires des certificats d'immatriculation pour prévenir ou corriger, à titre gratuit et à des fins non commerciales, des défauts techniques qui ne sont pas de nature à compromettre gravement la sécurité routière, la santé publique ou la protection de l'environnement.

III. — Les modalités d'application du I du présent article sont fixées par arrêté du ministre de l'intérieur.

Art. R. 330-4 *(Décr. nº 2018-387 du 24 mai 2018, art. 3)* I. — Parmi les autorités et personnes mentionnées à l'article L. 330-3, bénéficient de la communication des informations mentionnées à cet article, à raison de leurs attributions et dans la limite du besoin d'en connaître, au moyen d'un accès direct :

1° Les autorités judiciaires ;

2° Les officiers ou agents de police judiciaire des services de police ou des unités de la gendarmerie nationales, dans l'exercice des missions définies à l'article 14 du code de procédure pénale ;

3° Les préfets pour l'exercice de leur compétence en matière de circulation des véhicules, ainsi que les agents des préfectures et sous-préfectures chargés de la délivrance du certificat d'immatriculation.

II. — Reçoivent, à leur demande, communication des informations mentionnées à l'article L. 330-3, par l'intermédiaire du ministre de l'intérieur par voie électronique ou des services de la police ou de la gendarmerie nationales territorialement compétents :

1° La personne physique ou morale titulaire des pièces administratives exigées pour la circulation routière, son avocat ou son mandataire ;

2° Les autorités compétentes de Saint-Barthélemy, de Saint-Martin, de Wallis-et-Futuna, de la Nouvelle-Calédonie et de la Polynésie française, pour l'exercice de leurs attributions en matière de circulation des véhicules.

Art. R. 330-5 *(Décr. nº 2018-387 du 24 mai 2018, art. 3)* Les personnes énumérées à l'article L. 330-4 reçoivent, à leur demande, communication des informations mentionnées à cet article par l'intermédiaire du ministre de l'intérieur par voie électronique ou des services de la police ou de la gendarmerie nationales territorialement compétents.

COMMENTAIRE

Accès direct ou par un intermédiaire aux informations figurant dans le SIV. Les articles R. 330-2 à R. 330-5, réécrits par le décret nº 2018-387 du 24 mai 2018, précisent les modalités d'accès aux informations figurant dans le Système d'immatriculation des véhicules (SIV) des autorités et personnes énumérées aux articles L. 330-2 à L. 330-4. Comme pour l'accès aux informations figurant dans le Système national des permis de conduire (V. comm. ss. art. R. 225-6), l'accès aux informations figurant dans le SIV peut être direct (V. art. R. 330-2 et R. 330-4, I) ou se faire par un intermédiaire (V. art. R. 330-3, R. 330-4, II et R. 330-5). Dans ce second cas, les autorités et personnes concernées doivent demander communication des informations auxquelles elles peuvent accéder ou bien aux services de la police ou de la gendarmerie nationales territorialement compétents, ou bien au ministère de l'intérieur par la voie électronique.

Cas des agents de police judiciaire adjoints. C'est la loi du 18 mars 2003 pour la sécurité intérieure qui est venue permettre aux agents de police judiciaire adjoints d'avoir accès au fichier national des immatriculations (V. art. L. 330-2 et son comm.) et donc, à partir de 2009, au SIV. Un accès direct à ce fichier était alors envisagé par le législateur, mais celui-ci n'a pu se concrétiser pour des raisons techniques. L'accès des agents de police judiciaire adjoints aux informations figurant dans le SIV ne pouvait de la sorte se faire que par un intermédiaire, avec une distinction selon la qualité de l'agent : les agents de police judiciaire adjoints ayant la qualité de fonctionnaire pouvant accéder à ces informations via les services de la police ou de la gendarmerie nationales (V. anc. art. R. 330-3) alors que les agents de police judiciaire adjoints n'ayant pas cette qualité devaient solliciter l'autorité préfectorale et, à compter du décret n° 2017-1278 du 9 août 2017, le ministère de l'intérieur par voie électronique (V. anc. art. R. 330-4) pour obtenir de telles informations.

Il en va différemment depuis le décret du 24 mai 2018. Depuis ce décret, certains agents de police judiciaire adjoints peuvent en effet accéder directement aux informations figurant dans le SIV, à savoir les agents de police judiciaire adjoints individuellement désignés et habilités par le préfet, sur proposition du maire de la commune (V. art. R. 330-2, I, 4°), les autres agents de police judiciaire adjoints ne pouvant accéder à ces informations que par l'intermédiaire des services de la police ou de la gendarmerie nationales territorialement compétents (V. art. R. 330-3, I, 1°). ❑

Art. R. 330-6 La communication des informations prévues aux articles L. 330-2 à L. 330-4 aux demandeurs qui disposent d'un droit d'accès en vertu d'une disposition législative particulière est assurée par le *(Décr. n° 2017-1278 du 9 août 2017, art. 17)* **« ministre de l'intérieur par voie électronique » ou par les services de la police nationale ou de la gendarmerie territorialement compétents.** – *[Anc. art. R. 330-5].*

Art. R. 330-7 *(Décr. n° 2010-682 du 22 juin 2010)* **Les personnes souhaitant bénéficier des dispositions des** *(Décr. n° 2017-1278 du 9 août 2017, art. 18-1°)* **« cinq » derniers alinéas de l'article L. 330-5 demandent au ministre de l'intérieur la délivrance d'une licence dans les conditions prévues à l'article 16 de la loi n° 78-753 du 17 juillet 1978** *[CRPA, art. L. 323-1 et L. 323-2]* **portant diverses mesures d'amélioration des relations entre l'administration et le public et diverses dispositions d'ordre administratif, social et fiscal. La licence vaut agrément au sens de l'article L. 330-5.**

La licence est dite statistique si elle est demandée aux fins prévues au troisième alinéa de l'article L. 330-5. Elle est dite commerciale si elle est demandée aux fins prévues à son quatrième alinéa. *(Décr. n° 2017-1278 du 9 août 2017, art. 18-2°)* **« Elle est dite technique si elle est demandée aux fins prévues à son cinquième alinéa. »**

V. Arr. du 11 avr. 2011 fixant le montant de la redevance due en contrepartie de la mise à disposition des informations issues du système d'immatriculation des véhicules (JO 21 avr.), mod. par Arr. du 31 janv. 2014 (JO 8 févr.) et par Arr. du 26 oct. 2017 (JO 29 oct.).

Concernant les demandes d'autorisation de réutilisation des données issues du système d'immatriculation des véhicules, le silence gardé par l'administration pendant un délai de deux mois vaut, par exception, décision de rejet (Décr. n° 2014-1292 du 23 oct. 2014, JO 1er nov.).

Art. R. 330-8 *(Décr. n° 2010-682 du 22 juin 2010)* **La demande de licence de réutilisation est présentée et instruite conformément** *(Décr. n° 2016-308 du 17 mars 2016, art. 3-III)* **« aux articles R. 323-4 à R. 323-7 du code des relations entre le public et l'administration ».**

Les dispositions issues du Décr. n° 2016-308 du 17 mars 2016 sont applicables en Nouvelle-Calédonie et en Polynésie française, aux informations figurant dans des documents produits ou reçus par l'État, ses établissements publics, les communes et leurs établissements publics, les personnes publiques créées par l'État ou les personnes privées chargées par l'État d'une mission de service public, et aux îles Wallis-et-Futuna et dans les Terres australes et antarctiques françaises (Décr. préc., art. 7-I).

Art. R. 330-9 *(Décr. n° 2010-682 du 22 juin 2010)* **La licence de réutilisation est délivrée pour une durée maximale de cinq ans.**

Elle est renouvelable.

Art. R. 330-10 *(Décr. nº 2010-682 du 22 juin 2010)* I. — La licence de réutilisation comprend des clauses conformes aux articles 38 et 41 du décret susmentionné du 30 décembre 2005.

II. — Elle précise que son titulaire ne peut transférer les données personnelles issues du "système d'immatriculation des véhicules" à d'autres personnes que celles :

1° Qui agissent sous sa responsabilité dans le cadre d'un contrat de prestation de services comportant un engagement de confidentialité ;

2° Ou qui sont énumérées à l'article L. 330-2, aux fins prévues au même article ;

3° Ou qui sont mentionnées à l'article L. 330-5, aux fins prévues par leurs licences.

III. — Les licences commerciales prévoient que leurs titulaires avisent ou font aviser les personnes faisant l'objet d'enquêtes ou de prospections du droit d'opposition mentionné au II de l'article R. 330-11.

IV. — La licence prévoit qu'elle peut être suspendue ou retirée, après que son titulaire a été mis en mesure de présenter ses observations, lorsque les conditions de sa délivrance cessent d'être remplies ou pour un motif d'intérêt général.

Art. R. 330-11 *(Décr. nº 2010-682 du 22 juin 2010)* I. — Lors de l'enregistrement des informations mentionnées à l'article L. 330-1, toute personne physique est informée des droits qu'elle tient de *(Décr. nº 2020-1638 du 21 déc. 2020, art. 4)* « l'article 21 du règlement (UE) 2016/679 du 27 avril 2016 relatif à la protection des personnes physiques à l'égard du traitement des données à caractère personnel et à la libre circulation de ces données, et abrogeant la directive 95/46/CE et de l'article 56 de la loi nº 78-17 du 6 janvier 1978 relative à l'informatique, aux fichiers et aux libertés », et mise en mesure de les exercer.

II. — Lorsque les informations mentionnées à l'article L. 330-1 sont déjà enregistrées, toute personne physique peut s'opposer, auprès du *(Décr. nº 2017-1278 du 9 août 2017, art. 19)* « ministre de l'intérieur par voie électronique », à la communication à des tiers des données à caractère personnel la concernant, en vue de leur réutilisation à des fins d'enquêtes et de prospections commerciales. Cette opposition est notifiée sans délai aux détenteurs d'une licence commerciale.

TITRE IV DISPOSITIONS RELATIVES À L'OUTRE-MER

CHAPITRE I DISPOSITIONS PARTICULIÈRES À LA COLLECTIVITÉ TERRITORIALE DE SAINT-PIERRE-ET-MIQUELON

Art. R. 341-1 Pour l'application des dispositions du présent livre dans la collectivité territoriale de Saint-Pierre-et-Miquelon, les termes énumérés ci-après sont remplacés comme suit :

1° "direction régionale de l'industrie, de la recherche et de l'environnement" par "direction de l'équipement" ;

2° "département" par "collectivité territoriale" ;

3° "tribunal judiciaire" par "tribunal de première instance" ;

4° "départementale" par "territoriale".

CHAPITRE II DISPOSITIONS APPLICABLES À MAYOTTE
(L. nº 2010-1487 du 7 déc. 2010, art. 36).

Les dispositions de la L. nº 2010-1487 du 7 déc. 2010 sont applicables à compter du 31 mars 2011.

Art. R. 342-1 Pour l'application des dispositions réglementaires du présent livre à Mayotte, les termes énumérés ci-après sont remplacés comme suit :

1° "direction régionale de l'industrie, de la recherche et de l'environnement" par "service chargé de la réception des véhicules" ;

2° "préfet" par "représentant de l'État" ;

3° "département" par "collectivité départementale" ;

4° "préfecture" par "représentation de l'État" ;

(Abrogé par Décr. nº 2019-913 du 30 août 2019, art. 23, à compter du 1er janv. 2020) ***« 5º "tribunal de grande instance" par "tribunal de première instance" ; »***

6º "départementale" par "territoriale *[V. note ss. chap. II]* **".** – *[Décr. nº 93-301 du 8 mars 1993, art. 16.]*

Art. R. 342-2 **Les dispositions réglementaires du présent livre sont applicables à Mayotte, à l'exception des articles R. 314-3, R. 318-2, R. 318-7, R. 318-8, R.* 322-12 et du deuxième alinéa de l'article R. 325-24.** – *[Décr. nº 93-301 du 8 mars 1993, art. 1er.]*

Art. R. 342-3 **Pour l'application des articles R. 312-8, R. 312-17, R. 312-24, R. 313-33, R. 314-3, R. 314-4, R. 314-7, R. 315-1, R. 315-6, R. 316-10, R. 317-8, R. 317-12, R. 317-17, R. 317-20, R. 317-23, R. 317-28, R. 318-1, R. 318-5, R. 321-3, R. 321-21, R. 322-1, R. 322-3, R. 322-13 et R. 323-5, le ministre chargé de l'outre-mer signe les arrêtés ministériels prévus par ces articles.**

Les arrêtés ministériels prévus par les articles R. 322-1, R. 322-5, R. 322-7, R. 322-10, et R. 326-5 sont pris après avis du ministre chargé de l'outre-mer. – *[Décr. nº 93-301 du 8 mars 1993, art. 3.]*

Art. R. 342-4 **Pour son application à Mayotte, l'article R. 325-3 est rédigé comme suit :**

Art. R. 325-3 L'immobilisation peut être prescrite par les officiers de police judiciaire, les gendarmes qui n'ont pas la qualité d'officier de police judiciaire *(Décr. nº 2002-1256 du 15 oct. 2002)* « , les adjoints de sécurité, les volontaires servant en qualité de militaires dans la gendarmerie » et les agents du cadre de police mahoraise agréés par le représentant de l'État et ayant prêté serment devant le procureur de la République, lorsqu'ils constatent la nécessité de faire cesser sans délai une des infractions pour lesquelles l'immobilisation peut être prévue.

Elle peut être prescrite par les fonctionnaires des ponts et chaussées, y compris les conducteurs de chantiers ou agents de travaux assermentés à cet effet.

Elle peut également être prescrite dans le cadre de leur compétence par les inspecteurs des transports, les *(Décr. nº 2003-536 du 20 juin 2003, art. 14)* « fonctionnaires ou agents de l'État chargés du contrôle des transports terrestres placés sous l'autorité du ministre chargé des transports », les agents de douanes et les *(Décr. nº 2021-143 du 10 févr. 2021, art. 5)* « agents de contrôle de l'inspection du travail mentionnés à l'article L. 8112-1 du code du travail » lorsqu'il y a nécessité de faire cesser sans délai une infraction pour laquelle elle est prévue.

Elle peut en outre être prescrite par les ingénieurs, chefs de district et agents techniques des eaux et forêts. – *[Décr. nº 93-301 du 8 mars 1993, art. 14.]*

Art. R. 342-5 **Pour son application à Mayotte, l'article** *(Décr. nº 2006-1808 du 23 déc. 2006)* **« R. 326-17 » est rédigé comme suit :**

Art. R. 326-17 Le représentant de l'État détermine les conditions que doivent remplir les experts pour être inscrits sur les listes d'aptitude prévues au premier alinéa de l'article R. 326-2. – *[Décr. nº 93-301 du 8 mars 1993, art. 15.]*

CHAPITRE III **DISPOSITIONS APPLICABLES À LA POLYNÉSIE FRANÇAISE**

SECTION 1 **Dispositions générales**

Art. R. 343-1 *(Décr. nº 2007-1626 du 16 nov. 2007)* **« Les articles R. 325-1 et R. 325-1-1 sont applicables à la Polynésie française dans la rédaction suivante » :**

Art. R. 325-1 L'immobilisation, la mise en fourrière, le retrait de la circulation et la destruction prévus à l'article L. 343-1 peuvent être décidés dans les cas et les conditions définis aux articles R. 343-2 à R. 343-4.

Ces mesures ne font pas obstacle aux saisies ordonnées par l'autorité judiciaire.

Elles ne s'appliquent pas aux véhicules participant à des opérations de maintien de l'ordre.

Les dispositions concernant la mise en fourrière ne s'appliquent pas aux véhicules militaires. — *[Décr. nº 97-1222 du 26 déc. 1997, art. 1er.]*

Art. R. 325-1-1 *(Décr. nº 2007-1626 du 16 nov. 2007)* Lorsque la juridiction prononce la confiscation d'un véhicule immobilisé et mis en fourrière en application de l'article L. 325-1-1, dans sa rédaction applicable à la Polynésie française, le service chargé de son aliénation dans les formes prévues pour les ventes de son mobilier informe préalablement le candidat acquéreur que le montant des frais d'enlèvement et de garde en fourrière seront à sa charge.

Art. R. 343-1-1 *(Décr. nº 2009-1644 du 23 déc. 2009)* **Les articles R. 317-2, R. 317-3 et R. 317-4 sont applicables à la Polynésie française dans la rédaction suivante :**

Art. R. 317-2 Dans les cas où la réglementation en vigueur en Polynésie française prévoit que des véhicules doivent être équipés d'un appareil de contrôle permettant l'enregistrement de la vitesse du véhicule, l'État définit les exigences réglementaires applicables à cet appareil ainsi que les conditions de son installation, de sa réparation et de sa vérification.

Le conducteur d'un véhicule équipé d'un appareil de contrôle permettant l'enregistrement de la vitesse du véhicule est tenu de présenter ou de remettre, à toutes réquisitions des agents ayant qualité pour constater les délits ou les contraventions en matière de circulation routière, les feuilles d'enregistrement de l'appareil de contrôle. Ces feuilles doivent être conservées pendant un an au moins et tenues à la disposition des agents de constatation.

Art. R. 317-3 L'appareil de contrôle doit être constamment maintenu en bon état de fonctionnement.

Le fait de contrevenir aux dispositions du présent article est puni de l'amende prévue pour les contraventions de la quatrième classe.

Art. R. 317-4 L'immobilisation des véhicules devant être équipés d'un appareil de contrôle permettant l'enregistrement de la vitesse peut être prescrite dans les conditions prévues à l'article L. 343-1 :

1° Lorsque le conducteur est en infraction aux règles relatives aux conditions de travail dans les transports routiers, publics ou privés, en vigueur en Polynésie française ;

2° Lorsque le conducteur ne peut présenter les documents dûment renseignés concernant les conditions de travail dans les transports routiers, publics et privés, en vigueur en Polynésie française ;

3° En l'absence d'appareil de contrôle permettant l'enregistrement de la vitesse ou lorsque celui-ci a fait l'objet d'une modification ou d'une détérioration affectant son fonctionnement normal.

SECTION 2 Immobilisation

Art. R. 343-2 **Les articles R. 325-2 à R. 325-6 et R. 325-9 à R. 325-11 sont applicables à la Polynésie française dans la rédaction suivante :**

Art. R. 325-2 *(Décr. nº 2007-1626 du 16 nov. 2007)* L'immobilisation est l'obligation faite au conducteur ou au propriétaire d'un véhicule, en cas d'infraction prévue à l'article R. 343-3, de maintenir ce véhicule sur place ou à proximité du lieu de constatation de l'infraction en se conformant aux règles relatives au stationnement.

En cas d'absence du conducteur ou lorsque celui-ci refuse de déplacer son véhicule, l'immobilisation de ce véhicule peut être assurée par un moyen mécanique.

Pendant tout le temps de l'immobilisation, le véhicule demeure sous la garde juridique de son conducteur ou propriétaire.

Le fait pour tout conducteur ou propriétaire d'un véhicule de transport de marchandises d'un poids total autorisé en charge excédant 3,5 tonnes ou d'un véhicule de transport en commun de contrevenir à l'obligation prévue au premier alinéa est puni de l'amende prévue pour les contraventions de la cinquième classe.

Le fait pour tout conducteur ou propriétaire d'un autre véhicule de contrevenir à l'obligation prévue au premier alinéa est puni de l'amende prévue pour les contraventions de la quatrième classe.

Art. R. 325-3 L'immobilisation peut être prescrite par les officiers ou agents de police judiciaire habilités à constater les contraventions de police de la circulation routière lorsqu'ils constatent la nécessité de faire cesser sans délai une des infractions prévues à l'article R. 343-3.

(Décr. nº 2002-1256 du 15 oct. 2002) « L'immobilisation peut également être prescrite dans les conditions définies à l'alinéa précédent par les adjoints de sécurité ainsi que par les volontaires servant en qualité de militaires dans la gendarmerie. »

Art. R. 325-4 Lorsque la décision d'immobilisation résulte de l'une des situations visées aux 1°, 2° et 10° de l'article R. 343-3, le véhicule peut poursuivre sa route dès qu'un conducteur qualifié, proposé par le conducteur ou éventuellement par le propriétaire du véhicule, peut assurer la conduite de celui-ci.

A défaut, les fonctionnaires et agents habilités à prescrire l'immobilisation peuvent prendre toute mesure destinée à placer le véhicule en stationnement régulier, au lieu qu'ils désignent, en faisant notamment appel à un conducteur qualifié.

Art. R. 325-5 Lorsque la décision d'immobilisation résulte d'une infraction aux règles concernant l'état ou l'équipement du véhicule, elle peut n'être rendue effective que dans un lieu où le conducteur du véhicule sera susceptible de trouver les moyens de faire cesser l'infraction.

Il ne peut être fait usage de cette faculté que dans la mesure où l'accompagnement du véhicule jusqu'à ce lieu peut être assuré dans des conditions de sécurité satisfaisantes.

Le conducteur peut également être autorisé à faire appel à un professionnel qualifié pour la prise en remorque de son véhicule en vue de sa réparation. L'immobilisation devient alors effective au lieu de réparation.

Art. R. 325-6 La décision d'immobilisation prise en vertu du 13° de l'article R. 343-3 doit prescrire la présentation du véhicule à une visite technique dans les conditions fixées par *(Décr. nº 2007-1626 du 16 nov. 2007)* « une décision du conseil des ministres de Polynésie française ».

Art. R. 325-9 *(Décr. nº 2007-1626 du 16 nov. 2007)* Lorsque l'infraction qui a motivé l'immobilisation n'a pas cessé au moment où l'agent quitte le lieu où le véhicule est immobilisé, l'agent saisit l'officier de police judiciaire territorialement compétent en lui remettant soit la *[le]* certificat d'immatriculation du véhicule s'il s'agit d'un véhicule dont le poids total autorisé en charge n'excède pas 3,5 tonnes et une fiche d'immobilisation, soit les pièces administratives nécessaires à la circulation du véhicule s'il s'agit d'un véhicule de transport de marchandises d'un poids total autorisé en charge excédant 3,5 tonnes ou de transport en commun et la fiche d'immobilisation.

Un double de cette fiche est remis au contrevenant.

La fiche d'immobilisation énonce les date, heure et lieu de l'immobilisation, l'infraction qui l'a motivée, les éléments d'identification du véhicule et de la *[du]* certificat d'immatriculation, les nom et adresse du contrevenant, les noms, qualités et affectations des agents qui la rédigent, et précise la résidence de l'officier de police judiciaire qualifié pour lever la mesure.

Art. R. 325-10 Le procès-verbal de l'infraction qui a motivé l'immobilisation d'un véhicule est transmis dans les plus brefs délais au procureur de la République. Il relate de façon sommaire les circonstances et les conditions dans lesquelles la mesure a été prise.

Art. R. 325-11 I. — L'immobilisation ne peut être maintenue après que la circonstance qui l'a motivée a cessé.

II. — Elle est levée :

1° Par l'agent qui l'a prescrite s'il est encore présent lors de la cessation de l'infraction ;

2° Par l'officier de police judiciaire saisi dans les conditions prévues à l'article R. 325-9, dès que le conducteur justifie de la cessation de l'infraction. L'officier de police judiciaire restitue alors au conducteur la *[le]* certificat d'immatriculation ou les pièces mentionnées au même article et transmet au procureur de la République un exemplaire de la fiche d'immobilisation ou une copie conforme de cette fiche, comportant mention de la levée de la mesure.

III. — Lorsque le conducteur du véhicule n'a pas justifié de la cessation de l'infraction dans un délai de quarante huit heures, l'officier de police judiciaire peut transformer l'immobilisation en une mise en fourrière ; il joint alors à chacun des exemplaires de la procédure de mise en fourrière un exemplaire ou une copie conforme de la fiche d'immobilisation. L'officier de police judiciaire adresse ces documents au procureur de la République.

IV. — Dans tous les cas, dès la cessation de l'infraction qui a motivé l'immobilisation, le véhicule peut circuler entre le lieu d'immobilisation et la résidence de l'autorité désignée pour lever la mesure, sous couvert du double de la fiche d'immobilisation remise au conducteur. – *[Décr. n° 97-1222 du 26 déc. 1997, art. 2, 3, 5 à 9 et 10.]*

Dans toutes les autres dispositions réglementaires en vigueur, la mention : « carte grise » est remplacée par la mention : « certificat d'immatriculation » (Décr. n° 2009-136 du 9 févr. 2009, art. 12, en vigueur à une date fixée par arrêté du ministre chargé des transports après avis du ministre de l'Intérieur et au plus tard le 1er juill. 2009).

Art. R. 343-3 **L'immobilisation peut être prescrite :**

1° Lorsque le conducteur est présumé en état d'ivresse ou sous l'empire d'un état alcoolique ;

2° Lorsque le conducteur n'est pas titulaire du permis exigé pour la conduite du véhicule ;

3° Lorsque le mauvais état du véhicule, son poids, sa charge par essieu, la forme, la nature, l'état et les conditions d'utilisation des bandages, la pression sur le sol, l'absence, la non-conformité et la défectuosité de son équipement réglementaire en ce qui concerne les freins ou l'éclairage, ou son chargement, créent un danger important pour les autres usagers ou constituent une menace pour l'intégrité de la chaussée. Toutefois, peuvent seuls être retenus les dépassements du poids total autorisé ou des charges par essieu prévues par la réglementation en vigueur dans le territoire excédant 5 p. 100 ;

(Décr. n° 2017-16 du 6 janv. 2017, art. 4 et 16, en vigueur le 1er mars 2017) **« 4° Lorsque le conducteur d'un transport exceptionnel ne peut présenter le document prévu par la réglementation en vigueur dans le territoire permettant la circulation de ce transport ; »**

5° Lorsque le véhicule ou son chargement provoque des détériorations à la route ou à ses dépendances ;

6° Lorsque le véhicule circule en infraction aux règlements en vigueur dans le territoire relatifs aux transports de matières dangereuses ou à ceux portant restrictions de circulation ;

7° Lorsque le véhicule circule en infraction aux dispositions en vigueur dans le territoire relatives aux organes moteurs ;

8° Lorsque le conducteur du véhicule est en infraction aux dispositions en vigueur dans le territoire et relatives à l'exécution commode et sans délai de toutes les manœuvres qui lui incombent, notamment lorsque ses possibilités de mouvement, son champ de vision et d'audition sont réduits par le nombre ou la position des passagers, par les objets transportés, par l'apposition d'objets non transparents sur les vitres ;

9° Lorsque le conducteur d'un véhicule de transport circule en infraction à la réglementation territoriale relative à l'autorisation de mise en circulation ;

10° Lorsque le conducteur d'un véhicule est en infraction à la réglementation territoriale relative aux conditions de travail, dans les transports routiers, ou ne peut présenter les documents dûment renseignés permettant de contrôler le respect de ces règles ;

11° Lorsque le conducteur est en infraction aux dispositions territoriales relatives à l'obligation d'assurance ;

12° Lorsque le conducteur circule sans satisfaire aux règles territoriales relatives à la circulation routière spéciale aux conducteurs de cyclomoteurs et aux motocyclistes, notamment au port du casque ;

13° Lorsque le conducteur circule en infraction aux règles en vigueur sur le territoire relatives aux visites techniques ;

14° Lorsque le conducteur d'un véhicule est en infraction avec les règles en vigueur dans le territoire et relatives à l'arrêt et au stationnement et à l'usage des voies à circulation spécialisée et refuse de faire cesser l'arrêt ou le stationnement irrégulier malgré l'injonction des agents. – *[Décr. n° 97-1222 du 26 déc. 1997, art. 4.]*

SECTION 3 **Fourrière**

Art. R. 343-4 **Les articles R. 325-12,** *(Décr. nº 2007-1626 du 16 nov. 2007)* **« R. 325-13 », R. 325-14 à R. 325-17,** *(Décr. nº 2007-1626 du 16 nov. 2007)* **« R. 325-18 », R. 325-19 à R. 325-32,** *(Décr. nº 2007-1626 du 16 nov. 2007)* **« R. 325-33 », R. 325-34 à R. 325-38, R. 325-40 à R. 325-43 et R. 325-45 sont applicables à la Polynésie française dans la rédaction suivante :**

Art. R. 325-12 La mise en fourrière est le transfert d'un véhicule en un lieu désigné par l'autorité administrative ou par l'autorité judiciaire en vue d'y être retenu jusqu'à décision de celle-ci, aux frais du propriétaire du véhicule, afin de faire cesser une ou plusieurs des infractions prévues et réprimées par l'article R. 325-14.

L'immobilisation matérielle prévue à l'article R. 325-2 peut constituer l'une des opérations préalables au commencement d'exécution de la mise en fourrière.

La mise en fourrière est réputée avoir reçu un commencement d'exécution :

1° A partir du moment où deux-roues au moins du véhicule ont quitté le sol, lorsque le transfert du véhicule vers la fourrière est réalisé au moyen d'un véhicule d'enlèvement ;

2° A partir du commencement du déplacement du véhicule vers la fourrière, quel que soit le procédé utilisé à cet effet.

Art. R. 325-13 *(Décr. nº 2007-1626 du 16 nov. 2007)* Toute prescription de mise en fourrière est précédée d'une vérification tendant à déterminer s'il s'agit d'un véhicule volé.

Lorsque le résultat de cette vérification est positif, le propriétaire et son assureur sont immédiatement informés de la découverte du véhicule. Le véhicule est alors confié au gardien de fourrière à titre conservatoire en attendant que le propriétaire ou l'assureur se manifeste.

Art. R. 325-14 *(Décr. nº 2007-1626 du 16 nov. 2007)* I. — La mise en fourrière est prescrite par un officier de police judiciaire territorialement compétent dans les cas suivants :

1° A la suite d'une immobilisation du véhicule, dans les conditions prévues à l'article R. 325-9 et au 2° du II de l'article R. 325-11 ;

2° En cas de stationnement de nature à créer une entrave ou une gêne à la circulation, lorsque le conducteur est absent ou refuse de faire cesser le stationnement irrégulier ;

3° En cas de stationnement de nature à créer un danger pour les usagers, quand le conducteur est absent ou refuse de faire cesser le stationnement irrégulier ;

4° En cas de stationnement en infraction à un règlement de police d'un véhicule dont la présence compromet l'utilisation normale de la chaussée ou de ses dépendances ou entrave l'accès des immeubles riverains, si le conducteur est absent ou refuse de faire cesser le stationnement irrégulier ;

5° En cas de stationnement en un même point de la voie publique ou de ses dépendances pendant une durée excédant sept jours consécutifs ;

6° En cas d'infraction aux règlements en vigueur dans le territoire pour la sauvegarde de l'esthétique des sites et des paysages ;

7° En cas de défaut de présentation à une visite technique obligatoire ou de non-exécution de réparations ou aménagements prescrits par l'expert chargé des visites techniques ;

8° En cas de circulation d'un véhicule de transport en infraction à la réglementation territoriale relative à l'autorisation de mise en circulation.

II. — Lorsque le véhicule a été volé, que son propriétaire n'a pu être identifié ou lorsqu'il est muni de fausses plaques d'immatriculation, sa mise en fourrière ne peut être prescrite que par un officier de police judiciaire de la police nationale ou de la gendarmerie nationale territorialement compétent, ou avec son accord préalable exprès.

Art. R. 325-15 La mise en fourrière peut également être prescrite par l'autorité administrative ou par le maire dans le cas prévu au 6° de l'article R. 325-14.

Un officier de police judiciaire territorialement compétent peut être chargé d'exécuter ou de faire exécuter la mesure prévue à l'alinéa précédent.

Les dispositions du II de l'article R. 325-16 sont appliquées.

Art. R. 325-16 I. — Dans les cas prévus à l'article R. 325-14, l'agent verbalisateur qui a constaté l'infraction justifiant la mise en fourrière saisit l'officier de police judiciaire territorialement compétent.

II. — L'officier de police judiciaire territorialement compétent ou l'agent verbalisateur spécialement mandaté par lui :

1° Désigne la fourrière dans laquelle sera transféré le véhicule, cette désignation étant matérialisée par la pose d'un signe distinctif sur celui-ci ;

2° Dresse, si possible contradictoirement en présence du propriétaire ou du conducteur du véhicule et du préposé à l'enlèvement, un état sommaire, extérieur et intérieur, du véhicule, sans l'ouvrir, au moyen d'une fiche descriptive dont le modèle est fixé par *(Décr. nº 2007-1626 du 16 nov. 2007)* « une décision du conseil des ministres de Polynésie française », avant que la mise en fourrière reçoive un commencement d'exécution ;

3° Remet à ce propriétaire ou ce conducteur un double de la fiche relative à l'état du véhicule et, le cas échéant, une fiche de circulation provisoire ;

4° Relate sur le procès-verbal de l'infraction les motifs de la mise en fourrière ; il y fait mention du retrait provisoire de la *[du]* certificat d'immatriculation et de l'heure d'appel du véhicule d'enlèvement.

Art. R. 325-17 Lorsque la mise en fourrière a reçu un commencement d'exécution, le véhicule est restitué à son propriétaire ou à son conducteur dans les conditions prévues à l'article R. 325-38.

Toutefois, si, avant le transfert ou le déplacement effectif du véhicule, le propriétaire ou le conducteur du véhicule règle les frais d'opérations préalables prévus à l'article R. 325-29, ou s'il s'engage par écrit à régler, et s'il s'engage à rendre immédiatement son usage normal à la voie publique, il peut être autorisé à reprendre aussitôt son véhicule.

Art. R. 325-18 *(Décr. nº 2007-1626 du 16 nov. 2007)* L'auteur d'une prescription de mise en fourrière informe l'autorité dont relève la fourrière dans les plus brefs délais.

Art. R. 325-19 Chaque fourrière relève d'une autorité publique unique.

Cette autorité publique est l'une de celles qui sont prévues aux articles R. 325-20 et R. 325-21.

Cette autorité publique désigne le gardien de la fourrière sur la liste des gardiens de fourrière agréés conformément aux dispositions de l'article R. 325-24.

Art. R. 325-20 Lorsque la mise en fourrière est effectuée dans un lieu public ou relevant d'une autorité publique, l'autorité dont relève la fourrière est :

1° L'autorité compétente du territoire si le local ou le terrain appartient au territoire ou si celui-ci en a la disposition ;

2° Le maire si le local ou le terrain appartient à la commune ou si celle-ci en a la disposition.

Art. R. 325-21 La fourrière peut être située dans un lieu privé avec l'assentiment du propriétaire ou du locataire de cet immeuble, s'il accepte d'assurer la garde de cette fourrière.

Dans cette hypothèse, l'autorité dont relève la fourrière est l'autorité désignée par l'assemblée de la Polynésie française.

Art. R. 325-22 I. — Lorsque le propriétaire du véhicule faisant l'objet de la mise en fourrière est domicilié ou réside dans le ressort de l'officier de police judiciaire qui exécute cette mesure, celui-ci peut faire garder le véhicule par son propriétaire, à condition que la *[le]* certificat d'immatriculation soit immédiatement retirée *[retiré]*. Ce document reçoit la destination prévue à l'article R. 325-32.

II. — Dans cette hypothèse, l'autorité dont relève la fourrière est :

1° Soit le maire, lorsque la mise en fourrière a été décidée par lui ou par un de ses adjoints agissant en qualité d'officier de police judiciaire ;

2° Soit l'autorité compétente du territoire.

Art. R. 325-23 Le véhicule est placé sous la garde juridique du gardien de la fourrière jusqu'à la date d'effet de la mainlevée, sauf au cours de la sortie provisoire prévue à l'article R. 325-36.

Art. R. 325-24 Des délibérations de l'assemblée de la Polynésie française fixent les conditions dans lesquelles sont agréés les gardiens de fourrière et les installations de celle-ci ; l'autorité compétente pour procéder au retrait de l'agrément est désignée par *(Décr. nº 2007-1626 du 16 nov. 2007)* « une décision du conseil des ministres de Polynésie française ».

Art. R. 325-25 Le gardien de fourrière enregistre, au fur et à mesure de leurs arrivées, les entrées des véhicules mis en fourrière, leurs sorties provisoires et définitives, les décisions de mainlevée de la mise en fourrière et, le cas échéant, les décisions de remise au service des domaines du territoire ou à une entreprise de destruction.

Art. R. 325-26 Le procès-verbal de la mise en fourrière relate les circonstances et les conditions dans lesquelles cette mesure a été prise ; il est transmis dans les plus brefs délais au procureur de la République.

Un double de ce document est transmis dans les plus brefs délais à l'autorité ayant compétence pour prononcer la mainlevée.

En cas d'absence du propriétaire ou du conducteur au moment de l'enlèvement du véhicule en fourrière, le double de la fiche descriptive remplie par l'agent verbalisateur est adressé sans délai au responsable de la notification de mise en fourrière mentionné à l'article R. 325-31.

Un autre double de cette fiche descriptive est remis au gardien de fourrière.

Art. R. 325-27 Les intéressés peuvent contester auprès du procureur de la République du lieu de l'infraction la décision de mise en fourrière. Ce magistrat confirme la mesure ou en ordonne la mainlevée dans le délai maximal de cinq jours ouvrables.

Si, à l'examen de la procédure, le procureur de la République estime qu'il n'a pas été commis d'infraction, il ordonne que soit donnée mainlevée de la mise en fourrière et en informe immédiatement l'autorité qui l'a prescrite.

Art. R. 325-28 *(Décr. n° 2007-1626 du 16 nov. 2007)* Peuvent procéder au transfert d'un véhicule du lieu de son stationnement à celui de sa garde en fourrière :

1° Les personnels habilités mentionnés aux premier et deuxième alinéas de l'article L. 325-2, dans sa rédaction applicable à la Polynésie française ;

2° Le professionnel agréé, ou son préposé, désigné pour l'enlèvement du véhicule dont la mise en fourrière a été prescrite ;

3° Un tiers en vertu d'une réquisition ;

4° Le propriétaire ou le conducteur du véhicule en vertu d'une réquisition.

Art. R. 325-29 I. — Le propriétaire du véhicule est tenu de rembourser :

1° Lorsque la prescription de mise en fourrière a reçu le commencement d'exécution défini à l'article R. 325-12, les frais d'enlèvement ainsi que, le cas échéant, les frais de garde en fourrière, d'expertise, sous réserve de l'application du II de l'article R. 325-30 et du III de l'article R. 325-35, et de vente ou de destruction du véhicule ;

2° Lorsque la prescription de mise en fourrière n'a pas reçu de commencement d'exécution, les frais afférents aux opérations préalables à la mise en fourrière, à condition que le véhicule d'enlèvement se soit rendu sur les lieux.

II. — Le propriétaire du véhicule rembourse les frais précités au gardien de la fourrière sur présentation d'une facture détaillée.

III. — Les taux maximaux des frais d'opérations préalables à la mise en fourrière, des frais d'enlèvement, de garde en fourrière, d'expertise et de destruction des véhicules sont fixés par délibération de l'assemblée de la Polynésie française.

IV. — Les frais de vente par le service territorial chargé des domaines sont fixés par *(Décr. n° 2007-1626 du 16 nov. 2007)* « une décision du conseil des ministres de Polynésie française ».

V. — Il appartient à l'autorité dont relève la fourrière d'assurer la rémunération, forfaitaire le cas échéant, des professionnels du secteur privé auxquels cette autorité fait appel dans le cadre de la procédure de mise en fourrière. Cette autorité peut conclure avec des professionnels une convention tarifaire, respectant les taux maximaux fixés par délibération de l'assemblée de la Polynésie française.

Art. R. 325-30 I. — L'autorité dont relève la fourrière classe le véhicule dans l'une des trois catégories suivantes :

1° Véhicules pouvant être restitués en l'état à son propriétaire ou son conducteur ;

2° Véhicules ne pouvant être restitués à son propriétaire ou son conducteur qu'après exécution des travaux reconnus indispensables ;

3° Véhicules hors d'état de circuler dans des conditions normales de sécurité et dont la valeur marchande est inférieure à un montant fixé par délibération de l'assemblée de la Polynésie française, devant être livrés à la destruction à l'expiration du délai d'abandon prévu à l'alinéa 4 de l'article L. 325-7 dans sa rédaction applicable en Polynésie française.

II. — Le classement dans les deuxième et troisième catégories prévues au I ci-dessus est décidé après avis d'un expert désigné dans des conditions fixées par *(Décr. n° 2007-1626 du 16 nov. 2007)* « une décision du conseil des ministres de Polynésie française ».

III. — L'expert se prononce sur la capacité du véhicule à circuler dans des conditions normales de sécurité, définit dans le cas contraire les réparations indispensables propres à lui redonner cette capacité et fournit une évaluation de la valeur marchande du véhicule.

IV. — Les véhicules réclamés par leurs propriétaires ou leurs conducteurs dans le délai de trois jours suivant la mise en fourrière peuvent être restitués sans avoir été expertisés ni classés.

Art. R. 325-31 *(Décr. n° 2007-1626 du 16 nov. 2007)* La mise en fourrière est notifiée par l'officier de police judiciaire qui l'a prescrite ou qui a été chargé de l'exécuter, ou par l'autorité dont relève la fourrière, à l'adresse relevée sur le procès-verbal de l'infraction ayant motivé la mise en fourrière si le propriétaire ou le conducteur du véhicule était présent, ou à l'adresse indiquée au fichier des immatriculations.

Lorsque le véhicule n'est pas identifiable, il n'est pas procédé à cette formalité. Mention en est faite dans le procès-verbal ou dans le rapport de mise en fourrière.

Art. R. 325-32 I. — Cette notification s'effectue par lettre recommandée avec demande d'accusé de réception, dans le délai maximum de cinq jours ouvrables suivant la mise en fourrière du véhicule.

II. — Il y est joint un double de la fiche descriptive de l'état du véhicule mis en fourrière, en cas d'absence du propriétaire ou du conducteur au moment de l'enlèvement pour mise en fourrière.

III. — Cette notification comporte les mentions obligatoires suivantes :

1° Indication de l'autorité qui a prescrit la mise en fourrière, de la fourrière désignée et de l'autorité dont relève cette fourrière ;

2° Décision de classement prise en application de l'article R. 325-30 et indication de la faculté de faire procéder à une contre-expertise conformément aux articles R. 325-35 et R. 325-36 ;

3° Autorité qualifiée pour donner mainlevée de la mise en fourrière ;

4° Injonction au propriétaire du véhicule de remettre immédiatement, sous peine de sanctions édictées par l'assemblée de la Polynésie française, la *[le]* certificat d'immatriculation à l'autorité visée au 3° ci-dessus, à moins que le véhicule ne soit pas soumis à l'obligation d'immatriculation ;

5° Mise en demeure au propriétaire de retirer son véhicule avant l'expiration d'un délai :

a) De dix jours, dans les cas prévus aux quatrième et cinquième alinéas de l'article L. 325-7 dans sa rédaction applicable en Polynésie française ;

b) De quarante-cinq jours, dans les autres cas,

ces délais commençant à courir un jour franc après la date de notification ;

6° Avertissement au propriétaire que son absence de réponse dans les délais impartis vaudra abandon de son véhicule et que ledit véhicule sera, dans les conditions prévues par décret, soit remis au service des domaines du territoire en vue de son aliénation, soit livré à la destruction ;

7° Nature et montant des frais qu'il sera tenu de rembourser ;

8° Énoncé des voies de recours.

IV. — Si le fichier des immatriculations révèle l'inscription d'un gage, copie de la notification de mise en fourrière est adressée au créancier-gagiste, par lettre recommandée avec demande d'accusé de réception.

Art. R. 325-33 *(Décr. n° 2007-1626 du 16 nov. 2007)* Le fait, pour le propriétaire d'un véhicule, de ne pas restituer le certificat d'immatriculation immédiatement après la notification qui lui a été faite en application de l'article R. 325-32 (II, 4°) est puni de l'amende prévue pour les contraventions de la quatrième classe.

Art. R. 325-34 Toute personne se trouvant destinataire de la *[du]* certificat d'immatriculation d'un véhicule mis en fourrière est tenue de la *[le]* transmettre sans délai à l'autorité ayant compétence pour prononcer la mainlevée.

Art. R. 325-35 I. — En cas de désaccord sur l'état du véhicule ou sur la décision de classement visée à l'article R. 325-30, le propriétaire a la faculté de faire procéder à une contre-expertise, aux réparations remettant le véhicule en état de circuler dans des conditions normales de sécurité, ainsi qu'au contrôle technique du véhicule.

II. — La contre-expertise prévue ci-dessus est faite par un expert désigné conformément à l'article L. 325-6, dans sa rédaction applicable en Polynésie française.

III. — Les frais d'expertise et de contre-expertise sont à la charge du propriétaire dans le cas où la contre-expertise confirme l'expertise initiale. Dans le cas contraire, ces frais incombent à l'autorité dont relève la fourrière.

Art. R. 325-36 L'autorité dont relève la fourrière ne peut s'opposer à la demande d'autorisation provisoire de sortie de fourrière présentée par le propriétaire du véhicule en vue exclusivement de faire procéder aux réparations visées au 2° du I de l'article R. 325-30, ainsi qu'à la contre-expertise, aux réparations et au contrôle technique visés au I de l'article R. 325-35.

Cette autorisation provisoire de sortie de fourrière, dont le modèle est fixé par *(Décr. n° 2007-1626 du 16 nov. 2007)* « une décision du conseil des ministres de Polynésie française », qui tient lieu de pièce de circulation et qui est limitée au temps des parcours nécessaires et des opérations précitées, peut prescrire un itinéraire et des conditions de sécurité.

Le réparateur doit remettre au propriétaire du véhicule une facture détaillée certifiant l'exécution des travaux prescrits en application du 2° du I de l'article R. 325-30.

Art. R. 325-37 L'autorité dont relève la fourrière informe l'autorité qualifiée pour prononcer la mainlevée de la délivrance de l'autorisation provisoire de sortie de fourrière et de la durée de sa validité.

En ce qui concerne les véhicules volés retrouvés en fourrière, l'autorité dont relève la fourrière est tenue d'informer au préalable les services de police ou de gendarmerie compétents de son intention de délivrer une autorisation provisoire de sortie de fourrière.

Art. R. 325-38 I. — Chaque prescription de mise en fourrière prend fin par une décision de mainlevée.

II. — Cette décision émane de l'autorité qui a prescrit la mise en fourrière ou de l'officier de police judiciaire chargé d'exécuter cette mesure. Elle émane du procureur de la République dans le cas prévu à l'article R. 325-27.

III. — Sous réserve des dispositions de cet article, l'autorité qualifiée pour prononcer la mainlevée est tenue de le faire, de restituer la *[le]* certificat d'immatriculation du véhicule si elle *[il]* a été retirée *[retiré]* et de délivrer une autorisation définitive de sortie de fourrière :

1° Sur simple demande du propriétaire ou du conducteur si elle concerne un véhicule classé dans la 1re catégorie visée à l'article R. 325-30 ;

2° S'il s'agit d'un véhicule classé dans la 2e ou la 3e catégorie visée à l'article R. 325-30, sur demande du propriétaire ou du conducteur, accompagnée, selon le cas :

a) De la facture mentionnée au troisième alinéa de l'article R. 325-36 ;

b) Du récépissé délivré par le service chargé des contrôles techniques en Polynésie française, postérieur à la date de mise en fourrière.

IV. — Les dispositions du II ci-dessus ne s'appliquent ni aux véhicules volés retrouvés en fourrière ni à ceux dont le propriétaire et l'assureur demeurent inconnus ou introuvables malgré les recherches effectuées, pour lesquels la mainlevée ne peut être prononcée qu'après l'accord préalable exprès des services de police ou de gendarmerie compétents.

Art. R. 325-40 La mainlevée prend effet au jour de la délivrance de l'autorisation définitive de sortie du véhicule dans les cas prévus du *[au]* III de l'article R. 325-38.

La mainlevée prend effet à compter de la remise du véhicule au service des domaines du territoire de Polynésie française s'il est destiné à être aliéné, ou de sa remise à l'entreprise spécialisée s'il est destiné à être détruit.

Art. R. 325-41 Le gardien de la fourrière restitue le véhicule à son propriétaire ou à son conducteur dès que ce dernier produit l'autorisation définitive de sortie de fourrière et s'est acquitté des frais de mise en fourrière, d'enlèvement, de garde et d'expertise dans le cas où ces derniers sont à la charge du propriétaire. Ces frais sont arrêtés à la date de reprise du véhicule.

Art. R. 325-42 Aucun véhicule mis en fourrière ne peut être remis au service des domaines du territoire de Polynésie française en vue de son aliénation ou à une entreprise de démolition en vue de sa destruction sans que la mainlevée de cette mesure ait été préalablement prononcée à l'une ou l'autre de ces fins.

Art. R. 325-43 En application des dispositions des articles L. 325-7 et L. 325-8, l'autorité dont relève la fourrière décide de la remise du véhicule au service des domaines du territoire en vue de son aliénation ; l'autorité administrative investie des pouvoirs de police en matière de circulation décide de la destruction des véhicules mentionnés au cinquième alinéa de l'article L. 325-7 ainsi que des véhicules qui ont été remis au service des domaines du territoire de Polynésie française pour aliénation et qui n'ont pas trouvé preneur.

L'autorité dont relève la fourrière informe de ces décisions l'autorité qualifiée pour prononcer la mainlevée, détentrice de la *[du]* certificat d'immatriculation.

Celle-ci envoie la *[le]* certificat d'immatriculation dûment barrée *[barré]* au chef de service des transports aux fins d'annulation de ce document.

Art. R. 325-45 Le responsable de l'entreprise chargée de la destruction d'un véhicule prend en charge celui-ci en remettant au gardien de la fourrière un bon d'enlèvement délivré par l'autorité dont relève la fourrière. Il rend compte de la destruction dudit véhicule à l'autorité dont relève la fourrière, et à l'autorité qui a prononcé la mainlevée de mise en fourrière.

Les collectivités concernées peuvent passer avec les entreprises appelées à effectuer la destruction des véhicules des contrats dont les clauses sont déterminées conformément à *(Décr. n° 2007-1626 du 16 nov. 2007)* « une décision du conseil des ministres de Polynésie française ». — *[Décr. n° 97-1222 du 26 déc. 1997, art. 11 à 41.]*

Dans toutes les autres dispositions réglementaires en vigueur, la mention : « carte grise » est remplacée par la mention : « certificat d'immatriculation » (Décr. n° 2009-136 du 9 févr. 2009, art. 12, en vigueur à une date fixée par arrêté du ministre chargé des transports après avis du ministre de l'Intérieur et au plus tard le 1er juill. 2009).

CHAPITRE IV **DISPOSITIONS APPLICABLES À LA NOUVELLE-CALÉDONIE**

(Décr. n° 2007-1626 du 16 nov. 2007)

SECTION 1 **Dispositions générales**

Art. R. 344-1 Les articles R. 325-1 et R. 325-1-1 sont applicables en Nouvelle-Calédonie dans la rédaction suivante :

Art. R. 325-1 L'immobilisation, la mise en fourrière, le retrait de la circulation et la destruction prévus à l'article L. 325-1, dans sa rédaction applicable à la Nouvelle-Calédonie, peuvent être décidés dans les cas et les conditions définis au présent code.

L'immobilisation et la mise en fourrière peuvent également être ordonnées conformément aux dispositions de l'article L. 325-1-1, dans sa rédaction applicable à la Nouvelle-Calédonie.

Ces mesures ne font pas obstacle aux saisies ordonnées par l'autorité judiciaire.

Elles ne s'appliquent pas aux véhicules participant à des opérations de maintien de l'ordre.

Art. R. 325-1-1 Lorsque la juridiction prononce la confiscation d'un véhicule immobilisé et mis en fourrière en application de l'article L. 325-1-1, dans sa rédaction applicable à la Nouvelle-Calédonie, le service chargé de son aliénation dans les formes prévues pour les ventes de son mobilier, informe préalablement le candidat acquéreur que le montant des frais d'enlèvement et de garde en fourrière seront à sa charge.

Art. R. 344-1-1 *(Décr. n° 2009-1644 du 23 déc. 2009)* **Les articles R. 317-2, R. 317-3 et R. 317-4 sont applicables en Nouvelle-Calédonie dans la rédaction suivante :**

Art. R. 317-2 Dans les cas où la réglementation en vigueur en Nouvelle-Calédonie prévoit que des véhicules doivent être équipés d'un appareil de contrôle permettant l'enregistrement de la vitesse du véhicule, l'État définit les exigences réglementaires applicables à cet appareil ainsi que les conditions de son installation, de sa réparation et de sa vérification.

Le conducteur d'un véhicule équipé d'un appareil de contrôle permettant l'enregistrement de la vitesse du véhicule est tenu de présenter ou de remettre, à toutes réquisitions des agents ayant qualité pour constater les délits ou les contraventions en matière de circulation routière, les feuilles d'enregistrement de l'appareil de contrôle. Ces feuilles doivent être conservées pendant un an au moins et tenues à la disposition des agents de constatation.

Art. R. 317-3 L'appareil de contrôle doit être constamment maintenu en bon état de fonctionnement.

Le fait de contrevenir aux dispositions du présent article est puni de l'amende prévue pour les contraventions de la quatrième classe.

Art. R. 317-4 L'immobilisation des véhicules devant être équipés d'un appareil de contrôle permettant l'enregistrement de la vitesse peut être prescrite dans les conditions prévues à l'article L. 344-1 :

1° Lorsque le conducteur est en infraction aux règles relatives aux conditions de travail dans les transports routiers, publics ou privés, en vigueur en Nouvelle-Calédonie ;

2° Lorsque le conducteur ne peut présenter les documents dûment renseignés concernant les conditions de travail dans les transports routiers, publics et privés, en vigueur en Nouvelle-Calédonie ;

3° En l'absence d'appareil de contrôle permettant l'enregistrement de la vitesse ou lorsque celui-ci a fait l'objet d'une modification ou d'une détérioration affectant son fonctionnement normal.

SECTION 2 **Immobilisation**

Art. R. 344-2 Les articles R. 325-2 à R. 325-6 et R. 325-9 à R. 325-11 sont applicables à la Nouvelle-Calédonie dans la rédaction suivante :

Art. R. 325-2 L'immobilisation est l'obligation faite au conducteur ou au propriétaire d'un véhicule, dans les cas prévus au présent code, de maintenir ce véhicule sur place ou à proximité du lieu de constatation de l'infraction en se conformant aux règles relatives au stationnement.

En cas d'absence du conducteur ou lorsque celui-ci refuse de déplacer son véhicule, l'immobilisation de ce véhicule peut être assurée par un moyen mécanique.

Pendant tout le temps de l'immobilisation, le véhicule demeure sous la garde juridique de son propriétaire ou de son conducteur.

Le fait pour tout conducteur ou propriétaire d'un véhicule de transport de marchandises d'un poids total autorisé en charge excédant 3,5 tonnes ou d'un véhicule de transport en commun de contrevenir à l'obligation prévue au premier alinéa est puni de l'amende prévue pour les contraventions de la cinquième classe.

Le fait pour tout conducteur ou propriétaire d'un autre véhicule de contrevenir à l'obligation prévue au premier alinéa est puni de l'amende prévue pour les contraventions de la quatrième classe.

Art. R. 325-3 L'immobilisation peut être prescrite par les officiers et les agents de police judiciaire ainsi que les agents de police judiciaire adjoints mentionnés à l'article 21 du code de procédure pénale lorsqu'ils constatent la nécessité de faire cesser sans délai une des infractions prévues à l'article R. 344-3.

Art. R. 325-4 I. — Lorsque la décision d'immobilisation résulte de l'une des situations suivantes :

1° Le conducteur ou l'accompagnateur de l'élève conducteur est présumé en état d'ivresse ou sous l'empire d'un état alcoolique ;

2° Le conducteur n'est pas titulaire de la catégorie du permis exigée pour la conduite du véhicule considéré ;

3° Le conducteur est en infraction aux règles relatives aux conditions de travail dans les transports routiers, publics ou privés, ou ne peut présenter les documents dûment renseignés permettant de contrôler le respect de ces règles.

Le véhicule peut poursuivre sa route dès qu'un conducteur qualifié proposé par le conducteur ou, éventuellement, par l'accompagnateur de l'élève conducteur ou par le propriétaire du véhicule peut assurer la conduite de celui-ci.

II. — A défaut, les fonctionnaires et agents habilités à prescrire l'immobilisation peuvent prendre toute mesure destinée à placer le véhicule en stationnement régulier, au lieu qu'ils désignent, en faisant notamment appel à un conducteur qualifié.

Art. R. 325-5 Lorsque la décision d'immobilisation résulte d'une infraction aux règles concernant l'état ou l'équipement du véhicule, elle peut n'être rendue effective que dans un lieu où le conducteur du véhicule sera susceptible de trouver les moyens de faire cesser l'infraction.

Il ne peut être fait usage de cette faculté que dans la mesure où l'accompagnement du véhicule jusqu'à ce lieu peut être assuré dans des conditions de sécurité satisfaisantes.

Le conducteur peut également être autorisé à faire appel à un professionnel qualifié pour la prise en remorque de son véhicule en vue de sa réparation. L'immobilisation devient alors effective au lieu de réparation.

Art. R. 325-6 Lorsque le véhicule circule en infraction aux règles relatives aux contrôles techniques, la décision d'immobilisation doit prescrire la présentation du véhicule à un contrôle technique, dont les conditions sont fixées par une délibération du congrès de la Nouvelle-Calédonie.

Dans ce cas, une fiche de circulation provisoire, valable sept jours, est établie par les autorités compétentes localement selon la procédure mentionnée à l'article R. 325-9. La ou les pièces administratives nécessaires à la circulation du véhicule sont restituées au vu d'un document attestant le résultat satisfaisant du contrôle technique.

Art. R. 325-9 I. — Lorsque l'infraction qui a motivé l'immobilisation n'a pas cessé au moment où l'agent quitte le lieu où le véhicule est immobilisé, l'agent saisit l'officier de police judiciaire ou l'agent de police judiciaire adjoint, chef de la police municipale ou occupant ces fonctions, territorialement compétent en lui remettant soit la *[le]* certificat d'immatriculation du véhicule s'il s'agit d'un véhicule dont le poids total autorisé en charge n'excède pas 3,5 tonnes et une fiche d'immobilisation, soit les pièces administratives nécessaires à la circulation du véhicule s'il s'agit d'un véhicule de transport de marchandises d'un poids total autorisé en charge excédant 3,5 tonnes ou de transport en commun et la fiche d'immobilisation. Un double de cette fiche est remis au contrevenant.

II. — La fiche d'immobilisation énonce les date, heure et lieu de l'immobilisation, l'infraction qui l'a motivée, les éléments d'identification du véhicule et de la *[du]* certificat d'immatriculation, les nom et adresse du contrevenant, les noms, qualités et affectations des agents qui la rédigent et précise la résidence de l'officier de police judiciaire ou l'agent de police judiciaire adjoint, chef de la police municipale ou occupant ces fonctions, qualifié pour lever la mesure.

Art. R. 325-10 Le procès-verbal de l'infraction qui a motivé l'immobilisation d'un véhicule est transmis dans les plus brefs délais au procureur de la République. Il relate de façon sommaire les circonstances et les conditions dans lesquelles la mesure a été prise.

Art. R. 325-11 I. — L'immobilisation ne peut être maintenue après que la circonstance qui l'a motivée a cessé.

II. — Elle est levée :

1° Par l'agent qui l'a prescrite s'il est encore présent lors de la cessation de l'infraction ;

2° Par l'officier de police judiciaire ou l'agent de police judiciaire adjoint, chef de la police municipale ou occupant ces fonctions, saisi dans les conditions prévues à l'article R. 325-9, dès que le conducteur ou l'accompagnateur de l'élève conducteur justifie de la cessation de l'infraction. L'officier de police judiciaire ou l'agent de police judiciaire adjoint, chef de la police municipale ou occupant ces fonctions, restitue alors la *[le]* certificat d'immatriculation au conducteur ou à l'accompagnateur de l'élève conducteur et transmet au procureur de la République le procès-verbal mentionné à l'article R. 325-10 et un exemplaire de la fiche d'immobilisation ou une copie conforme de cette fiche, comportant la mention de la levée de la mesure. Lorsque le conducteur ou l'accompagnateur de l'élève conducteur n'a pas justifié de la cessation de l'infraction dans un délai de quarante-huit heures, l'officier de police judiciaire ou l'agent de police judiciaire adjoint, chef de la police municipale ou occupant ces fonctions, peut transformer l'immobilisation en une mise en fourrière ; il joint alors à chacun des exemplaires de la procédure de mise en fourrière qu'il adresse au procureur de la République un exemplaire ou une copie conforme de la fiche d'immobilisation.

III. — Dans tous les cas, dès la cessation de l'infraction qui a motivé l'immobilisation, le véhicule peut circuler entre le lieu d'immobilisation et la résidence de l'autorité désignée pour lever la mesure, sous couvert du double de la fiche d'immobilisation remise au conducteur.

Dans toutes les autres dispositions réglementaires en vigueur, la mention : « carte grise » est remplacée par la mention : « certificat d'immatriculation » (Décr. n° 2009-136 du 9 févr. 2009, art. 12, en vigueur à une date fixée par arrêté du ministre chargé des transports après avis du ministre de l'Intérieur et au plus tard le 1er juill. 2009).

Art. R. 344-3 L'immobilisation peut être prescrite :

1° Lorsque le conducteur est présumé en état d'ivresse ou sous l'empire d'un état alcoolique ;

2° Lorsque le conducteur n'est pas titulaire du permis exigé pour la conduite du véhicule ;

3° Lorsque le mauvais état du véhicule, son poids, sa charge par essieu, la forme, la nature, l'état et les conditions d'utilisation des bandages, la pression sur le sol, l'absence, la non-conformité et la défectuosité de son équipement réglementaire en ce qui concerne les freins ou l'éclairage, ou son chargement, créent un danger important pour les autres usagers ou constituent une menace pour l'intégrité de la chaussée. Toutefois, peuvent seuls être retenus les dépassements du poids total autorisé ou des charges par essieu prévues par la réglementation en vigueur sur le territoire excédant 5 % ;

(Décr. n° 2017-16 du 6 janv. 2017, art. 4 et 16, en vigueur le 1er mars 2017) « 4° Lorsque le conducteur d'un transport exceptionnel ne peut présenter le document prévu par la réglementation en vigueur dans le territoire permettant la circulation de ce transport ; »

5° Lorsque le véhicule ou son chargement provoque des détériorations à la route ou à ses dépendances ;

6° Lorsque le véhicule circule en infraction aux règlements en vigueur sur le territoire relatifs aux transports de matières dangereuses ou à ceux portant restrictions de circulation ;

7° Lorsque le véhicule circule en infraction aux dispositions en vigueur sur le territoire relatives aux organes moteurs ;

8° Lorsque le conducteur du véhicule est en infraction aux dispositions en vigueur sur le territoire et relatives à l'exécution commode et sans délai de toutes les manœuvres qui lui incombent, notamment lorsque ses possibilités de mouvement, son champ de vision et d'audition sont réduits par le nombre ou la position des passagers, par les objets transportés, par l'apposition d'objets non transparents sur les vitres ;

9° Lorsque le conducteur d'un véhicule de transport circule en infraction à la réglementation territoriale relative à l'autorisation de mise en circulation ;

10° Lorsque le conducteur d'un véhicule est en infraction à la réglementation territoriale relative aux conditions de travail, dans les transports routiers, ou ne peut présenter les documents dûment renseignés permettant de contrôler le respect de ces règles ;

11° Lorsque le conducteur est en infraction aux dispositions territoriales relatives à l'obligation d'assurance ;

12° Lorsque le conducteur circule sans satisfaire aux règles territoriales relatives à la circulation routière spéciale aux conducteurs de cyclomoteurs et aux motocyclistes, notamment au port du casque ;

13° Lorsque le conducteur circule en infraction aux règles en vigueur sur le territoire relatives aux visites techniques ;

14° Lorsque le conducteur d'un véhicule est en infraction avec les règles en vigueur sur le territoire et relatives à l'arrêt et au stationnement et à l'usage des voies à circulation spécialisée et refuse de faire cesser l'arrêt ou le stationnement irrégulier malgré l'injonction des agents.

SECTION 3 **Fourrière**

Art. R. 344-4 Les articles R. 325-12 à R. 325-38, R. 325-40 à R. 325-43 et R. 325-45 à *[et]* R. 325-46 sont applicables en Nouvelle-Calédonie dans la rédaction suivante :

Art. R. 325-12 I. — La mise en fourrière est le transfert d'un véhicule en un lieu désigné par l'autorité administrative ou judiciaire en vue d'y être retenu jusqu'à décision de celle-ci, aux frais du propriétaire de ce véhicule.

II. — L'immobilisation matérielle visée à l'article R. 325-2 peut constituer l'une des opérations préalables au commencement d'exécution de la mise en fourrière.

III. — La mise en fourrière est réputée avoir reçu un commencement d'exécution :

1° A partir du moment où deux-roues au moins du véhicule ont quitté le sol, lorsque le transfert du véhicule vers la fourrière est réalisé au moyen d'un véhicule d'enlèvement ;

2° A partir du commencement du déplacement du véhicule vers la fourrière, quel que soit le procédé utilisé à cet effet.

Art. R. 325-13 Toute prescription de mise en fourrière est précédée d'une vérification tendant à déterminer s'il s'agit d'un véhicule volé.

Lorsque le résultat de cette vérification est positif, le propriétaire et son assureur sont immédiatement informés de la découverte du véhicule. Le véhicule est alors confié au gardien de fourrière à titre conservatoire en attendant que le propriétaire ou l'assureur se manifeste.

Art. R. 325-14 I. — Dans les cas prévus au présent code ou à la suite d'une immobilisation du véhicule, la mise en fourrière est prescrite dans les conditions prévues à l'article R. 325-9 et au 2° de l'article R. 325-11 :

soit par un officier de police judiciaire territorialement compétent, de la police nationale ou de la gendarmerie nationale ;

soit par un agent de police judiciaire adjoint, chef de la police municipale ou occupant ces fonctions, territorialement compétent, de sa propre initiative ou sur proposition de l'agent qui a verbalisé à la suite d'une infraction justificative de mise en fourrière.

II. — Lorsque le véhicule a été volé, que son propriétaire n'a pu être identifié ou lorsqu'il est muni de fausses plaques d'immatriculation, sa mise en fourrière ne peut être prescrite que par un officier de police judiciaire de la police nationale ou de la gendarmerie nationale territorialement compétent, ou avec son accord préalable exprès.

Art. R. 325-15 En cas d'infraction aux règlements en vigueur sur le territoire pour la sauvegarde de l'esthétique des sites et des paysages, la mise en fourrière peut également être prescrite par l'autorité administrative compétente en Nouvelle-Calédonie.

Un officier de police judiciaire ou l'agent de police judiciaire adjoint, chef de la police municipale ou occupant ces fonctions, territorialement compétent peut être chargé d'exécuter, ou de faire exécuter, la mesure prévue à l'alinéa précédent.

Les dispositions du II de l'article R. 325-16 sont appliquées.

Art. R. 325-16 L'officier de police judiciaire ou l'agent de police judiciaire adjoint, chef de la police municipale ou occupant ces fonctions, territorialement compétent, ou l'agent placé sous leur autorité :

1° Désigne la fourrière dans laquelle sera transféré le véhicule, cette désignation étant matérialisée par la pose d'un signe distinctif sur celui-ci ;

2° Dresse, si possible contradictoirement en présence du propriétaire ou du conducteur du véhicule et du préposé à l'enlèvement, un état sommaire, extérieur et intérieur, du véhicule, sans l'ouvrir, au moyen d'une fiche descriptive dont le modèle est fixé par une délibération du congrès de la Nouvelle-Calédonie, avant que la mise en fourrière reçoive un commencement d'exécution ;

3° Remet à ce propriétaire ou ce conducteur, s'il est présent, un double de la fiche relative à l'état du véhicule et, le cas échéant, la fiche de circulation provisoire prévue à l'article R. 325-6 ;

4° Relate sur le procès-verbal de constatation ou le rapport les motifs de la mise en fourrière ; il y fait mention du retrait provisoire du certificat d'immatriculation et de l'heure d'appel du véhicule d'enlèvement.

Art. R. 325-17 Lorsque la mise en fourrière a reçu un commencement d'exécution, le véhicule est restitué à son propriétaire ou son conducteur dans les conditions prévues à l'article R 325-38.

Toutefois, si le propriétaire ou le conducteur du véhicule règle les frais d'opérations préalables prévus à l'article R. 325-29 ou s'il s'engage par écrit à les régler, et s'il s'engage à rendre immédiatement son usage normal à la voie publique, il peut être autorisé à reprendre aussitôt son véhicule.

Art. R. 325-18 L'auteur d'une prescription de mise en fourrière informe l'autorité dont relève la fourrière dans les plus brefs délais.

Art. R. 325-19 Chaque fourrière relève d'une autorité publique unique.

Cette autorité publique est l'une de celles qui sont prévues aux articles R. 325-20 et R. 325-21.

Cette autorité publique désigne le gardien de la fourrière sur la liste des gardiens de fourrière agréés par la Nouvelle-Calédonie conformément aux dispositions de l'article R. 325-24.

Art. R. 325-20 Lorsque la mise en fourrière est effectuée dans un lieu public ou relevant d'une autorité publique, l'autorité dont relève la fourrière est déterminée par une délibération du congrès de la Nouvelle-Calédonie.

Art. R. 325-21 La fourrière peut être située dans un lieu privé avec l'assentiment du propriétaire ou du locataire de cet immeuble s'il accepte d'assurer la garde de cette fourrière. Dans cette hypothèse, l'autorité dont relève la fourrière est désignée par les dispositions applicables localement.

Art. R. 325-22 I. — Lorsque le propriétaire du véhicule faisant l'objet de la mise en fourrière est domicilié ou réside dans le ressort de l'officier de police judiciaire ou de l'agent de police judiciaire adjoint, chef de la police municipale ou occupant ces fonctions, qui prescrit cette mesure, celui-ci peut faire garder le véhicule par son propriétaire, à condition que le certificat d'immatriculation soit immédiatement retiré. Ce document reçoit la destination prévue à l'article R. 325-34.

II. — Dans cette hypothèse, l'autorité dont relève la fourrière est :

1° Soit le maire, lorsque la mise en fourrière a été décidée par lui ou par un de ses adjoints agissant en qualité d'officier de police judiciaire ou par l'agent de police judiciaire adjoint, chef de la police municipale ou occupant ces fonctions;

2° Soit l'autorité compétente du territoire en matière de circulation routière, dans les autres cas.

Art. R. 325-23 Le véhicule est placé sous la garde juridique du gardien de la fourrière jusqu'à la date d'effet de la mainlevée, sauf au cours de la sortie provisoire prévue à l'article R. 325-36.

Art. R. 325-24 Les conditions dans lesquelles sont agréés les gardiens de fourrière, la réglementation concernant leurs installations et l'autorité compétente pour procéder au retrait de l'agrément sont fixées par des dispositions applicables localement.

Art. R. 325-25 Le gardien de fourrière enregistre, au fur et à mesure de leurs arrivées, les entrées des véhicules mis en fourrière, leurs sorties provisoires et définitives, les décisions de mainlevée de la mise en fourrière et, le cas échéant, les décisions de remise au service compétent de la Nouvelle-Calédonie chargé de son aliénation dans les formes prévues pour les ventes de son mobilier ou à une entreprise de destruction.

Art. R. 325-26 Le procès-verbal de la mise en fourrière relate les circonstances et les conditions dans lesquelles cette mesure a été prise; il est transmis dans les plus brefs délais au procureur de la République.

Un double de ce document est transmis dans les plus brefs délais à l'autorité ayant compétence pour prononcer la mainlevée.

En cas d'absence du propriétaire ou du conducteur au moment de l'enlèvement du véhicule en fourrière, un double de la fiche descriptive remplie par l'agent de constatation est adressé sans délai au responsable de la notification de mise en fourrière.

Un autre double de cette fiche descriptive est remis au gardien de fourrière.

Art. R. 325-27 Les intéressés peuvent contester auprès du procureur de la République du lieu de l'infraction la décision de mise en fourrière. Ce magistrat confirme la mesure ou en ordonne la mainlevée dans le délai maximal de cinq jours ouvrables.

Si, à l'examen de la procédure, le procureur de la République estime qu'il n'a pas été commis d'infraction, il ordonne que soit donnée mainlevée de la mise en fourrière et en informe immédiatement l'autorité qui l'a prescrite.

Art. R. 325-28 Peuvent procéder au transfert d'un véhicule du lieu de son stationnement à celui de sa garde en fourrière :

1° Les personnels habilités mentionnés aux premier et deuxième alinéas de l'article L. 325-2, dans sa rédaction applicable à la Nouvelle-Calédonie;

2° Le professionnel agréé, ou son préposé, désigné pour l'enlèvement du véhicule dont la mise en fourrière a été prescrite;

3° Un tiers en vertu d'une réquisition ;
4° Le propriétaire ou le conducteur du véhicule en vertu d'une réquisition.

Art. R. 325-29 I. — Le propriétaire du véhicule est tenu de rembourser :

1° Lorsque la prescription de mise en fourrière a reçu le commencement d'exécution défini à l'article R. 325-12, les frais d'enlèvement ainsi que, le cas échéant, les frais de garde en fourrière, d'expertise sous réserve de l'application du IV de l'article R. 325-30 et de l'alinéa 3 de l'article R. 325-35, et de vente ou de destruction du véhicule ;

2° Lorsque la prescription de mise en fourrière n'a pas reçu de commencement d'exécution, les frais afférents aux opérations préalables à la mise en fourrière, à condition que le véhicule d'enlèvement se soit rendu sur les lieux.

II. — Le propriétaire du véhicule rembourse les frais précités au gardien de la fourrière sur présentation d'une facture détaillée.

III. — Les taux maximaux des frais d'opérations préalables à la mise en fourrière, des frais d'enlèvement, de garde en fourrière, d'expertise, de vente et de destruction des véhicules sont fixés par des dispositions applicables localement, compte tenu des catégories de véhicules.

IV. — Les professionnels auxquels l'autorité dont relève la fourrière fait appel dans le cadre de la mise en fourrière sont rémunérés par cette autorité.

A défaut de stipulations contractuelles, cette autorité indemnise les frais énumérés au III dans les cas suivants :

1° Le propriétaire du véhicule mis en fourrière s'avère inconnu, introuvable ou insolvable ;

2° La procédure ou la prescription de mise en fourrière est annulée.

Art. R. 325-30 I. — L'autorité dont relève la fourrière classe le véhicule dans l'une des trois catégories suivantes :

1° Véhicule pouvant être restitué en l'état à son propriétaire ou son conducteur ;

2° Véhicule ne pouvant être restitué à son propriétaire ou son conducteur qu'après l'exécution des travaux reconnus indispensables, ou après avoir satisfait aux obligations de contrôles techniques, dont les modalités pratiques sont fixées par une délibération du congrès de la Nouvelle-Calédonie ;

3° Véhicule hors d'état de circuler dans des conditions normales de sécurité et dont la valeur marchande est inférieure à un montant fixé par le gouvernement de la Nouvelle-Calédonie, devant être livré à la destruction à l'expiration du délai d'abandon prévu au quatrième alinéa de l'article L. 325-7.

II. — Le classement dans les deuxième et troisième catégories prévues au I ci-dessus est décidé après avis d'un expert en automobile désigné dans des conditions fixées par délibération du congrès de la Nouvelle-Calédonie.

III. — L'expert se prononce sur la capacité du véhicule à circuler dans des conditions normales de sécurité. Si le véhicule ne remplit pas ces conditions, l'expert définit les réparations indispensables propres à lui redonner cette capacité et fournit une évaluation de la valeur marchande du véhicule.

IV. — Les véhicules réclamés par leurs propriétaires ou leurs conducteurs dans le délai de trois jours suivant la mise en fourrière peuvent être restitués sans avoir été expertisés ni classés.

Art. R. 325-31 La mise en fourrière est notifiée par l'officier de police judiciaire qui l'a prescrite ou qui a été chargé de l'exécuter, ou par l'autorité dont relève la fourrière, à l'adresse relevée sur le procès-verbal de l'infraction ayant motivé la mise en fourrière si le propriétaire ou le conducteur du véhicule était présent, ou à l'adresse indiquée au fichier des immatriculations.

Lorsque le véhicule n'est pas identifiable, il n'est pas procédé à cette formalité. Mention en est faite dans le procès-verbal ou dans le rapport de mise en fourrière.

Art. R. 325-32 I. — Cette notification s'effectue par lettre recommandée avec demande d'accusé de réception, dans le délai maximal de cinq jours ouvrables suivant la mise en fourrière du véhicule.

Il y est joint un double de la fiche descriptive de l'état du véhicule mis en fourrière en cas d'absence du propriétaire ou du conducteur au moment de l'enlèvement pour mise en fourrière

II. — Cette notification comporte les mentions obligatoires suivantes :

1° Indication de l'auteur de la prescription, du motif de la prescription, de la fourrière désignée et de l'autorité dont relève cette fourrière ;

2° Décision de classement prise en application de l'article R. 325-30 et indication de la faculté de faire procéder à une contre-expertise conformément aux articles R. 325-35 et R. 325-36 ;

3° Autorité qualifiée pour donner mainlevée de la mise en fourrière ;

4° Injonction au propriétaire du véhicule, s'il est soumis à immatriculation, de remettre immédiatement, sous peine d'encourir l'amende prévue pour les contraventions de la quatrième classe, le certificat d'immatriculation à l'autorité qualifiée pour donner mainlevée de la mise en fourrière ;

5° Mise en demeure au propriétaire de retirer son véhicule avant l'expiration d'un délai :

a) De dix jours pour un véhicule qu'un expert aura estimé d'une valeur marchande inférieure à un montant fixé par le gouvernement de la Nouvelle-Calédonie et déclaré hors d'état de circuler dans des conditions normales de sécurité ;

b) De quarante-cinq jours dans les autres cas,

ces délais commençant à courir un jour franc après la date de notification ;

6° Avertissement au propriétaire que son absence de réponse dans les délais impartis vaudra abandon de son véhicule et que ledit véhicule sera, dans les conditions prévues par décret, soit remis au service compétent de la Nouvelle-Calédonie chargé de son aliénation dans les formes prévues pour les ventes de son mobilier en vue de son aliénation, soit livré à la destruction ;

7° Nature et montant des frais qu'il sera tenu de rembourser ;

8° Énoncé des voies de recours.

III. — Si le fichier des immatriculations révèle l'inscription d'un gage, copie de la notification de mise en fourrière est adressée par l'auteur de la prescription de mise en fourrière au créancier-gagiste, par lettre recommandée avec demande d'accusé de réception, qui fait référence aux articles 5, 6 et 7 du décret n° 72-823 du 6 septembre 1972 fixant les conditions de remise au service des domaines des véhicules non retirés de fourrière par leurs propriétaires.

Art. R. 325-33 Le fait, pour le propriétaire d'un véhicule, de ne pas restituer le certificat d'immatriculation immédiatement après la notification qui lui a été faite en application de l'article R. 325-32 (II, 4°) est puni de l'amende prévue pour les contraventions de la quatrième classe.

Art. R. 325-34 Toute personne se trouvant destinataire du certificat d'immatriculation d'un véhicule mis en fourrière est tenue de le transmettre sans délai à l'autorité ayant compétence pour prononcer la mainlevée.

Art. R. 325-35 En cas de désaccord sur l'état du véhicule ou sur la décision de classement visée à l'article R. 325-30, le propriétaire a la faculté de faire procéder à une contre-expertise.

La contre-expertise est faite par un expert choisi sur la liste visée à l'article R. 325-30.

Dans le cas où la contre-expertise confirme l'expertise initiale, les frais d'expertise et de contre-expertise sont à la charge du propriétaire. Dans le cas contraire, ces frais incombent à l'autorité dont relève la fourrière.

Art. R. 325-36 L'autorité dont relève la fourrière ne peut s'opposer à la demande d'autorisation provisoire de sortie de fourrière présentée par le propriétaire du véhicule en vue exclusivement de faire procéder aux travaux reconnus indispensables par l'expert. Il en est de même lorsque le propriétaire du véhicule fait procéder à une contre-expertise, aux réparations remettant le véhicule en état de circuler dans des conditions normales de sécurité ainsi qu'au contrôle technique du véhicule.

Cette autorisation provisoire de sortie de fourrière, dont le modèle est fixé par délibération du congrès de la Nouvelle-Calédonie, qui tient lieu de pièce de circulation et qui est limitée au temps des parcours nécessaires et des opérations précitées, peut prescrire un itinéraire et des conditions de sécurité.

Le réparateur doit remettre au propriétaire du véhicule une facture détaillée certifiant l'exécution des travaux prescrits en application du 2° du I de l'article R. 325-30.

Art. R. 325-37 L'autorité dont relève la fourrière informe l'autorité qualifiée pour prononcer la mainlevée de la délivrance de l'autorisation provisoire de sortie de fourrière et de la durée de sa validité.

En ce qui concerne les véhicules volés retrouvés en fourrière, l'autorité dont relève la fourrière est tenue d'informer au préalable les services de police ou de gendarmerie compétents de son intention de délivrer une autorisation provisoire de sortie de fourrière.

Art. R. 325-38 I. — Chaque prescription de mise en fourrière prend fin par une décision de mainlevée.

II. — Cette décision émane de l'autorité qui a prescrit la mise en fourrière ou de l'officier de police judiciaire chargé d'exécuter cette mesure.

III. — Lorsque l'autorité qualifiée pour prononcer la mainlevée est saisie en ce sens par le procureur de la République, comme il est prévu à l'article R. 325-27, elle est tenue de donner immédiatement mainlevée.

IV. — L'autorité qualifiée pour prononcer la mainlevée est tenue de le faire, de restituer le certificat d'immatriculation du véhicule s'il a été retiré et de délivrer une autorisation définitive de sortie de fourrière :

1° Sur simple demande du propriétaire ou du conducteur si elle concerne un véhicule classé dans la première catégorie visée à l'article R. 325-30 ;

2° S'il s'agit d'un véhicule classé dans la deuxième ou la troisième catégorie, sur demande du propriétaire ou du conducteur, accompagnée selon le cas :

a) De la facture détaillée du réparateur certifiant l'exécution des travaux reconnus indispensables par l'expert ;

b) Ou du récépissé délivré par un centre de contrôle technique désigné selon les dispositions localement applicables, postérieur à la date de mise en fourrière.

V. — Les dispositions du IV ci-dessus ne s'appliquent pas aux véhicules volés retrouvés en fourrière ainsi qu'aux véhicules dont le propriétaire et l'assureur demeurent inconnus ou introuvables malgré les recherches effectuées, pour lesquels la mainlevée ne peut être prononcée qu'après accord préalable exprès des services de police ou de gendarmerie compétents.

Art. R. 325-40 La mainlevée prend effet au jour de la délivrance de l'autorisation définitive de sortie du véhicule dans les cas prévus au IV de l'article R. 325-38.

La mainlevée prend effet à compter de la remise du véhicule au service compétent chargé de son aliénation dans les formes prévues pour les ventes de son mobilier s'il est destiné à être aliéné, ou de sa remise à l'entreprise spécialisée s'il est destiné à être détruit.

Art. R. 325-41 Le gardien de la fourrière restitue le véhicule à son propriétaire ou à son conducteur dès que ce dernier produit l'autorisation définitive de sortie de fourrière et s'est acquitté des frais de mise en fourrière, d'enlèvement, de garde et d'expertise, dans le cas où ces derniers sont à la charge du propriétaire. Ces frais sont arrêtés à la date de reprise du véhicule.

Art. R. 325-42 Aucun véhicule mis en fourrière ne peut être remis au service compétent chargé de son aliénation dans les formes prévues pour les ventes de son mobilier en vue de son aliénation ou à une entreprise de démolition en vue de sa destruction sans que la mainlevée de cette mesure ait été préalablement prononcée à l'une ou l'autre de ces fins.

Art. R. 325-43 En application des dispositions des articles L. 325-7 et L. 325-8 relatives aux véhicules abandonnés, dans leur rédaction applicable à la Nouvelle-Calédonie, l'autorité dont relève la fourrière décide de la remise du véhicule au service compétent chargé de son aliénation dans les formes prévues pour les ventes de son mobilier en vue de son aliénation ; l'autorité administrative investie du pouvoir de police en matière de circulation décide de la destruction des véhicules mentionnés au quatrième alinéa de l'article L. 325-7 ainsi que des véhicules qui ont été remis au service compétent chargé de son aliénation dans les formes prévues pour les ventes de son mobilier pour aliénation et qui n'ont pas trouvé preneur.

L'autorité dont relève la fourrière informe de ces décisions l'autorité qualifiée pour prononcer la mainlevée, détentrice du certificat d'immatriculation.

Dans ce cas, en se référant aux décisions susvisées, l'autorité qualifiée précitée envoie le certificat d'immatriculation, dûment barré, à l'autorité compétente territorialement, aux fins d'annulation de ce document. Si l'envoi du certificat d'immatriculation est impossible, elle en précise le motif.

Art. R. 325-45 I. — Le responsable de l'entreprise chargée de la destruction d'un véhicule prend en charge celui-ci en remettant au gardien de la fourrière un bon d'enlèvement délivré par l'autorité dont relève la fourrière. Il rend compte de la destruction dudit véhicule à l'autorité dont relève la fourrière, à l'autorité qui a prononcé la mainlevée de mise en fourrière.

II. — Les autorités dont relèvent les fourrières, définies aux articles R. 325-20 et R. 325-21, peuvent passer contrat avec des entreprises appelées à effectuer la destruction des véhicules, selon les modalités fixées par les autorités compétentes de la Nouvelle-Calédonie.

Art. R. 325-46 Les dispositions concernant la mise en fourrière ne sont pas applicables aux véhicules militaires.

TITRE V DISPOSITIONS RELATIVES AUX DÉMARCHES EFFECTUÉES PAR VOIE ÉLECTRONIQUE

(Décr. nº 2017-1278 du 9 août 2017, art. 20)

Art. R. 350-1 **L'accomplissement des démarches par voie électronique prévues aux chapitres II et VII du titre II ainsi qu'au titre III est subordonné à la justification, par l'usager, de son identité dans les conditions fixées par l'article R. 112-9-1 du code des relations entre le public et l'administration.**

Conformément à l'art. R. 112-9-2 CRPA, des arrêtés conjoints du ministre de l'intérieur et du ministre chargé des transports informent le public de la mise en place des téléservices relatifs aux démarches par voie électronique prévues dans le présent décret, afin que le droit pour celui-ci de saisir l'administration par voie électronique puisse s'exercer à compter de la publication de ces arrêtés (Décr. nº 2017-1278 du 9 août 2017, art. 21).

Art. R. 350-2 **A défaut de pouvoir faire lui-même une démarche par voie électronique, l'usager peut bénéficier d'un accès à un dispositif connecté au site de la démarche considérée et d'une assistance numérique, mis en place par l'administration.**

Art. R. 350-3 **A l'occasion des démarches par voie électronique prévues au I de l'article R. 322-5, au I de l'article R. 322-6, au I de l'article R. 322-8 et au I de l'article R. 327-1, le certificat d'immatriculation du véhicule et, s'il existe, le coupon, sont conservés pendant cinq ans par le propriétaire qui les tient à la disposition du ministre de l'intérieur. Le fait, pendant la période de cinq ans, de ne pas être en mesure de présenter au ministre de l'intérieur le certificat d'immatriculation du véhicule, et, s'il existe, le coupon, est puni de l'amende prévue pour les contraventions de la quatrième classe.**

A l'issue de la période de cinq ans, le certificat d'immatriculation du véhicule, et, s'il existe, le coupon, sont détruits par le propriétaire.

LIVRE IV L'USAGE DES VOIES

TITRE I DISPOSITIONS GÉNÉRALES

CHAPITRE I POUVOIRS DE POLICE DE LA CIRCULATION

SECTION 1 Pouvoirs généraux de police

Art. R. 411-1 **Les règles relatives aux modalités d'application de l'article L. 411-1 concernant les routes à grande circulation sont fixées par l'article R. 2213-1 du code général des collectivités territoriales ci-après reproduit :**

Art. R. 2213-1 Les pouvoirs dévolus au préfet sur les routes à grande circulation ne font pas obstacle à la mise en application immédiate des mesures de police que le maire juge nécessaire de prendre dans le cas d'urgence résultant notamment de sinistres ou périls imminents.

Art. R. 411-2 **Les limites des agglomérations sont fixées par arrêté du maire.** – *[Anc. art. R. 44, al. 2.]*

1. Mise en place et entretien des panneaux d'agglomération. Si les limites d'une agglomération sont fixées par arrêté du maire, en application de l'instruction interministérielle n° 81-85 du 23 sept. 1981, qui définit la répartition des charges financières afférentes à la fourniture, la pose, l'entretien, l'exploitation, le remplacement et éventuellement la suppression des dispositifs de signalisation routière, la règle de base est que les panneaux de localisation sont à la charge de l'autorité gestionnaire de la route hors agglomération, c'est-à-dire du conseil général dans le cas d'une route départementale. Il peut toutefois être dérogé à cette règle d'un commun accord entre les deux collectivités. * Rép. min. n° 3752 : *JOAN Q, 13 mai 2008. p. 4008.*

2. Panneaux d'entrée d'agglomération en langue régionale. L'utilisation de traductions de la langue française dans les différentes langues régionales n'est pas interdite pour les inscriptions apposées sur la voie publique et destinées à l'information du public, lorsqu'en même temps l'utilisation du français est suffisamment et correctement assurée. Ne méconnaît ni l'art. 2 de la Const., ni l'art. 3 de la L. du 4 août 1994, le fait pour une commune d'apposer des panneaux portant la traduction en langue occitane de son nom français sous les panneaux d'entrée d'agglomération indiquant celui-ci en français. • CAA Marseille, 28 juin 2012, n° 10MA04419 : *AJDA 2012. 1031 ; ibid. 1856, note Salvage* (annulant le jugement qui avait considéré que si la Constitution et la loi ne s'opposent pas à ce qu'une langue régionale soit employée par une collectivité publique sur la voie publique, encore faut-il que des circonstances particulières ou l'intérêt général le justifient : en l'espèce, l'installation de panneaux d'entrée d'agglomération indiquant le nom de la ville de Villeneuve-lès-Maguelone en langue d'oc n'avait pas été considérée comme justifiée en l'absence de tradition historique relative à l'usage de la toponymie retenue) • TA Montpellier, 12 oct. 2010 : *AJDA 2010. 2133 ; ibid. 2011. 329, concl. De Monte ; LPA 15 juin 2011. 17, note Gicquel.*

Art. R. 411-3 *(Décr. n° 2008-754 du 30 juill. 2008)* **L'autorité détentrice du pouvoir de police de la circulation détermine le périmètre des aires piétonnes et fixe les règles de circulation à l'intérieur de ce périmètre.**

En ce qui concerne le pouvoir des maires, V. art. L. 411-1.

Art. R. 411-3-1 *(Décr. n° 2008-754 du 30 juill. 2008)* **Le périmètre des zones de rencontre et leur aménagement sont fixés par arrêté pris par l'autorité détentrice du pouvoir de police de la circulation après consultation des autorités gestionnaires de la voirie concernée et, s'il s'agit d'une section de route à grande circulation, après avis conforme du préfet.**

Les règles de circulation définies à l'article R. 110-2 sont rendues applicables par arrêté de l'autorité détentrice du pouvoir de police constatant l'aménagement cohérent des zones et la mise en place de la signalisation correspondante.

Art. R. 411-3-2 *(Décr. n° 2022-635 du 22 avr. 2022, art. 2)* **Un arrêté pris par l'autorité détentrice du pouvoir de police de la circulation détermine les routes sur lesquelles est créée une voie verte après consultation des autorités gestionnaires de la voirie concernée.**

Lorsque la voie verte est créée sur une partie de domaine faisant l'objet d'une superposition d'affectations régie par une convention conclue en application du code général de la propriété des personnes publiques, l'arrêté est pris après consultation de l'autorité gestionnaire du domaine et vise cette convention.

Les règles de circulation définies à l'article R. 110-2 sont rendues applicables par arrêté de l'autorité détentrice du pouvoir de police. Dans les conditions qu'elle détermine, les véhicules motorisés utilisés par une catégorie d'usagers qu'elle définit, ou par les titulaires d'une autorisation individuelle qu'elle délivre, peuvent, par dérogation, être autorisés à circuler pour accéder aux terrains riverains, sous réserve de respecter la vitesse maximale autorisée qu'elle fixe et qui ne peut excéder 30 km/h.

Art. R. 411-4 *(Décr. nº 2008-754 du 30 juill. 2008)* Le périmètre des zones 30 et leur aménagement sont fixés par arrêté pris par l'autorité détentrice du pouvoir de police de la circulation après consultation des autorités gestionnaires de la voirie concernée et, s'il s'agit d'une section de route à grande circulation, après avis conforme du préfet.

Les règles de circulation définies à l'article R. 110-2 sont rendues applicables par arrêté de l'autorité détentrice du pouvoir de police constatant l'aménagement cohérent des zones et la mise en place de la signalisation correspondante.

En ce qui concerne le pouvoir des maires, V. art. L. 411-1.

Art. R. 411-5 Pour l'application des dispositions du présent code, les compétences de police attribuées par la loi au président du conseil départemental, au maire, au président du conseil exécutif en Corse en matière de circulation routière s'exercent sous réserve des pouvoirs propres du préfet en sa qualité d'autorité de police générale dans le département, lorsqu'il prend des mesures relatives au bon ordre et à la sécurité publique dont le champ d'application excède le territoire d'une commune.

Le préfet se substitue au président du conseil départemental par application de l'article L. 3221-5 du code général des collectivités territoriales, au maire par application de l'article L. 2215-1 du même code, ou conjointement aux deux autorités lorsque celles-ci n'ont pas exercé leurs attributions de police respectives ou conjointes après qu'il les a mises en demeure. – *[Anc. art. R. 225-1.]*

Art. R. 411-6 Les pouvoirs conférés par le présent code au préfet sont exercés à Paris par le préfet de police. – *[Anc. art. R. 225-2.]*

Art. R. 411-7 *(Décr. nº 2006-253 du 27 févr. 2006)* « I. – » Les intersections dans lesquelles le passage des véhicules est organisé par une signalisation spéciale ou par des feux de signalisation lumineux, sont désignées :

1° Hors agglomération :

a) *(Décr. nº 2010-1390 du 12 nov. 2010, art. 9)* « Par arrêté du préfet pour les intersections de routes appartenant à la voirie nationale ; »

b) Par arrêté du président du conseil exécutif de Corse, pour les intersections de routes prévues à l'article L. 4424-30 du code général des collectivités territoriales ;

c) Par arrêté du président du conseil départemental pour les intersections de routes départementales ;

d) Par arrêté du maire pour les intersections de routes appartenant à la voirie communale ;

(Décr. nº 2010-1390 du 12 nov. 2010, art. 9) « *e)* Par arrêté conjoint du préfet et du président du conseil départemental ou du maire lorsque l'intersection est formée par une route nationale ou une route à grande circulation et une route classée ou non à grande circulation relevant de la voirie départementale ou communale ;

« *f)* Par arrêté conjoint du président du conseil départemental et du maire lorsque l'intersection est formée par une route départementale non classée à grande circulation et une route appartenant à la voirie communale non classée à grande circulation ;

« *g)* Dans les départements des Hauts-de-Seine, de la Seine-Saint-Denis et du Val-de-Marne, par arrêté du préfet, après consultation du président du conseil départemental ou du maire, lorsque l'intersection est formée par une route à grande circulation et une route classée ou non à grande circulation relevant de la voirie départementale ou communale ;

« 2° En agglomération, par arrêté du maire ou, pour les routes à grande circulation, par arrêté conjoint du préfet et du maire et, dans les départements des Hauts-de-Seine, de la Seine-Saint-Denis et du Val-de-Marne, par arrêté du préfet, après consultation du maire. »

(Abrogé par Décr. nº 2010-1390 du 12 nov. 2010, art. 9) (Décr. nº 2006-253 du 27 févr. 2006) ***« II. — Lorsqu'il porte sur une route classée à grande circulation, l'arrêté du préfet prévu au a du 1° et au 2° du I ci-dessus comporte, en outre, le plan de gestion des feux de signalisation lumineux de l'ensemble de l'itinéraire ou, s'agissant d'un carrefour isolé, la synchronisation des feux de signalisation lumineux. »***

Art. R. 411-8 Les dispositions du présent code ne font pas obstacle au droit conféré par les lois et règlements aux préfets, au président du Conseil exécutif de Corse, aux présidents de conseil départemental et aux maires de prescrire, dans la limite de leurs pouvoirs, des mesures plus rigoureuses dès lors que la sécurité de la circulation routière l'exige. Pour ce qui les concerne, les préfets et les maires peuvent également fonder leurs décisions sur l'intérêt de l'ordre public.

Lorsqu'ils intéressent la police de la circulation sur les voies classées à grande circulation, les arrêtés du président du conseil départemental ou du maire fondés sur le premier alinéa sont pris après avis du préfet. — *[Anc. art. R. 225, al. 1er et 2.]*

Art. R. 411-8-1 *(Décr. nº 2006-253 du 27 févr. 2006)* Les projets qui, en vertu du second alinéa de l'article L. 110-3, doivent être, avant leur mise en œuvre, communiqués au représentant de l'État dans le département, sont les projets ou les mesures techniques de nature à modifier les caractéristiques géométriques ou mécaniques de la route classée à grande circulation ou de l'une de ses voies, en particulier, en affectant les profils en travers, les rayons en plan ou le gabarit ou en prévoyant la mise en place de dispositifs empiétant sur la chaussée.

Art. R. 411-9 Le préfet exerce la police de la circulation sur les autoroutes, sous réserve des compétences conférées à d'autres autorités administratives en vertu du présent code. — *[Anc. art. R. 43-3.]*

V. Circ. du 24 nov. 2015 relative à la limitation de vitesse sur autoroute pour des motifs de qualité de l'air (NOR : DEVT1526413C, BOME nº 2015/22 du 10 déc. 2015).

SECTION 2 Commission départementale de la sécurité routière

Art. R. 411-10 *(Décr. nº 2006-665 du 7 juin 2006, art. 31)* I. — La commission départementale de la sécurité routière est consultée préalablement à toute décision prise en matière :

(Abrogé par Décr. nº 2015-1537 du 25 nov. 2015, art. 8) ***« 1° D'agrément d'exploitation d'un établissement d'enseignement de la conduite des véhicules à moteur ;***

« 2° D'agrément d'exploitation d'un établissement destiné à la formation de moniteurs d'enseignement de la conduite des véhicules à moteur ; »

(Décr. nº 2012-312 du 5 mars 2012, art. 5) « 3° D'autorisation d'organisation de manifestations sportives, dans les conditions prévues *(Décr. nº 2017-1279 du 9 août 2017, art. 27-1°)* « à l'article R. 331-26 » du code du sport ; »

4° D'agrément des gardiens et des installations de fourrière.

(Abrogé par Décr. nº 2015-1537 du 25 nov. 2015, art. 8) ***« 5° D'agrément des personnes et des organismes dispensant aux conducteurs responsables d'infractions la formation spécifique à la sécurité routière. »***

(Décr. nº 2012-537 du 20 avr. 2012) « II. — La commission peut également être consultée sur tout autre sujet relatif à la sécurité routière, tel que :

« — la mise en place d'itinéraires de déviation pour les poids lourds ;

« — l'harmonisation des limitations de vitesse des véhicules sur les voies ouvertes à la circulation publique ; »

(Décr. nº 2017-1279 du 9 août 2017, art. 27-2º) **« – les déclarations d'épreuves, courses ou manifestations sportives devant se disputer en totalité ou en partie sur les voies ouvertes à la circulation publique. »**

COMMENTAIRE

Rôle consultatif de la commission départementale de la sécurité routière. L'article R. 411-10 a pour objet de préciser le rôle de la commission départementale de la sécurité routière, laquelle doit ou peut être consultée sur diverses questions en lien avec la sécurité routière. Un rôle consultatif qui a plusieurs fois évolué ces dernières années, comme le laisse entendre les différents décrets qui ont modifié cet article.

Décrets du 7 juin 2006 et du 25 novembre 2015. Parmi les décrets ayant modifié l'article R. 411-10, on notera, déjà, celui du 7 juin 2006 (Décr. nº 2006-665) qui a réécrit cet article, ainsi que les autres articles de cette section du code consacrés à cette commission. Cette réécriture est à mettre en lien avec la politique des pouvoirs publics tendant à réduire le nombre de commissions administratives à caractère consultatif. Dans le domaine de la circulation routière, cette politique a en effet conduit les pouvoirs publics à supprimer, à l'échelon local, la commission départementale de suspension du permis de conduire et le comité départemental de formation des conducteurs responsables d'infractions (V. comm. art. L. 224-8 et R. 223-12, ainsi que le comm. introductif aux art. R. 224-1 s.). Seule la commission départementale de la sécurité routière a ainsi été maintenue et son rôle consultatif a alors été renforcé. Le décret de 2006 est, de la sorte, venu préciser que cette commission devait être consultée avant toute décision venant agréer l'exploitation d'un établissement d'enseignement de la conduite, de formation à la conduite ou d'animation de stages de sensibilisation à la sécurité routière (un rôle qui appartenait auparavant au comité départemental précité).

Mais les dispositions en ce sens de l'article R. 411-10 ont été ensuite supprimées par le décret nº 2015-1537 du 25 novembre 2015, en lien avec les modifications apportées par la loi nº 2015-990 du 6 août 2015 aux dispositions de l'article L. 213-1 du code de la route. Pour simplifier la procédure d'agrément que cet article prévoit, mais aussi éviter des risques d'incompatibilité avec la directive 2006/123/CE du 12 décembre 2006 relative aux services dans le marché intérieur, le législateur a en effet souhaité ne plus conditionner l'agrément préfectoral des établissements concernés à l'avis préalable de la commission départementale de la sécurité routière, réduisant, du même coup, le rôle consultatif de cette commission dans sa dimension obligatoire.

Décrets du 20 avril 2012 et du 9 août 2017. Par ailleurs, deux autres décrets sont venus préciser le rôle de consultation de cette commission dans sa dimension facultative. Le décret nº 2012-537 du 20 avril 2012 est venu en effet indiquer que la commission départementale de la sécurité routière pouvait être consultée sur tout sujet relatif à la sécurité routière, en donnant deux exemples de consultation possible : la mise en place d'itinéraires de déviation pour les poids lourds (hypothèse de consultation qui était déjà prévue par cet article avant le Décr. du 20 avr. 2012) et l'harmonisation des limitations de vitesse des véhicules sur les voies ouvertes à la circulation publique. C'est, d'ailleurs, principalement, afin de favoriser l'harmonisation des limitations de vitesse des véhicules dans chaque département que le décret du 20 avril 2012 a apporté une telle précision au sein de l'article R. 411-10.

Depuis ce décret de 2012, un autre exemple de consultation possible de cette commission a été ajouté par le décret nº 2017-1279 du 9 août 2017 visant à simplifier l'organisation des manifestations sportives. Conformément à ce décret, certaines manifestations sportives ne sont plus soumises à une procédure d'autorisation, mais uniquement à une procédure de déclaration, et ce décret est venu préciser au sein de l'article R. 411-10 que la commission départementale de la sécurité routière pouvait être consultée sur les déclarations d'épreuves, courses ou manifestations sportives devant se disputer, en totalité ou en partie, sur les voies ouvertes à la circulation publique. ❑

Art. R. 411-11 *(Décr. nº 2006-665 du 7 juin 2006, art. 31)* **La commission départementale de la sécurité routière est présidée par le préfet. Elle comprend :**

1º Des représentants des services de l'État ;

2º Des élus départementaux désignés par le conseil départemental *(Décr. nº 2015-694 du 18 juin 2015, art. 1er, en vigueur le 1er juill. 2015)* **« et des élus désignés par le conseil de la métropole de Lyon » ;**

3° Des élus communaux désignés par l'association des maires du département ou, à défaut, par le préfet ;

4° Des représentants des organisations professionnelles et des fédérations sportives ;

5° Des représentants des associations d'usagers.

A Paris, les élus visés aux 2° et 3° sont désignés par le conseil de Paris.

(Décr. n° 2017-1777 du 27 déc. 2017, art. 6, en vigueur le 1er janv. 2018) « En Corse, les élus mentionnés au 2° sont désignés par l'Assemblée de Corse. »

Art. R. 411-12 *(Décr. n° 2006-665 du 7 juin 2006, art. 31)* Des formations spécialisées peuvent être constituées par le président de la commission départementale de la sécurité routière au sein de cette commission pour exercer chacune des attributions qui lui sont dévolues par le I de l'article R. 411-10.

Elles comprennent au moins un représentant des catégories visées aux 1°, 2°, 3° et 5° de l'article R. 411-11 et au moins trois représentants de la catégorie visée au 4° du même article. *(Décr. n° 2017-1279 du 9 août 2017, art. 28)* « Lorsque l'avis de la commission porte sur une autorisation de manifestation sportive motorisée ou sur une homologation de circuit, dans les conditions prévues respectivement aux articles R. 331-26 et R. 331-37 du code du sport, la formation spécialisée comprend au moins un représentant de la fédération sportive délégataire concernée. »

(Décr. n° 2012-537 du 20 avr. 2012) « Pour l'exercice des compétences consultatives mentionnées au II de l'article R. 411-10, le président de la commission peut associer à ses travaux des représentants des gestionnaires des voies concernées. »

Art. R. 411-13 *(Décr. n° 2022-1174 du 14 août 2022, art. 3, en vigueur le 1er sept. 2022)* Dans le département des Bouches-du-Rhône, la composition de la commission départementale de la sécurité routière est arrêtée conjointement par le préfet de département et le préfet de police des Bouches-du-Rhône.

Le préfet de département peut constituer des formations spécialisées pour exercer chacune des attributions dévolues par le I de l'article R. 411-10 à la commission départementale de la sécurité routière.

La présidence de la commission est assurée :

– par le préfet de département pour l'exercice des compétences consultatives mentionnées à l'article R. 411-10 relatives aux autorisations d'organisation de manifestations sportives, à l'agrément des gardiens et des installations de fourrière et aux sujets relatifs à la sécurité routière concernant les déclarations d'épreuves, courses ou manifestations sportives ;

– par le préfet de police des Bouches-du-Rhône pour l'exercice des autres compétences.

Art. R. 411-14 à R. 411-16 *Abrogés par Décr. n° 2006-665 du 7 juin 2006, art. 31.*

SECTION 3 Interdictions et restrictions de circulation

Art. R. 411-17 *(Décr. n° 2011-368 du 4 avr. 2011)* Le fait, pour tout conducteur, de ne pas respecter l'interdiction permanente d'accès de certaines routes à certaines catégories de véhicules, prise par l'autorité investie du pouvoir de police en application des articles L. 411-1 à L. 411-5-1 pour prévenir un danger pour les usagers de la voie, est puni de l'amende prévue pour les contraventions de la quatrième classe.

(Décr. n° 2014-784 du 8 juill. 2014, art. 7-11°) « Lorsque, en outre, cette interdiction concerne une route ou une portion de route ne permettant pas d'éviter une descente dangereuse ou un tunnel, l'infraction est punie de l'amende prévue pour les contraventions de la cinquième classe. Tout conducteur coupable de cette infraction encourt également la peine complémentaire de suspension du permis de conduire pour une durée de trois ans au plus, cette suspension ne pouvant ni être limitée à la conduite en dehors de l'activité professionnelle ni être assortie du sursis, même partiellement. Cette contravention donne lieu de plein droit à la réduction de trois points du permis de conduire. »

L'immobilisation du véhicule peut être prescrite dans les conditions prévues aux articles L. 325-1 à L. 325-3.

Art. R. 411-18 **Le préfet peut interdire temporairement la circulation d'une ou plusieurs catégories de véhicules sur certaines portions du réseau routier.**

Des arrêtés du ministre de l'intérieur et du ministre chargé des transports peuvent interdire la circulation d'une ou plusieurs catégories de véhicules durant certaines périodes, certains jours ou certaines heures sur tout ou partie du réseau routier.

Des arrêtés pris dans les mêmes conditions peuvent interdire ou réglementer la circulation des véhicules transportant des matières dangereuses.

Les dispositions prises en application du présent article ne sont applicables ni aux convois et transports militaires ni aux véhicules des unités d'instruction et d'intervention de la sécurité civile, qui font l'objet de règles particulières. – *V. Arr. du 13 avr. 1961 (D. 1961. 148 ; BLD 1961. 279).*

Le fait, pour tout conducteur, de contrevenir aux interdictions ou restrictions de circulation temporaires mentionnées au présent article est puni de l'amende prévue pour les contraventions de la quatrième classe.

L'immobilisation du véhicule peut être prescrite dans les conditions prévues aux articles L. 325-1 à L. 325-3.

V. App., v° Transports routiers : C. transp., art. L. 1252-1 s. (infractions aux dispositions législatives ou réglementaires concernant le transport de marchandises dangereuses).

En ce qui concerne le pouvoir des maires, V. CGCT, art. L. 2213-5, ss. C. route, art. L. 411-1.

Les prescriptions du C. trav. relatives à la journée de solidarité ne privent pas les ministres chargés de l'intérieur et des transports du pouvoir de police qu'ils tiennent de l'art. R. 411-18 C. route en vue d'édicter les restrictions de circulation nécessaires à une bonne circulation sur les voies routières et à la sécurité des transports terrestres. Les ministres concernés peuvent dès lors légalement édicter, sur la base de cet article, des mesures de restriction appropriées sans qu'il puisse leur être reproché de méconnaître les dispositions du code du travail qui relèvent d'une législation différente. • CE 16 mai 2007, *Synd. des transporteurs de marchandises de la région Nord : Rev. dr. transports 2007. Comm. 130, note Paulin.*

Art. R. 411-19 **Pour les mesures propres à limiter l'ampleur et les effets des pointes de pollution sur la population, le préfet définit le périmètre des zones concernées, les mesures de suspension ou de restriction de la circulation** *(Décr. n° 2017-782 du 5 mai 2017, art. 4-1°, en vigueur le 1er juill. 2017)* **« , notamment par la réduction des vitesses maximales autorisées, » qu'il est susceptible de prendre et les modalités de publicité et d'information préalables des usagers en cas de mise en œuvre de ces mesures. Ces modalités comportent au minimum l'information des maires intéressés et** *(Décr. n° 2017-782 du 5 mai 2017, art. 4-2°, en vigueur le 1er juill. 2017)* **« , sauf en cas de réduction des vitesses maximales autorisées ou de déviation de circulation faisant l'objet d'une signalisation routière conforme à l'article R. 411-25, » la transmission d'un communiqué d'information à deux journaux quotidiens et à deux stations de radio ou de télévision, au plus tard à dix-neuf heures la veille de la mise en œuvre de ces mesures, afin de permettre sa diffusion dans les meilleurs délais.**

Les mesures mentionnées à l'alinéa précédent peuvent comporter l'interdiction de circulation des véhicules certains jours en fonction de leur numéro d'immatriculation *(Décr. n° 2017-782 du 5 mai 2017, art. 4-3° et 4°, en vigueur le 1er juill. 2017)* **« ou de leur identification prévue à l'article L. 318-1 ».**

« Le fait, pour tout conducteur, de contrevenir aux mesures de suspension ou de restriction de la circulation mentionnées au présent article, ou de circuler dans le périmètre des restrictions de circulation instaurées sans que le véhicule soit identifié conformément aux dispositions de l'article L. 318-1 et des textes pris pour son application, est puni de l'amende prévue pour les contraventions :

« 1° De la quatrième classe, lorsque le véhicule relève des catégories M2, M3, N2 ou N3 définies à l'article R. 311-1 ;

« 2° De la troisième classe, lorsque le véhicule relève des catégories M1, N1 ou L. »

L'immobilisation du véhicule peut être prescrite dans les conditions prévues aux articles L. 325-1 à L. 325-3. – *[Anc. art. R. 53-2-1, R. 233-3, al. 2, R. 278, al. 1er et 20.]*

COMMENTAIRE

Mesures de suspension ou de restriction de circulation en cas de pointes de pollution. L'article R. 411-19 permet au préfet de prendre diverses mesures de suspension ou de restriction de la circulation visant à limiter l'ampleur et les effets des pointes de pollution. Ces mesures peuvent consister en une réduction des vitesses maximales autorisées, mais aussi en une interdiction pour les véhicules de circuler certains jours en fonction de leur numéro d'immatriculation ou, depuis le décret n° 2017-782 du 5 mai 2017, « de leur identification prévue à l'article L. 318-1 », c'est-à-dire de la vignette « certificat qualité de l'air » apposée sur le véhicule.

Sanctions. Initialement, le fait de circuler en violation de telles mesures était sanctionné de l'amende prévue pour les contraventions de la deuxième classe. Depuis le décret précité du 5 mai 2017, l'article R. 411-19 prévoit une contravention de quatrième ou de troisième classe selon le véhicule utilisé, à l'instar de ce que prévoit, depuis le décret du 28 juin 2016, l'article R. 411-19-1 concernant la circulation dans une zone à circulation restreinte, rebaptisée « zone à faibles émissions mobilité » par la loi d'orientation des mobilités du 24 décembre 2019. Les sanctions prévues à l'article R. 411-19 ont par là même été alignées sur celles plus sévères prévues à l'article R. 411-19-1. ❑

Art. R. 411-19-1 *(Décr. n° 2016-847 du 28 juin 2016, art. 2)* **Le fait, pour un conducteur, de circuler** *(Décr. n° 2017-782 du 5 mai 2017, art. 5-1°, en vigueur le 1er juill. 2017)* **« dans le périmètre d'une zone à circulation restreinte » instituée en application de l'article L. 2213-4-1 du code général des collectivités territoriales,** *(Décr. n° 2017-782 du 5 mai 2017, art. 5-1°, en vigueur le 1er juill. 2017)* **« en violation des restrictions édictées ou lorsque le véhicule n'est pas identifié conformément aux dispositions de l'article L. 318-1 et des textes pris pour son application, » est puni de l'amende prévue pour les contraventions :**

1° De la quatrième classe, lorsque le véhicule relève des catégories M2, M3, N2 ou N3 définies à l'article R. 311-1 ;

2° De la troisième classe, lorsque le véhicule relève des catégories M1, N1 ou L.

Sans préjudice de l'article L. 121-2, est puni de l'amende prévue pour les contraventions de la quatrième classe, pour les véhicules des catégories M2, M3, N2 ou N3, ou de l'amende prévue pour les contraventions de troisième classe, pour les véhicules des catégories M1, N1 ou L, le fait de stationner dans le périmètre de la zone à circulation restreinte instituée en application de l'article L. 2213-4-1 du code général des collectivités territoriales :

1° Lorsque le véhicule n'est pas identifié conformément aux dispositions de l'article L. 318-1 et des textes pris pour son application ; ou

2° Lorsque l'accès de ce véhicule à la zone de circulation restreinte est interdit en permanence.

Les infractions prévues au présent article peuvent entraîner l'immobilisation du véhicule dans les conditions prévues à l'article L. 325-1.

(Décr. n° 2017-782 du 5 mai 2017, art. 5-2°, en vigueur le 1er juill. 2017) **« Le présent article n'est pas applicable lorsque le véhicule fait partie des véhicules dont l'accès à la zone à circulation restreinte ne peut être interdit en application des articles L. 2213-4-1 et R. 2213-1-0-1 du code général des collectivités territoriales. »**

BIBL. ▸ BILLET, *JCP Adm. 2016. 2276* (collectivités territoriales et mobilité « propre »). – GOLIARD, *JT 2019, n° 219, p. 40* (un dispositif de restriction de circulation à des fins environnementales : les zones à faibles émissions). – MOLINER-DUBOST, *EEI 2016, n° 78* (les zones à circulation restreinte peuvent être lancées).

COMMENTAIRE

Zones à circulation restreinte. La loi du 17 août 2015 relative à la transition énergétique est venue permettre au maire d'une commune de créer des zones à circulation restreinte pour lutter contre la pollution atmosphérique, notamment en interdisant aux véhicules les plus polluants de circuler sur tout ou partie du territoire de sa commune (V. art. L. 2213-4-1 CGCT et comm. ss. art. L. 411-1 du présent code). C'est pour garantir le respect de ces zones à circulation restreinte que le décret n° 2016-847 du 28 juin 2016 est venu créer les contraventions prévues dans l'article R. 411-19-1, quelque peu modifié par le décret n° 2017-782 du 5 mai 2017.

Circulation dans une zone à circulation restreinte. L'article R. 411-19-1 permet ainsi de sanctionner celui qui circule dans le périmètre d'une zone à circulation restreinte sans respecter les restrictions formulées dans l'arrêté fixant une telle zone, mais aussi, depuis le décret du 5 mai 2017, celui qui circule avec un véhicule non identifié conformément aux dispositions de l'article L. 318-1 et des textes pris pour son application, autrement dit avec un véhicule sur lequel le certificat qualité de l'air prévu à l'article R. 318-2 n'a pas été apposé. Dans les deux cas, la sanction encourue varie selon le véhicule utilisé. L'article R. 411-19-1 prévoit en effet une amende de quatrième classe lorsque le véhicule en infraction relève des catégories M2, M3, N2 ou N3, c'est-à-dire lorsqu'il s'agit d'un véhicule de transport en commun ou de transport de marchandise de plus de 3,5 tonnes et une amende de troisième classe lorsque le véhicule en infraction relève des catégories M1, N1 ou L, c'est-à-dire lorsque le véhicule en circulation est une voiture particulière ou un véhicule utilitaire léger ou encore est un véhicule à moteur à deux ou trois roues ou un quadricyle à moteur.

Stationnement dans une zone à circulation restreinte. L'article R. 411-19-1 permet également de sanctionner le fait de stationner dans une zone à circulation restreinte. Deux cas sont plus spécialement prévus : le stationnement des véhicules qui ne peuvent circuler en permanence dans une telle zone, ainsi que le stationnement des autres véhicules lorsque le certificat qualité de l'air prévu à l'article R. 318-2 n'est pas apposé sur leur véhicule. L'amende varie là aussi dans son montant, puisqu'elle est de quatrième ou de troisième classe selon les distinctions évoquées précédemment.

Exceptions. L'accès à une zone de circulation restreinte ne peut être interdit aux véhicules d'intérêt général, aux véhicules du ministère de la défense, aux véhicules portant une carte de stationnement pour personnes handicapées, ainsi qu'aux véhicules de transport en commun de personnes à faibles émissions (V. CGCT, art. R. 2213-1-0-1). Logiquement, le fait pour l'un de ces véhicules de circuler ou stationner en violation des dispositions prévues à l'article R. 411-19-1 ne peut être sanctionné, comme le précise le dernier alinéa du présent article depuis le décret du 5 mai 2017.

Zones à faibles émissions mobilité. On notera enfin que les zones à circulation restreinte ont été rebaptisées « zones à faibles émissions mobilité » par la loi d'orientation des mobilités du 24 décembre 2019 (V. comm. ss. art. L. 411-1). Un changement de dénomination qui devrait conduire le pouvoir règlementaire à modifier le présent article.

Contrôle automatisé. La loi d'orientation des mobilités n'a par ailleurs pas uniquement changé l'appellation des zones à circulation à restreinte, elle a aussi créé des dispositions permettant la mise en place de dispositifs de contrôle automatisé dans ces zones (art. L. 2213-4-2 CGCT), afin de faciliter la constatation des contraventions prévues à l'article R. 411-19-1 et par là même garantir le respect des restrictions de circulation existant dans les zones à faibles émissions mobilité. ❑

Légalité de l'interdiction de stationnement dans les zones à circulation restreinte des véhicules non identifiés. L'immobilisation des véhicules stationnant dans une zone à circulation restreinte qui ne sont pas identifiés, conformément aux dispositions de l'art. L. 318-1 et des textes pris pour son application, prévue au dernier alinéa de l'art. R. 411-19-1, ne saurait méconnaître les dispositions de l'art. L. 325-1 permettant l'immobilisation des véhicules dont la circulation ou le stationnement en infraction aux dispositions du code de la route compromettent l'hygiène publique, dès lors que cette immobilisation est destinée à prévenir la circulation de ces véhicules, la circonstance qu'ils ne soient pas identifiés conformément à l'art. L. 318-1 portant atteinte à l'intérêt de l'hygiène publique que cet article a pour finalité de garantir, en rendant impossible le contrôle de son caractère polluant. Par ailleurs, l'interdiction faite aux véhicules non identifiés de stationner dans les zones à circulation restreinte étant légalement justifiée dans l'intérêt de l'hygiène publique, elle ne méconnaît pas l'art. 5 DDH, aux termes duquel « La loi n'a le droit de défendre que les actions nuisibles à la société » et la circonstance que de tels véhicules puissent, à la date de création d'une zone à circulation restreinte, se trouver stationnés dans un espace compris dans cette zone n'implique nullement que les dispositions de l'art. R. 411-19-1 porteraient atteinte aux principes de légalité des délits et des peines et de non-rétroactivité de la loi pénale plus sévère, résultant de l'art. 8 DDH. Enfin, une telle interdiction, circonscrite à certaines zones, ne peut être regardée comme impliquant la méconnaissance par les autorités françaises de l'obligation qui leur incombe, en vertu de la Conv. de Vienne du 8 nov. 1968 sur la circulation routière, d'admettre la circulation en France des véhicules étrangers en circulation internationale, dès lors qu'ils satisfont aux prescriptions techniques en vigueur dans leurs pays d'immatriculation. • CE 24 mai 2017, n° 401153 : *AJDA 2017. 1899, note Éveillard*.

Art. R. 411-20 Le préfet pour les routes nationales, le président du conseil départemental pour les routes départementales y compris les routes classées à grande circulation, le président du conseil exécutif de Corse, pour les routes prévues à l'article L. 4424-30 du code général des collectivités territoriales, le maire pour les autres routes peut ordonner l'établissement de barrières de dégel. Ces autorités fixent les conditions de circulation sur les routes ou sections de routes soumises aux barrières de dégel.

L'établissement de barrières de dégel sur les routes forestières relève de la compétence du préfet, du président du conseil départemental ou du maire selon que la route appartient au domaine forestier national, départemental ou communal.

Les pouvoirs conférés par le présent article au préfet s'exercent sans préjudice des compétences qu'il tient de l'article R. 411-5. – *[Anc. art. R. 45.]*

Contravention : R. 411-21.

Arrêté interdépartemental. Est légal un arrêté pris en commun par deux présidents de conseils généraux visant à interdire la circulation de poids lourds de plus de 19 tonnes sur un pont établissant la jonction de deux voies départementales qui n'ont pas été classées comme « routes à grande circulation » en application de l'art. L. 110-3 du code de la route. • CE 22 oct. 2003, *Sté Les sablières de La Perche,* n° 242195, 243328 : *inédit.*

Art. R. 411-21 Le fait, pour tout conducteur, de contrevenir aux dispositions portant établissement de barrières de dégel est puni de l'amende prévue pour les contraventions de la cinquième classe.

La récidive de cette contravention est réprimée conformément à l'article 132-11 du code pénal.

Tout conducteur coupable de l'infraction prévue au présent article encourt également la peine complémentaire de suspension, pour une durée de trois ans au plus, du permis de conduire, cette suspension pouvant être limitée à la conduite en dehors de l'activité professionnelle.

L'immobilisation du véhicule peut être prescrite dans les conditions prévues aux articles L. 325-1 à L. 325-3. – *[Anc. art. R. 233-4, R. 266, al. 1er et 11, et R. 278, al. 1er et 7.]*

Art. R. 411-21-1 *(Décr. n° 2014-784 du 8 juill. 2014, art. 7-12°)* Pour prévenir un danger pour les usagers de la voie ou en raison de l'établissement d'un chantier, l'autorité investie du pouvoir de police peut ordonner la fermeture temporaire d'une route ou l'interdiction temporaire de circulation sur tout ou partie de la chaussée, matérialisée par une signalisation routière adaptée.

Le fait pour tout conducteur de ne pas respecter les interdictions de circuler prescrites en application du premier alinéa du présent article est puni de l'amende prévue pour les contraventions de la quatrième classe.

Lorsque, en outre, cette interdiction concerne une route ou une section de route ne permettant pas d'éviter une descente dangereuse ou un tunnel, l'infraction est punie de l'amende prévue pour les contraventions de la cinquième classe.

Toute personne coupable de ces infractions encourt également la peine complémentaire de suspension, pour une durée de trois ans au plus, du permis de conduire, cette suspension pouvant être limitée à la conduite en dehors de l'activité professionnelle.

Ces contraventions donnent lieu de plein droit à la réduction de trois points du permis de conduire.

COMMENTAIRE

Fermeture temporaire de route. L'autorité investie du pouvoir de police peut depuis longtemps limiter la circulation sur certaines routes en instaurant des barrières de dégel (V. art. R. 411-20). Depuis le décret n° 2002-530 du 11 avril 2002, qui a créé le présent article, elle peut décider de fermer temporairement une route « pour prévenir un danger pour les usagers de la voie ou en raison de l'établissement d'un chantier » et, depuis le décret n° 2012-3 du 3 janvier 2012, qui a modifié cet article, elle peut également interdire temporairement la circulation sur tout ou partie de la chaussée. Ces restrictions, voire interdictions, de circulation ne répondent pas cependant au même objectif. Les barrières de dégel permettent de protéger la chaussée. Les interdictions visées par l'article R. 411-21-1 ont pour but de protéger les usagers de la route.

On notera que le non-respect de ces différentes interdictions est sanctionné différemment. Le conducteur qui ne respecte pas une barrière de dégel s'expose à une amende de cinquième classe et à une suspension de son permis de conduire (V. art. R. 411-21). Celui qui ne respecte pas les interdictions prises en application de du présent article encourt une amende de quatrième classe ou, depuis le décret n° 2014-784 du 8 juillet 2014 qui a réécrit l'article R. 411-21-1, une amende de cinquième classe dans le cas où l'interdiction concerne une route ou une section de route ne permettant pas d'éviter une descente dangereuse ou un tunnel. A cette amende de quatrième ou cinquième classe, s'ajoutent une possible suspension du permis de conduire de l'intéressé et surtout un retrait de trois points sur son permis de conduire. ❑

Art. R. 411-22 **L'autorisation de circulation des autobus articulés comportant plus d'une section articulée** *(Abrogé par Décr. n° 2003-468 du 28 mai 2003, art. 3)* ***« et des ensembles formés par un autobus et sa remorque ou un trolleybus et sa remorque »*** **est délivrée par le préfet. Celui-ci fixe, par arrêté, leurs conditions de circulation, leur zone d'utilisation et leur itinéraire.**

Le fait, pour tout conducteur d'un véhicule visé au présent article, de circuler sans autorisation préfectorale ou de ne pas respecter les prescriptions de l'arrêté préfectoral est puni de l'amende prévue pour les contraventions de la quatrième classe. – *[Anc. art. R. 62, al. 5 et R. 241, al. 1er et 2.]*

Art. R. 411-23 **La circulation des autobus articulés en dehors de leur zone d'utilisation n'est permise qu'à vide et est subordonnée à une autorisation délivrée dans les conditions prévues par les dispositions relatives aux transports exceptionnels de marchandises, d'engins ou de véhicules.**

Le fait, pour tout conducteur d'un autobus articulé, de circuler en dehors de sa zone d'utilisation en transportant des passagers ou sans autorisation préfectorale ou sans respecter les prescriptions de l'autorisation préfectorale, est puni de l'amende prévue pour les contraventions de la quatrième classe. – *[Anc. art. R. 62, al. 6, et R. 241, al. 1er et 2.]*

Art. R. 411-23-1 *(Décr. n° 2015-1693 du 17 déc. 2015, art. 6, en vigueur le 1er janv. 2016)* **I. — Sans préjudice des dispositions de l'article R. 411-23-2, les autobus** *(Décr. n° 2018-1045 du 28 nov. 2018)* **« , les autocars, les navettes urbaines et les trains urbains » dont l'aménagement le prévoit peuvent circuler avec des passagers debout à l'intérieur des agglomérations.**

Toutefois les véhicules effectuant des services occasionnels de transport public ou les services privés peuvent être soumis à des conditions d'aménagement fixées par arrêté du ministre chargé des transports.

II. — Lorsque ces véhicules sont affectés à des services publics de transport, ils sont également autorisés à circuler dans les limites du ressort territorial d'une autorité organisatrice de la mobilité définie à l'article L. 1231-1 du code des transports ou Île-de-France Mobilités.

En dehors des agglomérations, l'autorité organisatrice de transports compétente définit les itinéraires empruntés sans préjudice du pouvoir de l'autorité de police compétente. Les conditions relatives au prolongement de ces itinéraires au-delà des agglomérations ou du ressort territorial d'une autorité organisatrice sont fixées par arrêté du ministre chargé des transports.

III. — En dehors des agglomérations, dans les limites du ressort territorial d'une autorité organisatrice de la mobilité définie à l'article L. 1231-1 du code des transports ou d'Île-de-France Mobilités, le préfet peut à titre dérogatoire autoriser pour une durée déterminée des services privés à circuler avec des passagers debout au moyen des véhicules mentionnés au I, sur une distance maximale de 5 kilomètres. Cette autorisation fixe les conditions et limites de circulation, notamment l'itinéraire emprunté et la vitesse maximale à laquelle les véhicules sont autorisés à circuler. La

demande d'autorisation adressée au préfet comporte tous les éléments nécessaires à son instruction.

IV. — En cas d'urgence, le préfet peut autoriser de façon limitée tout service ayant recours à tout véhicule destiné au transport de personnes.

V. — Le fait de contrevenir aux dispositions du présent article ou à celles prises pour son application est puni de l'amende prévue pour les contraventions de la quatrième classe.

VI. — L'immobilisation du véhicule de transport en commun de personnes peut être prescrite dans les conditions prévues aux articles L. 325-1 à L. 325-3.

Art. R. 411-23-2 *(Décr. nº 2014-784 du 8 juill. 2014, art. 7-13º)* **Dans les véhicules de transport en commun d'enfants, les enfants sont transportés assis.**

Dans une situation imprévue, de façon limitée et à titre exceptionnel, les enfants peuvent, sur décision de l'autorité organisatrice de transports concernée, être transportés debout aux conditions définies à l'article R. 411-23-1 dans les véhicules affectés à des services de transports scolaires, sans préjudice du pouvoir de l'autorité de police compétente.

Le fait de contrevenir aux dispositions du présent article ou à celles prises pour son application est puni de l'amende prévue pour les contraventions de la quatrième classe.

L'immobilisation du véhicule de transport en commun de personnes peut être prescrite dans les conditions prévues aux articles L. 325-1 à L. 325-3.

Les véhicules principalement affectés au transport de personnes de moins de 18 ans doivent permettre un transport assis des enfants, en application de l'art. R. 411-23-2 C. route, peu importe que ces véhicules circulent sur une ligne intégrée dans une réseau de transport urbain au sein duquel le transport debout est autorisé par l'art. R. 411-23-1 de ce même code, dans la mesure où, d'une part, l'art. R. 411-23-2 s'applique à tout véhicule affecté à titre principal au transport d'enfants et, d'autre part, où l'art. R. 411-23-1, qui permet le transport debout, s'applique sans préjudice des dispositions de l'art. R. 411-23-2. A été, en conséquence, jugée illégale une clause du cahier des charges d'un contrat de délégation de service public permettant le transport debout sur une ligne affectée à titre principal au transport d'enfants. • TA Poitiers, 23 mai 2019 : *JCP Adm. 2019, concl. Henry, note Pauliat.*

Art. R. 411-24 **Lorsqu'un conducteur est en infraction aux dispositions des articles L. 362-1 et L. 362-3 du code de l'environnement ou aux mesures édictées en application des articles L. 2213-4 et L. 2215-3 du code général des collectivités territoriales, l'immobilisation et la mise en fourrière peuvent être prescrites dans les conditions prévues aux articles L. 325-1 à L. 325-3.** — *[Anc. art. R. 278, al. 1er et 14, et R. 285-2, al. 1er et 7.]*

SECTION 4 **Signalisation routière**

Sur la signalisation du stationnement payant, V. jurispr. ss. l'art. R. 417-6 ; ... les feux de signalisation, V. jurispr. ss. l'art. R. 412-30.

BIBL. ▸ PIERRON, *JCP 1958. I. 1424.*

Art. R. 411-25 **Le ministre chargé de la voirie nationale et le ministre de l'intérieur fixent par arrêté conjoint publié au *Journal officiel* de la République française les conditions dans lesquelles est établie la signalisation routière pour signifier une prescription de l'autorité investie du pouvoir de police ou donner une information aux usagers.**

Les dispositions réglementaires prises par les autorités compétentes en vue de compléter celles du présent code et qui, aux termes de l'arrêté prévu au premier alinéa, doivent faire l'objet de mesures de signalisation, ne sont opposables aux usagers que si lesdites mesures ont été prises.

Les usagers doivent respecter en toutes circonstances les indications résultant de la signalisation établie conformément au premier alinéa.

Les indications des feux de signalisation lumineux prévalent sur celles qui sont données par les signaux routiers réglementant la priorité. — *[Anc. art. R. 44, al. 1er et 3 à 5.]*

Sens interdit : R. 412-29. — Feu rouge ou signal « stop » : R. 412-30, R. 415-6.

V. Arr. du 24 nov. 1967 relatif à la signalisation des routes et autoroutes, mod. par Arr. du 16 mai 2001 (JO 31 mai), par Arr. du 31 juill. 2002 (JO 21 sept.), par Arr. du 11 févr. 2008 (JO 13 mars), par Arr. du 10 avr. 2009 (JO 28 juill.), par Arr. du 6 déc. 2011 (JO 22 déc.), par Arr. du 2 avr. 2012 (JO 17 avr.), par Arr. du 31 déc. 2012 (JO 17 janv. 2013), par Arr. du 22 déc. 2014 (JO 28 déc.), par Arr. du 11 juin 2015 (JO 20 juin), par Arr. du 29 juin 2015 (JO 3 juill.), par Arr. du 31 juill. 2015 (JO 6 août), par Arr. du 23 sept. 2015 (JO 9 oct.), par Arr. du 8 janv. 2016 (JO 18 janv.), par Arr. du 27 avr. 2016 (JO 3 mai), par Arr. du 12 déc. 2018 (JO 9 janv. 2019), par Arr. du 9 avr. 2021 (JO 16 avr.) et par Arr. du 13 juin 2022 (JO 5 juill.).

V. Arr. du 13 juill. 2015 relatif à l'expérimentation d'une signalisation d'une zone à circulation restreinte dans la commune de Paris pour certaines catégories de véhicules (JO 19 juill.), mod. par Arr. du 10 juill. 2018 (JO 18 juill.).

V. Arr. du 29 sept. 2015 relatif à l'expérimentation de signalisation dynamique pour la mise en œuvre d'une voie réversible sur le pont de Saint-Nazaire et ses ouvrages d'accès (JO 2 oct.).

V. Arr. du 12 janv. 2016 relatif à l'expérimentation d'un marquage routier de prescription de limitation de vitesse maximale autorisée fixée à 50 km/h sur les axes de quatorze communes de la métropole Grenoble-Alpes Métropole (JO 18 janv.).

V. Arr. du 21 mars 2016 relatif à l'expérimentation de la modification de la composition et du positionnement de la signalisation des flèches lumineuses de rabattement sur les autoroutes A 13, A 31, A 62 et A 82 (JO 31 mars), mod. par Arr. du 9 août 2017 (JO 18 août), mod. par Arr. du 20 nov. 2018 (JO 27 nov.).

V. Arr. du 9 nov. 2016 relatif à l'expérimentation d'une signalisation d'une zone à circulation restreinte dans la commune de Grenoble pour certains véhicules de transport de marchandises (JO 22 nov.), mod. par Arr. du 12 avr. 2019 (JO 24 avr.).

V. Arr. du 26 janv. 2017 autorisant l'expérimentation d'une présignalisation des flèches lumineuses de rabattement (FLR) pour le balisage des chantiers routiers (JO 4 févr.).

V. Arr. du 9 avr. 2018 relatif à l'expérimentation d'une signalisation routière équipée d'un système de renforcement lumineux pour la protection des chantiers sous circulation (JO 20 avr.).

V. Arr. du 29 juin 2018 portant sur l'expérimentation de l'implantation d'un marquage au sol pour signaler un passage pour piétons avec un effet tridimensionnel dans la commune de Paris (JO 13 juill.).

V. Arr. du 30 juill. 2018 relatif à l'expérimentation d'une signalisation routière relative à une voie de circulation réservée à certaines catégories d'usagers sur l'autoroute A3 (JO 6 sept.).

V. Arr. du 23 août 2018 autorisant l'expérimentation d'une signalisation routière relative à une voie de circulation réservée à certains véhicules assurant les services de transport public réguliers de personnes sur l'autoroute A 12 (JO 20 sept.).

V. Arr. du 12 avr. 2019 relatif à l'expérimentation sur autoroutes de l'utilisation de flèches lumineuses d'urgence (FLU) décalée par rapport au fourgon d'intervention qui la porte (JO 14 mai).

V. Arr. du 26 juin 2019 relatif à l'expérimentation d'une signalisation d'une zone à circulation restreinte dans certaines communes de la métropole du Grand Paris pour certaines catégories de véhicules (JO 30 juin).

V. Arr. du 9 oct. 2020 portant expérimentation de l'implantation d'un dispositif de signalisation lumineuse dynamique au sol pour renforcer la perception de la signalisation routière (JO 4 nov.), mod. par Arr. du 10 févr. 2021 (JO 25 févr.), mod. par Arr. du 30 juill. 2021 (JO 4 août).

V. Arr. du 6 août 2021 relatif à l'expérimentation d'une signalisation relative à la circulation inter-files (JO 13 août).

V. Arr. du 6 août 2021 relatif à l'expérimentation sur autoroutes de l'utilisation de flèches lumineuses d'urgence (FLU) décalées par rapport aux fourgons d'intervention qui les portent (JO 18 août).

V. Arr. du 25 mai 2022 relatif à l'expérimentation de l'utilisation de flèches lumineuses de rabattement ou d'urgence équipées d'un système de renforcement lumineux (JO 11 juin).

V. Arr. du 21 avr. 2023 portant expérimentation d'une phase jaune de temps de dégagement piéton sur des feux piétons (JO 28 avr.).

V. Arr. du 31 juill. 2023 relatif à l'expérimentation d'une signalisation relative aux voies et portions de voies réservées à certains véhicules pour les jeux Olympiques et Paralympiques de Paris en 2024 (JO 5 août).

A. ART. R. 411-25, AL. 1er

1. L'art. R. 44 [C. route, art. R. 411-25] n'impose la publication au *JO* que des arrêtés fixant les conditions dans lesquelles est établie la signalisation routière et non celle des instructions techniques dans leur détail dont il est suffisant qu'elles paraissent au *BOMT*. • Crim. 25 sept. 1991 : *Jurispr. auto 1991. 425*

• 11 juin 1992, n° 92-80.397 P : *RSC 1993. 97, obs. Delmas Saint-Hilaire* • 19 janv. 1994 : *D. 1994. Somm. 264, obs. Couvrat et Massé* • 1er févr. 2000, n° 99-84.764 P : *Jurispr. auto 2000. 124.*

2. Peintures arc-en-ciel. Si le maire n'est pas compétent pour faire apposer des marquages de couleur le long de certains passages piétons au regard des dispositions de l'art. R. 411-25 C. route qui donnent compétence conjointe au ministre en charge des transports et au ministre de l'Intérieur pour fixer les règles en matière de signalisation routière, une telle apposition ne saurait être contestée si elle n'a pas pour objet ou pour effet de modifier la signalisation routière existante. • TA Paris, 17 mai 2019 : *JCP Adm. 2020. 2010, note Noual.*

B. ART. R. 411-25, AL. 2

3. Doit être cassé l'arrêt qui a omis de s'expliquer sur le point des conclusions soulevant que les prescriptions dont la violation était poursuivie n'avaient pas été portées à la connaissance des usagers par une signalisation conforme et invoquant ainsi, implicitement l'art. R. 44, al. 3, [C. route, art. R. 411-25, al. 2]. • Crim. 30 janv. 1979 : *D. 1979. IR 298 ; Bull. crim. n° 40.* ♦ Un tribunal de police ne saurait écarter l'argument du prévenu, selon lequel la zone de stationnement payant où était garé son véhicule n'était pas signalée conformément à la loi, en se bornant à énoncer que ce moyen de défense systématique et abstrait ne saurait prospérer. • Crim. 16 avr. 1986 : *Gaz. Pal. 1986. 2. 579, note Melle.*

4. Les juges du fond apprécient souverainement si la signalisation était visible malgré une implantation défectueuse. Cas du feuillage d'un arbre situé à deux mètres du panneau néanmoins visible lorsque l'on arrive dessus à vitesse réduite comme ce devrait être le cas à l'approche d'une intersection. • Crim. 10 févr. 1986 : *Jurispr. auto 1986. 204.* ♦ Le prévenu qui allègue le défaut de publicité de l'arrêté municipal et l'absence de panneau réglementaire soulève une question de fait qui doit être soumise aux juges du fond et ne saurait être invoquée pour la première fois devant la Cour de cassation. • Crim. 19 févr. 1974 : *Bull. crim. n° 70.*

5. Absence de signalisation. Jurisprudence consacrant l'inopposabilité depuis : • Crim. 15 janv. 1959 : *Bull. crim. n° 45.* ♦ Exemples : Absence de signalisation de l'arrêté municipal limitant à 24 heures le stationnement en agglomération, alors que la règle générale de l'art. R. 37 [C. route, art. R. 417-12] ne considère comme abusif qu'un stationnement ininterrompu en un même point pendant une durée de plus de sept jours. • T. pol. Bordeaux, 15 janv. 1985 : *Gaz. Pal. 1986. 2. 664, note Amouroux.* ♦ Défaut de signalisation d'un stationnement unilatéral, l'enlèvement et la mise en fourrière de la voiture étant alors considérés comme une voie de fait engageant la responsabilité de la commune. • TI Aix-en-Provence, 11 avr. 1989 : *JCP 1990. II. 21463, note Chambon.* ♦ Cassation de la décision qui retient à la charge d'un automobiliste d'avoir circulé à une vitesse supérieure à celle autorisée par arrêté municipal sans rechercher si cet arrêt a été porté à la connaissance des usagers de la route par un panneau de signalisation. • Civ. 2e, 23 mars 1986 : *Bull. civ. II, n° 383.* ♦ Voie divisée par un terre-plein en deux branches de même sens, mais signalisation implantée au seul débouché de la branche de droite. Signal stop inopposable au conducteur tenu d'utiliser la branche de gauche. • Crim. 16 juin 1973 : *Bull. crim. n° 278.* ♦ Même situation avec un panneau B1 – Cédez le passage. • Crim. 16 mai 1991, n° 90-81.651 P : *JCP 1991. IV. 330.*

6. Il ne peut être déduit d'un arrêté municipal précisant que le stationnement de véhicules à moteur est interdit en dehors des emplacements prévus à cet effet que la mise en place d'une signalisation concernant l'interdiction de stationnement, imposée par l'art. R. 411-25 C. route, n'est pas nécessaire, au motif que le stationnement n'étant autorisé que lorsqu'il est signalé, il est interdit partout ailleurs. • Crim. 28 mars 2023, n° 21-85.115 : *Dr. pénal 2023. Chron. 8, obs. Gauvin.*

7. Signalisation non réglementaire ou équivoque. Un stop placé à l'angle de deux voies mais non précédé d'un signal avancé ni accompagné d'une bande blanche à la limite de la chaussée abordée n'est pas réglementaire et ne s'impose pas à l'automobiliste qui le rencontre. • Crim. 8 janv. 1970 : *D. 1970. 225, note Le Roy.* ♦ *Contra*, mais parce que l'arrêté applicable à la date des faits laissait à l'autorité compétente le soin d'apprécier si ces autres mesures étaient ou non nécessaires : • Crim. 26 mai 1976 : *Bull. crim. n° 184 ; D. 1976. IR 198.* ♦ Les panneaux bleus portant l'inscription horodateurs installés dans un parking de gare ne sont pas conformes aux exigences des art. 55 s. de l'instruction ministérielle dont l'art. 14-1 précise que l'emploi de signaux d'autres types ou modèles que ceux qu'elle définit est interdit. • T. pol. Libourne, 17 avr. 1989 : *Gaz. Pal. 1990. 1. Somm. 162.* ♦ L'obligation de contourner une place pour faire demi-tour est inopposable aux usagers en l'absence d'indication claire, les panneaux existant s'adressant aux automobilistes arrivant d'une autre rue et aucune ligne continue n'étant peinte au sol. • T. pol. Tarbes, 14 juin 1989 : *Gaz. Pal. 1990. Somm. 162.*

8. Si les usagers de la route sont tenus de respecter la signalisation routière, encore faut-il que celle-ci ait une signification non équivoque. Le panneau d'un modèle périmé (lettre N dans un triangle rouge) placé sur un chemin vicinal ne peut plus, en l'état de la réglementation en vigueur, avoir pour effet d'obliger à céder le passage aux usagers de la route nationale non classée à grande circulation venant de gauche, la priorité à droite jouant seule en l'espèce. • Civ. 2e, 9 mars 1966 : *Bull. civ. II, no 318.* ♦ Le signal stop seulement inscrit sur le sol au travers d'une rue n'est pas réglementaire et reste inopposable aux usagers. Cassation de l'arrêt qui, tout en constatant que le signal ne s'imposait pas légalement au conducteur, décidait néanmoins qu'il faisait tomber le droit de priorité dont ce conducteur était bénéficiaire et concluait à un partage de responsabilité. • Civ. 2e, 20 juill. 1966 : *D. 1966. Somm. 123; Bull. civ. II, no 815.*

9. Sur le caractère non réglementaire de certains panneaux et portiques utilisés pour interdire le stationnement des camping-cars. V. • CAA Bordeaux, 6 déc. 2016, no 16BX01295 : *JCP Adm. 2017. 2165, concl. De la Taille* • CAA Nantes, 8 févr. 2017, nos 16NT01333 et 15NT01506 : *AJDA 2017. 757, note Bréchot*. ♦ Lorsqu'une telle signalisation est irrégulière, non dans son principe, mais seulement par la forme qu'elle a prise, le juge peut toutefois ordonner sa régularisation, plutôt que sa dépose. • CAA Bordeaux, 6 déc. 2016, no 16BX01295 : *préc.*

10. Aux termes de l'art. 10-5 de la convention de Vienne sur la signalisation routière du 8 nov. 1968, les signaux B1 doivent être placés à proximité immédiate de l'intersection, autant que possible sensiblement à l'aplomb de l'endroit que les véhicules, pour céder le passage, ne doivent pas franchir. • Crim. 16 mai 1991, no 90-81.651 P : *JCP 1991. IV. 330.*

11. Nécessité d'un arrêté légalement pris et publié. Un signal stop apposé sur un chemin privé par le propriétaire de ce chemin n'a aucun caractère réglementaire et, par là même, impératif. • Crim. 7 mai 1963 : *D. 1963. 474.* ♦ L'art. 44 [C. route, art. R. 411-25] n'a en rien dérogé aux dispositions de l'art. R. 26 (15°) (ancien) C. pén. Il en résulte que les arrêtés organisant le stationnement doivent non seulement avoir fait l'objet d'une signalisation mais également avoir été publiés. Dans ce cas en revanche, rien n'interdit au juge du fond de considérer que la non-observation de la signalisation existante constitue une faute susceptible de caractériser les délits d'homicide ou de blessures involontaires. • Crim. 24 oct. 1963 : *D. 1964. 8; Gaz. Pal. 1963. 2. 371.*

C. ART. R. 411-25, AL. 3

12. Obligation de respecter en toutes circonstances. Jurisprudence des années 1960 de la deuxième chambre civile en matière de priorité, notamment sur la priorité due aux routes à grande circulation et sur la priorité à droite en agglomération, qui affirme qu'une signalisation contraire claire et précise doit prévaloir sur ces règles : une signalisation claire et précise, destinée à assurer la sécurité de la circulation et, partant, sa police, constitue en tant que telle une injonction officielle à laquelle les parties doivent obéir en toutes circonstances. • Civ. 2e, 16 mai 1958 : *D. 1958. 483* • 14 oct. 1965 : *D. 1966. Somm. 39; Bull. civ. II, no 737.* ♦ ... Sans égard à aucune autre considération. • Civ. 2e, 13 déc. 1961 : *D. 1962. Somm. 59; Bull. civ. II, no 857.* ♦ ... Même si le panneau a été apposé à tort. • Civ. 2e, 30 nov. 1960 : *D. 1961. Somm. 30; Gaz. Pal. 1961. 1. 72; Bull. civ. II, no 723.*

13. Sanctions. Signaux lumineux : l'inobservation des feux de signalisation constitue la contravention prévue par les art. R. 44 et R. 233, al. 1er, [C. route, art. R. 411-26]. C'est par une fausse interprétation qu'un arrêt a fait application de l'art. R. 232, al. 4, alors que ce texte concerne exclusivement toute personne qui aura contrevenu aux dispositions du livre I dudit code relatives aux intersections de routes et à la priorité de passage et que les signaux lumineux n'y sont pas mentionnés. • Crim. 9 juill. 1964 : *D. 1964. Somm. 98; Bull. crim. no 229.* ♦ Sens interdit ou obligatoire : lorsque des signaux prescrivent à une ou plusieurs catégories de conducteurs de n'utiliser une route ou l'une de ses voies que dans un sens déterminé, toute inobservation de cette prescription caractérise une contravention aux dispositions réglementaires du livre I dudit code concernant les sens imposés à la circulation et est, dès lors, passible des sanctions édictées par l'art. R. 232 (1°) C. route. • Crim. 7 nov. 1978 : *D. 1979. IR 215, note critique Puech; Bull. crim. no 304.* ♦ Travaux sur autoroute : encourt les peines prévues par l'art. R. 232, 2°, C. route le conducteur d'un véhicule qui ne respecte pas la signalisation régulièrement établie, en application de l'art. R. 44, al. 1er [C. route, art. R. 411-25, al. 1er], pour porter à la connaissance des usagers la limitation de vitesse édictée sur une portion d'autoroute par un arrêté préfectoral en raison de travaux. • Crim. 29 janv. 1980 : *Bull. crim. no 39.*

D. ART. R. 411-25, AL. 4

14. La hiérarchie des mesures de signalisation fixée par l'art. R. 44, al. 5 [C. route, art. R. 411-25, al. 4], aux termes duquel les indications de feux de signalisation prévalent sur celles données par les signaux routiers réglementant la priorité, ne s'applique pas au feu jaune clignotant, qui, en vertu de l'art. 7 A, *a*, al. 3 de l'Arr. du 24 nov. 1967, signale un danger particulier sans déroger au régime de priorité résultant des signaux routiers. • Crim. 8 juill. 1997, no 96-84.781 P : *Jurispr. auto 1998. 123; Gaz. Pal. 1997. 2. Chron. crim. 241* • 23 mai 2001 : *Jurispr. auto 2001. 374.*

Art. R. 411-26 Sauf dispositions différentes prévues au présent code, le fait, pour tout conducteur, de ne pas respecter les indications résultant de la signalisation routière est puni de l'amende prévue pour les contraventions de la deuxième classe. — *[Anc. art. R. 44, al. 4, et R. 233, al. 1er et 2.]*

V. la jurispr. ss. l'art. R. 411-25.

Art. R. 411-27 I. — Peuvent toutefois ne pas donner lieu à la signalisation prévue à l'article R. 411-25 les dispositions réglementaires énumérées ci-après, qui ont été prises par les autorités compétentes en vue d'assurer la sécurité ou la commodité de la circulation et qui ont été régulièrement publiées au *Journal officiel* :

1° Les mesures temporaires applicables sur tout le territoire ;

2° Les mesures concernant certaines catégories de véhicules ou ensembles de véhicules. — *[Anc. art. R. 44-1.]*

(Décr. n° 2017-782 du 5 mai 2017, art. 6, en vigueur le 1er juill. 2017) « II. — Peuvent également ne pas donner lieu à la signalisation prévue à l'article R. 411-25 les mesures prises en application de l'article R. 411-19. »

Art. R. 411-28 Les indications données par les agents réglant la circulation prévalent sur toutes signalisations, feux de signalisation ou règles de circulation.

Le fait, pour tout conducteur, de ne pas respecter ces indications est puni de l'amende prévue pour les contraventions de la quatrième classe. — *[Anc. art. R. 44, al. 6, et R. 232, al. 1er à 7 et 9.]*

Agents habilités : R. 130-10. — Tramways : R. 110-3.

1. Quoique les indications données par les agents dûment habilités prévalent sur toutes les signalisations, l'interdiction de stationner ne saurait résulter des simples injonctions des agents de police, même agissant sur l'ordre de leurs supérieurs, en l'absence de tout règlement pris par l'autorité compétente. • Crim. 21 févr. 1957 (2 arrêts) : *Bull. crim. nos 183 et 187; Gaz. Pal. 1957. 1. 262; JCP 1957. II. 9908* • 14 nov. 1962 : *Bull. crim. n° 318; JCP 1962. II. 12963; Gaz. Pal. 1962. 2. 350.*

2. Lorsque, un couloir de circulation étant obstrué par une voiture accidentée, un agent de police engage les conducteurs à circuler sur la partie gauche de la chaussée sans avoir pris toutes les précautions nécessaires, ces faits sont constitutifs d'une faute lourde qui engage la responsabilité de la commune. • CE 3 avr. 1981 : *D. 1982. IR 57.*

SECTION 5 **Courses et épreuves sportives**

Art. R. 411-29 *(Décr. n° 2017-1279 du 9 août 2017, art. 29-1°)* « L'organisation des épreuves, courses ou compétitions sportives devant se disputer en totalité ou en partie sur les voies ouvertes à la circulation publique est soumise aux dispositions prévues à la section 4 du chapitre I du titre III du livre III du code du sport. »

(Décr. n° 2012-312 du 5 mars 2012, art. 5) « Par dérogation aux dispositions de l'article R. 322-1, la circulation sur la voie publique ou ouverte à la circulation publique d'un véhicule à moteur destiné à participer à une manifestation sportive entrant dans le cadre *(Décr. n° 2017-1279 du 9 août 2017, art. 29-2°)* « des articles R. 331-18 et R. 331-20 » du code du sport, non réceptionné ou qui n'est plus conforme à sa réception d'origine telle que prévue aux articles R. 321-1 et suivants, est autorisée sur un parcours de liaison tel que défini *(Décr. n° 2018-795 du 17 sept. 2018, art. 19)* « au 10° de l'article R. 331-18 » du code du sport.

« Cette autorisation est valide sous réserve d'une inscription à une manifestation sportive organisée conformément à l'article R. 331-26 du code du sport.

« Cette dérogation est strictement limitée à la date et à l'itinéraire prévus dans l'arrêté d'autorisation de la manifestation sportive.

« Les modalités d'application relatives à l'identification des conducteurs sont fixées par arrêté conjoint du ministre de l'intérieur et du ministre chargé des sports.

« Un arrêté du ministre chargé des transports fixe, pour chaque type de véhicule, les dispositifs techniques et de sécurité minimaux dont ils doivent disposer pour l'application de cet article. »

Interdiction d'accès aux autoroutes : R. 421-8. — Véhicules de collection : R. 412-16.

V. aussi C. sport, art. R. 331-6 s. et A. 331-1 s., CSI, art. R. 211-22 s. (services d'ordre des manifestations sportives), App., v° Courses et épreuves sportives.

V., sur les lieux non ouverts à la circulation : C. envir., art. L. 362-2 et L. 362-3 (réglementation des courses dans les espaces naturels), App., v° Environnement.

Les dispositions du Décr. n° 2012-312 du 5 mars 2012 s'appliquent aux manifestations se déroulant plus de trois mois après sa date de publication, soit après le 7 juin 2012 (Décr. préc., art. 7).

1. La seule circonstance qu'une course cycliste ait lieu sur une route ne décharge pas les usagers de la route, y compris les coureurs cyclistes, de l'observation des règlements en vigueur et spécialement du C. route. • Crim. 6 janv. 1954 : *D. 1954. 128.*

2. En l'absence de dispositions réglementaires prises en faveur des participants, coureurs et accompagnateurs du Tour de France pour leur permettre de déroger aux prescriptions du C. route, celles-ci s'imposent à eux. • Rouen, 5 mars 1968 : *Gaz. Pal. 1968. Somm. 29.*

3. Chacun des conducteurs conduisant un véhicule faisant partie d'une caravane organisée à l'occasion d'une course cycliste doit respecter les prescriptions du C. route et ne peut en cas d'accident invoquer le règlement établi par les organisateurs. • Crim. 26 juin 1956 : *Bull. crim. n° 483.*

4. Le coureur cycliste, placé dans des conditions telles qu'il ne peut se dégager d'un groupe d'autres coureurs au milieu duquel il se trouve et qui n'est par conséquent pas libre de ses mouvements, ne commet aucune infraction ; si la responsabilité des organisateurs de la course et de l'administration peut être engagée, celle individuelle du coureur doit être écartée. • Crim. 5 janv. 1957 : *Bull. crim. n° 17.*

5. Lors d'un accident survenu au cours d'une compétition automobile sur une voie fermée à la circulation publique, le véhicule d'un concurrent ayant quitté la route et blessé deux spectateurs qui se tenaient au bord de celle-ci en infraction à l'arrêté préfectoral autorisant la course, la circonstance que l'accident se soit produit sur une voie fermée à la circulation publique et dont l'accès était interdit aux victimes n'est pas de nature à faire perdre à cet événement son caractère d'accident de la circulation ; les dispositions protectrices de l'art. 3 de la L. du 5 janv. 1985 concernent toute victime non conductrice d'un véhicule terrestre à moteur. • Crim. 16 juill. 1987 : *Bull. crim. n° 294.*

6. Viole les art. 1er et 3 de la L. du 5 janv. 1985 la cour d'appel qui, pour débouter de leur demande en réparation les ayants droit d'un coureur cycliste mortellement blessé lors d'une chute consécutive à un brusque freinage pour éviter sans la heurter une automobile qui le précédait, a retenu que la preuve de l'implication de ce véhicule n'était pas rapportée alors qu'il résultait des faits que l'automobile en mouvement avait joué un rôle dans l'accident et que par conséquent elle était impliquée. • Civ. 2e, 15 mai 1992 : *Gaz. Pal. 1992. 2. Pan. 273.*

7. Justifie sa décision la cour d'appel qui déclare coupable de blessures involontaires un pilote qui, à l'occasion d'une épreuve de vitesse spéciale d'un rallye automobile, perd le contrôle de son véhicule alors qu'il circule à une vitesse exagérée, sur une route mouillée et grasse, dans un virage rendu dangereux par une bosse dont la présence pouvait être décelée par une reconnaissance appropriée de l'itinéraire. • Crim. 8 mars 2005, n° 04-83.341 P : *RSC 2005. 557, note Mayaud.*

Art. R. 411-30 **L'autorité administrative compétente pour exercer le pouvoir de police en matière de circulation routière peut réglementer la circulation, l'interdire temporairement en cas de nécessité et prévoir que l'épreuve, la course ou la compétition sportive bénéficie d'une priorité de passage** *(Décr. n° 2017-1279 du 9 août 2017, art. 30)* **« ou d'un usage exclusif temporaire de la chaussée » portée à la connaissance des usagers par une signalisation appropriée, définie par arrêté du ministre de l'intérieur** *(Abrogé par Décr. n° 2010-773 du 8 juill. 2010)* **«*, du ministre de la défense*», du ministre chargé des transports et du ministre chargé des sports.**

Le fait de contrevenir aux restrictions de circulation édictées en vertu du présent article à l'occasion des épreuves, courses ou compétitions sportives est puni de l'amende prévue pour les contraventions de la quatrième classe. — *[Anc. art. R. 53, al. 2 et R. 232, al. 1er et 13.]*

Art. R. 411-31 *(Décr. n° 2017-1279 du 9 août 2017, art. 31)* **« L'autorité administrative peut agréer des représentants de la fédération ou de la personne physique ou morale qui organise l'épreuve, la course ou la compétition sportive. » Les représentants qui doivent être majeurs et titulaires du permis de conduire sont chargés, sur l'itinéraire emprunté, de signaler l'épreuve, la course ou la compétition sportive aux usagers de la route.** *(Décr. n° 2012-312 du 5 mars 2012, art. 5)* **« Ils portent des signes vestimentaires permettant de les identifier. » Dans l'accomplissement de leur mission, ils sont tenus de se conformer aux instructions des membres des forces de police ou de gendarmerie** *(Décr. n° 2012-312 du 5 mars 2012, art. 5)* **« territorialement compétents ». Ils leur rendent compte des incidents qui peuvent survenir.** — *[Anc. art. R. 53, al. 3.]*

(Décr. n° 2012-312 du 5 mars 2012, art. 5) **« Le fait pour tout usager de contrevenir aux indications des représentants mentionnés à l'alinéa précédent et mettant en œuvre les mesures de circulation édictées en vertu de l'article R. 411-30 à l'occasion**

des épreuves, courses ou compétitions sportives est puni de l'amende prévue pour les contraventions de la quatrième classe. »

Les dispositions du Décr. n° 2012-312 du 5 mars 2012 s'appliquent aux manifestations se déroulant plus de trois mois après sa date de publication, soit après le 7 juin 2012 (Décr. préc., art. 7).

Art. R. 411-32 Le fait, pour tout organisateur, hors le cas du défaut d'autorisation des courses de véhicules à moteur, de contrevenir aux dispositions réglementant les courses de toute nature, ainsi que les épreuves ou compétitions sportives, est puni de l'amende prévue pour les contraventions de la quatrième classe. – *[Anc. art. R. 234.]*

Délit : L. 411-7.

V. App., v° Courses et épreuves sportives.

Les dispositions de la L. du 5 juill. 1985 ne sont pas applicables entre concurrents d'une compétition sportive dans laquelle sont engagés des véhicules terrestres à moteur. • Civ. 2e, 28 févr. 1996 : *inédit.*

CHAPITRE II CONDUITE DES VÉHICULES ET CIRCULATION DES PIÉTONS

SECTION 1 Équipements des utilisateurs de véhicules

COMMENTAIRE

Un peu d'historique. Les articles suivants reprennent les dispositions sur la ceinture de sécurité et le transport sécurisé des enfants qui figuraient aux articles R. 53-1 à R. 53-1-4 de l'ancien code. Jusqu'au décret n° 99-868 du 6 octobre 1999, un seul article du code de la route régissait la matière (art. R. 53-1), article complété cependant par plusieurs arrêtés ministériels. Ce sont, pour l'essentiel, les dispositions de ces arrêtés qui avaient été intégrées aux articles R. 53-1 à R. 53-1-4 de l'ancien code par le décret précité.

Le caractère récent de ces dispositions a conduit les rédacteurs du nouveau code de la route à les reprendre quasiment telles quelles aux articles R. 412-1 et suivants : les dispositions de l'article R. 53-1-1 de l'ancien code relatives au port du casque mises à part, qui ont été logiquement insérées dans un chapitre concernant les motocyclettes, tricycles et quadricycles à moteur, cyclomoteurs et cycles (V. art. R. 431-1). Par ailleurs, comme pour l'ensemble des délits et contraventions du code de la route recomposé, on trouve désormais aux articles R. 412-1 et suivants incriminations et sanctions dans un seul et même texte.

Depuis l'entrée en vigueur de ce code, plusieurs modifications ont cependant été apportées aux dispositions suivantes… (V. le comm. des art. ci-dessous). ❑

Art. R. 412-1 I. – *(Décr. n° 2003-440 du 14 mai 2003)* **« En circulation, tout conducteur ou passager d'un véhicule à moteur** *(Abrogé par Décr. n° 2003-637 du 9 juill. 2003)* ***« , à l'exception des autobus et autocars dont le poids total autorisé en charge excède 3,5 tonnes, »*** **doit porter une ceinture de sécurité homologuée dès lors que le siège qu'il occupe en est équipé en application des dispositions du livre III. »**

(Abrogé par Décr. n° 2018-795 du 17 sept. 2018, art. 9) (Décr. n° 2006-1496 du 29 nov. 2006, art. 1er, en vigueur le 1er janv. 2008) ***« Chaque siège équipé d'une ceinture de sécurité ne peut être occupé que par une seule personne. »***

II. – Toutefois, le port de la ceinture de sécurité n'est pas obligatoire :

1° Pour toute personne dont la morphologie est manifestement inadaptée au port de celle-ci ;

2° Pour toute personne munie d'un certificat médical d'exemption, délivré par *(Décr. n° 2012-886 du 17 juill. 2012, art. 3, en vigueur le 1er sept. 2012)* **« un médecin agréé consultant hors commission médicale chargé » d'apprécier l'aptitude physique des candidats au permis de conduire et des conducteurs ou par les autorités compétentes d'un État membre de la Communauté européenne ou de l'Espace économique européen. Ce certificat médical doit mentionner sa durée de validité et comporter le symbole prévu à l'article 5 de la directive 91/671/CEE du Conseil du 16 décembre 1991 :**

3° En intervention d'urgence, pour tout conducteur ou passager d'un véhicule d'intérêt général prioritaire ou d'une ambulance ;

4° Pour tout conducteur de taxi en service ;

5° En agglomération, pour tout conducteur ou passager d'un véhicule des services publics contraint par nécessité de service de s'arrêter fréquemment ;

6° En agglomération, pour tout conducteur ou passager d'un véhicule effectuant des livraisons de porte à porte.

III. — Le fait, pour tout conducteur ou passager, de contrevenir aux dispositions du présent article est puni de l'amende prévue pour les contraventions de la *(Décr. nº 2003-293 du 31 mars 2003, art. 3)* **« quatrième classe. »**

IV. — Lorsque cette contravention est commise par le conducteur, elle donne lieu de plein droit à la réduction *(Décr. nº 2003-293 du 31 mars 2003, art. 3)* **« de trois points » du permis de conduire.** — *[Anc. art. R. 53-1, R. 233, al. 6 et R. 256, al. 28 à 32.]*

V. Arr. du 31 juill. 2012 relatif à l'organisation du contrôle médical de l'aptitude à la conduite, App., vº Permis de conduire.

Ces dispositions sont applicables à Mayotte.

COMMENTAIRE

Le port obligatoire de la ceinture de sécurité, qui est imposé par l'article R. 412-1 aussi bien au conducteur qu'aux passagers, avant et arrière, de tout véhicule à moteur, constitue l'une des règles du code de la route ont été longtemps contestées, notamment au motif que cette mesure de police constituait une atteinte injustifiée à la liberté individuelle. Une telle argumentation a cependant toujours été rejetée par les plus hautes juridictions françaises (V. décisions citées ci-dessous). Aujourd'hui, il semble que le port obligatoire de la ceinture de sécurité soit largement acceptée, même si ce port n'est pas encore systématique pour les passagers arrière d'un véhicule et même si on constate encore chaque année de nombreuses contraventions aux présentes dispositions (155 583 contraventions ont été constatées par la police et la gendarmerie nationales en 2017).

Extensions du port obligatoire de la ceinture de sécurité. Depuis 2003, l'obligation formulée par le présent article incombe, en principe, à tout conducteur ou passager d'un véhicule à moteur, quel qu'il soit. Il n'en a pourtant pas toujours été ainsi. Dans l'ancien code, l'article R. 53-1 n'imposait une telle obligation que dans les véhicules dont le poids total autorisé en charge n'excédait pas 3,5 tonnes. Au mépris des règles de la codification à droit constant, cette précision n'avait pas été reprise initialement à l'article R. 412-1, I. Un oubli que le décret nº 2001-751 du 27 août 2001 était ensuite venu corriger… Mais deux nouveaux décrets ont par la suite modifié les termes de l'article R. 412-1, I. Le décret nº 2003-440 du 14 mai 2003 a tout d'abord étendu l'obligation du port de la ceinture de sécurité aux occupants des véhicules dont le poids total autorisé en charge est supérieur à 3,5 tonnes, tout en maintenant une exception pour le conducteur et les passagers des autobus et autocars de cette catégorie. Étaient ainsi visés les seuls occupants de poids lourds. Une exception qui a été ensuite supprimée par le décret nº 2003-637 du 9 juillet 2003. De la sorte, le principe est donc bel et bien, aujourd'hui, que, dans tous les véhicules, les occupants doivent porter une ceinture de sécurité, à la condition, bien entendu, que le véhicule en soit équipé. Cette généralisation du port obligatoire de la ceinture de sécurité était d'ailleurs nécessaire : la directive 2003/20/CE du 8 avril 2003 modifiant la directive 91/671/CEE concernant le rapprochement des législations des États membres relatives au port obligatoire de la ceinture de sécurité l'imposait.

Exemptions. Il subsiste néanmoins un certain nombre de cas où le port de la ceinture de sécurité n'est pas obligatoire. Ces exemptions, autrefois prévues par l'arrêté du 9 juillet 1990, avaient été intégrées à l'ancien article R. 53-1 par le décret nº 99-868 du 6 octobre 1999. On les retrouve aujourd'hui au paragraphe II de l'article R. 412-1. Elles sont liées à des considérations personnelles (morphologie manifestement inadaptée au port de la ceinture ; contre-indication médicale attestée par un certificat) ou professionnelles (sont en effet exemptés du port obligatoire de la ceinture de sécurité les conducteurs de taxi en service ; en intervention d'urgence, le conducteur ou passager d'un véhicule d'intérêt général prioritaire ou d'une ambulance ; et, en agglomération seulement, les conducteurs ou passagers des véhicules de service public s'arrêtant fréquemment et des véhicules effectuant des livraisons de porte à porte). A ces exemptions, il faut ajouter celle découlant de l'article R. 412-2 qui prévoit le cas des enfants qui, de par leur morphologie, ne peuvent porter une ceinture de sécurité (mais sont astreints à un autre système de protection), ainsi que celle résultant de l'article R. 412-5 concernant les véhicules militaires et les véhicules de la sécurité civile, auxquels des règles particulières s'appliquent.

Un siège par personne. Par ailleurs, le décret n° 2006-1496 du 29 novembre 2006 était venu préciser à l'article R. 412-1 que « chaque siège équipé d'une ceinture de sécurité ne peut être occupé que par une seule personne ». Cette disposition visait à mettre fin à la pratique consistant à permettre aux enfants de moins de dix ans de partager une place à deux, notamment dans les transports scolaires. Elle permettait également de sanctionner le transport d'occupants en surnombre dans un véhicule. Cette disposition a toutefois été supprimée du présent article par le décret n° 2018-795 du 17 septembre 2018, qui a créé, dans le même temps, un article R. 412-1-1 sanctionnant le transport d'occupants en surnombre de manière autonome, c'est-à-dire sans lien avec le fait qu'un siège soit équipé ou non d'une ceinture de sécurité.

Sanctions. Notons enfin que les sanctions des règles figurant dans le présent article ont été alourdies par le décret n° 2003-293 du 31 mars 2003. Depuis 2003, conducteurs et passagers qui ne portent pas la ceinture de sécurité s'exposent à l'amende prévue pour les contraventions de la quatrième classe (deuxième classe auparavant). En outre, lorsque l'infraction est commise par un conducteur, celui-ci se voit retirer trois points sur son permis de conduire (un seul point était retiré antérieurement). Ces sanctions peuvent en outre être prononcées également à l'encontre des conducteurs et passagers des véhicules exemptés du port de la ceinture de sécurité, si les conditions de l'exemption ne sont pas remplies : par exemple, en l'absence d'urgence, le conducteur et les passagers d'une ambulance. ❑

1. Constitutionnalité de l'art. R. 412-1. L'obligation de port de la ceinture de sécurité, qui tend à assurer la protection des conducteurs de véhicules mais aussi celle de leurs passagers et des autres usagers de la route, ne saurait être regardée, eu égard à l'objet de sécurité publique qu'elle poursuit, comme portant atteinte aux dispositions de valeur constitutionnelle des articles 4 et 5 de la Déclaration des droits de l'homme et du citoyen. • CAA Bordeaux, 4 mars 2003 : *inédit.* ♦ Le tribunal qui croit pouvoir à tort se faire juge de l'opportunité de la mesure faisant obligation de porter la ceinture de sécurité attachée et refuse de faire application au prévenu des dispositions répressives applicables excède ses pouvoirs et viole les art. R. 53-1 et R. 233 (5°) [R. 412-1]. Le jugement attaqué ne peut affirmer que la réglementation litigieuse est contraire aux dispositions ayant valeur constitutionnelle des art. 4 et 5 de la DDH relatives à la liberté individuelle et que celle-ci ne peut être limitée que par le législateur dès lors que l'usage qui en est fait est sans influence sur les risques encourus par les tiers. • Crim. 20 mars 1980 : *Bull. crim. n° 97 ; D. 1980. IR 521, obs. Puech ; Gaz. Pal. 1980. 1. 295, note P.L.G.* • Nancy, 23 mars 1979 : *Gaz. Pal. 1979. 2. 515.* ♦ Sur l'extension (prévue par le Décr. du 4 déc. 1989) aux places arrière par voie d'arrêté ministériel, V. : *RSC 1990. 373, obs. Bouloc.*

2. Conventionnalité de l'art. R. 412-1 (tel que modifié par le décret du 31 mars 2003). Le fait pour le pouvoir réglementaire de durcir la sanction en cas de non-respect de l'obligation du port de la ceinture de sécurité ne porte pas atteinte au droit pour une personne qui contreviendrait aux prescriptions applicables de voir sa cause entendue par un tribunal impartial et indépendant. • CE 5 janv. 2005, n° 257341 : *inédit.* ♦ De même, les dispositions du Décr. du 31 mars 2003 ne sauraient être incompatibles avec les art. 20 et 49, § 3, de la charte des droits fondamentaux de l'Union européenne, dès lors que celle-ci est dépourvue, en l'état actuel du droit, de la force juridique qui s'attache aux traités une fois introduits dans l'ordre juridique interne. • CE 5 janv. 2005, n° 257341 : *préc.*

3. Légalité du décret imposant le port de la ceinture de sécurité. Il appartient au gouvernement, en vertu des dispositions des art. 21 et 37 de la Constitution, de prendre les mesures de police applicables à l'ensemble du territoire et notamment celles qui ont pour objet la sécurité des conducteurs des voitures automobiles et des personnes transportées ; en faisant obligation à certains de ceux-ci, afin de réduire les conséquences des accidents de la route, de porter une ceinture de sécurité attachée, l'art. R. 53-1 [R. 412-1] n'a pas excédé les pouvoirs conférés à l'autorité réglementaire. • CE 17 déc. 1975 : *D. 1977. 73, note Morange.* ♦ Le Décr. du 28 juin 1973 pris dans les formes prévues pour les règlements d'administration publique a pu modifier légalement l'art. R. 53-1

[R. 412-1]. • CE 6 oct. 1976 : *Gaz. Pal. 1979. 1. 119* • 2 janv. 1982 : *D. 1982. 494, note Pacteau.*

4. Légalité de l'art. R. 412-1 (tel que modifié par le décret du 31 mars 2003). Si elles ne rendent pas obligatoire le port de la ceinture de sécurité pour les conducteurs de taxi en service et, en agglomération, pour tout conducteur ou passager d'un véhicule des services publics contraint par nécessité de service de s'arrêter fréquemment, les dispositions de l'art. R. 412-1 ne constituent pas une violation du principe d'égalité. En effet, les personnes qu'elles visent sont placées dans des conditions différentes de celles des autres conducteurs ou passagers. Pour la même raison, le fait, pour les personnes concernées par ces dispositions, de ne pas s'exposer à un retrait de points du permis de conduire lorsqu'elles n'utilisent pas leur ceinture de sécurité n'est pas contraire au principe d'égalité. • CE 5 janv. 2005, n° 257341 : *inédit.*

5. Légalité des sanctions prévues à l'art. R. 412-1 (tel que modifié par le décret du 31 mars 2003). En faisant passer de la deuxième à la quatrième classe la sanction relative au non-respect de l'obligation de port de la ceinture de sécurité, le pouvoir réglementaire n'a pas outrepassé l'habilitation donnée par l'art. L. 223-8 C. route. • CE 5 janv. 2005, n° 257341 : *inédit.* ♦ De même, il n'existe pas de disproportion manifeste entre la gravité des infractions définies par l'art. R. 412-1 et les sanctions encourues. Le Décr. du 31 mars 2003 n'est donc contraire ni à l'art. 8 DDH ni à l'art. 111-2 C. pén. • CE 5 janv. 2005, n° 257341 : *inédit.*

Art. R. 412-1-1 *(Décr. nº 2018-795 du 17 sept. 2018, art. 9)* **Sauf dispositions contraires, les passagers d'un véhicule à moteur sont transportés sur des sièges dans la limite du nombre de places assises mentionné sur le certificat d'immatriculation du véhicule. Chaque siège ne peut être occupé que par une seule personne.**

Le fait, pour tout conducteur ou passager, de contrevenir aux dispositions du présent article est puni de l'amende prévue pour les contraventions de la quatrième classe.

Lorsque cette contravention est commise par le conducteur, elle donne lieu de plein droit à la réduction de trois points du permis de conduire.

COMMENTAIRE

Un siège par personne. Le présent article permet, depuis le décret n° 2018-795 du 17 septembre 2018, de sanctionner le transport d'occupants en surnombre dans un véhicule. Il précise en effet que les passagers d'un véhicule à moteur ne peuvent être plus nombreux que le nombre de places assises mentionné sur le certificat d'immatriculation du véhicule et que chaque siège ne peut être occcupé que par une seule personne, et ce sous peine d'une amende de quatrième classe et d'un retrait de trois points pour le conducteur du véhicule. On notera que le transport d'occupants en surnombre pouvait déjà être sanctionné avant le décret du 17 septembre 2018, sur le fondement des dispositions de l'article R. 412-1 relatives au port de la ceinture de sécurité et qui prévoyaient que « chaque siège équipé d'une ceinture de sécurité ne peut être occupé que par une seule personne ». L'intérêt des présentes dispositions est de permettre de sanctionner un tel fait de manière autonome, c'est-à-dire sans lien avec le fait que le siège soit équipé ou non d'une ceinture de sécurité. Les sanctions demeurent en revanche identiques : les articles R. 412-1 et R. 412-1-1 prévoyant les mêmes peines. ❑

Art. R. 412-2 I. — *(Décr. nº 2003-440 du 14 mai 2003)* **« En circulation, tout conducteur d'un véhicule à moteur dont les sièges sont équipés de ceintures** *(Décr. nº 2006-1496 du 29 nov. 2006)* **« de sécurité » en application des dispositions du livre III,** *(Décr. nº 2003-637 du 9 juill. 2003)* **« et dont le nombre de places assises, y compris celle du conducteur, n'excède pas neuf » doit s'assurer que** *(Décr. nº 2006-1496 du 29 nov. 2006)* **« tout passager âgé » de moins de** *(Décr. nº 2005-277 du 25 mars 2005)* **« dix-huit » ans qu'il transporte** *(Décr. nº 2006-1496 du 29 nov. 2006)* **« est maintenu » soit par un système homologué de retenue pour enfant, soit par une ceinture de sécurité. »**

(Décr. nº 2006-1496 du 29 nov. 2006) **« Dans les véhicules de même capacité, lorsqu'un siège n'est pas équipé de ceinture de sécurité, il est interdit d'y transporter un enfant de moins de trois ans. »**

II. — **De même,** *(Décr. nº 2006-1498 du 29 nov. 2006)* **« le conducteur » doit s'assurer que tout enfant de moins de dix ans est retenu par un système homologué de retenue pour enfant adapté à sa morphologie et à son poids.** — *V. Arr. du 26 janv. 1995* *relatif à l'utilisation des systèmes de retenue pour enfants transportés à bord des véhicules à moteur, mod. par Arr. du 14 mai 2014 (JO 25 mai).*

III. — Toutefois, l'utilisation d'un système homologué de retenue pour enfant n'est pas obligatoire :

1° Pour tout enfant dont la morphologie est adaptée au port de la ceinture de sécurité ;

2° Pour tout enfant muni d'un certificat médical d'exemption qui mentionne sa durée de validité et comporte le symbole prévu au 2° du II de l'article R. 412-1 ;

3° *(Décr. nº 2006-1496 du 29 nov. 2006)* **« Pour tout enfant transporté dans un taxi ou dans un véhicule de transport en commun ».**

IV. — Le fait, pour tout conducteur, de contrevenir aux dispositions du présent article est puni de l'amende prévue pour les contraventions de la *(Décr. nº 2003-293 du 31 mars 2003, art. 3)* **« quatrième classe. »** — *[Anc. art. R. 53-1-2 et R. 233, al. 6.]*

Ces dispositions sont applicables à Mayotte.

V. tableau annexé au Décr. nº 2005-277 du 25 mars 2005 (JO 26 mars).

COMMENTAIRE

Transport sécurisé des enfants. La réglementation sur la ceinture de sécurité nécessite des adaptations lorsque la personne transportée est un enfant. Peu ou pas adaptée à sa morphologie, la ceinture constitue alors plus un risque qu'une protection. En outre, celui-ci n'est pas nécessairement conscient du danger qu'il court s'il n'est pas « attaché ». C'est pourquoi l'article R. 412-2 prévoit un certain nombre de règles dérogeant au principe formulé à l'article R. 412-1.

Obligations. Outre qu'il ne peut être transporté – sauf cas particulier – sur un siège avant du véhicule (V. art. R. 412-3), l'enfant âgé de moins de dix ans doit être maintenu par un système homologué de retenue pour enfant (art. R. 412-2, II). Quelques exceptions sont toutefois prévues (art. R. 412-2, III), et notamment ce système n'est pas obligatoire si l'enfant a une morphologie lui permettant de porter la ceinture de sécurité.

Responsabilité du conducteur. Une autre règle spécifique tient au fait que c'est au conducteur de veiller à ce que ses jeunes passagers soient transportés en toute sécurité, à défaut il encourt l'amende prévue pour les contraventions de la quatrième classe. Il s'agit d'un cas apparent de responsabilité pénale du fait d'autrui, l'article R. 412-2 incriminant ici le comportement du conducteur et non pas celui du passager. Cette contravention n'entraîne cependant pas de retrait de points.

Extension des obligations. Il faut par ailleurs noter que la plupart des décrets qui ont modifié les termes de l'article R. 412-1 ont également retouché – et quasiment à l'identique – aux dispositions du présent article. Ainsi l'obligation qu'a un conducteur de veiller à ce que ses jeunes passagers soient transportés en toute sécurité a été étendue aux conducteurs des poids lourds, puis à ceux des autobus et autocars, le décret nº 2003-637 du 9 juillet 2003 ayant toutefois subordonné cette obligation à une condition supplémentaire tenant au nombre de places assises dans le véhicule qui ne doit pas excéder neuf, y compris celle du conducteur. Dès lors, dans la plupart des autobus et autocars, le conducteur ne peut se voir reprocher de ne pas s'être assuré que ses jeunes passagers étaient « attachés ».

Extension de la responsabilité du conducteur. Le décret nº 2005-277 du 25 mars 2005 a en outre renforcé l'obligation qu'a le conducteur de veiller à ce que ses jeunes passagers soient transportés en toute sécurité. Désormais la responsabilité du conducteur peut être engagée dès lors que le passager qui ne porte pas de ceinture de sécurité est âgé de moins de dix-huit ans (treize ans auparavant). Autrement dit, dès lors que dans un véhicule se trouve un passager mineur, le conducteur doit maintenant s'assurer que son transport est sécurisé.

Enfants de moins de trois ans. Enfin, dans les véhicules dont le nombre de places assises n'excède pas neuf, il est interdit de transporter un enfant de moins de trois ans sur un siège qui n'est pas équipé de ceinture de sécurité. Cette disposition – introduite à l'article R. 412-2, I, par le décret nº 2006-1496 du 29 novembre 2006 – transpose une interdiction posée par la directive 2003/20/CE du 8 avril 2003 précitée et qui prévoit que dans ces catégories de véhicules « qui ne sont pas équipés de dispositifs de sécurité les enfants âgés de moins de trois ans ne peuvent pas voyager ». La formulation interne de cette interdiction – qui vise le cas des véhicules dont les sièges ne sont pas équipés « d'une ceinture de sécurité » – peut sembler plus restrictive que celle retenue par la directive, laquelle envisage les véhicules qui ne sont pas équipés « de dispositifs de sécurité ». Mais, en pratique, il n'en est rien, car aujourd'hui les systèmes homologués de retenue pour enfant sont toujours utilisés en lien avec les ceintures de sécurité. ❑

Art. R. 412-3 I. — Le transport d'un enfant de moins de dix ans sur un siège avant d'un véhicule à moteur est interdit, sauf dans l'un des cas suivants :

1° Lorsque l'enfant est transporté, face à l'arrière, dans un système homologué de retenue spécialement conçu pour être installé à l'avant des véhicules *(Décr. n° 2006-1496 du 29 nov. 2006, art. 3)* **« et que le coussin de sécurité frontal est désactivé » ;**

2° Lorsque le véhicule ne comporte pas de siège arrière *(Décr. n° 2006-1496 du 29 nov. 2006, art. 3)* **« ou si le siège arrière n'est pas équipé de ceinture de sécurité » ;**

3° Lorsque les sièges arrière du véhicule sont momentanément inutilisables ou occupés par des enfants de moins de dix ans, à condition que chacun des enfants transportés soit retenu par un système prévu au II de l'article R. 412-2.

II. — Le fait, pour tout conducteur, de contrevenir aux dispositions du présent article est puni de l'amende prévue pour les contraventions de la *(Décr. n° 2003-293 du 31 mars 2003, art. 3)* **« quatrième classe. »** — *[Anc. art. R. 53-1-3 et R. 233, al. 6.]*

COMMENTAIRE

L'article R. 412-3, I, 1° permet de transporter un enfant, face à l'arrière, sur le siège avant d'un véhicule avec un système homologué de retenue spécialement conçu. Le décret n° 2006-1496 du 29 novembre 2006 est cependant venu précisé que, dans un tel cas, le coussin de sécurité frontal devait être désactivé. La généralisation des « coussins gonflables » sur les véhicules justifie une telle précision, laquelle était en outre imposée par la directive 2003/20/CE citée précédemment. ❑

Art. R. 412-4 Des arrêtés du ministre chargé des transports et du ministre de l'intérieur fixent les conditions d'application des articles R. 412-1 à R. 412-3.

Des arrêtés du ministre chargé des transports fixent les conditions d'homologation des ceintures de sécurité et des systèmes de retenue pour enfants. — *[Anc. art. R. 53-1-4.]*

Art. R. 412-5 Les dispositions des articles R. 412-1 à R. 412-4 ne sont applicables ni aux convois et transports militaires ni aux véhicules des unités d'instruction et d'intervention de la sécurité civile, qui font l'objet de règles particulières. — *[Anc. art. R. 229, al. 1er et 2 et R. 229-2.]*

BIBL. Spycket, *Belfond 1978*. – Morange, *D. 1977. Chron. 61*. – Moore, *Gaz. Pal. 1979. 1. Doctr. 140*.

A. DISPENSE DU PORT DE LA CEINTURE

1. La dispense de l'obligation du port de la ceinture prévue par l'art. 2 de l'Arr. du 26 sept. 1979 pour les conducteurs de taxi en service trouve son fondement dans les exigences que comporte la protection de leur personne ou de leurs biens dans l'exercice de leur profession ; que la dispense accordée, lorsqu'ils effectuent des missions d'urgence, aux occupants des places avant des véhicules de services de police, de gendarmerie et de lutte contre l'incendie, des ambulances et des véhicules d'intervention d'électricité de France et de gaz de France est justifiée par les conditions dans lesquelles ces missions s'exécutent ; que de même la dispense prévue en agglomération pour les occupants des places avant de certains véhicules contraints à des arrêts fréquents ne crée aucune discrimination illégale. • CE 22 janv. 1982 : *D. 1982. 494, note Pacteau.*

2. Un certificat médical établi par un radiologue et qui indique que le prévenu est dans l'impossibilité de porter sa ceinture de sécurité en raison d'une luxation de l'épaule, s'il ne précise ni le siège droit ou gauche de la luxation ni l'époque de son apparition et s'il est postérieur aux faits et même à la citation devant le tribunal ne peut être retenu comme dispense autorisée. • Crim. 24 janv. 1991 : *Jurispr. auto 1991. 146.*

3. Le conducteur d'un véhicule qui s'est fait volontairement verbaliser pour défaut de port de ceinture de sécurité alors qu'il se savait dispensé pour raisons médicales de cette obligation légale commet un outrage à agent de la force publique car il a mis les gendarmes dans la nécessité de dresser un procès-verbal alors qu'il n'ignorait pas que ce procès-verbal ne pourrait avoir de suite et qu'il a ainsi eu une attitude provocante et offensante pour les gendarmes ; la cour d'appel justifie ainsi sa décision au regard de l'art. 224 anc. C. pén. • Crim. 14 nov. 1989 : *D. 1991. 447, note Fournier ; JCP 1990. II. 21441, note Vitu.*

4. Un certificat médical attestant qu'un conducteur est dispensé pour raisons médicales et pour deux ans du port de la ceinture de sécurité n'établit pas que l'état physique de l'intéressé est incompatible avec le maintien du permis de conduire ; seuls des motifs tenant à l'inaptitude physique du titulaire du permis à la conduite automobile sont de nature à justifier une mesure de restriction de la durée de validité du permis de conduire pris en vertu de l'art. R. 128 [C. route, art. R. 221-12 à R. 221-13] ; c'est à tort que le préfet s'est fondé sur ce certificat médical pour restreindre la durée de validité du permis de conduire. • TA Strasbourg, 7 juill. 1992 : *Jurispr. auto 1992. 502.*

Sur l'absence de liste des affections ou handicaps susceptibles d'être considérés comme incompatibles avec le port de la ceinture de sécurité : * Rép. min. : *JOAN Q, janv. 1992. 189.* ♦ Sur la question des stimulateurs cardiaques : * Rép. min. : *JOAN Q, août 1991. 3203.*

5. Contrainte. L'état de santé d'un prévenu ne saurait constituer un cas de contrainte lorsqu'il est antérieur à la commission de l'infraction, la contrainte physique, au sens de l'art. 122-2 C. pén., ne pouvant résulter que d'un événement imprévisible et insurmontable qui place l'auteur de l'infraction dans l'impossibilité de se conformer à la loi. Est en conséquence cassé un jugement qui avait considéré que l'état de santé d'un prévenu, poursuivi pour conduite d'un véhicule sans port de ceinture de sécurité, constituait un cas de contrainte, le prévenu ayant fait valoir pour sa défense qu'il avait, la veille des faits, été blessé dans un accident, en versant un certificat attestant d'une plaie importante au niveau de l'épaule gauche. • Crim. 28 oct. 2009 : *RSC 2010. 143, obs. Mascala ; Dr. pénal 2010, nº 4, note Véron.*

B. PREUVE DE LA RÉALISATION DE L'INFRACTION

6. Des constatations étant faites par trois agents de police établissant une possible infraction aux règles de sécurité concernant le port de la ceinture non contredites par un élément du dossier, le procès-verbal fait foi jusqu'à preuve contraire. • Crim. 12 févr. 1992 : *Jurispr. auto 1992. 286.* ♦ Les procès-verbaux constatant les contraventions relevant de la procédure de l'amende forfaitaire sont réguliers dès lors qu'ils contiennent, outre les constatations de l'infraction, la signature de l'agent verbalisateur, son numéro matricule et l'indication de son service. Est en conséquence cassé l'arrêt qui, pour relaxer un prévenu, poursuivi pour défaut du port de la ceinture de sécurité, relève que le procès-verbal « rédigé au moyen de chiffres et de sigles » ne précise ni l'identité ni la qualité du rédacteur dont la signature est illisible et ne permet pas, dans ces conditions, de vérifier sa qualité, alors qu'il appartenait aux juges de rechercher, au besoin après une mesure d'instruction, si le procès-verbal contesté, qui mentionnait le numéro matricule de l'agent verbalisateur et l'indication de son service, comportait les éléments permettant de l'identifier, de vérifier ses pouvoirs et de provoquer des observations en cas de contestation. • Crim. 16 janv. 2008 : *Jurispr. auto 2008. 461.*

7. Un conducteur poursuivi pour défaut du port de la ceinture de sécurité doit être relaxé, dès lors que son véhicule était en stationnement, au moment de la constatation de l'infraction (en l'espèce, il s'agissait d'une chauffeur de taxi et les services de police avaient eux-mêmes constaté que le dispositif lumineux de son véhicule était éteint et hors service lors du contrôle et, à aucun moment, ils n'avaient relevé que le taxi était en mouvement). • Montpellier, 2 juin 2014 : *Dr. pénal 2015. Chron. 7, obs. Gauvin.*

C. SANCTION PÉNALE

8. Il résulte de l'art. 132-34 C. pén. que le sursis n'est pas applicable à l'amende prononcée pour les contraventions des quatre premières classes. Ne saurait dès lors être assortie du sursis l'amende prononcée pour conduite d'un véhicule sans port de la ceinture de sécurité, comportement sanctionné d'une contravention de quatrième classe. • Crim. 31 oct. 2006, nº 06-84.048 P : *AJ pénal 2006. 504 ; Dr. pénal 2007. Comm. 19, obs. Véron ; Jurispr. auto 2006. 647.*

D. CONSÉQUENCES CIVILES DU DÉFAUT DU PORT DE LA CEINTURE

a. Victime : passager

9. Le fait pour la passagère d'un véhicule de ne pas avoir attaché sa ceinture de sécurité et d'avoir porté sur ses genoux une pièce montée ne peut constituer une faute inexcusable cause exclusive de l'accident. Cette personne doit être indemnisée intégralement de son préjudice. • Besançon, 25 mars 1988 : *Jurispr. auto 1988. 390.* ♦ Pour la responsabilité partielle d'une passagère avant la loi de 1985 : • Rouen, 21 janv. 1975 : *D. 1975. 637.*

b. Victime : conducteur

10. Les juges du fond doivent rechercher si le fait de ne pas avoir mis la ceinture de sécurité n'était pas en relation de causalité avec le dommage invoqué par le conducteur. Ne donne pas de base légale à sa décision la cour d'appel qui reconnaît à la victime d'une collision en sens inverse un droit de réparation intégrale de son préjudice sans procéder à cette recherche. • Civ. 2e, 5 oct. 1994 : *Jurispr. auto 1994. 564.*

11. Est légalement justifié l'arrêt qui déclare que la faute de la conductrice avait concouru à la production du dommage dont la réparation était demandée, ayant omis d'attacher sa ceinture de sécurité, les graves et seules blessures dont elle avait été atteinte se situaient à la face et lui avaient été occasionnées lorsque sous l'effet du choc elle avait de la tête violemment heurté le pare-brise. • Civ. 2e, 10 oct. 1985 : *Jurispr. auto 1986. 25.* ♦ Dans le même sens : • Crim. 16 mars 1977 : *D. 1977. 469, note Morange; Bull. crim. n° 98* (traumatisme crânien et plaies importantes aux genoux) • T. corr. Lyon, 10 janv. 1995 : *inédit* (blessures à la face et traumatisme crânien).

12. Justifie sa décision la cour d'appel qui laisse une part de la responsabilité de son préjudice corporel au conducteur d'une automobile victime d'un accident de la circulation provoqué par un tiers après avoir constaté que le conducteur n'avait pas attaché sa ceinture et que cette faute avait concouru à la production du dommage. • Crim. 4 nov. 1986 : *Bull. crim. n° 317; Gaz. Pal. 1987. 1. Somm. 185.* ♦ Dans le même sens : • Crim. 16 mars 1977 : *D. 1977. 469.*

13. Une cour d'appel qui a énoncé que l'éjection de la victime conductrice n'avait été possible que parce que la ceinture de sécurité n'était pas attachée au moment de la collision a pu en déduire que la faute de la victime était de nature à limiter l'indemnisation de ses ayants droit, le fait pour celle-ci d'avoir été éjectée de son véhicule et écrasée par les roues d'un camion venant en sens inverse ne saurait lui faire perdre la qualité de conducteur. • Civ. 2e, 15 mai 1992 : *D. 1994. Somm. 266, obs. Couvrat et Massé; Gaz. Pal. 1992. 2. Pan. 257.* ♦ *Contra :* • Civ. 2e, 11 déc. 1991, n° 90-16.326 P (qui considère que le conducteur éjecté lors d'une première collision devient non conducteur dans le second accident).

14. Le fait pour la victime d'un accident de la circulation éjectée de sa voiture à la suite d'une collision, de ne pas avoir attaché sa ceinture dont la voiture était équipée – le port de la ceinture ne fût-il pas obligatoire sur le type de véhicule utilisé – constitue une faute de négligence en relation de cause à effet avec les dommages subis par cette victime à la suite de cette éjection. • Crim. 17 juin 1992 : *D. 1994. Somm. 266, obs. Couvrat et Massé.*

15. Il ne saurait être fait grief à un conducteur éjecté à la suite d'une collision de n'avoir pas attaché sa ceinture de sécurité, la fourgonnette qu'il conduisait de même que tous véhicules utilitaires en étant dépourvue (avant que l'équipement des fourgonnettes de ce type en ceinture de sécurité ne soit rendu obligatoire). • Crim. 3 févr. 1993 : *D. 1994. Somm. 266, obs. Couvrat et Massé.*

16. Une cour d'appel peut retenir qu'il résulte de la documentation médicale versée aux débats que la ceinture de sécurité est sans effet sur les blessures cervicales en cas de chocs latéraux; elle peut en déduire, hors de toute dénaturation, qu'il n'existait pas de relation de cause à effet entre les blessures constatées et l'absence du port de la ceinture de sécurité. • Civ. 2e, 7 févr. 1990, n° 86-17.023 P.

17. Une cour d'appel peut déduire de la violence du choc, tout le côté avant droit du véhicule où se trouvait la victime ayant été écrasé, que le fait que le passager n'ait pas été porteur de la ceinture de sécurité n'est pas intervenu dans les conséquences de l'accident. • Crim. 3 oct. 1979 : *D. 1980. IR 128.* ♦ V. aussi : • Nancy, 3 nov. 1977 : *D. 1978. IR 31, obs. Larroumet.*

SECTION 2 **Principes généraux de circulation**

COMMENTAIRE

Dans les articles R. 412-6 et suivants sont portés des principes généraux de circulation dont l'importance est fondamentale (conduite à droite, changement de direction, distance de sécurité, etc.). Cette section n'a pas d'équivalent dans la partie législative. Pour une bonne compréhension de ces textes, il convient de se reporter aux définitions données à l'articles R. 110-2 (notamment les termes de chaussée, de bande d'arrêt d'urgence, de carrefour à sens giratoire, d'agglomération, etc.). ❑

Art. R. 412-6 **I. — Tout véhicule en mouvement ou tout ensemble de véhicules en mouvement doit avoir un conducteur.** *(Décr. n° 2008-754 du 30 juill. 2008, art. 15)* **« Celui-ci doit, à tout moment, adopter un comportement prudent et respectueux envers les autres usagers des voies ouvertes à la circulation. Il doit notamment faire preuve d'une prudence accrue à l'égard des usagers les plus vulnérables. »**

II. — Tout conducteur doit se tenir constamment en état et en position d'exécuter commodément et sans délai toutes les manœuvres qui lui incombent. Ses possibilités de mouvement et son champ de vision ne doivent pas être réduits par le nombre ou la position des passagers, par les objets transportés ou par l'apposition d'objets non transparents sur les vitres.

III. — Le fait, pour tout conducteur, de contrevenir aux dispositions du II ci-dessus est puni de l'amende prévue pour les contraventions de la deuxième classe.

IV. — En cas d'infraction aux dispositions du II ci-dessus, l'immobilisation du véhicule peut être prescrite dans les conditions prévues aux articles L. 325-1 à L. 325-3. – *[Anc. art. R. 2, R. 3-1, R. 233, al. 1er et 2, et R. 278, al. 1er et 9.]*

Véhicules à délégation de conduite, V. art. R. 412-17 et R. 412-17-1.

COMMENTAIRE

Principe de prudence. Le décret n° 2008-754 du 30 juillet 2008 a ajouté au paragraphe I du présent article des dispositions qui viennent rappeler aux conducteurs de véhicule qu'ils ne sont pas tout seuls à utiliser les voies ouvertes à la circulation et que certains usagers de la route sont plus vulnérables que d'autres. Chaque conducteur de véhicule doit en conséquence adopter un comportement prudent et respectueux des autres usagers de la route et plus particulièrement à l'égard des usagers les plus vulnérables.

En réalité, en formulant ce principe de prudence à l'article R. 412-6, I, le pouvoir réglementaire n'a fait que rappeler un principe déjà formulé par les règles internationales en matière de circulation routière auxquelles la France a adhéré. L'article 7 de la Convention de Vienne sur la circulation routière du 8 novembre 1968 (V. App., v° *Circulation internationale*) prévoit en effet, depuis 1991, que *« les conducteurs doivent faire preuve d'une prudence accrue à l'égard des catégories d'usagers les plus vulnérables tels que les piétons et les cyclistes, et notamment les enfants, les personnes âgées et les handicapés »* (V. le § 3 de cet art., mais aussi, déjà avant, son § 2 tel que complété par l'Accord européen du 1er mai 1971).

Code de la rue. Cela étant, le rappel de ce principe de prudence dans le code de la route s'inscrit dans la démarche « code de la rue » déjà évoquée et qui a conduit à instaurer un nouvel espace de circulation appelé « zone de rencontre » et à redéfinir les « aires piétonnes » et les « zones 30 » (V. art. R. 110-2 et son comm.).

Véhicules autonomes. Sur l'application de l'obligation faite, par l'article R. 412-6, à tout conducteur de se tenir constamment en état et en position d'exécuter commodément et sans délai toutes les manœuvres qui lui incombent, à la conduite des véhicules à délégation de conduite, appelés plus communément véhicules autonomes, voir les articles R. 412-17 et R. 412-17-1. ❑

1. Sur l'application de l'art. R. 3-1 [C. route, art. R. 412-6] à l'usage des baladeurs individuels musicaux (casques à écouteurs) : * Rép. min. : *JOAN Q, janv. 1994. 150 ; Jurispr. auto 1994. 49.* ♦ ... A des autocollants publicitaires apposés sur le pare-brise arrière : * Rép. min. : *JOAN Q, oct. 1991. 4122.*

2. Téléphones portables. Si le droit pénal actuel n'incrimine pas spécifiquement le fait d'utiliser un téléphone portable lors de la conduite d'un véhicule automobile, l'art. R. 3-1 (R. 412-6) C. route exige que tout conducteur se tienne constamment en état et en position d'exécuter commodément et sans délai toutes les manœuvres qui lui incombent. Cette disposition de portée générale a donc vocation à s'appliquer à tous les comportements susceptibles d'affecter la vigilance des conducteurs, et notamment, à l'utilisation du téléphone portable lors de la conduite (* Rép. min. n° 23015 : *JO Sénat Q, 4 mai 2000, p. 1596*). ♦ La conduite d'un véhicule tout en téléphonant sans utiliser un « kit mains libres » est constitutif de l'infraction prévue par l'art. R. 412-6 car le conducteur n'est pas en état d'exécuter commodément et sans délai toutes les manœuvres qui lui incombent. • Crim. 2 oct. 2001, n° 01-81.099 P : *Jurispr. auto 2001. 477, note Defrance ; D. 2002. Somm. 1804, obs. M.-H. Gozzi ; Dr. pénal 2002. Comm. 7, obs. Robert.* ♦ V. depuis, art. R. 412-6-1 créé par le Décr. du 31 mars 2003.

3. S'il appartient au juge répressif de restituer aux faits dont il est saisi leur véritable qualification, c'est à la condition que le prévenu ait été mis en mesure de se défendre sur la nouvelle qualification envisagée. Un jugement condamnant un prévenu, poursuivi pour usage d'un téléphone tenu en main par le conducteur d'un véhicule en circulation, pour conduite d'un véhicule dans des conditions ne permettant pas au conducteur de manœuvrer aisément, doit être censuré, dès lors qu'il ne résulte d'aucune mention du jugement attaqué ou des pièces de procédure que le prévenu ait été mis en mesure de se défendre sur cette nouvelle qualification. • Crim. 10 juin 2009 : *Jurispr. auto 2009, n° 810. 35.*

4. Port d'un niqab. Doit être relaxée la prévenue poursuivie sur le fondement de l'art. R. 412-6, II, C. route aux motifs qu'elle portait un vêtement susceptible de limiter son champ de vision, dès lors qu'il résulte du dossier pénal que le contrôle n'a pas permis de relever l'une des circonstances susceptibles de gêner les possibilités de mouvement et de champ de vision énumérées par l'art. R. 412-6, II, à savoir le nombre ou la position des passagers, les objets transportés ou l'apposition d'objets non transparents sur les vitres (le jugement précisant par ailleurs qu'en l'espèce, les circonstances de fait rapportées exclusivement a *posteriori*, dans un contexte médiatisé, fondées sur des photos vues dans la presse, ne permettaient pas d'établir avec exactitude les circonstances de l'infraction). • T. prox. Nantes, 13 déc. 2010 : *Gaz. Pal. 13 janv. 2011, p. 13, note Josseaume ; Jurispr. auto 2011, n° 827, p. 32, note Le Dall.*

5. Manquement à une obligation de prudence et homicide involontaire. Méconnaît les dispositions de l'art. 221-6 C. pén. et de l'art. R. 412-6 C. route, la cour d'appel qui, pour relaxer du chef d'homicide involontaire un conducteur d'un camion-citerne ayant heurté mortellement un enfant de 12 ans qui traversait, à trottinette, un passage protégé, retient notamment qu'il ne peut être reproché au chauffeur de ne pas avoir freiné à l'approche directe du passage protégé dès lors qu'il n'est pas établi qu'il y ait vu l'enfant s'apprêtant à traverser, alors qu'il résulte de l'art. 221-6 C. pén. que constitue le délit d'homicide involontaire le fait de causer la mort d'autrui par un manquement à une obligation légale ou réglementaire de prudence ou de sécurité et de l'art. R. 412-6 C. route que le conducteur d'un véhicule en mouvement doit, à tout moment, adopter un comportement prudent envers les autres usagers, et notamment faire preuve d'une prudence accrue à l'égard des usagers les plus vulnérables. • Crim. 2 févr. 2016, nº 15-81.121 : *Gaz. Pal. 26 avr. 2016, note Detraz.* ♦ Est en revanche justifié l'arrêt qui condamne pour homicide involontaire un prévenu ayant percuté sur l'autoroute avec son camion un véhicule automobile qui le précédait en raison d'une inattention liée à son état de fatigue, une telle inattention, qui constitue un manquement à l'exigence de prudence édictée par l'art. R. 412-6 C. route, étant nécessairement incompatible avec les diligences normales qu'impose ledit code à tout conducteur et caractérisant à sa charge la faute définie à l'art. 121-3 C. pén. • Crim. 3 déc. 2019, nº 19-82.492 : *Dr. pénal 2020, nº 25, note Conte.*

Code de la santé publique

Art. L. 3512-9 *(Ord. nº 2016-623 du 19 mai 2016, art. 1er)* Il est interdit à tous les occupants d'un véhicule de fumer en présence d'un enfant de moins de dix-huit ans.

Art. R. 412-6-1 *(Décr. nº 2003-293 du 31 mars 2003, art. 4)* **L'usage d'un téléphone tenu en main par le conducteur d'un véhicule en circulation est interdit.**

(Décr. nº 2015-743 du 24 juin 2015, art. 1er-3º) **« Est également interdit le port à l'oreille, par le conducteur d'un véhicule en circulation, de tout dispositif susceptible d'émettre du son, à l'exception des appareils électroniques correcteurs de surdité.**

« Les dispositions du deuxième alinéa ne sont pas applicables aux conducteurs des véhicules d'intérêt général prioritaire prévus à l'article R. 311-1, ni dans le cadre de l'enseignement de la conduite des cyclomoteurs, motocyclettes, tricycles et quadricycles à moteur ou de l'examen du permis de conduire ces véhicules. »

Le fait, pour tout conducteur, de contrevenir aux dispositions du présent article est puni de l'amende prévue pour les contraventions de la *(Décr. nº 2012-3 du 3 janv. 2012, art. 18)* **« quatrième » classe.**

(Décr. nº 2020-605 du 18 mai 2020, art. 10) **« Tout conducteur coupable de cette infraction encourt également la peine complémentaire de suspension, pour une durée de trois ans au plus, du permis de conduire, cette suspension pouvant être limitée à la conduite en dehors de l'activité professionnelle. »**

Cette contravention donne lieu de plein droit à la réduction de *(Décr. nº 2012-3 du 3 janv. 2012, art. 18)* **« trois » points du permis de conduire.**

Dispositions applicables à Mayotte.

Rétention et suspension du permis de conduire, V. art. L. 224-1, L. 224-2 et R. 224-19-1.

BIBL. ▶ JEHL, *JCP 2011. 1137* (téléphone au volant : limites françaises et questions québécoises). – JOSSEAUME, *Gaz. Pal. 19 mars 2015, p. 7* (téléphone au volant : quand la loi sonne le glas !).

COMMENTAIRE

Une incrimination spécifique. L'utilisation d'un téléphone portable par le conducteur d'un véhicule en circulation est aujourd'hui considérée comme un facteur d'accident de la route. Conscient des risques inhérents à une telle utilisation, le décret nº 2003-293 du 31 mars 2003 est venu créer ici une incrimination spécifique. Auparavant, la jurisprudence sanctionnait déjà un tel comportement, en se fondant sur l'incrimination d'ordre général de l'article R. 412-6, II, qui oblige le conducteur à se tenir constamment en état et en position d'exécuter commodément et sans délai toutes les manœuvres qui lui incombent (V. jurispr. citée ss. art. R. 412-6). La création d'une incrimination spécifique apparaissait toutefois nécessaire pour éviter toute discussion sur les éléments constitutifs de l'infraction, mais aussi dans un but pédagogique.

L'usage d'un téléphone tenu en main. Le décret du 31 mars 2003, en créant l'article R. 412-6-1, a d'ailleurs repris les solutions dégagées antérieurement par la jurisprudence, en incriminant uniquement l'usage d'un téléphone « tenu en main ». De la sorte, comme le notait une circulaire de 2003 présentant cette incrimination (Crim. 2003-08 E8 du 10 juin 2003,

BOMJ, n° 90), ne pouvait être sanctionné, sur le fondement de l'article R. 412-6-1, le conducteur d'un véhicule qui téléphonait en utilisant un « kit mains libres ».

Le port à l'oreille d'un dispositif susceptible d'émettre du son. Il en va différemment depuis le décret n° 2015-743 du 24 juin 2015 qui étend le domaine d'application de la présente contravention en interdisant également « le port à l'oreille, par le conducteur d'un véhicule en circulation, de tout dispositif susceptible d'émettre du son, à l'exception des appareils électroniques correcteurs de surdité ». Une interdiction qui n'est toutefois pas applicable à certains conducteurs, à savoir ceux qui conduisent un véhicule d'intérêt général prioritaire et ceux qui apprennent à conduire un cyclomoteur, une motocyclette, un tricycle ou un quadricycle à moteur. Sous réserve de ces dérogations, il n'est donc plus possible pour le conducteur d'un véhicule de téléphoner en utilisant un « kit mains libres », lorsque celui-ci implique l'utilisation d'une oreillette. Et peu importe que cette oreillette soit reliée au téléphone par un fil ou par la technologie « bluetooth », à partir du moment où le texte incrimine « le port à l'oreille » d'un dispositif susceptible d'émettre du son. Ainsi, depuis le décret du 24 juin 2015, seuls les dispositifs intégrés au véhicule (ainsi que les dispositifs intégrés au casque pour les deux-roues motorisés) peuvent encore permettre au conducteur d'un véhicule en circulation de téléphoner tout en conduisant.

En interdisant le port à l'oreille de tout dispositif susceptible d'émettre du son, on notera que les pouvoirs publics ont voulu également prohiber ici le fait, pour un conducteur, d'écouter de la musique en utilisant des écouteurs ou un casque audio. Depuis le décret du 24 juin 2015, ce type de comportement par le conducteur de tout véhicule en circulation (ce qui englobe le conducteur d'un cycle) peut donc être également sanctionné sur le fondement de l'article R. 412-6-1.

Véhicule en circulation. L'article R. 412-6-1 sanctionne cependant uniquement l'usage d'un téléphone tenu en main – ou le port à l'oreille d'un dispositif susceptible d'émettre du son – par le conducteur d'un véhicule en circulation. Le conducteur d'un véhicule en stationnement ne peut donc être sanctionné sur le fondement de l'article R. 412-6-1. Mais encore faut-il que le conducteur qui téléphone au volant soit effectivement stationné et non pas momentanément arrêté sur une voie de circulation pour une cause autre qu'un événement de force majeure (une panne du véhicule, par exemple), comme la Cour de cassation l'a précisé dans un arrêt du 23 janvier 2018 (V. note 2 ss. le présent art.).

Amende et retrait de points. Initialement, l'usage d'un téléphone tenu en main était sanctionné d'une amende de deuxième classe et d'un retrait de deux points sur le permis de conduire. Depuis le décret n° 2012-3 du 3 janvier 2012, ce comportement est sanctionné plus sévèrement, puisque l'article R. 412-6-1 prévoit une amende de quatrième classe et un retrait de trois points. Deux sanctions qui sont également applicables, depuis le décret du 24 juin 2015, au conducteur d'un véhicule en circulation portant à l'oreille un dispositif susceptible d'émettre du son.

L'aggravation en 2012 des sanctions prévues à l'article R. 412-6-1 est à mettre en lien avec la modification des délais de récupération des points opérée par la LOPPSI II (V. art. L. 223-6). Depuis cette loi, la contravention d'usage d'un téléphone tenu en main faisait en effet partie de ces rares contraventions emportant retrait de points pour lesquelles la récupération de points pouvait intervenir au terme d'un délai de deux ans. Or, il n'en est plus ainsi depuis le décret du 3 janvier 2012, puisque, depuis ce décret, ce n'est qu'au terme d'un délai de trois ans que l'auteur de la présente contravention peut récupérer ses points sur son permis de conduire, l'usage d'un téléphone tenu en main étant devenu une contravention de quatrième classe. Il est évident que, au-delà de la volonté de sanctionner davantage ceux qui téléphonent en conduisant, ce changement de catégorie a eu aussi pour but de réduire quasiment à néant la portée de l'assouplissement décidé par le législateur, en 2011, quant aux délais de récupération de points sur le permis de conduire...

Suspension du permis de conduire. Depuis le décret n° 2020-605 du 18 mai 2020, l'usage d'un téléphone tenu en main, comme le port à l'oreille d'un dispositif susceptible d'émettre du son, est également susceptible d'être sanctionné de la peine complémentaire de suspension du permis de conduire de l'intéressé. Cette peine supplémentaire est à mettre en relation avec la possibilité reconnue au préfet, par la loi du 24 décembre 2019 d'orientation des mobilités, de suspendre le permis de conduire d'un conducteur dont le permis a été retenu par les forces de l'ordre pour usage d'un téléphone tenu en main commis simultanément avec une autre infraction (V. art. L. 224-1 et L. 224-2). Le préfet pouvant suspendre le permis de conduire dans un tel cas, il convenait que le juge puisse lui aussi prononcer une telle suspension.

On notera qu'en assortissant l'usage d'un téléphone tenu en main de la peine complémentaire de suspension du permis de conduire, le décret du 18 mai 2020 est venu permettre au préfet de suspendre le permis de conduire de l'intéressé également sur le fondement de l'article L. 224-7. Dans un tel cas, peu importe alors que l'infraction d'usage d'un téléphone tenu en main soit commise simultanément avec une autre infraction, l'article L. 224-7 permettant au préfet de prononcer cette mesure dès lors qu'il est saisi d'un procès-verbal constatant une infraction punie par le présent code de la peine complémentaire de suspension du permis de conduire. ❑

1. *Usage d'un téléphone tenu en main.* L'art. R. 412-6-1 C. route est applicable à une prévenue qui, tout en conduisant, tenait un téléphone portable et écrivait un texto destiné à ses amies dont elle avait perdu le contact. • Chambéry, 23 juin 2005 : *Dr. pénal 2006. Étude 11, obs. Paulin.* ♦ L'usage d'un téléphone, au sens de l'art. R. 412-6-1 C. route, s'entendant de l'activation de toute fonction par le conducteur sur l'appareil qu'il tient en main. • Crim. 13 sept. 2011, n° 11-80.432 P : *D. actu. 17 oct. 2011, obs. Bombled; D. 2011. Actu. 2403 ; ibid. Pan. 2823, obs. Roujou de Boubée ; AJ pénal 2011. 593, obs. Céré ; Dr. pénal 2011, n° 135, obs. Robert ; ibid., n° 153, obs. Robert ; Gaz. Pal. 14 janv. 2012, p. 31, note Detraz ; RSC 2012. 149, obs. Mascala* • 23 nov. 2011 : *Dr. pénal 2012. Chron. 6, obs. Gauvin.*

2. *... Par le conducteur d'un véhicule en circulation.* L'art. R. 412-6-1 C. route est applicable au conducteur d'un véhicule arrêté à un feu rouge, le véhicule étant alors considéré en circulation. • Crim. 20 sept. 2006 : *Jurispr. auto 2006. 586.* ♦ ... Au conducteur d'un véhicule qui « stationnait » sur la file de droite d'un rond-point avec les feux de détresse allumés, un véhicule momentanément arrêté sur une voie de circulation pour une cause autre qu'un événement de force majeure devant être regardé comme étant toujours en circulation, au sens et pour l'application de l'art. R. 412-6-1 C. route. • Crim. 23 janv. 2018, n° 17-83.077 P : *D. actu. 5 févr. 2018, obs. Goetz ; D. 2018. 241 ; Dr. pénal 2018, n° 44, note Robert ; ibid. Chron. 7, obs. Gauvin ; AJ pénal 2018. 197, note Céré .* ♦ Il n'est en revanche pas applicable au conducteur d'un véhicule en stationnement, l'obligation de se tenir constamment en position d'exécuter commodément et sans délai toutes les manœuvres nécessaires ne s'appliquant qu'au conducteur d'un véhicule en circulation. • Crim. 13 mars 2007, n° 06-88.537 P : *D. 2007. AJ 1206 ; Jurispr. auto 2007. 297 ; AJ pénal 2007. 281, note Céré ; Dr. pénal 2007, n° 105, obs. Robert.*

3. *Régularité de l'avis de contravention.* Si l'art. A. 37-2 C. pr. pén. prévoit que l'avis de contravention doit comporter les références des textes d'incrimination et de répression, cette obligation ne s'impose pas à peine de nullité dès lors que ces textes sont visés dans la citation à comparaître régulièrement délivrée ; est en conséquence cassé le jugement renvoyant le prévenu des fins de la poursuite pour usage d'un téléphone tenu en main par le conducteur d'un véhicule en circulation au motif de l'absence, dans l'avis de contravention, du visa des textes prévoyant et réprimant l'infraction. • Crim. 10 nov. 2004, n° 04-84.316 P : *D. 2005. IR 242 ; JCP 2005. IV. 1134.* ♦ Il en est de même en cas d'erreur dans le texte d'incrimination visé dans l'avis de contravention (en l'espèce, l'art. R. 412-6 était visé en lieu et place de l'art. R. 412-6-1). • Crim. 10 janv. 2007 : *Jurispr. auto 2007. 161.*

4. *Preuve contraire.* Selon l'art. 537 C. pr. pén., les procès-verbaux dressés par les agents de police judiciaire font foi jusqu'à preuve contraire des contraventions qu'ils constatent, preuve contraire qui ne peut être rapportée que par écrit ou par témoin. Méconnaît cet article la juridiction de proximité qui, pour relaxer un prévenu du chef d'usage d'un téléphone tenu en main par le conducteur d'un véhicule en circulation, énonce que « l'imprécision et même l'invraisemblance de l'heure exacte » de commission des faits affectent la valeur probante du procès-verbal, sans constater expressément que la preuve contraire aux énonciations du procès-verbal avait été rapportée dans les conditions prévues par la loi. • Crim. 4 juin 2008 : *Jurispr. auto 2008. 511.* ♦ Justifie sa décision, sans renverser la charge de la preuve, la cour d'appel qui, pour condamner un prévenu pour usage d'un téléphone tenu en main par le conducteur d'un véhicule en circulation, retient que si le prévenu affirme qu'il n'était pas en train de téléphoner lors du contrôle effectué par les gendarmes, le relevé de communications qu'il produit ne suffit pas à établir ses dires dès lors que cette pièce ne recense pas les appels reçus, mais seulement ceux passés à partir de l'appareil. Il appartient en effet au prévenu de rapporter la preuve contraire aux énonciations du procès-verbal constatant l'infraction, en application de l'art. 537 C. pr. pén., lequel est conforme aux dispositions de l'art. 6, § 1, Conv. EDH. • Crim. 13 sept. 2011 : *préc. note 1.* ♦ La production par le prévenu de son relevé téléphonique, faisant état d'une communication téléphonique avant l'heure de constatation de l'infraction, ne saurait suffire, ce document ne permettant d'exclure l'existence d'un appel téléphonique au moment de l'infraction qui n'aurait pas été comptabilisé dans la facture, tel qu'un appel infructueux. • Douai, 24 nov. 2014 : *Dr. pénal 2015. Chron. 7, obs. Gauvin.* ♦ Est également justifié le jugement qui écarte l'argumentation d'un prévenu selon laquelle la seule mention dans le procès-verbal de l'usage d'un téléphone tenu en main par le conducteur d'un véhicule en circulation était insuffisante pour établir la matérialité de l'infraction. • Crim. 27 mai 2015, n° 14-82.126 P.

♦ N'est en revanche pas justifié le jugement qui écarte la demande d'audition d'un témoin cité à l'audience par acte d'huissier par un prévenu poursuivi pour usage d'un téléphone tenu en main par le conducteur d'un véhicule en circulation au motif que la déclaration d'un éventuel témoin passager et ami du prévenu doit être rejetée compte tenu du lien qui lie le conducteur à son passager. • Crim. 4 mars 2014, nº 13-81.135 P : *Dr. pénal 2014, nº 82, note Maron et Haas; Jurispr. auto 2014, nº 863, p. 22, note Le Dall.* ♦ ... L'arrêt qui, pour confirmer la condamnation d'un prévenu, énonce qu'il ressort des termes de l'art. 537 C. pr. pén., le mot témoin y étant employé au pluriel, que la preuve contraire doit être apportée par au moins deux témoins et qu'en conséquence un seul témoin ne suffit pas à contredire les énonciations d'un procès-verbal, dès lors qu'il appartient au juge du fond d'apprécier souverainement la valeur des éléments soumis aux débats, notamment d'un témoignage, à décharge, fait devant lui, seul étant à prendre en considération le caractère probant de la déclaration de chaque témoin cité, fût-il unique. • Crim. 28 mars 2017, nº 16-83.659 P : *D. actu. 26 avr. 2017, obs. Fonteix; Dr. pénal 2017. Chron. 7, obs. Gauvin.* ♦ V. aussi, dans la même espèce, • Crim. 29 nov. 2016, nº 16-83.659 P (refusant de transmettre une QPC portant sur les dispositions de l'art. 537 C. pr. pén., considérant que celles-ci ne peuvent conduire la juridiction de jugement à exiger du prévenu qu'il fasse citer plusieurs témoins pour renverser la force probante d'un procès-verbal).

5. Contravention constatée sans interception du véhicule. Doit être censuré le jugement qui relaxe un prévenu poursuivi pour usage d'un téléphone tenu en main par le conducteur d'un véhicule en circulation au motif que l'infraction visée à l'article R. 412-6-1 C. route, ne faisait pas partie, à la date des faits, des infractions limitativement énumérées à l'art. L. 130-9 du même code comme pouvant être constatées sans interception du véhicule, dès lors qu'aucun appareil de contrôle automatique n'a été utilisé pour la verbalisation et que la validité d'un procès-verbal de constatation d'une contravention à la circulation routière n'est pas subordonnée à l'interception du véhicule ayant servi à commettre l'infraction. • Crim. 2 mai 2018, nº 17-84.370 : *Dr. pénal 2018. Chron. 7, obs. Gauvin; ibid. Comm. 128, obs. Robert.* ♦ Depuis le Décr. nº 2016-1955 du 28 déc. 2016, cette contravention peut également être constatée à l'aide d'un appareil de contrôle automatique, V. art. R. 130-11 du présent code.

6. Redevabilité pécuniaire du titulaire du certificat d'immatriculation. Méconnaît le sens et la portée des art. L. 121-1 et L. 121-3 C. route (ce dernier, dans sa version antérieure à la L. nº 2016-1547 du 18 nov. 2016), la juridiction de proximité qui déclare le titulaire du certificat d'immatriculation d'un véhicule redevable pécuniairement de l'amende encourue pour la contravention d'usage d'un téléphone tenu en main par le conducteur d'un véhicule en circulation alors que cette infraction ne figure dans aucune des énumérations que contiennent les textes précités. • Crim. 28 sept. 2005, nº 05-80.347 P : *D. 2005. IR 2768; Jurispr. auto 2005. 586; Dr. pénal 2005. Comm. 173, obs. Robert; Procédures 2005. Comm. 290, obs. Buisson; AJ pénal 2006. 82, obs. Paulin; JCP 2006. I. 113, obs. Robert.* ♦ Il en va différemment depuis le Décr. nº 2016-1955 du 28 déc. 2016, V. art. R. 121-6 du présent code.

Art. R. 412-6-2 *(Décr. nº 2008-754 du 30 juill. 2008)* **Le fait de placer dans le champ de vision du conducteur d'un véhicule en circulation un appareil en fonctionnement doté d'un écran et ne constituant pas une aide à la conduite ou à la navigation est interdit.**

Le fait, pour tout conducteur, de contrevenir aux dispositions du présent article est puni de l'amende prévue pour les contraventions de la *(Décr. nº 2012-3 du 3 janv. 2012, art. 19)* **« cinquième » classe.**

(Décr. nº 2012-3 du 3 janv. 2012, art. 19) **« L'appareil mentionné au premier alinéa est saisi.**

« Toute condamnation donne lieu de plein droit à la confiscation de l'appareil qui a servi ou était destiné à commettre l'infraction. »

Est également encourue la peine de confiscation de l'appareil mentionné au premier alinéa.

Cette contravention donne lieu de plein droit à la réduction de *(Décr. nº 2012-3 du 3 janv. 2012, art. 19)* **« trois » points du permis de conduire.**

COMMENTAIRE

Utilisation d'un téléviseur ou d'une console de jeux vidéo. On sait que le développement du téléphone portable et son utilisation par les conducteurs de véhicule en circulation a conduit à la création, en 2003, d'une incrimination spécifique (V. art. R. 412-6-1). D'autres comportements, tout aussi dangereux, semblent cependant aujourd'hui se développer, consistant, pour certains conducteurs (en particulier des chauffeurs routiers), à regarder un écran de télévision, voire à jouer sur une console vidéo, tout en conduisant... Un tel comportement pouvait d'ores et déjà être sanctionné sur le fondement de l'incrimination générale de l'article R. 412-6, II. Mais, comme pour l'utilisation du téléphone portable, cette incrimination générale a été jugée insuffisante et a justifié la création de l'incrimination spécifique prévue au présent article.

Notons que les utilisateurs, de plus en plus nombreux, d'appareils d'aide à la conduite ou à la navigation ne sont pas visés par cette incrimination qui exclut expressément ces appareils de son champ d'application.

Sanctions. Dans sa version d'origine, la présente incrimination était sanctionnée de l'amende prévue pour les contraventions de la quatrième classe et d'un retrait de deux points sur le permis de conduire de l'intéressé. La confiscation de l'appareil en tant que peine complémentaire facultative était également prévue. Toutes ces sanctions ont toutefois été aggravées par le décret n° 2012-3 du 3 janvier 2012. Depuis ce décret, le conducteur en infraction s'expose en effet à une amende de cinquième classe et à un retrait de trois points sur son permis de conduire, mais aussi, de plein droit, à la confiscation de l'appareil utilisé. Il convient d'ailleurs de s'attarder sur les dispositions prévues ici en matière de confiscation. L'article R. 412-6-2 continue à prévoir que la peine de confiscation de l'appareil est également encourue (al. 5), mais il précise également, depuis le décret du 3 janvier 2012, que l'appareil utilisé est saisi et que « toute condamnation donne lieu de plein droit à la confiscation de l'appareil qui a servi ou était destiné à commettre l'infraction ». Or on ne peut que s'interroger sur cette formulation qui, d'un côté, laisse entendre que la confiscation de l'appareil est une peine complémentaire facultative, peine qui doit donc être prononcée par le juge pour être effective, et qui, de l'autre, indique expressément que cette confiscation intervient de plein droit en cas de condamnation... ❑

Art. R. 412-7 *(Décr. n° 2003-642 du 11 juill. 2003, art. 6-II)* **« I. — »** *(Décr. n° 2010-1390 du 12 nov. 2010, art. 10)* **« Les véhicules doivent, sauf en cas de nécessité absolue, circuler sur la chaussée.**

« Toutefois, ils peuvent franchir un trottoir, à partir de l'accès le plus proche, pour rejoindre ou quitter les accès carrossables des immeubles riverains ou des accès non ouverts à la circulation publique.

« Ils peuvent également le franchir pour rejoindre une autre chaussée s'il existe un aménagement à cet effet.

« Les engins d'entretien du trottoir peuvent y circuler dans l'exercice de leur mission, sauf dispositions contraires prises par l'autorité investie du pouvoir de police. »

(Décr. n° 2015-808 du 2 juill. 2015, art. 2-1°) **« Dans l'exercice de leur mission, les véhicules d'entretien des voies du domaine public routier peuvent circuler et s'arrêter sur les bandes cyclables, les pistes cyclables et les voies vertes.**

« Les véhicules de collecte des ordures ménagères peuvent circuler et s'arrêter sur les bandes cyclables dans leur sens de circulation pour la réalisation des opérations de collecte de la section de rue concernée. »

(Décr. n° 2003-642 du 11 juill. 2003, art. 6-II) **« II. —** *(Décr. n° 2023-563 du 5 juill. 2023, art. 8)* **« Lorsqu'une voie de circulation est réservée à certaines catégories de véhicules », les conducteurs d'autres catégories de véhicules ne doivent pas circuler sur cette voie. »** *(Décr. n° 2022-635 du 22 avr. 2022, art. 3)* **« Les conducteurs de véhicules motorisés ne doivent pas circuler dans une aire piétonne, à l'exception des cas prévus par les règles de circulation mentionnées à l'article R. 411-3, ni sur une voie verte, à l'exception des cas prévus par les règles de circulation mentionnées à l'article R. 411-3-2. »**

(Décr. n° 2008-754 du 30 juill. 2008, art. 5) **« III. —** *(Décr. n° 2010-1390 du 12 nov. 2010, art. 10)* **« Sous réserve de l'application des dispositions** *(Décr. n° 2015-808 du 2 juill. 2015, art. 2-2°)* **« des deuxième à sixième » alinéas du I, »** *(Décr. n° 2008-754 du 30 juill. 2008, art. 5)* **« le fait, pour tout conducteur, de contrevenir aux dispositions du présent article est puni de l'amende prévue pour les contraventions de la 4e classe. »**

Piétons : R. 412-34. — Cycles : R. 431-6 s., R. 412-34.

BIBL. ▶ LAVOILLOTTE, *JCP 2000. I. 250* (risques juridiques du roller).

COMMENTAIRE

Circulation sur la chaussée. L'article R. 412-7, paragraphe I, pose comme principe que les véhicules – tous les véhicules – doivent circuler sur la chaussée, sous peine de l'amende de quatrième classe qu'il prévoit en son paragraphe III. Un principe que les conducteurs peuvent toutefois ne pas respecter en cas de nécessité absolue et qui est assorti de tempéraments. L'article R. 412-7, paragraphe I, précise, par exemple, que tous les véhicules peuvent, dans certaines conditions, circuler sur un trottoir et que les véhicules d'entretien et les véhicules d'enlèvement des ordures ménagères peuvent circuler et s'arrêter sur les bandes cyclables.

Voies de circulation réservées. L'article R. 412-7, paragraphe II, interdit, quant à lui, aux conducteurs de certains véhicules motorisés de circuler sur certaines voies. Il en est ainsi lorsque des voies de circulation sont réservées à certaines catégories de véhicules (véhicules de transport en commun, taxis, véhicules transportant un nombre minimal d'occupants ou encore véhicules à très faibles émissions). Dans un tel cas, les conducteurs d'autres catégories de véhicules ne peuvent y circuler, sous peine, là aussi, de l'amende de quatrième classe prévue par le paragraphe III du présent article. Rappelons qu'il s'agit de l'une des contraventions pour lesquelles la redevabilité pécuniaire du titulaire du certificat d'immatriculation du véhicule peut être retenue sur le fondement de l'article L. 121-3 du présent code et ce depuis la loi du 12 juin 2003 (V. comm. ss. art. L. 121-3). On notera que, depuis le décret n° 2023-563 du 5 juillet 2023, l'article R. 412-7, paragraphe II, vise toutes les voies de circulation réservées à certaines catégories de véhicules et non plus seulement de telles voies lorsqu'elles sont matérialisées sur la chaussée. Il s'est agi par là même de prendre en compte le cas des voies réservées à la circulation de certaines catégories de véhicule de manière non permanente (par exemple, pour le covoiturage à certaines heures) pour lesquelles il est possible de ne pas prévoir une signalisation horizontale permanente (V. Arr. du 24 août 2020 relatif à l'expérimentation d'une signalisation relative aux voies de circulation réservées à certaines catégories de véhicules sur certains axes, *JO 29 août*).

Aires piétonnes. L'article R. 412-7, paragraphe II, interdit également aux conducteurs de véhicules motorisés de circuler dans les aires piétonnes. Cette interdiction peut être cependant assortie d'exceptions. Comme le prévoit l'article R. 411-3 visé par le présent article, il appartient en effet à l'autorité détentrice du pouvoir de police de fixer les règles de circulation à l'intérieur d'une telle aire, étant précisé que l'article R. 110-2, qui définit l'aire piétonne, indique que « seuls les véhicules nécessaires à la desserte interne de la zone sont autorisés à circuler ». Là encore, une amende de quatrième classe est encourue par le conducteur qui ne respecterait pas une telle interdiction.

Voies vertes. L'article R. 412-7, paragraphe II, interdit enfin aux conducteurs de véhicules motorisés de circuler sur une voie verte, c'est-à-dire « une route exclusivement réservée à la circulation des véhicules non motorisés, des piétons et des cavaliers » (V. art. R. 110-2), et cela sous peine d'encourir, là aussi, l'amende de quatrième classe prévue par le paragraphe III du présent article. Certains véhicules motorisés peuvent toutefois circuler sur une voie verte. Il en est ainsi des engins de déplacement personnel motorisés et des cyclomobiles légers, comme le précise l'article R. 110-2. Il en est ainsi également des véhicules motorisés autorisés à le faire pour accéder aux terrains riverains, conformément aux dispositions de l'article R. 411-3-2 du présent code, auquel les articles R. 110-2 et R. 412-7 renvoient. ❑

1. Les voitures de grande remise, qui ne relèvent pas du transport public de voyageurs au sens de l'art. 5 de la loi d'orientation des transports intérieurs du 30 déc. 1982, n'entrent pas dans les prévisions de l'arrêté du préfet de police du 24 déc. 2001 portant création de voies de circulation réservées à certains véhicules qu'il énumère. • Crim. 10 janv. 2007, n° 06-84.878 P : *AJ pénal 2007. 135* • 16 janv. 2008, n° 06-88.637 P : *D. 2008. AJ 416 ; AJ pénal 2008. 92 ; RSC 2008. 596, obs. Mascala ; Jurispr. auto 2008. 83 ; Dr. pénal 2008. Comm. 30, Robert ; Gaz. Pal. 5 mars 2009, p. 19, note Monnet.*

2. Il résulte des art. L. 3123-1 et L. 3123-2 C. transp. que les véhicules motorisés à deux ou trois roues assurant le transport de personnes à titre onéreux n'entrent pas dans les prévisions de l'art. 3 de l'arrêté du préfet de police de Paris du 24 déc. 2001 portant création et utilisation de voies de circulation réservées, dans plusieurs arrondissements de Paris, aux transports publics collectifs de voyageurs, taxis, véhicules de transport de fonds, cycles, véhicules de livraison et véhicules d'intérêt général. • Crim. 26 juin 2013 : *Dr. pénal 2013, n° 146, note Robert.*

3. Sur l'inadaptation d'un texte manifestement obsolète, l'Ord. du 25 juill. 1862 interdisant certains jeux sur la voie publique, à la pratique du patin à roulettes sur la voie publique, V. : • T. pol. Paris, 8 juin 2000 : *Jurispr. auto 2000. 444.*

Art. R. 412-8 **La circulation sur les bandes d'arrêt d'urgence est interdite.**

Le fait de contrevenir aux dispositions du présent article est puni de l'amende prévue pour les contraventions de la *(Décr. n° 2012-3 du 3 janv. 2012, art. 20)* **« quatrième » classe.**

(Décr. n° 2003-293 du 31 mars 2003, art. 2-II) **« Tout conducteur coupable de cette infraction encourt également la peine complémentaire de suspension du permis de conduire pour une durée de trois ans au plus, cette suspension pouvant être limitée à la conduite en dehors de l'activité professionnelle. »** – *Dispositions applicables à Mayotte.*

Cette contravention commise à l'occasion de la conduite d'un véhicule donne lieu de plein droit à la réduction de trois points du permis de conduire. – *[Anc. art. R. 43-6, al. 5, R. 233, al. 1er et 2 et R. 256, al. 13 à 23.]*

COMMENTAIRE

Circulation sur les bandes d'arrêt d'urgence. La présente contravention, qui sanctionne celui qui circule sur les bandes d'arrêt d'urgence, fait partie de ces contraventions dont la répression a été aggravée par le décret n° 2012-3 du 3 janvier 2012. Depuis ce décret, celui qui circule sur une bande d'arrêt d'urgence encourt en effet l'amende prévue pour les contraventions de la quatrième classe et non plus celle prévue pour les contraventions de la deuxième classe. Les autres sanctions, en revanche, n'ont pas été modifiées : le conducteur s'expose toujours à la peine complémentaire de suspension de son permis de conduire et le nombre de points retirés sur son permis de conduire est toujours de trois.

Ce changement de catégorie contraventionnelle n'est pas anodin. Il participe de la volonté du pouvoir réglementaire de réduire quasiment à néant la portée de l'assouplissement opéré par la LOPPSI II concernant les délais de récupération de points sur le permis de conduire. On sait que, depuis la LOPPSI II, le titulaire d'un permis de conduire peut récupérer la totalité de ses points, s'il ne commet pas de nouvelle infraction emportant retrait de points, au terme d'un délai de deux ans contre trois ans auparavant. Mais cet assouplissement ne vaut en réalité que pour les retraits de points résultant d'une contravention de première, de deuxième ou de troisième classe (V. art. L. 223-6 et son comm.). Avant le décret du 3 janvier 2012, la présente contravention faisait partie de ces quelques contraventions pouvant conduire à l'application de ce délai de deux ans : l'amende encourue étant celle prévue pour les contraventions de la deuxième classe. Mais il n'en est plus ainsi depuis le décret précité qui a transformé la présente infraction en contravention de quatrième classe. Ce qui fait que le délai de récupération de points n'est plus ici de deux ans, mais de trois ans, comme pour la quasi-totalité des infractions.

Chevauchement ou franchissement des lignes délimitant les bandes d'arrêt d'urgence : voir l'article R. 412-22 et son commentaire. ❑

Art. R. 412-9 **En marche normale, tout conducteur doit maintenir son véhicule près du bord droit de la chaussée, autant que le lui permet l'état ou le profil de celle-ci.**

Toutefois, un conducteur qui pénètre sur un carrefour à sens giratoire comportant plusieurs voies de circulation en vue d'emprunter une sortie située sur sa gauche par rapport à son axe d'entrée peut serrer à gauche.

Chaque manœuvre de changement de voie à l'intérieur du carrefour à sens giratoire reste soumise aux règles de la priorité et doit être signalée aux autres conducteurs.

(Décr. n° 2015-808 du 2 juill. 2015, art. 3-1° et 2°) **« Un conducteur** *(Décr. n° 2019-1082 du 23 oct. 2019, art. 19)* **« d'engin de déplacement personnel motorisé** *(Décr. n° 2022-31 du 14 janv. 2022)* **« , de cyclomobile léger » ou » de cycle peut s'éloigner du bord droit de la chaussée lorsqu'une trajectoire matérialisée pour les cycles, signalisée en application des dispositions de l'article R. 411-25, le permet.**

« Sur les voies où la vitesse maximale autorisée n'excède pas 50 km/h, un conducteur *(Décr. n° 2019-1082 du 23 oct. 2019, art. 19)* **« d'engin de déplacement personnel motorisé** *(Décr. n° 2022-31 du 14 janv. 2022)* **« , de cyclomobile léger » ou » de cycle peut s'écarter des véhicules en stationnement sur le bord droit de la chaussée, d'une distance nécessaire à sa sécurité.**

« Sous réserve des dispositions des quatrième et cinquième alinéas du présent article, » le fait, pour tout conducteur, de ne pas maintenir, en marche normale, son véhicule près du bord droit de la chaussée est puni de l'amende prévue pour les contraventions de la deuxième classe.

Le fait, pour tout conducteur, de circuler, en marche normale, sur la partie gauche d'une chaussée à double sens de circulation est puni de l'amende prévue pour les contraventions de la quatrième classe.

(Décr. n° 2003-293 du 31 mars 2003, art. 2-II) **« Tout conducteur coupable de cette dernière infraction encourt également la peine complémentaire de suspension du permis de conduire pour une durée de trois ans au plus, cette suspension pouvant être limitée à la conduite en dehors de l'activité professionnelle. »** — *Dispositions applicables à Mayotte.*

Cette dernière contravention donne lieu de plein droit à la réduction de trois points du permis de conduire. — *[Anc. art. R. 4, R. 28-2, R. 232, al. 1er et 2, R. 233, al. 1er et 2 et R. 256, al. 13 à 23.]*

(Décr. n° 2017-1279 du 9 août 2017, art. 32) **« Les dispositions du présent article ne s'appliquent pas aux représentants mentionnés à l'article R. 411-31 dans les cas prévus à l'article R. 414-3-1** *(Décr. n° 2018-795 du 17 sept. 2018, art. 10)* **« et aux conducteurs dans les cas prévus à l'article R. 412-11-1 ». »**

Dérogations, V. Décr. n° 2015-1750 du 23 déc. 2015 portant expérimentation de la circulation inter-files (JO 26 déc.) ; Arr. du 4 janv. 2016 fixant les dates de commencement et de fin de l'expérimentation de la circulation inter-files (JO 15 janv.), mod. par Arr. du 27 janv. 2020 (JO 30 janv.) ; Arr. du 19 janv. 2016 intégrant l'expérimentation de la circulation inter-files dans divers arrêtés relatifs à l'apprentissage de la conduite et de la sécurité routière (26 janv.).

V. Décr. n° 2021-993 du 28 juill. 2021 portant expérimentation de la circulation inter-files (JO 30 juill.) ; Arr. du 28 juill. 2021 fixant les dates de commencement et de fin de l'expérimentation de la circulation inter-files (JO 30 juill.) ; Arr. du 25 juill. 2023 portant suspension de la circulation inter-files sur certaines voies de circulation du département des Alpes-Maritimes (JO 27 juill.).

BIBL. ▶ LARTIGAU, *Gaz. Pal. 1963. 1. Doctr. 56.*

COMMENTAIRE

Expérimentation de la circulation inter-files. Sur les autoroutes et routes dotées de plusieurs voies de circulation allant dans le même sens, comme, par exemple, le périphérique parisien, il n'est pas rare de voir, lorsque la circulation est particulièrement dense, les conducteurs de deux roues motorisées circuler entre les différentes files de véhicules qui se trouvent à l'arrêt ou qui circulent à vitesse très réduite. Cette pratique va pourtant à l'encontre des règles formulées par le code de la route et notamment celles prévues au présent article qui oblige chaque conducteur à maintenir son véhicule près du bord droit de la chaussée. Elle est d'ailleurs parfois sanctionnée par les forces de l'ordre. Depuis plusieurs années, les associations d'usagers de deux-roues motorisées souhaitent que cette pratique le soit. Et, en 2013, le Conseil national de la sécurité routière a préconisé qu'elle le soit à titre expérimental, afin de déterminer si elle doit être effectivement légalisée ou, au contraire, clairement interdite.

Première expérimentation. C'est dans cette perspective qu'a été adopté le décret n° 2015-1750 du 23 décembre 2015 qui est à l'origine d'une première expérimentation de la circulation inter-files dans les départements des Bouches-du-Rhône, de la Gironde, du Rhône et de la région Île-de-France, entre le 1er février 2016 et le 31 janvier 2021 (V. Arr. du 4 janv. 2016 fixant les dates de commencement et de fin de l'expérimentation de la circulation inter-files (*JO 15 janv.*), mod. par un Arr. du 27 janv. 2020 (*JO 30 janv.*)). Cette première expérimentation n'a toutefois pas été jugée concluante (V. Mathias Beltrami et Benoît Hiron, Expérimentation de la circulation inter-files (CIF) des deux-roues motorisés – Rapport d'évaluation, *Cerema, janv. 2021*).

Seconde expérimentation. Par le décret n° 2021-993 du 28 juillet 2021, les pouvoirs publics ont donc souhaité procéder à une seconde expérimentation de la circulation inter-files dans une zone géographique plus étendue (aux départements précédemment cités ont été ajoutés ceux de la Haute-Garonne, de l'Hérault, de l'Isère, de la Loire-Atlantique, du Nord, du Var, des Alpes-Maritimes – expérimentation toutefois suspendue sur certaines voies de circulation de ce département, en raison de travaux (V. Arr. du 25 juill. 2023, *JO 27 juill.*) –, de la Drôme, du Vaucluse et des Pyrénées-Orientales, ainsi que la métropole de Lyon), et pour une période de trois ans (du 1er août 2021 au 31 juill. 2024, comme le précise un Arr. du 28 juill. 2021), prorogeable d'un an.

Conditions de l'expérimentation. Seuls les conducteurs de certains véhicules circulant sur certaines voies sont autorisés à pratiquer la circulation inter-files par le décret du 28 juillet

2021, lequel a repris les conditions de l'expérimentation qui avaient été formulées dans le décret du 23 décembre 2015. Peuvent ainsi pratiquer la circulation inter-files « tout conducteur dont le véhicule est d'une largeur d'un mètre maximum et relève de la catégorie L3e ou L5e », c'est-à-dire à tout conducteur de véhicules à deux ou trois roues équipés d'un moteur d'une cylindrée supérieure à 50 cm^3 et dont le gabarit n'est pas encombrant, circulant « sur les autoroutes et les routes à deux chaussées séparées par un terre-plein central et dotées d'au moins deux voies chacune, où la vitesse maximale autorisée est supérieure ou égale à 70 km/h, lorsqu'en raison de sa densité, la circulation s'y est établie en files ininterrompues sur toutes les voies autres que celles réservées, le cas échéant, à la circulation de certaines catégories particulières de véhicules ou d'usagers ». Une telle circulation suppose par ailleurs le respect par les conducteurs concernés de toute une série de conditions visant à la sécuriser (V. art. 2, § III, de ce décret).

Apprentissage de la circulation inter-files. On notera enfin que, pour permettre à chaque conducteur d'appréhender cette pratique, des règles complémentaires ont été adoptées, lors de la première expérimentation, afin d'intégrer la circulation inter-files dans l'apprentissage de la conduite et de la circulation routière et plus particulièrement dans les zones géographiques d'expérimentation (V. Arr. du 19 janv. 2016 intégrant l'expérimentation de la circulation inter-files dans divers arrêtés relatifs à l'apprentissage de la conduite et de la sécurité routière, *JO 26 janv.*), et que ces règles ont été renforcées dans le cadre de la seconde expérimentation (V. Arr. du 27 déc. 2021 intégrant la nouvelle expérimentation de la circulation inter-files dans divers arrêtés relatifs à l'apprentissage de la conduite des motocyclettes, *JO 5 janv. 2022*). Dans cette perspective, par exemple, l'annexe 1 de l'arrêté du 17 décembre 2010 relatif aux conditions requises pour la conduite des motocyclettes légères et des véhicules de la catégorie L5e par les titulaires de la catégorie B du permis de conduire (App., v° *Enseignement de la conduite*) prévoit que tout futur conducteur de ces véhicules doit connaître les règles encadrant la circulation inter-files et, dans les départements où celle-ci est autorisée à titre expérimental, doit savoir la pratiquer. ❑

1. L'art. R. 4 [C. route, art. R. 412-9] n'oblige à serrer sur la droite qu'autant que le permet l'état de la chaussée ou la présence d'autres usagers de la route. Ne contrevient pas aux dispositions de ce texte le conducteur qui, de façon prudente, s'écarte du trottoir en présence d'un piéton se tenant sur le bord de ce trottoir et donnant l'impression de vouloir traverser la chaussée. • T. corr. Dax, 8 mars 1963 : *D. 1963. Somm. 83.*

2. Ne commet pas la contravention de circulation à gauche et doit être relaxé le conducteur qui, au sortir d'un virage, déboîte sur la gauche à l'entrée d'une ligne droite pour tenter un dépassement alors qu'aucun véhicule ne venait en sens inverse et qu'aucune signalisation ne le lui interdisait. • T. pol. Montluçon, 30 mars 1965 : *D. 1965. Somm. 115.*

3. Bien que n'empiétant pas sur la ligne médiane continue séparant la route en deux couloirs de circulation, l'automobiliste commet une faute en ne serrant pas sur la droite autant que le lui permet la présence d'autres usagers et cette faute exonère pour partie la responsabilité de l'autre conducteur. • Civ. 2e, 15 déc. 1980 : *JCP 1981. IV. 88.*

4. L'obligation de circuler en marche normale à droite de la chaussée et de serrer à droite lorsqu'un usager de la route s'apprête à dépasser ou si la visibilité vers l'avant n'est pas suffisante s'applique dans les voies à sens unique comme dans les voies à double sens de la circulation. • Crim. 7 janv. 1959 : *Bull. crim. n° 22.*

5. Les prescriptions obligeant le conducteur à emprunter en marche normale la voie la plus à droite et à ne franchir les lignes discontinues qu'en cas de dépassement puis après cette manœuvre à revenir sur sa droite après s'être assuré qu'il peut le faire sans danger sont applicables à la circulation sur les autoroutes. • Crim. 10 janv. 1967 : *JCP 1967. II. 15197, note Bloch.*

6. Force majeure et état de nécessité. Le conducteur qui chevauche une ligne continue constituée de « zébras » ne peut prétendre que la présence d'un véhicule sur sa droite l'ayant empêché de se rabattre au moment du rétrécissement de la chaussée constitue un cas de force majeure car il a les moyens par manœuvres appropriées d'éviter la commission de l'infraction. • Crim. 13 févr. 2001 : *Jurispr. auto 2001. 260.* ♦ Ne peut invoquer l'état de nécessité le conducteur qui indique avoir fait un brusque changement de direction dans le but de ne pas emboutir le véhicule qui le précédait, car chaque conducteur est tenu de respecter une distance de sécurité afin de pouvoir anticiper les manœuvres des autres usagers de la route. • Crim. 15 mai 2002 : *Jurispr. auto 2002. 336.*

7. Peine. S'agissant de fautes distinctes, punissables séparément, une cour peut prononcer une peine d'amende pour des faits de circulation sur la partie gauche de la chaussée et une autre amende pour franchissement d'une ligne continue. • Crim. 9 mai 2001 : *Jurispr. auto 2001. 317.*

Art. R. 412-10 Tout conducteur qui s'apprête à apporter un changement dans la direction de son véhicule ou à en ralentir l'allure doit avertir de son intention les

autres usagers, notamment lorsqu'il va se porter à gauche, traverser la chaussée, ou lorsque, après un arrêt ou stationnement, il veut reprendre sa place dans le courant de la circulation.

Le fait, pour tout conducteur, de contrevenir aux dispositions du présent article relatives au changement de direction est puni de l'amende prévue pour les contraventions de la deuxième classe.

(Décr. nº 2003-293 du 31 mars 2003, art. 2-II) **« Tout conducteur coupable de cette dernière infraction encourt également la peine complémentaire de suspension du permis de conduire pour une durée de trois ans au plus, cette suspension pouvant être limitée à la conduite en dehors de l'activité professionnelle. »** — *Dispositions applicables à Mayotte.*

Cette contravention donne lieu de plein droit à la réduction de trois points du permis de conduire. — *[Anc. art. R. 6, R. 233, al. 1er et 2 et R. 256, al. 13 à 23.]*

Autoroute : R. 421-4.

COMMENTAIRE

Suspension du permis de conduire. La présente contravention ainsi que celles prévues aux articles R. 412-8 et R. 412-9 font partie de la liste des contraventions pour lesquelles le décret nº 2003-293 du 31 mars 2003 a rétabli la peine complémentaire de suspension du permis de conduire (sur ce rétablissement, V. le comm. ss. art. R. 234-1). Rappelons seulement ici que l'objectif est double : renforcer la répression et dissuader les contrevenants ayant fait l'objet de la procédure de l'amende forfaitaire de contester cette amende devant la juridiction de proximité.

Retrait de points. On soulignera par ailleurs que le changement de direction d'un véhicule effectué sans avertissement préalable incriminé ici constitue une contravention de deuxième classe assortie d'un retrait de trois points. Depuis la LOPPSI II, le conducteur qui est sanctionné pour cette contravention peut donc récupérer les points retirés au terme d'un délai de deux ans (V. art. L. 223-6 et son comm.). ❑

1. Une conductrice effectuant un changement de direction a l'obligation préalable de se conformer aux dispositions de l'art. R. 6 [C. route, art. R. 412-10]. Le conducteur qui s'apprête à apporter un changement important dans la direction de son véhicule ne saurait être exonéré de l'obligation prescrite par ledit texte de s'assurer qu'il peut le faire sans danger au motif qu'il existerait un angle mort réduisant sa visibilité. • Crim. 8 déc. 1970 : *Bull. crim. nº 327.*

2. Commet une faute le cyclomotoriste qui n'a pas avant d'obliquer sur la gauche vérifié si la chaussée était libre derrière lui ni, préalablement à sa manœuvre, serré sur l'axe médian de la chaussée comme lui en faisaient l'obligation les dispositions du code de la route. • Civ. 2e, 24 mai 1991 : *Jurispr. auto 1991. 418* • 20 juill. 1993 : *Jurispr. auto 1993. 573.*

3. Est coupable de blessures involontaires le conducteur qui, quittant une place de stationnement, a fait irruption sur la chaussée sans prendre de précautions suffisantes et a surpris un motocycliste qui circulait dans le même sens et qui a été blessé. • Crim. 14 févr. 1989 : *Jurispr. auto 1989. 287* • Civ. 2e, 13 mars 1991 : *Jurispr. auto 1991. 209.*

4. Commet la contravention de changement dangereux de direction le conducteur d'un poids lourd qui a choisi de s'engager, de nuit, sur la voie dans des conditions périlleuses, sans même faire observer la sécurité par un tiers, en comptant sur le ralentissement des véhicules éventuels et sans s'assurer de l'absence réelle de danger. • Crim. 27 nov. 1996 : *Jurispr. auto 1997. 224.*

5. Un automobiliste ne commet pas de faute si, se tenant très près du trottoir de droite et ayant régulièrement signalé son intention de changer de direction, un cyclomotoriste qu'il n'avait pas eu à dépasser a tenté de passer dans l'étroit espace laissé entre le trottoir et le flanc droit du véhicule. • Civ. 2e, 3 mai 1974 : *Gaz. Pal. 1974. 2. Pan. 173.*

6. Ne peut être retenu comme faute à la charge d'un conducteur le fait de n'avoir pas effectué une manœuvre que l'art. R. 6 [C. route, art. R. 412-10] lui interdisait d'accomplir ; ne peut être reproché le fait, après avoir fait fonctionner son appareil de changement de direction, de poursuivre la route sans écart à droite ou à gauche parce qu'une voiture arrivait derrière à vive allure. • Crim. 13 févr. 1973 : *Bull. crim. nº 75.*

7. Doit être relaxé le conducteur d'un tracteur ayant fait fonctionner son indicateur de changement de direction qui est dépassé par un automobiliste qui a doublé dangereusement d'un seul trait une file entière de véhicules et ne pouvait voir en temps utile l'indicateur de changement de direction du tracteur. • Poitiers, 21 janv. 1993 : *Juris-Data nº 042202.* ♦ Dans le même sens d'une absence de faute : • Civ. 2e, 17 mars 1993 : *Jurispr. auto 1993. 467.*

8. Preuve. Dans un procès-verbal constatant un changement de direction d'un véhicule sans avertissement préalable, l'absence de précisions sur les circonstances dans lesquelles les faits reprochés ont été commis ne saurait être une cause de nullité du procès-verbal, dès lors que les constatations de l'agent verbalisateur, selon lesquelles le véhicule conduit par le prévenu a opéré, au lieu indiqué, un changement de direction sans avertissement préalable, suffisent à établir la matérialité de l'infraction relevée. • Crim. 20 sept. 2016, n° 16-80.148 P : *D. actu. 7 oct. 2016, obs. Goetz.*

9. Force majeure. Est justifié le jugement condamnant un prévenu pour changement de direction d'un véhicule sans avertissement préalable qui, pour obtenir la relaxe, argumentait qu'il n'avait pu s'apercevoir de la panne du clignotant équipant le véhicule qu'il conduisait, la présence accidentelle d'eau dans la commande de cet équipement ayant constitué, selon lui, un cas de force majeure; dès lors que la survenance d'une défaillance mécanique que, par sa nature même, le conducteur, à qui l'art. L. 311-1 C. route impose d'entretenir et réparer son véhicule de façon à assurer la sécurité de tous les usagers de la route, a la possibilité de prévenir, par la vérification préalable de l'état dudit véhicule, avant d'en faire usage, ne saurait suffire, à elle seule, à constituer la force majeure au sens de l'art. 121-3, al. 5, C. pén. • Crim. 6 nov. 2013, n° 12-82.182 P : *D. 2013. Actu. 2644 ; AJ pénal 2014. 131, note Lasserre Capdeville ; Jurispr. auto 2014, n° 858, p. 26, note Josseaume; Dr. pénal 2014, n° 24, note Robert; Gaz. Pal. 11 févr. 2014, p. 31, note Detraz.*

10. Peine. Doit être cassé l'arrêt qui condamne un prévenu sur le fondement de l'art. R. 412-10 à une peine d'amende d'un montant de 2 000 francs, ce qui excède le maximum prévu par l'article qui dispose que l'infraction est sanctionnée par une amende de deuxième classe. • Crim. 12 déc. 2000 : *Jurispr. auto 2001. 218.*

Art. R. 412-11 **En agglomération, tout conducteur doit ralentir si nécessaire et au besoin s'arrêter pour laisser les véhicules de transport en commun quitter les arrêts signalés comme tels.**

Le fait, pour tout conducteur, de contrevenir, aux dispositions du présent article est puni de l'amende prévue pour les contraventions de la deuxième classe. — *[Anc. art. R. 6-1 et R. 233, al. 1er et 2.]*

Art. R. 412-11-1 *(Décr. n° 2018-795 du 17 sept. 2018, art. 11)* **Lorsqu'un véhicule équipé des feux spéciaux mentionnés aux articles R. 313-27 et R. 313-28 ou tout autre véhicule dont le conducteur fait usage de ses feux de détresse dans les conditions prévues au premier alinéa de l'article R. 416-18 est immobilisé ou circule à faible allure sur un accotement ou une bande d'arrêt d'urgence, tout conducteur circulant sur le bord droit de la chaussée doit à son approche réduire sa vitesse conformément à l'article R. 413-17 et changer de voie de circulation après s'être assuré qu'il peut le faire sans danger. Si le changement de voie n'est pas réalisable, le conducteur doit s'éloigner le plus possible du véhicule en demeurant dans sa voie.**

Lorsque ce même véhicule est immobilisé ou circule à faible allure sur une chaussée, tout conducteur circulant sur la même voie de circulation doit à son approche réduire sa vitesse conformément à l'article R. 413-17, au besoin s'arrêter, et dépasser le véhicule en exécutant les manœuvres prévues à l'article R. 414-4.

Lorsque ce même véhicule est immobilisé ou circule à faible allure sur une voie de circulation adjacente, tout conducteur doit à son approche réduire sa vitesse conformément à l'article R. 413-17 et s'en éloigner le plus possible en demeurant dans la même voie.

Les manœuvres prévues au présent article se réalisent dans le respect de la signalisation routière ou, le cas échant, des indications données par l'un des agents mentionnés à l'article R. 411-28.

Le fait, pour tout conducteur, de contrevenir aux dispositions du présent article est puni de l'amende prévue pour les contraventions de la quatrième classe.

COMMENTAIRE

L'article R. 412-11-1, créé par le décret n° 2018-795 du 17 septembre 2018, impose à tout conducteur – sous peine d'une amende de quatrième classe – un certain nombre d'obligations visant à protéger les professionnels qui interviennent sur les bords des routes (dépanneurs, professionnels réalisant un chantier ou assurant l'entretien des abords routiers...), ainsi que les usagers en détresse, dont les véhicules sont immobilisés ou circulent à faible allure sur un accotement, sur une bande d'arrêt d'urgence, sur la chaussée ou encore sur une voie de circulation adjacente. Dans tous ces cas, le présent article demande en effet au conducteur de ralentir, en renvoyant aux dispositions en ce sens de l'article R. 413-17 créées par ce même décret du 17 septembre 2018, et de s'écarter le plus possible du véhicule concerné, en changeant de voie lorsque cela est possible. Des comportements de bon sens, mais qu'il convenait peut-être de rappeler au regard du nombre d'accidents dont sont notamment victimes les personnels des sociétés d'autoroute à l'occasion de leur intervention sur le réseau autoroutier. ❑

Art. R. 412-11-2 *(Décr. n° 2021-1006 du 29 juill. 2021, art. 5)* **En dehors des autoroutes et routes à accès réglementé, les véhicules de catégorie M2, M3, N2, N3, O1, O2, O3 ou O4, ou leurs ensembles, équipés de dispositifs aérodynamiques montés à l'arrière circulent avec lesdits dispositifs repliés, rétractés ou enlevés, dans les conditions définies par arrêté des ministres chargés des transports et de la sécurité routière.**

Le fait, pour tout conducteur, de contrevenir aux dispositions du présent article et aux dispositions prises pour son application est puni de l'amende prévue pour les contraventions de la quatrième classe.

V. Arr. du 13 août 2021 relatif au dépassement des longueurs maximales de certains véhicules ou ensembles de véhicules de transport routier (JO 20 août).

Art. R. 412-12 *(Décr. n° 2001-1127 du 23 nov. 2001, art. 1er)* **I. — Lorsque deux véhicules se suivent, le conducteur du second doit maintenir une distance de sécurité suffisante pour pouvoir éviter une collision en cas de ralentissement brusque ou d'arrêt subit du véhicule qui le précède. Cette distance est d'autant plus grande que la vitesse est plus élevée. Elle correspond à la distance parcourue par le véhicule pendant un délai d'au moins deux secondes.**

II. — Hors agglomération, lorsque des véhicules ou des ensembles de véhicules, dont le poids total autorisé en charge dépasse 3,5 tonnes ou dont la longueur dépasse 7 mètres, se suivent à la même vitesse, la distance de sécurité mentionnée au I est d'au moins 50 mètres.

III. — Les dispositions du II ne sont applicables ni aux convois et aux transports militaires et des unités de la police nationale ni aux véhicules des unités d'instruction et d'intervention de la sécurité civile, qui font l'objet de règles particulières.

IV. — Pour les ouvrages routiers dont l'exploitation ou l'utilisation présente des risques particuliers, l'autorité investie du pouvoir de police peut imposer des distances de sécurité plus grandes entre les véhicules.

V. — Le fait, pour tout conducteur, de contrevenir aux dispositions du présent article est puni de l'amende prévue pour les contraventions de la quatrième classe.

VI. — Tout conducteur qui a contrevenu aux règles de distance prises en application du *(Décr. n° 2003-293 du 31 mars 2003, art. 2-III)* **« présent article » encourt également la peine complémentaire de suspension, pour une durée de trois ans au plus, du permis de conduire, cette suspension pouvant être limitée à la conduite en dehors de l'activité professionnelle.**

VII. — La contravention prévue au V donne lieu de plein droit à la réduction de 3 points du permis de conduire.

Ces dispositions sont applicables à Mayotte.

V. Arr. du 19 août 2004 relatif aux instruments de mesure de la distance entre véhicules ou ensembles de véhicules (JO 11 sept.).

COMMENTAIRE

Notion de distance de sécurité. Lorsque deux véhicules se suivent, le conducteur du second doit respecter une « certaine » distance avec le véhicule qui le précède afin de prévenir tout risque de collision. Reprenant l'article R. 8-1 de l'ancien code, l'article R. 412-12 n'était jusqu'alors guère plus explicite sur ce que l'on appelle la distance de sécurité, imposant une distance *« suffisante (...) d'autant plus grande que la vitesse est plus élevée »*. Cependant le décret n° 2001-1127 du 23 novembre 2001, modifiant cet article, est venu préciser cette notion.

Ainsi l'article R. 412-12 précise désormais que la distance de sécurité *« correspond à la distance parcourue par le véhicule pendant un délai d'au moins deux secondes »*. Cette distance est, bien entendu, tributaire de la vitesse du véhicule : plus la vitesse est élevée, plus la distance parcourue en deux secondes est grande et donc plus la distance de sécurité doit être importante. A titre indicatif, un tableau annexé au décret précité considère qu'une distance de sécurité d'au moins 28 mètres doit être respectée à 50 km/h, 50 mètres à 90 km/h, 62 mètres à 110 km/h et 73 mètres à 130 km/h.

Des distances de sécurité plus importantes doivent parfois être respectées. L'article R. 412-12 modifié reprend, dans son paragraphe II, la distance de sécurité d'au moins 50 mètres imposée déjà dans l'ancien article à certains véhicules, hors agglomération. Mais surtout, il permet désormais à l'autorité de police compétente d'imposer des distances plus grandes sur les ouvrages routiers présentant des risques particuliers (art. R. 412-12, IV), notamment dans les tunnels.

Sanctions. Quant aux sanctions, elles ont été singulièrement renforcées par le décret du 23 novembre 2001. Le non-respect des distances de sécurité constitue aujourd'hui une contravention de quatrième classe (deuxième classe dans l'anc. texte), avec réduction de trois points sur le permis de conduire. En outre, la suspension du permis de conduire peut également être prononcée désormais dans tous les cas prévus par le présent article. Limitée au cas particulier de non-respect d'une distance de sécurité plus importante imposée sur un ouvrage routier à risques par le décret du 23 novembre 2001, cette peine complémentaire a en effet été étendue, par le décret n° 2003-293 du 31 mars 2003, au non-respect de toutes les distances de sécurité imposées par l'article R. 412-12. La présente contravention constitue d'ailleurs l'une des deux contraventions nouvellement assorties de la peine complémentaire de suspension du permis de conduire par le décret du 31 mars 2003, l'autre étant celle de conduite sous l'empire d'un état alcoolique de l'article R. 234-1 (V. le comm. de cet art.). A tout cela, il faut ajouter le délit créé par la loi n° 2002-3 du 3 janvier 2002 qui sanctionne la récidive dans un délai d'un an de la contravention, commise dans un tunnel, de non-respect des distances de sécurité (V. art. L. 412-2 et les comm.).

Preuve. Cette infraction pose néanmoins de difficiles problèmes de preuve car les forces de l'ordre – sauf par véhicule roulant ou par hélicoptère – ne disposent pas de modes de constat efficaces. Les contrôles entièrement automatiques permettront à l'avenir de mieux sanctionner cette contravention (V. d'ailleurs l'Arr. du 19 août 2004 relatif aux instruments de mesure de la distance entre véhicules ou ensembles de véhicules, *JO 11 sept.*). Rappelons enfin que le titulaire du certificat d'immatriculation est désormais redevable pécuniairement des contraventions à la réglementation sur le respect des distances de sécurité (V. art. L. 121-3). ❑

1. Un automobiliste commet une faute entraînant un partage de responsabilité pour avoir violé l'art. R. 8-1 [C. route, art. R. 412-12] par non-respect des distances imposées s'il percute le véhicule qui le précède qui a dû freiner brusquement en raison de la chute d'une branche d'arbre sur la chaussée, chute causée par une société chargée de l'ébranchage qui n'avait pas pris la précaution de procéder à une signalisation particulière. • Toulouse, 2 juill. 1991 : *Juris-Data n° 045222.*

2. N'est pas justifié le jugement qui, pour relaxer un prévenu du chef de conduite d'un véhicule sans laisser une distance de sécurité avec le véhicule qui précède, relève que l'absence sur le procès-verbal d'indication de la vitesse à laquelle roulaient les véhicules ne permet pas de constater si la distance de sécurité n'a pas été respectée, alors que la vitesse des véhicules n'est pas un élément constitutif de la contravention prévue par l'art. R. 412-12 C. route. • Crim. 12 mars 2008 : *Jurispr. auto 2008. 313 ; Dr. pénal 2008. Chron. 6, obs. Gauvin.*

3. N'est pas justifié le jugement qui, pour déclarer un prévenu coupable de conduite d'un véhicule sans avoir respecté les distances de sécurité, se fonde sur un procès-verbal qui se borne à mentionner la qualification de l'infraction sans autre précision, un tel procès-verbal de contravention, qui ne précise pas les circonstances concrètes dans lesquelles l'infraction a été relevée, de nature à établir que la distance de sécurité avec le véhicule qui le précédait n'avait pas été respectée par l'intéressé, ne comportant pas de constatations au sens de l'art. 537 C. pr. pén. • Crim. 27 janv. 2016, n° 15-80.581 P : *D. actu. 18 févr. 2016, obs. Benelli-de Bénazé ; Dr. pénal 2016, n° 45, note Robert ; ibid., n° 51, note Maron et Haas ; AJ pénal 2016. 337, obs. Céré ; Gaz. Pal. 26 avr. 2016, note Fourment.*

Art. R. 412-13 Lorsqu'un véhicule ou son chargement provoque des détériorations à la route ou à ses dépendances, l'immobilisation peut être prescrite dans les conditions prévues aux articles L. 325-1 à L. 325-3. – *[Anc. art. R. 278, al. 1er et 6.]*

Art. R. 412-14 En cas d'infraction aux règlements édictés pour la sauvegarde de l'esthétique des sites et des paysages classés, la mise en fourrière peut être prescrite

dans les conditions prévues aux articles L. 325-1 à L. 325-3. – *[Anc. art. R. 285-2, al. 1er et 5.]*

Art. R. 412-15 **Il est interdit de couper les éléments de colonnes militaires, de forces de police ou de cortèges en marche.**

Le fait, pour tout conducteur, de contrevenir aux dispositions du présent article est puni de l'amende prévue pour les contraventions de la deuxième classe. – *[Anc. art. R. 8 et R. 233, al. 1er et 2.]*

Est seul responsable d'un accident survenu à un gardien d'une compagnie républicaine de sécurité chargé d'une mission d'escorte l'automobiliste qui a démarré au voisinage tout proche d'un camion en convoi arrivant de sa gauche. Le gardien pouvait doubler la file de camions sans avoir à redouter quoi que ce soit venant de sa droite, l'art. R. 8 [C. route, art. R. 412-15] interdisant de couper un convoi. • Paris, 2 déc. 1963 : *Gaz. Pal. 1964. 1. 25.*

Art. R. 412-16 *(Décr. no 2009-136 du 9 févr. 2009, en vigueur le 15 avr. 2009)* **« Les véhicules de collection sont autorisés à circuler sur l'ensemble du territoire national dans les conditions fixées par un arrêté du ministre chargé des transports pris après avis du ministre de l'intérieur. »**

Le fait, pour tout conducteur, de contrevenir aux dispositions du présent article ou à celles prises pour son application est puni de l'amende prévue pour les contraventions de la quatrième classe.

L'immobilisation du véhicule peut être prescrite dans les conditions prévues aux articles L. 325-1 à L. 325-3. – *[Anc. art. R. 53-2, al. 4, R. 232, al. 1er et 10 et R. 278, al. 1er et 7.]*

Carte grise : R. 322-2, R. 322-5. — Visite technique : R. 323-3.

Sur l'entrée en vigueur du Décr. no 2009-136, V. Arr. du 23 mars 2009 (JO 29 mars).

SECTION 2 *BIS* **Dispositions applicables à la délégation de conduite**

(Décr. no 2021-873 du 29 juin 2021, art. 4)

Art. R. 412-17 **Lorsque le système de conduite automatisé exerce le contrôle dynamique du véhicule conformément aux conditions d'utilisation mentionnées à l'article L. 319-3, les dispositions de l'article R. 412-6 ne sont pas applicables au conducteur.**

Art. R. 412-17-1 **I. — Lorsque le véhicule est partiellement ou hautement automatisé, le conducteur doit se tenir constamment en état et en position de répondre à une demande de reprise en main. Ses possibilités de mouvement et son champ de vision ne doivent pas être réduits par le nombre ou la position des passagers, par les objets transportés ou par l'apposition d'objets non transparents sur les vitres.**

II. — En application du 3° de l'article L. 123-1 et dans les conditions mentionnées au I, le conducteur doit également se tenir en état et en position d'effectuer sans délai une reprise en main afin d'exécuter les manœuvres qui lui incombent en application des dispositions du présent code afin :

1° D'obtempérer à une sommation de s'arrêter émanant d'un fonctionnaire ou agent chargé de constater les infractions et muni des insignes extérieurs et apparents de sa qualité ;

2° De respecter les indications données par les agents réglant la circulation en application des dispositions de l'article R. 411-28 ;

3° De faciliter le passage d'un véhicule d'intérêt général en application des dispositions des articles R. 414-2 et R. 414-9 ;

4° De céder le passage à un véhicule d'intérêt général prioritaire en application de l'article R. 415-12.

III. — Le fait, pour tout conducteur, de contrevenir aux dispositions des I et II ci-dessus est puni de l'amende prévue pour les contraventions de deuxième classe.

IV. — En cas d'infraction aux dispositions du présent article, l'immobilisation du véhicule peut être prescrite dans les conditions prévues aux articles L. 325-1 à L. 325-3.

SECTION 3 Matérialisation des voies de circulation

Art. R. 412-18 **Lorsque des lignes longitudinales discontinues sont apposées sur la surface de la chaussée, elles autorisent leur franchissement ou leur chevauchement. Elles sont destinées notamment à délimiter les voies en vue de guider la circulation.**

Art. R. 412-19 **Lorsque des lignes longitudinales continues axiales ou séparatives de voies de circulation sont apposées sur la chaussée, elles interdisent aux conducteurs leur franchissement ou leur chevauchement.**

(Décr. nº 2015-808 du 2 juill. 2015, art. 4-1º) **« Toutefois, leur chevauchement est autorisé pour le dépassement d'un** *(Décr. nº 2019-1082 du 23 oct. 2019, art. 20)* **« engin de déplacement personnel motorisé** *(Décr. nº 2022-31 du 14 janv. 2022)* **« , d'un cyclomobile léger » ou d'un » cycle dans les conditions prévues par l'article R. 414-4. »**

Le fait, pour tout conducteur, de contrevenir aux dispositions du présent article est puni de l'amende prévue pour les contraventions de la quatrième classe.

(Décr. nº 2003-293 du 31 mars 2003, art. 2-II) **« Tout conducteur coupable de l'une des infractions prévues au présent article encourt également la peine complémentaire de suspension du permis de conduire pour une durée de trois ans au plus, cette suspension pouvant être limitée à la conduite en dehors de l'activité professionnelle. »** — *Dispositions applicables à Mayotte.*

Le franchissement d'une ligne continue axiale ou séparative de voies de circulation donne lieu de plein droit à la réduction de trois points du permis de conduire.

(Décr. nº 2015-808 du 2 juill. 2015, art. 4-2º) **« Sous réserve des dispositions du deuxième alinéa du présent article, » le chevauchement d'une ligne continue axiale ou séparative de voies de circulation donne lieu de plein droit à la réduction d'un point du permis de conduire.** — *[Anc. art. R. 5, al. 1er et 2, R. 232, al. 1er et 2, R. 256, al. 13 à 23, et 28 à 32.]*

COMMENTAIRE

Interdiction de franchir et de chevaucher les lignes continues. L'article R. 412-19 interdit aux conducteurs de véhicules de franchir, mais aussi de chevaucher les lignes continues apposées sur la chaussée, sous peine d'une amende de quatrième classe, à laquelle le juge peut ajouter, depuis 2003, une peine de suspension du permis de conduire. Le conducteur d'un véhicule qui franchit ou chevauche une ligne continue s'expose également à retrait de point(s) : trois points en cas de franchissement et un point en cas de chevauchement.

Chevauchement autorisé dans certains cas. Le décret nº 2015-808 du 2 juillet 2015 – qui vise notamment à sécuriser et à favoriser la pratique du vélo – est venu toutefois apporter un tempérament à l'interdiction de chevaucher les lignes continues prévue au présent article. Depuis ce décret, le chevauchement des lignes continues est en effet autorisé lorsqu'il permet de dépasser un cycliste. Et un tel chevauchement est également possible lorsqu'il permet de dépasser un engin de déplacement personnel motorisé ou un cyclomobile léger. Encore faut-il cependant que l'intéressé puisse dépasser le cycliste ou le conducteur d'un engin de déplacement personnel motorisé ou d'un cyclomobile léger sans danger et en respectant les règles de dépassement des véhicules formulées à l'article R. 414-4, auquel renvoie d'ailleurs l'alinéa 2 du présent article autorisant, dans de tels cas, le chevauchement d'une ligne continue. ❑

1. Lorsque la chaussée comporte des voies délimitées par des lignes continues, le conducteur suivant une telle voie ne peut franchir ni chevaucher ces lignes ; cette disposition impérative et absolue s'impose à tout usager de la route quelle que soit la manœuvre qu'il entreprenne sur la chaussée. • Crim. 2 déc. 1965 : *Bull. crim. nº 260 ; D. 1966. Somm. 15.*

2. L'absence d'arrêté municipal fixant la signalisation horizontale ne saurait faire obstacle à une poursuite fondée sur les dispositions de l'art. R. 412-19 C. route, dès lors que ces dispositions incriminent le seul fait, pour un conducteur, de franchir ou chevaucher une ligne longitudinale axiale ou séparative de voies de circulation apposée sur la chaussée et que l'art. L. 113-1 C. voirie rout., dont les dispositions sont applicables, en vertu de l'art. L. 162-1 du même code, aux voies privées ouvertes à la circulation publique, réserve aux seules autorités chargées des services de la voirie le droit de placer en vue du public des indications ou signaux concernant, à un titre quelconque, la circulation. • Crim. 12 nov. 2014, nº 13-86.357 P : *D. 2014. Actu. 2344 ; D. actu. 28 nov. 2014, obs.*

Priou-Alibert; Dr. pénal 2015, n° 7, note Robert; ibid. Chron. 7, obs. Gauvin.

3. Le conducteur qui franchit une ligne continue et qui la chevauche quand elle est située immédiatement à sa gauche emprunte de ce fait même la voie exclusivement réservée aux véhicules venant en sens inverse et tombe sous le coup des sanctions instituées par l'art. R. 232 1° [C. route, art. R. 412-19] à l'égard de toute personne qui contrevient aux dispositions du livre I concernant les sens imposés à la circulation. • Crim. 6 janv. 1966 : *Bull. crim. n° 5* • 28 mars 1966 : *D. 1966. 521.*

4. En franchissant une ligne jaune continue, le cyclomotoriste qui a heurté une voiture de l'autre côté de cette ligne commet une faute qui est la cause exclusive de l'accident. • Rouen, 23 févr. 1984 : *Gaz. Pal. 1984. 2. 368.*

5. Une cour d'appel peut prononcer, pour la contravention de franchissement d'une ligne longitudinale continue prévue par l'art. R. 5 [C. route, art. R. 412-19], une amende distincte des peines encourues du chef de blessures involontaires commises par un conducteur sous l'empire d'un état alcoolique, dès lors que le délit et la contravention diffèrent en leurs éléments constitutifs. Cette dernière infraction consiste dans l'inobservation des prescriptions réglementaires tandis que le délit consiste dans les blessures involontaires causées par cette inobservation. • Crim. 12 mai 1993, n° 92-84.179 P. ♦ S'agissant de fautes distinctes, punissables séparément, une cour peut prononcer une peine d'amende pour des faits de circulation sur la partie gauche de la chaussée et une autre amende pour franchissement d'une ligne continue. • Crim. 9 mai 2001 : *Jurispr. auto 2001. 317.*

6. Nul ne pouvant être puni d'une peine qui n'est pas prévue par la loi, doit être cassé l'arrêt qui a prononcé la peine complémentaire d'un mois de suspension du permis de conduire à l'encontre d'un prévenu coupable de franchissement d'une ligne continue, de dépassement de véhicule sur la partie gauche de la chaussée et de défaut de port de ceinture de sécurité. • Crim. 19 avr. 2000 : *Jurispr. auto 2000. 272.*

Art. R. 412-20 **Lorsqu'une ligne longitudinale discontinue est accolée à la ligne longitudinale continue, tout conducteur peut franchir ou chevaucher cette dernière si la ligne discontinue se trouve la plus proche de son véhicule au début de la manœuvre et à condition que cette manœuvre soit terminée avant la fin de la ligne discontinue.** — *[Anc. art. R. 5, al. 3.]*

La ligne séparatrice discontinue qui délimite les voies de circulation impose au conducteur qui la franchit, en cas de dépassement, de prendre les précautions prescrites par l'art. R. 14 C. route. • Crim. 26 nov. 1975 : *Bull. crim. n° 258.*

Art. R. 412-21 **Les lignes longitudinales délimitant, pour les rendre plus visibles, les bords de la chaussée sont continues ou discontinues.** — *[Anc. art. R. 5-2, al. 1er et R. 227-1.]*

Art. R. 412-22 **Les lignes longitudinales délimitant les bandes d'arrêt d'urgence sont continues ou discontinues. Elles ne peuvent être** *(Décr. n° 2012-3 du 3 janv. 2012, art. 21)* **« chevauchées ou » franchies qu'en cas de nécessité absolue.** — *[Anc. art. R. 5-2, al. 2 et R. 227-1.]*

(Décr. n° 2012-3 du 3 janv. 2012, art. 21) **« Le fait, pour tout conducteur, de contrevenir aux dispositions du présent article est puni de l'amende prévue pour les contraventions de la quatrième classe.**

« Tout conducteur coupable de cette infraction encourt également la peine complémentaire de suspension du permis de conduire pour une durée de trois ans au plus.

« Cette contravention donne lieu de plein droit à la réduction d'un point du permis de conduire. »

COMMENTAIRE

Chevauchement ou franchissement des lignes délimitant les bandes d'arrêt d'urgence. La présente contravention, créée par le décret n° 2012-3 du 3 janvier 2012, vise à sanctionner le conducteur d'un véhicule qui chevauche ou franchit, sans nécessité absolue, les lignes délimitant les bandes d'arrêt d'urgence. Jusqu'à présent, seule la circulation sur les bandes d'arrêt d'urgence pouvait être sanctionnée et ce, conformément à l'article R. 412-8. Et si le présent article interdisait déjà aux conducteurs, sauf nécessité absolue, de franchir les lignes délimitant les bandes d'arrêt d'urgence, l'interdiction qu'il formulait n'était assortie d'aucune sanction. Partant du constat qu'une partie des personnes « tuées » sur les autoroutes le sont sur les bandes d'arrêt d'urgence, le pouvoir réglementaire a cependant voulu renforcer cette interdiction en la sanctionnant pénalement. De la sorte, depuis le décret du 3 janvier 2012, celui qui, sans nécessité absolue, franchit, mais aussi « se contente » de chevaucher les lignes délimitant les bandes d'arrêt d'urgence s'expose à l'amende prévue pour les contraventions de quatrième classe, à la peine complémentaire de suspension de son permis de conduire et à un retrait d'un point sur son permis de conduire. On comparera ces sanctions à celles prévues pour circulation sur bandes d'arrêt d'urgence par l'article R. 412-8. Si l'amende encourue dans les deux cas est la même, le nombre de points retirés est logiquement plus élevé en cas de circulation sur la bande d'arrêt d'urgence (3 points contre 1 point ici). La peine complémentaire de suspension du permis de conduire est également prévue pour les deux contraventions, mais l'article R. 412-8, à la différence de l'article R. 412-22, précise que cette peine peut être limitée à la conduite en dehors de l'activité professionnelle. En cas de chevauchement ou de franchissement des lignes délimitant les bandes d'arrêt d'urgence, la peine de suspension du permis de conduire peut cependant également être limitée à la conduite en dehors de l'activité professionnelle, et ce par application des dispositions générales de l'article 131-16, 1°, du code pénal qui prévoient que le règlement qui réprime une contravention peut prévoir comme peine complémentaire la suspension du permis de conduire de l'intéressé, « cette suspension pouvant être limitée à la conduite en dehors de l'activité professionnelle, sauf si le règlement exclut expressément cette limitation ». ❑

Art. R. 412-23 I. — Lorsque la chaussée comporte des lignes longitudinales discontinues délimitant les voies de circulation :

1° S'il s'agit de voies de circulation générale non spécialisées, tout conducteur doit en marche normale emprunter celle de ces voies qui est le plus à droite et ne franchir ces lignes qu'en cas de dépassement, dans les conditions fixées au chapitre IV du présent titre, ou lorsqu'il est nécessaire de traverser la chaussée ;

2° S'il s'agit d'une voie de circulation réservée à certaines catégories *(Décr. nº 2023-563 du 5 juill. 2023, art. 9)* **« de véhicules », les** *(Décr. nº 2023-563 du 5 juill. 2023, art. 9)* **« conducteurs d'autres catégories de véhicules » ne peuvent franchir ou chevaucher la ligne que pour quitter la chaussée ou l'aborder.**

II. — Le fait, pour tout conducteur, de contrevenir aux dispositions du présent article est puni de l'amende prévue pour les contraventions de la deuxième classe. — *[Anc. art. R. 5-1 et R. 233-3, al. 1er.]*

Dérogations, V. Décr. nº 2015-1750 du 23 déc. 2015 portant expérimentation de la circulation inter-files (JO 26 déc.) ; Arr. du 4 janv. 2016 fixant les dates de commencement et de fin de l'expérimentation de la circulation inter-files (JO 15 janv.), mod. par Arr. du 27 janv. 2020 (JO 30 janv.) ; Arr. du 19 janv. 2016 intégrant l'expérimentation de la circulation inter-files dans divers arrêtés relatifs à l'apprentissage de la conduite et de la sécurité routière (26 janv.).

V. Décr. nº 2021-993 du 28 juill. 2021 portant expérimentation de la circulation inter-files (JO 30 juill.) ; Arr. du 28 juill. 2021 fixant les dates de commencement et de fin de l'expérimentation de la circulation inter-files (JO 30 juill.) ; Arr. du 25 juill. 2023 portant suspension de la circulation inter-files sur certaines voies de circulation du département des Alpes-Maritimes (JO 27 juill.).

Art. R. 412-24 Lorsque, sur les routes à sens unique et sur les routes à plus de deux voies, la circulation, en raison de sa densité, s'établit en file ininterrompue sur toutes les voies, les conducteurs doivent rester dans leur file.

Toutefois, les changements de voies de circulation sont possibles pour préparer un changement de direction et doivent être effectués en entravant le moins possible la marche normale des autres véhicules.

Le fait, pour tout conducteur, de contrevenir aux dispositions du présent article est puni de l'amende prévue pour les contraventions de la deuxième classe. — *[Anc. art. R. 4-1, al. 1er et 3 et R. 233, al. 1er et 2.]*

V. note ss. art. R. 412-23.

Art. R. 412-25 Lorsqu'une route comporte trois voies ou plus, *(Décr. nº 2023-563 du 5 juill. 2023, art. 10)* **« ouvertes à la circulation générale et » affectées à un même sens de circulation, il est interdit aux conducteurs des véhicules dont le poids total autorisé en charge excède 3,5 tonnes ou d'ensemble de véhicules dont la longueur excède 7 mètres d'emprunter d'autres voies que les deux voies** *(Décr. nº 2023-563 du 5 juill. 2023, art. 10)* **« ouvertes à la circulation générale » situées le plus près du bord droit de la chaussée, sauf, en entravant le moins possible la marche normale des**

autres véhicules, pour préparer un changement de direction *(Décr. n° 2023-563 du 5 juill. 2023, art. 10)* **« ou pour rejoindre ou quitter une voie réservée à certaines catégories de véhicules. »**

Le fait, pour tout conducteur, de contrevenir aux dispositions du présent article est puni de l'amende prévue pour les contraventions de la deuxième classe. — *[Anc. art. R. 4-1, al. 2 et 3 et R. 233, al. 1er et 2.]*

(Décr. n° 2002-530 du 11 avr. 2002, art. 2) **« Toutefois, ce fait est puni de l'amende prévue pour les contraventions de la cinquième classe lorsque, sur la chaussée, une voie de circulation au moins est couverte de neige ou de verglas sur tout ou partie de sa surface. Dans ce cas, toute personne coupable de l'infraction encourt également la peine complémentaire de suspension, pour une durée de trois ans au plus, du permis de conduire, cette suspension pouvant être limitée à la conduite en dehors de l'activité professionnelle. »**

COMMENTAIRE

Sur les routes composées d'au moins trois voies, les poids lourds, mais aussi les ensembles de véhicules dont la longueur excède 7 mètres, ne peuvent utiliser que les deux voies situées le plus près du bord droit de la chaussée sous peine de l'amende prévue pour les contraventions de la deuxième classe. Ces dispositions visent à assurer que sur au moins une voie la circulation ne soit pas ralentie, parfois brutalement, par des véhicules plus lents. Par ailleurs, le décret n° 2002-530 du 11 avril 2002 relatif notamment à l'amélioration de la circulation en cas d'enneigement ou de verglas a ajouté un troisième alinéa à cet article prévoyant des sanctions plus sévères lorsque l'une des trois voies est enneigée ou verglacée (V. égal. l'art. R. 414-17 créé par ce Décr.). ❑

SECTION 4 **Sens de circulation**

Art. R. 412-26 Le fait pour tout conducteur de ne pas respecter une signalisation lui imposant une direction est puni de l'amende prévue pour les contraventions de la deuxième classe. — *[Anc. art. R. 5-3 et R. 233, al. 1er et 2.]*

Art. R. 412-27 Sauf dispositions différentes prises par l'autorité investie du pouvoir de police, tout ouvrage, borne, terre-plein ou monument, établi sur une chaussée, une place ou à un carrefour et formant obstacle à la progression directe d'un véhicule, doit être contourné par la droite.

Le fait, pour tout conducteur, de contrevenir aux dispositions du présent article est puni de l'amende prévue pour les contraventions de la quatrième classe. — *[Anc. art. R. 9 et R. 232, al. 1er et 2.]*

1. Commet une faute découlant tant de ses imprudences que de son inobservation du code de la route le cyclomotoriste qui, à l'intersection de deux routes, alors que le chemin vicinal qu'il empruntait se divisait en deux voies égales, à droite et à gauche d'un triangle gazonné s'opposant à la progression directe des usagers et dont la base prolonge la bordure de l'autre voie, a roulé sur la voie gauche dudit chemin, l'art. R. 9 [C. route, art. R. 412-27] lui faisant obligation, à défaut d'indications contraires, de contourner le talus par la droite. • Crim. 28 juin 1966 : *D. 1966. 715.*

2. Ne donne pas de base légale à sa décision la cour d'appel qui, pour opérer un partage de responsabilité, énonce, sans rechercher si le terre-plein formait un obstacle à la progression directe de la voiture, qu'il importe peu que la branche du chemin suivie par la voiture se trouve dans le prolongement direct de la voie par elle empruntée et qu'il suffit qu'il existe un aménagement spécial du carrefour pour qu'un usager soit contraint de le contourner par la droite. • Civ. 2e, 29 janv. 1970 : *D. 1970. Somm. 72.*

3. Un îlot en forme de triangle sur lequel des arbres sont plantés, une chapelle érigée et un refuge installé pour les voyageurs d'une ligne d'autobus, compte tenu des vastes dimensions de cet îlot, peut être considéré comme n'étant pas au nombre des ouvrages et aménagements devant être contournés par la droite en application de l'art. R. 9 [C. route, art. R. 412-27]. • Civ. 2e, 4 janv. 1974 : *D. 1974. IR 67.* ♦ Même solution pour un vaste triangle de 25 mètres de côté ne pouvant être considéré comme un ouvrage établi à un carrefour formant obstacle à la progression normale des véhicules. • Dijon, 24 janv. 1974 : *D. 1974. IR 111.* ♦ Même solution pour un petit jardin public de surface triangulaire mis entre plusieurs voies et qui, au surplus n'est jamais contourné par la droite et n'est l'objet d'aucune signalisation particulière. • Douai, 22 mars 1961 : *Jurispr. auto 1961. 187.*

Art. R. 412-28 **Le fait, pour tout conducteur, de circuler en sens interdit est puni de l'amende prévue pour les contraventions de la quatrième classe.**

Tout conducteur coupable de cette infraction encourt également la peine complémentaire de suspension, pour une durée de trois ans au plus, du permis de conduire, cette suspension pouvant être limitée à la conduite en dehors de l'activité professionnelle.

Cette contravention donne lieu de plein droit à la réduction de quatre points du permis de conduire. — *[Anc. art. R. 232, al. 1er et 2, R. 256, al. 5 à 12, et R. 266, al. 1er et 7.]*

En ce qui concerne l'exclusion de l'amnistie de cette contravention, V. L. n° 95-884 du 3 août 1995, art. 25 (10°) et Circ. 3 août 1995.

1. Preuve. N'est pas justifiée la décision relaxant un prévenu du chef de circulation en sens interdit alors qu'il est constaté que l'automobiliste a été verbalisé pour avoir conduit en marche arrière, en sens interdit, le long du trottoir sur une distance de vingt mètres pour occuper une place de stationnement. • Crim. 31 mai 2007, n° 07-80.010 : *Jurispr. auto 2007. 486.*

2. Dispense de peine. Il se déduit de l'art. 132-59 C. pén. que le juge ne peut accorder une dispense de peine que s'il constate dans sa décision que le reclassement du coupable est acquis, que le dommage causé est réparé et que le trouble résultant de l'infraction a cessé. Méconnaît un tel principe la juridiction qui, après avoir déclaré un prévenu coupable d'avoir conduit un véhicule en sens interdit, prononce une dispense de peine en se fondant sur l'erreur de lecture des panneaux que ce dernier reconnaît avoir commise. • Crim. 8 sept. 2020, n° 20-80.469 : *Dr. pénal 2020, n° 198, note Bonis.*

Art. R. 412-28-1 *(Décr. n° 2015-808 du 2 juill. 2015, art. 5, en vigueur le 1er janv. 2016)* **Lorsque la vitesse maximale autorisée est inférieure ou égale à 30 km/h, les chaussées sont à double sens pour les** *(Décr. n° 2019-1082 du 23 oct. 2019, art. 21)* **« conducteurs d'engins de déplacement personnel motorisés** *(Décr. n° 2022-31 du 14 janv. 2022)* **« , de cyclomobiles légers » et les » cyclistes sauf décision contraire de l'autorité investie du pouvoir de police.**

COMMENTAIRE

Circulation à double sens pour les cyclistes. Les présentes dispositions font partie de celles créées par le décret n° 2015-808 du 2 juillet 2015 afin de favoriser le développement de la pratique du vélo dans les villes. Elles autorisent les cyclistes – depuis le 1er janvier 2016 – à circuler à double sens sur l'ensemble des voies de circulation où la vitesse maximale autorisée est inférieure ou égale à 30 km/h et donc, le cas échéant, à circuler dans un sens de circulation qui est interdit pour les autres véhicules. Les pouvoirs publics ont généralisé, par là même, une règle qui était déjà applicable dans les zones 30 qui, depuis le décret n° 2008-754 du 30 juillet 2008, sont définies à l'article R. 110-2 du présent code comme des zones où la vitesse des véhicules est limitée à 30 km/h et où toutes les chaussées sont à double sens pour les cyclistes, sauf dispositions différentes prises par l'autorité investie du pouvoir de police…

Extension aux conducteurs d'engins de déplacement personnel motorisés et de cyclomobiles légers. Les règles applicables à la circulation des engins de déplacement personnel motorisés sont assez souvent celles prévues pour la circulation des cycles. Il en est ainsi des règles relatives à leurs lieux de circulation (V. art. R. 412-43-1), mais aussi des règles de conduite que doivent respecter leurs utilisateurs, comme le montre le présent article applicable, depuis le décret n° 2019-1082 du 23 octobre 2019, aux conducteurs d'engins de déplacement personnel motorisés, lesquels peuvent donc, comme les cyclistes, circuler à double sens dans les zones de circulation où la vitesse maximale autorisée est inférieure ou égale à 30 km/h. Et il en est de même, depuis le décret n° 2022-31 du 14 janvier 2022, des conducteurs de cyclomobiles légers soumis, par ce décret, aux mêmes règles de circulation que celles prévues pour la conduite d'un engin de déplacement personnel motorisé. ❑

SECTION 5 **Feux de signalisation lumineux**

Art. R. 412-29 **Les feux de signalisation lumineux réglant la circulation des véhicules sont verts, jaunes ou rouges. Les feux de signalisation jaunes et rouges peuvent être clignotants.**

Art. R. 412-30 **Tout conducteur doit marquer l'arrêt absolu devant un feu de signalisation rouge, fixe ou clignotant.**

(Décr. nº 2019-1328 du 9 déc. 2019, art. 2) **« L'arrêt se fait :**

« 1° Lorsqu'une ligne d'arrêt est matérialisée, en respectant la limite de cette ligne ;

« 2° Lorsqu'une ligne d'arrêt n'est pas matérialisée, en respectant la limite d'une ligne située avant le passage pour piétons s'il précède le feu et, dans les autres cas, à l'aplomb du feu de signalisation. »

(Décr. nº 2017-16 du 6 janv. 2017, art. 10 et 16, en vigueur le 1er mars 2017) **« Sous réserve des articles R. 415-11 et R. 422-3, les dispositions du premier alinéa ne s'appliquent pas aux transports exceptionnels mentionnés à l'article R. 433-1 et à leurs véhicules d'accompagnement mentionnés à l'article R. 433-17 régulièrement engagés dans une intersection équipée de feux de signalisation affichant la couleur verte au moment du franchissement de ces feux par le premier véhicule d'accompagnement. »**

(Décr. nº 2003-283 du 27 mars 2003) **« Lorsqu'une piste cyclable** *(Décr. nº 2015-808 du 2 juill. 2015, art. 6-1º)* **« ou une trajectoire matérialisée pour les cycles, signalisée en application des dispositions de l'article R. 411-25, » traversant la chaussée est parallèle et contiguë à un passage réservé aux piétons dont le franchissement est réglé par des feux de signalisation lumineux, tout conducteur empruntant cette piste** *(Décr. nº 2015-808 du 2 juill. 2015, art. 6-2º)* **« ou cette trajectoire matérialisée » est tenu, à défaut de signalisation spécifique, de respecter les feux de signalisation réglant la traversée de la chaussée par les piétons. »**

Le fait, pour tout conducteur, de contrevenir aux dispositions du présent article est puni de l'amende prévue pour les contraventions de la quatrième classe.

Toute personne coupable de cette infraction encourt également la peine complémentaire de suspension, pour une durée de trois ans au plus, du permis de conduire, cette suspension pouvant être limitée à la conduite en dehors de l'activité professionnelle.

Cette contravention donne lieu de plein droit à la réduction de quatre points du permis de conduire. — *[Anc. art. R. 9-1, R. 232, al. 1er et 9, R. 256, al. 5 à 12, et R. 266, al. 1er et 3.]*

En ce qui concerne l'exclusion de l'amnistie de cette contravention, V. L. nº 95-884 du 3 août 1995, art. 25 (10º) et Circ. 3 août 1995.

V. Arr. du 18 janv. 2012 relatif à l'homologation des systèmes de contrôle automatisé de franchissement d'une signalisation lumineuse fixe ou clignotante (JO 22 janv.).

BIBL. ▶ ALDÉMAR, *JCP 1967. I. 2075.* – DEFRANCE, *Jurispr. auto 2002. 11* (accidents aux feux tricolores).

A. FEU ROUGE

1. Les dispositions du code de la route sont applicables aux cyclistes, notamment l'art. R. 9-1 imposant à tout conducteur d'un véhicule l'arrêt absolu devant un feu de signalisation rouge. • Crim. 23 févr. 2000 : *Jurispr. auto 2000. 229.*

2. Le conducteur qui n'a pas respecté un feu de signalisation au rouge et a violemment heurté en franchissant le carrefour une voiture au moment où elle tournait à gauche pour s'engager dans un chemin peut être déclaré seul responsable et condamné pour blessures involontaires et contravention à l'art. R. 9-1 [C. route, art. R. 412-30]. • Crim. 26 juin 1984 : *Jurispr. auto 1986. 11.*

3. Preuve. Si les témoignages sur la couleur des feux au moment de leur franchissement par les véhicules entrés en collision sont contradictoires, il y a lieu de relaxer le prévenu des chefs de blessures involontaires et de non-respect d'un feu rouge. • Paris, 20e ch., 8 nov. 1990 : *Juris-Data nº 024978.*

4. Le doute doit bénéficier au prévenu si l'agent verbalisateur n'a pas eu une vue directe sur le feu qui s'imposait au prévenu et s'il a procédé par déduction eu égard à la couleur verte d'un autre feu du carrefour. • T. pol. Toulouse, 8 juill. 1992 : *Jurispr. auto 1993. 116.*

5. Photographies automatiques. Une cour d'appel peut à bon droit estimer que les vérifications effectuées par l'intermédiaire d'un appareil de contrôle photographique se déclenchant concomitamment au passage au rouge du feu implanté au carrefour qu'il a pour objet de surveiller permet de façon technique et fiable de déterminer la place du véhicule au moment où celui-ci devait marquer l'arrêt absolu. • Crim. 25 janv. 1995 : *Jurispr. auto 1995. 221.* ♦ Mais le conducteur doit être relaxé lorsque le procès-verbal a été dressé par un agent qui n'a pas constaté personnellement l'infraction, au vu d'une photographie prise automatiquement par un appareil qui n'était soumis à aucun contrôle d'un organisme agréé et qui ne permettait pas de s'assurer que le feu était rouge ni d'apprécier si le véhicule l'avait véritablement franchi. • Crim. 17 oct. 2001 : *Jurispr. auto 2001. 522 ; D. 2002. IR 3395.*

6. Photographies prises par le conducteur. N'est pas justifié le jugement relaxant un prévenu poursuivi pour non-respect par un conducteur de l'arrêt imposé par un feu rouge au motif qu'il résulte de photographies prises sur les lieux de l'infraction que, les feux de stationnement étant fixés sur un rail aérien et non sur un poteau situé sur le côté droit de la chaussée, la présence d'un camion et d'un autobus, véhicules de haut gabarit, a empêché le motocycliste de prendre connaissance du signal lumineux masqué par la présence conjointe des deux véhicules, dès lors qu'il n'est pas tenu compte du fait que les photographies produites avaient été prises par le prévenu non pas au moment des faits mais à une date postérieure à leur commission. • Crim. 27 avr. 2011 : *Dr. pénal 2011. Chron. 6, obs. Gauvin.*

7. Les juges du fond ont à bon droit déduit de la position des véhicules, de leur état respectif, de l'absence de trace de freinage sur les lieux et des déclarations d'un témoin, passager du véhicule, la réalisation de la contravention. • Crim. 22 nov. 1995 : *Jurispr. auto 1996. 119.*

8. N'est en revanche pas justifié le jugement relaxant un prévenu poursuivi pour non-respect de l'arrêt imposé par un feu rouge au motif que celui-ci a présenté, à l'audience, une attestation de sa mère indiquant qu'il avait franchi le feu alors que celui-ci était vert et qu'il redémarrait et que cette attestation circonstanciée combattait la force probante du procès-verbal, dès lors qu'une attestation écrite ne constitue pas une preuve par écrit ou par témoin, au sens de l'art. 537 C. pr. pén. • Crim. 7 févr. 2001, n° 00-84.520 P.

9. Force majeure. N'est pas justifié le jugement relaxant un prévenu poursuivi pour non-respect par un conducteur de l'arrêt imposé par un feu rouge au motif que les conditions de la force majeure prévue par l'art. 121-3, al. 5, C. pén. étaient réunies, dès lors que ce jugement ne caractérise par l'imprévisibilité et l'irrésistibilité de la situation invoquée par le conducteur du véhicule. • Crim. 27 avr. 2011 : *préc. note 6.* ♦ L'état neigeux de la route et le risque de dérapage en cas de freinage trop brusque ne constituent pas un cas de force majeure pour le conducteur, lequel a la possibilité et même le devoir d'adapter la vitesse de son véhicule aux circonstances atmosphériques et à l'état de la voie de circulation afin de contrôler suffisamment son engin et d'être en mesure de respecter les injonctions signalisées. • Rouen, 5 sept. 2013 : *Dr. pénal 2014. Chron. 7, obs. Gauvin.*

10. Contrôles automatiques. Il résulte, d'une part, des dispositions de l'art. L. 130-9 C. route que, lorsqu'elles sont effectuées par des appareils de contrôle automatique ayant fait l'objet d'une homologation, les constatations relatives notamment au franchissement par les véhicules d'une signalisation imposant leur arrêt font foi jusqu'à preuve contraire et, d'autre part, des dispositions de l'art. 537, al 3, C. pr. pén. que la preuve contraire aux énonciations d'un procès-verbal établi en matière de contravention ne peut être rapportée que par écrit ou par témoin. Méconnaît le sens et la portée de ces dispositions le jugement qui relaxe un prévenu poursuivi pour inobservation, par un conducteur, de l'arrêt imposé par un feu rouge au motif que, s'il est établi que l'appareil de contrôle automatique a été homologué, le procès-verbal ne mentionne pas cette homologation et la date de vérification de l'appareil, alors que la preuve contraire aux énonciations du procès-verbal n'a pas été rapportée par écrit ou par témoin, et que le bon fonctionnement de l'appareil de contrôle en cause était suffisamment établi par son homologation annuelle. • Crim. 6 déc. 2011 : *Dr. pénal 2012, n° 43, note Maron et Haas.*

11. Il résulte de l'art. 2 de l'Arr. du 15 juill. 2004 relatif à l'homologation des équipements de constatation automatisée du franchissement de feux rouges de signalisation routière que les équipements fixes automatisés destinés à la constatation des infractions au code de la route relatives au franchissement des feux rouges doivent être soumis à une procédure d'homologation permettant d'attester de la conformité du matériel aux spécifications techniques et aux procédures fixées par le cahier des charges annexé à cet arrêté, lequel prévoit notamment la délivrance d'un certificat d'homologation valable une année, renouvelable au vu des résultats conformes d'une surveillance périodique. Est en conséquence régulièrement constatée une infraction relevée le 30 août 2011 par un appareil homologué le 20 sept. 2010 et pour lequel aucune vérification n'était donc nécessaire avant le 20 sept. 2011. • Angers, 13 nov. 2012 : *Dr. pénal 2013. Chron. 7, obs. Gauvin.* ♦ Sur l'homologation et la vérification périodique de ces équipements, V. désormais Arr. du 18 janv. 2012 relatif à l'homologation des systèmes de contrôle automatisé de franchissement d'une signalisation lumineuse fixe ou clignotante (*JO 22 janv.*) qui prévoit que la validité du certificat d'homologation est de cinq ans et qui impose une vérification périodique (ou contrôle en service du bon fonctionnement) au moins une fois tous les deux ans.

12. Méconnaît le sens et la portée des art. L. 130-9 C. route, 537 C. pr. pén. et 8 du cahier des charges d'homologation annexé à l'Arr. du 18 janv. 2012 relatif à l'homologation des systèmes de contrôle automatisé de franchissement d'une signalisation lumineuse fixe ou clignotant, le jugement qui renvoie un prévenu des fins de la poursuite du chef d'inobservation de l'arrêt imposé par un feu de signalisation au motif de l'expiration de l'homologation de l'appareil utilisé, dès lors qu'en application de l'art. 8 du cahier des charges d'homologation annexé à l'arrêté précité, lorsque la validité du certificat d'homologation n'est pas prorogée, les instruments en service conformes à ce type continuent à pouvoir être utilisés et réparés, que l'appareil de contrôle était régulièrement homologué et en service au moment de l'entrée en vigueur de l'Arr. du 18 janv. 2012, de sorte qu'en application de l'art. 3, dernier al., dudit arrêté, il pouvait continuer à être utilisé. • Crim. 16 oct. 2018, n° 18-80.323 : *Gaz. Pal. 5 févr. 2019, p. 58, note Fourment.*

13. Il résulte de la combinaison des art. 537 C. pr. pén et L. 130-9 C. route que les procès-verbaux dressés par les officiers et les agents de police judiciaire, au vu des enregistrement réalisés, en matière de franchissement par les véhicules d'une signalisation imposant leur arrêt, par un appareil de contrôle automatique homologué, font foi jusqu'à preuve contraire des contraventions qu'ils constatent, que la preuve contraire ne peut être rapportée que par écrit ou par témoin. Méconnaît un tel principe la juridiction qui, pour ne pas déclarer un prévenu redevable pécuniairement de l'amende encourue pour inobservation par un conducteur de l'arrêt imposé par un feu de signalisation, énonce que les photographies prises par l'appareil de contrôle automatique sont particulièrement sombres et ne permettent pas de déterminer que le véhicule a franchi le feu tricolore alors que celui-ci était au rouge, le prévenu n'ayant pas rapporté la preuve contraire aux énonciations du procès-verbal par écrit ou par témoin. • Crim. 29 janv. 2014, n° 13-83.283 P : *D. 2014. Actu. 372 ; Dr. pénal 2014, n° 75, note Robert ; AJ pénal 2014. 373, note Céré.*

14. Sanction. L'inobservation des feux de signalisation constitue une contravention au code de la route et non à l'art. R. 26-15° (ancien), C. pén. Les textes applicables sont les art. R. 44 et R. 233, al. 1, et non l'art. R. 232, al. 4, texte qui concerne exclusivement les intersections de routes et la priorité de passage sans que les signaux lumineux n'y soient mentionnés. • Crim. 9 juill. 1964 : *D. 1964. Somm. 98.* ♦ ... Ni l'art. R. 232, al. 1, texte qui concerne exclusivement toute personne qui aura contrevenu au sens imposé à la circulation et ne vise aucunement la non-observation des signaux lumineux. • Crim. 5 nov. 1964 : *D. 1965. 160.*

15. V. un arrêt condamnant une prévenue à une peine principale de stage de sensibilisation à la sécurité routière pour une infraction d'inobservation de l'arrêt imposé par un feu rouge en application des art. R. 412-30 C. route et 131-35-1 C. pén. (peine prononcée *contra legem* selon le commentateur de l'arrêt). • Pau, 10 févr. 2005 : *AJ pénal 2005. 200, obs. Céré.*

16. Nullité de l'avis de contravention. L'absence de visa des textes prévoyant et réprimant l'infraction constatée fait grief au contrevenant, particulièrement dans le cas d'une procédure simplifiée qui doit conduire l'intéressé à s'acquitter d'une amende sans qu'un débat contradictoire n'ait lieu, sauf s'il entame la procédure de contestation ; dès lors il y a lieu d'annuler le procès-verbal de contravention. • TGI Paris, J. prox., 29 nov. 2004 : *Jurispr. auto 2005. 143.*

17. L'art. R. 412-30 C. route n'impose pas en revanche que soit produit, à peine de nullité de la poursuite, l'arrêté municipal désignant l'intersection équipée d'un feu tricolore qui n'a pas été respecté par le prévenu. • Crim. 11 déc. 2018, n° 18-82.493 : *Dr. pénal 2019, n° 31, note Robert ; ibid. Chron. 7, obs. Gauvin.*

18. Réattribution des points retirés à l'issue d'un délai de dix ans. L'art. L. 223-6 C. route, dans sa version antérieure à la L. du 5 mars 2007, prévoyait que les points retirés du fait de contraventions passibles d'une amende forfaitaire étaient réattribués au titulaire du permis de conduire à l'expiration d'un délai de dix ans à compter de la date à laquelle la condamnation est devenue définitive ou du paiement de l'amende forfaitaire correspondante, et l'art. R. 48-1 C. pr. pén., dans sa version antérieure au Décr. du 31 mars 2003, que les contraventions des quatre premières classes réprimées par le code de la route punies uniquement d'une peine d'amende, à l'exclusion de toute peine complémentaire, qu'elles entraînent ou non un retrait de points affectés au permis de conduire, pouvaient donner lieu au paiement d'une amende forfaitaire. Il en résulte que les points retirés pour une contravention de non-respect de l'obligation d'arrêt à un feu rouge commise avant le Décr. du 31 mars 2003 ne pouvaient être réattribués à l'expiration du délai de dix ans prévu à l'art. L. 223-6 C. route, cette contravention de quatrième classe étant passible d'une peine complémentaire aux termes de l'art. 412-30 C. route. Mais, depuis le Décr. du 31 mars 2003, l'art. R. 48-1 C. pr. pén. prévoit que peuvent donner lieu au paiement d'une amende forfaitaire les contraventions des quatre premières classes réprimées par le code de la route, qu'elles entraînent ou non un retrait de points affectés au permis de conduire. Il en résulte que, depuis ce décret, l'infraction de non-respect de l'obligation d'arrêt à un feu rouge peut donner lieu à amende forfaitaire et, en conséquence, que les points retirés à raison de cette infraction sont, désormais, réattribués de plein droit à l'expiration du délai de dix ans prévu par les dispositions de l'art. L. 223-6 C. route, les dispositions combinées de l'art. L. 223-6 C. route et de l'art. R. 48-1 C. pr. pén. dans sa rédaction résultant du Décr. du 31 mars 2003 devant être regardées comme constituant une loi pénale plus douce. • CE 15 mars 2017, n° 395286 B : *AJDA 2017. 1031 ; JCP Adm. 2017. Actu. 216.*

B. AUTRES COULEURS DU FEU

19. Orange. Le feu orange signifie l'annonce du feu rouge et indique aux conducteurs qu'ils n'ont pas le droit de dépasser le signal, à moins qu'ils ne s'en trouvent si près, lorsque le feu orange s'allume, qu'ils ne puissent plus s'arrêter dans des conditions de sécurité suffisantes avant de l'avoir dépassé. Le conducteur qui s'engage dans le carrefour à la fin du feu orange est donc responsable. • Crim. 27 mai 1970 : *D. 1970. Somm. 190; Bull. crim. n° 171* • 8 janv. 1972 : *Bull. crim. n° 6.* ♦ Est responsable le conducteur qui s'est engagé dans un carrefour alors que le feu venait de passer à l'orange pour lui et qu'il n'établit pas qu'il était dans l'impossibilité de s'arrêter dans des conditions suffisantes de sécurité pour lui-même et les autres usagers. • Civ. 2e, 15 nov. 2001, n° 99-19.459 P : *Jurispr. auto 2002. 31.* ♦ Mais l'est également celui qui, voyant le feu passer du vert à l'orange, freine brutalement et se trouve heurté par le véhicule venant à l'arrière (responsabilité partielle). • Civ. 2e, 29 nov. 1967 : *D. 1968. 162.*

20. Clignotants et flèches. Le conducteur sur le point de franchir un feu clignotant orange est tenu d'observer une prudence particulière, notamment en laissant le passage aux autres véhicules régulièrement engagés, viendraient-ils de sa gauche, et coupant sa route sans avoir rencontré un signal de même nature. • Crim. 29 janv. 1969 : *D. 1969. 313.* ♦ Dans le cas où une collision s'est produite à une intersection équipée de signaux optiques clignotant entre deux automobilistes, une cour d'appel ne peut déduire du seul fait que l'un des automobilistes arrivait sur la droite la faute de l'autre automobiliste cause exclusive de l'accident sans rechercher si l'auteur des blessures venant de la droite n'aurait pas pu éviter la collision. • Civ. 2e, 13 janv. 1988 : *JCP 1988. IV. 107.*

21. N'est pas justifiée l'exonération de toute responsabilité de l'automobiliste qui, en tournant à droite à un feu rouge accompagné d'une flèche verte, a heurté un autobus bénéficiant d'un feu clignotant orange qui s'est engagé dans le carrefour pour suivre la même voie. • Civ. 2e, 22 nov. 1972 : *D. 1973. IR 6.*

22. La flèche verte verticale autorise ceux qu'elle concerne à dégager la chaussée et poursuivre leur route, mais seulement dans la mesure où ils ne contrarient pas la circulation des usagers bénéficiant du feu vert. • Agen, 1er oct. 1969 : *D. 1969. 297, note Prévault; RSC 1971. 682, obs. Levasseur.*

23. Aux termes des § 1 et 1 *bis* de l'art. 7 de l'arrêté interministériel du 24 nov. 1967 modifié, l'apparition, sous un feu rouge, d'une flèche verte horizontale indique aux conducteurs qu'ils peuvent tourner dans la voie située immédiatement à leur droite sous réserve d'effectuer ce virage sans gêner les voitures de la voie transversale, alors que les feux verts ayant la forme d'une flèche dont la pointe est dirigée vers le bas signifient l'autorisation d'emprunter la voie sur laquelle ils se trouvent. • Crim. 16 nov. 1977 : *D. 1977. IR 209; Bull. crim. n° 100.*

24. Vert. L'automobiliste qui est autorisé par le feu vert à reprendre sa marche en avant doit le faire avec prudence et laisser les véhicules régulièrement engagés avant lui dans le carrefour en achever le franchissement. • Civ. 2e, 3 mars 1965 : *JCP 1966. II. 14672, note Borré* • 31 mai 1965 : *ibid.* ♦ Il ne peut se voir reprocher d'avoir méconnu les dispositions de l'art. R. 4-2 [C. route, art. R. 415-2] interdisant d'engager un véhicule dans une intersection en s'exposant au risque de s'y trouver immobilisé et d'empêcher le passage des autres véhicules circulant sur la voie latérale. • Civ. 2e, 2 oct. 1981 : *Gaz. Pal. 1982. 1. Pan. 72.*

25. Le véhicule de police qui s'engage au rouge n'est pas pour autant dispensé de l'observation des règles de prudence. • Crim. 1er mars 1967 : *D. 1967. Somm. 99; Bull. crim. n° 83.*

Art. R. 412-31 **Tout conducteur doit marquer l'arrêt devant un feu de signalisation jaune fixe, sauf dans le cas où, lors de l'allumage dudit feu, le conducteur ne peut plus arrêter son véhicule dans des conditions de sécurité suffisantes.**

Le fait, pour tout conducteur, de contrevenir aux dispositions du présent article est puni de l'amende prévue pour les contraventions de la deuxième classe. – *[Anc. art. R. 233, al. 1er et 2 et Arr. du 24 nov. 1967, art. 7, al. 7.]*

Art. R. 412-32 **Les feux de signalisation jaunes clignotants ont pour objet d'attirer l'attention de tout conducteur sur un danger particulier.**

Ils autorisent le passage des véhicules sous réserve, le cas échéant, du respect des dispositions relatives aux règles de priorité établies par le présent code ou prescrites par une signalisation particulière. – *[Arr. du 24 nov. 1967, art. 7, al. 8.]*

Art. R. 412-33 **Les feux de signalisation verts autorisent le passage des véhicules, sous réserve, dans les intersections, que le conducteur ne s'engage que si son véhicule ne risque pas d'être immobilisé et d'empêcher le passage des autres véhicules circulant sur les voies transversales** *(Décr. n° 2017-16 du 6 janv. 2017, art. 11 et 16, en vigueur le 1er mars 2017)* **« et qu'un transport exceptionnel mentionné à l'article R. 433-1 ou un de ses véhicules d'accompagnement mentionnés à l'article R. 433-17 ne soit pas engagé sur ces voies. Dans ce dernier cas, la priorité de passage appartient au transport exceptionnel et à ses véhicules d'accompagnement ».** – *[Arr. du 24 nov. 1967, art. 7, al. 5.]*

SECTION 6 Circulation des piétons

BIBL. ▶ CHAMBON, *D. 1979. Chron. 103.* – VITU, *Dr. pénal spécial, Tome 1, nos 1638 et 1639.* – VINEY, *L'indemnisation des victimes d'accidents de la circulation, nos 16, 27, 32, 37 et 57.* – COUVRAT et MASSÉ , *nos 328 s.*

Art. R. 412-34 **I. — Lorsqu'une chaussée est bordée d'emplacements réservés aux piétons ou normalement praticables par eux, tels que trottoirs ou accotements, les piétons sont tenus de les utiliser, à l'exclusion de la chaussée.** *(Décr. nº 2010-1390 du 12 nov. 2010, art. 11)* **« Ces dispositions ne s'appliquent pas aux aires piétonnes** *(Décr. nº 2022-635 du 22 avr. 2022, art. 4)* **« ni aux zones de rencontre, ni aux voies vertes ».**

« I *bis*. — Les enfants de moins de huit ans qui conduisent un cycle peuvent utiliser les trottoirs ou accotements, sauf dispositions contraires prises par l'autorité investie du pouvoir de police, à la condition de conserver l'allure du pas et de ne pas occasionner de gêne aux piétons. »

II. — Sont assimilés aux piétons :

1º Les personnes qui conduisent une voiture d'enfant, de malade ou d'infirme, ou tout autre véhicule de petite dimension sans moteur ;

2º Les personnes qui conduisent à la main un *(Décr. nº 2019-1082 du 23 oct. 2019, art. 22)* **« engin de déplacement personnel motorisé, un » cycle ou un cyclomoteur ;**

3º Les infirmes qui se déplacent dans une chaise roulante mue par eux-mêmes ou circulant à l'allure du pas.

III. — La circulation de tous véhicules à deux-roues conduits à la main est tolérée sur la chaussée. Dans ce cas, les conducteurs sont tenus d'observer les règles imposées aux piétons. — *[Anc. art. R. 191, R. 195, al. 4, et R. 217.]*

Définition et circulation des engins de déplacement personnel : V. art. R. 311-1 et R. 412-43-1 à R. 412-43-3.

1. Admise à circuler comme les voitures d'enfant ou d'infirme sur les trottoirs, la brouette participe comme telle au régime des piétons ; n'étant pas une voiture, cet instrument ne saurait être assimilé en ce qui concerne l'obligation de l'éclairage ni aux voitures à bras ni aux autres véhicules. • Nancy, 27 juill. 1933 : *Gaz. Pal. 1933. 2. 586.*

2. La personne poussant un engin genre remorque à bicyclette est assimilée à un piéton. • Besançon, 17 déc. 1982 : *Gaz. Pal. 1983. 2. Somm. 347.*

3. Le cyclomotoriste traversant la chaussée avec son cyclomoteur et heurté par un automobiliste doit être considéré comme piéton ; c'est au conducteur de l'automobile qu'il appartient de rapporter la preuve contraire que la victime avait la qualité de conducteur d'un véhicule terrestre à moteur. • Civ. 2e, 16 oct. 1991 : *Jurispr. auto 1992. 379.*

4. Le conducteur éjecté de son véhicule n'est pas considéré comme un piéton si l'éjection est due à l'accident dont il est demandé réparation. • Civ. 2e, 4 oct. 1989 : *Bull. civ. II, nº 153 ; RTD civ. 1990. 510, obs. Jourdain ; JCP 1991. II. 21600, note Dagorne-Labbe.* ♦ Le motocycliste qui, tombant de sa machine, est au même moment heurté par une automobile venant en sens inverse ne perd pas la qualité de conducteur. • Civ. 2e, 31 mars 1993, nº 91-12.353 P.

5. L'automobiliste éjecté de son véhicule est considéré comme un non-conducteur (piéton) si l'éjection est antérieure à l'accident dont il est demandé réparation. • Civ. 2e, 27 janv. 1988 : *Bull. civ. II, nº 25* • 24 mai 1991, nº 90-11.283 P. ♦ Le conducteur d'un scooter qui a glissé sur la chaussée et s'est retrouvé à terre sur la voie de circulation empruntée par un automobiliste circulant en sens inverse a perdu sa qualité de conducteur et acquis la qualité de piéton. • Versailles, 19 mai 1995 : *inédit.*

6. Les citadins de plus en plus nombreux à utiliser des patins à roulettes comme mode de déplacement, sont actuellement, à défaut d'une réglementation spécifique, assimilés à des piétons et sont ainsi soumis aux dispositions du code de la route qui prévoit pour ce type d'usagers l'obligation de circuler sur les trottoirs, d'emprunter les passages protégés lors des traversées de chaussées et de respecter les feux de signalisation. * Rép. min. nº 2134 : *JO Sénat Q, 18 sept. 1997, p. 2478 ; Dr. adm. 1997, nº 388.* ♦ V. dans le même sens, * Rép. min. nº 39541 : *JOAN Q, 22 mai 2000, p. 3139.*

7. Pistes et bandes cyclables. Il résulte des prescriptions de l'art. R. 110-2 C. route que les pistes et bandes cyclables ne peuvent être réalisées que sur une chaussée, soit la partie de la route utilisée pour la circulation des véhicules ; tel n'est pas le cas de terre-pleins, qui ne font pas partie de la chaussée, mais sont surélevés par rapport à elle, ces terre-pleins constituant, non des aires piétonnes au sens de ces mêmes prescriptions, mais des emplacements réservés aux piétons au sens des dispositions de l'art. R. 412-34 C. route. Dès lors les bandes cyclables situées sur ces terre-pleins doivent être réservées, conformément à l'art. R. 412-34, aux enfants de moins de huit ans conduisant un cycle, à la condition de conserver l'allure du pas et de ne pas occasionner de gêne aux piétons et aux personnes qui conduisent à la main un cycle ou un cyclomoteur. • TA Marseille, 30 déc. 2008 : *AJDA 2009. 943, concl. Boyer*.

8. Scooters électriques de mobilité. La circulation sur les voies ouvertes à la circulation publique de petits scooters électriques de mobilité, à trois ou quatre roues, d'une longueur comprise entre 90 et 120 cm, d'une largeur variant entre 50 et 60 cm, munis de batteries permettant de rouler à la vitesse maximale de 6 km/h est actuellement autorisée. Ces engins électriques, de par leurs dimensions et leur vitesse réduites, sont, en application de l'art. R. 412-34, II, 3° C. route, assimilables à des fauteuils roulants sous réserve de l'appréciation souveraine des tribunaux et sous réserve que leur utilisateur soit une personne ayant des difficultés de mobilité. En conséquence, ils sont donc assimilés à des piétons et soumis aux règles de circulation des art. R. 412-34 à R. 412-43 C. route. * Rép. min. *Q. n° 09405 : JO Sénat, 3 juin 2010, p. 1401*.

9. Statut juridique des trottinettes électriques, hoverboards, gyropodes et gyroroues. Les véhicules légers électriques unipersonnels, également appelés engins de déplacements personnels électriques (EDP électriques), regroupent des engins tels que la trottinette électrique, les gyropodes, la monoroue ou l'hoverboard. Les EDP électriques étant explicitement exclus du règlement européen UE 168/2013 du 15 janv. 2013 relatif à la réception et à la surveillance du marché des véhicules à deux et trois roues et des quadricycles, chaque État membre européen peut définir sa propre réglementation nationale. En France, les EDP électriques n'appartiennent à aucune des catégories de véhicules actuellement définies dans le code de la route et leur circulation dans l'espace public n'est actuellement pas réglementée. Si les utilisateurs d'EDP non motorisés (trottinettes, skate-boards, rollers) sont assimilés à des piétons par l'art. R. 412-34 C. route et peuvent donc circuler sur les trottoirs et sur les autres espaces autorisés aux piétons, rien n'est prévu concernant les EDP électriques dont l'usage devrait être limité aux espaces privés ou fermés à la circulation. Les règles de circulation que chaque catégorie d'EDP doit respecter devraient cependant être prochainement définies dans le code de la route. *Rép. min. n° 4782 : *JOAN Q, 11 sept. 2018. 8054.* ♦ V., depuis, Décr. n° 2019-1082 du 23 oct. 2019, art. R. 311-1, points 6.14, 6.15 et 6.16 (définition des EDP) et art. R. 412-43-1 à R. 412-43-2 (circulation des EDP motorisés).

10. Fauteuil roulant électrique et L. du 5 juill. 1985. Un fauteuil roulant électrique, dispositif médical destiné au déplacement d'une personne en situation de handicap, n'est pas un véhicule terrestre à moteur au sens de la L. du 5 juill. 1985. Est en conséquence censuré un arrêt qui, pour dire qu'une personne handicapée circulant dans un fauteuil roulant électrique avait la qualité de conducteur d'un véhicule terrestre à moteur, avait retenu que, si l'art. R. 412-34 C. route assimile au piéton la personne en situation de handicap se déplaçant en fauteuil roulant, ce texte ne vise pas les fauteuils roulants motorisés mais les fauteuils roulants « mus par eux-mêmes », c'est-à-dire dépourvus de motorisation. • Civ. 2e, 6 mai 2021, n° 20-14.551 P : *D. actu. 21 mai 2021, obs. Hacene-Kebir ; D. 2021. 902 ; ibid. 1206, obs. Bacache ; ibid. 1413, note Oudot ; ibid. 1695, obs. Kenfack ; RTD civ. 2021. 660, obs. Jourdain ; D. 2022. 25, obs. Quézel-Ambrunaz*.

Art. R. 412-35 **Lorsqu'il ne leur est pas possible d'utiliser les emplacements qui leur sont réservés ou en l'absence de ceux-ci, les piétons peuvent emprunter les autres parties de la route en prenant les précautions nécessaires.**

Les piétons qui se déplacent avec des objets encombrants peuvent également emprunter la chaussée si leur circulation sur le trottoir ou l'accotement risque de causer une gêne importante aux autres piétons.

Les infirmes qui se déplacent dans une chaise roulante peuvent dans tous les cas circuler sur la chaussée. — *[Anc. art. R. 218.]*

(Décr. n° 2008-754 du 30 juill. 2008, art. 6) **« Dans une zone de rencontre, les piétons peuvent circuler sur la chaussée mais ne doivent pas gêner la circulation des véhicules en y stationnant. »**

Circulation des personnes en fauteuil roulant sur les pistes cyclables. Il résulte de l'art. R. 412-35 C. route que les personnes en fauteuil roulant manuel ou électrique, assimilées à des piétons par l'art. R. 412-34 de ce même code, sont autorisées à circuler sur la chaussée et les trottoirs ou accotements, mais pas sur les pistes cyclables. * Rép. min. n° 10214 : *JOAN Q, 23 avr. 2019. 3913.*

COMMENTAIRE

Zone de rencontre. Les dispositions ajoutées au présent article, par le décret n° 2008-754 du 30 juillet 2008, ont pour objet de préciser les règles de circulation des piétons dans les zones dites de rencontre, créées par ce même décret. En réalité, il ne s'agit que d'un rappel, puisque ces règles sont d'ores et déjà formulées à l'article R. 110-2 qui contient la définition de ce nouvel espace de circulation (V. cet art. et son comm.). Il était néanmoins nécessaire de rappeler ces règles ici. L'article R. 412-35 s'insère en effet dans la section du code de la route qui a pour objet de préciser l'ensemble des règles de circulation des piétons et donc les règles concernant leur circulation dans les zones de rencontre devaient logiquement y figurer. En outre, ce rappel permet d'assortir le non-respect de ces règles d'une sanction pénale (une amende de 1re classe, conformément à l'art. R. 412-43), ce qui n'est pas le cas avec les dispositions de l'article R. 110-2 dont l'objet principal est de donner des définitions. ❑

Art. R. 412-36 Lorsqu'ils empruntent la chaussée, les piétons doivent circuler près de l'un de ses bords.

Hors agglomération et sauf si cela est de nature à compromettre leur sécurité ou sauf circonstances particulières, ils doivent se tenir près du bord gauche de la chaussée dans le sens de leur marche.

Toutefois, les infirmes se déplaçant dans une chaise roulante et les personnes poussant à la main un cycle, un cyclomoteur ou une motocyclette doivent circuler près du bord droit de la chaussée dans le sens de leur marche. — *[Anc. art. R. 218-1.]*

Art. R. 412-37 Les piétons doivent traverser la chaussée en tenant compte de la visibilité ainsi que de la distance et de la vitesse des véhicules.

Ils sont tenus d'utiliser, lorsqu'il en existe à moins de 50 mètres, les passages prévus à leur intention.

Aux intersections à proximité desquelles n'existe pas de passage prévu à leur intention, les piétons doivent emprunter la partie de la chaussée en prolongement du trottoir. — *[Anc. art. R. 219.]*

(Décr. nº 2010-1390 du 12 nov. 2010) **« Les dispositions du présent article ne s'appliquent pas aux aires piétonnes et aux zones de rencontre. »**

A. LA RESPONSABILITÉ PÉNALE DU PIÉTON

1. Un piéton peut être poursuivi et sanctionné pour infraction au code de la route. • Bordeaux, 1er mars 1955 (relaxe) : *D. 1955. 666, note crit. Bouzat.*

2. Un piéton qui par son absence de précaution cause la chute d'un cycliste doit être condamné pour blessures involontaires et traversée de la chaussée sans précaution. • T. corr. Tours, 10 oct. 1989 : *Juris-Data nº 048974.*

B. LA RESPONSABILITÉ CIVILE DU PIÉTON

3. Un piéton fautif peut être condamné à réparer les dommages infligés aux véhicules ou à leurs conducteurs. • Civ. 2e, 7 oct. 1987 : *Bull. civ. II, nº 181* • 18 nov. 1987 : *Bull. civ. II, nº 236.* ♦ ... Ou à garantir ces conducteurs de l'obligation d'indemniser des tiers. • Civ. 2e, 27 févr. 1991, nº 89-17.368 P : *D. 1991. Somm. 325, obs. Aubert ; RTD civ. 1991. 558, obs. Jourdain* • 5 févr. 1992 : *D. 1993. 396, note Dagorne-Labbe ; D. 1992. Somm. 402, obs. Aubert* • 4 mars 1992 : *JCP 1992. II. 21941, note Dejean de la Batie ; Gaz. Pal. 1993. 1. 204, note Chabas.*

4. L'indemnisation des dommages causés par un piéton au conducteur d'un véhicule terrestre à moteur ne peut être fondée que sur les dispositions de l'art. 1382 s. C. civ. à l'exclusion de celles de la L. du 5 juill. 1985. • Civ. 2e, 19 janv. 1994, nº 92-15.897 P : *D. 1994. 574, note crit. Lapoyade-Deschamps.* ♦ Le piéton sous l'empire d'un état alcoolique n'est pas en faute si cette circonstance est sans relation directe avec l'accident. • Civ. 2e, 28 févr. 1996 : *inédit.*

5. Le conducteur d'un véhicule terrestre à moteur victime d'un accident de la circulation peut demander la réparation de son préjudice à un piéton, que celui-ci ait été ou non blessé dans l'accident. Il n'importe que cette action ait pour effet de priver les ayants droit du piéton des prestations qui leur ont été versées en réparation de leur dommage et qu'une telle action se heurte aux dispositions d'ordre public de la L. du 5 juill. 1985. • Civ. 2e, 17 févr. 1993, nº 91-17.865 P : *RTD civ. 1993. 596, obs. Jourdain.*

C. LA FAUTE INTENTIONNELLE DU PIÉTON OU LA RECHERCHE VOLONTAIRE DU DOMMAGE EXCLUANT L'INDEMNISATION

6. Toute indemnisation est exclue en cas de suicide de la victime. • Civ. 2e, 24 févr. 1988 : *Bull. civ. II, nº 49.* ♦ ... Ou de comportement suicidaire. • Civ. 2e, 21 juill. 1992, nº 91-13.186 P : *D. 1993. Somm. 212, obs. Aubert.*

D. LA FAUTE INEXCUSABLE DU PIÉTON EXCLUANT SON INDEMNISATION

7. BIBL. Chartier, rapp. ss. Ass. plén. 10 nov. 1995, *D. 1995. 633.* ♦ Est inexcusable au sens de l'art. 3 de la L. du 5 juill. 1985 la faute volontaire d'une exceptionnelle gravité exposant sans raison valable son auteur à un danger dont il aurait dû avoir conscience. • Civ. 2e, 20 juill. 1987 : *Bull. civ. II, nº 160.*

8. Commet une faute inexcusable cause exclusive de l'accident le piéton qui traverse brusquement une autoroute ou une voie à grande circulation, ou en surgissant à la sortie d'un tunnel, en franchissant les glissières de sécurité ou un terre-plein planté de haies. • Civ. 2e, 15 juin 1988 (2 arrêts), n° 87-13.200 P • 13 févr. 1991, n° 89-10.054 P • 8 janv. 1992, n° 89-18.663 P : *D. 1992. Somm. 208, obs. Couvrat et Massé* • 23 juin 1993, n° 91-19.412 P. ♦ Faute inexcusable d'une victime qui, s'étant placée sur le toit d'une voiture circulant à faible vitesse sur une aire de stationnement, est tombée seule, sans intervention de freinage. • Civ. 2e, 25 oct. 1995 : *RCA 1996. Comm. 14, obs. Groutel.*

9. Est une faute inexcusable le fait de traverser une route à double couloir de circulation et comportant une rambarde de protection. • Crim. 12 mai 1993 : *Jurispr. auto 1993. 415* • 23 juin 1993 : *Jurispr. auto 1993. 560.*

E. LA FAUTE DU PIÉTON NON CONSIDÉRÉE COMME INEXCUSABLE ET N'EMPÊCHANT PAS SON INDEMNISATION

BIBL. Defrance, *Jurispr. auto 1993. 436* (piéton ivre).

10. N'est pas inexcusable la faute du piéton qui traverse une route nationale de façon soudaine sans regarder s'il arrive des véhicules. • Civ. 2e, 20 avr. 1988 : *Bull. civ. II, n° 86.* ♦ ... Qui traverse la chaussée dans une agglomération alors que les feux de signalisation lui en faisaient une interdiction absolue. • Civ. 2e, 20 avr. 1988 (2e arrêt) : *Bull. civ. II, n° 86.* ♦ ... Qui traverse de nuit une voie express non éclairée à quatre voies et sans que les juges du fond aient constaté que la victime avait enjambé un muret. • Civ. 2e, 25 janv. 1995 : *Jurispr. auto 1995. 132.* ♦ ... Qui traverse de nuit, par temps pluvieux, une route dépourvue d'éclairage et se maintient sensiblement au milieu de cette voie afin d'arrêter un automobiliste et de se faire prendre à son bord pour regagner son domicile. • Cass., ass. plén., 10 nov. 1995 : *D. 1995. 633, rapp. Chartier* ; *RCA 1995. 362.*

11. N'est pas inexcusable la faute d'un piéton en état d'ébriété qui traverse une chaussée hors agglomération, de nuit, en l'absence de tout éclairage, alors que survenait un véhicule qu'il aurait dû voir. • Civ. 2e, 10 mai 1991, n° 90-10.196 P : *D. 1992. Somm. 209, obs. Couvrat et Massé* . ♦ *Contra :* • Paris, 16 mars 1994 : *D. 1994. 277, concl. Paire* .

12. Ne caractérise pas l'exceptionnelle gravité de la faute de la victime la cour d'appel qui, pour retenir à l'encontre d'un piéton victime d'un accident de la circulation l'existence d'une faute inexcusable, relève qu'il avait le comportement d'un homme ivre, qu'il avait négligé d'emprunter un passage pour piétons, qu'il s'était affalé sur la chaussée à l'instant précis où survenait le véhicule qui arrivait sans aucune soudaineté. • Civ. 2e, 24 mai 1991 : *D. 1992. Somm. 209, obs. Couvrat et Massé* . ♦ Dans le même sens : • Paris, 1re ch., 1er juin 1994 : *inédit.*

Art. R. 412-38 **Les feux de signalisation lumineux réglant la traversée des chaussées par les piétons sont verts ou rouges et comportent un pictogramme.** *(Décr. n° 2015-808 du 2 juill. 2015, art. 7)* **« Ils peuvent comporter un signal lumineux jaune indiquant leur mise en service. »**

Lorsque la traversée d'une chaussée est réglée par ces feux, les piétons ne doivent s'engager qu'au feu vert.

Lorsque la traversée d'une chaussée est réglée par un agent chargé de la circulation, les piétons ne doivent traverser qu'à son signal. — *[Anc. art. R. 219-1, al. 1er et Arr. du 24 nov. 1967, art. 7, al. 4.]*

Art. R. 412-39 **Hors des intersections, les piétons sont tenus de traverser la chaussée perpendiculairement à son axe.**

Il est interdit aux piétons de circuler sur la chaussée d'une place ou d'une intersection à moins qu'il n'existe un passage prévu à leur intention leur permettant la traversée directe.

Ils doivent contourner la place ou l'intersection en traversant autant de chaussées qu'il est nécessaire. — *[Anc. art. R. 219-2.]*

(Décr. n° 2010-1390 du 12 nov. 2010, art. 13) **« Les dispositions du présent article ne s'appliquent pas aux aires piétonnes et aux zones de rencontre. »**

Art. R. 412-40 **Lorsque la chaussée est divisée en plusieurs parties par un ou plusieurs refuges ou terre-pleins, les piétons parvenus à l'un de ceux-ci ne doivent s'engager sur la partie suivante de la chaussée qu'en respectant les règles prévues par les articles qui précèdent.** — *[Anc. art. R. 219-3.]*

Art. R. 412-41 **Lorsque la traversée d'une voie ferrée est réglée par un feu rouge clignotant, il est interdit aux piétons de traverser cette voie ferrée pendant toute la durée de fonctionnement de ce feu.** — *[Anc. art. R. 219-1, al. 2.]*

Art. R. 412-42 I. — Les prescriptions de la présente section relatives aux piétons ne sont pas applicables aux cortèges, convois ou processions qui doivent se tenir sur la droite de la chaussée dans le sens de leur marche, de manière à en laisser libre au moins toute la moitié gauche.

II. — Elles ne sont pas non plus applicables aux troupes militaires, aux forces de police en formation de marche et aux groupements organisés de piétons. Toutefois, lorsqu'ils marchent en colonne par un, ils doivent, hors agglomération, se tenir sur le bord gauche de la chaussée dans le sens de leur marche, sauf si cela est de nature à compromettre leur sécurité ou sauf circonstances particulières.

III. — Les formations ou groupements visés au II ci-dessus sont astreints, sauf lorsqu'ils marchent en colonne par un, à ne pas comporter d'éléments de colonne supérieurs à 20 mètres. Ces éléments doivent être distants les uns des autres d'au moins 50 mètres.

IV. — La nuit, ou le jour lorsque la visibilité est insuffisante, chaque colonne ou élément de colonne empruntant la chaussée doit être signalé :

1° A l'avant par au moins un feu blanc ou jaune allumé ;

2° A l'arrière par au moins un feu rouge allumé, visibles à au moins 150 mètres par temps clair et placés du côté opposé au bord de la chaussée qu'il longe.

V. — Cette signalisation peut être complétée par un ou plusieurs feux latéraux émettant une lumière orangée.

VI. — Toutefois, pour les colonnes ou éléments de colonne à l'arrêt ou en stationnement en agglomération, l'emploi des feux prévus au présent article n'est pas requis lorsque l'éclairage de la chaussée permet aux autres usagers de voir distinctement les colonnes ou éléments de colonne à une distance suffisante. — *[Anc. art. R. 40-1, al. 1er et 5, R. 41-1, al. 4 et R. 219-4.]*

Art. R. 412-43 Le fait, pour tout piéton, de contrevenir aux dispositions de la présente section est puni de l'amende prévue pour les contraventions de la première classe. — *[Anc. art. R. 237.]*

SECTION 6 *BIS* Circulation des engins de déplacement personnel motorisés et des cyclomobiles légers *(Décr. nº 2022-31 du 14 janv. 2022).*

(Décr. nº 2019-1082 du 23 oct. 2019, art. 23)

Art. R. 412-43-1 I. — En agglomération, les conducteurs d'engins de déplacement personnel motorisés doivent circuler sur les bandes ou pistes cyclables. Lorsque la chaussée est bordée de chaque côté par une piste cyclable, ils doivent emprunter celle ouverte à droite de la route, dans le sens de la circulation.

En l'absence de bandes ou pistes cyclables, ils peuvent également circuler :

1° Sur les routes dont la vitesse maximale autorisée est inférieure ou égale à 50 km/h. Les conducteurs d'engins de déplacement personnel motorisés ne doivent jamais rouler de front sur la chaussée ;

2° Sur les aires piétonnes dans les conditions définies au quatrième alinéa de l'article R. 431-9 ;

3° Sur les accotements équipés d'un revêtement routier.

II. — Hors agglomération, la circulation des engins de déplacement personnel motorisés est interdite, sauf sur les voies vertes et les pistes cyclables.

III. — Par dérogation aux dispositions des I et II, l'autorité investie du pouvoir de police de la circulation peut, par décision motivée :

1° Interdire la circulation des engins sur certaines sections des voies mentionnées aux I et II, eu égard aux nécessités de sécurité et de circulation routières, de fluidité et de commodité de passage ;

2° Autoriser la circulation des engins sur le trottoir, à condition qu'ils respectent l'allure du pas et n'occasionnent pas de gêne pour les piétons ;

3° Autoriser la circulation sur les routes dont la vitesse maximale autorisée est inférieure ou égale à 80 km/h, sous réserve que l'état et le profil de la chaussée ainsi que les conditions de trafic le permettent.

IV. — Dans le cas où il est fait application des dispositions du 3° du III :

1° Tout conducteur d'engin de déplacement personnel motorisé doit :

a) Être coiffé d'un casque conforme à la réglementation relative aux équipements de protection individuelle, qui doit être attaché ;

b) Porter, soit un gilet de haute visibilité conforme à la réglementation, soit un équipement rétro-réfléchissant dont les caractéristiques sont fixées par arrêté du ministre chargé de la sécurité routière ;

c) Porter sur lui un dispositif d'éclairage complémentaire non éblouissant et non clignotant dont les caractéristiques sont fixées par arrêté du ministre chargé de la sécurité routière ;

d) Circuler, de jour comme de nuit, avec les feux de position de son engin allumés ;

2° La personne âgée d'au moins dix-huit ans qui accompagne un conducteur d'engin de déplacement personnel motorisé âgé de moins de dix-huit ans doit s'assurer, lorsqu'elle exerce une autorité de droit ou de fait sur ce ou ces conducteurs, que chacun est coiffé d'un casque dans les conditions prévues au *a* du 1° ci-dessus.

V. — Le fait, pour tout conducteur, de contrevenir aux dispositions du I et II ou aux restrictions de circulation édictées en vertu du 1° du III est puni de l'amende prévue pour les contraventions de la *(Décr. nº 2023-848 du 31 août 2023)* « quatrième » classe.

Dans le cas où trouvent application les dispositions du 2° du III, le fait pour tout conducteur d'engin de déplacement personnel motorisé de circuler sur le trottoir sans conserver l'allure du pas ou d'occasionner une gêne pour les piétons est puni de l'amende prévue pour les contraventions de la deuxième classe.

Dans le cas où trouvent application les dispositions du 3° du III, le fait pour tout conducteur d'engin de méconnaître les dispositions du *b*, du *c* et du *d* du 1° du IV est puni de l'amende prévue pour les contraventions de la deuxième classe.

Dans le cas où trouvent application les dispositions du 3° du III, le fait de ne pas respecter les règles relatives au casque fixées au *a* du 1° et au 2° du IV est puni de l'amende prévue pour les contraventions de la quatrième classe.

BIBL. ▸ Avant le décret du 23 oct. 2019 : BENEJAT, *AJ pénal 2019. 428* (le droit pénal de la route face aux nouveaux modes de transport). – BLOCH, *RCA 2018. Alerte 5* (assurance et nouvelles mobilités : le cas de la trottinette électrique). – DELEBECQUE, *EEI 2019. Repère 1* (la trottinette et le Code de la route). – DU PUY-MONTBRUN, *JCP 2019. 625* (quelle régulation pour les nouvelles mobilités ? Le cas des trottinettes en flotte libre). – GARANDEAU, *JT 2019, nº 217, p. 44* (le statut juridique des trottinettes électriques, gyroroues et hoverboards). – MAZOUZ, *Gaz. Pal. 25 juin 2019, p. 16* (responsabilité civile et trottinette électrique).

▸ Décret du 23 oct. 2019 : CHARBONNEL, *JCP Adm. 2019. Actu. 688* (trottinettes : « pas sur le trottoir ! » sauf si le maire y consent...). – DE MONTECLER, *D. actu. 29 oct. 2019* (les trottinettes entrent dans le code de la route). – GARANDEAU, *JT 2020, nº 229, p. 36* (réglementation des engins de déplacement personnel motorisés). – GENCY-TANDONNET, *JCP 2019. 1153* (fin de l'anarchie pour les engins de déplacement personnel motorisés). – LEPOUTRE, *EEI 2020. Dossier 9* (l'encadrement attendu des trottinettes électriques). – ROMBAUTS-CHABROL, *AJCT 2020. 191* (loi d'orientation des mobilités : encadrement des engins de déplacement personnel, suite (et fin ?)).

COMMENTAIRE

Circulation des engins de déplacement personnel motorisés. La présente section, créée par le décret nº 2019-1082 du 23 octobre 2019, réglemente la circulation des engins de déplacement personnel motorisés (trottinettes électriques, hoverboards, gyropodes et autres gyroroues) que ce même décret est venu définir à l'article R. 311-1, point 6.15 (V. comm. de cet art.). La circulation des engins de déplacement personnel non motorisés (trottinettes non électriques, skates et rollers), définis à l'article R. 311-1 comme des véhicules de petite dimension sans moteur, demeure régie par les règles de l'article R. 412-34 assimilant les personnes qui les conduisent à des piétons et donc soumettant leurs conducteurs aux règles de circulation qui leur sont applicables.

Circulation des cyclomobiles légers. Depuis le décret nº 2022-31 du 14 janvier 2022, les règles prévues aux articles R. 412-43-1 à R. 412-43-3 sont également applicables à la circulation des cyclomobiles légers que ce décret de 2022 est venu définir à l'article R. 311-1, point 4.1.3 (V. comm. de cet art.). Pour ce faire, le décret précité est venu modifier l'intitulé de la section contenant ces articles et créer un article R. 412-43-4 prévoyant, dans son premier alinéa, que « les dispositions de la présente section sont applicables aux cyclomobiles légers ». Toutes les règles prévues ici sont donc applicables à la circulation des cyclomobiles légers. On remarquera que l'article R. 412-43-4 précise, dans son alinéa 2, que les dispositions de plusieurs articles du code de la route applicables aux cyclomoteurs ne s'appliquent pas aux cyclomobiles légers. Cette précision est importante à partir du moment où les cyclomobiles légers constituent une sous-catégorie de cyclomoteurs (V. art. R. 311-1) et qu'il existe dans le code de la route des règles de circulation propres aux cyclomoteurs qui diffèrent de celles prévues aux articles R. 412-43-1 et suivants pour la circulation des engins de déplacement personnel motorisés.

Modifications. Les articles R. 412-43-1 et R. 412-43-3 ont par ailleurs été quelque peu modifiés par le décret n° 2023-848 du 31 août 2023. Par ce décret, il s'est agi de concrétiser deux mesures du *Plan national pour mieux réguler les trottinettes électriques* annoncées par le ministre chargé des transports, le 29 mars 2023, à savoir, d'une part, le relèvement de l'âge minimum d'utilisation des véhicules soumis aux présentes dispositions et, d'autre part, l'aggravation des sanctions prévues par ces articles pour les comportements considérés comme les plus dangereux.

Lieux de circulation. Avant le décret du 23 octobre 2019, les engins de déplacement personnel motorisés n'étaient pas envisagés par le code de la route, de sorte que leur circulation n'obéissait à aucune règle et que l'on pouvait considérer que leur usage était limité aux voies privées non ouvertes à la circulation publique, sans que l'on puisse pour autant sanctionner leur utilisation sur la chaussée ou les trottoirs.

Depuis le décret du 23 octobre 2019, il résulte de l'article R. 412-43-1, I et II que ces engins doivent circuler, en principe, sur les voies dédiées aux cycles (bandes ou pistes cyclables) ou utilisables par les cycles (voies vertes). En agglomération, lorsque la vitesse maximale autorisée est inférieure ou égale à 50 km/h, ces engins peuvent toutefois circuler sur la chaussée, s'il n'y a pas de bandes ou pistes cyclables. Hors agglomération, leur utilisation est en revanche interdite, en l'absence de pistes cyclables ou de voies vertes. Autant de règles dont le non-respect peut être sanctionné d'une amende de quatrième classe, depuis le décret du 31 août 2023 (deuxième classe auparavant).

L'article R. 412-43-1, dans son paragraphe III, permet toutefois à l'autorité investie du pouvoir de police de la circulation de déroger à ces règles, en interdisant la circulation de ces engins sur certaines sections des voies où ils peuvent en principe être utilisés (art. R. 412-43-1, III, 1°) ou, au contraire, en autorisant la circulation de ces engins sur des lieux ou voies en principe interdits : à savoir les trottoirs (art. R. 412-43-1, III, 2°) ou les routes dont la vitesse maximale autorisée est inférieure ou égale à 80 km/h (art. R. 412-43-1, III, 3°). Dans cette perspective, la loi d'orientation des mobilités du 24 décembre 2019 a d'ailleurs ajouté un alinéa au sein de l'article L. 2213-1-1 du code général des collectivités territoriales permettant aux maires de fixer de telles règles dérogatoires sur tout ou partie des voies sur lesquelles ils exercent leur pouvoir de police, ainsi que sur leurs dépendances. Le non-respect des interdictions de circulation formulées par l'autorité de police sur le fondement de l'article R. 412-43-1, III, 1° peut également être sanctionné d'une amende de quatrième classe depuis le décret du 31 août 2023.

Règles de conduite. Les articles R. 412-43-1 à R. 412-43-3 formulent également plusieurs règles de conduite que doivent respecter les conducteurs d'engins de déplacement personnel motorisés. Certaines sont générales. Il résulte ainsi des articles R. 412-43-2 et R. 412-43-3 que les conducteurs de ces engins – qui doivent être âgés d'au moins quatorze ans depuis le décret du 31 août 2023 (douze ans auparavant) – ne peuvent pousser ou tracter une charge ou un véhicule, ou se faire remorquer par un véhicule, qu'ils doivent circuler équipés d'un gilet de haute visibilité ou d'un équipement rétro-réfléchissant, lorsqu'ils circulent la nuit ou le jour lorsque la visibilité est insuffisante, et qu'ils ne peuvent transporter de passager. Des contraventions de deuxième classe sanctionnent le non-respect de ces règles de conduite, la circulation avec un passager mis à part, pour laquelle l'article R. 412-43-3, IV prévoit une contravention de quatrième classe depuis le décret du 31 août 2023. En cas de conduite par un mineur de moins de quatorze ans, l'article R. 412-43-3, IV permet, par ailleurs, de sanctionner d'une amende de quatrième classe la personne qui l'accompagne si elle a plus de dix-huit ans et qu'elle exerce une autorité de droit ou de fait sur lui.

D'autres règles de conduite, formulées à l'article R. 412-43-1, ne sont applicables que dans les cas où l'autorité investie du pouvoir de police à dérogé aux règles de principe sur les lieux de circulation. Lorsque ces engins sont autorisés à circuler sur les trottoirs, leur conducteur doivent ainsi respecter l'allure du pas et ne pas occasionner de gêne pour les piétons, sous peine d'une amende de deuxième classe. Lorsqu'ils sont autorisés à circuler sur les routes dont la vitesse maximale autorisée est inférieure ou égale à 80 km/h, les conducteurs de ces engins doivent être coiffés d'un casque, sous peine d'une amende de quatrième classe, et porter un gilet de haute visibilité ou un équipement rétro-réfléchissant, un dispositif d'éclairage complémentaire non éblouissant et non clignotant et circuler, de jour comme de nuit, avec les feux de position de leur engin allumés, sous peine d'une amende de deuxième classe.

A toutes ces règles de conduite, il faut encore en ajouter d'autres éparpillées dans la partie réglementaire du code de la route, lesquelles sont, bien souvent, des règles de conduite applicables aux cyclistes et qui ont été étendues, par le décret du 23 octobre 2019, aux conducteurs d'engins de déplacement personnel motorisés (V., par exe., la règle de la circulation à double sens prévue à l'art. R. 412-28-1).

Visibilité des conducteurs. Dans certaines situations, les articles R. 412-43-1 et R. 412-43-2 imposent aux conducteurs d'engins de déplacement personnel le port d'un gilet de haute visibilité ou d'un équipement rétroréfléchissant, ainsi que le port d'un dispositif d'éclairage complémentaire, afin d'assurer leur visibilité. Il en est ainsi lorsque de tels engins sont autorisés à circuler sur une route par l'autorité investie du pouvoir de police (R. 412-43-1, IV) ou lorsque le conducteur d'un tel engin circule la nuit ou le jour si la visibilité est insuffisante (R. 412-43-3, II, le port d'un dispositif d'éclairage complémentaire n'étant pas alors obligatoire). Gilet de haute visibilité, équipement rétro-réfléchissant et dispositif d'éclairage complémentaire doivent alors être conformes aux dispositions de l'arrêté du 24 juin 2020 reproduit ci-dessous. On notera seulement ici que, pour le gilet de haute visibilité, cet arrêté renvoie à un autre arrêté du 29 septembre 2008 pris en application de l'article R. 416-19 du présent code imposant au conducteur des véhicules à moteur d'avoir un tel gilet à disposition et de le porter dans les situations d'urgence (V. comm. de cet art.). ❑

Arrêté du 24 juin 2020,

Relatif au gilet de haute visibilité, à l'équipement rétro-réfléchissant et au dispositif d'éclairage complémentaire porté par le conducteur d'un engin de déplacement personnel motorisé ou d'un cyclomobile léger (JO 7 juill.) (Arr. du 24 févr. 2022).

CHAPITRE I. *GILET DE HAUTE VISIBILITÉ ET ÉQUIPEMENT RÉTRO-RÉFLÉCHISSANT PORTÉ PAR LE CONDUCTEUR D'UN ENGIN DE DÉPLACEMENT PERSONNEL MOTORISÉ OU D'UN CYCLOMOBILE LÉGER (Arr. du 24 févr. 2022).*

Art. 1er Le gilet de haute visibilité mentionné par les articles R. 412-43-1 et R. 412-43-3 susvisés respecte les prescriptions des articles 2 et 3 de l'arrêté du 29 septembre 2008 susvisé.

Art. 2 L'équipement rétro-réfléchissant mentionné par les articles R. 412-43-1 et R. 412-43-3 susvisés respecte les règles techniques de conception et de fabrication relatives aux équipements de protection individuelle vestimentaires appropriés à la signalisation visuelle de l'utilisateur, définies à l'annexe II de l'article R. 4312-6 du code du travail et attestées par le marquage CE conformément à l'article R. 4313-3 dudit code.

Cet équipement, en une seule ou plusieurs parties, est d'une surface totale au moins égale à 150 cm^2.

Si cet équipement n'est pas dès l'origine intégré au vêtement, il lui est superposé par tout moyen. L'équipement est porté sur le haut du corps, à l'exception du casque, à partir de la ceinture et jusqu'à la ligne des épaules, de manière à être visible des autres usagers de la route.

CHAPITRE II. *DISPOSITIF D'ÉCLAIRAGE COMPLÉMENTAIRE PORTÉ PAR LE CONDUCTEUR D'UN ENGIN DE DÉPLACEMENT PERSONNEL MOTORISÉ OU D'UN CYCLOMOBILE LÉGER (Arr. du 24 févr. 2022).*

Art. 3 Est considéré comme un dispositif d'éclairage complémentaire tel que mentionné par les articles R. 412-43-1 et R. 412-43-3 susvisés, un éclairage frontal intégré dans un casque, un éclairage arrière intégré dans un casque, un éclairage avant porté sur le torse, un éclairage arrière porté sur le dos, un éclairage latéral porté sur le bras, ou toute combinaison de ces éclairages.

Art. 4 Le dispositif d'éclairage complémentaire est non éblouissant et non clignotant. Il est conçu, construit et porté de manière à favoriser la visibilité de la personne qui le porte.

Tout éclairage frontal intégré dans un casque, de même que tout éclairage avant porté sur le torse est conforme aux prescriptions des lanternes pour cycles définies dans l'arrêté du 30 août 1982 susvisé.

Tout éclairage arrière intégré dans un casque, de même que tout éclairage arrière porté sur le dos est conforme aux prescriptions du feu rouge arrière pour cycles définies dans l'arrêté du 31 août 1982 susvisé.

Tout éclairage latéral porté sur le bras est conforme aux exigences du feu de position latéral prévues aux paragraphes 7 et 8 du règlement de la CEE-ONU n° 91 susvisé.

Art. 5 Pour l'application de l'article *[R.]* 412-43-1 du code de la route, tout conducteur d'engin de déplacement personnel motorisé *(Arr. du 24 févr. 2022)* « ou de cyclomobile léger » dépourvu de guidon porte un dispositif d'éclairage complémentaire avant et arrière. Tout conducteur d'engin de déplacement personnel motorisé *(Arr. du 24 févr. 2022)* « ou de cyclomobile léger » équipé d'un guidon porte un dispositif d'éclairage complémentaire arrière.

Art. R. 412-43-2 Il est interdit aux conducteurs d'engins de déplacement personnel motorisés de pousser ou tracter une charge ou un véhicule.

Il est interdit aux conducteurs d'engins de déplacement personnel de se faire remorquer par un véhicule.

Le fait de contrevenir aux dispositions du présent article est puni de l'amende prévue pour les contraventions de la deuxième classe.

Art. R. 412-43-3 I. — Tout conducteur d'engin de déplacement personnel motorisé doit être âgé d'au moins *(Décr. n° 2023-848 du 31 août 2023)* « quatorze » ans.

II. — Sans préjudice de l'application, le cas échéant, des dispositions du IV de l'article R. 412-43-1, lorsqu'il circule la nuit, ou le jour lorsque la visibilité est insuffisante, tout conducteur d'un engin de déplacement personnel motorisé doit porter, soit un gilet de haute visibilité conforme à la réglementation, soit un équipement rétro-réfléchissant dont les caractéristiques sont fixées par arrêté du ministre chargé de la sécurité routière. Le conducteur peut porter un dispositif d'éclairage complémentaire non éblouissant et non clignotant.

III. — Les engins de déplacement personnel motorisés ne peuvent transporter qu'un conducteur.

IV. — Le fait de contrevenir aux dispositions du II est puni de l'amende prévue pour les contraventions de la deuxième classe.

Le fait de circuler sur un engin de déplacement personnel motorisé en ne respectant pas les dispositions du III est puni de l'amende prévue pour les contraventions de la *(Décr. n° 2023-848 du 31 août 2023)* « quatrième » classe.

La personne âgée d'au moins dix-huit ans accompagnant un conducteur d'engin de déplacement personnel motorisé âgé de moins de *(Décr. n° 2023-848 du 31 août 2023)* « quatorze » ans, lorsqu'elle exerce une autorité de droit ou de fait sur ce conducteur, est punie de l'amende prévue pour les contraventions de la quatrième classe.

Art. R. 412-43-4 *(Décr. n° 2022-31 du 14 janv. 2022)* Les dispositions de la présente section sont applicables aux cyclomobiles légers.

Les dispositions applicables aux cyclomoteurs prévues au I de l'article R. 416-6, aux articles R. 211-2, R. 317-25, R. 431-1, R. 431-1-2, R. 431-9 et R. 431-10 ne s'appliquent pas aux cyclomobiles légers.

SECTION 7 Circulation des animaux isolés ou en groupe

Art. R. 412-44 Tout animal isolé ou en groupe doit avoir un conducteur.

Le fait de contrevenir aux dispositions du présent article est puni de l'amende prévue pour les contraventions de la deuxième classe. — *[Anc. art. R. 3, R. 224 et R. 233, al. 1er et 2.]*

Art. R. 412-45 En marche normale, tout conducteur doit maintenir ses animaux près du bord droit de la chaussée, autant que le lui permet l'état ou le profil de celle-ci.

Le fait de contrevenir aux dispositions du présent article est puni de l'amende prévue pour les contraventions de la deuxième classe. – *[Anc. art. R. 4 et R. 233, al. 1er et 2.]*

Art. R. 412-46 La conduite d'animaux isolés ou en groupe circulant sur une route doit être assurée de telle manière que ceux-ci ne constituent pas une entrave pour la circulation publique et que leur croisement ou dépassement puisse s'effectuer dans des conditions satisfaisantes.

Le fait de contrevenir aux dispositions du présent article est puni de l'amende prévue pour les contraventions de la deuxième classe. – *[Anc. art. R. 221 et R. 233, al. 1er et 2.]*

Art. R. 412-47 Tout conducteur qui s'apprête à apporter un changement dans la direction de ses animaux, ou à en ralentir l'allure, doit avertir de son intention les autres usagers, notamment lorsqu'il va se porter à gauche, traverser la chaussée, ou lorsque, après un arrêt ou stationnement, il veut reprendre sa place dans le courant de la circulation.

Le fait, pour tout conducteur, de contrevenir aux dispositions du présent article relatives au changement de direction est puni de l'amende prévue pour les contraventions de la deuxième classe. – *[Anc. art. R. 6 et R. 233, al. 1er et 2.]*

Art. R. 412-48 Tout conducteur d'animaux isolés ou en groupe doit, dès la chute du jour, hors agglomération, porter de façon très visible, en particulier de l'arrière, une lanterne allumée. Cette prescription ne s'applique pas aux cavaliers.

Pour les animaux isolés ou en groupe à l'arrêt ou en stationnement en agglomération, l'emploi du feu prévu au présent article n'est pas requis lorsque l'éclairage de la chaussée permet aux autres usagers de voir distinctement le ou les animaux à une distance suffisante.

Le fait, pour tout conducteur, de contrevenir aux dispositions du présent article est puni de l'amende prévue pour les contraventions de la quatrième classe. – *[Anc. art. R. 40-1, al. 1er et 6, R. 41-1, al. 4, R. 222 et R. 232, al. 1er et 8.]*

Art. R. 412-49 Tout arrêt ou stationnement, gênant, dangereux ou contraire à toute disposition prise par l'autorité investie du pouvoir de police, d'un animal isolé ou en groupe est puni de l'amende prévue pour les contraventions de la première classe.

Est puni de la même sanction, le fait pour tout conducteur de s'éloigner du lieu de stationnement de son animal sans avoir pris les précautions utiles pour prévenir tout risque d'accident du fait de son absence. – *[Anc. art. R. 36, R. 37-1, al. 1er (partie) et 13, R. 37-2, R. 38, R. 224 et R. 233-1, al. 7.]*

Véhicules à traction animale : art. R. 313-23.

Art. R. 412-50 Le préfet détermine chaque année les conditions particulières à observer pour les troupeaux transhumants, afin de gêner le moins possible la circulation publique, et les itinéraires que doivent suivre ces troupeaux.

Le fait, pour tout conducteur de troupeaux transhumants, de ne pas respecter ces conditions est puni de l'amende prévue pour les contraventions de la deuxième classe. – *[Anc. art. R. 223 et R. 233, al. 1er et 2.]*

SECTION 8 **Troubles à la circulation**

Art. R. 412-51 Le fait, pour toute personne ayant placé sur une voie ouverte à la circulation publique ou à ses abords immédiats un objet ou un dispositif de nature à apporter un trouble à la circulation, de ne pas obtempérer aux injonctions adressées, en vue de l'enlèvement dudit objet ou dispositif, par un des agents habilités à constater les contraventions en matière de circulation routière, est puni de l'amende prévue pour les contraventions de la quatrième classe.

Lorsque la contravention prévue au présent article est commise à l'aide d'un véhicule, la mise en fourrière peut être prescrite dans les conditions prévues aux articles L. 325-1 à L. 325-3. – *[Anc. art. R. 236 et R. 285-2, al. 1er et 4.]*

Délit : V. art. L. 412-1.

Le fait, pour deux chauffeurs de taxis, d'en prendre un troisième « en tenaille » pour l'empêcher de quitter la file avant son tour selon les règles de sa profession, constitue la contravention de l'art. R. 236 C. route [C. route, art. R. 412-51]. Les prévenus ont volontairement créé un embarras à la libre circulation d'autrui, sur une voie réservée mais demeurant ouverte à la circulation publique, et ils ont persisté dans cette attitude sans égard à l'intervention des agents habilités à constater cette infraction. Leur comportement caractérise légalement une voie de fait telle qu'elle est prévue par l'art. R. 38 (1°) C. pén. • Crim. 10 nov. 1992, n° 91-84.744 P : *D. 1994. Somm. 260, obs. Couvrat et Massé*.

Art. R. 412-52 Le fait de distribuer ou faire distribuer des prospectus, tracts, écrits, images, photographies ou objets quelconques aux conducteurs ou occupants de véhicules circulant sur une voie ouverte à la circulation publique est puni de l'amende prévue pour les contraventions de la quatrième classe. – *[Anc. art. R. 235.]*

CHAPITRE III VITESSE

Sur les cinémomètres de contrôle routier, V. Arr. du 4 juin 2009, App., v° Vitesse.

RÉP. PÉN. v° *Vitesse*, par CÉRÉ.

COMMENTAIRE

Ce chapitre est composé de deux sections. La première est consacrée aux vitesses maximales autorisées, au-delà desquelles les contraventions communément appelées « d'excès de vitesse » sont constituées (V. art. R. 413-14 et R. 413-14-1). La seconde est relative à la maîtrise de la vitesse, dont le défaut constitue une contravention à part entière (V. art. R. 413-17). Ce découpage repose sur le raisonnement suivant : quelles que soient les circonstances, une vitesse excessive constitue un facteur d'accident ou d'aggravation des conséquences des accidents aujourd'hui reconnu. Il est dès lors nécessaire d'imposer des limites à la rapidité de tous les véhicules (section 1). Mais le seul respect des vitesses ne suffit pas, encore faut-il que le conducteur reste maître de sa vitesse ou mieux, de son véhicule en fonction de sa vitesse, et l'adapte aux circonstances (section 2).

Autres dispositions sur la vitesse. Les dispositions suivantes doivent par ailleurs être combinées avec d'autres articles du code de la route qui concernent également la vitesse. Dans la partie législative, on trouvera le délit dit de récidive de grand excès de vitesse (art. L. 413-1), mais aussi aujourd'hui un délit sanctionnant notamment la fabrication et la vente de dispositifs « anti-radars » (art. L. 413-2), la détention et l'usage de ce type de dispositifs demeurant une contravention prévue dans le présent chapitre à l'article R. 413-15. Dans la partie réglementaire, il faut également se reporter au chapitre relatif aux véhicules d'intérêt général, pour lesquels les règles de circulation des véhicules définies par le présent code et, en particulier, les limitations de vitesse, ne sont pas applicables sous certaines conditions (V. art. R. 432-1 et R. 432-2). ❑

SECTION 1 Vitesses maximales autorisées

COMMENTAIRE

Les articles R. 413-1 et suivants imposent plusieurs limitations de vitesse.

Limitations de vitesse générales. Certaines s'appliquent à tous les véhicules (sauf application des art. R. 432-1 et R. 432-2). Elles dépendent principalement du lieu de circulation : hors ou en agglomération (art. R. 413-2, I et R. 413-3), mais aussi – hors agglomération – des conditions climatiques : pluie et autres précipitations (art. R. 413-2, II), visibilité inférieure à 50 mètres (art. R. 413-4).

Limitations de vitesse spéciales. D'autres plus restrictives ne concernent que certains conducteurs : élèves conducteurs et conducteurs novices (art. R. 413-5) ou certains véhicules : poids lourds, véhicules de transport des matières dangereuses, véhicules de transport en commun… (art. R. 413-7 à R. 413-12). Dans ces différents cas, doit figurer à l'arrière des véhicules concernés un signe distinctif, un disque, une indication de la ou des vitesses maximales qu'ils ne peuvent dépasser (V., par ex., les articles R. 413-5, II et R. 413-13, al. 1er). Le non-respect de cette obligation de signalisation est sanctionné pénalement de l'amende prévue pour les contraventions de la deuxième classe (V., par ex., les art. R. 413-5, III, et R. 413-13, al. 3).

Limitations de vitesse locales. A ces limitations de vitesse générales et spéciales, peuvent s'ajouter d'autres imposées localement par les autorités investies du pouvoir de police (le maire dans une commune par exemple). Sous réserve de l'alinéa 2 de l'article R. 413-3, elles doivent nécessairement être plus strictes. Aux termes de l'article R. 411-8 du présent code, ces autorités ne peuvent en effet édicter que des mesures plus rigoureuses que celles figurant dans le code de la route *« dès lors que la sécurité de la circulation routière l'exige »*. Dans le cas des limitations de vitesse, l'article R. 413-1 prévoit alors que ces vitesses maximales plus restrictives prévalent sur celles autorisées par les articles R. 413-2 et suivants.

On notera que, depuis la loi n° 2015-992 du 17 août 2015 relative à la transition énergétique pour la croissance verte, l'article L. 2213-1-1 du code général des collectivités territoriales, créé par cette loi, permet également au maire de fixer pour tout ou partie des voies de son agglomération ouvertes à la circulation publique une vitesse maximale autorisée inférieure à celle prévue par le code de la route, eu égard à une nécessité de sécurité et de circulation routières, mais aussi de mobilité ou de protection de l'environnement. ❑

Art. R. 413-1 Lorsqu'elles sont plus restrictives, les vitesses maximales édictées par l'autorité investie du pouvoir de police prévalent sur celles autorisées par le présent code.

Art. R. 413-2 I. — Hors agglomération, la vitesse des véhicules est limitée à :

1° 130 km/h sur les autoroutes. *(Décr. n° 2020-1061 du 14 août 2020)* **« Toutefois, lorsqu'une voirie appartenant au réseau routier national a fait l'objet d'un classement dans la catégorie des autoroutes en application du sixième alinéa de l'article R. 122-1 du code de la voirie routière, la vitesse maximale autorisée demeure celle fixée antérieurement à ce classement ; »**

2° 110 km/h sur les routes à deux chaussées séparées par un terre-plein central ;

(Décr. n° 2018-487 du 15 juin 2018, en vigueur le 1er juill. 2018) **« 3° 80 km/h sur les autres routes. Toutefois, sur les sections de ces routes comportant au moins deux voies affectées à un même sens de circulation, la vitesse maximale est relevée à 90 km/h sur ces seules voies. Ces sections font l'objet d'une signalisation routière dans les conditions prévues par l'article R. 411-25. »**

II. — En cas de pluie ou d'autres précipitations, ces vitesses maximales sont abaissées à :

1° 110 km/h sur les sections d'autoroutes où la limite normale est de 130 km/h ;

2° 100 km/h sur les sections d'autoroutes où cette limite est plus basse ainsi que sur les routes à deux chaussées séparées par un terre-plein central ;

(Décr. n° 2018-487 du 15 juin 2018, en vigueur le 1er juill. 2018) **« 3° 80 km/h sur les sections des autres routes mentionnées au 3° du I.**

« III. — Les autorités détentrices du pouvoir de police de la circulation compétentes communiquent au ministre chargé de la sécurité routière la liste des sections de routes relevant de leur compétence qui comportent au moins deux voies affectées à un même sens de circulation et sur lesquelles la vitesse maximale est relevée à 90 km/h en application du 3° du I. »

COMMENTAIRE

Vitesses maximales autorisées hors agglomération. L'article R. 413-2 fixe les vitesses maximales que les conducteurs des véhicules ne doivent pas dépasser hors agglomération. Celles-ci varient en fonction des voies utilisées, l'article distinguant les autoroutes, les routes à deux chaussées séparées par un terre-plein central et les autres routes.

Abaissement à 80 km/h. C'est sur ces « autres routes » que la vitesse maximale autorisée est passée de 90 à 80 km/h, le 1er juillet 2018. Cet abaissement de la vitesse maximale autorisée sur une majeure partie du réseau routier français constitue l'une des mesures emblématiques décidées par le Comité interministériel de la sécurité routière (CISR) du 9 janvier

2018 et que le Décr. n° 2018-487 du 15 juin 2018 est venu concrétiser en modifiant l'article R. 413-2. Cette mesure – qui permettrait de sauver entre 350 et 400 vies par an, selon les experts du Conseil national de la sécurité routière (V. Rapport du Comité des experts du Conseil national de la sécurité routière, *Proposition d'une stratégie pour diviser par deux le nombre des personnes tuées ou blessées gravement d'ici 2020*, 29 nov. 2013, p. 9) – est cependant loin de faire l'unanimité : de nombreux conducteurs, soutenus par plusieurs élus, ayant, dès son annonce, manifesté leur hostilité à cet abaissement généralisé de la vitesse maximale autorisée sur les routes concernées. C'est pourquoi le CISR a également décidé d'instaurer « une clause de rendez-vous au 1er juillet 2020 afin d'étudier avec précision et objectivité l'impact sur l'accidentalité de cette mesure ».

Routes concernées. Quant aux routes concernées par cet abaissement de la vitesse maximale autorisée, il ressort de l'article R. 413-2 qu'il s'agit de toutes les routes qui ne sont pas des autoroutes ou des routes à deux chaussées séparées par un terre-plein central ou, pour reprendre la formule souvent utilisée, de toutes les routes bidirectionnelles à chaussée unique sans séparateur central. Du moins en principe. Comme le précise l'article R. 413-2, I, 3°, « sur les sections de ces routes comportant au moins deux voies affectées à un même sens de circulation, la vitesse maximale est relevée à 90 km/h sur ces seules voies ». Concrètement, cela signifie que sur les routes dites à trois voies, la vitesse maximale autorisée est de 90 km/h lorsque le dépassement est autorisé et de 80 km/h dans le cas contraire. Concernant ces sections de route où la vitesse maximale autorisée est de 90 km/h, on notera que l'article R. 413-2 précise qu'elles doivent faire l'objet d'une signalisation routière idoine et qu'il demande aux autorités détentrices du pouvoir de police de la circulation compétentes d'en communiquer la liste au ministre chargé de la sécurité routière.

Dérogations. Sans attendre le 1er juillet 2020 et la « clause de rendez-vous » précédemment évoquée, la loi d'orientation des mobilités du 24 décembre 2019, est cependant venue permettre aux autorités locales compétentes de déroger à cette règle des 80 km/h. Ce sont les sénateurs qui sont à l'origine des dispositions en ce sens insérées dans le code général des collectivités territoriales à l'article L. 3221-4-1 (V. cet art. en texte complémentaire ss. art. L. 411-3). Ces dispositions permettent plus précisément au président du conseil départemental (ou, dans certains cas, au maire ou au président d'un EPCI) de fixer sur les voies concernées une vitesse maximale autorisée supérieure de 10 km/h à celle prévue par le code de la route et donc permettent aux départements de rétablir la règle des 90 km/h sur les voies relevant de leur compétence.

On notera que les sénateurs auraient voulu qu'un tel pouvoir de dérogation soit également octroyé aux préfets sur les voies nationales. Cette possibilité a cependant été refusée par les députés, lesquels sont par ailleurs venus préciser que les dérogations accordées par les présidents des conseils départementaux – qui doivent prendre la forme d'un arrêté motivé, pris après avis de la commission départementale de la sécurité routière – devaient être prises « sur la base d'un étude d'accidentalité portant sur chacune des sections de route concernées ».

Si le législateur a, par là même, permis aux présidents des conseils départementaux de rétablir les 90 km/h sur certaines voies, un tel rétablissement se doit d'être exceptionnel pour le gouvernement, comme le montre une instruction du ministre de l'Intérieur du 15 janvier 2020 (*Instruction relative à la mise en œuvre des dispositions de la loi d'orientation des mobilités relatives aux vitesses maximales autorisées sur les routes hors agglomération NOR : INTS2000917J*). Par cette instruction, le ministre de l'Intérieur a en effet donné aux préfets des consignes strictes concernant l'avis que doit donner la commission départementale de la sécurité routière sur les projets d'arrêtés départementaux. De cette instruction, il résulte ainsi qu'un avis favorable de cette commission est conditionné à de nombreux éléments et notamment au respect des exigences formulées par les experts du Conseil national de la sécurité routière en juillet 2019 (Comité des experts du CNSR, *Dérogation à la vitesse maximale autorisée de 80 km/h sur route bidirectionnelle sans séparateur central : éléments d'aide à la décision*, juill. 2019). Comme les experts du Conseil national, l'instruction ministérielle indique, par exemple, qu'un trafic poids lourd élevé ainsi que la présence d'arrêts de transport en commun ou d'engins agricoles sur les tronçons concernés sont autant d'éléments incompatibles avec une dérogation à la règle des 80 km/h et donc de nature à conduire à un avis défavorable des représentants des services de l'État au sein de la commission départementale de la sécurité routière. Certes, de telles exigences ne sont qu'indicatives et l'avis de la commission départementale n'est qu'un avis consultatif, mais toutes ces contraintes pourraient décourager plus d'un département à rétablir les 90 km/h.

Évaluation. Comme le CICR du 9 janvier 2018 l'avait décidé, l'abaissement de la vitesse maximale autorisée à 80 km/h sur certaines voies a donné lieu à une évaluation au terme d'une période de deux ans d'application. Cette évaluation, assurée par le Centre d'études et d'expertise sur les risques, l'environnement, la mobilité et l'aménagement (Cerema), n'a finalement porté que sur la période allant du 1er juillet 2018 au 28 février 2020, les mois suivants, marqués par la crise sanitaire et le confinement, ayant été exclus de l'étude.

Quoi qu'il en soit, il en ressort que l'abaissement à 80 km/h aurait permis d'épargner 349 vies sur cette période de vingt mois alors même que cette mesure est loin d'avoir été pleinement respectée par les conducteurs (58 % des conducteurs de véhicules légers ayant circulé au-delà de cette vitesse en décembre 2019). Le Cerema a également évalué l'effet de cette mesure sur le temps de parcours domicile-travail, souvent mis en avant par les opposants aux 80 km/h. Or il a estimé qu'elle avait allongé ce temps de trajet seulement d'une seconde par kilomètre parcouru en moyenne, un conducteur voyant, en conséquence, son temps de trajet augmenter de 50 secondes sur un trajet de 50 km.

Abaissement des vitesses maximales autorisées en cas de pluie. Les différentes limitations de vitesse prévues à l'article R. 413-2 ne valent par ailleurs qu'en cas de beau temps. En cas de pluie ou autres précipitations, l'article R. 413-2 prévoit en effet que les vitesses maximales autorisées qu'il formule sont abaissées. Depuis le 1er juillet 2018, un tel abaissement ne vaut toutefois plus pour les routes où la vitesse maximale autorisée est de 80 km/h. Sur ces routes, qu'il pleuve ou non, la vitesse maximale autorisée est toujours de 80 km/h (sauf sur les sections de ces routes où la vitesse maximale autorisée est de 90 km/h, où, en cas de pluie, la vitesse est alors abaissée à 80 km/h). Le pouvoir réglementaire n'a en effet pas revu, à l'occasion de l'abaissement de la vitesse maximale autorisée sur les routes bidirectionnelles à chaussée unique sans séparateur central, les limitations de vitesse plus restrictives déjà applicables sur ces routes, que ce soit celle liée aux conditions climatiques prévue dans le présent article, ou celles applicables aux conducteurs novices (art. R. 413-5, I, 3°) ou aux conducteurs de poids lourds (art. R. 413-8, 3°). ❑

1. Suspension refusée du décret du 15 juin 2018. A été rejetée, faute d'urgence au sens de l'art. L. 521-1 CJA, la demande de suspension de l'exécution du Décr. n° 2018-487 du 15 juin 2018 relatif aux vitesses maximales autorisées des véhicules. Le fait que ce décret s'applique à l'ensemble des usagers de la route ainsi que dans certains départementaux ruraux, à l'ensemble des routes et pouvant, par suite, être à l'origine de nombreuses pertes de points pour les automobilistes, ne saurait en effet suffire à établir que son exécution porterait atteinte, de manière suffisamment grave et immédiate, à un intérêt public ou à la situation des requérants. • CE, ord., 25 juill. 2018, n° 421816 : *AJDA 2018. 1522 ; JT 2018, n° 213, p. 13, obs. Goliard*.

2. Légalité du décret du 15 juin 2018. Il ressort des pièces du dossier que, alors que plus de 3 500 personnes meurent chaque année en France d'accidents sur les routes, plus de 30 % des accidents mortels sont dus à la vitesse excessive et plus de 80 % des morts hors agglomération se produisent sur des routes à double sens sans séparateur central. Il résulte des études réalisées à l'étranger comme en France, notamment préalablement à l'adoption de la mesure contestée, qu'une réduction de la vitesse moyenne sur les routes permet de réduire le nombre des accidents mortels et qu'une diminution de la vitesse maximale autorisée est de nature à entraîner une telle réduction de la vitesse moyenne. Il ressort également de ces études, en particulier de l'analyse coûts bénéfices publiée en mars 2018 par le Commissariat général au développement durable, que la réduction de 90 à 80 km/h de la vitesse maximale autorisée sur les routes à double sens sans séparateur central est de nature à diminuer le nombre de victimes mortelles d'accidents routiers, tout en étant moins restrictif qu'un abaissement de cette même vitesse maximale sur l'ensemble des routes nationales et départementales. Ces constats ne sont pas remis en cause par les limites de l'évaluation de l'expérimentation de réduction de vitesse maximale qui a été conduite entre 2015 et 2017 sur seulement 86 km de routes départementales et nationales dans quatre départements, eu égard tant à la portée elle-même très limitée de cette expérimentation qu'au vu de l'ensemble des études disponibles. Ainsi, eu égard à la marge d'appréciation dont dispose le Premier ministre pour assurer la sécurité routière et à la nécessaire conciliation entre, d'une part, les exigences de protection des biens et personnes et, d'autre part, la liberté en particulier d'aller et de venir, le décret n° 2018-487 du 15 juin 2018 n'est pas entaché d'une erreur d'appréciation compte tenu des bénéfices attendus, notamment en ce qui concerne la réduction des accidents mortels. • CE 24 juill. 2018, n° 421603 B : *AJDA 2019. 1608*.

Art. R. 413-3 **En agglomération, la vitesse des véhicules est limitée à 50 km/h.**

Toutefois, cette limite peut être relevée à 70 km/h sur les sections de route où les accès des riverains et les traversées des piétons sont en nombre limité et sont protégés

par des dispositifs appropriés. *(Décr. n° 2008-754 du 30 juill. 2008, art. 7)* **« La décision est prise par arrêté de l'autorité détentrice du pouvoir de police de la circulation, après consultation des autorités gestionnaires de la voie et, s'il s'agit d'une route à grande circulation, après avis conforme du préfet. »**

Sur le boulevard périphérique de Paris, cette limite est fixée à *(Décr. n° 2014-3 du 3 janv. 2014, en vigueur le 10 janv. 2014)* **« 70 km/h ».** – *[Anc. art. R. 10, al. 6 et 7.]*

Abaissement de la vitesse maximale autorisée sur le boulevard périphérique de Paris. Légalité du Décr. du 3 janv. 2014. En fixant, par le Décr. n° 2014-3 du 3 janv. 2014, à l'al. 3 de l'art. R. 413-3 C. route une règle de vitesse applicable au boulevard périphérique de Paris, différente de celles prévues aux deux premiers alinéas de cet article pour les autres voies situées en agglomération, le Premier ministre n'a pas excédé ses pouvoirs, ni méconnu la compétence des autorités locales de police. Dès lors qu'il appartient au Premier ministre, en vertu de ses pouvoirs propres, d'édicter les mesures de police applicables à l'ensemble du territoire, il lui est loisible, dans l'exercice de cette compétence, de fixer sur le territoire national des limites de vitesse de circulation différentes applicables à des types de voies distincts, les règles ainsi fixées n'ayant alors ni pour objet, ni pour effet de priver les autorités de police dont relèvent les voies concernées du pouvoir de fixer des limites plus strictes en fonction de circonstances locales particulières. • CE 14 oct. 2015, n° 375027 B : *AJDA 2015. 1955*.

Art. R. 413-4 **En cas de visibilité inférieure à 50 mètres, les vitesses maximales sont abaissées à 50 km/h sur l'ensemble des réseaux routier et autoroutier.** – *[Anc. art. R. 10, al. 12.]*

COMMENTAIRE

Les usagers de la route respectent peu les vitesses maximales autorisées par les articles R. 413-1 à R. 413-4, mais aussi celles imposées à certains conducteurs et certains véhicules par les articles R. 413-5 à R. 413-12-1. Il n'est dès lors pas étonnant que les contraventions dites « d'excès de vitesse » prévues aux articles R. 413-14 et R. 413-14-1 constituent l'un des contentieux de la circulation routière les plus importants. Ce contentieux de masse donne immanquablement lieu à des contestations, portant principalement sur la preuve de l'excès de vitesse, que reflète l'abondante jurisprudence citée sous l'article R. 413-14-1. Quelques décisions concernant les limitations de vitesse sont toutefois référencées sous le présent article. ❑

1. Les limitations de vitesse qui résultent du C. route sont applicables aux usagers sans qu'il y ait lieu de prendre des mesures de signalisation routière. Ainsi la limitation générale de vitesse fixée à 130 km/h sur autoroute s'applique à tout véhicule circulant sur ces voies autoroutières même si l'autoroute ne fait l'objet d'aucune signalisation particulière de vitesse limitée. • Crim. 26 nov. 1991 : *Jurispr. auto 1992. 105.*

2. Un prévenu peut être déclaré coupable d'homicide involontaire et de dépassement de la vitesse autorisée malgré le fait que le panneau de signalisation limitant la vitesse à 45 km/h n'était pas visible si le conducteur n'a même pas respecté la limitation générale de vitesse en agglomération ni les règles élémentaires de prudence à l'approche d'un piéton et qui plus est d'un enfant. • Crim. 5 mars 1992 : *Jurispr. auto 1992. 362.*

3. Une cour d'appel estime à bon droit que la limitation de vitesse en agglomération résulte des dispositions réglementaires d'application générale ; peu importe que les panneaux de limitation de vitesse aient été masqués par la végétation. • Crim. 16 mars 1994 : *Jurispr. auto 1994. 328.*

4. Ne justifie pas sa décision de condamnation d'un prévenu pour excès de vitesse la cour d'appel qui affirme que, selon le procès-verbal, la vitesse était limitée à 50 km/h à l'endroit de la constatation de l'infraction, et que la preuve d'une limitation de vitesse à 90 km/h n'est pas rapportée par le prévenu, sans préciser quel était le règlement applicable à cet endroit. • Crim. 22 mars 2000 : *Dr. pénal 2000. Comm. 90, obs. Robert ; Jurispr. auto 2000. 278.*

5. Est illégal un arrêté consistant à inverser le panneau « stop » afin de limiter la vitesse sur l'ensemble de la commune à l'occasion de sa traversée, dès lors qu'une telle mesure n'est justifiée ni par les exigences de sécurité propres à ce carrefour ni par celles relatives à la sécurisation de l'ensemble de l'axe routier concerné sur le territoire communal. • TA Amiens, 23 déc. 2004, *Trompette : AJDA 2005. 511*.

6. Notion d'agglomération. Il suffit que des immeubles bâtis rapprochés soient implantés d'un seul côté de la route pour que l'on se trouve en agglomération dès lors que l'entrée en a été signalée par le panneau réglementaire dont la présence n'est pas contestée. • Douai, 9 févr. 1995 : *Jurispr. auto 1995. 171.* ♦ Une cour d'appel peut justement considérer que le Bois de Boulogne fait partie de l'agglomération parisienne constituée par des espaces sur lesquels s'intègrent des bois, des parcs et des jardins publics. L'arrêt attaqué relève souverainement que les faits reprochés ont été commis en agglomération et en violation du règlement qui lui est applicable. • Crim. 15 juin 1994 : *Jurispr. auto 1994. 453.* ♦ V., toutefois, la position contraire adoptée par le juge administratif qui a estimé que les bois de Boulogne et de Vincennes ne pouvaient être regardés comme constituant un « espace sur lequel sont groupés des immeubles bâtis rapprochés » au sens du code de la route, quel que soit l'emplacement des panneaux qui signalent l'entrée et la sortie d'agglomération. • CAA Paris, 6 mars 2001, n° 99PA03830.

Adde : la définition de l'art. R. 110-2 et la jurispr. citée ss. cet art.

Art. R. 413-5 I. — *(Décr. n° 2003-642 du 11 juill. 2003, art. 4-XII)* « **Tout élève conducteur et, pendant le délai probatoire défini à l'article L. 223-1, tout conducteur titulaire du permis de conduire est tenu** » **de ne pas dépasser les vitesses maximales suivantes :**

1° 110 km/h sur les sections d'autoroutes où la limite normale est de 130 km/h ;

2° 100 km/h sur les sections d'autoroutes où cette limite est plus basse, ainsi que sur les routes à deux chaussées séparées par un terre-plein central ;

3° 80 km/h sur les autres routes.

(Décr. n° 2003-642 du 11 juill. 2003, art. 4-XII) « II. » — **Tout conducteur mentionné au présent article doit, en circulation, apposer de façon visible, à l'arrière de son véhicule, un signe distinctif dont les conditions d'utilisation et le modèle sont fixés par arrêté** *(Décr. n° 2003-642 du 11 juill. 2003, art. 4-XII)* « **conjoint** » **du ministre de l'intérieur et du ministre chargé des transports.** — *V. Arr. du 5 mai 1994, App., v° Vitesse.*

(Décr. n° 2003-642 du 11 juill. 2003, art. 4-XII) « III. » — **Le fait, pour tout conducteur, de ne pas respecter l'obligation de signalisation imposée par le présent article et les dispositions prises pour son application est puni de l'amende prévue pour les contraventions de la deuxième classe.** — *[Anc. art. R. 10-6, al. 1er à 5, R. 123-2, al. 5 et R. 241-1.]*

Pour les permis délivrés avant cette date, les dispositions de l'art. R. 413-5 s'appliquent dans leur rédaction antérieure au Décr. n° 2003-642 du 11 juill. 2003.

COMMENTAIRE

Vitesse et conducteurs novices. On sait que le présent article impose des limitations de vitesse plus restrictives aux élèves conducteurs et aux conducteurs novices, avec obligation de signaler ces qualités à l'arrière de leur véhicule par un signe distinctif (V. comm. introductif de cette section). Il faut cependant souligner ici les modifications apportées à l'article R. 413-5 par le décret n° 2003-642 du 11 juillet 2003, afin d'adapter ses dispositions au nouveau permis probatoire.

Conducteurs novices concernés. Jusqu'à présent, le conducteur novice visé par l'article R. 413-5 était celui qui était titulaire du permis de conduire depuis moins de deux ans. Désormais, par conducteur novice, on entend, en principe, celui qui est titulaire du permis de conduire depuis moins de trois ans. Il s'agit en effet du délai probatoire prévu à l'article L. 223-1 du présent code, pendant lequel l'intéressé a un permis de conduire affecté d'un capital de six points. Toutefois, ce même article prévoit un délai probatoire plus court, de deux ans, pour tous ceux qui ont suivi un apprentissage anticipé de la conduite. Dès lors la durée des limitations de vitesse et de l'obligation de signalisation imposées par l'article R. 413-5 demeure de deux ans pour cette catégorie de conducteurs novices. Il en est de même d'ailleurs pour tous ceux qui ont obtenu le permis de conduire avant le 1er mars 2004. Rappelons en effet que les dispositions sur le permis probatoire sont entrées en vigueur à cette date et qu'en conséquence l'article R. 413-5 dans sa nouvelle rédaction ne vaut que pour les permis délivrés depuis cette même date.

Il faut par ailleurs remarquer que les dérogations prévues à l'article R. 413-6 subsistent. De la sorte, n'entrent pas dans la catégorie des conducteurs novices visés par l'article R. 413-5 ceux qui ont obtenu un nouveau permis après annulation ou perte de validité d'un précédent, à la condition toutefois qu'ils aient pu obtenir ce nouveau permis sans subir l'épreuve pratique. Par conséquent, pour savoir exactement quels sont les conducteurs concernés par cette dérogation – et donc *a contrario* déterminer ceux qui doivent respecter les obligations imposées par l'article R. 413-5 –, il convient de se reporter à l'article R. 224-20 du présent code, qui précise les conducteurs dispensés de repasser l'épreuve pratique après invalidation ou annulation de leur permis. ❑

Art. R. 413-6 Les dispositions de l'article R. 413-5 ne sont pas applicables :

1° Aux conducteurs qui ont obtenu, après annulation ou perte de validité, un nouveau permis de conduire sans subir l'épreuve pratique ;

2° Aux conducteurs des véhicules militaires ;

3° Aux conducteurs des véhicules des unités d'instruction et d'intervention de la sécurité civile ;

4° Aux conducteurs des véhicules des formations de la sécurité civile mises sur pied dans le cadre des dispositions de l'ordonnance n° 59-147 du 7 janvier 1959 portant organisation générale de la défense. – *[Anc. art. R. 10-6, al. 6, R. 229, al. 1er et 5 et R. 229-2.]*

Art. R. 413-7 La vitesse des véhicules d'un poids total autorisé en charge inférieur ou égal à 3,5 tonnes et des véhicules de transport en commun, équipés de pneumatiques comportant des crampons antidérapants faisant saillie, est limitée à 90 km/h.

En circulation, les conducteurs de ces véhicules doivent apposer, de façon visible, à l'arrière de leur véhicule, sur la partie inférieure gauche, un disque dont les conditions d'utilisation et le modèle sont fixés par arrêté du ministre chargé des transports.

Le fait, pour tout conducteur, de ne pas respecter l'obligation de signalisation imposée par le présent article et les dispositions prises pour son application est puni de l'amende prévue pour les contraventions de la deuxième classe.

Le ministre chargé des transports fixe par arrêté les conditions d'utilisation des crampons antidérapants des autres véhicules. – *[Arr. du 18 juill. 1985, art. 6.]*

Art. R. 413-8 La vitesse des véhicules *(Décr. n° 2003-536 du 20 juin 2003, art. 17)* « dont le poids total autorisé en charge est supérieur à 3,5 tonnes ou des ensembles de véhicules dont le poids total roulant autorisé est supérieur à 3,5 tonnes *[ancienne rédaction : dont le poids total autorisé en charge ou le poids total roulant autorisé est supérieur à 3,5 tonnes]* », à l'exception des véhicules de transport en commun, est limitée à :

(Décr. n° 2006-1812 du 23 déc. 2006) « 1° 90 km/h sur les autoroutes ; »

2° 80 km/h sur les routes à caractère prioritaire et signalées comme telles. Toutefois, cette vitesse maximale est relevée à *(Décr. n° 2006-1812 du 23 déc. 2006)* « 90 km/h *[ancienne rédaction : 100 km/h]* » pour les véhicules dont le poids total est inférieur ou égal à 12 tonnes sur les routes à deux chaussées séparées par un terre-plein central ;

3° 80 km/h sur les autres routes. Toutefois, cette vitesse maximale est abaissée à 60 km/h pour les véhicules articulés ou avec remorque dont le poids total est supérieur à 12 tonnes ;

4° 50 km/h en agglomération. Toutefois, cette vitesse maximale est relevée à *(Décr. n° 2014-3 du 3 janv. 2014, en vigueur le 10 janv. 2014)* « 70 km/h » sur le boulevard périphérique de Paris. – *[Anc. art. R. 10-1.]*

Ancien art. R. 413-8, 1° ***1° 110 km/h pour les véhicules dont le poids total est inférieur ou égal à 12 tonnes et à 90 km/h pour ceux dont le poids total est supérieur à 12 tonnes, sur les autoroutes.***

COMMENTAIRE

Depuis le décret n° 2006-1812 du 23 décembre 2006, pour tous les véhicules dont le PTAC est supérieur à 3,5 tonnes (mis à part les véhicules de transport en commun et sauf exception prévue à l'art. R. 413-8-1), la vitesse maximale autorisée est de 90 km/h. Auparavant, pour de tels véhicules, la vitesse maximale autorisée était plus élevée – 110 km/h – dès lors que leur PTAC était inférieur ou égal à 12 tonnes. C'est la généralisation des limiteurs de vitesse sur ces véhicules qui explique cet abaissement à 90 km/h de la vitesse maximale autorisée pour ces véhicules (V. art. R. 317-6-1 et son comm.). ❑

1. Les procès-verbaux dressés en matière de contraventions à la police de la circulation routière font foi jusqu'à preuve contraire. Pour écarter les arguments du prévenu et condamner celui-ci, une cour d'appel peut relever qu'il ne rapporte pas la preuve que l'appareil chronotachygraphe de son véhicule ne fonctionnait pas normalement et que ledit véhicule ne pouvait pas atteindre la vitesse à laquelle il roulait au moment des faits. • Crim. 27 mars 1991 : *Jurispr. auto 1991. 288.*

2. Sur la possibilité d'utilisation du chronotachygraphe pour constater par procès-verbal les contraventions d'excès de vitesse commises par les conducteurs de véhicules équipés de cet appareil : * Rép. min. : *JOAN Q, 3 févr. 1992, p. 563 ; Dr. pénal 1992. Chron. 13, par Lesclous et Marsat.*

Art. R. 413-8-1 *(Décr. nº 2006-1812 du 23 déc. 2006)* **Toutefois, la vitesse des véhicules visés à l'article R. 413-8 qui sont destinés au transport de personnes et dont le poids total autorisé en charge est supérieur à 3,5 tonnes et inférieur ou égal à 12 tonnes** *(Abrogé par Décr. nº 2008-754 du 30 juill. 2008, art. 17)* ***« , ou des ensembles de véhicules visés au même article dont le poids total autorisé en charge du véhicule tracteur est inférieur ou égal à 3,5 tonnes et le poids total roulant autorisé supérieur à 3,5 tonnes et inférieur ou égal à 12 tonnes, »*** **est limitée à :**

1° 110 km/h sur les autoroutes ;

2° 100 km/h sur les routes à deux chaussées séparées par un terre-plein central lorsqu'elles sont à caractère prioritaire et signalées comme telles ;

3° 80 km/h sur les autres routes.

COMMENTAIRE

Par dérogation aux dispositions de l'article R. 413-8, le présent article prévoit des vitesses maximales autorisées supérieures pour certains véhicules dont le PTAC est supérieur à 3,5 tonnes. En principe, pour les véhicules dont le PTAC est supérieur à 3,5 tonnes la vitesse maximale autorisée est de 90 km/h. Mais pour de tels véhicules la vitesse maximale autorisée est, par exception, de 110 km/h, lorsqu'ils sont destinés au transport de personnes et si leur PTAC est inférieur ou égal à 12 tonnes. Notons bien ici que les véhicules concernés ne sont pas des véhicules de transport en commun, pour lesquels les dispositions applicables en matière de vitesse figurent à l'article R. 413-10.

Par ailleurs, l'article R. 413-8-1, dans sa rédaction d'origine, prévoyait également des vitesses maximales autorisées supérieures à celles prévues à l'article R. 413-8 lorsqu'il s'agissait d'un ensemble de véhicules dont le PTAC du véhicule tracteur était inférieur ou égal à 3,5 tonnes, avec un poids total roulant autorisé supérieur à 3,5 tonnes et inférieur ou égal à 12 tonnes. Or cette seconde exception aux règles de l'article R. 413-8 a été abrogée par le décret nº 2008-754 du 30 juillet 2008. Il s'est agi par là même de mettre fin à certaines pratiques de transporteurs routiers qui, pour ne pas être astreints aux vitesses maximales imposées aux poids lourds, auraient recours à des véhicules de type camionnette (véhicule tracteur dont le PTAC est inférieur à 3,5 tonnes) auxquels sont attelées des remorques… ❑

Art. R. 413-9 **La vitesse des véhicules transportant des matières dangereuses, dont le poids total autorisé en charge ou le poids total roulant autorisé est supérieur à 12 tonnes, ainsi que celle des** *(Décr. nº 2017-16 du 6 janv. 2017, art. 5 et 16, en vigueur le 1er mars 2017)* **« transports exceptionnels mentionnés à l'article R. 433-1 », est limitée à :**

1° 80 km/h sur les autoroutes ;

2° 60 km/h sur les autres routes. Toutefois, cette vitesse maximale est relevée à 70 km/h sur les routes à caractère prioritaire et signalées comme telles, pour les véhicules possédant des caractéristiques particulières définies par arrêté du ministre chargé des transports ; — *V. 2e Arr. du 23 nov. 1992 relatif à ces caractéristiques particulières, App., vº Vitesse.*

3° 50 km/h en agglomération. Toutefois cette vitesse maximale est relevée à *(Décr. nº 2014-3 du 3 janv. 2014, en vigueur le 10 janv. 2014)* **« 70 km/h » sur le boulevard périphérique de Paris.** — *[Anc. art. R. 10-2.]*

Art. R. 413-10 *(Décr. nº 2008-754 du 30 juill. 2008)* **I. — Hors agglomération,** *(Décr. nº 2018-487 du 15 juin 2018, en vigueur le 1er juill. 2018)* **« et à l'exception des voies sur lesquelles la vitesse des véhicules est limitée à 80 km/h en application du 3° du I de l'article R. 413-2, » la vitesse des véhicules de transport en commun est limitée à 90 km/h.**

II. — Toutefois, cette vitesse maximale est relevée à 100 km/h :

1° Sur les autoroutes pour les véhicules dont le poids total est supérieur à 10 tonnes et possédant des caractéristiques techniques particulières définies par arrêté du ministre chargé des transports ;

2° Sur les autoroutes et les routes à chaussées séparées par un terre-plein central pour les véhicules dont le poids est inférieur ou égal à 10 tonnes.

III. — En exploitation, ces vitesses maximales sont abaissées à 70 km/h pour les autobus et les autocars avec passagers debout.

Pour la circulation à 100 km/h des autocars sur autoroute, V. Arr. du 10 oct. 1994, App., vº Vitesse.

COMMENTAIRE

Depuis le décret nº 2006-1812 du 23 décembre 2006, pour tous les véhicules de transport en commun la vitesse maximale autorisée est de 100 km/h. Auparavant, cette vitesse maximale n'était prévue que pour les véhicules de transport en commun dont le poids total était supérieur à 10 tonnes, mais la généralisation des limiteurs de vitesse sur ces véhicules a conduit à une harmonisation de la vitesse maximale autorisée (V. art. R. 317-6-1 et son comm.).

Toutefois, depuis le décret nº 2008-754 du 30 juillet 2008, il convient de mettre à part les véhicules de transport en commun avec passagers debout. Pour ces véhicules, la vitesse maximale autorisée s'élève en effet à 70 km/h lorsqu'ils circulent en exploitation. Sont visés par cette limitation de vitesse, les véhicules de transports urbains dans lesquels les passagers sont le plus souvent debout et qui sont amenés parfois à circuler hors agglomération… ❑

Art. R. 413-11 **Lorsque le poids et les dimensions d'un engin de service hivernal excèdent les limites fixées au chapitre II du titre I du livre III, sa vitesse est limitée à 50 km/h.** — *[Anc. art. R. 231-1, al. 6.]*

Art. R. 413-12 **La vitesse des véhicules et matériels de travaux publics est limitée sur route à 25 km/h. Il en est de même de la vitesse des véhicules remorquant** *(Abrogé par Décr. nº 2005-173 du 24 févr. 2005)* *« un véhicule agricole ou »* **un matériel de travaux publics.**

Toutefois, pour les matériels de travaux publics affectés à des opérations de déneigement des chaussées, la vitesse limite est portée à 50 km/h. — *[Anc. art. R. 162.]*

Art. R. 413-12-1 *(Décr. nº 2005-173 du 24 févr. 2005)* **La vitesse des ensembles agricoles constitués d'un véhicule à moteur et d'un véhicule remorqué est limitée sur route à 25 km/h.**

Toutefois, pour ces ensembles agricoles, la vitesse limite est portée à 40 km/h si chaque véhicule constituant l'ensemble a été réceptionné pour cette vitesse et si leur largeur hors tout est inférieure ou égale à 2,55 mètres.

Art. R. 413-13 **Les véhicules dont la vitesse est réglementée en raison de leur poids** *(Décr. nº 2008-754 du 30 juill. 2008, art. 18)* **« ou de leur mode d'exploitation » doivent porter, visible à l'arrière, l'indication de la ou des vitesses maximales qu'ils sont tenus de ne pas dépasser.** — *V. Arr. du 23 nov. 1992 (JO 24 nov.).*

Le *(Décr. nº 2018-487 du 15 juin 2018, en vigueur le 1er juill. 2018)* **« ministre chargé de la sécurité routière » fixe par arrêté les conditions d'application du présent article.** — *V. Arr. du 5 févr. 1969 (D. et BLD 1969. 101), mod. par Arr. du 14 sept. 1990 (D. et ALD 1990. 405).*

Le fait, pour tout conducteur, de ne pas respecter l'obligation de signalisation imposée par le présent article et les dispositions prises pour son application est puni de l'amende prévue pour les contraventions de la deuxième classe. — *[Anc. art. R. 98, al. 3 et 4.]*

V. 1er Arr. du 23 nov. 1992 (indication de la vitesse maximale), App., vº Vitesse.

Art. R. 413-14 **I. —** *(Décr. nº 2004-1330 du 6 déc. 2004)* **« Le fait, pour tout conducteur d'un véhicule à moteur, de dépasser de moins de 50 km/h la vitesse maximale autorisée fixée par le présent code ou édictée par l'autorité investie du pouvoir de police est puni de l'amende prévue pour les contraventions de la quatrième classe.**

« Toutefois, lorsque le dépassement est inférieur à 20 km/h et que la vitesse maximale autorisée est supérieure à 50 km/h, l'amende encourue est celle prévue pour les contraventions de la troisième classe. »

II. — *(Décr. nº 2003-642 du 11 juill. 2003, art. 2)* « Toute personne coupable de l'infraction de dépassement de la vitesse maximale autorisée de 30 km/h ou plus encourt également les peines complémentaires suivantes :

« 1º La suspension, pour une durée de trois ans au plus, du permis de conduire, cette suspension pouvant être limitée à la conduite en dehors de l'activité professionnelle ;

« 2º L'interdiction de conduire certains véhicules terrestres à moteur, y compris ceux pour la conduite desquels le permis de conduire n'est pas exigé, pour une durée de trois ans au plus ;

« 3º L'obligation d'accomplir, à ses frais, un stage de sensibilisation à la sécurité routière. »

III. — *(Décr. nº 2003-642 du 11 juill. 2003, art. 4)* « Toute contravention prévue au présent article donne lieu de plein droit à une réduction du nombre de points du permis de conduire dans les conditions suivantes :

« 1º En cas de dépassement de la vitesse maximale autorisée *(Décr. nº 2004-1330 du 6 déc. 2004)* « compris entre 40 km/h et moins de 50 km/h », réduction de quatre points ;

« 2º En cas de dépassement de la vitesse maximale autorisée compris entre 30 km/h et moins de 40 km/h, réduction de trois points ;

« 3º En cas de dépassement de la vitesse maximale autorisée compris entre 20 km/h et moins de 30 km/h, réduction de deux points ;

« 4º En cas de dépassement de la vitesse maximale autorisée *(Décr. nº 2023-1150 du 6 déc. 2023, en vigueur le 1er janv. 2024)* « compris entre 5 km/h et » moins de 20 km/h, réduction d'un point. »

Les dispositions de cet art. sont applicables à Mayotte.

Art. R. 413-14-1 *(Décr. nº 2004-1330 du 6 déc. 2004)* I. — Le fait, pour tout conducteur d'un véhicule à moteur, de dépasser de 50 km/h ou plus la vitesse maximale autorisée fixée par le présent code ou édictée par l'autorité investie du pouvoir de police est puni de l'amende prévue pour les contraventions de la cinquième classe.

II. — Toute personne coupable de cette infraction encourt également les peines complémentaires suivantes :

1º La suspension du permis de conduire pour une durée de trois ans au plus, cette suspension ne pouvant pas être limitée à la conduite en dehors de l'activité professionnelle, ni être assortie du sursis, même partiellement ;

2º L'interdiction de conduire certains véhicules terrestres à moteur, y compris ceux pour la conduite desquels le permis de conduire n'est pas exigé, pour une durée de trois ans au plus ;

3º L'obligation d'accomplir, à ses frais, un stage de sensibilisation à la sécurité routière ;

4º La confiscation du véhicule dont le prévenu s'est servi pour commettre l'infraction, s'il en est propriétaire.

III. — Cette contravention donne lieu de plein droit à la réduction de six points du permis de conduire.

Les dispositions de cet art. sont applicables à Mayotte.

Sur les dispositifs de contrôle de la vitesse, V. Arr. du 4 juin 2009 relatif aux cinémomètres de contrôle routier, App., vº Vitesse ; C. voirie rout., art. L. 117-1 (concernant les dispositifs techniques de constatation des infractions au code de la route intégrés aux infrastructures et équipements routiers) et CSI, art. L. 251-2, 4º (concernant l'utilisation de la vidéoprotection), App., vº Infractions.

En ce qui concerne la tolérance d'erreur admise lors du relevé de vitesse par le cinémomètre, V. Circ. 30 nov. 1992 (NOR : INTC9200323C).

BIBL. ▶ JOSSEAUME, *Gaz. Pal. 17 oct. 2017, p. 20* (PV pour excès de vitesse et indication du lieu précis de l'infraction) ; *ibid. 17 déc. 2019, p. 14* (l'excès de vitesse devant son juge). – JOSSEAUME et LESAGE, *Gaz. Pal. 29 sept. 2011, nº 272, p. 9* (les excès de vitesse sous contrôle judiciaire). – LEBRETON, *AJ pénal 2019. 424* (preuve de la vitesse). – THOMAS, *D. 1980. Chron. 129* (de la relativité des contrôles par cinémomètre).

COMMENTAIRE

Il n'existe pas une, mais plutôt plusieurs contraventions d'excès de vitesse. L'élément constitutif commun consiste dans un dépassement des vitesses maximales autorisées par les dispositions précédentes. La différence tient ensuite à l'importance du dépassement. Les sanctions encourues – modifiées par le décret n° 2003-642 du 11 juillet 2003 et le décret n° 2004-1330 du 6 décembre 2004 – varient en conséquence.

Contravention de grand excès de vitesse (art. R. 413-14-1). En cas de dépassement égal ou supérieur à 50 km/h, la contravention dite « de grand excès de vitesse » est constituée et sanctionnée de l'amende prévue pour les contraventions de la cinquième classe. Le contrevenant encourt également la peine complémentaire de suspension du permis de conduire, mais aussi, depuis le décret du 11 juillet 2003, celles d'interdiction de conduire certains véhicules et d'obligation de suivre un stage de sensibilisation à la sécurité routière et, depuis le décret du 6 décembre 2004, celle de confiscation du véhicule. Le décret du 6 décembre 2004 a par ailleurs supprimé, en ce qui concerne la suspension du permis de conduire, la possibilité reconnue auparavant de limiter cette suspension à la conduite en dehors de l'activité professionnelle. Autrement dit, en cas de grand excès de vitesse, il n'est plus possible aujourd'hui d'accorder ce qu'il est convenu d'appeler un « permis blanc ».

Le décret du 6 décembre 2004 a en outre encore renforcé les sanctions du grand excès de vitesse en augmentant le nombre de points retirés : il s'élève désormais à six, contre quatre auparavant. Cette modification a surtout des conséquences pour les conducteurs novices et assimilés qui, titulaires d'un permis de conduire affecté d'un capital initial de six points, peuvent voir leur permis automatiquement invalidé en cas de contravention de grand excès de vitesse (V. art. R. 223-1).

Enfin, en cas de récidive, dans un délai de trois ans, le conducteur encourt les peines prévues par l'article L. 413-1 du présent code.

Autres contraventions (art. R. 413-14). En cas de dépassement inférieur à 50 km/h, le conducteur encourt, en principe, l'amende prévue pour les contraventions de la quatrième classe. L'article R. 413-14, I, dans sa rédaction issue du décret du 6 décembre 2004, prévoit cependant que, dans certains cas, l'amende encourue est celle prévue pour les contraventions de la troisième classe. Deux conditions doivent alors être remplies : l'excès de vitesse doit être inférieur à 20 km/h et avoir été commis sur des voies où la vitesse maximale autorisée est supérieure à 50 km/h. Il en sera ainsi hors agglomération, mais aussi en agglomération, lorsque la vitesse maximale autorisée est plus importante que celle de droit commun (V. art. R. 413-3). Ce déclassement contraventionnel de certains excès de vitesse – contraire à la politique répressive dominante – a été décidé afin d'introduire une certaine proportionnalité dans les sanctions encourues en ce domaine. Concrètement, un « petit excès de vitesse », dans les conditions évoquées, peut, depuis ce décret de 2004, être sanctionné d'une amende de 45 € contre 90 € auparavant (du moins en cas d'amende forfaitaire minorée, V. comm. ss. art. L. 121-5).

Par ailleurs, en cas de dépassement égal ou supérieur à 30 km/h, plusieurs peines complémentaires peuvent s'ajouter à l'amende de quatrième classe. Outre la suspension du permis, qui peut ici être limitée à la conduite en dehors de l'activité professionnelle, il s'agit de l'interdiction de conduire certains véhicules et de l'obligation de suivre un stage de sensibilisation à la sécurité routière. Notons qu'avant le décret du 11 juillet 2003 seule la suspension du permis de conduire pouvait être prononcée à titre de peine complémentaire en cas de dépassement égal ou supérieur à 40 km/h, limite qui avait été abaissée à 30 km/h par le décret n° 2003-293 du 31 mars 2003.

Le nombre de points retirés, quant à lui, varie en fonction de l'importance de l'excès de vitesse : quatre points si celui-ci est égal ou supérieur à 40 km/h – mais inférieur à 50 km/h –, trois points si celui-ci est égal ou supérieur à 30 km/h, deux points si celui-ci est égal ou supérieur à 20 km/h et un point si celui-ci est inférieur à 20 km/h. Une modification devrait toutefois être apportée prochainement à l'article R. 413-14 afin d'exempter les auteurs de petits excès de vitesse, à savoir ceux inférieurs à 5 km/h au-dessus de la vitesse maximale autorisée, de la perte d'un point sur leur permis de conduire. Cette modification, annoncée par le Comité interministériel de la sécurité routière du 17 juillet 2023, vise à instaurer un peu de souplesse dans la sanction administrative des petits excès de vitesse que les contrôles automatisés ne permettent pas, même s'il faut rappeler qu'une marge dite « d'erreur » est toujours décomptée de la vitesse enregistrée par un radar à l'avantage du conducteur. Elle devrait être effective le 1er janvier 2024.

Notons enfin que l'amende prévue pour les contraventions de la deuxième classe peut également être infligée aux conducteurs de véhicules « sans moteur » qui dépassent les vitesses maximales autorisées (V. art. R. 413-16) et rappelons que l'article L. 121-3 du présent code prévoit que le titulaire du certificat d'immatriculation est redevable pécuniairement de l'amende encourue pour les contraventions à la réglementation sur les vitesses maximales autorisées (V. comm. ss. art. R. 413-4).

Excès de vitesse et redevabilité pécuniaire du propriétaire. Il convient de rappeler que, conformément à l'article L. 121-1, alinéa 1er, seul le conducteur est pénalement responsable des excès de vitesse commis par lui dans la conduite du véhicule. Mais, sans être pénalement responsable, le titulaire du certificat d'immatriculation du véhicule est, en application de l'article L. 121-3, redevable pécuniairement de l'amende encourue pour les infractions à la réglementation sur les vitesses maximales autorisées, à moins qu'il n'établisse l'existence d'un vol ou de tout autre événement de force majeure ou qu'il n'apporte tous éléments permettant d'établir qu'il n'est pas l'auteur véritable de l'infraction.

Excès de vitesse et radars automatiques. On notera enfin que les excès de vitesse constituent, en pratique, le principal domaine d'application du contrôle sanction automatisé (V. les comm. ss. art. L. 121-5 et L. 130-9). En 2022, 16 206 598 excès de vitesse ont ainsi été relevés par ce dispositif (631 781 excès de vitesse ont été constatés, la même année, par les forces de l'ordre nationales et 85 180 par les polices municipales). ❑

1. Légalité du décret du 6 décembre 2004. L'art. L. 223-8 C. route donne compétence au pouvoir réglementaire pour fixer, par voie de décret en Conseil d'État, la contravention punissant le dépassement de 50 km/h ou plus de la vitesse maximale autorisée (art. R. 413-14-1 C. route) et le nombre de points retirés au permis qu'elle entraîne, alors même que cette infraction emporte pour les conducteurs qui s'en sont rendus coupables et titulaires d'un permis probatoire, la réduction à zéro du capital de points et la perte de validité du permis. Par ailleurs, les dispositions du décr. du 6 déc. 2004 ne sont pas incompatibles avec l'art. 6, § 1 Conv. EDH : elles n'ont ni pour objet, ni pour effet de priver les intéressés des garanties procédurales prévues par les art. L. 223-3 et R. 223-3 C. route (le retrait de points intervient seulement lorsque la réalité de l'infraction est établie) ; le retrait de six points et les effets qui s'y attachent pour les titulaires d'un permis probatoire ne sont pas disproportionnés compte tenu, d'une part, de la situation particulière dans laquelle se trouvent les nouveaux titulaires du permis et notamment, des risques que, du fait de leur inexpérience, ils encourent pour eux-mêmes ou font courir à autrui et, d'autre part, de l'extrême gravité de l'infraction visée par le décret ; ni avec le droit à l'information garanti par l'art. 6, § 3 Conv. EDH : aucune disposition du décret n'ayant pour objet de modifier les modalités d'information des conducteurs lors de la constatation d'une infraction au code de la route sur les retraits de points qu'ils encourent. Enfin, le décr. du 6 déc. 2004, en prévoyant, en sus de l'amende pour les contraventions de 5e classe, certaines peines complémentaires de l'art. 131-16 C. pén. et la sanction administrative de réduction de six points du permis de conduire, n'est pas contraire au principe de non-cumul des peines, lequel ne s'oppose pas à ce que puissent être infligées à raison des mêmes faits des sanctions distinctes dès lors que celles-ci visent à assurer le respect de réglementations distinctes ou à protéger des intérêts spécifiques. • CE 16 déc. 2005, *M. Yannick, Bryan et a.*, n° 276190 : *Lebon 569*.

I. LA PREUVE DE LA VITESSE PAR CINÉMOMÈTRE

2. Le recours à un appareil de mesure de la vitesse homologué par l'autorité administrative qui en a réglementé l'emploi ne confère pas de caractère aléatoire aux résultats obtenus, lesquels demeurent soumis à la discussion des parties et à l'application souveraine du juge pénal, qui peut ordonner toute mesure d'instruction utile. • Crim. 4 mai 1994 : *Jurispr. auto 1995. 16* • 11 janv. 1995, n° 94-84.014 P.

3. Seule la vitesse la plus faible servant de base aux poursuites, le contrevenant ne saurait s'en faire grief, ni soutenir que la vitesse à laquelle il circulait était incertaine, dès lors que le procès-verbal mentionne une vitesse constatée de 139 km/h et une vitesse pondérée de 132 km/h, la première étant enregistrée par le cinémomètre et la seconde résultant de l'application d'un coefficient de réduction pour tenir compte d'une marge d'erreur possible dans le fonctionnement de l'appareil. • Crim. 24 janv. 1996 : *Jurispr. auto 1996. 327.* ♦ Pour tenir compte de la marge d'erreur des cinémomètres les procès-verbaux font état, à côté de la vitesse lue sur l'appareil, de la vitesse minimale du véhicule déduction faite des tolérances prévues par arrêté ; si le procès-verbal n'indique que la vitesse lue de 80 km/h, le tableau de correspondance proposant une vitesse de 75 km/h à retenir à l'encontre du prévenu, la prévention n'est pas modifiée si la vitesse autorisée était dépassée de 20 km/h. • Rennes, 25 oct. 1993 : *JCP 1994. IV. 40.*

A. LA VÉRIFICATION DU BON FONCTIONNEMENT DE L'APPAREIL

4. Essai avant usage. Doit être cassé l'arrêt qui a relaxé un automobiliste poursuivi pour excès de vitesse au motif que le cinémomètre n'avait pas fait l'objet d'un essai avant usage, alors que le bon fonctionnement de l'appareil était établi par son homologation et sa vérification annuelle. En effet, aux termes de l'art. 2 de l'Arr. du 7 janv. 1991, relatif à la construction, au contrôle et aux modalités techniques d'utilisation des cinémomètres de contrôle routier, pris en application du Décr. du 6 mai 1988, relatif au contrôle des instruments de mesure, et du code de la route, les cinémomètres sont soumis à des opérations de contrôle, soit l'approbation de modèle, la vérification primitive des instruments neufs, la vérification annuelle des instruments en service, la réparation par un réparateur agréé et la vérification après réparation ou modification. Ces textes ne soumettent donc pas chaque mise en service de l'appareil à un essai préalable. • Crim. 24 mars 1999, n° 98-84.299 P : *D. 1999. IR 120 ; Jurispr. auto 1999. 218.* ♦ Jurisprudence constante de la Cour de cassation. V., en dernier lieu, • Crim. 21 mai 2008 : *Jurispr. auto. 2008. 447* • 1er oct. 2008 : *ibid. 2008. 712.* ♦ Devant les juridictions du fond, l'absence d'essai préalable demeure pourtant un argument retenu pour déclarer nul un contrôle de vitesse. Pour une illustration, V. • TGI Angoulême, 30 mai 2008 : *Jurispr. auto 2008. 520.*

5. Homologation. Aucun texte n'exige que le procès-verbal mentionne que le cinémomètre a fait l'objet d'une homologation et d'un contrôle de vérification primitive, dès lors que le procès-verbal indique que le contrôle a été opéré à l'aide d'un cinémomètre homologué et à une date de vérification inférieure à un an. • Crim. 31 janv. 2012 : *Dr. pénal 2012. Chron. 6, obs. Gauvin.*

6. Vérification annuelle. Un juge ne peut condamner un automobiliste pour dépassement de vitesse autorisée si celle-ci a été constatée plus d'une année après la vérification du cinémomètre, vérification matérialisée par une lettre de l'alphabet variant chaque année et gravée sur le poinçon. • Crim. 11 déc. 1985 : *Bull. crim. n° 400 ; JCP 1986. IV. 72 ; Gaz. Pal. 1986. 2. 267, note Amouroux.* ♦ Les délais exprimés en année, comme celui de l'art. 10 de l'Arr. du 7 janv. 1991, se comptent de date à date, à minuit. Est ainsi rejeté le pourvoi d'un prévenu dans une affaire où la dernière vérification datait du 1er avril 2004 alors que le contrôle de vitesse contesté avait été effectué… le 1er avr. 2005. • Crim. 4 oct. 2006, n° 06-83.247 P : *D. 2006. 2689 ; AJ pénal 2006. 450 ; Jurispr. auto 2006. 583 ; Dr. pénal 2007, comm. 21, obs. Robert.* ♦ La relaxe doit être prononcée si la vérification annuelle n'a pas été effectuée. • Colmar, 8 sept. 1986 : *Jurispr. auto 1987. 193* • Paris, 22 mars 1990 : *Juris-Data n° 023358.*

7. Exception de nullité pour défaut concernant la vérification du cinémomètre. Aucun texte n'exige que le procès-verbal mentionne à peine de nullité l'identité du service ayant opéré la vérification annuelle de l'appareil. • Crim. 26 févr. 2002 : *Jurispr. auto 2002. 226 ; RSC 2003. 392, note Buisson .* ♦ Comp. • Pau, 4 avr. 2013 : *Dr. pénal 2013. Chron. 7, obs. Gauvin* (qui annule un procès-verbal de constatation d'un excès de vitesse en considérant que l'absence de mention, sur le procès-verbal, du nom de l'organisme ayant procédé à la vérification périodique mettait le prévenu dans l'impossibilité de s'assurer que celui-ci présentait les garanties d'impartialité et d'indépendance exigées par l'art. 36 du Décr. n° 2001-387 du 3 mai 2001 relatif au contrôle des instruments de mesure). ♦ Mais lorsqu'un prévenu, poursuivi pour excès de vitesse relevé au moyen d'un cinémomètre, invoque, avant toute défense au fond, la nullité du procès-verbal de constatation de l'infraction, au motif que le nom de l'organisme chargé d'effectuer la vérification annuelle du cinémomètre n'était pas mentionné sur le procès-verbal, il appartient à la juridiction de jugement soit de constater que l'organisme chargé d'effectuer la vérification annuelle du cinémomètre était identifié dans le procès-verbal, soit de rechercher le nom de cet organisme et de soumettre cet élément au débat contradictoire sur la preuve. • Crim. 25 nov. 2014 : *Dr. pénal 2015, n° 35, note Robert.* ♦ Est ainsi justifié le jugement qui, pour répondre à l'exception de nullité d'un prévenu en ce sens, retient que le procès-verbal constatant l'infraction indique le nom de l'organisme ayant procédé à la vérification périodique, l'intéressé, qui avait la possibilité d'obtenir la délivrance, à ses frais, de la copie du dossier se trouvant en mesure de s'assurer que le matériel de contrôle avait fait l'objet d'une vérification annuelle par un organisme présentant les garanties d'impartialité et d'indépendance exigées par l'art. 36 du Décr. n° 2001-387 du 3 mai 2001. • Crim. 16 sept. 2014 : *Dr. pénal 2015, n° 35, note Robert ; ibid. Chron. 7, obs. Gauvin.* ♦ N'est, en revanche, pas justifié le jugement qui, pour répondre à une telle exception, retient qu'aucun texte de loi ou convention n'exige que figure sur le procès-verbal, à peine de nullité, la mention du nom de l'organisme vérificateur, laquelle peut parfaitement être communiquée *a posteriori* par le ministère public, dès lors qu'il appartient à la juridiction de jugement, dans un tel cas, de rechercher l'organisme ayant procédé à la vérification périodique de l'appareil et de soumettre cet élément au débat contradictoire sur la preuve. • Crim. 15 oct. 2014, n° 14-80.589 : *Dr. pénal 2015. Chron. 7, obs. Gauvin.*

8. Le moyen soulevé par un prévenu arguant de la nullité d'un procès-verbal aux motifs qu'il comportait une rature et un rajout non approuvés concernant la date de vérification du cinémomètre doit être rejeté, dès lors qu'il ne résulte ni des mentions de l'arrêt ni d'aucune conclusion que le prévenu ait repris, devant la cour d'appel, l'exception de nullité du procès-verbal servant de base aux poursuites, alors que celle-ci avait été rejetée par le premier juge. • Crim. 2 févr. 2000 : *Jurispr. auto 2000. 396.*

9. Vérification d'un cinémomètre par son constructeur. Conformément aux dispositions de l'art. 37 de l'Arr. du 31 déc. 2001 fixant les modalités d'application de certaines dispositions du Décr. n° 2001-387 du 3 mai 2001 relatif au contrôle des instruments de mesure, la société constructeur d'un cinémomètre ne peut pas, en tant que fabricant de l'instrument, être agréée pour en assurer sa vérification. Mais encore faut-il que la vérification à laquelle le cinémomètre a été soumis soit une vérification périodique et non pas une vérification primitive au sens du décret précité et de l'Arr. du 7 janvier 1991 relatif à la construction, au contrôle et aux modalités techniques d'utilisation des cinémomètres de contrôle routier. Est en conséquence cassé un jugement ayant relaxé un prévenu au motif que le procès-verbal constatant l'excès de vitesse mentionnait que la dernière vérification du cinémomètre (Mesta 210C) avait été effectuée par la « Sagemsec », société qui n'est pas distincte de la société « Sagem » constructeur des appareils Mesta, la juridiction n'ayant pas recherché si la vérification en cause n'était pas la vérification primitive. • Crim. 29 juin 2010 : *Jurispr. auto 2011, n° 826, p. 32, note Lièvremont* • 25 mai 2011 : *Dr. pénal 2011, n° 107, note Robert.* ♦ Il résulte en effet du Décr. du 3 mai 2001 que, à la différence de la vérification périodique, la vérification primitive d'un cinémomètre peut être effectuée dans le cadre du système d'assurance de la qualité du fabricant lorsque ce système a fait l'objet d'une approbation préalable. • Crim. 29 sept. 2010 : *inédit.* ♦ Lorsque la société ayant assuré la vérification périodique a des liens étroits avec la société ayant fabriqué le cinémomètre, elle ne répond pas à l'exigence d'impartialité prévue par le Décr. n° 2001-387 du 3 mai 2001. Il en est ainsi lorsque la société qui a assuré la vérification annuelle est née d'une scission avec la société qui a fabriqué le cinémomètre, et que les deux sociétés sont encore aujourd'hui unies par des liens étroits, la seconde étant actionnaire et administrateur de la première. • Crim. 14 oct. 2014, n° 13-88.052 : *Dr. pénal 2015. Chron. 7, obs. Gauvin.*

10. Vérification d'un cinémomètre par la DRIRE. Est justifié l'arrêt qui, pour avoir écarté l'exception de nullité d'un contrôle de vitesse opéré par un cinémomètre, retient que les vérifications primitive et périodique de l'appareil ont été effectuées par la Direction régionale de l'industrie, de la recherche et de l'environnement (DRIRE), autorité locale en matière de métrologie légale, dont la compétence subsidiaire est prévue par les art. 12, 17 et 20 de l'Arr. du 4 juin 2009 relatif aux cinémomètres de contrôle routier. Le choix de ce service, qui répond aux exigences de qualité et d'impartialité posées par les art. 37 et 38 de l'Arr. du 31 déc. 2001 fixant les modalités d'application de certaines dispositions du Décr. n° 2001-387 du 3 mai 2001 relatif au contrôle des instruments de mesure, au lieu de l'un des organismes désignés à cet effet par le ministre de l'Industrie, dans les conditions prévues à l'art. 12 de l'Arr. du 4 juin 2009, ne peut affecter la validité de la vérification technique. • Crim. 18 sept. 2012, n° 11-87.423 P : *D. actu. 26 oct. 2012, obs. Martineau ; Dr. pénal 2012, n° 163, note Robert ; Gaz. Pal. 13 déc. 2012, p. 7, note Mésa.*

B. LES CONDITIONS D'UTILISATION DE L'APPAREIL

a. Les conditions météorologiques

11. N'est pas coupable d'excès de vitesse le prévenu pour lequel un cinémomètre a enregistré un excès de vitesse par un temps de pluie. • Bordeaux, 31 mars 1987 : *Gaz. Pal. 1989. 1. 246* • T. pol. Châteaudun, 17 févr. 1989 : *Gaz. Pal. 1989. 1. 252* • Paris, 20e ch., 22 mars 1990 : *Juris-Data n° 023358.* ♦ *Contra :* • Nancy, 29 sept. 1987 : *Bull. CDIPN févr. 1988, n° 35.* ♦ ... Ou dont l'utilisation a été faite par temps humide sans housse pour couvrir l'antenne. • Limoges, 20 janv. 1993 : *Juris-Data n° 000189.* ♦ Ces solutions ont été retenues dans des espèces où les cinémomètres utilisés pouvaient être « perturbés » par les conditions météorologiques, ce qui n'est plus le cas aujourd'hui. – V. d'ailleurs, en ce sens : • T. pol. Melun, 21 janv. 2008 : *cité note 14.*

12. Si le procès-verbal ne relève pas qu'au lieu et au moment du contrôle il pleuvait, il appartient au prévenu d'apporter la preuve de ce temps de pluie. • Crim. 27 juin 1990 : *Jurispr. auto 1990. 370.* ♦ La production par le prévenu d'un relevé de la station météorologique la plus proche attestant qu'il y a eu à la station des précipitations à l'heure du contrôle est insuffisante. • Crim. 29 janv. 1991 : *Jurispr. auto 1991. 237.* ♦ ... *A fortiori* s'il s'agit d'un bulletin météorologique valable sur tout un département constatant l'état pluvieux de façon trop générale et ne permettant pas d'établir s'il pleuvait à l'endroit précis du contrôle et à l'heure exacte de l'interception. • Crim. 3 mars 1993 : *Jurispr. auto 1993. 341.*

b. La mise en place de l'appareil

13. Un prévenu doit être relaxé si l'excès de vitesse a été constaté dans une courbe et à une hauteur insuffisante. • Bordeaux, 21 mars 1985 : *Gaz. Pal. 1985. 1. 390, note Amouroux* • Montpellier, 17 juin 1985 : *Gaz. Pal. 1986. 1. 45.* ♦ Le tribunal peut tenir compte du fait que le cinémomètre était placé de l'autre côté de la route par rapport à la circulation du véhicule contrôlé. • T. pol. Chambéry, 20 mai 1980 : *Gaz. Pal. 1980. 2. 496 ; RSC 1980. 975, obs. Vitu.* ♦ Mais le fait que l'appareil ait été placé dans le sens opposé à la circulation ne suffit pas à mettre en doute la vitesse constatée s'il n'est pas en plus établi que la position de l'appareil ait pu avoir une influence sur la vitesse enregistrée. • Crim. 29 oct. 1986 : *Jurispr. auto 1987. 15.* ♦ Sur la notion de courbe : • T. pol. Versailles,

20 mars 1987 : *Gaz. Pal. 1989. 1. 250* • Angers, 13 févr. 1990 : *Juris-Data n° 040853.* ♦ Il suffit que la route soit droite sur 20 mètres pour que la possibilité d'erreur soit insignifiante. • Crim. 20 oct. 1993 : *Jurispr. auto 1994. 122.*

14. Il convient de relaxer un automobiliste si lors du constat de l'excès de vitesse il était difficile voire impossible de procéder à la visée au moyen de la lunette du fait de la présence d'une haie d'arbustes et si l'appareil se trouvait à proximité d'une ligne à haute tension. • T. pol. Bastia, 4 mai 1987 : *Gaz. Pal. 1989. 1. 248.* ♦ Mais un prévenu est mal fondé à soutenir que la présence de lignes à haute tension aurait perturbé la mesure de la vitesse de son véhicule, dès lors qu'il résulte de la notice technique d'utilisation du cinémomètre utilisé en l'espèce (Mesta 208) que les tests effectués sur cet appareil garantissent aux contrevenants que les conditions climatiques et électriques (parasites sous lignes HT) n'ont pas d'influence sur la validité de la mesure. • T. pol. Melun, 21 janv. 2008 : *Jurispr. auto 2008. 157.*

15. Pour renverser la preuve résultant d'un procès-verbal, un prévenu peut prouver que le cinémomètre s'est trouvé à proximité d'un émetteur radioélectrique qui en aurait troublé le fonctionnement ou que le radar s'est trouvé derrière un rideau d'arbres ou que le prévenu n'a pas été verbalisé sur la portion de route délimitée par les panneaux d'entrée et de sortie d'agglomération. • Crim. 16 mars 1994 : *Jurispr. auto 1994. 328.*

16. Un doute existe sur la force probante des constatations effectuées par la police et faites à partir d'un appareil placé peut-être dans des conditions défectueuses. • Bordeaux, 26 nov. 1992 : *Gaz. Pal. 1994. 1. Somm. 69.* ♦ Une cour d'appel peut retenir que la fréquence d'émission utilisée lors du contrôle de vitesse n'a aucune incidence sur le traitement du signal vitesse, et n'est pas de nature à affecter la qualité et les caractéristiques métrologiques de l'instrument. • Crim. 6 déc. 1995 : *Jurispr. auto 1996. 71.*

17. Distance d'utilisation. Aucun texte n'exige cependant que le procès-verbal mentionne à peine de nullité les conditions d'emploi de l'Eurolaser et la distance d'utilisation de l'appareil, le bon fonctionnement de l'appareil étant établi par son homologation et sa vérification annuelle. • Crim. 31 mai 2007 : *Jurispr. auto 2007. 487.*

18. Angle de positionnement. Justifie sa décision la juridiction de proximité qui, pour condamner un prévenu du chef d'excès de vitesse, rejette le moyen pris de ce que le procès-verbal ne mentionne aucun élément permettant de vérifier que le cinémomètre a été installé en respectant un angle de 25°, conformément à l'art. 14 de l'Arr. du 7 janv. 1991, dès lors que, d'une part, la preuve contraire aux énonciations du procès-verbal n'a pas été rapportée par écrit ou par témoins et que, d'autre part, le bon fonctionnement du cinémomètre était suffisamment établi par son homologation et sa vérification annuelle. • Crim. 29 avr. 2009, n° 08-87.235 P : *D. 2009. AJ 1484 ; AJ pénal 2009. 310, obs. Céré ; Jurispr. auto 2009, n° 808, 28, obs. Ravayrol.*

19. Installation du radar sur un terrain privé. En l'absence de toute prescription légale fixant, à peine de nullité du procès-verbal, des règles relatives au terrain sur lequel les agents et le matériel destinés à contrôler la vitesse doivent être disposés, le seul fait que la constatation de l'infraction ait été effectuée, quelles qu'en aient été les circonstances, à partir, non de la voie publique, mais d'un lieu privé, ne saurait faire grief au prévenu poursuivi pour excès de vitesse. • Crim. 3 janv. 2012 : *Jurispr. auto 2012, n° 839, 32, obs. Petit.*

20. Délégation de la conduite des voitures-radar à un prestataire privé. Les décisions prises par le CISR et par le délégué interministériel à la sécurité routière d'expérimenter l'externalisation de la conduite des voitures équipées de radars dans la région Normandie, avant sa généralisation à l'ensemble du territoire national, ne méconnaissent pas l'interdiction de déléguer une mission de police à une personne privée, dès lors qu'elles ne permettent de déléguer à des personnes privées que la seule tâche matérielle de conduite de véhicules équipés de radars, accessoire aux missions de police qui restent dévolues aux forces de l'ordre, les trajets effectués par les véhicules des prestataires étant déterminés sous l'étroit contrôle des services de l'État et les conducteurs n'ayant accès ni aux matériels de contrôle, ni aux données relatives à la constatation des infractions. • CE 8 juill. 2019, n° 419367 : *AJDA 2020. 130, note Vanier.*

C. LE CONSTAT PAR L'APPAREIL D'UNE VITESSE SUPÉRIEURE À CELLE INDIQUÉE PAR LE CONSTRUCTEUR

21. Doit être relaxé le prévenu qui apporte la preuve que son véhicule ne peut techniquement atteindre la vitesse constatée par cinémomètre. • T. pol. Bordeaux, 21 janv. 1987 : *Gaz. Pal. 1981. 1. Somm. 94* (172 km/h constatés pour un véhicule ne pouvant dépasser 160 km/h) • T. pol. Toulon, 15 janv. 1988 : *Gaz. Pal. 1989. 1. 249* (181 km/h constatés pour un véhicule ne pouvant dépasser 150 km/h) • Angers, 12 juin 1990 : *Juris-Data n° 043302* (172 km/h constatés pour un véhicule ne pouvant dépasser 155 km/h) • Angers, 18 déc. 1990 : *Juris-Data n° 047843* (185 km/h constatés pour un véhicule ne pouvant dépasser 166 km/h) • T. pol. Villefranche-de-Lauragais, 10 févr. 1992 : *Jurispr. auto 1992. 238* (182 km/h constatés pour un véhicule ne pouvant dépasser 172 km/h) • TA Grenoble, 6 mai 1992 : *Gaz. Pal. 1993. 1. Pan. 16* (168 km/h constatés pour un véhicule ne pouvant dépasser 143 km/h, qui admet que la décision du préfet suspendant le permis de conduire repose sur des faits matériellement inexacts) • T. pol. Toulon, 4 févr. 1994 : *Jurispr. auto 1994. 279*

(183 km/h constatés pour un véhicule ne pouvant dépasser 182 km/h et compte tenu de la marge de tolérance). ♦ Est ainsi justifié le jugement qui relaxe un prévenu poursuivi, en tant que représentant légal, pour plusieurs excès de vitesse, constatés par un radar automatique, commis par des chauffeurs de bus de transports scolaires, dès lors qu'il résulte d'un rapport d'expertise ordonné par le juge de proximité l'impossibilité pour les véhicules en cause d'atteindre les vitesses relevées par l'appareil de contrôle automatique (en l'espèce, l'expertise avait conclu que les vitesses relevées par le radar fixe, pourtant corroborées par deux autres instruments étalonnés, paraissaient impossible à atteindre par les véhicules concernés, au vu des essais réalisés par circulation fluide, avec une distance d'élan supplémentaire et à vide). • Crim. 8 mars 2016, n° 15-83.019 P : *D. 2016. Actu. 656 ; Dr. pénal 2016, n° 77, note Robert.*

22. En omettant de répondre au chef péremptoire des conclusions du prévenu qui soutenait que la vitesse qui lui était reprochée était supérieure à celle que son véhicule pouvait techniquement atteindre, une cour d'appel méconnaît le principe selon lequel les juges sont tenus de répondre aux conclusions dont ils sont saisis. • Crim. 23 avr. 1986 : *Jurispr. auto 1986. 305.*

23. Un pourvoi a cependant été rejeté suite à la condamnation d'un conducteur qui avait, selon le cinémomètre, roulé à 191 km/h alors que la vitesse maximum du véhicule était de 180 km/h mais la cour d'appel n'avait pas été saisie de conclusions régulièrement déposées auxquelles elle aurait été tenue de répondre. • Crim. 13 mars 1991 : *Jurispr. auto 1991. 197.*

24. Et une cour d'appel peut estimer à bon droit que l'écart entre la vitesse relevée (161 km/h) et la vitesse maximale indiquée par le constructeur (143 km/h) n'est pas d'une ampleur telle qu'elle conduise à considérer comme nécessairement fausse la mesure de cette vitesse réalisée et par suite comme impossible l'infraction relevée. • Crim. 23 mars 1994 : *Jurispr. auto 1994. 326.* ♦ Les juges du fond apprécient souverainement les éléments de preuve apportés (en l'espèce, est condamné le prévenu, contrôlé à 169 km/h avec un véhicule dont la puissance administrative était de 7 CV, et qui présenta une fiche constructeur indiquant une vitesse maximale de 138 km/h pour un véhicule de 6 CV et 157 km/h pour un véhicule de 8 CV, la vitesse retenue de 160 km/h, sur une route en descente, n'ayant pas été jugée incompatible avec ces données). • Crim. 4 oct. 2006 : *Jurispr. auto 2007. 22.*

D. L'IDENTIFICATION DU VÉHICULE

25. Si les agents n'ont pu suivre de visu le cheminement de l'automobile entre le poste de contrôle et le poste d'interception et si trois voies adjacentes permettent à un automobiliste de s'infiltrer sur la voie contrôlée, l'automobiliste contrôlé doit être relaxé au bénéfice d'une confusion possible. • Metz, 22 févr. 1980 : *JCP 1981. II. 19483, note Chambon.* ♦ Mais il appartient à l'automobiliste d'apporter la preuve selon laquelle l'excès de vitesse qui lui est reproché aurait été le fait d'un autre automobiliste et en l'absence de cette preuve les juges du fond peuvent trouver dans les mentions du procès-verbal les éléments suffisants pour asseoir leur conviction de culpabilité. • Crim. 7 avr. 1987 : *Jurispr. auto 1987. 328.* ♦ La nullité du procès-verbal relatant l'interception doit être soulevée devant le premier juge et avant toute défense au fond conformément à l'art. 385 C. pr. pén. En application de ce texte, le moyen n'est pas recevable devant la Cour de cassation. • Crim. 11 oct. 1995 : *Jurispr. auto 1996. 64.*

26. Le fait que l'agent se trouvant à l'antenne radar était dans l'impossibilité de donner le numéro d'immatriculation du véhicule n'empêche pas la condamnation du conducteur qui sur le moment n'a pas contesté la vitesse relevée au moyen du cinémomètre et n'a pas soutenu que les policiers avaient confondu son véhicule avec un autre, les éléments du procès-verbal ne laissant aucun doute sur le véhicule en infraction. • Crim. 6 sept. 1993 : *Jurispr. auto 1994. 73.* ♦ Pour la relaxe d'un automobiliste dont le numéro d'immatriculation de son véhicule n'avait pas été relevé et qui avait été interpellé par un agent qui avait hésité avant de s'adresser à lui : • T. pol. La Flèche, 13 oct. 1994 : *Jurispr. auto 1995. 15.*

27. L'erreur affectant dans le procès-verbal le numéro d'immatriculation d'un véhicule n'étant que matérielle et provenant d'une transcription inexacte ne peut entacher la validité du document servant de base aux poursuites si par ailleurs la preuve de l'infraction est rapportée à l'encontre du prévenu qui a reconnu les faits mis à sa charge. • Crim. 29 mars 1995 : *Jurispr. auto 1995. 285.* ♦ ... Ou si le prévenu, après avoir reconnu les faits, a remis aux gendarmes les documents afférents à un autre véhicule lui appartenant. • Crim. 3 oct. 2001 : *Jurispr. auto 2002. 20.* ♦ En faveur de la relaxe du conducteur d'une motocyclette dont le numéro d'immatriculation porté sur le procès-verbal n'était pas celui de la motocyclette du prévenu : • T. pol. Châlons-sur-Marne, 11 avr. 1994 : *Jurispr. auto 1994. 325.* ♦ En faveur de la condamnation d'un prévenu pour lequel le numéro complet d'immatriculation du véhicule n'avait pas été relevé : • Versailles, 16 déc. 1987 : *Gaz. Pal. 1989. 1. 248.*

28. Une erreur commise sur le type de véhicule ne saurait ôter au procès-verbal la force probante que lui confère l'art. 537 C. pr. pén. dès lors que la marque et le numéro d'immatriculation ont été relevés et que le prévenu n'allègue pas la circulation au moment du contrôle d'un autre véhicule ayant pu créer une confusion. • Crim. 14 déc. 1994 : *Jurispr. auto 1995. 176.* ♦ Un véhicule peut être identifié par le modèle et la couleur s'il se trouve seul de cette marque à circuler au moment du contrôle. • Paris, 20e ch., 12 sept. 1990 : *Juris-Data n° 024420.* ♦ La seule production par le prévenu de planches photographiques prises pour tenter de faire admettre que, compte tenu de la topographie des lieux, le véhicule ne pouvait pas être identifié, sans que ce document non contradictoire ne permette d'affirmer que l'emplacement de l'appareil et la configuration des lieux n'auraient pas permis l'identification certaine du prévenu, ne constitue pas une preuve contraire à la force probante du procès-verbal de constatation de l'infraction. • Besançon, 14 nov. 1995 : *Jurispr. auto 1996. 18.*

29. Un prévenu qui apporte la preuve qu'un autre véhicule que le sien circule avec de fausses plaques et sous le même numéro ne peut être condamné. • Orléans, 17 sept. 1979 : *Gaz. Pal. 1979. 2. 595.*

E. L'IDENTIFICATION DU CONDUCTEUR DU VÉHICULE

30. Le code de la route n'a institué relativement à la contravention d'excès de vitesse aucune présomption légale de culpabilité à la charge des propriétaires de véhicules. • Crim. 20 janv. 1977 : *Bull. crim. n° 29 ; RSC 1977. 331, obs. Vitu* • 11 janv. 1978 : *D. 1979. IR 102.* ♦ Doit être cassé l'arrêt qui, pour déclarer un prévenu coupable d'excès de vitesse, énonce, après avoir constaté qu'une voiture automobile lui appartenant a fait l'objet d'un contrôle permettant de déceler un dépassement de vitesse, qu'il existe contre le propriétaire de ce véhicule une présomption de responsabilité que celui-ci n'a pas détruite. • Crim. 21 oct. 1980 : *D. 1981. IR 155, note Puech.*

31. Les juges d'appel donnent une base légale à leur décision de culpabilité du prévenu en énonçant qu'ils le reconnaissent bien sur la photographie qui leur est présentée ; cette énonciation résulte du pouvoir souverain d'appréciation des juges du fond. • Crim. 5 févr. 1986 : *Jurispr. auto 1986. 203* • 23 mai 1986 : *Jurispr. auto 1987. 16.*

32. Ne constitue pas une ingérence injustifiée dans la vie privée, au sens de l'art. 8 Conv. EDH, la constatation des contraventions d'excès de vitesse au moyen d'un cinémomètre associé à un appareil de prise de vue qui est utilisé aux seules fins de relever l'immatriculation du véhicule en infraction et de permettre l'identification du contrevenant. • Crim. 7 mai 1996 (deux arrêts), n° 95-85.742 P : *Jurispr. auto 1996. 330 et 332* • 23 juill. 1996 : *Jurispr. auto 1997. 15 ; BTL 1996. 801* • 8 avr. 1998 : *Dr. pénal 1998. Comm. 146, obs. Robert* • 26 févr. 2002 : *Jurispr. auto 2002. 280.* ♦ Conf. : • T. corr. Lyon, 29 août 1980 : *D. 1981. 507, note Lindon* • T. pol. Paris, 25 mai 1984 : *JCP 1986. II. 20531, note Taquet* • Paris, 20e ch., 10 janv. 1991 : *Juris-Data n° 020531.* ♦ Mais *contra :* • T. pol. Cannes, 9 mai 1994 : *Gaz. Pal. 1994. 2. 635* (qui déclare contraire à l'art. 8 Conv. EDH le procédé photographique utilisé pour établir la matérialité de l'infraction et l'identité du contrevenant et déclare nul le procès-verbal servant de base aux poursuites).

33. La procédure de constatation « au vol » n'est pas illégale dès lors qu'elle était mise en œuvre par des fonctionnaires de police agissant dans l'exercice de leurs fonctions à partir des indications fournies par un appareil à déclenchement automatique d'un type agréé et que le prévenu qui avait obtenu communication de la photographie constatant le dépassement de vitesse admettait être le conducteur du véhicule et ne contestait pas sérieusement l'infraction reprochée. • Crim. 3 nov. 1993 : *Jurispr. auto 1994. 116.*

34. Doit être relaxé le prévenu dès lors que le cliché photographique joint au procès-verbal de constatation de l'infraction ne permet pas d'identifier la personne au volant. • Poitiers, 12 janv. 1990 : *Juris-Data n° 041293* • T. pol. Gap, 17 janv. 1992 : *Jurispr. auto 1992. 107* • T. pol. Rennes, 23 janv. 1995 : *Jurispr. auto 1995. 331* • 15 mai 1995 : *Jurispr. auto 1995. 332.*

35. Une cour d'appel peut à bon droit constater qu'une photographie établie le jour des faits comporte des ressemblances avec la personne du prévenu et qu'elle est ainsi en mesure d'affirmer que ce dernier, propriétaire du véhicule, était conducteur du véhicule lors du contrôle. • Crim. 11 mai 1993 : *Jurispr. auto 1993. 403.*

a. En l'absence de photographie

36. Les juges du fond apprécient selon leur intime conviction et les règles de preuves du droit commun les présomptions invoquées par le ministère public quant à la culpabilité du conducteur auquel est reproché un excès de vitesse. • Crim. 30 nov. 1977 : *JCP 1978. IV. 37 ; RSC 1978. 331, obs. Vitu* • 24 juin 1986 : *Jurispr. auto 1986. 499.*

37. Doit être relaxé le propriétaire qui affirme que plusieurs personnes sont susceptibles d'avoir conduit le véhicule à l'instant du constat. • Crim. 7 nov. 1977 : *Bull. crim. n° 331.* ♦ ... Ou qui apporte la preuve (billet d'avion) qu'il se trouvait dans un autre lieu au moment de la commission de l'infraction. • Poitiers, 8 févr. 2002 : *Jurispr. auto 2002. 335.* ♦ ... Ou qui affirme ignorer qui de lui, de son épouse ou de son fils conduisait à l'instant du contrôle. • Versailles, 19 sept. 1978 : *Gaz. Pal. 1979. 1. 27.* ♦ Le refus par le propriétaire d'indiquer qui était le conducteur ne peut être considéré comme une forme de reconnaissance de culpabilité. • Limoges, 16 mars 1977 : *JCP 1978. II. 18816, note Chambon* • T. corr. Laval, 23 janv. 1987 : *Gaz. Pal. 1987. 1. 250.* ♦ L'identification du propriétaire du véhicule et le sexe du conducteur sont insuffisants pour entrer en voie de condamnation. • Agen, 13 mars 1986 : *Gaz. Pal. 1986. 2. 445.*

38. Doit être rejeté le pourvoi à l'encontre d'une décision de condamnation si les juges ne se sont pas fondés sur la seule circonstance que le prévenu était le propriétaire du véhicule mais ont pris en considération par une application souveraine de la valeur des éléments de preuve qui leur étaient soumis la reconnaissance par le prévenu qu'il était le conducteur de l'automobile (en l'espèce par une croix figurant dans une case du procès-verbal). • Crim. 17 mars 1992 : *Jurispr. auto 1992. 364.*

b. A l'aide d'une photographie

39. L'élément de preuve constitué par une photographie qui ne permet pas d'identifier le conducteur d'un véhicule circulant à une vitesse prohibée ne saurait à lui seul fonder une déclaration de culpabilité du propriétaire de ce véhicule. • Crim. 7 nov. 1977 : *Bull. crim. n° 331.*

F. LA PORTÉE ET LA VALIDITÉ DU PROCÈS-VERBAL

40. Portée du procès-verbal. Les constatations contenues dans un procès-verbal de contravention valent jusqu'à preuve du contraire ; en l'état des énonciations par les juges du fond que le contrevenant n'apporte pas la preuve contraire de la matérialité de l'infraction relevée, la cour d'appel donne une base légale à sa décision. • Crim. 22 mars 1995 : *Jurispr. auto 1995. 275.* ♦ Pour rejeter les allégations du prévenu, qui prétendait n'avoir pas commis l'infraction poursuivie et avoir été victime d'une erreur des agents verbalisateurs, les juges du fond énoncent que le procès-verbal de constatation est régulier et mentionne les éléments et indices précis établissant l'existence de l'infraction dont le prévenu ne rapporte pas la preuve contraire. • Crim. 6 nov. 1996 : *Jurispr. auto 1997. 121.* ♦ Les seules dénégations du prévenu ne peuvent pas constituer la preuve contraire de l'infraction régulièrement constatée par procès-verbal. • Crim. 14 nov. 2001 : *Jurispr. auto 2002. 125* • 26 févr. 2002 : *ibid. 230.* ♦ Ainsi, le contrevenant doit justifier d'un éventuel irrespect des conditions techniques d'utilisation du cinémomètre. • Crim. 6 mars 2002 : *Jurispr. auto 2002. 233.* ♦ De même, sont insuffisantes les déclarations du prévenu selon lesquelles il y aurait erreur sur le véhicule en infraction, même si ces déclarations sont confirmées par la présence sur la photographie d'une autre lumière située à gauche et devant son propre véhicule montrant par là même qu'un autre véhicule était en train de le dépasser au moment du contrôle de vitesse. • Crim. 1er févr. 2006 : *Dr. pénal 2006. Comm. 77, note Maron (2e esp.).* ♦ Encourt également la censure le jugement d'une juridiction de proximité relaxant un prévenu pour excès de vitesse au motif que celui-ci était infime (91 km/h alors que la vitesse maximale autorisée était de 90 km/h) et se situait dans la marge d'erreur pouvant exister dans les appareils de contrôle même homologués et vérifiés annuellement, alors que, en application de l'art. 537 C. pr. pén., la preuve contraire aux constatations d'un procès-verbal ne peut être rapportée que par écrit ou par témoins. • Crim. 9 nov. 2005, n° 05-83.651 P : *Dr. pénal 2006. Comm. 28, note Maron.* ♦ V. aussi, dans le même sens : • Crim. 1er févr. 2006 : *Dr. pénal 2006. Comm. 77, note Maron (1re esp.).* ♦ Il en est de même du jugement qui se contente de relever que la date de vérification du cinémomètre mentionnée dans le procès-verbal est différente de celle portée sur l'avis de contravention. • Crim. 15 nov. 2006 : *Jurispr. auto 2007. 293.* ♦ Une attestation écrite ne constitue pas une preuve par écrit ou par témoins au sens de l'art. 537 C. pr. pén. Est en conséquence cassé le jugement qui relaxe un prévenu poursuivi pour excès de vitesse qui avait produit une attestation dans laquelle une personne indiquait être l'auteur de l'infraction. • Crim. 26 sept. 2007 : *Jurispr. auto 2007. 639.* ♦ Pour les contraventions simples, les faits sont suffisamment constatés et rapportés quand bien même leur description se confond avec leur qualification légale. Tel est le cas d'un excès de vitesse, dont l'existence est établie par un procès-verbal rappelant la vitesse maximale autorisée et indiquant la vitesse retenue après application d'une marge d'erreur, de telles constatations faisant foi jusqu'à preuve du contraire en application de l'art. 537 C. pr. pén. • Montpellier, 2 sept. 2022 : *Dr. pénal 2023. Chron. 8, obs. Gauvin.*

41. Est en revanche justifié le jugement qui relaxe un prévenu poursuivi pour un excès de vitesse relevé par un appareil de contrôle automatique ayant fourni le relevé de son chronotachygraphe duquel il résultait qu'à l'heure indiquée sur le procès-verbal de contravention, sa vitesse n'était pas supérieure à 90 km/heure, l'enregistrement d'un chronotachygraphe constituant un écrit au sens de l'art. 537 C. pr. pén. permettant d'apporter la preuve contraire au procès-verbal et le juge, qui n'était pas saisi d'une contestation du ministère public sur la fiabilité des données y figurant relatives à la vitesse du véhicule en cause, en ayant apprécié souverainement la force probante. • Crim. 30 oct. 2018, n° 18-81.318 P : *Dr. pénal 2018, n° 212, note Robert ; ibid. 2019. Chron. 7, obs. Gauvin ; Gaz. Pal. 5 févr. 2019, p. 58, note Fourment.*

42. Validité du procès-verbal. L'art. 537 C. pr. pén. n'instaure pas une présomption irréfragable de culpabilité qui serait contraire au principe de la présomption d'innocence instauré par l'art. 9 DDH, puis par l'art. 6, § 2, Conv. EDH et rappelé par l'art. préliminaire, § III, du C. pr. pén. ; ces dispositions ne constituent qu'une règle de preuve légale spécifique aux contraventions, et supposent nécessairement, pour être applicables, que le procès-verbal soumis au juge ait été établi dans les formes légales, qu'il soit compréhensible à la lecture, qu'il contienne les éléments d'information permettant au juge de s'assurer que la procédure est régulière et qu'il n'existe aucun doute sur la matérialité des faits et l'identité du coupable. • Versailles, 26 nov. 2004 : *BICC 2005, n° 614.* ♦ Tel n'est pas le cas d'un procès-verbal d'excès de vitesse rédigé à l'aide d'un document préimprimé rempli à la main et difficilement lisible qui ne contient aucune précision sur les circonstances de la commission et de la constatation de l'infraction poursuivie, sauf l'indication par une case cochée sur l'imprimé que le « contrevenant » présupposé ne reconnaît pas l'infraction, sans même qu'il lui ait été permis de s'expliquer sur les motifs de cette dénégation. • Même décision. ♦ Un procès-verbal qui n'est pas daté et qui indique à tort que le contrevenant avait signé n'a pas de valeur probante en application de l'art. 429 C. pr. pén. • Montpellier, 17 juin 1985 : *Gaz. Pal. 1986. 1. 45.* ♦ Il en est de même d'un procès-verbal rédigé au crayon de papier, ne mentionnant pas le nom de l'agent qui a instrumenté et ne portant pas sa signature. • Douai, 3 juin 1986 : *Gaz. Pal. 1986. 2. 589.* ♦ Mais le seul numéro matricule de l'agent verbalisateur sans l'indication de son nom peut être suffisant. • Crim. 18 juin 1986 : *Jurispr. auto 1986. 400* (en matière de stationnement). ♦ Aucune disposition n'impose aux rédacteurs de procès-verbaux visés à l'art. R. 248 [C. route, art. R. 130-1] des énonciations démonstratives de leur qualité d'agent spécialement habilité au sens de ce texte, le numéro matricule de l'agent étant suffisant. • Crim. 9 juill. 1987 : *Jurispr. auto 1988. 102* • 2 févr. 1994 : *Jurispr. auto 1994. 221.*

43. Si l'agent qui fait fonctionner l'appareil et lit les indications signe aussi le procès-verbal, tous participent personnellement à la constatation d'une contravention et doivent être considérés comme les rédacteurs communs du procès-verbal qu'ils ont conjointement signé. • Crim. 28 mai 1980 : *Bull. crim. n° 159* • 9 févr. 1981 : *Bull. crim. n° 49; RSC 1981. 376, obs. Vitu.* ♦ Doivent aussi être considérés comme les rédacteurs communs du procès-verbal l'agent qui met en œuvre le cinémomètre et celui qui, placé à une certaine distance, reçoit et consigne les indications du premier, alors même qu'un seul d'entre eux en est le signataire. • Crim. 12 févr. 1997, n° 96-82.831 P : *Gaz. Pal. 1997. 1. Chron. crim. 124.*

44. Participent personnellement à la constatation d'une infraction d'excès de vitesse et doivent être considérés comme les rédacteurs communs du procès-verbal, même si un seul d'entre eux en est le signataire, aussi bien l'agent qui met en œuvre le cinémomètre que celui qui, placé à une certaine distance, reçoit et consigne les indications du premier. • Crim. 4 déc. 2001 : *Jurispr. auto 2002. 121.* ♦ Jurisprudence constante, V. en dernier lieu, • Crim. 8 juin 2006, n° 06-81.293 P : *AJ pénal 2006. 366 ; Jurispr. auto 2006. 384 ; RSC 2007. 589, obs. Buisson .*

45. Un procès-verbal doit être signé par les agents de la force publique qui ont un rôle dans la constatation d'une infraction ; le gendarme qui met en œuvre le cinémomètre et celui qui, placé à une certaine distance, consigne les indications reçues du précédent, participent personnellement à la constatation d'une contravention d'excès de vitesse dans les termes de l'art. 429 C. pr. pén. ; il n'en est pas de même du gendarme motocycliste qui n'intervient que sur les instructions expresses du militaire chargé de l'appareil et n'a qu'un rôle d'exécutant. • Crim. 5 juill. 1994, n° 93-83.845 P : *D. 1994. IR 247* • 9 nov. 1994 : *Dr. pénal 1995, n° 40.*

46. Un procès-verbal est régulier s'il porte la signature des deux agents qui ont procédé aux constatations. • Amiens, 18 juin 2004 : *Jurispr. auto 2005. 141.* ♦ ... Et si n'est pas rapportée la preuve de l'intervention d'un troisième gendarme qui aurait disposé seul d'un élément d'établissement de l'infraction. • Crim. 3 nov. 1994 : *Jurispr. auto 1995. 19.*

47. Un procès-verbal qui n'est pas signé par les agents verbalisateurs ne peut servir de fondement aux poursuites diligentées contre le prévenu. • T. pol. Béziers, 19 nov. 1987 : *Gaz. Pal. 1989. 1. Somm. 94.* ♦ Il en est de même d'un simple tampon humide portant l'empreinte des deux griffes des agents qui aurait pu être apposé par des tiers. • T. pol. Aulnay-sous-Bois, 18 nov. 1987 : *Gaz. Pal. 1988. 2. 624.* ♦ Est également irrégulier et dépourvu de toute valeur probante le procès-verbal qui n'a pas été signé sur-le-champ par les agents verbalisateurs, mais postérieurement à l'engagement des poursuites. • Toulouse, 7 févr. 2011 : *Dr. pénal 2011. Chron. 6, obs. Gauvin.*

48. En l'absence de signature provenant notamment de l'agent manipulant l'appareil, les juges peuvent fonder leur conviction non plus sur les constatations du procès-verbal mais sur les témoignages produits à la barre par les agents verbalisateurs. • Crim. 14 oct. 1987 : *Jurispr. auto 1988. 60.*

49. En l'absence de procès-verbal, le bordereau d'envoi du timbre-amende reproduisant les renseignements devant figurer sur le procès-verbal et visant la vitesse enregistrée, la vitesse retenue, le lieu, la date et l'heure de l'interpellation et portant la signature du verbalisateur suffit à justifier une décision de condamnation. • Crim. 22 mars 1995 : *Jurispr. auto 1995. 275.*

50. N'est pas justifié l'arrêt qui, pour déclarer un prévenu coupable d'excès de vitesse, retient que selon le procès-verbal la vitesse était limitée à 50 km/h à l'endroit où l'infraction a été constatée, sans préciser quel était le règlement applicable à cet endroit. • Crim. 22 mars 2000 : *Dr. pénal 2000. Comm. 90, obs. Robert.* ♦ Encourt la cassation l'arrêt qui accueille l'exception de nullité tirée du défaut de mention, sur le procès-verbal constatant une vitesse excessive d'un véhicule, du texte dérogatoire aux dispositions fixant à 90 km/h la vitesse maximale autorisée sur la voie considérée, dès lors que ledit procès-verbal indiquait le lieu exact de l'infraction et qu'il appartenait au juge de vérifier le règlement applicable à cet endroit. • Crim. 23 oct. 2007, n° 07-81.528 P : *D. 2007. AJ 2949 ; AJ pénal 2008. 34, note Céré ; Jurispr. auto 2008. 20* • 13 nov. 2008 : *Jurrispr. auto 2009. 22.*

51. Lieu de constatation d'un excès de vitesse. Aucune disposition législative ou réglementaire n'impose l'indication du lieu d'installation du cinémomètre dans le procès-verbal. Est dès lors justifié l'arrêt condamnant un prévenu pour excès de vitesse par des motifs dont il résulte qu'il n'existe aucune incertitude sur le lieu de constatation de l'infraction. • Crim. 28 mars 2012 : *Dr. pénal 2012, n° 88, note Robert ; ibid. Chron. 6, obs. Gauvin.* ♦ Le fait que le procès-verbal de constatation d'un excès de vitesse ne mentionne pas le lieu exact de sa commission (en l'espèce, le procès-verbal indiquait que le prévenu avait dépassé, sur la route départementale 611 à Soudan (79), la vitesse autorisée, fixée à 70 km/h) ne saurait suffire pour relaxer l'intéressé, dès lors qu'il n'est ni soutenu ni allégué par le contrevenant que la limitation de vitesse de 70 km/h, relevée par ce procès-verbal, n'était pas applicable sur la portion de la route concernée, ce qu'il appartenait, le cas échéant, au juge de vérifier, cet élément étant seul de nature à créer une indétermination de la vitesse autorisée en l'absence d'une indication plus précise du lieu de constatation de la contravention. • Crim. 17 nov. 2015, n° 14-83.019 : *Dr. pénal 2016. Chron. 7, obs. Gauvin.*

52. Lieu de commission d'un excès de vitesse constaté par un radar tronçon. Il résulte des dispositions de l'art. L. 130-9, dernier al., C. route que, lorsqu'un excès de vitesse est constaté par le relevé d'une vitesse moyenne, entre deux points d'une voie de circulation, supérieure à la vitesse maximale autorisée entre ces deux points, le lieu de commission de l'infraction est celui où a été réalisée la seconde constatation. Est en conséquence valable le procès-verbal qui mentionne comme lieu de commission d'un excès de vitesse constaté par un radar tronçon le point kilométrique où se trouve implanté l'appareil de contrôle de sortie de tronçon sur lequel s'est appliqué le contrôle. • Crim. 13 mai 2015, n° 14-83.559 P : *D. 2015. 1100 ; D. actu. 1er juin 2015, obs. Priou-Alibert ; Dr. pénal 2015, n° 111, note Robert ; ibid. Chron. 7, obs. Gauvin ; AJ pénal 2015. 603, note Céré.*

53. Absence de notification des droits attachés à une audition libre. Un prévenu ne saurait soulever la nullité d'un procès-verbal pour absence de notification des droits attachés à une audition libre (droits de quitter les lieux, d'être assisté par un avocat ou de garder le silence) dès lors que celui-ci, interpellé sur la voie publique à la suite d'un contrôle routier, ne se trouve pas dans des locaux de police ou de gendarmerie mais est entendu sur les lieux du contrôle. • Crim. 23 janv. 2018, n° 17-81.035 • 22 janv. 2019, n° 18-82.026.

II. LES AUTRES MODES DE PREUVE DE LA VITESSE

54. Aucun texte de loi n'impose l'emploi d'un cinémomètre pour constater l'infraction d'excès de vitesse, le juge conservant, à cet égard, toute latitude pour établir sa conviction. • Crim. 14 nov. 2001 : *Jurispr. auto 2002. 176.* ♦ Ainsi, les juges peuvent fonder leur conviction tant sur les procès-verbaux de police et de gendarmerie que sur des présomptions de fait dont ils apprécient la force probante. • Crim. 19 avr. 1988 : *Jurispr. auto 1988. 337.* ♦ Il y a lieu de relaxer le prévenu des fins de la poursuite sans frais ni dépens dès lors que les faits reprochés ne se sont pas produits à la date indiquée sur le procès-verbal. • T. pol. Lons-le-Saunier, 18 oct. 1996 : *Jurispr. auto 1997. 66.*

55. Compteur du véhicule. Doit être cassé l'arrêt qui, pour relaxer le prévenu poursuivi pour n'avoir pas gardé la maîtrise de la vitesse de son véhicule en la réglant en fonction des circonstances, relève que les agents verbalisateurs n'ont pas réellement constaté la vitesse à laquelle il roulait mais l'ont seulement estimée par référence aux indications du compteur de leur propre véhicule, dès lors que les juges du fond ne se sont pas expliqués sur les circonstances permettant de remettre en cause les constatations des gendarmes. • Crim. 29 sept. 1999 : *D. 2000. 374, note Céré ; Dr. pénal 2000. Comm. 31, obs. Robert.* ♦ Sur la prise en compte, comme moyen de preuve d'un excès de vitesse, des observations faites par les gendarmes au compteur de leur propre véhicule, relatées, en outre, dans un procès-verbal, V. : • Toulouse, 20 janv. 2000 : *D. 2000. IR 181* • Toulouse, 27 sept. 2001 : *JCP 2002. IV. 1466.* ♦ La preuve de l'excès de vitesse peut également être rapportée par le témoignage d'un commissaire de police qui a constaté les faits par rapport au compteur qui équipe son propre véhicule. • Crim. 12 févr. 2002 : *Jurispr. auto 2002. 166.* ♦ L'emploi d'un cinémomètre n'est en effet pas le seul mode de preuve d'un excès de vitesse. • Crim. 18 sept. 2007, n° 06-89.496 P : *D. 2007. AJ 2671 ; AJ pénal 2007. 534.*

56. Hors les cas où la loi en dispose autrement, les infractions peuvent être établies par tout mode de preuve et le juge décide d'après son intime conviction ; ainsi pour déclarer un prévenu coupable d'excès de vitesse une cour d'appel peut à bon droit déduire la conviction que le conducteur avait enfreint la limitation de vitesse non seulement des constatations du procès-verbal mais encore des témoignages produits à la barre par les agents verbalisateurs et d'autres considérations de fait. • Crim. 1er oct. 1980 : *Gaz. Pal. 1981. Somm. 146, note Vivier ; RSC 1981. 377, obs. Vitu.* ♦ Il appartient aux juges du fond de préciser les éléments sur lesquels ils se fondent de façon à mettre la Cour de cassation en mesure d'assurer son contrôle. • Crim. 14 oct. 1987 : *Jurispr. auto 1988. 60.*

57. Une cour d'appel peut estimer que même si les conditions du contrôle sont irrégulières (cinémomètre par temps de pluie) l'infraction est réalisée dès lors que le prévenu reconnaît avoir roulé à la vitesse constatée. • Crim. 11 févr. 1992 : *Jurispr. auto 1992. 284.*

58. Doit être condamné l'automobiliste qui heurte mortellement un cycliste dans un virage dès lors que sa vitesse excessive est constatée par un chauffeur de car professionnel de la route et que la présence de gravillons était signalée par un panneau. • Orléans, 24 juin 1991 : *Juris-Data nº 049210.*

59. Des gendarmes ont pu utilement constater au tachymètre de leur propre voiture et grâce à un chronométrage par rapport aux bornes kilométriques qu'un automobiliste roulait à une vitesse excessive, la filature ayant duré en l'espèce 58 km. De l'ensemble des éléments du dossier il résulte des indices sérieux et concordants qui amènent la cour d'appel à confirmer le jugement sur la culpabilité ; le moyen se borne à mettre en question l'appréciation souveraine des faits. • Crim. 5 févr. 1992 : *Jurispr. auto 1992. 289* • 3 juin 1992 : *Jurispr. auto 1992. 413.* ♦ *Contra :* • T. pol. Chambéry, 16 déc. 1986 : *Gaz. Pal. 1987. 1. Somm. 113* • T. pol. Béziers, 5 févr. 1986 : *Gaz. Pal. 1986. 2. 447.*

III. RESPONSABILITÉ

60. La contrainte morale n'exonère l'auteur de toute responsabilité qu'à condition qu'il n'ait pas été possible d'y résister. Un garagiste ayant commis un excès de vitesse au titre d'un « essai technique » sur le véhicule d'un client ne peut prétendre avoir subi une telle contrainte dans la mesure où il devait être doté des matériels nécessaires à la détection et à la réparation des véhicules défectueux. • Limoges, 24 mai 2000 : *Jurispr. auto 2001. 377.*

IV. PEINES

61. Non-cumul des peines. Il résulte des dispositions des art. 132-3 et 132-7 C. pén. que, lorsque, à l'occasion d'une même procédure, plusieurs peines de même nature, à l'exception des amendes pour contraventions, sont encourues pour des infractions en concours, il ne peut être prononcé qu'une seule peine de cette nature dans la limite du maximum légal le plus élevé. Est en conséquence cassé, en ses seules dispositions relatives aux peines de suspension du permis de conduire, l'arrêt de la cour d'appel qui a prononcé deux peines complémentaires de trois mois de suspension du permis de conduire en répression de deux contraventions d'excès de vitesse d'au moins 50 km/h. • Crim. 22 juin 2010 : *Bull. crim. nº 113.*

62. Constitutionnalité de la peine complémentaire de confiscation. Saisi d'une question prioritaire de constitutionnalité portant sur l'art. 131-21 C. pén., instituant la peine complémentaire de confiscation, le Conseil constitutionnel a jugé que l'existence d'une telle peine ne méconnaissait pas, en elle-même, le principe de nécessité des peines ; que, compte tenu de la gravité des infractions auxquelles elles sont applicables et des biens qui peuvent en faire l'objet, les peines de confiscation prévues par ledit article n'étaient pas manifestement disproportionnées ; et que l'art. 131-21 C. pén., qui préserve le droit de propriété des tiers de bonne foi, n'était contraire à aucun autre droit ou liberté que la Constitution garantit. • Cons. const., QPC, 26 nov. 2010 : *Cah. cons. const. nº 30; AJ pénal 2011. 21, note Perrier ; JCP 2011. 15, note Robert ; Gaz. Pal. 6 janv. 2011, p. 14, note Dreyer.* ♦ Concernant la peine complémentaire de confiscation prévue à l'art. R. 413-14-1 C. route, le Conseil constitutionnel n'est en revanche pas compétent pour en apprécier la conformité aux principes de nécessité et de proportionnalité des peines, dès lors que s'agissant de la répression des contraventions, il appartient au pouvoir réglementaire, dans l'exercice de la compétence qu'il tient de l'art. 37 de la Constitution et sous le contrôle des juridictions compétentes, de fixer, dans le respect des exigences de l'art. 8 DDH, les peines applicables aux contraventions qu'il définit. • Même décision.

63. Conventionnalité de la peine complémentaire de confiscation. La peine complémentaire de confiscation prévue à l'art. R. 413-14-1 C. route, à caractère principalement dissuasif, dont l'objet est de lutter plus efficacement contre les grands excès de vitesse et de réduire le nombre de morts et de blessés causés par les accidents de la route, répond à un impératif d'intérêt général et ne méconnaît aucun des principes conventionnels formulés à l'art. 7 Conv. EDH et à l'art. 1er du 1er protocole additionnel à cette convention. • Crim. 10 févr. 2016, nº 15-82.324 P : *D. 2016. 425 ; ibid. 2424, obs. Ginestet ; Gaz. Pal. 26 avr. 2016, note. Detraz ; Dr. pénal 2016. Chron. 7, obs. Gauvin.* ♦ Sur la conformité à l'art. 1er du 1er protocole additionnel à la Conv. EDH de la peine de confiscation d'un véhicule prononcée à l'encontre d'un prévenu, V. aussi • Crim. 13 juin 2017, nº 16-83.201 P : *D. 2017. 1035* (déclarant irrecevable un tel moyen dès lors qu'il est invoqué pour la première fois devant la Cour de cassation).

64. Dispense de peine. A été dispensé de peine un prévenu ayant dépassé de 1 km/h la vitesse maximale autorisée (111 km/h au lieu de 110) au motif que celui-ci avait déjà versé une consignation de 180 euros et qu'il n'était pas évident que le trouble, pour monstrueusement effrayant qu'il puisse paraître, résultant de ce kilomètre par heure supplémentaire, justifiât une répression aggravée, le prévenu ayant par ailleurs reconnu les faits reprochés et n'apparaissant nullement dangereux pour autrui. • Amiens, 9 janv. 2009 : *Dr. pénal 2009. Chron. 7, obs. Gauvin.* ♦ V. égal. jurispr. citée ss. art. 530-1 C. pr. pén., App., vº *Infractions.*

65. Ne peut en revanche être dispensé de peine le titulaire du certificat d'immatriculation d'un véhicule déclaré redevable pécuniairement de l'amende encourue pour excès de vitesse en application de l'art. L. 121-3 C. route, la personne déclarée redevable n'étant pas responsable pénalement de l'infraction. • Crim. 8 nov. 2011, nº 11-81.753 : *Dr. pénal 2012, nº 23, note Robert.*

♦ Il résulte en effet de l'art. 132-58 C. pén. que seul un prévenu déclaré coupable de contraventions à la réglementation sur les vitesses maximales autorisées peut se voir appliquer une dispense de peine. • Crim. 8 mars 2016, n° 15-83.561 : *Gaz. Pal. 19 juill. 2016, n° 27, p. 47, note Detraz.*

Art. R. 413-15 *(Décr. n° 2003-642 du 11 juill. 2003, art. 5-VI)* **I. — Le fait de détenir ou de transporter un appareil, dispositif ou produit de nature ou présenté comme étant de nature à déceler la présence ou perturber le fonctionnement d'appareils, instruments ou systèmes servant à la constatation des infractions à la législation ou à la réglementation de la circulation routière ou de permettre de se soustraire à la constatation desdites infractions est puni de l'amende prévue pour les contraventions de la cinquième classe.**

Le fait de faire usage d'un appareil, dispositif ou produit de même nature est puni des mêmes peines.

II. — Cet appareil, ce dispositif ou ce produit est saisi. Lorsque l'appareil, le dispositif ou le produit est placé, adapté ou appliqué sur un véhicule, ce véhicule peut également être saisi.

III. — Toute personne coupable de l'infraction prévue au présent article encourt également les peines complémentaires suivantes :

1° La peine complémentaire de suspension, pour une durée de trois ans au plus, du permis de conduire, cette suspension pouvant être limitée à la conduite en dehors de l'activité professionnelle ;

2° La confiscation du véhicule, lorsque le dispositif qui a servi ou était destiné à commettre l'infraction est placé, adapté ou appliqué sur un véhicule.

Toute condamnation donne lieu de plein droit à la confiscation du dispositif qui a servi ou était destiné à commettre l'infraction.

IV. — Cette contravention donne lieu de plein droit à la réduction de *(Décr. n° 2012-3 du 3 janv. 2012, art. 22)* **« six » points du permis de conduire.**

(Décr. n° 2012-3 du 3 janv. 2012, art. 22) **« V. — Les dispositions du présent article sont également applicables aux dispositifs ou produits visant à avertir ou informer de la localisation d'appareils, instruments ou systèmes servant à la constatation des infractions à la législation ou à la réglementation de la circulation routière. »**

COMMENTAIRE

Détecteurs de radars. Les dispositions du présent article ont été modifiées par le décret n° 2003-642 du 11 juillet 2003 pour tenir compte de la transformation en délit d'une partie des comportements prohibés auparavant par l'article R. 413-15. Depuis la loi du 12 juin 2003, la mise en vente et la vente d'appareils, de dispositifs ou de produits détecteurs de radars (car décelant leur présence) ou « anti-radars » (car perturbant leur fonctionnement) constituent un délit prévu à l'article L. 413-2. Rappelons d'ailleurs que celui-ci incrimine non seulement la mise en vente ou la vente comme l'ancienne contravention, mais aussi la fabrication, l'importation, l'exportation, l'offre, la proposition à la location, ainsi que l'incitation à acheter ou utiliser de tels appareils, dispositifs ou produits… La détention, le transport et l'usage de tels dispositifs sont en revanche demeurés une contravention de cinquième classe prévue par les présentes dispositions. Comme sous l'empire de l'ancien article R. 413-15, saisie et confiscation des appareils et dispositifs sont obligatoires, celles du véhicule où sont placés ces appareils et dispositifs facultatives. Le contrevenant encourt toujours la peine complémentaire de suspension du permis de conduire, mais aussi depuis le décret de 2003, un retrait de points sur son permis de conduire. Initialement sanctionnée d'un retrait de deux points, la présente contravention donne lieu à un retrait de six points depuis le décret n° 2012-3 du 3 janvier 2012. Ce décret a, en outre, étendu le domaine d'application de l'article R. 413-15.

Avertisseurs de radars. Depuis le décret du 3 janvier 2012, l'article R. 413-15 permet également de sanctionner la détention, le transport ou l'usage d'appareils avertisseurs de radars (car visant à avertir ou à informer le conducteur d'un véhicule de leur localisation). On se souvient que l'annonce, en mai 2011, de l'intention des pouvoirs publics d'interdire l'utilisation de ces appareils, mais aussi, dans le même temps, de supprimer les panneaux de signalisation annonçant les radars fixes, avait été fortement contestée. Cette contestation conduira les fabricants d'avertisseurs de radars à se regrouper en association appelant les utilisateurs à manifester contre l'interdiction annoncée. Elle conduira également l'Assemblée nationale à mettre en place une mission d'information relative à l'analyse des causes des accidents de la circulation et à la prévention routière... Finalement, concernant les avertisseurs de radars, un protocole d'accord sera conclu le 28 juillet 2011 entre l'Association regroupant fournisseurs et utilisateurs de ces appareils et le ministre de l'Intérieur, par lequel les fabricants vont alors accepter de transformer les avertisseurs de radars en outils d'aide à la conduite.

Depuis lors, les appareils commercialisés n'indiquent plus la localisation des radars fixes ou mobiles, mais se contentent de signaler les sections de voies dangereuses ou des points de danger précis... Les avertisseurs de radars n'existant plus ou, en tout cas, n'étant plus commercialisés en tant que tels, les pouvoirs publics ont donc pu ensuite concrétiser leur intention de mai 2011 d'interdire leur utilisation. Et c'est l'objet des modifications apportées au présent article par le décret du 3 janvier 2012 qui est venu prévoir que celui qui détient, transporte ou utilise un appareil avertisseur de radars s'expose aux mêmes peines que celui qui détient, transporte ou utilise un appareil détecteur de radars ou anti-radars.

Signalement interdit de certains contrôles routiers par les services électroniques d'aide à la conduite ou à la navigation. Voir l'article L. 130-11 et son commentaire. ❑

1. Conventionnalité de l'art. R. 413-15-V. A été rejetée la requête en annulation des dispositions du Décr. du 3 janv. 2012 introduisant un § V à l'art. R. 413-15 permettant de sanctionner la détention, le transport ou l'usage d'appareils avertisseurs de radars. Le Conseil d'État a notamment jugé que ces dispositions n'étaient pas contraires à la liberté de communiquer ou de recevoir des informations consacrée par l'art. 10 Conv. EDH, dès lors que, d'une part, elles ne prohibent pas le fait d'avertir ou d'informer de la localisation d'appareils, instruments ou systèmes servant à la constatation des infractions à la législation ou à la réglementation de la circulation routière mais uniquement la détention, le transport et l'usage des dispositifs et produits ayant spécifiquement cette fonction et que, d'autre part, la mesure d'interdiction qu'elles impliquent, compte tenu des impératifs de sécurité des conducteurs de véhicules automobiles et des personnes transportées ainsi que de l'utilité des radars pour inciter les conducteurs à maîtriser leur vitesse de circulation, ne porte pas à la liberté de communiquer ou de recevoir des informations une atteinte disproportionnée aux objectifs d'ordre et de sûreté publics poursuivis. Le Conseil d'État a également précisé que ces dispositions ne portaient pas atteinte aux stipulations sur le droit de propriété de l'art. 1er, § 1, du 1er prot. add. Conv. EDH, en jugeant que si la confiscation du dispositif ou du produit ainsi que la possibilité ouverte, à titre de peine complémentaire, de confisquer le véhicule sur lequel le dispositif est placé, adapté ou appliqué, peuvent emporter une privation du droit de propriété, de telles mesures, eu égard à la gravité de l'infraction en cause, aux biens qui peuvent en faire l'objet et, s'agissant du véhicule, au fait que la confiscation ne peut être prononcée que si le juge pénal en décide spécialement dans une affaire déterminée en tenant compte de l'ensemble des circonstances de celle-ci, ne méconnaissent pas l'exigence de juste équilibre entre l'atteinte portée au droit de propriété et les motifs d'ordre public et de sécurité des personnes qui les justifient. • CE 6 mars 2013, n° 355815 : *Jurispr. auto 2013, n° 852, p. 32, note Jamoteau et Rouiller.*

2. Utilisation d'un réseau social pour signaler l'emplacement des radars. Les dispositions de l'art. R. 413-15, I, C. route ne permettent pas de sanctionner les membres d'un groupe de discussion signalant sur le réseau social Facebook la localisation des radars dans un département, dès lors qu'elles ne prohibent pas le fait d'avertir ou d'informer de la localisation d'appareils, instruments ou systèmes servant à la constatation des infractions à la législation ou à la réglementation de la circulation routière, mais uniquement la détention, le transport et l'usage de dispositifs ou produits de nature ou présentés comme étant de nature à déceler la présence ou perturber le fonctionnement d'appareils, instruments ou systèmes servant à la constatation des infractions à la législation ou à la réglementation de la circulation routière ou à permettre de se soustraire à la constatation desdites infractions. • Crim. 6 sept. 2016, n° 15-86.412 : *D. actu. 8 sept. 2016, obs. Lavric; D. 2016. 1757 ; ibid. 2424, obs. Miniato ; CCE 2016, n° 82, note Lepage; JCP 2016. 1246, note Desessard; AJ pénal 2016. 534, note Thierry ; Dr. pénal 2016. n° 172, note Robert; ibid. 2017. Chron. 7, obs. Gauvin.* ♦ L'utilisation d'un réseau social, tel Facebook, sur lequel les internautes inscrits échangent des informations, depuis un ordinateur ou un téléphone mobile, concernant la localisation de contrôles de vitesse, ne peut par ailleurs être considérée comme l'usage d'un dispositif de nature à se soustraire à la constatation des infractions routières au sens de l'art. R. 413-15 C. route, dès lors que le réseau social en cause, qui n'a ni pour fonction unique de regrouper les informations relatives à l'existence de contrôles routiers en France, ni pour seul but de permettre d'éviter ces contrôles, ne peut se voir qualifier de dispositif incriminé par le texte précité. • Montpellier, 21 sept. 2015 : *Dr. pénal 2015, Chron. 10, obs. Lepage; ibid. 2016. Chron. 7, obs. Gauvin.* ♦ Infirmant • T. corr. Rodez, 3 déc. 2014 : *Gaz. Pal. 29 janv. 2015, p. 11, note Josseaume et Galandrin.*

Art. R. 413-16 Le fait pour tout conducteur d'un véhicule autre qu'un véhicule à moteur de contrevenir aux dispositions du présent code relatives à la vitesse maximale autorisée est puni de l'amende prévue pour les contraventions de la deuxième classe. – *[Anc. art. R. 233, al. 1er et 3.]*

SECTION 2 Maîtrise de la vitesse

COMMENTAIRE

Article R. 413-17. Il ne suffit pas de respecter les vitesses maximales autorisées par le présent code ; tout conducteur doit également rester maître de son véhicule en fonction de sa vitesse, qu'il doit adapter aux circonstances, en tenant compte, comme l'indique le paragraphe II de l'article R. 413-17, de l'état de la chaussée, des difficultés de la circulation, notamment sur les voies adjacentes (précision apportée par le Décr. n° 2023-563 du 5 juill. 2023) et des obstacles prévisibles. L'article R. 413-17 donne en outre, dans son paragraphe III, une liste de cas où la vitesse doit être réduite : lors des croisements et dépassements des piétons, des cyclistes ou encore des véhicules de transport en commun au moment de la descente et de la montée des voyageurs ; dans les virages ; à l'approche des sommets de côte ; ou encore, depuis le décret n° 2018-795 du 17 septembre 2018, lors du croisement ou du dépassement de certains véhicules, immobilisé ou circulant à faible allure sur un accotement, une bande d'arrêt d'urgence ou une chaussée, en lien avec la création des dispositions de l'article R. 412-11-1. Par ailleurs, en dehors de ces hypothèses, le conducteur qui n'aurait pas réduit sa vitesse peut toujours se le voir reprocher sur la base du paragraphe II de l'article R. 413-17 qui oblige le conducteur à régler, donc éventuellement à réduire, sa vitesse en fonction des circonstances. Le paragraphe IV de cet article incrimine, ce faisant, à la fois le fait de ne pas rester maître de sa vitesse et celui de ne pas la réduire dans les cas énumérés.

Adapter sa vitesse aux circonstances, c'est également circuler à une allure très réduite lors d'un stationnement sur un trottoir ou un terre-plein (art. R. 413-18) ou, au contraire, circuler à une vitesse suffisamment rapide pour ne pas gêner la marche normale des autres véhicules, notamment sur autoroute (art. R. 413-19).

Excès de vitesse et maîtrise de la vitesse. Les deux infractions différentes des articles R. 413-14 et R. 413-17 méritent d'être rapprochées, car en pratique si la preuve exacte de la vitesse du véhicule n'est pas rapportée, l'utilisation de l'article R. 413-17 peut être envisagée (texte qui est par ailleurs souvent retenu en cas d'accident de la circulation). Autrement dit, les deux articles sont complémentaires. Mais il convient de noter d'une part que l'article R. 413-17 n'est pas applicable au propriétaire du véhicule non identifié comme conducteur (par interprétation stricte de l'article L. 121-3) et que le contrevenant n'encourt rien d'autre que l'amende prévue pour les contraventions de quatrième classe (en particulier pas de retrait de points). ❑

Art. R. 413-17 I. — Les vitesses maximales autorisées par les dispositions du présent code, ainsi que celles plus réduites éventuellement prescrites par les autorités investies du pouvoir de police de la circulation, ne s'entendent que dans des conditions optimales de circulation : bonnes conditions atmosphériques, trafic fluide, véhicule en bon état.

II. — Elles ne dispensent en aucun cas le conducteur de rester constamment maître de sa vitesse et de régler cette dernière en fonction de l'état de la chaussée, des difficultés de la circulation *(Décr. n° 2023-563 du 5 juill. 2023, art. 11)* **« , notamment sur les voies adjacentes » et des obstacles prévisibles.**

III. — Sa vitesse doit être réduite :

1° Lors du croisement ou du dépassement de piétons *(Décr. n° 2018-795 du 17 sept. 2018, art. 12)* **« y compris ceux ayant quitté un véhicule » ou de cyclistes isolés ou en groupe ;**

(Décr. n° 2018-795 du 17 sept. 2018, art. 12) **« 1° *bis* Lors du croisement ou du dépassement de tout véhicule, immobilisé ou circulant à faible allure sur un accotement, une bande d'arrêt d'urgence ou une chaussée, équipé des feux spéciaux mentionnés aux articles R. 313-27 et R. 313-28 ou dont le conducteur fait usage de ses feux de détresse dans les conditions prévues au premier alinéa de l'article R. 416-18 ; »**

2° Lors du dépassement de convois à l'arrêt ;

3° Lors du croisement ou du dépassement de véhicules de transport en commun ou de véhicules affectés au transport d'enfants et faisant l'objet d'une signalisation spéciale, au moment de la descente et de la montée des voyageurs ;

4° Dans tous les cas où la route ne lui apparaît pas entièrement dégagée, ou risque d'être glissante ;

5° Lorsque les conditions de visibilité sont insuffisantes (temps de pluie et autres précipitations, brouillard...) ;

6° Dans les virages ;

7° Dans les descentes rapides ;

8° Dans les sections de routes étroites ou encombrées ou bordées d'habitations ;

9° A l'approche des sommets de côtes et des intersections où la visibilité n'est pas assurée ;

10° Lorsqu'il fait usage de dispositifs spéciaux d'éclairage et en particulier de ses feux de croisement ;

11° Lors du croisement ou du dépassement d'animaux.

IV. — Le fait, pour tout conducteur, de ne pas rester maître de sa vitesse ou de ne pas la réduire dans les cas prévus au présent article est puni de l'amende prévue pour les contraventions de la quatrième classe. — *[Anc. art. R. 11-1 et R. 232, al. 1er et 3 à 5.]*

1. Doit être cassé l'arrêt qui, pour relaxer le prévenu poursuivi pour n'avoir pas gardé la maîtrise de la vitesse de son véhicule en la réglant en fonction des circonstances, relève que les agents verbalisateurs n'ont pas réellement constaté la vitesse à laquelle il roulait mais l'ont seulement estimée par référence aux indications du compteur de leur propre véhicule, dès lors que les juges du fond ne se sont pas expliqués sur les circonstances permettant de remettre en cause les constatations des gendarmes. • Crim. 29 sept. 1999 : *D. 2000. 374, note Céré ; Dr. pénal 2000. Comm. 31, obs. Robert.* ♦ L'emploi d'un cinémomètre n'est en effet pas le seul mode de preuve d'un excès de vitesse. • Crim. 18 sept. 2007, n° 06-89.496 P : *D. 2007. AJ 2671 ; AJ pénal 2007. 534.*

2. L'obligation faite à tout conducteur par l'art. R. 40 [C. route, art. R. 416-6] d'utiliser exclusivement les feux de croisement lorsque son véhicule risque d'éblouir d'autres usagers et notamment lorsqu'il s'apprête à croiser un autre véhicule, ne supprime pas celle énoncée à l'art. R. 11-1 du même code [C. route, art. R. 413-17] prescrivant à tout conducteur de réduire sa vitesse lorsque la visibilité est limitée du fait de l'usage des feux de croisement. • Crim. 28 avr. 1987 : *Bull. crim. n° 168.*

3. En déduisant de l'observation de la vitesse réglementaire et de l'éblouissement de la conductrice le caractère inévitable de l'accident au lieu de rechercher si, en raison même de l'insuffisance de visibilité constatée, l'automobiliste n'aurait pas dû réduire sa vitesse en deçà de la limite normalement prévue par les règlements de manière à être à même d'arrêter son véhicule devant les obstacles se découvrant dans la limite de son champ de vision, les juges n'ont pas mis la Cour de cassation en mesure de s'assurer de la légalité de la décision au regard des dispositions du code de la route. • Crim. 18 déc. 1984 : *Bull. crim. n° 410.*

4. En constatant souverainement qu'un conducteur, qui circulait dans une rue où l'éclairage était insuffisant et alors qu'il pouvait aisément doubler le véhicule en stationnement qu'il a percuté, n'avait pas mené sa voiture avec prudence, d'où il résulte que le demandeur n'a pas réduit sa vitesse en fonction de la visibilité et des obstacles prévisibles, une cour d'appel fait une exacte application des dispositions du code de la route concernant la vitesse. • Crim. 18 janv. 1978 : *JCP 1979. II. 19244.*

5. L'art. R. 413-17 C. route réprime, non seulement le défaut de réduction de la vitesse d'un véhicule dans les cas prévus au paragraphe III dudit article, mais aussi le défaut de maîtrise de la vitesse eu égard aux circonstances visées par le paragraphe II du texte précité. Encourt dès lors la censure l'arrêt de la cour d'appel qui, alors que le conducteur avait heurté l'avant gauche d'un véhicule à l'issue d'une marche arrière effectuée de biais, renvoie l'intéressé des fins de la poursuite au motif que les faits ne caractérisent nullement l'infraction prévue par l'art. R. 413-17, IV, C. route et ne sont susceptibles de recevoir aucune autre qualification pénale. • Crim. 5 déc. 2007, n° 07-83.935 P : *AJ pénal 2008. 138 ; Jurispr. auto 2008. 82.* ♦ La conduite en vue d'un stationnement implique nécessairement une grande prudence dans les manœuvres, et cela est d'autant plus vrai si le véhicule concerné est un 4×4 dans lequel le conducteur a une position surélevée. Est par conséquent coupable de défaut de maîtrise le conducteur d'un 4×4 qui, en se garant, endommage un véhicule en stationnement, peu importe qu'aucune vitesse excessive n'ait été constatée par le témoin. • Douai, 17 juin 2008 : *Jurispr. auto 2008. 642.*

6. Est relaxé le prévenu qui, après avoir freiné légèrement dans une courbe, effectue un tête-à-queue. Dès lors que son comportement n'a existé qu'à cause d'une perte d'adhérence imprévisible de la chaussée, il ne peut constituer une faute pénale caractérisant un défaut de maîtrise. Même un véhicule lent pouvait glisser. • Agen, 14 mai 1993 : *Juris-Data n° 043701.* ♦ La seule circonstance que le véhicule a heurté les glissières de sécurité de l'autoroute après que son conducteur en eut perdu la maîtrise ne suffit pas à établir l'existence d'une infraction aux dispositions de l'art. R. 11-1 [C. route, art. R. 413-17] ; par suite le préfet ne peut légalement, au seul vu du procès-verbal, prononcer une suspension du permis de conduire du conducteur et l'arrêté préfectoral peut être annulé par le tribunal administratif. • CE 19 févr. 1993 : *Jurispr. auto 1993. 332.* ♦ Mais est coupable de défaut de maîtrise d'un véhicule en raison d'une vitesse excessive eu égard aux circonstances le conducteur d'un ensemble routier heurtant un rail de sécurité et la rambarde d'un pont, la présence de gravillons et de boue sur la chaussée ne pouvant être considérée comme un fait justificatif ; le conducteur doit en effet régler sa vitesse et le déplacement de son ensemble routier en fonction de l'état de la chaussée. • Versailles, 7e ch., 8 févr. 1990 : *Juris-Data n° 040108.*

7. La présence de verglas sur la route ne saurait de façon générale et absolue constituer un fait imprévisible et inévitable caractérisant la force majeure ; il en est autrement lorsque les juges du fond constatent qu'il n'existait pas de signalisation avertissant du danger et que celui-ci par temps sec était très étroitement localisé. • Crim. 11 avr. 1970 : *Bull. crim. n° 117.* ♦ Mais commet une faute qui a été la cause exclusive de l'accident, en ne limitant pas sa vitesse en fonction des difficultés prévisibles de circulation, le conducteur qui a dérapé sur une plaque de verglas et a perdu le contrôle de son véhicule alors que la présence de verglas sur la chaussée n'était pas imprévisible et irrésistible pour un conducteur qui était un usager habituel de la route souvent verglacée en période hivernale. La faute ainsi commise par le conducteur a pour effet d'exclure l'indemnisation des dommages qu'il a subis. • Metz, 22 févr. 1995 : *inédit.*

8. Il résulte des dispositions de l'art. R. 413-17 que les vitesses maximales autorisées ne s'entendent que dans des conditions optimales de circulation et ne dispensent en aucun cas le conducteur de rester constamment maître de sa vitesse et de la régler en fonction de l'état de la chaussée, des difficultés de circulation et des obstacles prévisibles ; dès lors commet une faute qui a été la cause exclusive de l'accident, le conducteur qui a quitté son couloir de circulation vers la gauche pour éviter un arbre tombé en travers de la route et a heurté de face un poids lourd circulant en sens inverse ; la chute de l'arbre n'étant nullement imprévisible, en raison d'une tempête particulièrement violente qui avait sévi pendant la nuit. • Rouen, 2 juin 2005 : *Jurispr. auto 2006. 331.*

9. Il y a lieu de dire qu'un prévenu a agi sous l'empire de la nécessité et que ce fait justificatif doit entraîner sa relaxe lorsque l'intéressé a été verbalisé pour excès de vitesse alors qu'il était en train de poursuivre une voiture dont les occupants venaient de lui tirer dessus à deux reprises et qu'il tentait en vain de relever le numéro d'immatriculation du véhicule. • Paris, 13e ch., 11 oct. 1983 : *Gaz. Pal. 1984. 1. 28, note Doucet.*

10. Viole le principe de l'autorité de la chose jugée la cour d'appel qui décide qu'un conducteur relaxé sur le fondement de l'art. R. 11-1 [C. route, art. R. 413-17] par le juge pénal, avait commis une faute constituée par un défaut de maîtrise, alors que l'article précité réprime également cette infraction. • Civ. 2e, 17 mai 1995 : *Jurispr. auto 1995. 407.*

11. Répression du défaut de maîtrise. Une disposition pénale nouvelle qui abroge le texte réprimant une infraction s'applique aux faits commis avant son entrée en vigueur et non définitivement jugés. Tel est le cas du Décr. du 28 août 1991, qui a abrogé l'art. R. 232 (2°) C. route réprimant le défaut de maîtrise prévu par son art. R. 11-1. En conséquence, doit être cassé d'office et sans renvoi l'arrêt qui condamne un prévenu de ce chef alors qu'au jour du prononcé de la décision le défaut de maîtrise était dépourvu de sanction pénale, et ce malgré le rétablissement de cette sanction par le Décr. du 23 nov. 1992 lorsqu'il a été statué sur le pourvoi. • Crim. 24 nov. 1993 (2 esp.), n° 93-84.377 P : *D. 1994. Somm. 259, obs. Couvrat et Massé* • 8 déc. 1993 : *Jurispr. auto 1994. 231* • 2 mars 1994, n° 92-13.242 P • 26 oct. 1994, n° 90-80.390 P. ♦ Mais les condamnations pour coups et blessures involontaires restent fondées. En effet, l'application des pénalités prévues par l'art. 320 (devenu 222-19) C. pén. n'étant pas subordonnée à l'existence d'une contravention légalement punissable, la circonstance qu'un fait infractionnel se trouve dépourvu de sanction pénale, par l'effet de l'abrogation du texte qui l'incrimine, ne met pas obstacle à ce qu'il soit retenu comme l'un des éléments constitutifs du délit de blessures involontaires. • Crim. 28 juin 1995 : *Jurispr. auto 1995. 446.*

12. Cumul d'infractions. Si la règle du non-cumul des peines exige qu'une seule peine soit prononcée lorsqu'une contravention et un délit découlent de faits procédant d'une même action coupable, il en est autrement lorsque les infractions considérées diffèrent dans leurs éléments constitutifs. Sont ainsi distincts la contravention de défaut de maîtrise de la vitesse d'un véhicule et le délit de conduite sous l'empire d'un état alcoolique, la première consistant dans l'inobservation de prescriptions réglementaires, le second étant constitué par la conduite d'un véhicule sous l'empire d'un état alcoolique sans rapport nécessaire avec la contravention. • Crim. 24 mars 1981, n° 81-93.338 P. ♦ Sont également distincts et sans rapport nécessaire : la contravention de défaut de maîtrise de la vitesse et le délit de fuite. • Crim. 18 mars 1992, n° 91-82.163 P : *Jurispr. auto 1992. 408 ; RSC 1993, obs Bouloc.* ♦ … La contravention de défaut de maîtrise de la vitesse et les infractions d'homicide et de blessures involontaires. • Crim.

11 janv. 2005 : *Jurispr. auto 2005. 459.* ♦ … La contravention de conduite d'un véhicule à une vitesse excessive prévue à l'art. R. 413-17 C. route et le délit de destruction ou détérioration involontaire du bien d'autrui par l'effet d'un incendie provoqué par un manquement à une obligation de prudence ou de sécurité imposée par la loi ou le règlement, prévu à l'art. 322-5 C. pén., qui constituent des infractions différentes qui, lorsqu'elles s'appliquent à un même fait, peuvent être réprimées distinctement. • Crim. 31 mars 2016, nº 15-85.082 P : *D. actu. 21 avr. 2016, obs. Goetz.*

13. Imputabilité des contraventions. Les contraventions réprimées par l'art. R. 232 C. route ne sont imputables qu'au conducteur du véhicule. • Crim. 17 sept. 1996, nº 95-85.829 P : *RSC 1997. 632, obs. Bouloc ; Jurispr. auto 1996. 496 ; BTL 1996. 778 ; Gaz. Pal. 1997. 1. Chron. crim. 25.*

14. Motivation de la peine d'amende. En application des art. 132-1 et 132-20 C. pén., 485, 543 et 593 C. pr. pén. et des principes constitutionnels tels que dégagés dans la décision nº 2017-694 QPC du 2 mars 2018, la juridiction qui prononce une peine d'amende en matière contraventionnelle doit motiver sa décision au regard des circonstances de l'infraction, de la personnalité et de la situation personnelle de son auteur, en tenant compte de ses ressources et de ses charges. • Crim. 30 mai 2018, nº 16-85.777 P : *D. actu. 8 juin 2018, obs. Goetz ; D. 2018. 1208 ; Dr. pénal 2018. nº 144, note Bonis ; Gaz. Pal. 26 juin 2018, p. 23, note Bachelet ; LPA 28 juin 2018, p. 8, note Dadoun ; JCP 2018. 951, note Bonis.* ♦ Doit toutefois être rejeté le pourvoi d'un prévenu condamné pour défaut de maitrise à 135 euros d'amende par un jugement ne contenant aucun motif relatif à l'amende prononcée, dès lors que celle-ci correspond à l'amende forfaitaire qui aurait été due si l'intéressé n'avait pas formulé de requête en exonération et qu'elle ne pouvait, en application de l'art. 530-1 C. pr. pén., être inférieure. • Même décision.

Art. R. 413-18 *(Décr. nº 2010-1390 du 12 nov. 2010)* « **Le conducteur d'un véhicule ou d'un engin qui circule dans un parc de stationnement aménagé sur un terre-plein ou qui franchit un trottoir ou y circule dans les conditions prévues à l'article R. 412-7 ne doit y rouler qu'à l'allure du pas et en prenant toute précaution afin de ne pas constituer un danger pour les piétons.** »

Le fait, pour tout conducteur, de contrevenir aux dispositions du présent article est puni de l'amende prévue pour les contraventions de la quatrième classe. — *[Anc. art. R. 220-3 et R. 232, al. 1er, 3 et 4.]*

Art. R. 413-19 Aucun conducteur ne doit gêner la marche normale des autres véhicules en circulant sans raison valable à une vitesse anormalement réduite. En particulier sur autoroute, lorsque la circulation est fluide et que les conditions atmosphériques permettent une visibilité et une adhérence suffisantes, les conducteurs utilisant la voie la plus à gauche ne peuvent circuler à une vitesse inférieure à 80 km/h.

Le fait, pour tout conducteur, de contrevenir aux dispositions du présent article est puni de l'amende prévue pour les contraventions de la deuxième classe. — *[Anc. art. R. 11, al. 1er et R. 233, al. 6.]*

CHAPITRE IV **CROISEMENT ET DÉPASSEMENT**

SECTION 1 **Croisement**

Art. R. 414-1 Les croisements s'effectuent à droite.

En cas de croisement de véhicules, chaque conducteur doit serrer sur sa droite autant que le lui permet la présence d'autres usagers.

Toutefois, certaines intersections peuvent être aménagées de façon telle que le conducteur doive, en fonction de la signalisation, serrer sur sa gauche pour permettre le croisement.

Le fait, pour tout conducteur, de contrevenir aux dispositions du présent article est puni de l'amende prévue pour les contraventions de la quatrième classe. — *[Anc. art. R. 12, R. 13 et R. 232, al. 1er et 6.]*

1. Est seul responsable le conducteur qui empiète sur la partie gauche de la chaussée. • Civ. 2e, 1er févr. 1968 : *D. 1968. 454* • 21 oct. 1987 : *Gaz. Pal. 1988. 1. Somm. 249* • 17 juill. 1991 : *Jurispr. auto 1991. 425* • 25 mai 1993 : *JCP 1993. IV. 1870.* ♦ Il ne peut se prévaloir de ce que le véhicule qui le croisait n'avait pas suffisamment serré à droite. • Crim. 6 janv. 1959 : *D. 1959. Somm. 45* • Civ. 2e, 9 déc. 1992 : *Jurispr. auto 1993. 235* • 6 janv. 1993 : *Jurispr. auto 1993. 135.* ♦ Une cour d'appel ne peut retenir pour décider d'un partage de responsabilité que l'un des conducteurs a contrevenu aux dispositions de l'art. R. 13 C. route [art. R. 414-1] en franchissant l'axe médian de la chaussée et que l'autre a aussi contrevenu aux prescriptions du même article en ne serrant pas au maximum sur sa droite. • Civ. 2e, 17 mars 1993 : *Jurispr. auto 1993. 567.* ♦ En sens contraire en faveur d'un partage de responsabilité : • Crim. 7 déc. 1967 : *D. 1968. 455.* ♦ Dans l'hypothèse d'un choc ayant lieu sur l'axe médian entre deux véhicules dont les conducteurs ont tous deux omis de tenir leur droite : • Civ. 2e, 8 déc. 1993 : *Jurispr. auto 1994. 136.*

2. A une intersection de routes, lorsque les trajectoires des véhicules ne se coupent pas, la responsabilité de la collision doit être appréciée en fonction des règles de croisement et non de celles de priorité ; commet une faute l'automobiliste qui, bien que venant de la droite, se tenait au milieu de la route avant de croiser un autre véhicule et n'a pas serré sur sa droite. • Civ. 2e, 23 janv. 1963 : *D. 1963. Somm. 86.*

3. Le prévenu qui omet de serrer sur sa droite et franchit l'axe médian de la chaussée au moment où son véhicule en croisait un autre contrevient non aux dispositions de l'art. R. 4 [C. route, art. R. 412-9] mais à celles de l'art. R. 13 [C. route, art. R. 414-1]. Si la peine prononcée en application de l'art. R. 4 [C. route, art. R. 412-9] entre dans les prévisions de celle édictée par l'art. R. 232 du même code, elle est justifiée aux termes de l'art. R. 598 C. pr. pén. • Crim. 21 janv. 1981 : *Bull. crim. n° 32.*

Art. R. 414-2 Dans tous les cas où l'insuffisance de la largeur libre de la chaussée, son profil ou son état ne permettent pas le croisement avec facilité et en toute sécurité, les conducteurs de véhicules dont le gabarit ou dont le chargement dépasse 2 mètres de largeur ou 7 mètres de longueur, remorque comprise, à l'exception des véhicules de transport en commun en agglomération, doivent réduire leur vitesse et, au besoin, s'arrêter ou se garer pour laisser le passage aux véhicules de dimensions inférieures.

Dans les mêmes cas, tous les usagers doivent réduire leur vitesse et, au besoin, s'arrêter ou se garer pour faciliter le passage d'un véhicule d'intérêt général faisant usage des avertisseurs spéciaux autorisés pour sa catégorie *(Décr. n° 2017-16 du 6 janv. 2017, art. 12 et 16, en vigueur le 1er mars 2017)* **« ou d'un transport exceptionnel mentionné à l'article R. 433-1 et de ses véhicules d'accompagnement mentionnés à l'article R. 433-17.**

« Dans les cas prévus au premier alinéa, le transport exceptionnel et ses véhicules d'accompagnement doivent réduire leur vitesse et, au besoin, s'arrêter ou se garer pour laisser le passage à un véhicule d'intérêt général faisant usage des avertisseurs spéciaux autorisés pour sa catégorie. »

Le fait, pour tout conducteur, de contrevenir aux dispositions du présent article est puni de l'amende prévue pour les contraventions de la quatrième classe. — *[Anc. art. R. 21 et R. 232, al. 1er et 6.]*

L'art. R. 21 [C. route, art. R. 414-9] exonère, à l'intérieur des agglomérations, les véhicules de transport en commun de personnes, de l'obligation de ralentir et en tant que de besoin de céder le passage à des véhicules de dimensions inférieures même si leur gabarit dépasse 2 mètres de largeur ou 7 mètres de longueur ; qu'il en découle au contraire que tous les autres véhicules, quelles que soient leurs dimensions, lorsque la largeur d'une chaussée ne permet pas le croisement, doivent ralentir ou leur céder le passage. • Civ. 2e, 18 févr. 1981 : *Bull. civ. II, n° 38.*

Art. R. 414-3 I. — Lorsque sur les routes de montagne et sur les routes à forte déclivité le croisement se révèle difficile, le véhicule descendant doit s'arrêter à temps le premier.

II. — S'il est impossible de croiser sans que l'un des deux véhicules soit contraint de faire marche arrière, cette obligation s'impose :

1° A un véhicule unique par rapport à un ensemble de véhicules ;

2° Au véhicule le plus léger des deux ;

3° A un véhicule de transports de marchandises d'un poids total autorisé en charge supérieur à 3,5 tonnes par rapport à un véhicule de transport en commun.

III. — Lorsqu'il s'agit de véhicules de la même catégorie, c'est le conducteur du véhicule descendant qui doit faire marche arrière, sauf si cela est manifestement plus facile pour le conducteur du véhicule montant, notamment si celui-ci se trouve près d'une place d'évitement.

IV. — Le fait, pour tout conducteur, de contrevenir aux dispositions du présent article est puni de l'amende prévue pour les contraventions de la quatrième classe. — *[Anc. art. R. 22 et R. 232, al. 1er et 6.]*

Art. R. 414-3-1 *(Décr. nº 2017-1279 du 9 août 2017, art. 33)* **Lorsqu'une épreuve, une course ou une compétition sportive bénéficie de l'usage exclusif temporaire de la chaussée, prévu au premier alinéa de l'article R. 411-30, tout conducteur d'un véhicule ou d'un engin qui circule sur la chaussée doit laisser le passage, s'arrêter ou se garer.**

La personne physique ou morale qui organise l'épreuve, la course ou la compétition sportive doit signaler, par un dispositif approprié et adapté au déroulement de l'épreuve, le passage de la manifestation sportive aux autres usagers de la chaussée, par l'intermédiaire des représentants mentionnés à l'article R. 411-31.

Les conducteurs visés au premier alinéa ne peuvent reprendre leur marche qu'au signalement des représentants mentionnés au deuxième alinéa ou après le passage du véhicule signalant la fin de la manifestation.

Le fait, pour tout conducteur, de contrevenir aux dispositions du présent article est puni de l'amende prévue pour les contraventions de la 4e classe.

SECTION 2 Dépassement

COMMENTAIRE

Rétablissement de la peine complémentaire de suspension du permis de conduire. La plupart des articles de cette section sur le dépassement ont été modifiés par le décret nº 2003-293 du 31 mars 2003. Il s'est agi ici de rétablir la peine complémentaire de suspension du permis de conduire qui avait été supprimée, en matière de dépassements dangereux ou interdits, par le décret nº 95-600 du 5 mai 1995. On sait que ce rétablissement vise non seulement à renforcer la répression de ce type de comportements, mais aussi et peut-être surtout à dissuader les contrevenants « forfaitisés » à contester leur amende devant le tribunal de police et désormais devant la juridiction de proximité (V. comm. ss. art. R. 234-1).

Deux catégories de dépassements irréguliers. Il apparaît, ce faisant, qu'il existe deux catégories de dépassements irréguliers : ceux qui, en sus d'une amende de quatrième classe, peuvent désormais entraîner une suspension du permis de conduire (V. art. R. 414-4, R. 414-6 à R. 414-8, R. 414-10, R. 414-11 et R. 414-16) et ceux sanctionnés uniquement de l'amende prévue pour les contraventions de la quatrième classe (V. art. R. 414-5, R. 414-9, R. 414-12 à R. 414-14). Il est vrai toutefois que cette distinction découlait déjà des anciennes dispositions, seuls les dépassements irréguliers de la première catégorie entraînant également un retrait de points sur le permis de conduire.

Dépassement sur voie enneigée ou verglacée. Doivent être mises à part les contraventions prévues à l'article R. 414-17. De création récente (Décr. nº 2002-530 du 30 avr. 2002), cet article concerne les dépassements sur une route dont l'une des voies au moins est enneigée ou verglacée. Afin d'améliorer la circulation dans un tel cas, ce texte interdit le dépassement et le changement de file aux poids lourds et ensembles de véhicules dont la longueur excède les sept mètres (V. également art. R. 412-25, al. 3), mais aussi pour l'ensemble des véhicules les dépassements des engins de service hivernal en action sur la chaussée. Or il s'agit, dans la présente section, des seuls cas de dépassements interdits pouvant actuellement être sanctionnés d'une suspension du permis de conduire, sans retrait de points.

Enfin, il faut remarquer la suppression à l'article R. 414-4, III, de la formule « en cas de nécessité ». Désormais, en cas de dépassement, tout conducteur doit donc avertir de son intention l'usager qu'il veut dépasser. ❑

Art. R. 414-4 **I. — Avant de dépasser, tout conducteur doit s'assurer qu'il peut le faire sans danger.**

II. — Il ne peut entreprendre le dépassement d'un véhicule que si :

1º Il a la possibilité de reprendre sa place dans le courant normal de la circulation sans gêner celle-ci ;

2º La vitesse relative des deux véhicules permettra d'effectuer le dépassement dans un temps suffisamment bref ;

3º Il n'est pas lui-même sur le point d'être dépassé.

III. — Il doit, en outre, *(Abrogé par Décr. nº 2003-536 du 20 juin 2003, art. 18)* ***« en cas de nécessité, »*** **avertir de son intention l'usager qu'il veut dépasser.**

IV. — Pour effectuer le dépassement, il doit se déporter suffisamment pour ne pas risquer de heurter l'usager qu'il veut dépasser. Il ne doit pas en tout cas s'en approcher latéralement à moins d'un mètre en agglomération et d'un mètre et demi hors agglomération s'il s'agit d'un véhicule à traction animale, d'un engin à deux ou à trois roues, d'un piéton, d'un cavalier ou d'un animal.

V. — Le fait, pour tout conducteur, de contrevenir aux dispositions des II à IV ci-dessus est puni de l'amende prévue pour les contraventions de la quatrième classe.

(Décr. nº 2003-293 du 31 mars 2003, art. 2-V) **« VI. — Tout conducteur qui contrevient aux dispositions des II à IV ci-dessus encourt également la peine complémentaire de suspension du permis de conduire pour une durée de trois ans au plus, cette suspension pouvant être limitée à la conduite en dehors de l'activité professionnelle.**

« VII. » — Cette contravention donne lieu de plein droit à la réduction de trois points du permis de conduire. — *[Anc. art. R. 14, al. 1er à 5, R. 232, al. 1er et 6 et R. 256, al. 13 à 23.]*

A. CHANGEMENT DE DIRECTION

1. Un cyclomotoriste commet une faute cause exclusive de l'accident s'il a entrepris contre toute attente et sans avertir de sa manœuvre de couper la route pour emprunter une voie sur la gauche au moment où il est dépassé par un automobiliste. • Civ. 2e, 6 janv. 1993 : *Jurispr. auto 1993. 132.*

2. Aucune faute ne doit être mise à la charge de la victime si celle-ci n'a pas changé brusquement de direction et s'il n'est pas établi qu'elle n'a pas signalé ce changement de direction. • Crim. 12 mai 1993 : *Jurispr. auto 1993. 359.*

B. DANGER

3. Un dépassement est dangereux compte tenu de la longueur de l'ensemble routier à dépasser, de sa vitesse et de la distance insuffisante pour effectuer la manœuvre. • Limoges, 14 oct. 1992 : *Juris-Data nº 047060.*

4. Est coupable d'homicide involontaire et de dépassement à gauche sans s'assurer de l'absence de danger le conducteur d'un camion qui entreprend le dépassement d'un cyclomotoriste alors que des véhicules circulent en sens inverse et provoque ainsi un accident mortel. • Versailles, 14 oct. 1990 : *Juris-Data nº 044442.* ♦ Est également coupable d'homicide involontaire le conducteur qui accélère son allure au moment où l'autre conducteur le dépassait contribuant ainsi à l'échec du dépassement dangereux entrepris en ne permettant qu'une marge de manœuvre réduite à l'origine de la perte de contrôle du véhicule. • Crim. 2 déc. 2003 : *Jurispr. auto 2004. 22.*

5. Doit être relaxé du chef de dépassement dangereux celui qui a toujours nié avoir été présent sur les lieux de l'accident et dont la vérification de l'emploi du temps a confirmé les dires. • Bourges, 26 avr. 1990 : *Juris-Data nº 047288.* ♦ Absence de faute d'un motocycliste qui, effectuant le dépassement d'une file de voitures sans klaxonner et sans emprunter le couloir de circulation de gauche, est entré en collision avec l'une des voitures déboîtant à gauche. • Civ. 2e, 28 févr. 1996 : *inédit.*

6. Sur la responsabilité d'un automobiliste qui procède à un dépassement en troisième position : • Civ. 2e, 2 mars 1994 : *Jurispr. auto 1994. 194.*

C. VÉHICULE À L'ARRÊT

7. Les dispositions de l'art. R. 14 C. route [art. R. 414-4] relatives à l'espace à observer lors d'un dépassement ne sont applicables que lorsque le dépassement ou le croisement est réalisé en cours de marche. Un automobiliste ayant arrêté sa voiture sur le côté droit de la chaussée et ouvert la portière gauche pour sortir du véhicule, laquelle a heurté un cyclomotoriste et provoqué sa chute, une part de responsabilité ne peut être retenue à la charge du cyclomotoriste au motif qu'il aurait commis l'imprudence de dépasser l'automobile en la serrant de trop près. • Crim. 14 mars 1962 : *D. 1962. 438.*

8. On ne peut faire grief à un automobiliste d'avoir dépassé un car, en stationnement sur le bas-côté droit de la route, à moins de 50 cm et d'avoir heurté une personne descendue du car, la loi ne fixant en ce cas aucune marge de sécurité pour les dépassements. • Civ. 2e, 23 oct. 1964 : *JCP 1965. II. 14004, note Bloch.*

9. A la suite d'une collision entre un cyclomotoriste tentant de dépasser une automobile et une voiture venant en sens inverse et doublant un véhicule en stationnement, le cyclomotoriste doit être indemnisé s'il n'est pas établi qu'il a entrepris le dépassement du véhicule après que le conducteur de l'automobile venant en sens inverse a commencé le sien. • Civ. 2e, 18 oct. 1989 : *Jurispr. auto 1989. 515.*

D. ROUTE À TROIS VOIES

10. Si un car s'est porté régulièrement sur la voie centrale pour effectuer un dépassement et qu'un véhicule venant en sens inverse s'est aussi porté sur la voie centrale alors que celle-ci était déjà occupée, la faute du conducteur du véhicule léger est la cause exclusive de l'accident. • Civ. 2e, 11 juill. 1988 : *Jurispr. auto 1989. 284.* ♦ Est seul responsable d'un accident le chauffeur d'un car qui entreprend une manœuvre de dépassement sur une route à trois voies alors qu'un camion circulant en sens inverse dépassait un cyclomoteur et occupait déjà le couloir central. • Civ. 2e, 5 déc. 1990 : *Jurispr. auto 1991. 27.*

11. Une manœuvre de dépassement entreprise par un conducteur est d'autant plus dangereuse qu'elle l'a placé dans la nécessité d'occuper de manière prolongée la voie centrale en raison de la faible puissance de la voiture et de la longueur de la file de véhicules qui le précédait. • Crim. 21 nov. 1968 : *Bull. crim. no 313.*

Art. R. 414-5 **A l'approche des passages prévus à l'intention des piétons, les conducteurs ne doivent effectuer de dépassement qu'après s'être assurés qu'aucun piéton n'est engagé sur le passage.**

Le fait, pour tout conducteur, de contrevenir aux dispositions du présent article est puni de l'amende prévue pour les contraventions de la quatrième classe. – *[Anc. art. R. 220-1 et R. 232, al. 1er et 6.]*

Art. R. 414-6 **I. — Les dépassements s'effectuent à gauche.**

II. — Par exception à cette règle, tout conducteur doit dépasser par la droite :

1° Un véhicule dont le conducteur a signalé qu'il se disposait à changer de direction vers la gauche ;

2° Un véhicule qui circule sur une voie ferrée empruntant la chaussée lorsque l'intervalle existant entre ce véhicule et le bord de la chaussée est suffisant ; toutefois, dans ce dernier cas, le dépassement peut s'effectuer à gauche sur les routes où la circulation est à sens unique ou sur les autres routes lorsque le dépassement laisse libre toute la moitié gauche de la chaussée.

III. — Le fait, pour tout conducteur, de contrevenir aux dispositions du présent article est puni de l'amende prévue pour les contraventions de la quatrième classe. – *[Anc. art. R. 12, R. 15, al. 1er et 3 à 5, R. 232, al. 1er et 6 et R. 256, al. 13 à 23.]*

(Décr. no 2003-293 du 31 mars 2003, art. 2-VI) **« IV. — Tout conducteur coupable de l'infraction prévue au présent article encourt également la peine complémentaire de suspension du permis de conduire, pour une durée de trois ans au plus, cette suspension pouvant être limitée à la conduite en dehors de l'activité professionnelle.**

« V. — Le fait de contrevenir aux dispositions du présent article donne lieu de plein droit à la réduction de trois points du permis de conduire. »

1. Les dispositions de l'art. R. 12 C. route aux termes duquel les dépassements s'effectuent à gauche ne sont applicables que lorsque le dépassement est réalisé en cours de marche du véhicule dépassé. Ainsi une cycliste ne commet pas de faute en tentant de passer à droite alors que le conducteur d'un tracteur se proposait lui-même de tourner à droite au moment où le feu tricolore passait au vert. • Crim. 26 janv. 1983 : *D. 1983. IR 242, obs. crit. J. M. R.* (jurisprudence antérieure à la loi de 1985).

2. Les dispositions de l'art. R. 12 C. route relatives au dépassement ne sont applicables que lorsque le dépassement est réalisé en cours de marche et non lorsque le véhicule est à l'arrêt. Aucune faute ne peut être reprochée au cyclomotoriste qui a heurté un véhicule circulant en sens inverse qui s'était engagé sur sa gauche parce que le chauffeur d'un camion à l'arrêt lui avait fait signe de passer. • Civ. 2e, 28 avr. 1980 : *Bull. civ. II, no 89.*

3. Sur la responsabilité du conducteur procédant à un dépassement par la droite : • Civ. 2e, 21 juin 1989 : *Jurispr. auto 1989. 414.* ♦ Mais il peut y avoir lieu à partage de responsabilité si un camionneur effectue une manœuvre dangereuse en se déportant sur la gauche pour ensuite tourner à droite. • Civ. 2e, 7 juin 1990 : *Jurispr. auto 1990. 516.*

Art. R. 414-7 **Tout conducteur qui effectue un dépassement par la gauche ne peut emprunter la moitié gauche de la chaussée que s'il ne gêne pas la circulation en sens inverse.**

Le fait, pour tout conducteur, de contrevenir aux dispositions du présent article est puni de l'amende prévue pour les contraventions de la quatrième classe.

(Décr. no 2003-293 du 31 mars 2003, art. 2-II) **« Tout conducteur coupable de cette infraction encourt également la peine complémentaire de suspension du permis de conduire pour une durée de trois ans au plus, cette suspension pouvant être limitée à la conduite en dehors de l'activité professionnelle. »** – *Dispositions applicables à Mayotte.*

Cette contravention donne lieu de plein droit à la réduction de trois points du permis de conduire. – *[Anc. art. R. 14, al. 6, R. 232, al. 1er et 6 et R. 256, al. 13 à 23.]*

1. Si le conducteur d'un véhicule procédant à un dépassement provoque un choc dans le couloir de circulation d'un véhicule venant en sens inverse, la cour d'appel n'a pas à rechercher si le chauffeur de ce dernier véhicule pouvait prévoir et éviter l'accident. • Crim. 16 févr. 1994 : *Jurispr. auto 1994. 192* • Paris, 20e ch., 16 nov. 1990 : *Juris-Data no 025226.*

2. Le fait qu'un motocycliste soit en train de doubler au moment de l'accident causé avec un véhicule venant en sens inverse alors que le trafic est intense sur une route assez large et tout en restant sur sa voie de circulation ne caractérise pas une faute à sa charge. • Civ. 2e, 24 nov. 1993 : *Jurispr. auto 1994. 354.*

Art. R. 414-8 **Lorsqu'une chaussée à double sens de circulation comporte plus de deux voies, matérialisées ou non, les conducteurs effectuant un dépassement ne doivent pas emprunter la voie située pour eux le plus à gauche.**

Le fait, pour tout conducteur, de contrevenir aux dispositions du présent article est puni de l'amende prévue pour les contraventions de la quatrième classe.

(Décr. no 2003-293 du 31 mars 2003, art. 2-II) **« Tout conducteur coupable de cette infraction encourt également la peine complémentaire de suspension du permis de conduire pour une durée de trois ans au plus, cette suspension pouvant être limitée à la conduite en dehors de l'activité professionnelle. »** — *Dispositions applicables à Mayotte.*

Cette contravention donne lieu de plein droit à la réduction de trois points du permis de conduire. — *[Anc. art. R. 18, R. 232, al. 1er et 6 et R. 256, al. 13 à 23.]*

Art. R. 414-9 **Dans tous les cas où l'insuffisance de la largeur libre de la chaussée, son profil ou son état ne permettent pas le dépassement avec facilité et en toute sécurité, tout conducteur de véhicules dont le gabarit ou dont le chargement dépasse 2 mètres de largeur ou 7 mètres de longueur, remorque comprise, à l'exception des véhicules de transport en commun en agglomération, doit réduire sa vitesse et, au besoin, s'arrêter ou se garer pour laisser le passage aux véhicules de dimensions inférieures.**

Dans les mêmes cas, tout usager doit réduire sa vitesse et, au besoin, s'arrêter ou se garer pour faciliter le passage d'un véhicule d'intérêt général faisant usage des avertisseurs spéciaux autorisés pour sa catégorie.

Le fait, pour tout conducteur, de contrevenir aux dispositions du présent article est puni de l'amende prévue pour les contraventions de la quatrième classe. — *[Anc. art. R. 21 et R. 232, al. 1er et 6.]*

Art. R. 414-10 **Tout conducteur qui vient d'effectuer un dépassement par la gauche doit revenir sur sa droite sans provoquer le ralentissement du véhicule dépassé.**

Le fait, pour tout conducteur, de contrevenir aux dispositions du présent article est puni de l'amende prévue pour les contraventions de la quatrième classe.

(Décr. no 2003-293 du 31 mars 2003, art. 2-II) **« Tout conducteur coupable de cette infraction encourt également la peine complémentaire de suspension du permis de conduire pour une durée de trois ans au plus, cette suspension pouvant être limitée à la conduite en dehors de l'activité professionnelle. »** — *Dispositions applicables à Mayotte.*

Cette contravention donne lieu de plein droit à la réduction de trois points du permis de conduire. — *[Anc. art. R. 19, R. 232, al. 1er et 6 et R. 256, al. 13 à 23.]*

1. Un motocycliste qui en effectuant le dépassement d'un véhicule heurte son aile arrière gauche puis un autre véhicule venant en sens inverse commet une faute pour avoir entrepris un dépassement sans s'écarter suffisamment alors qu'un véhicule venait en sens inverse. • Civ. 2e, 13 avr. 1992 : *Gaz. Pal. 1992. 2. Pan. 257.*

2. A la suite d'une collision de deux véhicules circulant dans le même sens dont l'un roulant à une vitesse excessive a percuté l'autre au moment où son conducteur entreprenait lui-même de dépasser un véhicule tiers, le premier conducteur ne peut être indemnisé s'il n'est pas établi que le second aurait dû voir arriver dans son rétroviseur le véhicule et qu'il ait déboîté sans précaution et sans signaler sa manœuvre. • Civ. 2e, 23 juin 1993 : *Jurispr. auto 1993. 469.*

3. L'art. R. 19 C. route [art. R. 414-10] s'en remet à la conscience des juges du soin d'apprécier, dans chaque cas d'espèce qui leur est soumis, l'existence d'inconvénients susceptibles de justifier, comme le prévoit le texte, une exception à l'obligation qu'il édicte. • Crim. 10 janv. 1967 : *Bull. crim. no 14; D. 1967. Somm. 27.*

Art. R. 414-11 **Tout dépassement est interdit sur les chaussées à double sens de circulation, lorsque la visibilité vers l'avant n'est pas suffisante, ce qui peut être**

notamment le cas dans un virage ou au sommet d'une côte, sauf si cette manœuvre laisse libre la partie de la chaussée située à gauche d'une ligne continue ou si, s'agissant de dépasser un véhicule à deux-roues, cette manœuvre laisse libre la moitié gauche de la chaussée.

Tout dépassement autre que celui des véhicules à deux-roues est interdit aux intersections de routes, sauf pour les conducteurs abordant une intersection où les conducteurs circulant sur les autres routes doivent leur laisser le passage en application des articles R. 415-6, R. 415-7 et R. 415-8, ou lorsqu'ils abordent une intersection dont le franchissement est réglé par des feux de signalisation ou par un agent de la circulation.

Le fait, pour tout conducteur, de contrevenir aux dispositions du présent article est puni de l'amende prévue pour les contraventions de la quatrième classe.

(Décr. n° 2003-293 du 31 mars 2003, art. 2-II) « Tout conducteur coupable de l'une des infractions prévues au présent article encourt également la peine complémentaire de suspension du permis de conduire pour une durée de trois ans au plus, cette suspension pouvant être limitée à la conduite en dehors de l'activité professionnelle. » — *Dispositions applicables à Mayotte.*

Cette contravention donne lieu de plein droit à la réduction de trois points du permis de conduire. — *[Anc. art. R. 17, al. 1er et 2, R. 232, al. 1er et 6 et R. 256, al. 13 à 23.]*

Art. R. 414-12 Tout dépassement est interdit aux traversées de voies ferrées non munies de barrières ou de demi-barrières.

Le fait, pour tout conducteur, de contrevenir aux dispositions du présent article est puni de l'amende prévue pour les contraventions de la quatrième classe. — *[Anc. art. R. 17, al. 3 et R. 232, al. 1er et 6.]*

Art. R. 414-13 Il est interdit à tout conducteur de dépasser un train ou un *(Décr. n° 2003-425 du 9 mai 2003, art. 68)* « véhicule de transport public assujetti à suivre, de façon permanente, une trajectoire déterminée par un ou des rails matériels et empruntant l'assiette des routes » à l'arrêt pendant la montée ou la descente des voyageurs du côté où elle s'effectue.

Le fait, pour tout conducteur, de contrevenir aux dispositions du présent article est puni de l'amende prévue pour les contraventions de la quatrième classe. — *[Anc. art. R. 16 et R. 232, al. 1er et 6.]*

Art. R. 414-14 Le fait pour tout conducteur d'effectuer un dépassement interdit par décision de l'autorité investie du pouvoir de police est puni de l'amende prévue pour les contraventions de la quatrième classe. — *[Anc. art. R. 44, al. 4 et R. 232, al. 1er et 6.]*

Art. R. 414-15 Lorsque, sur les routes à sens unique et sur les routes à plus de deux voies, la circulation s'est, en raison de sa densité, établie en file ininterrompue sur toutes les voies, le fait que les véhicules d'une file circulent plus vite que les véhicules d'une autre file n'est pas considéré comme un dépassement. — *[Anc. art. R. 15, al. 2.]*

Art. R. 414-16 Lorsqu'ils sont sur le point d'être dépassés, les conducteurs doivent serrer immédiatement sur leur droite sans accélérer l'allure.

Le fait, pour tout conducteur, de contrevenir aux dispositions du présent article est puni de l'amende prévue pour les contraventions de la quatrième classe.

(Décr. n° 2003-293 du 31 mars 2003, art. 2-VII) « Tout conducteur qui accélère l'allure alors qu'il est sur le point d'être dépassé encourt également la peine complémentaire de suspension du permis de conduire pour une durée de trois ans au plus, cette suspension pouvant être limitée à la conduite en dehors de l'activité professionnelle.

« Dans ce dernier cas, la contravention donne lieu de plein droit à la réduction de deux points du permis de conduire. » — *Dispositions applicables à Mayotte.*

Art. R. 414-17 *(Décr. n° 2002-530 du 11 avr. 2002, art. 1er)* Lorsque, sur la chaussée, une voie de circulation au moins est couverte de neige ou de verglas sur tout ou partie de sa surface :

I. — 1° Le dépassement ou le changement de file est interdit à tout conducteur d'un véhicule dont le poids total autorisé en charge excède 3,5 tonnes ou à tout conducteur d'un ensemble de véhicules dont la longueur excède 7 mètres ;

2° Le dépassement des engins de service hivernal en action sur la chaussée est interdit à tout véhicule.

II. — Le fait de contrevenir au I du présent article est puni de l'amende prévue pour les contraventions de la quatrième classe.

III. — Toute personne coupable de cette infraction encourt également la peine complémentaire de suspension, pour une durée de trois ans au plus, du permis de conduire, cette suspension pouvant être limitée à la conduite en dehors de l'activité professionnelle.

CHAPITRE V **INTERSECTIONS ET PRIORITÉ DE PASSAGE**

BIBL. ▶ Mourgeon, *Gaz. Pal. 1964. 2. Doctr. 60* (droit de priorité). - Serna, *JCP 1967. I. 2093* (priorité de passage).

Art. R. 415-1 **Tout conducteur s'approchant d'une intersection de routes doit vérifier que la chaussée qu'il va croiser est libre, circuler à allure d'autant plus modérée que les conditions de visibilité sont moins bonnes et, en cas de nécessité, annoncer son approche.**

Le fait, pour tout conducteur, de contrevenir aux dispositions du présent article est puni de l'amende prévue pour les contraventions de la quatrième classe. — *[Anc. art. R. 23 et R. 232, al. 1er et 7.]*

Définition : R. 110-2. — Dépassement : R. 414-11. — Vitesse : R. 413-17. — Stationnement dangereux : R. 417-9. — Immobilisation du véhicule : R. 415-2. — Circulation des piétons : R. 412-37, R. 412-39, R. 415-11. — Voie non ouverte à la circulation publique : R. 415-9. — Courses et épreuves sportives : R. 411-29 à R. 411-31.

Le droit de priorité n'affranchit pas celui qui l'exerce du devoir général de prudence. La responsabilité de celui qui en bénéficie est engagée lorsque les juges relèvent une faute au sens de l'art. R. 23 [C. route, art. R. 415-1]. • Crim. 9 mai 1990 : *Jurispr. auto 1990. 274.*

Art. R. 415-2 **Tout conducteur ne doit s'engager dans une intersection que si son véhicule ne risque pas d'y être immobilisé et d'empêcher le passage des véhicules circulant sur les autres voies.** *(Décr. no 2017-16 du 6 janv. 2017, art. 13 et 16, en vigueur le 1er mars 2017)* **« En particulier, un conducteur ne doit pas s'engager dans une intersection de routes en cas de signalement, par le conducteur d'un des véhicules d'accompagnement mentionnés à l'article R. 433-17, du franchissement imminent de cette intersection par un transport exceptionnel mentionné à l'article R. 433-1. »**

Le conducteur d'un véhicule autre qu'un *(Décr. no 2019-1082 du 23 oct. 2019, art. 24)* **« engin de déplacement personnel motorisé** *(Décr. no 2022-31 du 14 janv. 2022)* **« , un cyclomobile léger » ou un » cycle** *(Abrogé par Décr. no 2015-808 du 2 juill. 2015, art. 8-1o, à compter du 1er janv. 2016)* ***« ou un cyclomoteur »*** **ne doit pas s'engager dans l'espace compris entre les deux lignes d'arrêt définies à l'article R. 415-15 lorsque son véhicule risque d'y être immobilisé.**

(Décr. no 2015-808 du 2 juill. 2015, art. 8-2o, en vigueur le 1er janv. 2016) **« L'autorité investie du pouvoir de police de la circulation peut autoriser les conducteurs de cyclomoteurs à s'engager dans l'espace et dans les conditions prévues à l'alinéa précédent. »**

Le fait, pour tout conducteur, de contrevenir aux dispositions du premier alinéa est puni de l'amende prévue pour les contraventions de la quatrième classe.

Le fait, pour tout conducteur d'un véhicule autre qu'un *(Décr. no 2019-1082 du 23 oct. 2019, art. 24)* **« engin de déplacement personnel motorisé** *(Décr. no 2022-31 du 14 janv. 2022)* **« , un cyclomobile léger » ou un » cycle** *(Décr. no 2015-808 du 2 juill. 2015, art. 8-3o, en vigueur le 1er janv. 2016)* **« ou, en cas de bénéfice des dispositions du troisième alinéa, un cyclomoteur », de contrevenir aux dispositions du second alinéa est puni de l'amende prévue pour les contraventions de la deuxième classe.** — *[Anc. art. R. 4-2, R. 232, al. 1er et 7, et R. 233, al. 1er et 2.]*

1. La disposition de l'art. R. 4-2 [C. route, art. R. 415-2] impose de s'immobiliser non pas à la hauteur de l'axe médian mais à l'entrée du carrefour ; puisque dérogeant à l'art. R. 25 du code, elle produit les mêmes effets qu'une balise de sécurité et donne le passage sur la voie transversale aussi bien aux véhicules venant de la gauche qu'à ceux venant de la droite. • T. pol. Villefranche-sur-Saône, 25 janv. 1972 : *Gaz. Pal. 1972. 1. 330.*

2. L'art. R. 4-2 C. route [C. route, art. R. 415-2] ne constitue qu'une exception au droit de priorité et pour le seul cas où un usager coupant en vertu de ce droit la file de voitures provenant de sa gauche, se verrait interdire en vertu de ce même droit, par la file de véhicules provenant de sa droite, la poursuite de sa route ; l'art. R. 4-2 [C. route, art. R. 415-2] ne s'applique pas au cas où un seul véhicule circulait dans chaque voie de circulation. • T. corr. Boulogne, 25 nov. 1971 : *Gaz. Pal. 1972. 1. 329.*

3. Le fait de traverser la première voie de circulation d'une route à deux voies séparées en l'absence de tout véhicule circulant sur cette voie constitue une imprudence si l'importance de la circulation sur l'autre voie ne lui permet pas une insertion immédiate dans le courant de circulation. • Civ. 2e, 28 avr. 1986 : *Jurispr. auto 1986. 314.*

Art. R. 415-3 *(Décr. nº 2008-754 du 30 juill. 2008, art. 8)* **« I. — » Tout conducteur s'apprêtant à quitter une route sur sa droite doit serrer le bord droit de la chaussée.**

(Décr. nº 2008-754 du 30 juill. 2008, art. 8) **« II. — » Il peut toutefois emprunter la partie gauche de la chaussée lorsque le tracé du virage et les dimensions du véhicule ou de son chargement le mettent dans l'impossibilité de tenir sa droite ; il ne doit ainsi manœuvrer qu'à allure modérée, et après s'être assuré qu'il peut le faire sans danger pour autrui.**

(Décr. nº 2008-754 du 30 juill. 2008, art. 8) **« III. — Il doit céder le passage aux** *(Décr. nº 2019-1082 du 23 oct. 2019, art. 25)* **« engins de déplacement personnel motorisés, aux » cycles et cyclomoteurs circulant dans les deux sens sur les pistes cyclables qui traversent la chaussée sur laquelle il va s'engager.**

« IV. — » Le fait, pour tout conducteur, de contrevenir aux dispositions du présent article est puni de l'amende prévue pour les contraventions de la quatrième classe. *— [Anc. art. R. 24, al. 1er et 2 et R. 232, al. 1er et 7.]*

Art. R. 415-4 **I. — Tout conducteur s'apprêtant à quitter une route sur sa gauche doit serrer à gauche.**

II. — Lorsque la chaussée est à double sens de circulation il ne doit pas en dépasser l'axe médian. Néanmoins, lorsque cette chaussée comporte un nombre impair de voies matérialisées, il doit, sauf dispositions différentes prises par l'autorité investie du pouvoir de police, emprunter la voie médiane.

III. — Il doit céder le passage aux véhicules venant en sens inverse sur la chaussée qu'il s'apprête à quitter ainsi qu'aux *(Décr. nº 2019-1082 du 23 oct. 2019, art. 25)* **« engins de déplacement personnel motorisés, aux » cycles et cyclomoteurs circulant** *(Décr. nº 2008-754 du 30 juill. 2008, art. 9)* **« dans les deux sens » sur les pistes cyclables qui traversent la chaussée sur laquelle il va s'engager.**

(Décr. nº 2003-283 du 27 mars 2003) **« IV. — Par exception à la règle fixée au I, tout conducteur** *(Décr. nº 2019-1082 du 23 oct. 2019, art. 27)* **« d'engin de déplacement personnel motorisé** *(Décr. nº 2022-31 du 14 janv. 2022)* **« , de cyclomobile léger » ou » de cycle, s'apprêtant** *(Abrogé par Décr. nº 2008-754 du 30 juill. 2008, art. 9)* ***« , hors agglomération, »*** **à quitter une route sur sa gauche, peut serrer le bord droit de la chaussée avant de s'engager sur sa gauche. »**

V. — Le fait, pour tout conducteur, de contrevenir aux dispositions des I et II ci-dessus est puni de l'amende prévue pour les contraventions de la deuxième classe.

VI. — Le fait, pour tout conducteur, de ne pas respecter les règles de priorité fixées au III ci-dessus est puni de l'amende prévue pour les contraventions de la quatrième classe.

VII. — Toute personne coupable de cette infraction aux règles de priorité encourt également la peine complémentaire de suspension, pour une durée de trois ans au plus, du permis de conduire, cette suspension pouvant être limitée à la conduite en dehors de l'activité professionnelle.

VIII. — Cette contravention aux règles de priorité donne lieu de plein droit à la réduction de quatre points du permis de conduire. *— [Anc. art. R. 24, al. 3 et 4, R. 232, al. 1er et 7, R. 233, al. 1er et 2, R. 256, al. 5 à 12, et R. 266, al. 1er et 2.]*

En ce qui concerne l'exclusion de l'amnistie de cette contravention, V. L. n° 95-884 du 3 août 1995, art. 25 (10°) et Circ. 3 août 1995.

1. La faute du cyclomotoriste est caractérisée s'il n'a pas, avant d'obliquer sur sa gauche, vérifié si la route était libre derrière lui ni, préalablement à sa manœuvre, serré sur l'axe médian de la chaussée au moment où un autre véhicule s'apprêtait à le dépasser. • Civ. 2e, 24 mai 1991 : *Jurispr. auto 1991. 418.*

2. Si un cyclomotoriste a brusquement et sans prévenir changé de direction au moment où un automobiliste qui le suivait a entrepris de le dépasser, la cour d'appel n'a pas à rechercher si le conducteur aurait pu éviter l'accident et peut déduire que la faute du cyclomotoriste exclut son indemnisation. • Civ. 2e, 20 juill. 1993 : *Jurispr. auto 1993. 573.*

3. L'automobiliste qui entre en collision avec l'arrière d'un ensemble semi-remorque qui circulait dans le même sens et s'apprêtait à pénétrer dans une carrière sur la gauche alors que la manœuvre du camionneur s'est effectuée dans le respect des prescriptions du code de la route doit être débouté de sa demande d'indemnisation. • Civ. 2e, 17 mars 1993 : *Jurispr. auto 1993. 467.*

4. Bien que l'art. R. 24 *in fine* [C. route, art. R. 415-4] impose à l'usager désirant tourner à gauche de serrer sur la gauche sans dépasser l'axe médian aucune disposition de ce code ou d'un autre texte n'interdit à un cyclomotoriste de décomposer les divers mouvements de cette manœuvre en commençant par s'arrêter à l'extrême droite de la chaussée pour attendre que celle-ci soit libre de tout véhicule avant de la traverser. Heurté à l'arrière dans cette position le cyclomotoriste ne peut se voir reprocher une faute. • Bordeaux, 22 nov. 1979 : *JCP 1980. IV. 231.*

Art. R. 415-5 Lorsque deux conducteurs abordent une intersection par des routes différentes, le conducteur venant par la gauche est tenu de céder le passage à l'autre conducteur, sauf dispositions différentes prévues au présent livre.

Le fait, pour tout conducteur, de ne pas respecter les règles de priorité fixées au présent article est puni de l'amende prévue pour les contraventions de la quatrième classe.

Tout conducteur coupable de cette infraction encourt également la peine complémentaire de suspension, pour une durée de trois ans au plus, du permis de conduire, cette suspension pouvant être limitée à la conduite en dehors de l'activité professionnelle.

Cette contravention donne lieu de plein droit à la réduction de quatre points du permis de conduire. — *[Anc. art. R. 25, R. 232, al. 1er et 7, R. 256, al. 5 à 12, et R. 266, al. 1er et 2.]*

En ce qui concerne l'exclusion de l'amnistie de cette contravention, V. L. n° 95-884 du 3 août 1995, art. 25 (10°) et Circ. 3 août 1995.

BIBL. ▸ BLOCH, *JCP 1961. I. 1603 ; JCP 1966. I. 2020.* – MOURGEON, *Gaz. Pal. 1964. 2. Doctr. 60.* – SERNA, *JCP 1967. I. 2093.* – COURTOIS, *Gaz. Pal. 1969. 2. Doctr. 19.* – CHAMBON, *JCP 1973. I. 2526.*

1. La règle de priorité énoncée à l'art. R. 25 [C. route, art. R. 415-5] s'impose en dehors de toute signalisation. • Civ. 2e, 19 janv. 1966 : *D. 1967. Somm. 2.*

A. DOMAINE D'APPLICATION

Sur la notion de voie ouverte à la circulation publique, V. ss. art. R. 1 [C. route, art. R. 110-1 et R. 110-2].

2. Une voie privée ouverte à la circulation publique est soumise aux règles normales de priorité aux intersections. • Crim. 27 avr. 1981 : *Bull. crim. n° 124.*

3. A l'intersection de deux voies situées dans l'enceinte d'un centre commercial les règles de priorité de passage édictées par le code de la route sont applicables. • Crim. 9 janv. 1980 : *Bull. crim. n° 15.*

4. Les règles de priorité s'appliquent aux intersections en forme de Y. • Crim. 16 janv. 1958 : *D. 1958. 225* • 6 déc. 1983 (sol. implicite) : *Bull. crim. n° 331.*

5. Les dispositions de l'art. R. 25 [C. route, art. R. 415-5] ne sont applicables que lorsque deux conducteurs abordent une intersection par deux routes différentes. Il n'en est pas ainsi lorsque deux véhicules circulant sur une même route en sens inverse sont entrés en collision au moment où l'un d'eux s'apprêtait à quitter la voie pour en emprunter une autre s'ouvrant à sa gauche. • Crim. 7 oct. 1975 : *Bull. crim. n° 208.*

6. L'art. R. 25 [C. route, art. R. 415-5] ne saurait recevoir application lorsque l'un des deux conducteurs ne traverse pas le carrefour mais s'engage sur la voie située à droite par laquelle survient l'autre véhicule. • Crim. 17 déc. 1969 : *Bull. crim. n° 348.* ♦ A propos d'une collision entre deux véhicules effectuant le même trajet en sens contraire : • Paris, 26 oct. 1973 : *D. 1976. 726, note A. D.*

7. L'art. R. 25 [C. route, art. R. 415-5] exige qu'à toute intersection de route, l'usager non prioritaire cède le passage à l'usager prioritaire s'il n'est pas en mesure de franchir l'intersection avant l'arrivée de ce dernier. Les mots « aborder l'intersection des routes » ne signifie pas que le véhicule doive être arrivé à l'intersection ; il suffit que ce véhicule se trouve aux abords de l'intersection. • Crim. 28 nov. 1956 : *Bull. crim. n° 786.* ♦ Il n'importe pas que le véhicule prioritaire ait presque terminé la traversée du carrefour quand la collision a eu lieu, ces circonstances ne justifiant pas à elles seules la méconnaissance du droit de priorité à l'autre véhicule. • Crim. 4 janv. 1958 : *Bull. crim. n° 11.*

8. Malgré l'éventualité théorique d'une priorité de droite, le conducteur d'un véhicule ne peut s'en prévaloir lorsque par un braquage inexplicable il a provoqué le heurt alors que le véhicule tamponné avait entièrement traversé le carrefour. • Civ. 2e, 24 mars 1953 : *D. 1953. 336.* ♦ Il n'y a pas lieu de rechercher si l'auteur d'un accident a la priorité de passage sur les usagers débouchant d'une route à droite lorsque la victime a été heurtée après avoir opéré le franchissement du carrefour. • Crim. 17 juill. 1953 : *D. 1953. 590.*

9. Le fait pour un camion de circuler sur une route qui lui est interdite ne saurait entraîner l'existence d'une quelconque déchéance privant son auteur du droit de se prévaloir des dispositions de l'art. R. 25 [C. route, art. R. 415-5]. • Civ. 2e, 12 mai 1969 : *D. 1969. Somm. 118* • 13 mai 1969 : *ibid.*

10. Une cour d'appel peut déduire du fait qu'un conducteur qui s'est arrêté en abordant un carrefour avait manifesté qu'il ne pouvait se prévaloir de son droit de priorité. • Civ. 2e, 24 avr. 1958 : *D. 1958. 497.*

B. EFFETS

11. Une cour d'appel justifie sa décision lorsqu'elle retient que le non-respect de priorité à un carrefour par un automobiliste est la cause exclusive de l'accident et que l'autre automobiliste bénéficiant du droit de priorité circulait lentement et n'avait pas commis de faute. • Civ. 2e, 22 janv. 1992 : *Jurispr. auto 1992. 511.*

12. Une cour d'appel peut déduire, sans avoir à rechercher si le chauffeur du poids lourd aurait pu éviter l'accident que l'automobiliste qui n'avait pas respecté la priorité avait commis une faute alors qu'aucune faute ne pouvait être imputée au conducteur du poids lourd malgré une vitesse excessive légèrement supérieure, que l'indemnisation des ayants droit de l'automobiliste puisse être refusée. • Civ. 2e, 9 déc. 1992 : *Jurispr. auto 1993. 242.* ♦ Pour une prise en compte de la vitesse excessive du prioritaire : • Civ. 2e, 12 déc. 1994 : *Jurispr. auto 1995. 141.*

13. Le droit de priorité ne dispense pas celui qui en bénéficie de se conformer aux autres prescriptions du code de la route, notamment à l'obligation générale de prudence qui s'impose à tous les conducteurs. • Civ. 9 nov. 1966 : *Jurispr. auto 1967. 485.*

14. La responsabilité de celui qui bénéficie du droit de priorité est engagée lorsqu'il est relevé une faute que les juges précisent. Ainsi la configuration des lieux peut imposer à l'usager une prudence toute particulière. • Crim. 17 oct. 1979 : *D. 1980. IR 172.* ♦ Dans l'hypothèse du non-usage de l'appareil avertisseur par le bénéficiaire de la priorité conduisant à un partage de responsabilité : • Civ. 2e, 5 mars 1975 : *D. 1975. IR 115.* ♦ Dans le cas d'un cycliste (avant la loi de 1985) dépourvu d'éclairage mais bénéficiant de la priorité : • Civ. 2e, 9 mai 1975 : *D. 1975. IR 183.* ♦ Pour la vitesse excessive, V. note 12.

15. Selon la chambre criminelle, le droit de priorité n'est absolu qu'autant que celui qui s'en prévaut a respecté toutes les précautions prescrites par l'art. R. 23 [C. route, art. R. 415-1] et le bénéficiaire de la priorité de passage peut être déclaré seul responsable de l'accident lorsqu'il a commis des fautes graves alors qu'aucune n'est relevée à la charge de l'autre conducteur. • Crim. 4 mars 1964 : *Gaz. Pal. 1964. 2. 235* • 22 févr. 1984 : *D. 1984. IR 229.* ♦ *Contra :* • Civ. 2e, 12 avr. 1976 : *D. 1976. IR 195.*

16. Si l'automobiliste bénéficiaire du droit de priorité circulait à une allure excessive et en tenant le milieu de la chaussée sans qu'il soit justifié qu'il était dans l'obligation de le faire et si le cyclomotoriste débouchant sur la gauche d'un chemin non classé n'avait commis aucune faute, les juges du fond, en laissant l'entière responsabilité à la charge de l'automobiliste ont justifié leur décision. • Crim. 1er mars 1961 : *Bull. crim. n° 129.*

17. Les juges du fond peuvent déduire des faits et circonstances de la cause qu'aucune faute grave ne peut être imputée au conducteur non prioritaire qui, la route étant dégagée au moment où il entreprenait sa manœuvre, avait respecté les obligations de prudence qui lui incombaient et qui avait été mis dans l'impossibilité de laisser le passage au motocycliste lequel avait commis la faute grave de circuler dans une agglomération à la vitesse excédant le double de la vitesse autorisée. • Crim. 6 déc. 1983 : *Bull. crim. n° 331.* ♦ Dans le même sens : • Civ. 2e, 21 mai 1990 : *Jurispr. auto 1990. 460.*

Art. R. 415-6 **A certaines intersections indiquées par une signalisation dite "stop", tout conducteur doit marquer un temps d'arrêt à la limite de la chaussée abordée. Il doit ensuite céder le passage aux véhicules circulant sur l'autre ou les autres routes et ne s'y engager qu'après s'être assuré qu'il peut le faire sans danger.**

Le fait, pour tout conducteur, de contrevenir aux dispositions du présent article est puni de l'amende prévue pour les contraventions de la quatrième classe.

Tout conducteur coupable de l'une des infractions prévues au présent article encourt également la peine complémentaire de suspension, pour une durée de trois ans au plus, du permis de conduire, cette suspension pouvant être limitée à la conduite en dehors de l'activité professionnelle.

Ces contraventions donnent lieu de plein droit à la réduction de quatre points du permis de conduire. — *[Anc. art. R. 27, al. 1er, R. 232, al. 1er, 7 et 9, R. 256, al. 5 à 12, et R. 266, al. 1er à 3.]*

En ce qui concerne l'exclusion de l'amnistie de cette contravention, V. L. n° 95-884 du 3 août 1995, art. 25 (10°), et Circ. 3 août 1995.

1. Les obligations imposées par l'art. R. 27 [C. route, art. R. 415-6] à tout conducteur qui arrive à une intersection de voies indiquée par une signalisation spéciale, de marquer un temps d'arrêt à la limite de la chaussée abordée, de céder le passage aux véhicules circulant sur l'autre voie et de ne s'y engager qu'après s'être assuré qu'il peut le faire sans danger, sont impératives et absolues ; dès lors que le conducteur qui a marqué un temps d'arrêt au panneau stop mais, estimant pouvoir passer, a repris la marche au moment où le bénéficiaire de la priorité arrivait à l'intersection peut être déclaré responsable de l'accident. • Crim. 27 oct. 1980 : *Bull. crim. n° 273* • 24 févr. 2004 : *Jurispr. auto 2004. 266.*

2. Les prescriptions de l'art. R. 27 [C. route, art. R. 415-6] étant impératives et absolues, une cour d'appel méconnaît le sens et la portée de ce texte en relaxant un conducteur au motif qu'on ne saurait lui faire grief de s'avancer dans le carrefour alors que sa visibilité était masquée sur sa droite et sur sa gauche par d'autres véhicules et qu'il existe un doute quant au point de savoir s'il a ou non dépassé l'axe médian de la voie transversale. • Crim. 1er oct. 1980 : *Bull. crim. n° 239 ; JCP 1982. II. 19744, note Chambon.*

3. L'automobiliste prioritaire bien que circulant sur sa gauche doit être indemnisé de ses dommages si la collision s'est produite avec un autre automobiliste qui s'est engagé dans un carrefour protégé par un signal stop sans s'assurer qu'il pouvait le faire sans danger. • Civ. 2e, 1er mars 1989 : *Jurispr. auto 1989. 274.*

4. Une cour d'appel n'a pas à rechercher si l'automobiliste prioritaire aurait pu éviter l'accident dès lors que l'autre automobiliste s'est engagé au mépris des règles de circulation imposées par le panneau stop. • Civ. 2e, 12 mai 1993 : *Jurispr. auto 1993. 470.*

5. Même en l'absence de collision, un conducteur qui a franchi un signal stop sans s'assurer qu'il pouvait le faire sans danger peut être condamné à indemniser l'automobiliste circulant sur la voie prioritaire qui a donné un coup de volant, est monté sur le trottoir et a heurté une porte de garage. • Civ. 2e, 20 janv. 1993 : *Jurispr. auto 1993. 241.*

6. Il ne suffit pas que la visibilité soit excellente au moment des faits pour que le conducteur soit dispensé de l'arrêt absolu au panneau stop. Et l'opportunité de la mise en place et du maintien du panneau à l'endroit où il est implanté est une question relevant du fonctionnement de l'administration, question étrangère aux éléments de la contravention reprochée. • Crim. 7 avr. 1993 : *Jurispr. auto 1993. 407.*

7. Une cour d'appel peut à bon droit décider d'un partage de responsabilité entre un automobiliste qui n'a pas respecté un stop et un motocycliste circulant à une vitesse excessive. • Crim. 5 janv. 1993 : *Jurispr. auto 1993. 243.*

8. Justifie sa décision la cour qui relaxe le conducteur d'un véhicule automobile prévenu d'homicide involontaire après avoir constaté qu'il avait respecté les obligations de l'art. R. 27 [C. route, art. R. 415-6] et que seule la configuration des lieux l'avait empêché de terminer une manœuvre correctement engagée. • Crim. 11 mai 1982 : *Bull. crim. n° 118 ; D. 1983. IR 66, obs. Levasseur ; RSC 1983. 262.*

9. Ne commet pas d'infraction l'automobiliste qui, après s'être arrêté à un panneau stop, a traversé une route nationale et a été heurté, au niveau de l'aile arrière gauche de son véhicule alors qu'il avait libéré la première moitié de la route qu'il traversait, par un motocycliste venant de sa gauche et dont la vitesse était nettement supérieure à la vitesse réglementaire. • Crim. 4 déc. 1984 : *Jurispr. auto 1986. 19.*

10. Le comportement du cycliste qui franchit un panneau stop s'analyse comme une imprudence et non comme une faute inexcusable. Ses ayants droit doivent être indemnisés. • Besançon, 4 janv. 1989 : *Gaz. Pal. 1994. 2. Somm. 424.* ♦ V. aussi : • Civ. 2e, 24 févr. 1988 : *JCP 1988. IV. 167.*

11. Une réglementation de la priorité à un carrefour qui n'est ni conforme aux normes, ni annoncée de manière à s'imposer à tous du fait de la détérioration du panneau stop ne doit pas être prise en considération. Il s'ensuit qu'un conducteur ne peut prétendre légitimement être prioritaire s'il s'est engagé sans ralentir en temps utile alors qu'il avait vu venir à sa droite un autre usager qu'il a vainement tenté d'éviter de heurter. Il a commis des fautes qui conduisent à retenir sa responsabilité. • Aix-en-Provence, 20 sept. 1979 : *Gaz. Pal. 1982. 1. 102.*

12. Le conducteur d'ambulance doit respecter impérativement les prescriptions de l'art. R. 27 [C. route, art. R. 415-6] et laisser la priorité de passage aux usagers si son avertisseur sonore et lumineux n'est pas en fonctionnement. • Nîmes, 16 nov. 1989 : *Juris-Data n° 000111.*

13. Les contraventions de blessures involontaires et de non-respect de panneau stop ne peuvent être imputées qu'au conducteur de véhicule qui en l'espèce était la fille du prévenu. Son père qui lui donnait des leçons de conduite doit être relaxé, le droit français excluant la responsabilité pénale du fait d'autrui. • Poitiers, 27 avr. 1990 : *Juris-Data n° 042269.*

14. Les infractions de blessures involontaires et de refus de céder le passage à un véhicule circulant sur une route protégée par un stop diffèrent dans leurs éléments constitutifs et doivent donc être sanctionnées par des peines distinctes. • Douai, 31 mai 1990 : *Juris-Data n° 043719.*

15. Dès lors que la poursuite contraventionnelle dirigée contre la prévenue est fondée, non sur le texte pris pour l'implantation de la signalisation routière réglementant la priorité mais sur la méconnaissance des dispositions spécifiques des art. R. 27 et R. 232 (6°) [C. route, art. R. 415-6], les juges ont à bon droit rejeté les exceptions d'illégalité de l'arrêté interpréfectoral et de son défaut de publication suffisante. • Crim. 12 nov. 1997 : *Jurispr. auto 1998. 118 ; JCP 1998. IV. 1641.*

16. Les procès-verbaux dressés par les agents de police judiciaire font foi jusqu'à preuve contraire des contraventions qu'ils constatent, la preuve contraire ne pouvant être rapportée que par écrit ou par témoin. N'est dès lors pas justifié l'arrêt qui relaxe un prévenu poursuivi pour non-respect de l'arrêt imposé par un panneau « stop » aux motifs que celui-ci a produit une attestation « sur l'honneur » émanant d'un automobiliste qui le suivait certifiant qu'il l'avait vu marquer l'arrêt absolu au panneau « stop », une attestation écrite ne constituant pas une preuve par écrit ou par témoin, au sens de l'art. 537 C. pr. pén. • Crim. 25 avr. 2001, n° 00-87.946 P. ♦ ... Le jugement qui considère que l'affirmation d'un prévenu, selon laquelle il aurait marqué l'arrêt quelques mètres avant l'intersection avec la voie prioritaire, en raison de la présence, à cet endroit d'un passage pour piétons situé sur sa voie de circulation, laisse subsister un doute sur la réalisation de l'infraction, doute que l'imprécision du procès-verbal ne permet pas de dissiper. • Crim. 19 déc. 2007 : *Jurispr. auto 2008. 156.*

Art. R. 415-7 A certaines intersections indiquées par une signalisation dite "cédez-le-passage", tout conducteur doit céder le passage aux véhicules circulant sur l'autre ou les autres routes et ne s'y engager qu'après s'être assuré qu'il peut le faire sans danger.

Le fait, pour tout conducteur, de contrevenir aux dispositions du présent article est puni de l'amende prévue pour les contraventions de la quatrième classe.

Tout conducteur coupable de cette infraction encourt également la peine complémentaire de suspension, pour une durée de trois ans au plus, du permis de conduire, cette suspension pouvant être limitée à la conduite en dehors de l'activité professionnelle.

Cette contravention donne lieu de plein droit à la réduction de quatre points du permis de conduire. — *[Anc. art. R. 26-1, al. 1er, R. 232, al. 1er et 7, R. 256, al. 5 à 12, et R. 266, al. 1er et 2.]*

En ce qui concerne l'exclusion de l'amnistie de cette contravention, V. L. n° 95-884 du 3 août 1995, art. 25 (10°) et Circ. 3 août 1995.

Art. R. 415-8 Hors agglomération, tout conducteur abordant une route à grande circulation et ne se trouvant pas lui-même sur une route de cette catégorie est tenu de céder le passage aux véhicules qui circulent sur la route à grande circulation. *(Décr. n° 2010-1390 du 12 nov. 2010)* « Toutefois l'autorité investie du pouvoir de police peut, lorsque les circonstances locales le justifient et après avis conforme du préfet, prendre un arrêté modifiant cette règle de priorité dans les conditions qu'il *[elle]* définit. »

En agglomération, tout conducteur abordant une route à grande circulation et ne se trouvant pas lui-même sur une route de cette catégorie peut également, *(Décr. n° 2008-754 du 30 juill. 2008, art. 10)* « par arrêté du maire pris après avis conforme du préfet », être tenu de céder le passage aux véhicules qui circulent sur la route à grande circulation.

Le maire peut, par arrêté pris après avis du préfet, reporter l'obligation prévue à l'alinéa précédent sur les conducteurs qui abordent d'autres routes qu'une route classée à grande circulation si ces routes assurent la continuité de l'itinéraire à grande circulation ou imposer à ces conducteurs la même obligation.

La signalisation de ces routes est la même que celle des routes à grande circulation.

Le fait, pour tout conducteur, de ne pas respecter les règles de priorité fixées au présent article est puni de l'amende prévue pour les contraventions de la quatrième classe.

Tout conducteur coupable de cette infraction encourt également la peine complémentaire de suspension, pour une durée de trois ans au plus, du permis de conduire, cette suspension pouvant être limitée à la conduite en dehors de l'activité professionnelle.

Cette contravention donne lieu de plein droit à la réduction de quatre points du permis de conduire. — *[Anc. art. R. 26, al. 1er à 4, R. 232, al. 1er et 7, R. 256, al. 5 à 12, et R. 266, al. 1er et 2.]*

En ce qui concerne l'exclusion de l'amnistie de cette contravention, V. L. n° 95-884 du 3 août 1995, art. 25 (10°) et Circ. 3 août 1995.

Les juges peuvent modifier la qualification des faits qui leur sont déférés mais à la condition de ne rien changer ni ajouter aux faits eux-mêmes tels qu'ils ont été retenus dans la prévention à moins que le prévenu n'accepte expressément d'être jugé sur des faits non compris dans la prévention. Si un prévenu a été poursuivi pour blessures involontaires, excès de vitesse et défaut de maîtrise et si la juridiction du second degré, au motif que la route empruntée par l'un des véhicules était prioritaire, a requalifié en refus de priorité la contravention de défaut de maîtrise sans constater que le prévenu avait accepté d'être jugé pour une contravention non visée dans l'acte de poursuite, la cour d'appel a violé le principe ci-dessus rappelé. • Crim. 14 sept. 1988 : *Jurispr. auto 1988. 533.*

Art. R. 415-9 I. — *(Décr. n° 2010-1390 du 12 nov. 2010, art. 16)* **« Tout conducteur qui débouche sur une route en franchissant un trottoir ou à partir d'un accès non ouvert à la circulation publique, d'un chemin de terre ou d'une aire de stationnement ne doit s'engager sur la route qu'après s'être assuré qu'il peut le faire sans danger et qu'à une vitesse suffisamment réduite pour lui permettre un arrêt sur place. »**

II. — Il doit céder le passage à tout autre véhicule.

III. — Le fait, pour tout conducteur, de contrevenir aux dispositions du II ci-dessus est puni de l'amende prévue pour les contraventions de la quatrième classe.

IV. — Tout conducteur coupable de cette infraction encourt également la peine complémentaire de suspension, pour une durée de trois ans au plus, du permis de conduire, cette suspension pouvant être limitée à la conduite en dehors de l'activité professionnelle.

V. — Cette contravention donne lieu de plein droit à la réduction de quatre points du permis de conduire. — *[Anc. art. R. 7, R. 232, al. 1er et 7, R. 256, al. 5 à 12, et R. 266, al. 1er et 2.]*

En ce qui concerne l'exclusion de l'amnistie de cette contravention, V. L. n° 95-884 du 3 août 1995, art. 25 (10°) et Circ. 3 août 1995.

1. Une cour d'appel ne peut à la fois retenir qu'un chemin n'ayant pas de revêtement est un chemin de terre et que ce chemin était ouvert à la circulation publique ; tout chemin, s'il est ouvert à la circulation publique, est soumis aux dispositions du code de la route et spécialement aux règles de priorité. • Cass., ass. plén., 5 févr. 1988 : *D. 1988. IR 53.*

2. Un chemin classé dans la voirie communale ou dans celle d'une communauté urbaine ne peut être assimilé à un chemin de terre au sens de l'art. R. 7 C. route [C. route, art. R. 415-9], quelle que soit la nature de son revêtement. • Crim. 5 mars 1985 : *Bull. crim. n° 99.*

3. Un chemin servant seulement à l'exploitation des terres riveraines à sens unique, partiellement empierré, envahi par les herbes, ni signalé, ni entretenu est un chemin de terre au sens de l'art. R. 7 C. route [C. route, art. R. 415-9] et ne donne pas à son usager la priorité de passage. • Crim. 14 janv. 1975 : *Bull. crim. n° 13.*

4. Une cour d'appel peut qualifier d'accès non ouvert à la circulation publique l'accès sur une route d'une allée qui dessert uniquement le parc de stationnement privé des occupants d'un immeuble et décider que le conducteur qui débouche de cette allée est soumis aux obligations de l'art. R. 7 C. route [C. route, art. R. 415-9], notamment à celle de céder le passage à tout autre véhicule. • Crim. 9 janv. 1974 : *D. 1974. IR 28.* ♦ Lorsque l'accès à une voie desservant une résidence est signalé par deux plots en béton et une pancarte rappelant le caractère privé de la voie parce que les habitants de la résidence ont voulu signifier aux véhicules « étrangers », sans que les services de la voirie municipaux s'y opposent, que cette voie était une voie privée non ouverte à la circulation publique, les dispositions de l'art. R. 415-9 s'appliquent. • Crim. 21 oct. 2003 : *Jurispr. auto 2004. 94.*

5. La contravention prévue à l'art. R. 7 C. route [C. route, art. R. 415-9] est constituée aussi bien lorsque l'aire de stationnement est ouverte à la circulation publique que lorsqu'elle ne l'est pas. Le conducteur d'une automobile qui débouche d'une cour de gare qualifiée de parking privé à usage public doit s'assurer qu'il peut le faire sans danger. • Crim. 19 févr. 1986 : *D. 1986. IR 193.*

6. L'automobiliste sortant d'un parking privé qui a terminé de manœuvrer au moment où il est heurté à l'avant droit de face par un motocycliste sur la partie gauche de la chaussée par rapport au sens de circulation de la motocyclette, ne commet pas de faute. • Civ. 2e, 1er avr. 1992 : *Jurispr. auto 1992. 248.*

7. Est déclaré entièrement responsable du dommage subi par un motocycliste le prévenu qui a fait irruption sur la chaussée sans prendre de précautions suffisantes alors qu'il quittait une place de stationnement. • Crim. 14 févr. 1989 : *Jurispr. auto 1989. 287* • Civ. 2e, 13 mars 1991 : *Jurispr. auto 1991. 209.*

8. Il ne suffit pas de constater que les voies d'un lotissement constituent un ensemble de voies privées pour les soumettre à l'art. R. 7 C. route [C. route, art. R. 415-9] ; il convient de rechercher si la voie privée est ouverte ou non à la circulation publique. • Civ. 2e, 19 févr. 1992 : *Jurispr. auto 1992. 320.*

9. Le cyclomotoriste, sortant d'un stade par une petite porte destinée aux piétons et s'engageant sur la chaussée au moment où une voiture arrive sur la gauche, commet une faute qui limite son indemnisation. • Civ. 2e, 21 nov. 1990 : *Jurispr. auto 1990. 511.* ♦ Le fait pour le conducteur d'un poids lourd de déboucher sur une route à partir d'un accès non ouvert à la circulation publique, en effectuant une manœuvre perturbatrice, puisque « le nez du camion était sur le bord de la route » au moment du choc, caractérise en tous ses éléments la contravention à l'art. R. 7 C. route [C. route, art. R. 415-9]. • Crim. 24 janv. 1996 : *inédit.*

10. L'arrêt qui retient la culpabilité d'un individu poursuivi pour infraction à l'art. R. 7 C. route [C. route, art. R. 415-9] dans ses motifs doit préciser les circonstances dans lesquelles s'est déroulé l'accident et notamment si la personne débouchait d'un immeuble sis au bord de la route au moment où la collision s'est produite. • Crim. 29 déc. 1964 : *JCP 1965. IV. 14.*

11. Le refus de priorité et la contravention d'avoir débouché sur une route à partir d'un accès non ouvert à la circulation sans s'être assuré de pouvoir le faire sans danger constituent un cumul idéal d'infraction puisqu'il s'agit du même fait autrement qualifié. • Pau, 11 févr. 1992 : *Juris-Data no 040754.*

Art. R. 415-10 **Tout conducteur abordant un carrefour à sens giratoire est tenu, quel que soit le classement de la route qu'il s'apprête à quitter, de céder le passage aux usagers circulant sur la chaussée qui ceinture le carrefour à sens giratoire.**

Le fait, pour tout conducteur, de ne pas respecter les règles de priorité fixées au présent article est puni de l'amende prévue pour les contraventions de la quatrième classe.

Tout conducteur coupable de cette infraction encourt également la peine complémentaire de suspension, pour une durée de trois ans au plus, du permis de conduire, cette suspension pouvant être limitée à la conduite en dehors de l'activité professionnelle.

Cette contravention donne lieu de plein droit à la réduction de quatre points du permis de conduire. — *[Anc. art. R. 26, al. 6, R. 232, al. 1er et 7, R. 256, al. 5 à 12, et R. 266, al. 1er et 2.]*

En ce qui concerne l'exclusion de l'amnistie de cette contravention, V. L. no 95-884 du 3 août 1995, art. 25 (10o), et Circ. 3 août 1995.

Le fait d'engager imprudemment son véhicule dans un carrefour à sens giratoire contraignant le véhicule prioritaire à stopper son véhicule constitue la contravention prévue par l'art. R. 26 [C. route, art. R. 415-10] même si en définitive le premier véhicule a cédé le passage au véhicule prioritaire. • Crim. 20 août 1992 : *Jurispr. auto 1993. 71.*

Art. R. 415-11 *(Décr. no 2010-1390 du 12 nov. 2010, art. 17)* **« Tout conducteur est tenu de céder le passage, au besoin en s'arrêtant, au piéton s'engageant régulièrement dans la traversée d'une chaussée ou manifestant clairement l'intention de le faire ou circulant dans une aire piétonne ou une zone de rencontre. »**

Le fait, pour tout conducteur, de ne pas respecter les règles de priorité fixées au présent article est puni de l'amende prévue pour les contraventions de la quatrième classe.

Tout conducteur coupable de cette infraction encourt également la peine complémentaire de suspension, pour une durée de trois ans au plus, du permis de conduire, cette suspension pouvant être limitée à la conduite en dehors de l'activité professionnelle.

Cette contravention donne lieu de plein droit à la réduction de *(Décr. n° 2018-795 du 17 sept. 2018, art. 13)* **« six points » du permis de conduire.** – *[Anc. art. R. 24, al. 4, R. 220, R. 232, al. 1er et 7, R. 256, al. 5 à 12, et R. 266, al. 1er et 2.]*

En ce qui concerne l'exclusion de l'amnistie de cette contravention, V. L. n° 95-884 du 3 août 1995, art. 25 (10°), et Circ. 3 août 1995.

COMMENTAIRE

Priorité de passage accordée au piéton. Le présent article, qui oblige tout conducteur (et donc également ceux d'un véhicule qui n'est pas à moteur) à céder le passage au piéton qui s'apprête à traverser une chaussée ou qui circule dans certains espaces, a été modifié à plusieurs reprises depuis l'entrée en vigueur du code de la route recomposé.

Démarche « code de la rue ». Par un décret n° 2008-754 du 30 juillet 2008, il a été précisé ici que les piétons circulant dans une zone de rencontre ou une aire piétonne étaient prioritaires sur les véhicules circulant dans de tels espaces. Par là même ont été rappelées des règles déjà formulées à l'article R. 110-2 du présent code à l'occasion de la définition de ces espaces (V. cet art. et son comm.), un rappel qui était cependant nécessaire au sein du présent article pour assortir le non-respect de cette priorité de passage par une sanction pénale. Le décret n° 2010-1390 du 12 novembre 2010 est ensuite venu renforcer à l'article R. 415-11 la priorité de passage reconnue aux piétons, en prévoyant que le conducteur d'un véhicule devait céder le passage, au besoin en s'arrêtant, aux piétons non seulement lorsqu'ils s'engagent régulièrement dans la traversée d'une chaussée, mais aussi dès lors qu'ils manifestent clairement l'intention de le faire. Autant de modifications qui ont été adoptées pour améliorer les déplacements en milieu urbain, tout en assurant la sécurité des usagers les plus vulnérables et qui s'inscrivent dans la démarche « code de la rue » précédemment évoquée (V. comm. ss. art. R. 110-2).

Sanction renforcée. Pour inciter les conducteurs à respecter les règles de priorité formulées au sein du présent article, le décret n° 2018-795 du 17 septembre 2018 a enfin modifié le nombre de points retirés en cas de contravention, en le faisant passer de quatre à six. La contravention de l'article R. 415-11 fait donc partie, depuis ce décret, de la liste des contraventions assorties d'un retrait de six points, avec toutes les conséquences que cela implique pour les titulaires d'un permis probatoire dont le capital initial de points s'élève à six. Il faut par ailleurs rappeler que la présente contravention a été ajoutée, par ce même décret de 2018, au sein de la liste des infractions figurant à l'article R. 121-6 pour lesquelles la redevabilité pécuniaire du titulaire du certificat d'immatriculation peut être retenue. Cette infraction peut donc être constatée sans interception du véhicule et notamment par vidéo-verbalisation. ❑

Doit être déclaré coupable d'homicide involontaire l'automobiliste qui a renversé et mortellement blessé un piéton ; le prévenu doit également être condamné pour non-respect de la priorité due à un piéton dès lors qu'il a mortellement blessé un piéton régulièrement engagé sur un passage protégé. • Paris, 20e ch., 16 févr. 1990 : *Juris-Data n° 022765.*

Art. R. 415-12 **En toutes circonstances, tout conducteur est tenu de céder le passage aux véhicules d'intérêt général prioritaires annonçant leur approche par l'emploi des avertisseurs spéciaux prévus pour leur catégorie.**

Le fait, pour tout conducteur, de ne pas respecter les règles de priorité fixées au présent article est puni de l'amende prévue pour les contraventions de la quatrième classe.

Tout conducteur coupable de cette infraction encourt également la peine complémentaire de suspension, pour une durée de trois ans au plus, du permis de conduire, cette suspension pouvant être limitée à la conduite en dehors de l'activité professionnelle.

Cette contravention donne lieu de plein droit à la réduction de quatre points du permis de conduire. – *[Anc. art. R. 28, R. 232, al. 1er et 7, R. 256, al. 5 à 12, et R. 266, al. 1er et 2.]*

BIBL. ▶ DEFRANCE, *Jurispr. auto 2000. 316* (régime particulier des véhicules d'intervention urgente).

1. Le droit de priorité de l'art. R. 28 [C. route, art. R. 415-12] ne dispense pas les conducteurs qui en bénéficient de l'observation des règles générales de prudence s'imposant aux usagers de la route.

• Crim. 26 avr. 2000, n° 99-80.716 P : *RSC 2000. 828, obs. Mayaud ; Dr. pénal 2001. Comm. 6, obs. Robert.*

2. L'arrêt qui constate qu'un véhicule des services départementaux d'incendie et de secours était en mission en déduit exactement qu'il bénéficiait de la priorité édictée par l'art. R. 28 [C. route, art. R. 415-12] sans avoir à rechercher quelle était la nature de la mission qu'il accomplissait. Puisque l'arrêt retient que le gyrophare et l'avertisseur sonore à deux tons de l'ambulance étaient en action et le levier de changement de vitesse du véhicule en première, élément qui caractérise une vitesse modérée, les autres usagers de la route étaient tenus de prendre toutes dispositions pour laisser le passage à ce véhicule. • Civ. 2e, 20 juill. 1993 : *Jurispr. auto 1993. 557.*

3. La disposition de l'art. R. 28 [C. route, art. R. 415-12] bénéficie sans distinction à tous les véhicules et notamment aux ambulances du service de lutte contre l'incendie dès lors que ces véhicules effectuent des déplacements nécessaires et urgents exigés par l'une quelconque des missions de sécurité publique dont lesdits services assurent la charge. • Crim. 13 nov. 1973 : *Bull. crim. n° 413.*

4. Pour bénéficier des dispositions de l'art. R. 28 [C. route, art. R. 415-12] selon lequel les véhicules usagers doivent laisser le passage aux véhicules prioritaires le conducteur du véhicule prioritaire doit prouver que ses avertisseurs étaient en fonctionnement dans les conditions de temps et de lieu permettant aux véhicules usagers d'être prévenus de l'arrivée de ce véhicule et de réduire leur vitesse, au besoin de s'arrêter. • Paris, 17e ch., 3 mai 1994 : *D. 1994. IR 144*. ♦ Dans le même sens : • TI Besançon, 12 juin 1990 : *Jurispr. auto 1990. 329.*

5. La priorité spéciale conférée par l'art. R. 28 [C. route, art. R. 415-12] aux véhicules de lutte contre l'incendie ne s'appliquant qu'à la condition que leur approche ait été annoncée par l'emploi des signaux lumineux et sonores prévus par les art. R. 92, 5°, et R. 95 C. route, dans des conditions de temps et de lieu permettant aux autres usagers de leur céder le passage, encourt la cassation l'arrêt d'une cour d'appel qui a relaxé du délit d'homicide et blessures involontaires le conducteur d'un véhicule de sapeurs-pompiers ayant heurté une voiture après avoir franchi un feu rouge, au motif que la commande de l'avertisseur lui échappait. • Crim. 26 avr. 2000, n° 99-80.716 P : *D. 2000. IR 181 ; RSC 2000. 828, obs. Mayaud.*

6. Les véhicules ambulances ne sont pas exonérés des dispositions impératives réglementant la circulation routière. N'étant pas établi que l'avertisseur sonore était en fonctionnement au moment où l'ambulance a franchi un stop, le conducteur de l'ambulance devait respecter impérativement les prescriptions de l'art. R. 27 [C. route, art. R. 415-6] et devait laisser la priorité aux usagers de la route protégée par le stop. • Nîmes, 16 nov. 1989 : *Jurispr. auto 1990. 11.*

7. L'agent de police regagnant à cyclomoteur son poste de police après avoir exécuté une mission qui lui avait été confiée, empruntant une voie de bus à contresens et n'étant muni d'aucun signal particulier ne bénéficie d'aucune priorité. Des véhicules ne sont autorisés à emprunter de telles voies qu'à condition d'utiliser des signaux d'avertissement spéciaux et de se rendre sur les lieux d'une intervention urgente. • TI Lyon, 18 mai 1993 : *Gaz. Pal. 1994. 2. Somm. 422.*

8. Une cour d'appel ne peut déduire de la seule absence de faute du conducteur de l'ambulance du service départemental d'incendie que celle de la victime était la seule cause exclusive de l'accident sans rechercher si le conducteur aurait pu éviter l'accident. • Civ. 2e, 7 févr. 1990 : *Jurispr. auto 1990. 374.*

9. Une cour d'appel qui retient que si une ambulance, dont le gyrophare et l'avertisseur deux tons fonctionnaient, bénéficiait de la priorité de passage de l'art. R. 28 [C. route, art. R. 415-12] bien que le feu fût rouge pour elle, et que ces signaux, de par la configuration des lieux, ne pouvaient être perçus par un motocycliste, porteur d'un casque, a pu en déduire que celui-ci n'avait commis aucune faute. • Civ. 1re, 26 juin 1996, n° 94-20.187 P : *RCA 1996. Chron. 35, note Groutel.*

Art. R. 415-13 **Aux intersections, lorsqu'une chaussée à plusieurs voies comporte une ou plusieurs voies ou bandes réservées à** *(Abrogé par Décr. n° 2023-563 du 5 juill. 2023, art. 12)* ***« la circulation de »*** **certaines catégories de véhicules, les règles de priorité prévues au présent livre s'imposent à tous les conducteurs circulant sur cette chaussée ou l'abordant.** — *[Anc. art. R. 28-1, al. 1er.]*

Art. R. 415-14 **Pour l'application de toutes les règles de priorité, une piste cyclable est considérée comme une voie de la chaussée principale qu'elle longe, sauf dispositions différentes prises par l'autorité investie du pouvoir de police.** — *[Anc. art. R. 28-1, al. 2.]*

Art. R. 415-15 *(Décr. n° 2010-1390 du 12 nov. 2010, art. 18) (Abrogé par Décr. n° 2015-808 du 2 juill. 2015, art. 9-1°)* ***« Aux intersections, »*** **L'autorité investie du pouvoir de police peut décider de :**

1° Mettre en place sur les voies équipées de feux de signalisation une signalisation distincte destinée à une ou plusieurs catégories de véhicules ou indiquant une ou plusieurs directions ou remplissant ces deux fonctions de manière concomitante ;

2° Mettre en place sur les voies équipées de feux de signalisation communs à toutes les catégories d'usagers deux lignes d'arrêt distinctes, l'une pour les *(Décr. n° 2019-1082 du 23 oct. 2019, art. 26)* **« engins de déplacement personnel motorisés** *(Décr. n° 2022-31 du 14 janv. 2022)* **« , les cyclomobiles légers » et les » cycles** *(Abrogé par Décr. n° 2015-808 du 2 juill. 2015, art. 8-2°)* ***« et cyclomoteurs »*, l'autre pour les autres catégories de véhicules** *(Décr. n° 2015-808 du 2 juill. 2015, art. 9-2°)* **« . La ligne d'arrêt pour les** *(Décr. n° 2019-1082 du 23 oct. 2019, art. 27)* **« engins de déplacement personnel motorisés** *(Décr. n° 2022-31 du 14 janv. 2022)* **« , les cyclomobiles légers » et les » cycles peut être autorisée pour les cyclomoteurs. »**

(Abrogé par Décr. n° 2015-808 du 2 juill. 2015, art. 9-3°) ***« 3° Réserver une voie que les conducteurs de cycles et de cyclomoteurs sont tenus d'emprunter pour contourner l'intersection par la droite. »***

COMMENTAIRE

Démarche « code de la rue ». Les modifications apportées au présent article par le décret n° 2010-1390 du 12 novembre 2010 et par le décret n° 2015-808 du 2 juillet 2015, qui s'inscrivent dans la démarche « code de la rue » (V. comm. art. R. 110-2), ont été adoptées afin de faciliter la circulation des cyclistes dans les zones urbaines. Pour ce faire, elles ont permis aux autorités compétentes de mettre en place sur les feux tricolores une signalisation adaptée pour les cyclistes permettant ce qu'il est convenu d'appeler « le tourne-à-droite » cycliste ou « le tout droit » cycliste.

Les engins de déplacement personnel motorisés étant assez souvent soumis aux règles applicables aux cycles (V. comm. ss. art. R. 311-1), le décret n° 2019-1082 du 23 octobre 2019 est venu par ailleurs préciser ici que la ligne d'arrêt distinct, qui peut être mise en place pour les cycles sur les voies équipées de feux de signalisation communs à toutes les catégories d'usagers, était également applicable aux engins de déplacement personnel motorisés. Et le décret n° 2022-31 du 14 janvier 2022 a étendu ces dispositions aux cyclomobiles légers qui constituent une sous-catégorie de cyclomoteurs (V. comm. ss. art. R. 311-1), mais dont la circulation obéit aux règles applicables à celle des engins de déplacement personnel motorisés (V. art. R. 412-43-4 et comm. ss. art. R. 412-43-1). ❑

CHAPITRE VI USAGE DES DISPOSITIFS D'ÉCLAIRAGE ET DE SIGNALISATION

SECTION 1 Emploi des avertisseurs

Art. R. 416-1 Hors agglomération, l'usage des avertisseurs sonores n'est autorisé que pour donner les avertissements nécessaires aux autres usagers de la route.

En agglomération, l'usage de l'avertisseur sonore n'est autorisé qu'en cas de danger immédiat.

Les signaux émis ne doivent pas se prolonger plus qu'il n'est nécessaire.

Le fait, pour tout conducteur, de contrevenir aux dispositions du présent article est puni de l'amende prévue pour les contraventions de la deuxième classe. – *[Anc. art. R. 31, R. 34 et R. 233, al. 1er et 4.]*

Intersections : R. 415-1.

1. Le conducteur d'une voiture balayeuse-arroseuse qui circule dans un sens interdit ne peut le faire pour les besoins de son service de nettoyage qu'en faisant fonctionner l'appareil avertisseur spécial dont son véhicule est muni. L'inobservation de cette mesure de prudence constitue une faute, ces dispositions n'ayant pas été abrogées par celles portant sur l'emploi des avertisseurs sonores dont l'objet est différent et qui ne visent que les appareils normaux. • Crim. 3 déc. 1959 : *Bull. crim. n° 530.*

2. Exigence d'un danger immédiat en agglomération. Doit être cassé l'arrêt qui relaxe le conducteur qui actionnait le klaxon de sa voiture pour avertir l'automobiliste qui le précédait que le feu devant lequel il était arrêté était devenu vert alors qu'il n'y avait pas en l'espèce un cas de danger immédiat. • Crim. 22 juin 1960 : *D. 1960. 630.*

3. La contravention aux dispositions de l'art. R. 416-1 C. route n'exige pas, pour être caractérisée, la constatation d'un trouble à l'ordre public ou à la tranquillité publique, laquelle est donc constituée dès lors qu'il est constaté qu'un prévenu a fait usage de son klaxon en agglomération en dehors de toute situation de danger. • Crim. 4 juin 2019, n° 18-86.331 : *JCP 2019. Doctr. 1030, obs. Detraz.*

Art. R. 416-2 **De nuit, les avertissements doivent être donnés par l'allumage intermittent soit des feux de croisement, soit des feux de route, les signaux sonores ne devant être utilisés qu'en cas d'absolue nécessité.**

Le fait, pour tout conducteur, de contrevenir aux dispositions du présent article est puni de l'amende prévue pour les contraventions de la deuxième classe. – *[Anc. art. R. 33 et R. 233, al. 1er et 4.]*

Art. R. 416-3 **L'usage des trompes à sons multiples, des sirènes et des sifflets est interdit.**

Le fait, pour tout conducteur, de contrevenir aux dispositions du présent article est puni de l'amende prévue pour les contraventions de la deuxième classe. – *[Anc. art. R. 32 et R. 233, al. 1er et 4.]*

SECTION 2 **Éclairage et signalisation de nuit, ou de jour par visibilité insuffisante**

COMMENTAIRE

L'allumage des feux de croisement le jour peut participer à réduire les accidents de la circulation routière. Cette mesure permettrait d'éviter, en France, chaque année, entre 5 à 8 % des tués et entre 3 à 13 % des blessés sur les routes (V. *Faut-il recommander l'utilisation des feux de jour ?*, Comité des experts du Conseil national de la sécurité routière, sept. 2004). Recommandée dans plusieurs États européens, voire rendue obligatoire, elle se heurte cependant souvent à une faible acceptabilité sociale. C'est pourquoi les pouvoirs publics français ont décidé, dans un premier temps, d'expérimenter cette mesure, en recommandant aux usagers l'utilisation des feux de croisement le jour, hors agglomération, pendant la période de l'heure d'hiver 2004-2005.

Le bilan de cette expérimentation (V. *Bilan de l'utilisation des feux de jour en France*, Comité des experts du Conseil national de la sécurité routière, oct. 2005) n'a toutefois pas permis de démontrer une baisse de l'accidentalité résultant de l'allumage des feux de jour… en raison principalement du nombre limité de conducteurs ayant suivi la recommandation. Comme dans d'autres États européens, l'acceptation de cette mesure par les Français ne va donc pas de soi. De la sorte, il semble impossible aujourd'hui de rendre obligatoire une telle mesure. Le Comité des experts précité a d'ailleurs préconisé de maintenir la recommandation de l'utilisation des feux de croisement le jour, en l'accompagnant d'une forte communication sur le sujet. L'extension de cette mesure à la circulation en agglomération est également envisagée. A terme, l'installation par les constructeurs sur les véhicules neufs de feux dédiés spécifiques permettrait sans doute de réduire un certain nombre de critiques actuelles quant à l'utilisation des feux de croisement le jour (éblouissement, consommation d'énergie…). Les dispositions sur les feux de circulation diurne, créées par le décret n° 2006-499 du 3 mai 2006, s'inscrivent dans cette perspective (V. art. R. 313-4-1 et R. 313-24, al. 5, et le comm. introductif aux art. R. 313-1 s.).

Sur l'obligation d'utiliser les feux de croisement le jour pour les deux-roues. Voir l'article R. 416-17 et son commentaire. ❑

Art. R. 416-4 **La nuit, ou le jour lorsque la visibilité est insuffisante, tout conducteur d'un véhicule doit, dans les conditions définies à la présente section, faire usage des feux dont le véhicule doit être équipé en application des dispositions du livre III.** – *[Anc. art. R. 40, al. 1er.]*

Art. R. 416-5 **Feux de route.**

Sauf dispositions différentes prévues au présent code, les véhicules à moteur doivent circuler avec le ou leurs feux de route allumés.

A l'arrêt ou en stationnement, l'usage des feux de route est interdit.

Le fait, pour tout conducteur, de contrevenir aux dispositions du présent article est puni de l'amende prévue pour les contraventions de la quatrième classe. – *[Anc. art. R. 40, al. 2 et 3, et R. 232, al. 1er et 8.]*

Art. R. 416-6 Feux de croisement.

I. — Les cyclomoteurs et les quadricycles légers à moteur doivent circuler avec le ou leurs feux de croisement allumés.

II. — Les autres véhicules à moteur doivent circuler avec le ou leurs feux de croisement allumés, à l'exclusion des feux de route :

1° Quand le véhicule risque d'éblouir d'autres usagers :

a) Au moment où il s'apprête à croiser un autre véhicule ;

b) Lorsqu'il suit un autre véhicule à faible distance, sauf lors d'une manœuvre de dépassement ;

2° Quand le véhicule circule en agglomération sur une route suffisamment éclairée et hors agglomération sur une route éclairée en continu dès lors que cet éclairage est tel qu'il permet au conducteur de voir distinctement à une distance suffisante ;

3° Quand la visibilité est réduite en raison des circonstances atmosphériques. Toutefois, en agglomération, même par temps de pluie, cette disposition ne s'applique pas aux véhicules à moteur autres que les motocyclettes qui circulent avec au moins leurs feux de position allumés, lorsque la chaussée est suffisamment éclairée et que cet éclairage permet au conducteur de voir distinctement à une distance suffisante.

III. — La substitution des feux de croisement aux feux de route doit se faire suffisamment à l'avance pour ne pas gêner la progression des autres usagers.

IV. — Lorsqu'il est fait usage des feux de route, les feux de croisement peuvent être utilisés simultanément.

V. — Le fait, pour tout conducteur, de contrevenir aux dispositions du présent article est puni de l'amende prévue pour les contraventions de la quatrième classe. — *[Anc. art. R. 40, al. 4 à 13, et R. 232, al. 1er et 8.]*

A. UTILISATION DES FEUX

1. L'obligation faite à tout conducteur par l'art. R. 40 [C. route, art. R. 416-6, II, 1°, a] d'utiliser exclusivement ses feux de croisement lorsque son véhicule risque d'éblouir d'autres usagers et notamment lorsqu'il s'apprête à croiser un autre véhicule, ne supprime pas celle énoncée par l'art. R. 11-1 du même code [C. route, art. R. 413-17] prescrivant à tout conducteur de réduire sa vitesse lorsque la visibilité est limitée du fait de l'usage des feux de croisement. • Crim. 28 avr. 1987 : *Bull. crim. n° 168.*

2. Les juges du fond, saisis d'une poursuite fondée sur l'art. R. 40 [C. route, art. R. 416-6], ne peuvent retenir la culpabilité du prévenu sans préciser les faits établissant que le contrevenant n'a pas utilisé les feux de croisement de son véhicule dans l'un des cas où ledit article en impose l'usage. • Crim. 6 oct. 1976 : *D. 1976. IR 290; Bull. crim. n° 282.*

3. L'art. R. 40 [C. route, art. R. 416-4 s.] précise les dispositifs d'éclairage que les conducteurs doivent utiliser sur une route entre la chute et le lever du jour et le jour lorsque les circonstances l'exigent ; en l'absence d'un des deux feux de croisement, l'automobiliste commet l'infraction punie par l'art. R. 232, al. 2, régulièrement constatée par les agents verbalisateurs. • Crim. 3 nov. 1965 : *D. 1966. 101.*

4. L'infraction à l'art. R. 40 [C. route, art. R. 416-4 s.] est caractérisée lorsque, dans les conditions de visibilité qui étaient celles de la route au moment de l'accident et compte tenu du nombre de voitures qui circulaient et effectuaient des dépassements, les circonstances exigeaient incontestablement l'usage des feux de croisement et non des simples feux de position. Le premier paragraphe de l'art. R. 40 [C. route, art. R. 416-4 s.] précise qu'en cas de croisement les feux de route doivent être éteints et remplacés par les feux de croisement mais n'envisage pas de leur substituer les feux de position, contrairement à ce que prescrit le deuxième paragraphe pour le cas où, de nuit, l'éclairage artificiel de la route est continu et suffisant. • Paris, 11 févr. 1977 : *D. 1977. IR 277; JCP 1978. II. 18844, note Chambon.*

5. Il y a lieu de relaxer le conducteur poursuivi pour avoir circulé en feux de croisement dans une agglomération dès lors que cette interdiction prescrite par un arrêté municipal n'a pas été portée régulièrement à la connaissance des usagers par l'apposition d'un panneau de signalisation. • T. pol. Bordeaux, 26 janv. 1966 : *D. 1966. Somm. 92 ; Gaz. Pal. 1966. 2. 9, note Vassas.*

6. Il convient de partager la responsabilité entre le conducteur d'un poids lourd qui circulait à une vitesse excessive de nuit sur une route à grande circulation qui a heurté un attelage composé de deux véhicules qui circulait dans le même sens, l'un remorquant l'autre en panne, les deux véhicules étant démunis d'éclairage. • Paris, 16 janv. 1991 : *Gaz. Pal. 1993. 1. Somm. 16.*

B. APPELS DE PHARE

7. L'automobiliste qui, de jour, par des appels de phare avertit les autres conducteurs que la police effectue un contrôle de vitesse échappe à toute sanction pénale. Les dispositions de l'al. 1er de l'art. R. 40 et celles du § a du n° 1 de l'al. 3 du même article [C. route, art. R. 416-4 et R. 416-6, II,

1°, a] sont inapplicables en l'espèce. • Pau, 7 mai 1974 : *D. 1975. 566, note M. P.; RSC 1975. 1010, obs. Vitu.* ♦ *Contra :* • Amiens, 12 avr. 1974 : *D. 1974. 503, note Puech.*

8. Il n'existe en droit positif français aucune incrimination claire et précise pour sanctionner les automobilistes qui avertissent les autres usagers de l'existence d'un contrôle de police pour désagréable que soit la solidarité des automobilistes lorsqu'elle s'exprime à l'encontre de ceux qui sont chargés de veiller sur leur sécurité; l'art. R. 40 § 1 [C. route, art. R. 416-4 s.] vise les conditions d'éclairage et de signalisation des véhicules; que si les feux de route ne doivent pas être employés par un véhicule qui suit un autre véhicule à faible distance, c'est seulement en raison du risque d'éblouissement des autres usagers. • Dijon, 17 mai 1990 : *Juris-Data n° 042817.*

9. Le délit d'outrage à agent de la force publique de l'art. 224 ancien C. pén. implique la commission de faits adressés directement aux personnes protégées par cet article. Les signaux reprochés au prévenu étant destinés non aux gendarmes mais aux autres usagers de la route et ayant pour but premier de les inciter à ne pas commettre d'infraction et non à ridiculiser l'action des gendarmes, il convient d'entrer en voie de relaxe. • TGI Aurillac, 15 déc. 1977 : *JCP 1977. II. 18855, note Almairac; RSC 1978. 625, obs. Vitu.*

Art. R. 416-7 Feux de brouillard.

I. — En cas de brouillard, de chute de neige ou de forte pluie, les feux avant de brouillard peuvent remplacer ou compléter les feux de croisement. Ils peuvent compléter les feux de route en dehors des agglomérations, sur les routes étroites et sinueuses, hormis les cas où, pour ne pas éblouir les autres usagers, les feux de croisement doivent remplacer les feux de route.

II. — Le ou les feux arrière de brouillard ne peuvent être utilisés qu'en cas de brouillard ou de chute de neige.

III. — Le fait, pour tout conducteur, de contrevenir aux dispositions du présent article est puni de l'amende prévue pour les contraventions de la quatrième classe. — *[Anc. art. R. 40, al. 27 et 28, et R. 232, al. 1er et 8.]*

Art. R. 416-8 Feux de position.

I. — Les feux de position peuvent être allumés en même temps que les feux de route ou les feux de croisement.

II. — Ils doivent être allumés :

1° En même temps que les feux de croisement si aucun point de la plage éclairante de ceux-ci ne se trouve à moins de 400 mm de l'extrémité de la largeur hors tout du véhicule;

2° Dans tous les cas, en même temps que les feux de brouillard.

III. — *(Abrogé par Décr. n° 2003-536 du 20 juin 2003, art. 19)* ***« La circulation des motocyclettes avec à l'avant le ou leurs seuls feux de position allumés est interdite. »***

IV. — Le fait, pour tout conducteur, de contrevenir aux dispositions du présent article est puni de l'amende prévue pour les contraventions de la quatrième classe. — *[Anc. art. R. 40, al. 14, 15, 17 à 20, et R. 232, al. 1er et 8.]*

Art. R. 416-9 I. — Les véhicules à moteur et les ensembles de véhicules doivent circuler avec :

1° Les feux rouges arrière allumés;

2° Le ou les feux d'éclairage de la plaque d'immatriculation arrière allumés;

3° Les feux d'encombrement allumés;

4° Les feux de position des remorques allumés.

II. — Le fait, pour tout conducteur, de contrevenir aux dispositions du présent article est puni de l'amende prévue pour les contraventions de la quatrième classe. — *[Anc. art. R. 40, al. 22 à 26, et R. 232, al. 1er et 8.]*

Art. R. 416-10 Les cycles ainsi que leur remorque doivent circuler avec le feu de position et le feu rouge arrière allumés.

Le fait, pour tout conducteur, de contrevenir aux dispositions du présent article est puni de l'amende prévue pour les contraventions de la première classe. — *[Anc. art. R. 40-1, al. 1er et 2 et R. 239.]*

Art. R. 416-11 Le fait, pour tout conducteur d'un véhicule à moteur, de circuler la nuit, ou le jour lorsque la visibilité est insuffisante, sans éclairage ni signalisation en un lieu dépourvu d'éclairage public, est puni de l'amende prévue pour les contraventions de la quatrième classe.

Tout conducteur coupable de cette infraction encourt également la peine complémentaire de suspension, pour une durée de trois ans au plus, du permis de conduire, cette suspension pouvant être limitée à la conduite en dehors de l'activité professionnelle.

Cette contravention donne lieu de plein droit à la réduction de quatre points du permis de conduire. – *[Anc. art. R. 232, al. 1er et 8, R. 256, al. 5 à 12, et R. 266, al. 1er et 5.]*

Art. R. 416-12 I. – Sur une chaussée pourvue ou non d'éclairage public, les véhicules à moteur et les ensembles de véhicules doivent être placés à l'arrêt ou en stationnement avec :

1° A l'avant, le ou leurs feux de position allumés ;

2° A l'arrière, le ou leurs feux rouges et le ou leurs feux d'éclairage de la plaque d'immatriculation arrière allumés.

II. – Le fait, pour tout conducteur, de contrevenir aux dispositions du présent article est puni de l'amende prévue pour les contraventions de la quatrième classe. – *[Anc. art. R. 41, al. 1er à 3, R. 232, al. 1er et 8 et R. 256, al. 13 à 23.]*

(Décr. no 2003-293 du 31 mars 2003, art. 2-VIII) « III. – La nuit, ou le jour lorsque la visibilité est insuffisante, en cas d'arrêt ou de stationnement d'un véhicule à moteur sur la chaussée sans éclairage ni signalisation, en un lieu dépourvu d'éclairage public, le conducteur encourt également la peine complémentaire de suspension du permis de conduire pour une durée de trois ans au plus, cette suspension pouvant être limitée à la conduite en dehors de l'activité professionnelle.

« IV. – Dans le cas prévu au III, la contravention donne lieu de plein droit à la réduction de trois points du permis de conduire. » – *Dispositions applicables à Mayotte.*

Il résulte de la combinaison des art. R. 37 (devenu R. 36 et R. 417-1) et R. 41 C. route [C. route, art. R. 416-12] que si le stationnement ne peut se faire dans les conditions prévues à l'art. R. 37 (devenu R. 36 et R. 417-1) – qui prescrit notamment que tout véhicule en stationnement doit être rangé sur l'accotement de manière à dégager le plus possible la chaussée, à moins que cet accotement ne soit affecté à une circulation spéciale ou que l'état du sol ne s'y prête pas – le conducteur doit, si les conditions de visibilité sont insuffisantes et notamment dès la chute du jour, assurer en toute circonstance, la présignalisation de l'obstacle. • Crim. 17 juill. 1963 : *D. 1963. Somm. 91.*

Art. R. 416-13 En agglomération, les véhicules à moteur, non attelés d'une remorque, dont la longueur n'excède pas 6 mètres et la largeur, 2 mètres doivent être arrêtés ou stationnés avec au moins un feu de stationnement allumé blanc, jaune ou orangé vers l'avant et rouge, jaune ou orangé vers l'arrière, placé du côté du véhicule opposé au bord de la chaussée le long duquel celui-ci est garé.

Le fait, pour tout conducteur, de contrevenir aux dispositions du présent article est puni de l'amende prévue pour les contraventions de la quatrième classe. – *[Anc. art. R. 41, al. 4 à 6, et R. 232, al. 1er et 8.]*

Art. R. 416-14 Les remorques non accouplées à l'arrêt ou en stationnement sur la chaussée doivent être signalées soit par les feux prévus à l'article R. 416-12 soit par un feu blanc à l'avant et un feu rouge à l'arrière placés l'un et l'autre sur le côté du véhicule opposé au bord de la chaussée le long duquel cette remorque est garée.

Si la longueur de la remorque ne dépasse pas 6 mètres, les deux feux peuvent être réunis en un appareil unique.

Le fait, pour tout conducteur, de contrevenir aux dispositions du présent article est puni de l'amende prévue pour les contraventions de la quatrième classe. – *[Anc. art. R. 41-1, al. 2 et 3 et R. 232, al. 1er et 8.]*

Art. R. 416-15 A l'arrêt ou en stationnement, les motocyclettes à deux-roues sans side-car non munies de batterie, les cyclomoteurs à deux-roues et les cycles à deux-roues peuvent ne pas être signalés s'ils ne sont pas attelés d'une remorque mais ils doivent être garés au bord de la chaussée. – *[Anc. art. R. 41-1, al. 1er, R. 176, al. 1er et 2 et R. 195, al. 4.]*

Bien que la circulation sans feu des cycles conduits à la main sur la chaussée soit tolérée en application de l'art. R. 195 [C. route, art. R. 412-34], si une chaussée est bordée d'emplacements normalement praticables, les piétons sont tenus en application de l'art. R. 217 [C. route, art. R. 412-34] du même code de les utiliser à l'exclusion de la chaussée et leur sont assimilées les personnes qui conduisent à la main une bicyclette; une cour d'appel viole ces textes en énonçant que l'obligation d'emprunter l'accotement est sans application dans l'hypothèse prévue par l'art. R. 195, lequel n'affecterait d'aucune exception ni réserve la tolérance qu'il prévoit. • Civ. 2e, 5 juin 1975 : *JCP 1975. IV. 241.*

Art. R. 416-16 **En agglomération, tout véhicule à l'arrêt ou en stationnement peut ne pas être signalé lorsque l'éclairage de la chaussée permet aux autres usagers de voir distinctement celui-ci à une distance suffisante.** – *[Anc. art. R. 41, al. 7 et R. 41-1, al. 4.]*

Ne donne pas de base légale à sa décision la cour d'appel qui pour débouter un cyclomotoriste ayant heurté un camion laissé en stationnement dans une agglomération de nuit, sans feu de position, de son action en réparation de son préjudice, a énoncé d'une part que le camion étant à proximité d'un lampadaire dont, après l'accident, il avait relevé que l'éclairage était efficace et d'autre part que le véhicule était parfaitement visible à assez grande distance, sans préciser si au moment de l'accident le véhicule était visible distinctement à une distance suffisante en raison de l'éclairage public. • Civ. 2e, 11 juin 1980 : *JCP 1980. IV. 323.*

SECTION 3 **Autres dispositions**

Art. R. 416-17 **De jour, les motocyclettes** *(Décr. n° 2007-271 du 27 févr. 2007)* **« et les cyclomoteurs » doivent circuler avec le ou leurs feux de croisement** *(Décr. n° 2016-448 du 13 avr. 2016, art. 45)* **« ou de circulation diurne » allumés.**

Le ministre chargé des transports fixe les conditions d'application du présent article et peut prévoir des dérogations *(Décr. n° 2007-271 du 27 févr. 2007)* **« pour les véhicules dont les caractéristiques interdisent l'utilisation permanente des feux de croisement ».**

Le fait, pour tout conducteur, de contrevenir aux dispositions du présent article ou à celles prises pour son application est puni de l'amende prévue pour les contraventions de la deuxième classe. – *[Anc. art. R. 40-2 et R. 233, al. 6.]*

V. Arr. du 17 sept. 1987, mod. par Arr. du 27 févr. 2007, App., v° Éclairage et signalisation.

COMMENTAIRE

On sait que l'utilisation des feux de croisement le jour par l'ensemble des véhicules à moteur est une mesure préconisée par les pouvoirs publics depuis 2004 (sur cette mesure, V. comm. de la section comprenant les art. R. 416-4 s.). Toutefois, pour certains véhicules, cette mesure n'est pas seulement recommandée mais elle est obligatoire, et cela depuis 1975. C'est en effet un décret du 26 août 1975 qui a prévu les dispositions figurant aujourd'hui à l'article R. 416-17 obligeant certains véhicules à circuler, de jour, le ou leurs feux de croisement allumés, sous peine de l'amende prévue pour les contraventions de deuxième classe. Cette obligation ne visait alors que les motocyclettes, c'est-à-dire les véhicules à deux-roues à moteur ne répondant pas à la définition du cyclomoteur (V. art. R. 311-1). Les cyclomoteurs n'étaient donc pas tenus d'utiliser le ou leurs feux de croisement le jour. Lors de la recodification, il a été en outre précisé à l'article R. 416-17 que cette obligation ne concernait pas non plus « les motocyclettes légères », catégorie intermédiaire entre celle des cyclomoteurs et celle des motocyclettes (V. les définitions de ces véhicules données à l'art. R. 311-1). Mais aujourd'hui, ces deux exclusions ne valent plus. Le décret n° 2007-271 du 27 février 2007 a en effet étendu aux motocyclettes légères et aux cyclomoteurs l'obligation prévue par le présent article. Tous les deux-roues à moteur doivent donc circuler, de jour, le ou leurs feux de croisement allumés. Cette mesure vise à améliorer la sécurité des conducteurs de deux-roues motorisés qui, on le sait, sont surreprésentés dans les statistiques sur les accidents de la circulation.

Toutefois, pour tenir compte du fait que, sur certains de ces véhicules, l'utilisation permanente des feux de croisement peut techniquement poser problème, le décret du 27 février 2007 a permis au ministre chargé des transports de prévoir des dérogations. L'arrêté du 17 septembre 1987, qui fixe les conditions d'application de l'obligation prévue par l'article R. 416-17, a d'ailleurs été modifié en ce sens par un arrêté du 27 février 2007. Il est ainsi précisé que seuls les cyclomoteurs mis en circulation depuis le 1er juillet 2004 sont astreints à l'obligation d'utiliser leurs feux de croisement le jour. On notera qu'il s'agit également de la date depuis laquelle les cyclomoteurs doivent être immatriculés (V. art. R. 322-1 et son comm.), ce qui facilitera aussi la constatation de la contravention prévue par l'article R. 416-17, lorsqu'elle sera commise par le conducteur d'un cyclomoteur. ❑

Art. R. 416-18 **Tout conducteur contraint de circuler momentanément à allure fortement réduite est tenu d'avertir, en faisant usage de ses feux de détresse, les autres usagers qu'il risque de surprendre.**

Lorsque la circulation est établie en file ininterrompue, l'obligation prévue à l'alinéa précédent ne s'applique qu'au conducteur du dernier véhicule de la file.

Le fait, pour tout conducteur, de contrevenir aux dispositions du présent article est puni de l'amende prévue pour les contraventions de la deuxième classe. — *[Anc. art. R. 11, al. 2 et 3 et R. 233, al. 6.]*

Art. R. 416-19 *(Décr. nº 2008-754 du 30 juill. 2008, en vigueur le 1er oct. 2008)* **I. — Lorsqu'un véhicule immobilisé sur la chaussée constitue un danger pour la circulation, notamment à proximité des intersections de routes, des virages, des sommets de côtes, des passages à niveau et en cas de visibilité insuffisante, ou lorsque tout ou partie de son chargement tombe sur la chaussée sans pouvoir être immédiatement relevé, le conducteur doit assurer la présignalisation de l'obstacle en faisant usage de ses feux de détresse et d'un triangle de présignalisation.**

En circulation, le conducteur doit disposer de ce triangle.

II. — Le conducteur doit revêtir un gilet de haute visibilité conforme à la réglementation lorsqu'il est amené à *(Décr. nº 2015-514 du 7 mai 2015, art. 1er-3º, en vigueur le 1er janv. 2016)* **« quitter un véhicule » immobilisé sur la chaussée ou ses abords à la suite d'un arrêt d'urgence.**

En circulation, le conducteur doit disposer de ce gilet à portée de main. *(Décr. nº 2015-514 du 7 mai 2015, art. 1er-3º, en vigueur le 1er janv. 2016)* **« Lorsqu'il conduit un véhicule à deux ou trois roues à moteur ou un quadricycle à moteur non carrossé, il doit disposer de ce gilet sur lui ou dans un rangement du véhicule. »**

III. — *(Décr. nº 2015-514 du 7 mai 2015, art. 1er-3º, en vigueur le 1er janv. 2016)* **« Les dispositions du I du présent article ne s'appliquent pas aux conducteurs de véhicules à deux ou trois roues à moteur et quadricycles à moteur non carrossés. »**

Les dispositions du I ne s'appliquent pas aux conducteurs de véhicules d'intérêt général prioritaires faisant usage de leurs avertisseurs spéciaux.

Les dispositions du II ne s'appliquent pas aux conducteurs de véhicules agricoles, ni aux conducteurs des véhicules d'intérêt général prioritaires, dès lors que les conducteurs de ces derniers disposent d'une tenue de haute visibilité conforme aux dispositions du code du travail relatives aux équipements de protection individuelle.

IV. — Un arrêté du ministre chargé *(Décr. nº 2015-514 du 7 mai 2015, art. 1er-3º, en vigueur le 1er janv. 2016)* **« de la sécurité routière » fixe les caractéristiques de ces dispositifs et les conditions d'application des I et II du présent article.** — *V. Arr. du 29 sept. 2008 et 30 sept. 2008 ci-dessous.*

(Décr. nº 2015-514 du 7 mai 2015, art. 1er-3º, en vigueur le 1er janv. 2016) **« V. — Le fait, pour tout conducteur, de contrevenir aux dispositions du premier alinéa du I et du premier alinéa du II ou à celles prises pour leur application est puni de l'amende prévue pour les contraventions de la 4e classe.**

« Le fait, pour tout conducteur, de contrevenir aux dispositions du deuxième alinéa du II ou à celles prises pour leur application est puni de l'amende prévue pour les contraventions de la 1re classe. »

COMMENTAIRE

Visibilité des véhicules et de leur conducteur dans les situations d'urgence. Depuis le décret nº 2008-754 du 30 juillet 2008, l'article R. 416-19 impose aux conducteurs de la plupart des véhicules à moteur d'avoir dans leur véhicule un triangle de présignalisation et un gilet de haute visibilité et de les utiliser dans les situations d'urgence. Il a été modifié par le décret nº 2015-514 du 7 mai 2015 qui a étendu l'obligation de détenir et de porter un gilet de haute visibilité aux conducteurs des véhicules à deux ou trois roues motorisés et des quadricycles à moteur non carrossés.

Triangle de présignalisation. Ce premier équipement de visibilité était déjà envisagé par le présent article, avant sa réécriture par le décret du 30 juillet 2008. Cet article imposait alors au conducteur d'un véhicule lorsqu'il était immobilisé sur la chaussée et qu'il constituait un danger pour la circulation, ainsi que lorsque tout ou partie de son chargement tombait sur la chaussée, de signaler son véhicule ou l'obstacle, en faisant usage de ses feux de détresse ou d'un triangle de présignalisation ou encore en utilisant les deux dispositifs. Depuis le décret du 30 juillet 2008, dans ces mêmes situations d'urgence, le conducteur d'un véhicule à moteur est tenu de signaler son véhicule ou l'obstacle en utilisant ses feux de détresse et un triangle de présignalisation. Ce qui a conduit les rédacteurs de ce décret à rendre obligatoire, dans le même temps, la possession d'un tel triangle par le conducteur d'un véhicule à moteur lorsqu'il est en circulation. Le paragraphe III du présent article exempte cependant certains conducteurs de l'obligation de posséder un triangle de présignalisation dans leur véhicule et de l'utiliser dans les situations d'urgence, à savoir les conducteurs d'un véhicule à deux ou trois roues motorisé ou d'un quadricycle à moteur non carrossé, ainsi que les conducteurs de véhicules d'intérêt général prioritaires faisant usage de leurs avertisseurs spéciaux.

Gilet de haute visibilité. Outre la visibilité du véhicule, c'est celle de son conducteur que le décret du 30 juillet 2008 a voulu assurer en imposant à celui-ci le port d'un gilet de haute visibilité dès lors qu'il est amené à quitter son véhicule immobilisé sur la chaussée ou ses abords à la suite d'un arrêt d'urgence et en exigeant, en conséquence, la possession par ce dernier d'un tel gilet dans son véhicule, lorsqu'il est en circulation. Un gilet qui doit d'ailleurs être à proximité du conducteur du véhicule, puisque l'article R. 416-19 précise que le conducteur doit disposer de ce gilet « à portée de main ».

Les conducteurs de certains véhicules à moteur ne sont toutefois pas tenus de détenir et, le cas échéant, porter le gilet de haute visibilité prévu à l'article R. 416-19. Il s'agit des conducteurs de véhicules agricoles, ainsi que des conducteurs de véhicules d'intérêt général prioritaires, dès lors que ces derniers disposent d'une tenue de haute visibilité conforme aux dispositions du code du travail relatives aux équipements de protection individuelle.

Dans sa rédaction de 2008, l'article R. 416-19 prévoyait également que les dispositions qu'il formule sur le gilet de haute visibilité n'étaient pas applicables aux conducteurs de véhicules à deux ou trois roues motorisés et aux conducteurs des quadricycles à moteur non carrossés. Il en va cependant différemment depuis le 1er janvier 2016, puisque les conducteurs des cyclomoteurs et autres motos doivent, eux-aussi, détenir un gilet de haute visibilité. Conformément au décret du 7 mai 2015 modifiant le présent article en ce sens, ces conducteurs doivent disposer de ce gilet sur eux ou dans un rangement de leur véhicule et, bien évidemment, le revêtir en cas d'arrêt d'urgence.

On notera que les pouvoirs publics ont, par là même, renoncé à vouloir imposer aux conducteurs et passagers des motocyclettes d'une cylindrée supérieure à 125 cm^3 de porter un vêtement muni d'un équipement rétroréfléchissant, aussi bien en circulation que hors circulation dans les situations d'urgence. Une telle obligation, qui avait été formulée par un décret du 3 janvier 2012 à l'article R. 431-1-2 du code de la route, devait entrer en application le 1er janvier 2013 au plus tard. Mais l'abrogation – par un arrêté du 18 décembre 2012 – de l'arrêté du 3 janvier 2012 qui fixait les caractéristiques de cet équipement rétroréfléchissant avait rendu inapplicable cette obligation à la date envisagée. L'article R. 431-1-2, qui la prévoyait, n'avait toutefois pas été abrogé, et ce jusqu'au décret du 7 mai 2015, qui, en modifiant le présent article afin d'étendre les dispositions qu'il prévoit sur le gilet de haute visibilité à tous les conducteurs des véhicules à deux ou trois roues motorisés et des quadricycles à moteur non carrossés, a abrogé l'article R. 431-1-2 sur le port d'un équipement rétroréfléchissant… On remarquera que, depuis, cet article R. 431-1-2 a été rétabli. Il formule toutefois une toute autre obligation, en imposant aux conducteurs et passagers de ces véhicules à porter, en circulation, des gants conformes (V. cet art. et son comm.).

Sur le port d'un gilet de haute visibilité, dans certaines situations, par tout conducteur ou passager d'un cycle, voir l'article 431-1-1, créé également par le décret du 30 juillet 2008.

Sanctions pénales. Avant que le décret du 7 mai 2015 ne modifie l'article R. 416-19, le non-respect des différentes obligations qu'il formule, à savoir celles concernant la présignalisation du véhicule dans les situations d'urgence, la possession d'un triangle de présignalisation, la possession et le port d'un gilet de haute visibilité, était invariablement sanctionné de l'amende prévue pour les contraventions de la quatrième classe.

Depuis le 1er janvier 2016, l'absence de présignalisation du véhicule et le non-port d'un gilet de haute visibilité dans les situations d'urgence sont toujours sanctionnés de l'amende prévue pour les contraventions de la quatrième classe. En revanche, le fait de ne pas posséder de triangle de présignalisation ou de ne pas détenir de gilet de haute visibilité est désormais sanctionné de l'amende prévue pour les contraventions de la première classe.

On remarquera que les dispositions de l'article R. 416-19, paragraphe V, telles que modifiées par le décret du 7 mai 2015, ne prévoient pourtant aucune sanction à l'encontre du conducteur qui ne dispose pas dans son véhicule de triangle de présignalisation. Dans un tel cas, le conducteur peut pourtant, bel et bien, être sanctionné, non pas sur le fondement des dispositions de l'article R. 416-19, mais sur celles de l'article R. 233-1, III du présent code. Ces dispositions sanctionnent en effet de l'amende prévue pour les contraventions de la première classe, le fait de ne pas présenter immédiatement aux forces de l'ordre les éléments requis par l'article R. 233-1. Or, parmi ces éléments, on trouve, depuis le 1er janvier 2016, le triangle de présignalisation prévu au I de l'article R. 416-19 (V. art. R. 233-1, I, 8°). Quant à la non-détention d'un gilet de haute visibilité, elle peut être sanctionnée d'une amende de première classe, aussi bien sur le fondement de l'article R. 416-19, V, que sur celui de l'article R. 233-1, III : le décret du 7 mai 2015 ayant ajouté à la liste des éléments devant être présentés immédiatement aux forces de l'ordre en cas de contrôle le gilet de haute visibilité, prévu au II de l'article R. 416-19 (V. art. R. 233-1, I, 9°). ❑

1. C'est sans excès de pouvoir que le ministre chargé de définir les conditions de la présignalisation a prescrit dans un arrêté pris en application de l'art. R. 41-2 C. route [C. route, art. R. 416-19] que les véhicules devront lorsqu'ils seront en circulation être pourvus du dispositif de présignalisation qui leur est imposé. L'absence d'un tel dispositif sur un véhicule en circulation constitue une infraction aux règles concernant l'installation de dispositifs de signalisation des véhicules et caractérise la contravention réprimée par l'art. R. 239 C. route. • Crim. 11 juill. 1978 : *Bull. crim. n° 231 ; D. 1979. IR 102.*

2. Ne commet aucune faute le conducteur qui signale la présence de sa voiture et de sa remorque par le seul usage de feux de détresse s'il est établi que la mise en place d'un triangle de présignalisation n'aurait donné aucun avertissement supplémentaire au conducteur venu les percuter, cas dans lequel la vitesse excessive de ce conducteur a été considérée comme la cause exclusive de l'accident. • Paris, 1er déc. 1993 : *Juris-Data n° 023871.*

3. L'usage abusif du signal de détresse n'est sanctionné par aucun texte, mais le détournement du dispositif de présignalisation s'accompagne la plupart du temps d'une infraction pour stationnement dangereux ou pour stationnement gênant. * Rép. min. : *JOAN Q, janv. 1992. 189.*

4. Triangle de présignalisation sur autoroute. Les règles d'utilisation du triangle sur autoroutes résultent clairement des dispositions du code de la route. En effet, l'obligation de mise en place du triangle s'applique, selon les termes de l'art. R. 416-19 C. route, pour les véhicules immobilisés sur la chaussée. Les véhicules immobilisés sur la bande d'arrêt d'urgence et n'empiétant pas sur la chaussée ne sont donc pas soumis à cette obligation. En ce qui concerne le cas d'un véhicule immobilisé sur la chaussée, les règles de sécurité à respecter sur les autoroutes demeurent. Il est notamment interdit à un piéton de circuler sur une autoroute (art. R. 421-2 C. route). Les consignes de sécurité en cas d'accident ou de panne (mettre les feux de détresse, revêtir son gilet et se mettre à l'abri le plus rapidement possible derrière les barrières de sécurité) doivent être appliquées. L'arrêté d'application de l'art. R. 416-19 C. route (Arr. du 30 sept. 2008 relatif à la présignalisation des véhicules) précise d'ailleurs dans son art. 2 que « l'obligation de mise en place du triangle ne s'applique pas lorsque cette action constitue une mise en danger manifeste de la vie du conducteur ». * Rép. min. n° 50500 : *JOAN Q, 30 juin 2009, p. 6753.*

5. Seule la présence du gilet de sécurité « à portée de main » du conducteur est exigée par l'art. R. 416-19 C. route. La présence du triangle de présignalisation dans le coffre du véhicule répond donc aux exigences de la réglementation. • Rouen, 5 sept. 2013 : *Dr. pénal 2014. Chron. 7, obs. Gauvin.*

Arrêté du 29 septembre 2008,

Relatif au gilet de haute visibilité.

Art. 1er Conformément au II de l'article R. 416-19 du code de la route :

Le conducteur doit revêtir un gilet de haute visibilité conforme à la réglementation lorsqu'il est amené à *(Arr. du 7 mai 2015, art. 2, en vigueur le 1er janv. 2016)* « quitter un véhicule » immobilisé sur la chaussée ou ses abords à la suite d'un arrêt d'urgence. En circulation, le conducteur doit disposer de ce gilet à portée de main. *(Arr. du 7 mai 2015, art. 2, en vigueur le 1er janv. 2016)* « Lorsqu'il conduit un véhicule à deux ou trois roues à moteur ou un quadricycle à moteur non carrossé, il doit disposer de ce gilet sur lui ou dans un rangement du véhicule. »

Conformément à l'article R. 431-1-1 du code de la route :

Lorsqu'ils circulent la nuit, ou le jour lorsque la visibilité est insuffisante, tout conducteur et passager d'un cycle doivent porter hors agglomération un gilet de haute visibilité conforme à la réglementation.

Art. 2 Pour l'application des articles R. 416-19 et R. 431-1-1 du code de la route, est considéré comme gilet tout vêtement porté sur le haut du corps tel que veste, parka, gilet, chemise ou chasuble.

Art. 3 Le gilet de haute visibilité prévu au II de l'article R. 416-19 du code de la route et la tenue de haute visibilité prévue au III, troisième alinéa, du même article ainsi que le gilet de haute visibilité prévu à l'article R. 431-1-1 du code de la route doivent respecter les règles techniques *(Arr. du 7 mai 2015, art. 3, en vigueur le 1er janv. 2016)* « de conception et de fabrication relatives aux équipements de protection individuelle vestimentaires appropriés à la signalisation visuelle de l'utilisateur, définies à l'annexe II de l'article R. 4312-6 du code du travail et attestées par le marquage CE conformément à l'article R. 4313-3 dudit code ».

Art. 4 Les conducteurs de véhicules *(Abrogé par Arr. du 7 mai 2015, art. 4, à compter du 1er janv. 2016)* « *à moteur à deux ou trois roues, de quadricycles à moteur non carrossés,* » agricoles sont exemptés de la détention et de l'obligation de revêtir le gilet.

Les conducteurs de véhicules d'intérêt général prioritaires sont exemptés de la détention et du port du gilet dès lors qu'ils revêtent une tenue de haute visibilité conforme aux dispositions du code du travail relatives aux équipements de protection individuelle.

Arrêté du 30 septembre 2008,

Relatif à la présignalisation des véhicules.

Art. 1er Pour l'application de l'article R. 416-19 du code de la route, sont considérés comme dispositifs de présignalisation :

a) Le dispositif spécial réflectorisé de forme triangulaire, dénommé "triangle de présignalisalion", d'un type homologué conformément aux dispositions du règlement n° 27 annexé à l'accord de Genève du 20 mars 1958 "Prescriptions uniformes relatives à l'homologation des triangles de présignalisation".

Sont également considérés comme triangles de présignalisation les dispositifs existants à la date du présent arrêté et portant la marque d'homologation TPE ;

b) Le signal de détresse constitué par le fonctionnement simultané des feux indicateurs de changement de direction, si le véhicule en est équipé.

Art. 2 Le triangle de présignalisation doit être placé sur la chaussée à une distance de 30 mètres environ, ou au-delà si nécessaire, du véhicule ou de l'obstacle à signaler tel qu'il puisse être visible pour le conducteur d'un véhicule venant sur la même voie de circulation.

L'obligation de mise en place du triangle ne s'applique pas lorsque cette action constitue une mise en danger manifeste de la vie du conducteur.

Art. 3 Pour les véhicules articulés, ensembles de véhicules ou trains doubles, la présignalisation doit être assurée par au moins un triangle de présignalisation et le signal de détresse si le véhicule tracteur en est équipé.

Pour les remorques et semi-remorques isolées, la présignalisation doit être assurée par au moins un triangle de présignalisation.

La présignalisation des chargements tombés sur la chaussée doit être assurée par au moins un triangle de présignalisation.

Art. 4 L'arrêté du 2 janvier 1973 relatif à la présignalisation des véhicules est abrogé.

Art. R. 416-20 Le ou les feux de marche arrière ne peuvent être allumés que pour l'exécution d'une marche arrière.

Le fait, pour tout conducteur, de contrevenir aux dispositions du présent article est puni de l'amende prévue pour les contraventions de la quatrième classe. — *[Anc. art. R. 40, al. 29, et R. 232, al. 1er et 8.]*

CHAPITRE VII ARRÊT ET STATIONNEMENT

Définitions : R. 110-1 et R. 110-2. — Mise en fourrière : L. 325-1, L. 417-1 et R. 325-12. — Constatation des contraventions : R. 130-1 s. — Responsabilité pécuniaire du titulaire du certificat d'immatriculation : L. 121-2. — Pouvoirs de police : R. 411-3 et R. 411-4.

Sur la procédure de l'amende forfaitaire, V. art. L. 121-5, renvoyant aux art. 529-7 à 530-4 C. pr. pén., et C. pr. pén., art. 529 à 529-2, R. 49 s. et A. 37 s., App., v° Infractions.

En ce qui concerne le pouvoir de police du maire, V. art. L. 411-1, renvoyant not. aux art. L. 2213-2 et L. 2213-3 CGCT.

BIBL. ▶ BON, La police du stationnement et de la circulation, *Sirey 1981*. - AUBY, *D. 1962. Chron. 83* (la réglementation administrative du stationnement des véhicules automobiles sur les voies publiques). - COSTA, *D. 1964. Chron. 101* (le stationnement des véhicules en droit pénal). - DUFFAU, *AJDA 1976. 493* (le régime juridique du stationnement des automobiles dans les agglomérations). - CAILLOSSE, *RJ env. 1979. 43* (stationnement et création d'une zone piétonnière). - DREIFUSS, *LPA 1994. 138*. - JOSSEAUME, *Gaz. Pal. 17 oct. 2017, p. 20* (PV pour une infraction en matière de stationnement et indication du lieu précis de l'infraction). - MARTIAL, *AJDI 2012. 417* (stationnement en copropriété : litige de voisinage ou infraction au règlement de copropriété ?).

COMMENTAIRE

Ce chapitre sur l'arrêt et le stationnement – dont les définitions sont données par l'article R. 110-2 – est divisé en deux sections. Sont formulées tout d'abord les règles générales à respecter en matière d'arrêt et de stationnement (section 1), puis celles relatives aux arrêts ou stationnements dangereux, gênants ou abusifs (section 2).

Autres dispositions sur l'arrêt et le stationnement. On trouve cependant d'autres dispositions sur l'arrêt et le stationnement dans le présent code. A l'article R. 412-49, sont en effet prévues les règles sur l'arrêt et le stationnement des animaux. Ces dispositions – qui dans l'ancien code étaient rattachées à celles reprises ci-après – figurent aujourd'hui dans une section regroupant l'ensemble des règles applicables à la circulation des animaux (art. R. 412-44 s.). Depuis un décret du 28 juin 2016, on trouve également des dispositions sur le stationnement à l'article R. 411-19-1. Elles sont à mettre en lien avec la création d'une zone à circulation restreinte, rebaptisée « zone à faibles émissions mobilité » par la loi d'orientation des mobilités du 24 décembre 2019, au sein de laquelle le stationnement de certains véhicules peut être sanctionné. ❑

SECTION 1 Dispositions générales

COMMENTAIRE

Règles générales. Les articles suivants fixent quelques règles générales concernant l'arrêt et le stationnement, en agglomération (art. R. 417-1 à R. 417-3) et hors agglomération (art. R. 417-4), certaines dispositions étant applicables quel que soit le lieu de l'arrêt ou du stationnement (art. R. 417-5 à R. 417-8).

Règles locales. En pratique nombre de règles sont cependant définies localement par l'autorité investie du pouvoir de police. Les articles R. 417-1-I, 2° et 3°, et R. 417-4, II permettent déjà à celle-ci de déroger aux règles générales qu'ils prévoient. Surtout l'article L. 2213-2, 2° du code général des collectivités territoriales (auquel renvoie l'art. L. 411-1 du présent code) donne pouvoir au maire, *« par arrêté motivé »* et *« eu égard aux nécessités de la circulation et de la protection de l'environnement »*, de *« réglementer l'arrêt et le stationnement des véhicules ou de certaines catégories d'entre eux »*. Il peut dès lors interdire l'arrêt et le stationnement dans certaines rues ou à certains endroits de la voie publique, pour tous véhicules ou certains d'entre eux (les poids lourds par exemple). Il peut aussi instituer un stationnement unilatéral qui peut être alterné (l'art. R. 417-2 devra alors être appliqué). Il peut encore, en créant notamment des zones bleues, limiter la durée du stationnement (en respectant l'art. R. 417-3).

Règles sur le stationnement payant. Avant le 1er janvier 2018, le maire pouvait également instituer un stationnement payant sur les voies publiques de sa commune sur le fondement des dispositions de l'article L. 2213-6 du code général des collectivités territoriales permettant au maire *« moyennant le paiement de droits fixés par un tarif dûment établi,* [de] *donner des permis de stationnement ou de dépôt temporaire sur la voie publique et autres lieux publics, sous réserve que cette autorisation n'entraîne aucune gêne pour la circulation et la liberté du commerce »*, étant précisé qu'il appartenait ensuite au conseil municipal (ou à l'organe délibérant compétent) d'établir la redevance de stationnement, c'est-à-dire notamment les tarifs applicables à chaque zone de stationnement payant, conformément aux dispositions de l'article L. 2333-87 du code général des collectivités territoriales. Et le non-respect des dispositions créées en ce sens constituait une contravention de première classe prévue à l'article R. 417-6 du présent code.

Depuis le 1er janvier 2018, l'article L. 2213-6 du code général des collectivités territoriales, tel que modifié par la loi du 27 janvier 2014 de modernisation de l'action publique territoriale et d'affirmation des métropoles, précise que « les modalités de la tarification et la gestion matérielle du stationnement des véhicules sur la voie publique sont régies par l'article L. 2333-87 ». Depuis cette date, il appartient dès lors au seul conseil municipal (ou à l'organe délibérant compétent) de gérer le stationnement payant sur la voie publique en instituant une redevance de stationnement des véhicules qui, conformément à l'article L. 2333-87 du code général des collectivités territoriales, tel que modifié par la loi du 27 janvier 2014, peut être payée immédiatement ou *a posteriori*, sous la forme d'un forfait post-stationnement (V. comm. ss. art. L. 411-1).

Dans le code de la route, cette réforme des règles sur le stationnement payant a conduit le pouvoir réglementaire à modifier l'article R. 417-6, lequel, depuis le 1er janvier 2018, ne permet plus de sanctionner d'une amende de première classe ceux qui ne respectent pas les règles sur le stationnement payant et à créer un article R. 417-3-1 concernant le justificatif de paiement de la redevance de stationnement, sous lequel le lecteur du présent code trouvera, en textes complémentaires, les dispositions réglementaires du code général des collectivités territoriales dédiées à cette redevance de stationnement.

Arrêts et stationnements irréguliers. La dépénalisation du stationnement payant, à laquelle a abouti la réforme engagée par la loi du 27 janvier 2014, n'a pas fait disparaître pour autant les contraventions en matière d'arrêt et de stationnement prévues dans la présente section du code de la route. L'arrêt et le stationnement contraires aux règles prévues aux articles R. 417-1 et suivants – que l'on qualifie d'irréguliers ou d'interdits – demeurent en effet des contraventions. Ces arrêts et stationnements irréguliers sont même plus sévèrement sanctionnés depuis que la dépénalisation du stationnement payant sera effective. Auparavant, les arrêts et stationnements irréguliers sont sanctionnés de l'amende prévue pour les contraventions de la première classe. Depuis le 1er janvier 2018, ces arrêts et stationnements irréguliers sont sanctionnés de l'amende prévue par les contraventions de la deuxième classe, conformément aux dispositions du décret n° 2015-808 du 2 juillet 2015 modifiant, en ce sens, les dispositions pénales des articles R. 417-1 à R. 417-6. Seules les contraventions aux règles prévues aux articles R. 417-7 et R. 417-8, qui sanctionnent le non-respect de certaines contraintes liées à un arrêt ou un stationnement, demeurent des contraventions de première classe.

Responsabilité pécuniaire du propriétaire du véhicule. Rappelons, enfin, que, pour les stationnements, le titulaire du certificat d'immatriculation du véhicule est pécuniairement responsable des infractions prévues par ces dispositions (V. art. L. 121-2). ❑

Art. R. 417-1 **I. — En agglomération, tout véhicule à l'arrêt ou en stationnement doit être placé par rapport au sens de la circulation selon les règles suivantes :**

1° Sur l'accotement, lorsqu'il n'est pas affecté à la circulation de catégories particulières d'usagers et si l'état du sol s'y prête ;

2° Pour les chaussées à double sens, sur le côté droit de celles-ci, sauf dispositions différentes prises par l'autorité investie du pouvoir de police ;

3° Pour les chaussées à sens unique, sur le côté droit ou gauche, sauf dispositions différentes prises par l'autorité investie du pouvoir de police.

II. — Tout arrêt ou stationnement contraire aux dispositions du présent article est puni de l'amende prévue pour les contraventions de la *(Décr. n° 2015-808 du 2 juill. 2015, art. 10, en vigueur le 1er janv. 2018)* **« deuxième classe ».** — *[Anc. art. R. 36, al. 1er à 6, et R. 233-1, al. 7.] — Les dispositions issues de l'art. 10 du Décr. n° 2015-808 du 2 juill. 2015 entrent en vigueur à la date prévue au V de l'art. 63 de la L. n° 2014-58 du 27 oct. 2014, soit le 1er janv. 2018, la L. n° 2015-991 du 7 août 2015 (art. 77) ayant repoussé l'entrée en vigueur des nouvelles dispositions au 1er oct. 2016 (au lieu du 1er janv. 2016 initialement prévu), puis la L. n° 2015-1785 du 29 déc. 2015 au 1er janv. 2018.*

V. C. pr. pén., art. R. 49-8-5, App., v° Infractions.

1. L'obligation de stationner sur l'accotement, à moins qu'il ne soit affecté à une circulation spéciale ou que l'état du sol ne s'y prête pas, est une disposition impérative, indépendante de la place disponible sur la chaussée pour la circulation. • Crim. 29 avr. 1958 : *D. 1958. 515.* ♦ ... Comme de la durée de l'arrêt. • Crim. 23 déc. 1969 : *Bull. crim. n° 360.*

2. La circonstance que le conducteur fautif se serait trouvé en panne d'essence et vu dans l'impossibilité de se ranger sur l'accotement ne saurait constituer un fait justificatif, tout conducteur étant à même de prévoir et de prévenir une telle circonstance. • Crim. 12 févr. 1957 : *Bull. crim. n° 133.*

3. Implication du véhicule en stationnement au sens de la loi du 5 juillet 1985. Évolution : un véhicule en stationnement, même régulièrement, peut être impliqué dans un accident, au sens de la L. du 5 juill. 1985, si les conditions dans lesquelles il stationne sont de nature à perturber la circulation. • Civ. 2e, 21 juill. 1986, 3 arrêts : *JCP 1987. II. 20769, note Durry.* ♦ Le fait qu'un véhicule terrestre à moteur soit en stationnement sans perturber la circulation n'exclut pas son implication dans un accident au sens de la L. du 5 juill. 1985. • Civ. 2e, 23 mars 1994 : *D. 1994. 299, note Groutel ; JCP 1994. II. 22292, note Comte ; RTD civ. 1994. 627, obs. Jourdain .* ♦ Est nécessairement impliqué dans un accident au sens de l'art. 1 de la L. du 5 juill. 1985 tout véhicule terrestre à moteur qui a été heurté, qu'il soit à l'arrêt ou en mouvement. A donc violé le texte susvisé, la cour d'appel qui, saisie de l'action en réparation du préjudice subi par les parents d'un cyclomotoriste mortellement blessé après avoir heurté la ridelle arrière gauche d'un camion tombé en panne, a relevé que le stationnement de celui-ci sur l'accotement bitumé était régulier et que les conditions de ce stationnement n'avaient pas entraîné une perturbation dans la circulation du cycliste, en sorte que le camion n'était pas impliqué dans l'accident. • Civ. 2e, 25 janv. 1995 : *Gaz. Pal. 20 juin 1995, note Chabas.*

Art. R. 417-2 **I. — Lorsque le maire décide d'instituer à titre permanent, pour tout ou partie de l'année, sur une ou plusieurs voies de circulation de l'agglomération, le stationnement unilatéral alterné des véhicules, la périodicité de celui-ci doit être semi-mensuelle.**

II. — Ce stationnement s'effectue alors dans les conditions suivantes :

1° Du 1er au 15 de chaque mois, le stationnement est autorisé du côté des numéros impairs des immeubles bordant la rue ;

2° Du 16 au dernier jour du mois, le stationnement est autorisé du côté des numéros pairs.

III. — Sauf dispositions différentes prises par l'autorité investie du pouvoir de police, le changement de côté s'opère le dernier jour de chacune de ces deux périodes entre 20 h 30 et 21 heures.

IV. — Tout stationnement contraire aux dispositions du présent article est puni de l'amende prévue pour les contraventions de la *(Décr. n° 2015-808 du 2 juill. 2015, art. 10, en vigueur le 1er janv. 2018)* **« deuxième classe ».** — *[Anc. art. R. 37-3 et R. 233-1, al. 7.]*

V. C. pr. pén., art. R. 49-8-5, App., v° Infractions.

En l'absence de panneau signalant le stationnement unilatéral à alternance semi-mensuelle sur les lieux de l'infraction poursuivie, ni même à l'entrée de la zone considérée, la réglementation est inopposable au prévenu ; par suite la mesure d'enlèvement de son véhicule est arbitraire et constitutive d'une voie de fait. • TI Aix-en-Provence, 11 avr. 1989 : *Jurispr. auto 1989. 329.*

Art. R. 417-3 **I. — Lorsque l'autorité municipale décide, par voie d'arrêté, de limiter la durée du stationnement à l'intérieur de tout ou partie de l'agglomération, en prévoyant également l'obligation pour les conducteurs de véhicules d'apposer sur ceux-ci un dispositif destiné à faciliter le contrôle de cette limitation, ce dispositif doit être conforme à un modèle type.**

II. — Les indications du modèle type relatives aux heures d'arrivée *(Abrogé par Décr. n° 2007-1503 du 19 oct. 2007)* ***« et aux heures limites de stationnement »*** **doivent figurer parmi les mentions dont la stricte reproduction est obligatoire.**

III. — *(Décr. n° 2007-1503 du 19 oct. 2007)* **« Le ministre de l'intérieur fixe par arrêté le modèle type de ce dispositif ;**

« IV. — Le dispositif de contrôle doit être placé à l'avant du véhicule en stationnement, et sur la face interne ou à proximité immédiate du pare-brise, si celui-ci en est muni, de manière à pouvoir être, dans tous les cas, facilement consulté, sans que le personnel affecté à la surveillance de la voie publique ait à s'engager sur la chaussée.

« V. — Tout stationnement contraire aux dispositions du présent article est puni de l'amende prévue pour les contraventions de la *(Décr. n° 2015-808 du 2 juill. 2015, art. 10, en vigueur le 1er janv. 2018)* **« deuxième classe ». »** — *[Anc. art. R. 233-1, al. 7, et Décr. n° 60-226 du 29 févr. 1960, art. 1er à 6, al. 1er.]*

V. Arr. du 6 déc. 2007, App., v° Infractions.

V. C. pr. pén., art. R. 49-8-5, App., v° Infractions.

A titre transitoire, les dispositifs de contrôle existant avant l'entrée en vigueur du Décr. n° 2007-1503 du 19 oct. 2007 et comportant une heure limite de stationnement pourront être utilisés jusqu'au 31 déc. 2011 (Décr. préc., art. 2).

Art. R. 417-3-1 *(Décr. n° 2015-557 du 20 mai 2015, art. 4-2°, en vigueur le 1er janv. 2018)* **Lorsque le stationnement sur la voie publique est soumis au paiement d'une redevance en application de l'article L. 2333-87 du code général des collectivités territoriales, le justificatif du paiement est :**

1° Soit placé à l'avant du véhicule, bien lisible de l'extérieur ;

2° Soit transmis par voie dématérialisée selon les modalités fixées par l'autorité compétente.

La L. n° 2015-991 du 7 août 2015 a repoussé l'entrée en vigueur des nouvelles dispositions de l'art. L. 2333-87 CGCT au 1er oct. 2016 (au lieu du 1er janv. 2016 initialement prévu), puis la L. n° 2015-1785 du 29 déc. 2015 au 1er janv. 2018.

BIBL. ▸ **Dépénalisation du stationnement payant :** ALHAMA, *AJDA 2020. 1929* (la tarification sociale du stationnement sur voirie). – CANO et GIRARD, *JCP Adm. 2019. 2366* (état des lieux du stationnement payant – un cadre législatif redessiné par une nouvelle juridiction administrative, la CCSP). – CARCENAC et NOUGEIN, *Rapp. d'information Sénat 10 juill. 2019, n° 651* (le recouvrement des amendes de circulation et des forfaits de post-stationnement). – DÉFENSEUR DES DROITS, *Rapport janv. 2020* (la défaillance du forfait de post-stationnement : rétablir les droits des usagers). – DE GAUDEMAR, *JCP Adm. 2014. 2055* (la dépénalisation du stationnement payant des véhicules sur la voie publique). – DREIFUSS, *JCP Adm. 2015. 2061* (quand la dépénalisation du stationnement payant sur voirie porte une juridiction administrative sur les fonts baptismaux – genèse de la commission du contentieux du stationnement payant) ; *ibid. 2127* (prolégomènes relatifs au recouvrement et au contentieux de la future redevance de post-stationnement). – FINON, *AJCT 2017. 446* (réforme du stationnement payant – préparation des arrêtés et des délibérations) ; *ibid. 502* (traitement du contentieux). – JOSSEAUME et MAZZOCHI, *Gaz. Pal. 7 mars 2023, p. 15* (le forfait poststationnement devant son juge). – LAVIALLE, *RFDA 2015. 305* (les métamorphoses du stationnement payant sur voirie et l'évolution de la domanialité publique). – PASTOR, *AJDA 2018. 1468* (stationnement payant : les premiers pas d'une nouvelle juridiction) ; *ibid. 1470* (choix du mode de gestion par la collectivité). – PAULIAT, *JCP Adm. 2015. Actu. 351* (forfait de post-stationnement : mode d'emploi de la dépénalisation) ; *ibid. Actu. 473* (décentralisation du stationnement payant : mode d'emploi) ; *ibid. Actu. 534* (fonctionnement de la commission du contentieux du stationnement payant, nouvelle juridiction administrative spécialisée). – PETIT, *AJDA 2014. 1134* (la dépénalisation du stationnement payant). – ROBERT, *Dr. pénal 2017, étude 25* (dépénalisation des manquements aux règles du stationnement payant). – SCHMALTZ, *JCP Adm. 2018. 2334* (la réforme du stationnement payant remet-elle en cause son exonération de TVA ?).

COMMENTAIRE

Dépénalisation du stationnement payant. La création du présent article par le décret n° 2015-557 du 20 mai 2015 est à mettre en lien avec la dépénalisation du stationnement payant, engagée par la loi du 27 janvier 2014 de modernisation de l'action publique territoriale et d'affirmation des métropoles. Depuis le 1er janvier 2018, et conformément aux dispositions de l'article L. 2333-87 du code général des collectivités territoriales, telles que modifiées par la loi du 27 janvier 2014, il appartient au conseil municipal (ou à l'organe délibérant compétent) de gérer le stationnement payant sur la voie publique en instituant une redevance de stationnement qui peut être payée immédiatement ou *a posteriori*, sous la forme d'un forfait post-stationnement, lequel a remplacé l'amende de première classe qui pouvait, auparavant, être infligée, à celui qui ne payait pas son stationnement (V. comm. ss. art. L. 411-1).

Cette réforme importante a conduit les pouvoirs publics à créer plusieurs dispositions visant à préciser les règles d'application des dispositions de l'article L. 2333-87 du code général des collectivités territoriales, telles que modifiées par la loi du 27 janvier 2014. Parmi ces règles, on trouve celles du présent article consacrées au justificatif de paiement de la redevance de stationnement qui, sauf hypothèse d'une transmission par voie dématérialisée, doit être placé à l'avant du véhicule, bien lisible de l'extérieur. Le décret du 20 mai 2015 a toutefois créé bien d'autres règles d'application. Ces autres règles – qui ont été, logiquement, introduites dans la partie réglementaire du CGCT – apportent d'ailleurs d'utiles précisions :

– sur l'information qui doit être donnée au conducteur sur le barème tarifaire de paiement immédiat de la redevance de stationnement et le montant du forfait de post-stationnement (CGCT, art. R. 2333-120-1) ;
– sur les informations qui doivent figurer sur le justificatif de paiement immédiat (CGCT, art. R. 2333-120-3) ;
– sur l'avis de paiement du forfait post-stationnement qui doit être apposé sur le véhicule concerné par un agent ou bien envoyé par voie postale au domicile du titulaire du certificat d'immatriculation (CGCT, art. R. 2333-120-4 s.) ;
– sur la collecte de la redevance de stationnement par un tiers contractant (CGCT, art. R. 2333-120-11 s.) ;
– ou encore sur le recours administratif préalable obligatoire en cas de contestation (CGCT, art. R. 2333-120-13 s.). ❑

Code général des collectivités territoriales

DEUXIÈME PARTIE : **LA COMMUNE**

LIVRE III. **FINANCES COMMUNALES**

TITRE III. RECETTES

CHAPITRE III. *TAXES, REDEVANCES OU VERSEMENTS NON PRÉVUS PAR LE CODE GÉNÉRAL DES IMPÔTS*

SECTION 12. *Redevance de stationnement des véhicules sur voirie*
(Décr. nº 2015-557 du 20 mai 2015, art. 1er-2º et 6, en vigueur le 1er janv. 2018)

Les dispositions issues du Décr. nº 2015-557 du 20 mai 2015 entrent en vigueur à la date prévue au V de l'art. 63 de la L. nº 2014-58 du 27 oct. 2014, soit le 1er janv. 2018 (Décr. préc., art. 6), la L. nº 2015-991 du 7 août 2015 ayant repoussé l'entrée en vigueur des nouvelles dispositions au 1er oct. 2016 (au lieu du 1er janv. 2016 initialement prévu), puis la L. nº 2015-1785 du 29 déc. 2015 au 1er janv. 2018.

SOUS-SECTION 1. *Information du conducteur sur le barème tarifaire de paiement immédiat de la redevance de stationnement et le montant du forfait de post-stationnement*

Art. R. 2333-120-1 Le dispositif permettant le paiement immédiat de la redevance de stationnement prévue à l'article L. 2333-87, y compris sous forme dématérialisée, porte à la connaissance du conducteur :
a) Le barème tarifaire de paiement immédiat applicable dans la zone de stationnement payant ;
b) Le montant du forfait de post-stationnement applicable.
L'information est complétée par la mention suivante : "La redevance de stationnement payant est payée soit dès le début du stationnement soit par le règlement d'un forfait de post-stationnement (FPS) en cas d'absence ou d'insuffisance de paiement immédiat de la redevance. Le montant du FPS est réduit, s'il y a lieu, du montant de la redevance de stationnement déjà réglée au vu du dernier justificatif de paiement précédant l'heure à laquelle l'avis de paiement du FPS est établi par l'agent assermenté."

Art. R. 2333-120-2 Dans le respect des règles prévues par le premier alinéa de l'article R. 411-25 du code de la route, les emplacements sur voirie soumis au paiement de la redevance de stationnement font l'objet d'une signalisation horizontale ou verticale ou les deux à la fois qui indique que le stationnement y est payant.

SOUS-SECTION 2. *Justificatif du paiement immédiat de la redevance de stationnement*

Art. R. 2333-120-3 Le paiement immédiat de la redevance de stationnement donne lieu à la délivrance d'un justificatif imprimé ou transmis par voie dématérialisée. Ce justificatif comporte les informations suivantes :
a) La date et l'heure d'impression ou de transmission du justificatif ;
b) La date et l'heure de fin de la période du stationnement payé immédiatement ;
c) Le montant de la redevance de stationnement payé ;
d) Le barème tarifaire appliqué dans la zone de stationnement ;
e) Le rappel de la règle : "Le forfait est dû en cas de paiement insuffisant" ;

f) Lorsque le justificatif est délivré sous forme d'un imprimé, la prescription suivante : "A placer à l'avant du véhicule, bien lisible de l'extérieur".

SOUS-SECTION 3. *Avis de paiement du forfait de post-stationnement*

Art. R. 2333-120-4 I. — Le montant du forfait de post-stationnement dû est notifié par un avis de paiement qui comprend deux parties intitulées respectivement "Établissement de l'avis de paiement du forfait de post-stationnement" et "Modalités de paiement et contestation" :

1° La première partie de l'avis de paiement comporte, dans l'ordre, les mentions suivantes :

a) Le nom de la commune, de l'établissement public de coopération intercommunale ou du syndicat mixte ayant institué la redevance ;

b) Le nom et les coordonnées de l'autorité dont relève l'agent assermenté ;

c) Le numéro d'identification de l'agent assermenté ;

d) La date, l'heure et le lieu de constatation de l'absence ou de l'insuffisance de paiement immédiat de la redevance ;

e) Le numéro d'immatriculation et la marque du véhicule objet de l'avis de paiement ;

f) Lorsque l'avis de paiement est notifié par l'Agence nationale de traitement automatisé des infractions, la date de son envoi postal ou de sa transmission sous une forme dématérialisée ainsi que l'identité et l'adresse du titulaire du certificat d'immatriculation du véhicule ou, dans les cas prévus au VII de l'article L. 2333-87, de celles du locataire ou de l'acquéreur du véhicule ;

g) Le montant du forfait de post-stationnement dû en précisant, s'il y a lieu, le montant de la redevance réglée dans la zone considérée dès le début du stationnement admis en déduction dans les conditions prévues à l'article R. 2333-120-5 ;

h) L'heure à laquelle le forfait faisant l'objet de l'avis de paiement cesse de produire ses effets si un justificatif du paiement immédiat valide n'est pas apposé dans le véhicule ou transmis par voie dématérialisée conformément aux dispositions prévues à l'article R. 417-3-1 du code de la route. L'heure est déterminée dans les conditions prévues par les dispositions de l'article R. 2333-120-6 ;

i) La signature de l'agent ayant établi l'avis de paiement apposé sur le véhicule. Si l'avis est notifié par mise à disposition sous forme dématérialisée ou par transmission effectuée par l'Agence nationale de traitement automatisé des infractions, la mention "Signé" atteste que l'agent a apposé sa signature, le cas échéant sous une forme numérisée ;

j) Le numéro de l'avis de paiement attribué par l'autorité dont relève l'agent, dans le respect des caractéristiques fixées par l'arrêté prévu à l'article R. 2333-120-10 ;

2° La seconde partie de l'avis de paiement comporte, dans l'ordre, les mentions suivantes :

a) Les coordonnées du service auprès duquel le montant du forfait de post-stationnement dû est à payer avant la date limite ;

b) Les modalités de paiement permettant d'acquitter le forfait dû ;

c) La date limite pour s'acquitter du montant du forfait de post-stationnement dû, calculée conformément aux dispositions du IV de l'article L. 2333-87 ;

d) L'indication qu'en cas de non-paiement ou de paiement insuffisant du forfait dans ce délai un titre exécutoire assorti de la majoration prévue à l'article R. 2333-120-16 sera émis à l'encontre du titulaire du certificat d'immatriculation du véhicule ou, dans les cas prévus au VII de l'article L. 2333-87, du locataire ou de l'acquéreur du véhicule ;

e) L'indication qu'en cas de contestation un recours administratif est obligatoire avant toute saisine de la juridiction compétente, à peine d'irrecevabilité de cette saisine ;

f) Les coordonnées de l'autorité auprès de laquelle le recours administratif préalable obligatoire à l'encontre de l'avis de paiement délivré peut être exercé, la mention du délai et des modalités de saisine prévus à l'article R. 2333-120-13 ainsi que la mention suivante :

"L'absence de réponse écrite reçue dans le mois suivant la date de l'avis de réception postal ou électronique du recours vaut rejet du recours. La décision de rejet peut être contestée dans le délai d'un mois devant la commission du contentieux du stationnement payant, sous réserve du paiement préalable du montant du forfait de post-stationnement indiqué sur le présent avis de paiement et du respect des autres conditions de recevabilité du recours" ;

g) Lorsque les renseignements portés à l'occasion de l'établissement de l'avis de paiement font l'objet d'un traitement automatisé au sens de la loi n° 78-17 du 6 janvier 1978 relative à l'informatique, aux fichiers et aux libertés, la possibilité d'exercer un droit d'accès et de rectification auprès de l'autorité dont relève l'agent ayant établi l'avis de paiement.

L'avis de paiement comporte en outre les éléments nécessaires à son traitement administratif et comptable.

II. — L'avis de paiement notifié par mise à disposition sous forme dématérialisée par le dispositif technique prévu au II de l'article L. 2333-87 comprend les mêmes parties et comporte les mêmes mentions que celles prévues au I, à l'exclusion de celles prévues au f du 1° qui sont remplacées par la date du paiement de l'avis et de celles prévues aux *a* à *d* du 2°. La mention "Avis de paiement dématérialisé" accompagnée du nom de l'entité responsable de son édition est reproduite en en-tête de ce document. Le dispositif technique de paiement permet au redevable d'accéder à l'avis de paiement dématérialisé acquitté de manière à pouvoir le conserver et, le cas échéant, l'imprimer.

Pour l'application de la présente section, l'expression "avis de paiement du forfait de post-stationnement" désigne indifféremment ceux établis en application du I ou *[du]* II.

Art. R. 2333-120-5 Le montant de la redevance réglée dès le début du stationnement est déduit du montant du forfait de post-stationnement, dès lors que sont satisfaites les conditions suivantes :

1° Le justificatif de paiement correspondant au montant réglé est apposé dans le véhicule ou transmis par voie dématérialisée conformément aux dispositions de l'article R. 417-3-1 du code de la route ;

2° La durée maximale de stationnement payant, dans la zone considérée, au cours de laquelle a été imprimé ou transmis le justificatif de paiement n'est pas expirée à l'heure à laquelle l'agent assermenté établit l'avis de paiement.

Si plusieurs justificatifs de paiement répondent aux conditions prévues aux 1° et 2°, seul le dernier en date de ces justificatifs de paiement est pris en compte pour opérer la déduction prévue au premier alinéa.

Art. R. 2333-120-6 Pour déterminer à partir de quelle heure un nouvel avis de paiement peut être établi, il est tenu compte :

1° En l'absence de tout justificatif du paiement immédiat de la redevance apposé dans le véhicule ou transmis par voie dématérialisée conformément aux dispositions de l'article R. 417-3-1 du code de la route, de l'heure à laquelle l'agent assermenté établit l'avis de paiement augmentée de la durée maximale de stationnement payant prévue par le barème tarifaire en vigueur dans la zone considérée ;

2° En cas de justificatif du paiement immédiat de la redevance apposé dans le véhicule ou transmis par voie dématérialisée conformément aux dispositions de l'article R. 417-3-1 du code de la route, de l'heure de l'impression ou de la transmission du justificatif pris en compte conformément à l'article R. 2333-120-5 augmentée de la durée maximale de stationnement payant prévue par le barème tarifaire en vigueur dans la zone considérée.

La pause méridienne ou toute autre période quotidienne au cours de laquelle le stationnement payant est interrompu est neutralisée pour l'application des dispositions de l'article R. 2333-120-5 et du présent article.

Art. R. 2333-120-7 Les renseignements figurant sur un avis de paiement établi conformément à l'article R. 2333-120-4 sont reproduits, suivant des modalités qu'elle détermine, par l'entité chargée de leur délivrance. Ils sont conservés pendant trois ans.

Les obligations prévues à l'alinéa précédent incombent à l'autorité dont relève l'agent assermenté pour ce qui concerne les avis de paiement dématérialisés produits par le dispositif technique de paiement prévu au II de l'article L. 2333-87. Cette autorité s'assure que le dispositif technique de paiement garantit en permanence la fiabilité et la sécurité des transactions et des informations échangées avec son utilisateur.

SOUS-SECTION 4. *Modalités d'établissement et de délivrance de l'avis de paiement du forfait de post-stationnement*

Art. R. 2333-120-8 Nul ne peut être désigné pour établir des avis de paiement du forfait de post-stationnement ni continuer à exercer cette activité s'il ne satisfait pas aux conditions suivantes :

1° Être de nationalité française ou ressortissant d'un autre État membre de l'Union européenne, d'un autre État partie à l'accord sur l'Espace économique européen ou de la Confédération suisse ;

2° Présenter des garanties d'honorabilité et de probité, appréciées notamment au vu du bulletin n° 3 du casier judiciaire et de la jouissance des droits civiques dans l'État dont la personne est ressortissante. Pour les personnes qui ne sont pas de nationalité française, ces garanties sont établies par la production d'un document émanant des autorités de l'État dont elles sont ressortissantes ;

3° Être majeur et ne pas être placé sous sauvegarde de justice, sous tutelle ou sous curatelle ;
4° Prêter serment dans les conditions prévues à l'article R. 2333-120-9.
Les agents chargés d'établir les avis de paiement du forfait de post-stationnement sont désignés, selon l'autorité dont ils relèvent, par le maire, le président de l'établissement public de coopération intercommunale ou du syndicat mixte ou le dirigeant habilité du tiers contractant. A Paris, ils sont désignés par le préfet de police lorsqu'ils relèvent de son autorité.

Art. R. 2333-120-9 Avant d'entrer en fonctions, la personne désignée pour établir les avis de paiement du forfait de post-stationnement prête serment devant le tribunal judiciaire du lieu de sa résidence administrative ou, à défaut, de son domicile ou, pour les agents du tiers contractant non établis en France, du lieu du siège de la collectivité territoriale ou de l'établissement public qui a passé contrat avec leur entreprise. *(Décr. n° 2019-913 du 30 août 2019, art. 14, en vigueur le 1er janv. 2019)* « Elle prête serment au siège de ce tribunal ou, le cas échéant, de l'une de ses chambres de proximité. »
La formule du serment est la suivante : "Je jure et promets de bien et loyalement remplir mes fonctions et d'observer en toute circonstance les devoirs qu'elles m'imposent. Je jure également de ne rien révéler ou utiliser de ce qui sera porté à ma connaissance à l'occasion de l'exercice de mes fonctions."
Cette assermentation reste valable tant que la personne intéressée continue d'exercer les mêmes fonctions, y compris dans un autre ressort de tribunal judiciaire que celui où la prestation de serment initiale a eu lieu.
Les agents qui, *(Décr. n° 2017-1525 du 2 nov. 2017, art. 2)* « à la date prévue au premier alinéa du V de l'article 63 de la loi n° 2014-58 du 27 janvier 2014 », sont assermentés pour constater les infractions au stationnement payant conservent le bénéfice de cette assermentation pour l'exercice des missions prévues par l'article L. 2333-87.
Les agents répondant aux conditions prévues par le présent article sont dénommés dans la présente section "agents assermentés". Ils portent en permanence une carte professionnelle avec leur photographie d'identité ainsi qu'un signe distinctif de leur fonction. Ils bénéficient d'un numéro d'identification qui leur est attribué par l'autorité dont ils relèvent.
Cette autorité établit et tient à jour un recueil, sous format papier ou électronique, dans lequel figurent tous les numéros d'identification attribués et pour chacun d'entre eux :
a) Le nom et le prénom de l'agent correspondant ;
b) Le lieu et la nature des fonctions qu'il exerce ;
c) La date et le lieu de son assermentation ;
d) Un spécimen de sa signature manuscrite.
Pour préserver la sécurité des agents, les données figurant dans le recueil ne sont communicables qu'à l'occasion d'une procédure contentieuse au cours de laquelle serait mise en cause la compétence de l'agent ayant établi l'avis de paiement.

Art. R. 2333-120-10 Lorsque l'avis de paiement est notifié par l'Agence nationale de traitement automatisé des infractions, les renseignements à porter sur cet avis, y compris le numéro de l'avis, sont enregistrés dès leur validation par l'agent assermenté puis transmis à l'agence de manière sécurisée.
Un arrêté conjoint du ministre de l'intérieur et du ministre chargé des transports fixe les spécifications techniques permettant de garantir la fiabilité et la sécurisation de l'enregistrement des données validées, notamment par le recours à une signature manuscrite conservée sous forme numérisée, et des échanges d'informations à réaliser avec l'agence durant toute la période où le forfait de post-stationnement peut être acquitté spontanément par son redevable. Ce même arrêté fixe les caractéristiques permettant à l'autorité compétente de déterminer le numéro de chacun des avis de paiement et avis de paiement rectificatif notifié.

SOUS-SECTION 5. *Dispositions relatives à la collecte de la redevance de stationnement par un tiers contractant*

Art. R. 2333-120-11 Pour la collecte de la redevance de stationnement acquittée par paiement immédiat ou par règlement du forfait de post-stationnement dans le délai de son exigibilité, il peut être recouru à un organisme tiers, dans les conditions et selon les modalités prévues par l'article L. 1611-7-1.

Art. R. 2333-120-12 Le tiers contractant ne peut affecter aux activités de collecte définies à l'article R. 2333-120-11 un agent qui ne satisfait pas aux conditions prévues aux 1° à 3° de l'article R. 2333-120-8.

Le tiers contractant met fin aux fonctions d'un agent dès lors qu'il a connaissance que ce dernier ne remplit plus les conditions prévues à l'alinéa précédent.

SOUS-SECTION 6. *Recours administratif préalable obligatoire*

Art. R. 2333-120-13 Le recours administratif préalable obligatoire prévu au VI de l'article L. 2333-87 est exercé, dans le délai d'un mois à compter de la date de notification de l'avis de paiement du forfait de post-stationnement définie au II de l'article L. 2333-87, par le titulaire du certificat d'immatriculation du véhicule ou, dans les cas prévus au VII de l'article L. 2333-87, le locataire ou l'acquéreur du véhicule. Le titulaire du certificat d'immatriculation, le locataire ou l'acquéreur du véhicule peut habiliter toute personne pour former le recours, en son nom et pour son compte. En ce cas, le mandat est produit avec le recours.

A peine d'irrecevabilité, le recours est :

1° Présenté par lettre recommandée avec demande d'avis de réception ou, le cas échéant, par l'intermédiaire du procédé électronique mentionné dans l'avis de paiement ;

2° Assorti de l'exposé des faits et moyens sur lesquels la demande est fondée ;

3° Accompagné d'une copie de l'avis de paiement contesté, du certificat d'immatriculation du véhicule concerné ou, dans le cas prévu au VII de l'article L. 2333-87, de la déclaration de cession du véhicule et de son accusé d'enregistrement dans le système d'immatriculation des véhicules et, le cas échéant, des pièces permettant d'apprécier le bien-fondé de la demande.

L'autorité compétente dispose, pour examiner le recours, d'un délai d'un mois à compter de la date de réception du recours indiquée sur l'avis de réception postal ou électronique, à l'expiration duquel le silence vaut décision de rejet.

S'il est fait droit au recours, l'autorité compétente notifie au demandeur un avis de paiement rectificatif établi conformément aux dispositions de l'article R. 2333-120-14.

L'agent assermenté qui a établi l'avis de paiement contesté ne peut examiner le recours administratif préalable obligatoire dirigé contre cet avis de paiement.

Art. R. 2333-120-14 Lorsque l'avis de paiement contesté a été notifié par l'Agence nationale de traitement automatisé des infractions, l'avis de paiement rectificatif est notifié par la même voie. La commune, l'établissement public de coopération intercommunale, le syndicat mixte ou le tiers contractant chargé d'examiner le recours administratif préalable obligatoire transmet à l'Agence nationale de traitement automatisé des infractions les éléments nécessaires à l'établissement de l'avis de paiement rectificatif.

L'avis de paiement rectificatif comprend deux parties intitulées respectivement "Établissement de l'avis de paiement rectificatif du forfait de post-stationnement" et "Modalités de paiement et contestation" :

1° La première partie de l'avis de paiement rectificatif comporte, dans l'ordre, les mentions suivantes :

a) Le nom de la commune, de l'établissement public de coopération intercommunale ou du syndicat mixte ayant institué la redevance ;

b) Le nom et les coordonnées de l'autorité dont relève l'agent ayant établi l'avis de paiement rectificatif ;

c) Le numéro d'identification de l'agent ayant établi l'avis de paiement rectificatif ;

d) La date, l'heure et le lieu de constatation de l'absence ou de l'insuffisance de paiement immédiat de la redevance ;

e) Le numéro d'immatriculation et la marque du véhicule objet de l'avis de paiement ;

f) L'identité et l'adresse du titulaire du certificat d'immatriculation du véhicule ou, dans les cas prévus au VII de l'article L. 2333-87, celles du locataire ou de l'acquéreur du véhicule ;

g) La date de réception du recours administratif exercé et, le cas échéant, l'identité de la personne habilitée par le titulaire du certificat d'immatriculation, le locataire ou l'acquéreur du véhicule pour agir en son nom et pour son compte ;

h) La date d'établissement de l'avis de paiement rectificatif ;

i) Le montant rectifié du forfait de post-stationnement dû ;

j) La signature de l'agent ayant établi l'avis de paiement rectificatif ou la mention "Signé" attestant que l'agent a apposé sa signature, le cas échéant sous une forme numérisée, lors de la transmission à l'Agence nationale de traitement automatisé des infractions des données qu'il a saisies ;

k) Le numéro de l'avis de paiement rectificatif attribué par l'autorité dont relève l'agent, dans le respect des caractéristiques fixées par l'arrêté prévu à l'article R. 2333-120-10 ;

2° La seconde partie de l'avis de paiement rectificatif comporte, dans l'ordre, les mentions suivantes :

a) Les coordonnées du service auprès duquel le montant rectifié du forfait de post-stationnement est à payer avant la date limite mentionnée au *c*;

b) Les modalités de paiement permettant d'acquitter le forfait dû ;

c) La date limite pour s'acquitter du montant rectifié du forfait de post-stationnement, calculée conformément aux dispositions du IV de l'article L. 2333-87 ;

d) L'indication qu'en cas de non-paiement ou de paiement insuffisant du forfait dans ce délai un titre exécutoire assorti de la majoration prévue à l'article R. 2333-120-16 sera émis à l'encontre du titulaire du certificat d'immatriculation du véhicule ou, dans les cas prévus au VII de l'article L. 2333-87, du locataire ou de l'acquéreur du véhicule ;

e) L'indication du délai de recours contentieux auprès de la commission du contentieux du stationnement payant et des conditions de recevabilité ;

f) Lorsque les renseignements portés à l'occasion de l'établissement de l'avis de paiement rectifié font l'objet d'un traitement automatisé au sens de la loi n° 78-17 du 6 janvier 1978 relative à l'informatique, aux fichiers et aux libertés, il est indiqué la possibilité d'exercer un droit d'accès et de rectification auprès de l'autorité dont relève l'agent ayant établi l'avis de paiement rectificatif.

L'avis de paiement rectificatif comporte en outre les éléments nécessaires à son traitement administratif et comptable.

Art. R. 2333-120-15 Les informations devant figurer dans le rapport annuel établi par la personne chargée de statuer sur les recours administratifs préalables obligatoires sont inscrites dans le tableau figurant à l'annexe II du présent code.

Ce rapport est présenté à l'assemblée délibérante avant le 31 décembre. Son examen intervient lors de la première réunion de l'assemblée délibérante suivant le dépôt du document. Le rapport préparé par le tiers contractant est transmis à la personne publique avec laquelle il a conclu, pour être présenté à l'assemblée délibérante selon les mêmes modalités.

SOUS-SECTION 7. *Montant de la majoration et recouvrement du forfait de post-stationnement impayé*

Art. R. 2333-120-16 Le montant de la majoration prévue au IV de l'article L. 2333-87 est fixé à 20 % du montant du forfait de post-stationnement impayé restant dû, sans pouvoir être inférieur à 50 €.

Art. R. 2333-120-17 La perception et le recouvrement du forfait de post-stationnement impayé et de sa majoration sont régis par les dispositions de l'article R. 2323-7 du code général de la propriété des personnes publiques.

....

SOUS-SECTION 8. *Opérations éligibles au financement issu du produit des forfaits de post-stationnement*

Art. R. 2333-120-18 Hors Île-de-France, les recettes issues des forfaits de post-stationnement sont perçues par la commune ou le groupement ayant institué la redevance de stationnement. Ces recettes participent au financement des opérations définies à l'article R. 2333-120-19 et compatibles avec le *(Décr. n° 2020-801 du 29 juin 2020, art. 2-2°, en vigueur le 1er janv. 2021)* « plan de mobilité » lorsqu'il existe.

Dans les établissements publics de coopération intercommunale à fiscalité propre exerçant l'intégralité des compétences en matière d'organisation de la mobilité, de parcs et aires de stationnement et, pour la totalité des voies, de la voirie, les recettes issues des forfaits de post-stationnement sont reversées à ces établissements publics par les communes ayant institué la redevance de stationnement. Une délibération de l'établissement public détermine avant le 1er octobre de chaque année l'affectation de ces recettes à des opérations définies à l'article R. 2333-120-19. Lorsque la mise en œuvre de ces opérations est réalisée par une commune ayant institué la redevance, la part de recettes affectée lui est reversée par l'établissement public.

Une partie des recettes peut participer au financement du coût de la mise en œuvre de la politique de stationnement payant sur voirie.

Dans les autres établissements publics à fiscalité propre, la commune ayant institué la redevance de stationnement et l'établissement public signent une convention, avant le 1er octobre de chaque année, fixant la part des recettes issues des forfaits de post-stationnement reversée à l'établissement public de coopération intercommunale, pour l'exercice de ses compétences en matière d'organisation de la mobilité et de voirie d'intérêt communautaire.

Les syndicats mixtes de transports urbains, relevant de l'article L. 5721-2, peuvent également percevoir une partie du produit de la redevance par convention avec leurs collectivités membres.

Les dispositions des quatre alinéas qui précèdent ne sont pas applicables à la métropole de Lyon.

Art. R. 2333-120-19 Les opérations destinées à améliorer les transports en commun ou respectueux de l'environnement et la circulation financées par le produit des forfaits de post-stationnement sont identiques à celles énumérées à l'article R. 2334-12 ainsi qu'à celles relevant du champ d'application des dispositions de la section 4 du chapitre unique du titre III du livre II de la première partie du code des transports.

V. également, sur la commission du contentieux du stationnement payant, CGCT, art. R. 2333-120-20 s.

Art. R. 417-4 I. — Hors agglomération, tout véhicule à l'arrêt ou en stationnement doit être placé autant que possible hors de la chaussée.

II. — Lorsqu'il ne peut être placé que sur la chaussée, il doit l'être par rapport au sens de la circulation selon les règles suivantes :

1° Pour les chaussées à double sens, sur le côté droit de celles-ci, sauf dispositions différentes prises par l'autorité investie du pouvoir de police ;

2° Pour les chaussées à sens unique, sur le côté droit ou gauche, sauf dispositions différentes prises par l'autorité investie du pouvoir de police.

III. — Tout stationnement contraire aux dispositions du présent article est puni de l'amende prévue pour les contraventions de la *(Décr. n° 2015-808 du 2 juill. 2015, art. 10, en vigueur le 1er janv. 2018)* **« deuxième classe ».** — *[Anc. art. R. 36, al. 7 et 8, et R. 233-1, al. 7.]*

V. C. pr. pén., art. R. 49-8-5, App., v° Infractions.

COMMENTAIRE

Amende pour arrêt ou stationnement irrégulier. Hors agglomération, seul le stationnement contraire aux règles générales fixées par l'article R. 417-4 peut être sanctionné. Il en va différemment en agglomération, où aussi bien le stationnement que l'arrêt peuvent l'être (art. R. 417-1). Dans tous les cas, l'amende encourue est, depuis l'entrée en vigueur de la réforme du stationnement payant et donc depuis le 1er janvier 2018, celle prévue pour les contraventions de la deuxième classe (auparavant, ces contraventions étaient sanctionnées de l'amende prévue pour les contraventions de la première classe). ❑

V. jurispr., ss. art. R. 417-1.

Art. R. 417-5 L'arrêt ou le stationnement d'un véhicule empiétant sur un passage prévu à l'intention des piétons est interdit.

Le fait de contrevenir aux dispositions du présent article est puni de l'amende prévue pour les contraventions de la *(Décr. n° 2015-808 du 2 juill. 2015, art. 10, en vigueur le 1er janv. 2018)* **« deuxième classe ».** — *[Anc. art. R. 220-2 et R. 233-1, al. 7.]*

V. C. pr. pén., art. R. 49-8-5, App., v° Infractions.

COMMENTAIRE

Protection des piétons. Plusieurs dispositions du code de la route visent à permettre aux piétons de traverser en toute sécurité une chaussée. Il en est ainsi des dispositions de l'article R. 414-5 qui obligent les conducteurs à ne pas effectuer de dépassement à l'approche d'un passage piétons qu'après s'être assurés qu'aucun piéton n'est engagé sur le passage ou de celles de l'article R. 415-11 obligeant les conducteurs à céder le passage au piéton s'engageant régulièrement dans la traversée d'une chaussée ou manifestant clairement l'intention de le faire. Mais il en est ainsi également des présentes dispositions qui sanctionnent d'une amende de deuxième classe l'arrêt ou le stationnement d'un véhicule empiétant sur un passage piétons et de celles figurant à l'article R. 417-11, I, 5°, sanctionnant d'une amende de quatrième classe l'arrêt ou le stationnement d'un véhicule sur un passage piétons.

Et, à cet ensemble de dispositions, il faut encore ajouter celles de l'article L. 118-5-1 du code de la voirie routière, créées par la loi d'orientation des mobilités du 24 décembre 2019, interdisant l'aménagement de places de stationnement sur la chaussée cinq mètres en amont des passages piétons, et ce afin d'assurer une meilleure visibilité des piétons par les conducteurs et réciproquement. ❑

Code de la voirie routière

Art. L. 118-5-1 *(L. n° 2019-1428 du 24 déc. 2019, art. 52)* Afin d'assurer la sécurité des cheminements des piétons en établissant une meilleure visibilité mutuelle entre ces derniers et les véhicules circulant sur la chaussée, aucun emplacement de stationnement ne peut être aménagé sur la chaussée cinq mètres en amont des passages piétons, sauf si cet emplacement est réservé aux cycles et cycles à pédalage assisté ou aux engins de déplacement personnel.

Les dispositions du présent article sont applicables lors de la réalisation de travaux d'aménagement, de réhabilitation et de réfection des chaussées. Les travaux de mise en conformité doivent avoir été réalisés au plus tard le 31 décembre 2026.

Art. R. 417-6 Tout arrêt ou stationnement gratuit contraire à une disposition réglementaire autre que celles prévues au présent chapitre est puni de l'amende prévue pour les contraventions de la *(Décr. n° 2015-808 du 2 juill. 2015, art. 10, en vigueur le 1er janv. 2018)* **« deuxième classe ».**

V. C. pr. pén., art. R. 49-8-5, App., v° Infractions.

Les dispositions de l'art. R. 417-6 dans leur rédaction antérieure à l'entrée en vigueur du Décr. n° 2015-557 du 20 mai 2015 demeurent toutefois applicables aux infractions liées à l'absence ou à l'insuffisance de paiement d'une redevance de stationnement constatées avant la date du 1er janv. 2018 (Décr. préc., art. 6).

BIBL. ▶ **Dépénalisation du stationnement payant :** ALHAMA, *AJDA 2020. 1929* (la tarification sociale du stationnement sur voirie). – CANO et GIRARD, *JCP Adm. 2019. 2366* (état des lieux du stationnement payant – un cadre législatif redessiné par une nouvelle juridiction administrative, la CCSP). – CARCENAC et NOUGEIN, *Rapport d'information Sénat 10 juill. 2019, n° 651* (le recouvrement des amendes de circulation et des forfaits de post-stationnement). – DÉFENSEUR DES DROITS, *Rapport janv. 2020* (la défaillance du forfait de post-stationnement : rétablir les droits des usagers). – DE GAUDEMAR, *JCP Adm. 2014. 2055* (la dépénalisation du stationnement payant des véhicules sur la voie publique). – DREIFUSS, *JCP Adm. 2015. 2061* (quand la dépénalisation du stationnement payant sur voirie porte une juridiction administrative sur les fonts baptismaux – genèse de la commission du contentieux du stationnement payant) ; *ibid. 2127* (prolégomènes relatifs au recouvrement et au contentieux de la future redevance de post-stationnement). – FINON, *AJCT 2017. 446* (réforme du stationnement payant – préparation des arrêtés et des délibérations) ; *ibid. 502* (traitement du contentieux). – JOSSEAUME et MAZZOCHI, *Gaz. Pal. 7 mars 2023, p. 15* (le forfait poststationnement devant son juge). – LAVIALLE, *RFDA 2015. 305* (les métamorphoses du stationnement payant sur voirie et l'évolution de la domanialité publique). – PASTOR, *AJDA 2018. 1468* (stationnement payant : les premiers pas d'une nouvelle juridiction) ; *ibid. 1470* (choix du mode de gestion par la collectivité). – PAULIAT, *JCP Adm. 2015. Actu. 351* (forfait de post-stationnement : mode d'emploi de la dépénalisation) ; *ibid. Actu. 473* (décentralisation du stationnement payant : mode d'emploi) ; *ibid. Actu. 534* (fonctionnement de la commission du contentieux du stationnement payant, nouvelle juridiction administrative spécialisée). – PETIT, *AJDA 2014. 1134* (la dépénalisation du stationnement payant). – ROBERT, *Dr. pénal 2017, étude 25* (dépénalisation des manquements aux règles du stationnement payant). – SCHMALTZ, *JCP Adm. 2018. 2334* (la réforme du stationnement payant remet-elle en cause son exonération de TVA ?).

COMMENTAIRE

Dépénalisation du stationnement payant. C'est le présent article qui permettait, avant le 1er janvier 2018, de sanctionner de l'amende prévue pour les contraventions de la première classe celui qui ne respectait pas les règles en matière de stationnement payant. L'intéressé s'exposait alors à une amende forfaitaire dont le montant s'est longtemps élevé à 11 €, par application des dispositions de l'article R. 49 du code de procédure pénale. Un montant qui pouvait paraître relativement faible au regard des tarifs de stationnement sur la voie publique et dans les parcs de stationnement applicables dans les plus grandes villes et qui pouvait conduire certains à préférer s'exposer à une amende – qui plus est incertaine – plutôt qu'à payer leur stationnement. Conscients de ce décalage, les pouvoirs publics ont, en 2011, modifié l'article R. 49 du code procédure pénale afin d'élever à 17 € le montant de l'amende forfaitaire applicable aux contraventions en matière d'arrêt et de stationnement prévus par les articles R. 417-1 à R. 417-6 du code de la route (V. art. R. 49 C. pr. pén., App., v° *Infractions*). Ils ont également voulu faciliter la constatation des contraventions en ce domaine en permettant aux agents verbalisateurs de recourir à des PV électroniques (V. comm. ss. art. R. 49-1 C. pr. pén, App., vº *Infractions*). Ces évolutions ont cependant été jugées insuffisantes et ont finalement conduit le législateur à opter pour une réforme radicale de la matière.

La loi nº 2014-58 du 27 janvier 2014 de modernisation de l'action publique territoriale et d'affirmation des métropoles est en effet venue réformer les modalités de tarification et la gestion matérielle du stationnement des véhicules sur la voie publique, en prévoyant que celui qui ne paie pas son stationnement doit s'acquitter d'un forfait post-stationnement (V. comm. ss. art. L 411-1).

Or cette réforme, effective depuis le 1er janvier 2018, a conduit le pouvoir réglementaire à supprimer au sein de l'article R. 417-6 du code de la route le terme « payant » qui, auparavant, y figurait, de sorte que, depuis cette date, le non-respect des règles sur le stationnement payant ne peut plus être sanctionné de l'amende prévue pour les contraventions de la première classe et est donc bel et bien dépénalisé.

Contentieux du stationnement payant. Avant sa dépénalisation, le stationnement payant a engendré tout un contentieux devant les juridictions judiciaires. La légalité des arrêtés municipaux fixant un stationnement payant, ainsi que les modalités de constatation des contraventions en ce domaine ont en effet souvent été contestées (V. jurispr. citée ci-après). La dépénalisation du stationnement payant n'a pas pour autant fait disparaître tous ces motifs de contestation : l'institution d'un stationnement payant demeure soumise à un certain nombre de règles dont le non-respect peut être contesté, de même que les modalités de l'avis de paiement du forfait post-stationnement, qui ne sont pas sans rappeler celles qui régissaient auparavant la constatation des contraventions en la matière. De tels motifs de contestation ne peuvent toutefois plus être soulevés devant le juge judiciaire, mais devant une juridiction administrative spécialisée, la commission du contentieux du stationnement payant, dont l'organisation et le fonctionnement ont été fixés aux articles L. 2333-87-1 et suivants du code général des collectivités territoriales et précisés aux articles R. 2333-120-20 et suivants de ce code. Pour éviter l'encombrement de cette juridiction, on notera que ces dispositions subordonnent la saisine de cette commission à un recours administratif préalable auprès de la commune, de l'établissement public de coopération intercommunale, du syndicat mixte ou du tiers contractant dont relève l'agent assermenté ayant établi l'avis de paiement (V. art. L. 2333-87) et qu'elles excluent certains motifs de contestation (V. art. L. 2333-87-7 CGCT). ❑

I. ARRÊT OU STATIONNEMENT INTERDIT

1. Le stationnement interdit : une contravention instantanée ? N'est pas justifié le jugement qui déclare un prévenu ayant stationné son véhicule dans une rue où le stationnement était interdit par arrêté municipal, sauf aux riverains, coupable d'infraction au stationnement des véhicules, sans répondre au moyen de défense formulé par l'intéressé selon lequel le stationnement interdit constitue une contravention instantanée qui ne cesse que par l'enlèvement volontaire ou forcé du véhicule et qui ne peut donner lieu qu'à une seule poursuite. • Crim. 30 janv. 2018, nº 17-83.558 : *Dr. pénal 2018, nº 62, note Robert.* ♦ Sur le caractère instantané de la contravention de stationnement gênant, V. • Crim. 7 juin 1995, nº 93-84.757 P : *D. 1995. IR 201 ; RSC 1996. 126, obs. crit. Delmas Saint-Hilaire .*

II. CONTENTIEUX DU STATIONNEMENT PAYANT AVANT SA DÉPÉNALISATION

BIBL. Moderne, *Gaz. Pal. 1973. 2. Doctr. 539.* – Delmas Saint-Hilaire, *RSC 1993. 97* (sur la fermeté de la chambre criminelle). – Robert, *Dr. pénal 1995. Comm. 11* (sur les mémoires « personnels » et la littérature dans laquelle les requérants trouvent leur inspiration). – Tachon, *Dr. adm. 1999, chron. 1* (abonnements en matière de stationnement payant). – Adda et Demouveaux, *Berger-Levrault 2003* (les pouvoirs de police du maire). – Defrance, *Jurispr. auto 2006. 510* (le paiement du stationnement payant). – Le Dall, *ibid. 2013, nº 851, p. 14* (haro sur le stationnement). – Josseaume, *ibid. 2014, nº 861, p. 10* (des procès-verbaux de stationnement (encore) à l'amende !).

2. La durée de stationnement étant limitée à deux heures, après lesquelles un nouveau paiement doit être effectué, il s'ensuit que chaque fois que deux heures sont écoulées sans qu'intervienne un paiement, une nouvelle infraction est constituée. • Paris, 19 déc. 1990 : *Juris-Data nº 025695.* ♦ L'automobiliste ayant été verbalisé à 10 h 45, une nouvelle contravention peut être relevée à 15 h sans qu'il puisse soutenir que le seul effet de la prolongation du stationnement litigieux au-delà des deux heures réglementaires aurait été la continuation de l'infraction initiale. • Crim. 2 oct. 1991 : *Jurispr. auto 1992. 60.* ♦ V. également : • Crim. 9 févr. 1994 : *Jurispr. auto 1994. 172.*

3. Les dispositions de l'art. R. 233-1, dernier al. [C. route, art. R. 417-1 s.], doivent être préférées à celles de l'art. R. 26-15 C. pén. (devenu art. R. 610-5 nouv. C. pén.) dès lors que l'arrêté municipal violé a pour objectif de faire face aux nécessités de la circulation et que l'emplacement considéré, ouvert à la circulation publique, est en conséquence soumis aux dispositions du C. route. • Crim. 10 oct. 1991 : *Gaz. Pal. 1992. 1. Somm. 94.*

4. Les sanctions de l'art. R. 233-1 [C. route, art. R. 417-1 s.] sont applicables aux contraventions commises sur un terrain acquis par la ville, aménagé en parc de stationnement et soumis pour son accès à une réglementation édictée par le maire, même si aucune décision de classement de ce parc dans le domaine public n'a été prise. • Crim. 15 déc. 1993, n° 93-82.325 P : *Jurispr. auto 1994. 75.* ♦ Cf. : • CE 28 nov. 1979 : *D. 1980. IR 119.*

5. Doit être cassé l'arrêt condamnant le contrevenant, pour stationnement irrégulier en zone de stationnement payant, à six amendes de 400 francs chacune, dès lors que les infractions poursuivies constituaient des contraventions de 1re classe, punies d'une peine maximale de 250 francs d'amende, en vertu de l'art. 131-13, 1°, C. pén. • Crim. 22 mars 2000 : *Jurispr. auto 2000. 281.*

6. Est une escroquerie l'utilisation d'une rondelle sans valeur pour déclencher le mécanisme d'un parcmètre qui constitue une manœuvre frauduleuse destinée, par le déplacement de l'aiguille, à obtenir décharge du prix de stationnement en persuadant les contrôleurs du paiement de ce prix. • Crim. 1er déc. 1970 : *D. 1972. 155, note Roujou de Boubée ; JCP 1972. II. 17277, note Gassin.* ♦ Cf. l'art. 313-1 nouv. C. pén. qui incrimine désormais l'escroquerie au service.

A. LÉGALITÉ DE L'ARRÊTÉ MUNICIPAL

7. Pouvoir du juge judiciaire. En application de l'art. 111-5 C. pén., clé de voûte d'un nouvel édifice répressif dans lequel le juge judiciaire joue un rôle de plus en plus important dans la protection des libertés des citoyens, le tribunal possède toute la compétence nécessaire pour examiner d'office, dans le secret de son délibéré et sans qu'il y ait lieu à ouvrir des débats préalables sur la difficulté, la légalité des arrêtés organisant le stationnement payant. • T. pol. Paris, 29 sept. 1994 : *Gaz. Pal. 1994. 2. 779, note Doucet.*

8. Principes généraux. Est à bon droit rejetée l'exception d'illégalité opposée à un arrêté municipal ayant institué le stationnement payant sur certaines parties de la voie publique et prise de prétendues inégalités de traitement entre les usagers et les riverains, dès lors que les dispositions dudit arrêté offrent uniformément aux divers usagers la même faculté assortie des mêmes obligations et qu'aucune des mesures prescrites ne porte atteinte à la liberté d'accès aux immeubles riverains ou à leur desserte. ♦ Doit être écartée l'exception d'illégalité soulevée contre un arrêté municipal substituant un stationnement payant au moyen de parcmètres lorsque ce texte a été pris en vertu des pouvoirs de police attribués au maire par les dispositions des art. 97 s. de l'anc. C. adm. commun. (qui lui sont toujours conférés par les art. L. 131-2 s. C. communes) et R. 225 [C. route, art. R. 411-8], qu'un tel stationnement est essentiellement organisé pour faciliter la rotation des véhicules sur la voie publique et pour assurer, sans discrimination, une répartition de la faculté de stationner entre le plus grand nombre possible d'usagers. • Crim. 17 juill. 1995 : *Bull. crim. n° 188 ; D. 1975. IR 189* • 2 mai 1979 : *Bull. crim. n° 151 ; D. 1980. IR 32* • 7 avr. 1992 : *Jurispr. auto 1992. 405.* ♦ Sur la finalité de l'institution du stationnement payant, résidant dans l'interdiction de l'usage privatif abusif du domaine public et sa restitution à tous, V. : • Paris, 30 janv. 1998 : *Dr. envir. 1998, n° 63, p. 6, obs. Robert ; RSC 1999. 327, obs. Robert.*

9. En application de l'art. 99 C. adm. commun. le maire peut légalement soumettre au paiement de redevances le stationnement des véhicules le long des voies publiques lorsque ce stationnement excède l'usage normal desdites voies et en raison notamment des exigences de la circulation ; toutefois ce régime ne doit pas avoir pour effet de porter atteinte à la liberté d'accès aux immeubles riverains et à leur desserte. • CE 22 févr. 1974 : *Gaz. Pal. 1975. 2. 454, note Moderne.*

10. Le stationnement payant n'est pas contraire aux dispositions de l'art. 2 du protocole n° 4 à la Conv. EDH consacrant le droit de circuler librement sur le territoire d'un État, dont le § 4 prévoit que ce droit peut, dans certaines zones déterminées, faire l'objet de restrictions qui, prévues par la loi, sont justifiées par l'intérêt public. Il en est ainsi dès lors que les mesures prises sont générales et n'ont pas de caractère discriminatoire. • Crim. 16 avr. 1986 : *Jurispr. auto 1986. 306.* ♦ La réglementation municipale instituant dans un but de police le stationnement payant ne constitue pas la rémunération d'un service au sens de l'art. 60 du traité instituant la Communauté européenne. C'est à tort que le prévenu invoque les règles communautaires relatives à l'abus de position dominante et à la libre prestation des services à l'intérieur de la Communauté. • Crim. 2 juin 1993 : *Jurispr. auto 1993. 497.*

11. Si l'arrêté instituant le stationnement payant n'en définit pas les emplacements, la peinture au sol de ces emplacements et l'implantation des parcmètres en face d'eux n'ont pas de base légale. • Grenoble, 27 févr. 1985 : *Gaz. Pal. 1986. 1. Somm. 5, obs. Doucet.* ♦ V. note 14 : Sociétés concessionnaires.

12. Égalité des citoyens devant les charges publiques. Sont illégaux les arrêtés municipaux qui ont fixé une double tarification discriminatoire à l'égard des usagers qui n'ont pas acquis une carte d'abonnement auprès d'une société concessionnaire. Cette disposition est contraire à l'égalité des usagers devant les charges publiques. • Aix-en-Provence, 14 déc. 1989 : *Jurispr. auto 1990. 238.* ♦ Ni l'instauration de zones, vertes et oranges, entraînant le paiement de redevances différentes, ni l'application à la même rue, en sens unique, de deux tarifications, chacun des côtés ressortissant à une zone différente, n'est contraire au principe d'égalité des citoyens devant les charges publiques. Ces mesures ne créent aucune catégorie privilégiée de citoyens et les règles mises en place s'appliquent dans chacune des zones indistinctement à tous les automobilistes désireux d'utiliser les emplacements réservés et, par suite, tenus de payer la redevance régulièrement fixée par l'autorité publique compétente. • Crim. 6 janv. 1993 : *Jurispr. auto 1993. 404* • 13 janv. 1993 : *Jurispr. auto 1993. 285.*

13. Distinction entre les usagers résidents et les non-résidents : position du juge judiciaire. L'arrêté instituant une zone de stationnement payant avec application d'un forfait mensuel pour les résidents de ladite zone ne crée aucune catégorie privilégiée de citoyens, dès lors que les règles mises en place s'appliquent indistinctement à tous les automobilistes (même non résidents) désireux d'utiliser les emplacements réservés. • Crim. 16 juin 1993 : *JCP 1994. II. 22303, note crit. Lavialle.* ♦ Il existe entre les riverains des voies publiques et les autres usagers une différence de situation de nature à justifier que des tarifs de stationnement réduits leur soient offerts sur ces voies. • Crim. 16 févr. 1999, n° 98-82.575 P : *D. 1999. IR 80 ; RSC 1999. 808, obs. Bouloc ; Dr. pénal 1999. 70, obs. Robert* (Cassation de : • Chambéry, 24 sept. 1997 : *Jurispr. auto 1997. 555.)* • Crim 14 mars 2000 : *Jurispr. auto 2000. 276* (Cassation de : • Grenoble, 28 avr. 1999 : *JCP 2000. IV. 1571).* ♦ De même, il existe entre les résidents du centre et les autres usagers une différence de situation de nature à justifier que les tarifs de stationnement réduits leurs soient offerts sur certaines voies, la réglementation méconnue sur le stationnement payant, conçue pour limiter les encombrements de la circulation urbaine, étant conforme à l'intérêt général. • Crim. 8 mars 2000 : *Jurispr. auto 2000. 447* • 16 févr. 1999, n° 97-84.260 P. ♦ En revanche, est entaché d'illégalité l'arrêté municipal qui accorde des conditions privilégiées de stationnement aux seuls résidents de la zone et qui exclut ainsi du régime de faveur des personnes séjournant quotidiennement dans la zone mais n'y possédant pas de résidence. • Chambéry, 1er juin 1995 : *Jurispr. auto 1995. 501.* ♦ Cf. : • Crim. 2 juin 1993 : *Jurispr. auto 1993. 497 ; Dr. pénal 1995. Comm. 227, obs. Robert* (lorsque la vente de tickets mensuels aux seuls résidents ne résulte pas de l'arrêté municipal lui-même mais d'une pratique commerciale de la société concessionnaire, une telle pratique, fût-elle contestable, ne saurait entacher l'acte administratif de nullité).

14. Distinction entre les résidents et les non-résidents : position du juge administratif. Il existe entre les riverains des voies classées en zone de stationnement payant et les autres usagers une différence de situation de nature à justifier que des tarifs de stationnement réduits soient offerts aux premiers sur ces voies, et ce, sans que soit méconnu le principe d'égalité. • CE 4 mai 1994, *Ville de Toulon*, n° 143992 : *Lebon 221 ; Gaz. Pal. 24 juin 1995, Pan. dr. adm. 64, obs. Graveleau.* ♦ Il existe, d'une part, entre les non-résidents travaillant dans la commune et les autres non-résidents, d'autre part, entre les résidents et les non-résidents, des différences de situation de nature à justifier, pour les premiers, des tarifs préférentiels qui n'instaurent pas de discrimination illégale. • CE 28 févr. 1996, n° 150682 : *inédit.*

15. Illégalité d'une taxe de post-paiement d'une redevance de stationnement payant. Un maire ne peut instaurer une telle taxe, qui substitue aux amendes prévues par les art. R. 26-15 et R. 233-1 C. route, une nouvelle catégorie de sanction. • CAA Bordeaux, 16 nov. 1998 : *inédit.*

16. Sociétés concessionnaires. Si l'arrêté municipal instituant le stationnement payant n'a pas précisé les divers endroits où cette mesure de police serait appliquée, la désignation de ces lieux ne peut résulter des clauses de la convention administrative liant la commune à une entreprise concessionnaire, une telle convention n'ayant pas le caractère d'un règlement de police opposable aux usagers et les pouvoirs du maire n'étant pas susceptibles d'être délégués à un contractant. • Crim. 27 mai 1972 : *Bull. crim. n° 175.* ♦ Annulation de conventions lorsque, conclues pour une durée de 23 ans pouvant être portée à 30, elles fixent le nombre des emplacements payants et que ce nombre ne peut être modifié par la commune que dans la limite de 5 % du total initial négocié. • CE 1er avr. 1994 : *JCP 1994. IV. 1503 ; Gaz. Pal. 18 févr. 1995. Pan. dr. adm. ; Jurispr. auto 1994. 330.* ♦ Justifie sa décision le tribunal qui, pour rejeter l'exception de nullité d'un arrêté municipal instituant le stationnement payant, observe que les modalités contestées de vente des tickets mensuels ne résultent pas de l'arrêté lui-même mais d'une pratique commerciale de la société concessionnaire qui, fût-elle contestable, ne saurait entacher l'acte administratif d'illégalité. • Crim. 2 juin 1993 : *Jurispr. auto 1993. 497 ; Dr. pénal 1995. Comm. 227, obs. Robert.* ♦ L'appréciation par la juridiction répressive de la légalité des actes administratifs, y compris depuis l'entrée en vigueur du nouveau code pénal, ne peut porter que sur les actes administratifs réglementaires ou individuels à l'exclusion des contrats administratifs dont la connaissance est réservée à la juridiction administrative en vertu du principe de séparation des pouvoirs. Les dispositions de la convention qui, au demeurant, n'attribue aucun pouvoir de police à la société concessionnaire et ne comporte aucune sanction pénale, sont sans incidence sur la commission de l'infraction consistant à ne pas avoir acquitté la redevance imposée par l'arrêté municipal lui-même. • Crim. 31 mai 1995 : *Jurispr. auto 1995 ; Dr. pénal 1995. Comm. 227, obs. Robert.* ♦ L'irrégularité alléguée d'une convention confiant à une société privée l'exploitation de la zone de stationnement payant d'une commune, au motif que le maire lui aurait, en violation de l'art. L. 131-4 C. communes (devenu art. L. 2213-2 CGCT), délégué ses pouvoirs de police, est sans incidence sur la légalité des arrêtés municipaux, fondement de la poursuite, qui ne visaient pas la convention critiquée, et elle ne peut davantage affecter la régularité du procès-verbal constatant l'infraction, dressé par un agent municipal compétent. • Crim. 2 sept. 1998, n° 98-82.088 P : *RSC 1999. 575, obs. Bouloc ; Dr. pénal 1999. Comm. 7, obs. Robert.*

17. Le service de la police du stationnement, par sa nature, ne saurait être confié qu'à des agents placés sous l'autorité directe du maire. Annulation à bon droit prononcée de conventions prévoyant que les agents municipaux chargés de constater les infractions au stationnement payant sur la voie publique seront mis à la disposition d'une société qui assurera leur encadrement et l'organisation de leur travail. • CE 1er avr. 1994 : *préc. note 14.* ♦ Cf. : • Crim. 11 janv. 1995 : *Jurispr. auto 1995. 126.* ♦ Les procès-verbaux sont réguliers s'ils ont été dressés par des agents nommés par l'autorité publique compétente, quand bien même auraient-ils été placés sous l'autorité d'un responsable de la société privée, dès lors que ce dernier a été désigné pour le faire. • Aix-en-Provence, 5 avr. 1994 : *Dr. pénal 1995. Comm. 227, obs. Robert.*

B. PARCMÈTRES ET HORODATEURS

18. Absence de contrôle des parcmètres. Dès lors qu'aucun texte n'exige l'apposition d'un poinçon de contrôle de l'État sur les appareils de mesure, appelés parcmètres, la preuve contraire aux énonciations des procès-verbaux dressés en matière de stationnement par les agents assermentés ne saurait résulter du seul défaut d'un tel poinçon. • Crim. 21 juin 1983 : *Bull. crim. n° 190 ; JCP 1983. IV. 278.* ♦ Cette absence de vérification est sans incidence sur la valeur des procès-verbaux qui font foi, en application des art. 537 C. pr. pén. et R. 253 C. route, jusqu'à preuve contraire, c'est-à-dire jusqu'à ce que soit établie par le contrevenant, la preuve du non-fonctionnement délictueux de l'appareil. • Crim. 23 mai 1984 : *Bull. crim. n° 189* • 25 mars 1992, n° 91-83.057 P : *D. 1992. IR 174 ; RSC 1993. 97, obs. Delmas Saint-Hilaire* • 27 janv. 1993 : *D. 1994. Somm. 263, obs. Couvrat et Massé* • 3 mai 1993 : *Dr. pénal 1993. Comm. 186, obs. crit. Robert* • 15 févr. 2000, n° 99-83.971 P : *D. 2000. IR 112 ; Procédures 2000. Comm. 134, obs. Buisson ; Dr. pénal 2000. Comm. 90, obs. Robert ; Jurispr. auto 2000. 174.*

19. Horodateur en panne. Le conducteur n'est pas obligé de pallier le mauvais fonctionnement d'un horodateur en panne par une demande quelconque, en l'espèce s'adresser à un guichet pour payer un ticket de stationnement ainsi que cela était affiché sur l'appareil en panne, ce qui risquait de plus de lui faire manquer son train. • T. pol. Épinal, 17 déc. 1992 : *Jurispr. auto 1993. 119.* ♦ Cependant, en cas de dysfonctionnement de l'horodateur, il appartient à l'usager de le faire constater par tous moyens de manière à s'en prévaloir s'il venait à être poursuivi sur le fondement des dispositions de l'art. R. 233-1, al. 4, C. route. • Paris, 20 mai 1997 : *BICC 1997, n° 1476 ; Jurispr. auto 1998. 178.*

20. Monnaie ayant cours. Il ne saurait être contesté que les appareils horodateurs sont équipés pour recevoir des pièces de monnaie d'un type déterminé selon la valeur pour laquelle elles ont cours. • Crim. 21 oct. 1992 : *Jurispr. auto 1993. 75.* ♦ Le Décr. du 22 avr. 1790 [dont l'art. 7 a été codifié au C. mon. fin., art. L. 112-5] est toujours en vigueur et applicable au paiement des redevances de stationnement, constituant des revenus du domaine public communal, car ce texte édicte une règle dans les comptes, que l'usage a détachée de son contexte d'origine. L'obligation de faire l'appoint est au surplus rappelée sous une autre forme par l'art. 1243 C. civ. dont résulte l'obligation de se munir de pièces de monnaies adéquates. • Crim. 11 juin 1992 : *Jurispr. auto 1993. 68 ; Dr. pénal 1993. Comm. 11, obs. Robert ; RSC 1993. 98, obs. Delmas Saint-Hilaire .* ♦ V. aussi : • Paris, 20 mai 1997 : *BICC 1997, n° 1476 ; Jurispr. auto 1998.178.* ♦ En vertu de l'art. 7 du décr. 22 avr. 1790 [C. mon. fin., art. L. 112-5], la perception de la redevance due au titre du stationnement au moyen d'appareils ne fonctionnant qu'avec certains types de pièces de monnaie, est légale. En outre, le paiement de cette redevance ne s'impose qu'au seul usager désireux d'utiliser l'aire de stationnement réglementée, qui est ainsi tenu de se conformer aux modalités régulièrement fixées et publiées par l'autorité publique. • Crim. 1er févr. 2000, n° 99-84.764 P. ♦ Le décret de 1959 ne déroge en rien aux dispositions précédentes relatives à l'objet du paiement. Il n'a pour objet que de préciser l'application de l'ord. n° 58-1341 du 17 déc. 1958 créant une nouvelle monnaie et de fixer le pouvoir libératoire, limité entre les particuliers, des pièces de monnaies métalliques. • Crim. 24 juin 1992 : *ibid.* ♦ Le paiement ne s'impose qu'aux usagers désireux de stationner dans la zone réglementée et qui doivent donc se plier aux modalités régulièrement fixées et publiées par l'autorité publique. Les impératifs techniques peuvent commander l'emploi de certains moyens de paiement parmi ceux ayant cours légal sans pour autant que l'impossibilité d'utiliser certaines pièces ou billets puisse être considérée comme constituant le refus sanctionné par l'art. R. 30 (11°) C. pén. (devenu R. 642-3 nouv. C. pén.). • Crim. 27 oct. 1993, n° 93-80.404 P : *Dr. pénal 1994. Comm. 64, obs. Robert* • 19 janv. 1994 : *D. 1994. Somm. 263, obs. Couvrat et Massé .*

21. Carte prépayée. N'est pas contraire à l'art. R. 642-3 C. pén., l'instauration d'un système de règlement de la redevance de stationnement exclusivement au moyen d'une carte prépayée (en l'espèce, la « Paris-carte »), ce système répondant à l'objectif d'intérêt public de sécuriser les horodateurs contre le vol et n'imposant aux usagers d'autre contrainte que celle d'en faire l'acquisition auprès des buralistes, laquelle s'opère par tout moyen de paiement, incluant les pièces de monnaie et les billets de banque ayant cours légal; cette seule circonstance ne peut être considérée comme imposant aux usagers des sujétions disproportionnées par rapport au but légitime en vue duquel cette mesure a été prise par l'autorité publique. • Crim. 26 avr. 2006, n° 06-80.263 P : *D. 2006. IR 1632 ; AJ pénal 2006. 309, obs. Céré ; AJDA 2006. 2001, note Lombard ; Jurispr. auto 2006. 327; Dr. pénal 2006. Comm. 111, note Robert; RSC 2007. 87, obs. Mascala* • 23 janv. 2013, n° 12-84.164 P : *D. actu. 11 mars 2013, obs. Bombled; D. 2013. Actu. 506 ; Dr. pénal 2013, n° 57, note Robert.* ♦ L'instauration d'un tel système de paiement n'est par ailleurs pas contraire aux dispositions de l'art. L. 122-1 C. consom. (interdisant la vente liée), dès lors que la redevance d'utilisation du domaine public est légalement fixée par le maire dans le cadre des pouvoirs qu'il tient de l'art. L. 2213-6 CGCT et qu'elle échappe par là même aux dispositions du code de la consommation. • Même décision. ♦ V. aussi, dans le même sens, avec la précision que le système Monéo en passe de se généraliser sur la ville de Paris, en Île-de-France et sur le territoire national apparaît de nature à échapper (dans le cadre de cette jurisprudence) aux critiques en conciliant intérêt public et intérêts privés de par ses facilités d'acquisition, de rechargement, la multiplicité de ses utilisations comme moyen de paiement et en conséquence l'utilisation intégrale de son crédit tel que choisi par l'usager notamment d'un emplacement de stationnement. • Paris, 6 juill. 2006 : *Jurispr. auto 2006. 533.* ♦ La carte prépayée ne saurait non plus constituer une carte de paiement au sens de l'art. L. 132-1 C. mon. fin. • Crim. 13 juin 2007 : *Jurispr. auto 2007. 484; Dr. pénal 2007. Comm. 137, note Robert.* ♦ Et la redevance d'utilisation du domaine public aux fins de stationnement ne saurait s'analyser en la contrepartie d'un service offert par la puissance publique dans le cadre d'une activité commerciale, au sens de l'art. L. 410-1 C. com. • Même décision. ♦ L'utilisation de la carte prépayée, qui constitue uniquement un mode de paiement dépourvu d'incidence sur le montant de la redevance due par l'usager, n'induit pas de discrimination tarifaire (est en conséquence rejeté le pourvoi qui invoquait une violation du principe d'égalité devant la loi en ce que les automobilistes ne résidant pas à Paris et ne s'y trouvant que de passage soient dans l'obligation de procéder à l'achat d'une carte prépayée pour régler le coût du stationnement de leur véhicule). • Crim. 5 févr. 2013, n° 12-83.633 P : *D. actu. 19 mars 2013, obs. Bombled; D. 2013. Actu. 568 ; Dr. pénal 2013, n° 57, note Robert.*

C. OBLIGATION DE SIGNALISATION

22. Le procès-verbal faisant foi jusqu'à preuve du contraire, les juges du fond doivent considérer que toutes les conditions matérielles de l'infraction constatée sont effectivement réunies. Il convient donc, avant toute discussion, que le prévenu rapporte la preuve de l'absence de signalisation réglementaire. • Crim. 11 juin 1992, n° 92-80.397 P : *RSC 1993. 97, obs. Delmas Saint-Hilaire* .

23. La mise en place des panneaux B6-B4 est devenue facultative en conformité avec la Convention de Vienne depuis la publication au JO de l'Arr. du 1er déc. 1986 renvoyant lui-même à des instructions techniques parues le 26 déc. au Bulletin officiel du ministère des transports. L'art. R. 44 n'impose la publication au JO que des arrêtés fixant les conditions dans lesquelles est établie la signalisation routière et non celle des instructions techniques dans leur détail, dont il est suffisant qu'elles paraissent dans le BOMT. • Crim. 11 juin 1992 : *préc. note 19* • 19 janv. 1994 : *D. 1994. Somm. 264, obs. Couvrat et Massé* . ♦ Le prévenu ne peut donc se prévaloir de l'absence de matérialisation au sol de l'interdiction de stationner devant une entrée carrossable. • Paris, 24 oct. 1990 : *Juris-Data n° 025210.* ♦ Il en est de même pour un stationnement gênant à un arrêt d'autobus. • Paris, 17 mai 1990 : *Juris-Data n° 24417.*

D. PROCÈS-VERBAUX

24. Identification de l'agent. Un procès-verbal qui ne mentionne pas le nom de l'agent verbalisateur mais seulement son numéro de matricule et la désignation de son service par la mention « P.M. » comporte des mentions suffisantes pour identifier le rédacteur. La cour d'appel ne peut lui refuser une valeur probante sans avoir acquis la preuve que ce rédacteur n'avait pas agi dans un cadre légal. • Crim. 18 juin 1986 : *Jurispr. auto 1986. 400* • 25 mars 1987 : *Jurispr. auto 1987. 326* • 27 oct. 1993 : *D. 1994. Somm. 260, obs. Couvrat et Massé* • 9 févr. 1994 : *Jurispr. auto 1994. 172.* ♦ Encore faut-il que la cour d'appel vérifie l'existence d'indications permettant d'identifier cet agent. Cassation pour défaut de réponse à conclusions de l'arrêt qui s'était contenté d'affirmer que les faits reprochés établis par les procès-verbaux n'étaient pas contestés dans leur matérialité. • Crim. 6 janv. 1993 : *Jurispr. auto 1993. 404.*

25. Mentions relatives à l'infraction. Peu importe que le document déposé sur le pare-brise, dénommé avis de contravention, ne mentionne aucune qualification pénale des faits reprochés. Il suffit qu'il indique les textes mis en œuvre. La qualification peut être par la suite portée sur le procès-verbal, encore nommé relevé de contravention, par l'apposition d'un tampon encreur. • Crim. 27 oct. 1993 : *D. 1994. Somm. 260, obs. Couvrat et Massé* . ♦ Mais il n'importe que le texte prévoyant ou réprimant la contravention ne soit pas indiqué dans le procès-verbal du moment que, par un procédé quelconque, les termes caractérisant l'infraction relevée sont écrits dans celui-ci. • Crim. 24 juin 1992 : *Jurispr. auto 1993. 72.*

26. Procès-verbal envoyé à l'intéressé. Peu importe que le procès-verbal de constatation d'une contravention de stationnement ne soit pas apposé sur le véhicule en infraction, dès lors qu'aucune disposition légale ou conventionnelle n'impose la notification sur-le-champ du procès-verbal de constatation d'une contravention et que l'art. R. 49-1 C. pr. pén. prévoit expressément, selon les formalités qu'il définit, que l'avis de contravention puisse être transmis ultérieurement au contrevenant. • Crim. 23 janv. 2013 : *préc. note 21.*

27. Procès-verbal dématérialisé. Les modalités instituées par l'art. A. 37-10 C. pr. pén., devenu art. A. 37-15 de ce même code, dans le cas où la contravention est relevée par procès-verbal dématérialisé ne sont contraires à aucune disposition légale ou conventionnelle et ne privent pas le contrevenant de l'exercice des droits de la défense. • Crim. 5 févr. 2013 : *préc. note 21 ; adde. AJ pénal 2013. 345, obs. Royer* • 12 oct. 2013 : *Dr. pénal 2014. Chron. 7, obs. Gauvin.*

28. Les dispositions de l'art. A. 37-15 C. pr. pén. prévoyant que, lorsque le procès-verbal constatant l'infraction est dressé en l'absence du contrevenant, un document l'informant qu'il recevra à son domicile un avis de contravention peut être déposé sur le véhicule ne privent pas l'intéressé de la possibilité de rapporter utilement la preuve contraire et sont, en conséquence, conformes aux exigences de l'art. 6, § 1, de la Conv. EDH. • Crim. 9 déc. 2014, n° 14-81.172 : *Dr. pénal 2015. Chron. 7, obs. Gauvin.*

29. Preuve contraire. Il résulte de l'art. 537 C. pr. pén. que les procès-verbaux font foi jusqu'à preuve du contraire, laquelle ne peut être rapportée que par écrit ou par témoins. Un ticket horodateur constitue un tel écrit, dont la force probante doit être appréciée par le juge du fond. Est, en conséquence, justifié le jugement qui, pour écarter l'argumentation d'un prévenu ayant produit l'original d'un ticket horodateur valable aux date et heure de constatation de l'infraction, relève que le ticket produit, qui justifiait certes du paiement, a pu être acquis pour un autre véhicule, le numéro d'immatriculation de celui ayant donné lieu à verbalisation n'y étant pas mentionné. • Crim. 13 déc. 2016, n° 15-86.915 P : *D. actu. 20 janv. 2017, obs. Priou-Alibert ; Dr. pénal 2017, n° 29, obs. Maron & Haas ; ibid. 2017. Chron. 7, obs. Gauvin.*

30. Mention de l'arrêté municipal. Viser les textes généraux du C. route et du C. communes prévoyant la possibilité de procéder à une réglementation en matière de circulation et de stationnement ne suffit pas. Il faut préciser l'arrêté municipal réglementant le stationnement à cet endroit, sinon le prévenu n'est pas en état de préparer utilement sa défense. • Crim. 3 juin 1993 : *Jurispr. auto 1993. 508.* ♦ Lesdits arrêtés ne figurant pas dans la citation, le tribunal n'est pas en mesure d'exercer son contrôle issu des termes de l'art. 111-5 C. pén. • T. pol. Paris, 29 sept. 1994 : *Gaz. Pal. 1994. 2. 779, obs. Doucet* • T. pol. Douai, 14 juin 2001 : *Jurispr. auto 2001. 378.* ♦ *Contra :* la mention de l'arrêté municipal reste superfétatoire au regard de la matérialité de l'infraction poursuivie, la zone de stationnement payant étant par ailleurs régulièrement signalée. • Crim. 16 déc. 1992 : *Jurispr. auto 1993. 223.* ♦ A été par ailleurs rejeté, sur le fondement de l'art. 551, al. 2, C. pr. pén., un pourvoi contre un jugement déclarant régulière la citation « qui reproduit la nature des faits, la base légale générale des poursuites, la date et le lieu des faits », dans une affaire où le procès-verbal comportait la mention du renvoi aux dispositions de l'art. R. 225 [C. route, art. R. 411-8], texte qui, selon le juge du fond, permet à l'autorité administrative de prendre tous arrêtés relatifs à la police, notamment du stationnement, arrêtés faisant l'objet de publications régulières. • Crim. 8 août 1994 : *Jurispr. auto 1994. 551.*

31. Recherche de l'arrêté municipal. Ne justifie pas sa décision (condamnation pour contravention aux règles du stationnement) la juridiction qui ne recherche pas, comme elle y était invitée par les conclusions de la prévenue, si les arrêtés municipaux instituant un stationnement payant répondaient aux exigences des dispositions de l'art. L. 2213-2 CGCT. • Crim. 9 sept. 2008 : *Jurispr. auto 2008. 721.* ♦ ... Ou s'il existait un arrêté municipal conforme aux dispositions de l'art. L. 2213-2 CGCT. • Crim. 4 mars 2009, n° 08-87.465 P : *D. 2009. AJ 1091 ; ibid. Pan. 2826, obs. Roujou de Boubée ; AJ pénal 2009. 229.* ♦ ... Ou s'il existait une disposition réglementaire rendant payant le stationnement aux lieu, date et heure de constatation de l'infraction. • Crim. 27 nov. 2012 : *Dr. pénal 2013. Chron. 7, obs. Gauvin* • 12 oct. 2013 : *Dr. pénal 2014. Chron. 7, obs. Gauvin.*

32. Stationnement payant à Paris. Arrêté municipal du 31 mars 2005. Est cependant justifié le jugement qui, pour écarter le moyen d'un prévenu faisant valoir qu'aucune infraction ne pouvait être retenue à sa charge, faute de production d'un arrêté municipal prévoyant le stationnement payant à l'emplacement où avait été relevée l'infraction, énonce que le lieu de l'infraction se situe dans l'une des zones de l'Arr. du 31 mars 2005 visant les textes réglementaires concernant le stationnement payant à Paris depuis sa mise en œuvre dans la capitale, dès lors qu'il résulte de cet arrêté municipal du 31 mars 2005 que le stationnement était payant aux lieu, date et heure de la constatation de l'infraction. • Crim. 12 nov. 2014 (2 arrêts), n°s 13-87.101 et 13-88.040 : *D. actu. 2 déc. 2014, obs. Priou-Alibert ; D. 2014. Actu. 2344 ; ibid. 2015 Chron. C. cass. 110, obs. Barbier ; Dr. pénal 2015, n° 7, note Robert* • 28 mai 2015, n° 14-85.768 : *Dr. pénal 2015. Chron. 7, obs. Gauvin.*

33. Sur le stationnement payant devant son propre garage, V. note ss. art. R. 417-10.

34. Sur la disparition de l'avis de contravention glissé sous l'essuie-glace, argument *a priori* inopérant : * Rép. min. : *JOAN Q 1993. 2958 ; Jurispr. auto 1994. 48.*

III. DÉPÉNALISATION DU STATIONNEMENT PAYANT

35. Application dans le temps. En prévoyant que l'absence ou l'insuffisance de paiement d'une redevance de stationnement constatée avant le 1er janv. 2018 reste punie de l'amende prévue pour les contraventions de la première classe, en application de l'art. R. 417-6 C. route, l'art. 63 V de la L. n° 2014-58 du 27 janv. 2014 ne méconnaît pas le principe supra législatif d'application immédiate de la loi pénale plus douce, dès lors que cet article ne constitue pas une loi pénale plus douce mais une disposition visant à assurer l'effectivité de la réglementation antérieure, dont elle est indissociable, celle-ci n'étant abrogée que pour laisser place à une nouvelle réglementation sanctionnant également mais selon des modalités différentes, le stationnement irrégulier, de sorte que le législateur n'a ainsi pas entendu permettre le stationnement irrégulier pour défaut de paiement de la redevance et n'a donc pas changé d'avis sur la qualification pénale des faits. • Crim. 7 déc. 2021, n° 21-81.423 : *Gaz. Pal. 22 févr. 2022, p. 47, note Detraz ; Dr. pénal 2022, n° 65, note Robert ; ibid. Chron. 8, obs. Gauvin* (V. également, dans la même affaire, • Crim. 2 déc. 2020, n° 20-90.026, refusant de renvoyer au Cons. const. une QPC portant sur ces dispositions pour le même motif).

Art. R. 417-7 **Il est interdit à tout occupant d'un véhicule à l'arrêt ou en stationnement d'ouvrir une portière lorsque cette manœuvre constitue un danger pour lui-même ou les autres usagers.**

Le fait de contrevenir aux dispositions du présent article est puni de l'amende prévue pour les contraventions de la première classe. — *[Anc. art. R. 39 et R. 233-1, al. 7.]*

En ce qui concerne le dispositif de contrôle de la durée du stationnement dans les agglomérations, V. art. R. 417-3.

V. C. pr. pén., art. R. 49-8-5, App., v° Infractions.

S'il peut être reproché au propriétaire d'un véhicule, par ailleurs en stationnement interdit et gênant, l'ouverture intempestive de sa portière, cette imprudence et inobservation des règlements ne revêt pas le caractère d'une faute volontaire d'une exceptionnelle gravité ayant exposé, sans raison valable, son auteur à un danger dont il aurait dû être conscient. • Paris, 24 nov. 1988 : *Gaz. Pal. 1989. 2. Somm. 395.*

Art. R. 417-8 **Tout conducteur ne doit s'éloigner du lieu de stationnement de son véhicule qu'après avoir pris les précautions utiles pour prévenir tout risque d'accident du fait de son absence.**

Le fait, pour tout conducteur, de contrevenir aux dispositions du présent article est puni de l'amende prévue pour les contraventions de la première classe. — *[Anc. art. R. 38 et R. 233-1, al. 7.]*

V. C. pr. pén., art. R. 49-8-5, App., v° Infractions.

SECTION 2 **Arrêt ou stationnement dangereux, gênant ou abusif**

Art. R. 417-9 **Tout véhicule à l'arrêt ou en stationnement doit être placé de manière à ne pas constituer un danger pour les usagers.**

Sont notamment considérés comme dangereux, lorsque la visibilité est insuffisante, l'arrêt et le stationnement à proximité des intersections de routes, des virages, des sommets de côte et des passages à niveau.

Tout arrêt ou stationnement dangereux est puni de l'amende prévue pour les contraventions de la quatrième classe.

Lorsque le conducteur ou le titulaire du certificat d'immatriculation est absent ou refuse, malgré l'injonction des agents, de faire cesser le stationnement dangereux, l'immobilisation et la mise en fourrière peuvent être prescrites dans les conditions prévues aux articles L. 325-1 à L. 325-3.

(Décr. n° 2003-293 du 31 mars 2003, art. 2-II) **« Tout conducteur coupable de l'une des infractions prévues au présent article encourt également la peine complémentaire de suspension du permis de conduire pour une durée de trois ans au plus, cette suspension pouvant être limitée à la conduite en dehors de l'activité professionnelle. »**

Toute contravention au présent article donne lieu de plein droit à la réduction de trois points du permis de conduire. — *[Anc. art. R. 37-2, R. 233-1, al. 1er, R. 256, al. 13 à 23, R. 278, al. 1er et 19, et R. 285-2, al. 1er et 3.]*

Présignalisation : R. 416-19. — Autoroute : R. 417-10.

V. C. pr. pén., art. R. 49-8-5, App., vo Infractions.

COMMENTAIRE

Arrêt et stationnement dangereux. L'article R. 417-9 ne donne que des exemples non limitatifs d'arrêt et de stationnement considérés comme dangereux. Il s'agit « notamment », lorsque la visibilité est insuffisante, de l'arrêt et du stationnement à proximité des intersections de routes, des virages, des sommets de côte et des passages à niveau. Il appartient donc au juge d'apprécier le caractère dangereux d'un arrêt ou d'un stationnement, l'insuffisance de la visibilité apparaissant néanmoins comme une condition toujours requise.

Sanctions. Il convient par ailleurs de souligner la sévérité des peines encourues dans un tel cas : amende prévue pour les contraventions de la quatrième classe, immobilisation et mise en fourrière du véhicule, ainsi qu'un retrait de trois points du permis de conduire. En matière de stationnement, ce sont là d'ailleurs les seules hypothèses de retrait de points. En outre, depuis le décret no 2003-293 du 31 mars 2003, peut également être prononcée la peine complémentaire de suspension du permis de conduire. La contravention prévue au présent article fait en effet partie de celles pour lesquelles ce décret a rétabli cette peine complémentaire (V. comm. ss. l'art. R. 234-1). En conséquence, la présomption de responsabilité du propriétaire du véhicule posée par l'article L. 121-2 n'est, depuis ce décret, plus applicable en cas de stationnement dangereux, l'article L. 121-2 limitant cette présomption aux infractions à la réglementation sur le stationnement des véhicules « pour lesquelles seule une peine d'amende est encourue » (V., en ce sens, jurisp. citée note 5). ❑

1. Si l'art. 37, al. 2 (devenu art. R. 37-2, puis R. 417-9), C. route interdit seulement à proximité d'une intersection de routes, du sommet d'une côte ou d'un virage – et lorsque la visibilité est insuffisante – le stationnement des véhicules sur la chaussée et non sur les accotements, il entre dans les pouvoirs du préfet de réglementer également, jusqu'à l'interdire, le stationnement des véhicules sur cet accotement même, lorsqu'une telle mesure est exigée par l'intérêt de la sécurité et de l'ordre public. • Crim. 24 oct. 1963 : *Bull. crim. no 291.* ♦ La prescription de l'art. R. 37 (devenu R. 37-2, puis R. 417-9) selon laquelle tout véhicule en arrêt ou en stationnement doit être placé de manière à gêner le moins possible la circulation et ne pas être notamment immobilisé dans un virage lorsque la visibilité est insuffisante est d'application générale même dans les agglomérations et en l'absence de toute mesure d'interdiction spécialement édictée par l'autorité municipale. • Crim. 30 mai 1972 : *Bull. crim. no 179.*

2. Commet la contravention de stationnement dangereux (et omission d'allumer ses feux de position dans la première espèce) le prévenu qui, obligé de s'arrêter en raison d'une panne dans un endroit dangereux, a omis de prendre toutes les précautions nécessaires. • Versailles, 8 nov. 1990 : *Juris-Data no 045586.* ♦ ... Stationne un camion pour livraison dans un virage où il empiétait sur la chaussée alors que la visibilité était réduite. • Orléans, 17 sept. 1991 : *Juris-Data no 051508.* ♦ ... Laisse une remorque empiéter de plus de la moitié sur la chaussée à la tombée de la nuit, en l'absence d'éclairage public en cet endroit et sans visibilité suffisante. • Bordeaux, 21 janv. 1993 : *Juris-Data no 040453.*

3. Force majeure. N'est pas justifié le jugement relaxant un prévenu poursuivi pour stationnement dangereux de son véhicule au motif que celui-ci a démontré à l'aide de plusieurs témoignages écrits que c'est suite à une panne de son véhicule qu'il a dû le laisser arrêté à l'endroit où l'infraction a été relevée, dès lors que n'est pas constaté un cas de force majeure, présentant un caractère imprévisible et insurmontable. • Crim. 26 juin. 2013 : *Dr. pénal 2014. Chron. 7, obs. Gauvin.*

4. Stationnement gênant et mise en danger. Le seul stationnement gênant et non dangereux au sens de l'art. R. 417-9 ne s'analyse pas en une violation délibérée d'une obligation particulière de prudence ou de sécurité ; ainsi, le stationnement gênant d'un camion sur un trottoir ayant incité un piéton à marcher sur la chaussée où un véhicule l'a renversé, s'il est constitutif d'une faute, n'expose cependant pas autrui à un risque d'une particulière gravité que le prévenu ne pouvait ignorer, ce qui exclut une condamnation du chef d'homicide involontaire. • Toulouse, 4 oct. 2001 : *D. 2002. 1383, note Vignette.*

5. Responsabilité pécuniaire du titulaire du certificat d'immatriculation de l'art. L. 121-2 inapplicable. La présomption de responsabilité édictée par l'article L. 121-2 C. route ne peut recevoir application en cas de stationnement dangereux, contravention pour laquelle une suspension du permis de conduire est encourue, dès lors qu'il résulte de cet article que le titulaire du certificat d'immatriculation du véhicule est responsable pécuniairement des infractions à la réglementation sur le stationnement des véhicules pour lesquelles seule une peine d'amende est encourue. • Crim. 31 oct. 2018, n° 18-82.003 : *Gaz. Pal. 5 févr. 2019, p. 47, note Detraz.*

Art. R. 417-10 **I. — Tout véhicule à l'arrêt ou en stationnement doit être placé de manière à gêner le moins possible la circulation.**

II. — Est considéré comme gênant la circulation publique, l'arrêt ou le stationnement d'un véhicule :

(Décr. nº 2015-808 du 2 juill. 2015, art. 11-1º) **« 1° Sur les trottoirs lorsqu'il s'agit d'une motocyclette, d'un tricycle à moteur ou d'un cyclomoteur** *(Décr. nº 2022-31 du 14 janv. 2022)* **« à l'exception d'un cyclomobile léger » ; »**

(Abrogé par Décr. nº 2015-808 du 2 juill. 2015, art. 11-2º) (Décr. nº 2003-536 du 20 juin 2003, art. 20) ***« 1° bis Sur*** *(Décr. nº 2004-998 du 16 sept. 2004)* ***« les voies vertes, » les bandes et pistes cyclables ainsi qu'en bordure des bandes cyclables ; »***

2° Sur les emplacements réservés à l'arrêt ou au stationnement des véhicules de transport public de voyageurs, des taxis *(Décr. nº 2012-280 du 28 févr. 2012, en vigueur le 1er août 2012)* **« , des véhicules titulaires du label "autopartage" prévu par le décret nº 2012-280 du 28 février 2012 relatif au label "autopartage" » ou des véhicules affectés à un service public** *(Décr. nº 2010-1581 du 16 déc. 2010, art. 1er-1º)* **« l'autorité investie du pouvoir de police peut toutefois définir par arrêté les horaires pendant lesquels le stationnement est autorisé » ;**

3° Entre le bord de la chaussée et une ligne continue lorsque la largeur de la voie restant libre entre cette ligne et le véhicule ne permet pas à un autre véhicule de circuler sans franchir ou chevaucher la ligne ;

(Abrogé par Décr. nº 2015-808 du 2 juill. 2015, art. 11-2º) ***« 4° A proximité des signaux lumineux de circulation ou des panneaux de signalisation, à des emplacements tels que ceux-ci peuvent être masqués à la vue des usagers ; »***

5° Sur les emplacements où le véhicule empêche soit l'accès à un autre véhicule à l'arrêt ou en stationnement, soit le dégagement de ce dernier ;

6° Sur les ponts, dans les passages souterrains, tunnels et sous les passages supérieurs *(Décr. nº 2010-1581 du 16 déc. 2010, art. 1er-2º)* **« , sauf dispositions différentes prises par l'autorité investie du pouvoir de police » ;**

(Abrogé par Décr. nº 2015-808 du 2 juill. 2015, art. 11-2º) ***« 7° Au droit des bouches d'incendie et des accès à des installations souterraines ; »***

8° Abrogé par Décr. nº 2003-642 du 11 juill. 2003, art. 6-III.

9° Sur les bandes d'arrêt d'urgence, sauf cas de nécessité absolue ;

10° Sur une voie publique spécialement désignée par arrêté de l'autorité investie du pouvoir de police municipale.

III. — Est également considéré comme gênant la circulation publique, le stationnement d'un véhicule :

1° Devant les entrées carrossables des immeubles riverains ;

2° En double file, sauf en ce qui concerne les *(Décr. nº 2019-1082 du 23 oct. 2019, art. 28)* **« engins de déplacement personnel, les » cycles à deux-roues, les cyclomoteurs à deux-roues et les motocyclettes sans side-car ;**

3° Devant les dispositifs destinés à la recharge en énergie des véhicules électriques ;

4° Sur les emplacements réservés à l'arrêt ou au stationnement des véhicules de livraison *(Décr. nº 2010-1581 du 16 déc. 2010, art. 1er-3º)* **« l'autorité investie du pouvoir de police peut toutefois définir par arrêté les horaires pendant lesquels le stationnement est autorisé » ;**

(Décr. nº 2008-754 du 30 juill. 2008, art. 12) **« 5° Dans les zones de rencontre, en dehors des emplacements aménagés à cet effet ;**

« 6° Dans les aires piétonnes *(Décr. nº 2010-1581 du 16 déc. 2010, art. 1er-4º)* **« , à l'exception des** *(Décr. nº 2019-1082 du 23 oct. 2019, art. 28)* **« engins de déplacement personnel** *(Décr. nº 2022-31 du 14 janv. 2022)* **« , des cyclomobiles légers » et des » cycles sur les emplacements aménagés à cet effet » ;**

(Décr. nº 2015-808 du 2 juill. 2015, art. 11-3º) **« 7° Au-dessus des accès signalés à des installations souterraines. »**

IV. – Tout arrêt ou stationnement gênant prévu par le présent article est puni de l'amende prévue pour les contraventions de la deuxième classe.

V. – Lorsque le conducteur ou le propriétaire du véhicule est absent ou refuse, malgré l'injonction des agents, de faire cesser le stationnement gênant, l'immobilisation et la mise en fourrière peuvent être prescrites dans les conditions prévues aux articles L. **325-1** à L. **325-3**. – *[CGCT, art. L. 2213-2, 3°.]*

V. C. pr. pén., art. R. 49-8-5, App., v° Infractions.

Art. R. 417-11 *(Décr. n° 2015-808 du 2 juill. 2015, art. 12-1°)* « I. – Est considéré comme très gênant pour la circulation publique l'arrêt ou le stationnement :

« 1° D'un véhicule sur les chaussées et voies réservées *(Décr. n° 2023-563 du 5 juill. 2023, art. 13)* « à certaines catégories de véhicules, sauf en cas de nécessité absolue » ;

« 2° D'un véhicule ou d'un ensemble de véhicules de plus de 20 mètres carrés de surface maximale dans les zones touristiques délimitée *[délimitées]* par l'autorité investie du pouvoir de police ;

« 3° D'un véhicule sur les emplacements réservés aux véhicules portant une *(Décr. n° 2016-1849 du 23 déc. 2016, art. 4, en vigueur le 1er janv. 2017)* « carte mobilité inclusion comportant la mention "stationnement pour personnes handicapées" prévue à l'article L. 241-3 du code de l'action sociale et des familles ou une carte de stationnement pour personnes handicapées prévues à l'article L. 241-3 du même code dans sa rédaction antérieure au 1er janvier 2017 » ;

« 4° D'un véhicule sur les emplacements réservés aux véhicules de transport de fonds ou de métaux précieux ;

« 5° D'un véhicule sur les passages réservés à la circulation des piétons en traversée de chaussée ;

« 6° D'un véhicule au droit des bandes d'éveil de vigilance à l'exception de celles qui signalent le quai d'un arrêt de transport public ;

« 7° D'un véhicule à proximité des signaux lumineux de circulation ou des panneaux de signalisation lorsque son gabarit est susceptible de masquer cette signalisation à la vue des usagers de la voie ;

« 8° D'un véhicule motorisé à l'exception des *(Décr. n° 2019-1082 du 23 oct. 2019, art. 29)* « engins de déplacement personnel motorisés *(Décr. n° 2022-31 du 14 janv. 2022)* « , des cyclomobiles légers » et des » cycles à pédalage assisté :

« *a)* Sur les trottoirs, à l'exception des motocyclettes, tricycles à moteur et cyclomoteurs ;

(Décr. n° 2022-635 du 22 avr. 2022, art. 5) « *b)* Sur les voies vertes à l'exception des véhicules autorisés à y circuler en application des règles de circulation mentionnées à l'article R. 411-3-2, les bandes et pistes cyclables ; »

« *c)* Sur une distance de cinq mètres en amont des passages piétons dans le sens de la circulation, en dehors des emplacements matérialisés à cet effet *(Abrogé par Décr. n° 2020-605 du 18 mai 2020, art. 11)* *« , à l'exception des motocyclettes, tricycles et cyclomoteurs »* ; – *Les mots « , en dehors des emplacements matérialisés à cet effet » seront abrogés à compter du 1er janv. 2027 (Décr. n° 2020-605 du 18 mai 2020, art. 11 et 14-I).*

« *d)* Au droit des bouches d'incendie. »

(Décr. n° 2003-642 du 11 juill. 2003, art. 6-IV) « II. » – Tout arrêt ou stationnement *(Décr. n° 2015-808 du 2 juill. 2015, art. 12-2°)* « très gênant pour la circulation publique » prévu par le présent article est puni de l'amende prévue pour les contraventions de la quatrième classe.

(Décr. n° 2003-642 du 11 juill. 2003, art. 6-IV) « III. » – Lorsque le conducteur ou le titulaire du certificat d'immatriculation est absent ou refuse, malgré l'injonction des agents, de faire cesser le stationnement *(Décr. n° 2015-808 du 2 juill. 2015, art. 12-2°)* « très gênant pour la circulation publique », l'immobilisation et la mise en fourrière peuvent être prescrites dans les conditions prévues aux articles L. **325-1** à L. **325-3**. – *[Anc. art. R. 233-1, al. 2 et 3, R. 278, al. 1er et 19, et R. 285-2, al. 1er et 3.]*

V. C. pr. pén., art. R. 49-8-5, App., v° Infractions.

Sur le remplacement des macarons « Grand invalide civil » et « Grand invalide de guerre » par la carte de stationnement pour personnes handicapées prévue à l'art. L. 241-3-2 CASF, V. Décr. n° 2005-1766 du 30 déc. 2005, art. 4 et 5, JO 31 déc.

Sur le remplacement, à compter du 1er janv. 2017, de la carte de stationnement pour personnes handicapées prévue à l'art. L. 241-3-2 CASF par la carte « mobilité inclusion » portant la mention « stationnement pour personnes handicapées », V. art. L. 241-3 CASF.

COMMENTAIRE

Arrêt et stationnement gênants ou très gênants. Sont qualifiés de gênants les arrêts et stationnements qui portent atteinte à la libre circulation des autres usagers. La gêne occasionnée peut être cependant plus ou moins importante et il faut distinguer les arrêts et stationnements gênants la circulation publique prévus à l'article R. 417-10 et qui sont punis de l'amende prévue pour les contraventions de la deuxième classe, des arrêts et stationnements très gênants pour la circulation publique prévus à l'article R. 417-11 et sanctionnés de l'amende prévue pour les contraventions de la quatrième classe. Cette distinction entre arrêts et stationnements gênants et arrêts et stationnements très gênants a été formulée par le décret n° 2015-808 du 2 juillet 2015 qui est venu qualifier les différentes hypothèses prévues à l'article R. 417-11 d'arrêts ou de stationnements « très gênants pour la circulation publique ».

Si l'amende encourue diffère selon que l'arrêt ou le stationnement est gênant ou très gênant, dans les deux cas, en revanche, on remarquera que l'immobilisation et la mise en fourrière du véhicule sont possibles et, dans les deux cas également, qu'aucun retrait de point n'a été prévu.

Il convient aussi de noter que, selon les cas, seul le stationnement est sanctionné, ou bien le stationnement comme l'arrêt le sont. Ainsi, dans les cas visés au paragraphe II de l'article R. 417-10, le stationnement comme l'arrêt peuvent être sanctionnés, alors que, dans les hypothèses formulées au paragraphe III de ce même article, seul le stationnement est envisagé. L'article R. 417-11, quant à lui, est applicable, dans tous les cas, aussi bien au stationnement qu'à l'arrêt.

Il faut par ailleurs remarquer que les hypothèses d'arrêts ou de stationnements gênants ou très gênants sont fixées de manière limitative par ces deux articles. Toutefois, l'article R. 417-10, II, 10°, permet à l'autorité investie du pouvoir de police municipale de prévoir que l'arrêt ou le stationnement est considéré comme gênant sur certaines voies publiques et donc dans des hypothèses autres que celles envisagées par l'article R. 417-10.

Quant aux cas spécialement énumérés dans les deux articles, on notera qu'ils ont été modifiés à plusieurs reprises ces dernières années et, notamment, par le décret du 2 juillet 2015 précité.

Depuis ce décret de 2015, on remarquera notamment que plusieurs cas d'arrêts ou de stationnements qui étaient envisagés à l'article R. 417-10 comme occasionnant une gêne simple sanctionnée d'une amende de deuxième classe sont désormais qualifiés d'arrêts et de stationnements très gênants et peuvent donc être sanctionnés de l'amende prévue pour les contraventions de quatrième classe. Il en est ainsi de l'arrêt ou du stationnement :

– d'un véhicule sur un « passage piétons » (V. art. R. 417-11, I, 5°) ;

– d'un véhicule à moteur sur les trottoirs, sauf lorsque ce véhicule est une motocyclette, un tricycle à moteur ou un cyclomoteur (V. art. R. 417-11, I, 8°, *a*) ; l'arrêt ou le stationnement d'une motocyclette, d'un tricycle à moteur ou d'un cyclomoteur sur un trottoir étant qualifié d'arrêt ou de stationnement gênant et pouvant donc être sanctionné de l'amende prévue pour les contraventions de deuxième classe (V. art. R. 417-10, II, 1°, qui précise toutefois, depuis le Décr. n° 2022-31 du 14 janv. 2022, qu'une telle sanction n'est pas applicable à l'arrêt et au stationnement d'un cyclomobile léger) ;

– d'un véhicule à moteur sur les voies vertes (sauf exception), les bandes et pistes cyclables (V. art. R. 417-11, I, 8°, *b*).

On notera également que le décret du 2 juillet 2015 a créé de nouvelles interdictions en prohibant l'arrêt et le stationnement de tout véhicule motorisé « sur une distance de cinq mètres en amont des passages piétons dans le sens de la circulation, en dehors des emplacements matérialisés à cet effet » (V. art. R. 417-11, I, 8°, *c*). Dans sa version d'origine, ces interdictions ne concernaient pas les motocyclettes, les tricycles à moteurs et les cyclomoteurs. Cette exception a été cependant supprimée par le décret n° 2020-605 du 18 mai 2020, en lien avec les dispositions de l'article L. 118-5-1 du code de la voirie routière, créées par la loi d'orientation des mobilités du 24 décembre 2019 (V. cet art. reproduit ss. art. R. 417-5), lesquelles réservent cette zone des cinq mètres aux cycles et aux engins de déplacement personnel. L'article L. 118-5-1 du code de la voirie routière vise même à faire disparaître, au plus tard le 31 décembre 2026, tous les emplacements de stationnement dans cette zone des cinq mètres, sauf pour les cycles, les cycles à pédalage assisté et les engins de déplacement personnel.

D'ailleurs, la formule « en dehors des emplacements matérialisés à cet effet » figurant à l'article R. 417-11, 8°, *c*, – et qui permet, actuellement à tous les véhicules motorisés de continuer à s'arrêter ou à stationner dans cette zone des cinq mètres sur de tels emplacements – sera abrogée à compter du 1er janvier 2027.

Plus largement, on remarquera que les interdictions faites aux véhicules à moteur de s'arrêter ou de stationner sur les trottoirs, les voies vertes, les bandes et pistes cyclables ou encore en amont des passages piétons ne sont jamais applicables aux engins de déplacement personnel motorisés, comme est venu le préciser ici le décret n° 2019-1082 du 23 octobre 2019 réglementant la circulation de ces engins, et aux cyclomobiles légers, comme l'indique l'article R. 417-11, I, 8°, depuis le décret n° 2022-31 du 14 janvier 2022.

Arrêt et stationnement sur des emplacements ou voies réservés. L'arrêt ou le stationnement sur des emplacements ou voies réservés peut, selon les cas, être qualifié de gênant ou de très gênant. La lecture des articles R. 417-10 et R. 417-11 qui prévoient ces différents cas permet, dans le même temps, de déterminer les véhicules pouvant bénéficier d'emplacements ou voies réservés.

Peuvent ainsi bénéficier d'emplacements réservés à l'arrêt ou au stationnement les véhicules de transport public de voyageurs, les taxis, les véhicules titulaires du label « autopartage », les véhicules affectés à un service public et les véhicules de livraison (art. R. 417-10-II-2° et III, 4°). Depuis le décret n° 2010-1581 du 16 décembre 2010, l'autorité investie du pouvoir de police peut toutefois, par arrêté, autoriser le stationnement sur ces emplacements à tous les véhicules pendant certains horaires. Peuvent également bénéficier d'emplacements réservés à l'arrêt ou au stationnement les véhicules des personnes qui justifient d'un handicap et les véhicules de transport de fonds ou de métaux précieux (art. R. 417-11-I-3° et 4°).

Des chaussées ou voies peuvent par ailleurs être réservées à la circulation de certains véhicules. L'arrêt ou le stationnement d'un véhicule sur ces chaussées et voies réservées est également interdit, sauf en cas de nécessité absolue (art. R. 417-11-I-1°). On notera que, avant le décret n° 2023-563 du 5 juillet 2023, l'article R. 417-11-I-1° interdisait l'arrêt ou le stationnement d'un véhicule sur les chaussées et voies réservées à la circulation des véhicules de transport public de voyageurs, des taxis et des véhicules d'intérêt général prioritaires. Depuis ce décret, le texte vise plus largement toutes les chaussées ou voies réservées à certaines catégories de véhicules pour tenir compte de la possibilité qu'a le maire, depuis la loi du 24 décembre 2019 d'orientation des mobilités, de réserver des emplacements sur la voie publique pour faciliter la circulation non seulement des véhicules de transport en commun et des taxis, mais aussi des véhicules transportant un nombre minimal d'occupants dans le cadre du covoiturage ou des véhicules à très faibles émissions au sens de l'article L. 318-1 du code de la route.

On remarquera que toutes ces dispositions ne font, en définitive, que rappeler les dispositions des articles L. 2213-2 et L. 2213-3 du code général des collectivités territoriales qui, précisément, autorisent le maire à réserver certains emplacements sur la voie publique ou certaines voies pour le stationnement ou la circulation des véhicules précités. ❑

1. Contravention instantanée. Le stationnement gênant prévu par l'art. R. 37-1 [C. route, art. R. 417-10] constitue une contravention instantanée qui ne cesse que par l'enlèvement volontaire ou forcé du véhicule et qui ne peut donner lieu qu'à une seule poursuite. En cas du paiement forfaitaire du timbre amende pour la troisième contravention relevée pour un même stationnement, l'action publique est éteinte et le tribunal de police ne peut condamner le contrevenant à une amende du chef d'une contravention antérieure au motif que « les agents habilités sont fondés à constater plusieurs contraventions pour un même stationnement illicite qui se prolonge dans le temps ». • Crim. 7 juin 1995 : *D. 1995. IR 201* ; *Bull. crim. n° 206* ; *RSC 1996. 126, obs. crit. Delmas Saint-Hilaire*.

2. Commet l'infraction de stationnement gênant le chauffeur d'un camion qui, pour effectuer des livraisons, laisse stationner sa voiture sur la chaussée en interdisant momentanément la circulation des autres véhicules. • Crim. 4 janv. 1964 : *Bull. crim. n° 8.* ♦ ... Les automobilistes qui laissent leur véhicule sur un trottoir ouvert à la circulation publique et gênent ainsi la progression des piétons, obligés de se déporter sur la chaussée. • Crim. 24 sept. 1991 : *D. 1991. IR 245* ; *Bull. crim. n° 317.* ♦ ... Qui stationnent leur véhicule « à cheval sur la chaussée et le trottoir ». • Crim. 29 nov. 2006 : *Jurispr. auto 2007. 14.*

3. Causes d'irresponsabilité. Compte tenu du sentiment d'insécurité, le bijoutier, qui ne peut se permettre de livrer ses bijoux en fourgon blindé et qui, ayant peur d'être attaqué, stationne le plus près possible des endroits où doivent avoir lieu ses livraisons et n'y reste en général pas plus de cinq minutes, bénéficie d'un fait justificatif et doit être relaxé, faute d'élément légal, de diverses contraventions aux règles du stationnement, à l'exclusion de celles qui concernent le stationnement payant. • T. pol. Lyon, 20 nov. 1984 : *JCP 1985. II. 20684, note crit. Bouzat; Gaz. Pal. 1986. 1. 159, note crit. Guinchard et Mayaud.* ♦ Commet l'infraction de stationnement l'automobiliste qui bloque l'entrée d'un immeuble avec son véhicule pendant sept heures pour empêcher, dans l'attente de la perquisition qui allait être donnée par le magistrat instructeur, la soustraction du matériel constituant un élément de preuve d'infractions pour lesquelles il a déposé plainte. Il ne peut invoquer l'art. 73 C. pr. pén., car il ne s'agit pas d'appréhender l'auteur d'une infraction flagrante, non plus que l'état de nécessité ou la permission de la loi. • Crim. 26 juill. 1989 : *Jurispr. auto 1989. 406.* ♦ Est cassé, faute pour le juge du fond d'avoir précisé en quoi la défaillance physique d'une conductrice l'avait placée dans l'impossibilité absolue de se conformer à la loi, le jugement qui relaxe une femme enceinte du stationnement gênant sur un emplacement réservé à la suite d'un malaise attesté par des témoins (en l'espèce, le juge du fond ayant indiqué que l'infraction commise avait eu pour effet d'éviter une perte de contrôle de son véhicule dont les conséquences pour elle-même et pour les autres auraient pu être graves, il aurait probablement été plus opportun de plaider l'état de nécessité). • Crim. 15 nov. 2006 : *Dr. pénal 2007. Comm. 16, note Véron; Jurispr. auto 2007. 15.* ♦ N'est pas justifié le jugement relaxant une prévenue poursuivie pour stationnement gênant au motif que celle-ci a rapporté la preuve de la survenance d'une panne de son véhicule, événement de force majeure l'ayant amenée à commettre une infraction à la réglementation sur le stationnement des véhicules, dès lors que n'a pas été rapportée la preuve d'une force majeure, présentant un caractère imprévisible et insurmontable. • Crim. 12 nov. 2014, n° 14-80.155 : *Dr. pénal 2015. Chron. 7, obs. Gauvin.*

4. Preuve contraire. Des photographies des lieux de l'infraction, produites par la prévenue, non versées au dossier, et dont il ne résulte pas qu'elles aient été prises au jour et sur les lieux des faits en cause, ne suffisent pas à établir la preuve contraire exigée par l'art. 537 C. pr. pén. • Crim. 13 déc. 2006 : *Jurispr. auto 2007. 230.*

5. Peine. Il résulte de l'art. 132-34 C. pén. que le sursis n'est pas applicable à l'amende prononcée pour les contraventions des quatre premières classes. Méconnaît un tel principe la juridiction qui, après avoir déclaré une prévenue coupable de l'infraction à la réglementation sur le stationnement des véhicules prévue et réprimée par l'art. R. 417-11 C. route, la condamne à 100 euros d'amende avec sursis, dès lors que l'infraction dont la prévenue a été déclarée coupable est punie de l'amende prévue pour les contraventions de la quatrième classe. • Crim. 6 mars 2018, n° 17-84.137 : *Dr. pénal 2018, n° 97, obs. Peltier.* ♦ Il se déduit de l'art. 132-59 C. pén. que le juge ne peut accorder une dispense de peine que s'il constate dans sa décision que le reclassement du coupable est acquis, que le dommage causé est réparé et que le trouble résultant de l'infraction a cessé. Méconnaît un tel principe la juridiction qui, après avoir déclaré un prévenu coupable de stationnement très gênant, prononce une dispense de peine en se fondant sur la situation financière du prévenu. • Crim. 8 sept. 2020, n° 20-81.495 : *Dr. pénal 2020, n° 198, note Bonis.*

6. Responsabilité pécuniaire. Est justifié le jugement qui relaxe un prévenu locataire d'un véhicule Autolib'de la contravention de stationnement très gênant et en déclare pécuniairement redevable le représentant légal de la société de location en application de l'art. L. 121-2 C. route, dès lors qu'il apparaît qu'à l'heure à laquelle la contravention a été constatée, le véhicule n'était plus loué à un tiers (en l'espèce, la contravention avait été constatée plus de cinq heures après que la société Autolib'eut découvert que le locataire du véhicule avait laissé le véhicule en stationnement irrégulier et eut recouvré le contrôle et la garde du véhicule). • Crim. 5 juin 2019, n° 18-82.408 P : *D. 2019. 1228 ; D. actu. 2 juill. 2019, obs. Jay ; JCP 2019. 1030, obs. Detraz ; Dr. pénal 2019, n° 166, note Robert.*

A. STATIONNEMENT DEVANT SON PROPRE GARAGE

7. Stationnement gênant. Selon l'art. R. 417-10, III, 1°, est considéré comme gênant pour la circulation publique le stationnement d'un véhicule, sur le domaine public, devant l'entrée carrossable d'un immeuble riverain, même lorsqu'il est le fait de l'occupant de cet immeuble. Est en conséquence censuré le jugement qui, pour renvoyer un prévenu poursuivi pour stationnement gênant, énonce que le stationnement de son véhicule, sur le bord droit de la chaussée, ne gênait pas le passage des piétons, le trottoir étant laissé libre, mais, le cas échéant, seulement celui des véhicules entrant ou sortant de l'immeuble riverain par son entrée carrossable, c'est-à-dire uniquement les véhicules autorisés à emprunter ce passage par le prévenu ou lui appartenant, alors que l'art. R. 417-10, III, 1°, selon lequel est considéré comme gênant pour la circulation publique, qui comprend aussi celle des véhicules de secours ou de sécurité, le stationnement, sur le domaine public, devant les entrées carrossables des immeubles riverains, est également applicable aux véhicules utilisés par une personne ayant l'usage exclusif de cet accès. • Crim. 20 juin 2017, n° 16-86.838 P : *D. actu. 18 juill. 2017, obs. Azoulay ; Dr. pénal 2017, n° 130, note Robert ; ibid. 2018. Chron. 7, obs. Gauvin ; Gaz. Pal. 24 oct. 2017, p. 52, obs. Detraz.*

8. Zone bleue. L'interdiction de stationner au-delà de la durée réglementaire s'appliquant de façon générale à toute la zone « bleue » délimitée par l'arrêté municipal, l'infraction est commise lorsque l'automobile incriminée stationne devant le propre garage du contrevenant. • Crim. 1er déc. 1965 : *Gaz. Pal. 1966. 1. 151.*

9. Stationnement payant. Est à bon droit déclaré coupable de la contravention à l'art. R. 37-1 [C. route, art. R. 417-10] celui qui laisse sa voiture en stationnement sur le bateau d'un garage dont il a l'usage exclusif sans acquitter les redevances. Décider le contraire aboutirait à rompre le principe d'égalité avec les autres utilisateurs de la voie publique et à l'usage d'une portion de celle-ci sans autorisation. • Crim. 8 avr. 1992 : *D. 1993. 365, note Chambon ; ibid. 1994. Somm. 262, obs. Couvrat et Massé ; Gaz. Pal. 1993. 1. 21, note Doucet.*

B. STATIONNEMENTS RÉSERVÉS

10. Riverains. Corps diplomatique. L'injonction d'un agent qui invite un automobiliste à retirer sa voiture d'un endroit prétendument réservé aux riverains et aux membres du corps diplomatique, mais pour lequel il n'existe aucun règlement légalement pris, n'est pas justifié et se heurte au principe d'égalité entre les usagers et de l'interdiction, qui en résulte, de créer parmi eux une classe privilégiée. • Crim. 14 nov. 1962 : *Bull. crim. n° 318.*

11. Services publics. Si l'art. 92 C. adm. commun. autorise en son al. 3 (devenu C. communes, art. L. 131-4, al. 3, puis CGCT, art. L. 2213-2) à réserver des emplacements pour le stationnement sur les voies publiques des véhicules « affectés à un service public et pour les besoins exclusifs » de ce service, il ne permet pas au maire de réserver des places aux voitures personnelles des agents municipaux. Il en va différemment des espaces constituant une dépendance d'un bâtiment communal. • CE 16 févr. 1972 : *Lebon 140.* ♦ Cf. • Crim. 2 mai 1973 : *Bull. crim. n° 193.* ♦ Le stationnement réservé devant le Palais de justice aux véhicules des services judiciaires, de la police et de la gendarmerie est une décision légalement prise en application du texte précité. • Crim. 19 févr. 1974 : *Bull. crim. n° 70* • 28 avr. 1987 : *Jurispr. auto 1987. 367.* ♦ Les automobiles personnelles des magistrats et fonctionnaires d'une juridiction, qui sont autorisés à les utiliser pour les besoins du service par application de l'art. 26 du Décr. du 10 août 1966, entrent dans la catégorie des véhicules affectés à un service public et pour les besoins exclusifs de ce service. • Crim. 26 avr. 1990 : *Bull. crim. n° 159 ; Gaz. Pal. 1990. 2. 513 ; JCP 1990. IV. 274.*

12. Ne justifie pas sa décision la juridiction de proximité qui condamne un prévenu pour stationnement gênant sur un emplacement réservé aux véhicules affectés à un service public, sans répondre aux conclusions du prévenu qui contestait la légalité de l'acte administratif réglementaire fondant la poursuite, en relevant notamment que la réservation du domaine public n'avait été faite que pour les seuls besoins d'un syndicat de police. • Crim. 23 oct. 2013 : *Bull. crim. n° 205.*

13. Véhicules de transport en commun. Il résulte des dispositions combinées des art. R. 1, R. 37-1, al. 2, 1° et 2°, et R. 233-1, al. 2 [C. route, art. R. 110-2, R. 417-10 et R. 417-13], que le stationnement sur les emplacements réservés à l'arrêt des véhicules de transport en commun est gênant et réprimé comme contravention de la 4e classe, l'arrêt étant l'une des modalité de la circulation. • Crim. 1er mars 1988 : *Bull. crim. n° 105.*

14. Zones de livraison. L'ordonnance du préfet de police de Paris ayant institué des emplacements de stationnement dits « zones de livraison » n'est pas entachée d'illégalité dès lors qu'elle n'est pas contraire au principe d'égalité des citoyens devant la loi et que lesdits emplacements sont indiqués par un marquage au sol conforme à la réglementation en vigueur. Les dispositions de ce texte sont destinées à faciliter la circulation ainsi que les opérations de manutention des marchandises et ne créent aucune discrimination entre les divers usagers qui peuvent tous utiliser les emplacements dont il s'agit, sauf à respecter les dispositions de l'art. R. 1 [C. route, art. R. 110-2] qui définit en son 11° la notion d'arrêt momentané du véhicule. • Crim. 27 nov. 1991 : *D. 1992. IR 82 ; Bull. crim. n° 442 ; Dr. pénal 1992. Comm. 97, obs. Robert* • 27 janv. 1993 : *D. 1994. Somm. 261, obs. Couvrat et Massé.*

15. En application de l'art. 537 C. pr. pén., un procès-verbal constatant la contravention de stationnement gênant sur un emplacement réservé aux livraisons fait foi jusqu'à preuve contraire, qui doit être rapportée par écrit ou par témoins ; dès lors encourt la cassation le jugement qui relaxe un prévenu du chef de cette contravention au seul motif que le procès-verbal ne portait pas la mention « sans manutention ». • Crim. 12 oct. 2005 : *Bull. crim. n° 257.* ♦ Il résulte des art. R. 110-2 et R. 417-10 C. route qu'est puni de l'amende prévue pour les contraventions de la deuxième classe le stationnement gênant d'un véhicule sur un emplacement réservé aux livraisons, mais non le simple arrêt sur un tel emplacement, lequel s'entend de l'immobilisation momentanée durant le temps nécessaire pour permettre la montée ou la descente de personnes, le chargement ou le déchargement du véhicule, son conducteur restant aux commandes de celui-ci ou à proximité afin de pouvoir, le cas échéant, le déplacer. Est en conséquence cassé le jugement relaxant un prévenu au motif qu'il prenait livraison d'objets encombrants qu'il venait d'acquérir, comme le prouvait une facture datée du jour de l'infraction, dès lors qu'il n'est pas constaté expressément que la preuve contraire aux énonciations du procès-verbal avait été rapportée dans les conditions prévues par la loi, au regard de l'ensemble des conditions imposées, par le code de la route, pour qu'il y ait arrêt, et non stationnement, du véhicule. • Crim. 30 mars 2011 : *Dr. pénal 2011, n° 85.*

16. Ne justifie pas sa décision (condamnation pour stationnement gênant sur un emplacement réservé aux livraisons) la juridiction qui ne recherche pas, comme l'y invitaient les conclusions régulièrement déposées par le prévenu, s'il existait une disposition réglementaire, prise en application de l'art. L. 2213-2 CGCT, rendant gênant le stationnement aux lieu, date et heure de constatation de l'infraction. • Crim. 4 déc. 2012 : *Dr. pénal 2013. Chron. 7, obs. Gauvin.*

17. Stationnement d'une personne handicapée sur une zone de livraison. Aux termes de l'art. L. 241-3-2 CASF, devenu L. 241-3 de ce même code, la carte « stationnement pour personnes handicapées » permet à son titulaire ou à la tierce personne l'accompagnant d'utiliser, à titre gratuit et sans limitation de la durée de stationnement, toutes les places de stationnement ouvertes au public. Une place sur laquelle le stationnement est de nature à gêner la circulation, tel un emplacement réservé à l'arrêt ou au stationnement des véhicules de livraison, ne peut cependant être regardée comme ouverte au public au sens de l'article précité. Est en conséquence justifié le jugement qui condamne un prévenu du chef de stationnement gênant pour avoir stationné sur un emplacement réservé aux livraisons alors que celui-ci avait disposé la carte d'invalidité dont il était titulaire en évidence sur le tableau de bord de son véhicule. • Crim. 14 nov. 2017, n° 17-81.061 P : *D. 2017. 2369 ; Dr. pénal 2018, n° 9, note Robert.*

18. Stationnement des personnes handicapées à titre gratuit sur les places de stationnement ouvertes au public. Il résulte de l'anc. art. L. 241-3-2 CASF et, depuis la L. n° 2016-1321 du 7 oct. 2016, de l'art. L. 241-3 de ce même code que les personnes titulaires soit de la carte de stationnement pour personnes handicapées, soit de la carte mobilité inclusion avec mention « stationnement pour personnes handicapées » qui s'y est substituée, bénéficient, pour eux-mêmes ou la tierce personne qui les accompagne, du stationnement à titre gratuit et sans limitation de durée sur les places de stationnement ouvertes au public, sauf si l'autorité locale compétente en matière de circulation et de stationnement impose une durée maximale de stationnement gratuit, laquelle ne peut être inférieure à douze heures, ou supprime cette gratuité dans les parcs de stationnement disposant de bornes d'entrée et de sortie accessibles aux personnes handicapées. • CE 24 mars 2021, n°s 428742 et 431132 B : *D. actu. 6 oct. 2021, obs. De Montecler; AJDA 2021. 711* . ♦ Si l'art. R. 241-20-3 CASF et, à compter du 1er janv. 2017, l'art. R. 241-7 du même code, disposent que la carte de stationnement pour personnes handicapées ou la carte mobilité inclusion avec mention « stationnement pour personnes handicapées » doivent, lors du stationnement, être apposées dans le véhicule de façon à pouvoir être vues, à travers le pare-brise, par les agents assermentés chargés du contrôle du paiement de la redevance de stationnement, le droit à la gratuité du stationnement voulu par le législateur découle, non de l'apposition, prévue par voie réglementaire, de la carte de stationnement pour personnes handicapées ou de la carte mobilité inclusion avec mention « stationnement pour personnes handicapées » derrière le pare-brise du véhicule, mais, de ce qu'à la date du stationnement, la personne qui conduit le véhicule est effectivement titulaire d'une telle carte ou apporte des éléments justifiant l'avoir utilisé pour les besoins d'une personne qui en est effectivement titulaire. • CE 24 mars 2021, n° 428742 B : *préc.* ♦ Dans le cas où l'autorité compétente a fixé une durée maximale de stationnement gratuit et aux fins d'assurer le respect de cette réglementation, cette même autorité peut imposer aux personnes qui sont titulaires de la carte de stationnement pour personnes handicapées ou de la carte mobilité inclusion avec mention « stationnement pour personnes handicapées », ou aux tierces personnes les accompagnant, d'établir l'heure du début de leur stationnement par un dispositif mis à leur disposition, dont la mise en place doit être prévue par voie réglementaire. A cette fin, elle peut notamment leur imposer l'apposition, derrière le pare-brise du véhicule utilisé pour le déplacement de la personne handicapée, d'une vignette de stationnement délivrée à titre gratuit, ou l'enregistrement, à titre gratuit, du numéro de la plaque d'immatriculation sur un horodateur ou sur une application mobile de paiement de la redevance de stationnement. • CE 24 mars 2021, n° 431132 B : *préc.*

19. Emplacements réservés aux personnes handicapées. Le maire peut, non seulement en application des art. 1er et 52 de la loi d'orientation en faveur des handicapés du 30 juin 1975, mais aussi conformément à l'art. L. 131-4 C. communes (devenu CGCT, art. L. 2213-2 et L. 2213-3), réserver aux véhicules des handicapés physiques des places de stationnement sur la voie publique dès lors que le principe d'égalité devant la loi est respecté pour la catégorie d'usagers concernée. • Crim. 18 mars 1992 : *Bull. crim. n° 118; Dr. pénal 1992. Comm. 259, obs. Robert* • 2 févr. 1994 : *D. 1994. Somm. 261, obs. Couvrat et Massé; Jurispr. auto 1994. 180.* ♦ Solution expressément confirmée par l'art. L. 2213-2 CGCT.

20. Ne justifie pas sa décision (condamnation pour arrêt ou stationnement gênant sur un emplacement réservé aux véhicules utilisés par les personnes handicapées) la cour d'appel qui ne recherche pas s'il existait un arrêté municipal, pris en application de l'art. L. 2213-2 CGCT, instituant, sur la place de parking où stationnait le véhicule du demandeur, un emplacement réservé aux personnes handicapées. • Crim. 12 oct. 2005 : *Bull. crim. n° 256; Dr. pénal 2006. Comm. 8, note Robert; JCP 2006. I. 159, obs. Robert* • 27 mars 2007 : *Jurispr. auto 2007. 358* (pour un emplacement situé sur le parking d'un supermarché).

21. Il résulte des art. L. 241-3-2 CASF et R. 417-11 C. route que l'arrêt et le stationnement sur les emplacements aménagés pour les véhicules utilisés par les personnes handicapées sont réservés au titulaire de la carte de stationnement pour personne handicapée ou, à titre transitoire, du macaron « grand invalide de guerre » ou « grand invalide civil », ainsi que, le cas échéant, à la tierce personne l'accompagnant. A été en conséquence censuré le jugement relaxant un prévenu pour stationnement gênant d'un véhicule sur un emplacement réservé alors que celui-ci n'était titulaire, à la date des faits, d'aucun des titres requis par les textes précités, auxquels ne peuvent être substituées les cartes d'invalidité et de priorité pour personne handicapée, dont la délivrance est prévue par les art. L. 241-3 et L. 241-3-1 CASF. • Crim. 9 janv. 2013 : *Dr. pénal 2013. Chron. 7, obs. Gauvin.*

22. Emplacement réservé aux professionnels. Il se déduit de l'art. R. 417-10, II, 5°, C. route que l'infraction d'arrêt de véhicule gênant l'accès à un autre véhicule ou son dégagement implique que soit relevée la présence effective d'un véhicule tiers. Méconnaît ce texte et un tel principe le tribunal qui, pour déclarer un prévenu ayant stationné son véhicule devant un emplacement matérialisé « réservé aux professionnels » coupable d'arrêt de véhicule gênant l'accès à un autre véhicule ou son dégagement, ne relève pas la présence effective d'un autre véhicule dont le stationnement ou le dégagement aurait été gêné par le véhicule appartenant au prévenu. • Crim. 20 juin 2023, n° 22-86.306 : *Dr. pénal 2023, n° 159, note Robert.*

C. STATIONNEMENT SUR CERTAINES VOIES OU ZONES

23. Stationnement gênant sur une voie publique spécialement désignée par arrêté municipal. Ne justifie pas sa décision la juridiction qui ne recherche pas, comme le demandait le prévenu, si la voie publique sur laquelle avait été constatée la contravention avait, comme l'exige l'art. R. 417-10, II, 10°, C. route relatif au stationnement gênant, été désignée spécialement à cet effet par l'autorité compétente. • Crim. 14 avr. 2010 : *Dr. pénal 2010. Chron. 6, obs. Gauvin.* ♦ ... Qui ne répond pas aux exceptions d'illégalité et d'inopposabilité, proposées oralement pour le prévenu, avant toute défense au fond, et reprises explicitement dans le jugement, de l'arrêté municipal prévoyant que les véhicules stationnés en dehors des emplacements payants matérialisés sur la chaussée sont considérés en stationnement gênant (en l'espèce, pour le représentant du prévenu, l'arrêté municipal était, d'une part, illégal, car il formulait une interdiction générale de stationner non conforme aux dispositions de l'art. R. 417-10 C. route et, d'autre part, inopposable, car cette interdiction ne faisait l'objet, à la date d'établissement du procès-verbal, d'aucune signalisation par panneau ou marquage au sol). • Crim. 26 avr. 2017, n° 15-85.909 P : *D. actu. 31 mai 2017, obs. Goetz; Dr. pénal 2017, n° 128, note Robert.*

24. Stationnement sur un trottoir. Constitue un trottoir la partie d'une voie urbaine qui longe la chaussée et qui, surélevée ou non, mais distinguée de celle-ci par une bordure ou tout autre marquage ou dispositif, est réservée à la circulation des piétons. Peut en conséquence être condamné pour stationnement très gênant le prévenu dont le véhicule est garé sur une partie latérale de la chaussée réservée à la circulation des piétons nettement différenciée de sa partie centrale, peu importe que cette zone soit surélevée on non. • Crim. 8 mars 2022, n° 21-84.723 A : *D. 2022. 512 ; D. actu. 16 mars 2022, obs. Goetz ; AJ pénal 2022. 265, note Chetard ; Dr. pénal 2022, n° 86, note Robert ; ibid. Chron. 8, obs. Gauvin ; EEI 2022, n° 39, note Delebecque.*

D. STATIONNEMENT AUTORISÉ OU TOLÉRÉ

25. Médecins et auxiliaires médicaux. La Circ. n° 86-122 du 17 mars 1986 du ministre de l'Intérieur et de la Décentralisation appelle l'attention des services de police et de gendarmerie sur certaines tolérances de stationnement à l'égard des auxiliaires médicaux, dès lors que l'infraction éventuellement commise n'est pas de nature à gêner exagérément la circulation publique, ni, *a fortiori*, à porter atteinte à la sécurité des autres usagers. Il est précisé dans ce texte que le bénéfice doit être compatible avec les circonstances de lieu et de temps, lorsque les infirmiers et infirmières appelés à donner des soins à domicile utilisent leur véhicule dans le cadre de leur exercice professionnel. Malgré l'apposition d'un caducée sur le pare-brise du véhicule, l'agent verbalisateur, en l'absence du praticien, ne peut pas toujours, au moment de la constatation de l'infraction, obtenir la preuve que le véhicule est utilisé à des fins exclusivement professionnelles. Il appartient alors au requérant, conformément aux instructions figurant au verso de la carte de paiement de la contravention remise, d'adresser à l'unité verbalisatrice une lettre dûment motivée, accompagnée de la carte de paiement complétée et de l'avis de contravention. Cette demande sera ensuite transmise au parquet près le tribunal de police aux fins d'appréciation de la suite à donner à la contravention émise. Les termes de cette circulaire seront rappelés aux forces de sécurité intérieure en vue de ne pas freiner le développement de la pratique des soins à domicile, dans la mesure où les personnels de santé respectent les conditions limitatives ci-dessus exposées. En revanche, il n'est pas envisagé actuellement de permettre l'utilisation des aires de livraison aux auxiliaires médicaux, au risque de désorganiser une gestion du stationnement déjà délicate dans certaines agglomérations. *Rép. min. n° 74777 : *JOAN Q, 15 juin 2010, p. 6708.*

26. Stationnement sur trottoirs. Si le maire ne saurait légalement, dans l'exercice de ses pouvoirs de police, prendre des mesures contraires au C. route, les dispositions de l'art. R. 417-10 de ce code ne font pas obstacle à ce que, lorsque les besoins du stationnement et la configuration de la voie publique le rendent nécessaire, le maire autorise le stationnement de véhicules sur une partie des trottoirs, à condition qu'un passage suffisant soit réservé au cheminement des piétons, notamment de ceux qui sont à mobilité réduite, ainsi qu'à leur accès aux habitations et aux commerces riverains, et qu'une signalisation adéquate précise les emplacements autorisés. • CE 8 juill. 2020, n° 425556 B : *JCP Adm. 2020. Actu. 448; AJDA 2020. 1449*.

27. Stationnement des deux-roues sur les trottoirs parisiens. A Paris, entre 2005 et 2008, les immatriculations des deux-roues motorisés ont progressé de 32 %, contre une diminution de 21 % pour celles des véhicules à quatre roues. L'augmentation de la circulation de ces véhicules dans la capitale a induit une rapide saturation des emplacements qui leur sont réservés et, en conséquence, le développement des stationnements illicites, notamment sur les trottoirs. Cette situation est très fréquemment dénoncée par les riverains qui se plaignent de l'encombrement et de l'obstruction des trottoirs parisiens. Face à cette situation, il est apparu nécessaire d'adapter les actions de répression des stationnements gênants en direction des deux-roues motorisés, tout en préservant la sécurité de tous les usagers de l'espace public. Aux termes de l'art. R. 417-10 C. route, « est considéré comme gênant la circulation publique, l'arrêt ou le stationnement d'un véhicule sur les trottoirs, les passages ou accotements réservés à la circulation des piétons ». Tout contrevenant est puni de l'amende prévue pour les contraventions de la deuxième classe. Lorsque le stationnement du véhicule constitue une entrave importante aux déplacements des piétons, aucune tolérance ne peut être acceptée. Il est en effet nécessaire de préserver ces espaces, afin de permettre, notamment aux personnes à mobilité réduite, de se déplacer en toute sécurité. En outre, les stationnements devant les entrées carrossables d'immeubles, les bouches d'incendie, l'entrée des passages souterrains, sur les pistes cyclables ou les passages pour piétons sont bien entendu strictement verbalisés, conformément à l'art. R. 417-10 C. route. En conséquence, les motocyclistes qui stationnent leur véhicule sur les trottoirs parisiens, en occasionnant une gêne réelle à la libre circulation des piétons, s'exposent à une verbalisation. *Rép. min. n° 61115 : *JOAN Q, 10 août 2010, p. 8851*.

Code de l'action sociale et des familles

(Ord. n° 2000-1249 du 21 déc. 2000 ;
Décr. n°s 2004-1136 et 2004-1137 du 21 oct. 2004)

Art. L. 241-3 *(L. n° 2016-1321 du 7 oct. 2016, art. 107-I-3°, en vigueur le 1er janv. 2017)* I. — La carte "mobilité inclusion" destinée aux personnes physiques est délivrée par le président du conseil départemental au vu de l'appréciation, sur le fondement du 3° du I de l'article L. 241-6, de la commission mentionnée à l'article L. 146-9. Elle peut porter une ou plusieurs des mentions prévues aux 1° à 3° du présent I, à titre définitif ou pour une durée déterminée.

1° La mention "invalidité" est attribuée à toute personne dont le taux d'incapacité permanente est au moins de 80 % ou qui a été classée dans la catégorie mentionnée au 3° de l'article L. 341-4 du code de la sécurité sociale.

Cette mention permet notamment d'obtenir une priorité d'accès aux places assises dans les transports en commun, dans les espaces et salles d'attente ainsi que dans les établissements et les manifestations accueillant du public, tant pour son titulaire que pour la personne qui l'accompagne dans ses déplacements. Elle permet également d'obtenir une priorité dans les files d'attente. Cette disposition doit être rappelée par un affichage clair et visible dans les lieux dans lesquels ce droit s'exerce.

Le présent 1° est applicable aux Français établis hors de France ;

2° La mention "priorité" est attribuée à toute personne atteinte d'une incapacité inférieure à 80 % rendant la station debout pénible.

Elle permet d'obtenir une priorité d'accès aux places assises dans les transports en commun, dans les espaces et salles d'attente ainsi que dans les établissements et les manifestations accueillant du public. Elle permet également d'obtenir une priorité dans les files d'attente ;

3° La mention "stationnement pour personnes handicapées" est attribuée à toute personne atteinte d'un handicap qui réduit de manière importante et durable sa capacité et son autonomie de déplacement à pied ou qui impose qu'elle soit accompagnée par une tierce personne dans ses déplacements.

Par dérogation au premier alinéa du présent I, les organismes utilisant un véhicule destiné au transport collectif des personnes handicapées peuvent se voir délivrer la carte "mobilité inclusion" avec la mention "stationnement pour personnes handicapées" par le représentant de l'État dans le département.

La mention "stationnement pour personnes handicapées" permet à son titulaire ou à la tierce personne l'accompagnant d'utiliser, à titre gratuit et sans limitation de la durée de stationnement, toutes les places de stationnement ouvertes au public. Toutefois, les autorités compétentes en matière de circulation et de stationnement peuvent fixer une durée maximale de stationnement qui ne peut être inférieure à douze heures. Cette mention permet, dans les mêmes conditions, de bénéficier des autres dispositions qui peuvent être prises en faveur des personnes handicapées par les autorités compétentes en matière de circulation et de stationnement.

Les mêmes autorités peuvent également prévoir que, pour les parcs de stationnement disposant de bornes d'entrée et de sortie accessibles aux personnes handicapées depuis leur véhicule, les titulaires de cette mention sont soumis au paiement de la redevance de stationnement en vigueur.

II. — Par dérogation au premier alinéa du I du présent article, la carte "mobilité inclusion" portant les mentions "invalidité" et "stationnement pour personnes handicapées" est délivrée à titre définitif aux demandeurs et aux bénéficiaires de l'allocation prévue à l'article L. 232-1 classés dans le groupe 1 ou 2 de la grille nationale mentionnée à l'article L. 232-2, au vu de la seule décision d'attribution de l'allocation.

III. — Par dérogation au premier alinéa du I du présent article, le président du conseil départemental peut délivrer la carte "mobilité inclusion" portant les mentions "priorité" et "stationnement pour personnes handicapées" aux demandeurs et bénéficiaires de l'allocation prévue à l'article L. 232-1, au vu de l'appréciation de l'équipe médico-sociale mentionnée à l'article L. 232-6.

IV. — Par dérogation au premier alinéa du I du présent article, pour les personnes relevant du code des pensions militaires d'invalidité et des victimes de la guerre qui remplissent les conditions mentionnées au 3° du I, le représentant de l'État dans le département délivre une carte de stationnement après instruction par le service départemental de l'Office national des combattants et des victimes de guerre de leur lieu de résidence.

V. — Les démarches de demande initiale et de duplicata de la carte "mobilité inclusion" peuvent être effectuées par voie dématérialisée.

(L. n° 2017-86 du 27 janv. 2017, art. 221-II et IV, en vigueur le 1er janv. 2017) « V *bis.* — Les décisions prises par le président du conseil départemental sur le fondement du présent article peuvent faire l'objet d'un recours devant le juge judiciaire lorsque la demande concerne la mention "invalidité" ou "priorité" de la carte.

« Les décisions prises par le président du conseil départemental sur le fondement du présent article peuvent faire l'objet d'un recours devant le juge administratif lorsque la demande concerne la mention "stationnement" de la carte. »

VI. — Un décret en Conseil d'État fixe les conditions d'application du présent article, notamment les modalités de protection des données à caractère personnel et de sécurisation de la carte, ainsi que les modalités spécifiques d'instruction et d'attribution de la carte pour les bénéficiaires de l'allocation mentionnée à l'article L. 232-1.

Art. L. 241-3-2 *(Abrogé par L. n° 2016-1321 du 7 oct. 2016, art. 107-I-4°, à compter du 1er janv. 2017) (L. n° 2002-73 du 17 janv. 2002, art. 86-II) (L. n° 2005-102 du 11 févr. 2005, art. 65-III-1°) « Toute personne, y compris les personnes relevant du code des pensions militaires d'invalidité et des victimes de la guerre et du code de la sécurité sociale, atteinte d'un handicap qui réduit de manière importante et durable sa capacité et son autonomie de déplacement à pied ou qui impose qu'elle soit accompagnée par une tierce personne dans ses déplacements, peut recevoir une carte de stationnement pour personnes handicapées. Cette carte est délivrée par le (L. n° 2015-1776 du 28 déc. 2015, art. 44-3°) « représentant de l'État dans le département » conformément à l'avis du médecin chargé de l'instruction de la demande (L. n° 2011-525 du 17 mai 2011, art. 17) « dans un délai de deux mois suivant la demande. A défaut de réponse du représentant de l'État dans le département dans ce délai, la carte est délivrée au demandeur. »* — V. Arr. du 13 mars 2006 (JO 19 mai), mod. Arr. du 5 févr. 2007 (JO 7 févr.).

(L. n° 2015-1776 du 28 déc. 2015, art. 44-3°) « Lorsque le demandeur est bénéficiaire de l'allocation mentionnée à l'article L. 232-1 et classé dans les groupes 1 ou 2 de la grille nationale prévue à l'article L. 232-2, la carte est délivrée à titre définitif par le représentant de l'État dans le département conformément à la notification de la décision d'attribution de l'allocation dans les délais mentionnés au premier alinéa du présent article. »

(L. n° 2005-102 du 11 févr. 2005, art. 65-III-1°) « Les organismes utilisant un véhicule destiné au transport collectif des personnes handicapées peuvent recevoir une carte de stationnement pour personnes handicapées. »

(L. n° 2015-300 du 18 mars 2015) « La carte de stationnement pour personnes handicapées permet à son titulaire ou à la tierce personne l'accompagnant d'utiliser, à titre gratuit et sans

limitation de la durée de stationnement, toutes les places de stationnement ouvertes au public. Toutefois, les autorités compétentes en matière de circulation et de stationnement peuvent fixer une durée maximale de stationnement qui ne peut être inférieure à douze heures. La carte de stationnement» permet, dans les mêmes conditions, de bénéficier des autres dispositions qui peuvent être prises en faveur des personnes handicapées par les autorités compétentes en matière de circulation et de stationnement.

« Les mêmes autorités peuvent également prévoir que, pour les parcs de stationnement disposant de bornes d'entrée et de sortie accessibles aux personnes handicapées depuis leur véhicule, les titulaires de cette carte sont soumis au paiement de la redevance de stationnement en vigueur. »

(*L. n° 2005-102 du 11 févr. 2005, art. 65-III-2°*) *« Un décret en Conseil d'État fixe les conditions d'application du présent article. »*

Les dispositions de la L. n° 2015-300 du 18 mars 2015 entrent en vigueur deux mois après sa date de promulgation et, pour les conventions de délégation de service public relatives à la gestion des parcs de stationnement affectés à un usage public en cours à cette date d'entrée en vigueur, à compter de leur renouvellement (L. préc., JO 19 mars).

A titre transitoire, les cartes d'invalidité, de priorité et de stationnement peuvent être délivrées, en tant que de besoin, jusqu'au 1er juill. 2017. L'art. L. 241-3-2 CASF, dans sa rédaction antérieure à la L. n° 2016-1321 du 7 oct. 2016, reste applicable jusqu'à la date du 1er juill. 2017. Les demandes de carte en cours d'instruction à la date d'entrée en vigueur de l'art. L. 241-3-2 (1er janv. 2017) donnent lieu à la délivrance de la carte "mobilité inclusion" dès lors que les conditions en sont remplies (L. préc., art. 107-X).

Les cartes d'invalidité, de priorité et de stationnement délivrées en application des art. L. 241-3 à L. 241-3-2 CASF, dans leur rédaction antérieure à la L. n° 2016-1321 du 7 oct. 2016, demeurent valables jusqu'à leur date d'expiration et, au plus tard, jusqu'au 31 déc. 2026. Les titulaires de ces cartes peuvent demander une carte "mobilité inclusion" avant cette date. Cette carte se substitue aux cartes délivrées antérieurement (L. préc., art. 107-IX).

....

SECTION 3. *Carte mobilité inclusion pour les personnes physiques*
(Décr. n° 2016-1849 du 23 déc. 2016, art. 1er-2°, en vigueur le 1er janv. 2017)

Jusqu'au 1er juill. 2017, les cartes de priorité, d'invalidité et de stationnement pour personnes handicapées peuvent continuer à être délivrées en application des art. R. 241-12 à R. 241-20-1 CASF dans leur rédaction antérieure à l'entrée en vigueur du 1er janv. 2017 du Décr. n° 2016-1849 du 23 déc. 2016 (Décr. préc., art. 10-II).

SOUS-SECTION 1. *Demande, instruction et décision relatives à la carte mobilité inclusion*

....

Art. R. 241-15 (*Décr. n° 2018-1222 du 24 déc. 2018, art. 1er, en vigueur le 1er janv. 2019*) La carte mobilité inclusion peut être attribuée à titre définitif ou à durée déterminée, dans ce cas cette dernière ne peut être inférieure à un an, ni excéder vingt ans.

La carte mobilité inclusion mention "invalidité" est attribuée sans limitation de durée à toute personne qui présente un taux d'incapacité permanente d'au moins 80 % et dont les limitations d'activité ne sont pas susceptibles d'évolution favorable, compte tenu des données de la science. Un arrêté du ministre chargé des personnes handicapées fixe les modalités d'appréciation de ces situations.

Art. R. 241-16 I. — En cas de perte, de vol ou de destruction, les bénéficiaires d'une carte mobilité inclusion peuvent en demander un duplicata directement auprès de l'Imprimerie nationale. La fabrication du nouveau titre entraîne l'invalidation de celui qu'il remplace.

II. — Les bénéficiaires de la mention "stationnement pour personnes handicapées" de la carte mobilité inclusion peuvent en demander un second exemplaire directement auprès de l'Imprimerie nationale.

III. — Les demandes prévues au I et au II sont effectuées par l'intermédiaire du téléservice mentionné à l'article D. 241-18-3.

Art. R. 241-17 La carte mobilité inclusion comportant la mention "stationnement pour personnes handicapées" permet à son titulaire ou à la personne qui l'accompagne effectivement de bénéficier des dispositions qui peuvent être prises en faveur des personnes handicapées par les autorités administratives compétentes en matière de circulation et de stationnement, et en particulier d'utiliser les emplacements réservés au stationnement des personnes handicapées en tous lieux ouverts au public.

Cette carte est apposée en évidence à l'intérieur et fixée contre le pare-brise du véhicule utilisé pour le transport de la personne handicapée, de manière à être contrôlée aisément par les agents habilités à constater les infractions à la réglementation de la circulation et du stationnement. Elle est retirée dès lors que la personne handicapée n'utilise plus le véhicule.

Modèle de la carte mobilité inclusion, V. Arr. du 28 déc. 2016 (JO 30 déc.).

....

SECTION 3 *BIS*. *Cartes de stationnement pour les personnes handicapées relevant du code des pensions militaires d'invalidité et de victimes de guerre*
(Décr. nº 2016-1849 du 23 déc. 2016, art. 1er-2º, en vigueur le 1er janv. 2017)

Art. R. 241-20 Les personnes relevant du code des pensions militaires d'invalidité et des victimes de guerre adressent leur demande de carte de stationnement pour personnes handicapées, mentionnée au IV de l'article L. 241-3, au service départemental de l'Office national des anciens combattants et victimes de guerre *[devenu Office national des combattants et des victimes de guerre]* de leur lieu de résidence.

La personne qui ne relève pas d'un service départemental dépose leur demande auprès du service désigné par le directeur général de l'Office national des anciens combattants et victimes de guerre *[devenu Office national des combattants et des victimes de guerre]*.

Cette demande est accompagnée d'un certificat médical établi à cette fin. Toute demande de renouvellement de la carte de stationnement pour personnes handicapées est présentée au minimum quatre mois avant la date d'expiration du titre.

Art. R. 241-20-1 L'instruction de la demande mentionnée à l'article R. 241-20 est assurée par le service départemental de l'Office national des anciens combattants et victimes de guerre *[devenu Office national des combattants et des victimes de guerre]* qui peut saisir un médecin relevant du service de santé des armées ou d'un organisme ayant passé une convention avec ce service.

Le médecin peut, le cas échéant, convoquer le demandeur afin d'évaluer sa capacité de déplacement.

Le représentant de l'État dans le département délivre la carte de stationnement pour personnes handicapées aux personnes relevant du code des pensions militaires d'invalidité et des victimes de guerre après avis du service départemental de l'Office national des anciens combattants et victimes de guerre *[devenu Office national des combattants et des victimes de guerre]*.

La carte de stationnement pour personnes handicapées est attribuée à titre définitif ou pour une durée déterminée ne pouvant être inférieure à un an.

A défaut de réponse dans un délai de deux mois à compter de la date où la demande est recevable en application des dispositions de l'article R. 146-26, la carte de stationnement est attribuée à titre provisoire, pour une durée de deux ans. Cette carte peut être retirée à tout instant s'il est établi que son bénéficiaire ne répond pas aux conditions d'attribution prévues à l'alinéa suivant.

Un arrêté des ministres chargés des personnes handicapées et des anciens combattants définit les modalités d'appréciation d'une mobilité pédestre réduite et de la perte d'autonomie dans le déplacement individuel, en tenant compte notamment de la limitation du périmètre de marche de la personne ou de la nécessité pour celle-ci de recourir systématiquement à certaines aides techniques ou à une aide humaine lors de tous ses déplacements à l'extérieur.

Art. R. 241-20-2 Le modèle de la carte de stationnement pour personnes handicapées est fixé par arrêté des ministres chargés de l'intérieur, des anciens combattants et des personnes handicapées.

V. Arr. du 28 déc. 2016 (JO 30 déc.).

Art. R. 241-20-3 La carte de stationnement pour personnes handicapées permet à son titulaire ou à la personne qui l'accompagne effectivement de bénéficier des dispositions qui peuvent être prises en faveur des personnes handicapées par les autorités administratives compétentes en matière de circulation et de stationnement, et en particulier d'utiliser les emplacements réservés au stationnement des personnes handicapées en tous lieux ouverts au public.

La carte de stationnement pour personnes handicapées est apposée en évidence à l'intérieur et derrière le pare-brise du véhicule utilisé pour le transport de la personne handicapée, de manière à être vue aisément par les agents habilités à constater les infractions à la réglementation de la circulation et du stationnement. Elle est retirée dès lors que la personne handicapée n'utilise plus le véhicule.

SECTION 4. *Carte mobilité inclusion pour les personnes morales*
(Décr. nº 2016-1849 du 23 déc. 2016, art. 1er-2º, en vigueur le 1er janv. 2017)

Art. R. 241-21 La demande de carte mobilité inclusion comportant la mention "stationnement pour les personnes handicapées" formulée par un organisme utilisant un véhicule destiné au transport collectif des personnes handicapées et prévue au huitième alinéa du I de l'article L. 241-3 est adressée au représentant de l'État dans le département.

L'organisme destiné à assurer le transport collectif de personnes handicapées indique dans sa demande :

1º Sa raison sociale ainsi que son adresse précise ;

2º Ses missions et le public concerné par le transport collectif ;

3º Le type du véhicule utilisé pour ce service et son numéro d'immatriculation.

Le représentant de l'État dans le département accorde la carte mobilité inclusion comportant la mention "stationnement pour les personnes handicapées" en se fondant sur la nature du public transporté et sur la régularité du service de transport effectué.

Cette carte est attribuée pour une durée déterminée qui ne peut être inférieure à un an, ni ne peut excéder dix ans.

Elle est utilisée dans les conditions prévues à l'article R. 241-17.

SECTION 5. *Dispositions pénales*
(Décr. nº 2016-1849 du 23 déc. 2016, art. 1er-2º, en vigueur le 1er janv. 2017)

Art. R. 241-22 L'usage indu de la carte mobilité inclusion comportant les mentions "invalidité" ou "stationnement pour personnes handicapées", de la carte de stationnement pour personnes handicapées mentionnée au IV de l'article L. 241-3, de la carte d'invalidité mentionnée à l'article L. 241-3 dans sa rédaction antérieure au 1er janvier 2017 et de la carte européenne de stationnement mentionnée à l'article L. 241-3-2 dans sa rédaction antérieure au 1er janvier 2017 ou de la canne blanche est puni de l'amende prévue pour les contraventions de la 5e classe.

La récidive de la contravention prévue au présent article est réprimée conformément à l'article 132-11 du code pénal.

Art. R. 241-23 L'interdiction des lieux ouverts au public aux chiens guides d'aveugles et aux chiens d'assistance mentionnés au 5º de l'article L. 245-3, qui accompagnent les personnes titulaires de la carte mobilité inclusion comportant les mentions : "invalidité" ou "priorité pour personnes handicapées" mentionnées à l'article L. 241-3, de la carte d'invalidité mentionnée à l'article L. 241-3 et de la carte de priorité mentionnée à l'article L. 241-3-1 dans leur rédaction antérieure au 1er janvier 2017, est punie de l'amende prévue pour les contraventions de la 3e classe.

Art. R. 417-12 **Il est interdit de laisser abusivement un véhicule en stationnement sur une route.**

Est considéré comme abusif le stationnement ininterrompu d'un véhicule en un même point de la voie publique ou de ses dépendances, pendant une durée excédant sept jours ou pendant une durée inférieure mais excédant celle qui est fixée par arrêté de l'autorité investie du pouvoir de police.

Tout stationnement abusif est puni de l'amende prévue pour les contraventions de la deuxième classe.

Lorsque le conducteur ou le titulaire du certificat d'immatriculation est absent ou refuse, malgré l'injonction des agents, de faire cesser le stationnement abusif, l'immobilisation et la mise en fourrière peuvent être prescrites dans les conditions prévues aux articles L. 325-1 à L. 325-3. — *[Anc. art. R. 37, al. 1er et 2, R. 233-1, al. 4 et 5, R. 278, al. 1er et 19, et R. 285-2, al. 1er et 3.]*

V. C. pr. pén., art. R. 49-8-5, App., vº Infractions.

COMMENTAIRE

Stationnement abusif. Il s'agit ici d'un stationnement qui, en principe, est autorisé mais qui devient illicite en raison de sa trop longue durée. Pour éviter toute discussion sur le caractère abusif d'un stationnement, l'article R. 417-12 prévoit que l'abus est constitué en cas de stationnement ininterrompu sur la voie publique ou ses dépendances pendant plus de sept jours ou même pendant une durée moindre si un arrêté municipal l'a prévu. Notons que l'article suivant prévoit un autre cas de stationnement abusif, celui des véhicules de plus de 20 mètres carrés dans certaines zones touristiques. Qualifié de gênant par l'article R. 417-11, II, ce stationnement devient abusif lorsqu'il se poursuit pendant plus de deux heures après l'établissement du procès-verbal constatant l'infraction prévue par l'article R. 417-11, II. Une seconde amende de la quatrième classe pourra alors être infligée à l'intéressé. ❑

Stationnement d'une personne handicapée sur une place réservée à des arrêts-minute. Fait une exacte application de l'art. 112-1 C. pén. et de l'art. L. 241-3-2 CASF, la juridiction qui, pour relaxer une prévenue poursuivie pour stationnement abusif pour avoir garé son véhicule le 24 déc. 2014 plus de quinze minutes sur une place spécialement réservée à des arrêts-minute, énonce que l'art. L. 241-3-2 CASF, dans sa rédaction issu de la L. n° 2015-300 du 18 mars 2015, a institué la gratuité du stationnement sur toutes les places de stationnement ouvertes au public pour les personnes titulaires d'une carte de stationnement pour personnes handicapées et que la loi plus douce doit bénéficier à la prévenue qui n'a pas encore été jugée, l'art. L. 241-3-2 CASF n'établissant, en dehors de son al. 5 inapplicable en l'espèce, aucune restriction, ni sur le type de place ouverte au public, ni sur la durée de stationnement, sauf pour l'autorité compétente, à fixer la durée maximale de stationnement, qui ne peut être inférieure à douze heures. • Crim. 12 juill. 2016, n° 16-80.001 P : *Dr. pénal 2016, n° 142, note Robert.*

Art. R. 417-13 **Dans les zones touristiques délimitées par l'autorité investie du pouvoir de police, le stationnement gênant d'un véhicule ou d'un ensemble de véhicules de plus de 20 mètres carrés de surface maximale est considéré comme abusif lorsqu'il s'est poursuivi pendant plus de deux heures après l'établissement du procès-verbal constatant l'infraction pour stationnement gênant.**

Le stationnement abusif mentionné au présent article est puni de l'amende prévue pour les contraventions de la quatrième classe.

Lorsque le conducteur ou le titulaire du certificat d'immatriculation est absent ou refuse, malgré l'injonction des agents, de faire cesser le stationnement abusif, l'immobilisation et la mise en fourrière peuvent être prescrites dans les conditions prévues aux articles L. 325-1 à L. 325-3. – *[Anc. art. R. 37, al. 3, R. 233-1, al. 2, R. 278, al. 1er et 19, et R. 285-2, al. 1er et 3.]*

Sur la réglementation du stationnement des caravanes, V. C. urb., art. R. 443-1 s., App., v° Caravanes et résidences mobiles.*

V. C. pr. pén., art. R. 49-8-5, App., v° Infractions.

Selon l'art. R. 443-3 C. urb., la réglementation du stationnement des caravanes n'est opposable aux usagers que si des mesures de signalisation ont été prises. La connaissance personnelle que les justiciables pourraient avoir de cette réglementation n'est pas de nature à suppléer l'absence de signalisation, cette dernière étant nécessaire pour les mettre en demeure de se conformer, sous sanction pénale, au règlement édicté. • Crim. 13 janv. 1987 : *Bull. crim. n° 18.* ♦ Saisis de poursuites engagées pour stationnement irrégulier de caravanes, les juges du fond apprécient souverainement si ce véhicule a conservé en permanence ses moyens de mobilité au sens de l'art. R. 443-2 C. urb. Ainsi peuvent-ils considérer que tel est le cas d'une caravane qui est encore régulièrement immatriculée et dont les roues, en possession desquelles le prévenu se trouve toujours, ont été retirées. • Crim. 20 févr. 1992, n° 91-84.862 P : *D. 1994. Somm. 264, obs. Couvrat et Massé.*

CHAPITRE VIII PUBLICITÉ, ENSEIGNES ET PRÉENSEIGNES

Art. R. 418-1 **Toute publicité lumineuse ou par appareil réfléchissant est interdite sur les véhicules.**

Le fait de contrevenir, à l'aide d'un véhicule à moteur, aux dispositions du présent article est puni de l'amende prévue pour les contraventions de la troisième classe.

Le fait de contrevenir, à l'aide d'un cycle, aux dispositions du présent article est puni de l'amende prévue pour les contraventions de la première classe. – *[Anc. art. R. 42, al. 3 et R. 239.]*

Doit être relaxé d'usage de publicité lumineuse sur un véhicule le chauffeur routier qui utilise un écran lumineux portant un indicatif de radio amateur ; ce dispositif ne saurait s'analyser en une action de nature intrinsèquement commerciale destinée à vanter auprès du public les mérites d'un produit ou service. • Bourges, 15 mars 1990 : *Juris-Data n° 042545 ; Dr. pénal 1992. Comm. 328.*

Art. R. 418-2 I. — Dans l'intérêt de la sécurité routière, sur les voies ouvertes à la circulation publique et en bordure de celles-ci, sont interdites, lorsqu'elles en sont visibles, la publicité et les enseignes, enseignes publicitaires et préenseignes :

1° Comportant une indication de localité, complétée soit par une flèche, soit par une distance kilométrique ;

2° Comportant la reproduction d'un signal routier réglementaire ou d'un schéma de présignalisation.

II. — Dans les mêmes conditions, sont interdites la publicité et les enseignes, enseignes publicitaires et préenseignes qui, par leur forme, leurs couleurs, leur texte, leurs symboles, leurs dimensions ou leur emplacement peuvent être confondues avec les signaux réglementaires.

III. — Sont interdits les dispositifs et dessins publicitaires :

1° Triangulaires à fond blanc ou jaune ;

2° Circulaires à fond rouge, bleu ou blanc ;

3° Octogonaux à fond rouge ;

4° Carrés à fond blanc ou jaune, s'ils sont disposés sur pointe.

IV. — Ces dispositions s'appliquent à tout dispositif, dessin, inscription ou marquage, quels que soient la nature des indications qu'il comporte, son objet commercial ou non, le procédé utilisé pour sa réalisation et la qualité de son auteur. — *[Décr. n° 76-148 du 11 févr. 1976, art. 2 à 4.]*

Art. R. 418-3 Il est interdit d'apposer des placards, papillons, affiches ou marquages sur les signaux réglementaires et leurs supports ainsi que sur tous autres équipements intéressant la circulation routière. Cette interdiction s'applique également sur les plantations, les trottoirs, les chaussées et d'une manière générale, sur tous les ouvrages situés dans les emprises du domaine routier ou surplombant celui-ci.

Toutefois, lorsque l'autorité investie du pouvoir de police autorise une association ou un organisme sans but lucratif à implanter des signaux d'indication, le préfet peut permettre que le nom ou l'emblème du donateur figure sur le signal ou sur son support si la compréhension du signal n'en est pas rendue moins aisée. Il peut en être de même pour les installations annexes autorisées. — *[Décr. n° 76-148 du 11 févr. 1976, art. 5.]*

Dérogation. V. Décr. n° 2017-1743 du 22 déc. 2017 portant expérimentation de marquages sur les trottoirs à des fins publicitaires (JO 24 déc.), Arr. du 8 janv. 2018 relatif à la suspension à l'intérieur des agglomérations de Bordeaux et Nantes de l'expérimentation des marquages sur les trottoirs à des fins publicitaires (JO 9 janv.) et Arr. du 22 oct. 2018 relatif à la suspension à l'intérieur de l'agglomération de Lyon de l'expérimentation des marquages sur les trottoirs à des fins publicitaires (JO 26 oct.).

BIBL. ▶ BILLET, *JCP Adm. 2018. 2036* (on va marcher sur la pub). - CLAMOUR, *Rev. CMP 2018, n° 22* (publicité sur les trottoirs).

Art. R. 418-4 Sont interdites la publicité et les enseignes, enseignes publicitaires et préenseignes qui sont de nature, soit à réduire la visibilité ou l'efficacité des signaux réglementaires, soit à éblouir les usagers des voies publiques, soit à solliciter leur attention dans des conditions dangereuses pour la sécurité routière. Les conditions et normes que doivent respecter les dispositifs lumineux ou rétroréfléchissants visibles des voies publiques sont fixées par un arrêté conjoint du ministre chargé de l'équipement et du ministre de l'intérieur. — *[Décr. n° 76-148 du 11 févr. 1976, art. 6.]*

Si les dispositifs publicitaires sont interdits lorsqu'ils sont de nature à présenter un danger pour la sécurité routière et, en conséquence, leur enlèvement à être prescrit par l'autorité investie du pouvoir de police, encore faut-il que cette autorité justifie de l'effectivité d'un tel danger. • CAA Lyon, 19 janv. 2006 : *Envir. 2006. Comm. 49, note Février.* ♦ Le rejet d'une demande d'autorisation d'implantation d'un dispositif publicitaire lumineux sur le boulevard d'une commune en raison du danger que présente l'implantation d'un tel dispositif pour la sécurité routière ne saurait être fondé sur des considérations générales selon lesquelles ce type de dispositif, qui s'apparente à un écran de télévision, pourrait créer des situations accidentogènes et serait susceptible de solliciter l'attention des usagers de la voie dans des conditions dangereuses pour la sécurité routière, alors que la publicité lumineuse numérique n'est pas par principe interdite par la législation ou la réglementation nationale ou par la réglementation locale applicable sur le territoire de la commune concerné ou sur le boulevard d'implantation envisagé et alors que ces considérations sont contredites par la société demandant l'autorisation, la société faisant valoir que la durée moyenne d'observation de panneaux numériques par les automobilistes n'est que légèrement supérieure à celle de panneaux classiques – 0, 379 seconde contre 0, 335 seconde – et que cette durée n'est pas de nature à susciter un risque pour la sécurité routière, ainsi que l'absence d'accident sur de nombreux autres axes de circulation où sont installés des dispositifs de même nature et qui connaissent un trafic routier comparable. • CAA Nancy, 18 mai 2017, n° 16NC00986 : *RDI 2017. 373, obs. Strebler*.

Art. R. 418-5 **I. — La publicité et les enseignes publicitaires et préenseignes sont interdites sur l'emprise des voies ouvertes à la circulation publique, à l'exception de la publicité peinte ou fixée sur des véhicules circulant ou stationnant régulièrement sur les voies ouvertes à la circulation publique.**

II. — Toutefois, des dérogations peuvent être accordées par l'autorité investie du pouvoir de police :

1° En agglomération, pour les enseignes publicitaires ;

2° Sur les aires de stationnement et les aires de services des routes ou autoroutes pour la publicité, les enseignes publicitaires et préenseignes non visibles de la route. — *[Décr. n° 76-148 du 11 févr. 1976, art. 7.]*

1. Une convention d'affichage conclue entre une société et un conseil général ne peut faire échec aux dispositions du code de la route (art. R. 418-5, I) visant à la prévention des accidents en assurant au maximum la visibilité des conducteurs et la lisibilité des panneaux directionnels, visibilité qui ne doit pas être perturbée par des panneaux voyants et attirant l'attention des conducteurs, apposés dans un but exclusivement mercantile. • T. pol. Poitiers, 14 févr. 2007 : *Envir. 2007. Comm. 198, note Février.*

2. La circonstance qu'un dispositif publicitaire soit conforme aux dispositions de l'art. L. 581-9 C. envir., admettant, sous conditions, la publicité en agglomération est sans influence sur la conformité du même dispositif au regard des dispositions de l'art. R. 418-5 C. route, dont la vocation est la préservation de la sécurité routière, objectif que ne vise pas la police de la publicité qui figure au titre VIII « protection du cadre de vie » du livre V du code de l'environnement. • CAA Marseille, 19 mai 2016, n° 14MA04451 : *LPA 29 août 2016, p. 7, concl. Deliancourt.*

Art. R. 418-6 **Hors agglomération, la publicité et les enseignes publicitaires et préenseignes visibles des routes nationales, des chemins départementaux et des voies communales sont interdites de part et d'autre de celles-ci sur une largeur de 20 mètres mesurée à partir des bords extérieurs de la chaussée.**

Toutefois, cette interdiction ne s'applique pas aux enseignes publicitaires et préenseignes qui, ne gênant pas la perception de la signalisation routière et ne présentant aucun danger pour la sécurité de la circulation, satisfont aux conditions de surface et d'implantation fixées par arrêté conjoint du ministre de l'intérieur et du ministre chargé de l'équipement. — *[Décr. n° 76-148 du 11 févr. 1976, art. 8.]*

Art. R. 418-7 **En agglomération, la publicité et les enseignes publicitaires et préenseignes visibles d'une autoroute ou d'une route express sont interdites, de part et d'autre de celle-ci, sur une largeur de 40 mètres mesurée à partir du bord extérieur de chaque chaussée. Toutefois, l'autorité investie du pouvoir de police peut les autoriser dans les limites et aux conditions qu'elle prescrit.**

Hors agglomération, la publicité et les enseignes publicitaires et préenseignes visibles d'une autoroute ou d'une route express sont interdites de part et d'autre de celle-ci, sur une largeur de 200 mètres mesurée à partir du bord extérieur de chaque chaussée.

Les dispositions du présent article ne font pas obstacle à l'installation de panneaux ayant pour objet de signaler, dans les conditions déterminées par les règlements sur la signalisation routière, la présence d'établissements répondant aux besoins des usagers. — *[Décr. n° 76-148 du 11 févr. 1976, art. 9 et 10.]*

Art. R. 418-8 **Lorsque, par suite de modification concernant la voirie, une publicité, enseigne, enseigne publicitaire ou préenseigne cesse de satisfaire à la réglementation en vigueur, elle doit être supprimée dans un délai de deux ans à compter de la date d'ouverture au trafic de la voie avec ses nouvelles caractéristiques.** — *[Décr. n° 76-148 du 11 févr. 1976, art. 14.]*

Art. R. 418-9 **I. — Le fait de contrevenir aux dispositions des articles R. 418-2 à R. 418-7 est puni de l'amende prévue pour les contraventions de la cinquième classe.**

La récidive de cette contravention est réprimée conformément à l'article 132-11 du code pénal.

II. — En cas d'urgence, l'autorité investie du pouvoir de police peut :

1° Dès la constatation de l'infraction, ordonner soit la suppression des dispositifs non conformes à la réglementation, soit leur mise en conformité et, le cas échéant, la remise en état des lieux ;

2° Faute pour les intéressés de déférer à cette injonction dans le délai qui leur est imparti, faire procéder d'office, à leurs frais, dans l'intérêt de la sécurité, à la suppression du dispositif et à la remise en état des lieux. Par intéressés, il faut, suivant le cas, entendre soit les responsables de la mise en place du dispositif, soit le propriétaire de celui-ci ou de l'emplacement où il se trouve, soit ceux pour le compte de qui la publicité a été réalisée ;

3° Faire masquer tout dispositif publicitaire, enseigne, enseigne publicitaire ou préenseigne non conforme aux dispositions des articles R. 418-2 à R. 418-8 et des arrêtés pris pour leur application et s'il s'agit de publicité lumineuse, faire procéder à l'extinction totale ou partielle du dispositif litigieux. — *[Décr. n° 76-148 du 11 févr. 1976, art. 11 et 12.]*

Il résulte des dispositions de l'art. R. 418-9, II, C. route que l'exercice par le maire des pouvoirs de police qu'il exerce au nom de la commune sur le fondement de ces dispositions et de l'art. L. 2213-1 CGCT relatif à la police de la circulation à l'intérieur des agglomérations est subordonné à l'existence d'une situation d'urgence. A été en conséquence rejetée la demande d'une association de suppression de toute publicité présente sur le mobilier urbain installé sur l'emprise des voies ouvertes à la circulation publique d'une commune, l'association n'ayant pas démontré, ni même allégué, qu'eu égard à leur emplacement et à leur taille, les panneaux publicitaires litigieux seraient de nature à créer un danger pour les usagers de la voie publique, constitutif d'une situation d'urgence au sens de l'art. R. 418-9, II, C. route. • CAA Marseille, 19 mai 2016, n° 14MA04451 : *LPA 29 août 2016, p. 7, concl. Deliancourt.*

CHAPITRE IX **PÉAGES**

(Décr. n° 2020-1494 du 30 nov. 2020, art. 1er)

La notice du Décr. n° 2020-1494 du 30 nov. 2020 prévoit que ce texte entre en vigueur six mois après sa publication (JO 2 déc.). Cependant, cette indication n'est pas reprise dans les dispositions réglementaires.

COMMENTAIRE

Dispositions sur le non-paiement de péage. Le présent chapitre, créé par le décret n° 2020-1494 du 30 novembre 2020, est dédié aux péages. Il correspond au chapitre équivalent introduit dans la partie législative par la loi d'orientation des mobilités du 24 décembre 2019 et dans lequel figure un article (art. L. 419-1). Les deux chapitres sont d'ailleurs complémentaires : celui de la partie réglementaire prévoyant la contravention de non-paiement de péage et celui de la partie législative formulant un délit de non-paiement habituel de péage.

Contraventions de non-paiement de péage. Le présent chapitre formule, plus exactement, deux contraventions : la première permet de sanctionner le non-paiement de péage d'un ouvrage routier (art. R. 419-1) et la seconde le non-paiement de péage d'une autoroute (art. R. 419-2). Deux contraventions qui figuraient auparavant à l'article R. 412-17 (péage d'un ouvrage routier) et à l'article R. 412-19 (péage d'une autoroute) et que le décret du 30 novembre 2020 a donc regroupé dans un même chapitre. Ces deux contraventions sont toutefois quasiment identiques, puisqu'elles sanctionnent, l'une et l'autre, le fait, pour tout conducteur, de refuser d'acquitter le montant d'un péage ou de se soustraire d'une manière quelconque à ce paiement ; la seule différence tenant à leur lieu de commission : un ouvrage routier ou une autoroute.

Le décret du 30 novembre 2020 ne s'est cependant pas contenté de regrouper les deux contraventions de non-paiement de péage dans un même chapitre. Il a également aggravé la sanction encourue dans un tel cas. Les articles R. 419-1 et R. 419-2 prévoient en effet une amende de quatrième classe, là où les anciens articles R. 412-17 et R. 412-19 prévoyaient une amende de deuxième classe. Cette aggravation est à mettre en lien avec la volonté des pouvoirs publics de développer les péages à flux libre, c'est-à-dire les péages sans barrière physique. Craignant que ce développement engendre une augmentation des défauts de paiement, les pouvoirs publics ont voulu renforcer les sanctions applicables en ce domaine en prévoyant ici une contravention de quatrième de classe et en créant dans la partie législative un délit de non-paiement habituel de péage (V. art. L. 419-1 et son comm.). Toujours en lien avec les péages à flux libre, le décret du 30 novembre 2020 est, par ailleurs, venu préciser aux articles R. 419-1 et R. 419-2 ce qu'il faut entendre par trajet pour l'application des contraventions de non-paiement de péage, l'intéressé étant en effet en infraction lorsqu'il n'a pas acquitté le montant du péage correspondant à son trajet. Ainsi, sur un ouvrage routier, un trajet correspond à son utilisation en continu, dans un même sens et par un même véhicule. Sur une autoroute, il correspond à « l'utilisation en continu, sur une période de vingt-quatre heures au plus, de sections d'autoroute soumises à péage gérées par un même exploitant, dans un même sens et par un même véhicule ». Ces précisions sont également importantes au regard du délit de non-paiement habituel de péage, lequel suppose la commission de cinq contraventions de non-paiement de péage, au cours de la même année (V. art. L. 419-1).

On rappellera enfin que les présentes contraventions peuvent faire l'objet d'une procédure spécifique de transaction formulée à l'article 529-6 du code de procédure pénale (V. comm. ss. art. L. 121-5). Elles peuvent également engager la responsabilité pécuniaire du titulaire du certificat d'immatriculation du véhicule concerné, en application de l'article L. 121-2 du présent code (V. cet art. et son comm.). ❑

Art. R. 419-1 **Tout usager d'un ouvrage routier ouvert à la circulation publique régulièrement soumis à péage doit, s'il n'est muni d'une autorisation spéciale, acquitter le montant du péage autorisé correspondant à son trajet et à la catégorie du véhicule qu'il utilise.**

Le fait, pour tout conducteur, de refuser d'acquitter le montant de ce péage ou de se soustraire d'une manière quelconque à ce paiement est puni de l'amende prévue pour les contraventions de la quatrième classe.

Pour l'application des dispositions du présent article aux contraventions constatées à la suite de l'usage d'un dispositif de péage permettant l'identification des véhicules et la perception du montant du péage sans recours à une barrière physique, un trajet est défini comme l'utilisation en continu d'un ouvrage routier, dans un même sens et par un même véhicule.

V. note ss. chap. IX.

Constatation : V. art. R. 130-8.

Responsabilité pécuniaire du titulaire du certificat d'immatriculation : V. art. L. 121-2.

Procédure de transaction : V. C. pr. pén., art. 529-6, R. 49-8-4-1 et A. 37-30 s., App., v° Infractions.

Délit : V. art. L. 419-1.

Art. R. 419-2 **Tout usager d'une autoroute régulièrement soumise à péage doit, s'il n'est muni d'une autorisation spéciale, acquitter le montant du péage autorisé correspondant à son trajet et à la catégorie du véhicule qu'il utilise.**

Le fait, pour tout conducteur, de refuser d'acquitter le montant de ce péage ou de se soustraire d'une manière quelconque à ce paiement est puni de l'amende prévue pour les contraventions de la quatrième classe.

Pour l'application des dispositions du présent article aux contraventions constatées à la suite de l'usage d'un dispositif de péage permettant l'identification des véhicules et la perception du montant du péage sans recours à une barrière physique, un trajet est défini comme l'utilisation en continu, sur une période de vingt-quatre heures au plus, de sections d'autoroute soumises à péage gérées par un même exploitant, dans un même sens et par un même véhicule.

V. note ss. chap. IX.

Constatation : V. art. R. 130-8.

Responsabilité pécuniaire du titulaire du certificat d'immatriculation : V. art. L. 121-2.

Procédure de transaction : V. C. pr. pén., art. 529-6, R. 49-8-4-1 et A. 37-30 s., App., v° Infractions.

Délit : V. art. L. 419-1.

1. Le montant du péage, légalement fixé, est dû intégralement par l'usager du seul fait de l'utilisation de l'autoroute ; les sommes versées par les usagers ont le caractère d'une contribution aux charges d'un service public administratif déterminé, quel que soit son mode d'exploitation, et aux frais d'établissement de gestion et d'extension d'ouvrages publics définis. Un automobiliste ne peut ne verser que la moitié de la somme prévue par le tarif sous le prétexte que des travaux entraînant l'obligation de circuler sur une seule voie pendant la plus grande partie du parcours l'avaient gêné. • Crim. 1er févr. 1990, n° 85-93.302 P : *JCP 1990. IV. 168 ; Gaz. Pal. 1990. 2. 396.*

2. Les litiges pouvant naître entre les usagers et le concessionnaire quant au principe et au montant du péage, y compris quant à la délivrance de factures afférentes à ce péage, relèvent de la compétence de la juridiction administrative. • T. confl. 20 nov. 2006, nos C 3569, C 3539 et C 3599 : *inédit.*

3. La rapidité de déplacement que nécessitent souvent les missions des personnels de la police nationale n'est pas incompatible avec le paiement du droit de circulation, sauf lorsque ces interventions se déroulent sur l'autoroute elle-même. • CE 22 mai 1990 : *CDIPN/ENSP 91. J. 82.*

4. Poursuites pour escroquerie. Lors du passage à un péage d'autoroute, le fait d'utiliser la technique dite du « pousse-pousse » ou du « petit train », consistant pour le conducteur d'un véhicule à venir se coller au véhicule le précédant et à profiter de l'ouverture de la barrière, après paiement du péage par le conducteur de ce véhicule, pour passer en même temps que lui, constitue des manœuvres frauduleuses commises dans le but de ne pas payer le péage et, à ce titre, constitutives du délit d'escroquerie prévu par l'art. 313-1 C. pén. Il n'y a pas lieu à requalifier de tels faits en contravention de non-paiement d'un péage prévue par l'art. R. 421-9 C. route, en raison de la différence de nature entre ces deux infractions, de l'acte positif particulièrement grave et recherché commis par le prévenu et de la différence des intérêts protégés par les textes, le juge devant retenir la qualification la mieux adaptée aux faits. • Chambéry, 3 mai 2018, n° 17/01152 : *Dr. pénal 2018. Chron. 7, obs. Gauvin.* ♦ Comp. • Aix-en-Provence, 3 juill. 2018, n° 17/03551 : *Dr. pénal 2019. Chron. 7, obs. Gauvin* (requalifiant de tels faits poursuivis sous la qualification d'escroquerie en contravention de non-paiement d'un péage prévue par l'art. R. 421-9 C. route, au motif qu'en matière pénale la réglementation spéciale doit s'appliquer de préférence aux qualifications générales).

TITRE II DISPOSITIONS COMPLÉMENTAIRES APPLICABLES SUR CERTAINES VOIES

CHAPITRE I AUTOROUTES

Art. R. 421-1 Les dispositions relatives à la circulation sur les autoroutes sont également applicables aux bretelles de raccordement autoroutières. — *[Anc. art. R. 43-1, al. 2.]*

Art. R. 421-2 I. — L'accès des autoroutes est interdit à la circulation :

1° Des animaux ;

2° Des piétons ;

3° Des véhicules sans moteur ;

4° Des véhicules à moteur non soumis à immatriculation ;

5° Des cyclomoteurs ;

6° Des tricycles à moteur dont la puissance n'excède pas 15 kilowatts et dont le poids à vide n'excède pas 550 kilogrammes ;

7° Des quadricycles à moteur ;

8° Des tracteurs et matériels agricoles et des matériels de travaux publics. Toutefois, sur les autoroutes, la circulation des matériels de travaux publics peut être admise sur autorisation du préfet ou, par délégation, du directeur départemental de l'équipement ;

9° Des ensembles de véhicules comprenant plusieurs remorques et des ensembles de véhicules composés d'un véhicule articulé et d'une remorque dont la circulation est soumise à autorisation du préfet en application de l'article R. 433-8.

II. — Le fait pour tout piéton de circuler sur une autoroute est puni de l'amende prévue pour les contraventions de la première classe.

III. – Le fait, pour tout conducteur, de contrevenir aux dispositions du présent article est puni de l'amende prévue pour les contraventions de la deuxième classe. – *[Anc. art. R. 43-2, al. 1er à 8, 10 à 13, R. 43-4, al. 4, R. 233, al. 1er et 2 et R. 237.]*

Art. R. 421-3 Tout conducteur qui emprunte une bretelle de raccordement autoroutière doit céder le passage aux véhicules qui circulent sur l'autoroute.

Le fait, pour tout conducteur, de ne pas respecter les règles de priorité fixées au présent article est puni de l'amende prévue pour les contraventions de la quatrième classe.

Tout conducteur coupable de cette infraction encourt également la peine complémentaire de suspension, pour une durée de trois ans au plus, du permis de conduire, cette suspension pouvant être limitée à la conduite en dehors de l'activité professionnelle.

Cette contravention donne lieu de plein droit à une réduction de quatre points du permis de conduire. – *[Anc. art. R. 26, al. 5, R. 232, al. 1er et 7, R. 256, al. 5 à 12, et R. 266, al. 1er et 2.]*

Art. R. 421-4 I. – Aussitôt que, sur autoroute, une bretelle de sortie ou une bifurcation est annoncée, tout conducteur doit selon le cas :

1° Gagner la voie de circulation de droite ou de gauche s'il désire emprunter la bretelle de sortie ;

2° Gagner la voie ou l'une des voies de circulation correspondant à la branche d'autoroute dans laquelle il désire s'engager à la bifurcation.

II. – L'une et l'autre de ces manœuvres doivent être achevées au plus tard au moment où le conducteur atteint les signaux placés au début de la bretelle ou de la bifurcation.

III. – Le fait, pour tout conducteur, de contrevenir aux dispositions du présent article est puni de l'amende prévue pour les contraventions de la deuxième classe. – *[Anc. art. R. 43-7 et R. 233, al. 1er et 2.]*

Art. R. 421-5 Les conducteurs ne doivent en aucun cas circuler, s'arrêter ou stationner sur la bande centrale séparative des chaussées.

Le fait, pour tout conducteur, de contrevenir aux dispositions du présent article est puni de l'amende prévue pour les contraventions de la quatrième classe.

(Décr. nº 2003-293 du 31 mars 2003, art. 2-II) « Tout conducteur coupable de cette infraction encourt également la peine complémentaire de suspension du permis de conduire pour une durée de trois ans au plus, cette suspension pouvant être limitée à la conduite en dehors de l'activité professionnelle. »

Cette contravention donne lieu de plein droit à une réduction de deux points du permis de conduire.

Lorsque le conducteur ou le titulaire du certificat d'immatriculation est absent ou refuse, malgré l'injonction des agents, de faire cesser le stationnement irrégulier, l'immobilisation et la mise en fourrière peuvent être prescrites dans les conditions prévues aux articles **L. 325-1** à **L. 325-3**. – *[Anc. art. R. 43-6, al. 1er, R. 232, al. 1er et 11, R. 256, al. 24 à 27, R. 278, al. 1er et 19, et R. 285-2, al. 1er et 3.]*

Art. R. 421-6 Les conducteurs ne doivent en aucun cas faire demi-tour sur une autoroute, même en traversant la bande centrale séparative des chaussées ou en empruntant une interruption de celle-ci. De même, ils ne doivent pas faire de marche arrière.

Le fait, pour tout conducteur, de contrevenir aux dispositions du présent article est puni de l'amende prévue pour les contraventions de la quatrième classe.

Tout conducteur coupable de l'une de ces infractions encourt également la peine complémentaire de suspension, pour une durée de trois ans au plus, du permis de conduire, cette suspension pouvant être limitée à la conduite en dehors de l'activité professionnelle.

Ces contraventions donnent lieu de plein droit à la réduction de quatre points du permis de conduire. – *[Anc. art. R. 43-6, al. 2, R. 232, al. 1er et 11, R. 256, al. 5 à 12, et R. 266, al. 1er et 6.]*

Le réseau routier commence à l'endroit signalé par des panneaux installés à cet effet ou au guichet de péage où est effectué le paiement du trajet parcouru et où commence la bretelle dite d'accès à autoroute assimilée au réseau routier. Relève en conséquence de l'art. R. 43-6 [C. route, art. R. 421-6] une manœuvre intempestive comportant une marche arrière sur une vingtaine de mètres qui a eu lieu avant le franchissement des guichets d'un péage de sortie d'une autoroute. • T. pol. Chartres, 26 nov. 1986 : *Gaz. Pal. 1987. 1. Somm. 191.*

Art. R. 421-7 **Sauf en cas de nécessité absolue, les conducteurs ne doivent pas arrêter ou stationner leur véhicule sur les chaussées et les accotements, y compris sur les bandes d'arrêt d'urgence des autoroutes.**

Tout conducteur se trouvant dans la nécessité absolue d'immobiliser son véhicule doit le faire en dehors des *(Décr. nº 2023-563 du 5 juill. 2023, art. 14)* **« voies de circulation ou, en cas d'impossibilité, au plus près du bord droit de la chaussée » et dans tous les cas assurer la présignalisation de ce véhicule. S'il n'est pas en mesure de le remettre en marche par ses propres moyens, il doit faire le nécessaire pour assurer d'urgence le dégagement de l'autoroute.**

Le fait, pour tout conducteur, de contrevenir aux dispositions du présent article est puni de l'amende prévue pour les contraventions de la deuxième classe.

Lorsque le conducteur ou le titulaire du certificat d'immatriculation est absent ou refuse, malgré l'injonction des agents, de faire cesser le stationnement irrégulier, l'immobilisation et la mise en fourrière peuvent être prescrites dans les conditions prévues aux articles L. 325-1 à L. 325-3. – *[Anc. art. R. 43-6, al. 3 et 4, R. 233-1, al. 4 et 6, R. 278, al. 1er et 19, et R. 285-2, al. 1er et 3.]*

V. C. pr. pén., art. R. 49-8-5, App., vº Infractions.

Conducteur de fait. Le passager qui tire sans raison et volontairement le frein à main d'un véhicule qui effectuait le dépassement d'un camion sur une voie rapide et provoque ainsi une collision doit être condamné à l'infraction prévue par l'art. R. 421-7 car, par cet acte, il s'est comporté en conducteur de fait. • Crim. 22 juin 2005, nº 04-85.340 P : *D. 2005. Pan. 2986, obs. Garé ; Jurispr. auto 2005. 524; Dr. pénal 2005. Comm. 159, obs. Véron et Comm. 161, obs. Robert; JCP 2006. I. 113, obs. Véron; RSC 2006. 69, obs. Mayaud et 72, obs. Delmas Saint-Hilaire.*

Art. R. 421-8 **Les essais de véhicules à moteur ou de châssis, les courses, épreuves ou compétitions sportives sont interdits sur les autoroutes.**

Le fait, pour tout conducteur, de contrevenir aux dispositions du présent article est puni de l'amende prévue pour les contraventions de la deuxième classe. – *[Anc. art. R. 43-5, al. 1er et R. 233, al. 1er et 2.]*

Décret nº 70-759 du 18 août 1970,

Portant règlement d'administration publique et relatif à l'application de la loi nº 69-7 du 3 janvier 1969 relative aux voies rapides et complétant le régime de la voirie nationale et locale (D. et BLD 1970. 241).

Art. 7 Le préfet peut, sur tout ou partie d'une route express interdire les leçons de conduite automobile, les essais de véhicule à moteur ou de châssis, les courses, épreuves ou compétitions sportives.

Art. R. 421-9 *(Abrogé par Décr. nº 2020-1494 du 30 nov. 2020, art. 1er)* ***Tout usager d'une autoroute régulièrement soumise à péage doit, s'il n'est muni d'une autorisation spéciale, acquitter le montant du péage autorisé correspondant au parcours et à la catégorie du véhicule qu'il utilise.***

Le fait, pour tout conducteur, de refuser d'acquitter le montant du péage ou de se soustraire d'une manière quelconque à ce paiement est puni de l'amende prévue pour les contraventions de la deuxième classe. – [Anc. art. R. 43-9 et R. 235-1.]

V. art. R. 419-2.

COMMENTAIRE

Contravention de non-paiement de péage d'autoroute. Depuis le décret nº 2020-1494 du 30 novembre 2020, la contravention de non-paiement de péage d'autoroute est une contravention de quatrième classe prévue à l'article R. 419-2 (V. cet art. et le comm. introductif aux art. R. 419-1 s.).

Art. R. 421-10 *(Décr. nº 2012-953 du 1er août 2012, en vigueur le 1er sept. 2012)* **Le fait d'exercer l'activité de dépannage sur une autoroute concédée, ses dépendances domaniales ou ses installations annexes sans être titulaire d'un agrément délivré à cette fin par le préfet dans les conditions prévues par le contrat de concession est puni de l'amende prévue pour les contraventions de la 4e classe.**

1. Légalité du décret du 1er août 2012. Il appartient au Premier ministre, au titre de ses attributions de police générale, d'adopter par voie réglementaire les mesures propres à assurer la sécurité des personnes sur les autoroutes et les ouvrages d'art concédés du réseau routier national. Il peut dès lors apporter au libre exercice de l'activité de service public de dépannage des véhicules en panne ou accidentés sur l'ensemble du domaine ainsi concédé – lequel, compte tenu des exigences de son exploitation, fait déjà l'objet d'une réglementation –, ainsi que sur les aires de repos et de stationnement qui en sont des installations annexes, une restriction qui, en se limitant à l'obtention préalable d'un agrément délivré par le représentant de l'État dans les conditions prévues par les contrats de concession, a principalement pour objet de s'assurer que les entreprises sélectionnées seront en mesure de remplir leurs missions dans l'ensemble du périmètre de la concession, et répond aux objectifs de la sécurité routière sur des voies où les conditions de circulation conjuguent vitesse élevée et importance du trafic. • CE 25 sept. 2013, *Sté Rapidépannage 62*, nº 363184 B : *AJDA 2013. 1888 ; ibid. 2506, note Benelbaz*.

2. Nature du contrat conclu entre un concessionnaire d'autoroutes et une entreprise de dépannage – Saisine du Tribunal des conflits. Pour le Conseil d'État, la question se pose de savoir si les contrats par lesquels un concessionnaire d'autoroutes sous-délègue à une entreprise de dépannage le soin d'assurer, sur l'ensemble du domaine concédé, le dépannage des véhicules en panne ou accidentés, bien que conclus entre deux personnes privées, sont, eu égard à leur objet et à l'intensité du contrôle exercé par l'État, des contrats passés pour le compte de l'État et, par suite, des contrats administratifs. Il en résulte qu'un litige portant sur l'annulation d'un tel contrat pose une question de compétence, qui soulève une difficulté sérieuse mettant en jeu la séparation des autorités administratives et judiciaires, et qui justifie la saisine du Tribunal des conflits. • CE 14 nov. 2014, *Sté Autoroutes du Sud de la France*, nº 374557 : *AJDA 2014. 2479, concl. Dacosta ; RFDA 2015. 32, note Canedo-Paris*.

CHAPITRE II VOIES À CIRCULATION SPÉCIALISÉE ET OUVRAGES D'ART

Art. R. 422-1 **Lorsqu'ils circulent sur une voie de circulation exclusivement réservée à leur usage, les conducteurs de véhicules lents peuvent emprunter temporairement la voie située immédiatement à leur gauche pour effectuer le dépassement d'un véhicule, sauf dispositions différentes prises par l'autorité investie du pouvoir de police.**

Au sens du présent article, le terme véhicules lents désigne les véhicules ne pouvant circuler à une vitesse supérieure à 60 km/h dans la section de route en cause. — *[Anc. art. R. 43, al. 2.]*

Art. R. 422-2 **A l'extrémité des voies de circulation réservées aux véhicules lents, les conducteurs de ces véhicules doivent céder le passage aux usagers des voies affectées à la circulation générale.**

Le fait, pour tout conducteur, de ne pas respecter les règles de priorité fixées au présent article est puni de l'amende prévue pour les contraventions de la quatrième classe. — *[Anc. art. R. 43, al. 3 et R. 232, al. 1er et 7.]*

Art. R. 422-3 **I. — Lorsqu'une voie ferrée est établie sur une route ou la traverse à niveau, la priorité de passage appartient aux matériels circulant normalement sur cette voie ferrée, à l'exception des** *(Décr. nº 2003-425 du 9 mai 2003, art. 68)* **« véhicules de transport public assujettis à suivre, de façon permanente, une trajectoire déterminée par un ou des rails matériels et empruntant l'assiette des routes » dont les conducteurs doivent respecter les signalisations comportant des prescriptions absolues et les indications données par les agents réglant la circulation.**

II. — Aucun conducteur ne doit s'engager sur un passage à niveau si son véhicule risque, du fait de ses caractéristiques techniques ou des conditions de circulation, d'y être immobilisé. Lorsqu'un passage à niveau est muni de barrières ou de demi-barrières, aucun usager de la route ne doit s'y engager lorsque ces barrières sont soit fermées, soit en cours de fermeture ou d'ouverture. Lorsqu'un passage à niveau n'est muni ni de barrières, ni de demi-barrières, ni de signal lumineux, aucun usager ne

doit s'y engager sans s'être assuré qu'aucun train n'approche. Lorsqu'une traversée est gardée, l'usager de la route doit obéir aux injonctions du garde et ne pas entraver, le cas échéant, la fermeture des barrières.

III. — Tout *(Décr. nº 2003-536 du 20 juin 2003, art. 21)* **« conducteur » doit, à l'approche d'un train, dégager immédiatement la voie ferrée de manière à lui livrer passage.**

IV. — Les conducteurs de troupeaux doivent notamment prendre toute mesure leur permettant d'interrompre très rapidement le franchissement par leurs animaux du passage à niveau.

V. — En cas d'immobilisation forcée d'un véhicule ou d'un troupeau, son conducteur doit prendre toutes les mesures en son pouvoir pour faire cesser le plus rapidement possible l'obstruction de la voie ferrée ou, à défaut d'y parvenir, pour que les agents responsables du chemin de fer soient prévenus sans délai de l'existence du danger.

VI. — Le fait, pour tout conducteur, de contrevenir aux dispositions du présent article est puni de l'amende prévue pour les contraventions de la quatrième classe.

VII. — *(Décr. nº 2003-536 du 20 juin 2003, art. 21)* **« Tout conducteur coupable d'infraction aux dispositions du présent article encourt également la peine complémentaire de suspension, pour une durée de trois ans au plus, du permis de conduire, cette suspension pouvant être limitée à la conduite en dehors de l'activité professionnelle. Cette contravention donne lieu de plein droit à la réduction de quatre points du permis de conduire. »** — *[Anc. art. R. 29, R. 232, al. 1er et 12 et R. 237.]*

Ancien art. R. 422-3 *VII. — **Le fait, pour tout piéton, de contrevenir aux dispositions des I ou III du présent article est puni de l'amende prévue pour les contraventions de la première classe.***

1. Une cour d'appel ne peut relaxer le conducteur d'un ensemble routier du chef de contravention à l'art. R. 29 [C. route, art. R. 422-3] et de blessures involontaires en considérant qu'une panne imprévisible avait rendu impossible une manœuvre de dégagement avant le passage d'un train, le prévenu étant fondé à invoquer un cas de force majeure, alors qu'elle ne s'explique pas sur les conditions dans lesquelles le conducteur d'un ensemble routier qui circulait dans une file de véhicules a entamé la traversée de la voie ferrée et a dû s'arrêter. • Crim. 3 janv. 1986 : *Jurispr. auto 1986. 59.*

2. Une cour d'appel peut souverainement retenir que le feu rouge clignotant, imposant aux usagers de la route de stopper, n'était visible qu'à une distance inférieure à celle prescrite par arrêté ministériel et en déduire que par sa faute la SNCF avait engagé partiellement sa responsabilité et qu'il n'était nullement certain que le conducteur du véhicule automobile se fût rendu compte en temps utile du fonctionnement du signal. • Civ. 2e, 10 janv. 1990 : *Jurispr. auto 1990. 202.*

3. La faute antérieure qui place son auteur dans l'état de nécessité de commettre une infraction empêche la reconnaissance d'un fait justificatif ; tel est le cas du conducteur d'un camion qui s'est engagé sur un passage à niveau dont la barrière était fermée d'un seul côté, faute qui l'a placé dans la nécessité d'enfoncer les deux ventaux de la barrière pour échapper à une collision avec un train qui approchait. • Crim. 28 juin 1958 : *D. 1958. 693, note MRMP ; RSC 1959. 111, obs. Legal.*

Art. R. 422-4 **Sur les ponts qui n'offriraient pas toutes les garanties nécessaires à la sécurité des passages, le préfet pour la voirie nationale ainsi que pour les routes classées à grande circulation, le président du conseil exécutif pour les routes nationales en Corse, le président du conseil départemental pour les routes départementales ou le maire pour la voirie communale peut prendre toutes dispositions de nature à assurer cette sécurité. Le maximum de la charge autorisée et les mesures prescrites pour la protection et l'emprunt de ces ponts sont, dans tous les cas, placardés à leur entrée et à leur sortie de manière à être parfaitement visibles des conducteurs.**

En cas d'urgence ou de péril imminent, le maire peut prendre les mesures provisoires que lui paraît commander la sécurité publique, sauf à en informer le préfet et, si le réseau routier départemental est concerné par ces mesures, le président du conseil départemental.

Les dispositions prises en application du présent article ne sont applicables ni aux convois et transports militaires ni aux véhicules des unités d'instruction et d'intervention de la sécurité civile, qui font l'objet de règles particulières.

Le fait, pour tout conducteur, de contrevenir aux dispositions concernant le passage des ponts est puni de l'amende prévue pour les contraventions de la cinquième classe.

La récidive de cette contravention est réprimée conformément à l'article 132-11 du code pénal.

Tout conducteur coupable de cette infraction encourt également la peine complémentaire de suspension, pour une durée de trois ans au plus, du permis de conduire, cette suspension pouvant être limitée à la conduite en dehors de l'activité professionnelle.

L'immobilisation peut être prescrite dans les conditions prévues aux articles L. 325-1 à L. 325-3. — *[Anc. art. R. 46, R. 229, al. 1er et 2, R. 229-2, R. 233-4, R. 266, al. 1er et 11, et R. 278, al. 1er et 7.]*

L'infraction est réalisée dès lors que le chauffeur a franchi un pont ne pouvant être emprunté que par des véhicules d'un poids total autorisé en charge inférieur à 16 tonnes avec un camion dont le poids total autorisé en charge est de 19 tonnes. Peu importe le poids réel du véhicule. • Crim. 12 nov. 2003 : *Jurispr. auto 2004. 32, obs. Defrance.* ♦ *Contra :* si le fait pour un conducteur de véhicule ayant un poids total autorisé supérieur à la limite de charge rendue publique constitue une sorte de présomption de culpabilité, celle-ci peut être mise à néant par la preuve que le poids réel de l'engin ne contrevient pas aux prescriptions réglementaires; la limitation apportée au franchissement de certains ouvrages d'art par l'art. R. 46 [C. route, art. R. 422-4] est essentiellement motivée par des considérations techniques de solidité de l'ouvrage. Il importe peu que le poids total autorisé d'un camion excède cette limitation, l'essentiel étant que le poids réel du véhicule ne le dépasse pas. • Paris, 13e ch., 13 mai 1972 : *Gaz. Pal. 1972. 2. 525.*

Art. R. 422-5 *(Décr. no 2012-953 du 1er août 2012, en vigueur le 1er sept. 2012)* **Le fait d'exercer l'activité de dépannage sur un ouvrage d'art concédé du réseau routier national, ses dépendances domaniales ou ses installations annexes sans être titulaire d'un agrément délivré à cette fin par le préfet dans les conditions prévues par le contrat de concession est puni de l'amende prévue pour les contraventions de la 4e classe.**

Légalité du décret du 1er août 2012. Il appartient au Premier ministre, au titre de ses attributions de police générale, d'adopter par voie réglementaire les mesures propres à assurer la sécurité des personnes sur les autoroutes et les ouvrages d'art concédés du réseau routier national. Il peut dès lors apporter au libre exercice de l'activité de service public de dépannage des véhicules en panne ou accidentés sur l'ensemble du domaine ainsi concédé – lequel, compte tenu des exigences de son exploitation, fait déjà l'objet d'une réglementation –, ainsi que sur les aires de repos et de stationnement qui en sont des installations annexes, une restriction qui, en se limitant à l'obtention préalable d'un agrément délivré par le représentant de l'État dans les conditions prévues par les contrats de concession, a principalement pour objet de s'assurer que les entreprises sélectionnées seront en mesure de remplir leurs missions dans l'ensemble du périmètre de la concession, et répond aux objectifs de la sécurité routière sur des voies où les conditions de circulation conjuguent vitesse élevée et importance du trafic. • CE 25 sept. 2013, *Sté Rapidépanage,* no 363184 B : *AJDA 2013. 1888 ; ibid. 2506, note Benelbaz.*

TITRE III DISPOSITIONS COMPLÉMENTAIRES APPLICABLES À LA CIRCULATION DE CERTAINS VÉHICULES

CHAPITRE I MOTOCYCLETTES, TRICYCLES ET QUADRICYCLES À MOTEUR, CYCLOMOTEURS ET CYCLES

1. Responsabilité civile du cycliste. Est recevable l'action dirigée par un automobiliste contre un cycliste sur le fondement de l'art. 1384, al. 1er, C. civ. • Civ. 2e, 18 nov. 1987 : *Bull. civ. II, no 236.*

2. Faute inexcusable d'un cycliste excluant son indemnisation. Est inexcusable la faute d'un cycliste qui circule en sens interdit sur un boulevard, aborde une intersection alors que la signalisation lumineuse au rouge prohibait cette manœuvre et s'engage à nouveau dans une autre voie à contresens. • Civ. 2e, 7 juin 1990, no 89-14.016 P.

3. N'est pas inexcusable la faute d'un cycliste qui tourne brutalement sans précaution. • Civ. 2e, 14 avr. 1988 : *Bull. civ. II, no 78.* ♦ ... Ou qui circulant de nuit sans éclairage débouche d'un sens interdit pour couper la route de l'automobile impliquée dans l'accident. • Civ. 2e, 28 mars 1994, no 92-15.863 P. ♦ ... Ou qui sans respecter les indications que lui impose un panneau stop s'engage sur une voie prioritaire. • Civ. 2e, 24 févr. 1988 : *Bull. civ. II, no 48 (2e arrêt).* ♦ ... Ou circule à gauche la nuit. • Civ. 2e, 6 janv. 1993 : *Jurispr. auto 1993. 244.* ♦ ... Ou lors de course cycliste prend des risques en coupant à la corde un virage dans une descente. • Civ. 2e, 8 nov. 1993 : *Jurispr. auto 1994. 25.* ♦ Sur le refus de considérer inexcusable la faute d'un cycliste sous l'empire d'un état alcoolique qui a coupé la route à un automobiliste : • Paris, 1er juin 1994 : *Jurispr. auto 1995. 83.*

Art. R. 431-1 En circulation, tout conducteur ou passager d'une motocyclette, d'un tricycle à moteur, d'un quadricycle à moteur ou d'un cyclomoteur doit *(Décr. nº 2006-46 du 13 janv. 2006)* **« être coiffé d'un casque » de type homologué.** *(Décr. nº 2006-46 du 13 janv. 2006)* **« Ce casque doit être attaché. »**

Le fait, pour tout conducteur ou passager, de contrevenir aux dispositions du présent article est puni de l'amende prévue pour les contraventions de la quatrième classe.

Conformément à l'article L. 431-1, le véhicule à deux-roues à moteur dont le conducteur circule sans être coiffé d'un casque *(Décr. nº 2006-46 du 13 janv. 2006)* **« de type homologué ou sans que ce casque soit attaché » peut être immobilisé dans les conditions prévues aux articles L. 325-1 à L. 325-3.**

Lorsque cette contravention est commise par le conducteur, elle donne lieu de plein droit à la réduction *(Décr. nº 2003-293 du 31 mars 2003, art. 3)* **« de trois points » du permis de conduire.** — *[Anc. art. R. 53-1-1, al. 1er, R. 233, al. 7, R. 256, al. 28 à 32, et R. 278, al. 1er et 15.]*

(Décr. nº 2003-293 du 31 mars 2003, art. 3) **« Les dispositions du présent article ne sont pas applicables aux conducteurs ou passagers portant la ceinture de sécurité lorsque le véhicule a été réceptionné avec ce dispositif. »**

V. Arr. du 21 nov. 1975 (homologation), App., vº Casques.

BIBL. ▶ DEFRANCE, *Jurispr. auto 2003. 548* (port obligatoire du casque).

COMMENTAIRE

Obligation pour les motocyclistes d'être coiffé d'un casque attaché. Si les données sur l'accidentologie en France s'améliorent depuis quelques années (V. comm., App., vº *Sécurité routière*), les conducteurs de deux-roues demeurent sur-représentés parmi les victimes d'accident de la route. Plusieurs dispositions ont ainsi été adoptées afin de renforcer la sécurité de cette catégorie d'usagers (V. not. les dispositions sur le « débridage », art. L. 317-5 et son comm.). Les modifications de vocabulaire apportées aux dispositions du présent article sur le port du casque en constituent une autre illustration. Avant le décret nº 2006-46 du 11 janvier 2006, l'article R. 431-1 imposait à tout conducteur ou passager d'un deux-roues motorisé (mais aussi d'un tricyle et d'un quadricyle à moteur) de « porter un casque homologué », sous peine d'une amende de quatrième classe. Interprété strictement, cette disposition ne permettait pas de sanctionner celui qui était interpellé en portant un casque non attaché, ou même en portant un casque ailleurs que sur sa tête... Le décret nº 2006-46 du 11 janvier 2006 en précisant que le conducteur doit être « coiffé d'un casque » et que « ce casque doit être attaché » met donc fin à toutes discussions possibles sur ce qu'il faut entendre par « porter un casque ». Ces modifications sont d'ailleurs plus conformes au vocabulaire utilisé par l'article L. 431-1 et rappelé dans le présent article concernant l'immobilisation des véhicules à deux-roues à moteur dont le conducteur circule « sans être coiffé d'un casque »...

Sur l'obligation d'être coiffé d'un casque attaché imposée aux cyclistes de moins de douze ans (V. art. R. 431-1-3). ❑

A. DÉFAUT DE PORT DU CASQUE PAR LE CONDUCTEUR OU UN PASSAGER DE VÉHICULE À MOTEUR À DEUX ROUES

1. Un tribunal donne une base légale à sa décision sans méconnaître l'art. R. 53-1 C. route (devenu R. 53-1-1, puis R. 431-1), l'art. 1er de la Déclaration des droits de l'homme de 1789 et l'art. 14 Conv. EDH en relevant que, contrairement aux dispositions relatives à la ceinture de sécurité, l'art. R. 53-1 C. route (devenu R. 53-1-1, puis R. 431-1) ne prévoit aucune dispense du port du casque pour les conducteurs des cyclomoteurs et en condamnant un prévenu ayant produit devant les juges du fond des certificats médicaux lui interdisant le port du casque. • Crim. 16 mars 1988 : *D. 1988. 490, note Agostini ; Gaz. Pal. 1988. 1. 443.*

2. Le certificat médical attestant que le port du casque est contre-indiqué chez le prévenu motocycliste a pour conséquence directe, non d'exonérer ce dernier de ses obligations, mais de lui interdire d'user d'un engin pour la conduite duquel une telle obligation est prescrite. • T. pol. Guingamp, 29 avr. 1982 : *JCP 1982. IV. 355.* ♦ En sens contraire et retenant une contrainte irrésistible : • T. pol. Lunéville, 9 janv. 1981 : *JCP 1981. IV. 377.*

B. CONSÉQUENCES CIVILES DU DÉFAUT DU PORT DU CASQUE

3. Un cyclomotoriste peut se voir reprocher lors d'un accident survenu entre une automobile et lui-même l'absence du port d'un casque protecteur ; une cour d'appel peut dans ce cas limiter son droit à indemnisation (en l'espèce aux trois quarts). • Civ. 2e, 16 janv. 1991 : *Jurispr. auto 1991. 424.* ♦ V. aussi : • Amiens, 22 févr. 1990 : *Jurispr. auto 1990. 505.*

4. C'est sans contradiction qu'un arrêt après avoir caractérisé la violence d'une collision par la gravité des lésions corporelles entraînées sur la victime, énonce qu'en ne portant pas son casque un cyclomotoriste a participé à la réalisation de son dommage puisqu'il était atteint d'une fracture du crâne. • Civ. 2e, 26 avr. 1990 : *Jurispr. auto 1990. 245.* ♦ Une cour d'appel ne peut rejeter la demande d'un conducteur de voiture automobile visant à réduire sa responsabilité d'un tiers, en raison de l'absence de port de casque par le passager de la motocyclette ; le fait pour le conducteur d'une motocyclette de transporter, en connaissance de cause, un passager dépourvu de casque protecteur constitue, en effet, une faute de nature à concourir au dommage subi par ce passager et pouvant lui être opposée dans le cadre d'une action récursoire. • Civ. 2e, 18 sept. 2003, no 02-15.461 P : *R., p. 455 ; D. 2003. IR 2413 ; Gaz. Pal. 2003. 3083 ; RCA 2004, no 7, note Groutel ; RTD civ. 2004. 110, obs. Jourdain ; JCP 2003, act. 470.*

5. Une cour d'appel ne peut refuser de limiter l'indemnisation d'un cyclomotoriste qui ne portait pas de casque lors d'une collision avec un autre cyclomotoriste et souffrait des séquelles d'un traumatisme crânien en énonçant que la L. du 5 juill. 1985 s'attache à la cause de l'accident et non à celle du dommage pour définir les limites du dédommagement de la victime et dire que la faute de celle-ci n'avait eu aucune incidence sur sa chute. • Civ. 2e, 16 oct. 1991 : *Gaz. Pal. 1992. 1. Somm. 144, note Chabas.*

6. En l'absence de port du casque par un cyclomotoriste âgé de 15 ans, la cour d'appel n'a pas à rechercher le caractère volontaire de la faute commise par un conducteur ; sa faute a pour effet de limiter son droit à indemnisation. • Civ. 2e, 25 janv. 1989 : *Jurispr. auto 1989. 106.*

7. Bien que le casque se soit désolidarisé de la victime avant que celle-ci ne retombe sur le sol et ait été retrouvé à environ 25 mètres alors qu'il n'avait subi aucun dommage apparent et que la sangle de fixation était fermée, aucun élément ne permet d'affirmer compte tenu de l'extrême violence de la collision que le casque était inadapté à la morphologie du cyclomotoriste ou que la sangle était mal serrée et que par suite la victime aurait commis une négligence de nature à laisser à la charge de ses ayants droit une part de leur préjudice. • Besançon, 15 déc. 1989 : *Jurispr. auto 1990. 284.*

8. Une cour d'appel n'est pas tenue de procéder à une recherche qui ne lui était pas demandée quant au lien de causalité entre les blessures du motocycliste et le fait qu'il ne portait pas de casque ; elle peut considérer qu'il résulte de la violence de l'impact de la motocyclette sur le flanc gauche de la voiture heurtée que le motocycliste roulait à une vitesse excessive. • Civ. 2e, 8 juin 1994 : *Jurispr. auto 1994. 515.*

Art. R. 431-1-1 *(Décr. no 2008-754 du 30 juill. 2008, en vigueur le 1er oct. 2008)* **Lorsqu'ils circulent la nuit, ou le jour lorsque la visibilité est insuffisante, tout conducteur et passager d'un cycle doivent porter hors agglomération un gilet de haute visibilité conforme à la réglementation** *(Abrogé par Décr. no 2016-1232 du 19 sept. 2016, art. 2-1o)* ***« et dont les caractéristiques sont prévues par un arrêté du ministre chargé des transports ».*** — *V. Arr. du 29 sept. 2008 ss. art. R. 416-19.*

Le fait pour tout conducteur ou passager d'un cycle de contrevenir aux dispositions du présent article est puni de l'amende prévue pour les contraventions de la 2e classe.

COMMENTAIRE

Port par les cyclistes d'un gilet de haute visibilité. Depuis le 1er octobre 2008, le présent article impose aux cyclistes – conducteur et passager d'un cycle – de porter un gilet de haute visibilité dans certaines circonstances de circulation. L'hypothèse est celle d'une circulation hors agglomération, de nuit ou bien de jour lorsque la visibilité est insuffisante (brouillard par exemple). On sait en effet que les cyclistes sont des usagers de la route sur-exposés aux accidents et en particulier lorsqu'ils circulent la nuit, hors agglomération (l'absence d'éclairage public et des feux de signalisation peu puissants les rendent peu visibles aux conducteurs de véhicules à moteur).

Le non-respect de cette obligation est sanctionnée de l'amende prévue pour les contraventions de deuxième classe.

Sur le gilet de haute visibilité pour les conducteurs de véhicules à moteur (V. art. R. 416-19).

Art. R. 431-1-2 *(Décr. n° 2016-1232 du 19 sept. 2016, art. 1er, en vigueur le 20 nov. 2016)* **En circulation, tout conducteur ou passager d'une motocyclette, d'un tricycle à moteur, d'un quadricycle à moteur ou d'un cyclomoteur doit porter des gants conformes à la réglementation relative aux équipements de protection individuelle.**

Le fait, pour tout conducteur ou passager, de contrevenir aux dispositions du présent article est puni de l'amende prévue pour les contraventions de la troisième classe.

Lorsque cette contravention est commise par un conducteur tenu de détenir un permis de conduire à points pour conduire ce véhicule, elle donne lieu de plein droit à la réduction d'un point du permis de conduire.

Les dispositions du présent article ne sont pas applicables aux conducteurs ou passagers des motocyclettes, des tricycles à moteur, des quadricycles à moteur ou des cyclomoteurs, équipés de portières et portant la ceinture de sécurité lorsque le véhicule a été réceptionné avec ce dispositif.

V. Arr. du 19 sept. 2016 relatif aux caractéristiques des gants portés par les conducteurs et les passagers de motocyclette, de tricycle à moteur, de quadricycle à moteur ou de cyclomoteur (JO 20 sept.).

COMMENTAIRE

Port par les motocyclistes d'un vêtement muni d'un équipement rétroréfléchissant (ancien art. R. 431-1-2). La surreprésentation des conducteurs et passagers de deux-roues motorisés dans les données de l'accidentologie avait conduit les pouvoirs publics, en 2012, à vouloir leur imposer le port d'un équipement permettant d'améliorer leur visibilité. Pour ce faire, un décret du 3 janvier 2012 avait créé un article R. 431-1-2 obligeant les conducteurs et passagers d'une motocyclette d'une cylindrée supérieure à 125 cm^3 ou d'un tricycle (véhicule de la catégorie L5e) d'une puissance supérieure à 15 kW à porter, à compter du 1er janvier 2013, un vêtement muni d'un équipement rétroréfléchissant – aussi bien en circulation que hors circulation, s'ils étaient amenés à descendre de leur véhicule immobilisé sur la chaussée ou ses abords à la suite d'un arrêt d'urgence – sous peine d'une amende de troisième classe et, pour le conducteur, d'un retrait de deux points sur son permis de conduire.

Cette obligation n'est toutefois jamais entrée en application, en raison de l'abrogation – par un arrêté du 18 décembre 2012 – de l'arrêté du 3 janvier 2012 qui avait fixé les caractéristiques de cet équipement, rendant lettre morte les dispositions de l'article R. 431-1-2, dont les dispositions ont, à leur tour, été abrogées par un décret du 7 mai 2015.

Détention et port par les motocyclistes d'un gilet de haute visibilité. Les pouvoirs publics n'ont toutefois pas pour autant renoncé à leur volonté d'améliorer la visibilité des conducteurs de ces véhicules dans les situations d'urgence. Pour améliorer celle-ci, le décret du 7 mai 2015 – qui a abrogé l'article R. 431-1-2 dans sa version de 2012 – est en effet venu étendre, à partir du 1er janvier 2016, à tous les conducteurs des véhicules à moteur à deux ou trois roues et des quadricycles à moteur non carrossés, les obligations concernant la détention et le port d'un gilet de haute visibilité que l'on trouve formulées à l'article R. 416-19. Depuis le 1er janvier 2016, les conducteurs de ces véhicules doivent donc disposer d'un tel gilet sur eux ou dans un rangement de leur véhicule et ils doivent le revêtir lorsqu'ils sont amenés à quitter leur véhicule immobilisé sur la chaussée ou ses abords à la suite d'un arrêt d'urgence (V. art. R. 416-19, II).

Port par les motocyclistes de gants conformes (nouvel art. R. 431-1-2). Pour limiter les blessures graves que les conducteurs et passagers de motocyclettes et autres cyclomoteurs peuvent subir aux mains et aux avant-bras en cas d'accident de la circulation, les pouvoirs publics ont par ailleurs voulu leur imposer le port de gants conformes. Dans cette perspective, le décret n° 2016-1232 du 19 septembre 2016 a rétabli le présent article, lequel astreint, depuis le 20 novembre 2016, tout conducteur ou passager d'une motocyclette, d'un tricycle à moteur, d'un quadricycle à moteur ou d'un cyclomoteur, lorsqu'ils circulent, à porter des gants conformes à la réglementation relative aux équipements de protection individuelle, c'est-à-dire des gants pour motocyclistes revêtus du marquage « CE ».

On notera bien que cette obligation concerne les conducteurs et passagers de la plupart des véhicules à deux ou trois roues motorisés, seuls les conducteurs et passagers de tels véhicules lorsqu'ils sont équipés de portières étant dispensés d'une telle obligation, s'ils portent une ceinture de sécurité.

On notera bien également que cette obligation concerne aussi bien le conducteur que le passager, qui peuvent l'un et l'autre être sanctionnés de l'amende prévue pour les contraventions de la troisième classe s'ils ne portent pas de gants conformes, étant précisé que le conducteur s'expose, en plus, à un retrait d'un point sur son permis de conduire, s'il est tenu de posséder un permis de conduire à points pour conduire son véhicule. ❑

Art. R. 431-1-3 *(Décr. n° 2016-1800 du 21 déc. 2016)* **I. — En circulation, le conducteur et le passager d'un cycle, s'ils sont âgés de moins de douze ans, doivent être coiffés d'un casque conforme à la réglementation relative aux équipements de protection individuelle. Ce casque doit être attaché.**

II. — S'il est âgé d'au moins dix-huit ans, le conducteur de cycle qui transporte un passager âgé de moins de douze ans doit s'assurer que ce passager est coiffé d'un casque dans les conditions prévues au I.

De même, la personne âgée d'au moins dix-huit ans qui accompagne au moins un conducteur de cycle âgé de moins de douze ans doit s'assurer, lorsqu'elle exerce une autorité de droit ou de fait sur ce ou ces conducteurs, que chacun est coiffé d'un casque dans les conditions prévues au I.

III. — Le fait de contrevenir aux dispositions du II est puni de l'amende prévue pour les contraventions de la quatrième classe.

IV. — Un arrêté du ministre chargé de la sécurité routière fixe les caractéristiques du casque mentionné au I. — *Les dispositions du présent art. entreront en vigueur trois mois après la publication dudit Arr.*

V. Arr. du 21 déc. 2016, App., v° Casques.

COMMENTAIRE

Obligation pour les cyclistes de moins de douze ans d'être coiffé d'un casque attaché. Le présent article impose aux cyclistes de moins de douze ans – qu'ils soient conducteur ou passager – d'être coiffé d'un casque attaché, conforme à la réglementation (V. Arr. du 21 déc. 2016, App., v° *Casques*). L'objectif des pouvoirs publics est de limiter, par là même, les blessures graves que les jeunes cyclistes peuvent subir à la tête et au visage lorsqu'ils chutent.

Pour garantir le respect d'une telle obligation, l'article R. 431-1-3 a prévu une amende relativement élevée, l'amende prévue pour les contraventions de la quatrième classe. Cette amende ne peut toutefois être prononcée qu'à l'encontre de certaines personnes et à la condition que ces personnes soient âgées d'au moins dix-huit ans, autrement dit soient majeures. L'article R. 431-1-2 permet ainsi de sanctionner le conducteur d'un cycle transportant un passager de moins de douze ans qui ne serait pas coiffé d'un casque. Il permet également de sanctionner la personne qui accompagne le conducteur d'un cycle âgé de moins de douze ans, dès lors que cette personne exerce une autorité de droit ou de fait sur le jeune cycliste. ❑

Art. R. 431-2 *(Abrogé par Décr. n° 2003-293 du 31 mars 2003, art. 3-V)* ***Conformément à l'article R. 412-1, en circulation, tout conducteur ou passager d'un véhicule mentionné à l'article R. 431-1 doit porter sa ceinture de sécurité lorsque le véhicule a été réceptionné avec ce dispositif.***

Le fait, pour tout conducteur ou passager, de contrevenir aux dispositions du présent article est puni de l'amende prévue pour les contraventions de la deuxième classe.

Lorsque cette contravention est commise par le conducteur, elle donne lieu de plein droit à la réduction d'un point du permis de conduire.

Les dispositions du présent article ne sont pas applicables aux conducteurs ou passagers portant un casque homologué. — [Anc. art. R. 53-1-1, al. 2, R. 233, al. 7, et R. 256, al. 28 à 32.]

Art. R. 431-3 *(Décr. n° 2016-1232 du 19 sept. 2016, art. 2-2°)* **Des arrêtés des ministres chargés des transports et de la sécurité routière fixent les conditions d'application des articles R. 431-1, R. 431-1-1 et R. 431-1-2.**

V. Arr. du 21 nov. 1975 fixant les normes des casques utilisés par les conducteurs et les passagers des véhicules, App., v° Casques. — Arr. du 29 sept. 2008 relatif au gilet de haute visibilité, ss. art. R. 416-19. — Arr. du 19 sept. 2016 relatif aux caractéristiques des gants portés par les conducteurs et les passagers de motocyclette, de tricycle à moteur, de quadricycle à moteur ou de cyclomoteur (JO 20 sept.).

Art. R. 431-4 *(Abrogé par Décr. n° 2011-1475 du 9 nov. 2011, art. 18-II, à compter du 1er janv. 2013) (Décr. n° 2002-675 du 30 avr. 2002)* ***I. — Tout conducteur de quadricycle léger à moteur doit être âgé d'au moins seize ans.***

II. — *(Décr. n° 2004-795 du 29 juill. 2004)* ***« Tout conducteur de quadricycle léger à moteur doit être titulaire soit du brevet de sécurité routière ou d'un titre reconnu équivalent délivré par un État membre de l'Union européenne ou un autre État partie à l'accord sur l'Espace économique européen dont la liste est fixée par arrêté du ministre chargé des transports, soit du permis de conduire. »***

III. — Le fait de contrevenir aux dispositions des deux alinéas précédents est puni de l'amende prévue pour les contraventions de la 2e classe.

(Décr. n° 2004-795 du 29 juill. 2004) ***« IV. — L'immobilisation du véhicule peut être prescrite dans les conditions prévues aux articles L. 325-1 à L. 325-3.***

« V. » — Les dispositions du II ne sont applicables qu'aux personnes qui atteindront l'âge de seize ans à compter du 1er janvier 2004.

COMMENTAIRE

Brevet de sécurité routière. Depuis le décret n° 2002-675 du 30 avril 2002, le brevet de sécurité routière est obligatoire pour conduire un quadricycle léger à moteur pour les conducteurs nés après le 31 décembre 1987 (V. comm. introductif aux art. R. 211-1 s.). Les dispositions de l'article R. 431-4 qui le précisaient ont toutefois été abrogées par le décret n° 2011-1475 du 9 novembre 2011. Il ne s'est agi cependant que d'une « abrogation formelle », le contenu de ces dispositions ayant été repris à l'article R. 211-2 par ce même décret (V. comm. préc. et art. R. 211-2 dans sa rédaction issue du Décr. du 9 nov. 2011). ❑

Art. R. 431-5 **Sur les motocyclettes, tricycles et quadricycles à moteur, cyclomoteurs et cycles, le transport de passagers n'est autorisé que sur un siège fixé au véhicule, différent de celui du conducteur.**

Pour l'application du présent article, la selle double ou la banquette est assimilée à deux sièges.

Le fait pour tout conducteur de transporter des personnes sans respecter les dispositions du présent article est puni de l'amende prévue pour les contraventions de la deuxième classe. — *[Anc. art. R. 171-1, al. 1er, R. 188-2, R. 193 et R. 233, al. 1er et 2.]*

V. App., v° Cycles : Arr. du 24 sept. 1980 (transport de personnes ou d'un chargement).

Art. R. 431-6 **Les conducteurs de cyclomoteurs, de cycles à plus de deux-roues, de cycles attelés d'une remorque ou d'un side-car ne doivent jamais rouler de front sur la chaussée.**

Le fait, pour tout conducteur, de contrevenir aux dispositions du présent article est puni de l'amende prévue pour les contraventions de la deuxième classe. — *[Anc. art. R. 189, al. 1er et 2, et R. 233, al. 1er et 2.]*

Art. R. 431-7 **Les conducteurs de cycles à deux-roues sans remorque ni side-car ne doivent jamais rouler à plus de deux de front sur la chaussée.**

Ils doivent se mettre en file simple dès la chute du jour et dans tous les cas où les conditions de la circulation l'exigent, notamment lorsqu'un véhicule voulant les dépasser annonce son approche.

Le fait, pour tout conducteur, de contrevenir aux dispositions du présent article est puni de l'amende prévue pour les contraventions de la deuxième classe. — *[Anc. art. R. 189, al. 1er et R. 233, al. 1er et 2.]*

Si l'art. R. 189 [C. route, art. R. 431-7] précise que l'obligation faite aux cyclistes de circuler en file simple s'applique « notamment » lorsqu'un véhicule annonce son approche, la portée de cette obligation est beaucoup plus large puisqu'elle s'impose dans tous les cas où les conditions de la circulation l'exigent. Les juges d'appel peuvent estimer à juste titre qu'il en est ainsi lorsque le profil de la route rend la circulation plus dangereuse. Ils peuvent en déduire un partage de responsabilité. • Crim. 18 janv. 1983 : *JCP 1983. IV. 103* (jurisprudence antérieure à la L. du 5 juill. 1985).

Art. R. 431-8 **Il est interdit aux conducteurs de cycles et de cyclomoteurs de se faire remorquer par un véhicule.**

Le fait, pour tout conducteur de cyclomoteur ou de cycle, de contrevenir aux dispositions du présent article est puni de l'amende prévue pour les contraventions de la deuxième classe. – *[Anc. art. R. 189, al. 1er et R. 233, al. 1er et 2.]*

Art. R. 431-9 **Pour les conducteurs de cycles à deux ou trois roues, l'obligation d'emprunter les bandes ou pistes cyclables est instituée par l'autorité investie du pouvoir de police après avis du préfet.**

Par dérogation aux dispositions de l'article R. 110-2, les conducteurs de cyclomoteurs à deux-roues, sans side-car ni remorque peuvent être autorisés à emprunter les bandes et pistes cyclables par décision de l'autorité investie du pouvoir de police.

Lorsque la chaussée est bordée de chaque côté par une piste cyclable, les utilisateurs de cette piste doivent emprunter celle ouverte à droite de la route, dans le sens de la circulation.

Les conducteurs de cycles peuvent circuler sur les aires piétonnes, *(Décr. no 2015-808 du 2 juill. 2015, art. 13-1o, en vigueur le 1er janv. 2016)* **« dans les deux sens, » sauf dispositions différentes prises par l'autorité investie du pouvoir de police, à la condition de conserver l'allure du pas et de ne pas occasionner de gêne aux piétons.**

(Décr. no 2003-283 du 27 mars 2003 ; Décr. no 2015-808 du 2 juill. 2015, art. 13-2o) **« Les conducteurs de cycles peuvent circuler sur les accotements équipés d'un revêtement routier. »**

Le fait, pour tout conducteur, de contrevenir aux dispositions du présent article ou à celles prises pour son application est puni de l'amende prévue pour les contraventions de la deuxième classe. – *[Anc. art. R. 190 et R. 233, al. 1er et 2.]*

1. Un cyclomotoriste ne peut se prévaloir du droit de priorité résultant d'une piste cyclable si l'accident a lieu à l'intersection de la piste cyclable et d'une route. • Crim. 27 juill. 1988 : *Jurispr. auto 1988. 536.*

2. Un piéton marchant de nuit sur une piste cyclable ne commet pas de faute dès lors qu'il est constaté qu'il ne résulte pas des énonciations du procès-verbal de gendarmerie que l'un ou l'autre des accotements bordant la piste cyclable était normalement praticable. • Civ. 3 mars 1976 (jurisprudence antérieure à la L. du 5 juill. 1985) : *D. 1976. IR 182.*

Art. R. 431-10 **Hors agglomération, le long des routes pavées ou des routes en état de réfection, la circulation des cycles et cyclomoteurs à deux-roues sans remorque ni side-car, est autorisée sur les trottoirs et contre-allées affectées aux piétons.**

Dans ce cas, les conducteurs sont tenus de circuler à l'allure du pas à la rencontre des piétons et de réduire leur vitesse au droit des habitations.

Le fait, pour tout conducteur d'un cycle, de contrevenir aux dispositions de l'alinéa précédent, est puni de l'amende prévue pour les contraventions de la deuxième classe.

Le fait, pour tout conducteur d'un cyclomoteur, de contrevenir aux dispositions du même alinéa, est puni de l'amende prévue pour les contraventions de la quatrième classe. – *[Anc. art. R. 192, R. 232, al. 1er, 3, 4 et 5 et R. 233, al. 1er et 2.]*

Art. R. 431-11 **Sur les véhicules à deux-roues sauf les cycles dits « tandems », le siège du passager doit être muni soit d'une courroie d'attache, soit d'au moins une poignée et de deux repose-pied.**

Sur tous les véhicules à deux-roues, pour les enfants âgés de moins de cinq ans, l'utilisation d'un siège conçu à cet effet et muni d'un système de retenue est obligatoire.

Le conducteur doit s'assurer que les pieds des enfants ne peuvent être entraînés entre les parties fixes et les parties mobiles du véhicule.

Le fait, pour tout conducteur, de contrevenir aux dispositions du présent article est puni de l'amende prévue pour les contraventions de la deuxième classe. – *[Anc. art. R. 233, al. 1er et 2 et Arr. du 24 sept. 1980, art. 2.]*

Art. R. 431-12 *(Décr. no 2022-31 du 14 janv. 2022)* **Les dispositions du présent chapitre qui ne sont pas applicables aux cyclomobiles légers sont précisées à l'article R. 412-43-4.**

CHAPITRE II VÉHICULES D'INTÉRÊT GÉNÉRAL

SECTION 1 Véhicules d'intérêt général prioritaires

Art. R. 432-1 Les dispositions du présent livre relatives aux règles de circulation des véhicules ne sont pas applicables aux conducteurs des véhicules d'intérêt général prioritaires lorsqu'ils font usage de leurs avertisseurs spéciaux dans les cas justifiés par l'urgence de leur mission et sous réserve de ne pas mettre en danger les autres usagers de la route. – *[Anc. art. R. 5-2, al. 3, R. 10-5, R. 35 et R. 43-6, al. 6.]*

BIBL. ▶ MIHMAN, *Gaz. Pal. 25 juin 2015, p. 4* (conduite d'urgence de véhicules de secours et risque pénal).

Justifie sa décision la cour d'appel qui, pour condamner un prévenu circulant au volant d'une ambulance privée qui assurait un transport sanitaire à la demande du service d'aide médicale urgente, énonce qu'il est fait obligation au conducteur de tout véhicule d'intérêt général, quelle que soit sa catégorie, de ne pas mettre en danger les autres usagers de la route dans la conduite de son véhicule, dès lors qu'il est établi que le conducteur de l'ambulance, en franchissant la ligne continue, a mis en danger les autres usagers de la route, le véhicule arrivant en face (à savoir un véhicule de gendarmerie...), ayant dû effectuer une manœuvre d'évitement. • Crim. 21 nov. 2012 : *Dr. pénal 2013. Chron. 7, obs. Gauvin.*

SECTION 2 Véhicules d'intérêt général bénéficiant de facilités de passage

Art. R. 432-2 Les dispositions du présent livre relatives aux vitesses maximales autorisées *(Décr. n° 2023-563 du 5 juill. 2023, art. 15)* **« , »** *(Décr. n° 2007-786 du 10 mai 2007)* **« à la circulation dans des voies réservées à certaines catégories de véhicules » et à l'emploi des avertisseurs la nuit ou en agglomération ne sont pas applicables aux conducteurs des véhicules d'intérêt général bénéficiant de facilités de passage lorsqu'ils font usage de leurs avertisseurs spéciaux dans les cas nécessités par l'urgence de leur mission et sous réserve de ne pas mettre en danger les autres usagers.** – *[Anc. art. R. 10-5 et R. 35.]*

1. Un médecin se rendant au chevet d'un malade est soumis aux prescriptions du code de la route ; cette circonstance peut néanmoins être de nature à atténuer l'amende à laquelle il est condamné pour non-respect de la vitesse en agglomération. • Metz, 8 févr. 1990 : *Juris-Data n° 041076.*

2. L'art. R. 10-5 [C. route, art. R. 432-2] n'autorise certains conducteurs à circuler au-delà de la vitesse autorisée que si leur véhicule est équipé des dispositifs en fonctionnement. Un médecin qui fait valoir qu'il a reçu l'autorisation d'équiper son véhicule d'un dispositif lumineux spécial et d'un avertisseur sonore, mais qui reconnaît ne pas avoir mis en place ce dispositif, ne peut se prévaloir de l'autorisation du préfet de police. • Paris, 20e ch., 12 mai 1995 : *Dr. pénal 1995, n° 199.* ♦ De même, ne peut être relaxé l'ambulancier poursuivi pour excès de vitesse qui n'a pas fait usage de ses avertisseurs spéciaux au moment de la commission de l'infraction. • Toulouse, 6 janv. 2003 : *Jurispr. auto 2003. 498, obs. Defrance.*

3. Justifie sa décision la cour d'appel qui, pour condamner un prévenu circulant au volant d'une ambulance privée qui assurait un transport sanitaire à la demande du service d'aide médicale urgente, énonce qu'il est fait obligation au conducteur de tout véhicule d'intérêt général, quelle que soit sa catégorie, de ne pas mettre en danger les autres usagers de la route dans la conduite de son véhicule, dès lors qu'il est établi que le conducteur de l'ambulance, en franchissant la ligne continue, a mis en danger les autres usagers de la route, le véhicule arrivant en face (à savoir un véhicule de gendarmerie...), ayant dû effectuer une manœuvre d'évitement. • Crim. 21 nov. 2012 : *Dr. pénal 2013. Chron. 7, obs. Gauvin.*

Art. R. 432-3 Sur autoroute et route express, les dispositions relatives :

1° A la circulation, à l'arrêt et au stationnement sur la bande centrale séparative des chaussées et les accotements notamment sur les bandes d'arrêt d'urgence ;

2° Au demi-tour ;

3° A la marche arrière ;

4° Au franchissement des lignes longitudinales délimitant les bandes d'arrêt d'urgence ;

5° A l'arrêt et au stationnement sur les chaussées, ne sont pas applicables aux conducteurs des véhicules bénéficiant de facilités de passage lorsqu'ils font usage de leurs avertisseurs spéciaux dans les cas nécessités par l'exercice de leur mission et sous réserve de ne pas mettre en danger les autres usagers. – *[Anc. art. R. 5-2, al. 3, R. 43-6, al. 6 et Arr. du 24 nov. 1967, art. 5, mod. par Arr. du 12 mai 2011.]*

Art. R. 432-4 Les dispositions relatives aux règles :

1° De circulation sur le bord droit de la chaussée ;

2° De circulation sur les routes à sens unique ou à plus de deux voies ;

3° De circulation à une vitesse anormalement réduite ;

4° Imposant un sens de circulation ;

5° De franchissement et de chevauchement des lignes continues ou discontinues ;

6° D'engagement d'un véhicule dans une intersection, ne sont pas applicables aux conducteurs des engins de service hivernal en action de déneigement, de sablage ou de salage lorsqu'ils font usage de leurs avertisseurs spéciaux et sous réserve de ne pas mettre en danger les autres usagers. – *[Anc. art. R. 231-1, al. 4.]*

SECTION 3 **Autres véhicules d'intérêt général**

Art. R. 432-5 Sur autoroute et route express, les dispositions relatives :

1° A la circulation, à l'arrêt et au stationnement sur la bande centrale séparative des chaussées et les accotements notamment sur les bandes d'arrêt d'urgence ;

2° Au demi-tour ;

3° A la marche arrière ;

4° Au franchissement des lignes longitudinales délimitant les bandes d'arrêt d'urgence ;

5° A l'arrêt et au stationnement sur les chaussées ;

(Décr. nº 2010-1390 du 12 nov. 2010, art. 19) « 6° A la vitesse minimale de 80 km/h sur la voie la plus à gauche », ne sont pas applicables aux conducteurs des véhicules d'exploitation des routes lorsqu'ils font usage de leurs avertisseurs spéciaux dans les cas nécessités par l'exercice de leur mission et sous réserve de ne pas mettre en danger les autres usagers. – *[Anc. art. R. 5-2, al. 3, R. 43-6, al. 6 et Arr. du 24 nov. 1967, art. 5, mod. par Arr. du 12 mai 2011.]*

Art. R. 432-6 Sur autoroute, la circulation des véhicules militaires se déplaçant en colonnes ou dont les caractéristiques ne sont pas conformes à celles des véhicules civils autorisés à circuler sur ces voies est admise dans les conditions fixées par arrêté du ministre chargé des transports et du ministre de la défense. – *[Anc. art. R. 43-8.]*

V. Arr. du 4 mars 2005 (JO 5 avr.).

Art. R. 432-7 I. — Les dispositions relatives aux règles d'interdiction d'accès des autoroutes et des routes express à certains véhicules et usagers ne sont pas applicables :

1° Au matériel non immatriculé ou non motorisé des forces de police ou de gendarmerie, des services de lutte contre l'incendie, des services de sécurité, des administrations publiques et des entreprises appelées à travailler sur l'autoroute ou la route express ;

2° Lorsqu'il circule à pied, à bicyclette ou à cyclomoteur, au personnel de ces administrations, services ou entreprises ainsi qu'à celui des autres administrations publiques dont la présence serait nécessaire sur l'autoroute ou la route express et à celui des concessionnaires ou permissionnaires autorisés à occuper le domaine public de l'autoroute ou de la route express.

II. — A l'exception du matériel appartenant aux forces de police ou de gendarmerie et aux services de lutte contre l'incendie et du personnel de ces services, ces véhicules ou ce personnel doivent être munis d'une autorisation spéciale délivrée, pour les autoroutes, par le préfet ou, sur délégation de celui-ci, par le directeur départemental de l'équipement. – *[Anc. art. R. 43-4, al. 1er à 3, et Arr. du 24 nov. 1967, art. 5, mod. par Arr. du 12 mai 2011.]*

CHAPITRE III **TRANSPORTS EXCEPTIONNELS ET ENSEMBLES DE VÉHICULES COMPORTANT PLUS D'UNE REMORQUE**

SECTION 1 **Transports exceptionnels de marchandises, d'engins ou de véhicules**

Art. R. 433-1 I. — Le transport ou la circulation de marchandises, engins ou véhicules présentant un caractère exceptionnel en raison de leurs dimensions ou de leur

masse *(Décr. n° 2005-1655 du 26 déc. 2005)* **« excédant les limites réglementaires », doit faire l'objet d'une autorisation préalable. Ces dispositions s'appliquent aux catégories de véhicules suivantes :**

1° Véhicule à moteur ou remorque transportant ou destiné au transport de charges indivisibles ;

(Décr. n° 2005-1655 du 26 déc. 2005) **« 2° Véhicule, matériel agricole ou forestier ou leur ensemble, machine agricole automotrice, machine ou instrument agricole remorqué dont les dimensions, y compris les outillages portés amovibles, dépassent une longueur de 25 mètres ou une largeur de 4,50 mètres ;**

« 3° Véhicule à moteur ou remorque à usage forain ;

« 4° Ensemble forain dont la longueur est supérieure à 30 mètres ;

« 5° Véhicule ou engin spécial ;

« 6° Véhicule ou matériel de travaux publics ; » *— V. Arr. du 4 mai 2006 (JO 12 mai), mod. par Arr. du 4 sept. 2007 (JO 19 oct.).*

(Décr. n° 2016-1521 du 10 nov. 2016, art. 3) **« 7° Véhicules qui dépassent les limites fixées aux articles R. 435-2,** *(Décr. n° 2017-15 du 6 janv. 2017, art. 1er-3°, en vigueur le 1er mars 2017)* **« R. 435-4 et R. 435-5 ». »**

(Décr. n° 2017-16 du 6 janv. 2017, art. 6-1° et 16, en vigueur le 1er mars 2017) **« I *bis*. — Par dérogation aux dispositions du I, la circulation de certains véhicules à moteur ou remorques fait l'objet d'une déclaration préalable. Un récépissé attestant de son dépôt est délivré par l'autorité compétente mentionnée au II de l'article R. 433-2. L'arrêté prévu à l'article R. 433-5 précise les conditions et modalités d'application du présent I *bis*, notamment les caractéristiques des véhicules ou remorques concernés. »**

II. — Au sens du présent article on entend par charge indivisible une charge qui ne peut, aux fins de transport par route, être divisée en plusieurs chargements sans frais ou risque de dommages importants et qui ne peut, du fait de ses dimensions ou masse, être transportée par un véhicule dont les dimensions ou la masse respectent elles-mêmes les limites réglementaires.

(Décr. n° 2011-368 du 4 avr. 2011) **« III. —** *(Décr. n° 2017-16 du 6 janv. 2017, art. 6-2° et 16, en vigueur le 1er mars 2017)* **« Le fait de faire circuler un véhicule mentionné au I sans autorisation préfectorale ou un véhicule mentionné au I *bis* sans avoir procédé à une déclaration préalable » est puni de l'amende prévue pour les contraventions de la cinquième classe.**

« *(Décr. n° 2017-16 du 6 janv. 2017, art. 6-2° et 16, en vigueur le 1er mars 2017)* **« Le fait de faire circuler un véhicule mentionné au I sans respecter les prescriptions de l'autorisation préfectorale ou un véhicule mentionné au I *bis* sans respecter les dispositions de l'arrêté prévu à l'article R. 433-5 mentionnées au 8° de cet article » est puni conformément aux dispositions suivantes :**

« 1° Pour le dépassement du poids du véhicule : il est fait application des dispositions du VII de l'article R. 312-4 prévoyant une ou plusieurs contraventions de la quatrième classe ;

« 2° Pour le dépassement de la charge maximale par essieu : il est fait application des dispositions du IV de l'article R. 312-6 prévoyant une ou plusieurs contraventions de la quatrième classe ;

« 3° Pour le non-respect de l'itinéraire autorisé : l'infraction est punie de l'amende prévue pour les contraventions de la cinquième classe ;

« 4° Pour le non-respect d'une prescription liée à la traversée d'un passage à niveau : l'infraction est punie de l'amende prévue pour les contraventions de la cinquième classe ;

« 5° Pour le non-respect d'une autre prescription *(Abrogé par Décr. n° 2017-16 du 6 janv. 2017, art. 6-2° et 16, à compter du 1er mars 2017) **« de l'autorisation préfectorale »*** **: l'infraction est punie de l'amende prévue pour les contraventions de la quatrième classe.**

« Toutefois, pour les dimensions du chargement, l'infraction est punie de l'amende prévue pour les contraventions de la cinquième classe lorsque le dépassement excède les limites de l'autorisation de plus de 20 %. »

(Abrogé par Décr. nº 2011-368 du 4 avr. 2011) ***« IV. — Toutefois, lorsque les prescriptions concernent le poids du véhicule, sa charge maximale par essieu ou les dimensions de son chargement et que le dépassement de ces prescriptions excède les limites de l'autorisation de plus de 20 %, l'amende encourue est celle prévue pour les contraventions de la cinquième classe. »***

V. *[IV.]* **— La récidive de la contravention prévue** *(Décr. nº 2011-368 du 4 avr. 2011)* **« aux 3° et 4° du III » est réprimée conformément à l'article 132-11 du code pénal.**

VI. *[V.]* **— Lorsque le conducteur ne peut présenter** *(Décr. nº 2017-16 du 6 janv. 2017, art. 6-3º et 16, en vigueur le 1er mars 2017)* **« l'arrêté d'autorisation préfectorale » ou n'en respecte pas les dispositions, l'immobilisation du véhicule peut être prescrite dans les conditions prévues aux articles L. 325-1 à L. 325-3.**

(Décr. nº 2017-16 du 6 janv. 2017, art. 6-3º et 16, en vigueur le 1er mars 2017) **« Il en est de même lorsque le conducteur ne peut présenter le récépissé attestant du dépôt d'une déclaration préalable ou ne respecte pas les dispositions de l'arrêté prévu à l'article R. 433-5 mentionnées au 8° de cet article. »**

Sur l'expérimentation, dans les départements du Nord et du Pas-de-Calais, d'un régime de déclaration préalable pour certains transports exceptionnels par dérogation au régime d'autorisation préalable prévu par l'art. R. 433-1, V. Décr. nº 2014-675 du 24 juin 2014 portant expérimentation de la déclaration préalable pour les transports exceptionnels (JO 26 juin) et Arr. du 24 juin 2014 relatif à diverses dispositions à titre expérimental pour les transports exceptionnels (JO 26 juin). Le Décr. nº 2014-675 du 24 juin 2014 est abrogé par Décr. nº 2017-16 du 6 janv. 2017 à compter du 1er mars 2017.

Les autorisations délivrées sur le fondement du I de l'art. R. 433-1 C. route dans sa rédaction applicable avant l'entrée en vigueur du Décr. nº 2017-16 du 6 janv. 2017 demeurent valables jusqu'à leur terme (Décr. préc., art. 17).

En condamnant le dirigeant d'une société propriétaire d'un véhicule constituant un transport exceptionnel pour avoir, en contravention aux art. R. 48, R. 51 et R. 53-2 [C. route, art. R. 433-1, R. 433-5 et R. 411-18] laissé circuler l'engin sans autorisation préalable et sur une partie du réseau routier faisant l'objet d'une interdiction temporaire, une cour d'appel méconnaît l'art. R. 232 C. route selon lequel les contraventions qu'il réprime ne sont imputables qu'au conducteur du véhicule. • Crim. 15 sept. 1992 : *Jurispr. auto 1993. 20.*

Art. R. 433-2 *(Décr. nº 2017-16 du 6 janv. 2017, art. 7-1º et 16, en vigueur le 1er mars 2017)* **« I. — L'autorisation prévue au I de l'article R. 433-1 est délivrée par arrêté du préfet du département du lieu de départ. Elle est valable sur des itinéraires précis ou sur l'ensemble des itinéraires situés sur un réseau routier, départemental ou national, défini dans les conditions prévues à l'article R. 433-2-1.**

« Pour les transports exceptionnels en provenance de l'étranger, l'autorisation est délivrée par le préfet du département d'entrée en France.

« Lorsque le trajet couvre plusieurs départements, l'autorisation est délivrée après accord des préfets des départements traversés. Toutefois, lorsque l'autorisation est délivrée sur un réseau routier défini dans les conditions prévues à l'article R. 433-2-1, l'accord des préfets des départements traversés est présumé donné. »

Le préfet peut délivrer des autorisations valables pour plusieurs voyages. Il peut également délivrer des autorisations individuelles permanentes valables pour une durée déterminée qui ne peut excéder *(Décr. nº 2017-16 du 6 janv. 2017, art. 7-2º et 16, en vigueur le 1er mars 2017)* **« trois » ans.**

L'arrêté du préfet portant autorisation de transport exceptionnel mentionne les mesures à prendre pour faciliter la circulation publique, préserver la sécurité et empêcher tout dommage aux routes, aux ouvrages d'art et aux dépendances du domaine public et, le cas échéant, l'itinéraire à suivre. S'il y a lieu, il est communiqué par le préfet du lieu de départ aux préfets des départements traversés afin de permettre à ces derniers de prendre toutes mesures de police nécessaires.

(Décr. nº 2017-16 du 6 janv. 2017, art. 7-3º et 16, en vigueur le 1er mars 2017) **« II. — La déclaration préalable prévue au I *bis* de l'article R. 433-1 est effectuée auprès du préfet du département du lieu de départ. Elle est valable sur l'ensemble des itinéraires situés sur un réseau routier, départemental ou national, défini dans les conditions prévues à l'article R. 433-2-1 ainsi que sur d'éventuels raccordements à ce réseau n'excédant pas vingt kilomètres.**

« Pour les transports exceptionnels en provenance de l'étranger, la déclaration est effectuée auprès du préfet du département d'entrée en France.

« La déclaration permet de circuler pendant une durée qui ne peut excéder trois ans. »

(Décr. n° 2011-335 du 28 mars 2011 ; Décr. n° 2017-16 du 6 janv. 2017, art. 7-4° et 16, en vigueur le 1er mars 2017) « III. — Le fait pour tout usager de contrevenir aux indications des conducteurs de véhicules de guidage mentionnés à l'article R. 433-17 et mettant en œuvre les mesures de circulation précisées par l'arrêté du préfet autorisant le transport exceptionnel est puni de l'amende prévue pour les contraventions de la quatrième classe. »

Concernant les demandes d'autorisation de transport exceptionnel prévue à l'art. R. 433-1, le silence gardé par l'administration pendant un délai de deux mois vaut, par exception, décision de rejet (Décr. n° 2014-1294 du 23 oct. 2014, JO 1er nov.).

Art. R. 433-2-1 *(Décr. n° 2017-16 du 6 janv. 2017, art. 8 et 16, en vigueur le 1er mars 2017)* Les réseaux routiers départementaux sont définis par arrêté des préfets de département concernés, après avis des autorités gestionnaires des voies empruntées. Cet arrêté précise les éventuelles restrictions à la circulation.

Les réseaux routiers nationaux sont définis par arrêté du ministre chargé de la sécurité routière et du ministre chargé des transports en agrégeant les réseaux routiers départementaux définis à l'alinéa précédent.

V. Arr. du 5 juill. 2017 définissant les réseaux routiers à portée nationale de transports exceptionnels (JO 8 juill.), mod. par Arr. du 7 nov. 2017 (JO 17 nov.), par Arr. du 25 janv. 2018 (JO 6 févr.), par Arr. du 1er oct. 2018 (JO 6 oct.), par Arr. du 9 avr. 2019 (JO 18 avr.), par Arr. du 26 nov. 2019 (JO 15 févr. 2020), par Arr. du 10 déc. 2020 (JO 24 déc.), par Arr. du 26 mai 2021 (JO 10 juin) et par Arr. du 2 nov. 2021 (JO 18 nov.).

Art. R. 433-2-2 *(Décr. n° 2017-16 du 6 janv. 2017, art. 8 et 16, en vigueur le 1er mars 2017)* La circulation des transports exceptionnels est préalablement signalée aux autorités chargées des services des voiries concernées selon les modalités définies par l'arrêté prévu à l'article R. 433-5.

Le conducteur d'un transport exceptionnel doit justifier avoir procédé au signalement de son passage prévu au premier alinéa en cas de réquisition des agents de l'autorité compétente.

Le fait de contrevenir aux dispositions du deuxième alinéa est puni de l'amende prévue pour les contraventions de la quatrième classe.

L'immobilisation du véhicule peut être prescrite dans les conditions prévues aux articles L. 325-1 à L. 325-3.

Art. R. 433-3 I. — Lorsque des besoins locaux permanents le justifient, le transport de marchandises ou la circulation de véhicules présentant un caractère exceptionnel en raison de leurs dimensions ou de leur masse, lesquelles ne respectent pas les limites réglementaires, peut être réglementé par arrêté du préfet du département dans lequel est effectué le déplacement. Ces dispositions s'appliquent exclusivement aux catégories de véhicules ou de marchandises suivantes :

1° Pièce indivisible de grande longueur ;

2° Bois en grume ;

3° Matériel et engin de travaux publics ;

4° Conteneur.

II. — Le cas échéant, pour les besoins de l'exploitation, ce déplacement peut s'effectuer au-delà du département, mais seulement dans les départements limitrophes et sous réserve que des mesures similaires aient été arrêtées dans ces départements.

III. — L'arrêté du préfet est établi conformément à l'un des arrêtés types prévu au 7° de l'article R. 433-5.

(Décr. n° 2011-368 du 4 avr. 2011 ; Décr. n° 2012-516 du 18 avr. 2012) « IV. — Le fait de faire circuler un véhicule visé au présent article sans respecter les prescriptions de l'arrêté préfectoral est puni conformément aux dispositions des III, V et VI de l'article R. 433-1. »

(Abrogé par Décr. n° 2011-368 du 4 avr. 2011) ***« V. — Toutefois, lorsque les prescriptions concernent le poids du véhicule, sa charge maximale par essieu ou les dimensions de son chargement et que le dépassement de ces prescriptions excède de plus de 20 % les limites fixées par l'arrêté du préfet, l'amende encourue est celle prévue pour les contraventions de la cinquième classe.***

« VI. — La récidive de la contravention prévue au V est réprimée conformément à l'article 132-11 du code pénal.

« VII. — Lorsque le conducteur ne peut présenter l'arrêté préfectoral ou n'en respecte pas les dispositions, l'immobilisation du véhicule peut être prescrite dans les conditions prévues aux articles L. 325-1 à L. 325-3. »

Attelage des animaux : R. 434-1 s.

Art. R. 433-4 **I. — La circulation des véhicules effectuant des transports exceptionnels est interdite :**

(Abrogé par Décr. n° 2012-516 du 18 avr. 2012) ***« 1° Sur autoroute ; toutefois, le préfet qui a délivré l'autorisation de transport exceptionnel, peut accorder des dérogations à cette interdiction dans les conditions déterminées par l'arrêté conjoint prévu à l'article R. 433-5 ; »***

1° Sur l'ensemble du réseau routier et autoroutier du samedi ou veille de fête douze heures au lundi ou lendemain de fête six heures ; toutefois, le préfet qui a délivré l'autorisation de transport exceptionnel, peut, en cas de nécessité absolue et en tenant compte des circonstances locales, après avis le cas échéant des préfets des départements traversés, accorder des dérogations à cette interdiction ;

2° Pendant les périodes et sur les itinéraires d'interdiction de circulation des véhicules de transport de marchandises et de transport de matières dangereuses, définis chaque année par arrêté du ministre de l'intérieur et du ministre chargé des transports ;

3° Pendant la fermeture des barrières de dégel, sur les itinéraires qu'elles concernent ;

4° Par temps de neige ou de verglas ou lorsque la visibilité est insuffisante. — *Les 2°, 3°, 4° et 5° sont devenus respectivement les 1°, 2°, 3° et 4° en application des dispositions du Décr. n° 2012-516 du 18 avr. 2012.*

II. — Le fait, pour tout conducteur, de ne pas respecter les interdictions de circulation mentionnées au présent article est puni de l'amende prévue pour les contraventions de la quatrième classe.

III. — L'immobilisation du véhicule peut être prescrite dans les conditions prévues aux articles L. 325-1 à L. 325-3.

Art. R. 433-5 **Un arrêté conjoint des ministres chargés de** *(Décr. n° 2017-16 du 6 janv. 2017, art. 9-1° et 16, en vigueur le 1er mars 2017)* **« la sécurité routière »** *(Décr. n° 2012-516 du 18 avr. 2012)* **« et des transports » fixe les conditions d'application de la présente section, et notamment :**

1° Les règles particulières de circulation des convois exceptionnels ;

2° Les périodes et les itinéraires d'interdiction de circulation ;

3° Les conditions dans lesquelles les accords des préfets des départements traversés sont recueillis ;

4° Les dispositifs spécifiques de signalisation des convois exceptionnels ainsi que les conditions dans lesquelles le préfet peut les compléter ;

5° Les conditions d'accompagnement des convois ;

6° Les dispositifs de signalisation et d'équipement des véhicules d'accompagnement ;

7° Les arrêtés types préfectoraux mentionnés à l'article R. 433-3 ;

(Décr. n° 2017-16 du 6 janv. 2017, art. 9-2° et 16, en vigueur le 1er mars 2017) **« 8° Les dimensions et les masses maximales des transports exceptionnels soumis à la déclaration préalable ainsi que les modalités de la procédure de déclaration préalable ;**

« 9° Les conditions et les modalités du signalement préalable du passage d'un transport exceptionnel aux autorités chargées des services des voiries concernées ;

« 10° Les modalités de définition des réseaux routiers départementaux et nationaux mentionnés à l'article R. 433-2-1. »

V. Arr. du 4 mai 2006, App., v° Transports routiers.

Art. R. 433-6 Les dispositions de la présente section ne sont applicables ni aux convois et aux transports militaires ni aux véhicules des unités d'instruction et d'intervention de la sécurité civile, qui font l'objet de règles particulières.

SECTION 2 Transports exceptionnels de personnes

Art. R. 433-7 I. — Lorsque des besoins locaux spécifiques de transport de personnes le justifient, notamment du fait de l'affluence du public et des caractéristiques géographiques du lieu, le préfet du département autorise par arrêté la circulation de véhicules et d'ensembles de véhicules présentant un caractère exceptionnel en raison de leurs dimensions ou de leur masse, ne respectant pas les limites réglementaires, à condition que ces véhicules garantissent la sécurité des personnes et la protection de l'environnement.

II. — L'arrêté du préfet précise les conditions d'utilisation de ces véhicules et les itinéraires empruntés.

(Décr. nº 2011-368 du 4 avr. 2011) « III. — Le fait de faire circuler un véhicule visé au présent article sans autorisation préfectorale est puni de l'amende prévue pour les contraventions de la cinquième classe.

« Le fait de faire circuler un véhicule visé au présent article sans respecter les prescriptions de l'autorisation préfectorale est puni conformément aux dispositions suivantes :

« 1° Pour le dépassement du poids du véhicule : il est fait application des dispositions du VII de l'article R. 312-4 prévoyant une ou plusieurs contraventions de la quatrième classe ;

« 2° Pour le dépassement de la charge maximale par essieu : il est fait application des dispositions du IV de l'article R. 312-6 prévoyant une ou plusieurs contraventions de la quatrième classe ;

« 3° Pour le non-respect de l'itinéraire autorisé : l'infraction est punie de l'amende prévue pour les contraventions de la cinquième classe ;

« 4° Pour le non-respect d'une prescription liée à la traversée d'un passage à niveau : l'infraction est punie de l'amende prévue pour les contraventions de la cinquième classe ;

« 5° Pour le non-respect d'une autre prescription de l'autorisation préfectorale : l'infraction est punie de l'amende prévue pour les contraventions de la quatrième classe.

« Toutefois, pour les dimensions du chargement ou le nombre de personnes transportées, l'infraction est punie de l'amende prévue pour les contraventions de la cinquième classe lorsque le dépassement excède les limites de l'autorisation de plus de 20 %. »

(Abrogé par Décr. nº 2011-368 du 4 avr. 2011) « IV. — Toutefois, lorsque les prescriptions concernent le poids du véhicule, sa charge maximale par essieu, les dimensions de son chargement ou le nombre de personnes transportées et que le dépassement de ces prescriptions excède les limites de l'autorisation de plus de 20 %, l'amende encourue est celle prévue pour les contraventions de la cinquième classe. »

V. *[IV.]* — La récidive de la contravention prévue *(Décr. nº 2011-368 du 4 avr. 2011)* « aux 3° et 4° du III » est réprimée conformément à l'article 132-11 du code pénal.

VI. *[V.]* — Lorsque le conducteur ne peut présenter l'autorisation préfectorale ou n'en respecte pas les dispositions, l'immobilisation du véhicule peut être prescrite dans les conditions prévues aux articles L. 325-1 à L. 325-3.

SECTION 3 Ensembles de véhicules comportant plus d'une remorque

Art. R. 433-8 La circulation des ensembles de véhicules comprenant plus d'une remorque est interdite.

Toutefois, est autorisée la circulation des ensembles comprenant deux remorques, dans des conditions fixées par arrêté du ministre chargé des transports, et des trains doubles. — *V. Arr. du 13 avr. 1995, App., vº Transports routiers.*

Par ailleurs, la circulation des autres ensembles comprenant plusieurs remorques ou des ensembles composés d'un véhicule articulé et d'une remorque est autorisée sous réserve d'avoir obtenu une autorisation du préfet délivrée dans les conditions prévues pour les transports exceptionnels de marchandises, d'engins ou de véhicules.

Le fait, pour tout conducteur, de faire circuler un ensemble de véhicules sans respecter les conditions fixées par le présent article ou sans l'autorisation préfectorale exigée ou sans en respecter les prescriptions est puni de l'amende prévue pour les contraventions de la *(Décr. nº 2011-368 du 4 avr. 2011)* « quatrième classe ».

L'immobilisation du véhicule peut être prescrite dans les conditions prévues aux articles L. 325-1 à L. 325-3.

SECTION 4 **Transports de bois ronds**

(Décr. nº 2009-780 du 23 juin 2009)

Art. R. 433-9 Les transports de bois ronds présentant un caractère exceptionnel en raison de leur poids, excédant la limite réglementaire de 40 tonnes de poids total roulant autorisé pour les ensembles de véhicules de plus de quatre essieux, sont autorisés dans les conditions prévues à la présente section.

Constitue un bois rond toute portion de tronc ou de branche d'arbre obtenue par tronçonnage.

Art. R. 433-10 A l'intérieur d'un département, les itinéraires sur lesquels la circulation des véhicules transportant des bois ronds est autorisée dans les conditions prévues à la présente section, sont définis par un arrêté du préfet, pris après consultation des gestionnaires du domaine routier pour ce qui concerne les voies relevant de leur compétence. Ils disposent d'un délai de deux mois pour émettre leur avis.

Le préfet fixe par le même arrêté les conditions de circulation des véhicules concernés.

Les itinéraires sont déterminés afin de permettre la desserte des massifs forestiers et des industries de la première transformation du bois en veillant à la continuité entre départements.

Art. R. 433-11 L'existence d'une alternative économiquement viable au transport routier s'apprécie pour chaque liaison au regard des critères de coût, de délais d'acheminement et de qualité de service.

Les entreprises réceptionnaires de bois ronds remettent aux transporteurs une attestation sur l'honneur faisant état d'une absence d'alternative économiquement viable au transport routier. Une copie de cette attestation est en permanence à bord de chaque véhicule concerné.

Les entreprises réceptionnaires de bois ronds dont le chiffre d'affaires est supérieur à cinq millions d'euros établissent annuellement un plan de transport qu'elles communiquent au préfet de région à sa demande. L'entreprise dispose d'un délai d'un mois après la demande du préfet de région pour adresser son plan de transport. Ce plan présente les flux de transport de bois ronds approvisionnant l'entreprise, et précise les modes et les itinéraires utilisés à partir d'une analyse des alternatives économiquement viables au transport routier. Il précise les modalités prises par l'entreprise pour s'assurer du respect des charges autorisées fixées à l'article R. 433-12.

Lorsqu'il estime que le plan de transport établi par l'entreprise ne permet pas de justifier d'une absence d'alternative économiquement viable au transport routier, le préfet en informe l'entreprise et l'invite à faire valoir ses observations dans un délai de deux mois. Si le préfet confirme son appréciation, il met en demeure l'entreprise qui dispose d'un délai de deux mois pour procéder aux modifications nécessaires et adapter ses choix modaux.

Le préfet de région peut également demander que lui soit communiqué un bilan d'exécution du plan de transport de l'entreprise réceptionnaire selon une périodicité annuelle. L'entreprise précise les modifications intervenues ou envisagées.

Le fait, pour l'entreprise réceptionnaire des bois ronds, de ne pas communiquer au préfet de région le plan de transport ou le bilan de son exécution conformément aux dispositions des troisième et cinquième alinéas du présent article est puni de l'amende prévue pour les contraventions de la quatrième classe.

Le fait, pour l'entreprise réceptionnaire des bois ronds, après mise en demeure par le préfet de région demeurée sans effet, de ne pas recourir à un mode de transport non routier constituant une alternative économiquement viable au transport routier est puni de l'amende prévue pour les contraventions de la cinquième classe.

L'entreprise de transport s'assure de la présence de l'attestation prévue au deuxième alinéa à bord des véhicules. L'absence de ces documents à bord est punie de l'amende prévue par les contraventions de la quatrième classe.

Un arrêté du ministre chargé des transports fixe les modalités d'application du présent article.

Art. R. 433-12 Le poids total roulant autorisé d'un véhicule articulé, d'un ensemble composé d'un véhicule à moteur et d'une remorque ou d'un train double ne peut excéder :

48 tonnes pour les véhicules articulés ou les trains routiers à 5 essieux ;

57 tonnes pour les véhicules articulés et les trains routiers à 6 essieux et plus ;

57 tonnes pour les ensembles composés d'un train double à 7 essieux et plus.

Un arrêté du ministre chargé des transports fixe les conditions d'application des limites des poids totaux roulants autorisés précités.

En outre, les véhicules et ensembles de véhicules concernés sont soumis aux dispositions de l'article R. 321-17.

(Décr. nº 2011-368 du 4 avr. 2011) « Toute infraction aux dispositions du présent article ou à celles prises pour son application est punie conformément aux dispositions du VII de l'article R. 312-4. »

En cas de dépassement excédant 5 % du poids autorisé, l'immobilisation du véhicule peut être prescrite dans les conditions prévues aux articles L. 325-1 à L. 325-3 du présent code.

Art. R. 433-13 Les dispositions réglementaires relatives aux charges maximales à l'essieu pour les ensembles de véhicules effectuant un transport de bois ronds sont celles prévues aux articles R. 312-5 et R. 312-6.

Art. R. 433-14 Tout ensemble de véhicules de plus de 44 tonnes de poids total roulant autorisé qui effectue un transport de bois ronds doit disposer d'un équipement ou de documents se trouvant à bord permettant au conducteur de connaître le poids total roulant réel de l'ensemble.

Le non-respect de cette disposition est puni de l'amende prévue pour les contraventions de la quatrième classe.

Art. R. 433-15 La longueur totale des ensembles de véhicules composés d'un tracteur équipé d'une grue et d'un arrière-train forestier ne peut excéder 18,75 mètres.

En cas de non-respect de ces dispositions, il est fait application des IV, V, VI et VII de l'article R. 312-11.

Art. R. 433-16 I. — La circulation des véhicules transportant des bois ronds est interdite :

a) Sur autoroute pour les ensembles de véhicules qui ne pourraient pas atteindre une vitesse en palier de 50 km/h ;

b) Sur l'ensemble du réseau routier et autoroutier du samedi ou veille de fête à 12 heures au lundi et lendemain de fête à 6 heures. Toutefois, le préfet peut, en cas de nécessité absolue et en tenant compte des circonstances locales, accorder des dérogations à cette interdiction ;

c) Par temps de neige ou de verglas ou lorsque la visibilité est insuffisante.

II. — Le fait, pour tout conducteur, de ne pas respecter les interdictions de circulation mentionnées au présent article est puni de l'amende prévue pour les contraventions de la quatrième classe.

III. — L'immobilisation du véhicule peut être prescrite dans les conditions prévues aux articles L. 325-1 à L. 325-3.

I. — Le Décr. nº 2009-780 du 23 juin 2009 entre en vigueur à compter du 9 juill. 2009, sous réserve des dispositions des II à VI ci-dessous.

II. — Les dispositions de l'art. R. 433-14 C. route s'appliquent à compter du 1er juill. 2010 pour les véhicules neufs et à compter du 1er janv. 2015 pour l'ensemble des véhicules.

III. — Par dérogation à l'art. R. 433-12 C. route et jusqu'au 1er janv. 2015, les ensembles de véhicules mis en circulation avant le 9 juill. 2009 et disposant d'une attestation de caractéristiques techniques établie dans le cadre des dispositions applicables avant cette date au transport de bois ronds peuvent poursuivre cette activité dans les limites du poids total roulant autorisé fixées ci-dessous :

52 tonnes si l'ensemble considéré comporte 5 essieux ;

57 tonnes si l'ensemble considéré comporte 6 essieux ou plus.

IV. — De même, par dérogation à l'art. R. 433-13 C. route et jusqu'au 1er janv. 2015, les ensembles de véhicules mis en circulation avant le 9 juill. 2009 et disposant d'une attestation de caractéristiques techniques établie dans le cadre des dispositions applicables avant cette date au transport de bois ronds peuvent poursuivre cette activité dans les limites des charges maximales à l'essieu définies par un arrêté du ministre chargé des transports.

V. — Toute infraction aux dispositions du III ci-dessus ou à celles prises pour son application est punie conformément aux dispositions du VII et du X de l'art. R. 312-4.

VI. — Toute infraction aux dispositions du IV ci-dessus ou à celles prises pour son application est punie conformément aux dispositions des IV et V de l'art. R. 312-6 (Décr. nº 2009-780 du 23 juin 2009, art. 4, mod. par Décr. nº 2011-368 du 4 avr. 2011, art. 19).

SECTION 5 **Accompagnement des transports exceptionnels**

(Décr. nº 2011-335 du 28 mars 2011)

BIBL. ▶ MARCHAC, *Dr. transp. 2011. Alerte 67* (transports exceptionnels : difficile privatisation des escortes).

Art. R. 433-17 **L'accompagnement des transports exceptionnels est constitué par des véhicules de protection et des véhicules de guidage.**

Au sens de la présente section, on entend par :

— véhicules de protection : le véhicule pilote placé devant le convoi ou le train de convois et le véhicule de protection arrière qui suit le convoi ou le train de convois ;

— véhicules de guidage : le ou les véhicules destinés à guider le convoi ou le train de convois.

Un arrêté conjoint des ministres chargés des transports et de l'intérieur fixe les caractéristiques applicables à ces véhicules.

A titre transitoire et jusqu'au 30 juin 2011 au plus tard, le guidage des transports exceptionnels peut être remplacé par l'escorte assurée par les services de la police et la gendarmerie nationales, dans les conditions fixées par l'arrêté prévu à l'art. R. 433-5 C. route, dans sa rédaction en vigueur à la date de publication du Décr. nº 2011-335 du 28 mars 2011.

Art. R. 433-18 **I. — Tout conducteur de véhicule de protection ou de véhicule de guidage destiné à l'accompagnement des transports exceptionnels doit avoir, préalablement à l'exercice de son activité de conduite, satisfait à une obligation de formation professionnelle initiale comportant la fréquentation de cours et sanctionnée par un examen.**

La formation destinée aux conducteurs de véhicules de protection est accessible aux personnes titulaires du permis de conduire de la catégorie B, dont le délai probatoire défini à l'article L. 223-1 est expiré.

La formation destinée aux conducteurs de véhicules de guidage est accessible aux personnes âgées de vingt et un ans au moins et titulaires des permis de conduire des catégories A et B dont le délai probatoire défini à l'article L. 223-1 est expiré, ainsi que de l'attestation de formation aux premiers secours ou de prévention et secours civiques de niveau 1.

II. — Pour s'établir en France, est considéré comme qualifié pour exercer les activités mentionnées au I tout ressortissant d'un État membre de l'Union européenne ou d'un État partie à l'accord sur l'Espace économique européen, dès lors qu'il produit les pièces justificatives émanant de l'autorité compétente d'un de ces États prouvant

qu'il possède la qualification conforme aux conditions fixées par le présent code pour y exercer ces activités.

III. — Par dérogation au I, tout ressortissant d'un État membre de l'Union européenne ou d'un État partie à l'accord sur l'Espace économique européen, légalement établi, pour l'exercice des activités mentionnées au I, dans un de ces États, peut exercer ces activités de façon temporaire et occasionnelle en France.

Toutefois, lorsque ces activités ou la formation y conduisant ne sont pas réglementées dans l'État d'établissement, le prestataire doit avoir exercé ces activités dans cet État pendant au moins deux ans au cours des dix années qui précèdent la prestation.

Lorsque le prestataire fournit pour la première fois une prestation en France, il en informe au préalable l'autorité compétente par une déclaration écrite qui donne lieu à une vérification de ses qualifications professionnelles. Les conditions d'application du présent alinéa sont fixées par arrêté du ministre chargé des transports.

IV. — Les fonctionnaires des services actifs de la police nationale et les militaires de la gendarmerie nationale ayant cessé leur activité sont dispensés de l'obligation de formation professionnelle initiale mentionnée au I s'ils ont exercé une activité d'escorte des transports exceptionnels durant les cinq années qui précèdent leur reprise d'activité en qualité de conducteur de véhicule d'accompagnement.

Cette situation est justifiée par une attestation d'exercice de l'activité de conducteur de véhicule d'escorte de transports exceptionnels délivrée, selon le cas, par l'autorité civile ou militaire dont dépendait le conducteur lorsqu'il était en activité. Le contenu de cette attestation est fixé par arrêté du ministre chargé des transports.

V. — Tout conducteur de véhicule de protection ou de véhicule de guidage doit effectuer un stage de formation continue tous les cinq ans.

Les conducteurs mentionnés au I doivent effectuer leur premier stage de formation professionnelle continue cinq ans après l'obtention de l'attestation de formation professionnelle initiale.

Les conducteurs mentionnés au IV doivent effectuer leur premier stage de formation continue dans un délai de deux ans après leur reprise d'activité en qualité de conducteur de véhicule d'accompagnement des transports exceptionnels.

Les conducteurs qui ont exercé une activité de conduite de véhicule de protection pendant au moins 300 heures au cours des douze mois précédant la date de publication du Décr. n° 2011-335 du 28 mars 2011 sont réputés avoir satisfait à l'obligation de formation initiale de conducteur de véhicule de protection. Cette situation est justifiée par une attestation d'exercice de l'activité de conducteur de véhicule de protection délivrée avant le 1er janv. 2012 par le chef de l'entreprise ou par l'autorité militaire pour laquelle le conducteur a exercé son activité. Les conditions de délivrance de cette attestation et son contenu sont fixés par arrêté du ministre chargé des transports.

Doivent satisfaire pour la première fois, et avant le 1er janv. 2012, à l'obligation de formation professionnelle continue mentionnée au V de l'art. R. 433-18 C. route les conducteurs titulaires de l'attestation d'exercice de l'activité de conducteur de véhicule de protection.

V. Arr. du 2 mai 2011 relatif aux modalités de mise en œuvre de la formation professionnelle initiale et continue des conducteurs des véhicules destinés à l'accompagnement des transports exceptionnels (JO 8 mai), mod. par Arr. du 6 nov. 2017 (JO 29 nov.).

Art. R. 433-19 I. — Le programme, la durée et les modalités de mise en œuvre des formations prévues à l'article R. 433-18 sont fixés par arrêté du ministre chargé des transports.

II. — Les formations mentionnées à l'article R. 433-18 sont dispensées dans le cadre des établissements agréés mentionnés aux articles R. 3314-19 à R. 3314-24 du code des transports.

III. — L'organisme de formation délivre au conducteur ayant satisfait aux obligations de formation initiale ou continue mentionnées à l'article R. 433-18 une attestation dont le contenu est défini par arrêté du ministre chargé des transports.

V. Arr. du 2 mai 2011 relatif aux modalités de mise en œuvre de la formation professionnelle initiale et continue des conducteurs des véhicules destinés à l'accompagnement des transports exceptionnels (JO 8 mai), mod. par Arr. du 6 nov. 2017 (JO 29 nov.).

Art. R. 433-20 Tout conducteur de véhicule de protection ou de guidage doit être en mesure de justifier de la régularité de sa situation au regard des obligations de formation professionnelle initiale et continue par la présentation, sur leur demande, aux agents de l'autorité compétente, selon le cas, de l'attestation en cours de validité mentionnée au II de l'article R. 433-18 ou de l'attestation de formation en cours de validité mentionnée au III de l'article R. 433-19.

Le fait, pour tout conducteur de véhicule de protection ou de guidage, de ne pas présenter immédiatement l'attestation en cours de validité prévue au premier alinéa est puni de l'amende prévue pour les contraventions de la quatrième classe.

L'immobilisation du convoi peut être également prescrite dans les conditions prévues aux articles L. 325-1 à L. 325-3.

CHAPITRE IV CONVOIS ET VÉHICULES À TRACTION ANIMALE

Art. R. 434-1 I. — Sauf dans le cas d'un transport exceptionnel ou d'un convoi de véhicules, il ne peut être attelé :

1° Aux véhicules servant au transport des marchandises, plus de cinq chevaux ou bêtes de trait s'il s'agit de véhicules à deux-roues, plus de six bœufs ou de huit chevaux ou autres bêtes de trait s'il s'agit de véhicules à quatre roues sans que, dans ce dernier cas, il puisse y avoir plus de cinq animaux en enfilade ;

2° Aux véhicules servant au transport de personnes, plus de trois chevaux s'il s'agit de véhicules à deux-roues, plus de six s'il s'agit de véhicules à quatre roues.

II. — Toutefois, cette limitation du nombre des animaux d'attelage n'est pas applicable sur les sections de route offrant des rampes d'une déclivité ou d'une longueur exceptionnelles.

III. — Le fait de contrevenir aux dispositions du présent article est puni de l'amende prévue pour les contraventions de la deuxième classe. — *[Anc. art. R. 201, R. 203 et R. 233, al. 1er et 5.]*

Art. R. 434-2 Pour un convoi de deux véhicules, le nombre d'animaux attelés ne peut dépasser quatre pour le premier et deux, attelés de front, pour le deuxième.

Pour un convoi de trois véhicules, seul le premier peut avoir deux animaux attelés, les deuxième et troisième ne devant en comporter qu'un seul.

Les animaux attelés au deuxième véhicule et, éventuellement, au troisième doivent être attachés à l'arrière du véhicule qui les précède et de manière que chacun de ces véhicules ne puisse s'écarter sensiblement de la voie suivie par le précédent.

Le fait de contrevenir aux dispositions du présent article est puni de l'amende prévue pour les contraventions de la deuxième classe. — *[Anc. art. R. 206, R. 207, R. 208, R. 233, al. 1er et 2 et R. 233, al. 1er et 5.]*

Art. R. 434-3 Par dérogation à l'article R. 412-6, un convoi de véhicules à traction animale peut ne comporter qu'un seul conducteur sous réserve que le convoi ne comprenne pas plus de trois véhicules.

Ce conducteur, s'il n'est pas à pied, doit se trouver sur le premier véhicule.

Le fait de contrevenir aux dispositions du présent article est puni de l'amende prévue pour les contraventions de la deuxième classe. — *[Anc. art. R. 2, R. 204, R. 205 et R. 233, al. 1er et 2.]*

Art. R. 434-4 Quand le nombre de bêtes de trait d'un attelage est supérieur à six ou excède cinq en enfilade, il doit être adjoint un aide au conducteur.

Le fait de contrevenir aux dispositions du présent article est puni de l'amende prévue pour les contraventions de la deuxième classe. — *[Anc. art. R. 202 et R. 233, al. 1er et 2.]*

CHAPITRE V AUTRES VÉHICULES

(Décr. n° 2005-1655 du 26 déc. 2005)

Les art. R. 436-1, R. 437-1 et R. 437-2 deviennent les art. R. 435-3, R. 435-4 et R. 435-5 (Décr. n° 2017-15 du 6 janv. 2017, art. 1er-4°, en vigueur le 1er mars 2017).

SECTION 1 Véhicules et matériels agricoles ou forestiers

Art. R. 435-1 I. — La circulation des véhicules et matériels agricoles ou forestiers et de leurs ensembles dont les dimensions, y compris les outillages portés amovibles, dépassent les limites réglementaires définies au chapitre II du livre III du présent code, et celle des machines agricoles automotrices et des machines et instruments agricoles remorqués d'une largeur supérieure à 2,55 mètres, est soumise, lorsque leur longueur n'excède pas 25 mètres et leur largeur 4,50 mètres, à des règles particulières fixées par arrêté conjoint *(Décr. nº 2010-774 du 8 juill. 2010)* « du ministre chargé des transports et du ministre de l'intérieur ».

Cet arrêté précise notamment :

1° Les périodes et les itinéraires d'interdiction de circulation ;

2° Les dispositifs spécifiques de signalisation ;

3° Les conditions et les modalités d'accompagnement.

II. — Le fait de contrevenir aux dispositions du présent article et à celles prises pour son application est puni de l'amende prévue pour les contraventions de la quatrième classe.

III. — L'immobilisation du véhicule peut être prescrite dans les conditions prévues aux articles L. 325-1 à L. 325-3.

V. Arr. du 4 mai 2006 (JO 12 mai), mod. par Arr. du 19 juill. 2006 (JO 20 juill.) et par Arr. du 12 juill. 2021 (JO 23 juill.).

Art. R. 435-2 *(Décr. nº 2016-1521 du 10 nov. 2016, art. 1er)* I. — La circulation des machines agricoles ou forestières automotrices définies au 5.4 de l'article R. 311-1 à deux essieux, ainsi que des machines et instruments agricoles ou forestiers remorqués définis au 5.3 de l'article R. 311-1 à deux essieux, et dont les poids dépassent les limites réglementaires définies au chapitre II du livre III du présent code sans excéder ni un poids total autorisé en charge de 26 tonnes, ni une charge à l'essieu de 14 tonnes, est soumise à des règles particulières fixées par arrêté conjoint du ministre chargé des transports et du ministre de l'intérieur.

Cet arrêté précise notamment :

1° Les périodes et les itinéraires d'interdiction de circulation ;

2° Les dispositifs spécifiques de signalisation ;

3° Les conditions et modalités d'accompagnement ;

4° Les équipements spécifiques liés aux conditions de leur exploitation.

II. — Le fait de contrevenir aux dispositions du présent article et à celles prises pour son application est puni de l'amende prévue pour les contraventions de la quatrième classe.

III. — L'immobilisation du véhicule peut être prescrite dans les conditions prévues aux articles L. 325-1 à L. 325-3.

V. note ss. art. R. 435-1.

SECTION 2 Ensembles forains

Art. R. 435-3 I. — La circulation des ensembles forains transportant des équipements ou animaux destinés à la présentation d'une attraction foraine, dont la longueur dépasse les limites réglementaires définies au chapitre II du livre III du présent code sans excéder 30 mètres, est soumise à des règles particulières fixées par un arrêté conjoint *(Décr. nº 2010-774 du 8 juill. 2010)* « du ministre chargé des transports et du ministre de l'intérieur ». Chacun des éléments composant cet ensemble doit respecter les limites réglementaires précitées.

Cet arrêté précise notamment :

1° Les périodes et les itinéraires d'interdiction de circulation ;

2° Les dispositifs spécifiques de signalisation ;

3° Les conditions et les modalités d'accompagnement.

II. — Le fait de contrevenir aux dispositions du présent article et à celles prises pour son application est puni de l'amende prévue pour les contraventions de la quatrième classe.

III. — L'immobilisation du véhicule peut être prescrite dans les conditions prévues aux articles L. 325-1 à L. 325-3. – *[Anc. art. R. 436-1].*
V. Arr. du 4 mai 2006 (JO 12 mai).

SECTION 3 **Véhicules automoteurs spéciaux**

(Décr. n° 2016-1521 du 10 nov. 2016, art. 2)

Art. R. 435-4 I. — La circulation des dépanneuses définies au 6.8 de l'article R. 311-1 à quatre essieux et dont les poids dépassent les limites réglementaires définies au chapitre II du livre III du présent code sans excéder ni une charge à l'essieu de 14 tonnes, ni un poids total autorisé en charge de 48 tonnes, ni un poids total roulant autorisé de 60 tonnes, est soumise à des règles particulières fixées par arrêté conjoint du ministre chargé des transports et du ministre de l'intérieur.

Cet arrêté précise notamment :

1° Les périodes et les itinéraires d'interdiction de circulation ;

2° Les dispositifs spécifiques de signalisation ;

3° Les équipements spécifiques liés aux conditions de leur exploitation.

II. — Le fait de contrevenir aux dispositions du présent article et à celles prises pour son application est puni de l'amende prévue pour les contraventions de la quatrième classe.

III. — L'immobilisation du véhicule peut être prescrite dans les conditions prévues aux articles L. 325-1 à L. 325-3. – *[Anc. art. R. 437-1].*

Art. R. 435-5 I. — La circulation, dans le cadre de leur mission, des véhicules d'intérêt général prioritaire de lutte contre l'incendie définis au 6.5 de l'article R. 311-1 à trois ou quatre essieux et dont les poids et dimensions dépassent les limites réglementaires définies au chapitre II du livre III du présent code, sans excéder ni une charge à l'essieu de 14 tonnes, ni un poids total autorisé en charge de 42 tonnes pour les véhicules à trois essieux ou de 56 tonnes pour les véhicules à quatre essieux, ni une largeur de 3 mètres, est soumise à des règles particulières fixées par arrêté conjoint du ministre chargé des transports et du ministre de l'intérieur.

Cet arrêté précise notamment :

1° Les dispositifs spécifiques de signalisation ;

2° Les équipements spécifiques liés aux conditions de leur exploitation.

II. — Le fait de contrevenir aux dispositions du présent article et à celles prises pour son application est puni de l'amende prévue pour les contraventions de la quatrième classe.

III. — L'immobilisation du véhicule peut être prescrite dans les conditions prévues aux articles L. 325-1 à L. 325-3. – *[Anc. art. R. 437-2].*

Art. R. 435-6 *(Décr. n° 2017-15 du 6 janv. 2017, art. 1er-5°, en vigueur le 1er mars 2017)* I. — La circulation d'un bateau amphibie défini au 6.12 de l'article R. 311-1 est soumise à une déclaration préalable auprès du préfet de département du point d'entrée sur le domaine public routier.

Un arrêté conjoint du ministre chargé des transports et du ministre chargé de la sécurité routière fixe les conditions d'application du présent I, notamment :

1° Le contenu et les modalités de la déclaration préalable et de délivrance du récépissé de déclaration ;

2° Les règles particulières de circulation des bateaux amphibies ;

3° Les dispositifs de signalisation et d'équipement de ces bateaux.

II. — Le fait de faire circuler un bateau amphibie sans avoir procédé à la déclaration préalable et obtenu un récépissé de déclaration est puni de l'amende prévue pour les contraventions de la cinquième classe.

Le fait de faire circuler un bateau amphibie sans respecter les prescriptions du récépissé de déclaration préalable ou les dispositions de l'arrêté prévu au deuxième alinéa du I est puni de l'amende prévue pour les contraventions de la quatrième classe.

Le fait de ne pas présenter le récépissé de déclaration préalable immédiatement aux agents de l'autorité compétente est puni de l'amende prévue pour les contraventions de la première classe.

III. — L'immobilisation du véhicule peut être prescrite dans les conditions prévues aux articles L. 325-1 à L. 325-3.

V. Arr. du 10 mars 2017 relatif à la circulation des bateaux amphibies sur le domaine public routier (JO 24 mars).

TITRE IV DISPOSITIONS RELATIVES À L'OUTRE-MER

CHAPITRE I DISPOSITIONS PARTICULIÈRES À LA COLLECTIVITÉ TERRITORIALE DE SAINT-PIERRE-ET-MIQUELON

Art. R. 441-1 Pour l'application des dispositions du présent livre dans la collectivité territoriale de Saint-Pierre-et-Miquelon, les termes énumérés ci-après sont remplacés comme suit :

1° "départementales" par "territoriales" ;
2° "départementale" par "territoriale" ;
3° "département" par "collectivité territoriale" ;
4° "service départemental de la jeunesse et des sports" par "direction territoriale de la jeunesse et des sports" ;
5° "départements" par "collectivité territoriale" ;
6° "départementaux" par "territoriaux" ;
7° "directeur départemental de l'équipement" par "directeur de l'équipement" ;
8° "départemental" par "territorial".

Art. R. 441-2 L'article R. 411-1 n'est pas applicable dans la collectivité territoriale de Saint-Pierre-et-Miquelon.

Art. R. 441-3 Les règles relatives aux modalités d'application de l'article L. 131-3 du code des communes applicable dans la collectivité territoriale de Saint-Pierre-et-Miquelon concernant les routes à grande circulation sont fixées par l'article R. 131-3 du même code.

Art. R. 441-4 Pour l'application de l'article R. 411-5 dans la collectivité territoriale de Saint-Pierre-et-Miquelon, les références aux articles L. 2215-1 et L. 3221-5 du code général des collectivités territoriales sont remplacées par les références à l'article L. 131-13 du code des communes applicable dans cette collectivité et au deuxième alinéa du III de l'article 34 de la loi n° 82-213 du 2 mars 1982 relative aux droits et libertés des communes, des départements et des régions.

Art. R. 441-5 Pour l'application de l'article R. 411-24 dans la collectivité territoriale de Saint-Pierre-et-Miquelon, les références aux articles L. 2213-4 et L. 2215-3 du code général des collectivités territoriales sont remplacées par les références aux articles L. 131-4-1 et L. 131-14-1 du code des communes applicable dans cette collectivité.

CHAPITRE II DISPOSITIONS APPLICABLES À MAYOTTE

(L. n° 2010-1487 du 7 déc. 2010, art. 36).

Les dispositions de la L. n° 2010-1487 du 7 déc. 2010 sont applicables à compter du 31 mars 2011.

Art. R. 442-1 Pour l'application des dispositions du présent livre à Mayotte, les termes énumérés ci-après sont remplacés comme suit :

1° "départementales" par "territoriales" ;
2° "préfet" par "représentant de l'État" ;
3° "départementale" par "territoriale" ;
4° "département" par "collectivité départementale" ;
5° "service départemental de la jeunesse et des sports" par "service de la jeunesse et des sports" ;
6° "départements" par "collectivité départementale" ;

7° "départementaux" par "territoriaux" ;
8° "directeur départemental de l'équipement" par "directeur de l'équipement" ;
9° "départemental" par "territorial". – *[Décr. n° 93-301 du 8 mars 1993, art. 16.]*

Art. R. 442-2 Les dispositions réglementaires du présent livre sont applicables à Mayotte, à l'exception des articles R. 411-1, *(Décr. n° 2006-253 du 27 févr. 2006)* « R. 411-8-1, » R. 411-20, R. 411-21 *(Décr. n° 2002-530 du 11 avr. 2002, art. 3)* « , R. 414-17. » – *[Décr. n° 93-301 du 8 mars 1993, art. 1er.]*

Art. R. 442-3 Les règles relatives aux modalités d'application de l'article L. 131-3 du code des communes applicable à Mayotte concernant les routes à grande circulation sont fixées par l'article R. 131-3 du même code.

Art. R. 442-4 Les pouvoirs attribués au président du conseil départemental par les articles R. 411-5, R. 411-7 et R. 422-4 sont exercés par le représentant de l'État. – *[Décr. n° 93-301 du 8 mars 1993, art. 6.]*

Art. R. 442-5 Pour l'application de l'article R. 411-5 à Mayotte, la référence à l'article L. 2215-1 du code général des collectivités territoriales est remplacée par la référence à l'article L. 131-13 du code des communes applicable dans cette collectivité.

Art. R. 442-6 Pour l'application de l'article R. 411-24 à Mayotte, les références aux articles L. 2213-4 et L. 2215-3 du code général des collectivités territoriales sont remplacées par les références aux articles L. 131-4-1 et L. 131-14-1 du code des communes applicable dans cette collectivité.

Art. R. 442-7 Le représentant de l'État prend les arrêtés prévus par les articles R. 411-18, R. 412-16 et R. 433-5.

Le ministre chargé de l'outre-mer signe les arrêtés prévus par les articles R. 411-25, R. 433-1, R. 433-2 et R. 433-4.

Décret n° 2001-250 du 22 mars 2001,

Relatif à la partie Réglementaire du code de la route
(Décrets en Conseil d'État délibérés en conseil des ministres).

Art. 1er Les dispositions annexées au présent décret constituent la partie Réglementaire (Décrets en Conseil d'État délibérés en conseil des ministres) du code de la route. – *V. art. R. 221-2 et R.* 322-12.*

Art. 2 Les références contenues dans les dispositions de nature réglementaire à des dispositions abrogées par l'article 3 du présent décret sont remplacées par des références aux dispositions correspondantes du code de la route.

Art. 3 Sont abrogés :
1° Le second alinéa de l'article R. 110-1 du code de la route (partie Réglementaire) ;
2° Le sixième alinéa de l'article R. 123 du code de la route (partie Réglementaire).

Art. 4 Les dispositions du présent décret entreront en vigueur le 1er juin 2001.

Décret n° 2001-251 du 22 mars 2001,

Relatif à la partie Réglementaire du code de la route
(Décr. n° 2001-751 du 27 août 2001, art. 5)..

Art. 1er *(Décr. n° 2001-751 du 27 août 2001, art. 5)* L'annexe au présent décret regroupe les articles de la partie Réglementaire du code de la route, à l'exception de ceux relevant d'un décret délibéré en conseil des ministres. Les articles identifiés par un "R" correspondent à des dispositions relevant d'un décret en Conseil d'État et les articles identifiés par un "D" correspondent à des dispositions relevant d'un décret simple. – *V. ci-dessus.*

Art. 2 Les références contenues dans les dispositions de nature réglementaire à des dispositions abrogées par l'article 5 du présent décret sont remplacées par les références aux dispositions correspondantes du code de la route.

Art. 3 Les dispositions de la partie Réglementaire du code de la route qui citent en les reproduisant des articles d'autres codes sont de plein droit modifiées par l'effet des modifications ultérieures de ces articles.

Art. 4 L'alinéa 2 de l'article R. 211-21-1 du code des assurances est remplacé par les dispositions suivantes :

"Les dispositions de l'alinéa 1er sont applicables aux véhicules à moteur dont le poids total autorisé en charge est inférieur ou égal à 3,5 tonnes, à l'exception des véhicules et matériels agricoles ou de travaux publics, des engins spéciaux et des véhicules circulant avec un certificat d'immatriculation spécial W."

Art. 5 Sont abrogés :

1° Le décret n° 58-1217 du 15 décembre 1958 relatif à la police de la circulation routière ;

2° Le décret n° 60-226 du 29 février 1960 relatif au dispositif de contrôle de la durée du stationnement dans les agglomérations ;

3° Le décret n° 60-848 du 6 août 1960 portant application de l'article L. 15 du code de la route relatif à l'examen psychotechnique des conducteurs dont le permis a été annulé et qui sollicitent un nouveau permis ;

4° Le décret n° 72-822 du 6 septembre 1972 portant application des articles L. 25 à L. 25-7 du code de la route, modifié par la loi n° 70-1301 du 31 décembre 1970 relative à la mise en fourrière, à l'aliénation et à la destruction des véhicules terrestres (annexe) ;

5° Le décret n° 72-824 du 6 septembre 1972 pour l'application de l'article 3 de la loi n° 70-1301 du 31 décembre 1970 relative à la mise en fourrière, à l'aliénation et à la destruction des véhicules terrestres ;

6° Le décret n° 75-41 du 20 janvier 1975 portant création du Conseil supérieur de l'enseignement de la conduite automobile et de l'organisation de la profession ;

7° Le décret n° 76-148 du 11 février 1976 relatif à la publicité et aux enseignes visibles des voies ouvertes à la circulation publique ;

8° Le décret n° 79-982 du 20 novembre 1979 portant application au département de Saint-Pierre-et-Miquelon des dispositions réglementaires du code de la route ;

9° Le décret n° 86-426 du 13 mars 1986 portant création de la commission départementale de la sécurité routière ;

10° Le décret n° 88-284 du 28 mars 1988 pris pour l'application de l'article R. 123 du code de la route ;

11° Le décret n° 91-370 du 15 avril 1991 pris en application de l'article 23 de la loi n° 89-469 du 10 juillet 1989 ;

12° Le décret n° 91-1315 du 27 décembre 1991 relatif aux règles professionnelles des experts en automobile ;

13° Le décret n° 92-699 du 23 juillet 1992 relatif à certaines infractions commises par les employeurs de salariés affectés à la conduite de véhicules de transport routier de personnes ou de marchandises et par les donneurs d'ordres aux transporteurs routiers de marchandises ;

14° Le décret n° 92-987 du 10 septembre 1992 portant application de la loi n° 83-660 du 21 juillet 1983 relative à la sécurité des consommateurs en ce qui concerne les dispositifs et transformations visant à augmenter la puissance du moteur des cyclomoteurs ;

15° Les articles 5 et 6 du décret n° 93-204 du 12 février 1993 relatif à l'enseignement des règles de sécurité routière et à la délivrance du brevet de sécurité routière ;

16° Les articles 1er et 3 à 18 du décret n° 93-301 du 8 mars 1993 portant extension et adaptation du code de la route (deuxième partie : Réglementaire) dans la collectivité territoriale de Mayotte ;

17° Le décret n° 97-479 du 9 mai 1997 relatif à la conduite des véhicules du ministère chargé des armées ;

18° Le décret n° 97-813 du 27 août 1997 relatif à la commission nationale chargée d'arrêter la liste des experts en automobile ;

19° Le décret n° 97-1222 du 26 décembre 1997 relatif à l'immobilisation, à la mise en fourrière, au retrait de la circulation et à la destruction des véhicules terrestres en Polynésie française.

Art. 6 Le présent décret est applicable à Mayotte.

Il est applicable, à l'exception de l'article 4, en Nouvelle-Calédonie, en Polynésie française et à Wallis-et-Futuna.

Art. 7 Les dispositions du présent décret entreront en vigueur le 1er juin 2001.

TROISIÈME PARTIE : ARRÊTÉS

(Arr. du 15 déc. 2016, en vigueur le 1er janv. 2017)

LIVRE I DISPOSITIONS GÉNÉRALES

(Arr. du 15 déc. 2016, en vigueur le 1er janv. 2017)

TITRE I DÉFINITIONS

(Arr. du 15 déc. 2016, en vigueur le 1er janv. 2017)

Néant.

TITRE II RESPONSABILITÉ

(Arr. du 15 déc. 2016, en vigueur le 1er janv. 2017)

CHAPITRE I RESPONSABILITÉ PÉNALE

Art. A. 121-1 Les informations que le représentant légal d'une personne morale propriétaire ou détentrice d'un véhicule, pour lequel une infraction *(Arr. du 13 oct. 2021, art. 2, en vigueur le 1er janv. 2022)* « donnant lieu à retrait de points du permis de conduire » a été constatée selon les modalités prévues à l'article L. 130-9, est tenu d'adresser, en application *(Arr. du 13 oct. 2021, art. 2, en vigueur le 1er janv. 2022)* « du premier alinéa » de l'article L. 121-6, dans un délai de quarante-cinq jours à compter de l'envoi ou de la remise de l'avis de contravention, doivent préciser :

1° Soit l'identité et l'adresse de la personne physique qui conduisait ce véhicule ;

2° Soit les éléments permettant d'établir l'existence d'un vol, d'une usurpation de plaque d'immatriculation ou de tout autre évènement de force majeure.

Art. A. 121-1-1 *(Arr. du 13 oct. 2021, art. 3, en vigueur le 1er janv. 2022)* Les informations que la personne physique ayant immatriculé le véhicule en tant que personne morale propriétaire ou détentrice d'un véhicule, pour lequel une infraction donnant lieu à retrait de points du permis de conduire a été constatée selon les modalités prévues à l'article L. 130-9, est tenue d'adresser, en application du deuxième alinéa de l'article L. 121-6, dans un délai de quarante-cinq jours à compter de l'envoi ou de la remise de l'avis de contravention, doivent préciser :

1° Soit l'identité et l'adresse de la personne physique qui conduisait ce véhicule ;

2° Soit les éléments permettant d'établir l'existence d'un vol, d'une usurpation de plaque d'immatriculation ou de tout autre évènement de force majeure ;

3° Soit les éléments permettant d'établir que le véhicule est immatriculé à son nom.

Art. A. 121-2 *(Arr. du 13 oct. 2021, art. 4, en vigueur le 1er janv. 2022)* « I. — » Lorsque ces informations sont adressées par lettre recommandée avec demande d'avis de réception, il est utilisé le formulaire prévu à cette fin qui est joint à l'avis de contravention adressée au représentant légal de la personne morale.

Ce formulaire mentionne que toute fausse déclaration expose le représentant de la personne morale ainsi que la personne morale à des poursuites pénales.

(Arr. du 13 oct. 2021, art. 4, en vigueur le 1er janv. 2022) « II. — » Dans le cas prévu au 1° de l'article A. 121-1, le représentant de la personne morale doit également préciser la référence du permis de conduire de la personne qui était présumée conduire le véhicule lorsque l'infraction a été constatée.

Dans le cas prévu au 2° de l'article A. 121-1, il doit joindre à l'envoi, selon les cas, la copie du récépissé du dépôt de plainte pour vol ou destruction du véhicule ou pour le délit d'usurpation de plaque d'immatriculation prévu par l'article L. 317-4-1, la copie de la déclaration de destruction de véhicule établie conformément aux dispositions du présent code, ou les copies de la déclaration de cession du véhicule et de

son accusé d'enregistrement dans le système d'immatriculation des véhicules, ou une déclaration motivée expliquant tout autre évènement de force majeure, accompagné le cas échéant de documents justificatifs.

(Arr. du 13 oct. 2021, art. 4, en vigueur le 1er janv. 2022) « III. — Les dispositions des I et II ci-dessus sont applicables aux cas prévus aux 1° et 2° de l'article A. 121-1-1.

« Dans le cas prévu au 3° de l'article A. 121-1-1, la personne physique ayant immatriculé le véhicule en tant que personne morale doit joindre à l'envoi la copie du certificat d'immatriculation du véhicule établi à son nom. »

Art. A. 121-3 *(Arr. du 13 oct. 2021, art. 5, en vigueur le 1er janv. 2022)* « I. — » Lorsque ces informations sont adressées de façon dématérialisée, l'envoi est fait sur le site "www.antai.fr", en utilisant les informations figurant sur l'avis de contravention, à l'aide du formulaire en ligne figurant sur ce site.

Cet envoi produit les mêmes effets que l'envoi de la lettre recommandée avec demande d'avis de réception prévu par l'article L. 121-6.

(Arr. du 13 oct. 2021, art. 5, en vigueur le 1er janv. 2022) « II. — » Dans le cas prévu au 1° de l'article A. 121-1, le représentant de la personne morale doit également préciser la référence du permis de conduire de la personne qui était présumée conduire le véhicule lorsque l'infraction a été constatée ; il est informé que toute fausse déclaration l'expose à des poursuites pénales.

Dans le cas prévu au 2° de l'article A. 121-1, le représentant de la personne morale :

— soit transmet de façon numérisée, selon les formats indiqués sur le site "www.antai.fr" la copie du récépissé du dépôt de plainte pour vol ou de destruction du véhicule ou pour le délit d'usurpation de plaque d'immatriculation prévu par l'article L. 317-4-1, la copie de la déclaration de destruction de véhicule établie conformément aux dispositions du présent code, ou les copies de la déclaration de cession du véhicule et de son accusé d'enregistrement dans le système d'immatriculation des véhicules ;

— soit mentionne dans le formulaire en ligne les éléments justifiant la survenance de tout autre évènement de force majeure ; ces informations peuvent également figurer sur un document numérisé, selon les formats indiqués sur le site "www.antai.fr", le cas échéant avec les documents justificatifs également numérisés.

(Arr. du 13 oct. 2021, art. 5, en vigueur le 1er janv. 2022) « III. — Les dispositions des I et II ci-dessus sont applicables aux cas prévus aux 1° et 2° de l'article A. 121-1-1.

« Dans le cas prévu au 3° de l'article A. 121-1-1, la personne physique ayant immatriculé le véhicule en tant que personne morale transmet de façon numérisée, selon les formats indiqués sur le site "www.antai.fr" la copie du certificat d'immatriculation du véhicule établi à son nom.

« IV. — » Dans tous les cas, un accusé d'enregistrement de la transmission est présenté automatiquement à la personne lorsque celle-ci a validé et envoyé les informations demandées. Ce document peut être téléchargé ou imprimé par la personne.

CHAPITRE II INDEMNISATION DES VICTIMES D'ACCIDENTS DE LA CIRCULATION

Néant.

TITRE III RECHERCHE ET CONSTATATION DES INFRACTIONS

(Arr. du 15 déc. 2016, en vigueur le 1er janv. 2017)

Néant.

TITRE IV DISPOSITIONS RELATIVES À L'OUTRE-MER

(Arr. du 15 déc. 2016, en vigueur le 1er janv. 2017)

CHAPITRE I DISPOSITIONS PARTICULIÈRES À LA COLLECTIVITÉ TERRITORIALE DE SAINT-PIERRE-ET-MIQUELON

Néant.

CHAPITRE II DISPOSITIONS APPLICABLES À MAYOTTE

Néant.

CHAPITRE III DISPOSITIONS APPLICABLES EN NOUVELLE-CALÉDONIE, EN POLYNÉSIE FRANÇAISE ET DANS LES ÎLES WALLIS-ET-FUTUNA

Art. A. 143-1 Sont applicables en Nouvelle-Calédonie, en Polynésie française et dans les îles Wallis-et-Futuna, les dispositions des articles mentionnés dans la colonne de gauche du tableau ci-après, dans leur rédaction indiquée dans la colonne de droite du même tableau : – *Tableau mod. par Arr. du 13 oct. 2021, art. 6, en vigueur le 1er janv. 2022.*

DISPOSITIONS APPLICABLES	DANS LEUR RÉDACTION
A. 121-1	Résultant de l'arrêté du 13 octobre 2021
A. 121-1-1	Résultant de l'arrêté du 13 octobre 2021
A. 121-2	Résultant de l'arrêté du 13 octobre 2021
A. 121-3	Résultant de l'arrêté du 13 octobre 2021

LIVRE II LE CONDUCTEUR

(Arr. du 4 nov. 2020, en vigueur au plus tard le 1er avr. 2021)

Néant.

LIVRE III LE VÉHICULE

(Arr. du 4 nov. 2020, en vigueur au plus tard le 1er avr. 2021)

TITRE I DISPOSITIONS TECHNIQUES

Néant.

TITRE II DISPOSITIONS ADMINISTRATIVES

CHAPITRE I RÉCEPTION ET HOMOLOGATION

Néant.

CHAPITRE II IMMATRICULATION

Néant.

CHAPITRE III CONTRÔLE TECHNIQUE

Néant.

CHAPITRE IV ASSURANCE

Néant.

CHAPITRE V IMMOBILISATION ET MISE EN FOURRIÈRE

SECTION 1 Dispositions générales

Néant.

SOUS-SECTION 2 *[SECTION 2]* Immobilisation

Néant.

SECTION 3 Fourrière

SOUS-SECTION 1 Dispositions générales

Art. A. 325-12 Le modèle de fiche descriptive de l'état du véhicule à enlever en fourrière prévu à l'article R. 325-16 comporte au minimum les mentions suivantes :

– le timbre de l'autorité dont relève la fourrière *(Arr. du 9 juin 2023)* « ou sa dénomination » ;

– la date de constatation de l'infraction ;

– la motivation de mise en fourrière du véhicule ;

– l'auteur de la fiche *(Arr. du 15 mars 2021, art. 1er)* « ou son numéro de matricule » ;

– le nom ou le numéro de matricule de l'agent verbalisateur ;

– son service ;

– les circonstances de sa rédaction : nuit, pluie ou neige ;

– le lieu d'enlèvement du véhicule (public ou privé) ;

– le genre, la marque, le modèle et la couleur du véhicule à enlever ;

– son numéro d'immatriculation ou, le cas échéant, le numéro d'identification du véhicule ;

– l'état du véhicule *(Arr. du 15 mars 2021, art. 1er)* « à partir d'une inspection visuelle » :

  – bon état ;

  – dégradé *(Arr. du 15 mars 2021, art. 1er)* « et, le cas échéant, les mentions facultatives » : défaut de contrôle technique, dégradations réparables et réversibles ;

– dommages graves *(Arr. du 15 mars 2021, art. 1er, en vigueur au plus tard le 1er avr. 2021)* « et, le cas échéant, les mentions facultatives » : défauts techniques irréversibles et non remplaçables, ensemble moteur-boîte et coque ou châssis à échanger, coque ou châssis ni réparable ni remplaçable, organes de commande ni réparables ni remplaçables, pneumatiques ou roues ni réparables ni remplaçables, véhicule complètement brûlé, véhicule définitivement non identifiable, véhicule immergé au-dessus du tableau de bord ;

– le nom et les coordonnées *(Arr. du 15 mars 2021, art. 1er, en vigueur au plus tard le 1er avr. 2021)* « le cas échéant, » de la fourrière ;

– le verrouillage :
  – des portes ;
  – du coffre ;

– deux dessins du véhicule, faisant apparaître :
  – l'avant et le profil droit ;
  – l'arrière et le profil gauche ;

– les symboles des dommages apparents subis par le véhicule à enlever :
  – ^^^^^^ pour les rayures ;
  – O pour les enfoncements ;
  – X pour les bris ;

– l'équipement du véhicule *(Arr. du 9 juin 2023)* « et, le cas échéant, les mentions facultatives : antenne radio, autoradio, téléphone, les objets laissés dans le véhicule et visibles de l'extérieur ; »

(Abrogé par Arr. du 9 juin 2023) « ***– antenne radio ;***

« – autoradio ;

« – téléphone ;

« – les objets laissés dans le véhicule et visibles de l'extérieur ; »

– et les observations diverses de l'agent verbalisateur.

Des photographies peuvent être jointes à la fiche descriptive en lieu et place des dessins du véhicule.

La fiche précitée comportera un espace pour la signature de l'agent verbalisateur auteur de la fiche et la mention des date et heure d'établissement de ce document. *(Arr. du 9 juin 2023)* « Cet espace de signature peut être remplacé par les données liées à l'authentification numérique de l'agent. »

Les dispositions issues de l'Ord. nº 2020-773 du 24 juin 2020 et du Décr. nº 2020-775 du 24 juin 2020 entrent en vigueur à une date fixée, pour chaque département, par arrêté du ministre chargé de la sécurité routière, et au plus tard le 1er avr. 2021. Elles s'appliquent aux véhicules entrés en fourrière à compter de l'entrée en vigueur de l'Ord. (Ord. et Décr., préc., art. 2) ; V. Arr. du 4 nov. 2020 pris pour l'application de l'art. 2 de l'Ord. nº 2020-773 du 24 juin 2020 relative aux fourrières automobiles (JO 14 nov.), mod. par Arr. du 22 janv. 2021 (JO 27 janv.).

Art. A. 325-13 Les données relatives à l'enlèvement, à la garde, à la vente ou à la destruction des véhicules prévues à l'article R. 325-25 sont :

– le nom et les coordonnées, les jours et heures d'ouverture de la fourrière ;

– l'identification du gardien de fourrière : nom, prénom, numéro d'agrément ;

– le nom de l'autorité dont relève la fourrière ;

– la date de constatation de l'infraction ;

– la motivation de la mise en fourrière du véhicule ;

– l'auteur de la fiche descriptive de l'état du véhicule : nom ou numéro de matricule de l'agent verbalisateur, service ;

– le cas échéant, les circonstances de sa rédaction : nuit, pluie ou neige ;

– le lieu d'enlèvement du véhicule (public ou privé) ;

– le genre, la marque, le modèle et la couleur du véhicule ;

– le numéro d'immatriculation du véhicule ou, le cas échéant, le numéro d'identification du véhicule ;

– l'état du véhicule :
  – bon état ;

— dégradé *(Arr. du 15 mars 2021, art. 1er, en vigueur au plus tard le 1er avr. 2021)* « et, le cas échéant, les mentions facultatives » : défaut de contrôle technique, dégradations réparables et réversibles ;

— dommages graves *(Arr. du 15 mars 2021, art. 1er, en vigueur au plus tard le 1er avr. 2021)* « et, le cas échéant, les mentions facultatives » : défauts techniques irréversibles et non remplaçables, ensemble moteur-boîte et coque ou châssis à échanger, coque ou châssis ni réparable ni remplaçable, organes de commande ni réparables ni remplaçables, pneumatiques ou roues ni réparables ni remplaçables, véhicule complètement brûlé, véhicule définitivement non identifiable, véhicule immergé au-dessus du tableau de bord ;

— le nom et les coordonnées de la fourrière ;
— les observations de l'agent verbalisateur sur l'état du véhicule ;
— la date et l'heure de l'entrée sur le parc ;
— la date et l'heure de sortie du parc ;
— le nom et les coordonnées de l'entreprise chargée de la destruction du véhicule.

V. note ss. art. A. 325-12.

Art. A. 325-14 Le délai prévu au quatrième alinéa de l'article L. 325-7 est réduit à dix jours pour :

1° Tout véhicule à moteur ayant été déclaré dangereux et non réparable ;

2° Tout véhicule dont l'état comporte des dommages graves, à l'exception des véhicules dont seuls les pneumatiques, roues ou organes de commande ne sont ni réparables ni remplaçables ;

3° Tout véhicule de genre VP, à l'exception des véhicules de marque premium *(Abrogé par Arr. du 10 juin 2022, à compter du 1er juill. 2022)* ***« ou de carrosserie cabriolet ou dont les deux essieux sont des essieux moteurs (dits "4×4") »***, âgé de plus de *(Arr. du 10 juin 2022, en vigueur le 1er juill. 2022)* « 12 » ans *(Abrogé par Arr. du 10 juin 2022, à compter du 1er juill. 2022)* ***« et de moins de 30 ans »*** ;

4° Tout véhicule de genre MTL, CYCL ou CL de certaines marques particulières ou âgé de plus de 5 ans ;

5° Tout véhicule de genre MTT1 ou MTT2 de certaines marques particulières ;

6° Tout véhicule de genre TM ou QM âgé de plus de 10 ans ;

7° Tout véhicule de genre CTTE âgé de plus de *(Arr. du 10 juin 2022, en vigueur le 1er juill. 2022)* « 10 » ans ;

8° Tout véhicule de genre TCP, TRR, CAM, SRAT, SREM, REM, SRTC, RETC ou VASP âgé de plus de 15 ans ;

9° Tout véhicule de genre SRSP et RESP âgé de plus de 15 ans ;

10° Tout véhicule à moteur, à l'exception des genres TRA, REA, SREA, MIAR, MAGA, n'entrant pas dans les 1° à 9° et âgé de plus 10 ans, ainsi que tout engin motorisé mentionné à l'article L. 321-1-1 du code de la route.

V. note ss. art. A. 325-12.

Les dispositions issues de l'Arr. du 10 juin 2022 s'appliquent aux véhicules entrés en fourrière à compter du 1er juill. 2022 (Arr. préc., art. 2).

SOUS-SECTION 2 Véhicules laissés sans droit dans des lieux non ouverts à la circulation publique

Néant.

APPENDICE

ACCIDENTS DE LA CIRCULATION

V. aussi v^is Infractions et Véhicules en panne ou accidentés.

Loi n° 85-677 du 5 juillet 1985,

Tendant à l'amélioration de la situation des victimes d'accidents de la circulation et à l'accélération des procédures d'indemnisation.

[Les annotations de la présente loi, reprises du **Code civil Dalloz,** *ont été rédigées par MM. F. Jacob et G. Wiederkehr, Professeurs à la Faculté de droit de Strasbourg, Mme A. Tisserand-Martin, Professeur à la faculté de droit de Nancy, et MM. X. Henry et G. Venandet, Maîtres de conférences à la Faculté de droit de Nancy.]*

CHAPITRE I *INDEMNISATION DES VICTIMES D'ACCIDENTS DE LA CIRCULATION*

Art. 1er à 6 *Reproduits ss. C. route, art. L. 122-1. — V. cet art.*

SECTION 2 *Dispositions relatives à l'assurance et au fonds de garantie*

Art. 7 à 11 *V. C. assur., art. L. 211-1, reproduit ss. C. route, art. L. 324-1 ; et art. L. 421-1, L. 421-3.*

SECTION 3 *De l'offre d'indemnité*

Art. 12 à 27 *Codifiés au C. assur., art. L. 211-9 à L. 211-24.*

CHAPITRE II *DES RECOURS DES TIERS PAYEURS CONTRE LES PERSONNES TENUES À RÉPARATION D'UN DOMMAGE RÉSULTANT D'UNE ATTEINTE À LA PERSONNE*

Art. 28 Les dispositions du présent chapitre s'appliquent aux relations entre le tiers payeur et la personne tenue à réparation d'un dommage résultant d'une atteinte à la personne, quelle que soit la nature de l'événement ayant occasionné ce dommage.

Art. 29 Seules les prestations énumérées ci-après versées à la victime d'un dommage résultant des atteintes à sa personne ouvrent droit à un recours contre la personne tenue à réparation ou son assureur :

1. Les prestations versées par les organismes, établissements et services gérant un régime obligatoire de sécurité sociale et par ceux qui sont mentionnés aux articles 1106-9, 1234-8 et 1234-20 du code rural ;

2. Les prestations énumérées au II de l'article 1er de l'ordonnance n° 59-76 du 7 janvier 1959 relative aux actions en réparation civile de l'État et de certaines autres personnes publiques ;

3. Les sommes versées en remboursement des frais de traitement médical et de rééducation ;

4. Les salaires et les accessoires du salaire maintenus par l'employeur pendant la période d'inactivité consécutive à l'événement qui a occasionné le dommage ;

5. Les indemnités journalières de maladie et les prestations d'invalidité versées par les groupements mutualistes régis par le code de la mutualité *(L. n° 94-678 du 8 août 1994, art. 15)* « , les institutions de prévoyance régies par le code de la sécurité sociale ou le code rural et les sociétés d'assurance régies par le code des assurances ».

1. Le mot « Seules » figurant au premier al. de l'art. 29 de la L. du 5 juill. 1985 tendant à l'amélioration de la situation des victimes d'accidents de la circulation et à l'accélération des procédures d'indemnisation, dans sa rédaction résultant de la L. n° 94-678 du 8 août 1994 relative à la protection sociale complémentaire des salariés est conforme à la Constitution. • Cons. const. 24 févr. 2017, n° 2016-613 QPC : *JO 25 févr. ; AJDA 2017. 442 ; D. 2017. 504 ; AJ fam. 2017. 162 ; RTD civ. 2017. 408, obs. Jourdain ; RCA 2017. Étude 7, note Groutel.*

2. Le préjudice résultant d'une infraction doit être réparé, dans son intégralité, sans perte ni profit pour aucune des parties ; l'art. 29 ne fait aucune distinction entre les prestations versées en conséquence du fait dommageable, toutes les prestations, sans distinction, versées en conséquence de faits dommageables par les organismes, établissements et services gérant un régime obligatoire de sécurité sociale ouvrent droit à un recours subrogatoire et, dès lors, doivent être imputées sur l'indemnité mise à la charge du tiers responsable. • Crim. 8 déc. 2015, n° 14-87.182 P : *D. 2016. 2187, obs. Bacache* (prise en compte des rentes d'orphelins et de veuves versées par un organisme complémentaire). ♦ Pour la détermination de l'indemnité complémentaire revenant à la victime en réparation de son préjudice soumis à recours, doivent être prises en compte toutes les prestations versées par les tiers payeurs subrogés, même si ces derniers n'exercent pas leur recours ou le limitent à une somme inférieure. • Crim. 19 avr. 2017, n° 15-86.351 P.

3. Les allocations d'aide au retour à l'emploi perçues par la victime, qui ne sont pas mentionnées par l'art. 29 de la L. du 5 juill. 1985, ne donnent pas lieu à recours subrogatoire contre la personne tenue à réparation. • Civ. 2e, 26 mars 2015, n° 14-16.011 P. ♦ Dans le même sens, pour la prestation de compensation du handicap. • Civ. 2e, 2 juill. 2015, n° 14-19.797 P : *D. 2015. 1539 ; RTD civ. 2015. 889, obs. Jourdain* • 6 févr. 2020, n° 18-19.518 P : *D. 2020. 2142, obs. Bacache, Guégan et Porchy-Simon ; ibid. 2021. 46, obs. Brun ; RTD civ. 2020. 632, obs. Jourdain* (... que l'indemnité soit payée par la personne tenue à réparation ou prise en charge à titre subsidiaire par le FGAO).

4. La prestation de compensation du handicap versée par le conseil général n'entre pas dans la catégorie des prestations ouvrant droit à action contre la personne tenue à réparation du dommage ou son assureur mentionnées aux art. 29 et 32 de la L. du 5 juill. 1985. • Crim. 1er sept. 2015, n° 14-82.251 P. ♦ L'allocation personnalisée versée par le conseil départemental et non mentionnée par l'art. 29 de la L. du 5 juill. 1985, ne donne pas lieu à un recours subrogatoire contre la personne tenue à réparation. • Civ. 2e, 20 oct. 2016, n° 15-17.507 P : *D. 2016. 2167 ; RDSS 2017. 183, obs. Dagorne-Labbe.*

5. Cassation de l'arrêt qui refuse toute imputation sur le préjudice de la victime de la créance de la MSA, qui n'avait pas reçu du juge injonction de produire le décompte de ses débours, au motif inopérant que cet organisme n'avait pas constitué avocat, ni fait connaître le montant de sa créance. • Civ. 2e, 16 janv. 2014, n° 11-28.119 : *D. 2014. Chron. C. cass. 571, Lazerges-Cousquer et Touati.*

6. L'art. L. 211-22 C. assur. ne fait aucune distinction entre le FGAO et les assureurs quant à l'assiette de la pénalité. • Crim. 3 mai 2016, n° 14-84.246 P.

7. V. notes 9 s. ss. art. L. 211-9 C. assur. – **C. civ.**

Art. 30 Les recours mentionnés à l'article 29 ont un caractère subrogatoire.

1. Action subrogatoire et non directe. La seule action dont dispose l'assureur qui a versé des prestations à caractère indemnitaire pour des atteintes à la personne est une action subrogatoire contre le tiers responsable ou son assureur et non une action directe contre son propre assuré. • Civ. 2e, 23 oct. 2008, n° 07-18.234 P : *D. 2008. AJ 286 ; RCA 2009, n° 28, obs. Groutel ; RDSS 2008. 572, obs. Arhab.*

2. Ayant versé en sa qualité de tiers payeur à son agent des prestations énumérées au II de l'art. 1er de l'Ord. n° 59-76 du 7 janv. 1959, l'APHP est recevable à exercer un recours subrogatoire en remboursement de ces prestations contre l'assureur du véhicule impliqué dans l'accident dont cet agent avait été victime, la circonstance qu'elle soit aussi tiers responsable à l'égard de la victime étant indifférente. • Civ. 2e, 22 nov. 2018, n° 17-26.346 P : *D. 2019. 1196, obs. Bacache ; RDC 2/2019. 27, note Libchaber ; RGDA févr. 2019. 20, note Landel.*

3. Droit du tiers payeur malgré la carence de la victime. La carence totale ou partielle de la victime d'une infraction, constituée partie civile, ne saurait priver le tiers payeur de son droit d'obtenir de la juridiction pénale le remboursement de ses dépenses à concurrence du préjudice réel dont la réparation incombe au tiers responsable. • Crim. 24 janv. 2012 : *D. 2012. 551.*

4. Selon l'art. L. 376-1 CSS, les organismes de sécurité sociale sont subrogés à la victime à laquelle ils ont versé des prestations, et ils conservent la faculté de réclamer directement au tiers responsable, dans la limite de la part du préjudice soumise à leur recours, le remboursement de leurs prestations qui ont été versées en relation de causalité avec ce dommage. • Civ. 2e, 7 juill. 2011, n° 09-16.616 P.

5. Le recours subrogatoire des tiers payeurs s'exerce poste par poste : cassation de l'arrêt qui a omis de préciser les postes de préjudice se rapportant à l'aggravation de l'état de santé de la victime et pris en charge par la caisse primaire d'assurance maladie. • Civ. 2e, 23 mai 2019, n° 18-14.332 P. ♦ La rente versée aux mineurs orphelins par la caisse primaire d'assurance maladie en application de l'art. L. 434-10 CSS doit s'imputer sur l'indemnité réparant la perte de revenus des victimes par ricochet. • Crim. 4 juin 2013, n° 12-84.377. ♦ Le fonds de garantie des victimes d'infraction est subrogé dans les droits de la victime pour obtenir des responsables du dommage causé par l'infraction ou tenus à un titre quelconque d'en assurer la réparation totale ou partielle, le remboursement de l'indemnité ou de la provision versée par lui, dans la limite du montant de la réparation à la charge des dites personnes. • Crim. 9 janv. 2019, n° 17-87.070 P : *AJ pénal 2019. 213, obs. Lasserre Capdeville*.

6. Les dispositions de l'art. 53, VI, de la L. n° 2000-1257 du 23 déc. 2000 ont pour seul objet de subroger, à due concurrence des sommes versées, le FIVA dans les droits que possède la personne indemnisée contre la personne responsable du dommage ainsi que contre les personnes ou organismes tenus à un titre quelconque d'en assurer la réparation, et d'agir ou d'intervenir à cette fin devant les juridictions civiles et répressives, et sont ainsi sans effet sur les conditions dans lesquelles la responsabilité de l'auteur du dommage ou l'obligation à réparer des autres personnes ou organismes peut être engagée. • Civ. 2e, 1er oct. 2015, n° 15-40.030 P.

7. Il résulte des art. L. 376-1 CSS et 30 de la L. du 5 juill. 1985 que, sauf accord du tiers responsable sur le paiement d'un capital, les caisses de sécurité sociale ne peuvent prétendre au remboursement de leurs dépenses qu'au fur et à mesure de leur engagement ; cassation de l'arrêt qui condamne l'assureur et l'auteur du dommage à payer un capital correspondant à des prestations futures. • Civ. 2e, 23 mai 2019, n° 18-14.332 P.

Art. 31 *(L. n° 2006-1640 du 21 déc. 2006, art. 25-IV)* **Les recours subrogatoires des tiers payeurs s'exercent poste par poste sur les seules indemnités qui réparent des préjudices qu'elles ont pris en charge, à l'exclusion des préjudices à caractère personnel.**

Conformément à *(Ord. n° 2016-131 du 10 févr. 2016, art. 6-XXXVI, en vigueur le 1er oct. 2016)* **« l'article 1346-3** *[ancienne rédaction : l'article 1252]* **» du code civil, la subrogation ne peut nuire à la victime subrogeante, créancière de l'indemnisation, lorsqu'elle n'a été indemnisée qu'en partie ; en ce cas, elle peut exercer ses droits contre le responsable, pour ce qui lui reste dû, par préférence au tiers payeur dont elle n'a reçu qu'une indemnisation partielle.**

Cependant, si le tiers payeur établit qu'il a effectivement et préalablement versé à la victime une prestation indemnisant de manière incontestable un poste de préjudice personnel, son recours peut s'exercer sur ce poste de préjudice.

BIBL. ▶ Proposition de modification de l'art. 31 : *R. 2004, p. 12.* ▶ Réforme du 21 déc. 2006 : ARCADIO et GRANDGUILLOTTE, *Gaz. Pal. 1er-3 avr. 2007, Doctr.* – BERNFELD, *Gaz. Pal. 2006. Doctr. 3874.* – CASSON, *JCP 2007. I. 144.* – GROUTEL, *RCA 2007. Études 1 et 4 ; RCA 2008. Étude 2.* – JOURDAIN, *D. 2007. Chron. 454* ; *RCA 2009. Étude n° 3.* – C. LIENHARD, *D. 2007. Point de vue. 452*. – QUÉZEL-AMBRUNAZ, *Gaz. Pal. 2009. 723.*

▶ Recours des tiers payeurs : DEJEAN DE LA BÂTIE, *RLDC 2011/79, n° 4122.* – RICHARD et DEBAUVE, *RCA 2012. Étude 27* (recours des caisses primaires).

▶ Préjudices : BIZOT, *RCA 2012. Étude 22* (préjudice indemnisable). – BORÉ, *RCA 2012. Étude 21* (réparation des préjudices).

1. Ordre public. Les règles concernant les modalités d'imputation du recours des tiers payeurs sont d'ordre public. • Civ. 2e, 26 janv. 2023, n° 21-15.483 B.

2. Portée de la réforme. Sur la portée de la réforme issue de la L. n° 2006-1640 du 21 déc. 2006, art. 25, V. • CE, avis, 4 juin 2007, n° 303422 : *AJDA 2007. 1800, chron. Boucher et Bourgeois-Machureau* ; *JCP E 2007. 1897, étude Guettier ; RTD civ. 2007. 577, obs. Jourdain* • Cass., avis, 29 oct. 2007, n° 00-00.015 P : *BICC 1er févr. 2008, rapp. Grignon-Dumoulin, obs. Delbano, avis Mazard ; D. 2007. AJ 2801, obs. Gallmeister* ; *JCP 2007. II. 10194, note Jourdain ; Gaz. Pal. 9-10 nov. 2007, note Bibal ; RDSS 2007. 1123, note Verkindt* • Cass., avis 29 oct. 2007, n° 07-00.016 P : *eod. loc.* • 6 oct. 2008, n° 00.80-009 : *BICC 15 janv. 2008, rapp. Adida-Canac, obs. Lautru ; D. 2009. 203, note Sargos* ; *RLDC 2008/55, n° 3216, obs. Bugnicourt.*

3. Droit transitoire. Cette réforme s'applique aux dommages survenus avant son entrée en vigueur dès lors que le montant de l'indemnité due à la victime n'a pas été définitivement fixé. • Cass., avis, 29 oct. 2007 : *préc.* • Civ. 2e, 21 févr. 2008, n° 07-11.712 P : *D. 2008. AJ 691* • 11 sept. 2008 : *D. 2008. AJ 2347*. ♦ Elle ne s'applique pas en présence d'un arrêt rendu avant l'entrée en vigueur de la L. du 21 déc. 2006, insusceptibe d'un recours suspensif d'exécution : les nouvelles dispositions ne sont pas, en l'espèce, applicables pour la première fois devant la Cour de cassation. • Même arrêt. ♦ Mais, lorsque la CIVI a réduit le droit à l'indemnisation, compte tenu de la faute de la victime, et dès lors que les tiers payeurs ne disposent d'aucun recours subrogatoire à l'égard du Fonds de garantie des victimes des actes de terrorisme et d'autres infractions, il y a lieu de déduire leurs débours, poste par poste, sans leur appliquer de coefficient de réduction. • Civ. 2e, 30 mars 2023, n° 21-22.288 B.

4. Domaine d'application. Elle s'applique aux recours exercés par les caisses de sécurité sociale dans une action engagée par la victime d'un accident du travail. • Cass., avis, 29 oct. 2007 : *préc.* • Paris, 10 sept. 2007 : *D. 2008. 269, note Saint-Jours* • Crim. 5 févr. 2008, n° 07-83.327 P : *R.,* *p. 363 ; D. 2008. 1800, note Saint-Jours* ✎. ♦ Les dispositions de l'art. 31, modifié par la L. du 21 déc. 2006, s'appliquent lorsque l'accident relève de la législation sur les accidents du travail ; il en résulte que les prestations énumérées à l'art. 29 doivent être déduites poste par poste, sur les seules indemnités qui réparent des préjudices qu'elles ont pris en charge. • Civ. 2e, 22 janv. 2009, n° 07-17.124 P : *D. 2009. AJ 429* ✎ • 22 janv. 2009, n° 07-16.974 P (application à la CIVI). ♦ Les dispositions de l'art. 31, al. 2, de la L. n° 85-677 du 5 juill. 1985, dans sa rédaction issue de l'art. 25 de la L. n° 2006-1640 du 21 déc. 2006, instituant un droit de préférence au bénéfice de la victime subrogeante lorsqu'elle n'a été indemnisée qu'en partie, c'est à bon droit que la cour d'appel a fixé la réparation en déduisant, poste par poste, les prestations visées à l'art. 706-9 C. pr. pén. • Civ. 2e, 10 déc. 2015, n° 14-25.757 P : *D. 2016. 2187, obs. Bacache* ✎ *; RTD civ. 2016. 380, obs. Jourdain* ✎ *; RGDA 2016. 95, note Landel ; RCA 2016. Étude 2, par Groutel.*

5. Le capital ou la rente versée à la victime d'un accident du travail ou d'une maladie professionnelle indemnise les pertes de gains professionnels et l'incidence professionnelle de l'incapacité sur les postes desquelles ils s'imputent. • Civ. 2e, 26 janv. 2023, n° 21-15.483 B.

6. Régime : recours s'exerçant poste par poste. Le recours subrogatoire de l'État contre les tiers s'exerce poste par poste sur les seules indemnités qui réparent les préjudices qu'il a pris en charge, à l'exclusion des préjudices à caractère personnel ; le capital décès servi par l'État ne peut être déduit des frais d'obsèques et de sépulture exposés par la veuve de la victime d'un homicide involontaire. • Crim. 10 mars 2009 : *D. 2009. AJ 1088* ✎.

Lorsque le décès, l'infirmité ou la maladie d'un agent de l'État est imputable à un tiers, l'État dispose d'un recours subrogatoire contre ce tiers en remboursement des prestations versées ou maintenues à la victime ou à ses ayants droit, les prestations devant être déduites poste par poste sur les seules sommes réparant les préjudices pris en charge. La réparation ne pouvant excéder le montant du préjudice, l'évaluation du préjudice corporel global ne peut comprendre la rente d'invalidité versée par l'État. • Civ. 2e, 28 juin 2012 : *D. 2012. 1820* ✎ *; RCA 2012, n° 302, obs. Groutel.*

Le recours subrogatoire exercé par une caisse de sécurité sociale au titre d'une rente d'accident du travail ne saurait s'exercer sur un poste de préjudice personnel. • CE 8 mars 2013 : *AJDA 2013. 793, chron. Domino et Bretonneau* ✎ *; D. 2013. 1258, note Porchy-Simon* ✎.

La rente accident du travail, qui répare un préjudice permanent, quand bien même son versement aurait commencé avant la date de consolidation retenue par le juge, ne peut être imputée sur un poste de préjudice patrimonial temporaire de perte de gains professionnels actuels. • Civ. 2e, 14 oct. 2021, n° 19-24.456 B.

7. Le recours subrogatoire de la caisse primaire d'assurance maladie ayant vocation à s'imputer sur les pertes de gains professionnels futurs, l'incidence professionnelle et, le cas échéant, sur le déficit fonctionnel permanent, rejet du pourvoi contre la décision ayant sursis à statuer dans l'attente du décompte définitif des sommes qu'elle doit verser à la victime au titre d'une pension d'invalidité. • Crim. 18 mars 2014 : *D. 2014. 721* ✎. ♦ Cassation de l'arrêt qui répare le préjudice soumis à recours sans déduire la pension d'invalidité servie par la caisse primaire d'assurance maladie qui s'impute, même si celle-ci n'exerce pas son recours, sur les pertes de gains professionnels futurs, l'incidence professionnelle et, en cas de reliquat, sur le déficit fonctionnel permanent. • Civ. 2e, 29 mars 2018, n° 17-15.260 P.

Viole les art. 29 et 31 de la L. du 5 juill. 1985 et le principe de la réparation intégrale sans perte ni profit pour la victime une cour d'appel qui, sans avoir préalablement fixé son préjudice au titre de l'incidence professionnelle, rejette la demande de la victime de ce chef au motif qu'elle percevait une pension d'invalidité. • Civ. 2e, 15 déc. 2022, n° 21-10.783 B.

8. Cassation de l'arrêt qui affirme que, faute de capitalisation, la créance de la CPAM au titre du capital représentatif de la majoration tierce personne ne sera pas prise en compte, et l'organisme social sera intégralement remboursé mensuellement sur justification des dépenses faites, alors que la cour d'appel aurait dû déterminer préalablement l'assiette du recours de la CPAM au titre du poste de préjudice lié au besoin d'assistance par une tierce personne et imputer les prestations réparant ce poste de préjudice. • Civ. 2e, 15 janv. 2015, n° 13-27.761 P : *D. 2015. 661, note Saulier* ✎.

9. ... Préjudice personnel de déficit fonctionnel. La rente d'accident du travail ne répare pas le déficit fonctionnel permanent. • Cass., ass. plén., 20 janv. 2023, nos 20-23.673 B et 21-23.947 B (2 arrêts) : *D. 2023. 321, note Rivollier* ✎ *; RDSS 2023. 345, note Kessler* ✎ *; RTD civ. 2023. 382, obs. Jourdain* ✎ *; RGDA 2023/3. 41, note Landel.* ♦ ... Il en résulte que la victime d'une faute inexcusable peut prétendre à la réparation du préjudice causé par les souffrances physiques et morales endurées que la rente ou l'indemnité en capital n'ont pas pour objet d'indemniser. • Civ. 2e, 28 sept. 2023, n° 21-25.690 B (souffrances morales liées à la conscience par la victime de sa perte totale d'autonomie jusqu'à son décès prématuré redouté, avec un sentiment d'injustice en raison du lien entre la maladie et l'activité professionnelle et souffrances physiques liées à la pathologie particulièrement douloureuse et aux traitements très lourds). ♦ V. en sens contraire antérieurement, estimant que l'allocation temporaire d'invalidité versée à la victime d'un accident de service doit être déduite du montant de l'indemnité allouée en réparation du poste de préjudice de déficit fonctionnel permanent. • Civ. 2e, 11 juin 2009, n° 07-21.816 P : *D. 2010. Pan. 540, obs. Adida-Canac et Grignon-Dumoulin ; JCP 2009, n° 194, obs. Porchy-Simon ; RTD civ. 2009. 545, obs. Jourdain* • 11 juin 2009, n° 08-11.853 P : *eod. loc.*

10. Al. 2. La subrogation ne peut nuire à la victime subrogeante, créancière de l'indemnisation, lorsqu'elle n'a été prise en charge que partiellement par les prestations sociales ; en ce cas, l'assuré social peut exercer ses droits contre le responsable, par préférence au tiers payeur subrogé. • Crim. 20 nov. 2012 : *D. 2013. 11*. ♦ ... Il en résulte que le droit de préférence de la victime doit s'exercer, poste par poste, sur l'indemnité due par le responsable, pour la part du poste de son préjudice que ne réparent pas les prestations versées, le solde de l'indemnité étant, le cas échéant, alloué au tiers payeur. • Civ. 2e, 14 janv. 2010, n° 08-17.293 P : *D. 2010. AJ 267 ; JCP 2010, n° 456, § 11, obs. Bloch ; RCA 2010, n° 71, note Groutel.*

La victime subrogeante, assurée sociale, créancière de l'indemnisation, qui n'a été prise en charge que partiellement par les prestations sociales, peut exercer ses droits contre le responsable par préférence au tiers payeur : en cas de limitation du droit à indemnisation de la victime, le droit de préférence de celle-ci sur la dette du responsable a pour conséquence que son préjudice corporel, évalué poste par poste, doit être intégralement réparé pour chacun des postes, dans la mesure de l'indemnisation laissée à la charge du responsable, le tiers payeur ne pouvant exercer son recours que sur l'éventuel reliquat. • Civ. 2e, 13 janv. 2012 : *D. 2012. 1051, note Bourdoiseau ; RCA 2012, n° 104, obs. Groutel.* ♦ Il en résulte que dans le cas d'une limitation du droit à indemnisation de la victime, le droit de préférence de celle-ci sur la dette du tiers responsable a pour conséquence que son préjudice corporel, évalué poste par poste, doit être intégralement réparé pour chacun de ces postes dans la mesure de l'indemnité laissée à la charge du tiers responsable, et que le tiers payeur ne peut exercer son recours, le cas échéant, que sur le reliquat : cassation de l'arrêt ayant appliqué la limitation du droit à indemnisation de la victime (75 %) sur le solde resté à sa charge après déduction des prestations versées par la caisse. • Civ. 2e, 6 juill. 2023, n° 21-24.283 B.

11. Les souffrances physiques et morales relèvent du préjudice d'agrément, à condition que la victime puisse justifier d'une activité spécifique sportive antérieure à la maladie et que les souffrances invoquées n'aient pas déjà été réparées au titre du déficit fonctionnel permanent. • Civ. 2e, 28 févr. 2013, n° 11-21.015 P : *D. 2013. 646 ; RDSS 2013. 359, obs. Badel.*

12. Al. 3. L'art. 31, al. 3, de la L. du 5 juill. 1985 prévoit que le tiers payeur qui établit qu'il a effectivement et préalablement versé à la victime une prestation indemnisant de manière incontestable un poste de préjudice personnel peut exercer son recours sur ce poste ; tel est le cas pour des prestations réparant des préjudices définis selon la loi espagnole et revêtant, en droit français, une nature mixte, patrimoniale et extrapatrimoniale. • Civ. 2e, 4 févr. 2016, n° 14-24.568 P : *D. 2016. 2187, obs. Bacache.*

Art. 32 Les employeurs sont admis à poursuivre directement contre le responsable des dommages ou son assureur le remboursement des charges patronales afférentes aux rémunérations maintenues ou versées à la victime pendant la période d'indisponibilité de celle-ci. Ces dispositions sont applicables à l'État par dérogation aux dispositions de l'article 2 de l'ordonnance n° 59-76 du 7 janvier 1959 précitée.

Caractère direct, et non subrogatoire, de l'action : V. • Civ. 2e, 24 janv. 2002 : *Dr. et patr., avr. 2002, p. 91, obs. Chabas.*

Art. 33 Hormis les prestations mentionnées aux articles 29 et 32, aucun versement effectué au profit d'une victime en vertu d'une obligation légale, conventionnelle ou statutaire n'ouvre droit à une action contre la personne tenue à réparation du dommage ou son assureur.

Toute disposition contraire aux prescriptions des articles 29 à 32 et du présent article est réputée non écrite à moins qu'elle ne soit plus favorable à la victime.

Toutefois, lorsqu'il est prévu par contrat, le recours subrogatoire de l'assureur qui a versé à la victime une avance sur indemnité du fait de l'accident peut être exercé contre l'assureur de la personne tenue à réparation dans la limite du solde subsistant après paiements aux tiers visés à l'article 29. Il doit être exercé, s'il y a lieu, dans les délais impartis par la loi aux tiers payeurs pour produire leurs créances. — *Al. codifié au C. assur., art. L. 211-25.* — ***C. civ.***

Art. 34 L'organisme de sécurité sociale chargé du remboursement des soins représente auprès du responsable des dommages ou de l'assureur de celui-ci, et pour la conclusion d'une transaction, les organismes de sécurité sociale chargés de la couverture des autres risques et du versement de prestations familiales.

CHAPITRE III *DISPOSITIONS DIVERSES*

....

SECTION 2 *Des intérêts moratoires*

Art. 36 Il est inséré, après l'article 1153 du code civil, un article 1153-1 ainsi rédigé :

Art. 1153-1 En toute matière, la condamnation à une indemnité emporte intérêts au taux légal même en l'absence de demande ou de disposition spéciale du jugement. Sauf disposition contraire de la loi, ces intérêts courent à compter du prononcé du jugement à moins que le juge n'en décide autrement.

En cas de confirmation pure et simple par le juge d'appel d'une décision allouant une indemnité en réparation d'un dommage, celle-ci porte de plein droit intérêt au taux légal à compter du jugement de première instance. Dans les autres cas, l'indemnité allouée en appel porte intérêt à compter de la décision d'appel. Le juge d'appel peut toujours déroger aux dispositions du présent alinéa.

SECTION 3 *Des prescriptions*

Art. 37 L'article 2244 du code civil est ainsi rédigé :

Art. 2244 Une citation en justice, même en référé, un commandement ou une saisie, signifiés à celui qu'on veut empêcher de prescrire, interrompent la prescription ainsi que les délais pour agir.

Il s'agit de l'ancien art. 2244 C. civ., dans sa rédaction antérieure à la L. n° 2008-561 du 17 juin 2008 portant réforme de la prescription en matière civile et à l'Ord. n° 2011-1895 du 19 déc. 2011 relative à la partie législative du code des procédures civiles d'exécution.

Art. 38 Il est inséré, après l'article 2270 du code civil, un article 2270-1 ainsi rédigé :

Art. 2270-1 Les actions en responsabilité civile extra-contractuelle se prescrivent par dix ans à compter de la manifestation du dommage ou de son aggravation.

Il s'agit de l'ancien art. 2270-1 C. civ., en vigueur avant la réforme de la prescription en matière civile opérée par la loi n° 2008-561 du 17 juin 2008.

SECTION 4 *Des appels en déclaration de jugement commun*

Art. 39 *V. CSS, art. L. 397 [art. L. 376-1 nouv.].*

Art. 40 et 41 *V. C. rur., art. L. 752-12* — ***C. rur.***

Art. 42 *Modifie Ord. n° 59-76 du 7 janv. 1959, art. 3.*

Les personnes mentionnées aux art. 39 à 42 de la L. du 5 juill. 1985 qui versent ou sont tenues de verser des prestations au titre d'un régime obligatoire de sécurité sociale à la victime ou à ses ayants droit peuvent ne pas se constituer à l'instance lorsqu'elles n'ont pas de prétentions à formuler, mais doivent dans ce cas indiquer au président de la juridiction saisie le décompte des prestations versées à la victime et celles qu'elles envisagent de lui servir (Décr. n° 86-15 du 6 janv. 1986, art. 15).

SECTION 5 *Des rentes indemnitaires*

....

Art. 44 Dans tous les cas où une rente a été allouée, soit conventionnellement, soit judiciairement, en réparation d'un préjudice causé par un accident, le crédirentier peut demander au juge, lorsque sa situation personnelle le justifie, que les arrérages à échoir soient remplacés en tout ou partie par un capital, suivant une table de conversion fixée par décret. — *V. Décr. n° 86-973 du 8 août 1986 (D. et ALD 1986. 461).*

Les juges du fond font usage de leur pouvoir souverain d'appréciation en se référant aux tableaux annexés au Décr. du 8 août 1986 pour fixer le montant du capital représentatif de la rente d'invalidité à échoir et non à l'Arr. du 27 avril 1993 pris en application de l'art. A. 335-1 C. assur. • Crim. 4 févr. 2003, n° 02-81.378 P : *Jurispr. auto 2003. 173.*

SECTION 6 *De l'organisation judiciaire*

Art. 45 *V. COJ, art. L. 311-10-1 (ancien).* — ***C. pr. civ.***

CHAPITRE IV *DISPOSITIONS DIVERSES* *(Ord. n° 2012-578 du 26 avr. 2012, art. 11).*

Art. 46 La prescription prévue à l'article 38 en cours lors de l'entrée en vigueur de la présente loi sera acquise à l'expiration d'un délai de dix ans à compter de cette entrée en vigueur, à moins que la prescription telle qu'elle était fixée antérieurement ne soit acquise pendant ce délai.

Art. 47 Les autres dispositions de la présente loi entreront en vigueur le premier jour du sixième mois qui suit la date de sa publication *[JO 6 juill.]*. Toutefois :

— les dispositions des articles 1er à 6 *(L. n° 85-1097 du 11 oct. 1985)* « s'appliqueront dès la publication de la présente loi, même aux accidents » ayant donné lieu à une action en justice introduite avant cette publication, y compris aux affaires pendantes devant la Cour de cassation. Elles s'appliqueront également aux accidents survenus dans les trois années précédant cette publication et n'ayant pas donné lieu à l'introduction d'une instance. Les transactions et les décisions de justice irrévocablement passées en force de chose jugée ne peuvent être remises en cause ;

— les dispositions des articles 12 à 34 ne sont pas applicables aux accidents survenus avant la date d'entrée en vigueur de la présente loi.

Les dispositions des art. 12 à 34 régissent toutes les conséquences de l'accident, qu'elles soient initiales ou en aggravation ; cassation de l'arrêt qui fait application de ces articles à une demande en réparation d'une aggravation, apparue en 1992, du préjudice de la victime, alors que l'accident était antérieur à la L. du 5 juill. 1985. • Civ. 2e, 10 mars 2004, n° 01-14.722 P : *D. 2004. IR 998*.

Art. 48 Pendant un délai de dix-huit mois à compter de l'entrée en vigueur de la présente loi, les délais de huit mois et de cinq mois prévus à l'article 12 et celui de quatre mois prévu à l'article 14 sont portés respectivement à douze, neuf et huit mois. Pendant la même période, le délai prévu à l'article 20 est porté à deux mois lorsque le débiteur de l'indemnité de réparation est l'État, une collectivité publique, une entreprise ou un organisme pour lesquels une dérogation a été accordée en vertu de l'article L. 211-3 du code des assurances.

Pour l'application de la L. n° 85-677 du 5 juill. 1985 à Mayotte, V. Ord. n° 92-1067 du 1er oct. 1992 (JO 3 oct.), ratifiée par L. n° 92-1441 du 31 déc. 1992 (JO 1er janv. 1993) ; ... dans les territoires de la Nouvelles-Calédonie, de la Polynésie française et des îles Wallis-et-Futuna, V. Ord. n° 92-1146 du 12 oct. 1992 (JO 16 oct.), ratifiée par L. n 92-1440 du 31 déc. 1992 (JO 1er janv. 1993).

RÉP. CIV. v° *Responsabilité - Régime des accidents de la circulation,* par OUIDOT.

DALLOZ ACTION *Droit de la reponsabilité et des contrats 2012-2013.*

BIBL. GÉN. ▸ **Études générales :** BLOCH, *JCP 1985. I. 3223.* - CHABAS, *JCP 1985. I. 3205.* - GROUTEL, *JCP 1986. I. 3244.* - LANDRAUD, *JCP 1985. I. 3222.* - LARROUMET, *D. 1985. Chron. 237.* - MARGEAT, LANDEL et MARCHAND, *Gaz. Pal. 1986. 1. Doctr. 147.* - ZENATI, *RTD civ. 1985. 790.* ▸ **Question de l'autonomie de la loi :** BIGOT, *JCP 1987. I. 3278.* - CAMPROUX, *D. 1994. Chron. 109* (caractère exclusif de la loi). - CONTE, *JCP 1990. I. 3471.* - WIEDERKEHR, *D. 1986. Chron. 255.* ▸ **Droit transitoire :** NORMAND, *RTD civ. 1990. 548*. ▸ **Application jurisprudentielle de la loi :** *R. 1985, p. 122. - R. 1988, p. 230.* - CHABAS, *Gaz. Pal. 1995. 1. Doctr. 656* (question des recours). - FERRARI, *R. 1993, p. 195* (jurisprudence de la chambre criminelle). - GROUTEL, *D. 1987. Somm. 87.* - HUET, obs. *RTD civ. 1987. 326.* - JOURDAIN, obs. *ibid. 1988. 778 ; 1990. 506 ; Gaz. Pal. 1995. 1. Doctr. 642.* - LACABARATS, *R. 1986, p. 13 ; R. 1987, p. 13 ; Gaz. Pal. 1987. 1. Doctr. 74.* - LARHER-LOYER, *D. 1986. Chron. 205.* - MICHAUD, BOUILLANE DE LACOSTE et GUTH, *R. 1989, p. 47.* - VINEY, *D. 1986. Chron. 209.* - DEFRANCE, *Jurispr. auto 2001. 256* (accidents en cours de déchargement ou de déplacement). - SAMSON et GUILLON, *Gaz. Pal., 28-30 avr. 2002, p. 15* (réparation du préjudice corporel à la suite d'un accident de la circulation). - DEFRANCE, *Jurispr. auto 2005. 449* (recours de la Sécurité sociale).

BIBL. Examen médical et rôle du médecin-conseil : Apelbaum, *Gaz. Pal. 1985. 2. Doctr. 583.* – Barrot, *Gaz. Pal. 1986. 1. Doctr. 273.* – M. Olivier, *Gaz. Pal. 1987. 1. Doctr. 329.* ♦ Recours des tiers payeurs : Groutel, *D. 1987. Chron. 283.* – Huet, *RTD civ. 1987. 773.* – Lambert-Faivre, *D. 1987. Chron. 97 ; JCP 1998. I. 110* (recours de la sécurité sociale) ; *note D. 2004. 161* (indemnisation du dommage corporel). – Margeat, *Gaz. Pal. 1985. 2. Doctr. 489.* – Porchy-Simon, *D. 2010. Chron. 593*. ♦ Autres thèmes : Bailly, *D. 1992. Chron. 202* (indemnisation et aléa judiciaire). – Bourrié-Quenillet, *JCP 1996. I. 3919* (statut juridique de la réparation du préjudice corporel). – Chauchard, *RTD civ. 1989. 1* (transaction). – Quenillet, *JCP 1994. I. 3770* (indemnisation du préjudice corporel).

I. OBLIGATION DE L'ASSUREUR

1. Offre d'indemnité. Conformité à la Conv. EDH de la procédure d'offre obligatoire d'indemnisation. • Civ. 2e, 9 oct. 2003, n° 02-15.412 P : *D. 2004. 371, note Poulet ; RGDA 2004. 91, note Landel.*

Il appartient à l'assureur, tenu de faire une offre, d'établir qu'il a satisfait à cette obligation. • Civ. 2e, 24 févr. 2000, n° 98-10.775 P. ♦ Une offre faite sous la condition de la reconnaissance en justice de la responsabilité de l'assuré ne constitue pas une offre. • Civ. 2e, 23 sept. 1999, n° 97-21.741 P : *JCP 2000. I. 243, n° 30 s., obs. Viney.* ♦ L'assureur ne peut tirer argument de l'obligation de présenter une offre d'indemnité dans le délai maximum de huit mois pour soutenir que toute action contentieuse avant l'expiration de ce délai est irrecevable (demande de provision) : • Paris, 12 mars 1987 : *D. 1987. IR 93* • 21 sept. 1988 : *D. 1988. IR 255.* ♦ Inversement, l'introduction d'une procédure à l'initiative de la victime ne dispense pas l'assureur de faire l'offre dans le délai requis. • Civ. 1re, 20 janv. 1993, n° 91-11.999 P. ♦ Sur la validité d'une offre faite en cours d'instance, V. • Civ. 2e, 20 oct. 2005 : *RCA 2006, n° 18, note Groutel.* – Déjà en ce sens : • Civ. 2e, 14 déc. 2000, n° 99-12.232 P : *Gaz. Pal. 2001. 1162, note Favre-Rochex ; RCA 2001, n° 113, note Groutel* • 16 déc. 2004, n° 02-19.450 P. ♦ Mécanisme de l'offre et règles de procédure contentieuse : V. • TGI Paris, 24 avr. 1990 : *Gaz. Pal. 1991. 1. 237, note Margeat.*

2. Offre irrégulière. N'est pas régulière l'offre faite à la victime par l'intermédiaire de son assureur qui, en l'absence de mandat, ne dispose pas du pouvoir de représenter celle-ci. • Civ. 2e, 11 oct. 2007, n° 06-14.611 P : *D. 2007. AJ 2731.*

3. Offre tardive. Est assimilée à une offre tardive l'absence totale d'offre. • TGI Laval, 2 mai 1988 : *Gaz. Pal. 1988. 2. 811, note Margeat.* ♦ Pour l'application des art. L. 211-9 et L. 211-13 C. assur., une offre manifestement insuffisante peut être assimilée à une absence d'offre. • Civ. 2e, 4 mai 2000, n° 98-20.179 P : *D. 2000. IR 173.* • 9 déc. 2010 : *D. actu. 6 janv. 2011, obs. de Ravel d'Esclapon ; RCA 2011, n° 96, obs. Groutel.* ♦ V., aussi, note 5. ♦ L'assureur est tenu de présenter une offre même s'il n'a pas été informé dans les trois mois de l'accident de l'état de consolidation de la victime ; à défaut, la sanction prévue à l'art. L. 211-13 C. assur. est applicable. • Crim. 5 févr. 1997, n° 93-82.930 P • Civ. 2e, 1er avr. 1999, n° 97-17.581 P : *JCP 2000. I. 1999, n° 22, obs. Viney ; RCA 1999. Chron. 15. Groutel (1re esp.).* ♦ La sanction s'applique en l'absence de prise en compte, pour le calcul du préjudice économique de la victime, de rémunérations perçues à l'occasion d'un travail dissimulé ayant fait l'objet d'une sanction pénale pour l'employeur. • Civ. 2e, 25 févr. 2010, n° 08-20.587 P.

4. Régime de la sanction. La sanction prévue à l'art. L. 211-13 C. assur a pour assiette la totalité de l'indemnité allouée à la victime à titre de dommages-intérêts et non pas le solde restant dû après déduction des provisions déjà versées. • Civ. 2e, 10 juin 1999, n° 96-22.584 P : *JCP 2000. I. 199, n° 22, obs. Viney.* ♦ ... Ou après imputation de la créance des organismes sociaux. • Civ. 2e, 13 mars 2003, n° 01-15.951 P : *D. 2003. IR 1010 ; JCP 2004. I. 137, n° 4 s., obs. Favre-Rochex* • Crim. 18 sept. 2007, n° 06-88.171 P : *D. 2007. AJ 2670.* ♦ Lorsque l'indemnité doit être versée sous forme de rente, le doublement de l'intérêt légal pour caractère tardif de l'offre (C. assur., art. L. 211-13) s'applique à cette rente et non au capital servant de base à son calcul. • Civ. 2e, 9 oct. 1996, n° 94-12.198 P • 28 janv. 1999, n° 97-11.079 P : *RCA 1999, n° 134, note Groutel* • Crim. 19 juin 2007 : *RCA 2007, n° 273, note Groutel* (le doublement s'applique uniquement aux arrérages échus à compter de l'expiration du délai de l'offre). ♦ Le doublement du taux de l'intérêt légal est dû à compter de l'expiration du délai et jusqu'au jour de l'offre ou du jugement devenu définitif. • Civ. 2e, 3 mai 2006, n° 05-13.029 P : *RGDA 2006. 671, note Landel.* ♦ L'assiette des intérêts majorés doit porter sur les sommes offertes par l'assureur à la date à laquelle les juges en ont arrêté le cours. • Civ. 2e, 16 janv. 2014, n° 13-11.340 P : *D. 2014. Chron. C. cass. 571, note Lazerges-Cousquer et Touati.* ♦ Une pénalité dont l'assiette est fixée à la totalité des sommes allouées par le juge ne peut avoir pour terme que la date de la décision devenue définitive ; lorsque l'offre d'indemnité de l'assureur est tenue pour suffisante et que sa date est retenue comme terme de la sanction, son montant constitue l'assiette de la sanction. • Civ. 2e, 23 mai 2013, n° 12-18.339 : *D. 2013. 1348.* ♦ Le doublement de l'indemnité, en raison de la tardiveté de l'offre, peut être prononcé par le juge pénal. • Crim. 4 nov. 2014, n° 13-86.797 : *D. 2014. 2406.*

La sanction du doublement du taux de l'intérêt légal a un objet distinct de la condamnation à réparer les conséquences dommageables du sinistre. • Civ. 2e, 6 oct. 2022, n° 21-16.060 B : *RCA 2022, n° 286, note Bloch ; RGDA 2022/11. 15, note Landel* (cassation de l'arrêt qui impute la charge du doublement à deux assureurs, alors que celle-ci avait été prononcée à l'encontre d'un 3e pour offre tardive).

5. Offre manifestement insuffisante. Application de l'art. L. 211-14 C. assur. : V. • Crim. 24 juin 2003, n° 02-85.178 P. ♦ Les juges du fond apprécient souverainement le préjudice résultant de l'insuffisance de l'offre. • Civ. 2e, 5 avr. 2007, n° 06-12.952 P : *RGDA 2007. 627, note Landel.* ♦ L'absence d'offre constitue une offre manifestement insuffisante au sens de l'art. L. 211-14 C. assur., dont il doit être fait application sans préjudice des dispositions de l'art. L. 211-13 du même code. • Civ. 2e, 3 déc. 1997, n° 96-11.046 P : *JCP 1998. I. 144, n° 25, obs. Viney ; RCA 1998, n° 17 et Chron. 2, obs. Groutel ; Dr. et patr. 1998, n° 1290, obs. Chabas.*

6. ... Limites. L'offre de l'assureur ne peut porter sur des chefs de préjudice qu'il ignore (refus de doublement de l'intérêt légal). • Civ. 2e, 13 sept. 2018, n° 17-22.727 P : *RGDA 2018. 470, note Landel* • 25 mai 2022, n° 21-10.439 B : *RGDA 2022/7-8. 21, note Landel.*

7. Octroi d'une provision. Sur l'incidence de la L. du 5 juill. 1985 sur le caractère non sérieusement contestable du droit de la victime, V. • Civ. 2e, 4 déc.

1985 : *Bull. civ. II, n° 189* • TGI Châteauroux, réf., 2 août 1985 : *JCP 1985. II. 20476, note Chabas* • TGI Colmar, réf., 4 oct. 1985 : *Gaz. Pal. 1986. 1. 22* • Civ. 2e, 19 juin 1991, n° 90-13.301 P • 20 janv. 2000, n° 98-14.490 P : *D. 2000. IR 53*. ♦ Le paiement d'une provision en exécution d'une ordonnance de référé ne dispense pas l'assureur de son obligation de présenter une offre d'indemnisation dans le délai légal. • Civ. 2e, 19 nov. 1998, n° 96-16.128 P. ♦ Rappr., s'agissant d'une victime par ricochet, • Civ. 2e, 21 oct. 2004, n° 02-30.903 P.

8. Acceptation de l'offre : transaction. Lorsque la transaction doit être autorisée par le juge des tutelles, elle n'est pas censée être acceptée du seul fait de sa saisine ; elle ne l'est que lorsque ce dernier l'a approuvée. • Civ. 2e, 2 juill. 2015, n° 14-21.562 P. ♦ La convention qui se forme lors de l'acceptation de l'offre de l'assureur par la victime, quoique qualifiée de « transaction » par la L. du 5 juill. 1985, dérogatoire au droit commun, ne peut être remise en cause en raison de l'absence de concessions réciproques. • Civ. 2e, 16 nov. 2006, n° 05-18.631 P : *R., p. 407 ; D. 2007. Pan. 1688, obs. Train ; JCP 2007. II. 10032, note Mayaux ; Gaz. Pal. 2007. 1050, note Sardin ; RCA 2006. Repère 12, obs. Groutel ; RLDC 2007/36, n° 2439, note Baugard ; RDC 2007. 671, obs. Pérès.* ♦ En l'absence de transaction entre la victime et cet assureur les tiers payeurs sont recevables, selon le droit commun, à demander le recouvrement de leurs prestations. • Civ. 2e, 15 avr. 2010, n° 09-66.430 P : *D. 2010. 1209*.

La victime ayant refusé l'offre d'indemnisation, l'assureur peut librement la modifier, sans qu'elle puisse légitimement en attendre le bénéfice. • Civ. 2e, 8 juin 2017, n° 16-17.767 P : *D. 2017. 1899, note Rivollier*.

II. CALCUL DE L'INDEMNITÉ

A. IMPUTABILITÉ DES PRESTATIONS SERVIES PAR DES TIERS PAYEURS

9. Conditions : lien de causalité. ♦ Sur la condition de lien de causalité entre les prestations servies et le fait dommageable, V. • Crim. 1er juin 1994, n° 93-82.257 P : *RTD civ. 1995. 379, obs. Jourdain* • Cass., ass. plén., 7 févr. 1997, n° 93-17.292 P : *BICC 15 avr. 1997, concl. Monnet, rapp. Durieux ; JCP 1997. II. 22838, note Prétot* • Civ. 2e, 29 avr. 1997 : *Bull. civ. II, n° 117 ; RTD civ. 1997. 679, obs. Jourdain* • 17 déc. 1997, n° 95-17.534 P.

10. ... Sommes versées à titre indemnitaire. Seules doivent être imputées sur l'indemnité réparant les dommages résultant d'une atteinte à la personne les sommes versées à titre indemnitaire ; tel n'est pas le cas de prestations d'assurance qui revêtent un caractère forfaitaire dès lors qu'elles sont calculées en fonction d'éléments prédéterminés indépendamment du préjudice subi. • Civ. 2e, 23 sept. 1999, n° 97-21.279 P : *RTD civ. 2000. 126, obs. Jourdain* – V. aussi • Cass., ass. plén., 19 déc. 2003, n° 01-10.670 P : *R., p. 464 ; BICC 1er mars 2004, rapp. Tric, concl. Benmakhlouf ; JCP 2004. I. 163, n° 34 s., obs. Viney ; RCA 2004. Chron. 7. Groutel ; RTD civ. 2004. 303, obs. Jourdain*. • Crim. 29 oct. 2013, n° 12-83.754 : *D. 2013. 2580* (allocations chômage et rente trimestrielle servie par une compagnie d'assurances volontaires sans référence au préjudice réparable) • Civ. 2e, 11 juin 2015, n° 14-21.867 P (obligation pour le juge de vérifier si le capital décès possédait une nature indemnitaire ou forfaitaire). ♦ L'allocation d'aide au retour à l'emploi perçue par la victime à la suite de la détérioration de son état de santé ne peut être déduite du montant de l'indemnisation du préjudice concernant la perte de gains professionnels actuels, cette allocation n'étant pas mentionnée par l'art. 29 de la L. du 5 juill. 1985 et ne donnant pas lieu à recours subrogatoire contre la personne tenue à réparation. • Civ. 2e, 12 juin 2014, n° 13-18.459 P : *D. 2014. 1327*. ♦ Mais ouvrent droit à recours subrogatoire, par application des art. 29-5 (tel que modifié par la L. du 8 août 1994) et 30 de la loi, les indemnités journalières de maladie versées par l'assureur de la victime. • Civ. 2e, 12 juill. 2007, n° 06-16.084 P : *R., p. 384 ; RCA 2007. Étude 18. Groutel ; RLDC 2008/46, n° 2846, note Charbonneau et Lefebvre* • 8 nov. 2007, n° 06-19.744 P : *JCP 2007. IV. 3212 ; RCA 2008, n° 38, note Groutel (2e esp.) ; RTD civ. 2008. 112, obs. Jourdain*. ♦ Le salarié de la SNCF, victime, est en droit de percevoir les prestations en espèces prévues par son statut et, ces prestations ayant été versées, le recours subrogatoire de l'art. 29 s'exerce, sans considération de leur caractère indemnitaire ou statutaire, pour la totalité des sommes versées. • Civ. 2e, 28 juin 2012 : *D. 2012. Chron. C. cass. 2057, obs. Adida-Canac et Bouvier*. ♦ L'allocation personnalisée d'autonomie (l'APA) constitue une prestation indemnitaire, en application de l'art. L. 232-1 CASF, dès lors qu'elle n'est pas attribuée sous condition de ressources, et que, fixée en fonction des besoins individualisés de la victime d'un handicap, elle répare les postes de préjudice relatifs à l'assistance par une tierce personne. • Civ. 1re, 24 oct. 2019, n° 18-21.339 P : *D. 2019. 2090 ; RDSS 2019. 1144, obs. Curier-Roche*.

11. ... Prestations ouvrant droit à un recours subrogatoire. Doivent être imputées sur l'indemnité réparant l'atteinte à l'intégrité physique de la victime les prestations versées par des tiers payeurs qui ouvrent droit, au profit de ceux-ci, à un recours subrogatoire contre la personne tenue à réparation. Le préjudice professionnel étant soumis au recours des caisses de sécurité sociale, la victime ne peut plus prétendre à indemnisation de ce préjudice, compte tenu des débours de la caisse qui absorbent l'intégralité du préjudice corporel soumis à recours. • Civ. 2e, 8 juin 1994, n° 92-20.136 P. ♦ Est soumis au recours des tiers payeurs le dommage résultant du retentissement professionnel, d'ordre patrimonial. • Civ. 2e, 7 oct. 2004, nº 03-15.034 P : *RTD civ. 2005. 403, obs. Jourdain*. ♦ Sur l'imputation des rentes d'accident du travail, V. • Cass., avis, 29 oct. 2007 : *Bull. civ. nº 10 (2 avis); D. 2007. AJ 2801, obs. Gallmeister ; JCP 2007. II. 10194, note Jourdain ; Gaz. Pal. 9-10 nov. 2007, note Bibal* • CE 5 mars 2008 : *D. 2008. AJ 821 ; AJDA 2008. 941, concl. Thiellay*. ♦ V. aussi : • Civ. 2e, 11 juin 2009, nº 08-17.581 P : *D. 2009. 1789, note Jourdain* • 11 juin 2009, nº 07-21.768 P : *eod. loc.*

12. ... Recours poste par poste. Les recours des tiers payeurs s'exercent poste par poste sur les seules indemnités qui réparent les préjudices qu'ils ont pris en charge, à l'exclusion des préjudices à caractère personnel, sauf si le tiers payeur établit qu'il a effectivement et préalablement versé à la victime une prestation indemnisant un poste de préjudice personnel. • Civ. 2e, 11 juin 2009, nº 08-11.510 P : *D. 2009. AJ 1767* • 11 juin 2009, nº 07-21.472 P.

13. Exclusions : prestation d'assistance. Le montant du revenu minimum d'insertion perçu par la victime ne doit pas être déduit du préjudice économique de celle-ci, s'agissant d'une allocation versée en exécution d'une obligation nationale qui constitue une prestation d'assistance dont la charge incombe à la collectivité et qui ne donne pas lieu à recours subrogatoire contre la personne tenue à réparation. • Civ. 2e, 28 mars 1994, nº 91-17.165 P. ♦ Dans le même sens, pour l'allocation aux adultes handicapés. • Civ. 2e, 10 juill. 2008, nº 07-17.424 P : *D. 2008. AJ 2226*.

14. ... Allocations de chômage. Dans le même sens, pour les allocations de chômage : • Civ. 2e, 7 avr. 2005, nº 04-10.563 P : *RCA 2005, nº 180, note Groutel.*

15. ... Capital-décès. Dans le même sens, pour le capital-décès : • Civ. 2e, 28 mars 1994, nº 92-19.897 P : *RTD civ. 1994. 618, obs. Jourdain*.

16. ... Assurances. Dans le même sens, également pour des prestations servies en exécution d'un contrat d'assurance groupe souscrit par l'employeur de la victime et qui n'ont pas le caractère de salaires. • Civ. 1re, 16 mai 1995, nº 93-17.193 P. ♦ ... Pour des prestations servies en vertu d'un contrat d'assurance individuel par un organisme mutualiste ne gérant pas de régime obligatoire de sécurité sociale. • Civ. 2e, 10 juin 1998, nº 96-19.105 P : *RCA 1998. Chron. 24, obs. Groutel.*

B. REVALORISATION

17. Rentes. Il résulte de l'art. 1er de la L. du 27 déc. 1974 modifié par l'art. 43 de la L. du 5 juill. 1985 (V. ss. art. 1976) que c'est de plein droit que la rente allouée en réparation du préjudice causé du fait d'un accident de la circulation doit être majorée selon les coefficients de revalorisation prévus par l'art. L. 455, devenu L. 434-17 CSS. Les juges ne sont donc pas tenus de préciser l'indexation applicable. • Civ. 2e, 19 juin 1991, nº 88-20.295 P. ♦ ... Et ils ne peuvent indexer la rente selon l'indice de leur choix. • Civ. 2e, 10 mai 1991, nº 89-21.507 P. • 16 janv. 2014, nº 11-28.119 : *D. 2014. Chron. C. cass. 571, note Lazerges-Cousquer et Touati*. – V. déjà en ce sens : • Crim. 22 janv. 1976 : *JCP 1976. II. 18413, note R. Savatier ; RTD civ. 1976. 557, obs. Durry.* – Jurisprudence constante. – V. encore : • Civ. 2e, 7 juin 2001, nº 99-17.645 P.

Code des assurances

[Les annotations du présent code, reprises du **Code des assurances Dalloz,** *ont été rédigées par MM. Claude J. Berr, professeur à l'université Pierre-Mendès-France de Grenoble II, et Hubert Groutel, professeur à l'université de Bordeaux IV, directeur de l'Institut des assurances.]*

PREMIÈRE PARTIE : *LÉGISLATIVE*

(Décr. nº 76-666 du 16 juill. 1976)

LIVRE II **ASSURANCES OBLIGATOIRES**

TITRE I L'ASSURANCE DES VÉHICULES TERRESTRES À MOTEUR ET DE LEURS REMORQUES ET SEMI-REMORQUES

CHAPITRE I *L'OBLIGATION DE S'ASSURER*

BIBL. GÉN. ▶ Loi du 29 févr. 1958 : PICARD, *RGAT 1959. 5.* ▶ Loi du 5 juill. 1985 : DREIFUS-NETTER, *RGAT 1986. 519.* – FAVRE-ROCHEX, *RGAT 1986. 321.* – GROUTEL, *Éd. techn. nº spécial 12 bis, J.-Cl. droit civil, 1985.* – LEGRAND, *RGAT 1987. 8.* ▶ Loi du 31 déc. 1993 : GROUTEL, *RCA 1994. Chron. 8.*

SECTION 1 *Personnes assujetties*

Art. L. 211-1 à L. 211-2 *Reproduits ss. C. route, art. L. 324-1. — V. désormais cet art.*

Art. L. 211-3 *Abrogé par L. nº 96-314 du 12 avr. 1996, art. 85-1, depuis le 1er janv. 1997. — V. C. assur., art. A. 211-1. —* ***C. assur.***

SECTION 2 *Étendue de l'obligation d'assurance*

Art. L. 211-4 *(Ord. n° 2023-1138 du 6 déc. 2023, art. 3 et 15, en vigueur le 23 déc. 2023)* « I. — » *(L. n° 94-5 du 4 janv. 1994)* « L'assurance prévue à l'article L. 211-1 doit comporter une garantie de la responsabilité civile s'étendant à l'ensemble des territoires des États membres de *(Ord. n° 2023-1138 du 6 déc. 2023, art. 3 et 15, en vigueur le 23 déc. 2023)* « l'Union » européenne ainsi qu'aux territoires de tout État tiers pour lequel les bureaux nationaux de tous les États membres de *(Ord. n° 2023-1138 du 6 déc. 2023, art. 3 et 15, en vigueur le 23 déc. 2023)* « l'Union » européenne se portent individuellement garants du règlement des sinistres survenus sur leur territoire et provoqués par la circulation des véhicules ayant leur stationnement habituel dans cet État tiers ». Cette garantie, lorsqu'elle est appelée à jouer hors du territoire français, est accordée par l'assureur dans les limites et conditions prévues par la législation nationale de l'État sur le territoire duquel s'est produit le sinistre *(L. n° 91-716 du 26 juill. 1991)* « ou par celle de l'État où le véhicule a son stationnement habituel lorsque la couverture d'assurance y est plus favorable. »

(L. n° 2007-1774 du 17 déc. 2007, art. 1er-III-1°) « Cette assurance ne peut être résiliée et sa prime ne peut être modifiée au motif d'un séjour du véhicule dans un État membre de *(Ord. n° 2023-1138 du 6 déc. 2023, art. 3 et 15, en vigueur le 23 déc. 2023)* « l'Union » européenne autre que la France pendant la durée du contrat. »

Cette assurance doit également comporter une garantie de la responsabilité civile en cas de sinistre survenant au cours du trajet reliant directement deux territoires où le traité *(Ord. n° 2023-1138 du 6 déc. 2023, art. 3 et 15, en vigueur le 23 déc. 2023)* « sur le fonctionnement de l'Union européenne » est applicable, lorsqu'il n'existe pas, pour le territoire parcouru, de bureau national d'assurance.

Dans ce cas, l'assureur n'est tenu de couvrir que les dommages dont peuvent être victimes les ressortissants des États mentionnés au premier alinéa du présent article, dans les conditions prévues par la législation nationale sur l'obligation d'assurance en vigueur dans l'État où le véhicule qui a causé l'accident a son stationnement habituel.

(Ord. n° 2023-1138 du 6 déc. 2023, art. 3 et 15, en vigueur le 23 déc. 2023) « II. — Pour l'application du présent article, on entend par véhicule :

« 1° Tout véhicule terrestre automoteur actionné exclusivement par une force mécanique sur le sol, sans être lié à une voie ferrée, avec :

« *a)* Une vitesse maximale par construction supérieure à 25 km/h ; ou

« *b)* Un poids net maximal supérieur à 25 kg et une vitesse maximale par construction supérieure à 14 km/h ;

« 2° Toute remorque destinée à être utilisée avec un véhicule mentionné au 1°, qu'elle soit attelée ou non. »

1. Notion de lieu de stationnement habituel. Lorsqu'un véhicule porte une plaque d'immatriculation régulièrement délivrée, il doit être considéré comme stationnant, au sens de la directive (du 24 avr. 1972), sur le territoire de l'État d'immatriculation même si, à l'époque considérée, l'autorisation d'utiliser le véhicule avait été retirée. • CJCE 9 févr. 1984 : *Rec. CJCE 689 ; RTD eur. 1984. 748, et Chron. Berr et Groutel, ibid. 643 ; Rev. crit. DIP 1984. 517, note Bigot ; RGAT 1985. 69, note Chapuisat.* ♦ De l'interprétation des art. 2, § 2 et 1, § 4, de la directive européenne n° 72-166, donnée par arrêt du 9 févr. 1984 de la CJCE, il ressort qu'un véhicule, du seul fait qu'il portait une plaque d'immatriculation qui, originairement, lui avait été régulièrement délivrée en Allemagne, devait être considéré comme y ayant toujours son lieu de stationnement habituel, et il s'ensuit que le Bureau central français est tenu de prendre en charge – éventuellement pour le compte de qui il appartiendra – les conséquences dommageables d'un accident causé en France par un véhicule volé portant une immatriculation de la République fédérale allemande. • Civ. 1re, 11 déc. 1984, n° 81-15.835 P : *RGAT 1985. 69.* ♦ ... Que le conducteur d'un véhicule volé en Suisse, État non membre de la communauté, mais qui a adhéré à la « convention inter-bureaux », résultant de cette directive, est censé avoir été couvert par une assurance valable dans le pays d'immatriculation du véhicule qu'il conduisait. • Civ. 1re, 22 avr. 1986, n° 84-12.130 P : *RGAT 1986. 189.*

2. Limites et conditions de garantie de la loi étrangère. Lorsque la garantie de l'art. L. 211-1 (dans sa rédaction antérieure à la L. du 26 juill. 1991) est appelée à jouer hors du territoire français, elle est accordée par l'assureur dans les limites et conditions prévues par la législation nationale de l'État sur le territoire duquel s'est produit le sinistre. Viole ce texte la cour d'appel qui a écarté l'application de la loi belge, laquelle, le cas échéant, aurait dû être faite d'office, et s'est fondée sur la circonstance qu'un véhicule avait été utilisé à l'insu de l'assuré pour décider qu'une compagnie d'assurances ne devait pas garantie en application d'une clause d'exclusion, telle que le permettait alors le code des assurances français. • Civ. 1re, 24 mai 1989 : *Bull. civ. I, n° 210 ; D. 1991. Somm. 68, obs. Berr ; RGAT 1989. 817.* ♦ Il résulte des dispositions de l'art. L. 211-4 que, pour un sinistre à l'étranger, l'assureur accorde sa garantie « dans les limites et conditions prévues par la législation nationale de l'État sur le territoire duquel s'est produit le sinistre ». Ainsi, l'accident s'étant produit en Allemagne, la loi allemande, qui dispose que « la libération totale ou partielle de l'assureur de son obligation de fournir la prestation vis-à-vis du souscripteur de l'assurance reste sans effet à l'égard du tiers victime envers lequel il demeurera tenu », doit s'appliquer. Dès lors, la loi allemande ne distinguant pas entre les causes de non-garantie, l'exception de nullité pour fausse déclaration intentionnelle ou réticence dolosive en fait partie et est inopposable aux tiers victimes. • Civ. 2e, 16 juin 2011 : *D. 2012. 1980, obs. Groutel ; RCA 2011, n° 336, obs. Groutel ; RGDA 2011. 989, obs. Landel.* ♦ Si la loi espagnole dispose que les « exceptions de garantie » ne sont pas opposables aux tiers, il convient de rechercher le sens de cette expression, et de vérifier spécialement si cette formule inclut la nullité du contrat pour fausse déclaration intentionnelle. • Civ. 1re, 18 juin 2002 : *RGDA 2002. 763, note Heuzé ; ibid. 966, note Landel.* ♦ Un accident étant survenu en Espagne, une cour d'appel ne peut refuser de prononcer la nullité du contrat d'assurance sans rechercher, comme elle y était invitée, si la loi espagnole ne prévoyait pas l'absence d'assurance en cas de dol ou de faute lourde du souscripteur, et si ces cas ne correspondent pas à la fausse déclaration intentionnelle du risque reprochée à celui-ci. • Civ. 2e, 17 sept. 2009 : *RCA 2009. 368, note Groutel.* ♦ Un accident étant survenu en Suisse, il convenait d'examiner la loi de cet État pour déterminer si l'assureur était fondé à opposer une non-garantie lorsque les dommages causés à la victime résultent d'un fait volontaire commis par le détenteur d'un véhicule volé. • Civ. 2e, 8 sept. 2016, n° 15-23.601 : *RGDA 2016. 474, note Landel.* ♦ Mais, encourt la cassation l'arrêt qui, pour écarter la garantie de l'assureur du véhicule à la suite d'un accident intervenu sur le sol marocain, retient que la loi marocaine impose de s'assurer pour les dommages causés à des tiers, transportés dans le véhicule assuré, et qu'elle ne considère pas comme tels le conjoint et les descendants de l'assuré dont la responsabilité est engagée, alors que la loi marocaine définissant le domaine de l'assurance obligatoire en matière de circulation des véhicules terrestres à moteur, ne peut avoir pour effet de réduire le champ de la garantie contractuellement prévue. Il incombait donc à la cour d'appel de rechercher si les victimes avaient la qualité de tiers au sens des stipulations de la police d'assurance. • Civ. 1re, 4 juill. 2012 : *D. 2012. 1989, obs. Groutel ; RCA 2012, n° 322, obs. Groutel ; RGDA 2013. 82, obs. Landel.*

3. Portée de l'étendue territoriale de garantie. L'étendue territoriale de garantie prévue par l'art. L. 211-4 n'est prévue que pour l'assurance de responsabilité civile obligatoire édictée par l'art. L. 211-1 ; par suite, l'assureur peut opposer à son assuré la limitation de l'étendue territoriale de sa garantie prévue par la police d'assurance pour les dommages subis par son véhicule. • Civ. 1re, 30 oct. 1995, n° 93-14.177 P : *RCA 1996, n° 41 ; RGDA 1996. 117, note Landel.*

4. Prime unique. Les dispositions de l'art. 2 de la 3e Dir. 90/232/CEE du 14 mai 1990, relatives à la prime unique et à l'étendue territoriale de la couverture d'assurance, visent non seulement les rapports entre l'assureur et la victime, mais également ceux entre l'assureur et l'assuré. En particulier, ces dispositions impliquent que, en contrepartie du paiement par l'assuré de la prime unique, l'assureur prend, en principe, en charge le risque de l'indemnisation des victimes d'un éventuel accident impliquant le véhicule assuré, et ce quel que soit l'État membre de l'Union sur le territoire duquel ce véhicule est utilisé et où cet accident se produit. Il s'ensuit que ne correspond pas à la notion de « prime unique », au sens de l'art. 2 de la 3e Dir. préc., une prime qui varie selon que le véhicule assuré est appelé à circuler uniquement sur le territoire de l'État membre où ce véhicule a son stationnement habituel ou sur l'ensemble du territoire de l'Union. En effet, une telle variation revient, contrairement à ce que prévoit cet article, à subordonner l'engagement de l'assureur de prendre en charge le risque résultant de la circulation dudit véhicule en dehors de l'État membre de stationnement habituel au paiement d'un complément de prime. • CJUE 26 mars 2015, n° C-556/13 : *RCA 2015. Étude 8, note Ciron ; RGDA 2015. 244, note Landel.*

Art. L. 211-4-1 *(L. n° 2007-1774 du 17 déc. 2007, art. 1er-IV)* **Le véhicule est réputé avoir son lieu de stationnement habituel en France :**

1° Lorsqu'il porte une plaque d'immatriculation qui lui correspond et qui a été délivrée par les autorités françaises ;

2° Lorsque, bien que soumis à l'obligation d'immatriculation en France, il est dépourvu de plaque d'immatriculation ou porte une plaque qui ne lui correspond pas ou ne lui correspond plus et que l'accident survient sur le territoire français ;

3° Lorsqu'il n'est pas soumis à l'obligation d'immatriculation et que la personne qui en a la garde est domiciliée en France.

(Ord. n° 2023-1138 du 6 déc. 2023, art. 3 et 15, en vigueur le 23 déc. 2023) **« Par dérogation aux alinéas précédents, lorsqu'un véhicule est expédié d'un État membre vers la France ce véhicule est réputé avoir son lieu de stationnement habituel en France dès acceptation de**

la livraison par l'acheteur, pour une période de trente jours, même si le véhicule n'a pas été officiellement immatriculé en France. Toutefois, au titre de cette période de trente jours, le souscripteur peut choisir de désigner l'État membre d'immatriculation comme lieu de stationnement habituel. »

Art. L. 211-5 Le décret en Conseil d'État mentionné à l'article L. 211-1 fixe les conditions d'application du présent titre, et notamment l'étendue de la garantie que doit comporter le contrat d'assurance, les modalités d'établissement et de validité des documents justificatifs prévus pour l'exercice du contrôle, ainsi que les obligations imparties aux utilisateurs de véhicules en circulation internationale munis d'une lettre de nationalité autre que la lettre française.

Tout contrat d'assurance souscrit par une personne assujettie à l'obligation instituée à l'article L. 211-1 est, nonobstant toutes clauses contraires, réputé comporter des garanties au moins équivalentes à celles fixées dans le décret en Conseil d'État prévu à l'alinéa précédent.

Garanties contractuelles trop restrictives. Les dispositions de l'art. 2 du Décr. du 7 janv. 1959 [C. assur., art. R. 211-3], qui concernent les garagistes et les personnes pratiquant habituellement le courtage, la vente, la réparation, le dépannage ou le contrôle du bon fonctionnement des véhicules, doivent être substituées aux stipulations plus restrictives du contrat souscrit par l'assuré. Ainsi, pour condamner l'assureur à fournir sa garantie pour l'accident causé par un tiers en conduisant un camion appartenant à l'assuré, une cour d'appel a pu, après avoir relevé que le camion avait été prêté au tiers pour un dépannage et non loué, admettre que ce prêt entrait dans l'activité professionnelle du garagiste et satisfaisait donc aux conditions édictées par le texte précité. • Civ. 1re, 25 oct. 1972, n° 71-10.967 P : *RGAT 1973. 247, note Besson.* ♦ Viole les dispositions de l'art. 2 du Décr. du 7 janv. 1959 [C. assur., art. R. 211-3], l'arrêt qui, pour déclarer que l'assureur d'un garagiste ne devait pas sa garantie pour l'accident causé par un client en conduisant, pendant l'immobilisation de son véhicule en cours de réparation, une voiture prêtée par ce garagiste, fait application de la clause de la police stipulant « prêt de véhicule risque exclu » et restreint ainsi, en vertu d'une disposition contractuelle, l'étendue de la garantie minima impérativement fixée par la loi. • Civ. 1re, 21 mars 1972, n° 70-13.276 P : *RGAT 1972. 557.* ♦ La clause contractuelle ne garantissant que les véhicules de l'entreprise pour les prêts occasionnels à titre gracieux, et non les véhicules confiés, doit être réputée non écrite comme restreignant abusivement les garanties prévues par la loi sur l'assurance automobile obligatoire. • Crim. 6 mai 1998 : *RGDA 1998. 718, note Landel.*

Art. L. 211-5-1 *(L. n° 2014-344 du 17 mars 2014, art. 63-I)* Tout contrat d'assurance souscrit au titre de l'article L. 211-1 mentionne la faculté pour l'assuré, en cas de dommage garanti par le contrat, de choisir le réparateur professionnel auquel il souhaite recourir. Cette information est également délivrée, dans des conditions définies par arrêté, lors de la déclaration du sinistre.

L'indication obligatoire prévue par l'art. L. 211-5-1 est applicable aux contrats souscrits postérieurement à la publication de la L. n° 2014-344 du 17 mars 2014 ainsi qu'aux contrats à reconduction tacite en cours, pour lesquels la mention doit figurer sur chaque avis d'échéance annuelle de prime ou de cotisation (L. préc., art. 63-II).

Nullité de l'Arr. du 29 déc. 2014. Il résulte des termes et de l'objet des dispositions de l'art. L. 211-5-1 que l'obligation d'information définie par celles-ci pèse, au moment de la déclaration de sinistre, sur l'assureur. Dès lors, d'une part, en prévoyant qu'une obligation d'information pesait sur « tout professionnel », d'autre part, en indiquant que cette obligation devait être accomplie dès la survenance du sinistre, les dispositions de l'Arr. du 29 déc. 2014 ont méconnu l'art. L. 211-5-1 et excédé, par suite, la portée de l'habilitation législative. En conséquence, l'Arr. du 29 déc. 2014 relatif aux modalités d'information de l'assuré au moment du sinistre sur la faculté de choisir le réparateur professionnel auquel il souhaite recourir prévue à l'art. L. 211-5-1 est annulé. • CE 17 févr. 2016, n° 388173 : *RGDA 2016. 173, note Landel.*

Art. L. 211-5-2 *(L. n° 2020-1508 du 3 déc. 2020, art. 20-I)* Sont nulles les clauses par lesquelles l'assureur interdit à l'assuré, en cas de dommage garanti par un contrat d'assurance souscrit au titre de l'article L. 211-1, la cession à des tiers des créances d'indemnité d'assurance qu'il détient sur lui.

L'art. L. 211-5-2 C. assur. est applicable aux contrats en cours à la date de la publication de la L. n° 2020-1508 du 3 déc. 2020 (JO 4 déc.) (L. préc., art. 20-II).

Art. L. 211-6 Est réputée non écrite toute clause stipulant la déchéance de la garantie de l'assuré en cas de condamnation pour conduite en état d'ivresse ou sous l'empire d'un état alcoolique *(L. n° 2003-87 du 3 févr. 2003, art. 2)* « ou pour conduite après usage de substances ou plantes classées comme stupéfiants ».

V. C. assur., art. A. 211-1-1 s. — ***C. assur.***

1. Domaine. L'art. L. 211-6 ne concerne que l'assurance obligatoire des dommages causés aux tiers, visée par l'art. L. 211-1, et non l'assurance des dommages causés à son véhicule par le conducteur assuré. • Civ. 2e, 7 avr. 2011 : *D. 2011. 1805, note Vingian ; ibid. 2012. 1980, obs. Groutel ; RCA 2011, no 267, note Groutel ; RGDA 2011. 728, obs. Landel.*

2. État d'ivresse. Le contrat d'assurance automobile obligatoire ne peut pas prévoir que, dans certains cas et, en particulier, dans celui où le conducteur du véhicule était en état d'ivresse, l'assureur n'est pas tenu d'indemniser les dommages corporels et matériels causés à des tiers par le véhicule assuré. En revanche, le contrat d'assurance obligatoire peut prévoir que, dans de telles hypothèses, l'assureur disposera d'une action récursoire contre l'assuré. • CJCE 28 mars 1996, no C-129/94, *Rafaël Ruiz Bernaldez : Rec. CJCE I-1829 ; RCA 1996. Chron. 34, note Berr.* ♦ En vertu de l'art. L. 211-6 C. assur., doit être réputée non écrite la clause excluant de la garantie souscrite au titre de l'obligation d'assurance des véhicules terrestres à moteur, les dommages provoqués par un conducteur en état alcoolique. • Civ. 1re, 21 oct. 2003, no 01.14-429.

3. Relaxe au pénal. Justifie légalement sa décision, la cour d'appel qui affirme que le jugement du tribunal correctionnel prive l'assureur du droit d'invoquer la clause d'exclusion en ce qu'il a nécessairement relaxé la conductrice de l'ensemble de la poursuite des faits contraventionnels de conduite sous l'empire d'un état alcoolique qui lui étaient reprochés, dès lors que l'alcoolémie retenue à l'encontre de la conductrice, égale à 0, 50 gramme d'alcool pur par litre de sang, n'entrait pas dans les prévisions de la clause qui n'excluait formellement de la garantie que l'état alcoolique défini par référence à l'art. L. 1 C. route, alors applicable, lequel fixait un seuil d'alcoolémie à 0, 80 gramme d'alcool pur par litre de sang. • Civ. 2e, 30 juin 2005, no 04-12.769.

4. Incidence sur la réduction proportionnelle de l'art. L. 113-9. Les dispositions de l'art. L. 211-6 réputant non écrite toute clause stipulant la déchéance de garantie de l'assuré en cas de condamnation pour conduite en état d'ivresse ou sous l'empire d'un état alcoolique n'ont pas pour effet d'interdire à l'assureur de se prévaloir, à l'égard de l'assuré, dans les conditions prévues par l'art. L. 113-9 du même code, d'une omission ou déclaration inexacte relative à une telle condamnation. • Civ. 2e, 8 déc. 2016, no 16-10.622 : *RGDA 2017. 119, note Landel.*

Art. L. 211-7 **Les dispositions du présent titre ne portent pas atteinte aux prescriptions réglementaires en vigueur, dans la mesure où ces prescriptions concernent des risques différents ou imposent des obligations plus étendues.**

SECTION 3 *Franchises, exclusions de garantie et déchéances*

Art. L. 211-7-1 *(L. no 2019-486 du 22 mai 2019, art. 209)* **La nullité d'un contrat d'assurance souscrit au titre de l'article L. 211-1 n'est pas opposable aux victimes ou aux ayants droit des victimes des dommages nés d'un accident de la circulation dans lequel est impliqué un véhicule terrestre à moteur ainsi que ses remorques ou semi-remorques.**

Dans une telle hypothèse, l'assureur qui garantit la responsabilité civile du fait de ce véhicule, de cette remorque ou de cette semi-remorque, est tenu d'indemniser les victimes de l'accident ou leurs ayants droit. L'assureur est subrogé dans les droits que possède le créancier de l'indemnité contre la personne responsable de l'accident, à concurrence du montant des sommes qu'il a versées.

Un décret en Conseil d'État fixe les autres exceptions de garantie qui ne sont pas opposables aux victimes ou à leurs ayants droit.

Jurisprudence antérieure à la L. du 22 mai 2019. La CJUE a dit pour droit (CJUE 20 juill. 2017, no C-287/16) que l'art. 3, § 1, de la Dir. 72/166/CEE du Conseil du 24 avr. 1972, concernant le rapprochement des législations des États membres relatives à l'assurance de la responsabilité civile résultant de la circulation de véhicules automoteurs, et au contrôle de l'obligation d'assurer cette responsabilité, et l'art. 2, § 1, de la deuxième Dir. 84/5/CEE du Conseil du 30 déc. 1983, concernant le rapprochement des législations des États membres relatives à l'assurance de la responsabilité civile résultant de la circulation des véhicules automoteurs, doivent être interprétés en ce sens qu'ils s'opposent à une réglementation nationale qui aurait pour effet que soit opposable aux tiers victimes la nullité d'un contrat d'assurance de responsabilité civile automobile résultant de fausses déclarations initiales du preneur d'assurance en ce qui concerne l'identité du propriétaire et du conducteur habituel du véhicule concerné ou de la circonstance que la personne pour laquelle ou au nom de laquelle ce contrat d'assurance est conclu n'avait pas d'intérêt économique à la conclusion dudit contrat. Il s'en déduit qu'interprétée à la lumière des dispositions des directives susvisées, la nullité édictée par l'art. L. 113-8 C. assur. n'est pas opposable aux victimes d'un accident de la circulation ou à leurs ayants droit. • Civ. 2e, 29 août 2019, no 18-14.768 : *RGDA oct. 2019. 19, note Landel ; RCA 2019, no 258 et repère 9, par Groutel ; bjda.fr 2019, no 65, note Cayol* • Civ. 2e, 16 janv. 2020, no 18-23.381 : *D. actu. 14 févr. 2020, note Bigot ; RCA 2020, no 97 et Étude 6 par Barbaud ; ibid. 2022, Chron. 4, no 25, note Groutel ; RGDA avr. 2020. 27, note Landel.* ♦ La circonstance que la compagnie d'assurance a conclu le contrat sur la base d'omissions ou de fausses déclarations de la part du preneur d'assurance n'est pas de nature à lui permettre de se prévaloir de dispositions légales sur la nullité du contrat et de l'opposer au tiers victime afin de s'exonérer de son obligation découlant de l'art. 3, § 1, de la première directive d'indemniser ce dernier d'un accident causé par le véhicule assuré. • CJUE, 6e ch., 20 juill. 2017, *Fidelidade Companhia de Seguros,* no C-287/16 : *RGDA 2017. 536. note Parleani; ibid. 552, note Landel; RCA 2017, étude 13 par Groutel.*

SECTION 4 *Contrôle de l'obligation d'assurance*

Néant.

SECTION 5 *Dispositions relatives à l'assurance des véhicules en circulation internationale et de certains autres véhicules*

Néant.

SECTION 6 *Procédures d'indemnisation*

(Décr. no 88-260 du 18 mars 1988)

Art. L. 211-8 Les dispositions de la présente section s'appliquent, même lorsqu'elles sont transportées en vertu d'un contrat, aux victimes d'un accident de la circulation dans lequel est impliqué un véhicule terrestre à moteur ainsi que ses remorques ou semi-remorques, à l'exception des chemins de fer et des tramways circulant sur des voies qui leur sont propres.

Comp. L. no 85-677 du 5 juill. 1985, art. 1er, reproduit ss. C. route, art. L. 122-1.

Dommage causé par un piéton. L'indemnisation des dommages causés par un piéton au conducteur d'un véhicule terrestre à moteur ne peut être fondée que sur les dispositions des art. 1382 s. C. civ., à l'exclusion de celles des art. L. 211-8 à L. 211-25 réglant les conditions de l'offre d'indemnisation de l'assureur ou du Fonds. • Civ. 2e, 15 mars 2007 : *RCA 2007, no 205, note Groutel.*

Art. L. 211-9 *(L. no 2003-706 du 1er août 2003, art. 83-I)* Quelle que soit la nature du dommage, dans le cas où la responsabilité n'est pas contestée et où le dommage a été entièrement quantifié, l'assureur qui garantit la responsabilité civile du fait d'un véhicule terrestre à moteur est tenu de présenter à la victime une offre d'indemnité motivée dans le délai de trois mois à compter de la demande d'indemnisation qui lui est présentée. Lorsque la responsabilité est rejetée ou n'est pas clairement établie, ou lorsque le dommage n'a pas été entièrement quantifié, l'assureur doit, dans le même délai, donner une réponse motivée aux éléments invoqués dans la demande.

Une offre d'indemnité doit être faite à la victime qui a subi une atteinte à sa personne dans le délai maximum de huit mois à compter de l'accident. En cas de décès de la victime, l'offre est faite à ses héritiers et, s'il y a lieu, à son conjoint. L'offre comprend alors tous les éléments indemnisables du préjudice, y compris les éléments relatifs aux dommages aux biens lorsqu'ils n'ont pas fait l'objet d'un règlement préalable.

Cette offre peut avoir un caractère provisionnel lorsque l'assureur n'a pas, dans les trois mois de l'accident, été informé de la consolidation de l'état de la victime. L'offre définitive d'indemnisation doit alors être faite dans un délai de cinq mois suivant la date à laquelle l'assureur a été informé de cette consolidation.

En tout état de cause, le délai le plus favorable à la victime s'applique.

En cas de pluralité de véhicules, et s'il y a plusieurs assureurs, l'offre est faite par l'assureur mandaté par les autres.

BIBL. ▶ GROUTEL, *RCA 2003. Chron. 26; ibid. 2005. Étude 18.*

1. Conventionnalité de la procédure d'offre. La procédure d'offre obligatoire d'indemnisation imposée aux assureurs par les art. L. 211-9 et L. 211-13, en ce qu'elle tend à favoriser l'indemnisation rapide des victimes d'accident de la circulation par voie transactionnelle sans priver pour autant celles-ci et les assureurs du droit à un procès équitable et en ce qu'elle permet de soumettre à l'appréciation du juge l'étendue de la sanction légale du doublement des intérêts légaux en cas d'insuffisance ou d'absence d'offre, n'est pas contraire aux dispositions de l'art. 6.1 Conv. EDH. • Civ. 2e, 9 oct. 2003 : *D. 2004. 371, note Poulet ; JCP 2004. I. 137, no 4 s., obs. Favre-Rochex; RCA 2004, no 5; RGDA 2004. 91, note Landel.*

I. CARACTÈRE OBLIGATOIRE DE L'OFFRE

2. Contestation de la responsabilité. La circonstance qu'une instance oppose la victime ou ses ayants droit à la personne tenue à réparation et à son assureur n'exonère pas ce dernier de son obligation de présenter une offre d'indemnité dans le délai imparti par l'art. L. 211-9, sous la sanction prévue par son art. L. 211-13. • Crim. 16 janv. 1992, no 90-86.793 P : *D. 1992. IR 158 ; RCA 1992, no 417; ibid., Chron. 35, note Groutel; RGAT 1992. 546, note Landel.* ♦ L'introduction d'une procédure à l'initiative de la victime ne dispense pas l'assureur de faire, dans le délai requis, l'offre imposée par l'art. L. 211-9. • Civ. 1re, 20 janv. 1993, n° 91-11.999 P : *D. 1993. IR 41 ; RCA 1993, n° 125 ; RGAT 1993. 298, note Landel.* ♦ Une contestation sur la responsabilité du conducteur ne dispense pas l'assureur de faire une offre. • Civ. 2e, 15 oct. 2012 : *RGDA 2013. 335, obs. Landel.* ♦ La contestation sérieuse élevée par l'assureur sur le principe du droit à indemnisation de la victime, qui a convaincu les premiers juges, ne le dispensait pas de faire une offre. • Civ. 2e, 26 nov. 2020, n° 19-18.817 : *RGDA févr. 2021. 24, note Landel.* ♦ L'obligation mise à la charge de l'assureur ne lui permet aucune appréciation quant au bien ou mal-fondé du principe de l'offre qu'il est tenu de faire. • Civ. 2e, 4 juin 1997 : *RCA 1997, n° 262, note Groutel.* ♦ La contestation par l'assureur du lien de causalité entre le préjudice de la victime et l'accident en cause ne le dispense pas de faire, dans le délai requis, l'offre imposée par l'art. L. 211-9. • Civ. 2e, 11 sept. 2008 : *RCA 2008, n° 324, obs. Groutel.*

3. Contestation de la date de consolidation. La circonstance que la victime ait contesté la date de consolidation retenue par l'expert ne dispensait pas l'assureur de faire une offre d'indemnisation. • Civ. 2e, 20 nov. 2020, n° 19-16.016 : *RGDA févr. 2021. 24, note Landel ; D. actu. 6 janv. 2021, note R. Bigot et Cayol.*

4. Versement d'une provision. Le paiement d'une provision en exécution d'une ordonnance de référé n'exonère pas l'assureur de son obligation de présenter une offre. • Civ. 2e, 19 nov. 1998, n° 96-16.128 P : *RCA 1999, n° 11 ; JCP 1999. IV. 1001.* ♦ Il en est de même en cas de versement d'une provision amiable par l'assureur. • Crim., 23 janv. 1992 : *Bull. crim. n° 23 ; RGAT 1992. 547* • 13 déc. 2011, n° 11-82.013 P : *RGDA 2012. 702, obs. Landel.* ♦ Le seul paiement d'une provision ne peut suppléer la présentation d'une offre. • Civ. 2e, 6 juill. 2023, n° 21-24.118 : *RGDA sept. 2023. 16, note Landel.*

5. Aggravation de l'état de la victime. Faute de prévoir une distinction, les dispositions de l'art. L. 211-9 C. assur. sont applicables au dommage aggravé, ce dont il résulte que l'assureur est tenu de présenter à la victime une offre d'indemnisation dans un délai de cinq mois à compter de la date à laquelle il est informé de la consolidation de l'état aggravé de la victime. • Civ. 2e, 23 mai 2019, n° 18-15.795 P : *D. 2019. 1169 ; RGDA juill. 2019. 23, note Landel ; RCA 2019, n° 234, note Groutel.* ♦ L'invocation, par la victime, de l'aggravation de son état ne dispense pas l'assureur de présenter une offre définitive d'indemnisation dans le délai de cinq mois suivant la date de consolidation. • Crim. 22 févr. 2011 : *RCA 2011, n° 216.*

6. Offre provisionnelle. La circonstance que, dans l'ignorance des dates de consolidation, la compagnie d'assurances n'avait pas été en mesure de faire des offres indemnitaires sérieuses dans les huit mois de l'accident ne la dispensait pas de faire une offre provisionnelle. • Crim. 21 sept. 2010 : *RCA 2011, n° 12.*

II. DÉBITEUR DE L'OFFRE

7. Dommage causé par un piéton. L'indemnisation des dommages causés par un piéton au conducteur d'un véhicule terrestre à moteur ne peut être fondée que sur les dispositions des art. 1382 s. C. civ., à l'exclusion de celles de la L. n° 85-677 du 5 juill. 1985 et, par voie de conséquence, de celles des art. 12 à 27 de ladite loi codifiées sous les art. L. 211-8 à L. 211-25 C. assur. réglant les conditions de l'offre d'indemnisation de l'assureur ou du fonds. • Civ. 2e, 15 mars 2007, n° 06-12.680 P.

8. Dommage avec plusieurs véhicules impliqués. L'assureur d'un véhicule impliqué dans un accident de la circulation doit présenter, dans un certain délai, une offre d'indemnité aux victimes d'une atteinte à leur personne du fait de cet accident à peine d'être condamné à payer des intérêts au double du taux légal à compter du terme de ce délai sur l'indemnité accordée par le juge ou sur celle tardivement offerte. Il s'ensuit que les victimes, parties tierces à la convention professionnelle d'indemnisation pour compte d'autrui, ont le droit de se voir proposer, sous les sanctions légales, une offre d'indemnité par tout assureur d'un véhicule terrestre à moteur tenu d'indemniser ces victimes. • Civ. 2e, 15 nov. 2001 : *RCA 2002, n° 58, note Groutel.* ♦ Pour rejeter la demande de condamnation d'un assureur à des intérêts de retard au double du taux légal, un arrêt retient qu'il avait donné mandat à l'assureur direct de faire des offres d'indemnisation à ses assurés en application du dernier al. de l'art. L. 211-9 C. assur. En statuant ainsi, alors que les victimes n'avaient invoqué que les trois premiers al. de l'art. L. 211-9 C. assur. et que l'assureur s'était borné à s'opposer à cette demande, la cour d'appel, qui s'est fondée sur l'al. 4 de ce texte et sur un courrier entre assureurs non spécialement invoqué par les parties, a violé l'art. 16 C. pr. civ. • Civ. 2e, 16 déc. 2010 : *RGDA 2011. 505, obs. Landel.*

9. Offre présentée par l'avocat du responsable. Ne satisfait pas aux exigences de la loi l'offre faite par voie de conclusions, prises par l'avocat du responsable, seule partie à l'instance, qui n'avait aucune obligation particulière à cet égard, et dont les conclusions n'expriment pas une offre d'indemnisation mais une contestation de la demande d'indemnisation de la victime. • Civ. 2e, 5 avr. 2007 : *RGDA 2007. 621, note Landel.*

III. DESTINATAIRE DE L'OFFRE

10. Victime décédée. L'assureur qui garantit la responsabilité civile du fait d'un véhicule terrestre à moteur doit, en cas de décès de la victime directe, présenter à ses héritiers, dans un délai maximal de huit mois à compter de l'accident, une offre d'indemnité, comprenant tous les éléments indemnisables du préjudice. • Crim. 16 mai 2006 : *RGDA 2006. 673, note Landel.* ♦ La qualité d'héritier procède des seules dispositions des art. 734 s. C. civ. • Même arrêt.

11. Offre présentée à l'assureur de la victime. Ne sont pas régulières les offres présentées à l'assureur de la victime qui, en l'absence d'un mandat, ne dispose pas du pouvoir de représenter celle-ci. • Civ. 2e, 11 oct. 2007, n° 06-14.611 P : *D. 2007. AJ 2731 ; LPA 11 avr. 2008, p. 8, note Bernard-Menoret ; RGDA 2008. 106, note Landel ; Gaz. Pal. 2009. 474, note Périer.* ♦ Ne donne pas de base légale à sa décision la cour d'appel qui retient que l'offre d'indemnisation avait été adressée à l'assureur de la protection juridique de la victime sans caractériser l'existence d'un mandat. • Civ. 2e, 21 mai 2015, n° 14-18.522 : *RGDA 2015. 348, note Landel.*

12. Offre présentée à l'avocat de la victime en dehors d'une procédure judiciaire. N'est pas régulière l'offre faite au conseil de la victime et non directement à cette dernière, dès lors que l'avocat ne dispose du pouvoir de représenter son client sans avoir à justifier d'un mandant que dans le cadre de la procédure judiciaire. • Crim. 29 févr. 2000 : *RCA 2000, n° 183.*

IV. FORME DE L'OFFRE

13. Offre présentée par l'avocat de l'assureur. Des offres par conclusions peuvent valoir offre d'indemnisation au sens des art. L. 211-9 et R. 211-40. • Civ. 2e, 19 nov. 1998, n° 96-16.128 P : *RCA 1999, n° 11 ; RGDA 1999. 126, note Landel.* ♦ Une offre peut être faite en cours d'instance par voie de conclusions. • Crim. 23 févr. 1999 : *RGDA 1999. 364, note Landel* • Civ. 2e, 20 oct. 2005 : *RCA 2006, n° 18, obs. Groutel ; RGDA 2006. 118 (1re esp.), note Landel* • Civ. 2e, 27 avr. 2017, n° 16-50.020 : *RCA 2017, n° 184, note Groutel.* ♦ ... Dès lors que les offres d'indemnités sont définitives, peu important qu'elles soient présentées à titre subsidiaire. • Civ. 2e, 25 janv. 2007 : *RGDA 2007. 346, note Landel.* ♦ Il est alors tenu compte de la date de signification des conclusions contenant offre d'indemnisation pour apprécier le caractère tardif de l'offre. • Civ. 2e, 18 nov. 2010, n° 09-69.826 P : *D. 2010. 2910 ; RGDA 2011. 106, note Landel.*

14. Offre à caractère occulte. L'obligation faite à l'assureur, par l'art. L. 211-9 C. assur., de présenter à la victime une offre d'indemnité est exclusive de toute proposition de caractère occulte, tel un échange de courriers confidentiels entre avocats, qui ne permet pas au juge de s'assurer de la régularité de l'offre. • Crim. 17 déc. 1997, n° 96-86.700 P : *RCA 1998, n° 241.*

V. DÉLAI POUR FORMULER L'OFFRE

15. Consolidation. Lorsque l'assureur n'est pas informé de la consolidation de l'état de la victime dans les trois mois suivant l'accident, il doit lui faire une offre d'indemnisation provisionnelle dans un délai de huit mois à compter de l'accident. L'offre définitive doit être faite dans un délai de cinq mois suivant la date à laquelle l'assureur a été informé de la consolidation. Si aucune offre n'a été faite dans ces délais, le montant de l'indemnité offerte par l'assureur ou allouée par le juge à la victime produit intérêt de plein droit au double du taux de l'intérêt légal à compter de l'expiration du délai imparti et jusqu'au jour de l'offre ou du jugement. Dès lors, prive sa décision de base légale la cour d'appel qui condamne une compagnie d'assurance à payer l'indemnité revenant à la victime avec intérêt au double du taux de l'intérêt légal, sans préciser la date à laquelle l'assureur avait été informé de la consolidation par le rapport d'expertise qui lui était opposable. • Civ. 2e, 7 avr. 2005, n° 03-17.394. ♦ L'assureur ne doit les intérêts au double du taux légal qu'à compter de cinq mois après avoir eu connaissance du rapport de l'expert chargé de fixer la date de consolidation. • Civ. 2e, 5 juin 2008 : *RGDA 2008. 664, note Landel.* ♦ Les juges du fond doivent donc rechercher la date à laquelle l'assureur a eu connaissance de la consolidation de l'état de la victime. • Civ. 2e, 21 févr. 2008 : *RGDA 2008. 354, note Landel.* ♦ Mais l'assureur ne saurait se prévaloir de son ignorance jusqu'à l'assignation de la date de consolidation, dès lors que le médecin ayant établi un rapport – lequel lui était expressément destiné – était désigné par ses soins. • Civ. 2e, 25 juin 2009 : *RCA 2009, n° 284.*

16. Suspension du délai. Les réponses incomplètes de la victime quant au montant de ses revenus professionnels et l'insuffisance de justificatifs peuvent avoir pour effet de suspendre le délai de l'assureur pour faire une offre d'indemnité. • Civ. 2e, 28 juin 2012 : *RCA 2012, n° 302, note Groutel ; RGDA 2013. 90, obs. Landel.*

17. Preuve. Il appartient à l'assureur tenu de faire une offre d'établir qu'il a satisfait à cette obligation. • Civ. 2e, 24 févr. 2000, n° 98-10.775 P : *D. 2000. IR 79.* ♦ Il incombe à l'assureur de prouver la formulation d'une proposition d'indemnisation dans le délai prévu par l'art. L. 211-9 C. assur. • Crim. 4 juin 2013 : *RGDA 2013. 918, note Landel ; ibid. 2018. 470, note Landel.* ♦ V. égal. : • Civ. 2e, 13 sept. 2018, n° 17-22.290 : *RGDA 2018. 470, note Landel.*

VI. CONTENU DE L'OFFRE

18. Préjudices indemnisables. L'assureur qui garantit la responsabilité civile du fait d'un véhicule terrestre à moteur a l'obligation de présenter dans un délai de huit mois à compter de l'accident à la victime qui a subi une atteinte à sa personne une offre d'indemnité qui comprend tous les éléments indemnisables du préjudice, y compris les éléments relatifs aux biens lorsqu'ils n'ont pas fait l'objet d'un règlement préalable. • Civ. 2e, 3 juin 2004, n° 01-16.708.

19. Préjudices connus. L'offre de l'assureur ne peut porter sur des chefs de préjudice dont il ignore l'existence. Les juges doivent rechercher si, bien que les experts aient conclu à l'absence de perte de gains professionnels futurs et d'incidence professionnelle, l'assureur avait connaissance de l'existence de ces chefs de préjudice. • Civ. 2e, 25 mai 2022, n° 21-10.439 : *RGDA juill.-août 2022. 21, note Landel.* ♦ Ayant exactement décidé que l'offre de l'assureur ne pouvait porter sur des chefs de préjudice qu'il ignore et retenu que l'offre d'indemnisation de l'assureur, faite avant l'expiration du délai de cinq mois suivant la date à laquelle il avait été informé de la date de consolidation, avait porté sur les différents chefs de préjudice mentionnés dans le premier rapport d'expertise, que ce rapport ne mentionnait ni une incidence professionnelle ni une perte de gains professionnels futurs et que c'était seulement sur la base du second rapport d'expertise amiable déposé ultérieurement, établissant ces deux chefs de préjudice supplémentaires, que les juges du fond en avaient reconnu l'existence pour les indemniser, une cour d'appel a, à bon droit, débouté la victime de sa demande de doublement de l'intérêt égal. • Civ. 2e, 13 sept. 2018, n° 17-22.727 : *D. actu. 5 oct. 2018, note Bigot.* ♦ V. égal. : • Civ. 2e, 13 sept. 2018, n° 17-22.290 : *RGDA 2018. 470, note Landel.*

VII. PORTÉE DE L'OFFRE

20. Pouvoir du juge. L'offre d'indemnité faite à la victime, qui a subi une atteinte à sa personne, par l'assureur qui garantit la responsabilité du fait d'un véhicule terrestre à moteur n'interdit pas au juge des référés de lui accorder une provision supérieure au montant de cette offre. • Civ. 2e, 15 mai 1992, n° 90-14.261 P : *D. 1992. IR 169 ; RCA 1992, n° 324.*

21. Offre « nulle ». Une offre nulle, par laquelle l'assureur informe la victime qu'il n'entend pas lui proposer d'indemnité, ne peut être considérée comme une offre au sens de l'art. L. 211-9. • Civ. 2e, 28 févr. 1996, n° 93-18.523 P : *RCA 1996, n° 172 ; ibid., Chron. 21, note Groutel ; RGDA 1996. 643, note Brousseau.*

22. Offre conditionnelle. Est une absence d'offre le fait pour l'assureur de subordonner son « offre » de verser des indemnités à la victime à la reconnaissance, par décision de justice, de la responsabilité de son assuré. • Civ. 2e, 23 sept. 1999, n° 97-21.741 P : *RCA 1999, n° 357 ; RGDA 1999. 1024, note Landel.*

23. Offre manifestement insuffisante. Le juge peut assimiler à une absence d'offre une offre manifestement insuffisante. • Civ. 2e, 4 mai 2000, n° 98-20.179 P : *RCA 2000, n° 229 ; RGDA 2000. 537, note Landel* • 10 avr. 2008 : *RCA 2008, n° 190 (2e esp.), obs. Groutel ; RGDA 2008. 669 (2e esp.), note Landel* • 9 déc. 2010, n° 09-72.393 P : *RCA 2011, n° 96, note Groutel ; RGDA 2011. 508, note Landel.* ♦ L'offre manifestement insuffisante équivaut à l'absence d'offre. Tel est le cas d'une offre ne comprenant pas tous les éléments indemnisables du préjudice. • Civ. 2e, 20 nov. 2014, n° 13-25.216 : *RGDA 2015. 26, note Landel.*

24. Offre à la suite d'un premier rapport. L'assureur ayant, à la suite d'un premier rapport l'informant de la consolidation de l'état de la victime, fait dans le délai légal une offre qui n'était pas manifestement insuffisante, le dépôt d'un nouveau rapport d'expertise ne lui imposait pas de présenter une nouvelle offre. • Civ. 2e, 16 nov. 2010 : *RCA 2011, n° 319, note Groutel ; RGDA 2011. 109, obs. Landel* • 17 mars 2011 : *RGDA 2011. 744, note Landel.* ♦ Le caractère suffisant et complet de l'offre faite sur la base d'un premier rapport d'expertise doit être apprécié à la date à laquelle l'offre a été faite. • Civ. 2e, 8 mars 2012 : *RGDA 2012. 695, note Landel* (expertise ultérieure concluant à une incapacité plus forte).

25. Offre incomplète. Une offre incomplète, qui ne comprend pas tous les éléments indemnisables du préjudice, dont l'évaluation est prévue à l'art. R. 211-40, équivaut à une absence d'offre. • Civ. 2e, 10 juin 2004 : *RGDA 2004. 616, note Landel.* ♦ Ainsi en est-il d'une offre portant sur les seuls préjudices moraux et les frais d'obsèques. • Civ. 2e, 10 juin 1999, n° 96-22.584 P : *RGDA 1999. 638, note Landel.* ♦ ... Ou de l'offre qui omet le poste tierce personne après consolidation. • Civ. 2e, 6 févr. 2014, n° 12-14.368. ♦ Une offre provisionnelle chiffrée, mais sans précisions sur tous les éléments indemnisables, ne saurait être considérée comme une offre au sens des art. L. 211-9 s. • Civ. 2e, 8 sept. 2005 : *RGDA 2005. 938, note Landel.* ♦ Mais, après avoir constaté que la victime n'avait jamais par le passé fait état d'un préjudice sexuel ni de préjudices liés à l'aménagement du logement ou du véhicule, et que les rapports d'expertise ne comportaient sur ces points aucune indication, une cour d'appel a souverainement déduit qu'il ne pouvait être reproché à l'assureur de ne pas avoir fait d'offre d'indemnisation de ces postes. • Civ. 2e, 16 oct. 2008 : *RGDA 2009. 175, note Landel.*

26. Offre avec des postes de préjudices réservés. Ne portent pas sur tous les éléments indemnisables du préjudice et sont manifestement insuffisantes des offres ne comportant des montants chiffrés que pour l'assistance par tierce personne et les postes de préjudices extra-patrimoniaux, les autres postes de préjudices patrimoniaux étant réservés dans l'attente de justificatifs et l'assureur n'ayant pas sollicité les informations requises en vue de suspendre le délai d'offre. • Civ. 2e, 16 juill. 2020, n° 19-14.982 : *RGDA 2020. 35, note Landel.* ♦ Si l'offre de l'assureur ne comprend pas tous les éléments indemnisables du préjudice et si la demande adressée par l'assureur ne répond pas aux formes et conditions requises par l'art. R. 211-39 C. assur., l'assureur ne peut échapper à la sanction du doublement du taux d'intérêt. • Civ. 2e, 18 févr.

2021, n° 19-18.710 : *RGDA avr. 2021. 18, note Landel.* ♦ Une simple demande de justificatifs émanant de l'assureur ne peut être assimilée à la correspondance prévue par l'art. R. 211-39 C. assur. • Civ. 2e, 9 févr. 2023, n° 21-20.812 : *RGDA avr. 2023. 19, note Landel ; RCA 2023, n° 136, note Tournaire.* ♦ V. également : l'assureur ne peut opposer à la victime l'absence de renseignement sur la créance d'un organisme social pour se dispenser de faire une offre sur un élément du préjudice. Viole dès lors l'art. L. 211-13 la cour d'appel qui a retenu que l'offre de l'assureur était complète, bien qu'aucune offre n'eût été formulée au titre du préjudice professionnel. • Civ. 2e, 11 sept. 2014 : *RGDA 2014. 555, note Landel.*

27. Charge de la preuve. L'assureur doit préciser les données qui ont été portées à sa connaissance au moment où il a présenté son offre. • Civ. 2e, 3 mars 2011, n° 10-11.755.

28. Offre définitive sans offre provisionnelle. Dès lors qu'aucune offre, au moins provisionnelle, n'avait été faite dans les huit mois à compter de l'accident, l'assureur, qui avait fait parvenir une offre dans les cinq mois suivant le rapport d'expertise fixant la date de consolidation de la victime, n'avait pas fait une offre complète et suffisante dans les conditions de l'art. L. 211-9 C. assur. En conséquence, les indemnités allouées à la victime devaient produire intérêt de plein droit au double du taux d'intérêt légal jusqu'au jour de l'arrêt devenu définitif. • Crim. 13 déc. 2011, n° 11-80.134 P : *RGDA 2012. 700, note Landel.* ♦ *Contra* : viole les art. L. 211-9 et L. 211-13 C. assur., la cour d'appel qui, pour condamner l'assureur à payer le double des intérêts au taux légal jusqu'à la date du prononcé de son arrêt, retient qu'il est indifférent que l'assureur, qui n'avait pas fait d'offre provisionnelle, ait fait une offre dans les cinq mois de la date à laquelle il avait eu connaissance de la consolidation. • Civ. 2e, 8 mars 2012 : *RGDA 2012. 695, note Landel.*

29. Modification de l'offre. Aucun texte ou principe n'interdit à l'assureur de modifier l'offre d'indemnisation, tant qu'elle n'a pas été acceptée par la victime ou ses ayants droit, afin de tenir compte de l'évolution de la situation de la victime. • Civ. 2e, 2 juill. 2015, n° 14-21.562 P : *D. actu. 1er sept. 2015, note Kilgus ; RCA 2015, n° 290, note Groutel ; Gaz. Pal. 15 déc. 2015, p. 28, note Ehrenfeld ; Procédures 2016. Chron. 3, n° 11, note Raschel.*

VIII. ACCEPTATION DE L'OFFRE

30. Modalité de l'acceptation. L'offre d'indemnisation, tant en ce qui concerne l'étendue du droit à réparation que le montant des indemnités proposées, ne peut engager l'assureur que si elle est acceptée par la victime ou ses ayants droit. • Civ. 2e, 8 juin 2017, n° 16-17.767 : *RGDA 2017. 422, note Landel ; RCA 2017, n° 246, note Groutel ; Gaz. Pal. 17 oct. 2017. 66, note Ehrenfeld.* ♦ La saisine du juge des tutelles ne saurait établir l'acceptation sans équivoque par la victime de l'offre de l'assureur, dès lors que le tuteur ne peut transiger au nom de la personne protégée qu'après avoir fait approuver par le conseil de famille ou le juge des tutelles les clauses de la transaction. • Civ. 2e, 2 juill. 2015, n° 14-21.562 P : *préc. note 29.*

31. Autorité de la transaction. La L. du 5 juill. 1985 instituant un régime d'indemnisation en faveur des victimes d'accident de la circulation, d'ordre public, dérogatoire au droit commun, qualifie de transaction la convention qui se forme lors de l'acceptation par la victime de l'offre de l'assureur et cette transaction ne peut être remise en cause à raison de l'absence de concessions réciproques. • Civ. 2e, 16 nov. 2006, n° 05-18.631 P : *RCA 2006, n° 372 ; ibid. Repère 12, note Groutel ; RGDA 2007. 565, note Poulet ; JCP 2007. II. 10032 note Mayaux ; Gaz. Pal. 14-15 mars 2007, p. 8, note Sardin ; RLDC 2007. 2439, note Baugard.* ♦ V. égal. : • Civ. 1re, 20 janv. 2010, n° 08-19.627 P : *RCA 2010, n° 75.* ♦ La transaction qui s'opère en application des dispositions d'ordre public de la L. du 5 juill. 1985 en cas d'acceptation par la victime de l'offre d'indemnisation de l'assureur est soumise, concernant ses effets, aux dispositions de l'art. 2052 C. civ. Elle ne peut donc être attaquée pour cause d'erreur de droit, ni pour cause de lésion. • Civ. 2e, 5 mars 2015, n° 14-13.441 : *RCA 2015, n° 174, note Groutel ; RGDA 2015. 249, note Landel.* ♦ L'assureur du conducteur d'un véhicule impliqué dans un accident étant subrogé dans les droits de son assuré, lui-même subrogé dans ceux d'une victime passager d'un autre véhicule, la transaction conclue par celle-ci avec l'assureur du conducteur est opposable à l'auteur du dommage. • Civ. 2e, 1er avr. 1999, n° 96-19.804 P : *RCA 1999, n° 176 ; ibid. Chron. 15, note Groutel.*

32. Autorité de la transaction conclue en application de la convention IRCA. Les juges du fond ne peuvent écarter une transaction intervenue dans le cadre d'un mandat entre assureurs en la déclarant inopposable à la victime, alors que cette transaction, mise en œuvre en application des art. L. 211-8 s., acceptée par l'assureur pour le compte de qui il appartiendra, fixait le montant du préjudice corporel de la victime, qu'elle visait tant les art. 2044 s. C. civ. que la L. du 5 juill. 1985 et qu'elle comportait la clause de dénonciation prévue par l'art. 19 de cette loi. • Crim. 2 déc. 2008, n° 08-83.540 P : *RGDA 2009. 149, note Landel* • 16 déc. 2014, n° 14-80.491 P : *RGDA 2015. 102, note Landel.*

Art. L. 211-10 **A l'occasion de sa première correspondance avec la victime, l'assureur est tenu, à peine de nullité relative de la transaction qui pourrait intervenir, d'informer la victime qu'elle peut obtenir de sa part, sur simple demande, la copie du procès-verbal d'enquête de police ou de gendarmerie et de lui rappeler qu'elle peut à son libre choix se faire assister d'un avocat et, en cas d'examen médical, d'un médecin.**

Sous la même sanction, cette correspondance porte à la connaissance de la victime les dispositions du *(L. n° 2003-706 du 1er août 2003, art. 83-II)* **« troisième » alinéa de l'article L. 211-9 et celles de l'article L. 211-12.**

1. Défaut d'information. L'arrêt, après avoir rappelé qu'il incombe à l'assureur de rapporter la preuve qu'il a délivré à la victime l'information prévue par l'art. L. 211-10 C. assur., sous peine de nullité relative de la transaction qui pourrait intervenir, en lui indiquant qu'elle peut obtenir de sa part, sur simple demande, la copie du procès-verbal d'enquête de police ou de gendarmerie, se faire assister d'un avocat et le cas échéant d'un médecin, relève que l'assureur ne démontre pas avoir satisfait à l'exigence d'information requise par ce texte dès lors qu'il n'a indiqué à la victime que le délai dans lequel elle pouvait dénoncer une transaction régulièrement conclue, sans mentionner les conditions de régularité proprement dite de la transaction. Par ces seuls motifs, et abstraction faite du motif surabondant critiqué par le moyen, la cour d'appel a exactement jugé que la transaction conclue entre la victime et l'assureur était nulle. • Civ. 2e, 9 mars 2023, n° 21-20.687 : *RGDA juin 2023. 26, note Landel; RCA 2023, n° 136, note Tournaire.* ♦ *Contra* : dès lors que le procès-verbal d'enquête ne comporte aucun renseignement de nature à influer sur la fixation de l'indemnisation, le défaut d'information est sans incidence sur le droit à indemnisation et sur le montant de celle-ci, de sorte que la victime n'est pas fondée en sa demande en nullité de la transaction. • Civ. 2e, 17 mars 2005 : *RGDA 2005. 635, note Landel: Gaz. Pal. 9 mai 2017, p. 72, note Ehrenfeld.*

2. Personnes habilitées à assister la victime. Si le modèle type de la notice, figurant en annexe de l'art. A. 211-1 C. assur., issu de l'arrêté du 20 nov. 1987, mentionne, au titre des « conseils utiles », que la victime peut confier la défense de ses intérêts à toute personne de son choix et devra se faire représenter par un avocat en cas de procès, aucune des dispositions réglementaires n'autorisent un tiers prestataire, autre qu'un professionnel du droit ou relevant d'une profession assimilée, à exercer, à titre habituel et rémunéré, une activité d'assistance à la victime pendant la phase non contentieuse de la procédure d'offre obligatoire, si elle comporte des prestations de conseil en matière juridique, au sens de l'art. 54 de la L. n° 71-1130 du 3 déc. 1971. • Civ. 1re, 25 janv. 2017, n° 15-26.353 P : *RCA 2017. 99; RGDA 2017. 189, note Landel; D. avocats 2017. 156, obs. Audran-Ly ; Gaz. Pal. 9 mai 2017. 72, note Ehrenfeld.*

3. Personnes habilitées à assister la victime – QPC. Seul un professionnel du droit ou relevant d'une profession assimilée est autorisé à exercer, à titre habituel et rémunéré, une activité d'assistance à la victime d'un accident de la circulation pendant la phase non contentieuse de la procédure d'offre obligatoire, dès lors que cette activité comporte des prestations de conseil en matière juridique. • Civ. 1re, 25 janv. 2017, n° 15-26.353 P. ♦ Une telle limitation à la liberté d'entreprendre est justifiée par la nécessité d'assurer le respect des droits de la défense, garantis par l'art. 16 Const., et n'est manifestement pas disproportionnée au regard de l'objectif poursuivi. Cette exigence d'une qualification professionnelle spécifique ne porte, en elle-même, aucune atteinte au droit d'obtenir un emploi. • Civ. 1re, 25 sept. 2019, n° 19-13.413 : *RGDA nov. 2019. 27, note Landel.*

Art. L. 211-10-1 *(L. n° 2020-105 du 10 févr. 2020, art. 103)* **A l'occasion de sa première correspondance avec la victime, l'assureur est tenu d'informer cette dernière de ses obligations prévues par le code de l'environnement en matière de cession d'un véhicule hors d'usage.**

Art. L. 211-11 **Dès lors que l'assureur n'a pu, sans qu'il y ait faute de sa part, savoir que l'accident avait imposé des débours aux tiers-payeurs visés à l'article 29 de la loi n° 85-677 du 5 juillet 1985 et à l'article L. 211-25, ceux-ci perdent tout droit à remboursement contre lui et contre l'auteur du dommage. Toutefois, l'assureur ne peut invoquer une telle ignorance à l'égard des organismes versant des prestations de sécurité sociale.**

Dans tous les cas, le défaut de production des créances des tiers-payeurs, dans un délai de quatre mois à compter de la demande émanant de l'assureur, entraîne déchéance de leurs droits à l'encontre de l'assureur et de l'auteur du dommage. — *V. L. n° 85-677 du 5 juill. 1985, art. 48, reproduit supra.*

Dans le cas où la demande émanant de l'assureur ne mentionne pas la consolidation de l'état de la victime, les créances produites par les tiers-payeurs peuvent avoir un caractère provisionnel. *(L. n° 2003-1199 du 18 déc. 2003, art. 8-III)* **« Il en est de même lorsque les prestations de sécurité sociale sont versées après avis de la commission départementale d'éducation spéciale ou de la commission technique d'orientation et de reclassement professionnel. »**

1. Absence de recours contre l'assureur. Aux termes de l'art. L. 211-11 C. assur., dès lors que l'assureur n'a pu, sans qu'il y ait faute de sa part, savoir que l'accident avait imposé des débours aux tiers payeurs visés à l'art. 29 de la L. n° 85-677 du 5 juill. 1985 et à l'art. L. 211-25, ceux-ci perdent tout droit à remboursement contre lui et contre l'auteur du dommage. Tel est le cas d'une institution de prévoyance qui ne prouve pas que l'assureur savait ou aurait dû savoir que la victime percevait de sa part une rente d'invalidité. • Civ. 2e, 16 mars 2022, no 20-18.969 : *RGDA avr. 2022. 26, note Landel.*

2. Point de départ du délai. Le point de départ du délai imparti au tiers payeur pour produire sa créance auprès de l'assureur ne peut être que la date à laquelle il a reçu la lettre de ce dernier. • Civ. 2e, 1er juill. 1992 : *D. 1992. IR 231.*

3. Exclusion de la déchéance en l'absence de transaction. La déchéance prévue par l'art. 14 de la L. du 5 juill. 1985, devenu l'art. L. 211-11 n'est opposable aux tiers-payeurs que dans le cadre de la procédure d'indemnisation organisée par les art. L. 211-9 s. Par conséquent, en l'absence de transaction entre la victime et l'assureur de la personne tenue à réparation, les tiers-payeurs sont recevables selon le droit commun à intervenir dans l'instance pour demander le remboursement de leurs prestations. • Crim. 5 déc. 1991, no 90-87.188 P : *RCA 1992, no 89, obs. Groutel; RGAT 1992. 314* • 30 mars 1994, no 92-84.572 P : *RCA 1994, no 257* • Civ. 1re, 16 févr. 1994, no 92-13.393 P : *RCA 1994, no 175* • Civ. 2e, 10 juin 1999, no 96-19.320 P : *RCA 1999, no 323* • 24 févr. 2000 : *RCA 2000, no 154* • 15 avr. 2010, no 09-66.430 : *RCA 2010, no 180, note Groutel* • 10 déc. 2015, no 14-24.803 P : *RCA 2016, no 81.*

4. Exclusion de la déchéance en cas de non respect de la procédure d'indemnisation. Il résulte de l'art. L. 211-11 que la déchéance des droits des tiers-payeurs à l'encontre de l'assureur de l'auteur du dommage, laquelle sanctionne le défaut de production de leurs créances dans le délai de quatre mois à compter de la demande de l'assureur de la personne tenue à réparation, ne leur est opposable que dans la mesure où les conditions et délais de la procédure d'indemnisation organisée par les L. 211-9 ont été respectés par l'assureur. • Civ. 2e, 8 mars 2006, no 04-11.408 P : *Gaz. Pal. 2006. 3254 (1er arrêt), note Périer; RCA 2006, no 160 (2 esp.); ibid. Étude 7, note Groutel; RGDA 2006. 439, note Landel.* ♦ Ainsi, l'assureur ne peut invoquer la déchéance des droits des tiers payeurs lorsqu'il signe une transaction avec la victime, sans que la preuve soit rapportée qu'il a avisé l'organisme tiers payeur de ce choix, qui entraînait la liquidation du préjudice corporel de cette victime. • Civ. 2e, 4 oct. 2012, no 11-25.063 P : *D. 2012. 2392; Gaz. Pal. 30 nov. 2012, obs. Cerveau-Colliard; RGDA 2013. 93, obs. Landel.*

5. Tiers payeur monégasque. Dès lors que la loi monégasque applicable à la subrogation légale aux droits de la victime régit le régime juridique de celle-ci et notamment la recevabilité du recours subrogatoire, une cour d'appel a décidé, à bon droit, que l'assureur ne pouvait se prévaloir des dispositions de l'art. L. 211-11 C. assur. qui imposent aux tiers payeurs de produire leurs créances dans un délai de quatre mois à peine de déchéance. • Civ. 1re, 24 sept. 2014, no 13-21.339 : *D. 2015. 1056, obs. Gaudemet-Tallon et Jault-Seseke; RGDA 2014. 558, note Landel.* ♦ Dans le même sens : • Crim. 3 déc. 2019 : *RGDA janv. 2020. 34, note Landel.* ♦ Mais la L. du lieu de l'accident définit l'assiette du recours de l'organisme d'assurance sociale qui indemnise la victime de l'accident. Viole l'art. 3 C. civ. la cour d'appel qui, pour dire que l'assureur est mal fondé à prétendre limiter l'assiette du recours du tiers payeur au montant des chefs de dommages dont les prestations de l'assureur-loi assurent la réparation (frais médicaux, arrêt de travail, IPP) susceptibles de revenir à la victime, retient que la loi monégasque no 636 du 11 janv. 1958 consacre le droit pour l'assureur-loi de poursuivre le remboursement intégral des prestations servies à la victime, qui, d'origine légale, n'a pour limite que le montant des prestations mises par la loi à la charge de l'employeur. • Civ. 1re, 24 juin 2015, no 13-21.468 P : *RGDA 2015. 406, note Landel.* ♦ *Contra* précédemment : c'est par une interprétation souveraine de la loi monégasque du 11 janv. 1958, et hors de toute dénaturation, qu'une cour d'appel a retenu que l'art. 13 de cette loi ouvre le recours pour l'intégralité des prestations exposées par l'assureur-loi pour le compte de la victime et dans la limite du montant des prestations mises par la loi à la charge de l'employeur. • Civ. 1re, 24 sept. 2014, no 13-21.339 : *D. 2015. 1056, obs. Gaudemet-Tallon et Jault-Seseke; RGDA 2014. 558, note Landel.*

6. Tiers payeur suisse. Il résulte de l'art. L. 211-11 que la déchéance des droits des tiers payeurs à l'encontre de l'assureur et de l'auteur du dommage, résultant du défaut de production de leurs créances dans un délai de quatre mois à compter de la demande de l'assureur de la personne tenue à réparation, ne leur est opposable que dans la procédure d'indemnisation organisée par les art. L. 211-9 s. Dès lors viole cet article la cour d'appel qui applique une déchéance de garantie alors que le tiers payeur avait, en déclarant sa créance, fait des réserves sur le montant des frais de reconversion professionnelle et sur la rente, puis engagé une procédure judiciaire pour en obtenir le remboursement, ce qui excluait que la transaction conclue postérieurement ait pu intervenir dans la procédure d'indemnisation organisée par les art. L. 211-9 s. • Civ. 2e, 10 déc. 2015, no 14-24.803 : *RGDA 2016. 92, note Landel.*

Art. L. 211-12 **Lorsque, du fait de la victime, les tiers-payeurs n'ont pu faire valoir leurs droits contre l'assureur, ils ont un recours contre la victime à concurrence de l'indemnité qu'elle a perçue de l'assureur au titre du même chef de préjudice et dans les limites prévues à l'article 31 de la loi no 85-677 du 5 juillet 1985. Ils doivent agir dans un délai de deux ans à compter de la demande de versement des prestations.** — *V. L. no 85-677 du 5 juill. 1985, art. 31, reproduit supra.*

1. *Preuve.* Le recours contre la victime que l'art. L. 211-12 ouvre aux tiers-payeurs leur impose de rapporter la preuve que, du fait de cette victime, ils n'ont pu faire valoir leurs droits contre l'assureur. • Soc. 28 mars 2002 : *RCA 2002, n° 231, note Groutel ; RGDA 2002. 407, note Landel.*

2. *Exclusion de la responsabilité délictuelle.* Aux termes de l'art. 15 de la L. n° 85-677 du 5 juill. 1985 [devenu l'art. L. 211-12 C. assur.], lorsque, du fait de la victime, les tiers payeurs n'ont pu faire valoir leurs droits contre l'assureur, ils ont un recours contre la victime à due concurrence de l'indemnité qu'elle a perçue de l'assureur au titre du même chef de préjudice et dans les limites de l'art. 31. Ils doivent agir dans les deux ans à compter de la demande de versement des prestations. Par conséquent, une institution de prévoyance ne peut agir contre une victime sur le fondement de la responsabilité délictuelle de l'art. 1240 C. civ. au motif qu'elle aurait commis une faute dont elle pourrait lui demander réparation, dès lors que cette faute prétendue ne se distingue pas du fait de la victime visé par l'art. 29, 5°, de la L. n° 85-677 du 5 juill. 1985, dont elle ne saurait contourner le régime. • Civ. 2e, 16 mars 2022, n° 20-18.969 : *RGDA avr. 2022. 26, note Landel.*

Art. L. 211-13 **Lorsque l'offre n'a pas été faite dans les délais impartis à l'article L. 211-9, le montant de l'indemnité offerte par l'assureur ou allouée par le juge à la victime produit intérêt de plein droit au double du taux de l'intérêt légal à compter de l'expiration du délai et jusqu'au jour de l'offre ou du jugement devenu définitif. Cette pénalité peut être réduite par le juge en raison de circonstances non imputables à l'assureur.**

1. *QPC (non-transmission).* La question posée, au sujet de l'art. L. 211-13 C. assur., ne présente pas un caractère sérieux en ce qu'au regard du principe constitutionnel de la nécessité des peines, la disposition prévue par l'art. L. 211-13, à supposer qu'elle soit une peine au sens de l'art. 8 de la Déclaration des droits de l'homme et du citoyen, n'est ni automatique ni disproportionnée, le montant de la majoration du taux de l'intérêt légal étant proportionnel aux sommes en jeu et à la durée du manquement de l'assureur et pouvant être arrêté par la présentation d'une offre d'indemnisation régulière ou réduit par le juge en raison de circonstances non imputables à l'assureur… • Civ. 2e, 3 févr. 2011 : *RCA 2011, n° 97 ; RGDA 2011. 497, obs. Landel* • 8 juin 2011 : *RGDA 2011. 1003, obs. Landel.* ♦ … Et qu'au regard du principe constitutionnel de la nécessité des peines et de leur individualisation dès lors que la majoration du taux d'intérêt légal en cas de retard de présentation de l'offre d'indemnisation de l'assureur ne constitue pas une peine au sens de l'art. 8 de la Déclaration des droits de l'homme et du citoyen. • Crim. 20 sept. 2011 : *RGDA 2012. 69, obs. Landel.*

2. *Conventionnalité.* La procédure d'offre obligatoire d'indemnisation imposée aux assureurs par les art. L. 211-9 et L. 211-13, en ce qu'elle tend à favoriser l'indemnisation rapide des victimes d'accident de la circulation par voie transactionnelle sans priver pour autant celles-ci et les assureurs du droit à un procès équitable et en ce qu'elle permet de soumettre à l'appréciation du juge l'étendue de la sanction légale du doublement des intérêts légaux en cas d'insuffisance ou d'absence d'offre, n'est pas contraire aux dispositions de l'art. 6.1 Conv. EDH. • Civ. 2e, 9 oct. 2003 : *D. 2004. 371, note Poulet ; JCP 2004. I. 137, n° 4 s., obs. Favre-Rochex ; RCA 2004, n° 5 ; RGDA 2004. 91, note Landel.*

I. RÈGLES DE FOND

A. SANCTION DU DOUBLEMENT DE L'INTÉRÊT LÉGAL

3. *Principe du doublement du taux de l'intérêt légal.* En assortissant la condamnation qu'elle prononce des intérêts au double du taux légal depuis l'expiration du délai de 8 mois suivant l'accident jusqu'au jour où la décision deviendrait définitive, une cour d'appel, qui constate que l'assureur du prévenu n'avait fait aucune offre à la victime malgré l'existence d'un dommage résultant directement de l'accident, applique exactement les art. 12 et 16 de la L. n° 85-677 du 5 juill. 1985 repris aux art. L. 211-9 et L. 211-13. • Crim. 28 nov. 1991, n° 90-86.929 P : *D. 1992. IR 88 ; RCA 1992, n° 18 ; ibid. Chron. 3, note Groutel* • 29 juin 2010, n° 09-82.462 P : *D. 2010. AJ 1999 ; RCA 2010, n° 268.* ♦ … De même, lorsque la victime est coresponsable de l'accident. • Civ. 2e, 1er avr. 1999, n° 97-17.581 P : *RCA 1999, n° 174 ; ibid. Chron. 15, note Groutel.*

4. *Débiteur de la sanction.* Viole les art. L. 211-9 et L. 211-13 C. assur., la cour d'appel qui condamne l'assuré solidairement avec l'assureur au paiement de la pénalité du doublement de l'intérêt au taux légal sur les indemnités qu'il alloue, alors que l'offre d'indemnisation incombe à l'assureur du véhicule impliqué et non à son assuré. • Civ. 2e, 3 juill. 2014, n° 13-20.931 P : *RGDA 2014. 460, note Landel ; RCA 2014, n° 335, note Groutel ; D. 2015. 517, note Lazerges-Cousquer et Touati ; ibid. 1246, note Bacache.* ♦ La sanction du doublement du taux de l'intérêt légal, qui a un objet distinct de la condamnation à réparer les conséquences dommageables du sinistre, doit être prononcée contre tous les assureurs qui n'ont pas respecté leur obligation propre de présenter une offre dans les délais légaux. • Civ. 2e, 6 oct. 2022, n° 21-16.060 : *RGDA nov. 2022. 15, note Landel.*

5. *Offre provisionnelle ou définitive.* La sanction prévue par l'art. L. 211-13 s'applique sans distinction à l'offre provisionnelle et à l'offre définitive que l'assureur doit présenter en application de l'art. L. 211-9 C. assur. • Crim. 24 janv. 1996, n° 94-85.550 P : *RCA 1996, n° 221 ; RGDA 1996. 639, note Landel* • 5 févr. 1997, n° 93-82.930 P : *RCA 1997, n° 300 ; RCA 2014, n° 335, note Groutel.*

6. Point de départ des intérêts. Si l'assureur n'a fait aucune offre provisionnelle, l'indemnité allouée par le juge produit intérêt entre la date à laquelle il aurait dû la faire et celle à laquelle il a présenté une offre définitive. • Crim. 24 janv. 1996, n° 94-85.550 P : *RCA 1996, n° 221 ; RGDA 1996. 639, note Landel* • 5 févr. 1997, n° 93-82.930 P : *RCA 1997, n° 300* • Civ. 2e, 15 janv. 2015, n° 13-11.941 : *RGDA 2015. 137, note Landel.* ♦ Le juge ne peut pas fixer la date à compter de laquelle les indemnités produiront intérêts de plein droit au double du taux de l'intérêt légal sans rechercher la date de consolidation de l'état de la victime. • Civ. 2e, 19 févr. 1997, n° 95-15.997 P : *RCA 1997, n° 164.* ♦ Lorsqu'un nouvel expert ayant mission de fixer la date de consolidation a été commis après le dépôt du rapport de l'expert sollicité par l'assureur, cette date ne peut pas être connue avant le dépôt du second rapport, de sorte que l'assureur ne doit les intérêts au double du taux légal qu'à compter de cinq mois après avoir eu connaissance du dernier rapport. • Civ. 2e, 5 juin 2008 : *RGDA 2008. 664, note Landel.*

7. Point d'arrivée des intérêts. Une pénalité dont l'assiette est fixée à la totalité des sommes allouées par le juge ne peut avoir pour terme que la date de la décision devenue définitive. En revanche, lorsque l'offre d'indemnité de l'assureur est tenue pour suffisante, sa date est retenue comme terme de la sanction et son montant constitue l'assiette de la sanction. • Civ. 2e, 23 mai 2013, n° 12-18.339 P : *RCA 2013, n° 222, note Groutel* • Civ. 2e, 2 sept. 2016, n° 15-24.524 : *RCA 2016, n° 336, note Groutel* • Crim. 27 sept. 2016, n° 15-83.309 P : *D. 2016. 2612, note Bouchet ; ibid. 2017. 24, obs. Brun, Gout et Quézel-Ambrunaz ; RCA 2016, n° 337.* ♦ Ainsi, la sanction du doublement du taux de l'intérêt légal a pour assiette l'indemnité offerte tardivement par l'assureur et doit s'appliquer pour la seule période comprise entre la date d'expiration du délai légal et le jour de présentation de l'offre. • Civ. 2e, 16 nov. 2006 : *RGDA 2007. 98, note Landel* • Crim. 19 avr. 2017, n° 16-83.343 P : *RCA 2017, n° 184, note Groutel.* ♦ ... Et viole l'art. L. 211-13 C. assur., la cour d'appel qui, pour fixer leur montant, retient que les intérêts au taux majoré étaient dus jusqu'à la date de signification de l'arrêt, alors que l'offre d'indemnité avait été valablement faite à une date antérieure à cette signification. • Civ. 2e, 28 févr. 1996 : *RCA 1996, n° 172 ; ibid. Chron. 21, note Groutel ; RGDA 1996. 642, note Brousseau.* ♦ De même, ne tire pas les conséquences légales de ses constatations la cour d'appel qui relève que l'assureur avait fait à la victime une offre d'indemnité à une certaine date et fixe le montant des intérêts portés au double de l'intérêt légal jusqu'au jour où l'arrêt sera devenu définitif. • Civ. 2e, 9 oct. 1996 : *RCA 1997, n° 20 ; RGDA 1997. 174, note Brousseau.* ♦ Encore, ne donne pas de base légale à sa décision au regard du texte précité la cour d'appel qui fixe jusqu'à la date où son arrêt sera devenu définitif la période pendant laquelle les intérêts seront doublés alors qu'elle avait relevé que l'assureur avait fait des offres par conclusions, sans rechercher en quoi elles ne pouvaient être considérées comme des offres d'indemnisation définitive au sens des art. L. 211-9 et R. 211-40 C. assur. • Civ. 2e, 19 nov. 1998, n° 96-16.128 P : *RCA 1999, n° 11.* ♦ De même, prive sa décision de base légale la cour d'appel qui, pour dire que la pénalité du doublement du taux de l'intérêt légal aura effet jusqu'à la date où l'arrêt sera devenu définitif et sur les sommes allouées, retient que l'offre formée par l'assureur le 13 juill. 2016 était incomplète, sans rechercher si l'offre faite par l'assureur le 30 mars 2019 répondait aux exigences des art. L. 211-9 et L. 211-13 C. assur. • Civ. 2e, 15 juin 2023, n° 22-13.657 : *RGDA sept. 2023. 16, note Landel.* ♦ Cependant, les juges doivent constater que l'offre de l'assureur portait sur tous les éléments indemnisables du préjudice et n'était pas manifestement insuffisante. • Crim. 16 juin 2015, n° 14-81.461 : *D. 2016. 35, obs. Brun et Gout ; RCA 2015, n° 256, note Groutel.* ♦ Aussi justifie sa décision la cour d'appel qui, pour dire que les indemnités allouées à la victime produiront intérêt de plein droit au double du taux d'intérêt légal jusqu'au jour de l'arrêt devenu définitif, dès lors que, aucune offre au moins provisionnelle n'ayant été faire dans les huit mois à compter de l'accident, l'assureur n'avait pas fait une offre complète et suffisante dans les conditions de l'art. L. 211-9 C. assur. • Crim. 13 déc. 2011, n° 11-80.134 P : *RGDA 2012. 700, note Landel.* ♦ *Contra* : viole les art. L. 211-9 et L. 211-13 C. assur., la cour d'appel qui, pour condamner l'assureur à payer le double des intérêts au taux légal jusqu'à la date du prononcé de son arrêt, retient qu'il est indifférent que l'assureur, qui n'avait pas fait d'offre provisionnelle, ait fait une offre dans les cinq mois de la date à laquelle il avait eu connaissance de la consolidation. • Civ. 2e, 8 mars 2012 : *RGDA 2012. 695, note Landel.*

8. Notion de jugement définitif. Ayant retenu que la notion de décision « définitive », qui peut être attaquée par une voie de recours, doit être distinguée de celle de décision « irrévocable », qui ne peut plus être remise en cause par l'exercice d'une voie de recours ordinaire ou extraordinaire, c'est à bon droit qu'une cour d'appel, interprétant l'arrêt par lequel elle avait condamné, en application de l'art. L. 211-13, un assureur au paiement des intérêts au double du taux de l'intérêt légal, sur l'indemnité servie à la victime, jusqu'au jour de l'arrêt devenu définitif, a jugé que « le jugement définitif » s'entendait du jugement ayant force de chose jugée et que son arrêt devenu exécutoire de plein droit par sa notification avait force de chose jugée et était devenu définitif, nonobstant le pourvoi en cassation qui n'est pas suspensif. • Civ. 2e, 8 juill. 2004, n° 02-15.893 P. ♦ Viole l'art. L. 211-13 la cour d'appel qui arrête la pénalité pour absence d'offre à la date à laquelle un jugement a constaté que les indemnités provisionnelles versées étaient d'un montant supérieur à celui des dommages-intérêts alloués, alors que la sanction devait courir jusqu'à la date de la décision irrévocable statuant sur le préjudice. • Civ. 2e, 15 avr. 2010 : *RGDA 2010. 707, note Landel.* ♦ Cassation de l'arrêt qui a fait courir les intérêts jusqu'à l'arrêt de cassation, alors qu'un jugement est définitif lorsqu'il n'est susceptible d'aucun recours suspensif d'exécution ; tel est le cas de l'arrêt de cour d'appel statuant sur intérêts civils nonobstant le pourvoi. • Crim. 9 avr. 2013, n° 12-83.250 P.

9. *Anatocisme.* Les art. L. 211-9 et L. 211-13 C. assur. ne dérogent pas aux dispositions de l'art. 1154 C. civ. qui s'appliquent, de manière générale, aux intérêts moratoires. • Crim. 2 mai 2012, n° 11-85.416 P : *D. 2012. 1479 ; RGDA 2012. 1046, obs. Landel* • Civ. 2e, 22 mai 2014 : *RGDA 2014. 389, note Landel* • Crim. 12 avr. 2022, n° 21-81.893 : *RGDA juin 2022. 16, note Landel.*

B. ASSIETTE DU DOUBLEMENT DE L'INTÉRÊT LÉGAL

10. *Indemnité offerte par l'assureur.* La sanction du doublement du taux de l'intérêt légal a pour assiette l'indemnité offerte par l'assureur, non celle allouée par le juge. • Civ. 2e, 10 avr. 2008 : *RCA 2008, n° 190 (1re esp.), obs. Groutel ; RGDA 2008. 668 (1re esp.), note Landel* • 16 nov. 2006 : *RGDA 2007. 98, note Landel* • 3 juill. 2014, n° 13-20.931 P : *RGDA 2014. 460, note Landel ; RCA 2014, n° 335, note Groutel* • 15 janv. 2015, n° 13-11.941 : *RGDA 2015. 137, note Landel.* ♦ Ainsi, viole l'art. L. 211-13 C. assur, la cour d'appel qui prend pour assiette des intérêts au taux majoré l'indemnité qu'elle fixe tout en retenant que l'assureur avait fait connaître à la victime l'ensemble de ses offres à une date antérieure. • Civ. 2e, 14 déc. 2000, n° 99-12.232 P : *RCA 2001, n° 113, note Groutel.* ♦ La sanction prévue par l'art. L. 211-13 C. assur. a pour assiette l'indemnité offerte par l'assureur avant imputation des créances des organismes sociaux déclarées à l'assureur et avant déduction des provisions éventuellement versées. • Civ. 2e, 3 juill. 2014, n° 13-20.931 P : *RGDA 2014. 460, note Landel ; RCA 2014, n° 335, note Groutel.* ♦ L'offre d'indemnisation doit seule servir d'assiette à la sanction légale du doublement du taux de l'intérêt légal, dès lors que son caractère insuffisant n'était pas relevé. • Civ. 2e, 12 avr. 2012, n° 11-15.997. ♦ Lorsque l'offre d'indemnité de l'assureur est tenue pour suffisante et que sa date est retenue comme terme de la sanction, son montant constitue l'assiette de la sanction. • Civ. 2e, 23 mai 2013, n° 12-18.339 P • Civ. 2e, 2 sept. 2016, n° 15-24.524 P : *RCA 2016, n° 336, note Groutel.* ♦ Dès lors qu'une offre est intervenue depuis la date d'expiration de ce délai, et à moins qu'elle ne soit manifestement insuffisante, les juges saisis par la victime ne peuvent condamner l'assureur au doublement des intérêts légaux que sur les sommes offertes. • Crim. 19 avr. 2017, n° 16-83.343 : *RCA 2017, n° 184, note Groutel.* ♦ Mais le juge doit rechercher si l'offre présentée portait sur tous les éléments indemnisables du préjudice et n'était pas manifestement insuffisante. • Civ. 2e, 30 avr. 2014 : *RGDA 2014. 342, note Landel.* ♦ V. égal. • Civ. 2e, 20 nov. 2014 : *RGDA 2015. 26, note Landel.* ♦ Ayant constaté qu'une offre d'indemnisation avait été faite dans les termes de la loi, poste par poste, et souverainement apprécié, sans avoir à se référer à l'évaluation du préjudice faits par les premiers juges, que cette offre n'était pas manifestement insuffisante, une cour d'appel en a exactement déduit que la sanction du doublement des intérêts devait avoir pour assiette le montant des sommes offertes par l'assureur. • Civ. 2e, 3 mars 2016, n° 15-14.066 P : *RGDA 2016. 251, note Landel ; Procédures 2016. Chron. 3, n° 12, note Raschel.* ♦ Dès lors qu'une offre est intervenue depuis la date d'expiration de ce délai, et à moins qu'elle ne soit manifestement insuffisante, les juges saisis par la victime, ne peuvent condamner l'assureur au doublement des intérêts légaux que sur les sommes offertes. • Crim. 19 avr. 2017, n° 16-83.343 : *RCA 2017, n° 184, note Groutel.* ♦ De même, prive sa décision de base légale la cour d'appel qui, pour dire que la pénalité du doublement du taux de l'intérêt légal aura effet jusqu'à la date où l'arrêt sera devenu définitif et sur les sommes allouées, retient que l'offre formée par l'assureur le 13 juill. 2016 était incomplète, sans rechercher si l'offre faite par l'assureur le 30 mars 2019 répondait aux exigences des art. L. 211-9 et L. 211-13 C. assur. • Civ. 2e, 15 juin 2023, n° 22-13.657 : *RGDA sept. 2023. 16, note Landel.* ♦ La pénalité a pour assiette la totalité de l'indemnité allouée à la victime à titre de dommages et intérêts et non pas le solde restant dû après déduction des provisions déjà versées et imputation de la créance des organismes sociaux. • Crim. 27 sept. 2016, n° 15-83.309 P : *D. actu., 1er déc. 2016, note de Ravel d'Esclapon.*

11. *Totalité de l'indemnité allouée à la victime.* Le doublement s'applique à la totalité de l'indemnité allouée à la victime à titre de dommages-intérêts. • Civ. 2e, 20 avr. 2000, n° 98-11.540 P : *RCA 2000, n° 228* • 19 févr. 2004 : *RCA 2004, n° 135* • 15 avr. 2010 : *Gaz. Pal. 10 août 2010, p. 41, note Bernfeld ; RGDA 2010. 707, note Landel.* ♦ ... Avant imputation de la créance des organismes sociaux. • Civ. 2e, 13 mars 2003 : *JCP 2004. I. 137, n° 4 s., obs. Favre-Rochex ; Gaz. Pal. 2004. 512, note Favre-Rochex ; RCA 2003, n° 175* • 13 juill. 2006 : *RGDA 2006. 944, note Landel* • Crim. 18 sept. 2007, n° 06-88.171 P • 16 oct. 2007 : *RCA 2007, n° 355 (2e esp.)* • Civ.

2e, 15 janv. 2015, n° 13-11.941 : *RGDA 2015. 137, note Landel.* ♦ ... Et non pas au solde restant dû après déduction des provisions déjà versées. • Civ. 2e, 10 juin 1999, n° 96-22.584 P : *RCA 1999, n° 325 ; RGDA 1999. 638, note Landel* • 28 mars 2002 : *RCA 2002, n° 229* • 10 nov. 2005 : *RCA 2006, n° 21* • Civ. 2e, 7 déc. 2006 : *RGDA 2007. 99, note Landel* • 13 déc. 2018, n° 17-26.564 : *RCA 2019, n° 68, note Groutel.*

12. Préjudices exclus de l'assiette. Après avoir constaté que la victime n'avait jamais par le passé fait état d'un préjudice sexuel ni de préjudices liés à l'aménagement du logement ou du véhicule, et que les rapports d'expertise ne comportaient sur ces points aucune indication, une cour d'appel a souverainement déduit qu'il ne pouvait être reproché à l'assureur de ne pas avoir fait d'offre d'indemnisation de ces postes et exactement décidé qu'ils devaient être exclus de l'assiette du doublement de l'intérêt légal. • Civ. 2e, 16 oct. 2008 : *RGDA 2009. 175, note Landel.*

13. Indemnité sous forme de rente viagère. Une cour d'appel qui retient que l'indemnité due à la victime d'un accident de la circulation serait versée sous forme d'une rente viagère a appliqué à bon droit le doublement de l'intérêt légal à cette rente et non au capital servant de base à son calcul. • Civ. 2e, 9 oct. 1996, n° 94-12.198 P : *RGDA 1997. 174, note Brousseau* • 28 janv. 1999, n° 97-11.079 P : *RCA 1999, n° 134, obs. Groutel ; RGDA 1999. 367, note Landel* • 7 févr. 2008 : *RCA 2008, n° 135, obs. Groutel ; RGDA 2008. 354, note Landel.* ♦ Lorsque le préjudice est réparé sous la forme d'une rente, le doublement s'applique uniquement aux arrérages qui auraient été perçus à compter de l'expiration du délai de l'offre jusqu'au jour de celle-ci, si elle intervient, ou jusqu'à la décision définitive. • Crim. 19 juin 2007 : *RCA 2007, n° 273, obs. Groutel.* • Civ. 2e, 20 mai 2020, n° 19-13.309 : *RGDA juill. 2020. 21, note Landel.*

C. RÉDUCTION DE LA PÉNALITÉ

14. Réduction et non-suppression de la pénalité. Selon l'art. L. 211-13, la pénalité prévue à l'encontre de l'assureur, lorsqu'une offre d'indemnité n'a pas été présentée à la victime dans les délais impartis, peut être réduite, mais non remise, par le juge en raison de circonstances non imputables à l'assureur. • Crim. 23 janv. 1992, n° 91-82.796 P : *D. 1992. IR 231 ; RCA 1992, n° 139 ; RGAT 1992. 546, note Landel.* ♦ L'art. L. 211-13 prévoit la réduction de la pénalité et non sa suppression. • Civ. 2e, 28 juin 1995 : *RCA 1995, n° 299* • 5 nov. 1998, n° 97-10.583 P : *RCA 1999, n° 10 ; RGDA 1999. 128, note Landel.*

15. Notion de circonstances non imputables. Dès lors qu'elle relevait que le refus de la victime de se rendre à deux expertises était postérieur à la date à laquelle l'assureur disposait de toutes les précisions utiles pour former ses offres, une cour d'appel a méconnu le sens et la portée de l'art. L. 211-13 C. assur. en estimant que le refus de la victime de se présenter à deux reprises devant l'expert désigné par le juge et le fait qu'elle ait laissé passer près de vingt ans avant de reprendre l'instance constituaient des circonstances non imputables à l'assureur. • Crim., 27 févr. 2018, n° 17-81.130 : *RGDA 2018. 192, note Landel.*

II. RÈGLES DE PROCÉDURE

16. Charge de la preuve. Il appartient à l'assureur, tenu de faire une offre, d'établir qu'il a satisfait à cette obligation. Dès lors, viole l'art. L. 211-13 C. assur. et l'art. 1315 C. civ. l'arrêt qui rejette la demande de doublement des intérêts de la victime au motif qu'elle n'est justifiée par la production d'aucun document. • Civ. 2e, 24 févr. 2000 : *RCA 2000, n° 153.* ♦ A inversé la charge de la preuve, la cour d'appel qui, pour rejeter la demande de doublement du taux de l'intérêt légal, retient que la victime ne produit pas l'offre dont elle doit prouver le caractère insuffisant. • Civ. 2e, 25 mai 2022, n° 20-21.387 : *RGDA juill.-août 2022. 21, note Landel.* ♦ L'assureur doit préciser les données qui ont été portées à sa connaissance au moment où il a présenté son offre. • Civ. 2e, 3 mars 2011, n° 10-11.755.

17. Demande nouvelle. Encourt la cassation l'arrêt qui déclare nouvelle et irrecevable la demande formulée pour la première fois en appel par la victime d'un accident de la circulation, tendant à bénéficier de la pénalité instituée par l'art. L. 211-13 C. assur., alors que cette demande constituait le complément de sa demande d'indemnisation formée, en première instance, à titre principal. • Civ. 2e, 11 oct. 1995, n° 93-18.894 P. ♦ Ni le fonds de garantie ni le prévenu n'ayant invoqué l'exception de demande nouvelle, à la supposer fondée, une cour d'appel ne peut relever cette exception d'office sans excéder ses pouvoirs. • Crim. 18 sept. 1996 : *RCA 1997, n° 21.*

18. Office du juge. La victime n'ayant pas soutenu dans ses conclusions d'appel ni qu'aucune offre provisionnelle n'avait été faite dans les huit mois de l'accident, ni que l'offre définitive était manifestement insuffisante et incomplète, la cour d'appel, qui n'avait pas à procéder à une recherche qui ne lui était pas demandée, a légalement justifié sa décision en rejetant ses demandes. • Civ. 2e, 24 mai 2018, n° 17-12.470 : *RGDA 2018. 349, note Landel ; RCA 2018, n° 240, note Landel.*

19. Incompétence du juge de l'exécution. La formule selon laquelle l'indemnité produit intérêts de plein droit au double du taux d'intérêt légal ne dispense pas, pour poursuivre le recouvrement forcé de ces intérêts doublés, alors qu'une question d'assiette est au surplus posée, d'une condamnation spécifique, laquelle ne peut être prononcée par le juge de l'exécution dont le rôle n'est pas de délivrer un titre exécutoire complémentaire. • Civ. 2e, 29 mars 2006 : *RCA 2006, n° 188, note Groutel ; RGDA 2006. 432, note Landel.*

20. Compétence du juge pénal. Le doublement de l'indemnité, en raison de la tardiveté de l'offre, peut être prononcé par le juge pénal. • Crim. 4 nov. 2014, n° 13-86.797 P : *D. 2014. 2406 ; RGDA 2015. 24, note Landel.*

21. Mise en cause de l'assureur. La pénalité prévue à l'art. L. 211-13 ne peut être prononcée sans que l'assureur soit présent à l'instance ou y ait été mis en cause. • Crim. 10 août 1993 : *RGAT 1994. 154, note Landel* • 4 nov. 2014 : *préc. note 20.*

22. Autorité de la chose jugée. La demande de liquidation des différents chefs de préjudice corporel et la demande de paiement des intérêts majorés, en raison de la tardiveté de l'offre d'indemnisation, n'ont pas le même objet. • Civ. 2e, 22 mars 2012, n° 10-25.184. ♦ La demande de la victime d'un accident de la circulation tendant à la condamnation de l'assureur au paiement des intérêts au double du taux légal, faute d'offre présentée dans le délai légal, n'a pas le même objet que celle tendant à l'indemnisation de son préjudice corporel. • Civ. 2e, 5 mars 2015, n° 14-10.842 P : *D. 2015. 624 ; RCA 2015, n° 173.*

23. Appréciation de la réduction de la pénalité. Dès lors qu'il n'est pas contesté que l'assureur n'a fait aucune offre, provisionnelle ou non, la réduction de pénalité édictée par l'art. L. 211-13 ne constitue pour les juges qu'une simple faculté. • Crim. 6 nov. 1991, n° 90-86.519 : *RGAT 1992. 104, note Landel.* ♦ Dans l'exercice de son pouvoir discrétionnaire, une cour d'appel a pu débouter un assureur de sa demande visant à obtenir la réduction de l'indemnité versée au titre de l'art. L. 211-13. • Civ. 2e, 16 janv. 2014, n° 13-11.340 P : *RGDA 2014. 160, note Landel ; D. 2014. Chron. 571, obs. Lazerges-Cousquer et Touati .* ♦ Mais prive sa décision de base légale, au regard des art. L. 211-9 et L. 211-13, la cour d'appel qui ne s'explique pas sur la réduction de la pénalité qu'elle a effectuée. • Civ. 2e, 10 avr. 2008, n° 07-11.836 : *RGDA 2008. 669, note Landel.*

Art. L. 211-14 **Si le juge qui fixe l'indemnité estime que l'offre proposée par l'assureur était manifestement insuffisante, il condamne d'office l'assureur à verser au fonds de garantie prévu par l'article L. 421-1 une somme au plus égale à 15 p. 100 de l'indemnité allouée, sans préjudice des dommages et intérêts dus de ce fait à la victime.** — *V. C. assur., art. R. 421-37.* — ***C. assur.***

1. Office du juge. La victime n'ayant pas soutenu dans ses conclusions d'appel ni qu'aucune offre provisionnelle n'avait été faite dans les huit mois de l'accident, ni que l'offre définitive était manifestement insuffisante et incomplète, la cour d'appel, qui n'avait pas à procéder à une recherche qui ne lui était pas demandée, a légalement justifié sa décision en rejetant ses demandes. • Civ. 2e, 24 mai 2018, n° 17-12.470 : *RGDA 2018. 349, note Landel.*

2. Offre manifestement insuffisante. L'absence d'offre constitue une offre manifestement insuffisante, au sens de l'art. L. 211-14. • Civ. 2e, 3 déc. 1997, n° 96-11.046 P : *RCA 1998, n° 17 ; ibid. Chron. 2, note Groutel.*

3. Somme allouée au fonds de garantie. La cour d'appel, qui a souverainement apprécié que l'offre était manifestement insuffisante, a nécessairement fixé, faute d'évaluation moindre, à 15 % la somme allouée au fonds de garantie. • Crim. 24 juin 2003, n° 02-85.178 P : *RCA 2003, n° 264 ; ibid. Chron. 26, note Groutel.*

4. Dommages et intérêts alloués à la victime. En refusant d'accorder des dommages-intérêts à la victime pour sanctionner le défaut de présentation d'une offre d'indemnisation, au motif que celle-ci doit justifier d'un préjudice spécifique dû à cette absence d'offre, la cour d'appel a souverainement apprécié l'évaluation du préjudice né de l'insuffisance de l'offre. • Civ. 2e, 5 avr. 2007 : *RGDA 2007. 628, note Landel.*

Art. L. 211-15 **L'assureur doit soumettre au juge des tutelles ou au conseil de famille, compétents suivant les cas pour l'autoriser, tout projet de transaction concernant un mineur ou un majeur en tutelle. Il doit également donner avis sans formalité au juge des tutelles, quinze jours au moins à l'avance, du paiement du premier arrérage d'une rente ou de toute somme devant être versée à titre d'indemnité au représentant légal de la personne protégée.**

Le paiement qui n'a pas été précédé de l'avis requis ou la transaction qui n'a pas été autorisée peut être annulé à la demande de tout intéressé ou du ministère public à l'exception de l'assureur.

Toute clause par laquelle le représentant légal se porte fort de la ratification par le mineur ou le majeur en tutelle de l'un des actes mentionnés à l'alinéa premier du présent article est nulle. — *V. C. assur., art. L. 422-2.* — ***C. assur.***

1. Transaction concernant un mineur. Encourt la nullité la transaction fixant le préjudice extrapatrimonial d'un mineur et non autorisée par le juges des tutelles. • Civ. 1re, 9 janv. 2008, n° 06-16.783 P : *RGDA 2008. 361, note Landel.*

2. Transaction concernant un majeur sous tutelle. Viole les art. L. 211-15 C. assur. et 1134 C. civ., la cour d'appel qui, pour confirmer un jugement constatant l'accord des parties sur le montant des sommes dues au titre des frais de tierce personne à un majeur sous tutelle à la suite d'un accident de la circulation, retient qu'il ne s'agit pas d'une transaction, la victime n'ayant pas renoncé à un droit, ni fait aucune concession, mais d'une demande, acceptée par l'assureur de l'auteur de l'accident, du versement de ces sommes alors que, la constatation dans le dispositif, de l'accord des parties, sans aucun motif dans le corps du jugement ne peut s'analyser qu'en un contrat judiciaire, et que la L. du 5 juill. 1985 instituant un régime d'indemnisation des victimes d'accident de la circulation, d'ordre public, dérogatoire du droit commun, qualifie de transaction la convention qui se forme entre la victime et l'assureur, de sorte que cet accord devait être soumis à l'autorisation du conseil de famille ou du juge des tutelles. • Civ. 1re, 20 janv. 2010, n° 08-19.627 P : *D. 2010. 383 ; ibid. 2115, obs. Lemouland ; RTD civ. 2010. 302, obs. J. Hauser ; RCA 2010, n° 75.*

Art. L. 211-16 **La victime peut, par lettre recommandée** *(Ord. n° 2017-1433 du 4 oct. 2017, art. 9, en vigueur le 1er avr. 2018)* **« , ou par envoi recommandé électronique » avec demande d'avis de réception, dénoncer la transaction dans les quinze jours de sa conclusion.**

Toute clause de la transaction par laquelle la victime abandonne son droit de dénonciation est nulle.

Les dispositions ci-dessus doivent être reproduites en caractères très apparents dans l'offre de transaction et dans la transaction à peine de nullité relative de cette dernière. — *V. C. assur., art. L. 422-2, R. 422-8.* — ***C. assur.***

1. Mentions relatives à la dénonciation. Si la transaction visée par l'art. L. 211-16 est celle qui concerne le montant de l'indemnisation allouée à la victime, elle s'applique aussi aux autres documents – protocole prévoyant un partage de responsabilité, procès-verbal d'accord provisionnel – qui constitue un ensemble incluant la responsabilité et le quantum. Dès lors que ces actes sont dépourvus des mentions obligatoires concernant la faculté de dénonciation, il y a lieu d'en prononcer la nullité relative, en tant qu'ils portent sur le partage de responsabilité entraînant insuffisance d'indemnisation et non sur l'expertise dont les conclusions sont admises par les parties. • TGI Nice, 15 mai 1995 : *RCA 1995, n° 235, et Chron. 28, note Groutel.*

2. Offre provisionnelle. Les dispositions de l'art. L. 211-16 n'ont pas vocation à s'appliquer à une offre d'indemnisation provisionnelle, distincte de l'offre de transaction. • Civ. 2e, 8 déc. 2016, n° 16-11.525 : *RGDA 2017. 124, note Landel.*

3. Auteur de la dénonciation. Le droit de dénoncer la transaction n'appartient qu'à la victime. • Civ. 2e, 29 avr. 1997, n° 95-16.177 P : *RCA 1997, n° 227.*

4. Absence de concessions réciproques. La L. du 5 juill. 1985 instituant un régime d'indemnisation en faveur des victimes d'accident de la circulation, d'ordre public, dérogatoire au droit commun, qualifie de transaction la convention qui se forme lors de l'acceptation par la victime de l'offre de l'assureur et cette transaction ne peut être remise en cause à raison de l'absence de concessions réciproques. • Civ. 2e, 16 nov. 2006, n° 05-18.631 P : *RCA 2006, n° 372 ; ibid. Repère 12, note Groutel ; RGDA 2007. 565, note Poulet ; JCP 2007. II. 10032, note Mayaux ; Gaz. Pal. 14-15 mars 2007, p. 8, note Sardin ; RLDC 2007. 2439, note Baugard.* ♦ V. égal. : • Civ. 1re, 20 janv. 2010, n° 08-19.627 P : *D. 2010. 2115, obs. Lemouland ; RTD civ. 2010. 302, obs. Hauser ; RCA 2010, n° 75.*

5. Dommage matériel. L'art. L. 211-16 n'est pas applicable aux transactions passées par les victimes ayant déclaré n'avoir subi qu'un dommage matériel. • Civ. 2e, 15 avr. 1999, n° 97-13.616 P : *RCA 1999, n° 215.*

Art. L. 211-17 **Le paiement des sommes convenues doit intervenir dans un délai d'un mois après l'expiration du délai de dénonciation fixé à l'article L. 211-16. Dans le cas contraire, les sommes non versées produisent de plein droit intérêt au taux légal majoré de moitié durant deux mois, puis, à l'expiration de ces deux mois, au double du taux légal.** — *V. C. assur., art. L. 191-7, L. 422-2.* — ***C. assur.***

V. L. n° 85-677 du 5 juill. 1985, art. 48, reproduit supra.

Bénéficiaire des intérêts majorés. Seule la victime peut prétendre au bénéfice d'intérêts majorés produits de plein droit sur sa créance en cas de non-paiement par l'assureur, dans le délai d'un mois, des sommes convenues dans la transaction. • Civ. 2e, 8 mars 2006, n° 03-20.258 P : *Gaz. Pal. 2006. 3257, note Périer ; RCA 2006, n° 161 ; ibid., Étude 7 (2e esp.), note Groutel.*

Art. L. 211-18 **En cas de condamnation résultant d'une décision de justice exécutoire, même par provision, le taux de l'intérêt légal est majoré de 50 p. 100 à l'expiration d'un délai de deux mois et il est doublé à l'expiration d'un délai de quatre mois à compter du jour de la décision de justice, lorsque celle-ci est contradictoire et, dans les autres cas, du jour de la notification de la décision.** — *C. assur., art. L. 422-2.* — ***C. assur.***

Art. L. 211-19 **La victime peut, dans le délai prévu par l'article** *(L. n° 2008-561 du 17 juin 2008, art. 18-I)* **« 2226** *[ancienne rédaction : 2270-1]* **» du code civil, demander la réparation de l'aggravation du dommage qu'elle a subi à l'assureur qui a versé l'indemnité.**

Art. L. 211-20 Lorsque l'assureur invoque une exception de garantie légale ou contractuelle, il est tenu de satisfaire aux prescriptions des articles L. 211-9 à L. 211-17 pour le compte de qui il appartiendra ; la transaction intervenue pourra être contestée devant le juge par celui pour le compte de qui elle aura été faite, sans que soit remis en cause le montant des sommes allouées à la victime ou à ses ayants droit.

1. Fondement textuel. S'agissant d'un accident de la circulation, la demande de paiement pour le compte de qui il appartiendra n'est pas fondée sur l'art. R. 421-8, mais sur l'art. 23 de la L. n° 85-677 du 5 juill. 1985, devenu l'art. L. 211-20. • Crim. 19 juin 2007 : *RCA 2007, n° 297, note Groutel ; RGDA 2007. 843, note Landel.*

2. Exception de garantie. En application de l'art. 23 de la L. du 5 juill. 1985, entrée en vigueur postérieurement à la modification des art. R. 421-5, R. 421-6 et R. 421-8 par le Décr. n° 81-30 du 14 janv. 1981, et devenu l'art. L. 211-20, l'assureur, nonobstant la contestation afférente à l'exception de garantie légale ou contractuelle qu'il soulève, est tenu, s'il ne les a pas d'ores et déjà indemnisées, de payer aux victimes, pour le compte de qui il appartiendra, la somme qui leur est allouée par la juridiction correctionnelle. • Crim. 18 juin 2013, n° 12-85.364 : *RCA 2013, n° 325 ; ibid. Étude 7, note Groutel.* ♦ L'assureur étant, par application des dispositions combinées des art. L. 211-20 et R. 421-9 C. assur., tenu de payer aux victimes, pour le compte de qui il appartiendra, la somme qui leur est allouée par la juridiction des référés tant qu'il n'a pas été définitivement statué sur le bien-fondé de l'exception de garantie qu'il soulève, c'est à bon droit qu'une cour d'appel a retenu que la contestation élevée sur la garantie ne faisait pas obstacle à sa condamnation à exécuter cette obligation légale. • Civ. 2e, 29 juin 2017, n° 16-16.842 : *RCA 2017. 295, note Groutel.*

3. Réduction proportionnelle d'indemnité. L'assureur, tenu d'indemniser intégralement les victimes pour le compte de l'assuré auquel il a été admis à opposer la réduction proportionnelle de l'indemnité d'assurance, est de plein droit subrogé dans les droits de la victime, et peut donc agir contre le commettant de l'auteur du dommage en remboursement de la part d'indemnité excédant le montant de sa dette contractuelle. • Civ. 1re, 26 nov. 1996, n° 94-17.978 : *RGDA 1997. 182, note Brousseau.*

4. Contrat annulé. L'obligation pesant sur l'assureur de satisfaire aux prescriptions des art. L. 211-9 à L. 211-17 pour le compte de qui il appartiendra cesse lorsque le contrat d'assurance est annulé. • Civ. 1re, 3 janv. 1996 : *RCA 1996, n° 133 ; RGDA 1996. 337, note Favre-Rochex.*

Art. L. 211-21 Pour l'application des articles L. 211-9 à L. 211-17, l'État ainsi que les collectivités publiques, les entreprises ou organismes bénéficiant d'une exonération en vertu de l'article L. 211-2 sont assimilés à un assureur.

Art. L. 211-22 Les dispositions des articles L. 211-9, L. 211-10 et L. 211-13 à L. 211-19 sont applicables au *(L. n° 2003-706 du 1er août 2003, art. 81 A-I, 2)* « fonds de garantie des assurances obligatoires de dommages » institué par l'article L. 421-1, dans ses rapports avec les victimes ou leurs ayants droit ; toutefois, les délais prévus à l'article L. 211-9 courent contre le fonds à compter du jour où celui-ci a reçu les éléments justifiant son intervention.

L'application des articles L. 211-13 et L. 211-14 ne fait pas obstacle aux dispositions particulières qui régissent les actions en justice contre le fonds. Lorsque le fonds de garantie est tenu aux intérêts prévus à l'article L. 211-14, ils sont versés au Trésor public.

1. Offres provisionnelle et définitive complètes et suffisantes. Ne justifie pas sa décision, la cour d'appel qui pour rejeter la demande de la victime en doublement du taux de l'intérêt légal, sans constater qu'une offre provisionnelle comprenant tous les éléments indemnisables du préjudice avait été présentée à la victime dans les huit mois de la date à laquelle le FGAO avait eu connaissance de son intervention, le paiement de provisions ne pouvant être assimilé à une offre, et sans indiquer en quoi l'offre définitive, présentée dans les cinq mois de la date à laquelle le fonds avait eu connaissance de la consolidation, présentait un caractère complet et suffisant. • Crim. 20 nov. 2018, n° 17-82.901 : *RGDA 2019. 21, note Landel.*

2. Assiette du doublement de l'intérêt légal. L'art. L. 211-22 ne fait aucune distinction entre le FGAO et les assureurs quant à l'assiette de la pénalité. Justifie dès lors sa décision, la cour d'appel qui retient que l'assiette de calcul des intérêts au double du taux légal est constituée par la totalité de l'indemnité correspondant à l'offre contenue dans le courrier du FGAO sans qu'il y ait lieu de déduire les provisions versées et les créances des tiers payeurs, puisqu'il ne résulte d'aucune disposition expresse de l'art. L. 211-22 que les règles qui régissent le calcul de l'assiette de la pénalité en cause ne s'appliqueraient pas au FGAO, le caractère subsidiaire de son obligation n'ayant pas vocation à nuire aux victimes et n'étant opposable qu'aux tiers responsables ou à leurs assureurs. • Crim. 3 mai 2016, n° 14-84.246 P : *RGDA 2016. 366, note Landel ; RCA 2016, n° 264, note Groutel ; RCA 2016, n° 264, note Groutel.*

Art. L. 211-23 Sous le contrôle de l'autorité publique, une publication périodique rend compte des indemnités fixées par les jugements et les transactions.

Art. L. 211-24 Un décret en Conseil d'État fixe les mesures nécessaires à l'application de la présente section. Il détermine notamment les causes de suspension ou de prorogation des délais mentionnés à l'article L. 211-9, ainsi que les informations réciproques que se doivent l'assureur, la victime et les tiers-payeurs.

V. C. assur., art. R. 211-29 s., reproduit infra.

Art. L. 211-25 Les deux premiers alinéas de l'article 33 de la loi n° 85-677 du 5 juillet 1985 sont applicables aux assureurs.

Lorsqu'il est prévu par contrat, le recours subrogatoire de l'assureur qui a versé à la victime une avance sur indemnité du fait de l'accident peut être exercé contre l'assureur de la personne tenue à réparation dans la limite du solde subsistant après paiements aux tiers visés à l'article 29 de la même loi du 5 juillet 1985. Il doit être exercé, s'il y a lieu, dans les délais impartis par la loi aux tiers-payeurs pour produire leurs créances.

V. L. n° 85-677 du 5 juill. 1985, reproduite supra.

1. Instance pénale. Il résulte de l'art. 388-1 C. pr. pén. qu'en cas de poursuites exercées du chef d'homicide ou de blessures involontaires, l'assureur de toute personne ayant subi un dommage quelconque à l'occasion de cette infraction est recevable, après avoir indemnisé l'assuré et dans la mesure de cette indemnisation, à intervenir à l'instance pour demander le remboursement des sommes versées. Aussi, encourt la cassation l'arrêt qui rejette la demande de l'assureur de la victime sans rechercher si la somme versée ne constituait pas, ainsi que le soutenait celui-ci dans ses conclusions demeurées sans réponse, une avance sur indemnité ouvrant droit, en vertu du contrat et conformément à l'art. 33, al. 3, de la L. du 5 juill. 1985, au recours subrogatoire de l'assureur dans la limite du solde subsistant après paiement des prestations visées à l'art. 29 de ladite loi. • Crim. 13 juin 1989, n° 88-80.523 P : *RCA 1989, n° 353.*

2. Action nécessairement subrogatoire. La seule action dont dispose l'assureur qui a versé des prestations à caractère indemnitaire pour des atteintes à la personne est une action subrogatoire contre le tiers responsable ou son assureur et non une action directe en remboursement contre son propre assuré. Admettre le contraire aboutirait d'ailleurs à contourner la limite posée par l'art. L. 211-25 C. assur. et à permettre à l'assureur de recouvrer l'intégralité de la somme versée alors que le recours subrogatoire dont il dispose ne peut, lui, s'exercer que dans la limite du solde disponible après exercice du recours des tiers payeurs visés à l'art. 29 de la L. du 5 juill. 1985. • Civ. 2e, 23 oct. 2008, n° 07-18.234 P : *D. 2008. 2868 ; RGDA 2009. 142, note Landel.*

3. Étendue du recours subrogatoire. Selon l'art. 33 de la L. du 5 juill. 1985, le recours subrogatoire de l'assureur qui a versé à la victime une avance sur indemnité du fait de l'accident peut, lorsqu'il est prévu par contrat, être exercé contre l'assureur de la personne tenue à réparation, dans la limite du solde subsistant après paiement aux tiers visés à l'art. 29 de la loi. • Civ. 2e, 5 avr. 2007 : *RGDA 2007. 606, note Landel* • Crim. 3 juin 2009 : *RGDA 2009. 1175, note Landel* • 10 mai 1989 : *Bull. crim. n° 184; RCA 1989, n° 284; ibid. Chron. 24, note Groutel.* ♦ Aussi, encourt la cassation l'arrêt qui, statuant sur la réparation des préjudices moral et patrimonial subis par les ayants droit de la victime d'un accident mortel, alloue aux demandeurs une indemnité réparatrice de leur dommage patrimonial, en omettant d'imputer sur cette indemnité le montant de l'avance qu'un assureur leur avait consentie en exécution du contrat d'assurance. • Même arrêt. ♦ Et il en résulte que lorsque les conditions du remboursement sont remplies, le recours de l'assureur s'exerce non seulement sur le solde de la part d'indemnité réparant le préjudice économique de la victime ou de ses ayants droit et subsistant après paiement aux tiers, mais encore sur la part des indemnités de caractère personnel échappant au recours des tiers-payeurs. • Civ. 2e, 5 avr. 2007 : *préc.*

SECTION 7 *Pénalités*

(Décr. n° 88-260 du 18 mars 1988)

Art. L. 211-26 *(L. n° 2004-204 du 9 mars 2004, art. 59-II-2°)* **Les dispositions du code de la route réprimant la conduite d'un véhicule terrestre à moteur sans être couvert par une assurance garantissant sa responsabilité civile conformément aux dispositions de l'article L. 211-1 du présent code sont reproduites ci-après :**

Art. L. 324-2 I. — Le fait, y compris par négligence, de mettre ou de maintenir en circulation un véhicule terrestre à moteur ainsi que ses remorques ou semi-remorques sans être couvert par une assurance garantissant sa responsabilité civile conformément aux dispositions de l'article L. 211-1 du code des assurances est puni de 3 750 euros d'amende.

II. — Toute personne coupable de l'infraction prévue au présent article encourt également les peines complémentaires suivantes :

1° La peine de travail d'intérêt général, selon les modalités prévues à l'article 131-8 du code pénal et selon les conditions prévues aux articles 131-22 à 131-24 du même code ;

2° La peine de jours-amende dans les conditions fixées aux articles 131-5 et 131-25 du code pénal ;
3° La suspension, pour une durée de trois ans au plus, du permis de conduire, cette suspension ne pouvant pas être limitée à la conduite en dehors de l'activité professionnelle ;
4° L'annulation du permis de conduire avec interdiction de solliciter la délivrance d'un nouveau permis pendant trois ans au plus ;
5° L'interdiction de conduire certains véhicules terrestres à moteur, y compris ceux pour la conduite desquels le permis de conduire n'est pas exigé, pour une durée de cinq ans au plus ;
6° L'obligation d'accomplir, à ses frais, un stage de sensibilisation à la sécurité routière ;
7° La confiscation du véhicule dont le condamné s'est servi pour commettre l'infraction, s'il en est le propriétaire.

(L. n° 2016-1547 du 18 nov. 2016, art. 36-I-2°) « IV. — Dans les conditions prévues aux articles 495-17 et suivants du code de procédure pénale, l'action publique peut être éteinte par le versement d'une amende forfaitaire d'un montant de 500 €. Le montant de l'amende forfaitaire minorée est de 400 € et le montant de l'amende forfaitaire majorée de 1 000 €. » — *Les dispositions de l'art. L. 324-2 C. route reproduites dans le code des assurances sont modifiées de plein droit par les modifications éventuelles de cet art. (L. n° 2004-204 du 9 mars 2004, art. 59-III).*

Défaut d'assurance et contrat temporaire. Dès lors qu'elle constatait que la prévenue avait été destinataire d'un contrat temporaire portant un terme déterminé fixé entre les parties, une cour d'appel a justifié sa décision de la condamner pour circulation avec un véhicule terrestre à moteur sans assurance, à la suite d'un accident survenu très postérieurement. • Crim. 12 juill. 2016, n° 15-83.420 : *RGDA 2016. 477, note Landel.*

Art. L. 211-27 *(L. n° 85-1407 du 30 déc. 1985, art. 63)* **« Les amendes** *(L. n° 2016-1547 du 18 nov. 2016, art. 35-I-1° et V, en vigueur à une date fixée par Décr. en Conseil d'État, et au plus tard le 31 déc. 2018)* **« forfaitaires, les amendes de composition pénale et les amendes » prononcées pour violation de l'obligation d'assurance prévue par l'article L. 211-1, y compris les amendes qu'une mesure de grâce aurait substituées à l'emprisonnement, sont affectées d'une majoration de 50 p. 100 perçue, lors de leur recouvrement, au profit du fonds de garantie institué par l'article** *(Ord. n° 2023-1138 du 6 déc. 2023, art. 4 et 15, en vigueur le 23 déc. 2023)* **« L. 421-1 ».**

« Si la juridiction civile est saisie d'une contestation sérieuse, portant sur l'existence ou la validité de l'assurance, la juridiction pénale appelée à se prononcer sur les poursuites exercées pour violation de l'obligation d'assurance sursoit à statuer jusqu'à ce qu'il ait été jugé définitivement sur la contestation. »

(L. n° 94-5 du 4 janv. 1994) **« Les dispositions du présent article ne sont pas applicables lorsque l'assurance de la responsabilité civile concerne les véhicules »** *(Ord. n° 2023-1138 du 6 déc. 2023, art. 4 et 15, en vigueur le 23 déc. 2023)* **« , au sens du II de l'article L. 211-4, ayant leur stationnement habituel sur le territoire d'un État mentionné à ce même article à l'exception de la France. »** — *[Anc. art. L. 211-26]*

L'art. L. 211-26 du code des assurances a été renuméroté L. 211-27 en vertu des dispositions de la L. n° 2004-204 du 9 mars 2004, art. 59-II.

Compétence du juge pénal. C'est vainement que, pour faire obstacle à l'autorité d'une décision de relaxe du chef de défaut d'assurance, un assureur invoque l'art. L. 211-8 [C. assur., art. L. 211-26] – lequel ne prescrit à la juridiction pénale, appelée à statuer sur le délit de défaut d'assurance, de surseoir à statuer que si une juridiction civile est elle-même saisie d'une contestation sérieuse portant sur l'existence ou la validité de l'assurance –, dès lors qu'en l'espèce la décision du tribunal correctionnel a été prononcée avant que la juridiction civile n'ait été saisie. • Civ. 1re, 18 juin 1980, n° 79-11.422 : *D. 1981. IR 174 (1re esp.), obs. Berr et Groutel.* ♦ V. aussi • Civ. 1re, 7 juin 1979, n° 78-12.228 : *D. 1980. IR 178, obs. Berr et Groutel.*

SECTION 8 *Transparence et comparaison des offres*

(Ord. n° 2023-1138 du 6 déc. 2023, art. 5 et 15, en vigueur le 23 déc. 2023)

Art. L. 211-28 **Une plateforme en ligne définie au *i* de l'article 3 du règlement (UE) n° 2022/2065 du Parlement européen et du Conseil du 19 octobre 2022 relatif à un marché unique des services numériques ainsi qu'une interface en ligne définie au *m* du même article, proposant gratuitement aux utilisateurs finaux un outil de comparaison et d'évaluation des offres d'assurance relatives à la circulation de véhicules terrestres à moteur portant sur le prix, le tarif des services fournis et une qualité minimale de service proposée, peuvent solliciter la certification de cet outil selon des modalités définies par décret.**

Pour être certifié sous l'appellation de "comparateur de prix indépendant", l'outil de comparaison doit :

1° Être indépendant sur le plan opérationnel des prestataires d'assurance relative à la circulation des véhicules terrestres à moteur, et garantir que les fournisseurs de services bénéficient d'une égalité de traitement dans les résultats de recherche ;

2° Indiquer avec précision l'identité de ses propriétaires et opérateurs ;

3° Énoncer les critères clairs et objectifs sur lesquels se fonde la comparaison ;

4° Employer un langage clair et univoque ;

5° Fournir des informations exactes et à jour et donner la date de la dernière mise à jour ;

6° Être mis à la disposition de tout fournisseur d'assurance relative à la circulation des véhicules terrestres à moteur, donner accès aux informations pertinentes, comprendre une large gamme d'offres couvrant une part importante du marché de l'assurance automobile et, lorsque les informations fournies ne donnent pas une vue complète du marché, indiquer clairement à l'utilisateur cette circonstance avant l'affichage des résultats ;

7° Prévoir une procédure efficace de signalement des informations incorrectes ;

8° Comprendre une déclaration qui précise que les prix indiqués sont fondés sur les informations fournies et ne sont pas contraignants pour les assureurs.

CHAPITRE II *L'OBLIGATION D'ASSURER. LE BUREAU CENTRAL DE TARIFICATION*

Art. L. 212-1 *(L. nº 91-716 du 26 juill. 1991)* « Toute personne assujettie à l'obligation d'assurance qui, ayant sollicité la souscription d'un contrat auprès d'une entreprise d'assurance *(L. nº 94-5 du 4 janv. 1994)* « couvrant en France » les risques de responsabilité civile résultant de l'emploi de véhicules terrestres à moteur, se voit opposer un refus, peut saisir un bureau central de tarification dont les conditions de constitution et les règles de fonctionnement sont fixées par le décret en Conseil d'État prévu à l'article L. 211-1. »

Le bureau central de tarification a pour rôle exclusif de fixer le montant de la prime moyennant laquelle l'entreprise d'assurance intéressée est tenue de garantir le risque qui lui a été proposé. Il peut, dans les conditions fixées par le décret en Conseil d'État susmentionné, déterminer le montant d'une franchise qui reste à la charge de l'assuré. *(L. nº 2015-990 du 6 août 2015, art. 21)* « Il est tenu de statuer sur les demandes qui lui sont adressées. » — *V. C. assur., art. L. 214-2 et R. 250-1 s.* — ***C. assur.***

....

TITRE II LES FONDS DE GARANTIE *(Ord. nº 2023-1138 du 6 déc. 2023, art. 6 et 15, en vigueur le 23 déc. 2023).*

*[V. le **Code des assurances Dalloz**, où le présent titre fait l'objet d'importantes annotations.]*

CHAPITRE I *LE FONDS DE GARANTIE DES ASSURANCES OBLIGATOIRES DE DOMMAGES* *(L. nº 2003-706 du 1er août 2003, art. 81).*

SECTION 1 *Dispositions générales* *(L. nº 2003-706 du 1er août 2003, art. 81).*

Art. L. 421-1 *(L. nº 2007-1774 du 17 déc. 2007, art. 1er-VI)* I. — Le fonds de garantie des assurances obligatoires de dommages indemnise, dans les conditions prévues aux 1 et 2 du présent I, les victimes ou les ayants droit des victimes des dommages nés d'un accident survenu en France dans lequel est impliqué un véhicule au sens de l'article L. 211-1.

1. Le fonds de garantie indemnise les dommages résultant d'atteintes à la personne :

a) Lorsque le responsable des dommages est inconnu ;

b) Lorsque le responsable des dommages n'est pas assuré, sauf par l'effet d'une dérogation légale à l'obligation d'assurance ;

(Abrogé par Ord. nº 2017-1609 du 27 nov. 2017, art. 1er, au plus tard à compter du 1er juill. 2018) ***« c) Lorsque l'assureur du responsable est totalement ou partiellement insolvable, dans les situations non couvertes par les dispositions de la section 6 du présent chapitre. »***

2. Le fonds de garantie indemnise les dommages aux biens, dans les conditions et limites fixées par un décret en Conseil d'État :

a) Lorsque le responsable des dommages est inconnu, sous réserve que l'accident ait causé une atteinte à la personne ;

b) Lorsque le responsable des dommages est identifié mais n'est pas assuré, sauf par l'effet d'une dérogation légale à l'obligation d'assurance ;

(Abrogé par Ord. n° 2017-1609 du 27 nov. 2017, art. 1er, au plus tard à compter du 1er juill. 2018) « *c) **Lorsque l'assureur du responsable est totalement ou partiellement insolvable, dans les situations non couvertes par les dispositions de la section 6 du présent chapitre.*** »

Dans le cas d'un accident impliquant un véhicule expédié d'un État membre de la Communauté européenne vers la France et survenant dans les trente jours suivant l'acceptation de la livraison du véhicule par l'acheteur, le fonds de garantie est tenu d'intervenir au titre du *b* des 1 et 2, quel que soit l'État membre sur le territoire duquel survient l'accident.

(Abrogé par Ord. n° 2017-1609 du 27 nov. 2017, art. 1er, au plus tard à compter du 1er juill. 2018) « ***Lorsqu'il intervient au titre du c des 1 et 2 pour prendre en charge, pour le compte de l'entreprise en liquidation, le règlement des dommages mentionnés à l'article L. 211-1, le fonds de garantie ne peut exercer aucun recours contre les assurés et souscripteurs de contrats pour le recouvrement des indemnités qu'il a versées.*** »

II. — Le fonds de garantie indemnise également, dans les conditions prévues aux 1 et 2 du présent II, les victimes ou les ayants droit des victimes de dommages nés d'un accident de la circulation causé, dans les lieux ouverts à la circulation publique, par une personne circulant sur le sol ou un animal.

1. Le fonds de garantie indemnise les dommages résultant d'atteintes à la personne :

a) Lorsque la personne responsable du dommage est inconnue ou n'est pas assurée ;

b) Lorsque l'animal responsable du dommage n'a pas de propriétaire ou que son propriétaire est inconnu ou n'est pas assuré.

2. Le fonds de garantie indemnise les dommages aux biens, dans les conditions et limites fixées par décret en Conseil d'État :

a) Lorsque la personne responsable du dommage est identifiée mais n'est pas assurée ;

b) Lorsque la personne responsable du dommage est inconnue, sous réserve que l'accident ait causé une atteinte à la personne ;

c) Lorsque le propriétaire de l'animal responsable du dommage n'est pas assuré ;

III. — Lorsque le fonds de garantie intervient au titre des I et II, les indemnités doivent résulter soit d'une décision juridictionnelle exécutoire, soit d'une transaction ayant reçu l'assentiment du fonds de garantie.

Lorsque le fonds de garantie intervient au titre des I et II, il paie les indemnités allouées aux victimes ou à leurs ayants droit qui ne peuvent être prises en charge à aucun autre titre lorsque l'accident ouvre droit à réparation. Les versements effectués au profit des victimes ou de leurs ayants droit et qui ne peuvent pas donner lieu à une action récursoire contre le responsable des dommages ne sont pas considérés comme une indemnisation à un autre titre.

IV. — Le fonds de garantie est également chargé de gérer et de financer, *(L. n° 2012-1510 du 29 déc. 2012, art. 78)* « pour les rentes allouées au titre des accidents survenus avant le 1er janvier 2013 », les majorations de rentes prévues à l'article 1er de la loi n° 74-1118 du 27 décembre 1974 relative à la revalorisation de certaines rentes allouées en réparation du préjudice causé par un véhicule terrestre à moteur et portant diverses dispositions d'ordre civil et à l'article 1er de la loi n° 51-695 du 24 mai 1951 portant majoration de certaines rentes viagères et pensions, au titre des états justificatifs certifiés. Les créances relatives aux majorations de rentes visées au présent alinéa se prescrivent dans un délai de quatre ans à partir du premier jour de l'année suivant celle au cours de laquelle les droits ont été acquis. Le fonds peut contrôler sur pièces et sur place l'exactitude des renseignements fournis par les organismes débirentiers.

(L. n° 2012-1510 du 29 déc. 2012, art. 78) « La gestion de cette mission par le fonds fait l'objet d'une comptabilité séparée des autres missions, selon des modalités fixées par arrêté du ministre chargé de l'économie. »

V. — Le fonds de garantie peut financer, selon des modalités et dans des limites fixées par décret en Conseil d'État, des actions visant à réduire le nombre des accidents de la circulation et à prévenir l'absence d'assurance de responsabilité civile automobile.

(L. n° 2016-1547 du 18 nov. 2016, art. 35-I-2° et V, en vigueur à une date fixée par Décr. en Conseil d'État, et au plus tard le 31 déc. 2018) « Le fonds de garantie peut également mener directement, selon des modalités fixées par décret en Conseil d'État, des actions visant à limiter les cas de défaut d'assurance de responsabilité civile automobile. Pour mener ces actions, le fonds de garantie est autorisé à conserver pendant une durée de sept ans les informations communiquées par l'organisme d'information mentionné à l'article L. 451-1

relatives aux véhicules terrestres à moteur ne répondant pas à l'obligation d'assurance mentionnée à l'article L. 211-1. » – *V. Décr. n° 2018-644 du 20 juill. 2018 relatif au dispositif de lutte contre le défaut d'assurance de responsabilité civile automobile (JO 24 juill.).*

(Ord. n° 2023-1138 du 6 déc. 2023, art. 7-1° et 15, en vigueur le 23 déc. 2023) **« VI. — Le fonds de garantie est l'organisme chargé des missions prévues par les sections I et II du chapitre IV du présent titre. »** — *Toutefois, le 1° de l'art. 7 de l'Ord. n° 2023-1138 du 6 déc. 2023 ne s'applique à cette date que si les accords mentionnés aux art. 10 bis et 25 bis de la Dir. 2009/103/CE concernant l'assurance de la responsabilité civile résultant de la circulation de véhicules automoteurs et le contrôle de l'obligation d'assurer cette responsabilité telle que modifiée par la Dir. (UE) 2021/2118 du Parlement européen et du Conseil du 24 nov. 2021 sont intervenus auparavant. A défaut, cet art. s'applique à compter de la date d'application des actes délégués de la Commission mentionnés aux art. 10 bis et 25 bis de ladite Dir. (Ord. préc., art. 15).*

V. art. R. 421-1 s., reproduits infra.

L'Ord. n° 2017-1609 du 27 nov. 2017 s'applique aux contrats d'assurance conclus ou renouvelés à compter de sa date d'entrée en vigueur fixée par Décr. et au plus tard le 1er juill. 2018 (Ord. préc., art. 15, ratifiée par L. n° 2019-486 du 22 mai 2019, JO 23 mai).

BIBL. ▶ Actes volontaires : GROUTEL, *RCA 1989. Chron. 6, 1990. Chron. 15 et 17, et 1992. Chron. 11.* – ▶ Préjudice d'agrément : GROUTEL, *RCA 2004. Chron. 19.*

I. DOMAINE DE L'INDEMNISATION

A. DOMMAGES CAUSÉS PAR UN VÉHICULE TERRESTRE À MOTEUR

1. *Fait volontaire.* Il résulte des termes de l'art. L. 421-1 que l'obligation du Fonds de garantie contre les accidents est subordonnée à la condition que le fait générateur du dommage ait été de nature à être couvert par une assurance de responsabilité. • Crim. 6 juin 1990, n° 89-83.348 P : *D. 1990. IR 204 ; RCA 1990, n° 266, et Chron. 15, obs. Groutel ; RGAT 1990. 846, note Chapuisat* • 8 août 1990, n° 88-80.386 P : *RCA 1990, n° 432.* ♦ Ce qui n'est pas le cas : ... lorsque le conducteur d'un véhicule heurte volontairement un autre véhicule. • Crim. 6 juin 1990 : *préc.* • Civ. 2e, 2 mars 1994, n° 92-18.818 P : *RCA 1994, n° 232, et Chron. 16, obs. Groutel ; RGAT 1994. 1147, note Landel.* ♦ ... Ou une personne. • Civ. 2e, 6 déc. 1991, n° 88-19.990 P : *D. 1992. IR 13 ; RTD civ. 1992. 571, obs. Jourdain* • Crim. 23 mai 1991, n° 90-83.280 P : *D. 1992. 95, obs. Pradel ; RCA 1991, n° 358 ; RGAT 1991. 869.* ♦ ... Ou lorsque le conducteur d'un véhicule percute volontairement un autre véhicule qui est projeté sur le véhicule de la victime. • Civ. 2e, 22 janv. 2004, n° 01-11.665 P : *RCA 2004, n° 138, note Groutel ; RTD civ. 2004. 519, note Jourdain .* ♦ ... Ou lorsqu'un cyclomotoriste fait tomber une passante en lui arrachant son sac à main. • Crim. 8 août 1990, n° 88-80.386 P : *préc.* ♦ En pareil cas, le dommage est imputable à un fait volontaire et non à un accident de la circulation. • Crim. 6 févr. 1992 : *RCA 1992, n° 207, et Chron. 18, obs. Groutel ; RGAT 1992. 542, note Landel.* ♦ ... Mais la victime peut former une demande d'indemnisation devant une commission d'indemnisation des victimes d'infractions. • Civ. 2e, 22 janv. 2004 : *préc.*

2. *Responsable inconnu.* S'il est relevé qu'une victime a été gravement blessée par trois véhicules, sans qu'il soit possible de savoir lequel lui a causé les atteintes mortelles, de cette constatation il résulte que le responsable du dommage est demeuré inconnu et que le Fonds de garantie automobile est tenu d'indemniser les ayants droit. • Civ. 2e, 29 nov. 1978, n° 77-10.793 P : *RGAT 1979. 393, note Besson.*

3. *Dommage matériel.* Doivent être indemnisées par le Fonds les pertes d'exploitation d'un commerce défoncé par un véhicule non assuré, dès lors que ce dommage est en relation de causalité directe avec l'accident. • Civ. 2e, 27 mars 2003, n° 01-00.850 : *Gaz. Pal. 2004. 514, note Favre-Rochex ; RCA 2003, n° 192, obs. Groutel ; RGDA 2003. 504, note Landel.*

B. AUTRES DOMMAGES

4. *Agression volontaire.* Il résulte des art. L. 420-1 et R. 420-1 [C. assur., art. L. 421-1 et R. 421-1] qu'en matière d'atteinte à la personne survenue dans les lieux ouverts à la circulation publique, le Fonds de garantie n'est chargé d'indemniser la victime que si les dommages résultent d'un accident de la circulation et si le responsable n'est pas assuré, ce qui n'est pas le cas lorsqu'un piéton en agresse volontairement un autre dans une rue. • Civ. 1re, 5 juill. 1988, n° 86-18.417 : *D. 1988. IR 209 ; RCA 1988, n° 57 et, Chron. 6, obs. Groutel ; RGAT 1988. 813.*

5. *Dommage résultant de la circulation sur le sol.* Encourt la cassation : l'arrêt qui, pour exclure l'indemnisation des dommages subis par la victime d'une chute survenue dans l'escalier d'accès à une bibliothèque municipale, retient qu'il n'était pas ouvert à la circulation publique des véhicules terrestres à moteur, alors qu'aux termes de l'art. L. 421-1, al. 3, il suffit que le lieu du dommage soit ouvert à la circulation publique. • Civ. 2e, 27 mai 1999, n° 97-15.473 P : *RCA 1999, n° 284, note Groutel.* ♦ ... Ou le jugement qui écarte la garantie du Fonds pour les dommages corporels subis par un cycliste, blessé lors d'une chute causée par un ballon, lancé par des enfants non identifiés, alors qu'il n'était pas contesté que ceux-ci jouaient en un lieu ouvert à la circulation publique. • Civ. 2e, 15 sept. 2011, n° 10-24.313 P : *RCA 2012, n° 418, note Groutel; D. 2011. 2276, note de Ravel d'Esclapon ; D. 2012. 644, note Adida-Canac ; D. 2012. 1980, note Groutel ; RGDA 2012. 60, note Landel.* ♦ L'entrée d'un stade étant ouverte à la circulation publique, la victime d'un accident survenu dans un tel lieu peut invoquer, pour des dommages résultant des atteintes à sa personne causées par une autre personne, la garantie du FGAO. • Civ. 2e, 20 mars 2008, n° 07-12.355 : *D. 2009. Pan. 253, obs. Groutel ; RCA 2008, n° 164* (1re esp.), obs. Groutel. ♦ Les atteintes à la personne causées accidentellement par l'altercation de deux autres personnes circulant sur le sol dans des lieux ouverts à la circulation publique relèvent de la compétence du FGAO. • Civ. 2e, 8 janv. 2009, n° 07-21.828 P : *RGDA 2009. 162, note Landel.* ♦ En revanche, ne relève pas de la compétence du FGAO l'accident survenu à une personne qui marchant dans l'eau a été heurtée par un adolescent, dès lors que celui-ci ne circulait pas sur le sol puisqu'il avait été projeté sur la victime par une vague violente qui lui avait fait perdre le contact avec le sol et la maîtrise de ses mouvements. • Civ. 1re, 4 avr. 1995, n° 91-19.417 : *RCA 1995, n° 222, obs. Peano ; RGAT 1995. 430, note Favre-Rochex.* ♦ V., par ailleurs, l'arrêt retenant que le fonds de garantie est tenu de garantir les conséquences d'un accident causé par une salve d'un fusil de chasse placé, chargé et armé, dans une camionnette stationnée sur un parking. • Civ. 2e, 6 déc. 1995, n° 93-20.170 P : *RGDA 1996. 332, note Landel.*

6. Dommages causés par un animal. La victime d'un accident, survenu dans des lieux ouverts à la circulation publique, peut invoquer la garantie du Fonds lorsque l'accident a été causé en tout ou en partie par un animal ou une chose appartenant à un tiers ou sous sa garde, et dans la mesure de sa responsabilité. • Cass., ch. mixte, 28 mai 1990, n° 89-80.655 P : *D. 1990. IR 151 ; RCA 1990, n° 226, et Chron. 11, obs. Groutel; RGAT 1990. 577, note Chapuisat* • Civ. 2e, 13 juill. 2006, n° 05-17.307 : *RCA 2006, n° 339, obs. Groutel ; RGDA 2006. 928, note Landel* • 10 avr. 2008, n° 07-13.958 : *D. 2009. Pan. 253, obs. Groutel ; RCA 2008, n° 164 (2e esp), obs. Groutel.* ♦ Il en est ainsi lorsque un cyclomoteur a heurté un chien. • Cass., ch. mixte, 28 mai 1990 : *préc.* ♦ ... Ou lorsqu'une bicyclette a heurté un chien. • Même arrêt, ♦ ... Ou lorsqu'un enfant, effrayé par deux chiens qui le poursuivaient, a fait une chute. • Civ. 2e, 13 juill. 2006 : *préc.* ♦ ... Ou lorsqu'un promeneur accompagné de son chien a été percuté par un autre chien que son propriétaire avait laissé divaguer et que, sous le choc, ce promeneur s'est cogné la tête sur son propre véhicule en stationnement. • Civ. 2e, 10 avr. 2008 : *préc.* ♦ ... Ou lorsqu'un vehicule a percuté un cheval divaguant sur la route. • Crim. 29 mars 1989, n° 88-82.711 P : *RCA 1989, n° 249, obs. Groutel.* ♦ En revanche, il a été jugé que si le Fonds de garantie est chargé de payer les indemnités allouées aux victimes d'accidents corporels, c'est à la condition que ces accidents résultent de la circulation sur le sol, et que tel n'est pas le cas lorsque la victime a été agressée par un chien même si, à ce moment, elle marchait dans la rue, le dommage trouvant sa cause, non pas dans un fait de circulation, mais dans la morsure d'un animal agressif. • Crim. 24 oct. 1991, n° 90-84.472 P : *RCA 1991, n° 442 ; RGAT 1992. 101, note Landel ; RSC 1992. 752, obs. Levasseur .*

7. Incompétence de la CIVI. Les dommages garantis par le Fonds de garantie des assurances obligatoires de dommages sont exclus de la compétence de la commission d'indemnisation des victimes d'infraction. Il en est ainsi : pour le dommage subi par un piéton renversé par un cycliste dont l'identité est demeurée inconnue. • Civ. 2e, 3 mars 2011, n° 09-70.680 : *RCA 2011, n° 220, note Groutel.* ♦ ... Ou en cas d'atteinte causée par une personne circulant sur le sol dans un lieu ouvert à la circulation publique. • Civ. 2e, 16 juin 2011, n° 10-23.488 : *RCA 2011, n° 329.* ♦ Les dommages susceptibles d'être indemnisés par le Fonds de garantie des assurances obligatoires de dommages (FGAO) sont exclus de la compétence de la commission d'indemnisation des victimes d'infractions (CIVI), peu important que le FGAO intervienne subsidiairement, en présence d'un assureur du responsable susceptible d'indemniser la victime. Après avoir constaté que l'accident de la circulation à l'origine du dommage de la victime s'était produit au Portugal, État partie à l'Union européenne, et avait impliqué un véhicule conduit par un ressortissant portugais et assuré au Portugal, une cour d'appel a exactement retenu que cet accident relevait de la compétence du FGAO, désigné comme organisme d'indemnisation par l'art. L. 421-1 C. assur., peu important la vocation subsidiaire de ce fonds en présence d'un assureur du responsable susceptible d'indemniser la victime, ce qui excluait la compétence de la CIVI telle qu'elle résulte de l'art. 706-3 C. pr. pén., une cour d'appel en a justement déduit que la requête en indemnisation présentée par les victimes auprès de la CIVI était irrecevable. • Civ. 3e, 24 sept. 2020, n° 19-12.992 : *RGDA 2020. 26, note Landel.* ♦ Les dommages susceptibles d'être indemnisés par le Fonds de garantie des assurances obligatoires de dommages (FGAO), en application des art. L. 421-1 à L. 421-7 C. assur., sont exclus de la compétence de la commission d'indemnisation des victimes d'infractions telle qu'elle résulte de l'art. 706-3 C. pr. pén., peu important que le FGAO intervienne subsidiairement, en présence d'un assureur du responsable susceptible d'indemniser la victime. • Civ. 2e, 26 nov. 2020, n° 19-21.014 : *RGDA janv. 2021. 26, note Landel.*

II. CONDITIONS DE L'INDEMNISATION

A. CARACTÈRE SUBSIDIAIRE DE L'INDEMNISATION

1° PRINCIPE

8. Affirmation du principe. Le Fonds de garantie contre les accidents, dont l'obligation est subsidiaire, n'est tenu d'indemniser la victime d'un accident de la circulation que dans la mesure où cette indemnisation n'incombe à aucune autre personne ou à aucun autre organisme. • Civ. 2e, 10 mai 1991, n° 90-11.250 P • 17 mars 1993, n° 91-16.350 P • Crim. 27 mai 1998, n° 97-85.658 P : *RCA 1999, n° 29* • Civ. 2e, 3 juin 2004, n° 02-14.920 P : *D. 2004. 1860 ; Gaz. Pal. 29 janv. 2005, p. 29, note Favre-Rochex* • Crim. 5 oct. 2010, n° 09-88.692 P : *D. 2011. Pan. 1926, obs. Groutel ; RCA 2011, n° 38, note Groutel.* ♦ ... Et, en cas d'indemnisation partielle à un autre titre, il ne prend en charge que le complément. • Civ. 1re, 31 janv. 1989, n° 87-11.009 P • Crim. 5 oct. 1994, n° 91-84.237 P.

9. Force du principe. Le principe de subsidiarité résultant de la loi ne peut faire l'objet d'une renonciation. • Civ. 2e, 4 déc. 1996 : *RCA 1997, n° 117, note Groutel ; RGDA 1997. 172, note Landel.*

2° APPLICATION

a. Absence d'intervention du Fonds de garantie

10. Prestations sociales dues ou versées à la victime. L'obligation du Fonds de garantie n'a qu'un caractère subsidiaire, et si la victime ou ses ayants droit peuvent prétendre à une indemnisation partielle au titre des droits qu'ils tiennent d'une affiliation aux organismes sociaux, le Fonds de garantie ne prend en charge que le complément. • Civ. 1re, 21 févr. 1989, n° 85-14.196 P. ♦ Le Fonds de garantie automobile, substitué au responsable, ne peut être tenu de l'entier préjudice de la victime, alors qu'il résulte des énonciations de la décision des juges du fond que, à la suite de l'accident, ladite victime, assurée sociale, percevait une pension d'invalidité de la caisse régionale d'assurance maladie. • Civ. 2e, 20 juin 1979, n° 78-11.575 P : *RGAT 1980. 233.* ♦ Le principe de subsidiarité du rôle du Fonds de garantie automobile ne permet pas de mettre à sa charge les prestations versées à la victime ou à ses ayants droit par les organismes sociaux dont ils relèvent. • Civ. 1re, 15 déc. 1998 : *RCA 1999, n° 91 ; RGDA 1999. 356, note Landel* • Crim. 27 mai 1998, n° 97-85.658 P : *RCA 1999, n° 29.* ♦ ... Lesquels ne peuvent exercer aucun recours contre lui. • Crim. 26 févr. 1975, n° 79-90.204 P : *RGAT 1975. 546* • 1er avr. 2008, n° 07-80.675 P : *D. 2009. Pan. 253, obs. Groutel ; RCA 2008, n° 211, note Groutel ; RGDA 2008. 661, note Landel.* ♦ Encourt la cassation l'arrêt qui a débouté le fonds de sa demande tendant à ce que soient déduites, du poste d'indemnisation du déficit fonctionnel permanent, les sommes que la victime aurait dû percevoir au titre d'une rente accident du travail qui lui aurait été versée, si elle n'avait pas laissé s'éteindre son droit à indemnisation en ne se rendant pas aux convocations du médecin de la caisse primaire d'assurance maladie. • Crim. 5 oct. 2010, n° 09-88.692 P : *D. 2011. Pan. 1926, obs. Groutel ; RCA 2011, n° 38, note Groutel.* ♦ Mais, seules doivent être imputées, sur l'indemnité réparant l'atteinte à l'intégrité physique de la victime, les prestations versées par les tiers-payeurs qui ouvrent droit au profit de ceux-ci à un recours subrogatoire. • Crim. 3 mai 2016, n° 14-84.286 : *RCA 2016, n° 264, note Groutel.*

11. Prestations assurantielles dues ou versées à la victime. Les stipulations d'une police d'assurance-groupe, à laquelle l'employeur d'une victime avait adhéré en faveur de ce salarié, instituant un régime complémentaire d'indemnisation organisé en fonction du régime général de la sécurité sociale auquel il était strictement adapté et dont il améliorait le niveau des prestations, une cour d'appel est fondée à déduire que les avantages garantis présentaient, au même titre que les prestations de sécurité sociale, le caractère d'une indemnisation au sens de l'art. R. 420-13 [C. assur., art. R. 421-13]. • Soc. 21 déc. 1989, n° 83-16.631 P (arrêt n° 2). ♦ Il résulte des art. L. 121-12 et L. 420-1 [C. assur., art. L. 421-1] que, si l'assureur qui a payé est subrogé dans les droits de la victime contre le responsable et par conséquent son assureur, il ne dispose d'aucun droit semblable à l'encontre du Fonds de garantie automobile ; hormis le cas où la compagnie d'assurance aurait été conduite à payer pour le compte de qui il appartiendra dans les conditions et selon les procédures prévues par ces textes, puis aurait été reconnue ne pas devoir la somme versée, le Fonds de garantie automobile ne doit d'indemnisation qu'aux seules victimes. • Civ. 1re, 20 déc. 1988, n° 87-17.298 P : *RGAT 1989. 61, note Chapuisat.*

12. Prestations dues ou versées par un coauteur. L'obligation du Fonds de garantie automobile n'ayant qu'un caractère subsidiaire et le fonds n'intervenant pour assurer l'indemnisation de la victime qu'à défaut de toute autre personne, celui-ci ne peut être déclaré substitué à l'auteur de l'accident pour le règlement des indemnités dues à la victime, dès lors que l'indemnisation de celle-ci est susceptible d'être réclamée à un autre coauteur, ou civilement responsable de ce dernier et à son assureur, en raison de la participation de ce coauteur à la réalisation du dommage. • Civ. 2e, 14 févr. 1974, n° 72-13.504 P : *D. 1974. IR 122 ; RGAT 1975. 83.* ♦ Peu importe que la juridiction pénale n'ait prononcé de condamnation civile que contre l'un des coauteurs – qui se trouvait non assuré – puisque l'autre coauteur avait été pénalement condamné en même temps que ce dernier. • Civ. 1re, 7 mars 1973, n° 72-10.201 P : *D. 1973. 289, note G. C.-M.* ♦ Aucun recours contre le Fonds de garantie automobile n'est ouvert à la partie condamnée à réparer en tout ou partie les dommages résultant d'un accident de la circulation.

• Civ. 2e, 18 janv. 1989, n° 87-19.309 P. ♦ Aucun recours contre le Fonds de garantie, dont l'obligation n'est que subsidiaire, n'est ouvert à la partie condamnée à réparer en tout ou partie les dommages résultant d'un accident de la circulation. Encourt la cassation l'arrêt qui énonce que rien ne s'oppose au recours du conducteur d'un véhicule impliqué dans un accident de la circulation et de son assureur contre le coauteur non assuré responsable de l'accident, et qu'en cas d'insolvabilité de celui-ci, le Fonds de garantie se substituera à lui. • Civ. 2e, 27 nov. 1991, n° 90-18.237 P.

13. Implication d'un autre véhicule. Le Fonds de garantie ne peut être tenu d'indemniser la victime d'un accident de la circulation ou ses ayants droit, dès lors qu'un véhicule assuré est impliqué, en même temps qu'un véhicule non assuré, dans un accident de la circulation. • Civ. 2e, 3 oct. 1990, n° 89-15.264 P. ♦ Le Fonds de garantie automobile ne peut être déclaré tenu à réparation sans que les juges du fond aient recherché si un autre véhicule que celui dont le conducteur est demeuré inconnu était ou non impliqué dans l'accident. • Civ. 2e, 14 oct. 1987, n° 86-12.569 P : *RGAT 1988. 331, note Chapuisat.* ♦ Une cour d'appel, ayant retenu que plusieurs véhicules, identifiés et assurés, étaient impliqués dans l'accident, en déduit à bon droit que le Fonds de garantie doit être mis hors de cause. • Civ. 2e, 11 juill. 1988, n° 87-15.051 P : *D. 1988. IR 225.*

b. Intervention du Fonds de garantie

14. Prestations dues par le Fonds. Les préjudices personnels, dont une victime demandait la réparation, n'étant pas couverts par les prestations sociales, une cour d'appel a violé l'art. L. 420-1 [C. assur., art. L. 421-1] en refusant de condamner le Fonds de garantie à les indemniser, au motif que les prestations perçues étaient d'un montant supérieur à celui du préjudice total dont la victime pouvait demander l'indemnisation. • Civ. 2e, 24 nov. 1976, n° 75-11.833 P : *RGAT 1977. 210, note Bigot; RTD civ. 1977. 337, note Durry* • Civ. 1re, 9 juin 1978, n° 77-10.660 P : *RGAT 1979. 213.* ♦ Ayant constaté que le droit à une indemnité pour souffrance physique, sur laquelle la caisse de sécurité sociale ne peut exercer aucun recours, ne saurait être sérieusement contesté et que l'éventualité d'un préjudice esthétique n'est pas exclue, une cour d'appel en a déduit à bon droit que le Fonds de garantie devait verser à la victime une indemnité complémentaire réparant ces deux chefs de préjudice. • Civ. 2e, 2 févr. 1977, n° 75-12.246 P : *D. 1977. 523, note Groutel; RGAT 1978. 70.* ♦ Le recours des organismes sociaux sur l'indemnité mise à la charge du tiers responsable pour réparer le préjudice de caractère non personnel de la victime ayant un caractère prioritaire, en vertu des dispositions d'ordre public des art. L. 397 CSS [L. 376-1] et L. 470 [L. 454-1], l'indemnisation de la victime pour son préjudice complémentaire, qui ne pouvait être totalement assurée, par suite de la limitation de la garantie de la compagnie d'assurance, doit être prise en charge par le Fonds de garantie. • Civ. 2e, 18 mai 1989, n° 88-11.608 P : *D. 1989. IR 172; RCA 1989. 291.* ♦ En revanche, si une caisse artisanale de retraite a refusé d'attribuer une pension d'invalidité à la victime parce qu'elle n'avait pas versé de cotisations depuis son immatriculation, celle-ci ne peut prétendre à une indemnisation partielle à un autre titre, et dès lors, sans que soit méconnu le principe de subsidiarité, le Fonds de garantie doit prendre en charge la totalité de l'indemnité réparant l'incapacité partielle. • Civ. 1re, 29 janv. 1991, n° 89-14.992 P : *D. 1991. IR 49; RCA 1991, n° 160.*

3° MISE EN ŒUVRE

15. Invocation devant le juge pénal. Devant la juridiction pénale, saisie des poursuites exercées contre un automobiliste, le Fonds de garantie n'a pas la possibilité, en dépit de son intervention volontaire, d'exiger la mise en cause des conducteurs des autres véhicules éventuellement impliqués dans l'accident, cette juridiction n'ayant pas compétence pour statuer sur la responsabilité desdits conducteurs qui n'ont pas la qualité de prévenus ; par suite, le Fonds est recevable à invoquer, devant la juridiction civile où il est assigné en paiement des indemnités, le caractère subsidiaire de son obligation, qui implique que le versement de ces indemnités peut être mis à la charge des conducteurs des autres véhicules éventuellement impliqués dans l'accident. • Civ. 1re, 18 juin 1991, n° 88-20.343 P : *D. 1991. IR 193; RCA 1991, n° 357, note Groutel; RGAT 1991. 585.*

16. L'obligation du Fonds de garantie n'est qu'une obligation subsidiaire et ce dernier n'intervient pour assurer l'indemnisation de la victime qu'à défaut de toute autre personne ; il n'a donc pas à être maintenu dans la cause si cette indemnisation est susceptible d'être réclamée à une autre personne, en raison de l'implication de son véhicule. • Civ. 1re, 10 janv. 1990 : *RCA 1990, n° 133, et Chron. 6, obs. Groutel* • Civ. 2e, 4 janv. 1989, n° 87-18.373 P. ♦ Il n'importe pas que la victime puisse engager contre d'autres personnes et contre leurs assureurs, devant le juge civil, une action indemnitaire, cette éventualité n'équivalant pas à la prise en charge des indemnités revenant à la victime à un autre titre, au sens des art. L. 421-1 et R. 421-13 et ladite prise en charge devant être effective au moment où le juge pénal se prononce à l'égard du Fonds. • Crim. 15 mars 1990, n° 88-84.535 : *RCA 1990, n° 133, et Chron. 6, obs. Groutel.* ♦ La possibilité d'une action n'équivaut pas à la prise en charge des indemnités revenant à la victime à un autre titre, au sens des art. L. 421-1 et R. 421-13, cette prise en charge devant être effective au moment où le juge pénal se prononce à l'égard du Fonds. • Crim. 25 janv. 1990, n° 87-92.011 P : *D. 1990. IR 81.*

B. AUTRES CONDITIONS DE L'INDEMNISATION

17. Accident survenu en France. Le Fonds de garantie indemnise, dans les conditions prévues aux 1 et 2 du I de l'art. L. 421-1, les victimes ou leurs ayants droit des dommages nés d'un accident dans lequel est impliqué un véhicule et survenu en France. • Civ. 2e, 18 nov. 2010, n° 09-66.591 : *RCA 2011, n° 83 ; RGDA 2011. 104, note Landel.*

18. Qualité d'ayant droit de la victime. N'a pas la qualité d'ayant droit de la victime au sens de l'art. 15 de la L. du 31 déc. 1951 créant un fonds de garantie automobile l'employeur de celle-ci qui a versé diverses sommes à sa veuve. • Civ. 2e, 2 déc. 1971, n° 70-12.948 P : *D. 1972. Somm. 105 ; RGAT 1972. 407.*

Art. L. 421-2 *(L. n° 2003-706 du 1er août 2003, art. 81-A-V)* **Le fonds de garantie est une personne morale de droit privé.** *(Ord. n° 2017-1609 du 27 nov. 2017, art. 2, en vigueur au plus tard le 1er juill. 2018)* **« Il regroupe les entreprises d'assurance qui couvrent les risques faisant l'objet d'une assurance obligatoire en matière d'assurance automobile et de chasse et en matière d'assurance de dommages prévue par l'article L. 242-1. »**

(L. n° 2023-171 du 9 mars 2023, art. 6) **« Le directeur général du fonds de garantie est entendu par les commissions de l'Assemblée nationale et du Sénat chargées des finances avant sa désignation. »**

V. note ss. art. L. 421-1.

Art. L. 421-3 **Le fonds de garantie est subrogé dans les droits que possède le créancier de l'indemnité contre la personne responsable de l'accident ou son assureur. Il a droit, en outre, à des intérêts calculés au taux légal en matière civile et à des frais de recouvrement.**

(L. n° 85-677 du 5 juill. 1985) **« Lorsque le fonds de garantie transige avec la victime, cette transaction est opposable à l'auteur des dommages, sauf le droit pour celui-ci de contester devant le juge le montant des sommes qui lui sont réclamées du fait de cette transaction. Cette contestation ne peut avoir pour effet de remettre en cause le montant des indemnités allouées à la victime ou à ses ayants droit. »**

(Ord. n° 2023-1138 du 6 déc. 2023, art. 7 et 15, en vigueur le 23 déc. 2023) **« Le fonds de garantie est également subrogé dans les droits que possède le créancier de l'indemnité contre son homologue de l'État où le véhicule a son stationnement habituel lorsque celui-ci bénéficie d'une dérogation à l'obligation d'assurance conformément au droit national applicable. »**

1. Délai de prescription. Il résulte de l'art. 2226 C. civ. que l'action en responsabilité, née à raison d'un événement ayant entraîné un dommage corporel, se prescrit par dix ans à compter de la date de la consolidation du dommage, initial ou aggravé, de la victime directe ou indirecte des préjudices. Il s'ensuit que l'action subrogatoire du FGAO en remboursement des sommes versées à la victime est soumise à la même règle. • Civ. 2e, 20 janv. 2022, n° 20-15.717 : *RGDA avr. 2022. 30, note Landel.*

2. QPC sur l'art. L. 421-3, al. 2 (non-transmission). Saisie de la QPC suivante « L'art. L. 421-3, al. 2, C. assur. en tant qu'il n'autorise l'auteur du dommage qu'à contester *a posteriori* la transaction conclue entre le Fonds de garantie des assurances obligatoires de dommages (FGAO) et la victime sans avoir été invité à aucun des actes préalables à celle-ci, et notamment aux opérations d'expertise qui ont pu la précéder, alors que ladite transaction lui est opposable et qu'il est appelé à rembourser le FGAO des sommes convenues par celui-ci et la victime pour réparer le préjudice subi par cette dernière, méconnaît-il l'article 16 de la Déclaration des droits de l'Homme et du citoyen et le droit à l'égalité des armes ? », la Cour de cassation a affirmé qu'il n'y avait pas lieu à renvoi devant le Conseil constitutionnel, en affirmant, d'une part, que la question, ne portant pas sur l'interprétation d'une disposition constitutionnelle dont le Conseil constitutionnel n'aurait pas encore eu l'occasion de faire application, n'était pas nouvelle ; d'autre part que la question posée ne présentait pas un caractère sérieux en ce que, en instaurant un dispositif rapide d'indemnisation des victimes d'accident de la circulation, qui oblige le FGAO intervenant à défaut de responsable identifié ou lorsque le responsable de l'accident n'est pas assuré à proposer, dans de stricts délais, à la victime ou à ses ayants droit une offre d'indemnité, le législateur réserve à l'auteur du dommage la possibilité de contester judiciairement la transaction conclue entre le FGAO et ceux-ci et de remettre en question tant le principe de sa responsabilité que le principe ou le montant des indemnités qui ont été allouées en exécution de cette transaction, de sorte que, replacé dans la situation qui aurait été la sienne si la victime avait agi directement à son encontre, il ne subit aucune atteinte à ses droits. • Civ. 2e, 25 juin 2015, n° 15-10.311 P : *RCA 2015, n° 277, note Groutel ; RGDA 2015. 401, note Landel.* ♦ Sur la suite de cette affaire, V. • Civ. 2e, 10 déc. 2015, n° 15-10.311 : *RCA 2016, n° 102, note Groutel.*

3. Opposabilité de la transaction. Lorsque le Fonds de garantie a transigé avec la victime, cette transaction est opposable à l'auteur des dommages, sauf le droit pour celui-ci de contester devant le juge le montant des sommes qui lui ont été réclamées du fait de la transaction. Dès lors viole l'art. L. 421-3, al. 2, la cour d'appel qui retient que, conformément à cet article, l'opposabilité de la transaction conclue entre le Fonds et les ayants droit de la victime suppose que le conducteur du véhicule non assuré contre lequel le Fonds peut exercer une action récursoire ait, par application des dispositions de l'art. R. 421-12, été déclaré responsable par une décision de justice passée en force de chose jugée ou qu'il ait conclu lui-même une transaction avec la victime ou ses ayants droit. • Civ. 2e, 8 févr. 2006, n° 04-10.525 P : *Gaz. Pal. 2006. 3268, note Périer ; RCA 2006, n° 150, note Groutel ; RGDA 2006. 421 (2 esp.), note Landel* • 14 juin 2006, n° 12-11.594 : *RCA 2006, n° 359, note Groutel ; RGDA 2006. 664, note Landel.* ♦ V. par ailleurs à propos d'une transaction conclue entre l'assureur du véhicule, bien qu'il contestait sa garantie, et les victimes : • 17 janv. 2013, n° 12-11.594 : *RCA 2013, n° 134, note Groutel ; RGDA 2013. 634, note Landel.* ♦ *Contra* : si, selon les dispositions de l'art. L. 421-3, al. 2, le FGA peut conclure avec la victime une transaction qui est opposable à l'auteur des dommages, sauf le droit pour celui-ci de contester devant le juge le montant des sommes qui lui sont réclamées du fait de cette transaction, c'est à la condition que le conducteur du véhicule non assuré, contre lequel le FGA pourra exercer une action récursoire, ait, par application des dispositions de l'art. R. 421-12 du même code, été déclaré responsable par une décision de justice passée en force de chose jugée ou qu'il ait conclu lui-même une transaction avec la victime ou ses ayants droit. • Civ. 1re, 13 févr. 1996, n° 93-11.012 P : *RCA 1996, n° 153, et Chron. 15, obs. Groutel ; RGDA 1996. 333, note Landel.*

4. Information sur la transaction. Constitue un droit fondamental, en vue d'un procès équitable, le droit d'être pleinement informé de la faculté de contester devant un juge une transaction opposée à celui qui n'y était pas partie. Dès lors, ayant retenu que les lettres recommandées adressées au responsable de l'accident par le Fonds de garantie, qui se bornaient à indiquer que le remboursement des sommes versées par le fonds était demandé conformément aux art. L. 421-3 et R. 421-16 et ne se référaient pas expressément à l'existence d'une transaction, n'informaient nullement leur destinataire du droit dont il disposait de contester devant le juge le montant des sommes qui lui étaient réclamées, du délai pendant lequel ce droit à contestation était ouvert et de son point de départ, une cour d'appel en a déduit, à bon droit, que le Fonds ne pouvait prétendre opposer une quelconque transaction au responsable de l'accident. • Cass., ass. plén., 29 mai 2009, n° 08-11.422 P : *BICC 1er oct. 2009. 7, rapp. Kamara et avis de Gouttes ; D. 2009. AJ 1607, obs. Beaugendre ; ibid. 2010. Pan. 54, obs. Gout ; JCP 2009. 7, note S. Abravanel-Jolly ; ibid. 369, n° 8, obs. Amrani-Mekki ; RLDC 2009, n° 3529, obs. Bugnicourt.* ♦ Prive sa décision de base légale au regard des art. L. 421-3 et R. 421-16 C. assur., ensemble l'art. 1134 C. civ., la cour d'appel qui a condamné le responsable de l'accident sur recours subrogatoire du Fonds de garantie, sans rechercher si le FGAO avait porté à sa connaissance l'existence d'une transaction conclue avec la victime et si la lettre de ce fonds informait le responsable de son droit de contester devant le juge le montant des sommes qui lui étaient réclamées, du délai pendant lequel ce droit lui était ouvert et du point de départ de ce délai. • Civ. 2e, 17 janv. 2013, n° 12-11.594 : *RCA 2013, n° 134, note Groutel ; RGDA 2013. 634, note Landel.* ♦ *Contra*, auparavant : dès lors que le Fonds a fait savoir, par lettres recommandées avec demande d'avis de réception, que les sommes en cause étaient réclamées conformément aux art. L. 421-3 et R. 421-16, le responsable a reçu l'information suffisante pour connaître l'existence d'une transaction et exercer son droit de contestation. • Civ. 2e, 14 juin 2006, n° 04-10.144 : *RCA 2006, n° 359, note Groutel ; RGDA 2006. 664, note Landel.* ♦ Ayant relevé que, dans le délai de trois mois qui lui était ouvert, le responsable avait contesté la transaction, une cour d'appel a pu en déduire qu'il avait été suffisamment informé de ses droits par le courrier de mise en demeure et n'a pas méconnu son droit à un procès équitable. • Civ. 2e, 10 déc. 2015, n° 15-10.311 : *RCA 2016, n° 102, note Groutel.*

5. Absence de transaction opposable. En l'absence d'une transaction opposable, il appartient à la cour d'appel de se prononcer sur l'action récursoire dont elle était saisie par le fonds subrogé dans les droits du créancier d'indemnité. • Cass., ass. plén., 29 mai 2009, n° 08-11.422 P : *BICC 1er oct. 2009. 7, rapp. Kamara et avis de Gouttes ; D. 2009. AJ 1607, obs. Beaugendre ; ibid. 2010. Pan. 54, obs. Gout ; JCP 2009. 7, note Abravanel-Jolly ; ibid. 369, n° 8, obs. Amrani-Mekki ; RLDC 2009, n° 3529, obs. Bugnicourt.* ♦ Mais les juges doivent, pour évaluer la créance du FGAO, se placer à la date de la subrogation ayant opéré transfert des droits des victimes à son profit, sans tenir compte du décès de la victime survenu postérieurement à ladite subrogation. • Civ. 2e, 11 juin 2015, n° 14-19.784 : *RGDA 2015. 401, note Landel.*

6. Compétence territoriale. L'action exercée par l'auteur d'un accident, par application de l'art. L. 421-3, al. 2, tendant à l'évaluation du dommage subi par la victime de l'accident, dans les droits de qui est subrogé le Fonds de garantie, relève de la « matière délictuelle », au sens de l'art. 46, al. 3, C. pr. civ., et peut être portée devant l'une des juridictions prévues par ce texte, ce qui autorise le demandeur à ne pas assigner le Fonds devant le tribunal de son siège social. • Civ. 1re, 2 juin 1992, n° 91-10.490 P.

Art. L. 421-4 Le fonds de garantie est alimenté par des contributions des entreprises d'assurance, des automobilistes assurés et des responsables d'accidents d'automobiles non bénéficiaires d'une assurance. *(Abrogé par L. nº 2013-1279 du 29 déc. 2013, art. 62)* ***« Ces diverses contributions sont liquidées et recouvrées dans les conditions et sous les sanctions fixées par le décret en Conseil d'État prévu à l'article L. 421-6. »***

Au titre de l'année 2023, la contribution des entreprises d'assurance pour l'alimentation du fonds de garantie mentionné à l'art. L. 421-4 C. assur. est établie dans les conditions prévues aux art. L. 421-4-1 et L. 421-4-2 du même code dans leur rédaction antérieure à la L. nº 2023-1322 du 29 déc. 2023 (L. préc., art. 96-II).

Art. L. 421-4-1 *(L. nº 2013-1279 du 29 déc. 2013, art. 62)* **Les contributions pour l'alimentation du fonds de garantie mentionnées à l'article L. 421-4 sont ainsi définies :**

1° La contribution des assurés est assise sur toutes les primes ou cotisations nettes qu'ils versent aux entreprises d'assurance pour l'assurance des risques de responsabilité civile résultant d'accidents causés par les véhicules terrestres à moteur et des remorques ou semi-remorques des véhicules lorsque le risque est situé sur le territoire de la République française. Elle est perçue par les entreprises d'assurance suivant les mêmes règles et sous les mêmes garanties et sanctions que la taxe sur les conventions d'assurance prévue à l'article 991 du code général des impôts. Elle est recouvrée mensuellement par le fonds de garantie ;

2° La contribution des entreprises d'assurance est *(L. nº 2023-1322 du 29 déc. 2023, art. 96-I)* **« assise sur toutes les primes ou cotisations nettes qu'elles perçoivent pour l'assurance des risques de responsabilité civile résultant d'accidents causés par les véhicules terrestres à moteur et les » remorques ou semi-remorques des véhicules lorsque le risque est situé sur le territoire de la République française. Elle est acquittée par les entreprises d'assurance suivant les mêmes règles et sous les mêmes garanties et sanctions que la taxe sur les conventions d'assurance prévue au même article 991. Elle est recouvrée mensuellement par le fonds de garantie ;**

(Abrogé par Ord. nº 2017-1609 du 27 nov. 2017, art. 3, au plus tard à compter du 1er juill. 2018) ***« 3° La contribution des entreprises d'assurance au titre du financement de la mission définie à l'article L. 421-9 du présent code est proportionnelle aux primes ou cotisations du dernier exercice, accessoires et rappels compris et annulations déduites, relatives aux contrats dont la souscription est rendue obligatoire, à l'exception des garanties relatives à la responsabilité du transporteur maritime, fluvial et aérien, y compris ceux souscrits en application du règlement (CE) nº 2027/97 du Conseil, du 9 octobre 1997, relatif à la responsabilité des transporteurs aériens en cas d'accident, lorsque le risque est situé dans l'Union européenne. Elle est acquittée par les entreprises d'assurance suivant les mêmes règles et sous les mêmes garanties et sanctions que la taxe sur les conventions d'assurance prévue à l'article 991 du code général des impôts. Elle est recouvrée mensuellement par le fonds de garantie ;***

« 4° Lorsque le montant total des provisions inscrites au passif de la section "Opérations du fonds de garantie résultant de la défaillance d'entreprises d'assurance dommages" devient inférieur à 250 millions d'euros pendant une durée supérieure à six mois consécutifs, une contribution extraordinaire des entreprises d'assurance au titre de la section "Défaillance des entreprises d'assurance de dommage" est appelée. Son montant permet de ramener le montant total des provisions de la section considérée à ce seuil. Cette contribution extraordinaire est acquittée par les entreprises d'assurance sous les mêmes garanties que la taxe sur les conventions d'assurance prévue à l'article 991 du code général des impôts. Elle est recouvrée par le fonds de garantie. »

Les entreprises adhérentes disposent d'un délai d'un mois pour verser au fonds leur cotisation à compter de la réception de l'appel du fonds. Le fonds de garantie informe l'Autorité de contrôle prudentiel et de résolution de tout retard de versement de plus d'un mois ou de tout refus de versement d'une entreprise d'assurance, afin que l'autorité mette en œuvre, le cas échéant, les procédures de sanctions prévues à la section 7 du chapitre II du titre I du livre VI du code monétaire et financier.

Les cotisations versées au fonds de garantie par les entreprises dont l'adhésion au fonds a pris fin ne peuvent faire l'objet d'un reversement par celui-ci.

La contribution extraordinaire est proportionnelle aux primes ou cotisations du dernier exercice, accessoires et rappels compris et annulations déduites, relatives aux contrats dont la souscription est rendue obligatoire, à l'exception des garanties relatives à la responsabilité du transporteur maritime, fluvial et aérien, y compris ceux souscrits en application du règlement (CE) nº 2027/97 du Conseil, du 9 octobre 1997, précité, lorsque le risque est situé dans l'Union européenne ;

5° La contribution des responsables d'accidents causés par l'utilisation des véhicules définis au 1° du présent article, non bénéficiaires d'une assurance, est assise sur le montant total des indemnités mises à leur charge à titre de réparation des dommages résultant de ces accidents. Sont considérées comme bénéficiaires d'une assurance, au sens du présent article, les personnes dont la responsabilité civile est couverte par un contrat d'assurance dans les conditions prévues à l'article L. 211-1. Un tel bénéfice ne leur est toutefois acquis, au sens du présent article, que pour la part excédant la franchise prévue éventuellement par leur contrat en application de l'article L. 121-1.

En cas d'instance judiciaire, la décision doit faire apparaître si le responsable est ou non bénéficiaire d'une assurance.

La contribution est liquidée et recouvrée par les services de la direction générale des finances publiques, selon les mêmes règles, sous les mêmes garanties et sous les mêmes sanctions qu'en matière de droits d'enregistrement. Elle est perçue sur la notification faite à cette direction par le fonds de garantie.

La contribution doit être acquittée dans le délai d'un mois à compter de la réclamation adressée par la direction générale des finances publiques.

V. note ss. art. L. 421-1.

Art. L. 421-4-2 *(L. nº 2013-1279 du 29 déc. 2013, art. 62)* Le taux des contributions mentionnées à l'article L. 421-4-1 est fixé par arrêté du ministre chargé des assurances dans les limites suivantes :

1° Pour la contribution des assurés, ce taux est compris entre 0 % et 2 % des primes mentionnées au 1° du même article ;

(L. nº 2023-1322 du 29 déc. 2023, art. 96-I) « 2° Pour la contribution des entreprises d'assurance, ce taux est compris entre 0 % et 1 % des primes ou cotisations mentionnées au 2° du même article L. 421-4-1 ; »

(Abrogé par Ord. nº 2017-1609 du 27 nov. 2017, art. 4, au plus tard à compter du 1er juill. 2018) ***« 3° Pour la contribution des entreprises d'assurance au titre de la section "Opérations du fonds de garantie résultant de la défaillance d'entreprises d'assurance dommages" prévue au 3° dudit article, ce taux est compris entre 0 % et 12 % de la totalité des charges de cette section ; »***

4° Pour la contribution des responsables d'accidents non assurés, ce taux est fixé à 10 % des indemnités restant à leur charge. Toutefois, ce taux peut être ramené à 5 % lorsque l'accident a été provoqué par un véhicule utilisé par l'État ou par un État étranger. Il est également ramené à 5 % des indemnités restant à leur propre charge pour les bénéficiaires d'une assurance avec franchise.

V. note ss. art. L. 421-1.

Art. L. 421-5 Le fonds de garantie peut intervenir même devant les juridictions répressives et même pour la première fois en cause d'appel, en vue notamment de contester le principe ou le montant de l'indemnité réclamée, dans toutes les instances engagées entre les victimes d'accidents ou leurs ayants droit, d'une part, les responsables ou leurs assureurs, d'autre part. Il intervient alors à titre principal et peut user de toutes les voies de recours ouvertes par la loi.

Conditions de l'intervention volontaire. L'intervention volontaire du FGAO, sur le fondement de l'art. L. 421-5 C. assur., est subordonnée à l'existence d'une instance opposant la victime d'un accident ou ses ayants droit, d'une part, et le responsable ou son assureur, d'autre part. Elle est irrecevable lorsque le litige oppose seulement l'assureur à son assuré. • Civ. 2e, 5 nov. 2020, nº 19-21.631 : *D. 2020. 2239 ; RGDA déc. 2020. 39, note Landel ; RCA 2021, nº 41, note Groutel ; ibid. 2022. Chron. 4, nº 24, note Groutel ; D. actu. 1er déc. 2020, note R. Bigot et Cayol.*

Art. L. 421-6 *(L. nº 89-1014 du 31 déc. 1989)* « Un décret en Conseil d'État fixe » les conditions d'application des articles L. 421-1 à L. 421-5 et notamment les bases et modalités juridiques de détermination des indemnités pouvant être dues par le fonds de garantie, les personnes exclues du bénéfice du fonds, les obligations et droits respectifs ou réciproques du fonds de garantie, de l'assureur, du responsable de l'accident, de la victime ou de ses ayants droit, les délais assignés pour l'exercice de ces droits ou la mise en jeu de ces obligations, les conditions de fonctionnement, d'intervention en justice du fonds de garantie, les conditions dans lesquelles il peut être exceptionnellement mis en cause, les modalités du contrôle exercé sur l'ensemble de la gestion du fonds par le ministre de l'économie et des finances *(Abrogé par L. nº 2013-1279 du 29 déc. 2013, art. 62)* ***« , les taux et assiettes des contributions prévues à l'article L. 421-4. »***

Art. L. 421-6-1 *(L. nº 2012-1510 du 29 déc. 2012, art. 78)* Il est instauré une contribution pour le financement de la mission prévue au IV de l'article L. 421-1, à la charge des assurés et affectée au fonds de garantie. Cette contribution est assise sur toutes les primes ou cotisations nettes qu'ils versent aux entreprises d'assurance pour l'assurance des risques de responsabilité civile résultant d'accidents causés par les véhicules terrestres à moteur et des remorques ou semi-remorques des véhicules lorsque le risque est situé sur tout le territoire de la France métropolitaine, des départements d'outre-mer, du Département de Mayotte, de Saint-Barthélemy, de Saint-Martin et de Saint-Pierre-et-Miquelon. Elle est perçue par les entreprises d'assurance suivant les mêmes règles et sous les mêmes garanties et sanctions que la taxe sur les conventions d'assurance. Elle est recouvrée mensuellement par le fonds de garantie. Un décret fixe son montant dans la limite de 1 % de ces primes ou cotisations. Cette contribution s'applique aux primes émises à compter du 1er juillet 2013. — *Le taux de la contribution au Fonds de garantie des assurances obligatoires de dommages, prévu à l'art. L. 421-6-1, est fixé à 0,8 % (Décr. nº 2013-526 du 20 juin 2013, JO 22 juin).*

Art. L. 421-7 Lorsque l'auteur d'un accident n'est pas en mesure de justifier qu'il a été satisfait à l'obligation d'assurance instituée par l'article L. 211-1, la victime et le fonds de garantie sont fondés à se prévaloir des mesures conservatoires prévues *(Ord. nº 2023-1138 du 6 déc. 2023, art. 7 et 15, en vigueur le 23 déc. 2023)* « au livre V du code des procédures civiles d'exécution.

« Toutefois, ces dispositions ne sont pas applicables lorsque l'assurance de la responsabilité civile concerne des véhicules, au sens du II de l'article L. 211-4, ayant leur stationnement habituel sur le territoire d'un État visé à ce même article à l'exception de la France. »

(L. nº 94-5 du 4 janv. 1994) « Toutefois, ces dispositions ne sont pas applicables lorsque l'assurance de la responsabilité civile concerne des véhicules ayant leur stationnement habituel sur le territoire d'un État visé à l'article L. 211-4 à l'exception de la France et de Monaco. »

....

DEUXIÈME PARTIE : *RÉGLEMENTAIRE*

(Décr. nº 76-667 du 16 juill. 1976)

LIVRE II ASSURANCES OBLIGATOIRES

TITRE I L'ASSURANCE DES VÉHICULES TERRESTRES À MOTEUR ET DE LEURS REMORQUES ET SEMI-REMORQUES

CHAPITRE I *L'OBLIGATION DE S'ASSURER*

SECTION 1 *Personnes assujetties*

(Décr. nº 2021-133 du 9 févr. 2021, en vigueur le 1er juill. 2021)

Art. D. 211-1 En application de l'article L. 211-1-1, la résiliation du contrat d'assurance est conditionnée à la fourniture par l'assuré à son assureur, au plus tard dans un délai de quinze jours après que l'assureur a reçu notification par l'assuré de son intention de résilier le contrat, d'une des pièces justificatives suivantes :

1° En cas de cession pour destruction d'une voiture particulière, d'une camionnette ou d'un cyclomoteur à trois roues à un *(Décr. nº 2022-1495 du 24 nov. 2022, art. 2)* « centre VHU mentionné au 7° de l'article R. 543-154 » du code de l'environnement, une copie du certificat de destruction du véhicule délivré *[délivrée]* à l'assuré en application du II de l'article R. 322-9 du code de la route ;

2° En cas de cession pour destruction d'un véhicule autre que ceux mentionnés au 1° à une installation de traitement de véhicules hors d'usage exploitée conformément au titre I du livre V du code de l'environnement, une copie du certificat de destruction du véhicule délivré à l'assuré en application des II et IV de l'article R. 322-9 du code de la route ;

3° En cas de réparation du véhicule, une copie du second rapport de l'expert en automobile mentionné au troisième alinéa de l'article L. 327-3 du code de la route, certifiant que le véhicule a fait l'objet des réparations touchant à la sécurité prévues par le premier rapport d'expertise et qu'il est en état de circuler dans des conditions normales de sécurité ;

4° En cas de souscription d'un nouveau contrat auprès d'un autre assureur, une copie d'un des documents justificatifs délivrés à l'assuré en application des articles R. 211-15 et R. 211-17.

A réception d'un des documents mentionnés aux 1° à 4°, l'assureur notifie par écrit à l'assuré le fait que le contrat d'assurance a été résilié. La notification mentionne la date d'effet de la résiliation.

SECTION 2 *Étendue de l'obligation d'assurance*

BIBL. ▶ GROUTEL, *RCA 2007. Étude 14* (décret du 19 juill. 2007).

Art. R. 211-2 *(Décr. nº 86-21 du 7 janv. 1986)* **Les contrats prévus à l'article L. 211-1 doivent couvrir, en plus de la responsabilité civile des personnes mentionnées à cet article, celle** *(Abrogé par Décr. nº 2007-1118 du 19 juill. 2007)* ***« du souscripteur du contrat et »*** **du propriétaire du véhicule.**

Les garanties minimales fixées par le décret nº 86-21 du 7 janv. 1986 sont introduites dans les contrats prévus à l'art. L. 211-1 C. assur., y compris les contrats en cours, à compter du 8 janv. 1986 (Décr. nº 86-21 du 7 janv. 1986, art. 10).

1. Absence de recours de l'assureur du propriétaire contre l'assureur du locataire. Selon les art. L. 211-1 et R. 211-2 C. assur., les contrats d'assurance doivent couvrir la responsabilité civile du souscripteur du contrat, du propriétaire du véhicule et de toute personne ayant la garde ou la conduite de ce dernier. Viole ces textes la cour d'appel qui, pour retenir la garantie de l'assureur du locataire au profit de l'assureur du propriétaire du véhicule, énonce que le contrat de location mettait à la charge du locataire la seule responsabilité des accidents dès lors que la convention invoquée ne pouvait priver d'effet, à l'encontre du gardien ou conducteur autorisé, la garantie d'assurance imposée à son profit par la loi. • Civ. 1re, 4 juill. 2000, nº 98-11.318 : *RGDA 2000. 874, note Landel.*

2. Appel en garantie du propriétaire contre l'utilisateur. Sont inopérants les motifs retenus par une cour d'appel qui, pour rejeter le recours en garantie formé par une coopérative, propriétaire d'un bourgoin dont l'un avait été impliqué dans un accident, contre l'entrepreneur de travaux agricoles chargé de la conduite de cet engin, retient que les dispositions impératives des art. L. 211-1 et R. 211-2 imposent à l'assureur de couvrir la responsabilité civile du souscripteur du contrat, du propriétaire du véhicule et de toute personne en ayant la garde ou la conduite, sans tenir compte des stipulations du contrat de sous-traitance que la coopérative avait conclu avec l'entrepreneur de travaux. • Civ. 1re, 3 mars 1998, nº 96-10.343 P : *RCA 1998, nº 203, note Groutel ; RGDA 1998. 271, note Landel ; Gaz. Pal. 1998. 2. 569.*

Art. R. 211-3 *(Décr. nº 2007-1118 du 19 juill. 2007)* **« Les professionnels de la réparation, de la vente ou du contrôle de l'automobile sont tenus de s'assurer, pour leur propre responsabilité, celle des personnes travaillant dans leur exploitation, celle des personnes ayant la garde ou la conduite du véhicule, même sans y avoir été autorisées, ainsi que celle des passagers. »**

(Décr. nº 86-21 du 7 janv. 1986) **Cette obligation s'applique à la responsabilité civile que les personnes mentionnées au précédent alinéa peuvent encourir du fait des dommages causés aux tiers par les véhicules qui sont confiés au souscripteur du contrat en raison de ses fonctions et ceux qui sont utilisés dans le cadre de l'activité professionnelle du souscripteur du contrat.** — *V. note ss. C. assur., art. R. 211-2.* — ***C. assur.***

Ancien art. R. 211-3, al. 1er** (Décr. nº 86-21 du 7 janv. 1986) ***Les professionnels de la réparation, de la vente et du contrôle de l'automobile sont tenus de s'assurer pour leur propre responsabilité, celle des personnes travaillant dans leur exploitation, et celle des personnes ayant la garde ou la conduite du véhicule, ainsi que celle des passagers.***

BIBL. ▶ GROUTEL, *RCA 1989. Chron. 29.*

1. Salarié du garagiste. Est dépourvu de base légale l'arrêt qui condamne l'assureur de la responsabilité professionnelle d'un garagiste à réparer les conséquences dommageables d'un accident causé par le conducteur de l'un de ses véhicules sans rechercher si ce conducteur était bien le salarié du garagiste et si le véhicule était utilisé, lors de l'accident, dans le cadre de l'activité de garagiste, cette circonstance étant contestée par l'assureur. • Civ. 1re, 28 mai 1984 : *Bull. civ. I, nº 171 ; RGAT 1985. 79, note Chapuisat.*

2. Véhicule confié au garagiste. Pour que l'assureur du garagiste soit tenu de garantir un véhicule qui lui a été confié dans le cadre de son activité professionnelle, il n'est pas nécessaire qu'il soit utilisé dans ce même cadre. • Crim. 7 févr. 1991 : *RCA 1991, nº 271 ; RGAT 1991. 586, note Chapuisat.* ♦ La clause contractuelle ne garantissant que les véhicules de l'entreprise pour les prêts occasionnels à titre gracieux, et non les véhicules confiés, doit être réputée non écrite comme restreignant abusivement les garanties prévues par la loi sur l'assurance automobile obligatoire. • Crim. 6 mai 1998 : *RGDA 1998. 718, note Landel.*

3. Personne non autorisée. Il résulte de la combinaison des art. L. 211-11 et R. 211-3 que lorsque le propriétaire d'un véhicule l'a confié, en raison de ses fonctions, à un professionnel de la réparation, de la vente ou du contrôle de l'automobile, l'assurance obligatoire de la responsabilité de ce professionnel doit prendre en charge les dommages causés aux tiers par ce véhicule, même si la personne qui en avait la conduite n'était pas autorisée. • Civ. 1re, 28 nov. 1995, n° 93-15.331 P : *RCA 1996, n° 70 ; RGDA 1996. 335, note Brousseau.*

4. Véhicule prêté par le garagiste. Viole les dispositions de l'art. 2 du Décr. du 7 janv. 1959 [C. assur., art. R. 211-3] l'arrêt qui, pour déclarer que l'assureur d'un garagiste ne devait pas sa garantie pour l'accident causé par un client en conduisant, pendant l'immobilisation de son véhicule en cours de réparation, une voiture prêtée par ce garagiste, fait application de la clause de la police stipulant « prêt de véhicule risque exclu » et restreint ainsi, en vertu d'une disposition contractuelle, l'étendue de la garantie minima impérativement fixée par la loi. • Civ. 1re, 21 mars 1972, n° 70-13.276 P : *RGAT 1972. 557.* ♦ Les dispositions de l'art. 2 du Décr. du 7 janv. 1959 [C. assur., art. R. 211-3], qui concernent les garagistes et les personnes pratiquant habituellement le courtage, la vente, la réparation, le dépannage ou le contrôle du bon fonctionnement des véhicules, doivent être substituées aux stipulations plus restrictives du contrat souscrit par l'assuré. Ainsi, pour condamner l'assureur à fournir sa garantie pour l'accident causé par un tiers en conduisant un camion appartenant à l'assuré, une cour d'appel a pu, après avoir relevé que le camion avait été prêté au tiers pour un dépannage et non loué, admettre que ce prêt entrait dans l'activité professionnelle du garagiste et satisfaisait donc aux conditions édictées par le texte précité. • Civ. 1re, 25 oct. 1972, n° 71-10.967 P : *RGAT 1973. 247, note Besson.* ♦ Ayant constaté qu'un garagiste, qui avait acheté une voiture, l'a prêtée le jour même, non à des fins professionnelles mais en raison de relations personnelles, à un conducteur qui a renversé un piéton, une cour d'appel décide justement que les dispositions des art. 1er et 2 du Décr. du 7 janv. 1959 [C. assur., art. R. 211-3], relatives à l'assurance de la responsabilité civile des garagistes, sont sans application dans l'instance en dommages-intérêts introduite par la victime contre le conducteur et contre l'assureur du vendeur de l'automobile. • Civ. 1re, 25 févr. 1976, n° 74-14.460 P : *D. 1976. 597, note Berr et Groutel ; RGAT 1976. 489, note Besson.*

Art. R. 211-4 *(Décr. n° 93-581 du 26 mars 1993)* **Les contrats prévus à l'article L. 211-1 doivent spécifier les caractéristiques des remorques dont l'adjonction à un véhicule terrestre à moteur ne constitue pas, au sens des articles L. 113-4 et L. 113-9, une aggravation du risque couvert par le contrat garantissant ce véhicule.**

1. Absence de mention relative aux remorques. En l'absence de la mention prévue par l'art. R. 211-4, l'assurance du véhicule tracteur garantit ses remorques, sans préjudice de l'application de la réduction proportionnelle pour aggravation du risque. • Civ. 1re, 9 nov. 1999, n° 97-17.826 P : *D. 1999. 269 ; RCA 2000, n° 27 ; ibid. Chron. 1, note Groutel ; RGDA 2000. 102 (1re esp.), note Landel.*

2. Remorque dépassant le poids stipulé. Si elle n'entre pas dans les prévisions de la police, l'adjonction d'une remorque constitue une aggravation du risque ; l'absence de déclaration de la remorque ne peut être sanctionnée que par la nullité du contrat, en cas de mauvaise foi, ou par la réduction de l'indemnité, dans le cas contraire, conformément à l'art. L. 113-9. • Crim. 7 déc. 1999 : *RCA 2000, n° 131, obs. Groutel ; RGDA 2000. 102 (2e esp.), note Landel.* ♦ Comp. : • Civ. 1re, 23 mars 2004, n° 01-02.627 P : *RCA 2004, n° 192, obs. Groutel.*

Art. R. 211-4-1 *(Décr. n° 2007-1118 du 19 juill. 2007)* **Lorsqu'un train routier, tel que défini à l'article R. 311-1 du code de la route, est impliqué dans un accident de la circulation, la personne lésée peut exercer l'action directe au choix contre l'assureur du véhicule tracteur ou contre l'assureur de la remorque. L'assureur saisi de l'action doit garantir la responsabilité de l'ensemble du véhicule articulé à l'égard de la personne lésée, pour le compte de qui il appartiendra et dans les limites du contrat.**

L'assureur qui aura pris en charge l'indemnisation des personnes lésées, que ce soit l'assureur du véhicule à moteur ou celui de la remorque ou de la semi-remorque, disposera, le cas échéant, d'un droit de recours contre l'assureur de l'autre partie de l'ensemble articulé, ou contre toute autre partie qui porterait finalement la responsabilité des dommages.

Recours de l'assureur. L'art. R. 211-4-1 a uniquement pour but de faciliter l'indemnisation des personnes lésées en leur offrant la possibilité de réclamer l'intégralité de celle-ci, soit à l'assureur du véhicule à moteur, soit à celui de la remorque. Le recours que ce texte ouvre à l'assureur, qui a pris en charge l'indemnisation pour le compte de qui il appartiendra contre l'assureur de l'autre partie de l'ensemble routier, n'est pas soumis à un régime propre de responsabilité de plein droit et pour moitié, mais renvoie au droit commun de la responsabilité. • Civ. 2e, 23 nov. 2017, n° 16-21.664 P : *RGDA 2018. 31, note Landel ; RCA 2018, n° 49, note Groutel ; Gaz. Pal. 6 mars 2018. 62, note Ehrenfeld.*

Art. R. 211-5 *(Décr. n° 86-21 du 7 janv. 1986)* **« L'obligation d'assurance s'applique à la réparation des dommages corporels ou matériels résultant : »**

1° Des accidents, incendies ou explosions causés par le véhicule, les accessoires et produits servant à son utilisation, les objets et substances qu'il transporte ;

2° De la chute de ces accessoires, objets, substances ou produits. — *V. note ss. art. R. 211-2.*

1. Substances transportées. S'il résulte de l'art. R. 211-5 que l'obligation d'assurance des véhicules terrestres à moteur et de leurs remorques et semi-remorques s'applique à la réparation des dommages corporels ou matériels résultant, à l'occasion de la circulation, des accidents... causés par le véhicule, ... les objets ou substances qu'il transporte, il faut entendre par « substance transportée », celle qui a été volontairement chargée dans le véhicule. Tel n'est pas le cas de la boue qui a adhéré accidentellement aux roues des tracteurs-remorques d'un agriculteur. • Civ. 1re, 15 janv. 1980, n° 78-13.806 P : *D. 1981. IR 173, obs. Berr et Groutel ; RGAT 1980. 548, note Besson ; RTD civ. 1980. 776, obs. Durry.* ♦ Il faut entendre par substance transportée celle qui a été chargée dans le véhicule. Tel n'est pas le cas de la boue provenant des roues d'un tracteur. • Civ. 1re, 23 juin 1981, n° 80-13.754 P : *D. 1982. IR 383, obs. Berr et Groutel.* ♦ La boue déposée sur la chaussée par les roues d'un tracteur ne peut être considérée comme une substance transportée au sens de l'art. R. 211-5. • Civ. 1re, 7 déc. 1982, n° 78-13.806 P : *RGAT 1983. 378.* ♦ Relève d'une assurance de responsabilité générale l'accident qui est dû au simple fait de l'homme. Tel est le cas de la destruction accidentelle de plants de bruyère par l'effet de la projection sur ceux-ci d'un liquide désherbant au moyen d'un pulvérisateur attelé à un tracteur en mouvement, dès lors que cet accident n'est pas dû à une défectuosité de ce matériel mais a été provoqué par une manipulation volontaire de l'utilisateur de celui-ci. • Civ. 1re, 9 déc. 1992, n° 90-10.527 P : *RGAT 1993. 302, note Landel.*

2. Accessoires d'un véhicule en circulation ou non. Ayant exactement retenu qu'il résulte de l'art. R. 211-5, dans sa version applicable, que les accidents causés par les accessoires ou la chute d'objets sont garantis même si le véhicule ne circule pas et si l'accident ne constitue pas un accident de la circulation au sens de la L. du 5 juill. 1985 puis relevé que le dommage avait été causé, à un moment où l'engin n'était pas en mouvement, d'abord par la rupture d'une manille, accessoire de la pelleteuse, véhicule terrestre à moteur, en ce qu'elle sert à son chargement, et ensuite par la manipulation du godet, c'est-à-dire par le véhicule en lui-même, une cour d'appel a, à juste titre, décidé que l'assureur du véhicule devait sa garantie. • Civ. 2e, 13 sept. 2018, n° 17-26.671 : *RGDA 2018. 506, note Landel.* ♦ Les accidents causés par les accessoires ou la chute d'objets sont, depuis l'intervention du décret de 1986, garantis même si le véhicule ne circule pas et si l'accident ne constitue pas un accident de la circulation au sens de la L. du 5 juill. 1985. L'assureur du véhicule devait donc sa garantie à raison du dommage imputable à un appareil de levage équipant le véhicule. • Civ. 2e, 21 nov. 2013 : *RGDA 2014. 32, note Landel ; RCA 2014, n° 70, note Groutel.* ♦ *Contra* dans la même affaire : viole les art. L. 211-1 et R. 211-5 la cour d'appel qui condamne l'assureur du véhicule à garantie tout en retenant que l'accident était survenu alors que le véhicule était immobile, lors d'une opération de déchargement du camion au moyen d'un appareil de levage étranger à la fonction de déplacement. • Civ. 2e, 28 mai 2009 : *RCA 2009, n° 226, note Groutel ; RGDA 2009. 776, note Landel.* ♦ V. égal. précédemment : le tuyau vidange d'un camion-citerne, posé sur le trottoir, constitue un accessoire de ce véhicule en stationnement sur la voie publique. • Civ. 1re, 4 avr. 1995, n° 91-17.011 P : *RCA 1995, n° 280 ; D. 1996. 113, note Dagorne-Labbe ; RGAT 1995. 378, note Landel* • 10 juin 1997, n° 95-11.356 P : *D. 1997. IR 161 ; RCA 1997, n° 348 ; RGDA 1997. 764, note Landel.* ♦ Dès lors que les blessures ont été provoquées par la projection d'un objet transporté et d'un tendeur élastique, accessoire nécessaire au transport autorisé sur le toit d'un véhicule terrestre à moteur, fût-il en stationnement sur la voie publique, moteur arrêté, la garantie de l'assureur est due. • Civ. 2e, 20 oct. 2005, n° 04-15.418 P : *RCA 2005, n° 361, obs. Groutel ; RGDA 2006. 101, note Landel.* ♦ Un chargeur de batterie ne constitue pas un accessoire à la circulation d'un véhicule terrestre à moteur. • Civ. 2e, 3 mai 2006 : *RCA 2006, n° 224 ; ibid. Étude 10, note Groutel ; RGDA 2006. 429, note Landel.* ♦ V. encore : ayant exactement relevé qu'il résulte de l'art. R. 211-5 C. assur. dans sa rédaction issue du Décr. n° 86-21 du 7 janv. 1986 que les accidents causés par les accessoires et chutes d'objets sont couverts par l'assurance automobile obligatoire et constaté que l'incendie litigieux avait pris naissance au niveau du câble électrique et de la prise encastrée dans la cellule frigorifique du véhicule assuré, constituant un accessoire nécessaire au transport et au stockage de produits frais, correspondant à l'utilisation habituelle de celui-ci, une cour d'appel en a justement déduit que l'assureur subrogé dans les droits de la société victime était fondé à solliciter la garantie de l'assureur automobile. • Civ. 2e, 4 juill. 2019, n° 18-15.194 : *RGDA août-sept. 2019. 16, note Landel ; RCA 2019, n° 306, note Groutel.*

3. Objets à terre. Les dispositions de l'art. 4 du Décr. du 7 janv. 1959 [C. assur., art. R. 211-5], pris pour l'application de la L. du 27 févr. 1958 instituant une obligation d'assurance, visent nécessairement, pour être utiles, non seulement les dommages qui résultent de la chute même des objets transportés dans le véhicule assuré, mais aussi les dommages causés par ceux-ci une fois à terre. • Civ. 1re, 24 avr. 1967 : *RGAT 1967. 498.*

Art. R. 211-6 *Abrogé par Décr. n° 83-482 du 9 juin 1983.*

Art. R. 211-7 *(Décr. n° 2007-1118 du 19 juill. 2007)* **L'assurance doit être souscrite sans limitation de somme en ce qui concerne les dommages corporels et pour une somme au moins égale à celle fixée par arrêté du ministre chargé de l'économie, laquelle ne pourra être inférieure à 1 million d'euros, par sinistre et quel que soit le nombre de victimes, en ce qui concerne les dommages aux biens.**

Ancien art. R. 211-7 (Décr. n° 93-581 du 26 mars 1993) ***L'assurance doit être souscrite sans limitation de somme en ce qui concerne les dommages corporels et pour une somme d'au moins*** (Décr. n° 2001-95 du 2 févr. 2001) ***« 460 000 euros » par véhicule et par sinistre matériel, sans préjudice des dispositions de l'article L. 211-7.***

Droit européen. N'est pas conforme au droit communautaire une législation nationale qui prévoit des montants maximaux d'indemnisation inférieurs aux montants minimaux de garantie fixés par la deuxième directive lorsque, en l'absence de faute du conducteur du véhicule ayant provoqué l'accident, seule la responsabilité civile pour risque est engagée. • CJCE 14 sept. 2000, n° C-348/98, *Mendes Ferreira et Companhia de Seguros Mundial Confiança SA : Rec. CJCE I-6711.*

Art. R. 211-8 **Par dérogation aux dispositions qui précèdent, l'obligation d'assurance ne s'applique pas à la réparation :**

1° Des dommages subis :

a) **Par la personne conduisant le véhicule ;**

b) et c) *Abrogés par Décr. n° 83-482 du 9 juin 1983.*

d) (Décr. n° 93-1073 du 7 sept. 1993) **« Par une personne salariée ou travaillant pour un employeur, à l'occasion d'un accident de travail. Toutefois, n'est pas comprise dans cette exclusion la couverture de la réparation complémentaire, prévue à l'article L. 455-1-1 du code de la sécurité sociale, pour les dommages consécutifs à un accident défini à l'article L. 411-1 du même code, subis par une personne salariée ou travaillant pour un employeur et qui est victime d'un accident dans lequel est impliqué un véhicule terrestre à moteur conduit par cet employeur, un de ses préposés ou une personne appartenant à la même entreprise que la victime, et survenu sur une voie ouverte à la circulation publique. »** — *Les contrats en cours garantissant la responsabilité civile du fait d'un véhicule terrestre à moteur sont réputés couvrir la réparation complémentaire offerte à la victime pour les accidents survenus à compter du 1er mars 1993 et remplissant les conditions définies à l'art. L. 455-1-1 CSS (Décr. n° 93-1073 du 7 sept. 1993, art. 2).*

2° Abrogé par Décr. n° 83-482 du 9 juin 1983.

3° *(Décr. n° 83-482 du 9 juin 1983)* **« Des dommages ou de l'aggravation des dommages causés par des armes ou engins destinés à exploser par modification de structure du noyau de l'atome ou par tout combustible nucléaire, produit ou déchet radioactif ou par toute autre source de rayonnements ionisants et qui engagent la responsabilité exclusive d'un exploitant d'installation nucléaire.**

« 4° Des dommages atteignant les immeubles, choses ou animaux loués ou confiés au conducteur à n'importe quel titre. »

5° Des dommages causés aux marchandises et objets transportés, sauf en ce qui concerne la détérioration des vêtements des personnes transportées, lorsque celle-ci est l'accessoire d'un accident corporel.

BIBL. ▶ Dommages subis par les préposés : GROUTEL, *RCA 1990. Chron. 8.*

I. DOMMAGES SUBIS PAR LE CONDUCTEUR

A. EXCLUSION DE L'ASSURANCE OBLIGATOIRE

1. *Droit européen.* Les première, deuxième et troisième directives doivent être interprétées en ce sens qu'elles ne s'opposent pas à une législation nationale qui exclut le droit pour le conducteur d'un véhicule automobile, responsable, par sa faute, d'un accident de la circulation à la suite duquel son conjoint, usager de ce véhicule, est décédé, d'être indemnisé du préjudice matériel qu'il a subi en raison de ce décès. • CJUE 7 sept. 2017, n° C-506/16 : *RGDA 2017. 552, note Landel.*

2. *Préjudice direct du conducteur.* Aux termes de l'art. 8 du Décr. du 7 janv. 1959 [C. assur., art. R. 211-8], l'obligation d'assurance ne s'applique pas à la réparation des dommages subis par la personne conduisant le véhicule, même si celle-ci n'en est en rien responsable. Doit dès lors être cassé, l'arrêt qui reconnaît le bénéfice de la garantie de l'assureur au garagiste qui, ayant procédé à une réparation, conduisait le véhicule pour un essai lors de l'accident dont l'entière responsabilité a été attribuée au propriétaire pour avoir lui-même procédé auparavant à une réparation sommaire qu'il n'avait pas révélée au garagiste. • Civ. 1re, 12 oct. 1976 : *Bull. civ. I, n° 289 ; D. 1977. IR 33 ; RGAT 1977. 371 ; RTD civ. 1977. 336, obs. Durry.* ♦ Les dommages subis par le conducteur sont exclus. • Civ. 1re, 24 sept. 1997 : *RCA 1998, n° 64 ; RGDA 1997. 1042, note Landel.*

3. Préjudice par ricochet du conducteur gardien. L'art. art. R. 211-8 C. assur. qui dispose que l'obligation d'assurance ne s'applique pas à la réparation des dommages subis par la personne conduisant le véhicule, ne distingue pas selon la nature des dommages. • Civ. 1re, 13 juin 1995, n° 93-14.832 P : *RCA 1995, n° 320 ; ibid. Chron. 39, note Groutel ; RGAT 1995. 592, note Landel.*

4. Préjudice par ricochet du conducteur non gardien. Bien qu'un seul véhicule fût impliqué, le conducteur, dont il n'était pas discuté qu'il n'en était pas le gardien, avait droit à l'indemnisation de son préjudice par ricochet, qui ne se confond pas avec le préjudice personnel directement subi par lui. • Civ. 2e, 13 juill. 2000 : *RCA 2000, n° 340, obs. Groutel.*

5. Préjudice des ayants droit du conducteur non gardien. Dès lors que les dispositions de l'art. art. R. 211-8 C. assur. ne s'appliquent pas aux ayants droits du conducteur, non gardien, une cour d'appel a justifié sa décision en déclarant opposable au Bureau central français la condamnation du commettant à la réparation du préjudice des parties civiles, celui-ci n'ayant pas transféré la garde du véhicule, seul impliqué dans l'accident, à la victime employé occasionnel non déclaré. • Crim. 7 avr. 2010 : *RGDA 2010. 699, note Landel.*

6. Préjudice des ayants droit du conducteur gardien. Il résulte des art. 1er et 6 de la L. du 5 juill. 1985, d'une part, que le conducteur d'un véhicule terrestre à moteur, dont il est aussi le gardien, victime d'un accident de la circulation, ne peut invoquer cette loi lorsque seul son véhicule est impliqué dans l'accident et, d'autre part, que l'exclusion de l'application de la loi peut être opposée aux ayants droit de ce conducteur. Dès lors, ne donne pas de base légale à sa décision la cour d'appel qui, pour condamner l'assureur du véhicule à payer, pour le compte de qui il appartiendra, diverses sommes à l'épouse du conducteur décédé, agissant tant à titre personnel qu'en qualité d'administratrice légale de sa fille mineure, en réparation des préjudices moraux et économiques subis par elle et sa fille mineure du fait du décès de son époux, retient que, d'une part, la L. du 5 juill. 1985 ne peut être invoquée lorsque le véhicule terrestre à moteur dont la victime était le conducteur est seul impliqué dans l'accident, que, d'autre part, le préjudice par ricochet de l'épouse et de sa fille ne se confond pas avec le préjudice directement subi par le conducteur et n'est pas exclu par l'art. R. 211-8 C. assur., sans rechercher si le conducteur du véhicule seul impliqué dans l'accident en était également le gardien. • Civ. 2e, 7 févr. 2008, n° 07-10.534 : *RCA 2008, n° 134, note Groutel.* ♦ Dénature les termes clairs et précis du contrat d'assurance de dommages corporels du conducteur, la cour d'appel qui condamne l'assureur à prendre en charge le déficit fonctionnel temporaire et les souffrances endurées au motif que ces postes de préjudice n'entrent dans le cadre d'aucune exclusion, alors que selon les conditions générales du contrat d'assurance, les indemnités prises en charge au titre de la garantie « dommages corporels », énumérées sous la rubrique « l'indemnisation en cas de blessures » comprenaient seulement le « remboursement des frais médicaux et des pertes de revenus », « l'indemnisation de l'incapacité permanente », « à tierce personne » ainsi qu'un complément en cas d'aggravation et qu'il était prévu, s'agissant des accidents corporels causés par un tiers qu'« en cas de blessures vous bénéficiez à titre d'avance des prestations et indemnités prévues par votre contrat ». • Civ. 2e, 7 févr. 2019, n° 17-31.414 : *RGDA avr. 2019. 19, note Landel.*

B. APPLICATION D'UNE ASSURANCE FACULTATIVE

7. Étendue de la garantie. En matière d'assurance des dommages corporels du conducteur, laquelle ne relève pas de l'obligation légale d'assurance, la garantie des dommages corporels du conducteur s'exerce dans la limite des préjudices définis et des montants indiqués dans la police. • Civ. 2e, 10 juill. 2002 : *RGDA 2002. 970, note Landel.*

II. DOMMAGES SUBIS PAR LES PROCHES TRANSPORTÉS (AVANT DÉCR. DU 9 JUIN 1983)

8. Clause relative aux dommages subis par les proches transportés. Est formelle et limitée la clause définissant précisément et limitativement les passagers transportés exclus de la garantie et circonscrite à la seule hypothèse d'un sinistre engageant la responsabilité du conducteur ou de l'assuré. • Civ. 2e, 3 mars 2016, n° 15-12.836 : *RCA 2016, n° 208, note Groutel ; RGDA 2016. 251, note Landel ; Gaz. Pal. 2016, n° 23, p. 69, note Erhenfeld.*

III. DOMMAGES SUBIS PAR UN SALARIÉ

9. Proches du salarié. L'exclusion de garantie autorisée par l'art. R. 211-8, 1°, *d)* ne concerne que les dommages subis par des personnes bénéficiaires de la législation du travail, ce qui n'est pas le cas du frère et de la sœur d'un salarié accidenté. • Civ. 1re, 27 mai 1998 : *RCA 1998, n° 280 ; ibid., Chron. 21, note Groutel.*

10. Agent titulaire d'une collectivité publique. L'art. L. 211-1 C. assur. qui prévoit une obligation d'assurance des dommages provoqués par un véhicule terrestre à moteur a une portée générale, et s'applique dès lors aux accidents de service régis par les règles du droit commun et dont est victime un agent titulaire d'une collectivité publique, sans que puisse être opposée l'exception de l'art. R. 211-8, 1°, du même code, laquelle a pour justification une indemnisation forfaitaire des salariés ou préposés. • Crim. 15 févr. 1990, n° 89-80.930 P : *RCA 1990, n° 174 ; ibid. Chron. 8, note Groutel*

• Civ. 2e, 24 juin 1998, n° 96-17.678 P : *RCA 1998, n° 326, note Groutel.*

IV. DOMMAGES CAUSÉS AUX MARCHANDISES ET OBJETS TRANSPORTÉS

11. Semi-remorque attelée à un tracteur. La Dir. 2009/103 du 16 déc. 2009 ne s'oppose pas à une interprétation de la réglementation nationale qui exclut de la couverture et, partant, de l'indemnisation, par l'assurance obligatoire de la responsabilité civile résultant de la circulation d'un tracteur routier, les dommages matériels causés par celui-ci à la semi-remorque qui y était attelée lorsque l'accident s'est produit. • CJUE 10 juin 2021, n° C-923/19 : *RGDA août-sept. 2021. 16, note Landel.*

SECTION 3 *Franchises, exclusions de garantie, déchéances et recours de l'assureur* *(Décr. n° 86-21 du 7 janv. 1986).*

Art. R. 211-9 *Abrogé par Décr. n° 93-581 du 26 mars 1993.*

Art. R. 211-10 Le contrat d'assurance peut, sans qu'il soit contrevenu aux dispositions de l'article L. 211-1, comporter des clauses prévoyant une exclusion de garantie dans les cas suivants :

1° Lorsque au moment du sinistre, le conducteur n'a pas l'âge requis ou ne possède pas les certificats, en état de validité, exigés par la réglementation en vigueur pour la conduite du véhicule, sauf en cas de vol, de violence ou d'utilisation du véhicule à l'insu de l'assuré ;

2° En ce qui concerne les dommages subis par les personnes transportées, lorsque le transport n'est pas effectué dans les conditions suffisantes de sécurité fixées par un arrêté conjoint du ministre de l'économie et des finances, du garde des sceaux, ministre de la justice, du ministre de l'intérieur, du ministre de la défense et du ministre chargé des transports.

Al. 2 abrogé par Décr. n° 93-581 du 26 mars 1993.

(Décr. n° 83-482 du 9 juin 1983) **« L'exclusion prévue au 1°** *(Décr. n° 93-581 du 26 mars 1993)* **« de l'alinéa précédent » ne peut être opposée au conducteur détenteur d'un certificat déclaré à l'assureur lors de la souscription ou du renouvellement du contrat, lorsque ce certificat est sans validité pour des raisons tenant au lieu ou à la durée de résidence de son titulaire, »** *(Décr. n° 86-21 du 7 janv. 1986)* **« ou lorsque les conditions restrictives d'utilisation, autres que celles relatives aux catégories de véhicules, portées sur celui-ci n'ont pas été respectées ».** — *V. note ss. art. R. 211-2.*

1. Caractère limitatif des exclusions légales. Les contrats d'assurance prévus par l'art. L. 211-1 C. assur. doivent couvrir la responsabilité civile de toute personne ayant la garde ou la conduite du véhicule et les clauses d'exclusion de garantie qu'ils peuvent comporter sont limitativement prévues par le législateur. • Civ. 2e, 5 juill. 2018, n° 16-21.776 : *RGDA 2018. 406, note Landel.* ♦ En matière d'assurance obligatoire des véhicules, les exclusions de garantie sont limitativement énumérées par les art. R. 211-10 et R. 211-11, qui ne mentionnent pas un simple changement de l'usage du véhicule. • Civ. 1re, 1er févr. 1983, n° 81-16.692 P. ♦ ... Ni l'inobservation des conditions d'utilisation du véhicule. • Civ. 1re, 19 nov. 1980, n° 79-13.447 P : *D. 1981. IR 458, obs. Berr et Groutel ; RGAT 1981. 207.* ♦ ... Ni le transport à titre onéreux de passagers. • Civ. 1re, 14 nov. 2001 : *RCA 2002, n° 76, note Groutel.* ♦ ... Ni l'emploi d'un véhicule personnel pour un déplacement professionnel. • Civ. 1re, 9 juill. 2003, n° 00-19.113 P : *RCA 2003, n° 300, note Groutel ; RGDA 2003. 724, note Landel ; JCP E 2004. 1003, note Courtieu.*

CONDITIONS DE L'EXCLUSION POUR ABSENCE DE PERMIS DE CONDUIRE

A. CLAUSE D'EXCLUSION

2. Nécessité d'une clause. Il résulte de l'art. R. 211-10 que, dans le contrat d'assurance automobile, l'exclusion de garantie pour le cas où le conducteur ne possède pas un permis de conduire régulier ne peut exister qu'en vertu d'une clause du contrat. • Civ. 1re, 12 nov. 1986, n° 85-11.181 P : *D. 1986. IR 441.* ♦ V. aussi • Crim. 28 janv. 1975, n° 74-91.423 P : *D. 1976. 59, note Durry.*

3. Connaissance de la clause. Une clause d'exclusion de garantie doit avoir été portée à la connaissance de l'assuré au moment de son adhésion à la police ou, tout au moins, antérieurement à la réalisation du sinistre, pour lui être opposable. • Civ. 2e, 11 janv. 2007 : *RCA 2007, n° 139.*

B. ABSENCE DE PERMIS DE CONDUIRE

4. Date d'appréciation. Il convient de se placer au jour de l'accident pour déterminer s'il y a lieu à déchéance de la garantie pour absence de permis de conduire régulier du conducteur. • Civ. 1re, 4 mai 1964 : *Bull. civ. I, n° 226 ; RGAT 1965. 81.*

5. Suspension administrative du permis. La décision de relaxe qui peut intervenir sur la prévention d'infraction aux règles de la circulation routière n'a pas pour effet de rendre illégale la décision administrative de suspension prise conformément à la loi et aux règlements d'application, mais seulement de la priver d'effet pour l'avenir. • Civ. 2e, 7 mars 2019, n° 18-10.729 : *RGDA avr. 2019. 21, note Landel ; RCA 2019, n° 200.* ♦ Une mesure de suspension du permis de conduire, décidée par le préfet sur le fondement de l'art. L. 224-2 ou de l'art. L. 224-7 C. route, est illégale et constitue, en conséquence, une faute de nature à engager la responsabilité de l'État si elle a été prise alors que les conditions prévues par ces articles n'étaient pas réunies. Il appartient par suite au juge administratif, saisi par le conducteur d'un recours indemnitaire tendant à la réparation du préjudice que lui a causé la décision du préfet, de déterminer si les pièces au vu desquelles ce dernier a pris sa décision étaient de nature à justifier la mesure de suspension. Dans le cas où l'intéressé a été relaxé non au bénéfice du doute mais au motif qu'il n'a pas commis l'infraction, l'autorité de la chose jugée par la juridiction répressive impose au juge administratif d'en tirer les conséquences quant à l'absence de valeur probante des éléments retenus par le préfet. En dehors de cette hypothèse, la circonstance que la mesure de suspension doive être regardée comme non avenue, par application du deuxième al. de l'art. L. 224-9, eu égard à la décision rendue par le juge pénal, est par elle-même sans incidence sur la légalité de cette mesure et, par suite, sur l'engagement de la responsabilité de l'État. • CE 2 févr. 2011, n° 327760 B : *AJDA 2011. 247*.

6. Ambulance. Aux termes de l'art. R. 127 C. route [C. route, art. L. 221-10 s.], le conducteur d'une ambulance doit être en possession d'une attestation préfectorale délivrée après examen médical. Ce texte ne faisant aucune distinction selon que l'ambulance transporte ou non des blessés ou malades, doit être considérée comme n'étant pas titulaire d'un permis de conduire valable la personne qui, détentrice du seul permis de catégorie B, conduit une ambulance, même sans transporter des blessés ou des malades, dès lors qu'elle ne possède pas l'attestation précitée. • Civ. 1re, 26 mai 1981, n° 80-11.759 P : *D. 1983. IR 215, obs. Berr et Groutel ; RGAT 1982. 84* • 8 nov. 1983, n° 82-13.630 P. ♦ Aucune distinction ne doit être faite selon que le conducteur conduisait l'ambulance à des fins strictement personnelles et non à des fins professionnelles. • Civ. 1re, 16 déc. 1981, n° 80-12.981 P : *D. 1983. IR 215, obs. Berr et Groutel ; RGAT 1982. 374.*

7. Taxi. L'art. R. 127 C. route [C. route, art. L. 221-10 s.] n'établissant aucune distinction entre l'usage d'un taxi à des fins personnelles et l'usage à des fins professionnelles, l'exclusion doit jouer dès lors que le conducteur n'a pas le certificat médical qui doit accompagner le permis B, peu important que, au moment de l'accident, il ait conduit à des fins strictement personnelles. • Civ. 1re, 7 avr. 1992, n° 89-17.886 P : *RCA 1992, n° 295 ; RGAT 1992. 548, note Landel.*

8. Permis D. Doit être cassé, pour avoir refusé d'appliquer les clauses d'un contrat d'assurance qui exclut la garantie de la compagnie « lorsqu'au moment du sinistre le conducteur du véhicule assuré ne peut justifier être titulaire des certificats, en état de validité, exigés par la réglementation pour la conduite des véhicules », le jugement qui, tout en reconnaissant que, lors de l'accident, le conducteur du véhicule assuré ne possédait pas le permis D, exigé pour la conduite d'un véhicule comportant, outre le siège du conducteur, plus de huit places assises, condamne néanmoins la compagnie d'assurances à réparer le préjudice subi par la victime au motif que le permis D, bien qu'exigé par les règlements, n'aurait rien changé aux capacités personnelles de conduite de l'auteur de l'accident, établies par les permis B, C et E dont il était titulaire. • Civ. 1re, 12 juill. 1976, n° 75-11.381 P : *RGAT 1977. 218.* ♦ Un conducteur titulaire du permis D, qui a causé un accident, alors qu'il ne s'était pas soumis à la visite médicale imposée, dans le délai d'un an, nonobstant la validité de son permis reconnue par les textes antérieurs, ne peut soutenir que la validité de son permis a été rétroactivement prorogée par un examen médical subi postérieurement hors délai. • Civ. 1re, 4 mai 1964 : *préc. note 4.*

9. Verres correcteurs. Après avoir relevé que les conditions générales de la police excluait la garantie lorsque le conducteur ne pouvait justifier d'un permis de conduire en état de validité, une cour d'appel a énoncé que le préfet a le pouvoir, à raison de certaines incapacités physiques, de restreindre la validité du permis de conduire en la soumettant notamment à la condition de porter des verres correcteurs et que la conduite d'un véhicule au mépris de cette restriction équivaut à la conduite sans obtention d'un permis valable. Dès lors, ayant constaté qu'au moment de l'accident, le permis de conduire du conducteur, à défaut par celui-ci de porter des verres correcteurs, n'était pas valable, les juges d'appel en ont justement déduit que la clause d'exclusion de garantie était suffisamment formelle et limitée pour recevoir application, sans qu'il fut nécessaire que cette clause fit expressément référence à l'omission de port de verres correcteurs. • Civ. 1re, 6 mai 1980, n° 79-11.134 P : *D. 1980. IR 176, note Berr et Groutel.* ♦ Lorsqu'il est mentionné sur le permis de conduire, le port obligatoire de verres correcteurs constitue une condition de validité de ce permis. Le non-respect de cette obligation constitue donc une exclusion de garantie. • Civ. 1re, 27 nov. 1984, n° 83-14.836 P : *Gaz. Pal. 1985. 1. Pan. 84, note A. Piedelièvre.* ♦ Mais prive sa décision de base légale la cour d'appel qui décide que le conducteur ne bénéficie pas de la garantie de son assureur parce qu'il conduisait sans lunettes, sans avoir recherché si, compte tenu des constatations faites un mois après l'accident par la commission médicale spécialisée, reconnaissant son aptitude à conduire sans porter de tels verres, il n'était pas en état de conduire sans verres correcteurs au jour de l'accident, auquel cas, il aurait dû être réputé titulaire d'un permis de conduire en état de validité. • Civ.

1re, 22 juill. 1985, nº 84-11.946 P : *Gaz. Pal. 1985. 2. Somm. 308, note A. Piedelièvre.*

10. Effet d'une amnistie. L'amnistie de la peine de suspension de permis de conduire n'empêche pas l'assureur d'invoquer l'exclusion pour un accident survenu antérieurement. • Civ. 1re, 20 déc. 1988, nº 87-12.307 P : *RCA 1989, nº 134.*

C. CONDUCTEUR

11. Définition. C'est la personne qui, à la place qu'elle occupe, dispose de tous les organes de conduite que l'on doit considérer comme le conducteur du véhicule. Dès lors si elle n'a pas le permis de conduire, l'exclusion doit s'appliquer. • Crim. 1er mars 1988, nº 86-90.304 P.

D. PREUVE

12. Charge. L'assureur, qui invoque une exclusion de garantie, devant démontrer la réunion des conditions de fait de celle-ci, il lui appartient, s'il invoque le défaut de permis de conduire, de faire la preuve du fait allégué. • Civ. 1re, 6 oct. 1981, nº 80-10.231 P : *D. 1983. IR 217, obs. Berr et Groutel; RGAT 1982. 85, note Besson* • 27 oct. 1981, nº 80-15.076 P : *D. 1983. IR 217, obs. Berr et Groutel; JCP 1982. II. 19711, concl. Baudoin; RGAT 1982. 85, note Besson.*

13. Preuve de l'absence de permis du conducteur. Des juges du fond ont pu estimer, par une appréciation souveraine des éléments qui leur étaient fournis, que « la présence dans la voiture du propriétaire assuré, titulaire du permis de conduire, constitue une présomption que celle-ci était conduite par une personne munie du permis, présomption que ne détruit pas l'assureur par la production de la procédure pénale dont les éléments sont contradictoires ». • Civ. 1re, 6 mars 1973, nº 71-12.680 P. ♦ C'est sans violer les règles sur la preuve que, pour retenir la garantie d'un assureur à l'occasion d'un accident au cours duquel les trois occupants d'un véhicule ont été tués, les juges estiment qu'il était impossible de déterminer qui conduisait la voiture au moment de l'accident et que l'assureur ne saurait se prévaloir « de ce que l'une des victimes qui était dépourvue de permis de conduire ait pu se trouver au volant puisqu'il ne s'agit que d'une hypothèse d'ailleurs invraisemblable », admettant ainsi que les deux autres conducteurs occupants, étant titulaires d'un permis de conduire, le conducteur en possédait un. • Civ. 1re, 7 juin 1974, nº 72-14.761 P : *D. 1975. 425, note Berr et Groutel; RTD civ. 1975. 729, obs. Durry.*

14. Autorité de la chose jugée au pénal. Si l'exclusion de garantie prévue au contrat porte sur l'absence de possession de « certificats exigés par la réglementation pour la conduite des véhicules », elle recouvre exactement les faits qui auraient été de nature à constituer l'infraction de l'art. L. 12 C. route [C. route, art. L. 221-2]. • Civ. 1re, 3 mars 1987 : *D. 1987. Somm. 332, obs. Groutel.* ♦ N'est pas fondé le moyen qui reproche à la cour d'appel d'avoir décidé qu'il y avait autorité, sur la question civile de la garantie du contrat, de la chose jugée par la juridiction pénale, laquelle, après avoir constaté qu'un examen médical établissait que le conducteur n'avait pas besoin de verres correcteurs pour conduire, avait relaxé celui-ci en disant que, dans de telles conditions, il conduisait avec un permis valable. • Civ. 1re, 3 mars 1987 : *préc.* ♦ Les juges du fond qui relèvent qu'un jugement pénal a relaxé l'auteur d'un accident poursuivi pour conduite sans permis, au motif que les permis de conduire dont il était titulaire au moment de l'accident étaient en état de validité, peuvent en déduire que l'autorité de la chose jugée s'oppose à ce que le défaut de permis soit à nouveau invoqué devant la juridiction civile dans une instance tendant à la réparation des suites de cet accident. • Civ. 1re, 14 janv. 1976, nº 74-12.618 P. ♦ ... Même si la relaxe a été prononcée au bénéfice du doute. • Civ. 1re, 30 oct. 1985, nº 84-13.271 P.

E. ABSENCE DE VOL, DE VIOLENCE OU D'UTILISATION À L'INSU DE L'ASSURÉ

15. Notion d'utilisation à l'insu de l'assuré. L'utilisation à l'insu ne vise pas seulement la simple appréhension du véhicule, mais comprend toutes les modalités et les formes d'utilisation de celui-ci, lorsqu'elles se produisent à l'insu de l'assuré. Ainsi, les juges du fond ont pu décider que le bénéfice de la garantie devait être maintenu à l'assuré qui avait établi qu'à son insu le véhicule avait été utilisé par son préposé selon des modalités anormales, en l'occurrence l'absence de port de verres correcteurs imposé par le permis de conduire de celui-ci. • Civ. 1re, 25 mai 1971, nº 69-13.896 P : *RGAT 1972. 249.* ♦ En effet, pour l'application d'une clause excluant la garantie lorsque le conducteur du véhicule assuré n'est pas titulaire des certificats en état de validité, doit être assimilé à l'hypothèse de l'utilisation du véhicule à l'insu de l'assuré le cas d'utilisation du véhicule au su de l'assuré par un conducteur dont le permis n'est, à l'insu de celui-ci, pas valable au regard de la réglementation en vigueur. • Civ. 1re, 27 mars 1984, nº 82-16.545 P : *RGAT 1985. 83.* ♦ De même, c'est justement que les juges du fond, après avoir relevé que l'assuré, qui avait donné l'ordre à ses préposés de charger une camionnette, n'avait pas permis, même tacitement, à l'auteur de l'accident, de déplacer le véhicule qu'il n'avait jamais conduit auparavant, en déduisent que, la camionnette ayant été utilisée à l'insu de l'assuré, l'assureur devait sa garantie en application des dispositions de l'art. 9-1º du Décr. du 7 janv. 1959 [C. assur., art. R. 211-10] applicable en la cause. • Civ. 1re, 20 déc. 1976, nº 75-13.582 P : *RGAT 1977. 216.* ♦ Par ailleurs, encourt la cassation l'arrêt qui, pour débouter un assuré de son action dirigée contre l'assureur à raison des dommages subis par son véhicule conduit à son insu par un tiers dépourvu d'un permis de conduire régulier, écarte le moyen invoquant l'art. 9 du Décr. du 7 janv. 1959 [C. assur., art. R. 211-10], au motif que cette disposition ne s'applique que si l'usage abusif du véhicule a constitué pour l'assuré un fait normalement imprévisible et inévitable et que tel n'était pas le cas en l'espèce, alors qu'une telle condition n'est pas prescrite par ce texte, lequel requiert seulement que le véhicule ait été utilisé « à l'insu » de l'assuré, c'est-à-dire dans l'ignorance de celui-ci. • Civ. 1re, 14 mai 1974, n° 73-10.282 P : *D. 1975. 119, note Berr et Groutel ; Gaz. Pal. 1975. 1. 371, note Margeat et Favre-Rochex.*

16. Bénéficiaire de la garantie en cas d'utilisation à l'insu de l'assuré. L'art. 9 du Décr. du 7 janv. 1959 [C. assur., art. R. 211-10], qui édicte que l'exclusion de garantie pouvant être stipulée dans un contrat d'assurance lorsque le conducteur ne possède pas de permis de conduire, ne peut jouer au cas notamment d'utilisation du véhicule à l'insu de l'assuré, n'a entendu, dans cette hypothèse, maintenir le bénéfice de la garantie qu'à l'assuré et aux personnes limitativement désignées dans la police, et non l'étendre, en dehors de cette énumération, au profit du conducteur dépourvu du permis de conduire et d'autorisation de se servir de la voiture. • Civ. 1re, 8 janv. 1974, n° 72-13.531 P : *D. 1975. 305, note Berr et Groutel.* ♦ V. égal. à propos d'un accident en Nouvelle-Calédonie donnant lieu à application du droit local : • Civ. 2e, 14 juin 2006, n° 04-20.830 P : *RCA 2006, n° 271 ; ibid. Étude 12, note Groutel* • Crim. 27 oct. 2015, n° 14-85.766 : *RCA 2016, n° 22, note Groutel.*

17. Circulation internationale. En ce qui concerne la réparation des dommages provoqués sur le territoire d'un État membre par un véhicule ayant son stationnement habituel sur le territoire d'un autre État membre, lorsque le conducteur de ce véhicule s'en est rendu maître par vol ou violence, les bureaux nationaux d'assurance ont l'obligation de traiter de telles demandes dans les limites et conditions fixées par leur propre législation nationale. • CJCE 21 juin 1984, n° 116/83, *Bureau belge des assureurs automobiles et Fantozzi : Rec. CJCE 2481.*

Art. R. 211-11 **Sont valables, sans que la personne assujettie à l'obligation d'assurance soit dispensée de cette obligation dans les cas prévus ci-dessous, les clauses des contrats ayant pour objet d'exclure de la garantie la responsabilité encourue par l'assuré :**

1° *(Décr. n° 83-482 du 9 juin 1983)* **« Du fait des dommages causés par le véhicule lorsqu'il transporte des sources de rayonnements ionisants destinées à être utilisées hors d'une installation nucléaire, dès lors que lesdites sources auraient provoqué ou aggravé le sinistre. »**

2° Abrogé par Décr. n° 93-581 du 26 mars 1993.

3° Du fait des dommages causés par le véhicule, lorsqu'il transporte des matières inflammables, explosives, corrosives ou comburantes et à l'occasion desquels lesdites matières auraient provoqué ou aggravé le sinistre ; toutefois la non-assurance ne saurait être invoquée du chef de transports d'huiles, d'essences minérales ou de produits similaires, ne dépassant pas 500 kilogrammes ou 600 litres, y compris l'approvisionnement de carburant liquide ou gazeux nécessaire au moteur ;

4° *(Décr. n° 93-581 du 26 mars 1993)* **« Du fait des dommages survenus au cours d'épreuves, courses, compétitions ou leurs essais, soumis par la réglementation en vigueur à l'autorisation préalable des pouvoirs publics. »**

1. Caractère limitatif des exclusions légales. V. note 1 ss. art. R. 211-10. ♦ La clause selon laquelle sont exclus de la garantie de responsabilité civile les dommages survenus lors de la participation comme concurrent – organisateur ou préposé de l'un d'eux – à des épreuves, essais libres sur circuits, courses, compétitions ou aux essais qui s'y rapportent ne limite pas l'exclusion aux dommages survenus au cours d'épreuves, courses, compétitions ou leurs essais, soumis par la réglementation en vigueur à l'autorisation préalable des pouvoirs publics, de sorte que son champ d'application est plus étendu que celui prévu par l'art. R. 211-11, 4°, C. assur. et n'est donc pas valable. • Civ. 2e, 5 juill. 2018, n° 16-21.776 : *RGDA 2018. 406, note Landel ; RCA 2018. 290, note Groutel.*

2. Séance de roulage sur un circuit fermé. Ayant constaté que le contrat d'assurance excluait de la garantie les dommages causés « au cours d'épreuves, courses, compétitions ou leurs essais de tous types », une cour d'appel a pu décider sans contradiction, hors de toute dénaturation, que les termes clairs et précis de cette clause formelle et limitée, valable, dès lors qu'elle ne faisait que reprendre les termes de l'art. R. 211-11, 4°, s'appliquait aux dommages subis par l'assuré lors d'une séance de roulage sur un circuit automobile. • Civ. 2e, 27 mars 2014 : *RGDA 2014. 265, note Landel.*

3. Véhicule ouvreur. Ayant relevé qu'il n'était pas contesté que le conducteur ne figurait pas sur la liste des équipages autorisés à prendre le départ de la course automobile et retenu que, lors de l'accident, le véhicule qu'il conduisait circulait sur une route départementale en tant que véhicule ouvreur ou de parade sur un parcours de liaison, itinéraire empruntant des voies ouvertes à la circulation publique et soumis au code de la route, c'est dans l'exercice de son pouvoir souverain qu'une cour d'appel a estimé que l'accident n'était pas survenu au cours d'une épreuve, course, compétition ou de leurs essais, pour en déduire à bon droit que les dommages n'étaient pas exclus de la garantie. • Civ. 2e, 14 déc. 2017, n° 16-25.760 : *RGDA 2018. 113, note Landel.*

Art. R. 211-12 **Le contrat d'assurance, lorsqu'il comporte l'une des exclusions de garantie prévues à l'article R. 211-11, doit rappeler que si les limitations d'emploi qui justifient cette exclusion ne sont pas respectées,** *(Décr. n° 86-1043 du 18 sept. 1986 ; Décr. n° 88-261 du 18 mars 1988, art. 3 ; Décr. n° 2007-1118 du 19 juill. 2007)* **« les peines prévues par l'article L. 211-26 et la majoration prévue par l'article L. 211-27, 1er alinéa », seront encourues.** — *Le Décr. n° 86-1043 du 18 sept. 1986 est entré en vigueur le 1er oct. 1986 (Décr. préc., art. 29).*

1. *Sanction du défaut de rappel.* L'absence de rappel entraîne la non validité de la clause d'exclusion de garantie inscrite à la police d'assurance. • Civ. 1re, 14 avr. 1970, n° 68-14.169 P : *JCP G 1971, II, 16687, note Bigot.* ♦ ... La garantie reste due. • Civ. 1re, 24 juill. 1973, n° 72-11.228 P.

2. *Forme du rappel.* L'art. R. 211-12 C. assur. n'exige pas que les pénalités soient reproduites dans le contrat d'assurance. Elles peuvent être contenues dans les conditions générales, reçues par l'assuré, et auxquelles les conditions particulières de la police se réfèrent. • Civ. 1re, 10 juin 1981, n° 80-10.342 P : *D. 1982. IR 382, obs. Berr et Groutel* • 3 mars 1981 : *Bull. civ. I, n° 75 ; D. 1982. IR 101, obs. Berr et Groutel.* ♦ En outre, l'art. R. 211-12 C. assur. n'exige pas que la police précise leur nature. • Civ. 1re, 14 avr. 1982, n° 81-10.858 P. ♦ Par ailleurs, l'art. R. 211-12 C. assur. n'exigeant pas la reproduction exacte de ses termes dans le contrat, peut être considéré comme conforme à ces prescriptions, le contrat d'assurance employant le mot « sanctions » au lieu du mot « peines ». • Civ. 1re, 6 janv. 1982, n° 80-10.348 P : *D. 1982. IR 382, obs. Berr et Groutel.*

Art. R. 211-13 **Ne sont pas opposables aux victimes ou à leurs ayants droit :**

1° *(Décr. n° 93-581 du 26 mars 1993)* **« La franchise prévue à l'article L. 121-1 » ;**

2° Les déchéances *(Abrogé par Décr. n° 2023-1225 du 21 déc. 2023, art. 1er, à compter du 23 déc. 2023)* ***«, à l'exception de la suspension régulière de la garantie pour non-paiement de prime »*** **;**

3° La réduction de l'indemnité applicable conformément à l'article L. 113-9 ;

(Décr. n° 86-21 du 7 janv. 1986) **« 4° Les exclusions de garanties prévues aux articles R. 211-10 et R. 211-11. »** — *V. note ss. art. R. 211-2.*

Dans les cas susmentionnés, l'assureur procède au paiement de l'indemnité pour le compte du responsable.

Il peut exercer contre ce dernier une action en remboursement pour toutes les sommes qu'il a ainsi payées ou mises en réserve à sa place. — *V. C. assur., art. R. 421-50.* — ***C. assur.***

BIBL. ▸ Généralités : BESSON, *RGAT 1960. 5.* ▸ Exclusions des art. R. 211-10 et R. 211-11 : GROUTEL, *RCA 1991. Chron. 2 ; ibid. 1999. Chron. 2.*

I. INOPPOSABILITÉ DES EXCEPTIONS À LA VICTIME

1. *Application de la loi dans le temps.* Aux termes de l'art. 2 C. civ., « la loi ne dispose que pour l'avenir et n'a point d'effet rétroactif » ; en vertu de cette règle, les dispositions de l'art. R. 211-10, dans sa rédaction issue du Décr. n° 86-21 du 7 janv. 1986, si elles ont été rendues applicables, par l'art. 10 de celui-ci, aux contrats en cours, ne sauraient cependant régir les conséquences d'un accident antérieur à leur entrée en vigueur, de telle sorte qu'un assureur peut appliquer à celui-ci l'exclusion motivée par le défaut de port des verres correcteurs, lequel faisait perdre, à l'époque, sa validité au permis de conduire. • Crim. 11 oct. 1988 : *RCA 1989, n° 35, obs. Groutel.* ♦ ... Ou par l'absence de certificats, en état de validité, exigés par la réglementation en vigueur pour la conduite du véhicule, l'assureur peut opposer une telle clause au tiers qui en invoque le bénéfice, dès lors qu'il s'agit d'un sinistre antérieur au Décr. n° 86-21 du 7 janv. 1986, modifiant l'art. R. 211-13. • Civ. 1re, 16 juill. 1991, n° 88-12.095 P : *D. 1991. IR 202.* • 4 nov. 1992 : *RCA 1993, n° 25* • Crim. 15 déc. 1987 : *D. 1988. IR 39.*

2. *Application de la loi dans l'espace.* L'art. R. 211-13, al. 1er, 4° C. assur., issu du Décr. n° 86-21 du 7 janv. 1986, en vertu duquel les exclusions de garantie, prises notamment de l'absence d'âge requis ou du défaut de permis de conduire du conducteur d'un véhicule terrestre à moteur, ne sont pas opposables à la victime, n'est pas applicable en Polynésie française. • Crim. 5 avr. 2016, n° 14-85.230 : *RCA 2016, n° 242, note Groutel ; RGDA 2016. 308, note Landel.*

3. *Liste limitative.* La liste des exceptions inopposables aux victimes est limitative ; dès lors, l'assureur peut opposer la suspension du contrat consécutive à l'aliénation du véhicule prévue par l'art. 19 *bis* de la L. du 13 juill. 1930 [C. assur., art. L. 121-11]. • Civ. 1re, 9 mars 1971, n° 69-12.731 P : *D. 1971. 609 ; RGAT 1971. 515 ; Gaz. Pal. 1971. 2. 493* • 27 mars 1973, n° 71-14.072 P : *RGAT 1973. 344 ; Gaz. Pal. 1973. 2. 515.*

4. *Inopposabilité de la nullité pour fausse déclaration.* La CJUE a dit pour droit (CJUE, 20 juill. 2017, n° C 287-16) que l'art. 3, § 1, de la Dir. 72/166/CEE du Conseil, du 24 avr. 1972, concernant le rapprochement des législations des États membres relatives à l'assurance de la responsabilité civile résultant de la circulation de véhicules automoteurs, et au contrôle de l'obligation d'assurer cette responsabilité, et l'art. 2, § 1, de la deuxième dir. 84/5/CEE du Conseil, du 30 déc. 1983, concernant le rapprochement des législations des États membres relatives à l'assurance de la responsabilité civile résultant de la circulation des véhicules automoteurs, doivent être interprétés en ce sens qu'ils s'opposent à une réglementation nationale qui aurait pour effet que soit opposable aux tiers victimes la nullité d'un contrat d'assurance de responsabilité civile automobile résultant de fausses déclarations initiales du preneur d'assurance en ce qui concerne l'identité du propriétaire et du conducteur habituel du véhicule concerné ou de la circonstance que la personne pour laquelle, ou au nom de laquelle, ce contrat d'assurance est conclu n'avait pas d'intérêt économique à la conclusion dudit contrat. Il s'en déduit qu'interprétée à la lumière des dispositions des directives susvisées, la nullité édictée par l'art. L. 113-8 C. assur. n'est pas opposable aux victimes d'un accident de la circulation ou à leurs ayants droit. • Civ. 2e, 29 août 2019, n° 18-14.768 P : *D. 2019. 1652 ; RGDA oct. 2019. 19, note Landel ; RCA 2019, n° 258 et repère 9, obs. Groutel ; bjda.fr 2019, n° 65, note Cayol* • Civ. 2e, 16 janv. 2020, n° 18-23.381 : *D. actu. 14 févr. 2020, note Bigot ; RCA 2020, n° 97 et Étude 6, note Barbaud ; ibid. 2022. Chron. 4, n° 25, note Groutel* • Crim. 8 sept. 2020, n° 19-84.983 : *RGDA oct. 2020. 22, note Landel ; RCA 2020, n° 215, note Groutel ; ibid. 2022. Chron. 4, n° 25, note Groutel.* ♦ La circonstance que la compagnie d'assurance a conclu le contrat sur la base d'omissions ou de fausses déclarations de la part du preneur d'assurance n'est pas de nature à lui permettre de se prévaloir de dispositions légales sur la nullité du contrat et de l'opposer au tiers victime afin de s'exonérer de son obligation découlant de l'art. 3, § 1, de la première directive préc. d'indemniser ce dernier d'un accident causé par le véhicule assuré. • CJUE, 6e ch., 20 juill. 2017, *Fidelidade Companhia de Seguros*, n° C-287/16 : *RGDA 2017. 536. note Parleani ; ibid. 552, note Landel ; RCA 2017. Étude 13, note Groutel.*

5. *Domaine de l'inopposabilité.* Si les exclusions de garantie prévues aux art. R. 211-10 et R. 211-11 ne sont pas, en principe, opposables aux victimes ou à leurs ayants droit, il en est autrement à l'égard de la victime qui, souscripteur du contrat d'assurance et passager de son propre véhicule, s'est elle-même placée en connaissance de cause dans une situation exclusive de la garantie, en l'espèce le défaut de permis de conduire. • Crim. 8 nov. 1990, n° 88-86.418 P : *D. 1990. IR 296 ; RCA 1991, n° 40 ; ibid. Chron. 2, note Groutel ; RGAT 1991. 109, note Chapuisat* • Civ. 1re, 6 juin 2001, n° 98-19.023 P : *D. 2002. Somm. 3176, obs. Groutel ; RCA 2001, n° 275, obs. Groutel* • Crim. 7 janv. 2014 : *RCA 2014, n° 128, obs. Groutel ; ibid. 2015. Chron. 1, n° 1, note Groutel ; RGDA 2014. 158, obs. Landel.* ♦ L'obligation de l'assureur est sérieusement contestable lorsque le souscripteur du contrat d'assurance s'est lui-même placé en connaissance de cause dans une situation exclusive de la garantie (conducteur dépourvu de permis de conduire). • Civ. 2e, 20 nov. 1996 : *RCA 1997, n° 65, note Groutel ; RGDA 1997. 179, note Brousseau.* ♦ Et dès lors que la clause de non-garantie est opposable au souscripteur du contrat, elle l'est aussi aux victimes par ricochet dont l'action en indemnisation, bien que distincte par son objet de celle de la victime directe, n'en procède pas moins du même fait originaire. • Crim. 7 janv. 2014 : *préc.* – **BIBL.** Courtieu, *RCA 1998. Chron. 7.*

6. *Incompétence du juge pénal.* Selon l'art. 385-1 C. pr. pén. dont les dispositions sont d'ordre public, l'exception fondée sur une cause de nullité ou sur une clause du contrat d'assurance et tendant à mettre l'assureur hors de cause n'est recevable devant la juridiction répressive que si elle est de nature à exonérer totalement l'assureur de son obligation de garantie à l'égard des tiers. Il en résulte que le juge pénal n'a pas compétence pour examiner l'exception fondée sur le défaut de permis de conduire du conducteur qui ne concerne que les rapports entre l'assureur et l'assuré. • Crim. 17 juin 1992 : *RGAT 1992. 851.*

II. RECOURS DE L'ASSUREUR

7. *Distinction avec le recours de l'art. L. 211-1 C. assur.* Le champ d'application du recours subrogatoire ouvert par l'art. L. 211-1, à l'encontre des conducteurs non autorisés, auxquels se trouve étendue l'obligation d'assurance, est distinct de celui de l'action en remboursement prévue par l'art. R. 211-13, dernier al., laquelle ne concerne, aux termes de l'art. R. 211-10, que les conducteurs autorisés faisant l'objet d'une exclusion contractuelle de garantie. • Civ. 1re, 17 nov. 1998, n° 96-17.461 P : *RCA 1999, n° 19 ; ibid. Chron. 2, note Groutel ; RGDA 1999. 132, note Landel* • 23 sept. 2003 : *RCA 2003, n° 327, obs. Groutel ; RGDA 2004. 88, note Landel.*

8. *Condition du recours.* Le recours de l'assureur contre le responsable est subordonné à la seule condition qu'il ait procédé au paiement pour le compte de celui-ci. • Civ. 1re, 31 mars 1998 : *RCA 1998, n° 204 ; RGDA 1998. 274, note Landel ; Gaz. Pal. 1998. 2. 569.*

9. *Recours contre le conducteur responsable.* Ayant relevé que l'auteur de l'accident dépourvu de permis de conduire avait, lors du sinistre, la triple qualité de conducteur, de gardien et de responsable, l'assureur ne pouvait, après avoir indemnisé les victimes en raison de l'inopposabilité de l'exclusion, exercer un recours contre le propriétaire du véhicule, souscripteur du contrat. • Civ. 1re, 4 nov. 2003 : *RCA 2004, n° 48 ; RGDA 2004. 89, note Landel.*

10. *Point de départ de l'action en remboursement contre le conducteur.* Ayant relevé que l'assureur ne garantit pas les dommages survenus alors que le conducteur du véhicule assuré ne peut pas justifier être titulaire du permis de conduire en état de validité, exigé par les règlements publics en vigueur pour la conduite du véhicule assuré, une cour d'appel retient à bon droit que l'événement qui a donné naissance à l'action engagée par l'assureur est l'arrêt de la Cour de cassation qui a définitivement consacré l'invalidité du permis de conduire du conducteur. • Civ. 2e, 22 oct. 2015, n° 14-25.383 : *RGDA 2015. 555, note Landel.*

11. Recours contre le souscripteur responsable. Les dispositions de l'art. R. 211-13, dernier al., ouvrant un recours à l'assureur contre le responsable de l'accident n'excluent pas la possibilité pour lui de réclamer, plutôt, au souscripteur du contrat d'assurance, la réparation des conséquences de la faute contractuelle qu'il a éventuellement pu commettre ; l'inopposabilité aux victimes de la réduction proportionnelle des obligations de l'assureur constitue, pour la part d'indemnité que celui-ci doit payer au-delà de cette réduction, une suite immédiate et directe à la non-déclaration par le souscripteur de l'aggravation du risque (déclaration inexacte sur le conducteur habituel du véhicule). • Civ. 1re, 25 mai 1988, n° 85-15.598 P : *D. 1988. IR 162.* ♦ L'assureur qui, en présence d'une clause d'exclusion de garantie fondée sur le défaut de permis de conduire du conducteur du véhicule assuré, a été contraint d'indemniser les victimes auxquelles une telle clause n'est pas opposable, peut exercer contre l'assuré, à raison de sa faute contractuelle, une action en remboursement pour toutes les sommes qu'il a ainsi payées. • Civ. 2e, 8 févr. 2006 : *RCA 2006, n° 145 ; ibid. Étude 4, note Groutel ; RGDA 2006. 416, note Landel.*

Art. R. 211-13-1 *Abrogé par Décr. n° 93-581 du 26 mars 1993.*

SECTION 4 *Contrôle de l'obligation d'assurance*

SOUS-SECTION 1 *Le contrôle des véhicules immatriculés soumis à obligation d'assurance*

(Décr. n° 2023-1152 du 8 déc. 2023, art. 1er et 7, en vigueur le 1er avr. 2024)

Art. R. 211-14-0 I. — Tout conducteur d'un véhicule à moteur soumis à l'obligation d'assurance prévue à l'article L. 211-1, et immatriculé conformément à l'article R. 322-1 du code de la route, est présumé avoir satisfait à cette obligation lorsqu'il résulte de la consultation du fichier mentionné au I de l'article L. 451-1-1 du présent code par les fonctionnaires ou agents chargés de constater les infractions à la police de la circulation routière ou chargés du contrôle des transports terrestres que son véhicule est couvert par une police d'assurance.

Si cette présomption n'a pas pu être établie lors des contrôles mentionnés ci-dessus, ou par la production du document mentionné à l'article R. 211-14-0-1 dans les conditions et délais prévus à ce même article, le conducteur prouve par tous moyens auprès des autorités judiciaires que son véhicule est assuré.

II. — Les informations du fichier mentionné au I de l'article L. 451-1-1 n'impliquent pas une obligation de garantie à la charge de l'entreprise d'assurance.

III. — Les dispositions du I et du II ne sont pas applicables aux conducteurs de véhicules ayant leur stationnement habituel au sens de l'article L. 211-4 sur le territoire d'un État autre que la France mentionné à ce même article. Toutefois, tout conducteur dont le véhicule est immatriculé dans un État membre de l'Union européenne autre que la France ou immatriculé dans un pays tiers mais en provenance d'un État membre doit être en mesure de produire, à l'occasion de contrôles de police ne visant pas exclusivement à vérifier le respect de l'obligation d'assurance, un des documents justificatifs prévus, respectivement, aux articles R. 211-22 ou R. 211-23, ou de prouver par tout autre moyen que son véhicule est assuré.

Art. R. 211-14-0-1 I. — L'entreprise d'assurance délivre sans frais à l'assuré à chaque souscription d'une police d'assurance couvrant un véhicule un document comportant les indications suivantes :

1° La dénomination et l'adresse de l'entreprise d'assurance ;

2° Les nom, prénoms et adresse du souscripteur du contrat ;

3° Le numéro de la police d'assurance ;

4° La date de délivrance du document ;

5° La date d'effectivité de la garantie ;

6° Le numéro d'immatriculation du véhicule ;

7° La marque et le modèle du véhicule ;

8° Si la garantie du contrat s'applique à la fois à un véhicule à moteur et à ses remorques ou semi-remorques, une mention du type des remorques ou semi-remorques qui peuvent être utilisées avec le véhicule ;

9° le cas échéant, la mention que le véhicule est utilisé dans le cadre d'une activité de transport public particulier de personne à titre onéreux.

II. — Le document mentionné au I rappelle que le véhicule est soumis à l'obligation d'assurance. Il comporte la mention suivante : "Ce document constitue une présomption d'assurance pendant les quinze jours suivant la date de prise d'effet de la police". Pour les polices dont la couverture est inférieure à quinze jours, ce document précise que cette présomption vaut jusqu'au terme de la période couverte.

Ce document n'implique pas une obligation de garantie à la charge de l'entreprise d'assurance.

III. — Pour les véhicules utilisés dans le cadre d'une activité de transport public particulier de personnes, l'entreprise d'assurance délivre sans frais à l'assuré un document justificatif comportant les informations mentionnées au I avec l'indication expresse que la police couvre cette activité.

SOUS-SECTION 2 *Le contrôle de certains véhicules non immatriculés soumis à obligation d'assurance (Décr. n° 2023-1152 du 8 déc. 2023, art. 1er et 7, en vigueur le 1er avr. 2024).*

§ 1 *L'attestation d'assurance (Décr. n° 85-879 du 22 août 1985).*

Art. R. 211-14 *(Décr. n° 2023-1152 du 8 déc. 2023, art. 1er et 7, en vigueur le 1er avr. 2024)* **« I. — »** *(Décr. n° 85-879 du 22 août 1985 ; Décr. n° 97-635 du 31 mai 1997)* **« Tout conducteur d'un véhicule mentionné à l'article L. 211-1** *(Décr. n° 2023-1152 du 8 déc. 2023, art. 1er et 7, en vigueur le 1er avr. 2024)* **« du présent code non soumis à l'obligation d'immatriculation prévue à l'article R. 322-1 du code de la route » doit, dans les conditions prévues aux articles de la présente section** *[nouvelle rédaction issue du Décr. n° 2023-1152 du 8 déc. 2023, art. 1er et 7, en vigueur le 1er avr. 2024 : « sous-section »]*, **être en mesure de présenter un document faisant présumer que l'obligation d'assurance a été satisfaite. »**

Cette présomption résulte de la production, aux fonctionnaires ou agents chargés de constater les infractions à la police de la circulation, d'un des documents dont les conditions d'établissement et de validité sont fixées par le décret en Conseil d'État prévu à l'article L. 211-1 *[nouvelle rédaction issue du Décr. n° 2023-1152 du 8 déc. 2023, art. 1er et 7, en vigueur le 1er avr. 2024 : « par la présente sous-section »]*.

A défaut d'un de ces documents, la justification est fournie aux autorités judiciaires par tous moyens.

(Décr. n° 2023-1152 du 8 déc. 2023, art. 1er et 7, en vigueur le 1er avr. 2024) **« II. — »** *(Décr. n° 97-635 du 31 mai 1997)* **« Sera puni de la peine d'amende prévue pour les contraventions de 2e classe tout conducteur d'un véhicule mentionné à l'article L. 211-1 et non soumis à l'obligation prévue à l'article R. 211-21-1** *[nouvelle rédaction issue du Décr. n° 2023-1152 du 8 déc. 2023, art. 1er et 7, en vigueur le 1er avr. 2024 : « au I »]* **qui ne sera pas en mesure de présenter un des documents justificatifs prévus aux articles R. 211-15 et R. 211-17. »** *(Décr. n° 89-111 du 21 févr. 1989)* **« Toutefois, ces dispositions ne sont pas applicables lorsque ce conducteur est passible de la sanction prévue à l'alinéa suivant. »**

(Décr. n° 86-1043 du 18 sept. 1986) **« Sera punie de la peine d'amende prévue pour les contraventions de la 4e classe toute personne qui, invitée à justifier dans un délai de cinq jours de la possession d'un des documents mentionnés à l'alinéa précédent, n'aura pas présenté ce document avant l'expiration de ce délai. »** — *Entrée en vigueur le 1er oct. 1986.*

(Décr. n° 2023-1152 du 8 déc. 2023, art. 1er et 7, en vigueur le 1er avr. 2024) **« III. — » Les documents justificatifs prévus au présent article n'impliquent pas une obligation de garantie à la charge de l'assureur.**

V. C. assur., art. A. 211-4 s. — ***C. assur.***

BIBL. ▶ BESSON, *RGAT 1969. 474.*

1. Mentions de l'attestation. Toutefois, pour faire présumer que l'obligation d'assurance édictée par l'art. L. 211-1 a été satisfaite, l'attestation d'assurance doit contenir les mentions essentielles prescrites par les art. R. 211-15 et R. 211-16 du même code. • Crim. 2 avr. 1997, n° 95-84.631 P : *RCA 1997, n° 313, note Groutel ; RGDA 1997. 762, note Favre-Rochex.*

2. Portée de l'attestation. L'attestation d'assurance crée seulement une présomption d'assurance. • Civ. 1re, 23 juin 1971, n° 67-10.959 P : *RGAT 1972. 89 (4e esp.), note Besson* • 29 janv. 1975, n° 73-13.610 P : *RGAT 1976. 45 ; RTD civ. 1975. 728, obs. Durry* • 14 janv. 1976, n° 74-14.674 P. ♦ …Sans distinguer entre les rapports de l'assuré avec l'assureur ou avec les tiers. • Civ. 1re, 22 juin 1971, n° 70-11.066 P : *RGAT 1972. 89 (3e esp.), note Besson.* ♦ Cette attestation constitue à la charge de l'assureur une présomption de garantie qui ne peut être détruite que par la preuve contraire. • Civ. 1re, 4 mai 1971, n° 69-14.317 P : *RGAT 1972. 89 (2e esp.), note Besson* • 28 juin 1972, n° 71-11.818 P. ♦ Il en va de même pour la carte verte en ce qui concerne les accidents survenus en France. • Civ. 1re, 14 mars 1984, n° 83-10.591 P. ♦ Il appartient à l'assureur d'apporter la preuve que la garantie n'est pas acquise. • Civ. 1re, 23 juill. 1974, n° 73-11.768 P.

3. Présomption combattue par la preuve contraire. Toute preuve contraire peut être rapportée. Dès lors, doit être cassé l'arrêt qui décide que l'assureur ne peut faire échec à la présomption qu'en faisant la preuve d'une cause de nullité du contrat. • Civ. 1re, 28 avr. 1971 : *RGAT 1972. 89 (1re esp.), note Besson.* ♦ La preuve contraire peut résulter de la constatation que le détenteur de l'attestation n'a pas eu la volonté de s'engager envers l'assureur. • Civ. 1re, 22 juin 1971, n° 70-11.066 P : *RGAT 1972. 89 (3e esp.), note Besson.* ♦ ... Ou que l'attestation, délivrée par un agent d'assurances, l'avait été par pure complaisance pour permettre à un automobiliste de répondre aux réquisitions de la police de la route. • Civ. 1re, 19 mai 1969 : *Bull. civ. I, n° 86 ; RGAT 1969. 526 (4e esp.), note Besson.* ♦ Une cour d'appel, qui constate souverainement qu'il n'existe pas de contrat d'assurance, n'a pas à s'attacher aux effets d'une attestation d'assurance. • Civ. 1re, 14 janv. 1976, n° 74-14.674 P. ♦ Manque de base légale, la décision qui, en l'état de l'accident causé par l'acquéreur d'une voiture automobile, condamne l'assureur, qui soutenait que la police avait été suspendue du fait de cette vente, à fournir sa garantie au motif que le conducteur était en possession d'une attestation, sans rechercher si la présomption n'était pas détruite en raison des circonstances de la cause. • Civ. 1re, 29 janv. 1975, n° 73-13.610 P : *RGAT 1976. 45 ; RTD civ. 1975. 728, obs. Durry.*

4. Présomption combattue par la résiliation du contrat. L'attestation d'assurance ne constitue qu'une simple présomption, combattue par la résiliation du contrat par l'assureur, sauf à l'assuré d'établir l'irrégularité éventuelle de celle-ci. • Civ. 1re, 13 févr. 1996 : *RGDA 1996. 321, note Favre-Rochex.* ♦ Mais, justifie sa décisions la cour d'appel qui écarte l'exception de non garantie de l'assureur en retenant que la lettre recommandée valant mise en demeure et information quant à une éventuelle résiliation pour défaut de paiement des primes ne saurait combattre utilement la présomption résultant de l'attestation d'assurance délivrée postérieurement à la mise en demeure. • Crim. 5 déc. 1991 : *RGAT 1992. 297, note Landel.*

5. Absence de présomption de paiement de la prime. Une attestation d'assurance, même si elle entraîne présomption de garantie, n'établit pas le paiement de la prime, et doit être cassée la décision qui déboute une compagnie d'assurances de sa demande en paiement de prime, au motif que l'assuré se trouvait garanti par la possession d'une attestation d'assurance qui lui avait été délivrée par l'assureur. • Civ. 1re, 29 oct. 1979, n° 78-13.756 P : *RGAT 1980. 218.*

6. Présomption limitée à l'assurance obligatoire. Si les attestations d'assurance délivrées en exécution de l'art. 1er de la L. du 27 févr. 1958 valent présomption qu'il existe un contrat d'assurance couvrant les dommages causés aux tiers, cette présomption ne s'applique pas aux dommages subis par l'assuré lui-même. • Civ. 1re, 4 mars 1975, n° 73-14.285 P : *JCP 1976. II. 18220, note Besson ; RGAT 1975. 543 ; RTD civ. 1976. 153, obs. Durry.*

7. Absence d'obligation d'exiger la restitution. Aucun texte n'impose à l'assureur, qui délivre une attestation en remplacement d'une autre, d'exiger de son client la restitution de cette dernière. • Civ. 1re, 1er oct. 1986, n° 85-10.742 P.

Art. R. 211-14-1 *(Décr. n° 2007-1118 du 19 juill. 2007)* **Les dispositions de l'article R. 211-14 ne sont pas applicables aux conducteurs de véhicules** *(Décr. n° 2023-1152 du 8 déc. 2023, art. 1er et 7, en vigueur le 1er avr. 2024)* **« mentionnés au I du même article » ayant leur stationnement habituel au sens de l'article L. 211-4 sur le territoire d'un État, autre que la France** *(Abrogé par Décr. n° 2023-1152 du 8 déc. 2023, art. 1er et 7, à compter du 1er avr. 2024)* ***« et Monaco »*, visé au même article. Toutefois, tout conducteur dont le véhicule est immatriculé dans un État membre de l'Union européenne autre que la France ou immatriculé dans un État tiers mais en provenance d'un État membre doit être en mesure de produire, à l'occasion de contrôles de police effectués dans une finalité ne visant pas exclusivement à vérifier le respect de l'obligation d'assurance, un des documents justificatifs prévus aux articles R. 211-22 ou R. 211-23, ou de prouver par tout autre moyen qu'il est assuré** *[nouvelle rédaction issue du Décr. n° 2023-1152 du 8 déc. 2023, art. 1er et 7, en vigueur le 1er avr. 2024 : « Toutefois, ces conducteurs doivent être en mesure de produire, à l'occasion de contrôles de police effectués dans une finalité ne visant pas exclusivement à vérifier le respect de l'obligation d'assurance, un des documents justificatifs prévus aux articles R. 211-22 ou R. 211-23, ou de prouver par tout autre moyen que leur véhicule est assuré. »].*

Art. R. 211-15 Pour l'application de l'article R. 211-14, l'entreprise d'assurance doit délivrer, sans frais, un document justificatif pour chacun des véhicules couverts par la police.

(Abrogé par Décr. n° 2023-1152 du 8 déc. 2023, art. 1er et 7, à compter du 1er avr. 2024) ***« Si la garantie du contrat s'applique à la fois à un véhicule à moteur et à ses remorques ou semi-remorques, un seul document justificatif peut être délivré, à la condition qu'il précise le type des***

remorques ou semi-remorques qui peuvent être utilisées avec le véhicule ainsi que, le cas échéant, leur numéro d'immatriculation.

« *(Décr. nº 2014-1725 du 30 déc. 2014, art. 4-I, en vigueur le 1er juill. 2015)* ***« Pour les véhicules utilisés dans le cadre d'une activité de transport public particulier de personnes, si le document justificatif ne mentionne pas que la garantie du contrat couvre le transport de personnes effectué à titre onéreux, il est complété d'un justificatif qui en atteste. »***

« Pour les contrats d'assurance concernant les personnes mentionnées à l'article R. 211-3, le document justificatif doit être délivré par l'entreprise d'assurance en autant d'exemplaires qu'il est prévu par le contrat. »

(Décr. nº 2007-1118 du 19 juill. 2007) **« Le document justificatif doit mentionner :**

« *a)* la dénomination et l'adresse de l'entreprise d'assurance ;

« *b)* les nom, prénoms et adresse du souscripteur du contrat ;

« *c)* le numéro de la police d'assurance ;

« *d)* la période d'assurance correspondant à la prime ou portion de prime payée ;

« *e)* les caractéristiques du véhicule, notamment son numéro d'immatriculation ou, à défaut, et, s'il y a lieu, le numéro du moteur *[nouvelle rédaction issue du Décr. nº 2023-1152 du 8 déc. 2023, art. 1er et 7, en vigueur le 1er avr. 2024 : « son numéro de châssis ou de série »]*. **»**

(Abrogé par Décr. nº 2023-1152 du 8 déc. 2023, art. 1er et 7, à compter du 1er avr. 2024) ***« Par dérogation aux dispositions ci-dessus, le document justificatif délivré aux professionnels de la réparation, de la vente ou du contrôle de l'automobile, ne comporte pas les indications prévues au e. Il mentionne par ailleurs la profession du souscripteur et, en termes apparents, le mot : "Garage".***

« Tout conducteur d'un véhicule qui présente aux autorités chargées du contrôle le document justificatif comportant les mentions précisées à l'alinéa précédent doit en outre être en mesure de justifier que la conduite du véhicule lui a été confiée par une des personnes mentionnées au premier alinéa de l'article R. 211-3. » — *V. art. R. 421-5.*

BIBL. ▶ GROUTEL, *RCA 2007. Étude 14* (décret du 19 juillet 2007).

Art. R. 211-16 **La présomption qu'il a été satisfait à l'obligation d'assurance est établie par le document justificatif pour la période mentionnée sur ce document.** *(Décr. nº 85-879 du 22 août 1985)* **« Toutefois, cette présomption subsiste un mois à compter de l'expiration de cette période. »** — *Entrée en vigueur le 1er juill. 1986.*

Domaine de la prolongation. Aux termes de l'art. R. 211-17, 6e al., C. assur., la prolongation d'un mois de la présomption d'assurance mentionnée à l'art. R. 211-16 de ce code ne s'applique pas à l'attestation provisoire d'assurance. • Crim. 18 mai 1994 : *RGAT 1994. 795, note Landel.* ♦ Après avoir constaté que postérieurement à une mise en demeure pour non-paiement de prime, le contrat avait été remis en vigueur par un paiement antérieur à l'accident, une cour d'appel a relevé que l'original de la carte verte tenait lieu d'attestation d'assurance et qu'il ne s'agissait pas d'une attestation provisoire. Dès lors, elle a pu en déduire qu'ayant été remise à l'assuré en application de l'art. R. 211-17, al. 4, C. assur., cette attestation emportait présomption d'assurance pour la période qui y était mentionnée, majorée d'un mois à compter de l'expiration de cette période, de sorte que la garantie était acquise au jour de l'accident. • Crim. 17 juin 1998 : *RGDA 1999. 112, note Landel.*

Art. R. 211-17 **Le document justificatif mentionné à l'article R. 211-15 est délivré dans un délai maximal de quinze jours à compter de la souscription du contrat et renouvelé lors du paiement des primes ou portions de prime subséquentes.**

(Décr. nº 89-111 du 21 févr. 1989) **« Faute d'établissement immédiat de ce document, l'entreprise d'assurance délivre sans frais, à la souscription du contrat ou en cours de contrat, une attestation provisoire qui établit la présomption d'assurance pendant la période qu'elle détermine, dont la durée ne peut excéder un mois. »**

(Décr. nº 85-879 du 22 août 1985) **« Sera puni de la peine d'amende prévue pour les contraventions de deuxième classe tout assureur qui aura refusé de délivrer un des documents justificatifs mentionnés au présent article. »**

Cette attestation, qui est éventuellement établie en autant d'exemplaires que le document justificatif correspondant, doit mentionner :

— la dénomination et l'adresse de l'entreprise d'assurance ;

— les nom, prénoms et adresse du souscripteur du contrat ;

— la nature et le type du véhicule ou, en ce qui concerne les contrats d'assurance mentionnés à l'article R. 211-3, la profession du souscripteur ;

— la période pendant laquelle elle est valable.

La carte internationale d'assurance, dite "carte verte", délivrée par le bureau central français des sociétés d'assurances contre les accidents d'automobile, vaut comme docu-

ment justificatif pendant sa période de validité. *(Décr. nº 85-879 du 22 août 1985)* **« La présomption qu'il a été satisfait à l'obligation d'assurance, établie par la carte internationale d'assurance, subsiste un mois à compter de l'expiration de cette période. »** *— La deuxième phrase du dernier alinéa ci-dessus est entrée en vigueur le 1er juill. 1986.*

(Décr. nº 89-111 du 21 févr. 1989) **« La prolongation d'un mois de la présomption mentionnée à l'article R. 211-16 ne s'applique pas à l'attestation provisoire mentionnée au deuxième alinéa. »**

1. Attestation provisoire. L'attestation provisoire délivrée pour une période de 20 jours emporte présomption d'assurance. • Civ. 1re, 24 juill. 1978, nº 77-12.812 P. ♦ ... Mais ne fait plus présumer que la garantie est due pour un accident survenu à une date postérieure à sa période de validité. • Civ. 1re, 19 déc. 1973, nº 72-11.082 P : *RGAT 1974. 389; RTD civ. 1974. 827, obs. Durry* • Crim. 24 févr. 1987, nº 86-94.200 P • Civ. 1re, 13 oct. 1987 : *RGAT 1988. 45.*

2. « Carte verte ». Ayant relevé que le contrat d'assurance avait été remis en vigueur par un paiement antérieur à l'accident, les juges ont pu estimer que la « carte verte » établie à cette occasion n'était pas une attestation provisoire et qu'elle emportait présomption d'assurance pour la période de validité d'un mois qui y était mentionnée, majorée d'un mois à compter de son expiration. • Crim. 17 juin 1998 : *RGDA 1999. 112, note Landel.*

Art. R. 211-18 *(Décr. nº 89-111 du 21 févr. 1989)* **« Pour l'utilisation des véhicules appartenant à l'État ou mis à sa disposition, non couverts par un contrat d'assurance et n'ayant pas fait l'objet d'une immatriculation spéciale, il est établi une attestation de propriété par l'autorité administrative compétente. »**

Al. 2 abrogé par Décr. nº 97-635 du 31 mai 1997.

Aucune attestation ne peut être délivrée par une autorité qui n'aurait pas reçu délégation à cet effet.

Art. R. 211-19 **Un arrêté conjoint du ministre de l'économie et des finances, du garde des sceaux, ministre de la justice, du ministre de l'intérieur, du ministre de la défense et du ministre chargé des transports fixe la forme en laquelle doivent être établis les documents prévus aux articles R. 211-15 et R. 211-18.**

Art. R. 211-20 **En cas de perte ou de vol des documents prévus à la présente section, l'assureur ou l'autorité compétente en délivre un duplicata sur la simple demande de la personne au profit de qui le document original a été établi.**

Art. R. 211-21 *(Abrogé par Décr. nº 2023-1152 du 8 déc. 2023, art. 1er et 7, à compter du 1er avr. 2024) (Décr. nº 94-182 du 1er mars 1994)* ***« Les véhicules immatriculés dans un département ou un territoire français d'outre-mer ou à Mayotte, ainsi que les véhicules non soumis à immatriculation dont le lieu de stationnement habituel est situé dans un de ces départements ou territoires ou à Mayotte, sont soumis aux dispositions de la présente section lorsqu'ils circulent en France métropolitaine. »***

Toutefois, en ce qui concerne ces véhicules, sont également admis, à titre de document justificatif, les documents prévus aux articles R. 211-22 et R. 211-23.

§ 2 *Le certificat d'assurance*

(Décr. nº 85-879 du 22 août 1985)

Art. R. 211-21-1 *(Décr. nº 89-111 du 21 févr. 1989)* **Tout souscripteur d'un contrat d'assurance prévu par l'article L. 211-1,** *(Décr. nº 2023-1152 du 8 déc. 2023, art. 1er et 7, en vigueur le 1er avr. 2024)* **« dont le véhicule n'est pas soumis à l'obligation d'immatriculation prévue à l'article R. 322-1 du code de la route, » doit apposer sur le véhicule automoteur assuré, dans les conditions fixées par un arrêté du ministre chargé de l'économie, le certificat d'assurance décrit aux articles R. 211-21-2 et R. 211-21-3, alinéa 2.**

(Décr. nº 2001-251 du 22 mars 2001 ; Abrogé par Décr. nº 2023-1152 du 8 déc. 2023, art. 1er et 7, à compter du 1er avr. 2024) ***« Les dispositions de l'alinéa 1er sont applicables aux véhicules à moteur dont le poids total autorisé en charge est inférieur ou égal à 3,5 tonnes, à l'exception des véhicules et matériels agricoles ou de travaux publics, des engins spéciaux et des véhicules circulant avec un certificat d'immatriculation spécial W. »***

V. C. assur., art. A. 211-9 s. — ***C. assur.***

Portée du certificat. Ayant relevé que l'assureur ne rapportait pas la preuve de la non-garantie qu'il pouvait opposer à la présomption simple résultant du certificat d'assurance valide apposé sur le pare-brise du véhicule, une cour d'appel a pu en déduire que l'assureur devait sa garantie pour l'indemnisation des préjudices subis par la victime. • Civ. 2e, 28 févr. 2013 : *RGDA 2013. 631, note Landel.*

Art. R. 211-21-2 Pour l'application de l'article R. 211-21-1, toute entreprise d'assurance *(Décr. nº 92-308 du 31 mars 1992)* « pratiquant sur le territoire de la République française » doit délivrer sans frais un certificat pour chacun des véhicules couverts par le contrat *(Abrogé par Décr. nº 2023-1152 du 8 déc. 2023, art. 1er et 7, à compter du 1er avr. 2024) «, à l'exception toutefois des remorques ».*

Le certificat doit mentionner :

a) La dénomination de l'entreprise d'assurance ;

b) Un numéro permettant l'identification du souscripteur ;

c) Le numéro d'immatriculation du véhicule ;

d) *(Décr. nº 89-111 du 21 févr. 1989)* « Le numéro de moteur lorsque le véhicule n'est pas soumis à immatriculation » ;

e) *(Décr. nº 89-111 du 21 févr. 1989)* « Les dates de début et de fin de validité. »

Par dérogation au deuxième alinéa, le certificat délivré aux personnes mentionnées à l'alinéa 1er de l'article R. 211-3 ne doit comporter que les indications *a), b)* et *e)* ainsi qu'en termes apparents le mot "Garage".

Tout conducteur d'un véhicule sur lequel est apposé le certificat décrit à l'alinéa précédent doit en outre être en mesure de justifier aux autorités chargées du contrôle des documents justificatifs que la conduite du véhicule lui a été confiée par une des personnes mentionnées à l'alinéa 1er de l'article R. 211-3.

Nouvel art. R. 211-21-2 *Pour l'application de l'article R. 211-21-1, toute entreprise d'assurance* (Décr. nº 92-308 du 31 mars 1992) *« pratiquant sur le territoire de la République française » doit délivrer sans frais un certificat pour chacun des véhicules couverts par le contrat* (Abrogé par Décr. nº 2023-1152 du 8 déc. 2023, art. 1er et 7, à compter du 1er avr. 2024) *«, à l'exception toutefois des remorques ».*

Le certificat doit mentionner :

a) La dénomination de l'entreprise d'assurance ;

b) Un numéro permettant l'identification du souscripteur ;

(Décr. nº 2023-1152 du 8 déc. 2023, art. 1er et 7, en vigueur le 1er avr. 2024) *« c) Le numéro de châssis ou de série ;*

« d) Les dates de début et de fin de validité ; »

(Abrogé par Décr. nº 2023-1152 du 8 déc. 2023, art. 1er et 7, à compter du 1er avr. 2024) *« Par dérogation au deuxième alinéa, le certificat délivré aux personnes mentionnées à l'alinéa 1er de l'article R. 211-3 ne doit comporter que les indications a), b) et e) ainsi qu'en termes apparents le mot "Garage".*

« Tout conducteur d'un véhicule sur lequel est apposé le certificat décrit à l'alinéa précédent doit en outre être en mesure de justifier aux autorités chargées du contrôle des documents justificatifs que la conduite du véhicule lui a été confiée par une des personnes mentionnées à l'alinéa 1er de l'article R. 211-3. »

Art. R. 211-21-3 *(Décr. nº 89-111 du 21 févr. 1989)* « Le certificat mentionné à l'article R. 211-21-2 est délivré par l'entreprise d'assurance dans un délai maximal de quinze jours à compter de la souscription du contrat et renouvelé lors du paiement des primes ou portions de primes subséquentes.

« Faute d'établissement immédiat de ce document, l'entreprise d'assurance délivre, sans frais, à la souscription du contrat ou en cours de contrat, un certificat provisoire.

« Les dates de validité portées sur le certificat et le certificat provisoire sont les mêmes que celles portées sur l'attestation et l'attestation provisoire. »

En cas de perte ou de vol du certificat, l'assureur en délivre un double sur la demande justifiée du souscripteur du contrat.

Sera puni de la peine d'amende prévue pour les contraventions de deuxième classe tout assureur qui aura refusé de délivrer un certificat ou qui aura délivré un certificat non conforme aux dispositions fixées par le ministre de l'économie, des finances et du budget.

Art. R. 211-21-4 La prolongation d'un mois de la présomption mentionnée à l'article R. 211-16 s'applique au certificat.

La prolongation d'un mois de la présomption mentionnée à l'article R. 211-16 ne s'applique pas au certificat provisoire.

Art. R. 211-21-5 Sera puni de la peine d'amende prévue pour les contraventions de deuxième classe tout souscripteur d'un contrat d'assurance relatif à un véhicule mentionné à l'article R. 211-21-1 qui aura omis d'apposer sur le véhicule concerné le certificat prévu aux articles R. 211-21-2 et R. 211-21-3 ou aura apposé un certificat non valide. — *Entrée en vigueur le 1er juill. 1986.*

Réitération de l'infraction. Le souscripteur ne saurait se faire un grief de ce que le juge n'a pas répondu à l'exception qu'il avait présentée, faisant valoir qu'il avait déjà payé une amende pour des faits similaires commis quelques jours plus tôt, dès lors qu'il résulte des termes mêmes de la date retenue dans la prévention et de ses propres conclusions qu'il avait été précédemment verbalisé dans des circonstances de temps différentes, de sorte que l'infraction de défaut d'apposition d'un certificat d'assurance valide avait été réitérée au regard de l'art. R. 211-21-5. • Crim. 18 oct. 2016, n° 15-86.138 : *RGDA 2016. 610, note Landel.*

Art. R. 211-21-6 Les dispositions des articles R. 211-21-1 à R. 211-21-5 ne sont pas applicables dans les cas mentionnés au dernier alinéa de l'article R. 211-14 *[nouvelle rédaction issue du Décr. n° 2023-1152 du 8 déc. 2023, art. 1er et 7, en vigueur le 1er avr. 2024 : « à l'article R. 211-14-1 »]* et aux personnes mentionnées aux articles R. 211-22 et R. 211-23.

Art. R. 211-21-7 *(Décr. n° 89-111 du 21 févr. 1989 ; Décr. n° 97-635 du 31 mai 1997)* Les véhicules visés au deuxième alinéa de l'article R. 211-21-1 utilisés par l'État doivent être équipés, lorsqu'ils ne font pas l'objet d'une immatriculation spéciale, d'un certificat d'assurance spécifique dont les caractéristiques sont fixées par le ministre chargé de l'économie.

SECTION 5 *Dispositions relatives à l'assurance des véhicules en circulation internationale et de certains autres véhicules*

BIBL. ▶ GROUTEL, *RCA 2007. Étude 14* (décret du 19 juillet 2007).

Art. R. 211-22** *(Décr. n° 2007-1118 du 19 juill. 2007)* « Satisfont à l'obligation d'assurance, lorsqu'elles sont munies d'une carte internationale d'assurance dite "carte verte" en état de validité, les personnes qui font pénétrer en France un véhicule *(Décr. n° 2023-1225 du 21 déc. 2023, art. 2, en vigueur le 23 déc. 2023)* « , au sens du II de l'article L. 211-4 » qui n'a pas son lieu de stationnement habituel en France ou dans un État visé à l'article L. 211-4 *[,]* . »

La carte internationale d'assurance est délivrée au nom d'un bureau constitué pour l'émission de certificats d'assurance suivant la formule adoptée par le sous-comité des transports routiers du comité des transports intérieurs de la commission économique pour l'Europe.

Ancien art. R. 211-22, al. 1er** *Satisfont à l'obligation d'assurance, lorsqu'elles sont munies d'une carte internationale d'assurance dite "carte verte" en état de validité, les personnes résidant à l'étranger qui font pénétrer en France métropolitaine un véhicule non immatriculé ou immatriculé autrement que dans une série normale de France métropolitaine.*

BIBL. ▶ BESSON, *RGAT 1968. 153.* – BIGOT et RIPOLL, *RGAT 1979. 465.* – RIPOLL, *RGAT 1973. 489 et 1991. 783.*

1. Portée de la carte verte à l'étranger. La carte verte constitue un document d'assurance qui procure à son titulaire la garantie dans les limites qu'elle énonce, indépendamment du contrat national qui lui sert de base. C'est donc à bon droit que les juges du fond décident que, par le seul fait qu'il avait délivré une carte verte, l'assureur se trouvait engagé pour la période de validité de celle-ci. • Civ. 1re, 5 nov. 1974, n° 73-14.156 P : *D. 1975. 285, note Berr et Groutel ; JCP 1975. II. 17954, note Besson ; RTD civ. 1975. 123, obs. Durry ; GADA, p. 48, obs. Berr et Groutel.* ♦ La « carte verte », indépendamment du contrat national qui lui sert de base, engage l'assureur qui l'a délivrée dès lors que l'accident, survenu dans un pays étranger, implique le véhicule désigné et est intervenu pendant la période visée par ce document. • Civ. 1re, 13 oct. 1999, n° 97-14.695 P : *RCA 2000, n° 28, obs. Groutel.*

2. Preuve de la carte verte. La preuve de la possession de la carte internationale d'assurances dite « carte verte » par le conducteur d'un véhicule étranger, qui a provoqué un accident en France, peut résulter de présomptions précises et concordantes. • Civ. 1re, 10 févr. 1971, n° 69-13.644 P : *D. 1971. 721, note Berr et Groutel* • 1er mars 1983, n° 81-16.778 P : *D. 1983. IR 255.*

Art. R. 211-23** *(Décr. n° 2007-1118 du 19 juill. 2007)* Les personnes *(Décr. n° 2023-1152 du 8 déc. 2023, art. 2 et 7, en vigueur le 1er avr. 2024)* « dont il ne résulte pas de la consultation du fichier mentionné au I de l'article L. 451-1-1 que leur véhicule est couvert par une assurance conformément à l'article L. 211-1, ou » qui ne sont munies ni d'un des documents prévus à la *(Décr. n° 2023-1152 du 8 déc. 2023, art. 2 et 7, en vigueur le 1er avr. 2024)* « sous-section 2 de la » section 4 du présent chapitre, ni de la carte internationale d'assurance mentionnée à l'article R. 211-22 doivent, pour être admises à faire circuler en France un véhicule qui n'a pas son lieu de stationnement habituel en France ou dans un État visé à l'article L. 211-4, avoir souscrit une assurance spéciale dite "assurance frontière".

L'assurance frontière ne peut prévoir de garantie que pour une période de trente jours ou de quatre-vingt-dix jours, renouvelable une seule fois dans les mêmes conditions que celles initialement souscrites.

Art. R. 211-24 *(Décr. n° 2007-1118 du 19 juill. 2007)* L'assurance frontière est souscrite soit auprès d'une entreprise d'assurance agréée pour les opérations d'assurance de responsabilité civile des véhicules terrestres automoteurs, soit auprès du groupement de coassurance "Assurance frontière" géré par le bureau central français.

La souscription de cette assurance est constatée, moyennant le paiement de la prime correspondante, par une attestation dont le modèle est fixé par le bureau central français.

Lorsqu'elle est souscrite auprès du groupement de coassurance "Assurance frontière", l'attestation peut être délivrée par l'administration des douanes qui peut effectuer l'encaissement des primes correspondantes.

(Abrogé par Décr. n° 2019-214 du 20 mars 2019) ***« Sur les encaissements effectués par l'administration des douanes, il est opéré un prélèvement, qui est rattaché au budget du ministère chargé du budget et sert à couvrir les dépenses de matériel et de personnel résultant des recouvrements. Les modalités d'application du présent alinéa sont déterminées par arrêté du ministre chargé de l'économie. »***

Art. R. 211-25** En ce qui concerne les véhicules appartenant à un État étranger, les justifications prévues à l'article R. 211-23 peuvent être remplacées par la production d'une attestation constatant que le véhicule appartient à cet État et désignant l'autorité ou l'organisme chargé de réparer les dommages pour le compte dudit État.

L'attestation doit mentionner que l'État auquel appartient le véhicule se porte garant du règlement, renonce à son immunité de juridiction et accepte l'application de la loi nationale ainsi que la compétence des tribunaux français.

Un décret fixe les modalités d'application du présent article.

Art. R. 211-26 En ce qui concerne les véhicules mentionnés aux articles R. 211-22 et R. 211-25, la présomption d'assurance résulte de la production, soit d'un des documents prévus à la section 4 du présent chapitre *[nouvelle rédaction issue du Décr. n° 2023-1152 du 8 déc. 2023, art. 2 et 7, en vigueur le 1er avr. 2024 : « document comportant les mentions prévues à l'article R. 211-15 »]*, soit d'une carte internationale d'assurance en état de validité, soit d'un document justificatif de la souscription de l'assurance frontière, soit de l'attestation prévue à l'article R. 211-25.

Art. R. 211-27 *(Décr. n° 94-847 du 26 sept. 1994)* Les dispositions des articles R. 211-23 à R. 211-26 ne sont pas applicables aux personnes qui font pénétrer en France des véhicules ayant leur stationnement habituel sur le territoire d'un État, autre que la France, visé à l'article L. 211-4.

Elles ne sont pas non plus applicables aux personnes qui font pénétrer en France des véhicules en provenance de la Communauté européenne, du Saint-Siège, de Saint-Marin ou de Monaco et ayant leur stationnement habituel sur le territoire d'un pays tiers.

Art. R. 211-28** *Abrogé par Décr. n° 94-847 du 26 sept. 1994.*

SECTION 6 *Procédures d'indemnisation*

(Décr. n° 88-261 du 18 mars 1988)

Art. R. 211-29 Lorsque l'assureur qui garantit la responsabilité civile du fait d'un véhicule terrestre à moteur n'a pas été avisé de l'accident de la circulation dans le mois de l'accident, le délai prévu au premier alinéa de l'article L. 211-9 pour présenter une offre d'indemnité est suspendu à l'expiration du délai d'un mois jusqu'à la réception par l'assureur de cet avis.

V. C. assur., art. A. 211-11. — ***C. assur.***

Art. R. 211-30 Lorsque la victime d'un accident de la circulation décède plus d'un mois après le jour de l'accident, le délai prévu à l'article L. 211-9 pour présenter une offre d'indemnité aux héritiers et, s'il y a lieu, au conjoint de la victime est prorogé du temps écoulé entre la date de l'accident et le jour du décès diminué d'un mois.

Art. R. 211-31 Si, dans un délai de six semaines à compter de la présentation de la correspondance qui est prévue au premier alinéa de l'article L. 211-10 et par laquelle l'assureur demande les renseignements qui doivent lui être adressés conformément aux articles R. 211-37 ou R. 211-38, l'assureur n'a reçu aucune réponse ou qu'une réponse incomplète, le délai prévu au premier alinéa de l'article L. 211-9 est suspendu à compter de l'expiration du délai de six semaines et jusqu'à la réception *(Décr. n° 2018-229 du 30 mars 2018, art. 10)* « des » renseignements demandés.

Art. R. 211-32 Si l'assureur n'a reçu aucune réponse ou qu'une réponse incomplète dans les six semaines de la présentation de la correspondance par laquelle, informé de la consolidation de l'état de la victime, il a demandé à cette dernière ceux des renseignements mentionnés à l'article R. 211-37 qui lui sont nécessaires pour présenter l'offre d'indemnité, le délai prévu au quatrième alinéa de l'article L. 211-9 est suspendu à compter de l'expiration du délai de six semaines jusqu'à la réception de la réponse contenant les renseignements demandés.

Art. R. 211-33 Lorsque la victime, les héritiers ou le conjoint ne fournit qu'une partie des renseignements demandés par l'assureur dans sa correspondance et que la réponse ne permet pas, en raison de l'absence de renseignements suffisants, d'établir l'offre d'indemnité, l'assureur dispose d'un délai de quinze jours à compter de la réception de la réponse complète pour présenter à l'intéressé une nouvelle demande par laquelle il lui précise les renseignements qui font défaut.

Dans le cas où l'assureur n'a pas respecté ce délai, la suspension des délais prévus aux articles R. 211-31 et R. 211-32 cesse à l'expiration d'un délai de quinze jours à compter de la réception de la réponse incomplète, lorsque celle-ci est parvenue au-delà du délai de six semaines mentionné aux mêmes articles ; lorsque la réponse incomplète est parvenue dans le délai de six semaines mentionné aux articles R. 211-31 et R. 211-32 et que l'assureur n'a pas demandé dans un délai de quinze jours à compter de sa réception les renseignements nécessaires, il n'y a pas lieu à suspension des délais prévus à l'article L. 211-9.

Suspension du délai. Les réponses incomplètes de la victime quant au montant de ses revenus professionnels et l'insuffisance de justificatifs peuvent avoir pour effet de suspendre le délai de l'assureur pour faire une offre d'indemnité. • Civ. 2e, 28 juin 2012 : *RCA 2012, n° 302, note Groutel ; RGDA 2013. 90, obs. Landel.*

Art. R. 211-34 Lorsque la victime ne se soumet pas à l'examen médical mentionné à l'article R. 211-43 ou lorsqu'elle élève une contestation sur le choix du médecin sans qu'un accord puisse intervenir avec l'assureur, la désignation, à la demande de l'assureur, d'un médecin à titre d'expert par le juge des référés proroge d'un mois le délai imparti à l'assureur pour présenter l'offre d'indemnité.

Art. R. 211-35 Lorsque la victime demeure outre-mer ou à l'étranger, les délais qui lui sont impartis en vertu des articles R. 211-31 et R. 211-32 sont augmentés d'un mois. Le délai imparti à l'assureur pour présenter l'offre d'indemnité est prorogé de la même durée.

Lorsqu'un tiers payeur demeure outre-mer ou à l'étranger, les délais prévus à l'article L. 211-9 sont augmentés d'un mois.

Art. R. 211-36 La computation des délais mentionnés à la présente section est faite conformément aux articles 641 et 642 du code de procédure civile.

Art. R. 211-37 La victime est tenue, à la demande de l'assureur, de lui donner les renseignements ci-après :

1° Ses nom et prénoms ;

2° Ses date et lieu de naissance ;

3° Son activité professionnelle et l'adresse de son ou de ses employeurs ;

4° Le montant de ses revenus professionnels avec les justifications utiles ;

5° La description des atteintes à sa personne accompagnée d'une copie du certificat médical initial et autres pièces justificatives en cas de consolidation ;

6° La description des dommages causés à ses biens ;

7° Les noms, prénoms et adresses des personnes à charge au moment de l'accident ;

8° Son numéro d'immatriculation à la sécurité sociale et l'adresse de la caisse d'assurance maladie dont elle relève ;

9° La liste des tiers-payeurs appelés à lui verser des prestations ;

10° Le lieu où les correspondances doivent être adressées.

Suspension du délai. Les réponses incomplètes de la victime quant au montant de ses revenus professionnels et l'insuffisance de justificatifs peuvent avoir pour effet de suspendre le délai de l'assureur pour faire une offre d'indemnité. • Civ. 2e, 28 juin 2012 : *RCA 2012, n° 302, note Groutel ; RGDA 2013. 90, obs. Landel.*

Art. R. 211-38 Lorsque l'offre d'indemnité doit être présentée aux héritiers de la victime, à son conjoint ou aux personnes mentionnées au deuxième alinéa de l'article L. 211-9, chacune de ces personnes est tenue, à la demande de l'assureur, de lui donner les renseignements ci-après :

1° Ses nom et prénoms ;

2° Ses date et lieu de naissance ;

3° Les nom et prénoms, date et lieu de naissance de la victime ;

4° Ses liens avec la victime ;

5° Son activité professionnelle et l'adresse de son ou de ses employeurs ;

6° Le montant de ses revenus avec les justifications utiles ;

7° La description de son préjudice, notamment les frais de toute nature qu'elle a exposés du fait de l'accident ;

8° Son numéro d'immatriculation à la sécurité sociale et l'adresse de la caisse d'assurance maladie dont elle relève ;

9° La liste des tiers-payeurs appelés à lui verser des prestations ainsi que leurs adresses ;

10° Le lieu où les correspondances doivent être adressées.

A la demande de l'assureur, les mêmes personnes sont tenues de donner également ceux des renseignements mentionnés à l'article R. 211-37 qui sont nécessaires à l'établissement de l'offre.

Art. R. 211-39 La correspondance adressée par l'assureur en application des articles R. 211-37 et R. 211-38 mentionne, outre les informations prévues à l'article L. 211-10, le nom de la personne chargée de suivre le dossier de l'accident. Elle rappelle à l'intéressé les conséquences d'un défaut de réponse ou d'une réponse incomplète. Elle indique que la copie du procès-verbal d'enquête de police ou de gendarmerie qu'il peut demander en vertu de l'article L. 211-10 lui sera délivrée sans frais.

Cette correspondance est accompagnée d'une notice relative à l'indemnisation des victimes d'accidents de la circulation dont le modèle est fixé par arrêté conjoint du garde des sceaux, ministre de la justice, du ministre chargé des assurances et du ministre chargé de la sécurité sociale.

V. C. assur., art. A. 211-11. – ***C. assur.***

Art. R. 211-40 L'offre d'indemnité doit indiquer, outre les mentions exigées par l'article L. 211-16, l'évaluation de chaque chef de préjudice, les créances de chaque tiers payeur et les sommes qui reviennent au bénéficiaire. Elle est accompagnée de la copie des décomptes produits par les tiers payeurs.

L'offre précise, le cas échéant, les limitations ou exclusions d'indemnisation retenues par l'assureur, ainsi que leurs motifs. En cas d'exclusion d'indemnisation, l'assureur n'est pas tenu, dans sa notification, de fournir les indications et documents prévus au premier alinéa.

1. Offre incomplète. Une offre incomplète, qui ne comprend pas tous les éléments indemnisables du préjudice, équivaut à une absence d'offre. • Civ. 2e, 10 juin 2004 : *RGDA 2004. 616, note Landel.* ♦ V. toutefois, dans le cas où l'offre est complétée pendant l'instance : • Civ. 2e, 25 janv. 2007 : *RCA 2007, n° 115, note Groutel.* ♦ V. égal. note 24 ss. C. assur., art. L. 211-9. – **C. assur.**

2. Offre provisionnelle. Les dispositions des art. L. 211-16 et R. 211-40 n'ont pas vocation à s'appliquer à une offre d'indemnisation provisionnelle, distincte de l'offre de transaction visée par le premier de ces textes et les créances des tiers payeurs, avant consolidation de l'état de santé de la victime, qui n'étaient pas connues ou seulement partiellement connues, ne peuvent être mentionnées dans l'offre, comme le prévoit l'art. R. 211-40 en ce qui concerne l'offre définitive. • Civ. 2e, 8 déc. 2016, n° 16-11.525 : *RGDA 2017. 124, note Landel.*

Art. R. 211-41 La demande adressée par l'assureur à un tiers payeur en vue de la production de ses créances indique les nom, prénoms, adresse de la victime, son activité professionnelle et l'adresse de son ou de ses employeurs. Elle rappelle de manière très apparente les dispositions des articles L. 211-11 et L. 211-12. A défaut de ces indications, le délai de déchéance prévu au deuxième alinéa de l'article L. 211-11 ne court pas.

Art. R. 211-42 Le tiers payeur indique à l'assureur pour chaque somme dont il demande le remboursement la disposition législative, réglementaire ou conventionnelle en vertu de laquelle cette somme est due à la victime.

Dans le cas prévu au troisième alinéa de l'article L. 211-11, les créances réclamées n'ont un caractère provisionnel que si le tiers payeur le précise expressément.

Art. R. 211-43 En cas d'examen médical pratiqué en vue de l'offre d'indemnité mentionnée à l'article L. 211-9, l'assureur ou son mandataire avise la victime, quinze jours au moins avant l'examen, de l'identité et des titres du médecin chargé d'y procéder, de l'objet, de la date et du lieu de l'examen, ainsi que du nom de l'assureur pour le compte duquel il est fait. Il informe en même temps la victime qu'elle peut se faire assister d'un médecin de son choix.

Art. R. 211-44 Dans un délai de vingt jours à compter de l'examen médical, le médecin adresse un exemplaire de son rapport à l'assureur, à la victime et, le cas échéant, au médecin qui a assisté celle-ci.

SECTION 7 *Pénalités*

Art. R. 211-45 *(Abrogé par Décr. n° 2005-320 du 30 mars 2005, art. 4) (Décr. n° 86-1043 du 18 sept. 1986 ; Décr. n° 88-261 du 18 mars 1988)* ***Sera punie des peines d'emprisonnement et d'amende prévues pour les contraventions de la 5e classe toute personne qui, contrevenant aux dispositions de l'article L. 211-1 du présent code, aura mis ou maintenu en circulation un véhicule terrestre à moteur ainsi que ses remorques ou semi-remorques sans être couverte par une assurance garantissant sa responsabilité civile.***

En cas de récidive, les peines d'emprisonnement et d'amende prévues pour la récidive des contraventions de la 5e classe seront applicables.

....

LIVRE IV ORGANISATIONS ET RÉGIMES PARTICULIERS D'ASSURANCES

TITRE II LES FONDS DE GARANTIE *(Décr. n° 2004-176 du 17 févr. 2004, art. 1er).*

[V. le ***code des assurances Dalloz,*** *où le présent titre fait l'objet d'importantes annotations.]*

CHAPITRE I *LE FONDS DE GARANTIE DES ASSURANCES OBLIGATOIRES DE DOMMAGES* *(Décr. n° 2004-176 du 17 févr. 2004, art. 1er).*

SECTION 1 *Dispositions applicables aux accidents de la circulation survenus en France métropolitaine, dans les départements d'outre-mer et à Mayotte* *(Décr. n° 94-182 du 1er mars 1994).*

§ 1 *Dispositions communes à l'indemnisation des dommages résultant d'atteintes à la personne et des dommages aux biens (Décr. n° 86-452 du 14 mars 1986).*

Art. R. 421-1 *(Décr. n° 81-30 du 14 janv. 1981)* Sont prises en charge par le fonds de garantie, conformément aux dispositions de la présente section, les indemnités dues aux victimes d'accidents *(Décr. n° 86-452 du 14 mars 1986)* « mentionnés à l'article L. 421-1 » ou à leurs ayants droit à la condition que ces accidents soient survenus en France métropolitaine *(Décr. n° 94-182 du 1er mars 1994)* « , à Mayotte » ou dans les départements d'outre-mer.

(Décr. n° 2007-1118 du 19 juill. 2007) « Ne sont pas prises en charge par le fonds de garantie les indemnités dues aux victimes d'accidents dans lesquels sont impliqués des véhicules terrestres à moteur *(Décr. n° 2023-1225 du 21 déc. 2023, art. 3, en vigueur le 23 déc. 2023)* « , au sens du II de l'article L. 211-4, » ainsi que les remorques ou semi-remorques de ces véhicules ayant leur stationnement habituel sur le territoire d'un État, autre que la France, visé à l'article L. 211-4, lorsque l'indemnisation de ces victimes incombe au bureau central français pour leur totalité ou en partie. »

Le bureau central français est le bureau national d'assurance constitué en France dans les conditions mentionnées au deuxième alinéa de l'article R. 211-22.

Les dispositions des articles R. 421-5 à R. 421-9 sont applicables aux refus de prise en charge opposés par le bureau central français.

Ancien art. R. 421-1, al. 2 (Décr. n° 94-847 du 26 sept. 1994) ***« Ne sont prises en charge par le fonds de garantie les indemnités dues aux victimes d'accidents dans lesquels sont impliqués des véhicules terrestres à moteur ainsi que les remorques ou semi-remorques de ces véhicules, ayant leur stationnement habituel sur le territoire d'un État, autre que la France, visé à l'article L. 211-4, que lorsque l'indemnisation de ces victimes n'incombe pas au bureau central français pour leur totalité ou en partie. »***

Non-prise en charge des dépens. Ne sont prises en charge par le FGAO que les indemnités dues aux victimes d'accidents. Les dépens ne figurent pas aux rang des charges que le FGAO est tenu d'assurer. • Civ. 2e, 14 juin 1995, n° 91-22.073 P : *RCA 1995, n° 322* • 6 mars 2008 : *D. 2009. Pan. 253, obs. Groutel ; RCA 2008, nos 179 et 180, note Groutel ; RGDA 2008. 342, note Landel* • 4 nov. 2010, n° 09-69.798 : *RCA 2011, n° 82.* Le FGAO paie les indemnités dues aux victimes ou à leurs ayants droit qui ne peuvent être prises en charge à aucun autre titre lorsque l'accident ouvre droit à réparation. En raison du caractère subsidiaire de cette mission, le FGAO ne peut être condamné au paiement des dépens, qui ne figurent pas au rang des charges qu'il est tenu d'assurer. • Civ. 2e, 3 nov. 2011, n° 10-19.572 : *D. 2012. 1980, obs. Groutel ; RCA 2012, n° 31, note Groutel* • 5 févr. 2015, n° 14-16.015 : *RCA 2015, n° 167* • 10 déc. 2015, n° 14-25.046 : *RCA 2016, n° 100.*

§ 2 *Dispositions applicables à l'indemnisation des dommages résultant d'atteintes à la personne (Décr. n° 86-452 du 14 mars 1986).*

Art. R. 421-2 *(Décr. n° 81-30 du 14 janv. 1981)* **Sont exclus du bénéfice du fonds de garantie :**

1° *(Décr. n° 83-482 du 9 juin 1983 ; Décr. n° 86-452 du 14 mars 1986)* **« Lorsque les dommages sont nés d'un accident dans lequel est impliqué un véhicule terrestre à moteur, les dommages causés au conducteur. »**

2° Lorsque les dommages ont été causés par un animal ou par une chose autre qu'un véhicule terrestre à moteur :

a) **Le propriétaire ou la personne qui a la garde de l'animal ou de la chose au moment de l'accident ;**

b) **Le conjoint, les ascendants et descendants des personnes mentionnées au *a* ci-dessus et dont la responsabilité est engagée du fait de l'accident ainsi que les représentants légaux de la personne morale propriétaire de l'animal ou de la chose.**

3° Dans les cas autres que ceux mentionnés aux 1° et 2° ci-dessus l'auteur de l'accident, son conjoint, ses ascendants et descendants.

(Décr. n° 86-452 du 14 mars 1986) **« En cas de vol du véhicule impliqué dans l'accident, de vol de l'animal ou de la chose qui a causé l'accident, sont également exclus du bénéfice du fonds de garantie les complices du vol et, d'une manière générale, toutes les personnes transportées dans le véhicule ou sur l'animal. Cette exclusion n'est applicable que si le fonds de garantie apporte la preuve de la connaissance du vol du véhicule ou de l'animal par les personnes transportées. »**

Toutefois, les personnes désignées au présent article peuvent invoquer la garantie du fonds lorsque l'accident a été causé en tout ou en partie par la circulation d'un tiers ou d'une chose ou d'un animal appartenant à un tiers ou sous sa garde et dans la mesure de sa responsabilité. — *Comp. C. assur., art. L. 211-1.* — ***C. assur.***

Art. R. 421-3 *(Décr. n° 81-30 du 14 janv. 1981)* **Si l'auteur d'un accident corporel est inconnu, le procès-verbal ou le rapport dressé ou établi par les agents de la force publique et relatif à cet accident doit mentionner expressément cette circonstance.**

Dans le cas où l'auteur est connu et sur les déclarations que celui-ci est tenu de faire, le même document indique obligatoirement si ledit auteur est assuré contre les accidents. Dans l'affirmative, il précise le nom et l'adresse de l'entreprise d'assurance ainsi que le numéro de la police.

Toute omission volontaire de déclaration ou fausse déclaration faite de mauvaise foi sera punie *(Décr. n° 86-452 du 14 mars 1986)* **« de l'amende prévue pour les contraventions de troisième classe ».**

Si un ou plusieurs des renseignements prévus au second alinéa sont ignorés de l'auteur de l'accident au moment de l'établissement du procès-verbal ou du rapport, cette circonstance est mentionnée ainsi que l'engagement qui doit avoir été pris par ledit auteur de faire parvenir ces renseignements sous huitaine. Dans ce cas, il est dressé ultérieurement un procès-verbal ou rapport complémentaire.

Un exemplaire de tout procès-verbal ou rapport relatif à un accident corporel causé par un auteur inconnu ou non assuré est transmis au fonds de garantie dans les dix jours de sa date par les autorités de police ou de gendarmerie.

Responsable de l'accident inconnu. Dès lors qu'une cour d'appel, statuant sur la demande de réparation de dommages formée par un piéton contre deux automobilistes, relève qu'il n'était pas possible de déterminer lequel des deux véhicules avait heurté la victime, il s'ensuit que le responsable des dommages demeurait inconnu. • Civ. 2e, 7 nov. 1984, n° 83-15.031 P : *RGAT 1985. 253.*

Art. R. 421-4 *(Décr. n° 86-452 du 14 mars 1986)* **Lorsqu'un contrat d'assurance a été souscrit pour garantir les conséquences pécuniaires de la responsabilité civile de l'auteur de dommages résultant d'atteintes aux personnes nés d'un accident mentionné** *(Décr. n° 2023-1225 du 21 déc. 2023, art. 3, en vigueur le 23 déc. 2023)* **« au I de l'article L. 421-1 »,**

le fonds de garantie ne peut être appelé *(Abrogé par Décr. n° 2018-612 du 16 juill. 2018, art. 2)* **«*, sauf insolvabilité de l'assureur,*» à payer l'indemnité allouée à la victime ou à ses ayants droit qu'en cas de** *(Abrogé par Décr. n° 2023-1225 du 21 déc. 2023, art. 3, à compter du 23 déc. 2023)* **«*nullité du contrat, de*» suspension du contrat ou de** *(Abrogé par Décr. n° 2023-1225 du 21 déc. 2023, art. 3, à compter du 23 déc. 2023)* **«*la garantie, de*» non-assurance ou d'assurance partielle, opposables à la victime ou à ses ayants droit.**

(Décr. n° 2023-1225 du 21 déc. 2023, art. 3, en vigueur le 23 déc. 2023) **« Pour les dommages causés aux personnes à la suite d'un accident mentionné au II de l'article L. 421-1, le fonds de garantie ne peut être appelé à payer l'indemnité allouée à la victime ou à ses ayants droit qu'en cas de nullité ou de suspension du contrat ou de la garantie de non-assurance ou d'assurance partielle, opposables à la victime ou à ses ayants droit. »**

Dans le cas où, par suite de l'insuffisance du montant de la garantie stipulée au contrat, une part de l'indemnité due à la victime ou à ses ayants droit pour les dommages ci-dessus mentionnés reste à la charge du responsable, l'assureur de ce dernier, après avoir recueilli en cas de règlement transactionnel l'accord du fonds de garantie, verse pour le compte de ce dernier le reliquat de l'indemnité et l'avise de ce versement.

1. Réduction proportionnelle inopposable à la victime. Il résulte de l'art. R. 211-13, 3° que la réduction de l'indemnité prévue par l'art. L. 113-9 n'est pas opposable aux victimes ou à leurs ayants droit ; aussi une cour d'appel ne peut-elle décider que le Fonds de garantie devait « rester dans la cause » alors qu'elle constatait que la compagnie d'assurances n'établissait pas la mauvaise foi de l'assuré et que, par conséquent, il incombait à ladite compagnie de payer l'indemnité pour le compte de son assuré. • Civ. 1re, 25 avr. 1990, n° 88-19.526 P : *RCA 1990, n° 265 ; RGAT 1991. 105.*

2. Garantie de l'assureur insuffisante. Lorsque la garantie due par l'assureur est insuffisante pour réparer en totalité les dommages résultant d'atteintes à la personne des victimes, cet assureur n'est tenu de verser le reliquat de l'indemnité revenant aux victimes que pour le compte du Fonds de garantie automobile. Dès lors, viole l'art. R. 420-4 [C. assur., art. R. 421-4] la cour d'appel qui, pour condamner l'assureur, *in solidum* avec son assuré, à rembourser à la CPAM la totalité de ses prestations malgré la limitation contractuelle de garantie, retient que l'assureur est tenu, en vertu de cet article, de régler la totalité des indemnités accordées aux victimes, *in solidum* avec son assuré, la part d'indemnité excédant la garantie de l'assureur étant versée pour le compte du Fonds de garantie automobile, alors que la CPAM ne disposait d'aucune action contre le Fonds de garantie automobile. • Civ. 2e, 22 févr. 1989 : *Bull. civ. II, n° 44.*

Art. R. 421-5 *(Décr. n° 81-30 du 14 janv. 1981)* **Lorsque l'assureur entend invoquer la** *(Abrogé par Décr. n° 2023-1225 du 21 déc. 2023, art. 3, à compter du 23 déc. 2023)* **«*nullité du contrat d'assurance, sa suspension ou la*» suspension** *(Décr. n° 2023-1225 du 21 déc. 2023, art. 3, en vigueur le 23 déc. 2023)* **« du contrat », une non-assurance ou une assurance partielle opposables à la victime ou à ses ayants droit, il doit, par lettre recommandée** *(Décr. n° 2018-229 du 30 mars 2018, art. 13)* **« ou par envoi recommandé électronique, » avec demande d'avis de réception, le déclarer au fonds de garantie et joindre à sa déclaration les pièces justificatives de son exception ; il doit en aviser en même temps et dans les mêmes formes la victime ou ses ayants droit en précisant le** *(Décr. n° 86-452 du 14 mars 1986)* **« numéro du contrat ».**

Si l'assureur entend contester l'existence du contrat d'assurance, nonobstant la présentation par le responsable de l'accident du document justificatif mentionné à l'article R. 211-15, il doit, d'une part, le déclarer sans délai au fonds de garantie par lettre recommandée *(Décr. n° 2018-229 du 30 mars 2018, art. 13)* **« ou par envoi recommandé électronique, » avec demande d'avis de réception et, d'autre part, en aviser en même temps et dans les mêmes formes la victime ou ses ayants droit.**

I. EXCEPTION DE NON-ASSURANCE

1. Inopposabilité de la non-garantie – Droit européen. La circonstance que la compagnie d'assurance a conclu le contrat sur la base d'omissions ou de fausses déclarations de la part du preneur d'assurance n'est pas de nature à lui permettre de se prévaloir de dispositions légales sur la nullité du contrat et de l'opposer au tiers victime afin de s'exonérer de son obligation découlant de l'art. 3, § 1, de la première directive [72/166/CEE du 24 avr. 1972] d'indemniser ce dernier d'un accident causé par le véhicule assuré. • CJUE 20 juill. 2017, n° C-287/16 : *RGDA 2017. 536. note Parléani ; ibid. 552, note Landel ; RCA 2017. Étude 13, obs. Groutel.* ♦ Il résulte des art. 182 à 188 du Traité instituant la Communauté européenne, devenus les art. 198 à 204 du Traité sur le fonctionnement de l'Union européenne, tels qu'interprétés par la Cour de justice des Communautés européennes (CJCE 12 févr. 1992, n° C-260/90), et de la Décis. n° 2001/822/CE du Conseil du 27 nov. 2001 relative à l'association des pays et territoires d'outre-mer à la Communauté européenne, que, sauf dispositions expresses, ni les dispositions du traité, ni le droit qui en est dérivé ne sont automatiquement applicables aux pays et territoires d'outre-mer bénéficiant d'un régime d'association à l'Union européenne, au nombre desquels se trouve la Nouvelle-Calédonie. Dès lors, est inopérant le grief qui soutient l'application de la décision de la CJUE du 20 juill. 2017, *Fidelidade*, n° C-287/16, précisant la portée de certaines dispositions du droit de l'Union européenne codifiées par la Dir. n° 2009/103/CE du 16 sept. 2009, dont le champ d'application ne s'étend pas aux pays et territoires d'outre-mer. • Crim. 30 nov. 2021, n° 20-86.700 : *RGDA janv.-févr. 2022. 24, note Landel.* ♦ Ayant notamment relevé que l'accident thérapeutique survenu lors de l'accouchement constituait un fait marquant pour le centre hospitalier et que les graves dysfonctionnements constatés par l'équipe médicale dans la prise en charge de l'accouchement avaient conduit à l'adaptation des pratiques médicales en son sein, une cour administrative d'appel en a déduit, sans commettre d'erreur de droit, que la direction du centre hospitalier avait nécessairement eu connaissance avant la date de la souscription par le centre hospitalier de son contrat d'assurance de responsabilité de faits de nature à engager la responsabilité du centre hospitalier, de sorte que la garantie d'assurance prévue par le contrat passé avec l'assureur ne pouvait être actionnée. • CE 15 déc. 2021, n° 444541 : *RCA 2022, n° 57, note Bloch.*

2. Champ d'application. Les formalités de l'art. R. 421-5, al. 1er, s'appliquent dans tous les cas d'assurance de responsabilité civile sans distinction, qu'elles relèvent ou non d'un régime d'assurance obligatoire de dommages. Ainsi, dès lors que l'assureur de responsabilité civile du père de l'auteur des dommages corporels n'avait pas accompli la procédure d'information et de justification de l'exception de non-assurance qu'il entendait invoquer à l'encontre des ayants droit de cette victime, une cour d'appel a exactement déduit que cette exception n'était pas opposable à ces derniers et au FGAO. • Civ. 2e, 13 janv. 2012 : *RCA 2012, n° 130, note Groutel; D. 2013. 1981, note Groutel ; RGDA 2012. 690, note Landel* • 25 juin 2015, n° 14-19.786 : *RCA 2015, n° 274; RGDA 2015. 395, note Pélissier; ibid. 473, note Landel.* ♦ Les formalités de l'art. R. 421-5 s'imposent, notamment, à l'assureur qui entend invoquer une assurance partielle résultant du plafonnement de sa garantie. • Civ. 2e, 27 avr. 2017, n° 16-12.315 : *RGDA 2017. 376, note Landel.* ♦ Il résulte de l'art. R. 421-1, al. 4, C. assur. que les dispositions des art. R. 421-5 à R. 421-9 du même code sont applicables aux refus de prise en charge opposés par le BCF, sans qu'il soit opéré de distinction entre le refus total et le refus partiel. • Civ. 2e, 23 mai 2019, n° 18-15.795 : *RGDA juill. 2019. 23, note Landel; RCA 2019, n° 234, note Groutel.*

3. Envoi de lettres recommandées. Pour rendre opposable au FGAO la décision à intervenir, l'assureur qui a payé pour le compte de qui il appartiendra et qui agit en application de l'art. R. 421-8 doit avoir procédé à l'envoi des lettres recommandées avec demande d'avis de réception prévues par l'art. R. 421-5. • Civ. 2e, 7 févr. 2013 : *D. 2013. 433 ; RCA 2013, n° 162, note Groutel; RGDA 2013. 638, obs Landel.* ♦ L'envoi de lettres ordinaires au Fond de garantie automobile par une compagnie d'assurance pour informer cet organisme qu'elle refuse de couvrir son assuré ne peut avoir pour effet de faire courir contre le Fonds le délai de trois mois qui lui est imparti pour contester l'exception invoquée. • Civ. 1re, 19 déc. 1973, n° 72-12.887 P : *D. 1975. 140, note Berr et Groutel.*

4. Destinataire de la lettre recommandée. Dans le cas où la victime est placée sous tutelle, l'avis que doit lui délivrer, en application de l'art. R. 421-5, l'assureur souhaitant invoquer la nullité du contrat doit être adressé à son tuteur. • Crim. 10 mars 2015, n° 13-87.189 P : *D. 2015. 1569, obs. Lemouland ; RCA 2015, n° 195 (1re esp.), note Groutel; RGDA 2015. 251, note Landel.* ♦ Le refus de prise en charge n'a pas à être notifié à d'autres victimes. • Civ. 1re, 2 févr. 2017, n° 15-26.518 P : *RCA 2017, n° 149, note Groutel; RGDA 2017. 258, note Landel; Gaz. Pal. 9 mai 2017. 74, note Ehrenfeld.*

5. Concomitance des déclarations au Fonds et à la victime. Aux termes de l'art. R. 420-5, devenu l'art. R. 421-5, l'assureur qui entend exciper d'une cause de non-garantie « opposable à la victime » doit en aviser celle-ci par lettre recommandée avec demande d'avis de réception en même temps que le Fonds de garantie lui-même, et, en ne le faisant pas, il s'interdit d'invoquer l'opposabilité aux victimes de son exception de non-garantie. • Civ. 1re, 27 mars 1990 : *RCA 1990, n° 227, et Chron. 11, obs. Groutel; RGAT 1990. 346* • Civ. 1re, 1er déc. 1993, n° 91-21.784 P : *RCA 1994, n° 68, note Groutel* • 4 nov. 2003, n° 02-13.750 : *RCA 2004, n° 123, note Groutel; RGDA 2004. 86, note Landel.* ♦ Lorsque l'assureur entend invoquer la nullité du contrat d'assurance, sa suspension ou la suspension de la garantie, une non-assurance ou une assurance partielle opposables à la victime ou à ses ayants droit, il doit, par lettre recommandée avec accusé de réception, le déclarer au Fonds de garantie et joindre à sa déclaration les pièces justificatives de son exception. Il doit en aviser en même temps et dans les mêmes formes la victime ou ses ayants droit en précisant le numéro du contrat. • Civ. 2e, 7 déc. 2006, n° 05-18.442 P : *RCA 2007, n° 105; ibid. Étude 5, note Groutel; RGDA 2007. 85, note Landel* • 21 déc. 2006 : *RCA 2007, n° 105, et Étude 5, obs. Groutel* • 28 juin 2007 : *RCA 2007, n° 296, note Groutel* • 7 févr. 2008 : *D. 2009. Pan. 253, obs. Groutel ; RCA 2008, n° 117; RGDA 2008. 346, note Landel* • Crim. 24 juin 2008, n° 07-86.521 P : *D. 2009. Pan. 253, obs. Groutel ; RCA 2008, n° 307, note Groutel; RGDA 2008. 933, note Landel* • Civ. 2e, 12 déc. 2013, n° 12-24.836 P : *RCA 2014, n° 100, note Groutel* • 25 juin 2015, n° 14-19.786 : *RCA 2015, n° 274 ; RGDA 2015. 395, note Pélissier ; ibid. 473, note Landel.* ♦ V. égal. à propos de l'art. R. 420-12 C. assur. de la Polynésie française (correspondant à l'art. R. 421-5 C. assur.) : • Civ. 2e, 6 mars 2014, n° 12-21.215 P : *RCA 2014, n° 213, note Groutel ; ibid. 2015. Chron. 1, n° 3, note Groutel ; RGDA 2014. 268, note Landel* • Crim. 10 mars 2015, n° 14-80.293 P : *RCA 2015, n° 195 (2e esp.), note Groutel ; Gaz. Pal. 1er sept. 2013, p. 21, note Ehrenfeld* • 8 déc. 2015, n° 15-80.338 P : *D. actu. 20 janv. 2016, obs. Priou-Alibert.* ♦ Dès lors, viole l'art. R. 421-5 la cour d'appel qui retient que les dispositions de cet article ont été respectées, alors que, datée du 2 mars 2000, la lettre adressée à la victime n'était pas concomitante à celle adressée au Fonds le 8 févr. 2000. • Civ. 2e, 7 déc. 2006, n° 05-20.030 P : *n° 345 ; Gaz. Pal. 6 nov. 2007, p. 24, note Leducq ; RCA 2007, n° 105, et Étude 5, obs. Groutel ; RGDA 2007. 85, note Landel.* ♦ De même, méconnaît le sens et la portée de l'art. R. 421-5 la cour d'appel qui, pour mettre à la charge du Fonds de garantie l'indemnisation de la victime, énonce, après avoir constaté que l'assureur avait avisé le Fonds de garantie par lettre recommandée du 7 juin 2005, puis les victimes par lettres recommandées du 21 juillet suivant du fait qu'il entendait invoquer la nullité du contrat d'assurance, que, si l'art. R. 421-5 prévoit que l'assureur doit aviser la victime en même temps que le Fonds de garantie, ce texte ne fixe aucun délai précis et relève qu'aucune partie ne démontre qu'une information tardive lui aurait causé grief. Il résultait en effet de ces constatations que l'assureur n'avait pas satisfait aux exigences de l'art. R. 421-5 relatives à la concomitance des avis à donner au Fonds de garantie et aux victimes. • Crim. 24 juin 2008, n° 07-86.521 : *préc.*

6. Identité de formes de l'information au Fonds et à la victime. Ayant retenu que l'assureur avait adressé aux parents de la victime des lettres recommandées ne mentionnant pas le numéro du contrat d'assurance et ne les avait donc pas avisés dans les mêmes formes que le Fonds de garantie des assurances obligatoires, une cour d'appel a pu déclarer irrecevable l'exception de non-garantie invoquée par l'assureur. • Crim. 1er sept. 2015, n° 14-83.357 : *RGDA 2015. 473, note Landel.*

7. Déclaration à un mandataire. Ne répond pas aux exigences de l'art. R. 421-5 la déclaration de l'exception de non-assurance faite à l'assureur de protection juridique de la victime, dont il n'est pas justifié qu'elle ait été transmise par lettre recommandée avec accusé de réception, l'avis adressé ultérieurement à celle-ci, qui n'a pas été concomitant de la déclaration au Fonds de garantie, étant tardif. • Crim. 14 oct. 1998 : *RGDA 1999. 119, note Landel.* ♦ ... Ou faite uniquement au conseil des ayants droit de la victime : • Civ. 2e, 12 déc. 2013 : *D. 2014. 571, chron. Lazerges-Cousquer et Touati ; RGDA 2014. 111, note Landel ; RCA 2014, n° 100, note Groutel.* ♦ ... Ou au conseil de la victime. • Crim. 21 mars 2017, n° 16-81.377 : *RGDA 2017. 314, note Landel.* ♦ L'assureur d'un véhicule impliqué dans un accident de la circulation qui, ayant indemnisé la victime, exerce un recours subrogatoire contre l'assureur d'un autre véhicule impliqué dans le même accident peut se prévaloir du non-respect de ces formalités pour contester l'exception de non-garantie opposée par ce dernier. • Civ. 2e, 30 mars 2023, n° 21-22.392 : *RGDA juill.-août 2023. 35, note Landel.*

8. Déclaration à l'assureur de la victime. L'art. R. 421-5 impose à l'assureur, qui entend décliner sa garantie, d'aviser les victimes elles-mêmes et non leur assureur. • Crim. 8 déc. 2015, n° 15-80.338 : *RCA 2016, n° 101, note Groutel.*

9. Pièces justificatives. L'art. R. 421-5 n'exige pas que les pièces justificatives envoyées au Fonds de garantie soient jointes à l'avis adressé à la victime. • Civ. 2e, 7 juill. 2011, n° 10-24.264 P : *D. 2012. 1980, obs. Groutel ; RCA 2011, n° 378, note Groutel ; RGDA 2011. 994, note Landel.*

10. Non-respect des formalités. L'assureur qui n'a pas respecté les exigences d'information prévues par l'art. R. 421-5 C. assur. est irrecevable à se prévaloir d'une exception de non-garantie aux victimes, sans qu'il soit besoin pour celles-ci de rapporter la preuve d'un grief. • Crim. 1er sept. 2015, n° 14-83.357 : *RCA 2015, n° 341, note Groutel* • 8 déc. 2015, n° 15-80.338 P : *D. actu. 20 janv. 2016, obs. Priou-Alibert ; RCA 2016, n° 101, note Groutel* • Crim. 21 mars 2017, n° 16-81.377 : *RGDA 2017. 314, note Landel.* ♦ L'inopposabilité à la victime ou à ses ayants droit et au Fonds de garantie de l'exception de non-garantie, soulevée par l'assureur qui n'a pas respecté les formalités de l'art. R. 420-12 C. assur. de la Polynésie française (correspondant à l'art. R. 421-5), n'est pas subordonnée à l'existence d'un grief. • Crim. 10 mars 2015, n° 14-80.293 P : *préc. note 5.* ♦ *Contra*, auparavant : n'encourt pas la cassation l'arrêt qui déclare l'exception de non-garantie soulevée par l'assureur opposable au FGAO, même s'il avait informé le Fonds de garantie, le 8 juin 2011, puis la victime, le 31 janv. 2012, de son intention de s'en prévaloir, dès lors que le Fonds de garantie, qui avait été régulièrement attrait à l'instance et qui avait pu s'expliquer sur l'exception de non-assurance régulièrement présentée avant toute défense au fond, ne justifiait d'aucune atteinte qui aurait pu être portée à ses droits par le non-respect du formalisme qu'il invoquait. • Crim. 18 juin 2013, n° 12-85.364 : *RCA 2013, n° 325 ; ibid. Étude 7, note Groutel ; RCA 2016, n° 101, note Groutel.*

11. Inefficacité d'une réitération. La réitération de la formalité de l'art. R. 421-5 ne peut régulariser l'absence initiale d'accomplissement des diligences prescrites par ce texte. • Crim. 8 déc. 2015, n° 15-80.338 P : *D. actu., 20 janv. 2016, obs. Priou-*

Alibert ; RCA 2016, n° 101, note Groutel. ♦ Mais le fait d'avoir indiqué, de manière informelle en réponse à deux correspondances interrogatives du FGAO, que le contrat d'assurance était résilié ne privait pas l'assureur du droit de procéder postérieurement à la double déclaration lui permettant de se prévaloir de cette résiliation. • Civ. 2e, 8 juin 2017, n° 16-17.319 P : *D. 2017. 2224, obs. Bacache, Guégan-Lécuyer et Porchy-Simon ; RGDA 2017. 483, note Landel ; RCA 2017, n° 259, note Groutel ; Gaz. Pal. 17 oct. 2017. 64, note Cerveau-Colliard.* ♦ Le fait d'avoir mentionné l'absence de prorogation du contrat d'assurance du fait du non-accomplissement des formalités nécessaires à cette fin au FGAO ne privait pas l'assureur du droit de procéder postérieurement à la double déclaration lui permettant de se prévaloir de l'absence de garantie. • Crim., 15 mai 2018, n° 17-82.335 : *RCA 2018, n° 230, note Groutel.*

II. INEXISTENCE DU CONTRAT

12. Résiliation du contrat. Ayant retenu que l'assureur n'avait aucunement contesté l'existence du contrat d'assurance couvrant le véhicule impliqué dans l'accident mais invoqué la suspension puis la résiliation de ce contrat, une cour d'appel en a exactement déduit que l'assureur avait valablement procédé à la double déclaration dans les formes prescrites par l'art. R. 421-5, al. 1, C. assur., qui n'exige pas qu'elle soit faite sans délai. • Civ. 2e, 8 juin 2017, n° 16-17.319 P : *RGDA 2017. 483, note Landel ; RCA 2017, n° 259, note Groutel.* ♦ Viole l'art. R. 421-5, al. 1er, la cour d'appel qui retient que l'assureur contestait l'existence du contrat d'assurance, ce qui est régi par l'al. 2 de l'art. R. 421-5 C. assur., lequel n'exige pas que l'assureur joigne à sa déclaration les pièces justificatives de ses dires, alors qu'elle constatait par ailleurs qu'un contrat d'assurance était intervenu entre les parties mais qu'il avait été régulièrement résilié. • Civ. 2e, 12 déc. 2019, n° 18-11.355 : *RGDA févr. 2020. 32, note Landel ; RCA 2020, n° 78, note Groutel.* ♦ Méconnaît les art. 385-1, al. 1er, C. pr. pén. et R. 421-4 C. assur., la cour d'appel qui, pour déclarer irrecevable l'exception de non-assurance soulevée par l'assureur, affirme que l'assureur ne pouvait, en tant que professionnel de l'assurance, se contenter d'attendre sa mise en cause par l'avocat de la victime pour se conformer à l'ensemble des exigences énoncées par l'art. R. 421-5 C. assur. et ne pouvait tenter de justifier son intervention tardive par le fait qu'il n'aurait pas eu connaissance des circonstances de l'accident ni de l'existence de blessés, alors qu'il résultait de ses propres constatations que l'exception de non-assurance avait été soulevée avant toute défense au fond. • Crim. 1er juin 2021, n° 20-80.609 : *RCA 2021, n° 165, note Coyault.*

13. Fausse attestation d'assurance. L'obligation de l'art. R. 421-5, al. 2, s'applique même lorsque l'attestation afférente au véhicule impliqué est arguée de faux ou que sa régularité est contestée. • Civ. 2e, 13 sept. 2018, n° 17-17.949 : *RGDA 2018. 497, note Landel.*

Art. R. 421-6 *(Décr. n° 81-30 du 14 janv. 1981)* **Si le fonds de garantie entend contester le bien-fondé d'une des exceptions mentionnées à l'article R. 421-5, invoquée par l'assureur, ou s'il n'est pas en mesure de prendre une décision définitive à ce sujet, il doit, dans un délai de trois mois à compter de la réception de la déclaration, en aviser l'assureur ainsi que la victime ou ses ayants droit. Il leur donne également son avis sur la recevabilité à son encontre d'une demande d'indemnisation de la victime ou de ses ayants droit pour le cas où l'exception invoquée par l'assureur serait reconnue fondée.**

BIBL. ▶ Retard du fonds : GROUTEL, *RCA 1993. Chron. 38.*

I. CONTESTATION DANS LE DÉLAI

1. Recevabilité de la contestation. Viole l'art. 14, al. 2, du Décr. du 7 janv. 1959 une cour d'appel qui décide que le Fonds de garantie automobile est forclos en sa contestation du moyen de nullité d'une police soulevé en son temps par une compagnie d'assurances, dès lors que cet organisme, en formulant des réserves dans le délai prescrit, avait par là même contesté le bien-fondé de l'exception invoquée par l'assureur. • Civ. 1re, 6 mai 1980 : *Bull. civ. I, n° 137 ; RGAT 1981. 78.*

II. CONTESTATION HORS DÉLAI

2. Irrecevabilité de la contestation. Il résulte de l'art. R. 421-6, qui impartit un délai de trois mois au Fonds de garantie contre les accidents pour faire connaître qu'il entend contester le bien-fondé de l'exception de non-assurance invoquée par l'assureur, que, après expiration dudit délai, le Fonds de garantie n'est plus recevable à discuter le moyen invoqué par l'assureur. • Civ. 1re, 6 oct. 1993, n° 90-14.665 P : *RCA 1993, n° 388 et Chron. 38, obs. Groutel.* • Civ. 1re, 7 janv. 1970 (2e arrêt) : *D. 1970. 263, note P.P. ; RGAT 1970. 544, note Besson ; GADA, p. 184, obs. Berr et Groutel.*

3. Tempérament à l'irrecevabilité. La contestation du Fonds de garantie peut être accueillie passé le délai de trois mois qui suit l'avis à lui adressé par l'assureur pour l'aviser qu'il refuse de prendre le sinistre en charge, si l'assureur lui avait caché une révélation de nature à modifier son acceptation du bien-fondé de l'exception. • Civ. 1re, 23 oct. 1974 : *Bull. civ. I, n° 277 ; D. 1975. 514, note Berr et Groutel.*

4. Conséquence sur la procédure en référé. A violé l'art. 14 du Décr. du 7 janv. 1959 [C. assur., art. R. 421-6] la cour d'appel qui a déclaré recevable l'action de la victime devant le juge des référés fondée sur l'art. 16 du Décr. du 7 janv. 1959 [C. assur., art. R. 421-8] et a condamné l'assureur à payer pour le compte de qui il appartiendra, alors que le Fonds de garantie n'avait déclaré contester l'exception invoquée par celui-ci qu'après l'expiration du délai de trois mois. • Civ. 1re, 7 janv. 1970 : *préc. note 2 (1er arrêt).* ♦ Toutefois, après avoir relevé qu'une compagnie d'assurances avait bien été informée des réserves du Fonds de garantie automobile dans le délai de trois mois, une cour d'appel retient, à bon droit, que l'inobservation de ce délai, à l'égard de la victime seule, ne saurait préjudicier à celle-ci. • Civ. 1re, 6 juin 1979 : *Bull. civ. I, no 165 ; D. 1980. IR 179, obs. Berr et Groutel ; RGAT 1980. 86.* ♦ Mais la procédure devant le juge des référés, instaurée par l'art. 16 du Décr. du 7 janv. 1959 [C. assur., art. R. 421-8], en vue du règlement rapide des indemnités allouées à la victime d'un accident de la circulation par l'assureur pour le compte de qui il appartiendra et en dehors de toute appréciation des moyens soulevés par cet assureur pour échapper à l'obligation de garantie, est indépendante de l'action directe dont dispose, en vertu de l'art. 53 de la L. du 13 juill. 1930, devant le tribunal de droit commun, ladite victime contre le même assureur, pour faire établir son obligation à couvrir le sinistre et obtenir paiement des indemnités qui lui sont dues. Dès lors, cette action peut être exercée sans que la victime soit tenue de produire les justifications exigées par l'art. 16 préc. • Civ. 1re, 7 janv. 1970 : *préc. note 2 (2e arrêt).*

Art. R. 421-7 *(Décr. no 81-30 du 14 janv. 1981)* **Lorsque, dans l'hypothèse prévue à l'article R. 421-6, la demande d'indemnité est portée devant une juridiction autre qu'une juridiction répressive, la victime ou ses ayants droit doivent, en cas d'action dirigée soit contre l'assureur, soit contre le responsable, mettre en cause, suivant le cas, le responsable ou l'assureur.**

Art. R. 421-8 *(Décr. no 81-30 du 14 janv. 1981)* **Si la demande d'indemnité a été portée devant une juridiction répressive ou si une transaction approuvée par le fonds de garantie est intervenue avec le responsable de l'accident, la victime ou ses ayants droit peuvent demander à l'assureur le paiement des sommes qui leur seraient versées par le fonds si le règlement était effectué par ce dernier, à la condition de justifier :**

1o Que le fonds de garantie leur a fait connaître, conformément à l'article R. 421-6 :

***a)* Qu'il conteste le bien-fondé de l'exception invoquée par l'assureur ou qu'il n'est pas en mesure de prendre une décision définitive à ce sujet ;**

***b)* Qu'en l'absence de garantie de l'assureur ils seraient admis à bénéficier de la garantie dudit fonds.**

2o Que le montant de l'indemnité a été fixé par une décision de justice exécutoire opposable au fonds ou par une transaction approuvée par lui.

L'assureur est alors tenu de procéder au paiement des sommes susmentionnées pour le compte de qui il appartiendra. S'il n'exécute pas cette obligation, il peut y être contraint par une ordonnance rendue par le juge des référés à la requête de la victime ou de ses ayants droit.

Lorsque le bien-fondé de l'exception par lui opposée est reconnu soit par accord avec le fonds de garantie, soit judiciairement par une décision définitive opposable à cet organisme, cet assureur peut réclamer au fonds de garantie le remboursement des sommes qu'il a payées pour le compte de celui-ci après établissement de l'insolvabilité totale ou partielle du responsable dans les conditions prévues à l'article R. 421-13.

En cas d'instance judiciaire, pour rendre opposable au fonds de garantie la décision à intervenir, l'assureur doit lui adresser une copie de l'acte introductif d'instance.

BIBL. ▸ Spécificité du paiement pour le compte de qui il appartiendra : GROUTEL, *RCA 1992. Chron. 15.*

I. CONDAMNATION DE L'ASSUREUR

1. *Vérification des conditions.* Encourt la cassation l'arrêt de la cour d'appel qui condamne l'assureur au paiement d'une provision sur le fondement de l'art. R. 421-8 sans vérifier si les conditions d'application définies par cet article étaient réunies en l'espèce, la Cour de cassation ne pouvant s'assurer de la légalité de sa décision. • Crim. 29 juin 2004, no 03-83.352 P : *RGDA 2004. 954, note Landel.*

2. *Bénéficiaires.* Seules les victimes d'un accident ou leurs ayants droit peuvent réclamer par voie de référé le paiement pour le compte de qui il appartiendra des sommes qui leur seraient versées par le Fonds de garantie automobile si le règlement était effectué par ce dernier. Dès lors, viole l'art. R. 420-8 [C. assur., art. R. 421-8] la cour d'appel qui condamne l'assureur de l'auteur d'un accident à rembourser à l'assureur de la victime la somme versée à cette dernière en exécution du contrat d'assurance, cet assureur n'ayant pas été directement victime de l'accident. • Civ. 1re, 6 oct. 1982 : *Bull. civ. I, no 275 ; RGAT 1983. 373.* ♦ Une caisse primaire d'assurance maladie ne saurait intervenir pour demander et obtenir de l'assureur la garantie de l'assuré, pour le compte de qui il appartiendra, de sa condamnation. • Crim. 5 mai 1987 : *D. 1987. IR 136* • Civ. 1re, 14 nov. 1995, no 93-11.750 P : *RCA 1996, no 71* ♦ Il en est de même pour la Caisse des dépôts et consignations intervenant comme organisme de sécurité sociale. • Crim. 26 oct. 1999 : *RGDA 2000. 100, note Langé.*

3. Avis du Fonds de garantie. A violé l'art. 14 du Décr. du 7 janv. 1959 [C. assur., art. R. 421-6] la cour d'appel qui a déclaré recevable l'action de la victime devant le juge des référés fondée sur l'art. 16 du Décr. du 7 janv. 1959 [C. assur., art. R. 421-8] et a condamné l'assureur à payer pour le compte de qui il appartiendra, alors que le Fonds de garantie n'avait déclaré contester l'exception invoquée par celui-ci qu'après l'expiration du délai de trois mois. • Civ. 1re, 7 janv. 1970, n° 68-14.067 (1er arrêt) : *D. 1970. 263, note P. P. ; RGAT 1970. 544, note Besson ; GADA, p. 184, obs. Berr et Groutel.* ♦ Toutefois, après avoir relevé qu'une compagnie d'assurance avait bien été informée des réserves du Fonds de garantie automobile dans le délai de trois mois, une cour d'appel retient, à bon droit, que l'inobservation de ce délai, à l'égard de la victime seule, ne saurait préjudicier à celle-ci. • Civ. 1re, 6 juin 1979, n° 77-13.100 P : *D. 1980. IR 179, obs. Berr et Groutel ; RGAT 1980. 86.*

4. Caractère définitif de la décision. Si la victime a le droit de demander au juge des référés de condamner l'assureur de l'auteur de l'accident, bien qu'il ait dénié sa garantie, à payer pour le compte de qui il appartiendra, c'est à la condition pour la victime de justifier que le montant de l'indemnité a été fixé par une décision judiciaire définitive opposable au Fonds. • Civ. 1re, 21 mars 1972 : *Bull. civ. I, n° 89.* ♦ Doit être cassé l'arrêt qui alloue à la victime les dommages-intérêts fixés par un jugement pénal assorti de l'exécution provisoire, mais frappé d'un appel encore pendant. • Civ. 1re, 15 avr. 1975 : *Bull. civ. I, n° 129.*

5. Existence d'un contrat. Justifient légalement l'application de l'art. 16 du Décr. du 7 janv. 1959 [C. assur., art. R. 421-8] les juges du fond qui constatent que, dans une lettre qu'il avait adressée au Fonds de garantie automobile, un assureur avait expressément reconnu qu'il assurait le véhicule ayant causé le dommage et qu'ainsi la condition posée par l'art. 14 du même Décr. [C. assur., art. R. 421-4] à savoir la souscription d'une police pour satisfaire à l'obligation d'assurance, se trouvait réalisée. • Civ. 1re, 15 févr. 1977 : *Bull. civ. I, n° 80.* ♦ Il résulte des dispositions combinées des art. R. 421-5, al. 2, R. 421-6 et R. 421-8, dans leur rédaction issue du Décr. du 14 janv. 1981, que l'assureur peut être condamné à payer à la victime ou à ses ayants droit, pour le compte de qui il appartiendra, l'indemnité fixée par la juridiction répressive, alors même qu'il conteste l'existence du contrat d'assurance nonobstant la présentation, par le responsable de l'accident, d'une attestation d'assurance. • Crim. 7 oct. 1992, n° 91-86.008 P : *RCA 1993, n° 102 ; ibid. Chron. 8, note Groutel ; RGAT 1993. 117, note Landel.*

6. Annulation du contrat prononcée. Il résulte de la combinaison des art. R. 421-5 et R. 421-8 que l'assureur ne peut être tenu de payer pour le compte de qui il appartiendra à la victime ou à ses ayants droit les sommes auxquelles le Fonds serait tenu si le règlement était effectué par lui, que lorsqu'il entend invoquer la nullité du contrat d'assurance ou une exception de non-assurance opposable aux intéressés. Tel n'est pas le cas lorsque la nullité du contrat a déjà été prononcée par une décision définitive de la juridiction civile. • Crim. 21 juin 1995, n° 94-80.644 P : *D. 1996. Somm. 184, obs. Groutel ; RGDA 1995. 916, note Landel.*

7. Obligation éventuelle du Fonds de garantie. La procédure instaurée par l'art. 16 du Décr. du 7 janv. 1959 suppose qu'au cas où l'exception soulevée serait ultérieurement reconnue fondée, l'assureur pourra, les conditions légales étant remplies, réclamer au Fonds le remboursement des sommes provisionnellement versées. Par conséquent, encourt la cassation la décision qui fait droit à la demande de la victime, alors que l'assureur, pour contester son obligation à garantie, soutenait que l'accident était un accident du travail, ce qui impliquait qu'au cas où ce moyen serait ultérieurement reconnu fondé, la réparation d'un tel accident du travail échappant aux règles de droit commun, le Fonds de garantie automobile se trouverait nécessairement hors de cause. • Civ. 1re, 7 févr. 1973 : *Bull. civ. I, n° 48.* ♦ En présence d'un coauteur, le Fonds de garantie n'est pas tenu de payer la victime, puisque celle-ci peut être indemnisée entièrement par l'effet de la solidarité ; aussi l'assureur qui a contesté sa garantie ne peut être condamné pour le compte de qui il appartiendra. • Civ. 1re, 9 mars 1973, n° 71-14.353 P : *D. 1973. 289, note G.C.M.*

8. Intérêts moratoires, frais et dépens. Si une cour d'appel a pu condamner l'assureur à payer, pour le compte de qui il appartiendra, outre les indemnités allouées au principal, les intérêts moratoires qui se rattachent à ces indemnités, elle a, en le condamnant à payer les frais et dépens qui ne sont pas prévus dans les opérations que le Fonds de garantie automobile est tenu d'effectuer, violé l'art. 15 de la L. du 31 déc. 1951. • Civ. 1re, 14 janv. 1976 : *Bull. civ. I, n° 11.* ♦ V. aussi, au sujet des intérêts moratoires : • Civ. 1re, 12 déc. 1977 : *Bull. civ. I, n° 472 ; RGAT 1978. 401, note Bigot.* ♦ ... Et des frais et dépens : • Civ. 1re, 9 mai 1972 : *Bull. civ. I, n° 125.*

9. Compétence juridictionnelle. La juridiction pénale, devant laquelle l'assureur a été mis en cause, est compétente pour prononcer une telle condamnation. • Crim. 7 oct. 1992, n° 91-86.008 P : *préc. note 5.* ♦ Comp. : il résulte de l'art. R. 420-9, devenu l'art. R. 421-9, que seul le juge des référés peut, lorsque sont remplies les conditions mentionnées au 1° de l'art. R. 421-8, condamner l'assureur, en cas de contestation de la validité du contrat d'assurance, à payer à la victime, pour le compte de qui il appartiendra, les sommes qui lui ont été allouées, en application des art. 515, 771 et 808 à 811 C. pr. civ., et qui lui seraient versées par le Fonds de garantie si le règlement était effectué par ce dernier. • Civ. 1re, 14 nov. 1995, n° 93-11.750 P : *RCA 1996, n° 71.*

10. Accident de la circulation. S'agissant d'un accident de la circulation, la demande de paiement pour le compte de qui il appartiendra n'est pas fondée sur l'art. R. 421-8 C. assur. mais sur l'art. 23 de la L. n° 85-677 du 5 juill. 1985, devenu l'art. L. 211-20. • Crim. 19 juin 2007, n° 16-87.923 : *RCA 2007, n° 297, note Groutel ; RGDA 2007. 843, note Landel.* ♦ En application de l'art. 23 de la L. du 5 juill. 1985, entré en vigueur postérieurement à la modification des art. R. 421-5, R. 421-6 et R. 421-8 C. assur. par le Décr. n° 81-30 du 14 janv. 1981 et devenu l'art. L. 211-20 dudit code, l'assureur, nonobstant la contestation afférente à l'exception de garantie légale ou contractuelle qu'il soulève, est tenu, s'il ne les a pas d'ores et déjà indemnisées, de payer aux victimes, pour le compte de qui il appartiendra, la somme qui leur est allouée par la juridiction correctionnelle. • Crim. 18 juin 2013, n° 12-85.364 : *RCA 2013, n° 325, et Étude 7, obs. Groutel.*

II. RECOURS DE L'ASSUREUR

11. Principe du recours. Il résulte de l'art. 16 du Décr. du 7 janv. 1959 [art. R. 421-8 C. assur.] que, lorsque l'assureur qui, à la suite d'un accident corporel, a soulevé une exception de non-garantie, a été amené à procéder au paiement pour le compte de qui il appartiendra de l'indemnité fixée par la juridiction répressive, il peut en réclamer le remboursement lorsque le bien-fondé de l'exception par lui opposée est reconnu. • Civ. 1re, 7 juin 1974, n° 73-12.014 P : *D. 1975. 286, note Berr et Groutel.* ♦ L'assureur qui s'est acquitté, pour le compte de qui il appartiendra, ne peut, étant ensuite déclaré non tenu à garantie, obtenir de la victime le remboursement des sommes versées, le paiement indu ayant, en réalité, bénéficié au Fonds de garantie automobile à l'encontre duquel existait le recours ouvert en pareil cas. • Civ. 1re, 9 mars 2004, n° 01-16.269 P : *RGDA 2004. 421, note Landel.*

12. Décision judiciaire définitive. La décision judiciaire définitive au sens de l'art. R. 420-15 [C. assur., art. R. 421-8] dans sa rédaction antérieure au Décr. du 14 janv. 1981, étant celle par laquelle le juge, en tranchant une contestation, se trouve désormais dessaisi de tout pouvoir de juridiction à son sujet, rien ne s'oppose à ce que l'assureur sollicite dans la même instance la reconnaissance du bien-fondé de l'exception de non-garantie et le remboursement de la somme avancée. • Civ. 1re, 11 oct. 1988 : *Bull. civ. I, n° 279 ; RGAT 1989. 63* • 3 mai 1995, n° 92-14.662 P : *RGAT 1995. 601, note Landel ; D. 1996. Somm. 184, obs. Groutel.* ♦ Aux termes de L'art. R. 420-8 [C. assur., art. R. 421-8], dans sa rédaction applicable en la cause au Décr. du 14 janv. 1981, le recours de l'assureur, qui a dénié sa garantie, contre le Fonds de garantie automobile est subordonné à la double condition de l'insolvabilité du responsable de l'accident et de la reconnaissance du bien-fondé de l'exception de non-garantie, soit amiablement par le Fonds lui-même, soit judiciairement par une décision définitive qui lui soit opposable. Ce texte n'exigeant ni qu'il s'agisse d'une décision irrévocable, ni même d'une décision exécutoire, rien ne s'oppose, l'interdiction de citer le Fonds en justice prévue à l'art. R. 420-14, dernier al. [C. assur., art. R. 421-14, dernier al.] ne s'appliquant qu'à la victime ou à ses ayants droit, à ce que l'assureur, dans le même temps qu'il assigne l'assuré et la victime pour faire statuer sur l'exception de non-garantie, assigne également le Fonds de garantie automobile. La cour d'appel qui, sur l'assignation du Fonds par la compagnie d'assurance, doublée de l'intervention volontaire de celui-ci, a reconnu le bien-fondé de l'exception de non-garantie, et constaté l'insolvabilité du responsable, n'a donc pas méconnu le caractère subsidiaire de l'obligation de ce fonds. • Civ. 1re, 28 avr. 1987 : *Bull. civ. I, n° 130 ; D. 1988. Somm. 154, obs. Groutel ; RGAT 1988. 46.*

13. Formalités de l'art. R. 421-5. Pour rendre opposable au FGAO la décision à intervenir, l'assureur, qui a payé pour le compte de qui il appartiendra et qui agit en application de l'art. R. 421-8, doit avoir procédé à l'envoi des lettres recommandées avec demande d'avis de réception prévues par l'art. R. 421-5. • Civ. 2e, 7 févr. 2013, n° 11-26.383 : *RCA 2013, n° 162, note Groutel ; RGDA 2013. 638, note Landel.*

14. Étendue du recours. Lorsque est reconnu le bien-fondé de l'exception qu'il a opposée, l'assureur peut réclamer au Fonds de garantie le remboursement des sommes qu'il a payées pour lui ; ce droit à remboursement, consacré par le code des assurances, étant indépendant de la subrogation légale prévue par l'art. 1251, 3°, C. civ., le Fonds de garantie ne doit pas rembourser à l'assureur les intérêts au taux légal sur les sommes versées par ce dernier aux victimes. • Civ. 1re, 25 févr. 1992, n° 89-11.261 P : *RCA 1992, n° 160 ; ibid. Chron. 15, note Groutel ; RGAT 1992. 309, note Landel.* ♦ V. auparavant : • Civ. 1re, 28 avr. 1987 : *préc. note 12.*

Art. R. 421-9 *(Décr. n° 81-30 du 14 janv. 1981)* **Si la demande d'indemnité a été portée devant une juridiction civile dans les conditions prévues à l'article R. 421-7, la victime ou ses ayants droit peuvent, lorsque sont remplies les conditions mentionnées au 1° de l'article R. 421-8, demander à l'assureur le paiement des sommes qui leur ont été allouées en application des articles** *(Décr. n° 2019-1333 du 11 déc. 2019, art. 14, en vigueur le 1er janv. 2020)* **« 514, » 515,** *(Décr. n° 2019-1333 du 11 déc. 2019, art. 14, en vigueur le 1er janv. 2020)* **« 789, 834 à 837 » du code de procédure civile, et qui leur seraient versées par le fonds de garantie si le règlement était effectué par ce dernier.**

(Décr. n° 83-482 du 9 juin 1983) « L'assureur est alors tenu de procéder au paiement des sommes susmentionnées pour le compte de qui il appartiendra. S'il n'exécute pas cette obligation, il peut y être contraint par une ordonnance rendue par le juge des référés à la requête de la victime ou de ses ayants droit. »

Compétence du juge des référés. Il résulte des art. R. 420-8 et R. 420-9 [C. assur., art. R. 421-8 et R. 421-9] que, si la demande d'indemnité a été portée devant une juridiction civile, la victime ou ses ayants droit peuvent demander à l'assureur le paiement des sommes qui leur ont été allouées à titre de provision, notamment par voie de référé si les conditions mentionnées au 1° de l'art. R. 420-8 [C. assur., art. R. 421-8] sont réunies. L'une de ces conditions tient à la circonstance que l'assureur ayant contesté sa garantie, le Fonds de garantie automobile ait, de son côté, contesté le bien-fondé de cette attitude ou fait connaître qu'il n'était pas en mesure de prendre une décision définitive à ce sujet. Il en résulte que le juge des référés, informé de cette situation, ne saurait décliner sa compétence au motif qu'il y aurait contestation sérieuse au sujet de l'application du contrat d'assurance. • Civ. 1re, 23 févr. 1988, n° 86-13.157 P : *D. 1989. Somm. 241, obs. Groutel.* ♦ Il résulte de l'art. R. 420-9, devenu l'art. R. 421-9, que seul le juge des référés peut, lorsque sont remplies les conditions mentionnées au 1° de l'art. R. 421-8, condamner l'assureur, en cas de contestation de la validité du contrat d'assurance, à payer à la victime, pour le compte de qui il appartiendra, les sommes qui lui ont été allouées en application des art. 515, 771 et 808 à 811 C. pr. civ. et qui lui seraient versées par le Fonds de garantie si le règlement était effectué par ce dernier. • Civ. 1re, 14 nov. 1995, n° 93-11.750 P : *RCA 1996, n° 71.*

Art. R. 421-10 *(Décr. n° 81-30 du 14 janv. 1981)* Le règlement intérieur mentionné à l'article R. 421-25 précise les obligations des entreprises d'assurance pour l'application des articles R. 421-4 à R. 421-9.

Art. R. 421-11 *(Décr. n° 86-452 du 14 mars 1986)* Toute transaction ayant pour objet de fixer ou de régler les indemnités dues par les responsables non assurés de dommages résultant des atteintes à la personne nés d'un accident mentionné à l'article L. 421-1 doit être notifiée au fonds de garantie par le débiteur de l'indemnité dans un délai d'un mois par lettre recommandée *(Décr. n° 2018-229 du 30 mars 2018, art. 13)* « ou par envoi recommandé électronique, » avec demande d'avis de réception, sous peine de l'amende prévue pour les contraventions de troisième classe.

Art. R. 421-12 *(Décr. n° 81-30 du 14 janv. 1981)* Lorsque le responsable des dommages est inconnu, la demande des victimes ou de leurs ayants droit tendant à la réparation des dommages qui leur ont été causés doit être adressée au fonds de garantie dans le délai *(Décr. n° 86-452 du 14 mars 1986)* « de trois ans » à compter de l'accident.

Lorsque le responsable des dommages est connu, la demande d'indemnité doit être adressée au fonds de garantie *(Décr. n° 86-452 du 14 mars 1986)* « dans le délai d'un an » à compter soit de la date de la transaction, soit de la date de la décision de justice passée en force de chose jugée.

En outre, les victimes ou leurs ayants droit doivent, dans le délai de *(Décr. n° 86-452 du 14 mars 1986)* « cinq ans » à compter de l'accident :

a) Si le responsable est inconnu, avoir réalisé un accord avec le fonds de garantie ou exercé contre celui-ci l'action prévue à l'article R. 421-14 ;

b) Si le responsable est connu, avoir conclu une transaction avec celui-ci ou intenté contre lui une action en justice.

Les délais prévus aux alinéas précédents ne courent que du jour où les intéressés ont eu connaissance du dommage, s'ils prouvent qu'ils l'ont ignoré jusque-là.

Lorsque l'indemnité consiste dans le service d'une rente ou le paiement échelonné d'un capital, la demande d'indemnité doit être adressée au fonds de garantie dans le délai d'un an à compter de la date de l'échéance pour laquelle le débiteur n'a pas fait face à ses obligations.

Ces différents délais sont impartis à peine de forclusion, à moins que les intéressés ne prouvent qu'ils ont été dans l'impossibilité d'agir avant l'expiration desdits délais.

I. POINT DE DÉPART DES DÉLAIS

1. Point de départ du délai de 3 ans. Le point de départ du délai de trois ans imparti par l'art. R. 420-19, devenu l'art. R. 420-12 [C. assur., art. R. 421-12], n'est pas lié à une décision judiciaire, comme l'est celui d'un an prévu par le 2e al. de ce même art., mais est déterminé par la date de la connaissance du dommage. • Civ. 1re, 6 mars 1984, n° 83-11.104 P : *RGAT 1985. 75.* ♦ Il est nécessaire, pour que le Fonds de garantie automobile puisse indemniser la victime lorsque le responsable de l'accident est connu, que celle-ci ait conclu une transaction avec ce dernier ou l'ait assigné dans le délai de trois ans à compter de l'accident, à moins qu'elle prouve n'avoir eu connaissance du dommage que postérieurement. Est sans incidence à cet égard la date à laquelle elle a su que tout recours contre l'assureur était sans espoir. • Civ. 1re, 14 févr. 1989, n° 86-15.909 P • 9 juin 1982, n° 81-11.479 P : *D. 1984. IR 35, obs. Berr et Groutel ; RGAT 1983. 375.* ♦ … Ou la date à laquelle la victime a pu connaître son état définitif. • Civ. 2e, 25 janv. 2007, n° 05-20.841 : *RCA 2007, n° 144, note Groutel.* ♦ … Ou la date à laquelle il a été établi que le responsable n'était pas valablement assuré. • Civ. 1re, 9 mai 1996, n° 93-15.141 : *RCA 1996, n° 294.*

2. Point de départ du délai de cinq ans. Il est nécessaire, pour que le Fonds de garantie automobile puisse indemniser la victime lorsque le responsable de l'accident est connu, que celle-ci ait conclu une transaction avec ce dernier ou l'ait assigné dans le délai de trois ans à compter de l'accident, à moins qu'elle prouve n'avoir eu connaissance du dommage que postérieurement. Est sans incidence à cet égard la date à laquelle elle a su que tout recours contre l'assureur était sans espoir. • Civ. 1re, 14 févr. 1989, n° 86-15.909 P • Civ. 1re, 9 juin 1982, n° 81-11.479 P : *D. 1984. IR 35, obs. Berr et Groutel ; RGAT 1983. 375.* ♦ … Ou la date à laquelle la victime a pu connaître son état définitif. • Civ. 2e, 25 janv. 2007 : *RCA 2007, n° 144, note Groutel.* ♦ … Ou la date à laquelle il a été établi que le responsable n'était pas valablement assuré. • Civ. 1re, 9 mai 1996 : *RCA 1996, n° 294.*

II. INTERRUPTION DU DÉLAI

3. Assignation de l'assureur. Viole l'art. R. 420-12 [C. assur., art. R. 421-12] l'arrêt qui retient que l'assignation de l'assureur en référé pour la désignation d'un expert et le versement d'une provision a interrompu le délai pour agir pendant toute la durée de l'instance, alors que, pour être interruptive du délai de forclusion, l'action en justice doit être intentée contre le responsable de l'accident. • Civ. 1re, 17 nov. 1998 : *RGDA 1999. 116, note Landel.*

III. IMPOSSIBILITÉ D'AGIR

A. IMPOSSIBILITÉ D'AGIR RETENUE

4. Information pénale contre X. Les délais de forclusion relatifs au recours contre le Fonds de garantie automobile sont suspendus par l'impossibilité d'agir dans laquelle se trouve la victime. Aussi, lorsqu'une information pénale a été ouverte contre X., à la suite d'un accident de la circulation dont l'auteur est resté inconnu, le délai de forclusion ne saurait courir avant que n'intervienne une ordonnance de non-lieu, la victime demeurant jusqu'à cette date dans l'impossibilité de justifier que le responsable de l'accident n'a pu être identifié. • Civ. 2e, 9 nov. 1971, n° 70-11.933 P : *D. 1972. 60 ; RGAT 1972. 404.*

5. Amnésie de la victime. Doit être relevée de la forclusion édictée par l'art. R. 421-12 la victime frappée d'amnésie à la suite de l'accident qui en a, un certain temps, ignoré l'existence. • Civ. 2e, 21 déc. 2006, n° 05-21.855 : *RGDA 2007. 89, note Landel.*

B. IMPOSSIBILITÉ D'AGIR ÉCARTÉE

6. Aide juridictionnelle. Pour écarter la forclusion de trois ans, une cour d'appel ne peut se borner à relever que la victime avait obtenu l'aide judiciaire, sans rechercher la date de la notification de la décision du bureau d'aide judiciaire et le délai qui s'était écoulé entre cette notification et l'engagement de l'instance. • Civ. 2e, 20 avr. 1988, n° 86-15.131 P.

7. Méconnaissance du refus de garantie de l'assureur. Si la victime connaissait, par le rapport de police, le nom et l'adresse du conducteur de la voiture automobile en cause, le fait que la compagnie d'assurance, qui faisait valoir ne plus être assureur du véhicule au moment de l'accident, et que le Fonds de garantie automobile, qui invoquait la prescription triennale de l'art. R. 420-19 [C. assur., art. R. 421-19], n'a pas fait connaître à la victime sa position, n'avait pas mis celle-ci dans l'impossibilité de les assigner dans les trois ans qui ont suivi l'accident. • Civ. 1re, 9 mars 1982, n° 81-10.208 P : *D. 1984. IR 35, obs. Berr et Groutel ; RGAT 1982. 529.* ♦ Le point de départ du délai de forclusion institué par l'art. R. 420-19 [C. assur., art. R. 421-12] étant la date de l'accident et non celle du refus de garantie de l'assureur, dès lors qu'une victime avait connu immédiatement l'auteur et les circonstances de l'accident, elle ne se trouvait pas dans l'impossibilité d'agir. • Civ. 1re, 9 juin 1982, n° 81-11.479 P : *D. 1984. IR 35, obs. Berr et Groutel ; RGAT 1983. 375.* ♦ Rappr. : • Civ. 1re, 14 févr. 1989, n° 86-15.909 : *préc. note 1.*

8. Méconnaissance de l'existence d'un responsable. Les ayants droit d'une victime qui admettent avoir eu connaissance de sa mort en 1990, mais reconnaissent ainsi n'avoir rien tenté avant 1998 pour en connaître la cause, ne démontrent pas que leur ignorance de l'existence d'un responsable les a mis dans l'impossibilité d'agir contre le Fonds de garantie. • Civ. 2e, 1er déc. 2005, n° 04-13.064 : *RGDA 2006. 107, note Landel.*

9. Connaissance tardive du classement sans suite de la plainte de la victime. La circonstance que la victime, qui avait adressé le 27 janv. 2014 au FGAO une demande tendant à la réparation de ses dommages, n'ait été avisée que le 15 sept. 2014 de la décision prise le 13 oct. 2010 par le procureur de la République de classer sans suite sa plainte, n'était pas de nature à caractériser son impossibilité d'agir avant l'expiration du délai de trois ans qui avait commencé à courir à compter de la date de l'accident. • Civ. 2e, 14 juin 2018, n° 17-18.492 : *RCA 2018, n° 261, note Groutel.*

10. Prise en charge des intérêts de la victime par un avocat. Ayant relevé qu'un conducteur avait, quelques mois après un accident, confié la charge de ses intérêts à un avocat qui avait entrepris certaines démarches en vue de l'indemnisation de son client, une cour d'appel a pu déduire que la victime n'avait pas été dans l'impossibilité d'agir avant l'expiration du délai de 3 ans prévu par l'art. R. 420-12 [C. assur., art. R. 421-12], délai qui court à compter de l'accident. • Civ. 1re, 8 nov. 1994, n° 92-20.642 P : *RCA 1995, n° 41 ; RGAT 1995. 95, note Landel.* ♦ Ayant relevé, d'une part, que l'avis de classement sans suite avait été adressé par le parquet à la victime environ deux ans après l'accident de sorte que l'intéressé disposait encore d'un délai de presque trois ans pour agir à l'encontre du FGAO, d'autre part que la victime avait confié la défense de ses intérêts à un avocat qui avait entrepris certaines démarches en vue de son indemnisation, ainsi que l'établissait la correspondance en réponse adressée par le FGAO à cet avocat, une cour d'appel a pu en déduire que la victime n'avait pas été dans l'impossibilité d'agir avant l'expiration du délai de cinq ans prévu à l'art. R. 421-12 C. ass., délai qui court à compter de l'accident. • Civ. 2e, 29 mars 2018, n° 17-15.268 : *RGDA 2018. 306, note Landel.*

IV. PORTÉE DES DÉLAIS

11. Absence d'incidence sur la subrogation du FGAO. Les dispositions de l'art. R. 421-12 C. ass. régissent seulement les conditions des demandes d'indemnités adressées au FGAO par une victime ou ses ayants droit et ne peuvent faire obstacle à la subrogation du FGAO dans les droits du créancier de l'indemnité contre l'auteur de l'accident lorsqu'il a remboursé à l'assureur les sommes que ce dernier avait versées, pour le compte de qui il appartiendra, à une victime ou à ses ayants droit. • Civ. 2e, 14 juin 2018, n° 17-16.950 : *RGDA 2018. 408, note Landel.* ♦ Ayant relevé, d'une part, que l'avis de classement sans suite avait été adressé par le parquet à la victime environ deux ans après l'accident de sorte que l'intéressé disposait encore d'un délai de presque trois ans pour agir à l'encontre du FGAO, d'autre part que la victime avait confié la défense de ses intérêts à un avocat qui avait entrepris certaines démarches en vue de son indemnisation, ainsi que l'établissait la correspondance en réponse adressée par le FGAO à cet avocat, une cour d'appel a pu en déduire que la victime n'avait pas été dans l'impossibilité d'agir avant l'expiration du délai de cinq ans prévu à l'art. R. 421-12 C. assur., délai qui court à compter de l'accident. • Civ. 2e, 29 mars 2018, n° 17-15.268 : *RGDA 2018. 306, note Landel.*

Art. R. 421-13 *(Décr. n° 86-452 du 14 mars 1986)* Les victimes d'accidents ou leurs ayants droit doivent adresser au fonds de garantie leurs demandes d'indemnité par lettre recommandée *(Décr. n° 2018-229 du 30 mars 2018, art. 13)* « ou par envoi recommandé électronique, » avec demande d'avis de réception. A l'appui de leur demande, ils sont tenus de justifier :

1° Soit qu'ils sont français ;

— Soit qu'ils ont leur résidence principale sur le territoire de la République française ;

— Soit qu'ils sont ressortissants d'un État ayant conclu avec la France un accord de réciprocité et qu'ils remplissent les conditions fixées par cet accord ;

— Soit, enfin, pour les accidents dans lesquels sont impliqués des véhicules définis à l'article R. 421-1, deuxième alinéa, qu'ils sont ressortissants d'un État membre de la Communauté économique européenne autre que la France, du Saint-Siège, de Saint-Marin ou de Monaco, ou qu'ils ont leur résidence principale dans un de ces États.

2° Que l'accident ouvre droit à réparation à leur profit dans les termes de la législation française sur la responsabilité civile et qu'il ne peut donner droit à indemnisation complète à aucun titre. Si la victime ou ses ayants droit peuvent prétendre à une indemnisation partielle à un autre titre, le fonds de garantie ne prend en charge que le complément. Pour permettre de déterminer le préjudice complémentaire de la victime ou de ses ayants droit, les tiers-payeurs, définis par la loi n° 85-677 du 5 juillet 1985, doivent faire connaître au fonds de garantie le montant des versements effectués au profit de ceux-ci, au plus tard dans un délai de quatre mois à compter de la demande émanant du fonds.

Les réclamants doivent également justifier soit que le responsable de l'accident n'a pu être identifié, soit qu'il n'est pas assuré *(Abrogé par Décr. n° 2018-612 du 16 juill. 2018, art. 2)* « *ou que son assureur est totalement ou partiellement insolvable* » après la fixation de l'indemnité par une transaction ou une décision de justice exécutoire.

(Abrogé par Décr. n° 2018-612 du 16 juill. 2018, art. 2) « ***L'insolvabilité de l'assureur résulte du retrait de l'agrément administratif.*** » — *V. C. assur., art. R. 421-67.* — **C. assur.**

1. Date d'appréciation des conditions. Selon l'art. R. 421-13, les victimes d'accident survenu en France, dont le responsable est inconnu, ou leurs ayants droit doivent adresser au Fonds de garantie leur demande d'indemnité à l'appui de laquelle ils sont tenus de justifier soit qu'ils sont français, soit qu'ils ont leur résidence principale sur le territoire de la République française, soit qu'ils sont ressortissants d'un État ayant conclu avec la France un accord de réciprocité dont ils remplissent les conditions. Les conditions requises par cet article, notamment celle de la nationalité, doivent être appréciées au jour de la demande. • Civ. 2e, 24 oct. 2002, ⚖ no 01-11.217 P : *RCA 2003, no 25, obs. Groutel ; RGDA 2003. 72, note Landel.*

2. Dommage causé par un responsable connu. Si une décision définitive a condamné un prévenu à verser une indemnité à la victime, il appartient à celle-ci de satisfaire aux formalités édictées en pareil cas par les art. R. 420-13 et R. 420-14 anc. [C. assur., art. R. 421-13 et R. 421-14] en adressant au Fonds de garantie, par lettre recommandée avec demande d'avis de réception, une demande d'indemnité accompagnée d'une expédition du jugement à lui opposable et des autres pièces justificatives. • Civ. 1re, 27 nov. 1990, ⚖ no 88-10.591 P : *D. 1991. 337, note Couzinet ; RCA 1991, no 41, et Chron. 1, obs. Groutel ; RGAT 1991. 105.*

3. Dommage causé par un animal. Une cour d'appel, après avoir exactement énoncé que les ayants droit de la victime devaient, pour invoquer la garantie du Fonds, établir que l'accident avait été causé par une chose ou un animal appartenant à un tiers dont la responsabilité était engagée, justifie légalement sa décision en estimant que cette preuve n'a pas été rapportée. • Civ. 1re, 25 févr. 1992 : ⚖ *RCA 1992, no 208 ; RGAT 1992. 307, note Landel.*

4. Dommage causé par un responsable inconnu. Il appartient au Fonds de garantie, en présence d'un véhicule demeuré inconnu, de détruire la présomption de responsabilité qui pèse sur lui, en tant que substitué au gardien de celui-ci. • Civ. 2e, 17 janv. 1973 : *D. 1973. IR 53.*

Art. R. 421-14 *(Décr. no 81-30 du 14 janv. 1981)* **Les demandes d'indemnités doivent obligatoirement être accompagnées d'une expédition de la décision de justice intervenue ou d'une copie certifiée conforme de l'acte portant règlement transactionnel pour la fixation définitive de l'indemnité.**

A défaut d'accord du fonds de garantie avec la victime ou ses ayants droit soit sur la transaction intervenue, soit sur la fixation de l'indemnité lorsque le responsable des dommages est inconnu ou lorsque la décision de justice invoquée est inopposable au fonds de garantie, soit sur l'existence des diverses conditions d'ouverture du droit à l'indemnité, la victime ou ses ayants droit saisissent *(Décr. no 2019-913 du 30 août 2019, art. 4-2o, en vigueur le 1er janv. 2020)* **« le tribunal judiciaire** *[ancienne rédaction :, suivant le taux de la demande, le tribunal d'instance ou le tribunal de grande instance]* **». Le litige peut être porté devant la juridiction du lieu où l'accident s'est produit.**

En dehors de ces cas mentionnés à l'alinéa précédent et des contestations auxquelles peut donner lieu l'application des dispositions du dernier alinéa de l'article R. 421-15, le fonds de garantie ne peut être cité en justice par la victime ou ses ayants droit, notamment en déclaration de jugement commun pour l'application de l'article L. 421-1.

Art. R. 421-15 *(Décr. no 81-30 du 14 janv. 1981)* **Le fonds de garantie peut intervenir même devant les juridictions répressives et même pour la première fois en cause d'appel, en vue, notamment, de contester le principe ou le montant de l'indemnité réclamée, dans toutes les instances engagées entre les victimes d'accidents corporels ou leurs ayants droit, d'une part, les responsables ou leurs assureurs, d'autre part. Il intervient alors à titre principal et peut user de toutes les voies de recours ouvertes par la loi. En aucun cas, cette intervention ne peut motiver une condamnation conjointe ou solidaire du fonds de garantie et du responsable.**

Sous réserve des dispositions du quatrième alinéa du présent article, la victime ou ses ayants droit doivent adresser sans délai au fonds de garantie, par lettre recommandée *(Décr. no 2018-229 du 30 mars 2018, art. 13)* **« ou par envoi recommandé électronique, » avec demande d'avis de réception, une copie de tout acte introductif d'instance ayant pour objet de saisir la juridiction compétente d'une demande d'indemnité dirigée contre un défendeur dont il n'est pas établi que la responsabilité civile est couverte par une assurance.**

Tout acte introductif d'instance, dont une copie doit être adressée au fonds de garantie en application de l'alinéa précédent, doit contenir les précisions suivantes : date et lieu de l'accident, nature du véhicule ou agent ou instrument du dommage, autorité ayant dressé le procès-verbal ou le rapport mentionné à l'article R. 421-3, montant de la demande en ce qui concerne la réparation des dommages *(Décr. no 86-452 du 14 mars 1986)* **« résultant d'atteintes à la personne » ou, à défaut, nature et gravité de ces dommages. Il doit, en outre, mentionner d'après les indications contenues dans le procès-verbal ou le rapport précité ou celles recueillies ultérieurement, notamment celles fournies par l'assureur en application du premier alinéa de l'article R. 421-5 :**

Soit que la responsabilité civile du défendeur n'est pas couverte par un contrat d'assurance ;

Soit que l'assureur, dont les nom et adresse doivent être précisés ainsi que le *(Décr. nº 86-452 du 14 mars 1986)* **« numéro du contrat », entend contester sa garantie ou invoquer la limitation de celle-ci ;**

Soit que le demandeur ne possède aucun des deux renseignements ci-dessus, les éléments lui permettant de douter de l'existence d'une assurance couvrant les dommages dont il est demandé réparation devant être mentionnés le cas échéant.

Les dispositions des deux alinéas qui précèdent ne sont pas applicables lorsque la demande d'indemnité est portée devant une juridiction répressive. Dans ce cas, la victime ou ses ayants droit doivent, dix jours au moins avant l'audience retenue pour les débats, aviser le fonds de garantie par lettre recommandée *(Décr. nº 2018-229 du 30 mars 2018, art. 13)* **« ou par envoi recommandé électronique, avec demande d'avis de réception, » de leur constitution de partie civile ou de l'éventualité de cette constitution. Cet avis doit mentionner, outre les diverses indications prévues au troisième alinéa du présent article, les nom, prénoms et adresse de l'auteur des dommages et, le cas écheant, du civilement responsable ainsi que la juridiction saisie de l'action publique et la date de l'audience.**

Les notifications effectuées dans les conditions prévues aux alinéas précédents ont pour effet, même si le fonds de garantie n'est pas intervenu à l'instance, de rendre opposable à celui-ci la décision rendue sur la demande d'indemnité. Toute mention inexacte contenue dans les notifications est sanctionnée, en cas de mauvaise foi, par la déchéance du recours éventuel du demandeur contre le fonds de garantie.

BIBL. ▶ Appel du fonds de garantie : GROUTEL, *RCA 1990. Chron. 31.*

I. IMMUNITÉ DU FONDS DE GARANTIE

1. Interdiction de condamner le Fonds de garantie. En aucun cas l'intervention du Fonds de garantie automobile ne peut motiver sa condamnation. • Cass., ch. mixte, 28 mai 1990, nº 88-86.030 P : *(arrêt nº 2); D. 1990. IR 151*. ♦ Conf. : • Crim. 1er avr. 2008, nº 07-80.675 P : *RCA 2008, nº 211, note Groutel* • 10 juin 2008, nº 07-82.070 : *D. 2009. Pan. 253, obs. Groutel*; *RCA 2008, nº 308, note Groutel* • 13 janv. 2009, nº 08-82.103 : *RCA 2009, nº 90.* ♦ ... Conjointe ou solidaire de celui-ci et du responsable. • Civ. 1re, 28 avr. 1987, nº 85-12.190 P : *JCP 1989. II. 21216, note Barreau; RGAT 1988. 46; D. 1988. Somm. 153, obs. Groutel* • 15 déc. 1998 : *RCA 1999, nº 91; RGDA 1999. 356, note Landel* • Civ. 2e, 22 janv. 2004, nº 02-15.991 : *RCA 2004, nº 124, note Groutel; RGDA 2004. 418, note Landel* • 6 mars 2008, nº 07-11.887 : *RCA 2008, nº 179, note Groutel; RGDA 2008. 342, note Landel.* ♦ ... Et en disant « engagée la garantie du FGA », partie intervenante, ce qui équivalait à une condamnation de cet organisme, une cour d'appel, qui devait se borner à déclarer opposable sa décision, a méconnu ce principe. • Crim. 18 avr. 1991, nº 90-83.283 P : *RCA 1991, nº 230; RGAT 1991. 583, note Chapuisat.* ♦ ... De même, en condamnant le Fonds de garantie en le disant « tenu à garantie » alors qu'elle aurait dû se borner à lui déclarer sa décision opposable, une cour d'appel viole l'art. R. 421-15. • Cass., ch. mixte, 28 mai 1990, nº 88-86.030 P : *préc. (arrêt nº 2).* ♦ Aux termes de l'art. R. 421-15, en aucun cas, l'intervention du FGAO dans les instances engagées entre les victimes d'accidents corporels ou leurs ayants droit, d'une part, et les responsables ou leurs assureurs, d'autre part, ne peut motiver une condamnation conjointe ou solidaire du fonds de garantie et du responsable. Selon l'art. L. 211-22, al. 2, C. assur., l'application au FGAO de l'art. L. 211-13 prévoyant la pénalité du doublement du taux de l'intérêt légal lorsque l'offre n'a pas été faite dans les délais impartis à l'art. L. 211-9, ne fait pas obstacle aux dispositions particulières qui régissent les actions en justice contre le Fonds. Il en résulte que le FGAO ne peut être condamné à cette pénalité au cours des instances susmentionnées mais seulement au cours de celles introduites par la victime ou ses ayants droit à l'encontre du Fonds dans les conditions prévues par l'art. R. 421-14 C. assur. • Civ. 2e, 6 févr. 2020, nº 1 : *RCA 2020, nº 125, note Groutel; ibid. 2022. Chron. 4, nº 25, note Groutel; RGDA mars 2020. 18, note Landel.*

2. Opposabilité de la condamnation du responsable. Les juges du fond doivent se borner à déclarer leur décision opposable au Fonds de garantie. • Cass., ch. mixte, 28 mai 1990, nº 88-86.030 P : *préc. note 1 (arrêt nº 2)* ♦ Il n'appartient pas aux tribunaux de condamner le Fonds de garantie conjointement ou solidairement avec le responsable, mais de lui déclarer opposables les condamnations prononcées contre celui-ci. • Civ. 2e, 22 janv. 2004, nº 02-15.991 P : *RCA 2004, nº 124, note Groutel; RGDA 2004. 418, note Landel* • Civ. 1re, 15 janv. 1991, nº 87-19.135 P. • 27 juin 1995 : *RGAT 1995. 914, note Landel.* ♦ Une cour d'appel qui fixe le préjudice global des victimes et le montant des créances de la Caisse et se borne à déclarer sa décision opposable au Fonds de garantie n'a pas à rappeler dans celle-ci, ni le caractère subsidiaire de l'obligation du Fonds, ni le droit, qu'il tient de la loi, de ne verser aux ayants droit de la victime que la part du préjudice qui n'est pas indemnisée par la sécurité sociale. • Civ. 2e, 7 juin 1989, nº 87-14.834 P.

3. Renonciation à la succession du responsable. Si les ayants droit du responsable ont renoncé à la succession de celui-ci, les règles applicables sont, dès lors, celles des successions vacantes ;

par conséquent, c'est contre la succession représentée par son curateur et non contre le Fonds de garantie automobile, auquel elle doit seulement être déclarée opposable, qu'est prononcée la condamnation. • Civ. 1re, 31 janv. 1989, no 97-11.009 P : *D. 1989. IR 41 ; RGAT 1989. 350.*

II. ÉTENDUE DES DROITS DU FONDS

A. PRÉTENTIONS

4. *Défaut d'assurance.* Selon l'art. L. 420-5 [C. assur., art. L. 421-5], le Fonds de garantie automobile peut intervenir dans toutes les instances engagées entre les victimes d'accidents ou leurs ayants droit, d'une part, les responsables ou leurs assureurs, d'autre part, en vue notamment de contester le principe ou le montant de l'indemnité réclamée ; cette énumération n'étant pas limitative, le Fonds doit être admis à intervenir dans lesdites procédures toutes les fois qu'il y a intérêt, ce qui est le cas lorsqu'il s'agit de contester le défaut d'assurance du prévenu. • Crim. 28 avr. 1987, no 85-92.490 P : *D. 1988. Somm. 149, obs. Berr et Groutel ; RGAT 1988. 491.* ♦ V. aussi : • Crim. 15 oct. 1975, no 74-93.064 P : *D. 1976. 446, note Durry.*

5. *Accident du travail.* Le Fonds de garantie, légalement habilité à intervenir pour contester le principe ou le montant de l'indemnité réclamée, est fondé à faire constater, s'il y a lieu, par le juge saisi que le fait dommageable a le caractère d'un accident du travail dont la réparation incombe à ce titre à un organisme de sécurité sociale. • Crim. 14 mars 1972, no 71-91.174 P : *RGAT 1973. 245.*

6. *Prescription biennale.* Les droits du Fonds de garantie automobile ne dérivant pas du contrat d'assurance, mais étant déterminés par la loi, qui ne le subroge pas aux droits des assurés, c'est à bon droit qu'une cour d'appel décide qu'il ne peut invoquer la prescription biennale de l'art. L. 114-1 à la place du responsable de l'accident à l'encontre de l'assureur agissant en remboursement de sommes versées. • Civ. 1re, 9 juin 1982, no 81-13.582 P : *D. 1984. IR 39, obs. Berr et Groutel ; RGAT 1983. 376.* ♦ ... Et, au regard du régime propre de prescription, prévu par ce texte, pour toutes actions dérivant du contrat d'assurance et de ce seul contrat, seuls l'assureur, l'assuré ou ceux qui sont subrogés dans leurs droits peuvent se prévaloir de la prescription abrégée qu'il institue. • Civ. 1re, 13 nov. 1991, no 87-19.787 P : *RCA 1992, no 78, note Groutel.*

7. *Condamnation coresponsable.* Il résulte du principe selon lequel nul ne plaide par procureur que le Fonds de garantie est irrecevable à demander la condamnation de conducteurs impliqués, au lieu et place de la victime d'un accident de la circulation. Aussi, en l'absence de toute prétention de celle-ci en ce sens contre les coresponsables de l'accident et leur assureur, le Fonds, dont l'obligation est subsidiaire, ne peut demander que sa mise hors de cause. • Civ. 2e, 29 nov. 2001, no 00-10.549 P : *RCA 2002, no 57.*

B. VOIE DE RECOURS

8. *Fondement textuel.* Les art. L. 420-5 et R. 420-15 [C. assur., art. L. 421-5 et R. 421-15] ayant une rédaction presque identique, et prévoyant l'un et l'autre que le Fonds de garantie peut exercer toutes voies de recours, en visant à bon droit le second de ces textes, qui s'applique à la procédure civile, plutôt que le premier, un arrêt ne contient aucune erreur matérielle et une requête en rectification ne peut être accueillie. • Civ. 2e, 4 janv. 1990, no 89-16.935 P.

9. *Portée de l'appel du Fonds de garantie.* Compte tenu de l'indivisibilité du litige sur l'exception de nullité du contrat d'assurance soulevée par l'assureur, l'appel formé par le Fonds de garantie remet nécessairement en question, à l'égard de toutes les parties qui ont été citées devant la juridiction du second degré, la chose jugée en première instance quant à la validité du contrat d'assurance. • Crim. 12 mai 1987, no 86-90.193 P : *D. 1988. Somm. 149, obs. Berr et Groutel.* ♦ En l'absence d'appel du prévenu, le recours du Fonds de garantie ne peut avoir d'effet sur le montant des condamnations mises par le tribunal à la charge dudit prévenu. • Crim. 25 juill. 1989 : *RCA 1989, no 358 ; ibid. Chron. 31, obs. Groutel.* ♦ V. aussi • Crim. 28 avr. 1970, no 69-93.060 P : *D. 1970. 589* • 1er févr. 1982, no 80-90.537 : no 80-90.537 P. ♦ Mais si la juridiction du second degré, saisie d'un appel du Fonds de garantie contre les accidents, ne peut, en l'absence de recours du prévenu lui-même, diminuer le montant des indemnités mises par le tribunal à la charge de ce dernier au profit de la partie civile, elle n'en doit pas moins, à la demande du Fonds et dans les rapports de cet organisme avec la victime, statuer à nouveau sur l'évaluation du dommage de celle-ci. • Crim. 20 juin 1991, no 90-80.756 P : *RCA 1991, no 356 ; RGAT 1991. 867.* ♦ V. aussi • Crim. 14 mars 1963, no 61-93.785 P : *D. 1963. Somm. 90 ; JCP 1964. II. 13971, note Meurisse* • 6 nov. 1984, no 82-94.284 P : *D. 1985. IR 158* • 20 juin 1991, no 90-81.146 P.

Art. R. 421-16 *(Décr. no 86-452 du 14 mars 1986)* **« Sans préjudice de l'exercice résultant de la subrogation légale du fonds de garantie dans les droits que possède le créancier de l'indemnité contre l'auteur de l'accident ou l'assureur, le fonds de garantie a le droit de réclamer également au débiteur de l'indemnité : d'une part, des intérêts qui sont calculés au taux légal depuis la date du paiement des indemnités lorsque celles-ci ont été fixées judiciairement, ou depuis la mise en demeure adressée par le fonds de garantie lorsque les indemnités ont été fixées par une transaction ; d'autre part, une allocation forfaitaire qui est destinée à couvrir les frais de recouvrement et dont le montant est fixé sur les bases que détermine un décret pris sur proposition du ministre chargé du budget. »**

(Décr. nº 81-30 du 14 janv. 1981) **Le cas échéant, le fonds de garantie recouvre également sur le débiteur de l'indemnité la contribution mentionnée au** *(Décr. nº 2018-612 du 16 juill. 2018, art. 2)* **« 4º » de l'article R. 421-27.**

(Décr. nº 86-452 du 14 mars 1986) **« Lorsque l'auteur des dommages entend user du droit de contestation prévu par l'article L. 421-3, il doit porter son action devant le tribunal compétent dans un délai de trois mois à compter de la mise en demeure de remboursement adressée par le fonds de garantie.**

« La mise en demeure prévue aux alinéas ci-dessus résulte de l'envoi par le fonds d'une lettre recommandée avec demande d'avis de réception. » — *C. assur., art. R. 421-54.* — ***C. assur.***

Art. R. 421-17 *(Décr. nº 81-30 du 14 janv. 1981)* **Sont interdites les conventions par lesquelles des intermédiaires se chargeraient, moyennant émoluments convenus au préalable, de faire obtenir aux victimes d'accidents corporels ou à leurs ayants droit une indemnisation du fonds de garantie.**

Au cas d'inobservation de cette prohibition, il sera fait, s'il échet, application des dispositions de la loi du 3 avril 1942 proscrivant les pactes sur le règlement des indemnités dues aux victimes d'accidents dans les conditions prévues par la loi. — *V. cette loi au* ***C. civ.***

§ 3 *Dispositions applicables à l'indemnisation des dommages aux biens (Décr. nº 86-452 du 14 mars 1986).*

Art. R. 421-18 *(Décr. nº 86-452 du 14 mars 1986)* **« 1. Les dommages aux biens pris en charge par le fonds de garantie en application du 2e alinéa de l'article R. 421-1 sont tous ceux qui résultent d'un accident dans lequel est impliqué un véhicule terrestre à moteur en circulation, ainsi que ses remorques et semi-remorques, lorsque l'auteur des dommages est identifié.**

« Sont, dans ce cas, exclus du bénéfice du fonds de garantie les dommages subis par le véhicule impliqué dans l'accident ainsi que les dommages aux biens du conducteur de ce même véhicule.

« Lorsque le véhicule impliqué dans l'accident a été volé, sont exclus du bénéfice du fonds de garantie les complices du vol et, d'une manière générale, toutes les personnes transportées dans le véhicule. Cette exclusion n'est applicable que si le fonds de garantie apporte la preuve de la connaissance du vol par les personnes transportées.

« Lorsque l'auteur des dommages demeure inconnu, le fonds prend également en charge tous les dommages aux biens à condition que le conducteur du véhicule accidenté, ou toute autre personne, ait été victime d'une atteinte à sa personne ayant entraîné son décès, ou une hospitalisation d'au moins sept jours suivie d'une incapacité temporaire égale ou supérieure à un mois, ou une incapacité permanente partielle d'au moins 10 p. 100. »

(Décr. nº 81-30 du 14 janv. 1981) **Toutefois, les personnes désignées au présent article peuvent invoquer la garantie du fonds lorsque l'accident a été causé par un autre véhicule terrestre à moteur, dans la mesure de la responsabilité de celui qui a la garde de ce véhicule.**

Lorsqu'un contrat d'assurance a été souscrit pour garantir les conséquences pécuniaires de la responsabilité civile découlant de l'emploi du véhicule qui a causé les dommages matériels, le fonds de garantie ne peut être appelé à indemniser la victime ou ses ayants droit qu'en cas de *(Abrogé par Décr. nº 2023-1225 du 21 déc. 2023, art. 3, à compter du 23 déc. 2023)* ***« nullité du contrat, de »*** **suspension du contrat ou** *(Abrogé par Décr. nº 2023-1225 du 21 déc. 2023, art. 3, à compter du 23 déc. 2023)* ***« de la garantie »*** **de non-assurance ou d'assurance partielle, opposables à la victime ou à ses ayants droit. L'assureur doit déclarer sans délai au fonds de garantie les accidents pour lesquels il entend invoquer une de ces exceptions. Il doit en aviser la victime ou ses ayants droit en précisant le numéro de la police.**

2. Les dispositions des articles R. 421-13 à R. 421-16 sont applicables à l'indemnisation des dommages matériels.

3. *(Décr. nº 97-635 du 31 mai 1997)* **« Le fonds de garantie ne prend pas en charge les dommages matériels subis par l'État. »**

(Décr. nº 2004-176 du 17 févr. 2004) **« 4. Lorsque le fonds de garantie indemnise en vertu du cinquième alinéa de l'article L. 421-1 les dommages aux biens résultant des accidents mentionnés aux troisième et quatrième alinéas du même article, et lorsque le responsable des dommages est inconnu ou que l'animal n'est pas identifié, le fonds ne prend en charge ces dommages qu'à la condition que le conducteur du véhicule accidenté ou toute autre personne ait été victime d'une atteinte à son intégrité physique ayant entraîné son décès,**

ou une hospitalisation d'au moins sept jours suivie d'une incapacité temporaire égale ou supérieure à un mois ou d'une incapacité permanente partielle d'au moins 10 %. »

1. Notion de dommage aux biens. Les dispositions des art. L. 421-1 et R. 421-18 ne distinguent pas entre les catégories de préjudices consécutifs aux dommages aux biens. Viole ces articles la cour d'appel qui énonce que le dommage matériel résultant, pour la victime d'un accident de la circulation, du règlement d'une indemnité de résiliation anticipée à l'organisme de crédit lui ayant vendu son véhicule est constitutif d'un préjudice financier non pris en charge au titre des dommages matériels. • Civ. 2e, 13 juill. 1999, n° 97-13.210 P : *RCA 1999, n° 347.*

2. Responsable inconnu. L'application des dispositions de l'al. 6 de l'art. R. 421-18 n'exclut pas l'application des dispositions de l'al. 4 du même article et celles de l'art. L. 421-1, al. 2, du même code relatives aux conditions d'indemnisation, par le fonds de garantie automobile, des dommages aux biens, lorsque l'auteur de ces dommages demeure inconnu. • Civ. 1re, 21 févr. 1995, n° 91-15.525 : *RCA 1995, n° 145 ; RGAT 1995. 373, note Landel.*

Art. R. 421-19 *(Décr. n° 2007-1118 du 19 juill. 2007)* **L'indemnisation des dommages aux biens par le fonds de garantie ne peut excéder par sinistre la somme fixée par arrêté du ministre chargé de l'économie.**

(Décr. n° 2010-923 du 3 août 2010, art. 1er) **« Lorsque l'accident de la circulation est causé par un animal identifié mais sans propriétaire, l'indemnisation des dommages aux biens par le fonds de garantie, mentionnée au *d* du 2 du II de l'article L. 421-1, supporte un abattement de 500 euros par véhicule. »**

L'art. 1er du Décr. n° 2010-923 du 3 août 2010 s'applique aux dommages nés d'accidents de la circulation survenus à compter de l'entrée en vigueur du présent décret (Décr. préc., art. 2).

Ancien art. R. 421-19 (Décr. n° 81-30 du 14 janv. 1981 ; Décr. n° 86-452 du 14 mars 1986) ***L'indemnisation des dommages aux biens par le fonds de garantie supporte un abattement de*** (Décr. n° 2001-95 du 2 févr. 2001) ***« 300 euros » par victime et ne peut excéder la somme de*** (Décr. n° 2001-95 du 2 févr. 2001) ***« 460 000 euros » par événement.***

Les espèces, valeurs mobilières et objets considérés comme précieux ne donnent pas lieu à indemnisation.

L'indemnisation des dommages occasionnés à des effets personnels ne peut excéder (Décr. n° 2001-95 du 2 févr. 2001) ***« 970 euros » par victime.***

L'al. 3 de l'art. R. 421-19, qui fixe un plafond de 970 euros, ne déroge pas aux dispositions de l'al. 1er, selon lequel l'indemnisation supporte un abattement de 300 euros. • Civ. 2e, 5 juill. 2006 : *RCA 2006, n° 285, note Groutel ; RGDA 2006. 931, note Landel.*

Art. R. 421-20 *(Décr. n° 86-452 du 14 mars 1986)* **1. Lorsque l'auteur des dommages est identifié, toute victime de dommages aux biens doit, sous peine de déchéance de ses droits à l'égard du fonds de garantie, adresser au fonds une déclaration accompagnée de l'état descriptif des dommages et des justifications relatives à l'identité de l'adversaire, à sa responsabilité et à l'absence ou à l'insuffisance d'assurance ou de garantie de la personne présumée responsable des dommages. Cette déclaration doit être adressée au fonds dans le délai de six mois à compter du jour où la victime a eu connaissance de l'absence ou de l'insuffisance de garantie de la personne présumée responsable des dommages, notamment par le refus de prise en charge du sinistre par l'assureur de cette personne et, au plus tard, dans le délai de douze mois à compter du jour de l'accident, sauf si la victime est en mesure de rapporter la preuve qu'ayant fait elle-même ou par mandataire des diligences nécessaires pour obtenir la prise en charge de ses dommages par un assureur, il ne lui a pas été possible dans ce délai de douze mois de déterminer si une garantie d'assurance pouvait ou non jouer à son profit.**

Toutefois, la déchéance prévue à l'alinéa précédent n'est pas opposable à la victime de l'accident qui a subi à la fois des dommages atteignant sa personne et ses biens ou encore lorsque l'auteur des dommages est inconnu.

Lorsque l'auteur des dommages est inconnu, toute victime de dommages aux biens doit, sous peine de déchéance de ses droits à l'égard du fonds de garantie, dans le délai de trois ans à compter de l'accident, faire une déclaration accompagnée de l'état descriptif des dommages et établir que les conditions prévues à l'article R. 421-18 sont réunies.

2. La demande d'indemnité doit être adressée au fonds de garantie dans le délai d'un an à compter soit de la date de la transaction, soit de la date de la décision de justice passée en force de chose jugée.

En outre, les victimes ou leurs ayants droit doivent, dans le délai de cinq ans à compter de l'accident, avoir conclu une transaction avec l'auteur de celui-ci ou intenté contre lui

une action en justice ou, si l'auteur est inconnu, avoir réalisé un accord avec le fonds ou exercé contre celui-ci l'action prévue à l'article R. 421-14.

Les délais prévus aux deux alinéas précédents ne courent que du jour où les intéressés ont eu connaissance du dommage, s'ils prouvent qu'ils l'ont ignoré jusque-là.

Ces délais sont impartis à peine de forclusion, à moins que les intéressés ne prouvent qu'ils ont été dans l'impossibilité d'agir avant l'expiration de ces délais.

3. Les dispositions des articles R. 421-4 à R. 421-11 sont applicables à l'indemnisation des dommages aux biens de la victime d'un accident qui a subi également des dommages atteignant sa personne.

1. Conformité du délai de déclaration au droit de l'Union. Les règles de procédure instituées par les art. R. 421-18 à R. 421-20 C. assur. concernant l'indemnisation des dommages aux biens par le FGAO, et notamment le délai de six mois imparti, à peine de déchéance, à la victime, à compter du jour où elle a eu connaissance du défaut d'assurance de la personne présumée responsable, pour adresser sa déclaration au Fonds, qui favorisent la rapidité et l'efficacité de son intervention, ne rendent pas pratiquement impossible ou excessivement difficile l'exercice du droit à indemnisation que la victime tire de la Dir. 2009/103/CE du Parlement européen et du Conseil du 16 sept. 2009 et lui confèrent un niveau de protection correspondant à celui qu'elle prescrit. • Civ. 2e, 10 nov. 2021, n° 19-22.949 : *RGDA déc. 2021. 39, note Landel.*

2. Respect du délai de déclaration. Viole l'art. R. 421-20, la cour d'appel qui, pour dire le FGAO redevable envers la victime d'une somme en réparation du sinistre, énonce qu'aucune forclusion ne peut être opposée à la victime qui a respecté les dispositions de l'art. R. 421-20 qui précise que la demande d'indemnisation doit être adressée dans le délai d'un an à compter de la date de la décision de justice passée en force de chose jugée, sans vérifier si la victime avait respecté l'obligation de déclaration de sa créance au FGAO dans le délai de 6 mois à compter de la connaissance de l'absence de garantie prévue par l'art. R. 421-20, 1, à peine de déchéance de ses droits. • Civ. 2e, 22 nov. 2018, n° 17-27.485 : *RCA 2019, n° 91, note Groutel.*

3. Point de départ du délai de déclaration. Le délai pendant lequel la victime de dommages matériels doit saisir le Fonds de garantie automobile de sa réclamation court du jour où elle a eu connaissance de l'absence ou de l'insuffisance de garantie de l'auteur présumé de l'accident, et cette connaissance peut résulter de la notification faite par un assureur à la compagnie d'assurances mandataire de la victime de son refus de garantie du sinistre causé par l'auteur du dommage. • Civ. 1re, 19 déc. 1983 : *Bull. civ. I, n° 303 ; RGAT 1985. 75.* ♦ La date à laquelle la victime a eu connaissance de l'absence ou de l'insuffisance de garantie de la personne présumée responsable des dommages constitue un fait juridique susceptible d'être prouvé par tout moyen et aucune disposition légale ne subordonne cette connaissance à l'existence de poursuites pénales et d'une condamnation définitive du chef de défaut d'assurance. • Civ. 2e, 10 nov. 2021, n° 19-22.949 : *RGDA déc. 2021. 39, note Landel.*

4. Domaine du délai de déclaration. Les délais de forclusion institués par l'art. R. 421-20 ne concernent que la recevabilité des demandes de la victime à l'égard du Fonds et sont étrangers à l'action de nature délictuelle exercée par le Fonds, subrogé dans les droits de la victime, contre le responsable de l'accident. • Civ. 2e, 25 nov. 2004 : *D. 2005. IR 241 ; RCA 2005, n° 77.*

Code des transports

PREMIÈRE PARTIE : *LÉGISLATIVE*

PREMIÈRE PARTIE : *DISPOSITIONS COMMUNES*

LIVRE V **DISPOSITIONS COMMUNES AUX INFRASTRUCTURES, AUX ÉQUIPEMENTS ET AUX MATÉRIELS**

TITRE I **DISPOSITIONS GÉNÉRALES**

CHAPITRE IV *LES DONNÉES DU VÉHICULE*

(Ord. n° 2021-442 du 14 avr. 2021)

Art. L. 1514-1 I. — Les données mentionnées au II produites par les systèmes intégrés à un véhicule terrestre à moteur équipé de moyens de communication permettant d'échanger ces données avec l'extérieur sont transmises sous un format structuré exploitable au moyen d'outils informatiques, par le constructeur du véhicule terrestre à moteur ou son mandataire, aux gestionnaires d'infrastructures routières, aux forces de police et de gendarmerie et aux services d'incendie et de secours, aux fins de prévention des accidents, en vue d'apporter des réponses rapides aux risques identifiés, ou d'amélioration de l'intervention en cas d'accident, dans le cadre exclusif de l'exécution de leurs missions de service public et sous réserve, le cas échéant, de l'acceptation des conditions financières prévues au VIII.

II. — Les données transmises sont limitées à celles qui sont strictement nécessaires à la détection d'accidents, d'incidents ou de conditions génératrices d'accidents situés dans l'environnement de conduite du véhicule, à l'exclusion des données destinées aux systèmes de communications aux centres d'appels d'urgence.

Elles sont anonymisées par un procédé garantissant la suppression irréversible du lien entre lesdites données et le numéro de série ou tout identifiant du véhicule, de son conducteur, propriétaire ou locataire.

Elles excluent tout support permettant d'identifier les personnes ou véhicules dans l'environnement de conduite du véhicule.

III. — La transmission de ces données peut s'appuyer sur des réseaux de communication ouverts au public et des systèmes de transports intelligents coopératifs.

IV. — Ces données sont utilisées par les gestionnaires d'infrastructures routières, les forces de l'ordre de police et de gendarmerie et les services d'incendie et de secours exclusivement aux fins mentionnées au I. Elles ne peuvent notamment être utilisées ni comme preuve de la commission d'infractions au code de la route, ni aux fins de fourniture commerciale d'informations aux usagers de la route.

V. — Le consentement de la personne concernée, conducteur ou utilisateur du véhicule, au traitement de ces données n'est pas requis pour ces finalités.

VI. — La personne concernée est informée, préalablement à ce traitement, par le constructeur du véhicule terrestre à moteur ou son mandataire, selon des modalités définies par voie réglementaire.

VII. — Les données concernées ainsi que leurs modalités d'accès, de mise à jour et de conservation sont précisées par voie règlementaire.

VIII. — Si des conditions financières d'accès aux données sont appliquées, elles ne peuvent couvrir que les coûts de transmission et de traitement des données spécifiques à la détection des accidents et incidents ou conditions de circulation génératrices d'accidents, localisés dans l'environnement de conduite du véhicule.

Art. L. 1514-2 I. — Les données mentionnées au II produites par les systèmes intégrés à un véhicule terrestre à moteur équipé de moyens de communication permettant d'échanger ces données avec l'extérieur sont transmises, après avoir été agrégées, sous un format structuré exploitable au moyen d'outils informatiques, par le constructeur du véhicule terrestre à moteur ou son mandataire, aux gestionnaires d'infrastructures routières, aux fins exclusives de connaissance et de cartographie de l'infrastructure routière et de son équipement, en vue de garantir ses conditions de sécurité, sous réserve, le cas échéant, de l'acceptation des conditions financières prévues au VIII.

II. — Les données transmises permettent l'observation de l'infrastructure routière, de son état et de son équipement dans l'environnement de conduite du véhicule et sont limitées à ce qui est strictement nécessaire pour caractériser l'état de l'infrastructure et de ses équipements.

Elles sont anonymisées par un procédé garantissant la suppression irréversible du lien entre lesdites données et le numéro de série ou tout identifiant du véhicule, de son conducteur, propriétaire ou locataire.

Elles excluent tout support permettant d'identifier les personnes ou véhicules dans l'environnement de conduite du véhicule.

III. — La transmission de ces données peut s'appuyer sur des réseaux de communication ouverts au public et des systèmes de transports intelligents coopératifs.

IV. — Ces données sont utilisées par les gestionnaires d'infrastructures routières exclusivement aux fins mentionnées au I. Elles ne peuvent notamment être utilisées ni comme preuve de la commission d'infractions au code de la route, ni aux fins de fourniture commerciale d'informations aux usagers de la route sur l'état de l'infrastructure routière ou de son équipement.

V. — Le consentement de la personne concernée, conducteur ou utilisateur du véhicule, au traitement de ces données n'est pas requis pour cette finalité.

VI. — La personne concernée est informée, préalablement à ce traitement, par le constructeur du véhicule terrestre à moteur ou son mandataire, selon des modalités définies par voie réglementaire.

VII. — Les données concernées ainsi que leurs modalités d'accès, de mise à jour et de conservation sont précisées par voie réglementaire.

VIII. — Si des conditions financières d'accès aux données sont appliquées, elles ne peuvent couvrir que les coûts de collecte, de transmission et de traitement des données spécifiques à la caractérisation de l'état de l'infrastructure et de ses équipements localisés dans l'environnement de conduite du véhicule.

Art. L. 1514-3 I. — Les données mentionnées au II produites par les systèmes intégrés à un véhicule terrestre à moteur équipé de moyens de communication permettant d'échanger ces données avec l'extérieur sont transmises, après avoir été agrégées, sous un format structuré exploitable au moyen d'outils informatiques, par le constructeur du véhicule terrestre à moteur ou son mandataire, aux gestionnaires d'infrastructures routières et aux autorités organisatrices de la mobilité désignées aux articles L. 1231-1, L. 1231-3, L. 1241-1 et L. 1811-2, aux fins de connaissance du trafic routier, sous réserve, le cas échéant, de l'acceptation des conditions financières prévues au VII.

II. — Les données transmises sont limitées à celles qui permettent l'observation des conditions d'écoulement du trafic routier.

Elles sont anonymisées par un procédé garantissant la suppression irréversible du lien entre lesdites données et le numéro de série ou tout identifiant du véhicule, de son conducteur, propriétaire ou locataire.

Elles excluent tout support permettant d'identifier les personnes ou véhicules dans l'environnement de conduite du véhicule.

III. — La transmission de ces données peut s'appuyer sur des réseaux de communication ouverts au public et des systèmes de transports intelligents coopératifs.

IV. — Ces données sont utilisées par les gestionnaires d'infrastructures routières et les autorités organisatrices de la mobilité exclusivement aux fins mentionnées au I. Elles ne peuvent notamment être utilisées ni comme preuve de la commission d'infractions au code de la route, ni aux fins de fourniture commerciale d'informations aux usagers des transports sur les conditions de trafic.

V. — La personne concernée est informée, préalablement à ce traitement, par le constructeur du véhicule terrestre à moteur ou son mandataire, selon des modalités définies par voie réglementaire.

VI. — Les données concernées ainsi que leurs modalités d'accès, de mise à jour et de conservation sont précisées par voie réglementaire.

VII. — Si des conditions financières d'accès aux données sont appliquées, elles ne peuvent couvrir que les coûts de collecte, de transmission et de traitement des données spécifiques à la caractérisation des conditions de trafic.

Art. L. 1514-4 I. — En cas d'accident de la route, les organismes chargés de l'enquête technique prévue à l'article L. 1621-2 ont accès aux données des dispositifs d'enregistrement des données d'état de délégation de conduite, pour la seule finalité de l'étude et de l'analyse des accidents.

II. — A cette fin, le constructeur du véhicule terrestre à moteur ou son mandataire garantit l'intégrité de ces données.

Dans le cas où le constructeur du véhicule terrestre à moteur ou son mandataire a accès à ces données à distance, lorsque le véhicule est équipé de moyens de communication permettant de les échanger avec l'extérieur, les modalités d'accès aux données et de leur conservation par ces personnes, dont la durée ne peut dépasser six ans à compter de la date de l'accident considéré, sont précisées par décret en Conseil d'État.

Art. L. 1514-5 I. — En cas d'accident de la route, ont accès aux données des dispositifs d'enregistrement des données d'état de délégation de conduite relatives aux conditions d'activation, de désactivation et de reprise en main du système de conduite automatisé, sous réserve, le cas échéant, de l'acceptation des conditions financières prévues au VI :

1° Les entreprises d'assurance qui garantissent les véhicules impliqués dans l'accident, aux fins de déterminer les indemnisations nécessaires à l'application du contrat d'assurance concerné prévus à l'article L. 121-12 du code des assurances, exclusivement lorsque le traitement de ces données est nécessaire à l'exécution du contrat d'assurance concerné ;

2° Le fonds de garantie des assurances obligatoires de dommages mentionné à l'article L. 421-1 du code des assurances pour la même finalité, lorsqu'aucune entreprise d'assurance n'est en mesure de procéder aux indemnisations dans le cadre de l'exécution d'un contrat d'assurance.

II. — Le consentement de la personne concernée, conducteur ou utilisateur de l'un des véhicules impliqués, au traitement de ces données n'est pas requis pour ces finalités.

III. — Seules les données strictement nécessaires pour déterminer l'activation ou non de la délégation de conduite du véhicule, ou les conditions de reprise en main, aux fins d'indemniser les victimes en application de la loi n° 85-677 du 5 juillet 1985 tendant à l'amélioration de la situation des victimes d'accidents de la circulation et à l'accélération des procédures d'indemnisation, sont transmises.

IV. — Les données pertinentes, lorsqu'elles ne sont pas définies dans les prescriptions en matière de construction, de montage et d'utilisation énoncées dans les instruments juridiques internationaux relatifs aux véhicules à roues et à leurs équipements, sont précisées par voie réglementaire.

V. — Dans le cas où le constructeur du véhicule terrestre à moteur ou son mandataire a accès à ces données à distance, lorsque le véhicule est équipé de moyens de communication permettant de les échanger avec l'extérieur, les modalités d'accès aux données et de leur conservation par ces personnes, laquelle ne peut aller au-delà d'une période de dix ans à compter de la date de l'accident considéré, sont précisées par décret en Conseil d'État.

VI. — Si des conditions financières d'accès aux données sont appliquées, elles ne peuvent couvrir que les coûts de collecte et de transmission des données spécifiques à la caractérisation de l'état de l'activation de la délégation de conduite. Les données sont transmises au fonds de garantie des assurances obligatoires de dommage gratuitement.

Art. L. 1514-6 I. — Le constructeur d'un véhicule terrestre à moteur ou son importateur peut procéder à la correction par voie télématique des défauts d'un ou plusieurs systèmes, composants ou entités techniques pouvant affecter l'ensemble d'une série de véhicules et susceptibles de compromettre, de façon grave, la sécurité du véhicule, des occupants ou des autres usagers de la route en portant atteinte aux intérêts vitaux des personnes.

II. — Aux fins d'identification de ces défauts, le constructeur ou l'importateur peut, lorsque le véhicule est équipé de moyens de communication permettant d'échanger des données avec l'extérieur, accéder aux données du véhicule caractérisant le fonctionnement de ces systèmes, composants ou entités techniques.

III. — Le consentement du propriétaire ou du titulaire du contrat de location de longue durée au traitement de ces données n'est pas requis pour cette finalité.

IV. — Le constructeur du véhicule concerné, ou l'importateur, informe, préalablement à la correction, le propriétaire ou le titulaire du contrat de location de longue durée des défauts qui ont été identifiés, selon des modalités définies par voie réglementaire.

V. — La transmission des données d'identification et de correction de ces défauts au constructeur du véhicule terrestre à moteur ou au véhicule peut s'appuyer sur des services de communications électroniques accessibles au public et des systèmes de transports intelligents coopératifs. Elle est protégée de manière à garantir l'intégrité et la confidentialité des données transmises.

VI. — Lorsque le propriétaire ou le titulaire d'un contrat de location de longue durée, de location avec option d'achat ou de crédit-bail demande la correction par voie télématique du défaut d'un ou plusieurs systèmes, composants ou entités techniques du véhicule, la personne en charge de cette correction accède aux paramètres des systèmes, composants ou entités techniques et aux moyens de communication nécessaires pour assurer cette correction, dans le respect de la sécurité de la conduite du véhicule, et en informe le propriétaire ou le titulaire du contrat de location de longue durée.

Art. L. 1514-7 I. — Le constructeur d'un véhicule terrestre à moteur à délégation de conduite, ou de l'un de ses équipements, ou son mandataire, peut accéder aux données, recueillies par le système d'automatisation du véhicule pendant sa circulation, qui sont nécessaires au renforcement de la sécurité des systèmes de délégation de conduite. Les données concernées sont définies par voie réglementaire.

II. — Lorsque des données recueillies par le système d'automatisation d'un véhicule terrestre à moteur à délégation de conduite permettent de reconstituer des scénarios caractérisant des situations de conduite susceptible d'entraîner des blessures graves aux occupants du véhicule ou aux autres usagers de la route, ces scénarios sont mis à la disposition, par le constructeur automobile ou son mandataire, des organismes désignés par le ministre chargé des transports pour élaborer les scénarios de conduite utilisés pour la réception des véhicules, selon des modalités fixées par voie règlementaire.

III. — Les données recueillies ne peuvent pas être utilisées comme preuve de la commission d'infraction au code de la route.

IV. — Les données sont anonymisées par un procédé garantissant la suppression irréversible du lien entre lesdites données et le numéro de série ou tout identifiant du véhicule, de son conducteur, propriétaire ou locataire. Elles ne permettent pas d'identifier les personnes, véhicules, logements et lieux d'activités situés dans l'environnement de conduite du véhicule concerné.

Art. L. 1514-8 I. — Le constructeur d'un véhicule terrestre à moteur ou son mandataire notifie à l'autorité nationale de réception des véhicules, sans délai après en avoir pris connaissance, les attaques par voie électronique qui sont susceptibles de porter atteinte aux systèmes d'information contribuant au fonctionnement ou à la sécurité du véhicule. A cette fin, il communique à cette autorité les données techniques dont il dispose et permettant d'analyser les modalités de ces attaques.

II. — Est puni de 75 000 euros d'amende le fait, pour les dirigeants de la personne morale mentionnée au I, de ne pas satisfaire à l'obligation de notification d'une attaque prévue au I.

Est puni de la même amende le fait, pour les dirigeants de cette personne morale, de ne pas satisfaire à l'obligation de communication des données techniques prévue au I.

III. — Un arrêté du ministre chargé des transports précise la nature des attaques devant faire l'objet d'une notification à l'autorité nationale de réception des véhicules, les modalités de leur notification et les informations à communiquer à cette autorité.

Convention du 4 mai 1971,

Sur la loi applicable en matière d'accidents de la circulation routière — Publiée par Décr. n° 75-554 du 26 juin 1975. — Entrée en vigueur pour la France, l'Autriche et la Belgique le 3 juin 1975.

BIBL. ▶ DEFFANCE, *Jurispr. auto 2001. 468* (champ d'application de la convention de La Haye relative aux accidents à l'étranger).

Art. 1er La présente Convention détermine la loi applicable à la responsabilité civile extracontractuelle découlant d'un accident de la circulation routière, quelle que soit la nature de la juridiction appelée à en connaître.

Par accident de la circulation routière au sens de la présente Convention, on entend tout accident concernant un ou des véhicules, automoteurs ou non, et qui est lié à la circulation sur la voie publique, sur un terrain ouvert au public ou sur un terrain non public mais ouvert à un certain nombre de personnes ayant le droit de le fréquenter.

Art. 2 La présente Convention ne s'applique pas :

1. A la responsabilité des fabricants, vendeurs et réparateurs de véhicules ;
2. A la responsabilité du propriétaire de la voie de circulation ou de toute autre personne tenue d'assurer l'entretien de la voie ou la sécurité des usagers ;
3. Aux responsabilités du fait d'autrui, à l'exception de celle du propriétaire du véhicule et de celle du commettant ;
4. Aux recours entre personnes responsables ;
5. Aux recours et aux subrogations concernant les assureurs ;
6. Aux actions et aux recours exercés par ou contre les organismes de sécurité sociale, d'assurance sociale ou autres institutions analogues et les fonds publics de garantie automobile, ainsi qu'aux cas d'exclusion de responsabilité prévus par la loi dont relèvent ces organismes.

Art. 3 La loi applicable est la loi interne de l'État sur le territoire duquel l'accident est survenu.

Art. 4 Sous réserve de l'article 5, il est dérogé à la disposition de l'article 3 dans les cas prévus ci-après :

a) Lorsqu'un seul véhicule est impliqué dans l'accident et qu'il est immatriculé dans un État autre que celui sur le territoire duquel l'accident est survenu, la loi interne de l'État d'immatriculation est applicable à la responsabilité ;

– envers le conducteur, le détenteur, le propriétaire ou toute autre personne ayant un droit sur le véhicule, sans qu'il soit tenu compte de leur résidence habituelle ;

– envers une victime qui était passager, si elle avait sa résidence habituelle dans un État autre que celui sur le territoire duquel l'accident est survenu ;

– envers une victime se trouvant sur les lieux de l'accident hors du véhicule, si elle avait sa résidence habituelle dans l'État d'immatriculation.

En cas de pluralité de victimes, la loi applicable est déterminée séparément à l'égard de chacune d'entre elles.

b) Lorsque plusieurs véhicules sont impliqués dans l'accident, les dispositions figurant sous lettre *a* ne sont applicables que si tous les véhicules sont immatriculés dans le même État.

c) Lorsque des personnes se trouvant sur les lieux de l'accident hors du ou des véhicules sont impliquées dans l'accident, les dispositions figurant sous lettres *a* et *b* ne sont applicables que si toutes ces personnes avaient leur résidence habituelle dans l'État d'immatriculation. Il en est ainsi, alors même qu'elles sont aussi victimes de l'accident.

Art. 5 La loi applicable en vertu des articles 3 et 4 à la responsabilité envers le passager régit aussi la responsabilité pour les dommages aux biens transportés dans le véhicule, qui appartiennent au passager ou qui lui ont été confiés.

La loi applicable en vertu des articles 3 et 4 à la responsabilité envers le propriétaire du véhicule régit la responsabilité pour les dommages aux biens transportés par le véhicule, autres que ceux visés à l'alinéa précédent.

La loi applicable à la responsabilité pour les dommages aux biens se trouvant hors du ou des véhicules est celle de l'État sur le territoire duquel l'accident est survenu. Toutefois, la responsabilité pour les dommages aux effets personnels de la victime se trouvant hors du ou des véhicules est soumise à la loi interne de l'État d'immatriculation, lorsqu'elle est applicable à la responsabilité envers la victime en vertu de l'article 4.

Art. 6 Pour les véhicules non immatriculés ou immatriculés dans plusieurs États, la loi interne de l'État du stationnement habituel remplace celle de l'État d'immatriculation. Il en est de même lorsque ni le propriétaire, ni le détenteur, ni le conducteur du véhicule n'avaient, au moment de l'accident, leur résidence habituelle dans l'État d'immatriculation.

Art. 7 Quelle que soit la loi applicable, il doit, dans la détermination de la responsabilité, être tenu compte des règles de circulation et de sécurité en vigueur au lieu et au moment de l'accident.

Art. 8 La loi applicable détermine notamment :

1. Les conditions et l'étendue de la responsabilité ;
2. Les causes d'exonération, ainsi que toute limitation et tout partage de responsabilité ;
3. L'existence et la nature des dommages susceptibles de réparation ;
4. Les modalités et l'étendue de la réparation ;
5. La transmissibilité du droit à réparation ;
6. Les personnes ayant droit à réparation du dommage qu'elles ont personnellement subi ;
7. La responsabilité du commettant du fait de son préposé ;
8. Les prescriptions et les déchéances fondées sur l'expiration d'un délai, y compris le point de départ, l'interruption et la suspension des délais.

Art. 9 Les personnes lésées ont le droit d'agir directement contre l'assureur du responsable, si un tel droit leur est reconnu par la loi applicable en vertu des articles 3, 4 ou 5.

Si la loi de l'État d'immatriculation, applicable en vertu des articles 4 ou 5, ne connaît pas ce droit, il peut néanmoins être exercé s'il est admis par la loi interne de l'État sur le territoire duquel l'accident est survenu.

Si aucune de ces lois ne connaît ce droit, il peut être exercé s'il est admis par la loi du contrat d'assurance.

Art. 10 L'application d'une des lois déclarées compétentes par la présente Convention ne peut être écartée que si elle est manifestement incompatible avec l'ordre public.

Art. 11 L'application des articles 1er à 10 de la présente Convention est indépendante de toute condition de réciprocité. La Convention s'applique même si la loi applicable n'est pas celle d'un État contractant.

Art. 12 Toute unité territoriale faisant partie d'un État à système juridique non unifié est considérée comme un État pour l'application des articles 2 à 11, lorsqu'elle a son propre système de droit concernant la responsabilité civile extracontractuelle en matière d'accidents de la circulation routière.

Art. 13 Un État à système juridique non unifié n'est pas tenu d'appliquer la présente Convention aux accidents survenus sur son territoire, lorsqu'ils concernent des véhicules qui ne sont immatriculés que dans les unités territoriales de cet État.

Art. 14 Un État à système juridique non unifié pourra, au moment de la signature, de la ratification ou de l'adhésion, déclarer que la présente Convention s'étendra à tous ses systèmes de droit ou seulement à un ou plusieurs d'entre eux et pourra à tout moment modifier cette déclaration en faisant une nouvelle déclaration.

Ces déclarations seront notifiées au Ministère des Affaires étrangères des Pays-Bas et indiqueront expressément les systèmes de droit auxquels la Convention s'applique.

Art. 15 La présente Convention ne déroge pas aux conventions auxquelles les États contractants sont ou seront partie et qui, dans des matières particulières, règlent la responsabilité civile extracontractuelle découlant d'un accident de la circulation routière.

Art. 16 La présente Convention est ouverte à la signature des États représentés à la Onzième session de la Conférence de La Haye de droit international privé.

Elle sera ratifiée et les instruments de ratification seront déposés auprès du Ministère des Affaires étrangères des Pays-Bas.

Art. 17 La présente Convention entrera en vigueur le soixantième jour après le dépôt du troisième instrument de ratification prévu par l'article 16, alinéa 2.

La Convention entrera en vigueur, pour chaque État signataire ratifiant postérieurement, le soixantième jour après le dépôt de son instrument de ratification.

Art. 18 Tout État non représenté à la Onzième session de la Conférence de La Haye de droit international privé qui est membre de cette Conférence ou de l'Organisation des Nations unies ou d'une institution spécialisée de celle-ci ou partie au statut de la Cour internationale de justice pourra adhérer à la présente Convention après son entrée en vigueur en vertu de l'article 17, alinéa premier.

L'instrument d'adhésion sera déposé auprès du Ministère des Affaires étrangères des Pays-Bas.

La Convention entrera en vigueur, pour l'État adhérant, le soixantième jour après le dépôt de son instrument d'adhésion.

L'adhésion n'aura d'effet que dans les rapports entre l'État adhérant et les États contractants qui auront déclaré accepter cette adhésion. Cette déclaration sera déposée auprès du Ministère des Affaires étrangères des Pays-Bas ; celui-ci en enverra, par la voie diplomatique, une copie certifiée conforme à chacun des États contractants.

La Convention entrera en vigueur entre l'État adhérant et l'État ayant déclaré accepter cette adhésion soixante jours après le dépôt de la déclaration d'acceptation.

Art. 19 Tout État, au moment de la signature, de la ratification ou de l'adhésion, pourra déclarer que la présente Convention s'étendra à l'ensemble des territoires qu'il représente sur le plan international, ou à l'un ou plusieurs d'entre eux. Cette déclaration aura effet au moment de l'entrée en vigueur de la Convention pour ledit État.

Par la suite, toute extension de cette nature sera notifiée au Ministère des Affaires étrangères des Pays-Bas.

La Convention entrera en vigueur, pour les territoires visés par l'extension, le soixantième jour après la notification mentionnée à l'alinéa précédent.

Art. 20 La présente Convention aura une durée de cinq ans à partir de la date de son entrée en vigueur conformément à l'article 17, alinéa premier, même pour les États qui l'auront ratifiée ou y auront adhéré postérieurement.

La Convention sera renouvelée tacitement de cinq ans en cinq ans, sauf dénonciation.

La dénoncation sera, au moins six mois avant l'expiration du délai de cinq ans, notifiée au Ministère des Affaires étrangères des Pays-Bas.

Elle pourra se limiter à certains des territoires auxquels s'applique la Convention.

La dénonciation n'aura d'effet qu'à l'égard de l'État qui l'aura notifiée. La Convention restera en vigueur pour les autres États contractants.

Art. 21 Le Ministère des Affaires étrangères des Pays-Bas notifiera aux États visés à l'article 16, ainsi qu'aux États qui auront adhéré conformément aux dispositions de l'article 18 :

a) Les signatures et ratifications visées à l'article 16 ;

b) La date à laquelle la présente Convention entrera en vigueur conformément aux dispositions de l'article 17, alinéa premier ;

c) Les adhésions visées à l'article 18 et la date à laquelle elles auront effet ;

d) Les déclarations mentionnées aux articles 14 et 19 ;

e) Les dénonciations visées à l'article 20, alinéa 3.

En foi de quoi, les soussignés, dûment autorisés, ont signé la présente Convention.

Fait à La Haye, le 4 mai 1971, en français et en anglais, les deux textes faisant également foi, en un seul exemplaire, qui sera déposé dans les archives du Gouvernement des Pays-Bas et dont une copie certifiée conforme sera remise, par la voie diplomatique, à chacun des États représentés à la Onzième session de la Conférence de La Haye de droit international privé.

ALCOOLÉMIE

Code de la santé publique

PREMIÈRE PARTIE : *LÉGISLATIVE*

(Ord. n° 2000-548 du 15 juin 2000)

Art. L. 3341-4 *(L. n° 2011-267 du 14 mars 2011, art. 85)* Dans les débits de boissons à consommer sur place dont la fermeture intervient entre 2 heures et 7 heures, un ou plusieurs dispositifs permettant le dépistage de l'imprégnation alcoolique doivent être mis à la disposition du public.

(L. n° 2019-1428 du 24 déc. 2019, art. 100, en vigueur 6 mois après la promulgation de la L.) « Dans les débits de boissons à emporter, ces dispositifs sont proposés à la vente à proximité des étalages des boissons alcooliques. »

Les modalités d'application du présent article en ce qui concerne notamment le délai de mise à disposition, le nombre des dispositifs et leurs caractéristiques techniques sont fixées par arrêté conjoint des ministres chargés des transports, de l'intérieur et de la santé.

Mise à disposition de dispositifs de dépistage de l'imprégnation alcoolique dans les débits de boissons à consommer sur place, V. Arr. du 24 août 2011 (JO 1er oct.), mod. par Arr. du 9 mai 2016 (JO 20 mai).

Vente de dispositifs de dépistage de l'imprégnation alcoolique dans les débits de boissons à emporter, V. Arr. du 30 mars 2021 (JO 7 avr.).

....

Art. L. 3354-1 Les officiers ou agents de la police judiciaire doivent, lors de la constatation d'un crime, d'un délit ou d'un accident de la circulation, faire procéder, sur la personne de l'auteur présumé, aux vérifications prévues au I de l'article L. 234-1 du code de la route *(Ord. n° 2021-409 du 8 avr. 2021, art. 8)* « et à l'article L. 4274-14 du code des transports » destinées à établir la preuve de la présence d'alcool dans son organisme lorsqu'il semble que le crime, le délit ou l'accident a été commis ou causé sous l'empire d'un état alcoolique. Ces vérifications sont obligatoires dans tous les cas de crimes, délits ou accidents suivis de mort. Dans tous les cas où elles peuvent être utiles, elles sont également effectuées sur la victime. — *[C. déb. boiss., art. L. 88].*

1. *Dépistage préalable par l'air expiré.* Il n'est pas nécessaire que les vérifications médicales, cliniques et biologiques de l'état alcoolique soient précédées de l'épreuve de dépistage par l'air expiré. • Crim. 8 nov. 1988, n° 88-81.164 P.

2. *Nécessité d'un état alcoolique.* Les dispositions exceptionnelles de l'art. L. 88 C. déb. boiss. [CSP, art. L. 3354-1] sont d'interprétation stricte ; il ne peut être procédé aux vérifications qu'il prévoit qu'à la condition que, lors de la constatation, le crime, le délit ou l'accident de la circulation semble avoir été commis ou causé sous l'empire d'un état alcoolique. • Crim. 29 juin 1961 : *Bull. crim. n° 314 ; D. 1961. 537.* ♦ Il résulte de la lettre même du texte que ces vérifications ne sont pas autorisées à l'encontre d'un conducteur, quel que soit son comportement, au seul effet de rechercher si ce comportement n'est pas dû à l'influence d'un état alcoolique et d'établir ainsi à son encontre la preuve d'une infraction à l'art. L. 1er C. route. • Même arrêt. ♦ V. aussi, en faveur d'une interprétation stricte, • Paris, 31 mai 1960 : *D. 1960. 660, note Lecourtier*

• Douai, 2 déc. 1961 : *D. 1962. 537, note Larguier* • TGI Grasse, 26 juin 1974 : *D. 1975. 735, note Chambon.*

3. Preuve de la conduite en état alcoolique. Les juges peuvent recourir à tout autre moyen de preuve pour décider, d'après leur intime conviction, si le prévenu était en état d'ivresse. • Crim. 25 févr. 1960 : *Bull. crim. n° 117; D. 1960. 561* • 23 janv. 1962 : *D. 1962. Somm. 99.* ♦ ... En particulier aux constatations des témoins. • Crim. 23 janv. 1962 : *préc.* ♦ ... Aux énonciations d'un procès-verbal de gendarmerie. • Crim. 28 mai 1962 : *D. 1962. 506.* ♦ ... A un ensemble de circonstances. • Crim. 19 juill. 1961 : *D. 1962. Somm. 35.* ♦ ... A la fiche de comportement et aux résultats de l'analyse de sang, même si l'examen clinique médical, pratiqué six heures après les faits, n'a pas confirmé la présence d'alcool dans l'organisme. • Crim. 1er avr. 1963, n° 63-90.078 P.

Art. L. 3354-2 Le refus de se soumettre aux vérifications prescrites par l'article L. 3354-1 est puni d'un an d'emprisonnement et de 3 750 € d'amende. — *[C. déb. boiss., art. L. 89].*

1. Contrôle du caractère utile des vérifications. Les art. L. 88 et 89 C. déb. boiss. [CSP, art. L. 3354-1 et L. 3354-2] n'abandonnent pas aux officiers ou agents de la force publique le soin de déterminer si est ou non utile une mesure qui porte atteinte à l'intégrité de la personne ; il appartient aux juges, au cas où la victime a refusé de se soumettre au prélèvement, de vérifier si cette injonction était justement faite eu égard aux circonstances de la cause et répondait à un caractère d'utilité certain. • Crim. 31 oct. 1961 : *Bull. crim. n° 433; D. 1962. 161, note Savatier.*

2. Refus de la victime de se soumettre aux vérifications. L'art. L. 88 C. déb. boiss. [CSP, art. L. 3354-1] ne fait pas de distinction entre l'auteur présumé et la victime, laquelle ne peut refuser de se soumettre aux vérifications biologiques. • Paris, 23 déc. 1960 : *D. 1961. 315.* ♦ ... Si du moins elles peuvent être utiles. • Crim. 31 oct. 1961 : *préc. note 1.*

3. Refus de l'auteur de l'accident de se soumettre aux vérifications. Dès lors que l'accident de la circulation a été causé sous l'empire d'un état alcoolique, il n'importe que ses conséquences se soient limitées à des dégâts matériels ; le conducteur qui refuse de se soumettre au prélèvement est à bon droit condamné. • Crim. 28 mars 1962 : *D. 1962. 646.*

4. Refus opposé à un technicien chargé du prélèvement sanguin. Encourt la cassation l'arrêt qui décide qu'il n'y a infraction que si le refus est opposé au technicien qui est chargé d'effectuer le prélèvement sanguin. • Crim. 24 nov. 1970, n° 69-91.128 P.

Art. L. 3354-3 Lorsque le fait qui a motivé des poursuites en matière pénale peut être attribué à un état alcoolique, la juridiction répressive saisie de la poursuite peut interdire, à titre temporaire, à l'individu condamné, l'exercice des emplois des services publics ou concédés, où la sécurité est directement en cause, ainsi que l'obtention ou la détention du permis de chasser.

En cas de récidive, l'interdiction peut être prononcée à titre définitif. — *[C. déb. boiss., art. L. 90].*

Art. L. 3354-4 Le fait de ne pas se conformer aux interdictions prévues à l'article L. 3354-3 est puni en cas de récidive d'un an d'emprisonnement et de 3 750 € d'amende. — *[C. déb. boiss., art. L. 91].*

Art. L. 3354-5 Un décret en Conseil d'État détermine les mesures qui doivent être prises pour faciliter la pratique des examens prévus à l'article L. 3354-1 en vue d'établir les diagnostics concernant l'alcoolisme. — *[C. déb. boiss., art. L. 89-1]. — V. art. R. 3354-1 à R. 3354-22.*

DEUXIÈME PARTIE : *DÉCRETS EN CONSEIL D'ÉTAT*

(Décr. n° 2003-462 du 21 mai 2003)

LIVRE III LUTTE CONTRE L'ALCOOLISME

La plupart des dispositions contenues dans ce nouveau livre du code de la santé publique étaient auparavant codifiées dans le code des débits de boissons qui a été abrogé par le Décr. n° 2003-462 du 21 mai 2003 ; les articles identifiés par un « R » correspondent aux dispositions relevant d'un décret en Conseil d'État, ceux identifiés par un « D » correspondent aux dispositions relevant d'un décret simple. — ***CSP.***

TITRE V DISPOSITIONS PÉNALES

Art. R. 3353-2 Le fait pour les débitants de boissons de donner à boire à des gens manifestement ivres ou de les recevoir dans leurs établissements est puni de l'amende prévue pour les contraventions de la 4e classe.

....

Art. R. 3353-6 *(Abrogé par Décr. nº 2010-465 du 6 mai 2010, art. 2-1º)* ***Le fait de vendre des boissons alcooliques à emporter, entre vingt-deux heures et six heures, dans un point de vente de carburant est puni de l'amende prévue pour les contraventions de la 5e classe.***

Les personnes morales peuvent être déclarées responsables pénalement, dans les conditions prévues à l'article 121-2 du code pénal, de l'infraction définie au présent article.

La peine encourue par les personnes morales est l'amende, suivant les modalités prévues à l'article 131-41 du code pénal.

La récidive de la contravention prévue au présent article est réprimée conformément aux dispositions des articles 132-11 et 132-15 du code pénal. *— [Anc. art. R. 8-2 C. déb. boiss.]*

....

Art. R. 3354-1 Les vérifications médicales, cliniques et biologiques prévues à l'article L. 3354-1 et à l'article L. 234-5 du code de la route sont faites dans les conditions prévues au présent chapitre, sans préjudice de l'application de l'article 3 de la loi nº 70-597 du 9 juillet 1970 instituant un taux légal d'alcoolémie et généralisant le dépistage par l'air expiré.

Lorsque les vérifications sont faites au moyen d'un appareil permettant de déterminer le taux d'alcool par l'analyse de l'air expiré, ces vérifications sont effectuées dans les conditions prévues à l'article R. 234-4 du code de la route.

Preuve de l'état alcoolique. Les juges peuvent retenir à la charge du prévenu, au vu des preuves qui leur sont apportées au cours des débats et contradictoirement débattues devant eux, le taux d'alcoolémie du sang qui lui est le plus favorable, à la suite de prélèvements et d'analyses effectués dans les conditions prévues par les art. R. 14 s. C. déb. boiss. [CSP, art. R. 3354-1]. • Crim. 6 févr. 1992, nº 91-81.527 P.

Art. R. 3354-2 Les vérifications sont pratiquées sur la personne du ou des auteurs présumés de l'infraction ou de l'accident ainsi que, si cela est utile, sur la ou les victimes.

S'il n'y est pas procédé d'office, les mêmes vérifications peuvent être faites à la demande du ou des auteurs présumés ou de la ou des victimes, sur leur propre personne.

Art. R. 3354-3 Les vérifications comportent les opérations suivantes :

1º Examen clinique médical avec prise de sang ;

2º Analyse du sang ;

3º Interprétation médicale des résultats recueillis.

Elles sont précédées de l'examen de comportement prévu à l'article R. 3354-4.

Examen de comportement. Les dispositions de l'art. R. 16, dernier al., C. déb. boiss. [CSP, R. 3354-3] relatives au moment de réalisation de l'examen de comportement, ne sont pas prescrites à peine de nullité. • Crim. 27 mars 1996 : *Jurispr. auto 1996. 447.* ♦ Est en conséquence justifiée la décision d'une cour d'appel qui, pour rejeter l'exception de nullité tirée de l'absence, au dossier de la procédure, de la fiche d'examen de comportement dite "fiche A", retient que cette absence est palliée par le versement au dossier du certificat médical relatant le bilan lésionnel effectué à l'arrivée de l'intéressé à l'hôpital et au terme duquel il présentait un taux d'alcoolémie de 3,11 g/l, et par l'examen clinique objet de la fiche B, qui a relevé chez lui des explications embrouillées et une haleine caractéristique. • Crim. 20 mars 2018, nº 17-81.238 P : *D. actu. 9 avr. 2018, obs. Diaz ; Dr. pénal 2018. Chron. 7, obs. Gauvin.*

Art. R. 3354-4 L'officier ou agent de la police judiciaire appelé à constater l'infraction ou l'accident de la circulation procède sans délai sur les personnes mentionnées à l'article R. 3354-2 à un examen de comportement, dont le résultat est consigné sur une fiche d'examen de comportement dite fiche A et dont il conserve copie.

En cas de mort ou en cas de blessures graves empêchant de procéder à l'examen de comportement, cette fiche se borne à indiquer les circonstances de l'infraction ou de l'accident.

Fiches de comportement. Même en présence de fiches de comportement insuffisamment probantes et en l'absence de témoignages, une cour d'appel peut condamner un prévenu pour blessures involontaires commises sous l'empire d'un état alcoolique, en relevant que cet état est démontré par la présence dans le sang d'un taux d'alcool pur égal à 1,01 pour mille, révélé par l'analyse de contrôle. • Crim. 23 mars 1994, nº 93-80.024 P.

Art. R. 3354-5 L'examen clinique médical et la prise de sang sont effectués par un médecin ou, à défaut, par un interne ou par un étudiant en médecine autorisé à exercer la médecine à titre de remplaçant, dans les conditions fixées à l'article L. 4131-2, requis à cet effet par l'officier ou agent de la police judiciaire.

1. Qualité de l'auteur du prélèvement sanguin. Doit être cassé l'arrêt qui écarte les conclusions d'un prévenu qui soutenait que le prélèvement sanguin n'avait pas été effectué par un médecin, sans préciser si cette prise de sang avait été pratiquée par l'une des personnes énumérées par l'art. R. 18 C. déb. boiss. [CSP, art. R. 3354-5]. • Crim. 7 juin 1977 : *Bull. crim. n° 205.*

2. Absence d'autorisation préalable du procureur de la République. La réquisition délivrée, en application des art. L. 3354-1 et R. 3354-5 CSP, à un médecin par un officier de police judiciaire qui constate un accident de la circulation qui semble avoir été causé sous l'empire d'un état alcoolique n'est pas soumise à l'autorisation préalable du procureur de la République. • Crim. 15 déc. 2009, n° 08-83.978 P : *Dr. pénal 2010, n° 35, note Robert.*

3. Absence de prestation de serment. Les dispositions spéciales des art. R. 3354-1 CSP ne prescrivent pas que le médecin qui effectue la prise de sang prévue par l'art. R. 3354-5 dudit code ait préalablement prêté serment. • Crim. 10 juin 2015, n° 14-87.054 P : *Dr. pénal 2015, n° 112, note Robert; Gaz. Pal. 3 nov. 2015, p. 37, note Fourment.*

Art. R. 3354-6 L'examen clinique médical et la prise de sang sont effectués dans le plus court délai possible après l'infraction ou l'accident. Sauf le cas prévu à l'article R. 3354-10, ce délai ne dépasse pas six heures.

S'il ne peut y être procédé en temps utile, mention de cette circonstance est portée au procès-verbal.

Art. R. 3354-7 Le médecin effectue la prise de sang en se conformant aux méthodes prescrites par arrêté du ministre chargé de la santé, à l'aide d'un nécessaire pour prélèvement remis par l'officier ou l'agent de la police judiciaire qui assiste au prélèvement sanguin. — *V. Arr. du 27 sept. 1972 (D. et BLD 1972. 582).*

Art. R. 3354-8 Le sang prélevé est réparti également entre deux échantillons étiquetés et scellés par l'officier ou l'agent de la police judiciaire.

Art. R. 3354-9 Les résultats de l'examen clinique médical sont consignés sur une fiche d'examen clinique médical dite fiche B, que le médecin remet à l'officier ou à l'agent de la police judiciaire.

Art. R. 3354-10 En cas de mort, le prélèvement de sang et l'examen du corps sont effectués soit dans les conditions prévues à l'article R. 3354-5, au deuxième alinéa de l'article R. 3354-7, aux articles R. 3354-8 et R. 3354-9, soit par un médecin légiste, au cours de l'autopsie judiciaire.

Les méthodes particulières de prélèvement et de conservation du sang applicable en cas de mort sont fixées par arrêté du ministre chargé de la santé. — *V. Arr. du 27 sept. 1972 (D. et BLD 1972. 583).*

Art. R. 3354-11 Si les vérifications sont effectuées à la suite de la constatation d'un crime ou d'un délit mentionné à l'article L. 3354-1, l'officier ou l'agent de la police judiciaire adresse :

1° Le premier échantillon du sang prélevé accompagné de quatre exemplaires des fiches A et B à un biologiste expert inscrit sur la liste prévue à l'article R. 3354-20 ;

2° Le deuxième échantillon accompagné d'un exemplaire des fiches A et B à un autre biologiste expert inscrit sur la même liste et chargé de procéder éventuellement à l'analyse de contrôle.

Le biologiste expert chargé de l'analyse en consigne les résultats sur une fiche d'analyse de sang dite fiche C et adresse un exemplaire des fiches A, B et C directement sous pli fermé et timbre confidentiel, à l'intéressé, au procureur de la République *(Abrogé par Décr. n° 2010-344 du 31 mars 2010, art. 101)* ***« et au médecin inspecteur départemental de santé publique »*** du lieu du crime ou du délit. La fiche C est communiquée à l'officier ou agent de police judiciaire.

Art. R. 3354-12 Si les vérifications sont faites à la suite d'un accident de la circulation survenu dans les conditions prévues à l'article L. 3354-1, l'officier ou l'agent de police judiciaire adresse :

1° Le premier échantillon de sang prélevé accompagné de quatre exemplaires des fiches A et B au laboratoire d'un établissement *(Décr. n° 2016-1645 du 1er déc. 2016, art. 3-10c)* « de santé » ou à un biologiste expert inscrit sur la liste prévue à l'article R. 3354-20 ;

2° Le deuxième échantillon accompagné d'un exemplaire des fiches A et B à un autre biologiste expert inscrit sur la même liste et chargé de procéder éventuellement à l'analyse de contrôle.

Le laboratoire ou le biologiste expert qui a procédé à l'analyse en consigne les résultats sur la fiche C et adresse un exemplaire des fiches A, B et C directement sous pli fermé et timbre confidentiel à l'intéressé, au *(Décr. nº 2010-344 du 31 mars 2010, art. 101)* « préfet et au procureur de la République » du lieu de l'accident. La fiche C est communiquée à l'officier ou agent de police judiciaire.

Art. R. 3354-13 La recherche et le dosage d'alcool dans le sang sont pratiqués suivant les techniques prescrites par un arrêté du ministre chargé de la santé. — *V. Arr. du 27 sept. 1972 (D. et BLD 1972. 583) ; Arr. du 6 mars 1986 (D. et ALD 1986. 320).*

Preuve. Aucune disposition de la loi n'édicte que les résultats des analyses effectuées suivant les méthodes prévues par l'art. R. 25 C. déb. boiss. [R. 3354-13] s'imposent aux juges, lesquels conservent, aux termes de l'art. 427 C. pr. pén., le droit de se décider d'après leur intime conviction en fondant leur décision sur les preuves qui leur sont apportées au cours des débats et contradictoirement discutées devant eux. • Crim. 7 juin 1988 : *Bull. crim. nº 259.*

Art. R. 3354-14 Le procureur de la République, le juge d'instruction et la juridiction de jugement, ainsi que l'intéressé dans un délai de cinq jours suivant la notification des résultats de son analyse de sang ordonnée par l'une des autorités précitées, peuvent demander que soit pratiquée une analyse de contrôle.

Cette analyse est confiée au second biologiste expert mentionné au 2° des articles R. 3354-11 et R. 3354-12. Celui-ci pratique l'analyse de contrôle en se conformant aux méthodes prescrites par arrêté du ministre chargé de la santé et en communique les résultats à l'intéressé, au procureur de la République du lieu de l'infraction ou de l'accident, ainsi qu'à l'autorité qui l'a saisi. Il conserve l'échantillon de sang pendant neuf mois si l'analyse de contrôle ne lui est pas demandée.

Le procureur de la République transmet le résultat de l'analyse de contrôle, pour nouvel avis, au médecin expert inscrit sur la liste prévue à l'article R. 3354-20 et désigné par l'autorité judiciaire.

1. *Analyse de contrôle.* Le prévenu n'est pas admis à contester devant les juges du fond la régularité des vérifications biologiques auxquelles il a été soumis dès lors que, dans le délai de 5 jours de la notification du taux d'alcoolémie par lui présenté, il n'a pas réclamé l'analyse de contrôle prévue par l'art. R. 26 C. déb. boiss. [CSP, R. 3354-14]. • Crim. 19 déc. 1991, nº 88-85.149 P : *D. 1992. Somm. 319, obs. Pradel* • 23 juin 1993 : *Jurispr. auto 1994. 13* • 18 janv. 2005 : *Jurispr. auto 2005. 344* • 3 oct. 2006 : *Jurispr. auto 2007. 20.* ♦ ... Ou s'il a expressément renoncé à l'analyse de contrôle prévue par l'art. R. 3354-14 CSP. • Crim. 12 nov. 2008, nº 08-84.006 P : *D. 2009. AJ 23 ; Jurispr. auto 2009. 19 ; AJ pénal 2009. 73, note Céré.*

2. Le prévenu est sans intérêt à se prévaloir d'une impossibilité de faire procéder à sa requête à une analyse du second échantillon de sang prélevé sur sa personne dès lors que celui-ci a déjà été analysé conformément à l'art. R. 26 C. déb. boiss. [CSP, R. 3354-14]. • Crim. 6 févr. 1992, nº 91-81.527 P. ♦ Sur l'impossibilité pour le procureur de la République de demander l'analyse de contrôle après saisine du tribunal. • Poitiers, 6 sept. 1990 : *Juris-Data nº 047314.*

3. *Second expert.* Le fait que le second expert désigné pour réaliser l'analyse de contrôle prévue par l'art. R. 3354-14 CSP exerce au sein du même laboratoire que celui ayant réalisé la première analyse n'est pas, en soi, de nature à faire douter de sa neutralité. • Crim. 20 mars 2018, nº 17-81.238 P : *D. actu. 9 avr. 2018, obs. Diaz ; Dr. pénal 2018. Chron. 7, obs. Gauvin.*

4. *Délai de 9 mois.* Le délai de 9 mois prescrit par l'art. R. 26 C. déb. boiss. [CSP, R. 3354-14] n'est imposé au second biologiste expert mentionné à l'art. R. 24-1 (2°) [CSP, R. 3354-12] du même code que pour la seule conservation du second échantillon de sang dans le cas où l'analyse de contrôle ne lui est pas demandée. • Crim. 3 avr. 1990, nº 88-87.407 P : *D. 1990. IR 141.*

Art. R. 3354-15 Un médecin expert est chargé de donner son avis aux autorités judiciaires, près desquelles il exerce ses fonctions, sur l'imprégnation alcoolique des personnes qui ont subi les vérifications précédentes.

Après avoir pris connaissance des fiches A, B et C, il établit pour chaque affaire un rapport d'expertise où il expose son avis circonstancié et ses conclusions.

Art. R. 3354-16 Le médecin expert adresse le rapport, ainsi que les trois fiches A, B et C, au procureur de la République compétent, sous pli fermé et sous timbre confidentiel.

Il adresse également copie dans les mêmes conditions du rapport d'expertise au médecin inspecteur de santé publique du département du lieu de l'infraction ou de l'accident.

L'intéressé peut, sur demande adressée au procureur de la République, obtenir communication du rapport d'expertise. Les frais exigés par cette communication sont à la charge de l'intéressé.

Art. R. 3354-17 Les honoraires et indemnités de déplacement des médecins requis en application des dispositions des articles R. 3354-5 et R. 3354-10 sont calculés conformément aux articles R. 110, R. 111 et *(Décr. nº 2017-248 du 27 févr. 2017, art. 7-1º et 9-II, en vigueur au plus tard le 30 mars 2017)* « R. 117 » du code de procédure pénale.

Les frais afférents aux examens de laboratoire prévus aux articles R. 3354-11 à R. 3354-14 sont fixés conformément *(Décr. nº 2017-248 du 27 févr. 2017, art. 7-2º et 9-I, en vigueur au plus tard le 30 sept. 2017)* « à l'article R. 118 » du code de procédure pénale. *— Les dispositions issues du Décr. nº 2017-248 du 27 févr. 2017 entrent en vigueur à une date fixée par l'Arr. auquel renvoie le 4º de l'art. 2 dudit Décr., et au plus tard le 30 sept. 2017, et s'appliquent aux actes prescrits à compter de cette date (Décr. préc., art. 9-I).*

Les honoraires alloués aux médecins experts mentionnés à l'article R. 3354-15 sont calculés *(Décr. nº 2017-248 du 27 févr. 2017, art. 7-3º et 9-II, en vigueur au plus tard le 30 mars 2017)* « conformément à » l'article R. 117 du code de procédure pénale.

Les dispositions pour les 1er et 3e al. issues du Décr. nº 2017-248 du 27 févr. 2017 entrent en vigueur à une date fixée par l'Arr. auquel renvoient les 2º et 7º de l'art. 2 et l'art. 3 dudit Décr. et au plus tard le 30 mars 2017, et s'appliquent aux actes prescrits à compter de cette date (Décr. préc., art. 9-II).

Art. R. 3354-18 Les dépenses mentionnées à l'article R. 3354-17 sont des frais de justice criminelle, correctionnelle et de police.

Le paiement de ces frais a lieu conformément aux dispositions du titre X du livre V du code de procédure pénale.

Art. R. 3354-19 Le ministre chargé de la santé fixe par arrêté les modèles des fiches A, B et C. *— V. Arr. du 7 sept. 1972 (JO 30 nov.), mod. par Arr. du 14 juin 1979 (JONC 5 juill.).*

Art. R. 3354-20 Sont inscrits, sous une rubrique spéciale, sur la liste d'experts dressée par chaque cour d'appel en application des dispositions de l'article 157 du code de procédure pénale, au moins deux biologistes experts chargés d'effectuer les analyses prévues aux articles R. 3354-13 et R. 3354-14 ainsi qu'un ou plusieurs médecins experts dont les attributions sont prévues à l'article R. 3354-15.

L'inscription des biologistes et médecins experts sur cette liste, ainsi que, le cas échéant, leur non-réinscription ou leur radiation en cours d'année, s'opèrent selon les modalités et dans les conditions prévues par le décret nº *(Décr. nº 2010-344 du 31 mars 2010, art. 101)* « 2004-1463 du 23 décembre 2004 » relatif aux experts judiciaires.

(Abrogé par Décr. nº 2010-344 du 31 mars 2010, art. 101) ***« Les propositions présentées par le procureur général à l'assemblée générale de la cour d'appel en vue de l'inscription des biologistes et médecins experts sur ladite liste sont établies en accord avec le médecin inspecteur régional de santé publique. »***

Lorsqu'un militaire a commis une infraction mentionnée à l'article L. 3354-1 dans le service ainsi que dans les enceintes militaires, sans qu'une personne civile puisse être mise en cause, les opérations définies aux articles R. 3354-11 à R. 3354-16 peuvent être effectuées par des biologistes et des médecins-experts militaires, désignés par arrêté du ministre de la défense. Il est nommé dans le ressort *(Décr. nº 2015-211 du 25 févr. 2015, art. 27)* « de chaque zone terre ou de chaque arrondissement maritime » un biologiste et un médecin expert ainsi qu'un suppléant pour chacun d'eux.

Les dispositions de l'article R. 3354-17 ne sont pas applicables dans ce cas.

Art. R. 3354-21 Un arrêté des ministres de la justice, de la défense, de l'intérieur et du ministre chargé de la santé fixe les conditions de répartition et d'entretien du matériel servant aux prélèvements prévus à l'article R. 3354-7. *— V. Arr. du 27 sept. 1972 (JO 30 nov.).*

Art. R. 3354-22 Le non-respect des interdictions prévues à l'article L. 3354-3 est puni de l'amende prévue pour les contraventions de la 5e classe.

Arrêté du 8 juillet 2003,

Relatif au contrôle des éthylomètres.

TITRE I GÉNÉRALITÉS

Art. 1er Le présent arrêté s'applique à la construction, à la vérification et à l'utilisation des instruments qui mesurent la concentration d'alcool par analyse de l'air expiré, dénommés ci-après éthylomètres ou instruments, cités dans l'annexe au décret du 3 mai 2001 susvisé, notamment ceux utilisés en application des articles L. 234-1 et R. 234-1 du code de la route et de *(Arr. du 13 févr. 2007)* « l'article L. 3354-1 du code de la santé publique ».

V. Décr. nº 2001-387 du 3 mai 2001 relatif au contrôle des instruments de mesure (JO 6 mai), mod. par Décr. nº 2003-1264 du 23 déc. 2003 (JO 28 déc.), par Décr. nº 2006-447 du 12 avr. 2006 (JO 16 avr.), par Décr. nº 2015-327 du 23 mars 2015 (JO 25 mars), par Décr. nº 2016-769 du 9 juin 2016 (JO 11 juin) et Arr. du 31 déc. 2001 fixant les modalités d'application de certaines dispositions du Décr. préc. (JO 26 janv. 2002).

Art. 2 Le contrôle métrologique comprend :

1° L'examen de type ;

2° La vérification primitive des instruments neufs et des instruments réparés ;

3° Le contrôle en service.

L'examen de type constitue l'homologation prévue à l'article L. 234-4 du code de la route.

Art. 3 Les indications de teneur en alcool délivrées par les éthylomètres sont exclusivement exprimées sous forme de concentration en milligrammes d'alcool par litre d'air.

Art. 4 Les éthylomètres neufs, à poste fixe ou portatifs, doivent être conformes à la recommandation internationale R. 126, édition de 1998, de l'Organisation internationale de métrologie légale.

Toutefois, pour les éthylomètres ayant fait l'objet d'un examen de type antérieurement à l'entrée en vigueur du présent arrêté, les dispositions suivantes s'appliquent :

1. Les certificats d'examen de type ou les décisions d'approbation de modèle portant une limite de validité pourront être renouvelés pour une période de dix ans au plus.

2. Les certificats d'examen de type ou les décisions d'approbation de modèle ne portant pas de limite de validité restent valides dix ans après l'entrée en vigueur du présent arrêté.

3. Les erreurs maximales tolérées applicables lors de la vérification primitive sont celles prévues par les textes antérieurement en vigueur indiqués à l'article 25.

En outre, l'annexe au présent arrêté précise les conditions particulières d'application de la recommandation R. 126.

Sur les conditions particulières d'application de la Recomm. R. 126, V. Annexe Arr. du 8 juil. 2003 (JO 20 juill.), mod. par Arr. du 13 févr. 2007 (JO 24 févr.).

Art. 5 Si l'éthylomètre est destiné à être connecté à des éléments périphériques qui ne font pas partie du type examiné, les dispositions suivantes s'appliquent :

1. L'éthylomètre porte la mention "Seule l'indication lue sur l'éthylomètre fait foi".

2. Les documents imprimés par ces éléments périphériques portent également cette mention.

De plus, il ne doit pas être possible d'altérer le fonctionnement de l'éthylomètre par les interfaces de liaison ou de communication éventuelles.

Si l'éthylomètre est équipé d'une imprimante intégrée, celle-ci doit être conforme aux exigences métrologiques.

Art. 6 Chaque éthylomètre est accompagné d'un carnet métrologique où sont reportées toutes les indications relatives à l'identification de l'instrument, les opérations de contrôle métrologique, les sanctions de ces contrôles ainsi que la nature des éventuelles réparations subies par l'instrument.

Art. 7 Les éthylomètres sont utilisés et entretenus selon le manuel d'utilisation déposé lors de la demande d'examen de type.

TITRE II EXAMEN DE TYPE

Art. 8 Outre les éléments prévus à l'article 5 de l'arrêté du 31 décembre 2001 susvisé, la demande d'examen de type est accompagnée des pièces énumérées ci-après, rédigées en langue française et fournies en double exemplaire :

— le texte du manuel d'utilisation destiné à être remis aux détenteurs, précisant notamment le mode d'entretien ;

— un projet de carnet métrologique qui sera fourni aux détenteurs par le fabricant avec chaque instrument.

Art. 9 Les essais d'examen de type sont conduits conformément à la recommandation R. 126. Toutefois, les dispositions antérieures restent applicables aux éthylomètres soumis à la réglementation en vigueur à la date de publication du présent arrêté.

Art. 10 La vérification de la conformité au type comporte notamment des prélèvements d'instruments neufs présentés à la vérification primitive, dans la limite de 2 % avec un minimum d'un instrument par an. Les instruments ainsi prélevés font l'objet d'essais dans un laboratoire chargé des essais d'examen de type. Les frais occasionnés par ces prélèvements et ces essais sont à la charge du fabricant. A l'issue de ces essais, les instruments sont restitués au fabricant.

TITRE III VÉRIFICATION PRIMITIVE ET CONTRÔLE DES INSTRUMENTS EN SERVICE

Art. 11 Lorsqu'elle n'est pas effectuée dans le cadre de l'assurance de la qualité du fabricant ou du réparateur, la vérification primitive est réalisée par un organisme spécialisé désigné à cet effet *(Abrogé par Arr. du 26 août 2020, art. 6)* ***« par le ministre chargé de l'industrie »*** dans les conditions prévues à l'article 36 du décret du 3 mai 2001 susvisé.

Art. 12 La vérification primitive tient lieu de vérification périodique et donne lieu à l'apposition de la vignette de vérification périodique.

Art. 13 Le contrôle en service consiste en la vérification périodique prévue à l'article 30 du décret du 3 mai 2001 susvisé. Cette vérification périodique est annuelle ; cependant, durant les cinq ans suivant la mise en service d'un instrument neuf, deux vérifications ne sont pas obligatoires, sous réserve que l'instrument :

— soit vérifié la première année ;

— ne soit pas dispensé de vérification deux années consécutives.

Art. 14 La vérification périodique est effectuée par un laboratoire spécialisé désigné *(Abrogé par Arr. du 26 août 2020, art. 6)* ***« par le ministre chargé de l'industrie »*** dans les conditions prévues à l'article 36 du décret du 3 mai 2001 susvisé. Toutefois, elle continue à pouvoir être effectuée par les organismes agréés à cet effet par les préfets, dans la limite de validité de cet agrément, conformément aux dispositions en vigueur à la date de publication du présent arrêté.

Elle est sanctionnée par l'apposition d'une vignette de vérification périodique, conforme aux dispositions de l'annexe à l'arrêté du 31 décembre 2001 susvisé. Cette vignette doit être visible en même temps que le résultat du mesurage.

Art. 15 Les erreurs maximales tolérées, en plus ou en moins, applicables lors de la vérification périodique ou de tout contrôle en service sont :

— 0,032 mg/l pour les concentrations en alcool dans l'air inférieures à 0,400 mg/l ;

— 8 % de la valeur mesurée pour les concentrations égales ou supérieures à 0,400 mg/l et inférieures ou égales à 2,000 mg/l ;

— 30 % de la valeur mesurée pour les concentrations supérieures à 2,000 mg/l.

Toutefois, pour les éthylomètres ayant fait l'objet d'un certificat d'examen de type en application des exigences prévues par les textes mentionnés à l'article 25, les erreurs maximales tolérées, en plus ou en moins, sont égales à 15 % de la concentration mesurée pour les concentrations supérieures ou égales à 1,000 mg/l et inférieures ou égales à 2,000 mg/l. Pour les autres concentrations mesurées, les erreurs maximales tolérées indiquées aux trois tirets ci-dessus s'appliquent.

Marge d'erreur. Aucune disposition légale n'interdisant l'interprétation des mesures du taux d'alcoolémie effectuées au moyen d'un éthylomètre, les juges peuvent, pour déterminer la qualification de l'infraction, tenir compte de la marge d'erreur admise par l'art. 3 du Décr. du 31 déc. 1985 [Arr. du 8 juill. 2003, art. 15] définissant les normes de contrôle de ce type d'appareil. • Crim. 20 mars 1996, n° 95-85.596 P. ♦ S'il est loisible au juge, par référence aux dispositions de l'art. 3 du Décr. du 31 déc. 1985 [Arr. du 8 juill. 2003, art. 15], d'interpréter les mesures du taux d'alcoolémie effectuées au moyen d'un éthylomètre, il ne s'agit cependant pour lui que d'une possibilité et non d'une obligation. • Crim. 22 oct. 1997 : *Jurispr. auto 1998. 18 ; Dr. pénal 1998, n° 35, obs. Robert* • 31 oct. 2001 : *Jurispr. auto 2002. 72* (qui considère que les juges peuvent décider de ne pas tenir compte de la marge d'erreur prévue par l'art. 3 du Décr. du 31 déc. 1985 [Arr. du 8 juill. 2003, art. 15] lorsque, comme en l'espèce, le prévenu a été soumis à l'épreuve de l'éthylomètre une heure et demie après l'accident) • 24 juin 2009, n° 09-81.119 P : *D. 2009. AJ 2040 ; AJ pénal 2009. 410*. ♦ Pour une application de la marge d'erreur au détriment d'un prévenu, V. • Grenoble, 12 mars 2004 : *Jurispr. auto 2004. 473*, qui infirme un jugement ayant retenu un taux d'alcoolémie inférieur à celui constaté alors que la marge d'erreur sur la concentration d'alcool éthylique fixée par l'art. 3 du Décr. du 31 déc. 1985 [Arr. du 8 juill. 2003, art. 15] n'est prévue qu'à titre de tolérance, « en plus ou en moins ». ♦ Si le Décr. du 31 déc. 1985 [Arr. du 8 juill. 2003] fixe les modalités d'homologation et de vérification des instruments de contrôle ce texte ne fait pas obstacle à l'appréciation, par les juges du fond, des éléments de preuve soumis au débat contradictoire qui incluent, notamment, les résultats des contrôles, opérés par un appareil ayant fait l'objet d'une homologation et de vérifications périodiques régulières. • Crim. 27 oct. 2009, n° 09-82.614 P : *AJ pénal 2010. 35*.

Art. 16 La vérification primitive et la vérification périodique comprennent un examen visuel de la conformité à la décision d'examen de type et les essais dont la liste est définie par décision ministérielle.

Cette liste d'essais figure dans le carnet métrologique.

Art. 17 Les exigences techniques et métrologiques, ainsi que les conditions du contrôle métrologique applicables aux instruments neufs sont applicables aux instruments réparés, compte tenu des exigences ayant prévalu lors de leur examen de type. Toutefois, l'apposition de la marque de vérification primitive n'est pas nécessaire lorsque cette marque n'a pas été détruite lors de la réparation.

TITRE IV ORGANISMES DÉSIGNÉS

Art. 18 Les organismes de vérification sont désignés pour quatre ans dans les conditions prévues par le décret du 3 mai 2001 et l'arrêté du 31 décembre 2001 susvisés, période à l'issue de laquelle la validité peut être renouvelée.

Ils ne peuvent conserver le bénéfice de cette désignation et poursuivre leur activité que s'ils obtiennent, dans un délai de trois ans à compter de ladite désignation, leur accréditation par le COFRAC (Comité français d'accréditation) ou par un autre organisme d'accréditation, prononcée sur la base d'un règlement d'accréditation approprié.

En plus des éléments prévus aux articles 37 et 39 de l'arrêté du 31 décembre 2001 précité, la demande de désignation comprend un document attestant que l'organisme a bien pris connaissance de l'obligation prévue à l'alinéa précédent.

La désignation de l'organisme est suspendue ou retirée en cas de suspension ou de retrait de son accréditation ou, d'une façon générale, lorsqu'il est établi que l'organisme ne respecte pas ses obligations ou engagements.

Art. 19 Le personnel chargé des vérifications primitives doit être nommément identifié par l'organisme.

Art. 20 Avant toute intervention, l'organisme désigné communique à la direction régionale des entreprises, de la concurrence, de la consommation, du travail et de l'emploi du lieu d'intervention les éléments de son dossier de désignation *(Abrogé par Arr. du 26 août 2020, art. 6)* ***« que le service chargé de la métrologie légale aura préalablement validés »*** pour que celle-ci puisse assurer la surveillance. *(Abrogé par Arr. du 26 août 2020, art. 6)* ***« Ce service fixe également les éléments particuliers du dossier dont les opérateurs doivent disposer lors de leurs interventions. »***

L'organisme désigné communique à la direction régionale des entreprises, de la concurrence, de la consommation, du travail et de l'emploi du lieu d'intervention le programme prévisionnel des vérifications, en précisant :

— le nom du demandeur ;
— au besoin, l'adresse du lieu d'intervention ;
— les éléments essentiels permettant de caractériser les instruments à vérifier ;
— la date et l'heure prévues pour les opérations.

L'organisme désigné tient également à la disposition de la direction régionale des entreprises, de la concurrence, de la consommation, du travail et de l'emploi la liste de toutes les opérations effectuées, en détaillant :

— le nom du demandeur ;
— au besoin, l'adresse du lieu d'intervention ;
— la marque, le type, le numéro de série et, si approprié, les caractéristiques métrologiques des instruments ;
— la date des interventions ;
— les résultats de mesurage ;
— la sanction de la vérification.

Le programme prévisionnel des interventions et la liste des opérations effectuées pourront être exigés sous une forme compatible avec les moyens informatiques mis en place au niveau national.

Toute anomalie observée, ainsi que toute autre information utile, sera transmise dans les meilleurs délais à la direction régionale des entreprises, de la concurrence, de la consommation, du travail et de l'emploi du lieu d'intervention. En particulier, les non-conformités constatées par rapport au type, ainsi que les manquements des réparateurs à leurs obligations réglementaires doivent leur être signalés.

Un état récapitulatif annuel des vérifications primitives est établi et adressé par l'organisme au service chargé de la métrologie légale.

Art. 21 Lors de la surveillance des activités d'un organisme désigné, les agents de l'État peuvent exiger que celui-ci mette, sans frais pour l'État, ses moyens en personnel et en matériel d'essais à leur disposition et qu'il participe aux essais demandés ou réalisés par ces agents.

TITRE V **DISPOSITIONS FINALES**

Art. 22 Conformément à l'article 12 du décret du 3 mai 2001 susvisé, l'examen de type n'est pas obligatoire pour les éthylomètres légalement fabriqués et commercialisés dans un autre État membre de l'Union européenne ou dans un autre État partie à l'accord sur l'Espace économique européen, lorsque les prescriptions applicables à ces instruments dans l'autre État présentent des garanties équivalentes à celles de l'examen de type défini au présent arrêté.

Si un éthylomètre légalement fabriqué et commercialisé dans un autre État membre de l'Union européenne ou dans un autre État partie à l'accord sur l'Espace économique européen fait néanmoins l'objet d'une demande d'examen de type, les essais effectués dans cet autre État sont acceptés s'ils présentent des garanties équivalentes aux essais prescrits en France et si leurs résultats peuvent être mis à la disposition des autorités françaises.

Art. 23 Conformément à l'article 17 du décret du 3 mai 2001 susvisé, la vérification primitive n'est pas obligatoire pour les éthylomètres légalement fabriqués et commercialisés dans un autre État membre de l'Union européenne ou dans un autre État partie à l'accord sur l'Espace économique européen, et qui font l'objet dans cet État d'un contrôle présentant des garanties équivalentes à la vérification primitive définie au présent arrêté.

Art. 24 Des décisions ministérielles précisent, en tant que de besoin, les conditions d'application des dispositions du présent arrêté, notamment :
- les moyens d'essais nécessaires à la désignation ;
- les essais à effectuer lors de la vérification primitive ou de la vérification périodique ;
- les modalités de suivi des moyens d'essais.

Art. 25 Conformément à l'article 50 du décret du 3 mai 2001 susvisé, le décret n° 85-1519 du 31 décembre 1985 réglementant la catégorie d'instruments destinés à mesurer la concentration d'alcool dans l'air expiré cesse d'avoir effet. L'arrêté du 31 décembre 1985 relatif à la construction, la vérification et l'utilisation des éthylomètres est abrogé.

L'arrêté du 31 décembre 1985 établissant une liste de substances susceptibles d'influer sur la mesure de la concentration d'alcool éthylique dans l'air expiré et fixant leur limite maximale d'influence positive est sans effet pour les éthylomètres conformes à la recommandation R. 126. Cet arrêté reste applicable aux éthylomètres soumis à la réglementation en vigueur à la date de publication du présent arrêté.

Décret n° 2008-883 du 1er septembre 2008,

Relatif aux éthylotests électroniques.

Art. 1er Les dispositions du présent décret s'appliquent aux éthylotests électroniques qui ont pour objet d'estimer le degré d'imprégnation alcoolique des utilisateurs en mesurant la concentration d'alcool contenue dans l'air expiré.

(Abrogé par Décr. n° 2015-774 du 29 juin 2015, art. 3) ***« Elles ne s'appliquent pas aux appareils mentionnés à l'article R. 234-2 du code de la route et destinés à être utilisés par les officiers ou agents de police judiciaire. »***

Art. 2 Il est interdit *(Abrogé par Décr. n° 2019-1007 du 30 sept. 2019, art. 10)* ***« de fabriquer, »*** d'importer, de détenir en vue de la vente ou de la distribution à titre gratuit, de mettre en vente, de vendre ou de distribuer à titre gratuit des éthylotests électroniques qui ne répondent pas aux conditions fixées par le présent décret.

Les produits conformes aux décrets mentionnés aux art. 1er à 11 du Décr. n° 2019-1007 du 30 sept. 2019, dans leur rédaction antérieure à l'entrée en vigueur dudit Décr., peuvent être mis sur le marché jusqu'au 1er oct. 2020 et être commercialisés jusqu'à épuisement des stocks.

Les attestations de conformité délivrées à la suite d'un examen de type par un organisme satisfaisant aux prescriptions des décrets mentionnés aux art. 1er à 11 du même Décr., dans leur rédaction antérieure à l'entrée en vigueur du Décr. préc., restent valides (Décr. préc., art. 12).

Art. 3 Afin de garantir la fiabilité des mesures de concentration d'alcool contenue dans l'air expiré, les éthylotests électroniques mentionnés à l'article 1er répondent à l'une des exigences suivantes :

1° Soit satisfaire aux essais tels qu'ils sont prévus par les normes dont les références sont publiées au *Journal officiel* de la République française ;

2° Soit être conformes à un modèle bénéficiant d'une attestation de conformité aux exigences de fiabilité des mesures, délivrée à la suite d'un examen de type par un organisme français ou d'un autre État membre de *(Décr. n° 2019-1007 du 30 sept. 2019, art. 10)* « l'Union européenne ou d'un autre État partie à l'accord sur l'Espace économique européen ou de la Turquie, accrédité pour les essais » par le Comité français d'accréditation (COFRAC), ou par un organisme d'accréditation signataire de l'accord multilatéral, pris dans le cadre de la coordination européenne des organismes d'accréditation, pour le contrôle des produits mentionnés à l'article 1er.

V. note ss. art. 2.

Art. 4 Dans le cas mentionné au 1° de l'article 3, le responsable de la première mise sur le marché d'un éthylotest électronique tient à la disposition des agents chargés du contrôle les documents comprenant une description détaillée de l'appareil ainsi que les rapports des essais, réalisés pour chaque modèle, attestant de la conformité de l'appareil à ces normes, ainsi que l'adresse des lieux de production ou d'entreposage en vue de la mise sur le marché.

Dans le cas mentionné au 2° de l'article 3, le responsable de la première mise sur le marché des produits tient à la disposition des agents chargés du contrôle un dossier comportant l'attestation de conformité aux exigences de fiabilité des mesures, *(Abrogé par Décr. n° 2019-1007 du 30 sept. 2019, art. 10)* *« ou une copie certifiée conforme, »* une description détaillée du modèle et des moyens par lequel le fabricant s'assure de la conformité de sa production au modèle ayant fait l'objet d'un examen de type, ainsi que l'adresse des lieux de production ou d'entreposage en vue de la mise sur le marché.

V. note ss. art. 2.

Art. 5 Les documents mentionnés à l'article 4 devront être conservés trois ans à compter de la date de la dernière vente par le responsable de la première mise sur le marché du produit correspondant.

Art. 6 Les éthylotests et leurs emballages sont munis des marquages suivants portés sous forme visible, lisible et indélébile :

1° Le nom ou la raison sociale et l'adresse du responsable de la mise sur le marché ;

2° Les indications permettant d'identifier le produit ou le modèle et, le cas échéant, le lot de fabrication du produit ;

3° Une indication quant à la durée d'utilisation de l'éthylotest pendant laquelle le fabricant garantit la fiabilité de son produit.

Art. 7 Les dispositions du présent décret *(Décr. n° 2019-1007 du 30 sept. 2019, art. 10)* « ne font pas obstacle à la commercialisation » des produits mentionnés à l'article 1er légalement fabriqués ou commercialisés et conformes aux usages loyaux dans un autre État membre de la Communauté européenne, ou partie à l'accord sur l'Espace économique européen ou en Turquie, assurant un niveau de fiabilité équivalent à celui garanti par le présent décret.

V. note ss. art. 2.

Art. 8 Est puni des peines d'amende prévues pour les contraventions de 5e classe le fait *(Décr. n° 2019-1007 du 30 sept. 2019, art. 10)* « d'importer », détenir en vue de la vente ou de la distribution à titre gratuit, mettre en vente, vendre ou distribuer à titre gratuit les produits mentionnés à l'article 1er qui ne satisfont pas aux dispositions du présent décret.

La récidive des contraventions prévues au présent article est réprimée conformément aux articles 132-11 et 132-15 du code pénal.

V. note ss. art. 2.

Art. 9 Les dispositions du présent décret entrent en vigueur le premier jour du quatrième mois suivant celui de sa publication au *Journal officiel* de la République française *[soit le 1er janv. 2009]*.

Toutefois, les produits mis à disposition à titre gratuit ou à titre onéreux et qui ne satisfont pas aux dispositions de l'article 6 peuvent continuer à être mis à disposition pendant un délai d'un an à compter de la date de son entrée en vigueur.

Arrêté du 14 octobre 2008,

Relatif à l'homologation des appareils de dépistage de l'imprégnation alcoolique par l'air expiré (ou éthylotests de l'air expiré) utilisés par les forces de l'ordre et à l'accréditation des laboratoires réalisant les essais, examens et contrôles de ces appareils (Arr. du 27 avr. 2012).

Arrêté abrogé par l'Arr. du 29 juin 2015 à compter du 1er juill. 2015 (JO 30 juin).

Décret n° 2011-1661 du 28 novembre 2011,

Relatif aux dispositifs d'antidémarrage par éthylotest électronique.

Art. 1er Les professionnels chargés d'installer les dispositifs d'antidémarrage par éthylotest électronique sur les véhicules non équipés par construction sont agréés, en application de l'article L. 234-17 du code de la route, par le préfet du département du siège de leur activité ou, à Paris, par le préfet de police, pour une période de cinq ans.

Lorsqu'un installateur possède un ou plusieurs établissements annexes, chacun d'entre eux fait l'objet d'un agrément par le préfet territorialement compétent ou, à Paris, par le préfet de police.

L'agrément délivré comporte un numéro incluant le millésime. Il fait l'objet d'une publication au recueil des actes administratifs de la préfecture.

La demande de renouvellement de l'agrément auprès du préfet territorialement compétent doit être formulée au moins trois mois avant l'échéance de l'agrément en cours.

Art. 2 La demande d'agrément est déposée par la personne physique ou le représentant légal de la personne morale qui sollicite cet agrément. Elle comporte :

(Décr. n° 2021-632 du 21 mai 2021, art. 8, en vigueur le 1er nov. 2021) « 1° Une copie de la carte nationale d'identité ou du passeport en cours de validité, le numéro unique d'identification ainsi qu'un exemplaire des statuts s'il s'agit d'une personne morale ; »

2° Pour les personnes autres que les ressortissants d'un État membre de l'Union européenne ou d'un État partie à l'accord sur l'Espace économique européen, un titre de séjour autorisant l'exercice d'une activité professionnelle ;

3° La production *(Abrogé par Décr. n° 2021-632 du 21 mai 2021, art. 8, à compter du 1er nov. 2021) « d'un numéro SIRET ou SIREN et »* d'un code NAF ou APE relevant des métiers du commerce et des services de l'automobile ;

4° L'attestation de qualification, en cours de validité, mentionnée au 2° de l'article 5.

Art. 3 L'agrément ne peut être délivré si le demandeur ne dispose pas d'au moins un collaborateur formé à l'installation de dispositifs d'antidémarrage par éthylotest électronique et n'ayant pas fait l'objet d'une condamnation définitive figurant au bulletin n° 2 de son casier judiciaire, pour un délit pour lequel est encourue la peine complémentaire mentionnée au 7° du I de l'article L. 234-2 du code de la route, au 11° de l'article 221-8 du code pénal et au 14° de l'article 222-44 du même code.

Art. 4 L'agrément est suspendu ou retiré par le préfet qui l'a délivré, si la condition prévue à l'article 3 n'est plus respectée ou si le demandeur n'est plus en mesure de justifier la présentation d'une des pièces mentionnées à l'article 2.

Art. 5 Le ministre chargé des transports désigne un organisme technique chargé pour son compte et selon ses instructions :

1° D'homologuer les dispositifs d'antidémarrage par éthylotest électronique ;

2° De délivrer au titre des moyens et procédés une attestation de qualification aux professionnels chargés d'installer ces dispositifs. Cette qualification requiert la détention d'un système d'installation satisfaisant aux principes définis dans les normes ISO pertinentes et la présence de collaborateurs formés à l'installation de ces dispositifs.

La qualification initiale est prononcée pour une durée de dix-huit mois. Le renouvellement de la qualification est prononcé, suite à un audit de renouvellement favorable, pour une durée de trois ans.

Les modalités d'octroi de la qualification ainsi que les conditions techniques d'homologation et d'installation des dispositifs d'antidémarrage par éthylotest électronique sont précisées par arrêté du ministre chargé des transports.

Art. 6 Les dispositifs d'antidémarrage par éthylotest électronique font l'objet d'une vérification annuelle de conformité, au regard des conditions posées à l'article 5. Les personnes chargées de ce contrôle sont qualifiées par un organisme désigné par le ministre chargé des transports.

Lorsque le contrôle fait apparaître qu'un dispositif ne satisfait pas aux dispositions techniques qui lui sont applicables, le détenteur est tenu de faire procéder à sa mise en conformité.

Les modalités d'application du présent article sont précisées par arrêté du ministre chargé des transports. — *V. Arr. du 13 juill. 2012 (JO 27 juill.), mod. par Arr. du 31 juill. 2015 (JO 13 août) et par Arr. du 30 oct. 2016 (JO 22 nov.).*

Décret n° 2015-775 du 29 juin 2015,

Fixant les exigences de fiabilité et de sécurité relatives aux éthylotests chimiques destinés à un usage préalable à la conduite routière (JO 30 juin).

Art. 1er Le présent décret s'applique aux éthylotests chimiques destinés à un usage préalable à la conduite routière. Au sens du présent décret, on entend par éthylotests chimiques destinés à un usage préalable à la conduite routière les dispositifs de dépistage de l'imprégnation alcoolique à usage unique destinés à estimer la concentration d'alcool dans l'air expiré par un conducteur, au regard des valeurs limites fixées au I de l'article R. 234-1 du code de la route.

Art. 2 Il est interdit *(Décr. n° 2019-1007 du 30 sept. 2019, art. 11)* « d'importer », détenir en vue de la vente ou de la distribution à titre gratuit, mettre en vente, vendre, distribuer à titre gratuit *(Abrogé par Décr. n° 2019-1007 du 30 sept. 2019, art. 11) « ou mettre à disposition »* les éthylotests chimiques destinés à un usage préalable à la conduite routière s'ils ne répondent pas aux conditions fixées par le présent décret.

Les produits conformes aux décrets mentionnés aux art. 1er à 11 du Décr. n° 2019-1007 du 30 sept. 2019, dans leur rédaction antérieure à l'entrée en vigueur dudit Décr., peuvent être mis sur le marché jusqu'au 1er oct. 2020 et être commercialisés jusqu'à épuisement des stocks.

Les attestations de conformité délivrées à la suite d'un examen de type par un organisme satisfaisant aux prescriptions des décrets mentionnés aux art. 1er à 11 du même Décr., dans leur rédaction antérieure à l'entrée en vigueur du Décr. préc., restent valides (Décr. préc., art. 12).

Art. 3 I. — Les éthylotests chimiques destinés à un usage préalable à la conduite routière répondent aux exigences de fiabilité et de sécurité énumérées à l'annexe du présent décret de manière à assurer la sécurité des personnes, notamment en prévenant les conséquences d'un résultat erroné entraînant la décision de conduire sous l'empire d'un état alcoolique avec une concentration d'alcool dans l'air expiré supérieure aux valeurs limites fixées au I de l'article R. 234-1 du code de la route.

II. — Les emballages des éthylotests chimiques destinés à un usage préalable à la conduite routière sont munis de marquages comportant sous forme visible, lisible et indélébile :

1° L'identification du fabricant et du responsable de la première mise sur le marché ;

2° La date limite d'utilisation de l'éthylotest dans l'ordre du mois et de l'année, précédée d'une phrase telle que "à utiliser avant le :" ;

3° Les valeurs minimales et maximales des températures d'utilisation de l'éthylotest ;

4° La concentration d'éthanol dans l'air expiré exprimée en mg/l d'air expiré et en g/l de sang pour laquelle l'éthylotest a été fabriqué, en référence à l'une des valeurs limites fixées au I de l'article R. 234-1 du code de la route ;

5° Une indication sous forme de texte, de dessin ou de pictogramme mettant en évidence que l'éthylotest chimique est destiné à un usage préalable à la conduite routière.

III. — La notice d'utilisation livrée avec chaque éthylotest chimique destiné à un usage préalable à la conduite routière est rédigée dans des termes facilement compréhensibles par le consommateur et contient au moins les informations suivantes :

1° La concentration d'éthanol dans l'air expiré exprimée en mg/l d'air expiré et en g/l de sang pour laquelle l'éthylotest chimique destiné à un usage préalable à la conduite routière a été fabriqué, en référence à l'une des valeurs limites fixées au I de l'article R. 234-1 du code de la route ;

2° Les prescriptions particulières relatives aux conditions de stockage et d'usage ;

3° La méthode de lecture du résultat ;

4° Un avertissement, sous forme de texte ou de pictogramme, appelant l'attention sur le fait de ne pas laisser l'éthylotest à la portée des enfants.

Art. 4 Sont réputés satisfaire aux dispositions de l'article 3 les produits qui sont :

1° Soit conformes aux normes dont les références sont publiées au *Journal officiel* de la République française.

Le responsable de la première mise sur le marché de ces produits tient à la disposition des agents chargés du contrôle les documents comprenant une description détaillée du produit et du référentiel technique utilisé pour vérifier la conformité du produit aux exigences de sécurité, les résultats des essais réalisés, une description des moyens par lesquels le fabricant s'assure de la conformité de sa production au modèle ainsi que l'adresse des lieux de production ou d'entreposage en vue de la mise sur le marché ;

2° Soit conformes à un modèle bénéficiant d'une attestation de conformité aux exigences de fiabilité et de sécurité du présent décret, délivrée à la suite d'un examen de type par un organisme français ou d'un autre État membre de l'Union européenne ou d'un autre État partie à l'accord sur l'Espace économique européen ou de la Turquie, accrédité pour les essais des produits mentionnés à l'article 1er par le Comité français d'accréditation (COFRAC) ou par un autre organisme d'accréditation signataire de l'accord multilatéral pris dans le cadre de la coordination européenne des organismes d'accréditation.

Le responsable de la première mise sur le marché de ces produits tient à la disposition des agents chargés du contrôle un dossier comprenant l'attestation de conformité aux exigences de fiabilité et de sécurité, une description détaillée du modèle et des moyens par lesquels le fabricant s'assure de la conformité de sa production au modèle ayant fait l'objet de l'examen de type ainsi que l'adresse des lieux de production ou d'entreposage en vue de la mise sur le marché.

Les documents mentionnés au présent article sont conservés trois ans à compter de la date de la dernière vente par le responsable de la première mise sur le marché du produit correspondant.

Art. 5 *(Décr. nº 2019-1007 du 30 sept. 2019, art. 11)* Les dispositions du présent décret ne font pas obstacle à la commercialisation des éthylotests chimiques, destinés à un usage préalable à la conduite routière, légalement fabriqués ou commercialisés dans un autre État membre de l'Union européenne ou en Turquie, ou légalement fabriqués dans un État partie à l'accord instituant l'Espace économique européen, assurant un niveau de sécurité et de fiabilité équivalent à celui exigé par le présent décret.

V. note ss. art. 2.

Art. 6 Est puni de l'amende prévue pour les contraventions de la cinquième classe le fait :

1° *(Décr. nº 2019-1007 du 30 sept. 2019, art. 11)* « D'importer », détenir en vue de la vente ou de la distribution à titre gratuit, mettre en vente, vendre, distribuer à titre gratuit *(Abrogé par Décr. nº 2019-1007 du 30 sept. 2019, art. 11)* ***« ou mettre à disposition »*** les produits mentionnés à l'article 1er qui ne satisfont pas aux prescriptions des II et III de l'article 3 ou à l'exigence de fiabilité prévue au I de cet article ;

2° De ne pas être en mesure de présenter les documents mentionnés à l'article 4.

La récidive des contraventions prévues au présent article est réprimée conformément aux articles 132-11 et 132-15 du code pénal.

V. note ss. art. 2.

Art. 7 Les dispositions du présent décret sont applicables aux produits fabriqués à compter de sa date d'entrée en vigueur. Les produits fabriqués avant la date d'entrée en vigueur du présent décret et qui répondent aux exigences fixées par la norme NF X20-702 publiée au *Journal officiel* le 6 juin 2007 ou à des spécifications techniques équivalentes peuvent être détenus en vue de la vente, distribués à titre gratuit, mis en vente, vendus, distribués à titre gratuit et mis à disposition jusqu'à leur date limite d'utilisation.

V. annexe (JO 30 juin).

ANTIVOLS

Arrêté du 28 septembre 1988,

Relatif aux dispositifs complémentaires de protection contre une utilisation non autorisée destinés aux véhicules.

Art. 1er Le présent arrêté s'applique aux dispositifs complémentaires de protection contre une utilisation non autorisée destinés à être montés à demeure sur les véhicules relevant du titre II du code de la route.

Il s'applique également aux alarmes sonores supplémentaires destinées à compléter ces dispositifs de protection.

Ces appareils sont appelés respectivement "dispositifs de protection" et "alarmes supplémentaires" dans la suite du présent arrêté.

TITRE I VENTE

Art. 2 Les dispositifs de protection et les alarmes supplémentaires doivent être conformes à un type homologué par le ministre chargé des transports. Ils doivent soit porter une marque d'homologation, soit être vendus accompagnés d'un certificat de conformité à un type homologué.

De plus, ils doivent être accompagnés de la notice prévue à l'article 4 ci-dessous.

TITRE II HOMOLOGATION

Art. 3 L'homologation est accordée aux dispositifs de protection et aux alarmes supplémentaires conformes soit aux prescriptions ci-annexées, soit à des prescriptions équivalentes en vigueur dans un autre État membre de la Communauté économique européenne.

Les essais doivent être effectués par un laboratoire considéré comme offrant des garanties techniques professionnelles et d'indépendance convenables et satisfaisantes dans le domaine automobile.

Art. 4 Le fabricant rédige une notice de montage, d'utilisation et d'entretien. Cette notice précise notamment les véhicules sur lesquels l'appareil peut être monté et les conditions de montage, d'utilisation et d'entretien. Elle comprend éventuellement l'attestation prévue à l'article 7 ci-dessous.

Le laboratoire vérifie que le respect de ces conditions permet de satisfaire aux prescriptions du présent arrêté.

Art. 5 Le contrôle de conformité des dispositifs mis en vente aux types homologués est effectué dans les conditions prévues par l'article R. 109-2 *[R. 321-24]* du code de la route.

Art. 6 Les essais et vérifications prévus au présent titre sont à la charge du demandeur.

TITRE III MONTAGE ET UTILISATION

Art. 7 Afin d'assurer la sécurité des usagers et de limiter les nuisances, le ministre chargé des transports pourra imposer que le montage de certains types de dispositif de protection ou d'alarme supplémentaire soit effectué par des professionnels, selon les spécifications de la notice de montage. Dans ce cas, la notice comporte une attestation de montage rédigée selon le modèle prévu en appendice 1 ci-après. Cette attestation sera remplie par l'installateur et conservée par le propriétaire du véhicule.

Art. 8 Les alarmes supplémentaires ne peuvent être montées qu'en complément d'un dispositif de protection homologué en application du présent arrêté. La mise en route de l'alarme doit alors être commandée par ce dispositif de protection.

Art. 9 Le propriétaire d'un véhicule muni d'un appareil visé par le présent arrêté, qui ne porte pas de marque d'homologation, doit conserver le certificat de conformité visé à l'article 2 ci-dessus.

Art. 10 L'installation d'un dispositif de protection ou d'une alarme supplémentaire selon les instructions de montage sur un véhicule en service ne constitue pas une transformation notable au sens de l'article R. 106 *[R. 321-16]* du code de la route et ne donne pas lieu à une réception à titre isolé.

TITRE IV DISPOSITIONS DIVERSES

Art. 11 Les dispositifs de protection et les alarmes supplémentaires, montés d'origine ou vendus comme pièces de rechange par des constructeurs de véhicules, ne sont pas soumis aux dispositions du présent arrêté. Ils devront toutefois porter la référence et la marque du constructeur du véhicule lors de leur mise en vente.

Art. 12 Le présent arrêté s'applique à tous les dispositifs de protection et à toutes les alarmes supplémentaires mises en vente à compter du 1er octobre 1988. – *V. le cahier des charges annexé (JO 22 oct.), mod. par Arr. du 15 mai 1990 (JO 31 mai).*

CARAVANES ET RÉSIDENCES MOBILES

Code de l'urbanisme

DEUXIÈME PARTIE : *RÉGLEMENTAIRE*

[V. le ***C. urb. Dalloz****, où les présents art. font l'objet d'importantes annotations.]*

LIVRE I RÉGLEMENTATION DE L'URBANISME

(Décr. no 2015-1783 du 28 déc. 2015, en vigueur le 1er janv. 2016)

TITRE I RÈGLES APPLICABLES SUR L'ENSEMBLE DU TERRITOIRE

CHAPITRE I *RÈGLEMENT NATIONAL D'URBANISME*

SECTION 6 *Camping, aménagement des parcs résidentiels de loisirs, implantation des habitations légères de loisirs et installation des résidences mobiles de loisirs et des caravanes*

Art. R. 111-31 Les dispositions de la présente section ne sont applicables ni sur les foires, marchés, voies et places publiques, ni sur les aires de stationnement créées en application de la loi no 2000-614 du 5 juillet 2000 relative à l'accueil et à l'habitat des gens du voyage. – *[Anc. art. *R. 111-30.]*

SOUS-SECTION 1 *Camping*

Art. R. 111-32 Le camping est librement pratiqué, hors de l'emprise des routes et voies publiques, dans les conditions fixées par la présente sous-section, avec l'accord de celui qui a la jouissance du sol, sous réserve, le cas échéant, de l'opposition du propriétaire. – *[Anc. art. *R. 111-41.]*

Art. R. 111-33 Le camping pratiqué isolément ainsi que la création de terrains de camping sont interdits :

1° Sauf dérogation accordée, après avis de l'architecte des Bâtiments de France et de la commission départementale de la nature, des paysages et des sites, par l'autorité compétente mentionnée aux articles L. 422-1 à L. 422-3, sur les rivages de la mer et dans les sites inscrits en application de l'article L. 341-1 du code de l'environnement ;

2° Sauf dérogation accordée par l'autorité administrative après avis de la commission départementale de la nature, des paysages et des sites, dans les sites classés ou en instance de classement en application de l'article L. 341-2 du code de l'environnement ;

(Décr. no 2017-456 du 29 mars 2017, art. 13-2o) « 3° Sauf dérogation accordée dans les mêmes conditions que celles définies au 1°, dans le périmètre des sites patrimoniaux remarquables classés en application de l'article L. 631-1 du code du patrimoine, et dans les abords des monuments historiques définis à l'article L. 621-30 du code du patrimoine ; »

4° Sauf dérogation accordée, après avis favorable du conseil départemental de l'environnement et des risques sanitaires et technologiques, par l'autorité compétente mentionnée aux articles L. 422-1 à L. 422-3, dans un rayon de 200 mètres autour des points d'eau captée pour la consommation, sans préjudice des dispositions relatives aux périmètres de protection délimités en application de l'article L. 1321-2 du code de la santé publique. – *[Anc. art. *R. 111-42.]*

Art. R. 111-34 La pratique du camping en dehors des terrains aménagés à cet effet peut en outre être interdite dans certaines zones par le plan local d'urbanisme ou le document d'urbanisme en tenant lieu. Lorsque cette pratique est de nature à porter atteinte à la salubrité, à la sécurité ou à la tranquillité publiques, aux paysages naturels ou urbains, à la conservation des perspectives monumentales, à la conservation des milieux naturels ou à l'exercice des activités agricoles et forestières, l'interdiction peut également être prononcée par arrêté du maire.

Ces interdictions ne sont opposables que si elles ont été portées à la connaissance du public par affichage en mairie et par apposition de panneaux aux points d'accès habituels aux zones visées par ces interdictions. Un arrêté conjoint des ministres chargés de l'urbanisme et du tourisme fixe les conditions dans lesquelles est établie cette signalisation. – *[Anc. art. *R. 111-43 et R.* 111-44.]*

Art. R. 111-35 Les terrains de camping sont soumis à des normes d'urbanisme, d'insertion dans les paysages, d'aménagement, d'équipement et de fonctionnement fixées par des arrêtés conjoints des ministres chargés de l'urbanisme, de l'environnement, de la santé publique et du tourisme. Ces arrêtés peuvent prévoir des règles particulières pour les terrains aménagés pour une exploitation saisonnière en application de l'article R. 443-7. – *[Anc. art. *R. 111-45.]*

SOUS-SECTION 2 *Parcs résidentiels de loisirs*

Art. R. 111-36 Les parcs résidentiels de loisirs sont soumis à des normes d'urbanisme, d'insertion dans les paysages, d'aménagement, d'équipement et de fonctionnement définies par des arrêtés conjoints des ministres chargés de l'urbanisme, de la santé publique et du tourisme. – *[Anc. art. *R. 111-46.]*

SOUS-SECTION 3 *Habitations légères de loisirs*

Art. R. 111-37 Sont regardées comme des habitations légères de loisirs les constructions démontables ou transportables, destinées à une occupation temporaire ou saisonnière à usage de loisirs. – *[Anc. art. *R. 111-31.]*

Art. R. 111-38 Les habitations légères de loisirs peuvent être implantées :

1° Dans les parcs résidentiels de loisirs spécialement aménagés à cet effet ;

2° Dans les villages de vacances classés en hébergement léger en application du code du tourisme ;

3° Dans les dépendances des maisons familiales de vacances agréées en application du code du tourisme ;

4° Dans les terrains de camping régulièrement créés, à l'exception de ceux créés par une déclaration préalable ou créés sans autorisation d'aménager, par une déclaration en mairie, sur le fondement des dispositions du code de l'urbanisme dans leur rédaction antérieure au 1er octobre 2007 ou constituant des aires naturelles de camping. Dans ce cas, le nombre d'habitations légères de loisirs doit demeurer inférieur soit à trente-cinq lorsque le terrain comprend moins de 175 emplacements, soit à 20 % du nombre total d'emplacements dans les autres cas. – *[Anc. art. R.* 111-32, al. 1er à 6.]*

Art. R. 111-39 Les auvents, rampes d'accès et terrasses amovibles peuvent être accolés aux habitations légères de loisirs situées dans l'enceinte des lieux définis à l'article R. 111-38.

Ces installations accessoires, qui ne doivent pas être tenues au sol par scellement ou toute autre fixation définitive, doivent pouvoir être, à tout moment, facilement et rapidement démontables. – *[Anc. art. R. 111-32, al. 7.]*

Art. R. 111-40 En dehors des emplacements prévus à l'article R. 111-38, l'implantation des habitations légères de loisirs est soumise au droit commun des constructions.

Il en est de même en cas d'implantation d'une habitation légère de loisirs sur un emplacement situé à l'intérieur du périmètre d'un terrain de camping, village de vacances ou dépendance de maison familiale mentionné aux 2° à 4° de l'article R. 111-38 qui a fait l'objet d'une cession en pleine propriété, de la cession de droits sociaux donnant vocation à son attribution en propriété ou en jouissance ou d'une location pour une durée supérieure à deux ans.

Les dispositions du précédent alinéa ne sont pas applicables :

1° Dans les terrains de camping constitués en société dont les parts ou les droits sociaux donnent vocation à l'attribution d'un emplacement en propriété ou en jouissance, enregistrée avant le 1er octobre 2011 ;

2° Dans les emplacements de terrains de camping, de villages de vacances classés en hébergement léger au sens du code du tourisme ou de dépendances de maisons familiales de vacances agréées au sens du code du tourisme ayant fait l'objet d'une cession en pleine propriété ou de la cession de droits sociaux donnant vocation à son attribution en propriété ou en jouissance avant le 1er octobre 2011 ;

3° Jusqu'au terme du contrat, dans les emplacements de terrains de camping, de villages de vacances classés en hébergement léger au sens du code du tourisme ou de dépendances de maisons familiales de vacances agréées au sens du code du tourisme ayant fait l'objet d'une location d'une durée supérieure à deux ans avant le 1er octobre 2011. – *[Anc. art. R.* 111-32-1 et R.* 111-34-2.]*

SOUS-SECTION 4 *Résidences mobiles de loisirs*

Art. R. 111-41 Sont regardés comme des résidences mobiles de loisirs les véhicules terrestres habitables qui sont destinés à une occupation temporaire ou saisonnière à usage de loisirs, qui conservent des moyens de mobilité leur permettant d'être déplacés par traction mais que le code de la route interdit de faire circuler. – *[Anc. art. R.* 111-33.]*

Art. R. 111-42 Les résidences mobiles de loisirs ne peuvent être installées que :

1° Dans les parcs résidentiels de loisirs spécialement aménagés à cet effet, autres que ceux créés après le 1er octobre 2007 et exploités par cession d'emplacements ou par location d'emplacements d'une durée supérieure à un an ;

2° Dans les villages de vacances classés en hébergement léger en application du code du tourisme ;

3° Dans les terrains de camping régulièrement créés, à l'exception de ceux créés par une déclaration préalable ou créés sans autorisation d'aménager, par une déclaration en mairie, sur le fondement des dispositions du code de l'urbanisme dans leur rédaction antérieure au 1er octobre 2007 ou constituant des aires naturelles de camping. – *[Anc. art. R.* 111-34, al. 1er à 4.]*

Art. R. 111-43 Les auvents, rampes d'accès et terrasses amovibles peuvent être accolés aux résidences mobiles de loisirs situées dans l'enceinte des lieux définis à l'article R. 111-42.

Ces installations accessoires, qui ne doivent pas être tenues au sol par scellement ou toute autre fixation définitive, doivent pouvoir être, à tout moment, facilement et rapidement démontables. – *[Anc. art. R.* 111-34, al. 5.]*

Art. R. 111-44 Les résidences mobiles de loisirs ne peuvent être installées sur un emplacement situé à l'intérieur du périmètre d'un terrain de camping ou d'un village de vacances mentionné à l'article R. 111-42 ayant fait l'objet d'une cession en pleine propriété, de la cession de droits sociaux donnant vocation à son attribution en propriété ou en jouissance ou d'une location pour une durée supérieure à deux ans.

Les dispositions du précédent alinéa ne sont pas applicables :

1° Dans les terrains de camping constitués en société dont les parts ou les droits sociaux donnent vocation à l'attribution d'un emplacement en propriété ou en jouissance, enregistrée avant le 1er octobre 2011 ;

2° Dans les emplacements de terrains de camping, de villages de vacances classés en hébergement léger au sens du code du tourisme ayant fait l'objet d'une cession en pleine propriété ou de la cession de droits sociaux donnant vocation à son attribution en propriété ou en jouissance avant le 1er octobre 2011 ;

3° Jusqu'au terme du contrat, dans les emplacements de terrains de camping, de villages de vacances classés en hébergement léger au sens du code du tourisme ayant fait l'objet d'une location d'une durée supérieure à deux ans avant le 1er octobre 2011. – *[Anc. art. R. 111-34-1 et R. 111-34-2.]*

Art. R. 111-45 Les résidences mobiles de loisirs peuvent être entreposées, en vue de leur prochaine utilisation, sur les terrains affectés au garage collectif des caravanes et résidences mobiles de loisirs, les aires de stationnement ouvertes au public et les dépôts de véhicules mentionnés au *j* de l'article R. 421-19 et au *e* de l'article R. 421-23. – *[Anc. art. R.* 111-35.]*

Art. R. 111-46 Sur décision préfectorale, et par dérogation aux articles précédents, les résidences mobiles de loisirs peuvent, à titre temporaire, être installées dans tout autre terrain afin de permettre le relogement provisoire des personnes victimes d'une catastrophe naturelle ou technologique. – *[Anc. art. R.* 111-36.]*

SOUS-SECTION 5 *Caravanes*

Art. R. 111-47 Sont regardés comme des caravanes les véhicules terrestres habitables qui sont destinés à une occupation temporaire ou saisonnière à usage de loisirs, qui conservent en permanence des moyens de mobilité leur permettant de se déplacer par eux-mêmes ou d'être déplacés par traction et que le code de la route n'interdit pas de faire circuler. — *[Anc. art. R.* 111-37.]*

Art. R. 111-48 L'installation des caravanes, quelle qu'en soit la durée, est interdite :

1° Dans les secteurs où le camping pratiqué isolément et la création de terrains de camping sont interdits en vertu de l'article R. 111-33 ;

2° Dans les bois, forêts et parcs classés par un plan local d'urbanisme comme espaces boisés à conserver, sous réserve de l'application éventuelle des articles L. 113-1 à L. 113-5, ainsi que dans les forêts de protection classées en application de l'article L. 141-1 du code forestier. —*[Anc. art. R.* 111-38.]*

Art. R. 111-49 L'installation des caravanes, quelle qu'en soit la durée, est interdite dans les secteurs où la pratique du camping a été interdite dans les conditions prévues à l'article R. 111-34. L'interdiction n'est opposable que si elle a été portée à la connaissance du public par affichage en mairie et par apposition de panneaux aux points d'accès habituels aux zones visées par ces interdictions. Un arrêté conjoint des ministres chargés de l'urbanisme et du tourisme fixe les conditions dans lesquelles est établie cette signalisation.

Sauf circonstance exceptionnelle, cette interdiction ne s'applique pas aux caravanes à usage professionnel lorsqu'il n'existe pas, sur le territoire de la commune, de terrain aménagé.

Un arrêté du maire peut néanmoins autoriser l'installation des caravanes dans ces zones pour une durée qui peut varier selon les périodes de l'année et qui ne peut être supérieure à quinze jours. Il précise les emplacements affectés à cet usage. — *[Anc. art. R.* 111-44 et R.* 111-39.]*

Art. R. 111-50 Nonobstant les dispositions des articles R. 111-48 et R. 111-49, les caravanes peuvent être entreposées, en vue de leur prochaine utilisation :

1° Sur les terrains affectés au garage collectif des caravanes et résidences mobiles de loisirs, les aires de stationnement ouvertes au public et les dépôts de véhicules mentionnés au *j* de l'article R. 421-19 et au *e* de l'article R. 421-23 ;

2° Dans les bâtiments et remises et sur le terrain où est implantée la construction constituant la résidence de l'utilisateur. — *[Anc. art. R.* 111-40.]*

CHAPITRE III (DU TITRE IV DU LIVRE IV) *DISPOSITIONS PROPRES AUX TERRAINS DE CAMPING ET AUX AUTRES TERRAINS AMÉNAGÉS POUR L'HÉBERGEMENT TOURISTIQUE*

(Décr. nº 2007-18 du 5 janv. 2007, en vigueur le 1er oct. 2007)

Art. R.* 443-1 Les dispositions des sections 1 et 2 du présent chapitre sont applicables aux terrains de camping et aux parcs résidentiels de loisirs mentionnés *(Décr. nº 2015-1783 du 28 déc. 2015, art. 6-41º, en vigueur le 1er janv. 2016)* « à l'article R. 111-38 » à l'exception, pour ces derniers, de ceux qui sont exploités par cession d'emplacements ou par location d'emplacements d'une durée supérieure à un an renouvelable. Celles de la section 3 sont applicables aux seuls terrains de camping. Ni les unes ni les autres ne sont applicables aux aires de stationnement créées en application de la loi nº 2000-614 du 5 juillet 2000 relative à l'accueil et à l'habitat des gens du voyage.

SECTION 1 *Composition du dossier de demande*

Art. R.* 443-2 La notice jointe à la demande de permis d'aménager précise, outre les éléments mentionnés à l'article R. 441-3, les mesures envisagées pour :

1° Limiter l'impact visuel des installations ;

2° Répartir les emplacements au sein d'une trame paysagère ;

3° Assurer l'insertion des équipements et bâtiments collectifs ;

4° Organiser les circulations à l'intérieur du terrain.

Elle précise en outre si l'implantation d'habitations légères de loisirs est envisagée.

Art. R.* 443-2-1 *(Décr. nº 2011-1214 du 29 sept. 2011, art. 4-I)* Lorsque la demande de permis d'aménager est déposée pour se conformer aux normes d'urbanisme, d'insertion dans les paysages, d'aménagement, d'équipement et de fonctionnement visées à l'article *(Décr. n° 2015-1783 du 28 déc. 2015, art. 6-42°, en vigueur le 1er janv. 2016)* « **R. 111-35** » du code de l'urbanisme, elle comporte :

a) Une description sommaire de l'état actuel du terrain de camping indiquant les équipements et aménagements qui ne sont pas conformes aux normes en vigueur ;

b) Une description détaillée des mesures proposées pour assurer la mise aux normes ;

c) Un document graphique permettant d'apprécier l'insertion du terrain de camping après réalisation des travaux dans l'environnement.

Art. R.* 443-3 Le plan de composition du projet mentionné au 2° de l'article R. 441-4 indique, s'il y a lieu, les espaces de regroupement des hébergements mobiles au-dessus de la cote inondable.

Art. R.* 443-4 Le demandeur joint à son dossier l'engagement d'exploiter le terrain selon le mode de gestion indiqué dans sa demande. Lorsque la demande est présentée en vue d'une exploitation saisonnière, il y précise en outre la période d'exploitation.

Art. R.* 443-5 *(Décr. n° 2016-1110 du 11 août 2016, art. 9-9°)* Le dossier de demande comporte également, selon les cas :

1° L'étude d'impact ou la décision de l'*(Décr. n° 2020-844 du 3 juill. 2020, art. 15)* « autorité chargée de l'examen au cas par cas » dispensant le projet d'évaluation environnementale *(Abrogé par Décr. n° 2022-422 du 25 mars 2022, art. 8-13°)* ***« lorsque le projet relève du tableau annexé à l'article R. 122-2 du code de l'environnement »***. L'autorité compétente pour délivrer l'autorisation d'urbanisme vérifie que le projet qui lui est soumis est conforme aux mesures et caractéristiques qui ont justifié la décision de l'*(Décr. n° 2020-844 du 3 juill. 2020, art. 15)* « autorité chargée de l'examen au cas par cas » de ne pas le soumettre à évaluation environnementale ;

2° L'étude d'impact actualisée lorsque le projet relève du III de l'article L. 122-1-1 du code de l'environnement ainsi que les avis de l'autorité environnementale compétente et des collectivités territoriales et de leurs groupements intéressés, rendus sur l'étude d'impact actualisée.

SECTION 2 *Permis d'aménager*

Art. R.* 443-6 Le permis d'aménager impose le respect des normes d'urbanisme, d'insertion dans les paysages, d'aménagement, d'équipement et de fonctionnement visées, selon les cas, aux articles *(Décr. n° 2015-1783 du 28 déc. 2015, art. 6-43°, en vigueur le 1er janv. 2016)* « R. 411-35 ou R. 411-36 ». Il fixe le nombre maximum d'emplacements.

Pour les terrains de camping, il fixe le nombre d'emplacements réservés indistinctement aux tentes, aux caravanes et aux résidences mobiles de loisirs et délimite, lorsque l'implantation d'habitations légères de loisirs est envisagée, leurs emplacements.

Art. R.* 443-7 Le permis peut, le cas échéant, autoriser l'aménagement d'un terrain de camping en vue d'une exploitation saisonnière. Dans ce cas, il fixe la période d'exploitation, en dehors de laquelle aucune tente ou caravane ne peut être ou rester installée sur le terrain.

Art. R.* 443-8 Le bénéficiaire du permis d'aménager ne peut commencer l'exploitation du terrain de camping ou du parc résidentiel de loisirs *(Décr. n° 2011-1214 du 29 sept. 2011)* « qu'après avoir adressé à la mairie la déclaration d'achèvement prévue à l'article L. 462-1. »

Il est tenu d'interrompre l'exploitation jusqu'à obtention d'un permis modificatif ou mise en conformité des travaux lorsque l'autorité compétente lui a adressé une mise en demeure dans les conditions prévues à l'article L. 462-2.

SECTION 3 *Dispositions applicables dans les zones soumises à un risque naturel ou technologique prévisible*

Art. R.* 443-9 Pour l'application de l'article L. 443-2, le préfet délimite par arrêté les zones soumises à un risque naturel ou technologique prévisible. Ces zones comprennent notamment celles mentionnées à l'article R. 125-10 du code de l'environnement.

Art. R.* 443-10 Les prescriptions d'information, d'alerte et d'évacuation visées à l'article L. 443-2 sont déterminées dans les conditions fixées par les articles R. 125-15 et suivants du code de l'environnement.

Art. R.* 443-11 La fermeture du terrain et l'évacuation des occupants prévues à l'article L. 443-3 ne peuvent être ordonnées par l'autorité compétente pour délivrer le permis d'aménager qu'après mise en demeure adressée à l'exploitant et indiquant à celui-ci qu'il peut présenter des observations écrites ou, sur sa demande, orales et se faire assister par un conseil ou représenter par un mandataire de son choix.

Art. R.* 443-12 Sont habilités à inspecter, même inopinément, les terrains aménagés pour le camping et ceux sur lesquels se trouvent des caravanes dont le stationnement a été autorisé ou aurait dû l'être :

a) Les personnes visées à l'article L. 461-1 ;

b) Les fonctionnaires et agents assermentés désignés par le ministre chargé du tourisme et porteurs d'un ordre de mission ou d'une commission.

(Abrogé par Décr. nº 2009-1650 du 23 déc. 2009, art. 18) ***« c) Les membres de la commission départementale de l'action touristique. »***

Loi nº 2000-614 du 5 juillet 2000,

Relative à l'accueil et à l'habitat des gens du voyage.

Art. 1er I. — Les communes participent à l'accueil des personnes dites gens du voyage et dont l'habitat traditionnel est constitué de résidences mobiles *(L. nº 2017-86 du 27 janv. 2017, art. 149-1º)* « installées sur des aires d'accueil ou des terrains prévus à cet effet.

« Ce mode d'habitat est pris en compte par les politiques et les dispositifs d'urbanisme, d'habitat et de logement adoptés par l'État et par les collectivités territoriales. »

« II. — Dans chaque département, au vu d'une évaluation préalable des besoins et de l'offre existante, notamment de la fréquence et de la durée des séjours des gens du voyage, de l'évolution de leurs modes de vie et de leur ancrage, des possibilités de scolarisation des enfants, d'accès aux soins et d'exercice des activités économiques, un schéma départemental prévoit les secteurs géographiques d'implantation et les communes où doivent être réalisés :

« 1º Des aires permanentes d'accueil, ainsi que leur capacité ;

« 2º Des terrains familiaux locatifs aménagés et implantés dans les conditions prévues à l'article L. 444-1 du code de l'urbanisme et destinés à l'installation prolongée de résidences mobiles, le cas échéant dans le cadre des mesures définies par le plan départemental d'action pour le logement et l'hébergement des personnes défavorisées, ainsi que le nombre et la capacité des terrains ;

« 3º Des aires de grand passage, destinées à l'accueil des gens du voyage se déplaçant collectivement à l'occasion des rassemblements traditionnels ou occasionnels, ainsi que la capacité et les périodes d'utilisation de ces aires.

« Le schéma départemental définit les conditions dans lesquelles l'État intervient pour assurer le bon déroulement des rassemblements traditionnels ou occasionnels et des grands passages.

« Les communes de plus de 5 000 habitants figurent obligatoirement au schéma départemental. Celui-ci définit la nature des actions à caractère social destinées aux gens du voyage.

« Deux annexes au schéma départemental recensent les terrains privés aménagés dans les conditions prévues à l'article L. 444-1 du code de l'urbanisme pour l'installation de résidences mobiles et les terrains mis à la disposition des gens du voyage par leurs employeurs, notamment dans le cadre d'emplois saisonniers.

« Le schéma départemental tient compte de l'existence de sites inscrits ou classés sur le territoire des communes concernées. La réalisation des aires permanentes d'accueil doit respecter la législation applicable, selon les cas, à chacun de ces sites.

« III. — Le schéma départemental est élaboré par le représentant de l'État dans le département et le président du conseil départemental. Après avis de l'organe délibérant des communes et des établissements publics de coopération intercommunale concernés et de la commission consultative prévue au IV, il est approuvé conjointement par le représentant de l'État dans le département et le président du conseil départemental dans un délai de dix-huit mois à compter de la publication de la présente loi. Passé ce délai, il est approuvé par le représentant de l'État dans le département. Il fait l'objet d'une publication.

« A l'initiative du représentant de l'État dans le département ou du président du conseil départemental, le schéma départemental est révisé selon la même procédure au moins tous les six ans à compter de sa publication. » *(L. n° 2018-957 du 7 nov. 2018, art. 1er-I)* « Il est tenu compte, lors de sa révision, des évolutions du schéma départemental de coopération intercommunale mentionné à l'article L. 5210-1-1 du code général des collectivités territoriales. »

(Ord. n° 2014-1543 du 19 déc. 2014, art. 26-1°, en vigueur le 1er janv. 2015) « III *bis*. — Le schéma qui s'applique sur les territoires du département du Rhône et de la métropole de Lyon est dénommé "schéma départemental-métropolitain". Il est élaboré par le représentant de l'État dans le département, le président du conseil départemental et le président du conseil de la métropole de Lyon selon la procédure prévue au III du présent article.

« Le schéma élaboré avant la création de la métropole de Lyon par le représentant de l'État dans le département et le président du conseil départemental demeure applicable jusqu'à l'approbation du schéma mentionné à l'alinéa précédent ou au plus tard jusqu'à sa révision ».

(Ord. n° 2016-1562 du 21 nov. 2016, art. 17-1° et 35, en vigueur le 1er janv. 2018) « III *ter*. — En Corse, chaque schéma départemental est élaboré et approuvé par le représentant de l'État dans le département et le président du conseil exécutif. »

(Ord. n° 2020-1304 du 28 oct. 2020, art. 7 et 18, en vigueur le 1er janv. 2021) « III *quater*. — Dans le Bas-Rhin et dans le Haut-Rhin, chaque schéma départemental est élaboré et approuvé par le représentant de l'État dans le département et le président du conseil départemental de la Collectivité européenne d'Alsace. »

IV. — Dans chaque département, une commission consultative, comprenant notamment des représentants des communes *(L. n° 2017-86 du 27 janv. 2017, art. 149-1°)* « et des établissements *(L. n° 2018-957 du 7 nov. 2018, art. 1er-I)* « publics »*[,]* de coopération intercommunale concernés », des représentants des gens du voyage et des associations intervenant auprès des gens du voyage, est associée à l'élaboration et à la mise en œuvre du schéma. Elle est présidée conjointement par le représentant de l'État dans le département et par le président du conseil départemental ou par leurs représentants.

La commission consultative établit chaque année un bilan d'application du schéma. Elle peut désigner un médiateur chargé d'examiner les difficultés rencontrées dans la mise en œuvre de ce schéma et de formuler des propositions de règlement de ces difficultés. Le médiateur rend compte à la commission de ses activités. — *V. Décr. n° 2001-540 du 25 juin 2001 relatif à la composition et au fonctionnement de cette commission (JO 26 juin).*

(Ord. n° 2014-1543 du 19 déc. 2014, art. 26-2°, en vigueur le 1er janv. 2015) « IV *bis*. — La commission consultative du département du Rhône est compétente également sur le territoire de la métropole de Lyon. Elle est dénommée "commission consultative départementale-métropolitaine". Elle est présidée par le représentant de l'État dans le département, le président du conseil départemental du Rhône et le président du conseil de la métropole de Lyon ou par leurs représentants. »

(Ord. n° 2016-1562 du 21 nov. 2016, art. 17-2° et 35, en vigueur le 1er janv. 2018) « IV *ter*. — En Corse, la commission consultative est présidée conjointement par le représentant de l'État dans le département et par le président du conseil exécutif ou par leurs représentants. »

(Ord. n° 2020-1304 du 28 oct. 2020, art. 7 et 18, en vigueur le 1er janv. 2021)« IV *quater*. — Dans le Bas-Rhin et dans le Haut-Rhin, chaque commission consultative est présidée conjointement par le représentant de l'État dans le département et par le président du conseil départemental de la Collectivité européenne d'Alsace ou par leurs représentants. »

V. — Le représentant de l'État dans la région coordonne les travaux d'élaboration des schémas départementaux. Il s'assure de la cohérence de leur contenu et de leurs dates de publication. Il réunit à cet effet une commission constituée des représentants de l'État dans les départements, du président du conseil régional et des présidents des conseils départementaux, ou de leurs représentants. *(L. n° 2017-86 du 27 janv. 2017, art. 149-1°)* « Il coordonne l'action de l'État sur les grands passages. »

(Ord. n° 2016-1562 du 21 nov. 2016, art. 17-3° et 35, en vigueur le 1er janv. 2018) « V *bis*. — Le représentant de l'État dans la collectivité de Corse coordonne les travaux d'élaboration des schémas départementaux. Il s'assure de la cohérence de leur contenu et de leurs dates de publication. Il réunit à cet effet une commission constituée des représen-

tants de l'État dans les départements, du président du conseil exécutif ou de son représentant et de deux conseillers à l'Assemblée de Corse élus en son sein. »

V. C. pén., art. 322-4-1 et 322-15-1. — ***C. pén.***

BIBL. ▶ AUBIN, La commune et les gens du voyage, *Berger-Levrault, 3e éd., 2008.*

▶ HÉRISSON, Le stationnement des gens du voyage, *Rapport au Premier ministre, 2008.* – AUBIN, *AJDA 2000. 822* (accueil et habitat des gens du voyage) ; *RLCT 2007. 16* (la nouvelle procédure d'évacuation forcée des résidences mobiles des gens du voyage).

COMMENTAIRE

Les lois du 5 juillet 2000 et du 18 mars 2003 relatives, d'une part, à l'accueil et l'habitat des gens du voyage et, d'autre part, à la sécurité intérieure, comportent des dispositions applicables aux résidences mobiles des gens du voyage, dont l'évacuation forcée a par ailleurs été réformée par la loi relative à la prévention de la délinquance du 5 mars 2007. La loi n° 2000-614 du 5 juillet 2000 est venue préciser, pour la première fois, que l'habitat traditionnel des gens du voyage est constitué de résidences mobiles qui ne sont étrangement pas mentionnées dans le code de la route alors même que leur circulation suppose qu'elles soient tractées par un véhicule automobile.

Définition de la résidence mobile. Le législateur n'a pas donné de définition de la résidence mobile ; il convient, toutefois, de préciser que cette notion s'applique uniquement aux gens du voyage et désigne, ainsi que le relevait une note de la direction générale de l'urbanisme, en date du 5 février 2001, une « caravane utilisée comme pièce à vivre : séjour ou chambre à coucher ». Cette précision a son importance car elle permet d'exclure de cette nouvelle catégorie de véhicules les caravanes ainsi que les camping-cars qui ne constituent pas un habitat traditionnel mais occasionnel. Du reste, depuis la réforme du code de l'urbanisme (Décr. n° 2007-18 du 5 janv. 2007), une distinction est clairement effectuée entre les résidences mobiles de loisir et les résidences mobiles des gens du voyage. Les premières sont en effet définies comme des « véhicules terrestres habitables destinés à une occupation temporaire ou saisonnière à usage de loisirs, qui conservent des moyens de mobilité leur permettant d'être déplacées par traction mais que le code de la route interdit de faire circuler » (C. urb., art. R. 111-34), contrairement aux caravanes (C. urb., art. R. 111-37).

Répression. De son côté, l'article 53 de la loi n° 2003-839 du 18 mars 2003 relative à la sécurité intérieure insère, dans le code pénal, deux nouveaux articles qui créent, respectivement, une nouvelle incrimination (art. 322-4-1 : délit d'installation en groupe sur une propriété publique ou privée) et une sanction assortie de peines complémentaires (art. 322-15-1) encourues par les gens du voyage qui peuvent se traduire par la suspension, pour une durée de trois ans au plus, du permis de conduire et la confiscation du ou des véhicules automobiles utilisés pour commettre l'infraction, à l'exception des véhicules destinés à l'habitation. Cette incrimination a été créée pour dissuader les gens du voyage de stationner leurs résidences mobiles sur les propriétés publiques ou privées. Depuis l'entrée en vigueur de la loi sur la sécurité intérieure, plus de 500 infractions ont été constatées, aboutissant à la mise en cause de 800 personnes et à la saisie de 33 véhicules (* Rép. min. n° 25139 : *JOAN Q, 15 juin 2004, p. 4498*).

Par ailleurs, il faut souligner que ces véhicules destinés à l'habitation ne peuvent être fouillés que dans le respect du cadre légal des perquisitions et visites domiciliaires (art. 78-2-2, al. 4, C. pr. pén.), et ils ne peuvent pas être saisis en vue de leur confiscation (art. 322-4-1, al. 2, C. pén.), précisément parce qu'il s'agit d'une résidence. On remarquera cependant que ces dispositions, issues de la loi du 18 mars 2003, ne visent pas exactement les mêmes résidences mobiles : si la saisie est en effet impossible pour tous « véhicules destinés à l'habitation », les fouilles sont interdites seulement dans les véhicules destinés à l'habitation « effectivement utilisés ».

Évacuation forcée des résidences mobiles : la procédure mise en place par la loi du 5 mars 2007. L'article 27 de la loi n° 2007-297 du 5 mars 2007 relative à la prévention de la délinquance a opéré un changement de logique en confiant la compétence de l'expulsion forcée des résidences mobiles des gens du voyage au juge administratif alors qu'il existait jusqu'à cette date une compétence exclusive du juge judiciaire. Cette solution s'explique par la création, au profit du préfet, du pouvoir d'assurer l'exécution forcée de l'évacuation des résidences mobiles sans saisir le juge judiciaire (V. art. R. 779-1 à R. 779-8 du code de la justice administrative et la Circulaire NOR/INT/D/07/00080/C du 10 juill. 2007 relative à la procédure de mise en demeure et d'évacuation forcée des résidences mobiles). Le champ d'application de cette nouvelle procédure a par ailleurs été étendu par l'article 28 de la loi du 5 mars 2007 aux communes non inscrites au schéma départemental d'accueil des gens du voyage.

Notons que lorsqu'un établissement public de coopération intercommunal à fiscalité propre est compétent en matière de réalisation d'aires d'accueil ou de terrains de passage des gens du voyage, l'article L. 5211-9-2 du CGCT permet de transférer à son président le pouvoir de déclencher la procédure d'évacuation forcée des résidences mobiles de l'article 9 de la loi du 5 juillet 2000. ❑

1. Inviolabilité. Les résidences mobiles se voient logiquement appliquer le principe d'inviolabilité du domicile par le Conseil d'État qui précise qu'« aucune disposition du code de la santé publique ni du code de l'administration communale n'autorisait le maire de Lille, hormis le seul cas d'épidémie grave exigeant des mesures d'urgence, à faire visiter les voitures des nomades, lesquelles constituent leur domicile dont l'inviolabilité est consacrée par l'art. 184 C. pén. ». • CE 2 déc. 1983, *Ville de Lille c/ Ackermann : D. 1985. 388. note R. Romi.*

2. La mise en fourrière d'une résidence mobile constituerait une voie de fait dans la mesure où elle constitue l'habitat permanent de ses utilisateurs. • T. confl., 27 juin 1966 : *Lebon 830.*

3. Responsabilité de l'État. Lorsqu'un maire n'utilise pas ses pouvoirs de police pour mettre fin au stationnement illégal de gens du voyage, la responsabilité de l'État peut être engagée pour ne pas s'être substitué au maire défaillant dans l'exercice de ses pouvoirs de police. • CE 20 déc. 2000, *Cie d'assurances Zurich : AJDA 2001. 898, note Aubin*. ♦ La responsabilité de l'État ne saurait toutefois être engagée lorsque le maire n'a pas saisi le juge judiciaire d'une demande d'évacuation forcée des résidences mobiles conformément à l'art. 9 de la L. du 9 juillet 2000. • CAA Versailles, 19 mai 2005, n° 02VE00421 B.

4. Stationnement en grand nombre de résidences mobiles à proximité d'habitations. En l'absence de tout équipement sanitaire et compte tenu des difficultés éventuelles d'accès pour des véhicules de secours, le stationnement en grand nombre de caravanes sur un terrain relativement proche d'immeubles d'habitation présente, alors même que ces caravanes sont équipées de WC chimiques, des risques pour la sécurité et la salubrité publiques. Est en conséquence justifiée la décision d'un préfet, à la demande d'un maire, mettant en demeure les occupants d'un terrain communal non aménagé de quitter les lieux dans un délai de trente-six heures. • CAA Lyon, 24 sept. 2009, n° 09LY01131 : *inédit.*

CASQUES

Arrêté du 21 novembre 1975,

Fixant les normes des casques utilisés par les conducteurs et les passagers des véhicules.

Art. 1er *(Arr. du 14 avr. 1995)* **Les casques des conducteurs et passagers des véhicules relevant des titres IV et V du code de la route doivent être conformes :**

— soit aux prescriptions de la norme française NF S 72-305, homologuée par décision du 11 septembre 1984, et porter une estampille de conformité permettant de déterminer la date de fabrication ;

— soit aux prescriptions du règlement n° 22, amendement 04 de Genève susvisé, relatives à l'homologation des casques de protection et de leurs écrans pour conducteurs et passagers de motocycles et de cyclomoteurs et porter les inscriptions et étiquettes prévues aux paragraphes 4 et 5 dudit règlement qui sont indiquées en annexe au présent arrêté. Ces casques devront aussi porter les éléments de signalisation en matériaux rétroréfléchissants prévus au paragraphe 6.16 dudit règlement.

Toutefois les casques conformes à des réglementations, normes ou spécifications techniques des États membres de l'Union européenne ou d'un État partie à l'accord sur l'Espace économique européen, équivalentes du point de vue des performances techniques assurant la protection des utilisateurs, des procédures de contrôle de la qualité et de la signification du marquage apposé sur les casques peuvent être acceptés. Une notification de ces réglementations, normes ou spécifications techniques devra être effectuée en temps utile auprès du ministre en charge de l'industrie et du ministre en charge des transports préalablement à la mise sur le marché des casques concernés de façon à permettre la vérification de l'équivalence indiquée ci-dessus.

Art. 2 *(Arr. du 5 nov. 1985)* **« La mise en vente de casques conformes aux prescriptions de la norme française NF S 72-302 portant une estampille de conformité permettant de**

déterminer la date de fabrication demeure autorisée jusqu'au 31 décembre 1985. L'emploi de casques conformes à cette norme demeure autorisé. »

(Arr. du 1er juin 1977) « L'emploi de casques conformes aux prescriptions de la norme NF S 72-301 ou de l'arrêté du 25 janvier 1961 modifié demeure autorisé, sous réserve qu'ils satisfassent aux prescriptions des articles 3 et 5 ci-après. »

Art. 3 *(Arr. du 1er juin 1977)* Les casques utilisés par les conducteurs et passagers des véhicules des titres IV et V du code de la route doivent être :

(Arr. du 5 nov. 1985) « Soit conformes aux prescriptions des articles 1er ou 2 du présent arrêté. »

Soit conformes aux prescriptions de l'arrêté du 25 janvier 1961 et revêtus d'un ensemble d'éléments de signalisations homologué conformément aux prescriptions de l'article 5 ci-après.

Art. 4 *Abrogé par Arr. du 1er juin 1977.*

Art. 5 Le cahier des charges annexé au présent arrêté fixe les conditions d'homologation des ensembles d'éléments de signalisation pour les casques des conducteurs et passagers des véhicules des titres IV et V du code de la route. — *V. cette annexe JO 29 nov. 1975.*

Art. 6 Les dispositions des articles 1er, 2, 3 et 4 ne s'appliquent pas aux casques utilisés par les militaires et les personnels appartenant aux services de police, de lutte contre l'incendie et de la protection civile.

Art. 7 L'arrêté du 25 janvier 1961 modifié est abrogé.

Arrêté du 21 décembre 2016,

Relatif aux caractéristiques des casques portés par les conducteurs et les passagers de cycle âgés de moins de douze ans (JO 22 déc.).

Art. 1er Le casque mentionné à l'article R. 431-1-3 du code de la route est le casque pour cycliste conforme à la réglementation relative aux équipements de protection individuelle et portant le marquage "CE".

CIRCULATION INTERNATIONALE

Convention du 8 novembre 1968,

Sur la circulation routière. — Publiée par Décr. no 77-1040 du 1er sept. 1977 (JO 17 sept.). — Entrée en vigueur le 21 mai 1977.

CHAPITRE I *GÉNÉRALITÉS*

La Convention du 8 nov. 1968 n'interdit pas aux pays signataires d'édicter des règles plus strictes que celles prévues par ladite convention. • Crim. 25 mars 1987 : *Bull. crim. no 141.*

Art. 1er *Définitions* Pour l'application des dispositions de la présente Convention, les termes ci-après auront le sens qui leur est donné dans le présent article :

a) Le terme "législation nationale" d'une partie contractante désigne l'ensemble des lois et règlements nationaux ou locaux en vigueur sur le territoire de cette partie contractante ;

b) Un véhicule est dit en "circulation internationale" sur le territoire d'un État lorsque :

i) il appartient à une personne physique ou morale qui a sa résidence normale hors de cet État ;

ii) il n'est pas immatriculé dans cet État ;

iii) et il y est temporairement importé ;

toute partie contractante restant libre, toutefois, de refuser de considérer comme étant en "circulation internationale" tout véhicule qui serait resté sur son territoire pendant plus d'un an sans une interruption importante, dont cette partie contractante peut fixer la durée.

Un ensemble de véhicules est dit en "circulation internationale" si l'un au moins des véhicules qui le composent répond à la définition.

c) *(Accord europ. 1er mai 1971)* « Le terme agglomération désigne un espace qui comprend des immeubles bâtis et dont les entrées et les sorties sont spécialement désignées comme telles ; »

d) Le terme "route" désigne toute l'emprise de tout chemin ou rue ouvert à la circulation publique ;

e) Le terme "chaussée" désigne la partie de la route normalement utilisée pour la circulation des véhicules ; une route peut comporter plusieurs chaussées nettement séparées l'une de l'autre, notamment par un terre-plein central ou une différence de niveau ;

f) Sur les chaussées où une voie latérale ou une piste ou des voies latérales ou des pistes sont réservées à la circulation de certains véhicules, le terme "bord de la chaussée" désigne, pour les autres usagers de la route, le bord du reste de la chaussée ;

g) Le terme "voie" désigne l'une quelconque des bandes longitudinales, matérialisées ou non par des marques routières longitudinales, mais ayant une largeur suffisante pour permettre l'écoulement d'une file d'automobiles autres que des motocycles, en lesquelles peut être subdivisée la chaussée ;

(Amendt. 28 sept. 2004, en vigueur depuis le 28 mars 2006) « *g bis)* Le terme "voie cyclable" désigne la partie d'une chaussée conçue pour les cycles. Une voie cyclable est séparée du reste de la chaussée par des marques routières longitudinales ;

« *g ter)* Le terme "piste cyclable" désigne une route indépendante ou la partie d'une route destinée aux cyclistes et indiquée comme telle par des signaux. Une piste cyclable est séparée des autres routes ou des autres parties de la même route par des aménagements matériels ; »

h) Le terme "intersection" désigne toute croisée à niveau, jonction ou bifurcation de routes, y compris les places formées par de telles croisées, jonctions ou bifurcations ;

i) Le terme "passage à niveau" désigne tout croisement à niveau d'une route et d'une voie de chemin de fer ou de tramways à plate-forme indépendante ;

j) Le terme "autoroute" désigne une route qui est spécialement conçue et construite pour la circulation automobile, qui ne dessert pas les propriétés riveraines et qui :

i) sauf en des points singuliers ou à titre temporaire, comporte, pour les deux sens de la circulation, des chaussées distinctes séparées l'une de l'autre par une bande de terrain non destinée à la circulation ou, exceptionnellement, par d'autres moyens ;

ii) ne croise à niveau ni route, ni voie de chemin de fer ou de tramway, ni chemin pour la circulation de piétons ;

iii) est spécialement signalée comme étant une autoroute.

k) Un véhicule est dit :

i) "à l'arrêt", lorsqu'il est immobilisé pendant le temps nécessaire pour prendre ou déposer des personnes ou charger ou décharger des choses ;

ii) "en stationnement", lorsqu'il est immobilisé pour une raison autre que la nécessité d'éviter un conflit avec un autre usager de la route ou un obstacle ou d'obéir aux prescriptions de la réglementation de la circulation et que son immobilisation ne se limite pas au temps nécessaire pour prendre ou déposer des personnes ou des choses.

Les parties contractantes pourront, toutefois, considérer comme "à l'arrêt" les véhicules immobilisés dans les conditions définies à l'alinéa ii) ci-dessus si la durée de l'immobilisation n'excède pas une limite de temps fixée par la législation nationale et considérer comme "en stationnement" les véhicules immobilisés dans les conditions définies à l'alinéa i) ci-dessus si la durée de l'immobilisation excède une limite fixée par la législation nationale.

l) Le terme "cycle" désigne tout véhicule qui a deux-roues au moins et qui est propulsé exclusivement par l'énergie musculaire des personnes se trouvant sur ce véhicule, notamment à l'aide de pédales ou de manivelles ;

m) Le terme "cyclomoteur" désigne tout véhicule à deux ou trois roues qui est pourvu d'un moteur thermique de propulsion de cylindrée au plus égale à 50 cm^3 (3,05 pouces cubes) et dont la limite de vitesse, par construction, n'excède pas 50 km (30 miles) à l'heure. Les Parties contractantes peuvent, toutefois, ne pas considérer comme cyclomoteurs, au regard de leur législation nationale, les engins qui n'ont pas les caractéristiques des cycles quant à leurs possibilités d'emploi, notamment la caractéristique de pouvoir être mus par des pédales ou dont la vitesse maximale, par construction, le poids ou certaines caractéristiques du moteur excèdent des limites données. Rien dans la présente définition ne saurait être interprété comme empêchant les Parties contractantes d'assimiler complètement les cyclomoteurs aux cycles pour l'application des prescriptions de leur législation nationale sur la circulation routière ;

n) Le terme "motocycle" désigne tout véhicule à deux-roues, avec ou sans side-car, pourvu d'un moteur de propulsion. Les Parties contractantes peuvent, dans leur législation nationale, assimiler aux motocycles les véhicules à trois roues dont le poids à vide n'excède pas 400 kg (900 livres). Le terme "motocycle" n'englobe pas les cyclomoteurs ; toutefois, les Parties contractantes peuvent, à condition de faire une déclaration à cet effet, conformément au paragraphe 2 de l'article 54 de la présente Convention, assimiler les cyclomoteurs aux motocycles pour l'application de la Convention. — *Les véhicules à trois roues dont le poids à vide n'excède pas 400 kg (900 livres) seront assimilés aux motocycles (Accord europ. 1er mai 1971).*

o) Le terme "véhicule à moteur" désigne, à l'exception des cyclomoteurs sur le territoire des Parties contractantes qui ne les ont pas assimilés aux motocycles et à l'exception des véhicules qui se déplacent sur rails, tout véhicule pourvu d'un moteur de propulsion et circulant sur route par ses moyens propres ;

p) Le terme "automobile" désigne ceux des véhicules à moteur qui servent normalement au transport sur route de personnes ou de choses ou à la traction sur route de véhicules utilisés pour le transport de personnes ou de choses. Ce terme englobe les trolleybus, c'est-à-dire les véhicules reliés à une ligne électrique et ne circulant pas sur rails. Il n'englobe pas les véhicules, tels que les tracteurs agricoles, dont l'utilisation pour le transport sur route de personnes ou de choses ou la traction sur route de véhicules utilisés pour le transport de personnes ou de choses n'est qu'accessoire ;

q) Le terme "remorque" désigne tout véhicule destiné à être attelé à un véhicule à moteur ; ce terme englobe les semi-remorques ;

r) Le terme "semi-remorque" désigne toute remorque destinée à être accouplée à une automobile de telle manière qu'elle repose en partie sur celle-ci et qu'une partie appréciable de son poids et du poids de son chargement soit supportée par ladite automobile ;

s) Le terme "remorque légère" désigne toute remorque dont le poids maximal autorisé n'excède pas 750 kg (1 650 livres) ;

t) Le terme "ensemble de véhicules" désigne des véhicules couplés qui participent à la circulation routière comme une unité ;

u) Le terme "véhicule articulé" désigne l'ensemble de véhicules constitué par une automobile et une semi-remorque accouplée à cette automobile ;

v) Le terme "conducteur" désigne toute personne qui assume la direction d'un véhicule, automobile ou autre (cycle compris), ou qui, sur une route, guide des bestiaux, isolés ou en troupeaux, ou des animaux de trait, de charge ou de selle ;

w) Le terme "poids maximal autorisé" désigne le poids maximal du véhicule chargé, déclaré admissible par l'autorité compétente de l'État, dans lequel le véhicule est immatriculé ;

x) Le terme "poids à vide" désigne le poids du véhicule sans équipage, passagers, ni chargement, mais avec son plein de carburant et son outillage normal de bord ;

y) Le terme "poids en charge" désigne le poids effectif du véhicule tel qu'il est chargé, l'équipage et les passagers restant à bord ;

z) Les termes "sens de la circulation" et "correspondant au sens de la circulation" désignent la droite lorsque, d'après la législation nationale, le conducteur d'un véhicule doit croiser un autre véhicule en laissant ce véhicule à sa gauche ; ils désignent la gauche dans le cas contraire ;

aa) L'obligation pour le conducteur d'un véhicule de "céder le passage" à d'autres véhicules signifie que ce conducteur ne doit pas continuer sa marche ou sa manœuvre ou la reprendre si cela risque d'obliger les conducteurs d'autres véhicules à modifier brusquement la direction ou la vitesse de leurs véhicules.

(Amendt. 14 janv. 2022, en vigueur le 14 juill. 2022) « *ab)* Le terme "système de conduite automatisé" désigne un système associant des éléments matériels et logiciels permettant d'assurer le contrôle dynamique d'un véhicule de façon prolongée.

« *ac)* Le terme "contrôle dynamique" désigne l'exécution de toutes les fonctions opérationnelles et tactiques en temps réel nécessaires au déplacement du véhicule. Il s'agit notamment du contrôle du déplacement latéral et longitudinal du véhicule, de la surveillance de la route, des réactions aux événements survenant dans la circulation routière, ainsi que de la préparation et du signalement des manœuvres. »

(Accord europ. 1er mai 1971) « Sont assimilées aux piétons les personnes qui poussent ou traînent une voiture d'enfant, de malade ou d'infirme, ou tout autre véhicule de petite dimension et sans moteur, celles qui conduisent à la main et en marchant un cycle ou un cyclomoteur, ainsi que les infirmes qui se déplacent dans une chaise roulante mue par eux-mêmes ou circulant à l'allure du pas. »

Dans l'ensemble du texte de la Convention et de ses annexes, le terme "poids" doit être remplacé par le mot "masse". Par ailleurs, le système métrique doit être utilisé uniquement pour les masses et dimensions. Les distances seront exprimées en "km (miles)" (Conv. 1er févr. 1991, publiée par Décr. no 2000-68 du 24 janv. 2000).

Art. 2 *Annexes de la Convention* Les annexes de la présente Convention, savoir :

L'annexe 1 : Dérogations à l'obligation d'admettre en circulation internationale les automobiles et les remorques ;

L'annexe 2 : Numéro d'immatriculation des automobiles et des remorques en circulation internationale ;

L'annexe 3 : Signe distinctif des automobiles et des remorques en circulation internationale ;

L'annexe 4 : Marques d'identification des automobiles et des remorques en circulation internationale ;

L'annexe 5 : Conditions techniques relatives aux automobiles et aux remorques ;

L'annexe 6 : Permis national de conduire, et

L'annexe 7 : Permis international de conduire,

font partie intégrante de la présente Convention.

Art. 3 *Obligations des parties contractantes* 1. *a)* Les parties contractantes prendront les mesures appropriées pour que les règles de circulation en vigueur sur leur territoire soient, quant à leur substance, en conformité avec les dispositions du chapitre II de la présente Convention. A condition qu'elles ne soient sur aucun point incompatibles avec lesdites dispositions :

i) ces règles peuvent ne pas reprendre celles de ces dispositions qui s'appliquent à des situations ne se présentant pas sur le territoire des parties contractantes en cause.

ii) ces règles peuvent contenir des dispositions non prévues à ce chapitre II.

b) Les dispositions du présent paragraphe n'obligent pas les Parties contractantes à prévoir des sanctions pénales pour toute violation des dispositions du chapitre II reprises dans leurs règles de circulation.

2. *a)* Les Parties contractantes prendront également les mesures appropriées pour que les règles en vigueur sur leur territoire concernant les conditions techniques à remplir par les automobiles et les remorques soient en conformité avec les dispositions de l'annexe 5 de la présente Convention ; à condition de n'être sur aucun point contraires aux principes de sécurité régissant lesdites dispositions, ces règles peuvent contenir des dispositions non prévues à ladite Annexe. Elles prendront, en outre, les mesures appropriées pour que les automobiles et remorques immatriculées sur leur territoire soient en conformité avec les dispositions de l'annexe 5 lorsqu'elles s'engageront dans la circulation internationale.

b) Les dispositions du présent paragraphe n'imposent aucune obligation aux Parties contractantes en ce qui concerne les règles en vigueur sur leur territoire pour les conditions techniques à remplir par les véhicules à moteur qui ne sont pas des automobiles au sens de la présente convention.

3. Sous réserve des dérogations prévues à l'Annexe I de la présente Convention, les Parties contractantes seront tenues d'admettre sur leur territoire en circulation internationale les automobiles et les remorques remplissant les conditions définies par le chapitre III de la présente Convention et dont les conducteurs remplissent les conditions définies par le chapitre IV ; elles seront tenues de reconnaître aussi les certificats d'immatriculation délivrés conformément aux dispositions du chapitre III comme attestant, jusqu'à preuve du contraire, que les véhicules qui en font l'objet remplissent les conditions définies audit chapitre III.

4. Les mesures qu'ont prises, ou que prendront les Parties contractantes, soit unilatéralement, soit par voie d'accords bilatéraux ou multilatéraux, pour admettre sur leur territoire en circulation internationale des automobiles et des remorques qui ne remplissent pas toutes les conditions définies au chapitre III de la présente Convention et pour reconnaître, en dehors des cas prévus au chapitre IV, la validité sur leur territoire de permis délivrés

par une autre partie contractante, seront considérées comme conformes à l'objet de la présente Convention. – *Les mesures dont il est question dans ce paragraphe 4 ne pourront ni modifier la portée de l'art. 39 de la Convention, ni rendre facultative la disposition qu'il contient (Accord europ. 1er mai 1971).*

5. Les Parties contractantes seront tenues d'admettre en circulation internationale sur leur territoire les cycles et les cyclomoteurs remplissant les conditions techniques définies au chapitre V de la présente Convention et dont le conducteur a sa résidence normale sur le territoire d'une autre partie contractante. Aucune partie contractante ne pourra exiger que les conducteurs de cycles ou de cyclomoteurs en circulation internationale soient titulaires d'un permis de conduire ; toutefois, les Parties contractantes qui auront, conformément au paragraphe 2 de l'article 54 de la présente Convention, fait une déclaration assimilant les cyclomoteurs aux motocycles pourront exiger un permis de conduire des conducteurs de cyclomoteurs en circulation internationale.

(Conv. 1er févr. 1991) « 5 *bis*. Les Parties contractantes prendront les mesures nécessaires afin que l'enseignement de la sécurité routière soit dispensé dans les écoles, à tous les niveaux, de façon systématique et continue.

« 5 *ter*. Dans tous les cas où des cours de conduite pour apprentis conducteurs sont dispensés par des établissements professionnels d'enseignement de la conduite, les législations nationales doivent fixer des exigences minimales relatives aux antécédents et aux qualifications du personnel chargé de dispenser lesdits cours.

« 6. Les Parties contractantes s'engagent à communiquer à toute partie contractante qui les leur demandera les renseignements propres à établir l'identité de la personne au nom de laquelle un véhicule à moteur, ou une remorque attelée à un tel véhicule, est immatriculé sur leur territoire lorsque la demande présentée indique que, sur le territoire de la partie contractante demanderesse, le véhicule a été impliqué dans un accident où le conducteur de ce véhicule a commis une infraction grave aux règlements sur la circulation routière pouvant donner lieu à des sanctions importantes ou au retrait du permis de conduire. »

7. Les mesures qu'ont prises, ou prendront, les Parties contractantes soit unilatéralement, soit par voie d'Accords bilatéraux ou multilatéraux, pour faciliter la circulation routière internationale par la simplification des formalités de douane, de police et de santé et des autres formalités du même genre, ainsi que les mesures prises pour faire coïncider les compétences et les heures d'ouverture des bureaux et des postes de douane à un même point frontière, seront considérées comme conformes à l'objet de la présente Convention.

8. Les dispositions des paragraphes 3, 5 et 7 du présent article ne font pas obstacle au droit de chaque partie contractante de subordonner l'admission sur son territoire, en circulation internationale, des automobiles, des remorques, des cycles et des cyclomoteurs, ainsi que de leurs conducteurs et de leurs occupants, à sa réglementation des transports commerciaux de voyageurs et de marchandises, à sa réglementation en matière d'assurance de la responsabilité civile des conducteurs et à sa réglementation en matière de douane, ainsi que, d'une façon générale, à ses réglementations dans les domaines autres que la circulation routière.

Art. 4 *Signalisation* Les Parties contractantes à la présente Convention qui ne seraient pas Parties contractantes à la Convention sur la signalisation routière ouverte à la signature à Vienne le même jour que le *[la]* présente Convention s'engagent :

(Conv. 1er févr. 1991) « *a)* A ce que tous les signaux routiers, signaux lumineux de circulation et marques routières mis en place sur son territoire constituent un système cohérent et soient conçus et implantés de manière à être facilement reconnaissables » ;

b) A ce que le nombre des types de signaux soit limité et que les signaux ne soient implantés qu'aux endroits où leur présence est jugée utile ;

c) A ce que les signaux d'avertissement de danger soient implantés à une distance suffisante des obstacles pour annoncer efficacement ceux-ci aux conducteurs ;

d) Et à faire en sorte qu'il soit interdit :

i) de faire figurer sur un signal, sur son support ou sur toute autre installation servant à régler la circulation quoi que ce soit qui ne se rattache pas à l'objet de ce signal ou de cette installation ; toutefois, lorsque les Parties contractantes ou leurs subdivisions autorisent une association sans but lucratif à implanter les signaux d'indication, elles peuvent permettre que l'emblème de cette association figure sur le signal ou sur son support, à condition que la compréhension du signal n'en soit pas rendue moins aisée ;

ii) de mettre en place des panneaux, affiches, marques ou installations qui risquent soit d'être confondus avec des signaux ou d'autres installations servant à régler la circulation, soit d'en réduire la visibilité ou l'efficacité, soit d'éblouir les usagers de la route ou de distraire leur attention de façon dangereuse pour la sécurité de la circulation.

(Conv. 1er févr. 1991) « iii) *[d']* installer sur les trottoirs et accotements des dispositifs ou équipements susceptibles de gêner inutilement la circulation des piétons, notamment des personnes âgées et des handicapés. »

CHAPITRE II *RÈGLES APPLICABLES À LA CIRCULATION ROUTIÈRE*

Art. 5 *Valeur de la signalisation* 1. Les usagers de la route doivent, même si les prescriptions en cause semblent en contradiction avec d'autres règles de circulation, se conformer aux prescriptions indiquées par les signaux routiers, les signaux lumineux de circulation ou les marques routières.

2. Les prescriptions indiquées par les signaux lumineux de circulation prévalent sur celles qui sont indiquées par les signaux routiers réglementant la priorité.

Art. 6 *Injonctions données par les agents réglant la circulation* 1. Les agents réglant la circulation seront facilement reconnaissables et visibles à distance, de nuit comme de jour.

2. Les usagers de la route sont tenus d'obtempérer immédiatement à toute injonction des agents réglant la circulation.

3. Il est recommandé que les législations nationales prévoient que sont notamment considérés comme injonctions des agents réglant la circulation : — *Les dispositions de ce paragraphe 3, qui sont des recommandations dans la Convention, seront obligatoires (Accord europ. 1er mai 1971).*

a) Le bras levé verticalement ; ce geste signifie "attention, arrêt" pour tous les usagers de la route, sauf pour les conducteurs qui ne pourraient plus s'arrêter dans des conditions de sécurité suffisantes ; de plus, si ce geste est fait à une intersection, il n'impose pas l'arrêt aux conducteurs déjà engagés dans l'intersection ;

b) Le bras ou les bras tendus horizontalement ; ce geste signifie "arrêt" pour tous les usagers de la route qui viennent, quel que soit le sens de leur marche, de directions coupant celle qui est indiquée par le ou les bras tendus ; après avoir fait ce geste, l'agent réglant la circulation pourra abaisser le bras ou les bras ; pour les conducteurs se trouvant en face de l'agent ou derrière lui, ce geste signifie également "arrêt" ;

c) Le balancement d'un feu rouge ; ce geste signifie "arrêt" pour les usagers de la route vers lesquels le feu est dirigé.

4. Les injonctions des agents réglant la circulation prévalent sur les prescriptions indiquées par les signaux routiers, les signaux lumineux de circulation ou les marques routières, ainsi que sur les règles de circulation.

Art. 7 *Règles générales* 1. Les usagers de la route doivent éviter tout comportement susceptible de constituer un danger ou un obstacle pour la circulation, de mettre en danger des personnes ou de causer un dommage à des propriétés publiques ou privées.

2. Il est recommandé que les législations nationales prévoient que les usagers de la route doivent éviter de gêner la circulation ou de risquer de la rendre dangereuse en jetant, déposant ou abandonnant sur la route des objets ou matières ou en créant quelque autre obstacle sur la route. Les usagers de la route qui n'ont pu ainsi éviter de créer un obstacle ou un danger doivent prendre les mesures nécessaires pour le faire disparaître le plus tôt possible et, s'ils ne peuvent le faire disparaître immédiatement, pour le signaler aux autres usagers de la route. — *Les dispositions de ce paragraphe 2, qui sont des recommandations dans la Convention, seront obligatoires (Accord europ. 1er mai 1971).*

(Accord europ. 1er mai 1971) « Les usagers de la route doivent faire preuve d'une prudence accrue à l'égard des enfants, des infirmes, notamment des aveugles munis d'une canne blanche, et des personnes âgées.

« Les conducteurs doivent veiller à ce que leurs véhicules n'incommodent pas les usagers de la route et les riverains, notamment en provoquant du bruit, de la poussière ou de la fumée lorsqu'il est possible d'éviter de le faire. »

(Conv. 1er févr. 1991) « 3. Les conducteurs doivent faire preuve d'une prudence accrue à l'égard des catégories d'usagers les plus vulnérables tels que les piétons et les cyclistes, et notamment les enfants, les personnes âgées et les handicapés.

« 4. Les conducteurs doivent veiller à ce que leurs véhicules n'incommodent pas les usagers de la route et les riverains, notamment en provoquant du bruit, de la poussière ou de la fumée lorsqu'il est possible d'éviter de le faire.

« 5. Le port d'une ceinture de sécurité est obligatoire pour les conducteurs et les passagers des automobiles qui occupent les sièges équipés de ces ceintures, sauf dans les cas d'exemption prévus par la législation nationale. »

Art. 8 *Conducteurs* 1. Tout véhicule en mouvement ou tout ensemble de véhicules en mouvement doit avoir un conducteur.

2. Il est recommandé que les législations nationales prévoient que les bêtes de charge, les bêtes de trait ou de selle et, sauf éventuellement dans les zones spécialement signalées à l'entrée, les bestiaux isolés ou en troupeaux doivent avoir un conducteur. — *La disposition de ce paragraphe 2, qui est une recommandation dans la Convention, sera obligatoire (Accord europ. 1er mai 1971).*

3. Tout conducteur doit posséder les qualités physiques et psychiques nécessaires et être en état physique et mental de conduire.

4. Tout conducteur de véhicule à moteur doit avoir les connaissances et l'habileté nécessaires à la conduite du véhicule ; cette disposition ne fait pas obstacle, toutefois, à l'apprentissage de la conduite selon la législation nationale.

5. Tout conducteur doit constamment avoir le contrôle de son véhicule ou pouvoir guider ses animaux.

(Amendt. 26 mars 2014, en vigueur depuis le 23 mars 2016) « **5 *bis*.** Les systèmes embarqués ayant une incidence sur la conduite du véhicule sont réputés conformes au paragraphe 5 du présent article et au premier paragraphe de l'article 13 s'ils sont conformes aux prescriptions en matière de construction, de montage et d'utilisation énoncées dans les instruments juridiques internationaux relatifs aux véhicules à roues et aux équipements et pièces susceptibles d'être montés et/ou utilisés sur un véhicule à roues.

« Les systèmes embarqués ayant une incidence sur la conduite d'un véhicule qui ne sont pas conformes aux prescriptions en matière de construction, de montage et d'utilisation susmentionnées sont réputés conformes au paragraphe 5 du présent article et au premier paragraphe de l'article 13 pour autant qu'ils puissent être neutralisés ou désactivés par le conducteur. »

(Amendt. 28 sept. 2004, en vigueur depuis le 28 mars 2006) « **6.** Le conducteur d'un véhicule doit éviter toute activité autre que la conduite. La législation nationale devrait prescrire des règles sur l'utilisation des téléphones par les conducteurs de véhicules. En tout cas, la législation doit interdire l'utilisation par le conducteur d'un véhicule à moteur ou d'un cyclomoteur d'un téléphone tenu à la main lorsque le véhicule est en mouvement. »

BIBL. ▶ COULON, *RCA 2016. Alerte 7* (révision de la Convention de Vienne sur la circulation routière : les voitures autonomes (pas tout à fait) sur la ligne de départ). - VINGIANO, *RGDA 2016, nº 5* (l'amendement à la Convention de Vienne : un pas de plus vers l'introduction des véhicules à conduite déléguée).

Art. 9 *Troupeaux* Il est recommandé que les législations nationales prévoient que, sauf dérogation accordée pour faciliter les migrations, les troupeaux soient fractionnés en tronçons de longueur modérée et séparés les uns des autres par des intervalles suffisamment grands pour la commodité de la circulation. — *La disposition de cet article, qui est une recommandation dans la Convention, sera obligatoire (Accord europ. 1er mai 1971).*

Art. 10 *(Accord europ. 1er mai 1971)* « ***Place sur la route*** » 1. Le sens de la circulation doit être le même sur toutes les routes d'un État, réserve faite, le cas échéant, des routes servant exclusivement ou principalement au transit entre deux autres États.

(Accord europ. 1er mai 1971) « *a)* Tout conducteur doit, s'il en existe, et sauf en cas de nécessité absolue, emprunter exclusivement les chemins, chaussées, voies et pistes affectés à la circulation des usagers de sa catégorie ;

« *b)* Dans le cas où ni voie, ni piste ne leur seraient affectées, les cyclomotoristes, les cyclistes et les conducteurs de véhicules sans moteur peuvent, si cela peut se faire sans inconvénient pour les autres usagers de la route, utiliser, dans le sens de la circulation, tout accotement praticable. »

2. Les animaux circulant sur la chaussée doivent être maintenus, dans toute la mesure du possible, près du bord de la chaussée correspondant au sens de la circulation.

3. Sans préjudice des dispositions contraires du paragraphe 1 de l'article 7, du paragraphe 6 de l'article 11 et des autres dispositions contraires de la présente Convention, tout conducteur de véhicule doit, autant que le lui permettent les circonstances, maintenir son véhicule près du bord de la chaussée correspondant au sens de la circulation. Les Parties contractantes ou leurs subdivisions peuvent toutefois prescrire des règles plus précises concernant la place sur la chaussée des véhicules affectés au transport de marchandises.

4. Lorsqu'une route comporte deux ou trois chaussées, aucun conducteur ne doit emprunter la chaussée située du côté opposé à celui correspondant au sens de la circulation.

5. *a)* Sur les chaussées où la circulation se fait dans les deux sens et qui comportent quatre voies au moins, aucun conducteur ne doit emprunter les voies situées tout entières sur la moitié de la chaussée opposée au côté correspondant au sens de la circulation.

b) Sur les chaussées où la circulation se fait dans les deux sens et qui comportent trois voies, aucun conducteur ne doit emprunter la voie située au bord de la chaussée opposé à celui correspondant au sens de la circulation.

(Conv. 1er févr. 1991) « 6. Sans préjudice des dispositions de l'article 11, si une voie additionnelle est indiquée par des signaux, tout conducteur de véhicule qui se déplace lentement doit utiliser cette voie. »

Art. 11 *Dépassement et circulation en files* 1. *a)* Le dépassement doit se faire par le côté opposé à celui correspondant au sens de la circulation.

b) Toutefois, le dépassement doit se faire par le côté correspondant au sens de la circulation dans le cas où le conducteur à dépasser, après avoir indiqué son intention de se diriger du côté opposé à celui correspondant au sens de la circulation, a porté son véhicule ou ses animaux vers ce côté de la chaussée en vue soit de tourner de ce côté pour emprunter une autre route ou entrer dans une propriété riveraine, soit de s'arrêter de ce côté.

(Amendt. 28 sept. 2004, en vigueur depuis le 28 mars 2006) « *c)* La législation nationale peut autoriser les cyclistes et les cyclomotoristes à dépasser les véhicules immobilisés ou les véhicules circulant lentement autres que les cycles et les cyclomoteurs du côté correspondant au sens de la circulation, à condition qu'il existe un espace suffisant. »

2. Avant de dépasser, tout conducteur doit, sans préjudice des dispositions du paragraphe 1 de l'article 7 et de celles de l'article 14 de la présente Convention, s'assurer :

a) Qu'aucun conducteur qui le suit n'a commencé une manœuvre pour le dépasser ;

b) Que celui qui le précède sur la même voie n'a pas signalé son intention de dépasser un tiers ;

(Conv. 1er févr. 1991) « *c)* Qu'il peut le faire sans mettre en danger ou gêner la circulation en sens inverse en vérifiant notamment que la voie qu'il va emprunter est libre sur une distance suffisante et que la vitesse relative des deux véhicules permet d'effectuer le dépassement dans un délai suffisamment court. »

d) Et que, sauf s'il emprunte une voie interdite à la circulation venant en sens inverse, il pourra, sans inconvénient pour l'usager ou les usagers de la route dépassés, regagner la place prescrite au paragraphe 3 de l'article 10 de la présente Convention.

3. Conformément aux dispositions du paragraphe 2 du présent article, est en particulier interdit sur les chaussées où la circulation se fait dans les deux sens le dépassement à l'approche du sommet d'une côte et, lorsque la visibilité est insuffisante dans les virages, à moins qu'il n'existe à ces endroits des voies matérialisées par des marques routières longitudinales et que le dépassement ne s'effectue sans sortir de celles de ces voies que les marques interdisent à la circulation venant en sens inverse.

4. Pendant qu'il dépasse, tout conducteur doit s'écarter de l'usager ou des usagers de la route dépassés de façon à laisser libre une distance latérale suffisante.

5. *a)* Sur les chaussées ayant au moins deux voies réservées à la circulation dans le sens qu'il suit, un conducteur qui serait amené à entreprendre une nouvelle manœuvre de dépassement aussitôt ou peu après avoir regagné la place prescrite par le paragraphe 3 de l'article 10 de la présente Convention peut, pour effectuer cette manœuvre et à condition de s'assurer que cela n'apporte pas de gêne notable à des conducteurs de véhicules plus rapides survenant derrière le sien, rester sur la voie qu'il a empruntée pour le premier dépassement.

b) Les Parties contractantes ou leurs subdivisions peuvent, toutefois, ne pas rendre applicables les dispositions du présent paragraphe aux conducteurs de cycles, de cyclomoteurs, de motocycles et de véhicules qui ne sont pas des automobiles au sens de la présente Convention, ainsi qu'aux conducteurs d'automobiles dont le poids maximal autorisé excède 3 500 kg (7 700 livres) ou dont la vitesse par construction ne peut excéder 40 km (25 miles) à l'heure. — *La disposition du paragraphe 5, al. b), ne sera pas appliquée (Accord europ. 1er mai 1971).*

6. Lorsque les dispositions du paragraphe 5 *a)* du présent article sont applicables et que la densité de la circulation est telle que les véhicules, non seulement occupent toute la largeur de la chaussée réservée à leur sens de circulation, mais encore ne circulent qu'à une vitesse dépendant de la vitesse du véhicule qui les précède dans la file qu'ils suivent :

a) Sans préjudice des dispositions du paragraphe 9 du présent article, le fait que les véhicules d'une file circulent plus vite que les véhicules d'une autre file n'est pas considéré comme un dépassement au sens du présent article ;

b) Un conducteur ne se trouvant pas sur la voie la plus rapprochée du bord de la chaussée correspondant au sens de la circulation doit ne changer de file que pour se préparer à tourner à droite ou à gauche ou à stationner, réserve faite des changements de voie opérés par les conducteurs conformément à la législation nationale qui résulterait de l'application des dispositions du paragraphe 5 *b)* du présent article. — *En conséquence de l'inapplication de l'al. b) du paragraphe 5 de cet article, la disposition du dernier membre de phrase de l'al. b) du paragraphe 6 ne sera pas appliquée (Accord. europ. 1er mai 1971).*

7. Dans les circulations en file décrites aux paragraphes 5 et 6 du présent article, il est interdit aux conducteurs, lorsque les voies sont délimitées sur la chaussée par des marques longitudinales, de circuler en chevauchant ces marques.

8. Sans préjudice des dispositions du paragraphe 2 du présent article et d'autres restrictions que les Parties contractantes ou leurs subdivisions pourront énoncer en ce qui concerne le dépassement aux intersections et aux passages à niveau, aucun conducteur de véhicule ne doit dépasser un véhicule autre qu'un cycle à deux-roues, un cyclomoteur à deux-roues ou un motocycle à deux-roues sans side-car :

a) Immédiatement avant et dans une intersection autre qu'un carrefour à sens giratoire, sauf :

i) dans le cas prévu au paragraphe 1 *b)* du présent article ;

ii) dans le cas où la route où a lieu le dépassement bénéficie de la priorité à l'intersection ;

iii) dans le cas où la circulation est réglée à l'intersection par un agent de la circulation ou par des signaux lumineux de circulation ;

b) *(Accord europ. 1er mai 1971)* « Immédiatement avant et sur des passages à niveau non munis de barrières ou de demi-barrières, sauf si la circulation routière y est réglée par des signaux lumineux de circulation tels qu'ils sont utilisés aux intersections. »

9. Un véhicule ne doit dépasser un autre véhicule s'approchant d'un passage pour piétons, délimité par des marques sur la chaussée ou signalé comme tel, ou arrêté à l'aplomb de celui-ci, qu'à allure suffisamment réduite pour pouvoir s'arrêter *(Conv. 1er févr. 1991)* « immédiatement » si un piéton se trouve sur le passage. Aucune disposition du présent paragraphe ne sera interprétée comme empêchant les Parties contractantes ou leurs subdivisions d'interdire le dépassement à partir d'une certaine distance à un passage pour piétons ou d'imposer des prescriptions plus strictes au conducteur d'un véhicule qui se propose de dépasser un autre véhicule arrêté à l'aplomb du passage.

10. Tout conducteur qui constate qu'un conducteur qui le suit désire le dépasser doit, sauf dans le cas prévu au paragraphe 1) *b* de l'article 16 de la présente Convention, serrer le bord de la chaussée correspondant au sens de la circulation et ne doit pas accélérer son allure. Lorsque l'insuffisance de largeur, le profil ou l'état de la chaussée ne permettent pas, compte tenu de la densité de la circulation en sens inverse, de dépasser avec faciliter *[facilité]* et sans danger un véhicule lent, encombrant ou tenu de respecter une limite de vitesse, le conducteur de ce dernier véhicule doit ralentir et au besoin se ranger dès que possible pour laisser passer les véhicules qui le suivent.

11. *a)* Les Parties contractantes ou leurs subdivisions peuvent, sur les chaussées à sens unique et sur les chaussées où la circulation se fait dans les deux sens lorsque au moins deux voies dans les agglomérations et trois voies hors des agglomérations sont réservées à la circulation dans le même sens et sont délimitées par des marques longitudinales :

i) autoriser les véhicules circulant dans une voie à dépasser, du côté correspondant au sens de la circulation, les véhicules qui suivent une autre voie ;

ii) rendre non applicables les dispositions du paragraphe 3 de l'article 10 de la présente Convention, sous réserve d'édicter des dispositions appropriées restreignant la possibilité de changer de voie.

b) Dans le cas prévu à l'alinéa *a)* du présent paragraphe, le mode de conduite prévu sera réputé ne pas constituer un dépassement au sens de la présente Convention ; toutefois, les dispositions du paragraphe 9 du présent article restent applicables.

Art. 12 *Croisement* 1. Pour croiser, tout conducteur doit laisser libre une distance latérale suffisante et, au besoin, serrer vers le bord de la chaussée correspondant au sens de la circulation ; si, ce faisant, sa progression se trouve entravée par un obstacle ou par la présence d'autres usagers de la route, il doit ralentir et, au besoin, s'arrêter pour laisser passer l'usager ou les usagers venant en sens inverse.

2. *(Accord europ. 1er mai 1971)* « Sur les routes de montagne et sur les routes à forte pente qui ont des caractéristiques similaires, où le croisement est impossible ou difficile, il incombe au conducteur du véhicule descendant de ranger son véhicule pour laisser passer tout véhicule montant, sauf dans le cas où la façon dont sont disposés le long de la chaussée des refuges pour permettre aux véhicules de se ranger est telle que, compte tenu de la vitesse et de la position des véhicules, le véhicule montant dispose d'un refuge devant lui et qu'une marche arrière d'un des véhicules serait nécessaire si le véhicule montant ne se rangeait pas sur ce refuge. Dans le cas où l'un des deux véhicules qui vont se croiser doit faire marche arrière pour permettre le croisement, les ensembles de véhicules ont la priorité sur les autres véhicules, les véhicules lourds sur les véhicules légers et les autocars sur les camions ; lorsqu'il s'agit de véhicules de la même catégorie, c'est le conducteur du véhicule descendant qui doit faire marche arrière, sauf si cela est manifestement plus facile pour le conducteur du véhicule montant, notamment si celui-ci se trouve près d'un refuge. »

Art. 13 *Vitesse et distance entre véhicules* 1. Tout conducteur de véhicule doit rester, en toutes circonstances, maître de son véhicule, de façon à pouvoir se conformer aux exigences de la prudence et à être constamment en mesure d'effectuer toutes les manœuvres qui lui incombent. Il doit, en réglant la vitesse de son véhicule, tenir constamment compte des circonstances, notamment de la disposition des lieux, de l'état de la route, de l'état et du chargement de son véhicule, des conditions atmosphériques et de l'intensité de la circulation, de manière à pouvoir arrêter son véhicule dans les limites de son champ de visibilité vers l'avant ainsi que devant tout obstacle prévisible. Il doit ralentir et au besoin s'arrêter toutes les fois que les circonstances l'exigent, notamment lorsque la visibilité n'est pas bonne.

(Conv. 1er févr. 1991) « 2. Les législations nationales doivent fixer des limitations de vitesse maximale pour toutes les routes. Les législations nationales doivent aussi déterminer des limitations de vitesse applicables à certaines catégories de véhicules présentant un danger spécial en raison notamment de leur poids ou de leur chargement. Elles peuvent prévoir de semblables dispositions pour certaines catégories de conducteurs, en particulier pour les conducteurs débutants.

« 3. Les dispositions prévues dans la première phrase du paragraphe 2 peuvent ne pas s'appliquer aux conducteurs de véhicules prioritaires mentionnés au paragraphe 2 de l'article 34 ou assimilés comme tels par les législations nationales.

« 4. » Aucun conducteur ne doit gêner la marche normale des autres véhicules en circulant, sans raison valable, à une vitesse anormalement réduite.

(Conv. 1er févr. 1991) « 5. » Le conducteur d'un véhicule circulant derrière un autre véhicule doit laisser libre, derrière celui-ci, une distance de sécurité suffisante pour pouvoir éviter une collision en cas de ralentissement brusque ou d'arrêt subi *[subit]* du véhicule qui le précède.

(Accord. europ. 1er mai 1971 ; Conv. 1er févr. 1991) « 6. En dehors des agglomérations, sur les routes où une seule voie est affectée à la circulation dans le sens en cause, en vue de faciliter les dépassements, les conducteurs de véhicules soumis à une restriction spéciale de vitesse et de véhicules ou d'ensembles de véhicules de plus de 7 mètres (23 pieds) de longueur hors tout doivent, sauf lorsqu'ils dépassent ou s'apprêtent à dépasser, adapter l'intervalle entre leurs véhicules et les véhicules à moteur les précédant de façon que les véhicules les dépassant puissent sans danger se rabattre dans l'intervalle laissé devant le

véhicule dépassé. Cette disposition n'est toutefois applicable ni lorsque la circulation est très encombrée, ni lorsque le dépassement est interdit. »

Art. 14 *Prescriptions générales pour les manœuvres* 1. *(Accord europ. 1er mai 1971)* « Tout conducteur qui veut exécuter une manœuvre, telle que sortir d'une file de véhicules en stationnement ou y entrer, se déporter à droite ou à gauche sur la chaussée, notamment pour changer de voie, tourner à gauche ou à droite pour emprunter une autre route ou pour entrer dans une propriété riveraine, doit ne commencer à exécuter cette manœuvre qu'après s'être assuré qu'il peut le faire sans risquer de constituer un danger pour les autres usagers de la route qui le suivent, le précèdent ou vont le croiser, compte tenu de leur position, de leur direction et de leur vitesse. »

2. Tout conducteur qui veut effectuer un demi-tour ou une marche arrière doit ne commencer à exécuter cette manœuvre qu'après s'être assuré qu'il peut le faire sans constituer un danger ou un obstacle pour les autres usagers de la route.

3. Avant de tourner ou d'accomplir une manœuvre impliquant un déplacement latéral, tout conducteur doit annoncer son intention clairement et suffisamment à l'avance au moyen de l'indicateur ou des indicateurs de direction de son véhicule ou, à défaut, en faisant si possible un signe approprié avec le bras. L'indication donnée par le ou les indicateurs de direction doit continuer à être donnée pendant toute la durée de la manœuvre. L'indication doit cesser dès que la manœuvre est accomplie.

Art. 15 *Prescriptions particulières relatives aux véhicules des services réguliers de transport en commun* Il est recommandé que les législations nationales prévoient que, dans les agglomérations, afin de faciliter la circulation des véhicules des services réguliers de transport en commun, les conducteurs des autres véhicules, sous réserve des dispositions du paragraphe 1 de l'article 17 de la présente Convention, ralentissent et, au besoin, s'arrêtent pour laisser ces véhicules de transport en commun effectuer la manœuvre nécessaire pour se remettre en mouvement au départ des arrêts signalés comme tels. Les dispositions ainsi édictées par les Parties contractantes ou leurs subdivisions ne modifient en rien l'obligation pour les conducteurs de véhicules de transport en commun de prendre, après avoir annoncé au moyen de leurs indicateurs de direction leur intention de se remettre en mouvement, les précautions nécessaires pour éviter tout risque d'accident. — *La disposition de cet article, qui est une recommandation dans la Convention, sera obligatoire (Accord europ. 1er mai 1971).*

Art. 16 *Changement de direction* 1. Avant de tourner à droite ou à gauche pour s'engager sur une autre route ou entrer dans une propriété riveraine, tout conducteur doit, sans préjudice des dispositions du paragraphe 1 de l'article 7 et de celles de l'article 14 de la présente Convention :

a) S'il veut quitter la route du côté correspondant au sens de la circulation, serrer le plus possible le bord de la chaussée correspondant à ce sens et exécuter sa manœuvre dans un espace aussi restreint que possible ;

(Amendt. 28 sept. 2004, en vigueur depuis le 28 mars 2006) « *b)* s'il veut quitter la route de l'autre côté, sous réserve de la possibilité pour les Parties contractantes ou leurs subdivisions d'édicter des dispositions différentes pour les cycles et les cyclomoteurs leur permettant notamment d'effectuer un changement de direction en traversant l'intersection en deux phases, serrer le plus possible l'axe médian de la chaussée s'il s'agit d'une chaussée à double sens, ou le bord opposé au côté correspondant au sens de la circulation s'il s'agit d'une chaussée à sens unique et, s'il veut s'engager sur une autre route à double sens, exécuter sa manœuvre de manière à aborder la chaussée de cette autre route par le côté correspondant au sens de la circulation.

« 2. Pendant sa manœuvre de changement de direction, le conducteur doit, sans préjudice des dispositions de l'article 21 de la présente Convention en ce qui concerne les piétons, laisser passer les usagers de la route sur la chaussée ou sur les autres parties de la même route qu'il s'apprête à quitter. »

Art. 17 *Ralentissement* 1. Aucun conducteur de véhicule ne doit procéder à un freinage brusque non exigé par des raisons de sécurité.

2. Tout conducteur qui veut ralentir de façon notable l'allure de son véhicule doit, à moins que ce ralentissement ne soit motivé par un danger imminent, s'assurer au préalable qu'il peut le faire sans danger ni gêne excessive pour d'autres conducteurs. Il doit en outre, sauf lorsqu'il s'est assuré qu'il n'est suivi par aucun véhicule ou ne l'est qu'à une distance

très éloignée, indiquer son intention clairement et suffisamment à l'avance, en faisant avec le bras un signe approprié ; toutefois, cette disposition ne s'applique pas si l'indication de ralentissement est donné par l'allumage sur le véhicule des feux stop mentionnés au paragraphe 31 de l'annexe 5 de la présente Convention.

Art. 18 *Intersections et obligation de céder le passage* 1. Tout conducteur abordant une intersection doit faire preuve d'une prudence accrue, appropriée aux conditions locales. Le conducteur d'un véhicule doit, en particulier, conduire à une vitesse telle qu'il ait la possibilité de s'arrêter pour laisser passer les véhicules ayant la priorité de passage.

2. Tout conducteur débouchant d'un sentier ou d'un chemin de terre sur une route qui n'est ni un sentier ni un chemin de terre est tenu de céder le passage aux véhicules circulant sur cette route. Aux fins du présent article, les termes "sentier" et "chemin de terre" pourront être définis dans les législations nationales.

3. *(Accord europ. 1er mai 1971)* « Tout conducteur débouchant d'une propriété riveraine sur une route est tenu de céder le passage aux usagers circulant sur cette route. »

4. Sous réserve des dispositions du paragraphe 7 du présent article :

a) Dans les États où le sens de la circulation est à droite, aux intersections autres que celles qui sont visées au paragraphe 2 du présent article et aux paragraphes 2 et 4 de l'article 25 de la présente Convention, le conducteur d'un véhicule est tenu de céder le passage aux véhicules venant sur sa droite ;

b) *(Accord europ. 1er mai 1971)* « Dans les États où le sens de la circulation est à gauche, la priorité aux intersections est réglée par un signal routier ou par une marque routière. »

5. Même si les signaux lumineux lui en donnent l'autorisation, le conducteur ne doit pas s'engager dans une intersection si l'encombrement de la circulation est tel qu'il serait vraisemblablement immobilisé dans l'intersection, gênant ou empêchant ainsi la circulation transversale.

6. Tout conducteur engagé dans une intersection où la circulation est réglée par des signaux lumineux de circulation peut évacuer l'intersection sans attendre que la circulation soit ouverte dans le sens où il va s'engager, mais à la condition de ne pas gêner la circulation des autres usagers de la route qui avancent dans le sens où la circulation est ouverte.

7. *(Abrogé par Conv. 1er févr. 1991)* « *Aux intersections* » Les conducteurs de véhicules ne se déplaçant pas sur rails ont l'obligation de céder le passage aux véhicules se déplaçant sur rails.

Art. 19 *Passages à niveau* Tout usager de la route doit faire preuve d'une prudence accrue à l'approche et au franchissement des passages à niveau.

En particulier :

a) Tout conducteur de véhicule doit circuler à une allure modérée ;

b) Sans préjudice de l'obligation d'obéir aux indications d'arrêt données par un signal lumineux ou un signal acoustique, aucun usager de la route ne doit s'engager sur un passage à niveau dont les barrières ou les demi-barrières sont en travers de la route ou en mouvement pour se placer en travers de la route ou dont les demi-barrières sont en train de se relever ;

c) Si un passage à niveau n'est muni ni de barrière, ni de demi-barrières, ni de signaux lumineux, aucun usager de la route ne doit s'y engager sans s'être assuré qu'aucun véhicule sur rails n'approche ;

(Conv. 1er févr. 1991) « *d)* Il est interdit au conducteur de s'engager sur un passage à niveau sans s'assurer au préalable qu'il ne sera pas obligé de s'y immobiliser.

« *e)* » Aucun usager de la route ne doit prolonger indûment le franchissement d'un passage à niveau ; en cas d'immobilisation forcée d'un véhicule, son conducteur doit s'efforcer de l'amener hors de l'emprise des voies ferrées et, s'il ne peut le faire, prendre immédiatement toutes mesures en son pouvoir pour que les mécaniciens des véhicules sur rails soient prévenus suffisamment à temps de l'existence du danger.

Art. 20 *Prescriptions applicables aux piétons* 1. *(Accord europ. 1er mai 1971)* « Les piétons doivent autant que possible éviter d'emprunter la chaussée, mais s'ils l'utilisent, ils doivent le faire avec prudence et ils ne doivent pas sans nécessité gêner ou empêcher la circulation. »

2. S'il existe, en bordure de la chaussée, des trottoirs ou des accotements praticables par les piétons, ceux-ci doivent les emprunter. Toutefois, en prenant les précautions nécessaires :

a) Les piétons qui poussent ou qui portent des objets encombrants peuvent emprunter la chaussée si leur circulation sur le trottoir ou l'accotement devait causer une gêne importante aux autres piétons ;

b) Les groupes de piétons conduits par un moniteur, ou formant un cortège, peuvent circuler sur la chaussée.

(Accord europ. 1er mai 1971) « Nonobstant les dispositions du paragraphe 2 de cet article de la Convention, les infirmes qui se déplacent dans une chaise roulante peuvent, dans tous les cas, circuler sur la chaussée. »

3. S'il n'est pas possible d'utiliser les trottoirs ou les accotements ou en l'absence de ceux-ci, les piétons peuvent circuler sur la chaussée ; lorsqu'il existe une piste cyclable et lorsque la densité de la circulation le leur permet, ils peuvent circuler sur cette piste cyclable, mais sans gêner le passage des cyclistes et des cyclomotoristes.

4. *(Accord europ. 1er mai 1971)* « Lorsque des piétons circulent sur la chaussée en application du paragraphe 2, du paragraphe additionnel à lire immédiatement après ce paragraphe 2, et du paragraphe 3 du présent article, ils doivent se tenir le plus près possible du bord de la chaussée. »

5. *(Accord europ. 1er mai 1971)* « *a)* En dehors des agglomérations, lorsque des piétons circulent sur la chaussée, ils doivent se tenir, sauf si cela est de nature à compromettre leur sécurité et sauf circonstances particulières, du côté opposé à celui correspondant au sens de la circulation. Toutefois, les personnes qui poussent à la main un cycle, un cyclomoteur ou un motocycle, les infirmes se déplaçant dans une chaise roulante et les groupes de piétons conduits par un moniteur ou formant un cortège, doivent se tenir du côté de la chaussée correspondant au sens de la circulation. Sauf s'ils forment un cortège, les piétons circulant sur la chaussée doivent, si possible, se déplacer en une seule file si la sécurité de la circulation l'exige, notamment en cas de mauvaise visibilité ou de forte densité de la circulation des véhicules.

« *b)* Les dispositions de l'alinéa *a)* du présent paragraphe peuvent être rendues applicables dans les agglomérations. »

6. *a)* Les piétons ne doivent s'engager sur une chaussée pour la traverser qu'en faisant preuve de prudence ; ils doivent emprunter le passage pour piétons lorsqu'il en existe un à proximité.

b) Pour traverser à un passage pour piétons signalé comme tel ou délimité par des marques sur la chaussée :

i) si le passage est équipé de signaux pour les piétons, ceux-ci doivent obéir aux prescriptions indiquées par ces feux ;

ii) si le passage n'est pas équipé d'une telle signalisation, mais si la circulation des véhicules est réglée par des signaux lumineux de circulation ou par un agent de la circulation, les piétons ne doivent pas s'engager sur la chaussée tant que le signal lumineux ou le geste de l'agent de la circulation notifie que les véhicules peuvent y passer ;

iii) aux autres passages pour piétons, les piétons ne doivent pas s'engager sur la chaussée sans tenir compte de la distance et de la vitesse des véhicules qui s'en approchent.

c) (Accord europ. 1er mai 1971) « Pour traverser en dehors d'un passage pour piétons signalé comme tel ou délimité par des marques sur la chaussée, les piétons ne doivent pas s'engager sur la chaussée avant de s'être assurés qu'ils peuvent le faire sans gêner la circulation des véhicules. Les piétons doivent traverser la chaussée perpendiculairement à son axe. »

d) Une fois engagés dans la traversée d'une chaussée, les piétons ne doivent pas y allonger leur parcours, s'y attarder ou s'y arrêter sans nécessité.

7. Toutefois, les Parties contractantes ou leurs subdivisions peuvent édicter des dispositions plus strictes pour les piétons traversant la chaussée.

Art. 21 *Comportement des conducteurs à l'égard des piétons* 1. *(Conv. 1er févr. 1991)* « Tout conducteur doit éviter les comportements susceptibles de mettre en danger les piétons.

« 2. » Sans préjudice des dispositions du paragraphe 1 de l'article 7, du paragraphe 9 de l'article 11 et du paragraphe 1 de l'article 13 de la présente Convention, lorsqu'il existe sur la chaussée un passage pour piétons signalé comme tel ou délimité par des marques sur la chaussée :

a) (Conv. 1er févr. 1991) « Si la circulation des véhicules est réglée à ce passage par des signaux lumineux de circulation ou par un agent de la circulation, les conducteurs doivent, lorsqu'il leur est interdit de passer, s'arrêter avant de s'engager sur le passage ou sur les marques transversales qui le précèdent et, lorsqu'il leur est permis de passer, ne pas entraver ni gêner la traversée des piétons qui se sont engagés sur le passage ; si les conducteurs tournent pour s'engager sur une autre route à l'entrée de laquelle se trouve un passage pour piétons, ils ne doivent le faire qu'à allure lente et en faisant passer, quitte à s'arrêter à cet effet, les piétons qui se sont engagés ou qui s'engagent sur le passage » ;

b) Si la circulation des véhicules n'est réglée à ce passage ni par des signaux lumineux de circulation ni par un agent de la circulation, les conducteurs ne doivent s'approcher de ce passage qu'à allure suffisamment modérée pour ne pas mettre en danger les piétons qui s'y sont engagés ou qui s'y engagent ; au besoin, ils doivent s'arrêter pour les laisser passer.

(Accord europ. 1er mai 1971) « Sans préjudice des dispositions du paragraphe 1 de l'article 7 et du paragraphe 1 de l'article 13 de la Convention, lorsqu'il n'existe pas sur la chaussée de passage pour piétons signalé comme tel ou délimité par des marques sur la chaussée, les conducteurs qui tournent pour s'engager sur une autre route ne doivent le faire qu'en laissant passer, quitte à s'arrêter à cet effet, les piétons qui se sont engagés sur la chaussée de cette autre route dans les conditions prévues au paragraphe 6 de l'article 20 de la Convention. »

2. Les conducteurs ayant l'intention de dépasser, du côté correspondant au sens de la circulation, un véhicule de transport public à un arrêt signalé comme tel doivent réduire leur vitesse et au besoin s'arrêter pour permettre aux voyageurs de monter dans ce véhicule ou d'en descendre.

3. Aucune disposition du présent article ne sera interprétée comme empêchant les Parties contractantes ou leurs subdivisions :

– d'obliger les conducteurs de véhicules à marquer l'arrêt chaque fois que des piétons se sont engagés ou s'engagent sur un passage pour piétons signalé comme tel ou délimité par des marques sur la chaussée dans les conditions prévues à l'article 20 de la présente Convention, ou

– de leur interdire d'empêcher ou de gêner la marche des piétons qui traversent la chaussée à une intersection ou tout près d'une intersection, même si aucun passage pour piétons n'est à cet endroit signalé comme tel ou délimité par des marques sur la chaussée. – *La disposition de ce paragraphe 3 ne sera pas appliquée (Accord europ. 1er mai 1971).*

(Conv. 1er févr. 1991) « 4. » Les conducteurs ayant l'intention de dépasser, du côté correspondant au sens de la circulation, un véhicule de transport public à un arrêt signalé comme tel doivent réduire leur vitesse et au besoin s'arrêter pour permettre aux voyageurs de monter dans ce véhicule ou d'en descendre.

Art. 22 *Refuges sur la chaussée* Sans préjudice des dispositions de l'article 10 de la présente Convention, tout conducteur peut laisser à sa droite ou à sa gauche les refuges, bornes et autres dispositifs établis sur la chaussée sur laquelle il circule, à l'exception des cas suivants :

a) Lorsqu'un signal impose le passage sur l'un des côtés du refuge, de la borne ou du dispositif ;

b) Lorsque le refuge, la borne ou le dispositif est dans l'axe d'une chaussée où la circulation se fait dans les deux sens ; dans ce dernier cas, le conducteur doit laisser le refuge, la borne ou le dispositif du côté opposé à celui correspondant au sens de la circulation.

Art. 23 *Arrêt et stationnement* 1. *(Accord europ. 1er mai 1971)* « En dehors des agglomérations, les véhicules et animaux à l'arrêt ou en stationnement doivent être autant que possible placés hors de la chaussée. » *(Amendt. 28 sept. 2004, en vigueur depuis le 28 mars 2006)* « Aussi bien dans les agglomérations qu'en dehors de celles-ci, ils ne doivent pas être placés sur les pistes cyclables, les voies cyclables, les voies réservées aux véhicules des services réguliers de transport en commun, les pistes pour cavaliers, les chemins pour piétons, les trottoirs ou les accotements aménagés pour la circulation des piétons, sauf dans la mesure où la législation nationale applicable le permet. »

2. *a)* Les animaux et véhicules à l'arrêt ou en stationnement sur la chaussée doivent être placés aussi près que possible du bord de la chaussée. Un conducteur ne doit arrêter son véhicule ou stationner sur une chaussée que du côté correspondant pour lui au sens de la circulation ; toutefois, cet arrêt ou stationnement est autorisé de l'autre côté lorsqu'il n'est pas possible du côté correspondant au sens de la circulation par suite de la présence de voies ferrées. En outre, les Parties contractantes ou leurs subdivisions peuvent :

i) ne pas interdire l'arrêt ni le stationnement de l'un ou de l'autre côté dans certaines conditions, notamment si des signaux routiers interdisent l'arrêt du côté correspondant au sens de la circulation ;

ii) sur les chaussées à sens unique, autoriser l'arrêt et le stationnement de cet autre côté, simultanément ou non avec l'arrêt et le stationnement du côté correspondant au sens de la circulation ;

iii) autoriser l'arrêt et le stationnement au milieu de la chaussée en des emplacements spécialement indiqués.

b) *(Accord europ. 1er mai 1971)* « Les véhicules autres que les cycles à deux-roues, les cyclomoteurs à deux-roues ou les motocycles à deux-roues sans side-car ne doivent pas être en stationnement en double file sur la chaussée. Les véhicules à l'arrêt ou en stationnement doivent, sous réserve des cas où la disposition des lieux permet qu'il en soit autrement, être rangés parallèlement au bord de la chaussée. »

3. *a)* *(Accord europ. 1er mai 1971)* « Tout arrêt et tout stationnement d'un véhicule sont interdits sur la chaussée :

« i) à moins de 5 mètres (16 pieds et demi) avant les passages pour piétons, sur les passages pour piétons, sur les passages pour cyclistes et sur les passages à niveau ;

« ii) sur les voies de tramways ou de trains sur route ou près de ces voies, lorsque la circulation de ces tramways ou de ces trains pourrait de ce fait se trouver entravée ;

« Aux abords des intersections, à moins de 5 mètres (16 pieds et demi) du prolongement du bord le plus rapproché de la chaussée transversale, ainsi que dans les intersections, sauf indication contraire donnée par un signal routier ou par une marque routière. »

b) Tout arrêt et tout stationnement d'un véhicule sont interdits en tout endroit où ils constitueraient un danger, en particulier :

i) sous les passages supérieurs et dans les tunnels, sauf éventuellement à des emplacements spécialement indiqués ;

ii) sur la chaussée, à proximité des sommets des côtes et dans les virages, lorsque la visibilité est insuffisante pour que le dépassement du véhicule puisse se faire en toute sécurité, compte tenu de la vitesse des véhicules sur la section de route en cause ;

iii) sur la chaussée à la hauteur d'une marque longitudinale, lorsque l'alinéa *b)* ii) du présent paragraphe ne s'applique pas mais que la largeur de la chaussée entre la marque et le véhicule est inférieure à 3 mètres (10 pieds) et que la marque est telle que son franchissement est interdit aux véhicules qui l'aborderaient du même côté ;

(Accord europ. 1er mai 1971) « Aux emplacements tels que le véhicule masquerait un signal routier ou un signal lumineux de circulation à la vue des usagers de la route. »

(Conv. 1er févr. 1991) « iv) Aux emplacements tels que le véhicule masquerait un signal routier ou un signal lumineux de circulation à la vue des usagers de la route ;

« v) Sur une voie additionnelle signalée pour les véhicules qui se déplacent lentement ».

c) Tout stationnement d'un véhicule sur la chaussée est interdit :

i) *(Accord europ. 1er mai 1971)* « Sur la distance précisée par la législation nationale aux abords des passages à niveau et à moins de 15 mètres (50 pieds) de part et d'autre des arrêts d'autobus, de trolleybus ou de véhicules sur rails, sauf si la législation nationale prévoit une distance moindre ; »

ii) devant les entrées carrossables des propriétés ;

iii) à tout emplacement où le véhicule en stationnement empêcherait l'accès à un autre véhicule régulièrement stationné ou le dégagement d'un tel véhicule ;

iv) sur la chaussée centrale des routes à trois chaussées et, en dehors des agglomérations, sur les chaussées des routes indiquées comme prioritaires par une signalisation appropriée ;

v) Abrogé par Conv. 1er févr. 1991.

4. Un conducteur ne doit pas quitter son véhicule ou ses animaux sans avoir pris toutes les précautions utiles pour éviter tout accident, et dans le cas d'une automobile, pour éviter qu'elle ne soit utilisée sans autorisation.

5. *(Accord europ. 1er mai 1971)* « *a)* Tout véhicule à moteur autre qu'un cyclomoteur à deux-roues ou un motocycle à deux-roues sans side-car, ainsi que toute remorque attelée ou non, qui est immobilisé sur la chaussée hors d'une agglomération, doit être signalé aux autres conducteurs qui s'approchent de façon à ce que ceux-ci soient avertis à temps de sa présence :

« i) lorsque le conducteur a été contraint d'immobiliser son véhicule à un endroit où l'arrêt est interdit, conformément aux dispositions du paragraphe 3 *b)* i) ou ii) de cet article de la Convention ;

« ii) lorsque les conditions sont telles que les conducteurs qui s'approchent ne peuvent pas ou ne peuvent que difficilement apercevoir à temps l'obstacle que le véhicule constitue.

« *b)* Les dispositions de l'alinéa *a)* du présent paragraphe peuvent être rendues applicables dans les agglomérations.

« *c)* Pour l'application des dispositions de ce paragraphe, il est recommandé que les législations nationales prévoient l'utilisation d'un des dispositifs visés au paragraphe 56 de l'Annexe V de la Convention. »

(Amendt. 28 sept. 2004, en vigueur depuis le 28 mars 2006) « 6. Rien dans le présent article ne saurait être interprété comme empêchant les Parties contractantes ou leurs subdivisions d'introduire d'autres dispositions en matière de stationnement et d'arrêt ou d'adopter des dispositions distinctes pour le stationnement et l'arrêt des cycles et des cyclomoteurs. »

Art. 24 *Ouverture des portières* Il est interdit d'ouvrir la portière d'un véhicule, de la laisser ouverte ou de descendre du véhicule sans s'être assuré qu'il ne peut en résulter de danger pour d'autres usagers de la route.

Art. 25 *Autoroutes et routes de caractère similaire* 1. *(Accord europ. 1er mai 1971)* « Sur les autoroutes ainsi que sur les routes spéciales d'accès ou de sortie signalées comme des autoroutes :

« *a)* La circulation est interdite aux piétons, aux animaux, aux cycles, aux cyclomoteurs s'ils ne sont pas assimilés à des motocycles, et à tous les véhicules autres que les automobiles et leurs remorques, ainsi qu'aux automobiles et à leurs remorques qui ne seraient pas, par construction, susceptibles d'atteindre en palier une vitesse fixée par la législation nationale mais qui ne sera pas inférieure à 40 km (25 milles) à l'heure ;

« *b)* Il est interdit aux conducteurs :

« i) d'arrêter leurs véhicules ou de stationner ailleurs qu'aux places de stationnement signalées ; en cas d'immobilisation forcée d'un véhicule, son conducteur doit s'efforcer de l'amener hors de la chaussée et aussi hors de la bande d'urgence et, s'il ne peut le faire, signaler immédiatement à distance la présence du véhicule, pour avertir suffisamment à temps les autres conducteurs qui s'approchent ; s'il s'agit d'un des véhicules auxquels s'applique le paragraphe 5 de l'article 23 de la Convention, il est recommandé que les législations nationales prévoient l'utilisation de l'un des dispositifs visés au paragraphe 56 de l'Annexe V de la Convention ;

« ii) de faire demi-tour ou marche arrière ou de pénétrer sur la bande de terrain centrale, y compris les raccordements transversaux reliant entre elles les deux chaussées.

« Lorsqu'une autoroute comporte trois voies ou plus affectées à un sens de la circulation, il est interdit aux conducteurs des véhicules affectés au transport de marchandises dont le poids maximal autorisé dépasse 3,5 tonnes (7 700 livres) ou d'ensembles de véhicules de plus de 7 mètres (23 pieds) d'emprunter d'autres voies que les deux voies près du bord de la chaussée correspondant au sens de la circulation. »

2. *(Conv. 1er févr. 1991)* « Les conducteurs débouchant sur une autoroute doivent céder le passage aux véhicules qui y circulent. S'il existe une voie d'accélération, ils doivent l'emprunter. »

3. Le conducteur qui quitte l'autoroute doit, suffisamment à temps, emprunter la voie de circulation correspondant à la sortie de l'autoroute et s'engager au plus tôt sur la voie de décélération si une telle voie existe.

4. *(Accord europ. 1er mai 1971)* « Pour l'application du paragraphe 1 du présent article, tel qu'il est rédigé ci-dessus, du paragraphe additionnel à lire immédiatement après ce paragraphe 1, et des paragraphes 2 et 3 de cet article de la Convention, sont assimilées aux autoroutes les autres routes réservées à la circulation automobile dûment signalées comme telles et ne desservant pas les propriétés riveraines. »

Art. 25 *bis* *(Conv. 1er févr. 1991)* ***Prescriptions particulières applicables aux tunnels comportant une signalisation spéciale*** Dans les tunnels comportant une signalisation spéciale, les prescriptions ci-après sont applicables :

1. Il est interdit à tout conducteur :

a) De faire marche arrière ;
b) De faire demi-tour ;
(Abrogé par Amendt. 28 sept. 2004, à compter du 28 mars 2006) « *c)* ***De mettre son véhicule à l'arrêt ou en stationnement, sauf aux endroits spécialement indiqués.*** »
2. Même si le tunnel est éclairé, tout conducteur doit allumer ses feux de route ou ses feux de croisement.
(Amendt. 28 sept. 2004, en vigueur depuis le 28 mars 2006) « 3. Le conducteur ne doit mettre son véhicule à l'arrêt ou en stationnement qu'en cas d'urgence ou de danger. Pour ce faire, il doit, si possible, utiliser les endroits spécialement signalés.
« 4. » En cas d'immobilisation prolongée des véhicules, le conducteur doit arrêter son moteur.

Art. 26 *Prescriptions particulières applicables aux cortèges et aux infirmes* 1. Il est interdit aux usagers de la route de couper les colonnes militaires, les groupes d'écoliers en rangs sous la conduite d'un moniteur et les autres cortèges.
2. Les infirmes qui se déplacent dans une chaise roulante mue par eux-mêmes ou circulant à l'allure du pas peuvent emprunter les trottoirs et les accotements praticables.

Art. 27 *Prescriptions particulières applicables aux cyclistes, aux cyclomotoristes et aux motocyclistes* 1. Nonobstant les dispositions du paragraphe 3 de l'article 10 de la présente Convention, les Parties contractantes ou leurs subdivisions peuvent ne pas interdire aux cyclistes de circuler à plusieurs de front.
2. *(Accord europ. 1er mai 1971)* « Il est interdit aux cyclistes de rouler sans tenir le guidon au moins d'une main, de se faire remorquer par un autre véhicule ou de transporter, traîner ou pousser des objets gênants pour la conduite ou dangereux pour les autres usagers de la route. Les mêmes dispositions sont applicables aux cyclomotoristes et aux motocyclistes, mais, de plus, ceux-ci doivent tenir le guidon des deux mains, sauf éventuellement pour donner une indication prescrite conformément à la Convention. »
3. Il est interdit aux cyclistes et aux cyclomotoristes de transporter des passagers sur leur véhicule ; les Parties contractantes ou leurs subdivisions peuvent, toutefois, autoriser des dérogations à cette disposition, notamment autoriser le transport de passagers sur le ou les sièges supplémentaires qui seraient aménagés sur le cycle. Il n'est permis aux motocyclistes de transporter des passagers que dans le side-car, s'il en existe un, et sur le siège supplémentaire éventuellement aménagé derrière le conducteur.
(Amendt. 28 sept. 2004, en vigueur depuis le 28 mars 2006) « 4. Lorsqu'il existe une voie cyclable ou une piste cyclable, les Parties contractantes ou leurs subdivisions peuvent interdire aux cyclistes de circuler sur le reste de la chaussée. Dans le même cas, elles peuvent autoriser les cyclomotoristes à circuler sur la voie cyclable ou la piste cyclable et, si elles le jugent opportun, leur interdire de circuler sur le reste de la chaussée. La législation nationale doit préciser dans quelles conditions d'autres usagers de la route peuvent utiliser la voie cyclable ou la piste cyclable ou les traverser, de telle manière que la sécurité des cyclistes soit tout le temps assurée. »

Art. 28 *Avertissements sonores et lumineux* 1. Il peut seulement être fait usage des avertisseurs sonores :
a) Pour donner les avertissements utiles en vue d'éviter un accident ;
b) En dehors des agglomérations lorsqu'il y a lieu d'avertir un conducteur qu'il va être dépassé.
L'émission de sons par les avertisseurs sonores ne doit pas se prolonger plus qu'il n'est nécessaire.
2. *(Conv. 1er févr. 1991)* « Les conducteurs d'automobiles peuvent donner les avertissements lumineux définis au paragraphe 3 de l'article 32 » de la présente Convention au lieu des avertissements sonores. Ils peuvent également le faire pendant la journée aux fins indiquées à l'alinéa *b* du paragraphe 1 du présent article, si cette façon de faire convient mieux en raison des circonstances.
3. Les Parties contractantes ou leurs subdivisions peuvent autoriser l'emploi d'avertissements lumineux aux fins visées au paragraphe 1 *b* du présent article dans les agglomérations également.

Art. 29 *Véhicules sur rails* 1. Lorsqu'une voie ferrée emprunte une chaussée, tout usager de la route doit, à l'approche d'un tramway ou d'un autre véhicule sur rails, dégager celle-ci dès que possible pour laisser le passage au véhicule sur rails.

2. *(Accord europ. 1er mai 1971)* « Des règles spéciales différentes de celles qui sont définies au chapitre II de la Convention pourront être adoptées pour la circulation sur route des véhicules se déplaçant sur rails. Toutefois, de telles règles ne pourront être contraires aux dispositions du paragraphe 7 de l'article 18 de la Convention.

« Le dépassement des véhicules sur rails, en mouvement ou à l'arrêt, dont la voie est établie sur la chaussée se fait du côté correspondant au sens de la circulation. Si le croisement et le dépassement ne peuvent s'effectuer du côté correspondant au sens de la circulation, en raison de l'exiguïté du passage, ces manœuvres peuvent se faire du côté opposé au côté correspondant au sens de la circulation, à condition de ne pas gêner ni mettre en danger les usagers circulant en sens inverse. Sur les chaussées à sens unique, le dépassement peut se faire du côté opposé au côté correspondant au sens de la circulation lorsque les nécessités de la circulation le justifient. »

Art. 30 *Chargement des véhicules* 1. Si un poids maximal autorisé est fixé pour un véhicule, le poids en charge de ce véhicule ne doit jamais dépasser le poids maximal autorisé.

2. Tout chargement d'un véhicule doit être disposé et, au besoin, arrimé de telle manière qu'il ne puisse :

a) Mettre en danger des personnes ou causer des dommages à des propriétés publiques ou privées, notamment traîner ou tomber sur la route ;

b) Nuire à la visibilité du conducteur ou compromettre la stabilité ou la conduite du véhicule ;

c) Provoquer un bruit, des poussières ou d'autres incommodités qui peuvent être évitées ;

d) Masquer les feux, y compris les feux stop et les indicateurs de direction, les catadioptres, les numéros d'immatriculation et le signe distinctif de l'État d'immatriculation dont le véhicule doit être muni aux termes de la présente Convention ou de la législation nationale ou masquer les signes faits avec le bras, conformément aux dispositions du paragraphe 3 de l'article 14 ou à celles du paragraphe 2 de l'article 17 de la présente Convention.

3. Tous les accessoires, tels que câbles, chaînes, bâches, servant à arrimer ou à protéger le chargement doivent serrer celui-ci et être fixés solidement. Tous les accessoires servant à protéger le chargement doivent satisfaire aux conditions prévues pour le chargement au paragraphe 2 du présent article.

4. *(Accord europ. 1er mai 1971)* « Les chargements dépassant du véhicule vers l'avant, vers l'arrière ou sur les côtés doivent être signalés de façon bien visible dans tous les cas où leurs contours risquent de n'être pas perçus des conducteurs des autres véhicules ; entre la tombée de la nuit et le lever du jour, ainsi qu'aux autres moments où la visibilité est insuffisante, cette signalisation doit être faite à l'avant par un feu blanc et un dispositif réfléchissant blanc et à l'arrière par un feu rouge et un dispositif réfléchissant rouge. En particulier, sur les véhicules à moteur » :

a) Les chargements dépassant l'extrémité du véhicule de plus d'un mètre (3 pieds 4 pouces) vers l'arrière ou vers l'avant doivent toujours être signalés ;

b) *(Accord europ. 1er mai 1971)* « Entre la tombée de la nuit et le lever du jour, ainsi qu'aux autres moments où la visibilité est insuffisante, les chargements dépassant latéralement le gabarit du véhicule de telle sorte que leur extrémité latérale se trouve à plus de 0,40 mètre (16 pouces) du bord extérieur du feu-position avant du véhicule doivent être signalés vers l'avant et il en est de même, vers l'arrière, de ceux dont l'extrémité latérale se trouve à plus de 0,40 mètre (16 pouces) du bord extérieur du feu-position arrière rouge du véhicule. »

5. Rien dans le paragraphe 4 du présent article ne saurait être interprété comme empêchant les Parties contractantes ou leurs subdivisions d'interdire, de limiter ou de soumettre à autorisation spéciale les dépassements du chargement visés audit paragraphe 4.

Art. 30 *bis* *(Conv. 1er févr. 1991)* *Transport des passagers* Les passagers ne doivent pas être transportés en nombre tel ou de telle façon qu'ils gênent la conduite ou réduisent le champ de vision du conducteur.

Art. 31 *Comportement en cas d'accident* 1. Sans préjudice des dispositions des législations nationales en ce qui concerne l'obligation de porter secours aux blessés, tout conducteur ou tout autre usager de la route impliqué dans un accident de la circulation doit :

a) S'arrêter aussitôt que cela lui est possible sans créer un danger supplémentaire pour la circulation ;

b) S'efforcer d'assurer la sécurité de la circulation au lieu de l'accident et, si une personne a été tuée ou grièvement blessée dans l'accident, d'éviter, dans la mesure où cela n'affecte pas la sécurité de la circulation, la modification de l'état des lieux et la disparition des traces qui peuvent être utiles pour établir les responsabilités ;

c) Si d'autres personnes impliquées dans l'accident le lui demandent, leur communiquer son identité ;

d) Si une personne a été blessée ou tuée dans l'accident, avertir la police et rester ou revenir sur le lieu de l'accident jusqu'à l'arrivée de celle-ci, à moins qu'il n'ait été autorisé par elle à quitter les lieux ou qu'il ne doive porter secours aux blessés ou être lui-même soigné.

(Accord europ. 1er mai 1971) « Lorsque l'accident n'a provoqué que des dommages matériels et si une partie lésée n'est pas présente, les personnes impliquées dans l'accident doivent autant que possible fournir, sur place, l'indication de leurs nom et adresse et, en tout cas, fournir au plus tôt ces renseignements à la partie lésée, par la voie la plus directe ou, à défaut, par l'intermédiaire de la police. »

2. Les Parties contractantes ou leurs subdivisions peuvent, dans leur législation nationale, s'abstenir d'imposer la prescription prévue à l'alinéa *d* du paragraphe 1 du présent article lorsque aucune blessure grave n'a été causée et qu'aucune des personnes impliquées dans l'accident n'exige que la police soit avertie.

Art. 32 *(Conv. 1er févr. 1991) **Règles d'utilisation des feux*** 1. Entre la tombée de la nuit et le lever du jour, ainsi qu'en toute autre circonstance où la visibilité est insuffisante du fait, par exemple, de brouillard, de chute de neige ou de forte pluie, les feux ci-après doivent être allumés sur un véhicule en mouvement :

a) Sur les véhicules à moteur et les cyclomoteurs, les feux-route ou feux-croisement et les feux-position arrière, selon l'équipement prescrit par la présente Convention pour le véhicule de chaque catégorie ;

b) Sur les remorques, les feux-position avant si ces feux sont prescrits au paragraphe 30 de l'annexe 5 de la présente Convention et au moins deux feux-position arrière.

2. Les feux-route doivent être éteints et remplacés par les feux-croisement :

a) Dans les agglomérations, lorsque la route est suffisamment éclairée, et en dehors des agglomérations, lorsque la chaussée est éclairée de façon continue et que cet éclairage est suffisant pour permettre au conducteur de voir distinctement jusqu'à une distance suffisante et aux autres usagers de la route de percevoir le véhicule à une distance suffisante ;

b) Lorsqu'un conducteur va croiser un autre véhicule, de façon à éviter l'éblouissement, à la distance nécessaire pour que le conducteur de cet autre véhicule puisse continuer sa marche aisément et sans danger ;

c) Dans toute autre circonstance où il est nécessaire de ne pas éblouir les autres usagers de la route ou les usagers d'une voie d'eau ou d'une voie ferrée qui longe la route.

3. Toutefois, lorsqu'un véhicule en suit un autre à faible distance, les feux-route peuvent être utilisés pour donner un avertissement lumineux, dans les conditions prévues au paragraphe 2 de l'article 28, de l'intention de dépasser.

4. Les feux-brouillard ne peuvent être allumés qu'en cas de brouillard épais, de chute de neige, de forte pluie ou dans des conditions analogues et, en ce qui concerne les feux-brouillard avant, pour remplacer les feux-croisement. La législation nationale peut autoriser l'utilisation simultanée des feux-brouillard avant et des feux-croisement et l'utilisation des feux-brouillard avant sur les routes étroites et comportant de nombreux virages.

5. Sur les véhicules équipés de feux-position avant, ces feux doivent être utilisés en même temps que les feux-route, les feux-croisement ou les feux-brouillard avant.

6. De jour, les conducteurs de motocycles doivent rouler avec au moins un feu-croisement avant et un feu rouge arrière allumé. La législation nationale peut autoriser l'utilisation de feux de jour au lieu de feux-croisement.

7. La législation nationale peut rendre obligatoire, pour les conducteurs de véhicules à moteur, l'utilisation pendant le jour des feux-croisement ou des feux de jour. Dans ce cas, les feux-position arrière doivent être utilisés en même temps que les feux avant.

8. Entre la tombée de la nuit et le lever du jour ainsi que dans toute autre circonstance où la visibilité est insuffisante, la présence de véhicules à moteur et de leurs remorques à l'arrêt ou en stationnement sur une route doit être indiquée par des feux-position avant et arrière. En cas de brouillard épais, de chute de neige, de forte pluie ou de conditions analogues, les feux-croisement ou les feux-brouillard avant peuvent être utilisés. Dans ces

conditions les feux-brouillard arrière peuvent être utilisés en complément des feux-position arrière.

9. Par dérogation aux dispositions du paragraphe 8 du présent article, à l'intérieur d'une agglomération, les feux-position avant et arrière peuvent être remplacés par des feux de stationnement, à condition que :

a) Les dimensions du véhicule n'excèdent pas 6 m de long et 2 m de large ;

b) Aucune remorque ne soit attelée au véhicule ;

c) Les feux de stationnement soient placés sur le côté du véhicule opposé au bord de la chaussée le long duquel le véhicule est à l'arrêt ou en stationnement.

10. Par dérogation aux dispositions des paragraphes 8 et 9 du présent article, un véhicule peut être à l'arrêt ou en stationnement tous feux éteints :

a) Sur une route éclairée de façon telle que le véhicule soit visible distinctement à une distance suffisante ;

b) En dehors de la chaussée et d'un accotement stabilisé ;

c) Lorsqu'il s'agit de cyclomoteurs et de motocycles à deux-roues sans side-car et non munis de batterie, tout au bord de la chaussée dans une agglomération.

11. La législation nationale peut accorder des dérogations aux dispositions des paragraphes 8 et 9 du présent article pour les véhicules à l'arrêt ou en stationnement à l'intérieur d'une agglomération, dans des rues où la circulation est très faible.

12. Les feux-marche arrière ne peuvent être utilisés que lorsque le véhicule fait marche arrière ou est sur le point de faire marche arrière.

13. Les signaux de détresse ne peuvent être utilisés que pour avertir les autres usagers de la route d'un danger particulier :

a) Lorsqu'un véhicule en panne ou accidenté ne peut être déplacé immédiatement, de telle sorte qu'il constitue un obstacle pour les autres usagers ;

b) Lorsqu'il s'agit de signaler aux autres usagers le risque d'un danger imminent.

14. Les feux spéciaux d'avertissement :

a) Émettant une lumière bleue ne peuvent être utilisés que sur les véhicules prioritaires qui accomplissent une mission urgente ou dans d'autres cas lorsqu'il est nécessaire d'avertir les autres usagers de la route de la présence du véhicule ;

b) Émettant une lumière jaune-auto ne peuvent être utilisés que lorsque les véhicules sont réellement affectés aux tâches particulières pour lesquelles ils ont été équipés du feu spécial d'avertissement ou lorsque la présence desdits véhicules sur la route constitue un danger ou une gêne pour les autres usagers.

L'utilisation de feux d'avertissement émettant d'autres couleurs peut être autorisée par la législation nationale.

15. En aucun cas un véhicule ne doit être équipé de feux rouges à l'avant ou de feux blancs à l'arrière, sous réserve des dérogations indiquées au paragraphe 61 de l'annexe 5. Un véhicule ne doit pas être modifié ni être équipé de feux supplémentaires d'une manière qui risque de contrevenir à la présente disposition.

Art. 33 (*Conv. 1er févr. 1991*) *Règles d'éclairage applicables aux véhicules qui ne sont pas mentionnés dans l'article 32 et à certains usagers de la route* 1. Tout véhicule ou ensemble de véhicules auxquels ne s'appliquent pas les dispositions de l'article 32 de la présente Convention et qui se trouve sur une route entre la tombée de la nuit et le lever du jour doit avoir au moins un feu blanc ou jaune sélectif à l'avant et au moins un feu rouge à l'arrière. Lorsqu'il n'y a qu'un feu à l'avant ou qu'un feu à l'arrière, ce feu doit être placé sur l'axe du véhicule ou du côté opposé à celui correspondant au sens de la circulation :

a) Les charrettes à bras, c'est-à-dire les charrettes tirées ou poussées à la main, doivent avoir au moins un feu blanc ou jaune sélectif à l'avant, et au moins un feu rouge à l'arrière. Ces deux feux peuvent être émis par un dispositif unique placé du côté opposé à celui correspondant au sens de la circulation. Les feux ne sont pas obligatoires sur les charrettes à bras d'une largeur maximale de 1 m ;

b) Les véhicules à traction animale doivent avoir deux feux blancs ou jaune sélectif à l'avant et deux feux rouges à l'arrière. Toutefois, la législation nationale peut autoriser que la signalisation de ces véhicules soit réalisée au moyen d'un seul feu blanc ou jaune sélectif à l'avant et d'un seul feu rouge à l'arrière. Dans l'un et l'autre cas, le feu doit être placé du côté opposé à celui correspondant au sens de la circulation. S'il n'est pas possible de fixer sur le véhicule les feux prévus, ceux-ci peuvent être portés par des personnes marchant immédiatement à côté du véhicule, du côté opposé à celui correspondant au sens de la circulation. De plus, les véhicules à traction animale doivent être munis à l'arrière de deux catadioptres rouges, le plus près possible des bords extérieurs du véhicule. Les feux ne sont pas obligatoires sur les véhicules à traction animale d'une largeur maximale de 1 m. Cependant, un seul catadioptre doit être placé à l'arrière du côté opposé à celui correspondant au sens de la circulation ou au milieu du véhicule.

2. *a)* Lorsqu'ils circulent sur la chaussée de nuit :

i) Les groupes de piétons conduits par un moniteur, ou formant un cortège, doivent montrer, du côté opposé à celui correspondant au sens de la circulation, au moins un feu blanc ou jaune sélectif à l'avant et un feu rouge à l'arrière, ou un feu jaune-auto dans les deux directions ;

ii) Les conducteurs de bêtes de trait, de bêtes de charge ou de selle, ou de bestiaux, doivent montrer, du côté opposé à celui correspondant au sens de la circulation, au moins un feu blanc ou jaune sélectif à l'avant et un feu rouge à l'arrière, ou un feu jaune-auto dans les deux directions. Ces feux peuvent être émis par un dispositif unique.

b) Les feux visés à l'alinéa *a* du présent paragraphe ne sont pas requis dans les agglomérations éclairées de façon appropriée.

Art. 34 *Dérogations* 1. Dès que l'approche d'un véhicule prioritaire est signalée par les avertisseurs spéciaux, lumineux et sonores, de ce véhicule, tout usager de la route doit dégager le passage sur la chaussée et, au besoin, s'arrêter.

2. *(Accord europ. 1er mai 1971)* « Les conducteurs de véhicules prioritaires ne sont pas tenus, quand leur circulation est annoncée par les avertisseurs spéciaux du véhicule et sous réserve de ne pas mettre en danger les autres usagers de la route, de respecter tout ou partie des dispositions du chapitre II de la Convention, telles qu'elles peuvent avoir été modifiées par le présent Accord, autres que celles du paragraphe 2 de son article 6. Les conducteurs de ces véhicules ne peuvent mettre ces avertisseurs en action que dans les cas justifiés par l'urgence de leur mission. »

3. Les législations nationales peuvent déterminer dans quelle mesure le personnel travaillant à la construction, à la réparation ou à l'entretien de la route, y compris les conducteurs des engins employés pour les travaux, n'est pas tenu, sous réserve d'observer toutes précautions utiles, de respecter pendant leur travail les dispositions du présent chapitre II.

4. Pour dépasser ou croiser les engins visés au paragraphe 3 du présent article pendant qu'ils participent aux travaux sur la route, les conducteurs des autres véhicules peuvent, dans la mesure nécessaire et à condition de prendre toutes précautions utiles, ne pas observer les dispositions des articles 11 et 12 de la présente Convention.

Art. 34 *bis* *(Amendt. 14 janv. 2022, en vigueur le 14 juill. 2022)* ***Conduite automatisée*** L'exigence selon laquelle tout véhicule ou tout ensemble de véhicules en mouvement doit avoir un conducteur est réputée satisfaite lorsque le véhicule utilise un système de conduite automatisé qui est conforme :

a) à la réglementation technique nationale et à tout instrument juridique international applicable aux véhicules à roues et aux équipements et pièces susceptibles d'être montés ou utilisés sur un véhicule à roues ;

b) à la législation nationale régissant le fonctionnement du véhicule.

Le champ d'application de cet article est limité au territoire de la Partie contractante où s'appliquent les règlements techniques et la législation nationale régissant le fonctionnement du véhicule.

CHAPITRE III *CONDITIONS À REMPLIR PAR LES AUTOMOBILES ET LES REMORQUES POUR ÊTRE ADMISES EN CIRCULATION INTERNATIONALE*

Art. 35 *Immatriculation* 1. *a)* Pour bénéficier des dispositions de la présente Convention, toute automobile en circulation internationale et toute remorque, autre qu'une remorque légère attelée à une automobile, doit être immatriculée par une partie contractante ou l'une de ses subdivisions et le conducteur de l'automobile doit être porteur d'un certificat valable délivré pour attester cette immatriculation, soit par une autorité compétente de cette partie contractante ou de sa subdivision, soit, au nom de la partie contractante ou de la subdivision, par l'association qu'elle a habilitée à cet effet. Le certificat, dit certificat d'immatriculation, porte au moins :

— un numéro d'ordre, dit numéro d'immatriculation, dont la composition est indiquée à l'Annexe 2 de la présente Convention ;

– la date de la première immatriculation du véhicule ;
– le nom complet et le domicile du titulaire du certificat ;
– le nom ou la marque de fabrique du constructeur du véhicule ;
– le numéro d'ordre du châssis (numéro de fabrication ou numéro de série du constructeur) ;
(Conv. 1er févr. 1991) « – s'il s'agit d'un véhicule destiné au transport de marchandises, la masse à vide ; »
– s'il s'agit d'un véhicule destiné au transport de marchandises, le poids maximal autorisé ;
– la période de validité, si elle n'est pas illimitée.

Les indications portées sur le certificat sont soit uniquement en caractères latins ou en cursive dite anglaise, soit répétées de cette façon.

b) Les Parties contractantes ou leurs subdivisions peuvent, toutefois, décider que, sur les certificats délivrés sur leur territoire, l'année de fabrication sera indiquée au lieu de la date de la première immatriculation.

(Conv. 1er févr. 1991) « *c)* Pour les automobiles des catégories A et B définies aux annexes 6 et 7 de la présente Convention ainsi que, si possible, pour les autres automobiles :

« i) Le signe distinctif de l'État d'immatriculation défini à l'annexe 3 de ladite Convention doit figurer en tête du certificat ;

« ii) Les huit indications que, conformément aux dispositions de l'alinéa *a* du présent paragraphe, tout certificat d'immatriculation doit porter, doivent être précédées ou suivies respectivement des lettres A, B, C, D, E, F, G et H ;

« iii) Le titre du certificat inscrit dans la langue ou les langues nationales du pays d'immatriculation peut être précédé ou suivi de la mention, en français, "certificat d'immatriculation".

« *d)* Pour les remorques (y compris les semi-remorques) qui sont importées temporairement par un mode de transport autre que la route, une photocopie du certificat d'immatriculation, certifiée conforme par l'autorité qui a délivré ce certificat, doit être considérée comme suffisante. »

2. Par dérogation aux dispositions du paragraphe 1 du présent article, un véhicule articulé non dissocié pendant qu'il est en circulation internationale bénéficiera des dispositions de la présente Convention même s'il ne fait l'objet que d'une seule immatriculation et d'un seul certificat pour le tracteur et la semi-remorque qui le constituent.

3. Rien dans la présente Convention ne saurait être interprété comme limitant le droit des Parties contractantes ou de leurs subdivisions d'exiger, dans le cas d'un véhicule en circulation internationale qui n'est pas immatriculé au nom d'une personne se trouvant à bord, la justification du droit du conducteur à la détention du véhicule.

4. Il est recommandé que les Parties contractantes qui n'en seraient pas encore pourvues créent un service chargé, à l'échelon national ou régional, d'enregistrer les automobiles mises en circulation et de centraliser, par véhicule, les renseignements portés sur chaque certificat d'immatriculation.

Art. 36 *Numéro d'immatriculation* 1. Toute automobile en circulation internationale doit porter à l'avant et à l'arrière son numéro d'immatriculation ; toutefois, les motocycles ne sont tenus de porter ce numéro qu'à l'arrière.

2. Toute remorque immatriculée doit, en circulation internationale, porter à l'arrière son numéro d'immatriculation. Dans le cas d'une automobile tractant une ou plusieurs remorques, la remorque unique ou la dernière remorque, si elle n'est pas immatriculée, doit porter le numéro d'immatriculation du véhicule tracteur.

3. La composition et les modalités d'apposition du numéro d'immatriculation visé au présent article doivent être conformes aux dispositions de l'Annexe 2 de la présente Convention.

Art. 37 *Signe distinctif de l'État d'immatriculation (Amendt. 28 sept. 2004, en vigueur depuis le 28 mars 2006)* « 1. *a)* Toute automobile en circulation internationale doit porter à l'arrière, en sus de son numéro d'immatriculation, le signe distinctif de l'État où elle est immatriculée.

« *b)* Ce signe peut être porté soit séparément de la plaque d'immatriculation, soit incorporé à celle-ci.

« *c)* Lorsque le signe distinctif est incorporé à la plaque d'immatriculation, il doit également être reproduit sur la plaque d'immatriculation avant du véhicule dès lors que cette dernière est obligatoire. »

2. *(Amendt. 28 sept. 2004, en vigueur depuis le 28 mars 2006)* « Toute remorque attelée à une automobile et devant, en vertu de l'article 36 de la présente Convention, porter à l'arrière un numéro d'immatriculation doit aussi porter à l'arrière, soit séparément de la plaque d'immatriculation, soit incorporé à celle-ci, le signe distinctif de l'État où ce numéro d'immatriculation a été délivré. » Les dispositions du présent paragraphe s'appliquent même si la remorque est immatriculée dans un État autre que l'État d'immatriculation de l'automobile à laquelle elle est attelée ; si la remorque n'est pas immatriculée, elle doit porter à l'arrière le signe distinctif de l'État d'immatriculation du véhicule tracteur, sauf lorsqu'elle circule dans cet État.

(Amendt. 28 sept. 2004, en vigueur depuis le 28 mars 2006) « 3. La composition et les modalités d'apposition ou d'incorporation du signe distinctif sur la plaque d'immatriculation doivent répondre aux conditions définies dans les annexes 2 et 3 de la présente Convention. »

Art. 38 *Marques d'identification* Toute automobile et toute remorque en circulation internationale doivent porter les marques d'identification définies à l'annexe 4 de la présente Convention.

Art. 39 *(Conv. 1er févr. 1991)* « *Prescriptions techniques et inspection des véhicules* » *(Amendt. 26 mars 2014, en vigueur depuis le 23 mars 2016)* « 1. Toute automobile, toute remorque et tout ensemble de véhicules en circulation internationale doivent satisfaire aux dispositions de l'annexe 5 de la présente Convention. Ils doivent, en outre, être en bon état de marche. Lorsque ces véhicules sont équipés de systèmes, de pièces ou d'équipements qui sont conformes aux prescriptions techniques de construction, de montage et d'utilisation énoncées dans les instruments juridiques internationaux visés au paragraphe 5 *bis* de l'article 8 de la présente Convention, ils sont réputés conformes à l'annexe 5. »

(Conv. 1er févr. 1991) « 2. Les législations nationales doivent prescrire un contrôle technique périodique :

« *a)* Des automobiles affectées au transport de personnes et comportant, outre le siège du conducteur, plus de huit places assises ;

« *b)* Des automobiles affectées au transport de marchandises dont la masse maximale autorisée dépasse 3 500 kg ainsi que des remorques conçues pour être attelées à de tels véhicules.

« 3. Les législations nationales étendront, autant que possible, les dispositions du paragraphe 2 à d'autres catégories de véhicules. »

Art. 40 *Disposition transitoire (Conv. 1er févr. 1991)* « 1. » Pendant dix ans à partir de l'entrée en vigueur de la présente Convention conformément au paragraphe 1 de l'article 47, les remorques en circulation internationale bénéficieront, quel que soit leur poids maximal autorisé, des dispositions de la présente Convention, même si elles ne sont pas immatriculées.

(Conv. 1er févr. 1991) « 2. Le certificat d'immatriculation doit être conforme aux prescriptions du paragraphe 1 de l'article 35 dans les cinq ans qui suivent son entrée en vigueur. Les certificats délivrés avant cette échéance sont mutuellement reconnus jusqu'à la date limite de validité qui y est indiquée. »

CHAPITRE IV *CONDUCTEURS D'AUTOMOBILES*

Art. 41 *(Conv. 1er févr. 1991)* « *Permis de conduire* 1. *a)* Tout conducteur d'une automobile doit être titulaire d'un permis de conduire ;

(Amendt. 28 sept. 2004, en vigueur depuis le 28 mars 2006) « *b)* Les Parties contractantes s'engagent à faire en sorte que les permis de conduire ne soient délivrés qu'après vérification par les autorités compétentes que le conducteur détient les connaissances et capacités requises. Les personnes habilitées à effectuer cette vérification doivent détenir les qualifications appropriées. Le contenu et les modalités des épreuves théorique et pratique sont définis par la législation nationale ;

« *c)* La législation nationale doit fixer les conditions pour l'obtention d'un permis de conduire. Notamment, elle doit définir les âges minimaux pour détenir un permis de conduire, les aptitudes médicales à remplir et les conditions de réussite aux épreuves théorique et pratique ; »

« *d)* Aucune disposition de la présente Convention ne doit être interprétée comme interdisant aux Parties contractantes ou à leurs subdivisions d'exiger des permis de conduire pour les autres véhicules à moteur et pour les cyclomoteurs. »

(Amendt. 28 sept. 2004, en vigueur depuis le 28 mars 2006) « 2. *a)* Les Parties contractantes reconnaîtront :

« i) tout permis national conforme aux dispositions de l'annexe 6 de la présente Convention ;

« ii) tout permis international conforme aux dispositions de l'annexe 7 de la présente Convention, à condition qu'il soit présenté avec le permis national correspondant ;

« comme valables pour la conduite sur leurs territoires, d'un véhicule qui rentre dans les catégories couvertes par les permis, à condition que lesdits permis soient en cours de validité et qu'ils aient été délivrés par une autre Partie contractante ou une de ses subdivisions ou par une association habilitée à cet effet par cette autre Partie contractante ou par une de ses subdivisions ;

« *b)* Les permis de conduire délivrés par une Partie contractante doivent être reconnus sur le territoire d'une autre Partie contractante jusqu'à ce que ce territoire devienne le lieu de résidence normale de leur titulaire ;

« *c)* Les dispositions du présent paragraphe ne s'appliquent pas aux permis d'élève conducteur.

« 3. La législation nationale peut limiter la durée de validité d'un permis de conduire national. La durée de validité d'un permis de conduire international ne pourra être supérieure à trois ans à compter de la date de sa délivrance ou excéder la date d'expiration de la validité du permis de conduire national, si celle-ci survient auparavant.

« 4. Nonobstant les dispositions des paragraphes 1 et 2 :

« *a)* lorsque la validité du permis de conduire est subordonnée, par une mention spéciale, au port par l'intéressé de certains appareils ou à certains aménagements du véhicule pour tenir compte de l'invalidité du conducteur, le permis ne sera reconnu comme valable que si ces prescriptions sont observées ;

« *b)* les Parties contractantes peuvent refuser de reconnaître la validité sur leur territoire de tout permis de conduire dont le titulaire n'a pas 18 ans révolus ;

« *c)* les Parties contractantes peuvent refuser de reconnaître la validité sur leur territoire, pour la conduite des automobiles ou des ensembles de véhicules des catégories C, D, CE et DE visées aux annexes 6 et 7 de la présente Convention, de tout permis de conduire dont le titulaire n'a pas 21 ans révolus.

« 5. Le permis international ne pourra être délivré qu'au titulaire d'un permis national pour la délivrance duquel auront été remplies les conditions minimales fixées par la présente Convention. Un permis de conduire international ne sera délivré que par la Partie contractante sur le territoire de laquelle le titulaire a sa résidence normale et qui a délivré le permis de conduire national ou a reconnu le permis de conduire délivré par une autre Partie contractante ; il ne sera pas valable sur ce territoire.

« 6. Les dispositions du présent article n'obligent pas les Parties contractantes :

« *a)* à reconnaître la validité des permis nationaux qui auraient été délivrés sur le territoire d'une autre Partie contractante à des personnes qui avaient leur résidence normale sur leur territoire au moment de cette délivrance ou dont la résidence normale a été transférée sur leur territoire depuis cette délivrance ;

« *b)* à reconnaître la validité des permis nationaux qui auraient été délivrés à des conducteurs dont la résidence normale au moment de la délivrance ne se trouvait pas sur le territoire dans lequel le permis a été délivré ou dont la résidence a été transférée depuis cette délivrance sur un autre territoire. »

Art. 42 *Suspension de la validité des permis de conduire* 1. Les Parties contractantes ou leurs subdivisions peuvent retirer à un conducteur qui commet sur leur territoire une infraction susceptible d'entraîner le retrait du permis de conduire en vertu de leur législation, le droit de faire usage sur leur territoire du permis de conduire, national ou international, dont il est titulaire. En pareil cas, l'autorité compétente de la partie contractante ou de celle de ses subdivisions qui a retiré le droit de faire usage du permis pourra :

a) Se faire remettre le permis et le conserver jusqu'à l'expiration du délai pendant lequel le droit de faire usage du permis est retiré ou jusqu'à ce que le conducteur quitte son territoire, si ce départ intervient avant l'expiration de ce délai ;

b) Aviser du retrait du droit de faire usage du permis l'autorité qui a délivré ou au nom de qui a été délivré le permis ;

c) S'il s'agit d'un permis international, porter à l'emplacement prévu à cet effet la mention que le permis n'est plus valable sur son territoire ;

d) Dans le cas où elle n'a pas fait application de la procédure visée à l'alinéa *a)* du présent paragraphe, compléter la communication mentionnée à l'alinéa *b)* en demandant à l'autorité qui a délivré le permis ou au nom de qui le permis a été délivré d'aviser l'intéressé de la décision prise à son encontre.

2. Les Parties contractantes s'efforceront de faire notifier aux intéressés les décisions qui leur auront été communiquées conformément à la procédure visée au paragraphe 1, alinéa *a)* du présent article.

3. Rien dans la présente Convention ne saurait être interprété comme interdisant aux Parties contractantes ou à une de leurs subdivisions d'empêcher un conducteur titulaire d'un permis de conduire, national ou international, de conduire s'il est évident ou prouvé que son état ne lui permet pas de conduire en sécurité ou si le droit de conduire lui a été retiré dans l'État où il a sa résidence normale.

Art. 43 *Disposition transitoire (Amendt. 28 sept. 2004, en vigueur depuis le 28 mars 2006)* « 1. Les Parties contractantes délivrent les permis de conduire nationaux conformément aux nouvelles dispositions de l'annexe 6 au plus tard 5 ans après leur entrée en vigueur. Les permis de conduire nationaux, délivrés avant l'expiration de ce délai conformément aux dispositions précédentes de l'article 41, de l'article. 43 et de l'annexe 6 de la présente Convention, seront reconnus jusqu'à la date limite de leur validité.

« 2. Les Parties contractantes délivreront des permis de conduire internationaux conformément aux nouvelles dispositions de l'annexe 7 au plus tard 5 ans après leur entrée en vigueur. Les permis de conduire internationaux, délivrés avant l'expiration de ce délai conformément aux dispositions précédentes de l'article 41, de l'article 43 et de l'annexe 7 de la présente Convention, resteront valables dans les conditions définies au paragraphe 3 de l'article 41. »

CHAPITRE V *CONDITIONS À REMPLIR PAR LES CYCLES ET LES CYCLOMOTEURS POUR ÊTRE ADMIS EN CIRCULATION INTERNATIONALE*

Art. 44 1. Les cycles sans moteur en circulation internationale doivent :

a) Avoir un frein efficace ;

b) Être munis d'un timbre susceptible d'être entendu à une distance suffisante et ne porter aucun autre avertisseur sonore ;

c) Être munis d'un dispositif réfléchissant rouge vers l'arrière et de dispositifs permettant de montrer un feu blanc ou jaune sélectif vers l'avant et un feu rouge vers l'arrière.

2. Sur le territoire des Parties contractantes qui n'ont pas, conformément au paragraphe 2 de l'article 54 de la présente Convention, fait une déclaration assimilant les cyclomoteurs aux motocycles, les cyclomoteurs en circulation internationale doivent :

a) Avoir deux freins indépendants ;

b) Être munis d'un timbre, ou d'un autre avertisseur sonore, susceptible d'être entendu à une distance suffisante ;

c) Être munis d'un dispositif d'échappement silencieux efficace ;

d) Être munis de dispositifs permettant de montrer un feu blanc ou jaune sélectif à l'avant, ainsi qu'un feu rouge et un dispositif réfléchissant rouge à l'arrière ;

e) Porter la marque d'identification définie à l'annexe 4 de la présente Convention.

3. Sur le territoire des Parties contractantes qui ont, conformément au paragraphe 2 de l'article 54 de la présente Convention, fait une déclaration assimilant les cyclomoteurs aux motocycles, les conditions à remplir par les cyclomoteurs pour être admis en circulation internationale sont celles qui sont définies pour les motocycles à l'annexe 5 de la présente Convention.

CHAPITRE VI *DISPOSITIONS FINALES*

Art. 45 1. La présente Convention sera ouverte au siège de l'Organisation des Nations unies à New York jusqu'au 31 décembre 1969 à la signature de tous les États membres de l'Organisation des Nations unies ou membres de l'une de ses institutions spécialisées ou de l'Agence internationale de l'énergie atomique ou Parties au Statut de la Cour internationale de Justice, et de tout autre État invité par l'Assemblée générale de l'Organisation des Nations unies à devenir partie à ladite Convention.

2. La présente Convention est sujette à ratification. Les instruments de ratification seront déposés auprès du Secrétaire général de l'Organisation des Nations unies.

3. La présente Convention restera ouverte à l'adhésion de tout État visé au paragraphe 1 du présent article. Les instruments d'adhésion seront déposés auprès du Secrétaire général.

4. Au moment où il signera la présente Convention ou déposera son instrument de ratification ou d'adhésion, tout État notifiera au Secrétaire général le signe distinctif qu'il choisit pour être apposé en circulation internationale sur les véhciules qu'il a immatriculés, conformément aux dispositions de l'annexe 3 de la présente Convention. Par une autre notification adressée au Secrétaire général, tout État peut changer un signe distinctif qu'il avait précédemment choisi.

Art. 46 1. Tout État pourra, au moment où il signera ou ratifiera la présente Convention ou y adhérera, ou à tout moment ultérieur, déclarer par notification adressée au Secrétaire général que la Convention devient applicable à tous les territoires ou à l'un quelconque d'entre eux dont il assure les relations internationales. La Convention deviendra applicable au territoire ou aux territoires désigné dans la notification trente jours après la date à laquelle le Secrétaire général aura reçu cette notification ou à la date d'entrée en vigueur de la Convention pour l'État adressant la notification, si cette date est postérieure à la précédente.

2. Tout État qui aura fait une déclaration en vertu du paragraphe 1 du présent article pourra à toute date ultérieure, par notification adressée au Secrétaire général, déclarer que la Convention cessera d'être applicable au territoire désigné dans la notification et la Convention cessera d'être applicable audit territoire un an après la date de réception de cette notification par le Secrétaire général.

3. Tout État qui adresse une notification en vertu du paragraphe 1 du présent article notifiera au Secrétaire général le ou les signes distinctifs qu'il choisit pour être apposé en circulation internationale sur les véhicules qui ont été immatriculés sur le ou les territoires intéressés conformément aux dispositions de l'annexe 3 de la présente Convention. Par une autre notification adressée au Secrétaire général, tout État peut changer un signe distinctif qu'il avait précédemment choisi.

Art. 47 1. La présente Convention entrera en vigueur douze mois après la date du dépôt du quinzième instrument de ratification ou d'adhésion.

2. Pour chaque État qui ratifiera la présente Convention ou y adhérera après le dépôt du quinzième instrument de ratification ou d'adhésion, la Convention entrera en vigueur douze mois après la date du dépôt, par cet État, de son instrument de ratification ou d'adhésion.

Art. 48 A son entrée en vigueur, la présente Convention abrogera et remplacera, dans les relations entre les Parties contractantes, la Convention internationale relative à la circulation automobile et la Convention internationale relative à la circulation routière signées l'une et l'autre à Paris le 24 avril 1926, la Convention sur la réglementation de la circulation automobile interaméricaine ouverte à la signature à Washington le 15 décembre 1943 et la Convention sur la circulation routière ouverte à la signature à Genève le 19 septembre 1949.

Art. 49 1. Après une période d'un an à dater de l'entrée en vigueur de la présente Convention, toute partie contractante pourra proposer un ou plusieurs amendements à la Convention. Le texte de toute proposition d'amendement, accompagné d'un exposé des motifs, sera adressé au Secrétaire général qui le communiquera à toutes les Parties contractantes. Les Parties contractantes auront la possibilité de lui faire savoir, dans le délai de douze mois suivant la date de cette communication : *a)* si elles acceptent l'amendement, ou *b)* si elles le rejettent, ou *c)* si elles désirent qu'une conférence soit convoquée pour l'examiner. Le Secrétaire général transmettra également le texte de l'amendement proposé à tous les autres États visés au paragraphe 1 de l'article 45 de la présente Convention.

2. *a)* Toute proposition d'amendement qui aura été communiquée conformément aux dispositions du paragraphe précédent sera réputée acceptée si, dans le délai de douze mois susmentionné, moins du tiers des Parties contractantes informent le Secrétaire général soit qu'elles rejettent l'amendement, soit qu'elles désirent qu'une conférence soit convoquée pour l'examiner. Le Secrétaire général notifiera à toutes les Parties contractantes

toute acceptation ou tout rejet de l'amendement proposé et toute demande de convocation d'une conférence. Si le nombre total des rejets et des demandes reçus pendant le délai spécifié de douze mois est inférieur au tiers du nombre total des Parties contractantes, le Secrétaire général notifiera à toutes les Parties contractantes que l'amendement entrera en vigueur six mois après l'expiration du délai de douze mois spécifié au paragraphe précédent pour toutes les Parties contractantes, à l'exception de celles qui, pendant le délai spécifié, ont rejeté l'amendement ou demandé la convocation d'une conférence pour l'examiner.

b) Toute partie contractante qui, pendant ledit délai de douze mois, aura rejeté une proposition d'amendement ou demandé la convocation d'une conférence pour l'examiner pourra, à tout moment après l'expiration de ce délai, notifier au Secrétaire général qu'elle accepte l'amendement, et le sécrétaire général communiquera cette notification à toutes les autres Parties contractantes. L'amendement entrera en vigueur pour les Parties contractantes qui auront notifié leur acceptation six mois après que le Secrétaire général aura reçu leur notification.

3. Si un amendement proposé n'a pas été accepté conformément au paragraphe 2 du présent article et si, dans le délai de douze mois spécifié au paragraphe 1 du présent article, moins de la moitié du nombre total des Parties contractantes informent le Secrétaire général qu'elles rejettent l'amendement proposé et si un tiers au moins du nombre total des Parties contractantes, mais pas moins de dix, l'informent qu'elles l'acceptent ou qu'elles désirent qu'une conférence soit réunie pour l'examiner, le Secrétaire général convoquera une conférence en vue d'examiner l'amendement proposé ou toute autre proposition dont il serait saisi en vertu du paragraphe 4 du présent article.

4. Si une conférence est convoquée conformément aux dispositions du paragraphe 3 du présent article, le Secrétaire général y invitera tous les État visés au paragraphe 1 de l'article 45 de la présente Convention. Il demandera à tous les États invités à la Conférence de lui présenter, au plus tard six mois avant sa date d'ouverture, toutes propositions qu'ils souhaiteraient voir examiner également par ladite Conférence en plus de l'amendement proposé, et il communiquera ces propositions, trois mois au moins avant la date d'ouverture de la Conférence, à tous les États invités à la Conférence.

5. *a)* Tout amendement à la présente Convention sera réputé accepté s'il a été adopté à la majorité des deux tiers des États représentés à la Conférence, à condition que cette majorité groupe au moins les deux tiers des Parties contractantes représentées à la Conférence. Le Secrétaire général notifiera à toutes les Parties contractantes l'adoption de l'amendement et celui-ci entrera en vigueur douze mois après la date de cette notification pour toutes les Parties contractantes, à l'exception de celles qui, durant ce délai, auront notifié au Secrétaire général qu'elles rejettent l'amendement.

b) Toute partie contractante qui aura rejeté un amendement pendant ledit délai de douze mois pourra, à tout moment, notifier au Secrétaire général qu'elle l'accepte, et le Secrétaire général communiquera cette notification à toutes les autres Parties contractantes. L'amendement entrera en vigueur pour la partie contractante qui aura notifié son acceptation six mois après la date à laquelle le Secrétaire général aura reçu la notification ou à la fin dudit délai de douze mois, si la date en est postérieure à la précédente.

6. Si la proposition d'amendement n'est pas réputée acceptée conformément au paragraphe 2 du présent article, et si les conditions prescrites au paragraphe 3 du présent article pour la convocation d'une conférence ne sont pas réunies, la proposition d'amendement sera réputée rejetée.

Art. 50 Toute partie contractante pourra dénoncer la présente Convention par notification écrite adressée au Secrétaire général. La dénonciation prendra effet un an après la date à laquelle le Secrétaire général en aura reçu notification.

Art. 51 La présente Convention cessera d'être en vigueur si le nombre des Parties contractantes est inférieur à cinq pendant une période quelconque de douze mois consécutifs.

Art. 52 Tout différend entre deux ou plusieurs Parties contractantes touchant l'interprétation ou l'application de la présente Convention, que les Parties n'auraient pas pu régler par voie de négociation ou d'autre manière, pourra être porté, à la requête de l'une quelconque des Parties contractantes intéressées, devant la Cour internationale de Justice pour être tranchée par elle.

Art. 53 Aucune disposition de la présente Convention ne sera interprétée comme interdisant à une partie contractante de prendre les mesures compatibles avec les dispositions de la Charte des Nations unies et limitées aux exigences de la situation qu'elle estime nécessaires pour sa sécurité extérieure ou intérieure.

Art. 54 1. Tout État pourra, au moment où il signera la présente Convention ou déposera son instrument de ratification ou d'adhésion, déclarer qu'il ne se considère pas lié par l'article 52 de la présente Convention. Les autres Parties contractantes ne seront pas liées par l'article 52 vis-à-vis de l'une quelconque des Parties contractantes qui aura fait une telle déclaration.

2. Au moment où il dépose son instrument de ratification ou d'adhésion, tout État peut déclarer, par notification adressée au Secrétaire général, qu'il assimilera les cyclomoteurs aux motocycles aux fins d'application de la présente Convention (art. 1er, *n*).

A tout moment, tout État pourra ultérieurement, par notification adressée au Secrétaire général, retirer sa déclaration.

3. Les déclarations prévues au paragraphe 2 du présent article prendront effet six mois après la date à laquelle le Secrétaire général en aura reçu notification, ou à la date à laquelle la Convention entrera en vigueur pour l'État qui fait la déclaration si cette date est postérieure à la précédente.

4. Toute modification d'un signe distinctif précédemment choisi, notifiée conformément au paragraphe 4 de l'article 45 ou au paragraphe 3 de l'article 46 de la présente Convention, prendra effet trois mois après la date à laquelle le secrétaire général en aura reçu notification.

5. Les réserves à la présente Convention et à ses annexes, autres que la réserve prévue au paragraphe 1 du présent article, sont autorisées à condition qu'elles soient formulées par écrit et, si elles ont été formulées avant le dépôt de l'instrument de ratification ou d'adhésion, qu'elles soient confirmées dans ledit instrument. Le secrétaire général communiquera lesdites réserves à tous les États visés au paragraphe 1 de l'article 45 de la présente Convention.

6. Toute partie contractante qui aura formulé une réserve ou fait une déclaration en vertu des paragraphes 1 ou 4 du présent article pourra, à tout moment, la retirer par notification adressée au Secrétaire général.

7. Toute réserve faite conformément au paragraphe 5 du présent article :

a) Modifie, pour la partie contractante qui a formulé ladite réserve, les dispositions de la Convention sur lesquelles porte la réserve dans les limites de celle-ci ;

b) Modifie ces dispositions dans les mêmes limites pour les autres Parties contractantes pour ce qui est de leurs relations avec la partie contractante ayant notifié la réserve.

Art. 55 Outre les déclarations, notifications et communications prévues aux articles 49 et 54 de la présente Convention, le Secrétaire général notifiera à tous les États visés au paragraphe 1 de l'article 45 :

a) Les signatures, ratifications et adhésions au titre de l'article 45 ;

b) Les notifications et déclarations au titre du paragraphe 4 de l'article 45 et de l'article 46 ;

c) Les dates d'entrée en vigueur de la présente Convention en vertu de l'article 47 ;

d) La date d'entrée en vigueur des amendements à la présente Convention conformément aux paragraphes 2 et 5 de l'article 49 ;

e) Les dénonciations au titre de l'article 50 ;

f) L'abrogation de la présente Convention au titre de l'article 51.

Art. 56 L'original de la présente Convention, fait en un seul exemplaire, en langues anglaise, chinoise, espagnole, française et russe, les cinq textes faisant également foi, sera déposé auprès du Secrétaire général, qui en transmettra des copies certifiées conformes à tous les États visés au paragraphe 1 de l'article 45 de la présente Convention.

ANNEXES

ANNEXE 1

DÉROGATIONS À L'OBLIGATION D'ADMETTRE EN CIRCULATION INTERNATIONALE LES AUTOMOBILES ET LES REMORQUES

1. Les Parties contractantes peuvent ne pas admettre en circulation internationale sur leur territoire les automobiles, remorques et ensembles de véhicules, dont les poids, totaux ou par essieu,

ou dont les dimensions excèdent les limites fixées par leur législation nationale pour les véhicules immatriculés sur leur territoire. Les Parties contractantes sur le territoire desquelles a lieu une circulation internationale de véhicules lourds s'efforceront de conclure des accords régionaux permettant, en circulation internationale, l'accès des routes de la région, sauf exception pour des routes à faibles caractéristiques, aux véhicules et ensembles de véhicules dont les poids et dimensions n'excèdent pas les chiffres fixés par ces accords.

2. Pour l'application du paragraphe 1 de la présente Annexe, ne sera pas considérée comme dépassement de la largeur maximale autorisée la saillie :

a) Des pneumatiques au voisinage de leur point de contact avec le sol, et des connexions des indicateurs de pression des pneumatiques ;

b) Des dispositifs antipatinants qui seraient montés sur les roues ;

c) Des miroirs rétroviseurs construits de façon à pouvoir, sous l'effet d'une pression modérée, céder dans les deux sens de telle façon qu'ils ne dépassent plus la largeur maximale autorisée ;

d) Des indicateurs de direction latéraux et des feux d'encombrement, à condition que la saillie en cause ne dépasse pas quelques centimètres ;

e) Des scellements douaniers apposés sur le chargement et des dispositifs de fixation et de protection de ces scellements.

3. Les Parties contractantes peuvent ne pas admettre en circulation internationale sur leur territoire les ensembles de véhicules suivants, dans la mesure où leur législation nationale interdit la circulation de tels ensembles :

a) Motocycles avec remorques ;

b) Ensembles constitués par une automobile et plusieurs remorques ;

c) Véhicules articulés affectés aux transports de personnes.

4. Les Parties contractantes peuvent ne pas admettre en circulation internationale sur leur territoire les automobiles et les remorques bénéficiant de dérogations en vertu du paragraphe 60 de l'annexe 5 de la Convention.

5. Les Parties contractantes peuvent ne pas admettre en circulation internationale sur leur territoire les cyclomoteurs et les motocycles dont le conducteur et, le cas échéant, le passager ne seraient pas munis d'un casque de protection.

6. Les Parties contractantes peuvent subordonner l'admission en circulation internationale sur leur territoire de toute automobile autre qu'un cyclomoteur à deux-roues ou un motocycle à deux-roues sans side-car à la présence à bord de l'automobile d'un dispositif visé au paragraphe 56 de l'annexe 5 de la Convention et destiné, en cas d'arrêt sur la chaussée, à annoncer le danger que constitue le véhicule ainsi arrêté.

7. Les Parties contractantes peuvent subordonner l'admission en circulation internationale, sur certaines routes difficiles ou dans certaines régions à relief difficile de leur territoire, des automobiles dont le poids maximal autorisé dépasse 3 500 kg (7 700 livres) au respect des prescriptions spéciales imposées par sa législation nationale pour l'admission sur ces routes ou dans ces régions des véhicules de même poids maximal autorisé qu'elle immatricule.

8. Les Parties contractantes peuvent ne pas admettre en circulation internationale sur leur territoire toute automobile munie de feux-croisement à faisceau asymétrique lorsque le réglage des faisceaux n'est pas adapté au sens de circulation sur leur territoire.

(Amendt. 28 sept. 2004, en vigueur depuis le 28 mars 2006) « 9. Les Parties contractantes peuvent ne pas admettre en circulation internationale sur leur territoire toute automobile ou toute remorque attelée à une automobile qui porterait un signe distinctif autre que l'un de ceux prévus à l'article 37 de la présente Convention. Toutefois, elles ne peuvent refuser l'admission du véhicule lorsqu'il est apposé séparément de la plaque d'immatriculation un signe distinctif conforme aux dispositions de la présente Convention et qui viendrait suppléer un signe distinctif incorporé à la plaque d'immatriculation et non conforme aux dispositions de la présente Convention. »

ANNEXE 2

(Amendt. 28 sept. 2004, en vigueur depuis le 28 mars 2006) « NUMÉRO ET PLAQUE D'IMMATRICULATION DES AUTOMOBILES ET DES REMORQUES EN CIRCULATION INTERNATIONALE »

(Amendt. 9 mars 2015, en vigueur depuis le 19 sept. 2016) « 1. Le numéro d'immatriculation visé aux articles 35 et 36 de la Convention doit être composé soit de chiffres, soit de chiffres et de lettres. Les chiffres doivent être des chiffres arabes et les lettres doivent être en caractères latins

majuscules. Il peut, toutefois, être employé d'autres chiffres ou caractères, mais le numéro d'immatriculation doit alors être répété en chiffres arabes et en caractères latins majuscules. »

2. Le numéro d'immatriculation doit être composé et apposé de façon à être lisible de jour par temps clair à une distance minimale de 40 mètres (130 pieds) par un observateur placé dans l'axe du véhicule et le véhicule étant arrêté ; les Parties contractantes peuvent, toutefois, pour les véhicules qu'elles immatriculent, réduire cette distance minimale de lisibilité pour les motocycles et pour des catégories spéciales d'automobiles sur lesquels il serait difficile de donner aux numéros d'immatriculation des dimensions suffisantes pour qu'ils soient lisibles à 40 mètres (130 pieds).

3. *(Amendt. 28 sept. 2004, en vigueur depuis le 28 mars 2006)* « Dans le cas où le numéro d'immatriculation est apposé sur une plaque, cette plaque doit être plate et fixée dans une position verticale et perpendiculairement au plan longitudinal médian du véhicule. » Dans le cas où le numéro est apposé ou peint sur le véhicule, la surface sur laquelle il est apposé ou peint doit être plane et verticale ou presque plane et verticale et être perpendiculaire au plan longitudinal médian du véhicule.

(Amendt. 28 sept. 2004, en vigueur depuis le 28 mars 2006) « 4. Sans préjudice des dispositions de l'annexe 5, paragraphe 61, alinéa *g*, de la présente Convention, le fond de la plaque d'immatriculation sur laquelle sont disposés le numéro d'immatriculation et, le cas échéant, le signe distinctif de l'État d'immatriculation, complété éventuellement d'un drapeau ou d'un emblème dans les conditions définies à l'annexe 3, peut être en matériau rétroréfléchissant.

« 5. Le fond de la partie de la plaque d'immatriculation où est incorporé le signe distinctif doit être du même matériau que celui utilisé pour le fond de la partie sur laquelle est inscrit le numéro d'immatriculation. »

ANNEXE 3

SIGNE DISTINCTIF DES AUTOMOBILES ET DES REMORQUES EN CIRCULATION INTERNATIONALE

(Amendt. 28 sept. 2004, en vigueur depuis le 28 mars 2006) « 1. Le signe distinctif visé à l'article 37 de la Convention doit être composé d'une à trois lettres en caractère latins majuscules.

« 2. Lorsque le signe distinctif est apposé séparément de la plaque d'immatriculation, il doit satisfaire aux prescriptions suivantes :

« *a)* les lettres auront au minimum une hauteur de 0,08 m et leurs traits une épaisseur d'au moins 0,01 m. Les lettres seront noires sur un fond blanc ayant la forme d'une ellipse dont le grand axe est horizontal. Le fond blanc peut être en matériau rétroréfléchissant.

« *b)* lorsque le signe distinctif ne comporte qu'une seule lettre, le grand axe de l'ellipse peut être vertical.

« *c)* le signe distinctif doit être apposé de manière telle qu'il ne puisse être confondu avec le numéro d'immatriculation ou compromettre sa lisibilité.

« *d)* sur les motocycles et sur leurs remorques, les dimensions des axes de l'ellipse seront d'au moins 0,175 m et 0,115 m. Sur les autres automobiles et sur leurs remorques, les dimensions des axes de l'ellipse seront d'au moins :

« i) 0,24 m et 0,145 m si le signe distinctif comporte trois lettres ;

« ii) 0,175 m et 0,115 m si le signe distinctif comporte moins de trois lettres.

« 3. Lorsque le signe distinctif est incorporé à la plaque d'immatriculation, les dispositions suivantes s'appliquent :

« *a)* Les lettres auront une hauteur d'au moins 0,02 m en prenant comme référence une plaque d'immatriculation de 0,11 m.

« *b)* i) Le signe distinctif de l'État d'immatriculation, complété le cas échéant par le drapeau ou l'emblème de cet État ou l'emblème de l'organisation régionale d'intégration économique à laquelle cet État appartient, doit être arboré à l'extrémité gauche ou droite de la plaque d'immatriculation arrière, mais de préférence à gauche ou à l'extrémité supérieure gauche sur les plaques dont le numéro s'inscrit sur deux lignes.

« ii) Lorsque, en sus de ce signe distinctif, est arboré sur la plaque d'immatriculation un symbole non numérique et/ou un drapeau et/ou un emblème, régional ou local, le signe distinctif de l'État d'immatriculation doit alors obligatoirement se trouver à l'extrémité gauche de la plaque.

« *c)* Le drapeau ou l'emblème complétant le cas échéant le signe distinctif de l'État d'immatriculation doit être placé de manière telle qu'il ne puisse compromettre la lisibilité du signe distinctif et figurer de préférence au-dessus de celui-ci.

« *d)* Le signe distinctif de l'État d'immatriculation doit être disposé de manière telle qu'il puisse être aisément identifiable et ne puisse être confondu avec le numéro d'immatriculation ou compromettre sa lisibilité. A cette fin, le signe distinctif doit, au moins, soit être d'une couleur différente de celle du numéro d'immatriculation, soit être apposé sur un fond de couleur différent de celui réservé au numéro d'immatriculation, soit être distinctement séparé, de préférence par un trait, du numéro d'immatriculation.

« *e)* Pour les plaques d'immatriculation des motocycles et leur remorque ainsi que pour les plaques dont le numéro s'inscrit sur deux lignes, la taille des lettres du signe distinctif ainsi que, le cas échéant, celle du drapeau ou de l'emblème de l'État d'immatriculation ou de l'emblème de l'organisation régionale d'intégration économique à laquelle appartient le pays, peuvent être réduites en conséquence.

« *f)* Les dispositions du présent paragraphe s'appliquent selon les mêmes principes à la plaque d'immatriculation avant du véhicule lorsque celle-ci est obligatoire.

« 4. Les dispositions pertinentes du paragraphe 3 de l'annexe 2 s'appliquent au signe distinctif. »

ANNEXE 4

Marques d'identification des automobiles et des remorques en circulation internationale

1. Les marques d'identification comprennent :

a) Pour les automobiles :

i) Le nom ou la marque du constructeur du véhicule ;

ii) Sur le châssis, ou, à défaut de châssis, sur la carrosserie, le numéro de fabrication ou le numéro de série du constructeur ;

iii) Sur le moteur, le numéro de fabrication du moteur lorsqu'un tel numéro est apposé par le constructeur ;

b) Pour les remorques, les indications mentionnées aux alinéas i) et ii) ci-dessus ;

c) Pour les cyclomoteurs, l'indication de la cylindrée et la marque « CM ».

2. Les marques mentionnées au paragraphe 1 de la présente Annexe doivent être placées à des endroits accessibles et être facilement lisibles ; de plus, elles doivent être telles qu'il soit difficile de les modifier ou de les supprimer. Les lettres et les chiffres compris dans les marques seront soit uniquement en caractères latins ou en cursive dite anglaise et en chiffres arabes, soit répétés de cette façon.

ANNEXE 5

Conditions techniques relatives aux automobiles et aux remorques

(Conv. 1er févr. 1991)

« 1. Sans préjudice des dispositions du paragraphe 2 *a* de l'article 3 et du paragraphe 1 de l'article 39 de la présente Convention, toute partie contractante peut, pour les automobiles qu'elle immatricule et pour les remorques qu'elle admet à la circulation en vertu de sa législation nationale, imposer des prescriptions complétant les dispositions de la présente annexe ou plus rigoureuses que celles-ci. Tout véhicule en circulation internationale doit satisfaire aux prescriptions techniques en vigueur dans son pays d'immatriculation lors de sa première mise en service. »

2. Au sens de la présente Annexe, le terme "remorque" ne s'applique qu'aux remorques destinées à être attelées à une automobile.

(Conv. 1er févr. 1991) « 3. » Les Parties contractantes qui, conformément à l'article 1er, alinéa *n)* de la Convention, ont déclaré vouloir assimiler aux motocycles des véhicules à trois roues dont le poids à vide n'excède pas 400 kg (900 livres) doivent soumettre ces derniers aux prescriptions imposées dans la présente annexe soit pour les motocycles, soit pour les autres automobiles.

CHAPITRE I FREINAGE

4. Aux fins du présent chapitre :

a) Le terme "roues d'un essieu" désigne les roues symétriques, ou sensiblement symétriques, par rapport au plan longitudinal médian du véhicule, même si elles ne sont pas placées sur un même essieu (un essieu tandem est compté pour deux essieux) ;

b) Le terme "frein de service" désigne le dispositif normalement utilisé pour ralentir et arrêter le véhicule ;

c) Le terme "frein de stationnement" désigne le dispositif utilisé pour maintenir, en l'absence du conducteur, le véhicule immobile ou, dans le cas d'une remorque, la remorque lorsque celle-ci est désaccouplée ;

d) Le terme "frein de secours" désigne le dispositif destiné à ralentir et à arrêter le véhicule en cas de défaillance du frein de service.

A. Freinage des automobiles autres que les motocycles

5. Toute automobile autre qu'un motocycle doit être munie de freins pouvant être actionnés facilement par le conducteur installé à sa place de conduite. Ces freins devront permettre d'assurer les trois fonctions de freinage ci-après :

a) Un frein de service permettant de ralentir le véhicule et de l'arrêter d'une façon sûre, rapide et efficace, quelles que soient ses conditions de chargement et la déclivité ascendante ou descendante de la voie sur laquelle il circule ;

b) (Conv. 1er févr. 1991) « Un frein de stationnement permettant de maintenir le véhicule immobile, quelles que soient ses conditions de chargement, sur une déclivité ascendante ou descendante notable, les surfaces actives du frein restant maintenues en position de serrage au moyen d'un dispositif à action purement mécanique ; »

c) Un frein de secours permettant de ralentir et d'arrêter le véhicule, quelles que soient ses conditions de chargement, sur une distance raisonnable, même en cas de défaillance du frein de service.

6. Sous réserve des dispositions du paragraphe 5 de la présente Annexe, les dispositifs assurant les trois fonctions de freinage (frein de service, frein de secours et frein de stationnement) peuvent avoir des parties communes ; la combinaison des commandes n'est admise qu'à condition qu'il reste au moins deux commandes distinctes.

7. *(Conv. 1er févr. 1991)* « Le frein de service doit agir sur toutes les roues du véhicule. »

8. Le frein de secours doit pouvoir agir sur une roue au moins de chaque côté du plan longitudinal médian du véhicule ; la même disposition s'applique au frein de stationnement.

9. Le frein de service et le frein de stationnement doivent agir sur des surfaces freinées liées aux roues de façon permanente par l'intermédiaire de pièces suffisamment robustes.

10. Aucune surface freinée ne doit pouvoir être désaccouplée des roues. Toutefois, un tel désaccouplement est admis pour certaines des surfaces freinées, à condition :

a) Qu'il soit seulement momentané, par exemple pendant un changement des rapports de transmission ;

b) Qu'en tant qu'il porte sur le frein de stationnement, il ne soit pas possible sans l'action du conducteur et

c) Qu'en tant qu'il porte sur le frein de service ou le frein de secours, l'action de freinage continue de pouvoir s'exercer avec l'efficacité prescrite conformément au paragraphe 5 de la présente Annexe.

(Conv. 1er févr. 1991) « 10 *bis*. L'ensemble des dispositifs des véhicules contribuant au freinage doit être conçu et réalisé de telle façon que l'efficacité du frein de service soit assurée après un actionnement prolongé ou répété.

« 10 *ter*. L'action du frein de service doit être convenablement répartie et synchronisée entre les différents essieux du véhicule.

« 10 *quater*. Si l'action de commande sur le frein de service est assistée, partiellement ou totalement, par une source d'énergie autre que l'énergie musculaire du conducteur, la possibilité d'arrêter le véhicule sur une distance raisonnable doit être assurée, même en cas de défaillance de la source d'énergie. »

B. Freinage des remorques

11. Sans préjudice des dispositions du paragraphe 17 *c)* de la présente Annexe, toute remorque autre qu'une remorque légère doit être munie de freins, à savoir :

a) Un frein de service permettant de ralentir le véhicule et de l'arrêter d'une façon sûre, rapide et efficace, quelles que soient ses conditions de chargement et la déclivité ascendante ou descendante de la voie sur laquelle il circule ;

b) *(Conv. 1er févr. 1991)* « Un frein de stationnement permettant de maintenir le véhicule immobile, quelles que soient ses conditions de chargement, sur une déclivité ascendante ou descendante notable, les surfaces actives » du frein restant maintenues en position de serrage au moyen d'un dispositif à action purement mécanique. La présente disposition n'est pas applicable aux remorques qui ne peuvent être désaccouplées du véhicule tracteur sans l'aide d'outils, à condition que les exigences relatives au freinage de stationnement soient respectées pour l'ensemble de véhicules.

12. Les dispositifs assurant les deux fonctions de freinage (service et stationnement) peuvent avoir des parties communes.

13. *(Conv. 1er févr. 1991)* « Le frein de service doit agir sur toutes les roues de la remorque. L'action du frein de service doit être convenablement répartie et synchronisée entre les différents essieux de la remorque. »

14. Le frein de service doit pouvoir être mis en action par la commande de freinage de service du véhicule tracteur ; toutefois, si le poids maximal autorisé de la remorque n'excède pas 3 500 kg (7 700 livres), le frein peut être conçu pour n'être mis en action, pendant la marche, que par le simple rapprochement de la remorque et du véhicule tracteur (freinage par inertie).

15. Le frein de service et le frein de stationnement doivent agir sur des surfaces freinées liées aux roues de façon permanente par l'intermédiaire de pièces suffisamment robustes.

16. Les dispositifs de freinage doivent être tels que l'arrêt de la remorque soit assuré automatiquement en cas de rupture du dispositif d'accouplement pendant la marche. Toutefois, cette prescription ne s'applique pas aux remorques à un seul essieu ou à deux essieux distants l'un de l'autre de moins d'un mètre (40 pouces) à condition que leur poids maximal autorisé n'excède pas 1 500 kg (3 300 livres) et, à l'exception des semi-remorques, qu'elles soient munies, en plus du dispositif d'accouplement *(Conv. 1er févr. 1991)* « , d'une attache secondaire. »

C. Freinage des ensembles de véhicules

17. Outre les dispositions des parties A et B du présent chapitre relatives aux véhicules isolés (automobiles et remorques), les dispositions ci-après s'appliqueront aux ensembles de ces véhicules :

a) Les dispositifs de freinage montés sur chacun des véhicules composant l'ensemble doivent être compatibles ;

b) *(Conv. 1er févr. 1991)* « L'action du frein de service doit être convenablement répartie et synchronisée entre les différents essieux de l'ensemble. »

c) Le poids maximal autorisé d'une remorque non munie d'un frein de service ne doit pas excéder la moitié de la somme du poids à vide du véhicule tracteur et du poids du conducteur.

D. Freinage des motocycles

18. *a)* Tout motocycle doit être muni de deux dispositifs de freinage, agissant l'un au moins sur la ou les roues arrière, et l'autre au moins sur la ou les roues avant ; si un side-car est adjoint à un motocycle, le freinage de la roue du side-car n'est pas exigé. Ces dispositifs de freinage doivent permettre de ralentir le motocycle et de l'arrêter d'une façon sûre, rapide et efficace, quelles que soient ses conditions de chargement et la déclivité ascendante ou descendante de la route sur laquelle il circule.

b) Outre les dispositifs prévus à l'alinéa *a)* du présent paragraphe, les motocycles à trois roues symétriques par rapport au plan longitudinal médian du véhicule doivent être munis d'un frein de stationnement répondant aux conditions énoncées à l'alinéa *b)* du paragraphe 5 de la présente Annexe.

CHAPITRE II DISPOSITIFS D'ÉCLAIRAGE ET DE SIGNALISATION LUMINEUSE DES VÉHICULES

(Conv. 1er févr. 1991)

19. *(Conv. 1er févr. 1991)* « Aux fins du présent chapitre, le terme :

« "Feu-route" désigne le feu servant à éclairer la route sur une grande distance en avant de ce véhicule ;

« "Feu-croisement" désigne le feu servant à éclairer la route en avant de ce véhicule sans éblouir ni gêner indûment les conducteurs venant en sens inverse et les autres usagers de la route ;

« "Feu-position avant" désigne le feu servant à indiquer la présence et la largeur de ce véhicule vu de l'avant ;

« "Feu-position arrière" désigne le feu servant à indiquer la présence et la largeur de ce véhicule vu de l'arrière ;

« "Feu-stop" désigne le feu servant à indiquer aux autres usagers de la route qui se trouvent derrière ce véhicule que son conducteur actionne le frein de service ;

« "Feu-brouillard avant" désigne le feu servant à améliorer l'éclairage de la route en cas de brouillard épais, de chute de neige, de forte pluie ou de conditions analogues ;

« "Feu-brouillard arrière" désigne le feu servant à rendre le véhicule plus visible vu de l'arrière, en cas de brouillard épais, de chute de neige, de forte pluie ou de conditions analogues ;

« "Feu-marche arrière" désigne le feu servant à éclairer la route à l'arrière de ce véhicule et à avertir les autres usagers de la route que le véhicule fait marche arrière ou est sur le point de faire marche arrière ;

« "Feu-indicateur de direction" désigne le feu servant à indiquer aux autres usagers de la route que le conducteur a l'intention de changer de direction vers la droite ou vers la gauche ;

« "Feu-stationnement" désigne le feu servant à indiquer la présence d'un véhicule en stationnement ; il peut remplacer les feux-position avant et arrière ;

« "Feu-encombrement" désigne le feu installé près de l'extrémité hors tout de la largeur et aussi proche que possible de la hauteur du véhicule et destiné à indiquer nettement sa largeur hors tout. Ce signal sert à compléter, pour certains véhicules à moteur et remorque, les feux-position, en attirant particulièrement l'attention sur son encombrement ;

« "Signal de détresse" désigne le signal donné par le fonctionnement simultané de tous les feux indicateurs de direction ;

« "Feu latéral" désigne le feu installé sur le flanc du véhicule destiné à indiquer la présence du véhicule vu latéralement ;

« "Feu-spécial" désigne un feu destiné à signaler soit un véhicule prioritaire, soit un véhicule ou un groupe de véhicules dont la présence sur la route impose aux autres usagers de la route de prendre des précautions particulières, notamment les convois de véhicules, les véhicules de dimensions exceptionnelles et les véhicules ou engins de construction ou d'entretien des routes ;

« "Dispositif d'éclairage de plaque d'immatriculation arrière" désigne le dispositif permettant d'assurer l'éclairage de l'emplacement destiné à la plaque d'immatriculation arrière et qui peut être composé de divers éléments optiques ;

« "Feu de jour" désigne un feu destiné à rendre de jour un véhicule plus visible de l'avant lorsqu'il est en mouvement ;

« "Rétroréflecteur" désigne un dispositif servant à indiquer la présence d'un véhicule par réflexion de la lumière émanant d'une source lumineuse non reliée à ce véhicule ;

« "Plage éclairante" désigne la projection orthogonale sur un plan vertical transversal de la surface efficace de sortie de la lumière. Pour un rétroréflecteur, la surface efficace est la surface visible de l'optique catadioptrique. »

20. Les couleurs des feux visés au présent chapitre doivent être, autant que possible, conformes aux définitions données dans l'appendice de la présente annexe.

21. A l'exception des motocycles, toute automobile susceptible de dépasser en palier la vitesse de 40 km (25 miles) à l'heure doit être munie à l'avant d'un nombre pair de feux-route blancs ou jaune sélectif capables d'éclairer efficacement la route la nuit par temps clair sur une distance d'au moins 100 mètres (325 pieds) en avant du véhicule. Les bords extérieurs de la plage éclairante des feux-route ne doivent en aucun cas être situés plus près de l'extrémité de la largeur hors tout du véhicule que les bords extérieurs de la plage éclairante des feux-croisement.

22. *(Conv. 1er févr. 1991)* « A l'exception des motocycles, toute automobile susceptible de dépasser en palier la vitesse de 10 km (6 miles) à l'heure doit être munie à l'avant d'un nombre pair de feux-croisement blancs ou jaunes sélectifs, capables d'éclairer efficacement la route la nuit par temps clair. Une automobile doit être munie d'une installation telle que pas plus de deux feux-croisement puissent être allumés simultanément. Les feux-croisement doivent être réglés conformément à la définition du paragraphe 19 de la présente annexe. »

23. *(Conv. 1er févr. 1991)* « Toute automobile autre qu'un motocycle à deux-roues sans side-car doit être munie à l'avant de feux-position avant blancs ; toutefois, le jaune sélectif est admis pour

les feux-position avant incorporés dans des feux-route ou des feux-croisement émettant des faisceaux de lumière jaune sélectif. Ces feux-position avant, lorsqu'ils sont les seuls feux allumés à l'avant du véhicule, doivent être visibles de nuit par temps clair sans éblouir ni gêner indûment les autres usagers de la route. »

24. *(Conv. 1er févr. 1991)* « *a)* Toute automobile autre qu'un motocycle à deux-roues sans side-car doit être munie à l'arrière d'un nombre pair de feux-position arrière rouges visibles de nuit par temps clair sans éblouir ni gêner indûment les autres usagers de la route.

« *b)* Toute remorque doit être munie à l'arrière d'un nombre pair de feux-position arrière rouges visibles de nuit par temps clair sans éblouir ni gêner indûment les autres usagers de la route. Toutefois, les remorques dont la largeur hors tout ne dépasse pas 0,80 m peuvent n'être munies que d'un seul de ces feux si elles sont attelées à un motocycle à deux-roues sans side-car. »

25. *(Conv. 1er févr. 1991)* « Toute automobile ou remorque portant à l'arrière un numéro d'immatriculation doit être équipée d'un dispositif d'éclairage tel que ce numéro soit lisible de nuit par temps clair. »

26. *(Conv. 1er févr. 1991)* « Sur toute automobile, y compris les motocycles, et sur tout ensemble constitué par un véhicule automobile et une ou plusieurs remorques, les connexions électriques doivent être telles que les feux-route, feux-croisement, feux-brouillard avant, feux-position avant de l'automobile et le dispositif visé au paragraphe 25 ci-dessus ne puissent être mis en service que lorsque les feux-position arrière de l'automobile ou de l'ensemble de véhicules, situés le plus à l'arrière le sont eux aussi.

« Les feux-brouillard arrière ne doivent pouvoir être mis en service que lorsque les feux-route, les feux-croisement ou les feux-brouillard avant sont en service.

« Cependant, cette condition n'est pas imposée pour les feux-route ou les feux-croisement lorsqu'ils sont utilisés pour donner les avertissements lumineux visés au paragraphe 3 de l'article 32 de la Convention. En outre, les connexions électriques doivent être telles que les feux-position avant de l'automobile soient toujours allumés lorsque les feux-croisement, les feux-route ou les feux-brouillard avant le sont. »

27. *(Conv. 1er févr. 1991)* « Toute automobile autre qu'un motocycle à deux-roues sans side-car doit être munie à l'arrière d'au moins deux rétroréflecteurs rouges de forme non triangulaire. Ces rétroréflecteurs, lorsqu'ils sont éclairés par les feux-route, les feux-croisement ou les feux-brouillard d'un autre véhicule, doivent être visibles la nuit par temps clair par le conducteur de cet autre véhicule. »

28. *(Conv. 1er févr. 1991)* « Toute remorque doit être munie à l'arrière d'au moins deux rétroréflecteurs rouges. Ces rétroréflecteurs doivent avoir la forme d'un triangle équilatéral dont un sommet est en haut et un côté est horizontal. Aucun feu de signalisation ne doit être placé à l'intérieur du triangle. Ces rétroréflecteurs doivent satisfaire à la condition de visibilité fixée au paragraphe 27 ci-dessus. Toutefois, les remorques dont la largeur hors tout ne dépasse pas 0,80 m peuvent n'être munies que d'un seul rétroréflecteur si elles sont attelées à un motocycle à deux-roues sans side-car. »

29. Toute remorque doit être munie à l'avant de deux catadioptres blancs, de forme non triangulaire. Ces catadioptres doivent satisfaire aux conditions *(Conv. 1er févr. 1991)* « de visibilité » fixées au paragraphe 27 ci-dessus.

30. *(Conv. 1er févr. 1991)* « Une remorque doit être munie à l'avant de deux feux-position avant blancs, lorsque sa largeur excède 1,60 m. Les feux-positions avant ainsi prescrits doivent être placés le plus près possible de l'extrémité de la largeur hors tout de la remorque. »

31. *(Conv. 1er févr. 1991)* « A l'exception des motocycles à deux-roues avec ou sans side-car, toute automobile capable de dépasser en palier la vitesse de 25 km (15 miles) à l'heure doit être munie à l'arrière d'au moins deux feux-stop de couleur rouge dont l'intensité lumineuse est nettement supérieure à celle des feux-position arrière. La même disposition s'applique à toute remorque constituant le dernier véhicule d'un ensemble de véhicules. »

32. Sous réserve de la possibilité pour les Parties contractantes qui, conformément au paragraphe 2 de l'article 54 de la Convention, auront fait une déclaration assimilant les cyclomoteurs aux motocycles, de dispenser les cyclomoteurs de tout ou partie de ces obligations :

a) (Conv. 1er févr. 1991) « Tout motocycle à deux-roues avec ou sans side-car doit être muni d'un ou de deux feux-croisement satisfaisant aux dispositions de couleur et de visibilité fixées au paragraphe 22 ci-dessus ; »

b) Tout motocycle à deux-roues avec ou sans side-car susceptible de dépasser en palier la vitesse de 40 kilomètres à l'heure (25 miles) doit être muni, en plus du feu-croisement, d'au moins un feu-route satisfaisant aux dispositions de couleur et de visibilité fixées au paragraphe 21 ci-dessus. Si ce motocycle comporte plusieurs feux-route, ces feux doivent être situés le plus près possible l'un de l'autre ;

c) Un motocycle à deux-roues avec ou sans side-car ne doit être muni ni de plus d'un feu-croisement, ni de plus de deux feux-route.

33. Tout motocycle à deux-roues sans side-car peut être muni à l'avant d'un ou deux feux-position avant satisfaisant aux conditions de couleur et de visibilité fixées au paragraphe 23 ci-dessus. Si ce motocycle comporte deux feux-position avant, ceux-ci doivent être situés le plus près possible l'un de l'autre. Un motocycle à deux-roues sans side-car ne doit pas être muni de plus de deux feux-position avant.

34. Tout motocycle à deux-roues sans side-car doit être muni à l'arrière d'un feu-position arrière satisfaisant aux conditions de couleur et de visibilité fixées au paragraphe 24 *a)* ci-dessus.

35. *(Conv. 1er févr. 1991)* « Tout motocycle à deux-roues sans side-car doit être muni à l'arrière d'un rétroréflecteur de forme non triangulaire satisfaisant aux conditions de couleur et de visibilité fixées au paragraphe 27 ci-dessus. »

36. Sous réserve de la possibilité pour les Parties contractantes qui, conformément au paragraphe 2 de l'article 54 de la Convention, auront fait une déclaration assimilant les cyclomoteurs aux motocycles, de dispenser de cette obligation les cyclomoteurs à deux-roues avec ou sans side-car, tout motocycle à deux-roues avec ou sans side-car doit être muni d'un feu-stop satisfaisant aux dispositions du paragraphe 31 ci-dessus.

37. Sans préjudice des dispositions relatives aux feux et dispositifs exigés pour les motocycles sans side-car, tout side-car attaché à un motocycle à deux-roues doit être muni à l'avant d'un feu-position avant satisfaisant aux conditions de couleur et de visibilité fixées au paragraphe 23 ci-dessus et à l'arrière d'un feu-position arrière satisfaisant aux conditions de couleur et de visibilité fixées au paragraphe 24 *a)* ci-dessus, et d'un catadioptre satisfaisant aux conditions de couleur et de visibilité fixées au paragraphe 27 ci-dessus. Les connexions électriques doivent être telles que les feux-position avant et arrière du side-car s'allument en même temps que le feu-position arrière du motocycle. En tout cas, un side-car ne doit comporter ni feu-route, ni feu-croisement.

38. Les automobiles à trois roues symétriques par rapport au plan longitudinal médian du véhicule, assimilées aux motocycles en application de l'article 1er, alinéa *n)*, de la Convention, doivent être munies des dispositifs prescrits aux articles 21, 22, 23, 24 *a)*, 27 et 31 ci-dessus. *(Conv. 1er févr. 1991)* « Toutefois, sur un véhicule électrique dont la largeur ne dépasse pas 1,30 m et la vitesse ne dépasse pas 40 km (25 miles) à l'heure, un seul feu-route et un seul feu-croisement suffisent. »

39. *(Conv. 1er févr. 1991)* « Toute automobile, à l'exception des cyclomoteurs, et toute remorque doivent être munies de feux-indicateurs de direction à position fixe et à lumière clignotante jaune-auto, disposés en nombre pair sur le véhicule et visibles de jour et de nuit par les usagers de la route intéressés au mouvement du véhicule. »

40. *(Conv. 1er févr. 1991)* « Si des feux-brouillard avant sont installés sur une automobile, ils doivent émettre une lumière blanche ou jaune sélectif, être au nombre de deux, ou, s'il s'agit d'un motocycle, d'un seul, et être placés de telle façon qu'aucun point de leur plage éclairante ne se trouve au-dessus du point le plus haut de la plage éclairante des feux-croisement. »

41. *(Conv. 1er févr. 1991)* « Aucun feu-marche arrière ne doit éblouir ou gêner indûment les autres usagers de la route. Si un feu-marche arrière est installé sur une automobile, il doit émettre une lumière blanche ou jaune sélectif. Le feu-marche arrière ne doit être allumé que lorsque le dispositif de marche arrière est enclenché. »

42. *(Conv. 1er févr. 1991)* « Aucun feu, autre que les feux-indicateurs de direction et les feux spéciaux, ne doit émettre de lumière clignotante ou à éclats. Les feux latéraux peuvent clignoter en même temps que les feux-indicateurs de direction.

« 42 *bis*. Les feux spéciaux doivent émettre une lumière clignotante ou à éclats ; la couleur de la lumière émise doit être conforme aux dispositions du paragraphe 14 de l'article 32.

« 42 *ter*. Toute automobile, à l'exception des motocycles, et toute remorque doivent être munies d'un dispositif permettant d'émettre un signal de détresse.

« 42 *quater*. Si des feux-brouillard arrière sont installés sur une automobile ou sur une remorque, ils doivent être rouges.

« 42 *quinquies*. Toute automobile et remorque de longueur supérieure à 6 m doivent être équipées de rétroréflecteurs latéraux jaune-auto.

« 42 *sexies*. Toute automobile et remorque de largeur supérieure à 1,80 m peut être équipée de feux d'encombrement. Ces feux seront obligatoires si la largeur de l'automobile ou de la remorque dépasse 2,10 m. Si ces feux sont utilisés, ils seront au nombre de deux au minimum et émettront une lumière blanche ou jaune-auto vers l'avant et rouge vers l'arrière.

« 42 *septies*. Toute automobile et remorque peuvent être équipées de feux latéraux. Si de tels feux sont installés, ils émettront une lumière couleur jaune-auto ».

43. *(Conv. 1er févr. 1991)* « Pour l'application des dispositions de la présente annexe, sera considéré :

« *a)* Comme un seul feu toute combinaison de deux ou plusieurs feux, identiques ou non, mais ayant la même fonction et la même couleur de lumière ;

« *b)* Comme deux ou comme un nombre pair de feux, une seule plage éclairante ayant la forme d'une bande lorsque celle-ci est située symétriquement par rapport au plan longitudinal médian du véhicule. L'éclairage de cette plage devra être assuré par au moins deux sources lumineuses situées le plus près possible de ses extrémités. »

44. Sur un même véhicule, les feux ayant la même fonction et orientés vers la même direction doivent être de même couleur. Les feux et les catadioptres qui sont en nombre pair doivent être placés symétriquement par rapport au plan longitudinal médian du véhicule sauf sur les véhicules dont la forme extérieure est dissymétrique. Les feux de chaque paire doivent avoir sensiblement la même intensité.

45. Des feux de nature différente et, sous réserve des dispositions des autres paragraphes du présent chapitre, des feux et des catadioptres, peuvent être groupés ou incorporés dans un même dispositif, à condition que chacun de ces feux et de ces catadioptres réponde aux dispositions de la présente annexe qui lui sont applicables.

CHAPITRE III AUTRES PRESCRIPTIONS

Appareil de direction

46. Toute automobile doit être munie d'un appareil de direction robuste permettant au conducteur de changer facilement, rapidement et sûrement la direction de son véhicule.

Miroir rétroviseur

47. *(Conv. 1er févr. 1991)* Toute automobile doit être munie d'un ou plusieurs miroirs rétroviseurs ; le nombre, les dimensions et la disposition de ces miroirs doivent être tels qu'ils permettent au conducteur de voir la circulation vers l'arrière de son véhicule.

Avertisseur sonore

48. Toute automobile doit être munie d'au moins un avertisseur sonore d'une puissance suffisante. Le son émis par l'avertisseur doit être continu, uniforme et non strident. Les véhicules prioritaires et les véhicules de service public de transport de voyageurs peuvent avoir des avertisseurs sonores supplémentaires qui ne sont pas soumis à ces exigences.

Essuie-glace

49. Toute automobile pourvue d'un pare-brise de dimensions et de forme telles que le conducteur ne puisse normalement *(Conv. 1er févr. 1991)* « voir » vers l'avant la route qu'à travers les éléments transparents de ce pare-brise, doit être munie d'au moins un essuie-glace efficace et robuste, placé en une position appropriée et dont le fonctionnement ne requiert pas l'intervention constante du conducteur.

Lave-glace

50. Toute automobile soumise à l'obligation d'être munie d'au moins un essuie-glace doit également être munie d'un lave-glace.

Pare-brise et vitres

51. Sur toute automobile et sur toute remorque :

a) Les substances transparentes constituant des éléments de paroi extérieure du véhicule, y compris le pare-brise, ou de paroi intérieure de séparation, doivent être telles que, en cas de bris, le danger de lésions corporelles soit réduit dans toute la mesure du possible ;

b) Les vitres du pare-brise doivent être faites d'une substance dont la transparence ne s'altère pas et être telles qu'elles ne provoquent aucune déformation notable des objets vus par tansparence et qu'en cas de bris le conducteur puisse voir encore suffisamment la route.

Dispositif de marche arrière

52. Toute automobile doit être munie d'un dispositif de marche arrière manœuvrable de la place de conduite. Toutefois, ce dispositif n'est obligatoire sur les motocycles et sur les automobiles à trois roues symétriques par rapport au plan longitudinal médian du véhicule que si leur poids maximal autorisé excède 400 kilogrammes (900 livres).

Silencieux

53. *(Conv. 1er févr. 1991)* Tout moteur thermique de propulsion d'une automobile doit être muni d'un dispositif d'échappement silencieux efficace.

Bandages

54. *(Conv. 1er févr. 1991)* « Les roues des automobiles et de leurs remorques doivent être munies de bandages pneumatiques assurant une bonne adhérence, même sur chaussée mouillée. » Toutefois, la présente disposition ne saurait empêcher les Parties contractantes d'autoriser l'utilisation de dispositifs qui donneraient des résultats au moins équivalents à ceux qui sont obtenus avec des bandages pneumatiques.

Indicateur de vitesse

55. Toute automobile susceptible de dépasser en palier la vitesse de 40 kilomètres (25 miles) à l'heure doit être munie d'un indicateur de vitesse, chaque partie contractante pouvant, toutefois, dispenser de cette obligation certaines catégories de motocycles et d'autres véhicules légers.

Dispositif de signalisation à bord des automobiles

56. Le dispositif visé au paragraphe 5 de l'article 23 de la présente Convention et au paragraphe 6 de l'Annexe 1 de la Convention doit être :

a) (Conv. 1er févr. 1991) « Soit une *[un]* panneau consistant en un triangle équilatéral à bords rouges et à fond évidé ou de couleur claire ; les bords rouges doivent être munis d'une bande réflectorisée ; ils peuvent en outre être munis d'une partie rouge fluorescente et/ou être éclairés par transparence ; le panneau doit être tel qu'il puisse être placé en position verticale stable ; »

b) Soit un autre dispositif également efficace prescrit par la législation du pays où le véhicule est immatriculé.

Dispositif antivol

57. Toute automobile doit être munie d'un dispositif antivol permettant, à partir du moment où le véhicule est laissé en stationnement, la mise en panne ou le blocage d'un organe essentiel du véhicule même.

Dispositifs de retenue
(Conv. 1er févr. 1991)

58. *(Conv. 1er févr. 1991)* « Toutes les fois que cela est techniquement possible, tous les sièges faisant face vers l'avant des véhicules de la catégorie B visés aux annexes 6 et 7 de la présente Convention, à l'exception des véhicules construits ou utilisés à des fins spéciales définies par la législation nationale, doivent être munis d'une ceinture de sécurité homologuée ou d'un dispositif homologué ayant une efficacité comparable. »

Dispositions générales

59. *a)* Dans toute la mesure du possible, les organes mécaniques et les équipements des automobiles ne doivent pas comporter des risques d'incendie ou d'explosion ; ils ne doivent pas non plus donner lieu à des émissions excessives de gaz nocifs, de fumée opaque, d'odeurs ou de bruits.

b) (Conv. 1er févr. 1991) « Dans toute la mesure possible, le dispositif d'allumage à haute tension du moteur des automobiles ne doit pas donner lieu à une émission excessive de parasites radioélectriques ; »

c) Toute automobile doit être construite de telle manière que, vers l'avant, vers la droite et vers la gauche, le champ de visibilité du conducteur soit suffisant pour lui permettre de conduire avec sécurité.

d) Dans toute la mesure du possible, les automobiles et les remorques doivent être construites et équipées de façon à réduire, pour leurs occupants et pour les autres usagers de la route, le danger en cas d'accident. En particulier, il ne doit y avoir, ni à l'intérieur ni à l'extérieur, d'ornements ou autres objets qui, présentant des arêtes ou des saillies non indispensables, soient susceptibles de constituer un danger pour les occupants et pour les autres usagers de la route.

(Conv. 1er févr. 1991) « *e)* Les véhicules dont la masse maximale autorisée dépasse 3,5 t doivent être munis dans toute la mesure possible d'une protection anti-encastrement arrière et latérale. »

CHAPITRE IV DÉROGATIONS

60. Sur le plan national, les Parties contractantes peuvent déroger dans les cas suivants aux dispositions de la présente annexe :

a) Pour les automobiles et les remorques dont, par construction, la vitesse ne peut dépasser en palier *(Conv. 1er févr. 1991)* « 30 km (19 miles) » à l'heure ou pour lesquelles la législation nationale limite la vitesse à 25 km à l'heure ;

b) Pour les voitures d'infirme, c'est-à-dire les petites automobiles spécialement conçues et construites — et non pas seulement adaptées — à l'usage d'une personne atteinte d'une infirmité ou d'une incapacité physique et n'étant normalement utilisées que par cette seule personne ;

c) Pour les véhicules destinés à des expériences ayant pour but de suivre le progrès de la technique et d'améliorer la sécurité ;

d) Pour les véhicules d'une forme ou d'un type particuliers, ou qui sont utilisés à des fins particulières dans des conditions spéciales ;

(Conv. 1er févr. 1991) « *e)* Pour les véhicules adaptés à la conduite par des handicapés. »

61. *(Conv. 1er févr. 1991)* « Les Parties contractantes peuvent également déroger aux dispositions de la présente annexe pour les véhicules qu'elles immatriculent et qui peuvent s'engager dans la circulation internationale par les dispositions ci-après :

« *a)* En autorisant la couleur jaune-auto pour les feux-position avant des automobiles et des remorques ;

« *b)* En ce qui concerne la position des feux sur les véhicules à usage spécialisé dont la forme extérieure ne permettrait pas le respect de ces dispositions sans recourir à des dispositifs de montage risquant d'être facilement endommagés ou arrachés ;

« *c)* En ce qui concerne les remorques servant au transport de charges longues (troncs d'arbres, tuyaux, etc.) et qui, en marche, ne sont pas attelées au véhicule tracteur mais lui sont seulement reliées par la charge ;

« *d)* En autorisant l'émission de lumière blanche vers l'arrière et rouge vers l'avant pour les dispositifs suivants :

« — feux tournants ou à éclats des véhicules prioritaires ;

« — feux fixes pour transports exceptionnels ;

« — feux et rétroréflecteurs latéraux ;

« — affichage lumineux professionnel sur le toit ;

« *e)* En autorisant l'émission de lumière bleue vers l'avant et vers l'arrière pour les feux tournants ou à éclats ;

« *f)* En autorisant sur n'importe quelle face d'un véhicule de forme ou de dimension spéciale ou encore utilisé à des fins spéciales et dans des conditions spéciales, des bandes alternées rétroréfléchissantes ou fluorescentes rouges et rétroréfléchissantes blanches ;

« *g)* En autorisant l'émission vers l'arrière de lumière blanche ou colorée réfléchie par les chiffres ou lettres ou par le fond des plaques arrière d'immatriculation par des signes distinctifs ou d'autres marques distinctives requises par la législation nationale ;

« *h)* En autorisant la couleur rouge pour les rétroréflecteurs latéraux les plus en arrière et pour les feux latéraux les plus en arrière. »

CHAPITRE V DISPOSITIONS TRANSITOIRES

62. Les automobiles immatriculées pour la première fois et les remorques mises en circulation sur le territoire d'une partie contractante avant l'entrée en vigueur de la présente Convention ou deux ans après cette entrée en vigueur ne seront pas soumises aux dispositions de la présente

annexe, à condition qu'elles satisfassent aux prescriptions des parties I, II et III de l'annexe 6 de la Convention de 1949 sur la circulation routière.

(Conv. 1er févr. 1991) « 62 *bis.* Les automobiles immatriculées pour la premiàre fois et les remorques mises en circulation sur le territoire d'une partie contractante avant l'entrée en vigueur du présent Accord ou deux ans après cette entrée en vigueur ne seront pas soumises aux dispositions de la présente annexe, à condition qu'elles satisfassent aux dispositions de l'annexe 5 de la Convention de 1968 sur la circulation routière ou aux autres dispositions visées au chapitre V de cette annexe. »

APPENDICE

....

ANNEXE 6

PERMIS NATIONAL DE CONDUIRE

....

ANNEXE 7

PERMIS INTERNATIONAL DE CONDUIRE

....

Accord européen du 1er mai 1971,

Sur la circulation routière.

Art. 1er 1. Les Parties contractantes, parties à la Convention sur la circulation routière ouverte à la signature à Vienne le 8 novembre 1968, prendront les mesures appropriées pour que les règles de circulation en vigueur sur leur territoire soient, quant à leur substance, en conformité avec les dispositions de l'annexe au présent Accord.

2. A condition qu'elles ne soient sur aucun point incompatibles avec les dispositions de l'Annexe au présent Accord,

a) Ces règles peuvent ne pas reprendre celles de ces dispositions qui s'appliquent à des situations ne se présentant pas sur le territoire des Parties contractantes en cause ;

b) Ces règles peuvent contenir des dispositions non prévues à cette annexe.

3. Les dispositions du présent article n'obligent pas les Parties contractantes à prévoir des sanctions pénales pour toute violation des dispositions de l'annexe reprises dans leurs règles de circulation.

Art. 2 1. Le présent Accord sera ouvert jusqu'au 31 décembre 1972 (1) à la signature des États qui sont signataires de la Convention sur la circulation routière ouverte à la signature à Vienne le 8 novembre 1968 ou y ont adhéré et qui sont soit membres de la Commission économique pour l'Europe des Nations unies, soit admis à la commission à titre consultatif conformément au paragraphe 8 du mandat de cette commission.

2. Le présent Accord est sujet à ratification, après que l'État aura ratifié la Convention sur la circulation routière ouverte à la signature à Vienne le 8 novembre 1968 ou y aura adhéré. Les instruments de ratification seront déposés auprès du Secrétaire général de l'Organisation des Nations unies.

3. Le présent Accord restera ouvert à l'adhésion de tout État visé au paragraphe 1 du présent article et qui est partie à la Convention sur la circulation routière ouverte à la signature à Vienne le 8 novembre 1968. Les instruments d'adhésion seront déposés auprès du Secrétaire général.

Art. 3 1. Tout État pourra, au moment où il signera ou ratifiera le présent Accord ou y adhérera, ou à tout moment ultérieur, déclarer par notification adressée au Secrétaire général que l'Accord devient applicable à tous les territoires ou à l'un quelconque d'entre eux dont il assure les relations internationales. L'Accord deviendra applicable au territoire ou aux territoires désigné dans la notification trente jours après la date à laquelle le

Secrétaire général aura reçu cette notification ou à la date d'entrée en vigueur de l'Accord pour l'État adressant la notification, si cette date est postérieure à la précédente.

2. Tout État qui aura fait une déclaration en vertu du paragraphe 1 du présent article pourra à toute date ultérieure, par notification adressée au Secrétaire général, déclarer que l'Accord cessera d'être applicable au territoire désigné dans la notification et l'Accord cessera d'être applicable audit territoire un an après la date de réception de cette notification par le Secrétaire général.

Art. 4 1. Le présent Accord entrera en vigueur douze mois après la date du dépôt du dixième instrument de ratification ou d'adhésion.

2. Pour chaque État qui ratifiera le présent Accord ou y adhérera après le dépôt du dixième instrument de ratification ou d'adhésion, l'Accord entrera en vigueur douze mois après la date du dépôt, par cet État, de son instrument de ratification ou d'adhésion.

3. Si la date d'entrée en vigueur résultant des paragraphes 1 et 2 du présent article est antérieure à celle résultant de l'application de l'article 47 de la Convention sur la circulation routière ouverte à la signature à Vienne le 8 novembre 1968, c'est à cette dernière date que le présent Accord entrera en vigueur au sens du paragraphe 1 du présent article.

Art. 5 A son entrée en vigueur, le présent Accord abrogera et remplacera, dans les relations entre les Parties contractantes, les dispositions concernant la circulation routière contenues dans l'Accord européen complétant la Convention sur la circulation routière et le Protocole relatif à la signalisation routière de 1949, signé à Genève le 16 septembre 1950 et l'Accord européen portant application de l'article 23 de la Convention de 1949 sur la circulation routière, concernant les dimensions et poids des véhicules admis à circuler sur certaines routes des Parties contractantes en date du 16 septembre 1950.

Art. 6 1. Après une période de douze mois, à dater de l'entrée en vigueur du présent Accord, toute partie contractante pourra proposer un ou plusieurs amendements à l'Accord. Le texte de toute proposition d'amendement, accompagné d'un exposé des motifs, sera adressé au Secrétaire général qui le communiquera à toutes les Parties contractantes. Les Parties contractantes auront la possibilité de lui faire savoir dans le délai de douze mois suivant la date de cette communication : a) si elles acceptent l'amendement, ou b) si elles le rejettent, ou c) si elles désirent qu'une conférence soit convoquée pour l'examiner. Le Secrétaire général transmettra également le texte de l'amendement proposé aux autres États visés à l'article 2 du présent Accord.

2. a) Toute proposition d'amendement qui aura été communiquée conformément aux dispositions du paragraphe 1 du présent article sera réputée acceptée si, dans le délai de douze mois susmentionné, moins du tiers des Parties contractantes informent le Secrétaire général soit qu'elles rejettent l'amendement, soit qu'elles désirent qu'une conférence soit convoquée pour l'examiner. Le Secrétaire général notifiera à toutes les Parties contractantes toute acceptation ou tout rejet de l'amendement proposé et toute demande de convocation d'une conférence. Si le nombre total des rejets et des demandes reçus pendant le délai spécifié de douze mois est inférieur au tiers du nombre total des Parties contractantes, le Secrétaire général notifiera à toutes les Parties contractantes que l'amendement entrera en vigueur six mois après l'expiration du délai de douze mois spécifié au paragraphe 1 du présent article pour toutes les Parties contractantes, à l'exception de celles qui, pendant le délai spécifié, ont rejeté l'amendement ou demandé la convocation d'une conférence pour l'examiner.

b) Toute partie contractante qui, pendant ledit délai de douze mois, aura rejeté une proposition d'amendement ou demandé la convocation d'une conférence pour l'examiner, pourra, à tout moment après l'expiration de ce délai, notifier au Secrétaire général qu'elle accepte l'amendement, et le Secrétaire général communiquera cette notification à toutes les autres Parties contractantes. L'amendement entrera en vigueur pour la partie contractante qui aura notifié son acceptation, six mois après la date à laquelle le Secrétaire général aura reçu la notification.

3. Si un amendement proposé n'a pas été accepté conformément au paragraphe 2 du présent article et si, dans le délai de douze mois spécifié au paragraphe 1 du présent article, moins de la moitié du nombre total des Parties contractantes informent le Secrétaire général qu'elles rejettent l'amendement proposé et si un tiers au moins du nombre total des Parties contractantes, mais pas moins de cinq, l'informent qu'elles l'acceptent ou qu'elles

désirent qu'une conférence soit réunie pour l'examiner, le Secrétaire général convoquera une conférence en vue d'examiner l'amendement proposé ou toute autre proposition dont il serait saisi en vertu du paragraphe 4 du présent article.

4. Si une conférence est convoquée conformément aux dispositions du paragraphe 3 du présent article, le Secrétaire général y invitera toutes les Parties contractantes et les autres États visés à l'article 2 du présent Accord. Il demandera à tous les États invités à la conférence de lui présenter, au plus tard six mois avant sa date d'ouverture, toutes propositions qu'ils souhaiteraient voir examiner également par ladite conférence en plus de l'amendement proposé, et il communiquera ces propositions, trois mois au moins avant la date d'ouverture de la conférence, à tous les États invités à la conférence.

5. a) Tout Amendement au présent Accord sera réputé accepté s'il a été adopté à la majorité des deux tiers des États représentés à la conférence, à condition que cette majorité groupe au moins les deux tiers des Parties contractantes représentées à la conférence. Le Secrétaire général notifiera à toutes les Parties contractantes l'adoption de l'amendement et celui-ci entrera en vigueur douze mois après la date de cette notification pour toutes les Parties contractantes, à l'exception de celles qui, durant ce délai, auront notifié au Secrétaire général qu'elles rejettent l'amendement.

b) Toute partie contractante qui aura rejeté un amendement pendant ledit délai de douze mois pourra, à tout moment, notifier au Secrétaire général qu'elle l'accepte, et le Secrétaire général communiquera cette notification à toutes les autres Parties contractantes. L'amendement entrera en vigueur pour la partie contractante qui aura notifié son acceptation six mois après la date à laquelle le Secrétaire général aura reçu la notification ou à la fin dudit délai de douze mois, si la date en est postérieure à la précédente.

6. Si la proposition d'amendement n'est pas réputée acceptée conformément au paragraphe 2 du présent article, et si les conditions prescrites au paragraphe 3 du présent article pour la convocation d'une conférence ne sont pas réunies, la proposition d'amendement sera réputée rejetée.

7. Indépendamment de la procédure d'amendement prévue aux paragraphes 1 à 6 du présent article, l'Annexe au présent Accord peut être modifiée par accord entre les administrations compétentes de toutes les Parties contractantes. Si l'administration d'une partie contractante a déclaré que son droit national l'oblige à subordonner son accord à l'obtention d'une autorisation spéciale à cet effet ou à l'approbation d'un organe législatif, le consentement de l'administration compétente de la partie contractante en cause à la modification de l'Annexe ne sera considéré comme donné qu'au moment où cette administration aura déclaré au Secrétaire général que les autorisations ou les approbations requises ont été obtenues. L'Accord entre les administrations compétentes pourra prévoir que, pendant une période transitoire, les anciennes dispositions de l'Annexe resteront en vigueur, en tout ou en partie, simultanément avec les nouvelles. Le Secrétaire général fixera la date d'entrée en vigueur des nouvelles dispositions.

8. Chaque État, au moment où il signera ou ratifiera le présent Accord, ou y adhérera, notifiera au Secrétaire général les nom et adresse de son administration compétente pour donner l'accord prévu au paragraphe 7 du présent article.

Art. 7 Toute partie contractante pourra dénoncer le présent Accord par notification écrite adressée au Secrétaire général. La dénonciation prendra effet un an après la date à laquelle le Secrétaire général en aura reçu notification. Toute partie contractante qui cessera d'être partie à la Convention sur la circulation routière ouverte à la signature à Vienne le 8 novembre 1968 cessera à la même date d'être partie au présent Accord.

Art. 8 Le présent Accord cessera d'être en vigueur si le nombre des Parties contractantes est inférieur à cinq pendant une période quelconque de douze mois consécutifs, ainsi qu'au moment où cessera d'être en vigueur la Convention sur la circulation routière ouverte à la signature à Vienne le 8 novembre 1968.

Art. 9 1. Tout différend entre deux ou plusieurs Parties contractantes touchant l'interprétation ou l'application du présent Accord, que les parties en litige n'auraient pas pu régler par voie de négociation ou d'autre manière, sera soumis à l'arbitrage si l'une quelconque des Parties contractantes en litige le demande et sera, en conséquence, renvoyé à un ou plusieurs arbitres choisis d'un commun accord par les parties en litige. Si, dans les trois mois à dater de la demande d'arbitrage, les parties en litige n'arrivent pas à s'entendre sur le choix d'un arbitre ou des arbitres, l'une quelconque de ces parties pourra demander au

Secrétaire général de l'Organisation des Nations unies de désigner un arbitre unique devant lequel le différend sera renvoyé pour décision.

2. La sentence de l'arbitre ou des arbitres désignés conformément au paragraphe 1 du présent article sera obligatoire pour les Parties contractantes en litige.

Art. 10 Aucune disposition du présent Accord ne sera interprétée comme interdisant à une partie contractante de prendre les mesures compatibles avec les dispositions de la Charte des Nations unies et limitées aux exigences de la situation qu'elle estime nécessaires pour sa sécurité extérieure ou intérieure.

Art. 11 1. Tout État pourra, au moment où il signera le présent Accord ou déposera son instrument de ratification ou d'adhésion, déclarer qu'il ne se considère pas lié par l'article 9 du présent Accord. Les autres Parties contractantes ne seront pas liées par l'article 9 vis-à-vis de l'une quelconque des Parties contractantes qui aura fait une telle déclaration.

2. Les réserves au présent Accord, autres que la réserve prévue au paragraphe 1 du présent article, sont autorisées à condition qu'elles soient formulées par écrit et, si elles ont été formulées avant le dépôt de l'instrument de ratification ou d'adhésion, qu'elles soient confirmées dans ledit instrument.

3. Tout État, au moment où il déposera son instrument de ratification du présent Accord ou d'adhésion à celui-ci, notifiera par écrit au Secrétaire général dans quelle mesure les réserves qu'il aurait formulées à la Convention sur la circulation routière ouverte à la signature à Vienne le 8 novembre 1968 s'appliquent au présent Accord. Celles de ces réserves qui n'auraient pas fait l'objet de la notification faite au moment du dépôt de l'instrument de ratification du présent Accord ou d'adhésion à celui-ci seront réputées ne pas s'appliquer au présent Accord.

4. Le Secrétaire général communiquera les réserves et notifications faites en application du présent article à tous les États visés à l'article 2 du présent Accord.

5. Tout État qui aura fait une déclaration, une réserve ou une notification en vertu du présent article, pourra, à tout moment, la retirer par notification adressée au Secrétaire général.

6. Toute réserve faite conformément au paragraphe 2 ou notifiée conformément au paragraphe 3 du présent article :

a) Modifie, pour la partie contractante qui a fait ou notifié ladite réserve, les dispositions de l'Accord sur lesquelles porte la réserve dans les limites de celle-ci ;

b) Modifie ces dispositions dans les mêmes limites pour les autres Parties contractantes pour ce qui est de leurs relations avec la partie contractante ayant fait ou notifié la réserve.

Art. 12 Outre les déclarations, notifications et communications prévues aux articles 6 et 11 du présent Accord, le Secrétaire général notifiera aux Parties contractantes et aux autres États visés à l'article 2 :

a) Les signatures, ratifications et adhésions au titre de l'article 2 ;

b) Les notifications et déclarations au titre de l'article 3 ;

c) Les dates d'entrée en vigueur du présent Accord en vertu de l'article 4 ;

d) La date d'entrée en vigueur des amendements au présent Accord conformément aux paragraphes 2, 5 et 7 de l'article 6 ;

e) Les dénonciations au titre de l'article 7 ;

f) L'abrogation du présent Accord au titre de l'article 8.

Art. 13 Après le 31 décembre 1972 (1), l'original du présent Accord sera déposé auprès du Secrétaire général de l'Organisation des Nations unies, qui en transmettra des copies certifiées conformes à tous les États visés à l'article 2 du présent Accord.

En foi de quoi, les soussignés, à ce dûment autorisés, ont signé le présent Accord.

Fait à Genève, le 1er mai 1971, en un seul exemplaire, en langues anglaise, française et russe, les trois textes faisant également foi.

(1) Conformément à la décision prise par le Comité des transports intérieurs à sa trente et unième session, la période pendant laquelle l'Accord serait ouvert à la signature a été prolongée jusqu'au 31 décembre 1972.

Réserve formulée dans l'instrument de ratification de la France à la Convention sur la circulation routière

En ce qui concerne l'article 23, paragraphe 3 a) i) et 3 a) iii) de l'Accord sur la circulation routière, la France n'entend pas assortir de précisions métriques les interdictions d'arrêt et de stationnement stipulées dans ces textes.

ANNEXE

1. Pour l'application des dispositions de la présente Annexe, le terme Convention désigne la Convention sur la circulation routière ouverte à la signature, à Vienne, le 8 novembre 1968.

2. La présente Annexe ne contient que des compléments et modifications apportés aux dispositions correspondantes de la Convention.

3 à 26. *V. Conv. 8 nov. 1968, art. 1er, 3, 6 à 15, 18, 20, 21, 23, 25, 27, 29 à 32 et 34.*

CONSOMMATION (DROIT DE LA)

V. Recomm. CCA no 85-02 du 14 déc. 1984, concernant les contrats d'achat de véhicules automobiles de tourisme (BOCC 4 sept. 1985) ; Recomm. CCA no 94-05 du 18 nov. 1994, concernant les bons de commande et les contrats de garantie des véhicules d'occasion (BOCC 28 déc.) ; Recomm. CCA no 95-01, concernant les contrats d'abonnement autoroutier (BOCC 18 mai 1995).

Code de la consommation

PREMIÈRE PARTIE : *LÉGISLATIVE*

(Ord. no 2016-301 du 14 mars 2016, en vigueur le 1er juill. 2016)

LIVRE II FORMATION ET EXÉCUTION DES CONTRATS

TITRE II RÈGLES DE FORMATION ET D'EXÉCUTION DE CERTAINS CONTRATS

CHAPITRE IV *RÈGLES SPÉCIFIQUES À DES CONTRATS AYANT UN OBJET PARTICULIER*

SECTION 6 *Transports et automobile*

SOUS-SECTION 4 *Entretien et réparation automobile*

Art. L. 224-67 Tout professionnel qui commercialise des prestations d'entretien ou de réparation de véhicules automobiles *(L. no 2020-105 du 10 févr. 2020, art. 19-II, en vigueur le 1er janv. 2022)* « ou de véhicules à deux ou trois roues » permet aux consommateurs d'opter pour l'utilisation, pour certaines catégories de pièces de rechange, de pièces issues de l'économie circulaire à la place de pièces neuves.

Un décret en Conseil d'État établit la liste des catégories de pièces concernées et précise la définition des pièces issues de l'économie circulaire, au sens du présent article. Il définit également les conditions dans lesquelles le professionnel n'est pas tenu de proposer ces pièces du fait de leur indisponibilité ou d'autres motifs légitimes.

(L. no 2020-105 du 10 févr. 2020, art. 19-II, en vigueur le 1er janv. 2022) « Les modalités d'information du consommateur sont fixées par décret. »

En cas de litige, il appartient au professionnel de prouver qu'il a exécuté ses obligations. — *[Anc. art. L. 121-117.]*

V. Décr. no 2016-703 du 30 mai 2016 relatif à l'utilisation de pièces de rechanges automobiles issues de l'économie circulaire (JO 31 mai) et Arr. du 8 oct. 2018 relatif à l'information du consommateur sur les prix et les conditions de vente des pièces issues de l'économie circulaire dans le cadre des prestations d'entretien ou de réparation des véhicules automobiles (JO 12 oct.).

SOUS-SECTION 5 *Stationnement*

Art. L. 224-68 Tout exploitant de parc de stationnement affecté à un usage public applique au consommateur, pour les stationnements d'une durée inférieure à douze heures et payés à la durée, une tarification par pas de quinze minutes au plus. — *[Anc. art. L. 121-116.]*

SOUS-SECTION 6 *Véhicule à délégation de conduite*

(Ord. no 2021-443 du 14 avr. 2021, art. 4)

Art. L. 224-68-1 Préalablement à la conclusion d'un contrat de vente ou de location d'un véhicule à délégation de conduite tel que défini par le code de la route, le professionnel communique au consommateur une information relative aux conditions d'utilisation du système de conduite automatisé dont le véhicule est équipé.

Le contrat de vente ou de location comporte la mention expresse de la fourniture de l'information mentionnée au premier alinéa.

Le contenu de l'information visée au premier alinéa est mis à la disposition du professionnel par le constructeur du véhicule ou son mandataire, au sens de l'article 3 du règlement (UE) 2018/858 du Parlement européen et du Conseil du 30 mai 2018, sur tout support.

Le constructeur du véhicule ou son mandataire, au sens de l'article 3 du règlement (UE) 2018/858 du Parlement européen et du Conseil du 30 mai 2018, garantit également l'accès public à des contenus informatifs par tout support, y compris de communication électronique.

Un arrêté conjoint des ministres chargés des transports, de la sécurité routière et de l'économie fixe le contenu et les modalités de fourniture des informations prévues au présent article.

TITRE IV **SANCTIONS**

CHAPITRE II ***RÈGLES DE FORMATION ET D'EXÉCUTION DE CERTAINS CONTRATS***

SECTION 4 ***Règles spécifiques à des contrats ayant un objet particulier***

SOUS-SECTION 5 *Transports et automobile*

Art. L. 242-25 Tout manquement à l'article L. 224-67 est passible d'une amende administrative dont le montant ne peut excéder 3 000 euros pour une personne physique et 15 000 euros pour une personne morale.

Cette amende est prononcée dans les conditions prévues au chapitre II du titre II du livre V. — *[Anc. art. L. 121-119]*

Art. L. 242-25-1 *(Ord. n° 2021-443 du 14 avr. 2021, art. 4)* Tout manquement à l'article L. 224-68-1 est passible d'une amende administrative dont le montant ne peut excéder 3 000 euros pour une personne physique et 15 000 euros pour une personne morale.

Cette amende est prononcée dans les conditions prévues au chapitre II du titre II du livre V.

Code de l'environnement

PREMIÈRE PARTIE : ***LÉGISLATIVE***

(Ord. n° 2000-914 du 18 sept. 2000)

LIVRE V **PRÉVENTION DES POLLUTIONS, DES RISQUES ET DES NUISANCES**

TITRE VIII **PROTECTION DU CADRE DE VIE**

CHAPITRE I ***PUBLICITÉ, ENSEIGNES ET PRÉENSEIGNES*** *(Ord. n° 2004-1199 du 12 nov. 2004).*

SECTION 2 ***Publicité***

SOUS-SECTION 5 *Dispositions particulières applicables à certains modes d'exercice de la publicité*

Art. L. 581-15 La publicité sur les véhicules terrestres, sur l'eau ou dans les airs peut être réglementée, subordonnée à autorisation ou interdite, dans des conditions fixées par décret en Conseil d'État. — *En ce qui concerne les véhicules terrestres, V. Décr. n° 82-764 du 6 sept. 1982.*

(L. n° 2021-1104 du 22 août 2021, art. 20, en vigueur le 1er oct. 2022) « La publicité diffusée au moyen d'une banderole tractée par un aéronef est interdite. »

Toutefois, les dispositions *(L. n° 2021-1104 du 22 août 2021, art. 20, en vigueur le 1er oct. 2022)* « des deux premiers alinéas » ne sont pas applicables à la publicité relative à l'activité exercée par le propriétaire ou l'usager d'un véhicule, sous réserve que ce véhicule ne soit pas utilisé ou équipé à des fins essentiellement publicitaires. — *[L. n° 79-1150 du 29 déc. 1979, art. 14.]*

....

Art. L. 581-17 Un décret en Conseil d'État détermine les conditions dans lesquelles la publicité peut déroger aux dispositions de la présente section lorsqu'elle est effectuée en exécution d'une disposition législative ou réglementaire ou d'une décision de justice ou

lorsqu'elle est destinée à informer le public sur des dangers qu'il encourt ou des obligations qui pèsent sur lui dans les lieux considérés. – *[L. n° 79-1150 du 29 déc. 1979, art. 16.]*

....

SECTION 6 *Sanctions*

SOUS-SECTION 2 *Sanctions pénales*

Art. L. 581-34 I. – **Est puni d'une amende de** *(L. n° 2010-788 du 12 juill. 2010)* **« 7 500 € » le fait d'apposer, de faire apposer ou de maintenir après mise en demeure une publicité, une enseigne ou une préenseigne :**

1° Dans des lieux, sur des emplacements ou selon des procédés interdits en application des articles L. 581-4, L. 581-7, L. 581-8, L. 581-15, L. 581-18 et L. 581-19 ;

2° Sans avoir obtenu les autorisations préalables *(L. n° 2003-591 du 2 juill. 2003, art. 31-III)* **« prévues aux sections 2 et 3 du présent chapitre » ou sans avoir observé les conditions posées par ces autorisations ou sans avoir procédé à la déclaration préalable prévue à l'article L. 581-6 ou en ayant produit une fausse déclaration ;**

(L. n° 2010-788 du 12 juill. 2010) **« 3° Sans avoir observé les dispositions particulières prévues par le règlement local de publicité établi en application de l'article L. 581-14. »**

II. – *[...]*

(Abrogé par L. n° 2021-1104 du 22 août 2021, art. 17-I-15°, à compter du 1er janv. 2024) ***« III. – L'amende est appliquée autant de fois qu'il y a de publicités, d'enseignes ou de préenseignes en infraction ».*** – *[L. n° 79-1150 du 29 déc. 1979, art. 29.]*

Il résulte des art. 14 et 29 de la L. du 29 déc. 1979 [désormais C. envir., art. L. 581-15 et L. 581-34] que le législateur a expressément renvoyé à un décret en Conseil d'État la réglementation de la publicité sur les véhicules terrestres et a déterminé les pénalités applicables, il s'ensuit que ne donne pas de base légale à sa décision la cour d'appel qui relaxe un prévenu au motif que le Décr. du 6 sept. 1982, pris en application de ladite loi et fixant, pour les affiches, la surface maximale autorisée, ne comporte aucune sanction pénale. • Crim. 20 déc. 1990, n° 90-83.275 P. ♦ Cassation également de l'arrêt qui, pour le même motif, condamne le prévenu sur le fondement de l'art. R. 26 (15°) anc. C. pén. • Crim. 20 janv. 1993, n° 92-80.011 P : *RSC 1993. 767, obs. Bouloc*.

Arrêté n° 76-68/P du 8 juillet 1976,

Relatif à la publicité des prix sur les autoroutes.

Art. 1er **Les dispositions de l'article 11** *[relatif à l'affichage des prix des prestations de services]* **de l'arrêté n° 25-921 du 16 septembre 1971** *[abrogé et remplacé par Arr. 3 déc. 1987]* **ne sont pas applicables à la publicité des tarifs de péage autoroutier.**

Art. 2 **Cette publicité est assurée selon les modalités particulières suivantes :**

A chaque poste de péage commandant l'accès à l'autoroute ou situé en pleine voie sur celle-ci, sont affichés de manière lisible les tarifs pour les différentes catégories de véhicules, de tous les trajets concevables entre ce poste de péage et toutes les sorties possibles.

Lorsque le système de tarification en vigueur comporte le passage d'un poste de péage à l'entrée et à la sortie, la délivrance d'une carte de transit au point d'entrée est obligatoire.

Sur cette carte figure de manière lisible, pour la catégorie du véhicule en cause, la grille tarifaire complète correspondant aux tarifs de tous les trajets concevables entre ce point d'entrée et toutes les sorties possibles.

Si la dimension de la carte ne permet pas l'indication complète des prix de tous les trajets concevables à partir du point d'entrée, la carte porte des indications aussi étendues que possible, comprenant au minimum le tarif supporté jusqu'à la prochaine sortie et les tarifs demandés pour se rendre aux principales sorties. Dans ce cas, il doit être également mis à la disposition de l'usager, sur sa demande, sans que celui-ci doive quitter son véhicule, un dépliant comportant la grille tarifaire complète.

Décret n° 78-993 du 4 octobre 1978,

Pris pour l'application de la loi du 1er août 1905 sur les fraudes et falsifications en matière de produits ou de services [C. consom., liv. II, tit. I, chap. II à VI] en ce qui concerne les véhicules automobiles.

Art. 1er **Le présent décret est applicable aux véhicules automobiles relevant du titre II du livre I du code de la route et dont le poids total autorisé en charge n'excède pas 3 500 kg.**

Art. 2 *(Décr. nº 2000-576 du 28 juin 2000)* Dans les transactions portant sur des véhicules automobiles neufs ou d'occasion, la dénomination de vente doit comporter l'indication de la marque, du type, du modèle, de la version et, le cas échéant, de la variante de ce modèle.

La version ou variante est désignée par une appellation unique qui doit permettre d'identifier les véhicules d'un même modèle de la marque présentant des caractéristiques techniques homogènes de motorisation, de transmission, de carrosserie, ainsi que d'équipements substantiels de sécurité, de confort et d'aménagement intérieur.

Art. 2 *bis* *(Décr. nº 2000-576 du 28 juin 2000)* Lorsque le véhicule mis en vente neuf ne correspond pas à la version et, le cas échéant, à la variante du modèle figurant sur le dernier catalogue du constructeur à la date de la commande, le vendeur doit remettre à l'acheteur les références du catalogue du constructeur dans lequel est décrit le véhicule vendu. A défaut dudit catalogue, le vendeur doit mentionner par écrit les caractéristiques et équipements substantiels du véhicule indiqués à l'article précédent.

Art. 2 *ter* *(Décr. nº 2000-576 du 28 juin 2000)* Dans les transactions portant sur des véhicules automobiles d'occasion, la dénomination de vente définie à l'article 2 est complétée par la mention du mois et de l'année de la première mise en circulation et par l'indication du kilométrage total parcouru depuis cette mise en circulation s'il s'agit d'un véhicule acquis neuf par le vendeur ou d'un véhicule dont le kilométrage réel peut être justifié par le vendeur.

En ce qui concerne les autres véhicules d'occasion, l'indication du kilométrage total parcouru est remplacée par celle du kilométrage inscrit au compteur suivi de la mention "non garanti".

L'immatriculation d'un véhicule réalisée préalablement à sa vente implique nécessairement une première mise en circulation tant en vertu de l'art. R. 110 C. route qu'au sens de l'art. 2 du Décr. du 4 oct. 1978. En conséquence, commet le délit de tromperie sur les qualités substantielles le garagiste qui vend comme neuf un véhicule automobile, sans avoir informé l'acquéreur que ce véhicule avait fait l'objet d'une première immatriculation au nom de son garage. • Crim. 24 janv. 1996, nº 93-83.830 P : *RSC 1996. 673, obs. Fourgoux* ; *Gaz. Pal. 1996. 1. Chron. 78, note Doucet.*

Art. 2 *quater* *(Décr. nº 2000-576 du 28 juin 2000)* Le constructeur ou son représentant doit disposer d'un fichier établissant la concordance entre les numéros dans la série du type et les caractéristiques techniques des véhicules correspondants. Ce fichier est rendu accessible aux services de contrôle.

Tout acheteur de véhicule neuf ou d'occasion peut demander au constructeur ou à son représentant de lui délivrer un document contenant les caractéristiques mentionnées à l'alinéa précédent.

Art. 3 Il est interdit de modifier le kilométrage inscrit au compteur d'un véhicule automobile ou de le ramener au chiffre zéro. En cas de changement du compteur, le kilométrage inscrit sur l'ancien appareil doit être reporté sur le nouveau, à la diligence de la personne effectuant le changement, dans les conditions fixées par un arrêté pris conformément à l'article 8 ci-dessous.

(Décr. nº 80-709 du 5 sept. 1980) « Lors de toute intervention d'ordre mécanique ou de tôlerie sur un véhicule, le kilométrage figurant au compteur devra être inscrit sur les devis, ordres de réparation, factures ou tous autres documents techniques, comptables ou commerciaux en tenant lieu. »

Art. 4 *(Décr. nº 80-709 du 5 sept. 1980)* La mention "échange standard" ne peut être utilisée pour désigner, en vue de la vente, un moteur, un organe ou un sous-ensemble monté ou destiné à être monté sur un véhicule automobile, en remplacement d'un élément usagé qui fait l'objet d'une reprise que si le moteur, l'organe ou le sous-ensemble livré, identique ou équivalent, est neuf ou a été remis en état conformément aux spécifications du fabricant, soit par celui-ci, soit dans un atelier dont les moyens de production et de contrôle permettent de garantir les caractéristiques d'origine.

Lorsqu'il est procédé à une telle opération, la mention "échange standard" suivie du nom ou de la raison sociale du constructeur ou de l'auteur de la restauration doit être inscrite en caractères apparents sur tous les documents commerciaux, notamment sur les devis de réparation, les bons de commande et de livraison et les factures.

Art. 5 *(Décr. nº 2000-576 du 28 juin 2000)* Sur les bons de livraison et de commande, factures, attestations de vente et sur tous autres documents commerciaux utilisés dans les transactions de véhicules neufs, la dénomination de vente prévue à l'article 2 et les informations prévues à l'article 2 *bis* doivent être inscrites en caractères apparents et de mêmes dimensions.

Pour les transactions de véhicules d'occasion, tout vendeur doit remettre à l'acheteur un document écrit comportant les indications mentionnées aux articles 2 et 2 *ter*.

Art. 5 *bis* *(Décr. n° 86-303 du 5 mars 1986 ; Décr. n° 94-613 du 19 juill. 1994)* Tout vendeur professionnel ou non professionnel d'un véhicule automobile soumis à la visite technique prévue par les dispositions des articles R. 119-1 et R. 120 *[R. 323-22 et R. 323-26]* du code de la route remet à l'acheteur non professionnel, avant la conclusion du contrat de vente, le procès-verbal de la visite technique établi depuis moins de six mois, ainsi que les procès-verbaux des éventuelles contre-visites.

Ce ou ces procès-verbaux sont visés par le contrôleur agréé par l'État, conformément aux articles 1er et 2 du décret n° 91-370 du 15 avril 1991 *[R. 323-7 et R. 323-8 C. route]*.

Art. 6 Les véhicules mis en vente ou exposés en vue de la vente doivent être munis d'un étiquetage apposé sur le véhicule et portant, en caractères apparents et de mêmes dimensions, les mentions obligatoires prescrites à l'article 5.

Art. 7 Est interdit l'emploi, sous quelque forme que ce soit, de toute indication, de tout signe, de toute dénomination de fantaisie, de tout mode de présentation ou d'étiquetage, de tout procédé d'exposition, de vente ou de publicité susceptible de créer une confusion dans l'esprit de l'acheteur, notamment sur la nature, les qualités substantielles, l'origine, la marque, le type ou l'appellation commerciale, *(Abrogé par Décr. n° 2000-576 du 28 juin 2000) « le millésime de l'année modèle »*, le mois et l'année de la première mise en circulation ou le kilométrage des véhicules automobiles régis par le présent décret.

Art. 8 *(Décr. n° 94-613 du 19 juill. 1994)* Des arrêtés conjoints du ministre chargé de la consommation et de la répression des fraudes, du ministre chargé de l'industrie et du ministre chargé des transports fixent en tant que de besoin les modalités d'application du présent décret.

Art. 9 Les dispositions du présent décret sont applicables à compter du 1er janvier 1979.

Les dispositions du Décr. n° 2000-576 du 28 juin 2000 sont applicables à compter du 1er juill. 2000 (Décr. préc., art. 7).

Arrêté du 2 mai 1979,

Portant application du décret n° 78-993 du 4 octobre 1978 concernant les véhicules automobiles.

Art. 1er Tout constructeur ou importateur des véhicules automobiles, autres que les châssis-cabines, visés à l'article 1er du décret susvisé du 4 octobre 1978, doit communiquer au ministre des transports, avant leur commercialisation, une notice descriptive détaillée des modèles qu'il envisage de mettre sur le marché pour une année modèle déterminée.

Cette notice devra notamment comporter :

La désignation du type selon lequel le véhicule *(Arr. du 26 mai 1997)* « a fait l'objet d'une réception communautaire ou a été réceptionné par les autorités nationales compétentes » ;

Une description précise, accompagnée de photographies, de la carrosserie, du poste de conduite et de l'aménagement intérieur ;

S'il s'agit d'un modèle ayant la même appellation commerciale que celle du modèle précédent, la description détaillée des différences entre les deux modèles ayant un intérêt notable pour l'acheteur.

Art. 2 Pour chaque modèle, tout constructeur ou importateur devra déclarer au ministère des transports le numéro dans la série du type à partir duquel les véhicules mentionnés à l'article précédent sont fabriqués conformément au modèle de la nouvelle année.

(Arr. du 26 mai 1997) « Tout vendeur professionnel de véhicules automobiles d'occasion est tenu de mettre à la disposition des consommateurs une liste des numéros de série correspondant au début de chaque année modèle de la ou des marques de véhicules qu'il offre à la vente. »

Art. 3 *Abrogé par Arr. du 26 mai 1997.*

Art. 4 Lorsqu'une réglementation technique entre en vigueur dans le courant d'une année modèle, les modifications éventuellement apportées par le constructeur pour conformer les types de véhicules à la réglementation ne sont pas considérées comme un changement de modèle.

Art. 5 *(Arr. du 26 mai 1997)* Bénéficient du millésime d'une année modèle déterminée les véhicules mis en circulation dans l'Union européenne à partir du 1er juillet de l'année civile précédente, y compris les véhicules introduits en France après avoir été commercialisés dans un État de l'Union européenne ou dans un autre État partie à l'accord sur l'Espace économique européen, pourvu que dans ce dernier cas il s'agisse de véhicules originaires d'un de ces États, et dont le modèle correspond à l'un des types visés à l'article 1er, alinéa 3.

Art. 6 Les dispositions des articles 1er à 4 sont applicables pour l'année modèle 1980 et celles de l'article 5 à compter du 1er juillet 1979.

Recommandation CCA n° 85-02 du 14 décembre 1984,

Concernant les contrats d'achat de véhicules automobiles de tourisme (BOCC 4 sept. 1985) 🏛.

Arrêté du 25 septembre 1986,

Relatif à la mention des consommations conventionnelles des véhicules automobiles.

Art. 1er Il est défini pour chaque type de voiture particulière une consommation conventionnelle de carburant pour les modes d'utilisation les plus courants.

La consommation conventionnelle est déterminée dans des conditions normalisées définies par l'arrêté du 19 mars 1982 du ministre des transports. — *Cet arrêté du 19 mars 1982 a été abrogé, à compter du 1er janv. 1997, par Arr. du 20 avr. 1994 (JO 6 mai) relatif à la détermination de la consommation conventionnelle de carburant et des émissions de dioxyde de carbone des véhicules automobiles. — Sur ce dernier point, V. également Arr. du 21 avr. 2000 (JO 20 juin).*

Art. 2 Toute mention à des fins publicitaires de la consommation de carburant, de la puissance ou des performances (vitesse, accélération) des voitures particulières ainsi que toute référence à leur caractère économique doivent comporter l'indication de la consommation conventionnelle du véhicule suivant les formes prévues aux articles 3 et 4 ci-après.

Art. 3 *a)* La consommation conventionnelle s'exprime par les valeurs suivantes :

X litres pour 100 km à la vitesse stabilisée de 90 km à l'heure (ou à la vitesse maximale du véhicule, si celle-ci est inférieure à 90 km à l'heure) ;

Y litres pour 100 km à la vitesse stabilisée de 120 km à l'heure (seulement si la vitesse maximale du véhicule est au moins égale à 130 km à l'heure) ;

Z litres pour 100 km sur l'essai de type urbain (cycle normalisé ECE 15).

Elle peut être indiquée sous la forme la plus appropriée en fonction du support publicitaire.

b) Toute indication de consommation de carburant autre que la consommation conventionnelle doit être accompagnée d'une référence à la méthode et aux conditions de mesure ou d'une description claire et précise de celle-ci.

c) Lorsque dans un titre ou une accroche apparaît une seule des deux ou trois valeurs X, Y ou Z, mention doit être faite de la vitesse stabilisée correspondante ou du cycle urbain ; elle doit être complétée, par ailleurs, dans les conditions prévues par l'article 4 ci-après, par la mention de l'autre ou des deux autres valeurs de la consommation conventionnelle.

d) L'indication de la valeur de la consommation conventionnelle doit faire référence au modèle du véhicule correspondant.

Art. 4 Sous la forme écrite, l'indication de la consommation conventionnelle et du modèle de véhicule correspondant apparaît dans les conditions suivantes :

a) Elle doit figurer de manière au moins aussi apparente que la mention publicitaire qui la rend obligatoire, selon l'article 2 ci-dessus, et doit notamment être rédigée en caractères d'une hauteur au moins égale au quart de celle utilisée pour cette mention, s'il s'agit d'un titre ou d'une accroche, ou d'une grandeur au moins identique aux caractères employés pour cette mention, dans le corps d'un texte.

b) Lorsqu'il est fait référence à une seule des deux ou trois valeurs X, Y et Z dans un titre ou une accroche, la mention numérique de la vitesse stabilisée correspondante ou l'indication du cycle urbain doit apparaître en caractères d'une hauteur au moins égale à celle utilisée pour la mention de cette valeur.

Art. 5 Les obligations visées à l'article 2 ci-dessus s'appliquent :

a) A l'affichage public sous toutes ses formes, y compris sur les lieux de vente ou d'exposition ;

b) A l'insertion publicitaire dans les organes de la presse écrite, audiovisuelle et radiophonique ;

c) A la correspondance publicitaire destinée aux particuliers ;

d) Aux imprimés publicitaires distribués dans le public, y compris sur les lieux de vente ou d'exposition.

Arrêté du 27 mars 1987,

Relatif aux règles de publicité des prix pour les prestations d'entretien ou de réparation, de contrôle technique, de dépannage ou de remorquage ainsi que de garage des véhicules.

Art. 1er Les entreprises qui effectuent une ou plusieurs des prestations suivantes : entretien ou réparation, contrôle technique, dépannage ou remorquage de véhicules, location d'emplacements de garage, sont tenues de procéder à un affichage à l'entrée de l'établissement, visible et lisible de l'extérieur, des taux horaires TTC et des prix TTC des différentes prestations forfaitaires proposées.

Cet affichage doit par ailleurs être effectué, dans les mêmes conditions, au lieu de réception de la clientèle.

V. aussi Arr. du 29 juill. 2020 relatif à la publicité des prix des prestations de contrôle technique de certaines catégories de véhicules légers, App., v° Contrôle technique.

Art. 2 Les entreprises qui déterminent le prix de leurs prestations sur la base d'un ou plusieurs taux horaires doivent préciser dans leur affichage le mode de calcul utilisé (référence au temps passé ou au barème de temps). Dans le cas d'utilisation d'un barème, elles doivent tenir celui-ci à la disposition de la clientèle pour consultation et indiquer sur l'affichage prévu à l'article 1er cette possibilité de consultation.

En outre, les établissements qui pratiquent des taux horaires différents suivant les opérations effectuées doivent afficher les principales catégories d'opérations correspondant à ces différents taux.

Art. 3 Les entreprises qui proposent des prestations forfaitaires doivent tenir à la disposition de leur clientèle la liste détaillée des opérations comprises dans les forfaits ainsi que des pièces et fournitures qui y sont éventuellement incluses. La possibilité de consulter cette liste doit être mentionnée sur l'affichage prévu à l'article 1er.

Art. 4 Les entreprises qui effectuent des opérations de dépannage ou de remorquage doivent en outre afficher les tarifs TTC de ces opérations, ainsi que leurs conditions d'application, dans la cabine des véhicules d'intervention.

Art. 5 Les prestations visées à l'article 1er du présent arrêté doivent faire l'objet d'une délivrance de note au client, dans les conditions définies par l'arrêté n° 83-50/A du 3 octobre 1983.

Les entreprises qui déterminent le prix de leurs prestations sur la base d'un ou plusieurs taux horaires sont tenues, dans le décompte détaillé de la note, de préciser le mode de calcul utilisé (référence au temps passé ou au barème de temps).

Pour les prestations forfaitaires, les entreprises sont tenues, dans la note délivrée au client, d'indiquer la liste détaillée des opérations comprises dans le forfait ainsi que les pièces et fournitures éventuellement incluses, sans nécessité de mentionner le prix correspondant à chaque opération, pièce et fourniture.

Arrêté du 19 juin 1987,

Relatif à la publicité des prix des prestations d'enseignement de la conduite des véhicules.

Art. 1er Les exploitants des établissements d'enseignement de la conduite des véhicules sont tenus de procéder, pour les prestations offertes, par catégorie de permis, à un affichage sur un tableau, visible et lisible de l'extérieur, indiquant :

– la dénomination précise, la durée et le prix TTC par unité des leçons théoriques et pratiques, des tests de contrôle ainsi que le prix TTC des présentations aux examens théoriques et pratiques ;

– la dénomination précise et la durée des prestations composant le forfait le plus couramment pratiqué par l'établissement ainsi que le prix global TTC de ce forfait.

La mise à disposition par l'établissement de la documentation prévue à l'article 4 devra également être mentionnée sur cet affichage.

Art. 2 Les exploitants des établissements sont également tenus, pour l'ensemble des prestations offertes, de procéder à un affichage intérieur, visible et lisible au lieu de réception de la clientèle, comprenant :

– lorsque l'enseignement est dispensé sous forme de prestations à l'unité, la dénomination précise de chaque prestation, sa durée et son prix TTC ;

– lorsque l'enseignement est dispensé sous forme de forfaits, la dénomination précise et la durée des prestations composant chaque forfait ainsi que son prix global TTC.

Art. 3 Toute publicité *(Abrogé par Arr. du 21 déc. 1995) « écrite »*, quel qu'en soit le support, à l'exception des annuaires, doit comporter les mentions suivantes : le nom, l'adresse et le numéro d'agrément préfectoral de l'établissement. En outre, la publicité doit comporter :

– dans le cas où elle fait référence à des prestations à l'unité : la dénomination précise, la durée et le prix TTC de ces prestations ;

(Arr. du 21 déc. 1995) « – dans le cas où elle fait référence à des prestations forfaitaires :

« *a)* La répartition des heures de formation entre l'enseignement du code de la route et la pratique de la conduite automobile ;

« *b)* La mention précise des frais administratifs (frais d'inscription, de dossier, de présentation à l'examen...) et fournitures inclus dans le forfait ;

« *c)* L'indication du nombre d'heures de formation incluses dans le forfait et prévues en sus des obligations réglementaires ;

« *d)* La mention des frais nécessaires à la formation qui demeurent à la charge du consommateur parce qu'ils ne sont pas inclus dans le forfait.

« Les prix indiqués sont des prix TTC

« Les mentions relatives aux heures d'enseignement de la pratique automobile précisent le nombre d'heures effectives de conduite au volant par l'élève. »

Art. 4 Les établissements doivent remettre à toute personne qui le demande une documentation portant sur la catégorie de permis concernée et comportant :

– le nom, l'adresse de l'établissement et son numéro d'agrément préfectoral ;

– *(Arr. du 21 déc. 1995)* « la dénomination précise le contenu et la durée de toutes les prestations » ;

– les conditions de la formation, de présentation aux examens théoriques et pratiques, de la constitution du dossier et de sa restitution ;

– la durée de validité de l'offre ;

(Arr. du 21 déc. 1995) « – le prix TTC de toutes les prestations, y compris forfaitaires, présenté conformément aux dispositions de l'article 3 du présent arrêté. Dans le cas où la documentation fait référence à des prestations à l'unité, le prix de chaque prestation est détaillé. Dans le cas où la documentation fait référence à des prestations forfaitaires, elle comporte :

« *a)* La répartition des heures de formation entre l'enseignement du code de la route et la pratique de la conduite automobile ;

« *b)* La mention précise des frais administratifs (frais d'inscription, de dossier, de présentation à l'examen...) et fournitures inclus dans le forfait ;

« *c)* L'indication du nombre d'heures de formation incluses dans le forfait et prévues en sus des obligations réglementaires ;

« *d)* La mention des frais nécessaires à la formation qui demeurent à la charge du consommateur parce qu'ils ne sont pas inclus dans le forfait.

« Les mentions relatives aux heures d'enseignement de la pratique automobile précisent le nombre d'heures effectives de conduite au volant par l'élève. »

Art. 5 Les prestations visées par le présent arrêté doivent faire l'objet d'une délivrance de note au client dans les conditions définies par l'arrêté n° 83-50/A du 3 octobre 1983.

Pour les prestations forfaitaires, les entreprises sont tenues dans la note d'indiquer la liste détaillée des prestations comprises dans le forfait, sans nécessité de mentionner le prix correspondant à chacune de ces prestations.

Arrêté du 8 juillet 1988,

Relatif à la publicité des prix de vente des carburants.

Art. 1er *(Arr. du 26 août 2021, art. 1er, en vigueur le 1er janv. 2022)* « ***Dispositions générales*** » Les dispositions des arrêtés n° 85-10/A du 29 janvier 1985 et n° 85-50/A du 28 juin 1985 relatives à la publicité des prix de vente des carburants sont remplacées par les dispositions du présent arrêté.

Art. 2 *(Arr. du 26 août 2021, art. 1er, en vigueur le 1er janv. 2022)* « ***Obligations relatives à l'affichage lisible depuis la voie publique*** » A titre de mesure de publicité des prix et indépendamment de l'indicateur de prix incorporé à la pompe, le prix de vente au détail des carburants fait l'objet d'une publicité apposée dans l'emprise du point de vente. Chaque affiche comporte la désignation et le prix net de chacun des produits ainsi que le type de service correspondant. Cet affichage est lisible depuis la voie publique qui permet l'accès au point de vente.

(Arr. du 10 avr. 1990) « L'affichage, lisible depuis la voie publique, doit permettre une identification précise de chaque produit et de son prix. Lorsqu'il existe un panneau regroupant les prix de tout ou partie des carburants, ces prix ainsi affichés doivent être disposés, à partir du sommet du panneau, dans l'ordre suivant : »

(Arr. du 7 avr. 2009) « 1. Supercarburants à teneur en éthanol maximale de 10 % (indice d'octane recherche 95) ;

« 2. Supercarburants à teneur en éthanol maximale de 5 % (le cas échéant, dans l'ordre décroissant de l'indice d'octane recherche) ;

(Abrogé par Arr. du 26 août 2021, art. 1er, à compter du 1er janv. 2022) ***« 3. Supercarburants à teneur en éthanol maximale de 5 % contenant un additif anti-récession de soupapes (indice d'octane recherche 95) ; »***

« 4. Superéthanol E85 ;

« 5. *(Arr. du 26 août 2021, art. 1er, en vigueur le 1er janv. 2022)* « Gazoles » ;

« 6. GPL.

« Le supercarburant à teneur en éthanol maximale de 10 % est désigné par l'expression "SP95-E10". Les supercarburants à teneur en éthanol maximale de 5 % sont désignés par l'expression "SP" suivie de l'indication de l'indice d'octane recherche minimum garanti. Le supercarburant contenant un additif anti-récession de soupapes est désigné par le terme de "supercarburant". Le superéthanol E85 est désigné par le terme "E85". Le gazole est désigné par le terme "gazole". Le GPL est désigné par le terme "GPLc". »

(Abrogé par Arr. du 26 août 2021, art. 1er, à compter du 1er janv. 2022) (Arr. du 20 nov. 2007) ***« Les supercarburants sont désignés par l'expression "sans plomb" ou "SP" suivie de l'indication de l'indice d'octane recherché minimum garanti et, le cas échéant, de l'expression "sans soufre" s'ils disposent d'une teneur en soufre maximale de 10 mg/kg. Le supercarburant contenant un additif antirécession de soupapes est désigné par le terme de "supercarburant". Le superéthanol E85 est désigné par le terme "E85". Le gazole est désigné par le terme "gazole" suivi, le cas échéant, de l'expression "sans soufre" s'il dispose d'une teneur en soufre maximale de 10 mg/kg. Le GPL est désigné par ce terme lui-même. »***

(Arr. du 26 août 2021, art. 1er, en vigueur le 1er janv. 2022) « Les désignations peuvent être complétées par les identificateurs prévus dans l'étiquetage spécifique par l'article 7 de la directive 2014/94/UE du 22 octobre 2014. »

Art. 3 *(Arr. du 26 août 2021, art. 1er, en vigueur le 1er janv. 2022)* « ***Obligations d'affichage spécifiques aux stations-service d'autoroute*** » Les prix des carburants pratiqués par les stations-service d'autoroutes doivent faire l'objet d'une présignalisation sous forme d'un panneau implanté entre 500 et 1 000 mètres avant l'entrée de l'aire.

(Arr. du 7 avr. 2009) « En outre, les distributeurs sur autoroutes de liaison sont tenus d'informer les consommateurs sur les prix des supercarburants à teneur en éthanol maximale de 10 % (indice d'octane recherche 95), des supercarburants à teneur en éthanol maximale de 5 % (le cas échéant, dans l'ordre décroissant de l'indice d'octane recherche), des supercarburants contenant un additif anti-récession de soupapes (indice d'octane

recherche 95), du superéthanol E85, du gazole, et du GPLc par affichage aux entrées principales d'autoroutes. »

Pour la mise en œuvre de cette obligation, les distributeurs communiquent, par tous moyens laissant une trace écrite, aux sociétés d'autoroutes les prix pratiqués dans leurs stations-service ainsi que toutes les modifications de prix, de sorte que les sociétés d'autoroutes en disposent au plus tard dans les deux heures qui suivent leur mise en vigueur.

Les sociétés d'autoroutes peuvent limiter l'affichage à l'entrée des autoroutes aux prix des cinq premières stations. L'affichage des prix des stations suivantes est alors effectué au moyen de panneaux implantés sur la voie à intervalles réguliers.

Art. 3 *bis* *(Arr. du 12 juill. 2001)* Une information concernant les prix des carburants distribués par les stations-service situées hors autoroutes est fournie sur les autoroutes de liaison, à la demande de ces stations-service selon les modalités ci-après. Cette information ne concerne que les stations implantées à moins de 10 kilomètres par voie routière des sorties d'autoroute.

Un panneau, dont les caractéristiques sont fixées par les gestionnaires d'autoroutes, indique le nom commercial de la station, la distance de la station après la sortie et le prix des deux carburants les plus utilisés. Il signale les stations délivrant du carburant 24 heures sur 24, le cas échéant, par automate à carte bancaire. Le panneau est installé entre 5 et 10 kilomètres avant chaque sortie.

Lorsque plusieurs stations-service sont concernées par cette présignalisation, les panneaux les regroupent dans la limite de cinq par panneau. Pour des raisons de sécurité routière, seules les dix stations-service les plus proches peuvent bénéficier de la présignalisation.

L'installation des panneaux et la mise à jour de l'indication des prix sont effectuées par les gestionnaires d'autoroutes. Les coûts correspondants sont à la charge des stations-service intéressées. Les modalités de mise à jour des informations sont déterminées par accord entre les gestionnaires d'autoroutes et les exploitants des stations-service dans le cadre déterminé par le troisième alinéa de l'article 3 du présent arrêté.

A chaque sortie d'autoroute, les gestionnaires d'autoroutes installent un panneau indiquant l'accès aux stations-service qui ont été signalées sur l'autoroute. Le coût de cette signalisation est à la charge des stations intéressées.

Le dispositif prescrit par le présent article n'est pas applicable aux demi-échangeurs.

Décret n° 89-477 du 11 juillet 1989,

Relatif au tarif de dépannage des véhicules sur les autoroutes et routes express.

Art. 1er Le prix forfaitaire des opérations de dépannage, par un garagiste agréé, des véhicules d'un poids inférieur à 3,5 tonnes sur les autoroutes et routes express équipées d'un dispositif d'appel d'urgence est fixé à 43,45 € *[285 F]*, toutes taxes comprises.

Sur les autoroutes et routes express où le service de dépannage est tenu d'assurer une permanence sur la voie elle-même, le prix forfaitaire ci-dessus est porté à 46,50 € *[305 F]*.

(Décr. n° 91-8 du 4 janv. 1991) « Le prix forfaitaire visé aux premier et deuxième alinéas du présent article est porté respectivement à 61,74 € *[405 F]* et à 66,31 € *[435 F]*, toutes taxes comprises, en cas de remorquage des véhicules dont le poids total en charge est supérieur à 1 800 kg et inférieur à 3 500 kg. »

Art. 2 Le prix forfaitaire couvre le déplacement du véhicule d'intervention et, selon le cas, soit la réparation sur place, soit le remorquage ou le transport du véhicule immobilisé au garage du véhicule d'intervention ou, à la demande de l'usager, en un lieu situé à moins de cinq kilomètres de la sortie de l'autoroute ou de la voie express.

Dans le cas de réparation sur place, le prix des fournitures éventuelles est en sus.

Art. 3 Le prix est majoré de *(Décr. n° 2001-1169 du 11 déc. 2001)* « 50 p. 100 » pour les appels faits entre 18 h et 8 h ainsi que les samedis, dimanches et jours fériés.

Art. 4 Chaque année, le ministre chargé de l'économie fixe, par arrêté, le prix forfaitaire du dépannage en fonction de l'évolution du coût des carburants, de la main-d'œuvre, des assurances et des véhicules. — *V. Arr. du 12 juill. 2016 relatif au tarif de dépannage des véhicules légers sur autoroutes et routes express (JO 26 juill.) ; mod. par Arr. du 10 août 2017 (JO 5 sept.) ; mod. par Arr. du 19 nov. 2018 (JO 26 nov.) ; mod. par Arr. du 3 sept. 2019 (JO 18 sept.) ; mod.*

par Arr. du 29 juill. 2020 (JO 2 août) ; mod. par Arr. du 22 juill. 2021 (JO 29 juill.) ; mod. par Arr. du 16 sept. 2022 (JO 24 sept.).

Art. 5 Les arrêtés 84-57/A du 29 juin 1984 et 86-22/A du 23 mai 1986 relatifs aux tarifs des opérations de dépannage et de remorquage des véhicules d'un poids total autorisé en charge inférieur à 3,5 tonnes effectuées sur les autoroutes et voies rapides équipées d'un dispositif d'alerte sont abrogés.

Recommandation CCA n° 94-05 du 18 novembre 1994,

Concernant les bons de commande et les contrats de garantie des véhicules d'occasion (BOCC 28 déc.) 🏛.

Décret n° 95-81 du 24 janvier 1995,

Relatif aux péages autoroutiers.

Art. 1er Les tarifs de péages autoroutiers sont fixés chaque année par les sociétés concessionnaires d'autoroutes dans les conditions définies ci-après.

Le cahier des charges de la société concessionnaire prévu par l'article L. 122-4 du code de la voirie routière définit les règles de fixation des tarifs de péages, notamment les modalités de calcul d'un tarif kilométrique moyen servant de base aux tarifs de péages et qui tient compte de la structure du réseau, des charges d'exploitation et des charges financières de la société, ainsi que les possibilités de modulation de ce tarif kilométrique moyen.

Le contrat de plan, conclu pour une durée maximale de cinq années renouvelable entre l'État et la société concessionnaire, fixe les modalités d'évolution des tarifs de péages pendant la période considérée.

Sur la régulation des tarifs de péage, V. C. voirie rout., art. L. 122-7.

Art. 2 Les tarifs de péages fixés comme il est dit à l'article précédent sont applicables à l'expiration d'un délai d'un mois après leur dépôt auprès du ministre chargé de l'économie et auprès du ministre chargé de l'équipement.

Art. 3 Jusqu'à la conclusion d'un contrat de plan conforme aux dispositions de l'article 1er ci-dessus, les tarifs de péages sont fixés par arrêté conjoint du ministre chargé de l'économie et du ministre chargé de l'équipement, après consultation de la société concessionnaire concernée.

La majoration des tarifs de péages ainsi fixés ne peut être inférieure à 70 p. 100 de l'évolution des prix à la consommation (hors tabac) constatée depuis la fixation, l'année précédente, des tarifs applicables sur le réseau concédé à la société.

Art. 4 En cas de manquement, constaté dans les conditions prévues par le cahier des charges, de la société concessionnaire à ses obligations en matière de fixation de tarifs de péages, les tarifs de péages sont fixés par arrêté conjoint du ministre chargé de l'économie et du ministre chargé de l'équipement.

Art. 5 Le décret n° 88-1208 du 30 décembre 1988 relatif aux péages autoroutiers est abrogé.

Recommandation CCA n° 95-01 du 17 mars 1995,

Concernant les contrats d'abonnement autoroutier (BOCC 18 mai) 🏛.

Décret n° 95-697 du 9 mai 1995,

Instituant une aide à l'acquisition de véhicules électriques.

Art. 1er *(Décr. n° 2000-600 du 30 juin 2000)* « Une aide » est accordée par l'État à toute personne physique ou morale, à l'exception des collectivités territoriales et de leurs groupements :

— qui fera l'acquisition d'un véhicule électrique neuf ;

— ou qui louera un véhicule électrique neuf dans le cadre d'un contrat de location avec option d'achat et en particulier de crédit-bail.

L'aide est accordée en une seule fois, au plus tôt au moment de la facturation du véhicule. Chaque acquisition d'un véhicule donne droit à une seule prime de l'État.

Art. 2 *(Décr. nº 98-618 du 20 juill. 1998 ; Décr. nº 2000-600 du 30 juin 2000)* « Les véhicules précités devront avoir été commandés à partir du *(Décr. nº 2002-75 du 17 janv. 2002)* « 1er janvier 2002 » et facturés au plus tard le *(Décr. nº 2002-75 du 17 janv. 2002)* « 31 décembre 2004 » s'il s'agit de véhicules appartenant à l'un des genres suivants : voitures particulières, camionnettes. Sur cette période, le nombre de véhicules aidés sera plafonné à » *(Décr. nº 2002-75 du 17 janv. 2002)* « 2 500 ».

(Décr. nº 2000-600 du 30 juin 2000) « Les véhicules précités devront avoir été commandés à partir du *(Décr. nº 2002-75 du 17 janv. 2002)* « 1er janvier 2002 » et facturés au plus tard le *(Décr. nº 2002-75 du 17 janv. 2002)* « 31 décembre 2004 », s'il s'agit de cyclomoteurs. Sur cette période, le nombre de ces véhicules sera plafonné à » *(Décr. nº 2002-75 du 17 janv. 2002)* « 2 500 ».

La facturation correspondant à l'achat du véhicule neuf doit être effectuée en France.

Art. 3 L'attribution de l'aide est subordonnée aux conditions suivantes relatives au véhicule précité :

1. *(Décr. nº 2002-75 du 17 janv. 2002)* « Le véhicule doit être : une camionnette, un cyclomoteur ou une voiture particulière tels que définis à l'article R. 311-1 du code de la route. » *(Décr. nº 2000-600 du 30 juin 2000)* « Son moteur de traction doit fonctionner exclusivement au moyen de l'énergie électrique. »

2. Le véhicule ne doit pas avoir fait l'objet précédemment d'une mise en circulation en France ou à l'étranger, sauf s'il s'agit d'un véhicule de démonstration tel que défini par l'arrêté du 5 novembre 1984 précité.

Art. 3-1 *(Décr. nº 2002-75 du 17 janv. 2002)* Le montant de l'aide est :

– de 3 050 euros pour les voitures particulières et camionnettes et de 3 810 euros lorsque l'acquisition ou la première souscription d'un contrat de location avec option d'achat ou de location souscrit pour une durée d'au moins deux ans s'accompagne de la destruction d'une voiture particulière ou d'une camionnette immatriculée avant le 1er janvier 1993 et acquise depuis au moins douze mois à la date de sa destruction et encore en circulation à cette même date.

La destruction du véhicule retiré de la circulation doit être confiée à un organisme autorisé au titre de la législation des installations classées pour la protection de l'environnement qui s'engage à veiller à la destruction complète du véhicule dans des conditions fixées par arrêté conjoint des ministres en charge de l'industrie, de l'environnement et des transports. Il remet au bénéficiaire de l'aide un bon d'enlèvement conforme à un modèle fixé par l'arrêté mentionné ci-dessus ; *— V. Arr. du 13 mars 2002 (JO 5 avr.).*

– de 510 euros pour les cyclomoteurs.

Art. 4 Lorsque le vendeur du véhicule aura fait l'avance du montant de l'aide prévue à l'article 1er, il pourra en obtenir le remboursement par l'État, à la condition d'avoir signé préalablement avec l'État une convention définissant les modalités de paiement de l'aide par le vendeur, de son remboursement par l'État et du contrôle exercé par celui-ci sur la gestion et les conditions d'attribution de l'aide.

Le remboursement de l'aide pourra également faire l'objet d'un paiement au profit du constructeur ou de l'importateur au réseau duquel est affilié le vendeur. La convention prévue à l'alinéa précédent est alors signée avec l'État par le constructeur ou l'importateur au nom de l'ensemble du réseau.

Décret nº 96-76 du 31 janvier 1996,

Relatif aux péages autoroutiers.

Art. 1er Les taux de hausse des tarifs kilométriques moyens des péages autoroutiers applicables au 1er février de chacune des années 1996, 1997, 1998 et 1999 sur le réseau de chaque société d'autoroutes conformément au décret du 24 janvier 1995 susvisé *[nº 95-81]* sont augmentés des taux figurant dans le tableau annexé au présent décret.

Art. 2 Les concessions autoroutières de la Société des autoroutes du Sud de la France (ASF), de la Société des autoroutes Estérel, Côte d'Azur, Provence, Alpes (ESCOTA) et de la Société des autoroutes Paris-Rhin-Rhône (SAPRR) sont prolongées d'un an.

ANNEXE

SOCIÉTÉS CONCESSIONNAIRES	MAJORATION moyenne (en points de pourcentage)
Société des autoroutes du Sud de la France (ASF)	0,88
Société des autoroutes Estérel, Côte d'Azur, Provence, Alpes (ESCOTA)	0,68
Société des autoroutes Paris-Rhin-Rhône (SAPRR)	0,84
Société des autoroutes Rhône-Alpes (AREA)	0,80
Société des autoroutes du Nord et de l'Est de la France (SANEF)	1,02
Société des autoroutes Paris-Normandie (SAPN)	1,20
Société du tunnel routier sous le Mont-Blanc (STMB)	0,75
Compagnie financière et industrielle des autoroutes (Cofiroute)	1,52

Arrêté du 28 octobre 1996,

Relatif à l'information des consommateurs sur les prix et services offerts par les mandataires (BOCC 5 déc.).

Art. 1er Les dispositions du présent arrêté s'appliquent à tout professionnel qui, au moyen d'un contrat de mandat, propose au consommateur d'effectuer pour son compte et en son nom les opérations afférentes à l'acquisition d'un véhicule automobile neuf.

Art. 2 Les professionnels visés à l'article 1er sont tenus d'afficher dans les lieux où la prestation est proposée au public, de façon lisible et visible :

– le montant, toutes taxes comprises, de la rémunération perçue par le mandataire, soit en pourcentage du coût total d'acquisition et de mise à disposition du véhicule, soit en valeur absolue ;

– la liste des frais annexes payés à des tiers, en précisant s'ils sont inclus dans le coût d'acquisition et de mise à disposition du véhicule ;

– les conditions de paiement et la nature des garanties financières offertes ;

– les conditions de révocation du mandat.

Art. 3 Toute information sur les prix des véhicules proposés par un mandataire doit porter sur un prix toutes taxes comprises et couvrir à la fois le coût d'acquisition et de mise à disposition.

Art. 4 Le mandataire est tenu de faire connaître au consommateur, avant que celui-ci n'accepte son offre, les indications prévues par les articles 2 et 3 ci-dessus.

Ces indications doivent être précisées dans un document écrit à remettre au destinataire de l'offre du mandataire. Le modèle de contrat de mandat élaboré à titre indicatif par le Conseil national de la consommation, joint en annexe au présent arrêté, peut constituer ce document. – *V. cette annexe au JO du 28 nov. 1996 et la note d'information destinée aux consommateurs au BOCCRF n° 19 de l'année 1996.*

Arrêté du 28 juin 2000,

Relatif à l'information des consommateurs et à la publicité des prix des véhicules automobiles.

Art. 1er Les dispositions du présent arrêté s'appliquent aux véhicules automobiles neufs d'un poids total autorisé en charge ne dépassant pas 3,5 tonnes.

Art. 2 Toute publicité comportant l'indication du prix de vente d'un véhicule, qu'elle soit effectuée sur les lieux de vente ou à l'extérieur des lieux de vente, doit mentionner la dénomination de vente du véhicule dans les conditions prévues à l'article 2 du décret du 4 octobre 1978 modifié susvisé.

Le prix annoncé des véhicules neufs hors options doit correspondre, quel que soit le support utilisé, à la somme totale toutes taxes comprises qui devra être effectivement payée par le consommateur, y compris les frais de préparation du véhicule.

Toute publicité effectuée par voie d'exposition ou de représentation d'un véhicule et accompagnée d'un prix doit indiquer le prix toutes taxes et frais de préparation compris correspondant au véhicule exposé ou représenté.

La publicité sur les prix des véhicules automobiles neufs est considérée comme satisfaisant aux dispositions de l'article L. 121-1 du code de la consommation si le prix visé au présent article est garanti hors taxe au minimum pour les trois mois à compter de la commande.

Art. 3 Avant tout accord sur une offre, le vendeur doit remettre à l'acheteur un document d'information comportant les indications visées à l'article précédent, complétées par la date limite de livraison.

Au prix visé à l'article 2, peuvent être ajoutés les frais facultatifs correspondant à des prestations particulières expressément demandées par le consommateur et dont le montant a fait l'objet d'un accord préalable.

Le bon de commande peut tenir lieu de ce document s'il contient les indications visées ci-dessus. Il peut porter également la date à partir de laquelle l'acheteur accepte de prendre livraison.

Art. 4 Le prix déterminé au moment de la commande est garanti jusqu'à l'expiration du délai contractuel de livraison.

Si la livraison n'a pas été effectuée dans le délai prévu et si le retard n'est pas imputable à l'acheteur, la garantie de prix sera prolongée jusqu'à la mise à disposition du véhicule.

Cette garantie de prix ne s'applique qu'au modèle et à la version ou déclinaison décrits par la publicité ou mentionnés sur les bons de commande ou autres documents de vente.

Le vendeur ne peut s'exonérer de cette garantie sauf :

– si l'acheteur a expressément stipulé refuser la livraison avant trois mois ;

– si une nouvelle réglementation impose des modifications techniques.

La date limite de livraison est réputée non stipulée si elle ne mentionne pas le mois de mise à disposition du véhicule. En l'absence de date précise, le véhicule est réputé devoir être livré au plus tard le quinzième jour ouvré du mois mentionné dans le document de vente.

Art. 5 Les bons de commande ou autres documents de vente doivent indiquer :

– la dénomination de vente et le prix visés à l'article 2 ;

– les équipements commandés en option et leur prix ainsi que, le cas échéant, les éventuelles prestations facultatives visées à l'article 3 et leur prix ;

– la date limite de livraison visée à l'article 4 ;

– la faculté pour le client d'annuler sa commande et d'exiger le remboursement des versements déjà effectués, majorés des intérêts calculés au taux légal, dans les conditions de l'article L. 114-1 du code de la consommation, si le vendeur ne peut mettre à la disposition de l'acheteur, dans les délais convenus, un véhicule tel que décrit sur le bon de commande.

Art. 5-1 *(Arr. du 26 mai 2014)* Lorsque le vendeur propose une garantie commerciale au sens de l'article L. 211-15 du code de la consommation, il informe le consommateur que son bénéfice n'est pas subordonné à la réalisation des prestations de réparation et d'entretien non couvertes par cette garantie, par un réparateur du réseau agréé par le constructeur.

Cette information figure, de façon claire et lisible, dans le carnet d'entretien du véhicule, quel que soit son support.

Art. 6 L'arrêté du 30 juin 1978 relatif à la publicité des prix à l'égard du consommateur pour les véhicules automobiles de tourisme est abrogé.

Décret n° 2000-873 du 7 septembre 2000,

Relatif à la mise en sécurité de certains véhicules fonctionnant aux gaz de pétrole liquéfiés et instituant une aide à cet effet.

Art. 1er Les véhicules immatriculés pour la première fois avant le 1er janvier 2000, et fonctionnant aux gaz de pétrole liquéfiés, doivent, *(Décr. n° 2001-1326 du 28 déc. 2001, art. 1er)* « avant le 1er octobre 2002 », être équipés soit de la soupape de sûreté et du dispositif limiteur de surpression rendus obligatoires pour les véhicules immatriculés pour la première fois à partir du 1er janvier 2000, soit d'une soupape de sûreté d'un débit au moins égal à celui prescrit pour le dispositif limiteur de surpression susmentionné.

Un arrêté du ministre chargé des transports fixera les modalités d'application du présent article. – *V. Arr. du 31 oct. 2000 (JO 28 nov.), mod. par Arr. du 15 janv. 2002 (JO 13 févr.).*

Art. 2 Une aide est accordée par l'État à toute personne physique qui, titulaire de la carte grise d'un véhicule immatriculé pour la première fois avant le 1er janvier 2000, et fonctionnant aux gaz de pétrole liquéfiés, le fera équiper avant la date mentionnée à l'article 1er, et par une entreprise agréée pour ce type d'intervention, des dispositifs mentionnés au même article.

La facturation, par cette entreprise, de la mise en sécurité du véhicule par l'installation des dispositifs mentionnés à l'alinéa précédent constitue le fait générateur de l'aide, qui est accordée en une seule fois, et une seule fois pour un véhicule déterminé.

Art. 3 L'attribution de l'aide est subordonnée aux conditions suivantes :

1. Le véhicule doit appartenir aux genres "voiture particulière", "camionnette", "véhicule automoteur spécialisé", "camion", "tracteur routier" ou « transports en commun de personnes", tels que définis par le code de la route ;
2. Sa date d'immatriculation doit, ainsi qu'il est dit à l'article 2, être antérieure au 1er janvier 2000 ;
3. Sa carte grise doit comporter, à la rubrique « énergie », la mention "EG" ou "GP" ;
4. Il ne doit pas être déjà équipé d'une soupape d'un débit au moins égal à celui prévu à l'article 1er ;
5. Il doit satisfaire, au moment de l'installation, aux diverses obligations liées à son utilisation sur la voie publique et doit en particulier, s'il a plus de quatre ans, avoir fait l'objet soit d'un contrôle technique favorable matérialisé par l'apposition de la lettre A sur la carte grise, et dont la validité ne doit pas être expirée, soit d'un contrôle technique remontant à moins de deux mois et donnant lieu à contre-visite, matérialisé par l'apposition de la lettre S sur la carte grise.

Art. 4 Le montant de l'aide prévue à l'article 1er est, dans la limite de 50 % du montant toutes taxes comprises de la facture acquittée par le propriétaire du véhicule :

– de 18,29 € *[120 F]* pour une installation ne nécessitant pas de changement de polyvanne ;

– de 51,83 € *[340 F]* pour une installation ne nécessitant qu'un changement de polyvanne ;

– de 68,60 € *[450 F]* dans tous les autres cas, et sous réserve de l'accord préalable du titulaire de la convention mentionnée à l'article 5.

Art. 5 En dehors de la procédure de paiement de droit commun, consistant dans le paiement direct au bénéficiaire, l'État pourra passer avec une personne privée une convention aux termes de laquelle l'avance de l'aide pourra être faite au propriétaire du véhicule par les entreprises agréées mentionnées à l'article 2, lesquelles bénéficieront de la même avance de la part du titulaire de la convention, ce dernier en obtenant ensuite le remboursement par l'État.

Art. 6 Les contestations portant sur le bénéfice ou le montant de l'aide, et liées à l'application de l'article 4 du présent décret, sont soumises au préfet du département d'émission de la carte grise du véhicule. Cette autorité arrêtera la position de l'État en ce qui concerne le montant de l'aide relative à une opération déterminée.

Décret n° 2001-104 du 30 janvier 2001,

Confiant à l'Agence de l'environnement et de la maîtrise de l'énergie la gestion de l'aide à l'acquisition de véhicules électriques instituée par le décret n° 95-697 du 9 mai 1995.

Art. 1er L'aide à l'acquisition de véhicules électriques instituée par le décret du 9 mai 1995 susvisé est attribuée par l'Agence de l'environnement et de la maîtrise de l'énergie pour les véhicules facturés à compter du 1er janvier 2001.

Décret n° 2002-1508 du 23 décembre 2002,

Relatif à l'information sur la consommation de carburant et les émissions de dioxyde de carbone des voitures particulières neuves.

Art. 1er Le présent décret s'applique aux voitures particulières définies au dernier alinéa de l'article R. 311-1 du code de la route, qui, proposées neuves à la vente ou en crédit-bail, sont soumises à l'obligation de mesure de la consommation de carburant et des émissions de dioxyde de carbone, lors de la réception communautaire dite "réception CE" mentionnée aux articles R. 321-6 à R. 321-14 du code de la route.

Art. 2 Dans chaque point de vente, une étiquette indiquant la consommation de carburant et les émissions de dioxyde de carbone est apposée sur chaque voiture particulière neuve ou affichée près de celle-ci, d'une manière visible.

Art. 3 Une liste des données relatives à la consommation de carburant et aux émissions de dioxyde de carbone des voitures particulières neuves proposées à la vente ou en crédit-bail dans un point de vente, dressée par marque et par type de véhicule, est affichée de manière visible dans le point de vente.

Art. 4 L'Agence de l'environnement et de la maîtrise de l'énergie élabore, à partir des informations transmises par les constructeurs, un guide de la consommation de carburant et des émissions de dioxyde de carbone des voitures particulières neuves mises en vente sur le territoire national.

Cette agence adresse directement et gratuitement ce guide à chaque point de vente où il est tenu à la disposition de tout consommateur qui demande à le consulter.

Art. 5 L'ensemble des imprimés utilisés pour la commercialisation, la publicité et la promotion des véhicules, y compris les manuels techniques, contient les données relatives à la consommation de carburant et aux émissions de dioxyde de carbone, concernant le type de voiture particulière neuve auquel ces imprimés se rapportent.

Art. 6 Il est interdit d'utiliser dans les documents mentionnés aux articles 2, 3 et 5 toute indication relative à la consommation de carburant ou aux émissions de dioxyde de carbone autre que celle mentionnée à l'article 1er, dès lors que cette indication serait susceptible de créer une confusion pour l'acquéreur d'une voiture particulière neuve.

Art. 7 Est puni des peines prévues pour les contraventions de la *(Décr. n° 2016-884 du 29 juin 2016, art. 5-II)* « 5e classe » le fait :

1° De ne pas apposer l'étiquette selon les modalités prévues à l'article 2 ;

2° De ne pas afficher la liste prévue à l'article 3 ;

3° De ne pas inclure dans la documentation des voitures particulières neuves mentionnée à l'article 5 les données exigées par le même article.

(Décr. n° 2016-884 du 29 juin 2016, art. 5-II) « La récidive est réprimée conformément aux dispositions des articles **132-11** et **132-15** du code pénal. »

Art. 8 Un arrêté conjoint du ministre de l'économie, des finances et de l'industrie, du ministre de l'équipement, des transports, du logement, du tourisme et de la mer et du ministre de l'écologie et du développement durable fixe les modalités d'application du présent décret. — *V. Arr. du 10 avr. 2003 (JO 8 mai), mod. par Arr. du 16 juill. 2004 (JO 27 juill.).*

Arrêté du 17 mars 2015,

Relatif à l'information précontractuelle des consommateurs et à la publicité des prix des prestations de location de véhicules (JO 20 mars).

Art. 1er Le présent arrêté est applicable aux professionnels qui commercialisent des offres de location, sans chauffeur et sans option d'achat, de véhicules terrestres à moteur, particuliers ou utilitaires, de moins de 3,5 tonnes de poids total autorisé en charge (PTAC).

Art. 2 Le professionnel met à la disposition du consommateur, par tout moyen, les informations listées à l'annexe A. Ces informations sont présentées conjointement et de manière distincte des autres informations commerciales ou contractuelles.

Elles sont disponibles au lieu d'accueil de la clientèle dans l'établissement du professionnel. Les consommateurs sont informés de la disponibilité de ces informations par un affichage visible et lisible à l'intérieur de l'établissement.

Lorsque l'offre de location est proposée en ligne, ces informations sont facilement accessibles par voie électronique, notamment depuis la page principale du site internet du loueur, et, le cas échéant, en un clic depuis la page de présentation de chacune des catégories de véhicules proposés.

Art. 3 I. — Le professionnel délivre gratuitement au consommateur, sur support durable, un devis relatif à toute offre de location qu'il commercialise. La délivrance de ce document est systématique préalablement à la souscription du contrat.

II. — Lorsque l'offre de location peut être souscrite en ligne, le consommateur accède au devis à partir de la page de présentation de chacune des catégories de véhicules proposés à la location.

Au lieu d'accueil de la clientèle dans l'établissement du professionnel, le consommateur peut également demander à ce que le devis lui soit délivré sur support papier. Les consommateurs sont informés de cette possibilité par un affichage visible et lisible, à l'intérieur de l'établissement.

III. — Le devis comprend les informations listées à l'annexe B.

Art. 4 L'arrêté du 18 avril 1991 relatif à la publicité des prix dans le secteur de la location de véhicules est abrogé.

Art. 5 Les dispositions du présent arrêté sont applicables à compter du 1er avril 2015.

V. les Annexes au JO 20 mars 2015.

Décret nº 2016-364 du 29 mars 2016,

Fixant les exigences de sécurité concernant les bicyclettes (JO 30 mars).

Art. 1er Pour l'application du présent décret, on entend par bicyclette tout produit comportant deux roues et une selle, et propulsé soit principalement par l'énergie musculaire de la personne montée sur ce véhicule, en particulier au moyen de pédales, soit de façon additionnelle avec un dispositif d'assistance électrique.

Ne sont pas soumis aux dispositions du présent décret les objets assujettis aux dispositions du décret nº 2010-166 du 22 février 2010 relatif à la sécurité des jouets.

Art. 2 Il est interdit de fabriquer, d'importer ou de détenir en vue de la vente sur le territoire français, de mettre en vente, de louer, de mettre à disposition dans le cadre d'une prestation de services ou de distribuer à titre gratuit sur le territoire français des bicyclettes qui ne satisfont pas aux prescriptions du présent décret.

Art. 3 Les bicyclettes satisfont aux exigences essentielles de sécurité figurant en annexe au présent décret.

Art. 4 La bicyclette vendue au consommateur final, louée, mise à disposition dans le cadre d'une prestation de services ou distribuée à titre gratuit par des professionnels satisfait à l'une des deux conditions suivantes :

1° Soit avoir été fabriquée conformément aux normes dont les références sont publiées au *Journal officiel* de la République française.

Le responsable de la première mise sur le marché de ce produit tient à la disposition des agents chargés du contrôle les documents comprenant une description détaillée du produit et du référentiel technique utilisé pour vérifier la conformité du produit aux exigences de sécurité, les résultats des essais réalisés ainsi que l'adresse des lieux de production ou d'entreposage en vue de la mise sur le marché ;

2° Soit avoir été fabriquée conformément à un modèle bénéficiant d'une attestation de conformité aux exigences de sécurité, délivrée à la suite d'un examen de type par un organisme français ou d'un autre État membre de l'Union européenne ou d'un État partie à l'accord sur l'Espace économique européen ou de la Turquie, accrédité selon la norme EN/ISO 17025 par le Comité français d'accréditation (COFRAC) ou par un organisme d'accréditation signataire de l'accord multilatéral pris dans le cadre de la coordination européenne des organismes d'accréditation pour le contrôle des produits mentionnés l'article 1er du présent décret.

Le responsable de la première mise sur le marché de ce produit tient à la disposition des agents chargés du contrôle les documents comprenant l'attestation de conformité aux exigences de sécurité ou une copie certifiée conforme, une description détaillée du modèle et des moyens par lesquels le fabricant s'assure de la conformité de sa production au modèle ayant fait l'objet de l'examen de type, ainsi que l'adresse des lieux de production ou d'entreposage en vue de la mise sur le marché.

Les documents mentionnés au présent article sont conservés dix ans à compter de la date de la dernière vente par le responsable de la première mise sur le marché du produit correspondant.

Art. 5 Toute bicyclette destinée à être mise en vente ou distribuée à titre gratuit sur le territoire français porte de façon visible, lisible et indélébile, le nom, la dénomination sociale ou la marque de commerce du responsable de la mise sur le marché ainsi que la référence du lot de fabrication. L'adresse du responsable de la mise sur le marché peut ne figurer que sur l'emballage.

Art. 6 Les bicyclettes vendues au consommateur final, louées, mises à disposition dans le cadre d'une prestation de services ou distribuées à titre gratuit par des professionnels sont montées et réglées.

Toutefois, peuvent être laissées à la charge des consommateurs les opérations suivantes :

– la pose des roues ;

– le gonflage des pneumatiques et des organes de suspension à la condition que les pompes de gonflage adaptées soient livrées avec la bicyclette ;

– le montage des pédales (avec indication de la pédale de gauche et de celle de droite) ;

– le montage sur le cadre des sous-ensembles selle-tige, potence-guidon ou des dispositifs en faisant fonction et leur réglage à la morphologie de l'utilisateur ;

– pour les bicyclettes pour jeunes enfants, la pose des stabilisateurs ;

– la mise en place des batteries nécessaires au fonctionnement de la bicyclette et de ses accessoires dans leur logement ;

– la pose des dispositifs d'éclairage et de signalisation visuelle ainsi que de l'appareil avertisseur, ceux-ci devant alors être livrés avec la bicyclette ;

– la pose des accessoires tels que porte-bagages, garde-boue, sacoches, paniers, béquille, porte-bidon, rétroviseur, porte-cartes ou compteurs ;

– la pose des dispositifs d'aide à la conduite ou à la navigation.

Sous réserve que ces opérations :

a) Fassent l'objet d'une information précontractuelle du consommateur précisant les opérations laissées à sa charge. Il appartient aux professionnels de pouvoir apporter la preuve que cette information a été transmise au consommateur ;

b) Ne nécessitent pas l'usage d'une pompe à vélo autre qu'usuelle ou d'outils sauf à ce que ceux-ci soient livrés avec la bicyclette ;

c) Ne conduisent pas à démonter ou dérégler un élément essentiel pour la sécurité, notamment le système de freinage, la direction et la transmission de la bicyclette.

Art. 7 Les bicyclettes vendues au consommateur final ou distribuées à titre gratuit par des professionnels sont accompagnées d'une notice imprimée qui contient notamment :

a) L'adresse du responsable de la mise sur le marché ;

b) La liste des outils fournis pour le montage et le réglage de la bicyclette ;

c) L'ensemble des indications nécessaires à la réalisation des opérations de montage et de réglage laissées à la charge du consommateur, ou susceptibles d'être réalisées par celui-ci dans le cadre d'une utilisation raisonnablement prévisible de la bicyclette ;

d) Les avertissements sur les risques liés à un montage ou à des réglages incorrects des différents composants de la bicyclette ;

e) Les opérations d'entretien courant à effectuer pour maintenir la bicyclette en bon état de fonctionnement ;

f) Les informations relatives au service après-vente et à la fourniture de pièces de rechange ;

g) Le rappel du caractère obligatoire de l'installation sur la bicyclette des dispositifs d'éclairage et de signalisation et d'un appareil avertisseur, fixée par le code de la route.

Art. 8 Les dispositions du présent décret ne font pas obstacle à la commercialisation des bicyclettes légalement fabriquées ou commercialisées dans un autre État membre de l'Union européenne ou en Turquie, ou légalement fabriquées dans un État partie à l'accord instituant l'Espace économique européen, assurant un niveau de sécurité équivalent à celui exigé par le présent décret.

Art. 9 Sans préjudice de l'application des sanctions pénales et des mesures administratives prévues au livre II du code de la consommation, est punie de la peine d'amende prévue pour les contraventions de la 5ᵉ classe :

1° Toute personne qui met sur le marché, détient en vue de la vente, de la location de la mise à disposition dans le cadre d'une prestation de services, ou en vue de la distribution à titre gratuit, une bicyclette qui n'est pas présentée dans les conditions prévues à l'article 6, ou qui n'est pas accompagnée de la notice prévue à l'article 7 ;

2° Le responsable de la mise sur le marché qui ne présente pas les documents mentionnés à l'article 4 aux agents chargés du contrôle.

En cas de récidive, la peine d'amende prévue pour la récidive des contraventions de la 5ᵉ classe est applicable.

ANNEXE

FIXANT LES EXIGENCES DE SÉCURITÉ CONCERNANT LES BICYCLETTES

I. — PRINCIPES GÉNÉRAUX

Les bicyclettes doivent être conçues pour tenir compte de l'usage auquel elles sont destinées. A cette fin, les éléments de structure et leurs liaisons doivent pouvoir répondre aux contraintes particulières inhérentes aux différents types d'usage auxquels elles sont destinées.

II. — RISQUES PARTICULIERS

1. Les bicyclettes ne doivent comporter aucune arête coupante susceptible de présenter des risques de lésion ou de coupure, excepté les pédaliers et la roue libre.

2. Les arêtes, saillies, câbles, selles et fixations accessibles des bicyclettes doivent être conçus et réalisés de manière à réduire dans la mesure du possible les risques de blessure lors d'un contact ou d'une chute.

3. Le niveau extrême de fixation de la selle et de la potence du guidon doit être matérialisé par un repère permanent.

4. Les bicyclettes doivent être munies d'au moins deux systèmes de freinage indépendants agissant chacun sur une roue différente.

5. Les dispositifs de freinage doivent permettre un arrêt dans des conditions raisonnablement prévisibles pour éviter tout obstacle imprévu, y compris en conditions humides.

Ces dispositifs doivent être conçus de façon telle que, en cas de rupture, le mouvement de la roue avant ne soit pas bloqué.

6. Les dispositifs de fixation rapide de la roue avant doivent être munis d'un système de sécurité qui empêche que la roue ne se désolidarise de la fourche.

7. Le serrage et le blocage des éléments appelés à être démontés ou réglés par l'utilisateur doivent être aisément réalisables compte tenu des capacités physiques qu'on peut raisonnablement attendre des utilisateurs.

8. Les notices de montage, de réglage et d'entretien des bicyclettes doivent être claires et complètes, et définir autant que possible les termes techniques employés par tout moyen adéquat, par exemple à l'aide d'un schéma précis de chaque organe ou pièce dont le montage et l'utilisation corrects sont indispensables à l'usage normal d'une bicyclette.

9. Les bicyclettes doivent être livrées accompagnées des dispositifs d'éclairage et de signalisation visuelle ainsi que d'un appareil avertisseur conformes aux dispositions du code de la route. L'obligation d'installation de ces dispositifs sur la bicyclette doit être portée à la connaissance des consommateurs.

CONTRÔLE TECHNIQUE

Arrêté du 18 juin 1991,

Relatif à la mise en place et à l'organisation du contrôle technique des véhicules dont le poids n'excède pas 3,5 tonnes.

TITRE I **DISPOSITIONS RELATIVES AUX CONTRÔLES TECHNIQUES DES VÉHICULES AUTOMOBILES LÉGERS TELS QUE VISÉS AU II DE L'ARTICLE R. 323-6 DU CODE DE LA ROUTE** *(Arr. du 2 mars 2017, art. 2).*

Les dispositions introduites par l'Arr. du 15 janv. 2013 sont entrées en vigueur le 25 févr. 2013 sauf celles ayant introduit un art. 12-2 à l'Arr. du 18 juin 1991.

CHAPITRE I ***DISPOSITIONS GÉNÉRALES***

Art. 1er *(Arr. du 27 juill. 2001)* **« Les contrôles techniques prévus au I et au II de l'***(Arr. du 13 oct. 2006)* **« article R. 323-22, ainsi qu'aux articles R. 323-24 et R. 323-26 » du code de la route doivent être effectués par un contrôleur agréé par l'État** *(Arr. du 23 févr. 2010)* **« ou un prestataire visé au II de l'article L. 323-1 du code de la route » et dans des installa-**

tions de contrôle agréées conformément aux *(Arr. du 13 oct. 2006)* « articles R. 323-6 à R. 323-21 » du code de la route et aux dispositions du présent arrêté. »

Ces *(Arr. du 13 oct. 2006)* « contrôles techniques » n'exonèrent pas le propriétaire de l'obligation de maintenir son véhicule en bon état de marche et en état satisfaisant d'entretien conformément aux dispositions du code de la route et des textes pris pour son application.

Art. 2 *(Arr. du 2 mars 2017, art. 3)* I. — Au sens du présent arrêté, les véhicules de catégorie M1 sont les véhicules dont le poids total autorisé en charge est inférieur ou égal à 3,5 tonnes et répondant à l'un des critères suivants :

— la rubrique J du certificat d'immatriculation indique la catégorie M1 *(Arr. du 8 févr. 2022, art. 2, en vigueur le 27 avr. 2022)* « ou M1G » ;

— le certificat d'immatriculation indique le genre VP ;

— le certificat d'immatriculation indique le genre VASP et une carrosserie correspondant à la catégorie M1 au sens de l'arrêté du 9 février 2009 relatif aux modalités d'immatriculation des véhicules ;

— le certificat d'immatriculation indique le genre VTSU et une des carrosseries CARAVANE ou FG FUNER.

II. — Au sens du présent arrêté, les véhicules de catégorie N1 sont les véhicules dont le poids total autorisé en charge est inférieur ou égal à 3,5 tonnes et répondant à l'un des critères suivants :

— la rubrique J du certificat d'immatriculation indique la catégorie N1 *(Arr. du 8 févr. 2022, art. 2, en vigueur le 27 avr. 2022)* « ou N1G » ;

— le certificat d'immatriculation indique le genre CTTE ;

— le certificat d'immatriculation indique le genre VASP et une carrosserie correspondant à la catégorie N1 au sens de l'arrêté du 9 février 2009 précité ;

— le certificat d'immatriculation indique le genre VTST ou VTSU et celui-ci correspond au genre CTTE au sens de l'arrêté du 9 février 2009 précité ;

— le certificat d'immatriculation indique le genre VTSU et celui-ci correspond à un genre VASP avec une carrosserie autre que CARAVANE ou FG FUNER au sens de l'arrêté du 9 février 2009 précité.

III. — Au sens du présent arrêté, on entend par "véhicule soumis à réglementation spécifique", un véhicule à moteur dont le PTAC n'excède pas 3,5 tonnes et appartenant à une des catégories répertoriées dans le tableau figurant en partie A de l'annexe VIII du présent arrêté.

IV. — Les catégories de véhicules dont le PTAC n'excède pas 3,5 tonnes soumises à d'autres réglementations relatives au contrôle technique répertoriées dans le tableau figurant en partie B de l'annexe VIII du présent arrêté ne sont pas soumises aux dispositions du présent arrêté.

V. — Au sens du présent arrêté, on entend par "véhicule de collection", tout véhicule dont le certificat d'immatriculation comporte la mention relative à l'usage "Véhicule de collection".

VI. — Au sens du présent arrêté, on entend par "véhicule électrique ou hybride", tout véhicule dont le mode de propulsion est assuré par au moins un moteur électrique.

Art. 2-1 *(Abrogé par Arr. du 2 mars 2017, art. 36-2°, à compter du 20 mai 2018) (Arr. du 14 oct. 2009)* ***L'obtention d'un certificat d'immatriculation avec le numéro d'immatriculation définitif et la mention d'usage "véhicule de collection", pour un véhicule de plus de trente ans d'âge sans numéro d'immatriculation définitif et dont le certificat d'immatriculation ne comporte pas la mention d'usage "véhicule de collection", est subordonnée à la preuve de la réalisation d'un contrôle technique*** *(Arr. du 18 févr. 2011)* ***« en cours de validité ».***

L'obtention d'un certificat d'immatriculation avec la mention d'usage "véhicule de collection", pour un véhicule de plus de trente ans d'âge disposant d'un numéro d'immatriculation définitif et dont le certificat d'immatriculation ne comporte pas la mention d'usage "véhicule de collection", est subordonnée à la preuve de la réalisation d'un contrôle technique *(Arr. du 18 févr. 2011)* ***« en cours de validité ».***

L'obtention d'un certificat d'immatriculation avec le numéro d'immatriculation définitif et la mention d'usage "véhicule de collection", pour un véhicule sans numéro définitif et dont le certificat d'immatriculation comporte la mention d'usage "véhicule de collection", est subordonnée à la preuve de la réalisation d'un contrôle technique favorable datant de moins de cinq ans.

Art. 3 *(Arr. du 2 mars 2017, art. 4-1°)* « En cas de mutation d'un véhicule de catégorie M1 ou N1, mis en circulation pour la première fois depuis plus de quatre ans, le vendeur professionnel ou non professionnel remet à l'acquéreur non professionnel du véhicule, avant la conclusion du contrat, le procès-verbal du contrôle technique périodique tel que défini à l'article 6 du présent arrêté et établi depuis moins de six mois. »

Au sens de l'*(Arr. du 13 oct. 2006)* « article R. 323-22 » du code de la route, le terme « mutation » désigne tous les cas de transfert de propriété autres que ceux entrant dans l'une des configurations suivantes :

— véhicule donnant lieu à l'établissement d'une déclaration d'achat ;

— véhicule pris en location avec option d'achat ou en location longue durée qui devient, à l'expiration du contrat, la propriété du locataire mentionné sur le certificat d'immatriculation ;

— véhicule donnant lieu à la délivrance d'un nouveau certificat d'immatriculation à la suite d'un changement d'état matrimonial, et notamment :

— véhicule qui, à la suite du décès d'un conjoint, est immatriculé au nom de l'époux survivant ;

— véhicule qui, à la suite d'un divorce, est immatriculé au nom de l'époux qui en a reçu l'attribution dans le cadre du jugement de divorce ;

— véhicule tombé dans une succession et immatriculé au nom de l'héritier ou de l'un des cohéritiers ;

— véhicule appartenant à une société qui doit être, à la suite d'une fusion, réimmatriculé au nom de la société absorbante ou, en cas de création d'une personne morale nouvelle, au nom de la nouvelle société ;

— véhicule réimmatriculé au nom de plusieurs copropriétaires, à la condition que le nom de l'un d'entre eux ait été porté sur le certificat d'immatriculation *(Arr. du 2 mars 2017, art. 4-2°)* « précédent ».

(Arr. du 26 janv. 2010, en vigueur le 1er janv. 2011) « — les véhicules faisant l'objet d'un transfert entre collectivités territoriales, départements ou administrations de l'État en application de la loi n° 2009-1291 susvisée ; »

(Arr. du 13 nov. 2020, art. 2, en vigueur le 1er janv. 2021) « — Véhicules faisant l'objet d'un transfert entre départements et la Collectivité européenne d'Alsace, en application de la loi n° 2019-816 du 2 août 2019. »

Dernier al. abrogé par Arr. du 16 juill. 2010.

Art. 4 *(Arr. du 2 mars 2017, art. 5, en vigueur le 20 mai 2018)* Le contrôle technique périodique favorable a une validité de deux ans sauf dans le cas des véhicules soumis à une réglementation spécifique, pour lesquels la validité du contrôle technique est indiquée en partie A, à l'annexe VIII du présent arrêté.

Dans le cas où le véhicule est soumis à contre-visite, la contre-visite favorable a une validité de deux ans à compter de la date du contrôle technique périodique défavorable à l'origine de la contre-visite, sauf pour les véhicules *(Arr. du 13 nov. 2020, art. 3, en vigueur le 1er janv. 2021)* « soumis à une réglementation spécifique » pour lesquels cette validité est celle indiquée en partie A, à l'annexe VIII du présent arrêté.

Pour les véhicules de collection *(Arr. du 13 nov. 2020, art. 3, en vigueur le 1er janv. 2021)* « à l'exception de ceux utilisés comme voitures de transport avec chauffeur », les durées de validité précitées sont portées à cinq ans.

(Arr. du 13 nov. 2020, art. 3, en vigueur le 1er janv. 2021) « Tout véhicule de collection affecté à l'usage de voiture de transport avec chauffeur relève de la catégorie des véhicules soumis à une réglementation spécifique mentionnés aux deux premiers alinéas du présent article. »

Art. 4-1 *(Arr. du 2 mars 2017, art. 6-1°)* « Pour les véhicules visés au présent chapitre, le contrôle technique complémentaire tel que défini au II de l'article R. 323-22 du code de la route est effectué dans les deux mois précédant l'expiration d'un délai d'un an à compter de la date du dernier contrôle technique périodique. »

(Arr. du 2 mars 2017, art. 6-2°, en vigueur le 20 mai 2018) « Sont soumis au contrôle technique complémentaire, les véhicules de catégorie N1 à l'exception des véhicules suivants :

« — les véhicules équipés de moteur à allumage commandé (essence) mis pour la première fois en circulation avant le 1er octobre 1972 ;

« — les véhicules équipés de moteur à allumage par compression (diesel) mis pour la première fois en circulation avant le 1er janvier 1980 ;

« — les véhicules dont l'énergie utilisée par le moteur est : GA, EL, AC, H2, HE, HH.

« La date limite de validité d'un contrôle technique complémentaire favorable ou d'une contre-visite complémentaire favorable est celle du dernier contrôle technique périodique. »

CHAPITRE II *MODALITÉS DES CONTRÔLES TECHNIQUES* *(Arr. du 2 mars 2017, art. 7).*

Art. 5 *(Arr. du 9 juin 2011, art. 2, en vigueur le 1er sept. 2011)* Au cours *(Arr. du 2 mars 2017, art. 8-1°)* « du contrôle » technique périodique, un même contrôleur effectue l'ensemble des contrôles décrits à l'annexe I. *(Arr. du 25 juill. 2023, art. 2)* « Au cours du contrôle complémentaire, de la contre-visite ou de la contre-visite complémentaire, les opérations de contrôle sont réalisées par un seul contrôleur. »

(Arr. du 2 mars 2017, art. 8-2°) « La réalisation simultanée de plusieurs contrôles (contrôle technique périodique, contrôle complémentaire, contre-visite ou contre-visite complémentaire) par un même contrôleur est interdite. »

Au cours du contrôle technique d'un véhicule soumis à réglementation spécifique au sens du présent arrêté, le même contrôleur effectue en outre l'ensemble des contrôles supplémentaires applicables à la catégorie du véhicule contrôlé décrits à l'annexe I.

Les dispositions introduites par l'Arr. du 27 juill. 2001 sont applicables à compter du 1er janv. 2002 (Arr. du 27 juill. 2001, art. 11).

Art. 5-1 *(Arr. du 2 mars 2017, art. 9, en vigueur le 20 mai 2018)* Au cours du contrôle technique complémentaire, le contrôleur n'effectue que le contrôle de l'identification du véhicule et les contrôles prévus aux points de contrôle *(Arr. du 13 juill. 2018, art. 2, en vigueur le 1er janv. 2019)* « 6.1.2, 6.1.3 et 7.11.1 » et *(Arr. du 4 sept. 2017, art. 2, en vigueur le 20 mai 2018)* « aux ensembles de points de contrôle "8.1. Bruit" et "8.2. Émissions à l'échappement" de l'annexe I du présent arrêté ».

Art. 6 *(Arr. du 2 mars 2017, art. 10, en vigueur le 20 mai 2018)* Il est dressé un procès-verbal de chaque contrôle technique. *(Arr. du 13 juill. 2018, art. 3, en vigueur le 1er janv. 2019)* « Ce document, qui est conforme aux dispositions de l'annexe II du présent arrêté, décrit les défaillances constatées et indique les résultats des mesures relevées au cours des essais et les commentaires prévus aux annexes I et II du présent arrêté. »

(Abrogé par Arr. du 13 juill. 2018, art. 3, à compter du 1er janv. 2019) ***« Ce document est conforme aux dispositions de l'annexe II du présent arrêté. »*** Ce procès-verbal est établi immédiatement à l'issue du contrôle technique, signé par le contrôleur qui a réalisé le contrôle technique, puis validé informatiquement par le contrôleur conformément aux dispositions de l'annexe III du présent arrêté.

Il est ensuite remis à la personne qui présente le véhicule.

Une copie ou un duplicata de ce procès-verbal est archivé par le titulaire de l'agrément de l'installation de contrôle. Dans les deux cas, le document porte la signature du contrôleur.

L'archivage de la copie ou du duplicata ainsi que des éventuels documents associés est réalisé de façon à ce que :

— l'intégrité des documents archivés soit assurée ;

— la traçabilité par rapport au véhicule contrôlé soit assurée ;

— l'ensemble des documents puissent être consultés en permanence (y compris par les services chargés de la surveillance des installations), pendant au moins quatre ans (six ans pour les véhicules de collection). Lorsque l'archivage est informatique, des dispositions sont prises pour garantir la relecture et la réimpression des documents archivés.

Art. 6-1 *(Abrogé par Arr. du 2 mars 2017, art. 36-2°, à compter du 20 mai 2018) (Arr. du 16 juill. 2010)* ***« Il est dressé un procès-verbal de chaque contrôle technique complémentaire. »*** *(Arr. du 15 janv. 2013, art. 4, en vigueur le 25 févr. 2013)* ***« Ce document est conforme aux dispositions de l'annexe II du présent arrêté ; il décrit les défauts constatés et indique le résultat des mesures relevées au cours des essais conformément au protocole prévu au point c de l'article 27 du présent arrêté. »***

(Arr. du 7 mai 1997) ***Il doit être différencié des procès-verbaux de*** *(Arr. du 13 oct. 2006, art. 14, en vigueur le 1er janv. 2008)* ***« visite technique périodique », par l'impression de la mention "Visite complémentaire" sous la rubrique intitulée "Nature du contrôle" figurant à son recto.***

Établi immédiatement à l'issue *(Arr. du 13 oct. 2006)* ***« du contrôle technique complémentaire » et visé par le contrôleur qui l'a effectuée, il est remis à la personne qui présente le véhicule. Une***

copie doit être conservée par le titulaire de l'agrément de l'installation de contrôle ou par le réseau auquel elle est rattachée.

(Arr. du 13 oct. 2006, art. 14, en vigueur le 1er janv. 2008) *« Dès que le procès-verbal est visé par le contrôleur, le contrôle technique complémentaire doit être validé informatiquement conformément aux dispositions de l'annexe III du présent arrêté. »*

Art. 7 *(Arr. du 2 mars 2017, art. 11, en vigueur le 20 mai 2018)* L'annexe I du présent arrêté définit :

– les défaillances mineures n'ayant aucune incidence notable sur la sécurité du véhicule ou sur l'environnement ;

– les défaillances majeures susceptibles de compromettre la sécurité du véhicule, d'avoir une incidence négative sur l'environnement, ou de mettre en danger les autres usagers de la route ;

– les défaillances critiques constituant un danger direct et immédiat pour la sécurité routière ou ayant une incidence grave sur l'environnement.

Le contrôle technique périodique et la contre-visite entraînent :

– un résultat favorable (A) en l'absence de défaillance majeure et critique ;

– un résultat défavorable pour défaillances majeures (S), en l'absence de défaillance critique et lorsqu'il est constaté au moins une défaillance majeure. Dans ce cas, la validité du contrôle est de deux mois à compter de la date du contrôle technique périodique ;

– un résultat défavorable pour défaillances critiques (R) lorsqu'il est constaté au moins une défaillance critique. Dans ce cas, la validité du contrôle est limitée au jour du contrôle.

Tout résultat défavorable entraîne l'obligation de réalisation d'une contre-visite, qui ne peut être réalisée que dans le délai de deux mois après le contrôle technique périodique tel que défini à l'article 5, faute de quoi un nouveau contrôle technique périodique est à réaliser.

Lorsque la contre-visite fait suite à un contrôle réalisé avant le 20 mai 2018 et qu'elle est effectuée à compter du 20 mai 2018, cette contre-visite porte sur les points de contrôle prévus au point D de l'annexe I de l'arrêté du 18 juin 1991 susvisé, dans sa version en vigueur à la date de réalisation de la contre-visite (Arr. du 2 mars 2017, art. 35).

Art. 7-1 *(Arr. du 2 mars 2017, art. 12, en vigueur le 20 mai 2018)* Le contrôle technique complémentaire et la contre-visite complémentaire entraînent :

– un résultat favorable en l'absence de défaillance majeure et critique ;

– *(Arr. du 13 juill. 2018, art. 4)* « un résultat défavorable pour défaillances majeures », en l'absence de défaillance critique, lorsqu'il est constaté au moins une défaillance majeure. Dans ce cas, la validité du contrôle est de deux mois à compter de la date du contrôle technique complémentaire ;

– *(Arr. du 13 juill. 2018, art. 4)* « un résultat défavorable pour défaillances critiques » lorsqu'il est constaté au moins une défaillance critique. Dans ce cas, la validité du contrôle est limitée au jour du contrôle.

(Arr. du 4 sept. 2017, art. 3, en vigueur le 20 mai 2018) « Tout résultat défavorable entraîne l'obligation de réalisation d'une contre-visite complémentaire, qui ne peut être réalisée que dans le délai de deux mois après le contrôle technique complémentaire tel que défini à l'article 5-1, faute de quoi un nouveau contrôle technique complémentaire ou un nouveau contrôle technique est à réaliser.

« La validité du contrôle technique complémentaire ou de la contre-visite complémentaire n'excède pas celle du dernier contrôle technique périodique. »

Lorsque la contre-visite complémentaire est réalisée suite à un contrôle complémentaire réalisé avant le 20 mai 2018 et qu'elle est effectuée à compter du 20 mai 2018, cette contre-visite complémentaire porte sur le contrôle de l'identification du véhicule et les contrôles prévus à l'ensemble de points de contrôle 8.2 et aux points de contrôle 6.1.2 et 6.1.3. de l'annexe I de l'Arr. du 18 juin 1991 susvisé, dans sa version en vigueur à la date de réalisation de la contre-visite (Arr. du 2 mars 2017, art. 35).

Art. 8 *(Arr. du 2 mars 2017, art. 13, en vigueur le 20 mai 2018)* Les points à contrôler lors des contre-visites et contre-visites complémentaires sont définis à l'annexe I du présent arrêté.

A l'issue du contrôle, si les points susvisés présentent des défaillances majeures ou critiques, une nouvelle contre-visite ou contre-visite complémentaire est à réaliser dans la limite du délai de deux mois à compter du contrôle technique périodique défini à l'article 5 du présent arrêté ou du contrôle technique complémentaire défini à l'article 5-1 du présent arrêté.

Dans le cas où ce délai est dépassé, ou lorsque l'original du procès-verbal de contrôle relatif au contrôle technique périodique ou complémentaire ne peut être présenté au contrôleur et que les données informatiques du contrôle technique défavorable ne peuvent pas être consultées, le véhicule est soumis à un nouveau contrôle technique périodique tel que défini à l'article 5 du présent arrêté ou à un nouveau contrôle technique complémentaire tel que défini à l'article 5-1 du présent arrêté. Si, à cette occasion, une nouvelle contre-visite ou contre-visite complémentaire est prescrite, celle-ci est réalisée dans un nouveau délai de deux mois.

(Arr. du 8 févr. 2022, art. 2, en vigueur le 27 avr. 2022) « Lorsque la contre-visite n'est pas réalisée dans le même centre que celui où le contrôle périodique ou complémentaire qui a fait l'objet d'un résultat défavorable a été réalisé, une copie du contrôle périodique ou complémentaire est archivée avec le procès-verbal dans les conditions définies à l'article 6 du présent arrêté. »

Lorsque la contre-visite complémentaire est réalisée suite à un contrôle complémentaire réalisé avant le 20 mai 2018 et qu'elle est effectuée à compter du 20 mai 2018, cette contre-visite complémentaire porte sur le contrôle de l'identification du véhicule et les contrôles prévus à l'ensemble de points de contrôle 8.2 et aux points de contrôle 6.1.2 et 6.1.3. de l'annexe I de l'Arr. du 18 juin 1991 susvisé, dans sa version en vigueur à la date de réalisation de la contre-visite (Arr. du 2 mars 2017, art. 35).

Art. 9 *(Arr. du 2 mars 2017, art. 14, en vigueur le 8 juin 2017)* L'original du certificat d'immatriculation est présenté préalablement au contrôle technique.

(Arr. du 8 févr. 2022, art. 4-1°, en vigueur le 27 mars 2022) « En l'absence de ce document, sont présentés un document ou un ensemble de documents permettant de connaître les caractéristiques du véhicule. La liste des documents qui peuvent être présentés en l'absence de l'original du certificat d'immatriculation est prévue dans une instruction technique établie par l'organisme technique central, approuvée par le ministre chargé des transports et disponible sur le site internet de l'organisme technique central. »

(Arr. du 13 nov. 2020, art. 4, en vigueur le 1er janv. 2021) « En cas de modification notable *(Arr. du 8 févr. 2022, art. 4-2°, en vigueur le 27 mars 2022)* « du véhicule », l'attestation de dépôt de dossier de réception à titre isolé indiquant le motif de réception, datant de moins d'un an, est présentée en complément du certificat d'immatriculation. »

En cas d'adaptation réversible de série au sens de l'arrêté du 7 novembre 2014 relatif à l'adaptation réversible de série de certains types de véhicules, le document prévu en annexe 1-B ou 1-C de cet arrêté est présenté en complément du certificat d'immatriculation.

(Arr. du 13 nov. 2020, art. 4, en vigueur le 1er janv. 2021) « En cas d'adaptation réversible *[du]* véhicule école au sens de l'arrêté du 27 juin 2017 relatif à l'adaptation réversible des véhicules destinés à l'enseignement ou à l'apprentissage de la conduite, le document prévu en annexe 1-A (pose des équipements) ou 1-B (dépose des équipements) de cet arrêté est présenté en complément du certificat d'immatriculation.

« En présence d'un kit superéthanol installé sur le véhicule dont le certificat d'immatriculation ne mentionne pas une des énergies prévues (FE - FL - FN - FG *(Arr. du 25 juill. 2023, art. 3)* « - FH - FR -FQ -FM ou FP »), le certificat de conformité délivré par le fabricant et le procès-verbal d'agrément de prototype sont présentés en complément du certificat d'immatriculation.

« En présence d'un véhicule où l'énergie électrique est la seule énergie motrice (absence de motorisation thermique), si le certificat d'immatriculation ne mentionne pas l'énergie prévue *(Arr. du 22 déc. 2023, art. 2)* « (EL, HE ou HH) », le certificat de conformité délivré par le fabricant est présenté en complément du certificat d'immatriculation.

(Arr. du 8 févr. 2022, art. 4-3°, en vigueur le 27 avr. 2022) « En présence d'un véhicule VASP/ HANDICAP à usage public ou non public, mis en circulation à compter du 01/03/2021, une attestation d'aménagement d'un véhicule de catégorie M1 équipé pour être accessible aux personnes à mobilité réduite est présentée en complément du certificat d'immatriculation. »

« La désignation des documents présentés en l'absence *(Arr. du 8 févr. 2022, art. 4-4°, en vigueur le 27 mars 2022)* « de l'original » du certificat d'immatriculation ou en complément de celui-ci figure sur le procès-verbal de contrôle et une copie du document est archivée. »

A l'issue du contrôle technique, le contrôleur appose sur le certificat d'immatriculation, à l'exclusion des autres documents précités, à l'emplacement réservé à cet effet, un timbre dit "timbre certificat d'immatriculation" conforme aux dispositions de l'annexe II du présent arrêté.

(Arr. du 22 déc. 2023, art. 2) « En l'absence de l'original du certificat d'immatriculation, le timbre est rendu inutilisable à l'issue du contrôle technique et fait l'objet d'un archivage permettant d'assurer un lien entre chaque timbre et le numéro du procès-verbal correspondant. Lorsque le procès-verbal est imprimé sur plusieurs pages, les timbres autres que celui de la première page sont également rendus inutilisables à l'issue du contrôle technique. Ces timbres rendus inutilisables font l'objet d'un archivage permettant d'assurer un lien entre chaque timbre et le numéro du procès-verbal correspondant. »

(Arr. du 8 févr. 2022, art. 4-5° et 6°, en vigueur le 27 mars 2022) « Lorsque le propriétaire du véhicule refuse expressément que les données relatives à la consommation de carburant et d'énergie en conditions d'utilisation soient collectées par le dispositif de diagnostic des systèmes embarqués, le document de refus, dont le modèle est prévu par instruction technique établie par l'organisme technique central et approuvée par le ministre chargé des transports, dûment rempli, daté et signé est archivé avec la copie ou le duplicata du procès-verbal. »

Art. 9-1 *(Abrogé par Arr. du 2 mars 2017, art. 36-2°) (Arr. du 15 janv. 2013, art. 8, en vigueur le 25 févr. 2013)* ***« L'original du certificat d'immatriculation est présenté préalablement à la visite technique complémentaire ou à défaut, le document ou les ensembles de documents visés à l'article 9 ci-dessus. »***

(Arr. du 7 mai 1997) ***La désignation du document présenté au lieu du certificat d'immatriculation doit figurer sur le procès-verbal de visite technique complémentaire et dans les enregistrements informatiques relatifs à la visite technique complémentaire.***

A l'issue de toute visite technique complémentaire, *(Arr. du 4 sept. 2017, art. 5)* ***« le contrôleur » appose*** *(Arr. du 10 mars 1998)* ***« sur le certificat d'immatriculation », à l'exclusion des autres documents susvisés, à l'emplacement réservé à cet effet, un timbre certificat d'immatriculation conforme aux dispositions de l'annexe II du présent arrêté.***

(Abrogé par Arr. du 15 janv. 2013, art. 8, en vigueur le 25 févr. 2013) ***« Ce timbre doit indiquer notamment la date limite de validité du visa, c'est-à-dire la date au-delà de laquelle le véhicule ne peut être maintenu en circulation sans avoir été soumis à une nouvelle visite, ainsi que les lettres AP ou SP selon que les défectuosités constatées, s'il y en a, ne justifient pas une contre-visite ou justifient une contre-visite. »***

L'art. 9-1 est abrogé à compter du 20 mai 2018 (Arr. du 2 mars 2017, art. 36-2°).

Art. 9-2 *(Arr. du 27 juill. 2001)* Dans le cas d'un véhicule soumis à réglementation spécifique au sens du présent arrêté, en complément de l'original du certificat d'immatriculation ou, à défaut, de l'un des documents visés à l'article 9 ci-dessus, l'original du document applicable à la catégorie du véhicule tel que mentionné dans le tableau figurant en partie A de l'annexe VIII doit être présenté, le cas échéant, préalablement au contrôle technique.

Art. 10 *(Arr. du 2 mars 2017, art. 15, en vigueur le 20 mai 2018)* A l'issue du contrôle technique et lorsque le véhicule est équipé d'un pare-brise, le contrôleur positionne immédiatement par tout moyen adapté à l'intérieur du véhicule, recto visible de l'extérieur, sur la partie inférieure droite du pare-brise, une vignette conforme aux dispositions de l'annexe II du présent arrêté, indiquant la date limite de validité du contrôle et le cas échéant, pour les véhicules concernés par le contrôle technique complémentaire tel que définie à l'article 4-1 du présent arrêté, la date limite de présentation à ce contrôle.

Lorsque le véhicule est déjà muni de la vignette visée au présent article, le contrôleur la retire et la détruit pendant le contrôle.

Les véhicules de collection ne sont pas soumis aux dispositions du premier alinéa du présent article.

Art. 10-1 *(Abrogé par Arr. du 2 mars 2017, art. 36-2°, à compter du 20 mai 2018) (Arr. du 18 févr. 2011)* ***« A l'issue de la visite technique complémentaire ou de la contre-visite complémentaire »*** *(Arr. du 16 juill. 2010)*, ***et*** *(Arr. du 15 janv. 2013, art. 9, en vigueur le 25 févr. 2013)* ***« lorsqu'il n'est pas prescrit de contre-visite », le contrôleur ou toute autre personne du centre de contrôle désignée par une procédure spécifique réseau (ou spécifique centre pour le cas d'un centre non rattaché),*** *(Arr. du 18 févr. 2011, en vigueur dès l'application de l'Arr. du 16 juill. 2010, art. 18-XV)* ***« positionne immédiatement par tout moyen adapté », à l'intérieur du véhicule, recto visible de l'extérieur, sur la partie inférieure droite du pare-brise, une vignette conforme aux***

dispositions de l'annexe II du présent arrêté, indiquant le mois et l'année limites de présentation à la prochaine visite technique périodique telle que définie à l'article 5 du présent arrêté.

Lorsque le véhicule est déjà muni de la vignette visée à l'article 10 du présent arrêté ou au présent article, le contrôleur la retire et la détruit pendant le contrôle.

Art. 11 *(Arr. du 2 mars 2017, art. 16, en vigueur le 20 mai 2018)* Constituent une preuve du contrôle technique, l'original du procès-verbal de contrôle technique ou, à défaut :

— le certificat d'immatriculation complété, conformément aux dispositions de l'article 9 du présent arrêté, par le timbre certificat d'immatriculation ou par la date limite de validité du contrôle ;

— une copie du procès-verbal ou un duplicata du procès-verbal signé par le contrôleur. Ce document est accompagné d'une attestation délivrée par l'installation de contrôle ayant effectué le contrôle technique et reprenant a minima l'identification de l'installation de contrôle qui a effectué le contrôle technique, le numéro d'immatriculation du véhicule, son numéro dans la série du type ou VIN (*Vehicle Identification Number*), ainsi que les informations figurant sur le timbre certificat d'immatriculation.

Art. 11-1 *(Abrogé par Arr. du 2 mars 2017, art. 36-2°, à compter du 20 mai 2018) (Arr. du 15 janv. 2013, art. 11, en vigueur le 25 févr. 2013)* ***« Constituent une preuve du contrôle technique complémentaire l'original du procès-verbal de contrôle technique complémentaire, ou à défaut :***

« — le certificat d'immatriculation complété conformément aux dispositions de l'article 9-1 du timbre certificat d'immatriculation ou de la date limite de validité du visa ».

(Arr. du 13 oct. 2006) ***— ou une attestation délivrée soit par l'installation de contrôle ayant effectué le contrôle technique complémentaire soit par le réseau dans le cadre d'un centre rattaché à un réseau, et reprenant au moins l'identification de l'installation de contrôle qui a effectué le contrôle technique, le numéro d'immatriculation du véhicule, son numéro dans la série du type ou VIN (Vehicle Identification Number), ainsi que les informations figurant sur le timbre certificat d'immatriculation.***

TITRE II AGRÉMENT DES CONTRÔLEURS, DES INSTALLATIONS DE CONTRÔLE, DES RÉSEAUX DE CONTRÔLE ET DES ORGANISMES D'AUDIT ET EXERCICE DU CONTRÔLE TECHNIQUE PAR UN PRESTATAIRE VISÉ AU II DE L'ARTICLE L. 323-1 DU CODE DE LA ROUTE *(Arr. du 18 févr. 2011).*

CHAPITRE I *AGRÉMENT DES CONTRÔLEURS*

Art. 12 *(Arr. du 15 janv. 2013, art. 12, en vigueur le 25 févr. 2013)* Pour être agréé, un contrôleur satisfait aux conditions définies au I de l'article R. 323-17 du code de la route, possède une des qualifications requises à l'annexe IV du présent arrêté et est rattaché à un centre de contrôle agréé.

Art. 12-1 *(Arr. du 2 mars 2017, art. 17, en vigueur le 8 juin 2017)* Pour réaliser les contrôles techniques des véhicules pour lesquels le gaz naturel ou le gaz de pétrole liquéfié constitue une des sources d'énergie, le contrôleur dispose d'une attestation de qualification spécifique délivrée par son réseau de rattachement ou par son centre de rattachement dans le cas d'un centre non rattaché à un réseau. La qualification est notifiée à l'organisme technique central, via le registre national des centres et des contrôleurs. L'attestation de qualification est présentée par le contrôleur avec l'attestation de formation complémentaire, le cas échéant lors des audits et sur demande des services de l'État.

Art. 12-2 *(Abrogé par Arr. du 2 mars 2017, art. 36-1°) (Arr. du 15 janv. 2013, art. 14, en vigueur le 10 janv. 2014)* ***Pour réaliser les contrôles sur les véhicules électriques ou hybrides, le contrôleur dispose d'une habilitation électrique spéciale avec mention contrôle technique délivrée par l'employeur. L'habilitation est présentée par le contrôleur et son employeur à toute demande des services de l'État.***

Art. 13 *(Arr. du 13 oct. 2006)* Un contrôleur est agréé par le préfet de département du lieu d'implantation du centre de contrôle des véhicules légers auquel il est rattaché, sur la base d'un dossier dont la composition est définie à l'annexe VII du présent arrêté.

La décision d'agrément est notifiée simultanément au contrôleur, au centre de contrôle de véhicules légers auquel il est rattaché, au réseau de rattachement éventuel *(Arr. du 14 oct. 2009)* « et pour les contrôleurs non rattachés à l'organisme technique central ». Cette décision d'agrément doit pouvoir être présentée par le contrôleur *(Arr. du 2 mars*

2017, art 18-1°, en vigueur le 8 juin 2017) « lors des audits et sur demande des services chargés de la surveillance du contrôle technique ».

(Arr. du 15 janv. 2013, art. 15, en vigueur le 25 févr. 2013) « En cas de décision de rejet, la décision est motivée et notifiée simultanément au demandeur, au centre de contrôle de véhicules légers de demande de rattachement, au réseau de rattachement éventuel ainsi qu'à l'organisme technique central.

(Arr. du 14 oct. 2009) « Un contrôleur agréé pour le contrôle technique des véhicules légers peut, sans préjudice des autres dispositions légales et réglementaires en vigueur, exercer dans *(Arr. du 8 févr. 2022, art. 5, en vigueur le 27 mars 2022)* « d'autres centres de contrôle », sous réserve qu'il maîtrise l'utilisation des équipements de contrôle, les applications informatiques et le système qualité du centre dans lequel il intervient. Cette condition est remplie par présentation d'une attestation d'habilitation visée par le titulaire de l'agrément du centre de contrôle. » *(Abrogé par Arr. du 2 mars 2017, art. 18-2°, à compter du 8 juin 2017) (Arr. du 15 janv. 2013, art. 15, en vigueur le 25 févr. 2013)* ***« Dans le cas particulier d'une installation auxiliaire dans laquelle il intervient, le contrôleur dispose d'une attestation du réseau qui exploite ladite installation. »***

« Les dispositions relatives aux modifications du dossier d'agrément d'un contrôleur sont décrites au paragraphe III du chapitre I de l'annexe VII du présent arrêté.

« Un contrôleur bénéficiaire de la reconnaissance des qualifications professionnelles acquises dans un autre État membre de la Communauté européenne ou dans un État partie à l'accord sur l'Espace économique européen a *(Arr. du 2 mars 2017, art. 18-3°, en vigueur le 8 juin 2017)* « également » les connaissances linguistiques nécessaires à l'exercice du contrôle technique, notamment la maîtrise du vocabulaire technique de l'automobile. »

Le 3e al. devient le 4e al. (Arr. du 2 mars 2017, art. 18-2°).

Art. 13-1 *(Arr. du 14 oct. 2009)* « L'agrément du contrôleur peut être retiré ou suspendu conformément aux dispositions du IV de l'article R. 323-18 du code de la route, soit par le préfet du département où les faits ont été constatés, soit par le préfet du département du centre de rattachement du contrôleur. Les mesures de retrait ou de suspension sont notamment applicables en cas de carence de qualification, en cas de réalisation non conforme d'un contrôle technique, notamment dans les points à contrôler, les modalités et méthodes de contrôles, les formalités finales ou conclusions dans le résultat du contrôle technique. En application des dispositions de l'article R. 323-18 du code de la route, l'agrément du contrôleur peut être retiré en cas de non-respect d'une décision administrative suspendant l'activité du contrôleur. »

(Arr. du 25 juill. 2023, art. 4) « Avant toute décision, le préfet de département informe par écrit le contrôleur, le titulaire de l'agrément du centre de contrôle où les faits ont été constatés ainsi que le titulaire de l'agrément du centre de contrôle auquel le contrôleur est rattaché et les réseaux éventuellement concernés, de son intention de suspendre ou de retirer l'agrément du contrôleur en indiquant les faits qui lui sont reprochés et en lui communiquant ou en lui permettant d'accéder au dossier sur la base duquel la procédure est initiée.

« Le contrôleur, le titulaire de l'agrément du centre de contrôle où les faits ont été constatés ainsi que le titulaire de l'agrément du centre de contrôle de rattachement du contrôleur et les réseaux éventuellement concernés disposent d'un délai d'un mois, à compter de la présentation du courrier, pour faire part de leurs observations par écrit.

« Si le préfet de département envisage de suspendre ou retirer l'agrément, il organise une réunion contradictoire à laquelle sont invités le contrôleur, le titulaire de l'agrément du centre de contrôle où les faits ont été constatés ainsi que le titulaire de l'agrément du centre de contrôle de rattachement du contrôleur et les réseaux éventuellement concernés, avant que la sanction ne soit prononcée. Chacune des parties invitées à la réunion contradictoire peut se faire représenter sous réserves de ne pas mandater une autre partie à cette réunion ou le représentant de celle-ci. Les représentants des parties justifient d'un mandat écrit à l'exception des conseils. Cette réunion est tenue postérieurement au délai d'un mois accordé pour faire part des observations.

« Toute décision de suspension ou de retrait d'agrément est notifiée au contrôleur, au titulaire de l'agrément du centre de contrôle où les faits ont été constatés, au titulaire de l'agrément du centre de contrôle de véhicules légers auquel le contrôleur est rattaché, aux réseaux éventuellement concernés et à l'organisme technique central. »

(Arr. du 2 mars 2017, art. 19, en vigueur le 8 juin 2017) « Dans le cas particulier du retrait d'agrément au motif du non-respect de la disposition de l'article L. 323-1 du code de la route portant sur l'absence de condamnation inscrite au bulletin n° 2 du casier judiciaire, le contrôleur peut demander un nouvel agrément dès que le bulletin n° 2 de son casier judiciaire répond aux exigences de l'article L. 323-1 du code de la route. »

Art. 13-2 *(Arr. du 13 oct. 2006)* En cas d'urgence le préfet peut suspendre, à titre conservatoire et avec effet immédiat, l'agrément du contrôleur pour une durée maximum de deux mois dans l'attente de la décision prise en application des dispositions de l'article 13-1.

(Arr. 14 oct. 2009) « La suspension à titre conservatoire de l'agrément peut être prononcée conformément aux dispositions du IV de l'article R. 323-18 du code de la route, soit par le préfet du département où les faits ont été constatés, soit par le préfet du département du centre de rattachement du contrôleur. »

CHAPITRE II *AGRÉMENT DES INSTALLATIONS DE CONTRÔLE*

§ 1 *Moyens techniques et organisation*

Art. 14 *(Arr. du 15 janv. 2013, art. 17, en vigueur le 25 févr. 2013)* Sans préjudice des dispositions réglementaires en vigueur relatives à la protection des travailleurs et de l'environnement, les installations de contrôle visées aux articles R. 323-13 à R. 323-15 du code de la route répondent aux exigences de l'annexe III du présent arrêté et comprennent des moyens techniques et informatiques permettant d'effectuer les contrôles décrits à l'annexe I, de recueillir les données relatives aux *(Arr. du 2 mars 2017, art. 20, en vigueur le 20 mai 2018)* « contrôles » techniques effectuées et de les transmettre à l'Organisme technique central conformément aux dispositions du titre III du présent arrêté. Les conditions nécessaires à l'application du présent article sont définies aux annexes III et V du présent arrêté.

Art. 15 *(Arr. du 15 janv. 2013, art. 18, en vigueur le 25 févr. 2013)* Les installations d'un centre de contrôle de véhicules légers sont organisées, conformément à l'annexe V du présent arrêté, de manière à répondre aux conditions définies au I de l'article R. 323-13 du code de la route pour permettre la réalisation des catégories de contrôles techniques.

§ 2 *Modalités d'agrément des installations d'un centre de contrôle*

Art. 16 Toute personne morale ou physique désirant obtenir l'agrément des installations d'un centre de contrôle dépose auprès du préfet du département d'implantation du centre un dossier dont la composition est définie à l'annexe VII du présent arrêté.

(Arr. du 15 janv. 2013, art. 19, en vigueur le 25 févr. 2013) « Ce dossier précise notamment le nom de la personne physique assurant l'exploitation du centre de contrôle, désignée à cet effet par le titulaire de l'agrément, la description de l'organisation et des moyens matériels ainsi que *(Arr. du 4 sept. 2017, art. 6)* « , pour les centres de contrôle non rattachés à un réseau, » les procédures prévues. »

(Arr. du 14 févr. 1996) « Les services administratifs chargés de l'instruction de la demande d'agrément et, dans le cas des centres non rattachés, l'organisme technique central agissant *(Arr. du 13 oct. 2006)* « dans le cadre de ses missions spécifiées au *f* de l'article 29 » du présent arrêté peuvent demander tous justificatifs complémentaires et conduire toutes les vérifications nécessaires en vue de s'assurer de la conformité du centre aux dispositions législatives et réglementaires applicables. »

Art. 17 *(Arr. du 13 oct. 2006)* « La décision préfectorale d'agrément est notifiée simultanément au centre de contrôle, au réseau de rattachement éventuel *(Arr. du 14 oct. 2009)* « et pour les centres non rattachés à l'organisme technique central ».

« En cas de décision de rejet de la demande d'agrément pour le contrôle des véhicules légers, la décision est motivée et notifiée simultanément au centre de contrôle, au réseau de rattachement éventuel et à l'Organisme technique central.

« Les dispositions relatives aux modifications d'agrément d'un centre de contrôle sont décrites aux paragraphes III des chapitres II et III de l'annexe VII du présent arrêté. »

(Arr. du 2 mars 2017, art. 21, en vigueur le 8 juin 2017) « L'agrément des installations d'un centre de contrôle qui cesse d'être rattaché à un réseau de contrôle agréé prend fin à compter de la date où cesse le rattachement du centre au réseau.

« En cas de retrait d'agrément d'un réseau, l'agrément des installations de tout centre de contrôle qui lui est rattaché est annulé à compter du soixantième jour à partir de la date de retrait de l'agrément du réseau. Les données relatives aux contrôles effectués durant cette période sont conservées et communiquées par tous moyens utiles à l'organisme technique central au plus tard à l'expiration de cette période. »

Art. 17-1 *(Arr. du 14 oct. 2009)* L'agrément du centre de contrôle peut être retiré ou suspendu pour tout ou partie des catégories de contrôles techniques couvertes par l'agrément, conformément aux dispositions du IV de l'article R. 323-14 du code de la route, par le préfet du département du centre. Les mesures de retrait ou suspension sont notamment applicables en cas de non-respect des articles R. 323-13 à R. 323-17 du code de la route.

(Arr. du 25 juill. 2023, art. 5) « Avant toute décision, le préfet informe par écrit le titulaire de l'agrément du centre de contrôle et son réseau de rattachement, le cas échéant, de son intention de suspendre ou de retirer l'agrément du centre, pour tout ou partie des catégories de contrôle, en indiquant les faits qui lui sont reprochés et en lui communiquant ou en lui permettant d'accéder au dossier sur la base duquel la procédure est initiée. Le titulaire de l'agrément du centre de contrôle et son réseau de rattachement, le cas échéant, disposent d'un délai d'un mois, à compter de la présentation du courrier, pour faire part de leurs observations par écrit.

« Si le préfet de département envisage de suspendre ou retirer l'agrément, il organise une réunion contradictoire à laquelle sont invités le titulaire de l'agrément du centre de contrôle où les faits ont été constatés ainsi que le réseau éventuellement concerné avant que la sanction ne soit prononcée. Le titulaire de l'agrément peut se faire représenter sous réserves de ne pas mandater le réseau d'affiliation. Le mandataire justifie d'un mandat écrit à l'exception des conseils. Cette réunion est tenue postérieurement au délai d'un mois accordé pour faire part des observations. »

(Arr. du 2 mars 2017, art. 22, en vigueur le 8 juin 2017) « En application des dispositions de l'article R. 323-14 du code de la route, l'agrément du centre peut être retiré en cas de non-respect d'une décision administrative suspendant l'activité du centre. »

(Arr. du 25 juill. 2023, art. 5) « Toute décision de suspension ou de retrait d'agrément est notifiée au titulaire de l'agrément du centre de contrôle, au réseau de rattachement éventuel et à l'organisme technique central. »

Art. 17-2 *(Arr. du 13 oct. 2006)* En cas d'urgence, le préfet peut suspendre à titre conservatoire et avec effet immédiat, l'agrément du centre pour une durée maximum de deux mois dans l'attente de la décision prise en application des dispositions de l'article 17-1.

§ 3 *Installations auxiliaires (Arr. du 15 janv. 2013, art. 21, en vigueur le 25 févr. 2013).*

Art. 18 *(Abrogé par Arr. du 15 janv. 2013, art. 37, à compter du 25 févr. 2013)* ***Un réseau national agréé désirant obtenir l'agrément d'une installation auxiliaire dépose auprès du préfet du département d'implantation de cette installation de contrôle un dossier dont la composition est définie à l'annexe VII du présent arrêté.***

(Arr. du 13 oct. 2006) ***« Les services administratifs chargés de l'instruction de la demande d'agrément et l'Organisme technique central, agissant dans le cadre de ses missions spécifiées au f de l'article 29 du présent arrêté, peuvent demander tous les justificatifs complémentaires et conduire toutes les vérifications nécessaires en vue de s'assurer de la conformité de l'installation auxiliaire aux dispositions législatives et réglementaires applicables. »***

Art. 19 *(Abrogé par Arr. du 2 mars 2017, art. 36-1°) (Abrogé par Arr. du 15 janv. 2013, art. 37, à compter du 25 févr. 2013) (Arr. du 13 oct. 2006)* ***« La décision préfectorale d'agrément est notifiée simultanément au réseau demandeur, à l'exploitant de l'établissement qui abrite l'installation auxiliaire et à l'Organisme technique central.***

« En cas de décision de rejet de la demande d'agrément, la décision est motivée et notifiée simultanément au réseau demandeur, à l'exploitant de l'établissement abritant l'installation auxiliaire de contrôle de véhicules légers et à l'Organisme technique central.

« Les dispositions relatives aux modifications d'agrément d'une installation auxiliaire sont décrites au paragraphe III du chapitre IV de l'annexe VII du présent arrêté. »

(Arr. du 9 juin 2011, art. 5, en vigueur le 1er sept. 2011) ***« L'agrément d'une installation auxiliaire qui cesse d'être exploitée par un réseau de contrôle agréé prend fin à compter de la date où cesse l'exploitation par le réseau. »***

Art. 19-1 *(Abrogé par Arr. du 2 mars 2017, art. 36-1°) (Arr. du 15 janv. 2013, art. 22, en vigueur le 25 févr. 2013)* ***L'agrément d'une installation auxiliaire peut être retiré ou suspendu, conformément aux dispositions du IV de l'article R. 323-14 du code de la route, dans les mêmes conditions que celles prévues à l'article 17-1 du présent arrêté. En application des dispositions de***

l'article R. 323-14 du code de la route, l'agrément de l'installation auxiliaire peut être retiré en cas de non-respect d'une décision administrative suspendant l'activité de l'installation.

Avant toute décision, le préfet informe par écrit le réseau qui exploite l'installation de son intention de suspendre ou de retirer l'agrément de l'installation auxiliaire, en indiquant les faits qui lui sont reprochés et en lui communiquant ou en lui permettant d'accéder au dossier sur la base duquel la procédure est initiée. Celui-ci dispose d'un délai d'un mois, à compter de la présentation du courrier, pour faire part de ses observations par écrit.

A l'issue du délai d'un mois, si le préfet de département a toujours l'intention de suspendre ou retirer l'agrément, il organise une réunion contradictoire à laquelle sont invités le réseau qui exploite l'installation et l'exploitant de l'établissement abritant l'installation de contrôle où les faits ont été constatés avant que la sanction ne soit prononcée.

Toute décision de suspension ou de retrait d'agrément est notifiée au réseau de contrôle, à l'exploitant de l'établissement abritant l'installation auxiliaire et à l'organisme technique central.

Art. 19-2 *(Abrogé par Arr. du 2 mars 2017, art. 36-1°) (Arr. du 13 oct. 2006) En cas d'urgence, le préfet peut suspendre à titre conservatoire et avec effet immédiat, l'agrément de l'installation auxiliaire pour une durée maximum de deux mois dans l'attente de la décision prise en application des dispositions de l'article 19-1.*

§ 4 *Utilisation des centres de contrôle mobiles*

Art. 20 *Abrogé par Arr. du 13 oct. 2006, art. 38 (JO 29 déc.).*

CHAPITRE III *AGRÉMENT DES RÉSEAUX DE CONTRÔLE*

§ 1 *Organisation*

Art. 21 Un réseau de contrôle agréé doit être organisé de façon à pouvoir s'assurer que les installations de contrôle qui lui sont rattachées *(Arr. du 9 juin 2011, art. 6, en vigueur le 1er sept. 2011)* « ou qu'il exploite en propre » remplissent les conditions définies *(Arr. du 13 oct. 2006)* « aux articles R. 323-8 à R. 323-12 du code de la route » ainsi que les conditions fixées au chapitre II du présent titre.

Cette organisation doit répondre aux conditions prescrites à l'annexe VI.

Art. 22 *(Arr. du 15 janv. 2013, art. 23, en vigueur le 25 févr. 2013)* Le réseau de contrôle agréé tient à jour la liste des installations de contrôle qui lui sont rattachées ou qu'il exploite en propre et des contrôleurs qui, sous sa responsabilité, sont habilités à effectuer les *(Arr. du 2 mars 2017, art. 20, en vigueur le 20 mai 2018)* « contrôles » techniques, que ces contrôleurs soient rattachés ou non à une installation rattachée au réseau ou qu'il exploite.

§ 2 *Modalités d'agrément*

Art. 23 Toute personne morale désirant obtenir l'agrément d'un réseau de contrôle doit en faire la demande auprès du ministre chargé des transports. La composition du dossier de demande est définie à l'annexe VII du présent arrêté.

Art. 24 et 25 *Abrogés par Arr. du 13 oct. 2006, art. 38 (JO 29 déc.).*

Art. 26 *(Arr. du 16 juill. 2010)* Pour être agréé, un réseau de contrôle justifie du nombre minimum de centres de contrôle agréés fixé par l'article R. 323-8 du code de la route et met en place les moyens décrits dans son cahier des charges, lui permettant de s'assurer du bon fonctionnement des installations de contrôle qui lui sont rattachées et de celles qu'il exploite en propre. Cet agrément est accordé pour dix ans.

L'agrément peut être renouvelé sur demande adressée au ministre chargé des transports, accompagnée du dossier défini à l'annexe VII du présent arrêté.

Art. 26-1 *(Arr. du 13 oct. 2006)* L'agrément d'un réseau de contrôle peut être retiré ou suspendu pour tout ou partie des catégories de contrôles techniques couvertes par l'agrément conformément aux dispositions de l'article R. 323-12 du code de la route.

Avant toute décision, le ministre chargé des transports informe par écrit le réseau de contrôle de son intention de suspendre ou de retirer l'agrément du réseau, pour tout ou partie des catégories de contrôles, en indiquant les faits qui lui sont reprochés et en leur communiquant le dossier sur la base duquel la procédure est initiée. Le réseau de contrôle dispose d'un délai d'un mois à compter de la présentation du courrier pour être entendu et faire part de ses observations.

Toute décision de suspension ou de retrait d'agrément est notifiée au réseau de contrôle et à l'Organisme technique central.

Art. 26-2 *(Arr. du 13 oct. 2006)* En cas d'urgence, le ministre chargé des transports peut suspendre à titre conservatoire et avec effet immédiat l'agrément du réseau pour une durée maximum de deux mois dans l'attente de la décision prise en application des dispositions de l'article 26-1.

CHAPITRE IV *AGRÉMENT, HABILITATION ET CERTIFICATION DES ORGANISMES D'AUDIT* (Arr. du 18 févr. 2011).

Art. 26-3 *(Arr. du 18 févr. 2011)* Les organismes réalisant les audits des installations non rattachées et de leurs contrôleurs sont agréés par le ministre en charge des transports pour une durée de quatre ans renouvelable.

(Arr. du 2 mars 2017, art. 23, en vigueur le 8 juin 2017) « Les conditions de délivrance et de renouvellement des agréments et les conditions de réalisation des audits des installations non rattachées et de leurs contrôleurs sont fixées dans un cahier des charges défini par le ministre en charge des transports et disponible sur le site internet de l'organisme technique central. »

L'agrément peut être retiré par le ministre en charge des transports si les prescriptions imposées ne sont pas respectées.

La liste des organismes d'audit agréés est disponible sur le site internet de l'organisme technique central.

Art. 26-4 L'audit des installations rattachées ou exploitées par un réseau et de leurs contrôleurs est effectué par le réseau ou par un organisme habilité par celui-ci après accord du ministre chargé des transports.

(Arr. du 2 mars 2017, art. 24, en vigueur le 8 juin 2017) « Les conditions de réalisation des audits des installations et de leurs contrôleurs sont fixées dans un cahier des charges défini par le ministre en charge des transports et disponible sur le site internet de l'organisme technique central. »

Art. 26-5 *(Arr. du 2 mars 2017, art. 25, en vigueur le 8 juin 2017)* Les organismes habilités ou agréés au titre du présent chapitre sont certifiés selon le référentiel NF EN ISO 9001 : 2008 ou 2015 dans le domaine de la réalisation d'audits d'installations et de contrôleurs de véhicules légers sous un délai maximum d'un an après la date d'habilitation ou d'agrément, faute de quoi, l'habilitation ou l'agrément est annulé sans qu'il soit nécessaire de le justifier par une procédure administrative.

CHAPITRE V *EXERCICE DU CONTRÔLE TECHNIQUE PAR UN PRESTATAIRE VISÉ AU II DE L'ARTICLE L. 323-1 DU CODE DE LA ROUTE*

(Arr. du 23 févr. 2010)

Le chapitre IV a été renuméroté chapitre V par l'Arr. du 18 févr. 2011.

Art. 26-6 Aux fins d'exercer l'activité de contrôle technique au sens de l'arrêté du 18 juin 1991 susvisé, le prestataire visé au II de l'article L. 323-1 du code de la route adresse au préfet du département dans lequel il envisage d'exercer l'activité de contrôleur la déclaration mentionnée au II de l'article L. 323-1 du code de la route accompagnée des documents prévus à l'article R. 323-18-1 du code de la route.

Le préfet adresse un récépissé de déclaration au prestataire dans le délai d'un mois.

L'art. 26-6 est l'anc. art. 26-3 renuméroté par l'Arr. du 18 févr. 2011.

Art. 26-7 Les récépissés de déclaration sont inscrits dans un registre national qui est élaboré et tenu à jour dans les conditions prévues par la loi n° 78-17 du 6 janvier 1978 relative à l'informatique, aux fichiers et aux libertés.

L'art. 26-7 est l'anc. art. 26-4 renuméroté par l'Arr. du 18 févr. 2011.

TITRE III ORGANISME TECHNIQUE CENTRAL

Art. 27 Les missions confiées à l'organisme technique central, définies à *(Arr. du 13 oct. 2006)* « l'article R. 323-7 du code de la route », visent notamment à harmoniser et à optimiser la qualité des *(Arr. du 2 mars 2017, art. 26-1°, en vigueur le 20 mai 2018)* « contrôles » techniques et à permettre une exploitation systématique de leurs résultats.

L'organisme technique central met en place et gère les moyens nécessaires pour collecter et exploiter les données relatives au contrôle technique des véhicules, à l'exclusion de toute information nominative.

(Arr. du 13 oct. 2006) « L'Organisme technique central définit :

(Arr. du 2 mars 2017, art. 26-2°, en vigueur le 20 mai 2018) « *a)* les spécifications fonctionnelles relatives au traitement :

« – de l'identification du véhicule ;

« – de l'impression sur le procès-verbal de l'ensemble des données du contrôle technique.

« Les spécifications à prendre en compte sont définies à la partie II de l'annexe III du présent arrêté. »

« *b)* Le protocole de communication pour la délivrance aux installations de contrôle d'informations concernant l'identification du véhicule et la collecte des données issues du contrôle technique. Ce protocole définit notamment l'organisation, les règles de cohérence et le mode de transmission retenus par l'Organisme technique central permettant de s'assurer de la confidentialité des informations recueillies et de l'absence de déformation des données initiales. »

(Arr. du 2 mars 2017, art. 26-3°, en vigueur le 20 mai 2018) « *c)* les protocoles d'échanges de données relatives au contrôle technique entre les outils informatiques des installations de contrôle et les appareils de contrôle prévus aux points 1, 3, 4, 5, 6, 7, 8 et 9 de la partie A de l'annexe III du présent arrêté. »

Art. 28 Pour les installations de contrôle rattachées à un réseau de contrôle agréé, les données relatives au contrôle technique sont collectées par ledit réseau avant d'être communiquées à l'organisme technique central *(Arr. du 13 oct. 2006, art. 43, en vigueur le 1er janv. 2008)* « dans un délai maximum de 24 heures à compter de la réalisation du contrôle ».

(Arr. du 15 janv. 2013, art. 24, en vigueur le 25 févr. 2013) « Pour les centres de contrôle non rattachés à un réseau, les données relatives au contrôle technique sont communiquées à l'organisme technique central dans un délai maximum de vingt-quatre heures à compter de la réalisation du contrôle. »

Art. 29 *(Arr. du 13 oct. 2006)* Les prestations fournies par l'Organisme technique central (ci-après dénommé OTC) sont notamment les suivantes :

a) L'OTC élabore les documents techniques relatifs aux méthodes et matériels de contrôle à mettre en œuvre ;

b) L'OTC élabore les documents techniques nécessaires pour assurer la collecte de l'ensemble des données relatives aux contrôles techniques effectués dans les installations de contrôle ;

c) L'OTC élabore les documents techniques nécessaires aux traitements informatiques des informations relatives aux véhicules et au résultat de leurs contrôles techniques ;

d) L'OTC centralise et archive les résultats des contrôles dans les conditions fixées par une convention d'assistance technique entre l'Organisme technique central et chacun des réseaux ou des centres de contrôle non rattachés ;

e) L'OTC analyse les résultats des contrôles afin de caractériser le fonctionnement des installations et des réseaux de contrôle et de s'assurer de l'homogénéité des contrôles effectués ;

(Arr. du 15 janv. 2013, art. 25, en vigueur le 25 févr. 2013) f) « L'OTC apporte une assistance technique à l'administration pour l'agrément des installations des centres de contrôle non rattachés et de leurs contrôleurs et des réseaux de contrôles techniques de véhicules légers ; »

g) L'OTC établit annuellement un bilan du parc de véhicules contrôlé et de ses caractéristiques techniques conformément aux directives données par le ministre chargé des transports ;

h) L'OTC centralise et maintient à jour l'ensemble des éléments techniques nécessaires à l'information et à la formation des contrôleurs et les tient à la disposition des réseaux et des centres non rattachés ;

i) L'OTC élabore et tient à jour les informations prévues aux III des articles R. 323-14 et R. 323-18 du code de la route ;

j) L'OTC contrôle la conformité aux spécifications fonctionnelles et au protocole de communication prévu à l'*(Arr. du 14 oct. 2009)* « article 27 » de l'outil informatique des réseaux et installations de contrôle ;

(Arr. du 15 janv. 2013, art. 25, en vigueur le 25 févr. 2013) « *k)* L'OTC apporte une assistance technique à l'administration dans le cadre des approbations de programmes des formations prévues à l'annexe IV du présent arrêté et de l'agrément des organismes d'audits prévu à l'article 26-3 du présent arrêté. »

L'ensemble des informations est mis à disposition du *(Arr. du 15 janv. 2013, art. 25, en vigueur le 25 févr. 2013)* « ministre » chargé des transports et des administrations chargées de la surveillance administrative des réseaux, des installations de contrôle et des contrôleurs.

TITRE IV SURVEILLANCE ADMINISTRATIVE

Art. 30 *(Arr. du 3 janv. 2019, art. 3)* La surveillance administrative des réseaux, des organismes de formation et des organismes chargés des audits est assurée par le ministre en charge des transports. A ce titre, il :

— inspecte au moins une fois par an les réseaux ;

— réalise des visites de surveillance des organismes de formation et des organismes chargés des audits.

Art. 30-1 *(Arr. du 14 oct. 2009)* La surveillance administrative des installations de contrôle et des contrôleurs est assurée par les directions régionales agissant pour le compte du ministre chargé des transports, sous l'autorité des préfets.

(Arr. du 25 juill. 2023, art. 6) « Les agents des services chargés de la surveillance peuvent notamment demander dans ce cadre le renouvellement, sous leur autorité, du contrôle technique d'un ou plusieurs véhicules présents sur l'installation de contrôle et ayant subi un contrôle technique. Le centre de contrôle demeure en possession des clés et des documents du véhicule pendant ses heures d'ouverture tant que celui-ci reste stationné dans l'emprise immobilière de l'installation de contrôle.

« Les agents des services chargés de la surveillance peuvent également demander dans ce cadre le renouvellement, sous leur autorité, du contrôle technique d'un ou plusieurs véhicules stationnés à proximité de l'installation et dont la clé ainsi que les documents du véhicule sont présents dans le centre et ayant subi un contrôle technique dans l'installation de contrôle. Les frais engendrés sont à la charge du titulaire de l'agrément de l'installation. »

(Arr. du 8 févr. 2022, art. 6, en vigueur le 27 mars 2022) « Un affichage explicitant le renouvellement du contrôle technique doit être apposé dans la zone d'accueil du public du centre. Cet affichage indique que le renouvellement du contrôle technique du véhicule peut être demandé par les agents chargés de la surveillance du contrôle technique, ce qui pourra engendrer un temps de contrôle global plus long. »

(Arr. du 25 juill. 2023, art. 6) « Le refus du contrôleur opposé à la demande de renouvellement du contrôle technique d'un ou plusieurs véhicules constitue un manquement aux règles fixant l'exercice de son activité. Toute manœuvre visant à faire obstacle à la demande de renouvellement du contrôle technique d'un ou plusieurs véhicules, imputable au contrôleur, est qualifiée de manquement aux règles encadrant l'activité de celui-ci. »

Art. 31 *(Arr. du 15 janv. 2013, art. 26, en vigueur le 25 févr. 2013)* Le directeur général de l'énergie et du climat contrôle le fonctionnement de l'organisme technique central et propose des mesures d'amélioration du fonctionnement de celui-ci.

TITRE V DISPOSITIONS TRANSITOIRES ET DIVERSES

Art. 32 et 32-1 *Abrogés par Arr. du 13 oct. 2006, art. 38 (JO 29 déc.).*

Art. 32-2 *(Abrogé par Arr. du 2 mars 2017, art. 36-1°) (Arr. du 14 oct. 2009)* ***A défaut de date d'échéance de contrôle technique mentionnée sur le certificat d'immatriculation, les véhicules de collection mis en circulation :***

— à compter du 1er janvier 1940 doivent faire l'objet d'un contrôle technique périodique au plus tard en 2011 ;

— entre le 1er janvier 1920 et le 31 décembre 1939 doivent faire l'objet [d'un] ***contrôle technique périodique au plus tard en 2012 ;***

— avant le 31 décembre 1919 doivent faire l'objet d'un contrôle technique périodique au plus tard en 2013.

Les véhicules de collection concernés par le calendrier de passage ci-dessus doivent se présenter à la visite technique au plus tard à la date anniversaire de leur première mise en circulation, dans le courant de l'année prévue.

Dans le cas particulier où la date de mise en circulation est inconnue, le véhicule doit faire l'objet d'un contrôle technique périodique au plus tard en 2012.

Art. 32-3 *(Abrogé par Arr. du 2 mars 2017, art. 36-1°) (Arr. du 14 oct. 2009) Pour les véhicules de collection présentés au contrôle technique périodique avant le 1er janvier 2011, la date limite de validité du visa de la visite technique périodique ou de la contre-visite favorable est portée à cinq ans à compter de la date de la visite technique périodique.*

Art. 32-4 *(Arr. du 9 juin 2011, art. 9, en vigueur le 1er sept. 2011)* **Pour répondre aux besoins des usagers, dans les portions de territoire dont l'accès nécessite l'emploi de moyens de transports spéciaux (bateau, hélicoptère) et dont le nombre de véhicules à contrôler ne permet pas de justifier de l'implantation d'une installation de contrôle économiquement viable, le préfet peut autoriser, à titre dérogatoire, un centre agréé à réaliser les contrôles avec la mise en œuvre de méthodes alternatives, sur avis favorable du ministre chargé des transports.**

Dans ce cas, la portée de la dérogation est mentionnée sur la décision préfectorale d'agrément prévue à l'article 17 du présent arrêté.

La validité des contrôles techniques effectués dans ces conditions est limitée au territoire considéré et mention particulière en est faite sur le procès-verbal.

Art. 33 *(Arr. du 15 janv. 2013, art. 27, en vigueur le 25 févr. 2013)* **Le directeur général de l'énergie et du climat est chargé de l'exécution du présent arrêté, qui sera publié au *Journal officiel* de la République française.**

V. les annexes au présent arrêté (JO 18 juill. 1991), mod. par Arr. du 11 déc. 1991 (JO 24 janv. 1992), Arr. du 23 mars 1993(JO 30 mars), Arr. du 5 juill. 1994 (JO 28 juill.), Arr. du 25 oct. 1994 (JO 17 nov.), Arr. du 14 févr. 1996 (JO 20 mars), Arr. du 12 juill. 1996 (JO 20 août), Arr. du 10 oct. 1996 (JO 10 nov.), Arr. du 6 mai 1997 (JO 27 mai), Arr. du 7 mai 1997 (JO 27 mai), Arr. du 10 mars 1998 (JO 30 avr.), Arr. du 15 déc. 1998 (JO 20 déc.), Arr. du 18 févr. 1999 (JO 4 mars), Arr. du 17 avr. 2000 (JO 3 mai), Arr. du 8 juin 2001 (JO 18 juill.), Arr. du 27 juill. 2001 (JO 22 août), Arr. du 15 janv. 2002 (JO 2 mars), Arr. du 17 nov. 2003 (JO 9 déc.), Arr. du 17 oct. 2005 (JO 3 nov.), Arr. du 13 oct. 2006 (JO 29 déc.), Arr. du 19 janv. 2007 (JO 2 févr.), Arr. du 14 oct. 2009 (JO 29 oct.), Arr. du 26 janv. 2010 (JO 4 févr.), Arr. du 23 févr. 2010 (JO 25 févr.), Arr. du 16 juill. 2010 (JO 5 sept.), Arr. du 27 oct. 2010 (JO 13 nov.), Arr. du 15 janv. 2013 (JO 26 janv.), Arr. du 15 sept. 2016 (JO 24 sept.), Arr. du 2 mars 2017, art. 27 à 34, en vigueur le 20 mai 2018, à l'exception du g du 1° de l'art. 34, en vigueur le 9 mars 2017, des 1° et 2° de l'art. 27, des 1°, 4°, 5°, 8°, 12° à 16° de l'art. 31, des art. 32 et 33 en vigueur le 8 juin 2017, et à l'exception du 1° de l'art. 30 en vigueur le 1er janv. 2018 (JO 8 mars), Arr. du 27 avr. 2017, art. 6, entre en vigueur le 8 juin 2017, les art. 2 et 3 entrent en vigueur le 1er sept. 2017 et les art. 4 et 5 entrent en vigueur le 20 mai 2018 (JO 4 mai), Arr. du 4 sept. 2017, art. 7 à 11, les art. 7 et 10 entrent en vigueur le 20 mai 2018 (JO 16 sept.), Arr. du 21 déc. 2017, en vigueur le 1er janv. 2019 (JO 20 janv. 2018), Arr. du 15 janv. 2018, en vigueur le 20 mai 2018 (JO 31 janv.), Arr. du 13 juill. 2018, le 2° de l'art. 6 et les art. 9 et 10 entrent en vigueur le 1er oct. 2018 et les 1° et 3° de l'art. 6 et 7 entrent en vigueur le 1er janv. 2019 (JO 28 juill.), Arr. du 20 déc. 2018, l'art. 2 entre en vigueur le 1er juill. 2019 (JO 21 déc.), Arr. du 3 janv. 2019 (JO 9 janv.), Arr. du 13 nov. 2020, en vigueur le 1er janv. 2021 (JO 22 nov.), Arr. du 27 janv. 2021, l'art. 2 entre en vigueur le 1er avr. 2021 (JO 31 janv.), Arr. du 28 oct. 2021, en vigueur le 1er nov. 2021 (JO 30 oct.), Arr. du 8 févr. 2022, art. 7 à 12, en vigueur le 27 mars 2022 (JO 27 févr.), Arr. du 25 juill. 2023, art. 7 à 10 (JO 6 août), Arr. du 22 déc. 2023, art. 3 à 7, l'art. 4 entrant en vigueur le 1er janv. 2025 (JO 29 déc.).

Arrêté du 12 mars 1996,

Relatif aux visites des véhicules immobilisés dont l'appareil de contrôle permettant l'enregistrement de la vitesse a fait l'objet d'une modification affectant son fonctionnement normal.

Art. 1er **Lorsqu'un véhicule a fait l'objet d'une décision d'immobilisation prise en vertu du 16° de l'article R. 278** *[R. 317-4]* **du code de la route, il doit, une fois l'appareil de contrôle et son installation remis en conformité avec la réglementation en vigueur par un installateur agréé, être présenté, à l'initiative et aux frais du propriétaire du véhicule, à la visite technique prévue à l'article R. 280-2** *[R. 325-7]* **du code de la route.**

Cette visite est effectuée par la direction régionale de l'industrie, de la recherche et de l'environnement, conformément aux dispositions de l'arrêté du 15 novembre 1954 susvisé en ce qui concerne les véhicules de transport de marchandises, ou de l'arrêté du 2 juillet 1982 susvisé en ce qui concerne les véhicules de transport en commun de personnes.

Art. 2 Une attestation de remise en conformité aux exigences réglementaires, dont le modèle est indiqué en annexe au présent arrêté, est délivrée par l'installateur agréé et doit être fournie à la direction régionale de l'industrie, de la recherche et de l'environnement lors de la visite technique évoquée à l'article 1er. Elle est jointe au procès-verbal de visite technique.

ANNEXE

ATTESTATION DE REMISE EN CONFORMITÉ D'UN VÉHICULE AUX EXIGENCES RÉGLEMENTAIRES RELATIVES À L'INSTALLATION ET À L'UTILISATION D'UN APPAREIL DE CONTRÔLE (CHRONOTACHYGRAPHE)

(En application de l'arrêté du 12 mars 1996 relatif aux visites des véhicules immobilisés dont l'appareil de contrôle permettant l'enregistrement de la vitesse a été l'objet d'une modification affectant son fonctionnement normal)

Le véhicule immatriculé : ....

Marque : ....

n° de série : ....

Mis pour la 1re fois en circulation le : ....

immobilisé le (1)..........

en vertu de l'article R. 278 (16°) du code de la route a été remis en conformité aux dispositions réglementaires en vigueur.

L'installateur (2) :

Lieu : ....

Date : ....

Nom : ....

Signature : ....

(1) Indiquer la date d'immobilisation.

(2) Indiquer l'intitulé de l'organisme habilité à délivrer l'attestation.

Arrêté du 27 juillet 2004,

Relatif au contrôle technique des véhicules lourds.

TITRE I DISPOSITIONS RELATIVES AUX CONTRÔLES TECHNIQUES

CHAPITRE I *DISPOSITIONS GÉNÉRALES*

Art. 1er Les contrôles techniques prévus aux articles R. 323-23 à R. 323-26 du code de la route, pour les véhicules dont le poids total en charge est *(Arr. du 7 févr. 2007)* « supérieur à 3,5 tonnes ou » *(Abrogé par Arr. du 9 mars 2017, art. 2)* ***« dont le genre répond à l'une des désignations »*** figurant en partie A de l'annexe VIII du présent arrêté doivent être effectués dans les conditions fixées par le présent arrêté.

Ces contrôles sont réalisés par les services de l'État désignés par arrêté ministériel ou par un contrôleur agréé par l'État *(Arr. du 23 févr. 2010)* « ou un prestataire visé au II de l'article L. 323-1 du code de la route ».

Les contrôles techniques n'exonèrent pas le propriétaire de l'obligation de maintenir son véhicule en bon état de marche et en état satisfaisant d'entretien conformément aux dispositions du code de la route et des textes pris pour son application.

(Abrogé par Arr. du 22 déc. 2023, art. 2) ***« Les véhicules qui circulent sous couvert*** *(Arr. du 24 avr. 2017, art. 2)* ***« d'un certificat W garage » ne sont pas soumis au contrôle technique. »***

(Abrogé par Arr. du 24 avr. 2017, art. 2) ***« Le propriétaire a obligation de déclarer au préfet toute transformation apportée à son véhicule, susceptible de conduire, en application de l'article R. 321-16 du code de la route, à une réception*** *(Abrogé par Arr. du 9 mars 2017, art. 2)* ***« à titre isolé ou à un*** *(Arr. du 7 févr. 2007)* ***« contrôle de conformité initial » ou encore de modifier les***

***caractéristiques du véhicule portées sur** [le] (Décr. n° 2009-136 du 9 févr. 2009) **« certificat d'immatriculation ».** »*

Art. 2 Au sens du présent arrêté, les termes ci-après ont le sens qui leur est donné dans le présent article :

— *(Arr. du 14 oct. 2009)* « "véhicules lourds" : les véhicules appartenant à l'une des catégories répertoriées dans le tableau figurant en partie A de l'annexe VIII ;

« — "véhicules légers" : les véhicules désignés comme tels à l'article R. 323-6 du code de la route, *(Abrogé par Arr. du 9 mars 2017, art. 3)* ***« à l'exception des véhicules dont le PTAC n'excède pas 3 500 kg mentionnés aux parties A et B de l'annexe VIII »*** ;"

(Arr. du 19 juin 2020, art. 2, en vigueur le 17 août 2020) « — véhicules de transport en commun de personnes : véhicules destinés normalement ou employés exceptionnellement au transport en commun de personnes, y compris les navettes urbaines définies à l'article R. 311-1 du code de la route et les remorques de catégorie O2 ou O3 affectées au transport de personnes en milieu urbain ; »

(Arr. du 15 janv. 2013) « — véhicules soumis à réglementation spécifique : les véhicules appartenant à l'une des catégories répertoriées dans le tableau figurant en partie B de l'annexe VIII ; »

(Abrogé par Arr. du 22 juin 2015, art. 1er, à compter du 1er sept. 2015) ***« — "véhicules prêts à l'emploi" : on entend par véhicule prêt à l'emploi, au sens de l'article R. 323-25 du code de la route, les véhicules dont l'immatriculation ne nécessite pas la présentation du certificat de carrossage prévu à l'annexe VII de l'arrêté du 19 juillet 1954 modifié relatif à la réception des véhicules ; »***

— *(Arr. du 24 avr. 2017, art. 3-1° et 29, en vigueur le 20 mai 2018)* « contrôle » technique périodique : opération de contrôle ayant pour but de vérifier l'état technique du véhicule, selon la périodicité fixée au paragraphe C de l'annexe VIII et dans les conditions définies à l'annexe I du présent arrêté ;

(Arr. du 24 avr. 2017, art. 3-2° et 29, en vigueur le 20 mai 2018) « — contre-visite : contrôle technique du véhicule réalisé à la suite d'un contrôle technique périodique ou d'une contre-visite ayant révélé une ou des défaillances majeures ou critiques ;

« — contrôle technique : contrôle technique périodique ou contre-visite ; »

(Abrogé par Arr. du 24 avr. 2017, art. 3-3° et 29, à compter du 20 mai 2018) ***« — "observation" : altération de l'état technique correspondant à l'un des points de contrôle défini à l'annexe I du présent arrêté. Une altération peut être soit un défaut, soit une anomalie ;***

« — "défaut" : observation qui entraîne une contre-visite en application de l'annexe I du présent arrêté ;

« — "anomalie" : observation qui n'entraîne pas de contre-visite en application de l'annexe I du présent arrêté ;

« (Arr. du 7 févr. 2007) « — "Commentaire : libellé codifié" C à l'annexe I du présent arrêté ; »

« — "procès-verbal de contrôle technique" : document remis à l'issue du contrôle technique à la personne qui présente le véhicule conformément aux dispositions de l'article 8 du présent arrêté, listant notamment les observations relevées en application de l'annexe I du présent arrêté ;

« — "centre de contrôle de véhicules lourds" : centre de contrôle agréé pour le contrôle de véhicules lourds.

(Arr. du 14 oct. 2009) ***« — "numéro d'immatriculation définitif" : numéro d'immatriculation attribué à titre définitif au véhicule par un système informatique centralisé, en application des dispositions de l'article R. 322-2 du code de la route et de l'arrêté du 9 février 2009 modifié relatif aux modalités d'immatriculation des véhicules ; »***

(Abrogé par Arr. du 9 mars 2017, art. 3) ***« — "véhicule de collection" : véhicule dont le certificat d'immatriculation porte la mention d'usage "véhicule de collection". »***

(Abrogé par Arr. du 15 janv. 2013, art. 1er, en vigueur le 25 févr. 2013) ***« — Les** (Arr. du 7 févr. 2007) **« catégories de contrôles techniques »** sont les suivantes :*

« — contrôle technique des véhicules légers ;

« — contrôle technique des véhicules lourds. »

(Arr. du 15 janv. 2013) « — véhicule électrique ou hybride : tout véhicule dont le mode de propulsion est assuré par au moins un moteur électrique. »

Art. 3 *(Arr. du 14 oct. 2009) (Arr. du 24 avr. 2017, art. 4 et 29, en vigueur le 20 mai 2018)* « Le contrôle » technique périodique *(Arr. du 24 avr. 2017, art. 4 et 29, en vigueur le 20 mai*

2018) « est réalisé » dans les délais fixés au paragraphe C de l'annexe VIII du présent arrêté.

Art. 4 *(Abrogé par Arr. du 16 juill. 2010, art. 14)* ***Pour les véhicules visés au présent chapitre et dans le cas de mutation ou de demande de duplicata, l'obtention d'***[un] *(Décr. nº 2009-136 du 9 févr. 2009)* ***« certificat d'immatriculation » est subordonné à la preuve de l'exécution du contrôle technique en cours de validité.***

(Arr. du 14 oct. 2009) ***« L'obtention d'un certificat d'immatriculation avec le numéro d'immatriculation définitif et la mention d'usage "véhicule de collection" pour un véhicule de plus de trente ans d'âge sans numéro d'immatriculation définitif et dont le certificat d'immatriculation ne comporte pas la mention d'usage "véhicule de collection" est subordonnée à la preuve de la réalisation d'un contrôle technique favorable en cours de validité de moins de cinq ans.***

« L'obtention d'un certificat d'immatriculation avec la mention d'usage "véhicule de collection" pour un véhicule de plus de trente ans d'âge disposant d'un numéro d'immatriculation définitif et dont le certificat d'immatriculation ne comporte pas la mention d'usage "véhicule de collection" est subordonnée à la preuve de la réalisation d'un contrôle technique favorable en cours de validité de moins de cinq ans.

« L'obtention d'un certificat d'immatriculation avec le numéro d'immatriculation définitif et la mention d'usage "véhicule de collection" pour un véhicule dont le certificat d'immatriculation comporte la mention d'usage "véhicule de collection" est subordonnée à la preuve de la réalisation d'un contrôle technique favorable datant de moins de 5 ans. »

CHAPITRE II ***MODALITÉS DES CONTRÔLES TECHNIQUES*** *(Arr. du 25 juill. 2018).*

Art. 5 *(Arr. du 22 déc. 2023, art. 3)* « Au cours du contrôle technique périodique, un même contrôleur effectue l'ensemble des contrôles décrits à l'annexe I. Au cours de la contre-visite, les opérations de contrôle sont réalisées par un seul contrôleur. »

Dans le cas d'un véhicule soumis à réglementation spécifique au sens de l'article 2 du présent arrêté, le *(Arr. du 22 déc. 2023, art. 3)* « même » contrôleur effectue en outre les contrôles supplémentaires décrits à l'annexe I, applicables à la catégorie du véhicule contrôlé.

(Arr. du 9 mars 2017, art. 4) « La réalisation simultanée de plusieurs contrôles (contrôle technique périodique ou contre-visite) par un même contrôleur est interdite à l'exception des contrôles des véhicules présentés attelés. »

Art. 6 Les spécifications relatives à l'état de charge du véhicule présenté *(Arr. du 24 avr. 2017, art. 6 et 29, en vigueur le 20 mai 2018)* « au contrôle technique sont précisées à » l'annexe I du présent arrêté.

L'état de propreté *(Arr. du 24 avr. 2017, art. 6 et 29, en vigueur le 20 mai 2018)* « du ou des véhicules » *[doit]* être suffisant pour permettre *(Arr. du 24 avr. 2017, art. 6 et 29, en vigueur le 20 mai 2018)* « l' » examen visuel.

Art. 7 *(Arr. du 9 mars 2017, art. 5)* L'original du certificat d'immatriculation est présenté préalablement au contrôle technique. *(Arr. du 10 mai 2022, art. 2, en vigueur le 17 juill. 2022)* « En l'absence de ce document, sont présentés un document ou un ensemble de documents permettant de connaître les caractéristiques du véhicule. La liste des documents qui peuvent être présentés en l'absence de l'original du certificat d'immatriculation est prévue dans une instruction technique établie par l'organisme technique central, approuvée par le ministre chargé des transports et disponible sur le site internet de l'organisme technique central.

« En cas de modification notable du véhicule, l'attestation de dépôt de dossier de réception à titre isolé indiquant le motif de réception, datant de moins d'un an, est présentée en complément du certificat d'immatriculation. »

(Arr. du 22 déc. 2023, art. 4) « En présence d'un véhicule où l'énergie électrique est la seule énergie motrice (absence de motorisation thermique), si le certificat d'immatriculation ne mentionne pas l'énergie prévue (EL, HE ou HH), le certificat de conformité délivré par le fabricant est présenté en complément du certificat d'immatriculation. »

(Arr. du 10 mai 2022, art. 2, en vigueur le 17 juill. 2022) « La désignation des documents présentés en l'absence de l'original du certificat d'immatriculation ou en complément de celui-ci figure sur le procès-verbal de contrôle et une copie du document est archivée. »

En complément du certificat d'immatriculation ou de l'un des documents d'identification mentionnés ci-dessus les documents suivants sont présentés au contrôleur, lors de chaque contrôle technique :

– notice descriptive ou copie du certificat de conformité européen du véhicule, le cas échéant ;
– procès-verbal de réception à titre isolé, le cas échéant ;
– procès-verbal de réception individuelle, le cas échéant ;
– en cas de contre-visite, procès-verbal *(Arr. du 24 avr. 2017, art. 7-2° et 29, en vigueur le 20 mai 2018)* « du contrôle » technique périodique défavorable ;
– pour les véhicules à usage spécifique, autorisation de circulation prévue par la réglementation concernée ;
– pour les véhicules visés aux articles R. 317-6 et R. 317-6-1 du code de la route, une attestation de vérification du système de limitation de vitesse datant de moins d'un an et conforme au modèle figurant en annexe IX du présent arrêté.

Cette attestation est délivrée, suite à la vérification du fonctionnement du système de limitation de vitesse et de la valeur de réglage de vitesse limite de celui-ci, par le constructeur du véhicule, son représentant ou par une station spécialement agréée par le préfet pour le contrôle du chronotachygraphe. La liste des représentants des constructeurs, des centres de contrôle et des stations autorisés à délivrer une attestation de vérification du système de limitation est communiquée au ministre en charge des transports. Les listes communiquées sont disponibles sur le site internet de l'organisme technique central ;
– pour les autocars affectés au transport en commun de personnes au sens de l'article 2 de l'arrêté du 2 juillet 1982 modifié relatif au transport en commun de personnes, un certificat d'installation du dispositif éthylotest antidémarrage établi conformément *(Arr. du 10 mai 2022, art. 2, en vigueur le 17 juill. 2022)* « aux exigences et conditions d'installation définies au cahier des charges techniques en annexe 13 de l'arrêté du 2 juillet 1982 modifié » et, à compter de la deuxième année d'installation du dispositif, une attestation datant de moins d'un an de vérification périodique du dispositif, et conforme à *(Arr. du 10 mai 2022, art. 2, en vigueur le 17 juill. 2022)* « l'annexe 12 » de l'arrêté du 2 juillet 1982 précité.

(Arr. du 10 mai 2022, art. 2, en vigueur le 17 juill. 2022) « Le certificat d'installation est délivré suite à l'installation du dispositif éthylotest antidémarrage, par le constructeur du véhicule, son représentant ou par un installateur indépendant qualifié par l'Union technique de l'automobile et du cycle ou le laboratoire national de métrologie et d'essais (LNE). La liste des installateurs indépendants qualifiés pour installer un dispositif éthylotest antidémarrage est communiquée au ministre en charge des transports chaque année et mise à jour en tant que de besoins. Les listes communiquées sont disponibles sur le site internet de l'organisme qualificateur. »

Art. 8 Il est dressé un procès-verbal de chaque contrôle technique. *(Arr. du 24 avr. 2017, art. 8-1° et 29, en vigueur le 20 mai 2018)* « Ce document, qui est conforme aux dispositions de l'annexe II du présent arrêté, décrit les défaillances constatées et indique les résultats des mesures relevées au cours des essais et les commentaires prévus à l'annexe I du présent arrêté. »

(Arr. du 9 mars 2017, art. 6) « Ce procès-verbal, établi immédiatement à l'issue du contrôle technique et *(Arr. du 24 avr. 2017, art. 8-2°)* « signé » par le contrôleur qui l'a effectué, est remis à la personne qui présente le véhicule. Une copie du procès-verbal ou un duplicata signé par le contrôleur est conservé pendant une durée de deux ans par le centre de contrôle agréé. »

(Abrogé par Arr. du 24 avr. 2017, art. 8-3° et 29, à compter du 20 mai 2018) ***« Lorsque les conditions de présentation du véhicule ne permettent pas la réalisation du contrôle technique, le procès-verbal spécifie le ou les motifs du renvoi tel que prévu à l'annexe I du présent arrêté. »***

Les *(Arr. du 7 févr. 2007)* « observations reportées » sur le procès-verbal de contrôle technique valent mises en demeure d'effectuer les réparations nécessaires *(Abrogé par Arr. du 7 févr. 2007)* ***« pour supprimer les défauts constatés. »***

(Arr. du 7 févr. 2007) « Dès que le procès-verbal est *(Arr. du 24 avr. 2017, art. 8-2°)* « signé » par le contrôleur, le contrôle technique doit être validé informatiquement conformément aux dispositions de l'annexe III du présent arrêté. »

(Arr. du 27 sept. 2017, art. 2, en vigueur le 20 mai 2018) « L'archivage de la copie ou du duplicata ainsi que des éventuels documents associés est réalisé de façon à ce que :
« – l'intégrité des documents archivés soit assurée ;
« – la traçabilité par rapport au véhicule contrôlé soit assurée ;

« – l'ensemble des documents puisse être consulté en permanence (y compris par les services chargés de la surveillance des installations), pendant au moins deux ans. Lorsque l'archivage est informatique, des dispositions sont prises pour garantir la relecture et la réimpression des documents archivés. »

Art. 9 *(Arr. du 24 avr. 2017, art. 9 et 29, en vigueur le 20 mai 2018)* « L'annexe I du présent arrêté définit :

« – les défaillances mineures n'ayant aucune incidence notable sur la sécurité du véhicule ou sur l'environnement ;

« – les défaillances majeures susceptibles de compromettre la sécurité du véhicule, d'avoir une incidence négative sur l'environnement, ou de mettre en danger les autres usagers de la route ;

« – les défaillances critiques constituant un danger direct et immédiat pour la sécurité routière ou ayant une incidence grave sur l'environnement.

« Le contrôle technique périodique et la contre-visite entraînent :

« – un résultat favorable (A) en l'absence de défaillance majeure et critique ;

« – un résultat défavorable pour défaillances majeures (S), en l'absence de défaillance critique et lorsqu'il est constaté au moins une défaillance majeure. » *(Arr. du 19 juin 2020, art. 3, en vigueur le 17 août 2020)* « Dans ce cas, la validité du contrôle, à compter de la date du contrôle technique périodique, est de :

« – deux mois pour les véhicules de *(Arr. du 10 mai 2022, art. 3, en vigueur le 17 juill. 2022)* « catégories M1 et M1G » ;

« – deux mois pour toutes les autres catégories de véhicules dont le contrôle est réalisé en Guadeloupe, en Guyane, en Martinique, à La Réunion ou à Mayotte ;

« – un mois pour les autres véhicules contrôlés. »

(Arr. du 24 avr. 2017, art. 9 et 29, en vigueur le 20 mai 2018) « – un résultat défavorable pour défaillances critiques (R) lorsqu'il est constaté au moins une défaillance critique. Dans ce cas, la validité du contrôle est limitée au jour du contrôle. »

En cas de circulation au-delà de l'échéance, le véhicule ne peut se déplacer que pour se rendre vers le lieu de remise en état ou au contrôle technique. Dans ce cas, le propriétaire prend les mesures adaptées pour s'assurer que la circulation du véhicule avant sa réparation s'effectue dans des conditions garantissant la sécurité.

Art. 10 *(Arr. du 9 mars 2017, art. 7)* A l'issue du contrôle technique *(Abrogé par Arr. du 24 avr. 2017, art. 10-1° et 29, à compter du 20 mai 2018)* ***« et lorsque le véhicule n'est pas soumis à une nouvelle visite technique périodique suite au renvoi du véhicule »***, le contrôleur appose sur le certificat d'immatriculation, à l'exclusion des autres documents *(Arr. du 24 avr. 2017, art. 10-1° et 29, en vigueur le 20 mai 2018)* « précité*[s]* », à l'emplacement réservé à cet effet, un timbre dit "timbre certificat d'immatriculation" conforme aux dispositions de l'annexe II du présent arrêté.

(Arr. du 24 avr. 2017, art. 10-2° et 29, en vigueur le 20 mai 2018) « Il est indiqué notamment la date limite de validité du contrôle technique, c'est-à-dire la date au-delà de laquelle le véhicule ne peut être maintenu en circulation sans avoir été soumis à un nouveau contrôle technique, ainsi que la lettre A, S ou R selon les défaillances constatées. »

La date limite de validité *(Arr. du 24 avr. 2017, art. 10-3° et 29, en vigueur le 20 mai 2018)* « du contrôle » technique périodique ou de la contre-visite favorable est déterminée à compter de la date *(Arr. du 24 avr. 2017, art. 10-3° et 29, en vigueur le 20 mai 2018)* « du dernier contrôle » technique périodique, conformément aux dispositions du tableau figurant *(Arr. du 24 avr. 2017, art. 10-3° et 29, en vigueur le 20 mai 2018)* « à » de l'annexe VIII.

(Arr. du 22 déc. 2023, art. 5) « En l'absence de l'original du certificat d'immatriculation, le timbre est rendu inutilisable à l'issue du contrôle technique et fait l'objet d'un archivage permettant d'assurer un lien entre chaque timbre et le numéro du procès-verbal correspondant. Lorsque le procès-verbal est imprimé sur plusieurs pages, les timbres autres que celui de la première page sont également rendus inutilisables à l'issue du contrôle technique. Ces timbres rendus inutilisables font l'objet d'un archivage permettant d'assurer un lien entre chaque timbre et le numéro du procès-verbal correspondant. »

Pour les véhicules de transports de marchandises dangereuses disposant d'un certificat d'agrément, le contrôleur appose, en outre, sur le certificat d'agrément : la date *(Arr. du 24 avr. 2017, art. 10-4° et 29, en vigueur le 20 mai 2018)* « limite » de validité du contrôle, la date et lieu du contrôle technique, son numéro d'agrément contrôleur et *(Arr. du 24 avr. 2017, art. 10-4° et 29, en vigueur le 20 mai 2018)* « sa signature ».

Art. 10-1 *(Arr. du 18 févr. 2011)* A l'issue du contrôle technique *(Abrogé par Arr. du 24 avr. 2017, art. 11 et 29, à compter du 20 mai 2018)* «*favorable*» et lorsque le véhicule est équipé d'un pare-brise, le contrôleur positionne immédiatement par tout moyen adapté, à l'intérieur du véhicule, recto visible de l'extérieur, sur la partie inférieure droite du pare-brise, une vignette conforme aux dispositions de l'annexe II du présent arrêté.

Lorsque le véhicule est déjà muni de la vignette visée au présent article, le contrôleur la retire et la détruit pendant le contrôle.

(Abrogé par Arr. du 9 mars 2017, art. 8) «*Les véhicules de collection ne sont pas soumis aux dispositions du présent article.*»

Art. 11 *(Arr. du 24 avr. 2017, art. 12 et 29, en vigueur le 20 mai 2018)* Lorsqu'un véhicule présente des défaillances majeures ou critiques, une contre-visite est réalisée dans le délai maximum *(Arr. du 19 juin 2020, art. 4, en vigueur le 17 août 2020)* « de :

« – deux mois pour les véhicules de *(Arr. du 10 mai 2022, art. 5, en vigueur le 17 juill. 2022)* « catégories M1 et M1G » ;

« – deux mois pour toutes les autres catégories de véhicules dont le contrôle est réalisé en Guadeloupe, en Guyane, en Martinique, à La Réunion ou à Mayotte ;

« – un mois pour les autres véhicules contrôlés. »

Les points à contrôler lors des contre-visites sont définis à l'annexe I du présent arrêté.

A l'issue du contrôle, si les points susvisés présentent des défaillances majeures ou critiques, une nouvelle contre-visite est réalisée dans la limite du délai *(Arr. du 19 juin 2020, art. 4, en vigueur le 17 août 2020)* « de :

« – deux mois pour les véhicules de *(Arr. du 10 mai 2022, art. 5, en vigueur le 17 juill. 2022)* « catégories M1 et M1G » *(Arr. du 22 déc. 2023, art. 6)* « à compter du contrôle technique périodique défini à l'article 5 du présent arrêté » ;

« – deux mois pour toutes les autres catégories de véhicules dont le contrôle est réalisé en Guadeloupe, en Guyane, en Martinique, à La Réunion ou à Mayotte *(Arr. du 22 déc. 2023, art. 6)* « à compter du contrôle technique périodique défini à l'article 5 du présent arrêté » ;

« – un mois pour les autres véhicules contrôlés. »

Dans le cas où la date limite de validité du contrôle est dépassée, ou lorsque l'original du procès-verbal de contrôle relatif au contrôle technique périodique défavorable n'est pas présenté au contrôleur et que les données informatiques du contrôle technique défavorable ne peuvent pas être consultées, le véhicule est soumis à un nouveau contrôle technique périodique tel que défini à l'article 5 du présent arrêté. Si, à cette occasion, des défaillances majeures ou critiques sont relevées par le contrôleur, une contre-visite est réalisée dans un nouveau délai *(Arr. du 19 juin 2020, art. 4, en vigueur le 17 août 2020)* « de :

« – deux mois pour les véhicules de *(Arr. du 10 mai 2022, art. 5, en vigueur le 17 juill. 2022)* « catégories M1 » *(Arr. du 22 déc. 2023, art. 6)* « et M1G » ;

« – deux mois pour toutes les autres catégories de véhicules dont le contrôle est réalisé en Guadeloupe, en Guyane, en Martinique, à La Réunion ou à Mayotte ;

« – un mois pour les autres véhicules contrôlés. »

(Arr. du 22 déc. 2023, art. 6) « Lorsque la contre-visite n'est pas réalisée dans le même centre que celui où le contrôle périodique qui a fait l'objet d'un résultat défavorable a été réalisé, une copie du contrôle périodique est archivée avec le procès-verbal dans les conditions définies à l'article 8 du présent arrêté. »

Lorsque la contre-visite prévue à l'art. 11 du présent arrêté fait suite à un contrôle réalisé avant le 20 mai 2018 et qu'elle est effectuée à compter du 20 mai 2018, cette contre-visite porte sur les points de contrôle prévus au point D de l'annexe I du présent arrêté, dans sa version en vigueur à la date de réalisation de la contre-visite.

Toute personne justifiant d'une formation initiale suivie en 2017, dans une version ne comprenant pas les modules relatifs à l'ensemble de la réglementation applicable à compter du 20 mai 2018, suit également, avant le 30 avr. 2018, une formation comprenant les éléments figurant dans le référentiel relatif à la formation de maintien de qualification pour 2017, prévu au 2.2 de la sect. 4 de l'annexe IV du présent arrêté (Arr. du 24 avr. 2017, art. 28).

Art. 12 Constituent une preuve du contrôle technique le procès-verbal de contrôle technique ou, à défaut, *[le]* *(Décr. n° 2009-136 du 9 févr. 2009)* « certificat d'immatriculation »

(Abrogé par Arr. du 7 févr. 2007) *« ou l'autorisation de circulation prévue par les réglementations spécifiques, »* complété conformément aux dispositions de l'article 10 *(Arr. du 27 sept. 2017, art. 4)* « du timbre ou de la date limite de validité du contrôle ».

CHAPITRE III *SURVEILLANCE ADMINISTRATIVE RELATIVE AUX CONTRÔLES TECHNIQUES*

Art. 13 *[Le] (Décr. n° 2009-136 du 9 févr. 2009)* « certificat d'immatriculation » peut être retiré par décision préfectorale lorsque, malgré l'envoi d'une lettre de mise en demeure, le propriétaire aura négligé de présenter son véhicule au contrôle technique prévu à l'article 1er ci-dessus.

Art. 14 En cas de doute sur l'état d'un véhicule ou sur la qualité des contrôles techniques le concernant, le préfet peut ordonner, pour un véhicule, des contrôles techniques supplémentaires par décision motivée.

TITRE II AGRÉMENT DES CONTRÔLEURS, DES INSTALLATIONS DE CONTRÔLE, DES RÉSEAUX DE CONTRÔLE ET DES ORGANISMES D'AUDIT ET EXERCICE DU CONTRÔLE TECHNIQUE PAR UN PRESTATAIRE VISÉ AU II DE L'ARTICLE L. 323-1 DU CODE DE LA ROUTE *(Arr. du 18 févr. 2011).*

CHAPITRE I *AGRÉMENT DES CONTRÔLEURS DES VÉHICULES LOURDS*

Art. 15 *(Arr. du 15 janv. 2013)* Pour être agréé, un contrôleur satisfait aux conditions définies au I de l'article R. 323-17 du code de la route *(Abrogé par Arr. du 24 avr. 2017, art. 14 et 29, à compter du 20 mai 2018)* *« susvisé »*, possède le niveau de qualification Q1 tel que défini à l'annexe IV du présent arrêté et est obligatoirement rattaché à un centre de contrôle agréé.

(Abrogé par Arr. du 24 avr. 2017, art. 14 et 29, à compter du 20 mai 2018) *« Les niveaux de qualification requis pour chaque catégorie de contrôle technique, telle que définie à l'article 2 du présent arrêté, sont définis à l'annexe IV du présent arrêté. »*

Art. 15-1 *(Abrogé par Arr. du 9 mars 2017, art. 28) (Arr. du 15 janv. 2013, art. 7, en vigueur le 10 janv. 2014)* *Pour réaliser les contrôles sur les véhicules électriques ou hybrides, le contrôleur dispose d'une habilitation électrique spéciale avec mention contrôle technique, délivrée par l'employeur.*

L'habilitation est présentée par le contrôleur et son employeur à toute demande des services de l'État.

Art. 16 Un contrôleur est agréé par le préfet de département du lieu d'implantation du centre de contrôle des véhicules lourds auquel il est rattaché, sur la base d'un dossier dont la composition est définie à l'annexe VII du présent arrêté.

La décision d'agrément est notifiée simultanément au contrôleur, à l'exploitant du centre de contrôle de véhicules lourds auquel il est rattaché *(Arr. du 14 oct. 2009)* « et pour les contrôleurs non rattachés à l'organisme technique central ». La décision d'agrément doit mentionner que le contrôleur est agréé pour le contrôle des véhicules lourds. Cette décision d'agrément doit pouvoir être présentée par le contrôleur *(Arr. du 9 mars 2017, art. 10)* « lors des audits et sur demande des services chargés de la surveillance du contrôle technique ».

(Arr. du 15 janv. 2013) « Un contrôleur agréé pour le contrôle technique des véhicules lourds peut, sans préjudice des autres dispositions légales et réglementaires en vigueur, exercer dans d'autres installations de contrôle agréées, sous réserve qu'il maîtrise les applications informatiques, l'utilisation des matériels de contrôle et le système qualité de l'installation dans laquelle il intervient. Cette condition est justifiée par la présentation d'une attestation d'habilitation visée par le titulaire de l'agrément de l'installation dans laquelle il intervient. »

(Arr. du 14 oct. 2009) « Un contrôleur bénéficiaire de la reconnaissance des qualifications professionnelles acquises dans un autre État membre de la Communauté européenne ou dans un État partie à l'accord sur l'Espace économique européen *(Arr. du 9 mars 2017, art. 10)* « a également » les connaissances linguistiques nécessaires à l'exercice du contrôle technique, notamment la maîtrise du vocabulaire technique de l'automobile. »

(Arr. du 15 janv. 2013) « En cas de décision de rejet, la décision est motivée et notifiée simultanément au demandeur, à l'exploitant du centre de contrôle de véhicules lourds de demande de rattachement, ainsi qu'à l'organisme technique central. »

Les dispositions relatives aux modifications d'agrément d'un contrôleur sont décrites au paragraphe IV du chapitre I de l'annexe VII du présent arrêté.

Art. 17 *(Arr. du 24 avr. 2017, art. 15 et 29, en vigueur le 20 mai 2018)* Pour réaliser les contrôles techniques des véhicules de transport en commun de personnes et des véhicules de transport de marchandises dangereuses, le contrôleur est qualifié, conformément aux exigences de l'annexe IV du présent arrêté et dispose d'une habilitation délivrée par le réseau ou par le titulaire de l'agrément de son centre de rattachement si celui-ci n'est pas exploité par un réseau.

Cette habilitation est notifiée à l'organisme technique central. Elle est présentée par le contrôleur lors des audits et sur demande des services de l'État.

Art. 18 *(Arr. du 24 avr. 2017, art. 16-1° et 29, en vigueur le 20 mai 2018)* « Pour maintenir sa qualification, le contrôleur justifie du respect des exigences prévues à l'annexe IV du présent arrêté. »

En cas de non-respect, l'agrément peut être retiré ou suspendu conformément aux dispositions de l'article 19 du présent arrêté.

(Abrogé par Arr. du 24 avr. 2017, art. 16-2° et 29, à compter du 20 mai 2018) ***« Pour maintenir l'habilitation prévue à l'article 17, un contrôleur doit justifier du respect des exigences prévues au paragraphe 2 de la section 2 de l'annexe IV du présent arrêté. »***

Le réseau ou le centre, si celui-ci n'est pas rattaché à un réseau, tient à jour les habilitations des contrôleurs qui lui sont rattachés. *(Arr. du 24 avr. 2017, art. 16-3° et 29, en vigueur le 20 mai 2018)* « Ce suivi est tenu à disposition des services de l'État. »

Art. 19 *(Arr. du 14 oct. 2009)* « L'agrément du contrôleur peut être retiré ou suspendu conformément aux dispositions du paragraphe IV de l'article R. 323-18 du code de la route soit par le préfet du département où les faits ont été constatés, soit par le préfet du département du centre de rattachement du contrôleur. Les mesures de retrait ou de suspension sont notamment applicables *(Arr. du 16 juill. 2010, art. 6)* « en cas de carence de qualification », en cas de réalisation non conforme d'un contrôle technique, notamment dans les points à contrôler, les modalités et méthodes de contrôles, les formalités finales ou conclusions dans le résultat du contrôle technique. En application des dispositions de l'article R. 323-18 du code de la route, l'agrément du contrôleur peut être retiré en cas *[de]* non-respect d'une décision administrative suspendant l'activité du contrôleur. »

(Arr. du 22 déc. 2023, art. 7) « Avant toute décision, le préfet de département informe par écrit le contrôleur, le titulaire de l'agrément du centre de contrôle où les faits ont été constatés ainsi que le titulaire de l'agrément du centre de contrôle auquel le contrôleur est rattaché et les réseaux éventuellement concernés, de son intention de suspendre ou de retirer l'agrément du contrôleur en indiquant les faits qui lui sont reprochés et en lui communiquant ou en lui permettant d'accéder au dossier sur la base duquel la procédure est initiée.

« Le contrôleur, le titulaire de l'agrément du centre de contrôle où les faits ont été constatés ainsi que le titulaire de l'agrément du centre de contrôle de rattachement du contrôleur et les réseaux éventuellement concernés disposent d'un délai d'un mois, à compter de la présentation du courrier, pour faire part de leurs observations par écrit.

« Si le préfet de département envisage de suspendre ou retirer l'agrément, il organise une réunion contradictoire à laquelle sont invités le contrôleur, le titulaire de l'agrément du centre de contrôle où les faits ont été constatés ainsi que le titulaire de l'agrément du centre de contrôle de rattachement du contrôleur et les réseaux éventuellement concernés, avant que la sanction ne soit prononcée. Chacune des parties invitées à la réunion contradictoire peut se faire représenter sous réserves *[réserve]* de ne pas mandater une autre partie à cette réunion ou le représentant de celle-ci. Les représentants des parties justifient d'un mandat écrit à l'exception des conseils. Cette réunion est tenue postérieurement au délai d'un mois accordé pour faire part des observations.

« Toute décision de suspension ou de retrait d'agrément est notifiée au contrôleur, au titulaire de l'agrément du centre de contrôle où les faits ont été constatés, au titulaire de l'agrément du centre de contrôle de véhicules lourds auquel le contrôleur est rattaché, aux réseaux éventuellement concernés et à l'organisme technique central. »

(Arr. du 15 janv. 2013) « Dans le cas particulier du retrait d'agrément au motif du non-respect de la disposition de l'article L. 323-1 du code de la route portant sur l'absence de condamnation, le contrôleur peut demander un nouvel agrément dès que le bulletin n° 2 de son casier judiciaire répond aux exigences de l'article L. 323-1 du code de la route. »

Art. 19-1 En cas d'urgence, le préfet peut suspendre, à titre conservatoire et avec effet immédiat, l'agrément du contrôleur pour une durée maximum de deux mois dans l'attente de la décision prise en application des dispositions de l'article 19.

(Arr. du 14 oct. 2009) « La suspension à titre conservatoire de l'agrément du contrôleur peut être prononcée, conformément aux dispositions du IV de l'article R. 323-18 du code de la route, soit par le préfet du département où les faits ont été constatés, soit par le préfet du département du centre de rattachement du contrôleur. »

Art. 20 Les dispositions du présent chapitre ne s'appliquent pas aux personnels des services de l'État qui effectuent le contrôle technique au titre du présent arrêté.

CHAPITRE II *AGRÉMENT DES INSTALLATIONS DE CONTRÔLE*

Le § 3 Modalités d'agrément des installations auxiliaires est abrogé (Arr. du 9 mars 2017, art. 28).

§ 1 *Moyens techniques et organisation*

Art. 21 *(Arr. du 15 janv. 2013)* Sans préjudice des dispositions réglementaires en vigueur relatives à la protection des travailleurs et de l'environnement, les installations de contrôle de véhicules lourds visées aux articles R. 323-13 à R. 323-15 du code de la route susvisés comprennent des moyens techniques et informatiques permettant d'effectuer les contrôles décrits à l'annexe I, de saisir et de recueillir les données relatives aux contrôles techniques effectués, conformément à l'annexe III, ainsi que de les transmettre, sous un délai de vingt-quatre heures à compter de leur réalisation, soit à la direction du réseau par lequel elles sont exploitées, soit à l'organisme technique central, selon qu'il s'agit d'installations exploitées ou non par un réseau, conformément aux dispositions du titre III du présent arrêté. Les conditions nécessaires à l'application du présent article sont définies aux annexes III et V du présent arrêté.

Art. 22 Les installations de contrôle de véhicules lourds doivent être organisées de manière à répondre aux conditions définies aux I et II de l'article R. 323-13 du code de la route susvisé pour permettre la réalisation des catégories de contrôles techniques.

(Arr. du 16 juill. 2010, art. 8) « Les installations de contrôle exploitées par les réseaux et les installations non rattachées à un réseau ne conservent le bénéfice de leur agrément et ne poursuivent leur activité que si elles justifient d'une accréditation suivant la norme NF EN ISO/CEI 17020 : *(Abrogé par Arr. du 22 juin 2015, art. 3, à compter du 1er sept. 2015) « 2005 ou »* *(Arr. du 15 janv. 2013)* « 2012 » dans le domaine "contrôle des véhicules lourds", par le COFRAC ou par un organisme accréditeur signataire de l'accord multilatéral d'EA *(European Cooperation for Accreditation)* ou sont comprises dans le périmètre d'accréditation de leur réseau. »

L'accréditation est exigible au plus tard un an à compter de la date d'agrément sous réserve que le centre puisse présenter lors de sa demande d'agrément un récépissé délivré par l'organisme accréditeur attestant qu'il a déposé, en vue de son accréditation, son système qualité complet.

§ 2 *Modalités d'agrément des installations d'un centre de contrôle*

Art. 23 *(Arr. du 24 avr. 2017, art. 17-1°)* « Toute personne morale ou physique » désirant obtenir l'agrément de ses installations pour le contrôle technique des véhicules lourds dépose auprès du préfet de département du lieu d'implantation du centre un dossier, dont la composition est définie à l'annexe VII du présent arrêté.

Ce dossier précise notamment *(Arr. du 15 janv. 2013)* « le nom de la personne physique assurant l'exploitation du centre de contrôle et désignée à cet effet par le titulaire de l'agrément, » l'organisation du centre de contrôle de véhicules lourds, la description des moyens matériels, les références techniques du demandeur et les procédures prévues *(Abrogé par Arr. du 24 avr. 2017, art. 17-2°) « afin de répondre aux prescriptions du paragraphe 1 ci-dessus »*.

Les services administratifs chargés de l'instruction de la demande d'agrément et, dans le cas des *(Arr. du 16 juill. 2010, art. 9)* « centres non exploités par un réseau », l'organisme technique central agissant dans le cadre de ses missions spécifiées au *f* de l'article 37 du présent arrêté peuvent demander tous justificatifs complémentaires et conduire toutes les vérifications nécessaires en vue de s'assurer de la conformité du centre aux dispositions législatives et réglementaires applicables.

Art. 24 La décision préfectorale d'agrément est notifiée simultanément au demandeur *(Arr. du 14 oct. 2009)* « et, pour les *(Arr. du 16 juill. 2010, art. 9)* « centres non exploités par un réseau », à l'organisme technique central ».

(Abrogé par Arr. du 14 oct. 2009) ***« Dans le cas où le centre de contrôle est également agréé pour le contrôle technique des** (Arr. du 7 févr. 2007)* ***« véhicules légers », la décision d'agrément doit en faire mention. »***

En cas de décision de rejet de la demande d'agrément pour le contrôle des véhicules lourds, la décision est motivée et notifiée simultanément au demandeur et à l'organisme technique central.

Les dispositions relatives aux modifications d'agrément d'un centre de contrôle sont décrites aux paragraphes *(Arr. du 24 avr. 2017, art. 18)* « IV » des chapitres II et III de l'annexe VII du présent arrêté.

Art. 25 *(Arr. du 14 oct. 2009)* L'agrément du centre de contrôle peut être retiré ou suspendu pour tout ou partie des catégories de contrôles techniques couvertes par l'agrément, conformément aux dispositions du IV de l'article R. 323-14 du code de la route, par le préfet du département du centre. Les mesures de retrait ou de suspension sont notamment applicables en cas de non-respect des articles R. 323-13, R. 323-14, R. 323-15 et R. 323-17 du code de la route.

(Arr. du 22 déc. 2023, art. 8) « Avant toute décision, le préfet informe par écrit le titulaire de l'agrément du centre de contrôle et son réseau de rattachement, le cas échéant, de son intention de suspendre ou de retirer l'agrément du centre, pour tout ou partie des catégories de contrôle, en indiquant les faits qui lui sont reprochés et en lui communiquant ou en lui permettant d'accéder au dossier sur la base duquel la procédure est initiée. Le titulaire de l'agrément du centre de contrôle et son réseau de rattachement, le cas échéant, disposent d'un délai d'un mois, à compter de la présentation du courrier, pour faire part de leurs observations par écrit.

« Si le préfet de département envisage de suspendre ou retirer l'agrément, il organise une réunion contradictoire à laquelle sont invités le titulaire de l'agrément du centre de contrôle où les faits ont été constatés ainsi que le réseau éventuellement concerné avant que la sanction ne soit prononcée. Le titulaire de l'agrément peut se faire représenter sous réserves *[réserve]* de ne pas mandater le réseau d'affiliation. Le mandataire justifie d'un mandat écrit à l'exception des conseils. Cette réunion est tenue postérieurement au délai d'un mois accordé pour faire part des observations. »

En application des dispositions de l'article R. 323-14 du code de la route, l'agrément du centre peut être retiré en cas de non-respect d'une décision administrative suspendant l'activité du centre.

(Arr. du 22 déc. 2023, art. 8) « Toute décision de suspension ou de retrait d'agrément est notifiée au titulaire de l'agrément du centre de contrôle, au réseau de rattachement éventuel et à l'organisme technique central. »

Art. 25-1 En cas d'urgence, le préfet peut suspendre à titre conservatoire et avec effet immédiat l'agrément du centre pour une durée maximum de deux mois dans l'attente de la décision prise en application des dispositions de l'article 25.

Art. 26 *(Abrogé par Arr. du 9 mars 2017, art. 28) (Arr. du 15 janv. 2013)* ***Le réseau de contrôle des véhicules lourds désirant obtenir le maintien de l'agrément d'une installation auxiliaire pour le contrôle des véhicules lourds tel que prévu par le décret n° 2012-1145 du 10 octobre 2012 dépose auprès du préfet de département du lieu d'implantation de cette installation de contrôle un dossier comprenant la mise à jour éventuelle du dossier de demande d'agrément et le rapport d'audit favorable datant de moins de six mois par rapport à la date de réception de ce dossier par le service instructeur. Ce dossier comprend également la démonstration que les circonstances locales justifient le maintien de l'installation auxiliaire et que celle-ci permet d'assurer une meilleure couverture géographique, de répondre aux besoins des usagers ou de réduire les déplacements des véhicules.***

Les services administratifs chargés de l'instruction de la demande d'agrément peuvent demander tous les justificatifs complémentaires et conduire toutes les vérifications nécessaires en vue de

s'assurer de la conformité de l'installation auxiliaire aux dispositions législatives et réglementaires applicables.

Art. 27 (Abrogé par Arr. du 9 mars 2017, art. 28) (Arr. du 15 janv. 2013) *La décision préfectorale de maintien d'agrément est notifiée simultanément au réseau demandeur, à l'exploitant de l'établissement qui abrite l'installation auxiliaire et à l'organisme technique central.*

La décision de maintien ou non d'agrément mentionne la date limite de validité de l'agrément qui ne peut excéder le 11 octobre 2016.

Les dispositions relatives aux modifications d'agrément d'une installation auxiliaire sont décrites au paragraphe IV du chapitre IV de l'annexe VII du présent arrêté.

Art. 28 (Abrogé par Arr. du 15 janv. 2013, art. 37, à compter du 25 févr. 2013) *La demande de renouvellement de l'agrément de l'installation auxiliaire de contrôle des véhicules lourds doit être déposée auprès du préfet de département du lieu d'implantation de l'installation auxiliaire par le réseau au plus tard trois mois avant la date d'échéance et au plus tôt six mois avant la date d'échéance mentionnée sur la notification d'agrément.*

(Arr. du 14 oct. 2009) *« Cette demande de renouvellement doit être accompagnée :*

« — de la mise à jour éventuelle du dossier de demande d'agrément ;

« — du rapport d'audit favorable datant de moins de six mois par rapport à la date de réception par le service instructeur ;

« — des justificatifs permettant d'apprécier que l'installation répond aux besoins des usagers, assure une meilleure couverture géographique ou réduit les déplacements imposés aux véhicules lourds. »

Les services administratifs chargés de l'instruction de la demande de renouvellement de l'agrément et l'organisme technique central agissant dans le cadre de ses missions spécifiées au f de l'article 37 du présent arrêté peuvent demander tous les justificatifs complémentaires et conduire toutes les vérifications nécessaires en vue de s'assurer de la conformité de l'installation auxiliaire aux dispositions législatives et réglementaires applicables.

Art. 29 (Abrogé par Arr. du 15 janv. 2013, art. 37, à compter du 25 févr. 2013) *La décision préfectorale de renouvellement de l'agrément est notifiée simultanément au réseau demandeur, à l'exploitant de l'établissement qui abrite l'installation auxiliaire et à l'organisme technique central.*

Dans le cas où l'installation auxiliaire est également agréée pour le contrôle technique des véhicules légers, la décision d'agrément doit en faire mention.

La décision de renouvellement d'agrément doit également mentionner la date limite de validité de l'agrément conformément aux dispositions du II de l'article R. 323-14 du code de la route susvisé.

En cas de décision de rejet de la demande de renouvellement de l'agrément, la décision est motivée et notifiée simultanément au réseau demandeur, à l'exploitant de l'établissement abritant l'installation auxiliaire et à l'organisme technique central.

Art. 30 (Abrogé par Arr. du 9 mars 2017, art. 28) (Arr. du 14 oct. 2009) *« L'agrément d'une installation auxiliaire peut être retiré ou suspendu, conformément aux dispositions du IV de l'article R. 323-14 du code de la route, dans les mêmes conditions que celles prévues à l'article 25 du présent arrêté. En application des dispositions de l'article R. 323-14 du code de la route, l'agrément peut être retiré en cas de non-respect d'une décision administrative suspendant l'activité du centre. »*

(Arr. du 18 févr. 2011) *« Avant toute décision et conformément au dispositions du IV de l'article R. 323-14 de code de la route, le préfet informe, par écrit, le réseau et l'exploitant de l'établissement abritant l'installation auxiliaire de son intention de suspendre ou de retirer l'agrément de l'installation auxiliaire pour toute ou partie des catégories de contrôles en indiquant les faits qui sont reprochés et en leur communiquant le dossier sur la base duquel la procédure est initiée ou en leur permettant d'y accéder. »*

Le réseau dispose d'un délai d'un mois, à compter de la présentation du courrier, pour être entendu et faire part de ses observations (Arr. du 15 janv. 2013) *« par écrit.*

« A l'issue du délai d'un mois, si le préfet de département a toujours l'intention de suspendre ou retirer l'agrément, il organise une réunion contradictoire à laquelle sont invités l'exploitant du centre de contrôle où les faits ont été constatés ainsi que le réseau et l'exploitant de l'établissement abritant l'installation auxiliaire avant que la sanction ne soit prononcée. »

Toute décision de suspension ou de retrait d'agrément est notifiée au réseau, à l'exploitant de l'établissement abritant l'installation auxiliaire et à l'organisme technique central.

Art. 30-1 (Abrogé par Arr. du 9 mars 2017, art. 28) *En cas d'urgence, le préfet peut suspendre, à titre conservatoire et avec effet immédiat, l'agrément de l'installation auxiliaire pour une durée* *maximum de deux mois dans l'attente de la décision prise en application des dispositions de l'article 30.*

§ 3

Art. 31 Les dispositions du présent chapitre ne s'appliquent pas aux installations de contrôle utilisées par les services de l'État pour effectuer le contrôle technique au titre du présent arrêté.

CHAPITRE III *AGRÉMENTS DES RÉSEAUX DE CONTRÔLE DE VÉHICULES LOURDS*

§ 1 *Organisation*

Art. 32 *(Arr. du 15 janv. 2013)* « Un réseau de contrôle est organisé de façon à pouvoir s'assurer que les installations de contrôle qu'il exploite remplissent les conditions définies aux articles R. 323-13 à R. 323-15 du code de la route ainsi que les conditions fixées au chapitre II du présent titre. »

Cette organisation doit répondre aux conditions prescrites à l'annexe VI.

(Arr. du 16 juill. 2010, art. 10) « Les réseaux ne conservent le bénéfice de leur agrément et ne poursuivent leur activité que s'ils justifient d'une accréditation suivant la norme NF EN ISO/CEI 17020 : *(Abrogé par Arr. du 22 juin 2015, art. 3, à compter du 1er sept. 2015) « 2005 ou »* *(Arr. du 15 janv. 2013)* « 2012 » dans le domaine "contrôle des véhicules lourds", par le COFRAC ou par un organisme accréditeur signataire de l'accord multilatéral d'EA (*European Cooperation for Accreditation*). L'accréditation obtenue par le réseau couvre l'ensemble des installations exploitées par ce réseau. »

(Arr. du 9 juin 2011, art. 2, en vigueur le 1er sept. 2011) « Conformément à l'article R. 323-10 du code de la route, le réseau de contrôle agréé garantit la transmission à l'organisme technique central des données relatives à chaque contrôle technique réalisé dans les installations de contrôle qu'il exploite sous un délai de vingt-quatre heures à compter de leur réalisation, ainsi que la cohérence de ces données. »

L'accréditation est exigible au plus tard un an à compter de la date d'agrément sous réserve que le réseau puisse présenter au plus tard à la date d'effet de l'agrément un récépissé délivré par l'organisme accréditeur attestant qu'il a déposé, en vue de son accréditation, son système qualité complet.

Art. 33 Le réseau de contrôle agréé tient à jour :

– la liste des centres de contrôle *(Arr. du 9 mars 2017, art. 15)* « qu'il exploite » ;

– la liste des contrôleurs agréés qui, sous sa responsabilité, effectuent les contrôles techniques et les niveaux de qualification de chaque contrôleur *(Arr. du 15 janv. 2013)* « , qu'il soit ou non rattaché à une installation exploitée par le réseau ».

§ 2 *Modalités d'agrément*

Art. 34 Toute personne morale désirant obtenir l'agrément d'un réseau de contrôle des véhicules lourds doit en faire la demande auprès du ministre chargé des transports. La composition du dossier de demande est définie à l'annexe VII du présent arrêté.

Art. 35 *(Arr. du 16 juill. 2010, art. 11)* Pour être agréé, un réseau de contrôle justifie du nombre minimum de centres de contrôle agréés fixé par l'article R. 323-8 du code de la route et met en place les moyens décrits dans son cahier des charges, lui permettant de s'assurer du bon fonctionnement des installations de contrôle qu'il exploite. Cet agrément est accordé pour dix ans.

L'agrément peut être renouvelé sur demande adressée au ministre chargé des transports, accompagnée du dossier défini à l'annexe VII du présent arrêté.

CHAPITRE IV *AGRÉMENT, HABILITATION ET CERTIFICATION DES ORGANISMES D'AUDIT*

(Arr. du 18 févr. 2011)

Art. 35-1 Les organismes réalisant les audits des installations non rattachées et de leurs contrôleurs sont agréés par le ministre en charge des transports pour une durée de quatre ans, renouvelable.

Les conditions de délivrance et de renouvellement des agréments sont fixées dans un cahier des charges défini par le ministre en charge des transports et disponible sur le site internet de l'organisme technique central.

(Abrogé par Arr. du 9 mars 2017, art. 16) « ***Pour les organismes agréés avant le 1er janvier 2011, un dossier de demande de renouvellement d'agrément est déposé avant le 30 juin 2012, dans les conditions prévues au chapitre VI de l'annexe VII du présent arrêté. Pour ces organismes, l'agrément sera réputé annulé à compter du 1er janvier 2013 s'il n'a pas été renouvelé.***

« ***Les organismes d'audit respectent les prescriptions définies dans le cahier des charges précité.*** »

L'agrément peut être retiré par le ministre en charge des transports si les prescriptions imposées ne sont pas respectées.

La liste des organismes d'audit agréés est disponible sur le site internet de l'organisme technique central.

(Arr. du 9 mars 2017, art. 16) « Les conditions de réalisation des audits des installations et de leurs contrôleurs sont fixées dans un cahier des charges défini par le ministre en charge des transports et disponible sur le site internet de l'organisme technique central. »

Art. 35-2 L'audit des installations exploitées par un réseau et de leurs contrôleurs est effectué par le réseau ou par un organisme habilité par celui-ci après accord du ministre chargé des transports.

(Arr. du 9 mars 2017, art. 17) « Les conditions de réalisation des audits des installations et de leurs contrôleurs sont fixées dans un cahier des charges défini par le ministre en charge des transports et disponible sur le site internet de l'organisme technique central. »

Art. 35-3 *(Arr. du 9 mars 2017, art. 18)* Les organismes habilités ou agréés au titre du présent chapitre sont certifiés selon le référentiel NF EN ISO 9001 : 2008 ou 2015 dans le domaine de la réalisation d'audits d'installations et de contrôleurs de véhicules lourds sous un délai maximum d'un an après la date d'habilitation ou d'agrément, faute de quoi l'habilitation ou l'agrément est annulé sans qu'il soit nécessaire de le justifier par une procédure administrative.

CHAPITRE V *EXERCICE DU CONTRÔLE TECHNIQUE PAR UN PRESTATAIRE VISÉ AU II DE L'ARTICLE L. 323-1 DU CODE DE LA ROUTE*

(Arr. du 23 févr. 2010)

Le chapitre IV a été renuméroté chapitre V par l'Arr. du 18 févr. 2011.

Art. 35-4 Aux fins d'exercer l'activité de contrôle technique au sens de l'arrêté du 27 juillet 2004 susvisé, le prestataire visé au II de l'article L. 323-1 du code de la route adresse au préfet du département dans lequel il envisage d'exercer l'activité de contrôleur la déclaration mentionnée au II de l'article L. 323-1 du code de la route accompagnée des documents prévus à l'article R. 323-18-1 du code de la route.

Le préfet adresse un récépissé de déclaration au prestataire dans le délai d'un mois.

L'art. 35-4 est l'anc. art. 35-1 renuméroté par l'Arr. du 18 févr. 2011.

Art. 35-5 Les récépissés de déclaration sont inscrits dans un registre national qui est élaboré et tenu à jour dans les conditions prévues par la loi n° 78-17 du 6 janvier 1978 relative à l'informatique, aux fichiers et aux libertés.

L'art. 35-5 est l'anc. art. 35-2 renuméroté par l'Arr. du 18 févr. 2011.

TITRE III ORGANISME TECHNIQUE CENTRAL

Art. 36 Les missions confiées à l'organisme technique central, définies à l'article R. 323-7 du code de la route susvisé, visent notamment à harmoniser et à optimiser la qualité des *(Arr. du 24 avr. 2017, art. 20 et 29, en vigueur le 20 mai 2018)* « contrôles » techniques et à permettre une exploitation systématique de leurs résultats.

L'organisme technique central met en place et gère les moyens nécessaires pour collecter et exploiter les données relatives au contrôle technique des véhicules lourds.

Art. 37 Les prestations fournies par l'organisme technique central (ci-après dénommé OTC) sont notamment les suivantes :

a) L'OTC élabore les documents techniques relatifs aux méthodes et matériels de contrôle à mettre en œuvre ;

b) L'OTC élabore les documents techniques nécessaires pour assurer la collecte de l'ensemble des données relatives aux contrôles techniques effectués dans les installations de contrôle ;

c) L'OTC élabore les documents techniques nécessaires aux traitements informatiques des informations relatives aux véhicules et au résultat de leurs contrôles techniques ;

d) L'OTC centralise et archive les résultats des contrôles dans les conditions fixées par une convention d'assistance technique entre l'organisme technique central et chacun des réseaux ou des centres de contrôle non rattachés ;

e) L'OTC analyse les résultats des contrôles afin de caractériser le fonctionnement des installations et des réseaux de contrôle et de s'assurer de l'homogénéité des contrôles effectués ;

f) *(Arr. du 15 janv. 2013)* « L'OTC apporte une assistance technique à l'administration pour l'agrément des installations des centres de contrôles non rattachés et de leurs contrôleurs et des réseaux de contrôles techniques de véhicules lourds ; »

g) L'OTC établit annuellement un bilan du parc de véhicules lourds contrôlé et de ses caractéristiques techniques conformément aux directives données par le ministre chargé des transports ;

h) L'OTC centralise et maintient à jour l'ensemble des éléments techniques nécessaires à l'information et à la formation des contrôleurs et les tient à la disposition des réseaux et des centres non rattachés ;

i) L'OTC élabore et tient à jour les informations prévues aux III des articles **R. 323-14** et **R. 323-18** du code de la route ;

j) *(Arr. du 7 févr. 2007)* « L'OTC contrôle la conformité de l'outil informatique des réseaux et installations de contrôle par rapport aux spécifications fonctionnelles et au protocole de communication prévus à l'article 38 ; »

(Arr. du 15 janv. 2013) « *k)* L'OTC apporte une assistance technique à l'administration dans le cadre des approbations de programme des formations prévues à l'annexe IV du présent arrêté et de l'agrément des organismes d'audits prévu à l'article 35-1 du présent arrêté. »

L'ensemble des informations est mis à disposition du *(Arr. du 15 janv. 2013)* « ministre » chargé des transports et des administrations chargées de la surveillance administrative des réseaux, des installations de contrôle et des contrôleurs.

Art. 38 L'organisme technique central définit :

(Arr. du 7 févr. 2007) « *a)* » Les spécifications fonctionnelles relatives au traitement :

— de l'identification du véhicule et de son propriétaire ;

(Arr. du 24 avr. 2017, art. 21-1°) « — de l'impression sur le procès-verbal de l'ensemble des données du contrôle technique. »

Les spécifications *(Arr. du 9 mars 2017, art. 19)* « à prendre en compte » sont définies à la *(Arr. du 7 févr. 2007 ; Arr. du 24 avr. 2017, art. 21-2°)* « partie D » de l'annexe III du présent arrêté.

(Arr. du 7 févr. 2007) « *b)* » Le protocole de communication pour la délivrance aux installations de contrôle d'informations concernant l'identification du véhicule et la collecte des données issues du contrôle technique. Ce protocole définit notamment l'organisation, les règles de cohérence et le mode de transmission retenus par l'organisme technique central permettant de s'assurer de la confidentialité des informations recueillies et de l'absence de déformation des données initiales.

(Arr. du 16 juill. 2010, art. 12) « *c)* Les protocoles d'échanges de données relatives au contrôle technique entre les outils informatiques des installations de contrôle et les *(Arr. du 24 avr. 2017, art. 21-3°)* « matériels » de contrôle prévus *(Arr. du 24 avr. 2017, art. 21-3°)* « à » l'annexe III du présent arrêté. »

Art. 39 Le protocole tel que prévu à l'article 38 susvisé est établi entre l'organisme technique central et les réseaux de contrôle agréés.

(Abrogé par Arr. du 15 janv. 2013, art. 37, à compter du 25 févr. 2013) « Pour les centres de contrôle non rattachés à un réseau, il est établi un protocole tel que défini ci-dessus entre chaque centre de contrôle et l'organisme technique central. »

TITRE IV SURVEILLANCE ADMINISTRATIVE

CHAPITRE I *SURVEILLANCE ADMINISTRATIVE DES RÉSEAUX, CONTRÔLEURS, INSTALLATIONS DE CONTRÔLE, ORGANISMES DE FORMATION ET ORGANISMES CHARGÉS DES AUDITS* (Arr. du 15 janv. 2013).

Art. 40 *(Arr. du 14 oct. 2009)* La surveillance administrative des installations de contrôle et des contrôleurs est assurée par les directions régionales agissant pour le compte du ministre chargé des transports, sous l'autorité des préfets.

Les agents des services chargés de la surveillance peuvent notamment demander dans ce cadre le renouvellement, sous leur autorité, *(Arr. du 9 juin 2011, art. 3, en vigueur le 1er sept. 2011)* « du contrôle technique d'un ou plusieurs véhicules présents sur l'installation de contrôle » et ayant subi un contrôle technique. Les frais engendrés sont à la charge du titulaire de l'agrément de l'installation.

(Arr. du 10 mai 2022, art. 6, en vigueur le 17 juin 2022) « Un affichage explicitant le renouvellement du contrôle technique doit être apposé dans la zone d'accueil du public du centre. Cet affichage indique que le renouvellement du contrôle technique du véhicule peut être demandé par les agents chargés de la surveillance du contrôle technique, ce qui pourra engendrer un temps de contrôle global plus long. »

(Arr. du 22 déc. 2023, art. 9) « Le refus du contrôleur opposé à la demande de renouvellement du contrôle technique d'un ou plusieurs véhicules constitue un manquement aux règles fixant l'exercice de son activité. Toute manœuvre visant à faire obstacle à la demande de renouvellement du contrôle technique d'un ou plusieurs véhicules, imputable au contrôleur, est qualifiée de manquement aux règles encadrant l'activité de celui-ci. »

Art. 41 *(Arr. du 3 janv. 2019, art. 14)* La surveillance administrative des réseaux, des organismes de formation et des organismes chargés des audits est assurée par le ministre en charge des transports. A ce titre, il :

— inspecte au moins une fois par an les réseaux ;

— réalise des visites de surveillance des organismes de formation et des organismes chargés des audits.

CHAPITRE II *SURVEILLANCE ADMINISTRATIVE DE L'ORGANISME TECHNIQUE CENTRAL*

Art. 42 *(Arr. du 15 janv. 2013)* « Le directeur général de l'énergie et du climat contrôle le fonctionnement de l'organisme technique central et propose des mesures d'amélioration du fonctionnement de celui-ci. »

TITRE V DISPOSITIONS TRANSITOIRES ET DIVERSES

Art. 43 *(Abrogé par Arr. du 14 oct. 2009) Le présent arrêté est applicable à compter du 1er janvier 2005 ; toutefois, les agréments prévus au titre II du présent arrêté peuvent être délivrés conformément aux dispositions du présent arrêté sous réserve que leur date d'effet soit postérieure au 1er janvier 2005.*

Art. 44 *(Abrogé par Arr. du 9 mars 2017, art. 28) (Arr. du 14 oct. 2009) Calendrier de passage des véhicules de collection.*

A défaut de date d'échéance de contrôle technique mentionnée sur le certificat d'immatriculation, les véhicules de collection mis en circulation :

— à compter du 1er janvier 1940, doivent faire l'objet d'un contrôle technique périodique au plus tard en 2011 ;

— entre le 1er janvier 1920 et le 31 décembre 1939, doivent faire l'objet d'un contrôle technique périodique au plus tard en 2012 ;

— avant le 31 décembre 1919, doivent faire l'objet d'un contrôle technique périodique au plus tard en 2013.

Les véhicules de collection concernés par le calendrier de passage ci-dessus doivent se présenter à la visite technique au plus tard à la date anniversaire de leur première mise en circulation, dans le courant de l'année prévue.

Dans le cas particulier où la date de mise en circulation est inconnue, le véhicule doit faire l'objet d'un contrôle technique périodique au plus tard en 2012.

Art. 44-1 *(Abrogé par Arr. du 9 mars 2017, art. 28) (Arr. du 14 oct. 2009) Pour les véhicules de collection présentés au contrôle technique périodique avant le 1er janvier 2011, la date limite de validité du visa de la visite technique périodique ou de la contre-visite favorable est portée à cinq ans à compter de la date de la visite technique périodique.*

Art. 45 *(Arr. du 9 juin 2011, art. 4, en vigueur le 1er sept. 2011)* Pour répondre aux besoins des usagers, dans les portions de territoire dont l'accès nécessite l'emploi de moyens de transport spéciaux (bateau, hélicoptère) et dont le nombre de véhicules à contrôler ne permet pas de justifier de l'implantation d'une installation de contrôle économiquement viable, le préfet peut autoriser, à titre dérogatoire, un centre agréé à réaliser les contrôles avec la mise en œuvre de méthodes alternatives, sur avis favorable du ministre chargé des transports.

Dans ce cas, la portée de la dérogation est mentionnée sur la décision préfectorale d'agrément prévue à l'article 24 du présent arrêté.

La validité des contrôles techniques effectués dans l'installation agréée dans ces conditions est limitée au territoire considéré et mention particulière en est faite sur le procès-verbal.

Art. 46 *(Abrogé par Arr. du 14 oct. 2009)* ***En application de l'article 4 du décret nº 2004-568 du 11 juin 2004, le ministre chargé des transports peut, jusqu'au 31 décembre 2005, délivrer un agrément provisoire à un réseau de contrôle pour une durée d'un an non renouvelable.***

Cet agrément provisoire permet au réseau de demander aux préfets de département l'agrément des installations de contrôle qui lui sont rattachées, conformément aux dispositions du chapitre II du titre II du présent arrêté.

Art. 47 *(Abrogé par Arr. du 16 juill. 2010, art. 14)* ***Les agents ayant réalisé au moins 500 contrôles techniques dans le cadre de l'arrêté du 15 novembre 1954 susvisé au cours des douze derniers mois écoulés sont réputés posséder le niveau de qualification Q1 tel que défini à l'annexe IV du présent arrêté.***

V. annexes, JO 26 janv., mod. par Arr. du 29 janv. 2013 (JO 9 févr.), par Arr. du 1er août 2013 (JO 9 août), par Arr. du 4 août 2014 (JO 13 août), par Arr. du 22 juin 2015 (JO 11 juill.), par Arr. du 17 juill. 2015 (JO 25 juill.), par Arr. du 1er avr. 2016 (JO 14 avr.), par Arr. du 9 mars 2017, en vigueur au plus tard le 9 juin 2017 (JO 14 mars), par Arr. du 16 mars 2017, art. 1er, en vigueur le 14 juin 2017 (JO 18 mars), par Arr. du 24 avr. 2017, art. 22 à 27, en vigueur au plus tard le 20 mai 2018 (JO 30 avr.), par Arr. du 24 avr. 2017, en vigueur le 1er sept. 2017 (JO 5 mai), Rect. de l'Arr. du 24 avr. 2017 (10 juill.), par Arr. du 27 sept. 2017, en vigueur le 20 mai 2018 (JO 19 oct.), par Arr. du 21 déc. 2017 (JO 17 janv. 2018), par Arr. du 21 févr. 2018, en vigueur le 20 mai 2018 (JO 11 mars), par Arr. du 3 janv. 2019 (JO 9 janv.), par Arr. du 19 juin 2020, en vigueur le 17 août 2020 (JO 27 juin), par Arr. du 28 oct. 2021, en vigueur le 1er nov. 2021 (JO 30 oct.), par Arr. du 10 mai 2022 (JO 17 mai), par Arr. du 22 déc. 2023, art. 10 à 16, l'art. 12 entrant en vigueur le 1er janv. 2025 (JO 29 déc.).

Arrêté du 17 octobre 2005,

Relatif à l'immobilisation des véhicules dont le dispositif de limitation par construction de la vitesse a fait l'objet d'une modification ou d'une détérioration affectant son fonctionnement normal.

Art. 1er Le présent arrêté fixe les conditions d'application de l'article R. 325-7 II du code de la route en cas d'immobilisation du véhicule en regard des dispositions des articles R. 317-6 et R. 317-6-1 du code de la route relatifs à la limitation par construction de la vitesse maximale des véhicules.

Art. 2 Le présent arrêté s'applique à tous les véhicules visés à l'article R. 317-6 du code de la route, dans les conditions fixées par l'arrêté du 25 février 2005 *[relatif à l'extension à certaines catégories de véhicules à moteur de la limitation par construction de la vitesse maximale]* susvisé.

Il s'applique aussi aux véhicules à moteur de la catégorie internationale M 3 ayant un poids maximal excédant 10 tonnes et de la catégorie internationale N 3 mis pour la première fois en circulation à dater du 1er janvier 1988 dans un autre État membre de l'Union européenne et soumis aux dispositions de la directive 92/6/CEE susvisée.

Art. 3 Le présent arrêté s'applique à tous les véhicules visés à l'article R. 317-6-1 du code de la route, y compris ceux immatriculés dans un autre État membre de l'Union européenne, dans les conditions fixées par l'arrêté du 25 février 2005 susvisé.

Les véhicules immatriculés dans un autre État membre de l'Union européenne sont, au sens de l'arrêté du 25 février 2005 susvisé, des véhicules non affectés exclusivement au transport national.

Art. 4 Pour l'application de l'article R. 325-7 II du code de la route, le document attestant de la remise en conformité du dispositif de limitation de vitesse par construction est l'attestation dont le modèle est joint en annexe au présent arrêté.

Cette attestation est délivrée par le constructeur du véhicule ou par son représentant autorisé.

La liste des représentants des constructeurs ou importateurs de véhicules autorisés à délivrer les attestations de remise en conformité des véhicules aux dispositions contrôlées lors de la réception initiale ou lors d'une mise en conformité ultérieure est communiquée au ministre en charge des transports.

ANNEXE

ATTESTATION DE REMISE EN CONFORMITÉ D'UN VÉHICULE AUX EXIGENCES RÉGLEMENTAIRES RELATIVES À LA LIMITATION PAR CONSTRUCTION DE SA VITESSE MAXIMALE

Le véhicule de marque :

Numéro de série : ....

Mis pour la 1re fois en circulation le : ....

De type : ....

De la catégorie internationale (ou genre) : ....

Affecté au transport de matières dangereuses : oui/non (3),

conforme, lors de sa première mise en circulation, ou lors d'une mise en conformité réglementaire ultérieure, aux dispositions techniques de (1) : ....

immobilisé le (2) : ....

en vertu de l'article R. 325-7-II du code de la route, a été remis en conformité aux dispositions réglementaires en vigueur et sa vitesse de limitation est de (3) :

80 km/h ;

85 km/h ;

90 km/h ;

100 km/h.

Le constructeur ou son représentant autorisé (4) :

Lieu : ....

Date : ....

Nom : ....

Signataire : ....

(1) Indiquer l'arrêté national concerné (ou la directive 92/6/CEE du 10 février 1992 modifiée par la directive 2002/85/CE).

(2) Indiquer la date d'immobilisation.

(3) Barrer la mention inutile.

(4) Indiquer l'intitulé de l'organisme habilité à délivrer l'attestation.

Directive 2014/45/UE du Parlement européen et du Conseil du 3 avril 2014,

Relative au contrôle technique périodique des véhicules à moteur et de leurs remorques, et abrogeant la directive 2009/40/CE.

Cette directive entre en vigueur le 20 mai 2018.

....

CHAPITRE I *OBJET, DÉFINITIONS ET CHAMP D'APPLICATION*

Art. 1er *Objet.* **La présente directive établit les exigences minimales pour un dispositif de contrôle technique périodique des véhicules utilisés sur la voie publique.**

Art. 2 *Champ d'application. (Dir. déléguée (UE) 2021/1717 du 9 juill. 2021, art. 1er, en vigueur le 16 août 2021)* **« 1. La présente directive s'applique aux véhicules dont la vitesse par construction est supérieure à 25 km/h et appartenant aux catégories suivantes, telles que visées par les règlements (UE) n° 167/2013, (UE) n° 168/2013 et (UE) 2018/858 du Parlement européen et du Conseil : »**

— véhicules à moteur conçus et construits essentiellement pour le transport de personnes et de leurs bagages et ne comportant, outre la place assise du conducteur, pas plus de huit places assises — catégorie M_1,

— véhicules à moteur conçus et construits essentiellement pour le transport de personnes et de leurs bagages et comportant, outre la place assise du conducteur, plus de huit places assises — catégories M_2 et M_3,

— véhicules à moteur conçus et construits essentiellement pour le transport de marchandises et ayant une masse maximale inférieure ou égale à 3,5 tonnes — catégorie N_1,

— véhicules à moteur conçus et construits essentiellement pour le transport de marchandises et ayant une masse maximale supérieure à 3,5 tonnes — catégories N_2 et N_3,

— remorques conçues et construites pour le transport de marchandises ou de personnes, ainsi que pour l'hébergement de personnes, ayant une masse maximale supérieure à 3,5 tonnes — catégories O_3 et O_4,

(Dir. déléguée (UE) 2021/1717 du 9 juill. 2021, art. 1er, en vigueur le 16 août 2021) « — à compter du 1er janvier 2022, véhicules à deux ou trois roues – véhicules des catégories L3e, L4e, L5e et L7e, équipés d'un moteur à combustion et de cylindrée supérieure à 125 cm^3 ;

« — tracteurs à roues appartenant aux catégories T1b, T2b, T3b, T4.1b, T4.2b et T4.3b, dont l'utilisation a lieu essentiellement sur la voie publique et dont la vitesse maximale par construction dépasse 40 km/h. »

2. Les États membres peuvent exclure de l'application de la présente directive les véhicules suivants, immatriculés sur leur territoire :

— véhicules exploités ou utilisés dans des conditions exceptionnelles, ainsi que véhicules qui n'utilisent pas, ou presque pas, les voies publiques, comme les véhicules présentant un intérêt historique ou les véhicules de compétition,

— véhicules couverts par l'immunité diplomatique,

— véhicules utilisés par les forces armées, les forces de l'ordre, les services des pompiers, la protection civile, et les services d'urgence ou de sauvetage,

— véhicules utilisés à des fins agricoles, horticoles, forestières ou de pêche, sur le seul territoire de l'État membre concerné et essentiellement sur le terrain où ces activités ont lieu, y compris les chemins agricoles, les chemins forestiers ou les champs agricoles,

— véhicules utilisés exclusivement sur des petites îles ou dans des régions faiblement peuplées,

— véhicules spécialisés transportant du matériel de cirque ou de fêtes foraines, dont la vitesse maximale par construction ne dépasse pas 40 km/h et circulant uniquement sur le territoire de l'État membre concerné,

(Dir. déléguée (UE) 2021/1717 du 9 juill. 2021, art. 1er, en vigueur le 16 août 2021) « — véhicules des catégories L3e, L4e, L5e et L7e, équipés d'un moteur à combustion et de cylindrée supérieure à 125 cm^3, lorsque l'État membre a mis en place des mesures alternatives de sécurité routière pour les véhicules à deux ou trois roues, en tenant notamment compte des statistiques pertinentes en matière de sécurité routière pour les cinq dernières années. Les États membres communiquent ces exemptions à la Commission. »

3. Les États membres peuvent introduire des exigences nationales concernant le contrôle technique des véhicules immatriculés sur leur territoire qui ne relèvent pas du champ d'application de la présente directive et pour les véhicules visés au paragraphe 2.

Art. 3 *Définitions.* Les définitions suivantes ne s'appliquent que pour les besoins de la présente directive :

1) "véhicule" : tout véhicule à moteur, ou sa remorque, ne circulant pas sur rails ;

2) "véhicule à moteur" : tout véhicule sur roues se déplaçant par ses propres moyens et ayant une vitesse maximale par construction supérieure à 25 km/h ;

3) "remorque" : tout véhicule non automoteur sur roues, conçu et construit pour être tracté par un véhicule à moteur ;

4) "semi-remorque" : une remorque conçue pour être attelée à un véhicule à moteur de telle manière qu'elle repose en partie sur le véhicule à moteur et qu'une partie appréciable de sa masse et de la masse de son chargement soit supportée par le véhicule à moteur ;

5) "véhicule à deux ou trois roues" : tout véhicule à moteur reposant sur deux roues, avec ou sans side-car, ainsi que tout tricycle et tout quadricycle ;

6) "véhicule immatriculé dans un État membre" : un véhicule immatriculé ou mis en circulation dans un État membre ;

7) "véhicule présentant un intérêt historique" : tout véhicule considéré comme historique par l'État membre d'immatriculation ou par une autorité désignée délivrant les autorisations, et qui remplit l'ensemble des conditions suivantes :

— il a été construit ou immatriculé pour la première fois il y a au moins trente ans,

— son type particulier, tel que défini par la législation pertinente de l'Union ou nationale, n'est plus produit,

— il est préservé sur le plan historique et maintenu dans son état d'origine, et aucune modification essentielle n'a été apportée aux caractéristiques techniques de ses composants principaux ;

8) "titulaire du certificat d'immatriculation" : la personne physique ou morale au nom de laquelle le véhicule est immatriculé ;

9) "contrôle technique" : une inspection, menée conformément à l'annexe I, visant à garantir qu'un véhicule peut être utilisé sur la voie publique en toute sécurité et qu'il est conforme aux paramètres de sécurité et de protection de l'environnement requis et obligatoires ;

10) "réception" : une procédure par laquelle un État membre certifie qu'un véhicule satisfait aux dispositions administratives et aux exigences techniques pertinentes visées par les directives 2002/24/CE, 2003/37/CE et 2007/46/CE ;

11) "défaillances" : les défauts techniques et autres cas d'anomalies constatés lors d'un contrôle technique ;

12) "certificat de contrôle technique" : un rapport du contrôle technique délivré par l'autorité compétente ou par un centre de contrôle contenant les résultats du contrôle technique ;

13) "inspecteur" : toute personne autorisée par un État membre ou par son autorité compétente à effectuer des contrôles techniques dans un centre de contrôle ou, le cas échéant, au nom de l'autorité compétente ;

14) "autorité compétente" : l'autorité ou l'organisme public auquel un État membre confie la responsabilité de la gestion du dispositif de contrôle technique et, le cas échéant, la réalisation des contrôles techniques ;

15) "centre de contrôle" : tout organisme ou établissement public ou privé autorisé par un État membre à effectuer des contrôles techniques ;

16) "organe de surveillance" : tout organisme ou ensemble d'organismes établi par un État membre et responsable de la surveillance des centres de contrôle. Un organe de surveillance peut faire partie de l'autorité compétente ;

17) "petite île" : une île dont la population est inférieure à 5 000 habitants et qui n'est pas reliée au reste du territoire par des ponts ou des tunnels routiers ;

18) "région faiblement peuplée" : une zone prédéfinie dont la densité de population est inférieure à 5 habitants au kilomètre carré ;

19) "voie publique" : une voie d'utilité publique générale, comme une route, une autoroute ou une voie rapide locale, régionale ou nationale.

CHAPITRE II *OBLIGATIONS GÉNÉRALES*

Art. 4 *Responsabilités.* 1. Chaque État membre veille à ce que les véhicules immatriculés sur son territoire soient périodiquement contrôlés conformément à la présente directive par les centres de contrôle autorisés par l'État membre où ces véhicules sont immatriculés.

2. Le contrôle technique est effectué par l'État membre d'immatriculation du véhicule, ou par un organe à vocation publique chargé par cet État membre de cette tâche, ou par des organismes ou des établissements désignés et supervisés par cet État membre, y compris des organismes privés autorisés.

3. Conformément aux principes établis par les règlements (CE) n° 715/2007 (11) et (CE) n° 595/2009 du Parlement européen et du Conseil (12), la Commission, par la voie d'actes d'exécution, et avant le 20 mai 2018, adopte :

a) un ensemble d'informations techniques relatives aux équipements de freinage, à la direction, à la visibilité, aux réflecteurs, au matériel électrique, aux essieux, aux pneus, à la suspension, au châssis, aux accessoires du châssis, à d'autres équipements et aux nuisances, nécessaires au contrôle technique des points à contrôler et à la mise en œuvre des méthodes de contrôle recommandées, conformément à l'annexe I, point 3 ; et

b) les règles détaillées concernant le format des données et les procédures d'accès aux informations techniques pertinentes.

Ces actes d'exécution sont adoptés conformément à la procédure d'examen visée à l'article 19, paragraphe 2.

Les informations techniques visées au premier alinéa, point a), sont mises à la disposition des centres de contrôle et des autorités compétentes concernées, gratuitement ou moyennant un coût raisonnable par les constructeurs, sur une base non discriminatoire.

La Commission examine également la faisabilité d'établir un point d'accès unique à ces informations techniques.

4. Les États membres s'assurent que le droit national définit les responsabilités pour ce qui est de veiller à ce qu'un véhicule soit apte à circuler.

CHAPITRE III *EXIGENCES MINIMALES APPLICABLES AU CONTRÔLE TECHNIQUE*

Art. 5 *Date et fréquence des contrôles.* 1. Les véhicules sont soumis à un contrôle technique au minimum selon les intervalles suivants, sans préjudice du délai de flexibilité appliqué dans les États membres en vertu du paragraphe 3 :

a) véhicules appartenant aux catégories M_1 et N_1 : quatre ans après la date de première immatriculation du véhicule, puis tous les deux ans ;

b) véhicules appartenant à la catégorie M_1 utilisés comme taxis ou ambulances, véhicules appartenant aux catégories M_2, M_3, N_2, N_3, O_3 et O_4 : un an après la date de première immatriculation du véhicule, puis annuellement ;

(Dir. déléguée (UE) 2021/1717 du 9 juill. 2021, art. 1er, en vigueur le 16 août 2021) « c) tracteurs à roues appartenant aux catégories T_{1b}, T_{2b}, T_{3b}, $T_{4.1b}$, $T_{4.2b}$ et $T_{4.3b}$, dont l'utilisation a lieu essentiellement sur la voie publique aux fins du transport routier de marchandises à des fins commerciales : quatre ans après la date de première immatriculation du véhicule, puis tous les deux ans.

« 2. Les États membres déterminent des intervalles appropriés dans lesquels les véhicules des catégories L3e, L4e, L5e et L7e, équipés d'un moteur à combustion et de cylindrée supérieure à 125 cm³, sont soumis à un contrôle technique. »

3. Les États membres ou les autorités compétentes peuvent fixer un délai raisonnable au cours duquel le contrôle technique doit être effectué sans aller au-delà des intervalles définis au paragraphe 1.

4. Nonobstant la date du dernier contrôle technique d'un véhicule, l'État membre ou l'autorité compétente concernée peut exiger qu'il soit soumis à un contrôle technique avant les dates visées aux paragraphes 1 et 2 dans les cas suivants :

– après un accident ayant altéré les principaux composants de sécurité du véhicule tels que les roues, les suspensions, les zones de déformation, les systèmes de coussins gonflables, la direction ou les freins,

– lorsque les systèmes et composants de sécurité et de protection de l'environnement du véhicule ont été altérés ou modifiés,

– lorsque le titulaire du certificat d'immatriculation du véhicule a changé,

– lorsque le véhicule a atteint 160 000 km,

– lorsque la sécurité routière est gravement compromise.

Art. 6 *Contenu et méthodes de contrôle.* 1. Pour les catégories de véhicules relevant de la présente directive, à l'exception des catégories L3e, L4e, L5e et L7e de cylindrée supérieure à 125 cm³, les États membres veillent à ce que le contrôle technique couvre au moins les domaines visés à l'annexe I, point 2.

2. Pour chaque domaine visé au paragraphe 1, les autorités compétentes de l'État membre ou le centre de contrôle effectuent un contrôle technique couvrant au moins les points visés à l'annexe I, point 3, à l'aide des méthodes recommandées ou de méthodes équivalentes approuvées par une autorité compétente pour le contrôle de ceux-ci, tels que définis à l'annexe I, point 3. Le contrôle peut aussi servir à vérifier si les pièces et composants de ce véhicule correspondent aux caractéristiques requises en matière de sécurité et d'environnement qui étaient en vigueur au moment de la réception ou, selon le cas, de l'adaptation.

Les contrôles doivent être effectués à l'aide de techniques et d'équipements actuellement disponibles et sans recourir à des outils pour démonter ou déposer une partie du véhicule.

3. Pour les catégories de véhicules L3e, L4e, L5e et L7e, de cylindrée supérieure à 125 cm³, les États membres définissent les domaines, points et méthodes de contrôle adaptés.

Art. 7 *Appréciation des défaillances.* 1. Pour chaque point à contrôler, l'annexe I contient une liste minimale des défaillances possibles, assorties de leur niveau de gravité.

2. Les défaillances constatées lors des contrôles périodiques des véhicules sont classées dans l'une des catégories suivantes :

a) défaillances mineures n'ayant aucune incidence notable sur la sécurité du véhicule ou sur l'environnement, et autres anomalies mineures ;

b) défaillances majeures susceptibles de compromettre la sécurité du véhicule, d'avoir une incidence négative sur l'environnement, ou de mettre en danger les autres usagers de la route, et autres anomalies plus importantes ;

c) défaillances critiques constituant un danger direct et immédiat pour la sécurité routière ou ayant une incidence sur l'environnement, justifiant qu'un État membre ou ses autorités compétentes puisse interdire l'utilisation du véhicule sur la voie publique.

3. Un véhicule dont les défaillances relèvent de plusieurs des catégories visées au paragraphe 2 est classé dans la catégorie correspondant à la défaillance la plus grave. Un véhicule présentant plusieurs défaillances des mêmes domaines à contrôler tels qu'ils sont couverts par l'étendue du contrôle visé à l'annexe I, point 2, peut être classé dans la catégorie suivante des défaillances graves s'il peut être démontré que les effets combinés de ces défaillances induisent un risque accru pour la sécurité routière.

Art. 8 *Certificat de contrôle technique.* 1. Les États membres veillent à ce que le centre de contrôle ou, le cas échéant, l'autorité compétente qui a effectué le contrôle technique d'un véhicule délivre pour ledit véhicule un certificat de contrôle technique contenant au moins les éléments normalisés des codes harmonisés correspondants de l'Union énumérés à l'annexe II.

2. Les États membres veillent à ce que le centre de contrôle ou, le cas échéant, l'autorité compétente mette le certificat de contrôle technique ou, dans le cas d'un certificat électronique, une version imprimée certifiée dudit certificat à la disposition de la personne qui a présenté le véhicule au contrôle.

3. Sans préjudice de l'article 5, en cas de nouvelle immatriculation d'un véhicule déjà immatriculé dans un autre État membre, chaque État membre reconnaît le certificat de contrôle technique qui a été délivré par cet autre État membre, comme s'il l'avait lui-même délivré, à condition que le certificat de contrôle technique soit encore valable compte tenu de la fréquence de renouvellement du contrôle technique périodique prévue dans l'État membre de la nouvelle immatriculation. En cas de doute, l'État membre de la nouvelle immatriculation peut vérifier la validité du certificat de contrôle technique avant de le reconnaître. Les États membres communiquent à la Commission une description du certificat de contrôle technique avant le 20 mai 2018. La Commission en informe le comité visé à l'article 19. Le présent paragraphe ne s'applique pas aux catégories de véhicules L3e, L4e, L5e et L7e.

4. Sans préjudice de l'article 5, paragraphe 4, et du paragraphe 3 du présent article, les États membres reconnaissent, par principe, la validité du certificat de contrôle technique en cas de changement de propriétaire d'un véhicule — dès lors que celui-ci est muni d'une preuve valable de contrôle technique périodique.

5. A compter du 20 mai 2018 et au plus tard le 20 mai 2021, les centres de contrôle communiquent par voie électronique à l'autorité compétente de l'État membre concerné les informations figurant sur les certificats de contrôle technique qu'ils délivrent. Cette communication a lieu dans un délai raisonnable après la délivrance des certificats de contrôle technique. Jusqu'à cette date, les centres de contrôle peuvent communiquer les informations pertinentes à l'autorité compétente par d'autres moyens. Les États membres déterminent la période pendant laquelle l'autorité compétente doit conserver ces informations. Cette période ne peut être inférieure à 36 mois, sans préjudice des régimes fiscaux nationaux des États membres.

6. Les États membres veillent à ce que, afin de vérifier le kilométrage, pour les véhicules équipés normalement d'un compteur kilométrique, les informations communiquées lors du précédent contrôle technique soient mises à la disposition des inspecteurs dès qu'elles sont disponibles par voie électronique. La manipulation d'un compteur kilométrique en vue de réduire le nombre de kilomètres parcourus ou de donner une représentation trompeuse de ce nombre, lorsqu'elle est avérée, est passible de sanctions effectives, proportionnées, dissuasives et non discriminatoires.

7. Les États membres veillent à ce que les résultats du contrôle technique soient, dans les plus brefs délais, notifiés à l'autorité responsable de l'immatriculation du véhicule ou mis à sa disposition par voie électronique. Cette notification contient les informations figurant sur le certificat de contrôle technique.

Art. 9 *Suivi des défaillances.* 1. En cas de défaillances mineures uniquement, le contrôle technique est considéré comme ayant été subi avec succès, les défaillances sont rectifiées et le véhicule ne fait pas l'objet d'un nouveau contrôle.

2. En cas de défaillances majeures, le contrôle est considéré comme ayant échoué. L'État membre ou l'autorité compétente décide de la durée pendant laquelle le véhicule en question peut circuler avant de devoir subir un nouveau contrôle technique. Ce nouveau contrôle a lieu dans un délai défini par l'État membre ou l'autorité compétente mais au plus tard deux mois après le premier contrôle.

3. En cas de défaillances critiques, le contrôle est considéré comme ayant échoué. L'État membre ou l'autorité compétente peut décider que le véhicule en question ne peut plus circuler sur la voie publique et que l'autorisation de circuler doit être suspendue pendant une durée limitée, sans que cela n'entraîne une nouvelle procédure d'immatriculation, jusqu'à ce que les défaillances soient rectifiées et qu'un nouveau certificat de contrôle technique soit délivré, prouvant que le véhicule est en état de circuler.

Art. 10 *Preuve de réussite du contrôle.* 1. Le centre de contrôle ou, le cas échéant, l'autorité compétente de l'État membre qui a effectué le contrôle technique d'un véhicule immatriculé sur son territoire délivre une preuve, telle qu'une mention sur le document d'immatriculation du véhicule, une vignette, un certificat ou toute autre information aisément accessible, pour chaque véhicule ayant subi ce contrôle avec succès. Cette preuve indique la date avant laquelle le prochain contrôle technique doit avoir lieu.

Les États membres communiquent à la Commission une description de la preuve de la réussite du contrôle avant le 20 mai 2018. La Commission en informe le comité visé à l'article 19.

2. Lorsque le véhicule contrôlé appartient à une catégorie de véhicule dont l'immatriculation n'est pas obligatoire dans l'État membre où il a été mis en circulation, cet État membre peut demander que la preuve de réussite du contrôle soit affichée de manière visible sur ce véhicule.

3. Aux fins de la libre circulation, chaque État membre reconnaît la preuve délivrée par un centre de contrôle ou par l'autorité compétente d'un autre État membre, conformément au paragraphe 1.

CHAPITRE IV ***DISPOSITIONS ADMINISTRATIVES***

Art. 11 *Installations et équipements de contrôle.* 1. Les États membres veillent à ce que les installations et équipements utilisés lors du contrôle technique respectent les exigences techniques minimales établies à l'annexe III.

2. Les États membres veillent à ce que les centres de contrôle ou, le cas échéant, l'autorité compétente entretiennent leurs installations et équipements conformément aux instructions fournies par les équipementiers.

3. Les équipements de mesure sont périodiquement étalonnés conformément à l'annexe III et vérifiés conformément aux spécifications fournies par l'État membre concerné ou par l'équipementier.

Art. 12 *Centres de contrôle.* 1. Les centres de contrôle dans lesquels des inspecteurs effectuent les contrôles techniques sont autorisés par un État membre ou par son autorité compétente.

2. Afin de satisfaire aux exigences minimales relatives à la gestion de la qualité, les centres de contrôle respectent les exigences arrêtées par l'État membre qui a délivré l'autorisation. Les centres de contrôle garantissent l'objectivité et la haute qualité des contrôles techniques.

Art. 13 *Inspecteurs.* 1. Les États membres veillent à ce que le contrôle technique soit effectué par des inspecteurs respectant les exigences minimales de compétence et de formation établies à l'annexe IV. Les États membres peuvent définir des exigences supplémentaires de compétence et de formation correspondantes.

2. Les autorités compétentes ou, le cas échéant, les centres de formation agréés délivrent un certificat aux inspecteurs qui respectent les exigences minimales de compétence et de formation. Ce certificat contient au moins les informations énumérées à l'annexe IV, point 3.

3. Les inspecteurs employés ou autorisés par les autorités compétentes des États membres ou par un centre de contrôle au 20 mai 2018 sont exemptés des exigences établies à l'annexe IV, point 1.

4. Lorsqu'ils effectuent un contrôle technique, les inspecteurs sont libres de tout conflit d'intérêts et l'État membre ou l'autorité compétente s'assurent du maintien d'un haut niveau d'impartialité et d'objectivité.

5. La personne présentant le véhicule au contrôle est informée de toutes les défaillances identifiées sur le véhicule et devant être corrigées.

6. Les résultats d'un contrôle technique ne peuvent, en cas de besoin, être modifiés que par un inspecteur ou selon la procédure mise en place par l'autorité compétente, s'ils sont manifestement erronés.

Art. 14 *Surveillance des centres de contrôle.* 1. Les États membres veillent à ce que les centres de contrôle fassent l'objet d'une surveillance.

2. Un organe de surveillance effectue au moins les tâches prévues à l'annexe V, point 1, et remplit les exigences établies aux points 2 et 3 de ladite annexe.

Les États membres publient les règles et procédures régissant l'organisation, les tâches et les exigences, y compris en matière d'indépendance, qui sont applicables au personnel des organes de surveillance.

3. Les centres de contrôle directement exploités par une autorité compétente sont exemptés des exigences concernant l'autorisation et la surveillance, dans les cas où l'organe de surveillance fait partie de l'autorité compétente.

4. Les exigences mentionnées aux paragraphes 2 et 3 du présent article peuvent être considérées comme étant remplies par les États membres qui exigent que les centres de contrôle soient accrédités conformément au règlement (CE) n° 765/2008.

CHAPITRE V *COOPÉRATION ET ÉCHANGE D'INFORMATIONS*

Art. 15 *Coopération administrative entre États membres.* 1. Les États membres désignent un point de contact national chargé de l'échange d'informations avec les autres États membres et la Commission pour ce qui concerne l'application de la présente directive.

2. Les États membres transmettent à la Commission le nom et les coordonnées de leur point de contact national avant le 20 mai 2015 et l'informent sans délai de tout changement à ce sujet. La Commission établit la liste de tous les points de contact et la transmet aux États membres.

Art. 16 *Plateforme électronique d'information sur les véhicules.* La Commission examine la faisabilité, le coût et les avantages d'une plateforme électronique européenne d'information sur les véhicules en tirant parti des solutions informatiques existantes déjà mises en œuvre concernant les échanges internationaux de données de manière à réduire les frais au maximum et à éviter les doubles emplois. Lors de cet examen, la Commission étudie les moyens les plus appropriés de relier les systèmes nationaux existants en vue de faciliter les échanges d'informations sur les données du contrôle technique et le kilométrage entre les autorités compétentes des États membres chargées du contrôle, de l'immatriculation et de la réception des véhicules, les centres de contrôle, les fabricants d'équipements de vérification et les constructeurs automobiles.

La Commission examine également la faisabilité, le coût et les avantages de la collecte et du stockage des informations disponibles sur les principaux composants de sécurité des véhicules qui ont été impliqués dans des accidents graves ainsi que la possibilité de relayer, sous forme anonymisée, les informations sur les antécédents d'accidents et le kilométrage dont disposent les inspecteurs, les titulaires des certificats d'immatriculation et les personnes chargées d'enquêter sur les accidents.

CHAPITRE VI *ACTES DÉLÉGUÉS ET ACTES D'EXÉCUTION*

Art. 17 *Actes délégués.* La Commission est habilitée à adopter des actes délégués en conformité avec l'article 18, en vue :

– de mettre à jour uniquement les désignations de la catégorie de véhicules visés à l'article 2, paragraphe 1, et à l'article 5, paragraphes 1 et 2, le cas échéant lors de changements apportés aux catégories de véhicules à la suite de modifications de la législation relative à la réception par type des véhicules visée à l'article 2, paragraphe 1, sans porter atteinte à la portée et aux fréquences des contrôles,

— de mettre à jour l'annexe I, point 3, en ce qui concerne les méthodes en cas d'apparition de méthodes de contrôle plus efficaces et plus effectives, sans étendre la liste des points devant être contrôlés,

— d'adapter l'annexe I, point 3, après évaluation positive des coûts et des avantages, en ce qui concerne la liste des points à contrôler, les méthodes, les causes de défaillance et l'évaluation des défaillances, en cas de modification des exigences obligatoires applicables à la réception par type dans la législation de l'Union dans les domaines de la sécurité ou de l'environnement.

Art. 18 *Exercice de la délégation.* 1. Le pouvoir d'adopter des actes délégués conféré à la Commission est soumis aux conditions fixées au présent article.

2. Le pouvoir d'adopter des actes délégués prévu à l'article 17 est accordé pour une période de cinq ans à compter du 19 mai 2014. La Commission élabore un rapport relatif à la délégation de pouvoir, au plus tard neuf mois avant la fin de la période de cinq ans. La délégation de pouvoir est tacitement prorogée pour des périodes d'une durée identique, sauf si le Parlement européen ou le Conseil s'oppose à cette prorogation trois mois au plus tard avant la fin de chaque période.

3. La délégation de pouvoir visée à l'article 17 peut être révoquée à tout moment par le Parlement européen ou le Conseil. La décision de révocation met fin à la délégation de pouvoir qui y est précisée. La révocation prend effet le jour suivant celui de la publication de ladite décision au Journal officiel de l'Union européenne ou à une date ultérieure qui est précisée dans ladite décision. Elle n'a pas d'incidence sur la validité des actes délégués déjà en vigueur.

4. Aussitôt qu'elle adopte un acte délégué, la Commission le notifie au Parlement européen et au Conseil simultanément.

5. Un acte délégué adopté en vertu de l'article 17 n'entre en vigueur que si le Parlement européen ou le Conseil n'a pas exprimé d'objections dans un délai de deux mois à compter de la notification de cet acte au Parlement européen et au Conseil ou si, avant l'expiration de ce délai, le Parlement européen et le Conseil ont tous deux informé la Commission de leur intention de ne pas exprimer d'objections. Ce délai est prolongé de deux mois à l'initiative du Parlement européen ou du Conseil.

Art. 19 *Comité.* 1. La Commission est assistée par un comité (ci-après dénommé "comité du contrôle technique"). Ledit comité est un comité au sens du règlement (UE) n° 182/2011.

2. Lorsqu'il est fait référence au présent paragraphe, l'article 5 du règlement (UE) n° 182/2011 s'applique. Lorsque le comité n'émet aucun avis, la Commission n'adopte pas le projet d'acte d'exécution, et l'article 5, paragraphe 4, troisième alinéa, du règlement (UE) n° 182/2011 s'applique.

CHAPITRE VII ***DISPOSITIONS FINALES***

Art. 20 *Présentation de rapports.* 1. Au plus tard le 30 avril 2020, la Commission présente un rapport au Parlement européen et au Conseil sur la mise en œuvre et les effets de la présente directive, notamment en ce qui concerne le degré d'harmonisation des contrôles techniques périodiques, l'efficacité des dispositions sur la portée et la fréquence du contrôle, la reconnaissance mutuelle des certificats de contrôle technique en cas de nouvelle immatriculation d'un véhicule provenant d'un autre État membre et les conclusions de l'étude de la possibilité de mettre en place une plateforme électronique d'information, telle que visée à l'article 16. Ce rapport contient également une analyse de la pertinence d'une actualisation des annexes, en particulier eu égard aux progrès techniques et à l'évolution des pratiques. Le rapport est transmis après la consultation du comité visé à l'article 19 et est accompagné, le cas échéant, de propositions législatives.

2. Au plus tard le 30 avril 2019, la Commission présente au Parlement européen et au Conseil un rapport, basé sur des études indépendantes, sur l'efficacité de l'inclusion des remorques légères et des véhicules à deux ou trois roues dans le champ d'application de la présente directive. Ce rapport évalue l'évolution de la situation de la sécurité routière dans l'Union et, pour chaque sous-catégorie de véhicules de catégorie L, il compare les résultats des mesures nationales de sécurité routière en tenant compte de la distance moyenne parcourue par ces véhicules. En particulier, la Commission détermine si les normes et les coûts du contrôle technique périodique de chaque catégorie de véhicules sont proportionnés aux objectifs fixés en matière de sécurité routière. Le rapport est accompagné d'une analyse

d'impact détaillée analysant les coûts et les avantages dans l'ensemble de l'Union, compte tenu des particularités des États membres. Le rapport est publié au moins six mois avant la soumission de toute proposition législative afin d'inclure, le cas échéant, de nouvelles catégories dans le champ d'application de la présente directive.

Art. 21 *Sanctions.* Les États membres déterminent le régime des sanctions applicables aux violations des dispositions de la présente directive et prennent toute mesure nécessaire pour assurer la mise en œuvre de celles-ci. Ces sanctions sont effectives, proportionnées, dissuasives et non discriminatoires.

Art. 22 *Dispositions transitoires.* 1. Les États membres peuvent autoriser, pendant une période maximale de cinq ans après le 20 mai 2018, l'utilisation des installations et équipements de contrôle visés à l'article 11 qui ne respectent pas les exigences minimales établies à l'annexe III pour le contrôle technique.

2. Les États membres appliquent les exigences établies à l'annexe V au plus tard à partir du 1er janvier 2023.

Art. 23 *Transposition.* 1. Les États membres adoptent et publient, au plus tard le 20 mai 2017, les dispositions législatives, réglementaires et administratives nécessaires pour se conformer à la présente directive. Ils en informent immédiatement la Commission.

Ils appliquent ces dispositions à partir du 20 mai 2018.

Lorsque les États membres adoptent ces dispositions, celles-ci contiennent une référence à la présente directive ou sont accompagnées d'une telle référence lors de leur publication officielle. Les modalités de cette référence sont arrêtées par les États membres.

2. Les États membres communiquent à la Commission le texte des dispositions essentielles de droit interne qu'ils adoptent dans le domaine régi par la présente directive.

V. les annexes (JOUE 29 avr., L. 127).

Art. 24 *Abrogation.* La directive 2009/40/CE est abrogée avec effet au 20 mai 2018.

Arrêté du 8 juin 2017,

Relatif au contrôle technique routier des véhicules lourds (JO 10 juin).

Cet arrêté entre en vigueur le 20 mai 2018.

Art. 1er Le présent arrêté s'applique aux véhicules ayant une vitesse par construction supérieure à 25 km/h et relevant des catégories suivantes, telles que définies par *(Arr. du 7 nov. 2022)* « le règlement (UE) n° 167/2013 du Parlement européen et du Conseil et par le règlement (UE) 2018/858 du Parlement européen et du Conseil : »

a) Catégories M2 et M3 : véhicules à moteur conçus et construits essentiellement pour le transport de personnes et de leurs bagages et comportant, outre la place assise du conducteur, plus de huit places assises ;

b) Catégories N2 et N3 : véhicules à moteur conçus et construits essentiellement pour le transport de marchandises et ayant une masse maximale supérieure à 3,5 tonnes ;

c) Catégories O3 et O4 : remorques conçues et construites essentiellement pour le transport de marchandises, ainsi que pour l'hébergement de personnes, ayant une masse maximale supérieure à 3,5 tonnes.

Art. 2 Aux fins du présent arrêté, on entend par :

(Arr. du 9 mai 2018, art. 1er) « Agent de contrôle : la personne habilitée à réaliser un contrôle technique routier initial et à établir le rapport de contrôle technique routier approfondi sur la base du procès-verbal de contrôle technique routier approfondi ; »

Centre de contrôle : un centre de contrôle de véhicules lourds agréé conformément à l'article 23 de l'arrêté du 27 juillet 2004 susvisé ;

Contrôle technique routier approfondi : le contrôle technique périodique tel que défini à l'article 2 de l'arrêté du 27 juillet 2004 susvisé ;

Contrôle technique routier initial : le contrôle technique inopiné d'un véhicule réalisé par les autorités compétentes d'un État membre ou sous leur surveillance directe ;

(Arr. du 9 mai 2018, art. 1er) « Contrôle technique périodique : l'opération de contrôle ayant pour but de vérifier l'état technique du véhicule tel que défini par la directive 2014/45 susvisée ; »

Défaillances : les défauts techniques et autres cas d'anomalies constatés lors d'un contrôle technique routier ;

(Arr. du 9 mai 2018, art. 1er) « Procès-verbal de contrôle technique routier approfondi : le procès-verbal tel que défini à l'article 8 de la directive 2014/45 susvisée et à l'article 8 de l'arrêté du 27 juillet 2004 susvisé ;

« Rapport de contrôle technique routier approfondi : le rapport établi par l'agent de contrôle sur la base du modèle figurant à l'annexe II du présent arrêté ; »

Véhicule : un véhicule lourd tel que défini à l'article 2 de l'arrêté du 27 juillet 2004 susvisé ;

Voie publique : toute voie d'utilité publique générale, comme une route, une autoroute ou une voie rapide locale, régionale ou nationale.

Art. 3 I. — Les contrôles techniques routiers initiaux sont réalisés sans discrimination fondée sur la nationalité du conducteur ou sur le pays d'immatriculation ou de mise en circulation du véhicule et en tenant compte de la nécessité de réduire au minimum les coûts et les retards occasionnés aux conducteurs et aux entreprises.

II. — Les véhicules sont sélectionnés soit de manière aléatoire, soit parce qu'ils sont suspectés de présenter un risque pour la sécurité routière ou pour l'environnement.

Art. 4 Conformément à l'annexe I du présent arrêté, pour chaque point à contrôler, les défaillances constatées, assorties de leur degré de gravité, sont classées dans l'une des catégories suivantes :

— défaillances mineures n'ayant aucune incidence notable sur la sécurité du véhicule ou n'ayant pas d'incidence sur l'environnement, et autres anomalies mineures ;

— défaillances majeures susceptibles de compromettre la sécurité du véhicule, d'avoir une incidence sur l'environnement ou de mettre en danger les autres usagers de la route, et autres anomalies plus importantes ;

— défaillances critiques constituant un danger direct et immédiat pour la sécurité routière ou ayant une incidence sur l'environnement.

Art. 5 *(Arr. du 9 mai 2018, art. 2)* *« Contrôle technique routier initial ».* Lors de chaque contrôle technique routier initial, l'agent de contrôle :

a) Vérifie le procès-verbal de contrôle technique périodique, défini à l'article 8 de l'arrêté du 27 juillet 2004 susvisé, conformément aux dispositions de l'article R. 233-1 du code de la route.

Si le contrôle technique périodique a été effectué dans les trois mois précédant le jour du contrôle, l'agent de contrôle considère que le véhicule est apte à la circulation sur la voie publique sauf :

— en cas de défaillance et/ou de non-conformité manifeste ;

— si une ou plusieurs défaillances majeures ou critiques sont signalées dans ce procès-verbal sans justificatif de contre-visite et/ou de réparation. Dans ce cas, les dispositions prévues à l'article 6 du présent arrêté s'appliquent.

b) Procède à une vérification visuelle de l'état du véhicule à l'arrêt sur la base de l'annexe I du présent arrêté.

Art. 6 *(Arr. du 9 mai 2018, art. 3)* En fonction du résultat du contrôle technique routier initial :

a) L'agent de contrôle peut autoriser le propriétaire ou son préposé à faire réparer le véhicule après, s'il y a lieu, immobilisation du véhicule dans les conditions prévues aux articles L. 325-1 à L. 325-3 du code de la route.

L'agent de contrôle peut autoriser le véhicule à reprendre la circulation, après avoir procédé, s'il y a lieu, à la levée de l'immobilisation, sur la base d'un constat visuel et/ou de la présentation d'un document émanant d'un professionnel justifiant que la réparation a été effectuée.

b) L'agent de contrôle peut décider que le véhicule ou sa remorque doit être soumis à un contrôle technique routier approfondi et ordonne son envoi dans un centre de contrôle.

Art. 7 *(Arr. du 9 mai 2018, art. 4)* *Contrôle technique routier approfondi.* I. — Le coût du contrôle technique routier approfondi incombe au propriétaire du véhicule représenté le cas échéant par son préposé, qui s'acquitte immédiatement du paiement auprès du centre de contrôle choisi dans le département du lieu de contrôle ou dans un département limitrophe.

Le propriétaire ou son préposé prend les mesures adaptées pour s'assurer que la circulation du véhicule jusqu'au centre de contrôle s'effectue dans des conditions garantissant la sécurité routière et la protection de l'environnement.

II. — S'agissant des véhicules immatriculés en France, le contrôle technique routier approfondi s'effectue conformément aux dispositions du chapitre II du titre premier de l'arrêté du 27 juillet 2004 modifié relatif au contrôle technique des véhicules lourds.

Le contrôle technique périodique, suivant un contrôle technique routier approfondi, est réalisé dans les délais prévus à l'article 3 de l'arrêté du 27 juillet 2004 précité.

III. — S'agissant des véhicules immatriculés dans un autre État, le contrôle technique routier approfondi est réalisé selon les modalités prévues aux articles 5, 6, l'alinéa 4 de l'article 7 et des alinéas 1 à 4 de l'article 8 de l'arrêté du 27 juillet 2004 précité.

IV. — A l'issue du contrôle technique routier approfondi, le conducteur reçoit le procès-verbal de contrôle technique routier approfondi qu'il remet à l'agent de contrôle. Celui-ci établit le rapport de contrôle technique routier approfondi.

a) Si aucune défaillance n'est mentionnée au rapport de contrôle technique routier approfondi, le véhicule est autorisé à reprendre la circulation et, s'il y a lieu, l'immobilisation est levée ;

b) Sans préjudice des dispositions du code de la route, si au moins une défaillance est mentionnée au rapport de contrôle technique routier approfondi :

— sur un véhicule immatriculé en France, le véhicule est soumis aux dispositions de l'article 9 et suivants de l'arrêté du 27 juillet 2004 susvisé ;

— sur un véhicule immatriculé dans un autre État :

— en cas de défaillance majeure sans défaillance critique, l'agent de contrôle peut autoriser le véhicule à reprendre la circulation sur la voie publique. Les défaillances constatées peuvent faire l'objet d'une réparation dans un délai d'un mois à compter du contrôle technique routier approfondi ;

— en cas de défaillance critique, la remise en circulation du véhicule est subordonnée à la réparation des défaillances constatées.

Art. 8 *(Arr. du 9 mai 2018, art. 6)* Lorsque des défaillances majeures ou critiques sont constatées sur un véhicule immatriculé dans un autre État membre, les résultats du contrôle sont notifiés au point de contact de l'État membre d'immatriculation du véhicule auquel il peut être demandé de prendre des mesures de suivi appropriées.

Cette notification contient notamment les éléments du rapport de contrôle technique routier approfondi énumérés à l'annexe II du présent arrêté.

Art. 9 *(Arr. du 12 juin 2017)* La date d'entrée en vigueur du présent arrêté est fixée au 20 mai 2018. L'arrêté du 9 août 2002 relatif au contrôle technique routier des véhicules utilitaires est abrogé à cette date. — *[Anc. art. 8].*

V. Annexes (JO 10 juin), mod. par Arr. du 9 mai 2018 (JO 16 mai) et par Arr. du 19 mars 2019 (JO 13 avr.).

Arrêté du 29 juillet 2020,

Relatif à la publicité des prix des prestations de contrôle technique de certaines catégories de véhicules légers (JO 2 août).

Art. 1er Pour l'application du présent arrêté, il est entendu par "véhicules légers", les véhicules mentionnés au 1° du II de l'article R. 323-6 du code de la route, à type d'énergie essence, diesel, gaz, hybride, électrique, et exclusivement les voitures particulières, 4 × 4, voitures de collection, camionnettes, camping-car dont le poids total autorisé en charge n'excède pas 3,5 tonnes.

Art. 2 En application de l'arrêté du 27 mars 1987 susvisé, chaque centre de contrôle technique est tenu d'afficher de manière visible et lisible de l'extérieur de son établissement, à l'entrée principale du public, les prix des prestations de contrôle technique périodique et de contre-visite des véhicules légers, classés par type d'énergie, soit essence, diesel, gaz, hybride, électrique.

V. Arr. du 27 mars 1987 relatif aux règles de publicité des prix pour les prestations d'entretien ou de réparation, de contrôle technique, de dépannage ou de remorquage ainsi que de garage des véhicules, App., v° Consommation.

Art. 3 Les prix affichés sont également portés à la connaissance du public sur le site de l'organisme désigné par le ministère chargé de l'économie.

A cette fin et en application de l'article R. 323-13-1 du code de la route, chaque centre de contrôle technique de véhicules légers, communique par internet, à l'organisme désigné par le ministre chargé de l'économie, les prix affichés mentionnés à l'article 2.

Il transmet immédiatement toute modification de ces prix à l'organisme désigné. Le changement de prix peut être communiqué, avant sa modification effective, si le centre de contrôle technique précise la date et l'heure à laquelle il sera effectif.

Art. 4 En application de l'article R. 323-13-3 du code de la route, l'organisme désigné par le ministre chargé de l'économie rend les prix mentionnés à l'article 2, qui lui ont été communiqués par les centres de contrôle technique, librement accessibles au public sous forme électronique.

Arrêté du 23 octobre 2023,

Relatif au contrôle technique des véhicules motorisés à deux ou trois roues et quadricycles à moteur (JO 24 oct.).

TITRE I DISPOSITIONS RELATIVES AUX CONTRÔLES TECHNIQUES DES VÉHICULES MOTORISÉS À DEUX OU TROIS ROUES ET QUADRICYCLES À MOTEUR

CHAPITRE I *DISPOSITIONS GÉNÉRALES*

Art. 1er Les contrôles techniques prévus à l'article R. 323-27 du code de la route sont effectués, conformément aux articles R. 323-6 à R. 323-21 du code de la route, par un contrôleur agréé ou par un prestataire visé au point II de l'article L. 323-1 du code de la route, dans des installations agréées et dans le respect des dispositions du présent arrêté.

Ces contrôles techniques n'exonèrent pas le propriétaire de l'obligation de maintenir son véhicule en bon état de marche et en état satisfaisant d'entretien conformément aux dispositions du code de la route et des textes pris pour son application.

Art. 2 Au sens du présent arrêté, on entend par :

– "véhicules de catégorie L", les véhicules motorisés à deux ou trois roues et quadricycles à moteur, à savoir, les véhicules de catégorie L1e, L2e, L3e, L4e, L5e, L6e et L7e au sens de l'article R. 311-1 du code de la route et soumis à l'obligation d'immatriculation conformément à l'article R. 322-1 du code de la route ;

– "véhicule de catégorie L de collection", tout véhicule de catégorie L dont le certificat d'immatriculation comporte la mention relative à l'usage "véhicule de collection" ;

– "véhicule électrique ou hybride", tout véhicule dont le mode de propulsion est assuré par au moins un moteur électrique ;

– "véhicule léger", tout véhicule soumis à un contrôle technique en application de l'arrêté du 18 juin 1991 modifié susvisé ;

– "véhicule lourd", tout véhicule soumis à un contrôle technique en application de l'arrêté du 27 juillet 2004 modifié susvisé ;

– "centre de contrôle technique des véhicules de catégorie L" : tout centre de contrôle exclusivement réservé au contrôle des véhicules de catégorie L ou tout centre mixte de contrôle de véhicules de catégorie L et de contrôle de véhicules légers ou tout centre mixte de contrôle de véhicules de catégorie L et de contrôle de véhicules lourds.

Art. 3 En cas de mutation d'un véhicule de catégorie L intervenant au-delà du délai mentionné au 3° de l'article R. 323-27, le vendeur professionnel ou non professionnel remet à l'acquéreur non professionnel du véhicule, avant la conclusion du contrat, le procès-verbal du contrôle technique périodique tel que défini à l'article 6 du présent arrêté et établi depuis moins de six mois.

Au sens de l'article R. 323-27 du code de la route, le terme "mutation" désigne tous les cas de transfert de propriété autres que ceux entrant dans l'une des configurations suivantes :

– véhicule donnant lieu à l'établissement d'une déclaration d'achat ;

– véhicule pris en location avec option d'achat ou en location longue durée qui devient, à l'expiration du contrat, la propriété du locataire mentionné sur le certificat d'immatriculation ;

— véhicule donnant lieu à la délivrance d'un nouveau certificat d'immatriculation à la suite d'un changement d'état matrimonial et notamment ;

— véhicule qui, à la suite du décès d'un conjoint, est immatriculé au nom de l'époux survivant ;

— véhicule qui, à la suite d'un divorce, est immatriculé au nom de l'époux qui en a reçu l'attribution dans le cadre du jugement de divorce ;

— véhicule tombé dans une succession et immatriculé au nom de l'héritier ou de l'un des cohéritiers ;

— véhicule appartenant à une société qui doit être, à la suite d'une fusion, ré-immatriculé au nom de la société absorbante ou, en cas de création d'une personne morale nouvelle, au nom de la nouvelle société ;

— véhicule ré-immatriculé au nom de plusieurs copropriétaires, à la condition que le nom de l'un d'entre eux ait été porté sur le certificat d'immatriculation précédent.

Art. 4 La durée de validité du contrôle technique périodique favorable ou le cas échéant, de la contre-visite favorable est mentionnée au 2° de l'article R. 323-27 du code de la route.

La durée de validité du contrôle technique périodique s'apprécie à la date du contrôle technique périodique favorable ou dans le cas où le véhicule est soumis à contre-visite, à la date du contrôle technique périodique défavorable à l'origine de la contre-visite.

Pour les véhicules de collection, les durées de validité précitées sont énoncées au 4° de l'article R. 323-27 du code de la route.

CHAPITRE II *MODALITÉS DES CONTRÔLES TECHNIQUES*

Art. 5 Au cours du contrôle technique périodique, un même contrôleur effectue l'ensemble des contrôles décrits à l'annexe I.

La personne présentant le véhicule est autorisée à pénétrer dans la zone de contrôle à l'invitation du contrôleur pour aider celui-ci à manipuler le véhicule dans le respect des consignes de sécurité de l'installation de contrôle et des instructions données par le contrôleur en cours de contrôle. Ces consignes sont affichées à l'accueil du public et à l'entrée de la zone de contrôle. Cette autorisation n'est pas applicable pour les catégories L1e, L2e et L6e.

La réalisation simultanée de plusieurs contrôles techniques de véhicules de catégorie L (contrôle technique périodique ou contre-visite) par un même contrôleur est interdite. Est également interdite la réalisation, par un même contrôleur, du contrôle d'un véhicule de catégorie L (contrôle technique périodique ou contre-visite), simultanément à la réalisation du contrôle d'un véhicule léger (contrôle technique périodique, contrôle technique complémentaire, contre-visite ou contre-visite complémentaire) ou d'un véhicule lourd (contrôle technique périodique ou contre-visite).

Art. 6 Il est dressé un procès-verbal de chaque contrôle technique. Ce document, qui est conforme aux dispositions de l'annexe II du présent arrêté, décrit les défaillances constatées et indique les résultats des mesures relevées au cours des essais et les commentaires prévus aux annexes I et II du présent arrêté.

Ce procès-verbal est établi immédiatement à l'issue du contrôle technique, signé par le contrôleur qui a réalisé le contrôle technique, puis validé informatiquement par le contrôleur conformément aux dispositions de l'annexe III du présent arrêté.

Il est ensuite remis à la personne qui présente le véhicule.

Une copie ou un duplicata de ce procès-verbal est archivée par le titulaire de l'agrément de l'installation de contrôle. Dans les deux cas, le document porte la signature du contrôleur.

L'archivage de la copie ou du duplicata ainsi que des éventuels documents associés est réalisé de façon à ce que :

— l'intégrité des documents archivés soit assurée ;

— la traçabilité par rapport au véhicule contrôlé soit assurée ;

— l'ensemble des documents puissent être consultés en permanence (y compris par les services chargés de la surveillance des installations), pendant au moins six ans. Lorsque l'archivage est informatique, des dispositions sont prises pour garantir la relecture et la réimpression des documents archivés.

Art. 7 L'annexe I du présent arrêté définit :

– les défaillances mineures n'ayant aucune incidence notable sur la sécurité du véhicule ou sur l'environnement ;

– les défaillances majeures susceptibles de compromettre la sécurité du véhicule, d'avoir une incidence négative sur l'environnement, ou de mettre en danger les autres usagers de la route ;

– les défaillances critiques constituant un danger direct et immédiat pour la sécurité routière ou ayant une incidence grave sur l'environnement.

Le contrôle technique périodique et la contre-visite entraînent :

– un résultat favorable (A) en l'absence de défaillance majeure et critique ;

– un résultat défavorable pour défaillances majeures (S), en l'absence de défaillance critique et lorsqu'il est constaté au moins une défaillance majeure. Dans ce cas, la validité du contrôle est de deux mois à compter de la date du contrôle technique périodique ;

– un résultat défavorable pour défaillances critiques (R) lorsqu'il est constaté au moins une défaillance critique. Dans ce cas, la validité du contrôle est limitée au jour du contrôle.

Tout résultat défavorable entraîne l'obligation de réalisation d'une contre-visite, qui ne peut être réalisée que dans le délai de deux mois après le contrôle technique périodique tel que défini à l'article 5, faute de quoi un nouveau contrôle technique périodique est à réaliser.

Art. 8 Les points à contrôler lors des contre-visites sont définis à l'annexe I du présent arrêté.

A l'issue du contrôle, si les points susvisés présentent des défaillances majeures ou critiques, une nouvelle contre-visite est à réaliser dans la limite du délai de deux mois à compter du contrôle technique périodique défini à l'article 5 du présent arrêté.

Dans le cas où ce délai est dépassé, ou lorsque l'original du procès-verbal de contrôle relatif au contrôle technique périodique ne peut être présenté au contrôleur et que les données informatiques du contrôle technique défavorable ne peuvent pas être consultées, le véhicule est soumis à un nouveau contrôle technique périodique tel que défini à l'article 5 du présent arrêté. Si, à cette occasion, une nouvelle contre-visite est prescrite, celle-ci est réalisée dans un nouveau délai de deux mois.

Lorsque la contre-visite n'est pas réalisée dans le même centre que celui où le contrôle périodique qui a fait l'objet d'un résultat défavorable a été réalisé, une copie du contrôle périodique est archivée avec le procès-verbal dans les conditions définies à l'article 6 du présent arrêté.

Art. 9 L'original du certificat d'immatriculation est présenté préalablement au contrôle technique.

En l'absence de ce document, sont présentés un document ou un ensemble de documents permettant de connaître les caractéristiques du véhicule. La liste des documents qui peuvent être présentés en l'absence de l'original du certificat d'immatriculation est prévue dans une instruction technique établie par l'organisme technique central, approuvée par le ministre chargé des transports et disponible sur le site internet de l'organisme technique central.

En cas de modification notable, l'attestation de dépôt de dossier de réception à titre isolé indiquant le motif de réception, datant de moins d'un an est présentée en complément du certificat d'immatriculation.

En présence d'un véhicule où l'énergie électrique est la seule énergie motrice (absence de motorisation thermique), si le certificat d'immatriculation ne mentionne pas l'énergie prévue (EL), le certificat de conformité délivré par le fabricant est présenté en complément du certificat d'immatriculation.

En cas de changement de compteur kilométrique, une facture signée sur papier à en-tête ou comportant le cachet de l'entreprise est présentée en complément du certificat d'immatriculation. A défaut, une attestation sur l'honneur du propriétaire du véhicule peut également être présentée. Le modèle de cette attestation est défini en annexe VIII du présent arrêté.

La désignation des documents présentés en l'absence du certificat d'immatriculation ou en complément de celui-ci figure sur le procès-verbal de contrôle et une copie du document est archivée.

A l'issue du contrôle technique, le contrôleur appose sur le certificat d'immatriculation, à l'exclusion des autres documents précités, à l'emplacement réservé à cet effet, un timbre dit timbre certificat d'immatriculation conforme aux dispositions de l'annexe II du présent arrêté. En l'absence de l'original du certificat d'immatriculation, le timbre est rendu inutilisable à l'issue du contrôle technique et fait l'objet d'un archivage permettant d'assurer un lien entre chaque timbre et le numéro du procès-verbal correspondant. Lorsque le procès-verbal est imprimé sur plusieurs pages, les timbres autres que celui de la première page sont également rendus inutilisables à l'issue du contrôle technique. Ces timbres rendus inutilisables font l'objet d'un archivage permettant d'assurer un lien entre chaque timbre et le numéro du procès-verbal correspondant.

Art. 10 A l'issue du contrôle technique, le contrôleur positionne immédiatement par tout moyen adapté à l'intérieur du véhicule, recto visible de l'extérieur, sur la partie inférieure droite du pare-brise, lorsque le véhicule en est équipé, une vignette conforme aux dispositions de l'annexe II du présent arrêté, indiquant la date limite de validité du contrôle.

Lorsque le véhicule est déjà muni de la vignette visée au présent article, le contrôleur la retire et la détruit pendant le contrôle.

Les véhicules ne disposant pas d'un pare-brise ainsi que les véhicules de collection ne sont pas soumis aux dispositions du premier alinéa du présent article. Dans ce cas, la vignette est rendue inutilisable à l'issue du contrôle technique et archivée avec la copie ou le duplicata du procès-verbal. La vignette est détruite en cas d'archivage informatique du duplicata du procès-verbal.

Art. 11 Constituent une preuve du contrôle technique, l'original du procès-verbal de contrôle technique, ou à défaut :

— le certificat d'immatriculation complété, conformément aux dispositions de l'article 9 du présent arrêté, par le timbre certificat d'immatriculation ou par la date limite de validité du contrôle ;

— une copie du procès-verbal ou un duplicata du procès-verbal signé par le contrôleur. Ce document est accompagné d'une attestation délivrée par l'installation de contrôle ayant effectué le contrôle technique et reprenant a minima l'identification de l'installation de contrôle qui a effectué le contrôle technique, le numéro d'immatriculation du véhicule, son numéro dans la série du type ou VIN (*Vehicle Identification Number*), ainsi que les informations figurant sur le timbre certificat d'immatriculation.

TITRE II AGRÉMENT DES CONTRÔLEURS, DES INSTALLATIONS DE CONTRÔLE, DES RÉSEAUX DE CONTRÔLE ET DES ORGANISMES D'AUDIT ET EXERCICE DU CONTRÔLE TECHNIQUE PAR UN PRESTATAIRE VISÉ AU II DE L'ARTICLE L. 323-1 DU CODE DE LA ROUTE

CHAPITRE I *AGRÉMENT DES CONTRÔLEURS*

Art. 12 Pour être agréé pour le contrôle technique des véhicules de catégorie L, un contrôleur satisfait aux conditions définies au I de l'article R. 323-17 du code de la route, possède une des qualifications requises à l'annexe IV du présent arrêté et est rattaché à un centre de contrôle agréé pour le contrôle technique des véhicules de catégorie L.

Art. 13 Un contrôleur est agréé pour le contrôle des véhicules de catégorie L par le préfet de département du lieu d'implantation du centre de contrôle des véhicules de catégorie L auquel il est rattaché, sur la base d'un dossier dont la composition est définie à l'annexe VII du présent arrêté.

La décision d'agrément est notifiée simultanément au contrôleur, au centre de contrôle de véhicules de catégorie L auquel il est rattaché, au réseau de contrôle technique des véhicules de catégorie L de rattachement éventuel et pour les contrôleurs non rattachés à l'organisme technique central. Cette décision d'agrément doit pouvoir être présentée par le contrôleur lors des audits et sur demande des services chargés de la surveillance du contrôle technique.

En cas de décision de rejet, la décision est motivée et notifiée simultanément au demandeur, au centre de contrôle de véhicules de catégorie L de demande de rattachement, au réseau de contrôle technique des véhicules de catégorie L de rattachement éventuel ainsi qu'à l'organisme technique central.

Un contrôleur agréé pour le contrôle technique des véhicules de catégorie L peut, sans préjudice des autres dispositions légales et réglementaires en vigueur, exercer dans d'autres centres de contrôle technique des véhicules de catégorie L, sous réserves qu'il maîtrise l'utilisation des équipements de contrôle, les applications informatiques et le système qualité du centre dans lequel il intervient. Cette condition est remplie par présentation d'une attestation d'habilitation visée par le titulaire de l'agrément du centre de contrôle.

Les dispositions relatives aux modifications du dossier d'agrément d'un contrôleur sont décrites au paragraphe III du chapitre Ier de l'annexe VII du présent arrêté.

Un contrôleur bénéficiaire de la reconnaissance des qualifications professionnelles acquises dans un autre État membre de l'Union européenne ou dans un État partie à l'accord sur l'Espace économique européen a également les connaissances linguistiques nécessaires à l'exercice du contrôle technique, notamment la maîtrise du vocabulaire technique relatif aux véhicules de catégorie L.

Art. 14 L'agrément du contrôleur ou l'extension d'agrément de celui-ci prévue à l'article 3 du décret susvisé pour le contrôle technique des véhicules de catégorie L peuvent être retirés ou suspendus conformément aux dispositions du IV de l'article R. 323-18 du code de la route, soit par le préfet du département où les faits ont été constatés, soit par le préfet du département du centre de rattachement du contrôleur. Les mesures de retrait ou de suspension sont notamment applicables en cas de carence de qualification, en cas de réalisation non conforme d'un contrôle technique, notamment dans les points à contrôler, les modalités et méthodes de contrôle, les formalités finales ou conclusions dans le résultat du contrôle technique. En application des dispositions de l'article R. 323-18 du code de la route, l'agrément du contrôleur ou l'extension de son agrément peuvent être retirés en cas de non-respect d'une décision administrative suspendant l'activité du contrôleur.

Avant toute décision, le préfet de département informe par écrit le contrôleur, le titulaire de l'agrément du centre de contrôle où les faits ont été constatés ainsi que le titulaire de l'agrément du centre de contrôle auquel le contrôleur est rattaché et les réseaux éventuellement concernés, de son intention de suspendre ou de retirer l'agrément du contrôleur ou son extension d'agrément en indiquant les faits qui lui sont reprochés et en lui communiquant ou en lui permettant d'accéder au dossier sur la base duquel la procédure est initiée.

Le contrôleur, le titulaire de l'agrément du centre de contrôle où les faits ont été constatés ainsi que le titulaire de l'agrément du centre de contrôle de rattachement du contrôleur et les réseaux éventuellement concernés disposent d'un délai d'un mois, à compter de la présentation du courrier, pour faire part de leurs observations par écrit.

Si le préfet de département envisage de suspendre ou retirer l'agrément ou l'extension d'agrément, il organise une réunion contradictoire à laquelle sont invités le contrôleur, le titulaire de l'agrément du centre de contrôle où les faits ont été constatés ainsi que le titulaire de l'agrément du centre de contrôle de rattachement du contrôleur et les réseaux éventuellement concernés, avant que la sanction ne soit prononcée. Chacune des parties invitées à la réunion contradictoire peut se faire représenter sous réserves de ne pas mandater une autre partie également conviée à cette réunion ou le représentant de celle-ci. Les représentants des parties justifient d'un mandat écrit à l'exception des conseils. Cette réunion est tenue postérieurement au délai d'un mois accordé pour faire part des observations.

Toute décision de suspension ou de retrait d'agrément ou d'extension *[nouvelle extension]* d'agrément est notifiée au contrôleur, au titulaire de l'agrément du centre de contrôle où les faits ont été constatés, au titulaire de l'agrément du centre de contrôle auquel le contrôleur est rattaché, aux réseaux éventuellement concernés et à l'organisme technique central.

Dans le cas particulier du retrait d'agrément au motif du non-respect de la disposition de l'article L. 323-1 du code de la route portant sur l'absence de condamnation inscrite au bulletin n° 2 du casier judiciaire, le contrôleur peut demander un nouvel agrément ou déclarer une nouvelle d'extension d'agrément dès que le bulletin n° 2 de son casier judiciaire répond aux exigences de l'article L. 323-1 du code de la route.

Art. 15 En cas d'urgence, le préfet peut suspendre à titre conservatoire et avec effet immédiat, l'agrément du contrôleur ou son extension d'agrément pour le contrôle technique des véhicules de catégorie L pour une durée maximum de deux mois dans l'attente de la décision prise en application des dispositions de l'article 14 du présent arrêté.

La suspension à titre conservatoire de l'agrément ou de l'extension d'agrément peuvent *[peut]* être prononcées *[prononcée]* conformément aux dispositions du IV de l'article R. 323-18 du code de la route, soit par le préfet du département où les faits ont été constatés, soit par le préfet du département du centre de rattachement du contrôleur.

CHAPITRE II *AGRÉMENT DES INSTALLATIONS DE CONTRÔLE*

SECTION I *Moyens techniques et organisation*

Art. 16 Sans préjudice des dispositions réglementaires en vigueur relatives à la protection des travailleurs et de l'environnement, les installations de contrôle technique des véhicules de catégorie L visées aux articles R. 323-13 à R. 323-15 du code de la route répondent aux exigences de l'annexe III du présent arrêté et comprennent des moyens techniques et informatiques permettant d'effectuer les contrôles décrits à l'annexe I, de recueillir les données relatives aux contrôles techniques effectués et de les transmettre à l'Organisme technique central conformément aux dispositions du titre III du présent arrêté. Les conditions nécessaires à l'application du présent article sont définies aux annexes III et V du présent arrêté.

Art. 17 Les installations d'un centre de contrôle de véhicules de catégorie L sont organisées, conformément à l'annexe V du présent arrêté, de manière à répondre aux conditions définies au I de l'article R. 323-13 du code de la route pour permettre la réalisation des catégories de contrôle technique.

SECTION I *Modalités d'agrément des installations d'un centre de contrôle*

Art. 18 Toute personne morale ou physique désirant obtenir l'agrément des installations d'un centre de contrôle pour le contrôle technique des véhicules de catégorie L dépose auprès du préfet du département d'implantation du centre un dossier dont la composition est définie à l'annexe VII du présent arrêté.

Ce dossier précise notamment le nom de la personne physique assurant l'exploitation du centre de contrôle, désignée à cet effet par le titulaire de l'agrément, la description de l'organisation et des moyens matériels ainsi que, pour les centres de contrôle non rattachés à un réseau, les procédures prévues.

Les services administratifs chargés de l'instruction de la demande d'agrément et, dans le cas des centres non rattachés, l'organisme technique central dans le cadre de ses missions spécifiées au *f* de l'article 35 du présent arrêté peuvent demander tous justificatifs complémentaires et conduire toutes les vérifications nécessaires en vue de s'assurer de la conformité du centre aux dispositions législatives et réglementaires applicables.

Art. 19 La décision préfectorale d'agrément est notifiée simultanément au centre de contrôle, au réseau de contrôle technique des véhicules de catégorie L de rattachement éventuel et pour les centres non rattachés, à l'organisme technique central.

En cas de décision de rejet de la demande d'agrément pour le contrôle des véhicules de catégorie L, la décision est motivée et notifiée, simultanément au centre de contrôle, au réseau de rattachement éventuel et à l'organisme technique central.

Les dispositions relatives aux modifications d'agrément d'un centre de contrôle technique des véhicules de catégorie L sont décrites aux paragraphes III des chapitres II et III de l'annexe VII du présent arrêté.

L'agrément des installations d'un centre de contrôle technique des véhicules de catégorie L qui cesse d'être rattaché à un réseau de contrôle agréé prend fin à compter de la date où cesse le rattachement du centre au réseau.

En cas de retrait d'agrément d'un réseau de contrôle technique des véhicules de catégorie L, l'agrément des installations de tout centre de contrôle technique des véhicules de catégorie L qui lui est rattaché est annulé à compter du soixantième jour à partir de la date de retrait de l'agrément du réseau. Les données relatives aux contrôles effectués durant cette période sont conservées et communiquées par tous moyens utiles à l'organisme technique central au plus tard à l'expiration de cette période.

Art. 20 L'agrément d'un centre de contrôle de véhicules de catégorie L ou l'extension d'agrément de celui-ci prévue à l'article 2 du décret susvisé peuvent être retirés ou suspendus, conformément aux dispositions du IV de l'article R. 323-14 du code de la route, par le préfet d'implantation du département du centre. Les mesures de retrait ou suspension sont notamment applicables en cas de non-respect des articles R. 323-13 à R. 323-17 du code de la route.

Avant toute décision, le préfet informe par écrit le titulaire de l'agrément du centre de contrôle et son réseau de rattachement, le cas échéant, de son intention de suspendre ou de retirer l'agrément du centre ou son extension d'agrément, pour le contrôle des véhicules de catégorie L, en indiquant les faits qui lui sont reprochés et en lui communiquant ou en lui permettant d'accéder au dossier sur la base duquel la procédure est initiée. Le titulaire de l'agrément du centre de contrôle et son réseau de rattachement, le cas échéant, disposent d'un délai d'un mois, à compter de la présentation du courrier, pour faire part de leurs observations par écrit.

Si le préfet de département envisage de suspendre ou retirer l'agrément ou son extension d'agrément, il organise une réunion contradictoire à laquelle sont invités le titulaire de l'agrément du centre de contrôle où les faits ont été constatés ainsi que le réseau éventuellement concerné avant que la sanction ne soit prononcée. Chacune des parties invitées à la réunion contradictoire peut se faire représenter sous réserves de ne pas mandater une autre partie à cette réunion ou le représentant de celle-ci. Les représentants des parties justifient d'un mandat écrit à l'exception des conseils. Cette réunion est tenue postérieurement au délai d'un mois accordé pour faire part des observations.

En application des dispositions de l'article R. 323-14 du code de la route, l'agrément du centre de contrôle technique des véhicules de catégorie L ou son extension d'agrément peuvent être retirés en cas de non-respect d'une décision administrative suspendant l'activité du centre.

Toute décision de suspension ou de retrait d'agrément ou d'extension d'agrément est notifiée au titulaire de l'agrément du centre de contrôle, au réseau de rattachement éventuel et à l'organisme technique central.

Art. 21 En cas d'urgence, le préfet peut suspendre à titre conservatoire et avec effet immédiat, l'agrément du centre de contrôle technique des véhicules de catégorie L ou son extension d'agrément, pour une durée maximum de deux mois dans l'attente de la décision prise en application des dispositions de l'article 20.

CHAPITRE III *AGRÉMENTS DES RÉSEAUX DE CONTRÔLE*

SECTION I *Organisation*

Art. 22 Un réseau de contrôle agréé pour le contrôle technique des véhicules de catégorie L doit être organisé de façon à pouvoir s'assurer que les installations de contrôle technique des véhicules de catégorie L qui lui sont rattachées ou qu'il exploite en propre remplissent les conditions définies aux articles R. 323-8 à R. 323-12 du code de la route, ainsi que les conditions fixées au chapitre II du présent titre.

Cette organisation doit répondre aux conditions prescrites à l'annexe VI.

Art. 23 Le réseau de contrôle agréé pour le contrôle technique des véhicules de catégorie L tient à jour la liste des installations de contrôle technique des véhicules de catégorie L qui lui sont rattachées ou qu'il exploite en propre et des contrôleurs des véhicules de catégorie L qui, sous sa responsabilité, sont habilités à effectuer les contrôles techniques de véhicules de catégorie L, que ces contrôleurs soient rattachés ou non à une installation rattachée au réseau ou qu'il exploite.

SECTION II *Modalités d'agrément*

Art. 24 Toute personne morale désirant obtenir l'agrément d'un réseau de contrôle doit en faire la demande auprès du ministre chargé des transports. La composition du dossier de demande est définie à l'annexe VII du présent arrêté.

Art. 25 Pour être agréé pour le contrôle technique des véhicules de catégorie L, un réseau de contrôle justifie du nombre minimum de centres de contrôle agréés fixé par l'article R. 323-8 du code de la route et met en place les moyens décrits dans son cahier des charges, lui permettant de s'assurer du bon fonctionnement des installations de contrôle qui lui sont rattachées et de celles qu'il exploite en propre. Cet agrément est accordé pour dix ans.

L'agrément peut être renouvelé sur demande adressée au ministre chargé des transports, accompagnée du dossier défini à l'annexe VII du présent arrêté.

Art. 26 L'agrément d'un réseau de contrôle technique des véhicules de catégorie L peut être retiré ou suspendu conformément aux dispositions de l'article R. 323-12 du code de la route.

Avant toute décision, le ministre chargé des transports informe par écrit le réseau de contrôle de son intention de suspendre ou de retirer l'agrément du réseau en indiquant les faits qui lui sont reprochés et en leur communiquant le dossier sur la base duquel la procédure est initiée. Le réseau de contrôle dispose d'un délai d'un mois, à compter de la présentation du courrier, pour être entendu et faire part de ses observations.

Toute décision de suspension ou de retrait d'agrément est notifiée au réseau de contrôle et à l'organisme technique central.

Art. 27 En cas d'urgence, le ministre chargé des transports peut suspendre à titre conservatoire et avec effet immédiat, l'agrément du réseau technique des véhicules de catégorie L pour une durée maximum de deux mois dans l'attente de la décision prise en application des dispositions de l'article 26.

CHAPITRE IV *AGRÉMENT, HABILITATION ET CERTIFICATION DES ORGANISMES D'AUDIT*

Art. 28 Les organismes réalisant les audits des installations de contrôle technique des véhicules de catégorie L non rattachées et de leurs contrôleurs sont agréés par le ministre en charge des transports pour une durée de quatre ans renouvelable.

Les conditions de délivrance et de renouvellement des agréments et les conditions de réalisation des audits des installations non rattachées et de leurs contrôleurs sont fixées dans un cahier des charges défini par le ministre en charge des transports et disponible sur le site internet de l'organisme technique central.

L'agrément peut être retiré par le ministre en charge des transports si les prescriptions imposées ne sont pas respectées.

La liste des organismes d'audit agréés est disponible sur le site internet de l'organisme technique central.

Art. 29 L'audit des installations de contrôle technique des véhicules de catégorie L rattachées ou exploitées par un réseau et de leurs contrôleurs est effectué par le réseau ou par un organisme habilité par celui-ci après accord du ministre chargé des transports.

Les conditions de réalisation des audits des installations et de leurs contrôleurs sont fixées dans un cahier des charges défini par le ministre en charge des transports et disponible sur le site internet de l'organisme technique central.

Art. 30 Les organismes habilités ou agréés au titre du présent chapitre sont certifiés selon le référentiel NF EN ISO 9001 : 2015 dans le domaine de la réalisation d'audits d'installations et de contrôleurs de véhicules de catégorie L sous un délai maximum d'un an après la date d'habilitation ou d'agrément. A défaut de certification dans le délai requis, l'habilitation ou l'agrément est annulé.

CHAPITRE V *EXERCICE DU CONTRÔLE TECHNIQUE PAR UN PRESTATAIRE VISÉ AU II DE L'ARTICLE L. 323-1 DU CODE DE LA ROUTE*

Art. 31 Aux fins d'exercer l'activité de contrôle technique des véhicules de catégorie L au sens du présent arrêté, le prestataire visé au II de l'article L. 323-1 du code de la route adresse au préfet du département dans lequel il envisage d'exercer l'activité de contrôleur la déclaration mentionnée au II de l'article L. 323-1 du code de la route accompagnée des documents prévus à l'article R. 323-18-1 du code de la route.

Le préfet adresse un récépissé de déclaration au prestataire dans le délai d'un mois.

Art. 32 Les récépissés de déclaration sont inscrits dans un registre national qui est élaboré et tenu à jour dans les conditions prévues par la loi n° 78-17 du 6 janvier 1978 relative à l'informatique, aux fichiers et aux libertés.

TITRE III ORGANISME TECHNIQUE CENTRAL

Art. 33 Les missions confiées à l'organisme technique central, définies à l'article R. 323-7 du code de la route, visent notamment à harmoniser et à optimiser la qualité des contrôles techniques des véhicules de catégorie L et à permettre une exploitation systématique de leurs résultats.

L'organisme technique central met en place et gère les moyens nécessaires pour collecter et exploiter les données relatives au contrôle technique des véhicules de catégorie L, à l'exclusion de toute information nominative.

L'organisme technique central définit :

a) Les spécifications fonctionnelles relatives au traitement :

– de l'identification du véhicule ;

– de l'impression sur le procès-verbal de l'ensemble des données du contrôle technique.

Les spécifications à prendre en compte sont définies à la partie D de l'annexe III du présent arrêté ;

b) Le protocole de communication pour la délivrance aux installations de contrôle d'informations concernant l'identification du véhicule et la collecte des données issues du contrôle technique. Ce protocole définit notamment l'organisation, les règles de cohérence et le mode de transmission retenus par l'organisme technique central permettant de s'assurer de la confidentialité des informations recueillies et de l'absence de déformation des données initiales ;

c) Les protocoles d'échanges de données relatives au contrôle technique entre les outils informatiques des installations de contrôle et les appareils de contrôle prévus aux points 2, 3, 4 et 6 de la partie A de l'annexe III du présent arrêté.

Art. 34 Pour les installations de contrôle rattachées à un réseau de contrôle agréé, les données relatives au contrôle technique sont collectées par ledit réseau avant d'être communiquées à l'organisme technique central dans un délai maximum de 24 heures à compter de la réalisation du contrôle.

Pour les centres de contrôle non rattachés à un réseau, les données relatives au contrôle technique sont communiquées à l'organisme technique central dans un délai maximum de 24 heures à compter de la réalisation du contrôle.

Art. 35 Les prestations fournies par l'organisme technique central (ci-après dénommé OTC) sont notamment les suivantes :

a) L'OTC élabore les documents techniques relatifs aux méthodes et matériels de contrôle à mettre en œuvre ;

b) L'OTC élabore les documents techniques nécessaires pour assurer la collecte de l'ensemble des données relatives aux contrôles techniques effectués dans les installations de contrôle ;

c) L'OTC élabore les documents techniques nécessaires aux traitements informatiques des informations relatives aux véhicules et au résultat de leurs contrôles techniques ;

d) L'OTC centralise et archive les résultats des contrôles dans les conditions fixées par une convention d'assistance technique entre l'organisme technique central et chacun des réseaux ou des centres de contrôle non rattachés ;

e) L'OTC analyse les résultats des contrôles afin de caractériser le fonctionnement des installations et des réseaux de contrôle et de s'assurer de l'homogénéité des contrôles effectués ;

f) L'OTC apporte une assistance technique à l'administration pour l'agrément des installations des centres de contrôle non rattachés et de leurs contrôleurs et des réseaux de contrôles techniques de véhicules de catégorie L ;

g) L'OTC centralise et maintient à jour l'ensemble des éléments techniques nécessaires à l'information et à la formation des contrôleurs et les tient à la disposition des réseaux et des centres non rattachés ;

h) L'OTC élabore et tient à jour les informations prévues aux III des articles R. 323-14 et R. 323-18 du code de la route ;

i) L'OTC contrôle la conformité aux spécifications fonctionnelles et au protocole de communication prévu à l'article 33 de l'outil informatique des réseaux et installations de contrôle ;

j) L'OTC apporte une assistance technique à l'administration dans le cadre des approbations de programmes des formations prévues à l'annexe IV du présent arrêté et de l'agrément des organismes d'audits prévu à l'article 28 du présent arrêté.

L'ensemble des informations est mis à disposition du ministre chargé des transports et des administrations chargées de la surveillance administrative des réseaux, des installations de contrôle et des contrôleurs.

TITRE IV SURVEILLANCE ADMINISTRATIVE

Art. 36 La surveillance administrative des réseaux, des organismes de formation et des organismes chargés des audits est assurée par le ministre en charge des transports.

Art. 37 La surveillance administrative des installations de contrôle et des contrôleurs, réalisant des contrôles techniques de véhicules de catégorie L, est assurée par les directions régionales agissant pour le compte du ministre chargé des transports, sous l'autorité des préfets.

Les agents des services chargés de la surveillance peuvent notamment demander dans ce cadre le renouvellement, sous leur autorité, du contrôle technique d'un ou plusieurs véhicules présents sur l'installation de contrôle et ayant subi un contrôle technique.

Les agents des services chargés de la surveillance peuvent également demander dans ce cadre le renouvellement, sous leur autorité, du contrôle technique d'un ou plusieurs véhicules stationnés à proximité de l'installation et dont la clé ou le certificat d'immatriculation sont présents dans le centre et ayant subi un contrôle technique dans l'installation de contrôle. Les frais engendrés sont à la charge du titulaire de l'agrément de l'installation.

Le refus opposé à la demande de renouvellement du contrôle technique d'un ou plusieurs véhicules par un agent des services chargés de la surveillance constitue un manquement aux règles fixant l'exercice de l'activité du contrôleur. Toute manœuvre visant à faire obstacle à la demande de renouvellement du contrôle technique d'un ou plusieurs véhicules par un agent des services chargés de la surveillance, imputable au contrôleur, est qualifiée de manquement aux règles encadrant l'activité de celui-ci.

Un affichage explicitant le renouvellement du contrôle technique doit être apposé dans la zone d'accueil du public du centre. Cet affichage indique que le renouvellement du contrôle technique du véhicule peut être demandé par les agents chargés de la surveillance du contrôle technique, ce qui pourra engendrer un temps de contrôle global plus long.

Art. 38 Le directeur général de l'énergie et du climat contrôle le fonctionnement de l'organisme technique central et propose des mesures d'amélioration du fonctionnement de celui-ci.

TITRE V ÉVALUATION

Art. 39 L'analyse des données du contrôle technique des véhicules de catégorie L par l'organisme technique central vise à évaluer l'état du parc des véhicules et à établir un lien entre d'une part, les contrôles techniques réalisés pendant la période d'évaluation et d'autre part, la sécurité routière. A cet effet, pour chaque catégorie de véhicules incluse dans la catégorie L, l'organisme technique central recense les différentes défaillances relevées lors des contrôles techniques en les classant au sein de chaque fonction, par niveau de défaillance, et en établissant le taux de contre-visite. En particulier, l'organisme technique central analyse les taux de contre-visite et les taux de prescription des défaillances prenant en compte les défaillances critiques constituant un danger direct et immédiat pour la sécurité routière ou ayant une incidence grave sur l'environnement ainsi que les défaillances majeures susceptibles de compromettre la sécurité du véhicule, d'avoir une incidence négative sur l'environnement, ou de mettre en danger les autres usagers de la route.

Cette évaluation est réalisée deux ans après l'entrée en vigueur du présent arrêté puis annuellement.

Le directeur général de l'énergie et du climat prend en considération cette évaluation afin d'adapter si nécessaire les modalités du contrôle technique.

TITRE VI DISPOSITIONS TRANSITOIRES

Art. 40 L'agrément mentionné à l'article R. 323-8 du code de la route, peut être délivré à titre provisoire pour une durée de dix-huit mois courant à compter du 15 avril 2024, à un réseau de contrôle des véhicules de catégorie L qui ne dispose pas du nombre minimal de centres de contrôle exigé pour cette catégorie de contrôle. Cet agrément à titre provisoire peut être accordé jusqu'au 15 mars 2024. Cet agrément provisoire est accordé au vu de la demande prévue à l'article R. 323-9 du même code, complétée par l'engagement du demandeur de se doter des moyens nécessaires pour disposer du nombre minimal exigé de centres de contrôle de véhicules motorisés de catégorie L au plus tard à la date d'expiration de cet agrément.

Art. 41 Le contrôleur déjà agréé pour le contrôle des véhicules légers ou des véhicules lourds bénéficie de l'extension de cet agrément à condition de posséder l'une des qualifications requises à l'annexe IV du présent arrêté et sous réserves de la déclaration de cette extension.

La mise en œuvre de l'extension de l'agrément d'un contrôleur, conformément à l'article 3 du décret susvisé, est subordonnée à la déclaration de cette extension dans le registre national des centres et des contrôleurs défini au III de l'article R. 323-18 du code de la route. Le centre de rattachement du contrôleur ou le réseau auquel est affilié le centre de rattachement procèdent à cette déclaration. La validité de cette déclaration commence à courir le jour de la déclaration ou au plus tôt le 15 avril 2024 et expire le 14 avril 2025.

Pendant cette période transitoire, le contrôleur ou son centre de rattachement ou son réseau d'affiliation déposent une demande d'agrément pour le contrôle des véhicules de catégorie L en vue de l'obtention de l'agrément avant la fin de validité de son extension d'agrément.

A compter du 15 avril 2025, tout contrôleur bénéficiant d'une extension d'agrément devra être titulaire d'un agrément pour le contrôle des véhicules de catégorie L pour effectuer le contrôle des véhicules de cette catégorie conformément aux dispositions du présent arrêté.

Art. 42 L'extension de l'agrément des installations d'un centre de contrôle des véhicules légers ou des véhicules lourds au contrôle des véhicules de catégorie L est accordée au titulaire de cet agrément à condition qu'il respecte les prescriptions du présent arrêté à l'exception de celles relatives à la procédure de délivrance de l'agrément pour le contrôle des véhicules de catégorie L.

La mise en œuvre de l'extension de l'agrément des installations d'un centre de contrôle, conformément à l'article 2 du décret susvisé, est subordonnée à la déclaration de cette extension dans le registre national des centres et des contrôleurs défini au III de l'article R. 323-14 du code de la route. Le titulaire de cet agrément ou le réseau auquel son centre est affilié procèdent à cette déclaration. La validité de cette déclaration commence à courir le jour de la déclaration ou au plus tôt le 15 avril 2024 et expire le 14 avril 2025.

Pendant cette période transitoire, le titulaire de cet agrément ou le réseau auquel son centre est affilié déposent une demande d'agrément pour le contrôle des véhicules de catégorie L en vue de l'obtention de l'agrément avant la fin de validité de son extension d'agrément.

A compter du 15 avril 2025, tout titulaire de l'agrément des installations d'un centre de contrôle bénéficiant d'une extension d'agrément devra être titulaire d'un agrément pour le contrôle des véhicules de catégorie L pour effectuer le contrôle des véhicules de cette catégorie conformément aux dispositions du présent arrêté.

Art. 43 Les véhicules de catégorie L immatriculés avant la date d'entrée en vigueur du présent arrêté font l'objet d'un contrôle technique obligatoire selon le calendrier suivant :

– le premier contrôle des véhicules immatriculés avant le 1er janvier 2017 est à réaliser au plus tard le 31 décembre 2024 ;

– le premier contrôle des véhicules immatriculés entre le 1er janvier 2017 et le 31 décembre 2019 est réalisé en 2025 ;

– le premier contrôle des véhicules immatriculés entre le 1er janvier 2020 et le 31 décembre 2021 est réalisé en 2026 ;

– le premier contrôle des véhicules immatriculés entre le 1er janvier 2022 et la date d'entrée en vigueur du présent arrêté est réalisé conformément à l'article R. 323-27 du code de la route.

Pour les véhicules mis en circulation avant le 1er janvier 2017 et dont la date anniversaire de première mise en circulation est antérieure au 15 avril, ce contrôle est à réaliser, au plus tard, dans un délai de quatre mois à compter du 15 avril 2024.

Pour les autres véhicules mis en circulation avant le 31 décembre 2021, ce contrôle est à réaliser, au plus tard, dans les quatre mois qui suivent la date anniversaire de leur première mise en circulation, dans la limite du 31 décembre de l'année prévue.

Art. 44 L'impression du procès-verbal défini à l'article 6 du présent arrêté peut être réalisée sur un procès-verbal conforme aux dispositions de l'annexe II de l'arrêté du 18 juin 1991 modifié. Cette disposition est applicable jusqu'au 14 avril 2025.

Art. 45 Le référentiel mentionné au C.1.1 de l'annexe IV du présent arrêté est défini pour les maintiens de qualification au titre de l'année 2025 au plus tard le 15 septembre 2024.

Les dispositions du C.2.1 de l'annexe IV du présent arrêté ne sont pas applicables pour l'année 2024.

Les dispositions des points C.1.2 et C.1.3 de l'annexe IV du présent arrêté s'appliquent également à l'extension d'agrément définie à l'article 41.

Les dispositions du point E.1 de l'annexe IV du présent arrêté s'appliquent également à l'extension d'agrément définie à l'article 42.

Art. 46 Les dispositions du présent arrêté entrent en vigueur le lendemain de sa publication à l'exception des dispositions de l'article 43 qui entrent en vigueur le 15 avril 2024.

V. Annexes au JO 24 oct. 2023.

COURSES ET ÉPREUVES SPORTIVES

Code du sport

DEUXIÈME PARTIE : *DÉCRETS EN CONSEIL D'ÉTAT ET DÉCRETS*

(Décr. n° 2007-1133 du 24 juill. 2007)

SECTION 4 *Manifestations sportives sur les voies publiques ou ouvertes à la circulation publique ne comportant pas la participation de véhicules à moteur*

(Décr. n° 2012-312 du 5 mars 2012)

Les dispositions du Décr. n° 2012-312 du 5 mars 2012 s'appliquent aux manifestations se déroulant plus de trois mois après sa date de publication, soit après le 7 juin 2012 (Décr. préc., art. 7).

SOUS-SECTION 1 *Dispositions générales*

Art. R. 331-6 *(Décr. n° 2017-1279 du 9 août 2017, art. 3)* Sont soumises à déclaration les manifestations sportives qui se déroulent en totalité ou en partie sur une voie publique ou ouverte à la circulation publique ou sur ses dépendances et qui :

1° Soit constituent des épreuves, courses ou compétitions comportant un chronométrage, un classement, en fonction notamment soit de la plus grande vitesse réalisée soit d'une moyenne imposée, ou un horaire fixé à l'avance ;

2° Soit constituent des manifestations sans classement, sans chronométrage et sans horaire fixé à l'avance comptant plus de cent participants.

Art. R. 331-7 Dans les disciplines pour lesquelles elles ont obtenu délégation, les fédérations délégataires édictent les règles techniques et de sécurité applicables aux manifestations mentionnées à l'article R. 331-6.

(Décr. n° 2017-1279 du 9 août 2017, art. 4) « Le règlement particulier de ces manifestations respecte ces règles techniques et de sécurité qui ne peuvent faire l'objet d'adaptation sur le fondement de l'article L. 131-7. »

SOUS-SECTION 2 *Déclaration des manifestations sportives sans chronométrage, sans classement et sans horaire fixé à l'avance (Décr. n° 2017-1279 du 9 août 2017, art. 5-1°).*

Art. R. 331-8 *(Décr. n° 2017-1279 du 9 août 2017, art. 5-2°)* « L'organisateur d'une manifestation mentionnée au 2° de l'article R. 331-6 dépose une déclaration, au plus tard un mois avant la date de l'événement, auprès du préfet territorialement compétent.

« Pour les manifestations se déroulant à l'intérieur du territoire d'une seule commune, la déclaration est faite auprès du maire ou, à Paris, du préfet de police. »

Un arrêté conjoint du ministre de l'intérieur et du ministre chargé des sports fixe la composition et les modalités de dépôt des dossiers de déclaration.

SOUS-SECTION 3 *Déclaration des manifestations avec classement, chronométrage ou horaire fixé à l'avance*

(Décr. n° 2017-1279 du 9 août 2017, art. 6)

Art. R. 331-9 L'organisateur d'une manifestation sportive avec classement, chronométrage ou horaire fixé à l'avance doit recueillir l'avis de la fédération délégataire concernée préalablement au dépôt de son dossier de déclaration auprès de l'autorité administrative compétente.

La fédération rend son avis, qui doit être motivé au regard des règles techniques et de sécurité mentionnées à l'article R. 331-7, dans un délai d'un mois à compter de la date de réception de la demande d'avis.

Cet avis est communiqué par tout moyen, y compris par voie électronique, à l'organisateur et, en cas d'avis défavorable, à l'autorité administrative compétente.

Faute d'avoir été émis dans le délai d'un mois, l'avis est réputé favorable.

Il est dérogé à l'obligation de recueillir cet avis :

1° Lorsque la manifestation est organisée par des membres de la fédération délégataire chargée de rendre l'avis et que cette manifestation est inscrite au calendrier de la fédération mentionné au 1° de l'article R. 131-26 ;

2° Lorsque la manifestation est organisée par une fédération agréée ou un de ses membres et qu'il existe, dans la discipline faisant l'objet de la manifestation, une convention annuelle conclue entre cette fédération et la fédération délégataire concernée et portant sur la mise en œuvre par la fédération agréée des règles techniques et de sécurité édictées par la fédération délégataire.

Art. R. 331-10 L'organisateur d'une manifestation avec classement, chronométrage ou horaire fixé à l'avance dépose une déclaration, accompagnée, le cas échéant, de l'avis motivé mentionné à l'article R. 331-9, auprès :

1° Du maire ou, à Paris, du préfet de police, si la manifestation se déroule sur le territoire d'une seule commune ;

2° Du préfet de département, si la manifestation se déroule sur le territoire de plusieurs communes situées dans un même département ;

3° Du préfet de chacun des départements parcourus par la manifestation, si celle-ci se déroule sur le territoire de plusieurs départements *(Décr. n° 2018-583 du 6 juill. 2018, art. 8)* « ou du préfet de police sur les emprises des aérodromes de Paris-Charles de Gaulle, Paris-Le Bourget et Paris-Orly, » et, également, du ministre de l'intérieur si le nombre de ces départements est de vingt ou plus ;

4° Du préfet du département d'entrée en France, si la manifestation est en provenance de l'étranger. Les dispositions des 2° et 3° sont applicables à une telle manifestation si elle se déroule également sur le territoire d'un ou de plusieurs départements autres que le département d'entrée en France.

La déclaration doit parvenir à l'autorité administrative compétente deux mois au moins avant la date prévue pour le déroulement de la manifestation. Ce délai est porté à trois mois lorsque la manifestation se déroule sur le territoire de plusieurs départements.

Un arrêté conjoint du ministre de l'intérieur et du ministre chargé des sports fixe la composition et les modalités de dépôt du dossier de déclaration.

Art. R. 331-11 Dès réception du dossier de déclaration, l'autorité administrative compétente saisit pour avis les autorités locales investies du pouvoir de police de la circulation. Si le préfet est l'autorité administrative compétente, il peut également saisir pour avis la commission départementale de la sécurité routière.

Il peut être prescrit par cette autorité administrative des mesures complémentaires de celles prévues par l'organisateur lorsque ces dernières lui semblent insuffisantes pour garantir la sécurité des usagers de la route, des participants et des spectateurs, pour assurer des conditions de circulation satisfaisantes et pour préserver la sécurité publique.

SOUS-SECTION 4 *Dispositions communes à l'ensemble des manifestations sportives (Décr. n° 2017-1279 du 9 août 2017, art. 7).*

Art. R. 331-14 Une manifestation ne peut débuter qu'après production à l'autorité administrative compétente des garanties d'assurance mentionnées à l'article L. 331-9, souscrites par l'organisateur.

Art. R. 331-15 L'organisateur est débiteur envers l'État et les collectivités territoriales des redevances représentatives du coût de la mise en place du service d'ordre particulier nécessaire pour assurer la sécurité des spectateurs et de la circulation lors du déroulement de la manifestation ainsi que, le cas échéant, de sa préparation.

Art. R. 331-16 L'organisateur a l'obligation de remettre en état les voies ouvertes à la circulation publique et leurs dépendances dont il a obtenu l'usage privatif à l'occasion de la manifestation.

Art. R. 331-17 Le ministre de l'intérieur et le ministre chargé des transports fixent conjointement la liste des routes interdites à titre permanent, périodique ou provisoire, à toutes les manifestations sportives ou à certaines catégories d'entre elles, en raison des incidences que leur déroulement peut avoir sur l'économie, le tourisme ou la sécurité générale. Ils peuvent toutefois indiquer sous quelles conditions lesdites routes peuvent être soit traversées, soit empruntées, sur une distance réduite lors de ces événements.

Art. R. 331-17-1 La distribution ou la vente d'imprimés ou d'objets à l'occasion d'une manifestation ne peut se faire que dans les conditions et dans les lieux fixés par les autorités administratives compétentes avec l'accord de l'organisateur et du ou des propriétaires des lieux.

SOUS-SECTION 5 *Dispositions pénales*

Art. R. 331-17-2 Le fait d'organiser sans la déclaration *(Décr. nº 2017-1279 du 9 août 2017, art. 8-1º)* « prévue » à l'article R. 331-6 une manifestation sportive est puni des peines prévues pour les contraventions de la cinquième classe.

Est puni des peines prévues pour les contraventions de la cinquième classe le fait, par l'organisateur, *(Décr. nº 2017-1279 du 9 août 2017, art. 8-2º)* « de fournir de faux renseignements lors de la déclaration ou, le cas échéant, de ne pas respecter les mesures complémentaires prescrites en application de l'article R. 331-11 ».

Est puni de l'amende prévue pour les contraventions de la troisième classe le fait de participer sciemment à une manifestation sportive *(Décr. nº 2017-1279 du 9 août 2017, art. 8-3º)* « non déclarée alors qu'elle était soumise à déclaration » en application de l'article R. 331-6.

SECTION 5 ***Concentrations et manifestations organisées sur les voies ouvertes ou dans les lieux non ouverts à la circulation publique et comportant la participation de véhicules terrestres à moteur***

SOUS-SECTION 1 *Dispositions générales*

Art. R. 331-18 *(Décr. nº 2017-1279 du 9 août 2017, art. 9)* Pour l'application de la présente section, on entend par :

1º "Concentration" : un rassemblement comportant la participation de véhicules terrestres à moteur, qui se déroule sur la voie publique ou ouverte à la circulation publique dans le respect du code de la route, qui impose aux participants un ou plusieurs points de rassemblement ou de passage et qui est dépourvu de tout classement, temps imposé ou chronométrage ;

2º "Manifestation" : le regroupement d'un ou de plusieurs véhicules terrestres à moteur et d'un ou de plusieurs pilotes ou pratiquants visant à présenter, de façon organisée pour les spectateurs, un sport mécanique sous ses différentes formes. Sans préjudice des dispositions de l'article L. 411-7 du code de la route, toute compétition ou démonstration est assimilée à une manifestation. A l'exclusion des essais et entraînements à la compétition, tout événement motorisé qui comporte au moins un classement, un temps imposé ou un chronométrage, même sur une distance réduite, est également regardé comme une manifestation ;

3º "Compétition" : toute épreuve organisée dans le cadre d'une manifestation, dont l'objectif est l'obtention des meilleurs résultats possibles ;

4º "Démonstration" : toute manifestation ayant pour objet la présentation, en mouvement, des capacités de vitesse ou de maniabilité de véhicules terrestres à moteur, sans qu'elle constitue un entraînement ou une compétition ;

5º "Essai ou entraînement à la compétition" : une préparation ou un test, préalable ou non à une compétition, destiné à évaluer ou à améliorer les performances du conducteur ou du véhicule ;

6º "Spectateur" : toute personne qui assiste, à titre onéreux ou non, à une manifestation sans participer directement à celle-ci, notamment à son organisation ;

7º "Circuit" : un itinéraire fermé qui peut être parcouru plusieurs fois sans être quitté. Il ne peut emprunter que des voies fermées, de manière permanente ou temporaire, à la circulation publique. Son tracé est délimité par tout moyen. Son revêtement peut être de différentes natures. Un même circuit peut comporter plusieurs natures de revêtement ;

8º "Terrain" : un espace d'évolution non ouvert à la circulation publique sur lequel il n'existe pas de parcours défini et où sont pratiquées des disciplines pour lesquelles le chronométrage ne constitue qu'un élément accessoire du classement, telles que trial ou franchissement ;

9° "Parcours" : un itinéraire non fermé, allant d'un point de départ à un point d'arrivée distinct ou non, empruntant des voies non ouvertes ou temporairement fermées à la circulation publique et sur lequel le départ est donné individuellement aux concurrents. Le départ peut également être donné à plusieurs concurrents, dans la limite maximale de deux automobiles et cinq motocyclettes ;

10° "Parcours de liaison" : un itinéraire non fermé, allant d'un point de départ à un point d'arrivée distinct, reliant, dans le cadre d'une manifestation, des circuits, terrains ou parcours, et empruntant des voies ouvertes à la circulation publique sur lesquelles les participants respectent le code de la route ;

11° "Essai industriel" : tout essai effectué par ou pour le compte de professionnels de la conception ou de la construction de véhicules motorisés ou de leurs équipements, visant à l'amélioration d'un produit destiné à la vente ou à la commercialisation et qui ne correspond pas aux essais ou entraînements à la compétition définis au 5°.

Art. R. 331-19 Dans les disciplines pour lesquelles elles ont obtenu délégation, les fédérations sportives mentionnées à l'article L. 131-16 édictent les règles techniques et de sécurité applicables aux événements *(Décr. n° 2017-1279 du 9 août 2017, art. 10)* « et aux sites de pratique » mentionnés à l'article R. 331-18.

Dans les autres disciplines, les règles techniques et de sécurité applicables aux mêmes événements sont édictées par arrêté conjoint du ministre de l'intérieur et du ministre chargé des sports. — *V. Arr. du 19 sept. 2007 (JO 20 nov.).*

Art. R. 331-20 *(Décr. n° 2017-1279 du 9 août 2017, art. 11)* Les concentrations de véhicules terrestres à moteur se déroulant sur les voies ouvertes à la circulation publique sont soumises à déclaration.

Ne sont toutefois pas soumises à déclaration les concentrations de moins de cinquante véhicules.

Les manifestations comportant la participation de véhicules terrestres à moteur qui se déroulent sur des circuits permanents homologués sont soumises à déclaration.

Les manifestations comportant la participation de véhicules terrestres à moteur qui se déroulent sur des circuits non permanents, terrains ou parcours tels que définis à l'article R. 331-18 sont soumises à autorisation.

Sont également soumises à autorisation les manifestations qui se déroulent sur un circuit homologué mais dans une discipline différente de celle prévue par l'homologation, sur un terrain ou un parcours tracé sur une partie d'un circuit permanent, pour les besoins de la manifestation.

Les circuits sont soumis à homologation dans les conditions définies à la sous-section 5 de la présente section.

Art. R. 331-21 *(Décr. n° 2017-1279 du 9 août 2017, art. 12)* Sur les circuits, terrains ou parcours, des zones réservées aux spectateurs doivent être délimitées par l'organisateur technique et être conformes aux règles techniques et de sécurité.

L'organisateur technique de la manifestation met en œuvre les moyens humains et matériels nécessaires afin d'informer les spectateurs des zones qui leur sont réservées et de ce que l'accès à toute autre zone leur est strictement interdit, conformément aux plans détaillés prévus à l'article R. 331-26 et aux règles techniques et de sécurité.

SOUS-SECTION 2 *Obligation déclarative*

Art. R. 331-22 *(Décr. n° 2017-1279 du 9 août 2017, art. 13)* L'organisateur d'une concentration soumise à déclaration doit déposer un dossier de déclaration au plus tard deux mois avant la date de l'événement auprès du préfet territorialement compétent *(Décr. n° 2018-583 du 6 juill. 2018, art. 8-II)* « ou du préfet de police sur les emprises des aérodromes de Paris-Charles de Gaulle, Paris-Le Bourget et Paris-Orly ».

L'organisateur d'une manifestation sportive sur un circuit permanent homologué est soumis à la même obligation. Sa déclaration est accompagnée, le cas échéant, de l'avis motivé mentionné à l'article R. 331-22-1.

Un arrêté conjoint du ministre de l'intérieur et du ministre chargé des sports détermine la composition et les modalités de dépôt du dossier de déclaration.

Art. R. 331-22-1 *(Décr. n° 2017-1279 du 9 août 2017, art. 14)* L'organisateur d'une manifestation sportive sur un circuit permanent homologué doit recueillir l'avis de la fédération délégataire concernée, préalablement au dépôt de son dossier de déclaration auprès de l'autorité administrative.

La fédération rend son avis, qui doit être motivé au regard des règles techniques et de sécurité de la discipline, dans un délai d'un mois à compter de la réception de la demande d'avis.

Cet avis est communiqué par tout moyen à l'organisateur et, en cas d'avis défavorable, à l'autorité administrative.

Faute d'avoir été émis dans le délai d'un mois, l'avis est réputé favorable.

Il est dérogé à l'obligation de recueillir cet avis :

1° Lorsque la manifestation est organisée par des membres de la fédération délégataire chargée de rendre l'avis et que cette manifestation est inscrite au calendrier de la fédération mentionné au 1° de l'article R. 131-26 ;

2° Lorsque la manifestation est organisée par une fédération agréée ou un de ses membres et qu'il existe, dans la discipline faisant l'objet de la manifestation, une convention annuelle conclue entre cette fédération et la fédération délégataire concernée et portant sur la mise en œuvre par la fédération agréée des règles techniques et de sécurité édictées par la fédération délégataire.

SOUS-SECTION 3 *Déclaration des concentrations et délivrance de l'autorisation (Décr. n° 2017-1279 du 9 août 2017, art. 15-1°).*

Art. R. 331-23 *(Décr. n° 2017-1279 du 9 août 2017, art. 15-2°)* La déclaration d'une concentration doit être effectuée auprès du préfet du département du lieu de la concentration *(Décr. n° 2018-583 du 6 juill. 2018, art. 8-II)* « ou du préfet de police si la concentration se déroule sur les emprises des aérodromes de Paris-Charles de Gaulle, Paris-Le Bourget et Paris-Orly ».

Si la concentration se déroule sur le territoire de plusieurs départements, la déclaration est adressée simultanément au préfet de chacun des départements parcourus et, également, au ministre de l'intérieur si le nombre de ces départements est de vingt ou plus. Dans ce dernier cas, le délai prévu au premier alinéa de l'article R. 331-22 est porté à trois mois.

Art. R. 331-24 *(Décr. n° 2017-1279 du 9 août 2017, art. 15-3°)* L'organisateur d'une manifestation soumise à autorisation doit présenter au préfet du département du lieu de la manifestation une demande d'autorisation *(Décr. n° 2018-583 du 6 juill. 2018, art. 8-II)* « ou du préfet de police si la manifestation se déroule sur les emprises des aérodromes de Paris-Charles de Gaulle, Paris-Le Bourget et Paris-Orly ».

Si la manifestation se déroule sur le territoire de plusieurs départements, la demande d'autorisation est adressée simultanément au préfet de chacun des départements parcourus et, également, au ministre de l'intérieur si le nombre de ces départements est de vingt ou plus.

La demande doit parvenir au plus tard trois mois au moins avant la date prévue pour le déroulement de la manifestation.

Un arrêté conjoint du ministre de l'intérieur et du ministre chargé des sports détermine la composition et les modalités de dépôt du dossier de demande d'autorisation.

Art. R. 331-24-1 *(Décr. n° 2011-269 du 15 mars 2011, art. 1er-1)* Lorsque la demande d'autorisation porte sur l'organisation d'une épreuve ou d'une compétition de sports motorisés se déroulant sur des terrains ou des parcours fermés de manière permanente à la circulation publique et non soumis à la procédure prévue à l'article L. 421-2 du code de l'urbanisme, un arrêté conjoint du ministre de l'intérieur, du ministre chargé des sports et du ministre chargé de l'environnement détermine également, en fonction de l'importance de la manifestation, la nature des documents d'évaluation des incidences sur l'environnement et des mesures préventives et correctives que le dossier de la demande doit comprendre. — *L'art. 1er du Décr. n° 2011-269 du 15 mars 2011 s'applique aux épreuves et compétitions de sports motorisés dont la date est postérieure de plus de six mois à sa date de publication, soit le 16 sept. 2011.*

Art. R. 331-25 *(Abrogé par Décr. n° 2012-312 du 5 mars 2012, art. 4) Les organisateurs d'une manifestation qui ont leur siège ou leur résidence à l'étranger doivent présenter leur demande d'autorisation simultanément à la fédération délégataire de la discipline, lorsqu'elle existe, et, selon le cas, au ministre de l'intérieur et aux préfets des départements traversés ou aux seuls préfets, dans les délais prévus à l'article R. 331-24.*

Art. R. 331-26 Dès réception d'une demande d'autorisation, le préfet saisit pour avis les autorités locales investies du pouvoir de police.

Sauf dans le cas prévu au *(Décr. n° 2011-269 du 15 mars 2011, art. 1er-II)* « quatrième » alinéa, l'autorisation est délivrée par le préfet après avis de la commission départementale de sécurité routière. Celle-ci peut recommander des prescriptions s'ajoutant à celles prévues par les organisateurs. Le préfet peut en outre prescrire des mesures complémentaires dans l'intérêt de la circulation, de la sécurité ou de la tranquillité publiques *(Décr. n° 2011-269 du 15 mars 2011, art. 1er-II)* « , et de l'environnement. *(Décr. n° 2017-1279 du 9 août 2017, art. 16-1°)* « Pour les manifestations se déroulant sur des terrains ou des parcours, le préfet annexe à son arrêté d'autorisation les plans détaillés des zones réservées aux spectateurs prévues à l'article R. 331-21. Toute zone non réservée est interdite aux spectateurs. »

« Si la manifestation se déroule sur des terrains ou des parcours fermés de manière permanente à la circulation publique et non soumis à la procédure prévue à l'article L. 421-2 du code de l'urbanisme, le préfet peut en outre consulter les services de l'État compétents en matière d'environnement ainsi que toute personne ou organisme consultatif dont le concours lui paraît utile.L'autorisation délivrée pour ces manifestations vaut autorisation au titre du deuxième alinéa de l'article L. 362-3 du code de l'environnement. » — *L'art. 1er du Décr. n° 2011-269 du 15 mars 2011 s'applique aux épreuves et compétitions de sports motorisés dont la date est postérieure de plus de six mois à sa date de publication, soit le 16 sept. 2011.*

Si la manifestation se déroule sur vingt départements ou plus, l'autorisation est délivrée par le ministre de l'intérieur sur l'avis du préfet de chaque département traversé après que celui-ci a consulté la commission départementale de sécurité routière. Les commissions départementales peuvent recommander et le ministre prescrire des mesures complémentaires dans les conditions prévues au deuxième alinéa. *(Décr. n° 2017-1279 du 9 août 2017, art. 16-2°)* « Le ministre annexe à son arrêté d'autorisation les plans détaillés prévus au deuxième alinéa. »

La décision d'autorisation est publiée et notifiée à l'auteur de la demande.

Art. R. 331-26-1 *(Décr. n° 2012-312 du 5 mars 2012, art. 4)* L'autorisation prévue au deuxième alinéa de l'article R. 331-26 est délivrée par arrêté du préfet du département du lieu de départ.

Pour les *(Abrogé par Décr. n° 2017-1279 du 9 août 2017, art. 17-I)* « ***concentrations ou*** » manifestations sportives en provenance de l'étranger, l'autorisation est délivrée par le préfet du département d'entrée en France.

Lorsque le parcours couvre plusieurs départements, l'autorisation est délivrée après accord des préfets des départements traversés.

Dans le cas où la manifestation comporte plusieurs points de départ situés dans des départements différents, l'autorisation est délivrée par le préfet du département du siège de l'organisateur.

Les dispositions du Décr. n° 2012-312 du 5 mars 2012 s'appliquent aux manifestations se déroulant plus de trois mois après sa date de publication, soit après le 7 juin 2012 (Décr. préc., art. 7).

Art. R. 331-27 Toute *(Abrogé par Décr. n° 2017-1279 du 9 août 2017, art. 17-II)* « ***concentrations ou*** » manifestation autorisée ne peut débuter qu'après la production par l'organisateur technique à l'autorité qui a délivré l'autorisation ou à son représentant d'une attestation écrite précisant que toutes les prescriptions mentionnées dans l'autorisation ont été respectées.

Art. R. 331-28 L'autorisation peut être suspendue ou rapportée à tout moment s'il apparaît que les conditions de sécurité ne se trouvent plus réunies ou que l'organisateur, malgré la mise en demeure qui lui en est faite par l'autorité administrative, ne respecte plus ou ne fait plus respecter par les participants et les spectateurs des dispositions prévues par le règlement particulier de la manifestation en vue de leur protection.

SOUS-SECTION 4 *Dispositions communes aux événements soumis à déclaration ou à autorisation*

Art. R. 331-29 *(Abrogé par Décr. n° 2012-312 du 5 mars 2012, art. 4)* ***Les fédérations sportives agréées ou délégataires font parvenir le calendrier des concentrations et manifestations organisées par les groupements sportifs qui leur sont affiliés à l'autorité administrative appelée à recevoir la déclaration ou à délivrer l'autorisation.***

Art. R. 331-30 Toute concentration ou manifestation ne peut débuter qu'après production à l'autorité administrative compétente ou à son représentant d'une police d'assurance souscrite par l'organisateur auprès d'une ou de plusieurs sociétés agréées en France, dans un autre État membre de la Communauté européenne ou dans un autre État partie à l'accord sur l'Espace économique européen.

La police d'assurance garantissant la manifestation et ses essais couvre la responsabilité civile de l'organisateur et des participants ainsi que celle de toute personne qui prête son concours à l'organisation avec l'accord de l'organisateur. La police garantissant la concentration n'est pas tenue de couvrir la responsabilité civile des participants.

Un arrêté conjoint du ministre chargé de l'économie et du ministre chargé des sports détermine le montant minimal des garanties couvrant respectivement les dommages corporels et les dommages matériels.

Art. R. 331-31 L'organisateur est débiteur envers l'État et les collectivités territoriales des redevances représentatives du coût de la mise en place du service d'ordre particulier nécessaire pour assurer la sécurité des spectateurs et de la circulation lors du déroulement de la concentration ou de la manifestation ainsi que, le cas échéant, de sa préparation et de ses essais. Cette disposition est applicable au service d'ordre présent dans l'enceinte de la manifestation si celle-ci est organisée sur un circuit fermé ou sur le tracé du parcours pour la concentration ou la manifestation organisée sur la voie publique.

Art. R. 331-32 L'organisateur a l'obligation de remettre en état les voies ouvertes à la circulation publique et leurs dépendances dont il a obtenu l'usage privatif à l'occasion de la concentration ou de la manifestation.

Art. R. 331-33 Le ministre de l'intérieur et le ministre chargé de l'équipement fixent conjointement la liste des routes interdites, à titre permanent, périodique ou provisoire, à toutes les concentrations ou manifestations ou à certaines catégories d'entre elles en raison des incidences que leur déroulement peut avoir sur l'économie, le tourisme ou la sécurité générale. Ils peuvent toutefois indiquer sous quelles conditions lesdites routes peuvent être soit traversées, soit empruntées sur une distance réduite lors de ces événements.

Art. R. 331-34 La distribution ou la vente d'imprimés ou d'objets à l'occasion d'une concentration ou d'une manifestation ne peut se faire que dans les conditions et dans les lieux fixés par les autorités administratives compétentes avec l'accord de l'organisateur et du ou des propriétaires des lieux.

SOUS-SECTION 5 *Homologation des circuits*

Art. R. 331-35 Tout circuit sur lequel se déroulent des *(Décr. n° 2017-1279 du 9 août 2017, art. 18-1°)* « activités comportant la participation de véhicules terrestres à moteur » doit faire l'objet d'une homologation préalable.

(Abrogé par Décr. n° 2017-1279 du 9 août 2017, art. 18-2°) ***« Pour l'application de la présente sous-section, on entend par :***

« 1° "Compétition" toute épreuve organisée dans le cadre d'une manifestation, dont l'objectif est l'obtention des meilleurs résultats possibles ;

« 2° "Essai ou entraînement à la compétition" une préparation ou un test, préalable ou non à une compétition, destiné à évaluer ou à améliorer les performances du conducteur ou du véhicule ;

« 3° "Démonstration" toute manifestation ayant pour objet la présentation, en mouvement, des capacités de vitesse ou de maniabilité de véhicules terrestres à moteur, sans qu'elle constitue un entraînement ou une compétition. »

Les conditions de sécurité correspondant à ces types d'activité sont définies par les règles techniques et de sécurité prévues à l'article R. 331-19.

Un arrêté conjoint du ministre de l'intérieur et du ministre chargé des sports détermine la composition du dossier de demande d'homologation et les modalités de son dépôt.

(Décr. n° 2017-1279 du 9 août 2017, art. 18-3°) « Sans préjudice des dispositions des articles L. 213-1 et suivants du code de la route, les dispositions du présent article ne s'appliquent pas aux circuits qui sont réservés de manière exclusive à des essais industriels, à la préparation du permis de conduire ou à l'enseignement de la sécurité routière. »

Art. R. 331-36 La personne physique ou morale qui demande l'homologation d'un circuit supporte les frais d'étude et de visite nécessaires à l'instruction du dossier.

Art. R. 331-37 *(Décr. nº 2019-1406 du 18 déc. 2019, art. 2, applicable aux demandes d'homologation, de modification d'homologation ou de renouvellement d'homologation déposées à compter du 1er janv. 2020)* « L'homologation d'un circuit est accordée pour une durée de quatre ans par le préfet, après visite et avis de la Commission nationale d'examen des circuits de vitesse lorsque la vitesse des véhicules peut dépasser 200 km/h en un point quelconque du circuit ou, dans les autres cas, après visite et avis de la commission départementale de sécurité routière.

« A Paris, l'homologation est accordée, dans les conditions prévues à l'alinéa précédent, par le préfet de police.

« Le préfet ou, le cas échéant, le préfet de police, annexe à son arrêté » *(Décr. nº 2017-1279 du 9 août 2017, art. 19º)* « d'homologation le plan-masse du circuit, qui comprend notamment les plans détaillés des zones réservées aux spectateurs prévues à l'article R. 331-21. Toute zone non réservée est strictement interdite aux spectateurs.

« Une modification de l'homologation est nécessaire lorsque les caractéristiques du circuit font l'objet d'une évolution, notamment celles figurant sur le plan-masse. La modification de l'homologation est accordée après avis, précédé le cas échéant d'une visite sur place, de la commission compétente, dans les conditions prévues *(Décr. nº 2019-1406 du 18 déc. 2019, art. 2, applicable aux demandes d'homologation, de modification d'homologation ou de renouvellement d'homologation déposées à compter du 1er janv. 2020)* « aux deux premiers alinéas ».

« L'autorisation du préfet prévue à l'article R. 331-26 vaut homologation d'un circuit non permanent sur lequel se déroule une manifestation, pour la seule durée de celle-ci. Cette autorisation ne permet pas d'homologuer temporairement un circuit permanent. »

Art. R. 331-38 *(Décr. nº 2017-1279 du 9 août 2017, art. 20)* La Commission nationale d'examen des circuits de vitesse comprend huit membres :

1º Trois membres désignés par le ministre de l'intérieur ;

2º Un membre désigné par le ministre chargé de l'écologie ;

3º Un membre désigné par le ministre chargé des transports ;

4º Un membre désigné par le ministre chargé des sports ;

5º Un membre proposé par la Fédération française du sport automobile ;

6º Un membre proposé par la Fédération française de motocyclisme.

Les membres de la commission et son président, choisi parmi eux, sont nommés par le ministre de l'intérieur pour un mandat de trois ans renouvelable.

Chaque titulaire a un suppléant nommé dans les mêmes conditions, qui le remplace en cas d'empêchement.

Le rapporteur technique de la commission est désigné parmi ses membres par le président.

Le secrétariat de la commission est assuré par le ministère de l'intérieur.

Art. R. 331-39 La commission a notamment pour missions :

1º De vérifier que le circuit répond aux caractéristiques minimales imposées par les règles techniques et de sécurité prévues à l'article R. 331-19 ;

2º De déterminer les aménagements à réaliser par les organisateurs pour assurer notamment la protection des spectateurs assistant à une manifestation, compte tenu de la nature de celle-ci ainsi que du nombre et du type des véhicules engagés ;

(Décr. nº 2017-1279 du 9 août 2017, art. 21) « 3º De proposer, le cas échéant, les dispositions qu'elle estime justifiées par les nécessités de la sécurité et de la tranquillité publiques. »

Art. R. 331-40 La commission entend les représentants des autorités et services locaux intéressés ainsi que le propriétaire et le gestionnaire du circuit.

(Décr. nº 2017-1279 du 9 août 2017, art. 22) « Elle peut demander une expertise aux services compétents de l'État, ainsi qu'à toute personne ou organisme dont le concours lui paraît utile ou procéder à leur audition.

« Elle peut faire diligenter par un ou plusieurs de ses membres une expertise ponctuelle sur un circuit. En cas de modification d'une homologation, dans les conditions prévues à l'avant-dernier alinéa de l'article R. 331-37, ce déplacement vaut visite sur place de la commission. »

Art. R. 331-41 La visite de la commission donne lieu à l'établissement d'un procès-verbal qui propose, si l'avis est favorable, l'homologation du circuit soit pour une épreuve déterminée, soit pour plusieurs types d'épreuve. Ce procès-verbal, susceptible de comporter des prescriptions complémentaires, est communiqué au préfet.

Art. R. 331-42 Dans le champ de sa compétence, la commission départementale de sécurité routière exerce les mêmes missions et dispose des mêmes pouvoirs que ceux qui sont dévolus à la Commission nationale d'examen des circuits de vitesse par les articles R. 331-39 à R. 331-41.

Art. R. 331-43 L'homologation n'est accordée que si toutes les prescriptions mentionnées à l'article R. 331-41 ont été respectées.

Art. R. 331-44 L'autorité qui a délivré l'homologation peut, à tout moment, vérifier ou faire vérifier le respect des conditions ayant permis l'homologation.

L'homologation peut être rapportée *(Décr. n° 2017-1279 du 9 août 2017, art. 23)* « ou suspendue pour une durée maximale de six mois », après audition du gestionnaire, si la commission compétente a constaté qu'une ou plusieurs des conditions qu'elle avait imposées ne sont pas respectées.

SOUS-SECTION 6 *Dispositions pénales*

Art. R. 331-45 Hors le cas, sanctionné par l'article L. 411-7 du code de la route, de l'organisation sans autorisation de courses de véhicules terrestres à moteur sur les voies ouvertes à la circulation publique, le fait d'organiser sans la déclaration ou l'autorisation préalables prévues à *(Décr. n° 2017-1279 du 9 août 2017, art. 24-1°)* « l'article R. 331-20 » du présent code une concentration ou une manifestation de véhicules terrestres à moteur est puni des peines prévues pour les contraventions de la cinquième classe.

(Décr. n° 2017-1279 du 9 août 2017, art. 24-2°) « Est puni des mêmes peines le fait, pour un organisateur, de fournir de faux renseignements lors d'une déclaration ou d'une demande d'autorisation. »

Est puni des peines prévues pour les contraventions de la cinquième classe le fait, par l'organisateur, de ne pas respecter ou de ne pas faire respecter les prescriptions figurant dans l'autorisation administrative qui lui a été délivrée.

Est puni de l'amende prévue pour les contraventions de la troisième classe le fait de participer à *(Abrogé par Décr. n° 2017-1279 du 9 août 2017, art. 24-3°) « une concentration ou »* une manifestation, comportant la participation de véhicules à moteur, non autorisée alors qu'elle était soumise à autorisation en application de *(Décr. n° 2017-1279 du 9 août 2017, art. 24-1°)* « l'article R. 331-20 » du présent code.

(Décr. n° 2017-1279 du 9 août 2017, art. 24-4°) « Le fait pour tout spectateur d'une manifestation de contrevenir aux indications prévues par l'organisateur technique conformément à l'article R. 331-21 et mettant en œuvre les mesures de sécurité édictées en vertu de l'article R. 331-26 est puni de l'amende prévue pour les contraventions de la quatrième classe. »

Art. R. 331-45-1 *(Décr. n° 2017-1279 du 9 août 2017, art. 25)* Le fait d'exploiter un circuit qui ne bénéficie pas de l'homologation prévue à l'article R. 331-35 est puni des peines prévues pour les contraventions de la 5e classe.

Est puni de l'amende prévue pour les contraventions de la 4e classe le fait, par le gestionnaire du circuit, de ne pas respecter une ou plusieurs des conditions ayant permis l'homologation.

TROISIÈME PARTIE : *ARRÊTÉS*

(Arr. du 28 févr. 2008)

....

TITRE III MANIFESTATIONS SPORTIVES

CHAPITRE I *ORGANISATION DES MANIFESTATIONS SPORTIVES*

SECTION 1 *Rôle des fédérations*

La présente section ne comprend pas de dispositions pour les arrêtés.

SECTION 2 *Autorisation et déclaration préalable*

SOUS-SECTION 1 *Dispositions générales*

Art. A. 331-1 Le montant de la valeur des prix prévu au premier alinéa du I de l'article L. 331-5, au-delà duquel l'organisation de la manifestation sportive est, dans les conditions précisées par ledit article, subordonnée à l'agrément de la fédération sportive délégataire, est fixé à 3 000 €.

Art. A. 331-1-1 *(Arr. du 30 avr. 2021)* Les dossiers de déclaration ou de demande d'autorisation de manifestations sportives prévues aux articles R. 331-6 et R. 331-20 du présent code sont déposés auprès de l'autorité territorialement compétente sous format dématérialisé au moyen d'un système d'information accessible depuis un site internet relevant du ministre chargé des sports ou, le cas échéant, par voie postale.

SOUS-SECTION 2 *Manifestations sportives sur les voies publiques ou ouvertes à la circulation publique ne comportant pas la participation de véhicules terrestres à moteur*

(Arr. du 24 nov. 2017)

Art. A. 331-2 Tout dossier de déclaration de manifestation sportive, mentionnée à l'article R. 331-6, présenté par l'organisateur comprend :

1° Les nom, adresse postale et électronique et coordonnées de l'organisateur et, le cas échéant, du coordonnateur chargé de la sécurité ;

2° L'intitulé de la manifestation, la date, le lieu et les horaires auxquels elle se déroule ;

3° La discipline sportive concernée et les modalités d'organisation de la manifestation dont le programme et le règlement précisant si le départ et la circulation des participants sont groupés ;

4° Un itinéraire détaillé incluant le plan des voies empruntées ainsi que la liste de ces voies, sur lequel figurent, le cas échéant, les points de rassemblement ou de contrôle préalablement définis et la plage horaire de passage estimée. Ces éléments sont fournis pour chaque parcours composant la manifestation ;

5° Le nombre maximal de participants de la manifestation ainsi que, le cas échéant, le nombre de véhicules d'accompagnement. Ces éléments sont fournis pour chaque parcours composant la manifestation ;

6° Les dispositions assurant la sécurité et la protection des participants et des tiers ;

7° L'attestation de police d'assurance souscrite par l'organisateur de la manifestation ou, à défaut, une déclaration sur l'honneur engageant l'organisateur à fournir cette attestation à l'autorité administrative au plus tard six jours francs avant le début de la manifestation.

Par dérogation au 4°, les disciplines sportives pour lesquelles l'itinéraire des participants ne peut être défini à l'avance, telles que la course d'orientation, un plan de l'aire d'évolution des participants est transmis en lieu et place ainsi que la liste des voies susceptibles d'être empruntées.

Les dossiers de demande d'autorisation ou de déclaration de manifestations actuellement en cours d'instruction restent régis par les dispositions en vigueur le jour du dépôt du dossier (Arr. du 24 nov. 2017, art. 3).

Art. A. 331-3 Tout dossier de déclaration de manifestation sportive avec classement ou chronométrage comporte également, en plus des éléments mentionnés à l'article A. 331-2, les éléments suivants :

1° Le règlement de la manifestation, tel qu'il résulte des règles techniques et de sécurité mentionnées à l'article R. 331-7 ;

2° Le cas échéant, l'avis de la fédération délégataire concernée dans les conditions prévues à l'article R. 331-9 ou, à défaut, la saisine de la fédération ;

3° Le nombre approximatif de spectateurs attendus pour la manifestation ;

4° Les dispositions assurant la sécurité et la protection des participants et des tiers prévues par les règles techniques et de sécurité de la fédération délégataire ;

5° Le régime en matière de circulation publique demandé pour la manifestation sur le fondement de l'article R. 411-30 du code de la route et en adéquation avec les règles techniques et de sécurité de la fédération délégataire ;

6° Les arrêtés pris par les autorités administratives compétentes pour définir le régime de circulation de la manifestation ou, à défaut, les arrêtés qui auront pu être recueillis au plus tard trois semaines avant la date de la manifestation ;

7° La liste des personnes assurant les fonctions de signaleur dans les conditions prévues à l'article R. 411-31 du code de la route. Cette liste comprend le nom, le prénom, la date et le lieu de naissance du signaleur ainsi que le numéro de son permis de conduire. Elle est fournie au plus tard trois semaines avant la date de la manifestation.

V. note ss. art. A. 331-2.

Art. A. 331-4 Sont dispensés de la formalité prévue au 2° de l'article A. 331-3 :

1° Les organisateurs membres de la fédération sportive délégataire compétente dès lors que la manifestation est inscrite au calendrier mentionné au 1° de l'article R. 131-26 ;

2° Les fédérations sportives agréées, leurs organes régionaux ou départementaux et leurs membres, dès lors qu'il existe dans la discipline faisant l'objet de la manifestation la convention mentionnée à l'article R. 331-9. Cette convention doit être jointe au dossier.

V. note ss. art. A. 331-2.

Art. A. 331-5 L'autorité administrative compétente délivre un récépissé de déclaration à l'organisateur lorsque le dossier transmis est complet au plus tard trois semaines avant la date de la manifestation. Le cas échéant, elle transmet une copie de ce récépissé aux autorités de police locales concernées par la manifestation.

V. note ss. art. A. 331-2.

SOUS-SECTION 3 *Concentrations et manifestations sportives comportant la participation de véhicules terrestres à moteur*

(Arr. du 24 nov. 2017)

§ 1 *Manifestations et concentrations soumises à déclaration*

Art. A. 331-16 Tout dossier de déclaration de concentration présenté par l'organisateur comprend :

1° Les nom, adresse postale et électronique et coordonnées de l'organisateur et, le cas échéant, de la personne désignée comme organisateur technique ;

2° L'intitulé de la concentration, la date et les horaires auxquels elle se déroule ;

3° Les modalités d'organisation de la concentration, notamment son règlement particulier conforme aux dispositions prévues par les règles techniques et de sécurité de la fédération délégataire ;

4° Un plan détaillé incluant les voies empruntées ainsi que la liste de ces voies. Ces éléments sont fournis pour chaque itinéraire composant la concentration. Le plan des voies empruntées fait apparaître les points de rassemblement ou de passage préalablement définis ;

5° Le nombre maximal de véhicules qui participent à cette concentration ainsi que le nombre de véhicules d'accompagnement ;

6° Le nombre approximatif de personnes attendus sur les points de rassemblement ;

7° Le recensement des dispositions assurant la sécurité et la protection des participants et des tiers ainsi que les mesures prises par l'organisateur pour garantir la tranquillité publique pendant toute la durée de cette concentration ;

8° Une attestation de police d'assurance, conforme aux dispositions des articles L. 331-10 et R. 331-30, souscrite par l'organisateur de la concentration ou, à défaut, une déclaration sur l'honneur engageant l'organisateur à fournir cette attestation à l'autorité administrative au plus tard six jours francs avant le début de la concentration.

Les dossiers de demande d'autorisation ou de déclaration de manifestations actuellement en cours d'instruction restent régis par les dispositions en vigueur le jour du dépôt du dossier (Arr. du 24 nov. 2017, art. 2).

Art. A. 331-17 Tout dossier de déclaration d'une manifestation se déroulant sur un circuit permanent homologué présenté par l'organisateur comprend :

1° Les nom, adresse postale et électronique et coordonnées de l'organisateur et, le cas échéant, de la personne désignée comme organisateur technique ;

2° L'intitulé de la manifestation, la date, le circuit et les horaires auxquels elle se déroule accompagnés d'un document spécifique précisant la discipline concernée et la nature de la manifestation et ses caractéristiques ;

3° Les modalités d'organisation de la manifestation, notamment son règlement particulier conforme aux règles techniques et de sécurité mentionnées à l'article R. 331-19 ;

4° Le nombre maximal de personnes attendus lors de cette manifestation ;

5° Une attestation de police d'assurance, conforme aux dispositions des articles L. 331-10 et R. 331-30, souscrite par l'organisateur de la manifestation ou, à défaut, une déclaration sur l'honneur engageant l'organisateur à fournir cette attestation à l'autorité administrative au plus tard six jours francs avant le début de la manifestation ;

6° Le cas échéant, l'avis de la fédération délégataire concernée dans les conditions prévues à l'article R. 331-22-1 ou, à défaut, la saisine de la fédération.

V. note ss. art. A. 331-16.

Art. A. 331-18 Sont dispensés de la formalité prévue au 6° de l'article A. 331-17 :

1° Les organisateurs membres de la fédération sportive délégataire compétente dès lors que la manifestation est inscrite au calendrier mentionné au 1° de l'article R. 131-26 ;

2° Les fédérations sportives agréées, leurs organes régionaux ou départementaux et leurs membres, dès lors qu'il existe dans la discipline faisant l'objet de la manifestation la convention mentionnée à l'article R. 331-22-1. Cette convention doit être jointe au dossier.

V. note ss. art. A. 331-16.

Art. A. 331-19 L'autorité administrative délivre un récépissé de déclaration à l'organisateur lorsque le dossier transmis est complet.

Ce récépissé est également transmis, par le préfet, aux autorités de police locales concernées par la manifestation.

V. note ss. art. A. 331-16.

§ 2 *Manifestations soumises à autorisation*

Art. A. 331-20 Tout dossier de demande d'autorisation d'une manifestation présenté par l'organisateur comprend :

1° Les nom, adresse postale et électronique et coordonnées de l'organisateur et de la personne désignée comme organisateur technique ;

2° L'intitulé de la manifestation, la date, le lieu et les horaires auxquels elle se déroule accompagnés d'un document spécifique précisant la discipline concernée et la nature de la manifestation et ses caractéristiques ;

3° Les modalités d'organisation de la manifestation, notamment son règlement particulier conforme aux règles techniques et de sécurité mentionnées à l'article R. 331-19 ;

4° Le recensement des dispositions assurant la sécurité et la protection des participants et des tiers ainsi que les mesures prises par l'organisateur pour garantir la tranquillité publique pendant toute la durée de la manifestation ;

5° Les plans détaillés des zones réservées aux spectateurs pour les manifestations se déroulant sur un circuit non permanent, terrain ou parcours ;

6° Le nombre maximal de spectateurs attendus lors de cette manifestation ;

7° Le nombre maximal de véhicules qui participent à cette manifestation ainsi que le nombre de véhicules d'accompagnement ;

8° Une attestation de police d'assurance, conforme aux dispositions des articles L. 331-10 et R. 331-30, souscrite par l'organisateur de la manifestation ou à défaut une déclaration sur l'honneur engageant l'organisateur à fournir cette attestation à l'autorité administrative au plus tard six jours francs avant le début de la manifestation ;

9° En fonction de la nature de la manifestation le ou les éléments suivants :

a) Un plan-masse du terrain ou du circuit non permanent utilisé y compris s'il s'agit d'une manifestation se déroulant, en tout ou partie, sur un circuit permanent dont l'homologation ne prévoit pas cette utilisation ;

b) Un plan détaillé incluant les voies empruntées ainsi que la liste de ces voies pour chaque parcours ou parcours de liaison composant la manifestation.

L'organisateur technique est chargé de s'assurer que les règles techniques et de sécurité prescrites par l'autorité administrative compétente après avis de la commission départementale de la sécurité routière sont respectées.

V. note ss. art. A. 331-16.

Art. A. 331-21 Si l'itinéraire de la manifestation mentionnée à l'article A. 331-20 prévoit un ou plusieurs parcours de liaison au sens de l'article R. 331-18, le dossier de demande d'autorisation comprend également la liste des participants comportant leur nom, prénom, date et lieu de naissance, numéro de permis de conduire, nationalité et adresse de domicile ainsi que le numéro d'inscription de leur véhicule délivré par l'organisateur. Cette liste doit être présentée à l'autorité préfectorale au moins six jours francs avant le début de la manifestation. L'organisateur doit veiller à ce que le numéro d'inscription attribué soit reporté sur le véhicule correspondant, de manière clairement lisible et visible, à l'avant et à l'arrière pour les véhicules de catégorie M, à l'arrière ou sur un dossard porté par le conducteur pour les véhicules de catégorie L, au sens de l'article R. 311-1 du code de la route. A défaut du respect de l'ensemble des dispositions définies par le présent alinéa, la dérogation prévue à l'article R. 411-29 du même code n'est pas applicable.

V. note ss. art. A. 331-16.

§ 3 *Manifestations soumises à l'évaluation des incidences Natura 2000*

Art. A. 331-21-1 *(Arr. du 2 avr. 2019)* Lorsque la demande d'autorisation porte sur une manifestation se déroulant sur des terrains ou des parcours fermés de manière permanente à la circulation publique et non soumis à la procédure prévue à l'article L. 421-2 du code de l'urbanisme, le dossier de demande d'autorisation comprend l'évaluation des incidences Natura 2000 prévue en application de l'article R. 414-19 du code de l'environnement et un formulaire décrivant les incidences de la manifestation sur l'environnement, ainsi que les mesures préventives et correctives, figurant à l'annexe III-21-2 du code du sport. – *V. cette annexe infra.*

Les informations à fournir dans ce formulaire sont adaptées à l'importance de la manifestation :

1° En deçà d'un seuil fixé à 100 véhicules, la manifestation est considérée comme étant de faible importance ;

2° A partir de 100 véhicules et jusqu'à 250 véhicules, la manifestation est considérée comme étant de moyenne importance ;

3° Au-delà de 250 véhicules, la manifestation est qualifiée de grande importance.

Le nombre de véhicules s'entend au sens du 7° de l'article A. 331-20 du code des sports.

L'organisateur prévoit des mesures préventives et correctives adaptées à la nature des incidences identifiées. Ces mesures sont prescrites par le préfet. Celui-ci peut prescrire des mesures complémentaires en application des dispositions de l'article R. 331-26 du code du sport s'il estime qu'elles sont nécessaires pour la préservation du site au regard des connaissances dont il dispose.

§ 4 *Dossier de demande d'homologation de circuit*

Art. A. 331-21-2 La personne physique ou morale qui demande l'homologation d'un circuit ou le renouvellement de cette homologation, doit constituer un dossier qui comprend :

1° Le plan-masse du circuit ou un plan des voies utilisées conforme aux règles techniques et de sécurité mentionnées à l'article R. 331-19 comprenant, notamment, les plans détaillés des zones réservées aux spectateurs ;

2° Le ou les types de véhicules autorisés à utiliser ledit circuit ;

3° Les nom, prénom et adresse du demandeur ou du représentant de la personne morale ;

4° Les dispositions prévues pour assurer la sécurité des personnes et la tranquillité publique.

Le demandeur est tenu de transmettre en un exemplaire complet le dossier de demande d'homologation comprenant sept plan-masses à l'autorité administrative.

Cette demande est transmise, au plus tard, deux mois avant la date prévue pour sa première utilisation. La demande de renouvellement est transmise deux mois avant la date de fin de validité de l'homologation.

V. note ss. art. A. 331-16.

Art. A. 331-21-3 La personne physique ou morale qui demande une modification de l'homologation d'un circuit doit constituer un dossier qui comprend :

1° La description des caractéristiques du circuit qui font l'objet d'une évolution ;

2° Le plan-masse du circuit modifié comprenant notamment les plans détaillés des zones réservées aux spectateurs ;

3° Les noms, prénom et adresse du demandeur ou du représentant de la personne morale.

Le demandeur est tenu de transmettre le dossier de demande de modification à l'autorité administrative qui a délivré l'homologation.

V. note ss. art. A. 331-16.

SOUS-SECTION 4 *Dispositions concernant les manifestations sportives visées à l'alinéa 2 de l'article R. 331-19 (Arr. du 4 août 2008).*

Art. A. 331-22 Les disciplines mentionnées au deuxième alinéa de l'article *(Arr. du 18 juill. 2008)* « R. 331-19 » du code du sport sont regroupées dans quatre catégories correspondant aux annexes III-22 à III-25 :

– les manifestations de véhicules terrestres à moteur dans lesquelles la vitesse est l'un des éléments essentiels du classement, et qui ne sont pas incluses dans les disciplines faisant l'objet de la délégation attribuée par le ministère chargé des sports à la Fédération française du sport automobile ou à la Fédération française de motocyclisme ;

– les épreuves de véhicules automobiles dans lesquelles le contact entre véhicules est autorisé ;

– les épreuves d'acrobatie avec motocycles ;

– les autres manifestations.

Art. A. 331-23 Les disciplines concernées, les caractéristiques minimales de la piste ou du terrain d'évolution, les conditions minimales de sécurité pour le public et les participants, ainsi que les dispositions à prendre en matière d'encadrement médical et de secours incendie sont définies dans les annexes III-22 à III-25 relatives à chacune de ces catégories.

SECTION 3 *Obligations d'assurance des organisateurs de manifestations sportives*

SOUS-SECTION 1 *Manifestations sportives sur les voies publiques ou ouvertes à la circulation publique ne comportant pas la participation de véhicules à moteur* *(Arr. du 3 mai 2012, art. 4, en vigueur le 8 juin 2012).*

Art. A. 331-24 *(Abrogé par Arr. du 30 janv. 2015, art. 1er)* *(Arr. du 4 août 2008)* ***Les conditions générales des polices d'assurances souscrites par les organisateurs d'épreuves ou compétitions sportives, en application des dispositions des articles R. 331-6 à*** *(Arr. du 3 mai 2012, art. 4, en vigueur le 8 juin 2012)* ***« R. 331-17-2 », devront être conformes au modèle de l'annexe III-21-1 du présent code.***

Art. A. 331-25 *(Arr. du 4 août 2008)* **Le montant minimum des garanties** *(Arr. du 3 mai 2012, art. 4, en vigueur le 8 juin 2012)* **« d'assurance prévues à l'article R. 331-14 » est fixé :**

– pour la réparation des dommages corporels à 6 100 000 euros par sinistre ;

– pour la réparation des dommages matériels à 15 000 euros par sinistre.

ANNEXE III-21-1 (Art. A. 331-24 et A. 331-25 du code du sport)

POLICE D'ASSURANCE DE LA RESPONSABILITÉ CIVILE POUR LES MANIFESTATIONS SPORTIVES SUR LA VOIE PUBLIQUE

(Arr. du 4 août 2008)

Conditions générales

Le présent contrat est régi par le code des assurances et par les conditions générales et particulières ci-après.

Objet et étendue de l'assurance

Art. 1er Le présent contrat a pour objet de garantir, conformément aux prescriptions des articles R. 331-6 à R. 331-17 du code du sport, en cas d'accident, d'incendie ou d'explosion survenus au cours de toute manifestation sportive désignée aux conditions particulières ou des essais prévus au programme officiel de cette manifestation :

1° Les conséquences pécuniaires de la responsabilité civile pouvant incomber à l'organisateur ou aux concurrents du fait des dommages corporels ou matériels causés aux spectateurs, aux tiers, aux concurrents, mais seulement pour ces derniers lorsqu'il s'agit d'épreuves ne comportant pas, sur la totalité de leurs parcours, un usage privatif de la voie publique ;

2° Les conséquences pécuniaires de la responsabilité civile pouvant incomber à l'organisateur ou aux concurrents envers les agents de l'État ou de toute autre collectivité publique participant au service d'ordre, à l'organisation ou au contrôle de la manifestation sportive, ou envers leurs ayants droit du fait des dommages corporels ou matériels causés auxdits agents ;

3° Les conséquences pécuniaires de la responsabilité civile pouvant incomber à l'État, aux départements et aux communes pour tous les dommages causés aux tiers ou à l'organisateur par les fonctionnaires agents ou militaires mis à disposition de ce dernier ou leur matériel.

Art. 2 *Exclusions.* Le présent contrat ne garantit pas :

1° Les accidents occasionnés par les grèves, émeutes ou mouvements populaires, ou par une guerre civile ou étrangère, ou par la désintégration du noyau atomique ;

2° La responsabilité d'un assuré du fait d'un accident résultant de sa faute intentionnelle ou dolosive ;

3° La responsabilité de l'organisateur ou d'un concurrent à l'égard des personnes visées au paragraphe *a* de l'article 18 relatif à la définition de l'organisateur ;

4° La responsabilité de l'organisateur ou d'un concurrent du fait d'un accident à l'égard des préposés, salariés ou auxiliaires lorsque ceux-ci bénéficient, à l'occasion de cet accident, de la législation sur les accidents du travail ;

5° Les sanctions pénales pécuniaires.

Art. 3 *Limite de garantie.* La garantie du présent contrat est accordée, en ce qui concerne les dommages corporels, sans limitation de somme et, en ce qui concerne les dommages matériels, à concurrence pour chaque sinistre au cours d'une manifestation sportive de la somme indiquée aux conditions particulières. Une franchise d'avarie pour les dommages matériels peut être prévue aux conditions particulières.

Les frais de procès, de quittance et autres frais de règlement ne viendront pas en réduction de la somme garantie. Toutefois, en cas de condamnation supérieure à cette somme, ils seront supportés par l'assureur et par l'assuré dans la proportion de leur part respective dans la condamnation.

Formation et durée du contrat

Art. 4 Le présent contrat est souscrit pour la durée prévue aux conditions particulières.

Il est parfait dès sa signature par les parties. L'assureur pourra en poursuivre dès ce moment l'exécution, mais il ne prend effet qu'à la date indiquée aux conditions particulières.

Les renvois et surcharges aux conditions particulières ne seront valables que s'ils ont été validés par les signatures des parties.

Lorsqu'il est stipulé aux conditions particulières que le contrat garantit tout ou partie des manifestations sportives organisées au cours d'une période donnée par le souscripteur ou par les organismes visés aux articles R. 331-7 et R. 331-17 du code du sport, il produit ses effets, pour chaque manifestation, selon les modalités prévues aux conditions particulières ; l'assureur doit délivrer au souscripteur ou à l'organisme intéressé qui le lui demande une déclaration attestant l'existence de cette garantie.

Art. 5 *Résiliation.* Le contrat peut être résilié avant sa date d'expiration normale :

a) En cas d'aggravation du risque ;

b) En cas d'omission ou d'inexactitude dans la déclaration du risque ;

c) En cas de retrait total d'agrément ;

Et, en outre, si les conditions particulières contiennent la stipulation visée au dernier alinéa de l'article 4 :

d) En cas de non-paiement des primes dues ;

e) Après sinistre.

Toute résiliation du contrat par l'assureur doit, pour être valable, être notifiée par lettre recommandée simultanément au souscripteur et à l'autorité administrative habilitée à autoriser toute manifestation sportive prévue aux conditions particulières ou, dans le cas visé au deuxième alinéa de l'article 4, toute manifestation sportive non terminée ou annulée ayant donné lieu à délivrance de l'attestation prévue au même alinéa.

Art. 6 *Déclaration du risque.* Le présent contrat est établi d'après les déclarations du souscripteur, qui doit, conformément aux dispositons prévues par le code des assurances, déclarer tous les éléments d'appréciation du risque connus de lui.

Dans le cas de contrat à applications multiples visé au dernier alinéa de l'article 4, le souscripteur doit, en outre, fournir à l'assureur les renseignements que celui-ci lui demanderait.

Quand les circonstances dont la déclaration est prévue à l'alinéa qui précède ou aux conditions particulières sont modifiées par le fait de l'assuré ou des fédérations sportives, le souscripteur doit en faire la déclaration immédiate à l'assureur.

Lorsque la modification constitue une aggravation telle que, si le nouvel état avait existé lors de la souscription, l'assureur n'aurait pas contracté ou ne l'aurait fait que moyennant une prime plus élevée, la déclaration doit être faite, sous peine des conditions prévues par le code des assurances soit de résilier le contrat par lettre recommandée, soit de proposer un nouveau taux de prime ; si le souscripteur n'accepte pas ce nouveau taux, l'assureur peut résilier le contrat.

Art. 7 *Prime.* La prime est, selon ce qui est indiqué aux conditions particulières, fixée à forfait ou ajustable.

Les frais accessoires dont le montant est fixé aux conditions particulières ainsi que tous impôts et taxes existants ou pouvant être établis soit sur la prime, soit sur les sommes assurées et dont la récupération n'est pas interdite sont à la charge du souscripteur.

Dans le cas de contrat à applications multiples visé au dernier alinéa de l'article 4, à défaut de payement d'une prime exigible, l'assureur peut, moyennant préavis de vingt jours, adressé par lettre recommandée simultanément au souscripteur et à l'autorité administrative visée à l'article 5 (dernier alinéa), suspendre la garantie, sans préjudice du droit pour lui de résilier le contrat dix jours après la prise d'effet de la suspension ou d'en poursuivre l'exécution en justice.

Art. 8 *Prime ajustable.* Si la prime est stipulée ajustable en fonction d'éléments variables, elle est déterminée en appliquant à ses éléments le tarif précisé aux conditions particulières ; elle est exigible dans les huit jours suivant celui où le souscripteur aura été informé de son montant.

Le souscripteur doit déclarer à l'assureur dans les huit jours suivant le dernier jour de la manifestation les éléments variables dont la déclaration est prévue aux conditions particulières.

En cas d'erreur ou d'omission dans cette déclaration, les sanctions prévues par le code des assurances pourront être appliquées, le souscripteur devant, notamment, couvrir l'insuffisance de prime constatée et payer une indemnité égale à la moitié de cette insuffisance.

Art. 9 Si une manifestation sportive n'a pu avoir lieu, le souscripteur pourra obtenir soit l'annulation des effets du contrat en ce qui concerne cette manifestation (la prime forfaitaire ou provisoire étant alors remboursée sous déduction du minimum de frais prévu aux conditions particulières), soit le report de ces effets à une date ultérieure.

Art. 10 L'assureur peut faire procéder, par des délégués de son choix, à la vérification des déclarations du souscripteur et à l'inspection des objets constituant directement ou indirectement les risques couverts par le présent contrat ; le souscripteur doit faciliter à l'assureur l'exercice de son droit de contrôle.

Sinistres

Art. 11 *Déclaration de sinistre.* Le souscripteur doit, sous peine de déchéance, et sauf cas fortuit ou de force majeure, déclarer les sinistres à l'assureur dans un délai maximum de cinq jours à compter de la date où il en a eu connaissance.

Il doit, en outre, lui faire connaître les circonstances, les causes connues ou présumées du sinistre, la nature et l'importance des dommages ainsi que les noms et domiciles des personnes lésées et, si possible, des témoins.

En cas de fausse déclaration faite sciemment sur la date, les circonstances et les conséquences apparentes du sinistre, le souscripteur est déchu de son droit à la garantie pour ce sinistre.

Art. 12 *Assignation, transaction.* L'assuré dont la responsabilité est engagée par un sinistre doit transmettre à l'assureur tous avis, lettres, convocations, assignations, actes extra-judiciaires et pièces de procédure qui lui seraient signifiés à quelque requête que ce soit pour que l'assureur puisse répondre en temps utile, sous peine pour l'assuré, en cas de retard, de devoir à l'assureur une indemnité proportionnée au préjudice qui pourrait en résulter pour celui-ci.

L'assureur a, dans la limite de sa garantie, le droit de transiger avec les tiers lésés et reçoit, à cet effet, de l'assuré tous les pouvoirs nécessaires pour représenter ce dernier auprès de ces tiers.

Aucune reconnaissance de responsabilité, aucune transaction intervenant en dehors de l'assureur ne lui seront opposables. Toutefois, n'est pas considéré comme une reconnaissance de responsabilité l'aveu d'un fait matériel, ni le seul fait d'avoir procurer à une victime un secours urgent lorsqu'il s'agit d'un acte d'assistance que toute personne a le devoir moral d'accomplir.

Art. 13 *Procédure.* En cas d'action portée devant les juridictions civiles, commerciales ou administratives et dirigée contre l'assuré, l'assureur, dans les limites de sa garantie, assure la défense de l'assuré et dirige le procès.

En cas d'action portée devant les juridictions pénales, si la ou les victimes n'ont pas été désintéressées, l'assureur se réserve, dans les limites de sa garantie, la faculté de diriger la défense ou de s'y associer.

En ce qui concerne les voies de recours :

a) Devant les juridictions civiles, commerciales ou administratives, l'assureur en a le libre exercice ;

b) Devant les juridictions pénales, l'assureur pourra toujours, au nom de l'assuré civilement responsable, exercer dans les limites de sa garantie toutes les voies de recours. Si l'assuré a été cité comme prévenu, l'assureur ne pourra toutefois exercer lesdites voies de recours qu'avec son accord, exception faite du pourvoi en cassation lorsqu'il est limité aux intérêts civils.

Lorsqu'il s'agit d'une responsabilité visée au paragraphe 3° de l'article 1er, l'assureur doit, si l'autorité administrative intéressée le demande, décliner la compétence des juridictions de droit commun et accepter l'intervention des autorités administratives compétentes dans la direction du procès chaque fois que cette intervention est nécessaire aux termes de la législation en vigueur.

Détermination et payement du montant de l'indemnité

Art. 14 *Payement de l'indemnité.* Toute indemnité exigible est payable dans les quinze jours qui suivent l'accord des parties ou la décision passée en force de chose jugée.

Si l'indemnité allouée à une victime ou à ses ayants droit consiste en une rente et si une acquisition de titres est ordonnée pour sûreté de son payement, l'assureur procède à la constitution de cette garantie. Si aucune garantie spéciale n'est ordonnée par une décision judiciaire, la valeur de la rente en capital est calculée d'après les règles applicables pour le calcul de la réserve mathématique de cette rente.

Art. 15 *Déchéance et clauses de non-opposables.* Ne sont pas opposables aux victimes, ni à leurs ayants droit :

a) Les déchéances ;

b) La réduction de l'indemnité consécutive à la non-déclaration de l'une des aggravations de risques prévues à l'article 6.

Dans les cas visés à l'alinéa précédent, l'assureur aura droit au remboursement, par le souscripteur ou l'assuré dont le manquement a provoqué la déchéance ou la réduction, des sommes qu'il aura dû payer ou mettre en réserve.

Toute clause ajoutée ayant pour effet de restreindre la garantie des présentes conditions générales sera de nul effet.

Dispositions diverses

Art. 16 *Subrogation.* L'assureur est subrogé jusqu'à concurrence de l'indemnité payée par lui dans les droits et actions qui peuvent appartenir à l'assuré contre les tiers responsables du dommage.

Si la subrogation ne peut plus, du fait de l'assuré, s'opérer en faveur de l'assureur, celui-ci aura un droit de recours contre l'assuré dans la mesure même où aurait pu s'exercer la subrogation.

Sauf dans le cas prévu par l'alinéa ci-dessus, l'assureur renonce, en cas de sinistre, à tous recours qu'il serait en droit d'exercer contre l'État et les autorités municipales ou départementales, ainsi que contre toute personne ou service relevant desdites autorités à titre quelconque.

Sous la même exception, il renonce à tout recours, du fait d'un événement garanti par le présent contrat, contre une personne dont la responsabilité est assurée par ce dernier.

Art. 17 Toute action dérivant du présent contrat est prescrite par deux ans à compter de l'événement qui y donne naissance, dans les conditions prévues par le code des assurances.

Art. 18 *Définitions.* Pour l'application du présent contrat, on entend par :

Organisateur. a) Les personnes morales visées aux articles R. 331-7 et R. 331-17 du code du sport ;

b) Les dirigeants statutaires des organismes visés au *a* lorsque ces dirigeants sont chargés d'une mission quelconque pendant le déroulement de la manifestation sportive ou des essais préalables ;

c) Pendant leur service, les préposés ou salariés des personnes visées aux paragraphes *a* et *b* ci-dessus et tous les auxiliaires, à un titre quelconque, de ces personnes.

Concurrents. Les coureurs ou participants valablement engagés pour prendre part aux compétitions des manifestations sportives, ainsi que les personnes leur apportant normalement leur concours à l'occasion de ces manifestations.

Assuré. L'organisateur, les concurrents, l'État, les départements et communes dans la mesure où ces derniers participent au service d'ordre, à l'organisation ou au contrôle de la manifestation sportive.

Fonctionnaires, agents et militaires. Tous ces fonctionnaires de l'État, des départements, des communes, chargés par les administrations dont ils dépendent d'exercer une fonction au cours et à l'occasion de la manifestation sportive, et tous agents ou militaires composant le service d'ordre.

Matériel. Le matériel utilisé par les fonctionnaires, agents et militaires du service d'ordre — y compris notamment les véhicules de toute nature et les engins aériens de surveillance — mis à la disposition de l'organisateur.

ANNEXE III-21-2

Formulaire d'évaluation des incidences sur l'environnement pour les épreuves et compétitions de sports motorisés sur les voies non ouvertes à la circulation publique en application de l'article R. 331-24-1 du code du sport – formulaire pris en application des dispositions de l'article A. 331-21-1

(Arr. du 2 avr. 2019)

Ce document est distinct de celui requis pour l'évaluation des incidences Natura 2000 prévue en application de l'article R. 414-19 du code de l'environnement. Les manifestations font l'objet d'une évaluation des incidences Natura 2000, qu'elles soient situées ou non dans le périmètre d'un site Natura 2000 en application du II du même article et quel que soit le nombre de véhicules participants.

Les deux documents sont joints à la demande d'autorisation.

Nom de l'épreuve ou de la compétition de sports motorisés :

Demande d'autorisation de manifestation, d'une épreuve ou d'une compétition de sports motorisés en date du...

Nombre estimé de passages des véhicules :

1. **Analyse des incidences potentielles de la manifestation sur l'environnement**

En vue de compléter le tableau 1.1, des informations sont disponibles sur les sites suivants :

— http://inpn.mnhn.fr/ (Natura 2000, espaces protégés, ZNIEFF, habitats naturels, arrêté biotope...)

— https://depot-legal-biodiversite.naturefrance.fr/ (données brutes de biodiversité)

— https://www.geoportail.gouv.fr/thematiques/eveloppement-durable-energie/ (espaces protégés, réserves, parcs)

— https://uicn.fr/aires-protegees/

— Site internet des préfectures (biotope, géotope, habitat naturel)

— ou en mairie/établissement intercommunal en charge de l'urbanisme (pour mémoire : informations également disponibles en DREAL, DDT (M) ou auprès d'associations locales de protection de l'environnement).

1.1. *Localisation et sensibilité environnementale :*

Un plan détaillé des voies et parcours sous forme de carte IGN 1/25 000e comportant l'itinéraire de la manifestation et la localisation des principaux aménagements devra être fourni et le tableau suivant devra être rempli, sauf si ces informations ont déjà été fournies dans le cadre de la demande d'autorisation ou de l'évaluation des incidences Natura 2000. Les différents éléments composant la manifestation (parcours, cheminement, nombre total de véhicules, lieux de stationnement, localisation des spectateurs...) se situent-ils dans ou à proximité de ? (1).

	OUI	**NON**	**Commentaires**
Protection réglementaire			
Parc national ou réserve naturelle			
Réserve biologique			
Réserve nationale de chasse et de faune sauvage			

	OUI	NON	Commentaires
Zone couverte par un arrêté de protection de biotope ou d'habitat naturel ou de géotope			
Site classé ou site inscrit			
Protection par la maîtrise foncière			
Espaces d'intervention des conservatoires d'espaces naturels ou du Conservatoire du littoral			
Protection conventionnelle et réglementaire			
Parc naturel régional			
Protection au titre d'un texte européen ou international			
Zone humide d'importance internationale (sites Ramsar)			
Réserve de biosphère			
Site Natura 2000			
Site naturel et mixte inscrit au Patrimoine mondial de l'UNESCO			
Inventaires			
Zone naturelle d'intérêt écologique faunistique et floristique de type 1 (ZNIEFF 1) ou 2 (ZNIEFF 2)			
Autres			
Zone de montagne/forestière			
Territoire d'une commune du littoral ou bande littorale des 100 m			
Territoire couvert par un plan de prévention du bruit arrêté ou en cours d'élaboration			
Zone couverte par un plan de prévention des risques technologiques ou un plan de prévention des risques naturels			
Franchissement de cours d'eau			
Autre(s) milieu(x) naturel(s) sensible(s)			

(1) Les informations sont disponibles sur les sites internet sus-mentionnés.

1.2. *Incidences potentielles et mesures prévues :*

Le tableau ci-dessous doit être rempli en fonction de l'importance de la manifestation en commençant par le niveau 1. Les organisateurs de manifestations de faible importance au sens du 1° de l'article A. 331-21-1 remplissent le niveau 1. Les organisateurs de manifestations de moyenne importance au sens du 2° de l'article A. 331-21-1 remplissent les niveaux 1 et 2. Les organisateurs de manifestations de grande importance au sens du 3° de l'article A. 331-21-1 remplissent les niveaux 1, 2 et 3.

Domaines de l'environnement		**Incidences potentielles de la manifestation**		**Nature et importance de l'incidence**	**Mesures préventives et correctives (2)**
		OUI	NON		
Niveau 1 : Manifestation de faible importance (moins de 100 véhicules)					
Milieu naturel	Est-elle susceptible d'entraîner des perturbations, des dégradations, des destructions de la biodiversité existante: faune, flore, habitats, continuités écologiques ?				

Domaines de l'environnement		Incidences potentielles de la manifestation		Nature et importance de l'incidence	Mesures préventives et correctives (2)
		OUI	NON		
Nuisances et Commodités de voisinage	Est-elle source de bruit ? Engendre-t-elle des vibrations ?				
	Engendre-t-elle des odeurs ?				
	Engendre-t-elle des rejets polluants dans l'air ou dans les sols ? (hydrocarbures, huile ...)				
	Engendre-t-elle des émissions lumineuses ?				
Niveau 2 : Manifestation de moyenne importance (à partir de 100 et jusqu'à 250 véhicules)					
Pollution	Engendre-t-elle des rejets hydrauliques ? Si oui, dans quel milieu ?				
Aménagements du site	Engendre-t-elle des nuisances liées à l'aménagement du site, à la circulation et à l'accès des riverains ?				
Risques	Engendre-t-elle des risques sanitaires ?				
Niveau 3 : Manifestation de grande importance (plus de 250 véhicules)					
Patrimoine/ Cadre de vie/ Population	Est-elle susceptible de porter atteinte au patrimoine architectural, culturel, archéologique et paysager ?				
	Engendre-t-elle des modifications sur les activités humaines (agriculture, sylviculture, urbanisme/ aménagements) ?				

(2) Cf. : 3. Aide à la mise en place de mesures préventives et correctives adaptées à l'importance de la manifestation

Les organisateurs de manifestations, quel que soit le niveau d'importance dont elles relèvent, doivent répondre aux questions suivantes :

Les incidences identifiées sont-elles susceptibles d'être cumulées avec d'autres manifestations ou projets connus ? Si oui, lesquels ?

Les incidences de précédentes manifestations de sports motorisés ont-elles été constatées sur le site ?

Les incidences identifiées sont-elles susceptibles d'avoir des effets de nature transfrontalière ? Si oui, lesquels ?

2. **Consignes environnementales spécifiques**

Indication des consignes environnementales spécifiques données aux participants, aux spectateurs et aux encadrants – Hors cahier des charges de cette manifestation ou règles techniques et de sécurité (RTS) mises en place par les différentes fédérations concernées (joints à la demande d'autorisation)

Peuvent ainsi être notamment concernés : la protection des riverains, le balisage amovible, la collecte des déchets, le stationnement des véhicules (encadrants, participants, spectateurs) prévus en dehors des espaces naturels sensibles ou protégés, la mise en place éventuellement d'une navette temporaire, etc.

3. **Aide à la mise en place de mesures préventives et correctives adaptées à l'importance de la manifestation**

Il est établi ci-après une liste indicative de mesures préventives et correctives qui peuvent être indiquées et précisées dans le tableau 1.2. Il appartient à l'organisateur de mettre en œuvre la/les mesure(s) qu'il aura identifiée(s).

Nature des mesures préventives et correctives : géographique/technique/temporelle

Mesures préventives des incidences environnementales :

1. évitement des populations connues d'espèces protégées ou à fort enjeu et/ou de leurs habitats (optimisation de l'implantation de la manifestation, du tracé de l'itinéraire, de l'implantation des aménagements connexes)

1-1. évitement des sites à enjeux environnementaux et paysagers majeurs du territoire (préservation des milieux naturels, éviter la dénaturation d'un ensemble paysager cohérent, éviter les sites classés ou identifiés à forts enjeux patrimoniaux tels que sites Natura 2000, réservoirs de biodiversité, zonages d'inventaires tels que les ZNIEFF, les zones importantes pour la conservation des oiseaux (ZICO)...)

1-2. redéfinition et adaptation des caractéristiques de la manifestation de sports motorisés (reconfiguration, redimensionnement, déviation, modification de l'emplacement, etc.)

1-3. balisage préventif divers ou mise en défens ou dispositif de protection d'une station d'une espèce patrimoniale, d'un habitat d'une espèce patrimoniale, d'habitats ou d'espèces remarquables : toute mesure visant à matérialiser et à préserver des espaces tels que drapeau, clôture légère ou renforcée, affichette, rubalise, piquetage, palplanche, etc.

1-4. éloignement de la manifestation vis-à-vis des populations humaines et/ou sites sensibles

1-5. organisation de la manifestation dans un secteur de moindre enjeu

1-6. absence de rejet dans le milieu naturel (air, eau, sol, sous-sol)

1-7. absence totale de tout produit polluant ou susceptible d'impacter négativement le milieu

1-8. adaptation de la période de la manifestation sur l'année :

Toute mesure visant à décaler la manifestation en dehors des périodes pendant lesquelles les espèces floristiques et faunistiques sont les plus vulnérables. Ex : périodes de floraison et de fructification, d'hibernation, périodes de reproduction et d'élevage, période de nidification.

Toute mesure visant à organiser la manifestation en dehors des pics de pollution.

1-9. adaptation des horaires de la manifestation

Mesures correctives des incidences environnementales :

2. dispositif limitant les impacts liés au passage des véhicules (pose de paille au sol...)

2-1. clôture spécifique

2-2. dispositif de limitation des nuisances envers les populations humaines

2-3. dispositif de limitation des nuisances envers la faune

2-4. dispositif de repli de la manifestation (suppression de pistes d'accès, déconstruction d'installation temporaire, de tout système d'assainissement provisoire et remise en état des terrains concernés)

2-5. action sur les conditions de circulation

2-6. dispositif de franchissement piscicole

A (lieu) : ....

le (date) : ....

Signature : ....

Art. A. 331-26 *(Abrogé par Arr. du 4 août 2008)* ***La signalisation de la priorité de passage d'une compétition ou épreuve sportive autorisée dans les conditions prévues à l'article R. 411-30 du code de la route est assurée selon les modalités définies par la présente sous-section.***

Art. A. 331-27 *(Abrogé par Arr. du 4 août 2008)* ***Les personnes proposées par les organisateurs des épreuves et compétitions sportives pour signaler la priorité de passage prévue à l'article R. 411-30 du code de la route sont agréées par l'autorité administrative. Elles prennent le nom de "signaleur". L'arrêté qui autorise l'épreuve mentionne les nom, adresse et qualité des signaleurs désignés pour l'épreuve.***

Art. A. 331-28 *(Abrogé par Arr. du 4 août 2008)* ***Les signaleurs doivent être identifiables par les usagers de la route au moyen d'un brassard marqué "Course" et être en possession d'une copie de l'arrêté autorisant la course.***

Art. A. 331-29 (Abrogé par Arr. du 4 août 2008) *La signalisation utilisée est celle qui sert à régler manuellement la circulation, telle qu'elle est définie au livre I, 8e partie, de l'instruction interministérielle relative à la signalisation routière : piquet mobile à deux faces, modèle K10 (un par signaleur).*

Pourront en outre être utilisés les barrages modèle K2, présignalés, signalant un obstacle de caractère temporaire et sur lesquels le mot "Course" sera inscrit.

Art. A. 331-30 (Abrogé par Arr. du 4 août 2008) *Les équipements prévus à l'article A. 331-29 doivent être fournis par l'organisateur.*

Art. A. 331-31 (Abrogé par Arr. du 4 août 2008) *Les signaleurs devront être présents et les équipements mis en place un quart d'heure au moins, une demi-heure au plus avant le passage théorique de la course et retirés un quart d'heure après le passage du véhicule annonçant la fin de la course.*

SOUS-SECTION 2 *Épreuves ou manifestations comportant la participation de véhicules terrestres à moteur*

Art. A. 331-32 Le montant minimum des garanties prévues par la police d'assurance visée à l'article R. 331-30 est fixé :

– pour la réparation des dommages corporels autres que ceux relevant de la responsabilité civile automobile, à 6 100 000 € par sinistre ;

– pour la réparation des dommages matériels autres que ceux relevant de la responsabilité civile automobile, à 500 000 € par sinistre.

....

CHAPITRE II *SÉCURITÉ DES MANIFESTATIONS SPORTIVES*

SECTION 1 *Organisation d'épreuves et compétitions sportives sur la voie publique*

(Arr. du 4 août 2008)

Art. A. 331-37 La signalisation de la priorité de passage d'une compétition ou épreuve sportive autorisée dans les conditions prévues à l'article R. 411-30 du code de la route est assurée selon les modalités définies par la présente sous-section.

Art. A. 331-38 *(Arr. du 4 août 2008)* Les personnes proposées par les organisateurs des épreuves et compétitions sportives pour signaler la priorité de passage prévue à l'article R. 411-30 du code de la route sont agréées par l'autorité administrative. *(Arr. du 3 mai 2012, art. 5, en vigueur le 8 juin 2012)* « Elles peuvent être fixes ou mobiles. » Elles prennent le nom de "signaleur". L'arrêté qui autorise l'épreuve mentionne *(Arr. du 3 mai 2012, art. 5, en vigueur le 8 juin 2012)* « le nom » des signaleurs désignés pour l'épreuve.

Art. A. 331-39 *(Arr. du 4 août 2008)* Les signaleurs doivent être identifiables par les usagers de la route au moyen d'un *(Arr. du 3 mai 2012, art. 5, en vigueur le 8 juin 2012)* « gilet de haute visibilité, mentionné à l'article R. 416-19 du code de la route et être à même de produire, dans de brefs délais, une » copie de l'arrêté autorisant la course.

Art. A. 331-40 *(Arr. du 4 août 2008)* La signalisation utilisée est celle qui sert à régler manuellement la circulation, telle qu'elle est définie au livre I, huitième partie, de l'instruction interministérielle relative à la signalisation routière : piquet mobile à deux faces, modèle K10 (un par signaleur).

Pourront, en outre, être utilisés les barrages modèle K2, présignalés, signalant un obstacle de caractère temporaire et sur lesquels le mot "Course" sera inscrit.

(Arr. du 3 mai 2012, art. 5, en vigueur le 8 juin 2012) « Le cas échéant, les voitures ouvreuses doivent être surmontées d'un panneau signalant le début de la course et les voitures-balais d'un panneau du même type signalant la fin de course. Les signaleurs occupant ces véhicules peuvent utiliser des porte-voix. »

Art. A. 331-41 *(Arr. du 4 août 2008)* Les équipements prévus à l'article *(Arr. du 3 mai 2012, art. 5, en vigueur le 8 juin 2012)* « A. 331-40 » doivent être fournis par l'organisateur.

Art. A. 331-42 *(Arr. du 3 mai 2012, art. 5, en vigueur le 8 juin 2012)* Les délais dans lesquels les signaleurs devront être présents et les équipements, prévus à l'article A. 331-40, mis en place, avant le passage théorique de la course et retirés après le passage du véhicule annonçant la fin de la course, peuvent être fixés par l'arrêté qui autorise l'épreuve.

Code de la sécurité intérieure

DEUXIÈME PARTIE : *RÉGLEMENTAIRE*

LIVRE II **ORDRE ET SÉCURITÉ PUBLICS**

TITRE I **ORDRE PUBLIC**

CHAPITRE I *PRÉVENTION DES ATTEINTES À L'ORDRE PUBLIC LORS DE MANIFESTATIONS ET DE RASSEMBLEMENTS*

SECTION 4 *Manifestations sportives, récréatives ou culturelles à but lucratif*

(Décr. n° 2013-1113 du 4 déc. 2013, en vigueur le 1er janv. 2014)

Art. R. 211-22 Les organisateurs de manifestations sportives, récréatives ou culturelles à but lucratif dont le public et le personnel qui concourt à la réalisation de la manifestation peuvent atteindre plus de 1 500 personnes, soit d'après le nombre de places assises, soit d'après la surface qui leur est réservée, sont tenus d'en faire la déclaration au maire *(Décr. n° 2014-1253 du 27 oct. 2014, art. 9-8° et 18, en vigueur le 1er déc. 2014)* « , à Paris, *(Décr. n° 2018-583 du 6 juill. 2018, art. 8-I-5°)* « ou sur les emprises des aérodromes de Paris-Charles de Gaulle, Paris-Le Bourget et Paris-Orly » au préfet de police et, dans le département des Bouches-du-Rhône, au préfet de police des Bouches-du-Rhône ».

La déclaration peut être souscrite pour une seule ou pour plusieurs manifestations dont la programmation est établie à l'avance.

La déclaration est faite un an au plus et, sauf urgence motivée, un mois au moins avant la date de la manifestation.

Art. R. 211-23 Outre le nom, l'adresse et la qualité des organisateurs, la déclaration mentionnée à l'article R. 211-22 indique la nature de la manifestation, le jour et l'heure de sa tenue, le lieu, la configuration et la capacité d'accueil du stade, des installations ou de la salle, le nombre de personnes concourant à la réalisation de la manifestation ainsi que le nombre de spectateurs attendus.

La déclaration indique également les mesures envisagées par les organisateurs en vue d'assurer la sécurité du public et des participants. La déclaration comporte notamment toutes précisions utiles sur le service d'ordre éventuellement mis en place par les organisateurs, les mesures qu'ils ont arrêtées en application de la réglementation relative à la protection contre les risques d'incendie et de panique dans les établissements recevant du public et, lorsqu'il s'agit d'une manifestation sportive, les dispositions qu'ils ont prises, s'il y a lieu, au titre de la réglementation édictée par la fédération sportive concernée.

Lorsque les organisateurs confient aux membres du service d'ordre les missions mentionnées à *(Décr. n° 2014-1253 du 27 oct. 2014, art. 9-9° et 18, en vigueur le 1er déc. 2014)* « l'article R. 613-10 », ils doivent :

1° Doter ces membres du service d'ordre d'un signe distinctif permettant d'identifier leur qualité ;

2° Doter ces membres du service d'ordre, ou, à défaut, ceux d'entre eux qu'ils auront désignés comme responsables, de moyens de transmission leur permettant une communication immédiate avec les officiers de police judiciaire territorialement compétents ;

3° Indiquer également dans la déclaration les modalités d'une liaison permanente entre les membres du service d'ordre et les officiers de police judiciaire et joindre la copie des arrêtés d'agrément de chacun des membres du service d'ordre.

Art. R. 211-24 L'autorité de police peut, si elle estime insuffisantes les mesures envisagées par les organisateurs pour assurer la sécurité, compte tenu de l'importance du public attendu, de la configuration des lieux et des circonstances propres à la manifestation, notamment quand il s'agit des manifestations sportives mentionnées à l'article D. 331-1 du code du sport, imposer à ceux-ci la mise en place d'un service d'ordre ou le renforcement du service d'ordre prévu.

L'autorité de police notifie les mesures prescrites quinze jours au moins avant le début de la manifestation, sauf si la déclaration a été faite moins d'un mois avant celle-ci, dans le cas d'urgence mentionné au troisième alinéa de l'article R. 211-22 du présent code. Elle les communique au préfet du département.

Art. R. 211-25 Les préposés des organisateurs de la manifestation composant le service d'ordre ont pour rôle, sous l'autorité et la responsabilité des organisateurs, de prévenir les désordres susceptibles de mettre en péril la sécurité des spectateurs et des participants.

Ils doivent notamment remplir, en tant que de besoin, les tâches suivantes :

1° Procéder à l'inspection du stade, des installations ou de la salle avant que ne commence la manifestation pour déceler les risques apparents pouvant affecter la sécurité ;

2° Constituer, avant la manifestation mais aussi dès l'arrivée du public et jusqu'à l'évacuation complète de celui-ci, un dispositif de sécurité propre à séparer le public des acteurs de la manifestation et à éviter dans les manifestations sportives la confrontation de groupes antagonistes ;

3° Être prêts à intervenir pour éviter qu'un différend entre particuliers ne dégénère en rixe ;

4° Porter assistance et secours aux personnes en péril ;

5° Alerter les services de police ou de secours ;

6° Veiller au maintien de la vacuité des itinéraires et des sorties de secours.

....

SECTION 5 *Dispositions pénales*

SOUS-SECTION 3 *Manifestations sportives, récréatives ou culturelles à but lucratif*

La sous-section 2 devient la sous-section 3 (Décr. n° 2019-208 du 20 mars 2019, art. 3).

Art. R. 211-31 Est puni des peines d'amende applicables aux contraventions de la cinquième classe tout organisateur d'une manifestation prévue à l'article R. 211-22 qui n'effectue pas la déclaration mentionnée audit article dans les formes prévues par l'article R. 211-23.

Les mêmes peines sont applicables à tout organisateur qui, en violation de ses engagements figurant dans la déclaration mentionnée à l'article R. 211-23 ou des prescriptions imposées par l'autorité de police en application de l'article R. 211-24, ne met pas en place un service d'ordre ou néglige de doter celui-ci du nombre d'agents qu'il a prévu ou qui lui a été imposé, sans préjudice des sanctions qu'il peut encourir au titre des conséquences dommageables d'une déficience dans l'organisation et le fonctionnement du service d'ordre.

CYCLES

Code des transports

PREMIÈRE PARTIE : *LÉGISLATIVE*

PREMIÈRE PARTIE **DISPOSITIONS COMMUNES**

LIVRE II **LES PRINCIPES DIRECTEURS DE L'ORGANISATION DES TRANSPORTS**

TITRE VII **MOBILITÉS ACTIVES ET INTERMODALITÉ**

(L. n° 2019-1428 du 24 déc. 2019, art. 53-I)

CHAPITRE I *MOBILITÉS ACTIVES*

SECTION 2 *Identification des cycles*

Art. L. 1271-2 Les cycles et cycles à pédalage assisté vendus par un commerçant font l'objet d'une identification à compter du 1er janvier 2021 pour les ventes de cycles et cycles à pédalage assisté neufs et à compter du 1er juillet 2021 pour les ventes d'occasion.

Art. L. 1271-3 Afin de lutter contre le vol, le recel et la revente illicite des cycles, il est créé un fichier national unique des cycles identifiés qui fait l'objet d'un traitement automatisé dans les conditions prévues par la loi n° 78-17 du 6 janvier 1978 relative à l'informatique, aux fichiers et aux libertés.

Art. L. 1271-4 Un professionnel qui exerce des activités de destruction ou de préparation en vue du réemploi ou de la réutilisation des cycles est tenu d'informer les opérateurs agréés mentionnés à l'article L. 1271-5 lorsqu'un cycle identifié dont il n'a pas la propriété lui est confié, afin que ces opérateurs procèdent à l'information de son propriétaire s'il est inscrit au fichier prévu à l'article L. 1271-3. Par dérogation à la loi du 31 décembre 1903 relative à la vente de certains objets abandonnés, le cycle qui n'a pas été retiré dans un délai de trois mois à compter de cette information ou dont le propriétaire n'est pas connu peut être vendu ou détruit par le professionnel.

Art. L. 1271-5 Un décret en Conseil d'État pris après avis de la Commission nationale de l'informatique et des libertés détermine les modalités d'application de la présente section, notamment les obligations faites au vendeur et, en cas de cession d'un cycle identifié, au propriétaire de celui-ci ainsi que les catégories de cycles dispensées de l'obligation mentionnée à l'article L. 1271-2. Ce décret précise les conditions dans lesquelles la collecte des données, leur enregistrement selon une procédure sécurisée et leur traitement sont confiés à des opérateurs agréés par l'État, qui en financent la mise en œuvre. Il précise également la durée de conservation ainsi que les conditions de mise à jour des données enregistrées ainsi que les catégories de destinataires de ces données.

DEUXIÈME PARTIE : *RÉGLEMENTAIRE*

PREMIÈRE PARTIE **Dispositions communes**

LIVRE II **LES PRINCIPES DIRECTEURS DE L'ORGANISATION DES TRANSPORTS**

TITRE VI **MOBILITÉS ACTIVES ET INTERMODALITÉ**

(Décr. n° 2020-1439 du 23 nov. 2020, art. 1er)

CHAPITRE I *MOBILITÉS ACTIVES*

SECTION 1 *Identification des cycles*

SOUS-SECTION 1 *Obligation d'identification*

Art. R. 1271-1 Au sens de la présente section, on entend par :

1° "Cycle" : le cycle et le cycle à pédalage assisté tels qu'ils sont définis respectivement aux rubriques 6.10 et 6.11 de l'article R. 311-1 du code de la route ;

2° "Statut du cycle" : la situation du cycle s'agissant de sa propriété et de son usage ;

3° "Commerçant" : le commerçant tel qu'il est défini par l'article L. 121-1 du code de commerce ;

4° "Opérateur agréé" : un opérateur d'identification de cycles agréé dans les conditions prévues par l'article R. 1271-16 ;

5° "Fichier national unique" : le fichier national unique des cycles identifiés prévu par l'article L. 1271-3 ;

6° "Gestionnaire du fichier national" : le gestionnaire du fichier national unique des cycles identifiés désigné en application de l'article R. 1271-23.

Art. R. 1271-2 Tout cycle vendu par un commerçant comporte un identifiant apposé sur le cycle.

Art. R. 1271-3 L'obligation d'identification prévue par l'article R. 1271-2 est applicable à compter du 1er janvier 2021 pour les ventes de cycles neufs et à compter du 1er juillet 2021 pour les ventes de cycles d'occasion.

Art. R. 1271-4 L'obligation d'identification prévue par l'article R. 1271-2 n'est pas applicable :

1° Aux cycles pour enfants dont les roues sont de diamètre inférieur ou égal à 40,64 centimètres (16 pouces) ;

2° Aux cycles qui font l'objet de ventes entre professionnels du commerce de cycles.

Art. R. 1271-5 Les remorques de cycle et les engins de déplacement personnel définis par les rubriques 6.15 et 6.16 de l'article R. 311-1 du code de la route peuvent faire l'objet d'une identification, à la demande de l'acquéreur ou du propriétaire. Il en va de même des cycles pour enfants mentionnés au 1° de l'article R. 1271-4. Les dispositions de la présente section sont alors applicables.

SOUS-SECTION 2 *Modalités d'identification*

Art. R. 1271-6 L'identification consiste en l'apposition sur le cycle d'un identifiant qui est attribué par le gestionnaire du fichier national et fourni par un opérateur agréé.

Le procédé d'apposition de l'identifiant doit garantir la permanence de celui-ci et son inaltérabilité, hors le cas de dégradation volontaire.

L'identifiant est mis en place sur le cadre du cycle sauf circonstances particulières et il est lisible sans difficulté sur un cycle en stationnement.

V. Arr. du 29 déc. 2020 relatif à l'identification des cycles (JO 31 déc.).

Art. R. 1271-7 Au moment de la vente, le commerçant recueille auprès de l'acquéreur les données à caractère personnel mentionnées au 1° du I de l'article R. 1271-13 qui permettent d'identifier et de contacter le propriétaire du cycle et les transmet, accompagnées de celles portant sur la description du cycle et le statut de celui-ci, à l'opérateur agréé qui a fourni cet identifiant.

Le commerçant remet à l'acquéreur une preuve d'achat sur laquelle figure l'identifiant du cycle et lui fournit les informations permettant à son propriétaire d'accéder aux données le concernant transmises à l'opérateur agréé et le cas échéant de les rectifier.

SOUS-SECTION 3 *Changement de propriétaire ou de statut du cycle*

Art. *[R.]* 1271-8 Lorsqu'un cycle identifié est cédé, son propriétaire, lorsqu'il n'est pas un commerçant ni un professionnel de la préparation en vue du réemploi ou de la réutilisation, en fait la déclaration auprès de l'opérateur agréé ayant fourni l'identifiant et communique au cessionnaire les informations lui permettant d'accéder au fichier de cet opérateur pour qu'il puisse y enregistrer les données le concernant.

Art. R. 1271-9 Lorsqu'un cycle identifié est volé, restitué après un vol, mis au rebut, détruit ou fait l'objet de tout autre changement de statut, son propriétaire en informe l'opérateur agréé concerné dans un délai de deux semaines.

Art. R. 1271-10 Lorsqu'un cycle identifié est remis à un professionnel qui exerce des activités de destruction ou de préparation en vue du réemploi ou de la réutilisation des cycles, ce professionnel, qui doit être enregistré auprès du gestionnaire du fichier national, en informe celui-ci. Le gestionnaire du fichier national transmet cette information à l'opérateur agréé ayant fourni l'identifiant, qui contacte le propriétaire afin de lui indiquer où se trouve son cycle et qu'il dispose d'un délai de trois mois pour le retirer, en précisant qu'à défaut de retrait dans ce délai, le cycle pourra être cédé ou détruit.

Si le propriétaire n'est pas connu ou si le professionnel qui détient le cycle indique, comme il y est tenu, qu'il n'a pas retiré le cycle dans les trois mois suivant l'information faite par l'opérateur agréé, toute donnée à caractère personnel associée au cycle est supprimée par l'opérateur agréé et le gestionnaire du fichier national. Le gestionnaire du fichier national communique alors au professionnel les informations nécessaires pour déclarer un changement de propriétaire auprès de l'opérateur agréé.

Un arrêté conjoint du ministre chargé des transports et du ministre de l'intérieur peut préciser les modalités d'application des alinéas précédents.

Lorsqu'il cède un cycle identifié, le professionnel est tenu aux obligations prévues par l'article R. 1271-7.

SOUS-SECTION 4 *Opérateur agréé d'identification de cycles*

Art. R. 1271-11 Un opérateur agréé dispose d'un procédé technique permettant l'apposition sur le cycle de l'identifiant, qui lui est fourni exclusivement par le gestionnaire du fichier national.

Le format de l'identifiant est précisé par arrêté conjoint du ministre chargé des transports et du ministre de l'intérieur.

Le procédé technique utilisé pour identifier les cycles peut faire l'objet de prescriptions définies par arrêté conjoint du ministre chargé des transports et du ministre de l'intérieur.

Art. R. 1271-12 Chaque opérateur agréé est responsable de traitement d'une base de données des cycles identifiés, dont les finalités sont les mêmes que celles du fichier national unique des cycles identifiés mentionnées à l'article R. 1271-19.

L'opérateur agréé transmet les données et informations contenues dans cette base au gestionnaire du fichier national selon les modalités que celui-ci détermine. Ces modalités de transmission peuvent être prévues par arrêté conjoint du ministre chargé des transports et du ministre de l'intérieur.

Art. R. 1271-13 I. — La base de données d'un opérateur agréé comporte pour chaque identifiant de cycle :

1° Les données à caractère personnel permettant d'identifier et de contacter le propriétaire du cycle : nom et prénom ou raison sociale du propriétaire ou, s'il y a lieu, des copropriétaires du cycle, ainsi que téléphone et adresse électronique ; toutefois, en cas de copropriété, ces derniers éléments peuvent être recueillis pour un seul des copropriétaires ;

2° Les données décrivant le cycle : type d'engin, marque, modèle, couleur ;

3° Le statut du cycle.

Les différents statuts du cycle sont précisés par arrêté conjoint du ministre chargé des transports et du ministre de l'intérieur.

II. — Peuvent également figurer dans cette base de données :

1° Des données à caractère personnel facultatives : adresse postale et date de naissance du propriétaire ou*[,]* s'il y a lieu*[,]* des copropriétaires ;

2° Des données facultatives de description du cycle : numéro de série du vélo, numéro de série du moteur, numéro de série de la batterie.

Art. R. 1271-14 Le droit d'opposition ne s'applique pas au traitement des bases de données des cycles identifiés des opérateurs agréés.

Les droits d'accès et de rectification des propriétaires de cycles identifiés s'exercent auprès de l'opérateur agréé concerné.

Art. R. 1271-15 Lorsqu'une personne physique ou morale n'est plus propriétaire d'un cycle, elle en fait la déclaration à l'opérateur agréé ayant fourni l'identifiant qui, dans un délai de vingt-quatre heures, efface de manière sécurisée les données à caractère personnel la concernant mentionnées à l'article R. 1271-13.

Art. R. 1271-16 Les opérateurs d'identification de cycles sont agréés par le ministre chargé des transports, après avis du ministre de l'intérieur et du gestionnaire du fichier national, lorsqu'ils remplissent les conditions de solvabilité, de compétence et de fiabilité définies par arrêté conjoint du ministre chargé des transports et du ministre de l'intérieur.

L'agrément est accordé pour une durée d'un an et il est renouvelable par tacite reconduction pendant six ans.

Art. R. 1271-17 Lorsque l'opérateur agréé méconnaît les obligations qui lui sont faites par les dispositions de la présente section ou les obligations qui lui sont faites en application du règlement (UE) 2016/679 du Parlement européen et du Conseil du 27 avril 2016 relatif à la protection des personnes physiques à l'égard du traitement des données à caractère personnel et à la libre circulation de ces données, et abrogeant la directive 95/46/CE*[,]* et de la loi n° 78-17 du 6 janvier 1978 relative à l'informatique, aux fichiers et aux libertés, le ministre chargé des transports peut demander au gestionnaire du fichier national unique de suspendre toute attribution d'identifiants pour une durée qu'il fixe et qui ne peut excéder un an, ou retirer l'agrément.

Il en va de même si l'opérateur agréé cesse de remplir une ou plusieurs des conditions mises à l'octroi de l'agrément fixées par l'arrêté mentionné à l'article R. 1271-16.

L'opérateur intéressé est préalablement informé des motifs et de la nature des mesures envisagées et mis en mesure de présenter des observations écrites et, le cas échéant, sur sa demande, des observations orales.

Pendant la période de suspension, l'opérateur conserve les données relatives aux cycles identifiés et enregistre les inscriptions ou modifications qui lui sont transmises.

Art. R. 1271-18 Lorsqu'un opérateur agréé cesse son activité ou se voit retirer son agrément, le gestionnaire du fichier national se substitue à lui et assume l'ensemble des obligations faites aux opérateurs agréés par la présente section. A cet effet, le gestionnaire communique à chaque propriétaire des cycles identifiés les informations lui permettant d'exercer ses droits d'accès et de rectification.

SOUS-SECTION 5 *Fichier national unique des cycles identifiés*

Art. R. 1271-19 Le fichier national unique des cycles identifiés prévu par l'article L. 1271-3 permet de lutter contre le vol, le recel et la revente illicite des cycles et ainsi de restituer un cycle à son propriétaire.

Il est constitué des informations figurant dans les bases de données des opérateurs agréés prévues par l'article R. 1271-13.

Le droit d'opposition ne s'applique pas au traitement du fichier national unique.

Les données figurant dans le fichier national unique ne sont pas utilisables à des fins commerciales mais peuvent donner lieu à une exploitation statistique.

Art. R. 1271-20 Les modifications effectuées par le propriétaire d'un cycle identifié dans la base de données d'un opérateur agréé sont simultanément transmises et enregistrées par le gestionnaire du fichier national. Il en va de même de l'effacement de manière sécurisée des données à caractère personnel lorsque la personne physique ou morale déclare ne plus être propriétaire du cycle auprès de l'opérateur agréé.

Art. R. 1271-21 Le statut du cycle figurant dans le fichier national unique est accessible librement au moyen de l'identifiant du cycle.

Art. R. 1271-22 Les données du fichier national unique sont accessibles, dans la limite de leurs attributions et aux seules fins prévues par l'article L. 1271-3 :

1° Aux forces de police, de gendarmerie et aux services des douanes ;

2° Aux agents de police municipale, aux gardes-champêtres, ainsi qu'aux agents municipaux affectés au service des objets trouvés, habilités par les maires de leur*[s]* commune*[s]* ;

3° Aux gardiens de fourrières agréés en application de l'article R. 325-24 du code de la route ;

4° Aux personnes, services ou organismes qui contribuent à l'identification des cycles ;

5° Au directeur d'administration centrale chargé des transports et de la mobilité ou aux agents placés sous son autorité.

Les conditions d'accès au fichier national unique peuvent être définies par arrêté conjoint du ministre chargé des transports et du ministre de l'intérieur.

Art. R. 1271-23 La gestion du fichier national unique est confiée à un organisme ayant une large connaissance du secteur des cycles et répondant aux conditions d'aptitude, d'expérience et de compétences techniques nécessaires à la tenue de manière fiable et sécurisée d'un fichier national d'identification comportant des données à caractère personnel. Il est le responsable de traitement du fichier national unique.

Le ministre chargé des transports désigne cet organisme pour une durée de six années. Cette désignation peut être renouvelée.

V. Arr. du 28 déc. 2020 relatif à la gestion du fichier national unique des cycles identifiés (JO 30 déc.).

Art. R. 1271-24 Le ministre chargé des transports peut retirer la gestion du fichier national unique à l'organisme désigné à tout moment :

1° Si l'organisme désigné cesse de remplir les conditions prévues à l'article R. 1271-23 ;

2° En cas de manquement grave ou répété de cet organisme aux obligations qui lui sont faites par les dispositions de la présente section ou aux obligations qui lui sont faites en application du règlement (UE) 2016/679 du Parlement européen et du Conseil du 27 avril 2016 relatif à la protection des personnes physiques à l'égard du traitement des données à caractère personnel et à la libre circulation de ces données, et abrogeant la directive 95/46/CE*[,]* et de la loi n° 78-17 du 6 janvier 1978 relative à l'informatique, aux fichiers et aux libertés ;

3° Pour un motif d'intérêt général.

Dans les cas prévus aux 1° et 2°, le ministre met préalablement l'organisme en demeure de se conformer à ses obligations dans un délai qu'il fixe.

SOUS-SECTION 6 *Sanctions*

Art. R. 1271-25 Est puni de l'amende prévue pour les contraventions de la première classe le fait pour un commerçant :

1° De vendre un cycle soumis à l'obligation d'identification sans qu'il ait fait l'objet de celle-ci ;

2° De ne pas transmettre l'identifiant et le statut d'un cycle qu'il a vendu à l'opérateur agréé ayant fourni l'identifiant.

Art. R. 1271-26 Est puni de l'amende prévue pour les contraventions de la première classe le fait pour un professionnel qui exerce des activités de destruction ou de préparation en vue du réemploi ou de la réutilisation des cycles :

1° De ne pas informer le gestionnaire du fichier national qu'un cycle identifié lui a été remis ;

2° De ne pas informer le gestionnaire du fichier national qu'un cycle identifié n'a pas été retiré par son propriétaire ;

3° De ne pas transmettre l'identifiant et le statut d'un cycle à l'opérateur agréé ayant fourni l'identifiant lorsqu'il cède un cycle identifié.

Circulaire du 13 mars 1973,

Relative à l'utilisation de véhicules tous terrains 🏛.

Arrêté du 24 septembre 1980,

Fixant les conditions de transport de personnes et d'un chargement sur les motocyclettes, tricycles et quadricycles à moteur, cyclomoteurs et cycles.

Art. 1er Le transport de personnes est interdit sur les motocyclettes, tricycles et quadricycles à moteur, cyclomoteurs et cycles si ces véhicules ne sont pas pourvus d'un siège pour le conducteur et d'un siège par passager aménagés de telle sorte que la manœuvre de l'organe de direction et la visibilité du conducteur soient absolument libres, et que la stabilité du véhicule soit assurée.

Sur les véhicules à deux-roues, est interdit le transport de personnes portées par le conducteur ou placées soit à califourchon devant ou derrière le conducteur sans dispositif spécial, soit dans la position dite "en amazone". Le transport d'un chargement susceptible de déséquilibrer le véhicule est également interdit.

Pour l'application du présent article, la selle double ou la banquette est assimilée à deux sièges si elle est de dimensions suffisantes.

Art. 2 Le transport d'un passager sur les véhicules à deux-roues n'est autorisé que si le passager est placé sur un siège solidement fixé au véhicule, muni soit de courroies d'attache, soit d'une poignée et de repose-pieds. L'emploi du siège muni de courroies d'attache est obligatoire pour le transport d'un enfant au-dessous de cinq ans.

Les mesures doivent être prises pour que les pieds des enfants ne soient pas entraînés entre les parties fixes et les parties mobiles du véhicule, et ne se prennent pas entre les rayons des roues.

Art. 3 Le transport de plus d'une personne, en sus du conducteur, est interdit sur les véhicules à deux-roues, à l'exception :

Des cycles, dit *[dits]* "tandem", pour lesquels le transport d'une seconde personne est admis ;

Des véhicules munis d'un side-car ou d'une remorque pour lesquels le nombre total de passagers ne doit pas excéder deux ;

Des véhicules spécialement aménagés.

Art. 4 Le transport de plus d'une personne en sus du conducteur est interdit sur les cyclomoteurs à plus de deux-roues.

Art. 5 Pour les cycles spécialement aménagés, notamment pour ceux comportant plus de deux-roues, le préfet peut, après avis du directeur interdépartemental de l'industrie, fixer des conditions de circulation particulières lorsque les aménagements ne présentent pas des garanties suffisantes du point de vue de la sécurité des personnes transportées.

Art. 6 Le passager d'un cycle ou d'un cyclomoteur à deux-roues ne doit pas être âgé de plus de quatorze ans à l'exception :

D'un des passagers d'un cycle "tandem" ;

Du ou des passagers des véhicules spécialement aménagés.

Art. 7 L'arrêté du 29 octobre 1962 fixant les conditions dans lesquelles peut être autorisé le transport de passagers et d'un chargement sur les motocyclettes, vélomoteurs, cyclomoteurs et cycles est abrogé.

ÉCLAIRAGE ET SIGNALISATION

Arrêté du 16 juillet 1954,

Relatif à l'éclairage et à la signalisation des véhicules.

TITRE I DISPOSITIONS APPLICABLES AUX VÉHICULES AUTOMOBILES

§ 1 *Projecteurs de route ou de croisement*

Art. 1er Les dispositifs d'éclairage des véhicules automobiles et des ensembles de véhicules visés aux articles 83 et 84 du code de la route sont classés dans les trois catégories suivantes :

Feux de route ou projecteurs de classe A ;

Feux de croisement ou projecteurs de classe B ;

Feux mixtes ou projecteurs de classe AB, pouvant jouer à volonté le rôle des appareils de la classe A ou des appareils de la classe B.

Art. 2 Les projecteurs des classes B et AB doivent être conformes à un type agréé.

(Arr. du 3 janv. 1964) « Il en est de même des projecteurs de classe A destinés à être équipés de lampes donnant une lumière incolore ».

Art. 3 *(Arr. du 3 mai 1957)* L'agrément est accordé aux dispositifs qui satisfont aux conditions d'un cahier des charges approuvé par le ministre des travaux publics, des transports et du tourisme.

Art. 3 *bis* *(Arr. du 3 mai 1957)* Sont considérés comme ayant reçu l'agrément prévu à l'article 3 ci-dessus les dispositifs conformes à un cahier des charges ayant fait l'objet d'un accord international auquel la France participe et qui, après essais, ont reçu l'agrément de l'un quelconque des pays participant audit accord.

Art. 4 *(Arr. du 3 mai 1957)* Le type est défini par un modèle accompagné d'une notice et de dessins descriptifs. Lorsque l'agrément est demandé en France, le modèle reste déposé dans l'établissement où a été fait l'essai ; il y est conservé à la disposition du ministre des travaux publics, des transports et du tourisme.

Art. 5 *(Arr. du 3 mai 1957)* Les projecteurs de provenance étrangère doivent avoir reçu l'un ou l'autre des agréments prévus aux articles 3 et 3 *bis* ci-dessus. L'agrément prévu à l'article 3 ne peut être accordé que si le constructeur étranger possède en France un représentant accrédité auprès du ministre des travaux publics, des transports et du tourisme. Ce représentant présente la demande d'agrément et assume la responsabilité imposée au fabricant par les articles 7 et 8 ci-dessous.

Art. 6 *(Arr. du 3 mai 1957 ; Arr. du 28 juin 1979)* Tout projecteur de type agréé doit être muni d'inscriptions de garantie de conformité.

Pour les agréments visés à l'article 3, ces inscriptions comportent les trois mentions suivantes :

Le mot "agréé" ;

L'indication B ou AB de la classe du projecteur ;

Les initiales majuscules TP accompagnées du numéro du certificat d'approbation du type.

Le cahier des charges fixe la nature, la forme et l'emplacement des marques de garantie qui doivent être présentées à l'approbation en même temps que le type de projecteur.

Pour les agréments visés à l'article 3 *bis*, ces inscriptions sont conformes aux dispositions du cahier des charges ayant fait l'objet de l'accord international.

Art. 7 *(Arr. du 3 mai 1957)* Aucun appareil neuf ne peut être livré au public s'il n'est accompagné, par les soins du vendeur, d'une copie, certifiée conforme par le fabricant, de la notice descriptive du type, suivie de l'approbation ministérielle française ou de l'approbation ministérielle du pays participant à l'accord international. Cette copie peut être réduite à un extrait certifié conforme par le fabricant et contenant toutes les dispositions que doit connaître l'usager, notamment celles qui concernent les conditions de montage et de réglage de l'appareil sur le véhicule, son entretien, et le remplacement éventuel des éléments détériorés. Lorsque l'homologation est demandée en France, cet extrait est présenté à l'agrément en même temps que l'appareil.

Art. 8 Dans le cas où l'appareil est monté sur un véhicule neuf, cette notice ou cet extrait conforme doit, soit être remis à l'acheteur du véhicule par le constructeur en annexe à la notice descriptive du véhicule, soit être intégré dans ladite notice descriptive. De plus, les mêmes dispositions doivent figurer dans une notice d'entretien remise par le constructeur à l'acheteur.

Art. 9 *(Arr. du 3 mai 1957)* Les lampes placées dans les projecteurs des classes A, B ou AB doivent être conformes à un type agréé.

L'agrément est accordé aux lampes de dimensions normalisées dans les conditions prévues aux articles 2, 3, 3 *bis*, 4 et 5 ci-dessus.

Art. 10 *(Arr. du 3 mai 1957)* Toute lampe de type agréé doit être munie d'inscriptions de puissance et de garanties de conformité dans les conditions fixées au cahier des charges approuvé par le ministre des travaux publics, des transports et du tourisme, ou du cahier des charges ayant fait l'objet d'un accord international.

Art. 11 Toute personne utilisant un appareil agréé doit le maintenir en bon état d'entretien et n'employer pour cet entretien que des pièces du type d'origine ou agréées aux mêmes fins.

Art. 12 Les projecteurs de croisement ou les projecteurs mixtes agréés aux mêmes fins doivent être montés sur la voiture dans les conditions prévues aux articles 13 à 16 ci-après.

Art. 13 *(Arr. du 12 sept. 1972)* Sur la voiture en état de marche et vide, aucun point de la plage éclairante du projecteur ne doit être à plus de 1,20 mètre au-dessus du sol.

Pour les véhicules équipés spécialement en vue des opérations de déblaiement des chaussées en période hivernale (lames rabots, lames biaises ou étraves, fraises ou turbines de déneigement), cette hauteur peut être dépassée sans toutefois excéder 3 mètres maximum dans les conditions ci-après :

a) Les projecteurs devront être installés sur le véhicule aussi bas que cela est techniquement possible et réglés de façon telle que le faisceau lumineux des feux de croisement éclaire efficacement la route sur une distance maxima de 30 mètres.

b) La mise en service de ces feux supplémentaires interdira l'allumage des feux de croisement réglementaires équipant le véhicule à l'origine.

c) Leur utilisation sera limitée à la période pendant laquelle le véhicule est utilisé avec l'équipement spécial susvisé.

Art. 14 *(Arr. du 28 juin 1979)* Sur la voiture en état de marche et à vide, aucun point de la plage éclairante du projecteur ne doit être à moins de 0,50 mètre du sol.

Art. 15 *(Arr. du 3 mai 1957)* Le réglage des projecteurs doit être tel que les axes des faisceaux lumineux des feux de croisement soient parallèles au plan vertical de symétrie du véhicule et, en outre, que la moitié gauche de ces faisceaux soit en toutes circonstances rabattue de 1 cm par mètre au moins et de 2,5 cm par mètre au plus.

Art. 16 Le montage sur le véhicule doit être réalisé dans des conditions laissant un jeu suffisant au projecteur par rapport à la carrosserie et permettant à l'usager un réglage facile, rapide et sûr de l'appareil.

§ 2 *Feux de position, feux rouges arrière, feux de stationnement, feux d'encombrement (feux de gabarit) (Arr. du 28 juin 1979).*

Art. 17 *(Arr. du 31 janv. 1968) Les feux de position doivent être conformes à un type agréé.* Un feu de position doit être placé de telle sorte que le point de la plage éclairante le plus éloigné du plan longitudinal de symétrie du véhicule se trouve à moins de 0,40 mètre de l'extrémité de la largeur hors tout du véhicule, et que le point de la plage éclairante le plus proche du plan de symétrie soit à plus de 0,30 mètre de ce dernier. *(Arr. du 28 juin 1979)* « Dans le cas d'un véhicule remorqué, la limite de 0,40 mètre est ramenée à 0,15 mètre. » *(Arr. du 15 nov. 1988)* « Les lampes équipant ces feux doivent également être conformes à un type agréé. »

(Arr. du 28 juin 1979) « La plage éclairante doit se trouver à une distance du sol comprise entre 0,35 mètre et 1,50 mètre, cette distance étant mesurée sur le véhicule à vide. » *(Arr. du 5 déc. 1989)* « Des valeurs plus grandes, au plus égales à 2,10 mètres, peuvent toutefois être tolérées pour les remorques spécialisées carrossées en caravane ainsi que pour les véhicules pour lesquels il n'est pas possible pratiquement de respecter la limite de 1,50 mètre. »

Art. 18 *(Arr. du 31 janv. 1968) Les feux rouges arrière doivent être conformes à un type agréé.* Un feu rouge arrière doit être placé de telle sorte que le point de la plage éclairante le plus éloigné du plan longitudinal de symétrie du véhicule se trouve à moins de 0,40 mètre de l'extrémité de la largeur hors tout du véhicule et que le point de la plage éclairante le plus proche du plan de symétrie soit à plus de 0,30 mètre de ce dernier. *(Arr. du 28 juin 1979)* « Toutefois cette dernière limite est ramenée à 0,20 mètre lorsque la largeur hors tout du véhicule est inférieure à 1,30 mètre. » *(Arr. du 15 nov. 1988)* « Les lampes équipant ces feux doivent également être conformes à un type agréé. »

(Arr. du 22 mars 1976) « La plage éclairante doit se trouver à une distance du sol comprise entre 0,35 mètre et 1,50 mètre, cette distance étant mesurée sur le véhicule à vide. Des valeurs plus grandes, au plus égales à 2,10 mètres, peuvent toutefois être tolérées pour les véhicules pour lesquels il n'est pas possible pratiquement de respecter la limite de 1,50 mètre. »

Art. 18 *bis* *(Arr. du 22 mars 1976)* Le doublement des feux rouges par des feux strictement identiques est autorisé sur les véhicules dont le poids total autorisé en charge excède 3,5 tonnes, sous réserve que soient doublés dans les mêmes conditions les signaux de freinage et les indicateurs de changement de direction arrière et que soient remplies les conditions suivantes :

La règle de symétrie ainsi que les conditions géométriques réglementaires d'implantation doivent être respectées par tous les feux ; toutefois, dans le cas des feux rouges et des indicateurs de changement de direction, la distance maximale de 0,40 mètre par rapport à l'extrémité de la largeur hors tout peut n'être respectée que par les feux extérieurs.

De chaque côté du plan longitudinal de symétrie du véhicule, tous les doublements doivent être réalisés par une même translation horizontale ou verticale.

Les plages éclairantes de deux feux de même fonction doivent être distantes d'au moins 150 mm.

(Arr. du 15 nov. 1988) « Toutefois, pour les véhicules automoteurs spécialisés (VASP) carrossés en bennes à ordures ménagères (BOM), la hauteur maximale de la plage éclairante de tous les feux est portée à 2,50 mètres. »

Art. 19 *(Arr. du 28 juin 1979)* « Un feu de stationnement doit être placé de telle sorte que le point de la plage éclairante le plus éloigné du plan longitudinal de symétrie du véhicule se trouve à moins de 0,40 mètre de l'extrémité de la largeur hors tout du véhicule.

« En outre, si les feux sont au nombre de deux, ils doivent être situés sur les côtés du véhicule.

« La plage éclairante doit se trouver à une distance du sol comprise entre 0,35 mètre et 1,50 mètre, cette distance étant mesurée sur le véhicule à vide. Des valeurs plus grandes, au plus égales à 2,10 mètres, peuvent toutefois être tolérées pour les véhicules pour lesquels il n'est pas possible pratiquement de respecter la limite de 1,50 mètre. »

(Arr. du 12 mai 2021, art. 2) « Le feu de stationnement doit être équipé exclusivement d'une ou de plusieurs sources lumineuses homologuées en application du règlement ONU n° 37 et/ou du règlement ONU n° 128. »

Si un feu de stationnement est allumé seul en application de l'article 41 du code de la route, il doit être placé de telle sorte que la plage éclairante soit visible pour un conducteur s'approchant du véhicule par l'avant, par l'arrière ou latéralement.

Art. 20 *(Arr. du 28 juin 1979)* Les feux d'encombrement (feux de gabarit) doivent être conformes à un type agréé. *(Arr. du 15 nov. 1988)* « Les lampes équipant ces feux doivent également être conformes à un type agréé. »

Tout feu d'encombrement (feu de gabarit) doit être placé le plus près possible de l'extrémité de la largeur hors tout du véhicule ou de son chargement et à la hauteur maximale possible au-dessus du sol.

La position d'un feu d'encombrement (feu de gabarit) par rapport au feu de position ou au feu rouge arrière correspondant doit être telle que la distance entre les projections sur un plan vertical transversal des points les plus proches des plages éclairantes des deux feux considérés ne soit pas inférieure à 0,20 mètre.

Sous réserve de satisfaire aux dispositions précédentes, le feu visible de l'avant et le feu visible de l'arrière situés du même côté du véhicule peuvent être réunis en un seul dispositif.

Art. 20-1 *(Arr. du 28 juin 1979)* L'agrément prévu aux articles 17, 18 et 20 ci-dessus est accordé aux dispositifs qui satisfont aux conditions d'un cahier des charges approuvé par le ministre des transports.

Les dispositifs conformes à un cahier des charges ayant fait l'objet d'un accord international auquel la France participe et qui, après essais, ont reçu l'agrément de l'un quelconque des pays participant audit accord, sont considérés comme ayant reçu l'agrément prévu à l'alinéa ci-dessus.

§ 3 *Dispositif d'éclairage de la plaque d'immatriculation arrière*

Art. 21 L'éclairage du numéro inscrit sur la plaque d'immatriculation arrière est réalisé soit par réflexion, soit par transparence, au moyen d'une ou plusieurs sources lumineuses, de manière que l'éclairement de l'inscription soit à peu près uniforme et ait la même intensité pour les caractères extrêmes.

Le numéro doit apparaître avec les dispositions et dimensions spécifiées par l'arrêté ministériel prévu par l'article 102 du code de la route.

En aucun cas l'éclairement de la plaque d'immatriculation ne doit, pour un observateur situé à l'arrière du véhicule, gêner ou diminuer la visibilité des feux rouges arrière ou des feux de gabarit.

La source lumineuse ne doit pas être directement visible pour un autre conducteur s'approchant par l'arrière.

(Arr. du 15 nov. 1988) « Les lampes équipant ces dispositifs doivent être conformes à un type agréé. »

(Arr. du 28 juin 1979) « Les dispositifs conformes à un cahier des charges ayant fait l'objet d'un accord international auquel la France participe et qui, après essais, ont reçu l'agrément de l'un quelconque des pays participant audit accord, sont considérés comme observant les prescriptions ci-dessus. »

§ 4 *Signaux de freinage (feux stop)*

(Arr. du 20 nov. 1969)

Art. 22 *(Arr. du 17 sept. 1993)* « Les signaux de freinage (feux stop) ainsi que les lampes qui les équipent doivent être conformes à un type homologué.

« L'homologation française est donnée par le ministre chargé des transports aux dispositifs conformes à la réglementation technique qui leur est applicable.

« L'homologation française n'est pas exigée pour les dispositifs :

« – qui ont fait l'objet d'une réception CEE ;

« – qui ont été homologués en application d'un règlement annexé à l'accord de Genève du 20 mars 1958 auquel la France a adhéré ;

« – qui ont fait l'objet d'une homologation, valablement délivrée par les autorités compétentes d'un État membre de la CEE, conformément à une réglementation technique équivalente à la réglementation française. »

(Arr. du 28 juin 1979) « Les dispositifs conformes à un cahier des charges ayant fait l'objet d'un accord international auquel la France participe et qui, après essais, ont reçu l'agrément de l'un quelconque des pays participant audit accord, sont considérés comme ayant reçu l'agrément prévu à l'alinéa ci-dessus.

« Un feu de freinage (feu stop) doit être placé de telle sorte que le point de la plage éclairante le plus proche du plan de symétrie du véhicule soit à plus de 0,30 mètre de ce dernier. Toutefois, cette dernière limite est ramenée à 0,20 mètre lorsque la largeur hors tout du véhicule est inférieure à 1,30 mètre. »

(Arr. du 22 mars 1976) « La plage éclairante des signaux de freinage (feux stop) doit se trouver à une distance du sol comprise entre 0,35 mètre et 1,50 mètre, cette distance étant mesurée sur le véhicule à vide. Des valeurs plus grandes, au plus égales à 2,10 mètres, peuvent toutefois être tolérées pour les véhicules pour lesquels il n'est pas possible pratiquement de respecter la limite de 1,50 mètre. »

(Arr. du 17 sept. 1993) « Les deux alinéas précédents ne s'appliquent pas au montage d'un troisième feu stop central. Pour un tel dispositif, les conditions de montage, conformément aux dispositions européennes, sont les suivantes :

« – en largeur, le centre de référence de ce feu ne doit pas se trouver à plus de 150 mm du plan de symétrie du véhicule ;

« – en hauteur, la plage éclairante de ce feu doit se trouver à une distance du sol d'au moins 850 mm et au-dessus du plan horizontal tangent au bord supérieur des deux autres feux ;

« – ce feu peut se trouver à l'intérieur du véhicule, à condition d'être visible de l'extérieur dans les conditions normales d'utilisations. »

§ 5 *Indicateurs de changement de direction*

(Arr. du 31 janv. 1968)

Art. 23 Les indicateurs de changement de direction doivent être conformes à un type agréé. *(Arr. du 15 nov. 1988)* « Les lampes équipant ces feux doivent également être conformes à un type agréé. » – *V. note a.*

(Arr. du 28 juin 1979) « L'agrément ci-dessus est accordé aux dispositifs qui satisfont aux conditions d'un cahier des charges approuvé par le ministre des transports.

« Les dispositifs conformes à un cahier des charges ayant fait l'objet d'un accord international auquel la France participe et qui, après essais, ont reçu l'agrément de l'un quelconque des pays participant audit accord, sont considérés comme ayant reçu l'agrément prévu à l'alinéa ci-dessus. »

Art. 24 *(Arr. du 28 juin 1979)* Les dispositifs indicateurs de changement de direction doivent être constitués par des feux clignotants à position fixe émettant une lumière orangée vers l'avant et vers l'arrière, non éblouissante. La fréquence des clignotements doit être de 90 clignotements par minute avec une tolérance de ± 30.

Art. 25 Un dispositif témoin de fonctionnement optique ou acoustique est obligatoire quand le conducteur ne peut pas voir directement au moins un appareil pour chaque côté du véhicule. – *V. note a.*

Art. 26 Tous les appareils montés sur le même côté du véhicule doivent être mis en action et interrompus par la même commande.

Les appareils doivent être disposés symétriquement par rapport au plan longitudinal médian du véhicule.

Tous les appareils doivent être montés sur les véhicules de manière que l'axe de référence indiqué par le constructeur soit horizontal et parallèle au plan longitudinal médian du véhicule. – *V. note a.*

Art. 27 Chaque appareil doit être placé le plus près possible de l'extrémité de la largeur hors tout du véhicule. En tout cas, la distance entre le bord extérieur de la plage éclairante de chaque appareil et l'extrémité de la largeur hors tout du véhicule ne doit pas dépasser 0,40 mètre ; en outre, la distance entre les bords intérieurs des plages éclairantes des deux appareils correspondants ne doit pas être inférieure à 0,60 mètre (voir figure 1 de l'annexe I). – *V. cette annexe JO 29 mars 1968.* – *V. note a.*

Art. 28 *(Arr. du 22 mars 1976)* La hauteur par rapport au sol du point le plus haut de la plage éclairante des appareils ne doit pas être supérieure à 1,50 mètre (des valeurs plus grandes peuvent être tolérées pour les véhicules pour lesquels il n'est pas possible pratiquement de respecter la limite susdite sans dépasser 2,10 mètres pour les indicateurs avant et arrière et 2,30 mètres pour les indicateurs latéraux). La hauteur, par rapport au sol, du point le plus bas de la plage éclairante ne doit pas être inférieure à 0,35 mètre pour les appareils appliqués à l'avant et à l'arrière ni inférieure à 0,50 mètre pour les appareils latéraux. Les distances susmentionnées doivent être mesurées sur les véhicules à vide (voir fig. 1 et 2 de l'annexe I). – *V. cette annexe JO 29 mars 1968.* – *V. note a.*

Art. 29 Pour les véhicules automobiles, le nombre, la position et la visibilité des indicateurs doivent être tels qu'ils puissent donner des indications qui correspondent au moins à l'un des schémas A B C D de l'annexe II au présent arrêté.

Les angles de visibilité sont ceux marqués en hachures sur les schémas. Les valeurs indiquées pour ces angles sont des minima qui peuvent être dépassés. Tous les angles de visibilité sont mesurés à partir du centre de la plage éclairante des appareils.

La condition de visibilité dans les angles de visibilité impose qu'il ne doit pas y avoir d'obstacle à la propagation de la lumière entre la plage éclairante et l'œil d'un observateur placé dans la partie commune aux deux angles dièdres orthogonaux suivants dont les arêtes passent par le centre de la plage éclairante :

a) Un dièdre à arête verticale dont les plans font avec le plan longitudinal de symétrie du véhicule des angles dont la valeur est spécifiée sur les schémas de l'annexe II ; l'ouverture de ce dièdre est l'angle horizontal de visibilité géométrique ;

b) Un dièdre à arête horizontale dont les plans font avec le plan horizontal des angles dont la valeur est spécifiée sur les schémas de l'annexe II ; l'ouverture de ce dièdre est l'angle vertical de visibilité géométrique. En général le plan bissecteur de ce dièdre est horizontal.

Schéma A. – Seulement deux appareils (catégorie 3), un par côté.

Cette disposition est valable seulement pour les véhicules n'ayant pas plus de 1,60 mètre de large et 4 mètres de long.

Schéma B. – Deux appareils postérieurs (catégorie 2) et deux antérieurs latéraux (catégorie 4).

Schéma C. – Deux appareils antérieurs (catégorie 1), deux appareils postérieurs (catégorie 2) et deux appareils latéraux (catégorie 5).

Schéma D. – Deux appareils antérieurs (catégorie 1) et deux appareils postérieurs (catégorie 2).

Cette disposition est valable seulement pour les véhicules ayant une distance horizontale entre les centres de la plage éclairante des appareils antérieurs et postérieurs inférieure à 6 mètres. – *V. note a.*

(Arr. du 28 juin 1979) « Pour le schéma B et pour le schéma C, la distance *d* ne doit pas être supérieure à 1,80 mètre, la valeur 5° indiquée pour l'angle mort de visibilité vers l'arrière est un maximum ; toutefois, ces limites sont portées respectivement à 2,50 mètres et à 10° en cas d'impossibilité pratique de respecter les limites précédentes. »

Les angles de visibilité des indicateurs de direction mesurés à partir du centre de la plage éclairante, ne doivent pas être inférieurs à 15° au-dessus et au-dessous de l'horizontale (voir figures 1 et 2 de l'annexe I).

Toutefois, lorsque le bord supérieur de la plage éclairante des indicateurs latéraux est placé à une hauteur par rapport au sol n'excédant pas 1,20 mètre, l'angle de visibilité de 15° n'est pas exigé au-dessous de l'horizontale.

Art. 30 Sur les remorques et semi-remorques, les dispositifs indicateurs de changement de direction doivent être de la catégorie 2. Ils doivent être tels au point de vue nombre, position et visibilité qu'ils puissent donner des indications correspondant aux conditions horizontales de visibilité du schéma (remorques) de l'annexe I et aux conditions verticales de visibilité exigées pour les véhicules automobiles. – *V. note a.*

§ 5 *a* *Signal de détresse*

(Arr. du 2 janv. 1973)

Art. 30 *a* *(Arr. du 28 juin 1979)* Tout véhicule automobile ou remorqué doit être équipé d'un feu signal de détresse constitué par le fonctionnement simultané des indicateurs de changement de direction.

Art. 30 *b* La mise en action du feu signal de détresse doit être réalisée par une commande distincte permettant l'alimentation simultanée de tous les indicateurs de changement de direction.

Art. 30 *c* Un dispositif témoin d'enclenchement optique est obligatoire. Il doit être constitué par un voyant rouge, clignotant, qui peut fonctionner en conjonction avec le témoin prescrit à l'article 25.

§ 6 *Dispositifs réfléchissants*

Art. 31 Les dispositifs réfléchissants doivent être conformes à des types agréés par le ministre des travaux publics, des transports et du tourisme. L'agrément est accordé aux dispositifs qui satisfont aux conditions d'un cahier des charges établi par le ministre des travaux publics, des transports et du tourisme.

(Arr. du 28 juin 1979) « Les dispositifs conformes à un cahier des charges ayant fait l'objet d'un accord international auquel la France participe et qui, après essais, ont reçu l'agré-

ment de l'un quelconque des pays participant audit accord, sont considérés comme ayant reçu l'agrément prévu à l'alinéa ci-dessus. »

Art. 32 *(Arr. du 28 juin 1979)* « Tout dispositif réfléchissant arrière doit être placé de telle sorte que le point de la plage réfléchissante le plus éloigné du plan longitudinal de symétrie du véhicule se trouve à moins de 0,40 mètre de l'extrémité de la largeur hors tout du véhicule et que le point de la plage réfléchissante le plus proche du plan de symétrie soit à plus de 0,30 mètre de ce dernier ; toutefois, cette limite est ramenée à 0,20 mètre lorsque la largeur hors tout du véhicule est inférieure à 1,30 mètre. »

(Arr. du 22 mars 1976) « La plage réfléchissante doit se trouver à une distance du sol comprise entre 0,35 mètre et 0,90 mètre et dans un plan vertical perpendiculaire au plan longitudinal de symétrie du véhicule. Cette distance doit être mesurée sur le véhicule à vide. Des valeurs plus grandes, au plus égales à 1,50 mètre, peuvent toutefois être tolérées si le dispositif réfléchissant est groupé avec un feu ou si la configuration du véhicule ne permet pas pratiquement de respecter la limite de 0,90 mètre. »

Le dispositif réfléchissant doit être placé de façon à être entièrement visible, pour un observateur venant de l'arrière, dans tous les cas de chargement du véhicule.

(Arr. du 1er oct. 1998) « La signalisation arrière des véhicules, dont le poids total autorisé en charge est supérieur à 3,5 tonnes, peut être complétée par un dispositif rétroréfléchissant conforme aux dispositions du règlement n° 104 annexé à l'accord de Genève du 20 mars 1958.

« Ce dispositif utilise une bande de 50 mm de largeur (avec une tolérance de + 10/– 0) composée d'un matériau de classe C de couleur blanche ou jaune. Cette bande, si possible continue, peut constituer soit une ligne sensiblement parallèle au sol, soit un contour de l'arrière du véhicule ; dans ce cas, elle doit suivre au plus près le gabarit du véhicule (à une distance d'au plus 200 mm) ».

(Arr. du 28 nov. 2007) « A compter du 1er janvier 2008, les dispositions applicables à la signalisation complémentaire arrière sont les suivantes : les véhicules immatriculés pour la première fois, dont le poids total autorisé en charge est supérieur à 3,5 tonnes et dont la largeur est supérieure à 2,10 mètres, peuvent être équipés de dispositifs rétroréfléchissants, de classe C, de couleur rouge ou jaune, conformes aux dispositions du règlement n° 104 annexé à l'accord de Genève du 20 mars 1958, et installés conformément aux prescriptions relatives aux marquages à grande visibilité du règlement n° 48 annexé à l'accord de Genève du 20 mars 1958. »

(Arr. du 16 juill. 2012) « A compter du 7 août 2012, les dispositions applicables à la signalisation complémentaire arrière, par marquages de grande visibilité, de couleur rouge ou jaune, conformes aux dispositions du règlement de Genève n° 104, et installés conformément aux prescriptions relatives aux marquages à grande visibilité du règlement de Genève n° 48, sont les suivantes :

« — les nouveaux types de véhicules des catégories internationales N2 de poids total autorisé en charge supérieur à 7,5 tonnes, N3, O3 et O4, complets ou complétés, de plus de 2,10 mètres de large, à l'exception des tracteurs pour semi-remorque, doivent être équipés ;

« — à l'exception des véhicules des catégories internationales M1 et O1, tout véhicule autre que ceux visés au tiret ci-dessus, complet ou complété, de plus de 2,10 mètres de large peut être équipé. »

(Arr. du 12 mai 2021, art. 3) « Lorsque des plaques d'identification arrière conformes à la série 01 d'amendements au règlement ONU n° 70 ou au règlement ONU n° 150 sont installées, elles peuvent être considérées, à la discrétion du constructeur, comme faisant partie du marquage à grande visibilité arrière, aux fins du calcul de la longueur du marquage à grande visibilité et de sa proximité avec le côté du véhicule. »

(Arr. du 16 juill. 2012) « Les véhicules équipés antérieurement au 7 août 2012 dans les conditions fixées par le présent article peuvent conserver leur équipement.

« Le carrossage d'un véhicule usagé est soumis aux règles applicables lors de sa première immatriculation. »

Art. 32 *a* *(Arr. du 28 juin 1979)* Tout dispositif réfléchissant latéral doit être placé de telle sorte que la plage réfléchissante se trouve à une distance du sol comprise entre 0,35 mètre et 0,90 mètre et dans un plan vertical parallèle au plan longitudinal de symétrie du véhicule. Cette distance doit être mesurée le véhicule à vide. Des valeurs plus grandes, au plus égales à 1,50 mètre, peuvent toutefois être tolérées pour les véhicules pour lesquels il n'est pas possible pratiquement de respecter la limite de 0,90 mètre.

Un dispositif réfléchissant latéral au moins doit se trouver dans le tiers moyen du véhicule, le dispositif réfléchissant latéral le plus avancé ne doit pas être à plus de 3 mètres de l'avant ; pour les remorques, il est tenu compte de la longueur du timon.

La distance entre deux dispositifs réfléchissants latéraux consécutifs ne doit pas être supérieure à 3 mètres.

La distance entre le dispositif situé le plus en arrière et l'arrière du véhicule ne doit pas être supérieure à 1 mètre.

(Arr. du 1er oct. 1998) « La signalisation latérale des véhicules, dont la longueur est supérieure à 6 mètres ou d'un poids total autorisé en charge supérieur à 3,5 tonnes, peut être complétée par un dispositif rétroréfléchissant conforme aux dispositions du règlement n° 104 annexé à l'accord de Genève du 20 mars 1958. »

(Arr. du 28 nov. 2007) « Pour le respect de cette distance arrière, les véhicules aménagés de façon spécifique pour le transport des bennes amovibles, pour lesquels le respect de l'article 10-3 (*ter*) de l'arrêté du 19 décembre 1958 relatif à l'aménagement des véhicules automobiles nécessite l'installation d'un dispositif anti-encastrement arrière extensible, doivent être munis si nécessaire d'un dispositif réfléchissant sur le dispositif anti-encastrement lui-même en plus de celui disposé sur le véhicule lui-même. »

(Arr. du 1er oct. 1998) « Ce dispositif utilise une bande de 50 mm de largeur (avec une tolérance de + 10/– 0) composée d'un matériau de classe C de couleur blanche ou jaune. Cette bande, si possible continue, peut constituer soit une ligne sensiblement parallèle au sol sur chaque face du véhicule, soit un contour latéral du véhicule sur chaque face ; dans ce cas, elle doit suivre au plus près le gabarit du véhicule (à une distance d'au plus 200 mm) ».

(Arr. du 28 nov. 2007) « A compter du 1er janvier 2008, les dispositions applicables à la signalisation complémentaire latérale sont les suivantes : les véhicules immatriculés pour la première fois, dont le poids total autorisé en charge est supérieur à 3,5 tonnes et dont la longueur est supérieure à 6 mètres, peuvent être équipés de dispositifs rétroréfléchissants, de classe C, de couleur blanc ou jaune, conformes aux dispositions du règlement n° 104 annexé à l'accord de Genève du 20 mars 1958, et installés conformément aux prescriptions relatives aux marquages à grande visibilité du règlement n° 48 annexé à l'accord de Genève du 20 mars 1958. »

(Arr. du 16 juill. 2012) « A compter du 7 août 2012, les dispositions applicables à la signalisation complémentaire latérale, par marquages de grande visibilité, de couleur blanche ou jaune, conformes aux dispositions du règlement de Genève n° 104, et installés conformément aux prescriptions relatives aux marquages à grande visibilité du règlement de Genève n° 48, sont les suivantes :

« – les nouveaux types de véhicules des catégories internationales N2 de poids total autorisé en charge supérieur à 7,5 tonnes, N3, O3 et O4, complets ou complétés, de plus de 6,00 mètres de long (y compris le timon des remorques), à l'exception des tracteurs pour semi-remorque, doivent être équipés ;

« – à l'exception des véhicules des catégories internationales M1 et O1, tout véhicule autre que ceux visés au tiret ci-dessus, complet ou complété, et toute cabine de tracteur pour semi-remorque et celle des châssis cabines de plus de 6,00 mètres de long (y compris le timon des remorques) peuvent être équipés.

« Les véhicules équipés antérieurement au 7 août 2012 dans les conditions fixées par le présent article peuvent conserver leur équipement.

« Le carrossage d'un véhicule usagé est soumis aux règles applicables lors de sa première immatriculation. »

Art. 32 *b* *(Arr. du 28 juin 1979)* Tout dispositif réfléchissant avant doit être placé de telle sorte que le point de la plage réfléchissante le plus éloigné du plan longitudinal de symétrie du véhicule se trouve à moins de 0,15 mètre de l'extrémité de la largeur hors tout du véhicule et que le point de la plage réfléchissante le plus proche du plan de symétrie soit à plus de 0,30 mètre de ce dernier, toutefois, cette limite est ramenée à 0,20 mètre si la largeur hors tout du véhicule est inférieure à 1,30 mètre.

La plage réfléchissante doit se trouver à une distance du sol comprise entre 0,35 mètre et 0,90 mètre et dans un plan vertical perpendiculaire au plan longitudinal de symétrie du véhicule. Cette distance doit être mesurée sur le véhicule à vide. Des valeurs plus grandes, au plus égales à 1,50 mètre, peuvent toutefois être tolérées si la configuration du véhicule ne permet pas pratiquement de respecter la limite de 0,90 mètre.

(Arr. du 16 juill. 2012) « La signalisation avant des véhicules des catégories internationales O2, O3 et O4 de plus de 2,10 mètres de large peut être complétée par un dispositif de marquage de grande visibilité, de couleur blanche, conforme aux dispositions du règlement de Genève n° 104, et installé conformément aux prescriptions relatives aux marquages à grande visibilité du règlement de Genève n° 48. »

§ 7 *Signal vert*

Art. 33 *Abrogé par Arr. du 22 avr. 1966.*

§ 8 *Feux de brouillard (Arr. du 20 nov. 1969).*

Art. 34 *(Arr. du 28 juin 1979)* « Les feux de brouillard avant » sont autorisés aux conditions suivantes :

a) Ils doivent émettre un faisceau très étalé de lumière jaune et être placés de telle sorte qu'aucun point de la plage éclairante ne soit à moins de 0,25 mètre du sol. *(Arr. du 20 nov. 1969)* « Cette distance doit être mesurée sur le véhicule à vide. »

b) *(Arr. du 30 juin 1980)* « Les feux de brouillard avant doivent pouvoir être allumés et éteints séparément des feux de route ou des feux de croisement et réciproquement. Toutefois il est admis que l'allumage des feux de croisement commande automatiquement l'extinction des feux de brouillard. »

c) *(Arr. du 15 nov. 1988)* « Ces feux et leurs lampes doivent être conformes à un type agréé. »

(Arr. du 30 juin 1980) « En outre, les feux de brouillard avant homologués selon les prescriptions d'un cahier des charges ayant fait l'objet d'un accord international auquel la France participe sont considérés comme ayant reçu l'agrément prévu par le ministre des transports. »

Art. 34 *a* *(Arr. du 28 juin 1979)* Les feux de brouillard arrière sont autorisés aux conditions suivantes :

Ces feux doivent être situés à l'arrière du véhicule. La hauteur par rapport au sol de la plage éclairante du feu mesurée sur véhicule à vide doit être comprise entre 0,25 mètre et 1 mètre.

Lorsque le feu arrière de brouillard est unique, il doit être situé à gauche du plan longitudinal médian du véhicule.

Lorsqu'il existe deux feux arrière de brouillard, ceux-ci doivent être disposés symétriquement par rapport au plan longitudinal médian du véhicule.

(Arr. du 10 août 1987) « Les feux arrière de brouillard ne doivent pouvoir être allumés que lorsque les feux de route, les feux de croisement ou les feux avant de brouillard sont en service. L'extinction des feux arrière de brouillard doit être possible indépendamment de celle des feux avant du véhicule. »

Il doit exister un témoin d'enclenchement des feux arrière de brouillard constitué par un voyant lumineux à intensité fixe et de couleur orangée.

(Arr. du 15 nov. 1988) « Ces feux et leurs lampes doivent être conformes à un type agréé. »

Les dispositifs conformes à un cahier des charges ayant fait l'objet d'un accord international auquel la France participe et qui, après essais, ont reçu l'agrément de l'un quelconque des pays participant audit accord, sont considérés comme ayant reçu l'agrément prévu à l'alinéa ci-dessus.

§ 9 *Feux de marche arrière (Arr. du 12 mai 2021, art. 4).*

Art. 35 *(Arr. du 3 août 1971)* Un véhicule peut, aux conditions ci-après, porter à l'arrière soit un feu *(Abrogé par Arr. du 12 mai 2021, art. 5)* ***« d'une puissance inférieure ou égale à 25 watts »***, soit deux feux placés symétriquement *(Abrogé par Arr. du 12 mai 2021, art. 5)* ***« d'une puissance unitaire inférieure ou égale à 21 watts »***.

(Arr. du 12 mai 2021, art. 5) « L'allumage de ces feux ne doit pouvoir être réalisé que lorsque la boite de vitesses est sur la combinaison correspondant à la marche arrière.

« Les véhicules d'une longueur supérieure à 6 000 mm, à l'exception des véhicules de la catégorie M1, peuvent être équipés de deux feux supplémentaires facultatifs. Ces deux feux facultatifs peuvent être installés latéralement sur le côté du véhicule.

« Les feux installés latéralement peuvent être allumés pour les manœuvres lentes en marche avant réalisées à une vitesse inférieure ou égale à 15 km/h, pour autant que les conditions suivantes soient remplies :

« *a)* Les feux doivent être allumés et éteints manuellement au moyen d'une commande séparée ;

« *b)* Auquel cas, ils peuvent rester allumés même lorsque le levier de vitesses n'est plus sur la position marche arrière ;

« *c)* Les feux doivent s'éteindre automatiquement si la vitesse du véhicule en marche avant dépasse 15 km/h, quelle que soit la position de la commande séparée ; dans ce cas, ils doivent rester éteints, à moins d'être rallumés volontairement. »

(Arr. du 28 juin 1979) « Ces feux doivent émettre une lumière blanche sous la forme d'un faisceau lumineux étalé et rabattu vers le sol, de façon à ne provoquer aucun éblouissement pour un conducteur venant de l'arrière. »

(Arr. du 12 mai 2021, art. 5) « L'intensité lumineuse suivant l'axe de référence doit être d'au moins 80 candelas.

« L'intensité de la lumière émise dans toutes les directions où le feu peut être observé ne doit pas dépasser 300 candelas dans les directions situées dans le plan horizontal ou au-dessus de ce plan ;

« et, dans les directions situées en dessous du plan horizontal :

« 600 candelas entre h et 5° et

« 8 000 candelas en dessous de 5°. »

Aucun point de la plage éclairante ne doit être à moins de 0,25 mètres au-dessus du sol et à plus de 1,20 mètre. *(Abrogé par Arr. du 12 mai 2021, art. 5)* *« L'allumage de ces feux ne doit pouvoir être réalisé que lorsque la boîte de vitesses est sur la combinaison correspondant à la marche arrière, sauf si la puissance unitaire de ces feux ne dépasse pas 7 watts et si leur allumage est commandé par un interrupteur spécial. »*

(Arr. du 15 nov. 1988) « Ces feux et leurs lampes doivent être conformes à un type agréé. »

(Arr. du 28 juin 1979) « Les dispositifs conformes à un cahier des charges ayant fait l'objet d'un accord international auquel la France participe et qui, après essais, ont reçu l'agrément de l'un quelconque des pays participant audit accord, sont considérés comme observant les prescriptions des deux premiers alinéas ci-dessus. »

§ 9 a *Projecteurs orientables et feux de manœuvre (Arr. du 12 mai 2021, art. 6).*

Art. 36 Tout projecteur orientable qui ne répond pas aux conditions imposées aux projecteurs de route par les articles 83 et 84 (3e alinéa) du code de la route et par l'article 9 du présent arrêté doit émettre une lumière orange et être équipé d'une lampe d'une puissance au plus égale à 7 watts.

(Arr. du 14 nov. 1988) « Ces feux et leurs lampes doivent être conformes à un type agréé. »

(Arr. du 12 sept. 1972) « La puissance des lampes des projecteurs orientables installés sur les véhicules de secours et de lutte contre l'incendie peut être portée à 36 watts. » *(Arr. du 12 janv. 1990)* « Les projecteurs orientables situés à l'arrière des cabines de tracteurs routiers pourront bénéficier de cette puissance de 36 watts sous réserve qu'ils émettent une lumière orangée, qu'ils soient installés à proximité du plan longitudinal médian du tracteur et que leur plage éclairante ne soit pas visible, dans tous les azimuts, par un observateur situé à 10 mètres. »

(Arr. du 12 mai 2021, art. 7) « Les véhicules équipés antérieurement au 1er septembre 2021 dans les conditions fixées par les alinéas 1er et 3 du présent article peuvent conserver leur équipement.

« Un véhicule peut, aux conditions ci-après, porter un ou deux feux de manœuvre ou feu orientable fournissant un éclairage supplémentaire sur le côté du véhicule pour faciliter les manœuvres lentes. Ces feux, au nombre de 1 ou 2 (1 par côté), émettent une lumière blanche dont l'intensité ne doit pas dépasser 500 candelas dans toutes les directions d'où le feu peut être observé.

« Les feux de manœuvre doivent s'éteindre automatiquement lorsque la vitesse du véhicule en marche avant dépasse 15 km/h.

« La surface apparente de ces feux n'est pas directement visible pour l'œil d'un observateur se déplaçant dans une zone délimitée par un plan transversal situé à 10 m en avant du véhicule, un plan transversal situé à 10 m en arrière du véhicule, et deux plans longitudinaux situés à 10 m de chaque côté du véhicule, ces quatre plans s'étendant de 1 à 3 m au-dessus du sol parallèlement à celui-ci. »

§ 10 *Transports de bois en grumes ou de pièces dépassant en longueur le gabarit du véhicule*

Art. 37 Tout véhicule ou ensemble de véhicules transportant des bois en grume ou des pièces de grande longueur, y compris les remorques dites "triqueballes" et les arrière-trains forestiers, tout véhicule ou ensemble dont le chargement dépasse le gabarit doivent, s'ils circulent entre la chute et le lever du jour ou lorsque les circonstances l'exigent, et notamment par temps de brouillard, porter en dehors de ceux normalement prévus par le code de la route les dispositifs d'éclairage et de signalisation indiqués dans les articles ci-après.

Le chargement ne doit pas gêner la visibilité de ces feux et signaux.

Art. 38 Si le chargement d'un véhicule ou d'un ensemble de véhicules circulant dans les conditions prévues à l'article 51 du code de la route dépasse l'extrémité avant du véhicule, le véhicule de tête doit porter à l'avant un feu blanc surmonté verticalement d'un feu orange.

Art. 39 Les feux prévus à l'article 38 ci-dessus doivent avoir les mêmes caractéristiques lumineuses et être nettement visibles de l'avant du véhicule la nuit, par temps clair, à une distance de 150 mètres lorsque les projecteurs de croisement sont allumés. Ils ne doivent pas être éblouissants.

Ils doivent être placés à l'avant du véhicule et à sa gauche, et de telle sorte que la distance entre les points les plus rapprochés des plages éclairantes soit comprise entre 0,20 mètre et 0,30 mètre.

Art. 40 Si le chargement dépasse de plus de 1 mètre l'extrémité arrière du véhicule ou de l'ensemble de véhicules, son extrémité arrière doit être munie d'un dispositif émettant vers l'arrière, lorsqu'il est allumé, une lumière rouge non éblouissante, visible la nuit, par temps clair, à une distance de 150 mètres.

Art. 41 Outre le dispositif prévu à l'article 40, l'extrémité arrière du chargement doit être munie, de jour comme de nuit, d'un dispositif réfléchissant conforme à un type agréé par le ministre des travaux publics, des transports et du tourisme, dans les conditions prévues à l'article 31 ci-dessus.

Il doit être placé de telle façon qu'à l'arrêt, les plages réfléchissantes soient verticales et situées à une distance du sol comprise entre 0,40 mètre et 0,90 mètre.

Art. 42 *(Arr. du 14 janv. 1985)* Si, en cas de transport exceptionnel prévu aux articles R. 48 à R. 51 du code de la route, la largeur hors tout du véhicule ou de son chargement dépasse 2,5 mètres, le véhicule doit être équipé des dispositifs d'éclairage et de signalisation définis par les décisions visées aux articles R. 48 à R. 51 en application de l'article R. 52 du code de la route.

§ 11 *Matériel de lutte contre l'incendie et véhicules tous terrains*
(Arr. du 20 nov. 1969)

Art. 42 *a* et 42 *b* *Abrogés par Arr. du 16 juin 1982.*

§ 12 *Dispositif complémentaire de signalisation arrière*
(Arr. du 19 déc. 1977 ; Arr. du 6 juin 1980)

Art. 42 *c* Les véhicules automobiles ou remorqués dont le poids total autorisé en charge excède 6 tonnes, à l'exception des véhicules de transport en commun de personnes, des tracteurs routiers, des véhicules immatriculés dans les séries WW non encore carrossés, des véhicules immatriculés dans les séries W et des véhicules de transports exceptionnels et de pompiers déjà équipés d'une signalisation complémentaire par feux spéciaux, doivent être munis d'un dispositif complémentaire de signalisation arrière conforme à un type homologué *(Arr. du 26 juin 1996)* « soit selon le cahier des charges annexé à l'arrêté du 20 décembre 1977 relatif à l'homologation des dispositifs complémentaires de signalisation arrière, soit selon le règlement 70 de Genève ».

(Arr. du 22 oct. 2004) « Le dispositif homologué suivant le règlement 70 de Genève, dans sa série 01 d'amendement, est obligatoire :

« — pour tout véhicule visé au présent article et mis pour la première fois en circulation à compter du 1er avril 2005 ;

« — pour tout véhicule visé au présent article à compter du 1er avril 2006. »

(Arr. du 12 mai 2021, art. 8) « Le dispositif susvisé, homologué suivant le règlement 70 de Genève, dans sa série 01 d'amendement, est facultatif pour les véhicules conformes aux dispositions relatives aux marquages à grande visibilité (Règlement ONU n° 104 ou n° 150) prescrites par le règlement n° 48 de Genève dans sa série 06 d'amendement. »

Art. 42 *d* Le dispositif doit être installé à l'arrière du véhicule, dans un plan vertical perpendiculaire au plan longitudinal médian du véhicule, symétriquement par rapport à ce dernier plan, de façon à être entièrement visible pour un observateur venant de l'arrière, quel que soit le chargement du véhicule.

La pose d'éléments de dispositif en retrait par rapport au plan vertical transversal arrière du véhicule sera autorisée lorsque la forme de la carrosserie ne permettra pas leur installation dans le plan du hors tout arrière du véhicule.

Art. 42 *e* *(Arr. du 26 juin 1996)* « Lorsque le dispositif est homologué conformément au règlement 70 susvisé, le montage doit être réalisé selon l'un des schémas figurant à l'annexe 12 de ce règlement.

« Lorsque le dispositif est homologué conformément à l'arrêté du 20 décembre 1977, en fonction de la catégorie » à laquelle appartient le dispositif, le montage doit être conforme à l'un des schémas figurant à l'annexe III au présent arrêté. — *V. cette annexe JO 5 août 1980.*

Lorsque la carrosserie du véhicule le permet et que l'installation du dispositif ne nécessite pas une modification de la structure arrière du véhicule, le schéma n° 1 doit être utilisé. Toutefois lorsque la carrosserie ne permet pas d'installer les éléments en respectant leur intégralité (portes roulantes, portes à deux vantaux de fourgon, portes arrière de benne renforcées par des montants, etc.), les éléments de dispositif tant horizontaux que verticaux ne devront en aucun cas être coupés et il sera fait appel, pour de telles configurations, à un des autres schémas prévus par l'annexe III au présent arrêté.

Les éléments de dispositif installés sur les hayons élévateurs et les portes formées à l'aide de tôles nervurées pourront être placés de manière à être protégés par les nervures ; lorsque la largeur entre nervures l'exigera, le montage de quatre éléments du dispositif de type I disposés conformément au schéma 1 *bis* figurant en annexe III sera toléré.

Art. 42 *f* Les points du dispositif les plus éloignés du plan longitudinal de symétrie du véhicule ne doivent pas se situer à plus de 0,20 mètre des extrémités de la largeur hors tout du véhicule. Toutefois, cette règle n'est pas applicable lorsque le schéma n° 3 est utilisé.

Les points les plus bas du dispositif doivent se situer, le véhicule étant à vide, à une hauteur au-dessus du sol comprise entre 0,35 mètre et 1,50 mètre. Toutefois, en cas d'impossibilité pratique de respecter ce maximum, des hauteurs plus élevées, au plus égales à 2,10 mètres, seront exceptionnellement tolérées.

Art. 42 *g* Par dérogation aux articles 42 *d*, 42 *e* et 42 *f* :

1° Les véhicules spécialisés dans le transport de véhicules pourront être équipés, conformément au schéma 1 *bis* prévu en annexe III, d'éléments de dispositif de catégorie I lorsque le recours aux autres schémas prévus par l'arrêté se révélera impossible. Dans ce cas, une inclinaison de 45° maximum du dispositif par rapport au plan vertical perpendiculaire au plan longitudinal médian du véhicule sera tolérée lors de l'utilisation des schémas 1 *bis* C et 1 *bis* D. Lorsque le véhicule transporté cachera le dispositif installé, un dispositif amovible de la catégorie III sera installé à l'arrière du véhicule spécialisé.

2° Les triqueballes et les arrière-trains forestiers seront équipés en respectant, autant que possible, un des schémas prévus en annexe III et en tolérant, si cela s'avère nécessaire, une inclinaison de 45° maximum du dispositif par rapport au plan vertical perpendiculaire au plan longitudinal médian du véhicule.

Le dispositif sera installé le plus bas possible de manière à être visible pour le conducteur d'un véhicule situé à plus de 50 mètres à l'arrière du véhicule.

3° Les véhicules à moteur ou remorqués dont le chargement de la benne amovible ou du conteneur s'effectue par l'arrière pourront être équipés conformément au schéma 1 *bis* du dispositif de la catégorie I incliné de 45° maximum par rapport au plan vertical perpendiculaire au plan longitudinal médian du véhicule. Sur ces deux types de véhicules et sur les bennes à ordures ménagères la hauteur maximale de 2,1 mètres prévue par l'article 42 *f* ci-dessus pourra être portée à 2,5 mètres, en cas de nécessité.

TITRE II DISPOSITIONS SPÉCIALES AUX VÉHICULES AGRICOLES ET AUX MATÉRIELS DE TRAVAUX PUBLICS

(Arr. du 8 août 1956)

§ 1 *Tracteurs agricoles. Machines agricoles automotrices. Matériels de travaux publics automoteurs*

Art. 43 *a* *(Arr. du 14 nov. 1979) Projecteurs de route et de croisement.* Les projecteurs de route et de croisement prévus par l'article R. 150 *[R. 313-3]* du code de la route doivent répondre aux spécifications fixées par les articles 1er à 11 et 16 du présent arrêté ainsi qu'aux prescriptions suivantes :

1. *Emplacement en hauteur.*

a) Sur le véhicule en état de marche et à vide aucun point de la plage éclairante du projecteur de croisement ne doit pas être à moins de 0,50 mètre ni à plus de 1,20 mètre du sol.

Toutefois la hauteur maximum prévue ci-dessus peut être :

Comprise entre 1,20 mètre et 1,50 mètre pour les tracteurs agricoles si la hauteur de 1,20 mètre ne peut pas être respectée compte tenu de leur structure, de leurs conditions d'utilisation ou de leur équipement de travail ;

Exceptionnellement, comprise entre 1,20 mètre et 2,10 mètres pour certaines machines agricoles automotrices (moissonneuses-batteuses, notamment) et pour les matériels de travaux publics comportant un équipement spécial, pour lesquels la hauteur de 1,20 mètre ne permet pas au projecteur, en raison de la disposition des organes de la machine ou de l'équipement spécial, d'éclairer efficacement la route.

b) Les feux de croisement et de position supplémentaires facultatifs prévus par l'article R. 150 *[R. 313-3]* du code de la route sont admis sur les véhicules équipés pour recevoir des machines ou outils frontaux sous réserve des aménagements suivants :

La hauteur d'installation ne doit pas dépasser trois mètres ; *(Arr. du 16 déc. 2005)* « cette hauteur est portée à 3,60 mètres pour les machines agricoles automotrices. »

Le branchement électrique doit être conçu de telle manière que les deux paires de feux de croisement ne puissent être allumées à la fois ;

(Arr. du 16 déc. 2005) « Les feux de croisement supplémentaires peuvent être doublés indépendamment des feux de positions supplémentaires. »

2. *Emplacement en longueur.*

Les projecteurs doivent être montés le plus possible à l'avant des véhicules.

Pour les véhicules dont la forme extérieure est dissymétrique on admettra que les prescriptions du paragraphe 1° de l'article R. 93 *[R. 313-25]* du code de la route sont observées si les distances des deux feux d'une même paire respectivement au plan longitudinal médian et au plan d'appui sur le sol sont égales.

3. *Orientation.*

Lorsque la hauteur des feux de croisement est comprise entre 0,50 mètre et 1,20 mètre il doit être possible d'obtenir un rabattement du faisceau de croisement compris entre 0,5 et 4 p. 100.

Lorsque la hauteur des feux de croisement est comprise entre 1,20 mètre et 1,50 mètre la limite de 4 p. 100 est portée à 6 p. 100.

Lorsque la hauteur des feux de croisement est supérieure à 1,50 mètre, ces feux doivent être orientés de façon telle que la coupure horizontale des faisceaux croisement, mesurée à 15 mètres des feux, se situe à une hauteur inférieure ou égale à la moitié de la distance entre le sol et les centres des feux.

Art. 43 *b* *(Arr. du 20 nov. 1969) Feux de position.* Les feux de position prévus par l'article R. 150 *[R. 313-4]* du code de la route doivent être conformes à un type agréé. *(Arr. du 15 nov. 1988)* « Les lampes équipant ces feux doivent également être conformes à un type agréé. »

Ils doivent être placés de manière à répondre aux conditions ci-après :

a) Le point de la plage éclairante le plus éloigné du plan longitudinal de symétrie du véhicule doit se trouver à moins de 0,40 mètre de l'extrémité de la largeur hors tout du véhicule, cette distance étant portée à 0,60 mètre pour les tracteurs dont les roues sont disposées suivant la voie large ;

b) *(Arr. du 16 déc. 2005)* « La plage éclairante doit se trouver à une distance du sol comprise entre 0,40 mètre et 1,90 mètre ou exceptionnellement 0,30 mètre et 2,10 mètres pour les véhicules pour lesquels il n'est pas possible pratiquement de respecter les limites de 0,40 mètre et 1,90 mètre. La hauteur est portée à 2,30 mètres pour les tracteurs agricoles et les machines agricoles automotrices si la forme de la carrosserie ne permet pas de respecter 1,90 mètre.

« Ces distances doivent être mesurées sur le véhicule à vide.

« *c)* Les feux de position supplémentaires prévus à l'article R. 313-4 I et VI du code de la route peuvent être doublés indépendamment des feux de croisement supplémentaires. »

(Arr. du 14 nov. 1979) « *d)* Pour les véhicules dont la forme extérieure est dissymétrique on admettra que les prescriptions du paragraphe 1° de l'article R. 93 *[R. 313-25]* du code de la route sont observées si les distances des deux feux d'une même paire respectivement au plan longitudinal médian et au plan d'appui sur le sol sont égales et à condition que les angles de visibilité géométriques répondent aux prescriptions ci-après :

« Angle horizontal.

« 10 degrés vers l'intérieur et 80 degrés vers l'extérieur. Si la forme de la carrosserie ne permet pas d'obtenir les 10 degrés, l'angle vers l'intérieur pourra être réduit jusqu'à 5 degrés, et même 3 degrés pour les véhicules dont la largeur hors tout ne dépasse pas 1,40 mètre.

« Angle vertical.

« 15 degrés au-dessus et au-dessous de l'horizontale. L'angle vertical au-dessous de l'horizontale peut être réduit à 10 degrés si la hauteur du feu au-dessus du sol est inférieure à 1 500 mm et à 5 degrés si cette hauteur est inférieure à 750 mm. »

Art. 43 c *(Arr. du 20 nov. 1969) Feux rouges arrière.* Les feux rouges arrière prévus par l'article R. 150 du code de la route doivent être conformes à un type agréé. *(Arr. du 15 nov. 1988)* « Les lampes équipant ces feux doivent également être conformes à un type agréé. »

Ils doivent être placés de manière à répondre aux conditions suivantes :

a) Le point de la plage éclairante le plus éloigné du plan longitudinal de symétrie du véhicule doit se trouver à moins de 0,40 mètre de l'extrémité de la largeur hors tout du véhicule ;

b) L'écart maximum de 0,40 mètre prévu par l'alinéa précédent est porté à 0,60 mètre pour les tracteurs dont les roues sont disposées suivant la voie large ;

c) *(Arr. du 16 déc. 2005)* « La plage éclairante doit se trouver à une distance du sol comprise entre 0,35 mètre et 1,90 mètre ou 2,10 mètres pour les véhicules pour lesquels il n'est pas possible pratiquement de respecter la limite de 1,90 mètre. Pour les machines agricoles automotrices, la hauteur de 2,10 mètres est portée à 2,30 mètres si la forme de la carrosserie ne permet pas de respecter 1,90 mètre.

« Ces distances doivent être mesurées sur le véhicule à vide. »

(Arr. du 14 nov. 1979) « *d)* Pour les véhicules dont la forme extérieure est dissymétrique, l'une ou l'autre des dispositions suivantes doit être adoptée :

« *d* 1. Soit deux feux rouges arrière observant les prescriptions des alinéas *a*, *b* et *c* ci-dessus et pour lesquels on admettra que les prescriptions du paragraphe 1° de l'article R. 93 *[R. 313-25]* du code de la route sont observées si les distances des deux feux respectivement au plan longitudinal médian et au plan d'appui sur le sol sont égales et à condition que les angles de visibilité géométrique répondent aux prescriptions ci-après :

« Angle horizontal.

« Pour les deux feux rouges arrière :

« Soit 45 degrés vers l'intérieur et 80 degrés vers l'extérieur ;

« Soit 80 degrés vers l'intérieur et 45 degrés vers l'extérieur.

« Angle vertical.

« 15 degrés au-dessus et au-dessous de l'horizontale. L'angle au-dessous de l'horizontale peut être réduit à 10 degrés si la hauteur du feu au-dessus du sol est inférieure à 1 500 mm, à 5 degrés si cette hauteur est inférieure à 750 mm ;

« *d* 2. Soit quatre feux rouges, dont deux respectent toutes les prescriptions ci-dessus du présent article, à l'exception de celles qui concernent la visibilité horizontale pour laquelle on n'exige que le respect du minimum de 80 degrés vers l'extérieur, et deux ne respectent pas les prescriptions des alinéas *a* et *b* ci-dessus, mais sont situés à l'extrémité arrière hors tout du véhicule et ont un écartement entre les bords intérieurs des deux plages éclairantes d'au moins 0,50 mètre. »

Lorsque, pour certaines machines agricoles automotrices ou certains matériels de travaux publics automoteurs, la distance des feux rouges à l'extrémité arrière du véhicule excède un mètre, cette extrémité doit être munie, de jour comme de nuit, d'un dispositif réfléchissant répondant aux conditions fixées par l'article 41 du présent arrêté.

Les feux rouges doivent être efficacement protégés contre la boue projetée par les pneumatiques.

Art. 43 *d* *(Arr. du 20 nov. 1969) Indicateurs de changement de direction.* Les indicateurs de changement de direction prévus à l'article R. 150 doivent répondre aux spécifications fixées par les articles 23 à 29 du présent arrêté, compte tenu des aménagements suivants :

a) Les angles de visibilité vers l'intérieur des indicateurs du schéma D peuvent être réduits à 10° lorsque ces indicateurs sont montés sur les ailes arrières des tracteurs.

b) Les angles de visibilité vers l'avant et vers l'intérieur des indicateurs des schémas A, B et D peuvent être réduits à 3°, lorsque ces indicateurs sont montés sur les ailes arrières de tracteurs dont la largeur hors tout en voie minimale est inférieure à 1,45 mètre.

(Arr. du 14 nov. 1979) « *c)* La distance de 0,60 mètre prévue à l'article 27 ci-dessus est réduite à 0,50 mètre.

« La hauteur de 1,50 mètre prévue à l'article 28 ci-dessus est portée à 1,90 mètre.

« La hauteur de 2,30 mètres prévue à l'article 28 ci-dessus est également adoptée pour les indicateurs de direction avant du schéma B, ainsi que pour les indicateurs de direction du schéma A.

(Arr. du 16 déc. 2005) « Pour les machines agricoles automotrices, la hauteur de 2,30 mètres prévue à l'article 28 du présent arrêté s'applique également aux indicateurs de direction des schémas A, B, C et D. »

« La hauteur de 1,20 mètre prévue au dernier alinéa de l'article 29 ci-dessus est portée à 1,50 mètre.

« Les indicateurs de direction de catégorie 3 et de catégorie 4 prévues à l'article 29 pour les schémas A et B peuvent être respectivement remplacés par des indicateurs de direction agréés pour les catégories 1 et 2 et pour les catégories 1 et 5. »

d) Le schéma A visé à l'article 29 est valable seulement pour les véhicules n'ayant pas plus de 4,60 mètres de longueur lorsque la distance entre les bords extérieurs des plages éclairantes ne dépasse pas 1,60 mètre.

e) La restriction visée à l'article 29 relative à la distance d et qui concerne les indicateurs des schémas B et C n'est pas applicable.

(Arr. du 14 nov. 1979) « *f)* Pour les véhicules dont la forme extérieure est dissymétrique on admettra que les prescriptions du paragraphe 1 de l'article R. 93 du code de la route sont observées si les distances des deux feux d'une même paire respectivement au plan longitudinal médian et au plan d'appui sur le sol sont égales.

« En outre, lorsqu'il n'est pas possible de respecter les prescriptions de l'article 27 ci-dessus ainsi que celle de la première phrase de l'alinéa *c* ci-dessus et seulement lorsque le schéma C sera utilisé on admettra que les indicateurs de direction de catégorie 2 situés à l'arrière ne respectent pas les prescriptions de distance à l'extrémité de la largeur hors tout. L'écartement minimal entre les bords intérieurs des deux plages devra être toutefois d'au moins 0,50 mètre. »

Art. 43 e *(Arr. du 20 nov. 1969) Dispositifs d'éclairage de la plaque d'identification ou d'immatriculation arrière.* Le dispositif d'éclairage de la plaque d'identification ou d'immatriculation arrière prévu à l'article R. 150 du code de la route doit répondre aux spécifications fixées par l'article 21 du présent arrêté.

Art. 43 *f* *(Arr. du 20 nov. 1969) Dispositifs réfléchissants.* Les dispositifs réfléchissants prévus à l'article 150 *[R. 313-28]* du code de la route doivent être placés de manière à répondre aux conditions ci-après :

a) Le point de la plage réfléchissante le plus éloigné du plan longitudinal de symétrie du véhicule doit se trouver à moins de 0,40 mètre de l'extrémité de la largeur hors tout du véhicule ;

b) L'écart maximum de 0,40 mètre prévu par l'alinéa précédent est porté à 0,60 mètre pour les tracteurs dont les roues sont disposées suivant la voie large ;

(Arr. du 22 mars 1976) « *c)* Le point de la plage réfléchissante le plus proche du plan longitudinal de symétrie du véhicule doit être à plus de 0,30 mètre de ce dernier : cette distance peut être réduite à 0,20 mètre lorsque la largeur hors tout du tracteur est inférieure à 1,30 mètre.

« *d)* La plage éclairante doit se trouver à une distance du sol comprise entre 0,40 mètre et 0,90 mètre. Cette distance est mesurée sur le véhicule à vide.

« Lorsqu'il n'est pas possible pratiquement de respecter la hauteur maximale de 0,90 mètre, l'une ou l'autre des dispositions suivantes doit être adoptée :

« Soit deux dispositifs placés le plus bas possible et dont la hauteur au-dessus du sol n'excède pas 1,20 mètre ; *(Arr. du 16 déc. 2005)* « cette hauteur est portée à 1,50 mètre pour les machines agricoles automotrices. »

« Soit quatre dispositifs dont :

« Deux respectent la hauteur maximale de 0,90 mètre sans être astreints aux prescriptions des alinéas *a* et *b* ci-dessus ;

« Deux sont situés à une distance au-dessus du sol n'excédant pas 2,10 mètres. *(Arr. du 16 déc. 2005)* « Cette hauteur est portée à 2,30 mètres pour les machines agricoles automotrices. »

« Les dispositifs réfléchissants prévus ci-dessus peuvent être amovibles à la condition de pouvoir être fixés rigidement à la partie arrière du véhicule. »

Art. 43 *g* *(Arr. du 16 déc. 2005) Dispositifs rétroréfléchissants complémentaires.* En complément des dispositifs réfléchissants mentionnés à l'article 43 *f* du présent arrêté, les parties saillantes des machines agricoles automotrices doivent être signalées par des panneaux ou des bandes rétroréfléchissantes conformes aux dispositions de l'arrêté du 20 janvier 1987 relatif à la signalisation complémentaire des véhicules d'intervention urgente et des véhicules à progression lente. Ces panneaux ou bandes sont placés de manière à répondre aux conditions ci-après :

a) Tout dépassement latéral saillant de plus de 0,40 mètre doit être signalé vers l'avant et vers l'arrière. Les dispositifs sont disposés au plus près de l'extrémité extérieure de la saillie.

b) Tout dépassement arrière saillant de plus de 1,00 mètre doit être signalé vers l'arrière et sur les deux côtés.

Le ou les dispositifs de signalisation vers l'arrière sont placés le plus en arrière possible.

Les dispositifs de signalisation vers les côtés sont placés de telle manière que le point de la plage réfléchissante le plus proche de l'extrémité arrière de la saillie soit à moins de 1 mètre de celle-ci.

c) Tout dépassement avant saillant de plus de 1,00 mètre doit être signalé vers l'avant et sur les deux côtés.

Le ou les dispositifs de signalisation vers l'avant sont placés le plus en avant possible.

Les dispositifs de signalisation vers les côtés sont placés de telle manière que le point de la plage réfléchissante le plus proche de l'extrémité avant de la saillie soit à moins de 1 mètre de celle-ci.

d) Hauteur par rapport au sol : si la position et la forme de la saillie le permettent, les dispositifs sont placés de telle manière que les points extrêmes de la plage réfléchissante soient à une distance du sol comprise entre 0,40 mètre et 1,50 mètre.

Art. 43 *h* *Abrogé par Arr. du 16 déc. 2005.*

Art. 43 *i* *(Arr. du 20 nov. 1969)* Les dispositifs réfléchissants prévus aux articles *(Arr. du 16 déc. 2005)* « 43 *f* et 43 *g* » ci-dessus sont soumis aux dispositions prévues par l'article 31 du présent arrêté.

§ 2 *Véhicules et appareils agricoles remorqués. Matériels de travaux publics remorqués*

Art. 43 *j* *(Arr. du 20 nov. 1969) Feux rouges arrière.* Les feux rouges prévus par l'article R. 151 du code de la route doivent répondre aux conditions prévues par les alinéas *a*, *c* et *d* de l'article 43 *c* ci-dessus.

(Arr. du 16 déc. 2005) « Les dispositions de l'alinéa *b* de l'article 43 *c* du présent arrêté s'appliquent aux remorques agricoles. »

Art. 43 *k* *(Arr. du 20 nov. 1969) Indicateurs de changement de direction.* Les indicateurs de changement de direction prévus par l'article R. 151 du code de la route doivent répondre aux conditions prévues par les articles 23 à 38 et 30 du présent arrêté.

Art. 43 *l* *(Arr. du 20 nov. 1969) Dispositif d'éclairage de la plaque d'identification ou d'immatriculation arrière.* Le dispositif d'éclairage de la plaque d'identification ou d'immatriculation arrière prévu à l'article R. 151 du code de la route doit répondre aux spécifications fixées par l'article 21 du présent arrêté.

Art. 43 *m* *(Arr. du 20 nov. 1969) Dispositifs réfléchissants.* Les dispositifs réfléchissants prévus à l'article *(Arr. du 16 déc. 2005)* « R. 313-18 » du code de la route doivent répondre aux conditions prescrites par les alinéas *a*, *c* et *d* de l'article 43 *f* et par l'article 43 *i* ci-dessus.

(Arr. du 16 déc. 2005) « Les dispositions de l'alinéa *b* de l'article 43 *f* du présent arrêté s'appliquent aux remorques agricoles.

« Les dispositifs prévus à l'article R. 313-19 du code de la route doivent répondre aux conditions prescrites aux articles 31 et 32 *a* du présent arrêté. »

Art. 43 *(m) bis* *(Arr. du 16 déc. 2005) Dispositifs réfléchissants complémentaires.* En complément des dispositifs réfléchissants mentionnés à l'article 43 *m* du présent arrêté, les parties saillantes des machines agricoles remorquées doivent être signalées par des panneaux ou des bandes rétroréfléchissantes, dans les conditions fixées à l'article 43 *g* du présent arrêté.

§ 3 *Véhicules agricoles de grande largeur*

(Arr. du 16 déc. 2005)

Art. 43 (*n*)-1 Les dispositions du présent chapitre s'appliquent aux machines agricoles automotrices de plus de 2,55 mètres de large et aux machines agricoles remorquées de plus de 2,55 mètres de large.

Art. 43 (*n*)-2 En complément des dispositifs d'éclairage et de signalisation mentionnés aux chapitres I et II du titre II du présent arrêté, les véhicules doivent être signalés :

– soit par des bandes rétroréfléchissantes ou quatre panneaux retroréfléchissants, disposés vers l'avant et vers l'arrière, placés au plus près de l'extrémité de la largeur hors tout du véhicule, à une distance du sol comprise, si la forme du véhicule le permet, entre 0,40 mètre et 1,50 mètre. Ces dispositifs et leur installation doivent répondre aux dispositions de l'arrêté du 20 janvier 1987 relatif à la signalisation complémentaire des véhicules d'intervention urgente et des véhicules à progression lente ;

– soit quatre feux d'encombrement, deux à l'avant et deux à l'arrière. Ces dispositifs et leur installation doivent répondre aux dispositions des articles 20 et 20-1 du présent arrêté.

Art. 43 (*n*)-3 Les machines agricoles automotrices doivent être équipées d'un ou plusieurs feux tournants ou feux à tube à décharge ou feux clignotants. Ces dispositifs et leur installation doivent répondre aux dispositions de l'arrêté du 4 juillet 1972 relatif aux feux spéciaux des véhicules à progression lente.

§ 3 *bis* *Véhicules agricoles de largeur inférieure à 1,30 mètre*

(Arr. du 16 déc. 2005)

Art. 43 (*n*)-4 Les dispositions particulières suivantes s'appliquent aux véhicules agricoles dont la largeur hors tout est inférieure à 1,30 mètre :

– feux de route et de croisement : l'emplacement en hauteur minimum de 0,50 mètre, prévue à l'article 43 *a* du présent arrêté, est portée à 0,35 mètre ;

– feux rouges arrière : l'emplacement en hauteur minimum de 0,50 mètre, prévue à l'article 43 *c* du présent arrêté, est portée à 0,35 mètre ;

– dispositifs réfléchissants : l'emplacement en hauteur minimum de 0,40 mètre, prévue à l'article 43 *f* du présent arrêté, est portée à 0,35 mètre.

§ 4 *Signal de détresse*

(Arr. du 2 janv. 1973)

Art. 43 *o* Est autorisée, sur les véhicules agricoles et les matériels de travaux publics dont les indicateurs de changement de direction arrière sont de couleur orangée, la présence d'un feu signal de détresse constitué par le fonctionnement simultané des indicateurs de changement de direction. Ce signal doit satisfaire aux prescriptions des articles 30 *b* et 30 *c* ci-dessus.

§ 5 *Feux facultatifs*

(Arr. du 14 nov. 1979)

Art. 43 *p* *Feux de route.* Les bords extérieurs de la plage éclairante des feux de route ne doivent en aucun cas être situés plus près des extrémités de la largeur hors tout des véhicules que les bords extérieurs de la plage éclairante des feux de croisement.

Feux d'encombrement (feux de gabarit). Les feux d'encombrement (feux de gabarit) doivent être conformes à un type agréé et répondre aux spécifications de l'article 20 ci-dessus.

Signaux de freinage (feux stop). Les signaux de freinage (feux stop) doivent être conformes à un type agréé et répondre aux règles de hauteur des feux rouges arrière prévues à l'article 43 *c* ci-dessus.

Feux de stationnement. Les feux de stationnement doivent répondre aux prescriptions d'installation de l'article 19 ci-dessus ; toutefois, la hauteur de 1,50 mètre prévue à cet article est portée à 1,90 mètre.

Feux de marche arrière. Les feux de marche arrière doivent répondre aux prescriptions de l'article 35 ci-dessus.

Feux de brouillard avant. Les feux de brouillard avant doivent répondre aux prescriptions de l'article 34 ci-dessus.

Feux de brouillard arrière. Les feux de brouillard arrière doivent répondre aux prescriptions de l'article 34 *a* ci-dessus, sauf en ce qui concerne les prescriptions en hauteur qui doivent être les suivantes :

Au-dessus du sol : 0,40 mètre au minimum, 1,90 mètre au maximum ou 2,10 mètres si la forme de la carrosserie ne permet pas de respecter 1,90 mètre.

TITRE III *[ABROGÉ]* DISPOSITIONS SPÉCIALES AUX MOTOCYCLES, VÉLOMOTEURS, TRICYCLES ET QUADRICYCLES À MOTEUR ET À LEURS REMORQUES

(Arr. du 7 juill. 1995, art. 33, en vigueur le 17 juin 1999)

A compter du 1er janv. 1996, les règles d'installation incluses dans le titre III ne sont plus applicables aux véhicules à moteur. Les règles d'homologation qui y sont prévues demeurent applicables (Arr. du 7 juill. 1995, art. 32).

L'intitulé du titre III et les art. 44 à 44 d sont abrogés, à compter du 17 juin 1999, par Arr. du 7 juill. 1995, art. 33, mod. par Arr. du 3 sept. 1997, art. 10 (JO 26 sept.).

Art. 44 *(Arr. du 18 avr. 1988)* ***1° Les dispositifs d'éclairage et de signalisation des motocyclettes et de leurs remorques prévus aux articles R. 175 et R. 176 du code de la route doivent répondre :***

a) Aux spécifications fixées par les articles 1er à 23 ci-dessus ;

b) Aux spécifications fixées pour les anciens articles 23 à 30 reproduits en note a à l'article 50 ci-après ;

c) Aux spécifications fixées par les articles 31 à 35 ci-dessus.

Lorsqu'une motocyclette est équipée de deux projecteurs à l'avant, la distance horizontale entre les plages éclairantes de ces deux projecteurs ne doit pas être supérieure à 20 centimètres.

Les dispositifs d'éclairage et de signalisation des tricycles, quadricycles à moteur et de leurs remorques prévus aux articles R. 177 et R. 178 du code de la route doivent répondre aux spécifications fixées par les articles 1er à 35 ci-dessus. Les dispositifs prévus aux 1° et 2° de l'article R. 177 (à l'exception du dispositif d'éclairage de la plaque d'immatriculation) doivent être au nombre de deux sauf si la largeur de la carrosserie à l'avant et/ou à l'arrière ne permet pas que la distance entre les plages éclairantes de deux feux de même signification soit au moins égale à 60 centimètres. Dans ce cas, le nombre des feux prévus au 1° et/ou au 2° de l'article R. 177 peut être réduit à un seul.

Lorsque la remorque d'une motocyclette, d'un tricycle ou d'un quadricycle à moteur est susceptible de masquer les dispositifs de signalisation arrière prévus respectivement aux articles R. 175 et R. 177, elle doit être munie des dispositifs correspondants, dont le nombre est fixé en fonction de la largeur de la remorque.

2° Les dispositifs d'éclairage et de signalisation des motocyclettes, tricycles et quadricycles à moteur prévus aux articles R. 175 et R. 177 du code de la route doivent porter une marque d'homologation conforme aux prescriptions suivantes :

a) Projecteur assurant la fonction de feu de route et/ou de feu de croisement et lampes électriques à incandescence pour projecteur : marques d'homologation prévues par :

— soit l'arrêté du 7 avril 1959 ;
— soit les règlements 1, 8, 20, 37 ou 57 de Genève ;
— soit par la directive n° 76-761 CEE du 29 juillet 1976.

Toutefois, sur les motocyclettes autres que les motocyclettes légères, un projecteur au moins, assurant la fonction de feu de route et de feu de croisement, doit porter la marque d'homologation internationale prévue par le règlement n° 20 de Genève.

b) (Arr. du 15 nov. 1988) « Feu de position avant, feu de position arrière, feu stop, indicateurs de changement de direction, dispositifs d'éclairage de la plaque d'immatriculation arrière : marques d'homologation prévues par les règlements n° 6, n° 7 ou n° 50 de Genève ou la directive CEE n° 76-758 du 27 juillet 1976.

« Toutefois, le feu de position avant des motocyclettes peut ne pas être homologué et ne pas porter de marque d'homologation. »

c) Dispositifs réfléchissants : marques d'homologation prévues par le règlement n° 3 de Genève.

Art. 44 *a* (Arr. du 24 avr. 1963) *Par dérogation à l'article 44, les véhicules réceptionnés comme cyclomoteurs avant le 1er novembre 1962 et figurant sur une liste établie par le ministre des travaux publics et des transports pourront jusqu'au 1er novembre 1963 faire l'objet d'une réception comme vélomoteurs après examen complémentaire par le service des mines s'ils sont équipés d'un projecteur muni d'une lampe de 15 W avec 1 ou 2 filaments donnant au moins un éclairage à faisceau rabattu non éblouissant.*

Lors de la demande de réception complémentaire, les constructeurs devront présenter aux agents du service des mines une attestation émanant d'un laboratoire agréé (laboratoire central des industries électriques ou laboratoire d'essais du Conservatoire national des arts et métiers) constatant la conformité du type de projecteur à la réglementation susvisée.

Les dispositions des précédents alinéas sont applicables aux véhicules vendus avant le 1er janvier 1965.

Les dispositions du présent article sont également applicables aux vélomoteurs dont la cylindrée n'excède pas 50 centimètres cubes qui seront réceptionnés avant le 1er novembre 1963 et vendus avant le 1er janvier 1965.

Art. 44 *b* *Ajouté par Arr. du 20 nov. 1969 ; abrogé par Arr. du 16 juin 1982.*

Art. 44 c (Arr. du 13 janv. 1981 ; Arr. 29 mai 1986) *Les projecteurs avant des voiturettes doivent être au nombre de deux, conformes aux prescriptions des articles 1er à 16 du présent arrêté, et appartenant à la classe B ou à la classe AB définies à l'article 1er du présent arrêté, et utilisables seulement comme feux de croisement ; toutefois, pour les voiturettes à trois roues, si la largeur du véhicule à l'avant est inférieure à 0,60 m, un seul projecteur de ce type pourra être admis.*

Art. 44 *d* (Arr. du 13 janv. 1981 ; Arr. du 29 mai 1986) *Les dispositifs d'éclairage et de signalisation des voiturettes, à l'exception des projecteurs avant, doivent répondre aux prescriptions des articles 17 à 19, 22 à 29, 31 et 32 du présent arrêté.*

TITRE IV DISPOSITIONS SPÉCIALES AUX CYCLES, ENGINS DE DÉPLACEMENT PERSONNEL MOTORISÉS ET CYCLOMOTEURS (Arr. du 7 juill. 1995, art. 33 ; Arr. du 24 juin 2020).

A compter du 1er janv. 1996, les règles d'installation incluses dans le titre IV ne sont plus applicables aux véhicules à moteur. Les règles d'homologation qui y sont prévues demeurent applicables (Arr. du 7 juill. 1995, art. 32).

Les mots mis en italique dans l'art. 45 ci-dessous sont abrogés, à compter du 17 juin 1999, par Arr. du 7 juill. 1995, art. 33, mod. par Arr. du 3 sept. 1997, art. 10 (JO 26 sept.).

Art. 45 *(Arr. du 7 juill. 1982)* **Les dispositifs réfléchissants prévus** *(Arr. du 24 juin 2020)* **« aux articles R. 313-18 à R. 313-20 » du code de la route doivent être conformes à des types agréés dans les conditions prévues à l'article 31 du présent arrêté.** *(Arr. du 24 juin 2020)* **« Les dispositifs catadioptriques adhésifs conformes à ces types agréés sont autorisés. »**

(Arr. du 8 avr. 1999) **« Un dispositif réfléchissant de couleur blanche doit être fixé verticalement à l'avant et dans le plan longitudinal médian du cycle** *(Arr. du 24 juin 2020)* **« ou de l'engin de déplacement personnel motorisé », de telle façon qu'il puisse indiquer clairement la présence du** *(Arr. du 24 juin 2020)* **« ou de l'engin de déplacement personnel motorisé » vu de l'avant. Ce dispositif peut pivoter en fonction du braquage de la direction et être groupé avec la lanterne avant. »** *(Arr. du 24 juin 2020)* **« Par dérogation, en cas d'impossibilité technique, les engins de déplacement personnel multi-traces peuvent être**

équipés d'un dispositif réfléchissant de couleur blanche à l'avant de chaque côté du plan longitudinal médian de l'engin. »

Le dispositif réfléchissant de couleur rouge doit être fixé verticalement à l'arrière du cycle *ou du cyclomoteur* à une distance du sol comprise entre 0,35 mètre et 0,90 mètre *(Arr. du 24 juin 2020)* « et à l'arrière de l'engin de déplacement personnel motorisé à une distance du sol comprise entre 0,05 mètre et 0,50 mètre » et de telle façon qu'il ne puisse être caché accidentellement par le chargement du porte-bagages ou les vêtements du cycliste *(Arr. du 24 juin 2020)* « , du conducteur de l'engin de déplacement personnel motorisé » ou du cyclomotoriste.

Les cycles doivent comporter des dispositifs réfléchissants orangés placés respectivement à l'avant et à l'arrière de chaque pédale. Les cyclomoteurs peuvent comporter de tels dispositifs.

Les cycles *(Arr. du 24 juin 2020)* « et les engins de déplacement personnel motorisés » doivent comporter de chaque côté au moins deux dispositifs catadioptriques orangés visibles latéralement. L'un d'eux doit se trouver en avant du plan vertical transversal passant par le point extrême postérieur de la roue avant, un autre doit se trouver en arrière du plan vertical transversal passant par le point extrême antérieur de la roue arrière. L'un au moins des dispositifs situés de chaque côté doit être fixé à une roue, de telle manière qu'aucun point de la plage éclairante ne se trouve à une distance de l'axe de roue inférieure aux deux tiers du rayon nominal de la jante. L'axe de chaque dispositif doit être perpendiculaire au plan longitudinal médian du véhicule ou au plan de la roue à laquelle il est fixé. Les dispositifs non fixés à une roue doivent être placés à une hauteur au-dessus du sol comprise entre 0,35 mètre et 1 mètre de telle façon qu'ils ne puissent être cachés accidentellement par le chargement du porte-bagages ou les vêtements du cycliste *(Arr. du 24 juin 2020)* « ou du conducteur de l'engin de déplacement personnel motorisé. En cas d'impossibilité technique, les engins de déplacement personnel motorisés sont autorisés à déroger aux critères de positionnement et de fixation sur la roue prévus au présent paragraphe. Dans ce cas, les dispositifs catadioptriques devront être positionnés de chaque côté de l'engin à une hauteur au-dessus du sol comprise entre 0,05 mètre et 0,50 mètre de telle façon qu'ils puissent être visibles. » Les cyclomoteurs doivent comporter de tels dispositifs ; toutefois ceux-ci peuvent ne pas être fixés dans les roues.

La présence des dispositifs catadioptriques prévus à l'alinéa précédent n'est toutefois pas obligatoire sur les cycles *(Arr. du 24 juin 2020)* « , engins de déplacement personnel motorisés » ou cyclomoteurs dont les pneumatiques sont munis de dispositifs rétroréfléchissants conformes à un type homologué par le ministre des transports. Dans ce cas, les dispositifs susceptibles d'occasionner une usure superficielle du flanc d'un pneumatique, tels que par exemple le galet d'entraînement du générateur électrique des cycles, doivent être disposés de façon à ne pas pouvoir entrer en contact avec les surfaces rétroréfléchissantes.

Les dispositifs décrits au présent article doivent être maintenus suffisamment propres pour être efficaces.

Art. 45 *a* *(Abrogé par Arr. du 7 juill. 1995, art. 33, à compter du 17 juin 1999, mod. par Arr. du 3 sept. 1997, art. 10) (Arr. du 15 nov. 1988)* ***« Le projecteur pour cyclomoteur prévu à l'article R. 195 (2ᵉ alinéa), du code de la route et la source lumineuse l'équipant doivent être conformes à un type agréé. »***

(Arr. du 16 juin 1982) ***« L'agrément est accordé aux dispositifs qui satisfont aux conditions d'un cahier des charges approuvé par le ministre des transports.***

« Le projecteur pour cyclomoteur doit satisfaire aux prescriptions des articles 11 à 16 du présent arrêté. Toutefois, le faisceau devra en toute circonstance être rabattu de 2 cm par mètre au moins et de 5 cm par mètre au plus. »

Art. 45 *b* *(Arr. du 16 juin 1982 ; Arr. du 27 août 1982)* La lanterne *(Arr. du 24 juin 2020)* « ou feu de position avant », le feu rouge arrière et le générateur électrique pour cycle *(Arr. du 24 juin 2020)* « ou engins de déplacement personnel motorisés » prévus *(Arr. du 24 juin 2020)* « aux articles R. 313-4 et R. 313-5 » du code de la route doivent être conformes à un type agréé. *(Arr. du 15 nov. 1988)* « Les lampes équipant ces feux doivent également être conformes à un type agréé. »

L'agrément est accordé aux dispositifs qui satisfont aux conditions d'un cahier des charges approuvé par le ministre des transports.

(Arr. du 5 août 1999) « Sont acceptés les dispositifs conformes à des normes ou réglementations techniques en vigueur dans un autre État de l'Union européenne ou partie à

l'accord instituant l'Espace économique européen, reconnues comme assurant un niveau de sécurité équivalant au cahier des charges visé à l'alinéa précédent. »

Art. 45 c *(Arr. du 18 avr. 1988)* Les cycles peuvent comporter à l'arrière et à gauche un dispositif "écarteur de danger".

Le dispositif sera constitué d'un bras de couleur orangé comportant à l'une de ses extrémités une pièce de liaison au cycle et à l'autre extrémité un catadioptre de couleur rouge et un catadioptre de couleur blanche.

Le bras support sera fixé à la pièce de liaison au moyen d'un axe autour duquel il devra s'effacer à l'application d'un couple, dans les deux sens et dans des conditions statiques de moins de 0,12 m daN dont le moment est parallèle à l'axe de rotation.

Le dispositif ne devra comporter aucune partie pointue, tranchante, constituant un angle vif ou une saillie dangereuse susceptible de présenter un danger notable pour les autres usagers de la route. Les parties du dispositif susceptibles d'entrer en contact avec un usager de la route devront présenter en bordure une dureté inférieure à 60 shores et un rayon de courbure supérieur à 2,25 millimètres.

La longueur hors tout du dispositif sera comprise entre 300 et 400 mm.

La distance de l'axe de rotation au centre de référence des catadioptres sera comprise entre 250 et 350 mm.

Les catadioptres seront conformes aux prescriptions des catadioptres de classe I A du règlement n° 3 annexé à l'accord de Genève du 20 mars 1958.

L'écarteur de danger sera fixé au cycle à l'arrière du plan vertical passant par l'avant de la roue arrière et perpendiculaire au plan longitudinal de symétrie du cycle. Les plages éclairantes des catadioptres seront à une distance du sol comprise entre 0,35 et 0,90 mètre et dans un plan vertical perpendiculaire au plan longitudinal du cycle.

Le catadioptre rouge sera dirigé vers l'arrière et le catadioptre blanc vers l'avant du cycle. La présence du catadioptre blanc sur le dispositif est facultative.

TITRE V DISPOSITIONS SPÉCIALES AUX VÉHICULES À TRACTION ANIMALE ET AUX VOITURES À BRAS

Art. 46 Les dispositifs réfléchissants prévus par l'article 215 du code de la route doivent être conformes à des types agréés dans les conditions prévues à l'article 31 du présent arrêté.

Ces dispositifs doivent être placés verticalement à une distance du sol comprise entre 0,40 et 0,90 mètre.

Art. 47 Les dispositions des articles 37, 40, 41 et 42 du présent arrêté sont applicables aux véhicules à traction animale transportant des pièces de grande longueur ou des bois en grumes.

TITRE VI DISPOSITIONS SPÉCIFIQUES POUR CERTAINS VÉHICULES D'INTERVENTION

(Arr. du 12 mai 2021, art. 9)

Art. 47-1 *Véhicules d'incendie et de secours.* Les dispositions suivantes s'appliquent aux véhicules d'intervention des services d'incendie et de secours et des unités militaires investies à titre permanent des missions de sécurité civile.

1. — Les projecteurs de route et de croisement des véhicules tout-terrain destinés à combattre les feux de forêt peuvent être installés jusqu'à une hauteur de 1,50 m. Le faisceau de croisement sera toutefois rabattu d'au moins 2,5 cm/m. Les blocs de signalisation arrières, lorsque la forme, la structure, la conception ou les conditions de fonctionnement du véhicule rendent impossible le respect des hauteurs maximales d'installation, peuvent être installés à une hauteur ne dépassant pas 2,80 m au-dessus du sol en respectant les règles de visibilité géométrique.

2. — Les véhicules remorqués d'incendie et de secours, d'un PTAC < 750 kg, sont dispensés de feux stop, d'indicateurs de changement de direction et de feux de brouillard, si les feux correspondants du tracteur sont visibles pour tout conducteur venant de l'arrière et si leur signalisation rétroréfléchissante arrière est renforcée par des dispositifs conformes aux dispositions de l'article 2 *ter* de l'arrêté du 20 janvier 1987 relatif à la signalisation complémentaire des véhicules d'intervention urgente.

Dans ce cas, une mention spéciale est portée sur le procès-verbal de réception aux fins de report sur le certificat d'immatriculation des remorques d'un PTAC > 500 kg. Cette mention est : "Article 47.2 de l'arrêté du 16 juillet 1954 relatif à l'éclairage et la signalisation des véhicules".

3. — Les véhicules d'incendie et de secours peuvent être équipés de feux de balisage orange, sous réserve que leur fonctionnement soit asservi à la mise en station du véhicule (frein à main et/ ou autre).

4. — Les véhicules d'incendie et de secours peuvent être équipés de feux de manœuvre conformes aux dispositions du point 6.26 du règlement de Genève n° 48.

5. — Marquage grande visibilité arrière.

Lorsque le fabricant peut prouver au service en charge des réceptions, qu'en raison d'exigences opérationnelles susceptibles d'imposer au véhicule une forme, une structure ou une conception spéciales, il est impossible de se conformer aux dispositions du règlement de Genève n° 104, et aux prescriptions relatives aux marquages à grande visibilité du règlement de Genève n° 48, applicables à la signalisation complémentaire arrière, par marquages de grande visibilité, de couleur rouge ou jaune, on peut se contenter du respect partiel de ces prescriptions.

6. — Les blocs de signalisation peuvent être protégés par l'ajout d'une plaque de protection transparente (par exemple Plexiglas ou polycarbonate) ou par des grilles composées de fil de 6 mm de diamètre. Dans le cas d'une grille de protection, les barres verticales et horizontales sont positionnées en limite séparative des fonctions du feu et en bordure du bloc de signalisation. Ces dispositifs devront cependant respecter les dispositions de l'arrêté du 19 décembre 1958 modifié relatif à l'aménagement des véhicules automobiles, et notamment ses articles 1er et 2.

7. — Feux de position latéraux.

Lorsque la forme, la structure, la conception ou les conditions de fonctionnement du véhicule rendent impossible l'installation d'un feu de position latéral à moins d'un mètre de l'arrière du véhicule, cette distance peut être dépassée sans excéder 1,2 mètre.

Art. 47-2 *Véhicules des services responsables du maintien de l'ordre public.* Les dispositions suivantes s'appliquent aux véhicules des services de police et de gendarmerie :

1. — Les véhicules utilitaires de la police nationale et de la gendarmerie, dont le PTAC ne dépasse pas 3,5 tonnes, peuvent être équipés d'une signalisation complémentaire par marquages de grande visibilité, de couleur blanche ou jaune, conformes aux dispositions du règlement de Genève n° 104, et installés conformément aux prescriptions relatives aux marquages à grande visibilité du règlement de Genève n° 48.

Ces véhicules pourront comporter un marquage POLICE ou GENDARMERIE non strictement conforme au règlement de Genève n° 104.

2. — Les blocs de signalisation peuvent être protégés par l'ajout d'une plaque de protection transparente (par exemple Plexiglas ou polycarbonate) ou par des grilles composées de fil de 6 mm de diamètre. Dans le cas d'une grille de protection, les barres verticales et horizontales sont positionnées en limite séparative des fonctions du feu et en bordure du bloc de signalisation. Ces dispositifs devront cependant respecter les dispositions de l'arrêté du 19 décembre 1958 modifié relatif à l'aménagement des véhicules automobiles, et notamment ses articles 1er et 2.

3. — Les véhicules des services de police et de gendarmerie peuvent être équipés de feux de manœuvre conformes aux dispositions du point 6.26 du règlement de Genève n° 48.

TITRE VII DISPOSITIONS TRANSITOIRES ET DIVERSES. DÉLAIS D'APPLICATION

Le titre VI devient le titre VII (Arr. du 12 mai 2021, art. 10).

Art. 48 *Al. 1er et 2 abrogés par Arr. du 31 janv. 1968.*

(Arr. du 3 mai 1957) « Les dispositions prévues aux articles nouveaux 3, 3 *bis*, 4, 5, 6, 7, 9, 10 et 15 sont applicables aux véhicules qui seront mis en circulation à partir du 1er mai 1957. »

Art. 48-1 *(Arr. 31 janv. 1968 ; Arr. du 20 nov. 1969)* Les dispositions du deuxième alinéa de l'article R. 82 du code de la route (Feux de position) sont applicables à partir du 1er janvier 1970. L'obligation d'être conforme à un type agréé ne sera applicable qu'aux feux de position montés sur les véhicules mis en circulation à dater du 1er janvier 1970.

(Arr. du 28 juin 1979) « La disposition de l'article R. 82 du code de la route imposant aux remorques et semi-remorques d'une largeur de plus de 1,60 m d'être munies à l'avant de

feux de position n'est applicable qu'aux véhicules mis en circulation à dater du 1er octobre 1980. »

Art. 48-2 *(Arr. du 31 janv. 1968 ; Arr. du 20 nov. 1969)* Les dispositions de l'article R. 85 du code de la route (Feux rouge arrière) ainsi que celles prévues à l'article 18 du présent arrêté sont applicables aux véhicules mis en circulation à dater du 1er janvier 1955. Elles ne sont pas applicables aux véhicules mis en circulation avant cette date qui peuvent continuer à n'être munis que d'un seul feu rouge arrière.

Toutefois :

a) L'obligation pour les feux rouge arrière de s'allumer en même temps que les feux de brouillard, prévue à l'article R. 85 du code de la route, est applicable à partir du 1er janvier 1970 ;

b) L'obligation d'être conformes à un type agréé ne sera applicable qu'aux feux rouges arrière montés sur les véhicules mis en circulation à dater du 1er janvier 1970.

Art. 48-3 *(Arr. du 20 nov. 1969)* L'obligation pour le dispositif d'éclairage de la plaque d'immatriculation de s'allumer en même temps que les feux de brouillard prévue à l'article R. 87 du code de la route est applicable à partir du 1er janvier 1970.

Art. 48-4 *(Arr. du 28 juin 1979)* Les dispositions de l'article R. 86 du code de la route et de l'article 20 du présent arrêté relatives aux feux d'encombrement (feux de gabarit) sont applicables aux véhicules mis en circulation à dater du 1er octobre 1980.

Les véhicules mis en circulation avant cette date sont soumis aux seules dispositions ci-après :

Tout feu d'encombrement (feu de gabarit) doit être placé à l'extrémité de la largeur hors tout du véhicule ou de son chargement. Il peut être confondu à l'avant avec un feu de position, à l'arrière avec un feu rouge arrière lorsque le bord extérieur de la plage éclairante de ceux-ci est situé à moins de 5 cm de l'extrémité de la largeur hors tout du véhicule ou de son chargement.

Lorsqu'un feu d'encombrement (feu de gabarit) est distinct du feu de position ou du feu rouge arrière correspondant, sa plage éclairante doit se trouver à une distance du sol comprise entre 0,60 m et 1,90 m, mesurée sur le véhicule à vide, et son intensité lumineuse doit être au plus égale à celle du feu de position ou du feu rouge arrière correspondant.

En outre, tout feu d'encombrement (feu de gabarit) arrière distinct doit être placé plus haut que le feu rouge arrière correspondant.

Art. 49 *(Arr. du 20 nov. 1969)* Les dispositions prévues à l'article R. 88 du code de la route (Signaux de freinage, feux stop) ainsi que celles prévues à l'article 22 du présent arrêté sont applicables à tous les véhicules automobiles et à leurs remorques.

Toutefois :

a) L'obligation d'être conformes à un type agréé ne sera applicable qu'aux signaux de freinage montés sur les véhicules mis en circulation après le 1er janvier 1970.

b) Les véhicules mis en circulation avant le 1er janvier 1970 pourront ne comporter qu'un signal de freinage.

(Arr. du 28 juin 1979) « *c)* L'obligation pour les feux stop d'être de couleur rouge prévue à l'article R. 88 du code de la route n'est applicable qu'aux véhicules mis en circulation à dater du 1er octobre 1980. Les feux stop des véhicules mis en circulation avant cette dernière date peuvent continuer à émettre soit de la lumière rouge soit de la lumière orangée. »

Art. 50 *(Arr. du 28 juin 1979)* « Les dispositions prévues aux articles 23 à 30 du présent arrêté sont applicables aux véhicules réceptionnés à dater du 1er janvier 1970. Toutefois les indicateurs de changement de direction des véhicules mis en circulation avant le 1er octobre 1980 peuvent émettre soit une lumière orangée vers l'avant et vers l'arrière, soit une lumière blanche ou orangée vers l'avant, rouge ou orangée vers l'arrière. »

(Arr. du 20 nov. 1969) Les véhicules réceptionnés avant le 1er janvier 1970 et mis en circulation avant cette date restent soumis aux dispositions prévues par les anciens articles 23 à 30 reproduits en note *a* ci-après, les dispositions de l'article 30 n'étant toutefois pas applicables aux véhicules mis en circulation avant le 1er juillet 1955.

Les véhicules réceptionnés avant le 1er janvier 1970 et mis en circulation après cette date restent soumis aux dispositions des articles 23 à 30 reproduits en note *a* ci-après, toutefois les indicateurs de changement de direction devront être à position fixe et à lumière clignotante.

L'obligation pour les remorques et semi-remorques de comporter des indicateurs de changement de direction, prévue à l'article R. 89 du code de la route, est applicable à partir du 1er janvier 1970.

Art. 50-1 *(Arr. du 20 nov. 1969)* L'obligation prévue à l'article R. 92-4° du code de la route de signaler les chargements dépassant la largeur hors tout du véhicule est applicable à partir du 1er janvier 1970.

Art. 50-2 *(Arr. du 28 juill. 1971)* Les prescriptions de l'alinéa *c* de l'article 34 modifié par le présent arrêté sont applicables aux feux de brouillard des véhicules mis en circulation à partir du 1er janvier 1973.

A dater du 1er janvier 1975 aucun feu de brouillard ne pourra être mis en vente s'il n'est pas d'un type homologué.

(Arr. du 28 juin 1979) « La prescription de l'article 35 relative à la couleur blanche des feux de marche arrière n'est applicable qu'aux feux des véhicules mis en circulation à dater du 1er octobre 1980. Les véhicules mis en circulation avant cette date peuvent être munis de feux émettant une lumière blanche ou orangée. »

Art. 50-3 *(Arr. du 19 déc. 1977)* L'obligation, pour les véhicules visés à l'article 42 *c*, de comporter un dispositif complémentaire de signalisation arrière prend effet :

A compter du 1er juillet 1978 pour les véhicules mis en circulation à partir de cette date ;

A compter du 1er juillet 1979 pour les véhicules à moteur dont le poids total autorisé en charge dépasse 11 tonnes, les véhicules articulés et les remorques en circulation ;

A compter du 1er janvier 1980 pour tous les véhicules en circulation.

Art. 50-4 *(Arr. du 28 juin 1979)* L'obligation du feu signal de détresse prévue à l'article R. 92-8°) du code de la route et à l'article 30 *a* du présent arrêté est applicable aux véhicules mis en circulation à dater du 1er octobre 1980.

Art. 50-5 *(Arr. du 28 juin 1979)* Les prescriptions relatives aux catadioptres avant pour les remorques et semi-remorques ainsi que les prescriptions relatives aux catadioptres latéraux, prévues aux deux derniers alinéas de l'article R. 91 du code de la route et aux articles 32 *a* et 32 *b* du présent arrêté, sont applicables aux véhicules mis en circulation à dater du 1er octobre 1980.

Art. 51 *(Arr. du 11 août 1970)* Les dispositions prévues à l'article R. 150 du code de la route et relatives à l'obligation pour les tracteurs agricoles, machines agricoles automotrices et matériels de travaux publics automoteurs de comporter des feux de croisement, deux feux rouges arrière et des indicateurs de changement de direction sont applicables :

(Arr. du 22 sept. 1972) « Aux véhicules produits ou importés à dater du 1er septembre 1970 ;

« Aux véhicules mis en circulation à dater du 1er septembre 1971 quelle que soit leur date de fabrication ;

« A tous les véhicules, à dater du 1er septembre 1973.

« Toutefois, les véhicules produits ou importés avant le 1er septembre 1970 et mis en circulation avant le 1er septembre 1971 » pourront ne comporter qu'un seul feu rouge arrière. Ils devront porter les feux de croisement prévus à l'article R. 84 du code de la route s'ils circulent la nuit, ou le jour, lorsque les circonstances l'exigent, notamment par temps de brouillard.

Les dispositions prévues à l'article R. 151 du code de la route et relatives à l'obligation pour les véhicules et appareils agricoles remorqués d'être munis à l'arrière de feux rouges, d'indicateurs de changement de direction et d'un éclairage de la plaque d'identification ou d'immatriculation arrière sont applicables à partir du 1er septembre 1971.

Les dispositions prévues au même article et concernant l'obligation pour les matériels de travaux publics remorqués d'être munis à l'arrière de deux feux rouges et d'indicateurs de changement de direction sont applicables à partir du 1er septembre 1971.

Jusqu'à ces dates, ces véhicules pourront circuler :

De jour, sans être munis d'aucun feu de signalisation ; de nuit, et de jour, lorsque les circonstances l'exigent, notamment par temps de brouillard, en étant munis d'un feu rouge répondant aux conditions prévues à l'article R. 85 du code de la route, qui pourra être porté à la main par un convoyeur se trouvant immédiatement à côté et à gauche du véhicule. Dans ce dernier cas, la plaque d'identification des remorques agricoles est dispensée d'être pourvue d'un système d'éclairage propre.

L'obligation pour les feux de position, les feux rouges arrière, les signaux de freinage et les indicateurs de changement de direction d'être d'un type agréé, ainsi que les prescriptions de l'article 43 *d* du présent arrêté, ne sont applicables qu'aux véhicules mis en circulation à dater du 1er septembre 1971. A partir de cette dernière date, il ne devra plus être mis en vente des équipements amovibles de signalisation pour remorques comportant des dispositifs non agréés.

Art. 52 *(Arr. du 18 avr. 1988)* Les dispositions prévues à l'article R. 175 du code de la route sont applicables aux motocyclettes et à leurs remorques mises en circulation à compter de la publication du présent arrêté. Toutefois, par dérogation aux dispositions qui précèdent, les dispositions relatives à l'obligation d'être munies de dispositifs indicateurs de changement de direction, celle prévue au deuxième alinéa du 2° *a* de l'article 44 ci-dessus, ainsi que celles relatives à l'obligation pour certains dispositifs d'être conformes à un type agréé prescrites aux articles 17, 18, 22 et 23 ci-dessus sont applicables aux motocyclettes réceptionnées par type à dater du 1er mars 1988 et aux motocyclettes mises en circulation à compter du 1er mars 1989.

Les dispositions prévues à l'article R. 177 du code de la route sont applicables aux tricycles et quadricycles à moteur mis en circulation à compter de la publication du présent arrêté. Toutefois, par dérogation aux dispositions qui précèdent, les dispositions relatives au nombre de feux prévus à l'article 44 ci-dessus et à la conformité des dispositifs à un type agréé sont applicables aux tricycles à moteur réceptionnés par type à dater du 1er mars 1988 et mis en circulation à compter du 1er mars 1989.

(Arr. du 15 nov. 1988) « Les cycles et cyclomoteurs en circulation antérieurement au 1er octobre 1983 devront être également équipés des dispositifs réfléchissants visibles latéralement prévus à l'article 45 du présent arrêté à dater du 1er juillet 1989. »

(Arr. du 7 juill. 1982) « Les cycles et cyclomoteurs vendus neufs à dater du 1er octobre 1983 doivent être équipés des dispositifs réfléchissants visibles latéralement prévus à l'article 45 du présent arrêté.

« Les dispositions du précédent alinéa ne s'appliquent pas aux cycles dont les pneumatiques ont une largeur nominale de boudin (mesurée sous pression de 2,5 bar selon la norme ETRTO) inférieure à 25 mm, et aux cycles dont le diamètre nominal de jante n'excède pas 451 mm, sauf si ces cycles sont équipés d'une lanterne et d'un feu rouge arrière.

« La présence des dispositifs réfléchissants visibles latéralement est facultative sur tous les cycles et cyclomoteurs pour lesquels elle n'est pas obligatoire. »

Art. 53 *(Arr. du 20 nov. 1969)* L'obligation pour les cyclomoteurs d'être munis d'un projecteur d'un type agréé prévue à l'article R. 195 du code de la route est applicable aux véhicules mis en circulation à partir du 1er septembre 1970.

L'obligation pour les pédales de cycles de comporter des dispositifs réfléchissants de couleur orangée est applicable aux véhicules vendus à partir du 1er septembre 1970.

(Arr. du 27 août 1982) « L'obligation pour les cycles d'être munis d'une lanterne, d'un feu rouge arrière et d'un générateur électrique d'un type agréé prévue à l'article R. 195 du code de la route est applicable aux cycles mis en vente à partir du 1er octobre 1983. » *(Arr. du 5 août 1999)* « Toutefois, à titre transitoire, pour les cycles non munis d'un générateur à dynamo et mis en vente avant le *(Arr. du 10 sept. 1999)* « 1er juillet 2000 », il n'est pas nécessaire que la lanterne et le feu rouge arrière soient agréés, sous réserve que ces dispositifs soient conçus et construits de telle façon que, dans les conditions normales d'utilisation et en dépit des vibrations auxquelles ils peuvent alors être soumis, l'éclairage produit soit d'intensité fixe, non éblouissant et visible la nuit par temps clair à une distance de 100 mètres. »

(Arr. du 8 avr. 1999) « L'obligation pour les cycles d'être munis à l'avant d'un dispositif réfléchissant de couleur blanche est applicable aux cycles vendus à partir du 1er septembre 1999. »

Art. 54 Les dispositions prévues à l'article 215 du code de la route et qui concernent les dispositifs réfléchissants avant et arrière des véhicules à traction animale sont applicables à partir du 1er juillet 1955.

Art. 54-1 *(Arr. du 14 nov. 1979 ; Arr. du 24 mars 1993)* Les dispositions du présent arrêté, autres que celles concernant les dispositifs complémentaires de signalisation arrière pour les véhicules à moteur et leurs remorques, ne s'appliquent pas aux véhicules ayant fait l'objet d'une réception conformément soit à la directive (CEE) n° 76-756 relative à l'installation des dispositifs d'éclairage et de signalisation lumineuse des véhicules à moteur et de leurs remorques, modifiée par la directive (CEE) n° 91-663 lui portant adaptation au progrès technique, soit à la directive (CEE) n° 78-933 relative à l'installation des dispositifs d'éclairage et de signalisation lumineuse des tracteurs agricoles ou forestiers à roues.

Art. 54-2 *(Arr. du 15 nov. 1988)* Les dispositions prévues aux articles 17, 18, 20, 21, 22, 23, 34, 34 *a*, 35, 36, 43 *b*, 43 *c*, 45 *a* et 45 *b* ci-dessus et relatives à l'agrément des lampes équipant les dispositifs d'éclairage et de signalisation ne sont applicables qu'aux feux des véhicules mis en circulation à dater du 1er octobre 1988.

La mise en vente de lampes non agréées destinées aux dispositifs d'éclairage et de signalisation est interdite à dater du 1er octobre 1988.

Art. 54-3 *(Arr. du 24 oct. 1994)* Les véhicules des catégories internationales N2, N3, O3 et O4 mis en circulation à partir du 1er mai 1995 et les véhicules de catégorie M3 dont le poids total autorisé en charge dépasse 7,5 tonnes mis en circulation à partir du 1er janvier 1996, à l'exception des autobus et des châssis-cabines, doivent être équipés, lorsque leur longueur excède 6 mètres, de feux de position latéraux de type SM1 conformes aux dispositions du règlement n° 91 annexé à l'accord de Genève du 20 mars 1958, et installés conformément aux prescriptions *(Arr. du 28 nov. 2007)* « relatives aux feux de position latéraux du règlement n° 48 annexé à l'accord de Genève du 20 mars 1958.

« Les dispositions de l'alinéa précédent sont applicables, lorsque leur longueur excède 6 mètres, aux véhicules des catégories M1, N1, M2, M3 dont le poids total autorisé en charge ne dépasse pas 7,5 tonnes, O1 et O2, mis en circulation à partir du 1er janvier 2008. »

Dans les cas des semi-remorques à col de cygne, la distance entre l'avant du véhicule et le feu de position latéral le plus avancé peut excéder 3 mètres sans dépasser 4 mètres.

(Arr. du 28 nov. 2007) « Dans le cas des véhicules aménagés de façon spécifique pour le transport des bennes amovibles, pour lesquels le respect de l'article 10-3 (*ter*) de l'arrêté du 19 décembre 1958 relatif à l'aménagement des véhicules automobiles nécessite l'installation d'un dispositif anti-encastrement arrière extensible, l'absence de feu de position sur le dispositif anti-encastrement lui-même est acceptable sous réserve que le feu de position situé sur le véhicule lui-même soit positionné le plus en arrière possible par rapport à l'extrémité arrière du véhicule. »

Art. 54-4 *(Arr. du 16 déc. 2005)* Les dispositions des articles 43 *g*, 43 (*m*) *bis* et 43 (*n*)-1 à 43 (*n*)-4 du présent arrêté sont applicables aux nouveaux types de véhicules à compter du 1er mars 2006.

Art. 54-5 *(Arr. du 28 avr. 2015)* Les véhicules neufs des catégories internationales M, N et O, immatriculés à compter du 1er avril 2016, doivent être conformes aux prescriptions techniques du règlement n° 48 série 05 ou ultérieure d'amendements, annexé à l'accord de Genève du 20 mars 1958 pour ce qui concerne l'installation des dispositifs d'éclairage et de signalisation lumineuse.

(Arr. du 12 mai 2021, art. 11) « Les véhicules des catégories internationales M, N et O faisant l'objet d'une réception nationale par type de petites séries, telle que définie aux articles 42 et 43 du règlement (UE) n° 2018/858 du Parlement européen et du Conseil du 30 mai 2018 relatif à la réception et à la surveillance du marché des véhicules à moteur et de leurs remorques, ainsi que des systèmes, composants et entités techniques distinctes destinés à ces véhicules, modifiant les règlements (CE) n° 715/2007 et (CE) n° 595/2009 et abrogeant la directive 2007/46/CE doivent être conformes aux prescriptions techniques du règlement n° 48 série 06 ou ultérieure d'amendements, annexé à l'accord de Genève du 20 mars 1958 pour ce qui concerne l'installation des dispositifs d'éclairage et de signalisation lumineuse. »

Art. 55 Sont abrogés :

L'arrêté ministériel du 28 juillet 1923 ;

L'arrêté ministériel du 10 octobre 1933, modifié par les arrêtés des 12 mai 1936, 10 juin 1947, 23 mai 1949 et 13 juillet 1949 ;

L'arrêté ministériel du 29 février 1936 ;

Les alinéas 1, 2 et 4 de l'article 6 de l'arrêté ministériel du 1er mars 1951, concernant les plaques d'immatriculation ;

L'arrêté ministériel du 7 juin 1948 modifié par les arrêtés des 17 décembre 1948 et 10 août 1949.

Note A

23 Les indicateurs de changement de direction sont placés de part et d'autre du plan de symétrie du véhicule. Ils doivent appartenir à l'un des types prévus aux articles 24, 25 et 26 ci-après.

24 Un indicateur de changement de direction peut être constitué par au moins un bras effaçable ; ce bras, pour donner l'avertissement, peut soit rester en position horizontale, soit osciller au voisinage de cette position. Il doit comporter à son extrémité un feu fixe ou clignotant émettant vers l'avant et vers l'arrière une lumière orangée non éblouissante.

Le bras doit se trouver à une distance du sol comprise entre 0,60 mètre et 1,90 mètre. Il doit avoir une longueur suffisante pour que l'extrémité de la plage éclairante fasse saillie de 0,15 mètre au moins sur le maître-couple du véhicule et de son chargement.

(Arr. du 8 août 1956) « Pour les véhicules de transport en commun de personnes affectés à des transports urbains ou suburbains, la hauteur maximum du bras est portée de 1,90 mètre à 2,10 mètres. »

25 Un indicateur de changement de direction peut être constitué au moins par un feu clignotant placé sur la partie avant du véhicule et par un feu clignotant placé sur la partie arrière du véhicule, ces feux émettant soit une lumière orangée vers l'avant et vers l'arrière, soit une lumière blanche ou orangée vers l'avant et rouge ou orangée vers l'arrière non éblouissantes.

Ces feux doivent être placés de telle sorte que le point de la plage éclairante le plus éloigné du plan longitudinal de symétrie du véhicule se trouve : soit en saillie sur la paroi latérale du véhicule, soit le plus près possible et en tout cas à moins de 0,40 mètre de l'extrémité de la largeur hors tout du véhicule et que le point de la plage éclairante le plus proche du plan de symétrie soit à plus de 0,30 mètre de ce dernier point.

26 Un indicateur de changement de direction peut être constitué par un feu clignotant unique émettant soit une lumière orangée vers l'avant et vers l'arrière, soit une lumière blanche ou orangée vers l'avant, rouge ou orangée vers l'arrière non éblouissantes.

Ce feu doit être placé sur la paroi latérale du véhicule de telle sorte que la plage éclairante se trouve à une distance du sol comprise entre 0,50 mètre et 1,90 mètre et fasse saillie sur le maître-couple du véhicule et de son chargement.

27 La fréquence des feux clignotants doit être comprise entre 60 et 120 périodes par minute.

28 L'intensité lumineuse des feux et la forme des plages éclairantes doivent être telles que le signal attire même en plein jour l'attention des autres usagers de la route.

29 Le nombre et l'emplacement des feux doivent être tels que :

a) L'un au moins des feux soit visible pour un autre usager de la route s'approchant du véhicule considéré par l'avant ou par l'arrière ;

b) Lorsque le véhicule a une longueur supérieure à 6 mètres, l'un au moins des feux soit visible pour un autre usager venant de l'arrière et s'avançant le long du véhicule considéré jusqu'à une distance de 1 mètre du dossier du siège avant.

30 Un signal avertisseur optique ou acoustique facilement perceptible par le conducteur du véhicule doit renseigner ce conducteur sur l'allumage effectif du feu le plus visible de l'arrière, à moins que le conducteur ne puisse s'assurer directement de cet allumage.

Arrêté du 4 juillet 1972,

Relatif aux feux spéciaux des véhicules à progression lente.

Art. 1er Les véhicules à progression lente définis et énumérés dans la liste figurant en annexe au présent arrêté pourront, en sus de l'éclairage et de la signalisation prévus par le code de la route, être équipés de feux spéciaux afin de signaler leur présence aux usagers de la route.

Art. 2 Les feux spéciaux seront soit des feux tournants, soit des feux à tube à décharge, soit des feux clignotants émettant de la lumière jaune orangée.

Art. 3 Les feux spéciaux définis à l'article 2 ci-dessus devront être conformes à un type agréé.

(Arr. du 27 nov. 1989) « L'homologation sera accordée aux dispositifs qui auront satisfait aux conditions d'un cahier des charges approuvé par le ministre de l'équipement, du logement, des transports et de la mer ou aux prescriptions uniformes relatives à l'homologation des feux spéciaux d'avertissement pour automobiles du règlement nº 65 annexé à l'accord du 20 mars 1958 concernant l'adoption de conditions uniformes d'homologation

et la reconnaissance réciproque de l'homologation des équipements et pièces de véhicules à moteur. » — *V. ce cahier des charges au JO 10 août 1972.*

Art. 4 Les feux spéciaux visés ci-dessus devront dans tous les cas être situés le plus haut possible au-dessus du plus haut feu indicateur de changement de direction porté par le véhicule.

Les feux tournants ou les feux à tube à décharge seront placés dans la partie supérieure des véhicules, soit dans leur plan longitudinal médian, soit symétriquement par rapport à ce plan et si possible être visibles dans tous les azimuts, les véhicules étant à vide, pour un observateur situé à 50 mètres.

(Arr. du 8 juin 2004, art. 2) « Pour les véhicules dont la forme extérieure est dissymétrique, la règle de placement des feux tournants et des feux à tubes à décharge définie ci-dessus peut ne pas être respectée, sous réserve du respect des conditions de visibilité. »

Les feux clignotants seront placés dans la partie supérieure des véhicules et répartis sur chacun de leurs côtés, le plus près possible des extrémités de leur largeur hors tout et être au moins visibles pour un observateur situé à 50 mètres soit à droite soit à gauche du véhicule.

Art. 5 La signalisation des véhicules sera réalisée :

Par au moins soit un feu tournant, soit un feu à tube à décharge.

Dans le cas où le chargement ou la configuration du véhicule ne permet pas la visibilité du feu tournant ou du feu à tube à décharge dans tous les azimuts, ce feu sera placé à l'avant du véhicule, et au choix un deuxième feu tournant ou tube à décharge, ou deux feux clignotants seront placés dans la partie arrière.

(Arr. du 25 juill. 2019) « A l'exception des véhicules engins de service hivernal remorqués, le nombre de feux spéciaux montés sur les véhicules n'excède pas quatre feux tournants ou tube à décharge et quatre feux clignotants. »

Art. 6 Les véhicules énumérés aux points III et IV de l'annexe au présent arrêté ne pourront faire usage des feux spéciaux que lorsque leurs conditions d'utilisation rendent l'emploi de ces feux nécessaire.

Art. 7 Les feux spéciaux devront fonctionner simultanément à partir d'une seule commande munie d'un voyant lumineux permettant de s'assurer de leur mise en service.

ANNEXE

À L'ARRÊTÉ DU 4 JUILLET 1972 RELATIF AUX FEUX SPÉCIAUX DES VÉHICULES À PROGRESSION LENTE

I. Véhicules dont la vitesse par construction est inférieure ou égale à 45 kilomètres/heure

(Arr. du 28 janv. 2000)

« 1.1. Tracteurs agricoles, machines agricoles automotrices et matériels forestiers automoteurs définis à l'article *(Arr. du 8 juin 2004)* « R. 311-1 » du code de la route.

« 1.2. Engins spéciaux définis à l'article *(Arr. du 8 juin 2004)* « R. 311-1 » du code de la route.

« 1.3. Quadricycles légers à moteur définis à l'article *(Arr. du 8 juin 2004)* « R. 311-1 » du code de la route, y compris ceux immatriculés sous l'ancienne appellation de genre "CYCL" et de carrosserie "VTTE" ».

II. Véhicules et matériels de travaux publics automoteurs dont la vitesse est limitée sur route à 25 kilomètres-heure par l'article R. 413-12 du code de la route

(Arr. du 8 juin 2004).

2.1. Parmi ces véhicules seuls seront pris en considération les véhicules définis et énumérés sous la rubrique Catégorie II de l'annexe à la circulaire n° 42 du 7 avril 1955 relative à l'application aux matériels de travaux publics des dispositions du code de la route.

III. Véhicules remorquant un matériel agricole ou un matériel de travaux publics dont la vitesse est limitée sur route à 25 kilomètres-heure par l'article R. 413-12 du code de la route (Arr. du 8 juin 2004).

IV. Véhicules contraints par nécessité de service de circuler lentement ou de stationner fréquemment sur les chaussées

4.1. Véhicules définis et énumérés sous la rubrique Catégorie I de l'annexe à la circulaire n° 42 du 7 avril 1955 précitée ;

4.2. Véhicules assurant la signalisation mobile des chantiers ;
4.3. Véhicules de voirie :
Arroseuses ;
Balayeuses ;
Bennes à ordures ménagères.
(Arr. du 29 juill. 1997) « Engins de service hivernal. »
4.4. Véhicules à progression rapide de catégorie A définis par l'arrêté du *(Arr. du 8 juin 2004)* « 30 octobre 1987 » relatif aux feux spéciaux des véhicules d'intervention urgente *[...]*.
(Arr. du 20 oct. 1987) « 4.9. Véhicules et engins d'intervention des services publics de l'eau et de l'assainissement. »
(Arr. du 10 janv. 2012) « 4.10. Véhicules procédant de nuit au comptage des espèces de la faune sauvage. »

V. Véhicule(s) accompagnant un groupe de plus de dix cyclistes
(Arr. du 21 août 2000)

VI. Véhicules circulant sous couvert d'une autorisation de transport exceptionnel au sens des articles R. 433-1 à R. 433-3, R. 433-5 et R. 433-8 du code de la route et leurs véhicules d'accompagnement (Arr. du 8 juin 2004).

Arrêté du 17 septembre 1987,

Fixant les conditions d'application de l'article R. 416-17 du code de la route (Arr. du 27 févr. 2007).

Art. 1er L'obligation de circuler de jour avec le feu de croisement allumé prescrite par l'article *(Arr. du 27 févr. 2007)* « R. 416-17 » du code de la route susvisé s'impose :
– aux motocyclettes dont la cylindrée excède 125 centimètres cubes et dont la date de première mise en circulation est postérieure au 1er janvier 1965 ;
– aux autres motocyclettes mises en circulation pour la première fois à compter du 1er janvier 1988 ;
(Arr. du 27 févr. 2007) « – aux cyclomoteurs mis en circulation pour la première fois à compter du 1er juillet 2004. »

Art. 2 Par dérogation aux dispositions prévues à l'article 1er ci-dessus, l'obligation de circuler de jour avec leur feu de croisement allumé ne s'impose pas aux motocyclettes équipées pour des raisons professionnelles d'émetteurs radio dont la cylindrée excède 125 centimètres cubes et dont la date de première mise en circulation est antérieure au 1er janvier 1985.

Art. 3 L'arrêté du 1er septembre 1975 fixant les conditions d'application de l'article R. 40-2 du code de la route est abrogé.

Arrêté du 30 octobre 1987,

Relatif aux dispositifs spéciaux de signalisation des véhicules d'intervention urgente.

Art. 1er *(Arr. du 23 déc. 2004, art. 1er)* En application de l'article R. 313-27 du code de la route, les véhicules d'intérêt général définis à l'article R. 311-1 du code de la route peuvent être équipés de dispositifs lumineux entrant dans l'une des deux catégories ci-après :
I. – Catégorie A réservée aux véhicules d'intérêt général prioritaire.
Les véhicules d'intervention des unités mobiles hospitalières sont ceux agissant dans le cadre d'un SAMU ou d'un SMUR.
II. – Catégorie B réservée aux véhicules d'intérêt général bénéficiant de facilités de passage.
Les véhicules d'escorte des véhicules de transport de fonds de la Banque de France peuvent être équipés suivant les mêmes dispositions.
Les engins de service hivernal ne peuvent être équipés que lorsqu'ils participent à la lutte contre le verglas ou la neige. En dehors de cette circonstance, le dispositif lumineux prévu au présent article doit être retiré. En outre, ces engins ne peuvent pas être équipés de dispositifs sonores spéciaux prévus à l'article 4 du présent arrêté.
Il ne doit être fait usage de ces dispositifs lumineux spéciaux ainsi que des avertisseurs spéciaux qu'à l'occasion d'interventions urgentes et nécessaires.

Art. 2 Les dispositifs lumineux spéciaux de la catégorie A sont constitués :

— soit de feux individuels tournants à éclats émettant une lumière bleue. Ces feux, au nombre de deux maximum, peuvent être fixes ou amovibles ;

— soit d'une rampe spéciale de signalisation dans laquelle sont groupés des feux émettant une lumière bleue.

Les feux équipant cette rampe peuvent être à faisceaux tournants ou à faisceaux stationnaires clignotants utilisant un type de lampe à incandescence ou un tube à décharge.

A cette rampe peuvent être associés, le cas échéant, des feux spéciaux à lumière orangée et des avertisseurs sonores spéciaux.

Ces dispositifs doivent être visibles tous azimuts, le véhicule étant à vide, pour un observateur situé à 50 mètres.

Lorsque l'un ou l'autre de ces dispositifs ne permet pas d'assurer une visibilité tous azimuts, cette signalisation pourra être complétée soit par une rampe, soit par un ou deux autres feux individuels.

(Arr. du 19 nov. 2008) « Ces dispositifs lumineux spéciaux peuvent être complétés par deux feux à éclat directionnel de couleur bleue, dits feux de pénétration, orientés vers l'avant du véhicule. *(Arr. du 17 déc. 2020)* « Ils peuvent continuer à être utilisés lorsque les véhicules qui en sont munis stationnent sur les lieux de leur intervention. »

« Les feux visés au présent article peuvent être à source lumineuse non à incandescence telle que diode électroluminescente. »

Art. 3 Les dispositifs lumineux spéciaux de la catégorie B sont des feux émettant une lumière bleue à faisceaux stationnaires clignotants utilisant un type de lampe à incandescence ou un tube à décharge. Ils doivent être placés dans la partie supérieure des véhicules.

La signalisation sera réalisée par un feu fixe ou amovible visible tous azimuts, le véhicule étant à vide, pour un observateur situé à 50 mètres. Dans le cas où la configuration du véhicule ne permet pas la visibilité tous azimuts, cette signalisation pourra être complétée par un deuxième feu. Ces feux devront être séparés et disposés soit dans le plan longitudinal médian du véhicule, soit symétriquement par rapport à ce plan ; la distance, dans ce dernier cas, entre les plages éclairantes des deux feux devra être supérieure à 0,60 mètre.

(Arr. du 19 nov. 2008) « Les feux visés au présent article peuvent être à source lumineuse non à incandescence telle que diode électroluminescente. »

Art. 4 Les dispositifs lumineux des catégories A et B définies ci-dessus doivent être conformes à un type agréé.

Les dispositifs sonores spéciaux pouvant équiper les véhicules d'intervention urgente doivent être conformes à un type agréé.

L'homologation est accordée aux dispositifs qui auront satisfait aux conditions d'un cahier des charges approuvé par le ministre chargé des transports ou aux prescriptions uniformes relatives à l'homologation des feux spéciaux d'avertisseur pour les automobiles du règlement n° 65 annexé à l'accord du 20 mars 1958 concernant l'adoption de conditions uniformes d'homologation et la reconnaissance réciproque de l'homologation des équipements et pièces de véhicules à moteur.

Art. 5 *(Arr. du 23 déc. 2004, art. 2)* L'autorisation d'équiper les véhicules d'intérêt général bénéficiant de facilités de passage de dispositifs lumineux spéciaux de catégorie B est délivrée par le préfet (préfet de police pour Paris) dans les conditions suivantes :

— pour les véhicules à caractère sanitaire et médical : sur proposition du directeur départemental des affaires sanitaires et sociales. En ce qui concerne les véhicules ambulances de l'armée, les conditions dans lesquelles est délivrée l'autorisation sont fixées par le ministre de la défense ;

— pour les véhicules d'intervention d'Électricité de France et de Gaz de France, pour les véhicules de transport de fonds de la Banque de France et pour les engins de service hivernal : sur proposition du directeur régional de l'environnement, de l'aménagement et du logement ou, pour les engins de service hivernal, dans le cadre de la réception du véhicule dans cette catégorie ;

— pour les véhicules d'intervention des services gestionnaires des autoroutes et routes à deux chaussées séparées et pour les véhicules du service de la surveillance de la Société nationale des chemins de fer français : sur proposition du directeur départemental de l'équipement.

Art. 6 *(Arr. du 22 oct. 1992)* « L'autorisation visée à l'article précédent est, pour les feux fixés sur les véhicules, matérialisée sur le certificat d'immatriculation par la mention *(Arr. du 23 déc. 2004, art. 3)* « FEU SP BLEU CAT B ».

« Pour les feux amovibles, cette autorisation doit être à bord du véhicule et être présentée lors de tout contrôle avec le certificat d'immatriculation du véhicule. »

Art. 7 Les dispositifs sonores spéciaux équipant les véhicules *(Arr. du 23 déc. 2004, art. 4)* « d'intérêt général » visés au paragraphe I de l'article 1er ci-dessus et mis pour la première fois en circulation à dater du 1er juillet 1988 doivent être conformes aux dispositions de l'article 4 du présent arrêté.

Art. 8 L'arrêté du 30 juin 1971 relatif aux feux spéciaux des véhicules d'intervention urgente est abrogé.

ENGINS SPÉCIAUX

Arrêté du 20 novembre 1969,

Fixant les modalités d'application de l'article R. 168 du code de la route [C. route, art. R. 312-8, R. 312-17, R. 312-24, R. 313-32, R. 314-7, R. 315-6, R. 316-10, R. 317-14, R. 317-17, R. 317-20, R. 317-28, R. 318-5, R. 321-3, R. 322-13 et R. 323-5].

Art. 1er Sont considérés comme engins spéciaux visés à l'article R. 168 du code de la route les engins automoteurs et remorqués servant à l'élévation, au gerbage ou au transport de produits de toute nature (à l'exclusion du transport de personnes autres que le conducteur et éventuellement un convoyeur) et dont la vitesse ne peut excéder par construction 25 km à l'heure.

Art. 2 *(Arr. du 14 févr. 1985)* Les engins définis à l'article 1er ci-dessus sont classés dans les trois catégories ci-après :

Catégorie A

Chariots porteurs à plate-forme fixe ou à benne *(Arr. du 15 févr. 1994)* « chariots porteurs citerne » dont :

a) La vitesse maximale par construction est comprise entre 10 et 25 km/h ;

b) La charge utile (poids du conducteur et du convoyeur éventuel non compris) est au moins égale à 40 p. 100 de son poids total autorisé en charge ;

c) La projection au sol de la surface de la plate-forme ou de la benne *(Arr. du 15 févr. 1994)* « ou de la citerne » est au moins égale à 40 p. 100 de la surface hors tout au sol de l'engin.

Catégorie B

1° Chariots munis d'un dispositif élévateur dont la vitesse ne peut par construction excéder 25 km/h.

2° Chariots porteurs à plate-forme fixe ou à benne *(Arr. du 15 févr. 1994)* « chariots porteurs citerne » dont :

a) La vitesse ne peut excéder par construction 10 km/h ;

b) La charge utile (poids du conducteur et du convoyeur éventuel non compris) est au moins égale à 40 p. 100 de son poids total autorisé en charge ;

c) La projection au sol de la surface de la plate-forme ou de la benne *(Arr. du 15 févr. 1994)* « ou de la citerne » est au moins égale à 40 p. 100 de la surface hors tout au sol de l'engin.

3° Ensembles de manutention formés par un chariot-tracteur dont la vitesse par construction ne peut excéder 25 km/h, attelé à au moins deux remorques de la cagégorie C ci-après. Les chariots-tracteurs et les remorques de ces ensembles doivent répondre respectivement aux dispositions du titre II et du titre III ci-après.

Catégorie C

Remorques.

TITRE I DISPOSITIONS APPLICABLES AUX ENGINS SPÉCIAUX DE LA CATÉGORIE A

Art. 3 Les articles R. 54, R. 55, R. 56, R. 57, R. 58, R. 59 et R. 60 du code de la route sont applicables aux engins spéciaux de la catégorie A.

Art. 4 Les articles R. 61, R. 65 et R. 66 du code de la route sont applicables aux engins spéciaux de la catégorie A. Toutefois, lorsque ces engins sont appelés à circuler normalement dans les ports, des dérogations aux articles R. 61 et R. 66 peuvent être accordées par le ministre de l'équipement et du logement.

Art. 5 Les dispositions des articles R. 69 à R. 75 inclus du code de la route sont applicables aux engins spéciaux de la catégorie A. Toutefois, les dispositions de l'article R. 70 ne leur sont pas applicables lorsqu'ils sont équipés de moteurs semi-diesel et ils ne sont pas soumis à la disposition de l'article R. 74 (2e alinéa) relative au lave-glace.

Les dispositions des arrêtés d'application ci-après leur sont également applicables :

Arrêté du 12 novembre 1963 relatif aux fumées produites par les véhicules automobiles ;

(Arr. du 28 janv. 1980) « Arrêté du 13 avril 1972 relatif au bruit des véhicules automobiles » ; — *V. ces arrêtés, vº Environnement.*

Arrêté du 2 août 1951 relatif à l'homologation des vitres et des pare-brise des véhicules automobiles.

Pour l'application de ces arrêtés, les engins spéciaux de la catégorie A seront assimilés aux véhicules industriels et commerciaux de même poids total autorisé en charge ou de même poids total roulant.

Art. 6 Tout engin spécial de la catégorie A doit être muni au moins d'un miroir rétroviseur de dimensions suffisantes disposé de façon à permettre au conducteur de surveiller du poste de conduite la route vers l'arrière du véhicule.

Art. 7 Les engins spéciaux de la catégorie A doivent être équipés d'une installation de freinage permettant de les arrêter avec la charge maximum autorisée normalement répartie, sur la distance d'arrêt indiquée ci-après et de les maintenir à l'arrêt même en l'absence du conducteur ou de toute autre personne. La vitesse d'essai étant au moins égale à 80 p. 100 de la vitesse maximale du véhicule, la distance d'arrêt exprimée en mètres et parcourue depuis le moment où le signal d'arrêt a été donné au conducteur jusqu'à l'arrêt complet ne doit pas être supérieure à 2 V2 + V (V : vitesse d'essai exprimée en myriamètres par heure).

Cette installation peut ne comporter qu'un seul dispositif de freinage, à condition que les différentes pièces composant ce dispositif unique soient assez largement dimensionnées pour donner toutes garanties de sécurité.

Le dispositif de freinage utilisable pendant la marche doit pouvoir être commandé par le conducteur depuis son poste de conduite sans abandon de l'organe de direction et agir sur les roues et trains de roulement disposés symétriquement par rapport au plan longitudinal de symétrie de l'ensemble des roues et trains de roulement du véhicule.

Art. 8 Les engins spéciaux de la catégorie A doivent être munis :

A l'avant de deux feux de position et de deux feux de croisement conformes aux dispositions des articles R. 82 et R. 84 du code de la route ;

A l'arrière de deux feux rouges et de deux dispositifs réfléchissants conformes aux dispositions des articles R. 85 et R. 91 du code de la route ;

Des dispositifs prévus par les articles R. 86 à R. 89 inclus du code de la route ;

D'un avertisseur sonore répondant aux prescriptions de l'article R. 94 du code de la route soit pour l'usage urbain, soit pour l'usage sur route.

Les dispositions de l'article R. 93 du code de la route sont applicables aux engins spéciaux de la catégorie A. Ces engins peuvent être munis des feux de stationnement prévus à l'article R. 90.

Les engins spéciaux de la catégorie A sont soumis aux dispositions du titre I de l'arrêté du 16 juillet 1954 modifié relatif à l'éclairage et à la signalisation des véhicules automobiles. — *V. cet arrêté, vº Éclairage et signalisation.*

Art. 9 Les dispositions des articles R. 97, R. 98, R. 99, R. 106 à R. 117 inclus et R. 137 du code de la route sont applicables aux engins de la catégorie A.

La puissance administrative sera calculée suivant les règles des titres I et IV de la circulaire du 28 décembre 1956 relative à la puissance administrative des différentes catégories de véhicules automobiles.

TITRE II DISPOSITIONS APPLICABLES AUX ENGINS SPÉCIAUX DE LA CATÉGORIE B

Art. 10 Les dispositions des articles R. 54, R. 55, R. 59 et R. 60 du code de la route sont applicables aux engins spéciaux de la catégorie B. La charge maximum de l'essieu le plus chargé ne doit pas dépasser 7,35 tonnes pour une distance entre essieux de 0,90 mètre et 10,5 tonnes pour une distance de 1,35 mètre. A toute augmentation de 5 cm de la distance entre les deux essieux et dans la limite de 45 cm peut correspondre un accroissement de 350 kg de la charge maximum.

Art. 11 Les dispositions des articles R. 61, R. 65 et R. 66 du code de la route sont applicables aux engins spéciaux de la catégorie B. Toutefois, lorsque ces engins sont appelés à circuler normalement dans les ports, des dérogations aux articles R. 61 et R. 66 peuvent être accordées par le ministre de l'équipement et du logement.

Art. 12 Les dispositions des articles R. 69, R. 70, R. 71, R. 73, R. 74 et R. 75 du code de la route sont applicables aux engins spéciaux de la catégorie B. Toutefois, les dispositions de l'article R. 70 ne leur sont pas applicables lorsqu'ils sont équipés de moteurs semi-diesel et ils ne sont pas soumis à la disposition de l'article R. 74 (2e alinéa) relative au lave-glace.

Les dispositions des arrêtés d'application ci-après leur sont également applicables :

Arrêté du 12 novembre 1963 relatif aux fumées produites par les véhicules automobiles ;

(Arr. du 28 janv. 1980) « Arrêté du 13 avril 1972 relatif au bruit des véhicules automobiles ».

Arrêté du 2 août 1951 relatif à l'homologation des pare-brise des véhicules automobiles.

Pour l'application de ces arrêtés, les engins spéciaux de la catégorie B seront assimilés aux véhicules industriels et commerciaux de même poids total autorisé en charge ou de même poids total roulant.

Art. 13 Tout engin spécial de la catégorie B possédant une cabine doit être muni d'au moins un miroir rétroviseur de dimensions suffisantes disposé de façon à permettre au conducteur de surveiller, de son siège, la route vers l'arrière du véhicule.

Si le champ de visibilité du conducteur en toutes directions n'est pas suffisant pour que celui-ci puisse conduire avec sûreté, le conducteur devra être guidé par un convoyeur précédant le véhicule.

Art. 14 Les dispositions de l'article 7 du présent arrêté sont applicables aux engins spéciaux de la catégorie B.

Art. 15 Les engins spéciaux de la catégorie B doivent être munis :

A l'avant de deux feux de position et de deux feux de croisement conformes aux dispositions des articles R. 82 et R. 84 du code de la route.

A l'arrière de deux feux rouges et de deux dispositifs réfléchissants conformes aux dispositions des articles R. 85 et R. 91 du code de la route.

Les dispositions de l'article R. 93 du code de la route sont applicables aux engins spéciaux de la catégorie B. Ces engins peuvent être munis des feux de stationnement prévus à l'article R. 90.

Les engins spéciaux de la catégorie B sont soumis aux dispositions du titre I de l'arrêté du 16 juillet 1954 modifié relatif à l'éclairage et à la signalisation des véhicules automobiles sous le bénéfice des aménagements suivants en faveur des chariots munis d'un dispositif élévateur :

La hauteur maximum de 1,20 mètre prescrite pour les projecteurs de croisement peut être portée à 2 mètres dans les conditions prévues à l'article 43 *(a)* de l'arrêté du 16 juillet 1954 (2e alinéa).

La hauteur maximum des feux de position peut être portée à 1,70 mètre.

(Arr. du 28 nov. 1972) « Pour les feux rouges arrière et les dispositifs réfléchissants :

« Le point de la plage éclairante ou réfléchissante le plus éloigné du plan longitudinal de symétrie du véhicule doit se trouver à moins de 0,60 mètre de l'extrémité de la largeur hors tout des véhicules dont les roues sont disposées suivant la voie large ;

« Le point de la plage éclairante ou réfléchissante le plus proche du plan longitudinal de symétrie du véhicule doit être à plus de 0,20 mètre de ce dernier ;

« La plage éclairante ou réfléchissante doit se trouver à une distance du sol comprise entre 0,30 et 1,70 mètre. »

Art. 16 Les engins spéciaux de la catégorie B doivent être munis d'un avertisseur sonore répondant aux prescriptions prévues à l'article R. 94 du code de la route soit pour l'usage urbain, soit pour l'usage sur route.

Art. 17 Les engins spéciaux de la catégorie B doivent porter une "plaque de constructeur" indiquant le nom, la marque et l'adresse du constructeur ainsi que l'indication du poids total autorisé en charge et du poids total roulant autorisé. Ces diverses inscriptions sont faites sous la responsabilité du constructeur.

Ces engins doivent en outre être munis de la plaque dite "Plaque d'exploitation" visée à l'article R. 158 du code de la route. Cette plaque, dont les dimensions minima sont de 10 cm × 5 cm doit mentionner le nom et l'adresse du propriétaire ou de la raison sociale.

Art. 18 Les véhicules automoteurs de manutention dont la conduite est assurée par un conducteur marchant à pied sont assimilables à des véhicules à bras, et seules les dispositions du titre VI (art. R. 201 à R. 216) du code de la route leur sont applicables.

TITRE III **DISPOSITIONS APPLICABLES AUX ENGINS SPÉCIAUX DE LA CATÉGORIE C (REMORQUES)**

Art. 19 Les articles R. 55 à R. 61 inclus du code de la route sont applicables aux remorques de manutention et aux ensembles de véhicules constitués par un engin spécial et sa ou ses remorques.

Art. 20 A l'exclusion des remorques et semi-remorques dont le poids total en charge est au plus égal à 1,5 tonne et qui sont dispensées d'installation de freinage, les remorques et semi-remorques destinées à être attelées derrière les engins spéciaux doivent être équipées d'une installation de freinage permettant de les arrêter avec une décélération de 2,5 mètres/seconde/seconde, mesurée comme il est indiqué à l'article 34 de l'arrêté du 18 août 1955 relatif au freinage des véhicules automobiles et de les maintenir à l'arrêt même en l'absence du conducteur ou de toute autre personne.

Cette installation peut ne comporter qu'un seul dispositif de freinage à condition que les différentes pièces composant ce dispositif unique soient assez largement dimensionnées pour donner toutes garanties de sécurité.

Par ailleurs, les véhicules remorqués comporteront un dispositif de freinage agissant automatiquement en cas de rupture d'attelage. Cette prescription n'est pas applicable aux véhicules remorqués ne comportant pas d'installation de freinage, à condition qu'ils soient munis de l'attache de secours prescrite à l'article R. 103 du code de la route ou qu'ils soient attelés à des véhicules tracteurs dont la vitesse maximale par construction ne peut dépasser 10 kilomètres à l'heure.

Le dispositif de freinage utilisable pendant la marche doit agir sur les roues et trains de roulement disposés symétriquement par rapport au plan longitudinal de symétrie des roues et trains de roulement du véhicule.

Le dispositif de freinage prévu pour permettre le maintien à l'arrêt doit agir sur les roues et trains de roulement par action purement mécanique.

Le freinage par inertie ne peut être employé que comme dispositif d'appoint. Il ne peut en aucun cas être considéré comme faisant partie de l'installation de freinage réglementaire.

Art. 20-1 *(Arr. du 21 févr. 2000)* Le ber roulant est une remorque porte-bateau qui peut ne pas disposer d'installation de freinage.

Elle doit être impérativement attelée à un véhicule tracteur conforme à l'article R. 106 du code de la route, utilisée par les professionnels de la réparation navale, et destinée exclusivement, sur de courtes distances, en cas d'absence de moyen portuaire de levage des bateaux, d'une part, à les charger et décharger par immersion le long d'un plan incliné et, d'autre part, à les transférer d'un lieu de remisage à un autre.

Les dispositions techniques applicables aux bers roulants sont définies en annexe I du présent arrêté.

La vitesse de l'ensemble constitué par le véhicule tracteur et le ber roulant est limitée à :

25 km/h pour les ensembles mentionnés au *a* du paragraphe 1 de l'annexe I du présent arrêté ;

10 km/h pour les ensembles mentionnés aux *b* et *c* du paragraphe 1 de l'annexe I du présent arrêté.

Tout ber roulant vendu neuf après un délai de trois mois à compter de la date de publication au Journal officiel du présent arrêté doit être pourvu du frein de parc défini dans les dispositions techniques de l'annexe I visée à l'article 1er du présent arrêté (Arr. du 21 févr. 2000, art. 4, JO 31 mars).

Art. 21 Lorsqu'un engin spécial traîne une ou plusieurs remorques :

Le ou les dispositifs de freinage utilisables pendant la marche doivent pouvoir être commandés par le conducteur depuis son poste de conduite sans abandon de l'organe de direction ;

Le dispositif de freinage réglementaire doit agir sur des roues supportant au moins le tiers du poids réel de l'ensemble s'il ne comporte qu'une seule remorque et le septième s'il en comporte plusieurs.

Art. 22 La remorque unique ou la remorque de queue, dans le cas de plusieurs remorques, doit être munie à l'arrière des deux feux rouges et des deux dispositifs réfléchissants prévus à l'article 8 du présent arrêté.

Art. 23 La remorque unique ou la remorque de queue dans le cas de plusieurs remorques, doit porter à l'arrière :

Une plaque d'immatriculation reproduisant le numéro d'immatriculation du véhicule tracteur si celui-ci *(Arr. du 21 févr. 2000)* « n'est pas de la catégorie B » ;

La plaque d'exploitation prévue à l'article 17 si le véhicule tracteur est de la catégorie B.

TITRE IV

Art. 24 Seules les dispositions du titre I du code de la route et celles du présent arrêté sont applicables aux engins spéciaux définis à l'article 1er ci-dessus.

Art. 25 Les dispositions du présent arrêté sont applicables à partir du 1er janvier 1971.

Art. 26 A titre exceptionnel et par dérogation aux articles 8 et 15 ci-dessus les engins des catégories A et B mis en service avant le 1er janvier 1970 pourront continuer à circuler après le 1er janvier 1971 en étant simplement munis des dispositifs d'éclairage et de signalisation suivants :

Les feux de position prévus à l'article R. 82 du code de la route ;

Au moins un feu rouge répondant aux conditions prévues à l'article R. 85 ;

Les dispositifs réfléchissants prévus à l'article R. 91.

Par dérogation aux dispositions de l'article 9 les engins spéciaux de la catégorie A pourront être immatriculés jusqu'au 30 juin 1971 sur le vu de la déclaration de mise en circulation conforme au modèle ci-joint en annexe adressée par le propriétaire au préfet du département de son domicile et sans qu'il soit besoin de présenter un procès-verbal de réception. — *V. cette annexe aux JO 19 déc. 1969 et 31 mars 2000.*

Arrêté du 18 novembre 1996,

Relatif aux poids, dimensions et signalisations des engins de service hivernal.

Art. 1er *(Arr. du 30 déc. 1996)* « Les outils spécifiques, visés à l'article R. *(Arr. du 25 juill. 2019)* « 311-1 » du code de la route, dont les engins de service hivernal peuvent être équipés sont les suivants : »

1. A l'avant du véhicule, un outil de raclage ;
2. Un ou deux outil(s) de raclage latéral(aux) ;
3. A l'arrière du véhicule, un outil d'épandage des produits de salage ou de sablage ;
4. Un outil rotatif frontal ou latéral d'évacuation.

Les engins de service hivernal peuvent être équipés d'un ou plusieurs outils simultanément.

(Arr. du 25 juill. 2019) « Une remorque de service hivernal doit être équipée au moins d'un outil de raclage et ne peut être tractée que par un engin de service hivernal à moteur. »

Art. 2 *(Arr. du 30 déc. 1996)* « Conformément aux dispositions de l'article R. *(Arr. du 25 juill. 2019)* « 312-4-VI » du code de la route, le poids total autorisé en charge des engins de service hivernal peut dépasser les limites fixées par l'article R. *(Arr. du 25 juill. 2019)* « 312-4 » du code de la route, sous réserve du respect des dispositions relatives à la répartition des charges fixées par les articles R. *(Arr. du 25 juill. 2019)* « 312-4 à R. 312-6 » du code de la route, sans excéder les limites ci-après : »

Véhicules à moteur à deux essieux : 21 tonnes ;
Véhicules à moteur à trois essieux : 28,5 tonnes ;
Véhicules à moteur à quatre essieux ou plus : 35,5 tonnes ;
Véhicules articulés : 42 tonnes.

Art. 3 Sous réserve de rester conformes au type réceptionné, les engins de service hivernal ne doivent pas excéder la largeur maximale suivante :

3,70 mètres pour les véhicules *(Arr. du 25 juill. 2019)* « à moteur » équipés d'un outil de raclage frontal circulant sur une route à chaussée unique ;

(Arr. du 28 oct. 1997) « 5 mètres pour les véhicules *(Arr. du 25 juill. 2019)* « à moteur » équipés d'un outil de raclage frontal circulant sur une route à chaussées séparées par un terre-plein central. Les véhicules *(Arr. du 25 juill. 2019)* « à moteur » équipés d'un tel outil peuvent circuler sur des routes à chaussée unique dans les deux cas suivants :

« – entre le lieu de départ ou de retour de l'engin et la chaussée nécessitant l'action de déneigement, salage ou sablage ;

« – lors des changements de direction aux intersections ou voies de raccordement permettant l'accès à la chaussée nécessitant l'action de déneigement, salage ou sablage. »

(Arr. du 25 juill. 2019) « 8 mètres pour les ensembles de véhicules composés d'un véhicule à moteur de service hivernal et d'une remorque de service hivernal équipés d'outils de raclage frontal et latéral circulant sur une route à chaussées séparées par un terre-plein central.

« Les ensembles de véhicules équipés de tels outils peuvent circuler sur des routes à chaussée unique lorsqu'ils sont en position alignée et ne dépassent pas une largeur de 5 mètres, que seul le véhicule tracteur peut être en action de déneigement, et que seul le véhicule remorqué peut être en action de sablage ou de salage et dans les deux cas suivants :

« – entre le lieu de départ ou de retour de l'engin et la chaussée nécessitant l'action de déneigement, salage ou sablage ;

« – lors des changements de direction aux intersections ou voies de raccordement permettant l'accès à la chaussée nécessitant l'action de déneigement, salage ou sablage. »

3,70 mètres en position repliée et 7,50 mètres en position ouverte pour les véhicules *(Arr. du 25 juill. 2019)* « à moteur » équipés d'outils de raclage latéraux. Ces dispositifs doivent obligatoirement être repliés en circulation de transfert ;

3 mètres pour les véhicules *(Arr. du 25 juill. 2019)* « à moteur » équipés d'un outil rotatif d'évacuation.

Art. 4 L'outil frontal visé à l'article précédent ne peut dépasser l'avant du véhicule de plus de 3 mètres.

Lorsque le véhicule est équipé d'un outil d'épandage arrière, celui-ci ne doit pas dépasser de plus de 2 mètres l'extrémité arrière du véhicule.

Art. 5 *Mod. Arr. 30 oct. 1987, art. 1er, mod. à nouveau, v° Éclairage et signalisation.*

Art. 6 Sous réserve que les dispositifs d'éclairage restent conformes au type réceptionné, lorsque les outils occultent tout ou partie de ces dispositifs, des dispositifs amovibles rappelant les feux avant et/ou arrière, doivent être placés à l'avant sur le véhicule et à l'arrière sur l'outil d'épandage.

(Arr. du 25 juill. 2019) « L'arrière d'une remorque de service hivernal est équipé d'un support de dispositifs d'éclairage et de signalisation orientable, qui demeure perpendiculaire à l'axe longitudinal de la chaussée quel que soit l'angle d'ouverture de la remorque. »

Ces équipements doivent être conformes aux dispositions de l'arrêté du 16 juillet 1954 modifié relatif à l'éclairage et à la signalisation des véhicules, notamment celles des articles 13, 17, 18 et 43.

Art. 7 Lorsque l'engin de service hivernal est équipé d'un ou plusieurs outils de raclage dont la largeur hors tout, toutes saillies comprises, est supérieure à la largeur de l'engin, les extrémités hors tout de ces outils doivent être équipées soit des feux prévus par l'arrêté du 4 juillet 1972 relatif aux feux spéciaux des véhicules à progression lente, soit des feux prévus aux articles 20 et 43 *b* de l'arrêté du 16 juillet 1954 modifié relatif à l'éclairage et à la signalisation des véhicules.

En outre, les extrémités supérieures et hors tout des outils de raclage doivent être équipées sur leurs faces avant et arrière, d'une bande continue de signalisation, conforme à l'arrêté du 20 janvier 1987 relatif à la signalisation complémentaire des véhicules d'intervention urgente et des véhicules à progression lente, d'une longueur minimale de 0,28 mètre et d'une largeur minimale de 0,14 mètre.

Lorsque le véhicule est équipé d'un outil d'épandage, celui-ci doit être équipé, dans la partie centrale la plus en arrière et située par rapport au sol entre 1 mètre et 1,50 mètre, d'un dispositif de signalisation conforme à l'arrêté du 20 janvier 1987 susvisé dont la dimension minimale est de 0,84 mètre × 0,28 mètre.

(Arr. du 25 juill. 2019) « Un engin de service hivernal remorqué peut circuler en position ouverte formant un angle n'excédant pas 30° avec l'axe longitudinal du véhicule à moteur de service hivernal le tractant. En plus des feux susvisés, ces remorques de service hivernal doivent être équipées :

« – de feux spéciaux de véhicules à progression lente situés sur la face latérale non équipé du dispositif de raclage du véhicule remorqué, tels que la distance entre deux dispositifs soit inférieure ou égale à 5 mètres et que les dispositifs les plus éloignés soient situés aux extrémités hors-tout de cette face latérale ;

« – d'un feu spécial de véhicules à progression lente situé à l'extrémité hors-tout de la face arrière du véhicule remorqué lorsqu'il est en position ouverte (angle arrière droit si lame à droite). »

Art. 8 En application des dispositions de l'article R. *(Arr. du 25 juill. 2019)* « **321-16** » du code de la route, tout engin de service hivernal doit subir, avant sa mise en circulation et après autorisation du constructeur, une réception à titre isolé par le service *(Arr. du 25 juill. 2019)* « en charge des réceptions » dès lors que les limites prévues par les articles susvisés du code de la route relatif aux poids et dimensions sont dépassées ou qu'il a subi des transformations notables au sens du code de la route.

(Arr. du 25 juill. 2019) « L'ensemble des essais rendus nécessaires par les modifications seront réalisés dans toutes les configurations de fonctionnement. Un essai de comportement et d'efficacité de freinage sera notamment réalisé pour les véhicules de service hivernal remorqués dans toutes les configurations, jusqu'à l'angle maximal d'ouverture en position déployée.

« Un dispositif de rétrovision supplémentaire sera ajouté au véhicule à moteur destiné à tracter une remorque de service hivernal en cas de visibilité insuffisante de la remorque en position déployée. »

Les engins de service hivernal mis en circulation antérieurement au 1er janvier 1998 devront subir une réception à titre isolé par le service des mines *(Arr. du 20 oct. 1999 ; Arr. du 28 nov. 2000)* « au plus tard le 1er juin 2001 ».

Art. 9 *(Arr. du 25 juill. 2019)* Les véhicules d'un poids total autorisé en charge supérieur à 3,5 tonnes entrant dans la définition des engins de service hivernal sont soumis aux dispositions de l'article R. 323-25 du code de la route relatif aux contrôles techniques. Lors de ces contrôles, les véhicules à moteur sont présentés sans leurs outils.

ENSEIGNEMENT DE LA CONDUITE

V. aussi v° Permis de conduire.

Arrêté du 25 mai 1973,

Fixant les conditions dans lesquelles peuvent être autorisées les leçons de conduite automobile sur autoroute.

Abrogé par Arr. du 15 juin 2006.

Arrêté du 5 mars 1991,

Relatif à l'exploitation des établissements d'enseignement de la conduite des véhicules à moteur et de la sécurité routière.

TITRE I *[ABROGÉ]* DISPOSITIONS GÉNÉRALES

(Abrogé par 4e Arr. du 8 janv. 2001)

Art. 1er à 6 *Abrogés par 4e Arr. du 8 janv. 2001.*

TITRE II **PRESTATIONS D'ENSEIGNEMENT**

Art. 7 *(Arr. du 13 mai 2013, en vigueur le 1er juill. 2014)* L'enseignement dispensé doit être conforme au référentiel pour l'éducation à une mobilité citoyenne (REMC) et, le cas échéant, aux programmes de formation fixés par arrêté du ministre chargé de la sécurité routière.

Art. 8 Pour toute prestation d'enseignement, l'établissement doit :

(Arr. du 13 mai 2013, en vigueur le 1er juill. 2014) « 1° Attribuer à chaque élève un livret d'apprentissage tel que mentionné à l'article R. 211-3 du code de la route et conforme au modèle défini par arrêté du ministre chargé de la sécurité routière », qui précise pour chaque catégorie de permis de conduire le contenu et la progressivité de la formation dispensée.

Les renseignements concernant la progression de l'élève au cours des différentes étapes de sa formation théorique et pratique figurent dans le livret.

2° Établir une fiche de suivi de formation, dont le contenu est conforme au modèle défini par arrêté du ministre chargé des transports, au nom de l'élève. Lorsque l'élève change d'établissement pendant la formation, cette fiche est transmise à l'établissement dans lequel l'élève poursuit sa formation. La fiche de suivi de formation doit être conservée pendant trois ans dans les archives de l'établissement.

Art. 9 *(Abrogé par Arr. du 13 mai 2013, à compter du 1er juill. 2014)* « ***a) Enseignement de la conduite des motocyclettes.*** »

L'enseignement de la conduite des motocyclettes et des motocyclettes légères sur les voies ouvertes à la circulation publique, à l'exclusion des autoroutes et des voies rapides désignées par le préfet, est autorisé sous la responsabilité de l'exploitant ou du représentant légal de l'établissement d'enseignement.

L'enseignant doit se tenir à une distance suffisamment rapprochée de l'élève pour l'avoir constamment en vue, conseiller les manœuvres et veiller à ce qu'elles ne présentent pas de danger pour la circulation.

1° Formation individuelle.

L'enseignant exerce sa surveillance soit à bord d'un véhicule dont le PTAC n'excède pas 3,5 tonnes, soit assis derrière l'élève.

2° Formation collective.

L'enseignement en groupe est autorisé dans les conditions suivantes :

L'exercice de l'enseignement en groupe n'est autorisé que pour les élèves ayant déjà acquis une aptitude pratique suffisante déterminée par une bonne maîtrise de la machine, une connaissance et une mise en œuvre correcte des commandes du moteur, de la boîte de vitesses et des freins et un niveau de formation suffisant pour appréhender les conditions réelles de circulation. Dans toute la mesure du possible, les groupes doivent être constitués par des élèves d'un niveau équivalent.

Le choix des itinéraires doit être établi de telle manière que l'enseignant puisse en toute circonstance voir ses élèves et remplir sa mission d'enseignement du maniement du véhicule sans danger pour la circulation des autres usagers.

Un enseignant ne peut être autorisé à surveiller que trois élèves au maximum. Dans tous les cas, l'enseignant exerce sa surveillance soit à bord d'un véhicule dont le PTAC n'excède pas 3,5 tonnes, soit en tant que conducteur d'une motocyclette.

Un groupe d'enseignement qui comporterait un nombre plus important de motocyclistes est obligatoirement fractionné en plusieurs éléments de quatre motocyclettes (un enseignant et trois élèves). Si ces éléments circulent sur un même itinéraire, ils doivent observer entre eux un intervalle d'au moins quatre à cinq minutes environ.

La formation collective peut concerner aussi bien les motocyclettes que les motocyclettes légères. Par contre, est interdit tout enseignement simultané par un même enseignant de la conduite de véhicules à deux-roues et de véhicules à quatre roues.

Les autorités chargées de la police de la circulation ont le droit de prescrire, dans la limite de leurs pouvoirs et lorsque l'intérêt de la sécurité ou de l'ordre public l'exige, des mesures plus rigoureuses, et notamment d'interdire certains itinéraires aux élèves conducteurs.

(Abrogé par Arr. du 13 mai 2013, à compter du 1er juill. 2014) « ***b) Enseignement de la conduite des véhicules dont le poids total autorisé en charge n'excède pas 3,5 tonnes.*** »

Pour l'enseignement de la conduite des véhicules dont le poids total autorisé en charge (PTAC) n'excède pas 3 500 kilogrammes, le contenu, la durée et la progressivité de la formation sont identiques à ceux prévus dans le cadre de la formation initiale de l'apprentissage anticipé de la conduite mentionné à l'article R. 123-3 du code de la route et conformes à l'article 7 (1°, 2° et 3°) de l'arrêté du 14 décembre 1990 relatif à l'apprentissage anticipé de la conduite.

(Arr. du 13 mai 2013, art. 3, en vigueur le 1er juill. 2014) « Pour l'enseignement de la conduite des véhicules dont le poids total autorisé en charge (PTAC) n'excède pas 3,5 tonnes, des motocyclettes et des motocyclettes légères, l'enseignant procède à une évaluation du niveau de l'élève en préalable à la formation. »

Art. 10 *(Abrogé par Arr. du 13 mai 2013, à compter du 1er juill. 2014)* ***Des contrôles de la qualité de l'enseignement et de sa conformité au PNF (et à la formation initiale de l'AAC pour l'enseignement de la conduite des véhicules dont le PTAC n'excède pas 3,5 tonnes) peuvent être effectués par les inspecteurs du permis de conduire et de la sécurité routière dans les conditions fixées par circulaire du ministre chargé des transports.***

TITRE III *[ABROGÉ]* DISPOSITIONS DIVERSES

(Abrogé par 4e Arr. du 8 janv. 2001)

Art. 11 à 16 *Abrogés par 4e Arr. du 8 janv. 2001.*

Circulaire du 5 mars 1991,

Relative à l'exploitation des établissements d'enseignement de la conduite des véhicules à moteur et de la sécurité routière 🏛.

Arrêté du 25 juin 1992,

Relatif au brevet d'animateur pour la formation des conducteurs responsables d'infractions.

Art. 1er Le brevet d'animateur pour la formation des conducteurs responsables d'infractions (BAFCRI), mentionné à l'article R. 246-1 *[R. 212-6]* du code de la route, est délivré par le ministre chargé des transports aux personnes ayant subi avec succès les épreuves d'un examen dont les modalités sont fixées par le présent arrêté.

Art. 2 Les candidats à l'examen en vue de l'obtention du BAFCRI adressent au préfet du lieu de leur résidence une demande de participation aux épreuves établie sur papier libre accompagnée des pièces énumérées ci-après :

a) Fiche individuelle d'état civil ;

b) Copie du diplôme du brevet pour l'exercice de la profession d'enseignant de la conduite automobile et de la sécurité routière (BEPECASER) visé à l'article R. 243 *[R. 212-3]* du code de la route ou un titre ou diplôme reconnu équivalent ;

c) Justification pour les étrangers qu'ils sont en règle à l'égard de la législation les concernant.

Nul ne peut faire acte de candidature plus de trois fois à cet examen.

Art. 3 La date des épreuves est fixée par arrêté du ministre chargé des transports.

Les centres d'examen sont désignés par le ministre chargé des transports.

Art. 4 Le jury, composé des personnes ci-après, est désigné par arrêté du ministre chargé des transports :

– deux représentants du ministre chargé des transports chargés de la présidence et de la vice-présidence ;

– un représentant du ministre chargé de l'éducation nationale ;

– un représentant de l'institut national de recherche sur les transports et leur sécurité (INRETS) ;

– une personne titulaire soit du brevet d'aptitude à la formation des moniteurs d'enseignement de la conduite des véhicules terrestres à moteur (BAFM), soit du brevet d'animateur pour la formation des conducteurs responsables d'infractions (BAFCRI) ;

– une personne titulaire du titre de psychologue en application des décrets du 22 mars 1990 reconnue apte pour la formation des conducteurs responsables d'infractions.

Art. 5 L'examen, dont le programme figure en annexe au présent arrêté, comporte deux séries d'épreuves.

Chaque épreuve est notée de 0 à 20.

Toute note inférieure à 7 sur 20 à l'une des épreuves est éliminatoire.

I. — *Épreuves écrites d'admissibilité :*

1° Réglementation de la sécurité routière (durée : deux heures et trente minutes ; coefficient 1) ;

2° Éléments d'accidentologie, de pédagogie et de psychologie (durée : deux heures et trente minutes ; coefficient 1).

Nul ne sera admis à subir l'épreuve orale s'il n'a obtenu au moins 24 points sur 40 points pour l'ensemble des épreuves écrites.

II. — *Épreuve orale d'admission :*

Entretien destiné à évaluer l'aptitude du candidat à animer un groupe de stagiaires (durée : trente minutes ; coefficient 2).

Nul ne pourra être déclaré admis à l'examen s'il ne réunit un total de 48 points sur 80 points.

ANNEXE

PROGRAMME

Réglementation de la sécurité routière

Traités et conventions internationales, textes législatifs et réglementaires :

— textes internationaux en matière de sécurité routière ;

— code de la route et textes d'application ; conditions de circulation, contraventions de police en matière de circulation routière, constatation des infractions et sanctions diverses, mesures judiciaires et administratives relatives au permis de conduire, mécanisme juridique du permis de conduire à points ; cadre institutionnel et organisation du suivi des infractions ;

Notions de droit pénal :

— classification des infractions et des peines ;

— éléments constitutifs de l'infraction ;

— responsabilité pénale ;

— juridictions répressives.

Éléments d'accidentologie, de pédagogie et de psychologie

Accidentologie :

— importance et impact social ;

— notions sur la répartition statistique par âge, sexe, catégorie d'usagers, zones, saisons, heures et jours : évolutions de ces statistiques ;

— causalité des accidents de la route et les facteurs de causalité : conducteurs et autres usagers, routes et véhicules.

Pédagogie :

— lois de l'apprentissage ;

— méthodes pédagogiques ;

— conduite et animation de groupe ;

— évaluations.

Psychologie :

— analyse du comportement : méthodes d'observation ;

— critères de comportement : accidents, presque accidents, erreurs, infractions, adaptation, fluidité de la circulation ;

— facteurs ayant une influence sur le comportement et la sécurité :

— état physiologique (vision, audition, vigilance, fatigue, maladie, âge, alcool, médicaments) ;

— psychomotricité (temps de réaction, aptitudes, habiletés) ;

— opinions, attitudes, motivations, modes de vie ;

— éducation, formation et apprentissage.

— les comportements dans la circulation :

— vision dynamique, champ visuel, détection des indices, anticipation, acceptation du risque, prise de décision, situations d'urgence.

Circulaire du 25 juin 1992,

Relative aux modalités pratiques de la formation spécifique destinée aux conducteurs responsables d'infractions 🏛.

Arrêté du 8 janvier 2001,

Relatif à l'autorisation d'enseigner, à titre onéreux, la conduite des véhicules à moteur et la sécurité routière.

Art. 1er Toute personne désirant obtenir l'autorisation d'enseigner, à titre onéreux, la conduite des véhicules à moteur d'une catégorie donnée et la sécurité routière doit adresser une demande au préfet du département de sa résidence. Dans le cas où elle ne réside pas en France, elle adresse sa demande au préfet du département où elle envisage d'exercer. Les pièces suivantes sont jointes à la demande :

1° Un justificatif d'identité et d'état civil ;

2° Si elle est étrangère, la justification qu'elle est en règle à l'égard de la législation et de la réglementation concernant les étrangers en France ;

3° Deux photographies d'identité identiques et récentes ;

4° Une déclaration de domicile ;

5° La photocopie recto verso certifiée conforme de son permis de conduire ;

(Arr. du 24 nov. 2017) « 6° La photocopie de l'un des titres ou diplômes mentionnés à l'article R. 212-3 du code de la route dont il est titulaire ; »

7° Un certificat médical en cours de validité attestant qu'elle remplit les conditions d'aptitude physique mentionnées à *(Arr. du 8 déc. 2008)* « l'article R. 212-2-V » du code de la route.

Pour le ressortissant d'un État appartenant à l'Union européenne ou à l'Espace économique européen, le préfet accepte comme preuve suffisante à cet égard la production d'un certificat médical exigé dans l'État membre d'origine ou de provenance. Si l'État membre d'origine ou de provenance n'exige pas de certificat médical, le préfet accepte une attestation délivrée par une autorité compétente de cet État, correspondant aux conditions médicales fixées en France. Dans tous les cas, le certificat médical ou l'attestation doivent avoir été établis depuis moins de trois mois à la date de la demande de l'autorisation d'enseigner et rédigés en français ou accompagnés d'une traduction officielle.

Art. 2 *(Arr. du 10 déc. 2009)* « Le préfet accuse réception du dossier du demandeur dans un délai d'un mois et l'informe, le cas échéant, de tout document manquant. Il complète le dossier » avec l'extrait du casier judiciaire n° 2 du demandeur afin de vérifier que l'intéressé n'a fait l'objet d'aucune des condamnations mentionnées aux articles *(Arr. du 10 janv. 2013, en vigueur le 19 janv. 2013)* « L. 212-2 et R. 212-4 » du code de la route.

S'il s'agit d'un ressortissant étranger, celui-ci doit fournir un document équivalent établi depuis moins de trois mois à la date de la demande d'autorisation d'enseigner et rédigé en français ou accompagné d'une traduction officielle.

Art. 3 L'autorisation d'enseigner la conduite des véhicules à moteur d'une catégorie donnée et la sécurité routière est délivrée par le préfet si le demandeur remplit les conditions requises. Elle mentionne la ou les catégories de véhicules dont le titulaire est autorisé à enseigner la conduite en fonction des diplômes et mentions détenus.

(Arr. du 10 janv. 2013, en vigueur le 19 janv. 2013) « L'autorisation d'enseigner la conduite des véhicules de la catégorie BE est délivrée à toute personne titulaire de l'autorisation d'enseigner la conduite des véhicules de la catégorie B et du permis de conduire de la catégorie E(B) ou de la catégorie BE. »

L'autorisation d'enseigner est conforme au modèle annexé au présent arrêté.

Lorsque le certificat médical du demandeur atteste que celui-ci est atteint d'une incapacité physique incompatible avec l'enseignement pratique de la conduite ou avec la conduite, le préfet délivre une autorisation d'enseigner réduite à l'enseignement théorique et porte la mention restrictive "enseignement théorique" sur l'autorisation d'enseigner.

(Arr. du 10 janv. 2013, en vigueur le 19 janv. 2013) « L'autorisation d'enseigner est valable sur l'ensemble du territoire national, y compris dans les collectivités d'outre-mer, et constitue un titre de police qui doit être présenté à toute réquisition. »

En cas de perte de l'autorisation d'enseigner, un duplicata est demandé par son titulaire au préfet du département du lieu de sa résidence. Cette demande est accompagnée d'un certificat de perte ou de vol. Ce certificat tient lieu d'autorisation d'enseigner pendant un délai de deux mois maximum.

Le modèle d'autorisation d'enseigner figurant à l'annexe est remplacé par le modèle figurant à l'annexe de l'Arr. du 10 janv. 2013 (JO 17 janv.).

Art. 4 Avant que ne soit atteinte la date de fin de validité de la visite médicale mentionnée sur son autorisation d'enseigner, le titulaire de ladite autorisation doit se soumettre, de sa propre initiative, à un examen médical, conformément aux dispositions fixées par *(Arr. du 10 janv. 2013, en vigueur le 19 janv. 2013)* « l'arrêté du 20 avril 2012 fixant les conditions d'établissement, de délivrance et de validité du permis de conduire ». Cet examen médical peut être commun à celui imposé au titre du permis de conduire.

Art. 5 Le titulaire de l'autorisation d'enseigner qui désire obtenir une extension de son autorisation d'enseigner à une ou plusieurs mentions spécifiques doit adresser au préfet mentionné à l'article 1er du présent arrêté une demande accompagnée des pièces énumérées aux 5° et 6° de ce même article et de la photocopie de son ancienne autorisation d'enseigner. Le préfet procède à l'extension de l'autorisation d'enseigner si l'enseignant répond aux conditions requises.

Art. 6 Le titulaire de l'autorisation d'enseigner doit en solliciter le renouvellement deux mois avant la date d'expiration de sa validité, en adressant au préfet mentionné à l'article 1er du présent arrêté une demande accompagnée des pièces énumérées à ce même article et de la photocopie de son ancienne autorisation d'enseigner.

Après avoir procédé à la vérification de l'extrait du casier judiciaire n° 2 de l'enseignant, le préfet lui renouvelle son autorisation d'enseigner s'il remplit les conditions requises pour sa délivrance.

L'autorisation d'enseigner dont le renouvellement a été sollicité dans le délai et la forme prévus est maintenue provisoirement valide jusqu'à ce que le préfet statue sur la demande.

Art. 7 Dans tous les cas de restriction, d'extension à une ou plusieurs mentions spécifiques ou de renouvellement de l'autorisation d'enseigner, le préfet délivre une nouvelle autorisation d'enseigner conforme au modèle annexé au présent arrêté. — *V. cette annexe au JO 26 janv. 2001.*

Lors de la remise de la nouvelle autorisation d'enseigner, l'enseignant doit restituer l'original de l'ancienne autorisation.

Art. 8 Le préfet doit retirer l'autorisation d'enseigner dans tous les cas suivants :

1° Si le permis de conduire de l'enseignant est suspendu, invalidé ou annulé ;

2° Si son inaptitude médicale a été établie au terme de l'une des visites médicales périodiques prévues par le présent arrêté ;

3° S'il a fait l'objet d'une des condamnations mentionnées aux articles *(Arr. du 10 janv. 2013, en vigueur le 19 janv. 2013)* « L. 212-2 et R. 212-4 » du code de la route ;

4° S'il ne se soumet pas, dans le délai imparti, à la visite médicale prescrite ;

(Abrogé par Arr. du 10 janv. 2013, à compter du 19 janv. 2013) « ***5° S'il ne demande pas le renouvellement de son autorisation d'enseigner.*** »

Une nouvelle autorisation d'enseigner est délivrée dès lors que l'intéressé fait la preuve qu'il réunit à nouveau toutes les conditions requises.

Art. 9 En cas d'urgence justifiée par des faits passibles d'une des condamnations mentionnées aux articles *(Arr. du 10 janv. 2013, en vigueur le 19 janv. 2013)* « L. 212-2 et R. 212-4 » du code de la route, le préfet peut suspendre l'autorisation d'enseigner pour une durée maximale de six mois.

La mesure de suspension de l'autorisation d'enseigner cesse de plein droit dès lors que l'autorité judiciaire s'est prononcée avant l'expiration du délai de six mois.

Art. 10 Avant toute décision de suspension ou de retrait de l'autorisation d'enseigner, le préfet porte à la connaissance de l'intéressé par lettre recommandée avec avis de réception son intention de retirer ou suspendre son autorisation d'enseigner, en lui précisant les motifs invoqués et en lui demandant de présenter, dans un délai de trente jours francs, des observations écrites et, le cas échéant, sur sa demande, des observations orales en se faisant assister ou représenter par un mandataire de son choix. En cas d'absence de réponse dans le délai prévu, la procédure est réputée contradictoire.

Le préfet suspend ou retire l'autorisation d'enseigner par arrêté motivé et notifié à l'intéressé.

Art. 11 Toutes les mesures de délivrance, extension, restriction, renouvellement, suspension, retrait de l'autorisation d'enseigner sont inscrites dans le registre national de l'enseignement de la conduite des véhicules à moteur et de la sécurité routière créé par arrêté du 8 janvier 2001. — *V. 1er Arr. 8 janv. 2001 (JO 26 janv.).*

Art. 12 Le titre II de l'arrêté du 10 octobre 1991 modifié relatif aux conditions d'exercice de la profession d'enseignant de la conduite automobile et de la sécurité routière est abrogé.

Arrêté du 8 janvier 2001,

Relatif à l'exploitation des établissements d'enseignement, à titre onéreux, de la conduite des véhicules à moteur et de la sécurité routière.

Art. 1er L'enseignement de la conduite des véhicules à moteur et de la sécurité routière dispensé dans le cadre d'un établissement est considéré comme onéreux dès lors que les prestations fournies donnent lieu au versement de sommes destinées à couvrir, en totalité ou en partie, les frais afférents à cet enseignement, quel que soit le système de tarification et quelle que soit la qualification donnée au versement.

Un établissement d'enseignement de la conduite des véhicules à moteur et de la sécurité routière est caractérisé par :

— un exploitant, personne physique ou représentant légal d'une personne morale ;

— un local d'activité.

Une même personne peut exploiter plusieurs établissements. Chaque établissement fait l'objet d'un agrément distinct.

Art. 2 *(Arr. du 14 oct. 2016, art. 2)* Toute personne désirant exploiter un établissement d'enseignement, à titre onéreux, de la conduite des véhicules à moteur et de la sécurité routière doit adresser au préfet du département du lieu de son exploitation une demande datée et signée, accompagnée d'un dossier comportant les pièces suivantes :

a) Pour le demandeur :

1° Un justificatif d'identité ;

2° Un justificatif de domicile ;

3° S'il est le représentant légal d'une personne morale, un exemplaire des statuts et de l'extrait du registre du commerce et des sociétés datant de moins de trois mois ;

4° S'il est ressortissant étranger n'appartenant pas à un État de l'Union européenne ou partie à l'accord sur l'Espace économique européen, la justification qu'il est en règle à l'égard de la législation et de la réglementation concernant les étrangers en France ;

5° Une photographie d'identité récente ;

6° La justification de la capacité à gérer un tel établissement en étant titulaire :

— soit d'une des qualifications mentionnées au 2° de l'article R. 213-2 du code de la route ;

— soit de la formation agréée portant sur la gestion des établissements d'enseignement de la conduite, suivie avant le 1er juillet 2016, conformément à l'article 9 du décret n° 2015-1537 du 25 novembre 2015 ;

7° La justification de la déclaration de la contribution économique territoriale ou, à défaut, une déclaration d'inscription à l'URSSAF.

b) Pour les moyens de l'établissement :

1° Le nom et la qualité de l'établissement : raison sociale, numéro SIREN ou SIRET, coordonnées de l'établissement : l'adresse, le téléphone... ;

2° La photocopie du titre de propriété ou du bail de location du local ;

3° Le plan et un descriptif du local d'activité (superficie et disposition des salles) ;

4° La justification de la propriété ou de la location du ou des véhicules d'enseignement ainsi que, pour chacun d'eux, l'attestation d'assurance couvrant les dommages pouvant résulter d'accidents causés aux tiers dans les conditions prévues par l'article L. 211-1 du code des assurances.

Le demandeur est exonéré de la justification de la propriété ou de la location pour les tricycles à moteur dont la puissance n'excède pas 15 kilowatts et dont le poids à vide n'excède pas 550 kilogrammes, les quadricycles légers et lourds à moteur et les véhicules utilisés par les personnes handicapées de l'appareil locomoteur, lorsque ces véhicules sont fournis par les élèves inscrits dans l'établissement.

c) Pour les enseignants de la conduite :

La liste de tous les enseignants attachés à l'établissement ainsi que leur lieu de domicile et pour chacun d'entre eux la photocopie de leur autorisation d'enseigner ou le cas échéant de leur autorisation temporaire et restrictive d'exercer, en cours de validité. Toute modification doit être signalée au préfet. La proportion maximale par entreprise des personnes titulaires d'une autorisation temporaire et restrictive d'exercer ne peut dépasser 20 % par excès de l'effectif total, calculé en équivalents temps plein, des enseignants de la conduite et de la sécurité routière, salariés ou exploitants, titulaires d'une autorisation d'enseigner en cours de validité.

Pour dispenser les enseignements à la conduite d'une catégorie de véhicules non mentionnée sur l'autorisation d'enseigner du demandeur, celui-ci doit produire la photocopie de l'autorisation d'enseigner portant la qualification requise d'un enseignant attaché à l'établissement.

Art. 3 *(Arr. du 10 déc. 2009)* « Le préfet accuse réception du dossier du demandeur dans un délai d'un mois et l'informe, le cas échéant, de tout document manquant. Il complète le dossier par l'extrait du casier judiciaire n° 2 » afin de vérifier que l'intéressé n'a fait l'objet d'aucune des condamnations mentionnées aux articles *(Arr. du 10 janv. 2013, en vigueur le 19 janv. 2013)* « L. 213-3 et R. 212-4 » du code de la route.

Il peut faire procéder aux enquêtes nécessaires pour vérifier la conformité du local et des moyens de l'établissement à la réglementation.

(Abrogé par Arr. du 14 oct. 2016, art. 3) ***« Il recueille l'avis de la commission départementale de la sécurité routière, qui doit être rendu dans*** *(Arr. du 8 déc. 2002)* ***« un délai de deux mois » à compter de la date de réception du dossier complet de la demande d'agrément. »***

Le préfet délivre l'agrément pour une durée de cinq ans lorsque toutes les conditions sont remplies.

En cas de refus d'agrément, celui-ci est motivé et notifié à l'intéressé par le préfet.

L'agrément fait l'objet d'un arrêté préfectoral comportant les éléments suivants :

– le numéro d'agrément de l'établissement ;

– la raison sociale de l'établissement et l'adresse du local d'activité ;

– le nom de l'exploitant ;

– la mention de la ou des formations à la conduite et à la sécurité routières dispensées dans l'établissement ;

(Abrogé par Arr. du 30 juin 2011, art. 2) ***« – le nom du directeur pédagogique (lorsque la réglementation l'impose) ; »***

(Abrogé par Arr. du 14 oct. 2016, art. 3) ***« – le nombre d'élèves que l'établissement est autorisé à accueillir. »***

Les éléments fournis pour l'obtention de l'agrément sont inscrits dans le registre national de l'enseignement de la conduite des véhicules à moteur créé par arrêté du 8 janvier 2001. – *V. 1er Arr. du 8 janv. 2001 (JO 26 janv.).*

Art. 4 Tout exploitant d'un établissement d'enseignement de la conduite des véhicules à moteur et de la sécurité routière doit :

(Arr. du 14 oct. 2016, art. 4) « 1° Disposer d'un local destiné à l'exercice d'activités en lien avec l'éducation à la conduite et à la sécurité routière conforme aux caractéristiques suivantes : »

– posséder une entrée indépendante de toute autre activité ;

– comprendre au minimum une salle affectée à l'*(Arr. du 14 oct. 2016, art. 4)* « accueil du public » et une autre à l'enseignement. La ou les pièces destinées à l'enseignement doivent être suffisamment isolées phoniquement pour permettre un enseignement dans de bonnes conditions ;

– disposer d'une superficie totale minimale (accueil et enseignement) fixée à 25 mètres carrés. Par dérogation, les dispositions relatives à la superficie totale minimale de chaque local ne s'appliquent qu'aux établissements agréés postérieurement à l'arrêté du 5 mars 1991 ;

(Abrogé par Arr. du 14 oct. 2016, art. 4) ***« – répondre aux normes d'hygiène, de sécurité et d'accessibilité. »***

(Arr. du 10 janv. 2013, en vigueur le 19 janv. 2013) « 2° Afficher dans le local de manière visible l'arrêté portant l'agrément de l'établissement. »

(Abrogé par Arr. du 14 oct. 2016, art. 4) (Arr. du 8 déc. 2002) « 3° Procéder aux inscriptions individuelles des élèves uniquement dans ce local, à l'exclusion de tout autre lieu. »

(Arr. du 10 janv. 2013, en vigueur le 19 janv. 2013) « 4° Tenir à disposition du public le(s) programme(s) de formation défini(s) par arrêté du ministre chargé de la sécurité routière. »

(Arr. du 14 oct. 2016, art. 4) « L'agrément est délivré sans préjudice du respect par l'exploitant des normes prévues pour les établissements recevant du public. »

Art. 5 L'établissement doit disposer de moyens matériels nécessaires à la formation en fonction du nombre d'élèves susceptibles d'être accueillis et des enseignements dispensés.

Art. 6 *a)* Autorisation de mise en circulation de véhicule destiné à l'enseignement de la conduite :

(Arr. du 25 juin 2001) « Tout véhicule à moteur destiné à l'enseignement professionnel de la conduite doit être pourvu d'une autorisation de mise en circulation délivrée sous la forme d'une mention spéciale portée sur le certificat d'immatriculation. Cette mention est constituée du texte suivant : "Véhicule école". Font exception : les cyclomoteurs, les motocyclettes, les tricycles à moteur dont la puissance n'excède pas 15 kilowatts et dont le poids à vide n'excède pas 550 kilogrammes et les quadricycles *(Arr. du 10 janv. 2013, en vigueur le 19 janv. 2013)* « légers et » lourds à moteur.

« 1° Délivrance et retrait de l'autorisation de mise en circulation :

« L'autorisation est délivrée par inscription de la mention susvisée sur le certificat d'immatriculation, sur présentation :

« – d'un certificat de conformité du constructeur, lorsque le véhicule neuf a fait l'objet d'une construction en série pour l'enseignement de la conduite ;

« – d'un procès-verbal de réception à titre isolé, délivré par la direction régionale de l'environnement, de l'aménagement et du logement, chargée de vérifier la conformité du véhicule aux alinéas 1 à 6 de la partie *b* du présent article lorsque le véhicule est aménagé individuellement ;

« – de la preuve que le véhicule répond aux conditions requises pour être maintenu en circulation, lorsque le véhicule dont l'âge et la catégorie le soumet à contrôle technique.

« Lorsque le véhicule cesse d'être utilisé en tant que véhicule destiné à *(Arr. du 10 janv. 2013, en vigueur le 19 janv. 2013)* « l'apprentissage » de la conduite, les dispositifs techniques spécifiques mentionnés à l'alinéa 3 de la partie *b* du présent arrêté doivent être démontés. »

(Arr. du 14 oct. 2016, art. 5) « A l'exception de celles relatives *(Abrogé par Arr. du 25 nov. 2020, art. 1er) (Arr. du 12 oct. 2020, art. 1er) « aux cyclomoteurs et »* aux motocyclettes, les dispositions relatives à l'ancienneté maximale des véhicules d'apprentissage ne s'appliquent pas dans les départements d'outre-mer. »

(Arr. du 25 juin 2001) « La mention spéciale portée sur le certificat d'immatriculation est supprimée, après déclaration au préfet de la cessation d'utilisation en tant que véhicule destiné à l'enseignement professionnel de la conduite et du démontage des dispositifs techniques spécifiques mentionnés à l'alinéa 3 de la partie *b* du présent arrêté.

« 2° Contrôle technique :

« Les véhicules sont soumis à contrôle technique conformément aux textes relatifs à leurs catégories de poids et d'utilisation respectives.

« Le contrôleur agréé ou l'expert en charge du contrôle technique est celui désigné respectivement par l'article R. 323-7 du code de la route pour les véhicules dont le poids total autorisé en charge n'excède pas 3,5 tonnes et non affectés au transport en commun de personnes et par l'arrêté du 15 novembre 1954 susvisé ou l'arrêté du 2 juillet 1982 susvisé pour les autres catégories de véhicules.

« Il vérifie en outre que le véhicule satisfait aux dispositions des 3, 4 et 6 de la partie *b* du présent article. » — *Les dispositions de l'Arr. du 25 juin 2001 sont applicables à compter du 1er sept. 2001 (Arr. préc., art. 2).*

b) Caractéristiques, durée d'utilisation et équipements des véhicules :

Les véhicules automobiles professionnels utilisés pour l'enseignement doivent répondre aux conditions ci-après :

1° Être des véhicules de série. Les véhicules utilisés pour la formation au permis de conduire de la catégorie B doivent comporter au moins quatre places assises.

2° Avoir été mis pour la première fois en circulation depuis moins de :

– *(Arr. du 12 oct. 2020, art. 1er)* « sept » ans pour *(Abrogé par Arr. du 25 nov. 2020, art. 1er)* *(Arr. du 12 oct. 2020, art. 1er)* « *[les] cyclomoteurs[,]* » les motocyclettes et les véhicules dont le PTAC n'excède pas 3 500 kilogrammes *(Arr. du 10 janv. 2013, en vigueur le 19 janv. 2013)* « à l'exception des véhicules tracteurs de la catégorie B utilisés au titre de la formation B assortie de la mention additionnelle 96 et de la formation à la catégorie BE pour lesquels la date de première mise en circulation est portée à *(Arr. du 12 oct. 2020, art. 1er)* « onze » ans » ;

– *(Arr. du 12 oct. 2020, art. 1er)* « seize » ans pour les véhicules de transport en commun de personnes et de transport de marchandises.

Les véhicules dotés d'équipements spéciaux autres que ceux prévus à l'alinéa 3 ci-après et destinés uniquement à la formation des personnes handicapées ne peuvent être utilisés au-delà d'une durée de *(Arr. du 12 oct. 2020, art. 1er)* « onze » ans ; ils sont soumis à une visite technique tous les deux ans.

Ne sont pas concernées par ces limites d'âge les remorques et semi-remorques.

3° Comporter :

Pour les véhicules dont le PTAC n'excède pas 3 500 kilogrammes :

(Arr. du 10 janv. 2013, en vigueur le 19 janv. 2013) « – un volant situé au poste de conduite, à l'avant gauche du véhicule »

– un dispositif de double commande de freinage et de débrayage ;

– un dispositif de double commande d'accélération, neutralisable lorsque le véhicule est utilisé pour les épreuves de l'examen du permis de conduire ;

(Arr. du 10 janv. 2013, en vigueur le 19 janv. 2013) « – deux rétroviseurs intérieurs réglés pour l'élève et l'enseignant, un rétroviseur latéral extérieur gauche réglé pour être utilisé par l'élève, un rétroviseur latéral extérieur droit réglé pour être utilisé par l'élève et un deuxième rétroviseur ou dispositif de rétrovision équivalent latéral extérieur droit, réglé pour l'enseignant. Pour ce qui concerne les véhicules tracteurs utilisés pour les formations mentionnées au deuxième alinéa du 2° du *b*, un deuxième rétroviseur ou dispositif de rétrovision équivalent latéral externe gauche, réglé pour l'enseignant, est exigé. »

– un dispositif de double commande d'avertisseur sonore, de feux (position, croisement, route) et d'indicateur de changement de direction à portée immédiate de l'enseignant.

Pour les véhicules de transport de marchandises ou de transport en commun de personnes :

(Arr. du 10 janv. 2013, en vigueur le 19 janv. 2013) « – un volant situé au poste de conduite, à l'avant gauche du véhicule » ;

– un dispositif de double commande de freinage et de débrayage ;

– deux rétroviseurs extérieurs réglés pour être utilisés par l'élève et deux autres réglés pour être utilisés par l'enseignant ;

– un dispositif de double commande d'accélération, neutralisable lorsque le véhicule est utilisé pour les épreuves de l'examen du permis de conduire.

Pour les autres véhicules : deux rétroviseurs, l'un à droite, l'autre à gauche, réglés pour être utilisés par l'élève.

4° Être munis de panneaux ou d'inscriptions visibles de l'avant et de l'arrière, portant une des mentions : "auto-école", "voiture-école", *(Arr. du 10 janv. 2013, en vigueur le 19 janv. 2013)* « "moto-école", "véhicule-école" ou "cyclo-école" ».

Ces panneaux ou inscriptions ne doivent comporter aucune autre indication, notamment publicitaire.

Ils doivent être placés soit à l'avant et à l'arrière, soit sur le toit des véhicules.

Lorsque le panneau est placé sur le toit, il doit être perpendiculaire à l'axe longitudinal de symétrie du véhicule et ses dimensions ne doivent pas être inférieures à 40 × 12 centimètres, ni excéder 50 × 15 centimètres.

Pour les poids lourds, les panneaux ou les inscriptions sont placés à l'avant et à l'arrière des véhicules, leur dimension est portée à 100 × 30 centimètres.

(Arr. du 10 janv. 2013, en vigueur le 19 janv. 2013) « Pour les cyclomoteurs, les tricycles à moteur et les motocyclettes, la mention : "moto-école" ou "cyclo-école" doit apparaître nettement visible de l'avant et de l'arrière, soit sur deux panneaux ou inscriptions placés sur le véhicule, soit sur un gilet conforme aux dispositions de l'article R. 317-25 du code

de la route porté par le conducteur et par l'enseignant lorsqu'il est assis à l'arrière du véhicule. »

5° Pour l'enseignement de la conduite en circulation sur cyclomoteurs, motocyclettes, tricycles à moteur dont la puissance n'excède pas 15 kilowatts et dont le poids à vide n'excède pas 550 kilogrammes et quadricycles *(Arr. du 10 janv. 2013, en vigueur le 19 janv. 2013)* « légers et » lourds à moteur, un dispositif de type homologué permettant une liaison permanente (radio) est obligatoire entre l'enseignant et chaque élève, lorsque l'enseignant n'est pas à bord du véhicule.

(Arr. du 10 janv. 2013, en vigueur le 19 janv. 2013) « 6° Les véhicules à changement de vitesses automatique servant à l'enseignement doivent répondre aux conditions susvisées, à l'exception du double dispositif de débrayage.

« 7° Pour les personnes handicapées de l'appareil locomoteur, lorsque l'enseignement pratique est dispensé à bord d'un véhicule fourni par elles-mêmes et spécialement adapté à leur handicap, l'équipement du véhicule doit répondre aux conditions définies au 3° du *b* concernant les dispositifs de double commande et l'équipement de rétroviseurs. L'aménagement du véhicule est soumis à l'avis du délégué au permis de conduire et à la sécurité routière. »

Pour les véhicules qui, au 1er sept. 2001, circulaient sous couvert d'une autorisation de mise en circulation accordée sous forme d'une carte orange, V. Arr. du 25 juin 2001, art. 3 (JO 14 juill.).

Art. 7 Par dérogation aux dispositions prévues à l'article 2 du présent arrêté concernant les moyens d'exploitation (local d'activité, matériels pédagogiques et véhicules) et les personnels, ceux-ci peuvent être mis en commun par plusieurs exploitants déjà titulaires d'un agrément.

Dans ce cas, une convention écrite, transmise au préfet, doit déterminer l'usage en commun des moyens. Elle doit préciser notamment les noms et qualification des personnels enseignants, l'identification et les documents afférents aux véhicules mis en commun, les lieux, les formations dispensées et les modalités d'organisation. *(Abrogé par Arr. du 14 oct. 2016, art. 6)* ***« Chaque exploitant se verra attribuer un agrément pour les catégories de formation supplémentaires dispensées, conformément aux dispositions du présent arrêté. »***

Lorsque plusieurs exploitants exercent en commun dans le même local, la superficie minimale exigée est fonction du nombre d'exploitants concernés. Elle est établie selon le barème suivant :

— deux ou trois exploitants : 50 mètres carrés ;

— au-delà de trois exploitants, la surperficie minimale est de 25 mètres carrés supplémentaires par exploitant s'ajoutant au groupement.

Art. 8 Tout exploitant d'un établissement d'enseignement de la conduite doit adresser, tous les cinq ans, au préfet du département du lieu d'exercice de son activité, une demande de renouvellement de l'agrément d'exploiter son établissement au moins deux mois avant l'expiration de son agrément.

Il joint à sa demande toutes les pièces énumérées à l'article 2 du présent arrêté ainsi que la justification d'une formation attestant la réactualisation de ses connaissances professionnelles, conformément aux dispositions de l'article *(Arr. du 10 janv. 2013, en vigueur le 19 janv. 2013)* « R. 213-6 (2°) » du code de la route. *(Arr. du 18 déc. 2002)* « Toutefois, les exploitants qui bénéficient des dispositions dérogatoires prises en application de l'article 2 du décret n° 2000-1335 du 26 décembre 2000 ne sont pas tenus de fournir les pièces 6° et 7° mentionnées à l'article 2 du présent arrêté. »

L'agrément, dont le renouvellement a été sollicité dans le délai et la forme prévus, est maintenu provisoirement valide jusqu'à ce que le préfet statue sur la demande. *(Arr. du 5 nov. 2014, art. 1er, en vigueur le 12 nov. 2014)* « En l'absence de décision expresse, l'agrément est réputé renouvelé à l'issue d'un délai de quatre mois à compter de la réception, par le préfet de département, du dossier complet de demande de l'exploitant de renouvellement de son agrément. »

Le renouvellement d'agrément ou le refus de renouvellement est prononcé dans les mêmes conditions que lors de la procédure d'agrément définie à l'article 3 du présent arrêté.

Art. 9 Lorsque l'exploitant d'un établissement d'enseignement de la conduite décède ou est dans l'incapacité physique ou légale de gérer ou de diriger son établissement, le préfet peut maintenir l'agrément, pendant une période maximale d'un an à compter du jour du décès ou de l'incapacité, à la demande de la personne qui va assurer momentanément la reprise de l'établissement.

Cette personne doit fournir les pièces énumérées aux 1°, 2° 4° et 5° de l'article 2 du présent arrêté. Par ailleurs, le préfet complète le dossier du demandeur par l'extrait du casier judiciaire n° 2 afin de vérifier que l'intéressé n'a fait l'objet d'aucune des condamnations mentionnées aux articles *(Arr. du 10 janv. 2013, en vigueur le 19 janv. 2013)* « **L. 213-3** et **R. 212-4** » du code de la route.

En outre, cette personne doit produire la liste du ou des enseignants employés par l'établissement, accompagnée de la photocopie de la ou des autorisations d'enseigner, en cours de validité.

Art. 10 *(Arr. du 30 juill. 2010)* « Lorsque l'exploitant d'un établissement d'enseignement de la conduite change de local d'activité ou acquiert un local supplémentaire, il doit adresser au préfet, au moins deux mois avant la date du changement ou de la nouvelle acquisition, une demande d'agrément accompagnée des pièces énumérées aux 11°, 12° et 13° de l'article 2 du présent arrêté. »

Après enquête administrative pour vérifier la conformité du nouveau local d'activité au présent arrêté *(Abrogé par Arr. du 14 oct. 2016, art. 7)* ***« et avis de la commission départementale de la sécurité routière »***, un nouvel agrément est délivré, si toutes les conditions sont remplies.

Art. 11 En cas de reprise du local d'activité par une personne désirant exploiter un établissement d'enseignement de la conduite des véhicules à moteur et de la sécurité routière, cette dernière doit adresser au préfet une demande accompagnée des pièces énumérées à l'article 2 du présent arrêté, au moins deux mois avant la date de reprise de l'établissement.

Art. 11 *bis* *(Arr. du 14 oct. 2016, art. 8)* En cas de changement du représentant légal de la personne morale titulaire de l'agrément, le nouveau représentant légal adresse, dans les quinze jours suivant la décision, les pièces justificatives prévues au 3° de l'article 2.

Le préfet complète le dossier du demandeur avec l'extrait du casier judiciaire n° 2 afin de vérifier que l'intéressé n'a fait l'objet d'aucune des condamnations mentionnées aux articles **L. 213-3** et **R. 212-4** du code de la route.

Un nouvel agrément est délivré si les conditions sont réunies.

Art. 12 En application des dispositions des articles *(Arr. du 10 janv. 2013, en vigueur le 19 janv. 2013)* « **L. 213-5** et **R. 213-5** » du code de la route, le préfet doit retirer l'agrément d'exploiter un établissement :

1° Lorsqu'une des conditions mises à la délivrance de l'agrément cesse d'être remplie ;

2° En cas de non-conformité du programme de formation à la conduite prévu à l'article *(Arr. du 10 janv. 2013, en vigueur le 19 janv. 2013)* « **L. 213-4** » du code de la route ;

3° En cas de cessation définitive d'activité déclarée par le titulaire de l'agrément ;

(Arr. du 27 avr. 2021, art. 4) « 4° En cas de fausses déclarations répétées du nombre de formateurs sur le site pro.permisdeconduire.gouv.fr mentionné à l'article 2 de l'arrêté du 27 avril 2021 relatif à la généralisation progressive d'un système de réservation nominative des places pour l'épreuve pratique de l'examen du permis de conduire des catégories A1, A2, B1 et B. »

Art. 13 Le préfet peut suspendre, pour une durée maximale de six mois, l'agrément d'exploiter un établissement :

1° En cas d'urgence justifiée par des faits passibles d'une des condamnations mentionnées aux articles *(Arr. du 10 janv. 2013, en vigueur le 19 janv. 2013)* « **L. 213-3** et **R. 212-4** » du code de la route. La mesure de suspension cesse de plein droit dès lors que l'autorité judiciaire s'est prononcée avant l'expiration du délai de six mois ;

2° En cas de refus de se soumettre au contrôle prévu à l'article *(Arr. du 10 janv. 2013, en vigueur le 19 janv. 2013)* « **L. 213-4** » du code de la route *(Arr. du 14 oct. 2016, art. 10)* « y compris la transmission de la liste des enseignants attachés à l'établissement à jour » ;

3° En cas de non-respect du programme de formation à la conduite défini à l'article *(Arr. du 10 janv. 2013, en vigueur le 19 janv. 2013)* « **L. 213-4** » du code de la route ;

4° En cas de non-respect des articles *(Arr. du 10 janv. 2013, en vigueur le 19 janv. 2013)* « **L. 213-2** et **R. 213-3** » du code de la route relatifs au contrat écrit ;

(Arr. du 27 avr. 2021, art. 4) « 5° En cas de *(Arr. du 18 août 2021, art. 2)* « fausse déclaration » du nombre de formateurs sur le site pro.permisdeconduire.gouv.fr mentionné à

l'article 2 de l'arrêté du 27 avril 2021 relatif à la généralisation progressive d'un système de réservation nominative des places pour l'épreuve pratique de l'examen du permis de conduire des catégories A1, A2, B1 et B. »

Art. 14 Avant toute décision de suspension ou de retrait de l'agrément, le préfet porte à la connaissance de l'exploitant, par lettre recommandée avec avis de réception, son intention de retirer ou suspendre son agrément en lui précisant les motifs invoqués et en lui demandant de présenter, *(Arr. du 14 oct. 2016, art. 11)* « dans un délai qui ne peut être inférieur à huit jours, » des observations écrites et, le cas échéant, sur sa demande, des observations orales en se faisant assister ou représenter par un mandataire de son choix. En cas d'absence de réponse dans le délai prévu, la procédure est réputée contradictoire.

(Abrogé par Arr. du 14 oct. 2016, art. 11) « ***Dans le seul cas de suspension de l'agrément, l'exploitant est préalablement cité devant la commission départementale de la sécurité routière.*** »

Le préfet suspend ou retire l'agrément par arrêté motivé et notifié à l'intéressé. La mesure de suspension ou retrait de l'agrément est inscrite dans le registre national de l'enseignement de la conduite et de la sécurité routière défini par arrêté du 8 janvier 2001. *— V. 1er Arr. du 8 janv. 2001 (JO 26 janv.).*

Art. 15 *Disposition transitoire.* Les exploitants ont jusqu'au *(Arr. du 11 juin 2001, art. 2)* « 31 mars 2002 » pour mettre en conformité leurs véhicules d'enseignement avec la disposition nouvelle de l'article 6 (*b*, 3°) relative au deuxième rétroviseur latéral extérieur droit.

Art. 16 Les titres I et III de l'arrêté du 5 mars 1991 modifié relatif à l'exploitation des établissements d'enseignement de la conduite des véhicules à moteur et de la sécurité routière sont abrogés.

Pour les conditions de réactualisation des connaissances des exploitants des établissements d'enseignement de la conduite, à titre onéreux, des véhicules à moteur et de la sécurité routière, V. Arr. du 18 déc. 2002 (JO 9 janv. 2003).

Arrêté du 8 janvier 2001,

Relatif aux conditions d'agrément des associations qui s'appuient sur la formation à la conduite et à la sécurité routière pour faciliter l'insertion ou la réinsertion sociale ou professionnelle.

Art. 1er Toute association qui exerce, au sens de l'article *(Arr. du 14 oct. 2016, art. 3)* « R. 213-7 » du code de la route, son activité dans le champ de l'insertion ou de la réinsertion sociale ou professionnelle, en utilisant notamment la formation à la conduite et à la sécurité routière, doit fournir pour obtenir un agrément :

1° Un justificatif d'identité *(Abrogé par Arr. du 14 oct. 2016, art. 3)* « ***et d'état civil*** » du président de l'association et, le cas échéant, de la personne mandatée pour encadrer l'activité d'enseignement de la conduite ;

2° La copie des statuts et de la déclaration de l'association publiée au *Journal officiel*, ainsi que, le cas échéant, la dernière déclaration de changement des personnes chargées de l'administration ou de la direction de ladite association ;

3° La copie de la convention signée avec l'État, une collectivité locale, un établissement public ou une association chargée d'une mission de service public ou des décisions d'attribution de subventions par ces mêmes collectivités ;

4° Une fiche décrivant la ou les catégories de public concerné, conformément à l'article *(Arr. du 14 oct. 2016, art. 3)* « au 2° *[conformément au 2°]* de l'article R. 213-8 » du code de la route ;

(Arr. du 14 oct. 2016, art. 3) « 5° La liste de tous les enseignants attachés à l'établissement ainsi que leur lieu de domicile et pour chacun d'entre eux la photocopie de leur autorisation d'enseigner ou le cas échéant de leur autorisation temporaire et restrictive d'exercer, en cours de validité. Toute modification doit être signalée au préfet auprès duquel le dossier a été déposé » ;

6° L'adresse, la description et le plan du local destiné à l'enseignement de la conduite et de la sécurité routière ;

7° La justification de propriété ou de location du ou des véhicules d'enseignement ainsi que, pour chaque véhicule, l'attestation d'assurance couvrant *(Abrogé par Arr. du 17 mai 2013)* « ***sans limite*** » les dommages pouvant résulter d'accidents causés aux tiers dans les conditions prévues par l'article L. 211-1 du code des assurances.

Art. 2 Le préfet auprès duquel le dossier a été déposé complète celui-ci en demandant directement l'extrait du casier judiciaire n° 2 du président de l'association et, le cas échéant, de la personne mandatée pour encadrer l'activité d'enseignement de la conduite afin de vérifier qu'il n'a ou qu'ils n'ont *(Abrogé par Arr. du 14 oct. 2016, art. 4)* «*pas*» fait l'objet d'aucune des condamnations mentionnées aux articles *(Arr. du 14 oct. 2016, art. 2)* « L. 213-3 et R. 212-4 » du code de la route.

(Arr. du 14 oct. 2016, art. 4) « En application des dispositions mentionnées à l'article R. 213-2 du code de la route, l'agrément est délivré après l'examen des pièces constitutives du dossier et enquête administrative. »

L'agrément est délivré pour une durée de cinq ans, par arrêté du préfet du département dans lequel est dispensée la formation, au président et, le cas échéant, à la personne mandatée pour encadrer l'activité d'enseignement de la conduite *(Arr. du 14 oct. 2016, art. 4)* « sans préjudice du respect par l'association des normes prévues pour les établissements recevant du public ». Il mentionne notamment les formations à la conduite automobile et à la sécurité routière dispensées au sein de l'association pour les différentes catégories de véhicules.

Les éléments fournis pour l'obtention de l'agrément sont inscrits dans le registre national de l'enseignement de la conduite des véhicules à moteur et de la sécurité routière, conformément à l'arrêté du 8 janvier 2001.

Art. 3 L'association doit disposer pour assurer l'enseignement de la conduite :

1° D'un local comprenant au moins une salle d'enseignement isolée phoniquement *(Abrogé par Arr. du 14 oct. 2016, art. 5)* «*et répondant aux règles générales d'hygiène et de sécurité*» ;

2° Des moyens matériels et des véhicules nécessaires à la formation des élèves prévus aux articles 5 et 6 de l'arrêté du 8 janvier 2001 relatif à l'exploitation des établissements d'enseignement, à titre onéreux, de la conduite des véhicules à moteur et de la sécurité routière.

Art. 4 L'association doit adresser au préfet, chaque année, avant le 31 mars, un rapport d'activité concernant la formation à la conduite et à la sécurité routière de l'année antérieure, comportant les rubriques prévues à l'annexe du présent arrêté. Passé cette date, l'association est mise en demeure par le préfet de transmettre le rapport d'activité dans un délai de deux mois. Au-delà de cette date, l'agrément est retiré sans autre formalité.

Chaque année, avant le 31 mars, l'association doit adresser au préfet copie de la convention ou des décisions d'attribution de subventions de l'année en cours. En l'absence de notification de convention ou de décision d'attribution de subvention, l'agrément est suspendu jusqu'à production de celle-ci.

Art. 5 Il appartient au président de l'association et, le cas échéant, à la personne mandatée pour encadrer l'activité d'enseignement de la conduite d'adresser au préfet du département du lieu d'exercice de son activité une demande de renouvellement au moins deux mois avant l'expiration de l'agrément, accompagnée des pièces énumérées aux 5° et 7° de l'article 1er du présent arrêté.

L'agrément est renouvelé selon la même procédure que celle prévue à l'article 2 du présent arrêté.

L'agrément dont le renouvellement a été sollicité dans le délai et les formes prévus au premier alinéa ci-dessus est maintenu provisoirement valide jusqu'à ce que le préfet statue sur la demande. *(Arr. du 5 nov. 2014, art. 2, en vigueur le 12 nov. 2014)* « En l'absence de décision expresse, l'agrément est réputé renouvelé à l'issue d'un délai de quatre mois à compter de la réception, par le préfet de département, du dossier complet de demande du président de l'association de renouvellement de son agrément. »

Art. 6 Tout changement du titulaire de l'agrément doit être notifié dans les *(Arr. du 14 oct. 2016, art. 6)* « quinze jours » au préfet qui vérifie que le nouveau demandeur n'a fait l'objet d'aucune des condamnations mentionnées aux articles *(Arr. du 14 oct. 2016, art. 2)* « L. 213-3 et R. 212-4 » du code de la route.

Art. 7 En application des dispositions de l'article *(Arr. du 14 oct. 2016, art. 7)* « **R. 213-9** » du code de la route, le préfet doit retirer l'agrément :

1° Lorsqu'une des conditions mises à la délivrance de l'agrément cesse d'être remplie ;

2° En cas de non-conformité du programme de formation à la conduite prévu à l'article *(Arr. du 14 oct. 2016, art. 2)* « L. 213-4 » du code de la route ;

3° En cas de cessation définitive d'activité déclarée par le titulaire de l'agrément.

(Abrogé par Arr. du 14 oct. 2016, art. 7) ***« 4° Si le titulaire de l'agrément ne demande pas le renouvellement de son agrément dans le délai et la forme fixés à l'article 5 du présent arrêté. »***

Art. 8 Le préfet peut suspendre l'agrément pour une durée maximale de six mois ;

1° En cas d'urgence justifiée par des faits passibles d'une des condamnations mentionnées aux articles *(Arr. du 14 oct. 2016, art. 2)* « L. 213-3 et R. 212-4 » du code de la route. La mesure de suspension cesse de plein droit dès lors que l'autorité judiciaire s'est prononcée avant l'expiration du délai de six mois ;

(Arr. du 14 oct. 2016, art. 8) « 2° En cas de refus de se soumettre au contrôle prévu à l'article L. 213-4 du code de la route y compris la transmission de la liste des enseignants attachés à l'établissement à jour ; »

3° En cas de non-respect du programme de formation à la conduite défini à l'article *(Arr. du 14 oct. 2016, art. 2)* « L. 213-4 » du code de la route.

Art. 9 Avant toute décision de suspension ou de retrait de l'agrément, le préfet porte à la connaissance du président et, le cas échéant, de la personne mandatée pour encadrer l'activité d'enseignement, par lettre recommandée avec avis de réception, son intention de retirer ou suspendre son agrément. Il lui précise les motifs invoqués en demandant de présenter, dans un délai *(Arr. du 14 oct. 2016, art. 9)* « qui ne peut être inférieur à huit jours », des observations écrites et, le cas échéant, sur sa demande, des observations orales en se faisant assister ou représenter par un mandataire de son choix. En cas d'absence de réponse dans le délai prévu, la procédure est réputée contradictoire.

(Abrogé par Arr. du 14 oct. 2016, art. 9) ***« Dans le seul cas de suspension de l'agrément, le président ou la personne responsable de l'enseignement est préalablement cité devant la commission départementale de la sécurité routière. »***

Le préfet suspend ou retire l'agrément par arrêté motivé et notifié à l'intéressé. La mesure de suspension ou de retrait de l'agrément est inscrite dans le registre national de l'enseignement de la conduite et de la sécurité routière défini par arrêté du 8 janvier 2001.

Arrêté du 18 décembre 2002,

Fixant les conditions de réactualisation des connaissances des exploitants des établissements d'enseignement de la conduite, à titre onéreux, des véhicules à moteur et de la sécurité routière et des exploitants des établissements agréés assurant à titre onéreux la formation des candidats aux titres ou diplômes exigés pour l'exercice de la profession d'enseignant de la conduite et de la sécurité routière (Arr. du 24 nov. 2017).

Art. 1er La réactualisation des connaissances des exploitants des établissements d'enseignement, à titre onéreux, de la conduite des véhicules à moteur et de la sécurité routière *(Arr. du 24 nov. 2017)* « et des exploitants des établissements agréés assurant, à titre onéreux, la formation des candidats aux titres ou diplômes exigés pour l'exercice de la profession d'enseignant de la conduite et de la sécurité routière », exigée pour obtenir le renouvellement quinquennal de leur agrément d'exploiter, en application des articles L. 213-3 et R. 213-6 du code de la route, est organisée sous la forme d'un stage d'une durée de trois jours consécutifs comprenant 21 heures de formation effective, à raison de 7 heures par jour.

Art. 2 Ce stage de formation spécifique est destiné à renforcer les connaissances et compétences des exploitants. Les objectifs de cette formation, les thèmes professionnels développés et la qualification des formateurs sont définis à l'annexe I du présent arrêté. — *V. cette annexe au JO du 9 janv. 2003, mod. par Arr. du 8 août 2022 (JO 13 août).*

Art. 3 *(Arr. du 24 nov. 2017)* Sont habilités à dispenser ce stage de formation :

— les établissements agréés assurant à titre onéreux la formation des candidats aux titres ou diplômes exigés pour l'exercice de la profession d'enseignant de la conduite et de la sécurité routière, en application des dispositions de l'arrêté du 12 avril 2016 susvisé ;

— les organismes de formation habilités par l'association nationale pour la formation automobile pour organiser les actions permettant la délivrance du certificat de qualifica-

tion professionnelle "responsable d'unité(s) d'enseignement de la sécurité routière et de la conduite" (CQP) ;
— les titulaires d'un agrément préfectoral délivré avant le 1er juillet 2016 pour la formation à capacité de gestion en application des dispositions en vigueur avant cette date.

Art. 4 *(Arr. du 30 juill. 2010)* Les personnes ou établissements souhaitant assurer la formation à la réactualisation des connaissances doivent adresser au préfet du département du lieu ou d'un des lieux où ils exerceront leur activité, préalablement à la mise en œuvre de la formation, un dossier comportant les pièces suivantes :
— le contenu détaillé de la formation, conforme aux objectifs et thèmes professionnels définis à l'annexe I du présent arrêté ;
— l'organisation et les modalités de mise en œuvre des stages ;
— le(s) lieu(x) et le calendrier prévisionnels des stages ;
— la photocopie des diplômes des formateurs, conforme aux dispositions de l'annexe I du présent arrêté.

Le préfet accuse réception de ce dossier dans un délai d'un mois et les informe, le cas échéant, de tout document manquant. L'accusé de réception mentionne les délais et voies de recours pouvant courir contre la décision du préfet. Il mentionne également qu'à compter de la date de réception du dossier complet le préfet a deux mois pour donner son avis, et qu'à défaut une décision implicite d'acceptation intervient.

La validité d'un agrément s'étend à l'ensemble du territoire national. Les personnes ou établissements agréés peuvent intervenir dans plusieurs départements. Toutefois, préalablement à la mise en œuvre d'une formation, une copie de l'agrément doit être transmise au préfet de chaque département concerné.

Le préfet tient à jour la liste des personnes ou établissements agréés assurant la formation à la réactualisation des connaissances dans son département.

Art. 5 Les *(Arr. du 24 nov. 2017)* « établissements ou organismes, mentionnés à l'article 3, » qui dispensent des formations à la réactualisation des connaissances doivent :
— organiser des stages dont le nombre de participants ne doit pas être inférieur à six ni supérieur à quinze ;
— délivrer une attestation de réactualisation des connaissances à chaque personne ayant suivi un stage complet de formation. Cette attestation doit être conforme à l'annexe II du présent arrêté ; — *V. cette annexe au JO du 9 janv. 2003.*
— adresser au préfet avant le 31 décembre de chaque année un bilan annuel des stages organisés dans l'année écoulée comportant pour chaque formation le nombre des participants, la date du stage, ainsi qu'un programme prévisionnel des formations pour l'année à venir.

Art. 6 Le préfet est habilité à assurer le contrôle de *(Arr. du 24 nov. 2017)* « ces établissements ou » ces organismes, notamment en ce qui concerne le respect du cahier des charges. En cas de déficience, le préfet peut retirer l'autorisation d'assurer cette formation.

Avant toute décision de retrait de cette autorisation, le préfet porte à la connaissance de l'intéressé par lettre recommandée avec avis de réception son intention de retirer son autorisation, en lui précisant les motifs invoqués et en lui demandant de présenter, dans un délai de trente jours francs, des observations écrites et, le cas échéant, sur sa demande, des observations orales en se faisant assister ou représenter par un mandataire de son choix. En cas d'absence de réponse dans le délai prévu, la procédure est réputée contradictoire.

Art. 7 *(Arr. du 24 nov. 2017)* Les exploitants des établissements ou organismes mentionnés à l'article 3 ne peuvent pas suivre un stage de réactualisation des connaissances dans leur(s) propre(s) établissement(s) ou organisme(s).

Décret n° 2005-1225 du 29 septembre 2005,

Instituant une aide au financement de la formation à la conduite et à la sécurité routière.

Art. 1er Les prêts souscrits auprès d'établissements de crédit *(Décr. n° 2014-1316 du 3 nov. 2014, art. 15-VI-1°)* « ou de sociétés de financement » en vue du financement d'une formation à la conduite et à la sécurité routière ouvrent droit à une aide de l'État dans les conditions fixées ci-après.

Art. 2 L'attribution de l'aide est subordonnée au respect par le souscripteur du prêt des conditions suivantes :

1° Le prêt doit être destiné au financement de la formation d'une personne physique âgée de *(Décr. n° 2015-250 du 3 mars 2015)* « 15 ans » au moins et de 25 ans au plus, à la date de la signature du contrat de formation mentionné au 4° *(Décr. n° 2016-891 du 30 juin 2016, art. 3-1°, en vigueur le 1er juill. 2016)* « , y compris lorsqu'il prend la forme d'un avenant ».

(Décr. n° 2019-1194 du 19 nov. 2019, en vigueur le 1er janv. 2020) « 2° Le prêt est exclusivement destiné au financement d'une formation initiale ou dans le cas d'un échec à l'épreuve pratique du permis de conduire d'une formation complémentaire délivrée à titre onéreux par un établissement d'enseignement de la conduite et de la sécurité routière mentionné à l'article L. 213-1 du code de la route ou une association exerçant son activité dans le champ de l'insertion ou de la réinsertion sociale ou professionnelle agréée en application de l'article L. 213-7 du même code.

« Ces établissements et associations doivent disposer d'un label de qualité prévu par arrêté du ministre chargé de la sécurité routière au titre de l'article L. 213-9 du code de la route ou d'une équivalence reconnue par ce même arrêté.

« Ces établissements et associations signent une convention avec l'État.

« Cette convention est signée au nom de l'État par le préfet du lieu d'implantation de l'établissement d'enseignement de la conduite et de la sécurité routière ou de l'association.

« Elle est conforme à une convention type approuvée par arrêté conjoint du ministre chargé de l'économie et du ministre chargé de la sécurité routière. » — *Les conventions conclues en application du 2° de l'art. 2 du Décr. du 29 sept. 2005, dans sa rédaction en vigueur avant la publication du Décr. n° 2019-1194 du 19 nov. 2019, prennent fin le 1er mars 2020 (Décr. préc., art. 3).*

(Décr. n° 2016-891 du 30 juin 2016, art. 3-3°, en vigueur le 1er juill. 2016) « 3° Cette formation doit viser l'obtention du permis de conduire soit de la catégorie A2, soit de la catégorie A1, soit de la catégorie B. S'agissant de la catégorie B, elle peut s'inscrire dans le cadre de l'apprentissage anticipé de la conduite ou de l'apprentissage en conduite supervisée défini aux articles R. 211-5 et R. 211-5-1 du code de la route. »

4° Le prêt doit être souscrit par le bénéficiaire de la *(Décr. n° 2016-891 du 30 juin 2016, art. 3-4°, en vigueur le 1er juill. 2016)* « formation initiale ou de la formation complémentaire mentionnées » au 2° ou, à défaut, par son représentant légal. Le contrat de formation passé avec l'établissement d'enseignement *(Décr. n° 2016-891 du 30 juin 2016, art. 3-4°, en vigueur le 1er juill. 2016)* « de la conduite et de la sécurité routière » *(Décr. n° 2019-22 du 11 janv. 2019, art. 2)* « ou l'association mentionnée à l'article L. 213-7 du code de la route » chargé de dispenser cette formation doit être produit à l'appui de la demande du prêt.

(Décr. n° 2016-891 du 30 juin 2016, art. 3-5° et 6°, en vigueur le 1er juill. 2016) « 5° Le prêt prévu pour financer une formation initiale ne peut être attribué qu'une fois à un même bénéficiaire.

« 6° Le prêt prévu pour financer une formation complémentaire ne peut être attribué qu'au bénéficiaire d'un prêt "permis à un euro par jour" prévu au 5° du présent article, après un échec à l'épreuve pratique de l'examen du permis de conduire. Il ne peut être attribué qu'une seule fois à un même bénéficiaire et pour une même catégorie de permis de conduire. »

V. Arr. du 19 nov. 2019 portant approbation de la convention type entre l'État et les établissements d'enseignement ou les associations agréés prévue à l'art. 2 du Décr. n° 2005-1225 du 29 sept. 2005 modifié instituant une aide au financement de la formation à la conduite et à la sécurité routière, en vigueur le 1er janv. 2020 (JO 20 nov.).

Les dispositions du Décr. n° 2019-1194 du 19 nov. 2019 entrent en vigueur le 1er janv. 2020. Toutefois, elles s'appliquent à compter du 1er mars 2020 aux établissements d'enseignement de la conduite et de la sécurité routière mentionnés à l'art. L. 213-1 C. route et aux associations exerçant leur activité dans le champ de l'insertion ou de la réinsertion sociale ou professionnelle agréées en application de l'art. L. 213-7 du même code ayant conclu une convention en application du 2° de l'art. 2 du Décr. du 29 sept. 2005 dans sa rédaction en vigueur avant la publication du Décr. n° 2019-1194 du 19 nov. 2019 (Décr. préc., art. 2).

Art. 3 L'attribution de l'aide est subordonnée au respect par l'établissement prêteur des conditions suivantes :

1° L'établissement prêteur doit avoir passé avec l'État une convention.

Cette convention est signée au nom de l'État par le *(Décr. n° 2012-163 du 1er févr. 2012)* « ministre chargé de la sécurité routière ».

Elle est conforme à une convention type approuvée par arrêté conjoint du ministre chargé de l'économie, du ministre chargé *(Décr. n° 2016-891 du 30 juin 2016, art. 5-1°, en vigueur le 1er juill. 2016)* « des finances » et du *(Décr. n° 2012-163 du 1er févr. 2012)* « ministre chargé de la sécurité routière ». Elle prévoit notamment les modalités de gestion de la compensation *(Décr. n° 2016-891 du 30 juin 2016, art. 4, en vigueur le 1er juill. 2016)* « financière » versée aux établissements de crédit *(Décr. n° 2016-891 du 30 juin 2016, art. 5-1°, en vigueur le 1er juill. 2016)* « ou aux sociétés de financement » et les conditions d'octroi des prêts à respecter par l'établissement, sous peine de la sanction prévue à l'article 5. — *V. Arr. du 29 sept. 2005 portant approbation de la convention type entre l'État et les établissements de crédit relative aux prêts ne portant pas intérêt destinés à financer une formation à la conduite et à la sécurité routière (JO 30 sept.), mod. par Arr. du 30 juin 2016 (JO 1er juill.), mod. par Arr. du 11 janv. 2019 (JO 13 janv.), mod. par Arr. du 19 nov. 2019, en vigueur le 1er janv. 2020 (JO 20 nov.).*

2° Le prêt est versé par l'établissement de crédit *(Décr. n° 2014-1316 du 29 sept. 2014, art. 15-VI-2°)* « ou la société de financement » pour le compte du bénéficiaire :

a) Soit directement sur le compte bancaire ou postal de l'établissement d'enseignement de la conduite *(Décr. n° 2016-891 du 30 juin 2016, art. 2, en vigueur le 1er juill. 2016)* « et de la sécurité routière » *(Décr. n° 2019-22 du 11 janv. 2019, art. 3)* « ou de l'association mentionnée à l'article L. 213-7 du code de la route » ;

b) Soit sur le compte bancaire ou postal du souscripteur du prêt, l'établissement de crédit *(Décr. n° 2014-1316 du 29 sept. 2014, art. 15-VI-2°)* « ou la société de financement » permettant le versement de cette somme sur le compte bancaire ou postal de l'établissement d'enseignement de la conduite *(Décr. n° 2016-891 du 30 juin 2016, art. 2, en vigueur le 1er juill. 2016)* « et de la sécurité routière » *(Décr. n° 2019-22 du 11 janv. 2019, art. 3)* « ou de l'association mentionnée à l'article L. 213-7 du code de la route ».

(Décr. n° 2016-891 du 30 juin 2016, art. 5-2°, en vigueur le 1er juill. 2016) « 3° Le montant du prêt souscrit pour une formation initiale est égal, au choix du souscripteur du prêt, à 600, 800, 1 000 ou 1 200 euros, sans excéder le montant inscrit dans le contrat de formation.

« Le montant du prêt souscrit pour une formation complémentaire après un échec à l'épreuve pratique du permis de conduire est égal à 300 euros, sans excéder le montant inscrit dans le contrat de formation. »

4° Le remboursement du prêt par le souscripteur est constitué du remboursement du seul capital sur la base de mensualités constantes, à l'exception éventuellement de la dernière. Les mensualités *(Décr. n° 2016-891 du 30 juin 2016, art. 5-3°, en vigueur le 1er juill. 2016)* « de chacun des prêts souscrits » ne peuvent excéder le montant de 30 euros. Leur nombre est égal au plus petit entier supérieur ou égal au rapport entre le montant du prêt et 30 euros.

5° L'établissement prêteur apprécie sous sa propre responsabilité la solvabilité et les garanties de remboursement présentées par les personnes physiques demandant l'octroi d'un prêt entrant dans le cadre du présent décret. *(Décr. n° 2016-891 du 30 juin 2016, art. 5-4°, en vigueur le 1er juill. 2016)* « En termes de gestion du risque au regard de la situation financière de l'emprunteur, le prêteur a la possibilité d'exiger que l'octroi du prêt soit assorti d'une garantie, tel qu'un cautionnement ou un coemprunt ».

Art. 4 L'absence d'intérêt acquitté par les souscripteurs de prêts mentionnés à l'article 1er ouvre droit à compensation financière au bénéfice des établissements de crédit *(Décr. n° 2014-1316 du 3 nov. 2014, art. 15-VI-3°)* « ou des sociétés de financement » dans les conditions suivantes.

Pour chaque prêt, la compensation *(Décr. n° 2016-891 du 30 juin 2016, art. 4, en vigueur le 1er juill. 2016)* « financière » versée par l'État est calculée par application d'un taux S au montant du prêt octroyé.

Le taux S mentionné à l'alinéa précédent est obtenu en arrondissant à la quatrième décimale la somme des valeurs, actualisées à un taux d'intérêt T 1, des écarts entre les mensualités constantes d'un emprunt à taux nul de 1 euro sur une durée correspondant au prêt octroyé et les mensualités constantes d'un prêt de référence de 1 euro, de même durée, accordé au taux d'intérêt T 2.

Le taux T 1 est égal au taux mensuel équivalent au taux annuel de rendement *(Décr. n° 2014-1096 du 26 sept. 2014)* « des emprunts d'État » d'une durée de deux ans, constaté le dernier jour ouvré précédant le trimestre.

Le taux T 2 est égal au taux mensuel équivalent au même taux annuel T 1 majoré de 2 points.

Le taux S est applicable aux prêts mis en force au cours du même trimestre. On considère, au titre du présent décret, qu'un prêt est mis en force au moment du premier versement.

Art. 5 Si, pendant la durée de remboursement du prêt, les conditions d'octroi des prêts prévues dans la convention mentionnée au 1° de l'article 3 ne sont pas respectées, l'établissement de crédit *(Décr. n° 2014-1316 du 3 nov. 2014, art. 15-VI-4°)* « ou la société de financement » est tenu de rembourser à l'État la compensation *(Décr. n° 2016-891 du 30 juin 2016, art. 4, en vigueur le 1er juill. 2016)* « financière » indûment versée majorée de 20 %.

Ce remboursement au profit de l'État est effectué à l'appui d'un titre de perception recouvré par le *(Décr. n° 2014-552 du 27 mai 2014, art. 35)* « comptable de la direction générale des finances publiques » conformément *(Décr. n° 2012-1247 du 7 nov. 2012, art. 65)* « aux dispositions prévues aux articles 112 à 124 du décret n° 2012-1246 du 7 novembre 2012 relatif à la gestion budgétaire et comptable publique ».

Art. 6 *(Abrogé par Décr. n° 2019-22 du 11 janv. 2019, art. 4)* ***Ouvrent droit au dispositif les prêts conclus à compter du 3 octobre 2005*** *(Décr. n° 2006-1157 du 16 sept. 2006)* ***« pour la catégorie B et à compter du 3 octobre 2006 pour la catégorie A ».***

Un bilan de la qualité des formations à la conduite et à la sécurité routière financées dans le cadre du présent décret sera établi avant la fin octobre 2008.

Arrêté du 22 décembre 2009,

Relatif à l'enseignement de la conduite des véhicules terrestres à moteur sur les autoroutes.

Art. 1er Sous réserve des interdictions ou restrictions de circulation prises en application de l'article R. 411-9 du code de la route, les leçons de conduite des véhicules à moteur sont autorisées sur autoroute dans les conditions fixées ci-après.

Art. 2 L'enseignement doit être dispensé dans les conditions définies à l'article R. 211-3 du code de la route.

Art. 3 Les élèves conducteurs, candidats au permis de conduire ou en situation de perfectionnement de la conduite, ne peuvent conduire sur autoroute que lorsque la personne responsable de l'enseignement les estime en possession d'une connaissance suffisante des règles de circulation et de sécurité routières et qu'elle les reconnaît aptes à la conduite à vitesse soutenue.

Art. 4 Les véhicules utilisés doivent répondre aux conditions mentionnées à l'article R. 317-25 du code de la route.

Arrêté du 22 décembre 2009,

Relatif à l'apprentissage de la conduite des véhicules à moteur de la catégorie B dans un établissement d'enseignement agréé.

Art. 1er L'apprentissage de la conduite des véhicules de la catégorie B dans un établissement d'enseignement agréé au titre des articles L. 213-1 ou L. 213-7 du code de la route peut se faire selon l'un des modes suivants :

1° L'apprentissage anticipé de la conduite ;

2° L'apprentissage avec ou sans conduite supervisée.

TITRE I APPRENTISSAGE ANTICIPÉ DE LA CONDUITE

Art. 2 L'apprentissage anticipé de la conduite (AAC) est ouvert aux personnes âgées de *(Arr. du 31 oct. 2014, art. 2)* « quinze » ans minimum. Il s'agit d'un apprentissage fondé sur une acquisition, progressive et étalée dans le temps, des compétences indispensables à une conduite sûre et responsable d'un véhicule de la catégorie B dans des situations de circulation les plus variées possibles.

Cet apprentissage se déroule en deux phases :

– une première phase de formation initiale, dispensée par l'établissement d'enseignement agréé ;

– une seconde phase de conduite accompagnée.

Art. 3 Avant de débuter la formation, l'établissement doit :

1° Conclure un contrat de formation avec l'élève conforme aux dispositions mentionnées à l'article R. 213-3 du code de la route. Le contrat précise les obligations relatives à la fonction d'accompagnateur et les conditions spécifiques aux différentes périodes de formation de l'apprentissage anticipé de la conduite. Lorsque l'élève est mineur, ce contrat doit également porter la signature du représentant légal.

La conclusion de ce contrat est assujettie à un accord préalable écrit de la société d'assurances sur l'extension de garantie nécessaire pour la conduite du ou des véhicules utilisés au cours de la période de conduite accompagnée. Cet accord, conforme au modèle défini en annexe au présent arrêté, précise le ou les noms des accompagnateurs autorisés par la société d'assurances à assurer cette fonction. Il est joint au contrat de formation de l'élève ;

2° Déposer auprès de la préfecture, au nom de l'élève, un formulaire de demande de permis de conduire conforme aux dispositions prévues à l'article 1er de l'arrêté du *(Arr. du 31 oct. 2014, art. 3-1°)* « 20 avril 2012 fixant les » conditions d'établissement, de délivrance et de validité du permis de conduire ;

3° Remettre à l'élève un livret d'apprentissage. Ce livret, conforme *(Arr. du 31 oct. 2014, art. 3-2°)* « aux dispositions de l'arrêté du 29 juillet 2013 relatif au livret d'apprentissage de la catégorie B du permis de conduire », permet à l'élève de connaître les objectifs de sa formation et de suivre sa progression ;

4° Établir, au nom de l'élève, une fiche de suivi de formation *(Abrogé par Arr. du 31 oct. 2014, art. 3-3°)* « *conforme au modèle mentionné à l'arrêté du 22 décembre 2009 relatif au livret d'apprentissage* ». Cette fiche doit être conservée pendant trois ans dans les archives de l'établissement. Lorsque l'élève change d'établissement pendant la formation, une copie de la fiche est transmise à l'établissement dans lequel l'élève poursuit sa formation.

Art. 4 *(Arr. du 13 mai 2013, en vigueur le 1er juill. 2014)* La première phase de formation initiale est composée d'une partie théorique et d'une partie pratique pouvant être organisées en alternance par l'établissement d'enseignement à la conduite. Elle vise à atteindre les *(Arr. du 14 oct. 2016, art. 2)* « compétences définies » dans le livret d'apprentissage, conformes au référentiel pour l'éducation à une mobilité citoyenne défini par arrêté du ministre chargé de la sécurité routière.

La partie théorique comprend des séquences portant sur les *(Arr. du 14 oct. 2016, art. 2)* « compétences » et contenus théoriques de la formation, animées par un enseignant de la conduite titulaire d'une autorisation d'enseigner en cours de validité, complétées par des séquences de tests et entraînements à l'épreuve théorique générale du permis de conduire.

(Arr. du 16 juill. 2019) « La partie pratique comprend un volume minimum de vingt heures de formation, dont un volume d'au moins quinze heures sur les voies ouvertes à la circulation, qui peut être réduit jusqu'à dix heures lorsqu'est utilisé un simulateur d'apprentissage de la conduite doté d'un poste de conduite, sous la responsabilité pédagogique et en présence d'un enseignant de la conduite et de la sécurité routière. » *(Arr. du 14 oct. 2016, art. 2)* « Ce volume minimum de vingt heures ne s'applique pas aux élèves déjà titulaires d'une autre catégorie du permis de conduire, à l'exception des catégories AM et B1 du permis de conduire, et aux élèves suivant une formation limitée à la conduite des véhicules équipés d'une boîte automatique pour laquelle un volume minimum de treize heures est requis *(Arr. du 16 juill. 2019)* « ; ce volume de treize heures comporte un volume d'au moins dix heures sur les voies ouvertes à la circulation, qui peut être réduit à sept heures lorsqu'est utilisé un simulateur d'apprentissage de la conduite doté d'un poste de conduite, sous la responsabilité pédagogique et en présence d'un enseignant de la conduite et de la sécurité routière. »

« A l'issue de la formation pratique, ou à tout moment à la demande de l'élève, l'enseignant effectue un bilan des compétences acquises par l'élève et délivre une attestation de fin de formation initiale si l'élève a satisfait à ce bilan*[.]* Dans le cas contraire, un autre bilan sera réalisé ultérieurement. »

En fin de formation initiale, l'enseignant procède à une évaluation des compétences acquises.

Art. 5 Pour accéder à la phase de conduite accompagnée, l'élève doit :

1° Avoir réussi l'épreuve théorique générale du permis de conduire ou détenir une catégorie de permis de conduire depuis cinq ans au plus ;

2° *(Arr. du 14 oct. 2016, art. 3)* « Être titulaire de l'attestation de fin de formation initiale définie à l'article 4. »

Lorsque ces deux conditions sont remplies, l'établissement d'enseignement délivre à l'élève l'attestation de fin de formation initiale prévue dans le livret d'apprentissage. Un exemplaire de cette attestation est transmis, dès sa délivrance, à la société d'assurances par le souscripteur du contrat de formation.

En cas de difficulté concernant la délivrance de ce document, il peut être fait appel au préfet du département du siège de l'établissement.

Art. 6 La phase de conduite accompagnée débute par la participation à un rendez-vous préalable d'une durée minimum de deux heures avec au moins un accompagnateur, organisé à la suite de *(Arr. du 14 oct. 2016, art. 4)* « l'obtention de l'attestation de fin de formation initiale », sous la forme d'une séquence de conduite sur le véhicule de l'établissement. Au cours de ce rendez-vous, l'accompagnateur assis à l'arrière du véhicule bénéficie des conseils de l'enseignant. Un guide comportant les informations utiles pour un déroulement efficace de la conduite accompagnée est remis à l'accompagnateur.

La phase de conduite accompagnée a une durée minimale d'un an. L'élève et son ou ses accompagnateurs doivent parcourir une distance minimale de trois mille kilomètres sur le réseau routier et autoroutier du territoire national, à différents moments du jour et de la nuit, et dans diverses conditions météorologiques.

L'accompagnateur, assis à l'avant du véhicule, à côté de l'élève, doit être titulaire de la catégorie B du permis de conduire depuis au moins cinq ans sans interruption à la date de la signature du contrat de formation de l'élève.

(Arr. du 31 oct. 2014, art. 4) « Le véhicule utilisé, à boîte de vitesses manuelle ou automatique, peut être attelé d'une remorque dès lors que la conduite de l'ensemble formé par le véhicule tracteur et la remorque ne nécessite pas la détention de la catégorie BE du permis de conduire ou le suivi de la formation prévue au point III *bis* de l'article R. 221-8 du code de la route ». Un signe distinctif autocollant ou magnétisé conforme au modèle annexé au présent arrêté doit être apposé à l'arrière gauche du véhicule et sur la remorque, le cas échéant.

Au cours de cette phase d'acquisition d'expérience de la conduite, l'élève doit :

– respecter les limitations de vitesse mentionnées à l'article R. 413-5 du code de la route ;

– participer à au moins deux rendez-vous pédagogiques d'une durée de trois heures chacun. Ces rendez-vous comportent une partie pratique et une partie théorique. La présence d'au moins un des accompagnateurs de l'élève est obligatoire à chaque rendez-vous.

La partie pratique d'un rendez-vous pédagogique est d'une durée d'une heure de conduite en circulation sur le véhicule de l'établissement, l'accompagnateur étant assis à l'arrière du véhicule. Elle a pour but de mesurer les progrès réalisés par l'élève et d'apporter les conseils nécessaires pour poursuivre la conduite accompagnée dans de bonnes conditions.

La partie théorique est d'une durée de deux heures. Elle peut être organisée sous forme d'animation regroupant plusieurs élèves et leurs accompagnateurs. Elle porte sur les expériences vécues pendant la conduite accompagnée et sur les thèmes de sécurité routière prévus dans le livret d'apprentissage de l'élève.

Le premier rendez-vous est réalisé entre quatre et six mois après la date de délivrance de l'attestation de fin de formation initiale.

Le deuxième rendez-vous doit avoir lieu lorsqu'au moins trois mille kilomètres de conduite accompagnée ont été parcourus.

Un troisième rendez-vous peut être organisé sur les conseils du responsable de l'établissement ou de l'enseignant, à la demande de l'élève ou de l'accompagnateur.

L'enseignant mentionne ses observations concernant les rendez-vous pédagogiques sur la fiche de suivi de formation de l'élève et veille à ce que son livret d'apprentissage soit correctement renseigné.

TITRE II APPRENTISSAGE AVEC OU SANS CONDUITE SUPERVISÉE

Art. 7 La filière de l'apprentissage avec ou sans conduite supervisée est ouverte aux élèves souhaitant apprendre à conduire les véhicules de la catégorie B. Elle comporte une phase de formation initiale dispensée par l'établissement d'enseignement agréé complétée, le cas échéant, au choix des élèves, par une phase de conduite supervisée, accessible à compter de l'âge de dix-huit ans et permettant l'acquisition d'une expérience de conduite.

Le choix de s'engager dans une phase de conduite supervisée peut se faire soit dès la signature du contrat de formation, soit après *(Arr. du 14 oct. 2016, art. 5)* « l'obtention de l'attestation de fin de formation initiale. »

Art. 8 Les conditions requises pour débuter cet apprentissage sont identiques à celles décrites à l'article 3 du présent arrêté.

Art. 9 *(Arr. du 14 oct. 2016, art. 6)* La première phase de formation initiale est composée d'une partie théorique et d'une partie pratique pouvant être organisées en alternance par l'établissement d'enseignement à la conduite. Elle vise à atteindre les compétences définies dans le livret d'apprentissage, conformes au référentiel pour l'éducation à une mobilité citoyenne défini par arrêté du ministre chargé de la sécurité routière.

La partie théorique comprend des séquences portant sur les compétences et contenus théoriques de la formation, animées par un enseignant de la conduite et de la sécurité routière titulaire d'une autorisation d'enseigner en cours de validité, complétées par des séquences de tests et entraînements à l'épreuve théorique générale du permis de conduire.

(Arr. du 16 juill. 2019) « La partie pratique comprend un volume minimum de vingt heures de formation, dont un volume d'au moins quinze heures sur les voies ouvertes à la circulation, qui peut être réduit jusqu'à dix heures lorsqu'est utilisé un simulateur d'apprentissage de la conduite doté d'un poste de conduite, sous la responsabilité pédagogique et en présence d'un enseignant de la conduite et de la sécurité routière. » Ce volume minimum ne s'applique pas aux élèves déjà titulaires d'une autre catégorie du permis de conduire, à l'exception des catégories AM et B1 du permis de conduire, et aux élèves suivant une formation limitée à la conduite des véhicules équipés d'une boîte automatique pour laquelle un volume minimum de treize heures est requis *(Arr. du 16 juill. 2019)* « ; ce volume de treize heures comporte un volume d'au moins dix heures sur les voies ouvertes à la circulation, qui peut être réduit à sept heures lorsqu'est utilisé un simulateur d'apprentissage de la conduite doté d'un poste de conduite, sous la responsabilité pédagogique et en présence d'un enseignant de la conduite et de la sécurité routière. »

A l'issue de la formation pratique, ou à tout moment à la demande de l'élève, l'enseignant effectue un bilan des compétences acquises par l'élève et délivre une attestation de fin de formation initiale si l'élève a satisfait à ce bilan. Dans le cas contraire, un autre bilan sera réalisé ultérieurement.

Le fait ne pas obtenir cette attestation ne fait pas obstacle au passage de l'épreuve pratique du permis de conduire.

Art. 10 Pour accéder à la phase de conduite supervisée, l'élève doit :

(Abrogé par Arr. du 14 oct. 2016, art. 7) *« I. — Après la phase de formation initiale : »*

1° Avoir obtenu un accord préalable écrit de la société d'assurances sur l'extension de garantie nécessaire pour la conduite du ou des véhicules utilisés au cours de la phase de conduite supervisée. Cet accord, conforme au modèle défini en annexe au présent arrêté, précise le ou les noms des accompagnateurs autorisés par la société d'assurances à assurer cette fonction. Il est joint au contrat de formation de l'élève qui précise les obligations relatives à la fonction d'accompagnateur et les conditions spécifiques à la conduite supervisée, ou à l'avenant au contrat de formation si le choix de la conduite supervisée a été décidé après la conclusion du contrat ;

2° Avoir obtenu l'attestation de fin de formation initiale dans des conditions identiques à celles décrites à l'article 5 du présent arrêté dont un exemplaire est transmis à la société d'assurances par le souscripteur du contrat de formation.

La phase de conduite supervisée débute par la participation à un rendez-vous préalable dans des conditions identiques à celles décrites à l'article 6 du présent arrêté.

(Abrogé par Arr. du 14 oct. 2016, art. 7) *« II. — Après un échec à l'épreuve pratique de l'examen du permis de conduire :*

« 1° Avoir obtenu un accord préalable écrit de la société d'assurances dans des conditions identiques à celles prévues au I du présent article ;

« 2° Avoir obtenu une autorisation de conduire en conduite supervisée dont un exemplaire est transmis, dès sa délivrance, à la société d'assurances par le souscripteur du contrat de formation.

« L'autorisation de conduire en conduite supervisée, prévue dans le livret d'apprentissage, est délivrée par l'enseignant, après un rendez-vous préalable de deux heures comprenant :

« — une heure minimum de conduite sur les voies ouvertes à la circulation sur le véhicule de l'établissement, l'enseignant étant assis à l'avant du véhicule, à côté de l'élève, et l'accompagnateur à l'arrière ;

« — un bilan personnalisé.

« A l'issue de ce rendez-vous, l'enseignant remet à l'accompagnateur un guide comportant les repères et conseils utiles pour un déroulement efficace de la conduite supervisée.

« La phase de conduite supervisée débute à compter de la date de la délivrance de l'autorisation de conduire en conduite supervisée. »

Art. 11 *(Arr. du 14 oct. 2016, art. 8)* « La phase de conduite supervisée se déroule dans les conditions suivantes : »

(Abrogé par Arr. du 16 juill. 2019) ***« L'élève doit parcourir une distance minimale de mille kilomètres, sur le réseau routier et autoroutier du territoire national, à différents moments du jour et de la nuit et par diverses conditions météorologiques. »***

L'accompagnateur, assis à l'avant du véhicule, à côté de l'élève, doit être titulaire du permis de conduire de la catégorie B depuis au moins cinq ans sans interruption à la date de la signature du contrat de formation ou de l'avenant au contrat de formation.

(Arr. du 31 oct. 2014, art. 4) « Le véhicule utilisé, à boîte de vitesses manuelle ou automatique, peut être attelé d'une remorque dès lors que la conduite de l'ensemble formé par le véhicule tracteur et la remorque ne nécessite pas la détention de la catégorie BE du permis de conduire ou le suivi de la formation prévue au point III *bis* de l'article R. 221-8 du code de la route ». Un signe distinctif autocollant ou magnétisé conforme au modèle annexé au présent arrêté doit être apposé à l'arrière gauche du véhicule.

Au cours de cette phase d'acquisition d'expérience de la conduite, l'élève doit :

(Arr. du 14 oct. 2016, art. 8) « — autant que possible, conduire sur le réseau routier et autoroutier du territoire national, à différents moments du jour et de la nuit et par diverses conditions météorologiques. »

— respecter les limitations de vitesse mentionnées à l'article R. 413-5 du code de la route.

(Abrogé par Arr. du 14 oct. 2016, art. 8) ***« — participer, au cours des trois premiers mois de la conduite supervisée, à au moins un rendez-vous pédagogique réunissant l'élève et l'enseignant, avec la présence obligatoire d'au moins un accompagnateur de l'élève.***

« Ce rendez-vous pédagogique, d'une durée minimale de trois heures, doit comporter une partie théorique et une partie pratique.

« La partie pratique du rendez-vous pédagogique est d'une durée d'une heure de conduite en circulation sur le véhicule de l'établissement, l'accompagnateur étant assis à l'arrière du véhicule. Elle a pour but de mesurer les progrès réalisés par l'élève et d'apporter les conseils nécessaires pour poursuivre la conduite supervisée dans de bonnes conditions.

« La partie théorique est d'une durée de deux heures. Elle peut être organisée sous forme d'animation regroupant plusieurs élèves et leurs accompagnateurs. Elle porte sur les expériences vécues pendant la conduite supervisée et sur les thèmes de sécurité routière prévus dans le livret d'apprentissage de l'élève.

« L'enseignant mentionne ses observations concernant le rendez-vous pédagogique sur la fiche de suivi de formation de l'élève et veille à ce que son livret d'apprentissage soit correctement renseigné. »

V. annexes 1 et 2 au JO du 31 déc. 2009.

Art. 12 *(Abrogé par Arr. du 14 oct. 2016, art. 9)* ***L'établissement est autorisé à présenter l'élève à l'épreuve pratique de l'examen du permis de conduire à partir de la fin de la phase de conduite supervisée.***

En cas d'échec à l'épreuve pratique du permis de conduire, l'élève peut poursuivre la conduite supervisée.

Arrêté du 17 décembre 2010,

Relatif aux conditions requises pour la conduite des motocyclettes légères et des véhicules de la catégorie L5e par les titulaires de la catégorie B du permis de conduire.

Art. 1er La catégorie B du permis de conduire autorise la conduite sur le territoire national d'une motocyclette légère ou d'un véhicule de la catégorie L5e à condition que le conducteur soit titulaire de cette catégorie depuis au moins deux ans et qu'il ait suivi une formation pratique dont les conditions sont prévues par le présent arrêté.

Art. 1er *bis* *(Arr. du 19 déc. 2023, art. 1er, en vigueur le 1er janv. 2024)* Lors de l'inscription à la formation, un livret de formation numérique est ouvert à l'élève.

Le livret de formation numérique doit permettre la transmission automatisée des données mentionnées à l'article L. 211-2 du code de la route et de la date prévisionnelle de la formation.

Art. 2 A compter du 1er janvier 2011, la formation prévue à l'article 1er est d'une durée de sept heures.

Les conducteurs ayant suivi une formation pratique de trois heures, initialement prévue par l'arrêté du 27 novembre 2008 relatif à l'obligation de formation pratique pour la conduite des motocyclettes légères par les titulaires de la catégorie B du permis de conduire dans sa rédaction en vigueur au 31 décembre 2010, conservent le bénéfice de ses effets.

Art. 3 La formation prévue à l'article 1er peut être suivie dans un délai d'un mois avant la date anniversaire des deux ans d'obtention de la catégorie B du permis de conduire.

Art. 4 La formation de sept heures peut être dispensée sur une motocyclette légère ou sur un véhicule de la catégorie L5e.

Le programme global de la formation figure à l'annexe 1.

Art. 5 La formation doit être adaptée aux besoins spécifiques de chaque conducteur.

La formation est dispensée par un enseignant titulaire de l'autorisation d'enseigner de la catégorie A et A1 en cours de validité, dans un établissement ou une association agréés par le préfet pour la formation à la conduite des motocyclettes respectivement au titre des articles L. 213-1 et L. 213-7 du code de la route.

Les conditions d'organisation de cette formation doivent être conformes aux dispositions prévues à l'article 9 du titre II de l'arrêté du 5 mars 1991 susvisé.

Art. 6 A l'issue de la formation, le titulaire de l'agrément préfectoral délivre au conducteur bénéficiaire de la formation un exemplaire de l'attestation conforme au modèle figurant à l'annexe 2.

Il conserve, pendant une période de cinq ans, dans les archives de l'établissement la liste des bénéficiaires de l'attestation de formation.

Art. 7 En cas d'invalidation ou d'annulation du permis de conduire, la formation suivie reste acquise.

Art. 8 Le conducteur de motocyclettes légères, titulaire du permis de conduire de la catégorie B, est exempté de la formation prévue au présent arrêté s'il justifie d'une pratique de ce type de véhicule *(Arr. du 17 juill. 2012)* « ou d'un véhicule de la catégorie L5e » au cours des cinq dernières années avant le 1er janvier 2011.

La justification de cette pratique doit être apportée par un relevé d'informations, établi par l'assureur, conforme aux dispositions de l'article 12 de l'annexe à l'article A. 121-1 du code des assurances, démontrant que la personne mentionnée au premier alinéa a eu la qualité de conducteur *(Arr. du 17 juill. 2012)* « de l'un ou l'autre de ces véhicules » avant le 1er janvier 2011.

Art. 9 Le conducteur des véhicules de la catégorie L5e, titulaire du permis de conduire de la catégorie B, est exempté d'être titulaire depuis au moins deux ans de cette catégorie de permis et de la formation prévue au présent arrêté s'il justifie d'une pratique de la conduite de ce type de véhicule *(Arr. du 17 juill. 2012)* « ou d'une motocyclette légère » au cours des cinq dernières années avant le 1er janvier 2011.

La justification de cette pratique doit être apportée par un relevé d'informations, établi par l'assureur, conforme aux dispositions de l'article 12 de l'annexe à l'article A. 121-1 du code des assurances, démontrant que la personne mentionnée au premier alinéa a eu la qualité de conducteur *(Arr. du 17 juill. 2012)* « de l'un ou l'autre de ces véhicules » avant le 1er janvier 2011.

Art. 10 En application de l'article R. 233-1 du code de la route, à compter du 1er janvier 2011, l'attestation de formation ou le relevé d'informations prévu aux articles 8 et 9 du présent arrêté devra être présenté par les personnes concernées à toute réquisition des agents de l'autorité compétente en même temps que le permis de conduire en cours de validité.

Art. 11 L'arrêté du 27 novembre 2008 relatif à l'obligation de formation pratique pour la conduite des motocyclettes légères par les titulaires de la catégorie B du permis de conduire est abrogé à compter du 1er janvier 2011.

ANNEXE 1

Programme de formation de 7 heures pour la conduite des motocyclettes légères et des véhicules de la catégorie L5e par les titulaires de la catégorie B du permis de conduire

(Arr. du 27 déc. 2021)

Pour chacun des thèmes suivants, le formateur devra insister sur l'importance :
— du respect de la règle ;
— de la prise d'information et de la communication ;
— de la prise de conscience des risques ;
— de l'influence des pressions extérieures sur le comportement (environnement social...) ;
— du partage de la route avec les autres usagers (notamment avec les usagers vulnérables) ;
— du respect des autres usagers et d'une attitude courtoise au guidon ;
— d'une conduite économique et respectueuse de l'environnement.

MODULE THÉORIQUE (2 HEURES)

L'objectif de cette phase de formation est de permettre au futur conducteur de motocyclette légère et de véhicule de la catégorie L5e :
— d'analyser les accidents les plus caractéristiques impliquant ces types de véhicules ;
— d'appréhender les situations délicates d'utilisation de ces véhicules, par exemple :
— conduire sous la pluie ;
— circuler de nuit ;
— anticiper et détecter les dangers ;
— de connaître la signalisation spécifique et les règles encadrant la circulation inter-files des motocyclistes : types de routes et voies de circulation autorisées, types de véhicules, vitesses autorisées, comportements à adopter, cas d'interdiction ;
— de savoir se rendre détectable ;
— d'être sensibilisé à l'importance de s'équiper de vêtements protecteurs (casque à la bonne taille et attaché, gants, pantalon, blouson avec dorsale, chaussures montantes) ;
— d'être conscient du rôle de l'infrastructure routière sur les accidents des deux-roues et trois roues :
— connaître les risques concernant l'adhérence : gasoil, peintures et plaques métalliques au sol, ralentisseurs, gravillons... ;
— connaître les conséquences physiques et physiologiques des chocs sur les équipements de la route, même à basse vitesse.

MODULE HORS CIRCULATION (2 HEURES)

L'objectif de cette phase de formation est de permettre au futur conducteur de motocyclette légère et de véhicule de la catégorie L5e de :
— découvrir le véhicule et effectuer les vérifications indispensables (huile, pression et usure des pneumatiques, poignée de gaz, système de freinage) ;
— démarrer et s'arrêter :
— position de conduite ;
— équilibre et répartition du poids du corps ;
— monter et rétrograder les vitesses (le cas échéant) ;
— savoir freiner à allure faible (répartition du freinage entre l'avant et l'arrière) ;
— appréhender les manœuvres de freinage et d'évitement ;
— tourner, en inclinant le véhicule (le cas échéant) – importance du regard ;
— tenir l'équilibre à allure lente et normale en fonction des caractéristiques du véhicule :
— avec et sans passager ;
— en ligne droite et en virage.

MODULE EN CIRCULATION (3 HEURES)

Cette partie en circulation se fera en et hors agglomération.

L'objectif de cette phase de formation est de permettre au futur conducteur de motocyclette légère et de véhicule de la catégorie L5e de :

— rechercher les indices utiles ;

— adapter sa vitesse aux situations – respecter les distances de sécurité latérales et longitudinales ;

— choisir la voie de circulation ;

— savoir pratiquer la circulation inter-files dans les départements où celle-ci est autorisée à titre expérimental, si les règles de circulation et les conditions de sécurité ainsi que la situation d'apprentissage le permettent. Dans ce cas, l'apprentissage insiste sur : la recherche d'indices et la perception des risques, la communication avec les autres usagers, le respect des distances de sécurité, l'adaptation de l'allure, notamment en fonction de la vitesse des véhicules dépassés ;

— se placer sur la chaussée en fonction des autres véhicules, connaître et prendre en compte les spécificités des véhicules lourds (angles morts) ;

— franchir les différents types d'intersections et y changer de direction ;

— dépasser en sécurité (phénomène d'aspiration – accélération d'une motocyclette et d'un véhicule de la catégorie L5e) ;

— négocier un virage.

ANNEXE 2

V. tableau (JO 24 déc. 2010).

Arrêté du 16 juillet 2013,

Relatif à l'apprentissage de la conduite des véhicules à moteur de la catégorie B du permis de conduire à titre non onéreux.

Art. 1er L'apprentissage de la conduite à titre non onéreux, dispensé sous la surveillance constante et directe d'un accompagnateur, est ouvert aux personnes remplissant les trois conditions suivantes :

1° Être âgé de seize ans minimum ;

2° Être titulaire d'un formulaire de demande de permis de conduire, conforme aux dispositions prévues à l'arrêté du 20 avril 2012 modifié susvisé et validé par le préfet du département dans lequel la demande a été déposée ou d'un récépissé de dépôt de la demande pour la catégorie B du permis de conduire ;

3° Être détenteur du livret d'apprentissage mentionné à l'article R. 211-3 du code de la route.

Ce livret permet à l'apprenti conducteur et à l'accompagnateur de s'assurer de l'acquisition de l'ensemble des compétences requises pour l'apprentissage de la conduite.

Lors de l'apprentissage de la conduite, ces deux documents doivent être présents dans le véhicule. Seul le formulaire de demande de permis de conduire ou le récépissé de dépôt de cette demande permet de justifier de la situation d'apprentissage en cas de contrôle par les agents habilités à procéder à des contrôles routiers.

Art. 2 1. Le présent arrêté concerne les voitures particulières et les véhicules de la catégorie N1, au sens de l'article R. 311-1 du code de la route.

Ces véhicules sont soumis aux dispositions du *a* et du 1°, du 3° et du 6° du *b* de l'article 6 de l'arrêté du 8 janvier 2001 modifié relatif à l'exploitation des établissements d'enseignement, à titre onéreux, de la conduite des véhicules à moteur et de la sécurité routière.

2. Ces véhicules doivent comporter un panneau portant la mention "apprentissage", placé sur le toit, ou l'inscription "apprentissage" placée à l'avant et à l'arrière du véhicule de manière nettement visible pour les usagers circulant sur la voie publique. Ces panneaux ou inscriptions ne doivent comporter aucune autre indication, notamment publicitaire.

Le panneau sur le toit doit être perpendiculaire à l'axe longitudinal de symétrie du véhicule et ses dimensions ne doivent pas être inférieures à 40 × 12 centimètres, ni excéder 50 × 15 centimètres.

3. Ces véhicules doivent faire l'objet d'un contrat d'assurance couvrant les dommages pouvant résulter d'accidents causés aux tiers dans les conditions prévues par l'article L. 211-1 du code des assurances.

Art. 3 L'accompagnateur est assis à l'avant du véhicule, à côté de l'apprenti conducteur. Il veille à ce que l'apprenti conducteur respecte les règles de sécurité fixées par le code de la route, en particulier les limitations de vitesse mentionnées à l'article R. 413-5 du code de la route.

Art. 4 *(Arr. du 28 juill. 2017)* L'accompagnateur doit être titulaire de la catégorie de permis de conduire exigée pour la conduite du véhicule utilisé, depuis au moins cinq ans sans interruption ou d'une autorisation d'enseigner la conduite et la sécurité routière en cours de validité*[.]*

Art. 5 à 7 *Abrogés par Arr. du 28 juill. 2017.*

Art. 8 La fonction d'accompagnateur exercée dans le contexte de l'apprentissage de la conduite des véhicules à moteur de la catégorie B sans le concours d'un établissement d'enseignement, à titre onéreux, de la conduite et de la sécurité routière agréé ne peut donner lieu à aucune rétribution de quelque nature que ce soit.

Art. 9 L'apprentissage de la conduite est limité au seul réseau routier et autoroutier français. Conformément aux dispositions de l'arrêté du 22 décembre 2009 susvisé, l'apprentissage de la conduite sur autoroute n'est autorisé que si l'élève a atteint un niveau de connaissance suffisant des règles de circulation et de sécurité routières et est apte à conduire à la vitesse maximale autorisée, sans gêner ou surprendre les autres usagers.

Art. 10 Les dispositions du présent arrêté entrent en vigueur à compter du 1er octobre 2013, date à laquelle l'arrêté du 18 juin 2010 relatif à l'apprentissage de la conduite des véhicules à moteur de la catégorie B à titre non onéreux est abrogé.

V. les annexes au JO du 26 juill. ; abrogées par Arr. du 28 juill. 2017 (JO 11 août).

Arrêté du 29 juillet 2013,

Relatif au livret d'apprentissage de la catégorie B du permis de conduire.

Art. 1er Toute personne apprenant à conduire un véhicule à moteur, en vue de l'obtention du permis de conduire de la catégorie B mentionnée à l'article R. 221-4 du code de la route, doit être détentrice du formulaire de la demande de permis de conduire validée par le préfet du département dans lequel cette demande a été déposée *(Arr. du 19 déc. 2023, art. 5, en vigueur le 1er janv. 2024)* « au moyen du téléservice "demande de permis de conduire" et d'un accès à un livret d'apprentissage numérique. La détention de ce formulaire n'est pas nécessaire lors de l'évaluation préalable du candidat ».

(Abrogé par Arr. du 19 déc. 2023, art. 5, à compter du 1er janv. 2024) ***« Lors de l'apprentissage pratique de la conduite, ces deux documents doivent être présents dans le véhicule.*** *(Arr. du 12 mai 2014, art. 1er)* ***« Le livret d'apprentissage peut prendre la forme d'un document dématérialisé. » »*** Seul le formulaire de la demande de permis de conduire *(Arr. du 19 déc. 2023, art. 5, en vigueur le 1er janv. 2024)* « correspondant à l'attestation d'inscription au permis de conduire, dans une version imprimée ou dématérialisée », permet de justifier de son état d'élève conducteur en cas de contrôle par les officiers et agents habilités à effectuer des contrôles routiers.

Art. 2 Toutefois, dans l'attente de la validation par le préfet d'une demande de la catégorie B du permis de conduire, un récépissé de dépôt de cette demande délivré par le préfet permet à l'élève de débuter sa formation pratique pour une durée qui ne peut excéder deux mois.

Le récépissé permet de justifier de son état d'élève conducteur en cas de contrôle par les officiers et agents habilités à effectuer des contrôles routiers.

Ce récépissé, conforme au modèle joint en annexe I, perd toute validité dès lors que l'une des conditions précisées par l'arrêté du 20 avril 2012 susvisé n'est pas respectée. Le préfet informe alors l'élève qu'il n'est plus autorisé à poursuivre sa formation. Il en informe également, le cas échéant, l'établissement d'enseignement dans lequel est inscrit l'élève.

Art. 3 Le livret d'apprentissage *(Arr. du 19 déc. 2023, art. 5, en vigueur le 1er janv. 2024)* « numérique » précise l'ensemble des compétences à acquérir au cours de la formation.

Tout livret d'apprentissage *(Arr. du 19 déc. 2023, art. 5, en vigueur le 1er janv. 2024)* « numérique » de la conduite des véhicules de la catégorie B doit être conforme au contenu

des annexes II, III et IV du présent arrêté et permettre la réalisation d'un bilan du niveau d'acquisition des compétences décrites à l'annexe III.

(Arr. du 19 déc. 2023, art. 5, en vigueur le 1er janv. 2024) **« Le livret d'apprentissage numérique utilisé doit permettre la transmission automatisée des données mentionnées à l'article L. 211-2 du code de la route. »**

Art. 4 *(Arr. du 19 déc. 2023, art. 5, en vigueur le 1er janv. 2024)* **En cas de perte de l'accès au livret numérique, un nouvel accès sera ouvert à l'élève conducteur, avec l'aide de l'enseignant ou de l'accompagnateur.**

Les élèves dont la demande de permis de conduire a été validée avant la date du 1er janvier 2024 conservent la possibilité d'utiliser un livret d'apprentissage non numérique.

Art. 5 **Les dispositions du présent arrêté entrent en vigueur à compter du 1er juillet 2014, date à laquelle l'arrêté du 22 décembre 2009 relatif au livret d'apprentissage est abrogé.**

V. annexes I à IV, JO 28 août, l'annexe III est mod. par Arr. du 19 janv. 2016, art. 3 (JO 26 janv.), mod. par Arr. du 19 déc. 2023, art. 5, en vigueur le 1er janv. 2024 (JO 27 déc.).

Arrêté du 12 mai 2014,

Relatif au livret d'apprentissage des catégories A1 et A2 du permis de conduire (Arr. du 19 déc. 2023, art. 6, en vigueur le 1er janv. 2024).

Art. 1er **Toute personne apprenant à conduire un véhicule à moteur en vue de l'obtention, par examen, des catégories A1** *(Arr. du 19 déc. 2023, art. 6, en vigueur le 1er janv. 2024)* **« et A2 » du permis de conduire mentionnées à l'article R. 221-4 du code de la route doit être détentrice du formulaire de la demande de permis de conduire, validée par le préfet du département dans lequel cette demande a été déposée** *(Arr. du 19 déc. 2023, art. 6, en vigueur le 1er janv. 2024)* **« au moyen du téléservice "demande de permis de conduire" », et d'un livret d'apprentissage** *(Arr. du 19 déc. 2023, art. 6, en vigueur le 1er janv. 2024)* **« numérique ». Lors de l'apprentissage pratique de la conduite, ces deux documents doivent être présents.** *(Abrogé par Arr. du 19 déc. 2023, art. 6, à compter du 1er janv. 2024) « **Le livret d'apprentissage peut prendre la forme d'un document dématérialisé.** »* **Seul le formulaire de la demande de permis de conduire** *(Arr. du 19 déc. 2023, art. 6, en vigueur le 1er janv. 2024)* **« correspondant à l'attestation d'inscription au permis de conduire, dans une version imprimée ou dématérialisée », permet de justifier de son état d'élève conducteur en cas de contrôle par les officiers et agents habilités à effectuer des contrôles routiers.**

Art. 2 **Le livret d'apprentissage** *(Arr. du 19 déc. 2023, art. 6, en vigueur le 1er janv. 2024)* **« numérique » précise l'ensemble des compétences à acquérir au cours de la formation.**

Tout livret d'apprentissage *(Arr. du 19 déc. 2023, art. 6, en vigueur le 1er janv. 2024)* **« numérique » de la conduite des véhicules des catégories de permis de conduire visées à l'article 1er doit être conforme au contenu des annexes I et II du présent arrêté et permettre la réalisation d'un bilan du niveau d'acquisition des compétences décrites à l'annexe II.**

(Arr. du 19 déc. 2023, art. 6, en vigueur le 1er janv. 2024) **« Le livret d'apprentissage numérique utilisé doit permettre la transmission automatisée des données mentionnées à l'article L. 211-2 du code de la route. »**

Art. 3 *(Arr. du 19 déc. 2023, art. 6, en vigueur le 1er janv. 2024)* **En cas de perte de l'accès au livret numérique, un nouvel accès sera ouvert à l'élève conducteur, avec l'aide de l'enseignant ou de l'accompagnateur.**

Art. 4 *(Arr. du 19 déc. 2023, art. 6, en vigueur le 1er janv. 2024)* **Les élèves dont la demande de permis de conduire a été validée avant la date du 1er janvier 2024 conservent la possibilité d'utiliser un livret d'apprentissage non numérique.**

V. annexes I et II, JO 21 mai ; l'annexe II est mod. par Arr. du 19 janv. 2016, art. 4 à 7 (JO 26 janv.), et par Arr. du 27 déc. 2021 (JO 5 janv. 2022).

Arrêté du 13 avril 2016,

Relatif à l'autorisation temporaire et restrictive d'exercer mentionnée à l'article R. 212-1 du code de la route (JO 20 avr.).

Art. 1er **L'autorisation temporaire et restrictive d'exercer mentionnée à l'article R. 212-1 du code de la route permet à son titulaire d'exercer l'activité liée à la compétence professionnelle obtenue.**

Cette activité consiste :

a) Soit à former des apprenants conducteurs par des actions individuelles et collectives conformes à la réglementation ;

b) Soit à sensibiliser les usagers de la route à l'adoption de comportements sûrs et respectueux de l'environnement.

Art. 2 *(Arr. du 4 sept. 2017, art. 1er)* « Toute personne désirant obtenir l'autorisation temporaire et restrictive d'exercer en fait la demande au préfet du département où se situe le siège de l'établissement d'enseignement de la conduite et de la sécurité routière avec lequel le demandeur en cours de formation pour l'accès au titre professionnel envisage d'exercer. Cette demande s'accompagne des pièces justificatives suivantes : »

1° Un justificatif d'identité ;

2° Si elle est ressortissante étrangère, la justification qu'elle est en règle à l'égard de la législation et de la réglementation concernant les étrangers en France ;

3° Deux photographies d'identité, identiques, récentes, nettes et ressemblantes. Le visage doit être dégagé et pris de face. La tête doit être nue sans chapeau, foulard, serre-tête ou autre objet décoratif ;

4° Une déclaration de domicile ;

5° La photocopie recto verso de son permis de conduire ;

6° La photocopie de son livret de certification indiquant le certificat de compétences professionnelles obtenu, délivré par l'unité départementale de la direction régionale des entreprises, de la concurrence et de la consommation, du travail et de l'emploi au nom du ministre chargé de l'emploi ;

7° Une attestation sur l'honneur de son établissement assurant, à titre onéreux, la formation des candidats aux titres et aux diplômes exigés pour l'exercice de la profession de l'enseignement de la conduite et de la sécurité routière de son inscription à une session d'examen en vue d'obtenir le second certificat de compétences professionnelles ou le titre professionnel d'enseignant de la conduite et de la sécurité routière ;

8° La photocopie de son contrat de travail signé avec l'établissement agréé prévu à l'article L. 213-1 du code de la route ;

9° Un certificat médical en cours de validité attestant qu'elle remplit les conditions d'aptitude physique mentionnées au 4° de l'article R. 212-2 du code de la route.

Pour le ressortissant d'un État appartenant à l'Union européenne ou à l'Espace économique européen, le préfet accepte comme preuve suffisante à cet égard la production d'un certificat médical exigé dans l'État membre d'origine ou de provenance. Si l'État membre d'origine ou de provenance n'exige pas de certificat médical, le préfet accepte une attestation délivrée par une autorité compétente de cet État, correspondant aux conditions médicales fixées en France. Dans tous les cas, le certificat médical ou l'attestation doivent avoir été établis depuis moins de trois mois à la date de la demande de l'autorisation temporaire et restrictive d'exercer et rédigés en français ou accompagnés d'une traduction officielle en langue française.

Art. 3 Le préfet accuse réception du dossier du demandeur dans un délai d'un mois et l'informe, le cas échéant, de tout document manquant.

Le préfet complète le dossier avec l'extrait du casier judiciaire n° 2 du demandeur afin de vérifier que l'intéressé n'a fait l'objet d'aucune des condamnations mentionnées aux articles L. 212-2 et R. 212-4 du code de la route ou, pour un ressortissant étranger, un document équivalent établi depuis moins de trois mois à la date de la demande d'autorisation temporaire et restrictive d'exercer, rédigé en français ou accompagné d'une traduction officielle en langue française.

Art. 4 Le préfet avise l'exploitant de l'établissement d'enseignement, à titre onéreux, de la conduite et de la sécurité routière, signataire du contrat de travail, de la demande d'autorisation temporaire et restrictive d'exercer et l'informe de la limitation, par entreprise, du nombre de ces attestations.

Art. 5 Le préfet délivre par arrêté, au demandeur, l'autorisation temporaire et restrictive d'exercer correspondant à la compétence professionnelle validée dans le livret de certification prévue à l'arrêté du 9 mars 2006 susvisé.

Une seule autorisation, valable pour exercer uniquement l'activité liée à la compétence professionnelle obtenue, est délivrée par demandeur.

Art. 6 La durée de validité de l'autorisation temporaire et restrictive d'exercer est de douze mois non renouvelable à compter de la date de sa délivrance. La durée de validité de cette autorisation peut être prorogée d'un mois maximum pour les personnes ayant sollicité une autorisation d'enseigner, à titre onéreux, la conduite des véhicules à moteur et la sécurité routière à l'issue de l'obtention du titre professionnel d'enseignant de la conduite et de la sécurité routière.

En cas de perte ou de vol, l'intéressé adresse une demande de duplicata au préfet. Cette demande est accompagnée d'une déclaration de perte ou de vol qui tient lieu d'autorisation temporaire et restrictive d'exercer pendant un délai de deux mois maximum.

Art. 7 L'exploitant de l'établissement dans lequel le titulaire de l'autorisation exerce lui désigne, au sein de cet établissement, un tuteur titulaire de l'autorisation d'enseigner, à titre onéreux, la conduite des véhicules à moteur et la sécurité routière, en cours de validité.

Art. 8 Tout changement intervenant dans la situation du titulaire de l'autorisation temporaire et restrictive d'exercer, notamment *(Arr. du 4 sept. 2017, art. 1er)* « si le contrat de travail est rompu ou prend fin sans être renouvelé », est porté à la connaissance du préfet par l'exploitant de l'établissement dans un délai de trente jours.

Art. 9 Le titulaire de l'autorisation temporaire et restrictive d'exercer avise l'exploitant de l'établissement de toutes les mesures de délivrance, de restriction, de suspension et de retrait de cette autorisation dont il fait l'objet.

Art. 10 L'apprentissage de la conduite par le titulaire d'une autorisation temporaire et restrictive d'enseigner est limité aux voies du domaine public routier tel que prévu à l'article L. 110-2 du code de la route. Toutefois, conformément aux dispositions de l'arrêté du 22 décembre 2009 susvisé, l'apprentissage de la conduite sur autoroute n'est autorisé que si l'élève conducteur a atteint un niveau de connaissance suffisant des règles de circulation et de sécurité routières et est apte à conduire à la vitesse maximale autorisée, sans gêner ou surprendre les autres usagers.

Art. 11 En cas d'urgence justifiée par des faits passibles d'une des condamnations mentionnées aux articles L. 212-2 et R. 212-4 du code de la route, le préfet peut suspendre l'autorisation temporaire et restrictive d'exercer pour une durée maximale de six mois.

La mesure de suspension de l'autorisation temporaire et restrictive d'exercer cesse de plein droit dès lors que l'autorité judiciaire s'est prononcée avant l'expiration de la durée maximale de la suspension.

Art. 12 Le préfet retire à son titulaire l'autorisation temporaire et restrictive d'exercer dans les cas suivants :

1° Si son permis de conduire est suspendu, invalidé ou annulé ;

2° Si son inaptitude médicale a été dûment établie ;

3° S'il a fait l'objet d'une des condamnations mentionnées aux articles L. 212-2 et R. 212-4 du code de la route ;

4° S'il ne se soumet pas, dans le délai imparti, à la visite médicale prescrite ;

5° Si le contrat de travail qui le lie à l'établissement d'enseignement de la conduite et de la sécurité routière est rompu *(Arr. du 4 sept. 2017, art. 1er)* « ou prend fin sans être renouvelé » ;

6° S'il ne respecte pas les conditions de la formation ;

7° S'il exerce une autre activité que celle prévue par l'autorisation temporaire et restrictive d'exercer.

Une nouvelle autorisation est délivrée dès lors que l'intéressé apporte la preuve qu'il réunit à nouveau toutes les conditions requises et que la durée de validité totale des autorisations temporaires et restrictives d'exercer n'excède pas douze mois conformément au troisième alinéa de l'article 4.

Le préfet retire l'autorisation temporaire et restrictive d'exercer dès lors que le titulaire sollicite une autorisation d'enseigner, à titre onéreux, la conduite des véhicules à moteur et à la sécurité routière.

Art. 13 Avant toute décision de suspension ou de retrait de l'autorisation temporaire et restrictive d'exercer, le préfet porte à la connaissance de l'intéressé par lettre recommandée avec avis de réception son intention de retirer ou de suspendre son autorisation, en lui précisant les motifs invoqués et en lui demandant de présenter, dans un délai de trente jours francs, des observations écrites et, le cas échéant, sur sa demande, des observations orales en se faisant assister ou représenter par un mandataire de son choix. En cas d'absence de réponse dans le délai prévu, la procédure est réputée contradictoire.

Le préfet suspend ou retire l'autorisation temporaire et restrictive d'exercer par arrêté motivé et notifié à l'intéressé. *(Arr. du 4 sept. 2017, art. 1er)* « Il en avise l'exploitant de l'établissement d'enseignement, à titre onéreux, de la conduite et de la sécurité routière, signataire du contrat de travail. »

Art. 14 Toutes les mesures de délivrance, restriction, suspension, retrait de l'autorisation temporaire et restrictive d'exercer sont inscrites dans le registre national de l'enseignement de la conduite des véhicules à moteur et de la sécurité routière prévu à l'arrêté du 8 janvier 2001 créant un registre national de l'enseignement de la conduite des véhicules à moteur et de la sécurité routière.

Art. 15 Les dispositions du présent arrêté entrent en vigueur le lendemain de sa publication.

Arrêté du 13 avril 2016,

Relatif au certificat de qualification professionnelle « responsable d'unité(s) d'enseignement de la sécurité routière et de la conduite » (JO 21 avr.).

L'Arr. du 13 avr. 2016 entre en vigueur le 1er juill. 2016 (Arr. préc., art. 6).

Art. 1er Le certificat de qualification professionnelle prévu au troisième alinéa du 2° de l'article R. 213-2 du code de la route est le certificat de qualification professionnelle "responsable d'unité(s) d'enseignement de la sécurité routière et de la conduite" inscrit au répertoire national des certifications de la branche des services de l'automobile.

Art. 2 *(Arr. du 24 août 2020, art. 1er)* Le certificat de qualification professionnelle "responsable d'unité(s) d'enseignement de la sécurité routière et de la conduite" est accessible :

– soit à l'issue d'une formation de 126 heures maximum et de la validation des blocs de compétences constitutifs de ce certificat de qualification professionnelle ;

– soit par la validation des acquis de l'expérience.

Le référentiel de ce certificat de qualification professionnelle figure en annexe.

Art. 3 L'Association nationale pour la formation automobile est l'organisme certificateur du certificat de qualification professionnelle "responsable d'unité(s) d'enseignement de la sécurité routière et de la conduite".

Art. 4 Pour chaque année civile, l'Association nationale pour la formation automobile transmet au ministre chargé de la sécurité routière un bilan statistique comportant notamment le nombre de demandes d'habilitation, le nombre d'habilitations délivrées, la liste des organismes habilités, le nombre de certificats de compétences professionnelles "responsable d'unité(s) d'enseignement de la sécurité routière et de la conduite" délivrés ainsi que le nombre d'échecs à l'obtention du certificat.

Art. 5 L'arrêté du 8 janvier 2001 fixant les conditions d'agrément de la formation à la capacité de gestion pour exploiter, à titre onéreux, un établissement d'enseignement de la conduite des véhicules à moteur et de la sécurité routière est abrogé.

Art. 6 Les dispositions du présent arrêté entrent en vigueur à compter du 1er juillet 2016.

V. annexe (JO 21 avr.), mod. par Arr. du 24 août 2020 (JO 29 août), par Arr. du 4 déc. 2020 (JO 26 déc.), par Arr. du 8 août 2022 (JO 13 août).

Arrêté du 14 octobre 2016,

Relatif à la formation des titulaires de la catégorie B du permis de conduire limité aux véhicules à changement de vitesses automatique pour des raisons non médicales en vue de conduire des véhicules à changement de vitesses manuel relevant de cette même catégorie (JO 29 oct.).

Art. 1er Les titulaires de la catégorie B du permis de conduire limité aux véhicules à changement de vitesses automatique, pour des raisons non médicales, sont autorisés à conduire un véhicule à changement de vitesses manuel relevant de cette même catégorie à condition de suivre une formation dont les conditions sont prévues par le présent arrêté.

Le programme de cette formation est défini à l'annexe I.

Art. 1er *bis* *(Arr. du 19 déc. 2023, art. 10, en vigueur le 1er janv. 2024)* Lors de l'inscription à la formation, un livret de formation numérique est ouvert à l'élève.

Le livret de formation numérique doit permettre la transmission automatisée des données mentionnées à l'article L. 211-2 du code de la route et de la date prévisionnelle de la formation.

Art. 2 La formation ne peut être suivie moins de *(Arr. du 16 juill. 2019)* « trois » mois après l'obtention de la catégorie B.

Le respect de cette condition est vérifié, lors de l'inscription de l'élève, par un représentant de l'établissement assurant la formation.

Art. 3 La formation, d'une durée de sept heures, est pratique et individuelle. Elle peut être réalisée pour partie sur simulateur sans que la séquence n'excède la durée d'une heure. Les apports théoriques, en lien avec la pratique, peuvent être enseignés dans le véhicule.

Art. 4 *(Arr. du 2 août 2018, en vigueur le 2 nov. 2018)* La formation est dispensée par un enseignant de la conduite et de la sécurité routière titulaire de l'autorisation d'enseigner, en cours de validité, mentionnée au I de l'article R. 212-2.

Elle est dispensée dans :

— les établissements d'enseignement, à titre onéreux, de la conduite et de la sécurité routière agréés dans les conditions prévues au I de l'article R. 213-2 ;

— les associations exerçant leur activité dans le champ de l'insertion ou de la réinsertion sociale ou professionnelle agréées dans les conditions prévues au R. 213-8.

Les établissements et associations mentionnés ci-dessus doivent disposer d'un label de qualité prévu par arrêté du ministre chargé de la sécurité routière au titre de l'article L. 213-9 ou d'une équivalence reconnue par ce même arrêté.

Art. 5 La formation est dispensée sur un véhicule à changement de vitesses manuel, relevant de la catégorie B du permis de conduire, appartenant à l'établissement et répondant aux conditions fixées au *b* de l'article 6 de l'arrêté du 8 janvier 2001 susvisé.

Art. 6 A l'issue de la formation, le titulaire de l'agrément préfectoral délivre au conducteur bénéficiaire de la formation un exemplaire de l'attestation conforme au modèle défini à l'annexe II.

Il transmet un exemplaire de cette attestation à l'autorité administrative compétente.

Il conserve, pendant une durée de cinq ans, dans les archives de l'établissement, la liste des bénéficiaires de l'attestation de formation.

Le suivi de la formation autorise la conduite des véhicules relevant de la catégorie B du permis de conduire à changement de vitesses manuel uniquement lorsque le conducteur est en possession du titre définitif de conduite correspondant.

Art. 7 Les dispositions du présent arrêté entrent en vigueur à compter du 1er janvier 2017. *— V. Annexes au JO du 29 oct. 2016.*

Arrêté du 19 décembre 2016,

Relatif aux conditions d'organisation des épreuves des mentions « enseignement de la conduite des véhicules à moteur à deux roues » et « enseignement de la conduite des véhicules à moteur du groupe lourd » de l'examen du brevet pour l'exercice de la profession d'enseignant de la conduite automobile et de la sécurité routière (BEPECASER) et de délivrance du diplôme (JO 18 janv. 2017).

Art. 1er Les candidats qui souhaitent se présenter aux épreuves de la mention "enseignement de la conduite des véhicules à moteur à deux-roues" (ci-après désignée mention "deux-roues") du BEPECASER doivent être titulaires d'un titre ou diplôme prévus au II, au 2° du III, au IV et au V de l'article R. 212-3 du code de la route et de la catégorie A du permis de conduire assortie, le cas échéant, d'un ou plusieurs codes additionnels pour tenir compte du handicap physique du conducteur, ou d'un permis de conduire reconnu équivalent.

Les candidats qui souhaitent se présenter aux épreuves de la mention "enseignement de la conduite des véhicules à moteur du groupe lourd" (ci-après désignée mention "groupe lourd") du BEPECASER doivent être titulaires d'un titre ou diplôme prévus au II, au 2° du III, au IV et au V de l'article R. 212-3 du code de la route et des catégories C, CE et D du permis de conduire assorties, le cas échéant, d'un ou plusieurs codes additionnels pour tenir compte du handicap physique du conducteur, ou des permis de conduire reconnus équivalents.

Art. 2 L'examen en vue de l'obtention de la mention "deux-roues" est défini par le tableau figurant à l'annexe I.

Il comprend deux épreuves pratiques et une épreuve théorique portant sur un programme spécifique figurant à l'annexe II. Chaque épreuve est notée de 0 à 20. La note 0 obtenue à l'une des épreuves est éliminatoire. Sont déclarés admis les candidats ayant obtenu à l'issue des trois épreuves une moyenne générale égale ou supérieure à 12 sur 20, soit, après application des coefficients mentionnés dans le tableau figurant à l'annexe I, un total minimum de 120 points sur 200.

L'examen en vue de l'obtention de la mention "groupe lourd" est défini par le tableau figurant à l'annexe III.

Il est composé de trois épreuves pratiques et d'une épreuve théorique portant sur un programme spécifique figurant à l'annexe IV. Chaque épreuve est notée de 0 à 20. La note 0 obtenue à l'une des épreuves est éliminatoire. Sont déclarés admis les candidats ayant obtenu à l'issue des quatre épreuves une moyenne générale égale ou supérieure à 12 sur 20, soit, après application des coefficients mentionnés dans le tableau figurant à l'annexe III, un total minimum de 120 points sur 200.

Les candidats à la mention "groupe lourd" justifiant d'une expérience professionnelle de conducteur routier ou de formateur à la conduite dans les transports de marchandises ou de voyageurs de deux ans ou plus, à raison de 3 200 heures minimum, consécutives ou non, au cours des dix dernières années sont dispensés de l'épreuve pratique de "maîtrise du véhicule sur aire de manœuvre fermée à la circulation" telle que définie à l'annexe III. Ils sont déclarés admis s'ils ont obtenu un total minimum de 108 points sur 180.

Les candidats ayant échoué aux épreuves de la mention "groupe lourd" ou absents à une ou plusieurs épreuves pour cas de force majeure justifiée peuvent se présenter à des épreuves de rattrapage. Ils se soumettent à nouveau aux seules épreuves où ils ont obtenu une note inférieure à 12/20 ou aux épreuves auxquelles ils n'ont pu légitimement se présenter. Pour établir les résultats définitifs de la mention "groupe lourd", seules sont prises en compte les notes les plus favorables aux candidats, obtenues soit à la première série d'épreuves, soit au rattrapage. La note 0 obtenue à l'une des épreuves du rattrapage est éliminatoire.

Art. 3 Une session annuelle des mentions "deux-roues" et "groupe lourd" du BEPECASER est organisée à une date fixée par arrêté du ministre chargé de la sécurité routière.

Un délai minimum de deux mois sépare la date des épreuves de la mention "groupe lourd" de la date des épreuves de rattrapage pour cette mention.

Art. 4 La désignation des centres d'examen est effectuée par le ministre chargé de la sécurité routière. Ce dernier nomme, par arrêté, pour une durée de trois ans, des coordinateurs pédagogiques et leurs suppléants, après consultation des organisations syndicales représentatives.

Les coordinateurs et leurs suppléants assurent la fonction de conseiller pédagogique auprès des membres du jury et des examinateurs. En outre, ils veillent à la bonne application des directives établies par le ministre chargé de la sécurité routière.

Art. 5 Le jury comporte neuf membres titulaires et neuf membres suppléants désignés pour une durée de trois ans par arrêté du préfet responsable de l'organisation de l'examen :

– le préfet, président, ou son représentant, et son suppléant ;

– un représentant de l'administration en charge de l'éducation routière et son suppléant ;

– un représentant de la gendarmerie ou de la police nationales et son suppléant ; ce représentant doit être un chargé de mission "sécurité routière" ou un intervenant départemental de la sécurité routière ou un représentant des forces de l'ordre impliqué dans le domaine de la sécurité routière ;

– un représentant de l'éducation nationale et son suppléant ;

– un représentant d'une association intéressée, aux plans local ou national, aux problèmes de la sécurité routière et son suppléant ;

— quatre enseignants de la conduite et de la sécurité routière et leurs suppléants, titulaires de l'autorisation d'enseigner, choisis de préférence sur une liste de membres proposés par les organisations syndicales représentatives.

Sur ces huit membres enseignants de la conduite et de la sécurité routière, deux titulaires et deux suppléants doivent être choisis parmi les enseignants salariés. De plus, la nomination de deux titulaires au moins du brevet d'aptitude à la formation des moniteurs d'enseignement de la conduite des véhicules terrestres à moteur (BAFM) est souhaitable.

Le ou les coordinateurs pédagogiques ou leurs suppléants nommés par arrêté du ministre chargé de la sécurité routière siègent de droit au jury. En l'absence d'un ou plusieurs de ses membres, le jury peut néanmoins délibérer valablement dans la mesure où la moitié au moins de ses membres est présente.

Pour délibérer à l'issue des épreuves de rattrapage de la mention "groupe lourd", le jury peut donner délégation à un jury restreint composé au moins du président du jury, d'un représentant des administrations, d'un représentant des enseignants de la conduite et de la sécurité routière membres du jury et d'un coordinateur pédagogique.

Le préfet désigne en outre, en tant que de besoin, des examinateurs, conformément aux annexes I et III du présent arrêté.

Les enseignants de la conduite examinateurs, de préférence titulaires du BAFM, du titre professionnel d'enseignant de la conduite et de la sécurité routière ou du BEPECASER, sont nommés par le préfet après avis du coordinateur pédagogique. Ils ne peuvent en aucune façon examiner les candidats qu'ils ont formés ou qui ont suivi la formation dans un établissement où ils sont salariés, ou encore les candidats accueillis en stage pratique dans leur établissement.

Art. 6 Toute infraction aux dispositions réglementaires, toute fraude, tentative de fraude ou complicité de fraude, dûment constatée, entraîne l'exclusion de l'examen, pour la session en cours et la session suivante. Aucune sanction ne pourra être prise immédiatement, celle-ci ne pouvant s'appliquer que sur décision du jury.

En cas d'infraction constatée, le surveillant responsable établit un dossier rapportant les faits et le transmet au président du jury. Ce dossier peut être consulté par le candidat ou son conseil dix jours francs avant la date de comparution devant le jury réuni en commission plénière dont au moins la moitié des membres est présente ou en commission restreinte telle que définie à l'article 5.

Le jury prononce sa décision à l'issue d'une procédure contradictoire au cours de laquelle l'intéressé, le cas échéant son conseil et des témoins, peuvent être entendus. A l'issue des auditions, le président met l'affaire en délibéré en présence des seuls membres du jury. La décision est prise au scrutin secret à la majorité des voix. En cas de partage égal des voix, celle du président est prépondérante.

Toute décision de sanction doit être motivée. Elle est signée par le président du jury et deux membres du jury, puis notifiée sans délai à l'intéressé par lettre recommandée avec accusé de réception. Toute sanction prend effet le jour de sa notification. Si la prise d'effet est postérieure à la délivrance du diplôme, le diplôme est annulé par le préfet.

Le rapport et la décision prise par le président du jury sont transmis au ministre chargé de la sécurité routière.

Art. 7 Les candidats qui souhaitent se présenter aux épreuves de l'une des mentions du BEPECASER adressent au service de l'État compétent du département du lieu de leur résidence principale ou du lieu de leur centre de formation un dossier composé des pièces suivantes :

— une demande de candidature sur papier libre ou sur un formulaire administratif *ad hoc* ;

— un justificatif d'identité ;

— trois photographies d'identité ;

— la copie du permis de conduire ;

— la copie d'un titre ou diplôme prévus au II, au 2° du III, au IV et au V de l'article R. 212-3 du code de la route ;

— un justificatif de domicile de moins de trois mois à compter de la date du dépôt du dossier d'inscription, pour les candidats qui ne sont pas inscrits dans un établissement de formation agréé conformément aux dispositions de l'arrêté du 12 avril 2016 susvisé.

Les candidats aux épreuves de la mention "groupe lourd" souhaitant bénéficier de la dispense de l'épreuve pratique prévue à l'article 2 joignent également à leur dossier les photocopies des bulletins de salaire, certificats ou attestations de travail permettant de justifier d'une activité professionnelle de conducteur routier ou de formateur à la conduite dans les transports de marchandises ou de voyageurs.

La date limite de dépôt des dossiers est fixée à six semaines au plus tard avant la date fixée au niveau national pour le début des épreuves des mentions spécifiques.

Des aménagements d'épreuves aux conditions de passation des épreuves rendus nécessaires en raison d'un handicap temporaire ou permanent peuvent être accordés par le président du jury d'examen. La demande est adressée par le candidat au président du jury huit jours au moins avant le début des épreuves, sauf cas exceptionnel. Elle est accompagnée d'un certificat médical datant de moins d'un mois délivré par un médecin mentionnant le ou les aménagements particuliers nécessaires au candidat. Le président du jury prend une décision motivée pour chaque candidat et pour chacune des épreuves.

Art. 8 A l'issue des épreuves, le préfet responsable de l'organisation de l'examen délivre aux candidats déclarés admis un diplôme conforme au modèle défini à l'annexe V du présent arrêté.

La validité de ce diplôme est reconnue sur l'ensemble du territoire national, y compris dans les collectivités d'outre-mer. Il n'est pas délivré de duplicata du diplôme.

V. Annexes I à V au JO du 18 janv. 2017.

Art. 9 L'arrêté du 3 mai 2010 relatif aux conditions d'exercice de la profession d'enseignant de la conduite automobile et de la sécurité routière est abrogé.

Arrêté du 27 juin 2017,

Relatif à l'adaptation réversible des véhicules destinés à l'enseignement ou à l'apprentissage de la conduite (JO 14 juill.).

Art. 1er *Généralités.* L'adaptation réversible couvre, pour un type de véhicules ou un véhicule, la pose des équipements pour un usage spécial limité dans le temps et la dépose de ces équipements pour rendre le véhicule usagé conforme à son type d'origine.

L'adaptation réversible est limitée aux voitures particulières (VP) de la catégorie internationale M1 et aux camionnettes (CTTE) de la catégorie N1. Ces catégories internationales peuvent être complétées par la sous-catégorie internationale G.

Les équipements des véhicules nécessaires à l'enseignement à titre onéreux de la conduite sont définis aux alinéas 3° et 4° de l'article 6 de l'arrêté du 8 janvier 2001 susvisé.

Les équipements des véhicules nécessaires à l'apprentissage à titre non onéreux de la conduite sont définis à l'article 2 de l'arrêté du 16 juillet 2013 susvisé.

Art. 2 *La pose des équipements. a)* Pour les véhicules neufs transformés en série, l'adaptation réversible prévue à l'article 1er du présent arrêté est réalisée par le constructeur ou son représentant accrédité ou par un aménageur qu'il a désigné.

Cette adaptation réversible fait l'objet d'une déclaration auprès du Centre national de réceptions des véhicules *(Abrogé par Arr. du 3 janv. 2019, art. 11)* ***« au sein de la direction régionale et interdépartementale de l'environnement et de l'énergie d'Île-de-France »***.

Ce service administratif enregistre la déclaration du constructeur ou de son représentant accrédité ou de l'aménageur désigné dans les conditions suivantes :

— la déclaration démontre que le type de véhicules destiné à être adapté pour l'enseignement à titre onéreux ou l'apprentissage à titre non onéreux de la conduite respecte les prescriptions fixées à l'article 1er du présent arrêté ;

— le constructeur indique les éventuelles prescriptions particulières de sécurité à respecter ;

— la déclaration précise les conditions de dépose des équipements ;

— la copie de la déclaration enregistrée et du dossier est transmise à l'organisme en charge de la qualification prévue à l'article 5.

Si nécessaire, le service administratif peut décider de la présentation d'un ou de plusieurs véhicules de la gamme concernée par la déclaration.

b) Pour les véhicules neufs ou usagés transformés unitairement, l'adaptation réversible prévue à l'article 1er du présent arrêté fait l'objet d'une délivrance d'une attestation d'adaptation réversible dans les conditions prévues à l'article 4 du présent arrêté ou d'une réception à titre isolé (RTI) dans les conditions prévues dans l'arrêté du 19 juillet 1954 susvisé.

Pour chaque véhicule concerné aux paragraphes *a* et *b* du présent article, hors les véhicules faisant l'objet d'une réception à titre isolé, en vue de l'ajout sur le certificat d'immatriculation du véhicule, de la mention "véhicule école" le constructeur ou son représentant, l'aménageur désigné par le constructeur ou son représentant ou l'aménageur qualifié délivre le document prévu en annexe 1-A du présent arrêté.

Art. 3 *La dépose des équipements.* La dépose des équipements est réalisée par le titulaire de la déclaration de pose des équipements ou par un aménageur qualifié qui délivre l'attestation d'adaptation réversible selon le modèle prévu à l'annexe 1-B du présent arrêté afin que la mention "véhicule école" soit supprimée sur le certificat d'immatriculation du véhicule concerné.

Art. 4 *L'attestation d'adaptation réversible.* Pour les transformations unitaires, l'attestation d'adaptation réversible prévue aux articles 2 et 3 du présent arrêté ne peut être délivrée que par un transformateur bénéficiant d'une qualification délivrée suivant les dispositions de l'article 5 du présent arrêté.

Cette attestation d'adaptation réversible vaut réception à titre isolé.

L'aménageur bénéficiant d'une qualification ne peut réaliser l'adaptation réversible prévue à l'article 2 du présent arrêté que si le constructeur l'a formellement autorisé pour le type de véhicules ou si les modifications ont été validées par une réception par type complémentaire ou multi-étapes précédemment délivrée.

A ce titre, les réceptions par type complémentaires précédemment obtenues en application de l'arrêté du 19 juillet 1954 susvisé valent accord pour la modification des véhicules usagés.

Art. 5 *L'organisme de qualification.* L'Union technique de l'automobile et du cycle (UTAC) est l'organisme désigné pour délivrer la qualification prévue à l'article 4 ci-dessus selon le cahier des charges prévu à l'annexe 2 du présent arrêté.

Cet organisme rend les éléments issus des déclarations des constructeurs ou aménageurs désignés accessibles uniquement aux aménageurs qualifiés afin que ceux-ci s'assurent que l'opération est autorisée et réalisent l'opération suivant les éventuelles prescriptions particulières de sécurité définies par le constructeur.

Art. 6 *La traçabilité des opérations.* La traçabilité des opérations de montage et de démontage des aménagements de l'adaptation réversible est assurée par la pose de plaques de transformation dont les modèles figurent en annexe 3 du présent arrêté.

Art. 7 *Date d'application.* A compter du 1er janvier 2018 :

— les aménageurs qualifiés peuvent délivrer l'attestation d'adaptation réversible ;

— les constructeurs, les représentants accrédités ou les aménageurs désignés peuvent solliciter auprès du Centre national de réceptions des véhicules, la mise en œuvre de la procédure d'adaptation réversible.

A compter du 1er juillet 2018, le Centre national de réceptions des véhicules n'accepte plus de nouvelles demandes de réception nationale complémentaire par type pour la pose des équipements destinés à l'enseignement ou à l'apprentissage de la conduite.

A compter du 1er janvier 2019, la réception à titre isolé est remplacée par l'attestation d'adaptation réversible.

A compter du 1er juillet 2019, les réceptions nationales complémentaires par type délivrées avant le 1er juillet 2018 perdent leur validité.

— V. les annexes 1-A à 3 au JO du 14 juill. 2017.

Arrêté du 26 février 2018,

Portant création du label « qualité des formations au sein des écoles de conduite et reconnaissance des équivalences à ce label » (Arr. du 31 janv. 2019, art. 2) (JO 1er mars).

TITRE I **LABEL "QUALITÉ DES FORMATIONS AU SEIN DES ÉCOLES DE CONDUITE"** *(Arr. du 31 janv. 2019, art. 3).*

Art. 1er *(Arr. du 11 mars 2021, art. 2)* « Il est créé un label "qualité des formations au sein des écoles de conduite" répondant aux sept critères de qualité suivants :

« 1° Les conditions d'information du public sur les prestations proposées, les délais pour y accéder et les résultats obtenus ;

« 2° L'identification précise des objectifs des prestations proposées et l'adaptation de ces prestations aux publics bénéficiaires lors de la conception des prestations ;

« 3° L'adaptation aux publics bénéficiaires des prestations et des modalités d'accueil, d'accompagnement, de suivi et d'évaluation mises en œuvre des actions ;

« 4° L'adéquation des moyens pédagogiques, techniques et d'encadrement aux prestations ;

« 5° La qualification et le développement des connaissances et compétences des personnels chargés de mettre en œuvre les prestations ;

« 6° L'inscription et l'investissement du prestataire dans son environnement professionnel ;

« 7° Le recueil et la prise en compte des appréciations et des réclamations formulées par les parties prenantes aux prestations délivrées. »

Ce label est délivré dans les conditions prévues au présent arrêté, aux écoles de conduite bénéficiant d'un agrément préfectoral tel que défini à l'arrêté du 8 janvier 2001 relatif à l'exploitation des établissements, à titre onéreux, de la conduite des véhicules à moteur et de la sécurité routière susvisé et aux associations bénéficiant d'un agrément préfectoral tel que défini à l'arrêté du 8 janvier 2001 relatif aux conditions d'agrément des associations qui s'appuient sur la formation à la conduite et à la sécurité routière pour faciliter l'insertion ou la réinsertion sociale ou professionnelle susvisé, ci-après nommés "écoles de conduite et associations agréées".

Ce label atteste de la qualité des formations à la conduite des véhicules terrestres à moteur et à la sécurité routière dispensées au sein des écoles de conduite et associations agréées pour devenir un conducteur responsable, respectueux des autres et de l'environnement.

Le référentiel et le guide du label "qualité des formations au sein des écoles de conduite" *(Arr. du 11 mars 2021, art. 2)* « figurent en annexe 1 du présent arrêté ».

Art. 2 *(Arr. du 11 mars 2021, art. 3)* « La demande d'adhésion au label s'effectue, au moyen du formulaire figurant en annexe 2 du présent arrêté, auprès du préfet du lieu d'implantation de l'école de conduite ou de l'association agréée. Dès lors que le dossier est complet, le préfet en accuse réception au moyen du formulaire figurant en annexe 3 du présent arrêté dans un délai maximal de 30 jours calendaires. Il émet un avis sur la demande d'adhésion au label dans un délai de deux mois à compter de la date de complétude du dossier conformément à l'accusé de réception. »

Le label "qualité des formations au sein des écoles de conduite" est délivré par le préfet à l'école de conduite ou l'association agréée après signature d'un contrat de labellisation conforme *(Arr. du 11 mars 2021, art. 3)* « à l'annexe 5 » du présent arrêté.

(Abrogé par Arr. du 11 mars 2021, art. 3) « Un certificat de conformité au label figurant à l'annexe 5 du présent arrêté est remis à l'école de conduite ou l'association agréée signataire du contrat de labellisation. »

Art. 3 L'attribution du label "qualité des formations au sein des écoles de conduite" est gratuite pour les écoles de conduite et les associations agréées s'engageant dans une démarche de qualité de leurs formations.

Art. 4 L'usage du label est autorisé pour une durée de trois ans à compter de la date de signature du contrat de labellisation, renouvelable, dans les conditions définies *(Arr. du 11 mars 2021, art. 4)* « au point 9 du guide du label figurant à l'annexe 1 du présent arrêté ».

La demande de renouvellement est adressée *(Arr. du 11 mars 2021, art. 4)* « au moyen du formulaire figurant en annexe 6 du présent arrêté » par l'école de conduite ou l'association agréée au préfet de son lieu d'implantation *(Arr. du 11 mars 2021, art. 4)* « quatre » mois avant la date de l'expiration du label.

Art. 5 Le préfet du lieu d'implantation de l'école de conduite ou de l'association agréée signataire du contrat de labellisation mentionné à l'article 2 du présent arrêté, organise *(Abrogé par Arr. du 11 mars 2021, art. 5) « sur site, »* les audits *(Abrogé par Arr. du 11 mars 2021, art. 5) « de suivi »* de ces écoles de conduite ou de ces associations agréées, dans les conditions prévues *(Arr. du 11 mars 2021, art. 5)* « aux points 5, 7 et 8 du guide du label figurant à l'annexe 1 du présent arrêté.

« Les audits initiaux, de surveillance ou de renouvellement organisés sur site » sont réalisés par les délégués du permis de conduire et à la sécurité routière et les inspecteurs du permis de conduire et de la sécurité routière conformément *(Arr. du 11 mars 2021, art. 5)* « aux guides et grilles figurant aux annexes 4 et 7 du présent arrêté ».

Art. 6 Le préfet du lieu d'implantation de l'école de conduite ou de l'association agréée, signataire du contrat de labellisation mentionné à l'article 2 du présent arrêté, procède au retrait du label dans les cas suivants :

– non-respect d'un ou plusieurs critères définis à l'article 1er du présent arrêté, si l'école de conduite ou l'association labellisée n'a pas apporté la preuve de la conformité dans le délai imparti ;

– retrait de l'agrément préfectoral de l'école de conduite ou de l'association ;

(Arr. du 11 mars 2021, art. 6) « – refus de se soumettre aux audits ;

« – sous-traitance des formations ou dispositifs spécifiques prévus à l'article L. 213-9 du code de la route à une école de conduite ou une association agréée ne disposant pas du label "qualité des formations au sein des écoles de conduite" ou d'une équivalence reconnue par le présent arrêté.

« Avant toute décision de retrait du label, le préfet du lieu d'implantation de l'école de conduite ou de l'association labellisée porte à la connaissance de l'exploitant, par lettre recommandée avec accusé de réception, son intention de lui retirer le label en lui précisant les motifs invoqués et en lui demandant de présenter, dans un délai qui ne peut être inférieur à huit jours, des observations écrites et, le cas échéant, sur sa demande, des observations orales en se faisant assister ou représenter par un mandataire de son choix. En cas d'absence de réponse de l'exploitant dans le délai prévu, la procédure est réputée contradictoire. »

Tout retrait du label "qualité des formations au sein des écoles de conduite" *(Arr. du 11 mars 2021, art. 6)* « ou d'une équivalence reconnue par le présent arrêté » entraîne le retrait des droits se rattachant au label.

Art. 7 L'usage du label "qualité des formations au sein des écoles de conduite" prend fin en cas d'absence de demande de renouvellement du label ou en cas de renoncement volontaire de l'école de conduite ou de l'association agréée.

V. les annexes au JO du 1er mars 2018, mod. par Arr. du 12 nov. 2018 (JO 13 déc.), mod. par Arr. du 31 janv. 2019 (JO 3 févr.), mod. par Arr. du 2 mai 2019 (JO 7 mai), mod. par Arr. du 11 mars 2021 (JO 25 mars), mod. par Arr. du 8 août 2022 (JO 13 août).

TITRE II RECONNAISSANCE DES ÉQUIVALENCES AU LABEL "QUALITÉ DES FORMATIONS AU SEIN DES ÉCOLES DE CONDUITE"

(Arr. du 31 janv. 2019, art. 4)

CHAPITRE I *PROCÉDURE DE RECONNAISSANCE DES ÉQUIVALENCES*

Art. 7-1 Pour toute demande de reconnaissance d'équivalence d'un label ou d'une certification au label "qualité des formations au sein des écoles de conduite " pour accéder aux droits et dispositifs particuliers prévus à l'article L. 213-9 du code de la route, l'organisme responsable de la certification ou de la labellisation transmet au ministre chargé de la sécurité routière, un dossier comprenant :

– la demande de reconnaissance d'équivalence ;

– le référentiel de la certification ou du label présentant l'ensemble des critères de qualité ;

– les éléments relatifs aux procédures d'adhésion, d'instruction, d'attribution, d'audit, de suspension, de retrait et de suivi de la certification ou du label.

Art. 7-2 Le ministre chargé de la sécurité routière instruit le dossier de demande de reconnaissance d'équivalence et informe l'organisme responsable de la certification ou de la labellisation de sa décision dans les deux mois à compter de la date de réception de la demande.

La reconnaissance d'équivalence par le ministre chargé de la sécurité routière est *(Arr. du 8 août 2022, art. 2)* « accordée » pour une durée de trois ans *(Arr. du 8 août 2022, art. 2)* « aux organismes certificateurs mentionnés à l'article 7-5 du présent arrêté ».

(Abrogé par Arr. du 8 août 2022, art. 2) ***« Les certifications ou les labels ayant obtenu une reconnaissance d'équivalence sont mentionnés à l'article 7.5. »***

Art. 7-3 Le renouvellement de la demande de reconnaissance d'équivalence se fait deux mois avant la date de fin de validité de la reconnaissance d'équivalence dans les mêmes conditions que la demande initiale.

Art. 7-4 L'organisme responsable d'une certification ou d'un label mentionnés à l'article 7.5 garantit son indépendance vis-à-vis des écoles de conduite ou des associations agréées et facilite la mission des agents désignés par le ministre chargé de la sécurité routière pour effectuer la vérification et le suivi des certifications ou des labels.

Il met en œuvre les procédures d'information nécessaires au suivi des certifications ou des labels par le ministre chargé de la sécurité routière.

Le ministre chargé de la sécurité routière informe l'organisme responsable d'une certification ou d'un label mentionnés à l'article 7.5 de toute suspension ou retrait de l'agrément préfectoral de l'école de conduite ou de l'association.

Un bilan annuel des procédures de reconnaissances d'équivalence est présenté au Conseil supérieur de l'éducation routière.

CHAPITRE II *ÉQUIVALENCES RECONNUES*

Art. 7-5 *(Arr. du 2 mai 2019)* Sont reconnus équivalents au label "qualité des formations au sein des écoles de conduite", pour accéder aux droits et dispositifs particuliers prévus à l'article L. 213-9 du code de la route, les certifications et les labels suivants :

– la certification AFAQ ISO 9001 : 2015 appliquée aux organismes *(Arr. du 8 août 2022, art. 3)* « prestataires d'actions concourant au développement des compétences » délivrée par AFNOR Certification *(Abrogé par Arr. du 8 août 2022, art. 3)* ***« pour une durée de trois ans à compter*** *(Arr. du 11 mars 2021, art. 7)* ***« de la date de publication du présent arrêté » »***;

– *(Arr. du 11 mars 2021, art. 7)* « le label LA/QAE/02 » "qualité des formations au sein des auto-écoles" délivré par SGS ICS *(Abrogé par Arr. du 8 août 2022, art. 3)* ***« pour une durée de trois ans à compter*** *(Arr. du 11 mars 2021, art. 7)* ***« de la date de publication du présent arrêté » »***.

CHAPITRE III *ENREGISTREMENT DE L'ÉQUIVALENCE AU LABEL PAR LE PRÉFET*

Art. 7-6 L'exploitant de l'école de conduite ou de l'association agréée, bénéficiaire d'une certification ou d'un label mentionnés à l'article 7.5, transmet au préfet du lieu d'implantation de l'école de conduite ou de l'association agréée une demande d'enregistrement de l'équivalence au label "qualité des formations au sein des écoles de conduite " au moyen du formulaire figurant à l'annexe 8 accompagnée des pièces suivantes :

– un certificat en cours de validité établissant l'adhésion à la certification ou au label défini à l'article 7.5 ;

– une attestation de garantie financière en cours de validité telle que définie au critère *(Arr. du 8 août 2022, art. 4)* « 1.1 du point 3.3 du 3 » de l'annexe 1. — *V. cette annexe dans Arr. du 8 août 2022 (JO 13 août).*

Le préfet vérifie la validité de l'agrément et émet un avis sur la demande d'enregistrement de l'équivalence au label dans un délai de deux mois à compter du dépôt de la demande.

Le préfet informe l'école de conduite ou l'association agréée des suites données à la demande d'enregistrement de l'équivalence au label.

Le préfet enregistre les équivalences dans le registre national de l'enseignement de la conduite des véhicules à moteur et de la sécurité routière.

Art. 7-7 L'exploitant de l'école de conduite ou de l'association agréée ayant obtenu un enregistrement de l'équivalence au label "qualité des formations au sein des écoles de conduite" avertit sans délai le préfet de leur lieu d'implantation de la suspension ou du retrait de sa certification ou de son label définis à l'article 7.5.

Toute suspension d'une certification ou d'un label mentionnés à l'article 7.5 entraîne la suspension des droits et dispositifs particuliers prévus à l'article L. 213-9 du code de la route.

Tout retrait de la certification ou du label mentionnés à l'article 7.5 entraîne le retrait des droits et dispositifs particuliers prévus à l'article L. 213-9 du code de la route.

Toute suspension ou tout retrait de la certification ou du label mentionnés à l'article 7.5 fait l'objet d'une mise à jour du registre national de l'enseignement de la conduite des véhicules à moteur et de la sécurité routière.

Arrêté du 2 mai 2019,

Relatif à la formation requise pour l'animation de la formation complémentaire prévue à l'article L. 223-1 du code de la route (JO 10 mai).

Art. 1er Le programme de la formation requise pour l'animation de la formation complémentaire prévue à l'article L. 223-1 du code de la route est défini à l'annexe I.

Art. 2 Sont dispensés de la formation définie à l'article 1er, les enseignants titulaires d'une autorisation d'enseigner la conduite en cours de validité mentionnée au I de l'article R. 212-1 du code de la route, et de l'un des diplômes suivants :

— brevet d'aptitude à la formation des moniteurs d'enseignement de la conduite des véhicules terrestres à moteur *(Arr. du 18 sept. 2023, art. 1er)* « délivré jusqu'au 27 janvier 2021 » ;

— brevet d'animateur pour la formation des conducteurs responsables d'infractions prévu à l'article R. 212-6 du code de la route ;

— titre professionnel d'enseignant de la conduite et de la sécurité routière défini en application de l'arrêté du 20 avril 2016 *(Arr. du 18 sept. 2023, art. 1er)* « susvisé ;

« — titre à finalité professionnelle de formateur aux métiers de l'éducation et de la sécurité routières mentionné à l'article R. 213-2 du code de la route. »

Art. 3 Le suivi de la formation donne lieu à la remise d'une attestation de formation dont le modèle figure à l'annexe II.

Art. 4 Sont habilités à organiser cette formation :

— les établissements assurant à titre onéreux la formation des candidats aux titres ou diplômes exigés pour l'exercice de la profession d'enseignant de la conduite et de la sécurité routière en application des dispositions de l'arrêté du 12 avril 2016 susvisé ;

— les organismes de formation habilités par l'association nationale pour la formation automobile pour organiser les actions permettant la délivrance du certificat de qualification professionnelle "responsable d'unité(s) d'enseignement de la sécurité routière et de la conduite".

Art. 5 La formation est d'une durée de trois jours consécutifs. Chaque journée de formation est d'une durée de sept heures effectives hors pause méridienne.

Art. 6 La formation est dispensée soit :

1° Par un enseignant de la conduite *(Arr. du 18 sept. 2023, art. 2)* « titulaire du brevet d'aptitude à la formation des moniteurs d'enseignement de la conduite des véhicules terrestres ou du titre à finalité professionnelle de formateur aux métiers de l'éducation et de la sécurité routières mentionné à l'article R. 213-2 du code de la route » ;

2° Par un intervenant titulaire d'une certification, *a minima* de niveau III, et disposant des compétences professionnelles prévues aux dispositions des annexes 1, 2 et 3 de l'arrêté du 12 avril 2016 susvisé.

Art. 7 Le nombre d'élèves présents est compris entre six et quinze.

Art. 8 Le responsable de l'établissement ou de l'organisme délivre une attestation de suivi de cette formation. Il transmet un exemplaire de cette attestation au préfet du département du lieu de la formation, dans un délai de quinze jours à compter de la fin de celle-ci. Cette procédure peut être dématérialisée.

Le responsable de l'établissement ou de l'organisme conserve dans ses archives, pendant une période de cinq ans à compter de la fin de la formation, la liste des bénéficiaires de cette formation.

V. Annexes au JO du 10 mai 2019.

Arrêté du 2 mai 2019,

Relatif à la formation complémentaire prévue à l'article L. 223-1 du code de la route (JO 10 mai).

Art. 1er Le programme de la formation complémentaire prévue à l'article L. 223-1 du code de la route est défini à l'annexe I.

Art. 2 Lors de l'inscription de l'élève à la formation complémentaire, le titulaire de l'agrément informe l'élève ou, s'il est mineur, son ou ses parents, ou son représentant légal, sur les conditions d'éligibilité au dispositif de réduction de la période probatoire définie aux articles L. 223-1 et R. 223-4-1 du code de la route.

Art. 3 La formation complémentaire est d'une durée de sept heures effectives hors pause méridienne et doit se tenir au cours d'une même journée.

Les tâches liées aux vérifications administratives et au règlement financier de la formation doivent être exécutées en dehors des heures dévolues à la formation.

Art. 4 Le nombre d'élèves présents est compris entre six et douze.

(Arr. du 6 mars 2020) « Jusqu'au 31 décembre 2020 », le nombre minimal est de trois élèves présents.

Art. 5 L'enseignant de la conduite et de la sécurité routière est présent, avec l'ensemble des élèves, pendant toute la durée de la formation.

Le titulaire de l'agrément doit mettre à la disposition des enseignants de la conduite et de la sécurité routière, le matériel multimédia et les outils pédagogiques spécifiquement adaptés et conçus pour dispenser le programme défini à l'annexe I.

Art. 6 Une exclusion de la formation est prévue dans les trois cas suivants : désintéressement visible pour la formation dispensée, comportement faisant manifestement apparaître la consommation de produits psychoactifs et non respect des horaires.

Les élèves signent une feuille d'émargement au début de chaque demi-journée.

Art. 7 L'attestation de suivi de la formation prévue au IV de l'article R. 223-4-1 du code de la route est délivrée aux élèves sous réserve du suivi de l'intégralité de la formation.

Le modèle de l'attestation figure en annexe II.

Le titulaire de l'agrément conserve, pendant une période de cinq ans à compter de la date de la formation complémentaire, dans les archives de l'établissement ou de l'association, la liste des bénéficiaires de cette formation ainsi que les feuilles d'émargement.

Art. 8 La formation complémentaire est déclarée au préfet du département du lieu où elle se déroule au moins huit jours avant la date prévue. Cette déclaration peut être transmise de façon dématérialisée. En cas de non-respect de cette obligation, les attestations de suivi de la formation ne sont pas enregistrées.

V. Annexes au JO du 10 mai 2019.

Arrêté du 26 janvier 2021,

Relatif au titre professionnel d'enseignant de la conduite et de la sécurité routière (JO 31 janv.).

Art. 1er Le titre professionnel d'enseignant de la conduite et de la sécurité routière est révisé. Il est enregistré dans le répertoire national des certifications professionnelles sous le même intitulé pour une durée de cinq ans à compter du 29 avril 2021. Il est classé au niveau 5 du cadre national des certifications professionnelles et dans le domaine d'activité 311u (code NSF).

Art. 2 Les certificats complémentaires de spécialisation (CCS) "Animer des actions de formation à la conduite en sécurité des véhicules motorisés à deux-roues en circulation et hors circulation" et "Animer des actions de formation à la conduite en sécurité des véhicules du groupe lourd en circulation et hors circulation" sont révisés et enregistrés sous les mêmes intitulés en complément du titre.

Art. 3 Le référentiel d'emploi, d'activités et de compétences et le référentiel d'évaluation du titre professionnel d'enseignant de la conduite et de la sécurité routière et de ses certificats complémentaires de spécialisation sont disponibles sur le site www.travail-emploi.gouv.fr.

Art. 4 Le titre professionnel d'enseignant de la conduite et de la sécurité routière est composé des deux blocs de compétences suivants :

1° Former des apprenants conducteurs par des actions individuelles et collectives, dans le respect des cadres réglementaires en vigueur ;

2° Sensibiliser l'ensemble des usagers de la route à l'adoption de comportements sûrs et respectueux de l'environnement.

Ils sont sanctionnés par des certificats de compétences professionnelles (CCP) dans les conditions prévues par l'arrêté du 22 décembre 2015 susvisé.

Art. 5 Les certificats complémentaires de spécialisation suivants sont associés au titre professionnel d'enseignant de la conduite et de la sécurité routière :

– animer des actions de formation à la conduite en sécurité des véhicules motorisés à deux-roues en circulation et hors circulation ;

— animer des actions de formation à la conduite en sécurité des véhicules du groupe lourd en circulation et hors circulation.

Ces certificats sont délivrés dans les conditions prévues par l'arrêté du 22 décembre 2015 susvisé, quelle que soit l'année d'obtention du titre d'enseignant de la conduite et de la sécurité routière.

Art. 6 Les titulaires des certificats de compétences professionnelles obtenus antérieurement à la date d'entrée en vigueur du présent arrêté sont réputés avoir obtenu les certificats de compétences professionnelles mentionnés à l'article 4 selon le tableau figurant ci-dessous :

TITRE PROFESSIONNEL Enseignant de la conduite et de la sécurité routière (arrêté du 20 avril 2016)	TITRE PROFESSIONNEL Enseignant de la conduite et de la sécurité routière (présent arrêté)
Former des apprenants conducteurs par des actions individuelles et collectives, dans le respect des cadres réglementaires en vigueur	Former des apprenants conducteurs par des actions individuelles et collectives, dans le respect des cadres réglementaires en vigueur
Sensibiliser l'ensemble des usagers de la route à l'adoption de comportements sûrs et respectueux de l'environnement	Sensibiliser l'ensemble des usagers de la route à l'adoption de comportements sûrs et respectueux de l'environnement

Art. 7 L'annexe au présent arrêté comporte les informations requises pour l'enregistrement du titre professionnel et de ses certificats complémentaires de spécialisation dans le répertoire national des certifications professionnelles.

Art. 8 Pour être habilités, les membres de jury sont titulaires de l'un des documents suivants :

1° Autorisation d'enseigner en cours de validité prévue au I de l'article R. 212-1 du code de la route en lien avec le titre et, le cas échéant, le certificat complémentaire de spécialisation ;

2° Permis de conduire mentionnant les catégories visées par le titre et, le cas échéant, le certificat complémentaire de spécialisation, associé à un certificat de travail attestant d'un emploi de formateur de conducteurs, pour les catégories de véhicules visées par le titre ou le certificat complémentaire de spécialisation, au sein d'un organisme ou établissement exonéré de l'agrément d'exploiter conformément à la cinquième partie de la circulaire n° 2001-5 du 25 janvier 2001 relative à l'enseignement de la conduite des véhicules à moteur et de la sécurité routière.

Les membres du jury exercent dans différents organismes, groupements d'entreprises ou enseignes.

Art. 9 Le candidat à une session d'examen en vue de l'obtention du titre, d'un certificat de compétences professionnelles ou d'un certificat complémentaire de spécialisation présente à l'ouverture de la session les documents suivants :

— l'original de la catégorie B de son permis de conduire et des catégories visées par le certificat complémentaire de spécialisation ;

— une attestation sur l'honneur, signée, aux termes de laquelle il s'engage à détenir un permis de conduire en cours de validité et à informer le centre agréé pour la formation et le centre agréé pour la session d'examen de tout changement de situation intervenant en cours de formation ou de session d'examen sur la validité de son permis de conduire (invalidation, suspension, annulation).

Si le candidat se présente à une session d'examen après avoir suivi une action ou une période de formation professionnelle, il présente également une attestation établie par le centre où il a suivi la formation définie conformément à l'arrêté du 12 avril 2016 susvisé. Cette attestation justifie de la détention par le centre de formation de l'agrément pour la formation au titre d'enseignant de la conduite et de la sécurité routière et ses certificats complémentaires de spécialisation et du suivi par le candidat des périodes en entreprise obligatoires pour le titre et ses certificats de compétences professionnelles.

L'une des périodes en entreprise permet la mise en œuvre des compétences de l'activité "Former des apprenants conducteurs par des actions individuelles et collectives, dans le respect des cadres réglementaires en vigueur" et une autre porte sur la mise en œuvre des compétences de l'activité "Sensibiliser l'ensemble des usagers de la route à l'adoption de comportements sûrs et respectueux de l'environnement".

En sus, pour la session d'examen du titre professionnel ou du certificat de compétences professionnelles « Sensibiliser l'ensemble des usagers de la route à l'adoption de comportements sûrs et respectueux de l'environnement », le candidat présente deux documents prévus dans le référentiel d'évaluation et portant sur l'exercice des activités professionnelles suivantes :

– analyser une demande relative à une prestation de sensibilisation ;

– construire et préparer une action de sensibilisation ;

– animer une séance de sensibilisation à la sécurité routière, au respect des autres usagers et de l'environnement ;

– analyser ses pratiques professionnelles afin de les faire évoluer.

Art. 10 Dans le cadre d'une demande de recevabilité à la validation des acquis de l'expérience (VAE), le candidat doit avoir exercé l'ensemble des activités du titre. L'exercice de ces activités s'est déroulée, notamment, dans une école de conduite agréée, conformément à l'article L. 213-1 du code de la route, ou dans un organisme ou un établissement exonéré de l'agrément d'exploiter, conformément à la cinquième partie de la circulaire n° 2001-5 du 25 janvier 2001 relative à l'enseignement de la conduite des véhicules à moteur et de la sécurité routière.

Art. 11 L'expérience professionnelle prévue au III de l'article 4 de l'arrêté du 22 décembre 2015 susvisé dispensant de suivre une formation pour se présenter à une session en vue de l'obtention d'un certificat complémentaire de spécialisation doit avoir été réalisée soit dans une école de conduite agréée, conformément à l'article L. 213-1 du code de la route, soit dans un organisme ou un établissement exonéré de l'agrément d'exploiter, conformément à la cinquième partie de la circulaire n° 2001-5 du 25 janvier 2001 relative à l'enseignement de la conduite des véhicules à moteur et de la sécurité routière.

Art. 12 En l'application de l'article R. 212-3 du code de la route, la détention du titre professionnel d'enseignant de la conduite et de la sécurité routière permet d'obtenir l'autorisation d'enseigner dans les conditions prévues au I de l'article R. 212-2 du code de la route.

La détention d'un des certificats de compétences professionnelles du titre professionnel d'enseignant de la conduite et de la sécurité routière est un préalable à la demande de délivrance de l'autorisation temporaire et restrictive d'exercer dans les conditions prévues au I *bis* de l'article R. 212-2 du code de la route.

Art. 13 Le candidat titulaire d'un titre ou diplôme prévu à l'article R. 212-3 du code de la route complété par une ou plusieurs qualifications complémentaires obtenues après avoir satisfait à des épreuves spécifiques en vue d'enseigner la conduite des véhicules de la catégorie "deux-roues" ou "groupe lourd", obtient de droit, sans condition de durée d'expérience, par équivalence le ou les certificat complémentaire de spécialisation correspondant à la (aux) spécialité(s) ou mention(s) dont il est titulaire, sous réserve :

– d'avoir obtenu le titre professionnel d'enseignant de la conduite et de sécurité routière ;

– de présenter l'original de son permis de conduire en cours de validité portant mention des catégories correspondant aux catégories visées par la (ou les) spécialités ou mention(s) dont il est titulaire ;

– de présenter l'original de son titre ou diplôme attestant qu'il a passé avec succès les épreuves permettant d'enseigner la conduite des véhicules de la catégorie deux roues ou groupe lourd.

ENVIRONNEMENT

Code de l'environnement

PREMIÈRE PARTIE : ***LÉGISLATIVE***

(Ord. n° 2000-914 du 18 sept. 2000)

LIVRE II **MILIEUX PHYSIQUES**

TITRE II **AIR ET ATMOSPHÈRE**

CHAPITRE III ***MESURES D'URGENCE***

Art. L. 223-1 *(L. n° 2008-757 du 1er août 2008, art. 7-X)* « En cas d'épisode de pollution, lorsque les normes de qualité de l'air mentionnées à l'article L. 221-1 ne sont pas respec-

tées ou risquent de ne pas l'être », le préfet en informe immédiatement le public selon les modalités prévues par la section 2 du chapitre I du présent titre et prend des mesures propres à limiter l'ampleur et les effets de la pointe de pollution sur la population. Ces mesures, prises en application du plan de protection de l'atmosphère lorsqu'il existe et après information des maires intéressés, comportent un dispositif de restriction ou de suspension des activités concourant aux pointes de pollution, *(L. nº 2019-1428 du 24 déc. 2019, art. 87)* **« de restriction ou de suspension » de la circulation des véhicules** *(L. nº 2015-992 du 17 août 2015, art. 48-II)* **« [,] notamment par la réduction des vitesses maximales autorisées », et de réduction des émissions des sources fixes et mobiles.** *(L. nº 2010-788 du 12 juill. 2010, art. 181)* **« En cas d'épisode de pic de pollution prolongé, le ministre chargé de l'aviation civile prend les mesures nécessaires pour tenir compte de la pollution due aux mouvements d'aéronefs. »**

(L. nº 2008-757 du 1er août 2008, art. 7-X) **« Les normes de qualité de l'air mentionnées au premier alinéa applicables au présent chapitre sont fixées par décret en Conseil d'État pris après l'avis de l'Agence nationale chargée de la sécurité sanitaire de l'alimentation, de l'environnement et du travail. »**

V. Circ. 18 juin 2004 relative aux procédures d'information et de recommandation et d'alerte et aux mesures d'urgence (BOME nº 2004/16).

Sur la légalité d'un arrêté interpréfectoral du 11 avr. 1997 organisant la mise en œuvre de la mesure de circulation alternée à Paris et dans des départements limitrophes en cas d'épisode de pollution en région Île-de-France, et sur la légalité de la dérogation à l'interdiction de circuler accordée à certains utilisateurs de véhicules, lorsque ceux-ci sont à la fois strictement indispensables à l'exercice d'une activité professionnelle et aisément identifiables, ce qui est le cas des utilisateurs de véhicules d'auto-écoles, mais non des avocats, V. : • CE 28 févr. 2000 (2 arrêts) : *AJDA 2000. 661 ; Coll. terr. 2000, nº 187, obs. Célérier.*

Art. L. 223-2 *(L. nº 2015-992 du 17 août 2015, art. 48-II)* **« En cas d'interdiction de la circulation de certaines catégories de voitures particulières décidée en application de l'article L. 223-1, l'accès » aux réseaux de transport public en commun de voyageurs est assuré** *(L. nº 2015-992 du 17 août 2015, art. 48-II)* **« par toute mesure tarifaire incitative décidée par les autorités organisatrices de transports ou » gratuitement.** – *[L. nº 96-1236 du 30 déc. 1996, art. 13.]*

....

CHAPITRE IV *MESURES TECHNIQUES NATIONALES DE PRÉVENTION DE LA POLLUTION ATMOSPHÉRIQUE ET D'UTILISATION RATIONNELLE DE L'ÉNERGIE*

....

SECTION 2 *Véhicules automobiles*

Art. L. 224-3 **L'incorporation de composés oxygénés, notamment d'origine agricole, dans les carburants pétroliers destinés à la circulation automobile est encouragée dans le cadre de la lutte contre la pollution de l'air.**

Cette incorporation fait l'objet, dans le cadre défini sur le plan communautaire, et sur proposition du ministre chargé de l'énergie et du ministre chargé de l'environnement, d'opérations pilotes dans les zones urbaines sensibles, dont la pollution est caractérisée par des taux élevés d'oxyde de carbone, d'imbrûlés et d'ozone atmosphérique.

Les conditions générales de mise en œuvre de ces opérations pilotes sont définies par décret en Conseil d'État.

Art. L. 224-4 *Abrogé par L. nº 2011-525 du 17 mai 2011, art. 182-I.*

Art. L. 224-5 *(L. nº 2015-992 du 17 août 2015, art. 37-I)* **Les règles relatives à la consommation énergétique et aux émissions polluantes des véhicules automobiles sont fixées aux articles L. 311-1 et L. 318-1 du code de la route.**

Art. L. 224-6 *(L. nº 2015-990 du 6 août 2015, art. 2)* **Les services réguliers de transport public routier de personnes mentionnés à l'article L. 3111-17 du code des transports sont exécutés avec des véhicules répondant à des normes d'émission de polluants atmosphériques définies par arrêté des ministres chargés de l'économie et des transports.**

Art. L. 224-7 *(Ord. nº 2021-1490 du 17 nov. 2021, art. 1er)* **I. — Les pouvoirs adjudicateurs et les entités adjudicatrices définis par les articles L. 1211-1 et L. 1212-1 du code de la commande publique, qui gèrent directement ou indirectement des véhicules automobiles,**

acquièrent ou utilisent, lors du renouvellement annuel de leur parc, des véhicules à faibles émissions et à très faibles émissions, dans des proportions minimales fixées, selon la catégorie de véhicules et les périodes considérées, par les articles L. 224-8 à L. 224-8-2.

II. — L'obligation instituée par le I est applicable aux marchés publics et aux contrats de concession définis par les articles L. 1111-1 et L. 1121-1 du code de la commande publique portant sur :

1° L'achat, la prise en crédit-bail, la location ou la location-vente de véhicules de transport routier ;

2° La fourniture de services de transport routier de voyageurs ;

3° La fourniture de services de transport, de collecte, de livraison ou de distribution qui sont précisés, selon les catégories de véhicules concernés, par le décret prévu à l'article L. 224-9.

III. — Les critères qui permettent de qualifier un véhicule de véhicule à faibles émissions ou de véhicule à très faibles émissions sont précisés par décret pour les différentes catégories de véhicules en tenant compte, s'agissant des autobus et autocars, notamment du niveau de pollution atmosphérique des zones dans lesquelles ils sont utilisés.

IV. — Sont exclus du champ de l'obligation prévue au I :

1° Les véhicules conçus et construits ou adaptés pour être utilisés par la protection civile, les services de lutte contre l'incendie, les services responsables du maintien de l'ordre public et les forces armées ;

2° Les véhicules conçus et construits pour être utilisés principalement sur les chantiers de construction, dans les carrières ou dans les installations portuaires ou aéroportuaires ainsi que tout véhicule automoteur spécialement conçu et construit pour réaliser des travaux et qui ne convient ni au transport de passagers, ni au transport de marchandises ;

3° Les véhicules agricoles ou forestiers au sens du règlement (UE) n° 167/2013 du Parlement européen et du Conseil du 5 février 2013, les véhicules à deux ou trois roues et les quadricycles au sens du règlement (UE) n° 168/2013 du Parlement européen et du Conseil du 15 janvier 2013, et les véhicules équipés de chenilles.

Ces véhicules peuvent cependant être comptabilisés pour le seul calcul des proportions minimales annuelles de véhicules à faibles ou très faibles émissions acquis ou utilisés fixées par les articles L. 224-8 à L. 224-8-2 lorsqu'ils remplissent les critères auxquels ceux-ci doivent satisfaire.

V. — Le décret prévu à l'article L. 224-9 précise les conditions dans lesquelles les véhicules satisfaisant aux critères posés pour être qualifiés de véhicules à faibles émissions ou de véhicules à très faibles émissions sont comptabilisés pour vérifier le respect de l'obligation prévue au I.

Les dispositions des art. L. 224-7 à L. 224-8-2 C. envir., issues de l'Ord. n° 2021-1490 du 17 nov. 2021, sont applicables aux marchés publics et aux contrats de concession pour lesquels une consultation est engagée ou un avis d'appel à la concurrence est envoyé à la publication à compter de la date de son entrée en vigueur (Ord. préc., art. 4, JO 18 nov.).

Art. L. 224-8 *(Ord. n° 2021-1490 du 17 nov. 2021, art. 1er)* La proportion minimale de véhicules dont le poids total en charge est inférieur ou égal à 3,5 tonnes qui sont acquis ou utilisés dans le cadre des contrats mentionnés au II de l'article L. 224-7 s'établit pour une année calendaire :

1° Pour l'État et pour ses établissements publics lorsqu'ils gèrent directement ou indirectement un parc de plus de vingt de ces véhicules pour des activités n'appartenant pas au secteur concurrentiel, à :

a) 50 % de véhicules à faibles émissions jusqu'au 31 décembre 2026 et 70 % à compter du 1er janvier 2027 ;

b) 37,4 % de véhicules à très faibles émissions du 1er janvier 2026 au 31 décembre 2029 et 45 % à compter du 1er janvier 2030 ;

2° Pour les collectivités territoriales, leurs groupements et leurs établissements publics lorsqu'ils gèrent directement ou indirectement un parc de plus de vingt de ces véhicules pour des activités n'appartenant pas au secteur concurrentiel, à :

a) 30 % de véhicules à faibles émissions jusqu'au 31 décembre 2024, 40 % du 1er janvier 2025 au 31 décembre 2029 et 70 % à compter du 1er janvier 2030 ;

b) 37,4 % de véhicules à très faibles émissions du 1er janvier 2026 au 31 décembre 2029 et 40 % à compter du 1er janvier 2030 ;

3° Pour les autres pouvoirs adjudicateurs et entités adjudicatrices, à :

a) 40 % de véhicules à faibles émissions à partir du 1er janvier 2022 ;

b) 37,4 % de véhicules à très faibles émissions du 1er janvier 2026 au 31 décembre 2029 et 45 % à compter du 1er janvier 2030.

V. note ss. art. L. 224-7.

Art. L. 224-8-1 *(Ord. nº 2021-1490 du 17 nov. 2021, art. 1er)* La proportion minimale de véhicules à faibles émissions de transport de marchandises dont le poids total en charge autorisé est supérieur à 3,5 tonnes qui sont acquis ou utilisés dans le cadre des contrats mentionnés au II de l'article L. 224-7 s'établit pour une année calendaire :

1° Pour l'État et pour ses établissements publics lorsqu'ils gèrent directement ou indirectement un parc de plus de vingt de ces véhicules pour des activités n'appartenant pas au secteur concurrentiel, à 50 % ;

2° Pour les collectivités territoriales, leurs groupements et leurs établissements publics lorsqu'ils gèrent directement ou indirectement un parc de plus de vingt de ces véhicules pour des activités n'appartenant pas au secteur concurrentiel, à :

a) 10 % du 1er juillet 2022 au 31 décembre 2025 ;

b) 15 % à compter du 1er janvier 2026 ;

3° Pour les autres pouvoirs adjudicateurs et entités adjudicatrices, à :

a) 10 % du 1er janvier 2022 au 31 décembre 2025 ;

b) 15 % à compter du 1er janvier 2026.

V. note ss. art. L. 224-7.

Art. L. 224-8-2 *(Ord. nº 2021-1490 du 17 nov. 2021, art. 1er)* La proportion minimale d'autobus ou d'autocars à faibles émissions qui sont acquis ou utilisés dans le cadre des contrats mentionnés au II de l'article L. 224-7 s'établit, pour une année calendaire, pour l'État, pour les collectivités territoriales et leurs groupements ainsi que pour leurs établissements publics, lorsqu'ils gèrent directement ou indirectement un parc de plus de vingt autobus et autocars pour assurer des services de transport public de personnes réguliers ou à la demande, à :

1° 50 % jusqu'au 31 décembre 2024 ;

2° 100 % à compter du 1er janvier 2025.

Pour les autobus, la moitié au moins de ces proportions est constituée d'autobus à très faibles émissions. Cette obligation n'est applicable qu'à compter du 1er juillet 2022 pour les collectivités territoriales, leurs groupements et leurs établissements publics. Un décret peut prévoir des modulations pour tenir compte notamment de la situation des personnes assujetties à l'obligation et des zones concernées.

V. note ss. art. L. 224-7.

Art. L. 224-9 *(Ord. nº 2021-1490 du 17 nov. 2021, art. 1er)* Un décret en Conseil d'État précise les conditions d'application des articles L. 224-7 à L. 224-8-2.

Art. L. 224-10 *(L. nº 2019-1428 du 24 déc. 2019, art. 77-I)* Les entreprises qui gèrent directement ou indirectement, au titre de leurs activités relevant du secteur concurrentiel, un parc de plus de cent véhicules automobiles dont le poids total autorisé en charge est inférieur ou égal à 3,5 tonnes acquièrent ou utilisent, lors du renouvellement annuel de leur parc, *(Ord. nº 2021-1490 du 17 nov. 2021, art. 2-II)* « des véhicules à faibles émissions définis au III de l'article L. 224-7 » dans la proportion minimale :

1° De 10 % de ce renouvellement à partir du 1er janvier 2022 ;

2° De 20 % de ce renouvellement à partir du 1er janvier 2024 ;

3° De *(L. nº 2021-1104 du 22 août 2021, art. 113)* « 40 % » de ce renouvellement à partir du 1er janvier 2027 ;

4° De *(L. nº 2021-1104 du 22 août 2021, art. 112)* « 70 % » de ce renouvellement à partir du 1er janvier 2030.

Les entreprises qui gèrent directement ou indirectement, au titre de leurs activités relevant du secteur concurrentiel, un parc de plus de cent cyclomoteurs et motocyclettes légères, de puissance maximale supérieure ou égale à 1 kilowatt, acquièrent ou utilisent, lors du renouvellement annuel de leur parc, des véhicules définis au troisième alinéa de l'article L. 318-1 du code de la route dans la proportion minimale définie aux 1° à 4° du présent article.

Sont pris en compte dans l'évaluation de la taille du parc géré par une entreprise les véhicules gérés par ses filiales dont le siège est situé en France ainsi que les véhicules gérés par ses établissements situés en France.

Un décret en Conseil d'État fixe les conditions d'application du présent article.

L'obligation mentionnée au 1° de l'art. L. 224-10 C. envir. ne s'applique aux véhicules conçus et construits pour le transport de marchandises dont le poids total autorisé en charge est supérieur ou égal à 2,6 tonnes qu'à partir du 1er janv. 2023 (L. n° 2019-1428 du 24 déc. 2019, art. 80-II).

Art. L. 224-11 *(L. n° 2019-1428 du 24 déc. 2019, art. 78-I, en vigueur le 1er janv. 2022)* Les centrales de réservation mentionnées à l'article L. 3142-1 du code des transports qui mettent en relation un nombre de conducteurs supérieur à un seuil fixé par décret s'assurent qu'une part minimale, croissante dans le temps, des véhicules utilisés dans le cadre de la mise en relation qu'elles assurent sont des véhicules à faibles émissions tels que définis au V de l'article L. 224-7 du présent code. Les modalités d'application du présent article, notamment la part minimale de véhicules à faibles émissions parmi les véhicules utilisés dans le cadre de la mise en relation ainsi que l'évolution de cette part minimale, sont définies par décret. Cette trajectoire est établie en cohérence avec la stratégie bas-carbone prévue à l'article L. 222-1 B.

Art. L. 224-11-1 *(L. n° 2021-1104 du 22 août 2021, art. 114, en vigueur le 1er juill. 2023)* Les plateformes mentionnées à l'article L. 7341-1 du code du travail mettant en relation un nombre supérieur à un seuil fixé par décret de travailleurs exerçant l'activité mentionnée au 2° de l'article L. 1326-1 du code des transports s'assurent qu'une part minimale, croissante dans le temps, des véhicules à deux ou trois roues utilisés dans le cadre de la mise en relation qu'elles assurent sont des vélos ou des véhicules à très faibles émissions, au sens du troisième alinéa de l'article L. 318-1 du code de la route.

Les plateformes mentionnées au premier alinéa du présent article indiquent, lorsqu'elles recourent à un système de mise en relation par voie électronique d'usager, le type de véhicule utilisé pour assurer la livraison.

Les modalités d'application du présent article, notamment la part minimale de vélos et de véhicules à très faibles émissions parmi les véhicules utilisés dans le cadre de la mise en relation, l'évolution de cette part minimale ainsi que les modalités de déclaration du type de véhicule utilisé, sont définies par décret.

Art. L. 224-12 *(L. n° 2019-1428 du 24 déc. 2019, art. 79-I, en vigueur le 1er janv. 2021, pour les obligations afférentes à l'année 2020)* Pour chacune des personnes redevables des obligations prévues aux articles L. 224-7 à L. 224-10, est rendu public le pourcentage de véhicules à faibles et à très faibles émissions parmi les véhicules ayant fait l'objet d'un renouvellement durant l'année précédente. Ces données sont rendues publiques par les services de l'État dans un format ouvert librement utilisable et exploitable par un système de traitement automatisé. Pour les personnes redevables de l'obligation prévue à l'article L. 224-11, est rendu public le pourcentage de véhicules à faibles émissions mis en relation durant l'année précédente. *(L. n° 2021-1104 du 22 août 2021, art. 114, en vigueur le 1er juill. 2023)* « Pour les personnes redevables de l'obligation prévue à l'article L. 224-11-1, est rendu public le taux de vélos et de véhicules à très faibles émissions mis en relation durant l'année précédente. »

Un décret prévoit les conditions dans lesquelles les personnes mentionnées au premier alinéa du présent article rendent annuellement compte du respect de leurs obligations.

Art. L. 224-12-1 *(L. n° 2021-1104 du 22 août 2021, art. 136)* Les personnes assujetties aux obligations prévues *(Ord. n° 2021-1490 du 17 nov. 2021, art. 2-II)* « aux articles L. 224-7 à L. 224-10 » mettent en œuvre des actions de formation ou de sensibilisation des utilisateurs des véhicules, permettant à ces utilisateurs de réduire l'incidence de leur conduite sur l'environnement. Elles s'assurent notamment que les conditions pour une utilisation optimale des véhicules hybrides rechargeables en mode électrique sont réunies.

SECTION 3 *Surveillance des émissions polluantes des moteurs des engins mobiles non routiers*

(Ord. n° 2020-700 du 10 juin 2020)

SOUS-SECTION 1 *Dispositions générales*

Art. L. 224-13 La surveillance du marché des moteurs à combustion interne installés ou destinés à être installés sur des engins mobiles non routiers est assurée par l'autorité chargée de la surveillance du marché des véhicules et des moteurs prévue à l'article L. 329-3 du code de la route.

Cette autorité est chargée d'effectuer le contrôle de la conformité des émissions des gaz polluants et des particules polluantes des moteurs à combustion interne installés ou destinés à être installés sur des engins mobiles non routiers mis à disposition sur le territoire national au regard :

1° De la réglementation nationale applicable en matière de réception ;

2° Du règlement (UE) 2016/1628 du Parlement européen et du Conseil du 14 septembre 2016 relatif aux exigences concernant les limites d'émissions pour les gaz polluants et les particules polluantes et la réception par type pour les moteurs à combustion interne destinés aux engins mobiles non routiers, ainsi que les actes délégués et d'exécution adoptés pour son application. — *V. Arr. du 10 juin 2020 portant création du service à compétence nationale dénommé service de surveillance du marché des véhicules et des moteurs (SSMVM) (JO 11 juin).*

Art. L. 224-14 Les conditions dans lesquelles s'exerce le contrôle de la conformité prévu par l'article L. 224-13 ainsi que la recherche et les sanctions des non-conformités sont définies par la présente section.

Art. L. 224-15 Les dispositions de la présente section sont applicables aux opérateurs économiques définis par l'article 3 du règlement (UE) 2016/1628 du Parlement européen et du Conseil du 14 septembre 2016.

Elles sont également applicables aux prestataires de services de la société de l'information au sens de l'article 3 du règlement (UE) 2019/1020 du Parlement européen et du Conseil du 20 juin 2019.

SOUS-SECTION 2 *Habilitations*

Art. L. 224-16 Les agents de l'autorité mentionnée à l'article L. 329-3 du code de la route, commissionnés et assermentés à cet effet, sont habilités à rechercher et constater les manquements ou les infractions aux exigences des réglementations relatives à la conformité des émissions des gaz polluants et des particules polluantes des moteurs à combustion interne installés ou destinés à être installés sur des engins mobiles non routiers. Ils ont une compétence nationale.

Ces agents sont également habilités à rechercher et à constater les infractions de faux prévues aux articles 441-1 à 441-3 et 441-5 à 441-12 du code pénal, les infractions d'escroqueries prévues aux articles 313-1 à 313-3 du code pénal et les infractions de tromperie prévues aux articles L. 441-1 et L. 454-1 à L. 454-5 du code de la consommation.

Art. L. 224-17 Pour l'accomplissement de leurs missions, les agents habilités de l'autorité mentionnée à l'article L. 329-3 du code de la route peuvent recourir à toute personne qualifiée, dans les conditions prévues à l'article L. 512-17 du code de la consommation.

Art. L. 224-18 L'autorité mentionnée à l'article L. 329-3 du code de la route peut confier la réalisation des prélèvements d'échantillons prévus à l'article L. 224-21 :

1° A des agents habilités à cet effet par le ministre chargé de l'environnement, appartenant à des organismes de droit public ou de droit privé ;

2° A des organismes de droit privé agissant par voie d'huissier de justice.

Art. L. 224-19 Lorsque la législation de l'Union européenne prévoit une coopération entre les États membres ou avec la Commission européenne, les personnes désignées par les autorités compétentes d'un autre État membre ou de la Commission européenne peuvent assister les agents habilités de l'autorité mentionnée à l'article L. 329-3 du code de la route dans les opérations de contrôle prévues par la présente section.

SOUS-SECTION 3 *Pouvoirs d'enquête pour le contrôle de la conformité des émissions polluantes*

Art. L. 224-20 Les contrôles de conformité des émissions des gaz polluants et des particules polluantes sur les moteurs à combustion interne destinés aux engins mobiles non routiers et sur les engins mobiles non routiers, s'exercent dans les conditions prévues par la section 3 du chapitre IX du titre II du livre III du code de la route, à l'exception de ses articles L. 329-20 et L. 329-21.

Art. L. 224-21 Les agents habilités de l'autorité mentionnée à l'article L. 329-3 du code de la route effectuent des prélèvements de moteurs à combustion interne destinés aux engins mobiles non routiers ou d'engins mobiles non routiers neufs ou d'occasion, dans les limites strictement nécessaires à la réalisation du contrôle.

Les échantillons dont la non-conformité à la réglementation n'a pas été établie sont remboursés à leur valeur, toutes taxes comprises, du jour où ils ont été remis aux agents ou remis à la disposition des opérateurs économiques avec leur accord.

Les agents et organismes mentionnés à l'article L. 224-18 peuvent, à la demande de l'autorité mentionnée à l'article L. 329-3 du code de la route, effectuer de tels prélèvements dans les mêmes conditions.

SOUS-SECTION 4 *Mesures et sanctions consécutives aux contrôles de conformité*

Art. L. 224-22 La procédure prévue par les articles L. 329-30 à L. 329-32 du code de la route est applicable.

Art. L. 224-23 Les mesures et sanctions prévues à l'article L. 224-24 sont décidées par l'autorité mentionnée à l'article L. 329-3 du code de la route en cas de manquement :

1° Aux prescriptions techniques et aux dispositions relatives à la réception, mentionnées à l'article L. 224-13 ;

2° Aux articles L. 441-1 et L. 454-1 à L. 454-5 du code de la consommation relatifs aux infractions de tromperie.

Art. L. 224-24 I. — L'autorité mentionnée à l'article L. 329-3 du code de la route peut, à l'issue d'une procédure contradictoire dont les modalités sont fixées par le décret prévu à l'article L. 224-31, prononcer une ou plusieurs des mesures suivantes :

1° L'avertissement ;

2° La mise en conformité ;

3° Le rappel ;

4° La suspension de mise sur le marché ;

5° Le retrait du produit ;

6° L'interdiction de mise à disposition sur le marché ;

7° La destruction des produits présentant un risque grave.

II. — Tout manquement à la réglementation de mise à disposition sur le marché des moteurs à combustion interne installés ou destinés à être installés sur des engins mobiles non routiers est passible d'une amende administrative infligée par l'autorité chargée de la surveillance du marché des véhicules à moteur, dont le montant ne peut excéder 300 000 euros par produit concerné.

III. — Lorsqu'elle prend des mesures ou inflige une sanction, l'autorité mentionnée à l'article L. 329-3 du code de la route en informe sans délai l'autorité chargée de la réception des véhicules, la Commission européenne et les autorités de surveillance des autres États membres.

IV. — Les mesures et sanctions sont motivées et notifiées à l'opérateur en cause.

Art. L. 224-25 Les articles L. 329-36 à L. 329-45 du code de la route sont applicables à la procédure, aux mesures et aux sanctions prévues par l'article L. 224-24 consécutives aux contrôles de la conformité des émissions des gaz polluants et des particules polluantes sur les moteurs à combustion interne destinés aux engins mobiles non routiers et installés sur les engins mobiles non routiers.

SOUS-SECTION 5 *Transaction*

Art. L. 224-26 L'autorité mentionnée à l'article L. 329-3 du code de la route peut, tant que l'action publique n'a pas été mise en mouvement, transiger, après accord du procureur de la République, selon les modalités fixées par décret prévu à l'article L. 224-31, pour les infractions prévues à la section 3 du chapitre IV du titre II du livre II punies d'une peine d'emprisonnement inférieur à trois ans.

La transaction s'effectue selon les modalités prévues aux articles L. 523-2 à L. 523-4 du code de la consommation.

SOUS-SECTION 6 *Sanctions pénales*

Art. L. 224-27 Le fait de faire obstacle aux fonctions des agents habilités est puni de six mois d'emprisonnement et d'une amende d'un montant de 100 000 euros.

Art. L. 224-28 Le fait de dissimuler des données ou des spécifications techniques établissant un manquement visé par l'article L. 224-23, à l'exclusion de son 2°, est puni de six mois d'emprisonnement et de 15 000 euros d'amende.

Art. L. 224-29 Le fait d'importer, de mettre sur le marché ou de maintenir sur le marché des engins mobiles non routiers ou des moteurs à combustion interne destinés aux engins mobiles non routiers non conformes aux exigences en matière d'émissions de gaz et particules polluants prévues par l'article 18 et l'article 34, paragraphes 5 à 7, du règlement (UE) 2016/1628, est puni d'un emprisonnement de trois ans et de 300 000 euros d'amende.

Le montant de l'amende peut être porté de manière proportionnée aux avantages tirés de la non-conformité, à 10 % du chiffre d'affaires moyen annuel, calculé sur les trois derniers chiffres d'affaires annuels connus à la date des faits, lorsque les produits concernés ont constitué un danger pour la santé ou l'environnement.

Art. L. 224-30 L'article L. 329-50 du code de la route est applicable.

SOUS-SECTION 7 *Modalités d'application*

Art. L. 224-31 Sauf dispositions contraires, les modalités d'application de la présente section sont prises par décret en Conseil d'État.

LIVRE III **ESPACES NATURELS**

TITRE VI **ACCÈS À LA NATURE**

CHAPITRE II ***CIRCULATION MOTORISÉE***

SECTION 1 ***Restrictions à la circulation motorisée*** *(Ord. n° 2012-34 du 11 janv. 2012, en vigueur le 1er juill. 2013).*

Art. L. 362-1 En vue d'assurer la protection des espaces naturels, la circulation des véhicules à moteur est interdite en dehors des voies classées dans le domaine public routier de l'État, des départements et des communes, des chemins ruraux et des voies privées ouvertes à la circulation publique des véhicules à moteur. — *[L. n° 91-2 du 3 janv. 1991, art. 1er.]*

(L. n° 2016-1087 du 8 août 2016, art. 54-I) « Les chartes de parc national et les chartes de parc naturel régional définissent des orientations ou prévoient des mesures relatives à la circulation des véhicules à moteur visant à protéger les espaces à enjeux identifiés sur les documents graphiques des chartes de parc national et sur les plans des chartes de parc naturel régional, pour des motifs de préservation des paysages et du patrimoine naturel et culturel. Ces orientations ou ces mesures ne s'appliquent pas aux voies et chemins soumis à une interdiction de circulation en application du premier alinéa du présent article. »

Les dispositions issues de la L. n° 2016-1087 du 8 août 2016 ne sont applicables ni aux chartes des parcs naturels régionaux, ni aux chartes de parcs nationaux ayant fait l'objet d'une enquête publique ouverte avant l'entrée en vigueur de la présente loi (L. préc., art. 54-III).

BIBL. ▶ LEPERS, *AJDA 2005. 1060* (suite des péripéties contentieuses de l'enduro du Touquet).

1. Interdiction d'une compétition de motos sur des espaces naturels. Est justifiée l'annulation de l'arrêté préfectoral autorisant l'enduro du Touquet en 2002, le préfet ayant fait une insuffisante appréciation des intérêts écologiques à protéger. Compte tenu du tracé adopté, de la nature de l'épreuve, du nombre de participants et du comportement habituel et prévisible des spectateurs tout au long de l'épreuve, les mesures adoptées ne permettant pas d'éviter la dégradation de certaines zones dunaires remarquables et fragiles et ce alors que les mesures qui permettraient, le cas échéant, de rétablir ces zones dans un état de conservation favorable à leur maintien durable ne sont en aucun cas prévues ou précisées. • CAA Douai, 18 janv. 2005 : *inédit.* ♦ Conf. • TA Lille, 5 févr. 2003 : *AJDA 2003. 1000, concl. Bauzernand.* ♦ Il en va différemment d'une épreuve de quads qui, en particulier, se déroule uniquement sur la plage. • Même décision. ♦ *Contra :* ne méconnaît pas les dispositions pertinentes du code de l'environnement l'arrêté préfectoral autorisant cette épreuve de moto-cross en 2001, l'arrêté n'ayant pas eu pour effet d'autoriser ni le maintien ou l'édification de constructions, même légères ou démontables, ni le stationnement des caravanes sur les dunes concernées. • CAA Douai, 12 mai 2005 : *inédit.*

2. En application de l'art. L. 2213-4 CGCT, les maires peuvent aggraver les interdictions de circulation dans les espaces naturels faites aux véhicules terrestres à moteur par les art. L. 321-9 et L. 362-1 C. envir. et interdire l'accès aux voies ou secteurs de la commune aux véhicules dont la circulation sur ces voies ou dans ces secteurs est de nature à compromettre la protection de ces espaces. La légalité de ces mesures est toutefois subordonnée à leur nécessité. Méconnaît ce principe la juridiction de proximité qui, pour relaxer un prévenu poursuivi pour ne pas avoir respecté un arrêté pris pour protéger les espaces naturels du littoral et notamment le cordon dunaire, considère cet arrêté illégal car portant atteinte au droit de propriété de manière disproportionnée avec le but de protection de l'environnement recherché, alors que cet arrêté ne présentait pas le caractère d'une interdiction générale et absolue et qu'il incombait au juge de rechercher si l'objectif de protection du cordon dunaire, poursuivi par le maire, pouvait être atteint par des mesures moins restrictives. • Crim. 14 mai 2008, n° 07-87.123 P : *Jurispr. auto 2008. 451 ; Envir 2008. Comm. 99, note Février.*

Art. L. 362-2 L'interdiction prévue à l'article L. 362-1 ne s'applique pas aux véhicules utilisés pour remplir une mission de service public. — *Sur cette notion, V. C. route, art. R. 311-1.*

Sous réserve des dispositions des articles L. 2213-4 et L. 2215-3 du code général des collectivités territoriales, l'interdiction ne s'applique pas aux véhicules utilisés à des fins professionnelles de recherche, d'exploitation ou d'entretien des espaces naturels et elle n'est pas opposable aux propriétaires ou à leurs ayants droit circulant ou faisant circuler des véhicules à des fins privées sur des terrains appartenant auxdits propriétaires. — *[L. n° 91-2 du 3 janv. 1991, art. 2, al. 1er et 2.]*

Art. L. 362-3 L'ouverture de terrains pour la pratique de sports motorisés est soumise *(Ord. n° 2005-1527 du 8 déc. 2005, art. 34)* « à l'autorisation prévue à l'article L. 421-2 » du code de l'urbanisme. — *Les dispositions de l'Ord. n° 2005-1527 du 8 déc. 2005 entreront en vigueur à des dates fixées par décret en Conseil d'État et au plus tard le 1er juill. 2007 (Ord. préc., art. 41, JO 9 déc. ; ratifiée par L. n° 2006-872 du 13 juill. 2006, art. 6-I, JO 16 juill.) ; le Décr. n° 2007-18 du 5 janv. 2007 (art. 26, JO 6 janv.), modifié par le Décr. n° 2007-817 du 11 mai 2007 (art. 4, JO 12 mai), fixe cette entrée en vigueur au 1er oct. 2007.*

Les épreuves et compétitions de sports motorisés sont autorisées, dans des conditions définies par décret en Conseil d'État, par le préfet.

L'utilisation, à des fins de loisirs, d'engins motorisés conçus pour la progression sur neige est interdite, sauf sur les terrains ouverts dans les conditions prévues au premier alinéa. — *[L. n° 91-2 du 3 janv. 1991, art. 2, al. 3 et 4, à 4.]*

(L. n° 2014-1545 du 20 déc. 2014, art. 22-1°) « Par dérogation, le convoyage par ces engins de la clientèle vers les établissements touristiques d'altitude offrant un service de restauration est autorisé, dans des conditions fixées par décret en Conseil d'État. »

Art. L. 362-4 Est interdite toute forme de publicité directe ou indirecte présentant un véhicule en situation d'infraction aux dispositions du présent chapitre. — *[L. n° 91-2 du 3 janv. 1991, art. 12.]*

SECTION 2 *Dispositions en matière pénale* *(Ord. n° 2012-34 du 11 janv. 2012, en vigueur le 1er juill. 2013).*

Art. L. 362-5 *(Ord. n° 2012-34 du 11 janv. 2012, en vigueur le 1er juill. 2013)* Outre les officiers et agents de police judiciaire et les inspecteurs de l'environnement mentionnés au 1° du II de l'article L. 172-1, sont habilités à rechercher et à constater les infractions aux dispositions du *(L. n° 2016-1087 du 8 août 2016, art. 164-12°)* « présent titre ou prises pour son application, ainsi qu' » aux dispositions prises en application des articles L. 2213-4 et L. 2215-3 du code général des collectivités territoriales :

1° Les agents des services de l'État chargés des forêts commissionnés à raison de leurs compétences en matière forestière et assermentés à cet effet ;

2° Les agents de l'Office national des forêts *(Ord. n° 2022-839 du 1er juin 2022, art. 6)* « mentionnés au I de l'article L. 161-4 du code forestier et, pour leur seule constatation, les agents mentionnés au II du même article, » commissionnés à raison de leurs compétences en matière forestière et assermentés à cet effet ;

3° Les gardes champêtres ;

4° Les agents de police judiciaires adjoints mentionnés à l'article 21 du code de procédure pénale, qui exercent ces missions dans les limites et selon les modalités fixées par le code de procédure pénale ;

5° Les gardes du littoral mentionnés à l'article L. 322-10-1, agissant dans les conditions prévues à cet article ;

6° Les agents des réserves naturelles mentionnés à l'article L. 332-20, agissant dans les conditions prévues à cet article ;

(L. nº 2016-1087 du 8 août 2016, art. 134-1º) « 7º Les fonctionnaires ou agents publics des collectivités territoriales ou de leurs groupements chargés de la protection des espaces ou patrimoines naturels, commissionnés et assermentés à cet effet. »

Art. L. 362-6 *(Abrogé par Ord. nº 2012-34 du 11 janv. 2012, à compter du 1er juill. 2013)* ***Les procès-verbaux dressés par les fonctionnaires et agents désignés à l'article L. 362-5 font foi jusqu'à preuve contraire. Ils sont remis ou envoyés par lettre recommandée au procureur de la République. Cette remise ou cet envoi doit avoir lieu, à peine de nullité, au plus tard cinq jours francs après celui où l'infraction a été constatée.*** *— [L. nº 91-2 du 3 janv. 1991, art. 9.]*

Art. L. 362-7 Les dispositions des articles L. 121-4, L. 234-1, L. 325-2, L. 325-3, L. 325-6 à L. 325-8 *(Abrogé par L. nº 2007-297 du 5 mars 2007, art. 21-II)* ***« , L. 325-10 »*** et L. 417-1 du code de la route sont applicables aux véhicules circulant en infraction aux dispositions du présent chapitre et des arrêtés pris pour son application, selon des modalités déterminées par décret en Conseil d'État.

(Abrogé par Ord. nº 2012-34 du 11 janv. 2012, à compter du 1er juill. 2013) ***« Les agents mentionnés à l'article L. 362-5 sont habilités à mettre en œuvre les dispositions de l'article L. 325-2 du code de la route. »*** *— [L. nº 91-2 du 3 janv. 1991, art. 10.]*

Art. L. 362-8 *Abrogé par Ord. nº 2012-34 du 11 janv. 2012, à compter du 1er juill. 2013.*

LIVRE V PRÉVENTION DES POLLUTIONS, DES RISQUES ET DES NUISANCES

TITRE IV DÉCHETS

CHAPITRE I *PRÉVENTION ET GESTION DES DÉCHETS*

SECTION 3 *Prévention et gestion des déchets*

SOUS-SECTION 3 *Collecte des déchets*

Art. L. 541-21-3 *(L. nº 2015-992 du 17 août 2015, art. 77-I) (L. nº 2019-1461 du 27 déc. 2019, art. 57)* « I. — » Lorsqu'il est constaté qu'un véhicule stocké sur la voie publique ou sur le domaine public semble privé des éléments indispensables à son utilisation normale et semble insusceptible de réparation immédiate à la suite de dégradations ou de vols, le maire met en demeure le titulaire du certificat d'immatriculation de ce véhicule de le remettre en état *[,]* de circuler dans des conditions normales de sécurité ou de le transférer à un centre de véhicules hors d'usage agréé, dans un délai qui ne peut être inférieur à dix jours, sauf en cas d'urgence.

(L. nº 2019-1461 du 27 déc. 2019, art. 57) « Lorsque le véhicule concerné présente un risque pour la sécurité des personnes ou constitue une atteinte grave à l'environnement, la décision de mise en demeure peut prévoir que le titulaire du certificat d'immatriculation du véhicule est redevable d'une astreinte par jour de retard en cas de non-exécution des mesures prescrites.

« II. — » Si la personne concernée n'a pas obtempéré à cette injonction dans le délai imparti par la mise en demeure, le maire a recours à un expert en automobile, au sens de l'article L. 326-4 du code de la route, pour déterminer, aux frais du titulaire du certificat d'immatriculation lorsqu'il est connu, si le véhicule est techniquement réparable ou non.

Dans le cas où le véhicule est techniquement irréparable, le maire procède à l'évacuation d'office du véhicule vers un centre de véhicules hors d'usage agréé, aux frais du titulaire du certificat d'immatriculation lorsqu'il est connu.

Dans le cas où le véhicule est techniquement réparable, le maire procède à la mise en fourrière du véhicule, dans les conditions prévues aux articles L. 325-1 à L. 325-13 du même code.

(L. nº 2019-1461 du 27 déc. 2019, art. 57) « III. — Si la personne concernée ne s'est pas conformée aux mesures prescrites dans le délai imparti par la mise en demeure et que celle-ci a prévu le paiement d'une astreinte en cas de non-exécution, le titulaire du certificat d'immatriculation est redevable d'une astreinte d'un montant maximal de 50 € par jour de retard. Son montant est modulé en tenant compte de l'ampleur des conséquences de la non-exécution des mesures prescrites.

« L'astreinte court à compter de la date de notification de la décision la prononçant et jusqu'à exécution complète des mesures prescrites. Le recouvrement des sommes est engagé par trimestre échu.

« Le maire peut, lors de la liquidation trimestrielle de l'astreinte, consentir une exonération partielle ou totale de son produit si le redevable établit que la non-exécution de l'intégralité de ses obligations est due à des circonstances qui ne sont pas de son fait.

« Le montant total des sommes demandées ne peut être supérieur au montant de l'amende pénale encourue en cas d'abandon, en un lieu public ou privé, d'une épave.

« L'astreinte est recouvrée dans les conditions prévues par les dispositions relatives aux produits communaux.

« L'application de l'astreinte et sa liquidation ne font pas obstacle à la mise en fourrière ou à l'évacuation d'office du véhicule dans les conditions prévues au II du présent article. »

Art. L. 541-21-4 *(L. nº 2015-992 du 17 août 2015, art. 77-I) (L. nº 2019-1461 du 27 déc. 2019, art. 57)* « I. — » Lorsqu'il est constaté qu'un véhicule stocké sur une propriété privée semble être privé des éléments indispensables à son utilisation normale et semble insusceptible de réparation immédiate à la suite de dégradations ou de vols, et que ce véhicule peut constituer une atteinte grave à la santé ou à la salubrité publiques, notamment en pouvant servir de gîte à des nuisibles susceptibles de générer une telle atteinte, peut contribuer à la survenance d'un risque sanitaire grave ou peut constituer une atteinte grave à l'environnement, le maire met en demeure le maître des lieux de faire cesser l'atteinte à l'environnement, à la santé ou à la salubrité publiques, notamment en remettant le véhicule à un centre de véhicules hors d'usage agréé, dans un délai qui ne peut être inférieur à *(L. nº 2020-105 du 10 févr. 2020, art. 104)* « dix » jours, sauf en cas d'urgence.

(L. nº 2019-1461 du 27 déc. 2019, art. 57) « La décision de mise en demeure peut prévoir que le titulaire du certificat d'immatriculation du véhicule est redevable d'une astreinte par jour de retard en cas de non-exécution des mesures prescrites.

« II. — » Si la personne concernée n'a pas obtempéré à cette injonction dans le délai imparti par la mise en demeure, le titulaire du certificat d'immatriculation du véhicule est considéré comme ayant l'intention de se défaire de son véhicule et le maire peut avoir recours aux sanctions prévues à l'article L. 541-3 pour faire enlever et traiter ledit véhicule aux frais du maître des lieux.

(L. nº 2019-1461 du 27 déc. 2019, art. 57) « III. — Si la personne concernée ne s'est pas conformée aux mesures prescrites dans le délai imparti par la mise en demeure et que celle-ci a prévu le paiement d'une astreinte en cas de non-exécution, le titulaire du certificat d'immatriculation est redevable d'une astreinte d'un montant maximal de 50 € par jour de retard. Son montant est modulé en tenant compte de l'ampleur des conséquences de la non-exécution des mesures prescrites.

« L'astreinte court à compter de la date de notification de la décision la prononçant et jusqu'à exécution complète des mesures prescrites. Le recouvrement des sommes est engagé par trimestre échu.

« Le maire peut, lors de la liquidation trimestrielle de l'astreinte, consentir une exonération partielle ou totale de son produit si le redevable établit que la non-exécution de l'intégralité de ses obligations est due à des circonstances qui ne sont pas de son fait.

« Le montant total des sommes demandées ne peut être supérieur au montant de l'amende pénale encourue en cas d'abandon, en un lieu public ou privé, d'une épave.

« L'astreinte est recouvrée dans les conditions prévues par les dispositions relatives aux produits communaux.

« L'application de l'astreinte et sa liquidation ne font pas obstacle à la mise en fourrière ou à l'évacuation d'office du véhicule dans les conditions prévues au II du présent article. »

Art. L. 541-21-5 *(L. nº 2020-105 du 10 févr. 2020, art. 104)* A l'exclusion des cas prévus aux articles L. 541-21-3 et L. 541-21-4, lorsqu'il est constaté que plusieurs véhicules ou épaves ne sont pas gérés conformément aux dispositions du présent chapitre et que ces véhicules ou épaves peuvent constituer une atteinte à l'environnement, à la santé ou à la salubrité publiques, ou peuvent contribuer à la survenance d'un risque sanitaire, l'autorité compétente met en demeure le titulaire du certificat d'immatriculation du véhicule, s'il est connu, ou, à défaut, le maître des lieux de faire cesser l'atteinte à l'environnement, à la santé ou à la salubrité publiques, notamment en remettant le véhicule à un centre de traitement de véhicules hors d'usage agréé, dans un délai qui ne peut être inférieur à dix jours, sauf en cas d'urgence.

La notification de la mise en demeure au titulaire du certificat d'immatriculation du véhicule est valablement faite à l'adresse indiquée par le traitement automatisé mis en œuvre pour l'immatriculation des véhicules. Dans le cas où le véhicule fait l'objet d'un gage régulièrement inscrit, cette notification est également faite au créancier gagiste.

Si la personne concernée n'a pas obtempéré à cette injonction dans le délai prévu par la mise en demeure, elle est considérée comme ayant l'intention de se défaire de son véhicule. L'autorité compétente peut alors considérer que le véhicule ou l'épave est un déchet et :

1° Demander au centre de traitement de véhicules hors d'usage agréé ayant donné son accord et en mesure de les traiter le plus proche de reprendre les véhicules ou épaves à ses frais ;

2° Mettre en œuvre la procédure prévue à l'article L. 541-3 pour faire enlever et traiter lesdits véhicules ou épaves. Dans ce cas, la mise en demeure prévue au premier alinéa du présent article peut valoir mise en demeure au titre du premier alinéa du I de l'article L. 541-3.

DEUXIÈME PARTIE : *RÉGLEMENTAIRE*

....

LIVRE II **MILIEUX PHYSIQUES**

TITRE II AIR ET ATMOSPHÈRE

CHAPITRE III *MESURES D'URGENCE*

Art. R. 223-5 *(Décr. n° 2017-782 du 5 mai 2017, art. 1er-1°, en vigueur le 1er juill. 2017)* Sans préjudice de l'article R. 514-4 du présent code et de l'article R. 411-19 du code de la route, est puni de l'amende prévue pour les contraventions de la troisième classe le fait de ne pas respecter les prescriptions prises en application de l'article L. 223-1.

CHAPITRE IV *MESURES TECHNIQUES NATIONALES DE PRÉVENTION DE LA POLLUTION ATMOSPHÉRIQUE ET D'UTILISATION RATIONNELLE DE L'ÉNERGIE*

....

SECTION 1 *BIS* *Achat et utilisation de véhicules automobiles routiers à faibles émissions*

(Décr. n° 2017-21 du 11 janv. 2017, art. 1er)

Art. R. 224-15 *(Décr. n° 2021-1491 du 17 nov. 2021, art. 2)* I. — Les dispositions de la présente section précisent les modalités d'application de l'obligation d'achat et d'utilisation d'une proportion minimale de véhicules à faibles ou très faibles émissions prévue par les articles L. 224-7 à L. 224-8-2, ainsi que par l'article L. 224-10.

II. — Pour rendre compte du respect de cette obligation au regard des objectifs fixés aux États membres par la directive (UE) 2019/1161 du Parlement européen et du Conseil du 20 juin 2019, les pouvoirs adjudicateurs et entités adjudicatrices comptabilisent les véhicules acquis ou utilisés dans le cadre des marchés publics et des contrats de concession mentionnés au II de l'article L. 224-7 dont les montants sont égaux ou supérieurs aux seuils européens mentionnés dans l'avis relatif aux seuils de procédure et à la liste des autorités publiques centrales en droit de la commande publique figurant en annexe 2 du code de la commande publique, et qu'ils ont signés au cours d'une année calendaire.

III. — Lorsque la procédure de passation d'un marché public ou d'un contrat de concession entrant dans le champ d'application de cette obligation ou comptabilisé sur le fondement du IV de l'article L. 224-7 donne lieu à la publication d'un avis d'attribution en application des articles R. 2183-1, R. 2383-1 ou R. 3125-6 du code de la commande publique, celui-ci comporte les informations relatives au nombre total de véhicules couverts par le contrat, au nombre de véhicules à faibles émissions et à celui de véhicules à très faibles émissions acquis ou utilisés dans le cadre de ce contrat.

SOUS-SECTION 1 *Autobus et autocars*

Art. R. 224-15-1 Les véhicules concernés pour l'application de la présente sous-section sont les véhicules des catégories M2 et M3, mentionnées au*[x]* 1.2 et 1.3 de l'article

R. 311-1 du code de la route, utilisés pour assurer des services de transport public de personnes réguliers ou à la demande.

(Décr. nº 2021-1491 du 17 nov. 2021, art. 3) « Pour ces véhicules, les contrats qui entrent dans le champ d'application de l'obligation d'achat ou d'utilisation de véhicules à faibles et très faibles émissions mentionnés au 3° du II de l'article L. 224-7 sont ceux qui portent sur les services suivants, au sens du vocabulaire commun pour les marchés publics (CPV) résultant du règlement (CE) nº 213/2008 de la Commission du 28 novembre 2007 :

« 1° Services de transport routier public ;

« 2° Services spécialisés de transport routier de passagers ;

« 3° Transport non régulier de passagers. »

Les dispositions issues du Décr. nº 2021-1491 du 17 nov. 2021 s'appliquent aux marchés publics et aux contrats de concession pour lesquels une consultation est engagée ou un avis d'appel à la concurrence est envoyé à la publication à compter de son entrée en vigueur (Décr. préc., art. 15, JO 18 nov.).

Art. D. 224-15-2 *(Décr. nº 2017-23 du 11 janv. 2017, art. 1er)* Au sens de la présente sous-section, on entend par :

1° Motorisation électrique hybride : la motorisation définie à l'article 3 de la directive 2007/46/CE ;

(Décr. nº 2021-1492 du 17 nov. 2021, art. 2) « 1° *bis* Motorisation électrique-hybride rechargeable : un système de propulsion partiellement alimenté par l'électricité, à condition que le moteur électrique servant à la propulsion soit équipé d'un système de stockage de l'énergie électrique rechargeable à partir d'une source extérieure ; »

2° Transport public routier urbain : tout service public de transport routier de personnes, régulier ou à la demande, organisé dans le cadre des dispositions des articles L. 1231-1 et L. 1241-1 du code des transports et défini au sens du II de l'article L. 1231-2 du même code ;

3° Transport public routier non urbain : tout service public de transport routier de personnes, régulier ou à la demande, organisé dans le cadre des dispositions des articles L. 3111-1 à L. 3111-6 et *(Décr. nº 2021-1492 du 17 nov. 2021, art. 2)* « , L. 3111-11 et du premier alinéa de l'article L. 3111-14 » du code des transports et défini au sens du II de l'article L. 1231-2 du même code ;

4° Itinéraire inscrit majoritairement dans des territoires : un itinéraire dont plus de la moitié de la longueur est contenue dans ces territoires ;

(Décr. nº 2021-1492 du 17 nov. 2021, art. 2) « 5° Groupes de véhicules : les véhicules des catégories M2 et M3 suivants :

« Groupe 1 : véhicules dont la motorisation est électrique, y compris les véhicules alimentés par une pile à combustible à hydrogène et les trolleybus uniquement mus électriquement, ou véhicules électriques-hybrides utilisant l'hydrogène comme source d'énergie complémentaire à l'électricité.

« Groupe 1 *bis* : véhicules utilisant un carburant gazeux si une fraction du gaz consommé est d'origine renouvelable, ou véhicules à motorisation électrique-hybride utilisant un carburant gazeux dont une fraction du gaz consommé est d'origine renouvelable comme source d'énergie complémentaire à l'électricité, ou véhicules à motorisation électrique-hybride utilisant exclusivement un carburant très majoritairement d'origine renouvelable non produit à partir de matières premières présentant un risque élevé d'induire des changements indirects dans l'affectation des sols, dont la zone de production gagne nettement sur les terres présentant un important stock de carbone, conformément à l'article 26 de la directive (UE) 2018/2001 du Parlement européen et du Conseil, et non mélangé à des combustibles fossiles traditionnels.

« La fraction de gaz renouvelable précitée est au minimum de 20 % à partir du 1er janvier 2020 et de 30 % à partir du 1er janvier 2025.

« Groupe 2 : véhicules utilisant un carburant gazeux ou véhicules dont la motorisation est électrique-hybride utilisant un carburant gazeux comme source d'énergie complémentaire à l'électricité et ne relevant pas des groupes 1 et 1 *bis*, ou véhicules à motorisation électrique-hybride rechargeable utilisant des carburants fossiles traditionnels, ou véhicules utilisant exclusivement un carburant très majoritairement d'origine renouvelable non produit à partir de matières premières présentant un risque élevé d'induire des changements indirects dans l'affectation des sols, dont la zone de production gagne nettement sur les terres présentant un important stock de carbone, conformément à l'article 26 de la directive (UE) 2018/2001 du Parlement européen et du Conseil, ou un carburant de synthèse ou un carburant paraffinique. Dans les trois derniers cas, ces carburants ne doivent pas être mélangés à des combustibles fossiles traditionnels.

« Groupe 3 : véhicules dont la motorisation est hybride ne relevant pas des groupes 1,1 *bis* ou 2, ou satisfaisant au moins à la norme Euro VI. »

Art. D. 224-15-3 *(Décr. n° 2017-23 du 11 janv. 2017, art. 1er) (Décr. n° 2021-1492 du 17 nov. 2021, art. 3)* « I. — Pour l'exécution d'un transport public routier urbain dont l'itinéraire s'inscrit majoritairement dans les territoires de zone A précisés au II, sont considérés comme des véhicules à faibles émissions :

« — les véhicules de catégories M2 et M3 du groupe 1 ;

« — les véhicules de catégorie M3 du groupe 1 *bis* ;

« — les véhicules de catégorie M3 dont la motorisation est électrique-hybride du groupe 2 fonctionnant uniquement en mode électrique sur cet itinéraire ;

« — les véhicules de catégorie M3 utilisant un carburant gazeux, quelle que soit l'origine du gaz qu'ils consomment, si le réseau électrique ne peut pas être rendu compatible avec le besoin énergétique d'une flotte de véhicules à des coûts économiquement acceptables.

« Sont également considérés comme des véhicules à faibles émissions à titre transitoire jusqu'au 31 décembre 2024 les véhicules de catégorie M3 à motorisation électrique-hybride rechargeable utilisant des carburants fossiles traditionnels du groupe 2 si le réseau électrique et le réseau gazier ne peuvent être rendus compatibles avec le besoin énergétique d'une flotte de véhicules à des coûts économiquement acceptables. »

II. — Les territoires *(Décr. n° 2021-1492 du 17 nov. 2021, art. 3)* « de zone A » concernés pour l'application du I sont :

1° En Île-de-France : les communes de Paris, Montrouge, Malakoff, Vanves, Issy-les-Moulineaux, Boulogne-Billancourt, Neuilly-sur-Seine, Levallois-Perret, Clichy, Saint-Ouen, Pantin, Le Pré-Saint-Gervais, Les Lilas, Bagnolet, Montreuil, Aubervilliers, Saint-Denis, Vincennes, Saint-Mandé, Charenton-le-Pont, Ivry-sur-Seine, Le Kremlin-Bicêtre et Gentilly.

2° Dans les agglomérations de plus de 250 000 habitants et situées hors Île-de-France : le territoire des communes dont la liste est fixée par arrêté du préfet de département.

(Décr. n° 2021-1492 du 17 nov. 2021, art. 3) « 3° Les communes dont tout ou partie du territoire est couvert par une zone à faibles émissions mobilité telle que définie à l'article L. 2213-4-1 du code général des collectivités territoriales. »

Art. D. 224-15-4 *(Décr. n° 2017-23 du 11 janv. 2017, art. 1er) (Décr. n° 2021-1492 du 17 nov. 2021, art. 4)* « I. — Pour l'exécution d'un transport public routier urbain dont l'itinéraire s'inscrit majoritairement dans les territoires de zone B précisés au II, sont considérés comme des véhicules à faibles émissions :

« — les véhicules de catégories M2 et M3 du groupe 1 ;

« — les véhicules de catégorie M3 des groupes 1 *bis* et 2.

« A compter du 1er janvier 2020, lorsque l'itinéraire s'inscrit pour partie dans les territoires de zone A mentionnés au II de l'article D. 224-15-3, dans le cas d'un autobus électrique-hybride rechargeable utilisant des carburants fossiles traditionnels, le mode électrique assure l'autonomie routière pour la portion de l'itinéraire concerné. »

II. — Les territoires *(Décr. n° 2021-1492 du 17 nov. 2021, art. 4)* « de zone B » concernés pour l'application du I sont :

1° En Île-de-France :

Les communes qui ne sont pas *(Décr. n° 2021-1492 du 17 nov. 2021, art. 4)* « situées en zone A définie » au II de l'article D. 224-15-3.

2° Dans les agglomérations de plus de 250 000 habitants et situées hors Île-de-France : le territoire des communes qui ne sont pas *(Décr. n° 2021-1492 du 17 nov. 2021, art. 4)* « situées en zone A définie au » II de l'article D. 224-15-3.

3° Dans les autres agglomérations concernées par un plan de protection de l'atmosphère mentionné à l'article L. 222-4 *(Décr. n° 2021-1492 du 17 nov. 2021, art. 4)* « , situées hors Île-de-France, et qui ne sont pas situées en zone A, » les communes dont la liste est fixée par arrêté du préfet de département.

(Décr. n° 2021-1492 du 17 nov. 2021, art. 4) « 4° Les communes non concernées par les 1° et 2° du II de l'article D. 224-15-3, dont tout ou partie du territoire est couvert par une zone à faibles émissions mobilité telle que définie à l'article L. 2213-4-1 du code général

des collectivités territoriales sous réserve que l'instauration de cette zone ne soit pas obligatoire en application du deuxième alinéa du I de ce même article, qui demandent, par dérogation au 3° du II de l'article D. 224-15-3, à ne pas figurer en zone A et dont la demande a été acceptée par arrêté du préfet de département. »

Art. D. 224-15-5 *(Décr. n° 2017-23 du 11 janv. 2017, art. 1er)* Les arrêtés préfectoraux mentionnés à l'article D. 224-15-3 et à l'article D. 224-15-4 sont pris, après avis des autorités organisatrices des transports publics concernées et motivés notamment en fonction des niveaux d'exposition de la population à la pollution atmosphérique et des enjeux de financement des transports publics par les autorités organisatrices.

Art. D. 224-15-5-1 *(Décr. n° 2021-1492 du 17 nov. 2021, art. 5)* Pour l'exécution d'un transport public routier urbain dont l'itinéraire s'inscrit majoritairement dans les territoires de plus de 250 000 habitants des zones A et B, respectivement précisés au II de l'article D. 224-15-3 et aux 1°, 2° et 4° du II de l'article D. 224-15-4, sont considérés comme des autobus à très faibles émissions les véhicules du groupe 1 de catégorie M3 de classe I ou A. Dans ces territoires, la part d'autobus à très faibles émissions parmi les autobus à faibles émissions permettant l'atteinte des objectifs prévus à l'article L. 224-8-2 est d'au minimum 50 %.

Sont également considérés comme véhicules à très faibles émissions les véhicules de catégories M2 et M3 dont la motorisation thermique d'origine a été transformée en motorisation électrique à batterie ou à pile à combustible dans les conditions ayant abouti à la délivrance de l'agrément prévu aux articles R. 321-21 et R. 321-24 du code de la route.

Art. D. 224-15-6 *(Décr. n° 2021-1492 du 17 nov. 2021, art. 6)* Pour l'exécution d'un transport public routier urbain dont l'itinéraire s'inscrit en zone C, c'est-à-dire dans les territoires autres que ceux des zones A et B mentionnées respectivement dans les articles D. 224-15-3 et D. 224-15-4, ou pour l'exécution d'un transport public routier non urbain, sont considérés comme des véhicules à faibles émissions les véhicules des groupes 1, 1 *bis*, 2 et 3.

Dans le cas du transport public routier urbain, sont considérés comme des autobus à très faibles émissions les véhicules du groupe 1 de catégorie M3 de classe I ou A.

Sont également considérés comme véhicules à très faibles émissions les véhicules de catégorie M2 ou M3 dont la motorisation thermique d'origine a été transformée en motorisation électrique à batterie ou à pile à combustible dans les conditions ayant abouti à la délivrance de l'agrément prévu aux articles R. 321-21 et R. 321-24 du code de la route.

Art. D. 224-15-7 *(Décr. n° 2017-23 du 11 janv. 2017, art. 1er)* Par arrêté motivé, le préfet de département peut autoriser pour un service de transport une dérogation d'une durée maximale de cinq ans aux types de motorisations exigées pour les véhicules à faibles émissions mentionnés par les articles D. 224-15-3 et D. 224-15-4 pour tenir compte des caractéristiques particulières du territoire telles que la topographie et le climat ou du réseau routier emprunté. Dans ce cas, sont admis les véhicules neufs.

SOUS-SECTION 2 *Véhicules de plus de 3,5 tonnes*

Art. R. 224-15-8 Les véhicules concernés pour l'application de la présente sous-section sont les véhicules automobiles dont le poids total autorisé en charge excède 3,5 tonnes.

(Décr. n° 2021-1491 du 17 nov. 2021, art. 4) « Pour ces véhicules, les contrats qui entrent dans le champ d'application de l'obligation d'achat ou d'utilisation de véhicules à faibles et très faibles émissions mentionnés au 3° du II de l'article L. 224-7 sont ceux qui portent sur les services suivants, au sens du vocabulaire commun pour les marchés publics (CPV) résultant du règlement (CE) n° 213/2008 de la Commission du 28 novembre 2007 :

« 1° Services de collecte des ordures ;

« 2° Transport routier postal ;

« 3° Services de transport de colis ;

« 4° Services de distribution de courrier ;

« 5° Services de livraison de colis. »

V. note ss. art. R. 224-15-1.

Art. D. 224-15-9 *(Décr. n° 2021-1493 du 17 nov. 2021)* I. — Pour les véhicules de catégorie N2 ou N3 au sens de l'article R. 311-1 du code de la route, sont considérés comme véhicules à faibles émissions au sens du III de l'article L. 224-7 du présent code, les véhicules dont le système de propulsion est alimenté comme suit :

a) Exclusivement ou partiellement par au moins l'une des sources d'énergie suivantes :

– l'électricité, à condition que le moteur électrique servant à la propulsion soit équipé d'un système de stockage de l'énergie électrique rechargeable à partir d'une source extérieure ;

– l'hydrogène ;

– le gaz naturel, y compris le biométhane, sous forme gazeuse (gaz naturel comprimé-GNC) ou sous forme liquéfiée (gaz naturel liquéfié-GNL) ;

– le gaz de pétrole liquéfié (GPL) ;

– l'énergie mécanique provenant d'un stockage embarqué ou d'une source embarquée.

b) Exclusivement par un biocarburant non produit à partir de matières premières présentant un risque élevé d'induire des changements indirects dans l'affectation des sols, dont la zone de production gagne nettement sur les terres présentant un important stock de carbone, conformément à l'article 26 de la directive (UE) 2018/2001 du Parlement européen et du Conseil, ou par un carburant de synthèse ou un carburant paraffinique. Dans le cas des biocarburants liquides, des carburants de synthèse et des carburants paraffiniques, ces carburants ne doivent pas être mélangés à des combustibles fossiles traditionnels.

II. – Sont également considérés comme véhicules à faibles émissions au sens du III de l'article L. 224-7 les véhicules de catégorie N2 ou N3 dont la motorisation thermique d'origine a été transformée en motorisation électrique à batterie ou à pile à combustible dans les conditions ayant abouti à la délivrance de l'agrément prévu aux articles R. 321-21 et R. 321-24 du code de la route.

SOUS-SECTION 3 *Véhicules de moins de 3,5 tonnes*

Art. R. 224-15-10 Les véhicules concernés pour l'application de la présente sous-section sont les véhicules automobiles dont le poids total autorisé en charge est *(Décr. n° 2021-515 du 29 avr. 2021, art. 1er)* « inférieur ou égal à 3,5 tonnes, ainsi que les véhicules à moteur à deux ou trois roues ou les quadricycles à moteur.

« Les véhicules mentionnés *(Décr. n° 2021-1491 du 17 nov. 2021, art. 5)* « à l'article L. 224-8 » et au premier alinéa de l'article L. 224-10 sont les véhicules définis aux 1.4 et 2.4 de l'article R. 311-1 du code de la route.

« Les véhicules mentionnés au sixième alinéa de l'article L. 224-10 sont les véhicules à moteur à deux ou trois roues définis respectivement aux 4.1.2, 4.2.1, 4.2.2 et 4.3.1 de l'article R. 311-1 du code de la route. »

(Décr. n° 2021-1491 du 17 nov. 2021, art. 5) « Pour ces véhicules, les contrats qui entrent dans le champ d'application de l'obligation d'achat ou d'utilisation de véhicules à faibles et très faibles émissions mentionnés au 3° du II de l'article L. 224-7 sont ceux qui portent sur les services suivants, au sens *[du]* vocabulaire commun pour les marchés publics (CPV) résultant du règlement (CE) n° 213/2008 de la Commission du 28 novembre 2007 :

« 1° Services de transport routier public ;

« 2° Services spécialisés de transport routier de passagers ;

« 3° Transport non régulier de passagers ;

« 4° Services de collecte des ordures ;

« 5° Transport routier postal ;

« 6° Services de transport de colis ;

« 7° Services de distribution de courrier ;

« 8° Services de livraison de colis. »

V. note ss. art. R. 224-15-1.

Art. D. 224-15-11 *(Décr. n° 2021-1494 du 17 nov. 2021, art. 1er)* Une voiture particulière ou une camionnette, au sens de l'article R. 311-1 du code de la route, est un véhicule à faibles niveaux d'émissions au sens de l'article L. 224-7 du code de l'environnement si :

i) Ses émissions de gaz à effet de serre mesurées à l'échappement conformément au règlement (UE) 2017/1151 modifié ne dépassent pas 50 gCO_2/km ; et

ii) Ses émissions maximales en conditions de conduite réelle (RDE) de particules et d'oxydes d'azote respectivement exprimées en nombre par kilomètre et en milligramme par km, déclarées au point 48.2 du certificat de conformité, comme décrit dans l'annexe VIII du règlement d'exécution (UE) 2020/683 de la Commission ou l'annexe IX de la directive 2007/46/CE du Parlement européen et du Conseil pour les trajets complets et urbains, sont inférieures ou égales à 0,8 fois la limite d'émission applicable figurant à l'annexe I du règlement (CE) n° 715/2007 du Parlement européen et du Conseil ou dans les versions ultérieures.

Art. D. 224-15-12 *(Décr. nº 2017-24 du 11 janv. 2017, art. 1er) (Décr. nº 2021-1494 du 17 nov. 2021, art. 2)* « I. — » Une voiture particulière *(Décr. nº 2020-1412 du 18 nov. 2020)* « , une camionnette, un véhicule à moteur à deux ou trois roues ou un quadricycle à moteur, au sens de l'article R. 311-1 du code de la route, » est un véhicule à très faibles émissions au sens de l'article L. 318-1 du code de la route si sa source d'énergie est l'une des sources d'énergie suivantes :

— EL (électricité) ;
— H2 (hydrogène) ;
— HE (hydrogène-électricité [hybride rechargeable]) ;
— HH (hydrogène-électricité [hybride non rechargeable]) ; AC (air comprimé).

(Décr. nº 2021-1494 du 17 nov. 2021, art. 2) « II. — Sont également considérés comme véhicules à très faibles émissions au sens de l'article L. 318-1 du code de la route les véhicules visés au I dont la motorisation thermique d'origine a été transformée en motorisation électrique à batterie ou à pile à combustible dans les conditions ayant abouti à la délivrance de l'agrément prévu aux articles R. 321-21 et R. 321-24 du code de la route. »

Art. R. 224-15-12 A *(Décr. nº 2021-515 du 29 avr. 2021, art. 2)* I. — Pour l'application de l'article L. 224-10, sont pris en compte les véhicules acquis par une entreprise ou utilisés par elle dans le cadre d'une formule locative de longue durée, au sens du 7° de l'article 1007 du code général des impôts.

Toutefois, pour les entreprises de construction de véhicules automobiles ou de motocycles, seuls sont pris en compte les véhicules mentionnés à l'alinéa précédent et utilisés par l'entreprise en vue de son activité.

Pour les entreprises de location, de location-vente ou de crédit-bail, sont pris en compte les véhicules que l'entreprise détient et met à disposition de preneurs dans le cadre de formules locatives, ou dont la gestion lui incombe.

II. — Sont pris en compte pour l'application des mêmes dispositions, les véhicules utilisés dans l'ensemble des établissements implantés en France et des filiales, au sens de l'article L. 233-1 du code de commerce, établies en France.

Art. R. 224-15-12 B *(Décr. nº 2021-515 du 29 avr. 2021, art. 2)* Pour l'application des 1° à 4° de l'article L. 224-10 aux voitures particulières et camionnettes, d'une part, et aux véhicules à moteur à deux ou trois roues, d'autre part, on entend par "renouvellement annuel du parc" le nombre de véhicules acquis ou utilisés dans les conditions prévues à l'article R. 224-15-12 A, en application des contrats signés au cours d'une année calendaire.

Art. D. 224-15-12 C *(Décr. nº 2021-1600 du 9 déc. 2021, en vigueur le 1er janv. 2022)* I. — Les véhicules concernés par l'article L. 224-11 du présent code sont les véhicules définis au 1.4 de l'article R. 311-1 du code de la route.

II. — Le seuil visé à l'article L. 224-11 est de 100 conducteurs.

III. — En application de l'article L. 224-11, au 31 décembre de chaque année à compter de 2024 et jusqu'au 31 décembre 2026, la part minimale de véhicules à faibles émissions définis à l'article D. 224-15-11 du présent code mis en relation par toute centrale de réservation au cours de l'année écoulée est de 10 %.

Au 31 décembre de chaque année à compter de 2027 et jusqu'au 31 décembre 2028, cette part minimale annuelle est de 20 %.

Au 31 décembre de chaque année à compter de 2029, cette part minimale annuelle est de 35 %.

Art. D. 224-15-12 D *(Décr. nº 2022-474 du 4 avr. 2022, art. 1er, en vigueur le 1er juill. 2023)* I. — Les véhicules concernés par l'article L. 224-11-1 du présent code sont les véhicules définis aux 4.1, 4.2, 4.3.1, 6.10 et 6.11 de l'article R. 311-1 du code de la route.

II. — Le seuil mentionné au premier alinéa de l'article L. 224-11-1 est fixé à 50 travailleurs.

III. — Pour l'application de l'article L. 224-11-1, au 31 décembre de chaque année à compter de 2023 et jusqu'au 31 décembre 2024, la part minimale de cycles, y compris à pédalage assisté, ou de véhicules à moteur mentionnés au I à très faibles émissions, tels que définis à l'article D. 224-15-12, utilisés dans le cadre de la mise en relation, est de 20 % au cours de l'année écoulée.

Au 31 décembre de chaque année à compter de 2025 et jusqu'au 31 décembre 2026, cette part minimale annuelle est de 50 %.

Au 31 décembre de chaque année à compter de 2027 et jusqu'au 31 décembre 2029, cette part minimale annuelle est de 80 %.

Au 31 décembre de chaque année à compter de 2030, cette part minimale annuelle est de 100 %.

IV. — Les plateformes mentionnées à l'article L. 224-11-1 s'assurent que pour chaque prestation réalisée par l'un des travailleurs qu'elles mettent en relation, l'information portant sur le type de véhicule utilisé pour effectuer la prestation est fournie au bénéficiaire au moment de la commande.

Cette information est sincère, présentée de manière claire et non ambiguë par les moyens qu'elles jugent appropriés.

A partir de 2024, chaque année précédant l'application d'un nouvel objectif mentionné au III de l'art. D. 224-15-12 D, l'État organise une concertation avec les acteurs pour examiner l'opportunité d'une évolution du pourcentage prévu (Décr. nº 2022-474 du 4 avr. 2022, art. 4).

SOUS-SECTION 4 *Publication des résultats*

(Décr. nº 2020-1726 du 29 déc. 2020, en vigueur le 1er janv. 2021)

Art. D. 224-15-13 I. — Pour rendre annuellement compte du respect de leurs obligations, les personnes redevables *(Décr. nº 2021-1494 du 17 nov. 2021, art. 3)* « des obligations mentionnées aux articles L. 224-7 à L. 224-8-2 et L. 224-10 » du présent code *(Abrogé par Décr. nº 2022-474 du 4 avr. 2022, art. 3)* ***« ainsi qu'au VI de l'article 37 de la loi nº 2015-992 du 17 août 2015 relative à la transition énergétique pour la croissance verte »*** mettent à disposition les données relatives aux renouvellements de leur parc de véhicules permettant la détermination des pourcentages de véhicules à faibles et à très faibles émissions qu'ils comportent.

II. — Les données mentionnées au I, dont la liste et le format sont fixés par arrêté des ministres chargés de l'environnement et des transports, sont mises à la disposition du public gratuitement, en consultation ou en téléchargement, sur le site de la plateforme ouverte des données publiques françaises (www.data.gouv.fr) sous licence ouverte permettant la réutilisation libre de ces données.

(Décr. nº 2022-474 du 4 avr. 2022, art. 4) « Toutefois, pour les entreprises mentionnées au troisième alinéa du I de l'article R. 224-15-12 A pour lesquelles le "renouvellement annuel du parc" défini à l'article R. 224-15-12 B concerne la totalité de la flotte sur une année calendaire, seuls les pourcentages de véhicules à faibles et très faibles émissions sont mis à la disposition du public dans les conditions prévues au premier alinéa. »

III. — Les personnes visées au I prennent les mesures appropriées pour que les données relatives à une année calendaire soient mises à disposition au plus tard le 30 septembre de l'année suivante.

Art. D. 224-15-14 *(Décr. nº 2021-1600 du 9 déc. 2021, en vigueur le 1er janv. 2022)* I. — Pour rendre compte du respect de leurs obligations, les personnes redevables des obligations mentionnées à l'article L. 224-11 transmettent chaque année par voie électronique au ministre chargé des transports les données relatives au parc de véhicules mis en relation permettant la détermination des pourcentages de véhicules à faibles émissions qu'ils comportent. La liste et le format de ces données sont fixés par arrêté des ministres chargés de l'environnement et des transports.

II. — Parmi les données mentionnées au I, la part minimale des véhicules à faibles émissions mis en relation par les centrales de réservation est une information mise à la disposition du public gratuitement en consultation ou en téléchargement, sur le site de la plateforme ouverte des données publiques françaises (www.data.gouv.fr) sous licence ouverte permettant la réutilisation libre de ces données.

III. — Les personnes visées au I prennent les mesures appropriées pour que les données relatives à une année calendaire soient mises à disposition au plus tard le 30 septembre de l'année suivante.

Art. D. 224-15-15 *(Décr. nº 2022-474 du 4 avr. 2022, art. 2, en vigueur le 1er juill. 2023)* I. — Pour rendre compte du respect de leurs obligations, les personnes redevables des obligations mentionnées à l'article L. 224-11-1 transmettent chaque année, par voie électronique, au ministère chargé des transports, les données relatives aux parcs de véhicules mis en relation permettant la détermination des pourcentages de cycles, y compris à pédalage assisté, ou de véhicules à moteur à deux ou trois roues à très faibles émissions qu'ils comportent. La liste et le format de ces données sont fixés par arrêté des ministres chargés de l'environnement et des transports.

II. — Parmi les données mentionnées au I, la part minimale de cycles, y compris à pédalage assisté, ou de véhicules à moteur à deux ou trois roues à très faibles émissions est une information mise à la disposition du public gratuitement, en consultation ou en téléchargement, sur le site de la plateforme ouverte des données publiques françaises (www.data.gouv.fr) sous licence ouverte permettant la réutilisation libre de ces données.

III. — Les personnes visées au I prennent les mesures appropriées pour que les données relatives à une année calendaire soient mises à disposition au plus tard le 30 avril de l'année suivante.

SECTION 5 *Surveillance des émissions polluantes des moteurs des engins mobiles non routiers*

(Décr. nº 2020-702 du 10 juin 2020, art. 1er)

SOUS-SECTION 1 *Dispositions générales*

Art. R. 224-68 L'autorité chargée de la surveillance des émissions de pollution des gaz polluants et des particules polluantes des moteurs à combustion interne destinés aux engins mobiles non routiers mentionnée à l'article L. 224-13 est le ministre chargé de l'environnement.

SOUS-SECTION 2 *Habilitations*

Art. R. 224-69 Les conditions d'assermentation et de commissionnement, par le ministre de l'environnement, des agents mentionnés à l'article L. 224-16, ainsi que les conditions d'habilitation des agents mentionnés au 1° de l'article L. 224-18 et les conditions de retrait de ces commissionnements et habilitations par le même ministre sont fixées par les articles R. 329-2 à R. 329-4 du code de la route.

SOUS-SECTION 3 *Contrôle de la conformité des émissions*

Art. R. 224-70 Le contrôle de conformité des émissions des gaz polluants et des particules polluantes sur les moteurs à combustion interne destinés aux engins mobiles non routiers et sur les engins mobiles non routiers s'exerce dans les conditions prévues par les articles R. 329-5 à R. 329-16 du code de la route.

Art. R. 224-71 Les articles R. 329-17 à R. 329-23 du code de la route sont applicables à la procédure, aux mesures et aux sanctions prévues par l'article L. 224-24 consécutives aux contrôles de la conformité des émissions des gaz polluants et des particules polluantes sur les moteurs à combustion interne destinés aux engins mobiles non routiers et installés sur les engins mobiles non routiers

SOUS-SECTION 4 *Transaction*

Art. R. 224-72 L'autorité mentionnée à l'article L. 224-26 met en œuvre la procédure de transaction dans les conditions prévues par les articles R. 523-2 à R. 523-4 du code de la consommation.

SOUS-SECTION 5 *Sanctions pénales*

Art. R. 224-73 Sont punis de la peine prévue pour les contraventions de la cinquième classe :

1° Le fait pour un détenteur de marchandises de ne pas avoir conservé un échantillon laissé à sa garde en application du deuxième alinéa de l'article R. 329-10 du code de la route ou d'en avoir modifié l'état ;

2° Le fait, en méconnaissance des dispositions d'une décision de suspension de mise sur le marché, de retrait du produit ou d'interdiction de mise à disposition sur le marché prise en application du I de l'article L. 224-24 :

a) D'importer, de mettre sur le marché ou de maintenir sur le marché des moteurs à combustion interne installés ou destinés à être installés sur des engins mobiles non routiers ayant fait l'objet d'une mesure de suspension ou d'interdiction de mise sur le marché ;

b) De ne pas procéder au retrait, au rappel ou à la destruction d'un moteur à combustion interne installé ou destiné à être installé sur des engins mobiles non routiers ;

3° Le fait de ne pas établir et maintenir à jour un état chiffré des produits retirés ou rappelés en application des articles L. 224-24 ou de ne pas en faire la déclaration dématérialisée conformément aux dispositions de l'article L. 329-36 du code de la route.

La récidive est réprimée conformément aux articles 132-11 et 132-15 du code pénal.

LIVRE III **ESPACES NATURELS**

TITRE VI **ACCÈS À LA NATURE**

CHAPITRE II ***CIRCULATION MOTORISÉE***

Art. R. 362-1 *(Décr. nº 2011-269 du 15 mars 2011, art. 2)* Les autorisations prévues au deuxième alinéa de l'article L. 362-3 sont délivrées dans les conditions fixées par les *(Décr. nº 2017-1279 du 9 août 2017, art. 35)* « articles R. 331-20 et suivants » du code du sport.

Les art. R. 362-1 à R. 362-5 deviennent les art. R. 362-2 à R. 362-6 (Décr. nº 2011-269 du 15 mars 2011, art. 2-I, JO 16 mars).

Art. R. 362-1-1 *(Décr. nº 2016-1412 du 21 oct. 2016, art. 1er)* Constitue un établissement touristique d'altitude offrant un service de restauration au sens de l'article L. 362-3 tout établissement offrant un service de restauration sur place situé au sein d'un domaine skiable au sens de l'article R. 122-8 du code de l'urbanisme, à l'exclusion des refuges de montagne au sens de l'article L. 326-1 du code du tourisme.

Le convoyage de la clientèle vers ces établissements par des engins motorisés conçus pour la progression sur neige est autorisé dans les conditions fixées aux articles R. 362-1-2 et R. 362-1-3.

Art. R. 362-1-2 *(Décr. nº 2016-1412 du 21 oct. 2016, art. 1er)* L'autorisation de convoyage de la clientèle prévue à l'article L. 362-3 est accordée à l'exploitant de l'établissement touristique par le maire ou par le préfet si les itinéraires autorisés sont situés sur le territoire de plusieurs communes.

Le convoyage aller et retour de la clientèle s'effectue par l'utilisation d'engins motorisés conçus pour la progression sur neige, sous la responsabilité de l'exploitant de l'établissement. La conduite des engins est assurée soit par l'exploitant ou ses salariés, soit par un prestataire disposant d'une relation contractuelle avec l'exploitant, à l'exclusion des clients.

Le convoyage s'effectue sur les itinéraires définis dans l'autorisation du maire ou du préfet mentionnée au premier alinéa. Ces itinéraires doivent emprunter les pistes des domaines skiables, et en priorité les pistes d'entretien, en tenant compte des autres activités, de la sécurité des personnes transportées et du respect de l'environnement, en particulier de la faune et de la flore. Sous ces réserves, l'itinéraire desservant l'établissement correspond au plus court trajet possible et ne comporte pas d'arrêts autres que la desserte de l'établissement. Un itinéraire commun peut desservir plusieurs établissements dans le respect des conditions fixées au présent article.

Les itinéraires ne peuvent traverser ni le cœur d'un parc national, ni une réserve naturelle nationale, ni une réserve naturelle régionale, ni une zone de protection du biotope définie par arrêté préfectoral, ni une réserve biologique créée dans une zone identifiée par un document d'aménagement en application des articles L. 212-1 à L. 212-3 du code forestier.

Le convoyage de la clientèle ne peut être autorisé que pendant la période hivernale d'exploitation des remontées mécaniques et au sein d'une plage horaire comprise entre l'heure de fermeture des pistes et vingt-trois heures.

Dans les limites définies aux alinéas précédents, l'autorisation de convoyage mentionnée au premier alinéa fixe notamment :

1° Le ou les itinéraires autorisés pour le convoyage ;

2° Les périodes de l'année et les plages horaires au sein desquelles le convoyage est autorisé ;

3° La liste des engins qui peuvent être utilisés pour le convoyage de la clientèle et les moyens de les identifier ;

4° Si nécessaire, des prescriptions particulières sur les conditions d'exécution du convoyage motivées par des motifs de sécurité, de protection de l'environnement ou de tranquillité publique. A cet effet, l'autorisation peut notamment limiter le gabarit, la masse, le niveau sonore et la vitesse de progression des engins de convoyage et leur imposer des dispositifs de signalisation et d'avertissement sonore appropriés.

Art. R. 362-1-3 *(Décr. nº 2016-1412 du 21 oct. 2016, art. 1er)* La demande d'autorisation mentionnée à l'article R. **362-1-2** est présentée par l'exploitant de l'établissement et adressée par tout moyen, permettant d'établir une date certaine de réception, au maire de la commune où se situe l'établissement. Lorsque l'itinéraire proposé concerne plusieurs communes, le maire saisi de la demande l'adresse au préfet de département qui l'instruit selon les mêmes modalités. Le maire en informe le demandeur.

La demande est accompagnée d'un dossier comprenant :

1° L'identification et l'adresse du demandeur ;

2° Lorsque le demandeur est une personne morale, l'acte autorisant le représentant de cette personne morale à déposer la demande ;

3° Un plan de situation permettant de localiser la zone concernée par le convoyage et matérialisant le ou les itinéraires demandés au sein du domaine skiable ;

4° L'identification par tout moyen des engins destinés à assurer le convoyage de la clientèle, avec mention de leurs caractéristiques, notamment en termes de gabarit, de masse, de nombre de personnes transportées, de vitesse, de niveau sonore, de signalisation et de performances de freinage ;

5° Une attestation d'assurance souscrite conformément aux dispositions de l'article L. **211-1** du code des assurances.

Le maire ou le préfet instruisent la demande. Ils recueillent l'avis de la commission départementale de la nature, des paysages et des sites sur l'itinéraire de convoyage demandé. Le silence gardé par le maire ou par le préfet pendant trois mois vaut rejet de la demande.

Le bénéficiaire d'une autorisation de convoyage qui souhaite modifier la consistance du parc des engins de convoyage autorisés adresse, selon le cas, au maire ou au préfet, une déclaration précisant les engins qu'il retire et ceux qu'il souhaite ajouter. Pour ces derniers, il précise leurs caractéristiques au sens du 4° ci-dessus et joint l'attestation d'assurance mentionnée au 5°. Le maire ou le préfet disposent d'un délai de deux mois pour faire opposition.

Art. R. 362-2 Est puni de l'amende prévue pour les contraventions de la 5e classe le fait, pour tout conducteur, de contrevenir aux dispositions des articles L. **362-1** et L. **362-3** concernant :

1° L'interdiction de la circulation des véhicules à moteur en dehors des voies classées dans le domaine public routier de l'État, des départements et des communes, des chemins ruraux et des voies privées ouvertes à la circulation publique des véhicules à moteur ; – *[Décr. nº 92-258 du 20 mars 1992, art. 1er.]*

(Décr. nº 2016-1412 du 21 oct. 2016, art. 2) « 2° L'interdiction d'utilisation, à des fins de loisirs, d'engins motorisés conçus pour la progression sur neige, sous réserve des dispositions du dernier alinéa de l'article L. **362-3**. »

Les art. R. 362-1 à R. 362-5 deviennent les art. R. 362-2 à R. 362-6 (Décr. nº 2011-269 du 15 mars 2011, art. 2-I, JO 16 mars).

Art. R. 362-3 Est puni de l'amende prévue pour les contraventions de la 5e classe le fait, pour tout conducteur, de contrevenir aux mesures édictées en application des articles L. **2213-4** et L. **2215-3** du code général des collectivités territoriales. – *[Décr. nº 92-258 du 20 mars 1992, art. 2.]*

Les art. R. 362-1 à R. 362-5 deviennent les art. R. 362-2 à R. 362-6 (Décr. nº 2011-269 du 15 mars 2011, art. 2-I, JO 16 mars).

Art. R. 362-4 *(Décr. nº 2011-269 du 15 mars 2011, art. 2)* Toute publicité, quel qu'en soit le support, présentant un véhicule à moteur ne respectant pas les dispositions des articles L. **362-1** et L. **362-2** du présent code et des articles L. **2213-4** et L. **2215-3** du code général des collectivités territoriales est punie de l'amende prévue pour les contraventions de la cinquième classe.

Les art. R. 362-1 à R. 362-5 deviennent les art. R. 362-2 à R. 362-6 (Décr. nº 2011-269 du 15 mars 2011, art. 2-I, JO 16 mars).

Art. R. 362-5 Lorsque le tribunal prononce l'immobilisation du véhicule en application de l'article L. **362-8**, les articles R. **131-5** à R. **131-11** du code pénal sont applicables. – *[Décr. nº 92-258 du 20 mars 1992, art. 4.]*

Les art. R. 362-1 à R. 362-5 deviennent les art. R. 362-2 à R. 362-6 (Décr. nº 2011-269 du 15 mars 2011, art. 2-I, JO 16 mars).

Art. R. 362-6 **Les dispositions des articles L. 121-4, L. 234-1, L. 325-1 à L. 325-3, L. 325-6 à L. 325-11 et L. 417-1 du code de la route sont applicables aux véhicules circulant en infraction aux dispositions des articles L. 362-1 et suivants du présent code et des arrêtés pris pour l'application des articles L. 2213-4 et L. 2215-3 du code général des collectivités territoriales, selon les modalités prévues par les dispositions du code de la route.** — *[Décr. nº 92-258 du 20 mars 1992, art. 5.]*

Les art. R. 362-1 à R. 362-5 deviennent les art. R. 362-2 à R. 362-6 (Décr. nº 2011-269 du 15 mars 2011, art. 2-I, JO 16 mars).

Art. R. 362-7 *(Décr. nº 2011-269 du 15 mars 2011, art. 2)* **La récidive des contraventions prévues aux articles R. 362-2 à R. 362-4 est réprimée conformément aux articles 132-11 et 132-15 du code pénal.**

Les art. R. 362-1 à R. 362-5 deviennent les art. R. 362-2 à R. 362-6 (Décr. nº 2011-269 du 15 mars 2011, art. 2-I, JO 16 mars).

LIVRE V PRÉVENTION DES POLLUTIONS, DES RISQUES ET DES NUISANCES

(Décr. nº 2007-1467 du 12 oct. 2007)

TITRE IV DÉCHETS

CHAPITRE III *DISPOSITIONS PROPRES À CERTAINES CATÉGORIES DE PRODUITS ET DE DÉCHETS*

SECTION 9 *Voitures particulières, camionnettes, véhicules à moteur à deux ou trois roues et quadricycles à moteur*

(Décr. nº 2022-1495 du 24 nov. 2022, art. 1er)

Décret nº 2022-1495 du 24 novembre 2022,

Relatif à la gestion des véhicules hors d'usage et à la responsabilité élargie des producteurs de voitures particulières, de camionnettes, de véhicules à moteur à deux ou trois roues et quadricycles à moteur (JO 1er déc.).

Art. 5 I. — Chaque producteur ayant mis en place un réseau de centres VHU agréés en application de l'article R. 543-156-1 du code de l'environnement, dans sa version antérieure à l'entrée en vigueur de l'article 1er du présent décret, demeure tenu aux obligations prévues par cet article jusqu'à ce qu'il assure son obligation de responsabilité élargie en transférant celle-ci à un éco-organisme agréé ou en mettant en place un système individuel agréé, et au plus tard jusqu'au 1er janvier 2024.

Les actes pris en application de l'article R. 543-156-1 du code de l'environnement dans cette même version demeurent applicables à chaque producteur mentionné à l'alinéa précédent, jusqu'à ce qu'ils assurent leur obligation de responsabilité élargie dans les conditions mentionnées au même alinéa ou jusqu'à la date mentionnée à cet alinéa.

II. — Chaque producteur tenu à l'obligation de mettre en œuvre le plan d'action mentionné au 3° de l'article R. 543-158 du code de l'environnement, dans sa version antérieure à l'entrée en vigueur de l'article 1er du présent décret, le demeure jusqu'à ce qu'il assure son obligation de responsabilité élargie en transférant celle-ci à un éco-organisme agréé ou en mettant en place un système individuel agréé, et au plus tard jusqu'au 1er janvier 2024.

Les cinquième à neuvième et onzième alinéas de l'article R. 543-158 du même code, dans la même version, demeurent applicables à ces producteurs jusqu'à ce qu'ils assurent leur obligation de responsabilité élargie dans les conditions mentionnées à l'alinéa précédent ou jusqu'à la date mentionnée à cet alinéa.

Art. R. 543-153 **I. — La présente section précise les modalités de gestion des déchets des voitures particulières, camionnettes, véhicules à moteur à deux ou trois roues et quadricycles à moteur ainsi que les conditions de mise en œuvre de l'obligation de responsabilité élargie du producteur applicable aux producteurs de ces catégories de véhicules en vertu du 15° de l'article L. 541-10-1.**

Sont exclus du champ d'application de la présente section les produits relevant d'un autre alinéa de l'article L. 541-10-1.

II. — La présente section s'applique indépendamment de la manière dont le véhicule a été entretenu ou réparé pendant son utilisation et de la circonstance que le véhicule est équipé de pièces fournies par le producteur ou d'autres pièces ou équipements supplémentaires quel qu'en soit le fabricant.

III. — Les règles régissant la construction des voitures particulières, camionnettes, véhicules à moteur à deux ou trois roues et quadricycles à moteur relatives aux bruits, aux émissions polluantes, à l'utilisation de substances dangereuses et visant à faciliter le démontage, le désassemblage et la dépollution de ces véhicules sont définies au chapitre VIII du titre I du livre III de la partie réglementaire du code de la route.

Art. R. 543-154 Pour l'application du 15° de l'article L. 541-10-1 et au sens de la présente section, on entend par :

1° "Voitures particulières, camionnettes, véhicules à moteur à deux ou trois roues et quadricycles à moteur", les véhicules qui relèvent des catégories mentionnées à l'article R. 311-1 du code de la route suivantes :

a) Véhicules de catégorie M ou N ayant un poids maximal inférieur ou égal à 3,5 tonnes ;

b) Véhicules de catégorie L ;

c) Véhicules d'intérêt général pouvant relever de l'une des catégories de véhicules mentionnées aux *a* et *b* ;

2° "Véhicule hors d'usage (VHU)", tout véhicule mentionné au 1° qui constitue un déchet, au sens de l'article L. 541-1-1.

La circonstance qu'un véhicule conserve une valeur commerciale est sans incidence sur son statut de déchet ;

3° "Véhicule hors d'usage complet", tout véhicule hors d'usage qui n'est pas dépourvu de sa carrosserie, de son groupe motopropulseur, de son pot catalytique, de sa batterie de traction pour les véhicules qui en étaient équipés lors de leur mise sur le marché, qui ne renferme pas de déchets ou d'équipements non homologués qui lui ont été ajoutés et qui, par leur nature ou leur quantité, augmentent notablement son coût de traitement ;

4° "Véhicule abandonné", tout véhicule relevant des articles L. 541-21-3, L. 541-21-4 et L. 541-21-5 du code de l'environnement dont le titulaire du certificat d'immatriculation n'est pas connu ou pour lesquels ce titulaire ne s'est pas conformé à l'une des mesures prévues à ces articles ;

5° "Producteur", toute personne physique ou morale qui, à titre professionnel, soit produit en France, soit importe ou introduit pour la première fois sur le marché national, par quelque technique de vente que ce soit, des véhicules neufs relevant de la présente section destinés à être cédés à l'utilisateur final.

Dans le cas où ces véhicules sont cédés sous la marque d'un revendeur ou d'un donneur d'ordre dont l'apposition résulte d'un document contractuel, ce revendeur ou ce donneur d'ordre est considéré comme producteur ;

6° "Collecteur", toute personne physique ou morale qui assure la collecte et le transport de véhicules hors d'usage ;

7° "Centre VHU", toute personne physique ou morale qui assure la réception, l'entreposage, la dépollution, le démontage de pièces ou le désassemblage, y compris le découpage et le compactage, des véhicules hors d'usage en vue de leur traitement ultérieur ;

8° "Dépollution", toute opération consistant à retirer et isoler de manière sélective les matériaux et composants dangereux, au sens de l'article R. 541-8, afin qu'ils ne contaminent pas les déchets issus du broyage des véhicules hors d'usage ;

9° "Broyeur", toute personne physique ou morale assurant des opérations de broyage, soit toute opération de traitement des véhicules hors d'usage comprenant au moins la séparation sur site des métaux ferreux des autres matériaux par l'utilisation d'un équipement de fragmentation et de tri, y compris celle réalisée par une installation de tri post-broyage.

SOUS-SECTION 1 *Gestion des véhicules hors d'usage*

§ 1 *Dispositions relatives aux centres VHU et aux broyeurs*

Art. R. 543-155 I. — Un véhicule hors d'usage ne peut être remis par son détenteur, le cas échéant un collecteur, qu'auprès d'un centre VHU ou d'une installation de traitement de véhicules hors d'usage située dans un autre État membre de l'Union européenne ou dans un État tiers, dès lors que cette installation respecte des dispositions équivalentes à celles de la présente sous-section et celles de l'article R. 322-9 du code de la route.

II. — Les centres VHU réceptionnent sans frais dans leurs installations les véhicules hors d'usage qui leur sont remis ou cédés par leur détenteur, y compris le cas échéant un collecteur, quel qu'en soit le producteur, ainsi que ceux relevant des articles L. 541-21-3, L. 541-21-4 et L. 541-21-5 et ceux livrés à la destruction en application des articles L. 325-7 et L. 325-8 du code de la route.

Art. R. 543-155-1 *(Décr. nº 2022-1495 du 24 nov. 2022, art. 3 et 6, en vigueur le 1er janv. 2024)* « I. — » Les installations qui ne sont pas enregistrées au titre de la rubrique 2712 de la nomenclature des installations classées ne peuvent réceptionner de véhicules hors d'usage.

Toutefois, les centres VHU titulaires d'un agrément délivré avant le 1er janvier 2025 qui ne sont pas soumis à enregistrement au titre de la rubrique mentionnée au précédent alinéa peuvent réceptionner des véhicules hors d'usage, tant que cet agrément n'est pas retiré ou suspendu dans les conditions prévues à l'article R. 515-38.

(Décr. nº 2022-1495 du 24 nov. 2022, art. 3 et 6, en vigueur le 1er janv. 2024) « II. — Tout centre VHU disposant d'un contrat conclu avec un éco-organisme en application de l'article L. 541-10-26 peut réaliser les opérations de gestion de tout véhicule hors d'usage correspondant à la catégorie d'agrément de l'éco-organisme. Il peut laisser, en l'état, à disposition des systèmes individuels les véhicules hors d'usage qui lui auraient été remis et pour lesquels il n'aurait pas conclu le contrat prévu à l'article L. 541-10-26.

« Tout centre VHU ne disposant pas d'un contrat conclu avec un éco-organisme en application de l'article L. 541-10-26 ne peut réaliser que les opérations de gestion de véhicules hors d'usage pour lesquelles il dispose d'un contrat conclu avec le système individuel du producteur de ces véhicules. Il laisse, en l'état, à disposition des autres systèmes individuels ou éco-organismes les véhicules hors d'usage qui lui auraient été remis et pour lesquels il n'aurait pas conclu le contrat prévu à l'article L. 541-10-26.

« Tout centre VHU mentionné au précédent alinéa peut proposer aux systèmes individuels et aux éco-organismes avec lesquels il n'a pas conclu le contrat prévu à l'article L. 541-10-26, d'assurer la gestion des véhicules hors d'usage qui lui auraient été remis et qui relèveraient de ces systèmes individuels ou éco-organismes.

« En cas d'acceptation de la proposition du centre VHU par un éco-organisme, ce dernier propose au centre VHU de conclure le contrat type mentionné au II de l'article R. 543-160, dans les conditions prévues au III du même article.

« En cas d'acceptation de la proposition du centre VHU par un système individuel, ce dernier propose au centre VHU de conclure le contrat type mentionné au II de l'article R. 543-161.

« La proposition du centre VHU est réputée refusée en l'absence d'acceptation par le système individuel ou l'éco-organisme dans un délai de deux mois suivant la réception de la proposition.

« Lorsqu'un véhicule hors d'usage remis à un centre VHU ne relève de l'agrément d'aucun éco-organisme ou système individuel, ce centre peut réaliser les opérations de gestion de ce véhicule. »

V. les réseaux de centres VHU approuvés mis en place par : Honda Motor Europe Ltd (Décis. du 24 oct. 2019, JO 3 nov.) ; FCA France (Décis. du 9 déc. 2019, JO 11 janv. 2020) ; BMW France (Décis. du 14 oct. 2020, JO 21 oct., mod. par Décis. du 10 déc. 2021, JO 31 déc.) ; FMC Automobiles (Décis. du 14 oct. 2020, JO 21 oct., mod. par Décis. du 10 déc. 2021, JO 31 déc.) ; IVECO France (Décis. du 14 oct. 2020, JO 21 oct., mod. par Décis. du 10 déc. 2021, JO 31 déc.) ; Man Truck & Bus France (Décis. du 14 oct. 2020, JO 21 oct., mod. par Décis. du 10 déc. 2021, JO 31 déc.) ; Mazda Automobiles France (Décis. du 14 oct. 2020, JO 21 oct., mod. par Décis. du 10 déc. 2021, JO 31 déc.) ; Mercedes-Benz France (Décis. du 14 oct. 2020, JO 21 oct., mod. par Décis. du 10 déc. 2021, JO 31 déc.) ; M Motors Automobiles France (Décis. du 14 oct. 2020, JO 21 oct., mod. par Décis. du 10 déc. 2021, JO 31 déc.) ; PSA Automobiles (Décis. du 14 oct. 2020, JO 21 oct., mod. par Décis. du 10 déc. 2021, JO 31 déc.) ; Renault (Décis. du 14 oct. 2020, JO 21 oct., mod. par Décis. du 10 déc. 2021, JO 31 déc.) ; Ssangyong France (Décis. du 14 oct. 2020, JO 21 oct., mod. par Décis. du 10 déc. 2021, JO 31 déc.) ; Subaru France (Décis. du 14 oct. 2020, JO 21 oct., mod. par Décis. du 10 déc. 2021, JO 31 déc.) ; Suzuki France (Décis. du 14 oct. 2020, JO 21 oct., mod. par Décis. du 10 déc. 2021, JO 31 déc.) ; Volkswagen Group France (Décis. du 14 oct. 2020, JO 21 oct., mod. par Décis. 10 déc. 2021, JO 31 déc.) ; Hyundai Motor France

(Décis. du 14 oct. 2020, JO 21 oct., mod. par Décis. du 10 déc. 2021, JO 31 déc.) ; Kia Motors France (Décis. du 14 oct. 2020, JO 21 oct., mod. par Décis. du 10 déc. 2021, JO 31 déc.) ; Porsche France (Décis. du 14 oct. 2020, JO 25 oct., mod. par Décis. du 10 déc. 2021, JO 31 déc.) ; Toyota France (Décis. du 26 oct. 2020, JO 8 nov., mod. par Décis. du 10 déc. 2021, JO 31 déc.) ; Jaguar Land Rover France (Décis. du 26 oct. 2020, JO 8 nov., mod. par Décis. du 10 déc. 2021, JO 31 déc.) ; Nissan West Europe (Décis. du 10 nov. 2020, JO 15 nov., mod. par Décis. du 10 déc. 2021, JO 31 déc.) ; Midi Europe (ISUZU) (Décis. du 10 déc. 2021, JO 31 déc.) ; Saic Motor France (MG) (Décis. du 10 déc. 2021, JO 31 déc.) ; Volvo Car France (Décis. du 13 juin 2022, JO 18 juin).

Art. R. 543-155-2 I. — Seuls les véhicules hors d'usage ayant fait l'objet d'une dépollution complète et d'un désassemblage par un centre VHU peuvent faire l'objet d'une opération de broyage.

II. — Les broyeurs ne peuvent réceptionner que des véhicules hors d'usage, ou des parties découpées de véhicules hors d'usage, provenant de centres VHU ou d'installations de traitement de véhicules hors d'usage situées dans un autre État membre de l'Union européenne ou dans un État tiers, sous réserve que ces installations respectent des dispositions équivalentes à celles de la présente sous-section.

III. — A compter du 1er janvier 2025, les résidus de broyage non métalliques issus de véhicules hors d'usage n'ayant pas fait l'objet d'une opération de tri post-broyage pour valorisation ne peuvent être éliminés dans des installations de stockage de déchets.

Le précédent alinéa est applicable dans les collectivités régies par l'article 73 de la Constitution, à Saint-Martin et à Saint-Pierre-et-Miquelon à compter du 1er janvier 2030.

IV. — Un arrêté du ministre chargé de l'environnement peut préciser les conditions et les modalités de réception, d'entreposage, de dépollution, de démontage de pièces, de désassemblage, et de traitement des véhicules hors d'usage, y compris des régimes d'audit, d'inspection et de certification des centres VHU et broyeurs.

Art. R. 543-155-3 Toute pièce issue des opérations de démontage des véhicules hors d'usage réalisées par un centre VHU et répondant aux conditions prévues au II de l'article L. 541-4-3 fait l'objet d'un marquage approprié apposé par le centre VHU afin d'en assurer la traçabilité.

Ces pièces sont conditionnées, entreposées et transportées selon des pratiques qui permettent de préserver leur intégrité et leur qualité.

Art. R. 543-155-4 Tout centre VHU indique le numéro de dossier figurant dans l'accusé de réception délivré dans le cadre de la demande mentionnée à l'article R. 512-46-3 ou, à défaut, le numéro d'agrément prévu *(Décr. nº 2022-1495 du 24 nov. 2022, art. 3 et 6, en vigueur le 1er janv. 2024)* « au deuxième alinéa du I de l'article R. 543-155-1 » dans le document relatif aux conditions générales de vente ou, lorsqu'il n'en dispose pas, dans tout autre document contractuel communiqué à l'acheteur de pièces issues des opérations de démontage des véhicules hors d'usage.

Art. R. 543-155-5 I. — Les centres VHU assurent une traçabilité de chaque véhicule hors d'usage qu'ils réceptionnent jusqu'à son transfert vers un broyeur.

II. — Les broyeurs confirment au centre VHU ayant assuré la réception initiale d'un véhicule hors d'usage, la destruction effective du véhicule dans un délai de quinze jours à compter de la date de broyage du véhicule.

Un arrêté du ministre chargé de l'environnement peut préciser les modalités d'application de cet article.

Art. R. 543-155-6 Les centres VHU et les broyeurs tiennent à la disposition du public des informations sur :

1° Le traitement des véhicules hors d'usage, notamment en ce qui concerne leur dépollution et leur désassemblage ;

2° Le développement et l'optimisation des méthodes de réutilisation et de valorisation des pièces et matériaux provenant des véhicules hors d'usage ;

3° Les progrès réalisés dans la réduction des quantités de déchets à éliminer et l'augmentation des taux de réutilisation et de valorisation des pièces et matériaux ;

4° Les méthodes de traçabilité des pièces mentionnées au premier alinéa de l'article R. 543-155-3.

Dans le cas de centres VHU et de broyeurs disposant d'un site internet, ces informations sont mises à disposition du public par voie électronique.

Art. R. 543-155-7 Tout exploitant d'une installation de stockage, de dépollution, de démontage, de découpage ou de broyage des véhicules hors d'usage relevant du a du 1° de l'article R. 543-154, ou des cyclomoteurs à trois roues hors d'usage, doit en outre être agréé à cet effet.

Cet agrément est délivré, suspendu ou retiré selon les modalités prévues à l'article R. 515-37 et à l'article R. 515-38.

Est annexé à cet agrément un cahier des charges qui fixe les obligations du bénéficiaire.

Le contenu de ce cahier des charges est défini à l'article R. 543-155-8 pour les centres VHU et à l'article R. 543-155-9 pour les broyeurs.

Un arrêté conjoint des ministres chargés, respectivement, de l'environnement, de l'intérieur, de l'économie et de l'industrie précise le contenu et les modalités de délivrance de l'agrément. – *Les art. R. 543-155-7 à R. 543-155-9 sont abrogés à compter du 1er janv. 2025 (Décr. nº 2022-1495 du 24 nov. 2022, art. 4).*

V. Arr. du 27 juin 2011 relatif aux réseaux de centres VHU agréés mis en place par les producteurs ou groupements de producteurs (JO 26 juill.).

Art. R. 543-155-8 Le cahier des charges mentionné à l'article R. 543-155-7 impose aux centres VHU agréés, notamment :

1° De procéder au traitement des véhicules pris en charge dans un ordre déterminé, en commençant par la dépollution ;

2° D'extraire certains matériaux et composants ;

3° De contrôler l'état des composants démontés en vue de leur réutilisation et d'assurer, le cas échéant, leur traçabilité par l'apposition d'un marquage approprié, lorsqu'il est techniquement possible ;

4° De ne remettre :

a) Les véhicules hors d'usage traités qu'aux broyeurs agréés ou, sous leur responsabilité, à d'autres centres VHU agréés ;

b) Les déchets issus du traitement des véhicules hors d'usage qu'à des installations exploitées conformément aux dispositions du titre I du présent livre ou dans toute autre installation de traitement autorisée à cet effet dans un autre État membre de l'Union européenne ou dans un autre État ;

5° De communiquer au ministre chargé de l'environnement :

a) Des informations sur les modalités juridiques et financières de prise en charge des véhicules hors d'usage ainsi que sur les conditions techniques, juridiques, économiques et financières dans lesquelles les centres VHU agréés exercent leurs activités ;

b) Le nombre et le tonnage de véhicules pris en charge ;

c) Le nombre et le tonnage de véhicules hors d'usage remis, directement ou via d'autres centres VHU agréés, aux broyeurs agréés ;

d) Le tonnage de produits ou déchets issus du traitement des véhicules hors d'usage remis à des tiers ;

e) Les taux de réutilisation et recyclage et réutilisation et valorisation atteints par l'opérateur ;

6° De tenir à la disposition des opérateurs économiques avec lesquels ils collaborent leurs performances en matière de réutilisation et recyclage et de réutilisation et valorisation des véhicules hors d'usage ;

7° De se conformer, lorsque le véhicule est pris en charge pour destruction, aux prescriptions de l'article R. 322-9 du code de la route ;

8° De délivrer au détenteur du véhicule hors d'usage un certificat de destruction dans les conditions prévues à l'article R. 322-9 du code de la route ;

9° De constituer, le cas échéant, une garantie financière, dans les conditions prévues à l'article L. 516-1 ;

10° De se conformer aux dispositions relatives au stockage des véhicules et des fluides, matériaux ou composants extraits de ces véhicules ;

11° De justifier de l'atteinte d'un taux de réutilisation et de recyclage minimal et d'un taux de réutilisation et de valorisation minimal des véhicules hors d'usage ;

12° De se conformer aux prescriptions définies en vue de l'atteinte des objectifs assignés à la filière, y compris par le biais d'une coopération avec les autres opérateurs économiques ;

13° De se conformer aux prescriptions imposées en matière de traçabilité des véhicules hors d'usage. — *Les art. R. 543-155-7 à R. 543-155-9 sont abrogés à compter du 1er janv. 2025 (Décr. no 2022-1495 du 24 nov. 2022, art. 4).*

Art. R. 543-155-9 Le cahier des charges mentionné à l'article R. 543-155-7 impose aux broyeurs, notamment :

1° De ne prendre en charge que les véhicules hors d'usage qui ont été préalablement traités par un centre VHU agréé ;

2° De broyer les véhicules hors d'usage ;

3° De ne remettre les déchets issus du broyage des véhicules hors d'usage qu'à des installations exploitées conformément aux dispositions du titre I du présent livre ou dans toute autre installation de traitement autorisée à cet effet dans un autre État membre de l'Union européenne ou dans un autre État ;

4° De communiquer au ministre chargé de l'environnement :

a) Des informations sur les modalités juridiques et financières de prise en charge des véhicules hors d'usage ainsi que les conditions techniques, juridiques, économiques et financières dans lesquelles les broyeurs exercent leurs activités ;

b) Le nombre et le tonnage de véhicules pris en charge ;

c) Le tonnage de produits ou déchets issus du traitement des véhicules hors d'usage remis à des tiers ;

d) Les résultats de l'évaluation prévue au 8° ;

5° De tenir à la disposition des opérateurs économiques avec lesquels ils collaborent leurs performances en matière de réutilisation et recyclage et de réutilisation et valorisation des véhicules hors d'usage ;

6° De constituer, le cas échéant, une garantie financière, dans les conditions prévues à l'article L. 516-1 ;

7° De se conformer aux dispositions relatives au stockage des véhicules et des matériaux issus du broyage de ces véhicules ;

8° De procéder, au moins tous les trois ans, à une évaluation de la performance de leur processus industriel de traitement des résidus de broyage issus de véhicules hors d'usage, en distinguant, le cas échéant, les opérations réalisées en aval de leur installation ;

9° De justifier de l'atteinte d'un taux de réutilisation et de recyclage minimal et d'un taux de réutilisation et de valorisation minimal des véhicules hors d'usage en distinguant, le cas échéant, les opérations réalisées en aval de leur installation ;

10° De se conformer aux prescriptions définies en vue de l'atteinte des objectifs assignés à la filière, y compris par le biais d'une coopération avec les autres opérateurs économiques ;

11° De se conformer aux prescriptions imposées en matière de traçabilité des véhicules hors d'usage, et notamment de confirmer au centre VHU agréé ayant assuré la prise en charge initiale des véhicules hors d'usage la destruction effective des véhicules, dans un délai de quinze jours à compter de la date de leur broyage. — *Les art. R. 543-155-7 à R. 543-155-9 sont abrogés à compter du 1er janv. 2025 (Décr. no 2022-1495 du 24 nov. 2022, art. 4).*

§ 2 *Dispositions relatives aux producteurs et aux autres opérateurs économiques*

Art. R. 543-156 I. — Sans préjudice des secrets protégés par la loi, dans un délai de six mois suivant la date de réception d'un type de véhicule neuf, que cette réception soit au niveau national ou européen, son producteur fournit aux centres VHU les informations et consignes en langue française requises pour permettre la dépollution, le démontage, le désassemblage et les autres opérations de traitement appropriées des véhicules hors d'usage.

Ces informations indiquent les différentes pièces et matériaux des véhicules ainsi que l'emplacement de toutes les substances dangereuses dans les véhicules.

II. — Sans préjudice des secrets protégés par la loi, chaque fabricant de pièces utilisées dans les véhicules fournit aux centres VHU les informations et consignes en langue française requises pour permettre le démontage, le stockage, le contrôle et le référencement des pièces mentionnées à l'article R. 543-155-3.

III. — Les informations mentionnées aux I et II du présent article sont mises à disposition sans frais auprès des centres VHU sous forme de manuels ou par le canal des médias électroniques.

Art. R. 543-156-1 Lorsque cela est techniquement possible, les producteurs de véhicules, les fabricants de pièces, de substances et de matériaux utilisés dans les véhicules, les entreprises d'assurance automobile, les opérateurs de gestion de déchets et les professionnels de la réparation ou de l'entretien des véhicules mettent en place des systèmes de collecte des déchets issus des opérations de réparation ou d'entretien de ces véhicules.

Dans le cadre des opérations de réparation ou d'entretien des véhicules, les pièces usagées qu'un opérateur a trié afin qu'elles soient reconditionnées, au sens de l'article R. 122-4 du code de la consommation, et qui n'ont, ainsi, pas pris le statut de déchet font l'objet d'un marquage approprié, apposé par l'opérateur afin d'en assurer la traçabilité.

Art. R. 543-156-2 Chaque producteur, en liaison notamment avec les fabricants de pièces, substances et matériaux utilisés dans ses véhicules, indique dans son bilan annuel d'activité, dans la documentation promotionnelle publiée lors de la mise sur le marché des nouveaux véhicules et dans tout autre document approprié destiné au public :

1° Les actions entreprises en matière de construction des véhicules afin de limiter l'utilisation de substances dangereuses visées à l'article R. 318-10 du code de la route, de faciliter le démontage, le désassemblage et la dépollution des véhicules hors d'usage, la réutilisation et la valorisation de leurs pièces et matériaux et de limiter la quantité et la nocivité pour l'environnement des déchets provenant des véhicules ;

2° Le pourcentage de chaque type de matériau recyclé intégré aux véhicules et les actions engagées pour accroître la part de ces matériaux dans les véhicules ;

3° Les informations relatives aux taux de réutilisation, de recyclage et de valorisation des véhicules hors d'usage.

Dans le cas de producteurs disposant d'un site internet, ces informations sont mises à disposition du public par voie électronique.

SOUS-SECTION 2 *Obligations de responsabilité élargie des producteurs*

§ 1 *Dispositions relatives aux éco-organismes*

Art. R. 543-160 I. — Pour mettre en œuvre la responsabilité élargie des producteurs de voitures particulières, de camionnettes, de véhicules à moteur à deux ou trois roues et quadricycles à moteur qui lui ont transféré leurs obligations en application du I de l'article L. 541-10, l'éco-organisme contribue financièrement ou pourvoit à la prévention, à la collecte sur le lieu de détention, au transport, à la réception, à l'entreposage, à la dépollution, au démontage, au désassemblage et au traitement des véhicules hors d'usage.

Il assure ces missions sur l'ensemble du territoire national afin de permettre la collecte et le transport sans frais depuis le lieu de détention des véhicules hors d'usage complets et des véhicules abandonnés, auprès de tout détenteur qui en fait la demande, ainsi que la réception sans frais des véhicules hors d'usage complets et des véhicules abandonnés, dans les conditions prévues par la présente sous-section.

II. — Lorsqu'il contribue financièrement aux coûts des opérations de gestion des véhicules hors d'usage mentionnées au I du présent article, l'éco-organisme établit un contrat type relatif à ces opérations, dans les conditions prévues à l'article R. 541-104.

L'éco-organisme justifie des montants des soutiens financiers qu'il propose de sorte à ce qu'ils tiennent compte des recettes tirées de la réutilisation et du recyclage et correspondent à des services de gestion des déchets présentant un bon rapport coût-efficacité.

(Décr. nº 2022-1495 du 24 nov. 2022, art. 3 et 6, en vigueur le 1er janv. 2024) « III. — Lorsqu'il pourvoit à la gestion des véhicules hors d'usage sur l'ensemble du territoire national, tout éco-organisme peut également contribuer financièrement à la gestion des véhicules hors d'usage relevant de son agrément qui sont réceptionnés par un centre VHU, dans le cas mentionné au troisième alinéa du II de l'article R. 543-155-1. En ce cas, par dérogation à l'article R. 541-106, il n'est pas tenu de contracter avec l'ensemble des centres VHU en faisant la demande.

« IV. — Tout éco-organisme reprend les véhicules qui lui sont mis à disposition par un centre VHU en application du II de l'article R. 543-155-1. Cette reprise est effectuée dans un délai d'au plus quinze jours à compter de la date de notification de l'éco-organisme par le centre VHU. Ce délai peut être augmenté avec l'accord du centre VHU. L'éco-organisme verse au centre VHU une compensation financière pour les opérations de réception et d'entreposage de ces véhicules.

« Dans le cas où le centre VHU propose à l'éco-organisme d'assurer la gestion de ces véhicules, conformément au II de l'article R. 543-155-1, le délai mentionné au précédent alinéa s'entend à compter de la date de refus de la proposition du centre VHU par l'éco-organisme. »

Art. R. 543-160-1 Tout éco-organisme assure également la gestion des véhicules hors d'usage relevant de son agrément lorsque ces véhicules ont été mis sur le marché avant la date mentionnée au 15° de l'article L. 541-10-1.

Art. R. 543-160-2 Tout éco-organisme met en œuvre des procédures permettant de s'assurer que les personnes avec lesquelles il conclut des contrats de gestion de véhicules hors d'usage respectent les prescriptions législatives et réglementaires relatives à la gestion de ces déchets et des fluides frigorigènes qu'ils contiennent. Il met en place un dispositif d'évaluation de ces procédures et adopte s'il y a lieu les mesures correctives nécessaires.

Art. R. 543-160-3 Les contrats conclus par les éco-organismes avec les opérateurs de gestion de déchets ne peuvent interdire le démontage de pièces de véhicules hors d'usage en vue de leur réutilisation ou valorisation, hormis la revente aux particuliers des éléments pyrotechniques des véhicules.

Art. R. 543-160-4 Dans un délai de dix-huit mois à compter de la date de son premier agrément, tout éco-organisme transmet au ministre chargé de l'environnement les éléments démontrant qu'il est le bénéficiaire d'un nombre suffisant de contrats conclus avec des opérateurs de gestion de déchets pour lui permettre, compte tenu des capacités de traitement disponibles de ces opérateurs et eu égard aux autres contrats les liant à d'autres éco-organismes et systèmes individuels, de pourvoir à la collecte sur le lieu de détention et en tout point du territoire national, au transport, à la réception, à l'entreposage, à la dépollution, au démontage, au désassemblage et au traitement de l'ensemble des véhicules hors d'usage relevant de son agrément.

Art. R. 543-160-5 Pour l'application des dispositions du paragraphe 5 de la sous-section 1 de la section 8 du chapitre I du titre IV du livre V de la partie réglementaire du présent code aux déchets issus des produits relevant de la présente section, et par dérogation aux dispositions du 1° de l'article R. 541-111, tout véhicule abandonné mentionné au 4° de l'article R. 543-154 est regardé comme constituant un dépôt illégal de déchets abandonnés.

Le second alinéa de l'article R. 541-112 n'est pas applicable dans le cas des déchets issus des produits relevant de la présente section.

§ 2 *Dispositions relatives aux systèmes individuels*

Art. R. 543-161 I. — Pour mettre en œuvre la responsabilité élargie des producteurs de voitures particulières, de camionnettes, de véhicules à moteur à deux ou trois roues et quadricycles à moteur, tout système individuel mis en place par un producteur pourvoit à la prévention, à la collecte sur le lieu de détention, au transport, à la réception, à l'entreposage, à la dépollution, au démontage, au désassemblage et au traitement des véhicules hors d'usage issus de ses produits.

Conformément aux dispositions de l'article R. 541-138, il assure ces missions sur l'ensemble du territoire national afin de permettre la collecte et le transport sans frais depuis le lieu de détention des véhicules hors d'usage complets et des véhicules abandonnés, auprès de tout détenteur qui en fait la demande, ainsi que la réception sans frais des véhicules hors d'usage complets et des véhicules abandonnés, dans les conditions prévues par la présente sous-section.

II. — Tout système individuel peut également contribuer financièrement aux coûts des opérations de gestion des véhicules hors d'usage mentionnées au I du présent article auprès des personnes assurant ces opérations. Il établit alors un contrat type qui prévoit notamment les modalités de gestion des véhicules hors d'usage.

Il justifie des montants des soutiens financiers qu'il propose de sorte à ce qu'ils tiennent compte des recettes tirées de la réutilisation et du recyclage et correspondent à des services de gestion des déchets présentant un bon rapport coût-efficacité.

(Décr. n° 2022-1495 du 24 nov. 2022, art. 3 et 6, en vigueur le 1er janv. 2024) « III. — Tout système individuel reprend les véhicules qui lui sont mis à disposition par un centre VHU en application du II de l'article R. 543-155-1. Cette reprise est effectuée dans un délai

d'au plus quinze jours à compter de la date de notification du système individuel par le centre VHU. Ce délai peut être augmenté avec l'accord du centre VHU. Le système individuel verse au centre VHU une compensation financière pour les opérations de réception et d'entreposage de ces véhicules.

« Dans le cas où le centre VHU propose au système individuel d'assurer la gestion de ces véhicules, conformément au II de l'article R. 543-155-1, le délai mentionné au précédent alinéa s'entend à compter de la date de refus opposé à la proposition du centre VHU par le système individuel. »

Art. R. 543-161-1 Tout système individuel assure également la gestion des véhicules hors d'usage relevant de son agrément lorsque ces véhicules ont été mis sur le marché avant la date mentionnée au 15° de l'article L. 541-10-1.

Art. R. 543-161-2 Tout système individuel met en œuvre des procédures permettant de s'assurer que les personnes avec lesquelles il conclut des contrats de gestion de véhicules hors d'usage respectent les prescriptions législatives et réglementaires relatives à la gestion de ces déchets et des fluides frigorigènes qu'ils contiennent. Il met en place un dispositif d'évaluation de ces procédures, en adoptant s'il y a lieu les mesures correctives nécessaires.

Art. R. 543-161-3 Les contrats conclus par les systèmes individuels avec les opérateurs de gestion de déchets ne peuvent interdire le démontage de pièces de véhicules hors d'usage en vue de leur réutilisation ou valorisation, hormis la revente aux particuliers des éléments pyrotechniques des véhicules.

Art. R. 543-161-4 Dans un délai de dix-huit mois à compter de la date de son premier agrément, tout système individuel transmet au ministre chargé de l'environnement les éléments démontrant qu'il est le bénéficiaire d'un nombre suffisant de contrats conclus avec des opérateurs de gestion de déchets pour lui permettre, compte tenu des capacités de traitement disponibles de ces opérateurs et eu égard aux autres contrats les liant à d'autres éco-organismes et systèmes individuels, de pourvoir à la collecte sur le lieu de détention et en tout point du territoire national, au transport, à la réception, à l'entreposage, à la dépollution, au démontage, au désassemblage et au traitement de l'ensemble des véhicules hors d'usage relevant de son agrément.

Art. R. 543-161-5 Par dérogation au dernier alinéa de l'article R. 541-140, le montant de la garantie financière mentionnée au même article est déterminé de façon à permettre de couvrir les coûts prévisionnels de gestion des véhicules hors d'usage issus des véhicules mis sur le marché par le producteur pendant une année à compter de son agrément.

§ 3 *Dispositions spécifiques relatives à l'outre-mer*

SOUS-§ 1 Plan de prévention et de gestion des véhicules hors d'usage

Art. R. 543-165 I. — En complément des informations prévues aux articles R. 541-86 et R. 541-133, le dossier de demande d'agrément de tout éco-organisme ou système individuel comporte un plan de prévention et de gestion des véhicules hors d'usage dans les collectivités régies par l'article 73 de la Constitution, à Saint-Martin et à Saint-Pierre-et-Miquelon ayant pour objectif d'améliorer les performances de collecte et de traitement des véhicules hors d'usage dans ces territoires ainsi que de prévenir et résorber la présence des véhicules mentionnés aux articles L. 541-21-3, L. 541-21-4 et L. 541-21-5.

Ce plan se substitue, pour les éco-organismes, au plan mentionné à l'article R. 541-130.

II. — Tout éco-organisme ainsi que tout système individuel met en œuvre le plan mentionné au I du présent article dans toute collectivité régie par l'article 73 de la Constitution, à Saint-Martin et à Saint-Pierre-et-Miquelon, pour laquelle le taux d'abandon des véhicules relevant de son agrément, exprimé comme le rapport entre le nombre de véhicules abandonnés ayant été répertoriés durant l'année considérée et le nombre de véhicules réceptionnés dans les conditions prévues à l'article R. 543-155 durant la même année, est supérieur à 10 %.

Ce plan prévoit le versement, à partir du 1er janvier 2024, d'une prime au retour au titulaire du certificat d'immatriculation sous réserve qu'il s'agisse d'une personne physique et que son véhicule hors d'usage soit complet. Il en précise les conditions et modalités.

Le montant de cette prime au retour peut être adapté à chacun des territoires concernés.

III. – Tout éco-organisme ainsi que tout système individuel évalue chaque année les progrès réalisés en matière de prévention des abandons de véhicules, de collecte et de traitement des véhicules hors d'usage dans chacun des territoires concernés.

Tout éco-organisme ainsi que tout système individuel pour lequel le taux d'abandon reste supérieur à 10 % pendant trois années consécutives révise les mesures de son plan dans les conditions prévues au II de l'article L. 541-9-6, après consultation des collectivités compétentes en matière de planification ou de gestion des déchets et, pour les éco-organismes, de leur comité des parties prenantes.

Art. R. 543-165-1 Tout éco-organisme ainsi que tout système individuel procède à une évaluation du nombre de véhicules hors d'usage relevant de son agrément, distinguant les véhicules mentionnés aux articles L. 541-21-3, L. 541-21-4 et L. 541-21-5 présents dans chaque collectivité régie par l'article 73 de la Constitution, à Saint-Martin et à Saint-Pierre-et-Miquelon, au plus tard trois ans à compter de la date de son agrément. Lorsque la durée de son agrément est inférieure ou égale à trois ans, il procède à cette évaluation au plus tard six mois avant son échéance. Le cas échéant, il met à jour cette évaluation dans le cadre de sa demande de renouvellement d'agrément.

Les éco-organismes et les systèmes individuels peuvent se coordonner pour réaliser ces évaluations.

SOUS-§ 2 Dispositions relatives aux véhicules abandonnés

Art. R. 543-166 Dans les collectivités régies par l'article 73 de la Constitution, à Saint-Martin et à Saint-Pierre-et-Miquelon, le paragraphe 5 de la sous-section 1 de la section 8 du chapitre I n'est pas applicable aux véhicules hors d'usage, à l'exception de l'article R. 541-111, dans les conditions prévues à l'article R. 543-160-5. Les dispositions de ce paragraphe sont remplacées par les dispositions du présent sous-paragraphe.

Art. R. 543-166-1 I. – Dans chaque collectivité régie par l'article 73 de la Constitution, à Saint-Martin et à Saint-Pierre-et-Miquelon, les éco-organismes et les systèmes individuels se coordonnent pour prendre en charge les opérations de repérage et de gestion de déchets relatives à la résorption d'un dépôt illégal de véhicules relevant de leur catégorie d'agrément selon les modalités prévues à l'article R. 543-166-2, y compris lorsque ces véhicules ont été mis sur le marché avant la date mentionnée au 15° de l'article L. 541-10-1.

A cette fin, les éco-organismes et les systèmes individuels signent avec les personnes publiques des territoires concernés des conventions de prise en charge.

II. – Dans chacun de ces territoires, pour les véhicules relevant du *a* du 1° de l'article R. 543-154, tout éco-organisme et système individuel peut refuser de prendre en charge les opérations de gestion d'un dépôt illégal de véhicules dès lors que le nombre moyen des véhicules dont il a assuré la prise en charge est, sur trois ans, au moins égal à 20 % du nombre moyen de véhicules qu'il a mis sur le marché dans le territoire considéré sur la même période.

Art. R. 543-166-2 La personne publique communique aux éco-organismes et systèmes individuels le procès-verbal de constat mentionné aux articles L. 541-21-3, L. 541-21-4 et L. 541-21-5 qui mentionne les parcelles cadastrales où est situé le dépôt illégal de véhicules, l'estimation de la quantité totale de véhicules et l'absence d'identification des titulaires des certificats d'immatriculation des véhicules constituant le dépôt à la date de la constatation ou, lorsque les titulaires des certificats d'immatriculation des véhicules sont identifiés, le constat de ce qu'ils ne se sont pas conformés à l'une des mesures de police prévues à ces articles.

La personne publique concernée par ces dépôts illégaux peut prescrire le délai de réalisation des opérations de gestion des déchets mentionnées au I de l'article R. 543-166-1, ce délai courant à compter de la date de communication de l'ensemble des informations mentionnées au précédent alinéa. Ce délai ne peut être inférieur à cinq jours pour les dépôts constitués de plus de dix véhicules.

A l'issue de la résorption du dépôt, les éco-organismes et les systèmes individuels communiquent à la personne publique concernée les documents attestant l'exécution des opérations de gestion du dépôt illégal de véhicules qui ont été réalisées.

Code général des collectivités territoriales

DEUXIÈME PARTIE : *RÉGLEMENTAIRE*

DEUXIÈME PARTIE **LA COMMUNE**

LIVRE II **ADMINISTRATION ET SERVICES COMMUNAUX**

TITRE I **POLICE**

CHAPITRE III *POUVOIRS DE POLICE PORTANT SUR DES OBJETS PARTICULIERS*

SECTION 1 *Police de la circulation et du stationnement*

SOUS-SECTION UNIQUE *Les zones à circulation restreinte*

Art. R. 2213-1-0-1 *(Décr. nº 2016-847 du 28 juin 2016, art. 1er-I) (Décr. nº 2019-663 du 28 juin 2019)* « I. — » L'étude justifiant la création d'une zone à circulation restreinte telle que mentionnée au III de l'article L. 2213-4-1 comporte notamment un résumé non technique, une description de l'état initial de la qualité de l'air sur la zone concernée ainsi qu'une évaluation :

1° De la population concernée par les dépassements ou le risque de dépassement des normes de qualité de l'air ;

2° Des émissions de polluants atmosphériques dues au transport routier sur la zone concernée ;

3° De la proportion de véhicules concernés par les restrictions et, le cas échéant, les dérogations prévues ;

4° Des réductions des émissions de polluants atmosphériques attendues par la création de la zone à circulation restreinte.

Les avis prévus au III de l'article L. 2213-4-1 sont réputés favorables s'ils ne sont pas rendus dans un délai de deux mois.

Les restrictions de circulation peuvent être différenciées en fonction de la nature et de l'usage des véhicules.

(Décr. nº 2019-663 du 28 juin 2019) « II. — » L'accès à la zone à circulation restreinte ne peut être interdit :

1° Aux véhicules d'intérêt général au sens de l'article R. 311-1 du code de la route ;

2° Aux véhicules du ministère de la défense ;

3° *(Décr. nº 2019-663 du 28 juin 2019)* « Aux véhicules affichant une carte "mobilité inclusion" comportant la mention "stationnement pour les personnes handicapées" délivrée sur le fondement de l'article L. 241-3 du code de l'action sociale et des familles ou une carte de stationnement pour personnes handicapées délivrée sur le fondement de l'article L. 241-3-2 du même code dans sa rédaction antérieure au 1er janvier 2017 » ;

4° Aux véhicules de transport en commun de personnes à faibles émissions *(Décr. nº 2021-1491 du 17 nov. 2021, art. 13)* « au sens de l'article L. 224-8-2 » du code de l'environnement ;

(Décr. nº 2019-663 du 28 juin 2019) « 5° Aux véhicules de transport en commun, au sens de l'article R. 311-1 du code de la route, assurant un service de transport public régulier qui figurent dans une des classes définies par l'arrêté établissant la nomenclature des véhicules classés en fonction de leur niveau d'émission de polluants atmosphérique, pris en application du II de l'article R. 318-2 du même code, lorsque cette classe vient à faire l'objet d'une interdiction partielle ou totale de circulation dans la zone en cause, pendant une période comprise entre trois et cinq ans suivant la date à laquelle cette interdiction est entrée en vigueur. La durée pendant laquelle il est fait exception à l'interdiction de circulation peut varier selon les catégories de véhicules, les moins polluantes pouvant bénéficier d'exceptions plus longues. Elle est déterminée par un arrêté conjoint des ministres chargés de l'environnement et des transports.

« Les obligations déclaratives destinées à vérifier, dans le cadre du contrôle du respect des restrictions de circulation dans la zone, le droit d'accès à cette zone des véhicules mentionnés aux 1° à 5° du présent II sont fixées par un arrêté pris par les mêmes ministres, et, en ce qui les concerne, les ministres chargés de la défense et des affaires sociales.

« III. — » Les dérogations individuelles aux mesures de restriction prévues au V de l'article L. 2213-4-1 peuvent être accordées, sur demande motivée des intéressés, par le maire ou par le président de l'établissement public de coopération intercommunale à fiscalité propre lorsque celui-ci dispose du pouvoir de police de la circulation. Cette autorité délivre un justificatif précisant les conditions de validité de la dérogation, le périmètre sur lequel elle s'applique et sa durée de validité, laquelle ne peut excéder trois ans.

L'arrêté créant la zone à circulation restreinte précise :

1° La procédure et les motifs de délivrance et de retrait des dérogations ;

2° Les conditions dans lesquelles le justificatif de la dérogation est rendu visible ou tenu à la disposition des agents chargés des contrôles.

V. Arr. du 28 juin 2019 relatif à la durée des exceptions temporaires de circulation dans une zone à circulation restreinte au profit des véhicules des services publics de transport en commun (JO 29 juin).

V. Arr. du 28 juin 2019 relatif aux obligations déclaratives portant sur les véhicules de services publics de transports en commun bénéficiant d'exceptions temporaires aux restrictions de circulation dans une zone à circulation restreinte (JO 29 juin).

Art. D. 2213-1-0-2 *(Décr. n° 2020-1138 du 16 sept. 2020)* I. — Pour l'application du deuxième alinéa du I de l'article L. 2213-4-1, sont considérées comme ne respectant pas de manière régulière les normes de qualité de l'air les zones administratives de surveillance de la qualité de l'air, définies en application de l'article R. 221-3 du code de l'environnement, dans lesquelles l'une des valeurs limites relatives au dioxyde d'azote (NO_2), aux particules PM_{10} ou aux particules $PM_{2,5}$ mentionnées à l'article R. 221-1 du code de l'environnement n'est pas respectée au moins trois années sur les cinq dernières.

II. — Les communes ou les établissements publics de coopération intercommunale à fiscalité propre dont le président dispose du pouvoir de police de la circulation sont considérés comme ne respectant pas de manière régulière les valeurs limites de qualité de l'air lorsque leur territoire est inclus en tout ou partie dans une zone administrative de surveillance de la qualité de l'air mentionnée au I.

L'obligation d'instaurer une zone à faibles émissions mobilité prévue au deuxième alinéa du I de l'article L. 2213-4-1 est satisfaite sur le territoire de l'établissement public de coopération intercommunale à fiscalité propre concerné lorsqu'est mise en œuvre la zone à faibles émissions mobilité étudiée en application du deuxième alinéa du 3° du II de l'article L. 229-26 du code de l'environnement.

III. — Ne sont pas regardés comme dépassant de façon régulière les normes de qualité de l'air les communes ou les établissements publics de coopération intercommunale à fiscalité propre dont le président dispose du pouvoir de police de la circulation qui démontrent, par de la modélisation ou par des mesures réalisées conformément à l'article R. 221-3 du code de l'environnement, que les valeurs limites mentionnées au I sont respectées pour au moins 95 % de la population de chaque commune concernée.

IV. — Sans préjudice du III, ne sont pas regardés comme dépassant de façon régulière les normes de qualité de l'air les communes ou les établissements publics de coopération intercommunale à fiscalité propre dont le président dispose du pouvoir de police de la circulation qui démontrent que les actions mises en place, notamment celles prévues dans le cadre d'un plan de protection de l'atmosphère élaboré en application de l'article L. 222-4 du code de l'environnement, permettent d'atteindre les valeurs limites mentionnées au I pour l'ensemble de la population de chaque commune concernée, dans des délais plus courts que ceux procédant de la mise en place d'une zone à faibles émissions mobilité.

V. — Les dispositions du III et du IV ne sont pas applicables aux métropoles au sens de l'article L. 5217-1, à la métropole d'Aix-Marseille-Provence, à la métropole du Grand Paris, à la métropole de Lyon ainsi qu'aux communes situées sur leur territoire.

Art. D. 2213-1-0-3 *(Décr. n° 2020-1138 du 16 sept. 2020)* Pour l'application du deuxième alinéa du I de l'article L. 2213-4-1, les transports terrestres sont considérés comme étant à l'origine d'une part prépondérante des dépassements de valeurs limites :

1° Soit lorsque les transports terrestres sont la première source des émissions polluantes ;

2° Soit lorsque les lieux concernés par le dépassement sont situés majoritairement à proximité des voies de circulation routière.

Pour l'application du 1° :

— en cas de dépassement de la valeur limite relative au dioxyde d'azote (NO_2), les émissions à prendre en compte sont celles des oxydes d'azote (NO_x) ;

— l'évaluation des émissions est réalisée pour le territoire du plan de protection de l'atmosphère défini à l'article L. 222-4 du code de l'environnement, de l'établissement public de coopération intercommunale à fiscalité propre ou de la commune concernés.

Art. D. 2213-1-0-4 *(Décr. nº 2022-99 du 1er févr. 2022)* Les procédures relatives à la mise à la consultation du public et des parties prenantes au sens du III de l'article L. 2213-4-1 dans le cadre de la création d'une zone à faibles émissions mobilité qui étaient engagées avant la date d'entrée en vigueur de la loi nº 2021-1104 du 22 août 2021 portant lutte contre le dérèglement climatique et renforcement de la résilience face à ses effets sont menées à leur terme selon les modalités fixées au III de l'article L. 2213-4-1 du code général des collectivités territoriales, dans sa version antérieure à l'entrée en vigueur de cette même loi.

Art. D. 2213-1-0-5 *(Décr. nº 2022-1641 du 23 déc. 2022)* I. — Au sens du troisième alinéa du I de l'article L. 2213-4-1, une agglomération est une unité urbaine telle que définie par l'Institut national de la statistique et des études économiques.

II. — L'obligation d'instaurer une zone à faibles émissions mobilité dans les agglomérations de plus de 150 000 habitants prévue au troisième alinéa du I de l'article L. 2213-4-1 est écartée lorsqu'il est démontré, au moins trois années sur les cinq dernières années, par des mesures réalisées ou par de la modélisation conformément à l'article R. 221-3 du code de l'environnement que les concentrations moyennes annuelles en dioxyde d'azote (NO_2), sont inférieures ou égales à 10 $\mu g/m^3$:

— sur l'ensemble des stations fixes de mesures de la qualité de l'air de l'agglomération ;

— ou pour au moins 95 % de la population de chaque commune de l'agglomération.

III. — Les autorités compétentes pour l'application de l'article L. 2213-4-1 ne sont pas tenues d'instaurer une zone à faibles émissions mobilité mentionnée au troisième alinéa du I de l'article L. 2213-4-1 lorsqu'elles démontrent par évaluation modélisée, au plus tard dix-huit mois avant l'échéance d'obligation d'instauration, que les actions mises en place permettent d'atteindre les concentrations en dioxyde d'azote mentionnées au II sur l'ensemble de l'agglomération ou pour au moins 95 % de la population de chaque commune de l'agglomération, dans des délais plus courts ou similaires à ceux procédant de la mise en place d'une zone à faibles émissions mobilité. Cette évaluation est transmise pour avis au préfet, et modifiée si nécessaire pour tenir compte de cet avis.

Code de l'énergie

PARTIE LÉGISLATIVE :

RECHARGE DES VÉHICULES ÉLECTRIQUES

(Ord. nº 2021-237 du 3 mars 2021, art. 34)

Infrastructure de recharge des véhicules électriques

Art. L. 353-1 Au sens du présent chapitre, on entend par "point de recharge" une interface associée à un emplacement de stationnement qui permet de recharger un seul véhicule électrique à la fois ou une interface associée à un emplacement de stationnement qui permet d'échanger la batterie d'un seul véhicule électrique à la fois.

Art. L. 353-2 Les dispositions relatives à la création, à la configuration, à l'installation et à l'approvisionnement des infrastructures de recharge ainsi qu'à l'exploitation, aux modalités d'accès aux services et à l'utilisation des infrastructures de recharge ouvertes au public sont précisées par décret. — *V. Décr. nº 2017-26 du 12 janv. 2017 relatif aux infrastructures de recharge pour véhicules électriques et portant diverses mesures de transposition de la directive 2014/94/UE du Parlement européen et du Conseil du 22 octobre 2014 sur le déploiement d'une infrastructure pour carburants alternatifs (JO 13 janv.), mod. par Décr. nº 2017-1673 du 8 déc. 2017, art. 2 et 3 (JO 9 déc.), Décr. nº 2021-546 du 4 mai 2021 (JO 5 mai), Décr. nº 2021-1561 du 3 déc. 2021, art. 2 et 6 (JO 4 déc.).*

Art. L. 353-3 Les opérateurs d'infrastructures de recharge électrique mettent à la disposition du public les informations relatives à la puissance réelle maximale de l'infrastructure de recharge.

....

Déploiement d'un réseau d'infrastructures de recharges

Art. L. 353-5 Le schéma directeur de développement des infrastructures de recharges ouvertes au public pour les véhicules électriques et les véhicules hybrides rechargeables définit les priorités de l'action des autorités locales afin de parvenir à une offre de recharge suffisante pour les véhicules électriques et hybrides rechargeables pour le trafic local et le trafic de transit.

Ce schéma est élaboré en concertation avec le ou les gestionnaires de réseau de distribution concernés et avec les autorités organisatrices de la mobilité mentionnées aux articles L. 1231-1 et L. 1231-3 du code des transports lorsqu'elles ne sont pas chargées de son élaboration et, en Île-de-France, avec l'autorité mentionnée à l'article L. 1241-1 du même code, avec la région ainsi qu'avec les gestionnaires de voiries concernés.

Un décret en Conseil d'État précise le contenu du schéma et les modalités d'application du présent article.

Art. L. 353-6 Pour l'élaboration du schéma directeur de développement des infrastructures de recharges ouvertes au public pour les véhicules électriques et les véhicules hybrides rechargeables, les opérateurs d'infrastructures de recharge fournissent aux collectivités territoriales ou aux établissements publics en charge de l'élaboration de ce schéma des informations relatives à l'usage de leurs infrastructures.

Lorsque la divulgation de certaines informations est susceptible de porter atteinte au secret des affaires, au secret commercial ou statistique, le ministre chargé de l'énergie précise les conditions et les modalités de collecte et d'exploitation des informations dont la communication est susceptible de porter atteinte à un secret protégé par la loi.

Les modalités d'application du présent article sont précisées par décret.

Art. L. 353-7 Les gestionnaires de réseaux de distribution, y compris les réseaux fermés de distribution, ne peuvent pas posséder, développer, gérer ou exploiter des points de recharge pour véhicules électriques. Il ne peut être dérogé à ce principe que dans l'un des cas suivants :

1° Pour l'usage exclusif des gestionnaires de réseau ;

2° En l'absence d'initiative d'un acteur de marché, après approbation de la Commission de régulation de l'énergie, si sont remplies les conditions prévues par l'article 33, paragraphe 3, de la directive (UE) 2019/944 du Parlement européen et du Conseil du 5 juin 2019 concernant des règles communes pour le marché intérieur de l'électricité. Lorsqu'il bénéficie d'une dérogation pour un point de recharge ouvert au public, le gestionnaire de réseau exploite le point de recharge en garantissant un droit d'accès des tiers non discriminatoire. La dérogation est valable cinq ans. A l'échéance de cette période, une consultation publique est menée pour réévaluer l'intérêt potentiel d'autres acteurs à posséder, développer, gérer ou exploiter des points de recharge. Si la dérogation n'est pas reconduite, la cession d'un point de recharge aux tiers fait l'objet d'une compensation au gestionnaire de réseau pour la valeur résiduelle des investissements réalisés.

Les modalités d'application du présent article sont prévues par décret en Conseil d'État, pris après avis de la Commission de régulation de l'énergie.

Raccordement indirect des infrastructures de recharge de véhicules électriques

Art. L. 353-8 Une infrastructure de recharge de véhicules électriques peut être raccordée indirectement au réseau public de distribution d'électricité. Un raccordement est indirect lorsque le point de soutirage du demandeur du raccordement n'est pas sur le réseau de distribution publique d'électricité. Sauf disposition législative ou réglementaire contraire, les obligations relatives à l'installation, l'exploitation ou l'utilisation d'une infrastructure de recharge raccordée directement s'appliquent également pour les infrastructures raccordées indirectement.

Art. L. 353-9 Sauf disposition législative ou réglementaire contraire, le raccordement indirect d'une infrastructure de recharge au réseau public de distribution d'électricité ne peut faire obstacle à l'exercice des droits attachés aux infrastructures raccordées directe-

ment, notamment ceux relatifs au libre choix du fournisseur, prévus à l'article L. 331-1, à la participation aux mécanismes d'ajustement ou de réservation de puissance, mentionnés aux articles L. 321-10 et L. 321-12, et à la participation au mécanisme d'effacements de consommation, mentionnés à l'article L. 321-15-1.

En cas de demande d'exercice des droits mentionnés à l'alinéa précédent, un dispositif de décompte de la consommation ou de la production d'électricité est installé par le gestionnaire du réseau public de distribution d'électricité. Le tarif de la prestation de décompte du gestionnaire du réseau public de distribution d'électricité est défini dans les tarifs des prestations annexes réalisées à titre exclusif par les gestionnaires de réseaux mentionnés au deuxième alinéa de l'article L. 341-3.

PARTIE RÉGLEMENTAIRE :

(Décr. nº 2015-1823 du 30 déc. 2015)

Aides à l'achat ou à la location de véhicules peu polluants

Lorsqu'elles sont plus avantageuses, les dispositions des art. D. 251-1 à D. 251-13 dans leur rédaction antérieure à l'art. 1er du Décr. nº 2023-930 du 7 oct. 2023 restent applicables aux véhicules qui n'ont pas fait l'objet précédemment d'une première immatriculation en France et à l'étranger, commandés ou dont le contrat de location a été signé avant le 15 déc. 2023 inclus, à condition que leur facturation ou le versement du premier loyer intervienne le 15 mars 2024 au plus tard (Décr. préc., art. 2).

Art. D. 251-1 *(Décr. nº 2022-1761 du 30 déc. 2022, art. 1er, en vigueur le 1er janv. 2023)* **I. — Une aide, dite bonus écologique pour les voitures particulières neuves, est attribuée à toute personne physique majeure justifiant d'un domicile en France ou à toute personne morale justifiant d'un établissement en France et à toute administration de l'État qui acquiert ou qui prend en location, dans le cadre d'un contrat d'une durée supérieure ou égale à deux ans, un véhicule automobile terrestre à moteur qui, à la date de sa facturation ou à la date de versement du premier loyer prévu par le contrat de location du véhicule :**

(Décr. nº 2023-930 du 7 oct. 2023, art. 1er, en vigueur le 10 oct. 2023) **« 1° Appartient à la catégorie des voitures particulières au sens de l'article R. 311-1 du code de la route ou à une catégorie de véhicules faisant l'objet d'une mesure des émissions de dioxyde de carbone en application du règlement (CE) nº 715/2007 du Parlement européen et du Conseil du 20 juin 2007 ; »**

2° N'a pas fait l'objet précédemment d'une première immatriculation en France ou à l'étranger ;

3° Est immatriculé en France dans une série définitive ;

4° N'est pas cédé par l'acquéreur ou le titulaire d'un contrat de location dans l'année suivant sa première immatriculation ni avant d'avoir parcouru au moins 6 000 kilomètres ;

5° Utilise l'électricité, l'hydrogène ou une combinaison des deux comme source exclusive d'énergie ;

6° Vérifie les conditions additionnelles suivantes :

***a)* Son coût d'acquisition est inférieur ou égal à 47 000 euros toutes taxes comprises, incluant le cas échéant le coût d'acquisition ou de location de la batterie ;**

(Décr. nº 2023-930 du 7 oct. 2023, art. 1er, en vigueur le 10 oct. 2023) **« *b)* Sa masse en ordre de marche est inférieure à 2 400 kg. Au sens des dispositions de la présente section, la masse en ordre de marche est telle que définie au *a* du 1.3. de la section A de la partie 2 de l'annexe XIII du règlement d'exécution (UE) nº 2021/535 de la Commission du 31 mars 2021 ;**

« *c)* Sa version obtient, par arrêté conjoint des ministres chargés de l'économie, de l'énergie, de l'écologie et des transports publié au *Journal officiel* de la République française, un score environnemental supérieur au score minimal requis défini par arrêté conjoint des ministres chargés de l'économie, de l'énergie, de l'écologie et des transports. Ce score est établi suivant la procédure définie *(Décr. nº 2023-929 du 7 oct. 2023, art. 1er)* **« aux articles D. 251-1-A et R. 251-1-B » en tenant compte de la configuration correspondant à la valeur maximale de masse en ordre de marche associée à cette version, de la batterie de plus grande capacité, en kilowatt-heure, pouvant équiper cette version. Au sens des dispositions de la présente section, la version est telle que définie au 1.3.1 de la partie B de l'annexe I du règlement (UE) nº 2018/858 du Parlement européen et du Conseil du 30 mai 2018.**

« Le score environnemental est fixé par version d'une variante d'un type de véhicule. Il est composé, pour au moins 70 % de sa valeur, de l'empreinte carbone de la version considérée, sur les étapes du cycle de vie d'un véhicule précédant son utilisation sur route. Le cas échéant, ce score peut tenir compte, pour 30 % maximum de sa valeur, d'éléments relatifs à l'incorporation de matériaux recyclés et biosourcés dans le véhicule, ainsi que la réparabilité de la batterie. Son calcul tient compte des caractéristiques techniques des versions des véhicules.

« Les modalités de calcul de ce score et la valeur minimale à atteindre pour celui-ci sont définies par arrêté conjoint des ministres chargés de l'économie, de l'énergie, de l'écologie et des transports. En outre, l'arrêté définit chacune des valeurs de référence appliquées aux différents paramètres intervenant dans le calcul des composantes du score environnemental.

« Pour les versions de véhicules assemblées sur plusieurs sites, ou équipées de batteries produites sur plusieurs sites, il précise la pondération entre ces différents sites pour établir un score environnemental unique à l'échelle de la version considérée. » — *V. Arr. du 7 oct. 2023 relatif à la méthodologie de calcul du score environnemental et à la valeur de score minimale à atteindre pour l'éligibilité au bonus écologique pour les voitures particulières neuves électriques (JO 8 oct.).*

Une personne physique ne peut en bénéficier qu'une fois tous les trois ans.

II. — Le montant de l'aide prévue au I du présent article est fixé à 27 % du coût d'acquisition toutes taxes comprises, augmenté le cas échéant du coût de la batterie si celle-ci est prise en location, dans la limite de 5 000 euros si le véhicule est acquis ou loué par une personne physique ou de 3 000 euros si le véhicule est acquis ou loué par une personne morale.

Ce montant est majoré de 2 000 euros lorsque le véhicule est acquis ou loué par une personne physique dont le revenu fiscal de référence par part est inférieur ou égal à 14 089 euros.

Art. D. 251-1-A *(Décr. n° 2023-930 du 7 oct. 2023, art. 1er, en vigueur le 10 oct. 2023)* I. — L'arrêté fixant la liste des versions ayant atteint le score environnemental minimal mentionné au *c* du 6° du I de l'article D. 251-1 est adopté sur proposition de l'Agence de l'environnement et de la maîtrise de l'énergie, après instruction par cette dernière du dossier déposé par le constructeur, tel que défini à l'article 3 du règlement (UE) 2018/858, sur une plateforme nationale gérée par cette agence.

Ce dossier comprend les informations et les pièces justificatives nécessaires au calcul du score environnemental, prévues par l'arrêté conjoint des ministres chargés de l'économie, de l'énergie, de l'écologie et des transports mentionné au troisième alinéa du *c* du 6° du I de l'article D. 251-1.

Dans le cas où la version du véhicule est assemblée sur plusieurs sites, ou est équipée de batteries produites sur plusieurs sites, le constructeur soumet à l'Agence de l'environnement et de la maîtrise de l'énergie ces informations et ces pièces justificatives pour chacun de ces sites.

Dans un délai d'un mois, à compter de la réception du dossier, l'agence vérifie que celui-ci est complet et sollicite des informations et pièces justificatives complémentaires. A défaut, le dossier est réputé complet à l'issue de ce délai.

(Décr. n° 2023-929 du 7 oct. 2023, art. 2) « Dans un délai de deux mois à compter de la réception du dossier complet, l'Agence de l'environnement et de la maîtrise de l'énergie instruit le dossier et communique aux ministres chargés de l'économie, de l'énergie, de l'écologie et des transports sa proposition sur l'atteinte du score environnemental minimal par la version considérée.

« Les ministres se prononcent sur l'atteinte du score environnemental minimal de la version par arrêté. Le silence gardé par les ministres vaut décision de rejet. »

II. — A l'issue de cette instruction, le constructeur dont la version n'obtient pas le score environnemental minimal tel que précisé par l'arrêté des ministres chargés de l'économie, de l'énergie, de l'écologie et des transports, prévu au I, peut déposer, au titre d'un mécanisme dérogatoire, un nouveau dossier proposant des valeurs autres que les valeurs de référence mentionnées au *c* du 6° du I de l'article D. 251-1, définies par arrêté des ministres chargés de l'économie, de l'énergie, de l'écologie et des transports. Le constructeur dépose les informations et pièces justificatives justifiant de ces valeurs sur la plateforme nationale mentionnée au I. Elles doivent permettre d'apporter la preuve que le constructeur ne traite pas différemment l'empreinte carbone des véhicules qu'il destine au marché européen, consistant à leur allouer spécifiquement des pièces et composants automobiles bas carbone.

Dans un délai d'un mois, à compter de la réception du dossier, l'Agence de l'environnement et de la maîtrise de l'énergie vérifie que celui-ci est complet et sollicite des informations et pièces justificatives complémentaires. A défaut, le dossier est réputé complet à l'issue de ce délai.

(Décr. n° 2023-929 du 7 oct. 2023, art. 2) « Dans un délai de six mois à compter de la réception du dossier complet, l'Agence de l'environnement et de la maîtrise de l'énergie instruit le dossier et communique aux ministres chargés de l'économie, de l'énergie, de l'écologie et des transports sa proposition sur l'atteinte du score environnemental minimal par la version considérée.

« Les ministres se prononcent sur l'atteinte du score environnemental minimal de la version par arrêté. Le silence gardé par les ministres vaut décision de rejet. »

III. — Le constructeur informe sans délai l'Agence de l'environnement et de la maîtrise de l'énergie de toute modification qui pourrait avoir un effet sur le score environnemental de la version.

Le cas échéant, l'agence communique aux ministres chargés de l'économie, de l'énergie et de l'écologie, dans un délai maximal de *(Décr. n° 2023-929 du 7 oct. 2023, art. 2)* « deux mois » à compter de son information par le constructeur, son avis sur le maintien de la version concernée sur la liste des versions atteignant le score environnemental minimal. Le cas échéant, l'arrêté mentionné au premier alinéa du I du présent article est modifié pour la version considérée. *(Décr. n° 2023-929 du 7 oct. 2023, art. 2)* « Le silence gardé par les ministres vaut décision de rejet. »

Pendant une période de deux ans à compter de la publication de l'arrêté d'éligibilité au score environnemental minimal, l'agence peut demander au constructeur toute pièce justificative additionnelle jugée nécessaire à la vérification du respect de l'obligation prévue au premier alinéa du présent III ou de l'exactitude des informations détaillées dont elle a précédemment eu communication pour la version considérée.

Toute fraude ou tout manquement aux obligations prévues au présent III sont signalés sans délai par l'Agence de l'environnement et de la maîtrise de l'énergie aux ministres chargés de l'économie, de l'énergie et de l'écologie et des transports. L'arrêté mentionné au premier alinéa du I du présent article est modifié pour les versions concernées.

Les responsables de ladite fraude sont passibles des peines et sanctions prévues en un tel cas par le code pénal, notamment dans ses articles 441-1 à 441-12.

IV. — L'Agence de l'environnement et de la maîtrise de l'énergie publie et tient à jour sur un site dématérialisé la liste des versions ayant atteint le score environnemental minimal mentionné au *c* du 6° du I de l'article D. 251-1.

Art. R. 251-1-B *(Décr. n° 2023-929 du 7 oct. 2023, art. 3)* Le délai à l'expiration duquel naît une décision implicite de rejet des ministres est de trois mois à compter de la réception du dossier complet par l'Agence de l'environnement et de la maîtrise de l'énergie dans les cas mentionnés aux I et III de l'article D. 251-1-A et de sept mois à compter de cette même date dans le cas mentionné au II du même article.

Art. D. 251-1-1 *(Décr. n° 2022-1761 du 30 déc. 2022, art. 1er, en vigueur le 1er janv. 2023)* I. — Une aide, dite bonus écologique pour les camionnettes neuves, est attribuée à toute personne physique majeure justifiant d'un domicile en France ou à toute personne morale justifiant d'un établissement en France et à toute administration de l'État qui acquiert ou qui prend en location, dans le cadre d'un contrat d'une durée supérieure ou égale à deux ans, un véhicule automobile terrestre à moteur qui, à la date de sa facturation ou à la date de versement du premier loyer prévu par le contrat de location du véhicule :

1° Appartient :

a) Soit à la catégorie des camionnettes au sens de l'article R. 311-1 du code de la route ;

b) Soit à la catégorie N2 au sens de l'article R. 311-1 du code de la route bénéficiant de la dérogation de poids prévue au IV de l'article R. 312-4 du code de la route et d'un poids total autorisé en charge inférieur ou égal à 3,5 tonnes ;

2° N'a pas fait l'objet précédemment d'une première immatriculation en France ou à l'étranger ;

3° Est immatriculé en France dans une série définitive ;

4° N'est pas cédé par l'acquéreur ou le titulaire d'un contrat de location dans l'année suivant sa première immatriculation ni avant d'avoir parcouru au moins 6 000 kilomètres ;

5° Utilise l'électricité, l'hydrogène ou une combinaison des deux comme source exclusive d'énergie.

Une personne physique ne peut en bénéficier qu'une fois tous les trois ans.

II. — Le montant de l'aide prévue au I du présent article est fixé à 40 % du coût d'acquisition toutes taxes comprises, augmenté le cas échéant du coût de la batterie si celle-ci est prise en location, dans la limite de :

a) 6 000 euros si le véhicule est acquis ou loué par une personne physique ;

b) 4 000 euros si le véhicule est acquis ou loué par une personne morale.

Le montant défini au *a)* du II du présent article est majoré de 2 000 euros lorsque le véhicule est acquis ou loué par une personne physique dont le revenu fiscal de référence par part est inférieur ou égal à 14 089 euros.

Art. D. 251-1-2 *(Décr. nº 2022-1761 du 30 déc. 2022, art. 1er, en vigueur le 1er janv. 2023)* I. — Une aide, dite bonus jeux olympiques et paralympiques pour les taxis transportant des personnes à mobilité réduite et utilisateurs de fauteuils roulants, est attribuée à tout titulaire d'une autorisation de stationnement prévue à l'article L. 3121-1 du code des transports qui acquiert ou qui prend en location, dans le cadre d'un contrat d'une durée supérieure ou égale à deux ans, un véhicule automobile terrestre à moteur répondant aux conditions du présent article, et qui respecte au moins l'une des deux conditions suivantes :

1° L'autorisation de stationnement susmentionnée est délivrée par le préfet de police de Paris au titre de l'article L. 2213-33 du code général des collectivités territoriales ;

2° L'autorisation de stationnement susmentionnée porte sur tout ou partie du territoire de la communauté d'agglomération Châteauroux Métropole, de l'une des métropoles de Bordeaux, de Lyon, d'Aix-Marseille-Provence, de Nantes, de Nice Côte d'Azur et *[de]* Saint-Étienne ou de la métropole européenne de Lille.

Pour être éligible à l'aide, le titulaire de l'autorisation de stationnement doit avoir conclu une convention relative au transport par taxi de personnes à mobilité réduite et d'utilisateurs de fauteuils roulants avec le préfet de police de Paris ou avec le préfet du département concerné.

II. — A la date de sa facturation ou à la date de versement du premier loyer prévu par le contrat de location du véhicule, le véhicule acquis ou loué :

1° Est un véhicule de transport de personnes équipé pour être accessible aux personnes à mobilité réduite et comportant, outre le siège du conducteur, huit places assises au maximum ;

2° Répond aux caractéristiques techniques particulières d'accessibilité aux personnes à mobilité réduite et aux utilisateurs de fauteuils roulants définies par arrêté des ministres chargés de l'écologie et des transports ;

3° N'a pas fait l'objet précédemment d'une première immatriculation en France ou à l'étranger ;

4° Est immatriculé en France dans une série définitive ;

(Décr. nº 2023-1183 du 14 déc. 2023, art. 2) « 5° N'est pas cédé par l'acquéreur ou le titulaire d'un contrat de location dans les quatre ans suivant sa première immatriculation et justifie de l'exploitation effective et continue de l'autorisation de stationnement, conformément à l'article L. 3121-1-2 du code des transports, pendant quatre ans suivant sa première immatriculation sur le territoire :

« *a)* De l'Île-de-France, si l'autorisation de stationnement susmentionnée est délivrée par le préfet de police de Paris ;

« *b)* Du département correspondant au préfet de département signataire de la convention relative au transport par taxi de personnes à mobilité réduite et d'utilisateurs de fauteuils roulants susmentionnée, autrement ; »

6° Utilise :

a) Soit l'électricité, l'hydrogène ou une combinaison des deux comme source exclusive d'énergie ;

b) Soit l'essence, le gaz naturel, le GPL, l'éthanol ou le superéthanol comme source partielle ou exclusive d'énergie ;

7° Émet une quantité de dioxyde de carbone inférieure ou égale à 170 grammes par kilomètre.

III. — Le montant de l'aide prévue au I du présent article est déterminé par l'un ou l'autre des cas suivants :

1° Pour les véhicules mentionnés au *a)* du 6° du II, le montant de l'aide est fixé à 40 % du coût d'acquisition, dans la limite de *(Décr. nº 2022-1761 du 30 déc. 2022, art. 4, en vigueur le 1er janv. 2024)* « 16 500 » euros ;

2° Pour les véhicules mentionnés au *b)* du 6° du II, le montant de l'aide est fixé à 40 % du coût d'acquisition, dans la limite de *(Décr. nº 2022-1761 du 30 déc. 2022, art. 4, en vigueur le 1er janv. 2024)* « 9 500 » euros.

IV. — Pour être éligibles, les demandeurs n'ont pas de dette fiscale ou sociale impayée au 31 décembre 2019, à l'exception de celles qui, à la date de dépôt de la demande d'aide, ont été réglées ou sont couvertes par un plan de règlement. Il n'est pas tenu compte des dettes fiscales inférieures ou égales à un montant de 1 500 euros ni de celles dont l'existence ou le montant font l'objet, au 1er mai 2022, d'un contentieux pour lequel une décision définitive n'est pas intervenue.

V. — L'aide prévue au I ou au II du présent article n'est pas cumulable avec les aides prévues aux articles D. 251-1, D. 251-1-1, D. 251-4 et D. 251-4-1 du code de l'énergie.

Les demandes d'aide devront être déposées avant le 31 décembre 2024.

Cette aide est attribuée dans la limite des 1 000 premiers dossiers complets et éligibles, selon des modalités précisées par arrêté des ministres chargés de l'écologie et des transports.

Art. D. 251-1-3 *(Décr. nº 2022-1761 du 30 déc. 2022, art. 1er, en vigueur le 1er janv. 2023)* I. — Une aide, dite bonus écologique pour les véhicules à moteur à deux ou trois roues et quadricycles à moteur neufs, est attribuée à toute personne physique majeure justifiant d'un domicile en France ou à toute personne morale justifiant d'un établissement en France et à toute administration de l'État qui acquiert ou qui prend en location, dans le cadre d'un contrat d'une durée supérieure ou égale à deux ans, un véhicule automobile terrestre à moteur qui, à la date de sa facturation ou à la date de versement du premier loyer prévu par le contrat de location du véhicule :

1° Appartient à la catégorie des véhicules à moteur à deux ou trois roues et quadricycles à moteur au sens de l'article R. 311-1 du code de la route ;

2° N'a pas fait l'objet précédemment d'une première immatriculation en France ou à l'étranger ;

3° Est immatriculé en France dans une série définitive ;

4° N'est pas cédé par l'acquéreur ou le titulaire d'un contrat de location dans l'année suivant sa première immatriculation ni avant d'avoir parcouru au moins 2 000 kilomètres ;

5° Utilise l'électricité comme source exclusive d'énergie.

Une personne physique ne peut en bénéficier qu'une fois tous les trois ans.

II. — Le montant de l'aide prévue au I du présent article est déterminé par l'un ou l'autre des cas suivants :

1° Pour les véhicules mentionnés au 1° du I du présent article, qui n'utilisent pas de batterie au plomb et dont la puissance maximale nette du moteur est supérieure ou égale à 2 kilowatts en application du règlement (UE) nº 168/2013 du Parlement européen et du Conseil du 15 janvier 2013 ou à 3 kilowatts en application de la directive 2002/24/CE du Parlement européen et du Conseil du 18 mars 2002, le montant de l'aide est fixé à 250 euros par kilowattheures d'énergie de la batterie, sans être supérieur au plus faible des deux montants suivants :

a) 27 % du coût d'acquisition toutes taxes comprises, augmenté le cas échéant du coût de la batterie si celle-ci est prise en location ;

b) 900 euros.

2° Pour les véhicules mentionnés au 1° du I du présent article, qui n'utilisent pas de batterie au plomb et dont la puissance maximale nette du moteur est inférieure à 2 kilowatts en application du règlement (UE) nº 168/2013 du Parlement européen et du Conseil du 15 janvier 2013 ou à 3 kilowatts en application de la directive 2002/24/ CE du Parlement européen et du Conseil du 18 mars 2002, le montant de l'aide est fixé à 20 % du coût d'acquisition toutes taxes comprises, sans être supérieur à 100 euros.

Art. D. 251-1-4 *(Décr. nº 2022-1761 du 30 déc. 2022, art. 1er, en vigueur le 1er janv. 2023)* I. — Une aide, dite bonus vélo, est attribuée à toute personne physique majeure justifiant d'un domicile en France, dont le revenu fiscal de référence par part est inférieur ou égal à

14 089 euros, *(Abrogé par Décr. n° 2022-1761 du 30 déc. 2022, art. 4, à compter du 1er janv. 2024)* ***« ou à toute personne handicapée telle que définie à l'article L. 114 du code de l'action sociale et des familles et qui bénéficie d'une ou plusieurs des aides mentionnées à l'article L. 241-6 du même code ou est titulaire de la carte mobilité inclusion comportant la mention "invalidité" mentionnée à l'article L. 241-3 du même code ou de la carte d'invalidité mentionnée à l'article L. 241-3 du même code dans sa rédaction antérieure au 1er janvier 2017 ou est titulaire d'une carte d'invalidité militaire, »*** ou à toute personne morale justifiant d'un établissement en France et à toute administration de l'État, qui acquiert ou qui prend en location, dans le cadre d'un contrat d'une durée supérieure ou égale à deux ans, un cycle ou un cycle à pédalage assisté, au sens de l'article R. 311-1 du code de la route, neuf, qui n'utilise pas de batterie au plomb, ou une remorque électrique pour cycle, et n'est pas cédé par l'acquéreur dans l'année suivant son acquisition.

Le cycle ou la remorque électrique pour cycle est identifié au sens de l'article L. 1271-2 du code des transports.

Une personne physique ne peut en bénéficier qu'une fois.

II. — Le montant de l'aide prévue au I du présent article est déterminé par l'un ou l'autre des cas suivants :

1° Pour les cycles aménagés pour permettre le transport de personnes ou de marchandises à l'arrière ou l'avant du conducteur ou pour répondre aux besoins de personnes en situation de handicap *(Abrogé par Décr. n° 2022-1761 du 30 déc. 2022, art. 4, à compter du 1er janv. 2024)* ***«, pour les cycles pliants » et pour les remorques électriques pour cycles, le montant de l'aide est fixé à 40 % du coût d'acquisition,*** *(Décr. n° 2022-1761 du 30 déc. 2022, art. 4, en vigueur le 1er janv. 2024)* ***« dans la limite de 1 000 euros. »***

(Abrogé par Décr. n° 2022-1761 du 30 déc. 2022, art. 4, à compter du 1er janv. 2024) ***« a) 2 000 euros si le véhicule est acquis ou loué par une personne physique dont le revenu fiscal de référence par part est inférieur ou égal à 6 358 euros ou par une personne handicapée telle que définie à l'article L. 114 du code de l'action sociale et des familles et qui bénéficie d'une ou plusieurs des aides mentionnées à l'article L. 241-6 du même code ou est titulaire de la carte mobilité inclusion comportant la mention "invalidité" mentionnée à l'article L. 241-3 du même code ou de la carte d'invalidité mentionnée à l'article L. 241-3 du même code dans sa rédaction antérieure au 1er janvier 2017 ou est titulaire d'une carte d'invalidité militaire ;***

« b) 1 000 euros dans les autres cas. »

2° Pour les cycles à pédalage assisté autres que ceux mentionnés au 1° du II du présent article et acquis ou loués par une personne physique, *(Décr. n° 2022-1761 du 30 déc. 2022, art. 4, en vigueur le 1er janv. 2024)* « celle-ci ne peut en bénéficier que si une aide ayant le même objet a été attribuée par une collectivité territoriale ou un groupement de collectivités territoriales. Ces deux aides sont cumulatives. Le montant de l'aide est alors identique au montant de l'aide ayant le même objet attribuée par la collectivité territoriale ou le groupement de collectivités territoriales, dans la limite de 200 euros. »

(Abrogé par Décr. n° 2022-1761 du 30 déc. 2022, art. 4, à compter du 1er janv. 2024) ***« a) 400 euros si le véhicule est acquis ou loué par une personne physique dont le revenu fiscal de référence par part est inférieur ou égal à 6 358 euros ou par une personne handicapée telle que définie à l'article L. 114 du code de l'action sociale et des familles et qui bénéficie d'une ou plusieurs des aides mentionnées à l'article L. 241-6 du même code ou est titulaire de la carte mobilité inclusion comportant la mention "invalidité" mentionnée à l'article L. 241-3 du même code ou de la carte d'invalidité mentionnée à l'article L. 241-3 du même code dans sa rédaction antérieure au 1er janvier 2017 ou est titulaire d'une carte d'invalidité militaire ;***

« b) 300 euros dans les autres cas.

« 3° Pour les cycles autres que ceux mentionnés au 1° et au 2° du présent article, et acquis ou loués par une personne physique dont le revenu fiscal de référence par part est inférieur ou égal à 6 358 euros ou par une personne handicapée telle que définie à l'article L. 114 du code de l'action sociale et des familles et qui bénéficie d'une ou plusieurs des aides mentionnées à l'article L. 241-6 du même code ou est titulaire de la carte mobilité inclusion comportant la mention "invalidité" mentionnée à l'article L. 241-3 du même code ou de la carte d'invalidité mentionnée à l'article L. 241-3 du même code dans sa rédaction antérieure au 1er janvier 2017 ou est titulaire d'une carte d'invalidité militaire, le montant de l'aide est fixé à 40 % du coût d'acquisition, dans la limite de 150 euros. »

Art. D. 251-1-5 *(Décr. n° 2022-1761 du 30 déc. 2022, art. 1er, en vigueur le 1er janv. 2023)* Le montant des aides déterminé aux articles D. 251-1, D. 251-1-1, D. 251-1-3 du présent code est augmenté de 1 000 euros lorsque le véhicule est acquis ou loué par une personne physique domiciliée dans une collectivité régie par l'article 73 de la Constitution ou par une personne morale justifiant d'un établissement dans l'une de ces collectivités, et qu'il y circule dans les six mois suivant son acquisition.

Art. D. 251-2 *(Décr. n° 2022-1761 du 30 déc. 2022, art. 1er, en vigueur le 1er janv. 2023)* I. — Une aide, dite bonus écologique pour les voitures particulières et les camionnettes d'occasion, est attribuée à toute personne physique majeure justifiant d'un domicile en France qui acquiert ou qui prend en location, dans le cadre d'un contrat d'une durée supérieure ou égale à deux ans, un véhicule automobile terrestre à moteur qui, à la date de sa facturation ou à la date de versement du premier loyer prévu par le contrat de location du véhicule :

1° Appartient :

a) Soit à la catégorie des voitures particulières ou des camionnettes au sens de l'article R. 311-1 du code de la route ou à une catégorie de véhicules faisant l'objet d'une mesure des émissions de dioxyde de carbone en application du règlement (CE) n° 715/2007 du Parlement européen et du Conseil du 20 juin 2007 ;

b) Soit aux catégories M2 ou N2 au sens de l'article R. 311-1 du code de la route bénéficiant de la dérogation de poids prévue au IV de l'article R. 312-4 du code de la route et d'un poids total autorisé en charge inférieur ou égal à 3,5 tonnes ;

2° A fait l'objet d'une première immatriculation depuis au moins deux ans à la date de facturation du véhicule ou de versement du premier loyer ;

3° Est immatriculé en France dans une série définitive ;

3° *bis* N'appartient pas à un membre du même foyer fiscal ;

4° N'est pas cédé par l'acquéreur ou le titulaire d'un contrat de location dans les deux ans suivant la date de facturation du véhicule ou de versement du premier loyer ;

5° Utilise l'électricité, l'hydrogène ou une combinaison des deux comme source exclusive d'énergie.

Une personne physique ne peut en bénéficier qu'une fois tous les trois ans.

II. — Le montant de l'aide prévue au I du présent article est fixé à 1 000 euros.

Art. D. 251-3 *(Décr. n° 2023-1183 du 14 déc. 2023, art. 1er, en vigueur le 1er janv. 2024)* I. — Une aide, dite aide au leasing de voitures électriques, est attribuée à toute personne physique majeure justifiant d'un domicile en France et respectant les conditions d'éligibilité définies au II du présent article, qui prend en location un véhicule automobile terrestre à moteur répondant aux conditions définies au III du présent article, dans le cadre d'un contrat d'une durée supérieure ou égale à trois ans répondant aux conditions définies au IV du présent article, conclu avec un loueur de véhicules qui, à la date de conclusion du contrat :

1° A conclu avec l'État une convention conforme à une convention type approuvée par arrêté conjoint du ministre chargé de l'économie et du ministre chargé des transports ;

2° A conclu avec l'Agence de services et de paiement une convention aux termes de laquelle il s'engage à avancer le montant de l'aide définie au présent article et le montant de l'aide définie à l'article D. 251-1 du présent code, pour en obtenir ensuite le remboursement.

L'aide définie au présent article est avancée par le loueur, ou un professionnel de l'automobile agissant pour son compte, au locataire, qui ne peut lui-même en faire la demande à l'Agence de services et de paiement.

L'aide s'impute en totalité sur le montant, toutes taxes comprises, du premier loyer mentionné sur le contrat de location, après toute remise, rabais, déduction ou avantage consenti par le loueur.

L'aide apparaît distinctement sur le contrat de location ou un document contresigné par le locataire, en identifiant clairement la personne morale qui en avance le montant, assortie de la mention : "Aide au leasing d'une voiture particulière électrique."

Le locataire du véhicule le conserve en location pendant au moins trois années à compter de la date de versement du premier loyer prévu par le contrat de location du véhicule.

II. — Les personnes physiques éligibles à l'aide prévue au I du présent article sont celles dont le foyer fiscal dispose d'un revenu fiscal de référence par part inférieur à 15 400 euros et qui répondent à l'une des deux conditions suivantes :

1° La longueur du trajet, effectué exclusivement avec leur véhicule personnel, entre leur domicile et leur lieu de travail est supérieure à 15 kilomètres ;

2° Elles effectuent plus de 8 000 kilomètres par an dans le cadre de leur activité professionnelle avec leur véhicule personnel.

Une personne physique ne peut bénéficier de l'aide prévue au I du présent article qu'une fois tous les trois ans, et deux fois au maximum.

III. — A la date de versement du premier loyer prévu par le contrat de location du véhicule, le véhicule loué :

1° Appartient à la catégorie M1 au sens de l'article R. 311-1 du code de la route ;

2° Est immatriculé en France dans une série définitive ;

3° Remplit l'une des trois conditions suivantes :

a) N'a pas fait l'objet précédemment d'une première immatriculation en France ou à l'étranger et vérifie la condition définie au *c* du 6° du I de l'article D. 251-1 du présent code ;

b) A fait l'objet d'une première immatriculation en France ou à l'étranger depuis moins de quarante-deux mois à la date de signature du contrat de location ;

c) A fait l'objet d'une transformation de véhicule à motorisation thermique en motorisation électrique à batterie ou à pile à combustible, selon les conditions définies par arrêté du ministre de l'écologie, depuis moins de quarante-deux mois à la date de signature du contrat de location ;

4° Utilise l'électricité, l'hydrogène ou une combinaison des deux comme source exclusive d'énergie ;

5° Remplit les conditions additionnelles suivantes :

a) Son coût d'acquisition est inférieur ou égal à 47 000 euros toutes taxes comprises, incluant le cas échéant le coût d'acquisition ou de location de la batterie ;

b) Sa masse en ordre de marche est inférieure à 2 400 kilogrammes.

IV. — Le contrat de location du véhicule stipule que :

1° Le montant du premier loyer, aide prévue au I du présent article et aides prévues aux articles D. 251-1 ou D. 251-2 du présent code déduites, et les montants des loyers ultérieurs, toutes taxes comprises, n'excèdent pas 150 euros par mois. Au sens du présent 1°, les loyers sont entendus hors toute clause ou prestation optionnelle dont l'inclusion au contrat n'est pas requise au titre de la convention mentionnée au 1° du I du présent article ou du 2° du présent IV ;

2° Le locataire peut parcourir au moins 12 000 kilomètres par an avec le véhicule sans frais supplémentaires.

V. — 1° Pour les véhicules ayant fait précédemment l'objet d'une première immatriculation en France ou à l'étranger, le montant de l'aide prévue au I du présent article est fixé à 5 000 euros, dans la limite de 16 % du coût d'achat au comptant du véhicule loué toutes taxes comprises, augmenté le cas échéant du coût de la batterie si celle-ci est prise en location.

2° Pour les véhicules n'ayant pas fait précédemment l'objet d'une première immatriculation en France ou à l'étranger, le montant de l'aide prévue au I du présent article est égal au plus petit des deux montant suivants :

a) 13 000 euros moins le montant maximal de l'aide prévue à l'article D. 251-1 ;

b) A+B-C où :

A = 16 % du coût d'achat au comptant du véhicule loué toutes taxes comprises, augmenté le cas échéant du coût de la batterie si celle-ci est prise en location ;

B = 8 000 € ;

C désigne le montant maximal de l'aide prévue à l'article D. 251-1.

VI. — Le bénéfice de l'aide prévue au I du présent article n'est pas cumulable avec les aides prévues aux articles D. 251-4 et D. 251-5.

VII. — 1° Le loueur informe sans délai l'Agence de services et de paiement de toute modification du contrat de location du véhicule qui pourrait avoir un effet sur l'octroi de l'aide prévue au I du présent article.

2° Lorsque l'octroi de l'aide prévue au I du présent article est remis en cause en raison du non-respect de la condition prévue au dernier alinéa du même I, le loueur en restitue l'intégralité du montant à l'Agence de services et de paiement dans les trois mois suivant la rupture ou la modification du contrat pour une durée inférieure à trois ans.

3° La demande d'aide prévue au présent article est formulée au plus tard dans les six mois suivant la date de versement du premier loyer.

Art. D. 251-4 *(Décr. n° 2022-1761 du 30 déc. 2022, art. 1er, en vigueur le 1er janv. 2023)* I. — Une aide, dite prime à la conversion pour l'acquisition d'une voiture particulière peu polluante, est attribuée à toute personne physique majeure justifiant d'un domicile en France, dont le revenu fiscal de référence par part est inférieur ou égal à 22 983 euros, ou à toute personne morale justifiant d'un établissement en France et à toute administration de l'État qui acquiert ou prend en location, dans le cadre d'un contrat d'une durée supérieure ou égale à deux ans, un véhicule terrestre qui :

1° Appartient :

a) Soit à la catégorie des voitures particulières au sens de l'article R. 311-1 du code de la route ou à une catégorie de véhicules faisant l'objet d'une mesure des émissions de dioxyde de carbone en application du règlement (CE) n° 715/2007 du Parlement européen et du Conseil du 20 juin 2007 ;

b) Soit à la catégorie M2 au sens de l'article R. 311-1 du code de la route bénéficiant de la dérogation de poids prévue au IV de l'article R. 312-4 du code de la route et d'un poids total autorisé en charge inférieur ou égal à 3,5 tonnes ;

2° Est immatriculé en France dans une série définitive ;

3° N'est pas cédé par l'acquéreur ou le titulaire d'un contrat de location dans l'année suivant son acquisition ni avant d'avoir parcouru au moins 6 000 kilomètres ;

4° N'est pas considéré comme un véhicule endommagé au sens des dispositions des articles L. 327-1 à L. 327-6 du code de la route ;

5° Vérifie les conditions additionnelles suivantes :

a) Son coût d'acquisition est inférieur ou égal à 47 000 euros toutes taxes comprises, incluant le cas échéant le coût d'acquisition ou de location de la batterie ;

b) Sa masse en ordre de marche *(Abrogé par Décr. n° 2023-930 du 7 oct. 2023, art. 1er, à compter du 10 oct. 2023)* ***«, telle que définie à l'article 2 du règlement (UE) n° 1230/2012 de la Commission du 12 décembre 2012 »***, est inférieure à 2 400 kg.

II. — Cette aide est attribuée lorsque cette acquisition ou cette location s'accompagne du retrait de la circulation, à des fins de destruction, d'un véhicule qui, à la date de facturation du véhicule acquis ou de versement du premier loyer :

1° Appartient à la catégorie des voitures particulières ou des camionnettes au sens de l'article R. 311-1 du code de la route ou à une catégorie de véhicules faisant l'objet d'une mesure des émissions de dioxyde de carbone en application du règlement (CE) n° 715/2007 du Parlement européen et du Conseil du 20 juin 2007 ;

2° A fait l'objet d'une première immatriculation :

a) Pour un véhicule utilisant le gazole comme carburant principal, avant le 1er janvier 2011 ;

b) Pour un véhicule n'utilisant pas le gazole comme carburant principal, avant le 1er janvier 2006 ;

3° Appartient au bénéficiaire de l'aide définie par le présent article ;

4° A été acquis depuis au moins un an par ce même bénéficiaire ;

5° Est immatriculé en France dans une série normale ou avec un numéro d'immatriculation définitif ;

6° N'est pas gagé ;

7° N'est pas considéré comme un véhicule endommagé au sens des dispositions des articles L. 327-1 à L. 327-6 du code de la route ou fait l'objet d'un contrat d'assurance en cours de validité depuis au moins un an à la date de sa remise pour destruction ou à la date de facturation du véhicule acquis ou loué ;

8° Est remis pour destruction, dans les trois mois précédant ou les six mois suivant la date de facturation du véhicule acquis ou loué, à un centre de traitement des véhicules hors d'usage agréé mentionné au 3° de l'article R. 543-155 du code de l'environnement ou par des installations autorisées conformément aux dispositions de l'article R. 543-161 du même code, qui délivre à son propriétaire un certificat de destruction du véhicule conformément aux dispositions de l'article R. 322-9 du code de la route.

Une personne physique ne peut en bénéficier qu'une fois.

III. — Le montant de l'aide prévue au I du présent article est déterminé par l'un ou l'autre des cas suivants :

1° Pour les véhicules mentionnés au 1° du I du présent article, qui utilisent l'électricité, l'hydrogène ou une combinaison des deux comme source exclusive d'énergie :

a) Le montant de l'aide est fixé à 80 % du coût d'acquisition, dans la limite de 6 000 euros si le véhicule est acquis ou loué soit par une personne physique dont le revenu fiscal de référence par part est inférieur ou égal à 14 089 euros et dont la distance entre son domicile et son lieu de travail est supérieure à 30 kilomètres ou effectuant plus de 12 000 kilomètres par an dans le cadre de son activité professionnelle avec son véhicule personnel, soit par une personne physique dont le revenu fiscal de référence par part est inférieur ou égal à 6 358 euros ;

b) Le montant de l'aide est fixé à 2 500 euros, dans les autres cas.

2° Pour les véhicules mentionnés au 1° du I du présent article, dont les émissions de dioxyde de carbone sont inférieures ou égales à 122 grammes par kilomètre si le véhicule n'a pas fait l'objet précédemment d'une première immatriculation en France ou à l'étranger ou s'il a fait l'objet d'une première immatriculation depuis moins de six mois à la date de facturation du véhicule ou de versement du premier loyer, ou dont les émissions de dioxyde de carbone sont inférieures ou égales à 132 grammes par kilomètre, qui utilisent l'essence, le gaz naturel, le GPL, l'éthanol ou le superéthanol comme source partielle ou exclusive d'énergie et dont la date de première immatriculation est postérieure au 1er janvier 2011 ;

a) Le montant de l'aide est fixé à 80 % du coût d'acquisition, dans la limite de 4 000 euros, si le véhicule est acquis ou loué soit par une personne physique dont le revenu fiscal de référence par part est inférieur ou égal à 14 089 euros et dont la distance entre son domicile et son lieu de travail est supérieure à 30 kilomètres ou effectuant plus de 12 000 kilomètres par an dans le cadre de son activité professionnelle avec son véhicule personnel, soit par une personne physique dont le revenu fiscal de référence par part est inférieur ou égal à 6 358 euros ;

b) Le montant de l'aide est fixé à 1 500 euros dans la limite du coût d'acquisition du véhicule toutes taxes comprises, si le véhicule est acquis ou loué par une personne physique dont le revenu fiscal de référence par part est inférieur ou égal à 14 089 euros.

IV. — Les émissions de dioxyde de carbone mentionnées au 2° du III du présent article sont celles qui sont réputées répondre aux conditions de l'article L. 421-9 du code des impositions sur les biens et services, après application, le cas échéant, de l'abattement prévu à l'article L. 421-68 du même code.

Pour l'application du 2° du III du présent article, le seuil de 132 grammes est remplacé par le seuil de 104 grammes et le seuil de 122 grammes est remplacé par le seuil de 94 grammes pour les véhicules dont les émissions de dioxyde de carbone ont été déterminées selon l'une des méthodes mentionnées au 3° ou au 4° de l'article L. 421-9 du code des impositions sur les biens et services.

Art. D. 251-4-1 *(Décr. n° 2022-1761 du 30 déc. 2022, art. 1er, en vigueur le 1er janv. 2023)* I. — Une aide, dite prime à la conversion pour l'acquisition d'une camionnette peu polluante, est attribuée à toute personne physique majeure justifiant d'un domicile en France, dont le revenu fiscal de référence par part est inférieur ou égal à 22 983 euros, ou à toute personne morale justifiant d'un établissement en France et à toute administration de l'État qui acquiert ou prend en location, dans le cadre d'un contrat d'une durée supérieure ou égale à deux ans, un véhicule terrestre qui :

1° Appartient :

a) Soit à la catégorie des camionnettes au sens de l'article R. 311-1 du code de la route ;

b) Soit à la catégorie N2 au sens de l'article R. 311-1 du code de la route bénéficiant de la dérogation de poids prévue au IV de l'article R. 312-4 du code de la route et d'un poids total autorisé en charge inférieur ou égal à 3,5 tonnes ;

2° Est immatriculé en France dans une série définitive ;

3° N'est pas cédé par l'acquéreur ou le titulaire d'un contrat de location dans l'année suivant son acquisition ni avant d'avoir parcouru au moins 6 000 kilomètres ;

4° N'est pas considéré comme un véhicule endommagé au sens des dispositions des articles L. 327-1 à L. 327-6 du code de la route.

II. — Cette aide est attribuée lorsque cette acquisition ou cette location s'accompagne du retrait de la circulation, à des fins de destruction, d'un véhicule qui, à la date de facturation du véhicule acquis ou de versement du premier loyer :

1° Appartient à la catégorie des voitures particulières ou des camionnettes au sens de l'article R. 311-1 du code de la route ou à une catégorie de véhicules faisant l'objet d'une mesure des émissions de dioxyde de carbone en application du règlement (CE) n° 715/2007 du Parlement européen et du Conseil du 20 juin 2007 ;

2° A fait l'objet d'une première immatriculation :

a) Pour un véhicule utilisant le gazole comme carburant principal, avant le 1er janvier 2011 ;

b) Pour un véhicule n'utilisant pas le gazole comme carburant principal, avant le 1er janvier 2006 ;

3° Appartient au bénéficiaire de l'aide définie par le présent article ;

4° A été acquis depuis au moins un an par ce même bénéficiaire ;

5° Est immatriculé en France dans une série normale ou avec un numéro d'immatriculation définitif ;

6° N'est pas gagé ;

7° N'est pas considéré comme un véhicule endommagé au sens des dispositions des articles L. 327-1 à L. 327-6 du code de la route ou fait l'objet d'un contrat d'assurance en cours de validité depuis au moins un an à la date de sa remise pour destruction ou à la date de facturation du véhicule acquis ou loué ;

8° Est remis pour destruction, dans les trois mois précédant ou les six mois suivant la date de facturation du véhicule acquis ou loué, à un centre de traitement des véhicules hors d'usage agréé mentionné au 3° de l'article R. 543-155 du code de l'environnement ou par des installations autorisées conformément aux dispositions de l'article R. 543-161 du même code, qui délivre à son propriétaire un certificat de destruction du véhicule conformément aux dispositions de l'article R. 322-9 du code de la route.

Une personne physique ne peut en bénéficier qu'une fois.

III. — Le montant de l'aide prévue au I du présent article est déterminé par l'un ou l'autre des cas suivants :

1° Pour les véhicules mentionnés au 1° du I du présent article, qui utilisent l'électricité, l'hydrogène ou une combinaison des deux comme source exclusive d'énergie :

a) Si le véhicule est de classe I au sens de l'annexe 1 du règlement (CE) n° 715/2007 du Parlement européen et du Conseil du 20 juin 2007 relatif à la réception des véhicules à moteur au regard des émissions des véhicules particuliers et utilitaires légers (Euro 5 et Euro 6), le montant de l'aide est fixé à 40 % du coût d'acquisition, dans la limite de 5 000 euros ;

b) Si le véhicule est de classe II au sens de l'annexe 1 du règlement (CE) n° 715/2007 du Parlement européen et du Conseil du 20 juin 2007 relatif à la réception des véhicules à moteur au regard des émissions des véhicules particuliers et utilitaires légers (Euro 5 et Euro 6), le montant de l'aide est fixé à 40 % du coût d'acquisition, dans la limite de 7 000 euros ;

c) Si le véhicule est de classe III au sens de l'annexe 1 du règlement (CE) n° 715/2007 du Parlement européen et du Conseil du 20 juin 2007 relatif à la réception des véhicules à moteur au regard des émissions des véhicules particuliers et utilitaires légers (Euro 5 et Euro 6) ou est un véhicule de catégorie N2 mentionné au *b)* du 1° du I du présent article, le montant de l'aide est fixé à 40 % du coût d'acquisition, dans la limite de 9 000 euros.

Les montants définis aux *a)*, *b)* et *c)* du 1° du III du présent article sont majorés de 1 000 euros lorsque le véhicule est acquis ou loué soit par une personne physique dont le revenu fiscal de référence par part est inférieur ou égal à 14 089 euros et dont la distance entre son domicile et son lieu de travail est supérieure à 30 kilomètres ou effectuant plus de 12 000 kilomètres par an dans le cadre de son activité professionnelle avec son véhicule personnel, soit par une personne physique dont le revenu fiscal de référence par part est inférieur ou égal à 6 358 euros.

2° Pour les véhicules mentionnés au 1° du I du présent article, dont le coût d'acquisition est inférieur ou égal à 50 000 euros toutes taxes comprises, dont les émissions de dioxyde de carbone sont inférieures ou égales à 122 grammes par kilomètre si le véhicule n'a pas fait l'objet précédemment d'une première immatriculation en France ou à l'étranger ou s'il a fait l'objet d'une première immatriculation depuis moins de six mois à la date de facturation du véhicule ou de versement du premier loyer, ou dont les émissions de dioxyde de carbone sont inférieures ou égales à 132 grammes par kilomètre, qui utilisent l'essence, le gaz naturel, le GPL, l'éthanol ou le superéthanol comme source partielle ou exclusive d'énergie et dont la date de première immatriculation est postérieure au 1er janvier 2011 :

a) Le montant de l'aide est fixé à 80 % du coût d'acquisition, dans la limite de 4 000 euros, si le véhicule est acquis ou loué soit par une personne physique dont le revenu fiscal de référence par part est inférieur ou égal à 14 089 euros et dont la distance entre son domicile et son lieu de travail est supérieure à 30 kilomètres ou effectuant plus de 12 000 kilomètres par an dans le cadre de son activité professionnelle avec son véhicule personnel, soit par une personne physique dont le revenu fiscal de référence par part est inférieur ou égal à 6 358 euros ;

b) Le montant de l'aide est fixé à 1 500 euros dans la limite du coût d'acquisition du véhicule toutes taxes comprises, si le véhicule est acquis ou loué par une personne physique dont le revenu fiscal de référence par part est inférieur ou égal à 14 089 euros.

IV. — Les émissions de dioxyde de carbone mentionnées au 2° du III du présent article sont celles qui sont réputées répondre aux conditions de l'article L. 421-9 du code des impositions sur les biens et services, après application, le cas échéant, de l'abattement prévu à l'article L. 421-68 du même code.

Pour l'application du 2° du III du présent article, le seuil de 132 grammes est remplacé par le seuil de 104 grammes et le seuil de 122 grammes est remplacé par le seuil de 94 grammes pour les véhicules dont les émissions de dioxyde de carbone ont été déterminées selon l'une des méthodes mentionnées au 3° ou au 4° de l'article L. 421-9 du code des impositions sur les biens et services.

Art. D. 251-4-2 *(Décr. n° 2022-1761 du 30 déc. 2022, art. 1er, en vigueur le 1er janv. 2023)* I. — Une aide, dite prime à la conversion pour l'acquisition d'un véhicule à moteur à deux ou trois roues ou quadricycle à moteur peu polluant, est attribuée à toute personne physique majeure justifiant d'un domicile en France dont le revenu fiscal de référence par part est inférieur ou égal à 22 983 euros, ou à toute personne morale justifiant d'un établissement en France et à toute administration de l'État qui acquiert ou prend en location, dans le cadre d'un contrat d'une durée supérieure ou égale à deux ans, un véhicule terrestre qui :

1° Appartient à la catégorie des véhicules à moteur à deux ou trois roues et quadricycles à moteur au sens de l'article R. 311-1 du code de la route ;

2° N'utilise pas de batterie au plomb et dont la puissance maximale nette du moteur est supérieure ou égale à 2 kilowatts en application du règlement (UE) n° 168/2013 du Parlement européen et du Conseil du 15 janvier 2013 ou à 3 kilowatts en application de la directive 2002/24/CE du Parlement européen et du Conseil du 18 mars 2002 ;

3° Est immatriculé en France dans une série définitive ;

4° N'est pas cédé par l'acquéreur ou le titulaire d'un contrat de location dans l'année suivant son acquisition ni avant d'avoir parcouru au moins 2 000 kilomètres ;

5° Utilise l'électricité comme source exclusive d'énergie ;

6° N'est pas considéré comme un véhicule endommagé au sens des dispositions des articles L. 327-1 à L. 327-6 du code de la route ;

II. — Cette aide est attribuée lorsque cette acquisition ou cette location s'accompagne du retrait de la circulation, à des fins de destruction, d'un véhicule qui, à la date de facturation du véhicule acquis ou de versement du premier loyer :

1° Appartient à la catégorie des voitures particulières ou des camionnettes au sens de l'article R. 311-1 du code de la route ou à une catégorie de véhicules faisant l'objet d'une mesure des émissions de dioxyde de carbone en application du règlement (CE) n° 715/2007 du Parlement européen et du Conseil du 20 juin 2007 ;

2° A fait l'objet d'une première immatriculation :

a) Pour un véhicule *(Abrogé par Décr. n° 2023-1183 du 14 déc. 2023, art. 2) « **mentionné au a) du 1° du II du présent article** »* utilisant le gazole comme carburant principal, avant le 1er janvier 2011 ;

b) Pour un véhicule *(Abrogé par Décr. n° 2023-1183 du 14 déc. 2023, art. 2) « **mentionné au a) du 1° du II du présent article** »* n'utilisant pas le gazole comme carburant principal, avant le 1er janvier 2006 ;

3° Appartient au bénéficiaire de l'aide définie par le présent article ;

4° A été acquis depuis au moins un an par ce même bénéficiaire ;

5° Est immatriculé en France dans une série normale ou avec un numéro d'immatriculation définitif ;

6° N'est pas gagé ;

7° N'est pas considéré comme un véhicule endommagé au sens des dispositions des articles L. 327-1 à L. 327-6 du code de la route ou fait l'objet d'un contrat d'assurance en cours de validité depuis au moins un an à la date de sa remise pour destruction ou à la date de facturation du véhicule acquis ou loué ;

8° Est remis pour destruction, dans les trois mois précédant ou les six mois suivant la date de facturation du véhicule acquis ou loué, à un centre de traitement des véhicules hors d'usage agréé mentionné au 3° de l'article R. 543-155 du code de l'environnement ou par des installations autorisées conformément aux dispositions de l'article R. 543-161 du même code, qui délivre à son propriétaire un certificat de destruction du véhicule conformément aux dispositions de l'article R. 322-9 du code de la route.

Une personne physique ne peut en bénéficier qu'une fois.

III. — Le montant de l'aide prévue au I du présent article est fixé à :

a) 1 100 euros, dans la limite du coût d'acquisition du véhicule toutes taxes comprises et bonus écologique déduit, si le véhicule est acquis ou loué par une personne physique dont le revenu fiscal de référence par part est inférieur ou égal à 14 089 euros ;

b) 100 euros, dans les autres cas.

Art. D. 251-4-3 *(Décr. n° 2022-1761 du 30 déc. 2022, art. 1er, en vigueur le 1er janv. 2023)* I. — Une aide, dite prime à la conversion pour l'acquisition d'un cycle à pédalage assisté, est attribuée à toute personne physique majeure justifiant d'un domicile en France, dont le revenu fiscal de référence par part est inférieur ou égal à 22 983 euros, ou à toute personne morale justifiant d'un établissement en France et à toute administration de l'État qui acquiert ou prend en location, dans le cadre d'un contrat d'une durée supérieure ou égale à deux ans, un véhicule terrestre qui :

1° Est un cycle à pédalage assisté, au sens de l'article R. 311-1 du code de la route, qui n'utilise pas de batterie au plomb ;

2° Est identifié au sens de l'article L. 1271-2 du code des transports ;

3° N'est pas cédé par l'acquéreur ou le titulaire d'un contrat de location dans l'année suivant son acquisition ;

II. — Cette aide est attribuée lorsque cette acquisition ou cette location s'accompagne du retrait de la circulation, à des fins de destruction, d'un véhicule qui, à la date de facturation du véhicule acquis ou de versement du premier loyer :

1° Appartient à la catégorie des voitures particulières ou des camionnettes au sens de l'article R. 311-1 du code de la route ou à une catégorie de véhicules faisant l'objet d'une mesure des émissions de dioxyde de carbone en application du règlement (CE) n° 715/2007 du Parlement européen et du Conseil du 20 juin 2007 ;

2° A fait l'objet d'une première immatriculation :

a) Pour un véhicule mentionné au a) du 1° du II du présent article utilisant le gazole comme carburant principal, avant le 1er janvier 2011 ;

b) Pour un véhicule mentionné au a) du 1° du II du présent article n'utilisant pas le gazole comme carburant principal, avant le 1er janvier 2006 ;

3° Appartient au bénéficiaire de l'aide définie par le présent article ;

4° A été acquis depuis au moins un an par ce même bénéficiaire ;

5° Est immatriculé en France dans une série normale ou avec un numéro d'immatriculation définitif ;

6° N'est pas gagé ;

7° N'est pas considéré comme un véhicule endommagé au sens des dispositions des articles L. 327-1 à L. 327-6 du code de la route ou fait l'objet d'un contrat d'assurance en cours de validité depuis au moins un an à la date de sa remise pour destruction ou à la date de facturation du véhicule acquis ou loué ;

8° Est remis pour destruction, dans les trois mois précédant ou les six mois suivant la date de facturation du véhicule acquis ou loué, à un centre de traitement des véhicules hors d'usage agréé mentionné au 3° de l'article R. 543-155 du code de l'environnement ou par des installations autorisées conformément aux dispositions de l'article R. 543-161 du même code, qui délivre à son propriétaire un certificat de destruction du véhicule conformément aux dispositions de l'article R. 322-9 du code de la route.

III. — Le montant de l'aide prévue au I du présent article est fixé à 40 % du coût d'acquisition du véhicule, *(Décr. n° 2022-1761 du 30 déc. 2022, art. 4, en vigueur le 1er janv. 2024)* « dans la limite de 1 500 euros. »

(Abrogé par Décr. n° 2022-1761 du 30 déc. 2022, art. 4, à compter du 1er janv. 2024) ***« a) 3 000 euros par acquisition de cycle si les véhicules sont acquis ou loués par une personne physique dont le revenu fiscal de référence par part est inférieur ou égal à 6 358 euros ou par une personne handicapée telle que définie à l'article L. 114 du code de l'action sociale et des familles et qui bénéficie d'une ou plusieurs des aides mentionnées à l'article L. 241-6 du même code ou est titulaire de la carte mobilité inclusion comportant la mention "invalidité" mentionnée à l'article L. 241-3 du même code ou de la carte d'invalidité mentionnée à l'article L. 241-3 du même code dans sa rédaction antérieure au 1er janvier 2017 ou est titulaire d'une carte d'invalidité militaire ;***

« b) 1 500 euros par acquisition de cycle dans les autres cas. »

Art. D. 251-4-4 *(Décr. n° 2022-1761 du 30 déc. 2022, art. 1er, en vigueur le 1er janv. 2023)* Quel que soit le nombre de véhicules remis pour destruction, l'acquisition ou la prise en location d'un véhicule ne peut donner lieu au versement que d'une prime à la conversion prévue aux articles D. 251-4 à D. 251-4-3 du présent code *(Abrogé par Décr. n° 2022-1761 du 30 déc. 2022, art. 4, à compter du 1er janv. 2024)* ***« , à l'exception des acquisitions de cycles à pédalage assisté pour lesquels une prime à la conversion par membre d'un même foyer fiscal peut être versée pour la mise en destruction d'un même véhicule ».***

Art. D. 251-5 *(Décr. n° 2022-1761 du 30 déc. 2022, art. 1er, en vigueur le 1er janv. 2023)* I. — Une aide, dite prime au rétrofit électrique d'une voiture particulière, est attribuée à toute personne physique majeure justifiant d'un domicile en France, dont le revenu fiscal de référence par part est inférieur ou égal à 22 983 euros, ou à toute personne morale justifiant d'un établissement en France et à toute administration de l'État qui est propriétaire d'un véhicule automobile terrestre à moteur qui :

1° Appartient :

a) Soit à la catégorie des voitures particulières au sens de l'article R. 311-1 du code de la route ou à une catégorie de véhicules faisant l'objet d'une mesure des émissions de dioxyde de carbone en application du règlement (CE) n° 715/2007 du Parlement européen et du Conseil du 20 juin 2007 ;

b) Soit à la catégorie M2 au sens de l'article R. 311-1 du code de la route bénéficiant de la dérogation de poids prévue au IV de l'article R. 312-4 du code de la route et d'un poids total autorisé en charge inférieur ou égal à 3,5 tonnes ;

2° A fait l'objet d'une transformation de véhicule à motorisation thermique en motorisation électrique à batterie ou à pile à combustible, selon les conditions définies par arrêté du ministre de l'écologie ;

3° N'est pas cédé par ce même bénéficiaire dans l'année suivant sa transformation ni avant d'avoir parcouru au moins 6 000 kilomètres.

II. — Le montant de l'aide prévue au I du présent article est fixé à :

a) 80 % du coût de la transformation, dans la limite de 6 000 euros si le véhicule est acquis ou loué soit par une personne physique dont le revenu fiscal de référence par part est inférieur ou égal à 14 089 euros et dont la distance entre son domicile et son lieu de travail est supérieure à 30 kilomètres ou effectuant plus de 12 000 kilomètres par an dans le cadre de son activité professionnelle avec son véhicule personnel, soit par une personne physique dont le revenu fiscal de référence par part est inférieur ou égal à 6 358 euros ;

b) 2 500 euros, dans les autres cas.

Art. D. 251-5-1 *(Décr. n° 2022-1761 du 30 déc. 2022, art. 1er, en vigueur le 1er janv. 2023)* I. — Une aide, dite prime au rétrofit électrique d'une camionnette, est attribuée à toute personne physique majeure justifiant d'un domicile en France, dont le revenu fiscal de référence par part est inférieur ou égal à 22 983 euros, ou à toute personne morale justifiant d'un établissement en France et à toute administration de l'État qui est propriétaire d'un véhicule automobile terrestre à moteur qui :

1° Appartient :

a) Soit à la catégorie des camionnettes au sens de l'article R. 311-1 du code de la route ;

b) Soit à la catégorie N2 au sens de l'article R. 311-1 du code de la route bénéficiant de la dérogation de poids prévue au IV de l'article R. 312-4 du code de la route et d'un poids total autorisé en charge inférieur ou égal à 3,5 tonnes ;

2° A fait l'objet d'une transformation de véhicule à motorisation thermique en motorisation électrique à batterie ou à pile à combustible, selon les conditions définies par arrêté du ministre de l'écologie ;

3° N'est pas cédé par ce même bénéficiaire dans l'année suivant sa transformation ni avant d'avoir parcouru au moins 6 000 kilomètres.

II. — Le montant de l'aide prévue au I du présent article est fixé à 40 % du coût de la transformation, dans la limite de :

a) 5 000 euros, si le véhicule est de classe I au sens de l'annexe 1 du règlement (CE) n° 715/2007 du Parlement européen et du Conseil du 20 juin 2007 relatif à la réception des véhicules à moteur au regard des émissions des véhicules particuliers et utilitaires légers (Euro 5 et Euro 6) ;

b) 7 000 euros, si le véhicule est de classe II au sens de l'annexe 1 du règlement (CE) n° 715/2007 du Parlement européen et du Conseil du 20 juin 2007 relatif à la réception des véhicules à moteur au regard des émissions des véhicules particuliers et utilitaires légers (Euro 5 et Euro 6) ;

c) 9 000 euros, si le véhicule est de classe III au sens de l'annexe 1 du règlement (CE) n° 715/2007 du Parlement européen et du Conseil du 20 juin 2007 relatif à la réception des véhicules à moteur au regard des émissions des véhicules particuliers et utilitaires légers (Euro 5 et Euro 6) et aux informations sur la réparation et l'entretien des véhicules ou est un véhicule de catégorie N2 mentionné au *b)* du 1° du I du présent article.

Les montants définis aux *a)*, *b)* et *c)* du II du présent article sont majorés de 1 000 euros lorsque le véhicule est acquis ou loué par une personne physique dont le revenu fiscal de référence par part est inférieur ou égal à 14 089 euros et dont la distance entre son domicile et son lieu de travail est supérieure à 30 kilomètres ou effectuant plus de 12 000 kilomètres par an dans le cadre de son activité professionnelle avec son véhicule personnel, soit par une personne physique dont le revenu fiscal de référence par part est inférieur ou égal à 6 358 euros.

Art. D. 251-5-2 *(Décr. n° 2022-1761 du 30 déc. 2022, art. 1er, en vigueur le 1er janv. 2023)* I. — Une aide, dite prime au rétrofit électrique d'un petit train routier touristique, est attribuée à toute personne physique majeure justifiant d'un domicile en France ou à toute personne morale justifiant d'un établissement en France et à toute administration de l'État qui est propriétaire d'un véhicule automobile terrestre à moteur qui :

1° Est un véhicule tracteur d'un petit train routier touristique, un petit train routier touristique étant défini comme un ensemble de véhicules composé d'un véhicule tracteur équipé d'un compteur kilométrique et de remorques, autre qu'un autocar ou un autobus, lorsqu'il circule sur les voies ouvertes à la circulation publique dans le cadre exclusif de l'animation touristique ou à l'occasion de manifestations à caractère commercial ou de prestations de service ponctuelles ;

2° A fait l'objet d'une transformation de véhicule à motorisation thermique en motorisation électrique à batterie ou à pile à combustible, selon les conditions définies par arrêté du ministre de l'écologie ;

3° N'est pas cédé par ce même bénéficiaire dans l'année suivant sa transformation ni avant d'avoir parcouru au moins 10 000 kilomètres.

II. — Le montant de l'aide prévue au I du présent article est fixé à 40 % du coût de la transformation, dans la limite de 30 000 euros.

Art. D. 251-5-3 *(Décr. n° 2022-1761 du 30 déc. 2022, art. 1er, en vigueur le 1er janv. 2023)* I. — Une aide, dite prime au rétrofit électrique d'un véhicule à moteur à deux ou trois roues ou d'un quadricycle à moteur, est attribuée à toute personne physique majeure justifiant d'un domicile en France, dont le revenu fiscal de référence par part est inférieur ou égal à 22 983 euros, ou à toute personne morale justifiant d'un établissement en France et à toute administration de l'État qui est propriétaire d'un véhicule automobile terrestre à moteur qui :

1° Appartient à la catégorie des véhicules à moteur à deux ou trois roues et quadricycles à moteur au sens de l'article R. 311-1 du code de la route ;

2° A fait l'objet d'une transformation de véhicule à motorisation thermique en motorisation électrique à batterie ou à pile à combustible, selon les conditions définies par arrêté du ministre de l'écologie ;

3° N'est pas cédé par ce même bénéficiaire dans l'année suivant sa transformation ni avant d'avoir parcouru au moins 2 000 kilomètres.

II. — Le montant de l'aide prévue au I du présent article est fixé à 1 100 euros.

Art. D. 251-6 *(Décr. nº 2022-1761 du 30 déc. 2022, art. 1er, en vigueur le 1er janv. 2023)* Le montant des aides définies aux articles D. 251-4 à D. 251-4-3 et D. 251-5 à D. 251-5-3 du présent code est majoré lorsque le bénéficiaire de ces aides est soit une personne physique dont le domicile ou le lieu de travail est situé dans une commune dont une partie du territoire est située au sein d'une zone à faibles émissions mobilité définie à l'article L. 2213-4-1 du code général des collectivités territoriales, soit une personne morale justifiant d'un établissement dans une commune dont une partie du territoire est située au sein d'une zone à faibles émissions mobilité.

Le montant de la majoration prévue à l'alinéa précédent est égal 1 000 euros.

Lorsqu'une aide ayant le même objet a été attribuée par une collectivité territoriale ou un groupement de collectivités territoriales sur le territoire duquel se trouve la zone à faibles émissions mobilité considérée, le montant de la majoration défini à l'alinéa précédent est augmenté du montant de l'aide attribuée par la collectivité territoriale ou le groupement de collectivités territoriales susmentionnés, dans la limite de 2 000 euros.

Art. D. 251-6-1 *(Décr. nº 2022-1761 du 30 déc. 2022, art. 1er, en vigueur le 1er janv. 2023)* Le montant cumulé des aides définies aux articles D. 251-1 à D. 251-1-4, D. 251-2, D. 251-4 à D. 251-4-3 et D. 251-5 à D. 251-5-3 du code de l'énergie, majorées le cas échéant conformément aux dispositions des articles D. 251-1-5 et D. 251-6 du même code, attribuées pour l'acquisition ou la prise en location, dans le cadre d'un contrat d'une durée supérieure ou égale à deux ans, d'un même véhicule, ne peut dépasser le coût d'acquisition toutes taxes comprises dudit véhicule, augmenté, pour les véhicules définis aux I des articles D. 251-1, D. 251-1-1, D. 251-1-3 du présent code, du coût de la batterie si celle-ci est prise en location, remises commerciales déduites.

Art. D. 251-7 *(Décr. nº 2022-1761 du 30 déc. 2022, art. 1er, en vigueur le 1er janv. 2023)* En cas de non-respect des conditions fixées au 4° du I de l'article D. 251-1, au 4° du I de l'article D. 251-1-1, au *(Décr. nº 2023-1183 du 14 déc. 2023, art. 2)* « 5° du II de l'article D. 251-1-2 », au 4° du I de l'article D. 251-1-3, au I de l'article D. 251-1-4, au 4° du I de l'article D. 251-2, au 3° du I de l'article D. 251-4, au 3° du I de l'article D. 251-4-1, au *(Décr. nº 2023-1183 du 14 déc. 2023, art. 2)* « 4° du I de l'article D. 251-4-2 », au 3° du I de l'article D. 251-4-3, au *(Décr. nº 2023-1183 du 14 déc. 2023, art. 2)* « 3° du I de l'article D. 251-5 », au *(Décr. nº 2023-1183 du 14 déc. 2023, art. 2)* « 3° du I de l'article D. 251-5-1 », au *(Décr. nº 2023-1183 du 14 déc. 2023, art. 2)* « 3° du I de l'article D. 251-5-2 » et au *(Décr. nº 2023-1183 du 14 déc. 2023, art. 2)* « 3° du I de l'article D. 251-5-3 » du présent code, le bénéficiaire de l'aide en restitue le montant dans les trois mois suivant la cession du véhicule.

Si l'aide a été versée pour une location et que la durée du contrat de location est portée à moins de deux ans postérieurement à sa signature, la restitution intervient dans les trois mois suivant la modification du contrat.

Art. D. 251-8 *(Décr. nº 2022-1761 du 30 déc. 2022, art. 1er, en vigueur le 1er janv. 2023)* Une entreprise qui acquiert ou qui prend en location un véhicule satisfaisant aux conditions définies aux articles D. 251-1, D. 251-1-1, D. 251-1-3, D. 251-1-4, D. 251-2 et D. 251-4 à D. 251-4-3 du présent code et le donne en location dans le cadre d'un contrat d'une durée supérieure ou égale à deux ans ne peut bénéficier des aides prévues à ces articles.

Les concessionnaires et les agents de marques de véhicules ne peuvent bénéficier des aides instituées aux articles D. 251-1, D. 251-1-1, D. 251-1-3 et D. 251-4 à D. 251-4-3 du présent code pour l'acquisition ou la prise en location d'un véhicule qu'ils affectent à la démonstration. Par dérogation aux 2° des articles D. 251-1, D. 251-1-1, D. 251-1-3 du présent code, ces aides peuvent être attribuées à toute personne physique majeure justifiant d'un domicile en France ou à toute personne morale justifiant d'un établissement en France et à toute administration de l'État qui acquiert ou prend en location, dans le cadre d'un contrat d'une durée supérieure ou égale à deux ans, un véhicule précédemment affecté à la démonstration si la cession ou la prise en location intervient dans un délai compris entre trois et douze mois suivant sa première immatriculation.

Art. D. 251-9 *(Décr. nº 2022-1761 du 30 déc. 2022, art. 1er, en vigueur le 1er janv. 2023)* Les aides sont soit versées directement à leur bénéficiaire par l'Agence de services et de paiement, soit avancées à leur bénéficiaire par les vendeurs ou loueurs de véhicules mentionnés aux articles D. 251-1 à D. 251-1-3, D. 251-2 et D. 251-4 à D. 251-4-2 du code de l'énergie, les professionnels ayant procédé aux transformations mentionnées aux articles D. 251-5 à D. 251-5-3 du même code, les organismes distribuant les prêts définis à l'article R. 518-61 du code monétaire et financier et liés à cette agence par la convention mentionnée à l'article D. 251-11 du présent code.

Dans ce dernier cas, les aides s'imputent en totalité sur le montant, toutes taxes comprises, du véhicule mentionné sur la facture d'acquisition ou de location, après toute remise, rabais, déduction ou avantage consenti par le vendeur. Pour une location d'une durée supérieure ou égale à deux ans, les aides prévues aux articles D. 251-1, D. 251-1-1, D. 251-1-3, D. 251-1-4, D. 251-2, et D. 251-4 à D. 251-4-3 du présent code sont versées au locataire au plus tard au terme de la première échéance prévue par le contrat de location et à hauteur du montant expressément mentionné au contrat de location.

(Décr. n° 2023-1183 du 14 déc. 2023, art. 1er, en vigueur le 1er janv. 2024) « Les aides apparaissent distinctement sur la facture, la quittance, le contrat de location ou un document contresigné par le locataire, assorties de la mention : "Bonus écologique-Aide à l'acquisition et à la location de véhicules peu polluants".

« Un autocollant, explicitant que l'acquisition du véhicule a fait l'objet d'une aide de l'État, et conforme à un modèle défini par ce dernier, est apposé sur le véhicule par la personne morale ayant procédé à l'avance des aides. »

Art. D. 251-10 L'Agence de services et de paiement assure, au sein d'un fonds doté d'une comptabilité distincte, la gestion des aides à l'acquisition et à la location des véhicules peu polluants.

I. — Les recettes de ce fonds sont constituées par :

(Décr. n° 2021-977 du 23 juill. 2021, art. 1er) « 1° Une subvention de l'État ; »

2° Les revenus du placement de sa trésorerie ;

(Abrogé par Décr. n° 2021-977 du 23 juill. 2021, art. 1er) ***« 3° Le cas échéant, des subventions publiques. »***

II. — Les dépenses de ce fonds sont constituées par :

1° Les aides prévues par le présent chapitre ;

2° Les frais exposés par l'Agence de services et de paiement au titre de la gestion du fonds.

III. — Un arrêté des ministres chargés, respectivement, de l'écologie, de l'économie, des finances et du budget précise, en tant que de besoin, le régime financier et comptable du dispositif.

Art. D. 251-11 *(Décr. n° 2022-1761 du 30 déc. 2022, art. 1er, en vigueur le 1er janv. 2023)* En dehors de la procédure de paiement de droit commun consistant à verser les aides directement à leur bénéficiaire, les vendeurs ou loueurs de véhicules mentionnés aux articles D. 251-1 à D. 251-1-3, D. 251-2 et D. 251-4 à D. 251-4-2 du code de l'énergie, les professionnels ayant procédé aux transformations mentionnées aux articles D. 251-5 à D. 251-5-3 du même code, les organismes distribuant les prêts définis à l'article R. 518-61 du code monétaire et financier peuvent conclure avec l'Agence de services et de paiement une convention aux termes de laquelle ils s'engagent à avancer le montant des aides versées pour en obtenir ensuite le remboursement par le dispositif d'aide à l'acquisition et à la location de véhicules peu polluants. Ces conventions sont signées entre le président-directeur général de l'Agence de services et de paiement et chaque constructeur, concessionnaire, loueur ou agent de marque ou tout professionnel de l'automobile habilité à faire du commerce de véhicules ou tout organisme financier mentionné à l'article D. 251-9 du présent code.

Art. D. 251-11-1 *(Décr. n° 2018-1318 du 28 déc. 2018, art. 1er)* En dehors de la procédure de paiement de droit commun consistant à verser les aides directement à leur bénéficiaire, les *(Décr. n° 2019-1526 du 30 déc. 2019, art. 1er)* « collectivités territoriales » et les établissements publics de coopération intercommunale *(Abrogé par Décr. n° 2021-977 du 23 juill. 2021, art. 1er)* ***« franciliens »*** peuvent conclure avec l'Agence de services et de paiement une convention concernant les modalités d'instruction et de versement des aides allouées par la collectivité ou l'intercommunalité. Cette convention est signée entre le président-directeur général de l'Agence de services et de paiement et la *(Décr. n° 2019-1526 du 30 déc. 2019, art. 1er)* « collectivité territoriale » ou l'établissement public de coopération intercommunale.

Art. D. 251-12 Les modalités de gestion des aides instituées en vertu du présent chapitre sont fixées par arrêté conjoint des ministres chargés, respectivement, de l'écologie, de

l'économie, des finances et du budget *(Abrogé par Décr. nº 2017-1851 du 29 déc. 2017)* **«, *notamment en ce qui concerne la liste des pièces à fournir à l'appui des demandes de versement*».**
V. infra., Arr. du 29 déc. 2017 (JO 31 déc.).

Art. D. 251-13 *(Décr. nº 2022-1761 du 30 déc. 2022, art. 1er, en vigueur le 1er janv. 2023)* Les demandes d'aides prévues aux articles D. 251-1 à D. 251-1-4, D. 251-2 et D. 251-4 à D. 251-4-3 du présent code sont formulées au plus tard dans les six mois suivant la date de facturation du véhicule ou, dans le cas d'une location, de versement du premier loyer.

En cas de cumul d'une des aides instituées aux articles D. 251-1, D. 251-1-1, D. 251-1-3 et D. 251-2 du code de l'énergie avec une des aides prévues aux articles D. 251-4 à D. 251-4-2 du même code, une seule demande de versement est présentée pour les deux aides. Leur paiement est simultané.

Par dérogation à l'alinéa précédent, lorsque la demande de versement relève de la procédure instituée par l'article D. 251-9 du présent code et si les vendeurs ou loueurs de véhicules ou les organismes financiers mentionnés au même article n'avancent que l'une ou l'autre de ces aides, deux demandes de versement distinctes peuvent être présentées.

Les demandes des aides prévues aux D. 251-5 à D. 251-5-3 du présent code sont formulées au plus tard dans les six mois suivant la facturation de l'installation du dispositif de conversion électrique.

Code forestier

DEUXIÈME PARTIE : *RÉGLEMENTAIRE* •

(Décr. nº 2012-836 du 29 juin 2012)

Art. R. 141-18 Dans toutes les forêts de protection, la circulation et le stationnement de véhicules motorisés ou de caravanes ainsi que le camping sont interdits en dehors des voies et des aires prévues à cet effet et signalées au public. Ces dispositions ne sont pas applicables aux véhicules motorisés utilisés pour la gestion, l'exploitation et la défense de la forêt contre les incendies.

....

Art. R. 163-6 Est puni de la peine d'amende prévue pour les contraventions de la 4e classe tout conducteur, ou à défaut tout détenteur, de véhicules, bestiaux, animaux de charge ou de monture trouvés dans les bois et forêts, sur des routes et chemins interdits à la circulation de ces véhicules et animaux.

Est puni de la peine d'amende prévue pour les contraventions de la 5e classe tout conducteur, ou à défaut tout détenteur, de véhicules, bestiaux, animaux de charge ou de monture trouvés dans les bois et forêts, hors des routes et chemins.

Le contrevenant à l'infraction mentionnée au deuxième alinéa encourt également les peines complémentaires suivantes :

1° La confiscation des animaux ayant été utilisés pour commettre l'infraction ;

2° La suspension du permis de conduire, pour une durée de trois ans au plus, le cas échéant limitée à la conduite en dehors de l'activité professionnelle.

Absence de signalisation. Ni l'art. R. 331-3 C. for. [R. 163-6], ni l'art. L. 362-1 C. envir. n'exigent que l'interdiction de circulation sur les voies non ouvertes à la circulation publique soit matérialisée, dès lors doivent être condamnés les prévenus qui avec leurs véhicules ont parcouru dans les forêts des routes et chemins interdits à la circulation. • Crim. 18 févr. 2003, nº 02-80.018 P : *Dr. pénal 2003. Comm. 63, obs. Robert ; Jurispr. auto 2003. 165.*

....

Art. R. 163-11 Est puni de la peine d'amende prévue pour les contraventions de la 5e classe le camping, la circulation ou le stationnement de véhicules motorisés ou de caravanes, dans une forêt de protection, en dehors des voies et aires prévues à cet effet, à l'exception des véhicules motorisés utilisés pour la gestion, l'exploitation et la défense de la forêt contre les incendies.

Le contrevenant encourt également la peine complémentaire de suspension du permis de conduire, pour une durée de trois ans au plus, le cas échéant limitée à la conduite en dehors de l'activité professionnelle.

Code des transports

PREMIÈRE PARTIE : ***LÉGISLATIVE***

TROISIÈME PARTIE **TRANSPORT ROUTIER**

LIVRE I **LE TRANSPORT ROUTIER DE PERSONNES**

TITRE III **LE TRANSPORT PRIVÉ ROUTIER DE PERSONNES**

CHAPITRE II ***COVOITURAGE***

(L. n° 2015-992 du 17 août 2015, art. 52-II-2°)

Art. L. 3132-1 Le covoiturage se définit comme l'utilisation en commun d'un véhicule terrestre à moteur par un conducteur et un ou plusieurs passagers, effectuée à titre non onéreux, excepté le partage des frais, dans le cadre d'un déplacement que le conducteur effectue pour son propre compte. Leur mise en relation, à cette fin, peut être effectuée à titre onéreux *(Abrogé par L. n° 2019-1428 du 24 déc. 2019, art. 40)* ***« et n'entre pas dans le champ des professions définies à l'article L. 1411-1 ».***

(L. n° 2019-1428 du 24 déc. 2019, art. 40) « Un décret en Conseil d'État précise les modalités d'application du présent article, notamment la nature des frais pris en considération. »

Pour les obligations des sociétés concessionnaires d'autoroutes en matière de covoiturage, V. L. n° 2015-992 du 17 août 2015, art. 53.

DEUXIÈME PARTIE : ***RÉGLEMENTAIRE***

TROISIÈME PARTIE **TRANSPORT ROUTIER**

LIVRE I **LE TRANSPORT ROUTIER DE PERSONNES**

TITRE III **LE TRANSPORT PRIVÉ ROUTIER DE PERSONNES**

CHAPITRE II ***COVOITURAGE***

(Décr. n° 2020-678 du 5 juin 2020)

Art. R. 3132-1 Les frais pris en considération pour l'application de l'article L. 3132-1 sont les frais de déplacement effectivement engagés par un conducteur pour l'utilisation d'un véhicule à l'occasion d'un déplacement. Ils se composent des frais de dépréciation du véhicule, de réparation et d'entretien, des dépenses de pneumatiques et de consommation de carburant ainsi que des primes d'assurances. Ces frais peuvent être évalués à partir du barème forfaitaire mentionné au 3° de l'article 83 du code général des impôts. Ils comprennent également les frais de péage ainsi, le cas échéant, que les frais de stationnement afférents au déplacement.

Art. R. 3132-2 Le partage des frais est effectué entre le conducteur et les passagers, dans des proportions qu'ils fixent librement.

Art. R. 3132-3 En dehors de la dérogation prévue au septième alinéa de l'article L. 1231-15 et au treizième alinéa de l'article L. 1241-1, l'allocation versée au conducteur par une autorité organisatrice en application du cinquième alinéa de l'article L. 1231-15 et du onzième alinéa de l'article L. 1241-1 ne peut excéder les frais de déplacement engagés par celui-ci, tels que définis à l'article R. 3132-1, déduction faite des sommes éventuellement versées par les passagers à ce même conducteur.

Art. R. 3132-4 Les dispositions de l'article R. 3132-3 sont également applicables au conducteur qui a proposé un trajet en covoiturage et l'a réalisé en l'absence de passager.

Art. D. 3132-5 *(Décr. n° 2020-679 du 5 juin 2020)* Le seuil de distance mentionné à l'avant-dernier alinéa de l'article L. 1231-15 et au dernier alinéa du I de l'article L. 1241-1 est de quinze kilomètres.

Arrêté du 12 novembre 1963,

Relatif aux fumées produites par les véhicules automobiles.

Art. 1er Les moteurs des véhicules automobiles doivent être conçus, construits, réglés, entretenus, alimentés et conduits de façon à ne pas provoquer d'émissions de fumées nuisibles ou incommodantes.

Art. 2 Les véhicules en stationnement doivent avoir leur moteur arrêté, sauf en cas de nécessité, notamment lors des mises en route à froid.

Art. 3 Aucun véhicule en service ne doit émettre pendant la marche ou à l'arrêt de fumées nettement teintées ou opaques. Il est toutefois admis des émissions fugitives au moment des changements de régime du moteur.

Art. 4 Indépendamment des sanctions qu'il encourt lorsque son véhicule est en infraction aux dispositions de l'article 3 ci-dessus, le propriétaire ou conducteur pourra en outre se voir prescrire de présenter ledit véhicule dans un délai imparti au service de contrôle local compétent afin de justifier des réparations ou réglages effectués en vue de sa mise en conformité avec les dispositions du présent arrêté.

Art. 5 Les véhicules neufs équipés d'un moteur à combustion interne présentés à la réception par type ou à titre isolé feront l'objet d'une mesure de l'opacité de la fumée dans les conditions fixées à l'article 6 ci-dessous.

La mesure de l'émission sera faite au moyen d'un opacimètre à cellule photo-électrique d'un modèle agréé par le ministre des travaux publics et des transports. Le cadran de l'opacité portera une échelle reliée linéairement au pourcentage de lumière absorbée par une épaisseur égale à 407 mm du produit à examiner. Il sera gradué en 100 unités de 0 (transparence de l'air ambiant) à 100 (limite inférieure de l'opacité complète).

L'appareil devra être étalonné avant chaque série de mesures.

La mesure ne devra pas excéder les valeurs indiquées ci-après pour les véhicules de la catégorie intéressée :

CATÉGORIES DE VÉHICULES	NOMBRE d'unités
Voitures particulières	40
Autobus et autocars	45
Véhicules industriels et commerciaux de moins de 6 tonnes de poids total roulant	45
Véhicules industriels et commerciaux de 6 tonnes à 19 tonnes de poids total roulant	50
Véhicules industriels et commerciaux de plus de 19 tonnes de poids total roulant	60
Véhicules et tracteurs agricoles	60
Véhicules spéciaux de travaux publics	60

Art. 6 La mesure sera effectuée dans les conditions suivantes :

– véhicule arrêté, moteur à sa température normale d'utilisation alimenté en gas-oil répondant aux spécifications en vigueur ;

– il sera procédé à au moins trois accélérations préliminaires successives aussi rapides que possible jusqu'au régime maximum du moteur, de façon à éliminer autant que possible les suies et résidus du système d'échappement, et à réduire au minimum l'effet d'inertie de l'alimentation en air quand un suralimenteur est utilisé ;

– la mesure proprement dite sera faite au cours d'une quatrième accélération exécutée immédiatement après les trois premières. L'indicateur correspondra à la valeur maximum lue sur le cadran de l'opacimètre. Une mesure supplémentaire de contrôle ne devra pas donner une indication différente de la première de plus de deux unités. Dans le cas contraire, la mesure sera répétée jusqu'à stabilisation des indications données par l'opacimètre ;

– pour les moteurs à suralimenteur embrayable, il sera procédé à deux processus complets de mesure avec accélérations préliminaires, le suralimenteur étant embrayé dans un cas et débrayé dans l'autre. La mesure retenue sera la plus élevée des deux mesures obtenues.

Art. 7 *(Arr. du 20 janv. 1967)* « Les dispositions des articles 1er à 4 sont applicables à partir du 1er janvier 1964. Des dérogations temporaires pourront être accordées jusqu'au 30 septembre 1967 par les préfets sur proposition du chef de l'arrondissement minéralogique pour certains véhicules en service avant le 1er janvier 1964 et qui ne pourraient satisfaire aux prescriptions des articles 1er et 3, sans changement de moteur ou sans modification importante de ce dernier.

« Des dérogations de plus longue durée, accordées dans les mêmes conditions, pourront être admises au profit de certains véhicules. La date limite de ces dérogations ne pourra en aucun cas excéder le 31 décembre de la dixième année suivant la date de la première mise en circulation du véhicule ou le cas échéant le 31 décembre de la sixième année suivant la date du dernier montage d'un moteur neuf, si cette date est antérieure à celle de la publication du présent arrêté.

« Des délais supplémentaires pourront en outre être exceptionnellement accordés par les préfets, après accord du ministre de l'équipement.

« Des contrôles volants d'opacité de la fumée pourront être effectués suivant la méthode décrite à l'article 6 ci-dessus.

« L'opacité de la fumée ne devra pas dépasser :

« Les valeurs figurant à l'article 5, avec une tolérance de 10 unités si le véhicule ne bénéficie pas d'une dérogation ;

« 80 unités s'il s'agit d'un véhicule bénéficiant d'une dérogation, quelle que soit la catégorie à laquelle ce véhicule appartient. »

A partir du 1er janvier 1964, les véhicules neufs réceptionnés par type avant cette date ne pourront être mis en circulation qu'après avoir fait l'objet d'une réception complémentaire tendant à constater leur conformité aux dispositions des articles 5 et 6 du présent arrêté.

Art. 8 Les mesures prescrites aux articles 5 et 6 du présent arrêté seront effectuées par un laboratoire agréé par le ministre des travaux publics et des transports.

Art. 9 Le présent arrêté abroge et remplace l'arrêté du 15 juillet 1954 relatif à l'échappement des véhicules automobiles.

Art. 10 *(Arr. du 13 févr. 1974)* Les dispositions des articles 5 et 6 ne s'appliquent pas aux véhicules conformes à un type qui a fait l'objet :

Soit d'une communication émanant de l'administration compétente d'un État membre des communautés européennes et attestant la conformité du type aux dispositions de la directive du conseil du 2 août 1972 relative aux mesures à prendre contre les émissions de polluants provenant des moteurs Diesel destinés à la propulsion des véhicules ;

Soit d'une communication émanant de l'administration compétente d'un État adhérent au règlement n° 24 annexé à l'accord de 1958 concernant l'adoption de conditions uniformes d'homologation et la reconnaissance réciproque de l'homologation des équipements et pièces de véhicules à moteur.

Art. 11 *(Arr. du 13 févr. 1974)* Les véhicules automobiles soumis aux dispositions du titre II du code de la route, mis en circulation après le 1er octobre 1974, devront être conformes :

Soit aux dispositions techniques des annexes à l'arrêté du 13 février 1974 relatif à la réception CEE des véhicules en ce qui concerne les émissions de polluants provenant des moteurs Diesel destinés à la propulsion des véhicules ;

Soit aux dispositions techniques des annexes à l'arrêté du 13 février 1974 relatif à l'homologation des véhicules suivant les dispositions du règlement n° 24 annexé à l'accord de Genève du 20 mars 1958.

Art. 11-1 *(Arr. du 13 mai 1998)* Pour les véhicules relevant de l'article 11 du présent arrêté et mis en circulation postérieurement au 1er janvier 1980, l'opacité de la fumée est mesurée lors de contrôles routiers, conformément à la méthode de contrôle définie dans la norme NFR 10-025-3, sous réserve des dérogations explicitement prévues par le ministre chargé de l'industrie.

Ce contrôle doit être réalisé à l'aide d'un opacimètre conforme à un modèle approuvé par le ministre chargé de l'industrie.

La valeur mesurée ne doit pas dépasser la valeur limite déterminée au moment de la réception du véhicule et indiquée sur une plaque apposée à l'intérieur ducompartiment moteur. Cette condition est présumée satisfaite lorsque l'opacité de la fumée n'excède pas :

2,5 m-1 pour les véhicules équipés de moteur Diesel à aspiration naturelle ;

3,0 m-1 pour les véhicules équipés de moteur Diesel turbo-compressé.

Art. 11-2 *(Arr. du 12 janv. 2006)* Les dispositions des articles 5 et 6 du présent arrêté ne sont pas applicables aux tracteurs agricoles disposant d'une fiche de communication, y compris ses annexes, ou d'un procès-verbal d'essais d'un laboratoire d'essais agréé et attestant la conformité du type à la directive 2000/25/CE modifiée.

Les dispositions des articles 5 et 6 du présent arrêté ne s'appliquent pas aux machines agricoles automotrices équipés d'un moteur conforme à un type disposant d'un procès-verbal d'essais d'un laboratoire d'essais agréé et attestant la conformité du type à la directive 97/68/CE modifiée.

(Arr. du 20 juill. 2012) « Les reports de trois ans des dates d'application pour certains tracteurs agricoles ou forestiers équipés de moteurs de catégories L à R, prévus aux articles 3 et 4 de l'arrêté du 17 janvier 2001 modifié relatif aux contrôles des émissions de gaz polluants et de particules polluantes provenant des moteurs destinés à la propulsion des tracteurs agricoles et forestiers, s'appliquent aux machines agricoles automotrices de plus de 2,55 mètres de large, répondant à la définition technique du tracteur enjambeur de la directive 2003/37/CE modifiée et équipés de ces mêmes moteurs de catégories L à R. »

Le laboratoire d'essais agréé visé au présent article est celui désigné dans le cadre de l'article 7 de l'arrêté du 17 janvier 2001 susvisé. – *Arr. du 17 janv. 2001 (JO 2 févr.).*

Art. 12 *(Arr. du 13 févr. 1974)* Le ministre de l'aménagement du territoire, de l'équipement, du logement et du tourisme pourra accorder aux véhicules équipés de moteurs d'un type ancien des dérogations aux prescriptions de l'article 11 ci-dessus valables jusqu'au 1er octobre 1975.

Arrêté du 13 avril 1972,

Relatif au bruit des véhicules automobiles.

Les dispositions de l'arrêté du 13 avr. 1972 ne s'appliquent plus, à compter du 17 juin 1999, aux véhicules à moteur à deux-roues ou trois roues et aux quadricycles à moteur, ni à leurs systèmes et équipements (Arr. du 7 juill. 1995, art. 34, ajouté par Arr. 3 sept. 1997, art. 11).

CHAPITRE I ***MESURE DES ÉMISSIONS SONORES LORS DE LA RÉCEPTION DU VÉHICULE*** *(Arr. du 12 mai 2021, art. 2).*

Art. 1er *(Arr. du 7 janv. 1985 ; Arr. du 27 janv. 1988 ; Arr. du 22 nov. 1993) (Arr. du 12 mai 2021, art. 3) « Valeurs limites des émissions sonores lors de la réception ».* **Le bruit produit par un véhicule à moteur, mesuré lors de la réception par type** *(Arr. du 12 mai 2021, art. 3)* **« , individuelle » ou à titre isolé, ne devra pas, pour les véhicules de la catégorie intéressée et sous les réserves prévues à l'article 13 du présent arrêté, excéder les valeurs indiquées** *(Arr. du 12 mai 2021, art. 3)* **« dans les tableaux » ci-après (ces valeurs étant susceptibles d'une tolérance d'un décibel) :**

(Arr. du 12 mai 2021, art. 3) « A. Véhicules de catégorie M et N

Catégories de véhicules	Véhicules destinés au transport de personnes	Valeurs limites (dB (A))		
		Phase 1	Phase 2	Phase 3
M1	RPM < 120 (RPM = rapport puissance masse)	72	70	68
	120 < RPM ≤ 160	73	71	69
	RPM < 160	75	73	71
	RPM > 200, nb. places assises ≤ 4, hauteur point-R < 450 mm par rapport au sol	75	74	72
M2	M < 2,5 t	72	70	69
	2,5 t < M < 3,5 t	74	72	71
	M > 3,5 t ; Pn ≤ 135 kW	75	73	72
	M > 3,5 t ; Pn > 135 kW	75	74	72
M3	Pn ≤ 150 kW	76	74	73
	150 < Pn ≤ 250 kW	78	77	76
	Pn > 250 kW	80	78	77

Catégorie de véhicules	Véhicules destinés au transport de marchandises			
N1	M < 2,5 t	72	71	69
	M > 2,5 t	74	73	71
N2	Pn ≤ 135 kW	77	75	74
	Pn > 135 kW	78	76	75
N3	Pn ≤ 150 kW	79	77	76
	150 < Pn ≤ 250 kW	81	79	77
	Pn > 250 kW	82	81	79

« M = masse maximale techniquement admissible en charge, telle que définie au point 1.6 de la section A de la partie 2 de l'annexe XIII du règlement UE 2021/535.

« Pn = puissance maximale nette nominale telle que définie au point 2.8 du règlement CEE-ONU n° 51.

« Pour les types de véhicules de la catégorie M1 dérivés de types de véhicules de la catégorie N1 ayant une masse maximale techniquement admissible en charge supérieure à 2,5 t et une hauteur du point R supérieure à 850 mm au-dessus du sol, les valeurs limites pour les types de véhicules de la catégorie N1 ayant une masse maximale techniquement admissible en charge supérieure à 2,5 t s'appliquent.

« Pour les types de véhicules conçus pour une utilisation hors route tels que définis à l'annexe I du règlement 2018/858, les valeurs limites sont augmentées de 2 dB (A) pour les véhicules des catégories M3 et N3 et de 1 dB (A) pour toute autre catégorie de véhicule.

« Pour les types de véhicules de la catégorie M1, les valeurs limites augmentées pour les véhicules hors-route susvisés ne sont valides que si la masse maximale techniquement admissible en charge est > 2 t.

« Les valeurs limites sont augmentées de 2 dB (A) pour les véhicules accessibles aux fauteuils roulants de la catégorie M1 construits ou modifiés spécialement pour pouvoir recevoir une ou plusieurs personnes assises dans leur fauteuil roulant pour les voyages sur route, et les véhicules blindés, tel qu'ils sont définis à l'annexe I du règlement 2018/858.

« Pour les types de véhicules de la catégorie M3 ayant un moteur à essence seulement, la valeur limite applicable est augmentée de 2 dB (A).

« Pour les types de véhicules de la catégorie N1 ayant une masse maximale techniquement admissible en charge inférieure ou égale à 2,5 t, une cylindrée ne dépassant pas 660 cm^3 et un rapport puissance/masse (RPM), calculé sur la base de la masse maximale techniquement admissible en charge, n'excédant pas 35 et une distance horizontale « d » entre l'essieu avant et le point R du siège du conducteur de moins de 1 100 mm, les valeurs limites pour les types de véhicules de la catégorie N1 ayant une masse maximale techniquement admissible en charge supérieure à 2,5 t s'appliquent.

« B. Véhicules de catégorie T et C et MAGA (machines agricoles et automotrices)

Catégories de véhicules		Valeurs limites (dB (A))
Tracteurs agricoles ou forestiers	MODM ≤ 1500 kg	85
	MODM > 1500 kg	89
Machines agricoles automotrices,	MODM ≤ 1500 kg	85
	MODM > 1500 kg	89

« MODM = Masse en ordre de marche telle que définie au point 1.3 de la section A de la partie 2 de l'annexe XIII du règlement UE 2021/535.

« C. Véhicules de catégorie L

Catégories de véhicule	Nom de la catégorie du véhicule	Niveau sonore Euro 4 (dB (A))	Procédure d'essai Euro 4	Niveau sonore Euro 5 *(Les limites Euro 5 à déterminer concernant le niveau sonore doivent être modifiées par un acte distinct adopté en conformité avec la procédure législative ordinaire prévue à l'article 294 du traité sur le fonctionnement de l'Union européenne.)* (dB (A))	Procédure d'essai Euro 5
L1e-A	Vélo à moteur	63	Acte délégué/ Règlement n° 63 de la CEE-ONU		Règlement n° 63 de la CEE-ONU
L1e-B	Cyclomoteur à deux roues vmax < 25 km/h	66			
	Cyclomoteur à deux roues vmax < 45 km/h	71			
L2e	Cyclomoteur à trois roues	76	Acte délégué/ Règlement n° 9 de la CEE-ONU		Règlement n° 9 de la CEE-ONU
L3e	PMR ≤ 25	73	Acte délégué/ Règlement n° 41 de la CEE-ONU		Règlement n° 41 de la CEE-ONU
	25 < PMR ≤ 50	74			
	PMR > 50	77 *(Pour les motocycles soumis à l'essai en deuxième rapport uniquement, la valeur limite est augmentée de 1 dB (A).)*			
L4e	Motocycles à deux roues avec side-car	80	Acte délégué/ Règlement n° 9 de la CEE-ONU		Règlement n° 9 de la CEE-ONU
L5e-A	Tricycle	80	Acte délégué/ Règlement n° 9 de la CEE-ONU		Règlement n° 9 de la CEE-ONU
L5e-B	Tricycle utilitaire	80			
L6e-A	Quad routier léger	80	Acte délégué/ Règlement n° 9 de la CEE-ONU		Règlement n° 9 de la CEE-ONU

Catégories de véhicule	Nom de la catégorie du véhicule	Niveau sonore Euro 4 (dB (A))	Procédure d'essai Euro 4	Niveau sonore Euro 5 *(Les limites Euro 5 à déterminer concernant le niveau sonore doivent être modifiées par un acte distinct adopté en conformité avec la procédure législative ordinaire prévue à l'article 294 du traité sur le fonctionnement de l'Union européenne.)* (dB (A))	Procédure d'essai Euro 5
L6e-B	Quadrimobile léger	80	Acte délégué/ Règlement n° 9 de la CEE-ONU		Règlement n° 9 de la CEE-ONU
L7e-A	Quad routier lourd	80			
L7e-B	Quad tout-terrain lourd	80			
L7e-C	Quadrimobile lourd	80			

« Les règlements n°s 9, 41, 63 et 92 de la CEE-ONU étant adoptés par l'Union, ceux-ci deviennent obligatoires, y compris les valeurs limites de niveau sonore qui sont équivalentes à celles fixées à l'annexe VI, section D, et se substitueront aux procédures d'essai dans l'acte délégué sur les exigences en matière de performances environnementales et de propulsion.

« La commission n'a pas encore adopté d'acte en vue de définir les seuils de niveau sonore euro 5.

« Dans l'attente, les véhicules euro 5 seront homologués en appliquant les procédures d'essais définies dans les règlements CEE-ONU avec les seuils ci-dessus.

« PMR = Indice puissance/masse : PMR = (Pn/(mkerb + 75)) * 1000 ; Pn = puissance nette maximum nominale ;

« mkerb = masse en ordre de marche »

Art. 2 *(Arr. du 27 janv. 1988) (Arr. du 12 mai 2021, art. 3) « Vérification de la conformité des véhicules ».* La vérification de la conformité des véhicules avec les dispositions *(Arr. du 12 mai 2021, art. 4)* « des articles 12 et 13.4 » du présent arrêté est effectuée par un laboratoire agréé avec les appareils de mesure, dans les conditions de mesure et suivant la méthode de mesure, définies :

Dans les dispositions de l'arrêté du 7 janvier 1985 relatif à la réception CEE des véhicules en ce qui concerne le niveau sonore admissible et le dispositif d'échappement des véhicules à moteur, pour les véhicules de catégorie A figurant *(Arr. du 12 mai 2021, art. 4)* « aux articles 12 et 13.4 » du présent arrêté ;

(Arr. du 12 janv. 2006) « Dans les dispositions de l'arrêté du 19 mars 1999 relatif à la réception communautaire (CE) en ce qui concerne certains éléments et caractéristiques des tracteurs agricoles ou forestiers à roues, pour les véhicules de la catégorie B figurant *(Arr. du 12 mai 2021, art. 4)* « aux articles 12 et 13.4 » du présent arrêté. »

Soit à l'arrêté du 8 juin 1979 relatif à l'application de la directive du Conseil des communautés européennes 78-1015 CEE du 23 novembre 1978 concernant le rapprochement des législations des États membres relative au niveau sonore admissible et au dispositif d'échappement des motocycles, pour les motocyclettes de catégorie C ;

Ou dans l'annexe I au présent arrêté pour tous les véhicules des catégories B et C figurant *(Arr. du 12 mai 2021, art. 4)* « aux articles 12 et 13.4 » du présent arrêté. — *V. cette annexe au JO 9 juin 1972, mod. par Arr. du 31 déc. 1974 (JO 31 janv. 1975), Arr. du 11 juin 1979 (JO 13 juill.), Arr. du 27 janv. 1988 (JO 11 févr.).*

(Arr. du 17 janv. 2001) « Pour la réception par type des véhicules *(Arr. du 12 mai 2021, art. 4)* « des catégories M et N » figurant à l'article 1er du présent arrêté et des dispositifs

d'échappement, les dispositions *(Arr. du 12 mai 2021, art. 4)* « du règlement UNECE 51R03, 138R00 et du règlement (UE) n° 540/2014 », sont applicables. »

(Arr. du 12 mai 2021, art. 4) « Pour la réception par type des véhicules agricoles et forestiers figurant à l'article 1er du présent arrêté et des dispositifs d'échappement, les dispositions du règlement (UE) n° 167/2013 et du règlement délégué 2018/985 sont applicables.

« Pour la réception par type des véhicules de catégorie L figurant à l'article 1er du présent arrêté et des dispositifs d'échappement, les dispositions du règlement (UE) n° 168/2013 sont applicables.

« La vérification de la conformité des véhicules avec les dispositions du présent arrêté est effectuée par un laboratoire agréé avec les appareils de mesure, dans les conditions de mesure et suivant la méthode de mesure définie par les textes relatifs à la catégorie de véhicules concernée précités. »

Art. 3 Lors des réceptions par type ou à titre isolé des véhicules neufs, le demandeur doit fournir un procès-verbal émanant du laboratoire agréé attestant que le véhicule présenté à la réception ou un autre véhicule représentatif de la série est conforme aux prescriptions du présent arrêté.

Ce procès-verbal peut être remplacé par une communication émanant de l'administration compétente d'un État membre des communautés européennes attestant la conformité du véhicule avec les dispositions de la réglementation communautaire.

CHAPITRE II ***DISPOSITIFS D'ÉCHAPPEMENT SILENCIEUX*** *(Arr. du 12 mai 2021, art. 5)*.

Art. 4 Les véhicules doivent être munis d'un dispositif d'échappement silencieux ne pouvant être interrompu par le conducteur en cours de route.

Art. 5 *(Arr. du 31 déc. 1974)* Tout dispositif silencieux doit être conçu de manière à conserver son efficacité dans le temps. En particulier, les matériaux absorbants fibreux utilisés dans les silencieux d'admission et d'échappement doivent remplir les conditions du point II de l'annexe I au présent arrêté.

Art. 6 Les silencieux de remplacement doivent être conformes à un type homologué par le ministre de l'équipement et du logement.

(Arr. du 8 sept. 1982) « Cas des cyclomoteurs à deux-roues : les silencieux d'origine ou de rechange et les silencieux de remplacement doivent être conformes à un type homologué par le ministre des transports. »

Art. 7 L'homologation est accordée aux dispositifs qui satisfont aux prescriptions du cahier des charges figurant en annexe II au présent arrêté.

(Arr. du 8 sept. 1982) « Cas des cyclomoteurs à deux-roues : l'homologation est accordée aux silencieux d'origine ou de rechange conformes aux prescriptions de l'annexe I du cahier des charges du présent arrêté et aux silencieux de remplacement conformes aux prescriptions de l'annexe II du cahier des charges du présent arrêté. » — *V. cette annexe au JO 9 juin 1972, mod. par Arr. du 31 déc. 1974 (JO 31 janv. 1975).*

Art. 8 *(Arr. du 31 déc. 1974)* « Tout dispositif silencieux doit en outre porter en évidence sur sa paroi externe ou sur une pièce constituant une de ses parties intégrantes une référence de marque et une référence de type bien lisibles et indélébiles apposées » :

— par le constructeur du véhicule, s'il s'agit d'un silencieux d'origine ou de rechange vendu sous la marque du constructeur, cette marque atteste la conformité au silencieux qui équipait le véhicule type lors de la réception par le service des mines ;

— par le fabricant du dispositif, s'il s'agit d'un silencieux de remplacement, cette marque doit comprendre les lettres TP-SI suivies du numéro d'homologation. La hauteur des lettres et chiffres sera d'au moins 10 mm. En outre, lors de leur vente, les silencieux de remplacement doivent être accompagnés d'une notice établie par le fabricant sous sa responsabilité et indiquant le ou les types de véhicules sur lesquels, d'après les essais effectués par le laboratoire agréé, ils peuvent être utilisés.

(Arr. du 8 sept. 1982) « Cas des cyclomoteurs à deux-roues : tout dispositif silencieux doit porter en évidence sur sa paroi externe, orientée vers l'extérieur du véhicule lorsqu'il y est monté, de façon bien lisible et indélébile :

« Dans le cas des silencieux d'origine ou de rechange :

« La marque et le type du dispositif attribués par le constructeur du cyclomoteur ;

« Une référence d'homologation comprenant les lettres TP-SI suivies du numéro d'homologation. A ce numéro, lors de chaque modification du silencieux, sera ajoutée la lettre M suivie du numéro d'ordre de cette modification.

« Dans le cas des silencieux de remplacement :

« La marque et le type du dispositif attribués par le fabricant du dispositif de remplacement ;

« La référence d'homologation du silencieux d'origine correspondant complétée par la lettre R suivie du numéro d'homologation du silencieux de remplacement.

« La hauteur minimale des lettres et des chiffres utilisés pour ces marquages sera d'au moins 5 mm. »

Art. 9 *(Abrogé par Arr. du 12 mai 2021, art. 6)* ***Les organes d'un véhicule, et notamment le système d'échappement, doivent être maintenus en bon état ou remplacés en cas de nécessité de sorte que le bruit émis par ce véhicule ne dépasse pas les valeurs fixées au présent arrêté.***

Toute modification du système d'échappement susceptible d'accroître le bruit émis par le véhicule est interdite.

(Arr. du 8 juin 1983) ***« A cette fin, les silencieux d'échappement des cyclomoteurs à deux-roues doivent être conçus de telle sorte que le nettoyage de leurs éléments ne soit possible que par une ouverture telle qu'en l'absence du bouchon l'obturant en service normal :***

« Le niveau sonore, mesuré selon les prescriptions de l'article 2 du présent arrêté, ne soit pas augmenté de plus de 6 dB (A) ;

« Et le niveau sonore au point fixe, mesuré selon les prescriptions de l'arrêté du 14 avril 1975 susvisé, ne soit pas augmenté de plus de 4 dB (A). »

Art. 10 *(Abrogé par Arr. du 12 mai 2021, art. 6)* ***Dans les agglomérations, il est interdit d'utiliser le moteur à des régimes excessifs, que ce soit au démarrage, au point fixe ou en circulation.***

Art. 11 *(Abrogé par Arr. du 12 mai 2021, art. 6)* ***Sous réserve de l'application de l'article 12, le niveau de bruit émis par les véhicules en circulation, mesuré dans les conditions fixées au cahier des charges figurant en annexe I au présent arrêté, ne doit pas dépasser de plus de 2 décibels le niveau applicable lors de la réception, par application des articles 1er et 13.***

CHAPITRE III ***DISPOSITIONS TRANSITOIRES*** *(Arr. du 12 mai 2021, art. 7).*

Art. 12 Les véhicules en circulation appartenant aux catégories figurant ci-après restent soumis en ce qui concerne le niveau sonore à l'arrêté du 3 août 1957 relatif à la mesure du bruit produit par un véhicule automobile :

a) Véhicules de la catégorie A et véhicules de la catégorie B autres que les tracteurs à chenille et les tracteurs mus par un moteur Diesel à cycle deux temps :

– mis en circulation avant le 1er octobre 1961 ;

– réceptionnés par type avant le 1er octobre 1961 et mis en circulation avant le 1er avril 1962.

b) Tracteurs à chenille et tracteurs mus par un moteur Diesel à cycle deux temps, à usage agricole, forestier ou de travaux publics mis en circulation avant le 1er janvier 1964.

Art. 13 *(Arr. du 27 janv. 1988)* A titre transitoire, les valeurs du tableau figurant à l'article 1er sont remplacées par celles du tableau ci-après pour les catégories de véhicules énumérées dans ce tableau lorsque ces véhicules sont mis en circulation avant la date figurant dans le tableau :

CATÉGORIES	NIVEAUX SONORES maxima (en dBA)	VÉHICULES mis en circulation avant le
A. 1. Voitures particulières	83	6 février 1973
A. 5. Véhicules utilitaires de poids total autorisé en charge supérieur à 3,5 tonnes, inférieur ou égal à 12 tonnes et dont le moteur a une puissance nette égale ou supérieure à 200 CV	90	6 février 1973
B. 2.	86	1er octobre 1972
C. 1. 1.	76	1er octobre 1972
Motocycles dont la cylindrée excède 125 cm^3	86	1er octobre 1972
C.2.1.	76	1er octobre 1972

Art. 13.1 *(Arr. du 16 sept. 1977 ; Arr. du 7 janv. 1985)* **A titre transitoire, les valeurs du tableau figurant à l'article 1er sont remplacées par celles du tableau ci-après pour les catégories de véhicules énumérées dans ce tableau lorsque ces véhicules sont mis en circulation avant le 1er octobre 1989 ou le 1er octobre 1990 s'ils sont équipés de moteurs Diesel.**

Toutefois, les valeurs des tableaux ci-après ne sont applicables lors des réceptions par type qu'avant les dates figurant dans ces tableaux :

CATÉGORIES	NIVEAUX sonores maxima (en dBA)	RÉCEPTION avant le
A.1. Voitures particulières	82 80	1er avril 1980 1er octobre 1988
A.2. Véhicules de transport en commun de personnes de poids total autorisé en charge n'excédant pas 3,5 tonnes	84	1er avril 1980
– avec moteur à allumage commandé	81	1er octobre 1988
– avec moteur Diesel	81	1er octobre 1989
A.3. Véhicules de transport en commun de personnes de poids total autorisé en charge supérieur à 3,5 tonnes dont le moteur a une puissance nette :		
– inférieure à 200 CV	89	1er avril 1980
Autobus	82	1er octobre 1988
Autocars et divers	84	1er octobre 1988
– égale ou supérieure à 200 CV	91	1er avril 1982
Autobus	85	1er octobre 1988
Autocars et divers	87	1er octobre 1988
A.4. Véhicules utilitaires dont le poids total autorisé en charge n'excède pas 3,5 tonnes	84	1er avril 1980
– avec moteur à allumage commandé	81	1er octobre 1988
– avec moteur Diesel	81	1er octobre 1989
A.5. Véhicules utilitaires de poids total autorisé en charge supérieur à 3,5 tonnes :	89	1er avril 1980
– inférieur ou égal à 12 tonnes et dont le moteur a une puissance nette inférieure à 200 CV	86	1er octobre 1989
– supérieur à 12 tonnes et dont le moteur a une puissance nette égale ou supérieure à 200 CV	91 88	1er avril 1980 1er octobre 1989

Par ailleurs, la vérification de la conformité aux dispositions du présent arrêté des véhicules du paragraphe A figurant à l'article 1er du présent arrêté et dont les dates de réception par type et de mise en circulation sont toutes deux antérieures aux dates limites indiquées dans le tableau ci-dessous pourra être effectuée par un laboratoire agréé avec les appareils de mesure, dans les conditions de mesure et suivant la méthode de mesure définies dans l'annexe I au présent arrêté :

CATÉGORIES DE VÉHICULES	RÉCEPTION par type avant le	MISE en circulation avant le
A. Véhicules du titre II, livre I, du code de la route		
A.1. Voitures particulières	1er octobre 1988	1er octobre 1989
A.2. Véhicules de transport en commun de personnes de poids total autorisé en charge n'excédant pas 3,5 tonnes :		
– avec moteur à allumage commandé	1er octobre 1988	1er octobre 1989
– avec moteur Diesel	1er octobre 1989	1er octobre 1990
A.3. Véhicules de transport en commun de personnes d'un poids total autorisé en charge supérieur à 3,5 tonnes	1er octobre 1988	1er octobre 1989

CATÉGORIES DE VÉHICULES	RÉCEPTION par type avant le	MISE en circulation avant le
A.4. Véhicules utilitaires de poids total autorisé en charge n'excédant pas 3,5 tonnes :		
– avec moteur à allumage commandé	1er octobre 1988	1er octobre 1989
– avec moteur Diesel	1er octobre 1988	1er octobre 1989
A.5. Véhicules utilitaires dont le poids total autorisé en charge dépasse 3,5 tonnes	1er octobre 1989	1er octobre 1990

Art. 13.2 *(Arr. du 11 juin 1979 ; Arr. du 27 janv. 1988)* **A titre transitoire, les dispositions du paragraphe 4.1.5 du chapitre I de l'annexe I au présent arrêté ne sont pas applicables aux véhicules mis en circulation avant le 1er juin 1981.**

En outre, les valeurs du paragraphe C du tableau figurant à l'article Ier sont remplacées par celles du tableau ci-après pour les véhicules dont les dates de réception par type et de mise en circulation sont toutes deux antérieures aux dates limites indiquées dans le tableau ci-dessous :

CATÉGORIES	NIVEAUX sonores maxima (en dBA)	RÉCEPTION par type avant le	MISE en circulation avant le
C.1.1. Cyclomoteurs	73	1er octobre 1979	1er octobre 1980
C.1.2. Motocycles dont la cylindrée n'excède pas 80 cm^3	80	1er juin 1981	1er juin 1981
Motocycles dont la cylindrée dépasse 80 cm^3 sans excéder 125 cm^3	80	1er juin 1981	1er juin 1981
Motocycles dont la cylindrée dépasse 125 cm^3 sans excéder 350 cm^3	84	1er juin 1981	1er juin 1981
Motocycles dont la cylindrée dépasse 350 cm^3 sans excéder 500 cm^3	84	1er juin 1981	1er juin 1981
Motocycles dont la cylindrée dépasse 500 cm^3	84	1er juin 1981	1er juin 1981
C.2. Véhicules à plus de deux roues :			
C.2.1. Cyclomoteurs	74	1er octobre 1979	1er octobre 1980
C.2.2. Tricycles et quadricycles à moteur	81	1er octobre 1979	1er octobre 1980
C.1.2. Motocycles dont la cylindrée n'excède pas 80 cm^3	78	1er octobre 1988	1er octobre 1990
Motocycles dont la cylindrée dépasse 80 cm^3 sans excéder 125 cm^3	80	1er octobre 1989	1er octobre 1990
Motocycles dont la cylindrée dépasse 125 cm^3 sans excéder 175 cm^3	83	1er octobre 1988	1er octobre 1990
Motocycles dont la cylindrée dépasse 175 cm^3 sans excéder 350 cm^3	83	1er octobre 1988	1er octobre 1990
Motocycles dont la cylindrée dépasse 350 cm^3 sans excéder 500 cm^3	85	1er octobre 1988	1er octobre 1990
Motocycles dont la cylindrée dépasse 500 cm^3	86	1er octobre 1988	1er octobre 1990
C.1.2. Motocycles dont la cylindrée n'excède pas 80 cm^3	77	1er octobre 1993	1er octobre 1995
C.1.4. Motocycles dont la cylindrée n'excède pas 175 cm^3	82	1er octobre 1993	1er octobre 1995

Art. 13.3 *(Arr. du 22 nov. 1993)* A titre transitoire, les valeurs du tableau figurant à l'article 1er sont remplacées par celles du tableau ci-après pour les catégories de véhicules énumérées dans ce tableau lorsque ces véhicules sont réceptionnés par type avant le 1er octobre 1995 ou mis en circulation avant le 1er octobre 1996.

CATÉGORIES DE VÉHICULES	NIVEAUX SONORES maxima en dB (A)
A. Véhicules du titre II, livre I, du code de la route	
A.1. Voitures particulières	77
A.2. Véhicules de transport en commun de personnes de poids total autorisé en charge :	
N'excédant pas 2 tonnes	78
Supérieur à 2 tonnes mais n'excédant pas 3,5 tonnes	79
A.3. Véhicules de transport en commun de personnes d'un poids total autorisé en charge supérieur à 3,5 tonnes :	
Avec un moteur d'une puissance inférieure à 150 kW :	
– autobus	80
– autocars et divers	82
Avec un moteur d'une puissance égale ou supérieure à 150 kW :	
– autobus	83
– autocars et divers	85
A.4. Véhicules utilitaires de poids total autorisé en charge :	
N'excédant pas 2 tonnes	78
Supérieur à 2 tonnes mais n'excédant pas 3,5 tonnes	79
A.5. Véhicules utilitaires dont le poids total autorisé en charge dépasse 3,5 tonnes :	
Avec un moteur d'une puissance inférieure à 75 kW	81
Avec un moteur d'une puissance égale ou supérieure à 75 kW mais inférieure à 150 kW	83
Avec un moteur d'une puissance égale ou supérieure à 150 kW	84

Nota. — Pour les véhicules des catégories A. 1, A. 2 et A. 4 les valeurs limites sont augmentées de 1 dB (A) s'ils sont équipés d'un moteur Diesel à injection directe ;

Pour les véhicules de catégorie A ayant une masse maximale autorisée supérieure à 2 tonnes et qui sont conçus pour une utilisation hors route, les valeurs limites sont augmentées de 1 dB (A) s'ils sont équipés d'un moteur d'une puissance inférieure à 150 kW et de 2 dB (A) s'ils sont équipés d'un moteur d'une puissance égale ou supérieure à 150 kW.

Art. 13.4 *(Arr. du 12 mai 2021, art. 8)* A titre transitoire, les valeurs du tableau figurant à l'article 1er sont remplacées par celles du tableau ci-après pour les catégories de véhicules énumérées dans ce tableau lorsque ces véhicules sont réceptionnés par type avant le 1er juillet 2016 ou mis en circulation avant le 1er septembre 2021.

CATÉGORIES DE VÉHICULES	**NIVEAUX SONORES maxima (en dBA)**
A. Véhicules du titre II, livre I du code de la route	
A. 1. Voitures particulières	74

CATÉGORIES DE VÉHICULES	NIVEAUX SONORES maxima (en dBA)
A. 2. Véhicules de transport en commun de personnes de poids total autorisé en charge :	
– n'excédant pas 2 tonnes	76
– supérieur à 2 tonnes mais n'excédant pas 3,5 tonnes	77
A. 3. Véhicules de transport en commun de personnes d'un poids total autorisé en charge supérieur à 3,5 tonnes :	
– avec un moteur d'une puissance < 150 kW	78
– avec un moteur d'une puissance ≥ 150 kW	80
A. 4. Véhicules utilitaires de poids total autorisé en charge :	
– n'excédant pas 2 tonnes	76
– supérieur à 2 tonnes mais n'excédant pas 3,5 tonnes	77
A. 5. Véhicules utilitaires dont le poids total autorisé en charge dépasse 3,5 tonnes :	
– avec un moteur d'une puissance < 75 kW	76
– avec un moteur d'une puissance ≥ 75 kW mais < 150 kW	78
– avec un moteur d'une puissance ≥ 150 kW	80

Toutefois :

– pour les véhicules des catégories A. 1, A. 2 et A. 4, les valeurs limites sont augmentées de 1 dB (A) s'ils sont équipés d'un moteur diesel à injection directe ;

– pour les véhicules de catégorie A ayant une masse maximale autorisée supérieure à 2 tonnes et qui sont conçus pour une utilisation hors route, les valeurs limites sont augmentées de 1 dB (A) s'ils sont équipés d'un moteur d'une puissance inférieure à 150 kW et de 2 dB (A) s'ils sont équipés d'un moteur d'une puissance égale ou supérieure à 150 kW ;

– pour les véhicules de la catégorie A. 1 équipés d'une boîte de vitesse à commande manuelle ayant plus de quatre rapports de marche avant et d'un moteur développant une puissance maximale supérieure à 140 kW et dont le rapport puissance maximale/masse maximale autorisée est supérieur à 75 kW/t, les valeurs limites sont augmentées de 1 dB (A), si la vitesse à laquelle l'arrière du véhicule passe la ligne BB' (figure 1 de la directive [C. E. E.] n° 92-97) en troisième rapport est supérieure à 61 km/h.

A titre transitoire, les valeurs du tableau ci-après restent applicables :

– aux tracteurs agricoles réceptionnés par type avant le 1er janvier 2016 ou mis en circulation avant le 1er janvier 2018 ;

– aux autres véhicules agricoles et forestiers réceptionnés par type avant le 1er janvier 2022 ou mis en circulation avant le 1er janvier 2024.

CATÉGORIES DE VÉHICULES	NIVEAUX SONORES maxima (en dBA)
B. Véhicules du titre III, livre I du code de la route	
B. 1. Tracteurs agricoles et machines agricoles automotrices, matériels forestiers :	
B. 1.1. dont le moteur a une puissance nette < 200 CV	90
B. 1.2. dont le moteur a une puissance ≥ 200 CV	91
B. 2. Motoculteurs	84

A titre transitoire, les valeurs du tableau figurant à l'article 1er sont remplacées par celles du tableau ci-après pour les catégories de véhicules énumérées dans ce tableau lorsque ces véhicules sont réceptionnés par type avant le 1er janvier 2016 pour les véhicules des catégories L3e, L4e, L5e et L7e et avant le 1er janvier 2017 pour les véhicules des catégories L1e, L2e et L6e ou mis en circulation avant le 1er janvier 2017 pour les véhicules des catégories L3e, L4e, L5e et L7e et avant le 1er janvier 2018 pour les véhicules des catégories L1e, L2e et L6e.

CATÉGORIES DE VÉHICULES	NIVEAUX SONORES maxima (en dBA)
C. Véhicules des titres IV et V, livre I du code de la route	
C. 1. Véhicules à deux roues :	
C. 1.1. Cyclomoteurs	72
C. 1.2. Motocycles dont la cylindrée n'excède pas 80 cm^3	75
C. 1.3. Motocycles dont la cylindrée dépasse 80 cm^3 sans excéder 175 cm^3	79
C. 1.4. Motocycles dont la cylindrée dépasse 175 cm^3	80
C. 2. Véhicules à plus de deux roues :	
C. 2.1. Cyclomoteurs	73
C. 2.2. Tricycles et quadricycles à moteur	80

Art. 14 *(Arr. du 31 déc. 1974)* Les dispositions de l'article 5 ainsi que celles du paragraphe 2 de l'annexe II du présent arrêté ne sont applicables :

1° Qu'aux véhicules réceptionnés par type à dater du 1er octobre 1974 ainsi qu'aux silencieux de rechange et de remplacement destinés à ces véhicules et vendus à partir de cette date ;

2° Qu'aux véhicules mis en circulation à dater du 1er octobre 1975 ainsi qu'aux silencieux de rechange ou de remplacement vendus à partir de cette date.

Les véhicules mis en circulation entre le 6 février 1973 et le 1er octobre 1975 s'ils n'ont pas été réceptionnés par type après le 1er octobre 1974 ainsi que les silencieux de rechange ou de remplacement qui leur sont destinés et vendus entre le 6 février 1973 et le 1er octobre 1975 continuent à être soumis aux dispositions de l'article 5 non modifié, ainsi qu'à celles du paragraphe 2 de l'annexe II non modifiée de l'arrêté du 13 avril 1972 non modifié.

(Arr. du 8 sept. 1982) « 3° Les dispositions des articles 6, 7 et 8 relatives aux cyclomoteurs à deux-roues, ainsi que celles de l'article R. 199 relatives à la mention sur la plaque des cyclomoteurs de leur niveau sonore de référence et du régime correspondant de rotation de leur moteur et de la référence d'homologation attribuée à leur dispositif silencieux d'échappement d'origine sont applicables aux véhicules mis en circulation à dater du 1er octobre 1983. Les dispositions des articles 6, 7 et 8 relatives aux cyclomoteurs à deux-roues sont applicables aux silencieux de rechange et de remplacement destinés à ces véhicules et vendus à partir du 1er janvier 1984.

« Les dispositifs silencieux qui sont destinés aux cyclomoteurs à plus de deux-roues peuvent bénéficier des dispositions des articles 6, 7 et 8 relatives aux cyclomoteurs à deux-roues » ;

(Arr. du 8 juin 1983) « 3° *[4°]* Les dispositions de l'article 9 relatives aux cyclomoteurs à deux-roues sont applicables aux véhicules réceptionnés à dater du 1er octobre 1984 et aux véhicules réceptionnés avant cette date, mis en circulation après le 1er octobre 1985, ainsi qu'aux silencieux de rechange et de remplacement destinés à ces véhicules et vendus à partir du 1er janvier 1985. »

Art. 15 Les dispositions de l'article 6 et celles de l'article 8 relatives au marquage des silencieux de remplacement sont applicables aux silencieux de remplacement vendus à dater du 6 février 1973. Les silencieux de remplacement vendus avant cette date pourront comporter, à défaut de la marque d'homologation, une marque apposée par le fabricant du dispositif et attestant que l'appareil a une efficacité acoustique au moins égale à celle du silencieux qui équipait, lors de la réception par le service des mines, le véhicule ayant satisfait aux conditions fixées par le présent arrêté.

Art. 15.1 *(Arr. du 8 sept. 1982)* Les dispositions des articles 5, 6, 7 et 8 ne s'appliquent pas aux dispositifs silencieux d'échappement de remplacement ayant fait l'objet d'une réception CEE en tant qu'entité technique *(Arr. du 22 nov. 1993)* « suivant les prescriptions de la directive (CEE) n° 70-157, modifiée en dernier lieu par » *(Arr. du 17 janv. 2001)* « la directive 1999/101/CE du 15 décembre 1999 » *(Arr. du 12 mai 2021, art. 9)* « ou du règlement (UE) n° 540/2014 ou des règlements CEE ONU n° 51R03, n° 92 ou n° 59 ».

« Toutefois les précédentes versions de la directive n° 70/157/CEE restent applicables aux dispositifs d'échappement s'ils sont destinés à équiper les véhicules déjà en circulation et s'ils répondent aux prescriptions des directives applicables lors de la première immatriculation de ces véhicules. »

Art. 15.2 *(Arr. du 12 mai 2021, art. 10)* Les dispositions de l'article 1er du présent arrêté ne sont pas applicables aux engins spécifiques de lutte contre l'incendie des aéroports qui peuvent dépasser les limites maximales de niveau sonore définies au présent arrêté.

Art. 15.3 *(Arr. du 12 mai 2021, art. 10)* Dates d'application des phases 1 à 3 mentionnées à l'article 1er :

Type de réception	Phase 1	Phase 2	Phase 3
Nouveau type	01/07/2016	01/07/2020 01/07/2022 pour les N2	01/07/2024 01/07/2026 pour les N2, N3 et M3
immatriculation	01/07/2022	01/07/2022 01/07/2023 pour les N2	01/07/2026 01/07/2027 pour les N2, N3 et M3

Art. 15.4 *(Arr. du 12 mai 2021, art. 10)* Les véhicules électriques des catégories M et N qui peuvent circuler normalement et en marche arrière, ou au moins en marche avant avec une vitesse, et sur lesquels il n'y a pas de moteur à combustion interne en marche, en ce qui concerne leur audibilité, sont conformes aux dispositions du règlement de Genève n° 138R00.

Art. 16 Le laboratoire de l'union technique de l'automobile, du motocycle et du cycle (*(Arr. du 12 mai 2021, art. 11)* « UTAC SAS »), autodrome de Linas-Montlhéry, 91-Linas-Montlhéry, est agréé pour effectuer les contrôles visés aux articles 2 et 7 du présent arrêté.

Les essais sont à la charge du demandeur.

Art. 17 L'arrêté du 25 octobre 1962 relatif à la mesure du bruit produit par les véhicules automobiles est abrogé.

Arrêté du 16 janvier 1975,

Relatif aux émissions de gaz polluants par les moteurs à essence des véhicules.

Art. 1er *Abrogé par Arr. du 4 oct. 1977, art. 7.*

Art. 2 *(Arr. du 5 oct. 1977)* Les dispositions du présent arrêté s'appliquent aux véhicules automobiles soumis aux dispositions du titre II du code de la route équipés de moteurs à essence dont la puissance administrative dépasse 1 CV.

Art. 3 à 5 *Abrogés par Arr. du 4 oct. 1977, art. 7.*

Art. 6 Les véhicules en circulation ayant un kilométrage d'au moins 3 000 km pourront être soumis à des contrôles ayant pour but de vérifier que la teneur en monoxyde de carbone des gaz d'échappement émis au régime de ralenti ne dépasse pas 4,5 p. 100 et constitués par des essais du type II.

Art. 7 *(Arr. du 5 oct. 1977)* « L'essai prévu à l'article 6 ci-dessus sera effectué à l'arrêt dans les conditions prévues aux paragraphes 1.3, 2.1 et 2.2 de l'annexe IV à la directive n° 70/220/CEE du 20 mars 1970. »

En outre, sur les véhicules ayant des sorties d'échappement multiples, on procédera aux mesures des teneurs dans les différentes sorties et on effectuera leur moyenne arithmétique.

Les mesures des teneurs en monoxyde de carbone et en dioxyde de carbone devront être effectuées avec des appareils répondant aux prescriptions imposées par la réglementation sur les instruments de mesure.

Art. 8 à 11 *Abrogés par Arr. du 4 oct. 1977, art. 7.*

Art. 12 Les dispositions des articles 6 et 7 ci-dessus relatifs au contrôle de la teneur en monoxyde de carbone émis au régime du ralenti par les véhicules immatriculés pour la première fois à partir du 1er janvier 1960.

(Arr. du 5 oct. 1977) « Toutefois le contrôle de la teneur en monoxyde de carbone émis au régime de ralenti ne sera pas effectué pour les véhicules équipés d'un moteur dont l'alimentation est du type à injection et si leur mise en circulation est antérieure au 1er janvier 1971. »

Art. 13 *Abrogé par Arr. du 4 oct. 1977, art. 7.*

Art. 14 L'arrêté du 30 juin 1970 relatif aux émissions de gaz polluants par les moteurs à essence des véhicules est abrogé.

Arrêté du 17 juillet 1984,

Relatif aux contrôles des émissions de gaz polluants des moteurs effectués sur les véhicules automobiles avant leur mise en circulation.

Art. 1er Au sens du présent arrêté on entend par véhicules automobiles les véhicules soumis aux dispositions du titre II du code de la route équipés de moteurs à allumage commandé et les véhicules des catégories internationales M1 et N1 équipés de moteurs Diesel.

Art. 2 *(Arr. du 6 mai 1988)* Les véhicules visés par l'article 1er du présent arrêté doivent satisfaire aux prescriptions de la directive n° 70-220 CEE du 20 mars 1970 modifiée ou, le cas échéant, *(Arr. du 22 mars 1990)* « des prescriptions correspondantes du règlement n° 83 annexé à l'accord de Genève du 20 mars 1958 », dans les conditions définies par les articles 3 et 4 ci-après.

(Arr. du 10 janv. 1994) « Toutefois, pour l'application respective des alinéas 2, 3 et 5 de l'article 4 ci-après, les véhicules de la catégorie N1 équipés de moteurs Diesel conformes respectivement aux prescriptions de la directive (CEE) n° 88-77 du 3 décembre 1987 susvisée ou, le cas échéant, de l'amendement correspondant du règlement n° 49 susvisé, ne sont pas soumis à ces prescriptions. »

(Arr. du 5 sept. 1997) « La réception communautaire (CE) et la réception de type national des véhicules visés par l'article 1er du présent arrêté, en ce qui concerne le contrôle des émissions polluantes des moteurs, doivent être effectuées conformément aux dispositions administratives et aux procédures d'essais de la directive n° 70/220/CEE modifiée en dernier lieu par la directive n° 96/44/CE du 1er juillet 1996 susvisée.

« Toutefois, les dispositions du précédent alinéa n'annulent pas la validité des réceptions délivrées antérieurement au titre de la directive n° 70/220/CEE modifiée et n'empêchent pas les extensions de telles réceptions dans les conditions prévues à l'origine par la directive. »

Art. 3 Lors des réceptions par type ou à titre isolé de véhicules neufs, le demandeur doit fournir soit un procès-verbal émanant d'un laboratoire agréé par le ministre des transports, le secrétaire d'État auprès du Premier ministre, chargé de l'environnement et de la qualité de la vie, et le secrétaire d'État auprès du ministre des affaires sociales et de la solidarité nationale, chargé de la santé, soit une communication internationale émanant de l'administration compétente, attestant que le véhicule présenté à la réception ou un autre véhicule représentatif de la série est conforme aux prescriptions de l'article 2 ci-dessus.

Dans le cas des réceptions à titre isolé de véhicules neufs, le procès-verbal peut être établi par le demandeur et sous sa responsabilité.

Le service chargé de la réception peut ne pas exiger la présentation du procès-verbal visé aux alinéas ci-dessus s'il estime que le véhicule présenté à la réception ne diffère d'un véhicule déjà réceptionné et sur lequel la conformité avec les prescriptions de l'article 2 a été contrôlée que sur des points ne risquant pas d'avoir une influence sur les résultats des essais prévus par les dispositions visées à l'article 2.

Art. 4 Les dispositions de l'article 2 du présent arrêté sont applicables :

1° En ce qui concerne la directive n° 78-665-CEE du 14 juillet 1978 ou le règlement n° 15 comprenant la série 03 d'amendements, à tous les véhicules soumis aux dispositions du titre II du code de la route et équipés de moteurs à allumage commandé mis en circulation à dater de la publication du présent arrêté.

(Arr. du 22 mars 1990) « 2° En ce qui concerne la directive n° 83-351 CEE du 16 juin 1983 ou, le cas échéant, les dispositions du règlement n° 83 relatives aux véhicules fonctionnant à l'essence plombée (homologation A), à tous les véhicules mis en circulation à dater du 1er octobre 1986, ainsi qu'aux véhicules réceptionnés par type à dater du 1er octobre 1984 et qui, du point de vue des caractéristiques techniques qui ont une influence sur les émissions polluantes, sont des nouveaux types ; »

(Arr. du 6 mai 1988 ; Arr. du 29 juin 1992) « 3° En ce qui concerne les émissions de gaz polluants visés par la directive (CEE) n° 88-76 du 3 décembre 1987 ou les dispositions équivalentes du règlement n° 83 relatives aux véhicules fonctionnant à l'essence sans plomb (homologation B) ou au gazole (homologation C) :

« – au 1er octobre 1989 : aux véhicules de la catégorie M1 dont la cylindrée est supérieure à 2 000 centimètres cubes mis pour la première fois en circulation ou réceptionnés par type,

« et aux véhicules autres que ceux de la catégorie M1 ou équivalents, tels que définis au paragraphe 8-1 de l'annexe I de la directive (CEE) n° 88-76 du 3 décembre 1987, réceptionnés par type, et qui, du point de vue des caractéristiques techniques qui ont une influence sur les émissions polluantes, sont des nouveaux types ;

« – au 1er octobre 1990 : aux véhicules autres que ceux de la catégorie M1 ou équivalents, tels que définis au paragraphe 8-1 de l'annexe I de la directive (CEE) n° 88-76 du 3 décembre 1987, mis pour la première fois en circulation ;

« 4° En ce qui concerne les émissions de gaz polluants visés par la directive (CEE) n° 91-441 du 26 juin 1991, et sous réserve des dispositions transitoires prévues au paragraphe 8 de l'annexe I de cette directive :

« – au 1er juillet 1992 : aux véhicules réceptionnés par type et qui du point de vue des caractéristiques techniques qui ont une influence sur les émissions polluantes sont des nouveaux types ;

« – au 31 décembre 1992 : aux véhicules mis pour la première fois en circulation. »

(Arr. du 10 janv. 1994) « 5° En ce qui concerne les émissions de gaz polluants visés par la directive (CEE) n° 93-59 du 28 juin 1993 et sous réserve des dispositions transitoires prévues par cette directive pour les véhicules équipés de moteurs Diesel à injection directe et pour les véhicules faiblement motorisés :

« – au 1er octobre 1993 : aux véhicules des catégories M et N1, réceptionnés par type et qui, du point de vue des caractéristiques techniques qui ont une influence sur les émissions polluantes, sont des nouveaux types ;

« – au 1er octobre 1994 : aux véhicules des catégories M et N1 mis pour la première fois en circulation. »

(Arr. du 6 déc. 1994) « 6° En ce qui concerne les émissions de gaz polluants visés par la directive n° 94/12/CE du 23 mars 1994 et sous réserve des dispositions transitoires prévues par cette directive pour les véhicules équipés de moteurs Diesel à injection directe :

« – au 1er janvier 1996 : aux véhicules de la catégorie M réceptionnés par type et qui du point de vue des caractéristiques techniques qui ont une influence sur les émissions polluantes sont des nouveaux types, à l'exception des véhicules conçus pour transporter plus de six occupants (conducteur compris) et des véhicules dont la masse maximale dépasse 2 500 kilogrammes ;

« – au 1er janvier 1997 : aux véhicules de la catégorie M mis pour la première fois en circulation, à l'exception des véhicules conçus pour transporter plus de six occupants (conducteur compris) et des véhicules dont la masse maximale dépasse 2 500 kilogrammes. *(Arr. du 5 sept. 1997)* « Et aux véhicules des catégories N1 et M assimilés (véhicules conçus pour transporter plus de six occupants, conducteur compris, et véhicules dont la masse maximale dépasse 2 500 kg) de la classe I réceptionnés par type. »

« Les dispositions en matière de contrôle de conformité de la production des véhicules visés ci-dessus doivent satisfaire à celles prévues par la directive n° 94/12/CE du 23 mars 1994 précitée. »

(*Arr. du 5 sept. 1997*) « 7° En ce qui concerne les émissions polluantes visées par la directive n° 96/69/CE du 8 octobre 1996 et sous réserve des dispositions transitoires prévues par cette directive pour les véhicules équipés de moteurs Diesel à injection directe, à tous les véhicules des catégories N1 et M assimilés (véhicules conçus pour transporter plus de six occupants, conducteur compris, et véhicules dont la masse maximale dépasse 2 500 kg) :

« – de la classe I, mis pour la première fois en circulation à partir du 1er octobre 1997 ;

« – des classes II et III, réceptionnés par type à partir du 1er janvier 1998 (qui, du point de vue des caractéristiques techniques qui ont une influence sur les émissions polluantes, sont des nouveaux types) ;

« – des classes II et III, mis pour la première fois en circulation à partir du 1er octobre 1998. »

Art. 5 (*Arr. du 6 mai 1988 ; Arr. du 22 mars 1990*) Par dérogation aux prescriptions générales de l'article 2, les dispositions prévues au (*Arr. du 29 juin 1992*) « troisième alinéa » de l'article 4 ne sont pas applicables aux véhicules mis en circulation dans les départements d'outre-mer.

Art. 6 (*Arr. du 6 mai 1988*) L'arrêté du 4 octobre 1977 modifié relatif aux contrôles des émissions de gaz polluants des moteurs à essence effectués sur les véhicules automobiles avant leur mise en circulation est abrogé.

Arrêté du 18 juillet 1985,

Relatif au contrôle au point fixe du niveau sonore des véhicules à moteur.

Art. 1er Les prescriptions de l'arrêté du 13 avril 1972 relatif au bruit des véhicules automobiles seront considérées comme satisfaites par un véhicule faisant l'objet d'un contrôle routier, lorsque les résultats des mesures du niveau sonore au point fixe, effectuées dans les conditions définies à l'article 4 du présent arrêté, ne dépassent pas de plus de 5 dB (A) la valeur correspondante mesurée sur un véhicule de même type, lors d'un essai de référence visé à l'article ci-après.

Art. 2 Pour tout véhicule présenté à la réception par type, il devra être fourni le résultat de l'essai de référence effectué par le laboratoire agréé pour la mesure du niveau sonore du véhicule en application de l'arrêté du 13 avril 1972 :

– soit, pour les motocycles et les cyclomoteurs, selon la méthode de mesure introduite par l'arrêté du 8 juin 1979 relatif à la réception CEE des motocycles en ce qui concerne le niveau sonore admissible et le dispositif d'échappement ;

– soit, pour les véhicules automobiles relevant du titre II du code de la route et les véhicules relevant du titre III, livre I du code de la route, selon la méthode de mesure introduite par l'arrêté du 7 janvier 1985 relatif à la réception CEE des véhicules en ce qui concerne le niveau sonore admissible et le dispositif d'échappement des véhicules à moteur.

Art. 3 Les prescriptions de l'article 2 ne sont pas applicables aux véhicules automobiles ayant fait l'objet d'une réception CEE conforme, suivant le cas, aux dispositions des arrêtés du 8 juin 1979 ou du 7 janvier 1985 susvisés. Dans ce cas, le résultat de l'essai de référence retenu pour la réception par type du véhicule sera celui indiqué sur la fiche de réception CEE.

Art. 4 La mesure de contrôle du niveau sonore au point fixe des véhicules à moteur est effectuée dans les conditions définies au cahier des charges annexé au présent arrêté.

Art. 5 L'arrêté du 9 septembre 1982 modifié relatif au contrôle au point fixe du niveau sonore des véhicules à moteur est abrogé.

CAHIER DES CHARGES

MÉTHODE DE CONTRÔLE AU POINT FIXE DU NIVEAU SONORE D'UN VÉHICULE À MOTEUR

1. Appareils de mesure

1.1. Appareillage de mesure acoustique

Le microphone doit être du type omnidirectionnel.

En ce qui concerne la réception d'un type de véhicule, et l'homologation d'un dispositif silencieux d'échappement de remplacement en tant qu'entité technique indépendante, l'appareil de mesure doit être du type "sonomètre de précision", de qualité au moins égale à celle de la classe 1, selon la publication CEI n° 651.

En ce qui concerne les mesures de contrôle du niveau sonore des véhicules en circulation, l'appareil de mesure doit être un sonomètre de qualité au moins égale à celle de la classe 2 au sens de la publication CEI n° 651.

Un écran à vent convenable peut être utilisé pour réduire l'influence du vent sur les lectures.

Les mesures sont faites avec le réseau de pondération "A" et avec la caractéristique dynamique "rapide".

1.2. Appareillage de mesure du régime de rotation du moteur

La mesure du régime-moteur est effectuée au moyen d'un compte-tours extérieur au véhicule, permettant les mesures avec une erreur inférieure à 3 p. 100.

2. Conditions de mesure

2.1. Nature du terrain. — Conditions d'environnement

Les mesures ont lieu sur le véhicule à l'arrêt dans une zone ne présentant pas de perturbation importante.

On considère comme zone de mesure tout site en plein air, constitué d'une aire plane recouverte de béton, d'asphalte ou de matériau dur et à haut pouvoir de réflexion, à l'exclusion de toute surface en terre battue.

Les dimensions de l'aire de mesure sont au moins égales à celles d'un rectangle, dont les côtés sont à trois mètres du contour du véhicule. Il ne doit pas y avoir d'obstacles importants à l'intérieur de ce rectangle. En particulier, on évite d'arrêter le véhicule à moins de 1 mètre d'une bordure de trottoir lorsqu'on mesure le bruit d'échappement et aucune personne ne doit se trouver dans la zone de mesures, à l'exception de l'observateur et du conducteur, dont la présence ne doit pas perturber le résultat de la mesure.

2.2. Bruits parasites et influence du vent

Les niveaux de bruit ambiant en chaque point de mesure doivent être au moins de 10 dB (A) en dessous des niveaux mesurés aux mêmes points au cours de l'essai.

3. Méthode de mesure

3.1. Nombre de mesures

Trois mesures au moins sont effectuées en chaque point de mesure. Les mesures ne sont considérées comme valables que si l'écart entre les résultats de trois mesures faites immédiatement l'une après l'autre n'est pas supérieur à 2 dB (A). On retient la valeur la plus élevée donnée par ces trois mesures.

3.2. Mise en place et préparation du véhicule

Le véhicule est placé au centre de la zone d'essai, boîte de vitesses au point mort et embrayée.

Avant chaque série de mesures, le moteur doit être porté à sa température normale de fonctionnement et l'on vérifie que le ventilateur de refroidissement ainsi que les autres accessoires nécessaires à la marche du moteur sont en fonctionnement pendant la durée de la mesure.

3.3. Mesure du niveau sonore au point fixe (Figure 1)

3.3.1. Position du microphone :

Le microphone doit être placé à hauteur de l'orifice de sortie des gaz d'échappement, en aucun cas à moins de 0,2 mètre au-dessus de la surface de la piste. La membrane du microphone doit être orientée vers l'orifice d'échappement des gaz et placée à une distance de 0,5 mètre de cet orifice. L'axe de sensibilité maximale du microphone doit être parallèle à la surface de la piste et former un angle de 45° ± 10° par rapport au plan vertical contenant la direction de sortie des gaz d'échappement.

Par rapport à ce plan vertical, le microphone doit être placé du côté qui ménage la plus grande distance possible entre le microphone et le contour du véhicule.

Si le système d'échappement comporte plusieurs sorties dont les centres ne sont pas distants de plus de 0,3 mètre et qui sont raccordés à un même silencieux, le microphone doit être orienté vers l'orifice le plus proche du contour du véhicule ou vers l'orifice situé le plus haut par rapport à la surface de la piste. Dans les autres cas, des mesures distinctes sont pratiquées à chaque sortie d'échappement et seule la valeur la plus forte est retenue.

Pour les véhicules munis d'une sortie d'échappement verticale (par exemple véhicules commerciaux), le microphone doit être placé à la hauteur de l'orifice de l'échappement, et être orienté vers le haut, son axe étant vertical. Il doit être situé à une distance de 0,5 mètre de la paroi latérale du véhicule la plus proche de la sortie d'échappement.

Lorsque la configuration du véhicule empêche de placer le microphone conformément à la figure 2 par suite de la présence d'obstacles faisant partie du véhicule (par exemple roue de secours, réservoir à carburant, coffre de batterie), il doit être établi, au moment du mesurage, un dessin indiquant clairement la position choisie pour le microphone. Dans la mesure du possible, ce dernier doit être éloigné de plus de 0,5 mètre de l'obstacle le plus proche et son axe de sensibilité maximale être orienté vers l'orifice de sortie des gaz à l'emplacement le moins masqué par les obstacles susmentionnés. — *V. les figures 1 et 2 au JO 17 sept. 1985.*

3.3.2. Conditions de fonctionnement du moteur :

— Pour les véhicules relevant du titre II et du titre III, livre I, du code de la route, le régime du moteur est stabilisé aux trois quarts de la vitesse de rotation (S) à laquelle le moteur développe sa puissance maximale.

Lorsque le régime stabilisé est atteint, la commande d'accélération est rapidement ramenée à la position de ralenti. Le niveau sonore est mesuré pendant une période de fonctionnement comprenant un bref maintien du régime stabilisé ainsi que toute la durée de la décélération, le résultat de mesure valable étant celui qui correspond à l'indication maximale du sonomètre.

— Pour les véhicules relevant du titre IV et du titre V du code de la route, le régime du moteur est stabilisé à l'une des valeurs suivantes :

— $\frac{S}{2}$ si S est supérieur à 5 000 tours/minute ;

— $\frac{3S}{4}$ si S est inférieur ou égal à 5 000 tours/minute,

S étant la vitesse de rotation du moteur à laquelle il développe sa puissance maximale.

Dès que le régime stabilisé est atteint, la commande d'accélération est rapidement ramenée à la position de ralenti. Le niveau sonore est mesuré pendant une période de fonctionnement comprenant un bref maintien du régime stabilisé ainsi que toute la durée de la décélération, le résultat de mesure valable étant celui qui correspond à l'indication maximale du sonomètre.

4. Présentation des résultats

Le rapport d'essais doit donner tous les détails utiles concernant les mesures, et notamment :
— le type de véhicule contrôlé, en indiquant les anomalies ;
— le site d'essai, la nature du sol, les conditions atmosphériques ;
— l'équipement de mesure ;
— les emplacements et les orientations du microphone ;
— les régimes du moteur au cours des essais ;
— les niveaux de bruits relevés ;
— les niveaux de bruit de fond en chaque point de mesure.

Le résultat des mesures obtenues lors de l'essai de référence d'un type de véhicule et les régimes du moteur au cours de l'essai doivent être portés sur la notice descriptive du véhicule.

Arrêté du 6 mai 1988,

Relatif au contrôle, avant la mise en circulation des véhicules automobiles, des émissions de gaz polluants et de particules polluantes provenant des moteurs à allumage par compression et des moteurs à allumage commandé fonctionnant au gaz naturel ou au gaz de pétrole liquéfié, destinés à la propulsion de ces véhicules (Arr. du 5 févr. 2001).

Art. 1er *(Arr. du 5 févr. 2001)* **Au sens du présent arrêté on entend par :**

— véhicules automobiles, les véhicules soumis aux dispositions *(Abrogé par Arr. du 12 mai 2021, art. 2)* *« du titre II »* **du code de la route, définis à** *(Arr. du 12 mai 2021, art. 2)* **« l'article 4 du règlement (UE) n° 2018/858 du Parlement européen et du Conseil du 30 mai 2018 relatif à la réception et à la surveillance du marché des véhicules à moteur et**

de leurs remorques, ainsi que des systèmes, composants et entités techniques distinctes destinés à ces véhicules, modifiant les règlements (CE) n° 715/2007 et (CE) n° 595/2009 et abrogeant la directive 2007/46/ CE » et propulsés par un moteur à allumage par compression (Diesel) ou par un moteur à allumage commandé fonctionnant au gaz naturel ou au gaz de pétrole liquéfié, à l'exception des véhicules de la catégorie M1 dont la masse maximale est égale ou inférieure à 3,5 tonnes et des véhicules des catégories N1, N2 et M2 pour lesquels la réception a été délivrée conformément à la directive 70/220/CEE susvisée *(Arr. du 12 mai 2021, art. 2)* « ou au règlement (CE) n° 715/2007 du Parlement européen et du Conseil du 20 juin 2007 relatif à la réception des véhicules à moteur au regard des émissions des véhicules particuliers et utilitaires légers (Euro 5 et Euro 6) et aux informations sur la réparation et l'entretien des véhicules » ;

– moteur à allumage par compression (moteur Diesel) ou moteur à allumage commandé fonctionnant au gaz naturel ou au gaz de pétrole liquéfié (moteur au gaz) la source de propulsion motrice d'un véhicule qui peut faire l'objet d'une réception en tant qu'entité technique distincte au sens de *(Arr. du 12 mai 2021, art. 2)* « l'article 3 du règlement (UE) n° 2018/858 précité ».

Art. 2 *(Arr. du 5 févr. 2001)* Les véhicules et les moteurs visés par l'article 1er du présent arrêté doivent satisfaire aux prescriptions de la directive 88/77/CEE du 3 décembre 1987 susvisée ou aux prescriptions correspondantes du règlement n° 49 de Genève susvisé, dans les conditions définies aux articles 3 et 4 ci-après, et sous réserve, le cas échéant, des dispositions prévues à l'article 8, paragraphe 2, de la directive 70/156/CEE susvisée.

Toutefois ces dispositions ne sont pas applicables dans le cas des véhicules et des moteurs destinés à l'exportation vers les pays tiers à l'Union européenne et dans le cas des moteurs de rechange pour les véhicules en circulation.

(Arr. du 14 nov. 2006) « A dater du 9 novembre 2006, les dispositions de la directive 88/77/CEE susvisée sont remplacées par les dispositions de la directive 2005/55/CE susvisée, modifiée par les directives 2005/78/CE et 2006/51/CE. »

(Arr. du 12 mai 2021, art. 3) « Le règlement (CE) n° 595/2009 du Parlement européen et du Conseil du 18 juin 2009 relatif à la réception des véhicules à moteur et des moteurs au regard des émissions des véhicules utilitaires lourds (Euro VI) et à l'accès aux informations sur la réparation et l'entretien des véhicules, et modifiant le règlement (CE) n° 715/2007 et la directive 2007/46/CE, et abrogeant les directives 80/1269/CEE, 2005/55/CE et 2005/78/CE est applicable à partir du 31 décembre 2012. »

Art. 3 Lors des réceptions par type *(Arr. du 12 mai 2021, art. 4)* « , individuelle » ou à titre isolé de véhicules neufs, le demandeur doit fournir un procès-verbal émanant d'un *(Arr. du 12 mai 2021, art. 3)* « service technique notifié pour effectuer les essais d'homologation prévus par la directive ou le règlement UNECE », attestant que le véhicule présenté à la réception ou un autre véhicule représentatif de la série est conforme aux prescriptions de l'article 2 ci-dessus.

Dans le cas des réceptions *(Arr. du 12 mai 2021, art. 4)* « individuelle ou » à titre isolé de véhicules neufs, le procès-verbal peut être établi par le demandeur et sous sa responsabilité.

Le service chargé de la réception peut ne pas exiger la présentation du procès-verbal aux alinéas ci-dessus s'il estime que le véhicule présenté à la réception ne diffère d'un véhicule déjà réceptionné et sur lequel la conformité avec les prescriptions de l'article 2 a été contrôlée que sur des points ne risquant pas d'avoir une influence sur les résultats des essais prévus par les dispositions visées à l'article 2.

Art. 4 *(Arr. du 30 juin 1992)* Les dispositions de l'article 2 du présent arrêté sont applicables :

1° En ce qui concerne la directive (CEE) n° 88-77 du 3 décembre 1987, à tous les véhicules mis en circulation à dater du 1er octobre 1990 ;

2° En ce qui concerne les valeurs limites fixées à la ligne A des tableaux figurant aux points 6.2.1 et 8.3.1.1 de l'annexe I de la directive (CEE) n° 88-77 modifiée par la directive (CEE) n° 91-542 du 1er octobre 1991 :

– au 1er juillet 1992 : aux moteurs et aux véhicules réceptionnés par type et qui, du point de vue des caractéristiques techniques qui ont une influence sur les émissions polluantes sont de nouveaux types, sous réserve des dispositions prévues au paragraphe 3 de l'article 2 de la directive (CEE) n° 91-542 susvisée ;

– au 1er octobre 1993 : aux nouveaux moteurs mis en service et aux véhicules mis pour la première fois en circulation ;

3° En ce qui concerne les valeurs limites fixées à la ligne B des tableaux figurant aux points 6.2.1 et 8.3.1.1 de l'annexe I de la directive (CEE) n° 88-77 modifiée par la directive (CEE) n° 91-542 du 1er octobre 1991 :

– au 1er octobre 1995 : aux moteurs et aux véhicules réceptionnés par type et qui, du point de vue des caractéristiques techniques qui ont une influence sur les émissions polluantes sont de nouveaux types ;

– au 1er octobre 1996 : aux nouveaux moteurs mis en service et aux véhicules mis pour la première fois en circulation.

(Arr. du 14 oct. 1996) « Toutefois, jusqu'au 30 septembre 1997, la valeur limite des émissions de particules des moteurs dont la cylindrée unitaire est inférieure à 0,70 dm^3 et le régime nominal supérieur à 3 000 tours par minute doit être conforme aux dispositions du paragraphe 1 de l'annexe à la directive n° 96/1 du 22 janvier 1996.

« Les dispositions en matière de contrôle de conformité de la production des véhicules visés au présent paragraphe doivent satisfaire à celles prévues au paragraphe 2 de l'annexe à la directive n° 96/1 du 22 janvier 1996 précitée. »

(Arr. du 5 févr. 2001) « 4° En ce qui concerne les valeurs limites fixées à la ligne A des tableaux figurant au point 6.2.1 de l'annexe I de la directive 88/77/CEE, modifiée par la directive 1999/96/CE :

« – au 1er octobre 2000, aux moteurs et aux véhicules réceptionnés par type et qui, du point de vue des caractéristiques techniques qui ont eu une influence sur les émissions polluantes, sont de nouveaux types ;

« – au 1er octobre 2001, aux nouveaux moteurs mis en service et aux véhicules mis pour la première fois en circulation. »

(Arr. du 6 déc. 2001) « L'ensemble des prescriptions de la directive 88/77/CEE, modifiée en dernier lieu par la directive 2001/27/CE, sont applicables au 1er octobre 2001 :

« – aux moteurs et aux véhicules réceptionnés par type ;

« – aux nouveaux moteurs à allumage par compression mis en service et aux véhicules équipés de tels moteurs mis pour la première fois en circulation.

« et au 1er octobre 2003 aux nouveaux moteurs fonctionnant au gaz mis en service et aux véhicules équipés de tels moteurs mis pour la première fois en circulation.

« Toutefois, pour les moteurs à allumage par compression et pour les véhicules équipés de tels moteurs, réceptionnés conformément aux dispositions de la directive 1999/96/CE, la mise en conformité aux dispositions de la directive 2001/27/CE est effectuée dans le cadre d'une extension de la précédente réception. Et, dans ce cas, les véhicules mis pour la première fois en circulation doivent satisfaire aux dispositions de la directive 2001/27/CE au 1er avril 2002. »

(Arr. du 5 févr. 2001) « 5° En ce qui concerne les valeurs limites fixées à la ligne B^1 des tableaux figurant au point 6.2.1 de l'annexe I de la *(Arr. du 14 nov. 2006)* « directive 2005/55/CE, modifiée en dernier lieu par la directive 2006/51/CE » susvisée :

« – au 1er octobre 2005, aux moteurs et aux véhicules réceptionnés par type et qui, du point de vue des caractéristiques techniques qui ont une influence sur les émissions polluantes, sont de nouveaux types ;

« – au 1er octobre 2006, aux nouveaux moteurs mis en service et aux véhicules mis pour la première fois en circulation.

« 6° En ce qui concerne les valeurs limites fixées à la ligne B^2 des tableaux figurant au point 6.2.1 de l'annexe I de la *(Arr. du 14 nov. 2006)* « directive 2005/55/CE, modifiée en dernier lieu par la directive 2006/51/CE » susvisée :

« – au 1er octobre 2008, aux moteurs et aux véhicules réceptionnés par type et qui, du point de vue des caractéristiques techniques qui ont une influence sur les émissions polluantes, sont de nouveaux types ;

« – au 1er octobre 2009, aux nouveaux moteurs mis en service et aux véhicules mis pour la première fois en circulation.

« Tout moteur satisfaisant aux exigences appropriées de la directive 88/77/CEE, *(Arr. du 6 déc. 2001)* « modifiée en dernier lieu par la directive 2001/27/CE susvisée », et qui respecte les valeurs limites facultatives fixées à la ligne C (EEV) des tableaux figurant au point 6.2.1 de l'annexe I de cette directive est considéré comme conforme aux exigences des paragraphes 4°, 5° et 6° précédents.

« En sus des dispositions indiquées aux paragraphes 4°, 5° et 6° précédents, les moteurs réceptionnés en tant qu'entités techniques doivent, conformément aux dispositions définies aux paragraphes 4 et 5 de l'annexe I de la *(Arr. du 14 nov. 2006)* « directive 2005/55/CE, modifiée en dernier lieu par la directive 2006/51/CE » susvisée, être marqués et porter, le cas échéant, les étiquettes appropriées, notamment dans le cas d'une réception restreinte à une gamme de carburants ou à un carburant spécifique. Le marquage spécifique applicable aux moteurs fonctionnant au gaz qui ont été réceptionnés pour une gamme restreinte de carburants doit aussi être apposé près de l'ouverture de remplissage de carburant des véhicules équipés de ces types de moteurs. »

(Arr. du 14 nov. 2006) « Les dispositions des points 6.5.3, 6.5.4 et 6.5.5 de l'annexe I de la directive 2005/55/CE susvisée sont applicables au 9 novembre 2006 pour les nouvelles réceptions, et au 1er octobre 2007 pour tous les véhicules mis pour la première fois en circulation. »

(Arr. du 12 mai 2021, art. 5) « 7° Les dispositions du règlement (CE) n° 595/2009 précité s'appliquent :

« 1° A partir du 31 décembre 2012, aux nouveaux types de véhicules à moteur des catégories M1, M2, N1 et N2, tels que définis à l'article 4 du règlement (UE) n° 2018/858 précité, dont la masse de référence dépasse 2 610 kg et à tous les véhicules à moteur des catégories M3 et N3 ;

« 2° A partir du 31 décembre 2013, aux véhicules à moteur des catégories M1, M2, N1 et N2, tels que définis à l'article 4 du règlement (UE) n° 2018/858 précité, dont la masse de référence dépasse 2 610 kg et à tous les véhicules à moteur des catégories M3 et N3, mis pour la première fois en circulation. »

Arrêté du 20 février 1991,

Relatif à l'homologation des dispositifs d'échappement susceptibles d'être adaptés aux véhicules réceptionnés au titre du code de la route.

Art. 1er Les dispositions du présent arrêté s'appliquent à tout dispositif d'échappement susceptible d'être adapté à un ou plusieurs types de véhicules réceptionnés en application du code de la route, même si cette adaptation n'est prévue que pour une utilisation hors des voies ouvertes à la circulation publique.

Art. 2 Il est interdit de fabriquer, d'importer pour la mise à la consommation, de mettre en vente, de vendre ou de louer, d'utiliser des équipements visés à l'article 1er ci-dessus qui ne seraient pas conformes à un type homologué ou réceptionné par le ministère chargé des transports ou par une administration d'un État des Communautés européennes.

Art. 3 La conformité du dispositif d'échappement aux prescriptions du présent arrêté est attestée par le procès-verbal de réception par type ou la décision d'homologation et par les marques définies à l'article 8 de l'arrêté du 13 avril 1972, ou bien encore par la fiche de réception CEE et par les marques prévues par les directives CEE n° 70-157 modifiée ou CEE n° 78-1015 modifiée.

L'importation de ces dispositifs est subordonnée à la présentation de l'un des documents et à la présence sur le dispositif des marques définies à l'alinéa précédent.

Dans le cas des dispositifs d'échappement destinés à équiper des véhicules de compétition, le document attestant la conformité est remplacé par une dérogation délivrée par le ministre chargé de l'environnement. Cette dérogation doit être présentée à l'appui de la déclaration en douane.

Art. 4 Les dispositions du présent arrêté ne font pas obstacle à toutes réglementations d'usage limité dans l'espace ou dans le temps telles qu'elles peuvent être définies au code pénal, au code minier et au code forestier ou arrêtées, dans les limites de leurs pouvoirs, par les préfets ou les maires.

Art. 5 Au cas où des mesures d'harmonisation relatives aux normes visées à l'article 1er ci-dessus seraient prises conformément à l'article 100 du traité de Rome, les dispositions correspondantes du présent arrêté seraient, à l'initiative du ministre principalement compétent, réexaminées en conséquence.

Art. 6 L'arrêté du 27 février 1981 relatif à l'homologation des dispositifs d'échappement adaptables aux véhicules réceptionnés au titre du code de la route est abrogé.

Art. 4.1 *(Arr. du 12 mai 2021, art. 6)* Les dispositions de l'article 4 du présent arrêté ne sont pas applicables aux engins spécifiques de lutte contre l'incendie des aéroports qui peuvent dépasser les limites maximales définies au présent arrêté.

Circulaire du 17 août 1998,

Relative à la loi nº 96-1236 du 30 décembre 1996 sur l'air et l'utilisation rationnelle de l'énergie (Mesures d'urgence concernant la circulation des véhicules) (JO 18 août) .

Arrêté du 23 septembre 1999,

Relatif à l'identification des véhicules automobiles contribuant à la limitation de la pollution atmosphérique.

Art. 1er Sont considérés comme contribuant à la limitation de la pollution atmosphérique les véhicules des catégories internationales M1 et N1 définies par la directive 70/156/CEE, visés notamment par la directive 70/220/CEE s'ils satisfont à l'une des dispositions définies à l'article R. 131-I *[R. 318-2]* du code de la route.

Art. 2 Pour l'application des dispositions de l'article précédent, sont considérés comme contribuant à la limitation de la pollution atmosphérique, en sus des véhicules appartenant à l'une des catégories définies aux 1°, 2°, 3°, 4°, 7° et 8° du paragraphe I de l'article R. 131 *[R. 318-2]* du code de la route, les véhicules suivants :

– conformément au 5° de l'article R. 131-I *[R. 318-2]* du code de la route, les véhicules de la catégorie M1 équipés d'un moteur à allumage commandé de plus de deux litres de cylindrée, mis pour la première fois en circulation avant le 31 décembre 1992, et satisfaisant aux dispositions de la directive 70/220/CEE susvisée modifiée par la directive 88/76/CEE du 3 décembre 1987 ou aux seules valeurs limites de cette directive contrôlées lors de l'essai de type I ;

– conformément au 5° de l'article R. 131-I *[R. 318-2]* du code de la route, les véhicules de la catégorie M1 équipés d'un moteur à allumage commandé, mis pour la première fois en circulation avant le 31 décembre 1992, et satisfaisant aux dispositions de la directive 70/220/CEE susvisée modifiée par la directive 91/441/CEE du 26 juin 1991 ou aux seules valeurs limites de cette directive contrôlées lors de l'essai de type I ;

– conformément au 6° de l'article R. 131-I *[R. 318-2]* du code de la route, les véhicules de la catégorie M1 équipés d'un moteur à allumage par compression, mis pour la première fois en circulation avant le 1er janvier 1997, et satisfaisant aux dispositions de la directive 70/220/CEE susvisée modifiée par la directive 94/12/CEE du 23 mars 1994 ou aux seules valeurs limites de cette directive contrôlées lors de l'essai de type I ;

– conformément au 9° de l'article R. 131-I *[R. 318-2]* du code de la route, les véhicules de la catégorie N1 équipés d'un moteur à allumage commandé, mis pour la première fois en circulation avant le 1er octobre 1994, et satisfaisant aux dispositions de la directive 70/220/CEE susvisée modifiée par la directive 93/59/CEE du 28 juin 1993 ou aux seules valeurs limites de cette directive contrôlées lors de l'essai de type I ;

– conformément au 10° de l'article R. 131-I *[R. 318-2]* du code de la route, les véhicules de la catégorie N1 équipés d'un moteur à allumage par compression, mis en circulation avant le 1er octobre 1998 et satisfaisant aux dispositions de la directive 70/220/CEE susvisée modifiée par la directive 96/69/CEE du 8 octobre 1996 ou aux seules valeurs limites contrôlées lors de l'essai de type I.

Art. 3 En sus des dispositions prévues à l'article précédent peuvent aussi être considérés comme contribuant à la limitation de la pollution atmosphérique les véhicules appartenant à l'une des catégories définies aux 5°, 6°, 9° et 10° de l'article R. 131-I *[R. 318-2]* du code de la route, non conformes aux directives précitées à l'article 2 du présent arrêté, mais conformes à des dispositions nationales ou internationales équivalentes, du point de vue de la limitation des émissions polluantes qui ont été vérifiées lors de la réception du véhicule dans un pays tiers.

Art. 4 Conformément aux dispositions de l'article R. 131-II *[R. 318-2]* du code de la route, les véhicules définis aux articles 1er à 3 du présent arrêté reçoivent une pastille verte dont le modèle figure aux annexes I à II du présent arrêté, qui est délivrée par la préfecture en fonction des indications figurant sur les certificats d'immatriculation des véhicules.

1. Pour les véhicules visés aux 1°, 2°, 3°, 4°, 7° et 8° de l'article R. 131-I *[R. 318-2]* du code de la route, ces pastilles sont délivrées en fonction des seules indications figurant aux rubriques suivantes du certificat d'immatriculation :

– date de première immatriculation ;

– genre ;

– source d'énergie ;

2. Pour les véhicules visés aux 5°, 6°, 9° et 10° de l'article R. 131-I *[R. 318-2]* du code de la route, ces pastilles sont délivrées en fonction des indications figurant aux rubriques suivantes du certificat d'immatriculation :

– date de première immatriculation ;

– genre ;

– source d'énergie :

– type ou code d'identification national *[code national d'identification]* du type (CNIT à douze caractères) ;

– le cas échéant, numéro d'ordre dans la série du type.

Une liste des types de véhicules concernés, qui ont fait l'objet d'une réception de type, nationale ou communautaire, est établie et transmise aux préfectures pour permettre la délivrance de la pastille verte à ces véhicules.

Art. 5 Pour les véhicules visés à l'article 3 du présent arrêté ou pour les véhicules visés à l'article 4, paragraphe 2, précédent dont le type ne figure pas sur la liste transmise aux préfectures, la pastille verte est délivrée par la préfecture sur présentation du certificat d'immatriculation du véhicule et d'une attestation, dont le modèle est défini à l'annexe III du présent arrêté. Cette attestation est établie par le constructeur du véhicule ou par son représentant agréé ou, le cas échéant, par l'autorité qui a réceptionné le véhicule.

Toutefois, pour les véhicules présentés à une première immatriculation en France, la mention de la conformité du véhicule aux dispositions de l'article R. 131-I *[R. 318-2]* du code *[de]* la route peut figurer directement sur les attestations d'identification du type du véhicule ou sur tout document équivalent nécessaire à l'immatriculation du véhicule.

Dans ce cas, la mention « véhicule contribuant à la limitation de la pollution atmosphérique conformément aux dispositions des articles L. 8-A *[L. 318-1]* et R. 131-I *[R. 318-2]* du code de *[la]* route » doit, le cas échéant, figurer à la rubrique « Observations » desdits documents. Ces documents remplacent alors l'attestation définie à l'annexe III pour la délivrance de la pastille verte.

Art. 6 La pastille verte définie à l'article 4 du présent arrêté est fixée sur la partie inférieure droite du pare-brise du véhicule.

Décret n° 2009-66 du 19 janvier 2009,

Modifiant le décret n° 2007-1873 du 26 décembre 2007 instituant une aide à l'acquisition des véhicules propres.

Art. 12 *(Décr. n° 2009-1581 du 18 déc. 2009, art. 2)* I. – Une aide est attribuée aux personnes mentionnées à l'article 1er du décret du 26 décembre 2007 susvisé lorsque l'acquisition ou la prise en location d'un véhicule neuf ou d'un véhicule affecté à la démonstration en France appartenant à la catégorie des voitures particulières au sens de l'article R. 311-1 du code de la route s'accompagne du retrait de la circulation, à des fins de destruction, d'un véhicule satisfaisant aux conditions suivantes :

1° Son âge, décompté à partir de la date de la première immatriculation, dont la mention figure sur le certificat d'immatriculation, est supérieur à dix ans ;

2° Son propriétaire, dont l'identité ou la raison sociale est mentionnée sur le certificat d'immatriculation, est l'acquéreur ou le locataire du véhicule neuf ou du véhicule de démonstration ;

3° Il répond aux conditions fixées aux 1°, 4°, 5°, 6°, 7°, 8° et 9° de l'article 4 du décret du 26 décembre 2007 susvisé.

Cette aide n'est pas cumulable avec la majoration mentionnée à l'article 4 du décret du 26 décembre 2007 susvisé.

Le montant de l'aide est ainsi fixé :

– pour les acquisitions et prises en location de véhicule neuf ou de véhicule de démonstration dont les émissions de dioxyde de carbone sont inférieures ou égales à 160 grammes de CO_2/km et qui font l'objet d'une commande ou d'un contrat de location signé entre le 4 décembre 2008 et le 31 décembre 2009, 1 000 € si la facturation intervient au plus tard le 31 mars 2010, 700 € si elle intervient entre le 1er avril 2010 et le 30 septembre 2010 et 500 € si elle intervient entre le 1er octobre 2010 et le 31 mars 2011 ;

– pour les acquisitions et prises en location de véhicule neuf ou de véhicule de démonstration dont les émissions de dioxyde de carbone sont inférieures ou égales à 155 grammes de CO_2/km et qui font l'objet d'une commande ou d'un contrat de location signé entre le 1er janvier 2010 et le 30 juin 2010, 700 € si la facturation intervient au plus tard le 30 septembre 2010 et 500 € si elle intervient entre le 1er octobre 2010 et le 31 mars 2011 ;

– pour les acquisitions et prises en location de véhicule neuf ou de véhicule de démonstration dont les émissions de dioxyde de carbone sont inférieures ou égales à 155 grammes de CO_2/km et qui font l'objet d'une commande ou d'un contrat de location signé entre le 1er juillet 2010 et le 31 décembre 2010, 500 € si la facturation intervient au plus tard le 31 mars 2011.

II. – Une aide est attribuée aux personnes mentionnées à l'article 1er du décret du 26 décembre 2007 susvisé lorsque l'acquisition ou la prise en location d'un véhicule neuf ou d'un véhicule affecté à la démonstration en France appartenant à la catégorie des camionnettes au sens de l'article R. 311-1 du code de la route ou à toute catégorie de véhicule, à l'exception des voitures particulières au sens du même article du code de la route, soumise à la mesure des émissions de dioxyde de carbone conformément aux dispositions de la directive 80/1268/CEE du 16 décembre 1980 ou du règlement (CE) nº 715/2007 du 20 juin 2007 s'accompagne du retrait de la circulation, à des fins de destruction, d'un véhicule satisfaisant aux conditions suivantes :

1° Son âge répond aux conditions fixées au 1° du I ;

2° Son propriétaire, dont l'identité ou la raison sociale est mentionnée sur le certificat d'immatriculation, est l'acquéreur ou le locataire du véhicule neuf ou du véhicule de démonstration ;

3° Il répond aux conditions fixées aux 1°, 4°, 5°, 6°, 7°, 8° et 9° de l'article 4 du décret du 26 décembre 2007 susvisé.

Cette aide n'est pas cumulable avec la majoration mentionnée à l'article 4 du décret du 26 décembre 2007 susvisé.

Le montant de l'aide est ainsi fixé :

– pour les acquisitions et prises en location de véhicule neuf ou de véhicule de démonstration qui font l'objet d'une commande ou d'un contrat de location signé entre le 4 décembre 2008 et le 31 décembre 2009, 1 000 € si la facturation intervient au plus tard le 31 mars 2010, 700 € si elle intervient entre le 1er avril 2010 et le 30 septembre 2010 et 500 € si elle intervient entre le 1er octobre 2010 et le 31 mars 2011 ;

– pour les acquisitions et prises en location de véhicule neuf ou de véhicule de démonstration qui font l'objet d'une commande ou d'un contrat de location signé entre le 1er janvier 2010 et le 30 juin 2010, 700 € si la facturation intervient au plus tard le 30 septembre 2010 et 500 € si elle intervient entre le 1er octobre 2010 et le 31 mars 2011 ;

– pour les acquisitions et prises en location de véhicule neuf ou de véhicule de démonstration qui font l'objet d'une commande ou d'un contrat de location signé entre le 1er juillet 2010 et le 31 décembre 2010, 500 € si la facturation intervient au plus tard le 31 mars 2011.

III. – Les aides mentionnées aux I et II répondent aux mêmes modalités de gestion et de remboursement que la majoration mentionnée à l'article 4 du décret du 26 décembre 2007 susvisé. Ces aides peuvent être financées par des subventions de l'État.

Arrêté du 21 juin 2016,

Établissant la nomenclature des véhicules classés en fonction de leur niveau d'émission de polluants atmosphériques en application de l'article R. 318-2 du code de la route (JO 23 juin).

Art. 1er Les véhicules routiers à moteur sont classés en fonction de leur niveau d'émission de polluants atmosphériques locaux, conformément à l'annexe I du présent arrêté.

Cette classification s'opère en fonction de la catégorie du véhicule, de sa motorisation et :

– lorsque l'information est disponible, en fonction de la norme "Euro" figurant dans la rubrique V.9 du certificat d'immatriculation définie par l'annexe III de l'arrêté du 9 février 2009 susvisé ; ou

– à défaut, en fonction de la date de première immatriculation figurant dans la rubrique B définie par cette même annexe.

Art. 2 *(Arr. du 5 juill. 2023)* Pour l'application du présent arrêté, au regard des catégories définies à l'article R. 311-1 du code de la route, on entend par :

– deux-roues, tricycles et quadricycles à moteur : les véhicules de catégories L1e, L2e, L3e, L4e, L5e, L6e ou L7e ;

– motocycles : les véhicules de catégories L3e, L4e, L5e ou L7e ;

– cyclomoteurs : les véhicules de catégories L1e, L2e ou L6e ;

– voitures : les véhicules de catégorie M1 ;

– véhicules utilitaires légers : les véhicules de catégorie N1 ;

– poids lourds, autobus et autocars : les véhicules de catégories M2, M3, N2 ou N3 ;

– navettes urbaines : les véhicules définis au point 6.13. de l'article R. 311-1 du code de la route.

Pour l'application du présent arrêté, au regard de la nomenclature des sources d'énergie définie à l'annexe VI de l'arrêté du 9 février 2009 susvisé, on entend par :

– véhicules biodiesel : les véhicules de source d'énergie B1 ;

– véhicules diesel : les véhicules de source d'énergie GA, GE, GF, GG, GH, GO, GQ et PL ;

– véhicules électriques et hydrogène : les véhicules de source d'énergie AC, EL, H2, HE et HH ;

– véhicules essence : les véhicules de source d'énergie EH, ES, ET, FE, FH, FP et FQ ;

– véhicules gaz : les véhicules de source d'énergie EG, EN, EP, EQ, FG, FN, G2, GN, GP, GZ, NH, PH et 1A ;

– véhicules hybrides rechargeables : les véhicules de source d'énergie EE, EM, ER, FL, FM, FR, GL, GM, NE et PE.

Art. 3 Les véhicules équipés d'un dispositif de traitement des émissions polluantes installé postérieurement à la première mise en circulation du véhicule peuvent être classés dans une classe supérieure dans les conditions prévues par l'arrêté du 15 mai 2013 susvisé.

Art. 4 L'arrêté du 15 mai 2013 susvisé est ainsi modifié :

– la fin de l'article 1er est ainsi rédigée : "dispositions de l'article 3 de l'arrêté du 21 juin 2016 établissant la nomenclature des véhicules classés en fonction de leur niveau d'émission de polluants atmosphériques en application de l'article R. 318-2 du code de la route" ;

– aux articles 3 et 5, les mots : "arrêté du 3 mai 2012 susvisé" sont remplacés par : "arrêté du 21 juin 2016 mentionné à l'article 1er".

L'arrêté du 3 mai 2012 établissant la nomenclature des véhicules classés en fonction de leur niveau d'émission de polluants atmosphériques est abrogé.

V. Annexe (JO 23 juin), mod. par Arr. du 11 avr. 2022 (JO 16 avr.) et par Arr. du 5 juill. 2023 (JO 21 juill.).

Arrêté du 29 décembre 2017,

Relatif aux modalités de gestion des aides à l'acquisition et à la location des véhicules peu polluants (JO 31 déc.).

Art. 1er *(Arr. du 4 déc. 2022, art. 1er)* I. – Dans le cadre de la procédure de paiement de droit commun, qui conduit à un paiement direct au bénéficiaire des aides instituées aux articles D. 251-1, D. 251-2 et D. 251-3 du code de l'énergie, toute demande de versement est transmise à l'Agence de services et de paiement aux fins de règlement par virement sur le compte bancaire ou postal.

La demande de versement transmise à l'Agence de services et de paiement est accompagnée des données suivantes :

1° Dans le cas d'une demande de bonus écologique prévu à l'article D. 251-1 du code de l'énergie ou d'une demande de bonus écologique d'occasion prévu à l'article D. 251-1-1 du code de l'énergie :

a) Identité du demandeur :

– une preuve de l'identité du demandeur ;

– une preuve de la domiciliation en France, et le cas échéant dans un département ou d'une région d'outre-mer, du demandeur, datée de moins de 3 mois par rapport à la date de réception de la demande de versement ;

– les coordonnées de paiement du demandeur ;

– l'avis d'imposition de l'année (N-1) au titre des revenus de la pénultième année (N-2), l'année de référence (N) étant l'année de facturation du véhicule ;

– le cas échéant, l'engagement sur l'honneur du demandeur d'être rattaché au foyer fiscal de son ou ses parents, selon le modèle d'attestation fourni par l'Agence de services et de paiement ;

b) Véhicule acquis ou loué s'il s'agit d'un véhicule mentionné au *a* du 1° de l'article D. 251-1 du code de l'énergie ou au 1° de l'article D. 251-1-1 du code de l'énergie :

– une preuve d'immatriculation définitive, valant également preuve de propriété, comportant les informations suivantes :

  – la date d'immatriculation ;
  – la date de première immatriculation ;
  – le genre national ;
  – la catégorie internationale CE ;
  – la source d'énergie ;
  – le taux d'émissions de dioxyde de carbone par kilomètre ;

– le cas échéant, la valeur de l'autonomie équivalente en mode tout électrique en ville déterminée en application du règlement (UE) 2017/1151 de la Commission du 1er juin 2017, ou à défaut, un certificat de conformité (CoC) ;

– la facture d'achat valant preuve d'acquisition, comportant les informations suivantes :

  – le coût d'acquisition, et les remises commerciales octroyées le cas échéant ;
  – la valeur vénale de la batterie le cas échéant ;
  – la date d'acquisition ;
  – les caractéristiques du véhicule, l'appellation commerciale complète et le numéro de série ;

– l'engagement sur l'honneur à ne pas céder le véhicule et à fournir la preuve, à toute demande de l'Agence de services et de paiement, de la possession du véhicule pendant la durée et le kilométrage prévus au 4° de l'article D. 251-1 et au 4° de l'article D. 251-1-1, selon le modèle d'attestation fourni par l'Agence de services et de paiement ;

Uniquement si le véhicule est acquis :

– le bon de commande mentionnant la date de commande si elle est différente de la date d'acquisition ;

Uniquement si le véhicule est loué :

– le contrat de location, comportant les informations suivantes :

  – le prix d'achat au comptant du bien loué ;
  – la valeur vénale de la batterie le cas échéant ;
  – la date du contrat de location ;
  – les caractéristiques du véhicule, l'appellation commerciale complète et le numéro de série ;

– le document précisant l'échéancier et mentionnant la date de versement du 1er loyer ou, à défaut, la quittance acquittée du premier loyer ;

– l'engagement sur l'honneur à ne pas modifier la durée du contrat pour la porter à une durée inférieure à deux ans et à fournir la preuve du respect de cette condition, à toute demande de l'Agence de services et paiement ;

Uniquement si le véhicule était précédemment affecté à la démonstration :

– le premier certificat définitif d'immatriculation au nom du professionnel de l'automobile, ou autre preuve qu'il s'agissait d'un véhicule précédemment affecté à la démonstration ;

Dans le cas d'une demande de bonus écologique d'occasion et en cas d'acquisition auprès d'un particulier :

– le certificat de cession, apportant la preuve que le véhicule n'appartenait pas à un membre du même foyer fiscal ;

c) Véhicule acquis ou loué s'il s'agit d'un véhicule mentionné au *b* du 1° de l'article D. 251-1 :

Les mêmes preuves qu'au point 1° *b* de l'article 1er sont à fournir, complétées des éléments suivants :

– la preuve d'immatriculation définitive, valant également preuve de propriété, comporte les informations supplémentaires suivantes :

– la puissance maximale nette du moteur (en kW) ;

– la facture d'achat ou le contrat de location comporte les informations supplémentaires suivantes :

– la quantité d'énergie du moteur (en Wh) ;

– la composition chimique de la batterie ;

d) Véhicule acquis ou loué s'il s'agit d'un véhicule mentionné au *c* ou au *d* du 1° de l'article D. 251-1 du code de l'énergie, autre qu'un petit train routier touristique :

Les mêmes preuves qu'au point 1° *b* de l'article 1er sont à fournir ;

e) Véhicule acquis ou loué s'il s'agit d'un petit train routier touristique :

Les mêmes preuves qu'au point 1° *b* de l'article 1er sont à fournir, complétées des éléments suivants :

– la preuve d'immatriculation définitive, valant également preuve de propriété, comporte les informations supplémentaires suivantes :

– la carrosserie nationale ;

– la facture d'achat ou le contrat de location comporte les informations supplémentaires suivantes :

– le coût d'acquisition du véhicule tracteur et de chaque remorque ;

2° Dans le cas d'une demande de prime à la conversion prévue à l'article D. 251-3 du code de l'énergie :

a) Identité du demandeur : pièces communes

Les mêmes preuves qu'au point 1° *a* de l'article 1er sont à fournir, complétées des éléments suivants :

– l'engagement sur l'honneur du demandeur à ne pas avoir bénéficié d'une aide prévue à l'article D. 251-3 du code de l'énergie depuis le 1er janvier 2019 ;

– dans le cas où les noms diffèrent entre le certificat définitif d'immatriculation du véhicule acquis ou loué et celui du véhicule mis au rebut :

– soit le livret de famille apportant la preuve du mariage ou la convention du pacte civil de solidarité prouvant l'appartenance à un couple ;

– soit une pièce officielle prouvant qu'il s'agit de la même personne ;

– le cas échéant, un des éléments suivants :

– la carte mobilité inclusion (mentions : invalidité, stationnement ou priorité)

– la carte d'invalidité ou de priorité

– la carte d'invalidité militaire

– la carte européenne de stationnement

– le document de notification de la CDAPH qui confirme le taux d'invalidité et/ ou la reconnaissance de travailleur handicapé (RQTH)

– la preuve d'avoir bénéficié d'une des aides suivantes : allocation adulte handicapé (AAH), prestation de compensation du handicap (PCH), allocation d'éducation de l'enfant handicapé (AEEH).

La vérification de la distance domicile-travail s'effectue par un site de calcul d'itinéraires. L'adresse de domicile à renseigner est celle qui figure sur le justificatif de domiciliation. L'adresse du lieu de travail est celle qui figure sur l'engagement sur l'honneur de l'employeur. La recherche s'effectue en fonction des paramètres suivants :

– l'option "tenir compte du trafic" : ne doit pas être sélectionnée ;

– l'option "itinéraire le plus court" : doit être sélectionnée ;

– l'éventuelle option "autoriser la sortie du pays" : doit être sélectionnée ;

b) Pour un véhicule acquis ou loué s'il s'agit d'un véhicule mentionné au *a* du 1° de l'article D. 251-1 du code de l'énergie :

– le cas échéant, si le demandeur est salarié, l'engagement sur l'honneur de l'employeur que la distance entre le domicile et le lieu de travail du demandeur est supérieure à 30 kilomètres ou que le demandeur effectue plus de 12 000 kilomètres par an dans le cadre de son activité professionnelle avec son véhicule personnel, selon le modèle d'attestation fourni par l'Agence de services et de paiement ;

– le cas échéant, si le demandeur n'est pas salarié :

– l'engagement sur l'honneur du demandeur que la distance entre son domicile et son lieu de travail est supérieure à 30 kilomètres ou qu'il effectue plus de 12 000 kilo-

mètres par an dans le cadre de son activité professionnelle avec son véhicule personnel, selon le modèle d'attestation fourni par l'Agence de services et de paiement ;
— la preuve de l'affiliation à un régime de sécurité sociale pour l'année en cours.

Les mêmes preuves qu'au point 1° *b* de l'article 1er sont à fournir, complétées des éléments suivants :

— la preuve d'immatriculation définitive, valant également preuve de propriété, comporte les informations supplémentaires suivantes :

— la norme euro permettant avec le genre national, l'énergie et la date de première immatriculation, de déterminer la classification en fonction du niveau d'émission de polluants atmosphériques suivant l'annexe I de l'arrêté du 21 juin 2016 établissant la nomenclature des véhicules classés en fonction de leur niveau d'émission de polluants atmosphériques en application de l'article R. 318-2 du code de la route ("certificat qualité de l'air") ;

— le cas échéant, la masse en ordre de marche du véhicule ;

c) Pour un véhicule acquis ou loué s'il s'agit d'un véhicule cité au *b* du 1° de l'article D. 251-1 du code de l'énergie :

Les mêmes preuves qu'au point 1° *c* de l'article 1er sont à fournir ;

d) Pour un véhicule acquis ou loué s'il s'agit d'un cycle à pédalage assisté au sens de l'article R. 311-1 du code de la route :

— le cas échéant, un des éléments suivants :

— la carte mobilité inclusion (mentions : invalidité, stationnement ou priorité) ;

— la carte d'invalidité ou de priorité ;

— la carte d'invalidité militaire ;

— la carte européenne de stationnement ;

— le document de notification de la CDAPH qui confirme le taux d'invalidité et/ ou la reconnaissance de travailleur handicapé (RQTH) ;

— la preuve d'avoir bénéficié d'une des aides suivantes : allocation adulte handicapé (AAH), prestation de compensation du handicap (PCH), allocation d'éducation de l'enfant handicapé (AEEH) ;

— la facture d'achat valant preuve d'acquisition et preuve de propriété, comportant les informations suivantes :

— le coût d'acquisition, et les remises commerciales le cas échéant ;

— la valeur vénale de la batterie le cas échéant ;

— la date d'acquisition ;

— la désignation du cycle qui comprend la marque et le numéro de série ;

— la composition chimique de la batterie ;

— le bon de commande mentionnant la date de commande si elle est différente de la date d'acquisition ;

— l'attestation de votre opérateur d'identification agréé apportant la preuve de l'identification au sens de l'article L. 1271-2 du code des transports ;

— l'engagement sur l'honneur à ne pas céder le cycle et à fournir la preuve, à toute demande de l'Agence de services et de paiement, de la possession du véhicule pendant la durée prévue à l'article D. 251-2 ;

— uniquement si le cycle est loué, l'engagement sur l'honneur à ne pas modifier la durée du contrat pour la porter à une durée inférieure à deux ans et à fournir la preuve du respect de cette condition, à toute demande de l'Agence de services et paiement ;

e) Pour une surprime dans une zone à faibles émissions mobilité :

— le cas échéant, la preuve de la domiciliation dans une commune dont une partie du territoire est située au sein d'une zone à faibles émissions mobilité définie à l'article L. 2213-4-1 du code général des collectivités territoriales ;

— le cas échéant, l'engagement sur l'honneur de l'employeur que le lieu de travail du demandeur est situé dans une commune dont une partie du territoire est située au sein d'une zone à faibles émissions mobilité définie à l'article L. 2213-4-1 du code général des collectivités territoriales, selon le modèle d'attestation fourni par l'Agence de services et de paiement ;

— une preuve de paiement mentionnant :

— le montant de l'aide, ayant le même objet que la prime à la conversion, c'est-à-dire l'achat ou la location d'un véhicule peu polluant avec mise au rebut d'un véhicule polluant, allouée par une collectivité territoriale ou du groupement de collectivités territoriales pour le véhicule acquis ou loué ;

– le nom de la collectivité territoriale ou du groupement de collectivités territoriales ayant versé cette aide ;

f) Véhicule mis au rebut :

– une preuve d'immatriculation définitive, valant également preuve de propriété, comportant les informations suivantes :

– la date d'immatriculation ;

– la date de première immatriculation ;

– le genre national ;

– la source d'énergie ;

– dans le cas contraire, si le véhicule est considéré endommagé, l'attestation d'assurance apportant la preuve que le véhicule fait l'objet d'un contrat d'assurance en cours de validité depuis au moins un an à la date de sa remise pour destruction ou à la date de facturation du véhicule acquis ou de versement de premier loyer du véhicule loué ;

– le certificat de destruction mentionnant la date de prise en charge pour destruction ;

– dans le cas où le véhicule a été remis pour destruction auprès d'un démolisseur agréé d'un autre État membre de l'Union européenne selon la procédure d'autorisation en vigueur, la traduction certifiée du certificat de destruction ;

– le certificat de remise pour destruction mentionnant la date où le véhicule a été remis en vue de sa destruction ;

– le certificat de situation administrative établi par les services préfectoraux datant de moins d'un mois à la date de remise pour destruction, apportant la preuve que le véhicule est non gagé et non endommagé au sens des dispositions des articles R. 327-1 à R. 327-6 du code de la route.

3° Dans le cas d'une demande de bonus vélo prévue à l'article D. 251-2 du code de l'énergie :

a) Identité du demandeur :

Les mêmes preuves qu'au point 1° *a* de l'article 1er sont à fournir, complétées des éléments suivants :

– le cas échéant, un des éléments suivants :

– la carte mobilité inclusion (mentions : validité ou stationnement) ;

– la carte d'invalidité ;

– la carte d'invalidité militaire ;

– la carte européenne de stationnement ;

– le document de notification de la CDAPH qui confirme le taux d'invalidité et/ou la reconnaissance de travailleur handicapé (RQTH) ;

– la preuve d'avoir bénéficié d'une des aides suivantes : allocation adulte handicapé (AAH), prestation de compensation du handicap (PCH), majoration pour la vie autonome (MVA), allocation d'éducation de l'enfant handicapé (AEEH) ;

b) Cycle ou remorque acquis :

Les mêmes preuves qu'au point 2° *d* de l'article 1er sont à fournir, où "cycle" doit s'entendre comme "cycle ou remorque", complétées des éléments suivants :

– la facture d'achat valant preuve d'acquisition et preuve de propriété, comportant les informations suivantes :

– le cas échéant, la mention qu'il s'agit d'un cycle pliant, d'un cycle aménagé pour permettre le transport de personnes ou de marchandises à l'arrière ou l'avant du conducteur ou pour répondre aux besoins de personnes en situation de handicap ;

c) Aide d'une collectivité territoriale le cas échéant :

– une preuve de d'attribution de l'aide allouée par une collectivité territoriale pour le cycle acquis, ou, à défaut et dans l'attente de cette preuve, afin de procéder au dépôt dans le délai prévu par l'article D. 251-13 du code de l'énergie, le récépissé de dépôt de la demande auprès de la collectivité territoriale, comportant les informations suivantes :

– le montant de l'aide ;

– le nom de la collectivité territoriale ayant versé cette aide ;

4° Dans le cas d'une demande de prime au rétrofit électrique prévue à l'article D. 251-3-1 du code de l'énergie :

a) Identité du demandeur :

Les mêmes preuves qu'au point 2° *a* de l'article 1er sont à fournir ;

b) Véhicule faisant l'objet de la transformation :

– une preuve d'immatriculation définitive, valant également preuve de propriété depuis au moins un an, comportant les informations suivantes :

– la date d'immatriculation ;
– la date de première immatriculation ;
– le genre national ;
– la source d'énergie ;
– la mention MOD au champ Z ;

– l'attestation de transformation d'un véhicule à motorisation thermique en motorisation électrique à batterie ou à pile à combustible dont le modèle figure en annexe II de l'arrêté du 13 mars 2020 relatif aux conditions de transformation des véhicules à motorisation thermique en motorisation électrique à batterie ou à pile à combustible, valant preuve de la transformation de véhicule à motorisation thermique en motorisation électrique à batterie ou à pile à combustible, le coût de transformation et la date de transformation comportant les informations suivantes.

– les caractéristiques du véhicule, la marque, le type de dispositif et le numéro d'identification ;

– la facture de transformation, comportant les informations suivantes :

– le coût de la transformation, et les remises commerciales le cas échéant ;

– la valeur vénale de la batterie le cas échéant ;

– la date de la transformation ;

– l'engagement sur l'honneur à ne pas céder le véhicule et à fournir la preuve, à toute demande de l'Agence de services et de paiement, de la possession du véhicule pendant la durée et le kilométrage prévus au 4° de l'article D. 251-3-1, selon le modèle d'attestation fourni par l'Agence de services et de paiement ;

5° Dans le cas d'une demande de bonus pour les taxis parisiens transportant des personnes à mobilité réduite et utilisateurs de fauteuils roulants prévu à l'article D. 251-1-2 du code de l'énergie :

a) Identité du demandeur :

– une preuve de l'identité du demandeur ;

– les coordonnées de paiement du demandeur ;

– l'autorisation de circuler, stationner et prendre en charge la clientèle sur la voie publique, émise par la préfecture de police de Paris, apportant la preuve de la détention de l'autorisation de stationnement sur la voie publique prévue à l'article L. 3121-1 du code des transports et délivrée par le préfet de police de Paris au titre de l'article L. 2213-33 du code général des collectivités territoriales ;

– la convention signée avec le préfet de police de Paris ;

b) Véhicule acquis ou loué :

– une preuve d'immatriculation définitive, valant également preuve de propriété, comporte les informations supplémentaires suivantes :

– la date d'immatriculation ;
– la date de première immatriculation ;
– le genre national ;
– la catégorie internationale CE ;
– la carrosserie nationale ;
– la source d'énergie ;
– la norme euro permettant avec le genre national, l'énergie et la date de première immatriculation, de déterminer la classification en fonction du niveau d'émission de polluants atmosphériques suivant l'annexe I de l'arrêté du 21 juin 2016 établissant la nomenclature des véhicules classés en fonction de leur niveau d'émission de polluants atmosphériques en application de l'article R. 318-2 du code de la route ("certificat qualité de l'air") ;
– le taux d'émissions de dioxyde de carbone par kilomètre ;

– la facture d'achat valant preuve d'acquisition, comportant les informations suivantes :

– le coût d'acquisition, et les remises commerciales octroyées le cas échéant ;
– la valeur vénale de la batterie le cas échéant ;
– la date d'acquisition ;
– les caractéristiques du véhicule, l'appellation commerciale complète et le numéro de série ;

— l'engagement sur l'honneur à ne pas céder le véhicule et à fournir la preuve, à toute demande de l'Agence de services et de paiement, de la possession du véhicule pendant la durée prévue au 5° de l'article D. 251-1-2 ;

— l'engagement sur l'honneur à exploiter de manière effective et continue l'autorisation de stationnement, conformément à l'article L. 3121-1-2 du code des transports, pendant quatre ans suivant sa première immatriculation sur le territoire de l'Île-de-France ;

— l'engagement sur l'honneur à ce que le véhicule, acquis ou loué, respecte les dispositions de l'arrêté du 9 août 2022 relatif aux caractéristiques techniques particulières d'accessibilité pour l'attribution de l'aide à l'acquisition ou à la location de taxis peu polluants transportant des personnes à mobilité réduite et utilisateurs de fauteuils roulants ;

— l'engagement sur l'honneur à ne pas avoir de dette fiscale ou sociale impayée au 31 décembre 2019, à l'exception de celles qui, à la date de dépôt de la demande d'aide, ont été réglées ou sont couvertes par un plan de règlement. Il n'est pas tenu compte des dettes fiscales inférieures ou égales à un montant de 1 500 euros ni de celles dont l'existence ou le montant font l'objet, au 1er mai 2022, d'un contentieux pour lequel une décision définitive n'est pas intervenue ;

— l'engagement sur l'honneur à ne pas avoir perçu, ni percevoir par la suite, de bonus écologique ou prime à la conversion pour le même véhicule, le bonus écologique "taxis" n'étant cumulable avec aucune de ces deux aides ;

Uniquement si le véhicule est acquis :

— le bon de commande mentionnant la date de commande si elle est différente de la date d'acquisition ;

Uniquement si le véhicule est loué :

— le contrat de location, comportant les informations suivantes :

— le prix d'achat au comptant du bien loué ;

— la valeur vénale de la batterie le cas échéant ;

— la date du contrat de location ;

— les caractéristiques du véhicule, l'appellation commerciale complète et le numéro de série ;

— le document précisant l'échéancier et mentionnant la date de versement du 1er loyer ou, à défaut, la quittance acquittée du premier loyer ;

— l'engagement sur l'honneur à ne pas modifier la durée du contrat pour la porter à une durée nférieure à deux ans et à fournir la preuve du respect de cette condition, à toute demande de l'Agence de services et paiement.

Les demandeurs souhaitant solliciter l'aide prévue à l'article D. 251-1-2 du code de l'énergie doivent préalablement déclarer leur commande de véhicule sur le portail : https://www.demarches-simplifiees.fr/commencer/aide-taxis-pmr.

II. — Le coût d'acquisition intervenant dans les conditions d'éligibilité et la détermination du montant des aides prévues aux articles D. 251-1 à D. 251-3 du code de l'énergie est entendu comme le prix d'achat facturé du véhicule, incluant les éventuelles remises commerciales octroyées par le professionnel, toutes taxes comprises, augmenté selon les modalités décrites aux articles D. 251-7 à D. 251-8, du coût de la batterie si celle-ci est prise en location.

Il inclut les équipements intrinsèques du véhicule.

Il n'inclut pas :

— les remises ou déductions liées à la reprise d'un véhicule existant ;

— les équipements non intrinsèques du véhicule, comme les options ;

— les services annexes, comme les frais d'immatriculation, les frais de courtage, les frais de transport pour convenance de l'acquéreur, les frais d'essence et les frais de préparation du véhicule.

Art. 2 *(Arr. du 4 déc. 2022, art. 1er)* Dans le cas où le vendeur ou loueur de véhicules mentionnés aux articles D. 251-1, D. 251-1-1, D. 251-1-2 et D. 251-3, le professionnel ayant procédé à la transformation mentionnée à l'article D. 251-3-1 ou l'organisme distribuant les prêts définis à l'article R. 518-61 du code monétaire et financier, procède à l'avance du montant de l'aide, comme cela est prévu par l'article D. 251-11 du code de l'énergie, il exige du bénéficiaire de l'aide la transmission des informations et pièces justificatives nécessaires à la constitution du dossier prévu à l'article 1er du présent arrêté, et en assure la conservation pendant une durée minimale de 10 ans.

Conformément au troisième alinéa de l'article D. 251-9 du code de l'énergie, pour chacun des dossiers, l'indication du montant de l'aide avancée et de ses modalités d'imputation apparaît clairement sur :

— la facture d'achat du véhicule, dans le cas d'une acquisition, le montant étant déduit du coût d'acquisition ;

— le contrat de location, dans le cas d'une location, le montant étant déduit du montant du premier loyer ;

Le vendeur ou loueur de véhicules mentionnés aux articles D. 251-1, D. 251-1-1, D. 251-1-2 et D. 251-3, le professionnel ayant procédé à la transformation mentionnée à l'article D. 251-3-1 ou l'organisme distribuant les prêts définis à l'article R. 518-61 du code monétaire et financier adresse chaque mois à l'Agence de services et de paiement une demande de remboursement des avances consenties au cours des mois précédents ou, pour la première demande, les avances consenties depuis l'entrée en vigueur de la convention prévue à l'article D. 251-11.

La convention prévue à l'article D. 251-11 encadre le remboursement des aides avancées en définissant les conditions d'instruction de ces demandes et les procédures de contrôle. Cette convention ne permet pas aux signataires le versement direct des aides pour leur propre compte.

Art. 3 L'Agence de services et de paiement instruit les demandes d'aide mentionnées à l'article 1er du présent arrêté. En cas de dossier incomplet, elle en informe par lettre simple ou courriel le demandeur et l'invite à compléter son dossier dans un délai de trente jours. A défaut de régularisation, la demande d'aide est refusée par l'Agence de services et de paiement.

(Abrogé par Arr. du 4 déc. 2022, art. 1er) *« La convention conclue avec le demandeur définit les conditions d'instruction de ces demandes et les procédures de contrôle. »*

Art. 4 En cas de non-respect des conditions des délais ou de kilométrages requis de conservation, le bénéficiaire de l'aide en informe l'Agence de services et de paiement qui est fondée à demander le remboursement de l'aide.

Art. 5 L'arrêté du 30 décembre 2014 relatif aux modalités de gestion de l'aide à l'acquisition et à la location des véhicules peu polluants est abrogé.

Arrêté du 13 mars 2020,

Relatif aux conditions de transformation des véhicules à motorisation thermique en motorisation électrique à batterie ou à pile à combustible (JO 3 avr.).

Art. 1er *Objet.* Le présent arrêté définit les conditions de réception et d'installation des dispositifs de conversion des véhicules à motorisation thermique en motorisation électrique à batterie ou à pile à combustible.

Art. 2 *Définitions.* Aux fins du présent arrêté, on entend par :

1° "Véhicule" : un véhicule qui :

a) Appartient à la catégorie M, N, L au sens de l'article R. 311-1 du code de la route *(Arr. du 12 sept. 2023, art. 2)* « ou appartenant au point 6.7 pour les catégories M et N, ou au point 6.8 du même article ; »

b) *(Arr. du 12 sept. 2023, art. 2)* « A été réceptionné en une ou plusieurs étapes et » est immatriculé en France dans une série définitive ;

c) A une date de 1re immatriculation antérieure d'au moins 5 ans par rapport à la date de sa conversion pour les catégories M, N et d'au moins 3 ans pour les catégories L *(Arr. du 12 sept. 2023, art. 2)* « à l'exception des cyclomoteurs anciens qui pourront faire l'objet d'une transformation en même temps que la première immatriculation du véhicule sur présentation d'une attestation du fabricant du dispositif de conversion électrique certifiant une commercialisation dudit véhicule avant 2004 ; »

d) Utilise au moins une motorisation thermique à allumage commandé ou à compression ;

e) Ne doit pas être immatriculé comme véhicule de collection au sens du 6.3 de l'article R. 311-1 du code de la route ;

2° "Type de véhicule" : l'ensemble de véhicules tel que défini à l'article 3, paragraphe 17, de la directive 2007/46/CE susvisée, à l'article 3, paragraphe 32, du règlement UE 2018/858 susvisé ou à l'article 3, paragraphe 73, du règlement UE 168/2013 susvisé ;

3° "Famille de véhicules" : un sous-ensemble de variantes, telles que définies à l'annexe II, partie B, de la directive 2007/46/CE susvisée ou du règlement UE 2018/858 susvisé, ou définies à l'annexe I du règlement UE 901/2014 susvisé, appartenant au même type de véhicule, ne différant pas par leurs caractéristiques dimensionnelles et fonctionnellement lié à la performance du système de propulsion électrique ;

4° "Dispositif de conversion électrique" : dispositif qui permet de transformer un véhicule à motorisation thermique en un véhicule à motorisation électrique à batterie ou à pile à combustible, et qui comprend au moins :

— un groupe motopropulseur (machine électrique et convertisseur de puissance associé) monté en amont des éléments de transmission ;

— un bloc de batteries (y compris le système de gestion électrique et thermique des accumulateurs et de sectionnement et le système de protection) destiné à fournir d'une manière exclusive l'énergie et la puissance de traction ;

— une interface avec le réseau pour charger le bloc-batterie ;

— le cas échéant, un convertisseur d'énergie transformant l'énergie chimique (énergie d'entrée) en énergie électrique (énergie de sortie) ou inversement ;

— le cas échéant, le réservoir d'hydrogène et toutes les autres pièces du véhicule fonctionnant à l'hydrogène qui sont en contact direct avec l'hydrogène ou qui font partie d'un système hydrogène au sens du règlement CE 79/2009 susvisé *(Arr. du 12 sept. 2023, art. 2)* « ou du règlement (UE) 2019/2144 susvisé » ;

— tout autre sous-système nécessaire au bon fonctionnement du véhicule transformé,

ainsi que la liste des transformations du véhicule devant être effectuées et les instructions relatives au montage de ces pièces ;

5° "Type de dispositif de conversion électrique" : un dispositif de conversion des véhicules à motorisation thermique en un véhicule à motorisation électrique à batterie ou à pile à combustible, destiné à être installé sur une famille de véhicules ;

6° "Fabricant" : le fabricant ou son représentant, accrédité au sens de l'article R. 321-24 du code de la route, du dispositif de conversion, tel que défini à l'alinéa 27 de l'article 3 de la directive 2007/46/CE susvisée et à l'article R. 321-1 du code de la route ;

(Arr. du 12 sept. 2023, art. 2) « 7° "Installateur" : un professionnel habilité par le fabricant pour l'installation, conformément à ses instructions, du dispositif de conversion et qui figure dans la liste des installateurs déclarés par ce fabricant et dont le code APE (activité principale exercée) au sein de la nomenclature d'activité française (NAF rév. 2) appartient à l'une des sections suivantes :

« — section C-29 : industrie automobile ;

« — section C-30 : fabrication d'autres matériels de transport ;

« — section G-45 : commerce et réparation d'automobiles et de motocycles.

« Le code APE peut également appartenir à la section G-47 (Commerce de détail, à l'exception des automobiles et des motocycles), uniquement pour les véhicules de catégories L1e, L2e et L6e, et pour autant que l'installateur possèdent *[possède]* des activités de vente et de réparation d'objets de mobilité électrique basse tension. »

Art. 3 *Exigences administratives.* Les prescriptions administratives sont les suivantes :

1° Un dispositif de conversion électrique est destiné à transformer un véhicule défini au sens de l'article 2 du présent arrêté.

Un véhicule peut être transformé sans tenir compte des restrictions du *c* du 1° de l'article 2 du présent arrêté si l'accord technique du constructeur du type de véhicule est fourni par le fabricant à la demande visée à l'article 4 du présent arrêté ;

2° La réception d'un type de véhicules transformés avec un dispositif de conversion électrique, dite "agrément de prototype", est délivrée par le Centre national de réceptions *[réception]* des véhicules, ci-après dénommé "l'autorité", sur demande du fabricant ;

3° *(Arr. du 12 sept. 2023, art. 3)* « La réception d'un type de véhicules transformés avec un dispositif de conversion électrique est compatible avec les exigences en matière de réception du véhicule conformément à la directive 2007/46/ CE susvisée ou au règlement UE 2018/858 susvisé et au règlement UE 168/2013 susvisé respectivement en fonction des catégories M, N ou L ou à l'arrêté du 19 juillet 1954 susvisé, notamment leurs exigences en matière de sécurité ; »

4° *(Arr. du 12 sept. 2023, art. 3)* « La transformation d'un véhicule avec un dispositif de conversion ne peut être effectuée que par un installateur habilité par le fabricant, et dont les ateliers dédiés à cette transformation sont présents sur le territoire français. Par dérogation, un tel atelier peut être localisé dans un pays frontalier de la France. » Seuls les dispositifs homologués et montés par un installateur habilité par le fabricant peuvent être installés sur les véhicules circulant sur les voies publiques routières. Cette mention doit figurer sur les supports de communication.

Un installateur peut être habilité pour un ou plusieurs types de véhicules transformés avec un dispositif de conversion électrique *(Arr. du 12 sept. 2023, art. 3)* « , par un ou plusieurs fabricants ».

Un installateur peut être habilité pour un ou plusieurs types de véhicules transformés avec un dispositif de conversion électrique.

Le fabricant délivre une habilitation pour une durée n'excédant pas deux ans et la renouvelle selon les modalités précisées dans la demande de l'agrément de prototype.

L'habilitation spécifie le ou les types de véhicules transformés avec dispositif de conversion électrique et les variantes-versions du ou de ces types sur lesquels l'installeur habilité est autorisé à effectuer la transformation. Elle spécifie aussi le nombre et la fréquence des contrôles effectués par le fabricant chez l'installateur pour s'assurer de la pérennité de l'habilitation.

Avant de délivrer l'habilitation, le fabricant s'assure que l'installateur a reçu une formation qui lui confère la connaissance de la ou des transformations.

Le fabricant remet à chaque installateur un document décrivant les dispositifs de conversion, la famille de véhicules concernés (liste des véhicules) et les conditions de transformation. Notamment, doivent être décrites les procédures d'apposition sur le véhicule des symboles d'avertissement ou de danger nécessaires, conformément à la réglementation en vigueur (dont le règlement UN R100 susvisé pour les catégories M et N ou le règlement 3/2014 susvisé, annexe IV, pour les catégories L).

Toutes modifications de ces documents devront être communiquées à l'installateur de manière tracée sur un support durable. Le fabricant informe également l'installateur de la procédure de remontée d'information des installateurs vers le fabricant en vue du rapport d'activité, tel que spécifié à l'article 11 du présent arrêté.

Le fabricant tient à la disposition de l'autorité la liste des installateurs qu'il a habilités ;

5° Le fabricant et l'installateur satisfont aux exigences d'établissement (locaux adaptés), d'honorabilité professionnelle (assurance de responsabilité civile d'activité automobile), de capacité financière (capitaux et réserves ; garanties accordées par un ou plusieurs organismes financiers) et de capacité professionnelle (compétences, responsabilité civile professionnelle garage). En particulier, le fabricant doit justifier de sa capacité à assumer les garanties décrites au point suivant ;

6° Le fabricant garantit la préservation de l'intégrité de tous les éléments du véhicule transformé avec un dispositif de conversion électrique qu'il commercialise.

Il assume la responsabilité d'une détérioration éventuelle de tous les éléments du véhicule transformé et de toute pièce susceptible d'être en contact avec, ou dégradée par tout ou partie du dispositif de conversion électrique, et doit en démontrer la capacité ;

7° L'installateur a la responsabilité de vérifier que les conditions de transformation du véhicule sont compatibles avec les exigences en matière de sécurité de la réception du véhicule sur lequel il est installé ; de plus, il s'assure que le véhicule à transformer est en bon état mécanique ;

8° A l'issue de la transformation, l'installateur fournit au fabricant une attestation de transformation, dont le modèle figure à l'annexe II du présent arrêté ;

9° Le fabricant délivre et signe un certificat de conformité, dont le modèle figure à l'annexe III *ter* de l'arrêté du 19 juillet 1954 susvisé, sur la base de l'attestation de transformation susmentionnée. Ce document est transmis au titulaire du certificat d'immatriculation afin que le certificat d'immatriculation du véhicule transformé soit mis à jour ;

(Arr. du 12 sept. 2023, art. 3) « 10° Pour les véhicules relevant du genre national VASP, carrosserie dépannage, une nouvelle autorisation de mise en circulation d'un véhicule de dépannage devra être délivrée. »

Art. 4 *Demande d'agrément de prototype.* La demande de réception d'un type de véhicules transformés avec un dispositif de conversion électrique, dite "agrément de prototype", est soumise par le fabricant à l'autorité selon les modalités de l'article 12 *ter* de l'arrêté du 19 juillet 1954 susvisé.

Pour chaque type de transformation pour lequel l'agrément de prototype est demandé, la demande de réception est accompagnée des documents mentionnés à l'article 12 *ter* de l'arrêté du 19 juillet 1954 susvisé ainsi que de la liste des installateurs habilités à effectuer la transformation, et de la procédure d'habilitation des installateurs en double exemplaire.

(Arr. du 12 sept. 2023, art. 4) « Par dérogation, la notice descriptive ou la fiche de renseignements et le procès-verbal de réception du véhicule non transformé pourront être substitués par les données techniques fournies, lorsque cela est possible, par l'un des services techniques mentionnés à l'article 3 de l'arrêté du 11 janvier 2021, ou un État membre de l'Union européenne (pour les véhicules réceptionnés par un autre État de l'UE). »

La demande de réception est aussi accompagnée du modèle de la plaque de transformation apposée sur le véhicule transformé.

La plaque de transformation, fixée à proximité de la plaque du constructeur, a le format de la plaque du constructeur et comporte les indications suivantes (dans l'ordre) : nom du fabricant, n° VIN du véhicule, n° de réception de l'agrément de prototype, motif : conversion de la motorisation en électrique.

(Arr. du 12 sept. 2023, art. 4) « Les justificatifs réglementaires sont constitués par les rapports d'essais réalisés conformément aux prescriptions du présent arrêté par l'un des services techniques désignés mentionnés à l'article 3 de l'arrêté du 11 janvier 2021 ou, s'agissant des justificatifs visés au point 4 de l'annexe III du présent arrêté, d'une fiche de communication d'un pays signataire des règlements CEE-ONU n° 10 et 100 susvisés, ou tout autre règlement CEE-ONU nécessaire.

« Par dérogation et sous réserve d'acceptation par l'autorité d'homologation, un procès-verbal établi par le fabricant du dispositif de conversion électrique peut être accepté pour les actes réglementaires suivants (si concernés) :

« Les masses et dimensions, la détermination de la puissance, la sécurité électrique (si le système n'est pas classé comme haute tension), l'identification des témoins et commandes, le dégivrage/ désembuage, les systèmes de chauffage, l'installation éclairage, les champs de rétrovision. »

Art. 5 *Délivrance de l'agrément de prototype.* La délivrance de l'agrément de prototype est effectuée conformément aux dispositions générales de l'arrêté du 19 juillet 1954 susvisé.

Lorsque le type de véhicules transformés avec un dispositif de conversion électrique présenté lors de la demande de réception de l'agrément de prototype satisfait aux prescriptions du présent arrêté, l'agrément de prototype pour ce type de transformation est accordé et un numéro d'homologation est délivré. L'autorité en charge de la réception délivre un procès-verbal d'agrément de prototype conforme au modèle figurant à l'annexe I du présent arrêté.

Art. 6 *Marquage des pièces du dispositif de conversion.* Les pièces et composants constituant le dispositif de conversion doivent porter les indications et marquages exigées *[exigés]* par les réglementations applicables.

Art. 7 *Documents à communiquer.* Les informations suivantes doivent être fournies, à destination de l'installateur, avec le dispositif de conversion électrique sur un support durable, à savoir tout instrument permettant au consommateur ou au professionnel de stocker des informations qui lui sont adressées personnellement afin de pouvoir s'y reporter ultérieurement pendant un laps de temps adapté et qui permet la reproduction à l'identique des informations stockées :

a) La raison sociale ou la marque du fabricant ;

b) La marque et le numéro d'identification des composants, tels que définis dans le dossier de demande d'agrément de prototype ;

c) Le numéro de réception d'agrément de prototype délivré, conformément à l'article 5 du présent arrêté ;

d) La famille de véhicules pouvant être transformée avec le dispositif de conversion électrique ;

e) Les instructions de transformation et notamment les procédures d'apposition sur le véhicule des symboles d'avertissement ou de danger nécessaires, conformément à la réglementation en vigueur (notamment le règlement UN R100 ou le règlement 3/2014, annexe IV) ;

f) L'attestation de transformation à remplir par l'installateur après transformation du véhicule dont le modèle est en annexe II du présent arrêté ;

g) *(Arr. du 12 sept. 2023, art. 5)* « Les caractéristiques techniques du véhicule modifiées par la transformation et » les instructions concernant les conditions et conseils d'utilisation et de maintenance du véhicule transformé, également à destination de l'acheteur ;

h) Les informations relatives aux modalités de garantie du fabricant, notamment que les éventuels défauts ou dysfonctionnements causés directement ou indirectement par la transformation ne sont pas couverts par la garantie commerciale du constructeur d'origine à quelque titre que ce soit, également à destination de l'acheteur ;

(Arr. du 12 sept. 2023, art. 5) « *i)* Les informations sur la quantité d'émissions de gaz à effet *[de]* serre évitée en moyenne en usage pendant 10 ans par la conversion en électrique du véhicule par rapport à la poursuite de l'usage de celui-ci en thermique sur la même période selon les modalités définies en annexe IV, également à destination de l'acheteur. »

Toute modification apportée à l'un de ces documents doit faire l'objet d'une information auprès des installateurs, et d'une mise à jour du dossier de demande de réception.

Art. 8 *Modification ou extension du type de dispositif.* Toute modification du type de dispositif de conversion électrique ou toute extension de la liste des véhicules pouvant être transformés et non couverts par l'agrément de prototype doit être portée à la connaissance de l'autorité ayant accordé l'agrément de prototype.

En cas de modification du type, l'autorité peut alors :

1° Soit considérer que les modifications apportées ne remettent pas en cause l'agrément de prototype et que la transformation répond encore aux prescriptions du présent arrêté ;

2° Soit demander de nouveaux procès-verbaux pour tout ou partie des essais décrits à l'annexe I du présent arrêté.

En cas de modification de la liste des véhicules pouvant être transformés et non couverts par l'agrément de prototype, l'autorité peut alors :

1° Soit considérer que les véhicules ajoutés répondent aux critères retenus pour définir la famille de véhicules et ne remettent pas en cause l'agrément de prototype. Le fabricant transmet alors une mise à jour du dossier de réception de l'agrément de prototype et de la famille de véhicules pouvant être transformés ;

2° Soit considérer que les véhicules ne répondent pas aux critères retenus pour définir la famille de véhicules et demander le dépôt d'une nouvelle demande ou mise à jour du dossier d'agrément de prototype.

Art. 9 *Conformité à la production.* Le dispositif de conversion électrique doit être fabriqué de façon à être conforme à l'agrément de prototype délivré et doit satisfaire aux prescriptions du présent arrêté.

Les transformations des véhicules doivent être réalisées de façon à être conformes à l'agrément de prototype délivré et doivent satisfaire aux prescriptions du présent arrêté.

Les mesures relatives à la conformité de production applicables sont celles de l'article 12 et de l'annexe X de la directive 2007/46/CE susvisée ou de l'article 31 du règlement (UE) 2018/858 susvisé ou de l'article 9 du règlement (UE) 168/2013 susvisé.

Un audit de suivi du fabricant et de trois installateurs au choix de l'autorité est réalisé tous les ans par *(Arr. du 12 sept. 2023, art. 6)* « l'un des services techniques de catégorie C mentionnés à l'article 3 de l'arrêté du 11 janvier 2021 susvisé, » aux frais du fabricant, afin de vérifier le respect des dispositions du présent arrêté.

Art. 10 *Sanctions pour non-respect des prescriptions.* Le non-respect des dispositions du présent arrêté, à quelque stade de la procédure d'agrément de prototype que ce soit, peut entraîner le refus de délivrance de l'agrément de prototype, ou le retrait de l'agrément de prototype délivré.

Si l'autorité constate que des transformations comportant la marque adéquate ne sont pas conformes au type auquel elle a délivré l'agrément de prototype, elle demande au fabricant de prendre les mesures nécessaires pour faire en sorte que les transformations réalisées redeviennent conformes au type réceptionné. A défaut, l'autorité peut procéder au retrait de l'agrément de prototype délivré.

Toute décision portant retrait de l'agrément de prototype délivré doit être précédée d'une demande d'explications adressée au fabricant sur les griefs qui lui sont reprochés. La décision est motivée et notifiée au fabricant.

Art. 11 *Rapport et revue des prescriptions.* Au plus tard le 31 décembre 2021, puis tous les ans, les fabricants de dispositifs de conversion électrique présentent au directeur général de l'énergie et du climat un rapport d'activité présentant pour chaque type de dispositif homologué :.

1° Le nombre de transformations réalisées depuis leur homologation ;

2° La répartition de ce nombre par agrément de prototype ;

3° Le nombre d'installateurs habilités ayant effectué des transformations ;

4° Le nombre de contrôles d'habilitation réalisés par le fabricant et les résultats de ces contrôles ;

5° Le nombre de retours clientèle, au titre de la garantie du dispositif, signalés auprès de l'installateur ou auprès du fabricant, les motifs de ces retours et leurs issues ;

6° Une synthèse des réponses à un questionnaire de satisfaction envoyé systématiquement au client au minimum 6 mois après la transformation afin de connaître ses motifs de satisfaction et de mécontentement.

Sur la base de ces rapports, le directeur général de l'énergie et du climat examine l'opportunité de proposer une modification du présent arrêté dans le but d'inclure de nouvelles prescriptions, d'une part, ou de modifier ou de supprimer des prescriptions du présent arrêté, d'autre part.

V. annexes JO 3 avr. 2020 ; mod. par Arr. du 12 sept. 2023, art. 7 à 9.

FOURRIÈRE

Code de procédure pénale

Art. A. 43-15 *(Arr. du 2 mai 2012)* Le propriétaire dont le véhicule a été mis en fourrière sur autorisation du procureur de la République en application des articles L. 325-1-1 ou L. 325-1-2 du code de la route et qui a ensuite fait l'objet d'une décision de relaxe ayant acquis un caractère définitif peut, conformément aux dispositions du dernier alinéa de l'article L. 325-1-1, demander au procureur de la République le remboursement, au titre des frais de justice, des frais d'enlèvement et de garde en fourrière qu'il a dû acquitter pour récupérer son véhicule.

Si la décision de relaxe a été rendue par la chambre des appels correctionnels, la demande est formée devant le procureur général.

Cette demande doit être faite, dans un délai de six mois au plus tard à compter de la date à laquelle la décision de relaxe est devenue définitive, par déclaration au greffe contre récépissé ou par lettre recommandée avec demande d'accusé de réception.

La demande doit être accompagnée de la copie de la décision de relaxe ainsi que *[de]* la justification du paiement des frais d'enlèvement et de garde en fourrière.

Le montant du remboursement est calculé en fonction des tarifs des frais d'enlèvement et des frais de garde fixés conformément aux dispositions du IV de l'article R. 325-29 du code de la route.

Le remboursement ne peut porter sur les frais de garde correspondant à une période postérieure à la décision de mainlevée de la mise en fourrière.

Le paiement du remboursement est effectué par le régisseur d'avances de la juridiction au vu de la décision du procureur de la République ou du procureur général.

La décision du procureur de la République ou du procureur général peut faire l'objet d'un recours par le demandeur, dans les dix jours de sa notification, devant la juridiction qui a prononcé la relaxe. Ce recours est formé par déclaration au greffe contre récépissé ou par lettre recommandée avec demande d'accusé de réception.

Décret n° 72-823 du 6 septembre 1972,

Fixant les conditions de remise à l'administration chargée des domaines des véhicules non retirés de fourrière par leurs propriétaires (Décr. n° 2014-551 du 27 mai 2014, art. 37-1°).

Art. 1er Les véhicules abandonnés dans les conditions prévues à l'article L. 25-3 *[C. route, art. L. 325-7]* sont, sous réserve des droits et obligations des créanciers titulaires d'un gage

sur ces véhicules, remis *(Décr. nº 2014-551 du 27 mai 2014, art. 37-1º)* **« à l'administration chargée des domaines » en vue de leur aliénation.**

(Décr. nº 2020-775 du 24 juin 2020, art. 22, en vigueur au plus tard le 1er avr. 2021) **« La décision de remise est prise par l'autorité dont relève la fourrière mentionnée à l'article R. 325-19 du code de la route qui en informe le gardien de la fourrière dans les formes prévues à l'article 4 du présent décret et l'administration chargée des domaines. »**

Les dispositions issues du Décr. nº 2020-775 du 24 juin 2020 entrent en vigueur à une date fixée, pour chaque département, par arrêté du ministre chargé de la sécurité routière, et au plus tard le 1er avr. 2021. Elles s'appliquent aux véhicules entrés en fourrière à compter de la même date (Décr. préc., art. 28) ; V. Arr. du 4 nov. 2020 pris pour l'application de l'art. 2 de l'Ord. nº 2020-773 du 24 juin 2020 relative aux fourrières automobiles (JO 14 nov.), mod. par Arr. du 22 janv. 2021 (JO 27 janv.).

Art. 2 **La remise effective du véhicule** *(Décr. nº 2014-551 du 27 mai 2014, art. 37-1º)* **« à l'administration chargée des domaines » est faite par l'autorité dont relève la fourrière** *(Abrogé par Décr. nº 2020-775 du 24 juin 2020, art. 23, au plus tard le 1er avr. 2021)* ***« ou par son délégué et donne lieu à l'établissement d'un procès-verbal contradictoire portant les mentions suivantes : ».***

(Décr. nº 2020-775 du 24 juin 2020, art. 23, en vigueur au plus tard le 1er avr. 2021) **« Les données relatives à la procédure de mise en fourrière et à la remise des véhicules à l'administration chargée des domaines en vue de leur vente enregistrées dans le système d'information prévu à l'article R. 325-12-1 du code de la route sont communiquées par les services relevant du ministre chargé de la sécurité routière à l'administration chargée des domaines.**

« Lorsque les données ne sont pas communiquées selon les modalités mentionnées au deuxième alinéa, la remise effective du véhicule donne lieu à l'établissement d'un procès-verbal et d'un constat contradictoire de l'état du véhicule le cas échéant.

« Les données communiquées en application des deux alinéas précédents portent sur les éléments suivants : »

— éléments d'identification du véhicule selon le cas : genre, marque, type, couleur, numéro d'immatriculation, numéro dans la série du type, numéro du cadre, numéro du moteur ;

(Décr. nº 2020-775 du 24 juin 2020, art. 23, en vigueur au plus tard le 1er avr. 2021) **« — qualification de l'état du véhicule ; »**

— Nom et adresse du propriétaire, s'il a été identifié ;

— Date de mise en fourrière ;

— Montant des frais de transfert *(Abrogé par Décr. nº 2020-775 du 24 juin 2020, art. 23, en vigueur au plus tard le 1er avr. 2021)* ***« , d'expertise »*** **et de garde de fourrière et désignation de la collectivité à laquelle ces frais devront être payés en application de l'article** *(Décr. nº 2020-775 du 24 juin 2020, art. 23, en vigueur au plus tard le 1er avr. 2021)* **« R. 325-29 du code de la route » ;**

— Date et lieu de délivrance du certificat d'immatriculation ;

(Décr. nº 2020-775 du 24 juin 2020, art. 23, en vigueur au plus tard le 1er avr. 2021) **« — date d'abandon ;**

« — identification de la fourrière. »

V. note ss. art. 1er.

Art. 3 *(Décr. nº 2020-775 du 24 juin 2020, art. 24, en vigueur au plus tard le 1er avr. 2021)* **Lorsque le véhicule est affecté d'un gage, cette information est communiquée à l'administration chargée des domaines selon les modalités prévues aux deuxième ou, le cas échéant, troisième alinéa de l'article 2.**

V. note ss. art. 1er.

Art. 4 **L'autorité visée à l'article R. 291** *[C. route, art. R. 325-31]* **informe le gardien de fourrière des formalités accomplies en application de l'article 1er ci-dessus.**

Cet avis précise qu'à compter de sa réception :

1° Obligation est faite au gardien de fourrière de laisser visiter le véhicule par tout acheteur éventuel ;

2° *(Décr. nº 2014-551 du 27 mai 2014, art. 37-2º)* **« L'administration chargée des domaines » peut faire procéder à l'enlèvement du véhicule pour le transférer en tout lieu d'exposition ou de garage à sa convenance sous réserve d'en donner décharge au gardien de la fourrière ;**

3° En outre, cet avis informe le gardien de fourrière qu'en cas de vente du véhicule par *(Décr. nº 2014-551 du 27 mai 2014, art. 37-2º)* **« l'administration chargée des domaines »,**

l'acquéreur pourra procéder à l'enlèvement de ce véhicule *(Abrogé par Décr. n° 2020-775 du 24 juin 2020, art. 25, au plus tard le 1er avr. 2021)* *« , sous réserve de l'application des dispositions des articles R. 325-30 et R. 325-35 et de l'exécution des travaux prévus à l'article R. 325-30 »*, contre remise du bon d'enlèvement domanial établi par le *(Décr. n° 2014-551 du 27 mai 2014, art. 37-2°)* « comptable de la direction générale des finances publiques » compétent. Ce bon, portant la date de l'enlèvement, est transmis par le gardien de fourrière à l'officier de police judiciaire qui a ordonné la mise en fourrière afin de lui permettre la liquidation définitive des frais de garde en fourrière et la régularisation des écritures de mainlevée.

Le véhicule doit être retiré en totalité et en une seule fois.

V. note ss. art. 1er.

Art. 5 Le titulaire d'une inscription de gage portant sur un véhicule en fourrière peut adresser à l'autorité compétente, pour donner mainlevée de la mise en fourrière, une demande d'attribution de la garde du véhicule dans le délai *(Décr. n° 2020-775 du 24 juin 2020, art. 26, en vigueur au plus tard le 1er avr. 2021)* « de quinze jours » à compter de la date de la notification prévue à l'article R. 325-30.

Faute d'une telle demande dans ce délai *(Décr. n° 2020-775 du 24 juin 2020, art. 26, en vigueur au plus tard le 1er avr. 2021)* « et hors le cas de l'application du deuxième alinéa du I de l'article L. 325-8 du code de la route », le créancier gagiste est réputé accepter définitivement l'aliénation du véhicule ou sa destruction éventuelle et le paiement à son profit du produit de la vente, déduction faite des frais d'opérations préalables, d'expertise, de vente ou de destruction, *(Décr. n° 2014-551 du 27 mai 2014, art. 37-3°)* « ainsi que des frais de régie par l'administration chargée des domaines prévus à l'article R. 2321-9 du code général de la propriété des personnes publiques ».

V. note ss. art. 1er.

Art. 6 La réception de la demande d'attribution de la garde du véhicule donne lieu à la délivrance par l'autorité compétente pour donner mainlevée de la mise en fourrière au titulaire de l'inscription de gage d'une autorisation d'enlèvement. Le créancier dispose d'un délai de quinze jours à compter de la date d'autorisation pour enlever le véhicule.

L'enlèvement est effectué selon les dispositions prévues aux articles R. 289, R. 290 (2e alinéa), R. 291 et R. 292 *[C. route, R. 325-28, R. 325-30 (2e alinéa), R. 325-31 et R. 325-35]*. Il est constaté par une décharge signée au verso de l'autorisation par le créancier gagiste. Le certificat d'immatriculation, s'il a pu être appréhendé, est remis à celui-ci.

Art. 7 La prise en garde du véhicule par le créancier gagiste transfère à sa charge la responsabilité de la conservation de cet objet et l'astreint à engager sans délai la procédure judiciaire visant à statuer sur la propriété ou la vente de ce dernier, conformément aux dispositions de l'article 2078 du code civil ou de l'article 93 du code de commerce.

Art. 8 Les véhicules remis *(Décr. n° 2014-551 du 27 mai 2014, art. 37-4°)* « à l'administration chargée des domaines » sont aliénés dans les formes prescrites pour les ventes du mobilier de l'État.

Après que le *(Décr. n° 2014-551 du 27 mai 2014, art. 37-4°)* « comptable de la direction générale des finances publiques » ait prélevé le montant des frais de vente et des frais de régie *(Décr. n° 2014-551 du 27 mai 2014, art. 37-4°)* « prévus par l'article R. 2321-9 du code général de la propriété des personnes publiques », puis payé à l'autorité dont relève la fourrière les frais préalables et s'il y a lieu les frais de transfert *(Décr. n° 2020-775 du 24 juin 2020, art. 27, en vigueur au plus tard le 1er avr. 2021)* « et de garde en fourrière », qui sont à la charge du propriétaire, le reliquat du produit de la vente est tenu à la disposition de celui-ci ou de ses ayants droit, ou, le cas échéant, du créancier gagiste pouvant justifier de ses droits pendant un délai de deux ans. A l'expiration de ce délai, ce produit est acquis à l'État.

Lorsque le produit de la vente est inférieur au total des frais énumérés ci-dessus, le *(Décr. n° 2014-551 du 27 mai 2014, art. 37-4°)* « comptable de la direction générale des finances publiques » en verse le montant à l'autorité responsable de la fourrière après prélèvement des frais de vente et de régie. Le propriétaire, ou ses ayants droit, restent débiteurs de la différence : celle-ci est recouvrée à l'initiative de l'autorité responsable de la fourrière par le *(Décr. n° 2014-551 du 27 mai 2014, art. 37-4°)* « comptable de la direction générale des finances publiques ».

V. note ss. art. 1er.

Art. 9 Le décret n° 63-348 du 6 avril 1963 est abrogé.

Arrêté du 18 octobre 1996,

Relatif à l'autorisation provisoire de sortie de fourrière.

Art. 1er Le modèle d'autorisation provisoire de sortie de fourrière prévu à l'article R. 292-1 du code de la route, *[C. route, art. R. 325-36]* annexé au présent arrêté, est approuvé.

ANNEXE

AUTORISATION PROVISOIRE DE SORTIE DE FOURRIÈRE

Timbre à en-tête
de l'autorité
dont relève la fourrière

Vu les articles R. 290, R. 292, R. 292-1 et R. 292-2 du code de la route ;

Vu la demande présentée par le propriétaire du véhicule ou par son mandataire (suivie de leurs noms, prénoms et adresses respectifs) ;

Considérant que les services de police ou de gendarmerie compétents ont été préalablement informés du projet de la présente autorisation, conformément à l'article R. 292-2 du code de la route,

Le demandeur susvisé est autorisé à sortir de la fourrière située à ...., le véhicule de genre ...., de marque ...., de type ...., immatriculé ....

Cette autorisation, qui tient lieu de pièce de circulation, est valable à compter du ...., jusqu'au ...., inclus, sur le parcours suivant : .... sous les conditions de sécurité indiquées ci-après : ....

Fait à .... le..

Signature
Qualité du signataire
Mention de sa délégation

Arrêté du 14 novembre 2001,

Fixant les tarifs maxima des frais de fourrière pour automobiles.

Art. 1er Jusqu'au 31 décembre 2001, les tarifs maxima, en francs, des frais concernant l'immobilisation matérielle des véhicules, les opérations préalables à leur mise en fourrière, leur enlèvement, leur garde en fourrière ainsi que l'expertise des véhicules mis en fourrière fixés par les arrêtés susvisés du 19 août 1996 et du 28 décembre 1998 sont également déterminés en euros, conformément au règlement (CE) nº 1103/97 du 17 juin 1997. Les montants ainsi convertis figurent en annexe I du présent arrêté.

Art. 2 A compter du 1er janvier 2002, les tarifs maxima, en euros, des frais concernant l'immobilisation matérielle des véhicules, les opérations préalables à leur mise en fourrière, leur *(Arr. du 4 nov. 2020, art. 2, en vigueur au plus tard le 1er avr. 2021)* « enlèvement, leur garde en fourrière et la mise en vente des véhicules ayant fait l'objet d'une remise au service chargé des domaines » sont fixés conformément au barème figurant en annexe II du présent arrêté.
— Pour les tarifs maxima dans les communes les plus importantes, V. Arr. du 28 nov. 2003.

V. Arr. du 4 nov. 2020 pris pour l'application de l'art. 2 de l'Ord. nº 2020-773 du 24 juin 2020 relative aux fourrières automobiles (JO 14 nov.), mod. par Arr. du 22 janv. 2021 (JO 27 janv.).

Art. 3 La perception des frais d'enlèvement exclut celle des frais d'opérations préalables.

Art. 4 Les frais de garde sont exigibles à compter du jour d'enlèvement *(Arr. du 4 nov. 2020, art. 2, en vigueur au plus tard le 1er avr. 2021)* « jusqu'au jour, inclus, de restitution, d'aliénation, de remise au gardien du bon d'enlèvement pour mise en destruction ou, le cas échéant, de remise pour destruction du véhicule mis en fourrière ».

V. note ss. art. 2.

Art. 5 Les frais de fourrière ne sont pas dus par le propriétaire du véhicule mis en fourrière dans le cas prévu à l'article *(Arr. du 4 nov. 2020, art. 2, en vigueur au plus tard le 1er avr. 2021)* « R. 325-27 » du code de la route.

V. note ss. art. 2.

Art. 6 L'arrêté du 19 août 1996 fixant les tarifs maxima des frais de fourrière automobile et l'arrêté du 28 décembre 1998 relatif aux tarifs maxima d'enlèvement en fourrière des véhicules poids lourds sont abrogés à compter du 1er janvier 2002.

V. les annexes I et II de cet Arr. au JO 8 déc. 2001.

L'annexe II de l'Arr. du 14 nov. 2001 a été remplacée par l'Arr. du 10 juill. 2015 (JO 25 juill.) ; mod. par Arr. du 10 août 2017 (JO 5 sept.) ; mod. par Arr. du 28 déc. 2018 (JO 30 déc.) ; mod. par Arr. du 2 août 2019 (JO 31 août) ; mod. par Arr. du 3 août 2020 (JO 13 août) ; mod. par Arr. du 4 nov. 2020 (JO 14 nov.).

Arrêté du 28 novembre 2003,

Fixant les tarifs maxima des frais de fourrière pour véhicules dans les communes les plus importantes.

Art. 1er Dans les communes définies *(Arr. du 26 nov. 2014, art. 2, en vigueur le 1er janv. 2015)* « aux articles 2 et 2 *bis* », les tarifs maxima des frais de fourrière liés à l'enlèvement et à la garde des véhicules sont fixés, par dérogation aux dispositions de l'arrêté du 14 novembre 2001 susvisé, conformément *(Arr. du 26 nov. 2014, art. 2, en vigueur le 1er janv. 2015)* « aux barèmes figurant respectivement aux annexes I et II ».

Art. 2 *(Arr. du 26 nov. 2014, art. 3, en vigueur le 1er janv. 2015)* « Le barème figurant en annexe I s'applique » aux communes dont la population est supérieure à 400 000 habitants, dans lesquelles sont enlevés annuellement plus de 15 000 véhicules, dont la longueur de voirie publique excède 500 kilomètres et dont le nombre de places de stationnement, gratuites ou payantes, est supérieur à 15 000.

Art. 2 *bis* *(Arr. du 26 nov. 2014, art. 4, en vigueur le 1er janv. 2015)* Le barème figurant en annexe II s'applique aux communes dont la population est supérieure à 2 000 000 habitants, dans lesquelles sont enlevés annuellement plus de 150 000 véhicules, dont la longueur de voirie publique est supérieure à 1 000 kilomètres et dont le nombre de places de stationnement, gratuites ou payantes, est supérieur à 100 000.

V. le tableau annexé à cet arrêté au JO du 5 déc. 2003, mod. par Arr. du 26 nov. 2014, art. 5, en vigueur le 1er janv. 2015.

FREINAGE

Arrêté du 18 août 1955,

Relatif au freinage des véhicules automobiles.

TITRE I DISPOSITIONS APPLICABLES AUX VÉHICULES AUTOMOBILES (Y COMPRIS LES TROLLEYBUS), REMORQUES, SEMI-REMORQUES, VÉHICULES ARTICULÉS ET ENSEMBLES DE VÉHICULES

Art. 1er Sont soumis aux dispositions du présent titre les véhicules automobiles (y compris les trolleybus), remorques, semi-remorques, véhicules articulés et ensembles de véhicules faisant l'objet du titre II du décret *[nº 54-724 du 10 juill. 1954]* portant règlement général sur la police de la circulation routière (code de la route).

§ 1 *Véhicules automobiles*

Art. 2 Tout véhicule automobile visé par le présent titre doit pouvoir être freiné par son conducteur depuis son poste de conduite pendant la marche avant ou arrière de façon rapide et efficace. Ce freinage doit pouvoir être exercé au moyen de deux dispositifs, un dispositif principal et un dispositif de secours, comportant des commandes entièrement indépendantes et aisément accessibles.

Art. 3 Dans l'action de chacun de ces dispositifs, les roues ou trains de roulement freinés doivent être répartis symétriquement par rapport au plan longitudinal de symétrie de l'ensemble des roues et trains de roulement.

Art. 4 Le dispositif principal doit agir sur l'ensemble des roues ou trains de roulement. Il doit pouvoir être mis en action sans que le conducteur cesse de tenir le volant de direction.

Art. 5 *(Arr. du 12 août 1965)* Le dispositif de secours doit agir sur des roues ou trains de roulement portant en charge normalement répartie à l'arrêt au moins 40 p. 100 du poids total du véhicule.

Art. 6 Sur les véhicules automobiles affectés aux transports en commun de personnes d'un poids total en charge supérieur à huit tonnes et des véhicules automobiles affectés à des transports de marchandises d'un poids total supérieur à seize tonnes, le dispositif principal de freinage doit être réalisé de manière qu'une défaillance de la transmission à l'essieu avant n'entraîne pas celle de la transmission à l'essieu ou train de roulement arrière, et réciproquement.

(Arr. du 12 août 1965) « Les dispositions du précédent alinéa ne sont pas obligatoires :

« *a)* Pour les véhicules dont le poids total en charge n'excède pas seize tonnes et qui sont aménagés de telle sorte qu'en cas de défaillance de la source d'énergie alimentant le dispositif principal, la commande de celui-ci actionne directement le dispositif de secours agissant avec les conditions d'efficacité prescrites au paragraphe 7 du présent arrêté ;

« *b)* Aux tracteurs pour semi-remorques dont le poids à vide n'excède pas seize tonnes et servant exclusivement à cet usage. »

Les conditions d'extension du présent article à des catégories de véhicules automobiles non visées à son premier alinéa feront l'objet d'arrêtés ultérieurs.

Art. 7 Si les deux dispositifs visés à l'article 2 du présent arrêté ne se distinguent l'un de l'autre que par leurs commandes, la partie commune sur laquelle s'exerce l'action de ces dernières doit être largement dimensionnée et facilement accessible pour son entretien ; en tout état de cause, la rupture de l'une quelconque des pièces de la partie commune doit ne pas pouvoir mettre en défaut l'efficacité et la rapidité du freinage sur des roues ou trains de roulement placés de part et d'autre du plan de symétrie de l'ensemble des roues et trains de roulement du véhicule et portant, en charge maximum normalement répartie, à l'arrêt, au moins les quatre dixièmes du poids total du véhicule.

Lorsque le dispositif de secours agit par l'intermédiaire d'un fluide, tous les organes qui le composent, situés en amont des mécanismes attaquant directement les freins jusqu'au réservoir de fluide compris, doivent être absolument distincts des organes correspondants du dispositif principal.

Art. 8 L'installation de freinage doit comporter un dispositif de parcage manœuvrable par le conducteur depuis son poste de conduite, pouvant rester bloqué, même en l'absence du conducteur ou de toute autre personne, et maintenir de façon permanente à l'arrêt le véhicule portant sa charge maximum normalement répartie, sur une déclivité ascendante ou descendante de 18 p. 100 sur route sèche *(Arr. du 5 févr. 1969)* « donnant de bonnes conditions d'adhérence », la boîte de vitesse étant au point mort.

(Arr. du 12 août 1965) « Les élements actifs doivent rester maintenus en position de serrage au moyen d'un dispositif à action purement mécanique. Si la mise en œuvre du dispositif de freinage fait normalement appel à une énergie autre que l'action musculaire du conducteur, elle doit pouvoir être assurée dans le cas d'une défaillance de cette énergie, au besoin en ayant recours à une réserve d'énergie indépendante de celle assurant normalement l'assistance.

« Le dispositif de parcage peut être confondu avec l'un des dispositifs visés à l'article 2 ci-dessus. »

Art. 9 Les surfaces freinées par les dispositifs susvisés doivent être constamment solidaires des roues ou trains de roulement, sans possibilité de désaccouplement par le conducteur, pendant la marche ou à l'arrêt, notamment au moyen de l'embrayage, de la boîte de vitesse ou d'une roue libre.

L'interposition entre les surfaces freinées et les roues ou trains de roulement d'organes déformables, tels que cardans et trains d'engrenage, n'est admise que si lesdits organes déformables peuvent, par construction, supporter normalement sans rupture ni déformation permanente, et ce pendant toute la durée du maintien en service normal du véhicule considéré, les efforts maxima qu'ils doivent transmettre lors de la réalisation, par la mise en action de ces dispositifs, des conditions d'efficacité prescrites au paragraphe 7 du présent arrêté.

Art. 10 Dans les deux dispositifs définis à l'article 2 ci-dessus, une usure inégale des freins devra pouvoir être compensée facilement par réglage ou automatiquement.

Art. 11 Si un dispositif de freinage est actionné à partir d'un ou plusieurs accumulateurs d'énergie, le niveau de cette énergie permettant de réaliser les conditions d'efficacité prescrites au paragraphe 7 du présent arrêté sera indiqué par le constructeur de façon très apparente sur une plaque fixée sur le véhicule ou par tout autre moyen équivalent.

Par ailleurs, des signaux avertisseurs optiques ou acoustiques, parfaitement perceptibles du conducteur de son poste de conduite, doivent indiquer à ce dernier toute défaillance de la réserve prévue dans chacun de ces accumulateurs et fonctionner pendant tout le temps où cette défaillance empêcherait un freinage normal.

Ces signaux avertisseurs doivent commencer à fonctionner alors que la quantité d'énergie en réserve permet encore un arrêt suffisamment rapide du véhicule.

Les organes assurant la commande de ces signaux avertisseurs devront être constamment maintenus en parfait état de fonctionnement.

Art. 12 Dans le cas d'un dispositif de freinage comportant une transmission assurée par un fluide liquide, le conducteur devra être avisé de toute baisse de la réserve du fluide, susceptible d'entraîner une défaillance du freinage, par un signal avertisseur parfaitement perceptible du poste de conduite.

A défaut de ce signal, le récipient contenant la réserve de fluide sera construit et disposé sur le véhicule de manière à permettre un contrôle aisé du niveau de la réserve.

Les véhicules affectés au transport en commun de personnes et les véhicules affectés à des transports de marchandises d'un poids total en charge égal ou supérieur à 3 tonnes devront être munis du signal avertisseur.

Les prescriptions énoncées aux art. 11 (2e, 3e et 4e al.) et 12 ci-dessus sont applicables, à dater du 1er juill. 1957, aux véhicules mis en circulation avant le 20 oct. 1955 et dont le poids total en charge est égal ou supérieur à 8 tonnes (Arr. du 5 juill. 1956, JO 12 juill.).

Art. 13 Les services auxiliaires ne peuvent puiser leur énergie que dans des conditions telles qu'il ne puisse en résulter, au cours du freinage, une diminution sensible de la réserve d'énergie alimentant un dispositif de freinage.

Art. 14 Les véhicules automobiles, auxquels est prévu l'accrochage d'une semi-remorque ou d'une ou plusieurs remorques soumises à l'obligation des freins, doivent comporter, dans le cas où le freinage de la remorque ou de la semi-remorque est assuré par l'intermédiaire d'un fluide, une commande distincte permettant au conducteur d'actionner de son siège pendant la marche les freins agissant sur les roues de la remorque ou de la semi-remorque.

Ces mêmes véhicules automobiles seront dispensés de cette obligations si les dispositions sont prises pour que, lors de la mise en action du dispositif principal, le freinage des roues du ou des véhicules remorqués intervienne, soit d'une manière absolument simultanée avec le freinage des roues du véhicule tracteur, soit légèrement avant, jamais après.

§ 2 *Remorques*

Art. 15 Toute remorque visée au début du présent titre, pesant en charge plus de 750 kilogrammes, doit comporter une installation de freinage comprenant au minimum :

a) Un dispositif de freinage de route agissant sur des roues ou trains de roulement portant en charge normalement répartie à l'arrêt au moins la moitié du poids total du véhicule, et constituant, après accrochage de la remorque au véhicule tracteur, frein continu (1) pour "l'ensemble de véhicules" ainsi formé ;

b) Un dispositif de freinage pour le maintien de l'immobilisation du véhicule dételé à l'arrêt (frein de parcage).

(1) Dans un « ensemble de véhicules », on appelle « frein continu » tout dispositif assurant d'une part pendant la marche avant ou pendant la marche arrière, par simple action du conducteur agissant depuis son poste de conduite sur une commande unique, sans qu'il cesse de tenir le volant de direction, le freinage pratiquement simultané de tous les véhicules de l'ensemble, d'autre part l'arrêt et le blocage du ou des véhicules remorqués en cas de rupture de leur attelage au véhicule tracteur.

Art. 16 *(Arr. du 12 août 1965)* Les dispositifs prévus à l'article 15 ci-dessus doivent répondre aux conditions suivantes :

a) Le frein de route doit satisfaire aux prescriptions des articles 3, 9 (premier alinéa), 10 et 13 du présent arrêté, et assurer, en cas de rupture d'attelage, l'arrêt rapide du véhicule et, sur une déclivité de 18 p. 100, son immobilisation ;

b) Le frein de parcage doit pouvoir rester bloqué en l'absence du conducteur et de toute autre personne et maintenir de façon permanente à l'arrêt la remorque portant sa charge maximum normalement répartie, sur une route sèche *(Arr. du 5 févr. 1969)* « donnant de bonnes conditions d'adhérence » accusant une déclivité ascendante ou descendante de 18 p. 100. Ses éléments actifs doivent rester maintenus en position de serrage au moyen d'un dispositif à action purement mécanique. Il doit pouvoir être manœuvré sur les remorques séparées du véhicule tracteur.

Il doit pouvoir être actionné par une personne à terre.

La disposition relative à l'arrêt automatique en cas de rupture d'attelage n'est pas obligatoire pour les remorques de camping à deux-roues et les remorques légères à bagages, à la double condition que leur poids total en charge n'excède pas 1 250 kg et qu'elles soient munies, en plus de l'attache principale, de l'attache de secours prescrite à l'article *(Arr. 27 nov. 2002)* « R. 317-18 » du code de la route, constamment et effectivement utilisées.

Art. 17 *(Arr. du 12 août 1965)* Les remorques dont le poids total en charge dépasse 3,5 tonnes ainsi que celles destinées au transport de personnes doivent comporter un deuxième dispositif de freinage, actionné par la commande de frein de secours du véhicule tracteur et dont la transmission soit indépendante de celle du dispositif principal. Ce dispositif doit agir sur des roues ou trains de roulement portant en charge normalement répartie à l'arrêt au moins 40 p. 100 du poids porté par l'ensemble des roues ou trains de roulement du véhicule ; il devra satisfaire à la condition d'efficacité définie aux articles 35 et 36 ci-après.

Art. 18 Un dispositif de freinage ne peut agir sur les roues directrices d'une remorque que si les autres roues sont freinées en même temps par ce même dispositif.

Art. 19 *(Arr. du 26 sept. 1974)* Le dispositif de freinage par inertie n'est accepté comme dispositif de freinage réglementaire que pour les remorques de poids total en charge au plus égal à 3 500 kg.

Les dispositifs de freinage par inertie acceptés comme dispositifs réglementaires doivent être conformes aux prescriptions techniques de l'annexe 8 à la directive du conseil des communautés du 27 juillet 1971 relative au freinage.

Art. 20 Les remorques équipées d'un dispositif de freinage faisant appel à un accumulateur d'énergie doivent porter une plaque apposée par le constructeur et indiquant, de façon très apparente, le niveau de cette énergie permettant de réaliser les conditions d'efficacité prévues au paragraphe 7 ci-après.

§ 3 *Semi-remorques*

Art. 21 Sont applicables aux semi-remorques pesant en charge plus de 750 kilogrammes les dispositions énoncées ci-dessus aux articles 15, 16, 17 et 20, sous la condition complémentaire que le dispositif de freinage de route, défini aux articles 15 et 16, agira obligatoirement sur la totalité des roues.

§ 4 *Véhicules articulés*

Art. 22 *(Arr. du 12 août 1965)* Les dispositions du paragraphe 1er du présent titre sont applicables en totalité aux véhicules articulés (ensembles constitués par un tracteur et une semi-remorque) sous le bénéfice des aménagements suivants :

a) Les prescriptions de l'article 5 ne sont pas obligatoires pour les véhicules articulés comportant une semi-remorque non destinée aux transports de personnes et dont le poids total en charge ne dépasse pas 3,5 tonnes, lorsque les freins de la semi-remorque peuvent être commandés du poste de conduite même en cas de défaillance de la transmission des dispositifs de freinage du véhicule tracteur ;

b) En ce qui concerne l'application de l'article 6, le dispositif principal devra comporter l'indépendance de la transmission par fluide de l'effort de freinage, d'une part aux roues ou trains de roulement du tracteur, d'autre part aux roues ou trains de roulement de la semi-remorque ;

(Arr. du 5 févr. 1969) « *c)* En ce qui concerne l'application de l'article 8, le frein de parcage manœuvrable par le conducteur depuis le poste de conduite devra maintenir le véhicule articulé sur une déclivité ascendante ou descendante de 12 p. 100. »

§ 5 *Ensembles de véhicules comprenant un tracteur ou un véhicule articulé suivi d'une ou plusieurs remorques ou semi-remorques*

Art. 23 Tout "ensemble de véhicules" constitué soit par un véhicule tracteur et une ou plusieurs remorques, soit par un véhicule articulé suivi d'une ou plusieurs remorques ou semi-remorques, doit comporter deux dispositifs de freinage de route, constitués avec les dispositifs de freinage prescrits sur les éléments constitutifs de l'ensemble par les paragraphes 1er à 4 précédents, et satisfaisant aux conditions ci-après définies :

Un dispositif de freinage principal constituant "frein continu" et agissant sur des roues ou trains de roulement portant en charge normalement répartie à l'arrêt au moins les deux tiers du poids total de l'ensemble pour les tracteurs suivis de remorques, au moins les trois quarts du poids total de l'ensemble pour les véhicules articulés suivis de remorques ou de semi-remorques, ce dispositif devant d'autre part être réalisé de façon qu'en cas de rupture d'attelage, le freinage des roues arrière du véhicule tracteur continue à être assuré.

(Arr. du 12 août 1965) « Un dispositif de secours agissant sur des roues ou trains de roulement portant, dans les mêmes conditions, au moins 30 p. 100 de ce poids total. Sont dispensés de cette prescription les ensembles composés d'un véhicule tracteur et d'une remorque non destinée aux transports de personnes et dont le poids total en charge ne dépasse pas 3,5 tonnes lorsque les freins de la remorque peuvent être commandés du poste de conduite même en cas de défaillance de la transmission des dispositifs de freinage du véhicule tracteur. »

Art. 24 Lorsqu'un ensemble de véhicules comprenant un véhicule tracteur et une ou plusieurs remorques est admis à circuler en vertu d'une autorisation délivrée en application des *(Arr. du 27 nov. 2002)* « articles R. 433-1, R. 433-2, R. 433-3, R. 433-5 et R. 433-8 du code de la route », l'arrêté préfectoral accordant l'autorisation peut prévoir, dans le cas des remorques à deux essieux ou plus, qu'il sera dérogé aux dispositions énoncées aux articles 15, 16, 17, 20 et 23 du présent arrêté sous la condition suivante :

Le dispositif de freinage de route équipant les remorques pourra ne pas constituer, après accrochage au véhicule tracteur, frein continu pour l'ensemble ainsi fermé, à condition d'être effectivement manœuvrable par un convoyeur serre-frein situé en permanence à son poste de commande, à raison d'un convoyeur par véhicule remorqué.

Ce dispositif de freinage devra permettre l'arrêt et l'immobilisation de la remorque sur une déclivité ascendante ou descendante de 18 p. 100.

La vitesse de circulation de l'ensemble, qui sera fixée par l'arrêté préfectoral accordant l'autorisation, ne pourra, en aucun cas, dépasser 25 kilomètres-heure. Elle sera réduite à 6 kilomètres-heure lorsque les convoyeurs serre-frein, prévus à l'alinéa précédent, suivront à pied le véhicule dont ils assurent le freinage.

Les dispositions du présent article sont applicables aux ensembles comprenant un tracteur et une remorque foraine ou remorque habitable à deux essieux ou plus, pouvant circuler sans autorisation spéciale sous la double condition qu'ils satisfassent aux conditions de vitesse définies à l'alinéa précédent et que la remorque soit munie en plus de l'attache principale, de l'attache de secours prescrite à *(Arr. du 27 nov. 2002)* « l'article R. 317-18 du code de la route », constamment et effectivement utilisé.

§ 6 *Conditions d'attelage de certaines remorques*

Art. 25 Le chargement de la remorque doit être réalisé de telle manière qu'elle ne tende pas, à l'arrêt, à soulever le crochet d'attelage du tracteur, ce crochet devant obligatoirement comporter un dispositif de verrouillage largement dimensionné.

Art. 26 Sauf spécification contraire fournie par le constructeur du véhicule tracteur, le poids total en charge autorisé du ou des véhicules remorqués, dans le cas où le dispositif principal de freinage de la remorque n'agit pas sur la totalité de ses roues, ne peut pas dépasser 40 p. 100 du poids total en charge autorisé du véhicule tracteur, étant entendu que, dans tous les cas, les proportions de poids freiné à l'ensemble fixé par l'article 23 ci-dessus devront être respectées.

Dans le cas d'un "ensemble" constitué par des remorques ou des semi-remorques accrochées à un véhicule articulé, le poids total en charge des remorques ou semi-remorques ainsi accrochées ne pourra pas dépasser le poids total en charge autorisé par le ou les constructeurs du véhicule articulé sans préjudice de l'application des différentes prescriptions du présent arrêté.

Art. 27 Une remorque ou une semi-remorque équipée d'un dispositif de freinage faisant appel à un accumulateur d'énergie placé sur le véhicule tracteur ne peut être attelée qu'à un véhicule qui :

Ou bien possède un dispositif de freinage analogue comportant en service normal un niveau d'énergie au moins égal au sien et porte une plaque qui l'atteste.

Ou bien soit équipé de manière que le freinage de la remorque soit assuré dans les conditions prévues au présent arrêté.

Art. 28 Les remorques à timon du type "triqueballe" et les remorques sans timon du type "arrière-train forestier" utilisées pour le transport des bois en grumes ou des pièces de grande longueur ne sont assimilées à des remorques agricoles et soumises en conséquence, au point de vue du freinage, aux prescriptions du titre II du présent arrêté, exception faite de l'article 43 (2e alinéa), que dans la mesure où elles sont directement attelées à un véhicule tracteur ne pouvant, par construction, dépasser la vitesse de 27 kilomètres heure en palier. Dans tous les cas, l'essieu de la remorque devra être placé dans le tiers arrière des grumes chargées, la moitié au moins de celles-ci reposant sur le tracteur par le gros bout.

Toutefois, les propriétaires de remorques du type "arrière-train forestier" dépourvues de dispositif de freinage et déjà en service au 20 juillet 1954 pourront continuer à les utiliser telles quelles jusqu'au 1er janvier 1956, sous réserve de les atteler à des tracteurs dont toutes les roues ou trains de roulement sont freinés par chacun de leurs deux dispositifs. Dans ce cas, la vitesse de circulation sera obligatoirement limitée à 27 kilomètres/heure.

Art. 29 Dans les ensembles constitués soit par un tracteur et plusieurs remorques, soit par un véhicule articulé et une ou plusieurs remorques, il ne peut y avoir de dispositif de freinage par inertie que sur la dernière remorque et sous réserve que le poids total en charge de celle-ci soit au plus égal à 1.250 kg.

§ 7 *Contrôle du freinage lors des visites techniques effectuées en application des articles R. 323-23, R. 323-25 et R. 323-26 du code de la route (Arr. du 12 juill. 1996 ; Arr. du 27 nov. 2002).*

Art. 30 Les essais de freinage auront lieu sur route *(Abrogé par Arr. du 12 juill. 1996) « sèche » (Arr. du 5 févr. 1969)* « donnant de bonnes conditions d'adhérence », en palier, en l'absence de vent susceptible d'influer sensiblement sur les essais, avec les surfaces freinées à température normale au début du freinage, la vitesse initiale étant par ailleurs au moins égale à 50 kilomètres/heure pour les voitures particulières et 40 kilomètres/heure pour les autres véhicules (si le véhicule essayé ne peut atteindre une telle vitesse, l'essai aura lieu à une vitesse voisine de la vitesse maximum qu'il est susceptible d'atteindre en palier).

(Arr. du 12 juill. 1996) « Les essais de freinage pourront aussi avoir lieu sur un freinomètre à rouleaux dont les caractéristiques et le mode d'utilisation répondent à un cahier des charges approuvé par le ministre chargé des transports, avec les surfaces freinées à température normale au début de freinage. »

Art. 31 *à* 39 *Abrogés par Arr. du 12 juill. 1996.*

Art. 39-1 *(Arr. du 26 sept. 1974 ; Arr. du 3 nov. 1980 ; Arr. du 12 juill. 1996) Prescriptions.*
1° ***Essais sur piste avec décéléromètre :***

Efficacité :

Un effort normal du conducteur doit permettre de réaliser dans les conditions normales de conduite, et sans qu'il en résulte des à-coups ou un blocage des roues freinées, les efficacités ci-après :

	CONDITIONS DE PRÉSENTATION	FREIN DE SERVICE valeur minimum requise pour la décélération maximale mesurée en m/s²	FREIN DE SECOURS (*) valeur minimum requise pour la décélération maximale mesurée en m/s²
Voitures particulières (catégorie M 1)...	A vide	5.	2,5
Transport en commun de personnes (catégories M 2 et M 3)........................	A vide	5.	2,5
Transports de marchandises véhicules automobiles (catégorie N 1)................	A vide	5. (1)	2,2

	CONDITIONS DE PRÉSENTATION	FREIN DE SERVICE valeur minimum requise pour la décélération maximale mesurée en m/s²	FREIN DE SECOURS (*) valeur minimum requise pour la décélération maximale mesurée en m/s²
Transport de marchandises véhicules automobiles (catégories N 2 et N 3)	En charge (2)	4,5	2,2
Transport de marchandises ensembles (véhicules articulés, trains routiers).......	En charge (2)	4,3	2

(*) Contrôle à n'effectuer que si l'efficacité du frein de secours est mesurable sur piste sans avoir à provoquer de défaillance, c'est-à-dire uniquement dans le cas d'une commande du frein de secours distincte de celle du frein de service.
(1) 4,5 pour les véhicules de catégorie N 1 mis pour la première fois en circulation avant le 30 septembre 1989.
(2) Au minimum aux deux tiers du poids total autorisé en charge. Toutefois, les véhicules dont la destination ne permet pas la présentation en charge sont présentés à vide. La liste de ces véhicules est définie par circulaire du ministre chargé des transports.

Un véhicule ayant une décélération strictement inférieure à ces valeurs minimales est refusé avec interdiction de circuler.

Déséquilibre :

En cas de déport important du véhicule, le véhicule est considéré comme présentant un déséquilibre de freinage excessif et est refusé avec interdiction de circuler.

2° ***Essais sur freinomètre (mêmes conditions de présentation que ci-dessus) :***

Efficacité :

Un effort normal du conducteur doit permettre de réaliser, dans les conditions normales de conduite, les efficacités ci-après :

	CONDITIONS DE PRÉSENTATION	FREIN DE SERVICE valeur minimum du taux de freinage global maximal mesuré en %	FREIN DE SECOURS (**) valeur minimum du taux de freinage global maximal mesuré en %
Voitures particulières (catégorie M 1)...	A vide	50 %	25 %
Transport en commun de personnes (catégories M 2 et M 3).......................	A vide	50 % (3)	25 %
Transports de marchandises véhicules automobiles (catégorie N 1)................	A vide	50 % (4)	22 %
Transport de marchandises véhicules automobiles (catégories M 2 et N 3).....	En charge	45 % (5)	22 %
Véhicules remorqués ou semi-remorqués (catégories O 3 et O 4)........	En charge	43 % (6) (7)	20 % (7)

(**) Contrôle à n'effectuer que si l'efficacité du frein de secours est mesurable sur freinomètre sans avoir à provoquer de défaillance, c'est-à-dire uniquement dans le cas d'une commande de avec le frein de service, lorsque le frein de secours agit sur les deux roues de chaque essieu qu'il freine.
(3) 48 p. 100 pour les TCP dépourvus de systèmes ABR.
(4) 45 p. 100 pour les véhicules de catégorie N1 mis pour la première fois en circulation avant le 30 septembre 1989.
(5) 43 p. 100 pour les véhicules des catégories N 2 et N 3 mis pour la première fois en circulation avant le 30 septembre 1989.
(6) 40 p. 100 pour les les véhicules des catégories O 3 et O 4 mis pour la première fois en circulation avant le 31 mai 1990.
(7) Pour les semi-remorques, le taux de freinage est à déterminer par rapport à la somme des charges supportées par les essieux.

Un véhicule ayant un taux de freinage global strictement inférieur à ces valeurs minimales est refusé avec interdiction de circuler.

Déséquilibre :

Le déséquilibre entre roues d'un même essieu, exprimé en pourcentage et défini comme la valeur de la différence des forces de freinage droite et gauche divisée par la force la plus importante, donne lieu aux sanctions suivantes (les forces de freinage permettant de calculer le déséquilibre du freinage des roues d'un même essieu sont relevées simultanément au moment où la première des deux-roues de l'essieu considéré a atteint sa valeur maximale) :

DÉSÉQUILIBRE DU FREIN DE SERVICE ET DU FREIN DE SECOURS LORSQUE CELUI-CI AGIT SUR LES ROUES D'UN MÊME ESSIEU	SANCTION			
	0 % à 30 % (inclus)	20 % à 40 % (inclus)	30 % à 40 % (inclus)	+ de 40 %
Pour chaque essieu	A	A avec observation	S, ou R si plus d'un essieu est concerné	R, ou S uniquement dans le cas où un seul essieu appartenant à un groupe d'essieux est concerné sans que le déséquilibre dépasse 60 %.
A = accepté. S = refus sans interdiction de circuler. R = refus avec interdiction de circuler.				

TITRE II DISPOSITIONS APPLICABLES AUX VÉHICULES AUTOMOTEURS À USAGE AGRICOLE ET DE TRAVAUX PUBLICS, AUX REMORQUES, SEMI-REMORQUES ET APPAREILS ATTELÉS À CES VÉHICULES

Art. 40 Les véhicules automoteurs à usage agricole *(Abrogé par Arr. du 21 oct. 1996)* « *dont la vitesse ne peut excéder par construction 27 km/h* » et de travaux publics, ainsi que les remorques, semi-remorques et appareils attelés à ces véhicules, tels qu'ils sont définis à *(Arr. du 27 nov. 2002)* « l'article R. 311-1 du code de la route », sont soumis au point de vue du freinage aux seules règles prescrites par les articles ci-après du présent titre.

(Arr. du 12 janv. 2006) « Toutefois le présent titre ne s'applique pas aux véhicules visés aux titres III et III *bis* du présent arrêté. »

Art. 41 *(Arr. du 18 janv. 1990)* « A l'exclusion des remorques et des semi-remorques dont le poids total autorisé en charge est au plus égal à 1,5 tonne et des appareils remorqués dont le poids total autorisé en charge est au plus égal à 3 tonnes et qui sont dispensés d'installation de freinage, les véhicules définis à l'article 40 ci-dessus doivent être équipés d'une installation de freinage permettant d'arrêter les véhicules ou l'ensemble de véhicules sur la distance d'arrêt indiquée à l'article 46 ci-après et de maintenir à l'arrêt, même en l'absence du conducteur ou de toute personne sur une route sèche donnant de bonnes conditions d'adhérence le véhicule isolé, à son poids total autorisé en charge, sur une déclivité ascendante ou descendante de 18 p. 100. »

(Arr. du 12 janv. 2006) « A compter du 1er mars 2006, la dispense d'installation de freinage visée à l'alinéa précédent ne s'applique pas aux nouveaux types de véhicules remorqués dont la somme des masses techniquement admissibles par essieu est supérieure à celle correspondant à la définition des catégories R1 et S1 figurant à l'annexe II de la directive 2003/37/CE modifiée. »

(Arr. du 4 mars 1981) « Par ailleurs l'installation de freinage des véhicules tracteurs devra permettre de maintenir à l'arrêt, même en l'absence du conducteur ou de toute autre personne, sur une route sèche donnant de bonnes conditions d'adhérence, l'ensemble à son poids total roulant autorisé sur une déclivité ascendante ou descendante de 12 p. 100, la boîte de vitesses du véhicule tracteur étant au point mort.

« Les freins doivent être maintenus en position de parcage par un dispositif à action purement mécanique. »

Cette installation peut ne comporter qu'un seul dispositif de freinage à condition que les différentes pièces composant ce dispositif unique soient assez largement dimensionnées pour donner toutes garanties de sécurité.

Par ailleurs, les remorques et appareils remorqués comporteront un dispositif de freinage agissant automatiquement en cas de rupture d'attelage. Cette prescription n'est pas applicable aux remorques et appareils qui bénéficient des dispositions de l'article 43, 2e alinéa, à condition qu'ils soient munis d'attache de secours telle que décrite à l'article *(Arr. du 27 nov. 2002)* « R. 317-18 » du code de la route.

(Arr. du 18 déc. 1984) « Les essais de maintien à l'arrêt des véhicules ou ensembles de véhicules sur déclivité ascendante ou descendante de 18 à 12 p. 100 peuvent être remplacés par des essais de traction en marche avant et arrière, sur route sèche en palier donnant de bonnes conditions d'adhérence, au cours desquels il est vérifié que ces véhicules restent immobiles pour des efforts de traction respectivement inférieurs ou égaux à 18 p. 100 de leur poids total autorisé en charge et à 12 p. 100 de leur poids total roulant autorisé. »

(Arr. du 22 mars 2013) « Les véhicules de catégorie S2a de type "charrue à socs" ou "charrue à disques" sont dispensés de freinage sous les conditions suivantes :

« – dans la limite de 10 tonnes de poids total autorisé en charge (PTAC) ;

« – dans la limite d'une vitesse maximale de 25 km/h ;

« – le ratio du PTAC de la charrue sur la masse à vide du tracteur est inférieur à 1,5 ;

« – les informations pertinentes sur les vitesses et masses ci-dessus sont portées sur une plaque à proximité de la plaque du constructeur et à proximité de la tête d'attelage. »

Art. 41-1 *(Arr. du 5 févr. 1969)* L'installation de freinage des remorques, semi-remorques et appareils remorqués, dont le poids total autorisé en charge excède six tonnes, doit être actionnée à partir d'une commande modérable située sur le véhicule tracteur, manœuvrable du poste de conduite, n'agissant pas sur d'autres dispositifs que les freins de l'ensemble et non influencée par les manœuvres pouvant être opérées sur ces dispositifs. En outre, la mise en action des éléments actifs des freins doit faire appel à une source d'énergie autre que l'énergie musculaire du conducteur.

L'installation doit être conçue et réalisée de telle sorte qu'en cas de défaillance ou de mauvais fonctionnement de l'installation de freinage du véhicule remorqué, ainsi qu'en cas de rupture d'attelage, le fonctionnement du dispositif de freinage du véhicule tracteur ne soit pas perturbé.

(Arr. du 12 janv. 2006) « Les dispositions du présent article sont applicables aux véhicules remorqués dont la somme des masses techniquement admissibles par essieu est supérieure à celle correspondant à la définition des catégories R1 et S1 figurant à l'annexe II de la directive 2003/37/CE modifiée :

« – à compter du 1er mars 2007 pour les nouveaux types ;

« – à compter du 1er mars 2011 pour tout véhicule mis pour la première fois en circulation. »

Art. 41-2 *(Arr. du 5 févr. 1969)* Les tracteurs et véhicules automoteurs auxquels il est prévu d'atteler un véhicule remorqué *(Arr. du 12 janv. 2006)* « soumis aux dispositions de l'article 41-1 du présent arrêté » doivent être munis de la commande prévue à l'article 41-1 précédent. Cette commande doit permettre d'actionner les freins de la remorque au moyen d'une installation répondant à l'une ou l'autre des conditions ci-après suivant que la liaison entre le tracteur et la remorque est hydraulique ou pneumatique.

a) Liaison hydraulique.

La liaison entre le tracteur et la remorque doit être à une conduite.

Le raccord de liaison doit être conforme à la norme française NF-U-16 006, la partie mâle se trouvant sur le véhicule tracteur.

L'action sur la commande doit permettre de délivrer à la remorque une pression nulle dans la position de repos de la commande et dont la valeur maximale sera comprise entre *(Arr. du 12 janv. 2006)* « cent » et cent cinquante bars.

La source d'énergie ne doit pas pouvoir être débrayée du moteur.

b) Liaison pneumatique.

La liaison entre le tracteur et la remorque doit être du type à deux conduites : conduite automatique et conduite de frein directe agissant par augmentation de pression.

La tête de raccordement doit être conforme *(Arr. du 12 janv. 2006)* « à la norme ISO 1728 de 1980 ». Elle peut ou non comporter une valve.

L'installation du véhicule tracteur doit permettre de délivrer à la remorque une pression comprise entre six et huit bars.

Art. 41-3 *(Arr. du 5 févr. 1969)* L'installation de freinage des remorques, semi-remorques et appareils remorqués *(Arr. du 12 janv. 2006)* « soumis aux dispositions de l'article 41-1 du présent arrêté » doit, lorsqu'elle utilise l'énergie hydraulique ou pneumatique produite sur le véhicule tracteur, répondre aux conditions suivantes :

a) Liaison hydraulique.

La liaison doit être à une conduite.

Le raccord de liaison doit être conforme à la norme française NF-U-16 006, la partie femelle se trouvant sur la remorque.

L'installation de freinage doit être dimensionnée de telle sorte qu'elle puisse supporter une pression hydraulique de cent cinquante bars. L'effort aux roues freinées devra être compris entre 25 et 35 p. 100 du poids total autorisé en charge du véhicule remorqué lorsqu'une pression de cent bars est délivrée à l'accouplement.

b) Liaison pneumatique.

L'installation de freinage doit être du type à deux conduites : conduite automatique et conduite de frein directe agissant par augmentation de pression.

La tête de raccordement doit être une tête à poussoir conforme *(Arr. du 12 janv. 2006)* « à la norme ISO 1728 de 1980 ».

L'installation de freinage doit être dimensionnée de telle sorte qu'elle puisse supporter une pression de huit bars. L'effort aux roues freinées devra être compris entre 25 et 35 p. 100 du poids total autorisé en charge du véhicule remorqué lorsque la pression au niveau de la tête d'accouplement de la conduite de frein directe atteint 6,5 bars.

Art. 41-4 *(Arr. du 5 févr. 1969; Arr. du 27 janv. 1976)* L'installation de freinage des remorques, semi-remorques et appareils remorqués *(Arr. du 12 janv. 2006)* « soumis aux dispositions de l'article 41-1 du présent arrêté » doit être conforme à un type ayant fait l'objet d'essais dans un laboratoire agréé par le ministre de l'équipement.

La vérification de la relation entre l'effort aux roues freinées et la pression à l'accouplement sera effectuée sur le vu des résultats des essais de l'installation de freinage type consignés dans le procès-verbal du laboratoire agréé.

Au cours des réceptions à titre isolé des remorques, semi-remorques et appareils remorqués *(Arr. du 12 janv. 2006)* « soumis aux dispositions de l'article 41-1 du présent arrêté », il ne sera pas procédé au contrôle de la relation entre l'effort aux roues freinées et la pression à l'accouplement.

Lors de la réception des remorques, semi-remorques et appareils remorqués *(Arr. du 12 janv. 2006)* « soumis aux dispositions de l'article 41-1 du présent arrêté », il sera procédé également à la vérification des dispositifs de freinage conformément aux prescriptions de l'article 46 du présent arrêté.

Art. 42 Dans le cas d'un véhicule automoteur à vapeur, le moteur sera considéré comme un dispositif efficace de freinage si le sens de rotation du moteur peut être inversé et si le moteur ne peut être rendu indépendant des roues motrices que par un effort soutenu du conducteur.

Art. 43 Le ou les dispositifs de freinage utilisables pendant la marche doivent pouvoir être commandés par le conducteur depuis son poste de conduite, sans abandon de son volant, et agir sur des roues ou trains de roulement disposés symétriquement par rapport au plan longitudinal de symétrie de l'ensemble des roues et trains de roulement du véhicule.

Toutefois, lorsque le tracteur traîne une ou plusieurs remorques ou appareils, ceux-ci peuvent ne pas être tous freinables depuis le tracteur, mais les remorques ou appareils non freinables depuis le tracteur ne peuvent entrer en ligne de compte pour le calcul du poids freiné de l'ensemble comme indiqué à l'article 47 ci-après que s'ils sont munis de freins robustes et efficaces, manœuvrables aisément par des convoyeurs (serre-freins) prenant place sur lesdites remorques ou appareils, la vitesse de l'ensemble ne devant pas en ce cas excéder 10 kilomètres/heure, ou le suivant à pied lorsque la vitesse de l'ensemble n'excède pas 6 kilomètres/heure. Toutes dispositions doivent être prises pour que la sécurité du convoyeur soit assurée dans tous les cas et notamment en cas de rupture d'attelage.

Art. 44 Le dispositif de freinage de la remorque ou appareil remorqué prévu à l'article 41 ci-dessus, pour permettre le maintien à l'arrêt, doit agir sur les roues ou trains de roulement par action purement mécanique.

Art. 45 *(Arr. du 4 mars 1981)* Sur les remorques ou appareils remorqués visés au début du présent titre, le freinage par inertie n'est accepté comme dispositif de freinage réglementaire que si *(Arr. du 12 janv. 2006)* « la somme des masses techniquement admissibles par essieu est au plus égale à 3,5 tonnes ». — *La limite de 3,5 tonnes est portée à 6 tonnes pour les véhicules remorqués spécialement conçus pour le transport des équipements interchangeables avant des machines agricoles automotrices de récolte (Arr. du 12 janv. 2006, art. 7).*

Les dispositifs de freinage par inertie acceptés comme dispositifs réglementaires doivent être conformes à l'annexe du présent arrêté relative aux conditions de contrôle des véhicules agricoles équipés de frein à inertie.

Le laboratoire de l'union technique de l'automobile, du motocycle et du cycle est agréé pour effectuer les essais permettant le contrôle des prescriptions prévues par l'annexe du présent arrêté. Les essais sont à la charge du demandeur. — *V. cette annexe ajoutée par Arr. du 4 mars 1981 (JONC 5 avr.), mod. par Arr. du 12 janv. 2006 (JO 18 févr.).*

Art. 46 La distance d'arrêt, sur route sèche en palier, *(Arr. du 21 oct. 1996)* « des véhicules ou ensemble de véhicules du titre III du code de la route autres que tracteurs agricoles ou forestiers » ne doit pas dépasser 10 mètres à la vitesse de 20 kilomètres/heure ou à la vitesse de marche maximum si celle-ci est inférieure à 20 kilomètres/heure avec la charge maximum autorisée normalement répartie. *(Arr. du 12 janv. 2006)* « L'efficacité prescrite doit être obtenue sans que le véhicule ne quitte sa trajectoire et sans vibrations anormales. »

(Arr. du 21 oct. 1996) « La distance d'arrêt sur route sèche en palier des tracteurs agricoles ou forestiers doit être conforme aux dispositions reprises par la directive nº 76/432/CEE modifiée relative au freinage des tracteurs agricoles ou forestiers à roues. »

(Arr. du 18 déc. 1984) « Toutefois, lorsque le véhicule tracteur est équipé d'un système permettant soit le freinage hydraulique, soit le freinage pneumatique, d'un véhicule remorqué *(Arr. du 12 janv. 2006)* « soumis aux dispositions de l'article 41-1 du présent arrêté », l'ensemble pourra ne pas être soumis à l'essai prévu à l'alinéa ci-dessus. Dans ce cas, il sera vérifié conformément à l'article 41-2 ci-dessus que l'installation de freinage du tracteur permet de délivrer au véhicule remorqué une pression comprise entre *(Arr. du 12 janv. 2006)* « 100 » et 150 bars dans le cas de liaison hydraulique et de six à huit bars dans le cas de liaison pneumatique. »

(Arr. du 12 janv. 2006) « A compter du 1er mars 2007 pour les nouveaux types de véhicules ou nouveaux types en ce qui concerne le freinage, le respect des dispositions en matière de distance d'arrêt pour ce qui concerne les tracteurs agricoles fait l'objet d'une fiche de communication, y compris ses annexes, ou d'un procès-verbal d'essai d'un laboratoire agréé. »

Art. 47 Dans les ensembles de véhicules visés par le présent titre, le dispositif de freinage réglementaire défini ci-dessus doit agir sur des roues supportant au moins la moitié du poids total en charge de l'ensemble.

(Arr. du 12 janv. 2006) « Le frein de service doit agir sur le ou les essieux du véhicule remorqué qui supportent au moins 50 % de la somme des masses maximales techniquement admissible par essieu. »

Art. 47-1 *(Arr. du 22 févr. 1977)* Les dispositions du présent titre ne s'appliquent pas aux tracteurs agricoles ou forestiers à roues ayant fait l'objet d'une réception CEE conformément à la directive du conseil nº 76/432/CEE du 6 avril 1976 relative au freinage des tracteurs agricoles ou forestiers à roues.

TITRE III DISPOSITIONS APPLICABLES AUX MACHINES AGRICOLES AUTOMOTRICES RÉCEPTIONNÉES POUR UNE VITESSE MAXIMALE DE 40 KM/H

(Arr. du 12 janv. 2006)

Art. 48 Les dispositions du titre II ci-dessus concernant les tracteurs agricoles sont applicables aux machines agricoles automotrices réceptionnées pour une vitesse maximale de 40 km/h.

Les dispositions du présent titre sont applicables à compter du 1er mars 2006. En particulier, la date du 1er mars 2007 prévue au dernier alinéa de l'article 46 du présent arrêté est ramenée au 1er mars 2006 pour les machines agricoles automotrices réceptionnées pour une vitesse maximale de 40 km/h.

TITRE III *BIS* DISPOSITIONS APPLICABLES AUX VÉHICULES AGRICOLES REMORQUÉS RÉCEPTIONNÉS POUR UNE VITESSE MAXIMALE DE 40 KM/H

(Arr. du 12 janv. 2006)

Art. 49 Au sens du présent titre, les catégories R1, R2, R3, R4, S1 et S2 sont celles définies à l'annexe II de la directive 2003/37/CE modifiée.

Au sens du présent titre, le "freinage continu" correspond au freinage sur les ensembles de véhicules obtenu au moyen d'une installation ayant les caractéristiques suivantes :

– organe de commande unique que le conducteur, se trouvant à sa place de conduite, actionne progressivement par une seule manœuvre ;

– l'énergie utilisée pour le freinage des véhicules constituant l'ensemble est fournie par la même source d'énergie (qui peut être la force musculaire du conducteur) ;

– l'installation de freinage assure, de façon simultanée ou convenablement décalée, le freinage de chacun des véhicules formant l'ensemble, quelles que soient leurs positions relatives.

Au sens du présent titre, le "freinage semi-continu" correspond au freinage sur les ensembles de véhicules obtenu au moyen d'une installation ayant les caractéristiques suivantes :

– organe de commande unique que le conducteur, se trouvant à sa place de conduite, actionne progressivement par une seule manœuvre ;

– l'énergie utilisée pour le freinage des véhicules constituant l'ensemble est fournie par deux sources d'énergie différentes (l'une pouvant être la force musculaire du conducteur) ;

– l'installation de freinage assure, de façon simultanée ou convenablement décalée, le freinage de chacun des véhicules formant l'ensemble, quelles que soient leurs positions relatives.

Au sens du présent titre, le "type de véhicule en ce qui concerne le freinage" correspond aux véhicules ne présentant pas entre eux de différences portant sur les points suivants :

– catégorie du véhicule, telle qu'elle est définie au premier alinéa du présent article ;
– poids total autorisé en charge déclaré par le constructeur ;
– répartition du poids total autorisé sur les essieux ;
– nombre et disposition des essieux ;
– dimensions maximales des pneumatiques.

Art. 50 1. Frein de service :

A l'exclusion des véhicules remorqués des catégories R1 et S1, tout véhicule remorqué doit être muni d'une installation de freinage permettant d'assurer le frein de service.

Cependant, si un véhicule remorqué de catégorie R1 ou S1 est équipé d'une installation de freinage, celle-ci doit répondre aux prescriptions de la catégorie R2.

L'installation de frein assurant le frein de service d'un véhicule remorqué de la catégorie R2 peut soit être actionnée par la commande de frein de service du véhicule tracteur, soit être du type frein à inertie. Si l'installation de frein de service est de type continu ou semi-continu, elle doit répondre aux prescriptions de la catégorie R3.

Tout véhicule remorqué de catégorie R3, R4 ou S2 doit être équipé d'une installation de freinage de type continu ou semi-continu.

Le frein de service doit agir sur le ou les essieux du véhicule remorqué qui supporte au moins 50 % de la somme des masses maximales techniquement admissible par essieu.

Si le frein de service agit sur toutes les roues du véhicule remorqué, l'action doit être répartie de manière appropriée sur les essieux.

L'action du frein de service doit être répartie entre les roues de chaque essieu de manière symétrique par rapport au plan longitudinal médian du véhicule remorqué.

L'efficacité du frein de service, que le frein de service soit obligatoire ou installé volontairement par le constructeur, doit répondre aux prescriptions de l'annexe au présent arrêté relative au freinage des véhicules agricoles remorqués réceptionnés pour une vitesse maximale de 40 km/h.

2. Usure de l'installation de freinage :

L'installation de freinage doit être assez largement dimensionnée pour donner toute garantie de sécurité.

L'usure des freins doit pouvoir être aisément compensée par un système de rattrapage manuel ou automatique. Le système de rattrapage des véhicules remorqués de catégorie R4 doit être automatique. En outre, la commande ainsi que les éléments de la transmission et des freins doivent posséder une réserve de course et, si nécessaire, des moyens de compensation appropriés tels que, après échauffement des freins ou après un certain degré d'usure des garnitures, l'efficacité du freinage soit assurée sans nécessité d'un rattrapage immédiat.

Les dispositifs de rattrapage automatique d'usure doivent être tels que, après échauffement puis refroidissement des freins, un freinage efficace soit encore assuré. Le véhicule doit en particulier être encore en mesure de fonctionner normalement après les essais effectués conformément au point 2 (essais de type I) de l'annexe au présent arrêté relative au freinage des véhicules agricoles remorqués réceptionnés pour une vitesse maximale de 40 km/h.

Il doit être possible de contrôler aisément l'usure des garnitures des freins de service depuis l'extérieur ou le dessous du véhicule en n'utilisant que l'outillage ou l'équipement normalement fourni avec le véhicule, grâce notamment à la présence de trous de visite convenablement disposés ou à tout autre moyen.

3. Équipement concernant les cas de rupture d'attelage :

Sur un véhicule remorqué, que le frein de service soit obligatoire ou installé volontairement par le constructeur, le système de freinage doit être tel que le véhicule remorqué s'arrête automatiquement en cas de rupture d'attelage pendant la marche.

Les véhicules remorqués des catégories R1 et S1 sans système de freinage doivent être équipés d'une attache secondaire qui, en cas de rupture du dispositif d'attelage, empêche le timon de toucher le sol et assure un guidage résiduel.

Si un véhicule remorqué est équipé d'un dispositif permettant la mise hors service du système de freinage, autre que le frein de stationnement, ce dispositif doit être conçu et construit de telle sorte qu'il soit obligatoirement ramené en position de repos, au plus tard lorsque le véhicule est à nouveau alimenté en air comprimé ou en huile hydraulique.

Cet équipement doit répondre aux prescriptions du point 5 de l'annexe au présent arrêté relative au freinage des véhicules agricoles remorqués réceptionnés pour une vitesse maximale de 40 km/h.

4. Frein de stationnement :

Sur tout véhicule remorqué équipé d'un système de freinage de service, le freinage de stationnement doit également être assuré même si le véhicule est séparé du véhicule tracteur. Le dispositif assurant le freinage de stationnement doit pouvoir être actionné par une personne à terre. Le terme "actionnement" inclut aussi le relâchement des freins.

L'efficacité du frein de stationnement, que le frein de stationnement soit obligatoire ou installé volontairement par le constructeur, doit répondre aux prescriptions du point 3 de l'annexe au présent arrêté relative au freinage des véhicules agricoles remorqués réceptionnés pour une vitesse maximale de 40 km/h.

5. Équipements auxiliaires :

En cas de défaillance ou de fuite de l'équipement auxiliaire ou de toute conduite connexe, la somme des forces exercées à la périphérie des roues freinées doit être au moins égale à 80 % de la valeur prescrite pour le véhicule conformément au point 1 (essais de type 0) de l'annexe au présent arrêté relative au freinage des véhicules agricoles remorqués réceptionnés pour une vitesse maximale de 40 km/h.

Art. 51 Le respect des dispositions en matière de freinage pour ce qui concerne les véhicules visés au présent titre fait l'objet d'un procès-verbal d'essai d'un laboratoire agréé.

Art. 52 Les dispositions du présent titre sont applicables à compter du 1er mars 2006.

TITRE IV **DISPOSITIONS TRANSITOIRES ET DIVERSES – DÉLAIS D'APPLICATION**

Art. 53 Les dispositions du présent arrêté énoncées aux articles 25 à 28, 33 et 46, ainsi que celles relatives aux limitations de vitesse (articles 24 et 43) sont immédiatement applicables.

Toutefois, les dispositions relatives au frein de secours, énoncées à l'article 33 *c*, sont applicables aux véhicules affectés aux transports en commun de personnes mis en circulation avant le 1er juillet 1955 avec une tolérance de 10 p. 100.

Les dispositions de l'article 26 (1er alinéa) sont applicables, au 1er juillet 1957, aux ensembles "tracteur et remorque" affectés à un service urbain et suburbain de déménagement, mis en circulation avant le 20 avril 1955, l'efficacité des systèmes de freinage de ces ensembles devant répondre aux conditions prévues par l'article 55 du présent arrêté.

Art. 53-1 *(Arr. du 12 août 1965)* Les dispositions des articles 17 et 21 relatives à l'obligation d'un frein de secours sur les remorques et semi-remorques dont le poids total en charge dépasse 3,5 tonnes sont applicables aux véhicules mis en circulation après le 1er juillet 1966.

Art. 53-2 *(Arr. du 5 févr. 1969 ; Arr. du 30 juill. 1970)* Les dispositions des articles 41-1, 41-2, 41-3 et 41-4 concernant les tracteurs agricoles, machines agricoles automotrices et véhicules automoteurs de travaux publics sont applicables :

Aux véhicules produits ou importés à dater du 1er septembre 1970 ;

Aux tracteurs agricoles mis en circulation à dater du 1er septembre 1971 et aux machines agricoles automotrices et véhicules automoteurs de travaux publics vendus neufs à dater du 1er septembre 1971.

Les dispositions des articles 41-1, 41-2, 41-3 et 41-4 concernant les remorques, semi-remorques et appareils remorqués attelés aux véhicules automoteurs à usage agricole ou de travaux publics vendus neufs à partir du 1er septembre 1971.

Les dispositions de l'article 41-1 sont applicables à dater du 1er septembre 1971 aux ensembles dont chacun des éléments tracteur et remorque aura été vendu neuf postérieurement au 1er septembre 1971.

Les délais d'application de l'article 41-1 aux ensembles dont un élément au moins aura été mis en circulation avant le 1er septembre 1971 seront fixés ultérieurement.

Art. 54 Les autres dispositions du présent arrêté sont applicables :

a) De façon immédiate aux véhicules ou ensembles de véhicules présentés après le 20 avril 1955 à la réception à titre isolé pour l'un des motifs définis à l'article 31 ci-dessus, ou par type ainsi qu'aux véhicules conformes à ces types ;

b) A partir du 20 octobre 1955 à tous les véhicules ou ensembles de véhicules mis en circulation après cette date.

Art. 55 Les véhicules ou ensembles de véhicules mis en circulation avant le 20 octobre 1955 sont soumis, sous réserve des dispositions de l'article 53, et à condition qu'ils aient été présentés à la réception par type ou à titre isolé avant le 20 avril 1955, aux dispositions ci-après :

1° Les dispositifs de freinage doivent satisfaire aux conditions d'efficacité énoncées aux articles 32, 36, 37, 38, 50, 52, avec une tolérance de 15 p. 100 pour le dispositif de secours des voitures particulières et le dispositif principal de tous les véhicules, de 25 p. 100 pour le dispositif de secours des véhicules autres que les voitures particulières. Jusqu'au 31 décembre 1955, les taux de 15 p. 100 et 25 p. 100 définis ci-dessus sont portés respectivement à 20 et 40 p. 100 ;

2° Un arrêté ultérieur fixera la date à laquelle les prescriptions énoncées aux articles 11 (2e, 3e et 4e alinéa *[s]*) et 12 du présent arrêté seront applicables aux seuls véhicules dont le poids total en charge est égal ou supérieur à 8 tonnes ; – *V. note ss. l'art. 12.*

3° Un arrêté ultérieur fixera également la date à laquelle l'installation de freinage des remorques dont le poids total en charge est au moins égal soit à 7 tonnes, soit au poids total à vide du véhicule tracteur, devra satisfaire aux prescriptions des articles 15, 16, 17 et 19 du présent arrêté ;

4° Une transformation du dispositif de secours tendant à le faire agir par l'intermédiaire d'un fluide devra satisfaire à la condition définie à l'article 7 (2e alinéa) du présent arrêté.

Art. 56 Sous réserve des dispositions des articles 53 et 54 (alinéa *a*), les dispositions du titre II (art. 40 à 47) seront applicables :

Au 1er janvier 1957 aux véhicules ou ensembles de véhicules mis en circulation avant le 20 octobre 1955.

Art. 57 Un arrêté du ministre des travaux publics, des transports et du tourisme détermine les conditions d'application du paragraphe 2 du titre I aux remorques dont le poids total en charge dépasse 750 kilogrammes sans excéder 1000 kilogrammes et aux remorques dont le poids total en charge, sans dépasser 750 kilogrammes, excède la moitié du poids à vide du véhicule tracteur, mises en circulation avant le 20 octobre 1955.

Art. 58 Sont abrogés l'arrêté ministériel du 31 décembre 1929 relatif au freinage des véhicules et toutes dispositions contraires à celles du présent arrêté, ainsi que les dispositions prescrites par les articles 10 et 11 des arrêtés préfectoraux du 10 février 1936 réglementant les transports en commun de personnes pris en application de la circulaire ministérielle, série B, n° 1, du 3 janvier 1936.

Sont abrogés les arrêtés des 15 juillet 1954 et 14 décembre 1954 relatifs au freinage des véhicules automobiles.

Les dispositions des textes susvisés demeurent toutefois en vigueur, dans la mesure où elles ne sont pas elles-mêmes explicitement abrogées par le présent arrêté.

Art. 59 *(Arr. du 27 nov. 2002)* Les dispositions des paragraphes 1 à 5 du titre I du présent arrêté ne s'appliquent pas aux véhicules conformes aux prescriptions techniques de la directive 71/320/CEE modifiée.

Art. 60 *(Arr. du 7 déc. 1972 ; Arr. du 26 sept. 1974)* Il est interdit d'atteler un véhicule remorqué dont le système de liaison pneumatique de freinage est à deux conduites à un véhicule à moteur dont le système de liaison pneumatique de freinage est à trois conduites. Il est autorisé d'atteler un véhicule remorqué dont le système de liaison pneumatique de freinage est à trois conduites à un véhicule à moteur dont le système de liaison pneumatique de freinage est à deux conduites. Dans ce cas, la conduite du frein de secours du véhicule remorqué ne sera pas mise en liaison avec le véhicule à moteur.

(Arr. du 27 nov. 2002) « Il est interdit d'atteler un véhicule remorqué à ligne de commande électrique de freinage (système EBS), quelle que soit sa date de mise en circulation, à un véhicule à moteur des catégories N 2 ou N 3, qui ne soit pas équipé à la fois d'un avertisseur optique distinct et d'une prise électrique spéciale pour le système antiblocage de la remorque (ISO 7638). »

Art. 61 *(Arr. du 7 déc. 1972 ; Arr. du 26 sept. 1974)* Les dispositions du deuxième alinéa de l'article 19 sont applicables :

Aux véhicules de plus de 1 250 kg de poids total autorisé en charge réceptionnés par type depuis le 27 janvier 1973 ;

A tous les véhicules réceptionnés par type à dater du 1er octobre 1974 ;

A tous les véhicules mis en circulation après le 1er octobre 1975.

Art. 62 *(Arr. du 7 déc. 1972 ; Arr. du 3 nov. 1980)* Doivent être conformes aux dispositions techniques de la directive du conseil de la Communauté économique européenne n° 71/320/CEE du 26 juillet 1971, non modifiée par les directives ultérieures l'adaptant pour tenir compte du progrès technique :

— les véhicules visés au titre I ci-dessus, à l'exception des voitures particulières et des camionnettes, réceptionnés par type à dater du 1er octobre 1974 ainsi que les véhicules réceptionnés avant cette date et mis en circulation après le 1er octobre 1975 ;

— les voitures particulières et les camionnettes réceptionnées par type à dater du 1er octobre 1975 ainsi que les voitures particulières et les camionnettes réceptionnées avant cette date et mises en circulation après le 1er octobre 1976, à l'exception de celles qui ont trois roues et dont le poids total autorisé en charge ne dépasse pas une tonne.

De surcroît, les véhicules de transport de marchandises ayant un poids maximal excédant 3,5 tonnes et les véhicules affectés au transport de personnes comportant outre le siège du conducteur plus de huit places assises mis en circulation après le 1er octobre 1976, à l'exception des véhicules à usage spécifiquement urbain (bennes à ordures ménagères, autobus urbains, etc.) et des véhicules à suspension mécanique dont l'amplitude totale possible des débattements d'un seul essieu est supérieure à six fois la flexion de la suspension entre les états vide et chargé, doivent être conformes aux prescriptions de l'annexe au présent arrêté. — *V. cette annexe ajoutée par Arr. du 3 nov. 1980 (JONC 13 déc.).*

Art. 63 *(Arr. du 3 nov. 1980)* Les véhicules des catégories internationales M, N et O, dont les types sont réceptionnés pour la première fois à dater du 1er janvier 1981, ou mis en circulation pour la première fois après le 1er octobre 1981, doivent être conformes aux dispositions techniques de *(Arr. du 27 nov. 2002)* « la directive 71/320/CEE » en ce qui concerne le freinage des véhicules.

Par dérogation à l'alinéa précédent :

63.1. Les véhicules des catégories M 2, M 3, N 2, N 3, O 3 et O 4 réceptionnés jusqu'au 1er octobre 1982 peuvent ne pas être conformes aux dispositions de *(Arr. du 27 nov. 2002)* « la directive susmentionnée » en ce qui concerne le marquage et les prises de pression.

63.2. Les véhicules à usage spécifiquement urbain (bennes à ordures ménagères, autobus urbains, etc.) et les véhicules à suspension mécanique dont l'amplitude totale possible des débattements d'un seul essieu est supérieure à six fois la flexion de la suspension entre les états vide et chargé peuvent ne pas respecter les dispositions de *(Arr. du 27 nov. 2002)* « la directive susmentionnée » ou de l'annexe au présent arrêté, en ce qui concerne la répartition du freinage entre leurs essieux.

63.3. Les véhicules des catégories M 2, M 3, N, O 3 et O 4 peuvent profiter des dispositions de l'annexe au présent arrêté, en ce qui concerne la détermination de leur état de charge à vide lorsqu'ils ne sont pas carrossés.

63.4. Les tracteurs routiers pour semi-remorques et pour remorques et les camions attelés à une remorque pourront ne répondre qu'aux dispositions de l'annexe au présent arrêté en ce qui concerne la répartition du freinage entre leurs essieux.

Art. 64 *(Arr. du 25 sept. 1989)* « Les véhicules des catégories internationales M et N dont les types sont réceptionnés pour la première fois après le 1er octobre 1988, ou mis en circulation pour la première fois après le 1er octobre 1989, et les véhicules de la catégorie internationale O dont les types sont réceptionnés pour la première fois après le 1er juin 1990, ou mis en circulation pour la première fois après le 1er juin 1990, doivent être conformes aux dispositions techniques de » *(Arr. du 27 nov. 2002)* « la directive 71/320/CEE, telle que modifiée par la directive 85/647/CEE. »

(Arr. du 3 janv. 1987) Par dérogation à l'alinéa précédent, les véhicules à usage spécifiquement urbain (bennes à ordures ménagères, autobus urbains, etc.) et les véhicules à suspension mécanique dont l'amplitude totale possible des débattements d'un seul essieu est supérieure à six fois la flexion de la suspension entre les états vide et chargé peuvent ne pas respecter les dispositions de *(Arr. du 27 nov. 2002)* « la directive 71/320/CEE susvisée » ou de l'annexe au présent arrêté en ce qui concerne la répartition du freinage entre les essieux.

Art. 65 *(Arr. du 17 juill. 1991)* « Les véhicules des catégories internationales M et N dont les types sont réceptionnés pour la première fois après le 1er octobre 1989, ou mis en circulation à compter du 1er janvier 1992, et les véhicules de la catégorie internationale O dont les types sont réceptionnés pour la première fois après le 1er juin 1990, ou mis en circulation pour la première fois à compter du 1er janvier 1992, doivent être conformes aux dispositions techniques de » *(Arr. du 27 nov. 2002)* « la directive 71/320/CEE, telle que modifiée par la directive 88/194/CEE ».

(Arr. du 19 oct. 1988) Par dérogation à l'alinéa précédent :

– les véhicules de la catégorie M 3 mis en circulation avant le 1er octobre 1993 d'un poids total autorisé en charge supérieur à 12 tonnes et d'une puissance massique inférieure à 9 kW par tonne peuvent ne pas respecter les dispositions de *(Arr. du 27 nov. 2002)* « la directive 71/320/CEE susvisée » en ce qui concerne les dispositifs d'antiblocage de roues ;

– les véhicules de la catégorie N 3 dont le nombre d'essieux est au moins égal à trois et dont les types sont réceptionnés pour la première fois peuvent n'être conformes aux dispositions de *(Arr. du 27 nov. 2002)* « la directive 71/320/CEE susvisée » qu'à compter du 1er octobre 1990.

– les véhicules hors route de la catégorie N 3 qui répondent aux prescriptions de la directive CEE n° 87-403 du 25 juin 1987, complétant l'annexe T de la directive CEE n° 70-156 concernant le rapprochement des législations des États membres relatives à la réception des véhicules à moteur et de leurs remorques, dont les types sont réceptionnés pour la première fois, peuvent n'être conformes aux dispositions de *(Arr. du 27 nov. 2002)* « la directive 71/320/CEE susvisée » qu'à compter du 1er octobre 1990.

(Arr. du 17 juill. 1991) « – les véhicules hors route de la catégorie N 3 qui possèdent au moins deux essieux moteurs et qui répondent aux prescriptions de la directive (CEE) n° 87-403 du 25 juin 1987, mis en circulation avant le 1er octobre 1992, peuvent ne pas respecter les dispositions de » *(Arr. du 27 nov. 2002)* « la directive 71/320/CEE, telle que modifiée par la directive 88/194/CEE ».

Art. 66 *(Arr. du 27 nov. 2002)* (i) Les véhicules des catégories internationales M, N et O au sens de l'annexe II de la directive 70/156/CEE modifiée réceptionnés ou mis pour la première fois en circulation à partir des dates indiquées au (ii) doivent être conformes aux prescriptions techniques de la directive 71/320/CEE, telle que modifiée par la directive 98/12/CE du 27 janvier 1998, ou aux prescriptions techniques de l'amendement n° 9, ou d'un amendement ultérieur du règlement n° 13 ou aux prescriptions techniques du règlement n° 13 H original ou d'un amendement ultérieur sur le freinage annexés à l'accord de Genève du 20 mars 1958 de la Commission économique pour l'Europe de l'ONU.

Le cas échéant, ces dispositions s'appliquent sans préjudice des prescriptions applicables aux ensembles constitués d'un véhicule à moteur et de deux remorques à essieu central autorisés à circuler conformément à l'article R. 433-8 du code de la route et à l'arrêté du 13 avril 1995 pris en son application.

(ii) Les dispositions du (i) s'appliquent :

a) Aux nouveaux types de véhicules en ce qui concerne le système de freinage, au sens du point 1.1 de l'annexe I de la directive 71/320/CEE modifiée, des catégories internationales M, N et O faisant l'objet d'une réception nationale par type à partir du 1er octobre 2003 ;

b) Aux véhicules à moteur des catégories internationales M et N réceptionnés à titre isolé ou mis pour la première fois en circulation à partir du 1er janvier 2004. Toutefois, les véhicules à moteur des catégories internationales M2, M3, N1, N2, N3 réceptionnés à titre isolé ou mis pour la première fois en circulation à partir du 1er janvier 2003 doivent être conformes aux prescriptions techniques de la directive 71/320/CEE, telle que modifiée par la directive 91/422/CEE ;

c) Aux véhicules remorqués des catégories internationales O réceptionnés à titre isolé ou mis pour la première fois en circulation à partir du 1er janvier 2005. Toutefois, les véhicules remorqués des catégories internationales O réceptionnés à titre isolé ou mis pour la première fois en circulation à partir du 1er janvier 2004 doivent être conformes aux prescriptions techniques de la directive 71/320/CEE, telle que modifiée par la directive 91/422/CEE.

(iii) Par dérogation à l'alinéa précédent :

a) Lorsque les véhicules à moteur de la catégorie M1, dont le poids total en charge excède 2,5 tonnes, et des catégories M 2 et M 3 sont construits en plusieurs étapes et aménagés en autocaravanes, en ambulances ou en fourgons funéraires, ils peuvent ne répondre qu'aux prescriptions techniques de la directive 71/320/CEE modifiée applicables aux véhicules de la catégorie N de même poids total en charge ;

b) Les grues mobiles comportant plus de 4 essieux peuvent ne pas respecter les prescriptions techniques de la directive 71/320/CEE modifiée sous réserve que les performances de freinage pour les freins de stationnement, de service et secours, telles que fixées par la directive 71/320/CEE modifiée, soient respectées.

(iv) Lors de la réception, pour l'évaluation de la conformité d'un véhicule aux dispositions de cet article, les pièces utilisables sont :

a) Aux fins de la réception nationale par type : fiche de communication, y compris les annexes, relative à la réception communautaire (CE) du système de freinage ou certificat d'homologation ECE du système de freinage selon le règlement CEE/ONU correspondant, ou procès-verbaux d'essais du laboratoire d'essais agréé visé à l'article 3 de l'arrêté du 16 septembre 1994 relatif à la réception communautaire (CE) des types de véhicules, de systèmes ou d'équipements ;

b) Aux fins de la réception à titre isolé : mêmes pièces que pour la réception nationale par type, ou attestation de conformité du système de freinage à celui d'un type réceptionné établie par le constructeur.

(v) Pour les réceptions à titre isolé concernant des véhicules usagés, les exigences techniques applicables sont celles en vigueur lors de leur première mise en circulation.

Art. 66-1 *(Arr. du 28 avr. 2015)* Les véhicules neufs des catégories internationales M, N et O au sens de l'annexe II de la directive 2007/46/CE faisant l'objet d'une réception nationale par type de petite série sont conformes aux prescriptions techniques de l'amendement n° 11 du règlement n° 13 ou aux prescriptions techniques du règlement n° 13H original annexé à l'accord de Genève du 20 mars 1958 de la Commission économique pour l'Europe de l'ONU.

Les véhicules neufs des catégories internationales M, N et O au sens de l'annexe II de la directive 2007/46/CE faisant l'objet d'une réception individuelle sont conformes aux prescriptions techniques de l'amendement n° 10 du règlement n° 13 ou aux prescriptions techniques du règlement n° 13H original annexé à l'accord de Genève du 20 mars 1958 de la Commission économique pour l'Europe de l'ONU.

Art. 67 *(Arr. du 27 nov. 2002)* Les dispositions du présent arrêté sont applicables à Mayotte.

IMMATRICULATION

Arrêté du 5 février 1969,

Fixant la date d'application des articles R. 100, R. 106 à R. 108, R. 110 à R. 117 et R. 137 du code de la route [C. route, art. R. 317-8, R. 311-1, R. 321-15 et R. 321-16, R. 321-18 et R. 321-19, R. 321-21 et R. 321-22, R. 323-3, R. 322-1 à R. 322-12, R. 233-1] relatifs à la réception, à l'immatriculation et au contrôle routier des remorques dont le poids total autorisé en charge excède 500 kg sans dépasser 750 kg.*

Art. 1er Les dispositions relatives à la réception des remorques prévues par les articles R. 106 à R. 108 du code de la route sont applicables aux remorques neuves, dont le poids total autorisé en charge dépasse 500 kg sans excéder 750 kg, mises en circulation à dater du 1er septembre 1969.

Les remorques dont le poids total en charge dépasse 750 kg sont soumises aux dispositions des articles R. 106 à R. 108 quelle que soit la date de leur mise en circulation.

Art. 2 Les dispositions relatives à l'immatriculation, aux plaques d'immatriculation et au contrôle routier prévues respectivement aux articles R. 100, R. 110 à R. 117 et R. 137 sont applicables :

Aux remorques dont le poids total autorisé en charge dépasse 500 kg sans excéder 750 kg, à partir du 1er janvier 1970.

Aux remorques dont le poids total autorisé en charge dépasse 750 kg, quelle que soit la date de leur mise en circulation.

Jusqu'au 1er janvier 1970, les remorques, dont le poids total autorisé en charge dépasse 500 kg sans excéder 750 kg, seront immatriculées sur le vu de la déclaration de mise en circulation, conforme au modèle joint en annexe au présent arrêté, adressée par le propriétaire au préfet du département de son domicile.

Arrêté du 1er décembre 1983,

Relatif à l'immatriculation des véhicules dans la série TT.

Art. 1er A dater du 1er janvier 1984, le numéro d'immatriculation dans la série TT réservée aux véhicules automobiles de tourisme acquis neufs en France en exonération de la taxe sur la valeur ajoutée, en vue de leur exportation, se composera comme suit :

PREMIER élément : numéro d'ordre dans la série.	DEUXIÈME élément : série.	TROISIÈME élément : indicatif du département.	QUATRIÈME élément : indication de la fin du régime TT (mois et année).
1 à 4 chiffres	Symbole TT		Première ligne 2 chiffres (mois)
puis		2 ou 3 chiffres.	
1 à 3 chiffres	Pour TTA, TTB, TTC, etc.		Deuxième ligne 2 chiffres (année).

Exemples :

8583 TT 92 09/84 — 899 TTF 75 12/84

Ce numéro est reproduit sur chaque plaque d'immatriculation en caractères blancs sur fond rouge.

Art. 2 La durée d'immatriculation dans la série TT est limitée à un an au plus.

Art. 3 Les dimensions des plaques et signes d'immatriculation doivent, pour les trois premiers éléments, être conformes à ceux définis aux articles 4 et 7 de l'arrêté du 16 juillet 1954 relatif aux plaques d'immatriculation des véhicules automobiles ou à l'article 2 de l'arrêté du 6 novembre 1963 relatif aux plaques d'immatriculation réflectorisées.

Le mois et l'année composant le 4ᵉ élément seront reportés sur les plaques d'immatriculation en adoptant les caractères réduits des motocyclettes prévus au tableau de l'article 7 de l'arrêté du 16 juillet 1954 précité.

Art. 4 Les véhicules de tourisme à usage privé appartenant à des personnes bénéficiant, en vertu d'accords spécifiques, de l'exonération douanière et fiscale sont immatriculés dans une série spéciale TTT dans les conditions définies aux articles 1er à 3 ci-dessus.

Art. 5 Sont soumis aux dispositions du présent arrêté tout véhicule immatriculé dans les séries TT et TTT à compter du 1er janvier 1984.

Art. 6 Le paragraphe IV de l'article 2-B de l'arrêté du 16 juillet 1954 susvisé ainsi que les dispositions relatives au millésime pour TT prévu au tableau figurant à l'article 4 sont abrogés.

Arrêté du 30 octobre 1991,

Relatif à l'immatriculation des cyclomoteurs carrossés à plus de deux roues.

Art. 1er L'obligation d'immatriculation des cyclomoteurs carrossés à plus de deux roues dénommés "voiturettes" dans le présent arrêté prévue à l'article R. 200-2 du code de la route prend effet :

– à compter du 1er mars 1992 pour les voiturettes mises en circulation à partir de cette date ;

– au plus tard le 1er mars 1992 pour les voiturettes mises en circulation avant cette date.

Art. 2 Les dispositions de l'arrêté du 5 novembre 1984 relatif à l'immatriculation des véhicules sont applicables aux voiturettes.

Toutefois, par dérogation aux articles 8 et 10 de cet arrêté, l'immatriculation des voiturettes mises en circulation avant le 1er mars 1992 pourra être obtenue, sous forme simplifiée, sur production, en sus des pièces justificatives d'identité et de domicile du propriétaire :

a) D'un document d'identification du véhicule constitué :

– soit par un certificat de conformité (même barré d'une diagonale rouge) ;

– soit par un document (facture, certificat de vente) établi par un professionnel du cycle, du motocycle ou de l'automobile ;

– soit par une attestation d'assurance du véhicule au nom du demandeur.

Ces documents doivent impérativement indiquer la marque et le numéro de série du véhicule.

b) D'une pièce justifiant l'origine de propriété constituée :

– soit par un certificat de vente ou une facture ;

– soit par le certificat de conformité visé en *a* ci-dessus s'il comporte le nom du demandeur et le cachet du revendeur ;

– soit, à défaut, par une déclaration sur l'honneur conforme au modèle joint en annexe du présent arrêté.

Art. 3 Le numéro d'immatriculation affecté à la voiturette doit au moins être reproduit d'une manière très apparente, à l'arrière du véhicule, sur une plaque d'immatriculation, dans les conditions prévues par l'arrêté du 16 juillet 1954 relatif aux plaques d'immatriculation des véhicules automobiles. La pose d'une plaque d'immatriculation à l'avant des véhicules est facultative.

Art. 4 La ou les plaque(s) d'immatriculation des voiturettes immatriculée(s) dans une série normale doit (doivent) être conforme(s) aux dispositions de l'arrêté du 6 novembre 1963 relatif aux plaques d'immatriculation réflectorisées.

Toutefois, la forme et les dimensions de la plaque arrière peuvent être soit du type prévu pour les motocyclettes, soit du type prévu pour les véhicules automobiles.

La plaque avant, à caractère facultatif, doit être du type prévu pour les véhicules automobiles.

Leurs couleurs doivent être conformes à celles définies à l'annexe I (I-A) de l'arrêté du 5 novembre 1984 susvisé pour les plaques réflectorisées : caractères noirs sur fond orangé vers l'arrière et sur fond blanc vers l'avant.

Art. 5 Le dispositif d'éclairage de la plaque d'immatriculation arrière est facultatif. Si un dispositif est installé sur la voiturette, il doit répondre aux dispositions de l'article 21 de l'arrêté du 16 juillet 1954 relatif à l'éclairage et à la signalisation des véhicules.

ANNEXE

MODÈLE TYPE DE DÉCLARATION SUR L'HONNEUR

Je soussigné(e),

Nom et prénoms : ....

Adresse complète : ....

....

déclare sur l'honneur être propriétaire depuis le ....

d'une voiturette de marque ....

type .... n° dans la série du type ....

Ce véhicule a été :

— acheté (1) à (2)..

— racheté (1) à (2) ....

....

Je certifie, en outre, n'être en possession d'aucun document permettant d'en prouver l'origine de propriété.

A ...., le..

Signature

....

(1) Rayer la mention inutile.

(2) Donner le maximum de précisions.

Arrêté du 15 avril 1996,

Relatif aux plaques d'immatriculation réflectorisées.

Art. 1er Les plaques d'immatriculation des véhicules et les produits rétroréfléchissants utilisés pour leur fabrication doivent être conformes à un type homologué par le ministre chargé des transports.

L'homologation est accordée aux plaques d'immatriculation et produits rétroréfléchissants conformes soit aux prescriptions du cahier des charges annexé au présent arrêté, soit à des prescriptions équivalentes en vigueur dans un autre État membre de l'Union européenne ou partie à l'accord instituant l'Espace économique européen.

Art. 2 Le laboratoire de l'Union technique de l'automobile, du motocycle et du cycle (UTAC), autodrome de Linas-Montlhéry, B.P. 212, 91311 Montlhéry Cedex, est agréé pour effectuer les essais préalables à l'homologation des plaques d'immatriculation et des matériaux rétroréfléchissants y afférents.

Les essais et vérifications prévus par la réglementation sont à la charge du demandeur.

D'autres laboratoires d'un État membre de l'Union européenne ou de l'Espace économique européen peuvent être agréés pour effectuer ces essais, sur la base de critères de compétence et d'indépendance.

Art. 3 Le fabricant de plaques, titulaire d'une homologation, mettra en place au sein de son établissement, dans un délai maximum d'un an après la date de publication du présent arrêté, une procédure permettant l'identification des lots, identification qui sera reportée à l'arrière *(Arr. du 7 mai 2020)* « ou à l'avant hors zone utile » de chaque plaque de manière indélébile.

Art. 4 Les dispositions de l'article *(Arr. du 9 févr. 2009)* « R. 321-24 » du code de la route s'appliquent pour toute plaque d'immatriculation et matériau rétroréfléchissant utilisé pour sa fabrication, homologué en application du présent arrêté.

Art. 5 Les dispositions du présent arrêté sont applicables à titre transitoire sans préjudice de l'arrêté du 6 novembre 1963 modifié.

Les plaques d'immatriculation homologuées conformément aux dispositions de l'arrêté du 6 novembre 1963 pourront être fabriquées jusqu'au 31 décembre 1996.

A compter de la date de parution du présent arrêté, toute nouvelle homologation se fera conformément aux dispositions du cahier des charges ci-annexé.

A compter du 1er janvier 1997, l'arrêté du 6 novembre 1963 modifié est abrogé.

V. annexe (JO 14 mai), mod. par Arr. du 9 févr. 2009 (JO 12 févr.), mod. par Arr. du 7 mai 2020 (JO 17 mai).

Arrêté du 1er juillet 1996,

Relatif aux plaques d'immatriculation des véhicules.

Art. 1er Tout véhicule soumis à immatriculation en application des dispositions du code de la route est affecté d'un numéro d'ordre dit "numéro d'immatriculation" délivré par le préfet du département du domicile du propriétaire du véhicule.

Ce numéro est porté sur le certificat d'immatriculation (carte grise) qui est remis au propriétaire du véhicule, en application de l'article *(Arr. du 1er mars 2004)* « R. 322-2 » du code de la route.

Le numéro d'immatriculation est reproduit d'une manière très apparente à l'avant et à l'arrière du véhicule sur une surface dite "plaque d'immatriculation".

Dans le cas de certaines catégories de véhicules définies par le code de la route, le numéro peut être reproduit sur une seule plaque placée à l'arrière.

Chacune des plaques d'immatriculation est constituée par une pièce rigide rapportée fixée au châssis ou à la carrosserie du véhicule d'une manière inamovible, la face portant le numéro d'immatriculation étant tournée vers l'extérieur.

Des plaques amovibles sont toutefois autorisées dans le cas particulier d'un véhicule circulant sous couvert d'une carte et d'un numéro W ou d'un véhicule visé par l'article *(Arr. du 1er mars 2004)* « R. 317-8 » du code de la route.

Art. 2 Le numéro d'immatriculation est constitué par des caractères bâtons inamovibles et résistant à l'usage se détachant sur un fond de couleur différente.

Les caractères en relief à surface métallique ne doivent pas comporter de parties tranchantes ou pointues.

(Arr. du 1er mars 2004) « Le fond des plaques d'immatriculation des véhicules immatriculés dans une série normale peut intégrer le symbole européen complété par la lettre F, dans les conditions mentionnées à l'article 5 ci-dessous ainsi qu'à l'annexe II au présent arrêté. Toutefois, cette disposition est obligatoire pour les plaques d'immatriculation des véhicules immatriculés pour la première fois ou faisant l'objet d'un changement d'immatriculation en série normale à compter du 1er juillet 2004. »

Art. 3 Le numéro d'immatriculation des véhicules immatriculés en séries spéciales W et WW, ainsi que ceux mis pour la première fois en circulation ou faisant l'objet d'un changement d'immatriculation (ou d'un changement de plaques) en série normale et en série spéciale DF, est reproduit sur chaque plaque d'immatriculation en caractères noirs non rétroréfléchissants sur fond rétroréfléchissant blanc vers l'avant et *(Arr. du 27 avr. 2007)* « jaune ou blanc » vers l'arrière. *(Arr. du 1er mars 2004)* « Toutefois, le numéro d'immatriculation des cyclomoteurs doit être reproduit sur la plaque arrière en caractères noirs non rétroréfléchissants sur fond rétroréfléchissant blanc. »

Cette disposition s'applique également aux véhicules de l'État, à l'exception des véhicules militaires, qui font l'objet d'une immatriculation particulière.

Le numéro des véhicules mis en circulation avant le 1er janvier 1993 et immatriculés ou faisant l'objet d'une immatriculation en tant que véhicules de collection peut être reproduit sur chaque plaque d'immatriculation en caractères blancs sur fond noir.

Le numéro des véhicules immatriculés en séries spéciales diplomatiques et assimilées, transit temporaire, IT et FFSA, est reproduit sur chaque plaque d'immatriculation en caractères et sur un fond dont la couleur est indiquée à l'annexe I de l'arrêté du 5 novembre 1984 relatif à l'immatriculation des véhicules.

(Arr. du 1er mars 2004) « Le numéro d'immatriculation des véhicules transportés ayant fait l'objet d'une immatriculation dans les séries spéciales export WAL à WZL et WAE à WZE peut être reproduit, à la peinture, sur l'emplacement de la plaque d'immatriculation arrière. »

Doivent être condamnés pour violation de la réglementation relative aux plaques d'immatriculation, tant au regard de l'Arr. du 6 nov. 1963, modifié par celui du 18 févr. 1992 et du 16 juill. 1954, que de celui du 1er juill. 1996, les prévenus qui ont utilisé une plaque arrière en caractères noirs sur fond blanc, et incorporé dans cette plaque deux écussons de Savoie. • Crim. 9 juill. 1997, nº 96-84.663 P : *JCP 1998. IV. 1270.*

Art. 4 Les caractères qui constituent le numéro d'immatriculation peuvent être disposés sur une ligne ou sur deux lignes.

Disposition sur une ligne

Les caractères sont disposés de gauche à droite sur une ligne horizontale, sans interposition de tiret ou de tout autre signe, dans l'ordre où les chiffres et les lettres sont énumérés à l'annexe I de l'arrêté du 5 novembre 1984 susvisé et selon le modèle figurant en annexe I au présent arrêté. — *V. cette annexe au JO 17 juill. 1996, complétée par l'annexe 2 de l'Arr. du 1er mars 2004 (JO 27 mars).*

Disposition sur deux lignes

Les caractères sont disposés sur deux lignes horizontales. La répartition des caractères sur les deux lignes est faite sans interposition de tiret ou de tout autre signe dans l'ordre où les chiffres et les lettres sont énumérés à l'annexe I de l'arrêté du 5 novembre 1984 susvisé et selon le modèle figurant en annexe I au présent arrêté :

Lorsque le numéro d'immatriculation ne contient pas le symbole IT, les lettres et le numéro du département sont placés sur la ligne inférieure.

Art. 5 Les plaques d'immatriculation des véhicules automobiles ont la forme d'un rectangle dont le grand côté est horizontal.

I. — Dimensions des plaques

Les dimensions des plaques, des caractères d'immatriculation et des espacements sont données en millimètres par le tableau page suivante *[annexe 1 de l'Arr. du 1er mars 2004]* : — *V. annexe 1.*

II. — Emplacement et caractéristiques du symbole européen

Le symbole européen doit figurer dans la partie gauche de la plaque d'immatriculation sur un fond bleu en faisant partie intégrante et être complétée par la lettre F.

Les dimensions des différents éléments composant le symbole européen ainsi que celles de la lettre F figurent en annexe II au présent arrêté. — *V. cette annexe au JO 17 juill. 1996, remplacée par l'annexe 3 de l'Arr. du 1er mars 2004 (JO 27 mars).*

III. — Cas particulier

Pour les séries CMD, CD, C et K lorsque le numéro d'immatriculation comportera plus de huit caractères, la longueur de la plaque pourra être augmentée en conséquence. Les dimensions des caractères et des espaces ne devront en aucun cas être modifiées.

Art. 6 La surface de la plaque d'immatriculation peut ne pas être rigoureusement plane à la condition expresse que la courbure tolérée n'entraîne aucune déformation des chiffres et des lettres de nature à nuire à la visibilité du numéro d'immatriculation.

Art. 7 La plaque arrière est placée de telle façon que le milieu de la plaque ne soit pas à droite du plan longitudinal de symétrie du véhicule et que son bord latéral gauche ne dépasse pas la largeur hors tout du véhicule.

Les plaques avant et arrière doivent être fixées au véhicule de façon à être visibles, de l'arrière et de l'avant du véhicule sous un angle d'au moins 45° par rapport à son axe longitudinal. Elles doivent rester lisibles en toutes circonstances.

Sur un chargement occasionnel occultant tout ou partie de la plaque d'immatriculation arrière doit être fixée en évidence une plaque amovible reproduisant celle du véhicule.

Art. 8 L'emplacement et le montage de la plaque arrière des véhicules du titre IV et du titre V du code de la route pour lesquels celle-ci est requise (motocyclettes, tricycles à moteur, quadricycles lourds à moteur, cyclomoteurs à trois roues et quadricycles légers à moteur munis d'une carrosserie) doivent répondre aux dispositions fixées par l'arrêté du 7 juillet 1995 susvisé *[relatif à la réception et à la réglementation technique des véhicules à moteur à deux ou trois roues et des quadricyles à moteur et de leurs systèmes et équipements]*.

Art. 9 Les dispositions de l'article 7 concernant l'emplacement et le montage des plaques ne s'appliquent pas aux véhicules conformes à un type qui a fait l'objet d'une communication émanant de l'administration compétente d'un État membre des Communautés européennes et attestant la conformité du type aux prescriptions de l'annexe à la directive n° 70/222 du Conseil du 20 mars 1970 relative à l'emplacement et au montage des plaques d'immatriculation arrière des véhicules à moteur et de leurs remorques.

Art. 10 Lorsque les véhicules automobiles ou remorqués immatriculés en France sont munis du signe distinctif du pays d'origine que leurs conducteurs sont tenus d'apposer quand ils se rendent à l'étranger, ce signe doit répondre aux caractéristiques suivantes :

— être constitué de la lettre F en caractère latin majuscule, d'une hauteur d'au moins 80 millimètres et d'une épaisseur d'au moins 10 millimètres ;

— être de couleur noire sur un fond blanc de forme elliptique dont l'axe principal est horizontal et dont les dimensions sont au moins de 175 millimètres de largeur et 115 millimètres de hauteur.

Il doit être apposé à l'arrière du véhicule automobile ou remorqué. Lorsque le signe distinctif est apposé sur une plaque spéciale, cette plaque doit être fixée dans une position sensiblement verticale et perpendiculairement au plan longitudinal de symétrie du véhicule. Lorsque le signe est apposé ou peint sur le véhicule lui-même, il doit figurer sur une surface verticale ou sensiblement verticale de la face du véhicule.

Art. 11 Les véhicules immatriculés dans un pays étranger sont admis à circuler en France, sous le régime des conventions internationales en vigueur, en conservant leur numéro et leur(s) plaque(s) d'immatriculation.

(Arr. du 30 oct. 1998) « Ils doivent en outre porter d'une manière apparente à l'arrière le signe distinctif du pays d'origine sous la forme de lettres noires sur fond blanc de forme elliptique, dont les autres caractéristiques sont précisées par l'annexe 3 de la convention de Vienne du 8 novembre 1968 sur la circulation routière.

« Est admis comme équivalent, pour les véhicules immatriculés dans un autre État membre de l'Union européenne, le signe distinctif de l'État membre d'immatriculation complété par le symbole européen, intégré sur fond bleu, dans la partie gauche de la plaque arrière d'immatriculation. »

(Arr. du 11 déc. 2001) « Lorsque leur numéro et leur(s) plaque(s) d'immatriculation ne sont plus valides et qu'une demande d'immatriculation a été déposée en France, ces véhicules sont admis à circuler à titre provisoire sous couvert uniquement d'un numéro et de plaque(s) d'immatriculation spéciale WW. »

Art. 12 Il est interdit d'apposer, sur les véhicules automobiles ou remorqués, des plaques ou inscriptions susceptibles de créer une quelconque confusion avec les plaques d'immatriculation ou les signes distinctifs de nationalité.

Contrevient à l'art. 12 de l'Arr. du 1er juill. 1996 la personne qui a apposé sur son véhicule des plaques dites « savoisiennes », les symboles et inscriptions figurant sur ces plaques ayant trait à la nationalité. • Crim. 14 mars 2000 : *Jurispr. auto 2000. 274.* ♦ V. aussi : • Crim. 20 oct. 1999 : *Jurispr. auto 2000. 71.*

Art. 13 L'arrêté du 16 juillet 1954 modifié relatif aux plaques d'immatriculation des véhicules automobiles est abrogé à compter du 30 septembre 1996.

Art. 14 Les dispositions du présent arrêté s'appliquent à compter du 1er octobre 1996.

Art. 14-1 *(Arr. du 1er mars 2004)* Les dispositions du présent arrêté sont applicables à Mayotte.

ANNEXE 1

	COTES EN MILLIMÈTRES					
	Cas général			Motocyclettes		Cyclomoteurs non carrossés à 2 ou 3 roues
	AV	AV et AR	AR	AR		AR
	Sur 1 ligne	Sur 1 ligne	Sur 2 lignes	Sur 1 ligne	Sur 2 lignes	Sur 2 lignes
Hauteur de la plaque (sans bavette)	100 ± 2	110 ± 2	200 ± 2	75. ± 2	130 ± 2	120 ± 2
Hauteur utile de la plaque	90. ± 2	100 ± 2	190 ± 2	65. ± 2	120 ± 2	110 ± 2
Longueur de la plaque (hors tout)	455 ± 2	520 ± 2	275 ± 2	275 ± 2	210 ± 2	140 ± 2
Longueur utile de la plaque	455 ± 2	510 ± 2	265 ± 2	265 ± 2	200 ± 2	130 ± 2
Rayon de raccordement	6 à 12			6 à 10		4 à 6
Hauteur (*) des chiffres et des lettres	70 à 80			42 à 48		42 à 46
Largeur (*) des chiffres et des lettres autres que W et M	32 à 46			19 à 27		19 à 26
W et M	40 à 54			24 à 32		20 à 28
Entraxe entre les chiffres ou entre les lettres (recommandé) (1)	Minimum 45			Minimum 27		Minimum 20
Entraxe entre les blocs (recommandé) (1)	Minimum 65			Minimum 37		Minimum 25
Largeur (*) du trait	10 à 12			6 à 8		4 à 7
Hauteur du symbole européen .	90. ± 1	100 ± 1	90. ± 1	65. ± 1		55. ± 1
Largeur du symbole européen ..	40. ± 1	45. ± 1	40. ± 1	30. ± 1		26. ± 1
Espacement entre le symbole européen et le bord utile de la plaque	0			0		0
Espacement entre le symbole européen et le premier chiffre	Minimum 5			Minimum 5		Minimum 10
Espacement horizontal entre le bord utile de la plaque et le caractère	Minimum 5			Minimum 5		Minimum 4,5
Dimensions des caractères de la date de validité des plaques en série Transit temporaire :						
Entraxe entre le dernier symbole et les chiffres de la date de validité	Minimum 45					
Hauteur (*) des chiffres	28 à 32					
Largeur (*) des chiffres	13 à 17					
Largeur (*) du trait	4 à 6					
Entraxe entre les chiffres	Minimum 20					
Espacement horizontal entre le bord utile de la plaque et le caractère	Minimum 5					
Espacement entre le bord des caractères et les bords supérieur et inférieur de la surface utile de la plaque	Égaux et *[ou]* supérieurs à 5			Égaux et *[ou]* supérieurs à 5		Égaux et *[ou]* supérieurs à 4,5

(*) Les dimensions (hauteur, largeur, épaisseur) des différents caractères d'une même plaque doivent être uniformes
(1) Pour permettre l'introduction du symbole européen sur la plaque arrière des véhicules à deux roues comportant les combinaisons MM ou MW, il est possible de descendre en dessous des valeurs minimales indiquées

> *Nota*:
> (*a*) Les plaques AR des remorques d'un PTAC < à 500 kg, ou celles amovibles, dont il est fait état à l'article 7 ci-après, peuvent être de dimensions réduites (100 x 455)
> (*b*) Les plaques AR des cyclomoteurs carrossés (voiturettes) ainsi que celles des quadricycles légers à moteur peuvent avoir soit les dimensions prévues pour le cas général, soit avoir des dimensions réduites à 100 x 455, soit avoir les dimensions prévues pour les motocyclettes

Arrêté du 28 juillet 2006,

Portant aménagement de la présentation du certificat d'immatriculation aux agents de l'autorité compétente.

Art. 1er Est autorisée la présentation à toute réquisition des agents de l'autorité compétente de la photocopie des certificats d'immatriculation des véhicules désignés ci-après :

– véhicules de location, exception faite des véhicules de location avec option d'achat faisant l'objet de la procédure prévue à l'article 19 de l'arrêté du 5 novembre 1984 relatif à l'immatriculation des véhicules ;

– véhicules et éléments de véhicules d'un poids total autorisé en charge de plus de 3,5 tonnes soumis à des visites techniques périodiques en application des articles R. 323-1, R. 323-2, R. 323-6, R. 323-23 et R. 232-25 du code de la route.

Art. 2 Toute modification du document original entraîne le renouvellement de la photocopie.

Art. 3 L'arrêté du 31 décembre 1987 portant aménagement de la présentation du certificat d'immatriculation aux agents de l'autorité compétente est abrogé.

Arrêté du 9 février 2009,

Fixant les caractéristiques et le mode de pose des plaques d'immatriculation des véhicules.

Art. 1er *Champ d'application.* Le présent arrêté fixe les prescriptions techniques applicables aux plaques d'immatriculation visées à l'article R. 317-8 du code de la route et à leur contenu réglementaire.

Art. 2 *Homologation.* Les plaques d'immatriculation et les matériaux réfléchissants utilisés pour leurs fabrications doivent être conformes à un type homologué par le ministre chargé des transports et marquées d'un numéro attribué à leur fabricant.

Les conditions d'homologation des plaques d'immatriculation et des matériaux réfléchissants utilisés pour leur fabrication sont définies par l'arrêté du 15 avril 1996 susvisé.

Le numéro d'homologation est inscrit de manière indélébile sur la partie droite de la plaque, soit en bas pour les plaques à une ligne, soit immédiatement au-dessus de l'axe de symétrie horizontal pour les plaques à deux lignes, conformément aux modèles figurant en *(Arr. du 11 févr. 2015, art. 2)* « annexes 2 à 4 *bis* » du présent arrêté.

(Abrogé par Arr. du 6 déc. 2016, art. 1er-1°, à compter du 1er janv. 2017) ***« Pour ce qui concerne la plaque destinée aux cyclomoteurs** (Arr. du 11 févr. 2015, art. 2)* ***« posée avant le 1er juillet 2015 et dont les dimensions et caractéristiques sont prévues aux annexes 1, 5 et 6 », le numéro d'homologation est inscrit de manière indélébile en haut et à gauche de la plaque, conformément aux modèles figurant en annexe 5 du présent arrêté. »***

Art. 3 *Conditions générales de pose.* Chacune des plaques d'immatriculation est constituée par une pièce rigide rapportée, fixée au châssis ou à la carrosserie du véhicule d'une manière inamovible.

Si le véhicule dispose d'un emplacement pour la pose de la plaque d'immatriculation, au sens de la directive 70/222/CEE ou 74/151/CEE ou 93/94/CE susvisée, la plaque d'immatriculation est fixée à cet emplacement, lui même *[lui-même]* pourvu de l'éclaireur de plaque visé à l'article R. 313-12 du code de la route.

Si le véhicule ne dispose pas d'un emplacement spécifique pour la pose de la plaque d'immatriculation, la plaque est fixée suivant les dispositions :

– du paragraphe 2 de l'annexe à la directive 70/222/CEE susvisée pour les véhicules des catégories internationales M, N et O ;

– du paragraphe 2 de l'annexe II à la directive 74/151/CEE susvisée pour les véhicules des catégories internationales T, R et S ;

– du paragraphe 2 de l'annexe à la directive 93/94/CE susvisée pour les véhicules de la catégorie internationale L, suivant les définitions de l'article R. 311-1 du code de la route.

Les éléments de fixation des plaques d'immatriculation doivent être de la même couleur que celle de la zone sur laquelle ils sont apposés.

Art. 4 *Régime dérogatoire.* Par dérogation aux dispositions de l'article 3 du présent arrêté, des plaques d'immatriculation réglementaires amovibles sont autorisées dans le cas d'un véhicule circulant sous couvert d'un certificat W garage ou, en application de l'article R. 317-8 du code de la route, dans le cas d'une remorque arrière d'un ensemble, non soumise à l'obligation d'immatriculation.

Art. 5 *Constitution générale de la plaque.* Une plaque d'immatriculation est constituée d'une partie utile incluse dans un support physique constituant la dimension hors tout de la plaque.

Un appendice dit "bavette" peut être intégré, hors partie utile, sur toute ou partie de la longueur de la partie inférieure de la plaque d'immatriculation. Cet appendice doit être séparé de la partie utile de la plaque par un trait ou par un bossage. Les informations portées sur cette bavette ne peuvent être que les références du professionnel ayant vendu le véhicule ou celui ayant vendu ou fixé la plaque.

La forme extérieure du support physique doit être symétrique par rapport à un axe vertical.

La partie utile a une forme rectangulaire dont le grand côté est horizontal.

Le support physique constituant les dimensions hors tout de la plaque est inclus dans une forme rectangulaire dont le grand côté est horizontal et dont les dimensions hors tout sont indiquées *(Arr. du 6 déc. 2016, art. 1er-2°, en vigueur le 1er janv. 2017)* « à l'annexe 1 *bis* » du présent arrêté.

La forme extérieure du support physique peut être légèrement incurvée dans la limite de l'écart entre les dimensions utiles et les dimensions hors tout.

La surface de la plaque d'immatriculation peut ne pas être rigoureusement plane à la condition expresse que sa courbure n'entraîne aucune déformation des chiffres et des lettres de nature à nuire à la lecture du numéro d'immatriculation.

L'ensemble des caractéristiques dimensionnelles de la plaque et de son contenu figure *(Arr. du 6 déc. 2016, art. 1er-2°, en vigueur le 1er janv. 2017)* « à l'annexe 1 *bis* » du présent arrêté.

Aucune information ou indication non prévue par le présent arrêté ne doit figurer dans la partie utile de la plaque.

(Arr. du 7 mai 2020) « Trames de fonds.

« Les trames de fonds de plaques ne doivent pas comporter de caractères explicites (lettre ou symbole) ou ostentatoires.

« La perception visuelle de la trame devra être dans des niveaux respectant les exigences photométriques et colorimétriques du blanc définies à l'appendice 1 de l'annexe de l'arrêté du 15 avril 1996 susvisé. »

Art. 6 *Éléments du numéro d'immatriculation.* Les lettres et les chiffres du numéro d'immatriculation sont constitués par des caractères bâtons ne comportant, ni rétrécissement, ni empattement, ni ouverture *(Arr. du 7 mai 2020)* « supérieure à 3 mm » pour les caractères fermés.

Les caractères et les tirets du numéro d'immatriculation doivent être résistants à l'usage et ne doivent pouvoir être détachés sans qu'eux-mêmes ou la plaque ne soient détériorés.

Le repositionnement de caractères ou de tirets détachés est interdit.

Les caractères et les tirets ne doivent comporter de partie ni tranchante ni pointue.

Art. 7 *Contenu de la plaque.* Pour les véhicules portant le numéro définitif prévu à l'article R. 322-2 du code de la route, le numéro d'immatriculation est reproduit sur chaque plaque d'immatriculation en caractères noirs non rétroréfléchissants sur fond rétroréfléchissant blanc.

Pour les immatriculations listées en annexe 7 du présent arrêté, les caractéristiques des couleurs des numéros d'immatriculation et du fond des plaques d'immatriculation sont définies dans cette annexe. Pour les véhicules immatriculés avec un usage "véhicule importé en transit" et "véhicule en transit temporaire", la date de fin de validité de l'usage est reproduite sur la plaque d'immatriculation, conformément aux dispositions de l'annexe 7 du présent arrêté.

Sur la plaque, le numéro d'immatriculation peut être disposé sur une ligne ou deux lignes.

Pour la plaque dont le numéro d'immatriculation est disposé en une ligne horizontale, les éléments du numéro d'immatriculation sont disposés de gauche à droite selon les modèles figurant en annexe 2 du présent arrêté.

Pour la plaque dont le numéro d'immatriculation est disposé en deux lignes horizontales, les éléments du numéro d'immatriculation sont disposés de gauche à droite selon les modèles figurant *(Arr. du 6 déc. 2016, art. 1er-3°, en vigueur le 1er janv. 2017)* « aux annexes 3 à 4 *bis* » du présent arrêté.

La définition, les dimensions, l'ordre et l'espacement des tirets sont fixés par le tableau *(Arr. du 6 déc. 2016, art. 1er-3°, en vigueur le 1er janv. 2017)* « à l'annexe 1 *bis* » du présent arrêté et par les plans *(Arr. du 6 déc. 2016, art. 1er-3°, en vigueur le 1er janv. 2017)* « aux annexes 2 à 4 *bis* » du présent arrêté.

Art. 8 *Symbole européen.* Les plaques d'immatriculation des véhicules portant le numéro définitif prévu à l'article R. 322-2 du code de la route doivent obligatoirement comporter le symbole européen complété de la lettre "F".

Le symbole européen complété de la lettre "F" doit se situer dans la partie utile de la plaque d'immatriculation à l'extrémité gauche de celle-ci, sur fond bleu rétroréfléchissant.

Les dimensions et caractéristiques du symbole européen, complété de la lettre "F", *(Arr. du 6 déc. 2016, art. 1er-4°, en vigueur le 1er janv. 2017)* « figurent aux annexes 1 *bis* et 6 *bis* » du présent arrêté.

Les dispositions du présent article ne sont pas applicables aux plaques spécifiques des véhicules immatriculés avec un usage "véhicule de collection", prévues à l'annexe 7 du présent arrêté.

Art. 9 *Identifiant territorial.* Les plaques d'immatriculation des véhicules portant le numéro définitif prévu à l'article R. 322-2 du code de la route doivent comporter un identifiant territorial constitué par le logo officiel d'une région *(Arr. du 7 mai 2020, en vigueur le 1er janv. 2021)* « ou de la collectivité européenne d'Alsace » et le numéro de l'un des départements de *(Arr. du 7 mai 2020, en vigueur le 1er janv. 2021)* « cette collectivité territoriale ».

Le choix de cet identifiant territorial est libre et peut ne pas avoir de lien avec le domicile du titulaire du certificat d'immatriculation.

L'identifiant territorial doit être intégré dans sa globalité à la plaque d'immatriculation et être situé dans la partie utile de la plaque à l'extrémité droite de celle-ci, sur fond bleu non obligatoirement rétroréfléchissant.

Lorsque le véhicule comporte deux plaques, l'identifiant territorial doit être identique sur la plaque avant et sur la plaque arrière.

Les caractéristiques de l'identifiant territorial figurent *(Arr. du 6 déc. 2016, art. 1er-5°, en vigueur le 1er janv. 2017)* « à l'annexe 1 *bis* » du présent arrêté. Les logos *(Arr. du 7 mai 2020, en vigueur le 1er janv. 2021)* « des collectivités territoriales » officiels et libres de droit, qui figurent sur le site internet du ministère de l'intérieur : http://www.interieur.gouv.fr, ne peuvent être reproduits sur les plaques d'immatriculation que par le seul fabricant de plaques ou de matériau réfléchissant titulaire d'homologation.

Les dispositions du présent article ne sont pas applicables aux plaques d'immatriculation *(Abrogé par Arr. du 6 déc. 2016, art. 1er-5°, à compter du 1er janv. 2017)* ***« des cyclomoteurs** (Arr. du 11 févr. 2015, art. 6)* ***« posées avant le 1er juillet 2015 et dont les dimensions et caractéristiques sont prévues aux annexes 1, 5 et 6 »,*** » des véhicules immatriculés avec un usage "véhicule importé en transit" ou "véhicule en transit temporaire", ainsi qu'aux plaques spécifiques des véhicules immatriculés avec un usage "véhicule de collection", prévues à l'annexe 7 du présent arrêté.

Art. 10 *Dispositions particulières. (Arr. du 2 mai 2018)* « I. — » Il est interdit de modifier les plaques d'immatriculation ou d'y rajouter un élément.

Les tirets, symbole européen et identifiant territorial sont intégrés dans le processus de fabrication à la plaque ou au matériau réfléchissant utilisé pour sa fabrication, de façon à garantir d'origine le respect de leurs positionnements corrects et de leurs caractéristiques dimensionnelles et visuelles.

Il est interdit d'apposer sur les véhicules automobiles ou remorqués des plaques ou inscriptions susceptibles de créer une quelconque confusion avec les indications de la plaque d'immatriculation.

(Arr. du 2 mai 2018) « II. – Des autorisations exceptionnelles peuvent être accordées par décision du ministre de l'intérieur et du ministre chargé des transports permettant, pour les véhicules immatriculés avec un usage "véhicule importé en transit", sur présentation de pièces justificatives, la reproduction du numéro d'immatriculation sur la plaque d'immatriculation dans des caractéristiques n'entrant pas dans le cadre défini à l'annexe 7 du présent arrêté. »

Art. 11 *Entrée en vigueur.* Les dispositions du présent arrêté entrent en vigueur à une date fixée par arrêté du ministre chargé des transports, après avis du ministre de l'intérieur, et au plus tard le 1er juillet 2009. – *Cette date a été fixée au 15 avr. 2009 (Arr. du 23 mars 2009, art. 1er (JO 29 mars)).*

Les dispositions de l'arrêté du 1er juillet 1996 susvisé continuent à s'appliquer aux véhicules déjà immatriculés dont le certificat d'immatriculation ne comporte pas le numéro définitif prévu à l'article R. 322-2 du code de la route jusqu'à la réalisation de toute formalité administrative conduisant à l'édition d'un nouveau certificat d'immatriculation *(Abrogé par Arr. du 7 mai 2020)* ***« ou au plus tard jusqu'au 31 décembre 2020 ».***

V. annexes 1 à 7 au JO du 11 févr. 2009, mod. par Arr. du 11 févr. 2015, art. 8 (JO 17 févr.), mod. par Arr. du 17 oct. 2016 (JO 28 oct.), mod. par Arr. du 6 déc. 2016 (JO 15 déc.), mod. par Arr. du 7 mai 2020 (JO 17 mai).

Art. 11 *bis* *(Arr. du 6 déc. 2016, art. 1er-6°)* Les plaques d'immatriculation des motocyclettes, des tricycles à moteur, des quadricycles à moteur, non carrossés, et des cyclomoteurs posées avant le 1er juillet 2015, dont les dimensions et caractéristiques *(Arr. du 7 mai 2020)* « étaient prévues aux annexes 1, 3, 4, 5 et 6 » de l'arrêté du 9 février 2009 susvisé doivent être remplacées avant le 1er juillet 2017 par des plaques d'immatriculation dont les dimensions et caractéristiques sont prévues aux annexes 1 *bis*, 3, 4 *bis* et 6 *bis* de l'arrêté du 9 février 2009 susvisé.

Arrêté du 9 février 2009,

Relatif aux modalités d'immatriculation des véhicules.

Cet Arr. est entré en vigueur le 15 avr. 2009 (Arr. du 23 mars, art. 1er (JO 29 mars)).

CHAPITRE I *LA PROCÉDURE D'IMMATRICULATION DES VÉHICULES*

Art. 1er *Dossiers de demande d'immatriculation. (Arr. du 13 oct. 2017, art. 3, en vigueur le 6 nov. 2017)* « Les demandes d'immatriculation d'un véhicule neuf ou d'occasion sont adressées au ministre de l'intérieur soit par voie électronique, soit par l'intermédiaire d'un professionnel de l'automobile habilité par le ministre de l'intérieur.

« Les pièces suivantes, détaillées en *(Arr. du 4 août 2023, art. 9, en vigueur le 1er sept. 2023)* « annexe I » du présent arrêté, doivent pouvoir être mises à disposition pour l'instruction d'une demande d'immatriculation.

« Le ministère de l'intérieur dispose d'un droit d'évocation des documents originaux pour le contrôle des pièces qui lui sont adressées par voie électronique. »

1.A. – Véhicule neuf prêt à l'emploi d'origine ayant fait l'objet d'une réception nationale ou communautaire

(Arr. du 14 août 2017, art. 3-2°) « 1.A.1. *Justificatifs administratifs* :

« La demande de certificat d'immatriculation,

« Les justificatifs d'identité et d'adresse,

« Le justificatif de vente,

« Le justificatif d'assurance du véhicule,

« Le justificatif de permis de conduire lorsque la demande concerne une personne physique.

« Pour les véhicules acquis en France, la demande de certificat d'immatriculation et le justificatif de vente peuvent être remplacés par le document dit "3 en 1". »

(Arr. du 18 avr. 2019, art. 2) « 1.A.2. *Justificatifs techniques de conformité*

« Le document dit "3 en 1" ou le certificat de conformité à un type national ou le certificat de conformité à un type CE *(Arr. du 15 sept. 2021)* « ou UE », complété le cas échéant par le procès-verbal de contrôle de conformité initial si le véhicule de genre "CTTE" neuf, carrosserie "FOURGON", est carrossé en carrosserie "FGTD".

(Arr. du 12 nov. 2019, art. 1er, en vigueur le 17 nov. 2019) « Sans préjudice des dispositions du précédent alinéa, le certificat de conformité à un type CE peut être délivré par le constructeur sous forme de données électroniques structurées. »

« Lorsque le certificat de conformité à un type CE *(Arr. du 15 sept. 2021)* « ou UE » est conforme à la directive 74/150/ CE, il est complété par des indications complémentaires au certificat de conformité 74/150/ CE.

« Pour les véhicules neufs de la catégorie M1, genre VP, faisant l'objet d'une transformation réversible dite "DERIV VP", une attestation d'adaptation réversible conforme à l'*(Arr. du 4 août 2023, art. 9, en vigueur le 1er sept. 2023)* « annexe I »-B de l'arrêté du 7 novembre 2014 relatif à l'adaptation réversible de série de certains types de véhicules.

« Pour les véhicules neufs de la catégorie M1, genre VP, ou de la catégorie N1, genre CTTE, faisant l'objet d'une transformation réversible dite "adaptation réversible véhicule école", une attestation d'adaptation réversible conforme à l'*(Arr. du 4 août 2023, art. 9, en vigueur le 1er sept. 2023)* « annexe I »-A de l'arrêté du 27 juin 2017 relatif à l'adaptation réversible des véhicules destinés à l'enseignement ou à l'apprentissage de la conduite. »

1.A.3. *Justificatifs fiscaux*

Aucun justificatif fiscal n'est à produire pour les remorques, les semi-remorques, les véhicules agricoles et forestiers et les engins spéciaux provenant d'un État membre de l'Union européenne autre que la France.

Pour les autres véhicules neufs :

a) *(Arr. du 2 juin 2010)* « Provenant d'un État tiers à l'Union européenne ou d'une partie de territoire mentionnée à l'article 4. 1 de l'*(Arr. du 4 août 2023, art. 9, en vigueur le 1er sept. 2023)* « annexe I » du présent arrêté : un certificat 846 A délivré par le service des douanes ou le document dit "3 en 1" visé par le service des douanes ou une mention de dispense ; »

b) Provenant d'un État de l'Union européenne autre que la France *(Arr. du 2 juin 2010)* « , dans les cas autres que ceux mentionnés au point *a* » : un quitus fiscal ou une mention de dispense.

1.B. — Véhicule neuf à l'origine non prêt à l'emploi ayant fait l'objet d'une réception nationale ou communautaire

1.B.1. *Justificatifs administratifs*

Les pièces indiquées en 1.A.1 pour le véhicule d'origine.

1.B.2. *Justificatifs techniques de conformité*

(Arr. du 12 juin 2018) « Le document dit "3 en 1" ou le certificat de conformité à un type CE *(Arr. du 15 sept. 2021)* « ou UE » pour le véhicule d'origine ou le certificat de conformité à un type national, complétés pour les deux premiers documents du tableau figurant à l'*(Arr. du 4 août 2023, art. 9, en vigueur le 1er sept. 2023)* « annexe XVII » du présent arrêté, et : »

a) Soit un procès-verbal de réception à titre isolé (RTI) ;

b) Soit :

— pour les véhicules du genre "tracteur routier" (TRR) et de carrosserie "pour semi-remorque" (PR SREM) : l'annexe X de l'arrêté du 19 juillet 1954 susvisé ;

(Arr. du 4 août 2023, art. 2, en vigueur le 1er sept. 2023) « — pour les autres véhicules, un procès-verbal de contrôle de conformité initial suivant les dispositions prévues par l'arrêté du 3 novembre 2022 relatif au contrôle de conformité initial prévu à l'article R. 321-15 du code de la route.

« Les documents suivants, émis au plus tard le 31 décembre 2022, sont également valides :

« — pour les autres véhicules dont le poids total autorisé en charge est supérieur à 3,5 tonnes : un procès-verbal de contrôle de conformité initial suivant les dispositions prévues par l'arrêté du 18 novembre 2005 modifié relatif au contrôle de conformité initial prévu à l'article R. 321-15 du code de la route ;

« — pour les autres véhicules d'un PTAC inférieur ou égal à 3,5 tonnes : un procès-verbal de contrôle de conformité initial suivant les dispositions prévues par l'arrêté du 14 mai 2014 modifié relatif au contrôle de conformité initial des véhicules de PTAC inférieur ou égal à 3,5 tonnes. »

Pour les véhicules équipés d'une benne amovible, carrosserie "benne amovible" (BEN AMO), une annexe IX de l'arrêté du 19 juillet 1954 susvisé doit être jointe *(Abrogé par Arr. du 2 juin 2016, art. 3)* *« à l'annexe VII du même arrêté »* ou au *(Arr. du 14 mai 2014, art. 2, en vigueur le 1er juill. 2014)* « procès-verbal de contrôle » de conformité initial ;

(Arr. du 4 août 2023, art. 2, en vigueur le 1er sept. 2023) « *c)* Soit une fiche de réception nationale individuelle française, dénommée "fiche de RIN française", d'un véhicule suivant le modèle E de l'annexe III du règlement d'exécution 2020/683 de la Commission du 15 avril 2020 relatif à l'exécution du règlement (UE) 2018/858 du Parlement européen et du Conseil en ce qui concerne les prescriptions administratives pour la réception et la surveillance du marché des véhicules à moteur et de leurs remorques ainsi que des systèmes, composants et entités techniques distinctes destinés à ces véhicules ;

« *d)* Soit une fiche de réception UE individuelle, dénommée "fiche de RIUE", suivant le modèle D de l'annexe III du règlement d'exécution 2020/683 de la Commission du 15 avril 2020 mentionné à l'alinéa *c* précité. »

1.B.3. *Justificatifs fiscaux*

Aucun justificatif fiscal n'est à produire pour les remorques, les semi-remorques, les véhicules agricoles et forestiers et les engins spéciaux provenant d'un État membre de l'Union européenne autre que la France.

(Arr. du 2 juin 2010) « Dans les autres cas, les pièces indiquées en 1.A.3 pour le véhicule d'origine et, si la carrosserie a été montée dans un pays tiers à l'Union européenne ou dans une partie de territoire mentionnée à l'article 4.1 de l'annexe 1 du présent arrêté, un certificat 846 A délivré par le service des douanes. »

1.C. — Véhicule neuf non conforme à un type réceptionné

(Arr. du 14 août 2017, art. 3-3o) « 1.C.1. Justificatifs administratifs :

« La demande de certificat d'immatriculation,

« Les justificatifs d'identité et d'adresse,

« Le justificatif de vente,

« Le justificatif d'assurance du véhicule,

« Le justificatif de permis de conduire lorsque la demande concerne une personne physique.

« Dans le cas où le véhicule a été construit par son propriétaire, le justificatif de vente est remplacé par les factures d'achat des éléments constitutifs du véhicule (notamment châssis, moteur). »

1.C.2. *Justificatifs techniques de conformité*

Un procès-verbal de RTI *(Arr. du 15 déc. 2017, en vigueur le 1er janv. 2018)* « , une fiche de RI *(Arr.du 4 août 2023, art. 2,en vigueur le 1er sept. 2023)*« N française, une fiche de IUE » ou une attestation de reconnaissance figurant à l'*(Arr.du 4 août 2023, art. 2,en vigueur le 1er sept. 2023)*« annexe XIII *bis* » du présent arrêté ».

1.C.3. *Justificatifs fiscaux*

Aucun justificatif fiscal n'est à produire pour les remorques, les semi-remorques, les véhicules agricoles et forestiers et les engins spéciaux provenant d'un État membre de l'Union européenne autre que la France.

Dans les autres cas :

a) *(Arr. du 2 juin 2010)* « Un certificat 846 A délivré par le service des douanes ou une mention de dispense s'il s'agit d'un véhicule provenant d'un pays tiers à l'Union européenne ou d'une partie de territoire mentionnée à l'article 4.1 de l'*(Arr. du 4 août 2023, art. 9, en vigueur le 1er sept. 2023)* « annexe I » du présent arrêté ou d'un véhicule monté avec des pièces d'origine hors Union européenne ; »

b) Un quitus fiscal ou une mention de dispense s'il s'agit d'un véhicule provenant d'un État membre de l'Union européenne ou monté avec des pièces provenant d'un État de l'Union européenne autre que la France *(Arr. du 2 juin 2010)* « , dans les cas autres que ceux mentionnés au point *a* ».

1.D. — Véhicules précédemment immatriculés en France

1.D. 1. *Justificatifs administratifs*

La demande de certificat d'immatriculation.

Les justificatifs d'identité et d'adresse.

Le justificatif de vente.

(Arr. du 14 août 2017, art. 3-4°) « Le justificatif d'assurance du véhicule. »

« Le justificatif de permis de conduire lorsque la demande concerne une personne physique. »

Le certificat d'immatriculation remis par l'ancien titulaire comportant la mention "cédé le .../.../..." (date de la cession), suivie de sa signature.

L'attestation du service livrancier si le véhicule était précédemment immatriculé avec la mention d'usage "véhicule administration civile de l'État".

1.D. 2. *Visite ou contrôle technique*

La preuve d'un contrôle technique.

(Arr. du 2 juin 2010) « 1.D. 3. *Justificatifs fiscaux*

« Aucun justificatif fiscal n'est à produire sauf pour les véhicules se trouvant dans l'une des situations mentionnées au point II de l'article 6 et aux points C, D, F et G de l'article 12. »

1.E. — Véhicules précédemment immatriculés hors du territoire métropolitain (hors cas particuliers visés à l'article 12)

(Arr. du 14 août 2017, art. 3-5°) « 1.E.1. *Justificatifs administratifs* :

« La demande de certificat d'immatriculation,

« Les justificatifs d'identité et d'adresse,

« Le justificatif de vente, et soit :

« — un certificat d'immatriculation CE ;

« — un certificat d'immatriculation national ;

« — une pièce officielle de propriété ;

« — un certificat international pour automobiles.

« Le justificatif d'assurance du véhicule.

« Le justificatif de permis de conduire lorsque la demande concerne une personne physique.

« Le justificatif de vente n'est réclamé que s'il y a eu changement de titulaire du certificat d'immatriculation. »

1.E.2. *Justificatifs techniques de conformité*

a) Pour les véhicules conformes à un type communautaire :

Un certificat de conformité à un type CE *(Arr. du 15 sept. 2021)* « ou UE » ou une attestation d'identification à un type communautaire si le certificat d'immatriculation CE n'est pas fourni *(Arr. du 29 nov. 2019)* « , ne correspond pas au véhicule importé, ne permet pas de l'identifier, ou ne comporte pas toutes les données obligatoires, au sens de la directive 1999/37/CE du Conseil du 29 avril 1999 relative aux documents d'immatriculation des véhicules. »

Lorsque le certificat de conformité à un type CE *(Arr. du 15 sept. 2021)* « ou UE » est conforme à la directive 74/150/CE, il est complété par les indications complémentaires au certificat de conformité 74/150/CE.

Si le certificat de conformité à un type CE *(Arr. du 15 sept. 2021)* « ou UE » ou l'attestation d'identification à un type communautaire ne permettent pas d'immatriculer le véhicule, un procès-verbal de RTI est fourni.

Le certificat de conformité à un type CE *(Arr. du 15 sept. 2021)* « ou UE » pourra être *(Abrogé par Arr. du 18 avr. 2019, art. 3)* « ***l'original restitué par les autorités de l'État de première immatriculation ou d'immatriculation précédente,*** » le duplicata du certificat délivré par le constructeur ou son représentant dans l'État de première immatriculation ou d'immatriculation précédente, ou la copie du certificat certifiée conforme par les autorités de l'État de première immatriculation ou d'immatriculation précédente.

b) Pour les véhicules de PTAC ≤ 3,5 tonnes et les *(Arr. du 12 déc. 2018)* « véhicules » agricoles ou forestiers conformes à un type national :

Une attestation d'identification à un type national.

(Arr. du 4 août 2023, art. 2, en vigueur le 1er sept. 2023) « *c)* La fiche de RIUE pour les véhicules ayant fait l'objet d'une réception UE individuelle délivrée en application de l'article 44 du règlement (UE) 2018/858 du Parlement européen et du Conseil du 30 mai 2018 relatif à la réception et à la surveillance du marché des véhicules à moteur et de leurs remorques, ainsi que des systèmes, composants et entités techniques distinctes destinés à ces véhicules, modifiant les règlements (CE) n° 715/2007 et (CE) n° 595/2009 et abrogeant la directive 2007/46/ CE.

« *d)* Pour les véhicules importés conformes à une réception nationale individuelle d'un État membre de l'UE autre que la France délivrée en application de l'article 45 du règlement 2018/858 du Parlement européen et du Conseil du 30 mai 2018 relatif à la réception et à la surveillance du marché des véhicules à moteur et de leurs remorques, ainsi que des systèmes, composants et entités techniques distinctes destinés à ces véhicules, modifiant les règlements (CE) n° 715/2007 et (CE) n° 595/2009 et abrogeant la directive 2007/46/CE : une attestation de reconnaissance selon le modèle figurant à l'annexe XIII *bis* du présent arrêté.

« *e)* Pour les véhicules importés complets ou complétés non conformes à une réception européenne ou une réception nationale française munis d'un certificat d'immatriculation définitif harmonisé CE au sens de la directive 1999/37/CE du Conseil du 29 avril 1999 relative aux documents d'immatriculation des véhicules : une attestation de vérification des données techniques figurant à l'annexe XIII *ter* du présent arrêté.

« *f)* Pour les autres véhicules ou si le certificat d'immatriculation harmonisé CE n'est pas définitif ou ne correspond pas au véhicule importé ou ne permet pas de l'identifier, ou ne comporte pas toutes les données obligatoires, au sens de la directive 1999/37/CE du Conseil du 29 avril 1999 relative aux documents d'immatriculation des véhicules : un procès-verbal de RTI. »

1.E.3. *Justificatifs fiscaux*

Aucun justificatif fiscal n'est à produire pour les remorques, les semi-remorques, les véhicules agricoles et forestiers et les engins spéciaux provenant d'un État membre de l'Union européenne autre que la France.

Pour les autres véhicules :

a) *(Arr. du 2 juin 2010)* « Provenant d'un État tiers à l'Union européenne ou d'une partie de territoire mentionnée à l'article 4.1 de l'*(Arr. du 4 août 2023, art. 9, en vigueur le 1er sept. 2023)* « annexe I » du présent arrêté ou précédemment immatriculés au bénéfice d'un régime privilégié dans un État de l'Union européenne : un certificat 846 A délivré par le service des douanes ou une mention de dispense ; »

b) Provenant d'un État de l'Union européenne autre que la France *(Arr. du 2 juin 2010)* « , dans les cas autres que ceux mentionnés au point *a* » : un quitus fiscal ou une mention de dispense.

1.E.4. *Visite ou contrôle technique*

La preuve d'un contrôle technique *(Arr. du 19 déc. 2013)* « français ou émanant d'un autre État membre de l'Union européenne ».

1.F. – L'immatriculation des cyclomoteurs

L'immatriculation des cyclomoteurs s'effectue selon les modalités définies ci-dessus.

Toutefois, pour les cyclomoteurs mis en circulation avant le 1er juillet 2004 et qui n'ont jamais été immatriculés, les pièces présentées sont celles visées au I.A.1 et en lieu et place du certificat de conformité original, l'une des pièces suivantes :

— le duplicata du certificat de conformité délivré par le constructeur ou son représentant en France ;

— la facture du véhicule sous réserve qu'elle comporte au moins le genre, la marque, le type et le numéro d'identification du véhicule ;

— l'attestation d'assurance sous réserve qu'elle comporte au moins le genre, la marque, le type et le numéro d'identification du véhicule.

1.G. — **Demande d'attribution d'un numéro définitif**

Le titulaire d'un certificat d'immatriculation ne comportant pas le numéro définitif prévu à l'article R. 322-2 du code de la route peut demander l'attribution de ce numéro définitif, sur présentation de son ancien certificat d'immatriculation.

(Arr. du 12 sept. 2023, art. 2) « 1.H. — **Demande conjointe de certificat d'immatriculation et de quitus fiscal**

« 1° Pièces à fournir dans tous les cas :
« — le certificat d'immatriculation étranger ;
« — un justificatif de vente ;
« — la demande de certificat d'immatriculation ;
« — le justificatif d'identité du titulaire et des co-titulaires *[cotitulaires]* ;
« — le justificatif d'adresse du titulaire ;
« — un justificatif de conformité tel qu'indiqué à l'article 1.E.2 ;
« — un justificatif de visite ou contrôle technique tel qu'indiqué à l'article 1.E.4 ;
« — le justificatif de l'usage du véhicule, le cas échéant.

« 2° En cas de déménagement : le contrat de transport ou la liste de déménagement ;

« 3° Pièces à fournir concernant l'acheteur ou les acheteurs : les justificatifs d'identité et d'adresse ;

« 4° Le cas échéant, concernant l'intermédiaire d'achat : le mandat de représentation ;

« 5° Le cas échéant, acte notarié ou document certifié par les autorités compétentes du pays d'expédition.

« 1.I. — **Demande de quitus fiscal seul**

« 1° Pièces à fournir dans tous les cas :
« — le certificat d'immatriculation étranger ;
« — un justificatif de vente ;
« — un justificatif de conformité tel qu'indiqué à l'article 1er.E.2 ;
« — un justificatif de visite ou contrôle technique tel qu'indiqué à l'article 1er.E.4 ;
« — le justificatif de l'usage du véhicule.

« 2° Pièces à fournir concernant l'acheteur : les justificatifs d'identité et d'adresse ;

« 3° Le cas échéant, concernant l'intermédiaire : le mandat de représentation. »

Les dispositions issues de l'Arr. du 13 oct. 2017 sont applicables à titre expérimental à compter du lendemain de la publication du présent arrêté et jusqu'au 5 nov. 2017, dans les départements des Ardennes, de l'Aube, de la Côte-d'Or, du Doubs, du Jura, de la Marne, de la Haute-Marne, de Meurthe-et-Moselle, de la Meuse, de la Moselle, de la Nièvre, du Bas-Rhin, du Haut-Rhin, de la Haute-Saône, de Saône-et-Loire, de Seine-et-Marne, des Vosges, de l'Yonne, du Territoire-de-Belfort et du Val-de-Marne. Elles sont applicables à l'ensemble du territoire à compter du 6 nov. 2017. Un rapport d'évaluation est rendu avant la fin de cette période expérimentale (Arr. préc., art. 16).

Art. 2 *Le certificat d'immatriculation.* I. — Le certificat d'immatriculation, visé à l'article R. 322-2 du code de la route, se compose d'une seule partie au sens de la directive *(Arr. du 25 juin 2015, art. 3-I)* « 1999/37/CE du Conseil » du 29 avril 1999 modifiée relative aux documents d'immatriculation des véhicules. Il comprend un élément détachable intitulé "certificat d'immatriculation – coupon détachable".

Le certificat d'immatriculation est délivré sous forme d'un document papier dont les principales caractéristiques sont mentionnées en *(Arr. du 4 août 2023, art. 9, en vigueur le 1er sept. 2023)* « annexe II » du présent arrêté.

II. — La composition du numéro d'immatriculation présent sur le certificat d'immatriculation figure à l'*(Arr. du 4 août 2023, art. 9, en vigueur le 1er sept. 2023)* « annexe VII » du présent arrêté.

III. — La liste des rubriques renseignées sur le certificat d'immatriculation figure à l'*(Arr. du 4 août 2023, art. 9, en vigueur le 1er sept. 2023)* « annexe III » du présent arrêté.

IV. — Le certificat d'immatriculation matérialise l'autorisation de circuler du véhicule et permet son identification.

V. — Le certificat d'immatriculation peut être établi au nom de plusieurs copropriétaires sur production des justificatifs adéquats.

Il peut être établi au nom d'un mineur. La demande d'immatriculation doit alors être signée par la personne ou l'institution investie de l'autorité parentale ou du droit de garde. Le mineur émancipé doit apporter la preuve de son émancipation.

Dans le cas de véhicules de location longue durée en crédit-bail, la demande d'immatriculation peut être présentée soit par la société de financement, soit par la société de location, soit par le locataire mandaté en possession d'un mandat dont le modèle figure en *(Arr. du 4 août 2023, art. 9, en vigueur le 1er sept. 2023)* « annexe X » du présent arrêté.

(Arr. du 25 juin 2015, art. 3-II) « Dans le cas » de véhicules de location longue durée avec option d'achat, la demande d'immatriculation peut être présentée soit par la société propriétaire, soit par le locataire mandaté.

Dans les deux cas (option d'achat et crédit-bail), le nom et l'adresse du locataire et le nom du propriétaire figurent sur le certificat d'immatriculation.

Art. 3 *Expédition du certificat d'immatriculation.* I. — Le titulaire du certificat d'immatriculation reçoit le titre, à son adresse, sous la forme d'un envoi avec remise contre signature.

II. — Modalités particulières d'expédition :

a) Véhicule en transit temporaire : le certificat d'immatriculation d'un véhicule immatriculé avec un usage "véhicule en transit temporaire" est expédié soit à l'adresse du professionnel ayant effectué la demande, soit à l'adresse indiquée par le demandeur.

b) Véhicule en location : les loueurs peuvent retirer leurs certificats d'immatriculation sur le site de l'Imprimerie nationale ou décider d'un envoi par voie postale à l'adresse du locataire ou du loueur dans les conditions fixées par convention signée avec le ministre de l'intérieur.

c) Véhicule diplomatique : le certificat d'immatriculation comportant le numéro diplomatique est adressé au siège de la mission diplomatique ou consulaire, de l'organisation internationale ou de la délégation des États membres auprès de l'organisation concernée.

(Arr. du 13 oct. 2017, art. 4, en vigueur le 6 nov. 2017) « III. — Lorsque le titre réceptionné remplace le précédent certificat d'immatriculation du véhicule, ce dernier est conservé pendant cinq ans puis détruit par le propriétaire dans les conditions prévues à l'article R. 350-3 du code de la route. »

V. note ss. art. 1er.

CHAPITRE II *LES MENTIONS PARTICULIÈRES SUR LE CERTIFICAT D'IMMATRICULATION*

Art. 4 *Les mentions relatives à l'usage du véhicule.* Toute demande d'immatriculation d'un véhicule associée à un usage particulier est effectuée, sur présentation des documents justificatifs de l'usage *(Abrogé par Arr. du 2 juin 2010)* *« en sus des pièces visées à l'article 1er du présent arrêté »*, auprès du *(Arr. du 13 oct. 2017, art. 6-1°, en vigueur le 6 nov. 2017)* « ministre de l'intérieur par voie électronique », à l'exception des immatriculations avec un usage "véhicule en transit temporaire" et "véhicule de démonstration" qui peuvent également être effectuées par l'intermédiaire d'un professionnel de l'automobile habilité par le ministre de l'intérieur.

Dans ce cas, le certificat d'immatriculation comporte des mentions relatives à l'usage du véhicule qui sont :

— "véhicule administration civile de l'État — code TGPE" ;
— "véhicule militaire — numéro militaire" ;
— "véhicule agricole — numéro d'exploitation" ;
— "véhicule de démonstration — date de fin de validité de l'usage" ;
— "véhicule de collection" ;
— "véhicule en transit temporaire — date de fin de validité de l'usage" ;
— "véhicule importé en transit — date de fin de validité de l'usage" ;
— *(Arr. du 2 juin 2010)* « "véhicule zone franche du pays de Gex" ;
— « "véhicule zone franche de Haute-Savoie". »

(Arr. du 24 mai 2017, art. 1er-I) « Sauf dispositions particulières mentionnées ci-après, la fin de l'usage emporte le retrait de la mention inscrite sur le certificat d'immatriculation

et donne lieu à la délivrance d'un certificat d'immatriculation exempt de cette mention d'usage dans les conditions prévues à l'article 1er du présent arrêté. »

4.A. – Usage "administration civile de l'État"

L'immatriculation d'un véhicule appartenant aux services de l'État est effectuée, conformément aux articles 1er, 4 et 5 du présent arrêté et à la demande du service gestionnaire du parc automobile concerné, sur présentation d'une pièce de l'administration indiquant le code TGPE (tableau général des propriétés de l'État) du service affectataire du véhicule.

4.B. – Usage "véhicule militaire"

L'immatriculation des véhicules appartenant aux différents corps d'armée est effectuée, conformément aux articles 1er, 4 et 5 du présent arrêté et à la demande du ministère de la défense, sur présentation d'un numéro d'immatriculation militaire attribué au véhicule par les services de gestion des corps d'armée.

4.C. – Usage "véhicule agricole"

L'immatriculation des véhicules agricoles est effectuée conformément aux articles 1er, 4 et 5 du présent arrêté sur présentation d'un document de la mutualité sociale agricole. *(Arr. du 13 oct. 2017, art. 6-2°, en vigueur le 6 nov. 2017)* « Au vu de ce document, le ministre de l'intérieur porte sur le certificat d'immatriculation un numéro d'exploitation au côté de la mention véhicule agricole. »

4.D. – Usage "véhicule de démonstration"

I. – Un véhicule de démonstration est un véhicule neuf d'un PTAC 3,5 tonnes, affecté pour une durée de trois mois minimum et un an maximum exclusivement à la démonstration. Celle-ci consiste en l'utilisation de ces véhicules, par les constructeurs, importateurs, concessionnaires et agents de marque, dans le cadre d'opérations de présentation et d'essai auprès de leur clientèle.

Peut être affecté à la démonstration tout véhicule soumis à immatriculation répondant aux conditions précitées et ce, quels que soient son genre et sa carrosserie (voiture particulière, motocyclette, camionnette, remorque, etc.).

Les délais définis ci-dessus s'entendent à partir de la date de la première immatriculation indiquée sur le certificat d'immatriculation.

II. – L'immatriculation d'un véhicule de démonstration est effectuée *(Arr. du 2 juin 2010)* « conformément aux articles 1er, 4 et 5 du présent arrêté » et sur présentation d'une pièce justifiant que le requérant a la qualité de concessionnaire, d'agent de marque, de constructeur ou de représentant de la marque.

III. – En cas de vente du véhicule de démonstration, il y a lieu de procéder à une fin de démonstration.

Deux situations sont à distinguer en fonction de la date de la cession :

a) En cas de vente avant l'expiration du délai minimal de trois mois ou après le délai maximal d'un an, le professionnel acquitte préalablement les taxes en vigueur et, sur présentation des pièces justificatives, obtient le récépissé de fin de démonstration auprès du *(Arr. du 13 oct. 2017, art. 5, en vigueur le 6 nov. 2017)* « ministre de l'intérieur par voie électronique ». Il déclare ensuite la cession du véhicule.

b) En cas de vente au cours de la période de gratuité, de trois mois à un an, le professionnel déclare la cession du véhicule et obtient ensuite le récépissé de fin de démonstration auprès du *(Arr. du 13 oct. 2017, art. 5, en vigueur le 6 nov. 2017)* « ministre de l'intérieur par voie électronique ».

Le professionnel remet au nouvel acquéreur le récépissé de fin de démonstration et le certificat d'immatriculation revêtu de la mention "cédé le .../.../...", suivie de la signature du professionnel.

Ces documents sont nécessaires pour effectuer la demande de réimmatriculation du véhicule, en plus des pièces visées à l'article 1er du présent arrêté.

Le particulier acquéreur du véhicule peut circuler, pendant un mois, sous couvert du coupon détachable.

Lorsque le véhicule de démonstration est cédé à un autre professionnel, celui-ci établit une déclaration d'achat dans les conditions visées à l'article *(Arr. du 4 août 2023, art. 3, en vigueur le 1er sept. 2023)* « 10 » du présent arrêté.

IV. — En cas de changement d'affectation du véhicule au cours de la période de démonstration ou à la fin de celle-ci, le titulaire du certificat d'immatriculation procède à une fin de démonstration en préfecture et obtient, contre remise de son certificat d'immatriculation, un nouveau titre exempt de cette mention.

V. — Les véhicules de démonstration ne peuvent être donnés en location. Toutefois, un véhicule pris en location avec option d'achat ou en longue durée par un concessionnaire ou un agent de marque peut être affecté à la démonstration. Dans ce cas, le certificat d'immatriculation doit faire apparaître à la fois le nom de la société de location, propriétaire du véhicule, et celui du locataire responsable du véhicule.

Ils ne peuvent, en outre, servir au dépannage d'autres véhicules sauf à titre exceptionnel s'il s'agit de véhicules de la même entreprise.

VI. — Les conditions de circulation des véhicules immatriculés avec la mention d'usage "véhicule de démonstration" sont prévues en *(Arr. du 4 août 2023, art. 9, en vigueur le 1er sept. 2023)* « annexe IX » du présent arrêté.

4.E. — Usage "véhicule de collection"

I. — Il peut être délivré pour les véhicules *(Arr. du 24 mai 2017, art. 1er-II-1°)* « , à moteur ou remorqués, qui satisfont aux dispositions du 6.3 de l'article R. 311-1 du code de la route, » et qui ne peuvent satisfaire aux dispositions de l'article R. 321-15 du code de la route, un certificat d'immatriculation avec la mention "véhicule de collection".

II. — Lors de la demande d'immatriculation du véhicule, le propriétaire présente, outre les pièces justificatives de son identité et de son adresse *(Arr. du 2 juin 2010)* « et, le cas échéant, les justificatifs fiscaux mentionnés à l'article 1.E.3, » les pièces suivantes :

(Arr. du 24 mai 2017, art. 1er-II-2°) « *a)* Le certificat d'immatriculation précédent du véhicule ou, à défaut, une pièce prouvant l'origine de propriété du véhicule ;

« *b)* Une attestation établie soit par le constructeur ou son représentant en France, soit par la Fédération française des véhicules d'époque dont le modèle figure en *(Arr. du 4 août 2023, art. 9, en vigueur le 1er sept. 2023)* « annexe VIII » du présent arrêté ; »

(Arr. du 13 oct. 2017, art. 6-3°, en vigueur le 6 nov. 2017) « *c)* Sans préjudice des dispositions applicables du code de la route, la preuve d'un contrôle technique pour les véhicules d'un poids total autorisé en charge inférieur ou égal à 3,5 tonnes et mis en circulation à compter du 1er janvier 1960. »

(Arr. du 14 août 2017, art. 4) « *d)* S'il y a changement de propriétaire ou première immatriculation en France à l'occasion de la demande : le justificatif d'assurance du véhicule et le justificatif de permis de conduire lorsque la demande concerne une personne physique. »

« III. — L'usage "véhicule de collection" une fois mentionné sur le certificat d'immatriculation ne peut être changé ou retiré que si le véhicule *(Arr. du 15 sept. 2021)* « satisfait » aux dispositions de l'article R. 321-15 du code de la route. »

IV. — Les conditions de circulation des véhicules immatriculés avec la mention d'usage "véhicule de collection" sont prévues en *(Arr. du 4 août 2023, art. 9, en vigueur le 1er sept. 2023)* « annexe IX » du présent arrêté. — *Le III devient le IV (Arr. du 24 mai 2017, art. 1er-II-4°).*

4.F. — Usage "véhicule en transit temporaire" et "véhicule importé en transit"

Les véhicules en situation de transit temporaire et d'importation en transit bénéficient, en application de la réglementation douanière, *(Arr. du 2 juin 2010)* « de mesures fiscales suspensives » lors de leur immatriculation.

L'immatriculation de ces véhicules est effectuée conformément aux articles 1er, 4 et 5 du présent arrêté et sur présentation du document 846B, remis par le service des douanes, dûment complété avec notamment la date d'expiration de leur exonération fiscale.

I. — Immatriculation d'un véhicule en transit temporaire :

L'immatriculation d'un véhicule en transit temporaire est réservée aux véhicules à usage privé acquis neufs en France en exonération de droits de douane et de la taxe sur la valeur ajoutée en vue de leur exportation *(Arr. du 2 juin 2010)* « par des personnes physiques qui possèdent leur résidence normale hors du territoire fiscal de la Communauté européenne.

« Les différents cas dans lesquels une personne peut bénéficier d'une immatriculation en transit temporaire, ainsi que les délais correspondants, sont fixés par le service des douanes en application des dispositions européennes et nationales en vigueur. La prorogation de l'usage donne lieu à la délivrance d'un nouveau certificat d'immatriculation sur présentation d'un nouveau certificat 846 B délivré par le service des douanes. »

II. — Immatriculation d'un véhicule importé en transit :

L'immatriculation d'un véhicule en importation en transit est réservée à des véhicules *(Abrogé par Arr. du 2 juin 2010) « à usage privé »* appartenant à des personnes bénéficiant, en raison d'accords spécifiques, d'une exonération douanière et fiscale.

La durée de validité de l'usage "véhicule importé en transit" est fixée par le service des douanes et est prorogeable sur présentation du document 846B remis par ce service. La prorogation de l'usage donne lieu à la délivrance d'un nouveau certificat d'immatriculation.

4.G. — *(Arr. du 2 juin 2010)* **« Usage "Véhicule zone franche du pays de Gex", "Véhicule zone franche de Haute-Savoie"**

« Les véhicules automobiles de marques étrangères (importés tout montés ou véhicules construits ou montés en France avec des pièces détachées de provenance étrangère) déclarés par des personnes installées dans l'une de ces zones sont exemptés de droits de douane et peuvent être immatriculés avec l'usage "véhicule zone franche du pays de Gex" ou "véhicule zone franche de Haute-Savoie". Le régime d'exemption est aussi applicable aux personnes installées dans l'une de ces zones qui bénéficient pour leur véhicule d'un contrat de location de longue durée, en crédit-bail ou avec option d'achat, même lorsque la société de location partie au contrat est située en dehors de la zone franche. »

L'immatriculation de ces véhicules est effectuée conformément aux articles 1er, 4 et 5 du présent arrêté et sur présentation des pièces suivantes :

a) Un document 846B, remis par les services des douanes, dûment complété ;

b) Une pièce justificative d'adresse dans ces zones géographiques.

La validité de l'usage cesse dès que *(Arr. du 2 juin 2010)* « la personne ayant bénéficié du régime d'exemption est domiciliée » hors de ces zones.

V. note ss. art. 1er.

Art. 5 *Les mentions relatives à des caractéristiques techniques particulières du véhicule.* Le certificat d'immatriculation peut comporter, sur présentation des documents justificatifs, des mentions relatives à des caractéristiques techniques particulières dont la liste figure en *(Arr. du 4 août 2023, art. 9, en vigueur le 1er sept. 2023)* « annexe III » du présent arrêté.

CHAPITRE III *L'IMMATRICULATION SPÉCIFIQUE*

Art. 6 *L'immatriculation diplomatique.* Les véhicules appartenant à des personnes de statut diplomatique ou assimilé peuvent bénéficier d'une immatriculation complémentaire spécifique dont la demande est effectuée auprès du *(Arr. du 13 oct. 2017, art. 7, en vigueur le 6 nov. 2017)* « ministre de l'intérieur par voie électronique ».

I. — Immatriculation du véhicule

Le titulaire effectue une demande d'immatriculation dans les conditions visées à l'article 1er du présent arrêté, à l'exception des documents de réception et de contrôle technique. Il présente à l'appui de sa demande un récépissé de dépôt de dossier remis par le ministère des affaires étrangères.

Le titulaire peut alors circuler pendant une durée de trois mois sous couvert soit d'un certificat provisoire d'immatriculation comportant le numéro d'immatriculation définitif assigné au véhicule, soit du coupon détachable.

Un numéro est attribué au demandeur en complément du numéro d'immatriculation déjà accordé au véhicule sur présentation de la décision du ministre des affaires étrangères et du ministre chargé de l'économie et des finances lui accordant le bénéfice de l'immatriculation spécifique.

Un certificat provisoire d'immatriculation d'une validité d'un mois et comportant ces deux numéros est alors délivré au demandeur dans l'attente de la réception du certificat d'immatriculation comportant les deux numéros d'immatriculation.

Le certificat d'immatriculation est adressé au siège de la mission diplomatique ou consulaire, de l'organisation internationale ou de la délégation des États membres auprès de l'organisation concernée.

II. — Fin de l'immatriculation diplomatique

a) En cas de vente de son véhicule, le titulaire du certificat d'immatriculation doit préalablement régulariser la situation de celui-ci auprès du ministre chargé de l'économie et des finances avant la remise du titre à l'acquéreur. Il cède son véhicule dans les conditions visées à l'article 10 du présent arrêté et remet à l'acquéreur le certificat 846 A *(Arr. du 2 juin 2010)* « délivré par le service des douanes ».

b) En cas de perte du statut diplomatique, le titulaire du certificat d'immatriculation demande un nouveau certificat d'immatriculation comportant uniquement le numéro d'immatriculation définitif assigné au véhicule et présente les pièces suivantes :

– une demande de certificat d'immatriculation ;

– les justificatifs d'identité et d'adresse ;

– le certificat d'immatriculation précédent ;

– la preuve d'un contrôle technique ;

– un procès-verbal de RTI si le véhicule n'est pas conforme à un type ayant fait l'objet d'une réception nationale ou d'une réception communautaire ;

– un certificat 846 A *(Arr. du 2 juin 2010)* « délivré par le service des douanes. ».

V. note ss. art. 1er.

CHAPITRE IV *LA CIRCULATION PROVISOIRE DU VÉHICULE*

Art. 7 *Le coupon détachable et le certificat provisoire d'immatriculation.* Après vérification des pièces présentées à l'appui d'une demande d'immatriculation ou d'une demande de modification des données du certificat d'immatriculation, et dans l'attente de la réception de son certificat d'immatriculation, l'usager peut circuler pendant un mois sur le territoire national sous couvert de l'un des documents suivants :

a) Le coupon détachable du précédent certificat d'immatriculation remis lors de sa demande ;

b) En l'absence de coupon détachable, un document dénommé "certificat provisoire d'immatriculation", établi sous la forme d'un document sécurisé, remis à l'usager.

La durée de validité du certificat provisoire d'immatriculation est d'un mois sauf dans les cas suivants :

a) Pour les véhicules de location courte durée, cette durée est de huit mois ;

b) Dans le cas d'un véhicule en attente de l'immatriculation diplomatique, la durée de validité du certificat provisoire d'immatriculation est de trois mois.

Art. 8 *Le certificat provisoire d'immatriculation WW. (Arr. du 13 oct. 2017, art. 8-I, en vigueur le 6 nov. 2017)* « I. — Font l'objet d'une immatriculation provisoire WW, soit auprès du ministre de l'intérieur par voie électronique, soit par l'intermédiaire d'un professionnel de l'automobile habilité par le ministre de l'intérieur, les véhicules limitativement énumérés ci-après :

(Arr. du 24 avr. 2020, en vigueur le 14 mai 2020) « – les véhicules neufs prêts à l'emploi dans l'attente de l'émission d'un certificat de conformité à un type CE sous forme de données électroniques structurées ; »

(Abrogé par Arr. du 24 avr. 2020, à compter de l'expiration d'un délai de deux mois suivant la fin de la période d'urgence sanitaire) (Arr. du 28 févr. 2020, en vigueur du 1er mars 2020 jusqu'au 30 avr. 2020) « – ***les véhicules neufs prêts à l'emploi dans l'attente de l'émission d'un certificat de conformité à un type CE sous forme de données électroniques structurées ;*** »

« – les véhicules neufs vendus incomplets aux fins de carrossage ;

(Arr. du 15 févr. 2018) « – les véhicules neufs vendus complétés ; »

« – les véhicules neufs ou d'occasion importés dont le dossier de demande d'immatriculation est incomplet ou en cours d'examen ;

« – les véhicules neufs exportés vers les départements d'outre-mer et les collectivités d'outre-mer, vers l'Union européenne ou vers les États tiers à l'Union européenne ;

« – les véhicules d'occasion précédemment immatriculés dans un État de l'Union européenne autre que la France ou dans un État tiers à l'Union européenne, achetés en France à un professionnel du commerce de l'automobile et destinés à être directement exportés en dehors du territoire métropolitain ;

« – les véhicules d'occasion précédemment immatriculés en France mais dont le certificat d'immatriculation ne comporte pas le numéro définitif prévu à l'article R. 322-2 du code de la route ou un numéro attribué par l'ancien fichier national des immatriculations, destinés à être exportés vers l'Union européenne ou vers les États tiers à l'Union européenne.

« Font l'objet d'une immatriculation provisoire WW, auprès du ministre de l'intérieur par voie électronique, les véhicules limitativement énumérés ci-après :

« — les machines agricoles automotrices neuves et les véhicules de catégories internationales R et S neufs dont le dossier d'immatriculation est incomplet, sur présentation d'une attestation conforme à l'un des modèles figurant en *(Arr. du 4 août 2023, art. 9, en vigueur le 1er sept. 2023)* « annexes XV et XVI » du présent arrêté ;

« — les véhicules diplomatiques ou assimilés dont le certificat d'immatriculation ne comporte pas le numéro définitif prévu à l'article R. 322-2 du code de la route, destinés à être exportés en dehors du territoire métropolitain, après restitution de leurs plaques diplomatiques aux autorités douanières. »

II. — La demande d'immatriculation provisoire est effectuée, *(Abrogé par Arr. du 13 oct. 2017, art. 8-II, à compter du 6 nov. 2017)* ***« auprès du préfet d'un département, »*** dans les conditions fixées à l'article 1er du présent arrêté.

Un certificat provisoire d'immatriculation WW est délivré au demandeur lui permettant de circuler, pendant *(Arr. du 12 déc. 2017)* « deux mois ». *(Arr. du 22 déc. 2009)* « Cette durée est de trois mois pour *(Arr. du 2 juin 2010)* « les véhicules neufs vendus incomplets aux fins de carrossage, » les machines agricoles automotrices et les véhicules de catégories R et S mentionnés au I. »

Le certificat provisoire d'immatriculation est prorogeable une fois, *(Arr. du 12 déc. 2017)* « par tacite reconduction ».

III. — Les conditions de circulation des véhicules qui font l'objet d'une immatriculation provisoire en WW sont précisées en *(Arr. du 4 août 2023, art. 9, en vigueur le 1er sept. 2023)* « annexe IX » du présent arrêté.

(Abrogé par Arr. du 12 déc. 2018, art. 3, à compter du 1er janv. 2019) ***« IV. — Des autorisations exceptionnelles peuvent être accordées par décision du ministre chargé des transports après avis du ministre de l'intérieur, pour la circulation, sous couvert de certificat provisoire d'immatriculation WW, de véhicules n'entrant pas dans le cadre défini au présent article. »***

V. note ss. art. 1er.

Les certificats provisoires d'immatriculation WW émis entre le 1er nov. 2017 et la date de publication de l'Arr. du 12 déc. 2017 (JO 16 déc.) font l'objet d'une prorogation par tacite reconduction de deux mois, nonobstant la date de fin de validité mentionnée sur ces titres. Cette durée est de trois mois pour les véhicules neufs vendus incomplets aux fins de carrossage, les machines agricoles automotrices et les véhicules de catégories R et S mentionnés au I de l'art. 8 (Arr. préc., art. 2).

Art. 9 *Le certificat W garage.* I. — Les véhicules utilisés par les professionnels du commerce de l'automobile à des fins professionnelles circulent, à titre provisoire, sous couvert d'un certificat d'immatriculation W garage, dans les cas suivants :

a) Pour les véhicules neufs : les prototypes en cours d'étude ou d'essai technique, les véhicules dont la déclaration de mise en circulation n'est pas encore possible dans les cas suivants :

— essais techniques et mises au point dès l'achèvement de la construction ;

— déplacements dans un lieu où le véhicule doit être complété ou adapté ;

— déplacement pour présentation à un acheteur potentiel d'un véhicule non affecté à la démonstration ;

— déplacement pour présentation aux acquéreurs éventuels ou à leurs représentants des véhicules de démonstration de PTAC ≥ 3,5 tonnes ;

— présentation à la presse ;

— prêt pour essais, par les constructeurs ou leurs filiales et les importateurs, de véhicules à des directeurs de journaux ou journalistes spécialisés des questions automobiles et à toute personne dont la profession le justifie.

b) Pour les véhicules d'occasion : les véhicules déjà immatriculés dont la mise en circulation a strictement pour objet :

— les essais techniques avant ou après réparation ou modification ;

(Arr. du 22 déc. 2009) « — les essais techniques après réparation d'un véhicule endommagé afin de vérifier, sous le contrôle et la conduite du garagiste, que le véhicule peut circuler dans des conditions normales de sécurité ; »

— le transport entre un atelier de réparation et un atelier spécialisé ou un centre de contrôle technique ;

— la revente du véhicule recouvrant la présentation à un acheteur potentiel, l'acheminement du véhicule à un lieu d'exposition à la clientèle ou à l'adresse de l'acquéreur ;
— le remorquage entre le lieu de l'accident et un atelier de réparation de véhicules endommagés dans un accident de la circulation et dont la plaque arrière n'existe plus ou n'est plus lisible ;
véhicules démunis de certificat d'immatriculation lorsqu'il s'agit des opérations visées aux cas *b* ci-dessus ;
— déplacement pour présentation aux acquéreurs éventuels ou à leurs représentants de véhicules de plus de 3,5 tonnes affectés à la démonstration.

c) Les véhicules utilisés par les coopératives agricoles et les établissements d'enseignement assurant la formation des mécaniciens réparateurs d'automobiles sur justification de leurs besoins.

II. — La demande de certificat W garage est effectuée auprès du *(Arr. du 13 oct. 2017, art. 5, en vigueur le 6 nov. 2017)* « ministre de l'intérieur par voie électronique », par le professionnel, à l'aide de l'imprimé CERFA de demande de délivrance du certificat W garage référencé en *(Arr. du 4 août 2023, art. 9, en vigueur le 1er sept. 2023)* « annexe XIX du présent arrêté » et *(Arr. du 28 oct. 2021, art. 12, en vigueur le 1er nov. 2021)* « de la communication du numéro unique d'identification et sur présentation » d'une justification fiscale de son activité professionnelle liée à la construction, à l'importation, au transport ou au convoyage, à la réparation ou au commerce de véhicules automobiles ou remorqués.

La demande effectuée dans le cadre du cas I-*c* se fait sur présentation des statuts ou toute autre pièce justificative de l'existence légale de ces coopératives agricoles ou de ces établissements d'enseignement faisant apparaître le nom du responsable et l'adresse de l'organisme ainsi que la preuve qu'ils ont été déclarés auprès d'une préfecture ou sous-préfecture ou reconnus par une administration, une juridiction ou un organisme professionnel.

III. — Le certificat W garage est valable pour l'année civile et comporte la date de fin de validité de l'immatriculation provisoire. Le certificat ainsi délivré porte le millésime de l'année de sa délivrance et est adressé au professionnel ayant effectué la demande. — *V. la validité des certificats W garage émis en 2017, et valable initialement pour l'année civile, est prolongée jusqu'au 31 mars 2018 (Arr. du 28 déc. 2017, JO 6 janv. 2018, mod. par Arr. du 23 févr. 2018, JO 1er mars).*

Il peut être renouvelé pour la même durée, auprès du *(Arr. du 13 oct. 2017, art. 5, en vigueur le 6 nov. 2017)* « ministre de l'intérieur par voie électronique », à l'aide de l'imprimé CERFA de demande de délivrance du certificat W garage référencé en *(Arr. du 4 août 2023, art. 9, en vigueur le 1er sept. 2023)* « annexe XIV » du présent arrêté et sur présentation du certificat W garage précédent. Les demandes peuvent être introduites, pour l'année suivante, à partir du 1er novembre jusqu'au 31 décembre de l'année en cours.

Le professionnel conserve son ancien certificat jusqu'au 31 décembre de l'année en cours.

Il *(Arr. du 13 oct. 2017, art. 9, en vigueur le 6 nov. 2017)* « détruit » le certificat W garage *(Arr. du 13 oct. 2017, art. 9, en vigueur le 6 nov. 2017)* « à l'issue de cette période », qu'il ait effectué ou non une demande de renouvellement de son certificat.

IV. — Dans le cas où le numéro W garage est employé pour un véhicule automobile ou remorqué déjà immatriculé, ce numéro doit seul être utilisé.

V. — Les conditions de circulation des véhicules sous couvert d'une immatriculation W garage sont prévues en *(Arr. du 4 août 2023, art. 9, en vigueur le 1er sept. 2023)* « annexe IX » du présent arrêté.

(Abrogé par Arr. du 12 déc. 2018, art. 4, à compter du 1er janv. 2019) « ***VI. — Des autorisations exceptionnelles peuvent être accordées par décision du ministre chargé des transports, après avis du ministre de l'intérieur, pour l'emploi de numéros W garage n'entrant pas dans le cadre défini au présent article.*** »

V. note ss. art. 1er.

Art. 9-1 *Autorisations exceptionnelles de circulation. (Arr. du 12 déc. 2018, art. 5, en vigueur le 1er janv. 2019)* Des autorisations exceptionnelles peuvent être accordées par décision du ministre chargé des transports, après avis du ministre de l'intérieur, pour la circulation, sous couvert de certificat provisoire d'immatriculation, de véhicules ou pour l'emploi de numéros W garage n'entrant pas dans les cadres définis aux articles 8 ou 9 du présent arrêté.

Art. 9-2 *Le certificat WW DPTC. (Arr. du 12 déc. 2018, art. 5, en vigueur le 1er janv. 2019)* Les véhicules relevant d'une expérimentation de délégation de conduite au sens du décret nº 2018-211 du 28 mars 2018 relatif à l'expérimentation de véhicules à délégation de conduite sur les voies publiques circulent, à titre provisoire, sous couvert d'un certificat WW DPTC, dont les conditions d'attribution et de durée d'utilisation sont définies par l'arrêté du 17 avril 2018 relatif à l'expérimentation de véhicules à délégation de conduite sur les voies publiques.

CHAPITRE V *LA CESSION ET L'ACHAT DU VÉHICULE*

Art. 10 *(Arr. du 14 août 2017, art. 5)* I. — En cas de cession d'un véhicule, l'ancien propriétaire remet à l'acquéreur les pièces suivantes :

a) Le certificat d'immatriculation barré, annoté et complété conformément aux dispositions de l'article R. 322-4 du code de la route ;

b) Un exemplaire du certificat de cession CERFA, référencé en *(Arr. du 4 août 2023, art. 9, en vigueur le 1er sept. 2023)* « annexe XIV » du présent arrêté, rempli et signé par l'ancien propriétaire et l'acquéreur ou un code de cession en cours de validité *(Arr. du 10 juill. 2020)* « ou un exemplaire de certificat de cession électronique dans le cas de l'utilisation de l'application mobile du ministère de l'intérieur » ;

c) Un certificat de situation administrative établi depuis moins de quinze jours, précisant à sa date d'édition l'existence ou non d'un gage ainsi que toute opposition au transfert du certificat d'immatriculation du véhicule ou au transfert de la propriété du véhicule.

II. — A l'issue de la cession, l'ancien propriétaire doit adresser, dans les quinze jours suivant la cession, au ministre de l'intérieur une déclaration l'informant de la vente de son véhicule. Cette déclaration s'effectue :

— soit auprès du ministère de l'intérieur par voie électronique, en s'authentifiant sur le site internet https://immatriculation.ants.gouv.fr par l'utilisation d'un code confidentiel qui lui a été fourni lors de la réception de son certificat d'immatriculation ou par l'utilisation du dispositif "France Connect" *(Arr. du 10 juill. 2020)* « ou encore en s'authentifiant sur l'application mobile du ministère de l'intérieur par l'utilisation du dispositif "France Connect" » ;

— soit par l'intermédiaire d'un professionnel de l'automobile habilité par le ministère de l'intérieur sur présentation du certificat de cession CERFA, référencé en *(Arr. du 4 août 2023, art. 9, en vigueur le 1er sept. 2023)* « annexe XIV » du présent arrêté.

Un récépissé de la déclaration de cession est remis à l'ancien propriétaire.

III. — Le professionnel acquéreur d'un véhicule déjà immatriculé en France en déclare l'achat soit auprès du ministre de l'intérieur par voie électronique, soit par l'intermédiaire d'un professionnel de l'automobile habilité par le ministère de l'intérieur.

Un récépissé de la déclaration d'achat lui est retourné.

IV. — En cas de revente du véhicule à un autre professionnel, le professionnel vendeur remet à l'acquéreur les pièces suivantes :

a) Le certificat de cession ;

b) Le certificat d'immatriculation ;

c) La copie du récépissé de sa déclaration d'achat ;

d) Le certificat de situation administrative.

Le nouveau professionnel acquéreur déclare l'achat dans les conditions fixées ci-dessus.

V. — En cas de revente du véhicule à un particulier, le professionnel vendeur remet à l'acquéreur les pièces suivantes :

a) Le certificat de cession ;

b) La copie du récépissé de la déclaration d'achat précédent ;

c) Le certificat d'immatriculation barré, annoté et complété conformément aux dispositions de l'article R. 322-4 du code de la route ;

d) Le certificat de situation administrative.

VI. — Dans le cas de l'achat par le locataire du véhicule dont il avait la location, la société de location anciennement propriétaire du véhicule est dispensée, lorsqu'elle n'est pas en possession du certificat d'immatriculation dudit véhicule, d'apposer sur ce document la mention cédé le ..../........................../.........................., suivie de sa signature.

Toutefois, même en l'absence de ces mentions, le locataire devenu propriétaire doit, en application de l'article R. 322-5 du code de la route, avant l'expiration du délai d'un mois suivant la date de la cession, faire établir un certificat d'immatriculation à son nom dans les conditions définies à l'article 11 du présent arrêté, ou faire dans ce même délai une déclaration précisant qu'il ne maintient pas le véhicule en circulation dans les conditions définies à l'article 13 du présent arrêté.

La société de location est également dispensée de l'apposition de ces mentions lorsque le véhicule est vendu directement à un professionnel de l'automobile agissant en qualité d'intermédiaire ; ce dernier doit alors en déclarer l'achat dans les conditions définies au II du présent article.

CHAPITRE VI *LE CHANGEMENT DE TITULAIRE ET LES SITUATIONS PARTICULIÈRES* *(Arr. du 2 juin 2010).*

Art. 11 *L'immatriculation au nom de l'acquéreur avant toute nouvelle cession.* Tout acquéreur d'un véhicule déjà immatriculé doit demander l'établissement d'un certificat d'immatriculation à son nom avant toute nouvelle cession même si cette dernière intervient dans le délai d'un mois fixé par l'article R. 322-5 du code de la route.

(Arr. du 14 août 2017, art. 6) « L'acquéreur en fait la demande :

« — soit auprès du ministère de l'intérieur par voie électronique, en s'authentifiant sur le site internet https://immatriculation.ants.gouv.fr *(Arr. du 10 juill. 2020)* « ou sur l'application mobile du ministère de l'intérieur » par l'utilisation du dispositif "France Connect" ;

« — soit par l'intermédiaire d'un professionnel de l'automobile habilité par le ministère de l'intérieur à l'aide du certificat de cession CERFA, référencé en *(Arr. du 4 août 2023, art. 9, en vigueur le 1er sept. 2023)* « annexe XIV » du présent arrêté.

« A l'issue du processus d'instruction de sa demande, il obtient un numéro de dossier, un accusé d'enregistrement et un certificat provisoire d'immatriculation. »

Cette obligation ne s'impose pas dans les cas suivants :

— lorsque le véhicule est acheté par un professionnel du commerce de l'automobile dans le cadre de son activité de négoce, par une entreprise d'assurance dans le cadre d'une procédure d'indemnisation ou par un *(Arr. du 25 mars 2011, en vigueur le 31 mars 2011)* « centre véhicules hors d'usage (VHU) » ;

— lorsqu'il s'agit d'un véhicule gagé attribué par jugement à une société de crédit automobile et revendu ensuite.

Art. 12 *Cas particuliers.* Les formalités à accomplir pour obtenir l'immatriculation d'un véhicule précédemment immatriculé sont définies à l'article 1er sauf pour les cas particuliers suivants :

12.A. — Véhicule tombé dans une succession

Pour obtenir l'immatriculation du véhicule à son nom, l'héritier ou l'un des héritiers doit *(Arr. du 14 août 2017, art. 7-1°)* « pouvoir mettre à disposition, à la demande du ministère de l'intérieur, » les pièces suivantes :

(Arr. du 14 août 2017, art. 7-1°) « — une demande de certificat d'immatriculation,

« — les justificatifs d'identité et d'adresse,

« — le justificatif d'assurance du véhicule,

« — le justificatif de permis de conduire lorsque la demande concerne une personne physique,

« — le certificat d'immatriculation précédent,

« — une pièce justifiant de la qualité d'héritier détaillée en *(Arr. du 4 août 2023, art. 9, en vigueur le 1er sept. 2023)* « annexe I du présent arrêté »,

« — en cas de cohéritiers, une lettre de désistement de tous les autres héritiers en faveur de celui qui demande l'immatriculation du véhicule ou un certificat du notaire constatant leur accord pour attribuer le véhicule à l'un d'entre eux. »

Avant toute revente à un tiers, un véhicule tombé dans une succession doit être immatriculé au nom de l'héritier ou de l'un des héritiers sauf si cette revente intervient dans un délai n'excédant pas trois mois suivant le décès du titulaire du certificat d'immatriculation ou sauf si, depuis le décès du titulaire, le véhicule n'a pas circulé sur les voies ouvertes à la circulation publique. Dans ce dernier cas, l'acquéreur devra *(Arr. du 14 août 2017, art. 7-1°)* « pouvoir mettre à disposition à l'appui de sa demande d'immatriculation » en sus des pièces visées ci-dessus :

a) Un certificat de cession *(Arr. du 14 août 2017, art. 7-1o)* « CERFA, référencé en *(Arr. du 4 août 2023, art. 9, en vigueur le 1er sept. 2023)* « annexe XIV » du présent arrêté, » signé par le ou les héritiers ;

b) Le précédent certificat d'immatriculation revêtu de la mention : "Vendu le ...", et signée par le ou l'un des héritiers ;

c) Une attestation sur l'honneur de l'héritier qui avait la garde juridique du véhicule certifiant que ce dernier n'a pas circulé depuis le décès du titulaire du certificat d'immatriculation ;

d) La preuve d'un contrôle technique.

12.B. — **Véhicule vendu aux enchères publiques** *(Arr. du 12 avr. 2012)* **« ou par le service des domaines » ou faisant l'objet d'une décision judiciaire déterminant sa propriété**

Les pièces à fournir par l'acquéreur sont :

(Arr. du 14 août 2017, art. 7-2o) « — une demande de certificat d'immatriculation,

« — les justificatifs d'identité et d'adresse,

« — le justificatif d'assurance du véhicule,

« — le justificatif de permis de conduire lorsque la demande concerne une personne physique,

« — le certificat de vente établi par les services des domaines ou une attestation (bordereau d'adjudication ou procès-verbal de vente) établie par le commissaire-priseur ou l'huissier de justice, indiquant le nom de l'acquéreur, le numéro d'immatriculation, la marque, le type et le numéro d'identification du véhicule,

« — le certificat d'immatriculation ou la fiche d'identification du véhicule visée à l'article 18 du présent arrêté, ou le document d'immatriculation du véhicule dénommé "carte verte" s'il s'agit d'un véhicule ayant appartenu aux services de l'État dont le numéro d'immatriculation relevait du fichier spécifique des véhicules des domaines,

« — la preuve d'un contrôle technique. »

(Arr. du 22 déc. 2009) « En l'absence du certificat d'immatriculation, l'attestation établie par le commissaire-priseur ou l'huissier de justice doit indiquer la raison de cette absence, compte tenu de la situation particulière du véhicule vendu. En l'absence du certificat d'immatriculation et de la fiche d'identification du véhicule, cette attestation doit comporter une information à destination de l'acquéreur sur le fait que le véhicule ne peut être remis en circulation qu'après application de l'article 12 E du présent arrêté. »

12.C. — **Véhicule précédemment immatriculé dans la série spéciale FFECSA (Forces françaises et** *(Arr. du 22 déc. 2009)* **« éléments civils » stationnés en Allemagne)**

Deux cas sont à considérer :

(Arr. du 14 août 2017, art. 7-3o) « *a)* Le véhicule n'avait jamais auparavant été immatriculé en France :

« Les pièces à fournir par le propriétaire du véhicule sont :

« 1. Une demande de certificat d'immatriculation,

« 2. Les justificatifs d'identité et d'adresse,

« 3. Le justificatif d'assurance du véhicule,

« 4. Le justificatif de permis de conduire lorsque la demande concerne une personne physique,

« 5. Le certificat spécial FFECSA sur lequel aura été apposée la mention Radiation définitive de la série spéciale FFECSA. Document valable jusqu'au ...,

« 6. Un certificat 846A délivré par le service des douanes,

« 7. La pièce suivante, selon le cas :

« — pour un véhicule non conforme à un type national français ou communautaire, un procès-verbal de RTI ;

« — pour un véhicule conforme à un type national français ou communautaire : le certificat de conformité d'origine, ou une attestation d'identification à un type national français ou communautaire.

« 8. S'il y a eu vente, le certificat de cession ou la facture ;

« 9. La preuve d'un contrôle technique français ou émanant d'un autre État membre de l'Union européenne.

« *b)* Le véhicule était précédemment immatriculé en France :
« Les pièces à fournir par le propriétaire du véhicule sont :
« 1. Une demande de certificat d'immatriculation,
« 2. Les justificatifs d'identité et d'adresse,
« 3. Le certificat d'immatriculation,
« 4. Le certificat d'immatriculation FFECSA,
« 5. S'il y a eu changement de propriétaire : le certificat de cession ou la facture, le justificatif d'assurance du véhicule et le justificatif de permis de conduire lorsque la demande concerne une personne physique,
« 6. La preuve d'un contrôle technique français ou émanant d'un autre État membre de l'Union européenne. »

12.D. — *(Arr. du 2 juin 2010)* « **Véhicule précédemment immatriculé avec un usage "transit temporaire" (TT), "importation en transit" (IT), "zone franche du pays de Gex" ou "zone franche de Haute-Savoie"**

« Un véhicule précédemment immatriculé avec un usage "véhicule en transit temporaire", "véhicule importé en transit", "véhicule zone franche du pays de Gex" ou "véhicule zone franche de Haute-Savoie" obtient une immatriculation dépourvue d'usage sur présentation des pièces suivantes : »
a) Les pièces visées à l'article 1er du présent arrêté ;
b) Un certificat 846 A *(Arr. du 2 juin 2010)* « délivré par le service des douanes ».

12.E. — **Véhicule démuni de certificat d'immatriculation**

Pour obtenir l'immatriculation d'un véhicule démuni de certificat d'immatriculation, son propriétaire doit fournir les pièces suivantes :
(Arr. du 14 août 2017, art. 7-4°) « — une demande de certificat d'immatriculation,
« — les justificatifs d'identité et d'adresse,
« — le justificatif d'assurance du véhicule,
« — le justificatif de permis de conduire lorsque la demande concerne une personne physique,
« — un procès-verbal de RTI ou le document d'immatriculation délivré par le service des domaines dénommé carte verte,
« — les pièces prouvant l'origine de propriété du véhicule ainsi que, le cas échéant, un certificat de cession,
« — la preuve d'un contrôle technique,
« — un certificat 846 A délivré par le service des douanes pour les véhicules importés d'un pays tiers à l'Union européenne ou d'une partie de territoire mentionnée à l'article 4.1 de l'*(Arr. du 4 août 2023, art. 9, en vigueur le 1er sept. 2023)* « annexe I » du présent arrêté. »

12.F. — **Cas des véhicules précédemment immatriculés dans les collectivités d'outre-mer de Saint-Martin, Saint-Barthélemy, Wallis-et-Futuna, Polynésie française** *(Arr. du 2 juin 2010)* « **, Mayotte, Saint-Pierre-et-Miquelon ou en Nouvelle-Calédonie** »

Pour obtenir l'immatriculation de ces véhicules, les pièces à fournir sont les suivantes :
(Arr. du 14 août 2017, art. 7-5°) « — une demande de certificat d'immatriculation,
« — les justificatifs d'identité et d'adresse,
« — le justificatif d'assurance du véhicule,
« — le justificatif de permis de conduire lorsque la demande concerne une personne physique,
« — le certificat d'immatriculation,
« — un certificat 846A délivré par le service des douanes,
« — s'il y a eu vente, le certificat de cession ou la facture,
« — la preuve d'un contrôle technique,
« — un procès-verbal de RTI, s'il ne peut être produit une attestation de l'administration territoriale concernée précisant que le véhicule a été à l'origine immatriculé au vu d'un certificat de conformité national ou communautaire. »

(Arr. du 2 juin 2010) « **12.G. — Cas des véhicules précédemment immatriculés dans un département d'outre-mer et importés en métropole ou dans un autre département d'outre-mer ; cas des véhicules précédemment immatriculés en métropole et importés dans un département d'outre-mer**

« Ces territoires constituant des territoires fiscaux différents, l'obtention d'un nouveau certificat d'immatriculation ou d'une étiquette attestant du changement d'adresse est conditionnée à la délivrance d'un certificat 846 A par le service des douanes, sans préjudice des dispositions spécifiques au marché unique antillais. »

CHAPITRE VII *LE RETRAIT DE LA CIRCULATION D'UN VÉHICULE*

Art. 13 *La déclaration de retrait de la circulation d'un véhicule.* I. — Le retrait de la circulation d'un véhicule fait suite soit à une demande volontaire du titulaire du certificat d'immatriculation, soit à une transformation du véhicule telle que visée à l'article R. 322-8 du code de la route, dans une catégorie non soumise à l'immatriculation.

Dans les deux cas, le titulaire du certificat d'immatriculation effectue ses démarches auprès du *(Arr. du 13 oct. 2017, art. 5, en vigueur le 6 nov. 2017)* « ministre de l'intérieur par voie électronique » en lui présentant les pièces suivantes :

a) Une déclaration de retrait de la circulation d'un véhicule sur l'imprimé CERFA référencé en *(Arr. du 4 août 2023, art. 9, en vigueur le 1er sept. 2023)* « annexe XIV » du présent arrêté ;

b) *(Arr. du 13 oct. 2017, art. 10, en vigueur le 6 nov. 2017)* « Le certificat d'immatriculation du véhicule barré, signé et portant la mention "retiré de la circulation le .../.../...". Il est tenu de le conserver puis de le détruire dans les conditions prévues à l'article R. 350-3 du code de la route. »

Un véhicule ayant fait l'objet d'une déclaration de retrait de la circulation ne peut plus emprunter les voies ouvertes à la circulation publique même s'il est remorqué par un véhicule immatriculé.

II. — Lorsque la demande fait suite à un achat, l'acquéreur n'a pas l'obligation d'immatriculer, avant le retrait, le véhicule à son nom.

V. note ss. art. 1er.

Art. 14 *Remise en circulation du véhicule.* Lorsque le titulaire du certificat d'immatriculation souhaite remettre en circulation son véhicule, il *(Arr. du 13 oct. 2017, art. 11, en vigueur le 6 nov. 2017)* « adresse au ministre de l'intérieur par voie électronique » une demande de certificat d'immatriculation sur l'imprimé CERFA référencé en *(Arr. du 4 août 2023, art. 9, en vigueur le 1er sept. 2023)* « annexe XIV » du présent arrêté. Il lui présente, selon le cas, les pièces suivantes :

a) La preuve d'un contrôle technique lorsque le retrait fait suite à une demande volontaire du titulaire ;

b) Un procès-verbal de RTI lorsque le retrait fait suite à une transformation du véhicule.

V. note ss. art. 1er.

CHAPITRE VIII *LA MODIFICATION DES DONNÉES DU CERTIFICAT D'IMMATRICULATION*

Art. 15 *La modification des données du certificat d'immatriculation.* En cas de modification à apporter à une ou plusieurs données du certificat d'immatriculation, le titulaire en fait la déclaration auprès du *(Arr. du 13 oct. 2017, art. 12, en vigueur le 6 nov. 2017)* « ministre de l'intérieur par voie électronique à l'aide de » l'imprimé CERFA "Demande de certificat d'immatriculation d'un véhicule" référencé en *(Arr. du 4 août 2023, art. 9, en vigueur le 1er sept. 2023)* « annexe XIV » du présent arrêté, sauf pour le cas particulier de la déclaration de changement d'adresse *(Abrogé par Arr. du 14 août 2017, art. 8-1o)* *« par voie électronique »*.

(Arr. du 14 août 2017, art. 8-2o) « 15.A. — **Changement d'adresse**

« Le titulaire du certificat d'immatriculation effectue sa déclaration de changement d'adresse par voie électronique, soit en se connectant sur le site internet : https://immatriculation.ants.gouv.fr ou http://mon.service-public.fr/, soit auprès d'un professionnel de l'automobile habilité par le ministère de l'intérieur. Il obtient un accusé d'enregistrement.

« Il reçoit, par la suite, à son adresse une étiquette autocollante comportant sa nouvelle adresse. Cette étiquette est à apposer sur le certificat d'immatriculation à l'emplacement prévu à cet effet.

« En cas de quatrième déclaration de changement d'adresse, il reçoit un nouveau titre en lieu et place d'une étiquette. »

15.B. — Changement d'état civil ou de raison sociale

En cas de changement d'état civil ou de raison sociale, le titulaire du certificat d'immatriculation présente les pièces suivantes :

a) Les justificatifs d'identité et d'adresse ;

b) La preuve d'un contrôle technique ;

c) Le certificat d'immatriculation.

15.C. — Changement d'état matrimonial

En cas de changement d'état matrimonial, le titulaire du certificat d'immatriculation présente les pièces suivantes :

a) Les justificatifs d'identité et d'adresse ;

b) Le certificat d'immatriculation ;

c) La preuve d'un contrôle technique ;

d) Un document justifiant la modification à apporter sur le certificat d'immatriculation :

— en cas de changement d'état matrimonial suite à un mariage : le livret de famille ou l'extrait d'acte de mariage ;

— en cas de changement d'état matrimonial suite à un divorce : le jugement de divorce, l'acte de séparation de biens ou la convention de partage ;

— en cas de changement d'état matrimonial suite au décès du conjoint : le livret de famille attestant du décès, du régime matrimonial et du nombre de cohéritiers.

15.D. — Changement des caractéristiques techniques du véhicule

En cas de changement des caractéristiques techniques du véhicule, le titulaire du certificat d'immatriculation présente les pièces suivantes :

a) Les justificatifs d'identité et d'adresse ;

b) Le certificat d'immatriculation ;

c) Soit un procès-verbal de RTI, soit :

— en cas de modification de la carrosserie : une annexe VII *(Arr. du 18 août 2016, art. 4-1°)* « ou une annexe VII *bis* » de l'arrêté du 19 juillet 1954 susvisé ;

— en cas de modification du poids à vide uniquement : un bulletin de pesée ;

(Abrogé par Arr. du 25 juill. 2019) ***« — en cas de modification du PTAC ou du couple PTAC/PTRA pour un véhicule réceptionné sous plusieurs poids dans les conditions définies par l'arrêté du 7 octobre 1982 relatif aux modalités d'application des articles R. 321-20 et R. 317-9 du code de la route : un certificat délivré** (Arr. du 18 août 2016, art. 4-2°)* ***« par la DREAL, DEAL ou DRIEE accompagné du procès-verbal établi » à l'occasion d'un contrôle technique réglementaire datant de moins de trois mois ; »***

(Arr. du 18 août 2016, art. 4-3°, en vigueur le 1er janv. 2017) « — en cas de transformation d'un type de véhicule de genre MTT1 ou MTT2 le rendant conforme à un autre type de véhicule de genre MTT2, ou inversement : une attestation de conformité délivrée par le constructeur, suivant le modèle figurant en *(Arr. du 4 août 2023, art. 9, en vigueur le 1er sept. 2023)* « annexe XVIII » du présent arrêté. »

(Arr. du 2 juin 2016, art. 4-1°) « La transformation *(Arr. du 18 août 2016, art. 4-4°)* « présentée à l'alinéa précédent » peut être réalisée sur un véhicule neuf. Dans ce cas, le certificat d'immatriculation est remplacé par un certificat de conformité à un type national ou à un type communautaire. »

— en cas de transformation en série d'un type de véhicules sous la responsabilité du constructeur : un certificat de conformité *(Arr. du 18 avr. 2019, art. 4)* « conforme à l'annexe III *ter* de l'arrêté du 19 juillet 1954 relatif à la réception des véhicules automobiles ou à l'annexe I de l'arrêté du 13 avril 2016 relatif à la puissance des motocyclettes définies à l'article R. 311-1 du code de la route » ;

(Arr. du 7 nov. 2014, art. 2, en vigueur le 1er juill. 2015) « — en cas de transformation réversible dite "DERIV VP" pour les véhicules usagés de la catégorie M1, genre VP : une

attestation d'adaptation réversible conforme à l'annexe 1-B de l'arrêté du 7 novembre 2014 relatif à l'adaptation réversible de série de certains types de véhicules ; »

(Arr. du 7 nov. 2014, art. 2, en vigueur le 1er mars 2015) **« – en cas de transformation réversible pour les véhicules usagés de la catégorie M1, genre VASP, carrosserie DERIV VP afin de redevenir conforme à son type d'origine : une attestation d'adaptation réversible conforme à l'annexe 1-C de l'arrêté du 7 novembre 2014 relatif à l'adaptation réversible de série de certains types de véhicules » ;** *– V. Arr. du 7 nov. 2014 relatif à l'adaptation réversible de série de certains types de véhicules (JO 20 nov.).*

(Arr. du 15 déc. 2017, en vigueur le 1er janv. 2018) **« – en cas de transformation réversible dite "adaptation réversible véhicule école" pour les véhicules usagés de la catégorie M1, genre VP, ou de la catégorie N1, genre CTTE : une attestation d'adaptation réversible conforme à l'annexe 1-A de l'arrêté du 27 juin 2017 relatif à l'adaptation réversible des véhicules destinés à l'enseignement ou à l'apprentissage de la conduite ;**

« – en cas de transformation réversible pour les véhicules usagés de la catégorie M1, genre VP, ou de la catégorie N1, genre CTTE, afin de redevenir conforme à son type d'origine : une attestation d'adaptation réversible conforme à l'annexe 1-B de l'arrêté du 27 juin 2017 relatif à l'adaptation réversible des véhicules destinés à l'enseignement ou à l'apprentissage de la conduite. »

d) **En cas de modification de la carrosserie et si la carrosserie a été modifiée dans un pays tiers à l'Union européenne : un certificat 846 A** *(Arr. du 2 juin 2010)* **« délivré par le service des douanes ».**

(Abrogé par Arr. du 2 juin 2016, art. 4-2°) ***« La demande d'immatriculation d'un véhicule de transport en commun de personnes sous différentes dénominations de genre est refusée.***

« La transformation de MTT1 en MTT2, et inversement, peut être réalisée sur un véhicule neuf. Dans ce cas, le certificat d'immatriculation est remplacé par un certificat de conformité à un type national ou à un type communautaire. »

15.E. – Changement de la mention d'usage du véhicule

En cas de changement de la mention d'usage du véhicule, le titulaire du certificat d'immatriculation présente les pièces suivantes :

a) **Les justificatifs d'identité et d'adresse ;**

b) **Le certificat d'immatriculation ;**

c) **Un document justificatif de l'usage ;**

(Arr. du 2 juin 2010) **« *d)* Si le changement de la mention d'usage a pour conséquence la fin d'une exonération, d'une exemption ou d'une suspension de paiement des droits et taxes, un document 846 A délivré par le service des douanes. »**

V. note ss. art. 1er.

CHAPITRE IX *LA PROCÉDURE DE DESTRUCTION*

Art. 16 *La procédure de destruction.*

I. – *La cession pour destruction*

Le propriétaire qui cède son véhicule pour destruction en application de l'article R. 322-9-I en fait la déclaration *(Arr. du 13 oct. 2017, art. 13-1°, en vigueur le 6 nov. 2017)* **« soit auprès du ministre de l'intérieur par voie électronique, soit par l'intermédiaire d'un professionnel de l'automobile habilité par le ministre de l'intérieur, » à l'aide de l'imprimé CERFA "Déclaration de cession d'un véhicule" référencé en** *(Arr. du 4 août 2023, art. 9, en vigueur le 1er sept. 2023)* **« annexe XIV » du présent arrêté. Il indique les coordonnées du** *(Arr. du 25 mars 2011, en vigueur le 31 mars 2011)* **« centre VHU », et, le cas échéant, son numéro d'agrément "véhicules hors d'usage" (VHU).**

La cession du véhicule se réalise conformément à l'article 10-I du présent arrêté.

(Arr. du 25 mars 2011, en vigueur le 31 mars 2011)

« II. – *La déclaration d'achat pour destruction d'un véhicule.*

« La déclaration d'achat pour destruction visée à l'article R. 322-9 II du code de la route est effectuée par le centre VHU *(Arr. du 13 oct. 2017, art. 13-2°, en vigueur le 6 nov. 2017)* **« auprès du ministre de l'intérieur. Un récépissé lui est retourné » par voie électronique : »**

(Abrogé par Arr. du 13 oct. 2017, art. 13-3°, à compter du 6 nov. 2017) « *— la déclaration d'achat pour destruction en préfecture se réalise à l'aide de l'imprimé CERFA "Certificat de destruction d'un véhicule et déclaration d'achat pour destruction", référencé en annexe 14 du présent arrêté. Le centre VHU indique ses coordonnées et, le cas échéant, son numéro d'agrément VHU. L'imprimé CERFA dûment complété est remis en préfecture. Un récépissé est remis au professionnel ;*

« *— lorsque le professionnel effectue sa déclaration par voie électronique, un récépissé lui est retourné.* »

(Arr. du 25 mars 2011, en vigueur le 31 mars 2011)
« III. — *La déclaration d'intention de destruction d'un véhicule.*

« Le centre VHU, également professionnel du commerce de l'automobile, déclare son intention de détruire le véhicule dans les conditions fixées à l'article R. 322-9 III du code de la route *(Arr. du 13 oct. 2017, art. 13-2°, en vigueur le 6 nov. 2017)* « auprès du ministre de l'intérieur. Un récépissé lui est retourné » par voie électronique : »

(Abrogé par Arr. du 13 oct. 2017, art. 13-3°, à compter du 6 nov. 2017) « *— la déclaration du professionnel en préfecture se réalise à l'aide de l'imprimé CERFA "Certificat de destruction d'un véhicule et déclaration d'intention de destruction", référencé en annexe 14 du présent arrêté. L'imprimé CERFA dûment complété est remis en préfecture. Un récépissé est remis au professionnel ;*

« *— lorsque le professionnel effectue sa déclaration par voie électronique, un récépissé lui est retourné.* »

IV. — Abrogé par Arr. du 25 mars 2011, à compter du 31 mars 2011.

V. note ss. art. 1er.

CHAPITRE X *LA DEMANDE DE DUPLICATA*

Art. 17 *(Arr. du 30 mai 2017, art. 2)* Pour obtenir un duplicata du certificat d'immatriculation, le propriétaire du véhicule présente sa demande de duplicata par voie électronique en s'authentifiant sur le site internet : https://immatriculation.ants.gouv.fr, soit par l'utilisation d'un code confidentiel qui lui a été fourni lors de la réception de son certificat d'immatriculation, soit par l'utilisation du dispositif "France Connect" (https://franceconnect.gouv.fr).

Il conserve et tient à la disposition de l'administration les pièces justificatives des informations suivantes :

a) En cas de vol du certificat d'immatriculation :
— un justificatif d'identité ;
— un exemplaire de la déclaration de vol, établie par un service de police ou de gendarmerie ;
— la preuve d'un contrôle technique.

b) En cas de perte du certificat d'immatriculation :
— un justificatif d'identité ;
— la preuve d'un contrôle technique.

c) En cas de détérioration du certificat d'immatriculation :
— un justificatif d'identité ;
— le certificat d'immatriculation détérioré, qu'il doit détruire à l'issue d'un délai de conservation de 5 ans à compter de la délivrance du duplicata ;
— la preuve d'un contrôle technique.

A l'issue du processus d'instruction de sa demande, il obtient un numéro de dossier, un accusé d'enregistrement et un certificat provisoire d'immatriculation.

Dans le cas où le propriétaire du véhicule n'obtient pas de certificat provisoire d'immatriculation, il peut circuler pendant un mois à compter de sa déclaration, muni soit de sa déclaration de vol, soit de son titre détérioré, soit de sa déclaration de perte qu'il aura téléchargé*[e]* sur le site https://www.service-public.fr.

CHAPITRE XI *LA FICHE D'IDENTIFICATION DU VÉHICULE*

(Arr. du 22 déc. 2009)

Art. 18 *(Arr. du 22 déc. 2009)* I. — La fiche d'identification du véhicule recense l'ensemble des caractéristiques techniques du véhicule. Elle est délivrée par le *(Arr. du 13 oct. 2017,* *art. 5, en vigueur le 6 nov. 2017)* « ministre de l'intérieur par voie électronique » lorsque le véhicule est démuni de certificat d'immatriculation, *(Arr. du 2 juin 2010)* « dans les conditions mentionnées au II du présent article ». Ce document ne constitue pas un titre de circulation.

II. — La fiche d'identification du véhicule est délivrée dans les cas suivants :

a) Pour l'exportation des véhicules d'occasion endommagés dont le certificat d'immatriculation a été retiré par les forces de l'ordre ou remis en préfecture, sous réserve de la présentation des pièces suivantes :

— un justificatif indiquant le motif pour lequel le certificat d'immatriculation ne peut être fourni (avis de retrait par les forces de l'ordre ou avis de remise du titre en préfecture) ;

— les justificatifs d'identité et d'adresse du titulaire ou de l'acquéreur ;

— le récépissé de déclaration d'achat lorsque le véhicule a fait l'objet d'une cession ;

— le mandat de l'acheteur du véhicule à l'étranger, le cas échéant.

b) Pour les véhicules démunis de certificat d'immatriculation et qui doivent être présentés au contrôle technique, notamment dans le cadre d'une demande de duplicata, sous réserve de la présentation des pièces suivantes :

— les justificatifs d'identité et d'adresse du titulaire ;

— la déclaration de perte ou de vol du certificat d'immatriculation ou toute autre pièce permettant de justifier l'absence du certificat d'immatriculation.

c) Pour les véhicules démunis de certificat d'immatriculation et vendus aux enchères *(Arr. du 12 avr. 2012)* « ou par le service des domaines » sous réserve de la présentation des pièces suivantes :

— la demande du mandataire judiciaire *(Arr. du 2 juin 2010)* « ou du commissaire-priseur » *(Arr. du 12 avr. 2012)* « ou du commissaire aux ventes » procédant à la vente ;

— la déclaration de perte ou de vol du certificat d'immatriculation ou toute autre pièce permettant de justifier l'absence du certificat d'immatriculation.

(Arr. du 10 juill. 2020) « *d)* Pour les véhicules *(Arr. du 15 sept. 2021)* « retirés » de la circulation à des fins de destruction ne disposant plus de certificat d'immatriculation dans le cadre d'une demande de prime à la conversion, sous réserve de la présentation des pièces suivantes :

« — les justificatifs d'identité et d'adresse du titulaire ;

« — un justificatif de la déclaration d'achat pour destruction du véhicule remis par un centre VHU agréé ;

« — un accusé de réception de la demande de prime à la conversion. »

V. note ss. art. 1er.

CHAPITRE XII *L'HABILITATION DES PROFESSIONNELS DE L'AUTOMOBILE*

(Arr. du 12 juin 2018)

Art. 18-1 Une personne physique, professionnelle de l'automobile, ne peut être habilitée à exercer l'activité d'intermédiaire pour le compte du ministre de l'intérieur et de l'usager, prévue aux articles R. 322-1, R. 322-4 et R. 322-5 du code de la route et au présent arrêté, si elle fait l'objet d'une condamnation inscrite au bulletin n° 2 de son casier judiciaire.

Art. 18-2 Une personne morale, professionnelle de l'automobile, ne peut être habilitée à exercer l'activité d'intermédiaire pour le compte du ministre de l'intérieur et de l'usager, prévue aux articles R. 322-1, R. 322-4 et R. 322-5 du code de la route et au présent arrêté, que si elle réunit les conditions suivantes :

1° Ses dirigeants remplissent les conditions prévues à l'article 18-1 ;

2° Chaque personne physique qui exerce l'activité d'intermédiation, satisfait aux conditions prévues à l'article 18-1.

Art. 19 I. — Les dispositions du présent arrêté entrent en vigueur à une date fixée par arrêté du ministre chargé des transports après avis du ministre de l'intérieur et au plus tard le 1er juillet 2009. — *Cette date a été fixée au 15 avr. 2009 (Arr. du 23 mars 2009, art. 1er [JO 29 mars]).*

II. — Toutefois, pour les véhicules déjà immatriculés dont le certificat d'immatriculation ne comporte pas le numéro définitif prévu à l'article R. 322-2 du code de la route, les dispositions de l'arrêté du 5 novembre 1984 modifié relatif à l'immatriculation des véhicules continuent à s'appliquer dans des conditions et jusqu'à une date fixées par arrêté du

ministre chargé des transports après avis du ministre de l'intérieur et, au plus tard, jusqu'au 31 décembre 2009. – *Cette date a été fixée au 14 oct. 2009 (Arr. du 23 mars 2009, préc. tel que modifié par Arr. du 8 juin 2009 [JO 13 juin]).*

III. – Les véhicules déjà immatriculés dont le certificat d'immatriculation ne comporte pas le numéro définitif prévu à l'article R. 322-2 du code de la route peuvent continuer à circuler sous couvert de leur numéro d'immatriculation jusqu'à la réalisation de toute formalité administrative conduisant à l'édition d'un nouveau certificat d'immatriculation *(Abrogé par Arr. du 10 juill. 2020)* ***« et, au plus tard, jusqu'au 31 décembre 2020 ».*** *– L'art. 18 de l'Arr. du 9 févr. 2009 a été renuméroté art. 19 par l'Arr. du 22 déc. 2009.*

V. annexes (JO du 11 févr. 2009) ; mod. par Arr. du 22 déc. 2009 (JO 31 déc.) ; mod. par Arr. du 14 mai 2014, en vigueur le 1er juill. 2014 (JO 28 mai) ; mod. par Arr. du 7 nov. 2014, en vigueur le 1er mars 2015 et le 1er juill. 2015 (JO 21 nov.) ; mod. par Arr. du 25 juin 2015 (JO 28 juin) ; mod. par Arr. du 2 juin 2016 (JO 11 juin) ; mod. par Arr. du 21 juin 2016 (JO 23 juin) ; mod. par Arr. du 18 août 2016 (JO 23 août) ; mod. par Arr. du 24 mai 2017 (JO 8 juin) ; mod. par Arr. du 14 août 2017 (JO 15 août) ; mod. par Arr. du 13 oct. 2017 (JO 21 oct.) ; mod. par Arr. du 15 déc. 2017 (JO 20 déc.) ; mod. par Arr. du 12 juin 2018 (JO 19 juin) ; mod. par Arr. du 12 déc. 2018 (JO 16 déc.) ; mod. par Arr. du 18 avr. 2019 (JO 10 mai) ; mod. par Arr. du 25 juill. 2019 (JO 8 août) ; mod. par Arr. du 12 nov. 2019 (JO 15 nov.) ; mod. par Arr. du 10 juill. 2020 (JO 19 juill.) ; mod. par Arr. du 15 sept. 2021 (JO 22 sept.) ; mod. par Arr. du 28 oct. 2021, art. 12, en vigueur le 1er nov. 2021 (JO 30 oct.) ; mod. par Arr. du 4 août 2023, art. 4 à 8, en vigueur le 1er sept. 2023 (JO 17 août).

Arrêté du 10 février 2009,

Portant création d'un traitement automatisé de données à caractère personnel dénommé « système d'immatriculation des véhicules » ayant pour objet la gestion des pièces administratives du droit de circuler des véhicules.

Art. 1er Il est créé par le ministère de l'intérieur, de l'outre-mer et des collectivités territoriales un traitement automatisé de données à caractère personnel dénommé "système d'immatriculation des véhicules" (SIV).

Ce traitement a pour finalité la gestion des pièces administratives du droit de circuler des véhicules sur les voies ouvertes à la circulation publique.

Art. 2 Les catégories de données enregistrées dans le traitement sont les suivantes :

1. Données d'identification du titulaire *(Arr. du 9 août 2017, art. 1er-1°)* « et des cotitulaires » du certificat d'immatriculation du véhicule :

– personne physique : nom, nom d'usage, prénom, sexe, date et lieu de naissance ;
– personne morale : raison sociale, n° SIREN et/ou n° SIRET ;
– adresse du titulaire du certificat d'immatriculation ;
(Arr. du 23 mai 2017, art. 1er-1°) « – numéro de téléphone et adresse électronique ;
« – code confidentiel SIV ; »

2. Données relatives au véhicule et à l'autorisation de circuler :

– numéro d'immatriculation ;
– numéro VIN *(Vehicle Identification Number)* ;
– caractéristiques techniques du véhicule ;
– situation du véhicule vis-à-vis du contrôle technique ;
– mentions spécifiques et d'usage ;
– oppositions au transfert du certificat d'immatriculation ;
– déclarations valant saisie ;
– gages ;
– retrait du titre suite à l'immobilisation du véhicule ;
– suspension de l'immatriculation ;
– destruction du véhicule ;
– annulation de l'immatriculation ;
– déclaration de cession ;
– déclaration d'achat ;
– déclaration et conclusions des rapports d'expertise des véhicules endommagés ;
– montant des taxes ;
– numéro de formule du certificat d'immatriculation ;
– date de la première immatriculation du véhicule ;

3. Données relatives au professionnel habilité à transmettre des données au SIV (professionnel du commerce de l'automobile, huissier de justice, expert, assureur, démolisseur/broyeur et société de crédit) :

— données d'identification du professionnel : nom, nom d'usage, prénom, sexe, date et lieu de naissance pour les personnes physiques ; raison sociale, numéro de SIREN et/ou de SIRET pour les personnes morales, ainsi que les coordonnées d'un contact ; adresse ;

— informations relatives à l'habilitation du professionnel : numéro, état et type d'habilitation et mode d'accès au SIV ;

(Arr. du 9 août 2017, art. 1er-2°) « 4. Données relatives aux demandées effectuées par les téléservices destinés à l'accomplissement des démarches administratives :

« — motif de la démarche administrative ;

« — numéro de demande de la démarche administrative ;

« — qualité de la personne physique ou morale effectuant la demande : usager ou mandataire ;

« — expression du consentement pour la réutilisation ou non des données personnelles ;

« — code de cession du véhicule ;

« — date et heure de la cession du véhicule ainsi que, le cas échéant, kilométrage indiqué par le compteur kilométrique du véhicule ;

« — le cas échéant, mention de la cession du véhicule pour destruction à un centre VHU ;

« — le cas échéant, *(Arr. du 29 sept. 2017, art. 1er-1°, en vigueur le 6 nov. 2017)* « les messages et » pièces complémentaires jointes à l'appui des démarches administratives. »

Les dispositions de l'Arr. du 29 sept. 2017 sont applicables à titre expérimental à compter du lendemain de la publication du présent arrêté et jusqu'au 5 nov. 2017, dans les départements des Ardennes, de l'Aube, de la Côte-d'Or, du Doubs, du Jura, de la Marne, de la Haute-Marne, de la Meurthe-et-Moselle, de la Meuse, de la Moselle, de la Nièvre, du Bas-Rhin, du Haut-Rhin, de la Haute-Saône, de la Saône-et-Loire, de la Seine-et-Marne, des Vosges, de l'Yonne, du Territoire-de-Belfort et du Val-de-Marne. Un rapport d'évaluation est rendu avant la fin de cette période expérimentale (Arr. préc., art. 2).

Art. 3 Sont destinataires de tout ou partie des données du présent traitement, dans la limite de leurs attributions et conformément aux dispositions législatives ou réglementaires et à celles relevant de conventions d'habilitations :

— les personnes visées aux articles L. 330-2 à L. 330-4 du code de la route ;

— les professionnels du commerce de l'automobile ;

— les sociétés de location de véhicules ;

— les constructeurs automobiles ;

— les agents des douanes individuellement désignés et spécialement habilités ;

— les agents de l'administration des finances individuellement désignés et spécialement habilités ;

— les agents de l'Agence nationale des titres sécurisés individuellement désignés et spécialement habilités ;

— l'Imprimerie nationale.

Légalité de l'Arr. du 10 févr. 2009. Les dispositions de l'art. 3 de l'Arr. 10 févr. 2009 qui ne mentionnent pas les organismes de contrôle technique automobile parmi les destinataires des informations figurant sur le fichier SIV ne sont pas illégales, dès lors que ni les dispositions des art. L. 330-2 à L. 330-5 et R. 330-1 à R. 330-11 C. route, qui fixent la liste des personnes auxquelles tout ou partie des informations figurant sur le fichier SIV peut être communiqué, ni aucune autre disposition de nature législative ou réglementaire n'autorisent la communication de ces données aux organismes chargés du contrôle technique. • CE 21 mars 2011 : *JCP E. 2012. 1489.*

Art. 4 Dans le cadre de sa finalité prévue à l'article 1er, le présent traitement peut faire l'objet d'interconnexion, mise en relation, rapprochement avec :

— l'application de prédemande d'habilitation et d'agrément ;

— le système d'information télépaiement ;

— la base satellite VV ;

— le traitement mis en œuvre par l'organisme technique central relatif à la gestion du contrôle technique des véhicules légers et des poids lourds ;

— le système de contrôle automatisé ;

(Arr. du 9 août 2017, art. 2-1°) « — le téléservice permettant à l'usager d'accomplir des démarches administratives en tout ou partie dématérialisées et d'avoir accès à des services d'informations personnalisés ; »

(Arr. du 23 mai 2017, art. 2) « – le traitement de données à caractère personnel relatif à la demande du code confidentiel SIV ;

« – le traitement automatisé de données à caractère personnel relatif à la demande de duplicata du certificat d'immatriculation ; »

(Arr. du 9 août 2017, art. 2-2°) « – le traitement automatisé de données à caractère personnel relatif à une demande de changement de l'adresse du titulaire du certificat d'immatriculation ;

« – le traitement automatisé de données à caractère personnel relatif à une déclaration de cession du véhicule ;

« – le traitement automatisé de données à caractère personnel relatif à une demande de changement de titulaire du certificat d'immatriculation ; »

(Arr. du 28 août 2017, art. 9) « – le traitement automatisé de données à caractère personnel de lutte contre la fraude au certificat d'immatriculation des véhicules ; »

(Arr. du 29 sept. 2017, art. 1er-2°, en vigueur le 6 nov. 2017) « – le traitement automatisé de données à caractère personnel relatif aux autres démarches administratives relatives aux certificats d'immatriculation. »

V. note ss. art. 2.

Art. 5 *(Arr. du 9 août 2017, art. 3)* 1° Les données d'identification du titulaire et des co-titulaires du certificat d'immatriculation et celles relatives au véhicule et à l'autorisation de circuler sont conservées cinq ans à compter de la date de la destruction physique du véhicule ;

2° Les données relatives au professionnel habilité sont conservées cinq ans à compter du retrait ou de la résiliation de l'habilitation ;

3° Les données mentionnées au 4 de l'article 2 sont conservées pendant cinq ans à compter de la validation définitive de la démarche accomplie au moyen de l'un des téléservices prévus à l'arrêté du 23 mai 2017 portant création d'un système de téléservices destiné à l'accomplissement de démarches administratives relatives aux certificats d'immatriculation des véhicules, ou en cas de rejet de la démarche, à compter de la notification de ce rejet ;

4° La donnée relative au code de cession du véhicule mentionné au 4 de l'article 2 est conservée trois mois à compter de la date de la cession déclarée par le vendeur.

Art. 6 Les droits d'accès et de rectification prévus aux articles 39 et 40 de la loi du 6 janvier 1978 susvisée s'exercent auprès de l'Agence nationale des titres sécurisés, saisie directement par courrier ou par l'intermédiaire des préfectures.

Art. 7 Le droit d'opposition prévu à l'article 38 de la loi du 6 janvier 1978 n'est pas applicable au présent traitement.

Arrêté du 1er septembre 2009,

Portant création d'un traitement automatisé de données à caractère personnel dénommé « Système d'information décisionnel du système d'immatriculation des véhicules ».

Art. 1er Il est créé par le ministère de l'intérieur, de l'outre-mer et des collectivités territoriales un traitement automatisé de données à caractère personnel dénommé "Système d'information décisionnel du système d'immatriculation des véhicules" (SID/SIV).

Ce traitement a pour finalité, d'une part, de réaliser des statistiques et des études et, d'autre part, de répondre à des demandes de communication de données relatives à l'immatriculation des véhicules.

Art. 2 Les catégories de données enregistrées dans le SID sont les suivantes :

1. Données d'identification des professionnels habilités dans le cadre du système d'immatriculation des véhicules (nom, nom d'usage, prénom, sexe, date et lieu de naissance s'il s'agit d'une personne physique ; raison sociale, numéro SIREN s'il s'agit d'une personne morale) ;

2. Données d'identification du titulaire du certificat d'immatriculation du véhicule (nom, nom d'usage, prénom, sexe, date et lieu de naissance s'il s'agit d'une personne physique ; raison sociale, numéro SIREN s'il s'agit d'une personne morale) ;

3. Adresse du titulaire du certificat d'immatriculation du véhicule ;

4. Données relatives au véhicule et à l'autorisation de circuler du véhicule : numéro d'immatriculation, numéro VIN *(Véhicule Identification Number)*, caractéristiques techniques, mentions spécifiques et d'usage, destruction du véhicule, déclaration de cession, déclaration d'achat, montant des taxes, date de première immatriculation, suspension de l'immatriculation, annulation de l'immatriculation, déclaration et conclusions des rapports d'experts sur les véhicules endommagés.

Art. 3 Les agents de l'Agence nationale des titres sécurisés individuellement désignés et spécialement habilités par le directeur de l'agence sont destinataires des données à caractère personnel enregistrées dans le système d'information décisionnel du système d'immatriculation des véhicules dans le cadre de leur mission d'administration générale de ce traitement.

Art. 4 Les données à caractère personnel enregistrées dans le système d'information décisionnel du système d'immatriculation des véhicules peuvent être communiquées dans le cadre de leur mission aux agents individuellement désignés et spécialement habilités :

– du ministère de l'écologie, de l'énergie, du développement durable et de la mer ;

– du ministère de l'intérieur, de l'outre-mer et des collectivités territoriales ;

– du secrétariat général du Gouvernement pour le parc automobile des administrations civiles et des établissements publics de l'État.

Elles peuvent également être communiquées, en fonction du besoin d'en connaître :

– aux constructeurs de véhicules ou à leurs mandataires dans le cadre des campagnes de rappel (de sécurité et de mise à niveau) pour les véhicules présentant des défauts techniques ;

– à des tiers pour être réutilisées à des fins statistiques ou à des fins de recherche historique ou scientifique dont les restitutions sont anonymisées, et à des fins d'enquêtes et de prospection commerciale dès lors que le droit d'opposition des personnes concernées est respecté.

Art. 5 La durée de conservation des données à caractère personnel mentionnées au 1° de l'article 2 est de deux jours ; pour les autres données mentionnées dans l'article susvisé, elle est de cinq ans à compter de la destruction physique du véhicule.

Art. 6 Dans le cadre des finalités prévues à l'article 1er, le présent traitement peut faire l'objet d'une interconnexion, d'une mise en relation ou d'un rapprochement avec le Système d'immatriculation des véhicules.

Art. 7 Le droit d'accès et de rectification prévu aux articles 39 et 40 de la loi du 6 janvier 1978 susvisée s'exerce auprès des préfectures.

Arrêté du 25 octobre 2013,

Portant création d'un traitement de données à caractère personnel dénommé « RSVERO » (répertoire statistique des véhicules routiers).

Art. 1er Est autorisée la création par le ministère de l'écologie, du développement durable et de l'énergie (Commissariat général au développement durable) d'un traitement de données à caractère personnel dénommé "répertoire statistique des véhicules routiers" (RSVERO) ayant pour finalités :

– à titre principal, la production de statistiques, d'études ou de rapports d'évaluation des dispositifs de politiques publiques ;

– à titre accessoire, la transmission des données enregistrées dans le présent traitement à l'Agence de services et de paiement (ASP).

Art. 2 Les données enregistrées dans le traitement prévu à l'article 1er sont les suivantes :

– données d'identification du titulaire, ou du locataire de longue durée, portées sur le certificat d'immatriculation du véhicule en cours de validité : nom, nom d'usage, prénom, date et lieu de naissance s'il s'agit d'une personne physique ; raison sociale, numéro SIREN s'il s'agit d'une personne morale ; adresse du titulaire ou du locataire de longue durée ;

– données relatives au véhicule et à l'autorisation de circuler du véhicule : numéro d'immatriculation, immatriculation précédente, date de première mise en circulation, numéro VIN (*Vehicle Identification Number*), type d'opération et date d'opération, type de location, type de réception, opposition au transfert du certificat d'immatriculation, caractéristiques techniques du véhicule, mentions spécifiques et d'usage, destruction du véhicule, déclaration de cession, déclaration d'achat, retrait temporaire de la circulation, annulation de l'immatriculation, existence d'un premier et second rapport d'expert, dangerosité et réparabilité des véhicules endommagés ;

– informations techniques complémentaires concernant le véhicule intéressant la connaissance des impacts environnementaux des véhicules telles que consommation mixte, filtre à particule, type de propulsion ;

– données complémentaires issues d'enrichissement à des fins statistiques : activité économique du propriétaire ou du titulaire, probabilité de rouler du véhicule.

Art. 3 Les données d'identification du titulaire mentionnées à l'article 2 sont conservées jusqu'à l'enregistrement d'une modification d'adresse, d'un changement de titulaire ou d'une annulation de l'immatriculation du véhicule.

Art. 4 Dans le cadre des seules finalités prévues à l'article 1er, sont transmises au RSVERO :

– des données relatives à l'activité économique des entreprises ou établissements propriétaires de véhicules issues du répertoire SIRENE de l'INSEE ;

– des données portant sur les caractéristiques techniques complémentaires des véhicules issues du registre des contrôles techniques de l'organisme central (OTC-UTAC) ;

– des données issues, conformément aux dispositions de l'arrêté du 1er septembre 2009 susvisé, du système d'information décisionnel du système d'immatriculation des véhicules (SID-SIV).

Art. 5 Ont accès aux données mentionnées à l'article 2 les agents du service de l'observation et de la statistique (SOeS) individuellement désignés et spécialement habilités.

Sont destinataires de tout ou partie des données mentionnées à l'article 2, à raison de leurs attributions, et pour les besoins exclusifs des missions de service public qui leur sont confiées :

– sur demande et aux seules fins statistiques ou de recherche scientifique ou historique, les agents de l'INSEE, des services statistiques ministériels, des services d'étude ou d'évaluation ministériels ou d'organismes scientifiques individuellement désignés, spécialement habilités, sous couvert de convention de confidentialité, dans le cadre de leurs études et recherches.

– dans le cadre de la mise en paiement des dossiers du bonus écologique, les agents de l'Agence de services et de paiement (ASP).

Art. 6 Les droits d'accès et de rectification prévus par les articles 39 et 40 de la loi du 6 janvier 1978 susvisée s'exercent auprès du ministère de l'écologie, du développement durable et de l'énergie, Commissariat général au développement durable (CGDD), service de l'observation et des statistiques (SOeS).

Art. 7 Le droit d'opposition prévu à l'article 38 de la loi du 6 janvier 1978 susvisée ne s'applique pas au présent traitement.

Art. 8 L'arrêté du 11 octobre 1983 modifié relatif au fichier national informatisé des véhicules immatriculés sur le territoire français est abrogé.

Directive (UE) 2015/413 du Parlement européen et du Conseil du 11 mars 2015,

Facilitant l'échange transfrontalier d'informations concernant les infractions en matière de sécurité routière.

Annulation de la directive du 25 oct. 2011. La Dir. 2011/82/UE du 25 oct. 2011 facilitant l'échange transfrontalier d'informations concernant les infractions en matière de sécurité routière constituant, tant par sa finalité que par son contenu, une mesure permettant d'améliorer la sécurité des transports au sens de l'art. 91, § 1, ss. c), TFUE, aurait dû être adoptée sur la base de cette disposition. Il convient dès lors de considérer que cette directive n'a pu être valablement adoptée sur la base de l'art. 87, § 2, TFUE, prévoyant la compétence de l'Union en matière de coopération policière, et qu'elle doit être, en conséquence, annulée. • CJUE, gr. ch., 6 mai 2014, *Commission c/ Parlement et Conseil,* n° C-43/12 : *Europe 2014, n° 290, note Michel.* ♦ Toutefois, compte tenu de l'importance que revêt la poursuite des objectifs visés par la Dir. 2011/82/UE en matière d'amélioration de la sécurité routière et du fait que le délai prévu à l'art. 12, § 1, de cette directive, pour la mise en vigueur, par les États membres, des dispositions législatives, réglementaires et administratives nécessaires pour se conformer à celle-ci, est venu à échéance le 7 nov.

2013, d'importants motifs de sécurité juridique justifient que la Cour maintienne les effets de ladite directive jusqu'à l'entrée en vigueur, dans un délai raisonnable qui ne saurait excéder douze mois à compter de la date du prononcé du présent arrêt, d'une nouvelle directive fondée sur la base juridique appropriée, à savoir l'art. 91, § 1, ss. c), TFUE. • Même décision.

Art. 1er *Objectif.* La présente directive vise à assurer un niveau élevé de protection de tous les usagers de la route dans l'Union en facilitant l'échange transfrontalier d'informations concernant les infractions en matière de sécurité routière et en facilitant ainsi l'application des sanctions, lorsque lesdites infractions ont été commises dans un État membre autre que celui où le véhicule en cause a été immatriculé.

Art. 2 *Champ d'application.* La présente directive s'applique aux infractions en matière de sécurité routière énumérées ci-après :

a) excès de vitesse ;
b) défaut de port de la ceinture de sécurité ;
c) franchissement d'un feu rouge ;
d) conduite en état d'ébriété ;
e) conduite sous l'influence de stupéfiants ;
f) défaut de port du casque ;
g) circulation sur une voie interdite ;
h) usage illicite d'un téléphone portable ou de tout autre appareil de communication en conduisant un véhicule.

Art. 3 *Définitions.* Aux fins de la présente directive, on entend par :

a) "véhicule", tout véhicule motorisé, y compris les motocycles, normalement utilisé pour le transport routier de personnes ou de marchandises ;

b) "État membre de l'infraction", l'État membre dans lequel l'infraction a été commise ;

c) "État membre d'immatriculation", l'État membre dans lequel est immatriculé le véhicule avec lequel l'infraction a été commise ;

d) "excès de vitesse", le dépassement des limites de vitesse en vigueur dans l'État membre de l'infraction, en fonction de la route et du type de véhicule concernés ;

e) "défaut de port de la ceinture de sécurité", le non-respect de l'obligation du port de la ceinture de sécurité ou de l'utilisation obligatoire d'un dispositif de retenue pour enfant conformément à la directive 91/671/CEE du Conseil et au droit de l'État membre de l'infraction ;

f) "franchissement d'un feu rouge", le fait de ne pas s'arrêter à un feu rouge, ou à tout autre signal d'arrêt équivalent, au sens du droit de l'État membre de l'infraction ;

g) "conduite en état d'ébriété", le fait de conduire un véhicule sous l'emprise de l'alcool, au sens du droit de l'État membre de l'infraction ;

h) "conduite sous l'influence de stupéfiants", le fait de conduire un véhicule sous l'emprise de stupéfiants ou d'autres substances ayant des effets similaires, au sens du droit de l'État membre de l'infraction ;

i) "défaut de port du casque", le fait de ne pas porter de casque, au sens du droit de l'État membre de l'infraction ;

j) "circulation sur une voie interdite", le fait de circuler illicitement sur une partie de la chaussée, par exemple une bande d'arrêt d'urgence, une voie réservée aux transports publics ou une voie temporairement fermée en raison de congestions ou de travaux, au sens du droit de l'État membre de l'infraction ;

k) "usage illicite d'un téléphone portable ou de tout autre appareil de communication en conduisant un véhicule", le fait d'utiliser illicitement un téléphone portable ou tout autre appareil de communication en conduisant un véhicule, au sens du droit de l'État membre de l'infraction ;

l) "point de contact national", une autorité compétente désignée pour l'échange de données relatives à l'immatriculation des véhicules ;

m) "recherche automatisée", une procédure d'accès en ligne permettant de consulter les bases de données d'un, de plusieurs ou de tous les États membres ou pays participants ;

n) "détenteur du véhicule", la personne au nom de laquelle le véhicule est immatriculé, au sens du droit de l'État membre d'immatriculation.

Art. 4 *Procédure pour l'échange d'informations entre États membres.* 1. Pour les enquêtes relatives aux infractions en matière de sécurité routière visées à l'article 2, les États membres donnent aux points de contact nationaux des autres États membres visés au paragraphe 2 du présent article accès à leurs données nationales relatives à l'immatriculation des véhicules énumérées ci-après et leur permettent d'y effectuer des recherches automatisées concernant :

a) les données relatives aux véhicules ; et

b) les données relatives aux propriétaires ou aux détenteurs des véhicules.

Les éléments des données visées aux points a) et b) nécessaires pour effectuer une recherche respectent l'annexe I.

2. Aux fins de l'échange des données visées au paragraphe 1, chaque État membre désigne un point de contact national. Les attributions des points de contact nationaux sont régies par le droit applicable de l'État membre concerné.

3. Lorsqu'il effectue une recherche sous la forme d'une demande sortante, le point de contact national de l'État membre de l'infraction utilise un numéro d'immatriculation complet.

Ces recherches sont effectuées dans le respect des procédures décrites au chapitre III de l'annexe de la décision 2008/616/JAI, à l'exception du chapitre III, point 1, de l'annexe de ladite décision, pour lequel l'annexe I de la présente directive s'applique.

L'État membre de l'infraction utilise, en vertu de la présente directive, les données obtenues aux fins d'établir qui est personnellement responsable des infractions en matière de sécurité routière énumérées à l'article 2 de la présente directive.

4. Les États membres prennent toutes les mesures nécessaires pour s'assurer que l'échange d'informations s'effectue par des moyens électroniques interopérables, sans échange de données provenant d'autres bases de données qui ne sont pas utilisées aux fins de la présente directive. Les États membres veillent à ce que cet échange d'informations présente un bon rapport coût-efficacité et qu'il soit sécurisé. Les États membres veillent à la sécurité et à la protection des données transmises en utilisant, dans la mesure du possible, les applications informatiques existantes, par exemple l'application visée à l'article 15 de la décision 2008/616/JAI, ainsi que les versions modifiées de ces applications informatiques, dans le respect de l'annexe I de la présente directive et du chapitre III, points 2 et 3, de l'annexe de la décision 2008/616/JAI. Les versions modifiées des applications informatiques couvrent à la fois l'échange en ligne en temps réel et le mode d'échange par lots, celui-ci permettant d'échanger en un seul message des demandes ou réponses multiples.

5. Chaque État membre prend en charge ses propres coûts afférents à la gestion, à l'utilisation et à la maintenance des applications informatiques visées au paragraphe 4.

Art. 5 *Lettre de notification relative aux infractions en matière de sécurité routière.* 1. L'État membre de l'infraction décide d'engager ou non des poursuites à propos des infractions en matière de sécurité routière énumérées à l'article 2.

Lorsque l'État membre de l'infraction décide d'engager ces poursuites, il en informe, conformément à son droit interne, le propriétaire ou le détenteur du véhicule ou toute autre personne identifiée soupçonnée d'avoir commis l'infraction en matière de sécurité routière.

Les informations communiquées comprennent, conformément au droit interne, les conséquences juridiques de ladite infraction sur le territoire de l'État membre de l'infraction en vertu du droit dudit État membre.

2. Lorsqu'il envoie la lettre de notification au propriétaire ou au détenteur du véhicule ou à toute autre personne identifiée soupçonnée d'avoir commis l'infraction en matière de sécurité routière, l'État membre de l'infraction y inclut, conformément à son droit interne, toutes les informations pertinentes, notamment la nature de cette infraction en matière de sécurité routière, le lieu, la date et l'heure de l'infraction, le titre des textes de droit interne qui ont été violés et la sanction ainsi que, s'il y a lieu, des informations sur l'appareil utilisé pour détecter l'infraction. A cette fin, l'État membre de l'infraction peut utiliser le modèle figurant à l'annexe II.

3. Lorsque l'État membre de l'infraction décide d'engager des poursuites à propos des infractions en matière de sécurité routière énumérées à l'article 2, il envoie la lettre de notification dans la langue utilisée dans le document d'immatriculation du véhicule, s'il est disponible, ou dans l'une des langues officielles de l'État membre d'immatriculation, afin de garantir le respect des droits fondamentaux.

Art. 6 *Rapports communiqués par les États membres à la Commission.* Chaque État membre adresse un rapport complet à la Commission au plus tard le 6 mai 2016, et tous les deux ans par la suite.

Le rapport complet indique le nombre de recherches automatisées effectuées par l'État membre de l'infraction à la suite d'infractions commises sur son territoire et adressées au point de contact national de l'État membre d'immatriculation, ainsi que le type d'infractions au sujet desquelles des demandes ont été envoyées et le nombre de demandes ayant échoué.

Le rapport complet inclut également une description de la situation au niveau national concernant la suite donnée aux infractions en matière de sécurité routière, sur la base de la proportion d'infractions ayant fait l'objet de lettres de notification.

Art. 7 *Protection des données.* 1. Les dispositions relatives à la protection des données énoncées dans la directive 95/46/CE sont applicables aux données à caractère personnel traitées en vertu de la présente directive.

2. Plus particulièrement, chaque État membre veille à ce que les données à caractère personnel traitées en vertu de la présente directive soient, dans un délai approprié, rectifiées lorsqu'elles sont inexactes, ou effacées ou verrouillées lorsqu'elles ne sont plus nécessaires, conformément aux articles 6 et 12 de la directive 95/46/CE, et qu'un délai de conservation des données soit fixé conformément à l'article 6 de ladite directive.

Les États membres veillent à ce que toutes les données à caractère personnel traitées en vertu de la présente directive ne soient utilisées qu'aux fins de l'objectif énoncé à l'article 1er de la présente directive, et que les intéressés aient des droits d'information, d'accès, de rectification, d'effacement et de verrouillage des données, un droit à réparation et un droit à un recours juridictionnel qui soient identiques à ceux adoptés en vertu du droit interne en application des dispositions pertinentes de la directive 95/46/CE.

3. Toute personne concernée a le droit d'obtenir des informations sur les données à caractère personnel enregistrées dans l'État membre d'immatriculation qui ont été transmises à l'État membre de l'infraction, y compris la date de la demande et l'autorité compétente de l'État membre de l'infraction.

Art. 8 *Information des usagers de la route dans l'Union.* 1. La Commission met à disposition sur son site internet, dans toutes les langues officielles des institutions de l'Union, un résumé des règles qui sont en vigueur dans les États membres et qui entrent dans le champ d'application de la présente directive. Les États membres fournissent à la Commission les informations concernant ces règles.

2. Les États membres fournissent aux usagers de la route les informations nécessaires sur les règles applicables sur leur territoire et sur les mesures d'application de la présente directive en association avec, parmi d'autres organisations, des organismes de prévention routière, des organisations non gouvernementales actives dans le domaine de la sécurité routière et des clubs automobiles.

Art. 9 *Actes délégués.* La Commission est habilitée à adopter des actes délégués en conformité avec l'article 10 en ce qui concerne la mise à jour de l'annexe I au vu des progrès techniques afin de tenir compte des modifications pertinentes des décisions Prüm ou lorsque l'exigent des actes juridiques de l'Union touchant directement à la mise à jour de l'annexe I.

Art. 10 *Exercice de la délégation.* 1. Le pouvoir d'adopter des actes délégués conféré à la Commission est soumis aux conditions fixées au présent article.

2. Le pouvoir d'adopter des actes délégués visé à l'article 9 est conféré à la Commission pour une période de cinq ans à compter du 13 mars 2015. La Commission élabore un rapport relatif à la délégation de pouvoir au plus tard neuf mois avant la fin de la période de cinq ans. La délégation de pouvoir est tacitement prorogée pour des périodes d'une durée identique, sauf si le Parlement européen ou le Conseil s'oppose à cette prorogation trois mois au plus tard avant la fin de chaque période.

3. La délégation de pouvoir visée à l'article 9 peut être révoquée à tout moment par le Parlement européen ou le Conseil. La décision de révocation met fin à la délégation de pouvoir qui y est précisée. La révocation prend effet le jour suivant celui de la publication de ladite décision au *Journal officiel de l'Union européenne* ou à une date ultérieure qui est précisée dans ladite décision. Elle ne porte pas atteinte à la validité des actes délégués déjà en vigueur.

4. Il importe tout particulièrement que la Commission procède comme elle le fait habituellement et consulte des experts, y compris des experts des États membres, avant d'adop-

ter ces actes délégués. Aussitôt qu'elle adopte un acte délégué, la Commission le notifie au Parlement européen et au Conseil simultanément.

5. Un acte délégué adopté en vertu de l'article 9 n'entre en vigueur que si le Parlement européen ou le Conseil n'a pas exprimé d'objections dans un délai de deux mois à compter de la notification de cet acte au Parlement européen et au Conseil ou si, avant l'expiration de ce délai, le Parlement européen et le Conseil ont tous deux informé la Commission de leur intention de ne pas exprimer d'objections. Ce délai est prolongé de deux mois à l'initiative du Parlement européen ou du Conseil.

Art. 11 *Révision de la directive.* Sans préjudice des dispositions figurant à l'article 12, paragraphe 1, deuxième alinéa, la Commission transmet au Parlement européen et au Conseil, au plus tard le 7 novembre 2016, un rapport sur l'application de la présente directive par les États membres. Dans son rapport, la Commission se concentre notamment sur les aspects suivants et présente, s'il y a lieu, des propositions pour les couvrir :

– une évaluation de la nécessité d'ajouter d'autres infractions en matière de sécurité routière au champ d'application de la présente directive,

– une évaluation de l'efficacité de la présente directive quant à la réduction du nombre de victimes sur les routes de l'Union,

– une évaluation de la nécessité de mettre au point des normes communes pour les équipements de contrôle automatique et pour les procédures. Dans ce contexte, la Commission est invitée à élaborer des lignes directrices en matière de sécurité routière au niveau de l'Union, dans le cadre de la politique commune des transports, afin d'assurer une plus grande convergence au niveau de l'application des règles de circulation routière par les États membres grâce à des méthodes et à des pratiques comparables. Ces lignes directrices peuvent porter au moins sur les infractions énumérées à l'article 2, points a) à d),

– une évaluation de la nécessité de renforcer l'application des sanctions en ce qui concerne les infractions en matière de sécurité routière et de proposer des critères communs en ce qui concerne les procédures de suivi en cas de non-paiement d'une pénalité financière, dans le cadre de toutes les politiques pertinentes de l'Union, y compris la politique commune des transports,

– des possibilités d'harmoniser, le cas échéant, les règles de circulation routière,

– une évaluation des applications informatiques visées à l'article 4, paragraphe 4, en vue d'assurer la bonne application de la présente directive, ainsi qu'un échange des données particulières relatives à l'immatriculation des véhicules d'une façon efficace, rapide, sécurisée et confidentielle.

Art. 12 *Transposition.* 1. Les États membres mettent en vigueur les dispositions législatives, réglementaires et administratives nécessaires pour se conformer à la présente directive au plus tard le 6 mai 2015. Ils communiquent immédiatement à la Commission le texte de ces dispositions.

Lorsque les États membres adoptent ces dispositions, celles-ci contiennent une référence à la présente directive ou sont accompagnées d'une telle référence lors de leur publication officielle. Les modalités de cette référence sont arrêtées par les États membres.

Par dérogation au premier alinéa, le Royaume de Danemark, l'Irlande et le Royaume-Uni de Grande-Bretagne et d'Irlande du Nord peuvent reporter au 6 mai 2017 la date visée au premier alinéa.

2. Les États membres communiquent à la Commission le texte des dispositions essentielles de droit interne qu'ils adoptent dans le domaine régi par la présente directive.

Art. 13 *Entrée en vigueur.* La présente directive entre en vigueur le quatrième jour suivant celui de sa publication au *Journal officiel de l'Union européenne.*

Art. 14 *Destinataires.* Les États membres sont destinataires de la présente directive.

V. les annexes I et II au JOUE 13 mars 2015, L. 68/9.

Arrêté du 28 août 2017,

Portant création d'un traitement automatisé de lutte contre la fraude au certificat d'immatriculation des véhicules (JO 6 sept.).

Art. 1er Le ministre de l'intérieur (direction de la modernisation et de l'action territoriale) est autorisé à mettre en œuvre un traitement automatisé de lutte contre la fraude au certificat d'immatriculation des véhicules et ayant pour finalités :

1° De modéliser et de détecter, par des algorithmes, les demandes potentiellement frauduleuses d'un usager concernant les démarches relatives aux certificats d'immatriculation d'un véhicule ;

2° De réaliser des statistiques permettant le pilotage et le suivi d'activité.

Art. 2 Peuvent être enregistrées et traitées les catégories de données à caractère personnel et informations suivantes :

I. — Données d'identification du titulaire du certificat d'immatriculation du véhicule :

1° Pour les personnes physiques : nom, nom d'usage, prénom, sexe, date et lieu de naissance ;

2° Pour les personnes morales : raison sociale, numéro SIREN et/ou numéro SIRET ;

3° Adresse du titulaire du certificat d'immatriculation ;

4° Numéro de téléphone et adresse électronique.

II. — Données relatives au véhicule et à l'autorisation de circuler :

1° Numéro d'opération ;

2° Numéros d'immatriculation ;

3° Numéro VIN (*Vehicle Identification Number*) ;

4° Caractéristiques techniques du véhicule ;

5° Situation du véhicule vis-à-vis du contrôle technique ;

6° Mentions spécifiques et d'usage ;

7° Oppositions au transfert du certificat d'immatriculation ;

8° Déclarations valant saisie ;

9° Gages ;

10° Retrait du titre suite à l'immobilisation du véhicule ;

11° Suspension de l'immatriculation ;

12° Destruction du véhicule ;

13° Annulation de l'immatriculation ;

14° Déclaration de cession ;

15° Déclaration d'achat ;

16° Déclaration et conclusions des rapports d'expertise des véhicules endommagés ;

17° Montant des taxes ;

18° Numéro de formule du certificat d'immatriculation ;

19° Date de la première immatriculation du véhicule.

III. — Données relatives au professionnel habilité à transmettre des données au système d'immatriculation des véhicules (professionnel du commerce de l'automobile, huissier de justice, expert, assureur, démolisseur/broyeur et société de crédit) :

1° Données d'identification du professionnel : nom, nom d'usage, prénom, sexe, date et lieu de naissance pour les personnes physiques ; raison sociale, numéro de SIREN et/ou de SIRET pour les personnes morales, ainsi que les coordonnées d'un contact, adresse ;

2° Informations relatives à l'habilitation ou à l'agrément du professionnel : numéro, état et type d'habilitation ou d'agrément et mode d'accès au système d'immatriculation des véhicules.

IV. — Données relatives aux agents chargés de la détection de la fraude :

1° Nom, prénom, numéro "Référent identité opérationnel" ;

2° Adresse électronique ;

3° Service d'appartenance ;

V. — Données relatives aux résultats de l'instruction des dossiers :

1° Données relatives au dossier : numéro du dossier, date à laquelle le dossier a été analysé comme dissonant le cas échéant, mots-clefs permettant une recherche ultérieure ;

2° Données relative*[s]* à l'enquête : liste des tâches accomplies, commentaires techniques, caractérisation de la fraude avérée ou non avérée ;

3° Données relative*[s]* à la fraude potentielle : typologie de la fraude, indicateur de fraude potentielle, données ayant permis de détecter la fraude ;

4° Statut du dossier.

Art. 3 Dans le cadre des finalités prévues à l'article 1er, le présent traitement fait l'objet d'une interconnexion avec le traitement dénommé "système d'immatriculation des véhicules".

Art. 4 Peuvent accéder, à raison de leurs attributions et dans la limite du besoin d'en connaître, à tout ou partie des données à caractère personnel et informations enregistrées dans le traitement automatisé mentionné à l'article 1er :

1° Les agents des services centraux du ministère de l'intérieur chargés de l'application de la réglementation relative au certificat d'immatriculation des véhicules, individuellement désignés et dûment habilités par leur directeur ;

2° Les agents des services déconcentrés du ministère de l'intérieur, chargés de la délivrance des certificats d'immatriculation des véhicules, individuellement désignés et habilités par le préfet ;

3° Les agents de l'Agence nationale des titres sécurisés participant à la délivrance des certificats d'immatriculation des véhicules individuellement désignés et dûment habilités par le directeur ;

4° Les agents des services centraux du ministère de l'intérieur, chargés de la conception des algorithmes et de l'analyse statistique des résultats, individuellement désignés et dûment habilités par leur directeur.

Art. 5 I. – La durée de conservation des données à caractère personnel et informations mentionnées du I au III de l'article 2 correspond à la durée de conservation des données enregistrées dans le traitement automatisé de données à caractère personnel dénommé "système d'immatriculation des véhicules".

La création, la mise à jour ou la suppression des données dans le traitement "système d'immatriculation des véhicules" emportent la création, la mise à jour ou la suppression des données à caractère personnel et informations correspondantes enregistrées dans le traitement.

II. – Les données à caractère personnel et informations mentionnées aux IV et V de l'article 2 sont conservées six ans à compter de leur enregistrement.

Art. 6 Les créations, consultations, mises à jour et suppressions font l'objet d'un enregistrement comprenant l'identifiant de l'auteur, la date, l'heure et l'objet de l'opération. Les informations relatives à ces opérations sont conservées pendant cinq ans.

Art. 7 I. – Le droit d'opposition prévu à l'article 38 de la loi du 6 janvier 1978 susvisée ne s'applique pas au présent traitement.

II. – Les droits d'accès et de rectification s'exercent auprès de la Commission nationale de l'informatique et des libertés dans les conditions prévues à l'article 41 de la loi du 6 janvier 1978 susvisée.

Art. 8 En application du 2° de l'article L. 311-5 du code des relations entre le public et l'administration, les algorithmes du traitement ne peuvent faire l'objet d'une demande de communication.

Directive (UE) 2019/520 du Parlement européen et du Conseil du 19 mars 2019,

Concernant l'interopérabilité des systèmes de télépéage routier et facilitant l'échange transfrontière d'informations relatives au défaut de paiement des redevances routières dans l'Union.

CHAPITRE VIII *ÉCHANGE D'INFORMATIONS SUR LE DÉFAUT DE PAIEMENT DE REDEVANCES ROUTIÈRES*

Art. 23 *Procédure pour l'échange d'informations entre États membres.* 1. Afin de permettre l'identification du véhicule ainsi que du propriétaire ou du détenteur de ce véhicule, pour lequel un défaut de paiement d'une redevance routière a été établi, chaque État membre donne accès uniquement aux points de contact nationaux des autres États membres aux données nationales relatives à l'immatriculation des véhicules énumérées ci-après et leur permet d'y effectuer des recherches automatisées :

a) les données relatives aux véhicules et

b) les données relatives aux propriétaires ou aux détenteurs des véhicules.

Les éléments des données visées aux points a) et b) nécessaires pour effectuer une recherche automatisée sont conformes à l'annexe I.

2. Aux fins de l'échange des données visées au paragraphe 1, chaque État membre désigne un point de contact national. Les États membres prennent les mesures nécessaires pour s'assurer que l'échange d'informations entre États membres s'effectue uniquement entre les points de contact nationaux. Les attributions des points de contact nationaux sont régies par le droit applicable de l'État membre concerné. Dans le cadre de cet échange

de données, une attention particulière est portée à la protection adéquate des données à caractère personnel.

3. Lorsqu'il effectue une recherche automatisée sous la forme d'une demande sortante, le point de contact national de l'État membre sur le territoire duquel un défaut de paiement d'une redevance routière a été constaté utilise un numéro d'immatriculation complet.

Ces recherches automatisées sont effectuées dans le respect des procédures visées au chapitre 3, points 2 et 3, de l'annexe de la décision 2008/616/JAI du Conseil (16) et aux exigences de l'annexe I de la présente directive.

L'État membre sur le territoire duquel un défaut de paiement d'une redevance routière a été constaté utilise les données obtenues afin d'établir qui est responsable du défaut de paiement de cette redevance.

4. Les États membres prennent les mesures nécessaires pour s'assurer que l'échange d'informations s'effectue au moyen de l'application informatique du système d'information européen concernant les véhicules et les permis de conduire (Eucaris) ainsi que des versions modifiées de cette application, dans le respect de l'annexe I de la présente directive et du chapitre 3, points 2 et 3, de l'annexe de la décision 2008/616/JAI.

5. Chaque État membre prend en charge ses propres coûts afférents à la gestion, à l'utilisation et à la maintenance des applications informatiques visées au paragraphe 4.

Art. 24 *Lettre de notification relative au défaut de paiement d'une redevance routière.* 1. L'État membre sur le territoire duquel un défaut de paiement d'une redevance routière a été constaté décide d'engager ou non des poursuites à propos du défaut de paiement d'une redevance routière.

Lorsque l'État membre sur le territoire duquel un défaut de paiement d'une redevance routière a été constaté décide d'engager ces poursuites, il en informe, conformément à son droit interne, le propriétaire ou le détenteur du véhicule ou toute autre personne identifiée soupçonnée de ne pas s'être acquittée de la redevance routière.

Les informations communiquées comprennent, conformément au droit interne, les conséquences juridiques du défaut de paiement d'une redevance routière dans l'État membre sur le territoire duquel ce défaut de paiement a été constaté au regard du droit dudit État membre.

2. Lorsqu'il envoie la lettre de notification au propriétaire, au détenteur du véhicule ou à toute autre personne identifiée soupçonnée de ne pas s'être acquittée de la redevance routière, l'État membre sur le territoire duquel un défaut de paiement d'une redevance routière a été constaté y inclut, conformément à son droit national, toutes les informations pertinentes, notamment la nature, le lieu, la date et l'heure de ce défaut de paiement de la redevance routière, la référence des textes de droit national qui ont été enfreints, les droits de recours et d'accès à l'information et la sanction ainsi que, s'il y a lieu, des informations sur le dispositif utilisé pour détecter le défaut de paiement d'une redevance routière. À cette fin, l'État membre sur le territoire duquel un défaut de paiement d'une redevance routière a été constaté établit la lettre de notification sur la base du modèle figurant à l'annexe II.

3. Lorsque l'État membre sur le territoire duquel un défaut de paiement d'une redevance routière a été constaté décide d'engager des poursuites à propos du défaut de paiement de la redevance routière, il envoie la lettre de notification dans la langue utilisée dans le document d'immatriculation du véhicule, s'il est disponible, ou dans l'une des langues officielles de l'État membre d'immatriculation, afin de garantir le respect des droits fondamentaux.

Art. 25 *Procédures de suivi par les entités chargées de la perception.* 1. L'État membre sur le territoire duquel un défaut de paiement d'une redevance routière a été constaté ne peut fournir à l'entité responsable de la perception des redevances routières les données obtenues dans le cadre de la procédure visée à l'article 23, paragraphe 1, que si les conditions suivantes sont remplies :

a) les données transférées sont limitées à ce qui est nécessaire à cette entité pour obtenir le paiement de la redevance routière due ;

b) la procédure pour obtenir le paiement de la redevance routière due est conforme à la procédure prévue à l'article 24 ;

c) l'entité concernée est responsable de la mise en œuvre de cette procédure ; et

d) le respect de l'ordre de paiement émis par l'entité qui reçoit les données met un terme au défaut de paiement d'une redevance routière.

2. Les États membres veillent à ce que les données fournies à l'entité responsable soient utilisées dans le seul but d'obtenir le paiement de la redevance routière due et soient immédiatement supprimées une fois le paiement de la redevance effectué ou, si le défaut de paiement persiste, dans un délai raisonnable après le transfert des données, ce délai étant fixé par l'État membre.

Art. 26 *Rapports communiqués par les États membres à la Commission.* Chaque État membre adresse un rapport complet à la Commission au plus tard le 19 avril 2023, et tous les trois ans par la suite.

Le rapport complet indique le nombre de recherches automatisées que l'État membre sur le territoire duquel un défaut de paiement d'une redevance routière a été constaté a effectuées à la suite de défauts de paiement de redevances routières survenues sur son territoire et a adressées au point de contact national de l'État membre d'immatriculation, ainsi que le nombre de demandes ayant échoué.

Le rapport complet inclut également une description de la situation au niveau national concernant la suite donnée aux défauts de paiement de redevances routières, sur la base de la proportion de tels défauts de paiement de redevances routières ayant fait l'objet de lettres de notification.

Art. 27 *Protection des données.* 1. Le règlement (UE) 2016/679 et les dispositions législatives, réglementaires et administratives nationales transposant les directives 2002/58/CE et (UE) 2016/680 sont applicables aux données à caractère personnel traitées en vertu de la présente directive.

2. Les États membres prennent les mesures nécessaires, conformément à la législation applicable en matière de protection des données, pour veiller à ce que :

a) le traitement des données à caractère personnel aux fins des articles 23, 24 et 25 se limite aux types de données énumérées dans l'annexe I de la présente directive ;

b) les données à caractère personnel soient exactes et tenues à jour, et que les demandes de rectification ou d'effacement soient traitées dans les meilleurs délais ; et

c) un délai soit fixé pour la conservation des données à caractère personnel.

Les États membres prennent les mesures nécessaires pour s'assurer que les données à caractère personnel traitées en vertu de la présente directive ne soient utilisées qu'aux fins :

a) d'identifier les contrevenants présumés eu égard à l'obligation de payer des redevances routières dans le cadre de l'article 5, paragraphe 8 ;

b) de veiller à ce que le percepteur de péages respecte ses obligations envers les autorités fiscales dans le cadre de l'article 5, paragraphe 9 ; et

c) de permettre l'identification du véhicule ainsi que du propriétaire ou du détenteur du véhicule pour lequel un défaut de paiement d'une redevance routière a été établi dans le cadre des articles 23 et 24.

Les États membres prennent également les mesures nécessaires pour s'assurer que les intéressés bénéficient des droits d'information, d'accès, de rectificatif, d'effacement et de restriction du traitement, le droit de déposer une plainte auprès de l'autorité de contrôle de la protection des données, un droit à réparation et un droit à un recours juridictionnel effectif prévus dans le règlement (UE) 2016/679 ou, le cas échéant, la directive (UE) 2016/680.

3. Le présent article n'a pas d'incidence sur la possibilité qu'ont les États membres de limiter la portée des obligations et des droits prévus dans certaines dispositions du règlement (UE) 2016/679 conformément à l'article 23 dudit règlement, pour les finalités énumérées au paragraphe 1 de cet article.

4. Toute personne concernée a le droit d'obtenir, sans retard injustifié, des informations sur les données à caractère personnel enregistrées dans l'État membre d'immatriculation qui ont été transmises à l'État membre sur le territoire duquel un défaut de paiement d'une redevance routière a été constaté, y compris la date de la demande et l'autorité compétente de l'État membre sur le territoire duquel un défaut de paiement d'une redevance routière a été constaté.

INFRACTIONS (RECHERCHE, CONSTATATION ET RÉPRESSION)

COMMENTAIRE

Comme la plupart des rubriques de l'appendice, celle-ci recense, par ordre chronologique, des textes complémentaires du code lui-même, en commençant par les dispositions figurant dans d'autres codes. C'est pourquoi le code des douanes (dont la rédaction remonte à 1948) y apparaît avant le code de procédure pénale, qui précède lui-même le code pénal... On y accède normalement à partir des renvois opérés sous les articles du code ou à partir de la table alphabétique. L'importance « stratégique » de cette rubrique – le code de la route est pour une bonne partie un code répressif – appelle cependant quelques mots de présentation.

Le lecteur trouvera dans les textes complémentaires ici rassemblés quelques dispositions de droit pénal de fond et beaucoup de dispositions de procédure pénale.

I. DROIT DE FOND

Figurent ici quelques infractions – mais des dizaines d'autres, voire des centaines si l'on inclut les contraventions, figurent d'une manière ou d'une autre dans le code de la route lui-même – et des textes relatifs aux peines.

A. INFRACTIONS

Code pénal. Un certain nombre d'infractions initialement prévues par le code pénal, qui ne sont pas spécifiquement routières, peuvent être commises – et le sont très fréquemment – à l'occasion de la circulation routière.

Certaines sont littéralement reprises dans le code de la route, code « suiveur » en l'espèce, dans le titre III du livre II consacré au « comportement du conducteur ». C'est le cas du délit de fuite (infraction commise en cas d'accident) à l'article L. 231-1 qui reproduit les articles 434-10 et 434-45 du code pénal. C'est également le cas des atteintes involontaires à la vie ou à l'intégrité de la personne, respectivement appelées homicide et coups et blessures involontaires dans la table alphabétique du présent code. Ces délits incriminent à la fois la cause : l'imprudence et/ou l'inobservation du code de la route, elle-même érigée ou non en infraction autonome, et le résultat : mort, blessures... de l'accident. Ils sont repris par les articles L. 232-1 (qui reproduit les art. 221-6-1 et 221-8 C. pén.) et L. 232-2 (qui reproduit les art. 222-19-1, 222-20-1 et 222-44 C. pén.) du code de la route.

Mais ce n'est pas le cas de toutes les infractions du code pénal rencontrées à l'occasion d'un accident. Manque le délit de risques causés à autrui (appelé également mise en danger des personnes dans la table alphabétique du présent code) prévu par l'article 223-1 du code pénal, que le lecteur trouvera ci-dessous avec de la jurisprudence. Plusieurs contraventions du code pénal, non reproduites dans le code de la route, sont aussi susceptibles de recevoir application. Si l'atteinte involontaire à l'intégrité d'autrui ayant entraîné une incapacité de travail inférieure ou égale à trois mois prévue par l'article R. 625-2 du code pénal n'est plus applicable en cas d'accident de la circulation routière (V. comm. introductif aux art. L. 232-1 s.), celle d'atteinte involontaire à l'intégrité de la personne n'ayant entraîné aucune incapacité de travail prévue par l'article R. 622-1 du code pénal le reste. Sont également applicables quelques contraventions contre les biens (C. pén., art. R. 635-1 : la voiture bien dégradé ou détérioré, art. R. 653-1 C. pén. : atteintes involontaires à la vie ou à l'intégrité d'un animal) ou encore la contravention d'entrave à la circulation sur la voie publique (C. pén., art. R. 644-2). Il faut comparer les éléments constitutifs de cette dernière contravention avec ceux du délit de l'article L. 412-1 du code de la route ; il importe également de la distinguer de la contravention de l'article R. 412-51 du présent code qui sanctionne un refus d'obtempérer.

Code de la voirie routière. Sur les infractions à la police de la conservation du domaine public routier, poursuivies devant le tribunal de police, voir les dispositions du code de la voirie routière reproduites ci-après.

B. PEINES

On trouvera également ici les dispositions générales du code pénal relatives : à certaines peines correctionnelles (art. 131-5-1 s.), dont la peine de stage qui peut prendre la forme d'un stage de sensibilisation à la sécurité routière (art. 131-5-1) ; aux peines contraventionnelles (art. 131-12 s.) ; aux modalités d'application de la confiscation (art. 131-21) ; aux concours d'infractions (art. 132-7) ; aux peines applicables en cas de récidive (art. 132-9 s.) ; à la suspension du permis, à l'interdiction de conduire certains véhicules ou des véhicules non équipés d'un éthylotest électronique antidémarrage, à l'immobilisation de véhicules (art. R. 131-1 s.), ainsi qu'à la mise en œuvre du TIG (art. R. 131-12 s.).

On sait en effet que les deux codes « s'empruntent » des peines. Par exemple : d'un côté le travail d'intérêt général peut être prononcé pour des infractions au code de la route (V. ce mot dans la table alphabétique) ; mais, de l'autre côté, la suspension du permis de conduire, son annulation ou l'interdiction de conduire certains véhicules peuvent être prononcées pour toutes sortes de délit (V. C. pén., art. 131-6).

II. PROCÉDURE

Sur le plan procédural, le code de la route se préoccupe essentiellement de la constatation des infractions. Quant à leur jugement, il se limite à renvoyer à certains des textes du code de procédure pénale relatifs à la procédure de l'amende forfaitaire applicable à certaines infractions (art. L. 121-5). Sur la poursuite et le jugement des infractions routières, devant le tribunal correctionnel ou le tribunal de police, c'est donc à des pans entiers du code de procédure pénale qu'il faut renvoyer le lecteur, quelques articles seulement étant ci-dessous reproduits.

A. CONSTATATION DES INFRACTIONS

Contrôle automatisé. Aux dispositions du code de la route dédiées à la recherche et à la constatation des infractions au code de la route (art. L. 130-1 s. et R. 130-1 s.), il faut ajouter les dispositions du code de la sécurité intérieure sur le contrôle automatisé des données signalétiques des véhicules qui autorisent les forces de l'ordre, depuis la loi du 18 novembre 2016 de modernisation de la justice du XXIe siècle, à « mettre en œuvre des dispositifs fixes ou mobiles de contrôle automatisé des données signalétiques des véhicules prenant la photographie de leurs occupants, en tous points appropriés du territoire », « afin de faciliter la constatation des infractions au code de la route, permettre le rassemblement des preuves de ces infractions et la recherche de leurs auteurs, ainsi que mettre en œuvre les dispositions de l'article L. 121-4-1 du code de la route » (V. CSI, art. L. 233-1 s.).

Vidéoprotection. Il faut y ajouter également les dispositions de ce code qui permettent aux pouvoirs publics d'utiliser la vidéo-surveillance, appelée vidéoprotection depuis la LOPPSI II, non seulement pour réguler le trafic routier, mais également pour la constatation des infractions aux règles de la circulation, ainsi que pour vérifier si l'obligation d'être couvert par une assurance garantissant la responsabilité civile pour faire circuler un véhicule terrestre à moteur est respectée (V. CSI, art. L. 251-2).

Contrôles. Aux contrôles routiers proprement dits (V. cette expression dans la table alphabétique ainsi que celles de Contrôle de la vitesse et de Dépistage de l'imprégnation alcoolique), il faut ajouter les pouvoirs propres d'interception et de visites des véhicules des agents des douanes (V. les articles du code des douanes) et de ceux qui sont habilités à constater certaines infractions fiscales (V. les textes du code général des impôts et du livre des procédures fiscales ci-après), sans oublier les agents de la DGCCRF mentionnés à l'article L. 130-8 du présent code.

Pour les infractions au code de la route, il convient de rappeler que seuls les officiers de police judiciaire à vocation générale, dont la liste est fournie par l'article 16 du code de procédure pénale, peuvent procéder à des gardes à vue. Ils sont également seuls compétents pour procéder à des visites de véhicules dans les conditions prévues par les articles 78-2-2 et suivants du code de procédure pénale (V. ci-dessous).

L'usage des armes et l'établissement de barrages pour immobiliser les moyens de transport sont prévus à l'article L. 214-2 du code de la sécurité intérieure, reprenant les dispositions de l'article 25-1 de la loi n° 95-73 du 21 janvier 1995 créé par la loi n° 2006-64 du 23 janvier 2006 (art. 4).

Figurent par ailleurs dans cet appendice des arrêtés d'application des dispositions du code de la route sur le contrôle automatisé (Arr. du 13 oct. 2004) sur le dispositif de contrôle de la durée du stationnement – en zone bleue, ce sont les « disques » qui sont ici visés à placer en vue dans le véhicule – (Arr. du 6 déc. 2007), ou encore sur les agents des services publics de transports urbains de voyageurs habilités à constater certaines infractions (Arr. du 12 mars 1973 très souvent modifié).

B. POURSUITE ET JUGEMENT

Contraventions. L'article L. 121-5 du code de la route renvoie aux articles 529-7 à 530-4 du code de procédure pénale relatifs à **la procédure de l'amende forfaitaire** en ce qu'elle est particulière à certaines infractions au code de la route. Le lecteur trouvera dans cet appendice, en plus de ces articles, les articles 529 à 529-2-1, 529-6, 530-5 à 530-7, R. 48-1 et suivants ainsi que les articles A. 37 et suivants du même code. Sur la combinaison de ces textes et sur le particularisme des contraventions en matière de stationnement, V. le commentaire sous l'article L. 121-5. Sur l'encaissement immédiat et sur le paiement par chèque, il faut ajouter l'arrêté du 23 décembre 1999 ci-dessous reproduit.

Délits. Les délits prévus par le code de la route ainsi que les délits d'atteintes involontaires à l'intégrité d'une personne, de risques causés à autrui et de délit de fuite commis par le conducteur d'un véhicule terrestre à moteur prévus par les articles 222-19-1, 222-20-1, 223-1 et 434-10 du code pénal, sont de la compétence **du juge unique** (V. C. pr. pén., art. 398-1), dès lors qu'ils sont punis d'une peine inférieure ou égale à 5 ans d'emprisonnement. Il en résulte que les atteintes involontaires à l'intégrité d'une personne aggravées prévues au dernier alinéa de l'article 222-19-1 du code pénal ne peuvent être jugées à juge unique. Depuis la loi dite « Perben I » du 9 septembre 2002, la procédure de **l'ordonnance pénale**, dite simplifiée, est également applicable à ces délits, dans les conditions prévues par les articles 495 et suivants du code de procédure pénale, à l'exception des délits d'atteintes involontaires à l'intégrité des personnes (V. C. pr. pén., art. 495, II). Depuis la loi dite « Perben II » du 9 mars 2004, le procureur de la République peut également opter pour la procédure de **comparution sur reconnaissance préalable de culpabilité** (C. pr. pén., art. 495-7 s.), sauf pour les délits d'atteintes involontaires à l'intégrité des personnes punis d'une peine d'emprisonnement d'une durée supérieure à 5 ans (C. pr. pén., art. 495-7) et d'homicide involontaire (art. 495-16 du même code). Enfin, depuis la loi du 18 novembre 2016 de modernisation de la justice du XXIe siècle, la procédure de **l'amende forfaitaire** est également applicable à certains délits (C. pr. pén., art. 495-17 s.) et peut être utilisée pour sanctionner le défaut de permis et le défaut d'assurance, ainsi que, depuis la loi du 24 janvier 2023, le délit prévu à l'article L. 318-3 du code de la route incriminant le fait de porter atteinte à un dispositif de maîtrise de la pollution d'un véhicule, ceux formulés à l'article L. 412-1 concernant les entraves à la circulation routière et, à titre expérimental, le délit prévu à l'article L. 236-1, I incriminant la participation à un rodéo motorisé.

Préalablement à sa décision sur l'action publique, le procureur peut envisager l'une des procédures alternatives décrites par l'article 41-1 du code de procédure pénale et en particulier demander au conducteur d'accomplir à ses frais **un stage de sensibilisation à la sécurité routière**. Sauf en cas d'homicide involontaire, il peut également opter pour une **composition pénale** dans les conditions décrites par l'article 41-2 dont les 3°, 4° et 4° *bis* prévoient des mesures relatives au véhicule et au permis de conduire.

Sur l'action civile des associations, voir ci-dessous les articles 2-12, 2-15 et D. 1 du code de procédure pénale.

III. CONVENTION INTERNATIONALE

La Convention européenne pour la répression des infractions routières du 30 novembre 1964 est également reproduite dans cet appendice, mais elle n'est applicable que dans les relations avec Chypre, le Danemark, la Suède et la Roumanie. ❑

Code des douanes

(Décr. n° 48-1985 du 8 déc. 1948)

Art. 56 **1. Les agents des douanes ont, pour l'exercice de leurs fonctions, le droit au port d'armes.**

(L. n° 2017-258 du 28 févr. 2017, art. 1er-V-1°) **« 2. Ils peuvent faire usage de leurs armes dans les conditions prévues à l'article L. 435-1 du code de la sécurité intérieure. »**

Art. 60 *(L. n° 2023-610 du 18 juill. 2023, art. 2-I)* **Les agents des douanes peuvent procéder à la visite des marchandises, des moyens de transport et des personnes dans les conditions prévues au présent article et aux articles 60-1 à 60-10. Les mêmes articles 60-1 à 60-10 sont applicables pour la mise en œuvre :**

1° Du présent code et en vue de la recherche de la fraude ;

2° Du règlement (UE) n° 952/2013 du Parlement européen et du Conseil du 9 octobre 2013 établissant le code des douanes de l'Union et de ses règlements d'application ;

3° Du règlement (UE) 2018/1672 du Parlement européen et du Conseil du 23 octobre 2018 relatif aux contrôles de l'argent liquide entrant dans l'Union ou sortant de l'Union et abrogeant le règlement (CE) n° 1889/2005 ;

4° Du chapitre II du titre V du livre Ier du code monétaire et financier.

Pour l'application à Saint-Pierre-et-Miquelon, dans les îles Wallis-et-Futuna, en Polynésie française, à Saint-Barthélemy, en Nouvelle-Calédonie et dans les Terres australes et antarctiques françaises, l'art. 60 est ainsi modifié :

a) Le 2° est abrogé ;

b) Au début du 4°, les mots : « Du chapitre II du titre V du livre I » sont remplacés par les mots : « Des articles L. 722-6 à L. 722-8 et L. 722-18 à L. 722-20 » (L. n° 2023-610 du 18 juill. 2023, art. 37-IV-1°).

Art. 60-1 *(L. n° 2023-610 du 18 juill. 2023, art. 2-I)* Les agents des douanes peuvent procéder, à toute heure, à la visite des marchandises, des moyens de transport et des personnes se trouvant ou circulant dans les zones et les lieux suivants :

1° La zone terrestre du rayon des douanes définie à l'article 44 ;

2° Les bureaux de douane désignés en application de l'article 47 ;

3° Les ports, les aéroports et les gares ferroviaires ou routières ouverts au trafic international désignés par arrêté du ministre chargé des douanes ainsi que les abords de ces lieux ;

4° Les sections autoroutières commençant dans la zone mentionnée au 1° du présent article et allant jusqu'au premier péage se situant au-delà de la limite de cette zone ainsi que le lieu de ce péage, les aires de stationnement attenantes et celles situées sur ces sections autoroutières ;

5° Les trains effectuant une liaison internationale, sur la portion du trajet entre la frontière et le premier arrêt qui se situe au-delà de la limite de la zone mentionnée au même 1°. Toutefois, sur celles des lignes ferroviaires effectuant une liaison internationale et présentant des caractéristiques particulières de desserte, la visite peut également être opérée entre cet arrêt et un arrêt situé dans la limite des cinquante kilomètres suivants. Ces lignes ferroviaires internationales et les arrêts sont désignés par arrêté conjoint des ministres chargés des douanes et des transports.

Art. 60-2 *(L. n° 2023-610 du 18 juill. 2023, art. 2-I)* En cas de raisons plausibles de soupçonner la commission ou la tentative de commission d'une infraction mentionnée à la section 1 du chapitre VI du titre XII et au chapitre IV du titre XIV du présent code ainsi qu'au chapitre II du titre V du livre Ier du code monétaire et financier, les agents des douanes peuvent également procéder, à toute heure, à la visite des marchandises, des moyens de transport et des personnes se trouvant ou circulant sur la voie publique, dans les lieux attenants directement accessibles au public ainsi que dans les ports, les aéroports, les gares ferroviaires ou routières et les trains autres que ceux mentionnés à l'article 60-1 du présent code.

Pour l'application à Saint-Pierre-et-Miquelon, dans les îles Wallis-et-Futuna, en Polynésie française, à Saint-Barthélemy, en Nouvelle-Calédonie et dans les Terres australes et antarctiques françaises, l'art. 60-2 est ainsi modifié : les mots : « au chapitre II du titre V du livre I » sont remplacés par les mots : « aux art. L. 722-6 à L. 722-8 et L. 722-18 à L. 722-20 » (L. n° 2023-610 du 18 juill. 2023, art. 37-IV-2°).

Art. 60-3 *(L. n° 2023-610 du 18 juill. 2023, art. 2-I)* En dehors des cas prévus à l'article 60-2, les agents des douanes peuvent procéder, à toute heure, à la visite des marchandises, des moyens de transport et des personnes se trouvant ou circulant dans les lieux mentionnés au même article 60-2, pour la recherche des infractions douanières se rapportant aux marchandises mentionnées au chapitre II du titre VIII et au 6° de l'article 427 ainsi qu'à celles expédiées sous un régime suspensif.

Ils peuvent effectuer les mêmes visites pour la recherche des délits prévus à l'article 415 lorsque les opérations financières recherchées portent sur des fonds provenant des infractions mentionnées au premier alinéa du présent article ou sur des atteintes à la législation sur les substances vénéneuses classées comme stupéfiants ainsi que pour la recherche des infractions mentionnées au chapitre II du titre V du livre Ier du code monétaire et financier.

Les opérations de visite prévues aux deux premiers alinéas du présent article ne peuvent être engagées qu'après information du procureur de la République, qui peut s'y opposer.

Si la personne concernée le demande et dans le cas où la visite se déroule en son absence, un procès-verbal relatant le déroulement des opérations de contrôle est établi. Copie en est remise à la personne concernée et transmise au procureur de la République.

Le présent article s'applique également à la tentative.

Pour l'application à Saint-Pierre-et-Miquelon, dans les îles Wallis-et-Futuna, en Polynésie française, à Saint-Barthélemy, en Nouvelle-Calédonie et dans les Terres australes et antarctiques françaises, l'art. 60-3 est ainsi modifié :

a) Au 1er alinéa, les mots : « au chapitre II du titre VIII » sont remplacés par les mots : « à l'art. 215 » ;

b) Au 2e, les mots : « au chapitre II du titre V du livre I » sont remplacés par les mots : « aux art. L. 722-6 à L. 722-8 et L. 722-18 à L. 722-20 » (L. no 2023-610 du 18 juill. 2023, art. 37-IV-3o).

Art. 60-4 *(L. no 2023-610 du 18 juill. 2023, art. 2-I)* Aux fins de procéder à la visite des marchandises placées sous surveillance douanière en application de l'article 134 du règlement (UE) no 952/2013 du Parlement européen et du Conseil du 9 octobre 2013 établissant le code des douanes de l'Union, les agents des douanes ont accès aux locaux et aux lieux où elles sont susceptibles d'être détenues entre 8 heures et 20 heures ou, en dehors de ces heures, lorsque l'accès au public est autorisé ou lorsque sont en cours des activités de production, de fabrication, de conditionnement, de transport, de manutention, d'entreposage ou de commercialisation. Cet accès ne s'applique pas à la partie des locaux affectée à un usage privé ou d'habitation.

Pour l'application à Saint-Pierre-et-Miquelon, dans les îles Wallis-et-Futuna, en Polynésie française, à Saint-Barthélemy, en Nouvelle-Calédonie et dans les Terres australes et antarctiques françaises, l'art. 60-4 est ainsi modifié : les mots : « en application de l'art. 134 du règlement (UE) no 952/2013 du Parlement européen et du Conseil du 9 oct. 2013 établissant le code des douanes de l'Union » sont supprimés (L. no 2023-610 du 18 juill. 2023, art. 37-IV-4o).

Art. 60-5 *(L. no 2023-610 du 18 juill. 2023, art. 2-I)* A l'exception de ceux effectués dans les lieux mentionnés aux 2° et 3° de l'article 60-1, à l'exclusion des abords de ces lieux, les droits de visite ne peuvent être mis en œuvre dans un même lieu que pour une durée n'excédant pas, pour l'ensemble des opérations, douze heures consécutives et ils ne peuvent consister en un contrôle systématique des personnes présentes ou circulant dans les lieux et les zones mentionnés aux articles 60-1 à 60-4.

Art. 60-6 *(L. no 2023-610 du 18 juill. 2023, art. 2-I)* La visite des personnes peut consister en la palpation ou en la fouille de leurs vêtements, de leurs bagages et de tous autres effets personnels, à l'exclusion de toute fouille intégrale.

Elle peut également consister, sur consentement écrit de la personne, en la réalisation d'examens de dépistage de substances ou de plantes classées comme stupéfiants.

Ces opérations s'exécutent dans des conditions garantissant le respect de la dignité de la personne. Elles sont pratiquées à l'abri du regard du public, sauf impossibilité liée aux circonstances.

Art. 60-7 *(L. no 2023-610 du 18 juill. 2023, art. 2-I)* Les agents des douanes ne peuvent immobiliser les moyens de transport et les marchandises ou maintenir les personnes à leur disposition que le temps strictement nécessaire à la réalisation des opérations matérielles de visite, qui comprennent le contrôle de la marchandise, du moyen de transport ou de la personne ainsi que, le cas échéant, les saisies.

Au-delà d'une durée de quatre heures à compter du début des opérations de visite, le procureur de la République est informé de ces opérations par tout moyen.

Cette obligation d'information n'est pas applicable dans les cas suivants :

1° Lorsque les visites sont réalisées en application de l'article 60-8 uniquement en présence d'un représentant ou d'une personne requise à cet effet par les agents des douanes dans les lieux mentionnés au 3° de l'article 60-1, à l'exclusion des visites se déroulant aux abords de ces lieux ;

2° Lorsque les visites des marchandises et des moyens de transport, y compris en présence d'une personne, sont réalisées dans les lieux mentionnés au 2° du même article 60-1 ;

3° Lorsque les visites sont réalisées dans les lieux mentionnés à l'article 60-4.

Les agents des douanes peuvent prendre les mesures nécessaires et adaptées en vue d'assurer la préservation des marchandises et des moyens de transport ainsi que la sécurité des personnes.

Lorsque la visite est matériellement impossible ou que des investigations approfondies qui ne peuvent être effectuées sur place doivent être diligentées, les agents des douanes peuvent ordonner le transfert des marchandises, des moyens de transport et des personnes vers un lieu approprié.

Art. 60-8 *(L. nº 2023-610 du 18 juill. 2023, art. 2-I)* Chaque intervention dans des locaux ou des lieux mentionnés aux articles 60-1, 60-2 et 60-4 se déroule en présence de la personne concernée ou de son représentant ou, à défaut, d'une personne requise à cet effet par les agents des douanes et qui ne relève pas de leur autorité administrative.

La visite des moyens de transport a lieu en présence de leur conducteur, de leur propriétaire ou, à défaut, d'une personne requise à cet effet par les agents des douanes et qui ne relève pas de leur autorité administrative. La présence d'une personne extérieure n'est toutefois pas requise si la visite comporte un risque grave pour la sécurité des personnes et des biens. Lorsque la visite des moyens de transport a lieu en l'absence de leur conducteur ou de leur propriétaire, un procès-verbal relatant le déroulement de la visite est établi et signé, le cas échéant, par la personne requise.

La visite des moyens de transport spécialement aménagés à usage d'habitation et effectivement utilisés comme résidence au moment du contrôle ne peut être faite que dans les conditions prévues à l'article 64.

La visite des bagages a lieu en présence de leurs détenteurs ou, à défaut, d'une personne requise à cet effet par les agents des douanes et qui ne relève pas de leur autorité administrative.

L'examen des marchandises et les prélèvements d'échantillons réalisés en application de l'article 189 du règlement (UE) nº 952/2013 du Parlement européen et du Conseil du 9 octobre 2013 établissant le code des douanes de l'Union s'effectuent dans les conditions prévues aux paragraphes 2 et 3 du même article 189.

Pour l'application à Saint-Pierre-et-Miquelon, dans les îles Wallis-et-Futuna, en Polynésie française, à Saint-Barthélemy, en Nouvelle-Calédonie et dans les Terres australes et antarctiques françaises, l'art. 60-8 est ainsi modifié : le dernier al. est supprimé (L. nº 2023-610 du 18 juill. 2023, art. 37-IV-5º).

Art. 60-9 *(L. nº 2023-610 du 18 juill. 2023, art. 2-I)* Les agents des douanes ne peuvent recueillir des déclarations qu'en vue de la reconnaissance des objets découverts lors de la visite.

Lorsqu'une personne concernée par la visite et suspectée d'avoir commis une infraction douanière fait l'objet d'une mesure de contrainte sur sa personne, elle ne peut être entendue selon les modalités prévues à l'article 67 F.

Art. 60-10 *(L. nº 2023-610 du 18 juill. 2023, art. 2-I)* Le fait que les opérations de visite révèlent des infractions autres que celles mentionnées aux articles 60-1 à 60-4 ne constitue pas une cause de nullité des procédures incidentes.

Art. 61 1. Tout conducteur de moyen de transport doit se soumettre aux injonctions des agents des douanes.

(L. nº 2017-258 du 28 févr. 2017, art. 1er-V-2º) « 2. Ces derniers peuvent faire usage de matériels appropriés, conformes à des normes techniques définies par arrêté du ministre chargé des douanes, pour immobiliser les moyens de transport dans les cas prévus à l'article L. 214-2 du code de la sécurité intérieure. »

1. Il résulte des dispositions combinées des art. 43 et 60 C. douanes que, pour l'application des dispositions dudit code et en vue de la recherche de la fraude douanière, les agents des douanes peuvent procéder, sur l'ensemble du territoire douanier, à la visite des marchandises, des moyens de transport et à celle des personnes. • Crim. 23 mars 1992 : *D. 1993. Somm. 78, obs. Pannier ; Dr. pénal 1992. Comm. 206, obs. Robert.*

2. Aucun texte ou règlement ne subordonne la validité des constatations opérées par les agents des douanes au port de leur uniforme. Cassation de l'arrêt qui avait relaxé le conducteur refusant de s'arrêter au motif que le douanier, revêtu d'un anorak, vêtement purement civil, au moment du contrôle, ne pouvait être considéré comme en tenue, circonstance de nature à induire en erreur le conducteur quant à son obligation au regard de l'art. 61 (1º) C. douanes. • Crim. 17 oct. 1967 : *Bull. crim. nº 254.*

3. Des poursuites pour infraction aux relations financières avec l'étranger peuvent être fondées sur les documents trouvés dans un attaché-case découvert par les douaniers lors d'une fouille de véhicule. • Crim. 27 juin 1988 : *Bull. crim. nº 290.*

Art. 64 B *(L. n° 2000-1352 du 30 déc. 2000)* Les documents et informations mentionnés aux articles L. 330-2 à L. 330-4 du code de la route sont communiqués, sur leur demande, aux fonctionnaires des douanes.

Art. 67 *(L. n° 2023-610 du 18 juill. 2023, art. 5)* Les agents des douanes effectuent les vérifications aux frontières dans les conditions prévues au chapitre II du titre II et au chapitre II du titre III du règlement (UE) 2016/399 du Parlement européen et du Conseil du 9 mars 2016 concernant un code de l'Union relatif au régime de franchissement des frontières par les personnes (code frontières Schengen).

Dans les collectivités régies par les art. 73 et 74 Const. et en Nouvelle-Calédonie, à l'art. 67 C. douanes, les mots : « au chapitre II du titre II et au chapitre II du titre III du règlement (UE) 2016/399 du Parlement européen et du Conseil du 9 mars 2016 concernant un code de l'Union relatif au régime de franchissement des frontières par les personnes (code frontières Schengen) » sont remplacés par les mots : « aux titres III et VI du livre III du code de l'entrée et du séjour des étrangers et du droit d'asile ainsi que par les textes réglementaires pris pour leur application » (L. n° 2023-610 du 18 juill. 2023, art. 37-III).

Art. 413 *bis* *(Décr. n° 2018-98 du 23 oct. 2018, art. 26-I)* Est passible d'une amende de 3 700 € :

1° Toute infraction aux dispositions du *a* du 1 de l'article 53 ;

2° Tout refus de communication des documents et renseignements demandés par les agents des douanes dans l'exercice du droit de communication prévu à l'article 65 ou tout comportement faisant obstacle à la communication. Cette amende s'applique par demande, dès lors que tout ou partie des documents ou renseignements sollicités ne sont pas communiqués. Une amende de même montant est applicable en cas d'absence de tenue de ces documents ou de leur destruction avant les délais prescrits.

L'amende est applicable en cas de refus de communication au titre de l'article 65 *quinquies* ;

3° Toute infraction aux dispositions du *b* de l'article 69, de l'article 71, *(Abrogé par L. n° 2020-1508 du 3 déc. 2020, art. 12-10°)* *« du 1 »* de l'article 87 et du 2 de l'article 117.

Les dispositions issues du Décr. n° 2018-898 du 23 oct. 2018 sont applicables dans les îles Wallis-et-Futuna. A Wallis-et-Futuna, en Polynésie française et en Nouvelle-Calédonie, l'amende prévue à l'art. 413 bis C. douanes et l'astreinte prévue à l'art. 431 du même code sont prononcées en francs CFP compte tenu de la contrevaleur dans cette monnaie de l'euro (Décr. préc., art. 26-II).

Art. 414 *(L. n° 87-502 du 8 juill. 1987)* Sont passibles d'un emprisonnement *(Abrogé par L. n° 2011-525 du 17 mai 2011, art. 161)* *« maximum »* de trois ans, de la confiscation de l'objet de fraude, de la confiscation des moyens de transport, de la confiscation des objets servant à masquer la fraude, *(L. n° 2023-610 du 18 juill. 2023, art. 31-I)* « de la confiscation des biens qui ont servi à commettre l'infraction ou qui étaient destinés à la commettre et dont l'auteur de l'infraction est propriétaire ou, sous réserve des droits du propriétaire de bonne foi, dont il a la libre disposition » *(L. n° 2011-267 du 14 mars 2011, art. 109-2°)* « , de la confiscation des biens et avoirs qui sont le produit direct ou indirect de l'infraction » et d'une amende comprise entre une et deux fois la valeur de l'objet de fraude, tout fait de contrebande ainsi que tout fait d'importation ou d'exportation sans déclaration lorsque ces infractions se rapportent à des marchandises de la catégorie de celles qui sont prohibées *(Abrogé par L. n° 2016-1918 du 29 déc. 2016, art. 22-I-3° et IV, à compter du 1er janv. 2017)* *« ou fortement taxées »* au sens du présent code *(L. n° 2016-1918 du 29 déc. 2016, art. 22-I-3° et IV, en vigueur le 1er janv. 2017)* « ou aux produits du tabac manufacturé ».

(L. n° 2011-266 du 14 mars 2011, art. 14) « La peine d'emprisonnement est portée à une durée maximale de cinq ans et l'amende peut aller jusqu'à trois fois la valeur de l'objet de fraude lorsque les faits de contrebande, d'importation ou d'exportation portent sur des biens à double usage, civil et militaire, dont la circulation est soumise à restriction par la réglementation européenne. »

(L. n° 2003-239 du 18 mars 2003, art. 14) « La peine d'emprisonnement est portée à une durée *(Abrogé par L. n° 2011-525 du 17 mai 2011, art. 161)* *« maximale »* de dix ans et l'amende peut aller jusqu'à *(L. n° 2016-41 du 26 janv. 2016, art. 32)* « dix » fois la valeur de l'objet de la fraude soit lorsque les faits de contrebande, d'importation ou d'exportation portent sur des marchandises dangereuses pour la santé, la moralité ou la sécurité publiques, dont la liste est fixée par arrêté du ministre chargé des douanes, soit lorsqu'ils sont commis en bande organisée. »

Dernier al. abrogé par L. n° 2002-1576 du 30 déc. 2002, art. 39.
Les dispositions issues de la L. n° 2016-1918 du 29 déc. 2016 sont applicables dans les îles Wallis-et-Futuna (L. préc., art. 22-III-A).

Code général des impôts

(Décr. n° 50-478 du 6 avr. 1950)

Art. 454 Toute opération nécessaire à la conservation des boissons (transvasement, ouillage ou rabattement) est permise en cours de transport, mais seulement en présence des agents de l'administration qui en font mention au verso des expéditions. Si un accident de force majeure nécessite le prompt déchargement d'un véhicule ou d'un bateau ou le transvasement immédiat des liquides, ces opérations peuvent avoir lieu sans déclaration préalable, à charge par le conducteur de faire constater l'accident par les agents ou, à leur défaut, par le maire ou l'adjoint de la commune dont la mairie est la plus proche.

Art. 455 *(Abrogé par Ord. n° 2021-1843 du 22 déc. 2021, art. 10, à compter du 1er janv. 2022)* ***Le conducteur d'un chargement dont le transport est suspendu est tenu d'en faire la déclaration à l'administration, dans les vingt-quatre heures et, en tout cas, avant le déchargement des boissons.*** *(L. n° 99-1173 du 30 déc. 1999)* ***« Les documents mentionnés »*** *(L. n° 2015-1785 du 29 déc. 2015, art. 81-I et III, en vigueur le 1er juill. 2017)* ***« aux articles 302 M bis et 302 M ter » sont conservés par les agents jusqu'à la reprise du transport ; ils sont visés et remis au départ, après vérification des boissons qui doivent être représentées aux agents à toute réquisition. Le délai est prolongé de toute la durée pendant laquelle le transport a été interrompu.***

…………………………………………………………………………………………

Art. 1737 *(Ord. n° 2005-1512 du 7 déc. 2005, art. 13)* I. — Entraîne l'application d'une amende égale à 50 % du montant :

1. Des sommes versées ou reçues, le fait de travestir ou dissimuler l'identité ou l'adresse de ses fournisseurs ou de ses clients, les éléments d'identification mentionnés aux articles 289 et 289 B et aux textes pris pour l'application de ces articles ou de sciemment accepter l'utilisation d'une identité fictive ou d'un prête-nom ;

2. De la facture, le fait de délivrer une facture ne correspondant pas à une livraison ou à une prestation de service réelle ;

(L. n° 2021-1900 du 30 déc. 2021, art. 142) « 3. De la transaction, le fait de ne pas délivrer une facture ou la note prévue à l'article 290 *quinquies* et de ne pas comptabiliser la transaction. Le client professionnel est solidairement tenu au paiement de cette amende, qui ne peut excéder 375 000 € par exercice. Toutefois, lorsque la transaction a été comptabilisée, l'amende est réduite à 5 % et ne peut excéder 37 500 € par exercice ; »

(Abrogé par L. n° 2021-1900 du 30 déc. 2021, art. 142) ***« 4. De la transaction, le fait de ne pas délivrer une note en violation des dispositions de l'article 290 quinquies. »***

Les dispositions des 1 à 3 ne s'appliquent pas aux ventes au détail et aux prestations de services faites ou fournies à des particuliers *(L. n° 2021-1900 du 30 déc. 2021, art. 142)* « , à l'exception des prestations de services mentionnées à l'article 290 *quinquies* soumises à la délivrance d'une note ».

(Abrogé par L. n° 2021-1900 du 30 déc. 2021, art. 142) ***« Les dispositions des 1 à 4 s'appliquent aux opérations réalisées dans le cadre d'une activité professionnelle. »***

II. — Toute omission ou inexactitude constatée dans les factures ou documents en tenant lieu mentionnés aux articles 289 et 290 *quinquies* donne lieu à l'application d'une amende de 15 €. Toutefois, le montant total des amendes dues au titre de chaque facture ou document ne peut excéder le quart du montant qui y est ou aurait dû y être mentionné.

(L. n° 2022-1157 du 16 août 2022, art. 26-I-4°) « III. — Le non-respect par l'assujetti de l'obligation d'émission d'une facture sous une forme électronique dans les conditions prévues à l'article 289 *bis* donne lieu à l'application d'une amende de 15 € par facture, sans que le total des amendes appliquées au titre d'une même année civile puisse être supérieur à 15 000 €.

« IV. — Toute omission ou tout manquement par un opérateur d'une plateforme de dématérialisation aux obligations de transmission de données mentionnées au II de l'article 289 *bis* donne lieu à une amende de 15 € par facture mise à la charge de cette plateforme, sans que le total des amendes appliquées au titre d'une même année civile puisse être supérieur à 45 000 €.

« V. — Les amendes mentionnées *(L. nº 2022-1726 du 30 déc. 2022, art. 62-II)* « au 3 du I et aux II, » III et IV du présent article ne sont pas applicables en cas de première infraction commise au cours de l'année civile en cours et des trois années précédentes lorsque l'infraction a été réparée spontanément ou dans les trente jours suivant une première demande de l'administration. »

Code de procédure pénale

PREMIÈRE PARTIE : *LÉGISLATIVE*

(L. nº 57-1426 du 31 déc. 1957)

Action civile

Art. 2-12 *(L. nº 93-2 du 4 janv. 1993)* Toute association régulièrement déclarée depuis au moins cinq ans à la date des faits qui se propose par ses statuts de combattre la délinquance routière et de défendre ou d'assister les victimes de cette délinquance peut exercer les droits reconnus à la partie civile en ce qui concerne les délits d'homicide ou blessures involontaires commis à l'occasion de la conduite d'un véhicule automobile terrestre à moteur lorsque l'action publique a été mise en mouvement par le ministère public ou la partie lésée.

Toutefois, l'association ne sera recevable dans son action que si elle justifie avoir reçu l'accord de la victime ou, si celle-ci est mineure, celui du titulaire de l'autorité parentale ou du représentant légal.

(L. nº 2016-1547 du 18 nov. 2016, art. 43) « Toute fondation reconnue d'utilité publique peut exercer les droits reconnus à la partie civile dans les mêmes conditions et sous les mêmes réserves que l'association mentionnée au présent article. »

Art. 2-15 *(L. nº 95-125 du 8 févr. 1995)* Toute association régulièrement déclarée ayant pour objet statutaire la défense des victimes d'un accident survenu dans les transports collectifs ou dans un lieu ou local ouvert au public *(L. nº 2002-1138 du 9 sept. 2002, art. 33)* « ou dans une propriété privée à usage d'habitation ou à usage professionnel » et regroupant plusieurs de ces victimes peut, si elle a été agréée à cette fin, exercer les droits reconnus à la partie civile en ce qui concerne cet accident lorsque l'action publique a été mise en mouvement par le ministère public ou la partie lésée.

Les conditions dans lesquelles les associations visées au premier alinéa peuvent être agréées, après avis du ministère public, compte tenu de leur représentativité, sont fixées par décret.

(L. nº 2004-204 du 9 mars 2004, art. 76) « Toute fédération d'associations, régulièrement déclarée depuis au moins cinq ans à la date des faits et inscrite auprès du ministère de la justice, dans des conditions fixées par décret en Conseil d'État, dont l'objet statutaire est la défense des victimes d'accidents collectifs, peut exercer les droits reconnus à la partie civile, en ce qui concerne un accident collectif survenu dans les circonstances visées au premier alinéa, lorsque l'action publique a été mise en mouvement par le ministère public ou la partie lésée. »

(L. nº 2011-1862 du 13 déc. 2011, art. 56) « Les associations et fédérations d'associations prévues par le présent article peuvent demander réparation des frais exposés en lien avec l'accident et qui sont la conséquence directe ou indirecte de l'infraction pour laquelle elles ont exercé les droits reconnus à la partie civile. »

(L. nº 2016-1547 du 18 nov. 2016, art. 43) « Toute fondation reconnue d'utilité publique peut exercer les droits reconnus à la partie civile dans les mêmes conditions et sous les mêmes réserves que l'association mentionnée au présent article. »

Officier de police judiciaire

Art. 16 *(L. nº 66-493 du 9 juill. 1966)* Ont la qualité d'officier de police judiciaire :

1º Les maires et leurs adjoints ;

2º Les officiers et les gradés de la gendarmerie, les gendarmes *(Abrogé par L. nº 2023-22 du 24 janv. 2023, art. 17)* *« comptant au moins (L. nº 96-647 du 22 juill. 1996) « trois ans » de service dans la gendarmerie, »* nominativement désignés par arrêté *(L. nº 96-647 du 22 juill. 1996)* « des ministres de la justice et de » *(L. nº 2009-971 du 3 août 2009, art. 15-1º)* « l'intérieur », après avis conforme d'une commission ;

3° *(L. n° 78-788 du 28 juill. 1978)* « Les inspecteurs généraux, les sous-directeurs de police active, les contrôleurs généraux, les commissaires de police *(L. n° 2006-64 du 23 janv. 2006, art. 16)* « et les officiers de police » ;

(L. n° 98-1035 du 18 nov. 1998) « 4° Les fonctionnaires du corps *(L. n° 2006-64 du 23 janv. 2006, art. 16)* « d'encadrement » et d'application de la police nationale *(Abrogé par L. n° 2023-22 du 24 janv. 2023, art. 17)* ***« comptant au moins trois ans de services dans ce corps, »*** nominativement désignés par arrêté des ministres de la justice et de l'intérieur, après avis conforme *(L. n° 2006-64 du 23 janv. 2006, art. 16)* « d'une commission ». »

(Ord. n° 2015-952 du 31 juill. 2015, en vigueur le 1er sept. 2016) « La composition de la commission prévue aux 2° et 4° est déterminée par un décret en Conseil d'État pris sur le rapport du ministre de la justice et du ministre de l'intérieur.

« Ont également la qualité d'officier de police judiciaire les personnes exerçant des fonctions de directeur ou sous-directeur de la police judiciaire et de directeur ou sous-directeur de la gendarmerie ».

(L. n° 85-1196 du 18 nov. 1985, en vigueur le 1er janv. 1986) « Les fonctionnaires mentionnés aux *(L. n° 98-1035 du 18 nov. 1998)* « 2° à 4° » ci-dessus ne peuvent exercer effectivement les attributions attachées à leur qualité d'officier de police judiciaire ni se prévaloir de cette qualité que s'ils sont affectés à un emploi comportant cet exercice et en vertu d'une décision du procureur général près la cour d'appel les y habilitant personnellement. L'exercice de ces attributions est momentanément suspendu pendant le temps où ils participent, en unité constituée, à une opération de maintien de l'ordre. » *(Abrogé par L. n° 2011-525 du 17 mai 2011, art. 156-9°)* ***« Lorsqu'ils appartiennent à un service dont la compétence excède le ressort de la cour d'appel, la décision d'habilitation est prise par le procureur général près la cour d'appel du siège de leur fonction. »***

(L. n° 98-1035 du 18 nov. 1998) « Toutefois, les *(L. n° 2023-22 du 24 janv. 2023, art. 17)* « gendarmes mentionnés au 2° et les fonctionnaires mentionnés au 4° ne peuvent recevoir l'habilitation prévue au huitième alinéa que, d'une part, s'ils comptent au moins trente mois de services à compter du début de leur formation initiale, dont au moins six mois effectués dans un emploi comportant l'exercice des attributions attachées à la qualité d'agent de police judiciaire, et, d'autre part, » s'ils sont affectés soit dans un service ou une catégorie de services déterminés en application de l'article 15-1 et figurant sur une liste fixée par arrêté des ministres de la justice et de l'intérieur, soit, à titre exclusif, dans une formation d'un service mentionnée par le même arrêté. »

(L. n° 2019-222 du 23 mars 2019, art. 47-I) « L'habilitation est délivrée par le procureur général près la cour d'appel dans le ressort de laquelle intervient la première affectation du fonctionnaire. Elle est valable pour toute la durée de ses fonctions, y compris en cas de changement d'affectation. »

(L. n° 75-701 du 6 août 1975) « Les conditions d'octroi, de retrait et de suspension pour une durée déterminée de l'habilitation prévue *(L. n° 2019-222 du 23 mars 2019, art. 47-I)* « aux neuvième et avant-dernier alinéas du présent article » sont fixées par décret en Conseil d'État pris sur le rapport du ministre de la justice et des ministres intéressés. »

Art. 16-1 A *(L. n° 2022-52 du 24 janv. 2022, art. 12-IV)* Lorsqu'ils servent dans la réserve opérationnelle de la police nationale ou dans la réserve opérationnelle de la gendarmerie nationale, les fonctionnaires de la police nationale et les militaires de la gendarmerie nationale actifs ou à la retraite ayant eu durant leur activité la qualité d'officier de police judiciaire peuvent, après une actualisation de leurs connaissances et dès lors qu'est établi qu'ils réunissent les conditions d'expérience et d'aptitude requises, conserver la qualité d'officier de police judiciaire pour une durée de cinq ans à compter de la date de leur départ à la retraite.

Toutefois, ils ne peuvent exercer effectivement les attributions attachées à leur qualité d'officier de police judiciaire et se prévaloir de cette qualité que s'ils sont affectés à des missions comportant l'exercice de ces attributions et en application d'une décision du procureur général près la cour d'appel les y habilitant personnellement.

L'habilitation est délivrée par le procureur général près la cour d'appel dans le ressort de laquelle intervient la première affectation du réserviste. Sous réserve du premier alinéa, elle est valable pour toute la durée de l'engagement dans la réserve, y compris en cas de changement d'affectation. Le procureur général peut prononcer le retrait de l'habilitation ou sa suspension pour une durée déterminée.

Un décret en Conseil d'État définit les conditions d'application du présent article.

Procédures alternatives

Art. 41-1 *(L. nº 99-515 du 23 juin 1999)* S'il lui apparaît qu'une telle mesure est susceptible d'assurer la réparation du dommage causé à la victime, de mettre fin au trouble résultant de l'infraction ou de contribuer au reclassement de l'auteur des faits, le procureur de la République peut, préalablement à sa décision sur l'action publique, *(L. nº 2004-204 du 9 mars 2004, art. 69)* « directement ou par l'intermédiaire d'un officier de police judiciaire, d'un délégué ou d'un médiateur du procureur de la République » :

(L. nº 2021-1729 du 22 déc. 2021, art. 14-4º) « 1º Adresser à l'auteur de l'infraction qui a reconnu sa culpabilité un avertissement pénal probatoire lui rappelant les obligations résultant de la loi ou du règlement ainsi que les peines encourues et lui indiquant que cette décision est revue en cas de commission d'une nouvelle infraction dans un délai de deux ans ; ce délai est fixé à un an en matière contraventionnelle. Cet avertissement ne peut être adressé que par le procureur de la République ou son délégué ; il ne peut intervenir à l'égard d'une personne qui a déjà été condamnée ou à la suite d'un délit de violences contre les personnes ou d'un délit commis contre une personne dépositaire de l'autorité publique ou investie d'un mandat électif public. Lorsque l'infraction a causé un préjudice à une personne physique ou morale, l'avertissement ne peut intervenir que si le préjudice a déjà été réparé ou s'il est également fait application de la mesure prévue au 4º ; »

2º Orienter l'auteur des faits vers une structure sanitaire, sociale ou professionnelle ; *(L. nº 2004-204 du 9 mars 2004, art. 69)* « cette mesure peut consister dans l'accomplissement par l'auteur des faits, à ses frais, d'un stage ou d'une formation dans un service ou un organisme sanitaire, social ou professionnel, et notamment d'un stage de citoyenneté » *(L. nº 2007-297 du 5 mars 2007, art. 65)* « , d'un stage de responsabilité parentale *(L. nº 2016-444 du 13 avr. 2016, art. 21-II-1º)* « , d'un stage de sensibilisation à la lutte contre l'achat d'actes sexuels » *(L. nº 2014-873 du 4 août 2014, art. 50-I)* « , d'un stage de responsabilisation pour la prévention et la lutte contre les violences au sein du couple et sexistes » *(L. nº 2018-703 du 3 août 2018, art. 15-III)* « , d'un stage de lutte contre le sexisme et de sensibilisation à l'égalité entre les femmes et les hommes » ou d'un stage de sensibilisation aux dangers de l'usage de produits stupéfiants ; » *(L. nº 2003-495 du 12 juin 2003, art. 6)* « en cas d'infraction commise à l'occasion de la conduite d'un véhicule terrestre à moteur, cette mesure peut consister dans l'accomplissement, par l'auteur des faits, à ses frais, d'un stage de sensibilisation à la sécurité routière ; »

3º Demander à l'auteur des faits de régulariser sa situation au regard de la loi ou des règlements. *(L. nº 2021-401 du 8 avr. 2021, art. 1er)* « Cette régularisation peut notamment consister à se dessaisir au profit de l'État de la chose qui a servi ou était destinée à commettre l'infraction ou qui en était le produit. Le dessaisissement peut également être fait au bénéfice d'une personne morale à but non lucratif désignée par le procureur de la République, lorsqu'il s'agit d'une chose dont l'auteur des faits est propriétaire et sur laquelle aucun tiers n'est susceptible d'avoir des droits ; »

4º Demander à l'auteur des faits de réparer le dommage résultant de ceux-ci. *(L. nº 2021-401 du 8 avr. 2021, art. 1er)* « Cette réparation peut notamment consister en une restitution, en une remise en état des lieux ou des choses dégradés ou en un versement pécuniaire au bénéfice de la victime ou de toute personne physique ou morale ayant eu à engager des frais pour remettre en état les lieux ou les choses dégradés *(L. nº 2023-140 du 28 févr. 2023, art. 4-III, en vigueur au plus tard le 28 nov. 2023)* « ainsi qu'en un remboursement du prêt versé à la victime en application de l'article L. 214-9 du code de l'action sociale et des familles, sans que ce remboursement puisse excéder 5 000 euros » ; »

5º Faire procéder, *(L. nº 2010-769 du 9 juill. 2010, art. 30)* « à la demande ou avec l'accord de la victime », à une mission de médiation entre l'auteur des faits et la victime. *(L. nº 2004-204 du 9 mars 2004, art. 69)* « En cas de réussite de la médiation, le procureur de la République ou le médiateur du procureur de la République en dresse procès-verbal, qui est signé par lui-même et par les parties, et dont une copie leur est remise ; si l'auteur des faits s'est engagé à verser des dommages et intérêts à la victime, celle-ci peut, au vu de ce procès-verbal, en demander le recouvrement suivant la procédure d'injonction de payer, conformément aux règles prévues par le code de procédure civile. » *(L. nº 2020-936 du 30 juill. 2020, art. 6)* « En cas de violences au sein du couple relevant de l'article 132-80 du code pénal, il ne peut pas être procédé à une mission de médiation ; »

(L. n° 2006-399 du 4 avr. 2006, art. 12) « 6° En cas d'infraction commise soit contre son conjoint, son concubin ou son partenaire lié par un pacte civil de solidarité, soit contre ses enfants ou ceux de son conjoint, concubin ou partenaire, demander à l'auteur des faits de résider hors du domicile ou de la résidence du couple et, le cas échéant, de s'abstenir de paraître dans ce domicile ou cette résidence ou aux abords immédiats de celui-ci, ainsi que, si nécessaire, de faire l'objet d'une prise en charge sanitaire, sociale ou psychologique ; les dispositions du présent 6° sont également applicables lorsque l'infraction est commise par l'ancien conjoint ou concubin de la victime, ou par la personne ayant été liée à elle par un pacte civil de solidarité, le domicile concerné étant alors celui de la victime. » *(L. n° 2014-873 du 4 août 2014, art. 35-I-1°)* « Pour l'application du présent 6°, le procureur de la République recueille ou fait recueillir, dans les meilleurs délais et par tous moyens, l'avis de la victime sur l'opportunité de demander à l'auteur des faits de résider hors du logement du couple. Sauf circonstances particulières, cette mesure est prise lorsque sont en cause des faits de violences susceptibles d'être renouvelés et que la victime la sollicite. Le procureur de la République peut préciser les modalités de prise en charge des frais afférents à ce logement pendant une durée qu'il fixe et qui ne peut excéder six mois » ;

(L. n° 2019-222 du 23 mars 2019, art. 59-I) « 7° Demander à l'auteur des faits de ne pas paraître, pour une durée qui ne saurait excéder six mois, dans un ou plusieurs lieux déterminés dans lesquels l'infraction a été commise ou dans lesquels réside la victime ; »

(L. n° 2021-401 du 8 avr. 2021, art. 1er) « 8° Demander à l'auteur des faits de ne pas rencontrer ou recevoir, pour une durée qui ne peut excéder six mois, la ou les victimes de l'infraction désignées par le procureur de la République, directement ou par l'intermédiaire des personnes mentionnées au premier alinéa, ou ne pas entrer en relation avec cette ou ces victimes ;

« 9° Demander à l'auteur des faits de ne pas rencontrer ou recevoir, pour une durée qui ne peut excéder six mois, le ou les coauteurs ou complices éventuels désignés par le procureur de la République directement ou par l'intermédiaire des personnes mentionnées au même premier alinéa, ou ne pas entrer en relation avec eux ;

« 10° Demander à l'auteur des faits de s'acquitter d'une contribution citoyenne auprès d'une association d'aide aux victimes mentionnée aux articles 10-2 et 41 du présent code du ressort du tribunal judiciaire ou, à défaut, de la cour d'appel. Le montant de cette contribution, qui ne peut excéder le montant prévu au premier alinéa de l'article 131-13 du code pénal, est fixé par le procureur de la République en fonction de la gravité des faits ainsi que des ressources et des charges de l'auteur des faits ;

« 11° Dans les cas prévus à l'article 44-1 du présent code et après avoir recueilli l'avis du maire, demander à l'auteur des faits de répondre à une convocation du maire en vue de conclure une transaction. Si l'auteur des faits ne se présente pas à la convocation ou si aucun accord n'est trouvé, le maire en informe le procureur de la République. »

La procédure prévue au présent article suspend la prescription de l'action publique.

(L. n° 2004-204 du 9 mars 2004, art. 70) « En cas de non-exécution de la mesure en raison du comportement de l'auteur des faits, le procureur de la République, sauf élément nouveau, met en œuvre une composition pénale ou engage des poursuites. »

Art. 41-1-1 *(Abrogé par L. n° 2019-222 du 23 mars 2019, art. 59-I) (L. n° 2014-896 du 15 août 2014, art. 35, en vigueur le 1er oct. 2014) I. — L'officier de police judiciaire peut, tant que l'action publique n'a pas été mise en mouvement et sur autorisation du procureur de la République, transiger avec les personnes physiques et les personnes morales sur la poursuite :*

1° Des contraventions prévues par le code pénal, à l'exception des contraventions des quatre premières classes pour lesquelles l'action publique est éteinte par le paiement d'une amende forfaitaire en application de l'article 529 ;

2° Des délits prévus par le code pénal et punis d'une peine d'amende ;

3° Des délits prévus par le même code et punis d'un an d'emprisonnement au plus, à l'exception du délit d'outrage prévu au deuxième alinéa de l'article 433-5 dudit code ;

(L. n° 2017-258 du 28 févr. 2017, art. 19) « 4° Du délit prévu à l'article 311-3 du même code, lorsque la valeur de la chose volée est inférieure ou égale à 300 € ; »

5° Du délit prévu à l'article L. 3421-1 du code de la santé publique ;

6° Du délit prévu au premier alinéa de l'article L. 126-3 du code de la construction et de l'habitation.

Lorsque le procureur de la République autorise le recours à la transaction en application du présent article, l'officier de police judiciaire peut soumettre l'auteur de l'infraction, compte tenu de ses ressources et de ses charges, à l'obligation de consigner une somme d'argent, en vue de garantir le paiement de l'amende mentionnée au 1° du II ou, le cas échéant, de l'amende prononcée en cas de poursuites et de condamnation dans les conditions prévues au dernier alinéa du III.

La transaction autorisée par le procureur de la République, proposée par l'officier de police judiciaire et acceptée par l'auteur de l'infraction est homologuée par le président du tribunal judiciaire ou par un juge par lui désigné, après avoir entendu, s'il y a lieu, l'auteur de l'infraction assisté, le cas échéant, par son avocat.

II. — La proposition de transaction est déterminée en fonction des circonstances et de la gravité de l'infraction, de la personnalité et de la situation matérielle, familiale et sociale de son auteur ainsi que de ses ressources et de ses charges. Elle fixe :

1° L'amende transactionnelle due par l'auteur de l'infraction et dont le montant ne peut excéder le tiers du montant de l'amende encourue ;

2° Le cas échéant, l'obligation pour l'auteur de l'infraction de réparer le dommage résultant de celle-ci ;

3° Les délais impartis pour le paiement et, s'il y a lieu, l'exécution de l'obligation de réparer le dommage.

III. — L'acte par lequel le président du tribunal judiciaire ou le juge par lui désigné homologue la proposition de transaction est interruptif de la prescription de l'action publique.

L'action publique est éteinte lorsque l'auteur de l'infraction a exécuté dans les délais impartis l'intégralité des obligations résultant pour lui de l'acceptation de la transaction.

En cas de non-exécution de l'intégralité des obligations dans les délais impartis ou de refus d'homologation, le procureur de la République, sauf élément nouveau, met en œuvre les mesures prévues à l'article 41-1 ou une composition pénale, ou engage des poursuites.

IV. — Les opérations réalisées par l'officier de police judiciaire en application des I et II du présent article sont relatées dans un seul procès-verbal.

V. — Les modalités d'application du présent article sont fixées par décret en Conseil d'État.

Les dispositions issues de la L. n° 2014-896 du 15 août 2014 sont applicables aux îles Wallis-et-Futuna, en Polynésie française et en Nouvelle-Calédonie (L. préc., art. 55-I).

Le Conseil constitutionnel a émis la réserve suivante : les dispositions de l'art. 41-1-1 ne sauraient, sans méconnaître les droits de la défense, autoriser qu'une transaction soit conclue sans que la personne suspectée d'avoir commis une infraction ait été informée de son droit à être assistée de son avocat avant d'accepter la proposition qui lui est faite, y compris si celle-ci intervient pendant qu'elle est placée en garde à vue (Cons. const. n° 2016-569 QPC du 23 sept. 2016, JO 25 sept.).

Art. 41-1-2 *(L. n° 2016-1691 du 9 déc. 2016, art. 22)* I. — Tant que l'action publique n'a pas été mise en mouvement, le procureur de la République peut proposer à une personne morale mise en cause pour un ou plusieurs délits prévus aux articles 433-1, 433-2, 435-3, 435-4, 435-9, 435-10, 445-1, 445-1-1, 445-2 et 445-2-1, à l'avant-dernier alinéa de l'article 434-9 et au deuxième alinéa de l'article 434-9-1 du code pénal *(L. n° 2020-1672 du 24 déc. 2020, art. 14)* « et leur blanchiment », pour *(L. n° 2018-898 du 23 oct. 2018, art. 25)* « les délits prévus aux articles 1741 et 1743 du code général des impôts et leur blanchiment, ainsi que pour des infractions connexes », de conclure une convention judiciaire d'intérêt public imposant une ou plusieurs des obligations suivantes :

1° Verser une amende d'intérêt public au Trésor public. Le montant de cette amende est fixé de manière proportionnée aux avantages tirés des manquements constatés, dans la limite de 30 % du chiffre d'affaires moyen annuel calculé sur les trois derniers chiffres d'affaires annuels connus à la date du constat de ces manquements. Son versement peut être échelonné, selon un échéancier fixé par le procureur de la République, sur une période qui ne peut être supérieure à un an et qui est précisée par la convention ;

2° Se soumettre, pour une durée maximale de trois ans et sous le contrôle de l'Agence française anticorruption, à un programme de mise en conformité destiné à s'assurer de l'existence et de la mise en œuvre en son sein des mesures et procédures énumérées au II de l'article 131-39-2 du code pénal.

Les frais occasionnés par le recours par l'Agence française anticorruption à des experts ou à des personnes ou autorités qualifiées, pour l'assister dans la réalisation d'analyses juridiques, financières, fiscales et comptables nécessaires à sa mission de contrôle sont supportés par la personne morale mise en cause, dans la limite d'un plafond fixé par la convention ;

Lorsque la victime est identifiée, et sauf si la personne morale mise en cause justifie de la réparation de son préjudice, la convention prévoit également le montant et les modalités de la réparation des dommages causés par l'infraction dans un délai qui ne peut être supérieur à un an.

La victime est informée de la décision du procureur de la République de proposer la conclusion d'une convention judiciaire d'intérêt public à la personne morale mise en cause. Elle transmet au procureur de la République tout élément permettant d'établir la réalité et l'étendue de son préjudice.

Les représentants légaux de la personne morale mise en cause demeurent responsables en tant que personnes physiques. Ils sont informés, dès la proposition du procureur de la République, qu'ils peuvent se faire assister d'un avocat avant de donner leur accord à la proposition de convention.

II. — Lorsque la personne morale mise en cause donne son accord à la proposition de convention, le procureur de la République saisit par requête le président du tribunal judiciaire aux fins de validation. La proposition de convention est jointe à la requête. La requête contient un exposé précis des faits ainsi que la qualification juridique susceptible de leur être appliquée. Le procureur de la République informe de cette saisine la personne morale mise en cause et, le cas échéant, la victime.

Le président du tribunal procède à l'audition, en audience publique, de la personne morale mise en cause et de la victime assistées, le cas échéant, de leur avocat. A l'issue de cette audition, le président du tribunal prend la décision de valider ou non la proposition de convention, en vérifiant le bien-fondé du recours à cette procédure, la régularité de son déroulement, la conformité du montant de l'amende aux limites prévues au 1° du I du présent article et la proportionnalité des mesures prévues aux avantages tirés des manquements. La décision du président du tribunal, qui est notifiée à la personne morale mise en cause et, le cas échéant, à la victime, n'est pas susceptible de recours.

Si le président du tribunal rend une ordonnance de validation, la personne morale mise en cause dispose, à compter du jour de la validation, d'un délai de dix jours pour exercer son droit de rétractation. La rétractation est notifiée au procureur de la République par lettre recommandée avec demande d'avis de réception. Si la personne morale mise en cause n'exerce pas ce droit de rétractation, les obligations que la convention comporte sont mises à exécution. Dans le cas contraire, la proposition devient caduque.

L'ordonnance de validation n'emporte pas déclaration de culpabilité et n'a ni la nature ni les effets d'un jugement de condamnation.

La convention judiciaire d'intérêt public n'est pas inscrite au bulletin n° 1 du casier judiciaire. Elle fait l'objet d'un communiqué de presse du procureur de la République.

L'ordonnance de validation, le montant de l'amende d'intérêt public et la convention sont publiés sur *(L. n° 2020-1672 du 24 déc. 2020, art. 14)* « les sites internet des ministères de la justice et du budget ».

La victime peut, au vu de l'ordonnance de validation, demander le recouvrement des dommages et intérêts que la personne morale s'est engagée à lui verser suivant la procédure d'injonction de payer, conformément aux règles prévues par le code de procédure civile.

III. — Si le président du tribunal ne valide pas la proposition de convention, si la personne morale mise en cause décide d'exercer son droit de rétractation ou si, dans le délai prévu par la convention, la personne morale mise en cause ne justifie pas de l'exécution intégrale des obligations prévues, le procureur de la République met en mouvement l'action publique, sauf élément nouveau. Si la convention a été conclue dans le cadre d'une information judiciaire, le dernier alinéa de l'article 180-2 est applicable. En cas de poursuites et de condamnation, il est tenu compte, s'il y a lieu, de l'exécution partielle des obligations prévues par la convention.

Si le président du tribunal ne valide pas la proposition de convention ou si la personne morale exerce son droit de rétractation, le procureur de la République ne peut faire état devant la juridiction d'instruction ou de jugement des déclarations faites ou des documents remis par la personne morale au cours de la procédure prévue au présent article.

A peine de nullité, le procureur de la République notifie à la personne morale mise en cause l'interruption de l'exécution de la convention lorsque cette personne ne justifie pas de l'exécution intégrale des obligations prévues. Cette décision prend effet immédiatement. Le cas échéant, elle entraîne de plein droit la restitution de l'amende d'intérêt public versée au Trésor public prévue au 1° du I. Elle n'entraîne cependant pas la restitution des éventuels frais supportés par la personne morale et occasionnés par le recours par l'Agence française anticorruption à des experts ou à des personnes ou autorités qualifiées pour l'assister dans la réalisation d'analyses juridiques, financières, fiscales et comptables nécessaires à sa mission de contrôle.

IV. — La prescription de l'action publique est suspendue durant l'exécution de la convention.

L'exécution des obligations prévues par la convention éteint l'action publique. Elle ne fait cependant pas échec au droit des personnes ayant subi un préjudice du fait des manquements constatés, sauf l'État, de poursuivre la réparation de leur préjudice devant la juridiction civile.

Le président du tribunal judiciaire peut désigner, aux fins de validation de la convention judiciaire d'intérêt public, tout juge du tribunal.

V. — Les modalités d'application du présent article sont fixées par décret en Conseil d'État.

V. Décr. n° 2017-329 du 14 mars 2017 relatif à l'Agence française anticorruption (JO 15 mars).

Art. 41-1-3 *(L. n° 2020-1672 du 24 déc. 2020, art. 15)* Tant que l'action publique n'a pas été mise en mouvement, le procureur de la République peut proposer à une personne morale mise en cause pour un ou plusieurs délits prévus par le code de l'environnement ainsi que pour des infractions connexes, à l'exclusion des crimes et délits contre les personnes prévus au livre II du code pénal, de conclure une convention judiciaire d'intérêt public imposant une ou plusieurs des obligations suivantes :

1° Verser une amende d'intérêt public au Trésor public. Le montant de cette amende est fixé de manière proportionnée, le cas échéant au regard des avantages tirés des manquements constatés, dans la limite de 30 % du chiffre d'affaires moyen annuel calculé sur les trois derniers chiffres d'affaires annuels connus à la date du constat de ces manquements. Son versement peut être échelonné, selon un échéancier fixé par le procureur de la République, sur une période qui ne peut être supérieure à un an et qui est précisée par la convention ;

2° Régulariser sa situation au regard de la loi ou des règlements dans le cadre d'un programme de mise en conformité d'une durée maximale de trois ans, sous le contrôle des services compétents du ministère chargé de l'environnement *(L. n° 2021-1104 du 22 août 2021, art. 292)* « et des services de l'Office français de la biodiversité » ;

3° Assurer, dans un délai maximal de trois ans et sous le contrôle des mêmes services, la réparation du préjudice écologique résultant des infractions commises.

Les frais occasionnés par le recours par les services compétents du ministère chargé de l'environnement *(L. n° 2021-1104 du 22 août 2021, art. 292)* « ou les services de l'Office français de la biodiversité » à des experts ou à des personnes ou autorités qualifiées pour les assister dans la réalisation d'expertises techniques nécessaires à leur mission de contrôle sont supportés par la personne morale mise en cause, dans la limite d'un plafond fixé par la convention. Ces frais ne peuvent être restitués en cas d'interruption de l'exécution de la convention.

Lorsque la victime est identifiée, sauf si la personne morale mise en cause justifie de la réparation de son préjudice, la convention prévoit également le montant et les modalités de la réparation des dommages causés par l'infraction dans un délai qui ne peut être supérieur à un an.

La procédure applicable est celle prévue à l'article 41-1-2 et aux textes pris pour son application. L'ordonnance de validation, le montant de l'amende d'intérêt public et la convention sont publiés sur les sites internet du ministère de la justice, du ministère chargé de l'environnement et de la commune sur le territoire de laquelle l'infraction a été commise ou, à défaut, de l'établissement public de coopération intercommunale auquel la commune appartient.

Art. 41-2 *(L. n° 2004-204 du 9 mars 2004, art. 71-I)* « Le procureur de la République, tant que l'action publique n'a pas été mise en mouvement, peut proposer, directement ou par l'intermédiaire d'une personne habilitée, une composition pénale à une personne physique qui reconnaît avoir commis un ou plusieurs délits punis à titre de peine principale d'une peine d'amende ou d'une peine d'emprisonnement d'une durée inférieure ou égale à cinq ans, ainsi que, le cas échéant, une ou plusieurs contraventions connexes qui consiste en une ou plusieurs des mesures suivantes :

« 1° Verser une amende de composition au Trésor public. Le montant de cette amende, qui ne peut excéder le montant maximum de l'amende encourue, est fixé en fonction de la gravité des faits ainsi que des ressources et des charges de la personne. Son versement peut être échelonné, selon un échéancier fixé par le procureur de la République, à l'intérieur d'une période qui ne peut être supérieure à un an ;

« 2° Se dessaisir au profit de l'État de la chose qui a servi ou était destinée à commettre l'infraction ou qui en est le produit ;

« 3° Remettre son véhicule, pour une période maximale de six mois, à des fins d'immobilisation ;

« 4° Remettre au greffe du tribunal judiciaire son permis de conduire, pour une période maximale de six mois ;

(L. n° 2011-267 du 14 mars 2011, art. 72) « 4° *bis* Suivre un programme de réhabilitation et de sensibilisation comportant l'installation à ses frais d'un éthylotest anti-démarreur sur son véhicule, pour une période minimale de six mois et maximale de trois ans ; »

« 5° Remettre au greffe du tribunal judiciaire son permis de chasser, pour une période maximale de six mois ;

« 6° Accomplir au profit de la collectivité *(L. n° 2007-297 du 5 mars 2007, art. 63)* « , notamment au sein d'une personne morale de droit public ou d'une personne morale de droit privé chargée d'une mission de service public ou d'une association habilitées, » un travail non rémunéré pour une durée maximale de *(L. n° 2021-401 du 8 avr. 2021, art. 3)* « cent » heures, dans un délai qui ne peut être supérieur à six mois ;

« 7° Suivre un stage ou une formation dans un service ou un organisme sanitaire, social ou professionnel pour une durée qui ne peut excéder trois mois dans un délai qui ne peut être supérieur à dix-huit mois ;

« 8° Ne pas émettre, pour une durée de six mois au plus, des chèques autres que ceux qui permettent le retrait de fonds par le tireur auprès du tiré ou ceux qui sont certifiés et ne pas utiliser de cartes de paiement ;

(L. n° 2019-222 du 23 mars 2019, art. 59-I) « 9° Ne pas paraître, pour une durée qui ne saurait excéder six mois, dans le ou les lieux désignés par le procureur de la République et dans lesquels l'infraction a été commise ou dans lesquels réside la victime ; »

« 10° Ne pas rencontrer ou recevoir, pour une durée qui ne saurait excéder six mois, la ou les victimes de l'infraction désignées par le procureur de la République ou ne pas entrer en relation avec elles ;

« 11° Ne pas rencontrer ou recevoir, pour une durée qui ne saurait excéder six mois, le ou les coauteurs ou complices éventuels désignés par le procureur de la République ou ne pas entrer en relation avec eux ;

« 12° Ne pas quitter le territoire national et remettre son passeport pour une durée qui ne saurait excéder six mois ;

« 13° Accomplir, le cas échéant à ses frais, un stage de citoyenneté ; »

(L. n° 2006-399 du 4 avr. 2006, art. 12) « 14° En cas d'infraction commise soit contre son conjoint, son concubin ou son partenaire lié par un pacte civil de solidarité, soit contre ses enfants ou ceux de son conjoint, concubin ou partenaire, résider hors du domicile ou de la résidence du couple et, le cas échéant, s'abstenir de paraître dans ce domicile ou cette résidence ou aux abords immédiats de celui-ci, ainsi que, si nécessaire, faire l'objet d'une prise en charge sanitaire, sociale ou psychologique ; les dispositions du présent 14° sont également applicables lorsque l'infraction est commise par l'ancien conjoint ou concubin de la victime, ou par la personne ayant été liée à elle par un pacte civil de solidarité, le domicile concerné étant alors celui de la victime ; *[.]* » *(L. n° 2014-873 du 4 août 2014, art. 35)* « Pour l'application du présent 14°, le procureur de la République recueille ou fait recueillir, dans les meilleurs délais et par tous moyens, l'avis de la victime sur l'opportunité de demander à l'auteur des faits de résider hors du logement du couple. Sauf circonstances particulières, cette mesure est prise lorsque sont en cause des faits de violences susceptibles d'être renouvelés et que la victime la sollicite. Le procureur de la République peut préciser les modalités de prise en charge des frais afférents à ce logement pendant une durée qu'il fixe et qui ne peut excéder six mois ; »

(L. n° 2007-297 du 5 mars 2007, art. 50) « 15° Accomplir, le cas échéant à ses frais, un stage de sensibilisation aux dangers de l'usage de produits stupéfiants ;

« 16° Se soumettre à une mesure d'activité de jour consistant en la mise en œuvre d'activités d'insertion professionnelle ou de mise à niveau scolaire soit auprès d'une personne morale de droit public, soit auprès d'une personne morale de droit privé chargée d'une mission de service public ou d'une association habilitées à mettre en œuvre une telle mesure ;

« 17° Se soumettre à une mesure d'injonction thérapeutique, selon les modalités définies aux articles L. 3413-1 à L. 3413-4 du code de la santé publique, lorsqu'il apparaît que l'intéressé fait usage de stupéfiants ou fait une consommation habituelle et excessive de boissons alcooliques. » *(L. nº 2011-525 du 17 mai 2011, art. 167)* « La durée de la mesure est de vingt-quatre mois au plus ; »

(L. nº 2016-444 du 13 avr. 2016, art. 21-II-2º) « 17° *bis* Accomplir, le cas échéant à ses frais, un stage de sensibilisation à la lutte contre l'achat d'actes sexuels ; »

(L. nº 2021-401 du 8 avr. 2021, art. 3) « 17° *ter* Accomplir, le cas échéant à ses frais, un stage de responsabilité parentale ; »

(L. nº 2014-873 du 4 août 2014, art. 50-II) « 18° Accomplir à ses frais un stage de responsabilisation pour la prévention et la lutte contre les violences au sein du couple et sexistes ; »

(L. nº 2018-703 du 3 août 2018, art. 15-III) « 19° Accomplir, le cas échéant à ses frais, un stage de lutte contre le sexisme et de sensibilisation à l'égalité entre les femmes et les hommes ; »

(L. nº 2023-140 du 28 févr. 2023, art. 4-IV, en vigueur au plus tard le 28 nov. 2023) « 20° Rembourser le prêt versé à la victime en application de l'article L. 214-9 du code de l'action sociale et des familles, sans que ce remboursement puisse excéder 5 000 euros. »

(L. nº 99-515 du 23 juin 1999) Lorsque la victime est identifiée, et sauf si l'auteur des faits justifie de la réparation du préjudice commis, le procureur de la République doit également proposer à ce dernier de réparer les dommages causés par l'infraction dans un délai qui ne peut être supérieur à six mois. Il informe la victime de cette proposition. *(L. nº 2007-297 du 5 mars 2007, art. 64)* « Cette réparation peut consister, avec l'accord de la victime, en la remise en état d'un bien endommagé par la commission de l'infraction. »

La proposition de composition pénale émanant du procureur de la République peut être portée à la connaissance de l'auteur des faits par l'intermédiaire d'un officier de police judiciaire. Elle fait alors l'objet d'une décision écrite et signée de ce magistrat, qui précise la nature et le quantum des mesures proposées et qui est jointe à la procédure. *(Abrogé par L. nº 2002-1138 du 9 sept. 2002, art. 36)* *« A peine de nullité, cette proposition ne peut intervenir pendant la durée de la garde à vue de l'auteur des faits. »*

La composition pénale peut être proposée dans une maison de justice et du droit.

La personne à qui est proposée une composition pénale est informée qu'elle peut se faire assister par un avocat avant de donner son accord à la proposition du procureur de la République. Ledit accord est recueilli par procès-verbal. Une copie de ce procès-verbal lui est transmise.

Lorsque l'auteur des faits donne son accord aux mesures proposées, le procureur de la République saisit par requête le président du tribunal aux fins de validation de la composition. Le procureur de la République informe de cette saisine l'auteur des faits et, le cas échéant, la victime. Le président du tribunal peut procéder à l'audition de l'auteur des faits et de la victime, assistés, le cas échéant, de leur avocat. *(L. nº 2019-222 du 23 mars 2019, art. 59-I)* « Ce magistrat valide la composition pénale lorsque les conditions prévues aux *(L. nº 2021-401 du 8 avr. 2021, art. 3)* « vingt-cinquième à vingt-septième » alinéas sont remplies et qu'il estime les mesures proposées justifiées au regard des circonstances de l'infraction et de la personnalité de son auteur. Il refuse de valider la composition pénale s'il estime que la gravité des faits, au regard des circonstances de l'espèce, ou que la personnalité de l'intéressé, la situation de la victime ou les intérêts de la société justifient le recours à une autre procédure, ou lorsque les déclarations de la victime entendue en application du présent alinéa apportent un éclairage nouveau sur les conditions dans lesquelles l'infraction a été commise ou sur la personnalité de son auteur. » *(Abrogé par L. nº 2002-1138 du 9 sept. 2002, art. 36)* *« Les auditions sont de droit si les intéressés le demandent. »* Si ce magistrat rend une ordonnance validant la composition, les mesures décidées sont mises à exécution. Dans le cas contraire, la proposition devient caduque. La décision du président du tribunal, qui est notifiée à l'auteur des faits et, le cas échéant, à la victime, n'est pas susceptible de recours. *(L. nº 2019-222 du 23 mars 2019, art. 59-I)* « Par dérogation aux huit premières phrases du présent alinéa, la proposition de composition n'est pas soumise à la validation du président du tribunal lorsque, *(L. nº 2021-401 du 8 avr. 2021, art. 3)* « pour une contravention ou » pour un délit puni d'une peine d'emprisonnement d'une durée inférieure ou égale à trois ans, elle porte sur une amende de composition n'excédant pas le montant prévu au premier alinéa de l'article 131-13 du code pénal ou sur la mesure prévue au 2° du présent article, à la condition que la valeur de la chose remise n'excède pas ce montant. »

(L. n° 2004-204 du 9 mars 2004, art. 71-I) « Si la personne n'accepte pas la composition pénale ou si, après avoir donné son accord, elle n'exécute pas intégralement les mesures décidées, le procureur de la République met en mouvement l'action publique, sauf élément nouveau. En cas de poursuites et de condamnation, il est tenu compte, s'il y a lieu, du travail déjà accompli et des sommes déjà versées par la personne.

« Les actes tendant à la mise en œuvre ou à l'exécution de la composition pénale sont interruptifs de la prescription de l'action publique. »

L'exécution de la composition pénale éteint l'action publique. *(L. n° 2019-222 du 23 mars 2019, art. 59-I)* « La victime peut toutefois demander au procureur de la République de citer l'auteur des faits à une audience devant le tribunal pour lui permettre de se constituer partie civile. » Le tribunal *(L. n° 2004-204 du 9 mars 2004, art. 71-I)* « , composé d'un seul magistrat exerçant les pouvoirs conférés au président, » ne statue alors que sur les seuls intérêts civils, au vu du dossier de la procédure qui est versé au débat. *(L. n° 2004-204 du 9 mars 2004, art. 71-I)* « La victime a également la possibilité, au vu de l'ordonnance de validation, lorsque l'auteur des faits s'est engagé à lui verser des dommages et intérêts, d'en demander le recouvrement suivant la procédure d'injonction de payer, conformément aux règles prévues par le code de procédure civile. » *(L. n° 2019-222 du 23 mars 2019, art. 59-I)* « Le procureur de la République informe la victime de ses droits ainsi que, lorsqu'il cite l'auteur des faits devant le tribunal correctionnel, de la date de l'audience. »

(L. n° 2002-1138 du 9 sept. 2002, art. 36) « Les compositions pénales exécutées sont inscrites au bulletin n° 1 du casier judiciaire. »

(L. n° 2007-297 du 5 mars 2007, art. 50) « Les dispositions du présent article ne sont pas applicables en matière de délits de presse, de délits d'homicides involontaires ou de délits politiques. Elles sont applicables aux mineurs âgés d'au moins treize ans, selon les modalités prévues *(Ord. n° 2019-950 du 11 sept. 2019, art. 4 et 9, en vigueur le 31 mars 2021)* « par l'article L. 422-3 du code de la justice pénale des mineurs ».

(L. n° 2005-47 du 26 janv. 2005, art. 8-I, en vigueur le 1er avr. 2005) « Le président du tribunal peut désigner, aux fins de validation de la composition pénale, tout juge du tribunal ainsi que tout *(L. n° 2016-1547 du 18 nov. 2016, art. 15-III-1° et V, en vigueur le 1er juill. 2017)* « magistrat exerçant à titre temporaire » *(L. n° 2021-1729 du 22 déc. 2021, art. 14-I-5°)* « ou tout magistrat honoraire exerçant des fonctions juridictionnelles dans les conditions prévues à la section 2 du chapitre V *bis* de l'ordonnance n° 58-1270 du 22 décembre 1958 portant loi organique relative au statut de la magistrature, » exerçant dans le ressort du tribunal. »

Les modalités d'application du présent article sont fixées par décret en Conseil d'État.

Les dispositions issues de la L. n° 2016-1547 du 18 nov. 2016 entrent en vigueur le 1er juill. 2017. A cette date, en matière civile, les procédures en cours devant les juridictions de proximité sont transférées en l'état au tribunal d'instance. Les convocations et assignations données aux parties peuvent être délivrées avant cette date pour une comparution postérieure à cette date devant le tribunal d'instance.

A cette date, en matière pénale, les procédures en cours devant les tribunaux de police et les juridictions de proximité supprimés sont transférées en l'état aux tribunaux de police territorialement compétents. Les convocations et citations données aux parties et aux témoins peuvent être délivrées avant cette date pour une comparution postérieure à cette date devant le tribunal de police nouvellement compétent.

Il n'y a pas lieu de renouveler les actes, formalités et jugements régulièrement intervenus avant le transfert des procédures civiles et pénales, à l'exception des convocations et citations données aux parties et aux témoins qui n'ont pas été suivies d'une comparution devant la juridiction supprimée. Les parties ayant comparu devant la juridiction supprimée sont informées par l'une ou l'autre des juridictions qu'il leur appartient d'accomplir les actes de la procédure devant le tribunal auquel les procédures sont transférées. Les archives et les minutes du greffe de la juridiction supprimée sont transférées au greffe des tribunaux de police ou d'instance compétents. Les frais de transfert de ces archives et minutes sont imputés sur le crédit ouvert à cet effet au budget du ministère de la justice (L. préc., art. 15-V).

Art. 41-3 *(L. n° 2004-204 du 9 mars 2004, art. 71-II)* « La procédure de composition pénale est également applicable aux contraventions.

« La durée de la privation du permis de conduire ou du permis de chasser ne peut dépasser trois mois, la durée du travail non rémunéré ne peut être supérieure à trente heures, dans un délai maximum de trois mois, et la durée d'interdiction d'émettre des chèques ne peut dépasser elle aussi trois mois. Les mesures prévues par les 9° à 12° de l'article 41-2 ne sont pas applicables. La mesure prévue par le 6° dudit article n'est pas applicable aux contraventions de la première classe à la quatrième classe. Il en est de même des mesures prévues par les 2° à 5° et 8° de cet article, sauf si la contravention est punie des peines complémentaires visées aux 1° à 5° de l'article 131-16 du code pénal. »

(L. n° 2016-1547 du 18 nov. 2016, art. 15-III-2° et V, en vigueur le 1er juill. 2017) « La requête en validation est portée devant le juge compétent du tribunal de police. »

Les dispositions issues de la L. n° 2016-1547 du 18 nov. 2016 entrent en vigueur le 1er juill. 2017. A cette date, en matière civile, les procédures en cours devant les juridictions de proximité sont transférées en l'état au tribunal d'instance. Les convocations et assignations données aux parties peuvent être délivrées avant cette date pour une comparution postérieure à cette date devant le tribunal d'instance.

A cette date, en matière pénale, les procédures en cours devant les tribunaux de police et les juridictions de proximité supprimés sont transférées en l'état aux tribunaux de police territorialement compétents. Les convocations et citations données aux parties et aux témoins peuvent être délivrées avant cette date pour une comparution postérieure à cette date devant le tribunal de police nouvellement compétent.

Il n'y a pas lieu de renouveler les actes, formalités et jugements régulièrement intervenus avant le transfert des procédures civiles et pénales, à l'exception des convocations et citations données aux parties et aux témoins qui n'ont pas été suivies d'une comparution devant la juridiction supprimée. Les parties ayant comparu devant la juridiction supprimée sont informées par l'une ou l'autre des juridictions qu'il leur appartient d'accomplir les actes de la procédure devant le tribunal auquel les procédures sont transférées. Les archives et les minutes du greffe de la juridiction supprimée sont transférées au greffe des tribunaux de police ou d'instance compétents. Les frais de transfert de ces archives et minutes sont imputés sur le crédit ouvert à cet effet au budget du ministère de la justice (L. préc., art. 15-V).

Art. 41-3-1 A *(L. n° 2019-222 du 23 mars 2019, art. 59-I)* Les dispositions des articles 41-2 et 41-3, en ce qu'elles prévoient une amende de composition et l'indemnisation de la victime, sont applicables à une personne morale dont le représentant légal ou toute personne bénéficiant, conformément à la loi ou à ses statuts, d'une délégation de pouvoir à cet effet reconnaît sa responsabilité pénale pour les faits qui lui sont reprochés.

Le montant maximal de l'amende de composition pouvant être proposée est alors égal au quintuple de l'amende encourue par les personnes physiques.

Art. 41-3-1 *(L. n° 2014-873 du 4 août 2014, art. 36)* En cas de grave danger menaçant une personne victime de violences de la part de son conjoint, de son concubin ou de son partenaire lié par un pacte civil de solidarité, le procureur de la République peut attribuer à la victime, pour une durée renouvelable de six mois et si elle y consent expressément, un dispositif de téléprotection lui permettant d'alerter les autorités publiques. *(L. n° 2019-1480 du 28 déc. 2019, art. 17)* « L'attribution peut être sollicitée par tout moyen. » Avec l'accord de la victime, ce dispositif peut, le cas échéant, permettre sa géolocalisation au moment où elle déclenche l'alerte.

(L. n° 2019-1480 du 28 déc. 2019, art. 17) « Le dispositif de téléprotection ne peut être attribué qu'en l'absence de cohabitation entre la victime et l'auteur des violences et :

« 1° Soit lorsque ce dernier a fait l'objet d'une interdiction judiciaire d'entrer en contact avec la victime dans le cadre d'une ordonnance de protection, d'une alternative aux poursuites, d'une composition pénale, d'un contrôle judiciaire, d'une assignation à résidence sous surveillance électronique, d'une condamnation, d'un aménagement de peine ou d'une mesure de sûreté ;

« 2° Soit en cas de danger avéré et imminent, lorsque l'auteur des violences est en fuite ou n'a pas encore pu être interpellé ou lorsque l'interdiction judiciaire d'entrer en contact avec la victime dans l'un des cadres prévus au 1° n'a pas encore été prononcée. »

Le présent article est également applicable lorsque les violences ont été commises par un ancien conjoint ou concubin de la victime, ou par une personne ayant été liée à elle par un pacte civil de solidarité, ainsi qu'en cas de grave danger menaçant une personne victime de viol.

Visite des véhicules

Art. 78-2-2 *(L. n° 2016-731 du 3 juin 2016, art. 47-1°)* I. — Sur réquisitions écrites du procureur de la République, dans les lieux et pour la période de temps que ce magistrat détermine et qui ne peut excéder vingt-quatre heures, renouvelables sur décision expresse et motivée selon la même procédure, les officiers de police judiciaire et, sur l'ordre et sous la responsabilité de ceux-ci, les agents de police judiciaire et les agents de police judiciaire adjoints mentionnés aux 1°, 1° *bis* et 1° *ter* de l'article 21 du présent code peuvent procéder aux contrôles d'identité prévus au septième alinéa de l'article 78-2, aux fins de recherche et de poursuite des infractions suivantes :

1° Actes de terrorisme mentionnés aux articles 421-1 à 421-6 du code pénal ;

2° Infractions en matière de prolifération des armes de destruction massive et de leurs vecteurs mentionnées aux 1° et 2° du I de l'article L. 1333-9, à l'article L. 1333-11, au II des articles L. 1333-13-3 et L. 1333-13-4 et aux articles L. 1333-13-5, L. 2339-14, L. 2339-15, L. 2341-1, L. 2341-2, L. 2341-4, L. 2342-59 et L. 2342-60 du code de la défense ;

3° Infractions en matière d'armes mentionnées à l'article 222-54 du code pénal et à l'article L. 317-8 du code de la sécurité intérieure ;

4° Infractions en matière d'explosifs mentionnés à l'article 322-11-1 du code pénal et à l'article L. 2353-4 du code de la défense ;

5° Infractions de vol mentionnées aux articles 311-3 à 311-11 du code pénal ;

6° Infractions de recel mentionnées aux articles 321-1 et 321-2 du même code ;

7° Faits de trafic de stupéfiants mentionnés aux articles 222-34 à 222-38 dudit code.

II. — Dans les mêmes conditions et pour les mêmes infractions que celles prévues au I, les officiers de police judiciaire, assistés, le cas échéant, des agents de police judiciaire et des agents de police judiciaire adjoints mentionnés aux 1°, 1° *bis* et 1° *ter* de l'article 21 du présent code peuvent procéder à la visite des véhicules circulant, arrêtés ou stationnant sur la voie publique ou dans des lieux accessibles au public.

Les véhicules en circulation ne peuvent être immobilisés que le temps strictement nécessaire au déroulement de la visite qui doit avoir lieu en présence du conducteur. Lorsqu'elle porte sur un véhicule à l'arrêt ou en stationnement, la visite se déroule en présence du conducteur ou du propriétaire du véhicule ou, à défaut, d'une personne requise à cet effet par l'officier ou l'agent de police judiciaire et qui ne relève pas de son autorité administrative. La présence d'une personne extérieure n'est toutefois pas requise si la visite comporte des risques graves pour la sécurité des personnes et des biens.

En cas de découverte d'une infraction ou si le conducteur ou le propriétaire du véhicule le demande ainsi que dans le cas où la visite se déroule en leur absence, il est établi un procès-verbal mentionnant le lieu et les dates et heures de début et de fin de ces opérations. Un exemplaire en est remis à l'intéressé et un autre exemplaire est transmis sans délai au procureur de la République.

Toutefois, la visite des véhicules spécialement aménagés à usage d'habitation et effectivement utilisés comme résidence ne peut être faite que conformément aux dispositions relatives aux perquisitions et visites domiciliaires.

III. — Dans les mêmes conditions et pour les mêmes infractions que celles prévues au I, les officiers de police judiciaire, assistés, le cas échéant, des agents de police judiciaire et des agents de police judiciaire adjoints mentionnés aux 1°, 1° *bis* et 1° *ter* de l'article 21 du présent code peuvent procéder à l'inspection visuelle des bagages ou à leur fouille.

Les propriétaires des bagages ne peuvent être retenus que le temps strictement nécessaire au déroulement de l'inspection visuelle ou de la fouille des bagages, qui doit avoir lieu en présence du propriétaire.

En cas de découverte d'une infraction ou si le propriétaire du bagage le demande, il est établi un procès-verbal mentionnant le lieu et les dates et heures de début et de fin de ces opérations. Un exemplaire en est remis à l'intéressé et un autre exemplaire est transmis sans délai au procureur de la République.

(L. nº 2019-222 du 23 mars 2019, art. 49-IV) « III *bis*. — Dans les mêmes conditions et pour les mêmes infractions que celles prévues au I, les officiers de police judiciaire, assistés, le cas échéant, des agents de police judiciaire et des agents de police judiciaire adjoints mentionnés aux 1°, 1° *bis* et 1° *ter* de l'article 21, peuvent accéder à bord et procéder à une visite des navires présents en mer territoriale, se dirigeant ou ayant déclaré leur intention de se diriger vers un port ou vers les eaux intérieures, ou présents en amont de la limite transversale de la mer, ainsi que des bateaux, engins flottants, établissements flottants et matériels flottants se trouvant dans la mer territoriale ou en amont de la limite transversale de la mer, ainsi que sur les lacs et plans d'eau.

« La visite se déroule en présence du capitaine ou de son représentant. Est considérée comme le capitaine la personne qui exerce, de droit ou de fait, le commandement, la conduite ou la garde du navire, du bateau, de l'engin flottant, de l'établissement flottant ou du matériel flottant lors de la visite.

« La visite comprend l'inspection des extérieurs ainsi que des cales, des soutes et des locaux.

« La visite des locaux spécialement aménagés à un usage d'habitation et effectivement utilisés comme résidence ne peut être faite que conformément aux dispositions relatives aux perquisitions et visites domiciliaires.

« Le navire, le bateau, l'engin flottant, l'établissement flottant ou le matériel flottant ne peut être immobilisé que le temps strictement nécessaire au déroulement de la visite, dans la limite de douze heures.

« L'officier de police judiciaire responsable de la visite rend compte du déroulement des opérations au procureur de la République et l'informe sans délai de toute infraction constatée. »

IV. — Le fait que ces opérations révèlent des infractions autres que celles visées dans les réquisitions du procureur de la République ne constitue pas une cause de nullité des procédures incidentes.

Art. 78-2-3 *(L. nº 2003-239 du 18 mars 2003, art. 12)* Les officiers de police judiciaire, assistés, le cas échéant, des agents de police judiciaire et des agents de police judiciaire adjoints mentionnés aux 1°, 1° *bis* et 1° *ter* de l'article 21, peuvent procéder à la visite des véhicules circulant ou arrêtés sur la voie publique ou dans des lieux accessibles au public lorsqu'il existe à l'égard du conducteur ou d'un passager une ou plusieurs raisons plausibles de soupçonner qu'il a commis, comme auteur ou comme complice, un crime ou un délit flagrant ; ces dispositions s'appliquent également à la tentative.

(L. nº 2016-339 du 22 mars 2016, art. 9-2°) « Le II de l'article 78-2-2 est applicable au présent article. »

Les dispositions issues de la L. nº 2016-339 du 22 mars 2016 sont applicables dans les îles Wallis-et-Futuna, en Polynésie française et en Nouvelle-Calédonie (L. préc., art. 23-I).

Art. 78-2-4 *(L. nº 2016-339 du 22 mars 2016, art. 9-3°)* I. — Pour prévenir une atteinte grave à la sécurité des personnes et des biens, les officiers de police judiciaire et, sur l'ordre et sous la responsabilité de ceux-ci, les agents de police judiciaire et les agents de police judiciaire adjoints mentionnés aux 1°, 1° *bis* et 1° *ter* de l'article 21 peuvent procéder non seulement aux contrôles d'identité prévus au *(L. nº 2016-731 du 3 juin 2016, art. 77-3°)* « huitième » alinéa de l'article 78-2 mais aussi, avec l'accord du conducteur ou du propriétaire du bagage ou, à défaut, sur instructions du procureur de la République communiquées par tous moyens, à :

1° La visite des véhicules circulant, arrêtés ou stationnant sur la voie publique ou dans des lieux accessibles au public ;

2° L'inspection visuelle des bagages ou leur fouille *(Abrogé par L. nº 2016-731 du 3 juin 2016, art. 47-2°)* « *, dans les véhicules et emprises immobilières des transports publics de voyageurs* ».

II. — Pour l'application du 1° du I du présent article, le II de l'article 78-2-2 est applicable.

Dans l'attente des instructions du procureur de la République, le véhicule peut être immobilisé pour une durée qui ne peut excéder trente minutes.

III. — Pour l'application du 2° du I du présent article, le III de l'article 78-2-2 est applicable.

Dans l'attente des instructions du procureur de la République, le propriétaire du bagage peut être retenu pour une durée qui ne peut excéder trente minutes.

Les dispositions issues de la L. nº 2016-339 du 22 mars 2016 sont applicables dans les îles Wallis-et-Futuna, en Polynésie française et en Nouvelle-Calédonie (L. préc., art. 23-I).

Art. 78-2-5 *(L. nº 2019-290 du 10 avr. 2019, art. 2)* Aux fins de recherche et de poursuite de l'infraction prévue à l'article 431-10 du code pénal, les officiers de police judiciaire mentionnés aux 2° à 4° de l'article 16 du présent code et, sous la responsabilité de ces derniers, les agents mentionnés à l'article 20 et aux 1°, 1° *bis* et 1° *ter* de l'article 21 peuvent, sur réquisitions écrites du procureur de la République, procéder sur les lieux d'une manifestation sur la voie publique et à ses abords immédiats à :

1° L'inspection visuelle des bagages des personnes et leur fouille, dans les conditions prévues au III de l'article 78-2-2 ;

2° La visite des véhicules circulant, arrêtés ou stationnant sur la voie publique ou dans des lieux accessibles au public, dans les conditions prévues au II du même article 78-2-2.

Le fait que les opérations prévues aux 1° et 2° du présent article révèlent d'autres infractions ne constitue pas une cause de nullité des procédures incidentes.

Relevé d'identité

Art. 78-6 *(L. n° 99-291 du 15 avr. 1999 ; L. n° 2001-1062 du 15 nov. 2001)* « Les agents de police judiciaire adjoints mentionnés aux 1° *bis*, 1° *ter*, 1° *quater* et 2° de l'article 21 » sont habilités à relever l'identité des contrevenants pour dresser les procès-verbaux concernant des contraventions aux arrêtés de police du maire, des contraventions au code de la route que la loi et les règlements les autorisent à verbaliser ou des contraventions qu'ils peuvent constater en vertu d'une disposition législative expresse.

Si le contrevenant refuse ou se trouve dans l'impossibilité de justifier de son identité, *(L. n° 2001-1062 du 15 nov. 2001)* « l'agent de police judiciaire adjoint mentionné au premier alinéa » en rend compte immédiatement à tout officier de police judiciaire de la police nationale ou de la gendarmerie nationale territorialement compétent, qui peut alors lui ordonner sans délai de lui présenter sur-le-champ le contrevenant *(L. n° 2017-258 du 28 févr. 2017, art. 17-1°)* « ou de retenir celui-ci pendant le temps nécessaire à son arrivée ou à celle d'un agent de police judiciaire agissant sous son contrôle ». A défaut de cet ordre, *(L. n° 2001-1062 du 15 nov. 2001)* « l'agent de police judiciaire adjoint mentionné au premier alinéa » ne peut retenir le contrevenant. *(L. n° 2017-258 du 28 févr. 2017, art. 17-2°)* « Pendant le temps nécessaire à l'information et à la décision de l'officier de police judiciaire, le contrevenant est tenu de demeurer à la disposition d'un agent mentionné au même premier alinéa. La violation de cette obligation est punie de deux mois d'emprisonnement et de 7 500 € d'amende. » Lorsque l'officier de police judiciaire décide de procéder à une vérification d'identité, dans les conditions prévues à l'article 78-3, le délai prévu au troisième alinéa de cet article court à compter du relevé d'identité.

Les dispositions introduites par la L. n° 2001-1062 du 15 nov. 2001 sont applicables en Nouvelle-Calédonie, dans les îles Wallis-et-Futuna et en Polynésie française (L. préc., art. 71).

Tribunal correctionnel

Art. 398 *(L. n° 75-701 du 6 août 1975)* « Le tribunal correctionnel est composé d'un président et de deux juges.

« Lorsqu'un procès paraît de nature à entraîner de longs débats, le président du tribunal judiciaire peut décider qu'un ou plusieurs magistrats du siège supplémentaires assisteront aux débats. Dans le cas où un ou plusieurs magistrats du siège composant le tribunal correctionnel seraient empêchés de suivre les débats jusqu'au prononcé du jugement, ils sont remplacés par le ou les magistrats du siège supplémentaires dans l'ordre de leur nomination au tribunal judiciaire, en commençant par le plus ancien du rang le plus élevé. »

(L. n° 95-125 du 8 févr. 1995) « Toutefois, pour le jugement des délits énumérés à l'article 398-1 *(Abrogé par L. n° 2005-1549 du 12 déc. 2005, art. 18 ; L. n° 99-515 du 23 juin 1999)* ***« sauf si la peine encourue, compte tenu de l'état de récidive légale du prévenu, est supérieure à cinq ans d'emprisonnement »***, il est composé d'un seul de ces magistrats exerçant les pouvoirs conférés au président. » — *Al. 3 applicable à compter du 6 mars 1995.*

(L. n° 72-1226 du 29 déc. 1972) La désignation des magistrats du tribunal correctionnel appelés à statuer dans les conditions prévues à l'alinéa 3 est faite par le président du tribunal judiciaire selon les modalités fixées pour la répartition des juges entre les diverses chambres de ce tribunal ; s'il y a lieu, le président du tribunal correctionnel répartit les affaires entre ces magistrats.

(Ord. n° 2006-673 du 8 juin 2006, art. 8) « Avant le début de l'année judiciaire, le président du tribunal judiciaire établit par ordonnance la liste des *(L. n° 2016-1547 du 18 nov. 2016, art. 15-III-1° et V, en vigueur le 1er juill. 2017)* « magistrats exerçant à titre temporaire » de son ressort susceptibles de siéger en qualité d'assesseur au sein de la formation collégiale du tribunal correctionnel. Cette ordonnance peut être modifiée en cours d'année pour prendre en compte une modification de la composition de la juridiction ou pour prévoir un service allégé pendant la période au cours de laquelle les magistrats, les fonctionnaires

et les auxiliaires de justice bénéficient de leurs congés annuels. Cette formation ne peut comprendre plus d'un juge non professionnel. »

Les décisions prévues au présent article sont des mesures d'administration non susceptibles de recours.

Les dispositions issues de la L. n° 2016-1547 du 18 nov. 2016 entrent en vigueur le 1er juill. 2017. A cette date, en matière civile, les procédures en cours devant les juridictions de proximité sont transférées en l'état au tribunal d'instance. Les convocations et assignations données aux parties peuvent être délivrées avant cette date pour une comparution postérieure à cette date devant le tribunal d'instance.

A cette date, en matière pénale, les procédures en cours devant les tribunaux de police et les juridictions de proximité supprimés sont transférées en l'état aux tribunaux de police territorialement compétents. Les convocations et citations données aux parties et aux témoins peuvent être délivrées avant cette date pour une comparution postérieure à cette date devant le tribunal de police nouvellement compétent.

Il n'y a pas lieu de renouveler les actes, formalités et jugements régulièrement intervenus avant le transfert des procédures civiles et pénales, à l'exception des convocations et citations données aux parties et aux témoins qui n'ont pas été suivies d'une comparution devant la juridiction supprimée. Les parties ayant comparu devant la juridiction supprimée sont informées par l'une ou l'autre des juridictions qu'il leur appartient d'accomplir les actes de la procédure devant le tribunal auquel les procédures sont transférées. Les archives et les minutes du greffe de la juridiction supprimée sont transférées au greffe des tribunaux de police ou d'instance compétents. Les frais de transfert de ces archives et minutes sont imputés sur le crédit ouvert à cet effet au budget du ministère de la justice (L. préc., art. 15-V).

Art. 398-1 *(L. n° 95-125 du 8 févr. 1995) (L. n° 2019-222 du 23 mars 2019, art. 61-I, en vigueur le 1er sept. 2019)* **« Sont jugés dans les conditions prévues au troisième alinéa de l'article 398 les délits suivants, lorsqu'ils sont punis d'une peine inférieure ou égale à cinq ans d'emprisonnement :**

« 1° Les délits ci-après mentionnés, prévus aux dispositions suivantes du code pénal :

« — les violences prévues aux articles 222-11, 222-12 *(L. n° 2022-52 du 24 janv. 2022, art. 10-V)* **« , 222-13 et 222-14-5 » ;**

« — les appels ou messages malveillants et agressions sonores prévus à l'article 222-16 ;

« — les menaces prévues aux articles 222-17 à 222-18-3 ;

« — les atteintes involontaires à l'intégrité de la personne prévues aux articles 222-19-1, 222-19-2, 222-20-1 et 222-20-2 ;

« — l'exhibition sexuelle prévue à l'article 222-32 ;

« — la cession ou l'offre illicite de stupéfiants à une personne en vue de sa consommation personnelle prévues à l'article 222-39 ;

« — le délit de risques causés à autrui prévu à l'article 223-1, lorsqu'il est commis à l'occasion de la conduite d'un véhicule ;

« — le délit de recours à la prostitution prévu à l'article 225-12-1 ;

« — les atteintes à la vie privée et à la représentation de la personne prévues aux articles 226-1 à 226-2-1, 226-3-1, 226-4 à 226-4-2 et 226-8 ;

« — les abandons de famille, les violations des ordonnances prises par le juge aux affaires familiales en cas de violences et les atteintes à l'exercice de l'autorité parentale prévus aux articles 227-3 à 227-11 ;

« — le vol, la filouterie, et le détournement de gage ou d'objet saisi prévus aux articles 311-3 et 311-4, 313-5, 314-5 et 314-6 ;

— le recel prévu à l'article 321-1 ;

— les destructions, dégradations et détériorations ne présentant pas de danger pour les personnes et l'installation illicite sur un terrain communal prévues aux articles 322-1 à 322-4-1 ;

« — les destructions, dégradations et détériorations involontaires par explosion ou incendie prévues à l'article 322-5 ;

« — les menaces de destruction, de dégradation ou de détérioration et les fausses alertes prévues aux articles 322-12 à 322-14 ;

(L. n° 2023-22 du 24 janv. 2023, art. 9) **« — les délits d'accès et de maintien frauduleux dans un système de traitement automatisé de données prévus au premier alinéa de l'article 323-1 ; »**

« — l'intrusion dans un établissement d'enseignement scolaire prévue aux articles 431-22 à 431-25 ;

« – les menaces et actes d'intimidation commis contre les personnes exerçant une fonction publique prévus à l'article 433-3 ;

« – les outrages et rébellions prévus aux articles 433-5 à 433-10 ;

« – l'opposition à l'exécution de travaux publics ou d'utilité publique prévue à l'article 433-11 ;

« – les usurpations de fonctions, de signes, de titres et l'usage irrégulier de qualité prévus aux articles 433-12 à 433-18 ;

« – les atteintes à l'état civil des personnes prévues aux articles 433-18-1 à 433-21-1 ;

« – le délit de fuite prévu à l'article 434-10 ;

(L. nº 2020-1672 du 24 déc. 2020, art. 26-V) « – les délits de prise du nom d'un tiers ou de fausse déclaration relative à l'état civil d'une personne prévus à l'article 434-23 ; »

« – les atteintes au respect dû à la justice prévues aux articles 434-24, 434-26, 434-35, 434-35-1 et 434-38 à 434-43-1 ;

« – les faux prévus aux articles 441-1 à 441-3, 441-5 et 441-6 à 441-8 ;

« – la vente à la sauvette prévue aux articles 446-1 et 446-2 ;

« – les sévices graves ou actes de cruauté envers les animaux prévus aux articles 521-1 et 521-2 ;

« 2º Les délits prévus par le code de la route ;

« 3º Les délits en matière de chèques prévus aux articles L. 163-2, L. 163-3 et L. 163-7 du code monétaire et financier ; »

4º *(L. nº 2003-495 du 12 juin 2003, art. 33)* « Les délits en matière de réglementations relatives aux transports *(L. nº 2016-731 du 3 juin 2016, art. 94-1º)* « prévus aux quatre premières parties du code des transports » ; »

5º *(L. nº 2005-1550 du 12 déc. 2005, art. 18)* « Les délits de port ou transport d'armes *(L. nº 2012-304 du 6 mars 2012, art. 34-XX, en vigueur le 6 sept. 2013)* « de la catégorie D figurant sur une liste fixée par un décret en Conseil d'État » prévus par l'article *(Ord. nº 2012-351 du 12 mars 2012, art. 9, en vigueur le 1er mai 2012)* « L. 317-8 du code de la sécurité intérieure » ; »

6º *(L. nº 2007-297 du 5 mars 2007, art. 73)* « Les délits prévus par le code de l'environnement en matière de chasse, de pêche en eau douce, *(Abrogé par L. nº 2021-1104 du 22 août 2021, art. 291)* ***« de pêche maritime, »*** *(L. nº 2010-788 du 12 juill. 2010, art. 50)* « de protection *(L. nº 2021-1104 du 22 août 2021, art. 291)* « du patrimoine naturel », ainsi que par le titre VIII du livre V du même code » ; »

(L. nº 2001-602 du 9 juill. 2001) « 7º Les délits prévus par le code forestier et par le code de l'urbanisme *(Abrogé par L. nº 2021-1104 du 22 août 2021, art. 291)* ***« pour la protection des bois et forêts »*** ; »

(Abrogé par L. nº 2019-222 du 23 mars 2019, art. 61-I, à compter du 1er sept. 2019) (L. nº 2004-204 du 9 mars 2004, art. 130) ***« 7º bis Le délit prévu par l'article L. 126-3 du code de la construction et de l'habitation ; »***

(L. nº 2019-222 du 23 mars 2019, art. 61-I, en vigueur le 1er sept. 2019) « 8º Les délits prévus par le code de la construction et de l'habitation ; »

(L. nº 2008-582 du 20 juin 2008, art. 14) « 9º Les délits prévus par le code rural et de la pêche maritime en matière de garde et de circulation des animaux *(L. nº 2021-1104 du 22 août 2021, art. 291)* « et de pêche maritime » ; »

(L. nº 2009-1311 du 28 oct. 2009, art. 61-I, en vigueur le 1er sept. 2019) « 10º Les délits prévus aux articles L. 335-2, L. 335-3 et L. 335-4 du code de la propriété intellectuelle, lorsqu'ils sont commis au moyen d'un service de communication au public en ligne ; »

(L. nº 2021-1040 du 5 août 2021, art. 20) « 10º *bis* Les délits prévus à l'article L. 3136-1 du code de la santé publique *(L. nº 2022-1089 du 30 juill. 2022, art. 1er-VI, en vigueur le 1er août 2022)* « et à l'article » 16 de la loi nº 2021-1040 du 5 août 2021 relative à la gestion de la crise sanitaire ; »

(L. nº 2019-222 du 23 mars 2019, art. 61-I, en vigueur le 1er sept. 2019) « 11º Le délit d'usage de stupéfiants prévu à l'article L. 3421-1 du code de la santé publique ainsi que le délit prévu à l'article 60 *bis* du code des douanes ;

(Abrogé par Ord. nº 2020-1144 du 16 sept. 2020, art. 8, à compter du 1er janv. 2021) ***« 12º Les délits en matière d'habitat insalubre prévus à l'article L. 1337-4 du code de la santé publique. »***

« Pour l'appréciation du seuil de cinq ans d'emprisonnement mentionné au premier alinéa du présent article, il n'est pas tenu compte des aggravations résultant de l'état de récidive ou des dispositions des articles 132-76, 132-77 ou 132-79 du code pénal.

« Sont également jugés dans les conditions prévues au troisième alinéa de l'article 398 du présent code les délits pour lesquels une peine d'emprisonnement n'est pas encourue, à l'exception des délits de presse. »

Toutefois, le tribunal statue obligatoirement dans les conditions prévues par le premier alinéa de l'article 398 lorsque le prévenu est en état de détention provisoire lors de sa comparution à l'audience ou lorsqu'il est poursuivi selon la procédure de comparution immédiate. Il statue également dans les conditions prévues par le premier alinéa de l'article 398 pour le jugement des délits prévus au présent article lorsque ces délits sont connexes à d'autres délits non prévus par cet article. — *Entrée en vigueur le 6 mars 1995.*

Les 3° et 4° deviennent respectivement les 4° et 5° (L. n° 2019-222 du 23 mars 2019, art. 61-I, en vigueur le 1er sept. 2019).

Les dispositions issues de l'Ord. n° 2020-1144 du 16 sept. 2020 entrent en vigueur le 1er janv. 2021 et ne sont applicables qu'aux arrêtés notifiés à compter de cette date (Ord. préc., art. 19).

Art. 398-2 *(L. n° 95-125 du 8 févr. 1995)* Lorsque le tribunal correctionnel, dans sa composition prévue par le troisième alinéa de l'article 398, constate que la qualification retenue dans l'acte qui le saisit ne relève pas des dispositions de l'article 398-1, il renvoie l'affaire devant le tribunal correctionnel siégeant dans les conditions prévues par le premier alinéa de l'article 398.

Lorsque le tribunal correctionnel, dans sa composition prévue par le premier alinéa de l'article 398, constate que la qualification retenue dans l'acte qui le saisit relève des dispositions de l'article 398-1, et sous réserve des dispositions du dernier alinéa de cet article, l'affaire peut soit être renvoyée devant le tribunal correctionnel siégeant dans les conditions prévues par le troisième alinéa de l'article 398, soit être jugée par le seul président. — *Entrée en vigueur le 6 mars 1995.*

(L. n° 99-515 du 23 juin 1999) « Le tribunal correctionnel siégeant dans sa composition prévue par le troisième alinéa de l'article 398 peut, *(L. n° 2005-1549 du 12 déc. 2005, art. 18-II)* « si ce renvoi lui paraît justifié en raison de la complexité des faits ou, au regard notamment des dispositions du dernier alinéa, en raison de l'importance de la peine susceptible d'être prononcée », décider, d'office ou à la demande des parties ou du ministère public, de renvoyer l'affaire devant le tribunal correctionnel siégeant dans les conditions prévues au premier alinéa du même article. Les dispositions de l'alinéa qui précède ne sont alors pas applicables. Cette décision constitue une mesure d'administration judiciaire qui n'est pas susceptible de recours. »

(L. n° 2005-1549 du 12 déc. 2005, art. 18-II) « Le tribunal correctionnel siégeant dans sa composition prévue par le troisième alinéa de l'article 398 ne peut prononcer une peine d'emprisonnement ferme d'une durée supérieure à cinq ans. »

…………………………………………………………………………………………

Art. 464 Si le tribunal estime que le fait constitue un délit, il prononce la peine.

Il statue, s'il y a lieu, sur l'action civile, et peut ordonner le versement provisoire, en tout ou en partie, des dommages-intérêts alloués.

Il a aussi la faculté, s'il ne peut se prononcer en l'état sur la demande en dommages-intérêts, d'accorder à la partie civile une provision, exécutoire nonobstant opposition ou appel.

(L. n° 2000-516 du 15 juin 2000, art. 112) « Après avoir statué sur l'action publique, le tribunal peut, d'office ou à la demande du procureur de la République ou des parties, renvoyer l'affaire à une date ultérieure pour statuer sur l'action civile, même s'il n'ordonne pas de mesure d'instruction, afin de permettre à la partie civile d'apporter les justificatifs de ses demandes. Ce renvoi est de droit lorsqu'il est demandé par les parties civiles. Le tribunal doit alors fixer la date de l'audience à laquelle il sera statué sur l'action civile. La présence du ministère public à cette audience n'est pas obligatoire. » *(L. n° 2004-204 du 9 mars 2004, art. 134)* « A cette audience, le tribunal est composé du seul président siégeant à juge unique. »

(L. n° 95-125 du 8 févr. 1995) « Les dispositions du présent article sont applicables lorsque le tribunal correctionnel, dans sa composition prévue par le premier alinéa de l'article 398, estime, au résultat des débats, que le fait qui lui était déféré constitue un délit visé par l'article 398-1. » — *Al. 4 entré en vigueur le 6 mars 1995.*

…………………………………………………………………………………………

Art. 469 Si le fait déféré au tribunal correctionnel sous la qualification de délit est de nature à entraîner une peine criminelle, le tribunal renvoie le ministère public à se pourvoir ainsi qu'il avisera.

Il peut, le ministère public entendu, décerner, par la même décision, mandat de dépôt ou d'arrêt contre le prévenu.

(L. n° 95-125 du 8 févr. 1995, en vigueur le 6 mars 1995) « Les dispositions des deux alinéas précédents sont également applicables si le tribunal correctionnel, dans sa composition prévue par le troisième alinéa de l'article 398, estime, au résultat des débats, que le fait qui lui était déféré sous la qualification de l'un des délits visés à l'article 398-1 est de nature à entraîner une peine prévue pour un délit non visé par cet article. »

(L. n° 2004-204 du 9 mars 2004, art. 124-II, en vigueur le 1er oct. 2004) « Lorsqu'il est saisi par le renvoi ordonné par le juge d'instruction ou la chambre de l'instruction, le tribunal correctionnel ne peut pas faire application, d'office ou à la demande des parties, des dispositions du premier alinéa, si la victime était constituée partie civile et était assistée d'un avocat lorsque ce renvoi a été ordonné. Toutefois, le tribunal correctionnel saisi de poursuites exercées pour un délit non intentionnel conserve la possibilité de renvoyer le ministère public à se pourvoir s'il résulte des débats que les faits sont de nature à entraîner une peine criminelle parce qu'ils ont été commis de façon intentionnelle. »

De la procédure simplifiée

(L. n° 2002-1138 du 9 sept. 2002, art. 42)

Art. 495 *(L. n° 2011-1862 du 13 déc. 2011, art. 26)* I. — Le procureur de la République peut décider de recourir à la procédure simplifiée de l'ordonnance pénale pour les délits mentionnés au II du présent article lorsqu'il résulte de l'enquête de police judiciaire que les faits reprochés au prévenu sont simples et établis, que les renseignements concernant la personnalité, les charges et les ressources de celui-ci sont suffisants pour permettre la détermination de la peine, qu'il n'apparaît pas nécessaire, compte tenu de la faible gravité des faits, de prononcer une peine d'emprisonnement ou une peine d'amende d'un montant supérieur à celui fixé à l'article 495-1 et que le recours à cette procédure n'est pas de nature à porter atteinte aux droits de la victime.

(L. n° 2019-222 du 23 mars 2019, art. 61-II, en vigueur le 1er sept. 2019) « II. — La procédure simplifiée de l'ordonnance pénale est applicable aux délits mentionnés à l'article 398-1 du présent code, à l'exception des délits d'atteintes volontaires et involontaires à l'intégrité des personnes.

« Cette procédure est également applicable au délit de diffamation prévu à l'article 32 de la loi du 29 juillet 1881 sur la liberté de la presse et au délit d'injure prévu aux deuxième à quatrième alinéas de l'article 33 de la même loi, sauf lorsque sont applicables les dispositions de l'article 42 de ladite loi ou de l'article 93-3 de la loi n° 82-652 du 29 juillet 1982 sur la communication audiovisuelle. »

III. — La procédure simplifiée de l'ordonnance pénale n'est pas applicable :

1° Si le prévenu était âgé de moins de dix-huit ans au jour de l'infraction ;

2° Si la victime a fait directement citer le prévenu avant qu'ait été rendue l'ordonnance prévue à l'article 495-1 du présent code ;

3° Si le délit a été commis en même temps qu'un délit ou qu'une contravention pour lequel la procédure d'ordonnance pénale n'est pas prévue ;

(Abrogé par L. n° 2019-222 du 23 mars 2019, art. 61-II, à compter du 1er sept. 2019) *« 4° Si les faits ont été commis en état de récidive légale. »*

Art. 495-1 Le ministère public qui choisit la procédure simplifiée communique au président du tribunal le dossier de la poursuite et ses réquisitions.

Le président statue sans débat préalable par une ordonnance pénale portant relaxe ou condamnation à une amende ainsi que, le cas échéant, à une ou plusieurs des peines complémentaires encourues, ces peines pouvant être prononcées à titre de peine principale. *(L. n° 2011-1862 du 13 déc. 2011, art. 26)* « Le montant maximal de l'amende pouvant être prononcée est de la moitié de celui de l'amende encourue sans pouvoir excéder 5 000 €. » *(L. n° 2019-222 du 23 mars 2019, art. 61-II, en vigueur le 1er sept. 2019)* « Les peines prévues aux articles 131-5 à 131-8-1 du code pénal peuvent être prononcées ; la peine de travail d'intérêt général ne peut toutefois être prononcée que si la personne a déclaré, au cours de l'enquête, qu'elle accepterait l'accomplissement d'un tel travail. »

S'il estime qu'un débat contradictoire est utile ou qu'une peine d'emprisonnement devrait être prononcée, le juge renvoie le dossier au ministère public.

Art. 495-2 L'ordonnance mentionne les nom, prénoms, date et lieu de naissance et domicile du prévenu, la qualification légale, la date et le lieu du fait imputé, la mention des textes applicables et, en cas de condamnation, la ou les peines prononcées.

L'ordonnance pénale doit être motivée, au regard notamment des dispositions du *(L. n° 2011-1862 du 13 déc. 2011, art. 26)* « I » de l'article 495.

Art. 495-2-1 *(L. n° 2011-1862 du 13 déc. 2011, art. 26)* Lorsque la victime des faits a formulé au cours de l'enquête de police une demande de dommages et intérêts ou de restitution valant constitution de partie civile conformément au deuxième alinéa de l'article 420-1, le président statue sur cette demande dans l'ordonnance pénale. S'il ne peut statuer sur cette demande pour l'une des raisons mentionnées au dernier alinéa du même article 420-1, il renvoie le dossier au ministère public aux fins de saisir le tribunal sur les intérêts civils. L'article 495-5-1 est alors applicable.

Art. 495-3 Dès qu'elle est rendue, l'ordonnance pénale est transmise au ministère public qui, dans les dix jours, peut soit former opposition par déclaration au greffe du tribunal, soit en poursuivre l'exécution.

Cette ordonnance est portée à la connaissance du prévenu par lettre recommandée avec demande d'avis de réception. *(L. n° 2004-204 du 9 mars 2004, art. 135-II)* « Elle peut également être portée à la connaissance du prévenu par le procureur de la République, directement ou par l'intermédiaire d'une personne habilitée *(L. n° 2019-222 du 23 mars 2019, art. 61-IV, en vigueur le 1er sept. 2019)* « ; ce mode de notification est obligatoire si l'ordonnance prononce la peine de jour-amende ou la peine de travail d'intérêt général ». »

Le prévenu est informé qu'il dispose d'un délai de quarante-cinq jours à compter de cette notification pour former opposition à l'ordonnance *(L. n° 2011-1862 du 13 déc. 2011, art. 26)* « , que cette opposition peut être limitée aux dispositions civiles ou pénales de l'ordonnance lorsqu'il a été statué sur une demande présentée par la victime et qu'elle » permettra que l'affaire fasse l'objet d'un débat contradictoire et public devant le tribunal correctionnel, au cours duquel il pourra être assisté par un avocat, dont il pourra demander la commission d'office. Le prévenu est également informé que le tribunal correctionnel, s'il l'estime coupable des faits qui lui sont reprochés, aura la possibilité de prononcer contre lui une peine d'emprisonnement si celle-ci est encourue pour le délit ayant fait l'objet de l'ordonnance.

En l'absence d'opposition, l'ordonnance est exécutée suivant les règles prévues par le présent code pour l'exécution des jugements correctionnels.

Toutefois, s'il ne résulte pas de l'avis de réception que le prévenu a reçu la lettre de notification, l'opposition reste recevable jusqu'à l'expiration d'un délai de trente jours qui court de la date à laquelle l'intéressé a eu connaissance, d'une part, de la condamnation, soit par un acte d'exécution, soit par tout autre moyen, d'autre part, du délai et des formes de l'opposition qui lui sont ouvertes.

Le comptable *(Ord. n° 2010-420 du 27 avr. 2010, art. 115)* « public compétent » arrête le recouvrement dès réception de l'avis d'opposition à l'ordonnance pénale établi par le greffe.

Art. 495-3-1 *(L. n° 2011-1862 du 13 déc. 2011, art. 26)* Lorsqu'il est statué sur les intérêts civils, l'ordonnance pénale est portée à la connaissance de la partie civile selon l'une des modalités prévues au deuxième alinéa de l'article 495-3. La partie civile est informée qu'elle dispose d'un délai de quarante-cinq jours à compter de cette notification pour former opposition aux dispositions civiles de l'ordonnance.

Art. 495-4 En cas d'opposition formée par le ministère public ou par le prévenu, l'affaire est portée à l'audience du tribunal correctionnel. *(L. n° 2011-1862 du 13 déc. 2011, art. 26)* « En cas d'opposition formée par le prévenu sur les seules dispositions civiles ou par la partie civile, le tribunal statue conformément à l'avant-dernier alinéa de l'article 464 ». Le jugement rendu par défaut, sur l'opposition du prévenu, *(L. n° 2011-1862 du 13 déc. 2011, art. 26)* « est susceptible d'opposition dans les conditions prévues aux articles 489 à 494-1 ».

Jusqu'à l'ouverture des débats, le prévenu peut renoncer expressément à son opposition. L'ordonnance pénale reprend alors sa force exécutoire et une nouvelle opposition n'est pas recevable.

Art. 495-5 L'ordonnance pénale, à laquelle il n'a pas été formé opposition ou qui n'a pas été portée par le ministère public à l'audience du tribunal correctionnel, a les effets d'un jugement passé en force de chose jugée.

(L. nº 2011-1862 du 13 déc. 2011, art. 26) « Cependant, l'ordonnance pénale statuant uniquement sur l'action publique n'a pas l'autorité de la chose jugée à l'égard de l'action civile en réparation des dommages causés par l'infraction. »

Art. 495-5-1 *(L. nº 2011-1862 du 13 déc. 2011, art. 26)* Lorsque la victime de l'infraction est identifiée et qu'elle n'a pu se constituer partie civile dans les conditions prévues à l'article 495-2-1 ou lorsqu'il n'a pas été statué sur sa demande formulée conformément à l'article 420-1, le procureur de la République doit l'informer de son droit de lui demander de citer l'auteur des faits à une audience du tribunal correctionnel statuant conformément à l'avant-dernier alinéa de l'article 464, dont elle est avisée de la date pour lui permettre de se constituer partie civile. Le tribunal statue alors sur les seuls intérêts civils, au vu du dossier de la procédure qui est versé au débat.

Art. 495-6 Les dispositions de la présente section ne font pas échec aux droits de la partie lésée de citer l'auteur des faits devant le tribunal correctionnel.

Le tribunal statue uniquement sur les intérêts civils si l'ordonnance pénale a acquis la force de chose jugée. *(L. nº 2004-204 du 9 mars 2004, art. 136)* « A cette audience, le tribunal est composé du seul président siégeant à juge unique. »

Art. 495-6-1 *(Abrogé par L. nº 2011-1862 du 13 déc. 2011, art. 26) (L. nº 2009-1311 du 28 oct. 2009, art. 6-II)* ***Les délits prévus aux articles L. 335-2, L. 335-3 et L. 335-4 du code de la propriété intellectuelle, lorsqu'ils sont commis au moyen d'un service de communication au public en ligne, peuvent également faire l'objet de la procédure simplifiée de l'ordonnance pénale prévue par la présente section.***

Art. 495-6-2 *(Abrogé par L. nº 2011-1862 du 13 déc. 2011, art. 26) (L. nº 2010-788 du 12 juill. 2010, art. 2-III)* ***Les infractions prévues au second alinéa de l'article L. 152-1 du code de la construction et de l'habitation peuvent également faire l'objet de la procédure simplifiée prévue par la présente section.***

De la comparution sur reconnaissance préalable de culpabilité

(L. nº 2004-204 du 9 mars 2004, art. 137-I, en vigueur le 1er oct. 2004)

Art. 495-7 *(L. nº 2011-1862 du 13 déc. 2011, art. 27)* « Pour tous les délits, à l'exception de ceux mentionnés à l'article 495-16 et des délits d'atteintes volontaires et involontaires à l'intégrité des personnes et d'agressions sexuelles prévus aux articles 222-9 à 222-31-2 du code pénal lorsqu'ils sont punis d'une peine d'emprisonnement d'une durée supérieure à cinq ans », le procureur de la République peut, d'office ou à la demande de l'intéressé ou de son avocat, recourir à la procédure de comparution sur reconnaissance préalable de culpabilité conformément aux dispositions de la présente section à l'égard de toute personne convoquée à cette fin ou déférée devant lui en application *(L. nº 2011-1862 du 13 déc. 2011, art. 27)* « de l'article 393 du présent code », lorsque cette personne reconnaît les faits qui lui sont reprochés.

Art. 495-8 Le procureur de la République peut proposer à la personne d'exécuter une ou plusieurs des peines principales ou complémentaires encourues ; la nature et le quantum de la ou des peines sont déterminés conformément aux *(L. nº 2014-896 du 15 août 2014, art. 3-II-2º, en vigueur le 1er oct. 2014)* « articles 130-1 et 132-1 » du code pénal.

Lorsqu'est proposée une peine d'emprisonnement, sa durée ne peut être supérieure à *(L. nº 2019-222 du 23 mars 2019, art. 59-I)* « trois ans » ni excéder la moitié de la peine d'emprisonnement encourue. Le procureur peut proposer qu'elle soit assortie en tout ou partie du sursis. Il peut également proposer qu'elle fasse l'objet d'une des mesures d'aménagement énumérées par l'article 712-6. Si le procureur de la République propose une peine d'emprisonnement ferme, il précise à la personne s'il entend que cette peine soit immédiatement mise à exécution ou si la personne sera convoquée devant le juge de l'application des peines pour que soient déterminées les modalités de son exécution, notamment la semi-liberté, le placement à l'extérieur ou la détention à domicile sous surveillance électronique.

Lorsqu'est proposée une peine d'amende, son montant ne peut être supérieur à celui de l'amende encourue. Elle peut être assortie du sursis.

(L. n° 2019-222 du 23 mars 2019, art. 59-I) « Le procureur de la République peut proposer que la peine d'emprisonnement proposée révoquera tels ou tels sursis précédemment accordés. Il peut également proposer le relèvement d'une interdiction, d'une déchéance ou d'une incapacité résultant de plein droit de la condamnation, en application du second alinéa de l'article 132-21 du code pénal, ou l'exclusion de la mention de la condamnation du bulletin n° 2 ou n° 3 du casier judiciaire en application des articles 775-1 et 777-1 du présent code. »

Les déclarations par lesquelles la personne reconnaît les faits qui lui sont reprochés sont recueillies, et la proposition de peine est faite par le procureur de la République, en présence de l'avocat de l'intéressé choisi par lui ou, à sa demande, désigné par le bâtonnier de l'ordre des avocats, l'intéressé étant informé que les frais seront à sa charge sauf s'il remplit les conditions d'accès à l'aide juridictionnelle. La personne ne peut renoncer à son droit d'être assistée par un avocat. L'avocat doit pouvoir consulter sur-le-champ le dossier.

La personne peut librement s'entretenir avec son avocat, hors la présence du procureur de la République, avant de faire connaître sa décision. Elle est avisée par le procureur de la République qu'elle peut demander à disposer d'un délai de dix jours avant de faire connaître si elle accepte ou si elle refuse la ou les peines proposées.

(L. n° 2019-222 du 23 mars 2019, art. 59-I) « Le procureur de la République peut, avant de proposer une peine conformément aux dispositions du cinquième alinéa du présent article, informer par tout moyen la personne ou son avocat des propositions qu'il envisage de formuler. »

Les dispositions issues de la L. n° 2014-896 du 15 août 2014 sont applicables aux îles Wallis-et-Futuna, en Polynésie française et en Nouvelle-Calédonie (L. préc., art. 55-I).

Art. 495-9 Lorsque, en présence de son avocat, la personne accepte la ou les peines proposées, elle est aussitôt présentée devant le président du tribunal judiciaire ou le juge délégué par lui, saisi par le procureur de la République d'une requête en homologation. *(L. n° 2009-526 du 12 mai 2009, art. 129-1°)* « Si la personne n'est pas détenue, elle peut être convoquée devant le président du tribunal judiciaire ou le juge délégué par lui dans un délai inférieur ou égal à un mois. »

Le président du tribunal judiciaire ou le juge délégué par lui entend la personne et son avocat *[Dispositions déclarées non conformes à la Constitution par décision du Conseil constitutionnel n° 2004-492 DC du 2 mars 2004]*. Après avoir vérifié la réalité des faits et leur qualification juridique, il peut décider d'homologuer les peines proposées par le procureur de la République. Il statue le jour même par ordonnance motivée. *(L. n° 2005-847 du 26 juill. 2005)* « La procédure prévue par le présent alinéa se déroule en audience publique ; la présence du procureur de la République à cette audience n'est pas obligatoire. »

Art. 495-10 Lorsque la personne demande à bénéficier, avant de se prononcer sur la proposition faite par le procureur de la République, du délai prévu *(L. n° 2019-222 du 23 mars 2019, art. 59-I)* « à l'avant-dernier » alinéa de l'article 495-8, le procureur de la République peut la présenter devant le juge des libertés et de la détention pour que celui-ci ordonne son placement sous contrôle judiciaire *(L. n° 2009-1436 du 24 nov. 2009, art. 93-XIV)* « , à l'assignation à résidence avec surveillance électronique » ou, à titre exceptionnel et si l'une des peines proposées est égale ou supérieure à deux mois d'emprisonnement ferme et que le procureur de la République a proposé sa mise à exécution immédiate, son placement en détention provisoire, selon les modalités prévues par *(L. n° 2019-222 du 23 mars 2019, art. 60-VII)* « le dernier » alinéa de l'article 394 ou les articles 395 et 396, jusqu'à ce qu'elle comparaisse de nouveau devant le procureur de la République. Cette nouvelle comparution doit intervenir dans un délai compris entre dix et vingt jours à compter de la décision du juge des libertés et de la détention. A défaut, il est mis fin au contrôle judiciaire *(L. n° 2009-1436 du 24 nov. 2009, art. 93-XIV)* « , à l'assignation à résidence avec surveillance électronique » ou à la détention provisoire de l'intéressé si l'une de ces mesures a été prise.

Les dispositions issues de la L. n° 2014-535 du 27 mai 2014 sont applicables en Nouvelle-Calédonie, à Wallis-et-Futuna et en Polynésie française (L. préc., art. 14-I).

Art. 495-11 L'ordonnance par laquelle le président du tribunal judiciaire ou le juge délégué par lui décide d'homologuer la ou les peines proposées est motivée par les constatations, d'une part, que la personne, en présence de son avocat, reconnaît les faits qui lui sont reprochés et accepte la ou les peines proposées par le procureur de la République, d'autre part, que cette ou ces peines sont justifiées au regard des circonstances de l'infraction et de la personnalité de son auteur.

L'ordonnance a les effets d'un jugement de condamnation. Elle est immédiatement exécutoire. Lorsque la peine homologuée est une peine d'emprisonnement ferme, la personne est, selon les distinctions prévues au deuxième alinéa de l'article 495-8, soit immédiatement incarcérée en maison d'arrêt, soit convoquée devant le juge de l'application des peines, à qui l'ordonnance est alors transmise sans délai.

Dans tous les cas, elle peut faire l'objet d'un appel de la part du condamné, conformément aux dispositions des articles 498, 500, 502 et 505. Le ministère public peut faire appel à titre incident dans les mêmes conditions. A défaut, elle a les effets d'un jugement passé en force de chose jugée.

Art. 495-11-1 *(L. nº 2019-222 du 23 mars 2019, art. 59-I)* Sans préjudice des cas dans lesquels les conditions prévues au premier alinéa de l'article 495-11 ne sont pas remplies, le président peut refuser l'homologation s'il estime que la nature des faits, la personnalité de l'intéressé, la situation de la victime ou les intérêts de la société justifient une audience correctionnelle ordinaire ou lorsque les déclarations de la victime entendue en application de l'article 495-13 apportent un éclairage nouveau sur les conditions dans lesquelles l'infraction a été commise ou sur la personnalité de son auteur.

Art. 495-12 Lorsque la personne déclare ne pas accepter la ou les peines proposées ou que le président du tribunal judiciaire ou son délégué rend une ordonnance de refus d'homologation, le procureur de la République saisit, sauf élément nouveau, le tribunal correctionnel selon l'une des procédures prévues par l'article 388 ou requiert l'ouverture d'une information. *(L. nº 2023-1059 du 20 nov. 2023, art. 6-I-40º et 60-I, en vigueur le 30 sept. 2024)* « Le procureur de la République peut toutefois, à une seule reprise, saisir à nouveau le président du tribunal judiciaire ou le juge délégué par celui-ci d'une requête en homologation d'une peine en application de l'article 495-8, sous réserve de son acceptation par la personne qui reconnaît les faits qui lui sont reprochés. »

Lorsque la personne avait été déférée devant lui en application des dispositions de l'article 393, le procureur de la République peut la retenir jusqu'à sa comparution devant le tribunal correctionnel ou le juge d'instruction, qui doit avoir lieu le jour même, conformément aux dispositions de l'article 395 ; si la réunion du tribunal n'est pas possible le jour même, il est fait application des dispositions de l'article 396. Les dispositions du présent alinéa sont applicables y compris si la personne avait demandé à bénéficier d'un délai et avait été placée en détention provisoire en application des dispositions des articles 495-8 et 495-10.

Il ressort expressément des dispositions de l'art. 495-12 C. pr. pén. que, lorsque le ministère public met en œuvre la procédure de comparution sur reconnaissance préalable de culpabilité, il ne peut concomitamment saisir le tribunal correctionnel selon l'un des modes prévus par l'art. 388 dudit code avant que le prévenu ait déclaré ne pas accepter la ou les peines proposées ou que le président du tribunal ait rendu une ordonnance de refus d'homologation. • Crim. 4 oct. 2006, nº 05-87.435 P : *Jurispr. auto 2006. 584.*

Art. 495-13 Lorsque la victime de l'infraction est identifiée, elle est informée sans délai, par tout moyen, de cette procédure. Elle est invitée à comparaître en même temps que l'auteur des faits, accompagnée le cas échéant de son avocat, devant le président du tribunal judiciaire ou le juge délégué par lui pour se constituer partie civile et demander réparation de son préjudice. Le président du tribunal judiciaire ou le juge délégué par lui statue sur cette demande, même dans le cas où la partie civile n'a pas comparu à l'audience, en application de l'article 420-1. La partie civile peut faire appel de l'ordonnance conformément aux dispositions des articles 498 et 500.

Si la victime n'a pu exercer le droit prévu à l'alinéa précédent, le procureur de la République doit l'informer de son droit de lui demander de citer l'auteur des faits à une audience du tribunal correctionnel statuant conformément aux dispositions du quatrième alinéa de l'article 464, dont elle sera avisée de la date, pour lui permettre de se constituer partie civile. Le tribunal statue alors sur les seuls intérêts civils, au vu du dossier de la procédure qui est versé au débat.

Art. 495-14 A peine de nullité de la procédure, il est dressé procès-verbal des formalités accomplies en application des articles 495-8 à 495-13.

Lorsque la personne n'a pas accepté la ou les peines proposées ou lorsque le président du tribunal judiciaire ou le juge délégué par lui n'a pas homologué la proposition du procureur de la République, le procès-verbal ne peut être transmis à la juridiction d'instruction ou de jugement, et ni le ministère public ni les parties ne peuvent faire état devant cette juridiction des déclarations faites ou des documents remis au cours de la procédure.

BIBL. ▶ LASSERRE CAPDEVILLE, *D. 2008. 2904* (de l'usage limité de la reconnaissance de culpabilité).

Méconnaît l'art. 495-14. C. pr. pén., la cour d'appel qui, pour déclarer un prévenu coupable de conduite d'un véhicule en état d'ivresse manifeste, énonce notamment que lors de son audition par le procureur de la République selon la procédure de comparution sur reconnaissance préalable de culpabilité, le prévenu a reconnu sa culpabilité, alors qu'il ne pouvait être fait état, par la juridiction de jugement, des déclarations faites au cours de la procédure de comparution sur reconnaissance préalable de culpabilité. • Crim. 17 sept. 2008, nº 08-80.858 P : *D. 2008. AJ 2602, obs. Léna ; JCP 2008. II. 10194, note Joseph-Ratineau.*

Art. 495-15 *(L. nº 2021-1729 du 22 déc. 2021, art. 14-I-12º)* **Le prévenu qui a fait l'objet, pour l'un des délits mentionnés à l'article 495-7, d'une citation directe ou d'une convocation en justice en application des articles 390 ou 390-1, d'une convocation par procès-verbal en application de l'article 394 ou d'une ordonnance de renvoi en application de l'article 179 peut, soit lui-même, soit par l'intermédiaire de son avocat, indiquer au procureur de la République qu'il reconnaît les faits qui lui sont reprochés et demander l'application de la procédure prévue à la présente section. Dans ce cas, le procureur de la République peut, s'il l'estime opportun, procéder dans les conditions prévues à l'article 495-8, après avoir convoqué le prévenu et son avocat ainsi que, le cas échéant, la victime. L'acte de saisine du tribunal correctionnel est alors caduc, sauf si la personne n'accepte pas les peines proposées ou si le président du tribunal judiciaire ou le juge délégué par lui refuse de les homologuer, lorsque l'un ou l'autre de ces refus intervient plus de dix jours avant la date de l'audience devant se tenir sur le fond devant le tribunal correctionnel.**

Le procureur de la République peut également prendre l'initiative de proposer au prévenu de procéder conformément au premier alinéa du présent article.

Le présent article est applicable tant que le tribunal correctionnel n'a pas examiné l'affaire sur le fond, y compris si celle-ci a fait l'objet d'une décision de renvoi.

Lorsque le tribunal a été saisi par une citation directe délivrée par la partie civile ou que l'ordonnance de renvoi a été prise par le juge d'instruction saisi par une plainte avec constitution de partie civile, le présent article ne peut être mis en œuvre qu'avec l'accord de la partie civile.

Le présent article est applicable au prévenu condamné par le tribunal correctionnel qui a formé appel en limitant la portée de celui-ci aux peines prononcées, lors de la déclaration d'appel ou ultérieurement. Les attributions confiées au procureur de la République et au président du tribunal ou à son délégué par la présente section sont alors exercées respectivement par le procureur général et par le président de la chambre des appels correctionnels ou son délégué.

Art. 495-15-1 *(L. nº 2009-526 du 12 mai 2009, art. 129-2º)* **La mise en œuvre de la procédure prévue par la présente section n'interdit pas au procureur de la République de procéder simultanément à une convocation en justice en application de l'article 390-1. La saisine du tribunal résultant de cette convocation en justice est caduque si la personne accepte la ou les peines proposées et que celles-ci font l'objet d'une ordonnance d'homologation.**

Art. 495-16 **Les dispositions de la présente section ne sont applicables ni aux mineurs de dix-huit ans ni en matière de délits de presse, de délits d'homicides involontaires** *(L. nº 2018-898 du 23 oct. 2018, art. 24-1º)* **« ou de délits politiques. »**

De la procédure de l'amende forfaitaire applicable à certains délits

(L. nº 2016-1547 du 18 nov. 2016, art. 36-II)

Art. 495-17 **Lorsque la loi le prévoit, l'action publique est éteinte par le paiement d'une amende forfaitaire délictuelle** *(L. nº 2019-222 du 23 mars 2019, art. 58-V)* **« fixée par la loi, qui ne peut excéder le montant prévu au premier alinéa de l'article 131-13 du code pénal, » dans les conditions prévues à la présente section.**

Toutefois, la procédure de l'amende forfaitaire n'est pas applicable si le délit a été commis par un mineur *(Abrogé par L. nº 2022-52 du 24 janv. 2022, art. 29)* ***« ou en état de récidive légale »*** ou si plusieurs infractions, dont l'une au moins ne peut donner lieu à une amende forfaitaire, ont été constatées simultanément. *(L. nº 2022-52 du 24 janv. 2022, art. 29)* « Elle n'est pas non plus applicable en état de récidive légale, sauf lorsque la loi en dispose autrement. »

Art. 495-18 L'amende forfaitaire doit être acquittée dans les quarante-cinq jours qui suivent la constatation de l'infraction ou, si l'avis d'infraction est ultérieurement envoyé à l'intéressé, dans les quarante-cinq jours qui suivent cet envoi, à moins que l'intéressé ne formule dans le même délai une requête tendant à son exonération auprès du service indiqué dans l'avis d'infraction. Cette requête est transmise au procureur de la République.

Toutefois, l'amende forfaitaire est minorée si l'intéressé en règle le montant soit entre les mains de l'agent verbalisateur au moment de la constatation de l'infraction, soit dans un délai de quinze jours à compter de la constatation de l'infraction ou, si l'avis d'infraction est ultérieurement envoyé à l'intéressé, dans un délai de quinze jours à compter de cet envoi.

A défaut de paiement ou d'une requête présentée dans le délai prévu au premier alinéa, l'amende forfaitaire est majorée de plein droit et recouvrée au profit du Trésor public en vertu d'un titre rendu exécutoire par le procureur de la République.

Art. 495-19 Le titre mentionné au dernier alinéa de l'article 495-18 est exécuté suivant les règles prévues au présent code pour l'exécution des jugements correctionnels. La prescription de la peine commence à courir à compter de la signature par le procureur de la République du titre exécutoire, qui peut être individuel ou collectif.

Dans les trente jours suivant l'envoi de l'avis invitant *(L. nº 2019-222 du 23 mars 2019, art. 58-V)* « l'auteur de l'infraction » à payer l'amende forfaitaire majorée, celui-ci peut former auprès du ministère public une réclamation motivée qui a pour effet d'annuler le titre exécutoire en ce qui concerne l'amende contestée. Cette réclamation reste recevable tant que la peine n'est pas prescrite, s'il ne résulte pas d'un acte d'exécution ou de tout autre moyen de preuve que l'intéressé a eu connaissance de l'amende forfaitaire majorée.

(Abrogé par L. nº 2019-222 du 23 mars 2019, art. 58-V) ***« La réclamation doit être accompagnée de l'avis d'amende forfaitaire majorée correspondant à l'amende considérée ainsi que de l'un des documents exigés au présent article, à défaut de quoi elle est irrecevable. »***

Art. 495-20 La requête en exonération prévue à l'article 495-18 ou la réclamation prévue à l'article 495-19 n'est recevable que si elle est adressée par lettre recommandée avec demande d'avis de réception, en utilisant le formulaire joint à l'avis d'amende forfaitaire *(L. nº 2019-222 du 23 mars 2019, art. 58-V)* « ou d'amende forfaitaire majorée », et si elle est accompagnée soit d'un document démontrant qu'il a été acquitté une consignation préalable d'un montant égal à celui de l'amende forfaitaire, dans le cas prévu au premier alinéa de l'article 495-18, ou à celui de l'amende forfaitaire majorée, dans le cas prévu au deuxième alinéa de l'article 495-19, soit du récépissé du dépôt de plainte pour le délit d'usurpation d'identité prévu à l'article 434-23 du code pénal.

Le procureur de la République vérifie que les conditions de recevabilité de la requête ou de la réclamation prévues au présent article sont remplies.

Les requêtes et les réclamations prévues au présent article peuvent également être adressées de façon dématérialisée, selon des modalités précisées par arrêté.

Art. 495-21 Au vu de la requête faite en application du premier alinéa de l'article 495-18 ou de la réclamation faite en application du deuxième alinéa de l'article 495-19, le procureur de la République peut soit renoncer à l'exercice des poursuites, soit procéder conformément aux articles 389 à 390-1, 393 à 397-7, 495 à 495-6 ou 495-7 à 495-16, soit aviser l'intéressé de l'irrecevabilité de la *(L. nº 2019-222 du 23 mars 2019, art. 58-V)* « contestation non motivée ou qui n'a pas été effectuée en utilisant le formulaire joint à l'avis d'amende forfaitaire ou à l'avis d'amende forfaitaire majorée ». La décision d'irrecevabilité du procureur peut être contestée devant le président du tribunal correctionnel ou un juge désigné par le président du tribunal *(Ord. nº 2019-964 du 18 sept. 2019, art. 35)* « judiciaire ».

En cas de condamnation, l'amende prononcée ne peut pas être inférieure au montant de l'amende forfaitaire dans le cas prévu à l'article 495-18, ni être inférieure au montant de l'amende forfaitaire majorée dans le cas prévu à l'article 495-19.

En cas de classement sans suite ou de relaxe, le montant de la consignation est reversé à la personne à qui avait été adressé l'avis de paiement de l'amende forfaitaire ou ayant fait l'objet des poursuites. Les modalités de ce remboursement sont définies par voie réglementaire. En cas de condamnation, l'amende prononcée ne peut être inférieure au montant prévu au deuxième alinéa du présent article, augmenté d'un taux de 10 %.

Par dérogation aux deuxième et troisième alinéas, le tribunal peut, à titre exceptionnel, par décision spécialement motivée au regard des charges et des revenus de la personne, ne pas prononcer d'amende ou prononcer une amende d'un montant inférieur à ceux prévus aux mêmes alinéas.

Art. 495-22 Pour l'application de la présente section, le lieu du traitement automatisé des informations nominatives concernant les infractions constatées par un procès-verbal *(L. n° 2019-222 du 23 mars 2019, art. 50-I)* « établi sous format numérique » est considéré comme le lieu de constatation de l'infraction.

A titre expérimental, à compter du 1er janv. 2019 et jusqu'au 1er janv. 2022, il peut être procédé, selon des modalités précisées par voie réglementaire, dans des services ou unités de police judiciaire désignés conjointement par le ministre de la justice et le ministre de l'intérieur, à l'enregistrement sonore ou audiovisuel des formalités prévoyant, pour les personnes entendues, arrêtées ou placées en garde à vue, la notification de leurs droits.

Cet enregistrement, conservé sous format numérique dans des conditions sécurisées, dispense les enquêteurs de constater par procès-verbal, conformément aux dispositions du code de procédure pénale, le respect de ces formalités. En cas de contestation, cet enregistrement peut être consulté sur simple demande.

Au plus tard six mois avant le terme de l'expérimentation, le Gouvernement adresse au Parlement un rapport procédant à son évaluation (L. n° 2019-222 du 23 mars 2019, art. 50-II).

Art. 495-23 *(Abrogé par L. n° 2019-222 du 23 mars 2019, art. 58-V)* ***Le paiement de l'amende forfaitaire ou l'émission du titre exécutoire d'une amende forfaitaire majorée non susceptible de réclamation sont assimilés à une condamnation définitive pour l'application des règles sur la récidive des délits prévues aux articles 132-10 et 132-14 du code pénal.***

Art. 495-24 Lorsque la personne qui a fait l'objet d'une amende forfaitaire majorée ne conteste pas la réalité du délit mais sollicite, en raison de ses difficultés financières, des délais de paiement ou une remise gracieuse, elle adresse sa demande motivée au comptable public compétent.

Dans ce cas, l'article 495-20 n'est pas applicable.

S'il estime la demande justifiée, le comptable public compétent peut alors octroyer des délais ou rendre une décision de remise gracieuse partielle ou totale, le cas échéant en appliquant une diminution de 20 % des sommes dues, en application de l'article 707-4.

Art. 495-24-1 *(L. n° 2019-222 du 23 mars 2019, art. 58-V)* Lorsque les amendes forfaitaires, les amendes forfaitaires minorées et les amendes forfaitaires majorées s'appliquent à une personne morale, leur montant est quintuplé.

Art. 495-24-2 *(L. n° 2023-22 du 24 janv. 2023, art. 25-X)* Lorsque l'action publique concernant un délit ayant causé un préjudice à une victime est éteinte par le paiement d'une amende forfaitaire délictuelle, la victime peut toutefois demander au procureur de la République de citer l'auteur des faits à une audience devant le tribunal pour lui permettre de se constituer partie civile. Le tribunal, composé d'un seul magistrat exerçant les pouvoirs conférés au président, ne statue alors que sur les seuls intérêts civils, au vu du dossier de la procédure qui est versé au débat. Le procureur de la République informe la victime de ses droits ainsi que, lorsqu'il cite l'auteur des faits devant le tribunal correctionnel, de la date de l'audience.

Art. 495-25 Un décret précise les modalités d'application de la présente section. — *V. art. D. 45-3 s.*

Du jugement des contraventions

Art. 521 *(L. n° 2011-1862 du 13 déc. 2011, art. 1er-II et 70, en vigueur le 1er juill. 2017)* Le tribunal de police connaît des contraventions.

L'entrée en vigueur de l'art. 1er de la L. n° 2011-1862 du 13 déc. 2011 a été reportée au 1er juill. 2017 du fait des modifications des dispositions de l'art. 70 de ladite loi par la L. n° 2012-1441 du 24 déc. 2012, puis par la L. n° 2014-1654 du 29 déc. 2014, art. 99 et par la L. n° 2016-1547 du 18 nov. 2016, art. 115-IV-3°.

De la procédure de l'amende forfaitaire

Dispositions applicables à certaines contraventions *(L. n° 99-515 du 23 juin 1999).*

Art. 529 *(L. n° 99-515 du 23 juin 1999)* **« Pour les contraventions** *(Abrogé par L. n° 2011-1862 du 13 déc. 2011, art. 29)* ***« des quatre premières classes »*** **dont la liste est fixée par décret en Conseil d'État »,** *(L. n° 85-1407 du 30 déc. 1985)* **l'action publique est éteinte par le paiement d'une amende forfaitaire qui est exclusive de l'application des règles de la récidive.** — *Les dispositions du présent alinéa, dans leur rédaction issue de la loi n° 99-515 du 23 juin 1999, entreront en vigueur à la date de publication du décret en Conseil d'État qui y est prévu (L. n° 99-515 du 23 juin 1999, art. 9-IV) : Décr. n° 2002-801 du 3 mai 2002 (JO 5 mai).*

Toutefois, la procédure de l'amende forfaitaire n'est pas applicable si plusieurs infractions, dont l'une au moins ne peut donner lieu à amende forfaitaire, ont été constatées simultanément *(L. n° 2011-1862 du 13 déc. 2011, art. 29)* **« ou lorsque la loi prévoit que la récidive de la contravention constitue un délit ».**

V. art. R. 48-1.

La procédure prévue aux art. 529 à 529-2 et 530 à 530-2 C. pr. pén. est applicable aux contraventions des quatre premières classes intéressant les bois, forêts et terrains à boiser, punies seulement d'une peine d'amende (C. for., art. L. 351-9) et énumérées à l'art. R. 48-1.

BIBL. ▶ DEFRANCE, *Jurispr. auto 2005. 582* (contentieux de l'amende forfaitaire).

Si, ainsi qu'en dispose l'art. 529 C. pr. pén., le paiement de l'amende forfaitaire éteint l'action publique en ce qui concerne l'ensemble des peines encourues, y compris les peines complémentaires de suspension du permis de conduire, et si les amendes susceptibles d'être infligées en cas de non-paiement et de contestation de l'amende forfaitaire sont plus sévères que celles résultant de l'acquittement du montant de l'amende forfaitaire et comportent en particulier l'éventualité d'une suspension du permis de conduire par le tribunal de police, cette circonstance ne saurait être regardée comme exerçant sur les contrevenants une contrainte telle qu'ils seraient conduits à renoncer à toute action juridictionnelle dans la mesure où le paiement de l'amende n'entraîne pas, pour un contrevenant, un avantage tel qu'il serait dissuadé de saisir le juge de sa contestation. Le Décr. du 11 juill. 2003 ici contesté n'est dès lors pas contraire aux dispositions de l'art. 6, § 1, Conv. EDH. • CE 5 janv. 2005, *Deprez et Baillard,* n° 257341 : *Lebon 1 ; Jurispr. auto 2005. 129.* ♦ Par ailleurs, si l'existence de la procédure de l'amende forfaitaire n'exclut pas que le ministère public choisisse d'exercer l'action publique dans les conditions de droit commun, cette possibilité ne saurait porter atteinte au principe d'égalité dans la mise en œuvre de la répression des contraventions des quatre premières classes visées aux art. 529 et R. 48-1 C. route, dès lors que ce dispositif général a vocation à s'appliquer à tous les conducteurs et que la faculté de choix laissée aux agents verbalisateurs s'exerce sous la surveillance du ministère public auquel il appartient, dans le cadre de la politique définie par le gouvernement pour assurer la cohérence de l'action publique sur l'ensemble du territoire, de veiller à l'harmonisation des poursuites de manière à ce que des faits de même nature soient poursuivis localement selon la même procédure. • Même décision.

Art. 529-1 *(L. n° 85-1407 du 30 déc. 1985)* **Le montant de l'amende forfaitaire peut être acquitté soit entre les mains de l'agent verbalisateur au moment de la constatation de l'infraction, soit auprès du service indiqué dans l'avis de contravention** *(L. n° 2004-204 du 9 mars 2004, art. 56-I)* **« dans les quarante-cinq jours » qui suivent la constatation de l'infraction ou, si cet avis est ultérieurement envoyé à l'intéressé,** *(L. n° 2004-204 du 9 mars 2004, art. 56-I)* **« dans les quarante-cinq jours » qui suivent cet envoi.**

Art. 529-2 *(L. n° 85-1407 du 30 déc. 1985)* **Dans le délai prévu par l'article précédent, le contrevenant doit s'acquitter du montant de l'amende forfaitaire, à moins qu'il ne formule dans le même délai une requête tendant à son exonération auprès du service indiqué dans l'avis de contravention.** *(L. n° 2003-495 du 12 juin 2003, art. 8)* **« Dans les cas prévus par** *(L. n° 2023-1322 du 29 déc. 2023, art. 98-III, en vigueur le 1er janv. 2024)* **« les articles 529-10 et 529-12 », cette requête doit être accompagnée de l'un des documents exigés par cet article. » Cette requête est transmise au ministère public.**

A défaut de paiement ou d'une requête présentée dans le délai *(L. n° 2004-204 du 9 mars 2004, art. 56-II)* **« de quarante-cinq jours », l'amende forfaitaire est majorée de plein droit et recouvrée au profit du Trésor public en vertu d'un titre rendu exécutoire par le ministère public.**

BIBL. ▶ SAMSON et MORIN, *Gaz. Pal. 18-19 oct. 2002, p. 5* (mécanisme de l'amende forfaitaire). – DEFRANCE, *Jurispr. auto 2002. 584* (contentieux de l'amende forfaitaire).

I. REQUÊTE TENDANT À L'EXONÉRATION DU CONTREVENANT

1. *Forme.* Il se déduit des dispositions de l'art. R. 49-4 C. pr. pén. que, pour être déclarée recevable, la requête en exonération de l'amende forfaitaire présentée en application de l'art. 529-2 dudit code doit être accompagnée de l'original de l'avis de contravention correspondant à l'amende considérée. • Crim. 3 mars 2009, n° 08-84.162 P : *D. 2009. Actu. 952 ; AJ pénal 2009. 235 .* • 8 janv. 2013, n° 12-80.340 P : *D. actu. 8 mars 2013, obs. Fucini ; AJ pénal 2013. 279, note Céré ; Procédures 2013, n° 123, obs. Buisson.*

2. *Requête présentée par un avocat.* Il résulte du pouvoir général de représentation de l'avocat, tiré des art. 6 et 8 de la L. n° 71-1130 du 31 déc. 1971, auquel l'art. 529-2 C. pr. pén. n'apporte aucune restriction, que l'avocat peut introduire, au nom de son client destinataire d'un avis de contravention, la contestation prévue par ce texte. • Crim. 22 janv. 2020, n° 19-84.325 P : *D. 2020. 222 ; D. actu. 10 févr. 2020, obs. Diaz ; AJ pénal 2020. 304, note Céré .* ♦ Il se déduit de la combinaison des art. 529-2 et 530 C. pr. pén., des dispositions de la L. n° 71-1130 du 31 déc. 1971 portant réforme de certaines professions judiciaires et juridiques, ainsi que des stipulations de l'art. 6, § 3, Conv. EDH que le contrevenant ou l'intéressé, lorsqu'il entend présenter une requête en exonération d'une infraction au C. route qui lui est reprochée ou une réclamation en contestation d'une amende forfaitaire majorée, a la faculté, s'il l'estime nécessaire à la défense de ses intérêts et sans préjudice des prérogatives que l'autorité de poursuite tient de l'art. 530-1 dudit code, d'être représenté dans ses démarches par un avocat. • Crim. 1er sept. 2020, n° 19-83.092 P : *D. 2020. 1682 ; D. actu. 2 oct. 2020, obs. Diaz ; Dr. pénal 2020, n° 171, note Robert.*

3. Le juge de police n'est pas tenu de répondre aux demandes ou exceptions invoquées par le prévenu seulement dans la requête prévue à l'art. 529-2 C. pr. pén. concernant la procédure de l'amende forfaitaire et adressée au représentant du ministère public. • Crim. 16 nov. 1992, n° 91-86.301 P.

4. *Effet sur la prescription de l'action publique.* La requête en exonération d'une amende forfaitaire prévue par l'art. 529-2 C. pr. pén. ne constitue pas un acte d'instruction ou de poursuite susceptible d'interrompre la prescription de l'action publique. • Crim. 15 sept. 2010, n° 10-80.273 P : *D. 2010. Actu. 2583 .* ♦ V. déjà, mais non publié au Bulletin : • Crim. 2 sept. 2010, n° 10-82.819 : *Dr. pénal 2010, n° 123, note Robert.* ♦ *Contra* : En matière de contraventions donnant lieu au recouvrement de l'amende forfaitaire prévue par l'art. 529-2, al. 1er, C. pr. pén., il suffit pour que la prescription de l'action publique ne soit pas acquise, que le délai soit interrompu par la requête en exonération du contrevenant et que la citation soit adressée à l'huissier chargé de la délivrer avant l'expiration du nouveau délai de prescription de l'action publique ouvert à la suite de cette réclamation. • Crim. 24 oct. 2007, n° 07-82.327 : *Jurispr. auto 2007. 688.* ♦ Il en est de même de la décision par laquelle le ministère public se borne à informer, par courrier, un contrevenant de l'irrecevabilité d'une requête en exonération ou d'une réclamation. • Crim. 13 sept. 2022, n° 22-80.358 : *D. actu. 27 sept. 2022, obs. Goetz.*

II. FACULTATIVITÉ DE L'AMENDE FORFAITAIRE

5. Si pour les contraventions des quatre premières classes, l'action publique peut être éteinte par le paiement d'une amende forfaitaire, aucune disposition légale n'interdit au ministère public d'exercer l'action publique dans les conditions de droit commun. • Crim. 12 mars 2002, n° 01-84.596 : *Jurispr. auto 2002. 228.*

6. En présence d'une requête en exonération du paiement d'une amende forfaitaire, le montant de l'amende prononcée ne peut être inférieur à celui de l'amende forfaitaire majorée. • Crim. 28 sept. 2005, n° 05-82.818 : *Jurispr. auto 2005. 591.*

III. TITRE RENDU EXÉCUTOIRE PAR LE MINISTÈRE PUBLIC

A. FORME

7. En l'absence de définition par l'art. R. 49-5 C. pr. pén. des modalités de transmission de l'état récapitulatif au comptable direct du trésor public, la validité du titre exécutoire n'est pas affectée par le mode de transmission utilisé par l'officier du ministère public ; ainsi les renseignements nécessaires à l'établissement des états récapitulatifs peuvent être transmis sous forme de bandes magnétiques aux services informatiques du trésor public et le bordereau d'envoi de ces états signés par l'officier du ministère public vaut titre exécutoire. • Crim. 5 oct. 1994, n° 94-81.739 P.

B. EFFET SUR LA PRESCRIPTION DE L'ACTION PUBLIQUE

8. Le visa du titre exécutoire de l'amende forfaitaire majorée par lequel le ministère public manifeste sa volonté de réprimer la contravention constitue, s'il intervient dans l'année de l'infraction, un acte interruptif de la prescription à partir duquel court un nouveau délai d'un an. • Crim. 15 mai 1991, n° 90-87.236 : *Jurispr. auto 1991. 336* • 13 nov. 1991, n° 90-87.019 P : • 29 janv. 1992, n° 91-84.381 : *Jurispr. auto 1992. 282* • 17 mars 1993, n° 92-83.562 : *Jurispr. auto 1993. 452.* ♦ Cet acte ne saurait être effacé rétroactivement par la réclamation postérieure du contrevenant laquelle a pour seul effet d'annuler le titre en ce qu'il a un caractère exécutoire. • Mêmes arrêts.

9. En matière de contraventions donnant lieu au recouvrement de l'amende forfaitaire majorée prévue par l'art. 529-2, al. 2, C. pr. pén., il suffit, pour que la prescription de l'action publique ne soit pas acquise, que le délai soit interrompu par la délivrance du titre exécutoire, qui fait courir la prescription de la peine puis, après la réclamation du contrevenant, que la citation soit délivrée avant l'expiration du nouveau délai de prescription de l'action publique ouvert à la suite de cette réclamation. • Crim. 14 sept. 2005, n° 05-81.978 P : *D. 2005. IR 2625* ; *Jurispr. auto 2005. 588* • 4 déc. 2013, n° 13-83.284 P : *D. 2013. Actu. 2917* ; *D. actu. 20 déc. 2013, obs. Priou-Alibert* • 15 janv. 2014, n° 13-84.533 P : *D. 2014. Actu. 213* ; *AJ pénal 2014. 253, note Céré* • 24 mars 2020, n° 19-85.331 : *Dr. pénal 2020, n° 140, note Robert.* ♦ La délivrance du titre exécutoire de l'amende forfaitaire majorée constitue un acte interruptif de prescription, même si cet acte n'est pas prévu à l'art. 9-2 C. pr. pén., la liste des actes y figurant n'étant pas limitative. • Crim. 21 janv. 2020, n° 19-84.450 P : *D. actu. 10 févr. 2020, obs. Goetz.* ♦ En revanche, la prescription est acquise lorsque le titre exécutoire a été émis plus d'un an après la constatation de l'infraction. Cassation du jugement énonçant que, un procès-verbal condamnant à une amende minorée ayant été remis à l'automobiliste au moment de la constatation de l'infraction, celle-ci avait été sanctionnée dans l'année de sa commission. • Crim. 18 oct. 2006, n° 06-83.085 P : *D. 2006. 2873* ; *Jurispr. auto 2006. 644* ; *AJ pénal 2007. 38*.

IV. COMMANDEMENT ADRESSÉ AU CONTREVENANT PAR LE TRÉSOR

10. Des commandements adressés par la trésorerie à un contrevenant sans précision de date et sans mention de l'existence d'un délai de trente jours pour faire une réclamation auprès de l'officier du ministère public, ne peuvent servir de preuve que l'intéressé a eu connaissance de ces informations ; une réclamation faite dans le délai de prescription de la peine a pour effet d'annuler les titres exécutoires. • T. pol. Cannes, 30 sept. 1993 : *Jurispr. auto 1993. 552.*

11. L'exception de nullité de la procédure antérieure à la citation prise du défaut de délivrance par l'agent du trésor de l'avertissement prévu par l'art. R. 49-6 C. pr. pén. en vue du recouvrement de l'amende forfaitaire majorée ne peut être soulevée devant la Cour de cassation sans l'avoir été devant les juges d'appel et avant toute défense au fond. • Crim. 23 nov. 1994, n° 94-80.389 P : *Jurispr. auto 1995. 123.*

12. Sur la réclamation du contrevenant, V. ss. art. 530 C. pr. pén.

Art. 529-2-1 *(L. n° 2021-401 du 8 avr. 2021, art. 9)* **Lorsqu'il s'agit d'une contravention de cinquième classe ou lorsque le règlement le prévoit, l'amende forfaitaire est minorée si le contrevenant s'acquitte du montant de l'amende forfaitaire minorée soit entre les mains de l'agent verbalisateur au moment de la constatation de l'infraction, soit dans un délai de quinze jours à compter de la constatation de l'infraction ou, si l'avis de contravention est ultérieurement envoyé à l'intéressé, dans un délai de quinze jours à compter de cet envoi.**

En cas de non-paiement de l'amende forfaitaire minorée dans les conditions prévues au premier alinéa, le contrevenant est redevable de l'amende forfaitaire.

.....

Art. 529-6 *(L. n° 2010-788 du 12 juill. 2010, art. 58-II)* **I. — Pour les contraventions pour non-paiement du péage constatées par les agents assermentés de l'exploitant d'une autoroute ou d'un ouvrage routier ouvert à la circulation publique et soumis à péage, y compris dans le cadre de l'article L. 130-9 du code de la route, l'action publique est éteinte, par dérogation à l'article 521 du présent code, par une transaction entre l'exploitant et le contrevenant.**

Toutefois, le premier alinéa n'est pas applicable si plusieurs infractions, dont l'une au moins ne peut donner lieu à transaction, ont été constatées simultanément.

II. — La transaction est réalisée par le versement à l'exploitant d'une indemnité forfaitaire, de la somme due au titre du péage et, le cas échéant, au titre du droit départemental de passage institué en application de l'article L. 321-11 du code de l'environnement.

Ce versement est effectué, dans un délai de deux mois à compter de l'envoi de l'avis de paiement au domicile de l'intéressé, auprès du service de l'exploitant indiqué dans la proposition de transaction. *(L. n° 2019-1428 du 24 déc. 2019, art. 159-II)* **« Pour les contraventions constatées à la suite de l'usage d'un dispositif de péage permettant l'identification des véhicules et la perception du montant du péage sans recours à une barrière physique, faute pour le conducteur d'avoir fait usage de l'une des modalités de paiement mises à sa disposition avant et après le trajet concerné, la transaction est réalisée par le versement à l'exploitant d'une indemnité forfaitaire minorée et de la somme due au titre du péage si ce versement est effectué dans un délai inférieur ou égal à quinze jours à compter de l'envoi de l'avis de paiement au domicile de l'intéressé. »**

Le montant de l'indemnité forfaitaire, *(L. n° 2019-1428 du 24 déc. 2019, art. 159-II)* **« de l'indemnité forfaitaire minorée, » de la somme due au titre du péage et, le cas échéant, au**

titre du droit départemental de passage institué en application du même article L. 321-11 est acquis à l'exploitant.

III. — Dans le délai prévu au deuxième alinéa du II, le contrevenant doit s'acquitter du montant des sommes dues au titre de la transaction, à moins qu'il ne formule dans ce même délai une protestation auprès de l'exploitant. Cette protestation, accompagnée du procès-verbal de contravention, est transmise au ministère public.

A défaut de paiement ou de protestation dans le délai de deux mois précité, le procès-verbal de contravention est adressé par l'exploitant au ministère public et le titulaire du certificat d'immatriculation, ou l'une des personnes visées aux *(L. nº 2011-1862 du 13 déc. 2011, art. 31-I)* **« trois derniers » alinéas de l'article L. 121-2 du code de la route, devient redevable de plein droit d'une amende forfaitaire majorée recouvrée par le Trésor public en vertu d'un titre rendu exécutoire par le ministère public.** *(L. nº 2019-1428 du 24 déc. 2019, art. 159-II)* **« Si le contrevenant n'a pas payé le montant de cette amende dans un délai de quatre mois à compter de l'envoi à son domicile du titre exécutoire, le Trésor public fait opposition auprès de l'autorité administrative compétente au transfert du certificat d'immatriculation du véhicule du contrevenant en cas de vente d'occasion. »**

V. C. pr. pén., art. R. 49-8-4-1 et A. 37-30 s.

COMMENTAIRE

Sur la procédure de transaction prévue par le présent article concernant les contraventions pour non-paiement de péage, voir le commentaire sous l'article L. 121-5 du code de la route.

Dispositions applicables à certaines infractions au code de la route

COMMENTAIRE

Sur la procédure de l'amende forfaitaire applicable à certaines infractions au code de la route, voir le commentaire sous l'article L. 121-5 du code de la route renvoyant aux articles 529-7 à 530-4 du code de procédure pénale.

Art. 529-7 *(L. nº 89-469 du 10 juill. 1989)* **Pour les contraventions au code de la route des deuxième, troisième** *(L. nº 2016-1547 du 18 nov. 2016, art. 15-I-3º)* **« , quatrième et cinquième » classes** *(L. nº 99-515 du 23 juin 1999)* **« dont la liste est fixée par décret en Conseil d'État », à l'exception de celles relatives au stationnement, l'amende forfaitaire est minorée si le contrevenant en règle le montant dans les conditions prévues par l'article 529-8.** — *Entrée en vigueur à la date de publication du décret en Conseil d'État prévu à l'al. 1er de l'art. 529 C. pr. pén. (L. nº 99-515 du 23 juin 1999, art. 9-IV), soit le 5 mai 2002.*

Art. 529-8 *(L. nº 89-469 du 10 juill. 1989)* **Le montant de l'amende forfaitaire minorée peut être acquitté soit entre les mains de l'agent verbalisateur au moment de la constatation de l'infraction, soit dans un délai de** *(L. nº 2015-177 du 16 févr. 2015, art. 14-3º)* **« quinze » jours à compter de la constatation de l'infraction ou, si** *(L. nº 2003-495 du 12 juin 2003, art. 8)* **« l'avis de contravention » est ultérieurement envoyé à l'intéressé,** *(L. nº 2004-204 du 9 mars 2004, art. 56-III)* **« dans le délai de quinze jours à compter de cet envoi ».**

En cas de non-paiement de l'amende forfaitaire minorée dans les conditions prévues ci-dessus, le contrevenant est redevable de l'amende forfaitaire.

Il appartient au contrevenant auquel est réclamée une amende forfaitaire de rapporter, le cas échéant, la preuve qu'il s'est acquitté de l'amende forfaitaire minorée dans les conditions et les délais prévus par l'art. 529-8 C. pr. pén. Est en conséquence censuré un jugement qui avait déclaré une action publique pour excès de vitesse éteinte en considérant que le prévenu avait justifié avoir acquitté l'amende forfaitaire minorée en produisant le talon du timbre-amende collé sur le volet de la carte-lettre qu'il doit conserver et que, si la production de ce document ne permettait pas de prouver que l'amende avait été payée dans les délais, le doute devait bénéficier au prévenu. • Crim. 29 avr. 2009, nº 09-80.064 P : *D. 2009. AJ 1540, obs. Darsonville ; AJ pénal 2009. 274.*

Art. 529-9 *(L. nº 89-469 du 10 juill. 1989)* **L'amende forfaitaire doit être versée** *(L. nº 2004-204 du 9 mars 2004, art. 56-IV)* **« dans le délai de quarante-cinq jours à compter de » la constatation de l'infraction ou l'envoi de l'avis de contravention.**

Les dispositions de l'article 529-2 relatives à la requête aux fins d'exonération et à la majoration de plein droit sont applicables.

Art. 529-10 *(L. nº 2003-495 du 12 juin 2003, art. 8 et 29)* **Lorsque l'avis d'amende forfaitaire concernant une des** *(L. nº 2016-1547 du 18 nov. 2016, art. 34-II-2º)* **« infractions » mentionnées à l'article L. 121-3 du code de la route a été adressé au titulaire du certificat d'immatriculation ou aux personnes visées aux** *(L. nº 2011-1862 du 13 déc. 2011, art. 31-II)* **« trois derniers » alinéas de l'article L. 121-2 de ce code, la requête en exonération prévue par l'article 529-2 ou la réclamation prévue par l'article 530 n'est recevable que si elle est adressée par lettre recommandée avec demande d'avis de réception** *(L. nº 2015-177 du 16 févr. 2015, art. 14-4º)* **« , en utilisant le formulaire joint à l'avis d'amende forfaitaire, » et si elle est accompagnée :**

1º Soit de l'un des documents suivants :

a) **Le récépissé du dépôt de plainte pour vol ou destruction du véhicule** *(L. nº 2004-204 du 9 mars 2004, art. 61-II)* **« ou pour le délit d'usurpation de plaque d'immatriculation prévu par l'article L. 317-4-1 du code de la route », ou une copie de la déclaration de destruction du véhicule établie conformément aux dispositions du code de la route ;**

b) **Une lettre signée de l'auteur de la requête ou de la réclamation précisant l'identité, l'adresse, ainsi que la référence du permis de conduire de la personne qui était présumée conduire le véhicule lorsque la contravention a été constatée ;**

(L. nº 2011-1862 du 13 déc. 2011, art. 31-II) **«** ***c)*** **Des copies de la déclaration de cession du véhicule et de son accusé d'enregistrement dans le système d'immatriculation des véhicules ; »**

(Ord. nº 2021-443 du 14 avr. 2021, art. 2) **«** ***d)*** **Un document attestant, selon des modalités précisées par arrêté conjoint des ministres chargé des transports, de la sécurité routière et de la justice, qu'un système de délégation de conduite automatisé était activé conformément à ses conditions d'utilisation au moment de l'infraction ; »**

2º Soit d'un document démontrant qu'il a été acquitté une consignation préalable d'un montant égal à celui de l'amende forfaitaire dans le cas prévu par le premier alinéa de l'article 529-2, ou à celui de l'amende forfaitaire majorée dans le cas prévu par le deuxième alinéa de l'article 530 ; cette consignation n'est pas assimilable au paiement de l'amende forfaitaire et ne donne pas lieu au retrait des points du permis de conduire prévu par le quatrième alinéa de l'article L. 223-1 du code de la route.

L'officier du ministère public vérifie si les conditions de recevabilité de la requête ou de la réclamation prévues par le présent article sont remplies.

(L. nº 2015-177 du 16 févr. 2015, art. 14-4º) **« Les requêtes et les réclamations prévues au présent article peuvent également être adressées de façon dématérialisée, selon des modalités précisées par arrêté. »**

Les dispositions issues de la L. nº 2015-177 du 16 févr. 2015 sont applicables en Nouvelle-Calédonie, en Polynésie française et dans les îles Wallis-et-Futuna (L. préc., art. 25).

1. Consignation préalable et droit d'accès à un tribunal. A été déclarée irrecevable, car manifestement mal fondée, une requête tendant à contester l'obligation faite par l'art. 529-10 C. pr. pén. de consigner une certaine somme d'argent afin de saisir le tribunal compétent et contester la réalité de l'infraction. Compte tenu de la marge d'appréciation reconnue aux États quant aux conditions de recevabilité d'un recours, et eu égard aux circonstances de l'affaire, le requérant n'a pas subi une entrave disproportionnée à son droit d'accès à un tribunal. La Cour rappelle en effet que le droit à un tribunal, dont le droit d'accès constitue un aspect particulier, n'est pas absolu et se prête à des limitations implicites, limitations qui ne sauraient toutefois restreindre l'accès ouvert au justiciable de manière ou à un point tels que son droit d'accès à un tribunal s'en trouve atteint dans sa substance même, et qui ne se concilient avec l'art. 6 § 1, Conv. EDH que si elles tendent à un but légitime et s'il existe un rapport raisonnable de proportionnalité entre les moyens employés et le but visé. Or, pour la Cour, le but poursuivi par l'obligation de consignation prévue par l'art. 529-10 C. pr. pén. est légitime. Il s'agit de prévenir l'exercice de recours dilatoires et abusifs et éviter l'encombrement excessif du rôle du tribunal de police dans le domaine de la circulation routière qui concerne l'ensemble de la population et se prête à des contestations fréquentes. Quant au montant de la consignation, il n'apparaît pas excessif et de nature à atteindre la substance du droit d'accès du requérant au tribunal de police, dès lors qu'il n'est pas allégué par le requérant que celui-ci avait des difficultés financières ne lui permettant pas de verser la somme dans les délais impartis et que ce montant (équivalent au montant de l'amende forfaitaire) est plafonné par le code de procédure pénale. • CEDH 29 avr. 2008, *Thomas c/ France : RSC 2008. 692, obs. Roets* • CEDH 30 juin 2009, *Schneider c/ France : D. 2009. AJ 2110, obs. Lavric ; ibid. 2009. Pan. 2771, obs. Renucci ; Dr. pénal 2009, nº 135, note Robert.* ♦ Le fait que la requérante allègue avoir des ressources insuffisantes pour consigner la somme requise ne saurait suffire dès lors qu'il n'est pas démontré que les revenus de la requérante étaient insuffisants pour lui permettre de consigner ladite somme (555 €), la requérante s'étant d'ailleurs acquittée du montant des amendes forfaitaires majorées ainsi que des frais d'huissier pour un montant global supérieur. • Même décision. ♦ La subordination de la recevabilité de la requête en exonération et de la réclamation prévues à l'art. 529-10 C. pr. pén. au paiement préalable d'une consignation d'un montant correspondant à l'amende forfaitaire n'emporte pas, en tant que telle, violation de l'art. 6, § 2, Conv. EDH. • CEDH 8 mars 2012, *Célice c/ France : D. actu. 22 mars 2012, obs. Bachelet; D. 2012. Actu. 984, obs. Céré*. ♦ Comp. • Cons. const. 9 sept. 2020, nº 2020-855 QPC : *D. 2020. 1722; D. actu. 10 sept. 2020, obs. Pastor; AJDA 2020. 1636; JCP Adm. 2020. Actu. 517; AJ pénal 2020. 521, obs. Céré* (déclarant inconstitutionnelles les dispositions de l'art. L. 2333-87-5 CGCT imposant que le forfait de post-stationnement et sa majoration éventuelle soient acquittés avant de pouvoir les contester devant la commission du contentieux du stationnement payant, le législateur, en ne prévoyant aucune disposition garantissant que la somme à payer pour contester des forfaits de post-stationnement et leur majoration éventuelle ne soit d'un montant trop élevé et en n'apportant à l'exigence de paiement préalable desdits forfaits et majorations aucune exception tenant compte de certaines circonstances ou de la situation particulière de certains redevables, n'a pas prévu les garanties de nature à assurer que l'exigence de paiement préalable ne porte pas d'atteinte substantielle au droit d'exercer un recours juridictionnel effectif).

2. Droit de garder le silence et droit de ne pas contribuer à sa propre incrimination (Conformité du droit britannique à la Convention européenne). Au Royaume-Uni, l'art. 172 de la loi de 1988 sur la circulation routière impose au gardien d'un véhicule, lorsque celui-ci a été photographié par un radar en excès de vitesse, de fournir les informations permettant d'identifier le conducteur auteur de l'infraction. Le fait de ne pas répondre à une telle demande d'informations est constitutif d'une infraction sanctionnée des mêmes peines que celles prévues pour l'infraction d'excès de vitesse (amende et retrait de points). Or, pour la Cour européenne des droits de l'homme, cette obligation ne porte pas atteinte à la substance même du droit de garder le silence et du droit de ne pas contribuer à sa propre incrimination, droits qui ne sont pas absolus, en raison de la nature particulière de la réglementation en cause, du caractère limité des informations sollicitées et de l'existence de garanties appropriées dans la procédure. • CEDH, gr. ch., 29 juin 2007, *O'Halloran et Francis c/ Royaume-Uni : RFDA 2008. 737, obs. Labayle et Sudre; JDI 2008. Chron. 5, note Bachelet.*

3. Irrecevabilité de la requête en exonération ou de la réclamation et droit à un recours juridictionnel effectif. Conformément à l'art. 529-10 C. pr. pén., la requête en exonération (amende forfaitaire) et la réclamation (amende forfaitaire majorée) ne sont recevables que si elles sont adressées par lettre recommandée avec demande d'avis de réception et si elles sont assorties des pièces justificatives de l'événement exonératoire invoqué. A défaut de ces justifications, le requérant doit préalablement consigner une somme équivalente au montant de l'amende forfaitaire ou de l'amende forfaitaire majorée. S'il appartient, comme le prévoit le dernier al. de l'art. 529-10, à l'officier du ministère public de vérifier si les conditions de recevabilité de la requête en exonération ou de la réclamation sont remplies, le droit à un recours juridictionnel effectif impose que la décision du ministère public déclarant irrecevable la réclamation puisse être contestée devant la juridiction de proximité et il en va de même de la décision déclarant irrecevable une requête en exonération lorsque cette décision a pour effet de convertir la somme consignée en paiement de l'amende forfaitaire; sous cette réserve, le pouvoir reconnu à l'officier du ministère public de déclarer irrecevable une requête en exonération ou une réclamation ne méconnaît pas l'art. 16 DDH. • Cons. const. 29 sept. 2010, nº 2010-38-QPC : *AJ pénal 2010. 555, note Céré; Dr. pénal 2010, nº 120, note Robert; Cah. cons. const. nº 30; RSC 2011. 187, obs. De Lamy*. ♦ V. aussi la décision de renvoi : • CE 9 juill. 2010, nº 339231.

4. Par sa décision du 29 sept. 2010, le Conseil constitutionnel a déclaré l'art. 529-10 C. pr. pén. conforme à la Constitution, sous réserve que la décision de l'officier du ministère public déclarant irrecevable une requête en exonération, lorsque cette décision a pour effet de convertir la somme consignée en paiement de l'amende forfaitaire, puisse être contestée devant la juridiction de proximité. Par là même, le Conseil constitutionnel a nécessairement admis que la décision de l'officier du ministère public pouvait faire l'objet d'un recours devant la juridiction de proximité. Mais, à la date à laquelle l'officier du ministère public a déclaré irrecevables les requêtes en exonération présentées par l'intéressé sur le fondement de l'art. 529-10 C. pr. pén. (en l'espèce, novembre 2007), celui-ci ne disposait pas d'une possibilité claire, concrète et effective de contester cette décision et pouvait raisonnablement croire à l'impossibilité d'introduire une action contre celle-ci. Il s'ensuit qu'il n'a pu bénéficier d'un recours effectif en violation de l'art. 6 Conv. EDH. Le requérant ayant été ainsi privé de la possibilité de faire contrôler par un juge le bien-fondé de l'irrecevabilité opposée par l'officier du ministère public, la décision de celui-ci qui a eu pour effet de transformer la consignation en paiement de l'amende n'a pu établir la réalité des infractions et, dans ces conditions, le ministre ne pouvait, sans erreur de droit, procéder aux retraits de points litigieux. • CAA Douai, 20 janv. 2011 : *AJDA 2011. 983*. ♦ Comp. • CAA Lyon, 21 juin 2012 : *AJDA 2012. 1936* (considérant que le rejet par le ministère public d'une réclamation contre un titre exécutoire, dont il n'appartient pas à la juridiction administrative d'apprécier le motif, a pour effet de maintenir en vigueur ce titre exécutoire dont l'émission vaut reconnaissance de la réalité de l'infraction et partant retrait de points sur le permis de conduire de l'intéressé).

5. Le droit d'accès à un tribunal est atteint dans sa substance même lorsqu'un requérant voit sa requête en exonération, déposée conformément aux dispositions de l'art. 529-10 C. pr. pén., déclarée irrecevable par l'officier du ministère public pour un motif erroné (« absence de contestation explicite de l'infraction » dans la première affaire, et « requête non motivée », dans la seconde) alors que le pouvoir d'appréciation de l'officier du ministère public doit se limiter à l'examen de la recevabilité formelle de la contestation et alors qu'une telle décision d'irrecevabilité entraîne l'encaissement de la consignation équivalant au paiement de l'amende forfaitaire et, par voie de conséquence, l'extinction de l'action publique, sans que, nonobstant la contestation du requérant, un « tribunal », au sens de l'art. 6, § 1, Conv. EDH, ait examiné le fondement de l'« accusation » dirigée contre lui et entendu ses arguments relatifs à celle-ci. Partant, prenant acte au surplus de la décision du Cons. const. n° 2010-38 QPC du 29 sept. 2010 ayant jugé que l'impossibilité de saisir la juridiction de proximité d'un recours contre une telle décision d'irrecevabilité était incompatible avec « le droit à recours juridictionnel effectif », la Cour a condamné la France pour violation de l'art. 6, § 1, Conv. EDH. • CEDH 8 mars 2012, *Célice c/ France et Cadène c/ France : D. actu. 22 mars 2012, obs. Bachelet; D. 2012. Actu. 984, obs. Céré; Dr. pénal 2012, n° 71, note Robert; Gaz. Pal. 19 avr. 2012, p. 20, note Josseaume et Yllouz; Jurispr. auto 2012, n° 842, p. 12, note Lièvremont; RSC 2012. 690, obs. Roets*.

6. Le droit à un recours juridictionnel effectif impose que la décision du ministère public déclarant irrecevable une requête en exonération présentée par une personne destinataire d'un avis de contravention puisse être contestée devant la juridiction de proximité. Méconnaît un tel principe l'arrêt qui confirme la décision d'une juridiction de proximité déclarant irrecevable la demande faite par une personne destinataire d'un avis de contravention pour une infraction d'excès de vitesse à la suite d'une requête en exonération faisant valoir qu'il avait cédé son véhicule écartée par l'officier du ministère public pour défaut de jonction du certificat de cession de l'automobile, le droit à un recours effectif impliquant que pût être formé un recours contre la décision de l'officier du ministère public. • Crim. 25 mars 2014, n° 13-80.170 P : *D. 2014. 1029, note Céré; Dr. pénal 2014, n° 89, note Robert; LPA 19 juin 2014, p. 16, note Dadoun.* ♦ Sur la possibilité d'accéder à un juge en cas de rejet d'une requête en exonération pour absence de motivation, V. aussi les modifications apportées aux dispositions de l'art. 49-18 C. pr. pén. par le Décr. n° 2013-1097 du 2 déc. 2013.

7. Contravention d'excès de vitesse concernant un véhicule communal. Lorsqu'un avis de contravention pour excès de vitesse est adressé à une collectivité titulaire du certificat d'immatriculation du véhicule qui a servi pour commettre l'infraction, son représentant n'est pas tenu de communiquer à l'officier du ministère public l'identité, l'adresse, ainsi que la référence du permis de conduire de la personne qui était présumée conduire le véhicule lorsque l'infraction a été constatée. La collectivité devra toutefois s'acquitter du montant de l'amende forfaitaire dans les 45 jours suivant l'envoi de l'avis de contravention, à moins que son représentant ne formule dans le même délai une requête en exonération. Cette requête devra être accompagnée d'une lettre exposant les motifs de la contestation ou de l'absence de renseignements relatifs au conducteur et d'un document démontrant qu'il a été acquitté une consignation préalable d'un montant égal à celui de l'amende forfaitaire. Si les conditions de recevabilité de la requête sont remplies, l'officier du ministère public pourra alors soit renoncer à l'exercice des poursuites, soit communiquer ses réquisitions et le dossier de la poursuite à la juridiction de jugement. En application de l'art. L. 121-3 C. route, la juridiction de jugement pourra déclarer le représentant de la collectivité redevable de l'amende prononcée, à moins qu'il n'établisse l'existence d'un vol ou de tout autre événement de force majeure ou qu'il n'apporte tous éléments permettant d'établir qu'il n'est pas l'auteur véritable de l'infraction. *Rép. min. n° 18983 : *JOAN Q, 17 juin 2008, p. 5202 et n° 3697; JO Sénat Q, 19 juin 2008, p. 1233.* ♦ Cette interprétation ne vaut cependant plus depuis la L. du 12 mai 2009 qui a modifié l'art. L. 121-3, al. 3 C. route. Désormais, le représentant de la collectivité est déclaré redevable de l'amende prononcée, à moins qu'il n'établisse l'existence d'un événement de force majeure ou qu'il ne fournisse des renseignements permettant d'identifier l'auteur véritable de l'infraction.

8. Transmission d'une procédure et prescription de l'action publique. Constitue un acte de poursuite ayant pour effet d'interrompre le cours de la prescription l'acte par lequel l'officier du ministère public de Rennes transmet à son collègue territorialement compétent une procédure pour excès de vitesse. • Crim. 12 mai 2010 : *LPA 27 oct. 2010, p. 9, note Deharo.* • 5 mars 2013, n° 12-84.527 P : *D. actu. 11 avr. 2013, obs. Gayet; D. 2013. Actu. 915; AJ pénal 2013. 355, note Céré*.

Art. 529-11 *(L. n° 2003-495 du 12 juin 2003, art. 8)* **L'avis de contravention prévu par les articles 529-1 et 529-8** *(L. n° 2010-788 du 12 juill. 2010, art. 58-II)* **« ou l'avis de paiement**

de la transaction prévue par l'article 529-6 » peut être envoyé à la suite de la constatation d'une contravention au code de la route réalisée grâce à un appareil homologué de contrôle automatique. En cas de réclamation portée devant *(L. n° 2011-1862 du 13 déc. 2011, art. 2-XIX et 70-1, en vigueur le 1er janv. 2017)* ; *(L. 2012-1441 du 24 déc. 2012)* « le tribunal de police », le procès-verbal ou le rapport de l'officier ou de l'agent de police judiciaire *(L. n° 2010-788 du 12 juill. 2010, art. 58-II)* « ou de l'agent verbalisateur » faisant état du résultat de ce contrôle est alors dressé. *(L. n° 2004-204 du 9 mars 2004, art. 56-V)* « Ce procès-verbal peut être revêtu d'une signature manuelle numérisée. »

Art. 529-12 *(L. n° 2023-1322 du 29 déc. 2023, art. 98-III, en vigueur le 1er janv. 2024)* Lorsque l'avis d'amende forfaitaire concernant l'infraction mentionnée à l'article L. 3333-31 du code général des collectivités territoriales a été adressé aux personnes mentionnées à l'article L. 421-244 du code des impositions sur les biens et services, la requête en exonération prévue à l'article 529-2 du présent code ou la réclamation prévue à l'article 530 n'est recevable que si elle est adressée par lettre recommandée avec demande d'avis de réception, en utilisant le formulaire joint à l'avis d'amende forfaitaire, et si elle est accompagnée :

1° Soit de l'un des documents suivants :

a) Le récépissé du dépôt de plainte pour vol ou destruction du véhicule ou pour le délit d'usurpation de plaque d'immatriculation prévu à l'article L. 317-4-1 du code de la route ou une copie de la déclaration de destruction de véhicule établie conformément au même code ;

b) La copie du contrat de location du véhicule ou du contrat de crédit-bail qui établit que la personne ayant reçu l'avis d'amende forfaitaire n'est pas redevable de la taxe, au sens de l'article L. 421-244 du code des impositions sur les biens et services ;

c) La copie de la déclaration de cession du véhicule et de son accusé d'enregistrement dans le système d'immatriculation des véhicules le cas échéant ;

2° Soit d'un document démontrant le paiement de la taxe ou de l'acompte ainsi que, le cas échéant, de la majoration prévue à l'article L. 3333-19 du code général des collectivités territoriales, dans le délai prévu par la délibération prise par la collectivité territoriale ;

3° Soit d'un document démontrant qu'a été acquittée une consignation préalable d'un montant égal à celui de l'amende forfaitaire dans le cas prévu au premier alinéa de l'article 529-2 du présent code ou à celui de l'amende forfaitaire majorée dans le cas prévu au deuxième alinéa de l'article 530 ; cette consignation n'est pas assimilable au paiement de l'amende forfaitaire.

L'officier du ministère public vérifie si les conditions de recevabilité de la requête ou de la réclamation prévues au présent article sont remplies.

Les requêtes et réclamations prévues au présent article peuvent également être adressées de façon dématérialisée dans les conditions prévues à l'article 529-10 ainsi que par les textes pris pour son application.

Art. 530 *(L. n° 93-2 du 4 janv. 1993)* Le titre mentionné au second alinéa de l'article 529-2 *(L. n° 2010-788 du 12 juill. 2010, art. 58-II)* « , au second alinéa de l'article 529-5 ou au second alinéa du III de l'article 529-6 » est exécuté suivant les règles prévues par le présent code pour l'exécution des jugements de police. La prescription de la peine commence à courir à compter de la signature par le ministère public du titre exécutoire, qui peut être individuel ou collectif.

Dans les trente jours de l'envoi de l'avis invitant le contrevenant à payer l'amende forfaitaire majorée, l'intéressé peut former auprès du ministère public une réclamation motivée qui a pour effet d'annuler le titre exécutoire en ce qui concerne l'amende contestée. Cette réclamation reste recevable tant que la peine n'est pas prescrite, s'il ne résulte pas d'un acte d'exécution ou de tout autre moyen de preuve que l'intéressé a eu connaissance de l'amende forfaitaire majorée. *(L. n° 2003-495 du 12 juin 2003, art. 8)* « S'il s'agit d'une contravention au code de la route, la réclamation n'est toutefois plus recevable à l'issue d'un délai de trois mois lorsque l'avis d'amende forfaitaire majorée est envoyé par lettre recommandée à l'adresse figurant sur le certificat d'immatriculation du véhicule, sauf si le contrevenant justifie qu'il a, avant l'expiration de ce délai, déclaré son changement d'adresse au service d'immatriculation des véhicules » *(L. n° 2004-204 du 9 mars 2004, art. 62)* « ; dans ce dernier cas, le contrevenant n'est redevable que d'une somme égale au

montant de l'amende forfaitaire s'il s'en acquitte dans un délai de quarante-cinq jours, ce qui a pour effet d'annuler le titre exécutoire pour le montant de la majoration. »

(L. nº 2003-495 du 12 juin 2003, art. 8 ; L. nº 2007-1787 du 20 déc. 2007, art. 5) **« La réclamation doit être accompagnée de l'avis d'amende forfaitaire majorée correspondant à l'amende considérée ainsi que, dans le cas prévu par** *(L. nº 2023-1322 du 29 déc. 2023, art. 98-III, en vigueur le 1er janv. 2024)* **« les articles 529-10 et 529-12 », de l'un des documents exigés par cet article, à défaut de quoi elle est irrecevable. »**

I. RECEVABILITÉ DE LA RÉCLAMATION

1. Obligation de joindre l'avis d'amende forfaitaire majorée. Il se déduit des dispositions des art. 530, al. 3, et 530-1, al. 1er, C. pr. pén. que la réclamation du contrevenant, lorsqu'elle n'est pas accompagnée de l'original de l'avis correspondant à l'amende considérée, peut être déclarée irrecevable par l'officier du ministère public. • Crim. 18 janv. 2000, nº 99-80.185 P : *Dr. pénal 2000. Chron. 20, par Marsat.* • 8 janv. 2013, nº 12-80.340 P : *D. actu. 8 mars 2013, obs. Fucini ; AJ pénal 2013. 279, note Céré ; Procédures 2013, nº 123, obs. Buisson.* ♦ Est en revanche recevable la réclamation pour annulation des titres exécutoires de contraventions au stationnement devant la juridiction de proximité, dès lors que cette réclamation est motivée et accompagnée des avis correspondant aux amendes considérées, conformément aux dispositions de l'art. 530 C. pr. pén. • Crim. 2 sept. 2005, nº 05-84.293 P : *D. 2005. IR 2408 ; AJ pénal 2005. 418 ; Jurispr. auto 2005. 588.*

2. Constitutionnalité de cette obligation. En imposant à l'intéressé de joindre à sa réclamation l'avis d'amende forfaitaire majorée correspondant à l'amende considérée, les dispositions de l'art. 530, al. 3, C. pr. pén. imposent une condition qui est justifiée par l'objectif de bonne administration de la justice, cette condition étant nécessaire à l'identification de la procédure de poursuite visée par la réclamation, et qui n'apporte aucune restriction aux droits de la défense. • Cons. const. 7 mai 2015, nº 2015-467 QPC : *D. 2015. 1046 ; Dr. pénal 2015, nº 85, note Robert ; ibid., nº 118, obs. Peltier ; Gaz. Pal. 25 juin 2015, p. 10, note Josseaume et Occhipinti ; NCCC, 2015, nº 49, p. 165, obs. Peltier.*

3. Contestation de la décision d'irrecevabilité. Le droit à un recours juridictionnel effectif impose toutefois que la décision du ministère public déclarant la réclamation, prévue par le 3e al. de l'art. 530 C. pr. pén., irrecevable au motif qu'elle n'est pas accompagnée de l'avis d'amende forfaitaire majorée puisse être contestée devant le juge de proximité, soit que le contrevenant prétende que, contrairement aux prescriptions du 2e al. de l'art. 530, l'avis d'amende forfaitaire majorée ne lui a pas été envoyé, soit qu'il justifie être dans l'impossibilité de le produire pour des motifs légitimes. • Cons. const. 7 mai 2015 : *préc.* ♦ Il se déduit des art. 530 C. pr. pén. et 6 Conv. EDH, ensemble les art. 530-1 et 530-2 C. pr. pén, et notamment de l'art. 530 C. pr. pén. tel qu'interprété par la décision du Conseil constitutionnel en date du 7 mai 2015, que la décision du ministère public déclarant la réclamation prévue par le troisième al. de cet article irrecevable au motif qu'elle n'est pas accompagnée de l'avis d'amende forfaitaire majorée peut faire l'objet d'un incident contentieux devant le juge de proximité, soit que le contrevenant prétende que, contrairement aux prescriptions du deuxième al. du même texte, l'avis d'amende forfaitaire majorée ne lui pas été envoyé, soit qu'il justifie être dans l'impossibilité de le produire pour un motif légitime. • Crim. 18 mai 2016, nº 15-86.095 P : *D. 2016. Actu. 1138 ; D. actu. 13 juin 2016, obs. Aubert ; Dr. pénal 2016, nº 109, note Robert ; AJ pénal 2016. 378, note Céré .* ♦ Comp., antérieurement, • Crim. 8 janv. 2013 : *préc. note 1* (considérant que lorsqu'une réclamation est déclarée irrecevable au motif que l'avis d'amende forfaitaire majorée n'a pas été joint à la réclamation de l'intéressé, une requête en incident contentieux présentée en application de l'art. 530-2 C. pr. pén. est, de ce fait, elle-même irrecevable).

4. Avis d'amende forfaitaire majorée non envoyé. La requête en incident contentieux, qui constitue un recours juridictionnel effectif, est recevable lorsque le demandeur prétend que l'avis d'amende forfaitaire majorée ne lui a pas été envoyé. Il appartient alors au juge de vérifier si la preuve de l'envoi de l'avis au contrevenant est rapportée par le ministère public. • Crim. 18 mai 2016, nº 15-86.095 P : *préc.* Une telle preuve ne peut être considérée comme rapportée par le ministère public par la production de bordereaux collectifs d'envoi d'amendes forfaitaires majorées au trésor public. • Crim. 18 mai 2016, nº 15-84.729 P : *D. 2016. Actu. 1138 ; D. actu. 13 juin 2016, obs. Aubert ; Dr. pénal 2016, nº 109, note Robert ; AJ pénal 2016. 378, obs. Céré .* ♦ En revanche, l'officier du ministère public rapporte la preuve de l'envoi de l'avis de l'amende forfaitaire majorée en fournissant le numéro du courrier recommandé simple envoyé au contrevenant. • Crim. 4 janv. 2017, nº 16-80.630 P : *D. actu. 23 janv. 2017, obs. Goetz.*

5. Impossibilité de produire l'avis d'amende forfaitaire majorée pour motif légitime. L'omission du titulaire d'un certificat d'immatriculation de déclarer son changement d'adresse au service de l'immatriculation des véhicules ne saurait constituer un motif légitime justifiant qu'il soit dans l'impossibilité de joindre à sa réclamation l'avis d'amende forfaitaire majorée. Dans un tel cas, en application des dispositions du 3e al. de l'art. 530 C. pr. pén., lu à la lumière du considérant nº 7 de la décision du Cons. const. nº 2015-467 QPC du 7 mai 2015, la réclamation de l'intéressé doit alors être déclarée irrecevable, comme la requête en incident contentieux intentée contre cette décision. • Crim. 17 sept. 2019, nº 18-86.289 P : *D. 2019. 1763 ; D. actu. 2 oct. 2019, obs. Goetz ; Dr. pénal 2019, nº 182, note Robert ; ibid. 2020. Chron. 8, obs. Gauvin.*

6. Ne constitue pas une réclamation fondée sur l'art. 530 C. pr. pén. une demande formulée en application de l'art. R. 155, 1º, du même code et tendant à obtenir copie du titre exécutoire d'une amende forfaitaire majorée. Une telle demande ne peut dès lors être déclarée irrecevable pour défaut de jonction de l'avis d'amende forfaitaire majorée. • CAA Lyon, 28 juin 2011 : *D. 2011. 2116, note Léna ; Jurispr. auto 2011, nº 834-835, p. 30, note Josseaume et Ayache.*

7. Réclamation formulée par un tiers. Il résulte de la combinaison des art. 529-2, 529-9 et 530 C. pr. pén. que le titre rendu exécutoire par le ministère public aux fins de recouvrement d'une amende forfaitaire majorée de plein droit ne peut être annulé que par une réclamation motivée émanant du seul contrevenant et que l'officier du ministère public ne peut, au vu d'une réclamation formulée par un tiers, annuler ce titre et faire citer devant la juridiction de proximité la personne à l'encontre de laquelle il a été délivré (en l'espèce, la réclamation avait été formulée par la mère du contrevenant). • Crim. 7 avr. 2009, nº 08-87.773 P : *D. 2009. AJ 1419 ; AJ pénal 2009. 274 .*

8. Réclamation présentée par un avocat. Mais il se déduit de la combinaison des art. 529-2 et 530 C. pr. pén., des dispositions de la L. nº 71-1130 du 31 déc. 1971 portant réforme de certaines professions judiciaires et juridiques, ainsi que des stipulations de l'art. 6, § 3, Conv. EDH que le contrevenant ou l'intéressé, lorsqu'il entend présenter une requête en exonération d'une infraction au C. route qui lui est reprochée ou une réclamation en contestation d'une amende forfaitaire majorée, a la faculté, s'il l'estime nécessaire à la défense de ses intérêts et sans préjudice des prérogatives que l'autorité de poursuite tient de l'art. 530-1 dudit code, d'être représenté dans ses démarches par un avocat. • Crim. 1er sept. 2020, nº 19-83.092 P : *D. 2020. 1682 ; D. actu. 2 oct. 2020, obs. Diaz ; Dr. pénal 2020, nº 171, note Robert.*

II. EFFET DE LA RÉCLAMATION SUR L'OPPOSITION ADMINISTRATIVE

9. Si en vertu de l'art. 530, al. 2, C. pr. pén., le titre exécutoire est annulé, l'exécution de l'opposition administrative est suspendue à la décision qui répondra à la réclamation, sans qu'il y ait lieu en l'état pour le juge des référés de prononcer la mainlevée de l'opposition. La réclamation n'annule le titre exécutoire que comme le fait toute voie de recours et le décret qui se borne à préciser que les fonds arrêtés ne sont pas versés au trésor ne prévoit nullement que la réclamation donne lieu à la fin ou à la nullité de l'opposition elle-même. • TGI Paris, 17 août 1994 : *Gaz. Pal. 4 févr. 1995, note Petit.*

10. La contrevenante n'ayant pas effectué une réclamation régulièrement adressée au ministère public, la cour d'appel a pu en déduire qu'elle était sans droit à soutenir que les oppositions administratives litigieuses étaient constitutives d'une voie de fait. • Com. 4 juin 1996 : *Jurispr. auto 1997. 69.*

III. EFFET DE LA RÉCLAMATION SUR LA PRESCRIPTION DE L'ACTION PUBLIQUE

11. La réclamation du contrevenant entraîne, conformément à l'art. 530 C. pr. pén. tant l'annulation du titre exécutoire, lequel avait fait courir la prescription de la peine, que la reprise des poursuites ; elle a pour conséquence, à compter de sa réception par le ministère public, d'ouvrir les nouveaux délais de prescription de l'action publique et il suffit qu'un acte de poursuite – un mandatement aux fins de citation à un huissier ayant ce caractère – intervienne dans le délai d'un an. • Crim. 13 mars 1991 : *Jurispr. auto 1991. 193* • 11 juin 1992, nº 92-80.397 P • 27 janv. 1993 : *Dr. pénal 1993. Comm. 161, obs. Robert* • 9 janv. 1994 : *D. 1994. Somm. 262, obs. Couvrat et Massé* ♦ Dans le même sens, V. : • Crim. 1er févr. 2000, nº 99-84.764 P : *Dr. pénal 2000. Comm. 61, obs. Robert* • Crim. 14 sept. 2005, nº 05-81.978 P : *D. 2005. IR 2625 ; Jurispr. auto 2005. 588* • 4 déc. 2013, nº 13-83.284 P : *D. 2013. Actu. 2917 ; D. actu. 20 déc. 2013, obs. Priou-Alibert* • 15 janv. 2014, nº 13-84.533 P : *D. 2014. Actu. 213 ; AJ pénal 2014. 253, note Céré .*

12. Si aucun acte de poursuite n'intervient dans le nouveau délai d'un an à compter de la réclamation, il y a prescription. • Crim. 8 nov. 1993 : *Jurispr. auto 1994. 19* • 15 juin 1994 : *Jurispr. auto 1994. 560,* cassant une décision rejetant l'exception des prescriptions de l'action publique. ♦ Un second titre exécutoire ayant donné lieu à un avis d'amende forfaitaire majorée ne peut être régulier lorsqu'il intervient après la réclamation du contrevenant et l'annulation du premier titre exécutoire émis par l'officier du ministère public, dès lors qu'il résulte de l'art. 530-1 C. pr. pén. qu'en cas de réclamation recevable du contrevenant, le ministère public ne peut que renoncer aux poursuites ou poursuivre l'intéressé par ordonnance pénale ou par citation devant la juridiction de jugement. Ce second titre exécutoire ne saurait, en conséquence, être susceptible d'interrompre le délai de prescription. • Crim. 9 avr. 2019, nº 18-83.215 P : *D. actu. 6 mai 2019, obs. Goetz ; Dr. pénal 2019, nº 107, note Robert ; AJ pénal 2019. 389, note Céré .*

13. Le contrevenant peut contester la validité du titre exécutoire devant le tribunal de police *in* *limine litis.* • Crim. 21 avr. 1993 : *Dr. pénal 1993. Comm. 186.* ♦ Mais, dès lors que les titres exécutoires sont annulés par la réclamation du contrevenant, ce dernier est sans intérêt à soutenir que leur émission serait contraire à l'exigence d'un procès équitable découlant de l'art. 6, § 1, Conv. EDH. • Crim. 1er févr. 2000 : *préc. note 11.*

IV. EFFET DE LA RÉCLAMATION SUR LE RETRAIT DE POINTS

14. Il ressort des dispositions de l'art. 530 C. pr. pén. qu'une réclamation contre le titre exécutoire d'une amende forfaitaire majorée, lorsqu'elle est formée dans les délais et dans les formes prévus par cet art. et par l'art. 529-10 du même code, entraîne l'annulation du titre exécutoire. Il en résulte que la réalité de l'infraction ne peut plus alors être regardée comme établie, eu égard aux dispositions de l'art. L. 223-1 C. route. L'autorité administrative doit, par suite, rétablir sur le permis de conduire de l'intéressé les points qui avaient pu être retirés, sans préjudice d'un nouveau retrait si le juge pénal est saisi et prononce une condamnation. • CE 16 juin 2016, nº 379655 B : *JCP Adm. 2016. Actu. 551.* ♦ Il n'appartient pas au juge administratif, en revanche, de se prononcer sur la recevabilité d'une réclamation contre le titre exécutoire d'une amende forfaitaire majorée, laquelle est appréciée par l'officier du ministère public sous le contrôle de la juridiction pénale devant laquelle l'auteur de la réclamation dispose d'un recours. Dès lors, si le titulaire du permis de conduire peut utilement faire valoir devant le tribunal administratif, à l'appui d'une contestation relative au retrait de points, que la réalité de l'infraction n'est pas établie compte tenu de l'annulation du titre exécutoire du fait d'une réclamation, il ne saurait se borner à justifier de la présentation de cette réclamation mais doit établir qu'elle a été regardée comme recevable et a par suite entraîné l'annulation du titre, une telle preuve pouvant être apportée soit par un document émanant de l'autorité judiciaire, soit, au besoin, par le document couramment nommé « bordereau de situation des amendes et des condamnations pécuniaires », tenu par le comptable public pour chaque contrevenant et dont la personne concernée peut obtenir communication en application de l'art. L. 311-1 CRPA. • Même décision.

Art. 530-1 *(L. nº 93-2 du 4 janv. 1993)* **« Au vu de la requête faite en application du premier alinéa de l'article 529-2, de la protestation formulée en application du premier alinéa de l'article 529-5** *(L. nº 2010-788 du 12 juill. 2010, art. 58-II)* **« , de celle prévue par le III de l'article 529-6 » ou de la réclamation faite en application du deuxième alinéa de l'article 530, le ministère public peut, soit renoncer à l'exercice des poursuites, soit procéder conformément aux articles 524 à 528-2 ou aux articles 531 et suivants, soit aviser l'intéressé de l'irrecevabilité de la réclamation non motivée ou non accompagnée de l'avis. »**

(L. nº 85-1407 du 30 déc. 1985) **En cas de condamnation, l'amende prononcée ne peut être inférieure au montant de l'amende ou de l'indemnité forfaitaire dans les cas prévus par le premier alinéa de l'article 529-2** *(L. nº 2010-788 du 12 juill. 2010, art. 58-II)* **« , le premier alinéa de l'article 529-5 ou le premier alinéa du III de l'article 529-6 », ni être inférieure au montant de l'amende forfaitaire majorée dans les cas prévus par le second alinéa de l'article 529-2** *(L. nº 2010-788 du 12 juill. 2010, art. 58-II)* **« , le second alinéa de l'article 529-5 et le second alinéa du III de l'article 529-6 ».**

(L. nº 2003-495 du 12 juin 2003, art. 8) **« Dans les cas prévus par l'article 529-10, en cas de classement sans suite ou de relaxe, s'il a été procédé à la consignation prévue par cet article, le montant de la consignation est reversé** *(Abrogé par L. nº 2009-526 du 12 mai 2009, art. 3-1º)* **« , *à sa demande,* » à la personne à qui avait été adressé l'avis de paiement de l'amende forfaitaire ou ayant fait l'objet des poursuites.** *(L. nº 2009-526 du 12 mai 2009, art. 3-2º)* **« Les modalités de ce remboursement sont définies par voie réglementaire. » En cas de condamnation, l'amende prononcée ne peut être inférieure au montant prévu à l'alinéa précédent augmenté d'une somme de 10 %. »**

I. RÉCLAMATION DÉCLARÉE RECEVABLE

1. Il résulte de l'art. 530-1 C. pr. pén. qu'en cas de réclamation recevable du contrevenant, le ministère public ne peut que renoncer aux poursuites ou poursuivre l'intéressé par ordonnance pénale ou par citation devant la juridiction de jugement, il ne saurait dès lors émettre un second titre exécutoire. • Crim. 9 avr. 2019, nº 18-83.215 P : *D. actu. 6 mai 2019, obs. Goetz ; Dr. pénal 2019, nº 107, note Robert ; AJ pénal 2019. 389, note Céré.*

II. RÉCLAMATION DÉCLARÉE IRRECEVABLE

2. Droit d'accès à un tribunal. Il y a atteinte au droit d'accès à un tribunal et donc violation de l'art. 6, § 1, Conv. EDH lorsque le ministère public rejette la demande de convocation devant le tribunal de la personne condamnée à une amende forfaitaire, au motif que, « l'infraction étant parfaitement constituée et le procès-verbal transmis au ministère public parfaitement régulier en la forme », la demande était « irrecevable car juridiquement non fondée » ; le ministère public a commis là une erreur de droit car ce motif de rejet n'est pas prévu par les textes et la saisine du tribunal compétent était de droit pour le requérant. • CEDH 21 mai 2002, *Peltier c/ France : D. 2002. 2968, note Céré ; JCP 2002. Actu. 274 ; Jurispr. auto 2002. 316 et 325 ; Gaz. Pal. 18-19 oct. 2002, p. 14, note Samson et Morin.* ♦ Dans le même sens, • CEDH 7 mars 2006, *Besseau c/ France : AJ pénal 2006. 213, obs. Céré.* ♦ Le droit d'accès à un tribunal est atteint dans sa substance même, lorsqu'un requérant voit sa requête en exonération, déposée conformément aux dispositions de l'art. 529-10 C. pr. pén., déclarée irrecevable par l'officier du ministère public pour un motif erroné (« absence de contestation explicite de l'infraction » dans la première affaire, et « requête non motivée », dans la seconde) alors que le pouvoir d'appréciation de l'officier du ministère public doit se limiter à l'examen de la recevabilité formelle de la contestation et alors qu'une telle décision d'irrecevabilité entraîne l'encaissement de la consignation équivalant au paiement de l'amende forfaitaire et, par voie de conséquence, l'extinction de l'action publique, sans que, nonobstant la contestation du requérant, un « tribunal », au sens de l'art. 6, § 1, Conv. EDH, ait examiné le fondement de l'« accusation » dirigée contre lui et entendu ses arguments relatifs à celle-ci. Partant, prenant acte au surplus de la décision du Cons. const. n° 2010-38 QPC du 29 sept. 2010 ayant jugé que l'impossibilité de saisir la juridiction de proximité d'un recours contre une telle décision d'irrecevabilité était incompatible avec « le droit à recours juridictionnel effectif », la Cour a condamné la France pour violation de l'art. 6, § 1, Conv. EDH. • CEDH 8 mars 2012, *Célice c/ France et Cadène c/ France : D. actu. 22 mars 2012, obs. Bachelet ; D. 2012. Actu. 984, obs. Céré ; Dr. pénal 2012, n° 71, note Robert ; Gaz. Pal. 19 avr. 2012, p. 20, note Josseaume et Yllouz ; Jurispr. auto 2012, n° 842, p. 12, note Lièvremont ; RSC 2012. 690, obs. Roets.* – V. aussi • CEDH 8 mars 2012, *Josseaume c/ France* (condamnant également la France pour violation de l'art. 6, § 1, Conv. EDH, dans une affaire où il ressort que l'officier du ministère public avait traité une réclamation contre une amende forfaitaire majorée comme étant irrecevable, pour un motif autre que l'un des deux seuls prévus par l'art. 530-1 C. pr. pén. et sans en aviser les requérants, l'officier du ministère public, excédant ses pouvoirs, ayant ainsi lui-même statué sur le bien-fondé de la réclamation et privé les requérants de l'examen de leur contestation par la juridiction de proximité).

3. Le droit à un recours juridictionnel effectif impose que la décision du ministère public déclarant irrecevable une requête en exonération présentée par une personne destinataire d'un avis de contravention puisse être contestée devant la juridiction de proximité. Méconnaît un tel principe l'arrêt qui confirme la décision d'une juridiction de proximité déclarant irrecevable la demande faite par une personne destinataire d'un avis de contravention pour une infraction d'excès de vitesse à la suite d'une requête en exonération faisant valoir qu'il avait cédé son véhicule écartée par l'officier du ministère public pour défaut de jonction du certificat de cession de l'automobile, le droit à un recours effectif impliquant que pût être formé un recours contre la décision de l'officier du ministère public. • Crim. 25 mars 2014, n° 13-80.170 P : *D. 2014. 1029, note Céré ; Dr. pénal 2014, n° 89, note Robert ; LPA 19 juin 2014, p. 16, note Dadoun.* ♦ Sur la possibilité d'accéder à un juge en cas de rejet d'une requête en exonération pour absence de motivation, V. aussi les modifications apportées aux dispositions de l'art. 49-18 C. pr. pén. par le Décr. n° 2013-1097 du 2 déc. 2013.

4. Le droit à un recours juridictionnel effectif impose que la décision du ministère public déclarant une réclamation irrecevable au motif qu'elle n'est pas accompagnée de l'avis d'amende forfaitaire majorée puisse être contestée devant le juge de proximité, soit que le contrevenant prétende que, contrairement aux prescriptions du 2ᵉ al. de l'art. 530, l'avis d'amende forfaitaire majorée ne lui a pas été envoyé, soit qu'il justifie être dans l'impossibilité de le produire pour des motifs légitimes. • Cons. const. 7 mai 2015, n° 2015-467 QPC : *D. 2015. 1046 ; Dr. pénal 2015, n° 85, note Robert ; ibid., n° 118, obs. Peltier ; Gaz. Pal. 25 juin 2015, p. 10, note Josseaume et Occhipinti ; NCCC, 2015, n° 49, p. 165, obs. Peltier.* ♦ Il se déduit des art. 530 C. pr. pén. et 6 Conv. EDH, ensemble les art. 530-1 et 530-2 C. pr. pén, et notamment de l'art. 530 C. pr. pén. tel qu'interprété par la décision du Conseil constitutionnel en date du 7 mai 2015, que la décision du ministère public déclarant la réclamation prévue par le troisième al. de cet article irrecevable au motif qu'elle n'est pas accompagnée de l'avis d'amende forfaitaire majorée peut faire l'objet d'un incident contentieux devant le juge de proximité, soit que le contrevenant prétende que, contrairement aux prescriptions du deuxième al. du même texte, l'avis d'amende forfaitaire majorée ne lui pas été envoyé, soit qu'il justifie être dans l'impossibilité de le produire pour un motif légitime. • Crim. 18 mai 2016, n° 15-86.095 P : *D. 2016. Actu. 1138 ; D. actu. 13 juin 2016, obs. Aubert ; Dr. pénal 2016, n° 109, note Robert ; AJ pénal 2016. 378, obs. Céré.*

III. CONDAMNATION

5. Principe de proportionnalité. Les dispositions des art. 132-20, 132-24 C. pén. et 530-1 C. pr. pén. ne sont pas incompatibles avec l'art. 6 Conv. EDH, dès lors que le juge de police, qui fixe la peine dans les limites de l'amende forfaitaire majorée et du maximum encouru, dispose du pouvoir de proportionner le montant de l'amende à la gravité de la contravention commise, à la personnalité de son auteur et à ses ressources. • Crim. 16 juin 1999, n° 98-82.881 P : *Dr. pénal 1999. Comm. 151, obs. Robert* • 4 avr. 2002 : *Jurispr. auto 2002. 331.* ♦ Les dispositions de l'art. 530-1, al. 2, C. pr. pén. ne méconnaissent pas le principe d'individualisation des peines dès lors qu'elles laissent au juge le soin de fixer la peine dans la limite, d'une part, de l'amende forfaitaire ou de l'amende forfaitaire majorée et, d'autre part, du maximum de l'amende encouru, le juge pouvant ainsi proportionner le montant de l'amende à la gravité de la contravention commise, à la personnalité de son auteur et à ses ressources. • Cons. const. 16 sept. 2011 : *JO 17 sept., p. 15599 ; Dr. pénal 2011, n° 137, note Robert ; Gaz. Pal. 20 oct. 2011, p. 10, note Josseaume et Teissedre ; Jurispr. auto 2012, n° 836, p. 32, note Le Dall.*

6. *Nécessité des peines.* L'instauration d'un minimum de peine d'amende applicable aux contraventions les moins graves ne méconnaît pas, en elle-même, le principe de nécessité des peines. • Cons. const., 16 sept. 2011 : *préc. note 5*, qui précise qu'en imposant, pour les contraventions des quatre premières classes ayant fait l'objet d'une procédure d'amende forfaitaire, que l'amende prononcée par le juge en cas de condamnation ne puisse être inférieure au montant, selon le cas, de l'amende forfaitaire ou de l'amende forfaitaire majorée, le législateur a, dans l'intérêt d'une bonne administration de la justice et pour assurer la répression effective des infractions, retenu un dispositif qui fait obstacle à la multiplication des contestations dilatoires.

7. *Montant de l'amende (art. 530-1, al. 2).* Doit être cassé le jugement qui, après réclamation formée par l'intéressé en application de l'art. 530, al. 2, C. pr. pén., prononce une amende inférieure au montant de l'amende forfaitaire majorée, dès lors qu'il résulte de l'art. 530-1, al. 2, du même code, qu'en cas de recours contre une amende forfaitaire majorée, l'amende prononcée ne peut être inférieure au montant de l'amende qui aurait été due si l'intéressé n'avait pas présenté de réclamation. • Crim. 20 oct. 1999, n° 99-83.046 P : *RSC 2000. 388, obs. Bouloc ; Jurispr. auto 2000. 13* • 14 sept. 2005 : *Jurispr. auto 2005. 587* • 26 oct. 2005 : *Dr. pénal 2006. Comm. 28, note Maron.* ♦ En prononçant une amende inférieure, la juridiction prive en outre le prévenu de la faculté de disposer de son droit d'appel. • Crim. 12 sept. 2007, n° 06-86.752 P : *D. 2007. AJ 2608 ; AJ pénal 2007. 493* • 21 janv. 2009 : *Dr. pénal 2009. Comm. 47, obs. Robert.*

8. *Montant de l'amende (art. 530-1, al. 3).* Selon l'art. 530-1, al. 3, C. pr. pén., en cas de recours de la personne titulaire du certificat d'immatriculation poursuivie sur le fondement de l'art. L. 121-3 C. route contre une amende forfaitaire majorée, l'amende prononcée ne peut être inférieure au montant de l'amende qui aurait été due par l'intéressé s'il n'avait pas présenté de réclamation, augmenté d'une somme de 10 %. Est en conséquence censuré le jugement qui, statuant sur la réclamation d'un contrevenant concernant une amende forfaitaire majorée de 375 €, prononcée contre lui pour excès de vitesse, déclare celui-ci redevable pécuniairement d'une amende de 148,50 €, alors que le montant de l'amende ne pouvait être inférieur à 412,50 €. • Crim. 1er mars 2006, n° 05-86.895 P : *D. 2006. IR 945*. ♦ Il résulte de la combinaison des art. 529-2, 529-10 et 530-1 C. pr. pén. que, en cas de requête en exonération formée contre une amende forfaitaire concernant l'une des contraventions mentionnées à l'art. L. 121-3 C. route et lorsque l'avis d'amende forfaitaire a été adressé au titulaire du certificat d'immatriculation du véhicule concerné ou à une personne visée aux 2e ou 3e al. de l'art. L. 121-2 de ce code, l'amende prononcée contre la personne redevable pécuniairement ne peut être inférieure au montant de l'amende forfaitaire augmenté d'une somme de 10 %. Est en conséquence censuré le jugement qui, statuant sur la requête en exonération concernant une amende forfaitaire pour excès de vitesse de 135 €, déclare le représentant légal de la société locataire du véhicule, contrôlé en excès de vitesse, redevable pécuniairement d'une amende de 120,00 €, alors que le montant de l'amende ne pouvait être inférieur à 148,50 €. • Crim. 13 mai 2009 (1er arrêt), n° 08-88.029 P : *AJ pénal 2009. 314 ; Dr. pénal 2009. Comm. 95, note Robert.* ♦ Mais lorsqu'un prévenu est cité, pour excès de vitesse, devant la juridiction de proximité à la suite d'une requête en exonération de l'amende forfaitaire présentée sur le fondement de l'art. 529-2 C. pr. pén., l'amende prononcée ne peut être augmentée d'une somme de 10 %. Cette augmentation n'est prévue, par l'art. 530-1, dernier al., du code précité, que dans les cas visés par l'art. 529-10, lequel ne concerne que les personnes titulaires du certificat d'immatriculation déclarées redevables pécuniairement de l'amende en application de l'art. L. 121-3 C. route (en l'espèce, le titulaire du certificat d'immatriculation a été condamné pour excès de vitesse et non pas déclaré redevable pécuniairement de l'amende). • Crim. 24 mai 2006, n° 05-86.885 P : *AJ pénal 2006. 365 ; Jurispr. auto 2006. 386* • 13 mai 2009 (2e arrêt), n° 08-88.030 P : *AJ pénal 2009. 314 ; Dr. pénal 2009. Comm. 95, note : Robert* (en l'espèce, le titulaire du certificat d'immatriculation du véhicule contrôlé avait reconnu être le conducteur du véhicule et formulait une requête en exonération pour contester les conditions du contrôle). • Crim. 24 mars 2010, n° 09-86.375 P : *D. 2010. 1286 ; Dr. pénal 2010, n° 69, note Robert.*

9. *Dispense de peine.* Si, en cas de condamnation, l'art. 530-1, al. 2 C. pr. pén. prévoit que l'amende prononcée ne peut être inférieure au montant de l'amende qui aurait été due par l'intéressé s'il n'avait pas présenté de réclamation, ces dispositions ne font pas pour autant obstacle à une dispense de peine, conformément aux art. 132-52 C. pén. et 539 C. pr. pén. (en l'espèce, est validée une dispense de peine prononcée par une juridiction de proximité pour un excès de vitesse de 94 km/h alors que la vitesse maximale autorisée était de 90 km/h). • Crim. 9 nov. 2005, n° 05-84.504 P : *AJ pénal 2006. 80, obs. Céré ; Dr. pénal 2006. Comm. 28, note Maron.* ♦ Dans le même sens : • Crim. 18 janv. 2006 : *Dr. pénal 2006. Comm. 51, note Robert ; JCP 2006. I. 159, obs. Robert* • 20 sept. 2006 : *Jurispr. auto 2006. 587.*

Art. 530-2 *(L. n° 85-1407 du 30 déc. 1985)* **Les incidents contentieux relatifs à l'exécution du titre exécutoire et à la rectification des erreurs matérielles qu'il peut comporter sont déférés** *(L. n° 2011-1862 du 13 déc. 2011, art. 2-XIX et 70-1, en vigueur le 1er janv. 2017)* **;** *(L. 2012-1441 du 24 déc. 2012)* **« au tribunal de police », qui statue conformément aux dispositions de l'article 711.**

1. Compétence du tribunal de police. Les incidents contentieux relatifs à l'exécution du titre exécutoire doivent être réglés par le tribunal de police qui statue conformément aux dispositions de l'art. 711 C. pr. pén., en conséquence, il appartient aux juges du fond d'apprécier si c'est à bon droit que le ministère public estime irrecevable une réclamation en raison de sa tardiveté. • Crim. 29 mai 2002, n° 01-87.396 P : *Jurispr. auto 2002. 600.*

2. Par application combinée de l'art. 530-2 C. pr. pén. et de l'art. 9 du Décr. n° 64-1333 du 22 déc. 1964, en matière de recouvrement des amendes, le juge de l'exécution ne connaît que de la régularité en la forme de l'acte de poursuite, il ne peut pas apprécier le respect de l'obligation faite, par l'art. R. 49-6 C. pr. pén., au comptable public d'envoyer au contrevenant un avis l'invitant à s'acquitter du montant de l'amende forfaitaire majorée, le tribunal de police étant seul compétent pour connaître d'une contestation relative au respect d'une telle obligation. • Civ. 2e, 19 oct. 2017, n° 16-25.765 P.

3. Contestation d'une réclamation déclarée irrecevable. Le contrevenant dont la réclamation a été déclarée irrecevable par le ministère public pour un motif autre que l'un des deux seuls prévus par l'art. 530-1, 1er al., C. pr. pén., peut soulever un incident contentieux devant la juridiction de proximité, sur le fondement de l'art. 530-2 du même code, jusqu'à prescription de la peine. • Cass., avis, 5 mars 2007 : *BICC n° 662 du 1er juin 2007.* ♦ Si la juridiction de proximité juge que la réclamation du contrevenant était recevable, le titre exécutoire est annulé, ce qui a pour effet d'ouvrir un nouveau délai de prescription de l'action publique. • Même avis.

4. Le droit à un recours juridictionnel effectif impose, par ailleurs, que la décision du ministère public, déclarant une réclamation irrecevable au motif qu'elle n'est pas accompagnée de l'avis d'amende forfaitaire majorée, puisse être contestée devant le juge de proximité, soit que le contrevenant prétende que, contrairement aux prescriptions du deuxième al. de l'art. 530, l'avis d'amende forfaitaire majorée ne lui a pas été envoyé, soit qu'il justifie être dans l'impossibilité de le produire pour des motifs légitimes. • Cons. const. 7 mai 2015, n° 2015-467 QPC : *D. 2015. 1046 ; Dr. pénal 2015, n° 85, note Robert ; ibid., n° 118, obs. Peltier ; Gaz. Pal. 25 juin 2015, p. 10, note Josseaume et Occhipinti ; NCCC, 2015, n° 49, p. 165, obs. Peltier.* ♦ Il se déduit des art. 530 C. pr. pén. et 6 Conv. EDH, ensemble les art. 530-1 et 530-2 C. pr. pén, et notamment de l'art. 530 C. pr. pén. tel qu'interprété par la décision du Conseil constitutionnel en date du 7 mai 2015, que la décision du ministère public déclarant la réclamation prévue par le troisième al. de cet art. irrecevable au motif qu'elle n'est pas accompagnée de l'avis d'amende forfaitaire majorée peut faire l'objet d'un incident contentieux devant le juge de proximité, soit que le contrevenant prétende que, contrairement aux prescriptions du deuxième al. du même texte, l'avis d'amende forfaitaire majorée ne lui pas été envoyé, soit qu'il justifie être dans l'impossibilité de le produire pour un motif légitime. • Crim. 18 mai 2016, n° 15-86.095 P : *D. 2016. Actu. 1138 ; D. actu. 13 juin 2016, obs. Aubert ; Dr. pénal 2016, n° 109, note Robert ; AJ pénal 2016. 378, obs. Céré.*

5. La requête en incident contentieux, qui constitue un recours juridictionnel effectif, doit ainsi être déclaré recevable lorsque le demandeur prétend que l'avis d'amende forfaitaire majorée ne lui a pas été envoyé. Il appartient alors au juge de vérifier si la preuve de l'envoi de l'avis au contrevenant est rapportée par le ministère public. • Crim. 18 mai 2016, n° 15-86.095 P : *préc.* ♦ Une telle preuve ne peut être considérée comme rapportée par le ministère public par la production de bordereaux collectifs d'envoi d'amendes forfaitaires majorées au trésor public. • Crim. 18 mai 2016, n° 15-84.729 P : *D. 2016. Actu. 1138 ; D. actu. 13 juin 2016, obs. Aubert ; Dr. pénal 2016, n° 109, note Robert ; AJ pénal 2016. 378, obs. Céré.* ♦ En revanche, l'officier du ministère public rapporte la preuve de l'envoi de l'avis de l'amende forfaitaire majorée en fournissant le numéro du courrier recommandé simple envoyé au contrevenant. • Crim. 4 janv. 2017, n° 16-80.630 P : *D. actu. 23 janv. 2017, obs. Goetz.*

Art. 530-2-1 *(L. n° 2003-495 du 12 juin 2003, art. 8)* **Lorsque les avis de contravention ou d'amende forfaitaire majorée sont adressés à une personne résidant à l'étranger, les délais prévus par les articles 529-1, 529-2, 529-8, 529-9 et 530 sont augmentés d'un mois.**

Les dispositions des articles 529-10 *(L. n° 2023-1322 du 29 déc. 2023, art. 98-III, en vigueur le 1er janv. 2024)* **« , 529-12 » et 530 du présent code et des articles L. 121-2 et L. 121-3 du code de la route relatives aux titulaires du certificat d'immatriculation du véhicule sont**

applicables aux personnes dont l'identité figure sur les documents équivalents délivrés par des autorités étrangères.

Art. 530-3 *(L. nº 89-469 du 10 juill. 1989)* Un décret en Conseil d'État fixe le montant des amendes et indemnités forfaitaires, des amendes forfaitaires minorées et des amendes forfaitaires majorées ainsi que des frais de constitution de dossier et précise les modalités d'application du présent chapitre, en déterminant notamment les conditions dans lesquelles les agents habilités à constater les infractions sont assermentés et perçoivent le montant des amendes forfaitaires et celui des transactions.

(L. nº 2016-1547 du 18 nov. 2016, art. 34-II-3º) « Lorsque les amendes forfaitaires, les amendes forfaitaires minorées et les amendes forfaitaires majorées s'appliquent à une personne morale, leur montant est quintuplé. »

Art. 530-4 *(L. nº 2008-644 du 1er juill. 2008)* Lorsque la personne qui a fait l'objet d'une amende forfaitaire majorée ne conteste pas la réalité de la contravention mais sollicite, en raison de ses difficultés financières, des délais de paiement ou une remise gracieuse, elle adresse sa demande motivée non pas à l'officier du ministère public, mais au comptable *(Ord. nº 2010-420 du 27 avr. 2010, art. 115)* « public compétent ».

Dans ce cas, *(L. nº 2023-1322 du 29 déc. 2023, art. 98-III, en vigueur le 1er janv. 2024)* « les articles 529-10 et 529-12 ne sont pas applicables ».

S'il estime la demande justifiée, le comptable *(Ord. nº 2010-420 du 27 avr. 2010, art. 115)* « public compétent » peut alors octroyer des délais ou rendre une décision de remise gracieuse partielle ou totale, le cas échéant en appliquant une diminution de 20 % des sommes dues, conformément à l'article 707-4.

Art. 530-5 *(L. nº 2011-525 du 17 mai 2011, art. 27)* Les délais mentionnés aux articles 529-8, 529-9 et 530 s'apprécient, en cas d'envoi du règlement de l'amende par courrier, au regard de la date d'envoi du moyen de paiement attestée par le cachet de l'opérateur postal.

Art. 530-6 *(L. nº 2016-1547 du 18 nov. 2016, art. 34-II-3º)* Pour l'application des dispositions relatives à l'amende forfaitaire, le lieu du traitement automatisé des informations nominatives concernant les infractions constatées par un procès-verbal *(L. nº 2019-222 du 23 mars 2019, art. 50-I)* « établi sous format numérique » est considéré comme le lieu de constatation de l'infraction.

A titre expérimental, à compter du 1er janv. 2019 et jusqu'au 1er janv. 2022, il peut être procédé, selon des modalités précisées par voie réglementaire, dans des services ou unités de police judiciaire désignés conjointement par le ministre de la justice et le ministre de l'intérieur, à l'enregistrement sonore ou audiovisuel des formalités prévoyant, pour les personnes entendues, arrêtées ou placées en garde à vue, la notification de leurs droits.

Cet enregistrement, conservé sous format numérique dans des conditions sécurisées, dispense les enquêteurs de constater par procès-verbal, conformément aux dispositions du code de procédure pénale, le respect de ces formalités. En cas de contestation, cet enregistrement peut être consulté sur simple demande.

Au plus tard six mois avant le terme de l'expérimentation, le Gouvernement adresse au Parlement un rapport procédant à son évaluation (L. nº 2019-222 du 23 mars 2019, art. 50-II).

Art. 530-7 *(Abrogé par L. nº 2019-222 du 23 mars 2019, art. 58-V) (L. nº 2016-1547 du 18 nov. 2016, art. 34-II-3º)* ***Le paiement de l'amende forfaitaire ou l'émission du titre exécutoire d'une amende forfaitaire majorée non susceptible de réclamation sont assimilés à une condamnation définitive pour l'application des règles sur la récidive des contraventions de la cinquième classe prévues aux articles 132-11 et 132-15 du code pénal.***

DEUXIÈME PARTIE : *DÉCRETS EN CONSEIL D'ÉTAT*

(Décr. nº 77-194 du 3 mars 1977)

De la procédure de l'amende forfaitaire *(Décr. nº 2023-227 du 30 mars 2023, art. 2, en vigueur le 1er avr. 2023)*.

Art. R. 48-1 *(Décr. nº 2002-801 du 3 mai 2002) (Décr. nº 2020-357 du 28 mars 2020, art. 1er)* « I. — » Les contraventions des quatre premières classes pour lesquelles l'action publique est éteinte par le paiement d'une amende forfaitaire sont les suivantes :

1º Contraventions réprimées par le code de la route *(Abrogé par Décr. nº 2003-293 du 31 mars 2003)* ***« punies uniquement d'une peine d'amende, à l'exclusion de toute peine complé-***

mentaire, » qu'elles entraînent ou non un retrait des points affectés au permis de conduire sous réserve des dispositions de l'article R. 49-8-5 relatives à l'amende forfaitaire minorée ; – *V. art. R. 49-8-5.*

(Décr. n° 2016-1550 du 17 nov. 2016, art. 5, en vigueur le 1er janv. 2017) « 2° Contraventions en matière de transport et de circulation réprimées par les première, troisième et quatrième parties du code des transports, à l'exception des articles R. 3315-4 et R. 3315-5, et réprimées par : »

a) Les articles R. 211-14 et R. 211-21-5 du code des assurances relatifs à l'assurance obligatoire des véhicules terrestres à moteur et de leurs remorques et semi-remorques ;

(Décr. n° 2016-1550 du 17 nov. 2016, art. 5, en vigueur le 1er janv. 2017) « *b)* Le *(Décr. n° 2020-1276 du 19 oct. 2020, art. 12)* « premier alinéa de l'article R. 2241-19 du code des transports » ; »

(Décr. n° 2016-1550 du 17 nov. 2016, art. 5, en vigueur le 1er janv. 2017) « *c)* » L'article 5 du décret n° 2008-1455 du 30 décembre 2008 relatif à la déclaration et à l'identification de certains engins motorisés non autorisés à circuler sur la voie publique ; »

(Décr. n° 2016-1550 du 17 nov. 2016, art. 5, en vigueur le 1er janv. 2017) « *d)* » *(Décr. n° 2012-280 du 28 févr. 2012, art. 11, en vigueur le 1er août 2012)* « L'article 9 du décret n° 2012-280 du 28 février 2012 relatif au label "autopartage" ; »

(Abrogé par Décr. n° 2016-1550 du 17 nov. 2016, art. 5, à compter du 1er janv. 2017) « *(Décr. n° 2013-253 du 25 mars 2013, art. 5, en vigueur le 1er sept. 2014)* « ***m) Les livres I et II de la quatrième partie du code des transports.*** » »

3° Contraventions en matière de protection de l'environnement réprimées par :

a) *(Décr. n° 2007-1388 du 26 sept. 2007, art. 11 ; Décr. n° 2015-337 du 25 mars 2015, art. 2)* « Les articles R. 632-1, *(Décr. n° 2022-185 du 15 févr. 2022, art. 2)* « R. 632-1 et R. 634-2 » du code pénal relatif à l'abandon d'ordures, déchets, matériaux et autres objets ; »

b) *(Décr. n° 2006-944 du 28 juill. 2006, art. 4)* « Les articles R. 331-63 à R. 331-66 du code de l'environnement relatifs aux cœurs de parcs nationaux » *(Décr. n° 2005-491 du 18 mai 2005, art. 4)* « et les articles R. 242-69 à R. 242-72 *[V. art. R. 332-69 à R. 332-72]* du même code relatifs aux réserves naturelles ; »

c) *(Décr. n° 2012-836 du 29 juin 2012, art. 5)* « L'article R. 163-2 *(Abrogé par Décr. n° 2023-706 du 1er août 2023, art. 3)* « ***et le second alinéa de l'article R. 163-3*** » du code forestier relatif à la défense des forêts contre l'incendie ; les articles R. 163-4 et R. 163-5 du même code relatifs aux prélèvements de produits de la forêt sans autorisation du propriétaire, à l'exception du prélèvement d'un volume compris entre 5 et 10 litres lorsqu'il est le fait d'un concessionnaire de pâturage ou de son préposé sur le terrain concédé ; le premier alinéa de l'article R. 163-6 du même code relatif à la circulation de véhicules ou d'animaux sur des voies non autorisées ; l'article R. 261-1 du même code relatif à l'exercice d'activités réglementées en méconnaissance des dispositions de l'arrêté d'aménagement prévu à l'article L. 212-2 ; l'article R. 261-5 du même code relatif à l'enlèvement de bois par un acheteur en dehors des périodes autorisées ; les articles R. 261-10, R. 261-13, R. 261-14, R. 275-11 et R. 275-12 du même code relatifs à l'introduction d'animaux en infraction aux concessions de pâturage ou aux règles d'exercice du droit d'usage ; »

d) L'article 10 (deuxième alinéa) du décret n° 2000-1302 du 26 décembre 2000 relatif aux mesures de protection de l'environnement contre les émissions polluantes des moteurs à allumage par compression destinés à équiper les engins mobiles non routiers ;

(Décr. n° 2003-839 du 29 août 2003, art. 5, en vigueur le 3 sept. 2003) « *e)* L'article L. 322-10-2 du code de l'environnement relatif aux contraventions constatées par la garderie du domaine du Conservatoire de l'espace littoral et des rivages lacustres et les agents visés à l'article *(Décr. n° 2019-1381 du 17 déc. 2019, art. 3)* « L. 332-20 » du même code » ; – *V.* ***C. envir.***

(Décr. n° 2007-533 du 6 avr. 2007) « *f)* Les dispositions du chapitre VIII et de la section 4 du chapitre IX du titre II du livre IV du code de l'environnement (partie réglementaire), relatives au droit de la chasse » ;

(Décr. n° 2007-598 du 24 avr. 2007) « *g)* Le titre I du livre II et le titre III du livre IV du code de l'environnement (partie réglementaire), relatifs au droit de l'eau et des milieux aquatiques et de la pêche en eau douce et de la gestion des ressources piscicoles ; »

(Décr. n° 2020-1573 du 11 déc. 2020, art. 9-2°) « *h)* Les articles R. 541-78, R. 541-79 et R. 541-83 du code de l'environnement relatifs à la gestion des déchets ; »

(Décr. n° 2023-1021 du 3 nov. 2023, art. 3) « **i)** **Les dispositions du titre VIII du livre V du code de l'environnement (partie réglementaire), relatives à la protection du cadre de vie ;** »

(Décr. n° 2018-721 du 3 août 2018, art. 2) « **4° Contraventions réprimées par les dispositions suivantes du code rural et de la pêche maritime :**

« *a)* **Le 3° du II de l'article R. 201-45 relatif à la prévention, à la surveillance et à la lutte contre les dangers sanitaires concernant les animaux et les végétaux ;**

« *b)* **Le II de l'article R. 205-6 relatif à la sanction de l'inexécution des injonctions de l'administration ;**

« *c)* **L'article R. 215-2, les 1° et 5° de l'article R. 215-5, les 1°, 6°** *(Décr. n° 2022-1354 du 24 oct. 2022, art. 4)* « **8° et 9° du I et le II de l'article R. 215-5-1** », **l'article R. 215-6, l'article R. 215-7, les 7° et 9° du II et le III de l'article R. 215-8, les *c* et *d* du 1° du I, les *a* et *d* du 2° du I et le II de l'article R. 215-10, les *f*, *h* et *j* du 1° du I de l'article R. 215-11, les 1° et 3° du I de l'article R. 215-12, les 4° et 5° du I et le II de l'article R. 215-13, les 1° à 8° et 10° à 12° du I de l'article R. 215-14 et les 1° à 4° et 7° de l'article R. 215-15 relatifs à la garde et la circulation des animaux et des produits animaux ;**

« *d)* **Le I, les *a* et *c* du 2° du II et le *a* du 4° du II de l'article R. 228-8 et l'article R. 228-12 relatifs aux mesures de prévention, de surveillance et de lutte contre les dangers zoosanitaires ;**

« *e)* **Les 1° et 3° de l'article R. 237-3, le 2° de l'article R. 237-5, l'article R. 237-6 et le 2° de l'article R. 237-7 relatifs à la qualité nutritionnelle et à la sécurité sanitaire des aliments ;**

« *f)* **Le III de l'article R. 253-54-1 relatif à la mise sur le marché et l'utilisation des produits phytopharmaceutiques ;**

« *g)* **Les 1° à 3° du II de l'article** *(Décr. n° 2023-1276 du 26 déc. 2023, art. 3)* « **R. 254-38 et le 2° de l'article R. 254-40** » **relatifs à la mise en vente, la vente, la distribution à titre gratuit, l'application et le conseil à l'utilisation des produits phytopharmaceutiques ;**

« *h)* **Le II de l'article R. 256-32 relatif au contrôle périodique obligatoire des matériels destinés à l'application de produits phytopharmaceutiques ;**

« *i)* **Le** *(Décr. n° 2021-1858 du 28 déc. 2021, art. 10)* « **3°** » **de l'article R. 257-3 relatif au contrôle de la production primaire des denrées alimentaires et des produits destinés à l'alimentation animale ou des aliments pour animaux d'origine végétale.** »

(Décr. n° 2003-752 du 1er août 2003, art. 2) « **5° Contraventions réprimées par le code des postes et télécommunications** [*code des postes et des communications électroniques*] **prévues par les articles** *(Abrogé par Décr. n° 2014-1109 du 30 sept. 2014, art. 37)* « *R. 10-1,* » **R. 10-2, R. 10-4 et R. 10-9** » ;

(Décr. n° 2017-633 du 25 avr. 2017, art. 3 et 4, en vigueur le 1er oct. 2017) « **6° Contraventions réprimées par le code de la santé publique prévues aux articles R. 3515-2 à R. 3515-8 ;** »

(Décr. n° 2010-465 du 6 mai 2010) « **Contraventions en matière d'offre de boissons alcooliques prévues et réprimées par les articles R. 3351-2, R. 3353-5-1 et R. 3353-7 du code de la santé publique ;** »

(Décr. n° 2009-718 du 17 juin 2009, art. 2) « **Contraventions en matière de collecte et de destruction de médicaments à usage humain non utilisés réprimées par les articles R. 4212-1 et R. 4212-2 du code de la santé publique ;** » — *Dispositions du 3e al. du 6° en vigueur le 1er oct. 2009 (Décr. n° 2009-718 du 17 juin 2009, art. 4).*

(Décr. n° 2011-763 du 28 juin 2011, art. 3, en vigueur le 1er nov. 2011) « **Contraventions en matière de gestion des déchets d'activités de soins à risques infectieux perforants produits par les patients en autotraitement réprimées par les articles R. 1337-16 et R. 1337-17 du code de la santé publique ;** »

(Décr. n° 2017-645 du 26 avr. 2017, art. 2) « **Contraventions en matière de lutte contre les espèces végétales et animales nuisibles à la santé humaine, réprimées par l'article R. 1338-10 du code de la santé publique.** »

(Décr. n° 2021-172 du 17 févr. 2021, art. 2) « **Contraventions de la quatrième classe réprimées par la première phrase du troisième alinéa de l'article L. 3136-1 du code de la santé publique ;** »

(Décr. n° 2023-695 du 29 juill. 2023, art. 5, en vigueur le 1er oct. 2023) « **Contraventions en matière de règles sanitaires d'hygiène et de salubrité des locaux d'habitation et assimilés et de dispositions particulières d'arrêtés du représentant de l'État dans le département et**

d'arrêtés du maire ayant pour objet d'assurer la protection de la santé publique, prévues et réprimées par l'article R. 1312-14 du code de la santé publique. »

(Décr. nº 2018-721 du 3 août 2018, art. 2) **« 7º Contraventions réprimées par l'article R. 622-2 du code pénal relatif à la divagation d'animaux dangereux ; »**

(Décr. nº 2012-312 du 5 mars 2012, art. 7) **« 8º Contraventions réprimées par les articles R. 331-17-2 (3e alinéa) et** *(Décr. nº 2017-1279 du 9 août 2017, art. 34)* **« R. 331-45 (3e et 4e alinéas) et R. 331-45-1 (2e alinéa) » du code du sport » ;**

(Décr. nº 2012-343 du 9 mars 2012) **« 9º Contraventions en matière de bruit :**

« *a)* Contraventions réprimées par l'article R. 623-2 du code pénal relatif aux bruits ou tapages injurieux ou nocturnes troublant la tranquillité d'autrui ;

« *b)* Contraventions réprimées par les articles R. 1337-7 et R. 1337-9 du code de la santé publique relatifs au fait d'être à l'origine d'un bruit particulier, autre que ceux relevant de l'article R. 1337-6, de nature à porter atteinte à la tranquillité du voisinage ou à la santé de l'homme dans les conditions prévues à l'article R. 1334-31, ou au fait d'en faciliter sciemment, par aide ou assistance, la préparation ou la consommation » ;

(Décr. nº 2013-700 du 30 juill. 2013, art. 184, en vigueur le 6 sept. 2013) **« 10º Contraventions en matière d'armes réprimées** *(Décr. nº 2014-1253 du 27 oct. 2014, art. 8)* **« par le chapitre VII du titre I du livre III de la partie réglementaire du code de la sécurité intérieure »** *(Abrogé par Décr. nº 2017-909 du 9 mai 2017, art. 18)* ***« et par le décret nº 2013-700 du 30 juillet 2013 » » ;***

(Décr. nº 2016-34 du 20 janv. 2016, art. 8) **« 11º Contraventions réprimées par les articles R. 271-3 à R. 271-6 du code de l'environnement de Saint-Barthélemy. »**

(Décr. nº 2017-1308 du 29 août 2017, art. 3) **« 12º Contraventions en matière de précurseurs d'explosifs réprimées par les articles** *(Décr. nº 2021-1033 du 4 août 2021, art. 1er-IV)* **« R. 2353-20 et R. 2353-21 » du code de la défense. »**

(Décr. nº 2019-208 du 20 mars 2019, art. 2) **« 13º Contraventions réprimées par l'article R. 644-4 du code pénal relatif à la participation à une manifestation interdite sur la voie publique ; »**

(Décr. nº 2019-1253 du 28 nov. 2019) **« 14º Contraventions en matière d'aéronefs circulant sans** *(Décr. nº 2023-336 du 3 mai 2023, art. 5)* **« équipage » à bord réprimées par les articles R. 151-2** *(Décr. nº 2023-336 du 3 mai 2023, art. 5)* **« à R. 151-3-1 » du code de l'aviation civile ; »**

(Décr. nº 2019-1396 du 18 déc. 2019, art. 2-I) **« 15º Contraventions réprimées par l'article R. 644-3 du code pénal relatif à l'acquisition de produits du tabac manufacturé vendus à la sauvette. »**

(Décr. nº 2019-1114 du 30 oct. 2019, art. 2, en vigueur le 1er nov. 2020 ; Décr. nº 2019-1396 du 18 déc. 2019, art. 2) **« 16º Contraventions réprimées par l'article R. 20-29-7 du code des postes et des communications électroniques. »** — *Le 14º devient le 16º (Décr. nº 2019-1396 du 18 déc. 2019, art. 2-II).*

(Décr. nº 2022-185 du 15 févr. 2022, art. 2) **« 17º Contraventions réprimées par les articles R. 644-2 et R. 644-2-1 du code pénal relatifs aux entraves à la libre circulation sur la voie publique ;**

« 18º Contraventions réprimées par les articles R. 644-5 et R. 644-5-1 du code pénal relatifs à la violation de certaines mesures de police ;

« 19º Contravention réprimée par l'article R. 644-6 du code pénal relatif à l'atteinte à certains équipements de secours ; »

(Décr. nº 2022-978 du 2 juill. 2022, art. 2) **« 20º Contravention réprimée par l'article R. 151-10 du code de l'aviation civile. »**

(Décr. nº 2020-357 du 28 mars 2020, art. 1er) **« II. — Les contraventions de la cinquième classe pour lesquelles l'action publique est éteinte par le paiement d'une amende forfaitaire sont les suivantes :**

« 1º Contraventions réprimées par *(Décr. nº 2021-172 du 17 févr. 2021, art. 2)* **« les première et dernière phrases » du troisième alinéa de l'article L. 3136-1 du code de la santé publique ; »**

(Décr. nº 2023-227 du 30 mars 2023, art. 2, en vigueur le 1er avr. 2023) **« 2º Contravention d'outrage sexiste et sexuel réprimée par l'article R. 625-8-3 du code pénal ; »**

(Décr. nº 2023-384 du 19 mai 2023, art. 4) **« 2º** *[3º]* **Contraventions réprimées par** *(Décr. nº 2023-1021 du 3 nov. 2023, art. 3)* **« les articles R. 350-31, R. 581-87-1 et R. 583-7 » du code de l'environnement ; »**

(Décr. nº 2023-706 du 1er août 2023, art. 3) **« 4° Contraventions réprimées par l'article R. 163-3 du code forestier relatif à la défense des forêts contre les incendies ; »**

(Décr. nº 2023-1021 du 3 nov. 2023, art. 3) **« 5° Contraventions réprimées par l'article R. 143-3 du code de l'énergie en matière de mesure de sauvegarde en cas de menace pour la sécurité d'approvisionnement en électricité. »**

V. Circ. crim. nº 2003-08 E8 du 10 juin 2003 présentant les dispositions du Décr. nº 2003-293 du 31 mars 2003 relatif à la sécurité routière (BOMJ 2003, nº 90, p. 145 s.).

1. L'art. R. 48-1 ne fait que prévoir un mode possible d'extinction de l'action publique ; aucune disposition légale n'interdit au ministère public d'exercer l'action publique dans les conditions du droit commun et de citer la prévenue devant la juridiction de proximité qui a d'ailleurs été créée pour connaître des contraventions des quatre premières classes. • Amiens, 20 mai 2005 : *Jurispr. auto 2005. 645.*

2. Réattribution des points retirés pour certaines contraventions au C. route à l'issue d'un délai de dix ans. L'art. L. 223-6 C. route, dans sa version antérieure à la L. du 5 mars 2007, prévoyait que les points retirés du fait de contraventions passibles d'une amende forfaitaire étaient réattribués au titulaire du permis de conduire à l'expiration d'un délai de dix ans à compter de la date à laquelle la condamnation est devenue définitive ou du paiement de l'amende forfaitaire correspondante et l'art. R. 48-1 C. pr. pén., dans sa version antérieure au Décr. du 31 mars 2003, que les contraventions des quatre premières classes réprimées par le code de la route punies uniquement d'une peine d'amende, à l'exclusion de toute peine complémentaire, qu'elles entraînent ou non un retrait de points affectés au permis de conduire, pouvaient donner lieu au paiement d'une amende forfaitaire. Il en résulte que les points retirés pour une contravention de non-respect de l'obligation d'arrêt à un feu rouge commise avant le décret du 31 mars 2003 ne pouvaient être réattribués à l'expiration du délai de dix ans prévu à l'art. L. 223-6 C. route, cette contravention de quatrième classe étant passible d'une peine complémentaire aux termes de l'art. 412-30 C. route. Mais, depuis le Décr. du 31 mars 2003, l'art. R. 48-1 C. pr. pén. prévoit que peuvent donner lieu au paiement d'une amende forfaitaire les contraventions des quatre premières classes réprimées par le code de la route, qu'elles entraînent ou non un retrait de points affectés au permis de conduire. Il en résulte que, depuis ce décret, l'infraction de non-respect de l'obligation d'arrêt à un feu rouge peut donner lieu à amende forfaitaire et, en conséquence, que les points retirés à raison de cette infraction sont, désormais, réattribués de plein droit à l'expiration du délai de dix ans prévu par les dispositions de l'art. L. 223-6 C. route, les dispositions combinées de l'art. L. 223-6 C. route et de l'art. R. 48-1 C. pr. pén. dans sa rédaction résultant du Décr. du 31 mars 2003 devant être regardées comme constituant une loi pénale plus douce. • CE 15 mars 2017, nº 395286 B : *AJDA 2017. 1031 ; JCP Adm. 2017. Actu. 216.*

Art. R. 49 *(Décr. nº 86-1044 du 18 sept. 1986)* **Le montant de l'amende forfaitaire prévue par l'article 529 est fixé ainsi qu'il suit :**

1° *(Décr. nº 2001-373 du 27 avr. 2001)* **« 4 € » pour les contraventions aux dispositions du code de la route commises par les piétons** *(Abrogé par Décr. nº 2015-808 du 2 juill. 2015, art. 14, à compter du 1er janv. 2018)* ***« et 17 € pour les contraventions en matière d'arrêt et de stationnement prévues par les articles R. 417-1 à R. 417-6 du même code »*** **;**

2° 11 € pour les autres contraventions de la 1re classe ;

3° 35 € pour les contraventions de la 2e classe ;

4° 68 € pour les contraventions de la 3e classe ;

5° 135 € pour les contraventions de la 4e classe ;

(Décr. nº 2020-357 du 28 mars 2020, art. 1er) **« 6° 200 € pour les contraventions de la 5e classe. »**

Les dispositions des art. R. 49 à R. 49-8 C. pr. pén. sont applicables aux amendes forfaitaires et aux amendes forfaitaires majorées prévues à l'art. L. 351-9 C. for. [V. ce texte, en note ss. art. 529.] — Dans le cas de contravention prévue à l'art. L. 351-9 C. for. et impliquant un véhicule, l'avis de contravention et la carte de paiement mentionnés à l'art. R. 49-1 C. pr. pén. sont, lorsqu'ils ne peuvent être remis au contrevenant, laissés sur le véhicule ou, en cas d'impossibilité, envoyés au titulaire du certificat d'immatriculation (C. for., art. R. 351-1, ajouté par Décr. nº 88-348 du 7 avr. 1988, art. 5. — ***C. rur.****).*

Les dispositions issues de l'art. 14 du Décr. nº 2015-808 du 2 juill. 2015 entrent en vigueur à la date prévue au V de l'art. 63 de la L. nº 2014-58 du 27 oct. 2014, soit le 1er janv. 2018, la L. nº 2015-991 du 7 août 2015 ayant repoussé l'entrée en vigueur des nouvelles dispositions au 1er oct. 2016 (au lieu du 1er janv. 2016 initialement prévu), puis la L. nº 2015-1785 du 29 déc. 2015 au 1er janv. 2018.

Art. R. 49-1 *(Décr. nº 2009-598 du 26 mai 2009)* **« I. — »** *(Décr. nº 86-1044 du 18 sept. 1986)* **Un avis de contravention et une carte de paiement, dont le modèle est fixé par**

arrêté du garde des sceaux, ministre de la justice, sont remis au contrevenant au moment de la constatation de l'infraction. L'avis mentionne le délai et les modalités de la requête prévue par le premier alinéa de l'article 529-2, le montant de l'amende forfaitaire ainsi que celui de l'amende forfaitaire majorée qui sera due à défaut de paiement ou de présentation d'une requête.

Lorsque les documents mentionnés à l'alinéa 1er ne peuvent être remis au contrevenant, ils sont adressés à son domicile. Toutefois, s'il s'agit d'une contravention au code de la route ou de celle qui est prévue à l'article R. 211-21-5 du code des assurances, ces documents sont laissés sur le véhicule ou, en cas d'impossibilité, envoyés au titulaire du certificat d'immatriculation.

(Décr. nº 2009-598 du 26 mai 2009) **« Lorsque l'infraction est constatée par l'agent verbalisateur dans des conditions ne permettant pas l'édition immédiate de ces documents, l'avis de contravention et la carte de paiement peuvent également être envoyés au contrevenant ou au titulaire du certificat d'immatriculation.**

« II. — *(Décr. nº 2010-671 du 18 juin 2010, art. 6)* **« Sans préjudice de l'article R. 249-9, » le procès-verbal peut être dressé au moyen d'un appareil sécurisé dont les caractéristiques sont fixées par arrêté du garde des sceaux, ministre de la justice, permettant le recours à une signature manuscrite conservée sous forme numérique. »**

COMMENTAIRE

PV électroniques. Les dispositions de l'article R. 49-1 ont été modifiées par le décret nº 2009-598 du 26 mai 2009 afin de permettre la dématérialisation de la constatation des contraventions relevant de la procédure d'amende forfaitaire. Depuis ce décret, il est en effet possible de dresser le procès-verbal de constatation de ces contraventions à l'aide d'un appareil électronique sécurisé. Pour ce faire, des modifications ont également été apportées, par un arrêté du 2 juin 2009, aux articles A. 37 et suivants du code de procédure pénale, dont les dispositions ont été, ensuite, réécrites par un arrêté du 13 mai 2011. Outre des précisions concernant les appareils électroniques sécurisés pouvant être utilisés dans un tel cas (V. art. A. 37-19), on trouve aux articles A. 37-15 et suivants plusieurs aménagements visant notamment à permettre l'envoi des contraventions ainsi constatées au domicile du contrevenant ou, lorsque son identité n'a pu être établie, au domicile du titulaire du certificat d'immatriculation (V. art. A. 37-15). Cette dernière précision montre que ce mode de constatation des contraventions concerne, au premier chef, les contraventions au code de la route (V. d'ailleurs les modifications apportées également à l'article R. 49-10 du code de procédure pénale) et en particulier celles prévues en matière de stationnement. C'est d'ailleurs pour ces contraventions que les PV électroniques ont été imaginés et expérimentés dans plusieurs villes de France en 2008. La dématérialisation des procès-verbaux, amorcée en 2003 avec les radars automatiques (V. art. L. 130-9), a de la sorte franchi une nouvelle étape avec les présentes modifications permettant de généraliser les PV électroniques. ❑

1. Procès-verbal envoyé à l'intéressé. Peu importe que le procès-verbal de constatation d'une contravention de stationnement ne soit pas apposé sur le véhicule en infraction, dès lors qu'aucune disposition légale ou conventionnelle n'impose la notification sur-le-champ du procès-verbal de constatation d'une contravention et que l'art. R. 49-1 C. pr. pén. prévoit expressément, selon les formalités qu'il définit, que l'avis de contravention puisse être transmis ultérieurement au contrevenant. • Crim. 23 janv. 2013, nº 12-84.164 P : *D. actu. 11 mars 2013, obs. Bombled ; D. 2013. AJ 506 ; Dr. pénal 2013, nº 57, note Robert.*

2. Procès-verbal dématérialisé. Les modalités instituées par l'art. A. 37-10 C. pr. pén., devenu art. A. 37-15 de ce même code, dans le cas où la contravention est relevée par procès-verbal dématérialisé ne sont contraires à aucune disposition légale ou conventionnelle et ne privent pas le contrevenant de l'exercice des droits de la défense. • Crim. 5 févr. 2013, nº 12-83.633 P : *D. actu. 19 mars 2013, obs. Bombled ; D. 2013. AJ 568 ; Dr. pénal 2013, nº 57, note Robert ; AJ pénal 2013. 345, obs. Royer* • 12 oct. 2013 : *Dr. pénal 2014. Chron. 7, obs. Gauvin.*

3. Les dispositions de l'art. A. 37-15 C. pr. pén. prévoyant que, lorsque le procès-verbal constatant l'infraction est dressé en l'absence du contrevenant, un document l'informant qu'il recevra à son domicile un avis de contravention peut être déposé sur le véhicule ne privent pas l'intéressé de la possibilité de rapporter utilement la preuve contraire et sont, en conséquence, conformes aux exigences de l'art. 6, § 1, de la Conv. EDH. • Crim. 9 déc. 2014, nº 14-81.172 : *Dr. pénal 2015. Chron. 7, obs. Gauvin.*

4. Le fait qu'un procès-verbal électronique d'infraction ait été signé quatre heures après la constatation des faits, la tablette mise à la disposition de l'agent étant défectueuse, ne le prive pas de sa valeur probante, le procès-verbal électronique ayant été délivré conformément aux modalités définies par les art. R. 49-1 et A. 37-15 C. pr. pén. et aucune disposition légale ou conventionnelle ne subordonnant la régularité d'un procès-verbal de constatation d'une contravention à sa signature sur-le-champ. • Crim. 20 mars 2018, n° 17-83.765 : *Dr. pénal 2018. Chron. 7, obs. Gauvin.*

Art. R. 49-2 *(Décr. n° 2018-795 du 17 sept. 2018, art. 20, en vigueur le 14 oct. 2018)* **Le montant de l'amende peut être acquitté immédiatement entre les mains de l'agent verbalisateur selon des modalités précisées par arrêté du ministre chargé du budget, du ministre de la justice et du ministre de l'intérieur :**

1° Soit lorsque cet agent est porteur d'un carnet de quittances à souches ; le paiement donne alors lieu à la délivrance immédiate d'une quittance extraite de ce carnet à souches ;

2° Soit lorsque cet agent est muni d'un dispositif permettant d'adresser au contrevenant une quittance dématérialisée ; sauf en cas de paiement en espèces, cette quittance n'est adressée au contrevenant que s'il en fait la demande.

Les dispositions issues du Décr. n° 2018-795 du 17 sept. 2018 entrent en vigueur à une date fixée par arrêté du ministre de l'intérieur et du ministre de la justice et au plus tard le 1er janv. 2019 (Décr. préc., art. 20-III), mod. par Arr. du 8 oct. 2018 (JO 13 oct.).

Art. R. 49-3 *(Décr. n° 2015-1845 du 29 déc. 2015, art. 1er, applicable aux avis d'amendes forfaitaires émis à compter du 1er juill. 2016)* **Le paiement de l'amende forfaitaire due pour les avis de contraventions dressés au moyen du formulaire décrit à l'article A. 37-1 et non acquittée immédiatement entre les mains de l'agent verbalisateur est effectué par l'envoi soit au service indiqué sur la carte de paiement jointe à l'avis de contravention, soit au comptable de la direction générale des finances publiques, d'une carte de paiement dûment remplie sur laquelle est apposé un timbre amende dont l'émission, le modèle et les modalités de délivrance sont fixés par arrêté du ministre chargé du budget ou d'un chèque joint à cette carte.** *(Décr. n° 2020-357 du 28 mars 2020, art. 1er)* **« Le paiement par timbre amende n'est pas applicable pour les contraventions de la cinquième classe. »**

Lorsque l'avis de contravention a été constaté à l'aide d'un système de contrôle automatisé ou d'un appareil électronique sécurisé permettant la réalisation d'un procès-verbal dématérialisé, le paiement de l'amende forfaitaire qui n'est pas acquittée immédiatement entre les mains de l'agent verbalisateur est effectué soit par timbre dématérialisé, soit par télépaiement automatisé, soit par envoi au comptable de la direction générale des finances publiques d'un chèque joint à la carte de paiement, soit par virement bancaire international. Un arrêté des ministres de la Justice, chargé du Budget et de l'Intérieur fixe les modalités de ces paiements.

Un arrêté du ministre chargé du Budget fixe les conditions dans lesquelles les amendes forfaitaires peuvent être acquittées au moyen d'un chèque libellé à l'ordre du Trésor public.

Les dispositions issues du Décr. n° 2015-1845 du 29 déc. 2015 sont applicables en Nouvelle-Calédonie, en Polynésie française et dans les îles Wallis-et-Futuna (Décr. préc., art. 4).

Art. R. 49-3-1 *(Décr. n° 2008-764 du 30 juill. 2008 art. 3, en vigueur le 1er nov. 2008)* **Le paiement de l'amende forfaitaire ou de l'amende forfaitaire majorée peut également intervenir dans un délai de quinze jours par télépaiement automatisé ou par timbre dématérialisé, à l'issue des délais prévus par les articles 529-1, 529-8, 529-9 et 530.**

Art. R. 49-4 *(Décr. n° 86-1044 du 18 sept. 1986)* **La requête présentée en application de l'article 529-2 est motivée et accompagnée de l'avis de contravention.**

Il se déduit des dispositions de l'art. R. 49-4 C. pr. pén. que, pour être déclarée recevable, la requête en exonération de l'amende forfaitaire présentée en application de l'art. 529-2 dudit code doit être accompagnée de l'original de l'avis de contravention correspondant à l'amende considérée. • Crim. 3 mars 2009, n° 08-84.162 P. • 8 janv. 2013, n° 12-80.340 P : *D. actu. 8 mars 2013, obs. Fucini ; AJ pénal 2013. 279, note Céré ; Procédures 2013, n° 123, obs. Buisson.*

Art. R. 49-5 *(Décr. n° 95-457 du 26 avr. 1995)* **La majoration de plein droit des amendes forfaitaires prévue par le deuxième alinéa de l'article 529-2 et le deuxième alinéa de l'article 529-5 est constatée par l'officier du ministère public qui la mentionne sur le titre exécutoire prévu par l'alinéa premier de l'article 530.**

Le titre exécutoire mentionne en annexe, pour chaque amende, l'identité et le domicile du contrevenant, le lieu et la date de la contravention et le montant de l'amende forfaitaire majorée.

Le titre exécutoire, signé par l'officier du ministère public, est transmis au comptable principal du Trésor.

Art. R. 49-6 *(Décr. n° 95-457 du 26 avr. 1995)* Le *(Décr. n° 2014-551 du 27 mai 2014, art. 24-6°)* « comptable de la direction générale des finances publiques » adresse au contrevenant un extrait du titre exécutoire le concernant sous forme d'avis l'invitant à s'acquitter du montant de l'amende forfaitaire majorée. Cet avis contient, pour chaque amende, les mentions prévues par le deuxième alinéa de l'article R. 49-5 et indique le délai et les modalités de la réclamation prévue par les deuxième et troisième alinéas de l'article 530.

(Décr. n° 2008-764 du 30 juill. 2008, art. 4, en vigueur le 1er nov. 2008) « Il indique qu'en cas de paiement volontaire de l'amende forfaitaire majorée dans le délai d'un mois à compter de sa date d'envoi, le montant des sommes dues sera diminué de 20 %. »

Les dispositions issues du Décr. n° 2014-551 du 27 mai 2014 sont applicables en Nouvelle-Calédonie, en Polynésie française et à Wallis-et-Futuna (Décr. préc., art. 62-III).

La procédure spécifique au recouvrement des amendes forfaitaires majorées n'impose pas l'envoi au redevable d'un avertissement préalable d'avoir à payer. • Civ. 2e, 13 juin 2002, n° 00-17.047 P : *D. 2002. IR 2656* ; *Jurispr. auto 2003. 117.*

Art. R. 49-6-1 *(Décr. n° 2007-1388 du 26 sept. 2007, art. 12-II)* Lorsque l'avis d'amende forfaitaire majorée envoyé par lettre recommandée à l'adresse figurant sur le certificat d'immatriculation du véhicule, conformément aux dispositions du deuxième alinéa de l'article 530, est revenu avec la mention "n'habite plus à l'adresse indiquée" ou "parti sans laisser d'adresse", le *(Décr. n° 2014-551 du 27 mai 2014, art. 24-1°)* « comptable de la direction générale des finances publiques » envoie au contrevenant une lettre de rappel s'il découvre sa nouvelle adresse avant l'expiration d'un délai d'un an à compter de la date d'envoi du recommandé.

Si, avant l'expiration du délai de trois mois courant à compter de l'envoi de la lettre de rappel, le contrevenant déclare son changement d'adresse au service d'immatriculation des véhicules, il bénéficie du délai de quarante-cinq jours prévu par le deuxième alinéa de l'article 530, à partir de la date de sa déclaration, pour payer le montant de l'amende forfaitaire non majorée, conformément aux dispositions de cet alinéa. Si le changement d'adresse a été fait avant l'envoi de la lettre de rappel, le délai de quarante-cinq jours court à compter de cet envoi.

Dans le cas où l'amende forfaitaire n'a pas été payée dans le délai imparti, le comptable engage la phase contentieuse du recouvrement de l'amende forfaitaire majorée.

L'application des dispositions du présent article se fait sans préjudice de celles de l'article R. 322-7 du code de la route réprimant le défaut de déclaration de changement de domicile dans le délai d'un mois auprès du service d'immatriculation des véhicules.

Les dispositions issues du Décr. n° 2014-551 du 27 mai 2014 sont applicables en Nouvelle-Calédonie, en Polynésie française et à Wallis-et-Futuna (Décr. préc., art. 62-III).

Art. R. 49-6-2 *(Décr. n° 2023-227 du 30 mars 2023, art. 2, en vigueur le 1er avr. 2023)* Le montant de l'amende forfaitaire minorée prévue par l'article 529-2-1 est fixé à 150 euros pour les contraventions de la cinquième classe.

Art. R. 49-7 *(Décr. n° 86-1044 du 18 sept. 1986)* Le montant de l'amende forfaitaire majorée est fixé ainsi qu'il suit :

1° *(Décr. n° 2001-373 du 27 avr. 2001)* « 7 € » pour les contraventions aux dispositions du code de la route commises par les piétons ;

2° 33 € pour les autres contraventions de la 1re classe ;

3° 75 € pour les contraventions de la 2e classe ;

4° 180 € pour les contraventions de la 3e classe ;

5° *(Décr. n° 89-989 du 29 déc. 1989)* « 375 € » pour les contraventions de la 4e classe ;

(Décr. n° 2020-357 du 28 mars 2020, art. 1er) « 6° 450 € pour les contraventions de la cinquième classe. »

Art. R. 49-8 *(Décr. n° 95-457 du 26 avr. 1995)* L'officier du ministère public saisi d'une réclamation recevable informe sans délai le *(Décr. n° 2014-551 du 27 mai 2014, art. 24-6°)* « comptable de la direction générale des finances publiques » de l'annulation du titre exécutoire en ce qui concerne l'amende contestée.

Les dispositions issues du Décr. nº 2014-551 du 27 mai 2014 sont applicables en Nouvelle-Calédonie, en Polynésie française et à Wallis-et-Futuna (Décr. préc., art. 62-III).

Seul le ministère public, sous le contrôle du tribunal de police, apprécie la recevabilité d'une réclamation formée par un contrevenant et, par voie de conséquence, la validité du titre exécutoire servant de fondement aux poursuites, ce qui ne relève donc pas de la compétence du comptable public. • Civ. 2e, 18 oct. 2001, nº 00-16.597 P : *D. 2001. IR 3249*.

Art. R. 49-8-4-1 *(Décr. nº 2013-10 du 3 janv. 2013)* I. — Pour l'application de l'article 529-6, un avis de paiement comportant une carte de paiement ainsi qu'une carte de protestation est adressé par l'exploitant au titulaire du certificat d'immatriculation.

(Décr. nº 2020-1494 du 30 nov. 2020, art. 2) « Pour les contraventions constatées à la suite de l'usage d'un dispositif de péage permettant l'identification des véhicules et la perception du montant du péage sans recours à une barrière physique, un seul avis de paiement est adressé pour un même trajet au sens de l'article R. 419-1 ou de l'article R. 419-2 du code de la route, selon le cas.

« II. — Cet avis mentionne :

« 1° La date, l'heure et le lieu de la contravention, les faits constatés, le numéro d'immatriculation et la catégorie du véhicule ainsi que l'identification de l'agent assermenté de l'exploitant ayant constaté l'infraction ;

« 2° Le montant total des sommes dont le versement vaut réalisation de la transaction, en distinguant :

« *a)* Le montant de l'indemnité forfaitaire, qui est fixé à quatre-vingt-dix euros ;

« *b)* Le cas échéant, le montant de l'indemnité forfaitaire minorée, qui est fixé à dix euros ;

« *c)* Le montant de la somme due au titre du péage éludé ;

« *d)* Le cas échéant, le montant de la somme due au titre du droit départemental de passage prévu à l'article L. 321-11 du code de l'environnement.

« Pour les contraventions constatées à la suite de l'usage d'un dispositif de péage permettant l'identification des véhicules et la perception du montant du péage sans recours à une barrière physique, la date et l'heure de la contravention sont la date et l'heure auxquelles expirent les délais de paiement accordés par l'exploitant pour acquitter le montant du péage dû pour le trajet concerné. Le lieu de la contravention est la désignation du ou des dispositifs de péage franchis sur ce trajet et permettant l'identification des véhicules et la perception du montant du péage sans recours à une barrière physique. »

III. — L'avis de paiement reproduit les dispositions de l'article L. 121-2 du code de la route et informe le contrevenant qu'il doit, dans le délai de deux mois à compter de l'envoi de l'avis :

(Décr. nº 2020-1494 du 30 nov. 2020, art. 2) « 1° Soit s'acquitter des sommes mentionnées aux *a*, *c* et *d* du 2° du II, au moyen d'un chèque bancaire compensable en France joint à la carte de paiement et envoyé au service de l'exploitant dont l'adresse figure dans l'avis, ou par tout autre moyen de paiement qui y est mentionné ; »

2° Soit formuler une protestation auprès de l'exploitant en utilisant la carte à cette fin.

(Décr. nº 2020-1494 du 30 nov. 2020, art. 2) « Pour une contravention constatée à la suite de l'usage d'un dispositif de péage permettant l'identification des véhicules et la perception du montant du péage sans recours à une barrière physique, l'avis de paiement informe le contrevenant qu'il peut, dans un délai de quinze jours à compter de l'envoi de l'avis, s'acquitter d'un montant comprenant, outre les sommes mentionnées au *c* et, le cas échéant, au *d* du 2° du II, l'indemnité forfaitaire minorée mentionnée au *b* du même 2° à la place de l'indemnité forfaitaire mentionnée au *a*.

« L'avis de paiement informe le contrevenant des conséquences du défaut de paiement ou de protestation dans le délai de deux mois, mentionnées au dernier alinéa de l'article 529-6 du présent code et à l'article L. 419-1 du code de la route.

« IV. — Le respect des délais de deux mois et de quinze jours s'apprécie au regard de la date de télépaiement automatisé ou de paiement en ligne ou au regard de la date d'envoi du moyen de paiement ou de la protestation attestée par le cachet de l'opérateur postal. »

V. — Un arrêté conjoint du garde des sceaux, ministre de la justice, et du ministre chargé de la voirie routière détermine les mentions du procès-verbal de contravention établi par l'agent assermenté de l'exploitant. Il fixe les modèles du procès-verbal de contravention et de l'avis de paiement.

La notice du Décr. n° 2020-1494 du 30 nov. 2020 prévoit que ce texte entre en vigueur six mois après sa publication (JO 2 déc.). Cependant, cette indication n'est pas reprise dans les dispositions réglementaires.

Dispositions applicables à certaines infractions au code de la route

Art. R. 49-8-5 *(Décr. n° 2002-801 du 3 mai 2002)* Les dispositions de l'article 529-7 du présent code relatives à l'amende forfaitaire minorée sont applicables aux contraventions des deuxième, troisième et quatrième classes mentionnées à l'article R. 48-1 (1°) à l'exception des contraventions réprimées par les articles R. 417-1 à R. 417-13 et R. 421-7 du code de la route relatives à l'arrêt et au stationnement dangereux, gênant ou abusif.

V. C. route, art. R. 417-1 à R. 417-13 et R. 421-7.

Art. R. 49-9 *(Décr. n° 90-388 du 10 mai 1990)* Le montant de l'amende forfaitaire minorée prévue par l'article 529-7 est fixé ainsi qu'il suit :

1° 22 € pour les contraventions de la 2e classe ;

2° 45 € pour les contraventions de la 3e classe ;

3° 90 € pour les contraventions de la 4e classe.

Art. R. 49-10 *(Décr. n° 90-388 du 10 mai 1990)* Un avis de contravention et une carte de paiement, dont le modèle est fixé par arrêté du garde des sceaux, ministre de la justice, sont remis au contrevenant au moment de la constatation de l'une des infractions prévues par l'article *(Décr. n° 2002-801 du 3 mai 2002)* « R. 49-8-5 ».

L'avis mentionne le montant de l'amende forfaitaire minorée, le délai accordé pour la régler, la personne ou le service auprès duquel le paiement doit être effectué.

Il mentionne également la procédure applicable en cas de non-paiement de l'amende forfaitaire minorée, notamment le délai et les modalités de la requête prévue par le premier alinéa de l'article 529-2, le montant de l'amende forfaitaire dont le contrevenant doit s'acquitter ainsi que le montant de l'amende forfaitaire majorée qui sera due par le contrevenant en cas de non-paiement de l'amende forfaitaire ou à défaut de la présentation d'une requête dans les délais.

Lorsque les documents mentionnés aux alinéas précédents ne peuvent être remis au contrevenant, ils sont adressés au titulaire du certificat d'immatriculation.

(Décr. n° 2009-598 du 26 mai 2009) « Les dispositions du troisième alinéa du I et celles du II de l'article R. 49-1 sont applicables. »

Art. R. 49-11 *(Décr. n° 90-388 du 10 mai 1990)* Le paiement de l'amende forfaitaire minorée est effectué en espèces *(Décr. n° 2007-1388 du 26 sept. 2007, art. 12-IV)* « , au moyen d'un chèque ou, si l'agent dispose du matériel à cette fin, par carte bancaire » entre les mains de l'agent verbalisateur. Celui-ci délivre immédiatement au contrevenant une quittance, dont le modèle est fixé par arrêté du ministre chargé du budget.

(Décr. n° 2015-1845 du 29 déc. 2015, art. 2, applicable aux avis d'amendes forfaitaires émis à compter du 1er juill. 2016) « Si le montant de l'amende forfaitaire n'est pas acquitté dans les conditions prévues au premier alinéa, le paiement est effectué, dans les délais prévus à l'article 529-8 et selon des modalités fixées par arrêté des ministres de la justice, chargé du budget et de l'intérieur, soit par timbre dématérialisé, soit par télépaiement automatisé, soit par envoi au comptable de la direction générale des finances publiques d'un chèque joint à la carte de paiement, soit par virement bancaire international. Dans le cas prévu au premier alinéa de l'article R. 49-3, le paiement peut être effectué par l'envoi, dans les mêmes délais, au service indiqué dans l'avis de contravention ou au comptable de la direction générale des finances publiques, de la carte de paiement dûment remplie sur laquelle est apposé le timbre amende ou d'un chèque joint à cette carte de paiement. »

(Décr. n° 95-457 du 26 avr. 1995) « Un arrêté du ministre du budget fixe les conditions dans lesquelles les amendes forfaitaires minorées peuvent être acquittées au moyen d'un chèque libellé à l'ordre du Trésor public. » — *V. Arr. du 23 déc. 1999.*

Art. R. 49-12 *(Décr. n° 90-388 du 10 mai 1990)* Lorsque le contrevenant n'a pas réglé l'amende forfaitaire minorée, il est redevable de l'amende forfaitaire et les dispositions des articles R. 49, R. 49-3 à R. 49-8 lui sont applicables.

Art. R. 49-13 *(Décr. nº 90-388 du 10 mai 1990)* Les contraventions au code de la route prévues par l'article *(Décr. nº 2002-801 du 3 mai 2002)* « R. 48-1 » pour lesquelles l'amende forfaitaire minorée n'est pas applicable sont soumises aux dispositions des articles R. 49 à R. 49-8.

Art. R. 49-14 *(Décr. nº 2003-642 du 11 juill. 2003, art. 3)* L'avis de contravention et la carte de paiement mentionnés à l'article R. 49-1, s'ils sont adressés en application de l'article 529-10, sont accompagnés d'un formulaire de requête en exonération précisant les conditions de recevabilité de la requête prévue par l'article 529-2, les modalités de paiement de la consignation, ainsi que les sanctions prévues par les articles 226-10 et 441-1 du code pénal et R. 49-19 du présent code.

V. art. A. 37-8.

Art. R. 49-15 *(Décr. nº 2003-642 du 11 juill. 2003, art. 3)* L'avis d'amende forfaitaire majorée adressé en application de l'article 529-10 précise les conditions de recevabilité de la réclamation prévue par l'article 530, les modalités de paiement de la consignation, ainsi que les sanctions prévues par les articles 226-10 et 441-1 du code pénal et R. 49-19 du présent code.

V. art. A. 37-8.

Art. R. 49-16 *(Décr. nº 2003-642 du 11 juill. 2003, art. 3)* Lorsque la requête en exonération ou la réclamation est accompagnée des renseignements prévus au *b* du 1° de l'article 529-10, elle précise les noms, prénoms, sexe, date de naissance et adresse du conducteur présumé, ainsi que le numéro de son permis de conduire.

Art. R. 49-16-1 *(Décr. nº 2021-873 du 29 juin 2021, art. 5)* Lorsque la requête en exonération ou la réclamation est accompagnée du document prévu au *d* du 1° de l'article 529-10, ce dernier contient les informations pertinentes précisées par arrêté conjoint du garde de sceaux, ministre de la justice, et des ministres chargés des transports et de la sécurité routière, issues des données enregistrées par le dispositif d'enregistrement des données d'état de délégation de conduite.

Art. R. 49-17 *(Décr. nº 2003-642 du 11 juill. 2003, art. 3)* La consignation prévue aux articles R. 49-14 et R. 49-15 s'effectue *(Abrogé par Décr. nº 2015-1845 du 29 déc. 2015, art. 3, applicable aux avis d'amendes forfaitaires émis à compter du 1er juill. 2016)* ***« soit en utilisant le timbre prévu au premier alinéa de l'article R. 49-3, »*** soit en espèces, soit par chèque libellé à l'ordre du Trésor public, soit par carte bancaire, soit par un mode de paiement à distance, *(Décr. nº 2013-1097 du 2 déc. 2013, en vigueur le 1er mars 2014)* « soit par virement bancaire international, » suivant les modalités fixées par arrêté du garde des sceaux, ministre de la justice, du ministre chargé du budget, du ministre chargé de l'intérieur et du ministre de la défense.

Art. R. 49-18 *(Décr. nº 2003-642 du 11 juill. 2003, art. 3)* Lorsqu'une consignation a été acquittée en application des dispositions de l'article 529-10, il est fait application des dispositions suivantes :

Si la consignation n'est pas suivie d'une requête en exonération ou d'une réclamation formulée conformément aux dispositions des articles 529-2, 529-10 et 530, elle est considérée comme valant paiement de l'amende forfaitaire ou de l'amende forfaitaire majorée.

Si l'officier du ministère public classe sans suite la contravention, il notifie sa décision à l'auteur de la requête en exonération en l'informant que la consignation lui sera remboursée.

(Décr. nº 2013-1097 du 2 déc. 2013, en vigueur le 1er mars 2014) « Si l'officier du ministère public considère que la requête en exonération ou que la réclamation est irrecevable, l'avis qu'il est tenu d'adresser à la personne en application du premier alinéa de l'article 530-1 indique les raisons de sa décision. Lorsque la décision d'irrecevabilité est fondée sur l'absence de motivation de la requête en exonération ou de la réclamation, cet avis doit être adressé par lettre recommandée, qui informe la personne qu'elle peut, dans un délai d'un mois courant à compter de son envoi, contester cette décision par lettre recommandée avec demande d'accusé de réception. Si cette contestation ne donne pas lieu au classement sans suite de la contravention, l'officier du ministère public est alors tenu de saisir *(Décr. nº 2017-683 du 28 avr. 2017, art. 3-4° et 5, en vigueur le 1er juill. 2017)* « le tribunal de police » conformément aux articles 524 à 528-2 ou aux articles 531 et suivants.

« Pour l'application des dispositions du premier alinéa de l'article 530-1 et du quatrième alinéa du présent article, ne sont considérées comme motivées que les requêtes ou réclamations dans lesquelles la personne soit conteste avoir commis la contravention, soit reconnaît avoir commis la contravention tout en fournissant des éléments circonstanciés susceptibles de justifier le classement sans suite pour des raisons juridiques ou d'opportunité. »

En cas de condamnation à une peine d'amende ou lorsque le prévenu est déclaré redevable de l'amende en application de l'article L. 121-3 du code de la route, la juridiction de jugement précise dans sa décision le montant de l'amende restant dû après déduction du montant de la consignation.

En cas de décision de relaxe et s'il n'est pas fait application de l'article L. 121-3 du code de la route, la juridiction ordonne le remboursement de la consignation au prévenu.

(Décr. nº 2008-764 du 30 juill. 2008, art. 5, en vigueur le 1er nov. 2008) « Dans les cas prévus par les troisième et *(Décr. nº 2013-1097 du 2 déc. 2013, en vigueur le 1er mars 2014)* « septième » alinéas, un formulaire spécifique est alors adressé à la personne pour lui permettre d'être remboursée de sa consignation. »

BIBL. ▶ ROBERT, *Dr. pénal 2014, nº 4* (un tout petit pas vers le contradictoire en matière d'amendes forfaitaires).

Art. R. 49-19 *(Décr. nº 2003-642 du 11 juill. 2003, art. 3)* Hors les cas prévus par les articles 226-10 et 441-1 du code pénal, le fait, pour l'auteur d'une requête en exonération ou d'une réclamation relevant des dispositions de l'article 529-10 du présent code, de donner, en application du *b* du 1º de cet article, des renseignements inexacts ou erronés est puni de l'amende prévue pour les contraventions de la cinquième classe. *(Abrogé par Décr. nº 2010-671 du 18 juin 2010, art. 5-X)* ***« Les personnes morales peuvent être déclarées responsables pénalement, dans les conditions prévues par l'article 121-2 du code pénal, de la contravention prévue par le présent code. »***

TROISIÈME PARTIE : *DÉCRETS*

Art. D. 1 *(Décr. nº 95-932 du 17 août 1995)* I. — *(Décr. nº 2016-1455 du 28 oct. 2016, art. 2)* « Toute association mentionnée au deuxième alinéa de l'article 2-9 ou au premier alinéa de l'article 2-15 peut demander l'agrément prévu par ces dispositions dès lors qu'elle remplit les conditions suivantes : »

1º Un nombre représentatif de membres adhérents qui ont été victimes de l'infraction ;

2º Des garanties suffisantes d'une activité effective en vue de la défense des victimes de l'infraction, notamment par l'intervention d'un avocat ;

3º Le caractère désintéressé des activités.

L'agrément est accordé par arrêté du ministre de la justice.

La condition visée au 2º est notamment satisfaite par l'adhésion de l'association au sein d'une fédération lui permettant d'assurer une activité effective en vue de la défense des victimes et agréée par arrêté du ministre de la justice.

II. — *(Décr. nº 2002-223 du 20 févr. 2002)* « La demande d'agrément est adressée au ministère de la justice ». Le dossier accompagnant la demande d'agrément doit comprendre un exemplaire des statuts et du récépissé de déclaration, ainsi que la justification des conditions prévues aux 1º à 3º ci-dessus.

(Décr. nº 2004-1364 du 13 déc. 2004, art. 23, en vigueur le 1er janv. 2005) « Lorsque le dossier remis est complet, il en est délivré récépissé. La décision d'agrément est notifiée dans un délai de deux mois à compter de la date de délivrance du récépissé ».

L'avis prévu *(Décr. nº 2016-1455 du 28 oct. 2016, art. 2)* « par l'article 2-9 ou » par l'article 2-15 est donné par le procureur de la République de la juridiction saisie, ou par le procureur de la République de la juridiction dans le ressort de laquelle l'association a son siège.

(Décr. nº 2004-1364 du 13 déc. 2004, art. 23, en vigueur le 1er janv. 2005) « Toute association agréée devra fournir annuellement au procureur de la République compétent mentionné à l'alinéa précédent, les pièces suivantes : la liste actualisée de ses adhérents, un exemplaire du dernier procès-verbal de l'assemblée générale ainsi que du dernier exercice comptable. »

L'agrément peut être suspendu ou retiré par arrêté du ministre de la justice lorsque l'association ne remplit plus l'une des conditions ayant justifié l'agrément. L'association doit être au préalable mise en demeure de présenter ses observations.

(*Décr. nº 2004-1364 du 13 déc. 2004, art. 23, en vigueur le 1er janv. 2005*) « L'association qui entend contester une décision de refus implicite, de suspension ou de retrait d'agrément doit, préalablement à tout recours contentieux, présenter un recours gracieux au ministre de la justice. »

III. — Au moment de sa constitution de partie civile, le président de l'association doit faire connaître à la juridiction saisie la liste des personnes victimes de l'infraction qui ont adhéré à l'association. Il doit lui communiquer en cours de procédure l'identité des victimes dont l'adhésion est intervenue postérieurement à cette constitution de partie civile.

....

LIVRE II DES JURIDICTIONS DE JUGEMENT

TITRE II DU JUGEMENT DES DÉLITS

CHAPITRE I *DU TRIBUNAL CORRECTIONNEL*

SECTION 9 *De la procédure de l'amende forfaitaire applicable à certains délits*

(*Décr. nº 2017-429 du 28 mars 2017, en vigueur le 1er nov. 2018*)

Le Décr. nº 2017-429 du 28 mars 2017 entre en vigueur le premier jour du mois suivant la publication de l'arrêté visé à l'art. D. 45-21 (Arr. du 14 oct. 2018 précisant les modalités des contestations dématérialisées des amendes forfaitaires délictuelles prévues à l'art. 495-20 C. pr. pén., JO 21 oct.), soit le 1er nov. 2018 (Décr. préc., art. 4).

Art. D. 45-3 (*Décr. nº 2019-507 du 24 mai 2019, art. 7-I*) La procédure de l'amende forfaitaire est applicable aux délits pour lesquels la loi le prévoit, lorsque ces délits sont constatés par un procès-verbal électronique dressé au moyen d'un appareil sécurisé permettant le recours à une signature sous forme numérique conformément à l'article 801-1.

Les dispositions des I, II, III et V de l'art. 7 du Décr. nº 2019-507 du 24 mai 2019 entreront en vigueur le lendemain de la publication au JO de l'Arr. mentionné au dernier al. de l'art. 495-20 C. pr. pén. modifiant les art. A. 36-14 à A. 36-16 du même code et précisant les modalités selon lesquelles les requêtes et les réclamations peuvent être adressées de façon dématérialisée (Décr. préc., art. 11).

Art. D. 45-4 A la suite de la constatation du délit, un avis d'infraction, une notice de paiement et un formulaire de requête en exonération, sont envoyés au domicile de l'intéressé par lettre (*Décr. nº 2021-1093 du 18 août 2021, art. 2*) « simple ».

Lors de la constatation du délit, la personne est avisée qu'elle recevra un avis d'amende forfaitaire au domicile qu'elle a déclaré. Il est fait mention de cet avis dans le procès-verbal électronique dressé conformément à l'article D. 45-3.

(*Décr. nº 2023-1026 du 6 nov. 2023, art. 2*) « En cas de paiement du montant de l'amende forfaitaire minorée entre les mains de l'agent verbalisateur au moment de la constatation de l'infraction, seul l'avis d'amende forfaitaire est envoyé. »

(*Décr. nº 2019-507 du 24 mai 2019, art. 7-II*) Lorsque la procédure de l'amende forfaitaire est appliquée au délit de conduite sans assurance, prévu à l'article L. 324-2 du code de la route et que celui-ci a été constaté, sans interception du conducteur, selon les modalités prévues à l'article L. 130-9 du même code, par ou à partir d'un appareil de contrôle automatique, ces documents sont adressés au titulaire du certificat d'immatriculation.

V. note ss. art. D. 45-3.

Art. D. 45-5 (*Décr. nº 2017-429 du 28 mars 2017, en vigueur le 1er nov. 2018*) L'avis d'infraction comporte des mentions relatives :

1° Au service verbalisateur, à la nature, au lieu et à la date du délit, aux références des textes réprimant ce délit, (*Décr. nº 2019-507 du 24 mai 2019, art. 7-III*) « et à l'identité de l'auteur de l'infraction » ;

(*Décr. nº 2019-507 du 24 mai 2019, art. 7-III*) « 1° *bis* Lorsque l'infraction est commise à l'occasion de la conduite d'un véhicule, aux éléments d'identification du véhicule et à l'identité du conducteur ou, lorsque celle-ci n'a pu être relevée, à celle du titulaire du certificat d'immatriculation ; »

2° Au montant de l'amende forfaitaire encourue ainsi qu'au montant de cette amende en cas de minoration ou de majoration en considération du délai ou du mode de paiement ;

3° A la procédure applicable en cas de non-paiement de l'amende forfaitaire, notamment au délai et aux modalités de la requête prévue par le premier alinéa de l'article 495-

18, au montant de l'amende forfaitaire dont l'intéressé doit s'acquitter ainsi qu'à celui de l'amende forfaitaire majorée qui sera due à défaut de paiement de l'amende forfaitaire ou de la présentation d'une requête dans les délais ;

4° Aux peines encourues pour le délit constaté et que le tribunal correctionnel est susceptible de prononcer s'il est saisi à la suite d'une requête en exonération.

Lorsqu'il s'agit du délit de conduite sans assurance prévu par *[l'article]* L. 324-2 du code de la route, l'avis précise que l'amende est majorée conformément à l'article L. 211-27 du code des assurances.

V. note ss. art. D. 45-3.

Art. D. 45-5-1 *(Décr. nº 2023-1026 du 6 nov. 2023, art. 2)* Lorsque le paiement de l'amende forfaitaire minorée est effectué entre les mains de l'agent verbalisateur, l'avis d'infraction comporte les mentions relatives :

1° Au service verbalisateur, à la nature, au lieu et à la date du délit, aux références des textes réprimant ce délit, et à l'identité de l'auteur de l'infraction ;

2° Lorsque l'infraction est commise à l'occasion de la conduite d'un véhicule, aux éléments d'identification du véhicule et à l'identité du conducteur ;

3° Au montant de l'amende forfaitaire minorée assorti de la mention "amende payée".

Art. D. 45-6 La notice de paiement précise les modalités de paiement de l'amende forfaitaire prévues par l'article D. 45-8.

Art. D. 45-7 Le formulaire de requête en exonération précise les conditions de recevabilité de la requête prévue par l'article 495-18, les modalités de paiement de la consignation hors les cas prévus par l'article D. 45-15, ainsi que les sanctions prévues par les articles 226-10 et 441-1 du code pénal.

A peine d'irrecevabilité, la requête présentée en application de l'article 495-18 doit être motivée et, sauf si elle adressée de façon dématérialisée, être faite en utilisant ce formulaire.

Art. D. 45-8 Le paiement de l'amende forfaitaire ou de la consignation est effectué selon des modalités prévues par le deuxième alinéa de l'article R. 49-3.

(Décr. nº 2023-1026 du 6 nov. 2023, art. 2) « En cas de paiement immédiat effectué entre les mains de l'agent verbalisateur, il est procédé selon les modalités prévues à l'article R. 49-2. »

Art. D. 45-9 Les délais mentionnés aux articles 495-18 et 495-19 s'apprécient, en cas d'envoi du règlement de l'amende par courrier, au regard de la date d'envoi du moyen de paiement attestée par le cachet de l'opérateur postal.

Lorsque les avis d'infraction ou d'amende forfaitaire majorée sont adressés à une personne résidant à l'étranger, celle-ci peut effectuer son paiement dans un délai d'un mois à l'issue des délais mentionnés aux articles 495-18 et 495-19.

Lorsque le paiement de l'amende forfaire ou de l'amende forfaitaire majoré s'effectue par télépaiement automatisé ou par timbre dématérialisé, il peut intervenir dans un délai de quinze jours à l'issue des délais résultant des articles 495-18 et 495-19 et, le cas échéant, du précédent alinéa.

Art. D. 45-10 La majoration de plein droit des amendes forfaitaires prévue par le dernier alinéa de l'article 495-18 est constatée par le procureur de la République qui la mentionne sur le titre exécutoire prévu par le premier alinéa de l'article 495-19.

Le titre exécutoire mentionne en annexe, pour chaque amende, l'identité et le domicile de l'intéressé, le lieu et la date du délit et le montant de l'amende forfaitaire majorée.

Le titre exécutoire, signé par le procureur de la République, est transmis au comptable de la direction générale des finances publiques.

Art. D. 45-11 Le comptable de la direction générale des finances publiques adresse à l'intéressé, pour chaque amende, un extrait du titre exécutoire le concernant sous forme d'avis l'invitant à s'acquitter du montant de l'amende forfaitaire majorée.

Cet avis contient les mentions prévues par le 1° de l'article D. 45-5 et indique le délai et les modalités de la réclamation prévue par les deuxième et troisième alinéas de l'article 495-19. Conformément aux dispositions de l'article 707-2 et du 5° de l'article R. 55, il indique qu'en cas de paiement volontaire de l'amende forfaitaire majorée dans le délai d'un mois à compter de sa date d'envoi, le montant des sommes dues sera diminué de 20 %.

(Décr. nº 2019-507 du 24 mai 2019, art. 7-IV) « Est joint à cet avis un formulaire de réclamation conformément au premier alinéa de l'article 495-20. »

V. note ss. art. D. 45-3.

Art. D. 45-12 Le procureur de la République saisi d'une réclamation recevable informe sans délai le comptable de la direction générale des finances publiques de l'annulation du titre exécutoire en ce qui concerne l'amende contestée.

Art. D. 45-13 L'avis d'amende forfaitaire majorée adressé en application de l'article 495-20 précise les conditions de recevabilité de la réclamation prévue par l'article 495-19, les modalités de paiement de la consignation, ainsi que les sanctions prévues par les articles 226-10 et 441-1 du code pénal.

Art. D. 45-14 Si la consignation n'est pas suivie d'une requête en exonération ou d'une réclamation formulée conformément aux dispositions des articles 495-18 et 495-19, elle est considérée comme valant paiement de l'amende forfaitaire ou de l'amende forfaitaire majorée.

Art. D. 45-15 *(Décr. nº 2019-507 du 24 mai 2019, art. 7-V)* I. — L'auteur de la requête en exonération ou de la réclamation est dispensé de consignation s'il adresse une copie du récépissé du dépôt de plainte pour le délit d'usurpation d'identité prévu par l'article 434-23 du code pénal.

II. — Lorsque la procédure de l'amende forfaitaire concerne le délit de conduite sans permis, il est également dispensé de consignation s'il adresse une photocopie de son permis de conduire en cours de validité au moment de la constatation des faits.

III. — Lorsque la procédure de l'amende forfaitaire concerne le délit de conduite sans assurance, il est également dispensé de consignation s'il adresse :

1° une photocopie d'une attestation d'assurance en cours de validité au moment de la constatation des faits ;

2° ou, s'il a été fait application des dispositions du dernier alinéa de l'article D. 45-4 du présent code :

a) soit une copie du récépissé du dépôt de plainte pour vol ou destruction du véhicule ou pour le délit d'usurpation de plaque d'immatriculation prévu par l'article L. 317-4-1 du code de la route, ou une copie du certificat de destruction de véhicule établi conformément aux dispositions de l'article R. 322-9 du code de la route ;

b) soit des copies de la déclaration de cession du véhicule et de son accusé d'enregistrement dans le système d'immatriculation des véhicules.

V. note ss. art. D. 45-3.

Art. D. 45-16 *(Décr. nº 2019-507 du 24 mai 2019, art. 7)* Conformément aux dispositions *(Décr. nº 2021-1093 du 18 août 2021, art. 3)* « des articles 39-3 et » 495-22, le procureur de la République du tribunal judiciaire de Rennes est compétent pour :

(Décr. nº 2021-1093 du 18 août 2021, art. 3) « 1° Lorsque les mentions du procès-verbal ne sont pas conformes aux dispositions des articles 495-17 à 495-24-1 ou avec les dispositions de la présente section, mettre fin à la procédure de l'amende forfaitaire et transmettre ce procès-verbal, sous forme dématérialisée, au procureur de la République du tribunal judiciaire dans le ressort duquel l'infraction a été constatée, afin que ce dernier apprécie les suites qu'il convient de lui donner ;

« 2° » Émettre le titre rendu exécutoire majorant le montant de l'amende forfaitaire à défaut de paiement ou de requête présentée dans les délais requis, conformément au dernier alinéa de l'article 495-18 et à l'article D. 45-10 ;

(Décr. nº 2021-1093 du 18 août 2021, art. 3) « 3° » Recevoir les requêtes faites en application du premier alinéa de l'article 495-18 et les réclamations faites en application du deuxième alinéa de l'article 495-19, apprécier leur recevabilité formelle et le respect de l'obligation de consignation.

S'il estime la requête ou la réclamation formellement recevable et s'il ne décide pas lui-même de renoncer à l'exercice des poursuites, ce magistrat l'adresse avec le dossier de la procédure, sous forme dématérialisée, au procureur de la République du tribunal judiciaire dans le ressort duquel réside la personne, afin que ce dernier décide, conformément à l'article 495-21 soit de renoncer à l'exercice des poursuites, auquel cas il notifie sa décision à l'auteur de la requête en exonération ou de la réclamation en l'informant que la consignation lui sera remboursée, soit de procéder conformément aux articles 389 à 390-1, 393 à 397-7, 495 à 495-6 ou 495-7 à 495-16.

Si le procureur de la République de Rennes considère que la requête en exonération ou la réclamation est irrecevable, l'avis qu'il est tenu d'adresser à la personne en application du premier alinéa de l'article 495-21 indique les raisons de sa décision. Cet avis doit être adressé par lettre recommandée, qui informe la personne qu'elle peut, dans un délai d'un mois courant à compter de son envoi, contester cette décision par lettre recommandée avec demande d'accusé de réception. Si le procureur de la République de Rennes estime que la contestation a permis de conclure à la recevabilité de la requête ou de la réclamation, il fait application de l'alinéa précédent. Dans le cas contraire, ce magistrat adresse la contestation avec le dossier de la procédure, sous forme dématérialisée, au procureur de la République du tribunal judiciaire dans le ressort duquel réside la personne, afin que ce dernier la transmette au juge mentionné au premier alinéa de l'article 495-21, selon les modalités prévues à l'article D. 45-19.

Art. D. 45-17 En cas de condamnation à une peine d'amende, la juridiction de jugement précise dans sa décision le montant de l'amende restant dû après déduction du montant de la consignation.

En cas de décision de relaxe, ou, dans le cas prévu par le dernier alinéa de l'article 495-21, de condamnation à une peine autre qu'une amende ou à une amende inférieure au montant de la consignation, la juridiction ordonne le remboursement à la personne de la consignation ou d'une partie de celle-ci.

Art. D. 45-18 En cas de classement sans suite ou dans les cas prévus au deuxième alinéa de l'article D. 45-17, un formulaire spécifique est adressé à la personne pour lui permettre d'être remboursée de sa consignation.

Art. D. 45-19 *(Décr. nº 2019-507 du 24 mai 2019, art. 7)* Pour l'application des dispositions du deuxième alinéa de l'article 495-19 et *[du]* premier alinéa de l'article 495-21, ne sont considérées comme motivées que les requêtes ou réclamations dans lesquelles la personne soit conteste avoir commis l'infraction, soit reconnaît avoir commis l'infraction tout en fournissant des éléments circonstanciés susceptibles de justifier le classement sans suite pour des raisons juridiques ou d'opportunité.

Le procureur de la République transmet la contestation mentionnée au troisième alinéa du 2° de l'article D. 45-16 avec ses réquisitions, au juge mentionné au premier alinéa de l'article 495-21. Ce juge statue par ordonnance motivée au seul vu de la contestation et de ces réquisitions, sauf s'il estime nécessaire d'entendre la personne. Cette ordonnance est communiquée au procureur de la République et notifiée à la personne par lettre recommandée. Si l'avis d'irrecevabilité contesté est déclaré irrégulier, le procureur de la République doit soit classer sans suite, soit mettre en mouvement l'action publique.

Art. D. 45-20 Les incidents contentieux relatifs à l'exécution du titre exécutoire et à la rectification des erreurs matérielles qu'il peut comporter sont déférés au tribunal correctionnel dans le ressort duquel réside la personne, qui statue conformément aux dispositions de l'article 711.

Art. D. 45-21 Un arrêté pris par le garde des sceaux, ministre de la justice, et le ministre de l'intérieur précise les modalités selon lesquelles les requêtes et les réclamations peuvent être adressées de façon dématérialisée. — *V. art. A. 37-20.*

Sur l'entrée en vigueur du Décr. nº 2017-429 du 28 mars 2017, V. note ss. sect. IX.

QUATRIÈME PARTIE : *ARRÊTÉS*

(Arr. du 23 déc. 1958 ; Arr. du 27 févr. 1959)

CHAPITRE I *DU TRIBUNAL CORRECTIONNEL*

(Arr. du 14 oct. 2018, art. 1er, en vigueur le 1er nov. 2018)

SECTIONS 1 À 6

Néant.

SECTION 7 *De la procédure simplifiée de l'amende forfaitaire délictuelle*

Art. A. 36-14 *(Arr. du 17 avr. 2020)* Lorsque la loi prévoit que l'action publique peut être éteinte par le versement d'une amende forfaitaire, la personne ayant reçu un avis d'amende forfaitaire consécutif à une infraction constatée selon les modalités prévues à l'article D. 45-3 peut adresser la requête en exonération ou la réclamation prévues aux articles 495-18 et 495-19 de façon dématérialisée conformément aux modalités précisées par la présente section.

La contestation est faite sur le site "www.antai.fr", en utilisant les informations figurant sur l'avis d'amende forfaitaire ou l'avis d'amende forfaitaire majorée, à l'aide du formulaire de contestation en ligne figurant sur ce site.

Cette contestation produit les mêmes effets que l'envoi de la lettre recommandée avec demande d'avis de réception prévu au premier alinéa de l'article 495-20.

Art. A. 36-15 *(Arr. du 17 avr. 2020)* La contestation en ligne peut être faite pour l'un des motifs prévus par le présent article :

1° Dans tous les cas, si la personne a été victime d'une usurpation d'identité au moment de la constatation des faits ;

2° Lorsque la procédure de l'amende forfaitaire concerne le délit de conduite sans permis, si la personne était titulaire d'un permis de conduire en cours de validité au moment de la constatation des faits ;

3° Lorsque la procédure de l'amende forfaitaire concerne le délit de conduite sans assurance, si la personne bénéficiait d'une assurance en cours de validité au moment de la constatation des faits ;

4° Lorsque le délit de conduite sans assurance a été constaté, sans interception du conducteur, selon les modalités prévues à l'article L. 130-9 du même code, par ou à partir d'un appareil de contrôle automatique, si le véhicule mis en cause a été vendu, cédé, volé, détruit ou a fait l'objet d'une usurpation de plaques d'immatriculation ;

5° Autre motif.

Art. A. 36-16 *(Arr. du 17 avr. 2020)* La personne transmet de façon numérisée, selon les formats indiqués sur le site "www.antai.fr" :

1° Dans le cas prévu au 1° de l'article A. 36-15, la copie du récépissé du dépôt de plainte pour le délit d'usurpation d'identité prévu par l'article 434-23 du code pénal ;

2° Dans le cas prévu au 2° de l'article A. 36-15, la copie de son permis de conduire en cours de validité au moment de la constatation des faits ;

3° Dans le cas prévu au 3° de l'article A. 36-15, la copie d'une attestation d'assurance en cours de validité au moment de la constatation des faits ;

4° Dans le cas prévu au 4° de l'article A. 36-15, la copie du récépissé du dépôt de plainte pour vol ou destruction du véhicule ou pour le délit d'usurpation de plaque d'immatriculation prévu par l'article L. 317-4-1 du code de la route, la copie de la déclaration de destruction de véhicule établie conformément aux dispositions de l'article R. 322-9 du code de la route, ou les copies de la déclaration de cession du véhicule et de son accusé d'enregistrement dans le système d'immatriculation des véhicules.

Art. A. 36-17 Dans tous les cas, un accusé d'enregistrement de la contestation est présenté automatiquement à la personne lorsque celle-ci a validé et envoyé sa contestation. Ce document peut être téléchargé ou imprimé par la personne.

Art. A. 36-18 Le paiement de la consignation ou de l'amende forfaitaire peut être effectué :

– soit par télépaiement automatisé ;

– soit par envoi au comptable de la direction générale des finances publiques d'un chèque joint à la carte de paiement ;

– soit par virement bancaire international.

CHAPITRE II *BIS* ***DE LA PROCÉDURE DE L'AMENDE FORFAITAIRE***

(Arr. du 13 mai 2011, en vigueur le 1er août 2011)

SECTION 1 ***Dispositions relatives au procès-verbal, à l'avis de contravention et à la carte de paiement concernant les contraventions forfaitisées***

SOUS-SECTION 1 *Dispositions communes*

Art. A. 37 Pour relever les contraventions soumises à la procédure de l'amende forfaitaire dans le cas où celles-ci ne sont pas payées immédiatement entre les mains de l'agent verbalisateur, ce dernier utilise des formulaires dont les caractéristiques sont fixées par les dispositions de la présente section.

L'utilisation après le 1er août 2011 des formulaires pour la constatation et le paiement des contraventions soumises à la procédure de l'amende forfaitaire prévue par les articles A. 37-1 à A. 37-20 dans leur rédaction antérieure à celle résultant de l'Arr. du 13 mai 2011 est sans incidence sur la régularité de la procédure (Arr. du 13 mai 2011, art. 5).

Art. A. 37-1 Sauf s'il en est disposé autrement, le formulaire utilisé par l'agent verbalisateur est constitué :

— d'un premier volet, de format 100 mm × 186 mm, qui constitue la carte de paiement ;

— d'un deuxième volet, de format 100 mm × 186 mm, qui constitue l'avis de contravention ;

— d'un troisième volet, de format 100 mm × 186 mm, qui constitue le procès-verbal de contravention.

La carte de paiement et l'avis de contravention sont destinés au contrevenant.

Le procès-verbal de contravention est conservé par le service auquel appartient l'agent verbalisateur ou adressé à l'unité de gendarmerie ou de police compétente, quand les agents verbalisateurs sont ceux visés au 2° et au 8° de l'article L. 130-4 du code de la route.

SOUS-SECTION 2 *Dispositions applicables aux contraventions ne donnant pas lieu à retrait de points du permis de conduire*

§ 1 *Dispositions générales*

Art. A. 37-2 Lorsque les contraventions soumises à la procédure de l'amende forfaitaire ne sont pas susceptibles d'entraîner une réduction de points du permis de conduire, les trois volets du formulaire constituant la carte de paiement, l'avis de contravention et le procès-verbal de contravention sont de couleur blanche.

Art. A. 37-3 Les caractéristiques de la carte de paiement mentionnée à l'article A. 37-1 sont les suivantes :

I. — Au recto, sur la partie gauche, figurent les informations relatives au service verbalisateur, à la date de l'infraction, au montant de l'amende à payer et, le cas échéant, le numéro d'immatriculation du véhicule.

II. — La partie droite comporte l'emplacement où peut être apposée la partie à envoyer du timbre-amende en cas de non-paiement par chèque, et l'indication du destinataire de la carte de paiement.

III. — Au verso sont mentionnées les modalités de paiement ainsi que les possibilités de requête avec l'indication de l'autorité compétente pour recevoir la réclamation. Il est en outre prévu un emplacement où sont portées des informations relatives à l'auteur de la requête en exonération.

IV. — Sur ce volet sont également indiquées les conséquences du défaut de paiement et de l'absence de requête en exonération dans les délais impartis.

V. — Conformément aux dispositions de l'article R. 49-3-1, ce volet peut également comporter une mention précisant que le paiement de l'amende forfaitaire peut être réalisé par télépaiement automatisé ou par timbre dématérialisé, et indiquant que le contrevenant dispose d'un délai supplémentaire de quinze jours pour s'acquitter de cette amende s'il utilise ce mode de paiement.

Art. A. 37-4 Les caractéristiques de l'avis de contravention mentionné à l'article A. 37-1 sont les suivantes :

I. — Sur la partie gauche sont portées les mentions relatives au service verbalisateur, à la nature, au lieu et à la date de la contravention ainsi que les références des textes réprimant ladite contravention et, le cas échéant, sont précisés les éléments d'identification du véhicule et l'obligation de procéder à l'échange du permis de conduire.

II. — Sur la partie droite figure un emplacement destiné à informer le contrevenant de ses droits et comportant les mentions suivantes :

Vous êtes informé(e) que :

1. Vous pouvez exercer un droit d'accès et de rectification lorsque les renseignements vous concernant font l'objet d'un traitement automatisé (art. 39 et 40 de la loi n° 78-17 du 6 janvier 1978) auprès :

— de l'officier du ministère public près la juridiction de proximité ou le tribunal de police ;

— du comptable public compétent lorsque celui-ci est chargé du recouvrement de l'amende forfaitaire majorée.

2. Le paiement de l'amende forfaitaire entraîne reconnaissance de la réalité de l'infraction ;

3. Si la rubrique "Obligation d'échange du permis de conduire" a été cochée, vous êtes dans l'obligation d'effectuer auprès du service préfectoral de votre domicile l'échange de votre permis de conduire délivré par un État de l'Union européenne ou de l'Espace économique européen.

4. Vous pouvez exercer, auprès du service préfectoral de votre domicile, un droit d'accès aux informations concernant votre permis de conduire.

III. — Un emplacement est destiné, en cas de non-paiement par chèque, à l'apposition de la partie à conserver du timbre-amende.

Art. A. 37-5 Les caractéristiques du procès-verbal de contravention mentionné à l'article A. 37-1 sont les suivantes :

I. — Au recto, sur la partie gauche, sont portées les mentions prévues par le I de l'article A. 37-4, qui sont établies par duplication de la partie gauche du deuxième volet.

II. — Sur la partie droite figurent les emplacements destinés à la signature de l'agent verbalisateur et, le cas échéant, aux éléments chiffrés permettant le traitement de la contravention relevée, à l'établissement d'une fiche d'immobilisation, à la signature et aux déclarations du contrevenant indiquant s'il reconnaît ou ne reconnaît pas l'infraction et précisant qu'il reconnaît avoir reçu la carte de paiement et l'avis de contravention sur lequel figurent les informations prévues au II de l'article A. 37-4 et reproduites au verso du formulaire.

III. — Au verso, sur la partie gauche, est reproduite l'intégralité des informations prévues au II de l'article A. 37-4 et il est indiqué que le contrevenant a reçu l'avis de contravention comportant ces informations.

IV. — Sur la partie droite figurent les informations relatives au contrevenant ainsi que, le cas échéant, au titulaire du certificat d'immatriculation.

§ 2 *Dispositions applicables aux contraventions à l'arrêt ou au stationnement des véhicules*

Art. A. 37-6 Par dérogation aux articles A. 37-2 à A. 37-5, les caractéristiques des formulaires utilisés pour les contraventions à l'arrêt ou au stationnement des véhicules qui sont réprimées par les articles R. 417-1 à R. 417-6 et R. 417-10 à R. 417-13 du code de la route, lorsqu'elles sont soumises à la procédure de l'amende forfaitaire, sont les mêmes que celles décrites aux articles précités sous réserve des différences suivantes :

— avis de contravention : n'y figurent pas les mentions prévues par l'article A. 37-4 relatives à l'échange du permis de conduire ; y figurent deux emplacements pour mentionner, d'une part, si une demande d'enlèvement a été formulée et, d'autre part, si l'infraction a été commise par un véhicule de plus de 20 mètres carrés dans une zone touristique ;

— procès-verbal de contravention : ce volet est de couleur verte ; outre les mentions prévues à l'article A. 37-5, à l'exception de celles relatives à l'information du contrevenant, ce volet comporte au recto, sur la partie gauche, les informations obtenues par duplication du second volet décrit au paragraphe précédent.

SOUS-SECTION 3 *Dispositions applicables aux contraventions donnant lieu à retrait de points du permis de conduire*

§ 1 *Dispositions générales*

Art. A. 37-7 Lorsque les contraventions soumises à la procédure de l'amende forfaitaire sont susceptibles d'entraîner une réduction de points du permis de conduire, les caractéristiques des formulaires utilisés par l'agent verbalisateur, dont les dimensions sont celles fixées par l'article A. 37-1, sont prévues par la présente sous-section.

Art. A. 37-8 Les caractéristiques de la carte de paiement mentionnée à l'article A. 37-1 sont les suivantes :

I. — Au recto, sur la partie gauche, figurent les informations relatives au service verbalisateur, à la date de l'infraction, au montant de l'amende à payer et, le cas échéant, le numéro d'immatriculation du véhicule.

Il est également mentionné que le paiement de l'amende forfaitaire entraîne reconnaissance de la réalité de l'infraction et réduction du nombre de points du permis de conduire.

II. — La partie droite comporte l'emplacement où peut être apposée la partie à envoyer du timbre-amende en cas de non-paiement par chèque, et l'indication du destinataire de la carte de paiement.

III. — Au verso sont mentionnées les modalités de paiement ainsi que les possibilités de requête avec l'indication de l'autorité compétente pour recevoir la réclamation. Il est en outre prévu un emplacement où sont portées des informations relatives à l'auteur de la requête en exonération.

IV. — Sur ce volet sont également indiquées les conséquences du défaut de paiement et de l'absence de requête en exonération dans les délais impartis.

V. — Conformément aux dispositions de l'article R. 49-3-1, ce volet peut également comporter une mention précisant que le paiement de l'amende forfaitaire peut être réalisé par télépaiement automatisé ou par timbre dématérialisé, et indiquant que le contrevenant dispose d'un délai supplémentaire de quinze jours pour s'acquitter de cette amende s'il utilise ce mode de paiement.

Art. A. 37-9 Les caractéristiques de l'avis de contravention mentionné à l'article A. 37-1 sont les suivantes :

I. — Sur la partie gauche, sont portées les mentions relatives au service verbalisateur, à la nature, au lieu et à la date de la contravention ainsi que les références des textes réprimant ladite contravention et, le cas échéant, sont précisés les éléments d'identification du véhicule et l'obligation de procéder à l'échange du permis de conduire.

II. — L'avis de contravention comporte la mention : "Cette contravention entraîne un retrait de point*(s)* du permis de conduire".

III. — Sur la partie droite figure un emplacement destiné à informer le contrevenant de ses droits et comportant les mentions suivantes :

Vous êtes informé(e) que :

1. Vous pouvez exercer un droit d'accès et de rectification lorsque les renseignements vous concernant font l'objet d'un traitement automatisé (art. 39 et 40 de la loi n° 78-17 du 6 janvier 1978) auprès :

— de l'officier du ministère public près la juridiction de proximité ou le tribunal de police ;

— du comptable public compétent lorsque celui-ci est chargé du recouvrement de l'amende forfaitaire majorée.

2. Le paiement de l'amende forfaitaire entraîne reconnaissance de la réalité de l'infraction et, par là même, réduction du nombre de points de votre permis de conduire.

3. Vous encourez un retrait de point(s) correspondant à l'infraction constatée ; le retrait de point(s) sera effectif dès que la réalité de l'infraction aura été établie par le paiement de l'amende forfaitaire ou l'émission du titre exécutoire de l'amende forfaitaire majorée, par l'exécution d'une composition pénale ou par une condamnation définitive.

Selon l'article L. 223-2 du code de la route :

— pour les délits, le retrait de points est égal à la moitié du nombre maximal de points ;

— pour les contraventions, le retrait de points est, au plus, égal à la moitié du nombre maximal de points ;

— dans le cas où plusieurs infractions entraînant retrait de points sont commises simultanément, les retraits de points se cumulent dans la limite des deux tiers du nombre maximal de points.

4. Les retraits et reconstitutions de point(s) du permis de conduire font l'objet d'un traitement automatisé dénommé "Système national des permis de conduire" (SNPC).

5. Si la rubrique "Obligation d'échange du permis de conduire" a été cochée, vous êtes dans l'obligation d'effectuer, auprès du service préfectoral de votre domicile, l'échange de votre permis de conduire délivré par un État de l'Union européenne ou de l'Espace économique européen.

6. Vous pouvez exercer, auprès du service préfectoral de votre domicile, un droit d'accès aux informations concernant votre permis de conduire.

7. En cas de contestation, vous devez conserver une copie du présent avis de contravention, dont la production pourra vous être demandée.

IV. — Un emplacement est destiné, en cas de non-paiement par chèque, à l'apposition de la partie à conserver du timbre-amende.

Art. A. 37-10 Le procès-verbal de contravention mentionné à l'article A. 37-1 est de couleur orange et ses caractéristiques sont les suivantes :

I. — Au recto, sur la partie gauche, sont portées les mentions prévues par le I de l'article A. 37-9, qui sont établies par duplication de la partie gauche du deuxième volet.

II. — Le procès-verbal de contravention comporte la mention : "Cette contravention entraîne un retrait de point(s) du permis de conduire".

III. — Sur la partie droite figurent les emplacements destinés à la signature de l'agent verbalisateur et, le cas échéant, aux éléments chiffrés permettant le traitement de la contravention relevée, à l'établissement d'une fiche d'immobilisation, à la signature et aux déclarations du contrevenant indiquant s'il reconnaît ou ne reconnaît pas l'infraction et précisant qu'il reconnaît avoir reçu la carte de paiement et l'avis de contravention sur lequel figurent les informations prévues au III de l'article A. 37-9 et reproduites au verso du formulaire.

IV. — Au verso, sur la partie gauche, est reproduite l'intégralité des informations prévues au III de l'article A. 37-9 et il est indiqué que le contrevenant a reçu l'avis de contravention comportant ces informations.

V. — Sur la partie droite figurent les informations relatives au contrevenant ainsi que, le cas échéant, au titulaire du certificat d'immatriculation.

§ 2 *Dispositions applicables aux contraventions en matière de vitesse*

Art. A. 37-11 Par dérogation aux articles A. 37-7 à A. 37-10, les caractéristiques des formulaires utilisés pour les contraventions réprimées par les articles R. 413-14 et R. 413-17 du code de la route en ce qu'ils concernent les dépassements de la vitesse maximale autorisée de moins de 50 km/h (dépassement de la vitesse maximale autorisée pour les véhicules à moteur), lorsqu'elles sont soumises à la procédure de l'amende forfaitaire, sont les mêmes que celles décrites aux articles précités sous réserve des différences suivantes :

— avis de contravention : outre les mentions prévues à l'article A. 37-9, figurent les indications relatives à la vitesse maximale autorisée, à celle enregistrée à l'aide d'un appareil de contrôle et à celle retenue par le service verbalisateur, les informations sur le moyen de contrôle utilisé et sur le type de voie empruntée ;

— procès-verbal de contravention : ce volet est de couleur jaune ; outre les mentions prévues à l'article A. 37-10, ce volet comporte au recto, sur la partie gauche, les informations obtenues par duplication du second volet décrit au paragraphe précédent.

SOUS-SECTION 4 *Dispositions applicables en cas de consignation et de contrôle automatisé*

Art. A. 37-12 *(Arr. du 14 oct. 2018, art. 2, en vigueur le 1er nov. 2018)* « Dans le cas prévu par l'article R. 49-14, la consignation peut être acquittée soit par chèque libellé à l'ordre du Trésor public, soit par télépaiement automatisé ou par timbre dématérialisé. »

Dans le cas prévu par l'article R. 49-15, la consignation est acquittée soit par espèces, soit par chèque libellé à l'ordre du Trésor public, soit par télépaiement automatisé, soit par carte bancaire auprès du comptable public compétent mentionné sur l'avis d'amende forfaitaire majorée. Ce dernier délivre alors au redevable une attestation du paiement de la consignation qui doit être jointe à la réclamation adressée au ministère public.

Art. A. 37-13 Par dérogation aux articles A. 37-7, A. 37-8, A. 37-9 et A. 37-11, lorsque les contraventions mentionnées à l'article L. 121-3 du code de la route sont constatées sans interception du véhicule et à l'aide d'un système de contrôle automatisé enregistrant les données en numérique, les mentions exigées par les articles A. 37-9 et A. 37-11 relatives à l'avis de contravention figurent sur le recto et le verso d'un formulaire unique d'avis de contravention, de format 210 mm × 297 mm, de couleur verte, qui comprend en bas de page une partie détachable, de couleur blanche, intitulée "Carte de paiement", sur laquelle sont reproduites au recto et au verso les mentions exigées par l'article A. 37-8.

La carte de paiement prévue à l'alinéa précédent peut être remplacée par une notice de paiement figurant sur un feuillet séparé qui est joint à l'envoi, conformément aux dispositions de l'article A. 37-18.

Le formulaire d'avis de contravention comporte également des mentions rappelant au titulaire de la carte grise les conditions de recevabilité de la requête en exonération prévue par les 1° et 2° de l'article 529-10.

Art. A. 37-14 Par dérogation à l'article A. 37-10, le procès-verbal du formulaire d'avis de contravention prévu par l'article précédent, lorsqu'il est dressé conformément aux dispositions de l'article 529-11, reproduit les mentions exigées par l'article A. 37-10 et le troisième alinéa de l'article A. 37-11, dans un format 210 mm × 297 mm et sur un support de couleur blanche.

SOUS-SECTION 5 *Dispositions spécifiques applicables en cas de constatation ne permettant pas l'édition immédiate de l'avis de contravention et en cas d'utilisation d'un appareil électronique sécurisé*

§ 1 *Dispositions applicables en cas de constatation ne permettant pas l'édition immédiate de l'avis de contravention*

Art. A. 37-15 Lorsque, conformément aux dispositions du troisième alinéa du I de l'article R. 49-1 ou du dernier alinéa de l'article R. 49-10, la contravention est constatée par l'agent verbalisateur dans des conditions ne permettant pas l'édition immédiate de l'avis de contravention et de la carte de paiement, notamment parce que le procès-verbal de constatation est dressé avec l'appareil prévu par l'article A. 37-19, il est adressé par voie postale au domicile du contrevenant ou, lorsque son identité n'a pu être établie, au domicile du titulaire du certificat d'immatriculation les documents suivants :

— un avis de contravention ;

— une notice de paiement ;

— un formulaire de requête en exonération sur un feuillet distinct, lorsque les informations relatives aux modalités de contestation et de recours ne figurent pas sur l'avis de contravention.

Les caractéristiques de ces documents sont fixées par les articles A. 37-16 à A. 37-18.

Lorsque le procès-verbal constatant l'infraction est dressé en l'absence du contrevenant, un document l'informant qu'il recevra à son domicile un avis de contravention peut être laissé sur le véhicule. La non-dépose de ce document ne constitue toutefois pas une cause de nullité de la procédure.

1. Procès-verbal dématérialisé. Les modalités instituées par l'art. A. 37-10 C. pr. pén., devenu art. A. 37-15 de ce même code, dans le cas où la contravention est relevée par procès-verbal dématérialisé ne sont contraires à aucune disposition légale ou conventionnelle et ne privent pas le contrevenant de l'exercice des droits de la défense. • Crim. 5 févr. 2013, n° 12-83.633 P : *D. actu. 19 mars 2013, obs. Bombled ; D. 2013. AJ 568 ; Dr. pénal 2013, n° 57, note Robert ; AJ pénal 2013. 345, obs. Royer* • 12 oct. 2013 : *Dr. pénal 2014. Chron. 7, obs. Gauvin.*

2. Les dispositions de l'art. A. 37-15 C. pr. pén. prévoyant que, lorsque le procès-verbal constatant l'infraction est dressé en l'absence du contrevenant, un document l'informant qu'il recevra à son domicile un avis de contravention peut être déposé sur le véhicule ne privent pas l'intéressé de la possibilité de rapporter utilement la preuve contraire et sont, en conséquence, conformes aux exigences de l'art. 6, § 1, de la Conv. EDH. • Crim. 9 déc. 2014, n° 14-81.172 : *Dr. pénal 2015. Chron. 7, obs. Gauvin.*

3. Le fait qu'un procès-verbal électronique d'infraction ait été signé quatre heures après la constatation des faits, la tablette mise à la disposition de l'agent étant défectueuse, ne le prive pas de sa valeur probante, le procès-verbal électronique ayant été délivré conformément aux modalités définies par les art. R. 49-1 et A. 37-15 C. pr. pén. et aucune disposition légale ou conventionnelle ne subordonnant la régularité d'un procès-verbal de constatation d'une contravention à sa signature sur-le-champ. • Crim. 20 mars 2018, n° 17-83.765 : *Dr. pénal 2018. Chron. 7, obs. Gauvin.*

Art. A. 37-16 L'avis de contravention adressé par voie postale au contrevenant ou, lorsque son identité n'a pu être établie, au titulaire du certificat d'immatriculation comprend :

I. — Les mentions relatives au service verbalisateur, à la nature, au lieu et à la date de la contravention, les références des textes réprimant ladite contravention, les éléments d'identification du véhicule et l'identité du contrevenant ou, lorsque celle-ci n'a pu être relevée, celle du titulaire du certificat d'immatriculation.

II. — Le montant de l'amende forfaitaire encourue ainsi que le montant de cette amende en cas de minoration ou de majoration en considération du délai ou du mode de paiement.

III. — Une rubrique intitulée "Retrait de point(s) du permis de conduire" où est indiqué si la contravention poursuivie est susceptible d'entraîner un retrait de point(s) du permis de conduire et comportant les mentions prévues au III de l'article A. 37-9, le cas échéant dans un ordre différent. Les dispositions du présent alinéa ne sont toutefois pas applicables s'il s'agit d'une contravention n'entraînant pas retrait de points du permis de conduire.

IV. – Le cas échéant, une rubrique relative à l'obligation de procéder à l'échange du permis de conduire.

V. – Une information sur les droits du destinataire de cet avis et sur les modes d'exercice des recours concernant :

– le traitement automatisé des données à caractère personnel ;

– le droit d'accès au cliché éventuellement pris par des appareils de contrôle automatiques ;

– l'infraction elle-même lorsque les modalités de contestation ne sont pas portées sur un formulaire distinct de la requête en exonération.

Art. A. 37-17 Lorsqu'un formulaire spécifique de requête en exonération est adressé au contrevenant, il comprend les mentions suivantes :

– les voies de recours ouvertes au contrevenant et les modalités de leur exercice ;

– une information sur l'examen de la requête et les suites susceptibles de lui être données.

Lorsque la contravention poursuivie est l'une de celles mentionnées à l'article L. 121-3 du code de la route, le formulaire détaille chacun des cas de requête en exonération et précise si une consignation préalable est exigible ou non. Une carte de consignation est insérée au bas du recto du formulaire lorsque ce document est adressé au titulaire du certificat d'immatriculation.

Art. A. 37-18 La notice de paiement mentionne l'ensemble des possibilités offertes au contrevenant pour s'acquitter du montant de l'amende ainsi que les modalités pratiques de règlement.

Une carte de paiement détachable est intégrée au bas du recto de cette notice.

Conformément aux dispositions de l'article R. 49-3-1, cette notice peut également comporter une mention précisant que le paiement de l'amende forfaitaire peut être réalisé par télépaiement automatisé ou par timbre dématérialisé.

§ 2 *Dispositions relatives aux appareils électroniques sécurisés permettant la réalisation d'un procès-verbal dématérialisé*

Art. A. 37-19 L'appareil électronique sécurisé permettant de dresser le procès-verbal de constatation de la contravention en ayant recours *(Arr. du 6 mai 2014)* « à une signature électronique ou à une signature manuscrite *(Arr. du 6 sept. 2019, art. 2)* « recueillie » sous forme numérique, prévu par le II de l'article R. 49-1 ou par l'article » *(Arr. du 6 sept. 2019, art. 2)* « D. 589-2 », doit répondre aux caractéristiques techniques suivantes :

– l'appareil ne peut être utilisé qu'avec une carte électronique d'identification personnelle à chaque agent verbalisateur, et après authentification de ce dernier par un code personnel ;

– les informations conservées dans la mémoire de l'appareil sont chiffrées dès que l'agent valide leur enregistrement, et elles ne peuvent faire l'objet de modification après cette validation ;

(Arr. du 6 mai 2014) « – le procès-verbal de constatation de contravention fait l'objet soit d'une signature électronique qui peut être apposée au moyen d'un parapheur électronique, soit d'une signature manuscrite de l'agent apposée à l'aide d'un stylet sur l'écran tactile de l'appareil et qui est ensuite conservée sous forme numérique ; »

– il peut être offert au contrevenant la possibilité de signer le procès-verbal *(Arr. du 6 mai 2014)* « grâce à une signature manuscrite apposée avec un stylet sur l'écran tactile de l'appareil et conservée sous forme numérique », sur une page écran qui lui présente un résumé non modifiable des informations concernant la contravention relevée à son encontre, informations dont il reconnaît ainsi avoir eu connaissance.

L'absence de signature du contrevenant sur ce procès-verbal ne constitue toutefois pas une cause de nullité de la procédure.

Lorsqu'il est fait application du présent article, conformément aux dispositions du troisième alinéa du I de *(Arr. du 6 mai 2014)* « l'article R. 49-1 », aucun document n'est remis au contrevenant.

Les dispositions de l'art. A. 37-19 C. pr. pén. peuvent être appliquées, sans attendre le 1er août 2011, dès le 26 mai 2011 (Arr. du 13 mai 2011, art. 4).

L'Arr. du 6 mai 2014 relatif à l'utilisation de parapheur électronique pour le recours à la signature électronique au cours des procédures pénales est applicable sur l'ensemble du territoire de la République (Arr. préc., art. 4, JO 11 mai).

Art. A. 37-19-1 En cas de réclamation portée devant la juridiction compétente, le procès-verbal dressé avec l'appareil prévu à l'article A. 37-19 est, sur demande de l'autorité saisie de la réclamation, édité sur un feuillet de couleur blanche au format 210 mm × 297 mm.

Il reproduit les éléments mentionnés au I de l'article A. 37-16 *(Arr. du 4 déc. 2014, art. 2, en vigueur le 1er janv. 2015)* « ou à l'article A. 37-27-2, » ainsi que tous les éléments complémentaires sur les circonstances de la commission de l'infraction relevés par l'agent verbalisateur.

Il reproduit la signature manuscrite de l'agent verbalisateur et, le cas échéant, celle du contrevenant, telles qu'elles ont été saisies et numérisées lors de la verbalisation.

L'art. A. 37-20 devient l'art. A. 37-19-1 (Arr. du 20 mars 2017, art. 1er-1° et 2, en vigueur le 1er avr. 2017).

§ 3 *Dispositions relatives à la contestation dématérialisée de l'amende forfaitaire*

Art. A. 37-20 *(Arr. du 20 mars 2017, art. 1er-3° et 2, en vigueur le 1er avr. 2017)* Lorsqu'une contravention a été constatée par un procès-verbal réalisé en utilisant un appareil électronique sécurisé conformément aux articles R. 49-1, *(Arr. du 6 sept. 2019, art. 2)* « D. 589-2 » et A. 37-19, l'avis d'amende forfaitaire peut indiquer que la requête en exonération ou la réclamation pourra être faite de façon dématérialisée conformément aux dispositions du présent article.

Hors les cas prévus par les articles A. 37-20-1 à A. 37-20-5, la contestation est faite sur le site www.antai.fr en utilisant les informations figurant sur l'avis d'amende forfaitaire, à l'aide d'un formulaire de contestation en ligne figurant sur le site. Un accusé d'enregistrement de la contestation est présenté automatiquement à la personne lorsque celle-ci a validé et envoyé sa contestation. Ce document peut être téléchargé ou imprimé par la personne.

SOUS-SECTION 6 *Dispositions applicables en cas de contestation dématérialisée des amendes forfaitaires prévues à l'article 529-10*

(Arr. du 22 oct. 2015)

Art. A. 37-20-1 Le titulaire du certificat d'immatriculation ou les personnes visées aux trois derniers alinéas de l'article L. 121-2 du code de la route ayant reçu un avis d'amende forfaitaire peuvent adresser la requête ou la réclamation prévue par l'article 529-10 de façon dématérialisée conformément aux modalités précisées par la présente sous-section.

La contestation est faite sur le site "www.antai.fr", en utilisant les informations figurant sur l'avis d'amende forfaitaire, à l'aide du formulaire de contestation en ligne figurant sur ce site.

Cette contestation produit les mêmes effets que l'envoi de la lettre recommandée avec demande d'avis de réception prévu au premier alinéa de l'article 529-10.

Art. A. 37-20-2 La contestation en ligne peut être faite pour les motifs suivants :

1° Le véhicule mis en cause a été, vendu, cédé, volé, détruit ou a fait l'objet d'une usurpation de plaques d'immatriculations ;

2° Un autre conducteur était présumé utiliser le véhicule au moment de l'infraction ;

3° Autre motif.

Art. A. 37-20-3 *(Arr. du 17 avr. 2020)* Dans le cas prévu au 1° de l'article A. 37-20-2, la personne transmet de façon numérisée, selon les formats indiqués sur le site "www.antai.fr", la copie du récépissé du dépôt de plainte pour vol ou destruction du véhicule ou pour le délit d'usurpation de plaque d'immatriculation prévu par l'article L. 317-4-1 du code de la route, la copie de la déclaration de destruction de véhicule établie conformément aux dispositions du code de la route, ou les copies de la déclaration de cession du véhicule et de son accusé d'enregistrement dans le système d'immatriculation des véhicules.

Art. A. 37-20-4 Dans le cas prévu au 2° de l'article A. 37-20-2, la personne précise l'identité, l'adresse, ainsi que la référence du permis de conduire de la personne qui était présumée conduire le véhicule lorsque la contravention a été constatée ; elle n'est pas tenue d'adresser une lettre transmise de façon numérisée ; elle est informée que toute fausse déclaration l'expose à des poursuites pénales.

Art. A. 37-20-5 Dans tous les cas, un accusé d'enregistrement de la contestation est présenté automatiquement à la personne lorsque celle-ci a validé et envoyé sa contestation. Ce document peut être téléchargé ou imprimé par la personne.

SECTION 2 *Dispositions applicables à la procédure de l'encaissement immédiat par les agents verbalisateurs*

SOUS-SECTION 1 *Dispositions applicables en cas d'utilisation de carnet de quittance[s] à souche[s] (Arr. du 4 déc. 2014, art. 3-I, en vigueur le 1er janv. 2015).*

§ 1 *Dispositions communes (Arr. du 4 déc. 2014, art. 3-II, en vigueur le 1er janv. 2015).*

Art. A. 37-21 Pour constater les contraventions soumises à la procédure de l'amende forfaitaire et en recevoir le paiement, dans le cas où il est effectué immédiatement, les agents verbalisateurs utilisent des carnets de quittances à souches type, de format 100 mm × 217 mm, dont les caractéristiques sont fixées par les dispositions de la présente section.

Ces carnets sont également utilisés pour percevoir la consignation prévue par l'article L. 121-4 du code de la route.

Les carnets de quittances à souches d'encaissement prévus par les art. A. 37-21 à A. 37-27 C. pr. pén. peuvent continuer d'être utilisés pour le paiement immédiat de l'amende forfaitaire ou le paiement de la consignation en cas de constatation de la contravention à l'aide de l'appareil électronique sécurisé prévu par l'art. A. 37-19 de ce code. Dans ce cas, le procès-verbal de constatation est celui établi par cet appareil, les rectos des feuillets nos 2, 3 et 5 comportent les mentions prévues à l'art. A. 37-27-3, et le feuillet no 4, qui peut être détruit, ne vaut pas procès-verbal (Arr. du 4 déc. 2014, art. 5).

Art. A. 37-22 Deux volets, placés après la page de garde, permettent de suivre l'utilisation par le service verbalisateur des dix liasses (de cinq feuillets chacune) contenues dans le carnet.

Ils sont signés par le comptable public qui y appose, en outre, le cachet du poste lorsque l'ensemble du carnet a été utilisé.

Un troisième volet vise à rappeler les principales conditions générales du règlement de l'amende forfaitaire ou de la consignation.

V. note ss. art. A. 37-21.

Art. A. 37-23 Le recto et le verso du feuillet n° 1 de la liasse comportent le rappel des textes législatifs et réglementaires applicables aux contraventions mentionnées à l'article A. 37-21.

Les rectos des feuillets nos 2, 3, 4 et 5 contiennent des informations identiques par effet de duplication.

Le feuillet n° 2 constitue la quittance proprement dite ; il est remis avec le feuillet n° 1 au contrevenant ou à l'auteur de l'infraction.

Au recto des feuillets nos 2, 3, 4 et 5, sur la partie gauche, figure une partie intitulée : "A. Constatation d'une infraction" visant à recueillir l'identification du service verbalisateur et du contrevenant, la date et la nature de l'infraction, les références des textes réprimant ladite infraction.

Figure au bas de ces feuillets une partie intitulée "B. Encaissement" destinée à recueillir le montant de l'amende forfaitaire payée par le contrevenant ou le montant de la consignation versé par l'auteur de l'infraction.

Le feuillet n° 3 est remis au comptable public au moment du versement des fonds par l'agent verbalisateur.

Le feuillet n° 4 est conservé par le service verbalisateur lors de l'encaissement d'une amende forfaitaire ; dans ce cas, il vaut procès-verbal. Lors de l'encaissement d'une consignation, ce quatrième volet est joint au procès-verbal.

Le feuillet n° 5 demeure dans le carnet à souches d'encaissement immédiat.

Les feuillets nos 2, 3, 4 et 5 sont signés par les agents verbalisateurs et par le contrevenant ou l'auteur de l'infraction.

V. note ss. art. A. 37-21.

§ 2 *Dispositions applicables au paiement immédiat des amendes forfaitaires relatives aux infractions n'entraînant pas retrait de points du permis de conduire (Arr. du 4 déc. 2014, art. 3-III, en vigueur le 1er janv. 2015).*

Art. A. 37-24 Les contraventions soumises à la procédure de l'amende forfaitaire qui ne sont pas susceptibles d'entraîner un retrait de points du permis de conduire sont relevées sur un carnet dont la page de garde et les feuillets sont de couleur blanche.

V. note ss. art. A. 37-21.

Art. A. 37-25 I. — Au recto des feuillets n°s 2, 3, 4 et 5, sur la partie gauche du "B. Encaissement", le contrevenant et les agents verbalisateurs apposent leur signature sous la mention : "Il reconnaît avoir été informé des dispositions portées au verso de ce document". Sur la partie droite du "B. Encaissement", l'auteur de l'infraction et les agents verbalisateurs apposent leur signature sous la mention : "Il reconnaît avoir été informé des dispositions portées au verso de ce document".

Sur la partie droite "C. Mode de règlement" figurent les informations relatives au mode de règlement de l'amende forfaitaire ou de la consignation. Elle comporte une case "Obligation d'échange du permis de conduire" qui doit être cochée par l'agent verbalisateur si le contrevenant ou l'auteur de l'infraction est soumis à une telle obligation.

II. — Au verso du feuillet n° 2 figurent les mentions d'information relatives aux droits du contrevenant ou de l'auteur de l'infraction prévues au II de l'article A. 37-4.

Au verso des feuillets n°s 3 et 4 figurent les mentions d'information relatives aux droits du contrevenant ou de l'auteur de l'infraction prévues au II de l'article A. 37-4 et il est indiqué que le contrevenant ou l'auteur de l'infraction en a été informé.

V. note ss. art. A. 37-21.

§ 3 *Dispositions applicables au paiement immédiat des amendes forfaitaires entraînant un retrait de points du permis de conduire (Arr. du 4 déc. 2014, art. 3-IV, en vigueur le 1er janv. 2015).*

Art. A. 37-26 Les contraventions soumises à la procédure de l'amende forfaitaire susceptibles d'entraîner une réduction de points du permis de conduire sont relevées sur un carnet composé de feuillets de couleur blanche, dont la page de garde comporte une case orange permettant de le distinguer du modèle de carnet mentionné à l'article A. 37-24.

V. note ss. art. A. 37-21.

Art. A. 37-27 I. — Au recto des feuillets n°s 2, 3, 4 et 5, sur la partie gauche du "B. Encaissement", le contrevenant et les agents verbalisateurs apposent leur signature sous la mention : "Il reconnaît avoir été informé, avant paiement, des dispositions portées au verso de ce document (notamment celles de l'article L. 223-3 du code de la route et de ce que ce paiement entraîne reconnaissance définitive de l'infraction et retrait de points)". Sur la partie droite du "B. Encaissement", l'auteur de l'infraction et les agents verbalisateurs apposent leur signature sous la mention : "Il reconnaît avoir été informé des dispositions portées au verso de ce document".

Sur la partie droite "C. Mode de règlement" figurent les informations relatives au mode de règlement de l'amende forfaitaire ou de la consignation. La mention suivante y est apposée : "Cette contravention entraîne un retrait de points du permis de conduire", ainsi qu'une case "Obligation d'échange du permis de conduire" qui doit être cochée par l'agent verbalisateur si le contrevenant ou l'auteur de l'infraction est soumis à une telle obligation.

II. — Au verso du feuillet n° 2 figurent les mentions d'information relatives aux droits du contrevenant ou de l'auteur de l'infraction prévues au III de l'article A. 37-9.

Au verso des feuillets n°s 3 et 4 figurent les mentions d'information relatives aux droits du contrevenant ou de l'auteur de l'infraction prévues au III de l'article A. 37-9 et il est indiqué que le contrevenant ou l'auteur de l'infraction en a été informé.

SOUS-SECTION 2 *Dispositions applicables en cas de constatation avec utilisation d'un appareil électronique sécurisé*

(Arr. du 4 déc. 2014, art. 4, en vigueur le 1er janv. 2015)

Art. A. 37-27-1 Les agents verbalisateurs peuvent également recevoir le paiement immédiat de l'amende forfaitaire ou la consignation prévue par l'article L. 121-4 du code de la route, lorsque le procès-verbal de constatation est réalisé à l'aide de l'appareil électronique sécurisé dont les caractéristiques sont définies par l'article A. 37-19 ; les modalités selon lesquelles est établi ce procès-verbal sont précisées par l'article A. 37-27-2.

Il est utilisé pour percevoir l'amende ou la consignation un carnet de quittances à souches d'encaissement type, conforme aux dispositions de l'article A. 37-22, comportant dix liasses de cinq feuillets, chaque liasse étant assortie d'un numéro unique ; les caractéristiques spécifiques de ce carnet, qui diffèrent pour partie de celles des carnets prévus par les dispositions de la sous-section 1 de la présente section, sont fixées par l'article A. 37-27-3.

Ce carnet à souche peut être également utilisé pour recevoir la consignation prévue par l'article L. 121-4 du code de la route pour des délits ou pour des contraventions non forfaitisées, lorsque le procès-verbal n'est pas dressé au moyen de l'appareil électronique sécurisé.

Art. A. 37-27-2 Le procès-verbal de constatation dressé au moyen d'un appareil électronique sécurisé est établi conformément aux dispositions du présent article.

I. — En cas d'infraction n'entraînant pas retrait de point, le contrevenant appose sa signature sur une page écran du terminal qui lui présente un résumé non modifiable des informations concernant la contravention relevée à son encontre précédé des mentions d'information relatives aux droits du contrevenant prévues au II de l'article A. 37-4.

II. — En cas d'infraction entraînant retrait de point, le résumé non modifiable des informations concernant la contravention relevée, à la suite duquel le contrevenant appose sa signature, est précédé des mentions d'information relatives aux droits du contrevenant prévues aux 1, 2, 3 (premier alinéa), 4, 5 et 6 du III de l'article A. 37-9. Il est également précisé que l'infraction commise entraîne retrait de point(s).

La page écran du terminal peut comporter la mention "Obligation d'échange du permis de conduire" si le contrevenant est soumis à une telle obligation.

Il y est enfin précisé que le contrevenant s'acquitte immédiatement du montant de l'amende ou de la consignation.

En cas de paiement de l'amende forfaitaire, la page écran sur laquelle le contrevenant appose sa signature comporte, de façon non modifiable, la précision que le contrevenant reconnaît la contravention relevée, qu'il s'acquitte du paiement de l'amende forfaitaire, et qu'il est informé du retrait de points qui résultera de ce paiement ainsi que, le cas échéant, de son obligation d'échanger son permis de conduire.

III. — Le procès-verbal de constatation fait l'objet d'une signature électronique ou manuscrite de l'agent conformément aux dispositions de l'article A. 37-19.

IV. — Après encaissement, l'agent verbalisateur reporte le numéro de la liasse du carnet de quittances à souche qui a été utilisée, ainsi que les modalités de paiement, sur le procès-verbal dressé à l'aide de l'appareil électronique sécurisé.

Art. A. 37-27-3 Les cinq feuillets de chacune des liasses du carnet de quittances à souches d'encaissement répondent aux caractéristiques suivantes.

Le recto et le verso du feuillet n° 1 de la liasse comportent le rappel des textes législatifs et réglementaires applicables aux contraventions faisant l'objet de la procédure de l'amende forfaitaire.

Les rectos des feuillets n°s 2, 3, 4 et 5, qui contiennent des informations identiques par effet de duplication, sont destinés à recueillir les éléments nécessaires à l'identification du service verbalisateur et du contrevenant ou de l'auteur de l'infraction, la ou les infractions relevées ainsi que la date et le lieu de l'encaissement.

Une partie intitulée "Encaissement" est destinée à recueillir le montant de l'amende forfaitaire qui a été payé ou le montant de la consignation qui a été versé ainsi que le mode de paiement.

Le verso du feuillet n° 2 comporte les mentions d'information relatives aux droits de l'auteur de l'infraction prévues aux 1, 2, 3 (premier alinéa), 4, 5 et 6 du III de l'article A. 37-9.

Les feuillets n°s 2, 3 et 5 sont signés par l'agent verbalisateur.

Les feuillets n°s 1 et 2 sont remis au contrevenant.

Le feuillet n° 3 est remis au comptable public au moment du versement des fonds par l'agent verbalisateur.

Le feuillet n° 5 demeure dans le carnet à souches d'encaissement.

Art. A. 37-27-4 Lorsque le procès-verbal concerne une contravention forfaitisée et a été dressé au moyen de l'appareil électronique sécurisé, le feuillet n° 4 n'est pas utilisé et peut être détruit.

Dans les autres cas, les feuillets n°s 2, 3, 4 et 5, utilisés pour constater la consignation et signés par l'agent verbalisateur, sont également signés par l'auteur de l'infraction qui reconnaît avoir été informé, avant paiement, des informations portées au verso du document ; le feuillet n° 4 est joint au procès-verbal de constatation de l'infraction.

Art. A. 37-27-5 Lorsque la quittance à souches d'encaissement type prévue par l'article A. 37-27-1 est issue d'un système automatisé comportant l'impression des feuillets devant être remis au contrevenant ou à l'auteur de l'infraction, elle mentionne en guise de numéro de liasse un identifiant unique attribué par le système informatisé et sa délivrance doit s'accompagner de l'enregistrement et de la conservation dans le système informatisé des informations qu'elle mentionne.

Dans ce cas, les informations devant figurer en application des articles A. 37-22 et A. 37-27-3, dans le carnet de quittances à souches d'encaissement et les différents feuillets des liasses de ce carnet, peuvent être conservées sur un support dématérialisé, garantissant leur sécurité et leur fiabilité, en utilisant un appareil sécurisé, qui peut être celui prévu à l'article A. 37-19. Les informations insérées sur ce support ne doivent pas pouvoir être modifiées après la signature de l'agent ou de l'auteur de l'infraction.

Art. A. 37-27-6 *(Arr. du 8 oct. 2018)* Les dispositions des alinéas 2 et 3 de l'article A. 37-27-1, du IV de l'article A. 37-27-2 et des articles A. 37-27-3 à A. 37-27-5 ne sont pas applicables, si l'agent verbalisateur est équipé d'un dispositif permettant d'adresser au contrevenant ou à l'auteur de l'infraction une quittance dématérialisée et que le paiement immédiat est réalisé conformément aux dispositions du présent article.

Ce paiement peut être effectué par chèque, ou de façon dématérialisée, avec soit une carte bancaire, soit une autre forme de carte de paiement dont l'utilisation est autorisée pour le paiement des amendes, le cas échéant directement sur le site du télépaiement automatisé des amendes de la direction générale des finances publiques. Si le contrevenant en fait la demande, ce paiement donne alors lieu à l'envoi par voie numérique à l'adresse électronique qu'il communique, d'une quittance dématérialisée comportant les indications mentionnées à l'article A. 37-27-3.

Ce paiement peut être également effectué en espèces si le contrevenant accepte l'envoi par voie numérique, à l'adresse électronique qu'il communique, d'une quittance dématérialisée comportant les indications mentionnées à l'article A. 37-27-3.

La quittance dématérialisée correspondant à chaque encaissement réalisé est remise au comptable public au moment du versement des fonds à sa caisse.

Cette quittance mentionne en guise de numéro de liasse un identifiant unique attribué par le système informatisé et sa délivrance doit s'accompagner de l'enregistrement et de la conservation dans le système informatisé des informations qu'elle mentionne.

Les informations devant figurer, en application des articles A. 37-22 et A. 37-27-3, dans le carnet de quittances à souches d'encaissement et les différents feuillets des liasses de ce carnet, sont conservées sur un support dématérialisé, garantissant leur sécurité et leur fiabilité, en utilisant un appareil sécurisé, qui peut être celui prévu à l'article A. 37-19. Les informations insérées sur ce support ne doivent pas pouvoir être modifiées après la signature de l'agent ou de l'auteur de l'infraction.

SECTION 3 *Dispositions applicables en cas d'émission d'un titre exécutoire d'amende forfaitaire majorée*

Art. A. 37-28 Lorsque, conformément aux dispositions du premier alinéa de l'article R. 49-6, le comptable public compétent adresse au contrevenant un extrait du titre exécutoire le concernant sous forme d'avis l'invitant à s'acquitter du montant de l'amende forfaitaire majorée, cet avis doit comporter une rubrique intitulée "Retrait de points du permis de conduire" dès lors que la contravention constatée entraîne un retrait de point(s) du permis de conduire.

Cette rubrique comporte les mentions suivantes :

Vous êtes informé(e) que :

1. Vous pouvez exercer un droit d'accès et de rectification lorsque les renseignements vous concernant font l'objet d'un traitement automatisé (art. 39 et 40 de la loi n° 78-17 du 6 janvier 1978) auprès :

– de l'officier du ministère public près la juridiction de proximité ou le tribunal de police ;

– du comptable public chargé du recouvrement de l'amende forfaitaire majorée.

2. L'émission du présent titre exécutoire d'amende forfaitaire majorée a pour conséquence un retrait de point(s) de votre permis de conduire correspondant à l'infraction constatée.

3. Ce retrait de point(s) ne pourra être remis en cause qu'en cas de contestation, selon les modalités prévues par la loi, du présent titre exécutoire. Le paiement de l'amende forfaitaire majorée en l'absence de contestation entraînera un retrait de points.

Selon l'article L. 223-2 du code de la route :

– pour les délits, le retrait de points est égal à la moitié du nombre maximal de points ;

– pour les contraventions, le retrait de points est, au plus, égal à la moitié du nombre maximal de points ;

– dans le cas où plusieurs infractions entraînant retrait de points sont commises simultanément, les retraits de points se cumulent dans la limite des deux tiers du nombre maximal de points.

4. Les retraits et reconstitutions de point(s) du permis de conduire font l'objet d'un traitement automatisé dénommé "Système national des permis de conduire" (SNPC).

5. Vous pouvez exercer, auprès du service préfectoral de votre domicile, un droit d'accès aux informations concernant votre permis de conduire.

SECTION 4 *Dispositions applicables aux contraventions non forfaitisées*

Art. A. 37-29 Les contraventions non soumises à la procédure de l'amende forfaitaire qui ont donné lieu à l'interpellation du contrevenant ou qui ont été relevées en sa présence peuvent être constatées au moyen des formulaires décrits aux articles A. 37 à A. 37-11 ci-dessus.

Dans ce cas, au recto de la carte de paiement remise au contrevenant figure l'indication que la procédure de l'amende forfaitaire n'est pas applicable à la contravention relevée et que le contrevenant fera l'objet de poursuites ultérieures à l'initiative du ministère public.

Au recto du procès-verbal de contravention sont recueillies les déclarations du contrevenant indiquant s'il reconnaît ou ne reconnaît pas l'infraction, sa signature et celle de l'enquêteur.

SECTION 5 *Dispositions relatives au procès-verbal de contravention et à l'avis de paiement établis par l'agent assermenté d'un exploitant d'autoroute en matière de péage*

(Arr. du 5 févr. 2013)

Art. A. 37-30 Le procès-verbal prévu par le III de l'article 529-6 est constitué par un feuillet, comportant sur son recto, dans l'ordre fixé par le présent article, les mentions ci-après :

1° Le numéro du procès-verbal ;

2° L'intitulé suivant : "Procès-verbal de constatation de non-paiement du péage. En application des articles L. 130-4, R. 130-4, R. 130-8 et *(Arr. du 11 mars 2021, art. 2)* « R. 419-1 et R. 419-2 » du code de la route" ;

3° Les coordonnées de la société exploitante ;

4° L'identification de l'agent assermenté ayant constaté la contravention ;

5° Le numéro d'immatriculation et la catégorie du véhicule ;

6° La date, l'heure, le lieu de la contravention et *(Arr. du 11 mars 2021, art. 2)* « les faits constatés (autoroute ou ouvrage routier, sens, gare de péage ou dispositifs permettant l'identification des véhicules et la perception du montant du péage sans recours à une barrière physique, communes, départements) » et la précision du texte d'incrimination (art. *(Arr. du 11 mars 2021, art. 2)* « R. 419-1 ou R. 419-2 » du code de la route selon l'infraction constatée) ;

7° La date d'établissement du procès-verbal ;

8° La signature de l'agent assermenté, le cas échéant sous une forme numérisée ;

9° Le montant du péage dû, ou de la somme due, au titre du droit départemental de passage prévu à l'article L. 321-11 du code de l'environnement, en précisant qu'en cas de défaut de titre d'entrée le montant du péage dû est le montant du trajet le plus cher.

Art. A. 37-31 L'avis de paiement prévu par le II de l'article 529-6 est constitué par un feuillet recto verso et répondant aux caractéristiques précisées par les articles A. 37-32 et A. 37-33.

Art. A. 37-32 I. – Sur le recto, intitulé : "Avis de paiement, infraction pour non-paiement du péage" figurent, dans la partie haute du document, dans sa partie gauche, les mentions ci-après :

1° Date d'envoi de l'avis ;

2° Numéro de référence de l'avis ;

3° La date, l'heure, le lieu de la contravention *(Arr. du 11 mars 2021)* « (autoroute ou ouvrage routier, sens, gare de péage ou dispositifs permettant l'identification des véhicules et la perception du montant du péage sans recours à une barrière physique, commune*[s]*, département*[s]*), le numéro d'immatriculation, la catégorie ou le modèle », le pays et la marque du véhicule, l'identification de l'agent assermenté de l'exploitant ayant constaté l'infraction, les faits constatés et la précision du texte d'incrimination (art. *(Arr. du 11 mars 2021)* « R. 419-1 ou R. 419-2 » du code de la route selon l'infraction constatée) ;

Dans la partie haute et droite du document figurent, à la suite des noms, prénoms et de l'adresse de la personne destinataire de l'avis, les mentions suivantes :

"Madame, Monsieur,

Le véhicule immatriculé [...] a fait l'objet d'un procès-verbal de constatation d'infraction, par un agent assermenté, pour non-paiement du péage.

[Vous êtes le titulaire de la carte d'immatriculation de ce véhicule] ou [vous avez été désigné(e) par M. ou Mme [...] comme étant le (la) conducteur(trice) au moment de l'infraction].

(Rédaction à adapter en fonction de la situation du contrevenant).

Vous devez, dans un délai de deux mois à compter de l'envoi du présent avis :

— soit régulariser votre situation par chèque bancaire (Arr. du 11 mars 2021) *« compensable en France en utilisant la carte de paiement ci-dessous, ou par l'un des autres moyens de paiement figurant dans l'avis ;*

(Arr. du 11 mars 2021) « En cas de contravention constatée à la suite de l'usage d'un dispositif de péage permettant l'identification des véhicules et la perception du montant du péage sans recours à une barrière physique, la mention suivante est ajoutée :

« "La contravention ayant été constatée dans le cadre d'un dispositif de péage permettant l'identification des véhicules et la perception du montant du péage sans recours à une barrière physique, vous pouvez bénéficier de l'application d'une indemnité forfaitaire minorée en régularisant votre situation dans un délai de quinze jours à compter de l'envoi du présent avis." »

— soit formuler une protestation en utilisant la carte de protestation ci-dessous (Arr. du 11 mars 2021) *« ou son modèle dématérialisé proposé par l'exploitant » et en joignant les pièces justificatives.*

A défaut de règlement ou de protestation dans un délai de deux mois à compter de la date d'envoi du présent avis de paiement, et conformément à l'article 529-6 du code de procédure pénale, ce dossier sera transmis à M./Mme l'officier du ministère public. Vous devenez alors redevable de plein droit d'une amende forfaitaire majorée d'un montant de (Arr. du 11 mars 2021) *« 375 € ». Le montant du péage non acquitté restera dû."* (Arr. du 11 mars 2021) *« A défaut de règlement de cette amende forfaitaire majorée dans un délai de quatre mois à compter de son envoi, le Trésor public fera opposition auprès de l'autorité administrative compétente au transfert du certificat d'immatriculation de votre véhicule en cas de vente d'occasion. La transmission à M./Mme l'officier du ministère public de plus de cinq dossiers vous concernant sur une période inférieure ou égale à douze mois vous expose, en application de l'article L. 419-1 du code de la route, à une amende de 7 500 €. »*

A la suite de cette mention, est indiqué le montant total à régler en distinguant :

— le montant TTC du péage non acquitté en fonction de la catégorie du véhicule et du trajet ;

— le montant de l'indemnité forfaitaire, qui est fixé à *(Arr. du 11 mars 2021, art. 3)* « 90 € » par l'article R. 49-8-4-1 du code de procédure pénale ;

(Arr. du 11 mars 2021, art. 3) « En cas de contravention constatée à la suite de l'usage d'un dispositif de péage permettant l'identification des véhicules et la perception du montant du péage sans recours à une barrière physique, la mention suivante est ajoutée :

« "Cependant vous bénéficiez de l'application d'une indemnité forfaitaire minorée dont le montant est fixé à 10 €, en application de l'article R. 49-8-4-1 du code de procédure pénale, si vous réglez dans un délai de quinze jours à compter de l'envoi du présent avis" »

— le cas échéant, le montant de la somme due au titre du droit départemental de passage prévu à l'article L. 321-11 du code de l'environnement.

II. — Dans la partie basse du feuillet, figurent à gauche et à droite deux coupons détachables.

Le coupon de gauche, précédé de la mention : "*Si vous souhaitez régler, envoyez votre* (Arr. du 11 mars 2021, art. 3) *« chèque » accompagné du talon ci-dessous*", est intitulé "*carte de paiement*". Il précise l'ordre auquel le règlement est destiné, mentionne le nom du contrevenant, le montant à payer *(Arr. du 11 mars 2021, art. 3)* « et, en cas de contravention constatée à la suite de l'usage d'un dispositif de péage permettant l'identification des véhicules et la perception du montant du péage sans recours à une barrière physique, le montant à payer en cas de régularisation sous quinze jours, » et la référence de l'avis de paiement.

Le coupon de droite, précédé de la mention : "*Si vous souhaitez protester, envoyez le talon ci-dessous accompagné des pièces justificatives*", est intitulé : "*carte de protestation*". Il comporte la mention : "*Voir au dos les cas de protestation possible*", indique l'adresse où il doit être envoyé ainsi que la référence de l'avis de paiement.

III. — L'exploitant peut également proposer au contrevenant des modes de paiement supplémentaires par rapport à ceux indiqués dans les mentions ci-dessus.

Art. A. 37-33 I. — Sur le verso, intitulé : "Information", figurent, au haut du document :

1° La reproduction, précédée de la mention : "*Les textes ci-dessous sont des extraits, pour leur intégralité, se référer aux différents codes concernés*" de l'article L. 121-2 du code de la route, des *(Arr. du 11 mars 2021, art. 4)* « articles L. 130-4 (paragraphe 8), L. 330-2 (paragraphe 14) et L. 419-1 » de ce code et des alinéas 1, 3, 4, 5, 6 et 7 de l'article 529-6 du code de procédure pénale ;

2° Les mentions suivantes :

"*Conformément aux articles L. 251-1 à L. 252-7 du code de la sécurité intérieure,* [identification de l'exploitant] *dispose de moyens de vidéo-protection et informatiques destinés à assurer : la gestion du péage et des abonnements sur le domaine concédé, le traitement des anomalies liées aux trajets et au matériel, et la lutte contre la fraude au péage.*

Les informations enregistrées sont réservées à l'usage des services internes de [identification de l'exploitant].

Conformément aux articles 39 et suivants de la loi n° 78-17 du 6 janvier 1978 relative à l'informatique, aux fichiers et aux libertés, toute personne peut obtenir communication et, le cas échéant, rectification ou suppression des informations la concernant, en s'adressant au responsable du traitement : [nom et adresse du responsable].

Sur simple demande écrite, vous pouvez recevoir ces informations sur un support écrit." ;

3° L'adresse où doit être envoyé le règlement ou la protestation.

II. — En bas du document, à l'envers de la carte de protestation, figurent les mentions suivantes :

"*Carte de protestation.*

* *Cas 1 : prêt ou location du véhicule (joindre impérativement à ce talon le nom, le prénom, le sexe, la date de naissance, l'adresse et le numéro de permis de conduire de la personne qui conduisait ou était susceptible de conduire le véhicule, ainsi que, le cas échéant, la copie du contrat de location).*

* *Cas 2 : vol, destruction, vente ou cession de véhicule, usurpation de plaque d'immatriculation (joindre impérativement à ce talon le récépissé de dépôt de plainte pour vol, la copie du récépissé de prise en charge pour destruction du véhicule ou les copies de la déclaration de cession du véhicule et de son accusé d'enregistrement dans le système d'immatriculation des véhicules).*

* *Cas 3 : autre motif (joindre impérativement à ce talon votre protestation écrite accompagnée des pièces justificatives relatives par exemple au paiement du péage et à son montant).*"

Livre des procédures fiscales

(Décr. n° 81-859 du 15 sept. 1981)

Art. L. 24 Les transporteurs ou conducteurs doivent présenter sur-le-champ, à toute demande des agents de l'administration habilités à établir des procès-verbaux, les titres de mouvement, permis de circulation, lettres de voiture et autres pièces administratives concernant les matériels, produits ou marchandises soumis à des formalités particulières en matière de circulation.

Art. L. 24 A *(Abrogé par L. n° 2018-1317 du 28 déc. 2018, art. 26-IV) (L. n° 2010-1658 du 29 déc. 2010, art. 35-III et IV, applicable pour la première fois au titre de la période d'imposition s'étendant du 1er oct. 2011 au 30 sept. 2012)* ***Les personnes tractant ou conduisant une résidence mobile terrestre soumise à la taxe prévue à l'article 1013 du code général des impôts présentent sur le champ, à toute demande des agents de l'administration habilités à établir des procès-verbaux, le récépissé établissant qu'elles sont à jour de leurs obligations au regard de cette taxe.***

Art. L. 25 A défaut de présentation des pièces mentionnées à l'article L. 24, qui doivent accompagner un transport de boissons, ou en cas de fraude ou de contravention, les agents de l'administration saisissent le chargement. Dans le cas où les pièces présentées sont inapplicables et si la nature du chargement n'est pas contestée, la saisie est limitée aux récipients sur lesquels les différences sont constatées.

A défaut de caution solvable et pour garantie de l'amende, les moyens de transport sont également saisis.

Les marchandises faisant partie des chargements et qui ne sont pas en fraude sont rendues au propriétaire.

Code de la voirie routière

PREMIÈRE PARTIE : *LÉGISLATIVE*

(L. n° 89-413 du 22 juin 1989)

Police de la conservation

Art. L. 116-1 La répression des infractions à la police de la conservation du domaine public routier est poursuivie devant la juridiction judiciaire sous réserve des questions préjudicielles relevant de la compétence de la juridiction administrative.

Art. L. 116-2 Sans préjudice de la compétence reconnue à cet effet à d'autres fonctionnaires et agents par les lois et règlements en vigueur, peuvent constater les infractions à la police de la conservation du domaine public routier et établir les procès-verbaux concernant ces infractions :

1° Sur les voies de toutes catégories, *(L. n° 99-291 du 15 avr. 1999)* « les agents de police municipale, » les gardes champêtres des communes et les gardes particuliers assermentés ;

2° Sur les voies publiques ressortissant à leurs attributions :

a) Les ingénieurs des ponts *(L. n° 2011-525 du 17 mai 2011, art. 94-VI)* « , des eaux et des forêts » et les ingénieurs des travaux publics de l'État, assermentés ;

b) Les techniciens des travaux publics de l'État, les conducteurs de travaux publics de l'État et les agents des travaux publics de l'État, quand ils sont commissionnés et assermentés à cet effet.

Les procès-verbaux dressés en matière de voirie font foi jusqu'à preuve contraire *(Abrogé par Ord. n° 2003-1216 du 18 déc. 2003, art. 17) « et ne sont pas soumis à l'affirmation ».*

(L. n° 2004-809 du 13 août 2004, art. 21) « 3° Sur les voies départementales, les agents du département commissionnés et assermentés à cet effet ;

« 4° En Corse, sur les voies de la collectivité territoriale, les agents de la collectivité commissionnés et assermentés à cet effet ;

« 5° Dans les départements d'outre-mer, sur les voies régionales, les agents de la région commissionnés et assermentés à cet effet ; »

(Ord. n° 2014-1543 du 19 déc. 2014, art. 12, en vigueur le 1er janv. 2015) « 6° Sur les voies de la métropole de Lyon, les agents de la métropole commissionnés et assermentés à cet effet. »

Art. L. 116-3 Les procès-verbaux des infractions à la police de la conservation du domaine public routier sont transmis au procureur de la République et, suivant l'appartenance de la voie au domaine public routier de l'État ou d'une collectivité territoriale, soit au représentant de l'État dans le département, soit au président du conseil départemental ou au maire.

Art. L. 116-4 Les infractions à la police de la conservation du domaine public routier peuvent être poursuivies à la requête du directeur départemental de l'équipement ou du chef du service technique intéressé. Ceux-ci peuvent faire citer les prévenus et les personnes civilement responsables par des agents de l'administration.

Art. L. 116-5 Lorsque les infractions concernent la voirie nationale, les fonctions de ministère public près le tribunal de police peuvent être remplies par le directeur départemental de l'équipement ou par l'agent désigné par lui pour le suppléer ; devant le tribunal correctionnel et la cour d'appel, le directeur départemental de l'équipement ou son délégué peut exposer l'affaire ou être entendu à l'appui de ses conclusions.

Art. L. 116-6 L'action en réparation de l'atteinte portée au domaine public routier, notamment celle tendant à l'enlèvement des ouvrages faits, est imprescriptible.

Les personnes condamnées supportent les frais et dépens de l'instance, ainsi que les frais des mesures provisoires et urgentes que l'administration a pu être amenée à prendre.

Art. L. 116-7 La juridiction saisie d'une infraction à la police de la conservation du domaine public routier peut ordonner l'arrêt immédiat des travaux dont la poursuite serait de nature à porter atteinte à l'intégrité de la voie publique ou de ses dépendances ou à aggraver l'atteinte déjà portée.

La décision est exécutoire sur minute nonobstant opposition ou appel. L'administration prend toutes mesures nécessaires pour en assurer l'application immédiate.

Art. L. 116-8 En matière d'infractions relatives à la police de la conservation du domaine public routier national, le ministre chargé de la voirie routière peut transiger avec les justiciables tant qu'un jugement définitif n'est pas intervenu.

Dispositifs techniques de prévention et de constatation des infractions au code de la route

Art. L. 117-1 *(L. nº 95-73 du 21 janv. 1995)* Des dispositifs techniques destinés à assurer le respect du code de la route ou permettant aux fonctionnaires et agents habilités de constater les infractions audit code sont intégrés aux infrastructures et équipements routiers. Leurs caractéristiques sont fixées par arrêtés des ministres compétents.

Un décret en Conseil d'État précise les modalités selon lesquelles cette disposition s'applique aux différentes catégories de voies routières existantes ou à créer, en tenant compte notamment de l'importance du trafic, et les conditions de financement de ces dispositifs par les gestionnaires du domaine public routier et leurs concessionnaires.

Contravention : R. 242-4. — Suspension du permis de conduire : R. 266 (8º).

DEUXIÈME PARTIE : *RÉGLEMENTAIRE*

(Décr. nº 89-631 du 4 sept. 1989)

Police de la conservation

Art. R.* 116-1 Les conditions de l'assermentation, prévue à l'article L. 116-2, sont déterminées par un arrêté conjoint du garde des sceaux, ministre de la justice, et du ministre chargé de la voirie routière nationale s'il s'agit de la voirie nationale ou du ministre de l'intérieur dans les autres cas.

Art. R.* 116-2 Seront punis d'amende prévue pour les contraventions de la cinquième classe ceux qui :

1º Sans autorisation, auront empiété sur le domaine public routier ou accompli un acte portant ou de nature à porter atteinte à l'intégrité de ce domaine ou de ses dépendances, ainsi qu'à celle des ouvrages, installations, plantations établis sur ledit domaine ;

2º Auront dérobé des matériaux entreposés sur le domaine public routier et ses dépendances pour les besoins de la voirie ;

3º Sans autorisation préalable et d'une façon non conforme à la destination du domaine public routier, auront occupé tout ou partie de ce domaine ou de ses dépendances ou y auront effectué des dépôts ;

4º Auront laissé écouler ou auront répandu ou jeté sur les voies publiques des substances susceptibles de nuire à la salubrité et à la sécurité publiques ou d'incommoder le public ;

5º En l'absence d'autorisation, auront établi ou laissé croître des arbres ou haies à moins de deux mètres de la limite du domaine public routier ;

6º Sans autorisation préalable, auront exécuté un travail sur le domaine public routier ;

7º Sans autorisation, auront creusé un souterrain sous le domaine public routier.

Code pénal

PREMIÈRE PARTIE : *LÉGISLATIVE*

LIVRE I **DISPOSITIONS GÉNÉRALES** *(L. nº 92-683 du 22 juill. 1992).*

TITRE III **DES PEINES**

CHAPITRE I *DE LA NATURE DES PEINES*

SECTION 1 *Des peines applicables aux personnes physiques*

SOUS-SECTION 2 *Des peines correctionnelles*

Art. 131-5-1 *(L. nº 2019-222 du 23 mars 2019, art. 71-III et 109-XIX, en vigueur le 24 mars 2020)* Lorsqu'un délit est puni d'une peine d'emprisonnement, la juridiction peut, à la place ou en même temps que l'emprisonnement, prescrire que le condamné devra accomplir, pendant une durée ne pouvant excéder un mois, un stage dont elle précise la nature, les modalités et le contenu eu égard à la nature du délit et aux circonstances dans lesquelles il a été commis.

Sauf décision contraire de la juridiction, le stage, dont le coût ne peut excéder celui des amendes contraventionnelles de la 3e classe, est effectué aux frais du condamné.

Le stage est exécuté dans un délai de six mois à compter de la date à laquelle la condamnation est définitive, sauf impossibilité résultant du comportement ou de la situation du condamné.

Les stages que peut prononcer la juridiction sont :

1° Le stage de citoyenneté, tendant à l'apprentissage des valeurs de la République et des devoirs du citoyen ;

2° Le stage de sensibilisation à la sécurité routière ;

3° Le stage de sensibilisation aux dangers de l'usage de produits stupéfiants ;

4° Le stage de responsabilisation pour la prévention et la lutte contre les violences au sein du couple et sexistes ;

5° Le stage de sensibilisation à la lutte contre l'achat d'actes sexuels ;

6° Le stage de responsabilité parentale ;

7° Le stage de lutte contre le sexisme et de sensibilisation à l'égalité entre les femmes et les hommes ;

(L. nº 2021-1539 du 30 nov. 2021, art. 31) « 8° Le stage de sensibilisation à la prévention et à la lutte contre la maltraitance animale. »

Art. 131-6 *(L. nº 2004-204 du 9 mars 2004, art. 44-V, en vigueur le 1er oct. 2004)* « Lorsqu'un délit est puni d'une peine d'emprisonnement, la juridiction peut prononcer, à la place de l'emprisonnement, une ou plusieurs des peines privatives ou restrictives de liberté suivantes : »

1° La suspension, pour une durée de cinq ans au plus, du permis de conduire, cette suspension pouvant être limitée, selon des modalités déterminées par décret en Conseil d'État, à la conduite en dehors de l'activité professionnelle *(L. nº 2003-495 du 12 juin 2003, art. 5)* « ; cette limitation n'est toutefois pas possible en cas de délit pour lequel la suspension du permis de conduire, encourue à titre de peine complémentaire, ne peut pas être limitée à la conduite en dehors de l'activité professionnelle » ;

2° L'interdiction de conduire certains véhicules pendant une durée de cinq ans au plus ;

3° L'annulation du permis de conduire avec interdiction de solliciter la délivrance d'un nouveau permis pendant cinq ans au plus ;

4° La confiscation d'un ou de plusieurs véhicules appartenant au condamné ;

5° L'immobilisation, pour une durée d'un an au plus, d'un ou de plusieurs véhicules appartenant au condamné, selon des modalités déterminées par décret en Conseil d'État ;

(L. nº 2014-896 du 15 août 2014, art. 52) « 5° *bis* L'interdiction, pendant une durée de cinq ans au plus, de conduire un véhicule qui ne soit pas équipé, par un professionnel agréé ou par construction, d'un dispositif homologué d'anti-démarrage par éthylotest électronique. Lorsque cette interdiction est prononcée en même temps que la peine d'annulation ou de suspension du permis de conduire, elle s'applique, pour la durée fixée par la juridiction, à l'issue de l'exécution de cette peine ; »

6° L'interdiction de détenir ou de porter, pour une durée de cinq ans au plus, une arme soumise à autorisation ;

7° La confiscation d'une ou de plusieurs armes dont le condamné est propriétaire ou dont il a la libre disposition ;

8° Le retrait du permis de chasser avec interdiction de solliciter la délivrance d'un nouveau permis pendant cinq ans au plus ;

9° L'interdiction pour une durée de cinq ans au plus d'émettre des chèques autres que ceux qui permettent le retrait de fonds par le tireur auprès du tiré ou ceux qui sont certifiés et d'utiliser des cartes de paiement ;

10° La confiscation de la chose qui a servi ou était destinée à commettre l'infraction ou de la chose qui en est le produit. Toutefois, cette confiscation ne peut pas être prononcée en matière de délit de presse ;

(L. nº 92-1336 du 16 déc. 1992) « 11° L'interdiction pour une durée de cinq ans au plus d'exercer une activité professionnelle ou sociale dès lors que les facilités que procure cette activité ont été sciemment utilisées pour préparer ou commettre l'infraction. Cette inter-

diction n'est toutefois pas applicable à l'exercice d'un mandat électif ou de responsabilités syndicales. Elle n'est pas non plus applicable en matière de délit de presse ; »

(L. n° 2004-204 du 9 mars 2004, art. 44-V, en vigueur le 1er oct. 2004) « 12° L'interdiction, pour une durée de trois ans au plus, de paraître dans certains lieux ou catégories de lieux déterminés par la juridiction et dans lesquels l'infraction a été commise ;

« 13° L'interdiction, pour une durée de trois ans au plus, de fréquenter certains condamnés spécialement désignés par la juridiction, notamment les auteurs ou complices de l'infraction ;

« 14° L'interdiction, pour une durée de trois ans au plus, d'entrer en relation avec certaines personnes spécialement désignées par la juridiction, notamment la victime de l'infraction ; »

(L. n° 2008-776 du 4 août 2008, art. 70) « 15° L'interdiction, pour une durée de cinq ans au plus, d'exercer une profession commerciale ou industrielle, de diriger, d'administrer, de gérer ou de contrôler à un titre quelconque, directement ou indirectement, pour son propre compte ou pour le compte d'autrui, une entreprise commerciale ou industrielle ou une société commerciale. »

(L. n° 2020-936 du 30 juill. 2020, art. 16) « Lorsqu'un délit est puni d'une peine d'emprisonnement, la juridiction peut prononcer, à la place de ou en même temps que la peine d'emprisonnement, une ou plusieurs des peines privatives ou restrictives de liberté prévues aux 6°, 7°, 10°, 12°, 13° et 14°. »

Étendue de l'interdiction d'exercer une activité professionnelle. Fait exacte application de l'art. 131-6, 11°, C. pén., l'arrêt qui condamne un prévenu pour délits de tromperie, faux et usage de faux commis à l'occasion de contrôles techniques d'automobile à une peine principale de cinq ans d'interdiction d'exercer une activité professionnelle ou sociale dans toutes les professions de l'automobile, la cour d'appel appréciant souverainement l'étendue de cette mesure. • Crim. 1er avr. 2008, n° 07-82.787 P : *AJ pénal 2008. 278 ; Dr. pénal 2008. Comm. 100, note Robert.*

Art. 131-7 *(L. n° 2004-204 du 9 mars 2004, art. 44-VI, en vigueur le 1er oct. 2004)* Les peines privatives ou restrictives de droits énumérées à l'article 131-6 peuvent également être prononcées, à la place de l'amende, pour les délits qui sont punis seulement d'une peine d'amende.

Art. 131-8 Lorsqu'un délit est puni d'une peine d'emprisonnement, la juridiction peut prescrire *(L. n° 2004-204 du 9 mars 2004, art. 44-VII, en vigueur le 1er oct. 2004)* « , à la place de l'emprisonnement, » que le condamné accomplira, pour une durée de *(L. n° 2009-1436 du 24 nov. 2009, art. 67 ; L. n° 2014-896 du 15 août 2014, art. 21 ; L. n° 2019-222 du 23 mars 2019, art. 71-IV)* « vingt à quatre cents » heures, un travail d'intérêt général non rémunéré au profit *(L. n° 2007-297 du 5 mars 2007, art. 63)* « soit d'une personne morale de droit public, soit d'une personne morale de droit privé chargée d'une mission de service public ou d'une association habilitées » à mettre en œuvre des travaux d'intérêt général. *(L. n° 2023-1059 du 20 nov. 2023, art. 24-I)* « Ce travail peut également être réalisé au profit d'une personne morale de droit privé remplissant les conditions définies à l'article 1er de la loi n° 2014-856 du 31 juillet 2014 relative à l'économie sociale et solidaire, poursuivant une utilité sociale au sens de l'article 2 de la même loi et habilitée à mettre en œuvre des travaux d'intérêt général, dans des conditions fixées par décret en Conseil d'État. »

(L. n° 2019-222 du 23 mars 2019, art. 71-IV) « Lorsque le prévenu est présent à l'audience, la peine de travail d'intérêt général ne peut être prononcée si celui-ci la refuse. Le président du tribunal, avant le prononcé du jugement, informe le prévenu de son droit de refuser l'accomplissement d'un travail d'intérêt général et reçoit sa réponse.

« Lorsque le prévenu n'est pas présent à l'audience mais y est représenté par son avocat, cette peine peut être prononcée s'il a fait connaître par écrit son accord.

« Lorsque le prévenu n'est pas présent à l'audience et n'a pas fait connaître son accord, cette peine ne peut être prononcée que si le tribunal fait application des dispositions du deuxième alinéa de l'article 131-9. Dans ce cas, avant la mise à exécution de la peine de travail d'intérêt général, le juge de l'application des peines informe le condamné de son droit de refuser l'accomplissement d'un travail et reçoit sa réponse. En cas de refus, tout ou partie de l'emprisonnement ou de l'amende fixée par la juridiction peut être mis à exécution, dans les conditions prévues à l'article 712-6 du code de procédure pénale, sous réserve, s'il y a lieu, des possibilités d'aménagement ou de conversion. »

A titre expérimental et pour une durée de trois ans à compter de la publication du décret prévu infra, le travail d'intérêt général prévu à l'art. 131-8 C. pén. peut également être effectué : 1° Au profit d'une personne morale de droit privé remplissant les conditions définies à l'art. 1er de la L. n° 2014-856 du 31 juill. 2014 relative à l'économie sociale et solidaire et poursuivant un but d'utilité sociale au sens de l'art. 2 de la même loi ; 2° Au profit d'une société dont les statuts définissent une mission qui assigne à la société la poursuite d'objectifs sociaux et environnementaux. Les conditions spécifiques d'habilitation de ces personnes morales de droit privé et d'inscription des travaux qu'elles proposent sur la liste des travaux d'intérêt général ainsi que les obligations particulières mises à leur charge dans la mise en œuvre de ces travaux sont précisées par décret en Conseil d'État. Les départements dans lesquels cette mesure peut être prononcée pendant la durée de l'expérimentation, dont le nombre ne peut excéder vingt, sont déterminés par arrêté du ministre de la justice. Six mois au moins avant le terme de l'expérimentation, le Gouvernement adresse au Parlement un rapport procédant à son évaluation (L. n° 2019-222 du 23 mars 2019, art. 71-XIX).

La durée de l'expérimentation prévue ci-dessus est prorogée pour une durée de trois ans à compter de la promulgation de la L. n° 2023-1059 du 20 nov. 2023. Les conditions spécifiques d'habilitation de ces personnes morales de droit privé et d'inscription des travaux qu'elles proposent sur la liste des travaux d'intérêt général ainsi que les obligations particulières mises à leur charge dans la mise en œuvre de ces travaux sont prévues par décret en Conseil d'État. Les départements dans lesquels cette mesure peut être prononcée pendant la durée de cette nouvelle phase d'expérimentation sont déterminés par arrêté du ministre de la justice. Au moins six mois avant le terme de l'expérimentation, le Gouvernement remet au Parlement un rapport procédant à l'évaluation de celle-ci (L. n° 2023-1059 du 20 nov. 2023, art. 24-IV).

Art. 131-8-1 *(L. n° 2007-297 du 5 mars 2007, art. 64)* **Lorsqu'un délit est puni d'une peine d'emprisonnement, la juridiction peut prononcer, à la place ou en même temps que la peine d'emprisonnement, la peine de sanction-réparation. Il en est de même lorsqu'un délit est puni à titre de peine principale d'une seule peine d'amende.**

La sanction-réparation consiste dans l'obligation pour le condamné de procéder, dans le délai et selon les modalités fixés par la juridiction, à l'indemnisation du préjudice de la victime.

Avec l'accord de la victime et du prévenu, la réparation peut être exécutée en nature. Elle peut alors consister dans la remise en état d'un bien endommagé à l'occasion de la commission de l'infraction ; cette remise en état est réalisée par le condamné lui-même ou par un professionnel qu'il choisit et dont il rémunère l'intervention.

L'exécution de la réparation est constatée par le procureur de la République ou son délégué.

Lorsqu'elle prononce la peine de sanction-réparation, la juridiction fixe la durée maximum de l'emprisonnement, qui ne peut excéder six mois, ou le montant maximum de l'amende, qui ne peut excéder 15 000 €, dont le juge de l'application des peines pourra ordonner la mise à exécution en tout ou partie dans les conditions prévues par l'article 712-6 du code de procédure pénale si le condamné ne respecte pas l'obligation de réparation. Si le délit n'est puni que d'une peine d'amende, la juridiction ne fixe que le montant de l'amende, qui ne peut excéder 15 000 €, qui pourra être mis à exécution. Le président de la juridiction en avertit le condamné après le prononcé de la décision.

Art. 131-9 **L'emprisonnement ne peut être prononcé cumulativement avec une des peines privatives ou restrictives de droits prévues** *(L. n° 2020-936 du 30 juill. 2020, art. 16)* **« aux 1°, 2°, 3°, 4°, 5°, 5° *bis*, 8°, 9°, 11° et 15° de l'article 131-6 » ni avec** *(Abrogé par L. n° 2019-222 du 23 mars 2019, art. 71-V, à compter du 24 mars 2020) (L. n° 2014-896 du 15 août 2014, art. 19-I-3°)* ***« la peine de contrainte pénale ou »*** **la peine de travail d'intérêt général.**

(L. n° 2004-204 du 9 mars 2004, art. 44-VIII, en vigueur le 1er oct. 2004) **« Lorsqu'elle prononce une ou plusieurs des peines prévues par les articles 131-5-1, 131-6 ou 131-8, la juridiction peut fixer la durée maximum de l'emprisonnement ou le montant maximum de l'amende dont le juge de l'application des peines pourra ordonner la mise à exécution en tout ou partie, dans des conditions prévues par l'article 712-6 du code de procédure pénale, si le condamné ne respecte pas les obligations ou interdictions résultant de la ou des peines prononcées. Le président de la juridiction en avertit le condamné après le prononcé de la décision. L'emprisonnement ou l'amende que fixe la juridiction ne peuvent excéder les peines encourues pour le délit pour lequel la condamnation est prononcée ni celles prévues par l'article 434-41 du présent code. Lorsqu'il est fait application des dispositions du présent alinéa, les dispositions de l'article 434-41 ne sont alors pas applicables. »**

La peine de jours-amende ne peut être prononcée cumulativement avec la peine d'amende.

Les dispositions issues de la L. n° 2014-896 du 15 août 2014 sont applicables aux îles Wallis-et-Futuna, en Polynésie française et en Nouvelle-Calédonie (L. préc., art. 55-I).

Les dispositions issues de la L. n° 2019-222 du 23 mars 2019 entrent en vigueur un an après la publication de ladite loi, soit le 24 mars 2020). Les peines de contrainte pénale prononcées avant cette date s'exécutent jusqu'à leur terme conformément aux dispositions applicables au jour de leur prononcé, sous la réserve que les attributions confiées en application de l'art. 713-47 C. pr. pén. au président du tribunal judiciaire ou au juge désigné par lui sont exercées par le juge de l'application des peines (L. préc., art. 109-XIX).

SOUS-SECTION 3 *Des peines complémentaires encourues pour certains crimes ou délits*

Art. 131-10 Lorsque la loi le prévoit, un crime ou un délit peut être sanctionné d'une ou de plusieurs peines complémentaires qui, frappant les personnes physiques, emportent interdiction, déchéance, incapacité ou retrait d'un droit *(L. n° 98-468 du 17 juin 1998)* « , injonction de soins ou obligation de faire », immobilisation ou confiscation d'un objet *(L. n° 2007-297 du 5 mars 2007, art. 25)* « , confiscation d'un animal », fermeture d'un établissement ou affichage de la décision prononcée ou diffusion de celle-ci soit par la presse écrite, soit par tout moyen de *(L. n° 2004-575 du 21 juin 2004, art. 2-III)* « communication au public par voie électronique ».

Art. 131-11 Lorsqu'un délit est puni d'une ou de plusieurs des peines complémentaires mentionnées à l'article 131-10, la juridiction peut ne prononcer que la peine complémentaire ou l'une ou plusieurs des peines complémentaires encourues à titre de peine principale.

(L. n° 2004-204 du 9 mars 2004, art. 44-IX, en vigueur le 1er oct. 2004) « La juridiction peut alors fixer la durée maximum de l'emprisonnement ou le montant maximum de l'amende dont le juge de l'application des peines pourra ordonner la mise à exécution en tout ou partie, dans des conditions prévues par l'article 712-6 du code de procédure pénale, en cas de violation par le condamné des obligations ou interdictions résultant des peines prononcées en application des dispositions du présent article. Le président de la juridiction en avertit le condamné après le prononcé de la décision. L'emprisonnement ou l'amende que fixe la juridiction ne peuvent excéder les peines encourues pour le délit pour lequel la condamnation est prononcée, ni celles prévues par l'article 434-41 du présent code. Lorsqu'il est fait application des dispositions du présent alinéa, les dispositions de l'article 434-41 ne sont pas applicables. »

SOUS-SECTION 4 *Des peines contraventionnelles*

Art. 131-12 Les peines contraventionnelles encourues par les personnes physiques sont :

1° L'amende ;

2° Les peines privatives ou restrictives de droits prévues à l'article 131-14 ;

(L. n° 2007-297 du 5 mars 2007, art. 64) « 3° La peine de sanction-réparation prévue par l'article 131-15-1. »

Ces peines ne sont pas exclusives d'une ou de plusieurs des peines complémentaires prévues aux articles 131-16 et 131-17.

Art. 131-13 *(L. n° 2005-47 du 26 janv. 2005, art. 9-II)* « Constituent des contraventions les infractions que la loi punit d'une amende n'excédant pas 3 000 €. »

Le montant de l'amende est le suivant :

1° 38 € au plus pour les contraventions de la 1re classe ;

2° 150 € au plus pour les contraventions de la 2e classe ;

3° 450 € au plus pour les contraventions de la 3e classe ;

4° 750 € au plus pour les contraventions de la 4e classe ;

5° 1 500 € au plus pour les contraventions de la 5e classe, montant qui peut être porté à 3 000 € en cas de récidive lorsque le règlement le prévoit *(L. n° 2003-495 du 12 juin 2003, art. 4)* « , hors les cas où la loi prévoit que la récidive de la contravention constitue un délit ».

Art. 131-14 Pour toutes les contraventions de la 5e classe, une ou plusieurs des peines privatives ou restrictives de droits suivantes peuvent être prononcées :

1° La suspension, pour une durée d'un an au plus, du permis de conduire, cette suspension, pouvant être limitée à la conduite en dehors de l'activité professionnelle *(L. n° 2003-*

495 du 12 juin 2003, art. 5) « ; cette limitation n'est toutefois pas possible en cas de contravention pour laquelle la suspension du permis de conduire, encourue à titre de peine complémentaire, ne peut pas être limitée à la conduite en dehors de l'activité professionnelle » ;

2° L'immobilisation, pour une durée de six mois au plus, d'un ou de plusieurs véhicules appartenant au condamné ;

3° La confiscation d'une ou de plusieurs armes dont le condamné est propriétaire ou dont il a la libre disposition ;

4° Le retrait du permis de chasser, avec interdiction de solliciter la délivrance d'un nouveau permis pendant un an au plus ;

5° L'interdiction, pour une durée d'un an au plus, d'émettre des chèques autres que ceux qui permettent le retrait de fonds par le tireur auprès du tiré ou ceux qui sont certifiés et d'utiliser des cartes de paiement ;

6° La confiscation de la chose qui a servi ou était destinée à commettre l'infraction ou de la chose qui en est le produit. Toutefois, cette confiscation ne peut pas être prononcée en matière de délit de presse. – *Pén. 131-21.*

Art. 131-15 La peine d'amende ne peut être prononcée cumulativement avec une des peines privatives ou restrictives de droits énumérées à l'article 131-14.

Les peines privatives ou restrictives de droits énumérées à cet article peuvent être prononcées cumulativement.

Art. 131-15-1 *(L. nº 2007-297 du 5 mars 2007, art. 64)* Pour toutes les contraventions de la cinquième classe, la juridiction peut prononcer à la place ou en même temps que la peine d'amende la peine de sanction-réparation selon les modalités prévues par l'article 131-8-1.

Dans ce cas, la juridiction fixe le montant maximum de l'amende, qui ne peut excéder 1 500 €, dont le juge de l'application des peines pourra ordonner la mise à exécution en tout ou partie dans les conditions prévues par l'article 712-6 du code de procédure pénale si le condamné ne respecte pas l'obligation de réparation.

Art. 131-16 Le règlement qui réprime une contravention peut prévoir, lorsque le coupable est une personne physique, une ou plusieurs des peines complémentaires suivantes :

1° La suspension, pour une durée de trois ans au plus, du permis de conduire, cette suspension pouvant être limitée à la conduite en dehors de l'activité professionnelle *(L. nº 2003-495 du 12 juin 2003, art. 5)* « sauf si le règlement exclut expressément cette limitation » ;

2° L'interdiction de détenir ou de porter, pour une durée de trois ans au plus, une arme soumise à autorisation ;

3° La confiscation d'une ou de plusieurs armes dont le condamné est propriétaire ou dont il a la libre disposition ;

4° Le retrait du permis de chasser, avec interdiction de solliciter la délivrance d'un nouveau permis pendant trois ans au plus ;

5° La confiscation de la chose qui a servi ou était destinée à commettre l'infraction ou de la chose qui en est le produit ;

(L. nº 2003-495 du 12 juin 2003, art. 6) « 6° L'interdiction de conduire certains véhicules terrestres à moteur, y compris ceux pour la conduite desquels le permis de conduire n'est pas exigé, pour une durée de trois ans au plus ; »

(L. nº 2019-222 du 23 mars 2019, art. 71-VI et 109-XIX, en vigueur le 24 mars 2020) « 7° Les peines de stage prévues à l'article 131-5-1 ;

« 8° La confiscation de l'animal ayant été utilisé pour commettre l'infraction ou à l'encontre duquel l'infraction a été commise ;

« 9° L'interdiction, pour une durée de trois ans au plus, de détenir un animal ;

« 10° Le retrait pour une durée d'un an au plus des titres de conduite en mer des navires de plaisance à moteur et, à l'encontre de toute personne embarquée sur un navire étranger, l'interdiction pour un an au plus de pratiquer la navigation dans les eaux territoriales ou les eaux intérieures maritimes françaises. »

Art. 131-17 Le règlement qui réprime une contravention de la cinquième classe peut en outre prévoir la peine complémentaire d'interdiction, pour une durée de trois ans au plus, d'émettre des chèques autres que ceux qui permettent le retrait de fonds par le tireur auprès du tiré ou ceux qui sont certifiés. – *Pén. 131-19 s.*

Le règlement qui réprime une contravention de la cinquième classe peut également prévoir, à titre de peine complémentaire, la peine de travail d'intérêt général pour une durée de vingt à cent vingt heures. — *Pén. 131-22 s.*

Art. 131-18 Lorsqu'une contravention est punie d'une ou de plusieurs des peines complémentaires mentionnées aux articles **131-16** et **131-17**, la juridiction peut ne prononcer que la peine complémentaire ou l'une ou plusieurs des peines complémentaires encourues.

SOUS-SECTION 5 *Du contenu et des modalités d'application de certaines peines*

Art. 131-21 *(L. n° 2007-297 du 5 mars 2007, art. 66)* « La peine complémentaire de confiscation est encourue dans les cas prévus par la loi ou le règlement. Elle est également encourue de plein droit pour les crimes et pour les délits punis d'une peine d'emprisonnement d'une durée supérieure à un an, à l'exception des délits de presse.

« *(L. n° 2022-299 du 2 mars 2022, art. 12-I)* « Sous réserve du dernier alinéa, » la confiscation porte sur tous les biens meubles ou immeubles, quelle qu'en soit la nature, divis ou indivis, ayant servi à commettre l'infraction ou qui étaient destinés à la commettre, et dont le condamné est propriétaire ou, sous réserve des droits du propriétaire de bonne foi, dont il a la libre disposition. *(L. n° 2022-299 du 2 mars 2022, art. 12-I)* « Lorsqu'une infraction pour laquelle la peine de confiscation est encourue a été commise en utilisant un service de communication au public en ligne, l'instrument utilisé pour avoir accès à ce service est considéré comme un bien meuble ayant servi à commettre l'infraction et peut être confisqué. Au cours de l'enquête ou de l'instruction, il peut être saisi dans les conditions prévues au code de procédure pénale. » — *V. note infra.*

(L. n° 2022-299 du 2 mars 2022, art. 12-I) « Sous réserve du dernier alinéa, la confiscation » porte également sur tous les biens qui sont l'objet ou le produit direct ou indirect de l'infraction, à l'exception des biens susceptibles de restitution à la victime *(Abrogé par L. n° 2022-299 du 2 mars 2022, art. 12-I) (L. n° 2021-1729 du 22 déc. 2021, art. 51-II)* «*, et sous réserve du dernier alinéa* ». Si le produit de l'infraction a été mêlé à des fonds d'origine licite pour l'acquisition d'un ou plusieurs biens, la confiscation peut ne porter sur ces biens qu'à concurrence de la valeur estimée de ce produit. — *V. note infra.*

(L. n° 2022-299 du 2 mars 2022, art. 12-I) « Sous les mêmes réserves, » la confiscation peut en outre porter sur tout bien meuble ou immeuble défini par la loi ou le règlement qui réprime l'infraction. — *V. note infra.*

(L. n° 2022-299 du 2 mars 2022, art. 12-I) « Sous les mêmes réserves, » s'il s'agit d'un crime ou d'un délit puni d'au moins cinq ans d'emprisonnement et ayant procuré un profit direct ou indirect, la confiscation porte également sur les biens meubles ou immeubles, quelle qu'en soit la nature, divis ou indivis, appartenant au condamné *(L. n° 2012-409 du 27 mars 2012, art. 17-I)* « ou, sous réserve des droits du propriétaire de bonne foi, dont il a la libre disposition, lorsque ni le condamné, ni le propriétaire, mis en mesure de s'expliquer sur les biens dont la confiscation est envisagée, n'ont » pu en justifier l'origine. — *V. note infra.*

(L. n° 2022-299 du 2 mars 2022, art. 12-I) « Sous réserve du dernier alinéa, » lorsque la loi qui réprime le crime ou le délit le prévoit, la confiscation peut aussi porter sur tout ou partie des biens appartenant au condamné *(L. n° 2012-409 du 27 mars 2012, art. 17-I)* « ou, sous réserve des droits du propriétaire de bonne foi, dont il a la libre disposition », quelle qu'en soit la nature, meubles ou immeubles, divis ou indivis. — *V. note infra.*

« La confiscation est obligatoire pour les objets qualifiés de dangereux ou nuisibles par la loi ou le règlement, ou dont la détention est illicite, que ces biens soient ou non la propriété du condamné. »

(L. n° 2022-299 du 2 mars 2022, art. 12-I) « Sous réserve du dernier alinéa, » *(L. n° 2010-768 du 9 juill. 2010, art. 9)* « la peine complémentaire de confiscation s'applique dans les mêmes conditions à tous les droits incorporels, quelle qu'en soit la nature, divis ou indivis. » — *V. note infra.*

(L. n° 2022-299 du 2 mars 2022, art. 12-I) « Sous les mêmes réserves, » *(L. n° 2012-409 du 27 mars 2012, art. 16-I)* « la confiscation peut être ordonnée en valeur ». *(L. n° 2013-1117 du 6 déc. 2013, art. 23)* « la confiscation en valeur peut être exécutée sur tous biens, quelle qu'en soit la nature, appartenant au condamné ou, sous réserve des droits du propriétaire de bonne foi *(Abrogé par L. n° 2022-299 du 2 mars 2022, art. 12-I) (L. n° 2021-1729 du 22 déc. 2021, art. 51-II)* «*et du même dernier alinéa* », dont il a la libre disposition. » Pour le recouvrement de la somme représentative de la valeur de la chose confisquée, les

dispositions relatives à la *(L. n° 2004-204 du 9 mars 2004, art. 198-V, en vigueur le 1er janv. 2005)* **« contrainte judiciaire » sont applicables.** — *V. note infra.*

La chose confisquée est, sauf disposition particulière prévoyant sa destruction ou son attribution, dévolue à l'État, mais elle demeure grevée, à concurrence de sa valeur, des droits réels licitement constitués au profit de tiers. — *Pén. 442-13.*

(L. n° 2003-495 du 12 juin 2003, art. 6) **« Lorsque la chose confisquée est un véhicule qui n'a pas été saisi** *(L. n° 2004-204 du 9 mars 2004, art. 60-II)* **« ou mis en fourrière » au cours de la procédure, le condamné doit, sur l'injonction qui lui en est faite par le ministère public, remettre ce véhicule au service ou à l'organisme chargé de sa destruction ou de son aliénation. »**

(L. n° 2022-299 du 2 mars 2022, art. 12-I) **« Hors le cas mentionné au septième alinéa, »** *(L. n° 2021-1729 du 22 déc. 2021, art. 51-II)* **« lorsque la peine de confiscation porte sur des biens sur lesquels** *(L. n° 2022-299 du 2 mars 2022, art. 12-I)* **« toute personne » autre que le condamné dispose d'un droit de propriété, elle ne peut être prononcée si** *(L. n° 2022-299 du 2 mars 2022, art. 12-I)* **« cette personne » dont le titre est connu ou qui a réclamé cette qualité au cours de la procédure n'a pas été** *(L. n° 2022-299 du 2 mars 2022, art. 12-I)* **« mise » en mesure de présenter ses observations sur la mesure de confiscation envisagée par la juridiction de jugement aux fins, notamment, de faire valoir le droit** *(L. n° 2022-299 du 2 mars 2022, art. 12-I)* **« qu'elle » revendique et sa bonne foi. »**

Le 3e al. et les mots « ou, sous réserve des droits du propriétaire de bonne foi, dont il a la libre disposition » du 9e al. (réd. L. n° 2013-1117 du 6 déc. 2013) de l'art. 131-21 sont contraires à la Const., cette déclaration prenant effet au 31 mars 2022 (Décis. Cons. const. n° 2021-932 QPC du 23 sept. 2021).

Les mesures prises avant le 24 sept. 2021, date de publication de cette décis., ne peuvent être contestées sur le fondement de cette déclaration d'inconstitutionnalité (Décis. Cons. const. préc., consid. 20).

Les 2e, 4e, 5e, 6e, 8e et le reste du 9e al. de l'art. 131-21 sont contraires à la Const., cette déclaration prenant effet au 31 déc. 2022 (Décis. Cons. const. n° 2021-949/950 QPC du 24 nov. 2021). Les mesures prises avant le 25 nov. 2021, date de publication de cette Décis., ne peuvent être contestées sur le fondement de cette déclaration d'inconstitutionnalité (Décis. Cons. const. préc., consid. 16).

BIBL. ▸ DEFRANCE, *Jurispr. auto 2008. 441* (la confiscation du véhicule).

Constitutionnalité de la peine complémentaire de confiscation. Saisi par la Cour de cassation d'une question prioritaire de constitutionnalité portant sur l'art. 131-21 C. pén., instituant la peine complémentaire de confiscation, le Conseil constitutionnel a jugé que l'existence d'une telle peine ne méconnaissait pas, en elle-même, le principe de nécessité des peines ; que, compte tenu de la gravité des infractions auxquelles elles sont applicables et des biens qui peuvent en faire l'objet, les peines de confiscation prévues par ledit article n'étaient pas manifestement disproportionnées ; et que l'art. 131-21 C. pén., qui préserve le droit de propriété des tiers de bonne foi, n'était contraire à aucun autre droit ou liberté que la Constitution garantit. • Cons. const. 26 nov. 2010 : *Cah. cons. const. n° 30 ; AJ pénal 2011. 21, note Perrier ; JCP 2011. 15, note Robert ; Gaz. Pal. 6 janv. 2011, p. 14, note Dreyer.* ♦ Concernant la peine complémentaire de confiscation prévue à l'art. R. 413-14-1 C. route, le Conseil constitutionnel n'est en revanche pas compétent pour en apprécier la conformité aux principes de nécessité et de proportionnalité des peines, dès lors que s'agissant de la répression des contraventions, il appartient au pouvoir réglementaire, dans l'exercice de la compétence qu'il tient de l'art. 37 de la Constitution et sous le contrôle des juridictions compétentes, de fixer, dans le respect des exigences de l'art. 8 DDH, les peines applicables aux contraventions qu'il définit. • Même décision.

CHAPITRE II *DU RÉGIME DES PEINES*

SECTION 1 *Dispositions générales*

SOUS-SECTION 1 *Des peines applicables en cas de concours d'infractions*

Art. 132-3 **Lorsque, à l'occasion d'une même procédure, la personne poursuivie est reconnue coupable de plusieurs infractions en concours, chacune des peines encourues peut être prononcée. Toutefois, lorsque plusieurs peines de même nature sont encourues, il ne peut être prononcé qu'une seule peine de cette nature dans la limite du maximum légal le plus élevé.**

Chaque peine prononcée est réputée commune aux infractions en concours dans la limite du maximum légal applicable à chacune d'entre elles.

Suspension du permis de conduire. Il résulte des art. 132-3 et 132-7 que, lorsque, à l'occasion d'une même procédure, plusieurs peines de même nature, à l'exception des amendes pour contraventions, sont encourues pour des infractions en concours, il ne peut être prononcé qu'une seule peine de cette nature dans la limite du maximum légal le plus élevé. Cassation de l'arrêt qui a prononcé plusieurs peines de suspension du permis de conduire. • Crim. 11 janv. 2005, n° 04-85.916 P : *D. 2005. IR 459 ; RSC 2005. 300, note Vermelle ; Dr. pénal 2005. Comm. 40, obs. Robert ; JCP 2005. I. 161.*

Art. 132-7 **Par dérogation aux dispositions qui précèdent, les peines d'amende pour contraventions se cumulent entre elles et avec celles encourues ou prononcées pour des crimes ou délits en concours.**

1. Fautes pénales distinctes. La cour d'appel qui condamne un prévenu à 4 mois de suspension de permis de conduire pour le délit de blessures involontaires et à 250 € d'amende pour la contravention de refus de priorité fait l'exacte application des dispositions de l'art. 132-7 s'agissant de fautes pénales distinctes. • Crim. 13 janv. 2004 : *Jurispr. auto 2004. 273.*

2. Faute pénale unique. Encourt la cassation l'arrêt qui condamne un prévenu à plusieurs peines pour des délits et des contraventions de blessures involontaires procédant d'une même action coupable, une faute pénale unique ne pouvant être sanctionnée que par une seule peine. • Crim. 8 mars 2005, n° 04-83.341 P : *RSC 2005. 549, note Fortis et 558, note Mayaud.*

SOUS-SECTION 2 *Des peines applicables en cas de récidive*

§ 1 *Personnes physiques*

Art. 132-9 **Lorsqu'une personne physique, déjà condamnée définitivement pour un crime ou pour un délit puni de dix ans d'emprisonnement par la loi, commet, dans le délai de dix ans à compter de l'expiration ou de la prescription de la précédente peine, un délit puni de la même peine, le maximum des peines d'emprisonnement et d'amende encourues est doublé.**

Lorsqu'une personne physique, déjà condamnée définitivement pour un crime ou pour un délit puni de dix ans d'emprisonnement par la loi, commet, dans le délai de cinq ans à compter de l'expiration ou de la prescription de la précédente peine, un délit puni d'une peine d'emprisonnement d'une durée supérieure à un an et inférieure à dix ans, le maximum des peines d'emprisonnement et d'amende encourues est doublé.

Art. 132-10 **Lorsqu'une personne physique, déjà condamnée définitivement pour un délit, commet, dans le délai de cinq ans à compter de l'expiration ou de la prescription de la précédente peine, soit le même délit, soit un délit qui lui est assimilé au regard des règles de la récidive, le maximum des peines d'emprisonnement et d'amende encourues est doublé.**

1. L'état de récidive, visé à la prévention et ainsi rappelé, n'ayant fait l'objet d'aucune contestation, les juges n'étaient pas tenus de s'expliquer davantage sur cette circonstance aggravante. • Crim. 12 févr. 1997 : *Jurispr. auto 1997. 329.*

2. Le prévenu a droit à être informé d'une manière détaillée de la nature et de la cause de la prévention dont il est l'objet et doit, par suite, être mis en mesure de se défendre tant sur les divers chefs d'infraction qui lui sont imputés que sur chacune des circonstances aggravantes susceptibles d'être retenues à sa charge. Méconnaît ce principe la cour d'appel qui a relevé d'office la circonstance aggravante de récidive, pour conduite sous l'empire d'un état alcoolique et conduite malgré suspension, sans que le prévenu ait été mis en mesure de s'expliquer sur ce point, et alors que cette circonstance aggravante n'était pas visée dans le titre de la poursuite. • Crim. 20 sept. 2000, n° 99-82.846 P : *Jurispr. auto 2000. 549.*

Art. 132-11 **Dans les cas où le règlement le prévoit, lorsqu'une personne physique, déjà condamnée définitivement pour une contravention de la 5e classe, commet, dans le délai d'un an à compter de l'expiration ou de la prescription de la précédente peine, la même contravention, le maximum de la peine d'amende encourue est porté à 3 000 €.**

(L. n° 2003-495 du 12 juin 2003, art. 4) **« Dans les cas où la loi prévoit que la récidive d'une contravention de la cinquième classe constitue un délit, la récidive est constituée si les faits sont commis dans le délai de trois ans à compter de l'expiration ou de la prescription de la précédente peine. »**

§ 3 *Dispositions générales*

Art. 132-16-2 *(L. n° 2003-495 du 12 juin 2003, art. 4)* **Les délits d'homicide involontaire ou d'atteinte involontaire à l'intégrité de la personne commis à l'occasion de la conduite d'un véhicule terrestre à moteur prévus par les articles 221-6-1, 222-19-1 et 222-20-1 sont considérés, au regard de la récidive, comme une même infraction.**

Les délits prévus par les articles L. 221-2 *(L. nº 2022-52 du 24 janv. 2022, art. 11-I)* **«, L. 233-1, L. 233-1-1 », L. 234-1, L. 235-1 et L. 413-1 du code de la route sont considérés, au regard de la récidive, comme une même infraction. Ils sont également assimilés aux délits mentionnés à l'alinéa précédent lorsqu'ils constituent le second terme de la récidive.**

Les délits de conduite sous l'empire d'un état alcoolique et de conduite en état d'ivresse manifeste, prévus par l'art. L. 234-1 et le délit de refus de se soumettre aux vérifications destinées à établir la preuve de l'état alcoolique, réprimé par l'art. L. 234-8, ne sont pas assimilés au regard des règles de la récidive par l'art. 132-16-2 C. pén. • Crim. 21 juin 2005 : *Jurispr. auto 2005. 527 ; Dr. pénal 2005. Comm. 139, note Véron.*

SOUS-SECTION 4 *Du prononcé des peines*

Art. 132-19-1 *(Abrogé par L. nº 2014-896 du 15 août 2014, art. 7-I-1º) (L. nº 2007-1198 du 10 août 2007)* ***Pour les délits commis en état de récidive légale, la peine d'emprisonnement ne peut être inférieure aux seuils suivants :***

1º Un an, si le délit est puni de trois ans d'emprisonnement ;
2º Deux ans, si le délit est puni de cinq ans d'emprisonnement ;
3º Trois ans, si le délit est puni de sept ans d'emprisonnement ;
4º Quatre ans, si le délit est puni de dix ans d'emprisonnement.

Toutefois, la juridiction peut prononcer, par une décision spécialement motivée, une peine inférieure à ces seuils ou une peine autre que l'emprisonnement en considération des circonstances de l'infraction, de la personnalité de son auteur ou des garanties d'insertion ou de réinsertion présentées par celui-ci.

La juridiction ne peut prononcer une peine autre que l'emprisonnement lorsque est commis une nouvelle fois en état de récidive légale un des délits suivants :

1º Violences volontaires ;
2º Délit commis avec la circonstance aggravante de violences ;
3º Agression ou atteinte sexuelle ;
4º Délit puni de dix ans d'emprisonnement.

Par décision spécialement motivée, la juridiction peut toutefois prononcer une peine d'emprisonnement d'une durée inférieure aux seuils prévus par le présent article si le prévenu présente des garanties exceptionnelles d'insertion ou de réinsertion.

Les dispositions du présent article ne sont pas exclusives d'une peine d'amende et d'une ou plusieurs peines complémentaires.

Art. 132-20 **Lorsqu'une infraction est punie d'une peine d'amende, la juridiction peut prononcer une amende d'un montant inférieur à celle qui est encourue.**

(L. nº 2014-896 du 15 août 2014, art. 3, en vigueur le 1er oct. 2014) **« Le montant de l'amende est déterminé en tenant compte des ressources et des charges de l'auteur de l'infraction. »**

(L. nº 2016-731 du 3 juin 2016, art. 82-I) **« Les amendes prononcées en matière contraventionnelle, correctionnelle et criminelle, à l'exception des amendes forfaitaires, peuvent faire l'objet d'une majoration, dans la limite de 10 % de leur montant, perçue lors de leur recouvrement. Cette majoration, prononcée dans les conditions prévues à l'article 707-6 du code de procédure pénale, est destinée à financer l'aide aux victimes. »**

Motivation de la peine d'amende. En application des art. 132-1 et 132-20 C. pén., 485, 543 et 593 C. pr. pén. et des principes constitutionnels tels que dégagés dans la décision nº 2017-694 QPC du 2 mars 2018, la juridiction qui prononce une peine d'amende en matière contraventionnelle doit motiver sa décision au regard des circonstances de l'infraction, de la personnalité et de la situation personnelle de son auteur, en tenant compte de ses ressources et de ses charges. • Crim. 30 mai 2018, nº 16-85.777 P : *D. actu. 8 juin 2018, obs. Goetz ; D. 2018. 1208 ; Dr. pénal 2018. nº 144, note Bonis ; Gaz. Pal. 26 juin 2018, p. 23, note Bachelet ; LPA 28 juin 2018, p. 8, note Dadoun ; JCP 2018. 951, note Bonis.* ♦ Doit toutefois être rejeté le pourvoi d'un prévenu condamné pour défaut de maîtrise à 135 € d'amende par un jugement ne contenant aucun motif relatif à l'amende prononcée, dès lors que celle-ci correspond à l'amende forfaitaire qui aurait été due si l'intéressé n'avait pas formulé de requête en exonération et qu'elle ne pouvait, en application de l'art. 530-1 C. pr. pén., être inférieure. • Même décision.

SECTION 2 *Des modes de personnalisation des peines*

SOUS-SECTION 4 *Du sursis probatoire (L. n° 2019-222 du 23 mars 2019, art. 80 et 109, en vigueur le 24 mars 2020).*

§ 2 *Du régime de la probation (L. n° 2019-222 du 23 mars 2019, art. 80 et 109, en vigueur le 24 mars 2020).*

Art. 132-45 La juridiction de condamnation ou le juge de l'application des peines peut imposer spécialement au condamné l'observation de l'une ou de plusieurs des obligations suivantes :

1° Exercer une activité professionnelle ou suivre un enseignement ou une formation professionnelle ;

2° Établir sa résidence en un lieu déterminé ;

3° Se soumettre à des mesures d'examen médical, de traitement ou de soins, même sous le régime de l'hospitalisation. *(L. n° 2007-297 du 5 mars 2007, art. 49)* « Ces mesures peuvent consister en l'injonction thérapeutique prévue par les articles L. 3413-1 à L. 3413-4 du code de la santé publique, lorsqu'il apparaît que le condamné fait usage de stupéfiants ou fait une consommation habituelle et excessive de boissons alcooliques. » *(L. n° 2012-409 du 27 mars 2012, art. 5-II)* « Une copie de la décision ordonnant ces mesures est adressée par le juge de l'application des peines au médecin ou au psychologue qui doit suivre la personne condamnée. Les rapports des expertises réalisées pendant la procédure sont adressés au médecin ou au psychologue, à leur demande ou à l'initiative du juge de l'application des peines. Celui-ci peut également leur adresser toute autre pièce utile du dossier ; »

4° Justifier qu'il contribue aux charges familiales ou acquitte régulièrement les pensions alimentaires dont il est débiteur ;

5° Réparer en tout ou partie, en fonction de ses facultés contributives, les dommages causés par l'infraction, même en l'absence de décision sur l'action civile ;

6° Justifier qu'il acquitte en fonction de ses facultés contributives les sommes dues au Trésor public à la suite de la condamnation ;

7° S'abstenir de conduire certains véhicules déterminés par les catégories de permis prévues par le code de la route *(L. n° 2016-1547 du 18 nov. 2016, art. 34-III)* « ou de conduire un véhicule qui ne soit pas équipé, par un professionnel agréé ou par construction, d'un dispositif homologué d'antidémarrage par éthylotest électronique » ;

(L. n° 2014-896 du 15 août 2014, art. 9, en vigueur le 1er oct. 2014) « 7° *bis* Sous réserve de son accord, s'inscrire et se présenter aux épreuves du permis de conduire, le cas échéant après avoir suivi des leçons de conduite ; »

8° Ne pas se livrer à l'activité *(L. n° 2010-242 du 10 mars 2010, art. 11-I)* « dans l'exercice ou à l'occasion de l'exercice de laquelle l'infraction a été commise ou ne pas exercer une activité impliquant un contact habituel avec des mineurs » ;

9° *(L. n° 2010-242 du 10 mars 2010, art. 11-I)* « S'abstenir de paraître en tout lieu, toute catégorie de lieux ou toute zone spécialement désignés ; »

10° Ne pas engager de paris, notamment dans les organismes de paris mutuels *(L. n° 2014-896 du 15 août 2014, art. 10, en vigueur le 1er oct. 2014)* « , et ne pas prendre part à des jeux d'argent et de hasard » ;

11° Ne pas fréquenter les débits de boissons ;

12° Ne pas fréquenter certains condamnés, notamment les auteurs ou complices de l'infraction ;

13° *(L. n° 2010-242 du 10 mars 2010, art. 11-I)* « S'abstenir d'entrer en relation avec certaines personnes, dont la victime, ou certaines catégories de personnes, et notamment des mineurs, à l'exception, le cas échéant, de ceux désignés par la juridiction ; »

14° Ne pas détenir ou porter une arme ; — *Pén. 131-36-2 ; Pr. pén. 723-10, 734, 739 ; Just. milit. L. 265-1.*

(L. n° 2019-222 du 23 mars 2019, art. 80-I, en vigueur le 24 mars 2020) « 15° Accomplir à ses frais un des stages prévus à l'article 131-5-1 du présent code ; »

(L. n° 2004-204 du 9 mars 2004, art. 176, en vigueur le 1er janv. 2005) « 16° S'abstenir de diffuser tout ouvrage ou œuvre audiovisuelle dont il serait l'auteur ou le co-auteur et qui porterait, en tout ou partie, sur l'infraction commise et s'abstenir de toute intervention publique relative à cette infraction ; les dispositions du présent alinéa ne sont applicables qu'en cas de condamnation pour crimes ou délits d'atteintes volontaires à la vie, d'agressions sexuelles ou d'atteintes sexuelles ;

« 17° Remettre ses enfants entre les mains de ceux auxquels la garde a été confiée par décision de justice ; »

(Abrogé par L. n° 2019-222 du 23 mars 2019, art. 80-I, à compter du 24 mars 2020) (L. n° 2004-204 du 9 mars 2004, art. 44-IV, en vigueur le 1er oct. 2004) ***« 18° Accomplir un stage de citoyenneté ; »***

(L. n° 2006-399 du 4 avr. 2006, art. 12-IV) **« 18° En cas d'infraction commise soit contre son conjoint, son concubin ou son partenaire lié par un pacte civil de solidarité, soit contre ses enfants ou ceux de son conjoint, concubin ou partenaire, résider hors du domicile ou de la résidence du couple et, le cas échéant, s'abstenir de paraître dans ce domicile ou cette résidence ou aux abords immédiats de celui-ci, ainsi que, si nécessaire, faire l'objet d'une prise en charge sanitaire, sociale ou psychologique ; les dispositions du présent 19° sont également applicables lorsque l'infraction est commise par l'ancien conjoint ou concubin de la victime, ou par la personne ayant été liée à elle par un pacte civil de solidarité, le domicile concerné étant alors celui de la victime. »** *(L. n° 2014-873 du 4 août 2014, art. 35)* **« Pour l'application du présent 19°, l'avis de la victime est recueilli, dans les meilleurs délais et par tous moyens, sur l'opportunité d'imposer au condamné de résider hors du logement du couple. Sauf circonstances particulières, cette mesure est prise lorsque sont en cause des faits de violences susceptibles d'être renouvelés et que la victime la sollicite. La juridiction peut préciser les modalités de prise en charge des frais afférents à ce logement ; »**

(L. n° 2019-1480 du 28 déc. 2019, art. 10) **« 18° *bis* Respecter l'interdiction de se rapprocher d'une victime de violences commises au sein du couple prévue à l'article 132-45-1 du présent code contrôlée par un dispositif électronique mobile anti-rapprochement ; »**

(Abrogé par L. n° 2019-222 du 23 mars 2019, art. 80-I, à compter du 24 mars 2020) (L. n° 2014-873 du 4 août 2014, art. 50) ***« 20° Accomplir à ses frais un stage de responsabilisation pour la prévention et la lutte contre les violences au sein du couple et sexistes ; »***

(L. n° 2014-896 du 15 août 2014, art. 9, en vigueur le 1er oct. 2014) **« 19° Obtenir l'autorisation préalable du juge de l'application des peines pour tout déplacement à l'étranger ; »**

(L. n° 2016-731 du 3 juin 2016, art. 10-I) **« 20° Respecter les conditions d'une prise en charge sanitaire, sociale, éducative ou psychologique, destinée à permettre sa réinsertion et l'acquisition des valeurs de la citoyenneté ; cette prise en charge peut, le cas échéant, intervenir au sein d'un établissement d'accueil adapté dans lequel le condamné est tenu de résider. »**

(L. n° 2019-222 du 23 mars 2019, art. 80-I, en vigueur le 24 mars 2020) **« 21° L'obligation d'accomplir un travail d'intérêt général, selon les modalités prévues à l'article 131-8 ;** *(Abrogé par L. n° 2021-401 du 8 avr. 2021, art. 7)* ***« le condamné doit en ce cas se soumettre à l'examen médical prévu au dernier alinéa de l'article 131-22 ; »***

« 22° L'injonction de soins, dans les conditions prévues aux articles L. 3711-1 à L. 3711-5 du code de la santé publique, si la personne a été condamnée pour un délit pour lequel le suivi socio-judiciaire est encouru et qu'une expertise médicale a conclu qu'elle était susceptible de faire l'objet d'un traitement ;

« 23° L'obligation de justifier de la remise d'un bien dont la confiscation a été ordonnée ;

« 24° L'obligation de justifier du paiement régulier des impôts ;

« 25° L'obligation de justifier de la tenue d'une comptabilité régulière certifiée par un commissaire aux comptes. »

Corresp. : *C. pr. pén., ancien art. R. 58.*

Les 19°, 21° et 22° deviennent respectivement les 18°, 19° et 20° (L. n° 2019-222 du 23 mars 2019, art. 80-I).

Les dispositions issues de la L. n° 2019-222 du 23 mars 2019 entrent en vigueur un an après la publication de ladite loi du 24 mars 2020. Les peines de contrainte pénale prononcées avant cette date s'exécutent jusqu'à leur terme conformément aux dispositions applicables au jour de leur prononcé, sous la réserve que les attributions confiées en application de l'art. 713-47 C. pr. pén. au président du tribunal judiciaire ou au juge désigné par lui sont exercées par le juge de l'application des peines (L. préc., art. 109-XIX).

LIVRE II **DES CRIMES ET DÉLITS CONTRE LES PERSONNES** *(L. n° 92-684 du 22 juill. 1992).*

TITRE II DES ATTEINTES À LA PERSONNE HUMAINE

CHAPITRE III *DE LA MISE EN DANGER DE LA PERSONNE*

SECTION 1 *Des risques causés à autrui*

Art. 223-1 Le fait d'exposer directement autrui à un risque immédiat de mort ou de blessures de nature à entraîner une mutilation ou une infirmité permanente par la violation manifestement délibérée d'une obligation particulière *(L. nº 2011-525 du 17 mai 2011, art. 185)* « de prudence ou de sécurité » imposée par la loi ou le règlement est puni d'un an d'emprisonnement et de 15 000 € d'amende.

V. Circ. 24 juin 1994, ss. C. pén., art. 223-20.

Art. 223-1-1 *(L. nº 2021-1109 du 24 août 2021, art. 36)* Le fait de révéler, de diffuser ou de transmettre, par quelque moyen que ce soit, des informations relatives à la vie privée, familiale ou professionnelle d'une personne permettant de l'identifier ou de la localiser aux fins de l'exposer ou d'exposer les membres de sa famille à un risque direct d'atteinte à la personne ou aux biens que l'auteur ne pouvait ignorer est puni de trois ans d'emprisonnement et de 45 000 euros d'amende.

Lorsque les faits sont commis au préjudice d'une personne dépositaire de l'autorité publique, chargée d'une mission de service public ou titulaire d'un mandat électif public ou d'un journaliste, au sens du deuxième alinéa de l'article 2 de la loi du 29 juillet 1881 sur la liberté de la presse, les peines sont portées à cinq ans d'emprisonnement et à 75 000 euros d'amende.

Lorsque les faits sont commis au préjudice d'une personne mineure, les peines sont portées à cinq ans d'emprisonnement et à 75 000 euros d'amende.

Lorsque les faits sont commis au préjudice d'une personne dont la particulière vulnérabilité, due à son âge, à une maladie, à une infirmité, à une déficience physique ou psychique ou à un état de grossesse, est apparente ou connue de leur auteur, les peines sont portées à cinq ans d'emprisonnement et à 75 000 euros d'amende.

Lorsque les faits sont commis par voie de presse écrite ou audiovisuelle ou de communication au public en ligne, les dispositions particulières des lois qui régissent ces matières sont applicables en ce qui concerne la détermination des personnes responsables.

Art. 223-2 *(L. nº 2009-526 du 12 mai 2009, art. 124)* « Les personnes morales déclarées responsables pénalement, dans les conditions prévues par l'article 121-2, des infractions définies à l'article 223-1 encourent, outre l'amende suivant les modalités prévues par l'article 131-38, les peines prévues par les 2°, 3°, 8° et 9° de l'article 131-39. »

L'interdiction mentionnée au 2° de l'article 131-39 porte sur l'activité dans l'exercice ou à l'occasion de l'exercice de laquelle l'infraction a été commise.

SECTION 7 *Peines complémentaires applicables aux personnes physiques*

Art. 223-18 Les personnes physiques coupables de l'infraction prévue à l'article 223-1 encourent également les peines suivantes :

1° L'interdiction, suivant les modalités prévues par l'article 131-27, d'exercer l'activité professionnelle ou sociale dans l'exercice ou à l'occasion de l'exercice de laquelle l'infraction a été commise ;

2° L'interdiction, pour une durée de cinq ans au plus, de détenir ou de porter une arme soumise à autorisation ;

3° La suspension, pour une durée de cinq ans au plus, du permis de conduire, cette suspension pouvant être limitée à la conduite en dehors de l'activité professionnelle *(L. nº 2003-495 du 12 juin 2003, art. 5)* « ; si le délit a été commis à l'occasion de la conduite d'un véhicule terrestre à moteur, la suspension ne peut pas être assortie du sursis, même partiellement, et ne peut pas être limitée à la conduite en dehors de l'activité professionnelle » ;

4° L'annulation du permis de conduire, avec interdiction de solliciter la délivrance d'un nouveau permis pendant cinq ans au plus ;

(Abrogé par L. nº 2019-222 du 23 mars 2019, art. 71-XIV et 109-XIX, à compter du 24 mars 2020) (L. nº 2007-297 du 5 mars 2007, art. 53 et 65) *« 4° bis L'obligation d'accomplir un stage de sensibilisation aux dangers de l'usage de produits stupéfiants, selon les modalités fixées à l'article 131-35-1 ;*

« 4° ter L'obligation d'accomplir un stage de responsabilité parentale, selon les modalités fixées à l'article 131-35-1 ; »

(L. nº 2003-495 du 12 juin 2003, art. 6) « 5° Lorsque l'infraction a été commise à l'occasion de la conduite d'un véhicule terrestre à moteur, l'interdiction de conduire certains véhicules terrestres à moteur, y compris ceux pour la conduite desquels le permis de conduire n'est pas exigé, pour une durée de cinq ans au plus ;

« (*Abrogé par L. nº 2019-222 du 23 mars 2019, art. 71-XIV et 109-XIX, à compter du 24 mars 2020*) ***« 6º Lorsque l'infraction a été commise à l'occasion de la conduite d'un véhicule terrestre à moteur, l'obligation d'accomplir, à leurs frais, un stage de sensibilisation à la sécurité routière ; »***

« 7º Lorsque l'infraction a été commise à l'occasion de la conduite d'un véhicule terrestre à moteur, l'immobilisation, pendant une durée d'un an au plus, du véhicule dont le condamné s'est servi pour commettre l'infraction, s'il en est le propriétaire ;

« 8º Lorsque l'infraction a été commise à l'occasion de la conduite d'un véhicule terrestre à moteur, la confiscation du véhicule dont le condamné s'est servi pour commettre l'infraction, s'il en est le propriétaire. »

....

Art. 223-20 Les personnes physiques coupables de l'une des infractions prévues par les articles 223-1 et 223-8 encourent également la peine complémentaire d'affichage ou de diffusion de la décision prévue par l'article 131-35.

BIBL. Puech, *D. 1994. Chron. 153*. – Bourdeau, *ALD 1994. 188*. – Accomando et Guéry, *RSC 1994. 681*. – Cedras, *D. 1995. Chron. 18*. – Mayaud, *RSC 1995. 575*. – Pralus, *JCP 1995. I. 3830*. – Dumont, *J.-Cl. Pénal, art. 223-1 et 223-2*. – Defrance, *Jurispr. auto 1998. 268 ; Jurispr. auto 2007. 617*.

A. QUALIFICATION NON RETENUE

1. Excès de vitesse. Le seul fait pour un automobiliste de rouler à plus de 200 km/h ne constitue pas à lui seul une violation de la réglementation présentant une particulière gravité objectivement de nature à créer un risque direct et immédiat susceptible de constituer le délit de risque causé à autrui ; ainsi n'est pas constitutif de ce délit le fait de rouler à 224 km/h sur une chaussée d'autoroute rectiligne et sèche, avec une visibilité parfaite, une circulation fluide, dans un véhicule en parfait état de marche. • Douai, 26 oct. 1994 : *D. 1995. 174, note Couvrat et Massé ; Gaz. Pal. 1994. 2. 766, note J.G.M ; RSC 1995. 578, obs. Mayaud*. ♦ Infirmant : • TGI Valenciennes, 17 mai 1994 : *inédit*. ♦ Dans le même sens que la cour d'appel de Douai : • Toulouse, 27 sept. 2001 : *JCP 2002. IV. 1466*.

2. Le seul fait, pour un automobiliste, d'effectuer un dépassement de la vitesse autorisée n'entre pas dans les prévisions de l'art. 223-1 C. pén., lorsque les juges n'ont pas caractérisé un comportement particulier s'ajoutant à cet excès de vitesse, et exposant directement autrui à un risque immédiat. • Crim. 19 avr. 2000, nº 99-87.234 P : *D. 2000. 631, note Mayaud ; Dr. pénal 2000. Comm. 98, obs. Véron ; Jurispr. auto 2000. 226* • Aix-en-Provence, 11 févr. 2003 : *Jurispr. auto 2003. 629*. ♦ … Ou n'ont pas caractérisé l'existence de circonstances de fait particulières, exposant directement autrui à un risque immédiat de mort ou de blessures de nature à entraîner une mutilation ou une infirmité permanente. • Crim. 16 déc. 2015, nº 15-80.916 P : *D. 2016. Actu. 75 ; RSC 2015. 851, note Mayaud ; Dr. pénal 2016, nº 43, note Conte*.

3. Le fait au volant d'une voiture de dégrader volontairement en le percutant par l'arrière à plusieurs reprises un véhicule automobile qui le précède dont le conducteur a perdu la maîtrise sans toutefois être blessé ne constitue pas le délit de risque causé à autrui ; la juridiction saisie des chefs des délits de dégradation ne présentant pas de danger pour les personnes et de mise en danger d'autrui se doit de requalifier les faits en délit de dégradation d'un bien appartenant à autrui par un moyen de nature à créer un danger pour les personnes ; les infractions de dégradation ne présentant pas de danger pour les personnes et de mise en danger d'autrui sont incompatibles, la première impliquant la recherche délibérée d'un résultat dommageable et la seconde impliquant que son auteur, tout en envisageant la survenue de la mort d'autrui ou de blessures graves, a néanmoins persisté dans son action qui, malgré la violation manifestement délibérée de l'obligation particulière de sécurité à laquelle il s'est livré, ne s'est par chance pas caractérisée par la survenue de ce risque. • Douai, 28 sept. 1994 : *Jurispr. auto 1994. 446*.

4. Le fait de tenter de percuter et de chercher à neutraliser des véhicules de police-secours en les clouant sur place ne constitue pas le délit de risque causé à autrui ; ces actes doivent s'analyser comme des tentatives de dégradation d'un bien appartenant à autrui par l'effet d'un moyen dangereux pour les personnes. • Douai, 11 janv. 1995 : *Jurispr. auto 1995. 116*.

5. Conduite sous l'emprise de stupéfiants. Le conducteur d'un véhicule ne peut être considéré comme ayant délibérément entendu manquer à une obligation de sécurité mettant en danger autrui, du seul fait qu'il a consommé un joint de résine de cannabis avant de prendre son véhicule. • TGI Poitiers, 28 mai 1998 : *D. 1999. 110, note Laporte*. ♦ Un consommateur de stupéfiants, qui a causé un accident de la circulation, doit aussi être relaxé du délit de risques causés à autrui, dès lors que la preuve n'est pas rapportée qu'il était sous l'emprise des effets de stupéfiants lors de la conduite du véhicule, et que l'obligation de rester constamment maître de son véhicule est trop générale pour constituer l'obligation réglementaire particulière exigée par l'art. 223-1 C. pén. • Toulouse, 30 sept. 1999 : *Cah. jurispr. Aquitaine 2000, nº 1, p. 118*.

6. Le fait, pour le dirigeant d'une entreprise de transport, d'imposer en connaissance de cause, dans le cadre de dispositions contractuelles draconiennes, des délais réduits à ses chauffeurs, les contraignant ainsi à violer la réglementation du code de la route relative à la limitation de vitesse, n'est pas constitutif du délit de risque causé à autrui, dès lors que le risque, résultant de la violation par l'employeur de l'art. 5 du Décr. du 23 déc. 1992, ne peut être considéré comme immédiat. • Toulouse, 10 oct. 1996 : *BTL 1997. 507.* ♦ Infirmant : • TGI Albi, 8 févr. 1996 : *Jurispr. auto 1996. 229 ; BTL 1996. 117 et 285.*

7. Ne constitue pas la violation d'une obligation légale de sécurité ou de prudence le fait de jeter un sac de détritus sur la chaussée avant le passage d'un véhicule, un tel comportement n'étant incriminé à aucun moment dans le code de la route. Ainsi, si les prévenus ont commis une faute d'imprudence, leur geste ne suffit pas à caractériser le délit de risque causé à autrui. • Bordeaux, 15 mai 1997 : *JCP 1998. IV. 1647.*

8. Stationnement gênant. Le seul stationnement gênant et non dangereux au sens de l'art. R. 417-9 ne s'analyse pas en une violation délibérée d'une obligation particulière de prudence ou de sécurité ; ainsi, le stationnement gênant d'un camion sur un trottoir ayant incité un piéton à marcher sur la chaussée où un véhicule l'a renversé, s'il est constitutif d'une faute, n'expose cependant pas autrui à un risque d'une particulière gravité que le prévenu ne pouvait ignorer, ce qui exclut une condamnation du chef d'homicide involontaire. • Toulouse, 4 oct. 2001 : *D. 2002. 1383, note Vignette* ✎.

9. Refus de se soumettre aux vérifications. N'est pas justifié l'arrêt qui, pour déclarer un prévenu coupable du délit de mise en danger de la vie d'autrui, retient que l'intéressé a, lors d'un contrôle sur la voie publique, accéléré brutalement alors qu'un gardien de la paix tenait sa portière ouverte afin de procéder au contrôle des pièces de son véhicule, dès lors que les juges n'ont pas caractérisé un comportement particulier, s'ajoutant à la rébellion et au refus de se soumettre aux vérifications, ou l'existence de circonstances de fait exposant autrui à un risque immédiat de mort ou de blessures de nature à entraîner une mutilation ou une infirmité permanente, ni précisé l'obligation particulière de sécurité ou de prudence imposée par la loi ou le règlement qui aurait été violée en l'espèce. • Crim. 12 janv. 2016, n° 14-86.503 P : *D. actu. 29 janv. 2016, obs. Goetz ; RSC 2016. 72, obs. Mayaud* ✎.

B. QUALIFICATION RETENUE

10. Chauffeurs routiers. Un chauffeur routier qui traverse délibérément une agglomération interdite aux poids lourds commet une contravention de non-respect des prescriptions réglementaires comprise dans l'élément matériel du délit de mise en danger. • T. corr. Saint-Étienne, 4 août 1994 : *Gaz. Pal. 1994. 2. 773 ; RSC 1995. 575, obs. Mayaud* ✎. ♦ Les constatations selon lesquelles le prévenu a emprunté intentionnellement un itinéraire interdit au camion qu'il conduisait suffisent à caractériser l'élément moral de l'infraction sans qu'il soit nécessaire d'établir spécialement chez l'agent la conscience d'exposer directement autrui à un risque immédiat de mort ou de blessures ; cette analyse est conforme au texte de l'art. 223-1 qui se contente de poser la nécessité d'une violation manifestement délibérée d'une obligation de sécurité. • T. corr. Saint-Étienne, 10 août 1994 : *Gaz. Pal. 1994. 2. 775 ; RSC 1995. 575, obs. Mayaud* ✎. ♦ Le délit est constitué lorsque le conducteur d'un poids lourd, roulant sur autoroute en état d'ébriété, percute une dépanneuse stationnée sur la bande d'arrêt d'urgence et dont le conducteur, qui avait correctement signalé le stationnement de son véhicule, a dû se jeter sur le côté pour éviter d'être atteint. Le conducteur routier, professionnel de la route, ne pouvait ignorer l'incidence de l'alcool sur sa conduite. • Grenoble, 8 mars 1995 : *Juris-Data n° 040553.*

11. Conducteur poursuivi par les forces de l'ordre. Le délit est constitué lorsque, prenant la fuite au moment d'un contrôle de police de nuit, le chauffeur poursuivi roule par moments à 180 km/h en dépit de mauvaises conditions atmosphériques et effectue des dépassements par la gauche comme par la droite risquant ainsi la collision. • Paris, 27 oct. 1995 : *Dr. pénal 1996. Comm. 5, obs. Véron.* ♦ ... Roule en sens interdit au mépris des feux et stops à une vitesse double de la vitesse autorisée obligeant les autres usagers à freiner en urgence et même à monter sur les trottoirs pour éviter une collision. • Douai, 24 août 1995 : *Jurispr. auto 1995. 449.* ♦ Le délit est également constitué par un automobiliste poursuivi de jour circulant à vitesse excessive sur des voies étroites empruntées par des piétons contraints de se réfugier sur les bas-côtés pour éviter d'être percutés. • Douai, 17 janv. 1995 : *Jurispr. auto 1995. 551.* ♦ Le délit est encore constitué lorsque, la nuit, poursuivi par les forces de l'ordre, le chauffeur franchit des intersections au feu rouge fixe, roule sur la voie de gauche, emprunte un sens interdit et effectue des embardées dangereuses à l'approche d'un policier en moto. • Versailles, 3 févr. 1995 : *BICC 1996, n° 60 ; Jurispr. auto 1996. 123.* ♦ Dans le même sens, V. aussi : • Toulouse, 30 juin 1999 : *Cah. jurispr. Aquitaine 1999, n° 3, p. 591.* ♦ ... Lorsqu'un automobiliste a essayé de dépasser, dans des conditions dangereuses, un véhicule de gendarmes au risque d'entrer en collision avec un poids lourd circulant en sens inverse, puis s'est effondré, en complet état d'ivresse, lorsque les gendarmes l'ont interpellé, alertés par sa conduite en zigzag. • Crim. 8 avr. 1998 : *Jurispr. auto 1998. 279.* ♦ Le délit est également constitué lorsqu'un condamné au cours de son évasion, après une longue course poursuite avec les forces de l'ordre, a ouvert brusquement sa portière provoquant ainsi la chute d'un policier motard. • Paris, 14 janv. 2003 : *Jurispr. auto 2003. 422, obs. Defrance.* ♦ ... Ou lorsque le conducteur change brutalement de direction à la vue de gendarmes effectuant des contrôles d'alcoolémie et s'engage à très grande vitesse dans les rues étroites et sinueuses d'une agglomération contraignant les gendarmes à arrêter les poursuites en raison de la dangerosité de la conduite. • Crim. 7 sept. 2004 : *Jurispr. auto 2004. 673.*

12. Condamnation du conducteur qui conduit à une vitesse excessive en agglomération, circule à gauche, franchit une ligne continue et effectue des dépassements dangereux. • Aix-en-Provence, 20 avr. 1995 : *Juris-Data nº 047624.* ♦ … Du conducteur qui s'est déporté sans nécessité, à trois reprises, sur la partie gauche d'une voie étroite lors du croisement de motocyclistes, provoquant la chute de l'un d'eux, dès lors qu'il transgresse sciemment l'art. R. 4 C. route exposant ainsi immédiatement et directement autrui à un risque de mort ou de blessures irréversibles. • Crim. 12 nov. 1997, nº 96-85.756 P : *RSC 1998. 547, obs. Mayaud ; Jurispr. auto 1998. 68, note Defrance ; JCP 1998. IV. 1638 ; Gaz. Pal. 1998. 1. Chron. crim. 33 ; Dr. pénal 1998. Comm. 49, obs. Véron.* ♦ … Du conducteur qui, au volant de son véhicule, fait une course improvisée en effectuant plusieurs allers-retours à vive allure, soit 100 km/h, sur un boulevard urbain, et manque par deux fois de provoquer un accident avec d'autres usagers. • Pau, 6 oct. 1999 : *Cah. jurispr. Aquitaine 2000, nº 1, p. 117.* ♦ … Du conducteur qui double une voiture en train de s'arrêter devant un passage protégé sans s'assurer qu'aucun piéton n'est engagé. • Toulouse, 26 avr. 2001 : *D. 2001. IR 2558.*

13. Dépassement dangereux. Constitue une violation manifestement délibérée d'une obligation particulière de sécurité le fait, pour un automobiliste, de dépasser par la droite, à vive allure, un véhicule le précédant, sur une bretelle d'autoroute ne comportant qu'une voie de circulation. Par un tel comportement, le prévenu a exposé directement autrui à un risque immédiat de mort ou de blessures graves. • Crim. 12 mars 1997, nº 96-83.205 P : *D. 1997. IR 151 ; Jurispr. auto 1997. 332.* ♦ Est coupable du délit de mise en danger d'autrui le conducteur qui a entrepris, en pleine conscience du danger auquel il exposait autrui, un dépassement particulièrement dangereux qui, sans le réflexe d'évitement de la victime, aurait pu conduire à une collision frontale avec toutes ses conséquences corporelles prévisibles. • Crim. 17 oct. 2001 : *Jurispr. auto 2001. 523.*

14. Se rend coupable du délit de risque causé à autrui le prévenu qui s'est approché à grande vitesse d'une voiture qui le précédait au point de la toucher, qui l'a dépassée et s'est rabattu brusquement devant elle en ralentissant sa vitesse, obligeant le conducteur à freiner pour éviter une collision. Un tel comportement constitue une violation manifestement délibérée des obligations particulières de sécurité imposées par les art. R. 14 et R. 19 C. route, exposant directement autrui à un risque immédiat de mort ou de blessures graves. • Crim. 11 mars 1998, nº 96-80.026 P : *JCP 1999. II. 10064, note Hoyez.* ♦ … Le prévenu qui, après avoir effectué plusieurs dépassements successifs, dont un ayant gêné un véhicule circulant en sens inverse, a entrepris un dernier dépassement en côte, alors qu'il ne disposait pour l'accomplir ni de la distance réglementaire requise, ni d'une visibilité suffisante, ni de la possibilité, en cas de nécessité, de reprendre place, sans gêner la circulation, derrière le véhicule qu'il cherchait à dépasser, et qui, sans une manœuvre d'évitement dangereuse, aurait frontalement heurté le véhicule circulant sur la voie qu'il empruntait. • Crim. 16 nov. 2016, nº 15-85.949 P : *D. 2016. 2400 ; D. actu. 22 déc. 2016, obs. Fonteix ; AJ pénal 2017. 83, note Céré ; Gaz. Pal., nº 4, du 24 janv. 2017, p. 47, note Dreyer ; Dr. pénal 2017. Chron. 7, obs. Gauvin.*

15. Commet le délit de risques causés à autrui le chauffeur d'un véhicule qui a franchi délibérément un feu rouge fixe, près d'une gare, dans un quartier urbain à forte densité de circulation, et a ainsi exposé les usagers d'une voie transversale, bénéficiant d'un droit de priorité absolue, à un risque immédiat de mort ou blessures graves, le choc entre les deux engins n'ayant pu être évité et les occupants de la voiture prioritaire ayant été fortement choqués. Se rend aussi complice de ce délit le passager du véhicule qui a enjoint à son chauffeur, de l'arrière du véhicule et en l'absence de visibilité, de franchir le feu rouge. • Crim. 6 juin 2000, nº 99-85.937 P : *D. 2000. IR 222 ; Jurispr. auto 2000. 397 ; RSC 2000. 829, obs. Mayaud.*

16. Constitue une violation manifestement délibérée de l'obligation de respecter la limitation de vitesse exposant autrui à un risque immédiat de mort ou de blessures de nature à entraîner une mutilation ou une infirmité permanente, le fait, pour un prévenu au volant de son véhicule, un dimanche en début d'après-midi, de faire la course avec deux autres voitures, sur une chaussée en mauvais état, dans une cité où jouaient de nombreux enfants, et alors que la vitesse était limitée à 40 km/h. • Crim. 27 sept. 2000, nº 00-81.635 P : *D. 2000. IR 271 ; Dr. pénal 2001. Comm. 17, obs. Véron.*

17. Vitesse excessive. Est coupable du délit de mise en danger délibérée d'autrui le prévenu qui roulant à une vitesse excessive alors qu'il était fatigué et n'avait pas l'habitude de conduire la nuit a perdu le contrôle de son véhicule et a pénétré à vive allure dans le périmètre de sécurité installé par des policiers à l'occasion d'un accident, mettant ainsi en danger les policiers présents sur les lieux ainsi que les autres conducteurs. • Crim. 5 oct. 2004 : *Jurispr. auto 2004. 674.* ♦ Le cinémomètre n'étant pas le seul moyen de preuve d'un excès de vitesse, justifie sa décision la cour d'appel qui, pour déclarer un conducteur coupable de mise en danger de la vie d'autrui, retient qu'il a traversé, à une vitesse que des gendarmes ont évalué à 80 ou 100 km/h, une agglomération, dans laquelle la vitesse est limitée à 30 km/h, au moment où les élèves sortaient du collège. • Crim. 18 sept. 2007, n° 06-89.496 P : *D. 2007. AJ 2671 ; Jurispr. auto 2007. 638 ; AJ pénal 2007. 534, note Céré.*

18. Apprentissage anticipé de la conduite automobile. Commet le délit de risques causés à autrui la mère du conducteur, qui, en situation d'accompagnateur, a laissé son fils rouler à une vitesse très excessive de plus du double de celle autorisée, sur une route particulièrement dangereuse, alors qu'elle devait surveiller sa conduite de façon constante et directe, et lui prodiguer des conseils de prudence, en vertu des dispositions de l'art. R. 123-3 C. route issu du Décr. du 23 nov. 1990. • T. corr. Chartres, 11 juill. 2000 : *BICC 2000, n° 1408 ; Jurispr. auto 2001. 267.*

19. Passager. Doit être condamné pour mise en danger de la vie d'autrui le passager qui s'est comporté en conducteur de fait en tirant sans raison et volontairement le frein à main d'un véhicule qui effectuait le dépassement d'un camion sur une voie rapide provoquant ainsi une collision. • Crim. 22 juin 2005, n° 04-85.340 P : *D. 2005. Pan. 2986, obs. Garé ; Jurispr. auto 2005. 524 ; Dr. pénal 2005. Comm. 159, obs. Véron et Comm. 161, obs. Robert ; JCP 2006. I. 113, obs. Véron ; RSC 2006. 69, obs. Mayaud et 72, obs. Delmas Saint-Hilaire.*

20. Animal errant. Doit être condamné, en application des dispositions de l'art. 223-1, le prévenu dont la vache qui se trouvait sur une route non éclairée à proximité de son exploitation a été à l'origine d'une collision avec un véhicule, alors qu'il avait déjà été condamné à plusieurs reprises pour des faits de divagation d'animaux et qu'il ne pouvait ignorer, en raison de la dangerosité des lieux, les risques qu'il faisait courir à autrui, en ne prenant aucune mesure de nature à éviter la présence d'un tel animal sur la chaussée. • Douai, 27 mai 2004 : *Jurispr. auto 2004. 663.*

21. Piéton. Doit être condamné le piéton qui, en traversant hors du passage pour piéton (pourtant proche) dans un carrefour où il n'y avait pas de visibilité pour les conducteurs, a provoqué la chute d'un scooter ce qui a entraîné un grave traumatisme crânien au cyclomotoriste ; en effet, le prévenu a ainsi commis un manquement à des obligations de sécurité ou de prudence imposées par la loi ou les règlements. • Pau, 16 sept. 2004 : *Jurispr. auto 2005. 275.*

C. RÉPRESSION

22. Confiscation du véhicule. Justifie sa décision la cour d'appel qui, pour prononcer la confiscation du véhicule ayant servi à commettre l'infraction de mise en danger d'autrui, énonce que le prévenu a reconnu en être le propriétaire devant les premiers juges et écarte des débats les documents produits en appel par son avocat pour justifier de la propriété par un tiers, au motif que ces documents ne sont pas traduits en langue française. En application de la L. du 4 août 1994 sur l'emploi de la langue française, celle-ci est en effet la langue des services publics. • Crim. 14 mai 2008, n° 07-88.013 P : *D. 2008. AJ 1626 ; Jurispr. auto 2008. 446 ; AJ pénal 2008. 334.*

23. Complicité. Les risques et la mise en danger auxquels le conducteur d'un véhicule a exposé autrui, en circulant à une vitesse excessive et en franchissant un stop, ne permettent pas de caractériser à l'encontre de son passager des actes personnels de complicité de mise en danger d'autrui, même si ce passager a guidé le conducteur dans la ville et a incité celui-ci à se soustraire à un contrôle de gendarmerie (en l'espèce, la complicité du prévenu sera en revanche retenue pour le délit de refus d'obtempérer). • Rennes, 19 mai 2008 : *Jurispr. auto 2008. 647.*

24. Cumul d'infractions. Le conducteur d'un véhicule condamné pour délit de mise en danger d'autrui peut également être condamné pour les contraventions de conduite d'un véhicule à une vitesse excessive eu égard aux circonstances, de dépassement effectué par le conducteur d'un véhicule malgré une interdiction signalée et de dépassement d'un véhicule sans visibilité suffisante vers l'avant sur une chaussée à double sens de circulation, contraventions par la commission desquelles il s'est rendu coupable du délit de mise en danger d'autrui, dès lors que, d'une part, le délit et les contraventions considérées diffèrent dans leurs éléments constitutifs, le premier n'étant pas caractérisé par la seule inobservation des prescriptions réglementaires et que, d'autre part, le délit de mise en danger d'autrui et les contraventions au code de la route protègent des intérêts distincts, le premier visant à préserver les personnes d'une exposition directe à un risque immédiat de mort ou de blessures particulièrement graves, les secondes s'inscrivant dans un ensemble de dispositions réglementaires ayant pour objet la police de la circulation routière. • Crim. 16 nov. 2016, n° 15-85.949 P : *préc. note 14.*

Loi n° 92-1336 du 16 décembre 1992,

Relative à l'entrée en vigueur du nouveau code pénal et à la modification de certaines dispositions de droit pénal et de procédure pénale rendue nécessaire par cette entrée en vigueur.

TITRE V. DISPOSITIONS DIVERSES

Art. 322 Dans tous les textes prévoyant qu'un crime ou un délit est puni d'une peine d'amende, d'emprisonnement, de détention ou de réclusion, les mentions relatives aux minima des peines d'amende ou des peines privatives de liberté encourues sont supprimées.

Art. 323 Sont abrogées toutes les dispositions faisant référence à l'article 463 du code pénal.

Art. 324 Dans tous les textes prévoyant une peine de réclusion ou de détention criminelle n'excédant pas une durée de dix ans, la peine encourue devient une peine de dix ans d'emprisonnement.

Art. 325 Nonobstant les dispositions de l'article 131-4 du code pénal fixant l'échelle des peines d'emprisonnement en matière délictuelle, demeurent des délits les délits actuellement punis d'une peine d'emprisonnement supérieure à deux mois mais inférieure à six mois.

Art. 326 Les textes de nature législative postérieurs à l'entrée en vigueur de la Constitution et fixant les amendes en matière de contravention de police sont modifiés conformément aux dispositions ci-après :

1° Lorsque le maximum de l'amende prévue est inférieur ou égal à 250 F, la contravention est désormais punie de l'amende prévue par le 1° de l'article 131-13 du code pénal pour les contraventions de la 1re classe ;

2° Lorsque le maximum de l'amende prévue est supérieur à 250 F et inférieur ou égal à 600 F, la contravention est désormais punie de l'amende prévue par le 2° de l'article 131-13 du code pénal pour les contraventions de la 2e classe ;

3° Lorsque le maximum de l'amende prévue est supérieur à 600 F et inférieur ou égal à 1 300 F, la contravention est désormais punie de l'amende prévue par le 3° de l'article 131-13 du code pénal pour les contraventions de la 3e classe ;

4° Lorsque le maximum de l'amende prévue est supérieur à 1 300 F et inférieur ou égal à 3 000 F, la contravention est désormais punie de l'amende prévue par le 4° de l'article 131-13 du code pénal pour les contraventions de la 4e classe ;

5° Lorsque le maximum de l'amende prévue est supérieur à 3 000 F et inférieur ou égal à 6 000 F, la contravention est désormais punie de l'amende prévue par le 5° de l'article 131-13 du code pénal pour les contraventions de la 5e classe ; lorsque le maximum de l'amende prévue en récidive est supérieur à 6 000 F et inférieur ou égal à 12 000 F, la contravention commise en récidive est désormais punie de l'amende prévue par le 5° de l'article 131-13 du code pénal pour les contraventions de la 5e classe commises en récidive.

Art. 327 Les textes de nature législative postérieurs à l'entrée en vigueur de la Constitution prévoyant la récidive des contraventions des quatre premières classes sont abrogés.

Art. 328 Sont considérées comme des contraventions de 5e classe les contraventions punies d'une amende dont le taux est fixé proportionnellement au montant ou à la valeur exprimée en numéraire du préjudice, des réparations ou de l'objet de l'infraction. La peine d'amende prononcée pour ces contraventions ne peut excéder les montants fixés par le 5° de l'article 131-13 du code pénal.

Art. 329 Dans tous les textes prévoyant qu'un délit est puni d'une peine d'amende dont le maximum est inférieur à 25 000 F, l'amende encourue est désormais de 25 000 F.

Lorsque les textes visés au premier alinéa prévoient une peine d'amende encourue en cas de récidive inférieure à 50 000 F, cette amende est désormais de 50 000 F.

Art. 335-1 *(L. nº 94-89 du 1er févr. 1994)* Dans tous les textes qui érigent en délit la récidive d'une contravention, la référence à l'article 474 du code pénal est remplacée par la référence à l'article 132-11 du code pénal.

Art. 339 Tous les délits non intentionnels réprimés par des textes antérieurs à l'entrée en vigueur de la présente loi demeurent constitués en cas d'imprudence, de négligence ou de mise en danger délibérée de la personne d'autrui, même lorsque la loi ne le prévoit pas expressément.

Circulaire du 24 juin 1994,

Portant application, en matière de circulation routière, des dispositions du nouveau code pénal relatives à la mise en danger 🏛.

DEUXIÈME PARTIE : *DÉCRETS EN CONSEIL D'ÉTAT*

(Décr. n° 93-726 du 29 mars 1993)

LIVRE I **DISPOSITIONS GÉNÉRALES**

TITRE III **DES PEINES**

CHAPITRE I *DE LA NATURE DES PEINES*

SECTION 1 *Des peines applicables aux personnes physiques*

SOUS-SECTION 1 *De la suspension du permis de conduire, de l'interdiction de conduire certains véhicules, de l'immobilisation du véhicule et de l'obligation d'accomplir un stage de sensibilisation à la sécurité routière (Décr. n° 2003-642 du 11 juill. 2003).*

§ 1 *De la suspension du permis de conduire*

Art. R. 131-1 La juridiction qui prononce une suspension du permis de conduire en limitant cette suspension à la conduite en dehors de l'activité professionnelle définit dans sa décision la nature de cette activité et fixe les diverses conditions, notamment de lieu et de temps, auxquelles l'usage du droit de conduire est subordonné ainsi que, le cas échéant, la ou les catégories de véhicules dont la conduite est autorisée.

Art. R. 131-2 L'agent de l'autorité chargé de l'exécution de la décision prononçant la suspension du permis de conduire limitée à la conduite en dehors de l'activité professionnelle remet au condamné, en échange de son permis suspendu, un certificat établi par le greffier de la juridiction. Ce certificat mentionne :

1° La date de la décision, la juridiction qui l'a prononcée et la durée de la suspension du permis de conduire ;

2° Les nom, prénoms, date et lieu de naissance et domicile de l'intéressé ;

3° Les références du permis de conduire ainsi que les diverses indications qui y sont portées, y compris éventuellement les limitations et restrictions de validité qu'il comporte ;

4° L'activité professionnelle en vue de laquelle la conduite est autorisée, les diverses conditions, notamment de lieu et de temps, auxquelles cette autorisation est subordonnée et, le cas échéant, la ou les catégories de véhicules dont la conduite est autorisée.

Le certificat doit comporter, en outre, une photographie récente du condamné et indiquer qu'il vaut, notamment au regard de l'article R. 123 *[R. 221-1]* du code de la route, justification du droit de conduire, lorsque sont respectées les conditions fixées par la juridiction.

A l'issue de la période de suspension, le permis de conduire est restitué au condamné par le greffier de la juridiction contre remise du certificat.

§ 2 *De l'interdiction de conduire certains véhicules ou des véhicules non équipés d'un éthylotest électronique antidémarrage (Décr. n° 2011-1048 du 5 sept. 2011, art. 1er).*

Art. R. 131-3 La juridiction qui prononce une interdiction temporaire de conduire certains véhicules définit dans sa décision la ou les catégories de véhicules dont la conduite est interdite et la durée de cette interdiction.

Art. R. 131-4 Lorsque le condamné est titulaire d'un permis de conduire, l'agent de l'autorité chargé de l'exécution de la décision lui remet, en échange de ce permis, un certificat établi par le greffier de la juridiction. Ce certificat mentionne :

1° La date de la décision, la juridiction qui l'a prononcée et la durée de l'interdiction de conduire ;

2° Les nom, prénoms, date et lieu de naissance, profession et domicile de l'intéressé ;

3° Les références du permis de conduire ainsi que les diverses indications qui y sont portées, y compris éventuellement les limitations et restrictions de validité qu'il comporte ;

4° La ou les catégories de véhicules pour lesquelles le permis de conduire cesse d'être valable.

Le certificat doit comporter, en outre, une photographie récente du condamné et indiquer qu'il vaut, notamment au regard des articles *(Décr. n° 2017-198 du 16 févr. 2017, art. 2-1°)* « R. 221-1-1 » à R. 221-3 du code de la route, justification du droit de conduire, à l'exception de la ou des catégories de véhicules pour lesquelles la juridiction a prononcé l'interdiction de conduire.

A l'issue de la période d'interdiction, le permis de conduire est restitué au condamné par le greffier de la juridiction contre remise du certificat.

Art. R. 131-4-1 *(Décr. nº 2011-1048 du 5 sept. 2011, art. 1er)* Lorsqu'est prononcée la peine d'interdiction de conduire un véhicule qui ne soit pas équipé par un professionnel agréé ou par construction d'un dispositif homologué d'antidémarrage par éthylotest électronique, les dispositions de l'article R. 131-4 sont applicables, à l'exception du 4°.

Le certificat remis au condamné mentionne que celui-ci n'est autorisé à conduire qu'un véhicule équipé du dispositif prévu au premier alinéa. Il indique que, lorsque l'intéressé conduit un véhicule, il doit être en mesure de présenter, à toute réquisition de l'autorité publique, les documents mentionnés au 5° de l'article R. 233-1 du code de la route.

Le certificat comporte le rappel des dispositions des articles L. 234-16 et R. 234-5 du même code.

Lorsque la peine mentionnée au premier alinéa est prononcée en même temps que celle d'annulation ou de suspension du permis de conduire, ce certificat n'est remis à la personne qu'à l'issue de l'exécution de celle-ci.

§ 3 *De l'immobilisation de véhicule*

Art. R. 131-5 L'agent de l'autorité chargé de l'exécution de la décision de justice prononçant une immobilisation de véhicule est un officier de police judiciaire ou, sous l'autorité de celui-ci, un agent de police judiciaire.

Art. R. 131-6 L'agent de l'autorité met en demeure le condamné de présenter son véhicule aux date et lieu qu'il fixe.

Art. R. 131-7 L'immobilisation du véhicule est exécutée dans un local dont le condamné a la libre disposition dans le département de sa résidence. A défaut, elle est exécutée dans un lieu désigné par l'agent de l'autorité.

Le condamné remet à l'agent de l'autorité le certificat d'immatriculation du véhicule immobilisé.

Un procès-verbal est dressé sur-le-champ, qui mentionne la date de la condamnation et la juridiction qui l'a prononcée, la durée de l'immobilisation, les nom, prénoms, date et lieu de naissance et domicile de l'intéressé, les date, heure et lieu d'immobilisation, les éléments d'identification du véhicule et son kilométrage.

Art. R. 131-8 Pendant l'exécution de la peine, le véhicule est placé sous scellés et, en tant que de besoin, immobilisé par un moyen technique.

Art. R. 131-9 L'agent de l'autorité a le droit d'accéder au lieu d'immobilisation du véhicule.

Il rend compte au procureur de la République de tout incident d'exécution.

Art. R. 131-10 L'immobilisation cesse et le certificat d'immatriculation est restitué dès la fin de la peine.

Art. R. 131-10-1 *(Décr. nº 2005-320 du 30 mars 2005, art. 5)* Lorsque la peine d'immobilisation concerne un véhicule déjà immobilisé et mis en fourrière en application des dispositions de l'article L. 325-1-1 du code de la route, l'immobilisation effectuée en application de cet article s'impute sur la durée de la peine.

Art. R. 131-11 L'immobilisation d'un véhicule ne fait obstacle ni aux saisies ou confiscations ordonnées par l'autorité judiciaire ni à l'action du créancier qui disposerait d'un droit réel constitué antérieurement au prononcé de la décision de condamnation.

§ 4 *De l'obligation d'accomplir un stage de sensibilisation à la sécurité routière*

Art. R. 131-11-1 *(Décr. nº 2003-642 du 11 juill. 2003, art. 1er)* Le stage de sensibilisation à la sécurité routière prévu *(Décr. nº 2020-128 du 18 févr. 2020, art. 3, en vigueur le 24 mars 2020)* « par le 2° de l'article 131-5-1 » est dispensé, dans les conditions fixées par les articles R. 223-5 à R. 223-13 du code de la route, par les personnes agréées selon les modalités définies par ces articles *(Décr. nº 2020-128 du 18 févr. 2020, art. 3, en vigueur le 24 mars 2020)* « , sauf lorsque ces stages ont été mis en place conformément aux dispositions des articles R. 131-35 à R. 131-44. »

(Abrogé par Décr. nº 2020-128 du 18 févr. 2020, art. 3, à compter du 24 mars 2020) ***« Un arrêté conjoint du garde des sceaux, ministre de la justice, et du*** *(Décr. nº 2014-1295 du 31 oct.*

2014, art. 12) ***« ministre chargé de la sécurité routière » peut fixer un programme et une durée de stage différents, sans que cette durée puisse excéder cinq jours. »***

(Abrogé par Décr. n° 2016-1709 du 12 déc. 2016, art. 2-I) ***« Les frais de stage, à la charge du condamné, ne peuvent excéder le montant maximum de l'amende encourue pour les contraventions de la 3e classe. »***

Art. R.* 131-11-2 *(Abrogé par Décr. n° 2022-479 du 30 mars 2022, art. 6, à compter du 1er mai 2022) (Décr. n° 2021-1743 du 22 déc. 2021, art. 1er)* ***Nonobstant les dispositions du décret n° 2004-374 du 29 avril 2004 relatif aux pouvoirs des préfets, à l'organisation et à l'action des services de l'État dans les régions et départements, l'habilitation prévue au premier alinéa de l'article 131-8 est délivrée par le directeur du service pénitentiaire d'insertion et de probation du département dans lequel le demandeur envisage de mettre en œuvre des travaux d'intérêt général.***

SOUS-SECTION 2 *Du travail d'intérêt général*

Art. R. 131-12 *(Décr. n° 2022-479 du 30 mars 2022, art. 6, en vigueur le 1er mai 2022)* Les modalités d'habilitation des personnes morales à mettre en œuvre des travaux d'intérêt général, d'établissement de la liste des travaux d'intérêt général et d'exécution du travail d'intérêt général sont déterminées par les dispositions des articles R.* 623-1 à R. 623-23 du code pénitentiaire.

....

CHAPITRE II *DU RÉGIME DES PEINES*

SECTION 2 *Des modes de personnalisation des peines*

SOUS-SECTION 4 *Du sursis avec mise à l'épreuve*

Art. R. 132-45 *(Décr. n° 2016-1709 du 12 déc. 2016, art. 2) (Décr. n° 2017-198 du 16 févr. 2017, art. 2-2°)* « Lorsque le sursis avec mise à l'épreuve comprend l'obligation mentionnée au 7° de l'article 132-45, les dispositions des articles R. 131-3 à R. 131-4-1 sont applicables.

« Lorsqu'il » comprend comme obligation l'accomplissement d'un stage de sensibilisation à la sécurité routière prévu au 15° de l'article 132-45, les dispositions de l'article R. 131-11-1 sont applicables.

Lorsqu'il comprend comme obligation l'accomplissement d'un stage de citoyenneté prévu au 18° de l'article 132-45, les dispositions des articles R. 131-36 à R. 131-44 qui régissent le stage de citoyenneté sont applicables.

Lorsqu'il comprend comme obligation l'accomplissement d'un stage de responsabilisation pour la prévention et la lutte contre les violences au sein du couple et sexistes prévu au 20° de l'article 132-45, les dispositions des articles R. 131-51-1 et R. 131-51-2 sont applicables.

Lorsque le stage n'a pas été organisé par le service pénitentiaire d'insertion et de probation, son accomplissement donne lieu à la remise au condamné d'une attestation que celui-ci adresse au service pénitentiaire d'insertion et de probation. Ce service en avise le juge de l'application des peines.

LIVRE VI DES CONTRAVENTIONS

TITRE I DISPOSITIONS GÉNÉRALES

Art. R. 610-5 La violation des interdictions ou le manquement aux obligations édictées par les décrets et arrêtés de police sont punis de l'amende prévue pour les contraventions de la *(Décr. n° 2022-185 du 15 févr. 2022, art. 1er)* « 2e classe ». — *Route R. 248, R. 250.*

L'ordonnance du préfet de police de Paris du 3 juin 1959 qui réglemente l'exploitation, le contrôle et l'usage des voitures publiques à Paris et dans les communes du département de la Seine tend notamment à assurer le bon ordre ainsi que la sûreté et la sécurité publique ; en conséquence, l'exploitant d'une voiture de grande remise qui n'est pas en mesure de présenter le bon de commande prévu par l'art. 40 de cette ordonnance peut être sanctionné sur le fondement de l'art. R. 610-5. • Crim. 25 avr. 2001, n° 00-86.992 P : *JCP 2001. IV. 2805.*

TITRE II DES CONTRAVENTIONS CONTRE LES PERSONNES

CHAPITRE II *DES CONTRAVENTIONS DE LA 2e CLASSE CONTRE LES PERSONNES*

SECTION 1 *Des atteintes involontaires à l'intégrité de la personne n'ayant entraîné aucune incapacité totale de travail*

Art. R. 622-1 Hors le cas prévu par l'article R. 625-3, le fait, par maladresse, imprudence, inattention, négligence ou manquement à une obligation de sécurité ou de prudence imposée par la loi ou *(Décr. nº 2001-883 du 20 sept. 2001)* « le règlement, dans les conditions et selon les distinctions prévues à l'article 121-3 », de porter atteinte à l'intégrité d'autrui sans qu'il en résulte d'incapacité totale de travail est puni de l'amende prévue pour les contraventions de la 2e classe.

Les personnes coupables de la contravention prévue au présent article encourent également la peine complémentaire de confiscation de la chose qui a servi à commettre l'infraction.

(Décr. nº 2010-671 du 18 juin 2010) « Les personnes morales déclarées responsables pénalement, dans les conditions prévues par l'article 121-2, de l'infraction définie au présent article encourent, outre l'amende suivant les modalités prévues par l'article 131-41, la peine de confiscation de la chose qui a servi à commettre l'infraction. »

V. Circ. 18 janv. 1994, nº [41].

***Corresp. :** C. pén., ancien art. R. 40 (4º).*

SECTION 2 *De la divagation d'animaux dangereux*

Art. R. 622-2 Le fait, par le gardien d'un animal susceptible de présenter un danger pour les personnes, de laisser divaguer cet animal est puni de l'amende prévue pour les contraventions de la 2e classe.

En cas de condamnation du propriétaire de l'animal ou si le propriétaire est inconnu, le tribunal peut décider de remettre l'animal à une œuvre de protection animale reconnue d'utilité publique ou déclarée, laquelle pourra librement en disposer.

Les art. 529 à 529-2 et 530 à 530-2 C. pr. pén. [relatifs à la procédure de l'amende forfaitaire] sont applicables aux infractions en matière de divagation réprimées par le code rural et le code pénal (C. rur., art. 213-2, ajouté par L. nº 89-412 du 22 juin 1989, art. 3, JO 24 juin).

CHAPITRE IV *DES CONTRAVENTIONS DE LA 4e CLASSE CONTRE LES PERSONNES*

SECTION 1 *Des violences légères*

Art. R. 624-1 Hors les cas prévus par les articles 222-13 et 222-14, les violences volontaires n'ayant entraîné aucune incapacité totale de travail sont punies de l'amende prévue pour les contraventions de la 4e classe.

Les personnes coupables de la contravention prévue au présent article encourent également les peines complémentaires suivantes :

1º La suspension, pour une durée de trois ans au plus, du permis de conduire, cette suspension pouvant être limitée à la conduite en dehors de l'activité professionnelle ;

2º L'interdiction de détenir ou de porter, pour une durée de trois ans au plus, une arme soumise à autorisation ;

3º La confiscation d'une ou de plusieurs armes dont le condamné est propriétaire ou dont il a la libre disposition ;

4º Le retrait du permis de chasser, avec interdiction de solliciter la délivrance d'un nouveau permis pendant trois ans au plus ;

5º La confiscation de la chose qui a servi ou était destinée à commettre l'infraction ou de la chose qui en est le produit.

Le fait de faciliter sciemment, par aide ou assistance, la préparation ou la consommation de la contravention prévue au présent article est puni des mêmes peines.

....

CHAPITRE V *DES CONTRAVENTIONS DE LA 5e CLASSE CONTRE LES PERSONNES*

SECTION 1 *Des violences*

Art. R. 625-1 Hors les cas prévus par les articles 222-13 et 222-14, les violences volontaires ayant entraîné une incapacité totale du travail d'une durée inférieure ou égale à huit jours sont punies de l'amende prévue pour les contraventions de la 5e classe.

Les personnes coupables de la contravention prévue au présent article encourent également les peines complémentaires suivantes :

1° La suspension, pour une durée de trois ans au plus, du permis de conduire, cette suspension pouvant être limitée à la conduite en dehors de l'activité professionnelle ;

2° L'interdiction de détenir ou de porter, pour une durée de trois ans au plus, une arme soumise à autorisation ;

3° La confiscation d'une ou de plusieurs armes dont le condamné est propriétaire ou dont il a la libre disposition ;

4° Le retrait du permis de chasser, avec interdiction de solliciter la délivrance d'un nouveau permis pendant trois ans au plus ;

5° La confiscation de la chose qui a servi ou était destinée à commettre l'infraction ou de la chose qui en est le produit ;

6° Le travail d'intérêt général pour une durée de vingt à cent-vingt *[cent vingt]* heures.

Le fait de faciliter sciemment, par aide ou assistance, la préparation ou la consommation de la contravention prévue au présent article est puni des mêmes peines.

La récidive de la contravention prévue au présent article est réprimée conformément à l'article 132-11.

SECTION 2 *Des atteintes involontaires à l'intégrité de la personne*

Art. R. 625-2 Hors *(Décr. n° 2003-642 du 11 juill. 2003, art. 1er)* « les cas prévus par les articles 222-20 et 222-20-1 *[ancienne rédaction : le cas prévu par l'article 222-20]* », le fait de causer à autrui, par maladresse, imprudence, inattention, négligence ou manquement à une obligation de sécurité ou de prudence imposée par la loi ou *(Décr. n° 2001-883 du 20 sept. 2001)* « le règlement, dans les conditions et selon les distinctions prévues à l'article 121-3 », une incapacité totale de travail d'une durée inférieure ou égale à trois mois est puni de l'amende prévue pour les contraventions de la 5e classe. – *C. route, art. R. 248, R. 256.*

Art. R. 625-3 Le fait, *(Décr. n° 2001-883 du 20 sept. 2001)* « par la violation manifestement délibérée d'une obligation particulière de sécurité ou de prudence prévue par la loi ou le règlement » de porter atteinte à l'intégrité d'autrui sans qu'il en résulte d'incapacité totale de travail est puni de l'amende prévue pour les contraventions de la 5e classe. – *Pén. R. 622-1.*

V., en matière de circulation routière, Circ. 24 juin 1994, ss. C. pén., art. 223-20.

Art. R. 625-4 Les personnes coupables des infractions définies aux articles R. 625-2 et R. 625-3 encourent, outre les peines d'amende prévues par ces articles, les peines complémentaires suivantes :

1° La suspension, pour une durée de trois ans au plus, du permis de conduire, cette suspension pouvant être limitée à la conduite en dehors de l'activité professionnelle ;

2° L'interdiction de détenir ou de porter, pour une durée de trois ans au plus, une arme soumise à autorisation ;

3° La confiscation d'une ou de plusieurs armes dont le condamné est propriétaire ou dont il a la libre disposition ;

4° Le retrait du permis de chasser, avec interdiction de solliciter la délivrance d'un nouveau permis pendant trois ans au plus ;

5° La confiscation de la chose qui a servi à commettre l'infraction ;

6° Le travail d'intérêt général pour une durée de vingt à cent-vingt *[cent vingt]* heures.

Art. R. 625-5 *(Décr. n° 2010-671 du 18 juin 2010)* Les personnes morales déclarées responsables pénalement, dans les conditions prévues par l'article 121-2, des infractions définies aux articles R. 625-2 et R. 625-3 encourent, outre l'amende suivant les modalités prévues par l'article 131-41, la peine de confiscation de la chose qui a servi à commettre l'infraction.

Art. R. 625-6 La récidive des contraventions prévues aux articles R. 625-2 et R. 625-3 est réprimée conformément aux articles 132-11 et 132-15.

TITRE III DES CONTRAVENTIONS CONTRE LES BIENS

CHAPITRE V *DES CONTRAVENTIONS DE LA 5e CLASSE CONTRE LES BIENS*

SECTION 1 *Des destructions, dégradations et détériorations dont il n'est résulté qu'un dommage léger*

Art. R. 635-1 La destruction, la dégradation ou la détérioration volontaires d'un bien appartenant à autrui dont il n'est résulté qu'un dommage léger est punie de l'amende prévue pour les contraventions de la 5e classe.

Les personnes coupables de la contravention prévue au présent article encourent également les peines complémentaires suivantes :

1° La suspension, pour une durée de trois ans au plus, du permis de conduire, cette suspension pouvant être limitée à la conduite en dehors de l'activité professionnelle ;

2° L'interdiction de détenir ou de porter, pour une durée de trois ans au plus, une arme soumise à autorisation ;

3° La confiscation d'une ou de plusieurs armes dont le condamné est propriétaire ou dont il a la libre disposition ;

4° Le retrait du permis de chasser, avec interdiction de solliciter la délivrance d'un nouveau permis pendant trois ans au plus ;

5° La confiscation de la chose qui a servi ou était destinée à commettre l'infraction ou de la chose qui en est le produit ;

6° Le travail d'intérêt général pour une durée de vingt à cent vingt heures.

Le fait de faciliter sciemment, par aide ou assistance, la préparation ou la consommation de la contravention prévue au présent article est puni des mêmes peines.

(Décr. nº 2010-671 du 18 juin 2010) « Les personnes morales déclarées responsables pénalement, dans les conditions prévues par l'article 121-2, de l'infraction définie au présent article encourent, outre l'amende suivant les modalités prévues par l'article 131-41, la peine de confiscation de la chose qui a servi ou était destinée à commettre l'infraction ou de la chose qui en est le produit. »

La récidive de la contravention prévue au présent article est réprimée conformément aux articles 132-11 et 132-15.

SECTION 4 *De l'abandon d'épaves de véhicules ou d'ordures, déchets, matériaux et autres objets transportés dans un véhicule*

Art. R. 635-8 *(Décr. nº 2007-1388 du 26 sept. 2007, art. 4-II)* « Est puni de l'amende prévue pour les contraventions de la 5ᵉ classe le fait de déposer, d'abandonner, de jeter ou de déverser, en lieu public ou privé, à l'exception des emplacements désignés à cet effet par l'autorité administrative compétente, soit une épave de véhicule, soit des ordures, déchets, déjections, matériaux, liquides insalubres ou tout autre objet de quelque nature qu'il soit, lorsque ceux-ci ont été transportés avec l'aide d'un véhicule, si ces faits ne sont pas accomplis par la personne ayant la jouissance du lieu ou avec son autorisation. »

Les personnes coupables de la contravention prévue au présent article encourent également la peine complémentaire de confiscation de la chose qui a servi ou était destinée à commettre l'infraction ou de la chose qui en est le produit.

(Décr. nº 2010-671 du 18 juin 2010) « Les personnes morales déclarées responsables pénalement, dans les conditions prévues par l'article 121-2, de l'infraction définie au présent article encourent, outre l'amende suivant les modalités prévues par l'article 131-41, la peine de confiscation de la chose qui a servi ou était destinée à commettre l'infraction ou de la chose qui en est le produit. »

La récidive de la contravention prévue au présent article est réprimée conformément aux articles 132-11 et 132-15.

A fait l'exacte application de l'art. R. 635-8 C. pén. la cour d'appel qui, pour déclarer le prévenu coupable d'abandon d'une épave dans un lieu non autorisé, énonce qu'il avait acheté ce véhicule « en qualité d'épave » et qu'il était, lors du constat effectué par l'agent verbalisateur au lieu de son abandon, sur un parking public, démuni de plaque d'immatriculation, l'intérieur étant démonté ainsi que les éléments de suspension des roues arrière. • Crim. 26 févr. 1997 : *Jurispr. auto 1997. 338.*

TITRE IV **DES CONTRAVENTIONS CONTRE LA NATION, L'ÉTAT OU LA PAIX PUBLIQUE**

CHAPITRE IV *DES CONTRAVENTIONS DE LA 4ᵉ CLASSE CONTRE LA NATION, L'ÉTAT OU LA PAIX PUBLIQUE*

SECTION 1 *De l'accès sans autorisation à un terrain, une construction, un engin ou un appareil militaires*

Art. R. 644-1 Hors le cas prévu par l'article 413-5, le fait, sans autorisation des autorités compétentes, de pénétrer, séjourner ou circuler sur un terrain *(Décr. nº 2015-159 du*

11 févr. 2015, art. 11) «, dans un port», dans une construction ou dans un engin ou appareil quelconque affecté à l'autorité militaire ou placé sous son contrôle est puni de l'amende prévue pour les contraventions de la 4ᵉ classe.

L'interdiction d'accès aux terrains, constructions, engins ou appareils visés à l'alinéa précédent fait l'objet d'une signalisation particulière lorsque aucune marque distinctive ne signale qu'ils sont affectés à l'autorité militaire ou placés sous son contrôle.

SECTION 2 *Des entraves à la libre circulation sur la voie publique*

Art. R. 644-2 Le fait d'embarrasser la voie publique en y déposant ou y laissant sans nécessité des matériaux ou objets quelconques qui entravent ou diminuent la liberté ou la sûreté de passage *(Décr. nº 2020-1573 du 11 déc. 2020, art. 8-4º)* « y compris les ordures ou les déchets » est puni de l'amende prévue pour les contraventions de la 4ᵉ classe.

Les personnes coupables de la contravention prévue au présent article encourent également la peine complémentaire de confiscation de la chose qui a servi ou était destinée à commettre l'infraction ou de la chose qui en est le produit. – *C. route, art. R. 130-1, R. 130-3.*

Art. R. 644-2-1 *(Décr. nº 2022-185 du 15 févr. 2022, art. 1er)* Le fait, par le titulaire d'une autorisation d'occupation temporaire du domaine public, de ne pas respecter les prescriptions de l'arrêté d'autorisation relatives à l'espace occupé ou aux périodes d'occupation est puni de l'amende prévue pour les contraventions de la 4ᵉ classe, lorsque cette méconnaissance a pour effet de porter atteinte à la libre circulation sur la voie publique.

TITRE V DES AUTRES CONTRAVENTIONS

CHAPITRE III *DES CONTRAVENTIONS DE LA 3ᵉ CLASSE*

SECTION UNIQUE *Des atteintes involontaires à la vie ou à l'intégrité d'un animal*

Art. R. 653-1 Le fait par maladresse, imprudence, inattention, négligence ou manquement à une obligation de sécurité ou de prudence imposée par la loi ou les règlements, d'occasionner la mort ou la blessure d'un animal domestique ou apprivoisé ou tenu en captivité est puni de l'amende prévue pour les contraventions de la 3ᵉ classe.

En cas de condamnation du propriétaire de l'animal ou si le propriétaire est inconnu, le tribunal peut décider de remettre l'animal à une œuvre de protection animale reconnue d'utilité publique ou déclarée, laquelle pourra librement en disposer. – *C. route, art. R. 130-1, R. 130-3.*

Décret nº 93-726 du 29 mars 1993, *portant réforme du code pénal (deuxième partie : Décrets en Conseil d'État) et modifiant certaines dispositions de droit pénal et de procédure pénale.* **Art. 1er** Sont abrogées les dispositions des textes législatifs antérieurs à l'entrée en vigueur de la Constitution et des règlements :

1º Qui édictent des peines d'emprisonnement pour des contraventions ;

2º Qui prévoient la récidive de contraventions des quatre premières classes ;

3º Qui punissent des contraventions de la peine d'affichage ou de diffusion de la condamnation.

Art. 2 Les textes législatifs antérieurs à l'entrée en vigueur de la Constitution et les règlements qui fixent des amendes pénales en matière de contraventions sont modifiés conformément aux dispositions ci-après :

1º Les contraventions punies des peines d'amende prévues pour les contraventions de la 1re classe relèvent du 1º de l'article 131-13 du code pénal ;

2º Les contraventions punies des peines d'amende prévues pour les contraventions de la 2ᵉ classe relèvent du 2º de l'article 131-13 du code pénal ;

3º Les contraventions punies des peines d'amende prévues pour les contraventions de la 3ᵉ classe relèvent du 3º de l'article 131-13 du code pénal ;

4º Les contraventions punies des peines d'amende prévues pour les contraventions de la 4ᵉ classe relèvent du 4º de l'article 131-13 du code pénal ;

5º Les contraventions punies des peines d'amende prévues pour les contraventions de la 5ᵉ classe relèvent du 5º de l'article 131-13 du code pénal.

Décret nº 94-167 du 25 février 1994, *modifiant certaines dispositions de droit pénal et de procédure pénale.* **Art. 1er** Dans tous les textes réglementaires :

Toute référence aux peines prévues par l'article R. 26 du code pénal est remplacée par la référence à la peine d'amende prévue par le 1° de l'article 131-13 du code pénal ;

Toute référence aux peines prévues par l'article R. 30 du code pénal est remplacée par la référence à la peine d'amende prévue par le 2° de l'article 131-13 du code pénal ;

Toute référence aux peines prévues par l'article R. 34 du code pénal est remplacée par la référence à la peine d'amende prévue par le 3° de l'article 131-13 du code pénal ;

Toute référence aux peines prévues par l'article R. 38 du code pénal est remplacée par la référence à la peine d'amende prévue par le 4° de l'article 131-13 du code pénal ;

Toute référence aux peines prévues par l'article R. 40 du code pénal est remplacée par la référence à la peine d'amende prévue par le 5° de l'article 131-13 du code pénal.

Code de la sécurité intérieure

PREMIÈRE PARTIE : *LÉGISLATIVE*

(Ord. nº 2012-351 du 12 mars 2012)

LIVRE II ORDRE ET SÉCURITÉ PUBLICS

TITRE I ORDRE PUBLIC

CHAPITRE IV *DISPOSITIONS DIVERSES*

Art. L. 214-2 Les personnels de la police nationale *(L. nº 2017-257 du 28 févr. 2017, art. 1er-II)* « et les militaires de la gendarmerie nationale » revêtus de leurs uniformes ou des insignes extérieurs et apparents de leur qualité sont autorisés à faire usage de matériels appropriés pour immobiliser les moyens de transport dans les cas suivants :

1° Lorsque le conducteur ne s'arrête pas à leurs sommations ;

2° Lorsque le comportement du conducteur ou de ses passagers est de nature à mettre délibérément en danger la vie d'autrui ou d'eux-mêmes ;

3° En cas de crime ou délit flagrant, lorsque l'immobilisation du véhicule apparaît nécessaire en raison du comportement du conducteur ou des conditions de fuite.

Ces matériels doivent être conformes à des normes techniques définies par arrêté du ministre de l'intérieur. — *[L. nº 95-73 du 21 janv. 1995, art. 25-1.]*

V. Arr. du 10 juill. 2017 définissant les normes techniques applicables aux matériels d'immobilisation des véhicules (JO 14 juill.).

TITRE III TRAITEMENTS AUTOMATISÉS DE DONNÉES PERSONNELLES ET ENQUÊTES ADMINISTRATIVES

CHAPITRE III *CONTRÔLE AUTOMATISÉ DES DONNÉES SIGNALÉTIQUES DES VÉHICULES*

Art. L. 233-1 Afin de prévenir et de réprimer le terrorisme, de faciliter la constatation des infractions s'y rattachant, de faciliter la constatation des infractions criminelles ou liées à la criminalité organisée au sens *(L. nº 2016-731 du 3 juin 2016, art. 45)* « des articles 706-73 et 706-73-1 » du code de procédure pénale, des infractions de vol et de recel de véhicules volés, des infractions de contrebande, d'importation ou d'exportation commises en bande organisée, prévues et réprimées par le *(L. nº 2014-315 du 11 mars 2014, art. 14-1°)* « dernier » alinéa de l'article 414 du code des douanes, ainsi que la constatation, lorsqu'elles portent sur des fonds provenant de ces mêmes infractions, de la réalisation ou de la tentative de réalisation des opérations financières définies à l'article 415 du même code et afin de permettre le rassemblement des preuves de ces infractions et la recherche de leurs auteurs, les services de police et de gendarmerie nationales et des douanes peuvent mettre en œuvre des dispositifs fixes ou mobiles de contrôle automatisé des données signalétiques des véhicules prenant la photographie de leurs occupants, en tous points appropriés du territoire, en particulier dans les zones frontalières, portuaires ou aéroportuaires ainsi que sur les grands axes de transit national ou international.

L'emploi de tels dispositifs est également possible par les services de police et de gendarmerie nationales, à titre temporaire, pour la préservation de l'ordre public, à l'occasion d'événements particuliers ou de grands rassemblements de personnes, par décision de l'autorité administrative. — *[L. n° 2003-239 du 18 mars 2003, art. 26, al. 1er et 2.]*

Les dispositions introduites par l'art. 14 de la L. n° 2014-315 du 11 mars 2014 sont applicables dans les îles Wallis-et-Futuna, en Nouvelle-Calédonie, en Polynésie française, à Saint-Barthélemy et à Saint-Pierre-et-Miquelon (L. préc., art. 21-I à III).

Art. L. 233-1-1 *(L. n° 2016-1547 du 18 nov. 2016, art. 35-IV-1°, en vigueur le 5 nov. 2017)* **Afin de faciliter la constatation des infractions au code de la route, permettre le rassemblement des preuves de ces infractions et la recherche de leurs auteurs ainsi que mettre en œuvre les dispositions de l'article L. 121-4-1 du code de la route, les services de police et de gendarmerie nationales peuvent mettre en œuvre des dispositifs fixes ou mobiles de contrôle automatisé des données signalétiques des véhicules prenant la photographie de leurs occupants, en tous points appropriés du territoire.**

Un décret en Conseil d'État fixe les modalités d'application et les dates de l'entrée en vigueur de l'art. 35 de la L. n° 2016-1547 du 18 nov. 2016, qui intervient au plus tard le 31 déc. 2018 (L. préc., art. 35-V). Le Décr. n° 2017-1523 du 3 nov. 2017 a fixé cette date au 5 nov. 2017 (Décr. préc., art. 11-I).

Art. L. 233-2 Pour les finalités mentionnées *(L. n° 2016-1547 du 18 nov. 2016, art. 35-IV-2°-a, en vigueur le 5 nov. 2017)* « aux articles **L. 233-1** et **L. 233-1-1** », les données à caractère personnel collectées à l'occasion des contrôles susmentionnés peuvent faire l'objet de traitements automatisés mis en œuvre par les services de police et de gendarmerie nationales et les services des douanes et soumis aux dispositions de la loi n° 78-17 du 6 janvier 1978 relative à l'informatique, aux fichiers et aux libertés.

Ces traitements comportent une consultation du traitement automatisé des données relatives aux véhicules volés ou signalés ainsi que du système d'information Schengen.

(L. n° 2016-1547 du 18 nov. 2016, art. 35-IV-2°-b, en vigueur le 5 nov. 2017) « Ces traitements comportent également une consultation du traitement automatisé de données du système d'immatriculation des véhicules, du traitement automatisé du système de contrôle automatisé ainsi que des traitements de données relatives à l'assurance des véhicules. »

Afin de permettre cette consultation, les données collectées sont conservées durant un délai maximum de *(L. n° 2016-731 du 3 juin 2016, art. 104)* « quinze » jours au-delà duquel elles sont effacées dès lors qu'elles n'ont donné lieu à aucun rapprochement positif avec les traitements mentionnés au précédent alinéa. Durant cette période de *(L. n° 2016-731 du 3 juin 2016, art. 104)* « quinze » jours, la consultation des données n'ayant pas fait l'objet d'un rapprochement positif avec ces traitements est interdite, sans préjudice des nécessités de leur consultation pour les besoins d'une procédure pénale ou douanière. Les données qui font l'objet d'un rapprochement positif avec ces mêmes traitements sont conservées pour une durée d'un mois sans préjudice des nécessités de leur conservation pour les besoins d'une procédure pénale ou douanière.

Aux fins de prévenir et de réprimer les actes de terrorisme et de faciliter la constatation des infractions s'y rattachant, les agents individuellement désignés et dûment habilités des services de police et de gendarmerie nationales spécialement chargés de ces missions peuvent avoir accès à ces traitements. — *[L. n° 2003-239 du 18 mars 2003, art. 26, al. 3 à 6.]*

Un décret en Conseil d'État fixe les modalités d'application et les dates de l'entrée en vigueur de l'art. 35 de la L. n° 2016-1547 du 18 nov. 2016, qui intervient au plus tard le 31 déc. 2018 (L. préc., art. 35-V). Le Décr. n° 2017-1523 du 3 nov. 2017 a fixé cette date au 5 nov. 2017 (Décr. préc., art. 11-I).

TITRE V VIDÉOPROTECTION

CHAPITRE I *DISPOSITIONS GÉNÉRALES*

Art. L. 251-2 *(L. n° 2023-380 du 19 mai 2023, art. 9-I-4°)* « Des systèmes de vidéoprotection peuvent être mis en œuvre sur la voie publique par les autorités » publiques compétentes aux fins d'assurer :

1° La protection des bâtiments et installations publics et de leurs abords ;

2° La sauvegarde des installations utiles à la défense nationale ;

3° La régulation des flux de transport ;

4° La constatation des infractions aux règles de la circulation ;

5° La prévention des atteintes à la sécurité des personnes et des biens dans des lieux particulièrement exposés à des risques d'agression, de vol ou de trafic de stupéfiants ainsi que la prévention, dans des zones particulièrement exposées à ces infractions, des fraudes douanières prévues par le *(L. n° 2014-315 du 11 mars 2014, art. 14-2°)* **« dernier » alinéa de l'article 414 du code des douanes et des délits prévus à l'article 415 du même code portant sur des fonds provenant de ces mêmes infractions ;**

6° La prévention d'actes de terrorisme, dans les conditions prévues au chapitre III du titre II du présent livre ;

7° La prévention des risques naturels ou technologiques ;

8° Le secours aux personnes et la défense contre l'incendie ;

9° La sécurité des installations accueillant du public dans les parcs d'attraction ;

(L. n° 2016-1547 du 18 nov. 2016, art. 35-IV-3°, en vigueur au plus tard le 31 déc. 2018) **« 10° Le respect de l'obligation d'être couvert, pour faire circuler un véhicule terrestre à moteur, par une assurance garantissant la responsabilité civile ; »** — *V. note ci-dessous.*

(L. n° 2019-773 du 24 juill. 2019, art. 9-I) **« 11° La prévention** *(L. n° 2020-105 du 10 févr. 2020, art. 100)* **« et la constatation des infractions relatives à » l'abandon d'ordures, de déchets, de matériaux ou d'autres objets. »**

(L. n° 2023-380 du 19 mai 2023, art. 9-I-4°) **« Des systèmes de vidéoprotection peuvent également être mis en œuvre » dans des lieux et établissements ouverts au public aux fins d'y assurer la sécurité des personnes et des biens lorsque ces lieux et établissements sont particulièrement exposés à des risques d'agression ou de vol.** — *[L. n° 95-73 du 21 janv. 1995, art. 10, II, al. 1er à 12 sauf ecqc les actes de terrorisme.]*

(L. n° 2014-626 du 18 juin 2014, art. 73-I) **« Après information du maire de la commune concernée et autorisation des autorités publiques compétentes, des commerçants peuvent mettre en œuvre sur la voie publique un système de vidéoprotection aux fins d'assurer la protection des abords immédiats de leurs bâtiments et installations, dans les lieux particulièrement exposés à des risques d'agression ou de vol. Les conditions de mise en œuvre et le type de bâtiments et installations concernés sont définis par décret en Conseil d'État. »**

Un décret en Conseil d'État fixe les modalités d'application et les dates de l'entrée en vigueur de l'art. 35 de la L. n° 2016-1547 du 18 nov. 2016, qui intervient au plus tard le 31 déc. 2018 (L. préc., art. 35-V).

Les dispositions introduites par l'art. 14 de la L. n° 2014-315 du 11 mars 2014 sont applicables dans les îles Wallis-et-Futuna, en Nouvelle-Calédonie, en Polynésie française, à Saint-Barthélemy et à Saint-Pierre-et-Miquelon (L. préc., art. 21-I à III).

LIVRE V **POLICES MUNICIPALES**

TITRE I **AGENTS DE POLICE MUNICIPALE**

CHAPITRE I ***MISSIONS, RECRUTEMENT ET MODALITÉS D'EXERCICE***

SECTION 1 ***Missions***

Art. L. 511-1 Sans préjudice de la compétence générale de la police nationale et de la gendarmerie nationale, les agents de police municipale exécutent, dans la limite de leurs attributions et sous son autorité, les tâches relevant de la compétence du maire que celui-ci leur confie en matière de prévention et de surveillance du bon ordre, de la tranquillité, de la sécurité et de la salubrité publiques.

Ils sont chargés d'assurer l'exécution des arrêtés de police du maire et de constater par procès-verbaux les contraventions auxdits arrêtés. Sans préjudice des compétences qui leur sont dévolues par des lois spéciales, ils constatent également par procès-verbaux les contraventions aux dispositions du code de la route dont la liste est fixée par décret en Conseil d'État ainsi que les contraventions mentionnées au livre VI du code pénal dont la liste est fixée par décret en Conseil d'État, dès lors qu'elles ne nécessitent pas de leur part d'actes d'enquête et à l'exclusion de celles réprimant des atteintes à l'intégrité des personnes.

(L. n° 2015-991 du 7 août 2015, art. 78-I, en vigueur le 1er janv. 2018) « Ils sont habilités à établir l'avis de paiement prévu à l'article L. 2333-87 du code général des collectivités territoriales. »

Ils peuvent également constater par rapport le délit prévu par l'article *(Ord. n° 2020-71 du 29 janv. 2020, art. 7-IV, en vigueur au plus tard le 1er juill. 2021)* « L. 272-4 ».

Ils exercent leurs fonctions sur le territoire communal, dans les conditions prévues au 2° de l'article 21 du code de procédure pénale.

Affectés sur décision du maire à la sécurité d'une manifestation sportive, récréative ou culturelle *(Abrogé par L. n° 2021-646 du 25 mai 2021, art. 4)* ***« mentionnée à l'article L. 613-3*** *(L. n° 2017-258 du 28 févr. 2017, art. 21-1°)* ***« du présent code » »*** *(L. n° 2017-1510 du 30 oct. 2017, art. 1er-II)* « ou à celle des périmètres de protection institués en application de l'article L. 226-1 » *(L. n° 2021-646 du 25 mai 2021, art. 4)* « du présent code » *(L. n° 2017-258 du 28 févr. 2017, art. 21-1°)* ou à la surveillance de l'accès à un bâtiment communal », ils peuvent procéder à l'inspection visuelle des bagages *(Abrogé par L. n° 2016-339 du 22 mars 2016, art. 1er-II, applicable en Polynésie française et en Nouvelle-Calédonie)* ***« à main »*** et, avec le consentement de leur propriétaire, à leur fouille. *(L. n° 2017-258 du 28 févr. 2017, art. 21-2°)* « Ils peuvent également procéder, avec le consentement exprès des personnes, à des palpations de sécurité. Dans ce cas, la palpation de sécurité doit être effectuée par une personne de même sexe que la personne qui en fait l'objet. » — *[CGCT, art. L. 2212-5, al. 1er à 4 ; L. n° 83-629 du 12 juill. 1983, art. 3-2, ecqc les agents de police municipale.]*

(L. n° 2016-339 du 22 mars 2016, art. 20-II-1°, applicable en Polynésie française) « Affectés par le maire à des missions de maintien du bon ordre au sein des transports publics de voyageurs, les agents de police municipale peuvent constater par procès-verbaux les infractions mentionnées à l'article L. 2241-1 du code des transports sur le territoire de la commune ou des communes formant un ensemble d'un seul tenant dans les conditions définies à l'article L. 512-1-1 du présent code, sans pouvoir excéder le ressort du tribunal auprès duquel ils ont prêté serment.

« A cette fin, les communes contiguës desservies par un ou plusieurs réseaux de transports publics peuvent conclure entre elles une convention locale de sûreté des transports collectifs afin de permettre à leurs polices municipales d'exercer indistinctement leurs compétences sur les parties de réseaux qui les traversent. Cette convention est conclue sous l'autorité du représentant de l'État dans le département dans le respect des conventions de coordination des interventions de la police municipale et des forces de sécurité de l'État prévues à la section 2 du chapitre II du présent titre et dans le respect du contrat d'objectif départemental de sûreté dans les transports collectifs. »

SECTION 2 *Nomination et agrément*

Art. L. 511-2 Les fonctions d'agent de police municipale ne peuvent être exercées que par des fonctionnaires territoriaux recrutés à cet effet dans les conditions fixées par les statuts particuliers prévus à l'article 6 de la loi n° 84-53 du 26 janvier 1984 portant dispositions statutaires relatives à la fonction publique territoriale *(L. n° 2021-646 du 25 mai 2021, art. 6)* « et, à Paris, par des fonctionnaires de la Ville de Paris recrutés à cet effet dans les conditions fixées au chapitre III du titre III du présent livre ».

Ils sont nommés par le maire ou le président de l'établissement public de coopération intercommunale, agréés par le représentant de l'État dans le département et le procureur de la République, puis assermentés. Cet agrément et cette assermentation restent valables tant qu'ils continuent d'exercer des fonctions d'agents de police municipale. En cas de recrutement par une commune ou un établissement de coopération intercommunale situé sur le ressort d'un autre tribunal judiciaire, les procureurs de la République compétents au titre de l'ancien et du nouveau lieu d'exercice des fonctions sont avisés sans délai.

L'agrément peut être retiré ou suspendu par le représentant de l'État ou le procureur de la République après consultation du maire ou du président de l'établissement public de coopération intercommunale. Toutefois, en cas d'urgence, l'agrément peut être suspendu par le procureur de la République sans qu'il soit procédé à cette consultation. — *[C. communes, art. L. 412-49.]*

....

TITRE II GARDES CHAMPÊTRES

CHAPITRE I *MISSIONS*

Art. L. 521-1 Les gardes champêtres concourent à la police des campagnes.

Ils sont chargés de rechercher, chacun dans le territoire pour lequel il est assermenté, les contraventions aux règlements et arrêtés de police municipale.

Ils dressent des procès-verbaux pour constater ces contraventions.

Les gardes champêtres sont également autorisés à constater par procès-verbal les contraventions aux dispositions du code de la route dont la liste est fixée par décret en Conseil d'État. A cette occasion, ils sont habilités à procéder aux épreuves de dépistage mentionnées à l'article L. 234-3 du code de la route, dans les conditions prévues au deuxième alinéa de l'article L. 234-4 du même code *(L. n° 2021-646 du 25 mai 2021, art. 67)* « , et aux épreuves de dépistage mentionnées aux deux premiers alinéas de l'article L. 235-2 dudit code, sur l'ordre et sous la responsabilité des officiers de police judiciaire, dans les conditions prévues à l'avant-dernier alinéa du même article L. 235-2 ».

Ils constatent également les contraventions mentionnées au livre VI du code pénal, dont la liste est fixée par décret en Conseil d'État, dès lors qu'elles ne nécessitent pas de leur part d'actes d'enquête et à l'exclusion de celles réprimant des atteintes à l'intégrité des personnes. — *[CGCT, art. L. 2213-16 et L. 2213-18.]*

(L. n° 2023-580 du 10 juill. 2023, art. 49-II) « Ils recherchent et constatent les infractions forestières mentionnées aux articles L. 161-1 et L. 161-4 du code forestier. »

....

TITRE IV DISPOSITIONS RELATIVES À L'OUTRE-MER

....

CHAPITRE V *DISPOSITIONS APPLICABLES EN POLYNÉSIE FRANÇAISE*

Art. L. 545-1 Les articles L. 511-1, L. 511-4, L. 511-5, *(L. n° 2021-646 du 25 mai 2021, art. 75)* « L. 511-5-2, » L. 512-1 à L. 513-1, *(Ord. n° 2013-519 du 20 juin 2013)* « L. 514-1, » *(L. n° 2021-1109 du 24 août 2021, art. 101)* « L. 515-1 A, » L. 515-1, L. 521-1, L. 522-1 à *(L. n° 2021-646 du 25 mai 2021, art. 75)* « L. 522-5 » sont applicables en Polynésie française, *(Ord. n° 2020-1256 du 14 oct. 2020, art. 19)* « dans leur rédaction résultant de la loi » *(L. n° 2023-22 du 24 janv. 2023, art. 28-III)* « n° 2023-22 du 24 janvier 2023 d'orientation et de programmation du ministère de l'intérieur », sous réserve des adaptations suivantes :

1° La référence au représentant de l'État dans le département est remplacée par la référence au haut-commissaire de la République en Polynésie française ;

2° Au deuxième alinéa de l'article L. 511-1 et au *(Ord. n° 2013-519 du 20 juin 2013)* « quatrième » alinéa de l'article L. 521-1, les mots : "contraventions aux dispositions du code de la route" *(Abrogé par Ord. n° 2013-519 du 20 juin 2013) « dont la liste est fixée par décret en Conseil d'État »* sont remplacés par les mots : "contraventions aux dispositions applicables localement en matière de circulation et de sécurité routières" ;

3° A l'article L. 511-1, le *(L. n° 2015-991 du 7 août 2015, art. 134-IV)* « quatrième » alinéa est supprimé ;

4° A l'article L. 511-4, la seconde phrase du premier alinéa est ainsi rédigée : "Les caractéristiques de la carte professionnelle, les caractéristiques ainsi que les catégories et les normes techniques des autres équipements sont fixées par arrêté du haut-commissaire de la République en Polynésie française." ;

(Abrogé par Ord. n° 2013-519 du 20 juin 2013) « 5° A l'article L. 512-1, le cinquième alinéa est supprimé ; »

6° Au *(Ord. n° 2013-519 du 20 juin 2013)* « quatrième » alinéa de l'article L. 521-1, après les mots : "aux épreuves de dépistage", la fin de la seconde phrase est ainsi rédigée : "de l'imprégnation alcoolique, dans les conditions fixées par la réglementation applicable en Polynésie française" ;

(Ord. n° 2020-1256 du 14 oct. 2020, art. 19) « 7° Pour l'application de l'article L. 522-2 :

« — le II et le VI sont supprimés ;

« — au V, les mots : "I à III" sont remplacés par les mots : "I et III". »

Les communes soumises à l'obligation de conclure une convention de coordination en application des dispositions issues de l'Ord. n° 2020-1256 du 14 oct. 2020, art. 19-I, pour lesquelles le maire ou le président de l'établissement public de coopération intercommunale n'a pas conventionné avant la publication de la présente ordonnance, sont tenues de s'y conformer dans un délai maximal de deux ans à compter de cette publication (Ord. préc., art. 19-II).

....

CHAPITRE VI *DISPOSITIONS APPLICABLES EN NOUVELLE-CALÉDONIE*

Art. L. 546-1 *(Ord. nº 2013-519 du 20 juin 2013, art. 4-4º)* **Les articles L. 511-1, L. 511-2 (troisième alinéa), L. 511-4, L. 511-5,** *(L. nº 2021-646 du 25 mai 2021, art. 75)* **« L. 511-5-2, » L. 512-1, L. 512-3, L. 512-4** *(L. nº 2015-1268 du 14 oct. 2015, art. 54-1º)* **« et L. 512-6 à L. 513-1 » sont applicables en Nouvelle-Calédonie** *(L. nº 2016-731 du 3 juin 2016, art. 119-IV ; L. nº 2017-1510 du 30 oct. 2017, art. 20-I ; L. nº 2019-1461 du 27 déc. 2019, art. 58)* **« , dans leur rédaction résultant de la loi** *(L. nº 2021-646 du 25 mai 2021, art. 75)* **« nº 2021-646 du 25 mai 2021 pour une sécurité globale préservant les libertés », sous réserve des adaptations suivantes : »**

1º La référence au représentant de l'État dans le département est remplacée par la référence au haut-commissaire de la République en Nouvelle-Calédonie ;

2º L'article L. 511-1 est ainsi modifié :

***a)* Au deuxième alinéa, les mots : "contraventions aux dispositions du code de la route" sont remplacés par les mots : "contraventions aux dispositions du code de la route de la Nouvelle-Calédonie" ;**

(L. nº 2015-991 du 7 août 2015, art. 134-IV) **« *b)* Les troisième et quatrième alinéas sont supprimés ; »**

(L. nº 2015-1268 du 14 oct. 2015, art. 55-1º) **« 2º *bis* A la fin de la première phrase du dernier alinéa de l'article L. 511-2, les mots : "ou du président de l'établissement public de coopération intercommunale" sont supprimés ; »**

3º A l'article L. 511-4, la seconde phrase du premier alinéa est ainsi rédigée : "Les caractéristiques de la carte professionnelle, les caractéristiques ainsi que les catégories et les normes techniques des autres équipements sont fixées par arrêté du haut-commissaire de la République en Nouvelle-Calédonie." ;

4º A l'article L. 511-5, le deuxième alinéa est supprimé ;

5º A l'article L. 512-1, les mots : *(L. nº 2021-646 du 25 mai 2021, art. 75)* **« limitrophes ou appartenant à une même agglomération au sein d'un même département ou à un même établissement public de coopération intercommunale à fiscalité propre » sont supprimés ;**

6º A l'article L. 512-4, les mots : "y compris d'agent mis à disposition de la commune par un établissement public de coopération intercommunale dans les conditions prévues au premier alinéa de l'article L. 512-2," et les mots :", le président de l'établissement public de coopération intercommunale le cas échéant," sont supprimés ;

7º A l'article L. 512-6, le deuxième alinéa est supprimé ;

(L. nº 2015-1268 du 14 oct. 2015, art. 54-2º) **« 8º A l'article L. 513-1, les mots : "et après avis de la commission consultative des polices municipales," sont supprimés. »**

Art. L. 546-1-1 *(L. nº 2015-1268 du 14 oct. 2015, art. 55-2º)* **Les agents de la police municipale nommés par le maire doivent être agréés par le haut-commissaire de la République en Nouvelle-Calédonie et par le procureur de la République.**

DEUXIÈME PARTIE : *RÉGLEMENTAIRE*

LIVRE V **POLICES MUNICIPALES**

TITRE I **AGENTS DE POLICE MUNICIPALE**

(Décr. nº 2013-1113 du 4 déc. 2013, en vigueur le 1er janv. 2014)

Art. R. 511-1 Les agents de police municipale mentionnés au 2º de l'article 21 du code de procédure pénale peuvent constater par procès-verbal, en application des dispositions de l'article L. 511-1 du présent code, lorsqu'elles sont commises sur le territoire communal et qu'elles ne nécessitent pas de leur part d'actes d'enquête, les contraventions prévues par le code pénal et énumérées par l'article R. 15-33-29-3 du code de procédure pénale.

Ils peuvent également constater par procès-verbal, dans les conditions prévues par le deuxième alinéa de l'article L. 511-1 du présent code, les contraventions mentionnées à l'article R. 610-5 du code pénal, relatives aux arrêtés de police municipale pris par le maire ou par le préfet de département en application des 1º à 3º de l'article L. 2215-1 du code général des collectivités territoriales, ainsi que les contraventions au code de la route mentionnées à l'article R. 130-2 de ce code et les contraventions relatives à l'interdiction de fumer dans les lieux affectés à un usage collectif prévues par les articles R. 3512-1 et R. 3512-2 du code de la santé publique.

Art. R. 511-2 L'agrément des agents de police municipale prévu par l'article L. 511-2 est délivré par le préfet du département dans lequel l'agent prend ses fonctions lors d'une première affectation.

Il est retiré ou suspendu par le préfet du département dans lequel se situe le siège de l'autorité d'emploi de l'agent à la date de la décision.

Le préfet qui retire ou suspend l'agrément d'un agent de police municipale en informe le préfet qui l'avait initialement délivré.

…………………………………………………………………………………………

Art. R. 521-1 Les gardes champêtres peuvent constater par procès-verbal, en application des dispositions de l'article L. 521-1 du présent code, lorsqu'elles sont commises sur le territoire pour lequel ils sont assermentés et qu'elles ne nécessitent pas de leur part d'actes d'enquête, les contraventions prévues par le code pénal et énumérées par l'article R. 15-33-29-3 du code de procédure pénale.

Ils peuvent également constater par procès-verbal, conformément aux dispositions du deuxième alinéa de l'article L. 521-1 du présent code, les contraventions mentionnées à l'article R. 610-5 du code pénal relatives aux arrêtés de police municipale pris par le maire ou par le préfet de département en application des 1° à 3° de l'article L. 2215-1 du code général des collectivités territoriales ainsi que les contraventions au code de la route mentionnées à l'article R. 130-3 de ce code et les contraventions relatives à l'interdiction de fumer dans les lieux affectés à un usage collectif prévues par les articles R. 3512-1 et R. 3512-2 du code de la santé publique.

…………………………………………………………………………………………

Art. R. 532-1 Les agents de surveillance de Paris peuvent constater par procès-verbal, en application des dispositions de l'article L. 532-1 du présent code, lorsqu'elles sont commises sur le territoire de la commune de Paris et qu'elles ne nécessitent pas de leur part d'actes d'enquête, les contraventions prévues par le code pénal et énumérées par l'article R. 15-33-29-3 du code de procédure pénale.

Ils peuvent également constater par procès-verbal, conformément aux dispositions du premier alinéa de l'article L. 532-1 du présent code, les contraventions mentionnées à l'article R. 610-5 du code pénal relatives aux arrêtés de police du préfet de police et à ceux du maire de Paris ainsi que les contraventions au code de la route mentionnées à l'article R. 130-1-2 de ce code et les contraventions relatives à l'interdiction de fumer dans les lieux affectés à un usage collectif prévues par les articles R. 3512-1 et R. 3512-2 du code de la santé publique.

…………………………………………………………………………………………

Art. R. 545-3 Pour l'application des dispositions énumérées à l'article R. 545-1 :

1° Les articles R. 511-1 et R. 521-1 sont ainsi modifiés :

a) Les mots : "ainsi que les contraventions au code de la route mentionnées à l'article R. 130-2 de ce code" et "ainsi que les contraventions au code de la route mentionnées à l'article R. 130-3 de ce code" sont remplacés par les mots : "ainsi que les contraventions mentionnées par les dispositions applicables localement en matière de circulation et de sécurité routières" ;

b) Les références aux articles R. 3512-1 et R. 3512-2 du code de la santé publique sont remplacées par les références aux dispositions applicables en Polynésie française ayant le même objet ;

[...]

Ordonnance n° 58-1309 du 23 décembre 1958,

Relative à l'usage des armes et à l'établissement de barrages de circulation par le personnel de la police.

Ord. abrogée par L. n° 2006-64 du 23 janv. 2006 ; V. désormais, CSI, art. L. 214-1.

Convention européenne du 30 novembre 1964,

Pour la répression des infractions routières. — Publiée par Décr. n° 72-854 du 19 sept. 1972. — Entrée en vigueur le 18 juill. 1972 entre la France, Chypre et le Danemark, conformément aux dispositions de son art. 29, § 2.

TITRE I PRINCIPES FONDAMENTAUX

Art. 1er 1. Lorsqu'une personne qui séjourne habituellement sur le territoire d'une partie contractante aura commis une infraction routière sur le territoire d'une autre partie contractante, l'État d'infraction pourra, ou, si sa loi interne le lui impose, devra demander à l'État de résidence d'exercer la poursuite s'il ne l'engage pas lui-même ou si, l'ayant engagée, il estime impossible de la conduire jusqu'à décision définitive ou exécution intégrale de la sanction.

2. Lorsqu'un jugement ou une décision administrative devenus exécutoires après que l'auteur de l'infraction aura été en mesure de présenter sa défense, seront intervenus dans l'État d'infraction, cet État pourra demander à l'État de résidence de procéder à l'exécution de ce jugement ou de cette décision.

3. L'État de résidence donnera suite à la demande de poursuite ou d'exécution dans les conditions fixées ci-après. Toutefois, l'exécution des décisions prises par défaut sera facultative.

Art. 2 1. L'infraction routière qui motivera la demande de poursuite ou l'exécution prévue à l'article 1er devra être réprimée à la fois par la loi de l'État d'infraction et par celle de l'État de résidence.

2. Aux fins de poursuite ou d'exécution, le droit de l'État de résidence sera applicable, étant entendu que les seules règles de circulation prises en considération seront celles en vigueur au lieu de l'infraction.

TITRE II POURSUITE DANS L'ÉTAT DE RÉSIDENCE

Art. 3 Les autorités de l'État de résidence auront compétence pour poursuivre, sur la demande de l'État d'infraction, les infractions routières commises sur le territoire de cet État.

Art. 4 Les autorités compétentes de l'État de résidence examineront la demande de poursuite qui leur aura été adressée en application des articles 1er et 2. Elles détermineront, conformément à leur propre législation, la suite à donner à la demande.

Art. 5 1. Lorsque l'État d'infraction aura adressé la demande de poursuite prévue à l'article 1er, il ne pourra plus poursuivre l'auteur de l'infraction ni exécuter une décision prononcée contre ce dernier.

2. Il pourra reprendre la poursuite ou l'exécution :

a) lorsque l'État de résidence aura fait connaître à l'État d'infraction qu'il ne donne pas suite utile à la demande ;

b) lorsque, pour des motifs venus à sa connaissance postérieurement à la demande, il aura notifié à l'État de résidence le retrait de sa demande avant l'ouverture des débats judiciaires de première instance ou avant le prononcé d'une décision administrative dans l'État de résidence.

Art. 6 1. La demande de poursuite mentionnera la date à laquelle cette procédure aura été demandée par l'autorité compétente.

Dans l'État d'infraction, la prescription de l'action sera interrompue à cette date. Le délai de cette prescription recommencera à courir dans sa totalité à compter de la notification d'absence de suite ou de retrait de la demande prévue au paragraphe 2, alinéas *a)* et *b)*, de l'article 5, et au plus tard six mois après la demande de poursuite.

2. Dans l'État de résidence, le délai de la prescription de l'action ne courra qu'à compter de la réception de la demande de poursuite.

Lorsque, dans cet État, une plainte de la victime est nécessaire à l'exercice de la poursuite, le délai dans lequel cette plainte doit être présentée ne commencera à courir qu'à la date de la réception de la demande de poursuite.

Art. 7 Les documents établis par les autorités judiciaires et administratives de l'État d'infraction auront dans l'État de résidence la même valeur juridique que s'ils avaient été établis par les autorités de cet État et réciproquement.

TITRE III EXÉCUTION DANS L'ÉTAT DE RÉSIDENCE

Art. 8 Les autorités de l'État de résidence auront compétence pour exécuter, sur la demande de l'État d'infraction, les décisions prévues au paragraphe 2 de l'article 1er de la présente Convention. L'exécution des décisions aura lieu selon la loi de l'État de résidence, après vérification de l'authenticité de la demande et de sa conformité aux conditions fixées par la présente Convention. L'État de résidence sera compétent en matière de libération conditionnelle. Le droit de grâce pourra être exercé aussi bien par l'État de résidence que par l'État d'infraction.

Art. 9 1. L'exécution dans l'État de résidence n'aura pas lieu :

a) si l'auteur de l'infraction y fait l'objet d'une décision définitive pour les mêmes faits ;

b) si la prescription de la sanction est acquise d'après la loi de l'État d'infraction ou d'après celle de l'État de résidence ;

c) si l'auteur de l'infraction bénéficie d'une amnistie ou d'une mesure de grâce dans l'État de résidence ou dans l'État d'infraction.

2. L'État de résidence pourra refuser l'exécution :

a) si les autorités compétentes de cet État ont décidé de ne pas engager de poursuites ou de mettre fin aux poursuites qu'elles ont exercées pour les mêmes faits ;

b) si les faits qui motivent la condamnation font l'objet de poursuites dans cet État ;

c) dans la mesure où cet État estime cette exécution de nature à porter atteinte aux principes fondamentaux de son ordre juridique ou incompatible avec les principes qui président à l'application de son droit pénal, notamment si, en raison de son âge, l'auteur de l'infraction n'eût pas pu être condamné dans cet État.

Art. 10 Lorsque la demande prévue au paragraphe 2 de l'article 1er aura pour objet l'exécution d'une sanction autre que l'amende, l'État de résidence substituera, s'il y a lieu, à la sanction infligée dans l'État d'infraction, la sanction prévue par la loi de l'État de résidence pour une infraction analogue.

Cette sanction correspondra autant que possible, quant à sa nature, à celle infligée par la décision à exécuter. Elle ne pourra ni excéder le maximum prévu par la loi de l'État de résidence, ni aggraver par sa nature ou par sa durée la sanction prononcée dans l'État d'infraction. En fixant la sanction les autorités compétentes de l'État de résidence pourront prendre également en considération les modalités d'exécution de la sanction habituellement appliquée dans cet État.

Art. 11 Lorsque la demande d'exécution aura pour objet le paiement d'une amende, l'État de résidence procédera au recouvrement dans les conditions prévues par sa loi à concurrence du maximum fixé par cette loi pour une infraction analogue, ou, à défaut de maximum légal, à concurrence du montant de la sanction habituellement prononcée dans l'État de résidence pour une telle infraction.

Art. 12 En cas de non-paiement de l'amende, l'État de résidence appliquera, sur la demande de l'État d'infraction, les mesures de contrainte ou de remplacement prévues par sa propre législation.

L'État de résidence ne pourra exécuter une mesure de contrainte ou de remplacement prévue par une décision rendue dans l'État d'infraction et comportant une privation de liberté que si l'État d'infraction le demande spécialement.

Art. 13 L'État d'infraction ne pourra plus procéder à aucune des mesures d'exécution demandées, à moins qu'un refus ou une impossibilité d'exécution lui ait été notifié par l'État de résidence.

TITRE IV DISPOSITIONS GÉNÉRALES

Art. 14 1. Les requêtes prévues à l'article 1er de la présente Convention seront formulées par écrit.

2. La demande de poursuite sera accompagnée de l'original ou d'une copie authentique de tous procès-verbaux, croquis, photographies et autres documents se rapportant à l'infraction, ainsi que d'une copie des dispositions légales applicables en l'espèce dans l'État d'infraction. Les copies du casier judiciaire, des dispositions légales relatives à la prescription, des actes qui l'ont interrompue ainsi que l'indication des faits interruptifs seront également jointes.

3. La demande d'exécution sera accompagnée de l'original ou d'une copie authentique de la décision dont le caractère exécutoire sera certifié dans les formes prescrites par la loi de l'État d'infraction. Lorsque la décision à exécuter en remplace une autre sans reproduire l'exposé des faits, une copie authentique de la décision contenant cet exposé sera jointe.

Art. 15 1. La demande sera adressée par le Ministère de la Justice de l'État d'infraction au Ministère de la Justice de l'État de résidence. La réponse sera transmise par la même voie.

2. Les communications nécessaires à l'application de la présente Convention seront échangées, soit par la voie indiquée au paragraphe 1 du présent article, soit directement entre les autorités des Parties contractantes.

3. En cas d'urgence, les communications visées au paragraphe 2 du présent article pourront être transmises par l'intermédiaire de l'Organisation internationale de police criminelle (Interpol).

4. Toute partie contractante pourra, par déclaration adressée au Secrétaire général du Conseil de l'Europe, faire connaître qu'elle entend déroger aux règles de transmission énoncées aux paragraphes 1 et 2 du présent article.

Art. 16 Si l'État de résidence estime que les renseignements fournis par l'État d'infraction sont insuffisants pour lui permettre d'appliquer la présente Convention, il demandera le complément d'informations nécessaire. Il pourra fixer un délai pour l'obtention de ces informations.

Art. 17 Les Parties contractantes étendront l'entraide judiciaire qu'elles accordent en matière pénale aux mesures nécessaires à l'exécution de la présente Convention, notamment à la transmission des actes établis par l'autorité administrative et aux notifications d'un commandement de payer, cette dernière mesure n'étant pas considérée comme une mesure d'exécution.

Art. 18 L'État de résidence informera sans retard l'État d'infraction de la suite donnée à la demande de poursuite ou d'exécution. Il lui adressera, dans les deux cas, un document certifiant l'exécution de la sanction et, en outre, dans le cas de poursuite, une copie authentique de la décision définitive.

Art. 19 1. Sous réserve des dispositions du paragraphe 2 du présent article, la traduction des demandes de poursuite et d'exécution et celle des pièces annexes, ainsi que celle de tous autres documents relatifs à l'application de la présente Convention, ne sera pas exigée.

2. Toute partie contractante pourra, au moment de la signature ou du dépôt de son instrument de ratification, d'acceptation ou d'adhésion, par déclaration adressée au Secrétaire général du Conseil de l'Europe, se réserver la faculté d'exiger que les demandes et pièces annexes lui soient adressées accompagnées, soit d'une traduction dans sa propre langue, soit d'une traduction dans l'une quelconque des langues officielles du Conseil de l'Europe ou dans celle de ces langues qu'elle indiquera. Les autres Parties contractantes pourront se prévaloir du défaut de réciprocité.

3. Le présent article ne porte pas atteinte aux dispositions relatives à la traduction des demandes et pièces annexes, contenues dans les accords ou arrangements en vigueur ou à intervenir entre deux ou plusieurs Parties contractantes.

Art. 20 Les pièces et documents transmis en application de la présente Convention seront dispensés de toutes les formalités de légalisation.

Art. 21 Le produit des amendes perçues à la suite des demandes de poursuite ou d'exécution sera acquis à l'État de résidence qui en disposera à son gré.

Art. 22 L'État de résidence aura compétence pour percevoir, sur la demande de l'État d'infraction, les frais de poursuite et de jugement exposés dans cet État.

S'il procède à cette perception, il ne sera tenu de rembourser à l'État d'infraction que les honoraires d'experts qu'il a perçus.

Art. 23 Les frais de poursuite et d'exécution exposés dans l'État de résidence ne seront pas remboursés.

TITRE V **DISPOSITIONS FINALES**

Art. 24 Au sens de la présente Convention :

a) L'expression "infraction routière" désigne toute infraction prévue dans la liste intitulée "Fonds commun d'infractions routières", annexée à la présente Convention ;

b) L'expression "État d'infraction" désigne l'État partie à la présente Convention, sur le territoire duquel une infraction routière a été commise ;

c) L'expression "État de résidence" désigne l'État partie à la présente Convention où séjourne habituellement l'auteur d'une infraction routière ;

d) L'expression "règles de circulation" désigne toute réglementation couvrant l'un quelconque des objets des chiffres 4 à 7 de l'annexe I à la présente Convention intitulée "Fonds commun d'infractions routières" ;

e) L'expression "jugement" s'applique aux décisions rendues par les autorités judiciaires, en y comprenant les ordonnances pénales et les amendes de composition ;

f) L'expression "décision administrative" s'applique aux décisions rendues dans certains États par des autorités administratives habilitées à prononcer les sanctions prévues par la loi pour la répression de catégories d'infractions routières.

Art. 25 1. L'annexe I à la présente Convention intitulée "Fonds commun d'infractions routières" est partie intégrante de cette Convention.

2. Chaque partie contractante pourra, à tout moment, par notification adressée au Secrétaire général du Conseil de l'Europe, faire connaître les infractions en matière de circulation routière non visées à l'annexe I, qu'elle désire soumettre à l'application de la présente Convention, ou celles visées à l'annexe I qu'elle désire exclure de cette application dans ses rapports avec les autres Parties contractantes.

3. Dans le cas d'adjonction par une partie contractante de nouvelles infractions à la liste contenue dans l'annexe I à la présente Convention, les autres Parties contractantes notifieront, s'il y a lieu, leur acceptation au Secrétaire général du Conseil de l'Europe. L'adjonction leur sera opposable trois mois après cette notification.

4. Dans le cas de retrait par une partie contractante d'infractions figurant dans la liste contenue dans l'annexe I à la présente Convention, la notification prévue au paragraphe 2 du présent article prendra effet, si elle est faite lors de la signature de la Convention ou du dépôt de l'instrument de ratification, d'acceptation ou d'adhésion, au moment de l'entrée en vigueur de la Convention ; si elle est faite ultérieurement, trois mois à compter de sa réception par le Secrétaire général du Conseil de l'Europe. Toute partie contractante pourra se prévaloir du défaut de réciprocité.

5. Une partie contractante pourra déclarer que sa législation interne l'oblige à soumettre la notification prévue aux paragraphes 2 et 3 à l'approbation de ses organes législatifs. Dans ce cas, l'adjonction à la liste prévue à l'annexe I ne prendra effet, en ce qui concerne cette partie, que lorsqu'elle aura informé le Secrétaire général du Conseil de l'Europe de l'obtention de cette approbation.

Art. 26 La présente Convention ne limite pas la compétence de l'État de résidence en matière de poursuite ou d'exécution que lui confère sa législation interne.

Art. 27 1. Si deux ou plusieurs Parties contractantes établissent leurs relations sur la base d'une législation uniforme ou d'un régime particulier de réciprocité, elles auront la faculté de régler leurs rapports mutuels en la matière en se fondant exclusivement sur ces systèmes, nonobstant les dispositions de la présente Convention.

2. Les Parties contractantes qui viendraient à exclure de leurs rapports mutuels l'application de la présente Convention, conformément aux dispositions du présent article, adresseront à cet effet une notification au Secrétaire général du Conseil de l'Europe.

Art. 28 Le Comité européen pour les problèmes criminels du Conseil de l'Europe suivra l'exécution de la présente Convention et facilitera autant que de besoin le règlement amiable de toute difficulté à laquelle l'exécution de la Convention donnerait lieu.

Art. 29 1. La présente Convention est ouverte à la signature des États membres du Conseil de l'Europe. Elle sera ratifiée ou acceptée. Les instruments de ratification ou d'acceptation seront déposés près le Secrétaire général du Conseil de l'Europe.

2. La Convention entrera en vigueur trois mois après la date du dépôt du troisième instrument de ratification ou d'acceptation.

3. Elle entrera en vigueur à l'égard de tout État signataire qui la ratifiera ou l'acceptera ultérieurement, trois mois après la date du dépôt de son instrument de ratification ou d'acceptation.

Art. 30 1. Après l'entrée en vigueur de la présente Convention, le Comité des Ministres du Conseil de l'Europe pourra inviter tout État non membre du Conseil à adhérer à la présente Convention.

2. L'adhésion s'effectuera par le dépôt, près le Secrétaire Général du Conseil de l'Europe, d'un instrument d'adhésion qui prendra effet trois mois après la date de son dépôt.

Art. 31 1. Toute partie contractante peut, au moment de la signature ou au moment du dépôt de son instrument de ratification, d'acceptation ou d'adhésion, désigner le ou les territoires auxquels s'appliquera la présente Convention.

2. Toute partie contractante peut, au moment du dépôt de son instrument de ratification, d'acceptation ou d'adhésion, ou à tout autre moment par la suite, étendre l'application de la présente Convention, par déclaration adressée au Secrétaire général du Conseil

de l'Europe, à tout autre territoire désigné dans la déclaration et dont elle assure les relations internationales ou pour lequel elle est habilitée à stipuler.

3. Toute déclaration faite en vertu du paragraphe précédent pourra être retirée, en ce qui concerne tout territoire désigné dans cette déclaration, aux conditions prévues par l'article 33 de la présente Convention.

Art. 32 1. Toute partie contractante peut, au moment de la signature ou au moment du dépôt de son instrument de ratification, d'acceptation ou d'adhésion, déclarer faire usage de l'une ou plusieurs réserves figurant à l'annexe II à la présente Convention.

2. Toute partie contractante peut retirer en tout ou en partie une réserve formulée par elle en vertu du paragraphe précédent, au moyen d'une déclaration adressée au Secrétaire général du Conseil de l'Europe et qui prendra effet à la date de sa réception.

3. La partie contractante qui a formulé une réserve au sujet d'une disposition de la présente Convention ne peut prétendre à l'application de cette disposition par une autre partie ; toutefois, elle peut, si la réserve est partielle ou conditionnelle, prétendre à l'application de cette disposition dans la mesure où elle l'a acceptée.

4. Toute partie contractante pourra, au moment de la signature de la présente Convention ou du dépôt de son instrument de ratification, d'acceptation ou d'adhésion, par notification adressée au Secrétaire général du Conseil de l'Europe, faire connaître qu'elle considère la ratification, l'acceptation ou l'adhésion comme entraînant l'obligation, conformément au droit international, de prendre dans l'ordre interne les dispositions nécessaires à la mise en œuvre de la présente Convention.

Art. 33 1. La présente Convention demeurera en vigueur sans limitation de durée.

2. Toute partie contractante pourra, en ce qui la concerne, dénoncer la présente Convention en adressant une notification au Secrétaire général du Conseil de l'Europe.

3. La dénonciation prendra effet six mois après la date de la réception de la notification par le Secrétaire général.

Art. 34 Le Secrétaire général du Conseil de l'Europe notifiera aux États membres du Conseil et à tout État ayant adhéré à la présente Convention :

a) Toute signature ;

b) Le dépôt de tout instrument de ratification, d'acceptation ou d'adhésion ;

c) Toute date d'entrée en vigueur de la présente Convention conformément à son article 29 ;

d) Toute déclaration et notification reçues en application des dispositions du paragraphe 4 de l'article 15, du paragraphe 2 de l'article 19, des paragraphes 2, 3, 4 et 5 de l'article 25, du paragraphe 2 de l'article 27 et du paragraphe 4 de l'article 32 ;

e) Toute déclaration reçue en application des dispositions des paragraphes 2 et 3 de l'article 31 ;

f) Toute réserve formulée en application des dispositions du paragraphe 1 de l'article 32 ;

g) Le retrait de toute réserve effectuée en application des dispositions du paragraphe 2 de l'article 32 ;

h) Toute notification reçue en application des dispositions de l'article 33 et la date à laquelle la dénonciation prendra effet.

Art. 35 La présente Convention et les déclarations et notifications qu'elle autorise ne s'appliqueront qu'aux infractions routières commises postérieurement à son entrée en vigueur entre les Parties contractantes intéressées.

ANNEXES

ANNEXE I

Fonds commun d'infractions routières

1. Homicide involontaire ou blessures involontaires causées dans le domaine de la circulation routière.

2. "Délit de fuite", c'est-à-dire violation des obligations incombant aux conducteurs de véhicules à la suite d'un accident de la circulation.

3. Conduite d'un véhicule par une personne :

a) En état d'ivresse ou sous l'influence de l'alcool ;

b) Sous l'influence de stupéfiants ou de produits ayant des effets analogues ;

c) Inapte par suite d'une fatigue excessive.

4. Conduite d'un véhicule à moteur non couvert par une assurance garantissant la responsabilité civile pour les dommages causés aux tiers du fait de l'emploi de ce véhicule.

5. Refus d'obtempérer aux injonctions d'un agent de l'autorité concernant la circulation routière.

6. Inobservation des règles concernant :

a) La vitesse des véhicules ;

b) La place des véhicules en mouvement et le sens de leur marche, le croisement, le dépassement, le changement de direction et le franchissement des passages à niveaux ;

c) La priorité de passage ;

d) Le privilège de circulation de certains véhicules tels que les véhicules de lutte contre l'incendie, les ambulances, les véhicules de police ;

e) L'inobservation des signaux et des marques sur le sol, notamment du signal « Stop » ;

f) Le stationnement et l'arrêt des véhicules ;

g) L'accès des véhicules ou de catégories de véhicules à certaines voies, notamment en raison de leur poids ou de leurs dimensions ;

h) L'équipement de sécurité des véhicules et de leur chargement ;

i) La signalisation des véhicules et de leur chargement ;

j) L'éclairage des véhicules et l'usage des feux ;

k) La charge et la capacité des véhicules ;

l) L'immatriculation des véhicules, la plaque d'immatriculation et le signe distinctif de nationalité.

7. Défaut d'habilitation légale du conducteur.

ANNEXE II

1. Chacune des Parties contractantes peut déclarer qu'elle se réserve de faire connaître :

a) Qu'elle n'accepte pas le titre III ou qu'elle l'accepte seulement en ce qui concerne certaines catégories de sanctions ou de mesures d'exécution ;

b) Qu'elle n'accepte pas l'article 6 ou qu'elle n'en accepte que certaines dispositions.

2. Chacune des Parties contractantes peut déclarer que, pour des raisons d'ordre constitutionnel, elle ne peut accueillir des demandes de poursuites que dans les cas qui seront précisés dans sa loi interne.

DÉCLARATION FAITE LORS DU DÉPÔT, PAR LA FRANCE, DE SON INSTRUMENT D'APPROBATION DE LA CONVENTION EUROPÉENNE POUR LA RÉPRESSION DES INFRACTIONS ROUTIÈRES

Le Gouvernement français confirme :

a) Qu'il fait usage de la réserve prévue par l'article 32, paragraphe 1, de la Convention et par son annexe II, permettant de ne pas accepter l'ensemble du titre III ("Exécution dans l'État de résidence") ;

b) Que, conformément à la faculté prévue par l'article 25, paragraphe 2, de la Convention, il convient d'exclure les infractions visées au paragraphe 4 et au paragraphe 6, alinéa *f*), de l'annexe I ("Fonds commun d'infractions routières") et de les remplacer par les libellés suivants :

— § 4. Inobservation des prescriptions instituant une obligation d'assurance de la responsabilité civile découlant de l'emploi des véhicules à moteur.

— § 6, alinéa *f*). Le stationnement et l'arrêt des véhicules, dans le cas seulement où il est estimé que ce stationnement ou cet arrêt représente un danger véritable pour la circulation.

Arrêté du 12 mars 1973,

Fixant la liste des services publics urbains de transport en commun de voyageurs, dont les agents peuvent être habilités à constater les seules infractions qui affectent, en agglomération, la circulation, le stationnement et l'arrêt des véhicules de ces services, en application de l'article R. 250-1 du code de la route [C. route, art. R. 130-4]. — Mod. par Arr. du 15 mai 1974 (D. et BLD 1974. 232), Arr. du 21 oct. 1974 (D. et BLD 1974. 349), Arr. du 22 juin 1976 (D. et BLD 1976. 305), Arr. du 21 janv. 1977 (D. et BLD 1977. 109), Arr. du 20 oct. 1977 (D. et BLD 1977. 473), Arr. du 24 avr. 1979 (D. et BLD 1979. 207), Arr. du 16 nov. 1979 (D. et BLD 1980. 10), Arr. du

30 janv. 1980 (D. et BLD 1980. 134), Arr. du 6 oct. 1981 (D. et BLD 1981. 353), Arr. du 4 nov. 1981 (D. et BLD 1981. 380), Arr. du 5 mars 1982 (D. et BLD 1982. 164), Arr. du 28 mai 1982 (D. et BLD 1982. 317), Arr. du 6 août 1982 (D. et BLD 1982. 420), Arr. du 11 oct. 1982 (D. et BLD 1982. 454), Arr. du 16 févr. 1983 (D. et ALD 1983. 157), Arr. du 5 mars 1984 (D. et ALD 1984. 254), Arr. du 24 févr. 1984 (D. et ALD 1984. 289), Arr. du 14 mars 1984 (D. et ALD 1984. 300), Arr. du 23 août 1984 (D. et ALD 1984. 527), Arr. du 21 févr. 1985 (D. et ALD 1985. 216), Arr. du 13 mai 1985 (D. et ALD 1985. 315), Arr. du 17 juin 1985 (D. et ALD 1985. 397), Arr. du 28 juin 1985 (D. et ALD 1985. 407), Arr. du 10 juill. 1985 (D. et ALD 1985. 459), Arr. du 1er août 1985 (D. et ALD 1985. 475), Arr. du 10 janv. 1986 (D. et ALD 1986. 228), Arr. du 6 févr. 1986 (D. et ALD 1986. 257), Arr. du 26 juin 1986 (D. et ALD 1986. 396), Arr. du 7 oct. 1986 (JO 22 nov.), Arr. du 5 janv. 1987 (D. et ALD 1987. 87), Arr. du 21 janv. 1987 (D. et ALD 1987. 120), Arr. du 30 janv. 1987 (D. et ALD 1987. 125), Arr. du 20 févr. 1987 (D. et ALD 1987. 143), Arr. du 10 mars 1987 (D. et ALD 1987. 160), Arr. du 28 avr. 1987 (D. et ALD 1987. 210), Arr. du 16 déc. 1987 (D. et ALD 1988. 62), Arr. du 14 avr. 1988 (D. et ALD 1988. 264), Arr. du 23 mars 1989 (D. et ALD 1989. 148), Arr. du 20 avr. 1989 (D. et ALD 1989. 163), Arr. du 26 avr. 1989 (D. et ALD 1989. 167), 2 Arr. du 25 juill. 1989 (D. et ALD 1989. 290), Arr. du 5 févr. 1990 (D. et ALD 1990. 149), Arr. du 6 mars 1990 (D. et ALD 1990. 183), Arr. du 9 avr. 1990 (JO 30 juin), Arr. 1er juill. 1991 (JO 24 juill.), Arr. 3 juill. 1991 (JO 18 juill.), Arr. du 22 août 1991 (JO 12 sept.), Arr. du 12 sept. 1991 (JO 26 sept.), Arr. du 20 sept. 1991 (JO 2 oct.), Arr. du 4 oct. 1991 (JO 20 oct.), Arr. du 26 avr. 1992 (JO 20 mai), Arr. du 10 févr. 1993 (JO 23 févr.), Arr. du 4 mars 1993 (JO 18 mars), Arr. du 12 mars 1993 (JO 26 mars), Arr. du 13 août 1993 (JO 25 août), Arr. du 8 et 13 sept. 1993 (JO 23 sept.), Arr. du 9 déc. 1993 (JO 22 déc.), 2 Arr. du 22 déc. 1993 (JO 4 et 5 janv. 1994), Arr. du 19 avr. 1994 (JO 11 mai), Arr. du 30 juin 1994 (JO 12 juill.), Arr. du 16 déc. 1994 (JO 3 janv. 1995), Arr. du 13 janv. 1995 (JO 1er févr.), 2 Arr. du 19 avr. 1995 (JO 3 mai), Arr. du 25 avr. 1995 (JO 5 mai), 6 Arr. du 8 août 1995 (JO 19 et 22 août), Arr. du 13 oct. 1995 (JO 24 oct.), Arr. du 16 oct. 1995 (JO 27 oct.), Arr. du 9 févr. 1996 (JO 23 févr.), Arr. du 15 mars 1996 (JO 29 mars), Arr. du 19 mars 1996 (JO 29 mars), Arr. du 28 mars 1997 (JO 9 avr.), Arr. du 23 déc. 1997 (JO 6 janv. 1998).

Loi n° 95-73 du 21 janvier 1995,

D'orientation et de programmation relative à la sécurité.

Art. 10 *Abrogé par Ord. n° 2012-351 du 12 mars 2012, art. 19-21°, à compter du 1er mai 2012.*
V. désormais CSI, art. L. 223-1, L. 223-4, L. 251-1 à L. 251-3, L. 251-7, L. 252-1 à L. 252-6, L. 253-1 à L. 253-5, L. 254-1, L. 255-1.

BIBL. ▶ DE LAJARTRE, *JCP 1996. I. 3955.*

Art. 10-1 *Abrogé par Ord. n° 2012-351 du 12 mars 2012, art. 19-21°, à compter du 1er mai 2012.*
V. désormais CSI, art. L. 223-2, L. 223-3, L. 223-5 à L. 223-9, L. 252-7.

Art. 10-2 *Abrogé par Ord. n° 2012-351 du 12 mars 2012, art. 19-21°, à compter du 1er mai 2012.*
V. désormais CSI, art. L. 251-5, L. 251-6.

....

Art. 14 *V. C. voirie rout., art. L. 117-1.*

Art. 15 **En vue de prévenir les infractions contre les véhicules et leurs équipements, l'installation sur ces biens de dispositifs de sécurité ou leur marquage, y compris par des procédés électroniques, peuvent être rendus obligatoires. Toutefois, cette obligation ne peut en aucun cas s'appliquer à des dispositifs ou procédés permettant de localiser à distance des véhicules non signalés comme volés.**

Les constructeurs et importateurs seront tenus d'y procéder sur les véhicules construits ou importés, à compter de l'entrée en vigueur du présent article, dans des conditions fixées par décret en Conseil d'État.

Le fait de détourner les dispositifs ou procédés de sécurité ou de marquage des véhicules pour localiser à distance des véhicules non volés est puni des peines prévues au VI de l'article 10 de la présente loi.

....

Art. 25-1 *Abrogé par Ord. nº 2012-351 du 12 mars 2012, art. 19-21°, à compter du 1er mai 2012.*

V. désormais CSI, art. L. 214-1.

Circulaire du 10 février 1998,

Relative à la déconcentration des décisions administratives individuelles. — Application de l'article R. 250-1 du code de la route [C. route, art. R. 130-4] 🏛.

Arrêté du 23 décembre 1999,

Relatif au paiement des amendes forfaitaires et amendes forfaitaires minorées afférentes aux contraventions du code de la route.

Art. 1er Les amendes forfaitaires et les amendes forfaitaires minorées afférentes aux contraventions au code de la route, à la réglementation des transports par route et au code des assurances concernant les infractions commises dans l'ensemble des départements métropolitains et d'outre-mer peuvent être acquittées au moyen d'un chèque libellé à l'ordre du Trésor public à compter du 1er janvier 2000.

Arrêté du 19 décembre 2001,

Pris pour l'application de l'article L. 121-4 du code de la route.

Art. 1er Le montant de la consignation prévue par l'article L. 121-4 du code de la route est fixé ainsi qu'il suit :

1° Si l'infraction est une contravention de police ;

— 11 € pour les contraventions de la 1re classe ;

— 35 € pour les contraventions de la 2e classe ;

— 68 € pour les contraventions de la 3e classe ;

— 135 € pour les contraventions de la 4e classe ;

— 750 € pour les contraventions de la 5e classe ;

2° Si l'infraction commise est un délit :

1 125 € à 2 250 € pour les délits punis d'une peine d'amende de 15 000 € au plus ;

2 250 € à 4 500 € pour les délits punis d'une peine d'amende de plus de 15 000 €.

Art. 2 En cas de concours réel de contraventions, il doit être versé autant de consignations qu'il y a d'infractions constatées et pour le taux applicable à chaque contravention.

En cas de concours réel de délits, une seule consignation doit être versée et pour le taux applicable au délit pour lequel l'amende encourue est la plus élevée.

Art. 3 L'arrêté du 11 août 1998 pris pour l'application de l'article L. 26 *[L. 121-4]* du code de la route est abrogé.

Art. 4 La date d'entrée en vigueur du présent arrêté est fixée au 1er janvier 2002.

Arrêté du 13 octobre 2004,

Portant création du système de contrôle automatisé.

Art. 1er Il est créé sous le contrôle et l'autorité du ministre de l'intérieur, de la sécurité intérieure et des libertés locales, sous l'appellation de système "contrôle automatisé" (CA), un traitement automatisé de données à caractère personnel dont les finalités sont les suivantes :

1° Constater, au moyen d'appareils de contrôle automatique homologués, les infractions *(Arr. du 15 oct. 2018, art. 1er)* « prévues à l'article R. 130-11 du code de la route » ;

(Arr. du 20 mai 2009) « 2° Procéder à l'enregistrement et à la conservation des données recueillies par l'agent verbalisateur au moyen d'appareils électroniques à l'occasion de la constatation des *(Arr. du 14 avr. 2020)* « infractions faisant l'objet d'une procédure d'amende forfaitaire » ;

« 3° » Gérer les opérations relatives à l'identification des conducteurs de véhicule *(Arr. du 20 mai 2009)* « , auteurs d'infraction » visées au 1° *(Arr. du 20 mai 2009)* « et au 2° » ;

(Arr. du 20 mai 2009) « 4° » Gérer les opérations nécessaires au traitement des infractions visées au 1° *(Arr. du 20 mai 2009)* « et au 2° » en vue de la notification des avis de

contravention (*Arr. du 15 oct. 2018, art. 1er, en vigueur le 1er nov. 2018*) « et des avis d'amende forfaitaire délictuelle » ;

(*Arr. du 15 oct. 2018, art. 1er, en vigueur le 1er nov. 2018*) « 5° Gérer les réponses des personnes destinataires d'un avis de contravention ou d'un avis d'amende forfaitaire délictuelle qui leur est notifié ; »

(*Arr. du 20 mai 2009*) « 6° » Faciliter la gestion du paiement des consignations, le recouvrement des amendes et le remboursement des consignations par les services compétents ;

(*Arr. du 20 mai 2009*) « 7° » Faciliter l'établissement des retraits de points par le service chargé de la gestion du système national des permis de conduire ;

(*Arr. du 20 mai 2009*) « 8° » Assurer la transmission des dossiers relatifs aux infractions visées au 1° (*Arr. du 20 mai 2009*) « et au 2° » aux tribunaux et autorités judiciaires compétents ;

(*Arr. du 20 mai 2009*) « 9° » Gérer le parc des appareils électroniques d'enregistrement.

Légalité de la transmission aux juridictions de proximité des données à caractère personnel traitées par le système de contrôle automatisé. La transmission aux juridictions de proximité, devenues compétentes pour juger les contraventions des quatre premières classes à compter du 1er avril 2005, des données à caractère personnel traitées par le système de contrôle automatisé autorisé par l'Arr. du 13 octobre 2004 ne constitue pas, au regard de l'art. 30 de la L. du 6 janvier 1978 modifiée relative à l'informatique, aux fichiers et aux libertés, un changement affectant les finalités du traitement ou les catégories de destinataires habilitées à recevoir communication des données. Il résulte en effet de l'art. 1er de l'arrêté précité que constitue l'une des finalités du traitement la transmission des dossiers relatifs aux infractions à la réglementation sur les vitesses maximales autorisées aux tribunaux et autorités judiciaires compétents et de son art. 4 que les autorités judiciaires peuvent être destinataires de ces données. • Crim. 7 avr. 2009, n° 08-86.492 P : *D. 2009. AJ 1419 ; AJ pénal 2009. 311, obs. Céré ; Dr. pénal 2009. Comm. n° 96, note Robert ; ibid. Chron. 11, obs. Lepage ; CCE 2009. Comm. n° 92, note Lepage.*

Art. 2 (*Arr. du 20 mai 2009*) Le traitement automatisé est exploité par le Centre national de traitement dont les services sont situés à Rennes et qui est placé sous la responsabilité du ministre de l'intérieur.

Conformément aux dispositions du code de procédure pénale et du code de la route, le procureur de la République près le tribunal judiciaire de Rennes a seul qualité pour diriger l'activité de police judiciaire des agents et officiers de police judiciaire du Centre national de traitement.

Il a également seul qualité pour mettre en œuvre l'action publique, directement ou par l'intermédiaire de l'officier du ministère public agissant sous son autorité, notamment dans l'appréciation de la recevabilité des requêtes et réclamations, prévues par (*Arr. du 15 oct. 2018, art. 2, en vigueur le 1er nov. 2018*) « les articles 495-20 et 529-10 » du code de procédure pénale, et dans l'appréciation des suites devant leur être réservées, en application (*Arr. du 15 oct. 2018, art. 2, en vigueur le 1er nov. 2018*) « des articles 495-21 et 530-1 » de ce code.

Le Centre national de traitement est désigné en tant qu'organisme centralisateur au sens de l'article 39-3 de la convention d'application de l'accord de Schengen susvisée.

Art. 2-1 (*Arr. du 22 août 2013*) I. — Pour la constatation des infractions à la réglementation sur les vitesses maximales autorisées en application des dispositions du quatrième alinéa de l'article L. 130-9 du code de la route, un appareil opère un contrôle automatique en deux points distants d'une même voie de circulation et collecte les données suivantes :

— clichés concernant le véhicule et ses passagers ;
— lieu, date et heure des clichés ;
— voie de circulation du véhicule ;
— numéro d'immatriculation du véhicule.

II. — Au moyen des données collectées, la vitesse moyenne du véhicule entre les deux points est calculée et comparée à la vitesse maximale autorisée.

III. — Lorsqu'aucune infraction à la vitesse maximale autorisée n'est constatée, les données collectées et la vitesse moyenne calculée correspondante sont supprimées dès que possible, dans le délai maximum de vingt-quatre heures.

Lorsqu'une infraction à la vitesse maximale autorisée est constatée, les données collectées et la vitesse moyenne calculée correspondante sont transmises au système de contrôle automatisé pour être enregistrées dans les conditions fixées à l'article 3.

Art. 3 *(Arr. du 14 avr. 2020)* « I. — » Sont enregistrées dans le système contrôle automatisé les catégories de données suivantes :

(Arr. du 14 avr. 2020) « 1° Pour les infractions relatives à la circulation routière : »

— numéro d'identification unique de l'infraction ;

— clichés concernant le véhicule et ses passagers relatifs aux infractions visées à l'article 1er (1°) ;

— *(Arr. du 20 mai 2009)* « données relatives à l'infraction : nature de l'infraction, lieu, date et heure, voie contrôlée, moyens de constatation, identifiant et nom, corps et unité ou service d'affectation des agents verbalisateurs ;

— « identification du véhicule : catégorie et numéro d'immatriculation du véhicule ayant servi à *(Arr. du 22 août 2013)* « commettre » l'infraction ; »

— identification du titulaire du certificat d'immatriculation *(Arr. du 22 août 2013)* « du véhicule ayant servi à commettre l'infraction » : état civil : nom, nom d'usage, prénoms, date et lieu de naissance, nationalité, *(Arr. du 30 oct. 2015)* « adresses postale et électronique » ;

— identification du conducteur *(Arr. du 22 août 2013)* « du véhicule ayant servi à commettre l'infraction » : état civil : nom, nom d'usage, prénoms, date et lieu de naissance, nationalité, *(Arr. du 30 oct. 2015 ; Arr. du 15 oct. 2018, art. 3)* « adresses postale et électronique, filiation lorsque ce renseignement est nécessaire à l'identification de l'intéressé, notamment en cas d'homonymes, ou lorsque l'intéressé est né à l'étranger » ;

(Arr. du 14 avr. 2020) « — nom ou raison sociale de la personne morale, numéro SIREN, adresse du siège social ; »

— *(Arr. du 20 mai 2009)* « catégorie et numéro de permis de conduire du conducteur du véhicule *(Arr. du 22 août 2013)* « ayant servi à commettre l'infraction » ; »

— montant de l'amende, nature ;

— informations relatives au paiement des amendes et des consignations par les débiteurs ;

— informations relatives au retrait de points correspondant à l'infraction ;

(Arr. du 15 oct. 2018, art. 3, en vigueur le 1er nov. 2018) « — informations relatives aux requêtes en exonération et aux réclamations présentées par les intéressés en application des articles 495-18 à 495-20 et 529-10 du code de procédure pénale ; »

— statut des décisions rendues par les juridictions compétentes aux fins de permettre le remboursement de la consignation par les services compétents et de clôturer le dossier d'infraction.

(Arr. du 14 avr. 2020) « 2° Pour les autres infractions faisant l'objet d'une procédure d'amende forfaitaire :

« — numéro d'identification unique de l'infraction ;

« — données relatives à l'infraction : nature de l'infraction, lieu, date et heure, identifiant et nom, corps et unité ou service d'affectation des agents verbalisateurs ;

« — identification de la personne physique ou morale auteur de l'infraction :

« — état civil : nom, nom d'usage, prénoms, date et lieu de naissance, nationalité, adresses postale et électronique, filiation lorsque ce renseignement est nécessaire à l'identification de l'intéressé, notamment en cas d'homonymes, ou lorsque l'intéressé est né à l'étranger ;

« — nom ou raison sociale de la personne morale, numéro SIREN, adresse du siège social ;

« — montant de l'amende, nature ;

« — informations relatives au paiement des amendes et des consignations par les débiteurs ;

« — informations relatives aux requêtes en exonération et aux réclamations présentées par les intéressés en application des articles 495-18 à 495-20 du code de procédure pénale. »

« II. — » En tant que de besoin, le système contrôle automatisé peut également enregistrer des données communiquées par des États qui présentent un niveau de protection suffisant de la vie privée et des libertés et droits fondamentaux des personnes à l'égard du traitement dont ces données font l'objet ou peuvent faire l'objet.

(Arr. du 14 avr. 2020) « III. — Les données à caractère personnel et informations mentionnées au I et au II sont conservées pour une durée qui ne peut excéder :

« — dix ans pour les délits ;

« — dix ans pour les contraventions prévues par le code de la route ;

« – cinq ans pour les autres contraventions. »

(Arr. du 15 nov. 2023) « Ces délais s'appliquent sans préjudice de la possibilité pour le contrevenant ou le mis en cause de demander au procureur de la République territorialement compétent d'ordonner l'effacement des données le concernant lorsque la procédure le concernant a donné lieu à une décision définitive de relaxe, de classement sans suite ou, lorsqu'il s'agit d'infractions relatives à la circulation routière, qu'il a récupéré le nombre de points ayant été retirés de son permis de conduire. »

Effacement des données. L'extension du champ d'application de l'Arr. du 13 oct. 2004 à l'ensemble des infractions non routières faisant l'objet d'une amende forfaitaire relevées au moyen d'appareils électroniques permettant l'établissement d'un procès-verbal électronique par un Arr. du 14 avr. 2020, a été contestée devant le Conseil d'État qui a jugé qu'eu égard aux finalités du système de contrôle automatisé, qui a pour objet de centraliser les opérations d'identification, de gestion et de suivi des infractions routières et non routières faisant l'objet d'une amende forfaitaire, la limitation du droit à demander l'effacement des données aux seules personnes ayant bénéficié d'une décision définitive de relaxe, à l'exclusion de celles pour lesquelles la procédure a été classée sans suite, portait une atteinte disproportionnée aux droits de ces dernières. Il a en conséquence annulé le dernier al. de l'art. 2 de l'Arr. du 14 avr. 2020, modifiant le III de l'art. 3 de l'Arr. du 13 oct. 2004, en tant qu'il ne prévoit pas la possibilité pour les personnes mises en cause dans une procédure classée sans suite de demander au procureur de la République l'effacement des données les concernant du fichier « système de contrôle automatisé » pour des infractions autres que routières, seules en cause dans le litige qui lui était soumis. • CE 24 sept. 2021, n° 441317 : *AJDA 2022. 24*. ♦ Les dispositions du dernier al. de l'art. 3 de l'Arr. du 13 oct. 2004 ont en conséquence été remplacées par un Arr. du 15 nov. 2023 par des dispositions incluant le cas des procédures classées sans suite pour les infractions autres que routières.

Art. 4 *(Arr. du 14 avr. 2020)* I. – Pour les infractions relatives à la circulation routière :

1° Ont accès à tout ou partie des données à caractère personnel et informations mentionnées à l'article 3, à raison de leurs attributions et dans la limite du besoin d'en connaître :

– les personnels du Centre national de traitement et de l'Agence nationale de traitement automatisé des infractions pour l'exercice de leur compétence ;

– les autorités judiciaires ;

– les officiers ou agents de police judiciaire, dans l'exercice des missions définies à l'article 14 du code de procédure pénale ;

– les militaires de la gendarmerie nationale ou les fonctionnaires de la police nationale habilités à effectuer des contrôles routiers, en application des dispositions du code de la route et du code de procédure pénale ;

– les agents de police judiciaire adjoints et les gardes champêtres ;

– les fonctionnaires habilités à constater des infractions au code de la route.

2° Sont destinataires de tout ou partie des données à caractère personnel et informations mentionnées à l'article 3 :

– la personne physique ou morale mise en cause, son avocat ou son mandataire ;

– les sociétés ayant pour activité la location de véhicules, uniquement en ce qui concerne les éléments d'identification du véhicule ;

– les sociétés, établissements ou administration mettant des véhicules à disposition de leurs collaborateurs ou clients et ayant signé une convention avec le Centre national de traitement, uniquement en ce qui concerne les éléments d'identification du véhicule ;

– les officiers ou agents de police judiciaire, les agents de police judiciaire adjoints, les fonctionnaires et agents auxquels sont attribuées par la loi certaines fonctions de police judiciaire, dans la limite de leurs habilitations légales ;

– les préfets pour l'exercice de leurs compétences en matière de circulation des véhicules ;

– les agents des services centraux placés sous l'autorité du ministre de l'intérieur chargés de l'application des dispositions de l'article L. 225-1 du code de la route ;

– les agents des services de la direction générale des finances publiques compétents pour le recouvrement des amendes dans la limite de leurs habilitations légales.

Les données conservées dans le traitement peuvent être transmises à des organismes de coopération internationale en matière de police judiciaire ou des services de police étrangers répondant aux conditions prévues au II de l'article 3 ainsi qu'aux autorités étrangères avec lesquelles il existe un accord d'échange d'informations relatives à l'identification du titulaire du certificat d'immatriculation.

II. – Pour les autres infractions faisant l'objet d'une procédure d'amende forfaitaire :

1° Ont accès à tout ou partie des données à caractère personnel et informations mentionnées à l'article 3, à raison de leurs attributions et dans la limite du besoin d'en connaître :

– les personnels du Centre national de traitement et de l'Agence nationale de traitement automatisé des infractions pour l'exercice de leur compétence ;

– les autorités judiciaires ;

– les militaires de la gendarmerie nationale ou les fonctionnaires de la police nationale pour le traitement des infractions et l'exercice des prérogatives qui leur sont fixées par les dispositions du code de procédure pénale ;

– les officiers ou agents de police judiciaire, les agents de police judiciaire adjoints, les fonctionnaires et agents auxquels sont attribuées par la loi certaines fonctions de police judiciaire, dans la limite de leurs habilitations légales ;

2° Sont destinataires de tout ou partie des données à caractère personnel et informations mentionnées à l'article 3 :

– la personne physique ou morale mise en cause, son avocat ou son mandataire ;

– les agents des services de la direction générale des finances publiques compétents pour le recouvrement des amendes dans la limite de leurs habilitations légales.

Les données conservées dans le traitement peuvent être transmises à des organismes de coopération internationale en matière de police judiciaire ou des services de police étrangers répondant aux conditions prévues au II de l'article 3.

Art. 5 Dans le cadre des finalités prévues à l'article 1er et sous réserve du respect des dispositions de l'article 4, le présent traitement peut faire l'objet d'interconnexion, mise en relation ou rapprochement avec :

– le fichier national des immatriculations ;

– le système national des permis de conduire ;

– le traitement automatisé de suivi du recouvrement des amendes et des condamnations pécuniaires ;

– les traitements relatifs à la gestion des contrats de location et des véhicules loués mis en œuvre par les sociétés ayant pour activité la location de véhicules, dans les conditions prévues par une convention signée avec le Centre national de traitement du contrôle automatisé ;

– les traitements relatifs à la gestion du parc automobile mis en œuvre par les sociétés ou établissements mettant des véhicules à disposition de leurs collaborateurs ou clients, dans les conditions prévues par une convention signée avec le Centre national de traitement du contrôle automatisé ;

– les systèmes de télépaiement des amendes mis en œuvre par les services compétents *(Arr. du 22 août 2013)* « de la direction générale des finances publiques » ;

(Arr. du 15 oct. 2018, art. 4, en vigueur le 1er nov. 2018) « – le traitement automatisé relatif au traitement des ordonnances pénales et des jugements devant les tribunaux de police dénommé "Minos" ;

« – le traitement automatisé relatif aux procédures judiciaires au sein des tribunaux judiciaires dénommé "Cassiopée" ;

« – le traitement dénommé "numérisation des procédures pénales" ; »

(Arr. du 20 mai 2009) « – l'application de gestion centrale ;

« – le système d'immatriculation des véhicules ;

« – la base satellite des véhicules volés ; »

(Arr. du 15 oct. 2018, art. 4, en vigueur le 1er nov. 2018) « – le traitement d'antécédents judiciaires ; »

(Arr. du 3 sept. 2019) « – le fichier des véhicules terrestres à moteur assurés. »

Art. 6 *(Arr. du 15 oct. 2018, art. 5)* « Les droits d'information, d'accès, de rectification *(Arr. du 3 sept. 2019)* « , d'effacement et à la limitation » prévus aux articles *(Arr. du 3 sept. 2019)* « **104 à 106** » de la loi du 6 janvier 1978 s'exercent directement auprès du Centre national de traitement du contrôle automatisé. »

Le droit d'accès au cliché pris par les appareils de contrôle automatique des infractions visées à l'article 1er (1°) s'effectue, par envoi, par courrier simple et à la demande expresse du titulaire du droit d'accès, sous le contrôle d'un officier ou agent de police judiciaire.

La rectification des informations nominatives figurant sur le cliché pris par les appareils de contrôle automatique des infractions visées à l'article 1er (1°) peut être ordonnée par décision définitive des tribunaux compétents.

Art. 7 Le droit d'opposition prévu par l'article *(Arr. du 3 sept. 2019)* « 110 » de la loi du 6 janvier 1978 susvisée ne s'applique pas au présent traitement.

V. Décr. n° 2004-1086 du 14 oct. 2004 portant création et organisation du centre automatisé de constatation des infractions routières (CACIR) (JO 15 oct.).

Sur les modalités de mise en œuvre du traitement des données à caractère personnel relatif à la gestion du contentieux lié au recouvrement des contraventions au code de la route et à l'identification des conducteurs dans le cadre du système de contrôle automatisé des infractions au code de la route (données traitées, durée de conservation, destinataires des informations, droit d'accès), V. Délib. CNIL n° 2006-188 du 6 juill. 2006 (décision d'autorisation unique n° AU-010), (JO 4 août).

Art. 7-1 *(Arr. du 15 oct. 2018, art. 6)* Les opérations de collecte, de modification, de consultation, de communication et d'effacement des données à caractère personnel et informations font l'objet d'un enregistrement comprenant l'identifiant de l'auteur, la date, l'heure et la nature de l'opération. Ces informations sont conservées pendant un an.

Arrêté du 6 décembre 2007,

Modèle type de dispositif de contrôle de la durée du stationnement urbain.

Art. 1er Le dispositif prévu à l'article R. 417-3 du code de la route permettant d'assurer le contrôle de la durée du stationnement urbain doit être conforme au modèle type reproduit en annexe.

Art. 2 Ce dispositif présente les caractéristiques suivantes :

I. — Il est constitué de deux plaques rigides, dites recto et verso, de forme carrée et de même surface entre lesquelles est inséré un disque gradué réalisé dans la même matière. Ces éléments sont assemblés de telle sorte que le disque puisse pivoter autour d'un axe central commun, sans qu'aucune des plaques ne puisse se déplacer.

II. — Les formes, dimensions, dispositions et caractéristiques de chacune des parties du dispositif doivent être conformes aux dessins annexés au présent arrêté.

III. — Le recto doit comporter dans la partie centrale en bas une ouverture en forme de cadran laissant apparaître au moins trois des graduations du disque.

IV. — Le disque est gradué en heures, demi-heures et en tranches horaires de 10 minutes. Les chiffres et graduations sont de couleur très foncée sur un fond de couleur claire.

V. — Le recto doit comporter, à l'exclusion de toute autre et du haut vers le bas, les indications suivantes en une couleur claire sur un fond très foncé :

1° En partie supérieure, la reproduction du panneau de signalisation routière *C1 a* tel que défini par l'arrêté du 24 novembre 1967 susvisé ;

2° En dessous, la mention "heure d'arrivée" ;

3° Au centre du disque et au-dessus de l'ouverture, une flèche verticale désignant l'heure d'arrivée du véhicule sur l'emplacement de son stationnement.

VI. — Le verso peut comporter tout signe, inscription, image ou dessin pourvu qu'ils ne soient pas contraires à l'ordre public et aux dispositions législatives et réglementaires en vigueur.

Art. 2 *bis* *(Arr. du 30 avr. 2018)* Les dispositifs de contrôle de la durée du stationnement urbain commercialisés dans un autre État membre de l'Union européenne qui comportent un cadran gradué permettant de déterminer l'heure d'arrivée sont réputés conformes au modèle type prévu à l'article 1er.

Art. 3 Les dispositifs de contrôle de la durée du stationnement urbain conformes à l'arrêté du 29 février 1960 susvisé peuvent être utilisés jusqu'au 31 décembre 2011.

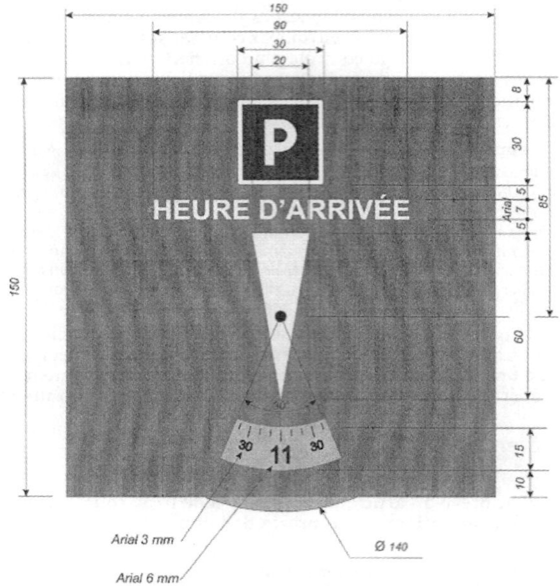
150
90
30
20
8
30
5
Arial 7
5
85
150
60
15
10
HEURE D'ARRIVÉE
P
30
11
30
Arial 3 mm
Arial 6 mm
Ø 140

P
HEURE D'ARRIVÉE
30
11
30

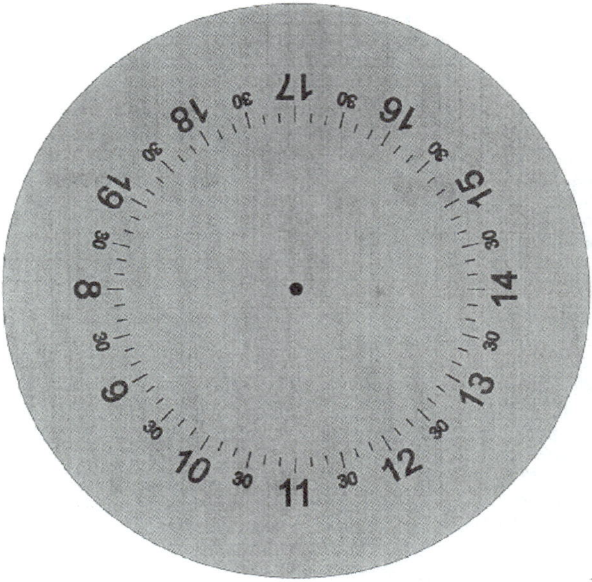

Arrêté du 2 décembre 2010,

Autorisant la mise en œuvre d'un traitement automatisé d'information à caractère personnel pour la gestion des amendes forfaitaires et des consignations dénommé « Gestion des amendes forfaitaires des unités élémentaires de la gendarmerie départementale et des gendarmeries spécialisés ».

Art. 1er Le ministère de l'intérieur, de l'outre-mer, des collectivités territoriales et de l'immigration (direction générale de la gendarmerie nationale) est autorisé à mettre en œuvre un traitement automatisé de données à caractère personnel dénommé "Gestion des amendes forfaitaires et des consignations des unités", dont la finalité est d'assurer la gestion et le suivi des formules d'amendes forfaitaires et des consignations traitées par les unités élémentaires de la gendarmerie nationale dans le cadre de sa mission de sécurité publique.

Art. 2 Les catégories de données à caractère personnel enregistrées sont les suivantes :

I. – Pour le personnel verbalisateur : grade, nom, prénom et numéro d'identification gendarmerie (NIGEND).

II. – Pour la personne verbalisée :

a) De manière obligatoire :

Sexe, nom, prénom, nom marital, adresse complète de résidence, numéro du permis de conduire ou numéro d'immatriculation du véhicule ;

b) De manière facultative :

Date de naissance, commune de naissance, nationalité.

Pour les personnes verbalisées, sont en outre recueillies les informations relatives au code NATINF, à la date et au lieu de l'infraction.

Art. 3 Les données mentionnées au I de l'article 2 sont conservées trois ans à compter de leur enregistrement.

Celles mentionnées au II du même article sont conservées cent jours à compter de leur enregistrement.

Art. 4 Peuvent seuls accéder aux données contenues dans le traitement les militaires des unités de gendarmerie individuellement désignés et spécialement habilités.

Les officiers du ministère public peuvent en outre avoir communication de tout ou partie de ces données dans le cadre de leurs attributions.

Art. 5 Les consultations du traitement font l'objet d'un enregistrement comprenant l'identifiant du consultant, la date et l'heure de la consultation.

Art. 6 Les droits d'accès et de rectification prévus par les articles 39 et suivants de la loi du 6 janvier 1978 susvisée s'exercent auprès du commandant de groupement de gendarmerie départementale ou de la gendarmerie spécialisée dont relève l'unité concernée.

Le droit d'opposition prévu au titre de l'article 38 de la loi n° 78-17 du 6 janvier 1978 ne s'applique pas au présent traitement.

PERMIS DE CONDUIRE

Arrêté du 31 décembre 1974,

Relatif à la détermination de la puissance des véhicules automobiles électriques.

Art. 1er Pour l'application de l'article R. 126 (1°) *[R. 221-15]* du code de la route, la valeur à retenir pour la puissance d'un véhicule automobile électrique est celle de la puissance de référence définie et mesurée conformément aux dispositions du cahier des charges annexé au présent arrêté. — *V. cette annexe au JO 15 janv. 1975.*

Art. 2 Le laboratoire de l'union technique de l'automobile, du motocycle et du cycle, autodrome de Linas-Montlhéry, 91310 Montlhéry, est agréé pour procéder à la mesure de cette puissance.

Art. 3 Les essais sont à la charge du demandeur.

Arrêté du 29 juin 1992,

Portant création du Système national des permis de conduire.

Art. 1er Sous l'appellation de Système national des permis de conduire, il est créé dans les services de l'État, sous l'autorité et le contrôle du ministre de l'intérieur et de la sécurité publique, un traitement automatisé d'informations nominatives relatives aux permis de conduire un véhicule terrestre à moteur.

Art. 2 Le Système national des permis de conduire comprend des données centrales et des données locales.

Art. 3 Sont enregistrées comme données centrales les catégories d'informations ci-après, concernant les titulaires d'un permis de conduire considéré comme valable sur le territoire national, ainsi que les demandeurs de catégories de permis de conduire et les personnes ayant fait l'objet d'une décision d'annulation ou d'une mesure d'interdiction de se voir délivrer un permis de conduire :

I. — Dans tous les cas :

1° État civil : nom, nom d'usage, prénoms, *(Arr. du 27 août 2013)* « sexe, » date et lieu de naissance ;

2° Adresse *(Arr. du 28 mars 2017, art. 1er-1°)* « postale » ;

3° Numéro de dossier ;

(Arr. du 27 août 2013) « 4° Les images numérisées de la photographie et de la signature du demandeur *(Arr. du 28 mars 2017, art. 1er-2°)* « ainsi que les images numérisées des pièces nécessaires à l'accomplissement des démarches administratives requises pour chaque catégorie de permis de conduire prévues par un texte législatif ou réglementaire » ;

« 5° Les pièces justificatives d'identité et de domicile ;

« 6° La date de validité du titre délivré. »

II. — Selon les cas :

1° Les conditions restrictives imposées au conducteur ou au demandeur ;

2° Le numéro du dernier titre délivré ; *(Arr. du 18 mai 2018, art. 2)* « le numéro, la date et le lieu d'obtention du permis international ; » la délivrance de duplicata ;

3° Les informations relatives aux catégories de permis de conduire demandées ou obtenues ; le mode d'obtention, les dates limites de validité ;

4° L'état de validité de chaque catégorie ; la ou les causes d'invalidité ;

5° L'état de validité du permis ; la ou les causes d'invalidité ;

6° La déclaration de perte ou de vol du titre ; la découverte du titre perdu ou volé ;

7° L'échange du titre à l'étranger : la mention que le titre échangé est faux ou falsifié ; la restitution de titre étranger ;

8° Les décisions administratives, dûment notifiées, portant retrait de catégories et de titres obtenus irrégulièrement ou frauduleusement ;

9° Les références du document présenté pour l'obtention d'un permis : permis étranger ou d'outre-mer, diplôme ou certificat professionnel, brevet militaire ;

10° Les décisions administratives, dûment notifiées, prises sur avis de la commission médicale compétente, en application des articles *(Arr. du 27 août 2013)* « **R. 221-10** à **R. 221-14** et **R. 221-19** » du code de la route, et portant restriction, maintien ou prorogation d'une ou plusieurs catégories du permis de conduire ;

11° Les mesures dûment notifiées, en tant qu'elles portent avertissement, rétention, suspension ou interdiction de délivrance du permis de conduire prises conformément aux articles *(Arr. du 27 août 2013)* « **L. 224-1** à **L. 224-4**, **L. 224-6** à **L. 224-10** et **R. 224-6** à **R. 224-19** » du code de la route, ainsi que les renseignements relatifs à la notification et à l'exécution de ces mesures ;

12° Les mesures de retrait du droit de faire usage du permis de conduire qui seraient communiquées par les autorités compétentes des territoires et collectivités territoriales d'outre-mer ;

13° Les mesures de retrait du droit de faire usage du permis de conduire prises par les autorités étrangères et communiquées aux autorités françaises conformément aux accords internationaux en vigueur ;

14° Les procès-verbaux des infractions mentionnées à l'article *(Arr. du 27 août 2013)* « **L. 223-1**, **L. 223-5**, **L. 223-8**, **L. 224-16** à **L. 224-18**, **L. 224-5**, **L. 231-3**, **L. 232-1**, **L. 233-1** et **L. 233-2**, **L. 234-1**, **L. 234-10**, **L. 234-8**, **L. 235-1**, **L. 317-2**, **L. 317-3** et **L. 317-4**, **L. 412-1** et **L. 413-1** » du code de la route ayant donné lieu au paiement d'une amende forfaitaire ou à l'émission d'un titre exécutoire de l'amende forfaitaire majorée ;

15° Les décisions judiciaires à caractère définitif en tant qu'elles portent restriction de validité, suspension, annulation et interdiction de délivrance d'un permis de conduire, ou qu'elles emportent réduction du nombre de points du permis de conduire, ainsi que les renseignements relatifs à l'exécution de ces décisions ;

16° Le décompte de points du permis de conduire ;

17° Les références des documents constatant l'exécution d'une formation spécifique par les conducteurs entraînant attribution de points du permis de conduire en application de l'article *(Arr. du 27 août 2013)* « **L. 223-6** » du code de la route ;

18° Les décisions rapportant, modifiant ou annulant les mesures précédentes ;

(Abrogé par Arr. du 13 nov. 2023) (Arr. du 27 juin 2007) ***« 19° Le code confidentiel sécurisé permettant au titulaire du dossier de permis de conduire de consulter le solde de points affectés à son permis de conduire via le téléservice dénommé "Télépoints"*** *(Arr. du 24 mars 2021, art. 6)* ***« et les clés de fédérations ou "alias" générés par le système FranceConnect à la connexion de l'usager » ; »***

(Arr. du 18 mai 2018, art. 2) « **19° *bis*** » *(Arr. du 20 avr. 2016, art. 4-1°)* « Le numéro de *(Arr. du 28 mars 2017, art. 1er-3°)* « demande » ; » — *Le numéro de prédemande [rédaction antérieure du présent al.] est conservé pendant une durée de cinq ans à compter de la date de l'entrée en vigueur de l'Arr. du 28 mars 2017 (Arr. préc., art. 10-I, JO 1er avr.).*

(Arr. du 28 mars 2017, art. 1er-4°) « 20° Numéro de téléphone portable ;

« 21° Adresse électronique ;

« 22° Nationalité ;

« 23° Motif de la demande ;

« 24° Département du lieu de sa résidence ;

« 25° Numéro de timbre électronique ;

« 26° Certificat d'examen du permis de conduire (CEPC) ;

« 27° Numéro d'agrément des établissements d'enseignement de la conduite automobile, mandatés par l'usager au sens du 6° de l'article **R. 213-3** du code de la route ;

« 28° Numéro d'identification des centres de formation professionnelles, mandatés par l'usager ;

« 29° Données relatives aux modalités d'apprentissage de la conduite ;

« 30° Données relatives à l'aptitude médicale à la conduite ;

« 31° Données relatives à la maîtrise de la langue française ;

« 32° Le cas échéant, les noms, prénoms, date de naissance et adresse du représentant légal ;

« 33° Expression du consentement pour la réutilisation ou non des données personnelles. »

Art. 3-1 *(Arr. du 28 mars 2017, art. 2)* I. — Lorsque l'usager a validé sa demande de permis de conduire, les données à caractère personnel et informations prévues à l'article 2 de l'arrêté du 20 avril 2016 autorisant la création d'un système de téléservices destinés à la prédemande et à la demande de titres officiels sont transmises au présent traitement pour recueillir les demandes de titres et pour procéder à leur instruction aux fins de production et d'acheminement.

II. — Les données à caractère personnel et informations mentionnées aux 19° à 33° du II de l'article 3 sont conservées pendant cinq ans à compter de la date de validation de la demande.

Art. 4 Sont enregistrées comme données locales les catégories d'informations ci-après, relatives à l'élaboration des informations et décisions énumérées à l'article *(Arr. du 27 août 2013)* « R. 225-3 » du code de la route :

1° Répartition des places d'examen du permis de conduire ;

2° Organisation et fonctionnement des commissions médicales et des commissions spéciales dites "de suspension du permis de conduire" : nom, prénom, adresse des membres, organismes représentés, qualité de délégué permanent de la commission de suspension ;

3° Procès-verbaux d'infractions susceptibles d'entraîner la saisine de la commission spéciale, mentionnée à l'article *(Arr. du 27 août 2013)* « L. 224-8 » du code de la route, donnant son avis sur les mesures de restriction du droit de conduire ;

4° Avis des commissions médicales sur l'aptitude des candidats et des conducteurs, à l'exclusion de tout renseignement de caractère médical confidentiel ;

5° Projets de décisions préfectorales.

Art. 4-1 *(Abrogé par Arr. du 24 mai 2018) (Arr. du 27 août 2013) Les agents de l'Agence nationale des titres sécurisés individuellement désignés et spécialement habilités ont accès, dans la limite de leurs attributions, aux données du présent traitement nécessaires à la délivrance des permis de conduire.*

Art. 5 *(Arr. du 24 mai 2018)* I. — Peuvent avoir accès aux données à caractère personnel et informations mentionnées à l'article 3, dans le cadre de leurs attributions et dans la limite du besoin d'en connaître :

1° Les autorités et personnes mentionnées à l'article R. 225-4 et au I de l'article R. 225-5 du code de la route, individuellement désignées et habilitées par leur responsable hiérarchique ;

2° Les agents de la direction des libertés publiques et des affaires juridiques chargés du contentieux des permis de conduire, individuellement désignés et habilités par leur directeur ;

3° Les personnels de l'Agence nationale des titres sécurisés, individuellement désignés et habilités par leur directeur.

II. — Les informations locales mentionnées à l'article 4 ne sont accessibles qu'à l'autorité préfectorale qui les a enregistrées.

Art. 6 *(Arr. du 24 mai 2018)* Sont destinataires des données à caractère personnel et informations mentionnées à l'article 3, les autorités et personnes mentionnées au II de l'article R. 225-5 et à l'article R. 225-6 du code de la route dans les conditions prévues à ces articles.

Art. 7 *(Arr. du 24 mai 2018)* I. — Pour les personnes résidant à l'étranger, la demande de communication de ces informations est adressée par voie postale ou par messagerie électronique à l'agent diplomatique ou au consul compétent.

Cette demande doit comporter l'état civil complet du conducteur et le numéro et la date de délivrance de son titre de conduite ainsi que l'indication de l'autorité qui l'a délivré.

Elle est accompagnée d'une photocopie recto-verso de la pièce d'identité du conducteur et de son permis de conduire et, le cas échéant, d'une photocopie recto-verso du justificatif du droit au séjour dans l'État d'accueil lorsque le demandeur est établi dans un État tiers ainsi que les coordonnées exactes et l'adresse électronique de l'autorité étrangère saisie pour l'échange du permis.

II. — Dans le cadre du dispositif d'échange de permis de conduire, lorsque le titulaire du permis de conduire réside dans un État membre de l'Union européenne ou dans un État partie à l'accord sur l'Espace économique européen, ces informations sont communiquées uniquement sur sollicitation de l'État membre d'accueil, via le réseau des permis de conduire de l'Union européenne "RESPER".

Art. 8 *(Arr. du 2 déc. 2003)* « Le présent fichier peut être *(Arr. du 13 nov. 2023)* « interconnecté », dans les conditions prévues par l'article L. 225-1 du code de la route, par le traitement d'informations nominatives dénommé "Système contrôle sanction automatisé" ».

(Arr. du 31 janv. 2006) « Le présent fichier peut être interconnecté, dans les conditions prévues par l'article L. 225-1 du code de la route, avec le traitement d'informations nominatives dénommé "*(Arr. du 13 nov. 2023)* « RdvPermis »".

(Arr. du 13 nov. 2023) « Le présent fichier peut être interconnecté, dans les conditions prévues par l'article L. 225-5, avec le traitement d'information adressé aux entreprises exerçant une activité de transport public routier de voyageurs ou de marchandises.

« Le présent fichier peut être interconnecté avec le service de garantie de l'identité numérique. »

« Il peut également être interconnecté, dans les conditions prévues par l'article L. 225-5 du code de la route, avec le traitement d'informations nominatives dénommé "Système d'instruction et de gestion pour la délivrance des cartes chronotachygraphe" » *(Arr. du 8 nov. 2010)* « et avec le traitement d'informations nominatives dénommé "Système d'instruction et de gestion pour la délivrance des cartes de qualification des conducteurs" ».

Art. 9 Le droit d'accès et de rectification s'exerce auprès du préfet du domicile du demandeur, ou, si ce dernier réside à l'étranger, auprès de l'agent diplomatique ou du consul compétent. Toutefois, la rectification des renseignements relatifs à une décision judiciaire est demandée par requête au président du tribunal ou de la cour qui a rendu la décision.

Conformément à l'article *(Arr. du 27 août 2013, art. 8)* « L. 225-3 » du code de la route, le titulaire du dossier ne peut obtenir copie du relevé intégral des mentions le concernant.

Art. 10 Les arrêtés des 20 décembre 1972 et 15 octobre 1975 sont abrogés.

Arrêté du 29 juin 1992,

Fixant les supports techniques de la communication par le ministère public au ministre de l'intérieur des informations prévues à l'article L. 30 (4°, 5°, 6° et 7°) du code de la route [C. route, art. L. 225-1].

Art. 1er Les informations relatives aux condamnations définitives prévues par l'article L. 30 (7°) du code de la route prononcées pour les contraventions des quatre premières classes sont communiquées directement par l'officier du ministère public du tribunal de police du lieu de condamnation au ministre de l'intérieur, par support ou liaison informatique.

Les informations relatives aux procès-verbaux d'infractions visés par l'article L. 30 (6°) du code de la route sont communiquées par l'officier du ministère public selon les modalités fixées à l'alinéa précédent.

Les informations relatives à l'exécution des sanctions visées au premier alinéa du présent article sont communiquées par le greffe du tribunal de police ayant prononcé la condamnation aux services préfectoraux du département, par support papier ou par support ou liaison informatique.

Art. 2 Les informations relatives aux condamnations définitives prévues par l'article L. 30 (7°) du code de la route, prononcées pour contraventions de 5e classe, délit, ou crime, ou pour contraventions des quatre premières classes connexes à un crime, un délit, ou une contravention de 5e classe, sont communiquées par le greffe du tribunal ou de la cour d'appel ayant prononcé la condamnation aux services préfectoraux du département.

Ces informations, ainsi que celles ayant trait à l'exécution des sanctions prononcées, sont communiquées par support papier ou par support ou liaison informatique.

Art. 3 Les informations relatives à des décisions modifiant les décisions initiales sont communiquées par support papier ou par support ou liaison informatique.

Art. 4 Les informations relatives aux décisions prévues à l'article L. 30 (4° et 5°) du code de la route sont communiquées par les autorités compétentes par support papier ou par support ou liaison informatique.

Art. 5 Les informations communiquées en application des articles 1er à 4 comprennent :

1° L'état civil et l'adresse de l'intéressé ;

2° Le numéro, l'année et le département de délivrance de son permis de conduire ;

3° La date, l'heure, le lieu de l'infraction ;

4° La date de la décision judiciaire, l'autorité judiciaire qui en est l'auteur, la sanction prononcée et, s'il y a lieu, sa durée, l'infraction commise (code NATINF), le cas échéant les catégories de permis de conduire concernées par la décision, la date à laquelle la décision est devenue définitive et la date de début d'exécution de la décision.

Arrêté du 8 février 1999,

Fixant les conditions de reconnaissance et d'échange des permis de conduire délivrés par les États appartenant à l'Union européenne et à l'Espace économique européen.

Art. 1er Un permis de conduire national, délivré à une personne ayant sa résidence normale en France, *(Arr. du 19 déc. 2017)* « telle que définie au III de l'article R. 221-1 du code de la route, par un État membre de l'Union européenne ou par un autre État partie à l'accord sur l'Espace économique européen », est considéré comme valable sur le territoire français dans les conditions fixées par le présent arrêté.

(Arr. du 19 déc. 2017) « Une personne ne peut être titulaire de plus d'un permis de conduire délivré par un État membre de l'Union européenne ou par un autre État partie à l'accord sur l'Espace économique européen. »

Art. 2 2.1. Pour être reconnu, un tel permis de conduire doit répondre aux conditions suivantes :

2.1.1. Être en cours de validité ;

2.1.2. Être utilisé par une personne qui a atteint l'âge minimal requis par *(Arr. du 19 déc. 2017)* « l'article R. 221-5 », selon la ou les catégorie(s) du permis de conduire détenue(s) ;

2.1.3. Être utilisé en observant, le cas échéant, les prescriptions subordonnant, par une mention ou une codification spéciale, la validité du permis de conduire au port de certains appareils ou à certains aménagements du véhicule pour tenir compte *(Arr. du 19 déc. 2017)* « d'un handicap, ou à des restrictions ».

2.2. En outre, un tel permis de conduire ne doit pas avoir été délivré en échange d'un permis de conduire d'un État n'appartenant pas à l'Union européenne ou à l'Espace économique européen, avec lequel la France n'a pas conclu d'accord de réciprocité. Dans ce cas, il est néanmoins reconnu jusqu'à l'expiration d'un délai d'un an après l'acquisition de la résidence normale en France. Les conditions de sa reconnaissance et de son échange sont celles prévues par l'arrêté relatif aux permis de conduire délivrés par les États n'appartenant ni à l'Union européenne ni à l'Espace économique européen.

2.3. Par ailleurs, son titulaire doit ne pas faire l'objet sur le territoire qui a délivré le permis de conduire d'une mesure de restriction, de suspension, de retrait ou d'annulation du droit de conduire.

2.4. Il ne doit pas avoir obtenu le permis de conduire dans un autre État membre pendant une période d'interdiction de solliciter ou d'obtenir un permis de conduire, accompagnant une peine d'annulation du permis ou résultant *(Arr. du 19 déc. 2017)* « d'une décision d'invalidation prise en application des dispositions de l'article L. 223-5 du code de la route. »

Art. 3 *(Arr. du 19 déc. 2017)* Les titulaires d'un permis de conduire obtenu dans un État membre de l'Union européenne ou dans un autre État partie à l'accord sur l'Espace économique européen ayant leur résidence normale en France telle que définie au III de l'article R. 221-1 du code de la route, peuvent faire enregistrer leur permis de conduire par l'autorité administrative compétente. Dans ce cas, une attestation d'enregistrement est délivrée au titulaire du permis.

Art. 4 4.1. Les titulaires d'un permis de conduire obtenu *(Arr. du 19 déc. 2017)* « dans un État membre de l'Union européenne ou dans un autre État partie à l'accord sur l'Espace économique européen », ayant fixé leur résidence normale sur le territoire français, peuvent demander l'échange de leur permis de conduire contre un permis français équivalent.

(Arr. du 19 déc. 2017) « Seul le dernier titre délivré peut être présenté à l'échange. »

4.1.1. Pour qu'un tel échange soit possible, les conditions énoncées à l'article 2 ci-dessus doivent être remplies. *(Arr. du 19 déc. 2017)* « Toutefois, l'expiration de la durée de validité du titre de conduite ne fait pas obstacle à la demande d'échange. »

4.1.2. *(Arr. du 19 déc. 2017)* « En outre, le conducteur doit se soumettre à un contrôle médical de l'aptitude à la conduite, dans les cas où ce contrôle est exigé par la réglementation française. »

4.2. L'échange d'un tel permis contre un permis de conduire français est obligatoirement effectué si le conducteur a commis, sur le territoire français, une infraction ayant entraîné une mesure de restriction, de suspension, de retrait, d'annulation du droit de conduire, *(Arr. du 19 déc. 2017)* « ou une infraction devenue définitive au sens de l'article L. 223-1 et entraînant de plein droit le retrait de points. »

Ces mesures sont enregistrées *(Arr. du 19 déc. 2017)* « dans le système national des permis de conduire » (SNPC) et il en est tenu compte lors de l'édition du titre français après cet échange obligatoire.

Art. 5 Le titulaire du permis de conduire à échanger doit, en vue d'obtenir un permis français, en faire la demande au préfet du département de sa résidence *(Arr. du 19 déc. 2017)* « au moyen du téléservice "demande de permis de conduire" ou, à défaut, par voie postale à une adresse dédiée. »

La demande concernant un mineur doit être formulée par *(Arr. du 19 déc. 2017)* « le représentant légal. » Le mineur émancipé doit apporter la preuve de cette émancipation.

(Arr. du 19 déc. 2017) « La demande d'échange est faite au moyen du téléservice ou, à défaut, du formulaire réglementaire CERFA n° 14879* 01 "Demande de permis de conduire par échange", accompagné du formulaire CERFA n° 14948* 01 Réf 06 "Demande de permis de conduire-Format de l'Union européenne".

« Le dossier joint à la demande, établi conformément aux dispositions de l'arrêté du 20 avril 2012 fixant les conditions d'établissement, de délivrance et de validité du permis de conduire et de l'arrêté du 23 décembre 2016 susvisé comprend obligatoirement les pièces suivantes, sous forme d'exemplaires photographiés ou numérisés, ou a défaut sous forme de copies envoyées à l'adresse postale dédiée :

« 1° Le permis de conduire étranger dont l'échange est sollicité ;

« 2° Un justificatif d'identité ;

« 3° Sil y a lieu, la justification de la régularité du séjour en France ;

« 4° Le cas échéant, la preuve de la qualité d'étudiant pendant une période d'au moins six mois ;

« 5° Un justificatif de domicile ;

« 6° Pour les ressortissants d'un État membre de l'Union européenne ou d'un autre État partie à l'accord sur l'Espace économique européen, de la Confédération suisse ou de la Principauté de Monaco, la justification de la résidence normale en France à la date de la demande, conformément au III de l'article R. 221-1 du code de la route et au premier alinéa de l'article 1er du présent arrêté ;

« 7° S'il y a lieu, pour les Français, le certificat individuel de participation à la journée défense et citoyenneté (JDC) ou l'attestation provisoire en instance de convocation à la journée défense et citoyenneté (JDC) ou l'attestation individuelle d'exemption ;

« 8° Le cas échéant, l'avis médical résultant du contrôle médical de l'aptitude à la conduite ;

« 9° Lorsque la demande est effectuée au moyen du téléservice, un code photographie et signature numérique valide. A défaut, le formulaire "photo-signature" téléchargé dans le cadre de la téléprocédure sur lequel le demandeur a apposé sa signature et sa photographie répondant à la norme définie par l'arrêté du 10 avril 2007 susvisé ou à des normes techniques officielles en vigueur dans l'Espace économique européen. Dans le cas où la demande n'est pas effectuée au moyen de la téléprocédure, une photographie récente en trois exemplaires conforme à la norme indiquée ci-dessus.

« En cas de doute, la production des originaux des justificatifs prévus aux 2° à 8° du présent article peut être exigée.

« Si le demandeur est éligible à l'échange, l'autorité administrative compétente demande à l'intéressé l'original de son titre de conduite en vue de son authentification conformément aux dispositions de l'article 8 du présent arrêté.

« Le dépôt du permis de conduire original auprès de l'autorité administrative chargée de l'instruction de la demande d'échange donne lieu à la délivrance, au titulaire du permis de conduire étranger, d'une attestation de dépôt sécurisée valable quatre mois. »

Art. 6 *(Arr. du 19 déc. 2017)* A la suite, notamment, de la perte ou du vol d'un permis de conduire délivré par un État membre de l'Union européenne ou un autre État partie à l'accord sur l'Espace économique européen d'une personne ayant acquis sa résidence normale en France, un permis de conduire français équivalent ne peut être délivré qu'au vu des informations obtenues auprès des autorités compétentes de l'État membre de délivrance au moyen du réseau des permis de conduire de l'Union européenne "RESPER" et, le cas échéant, sur la base des informations recueillies lors de l'enregistrement du permis de conduire dans le système national des permis de conduire (SNPC) en application de l'article 3 du présent arrêté.

En cas d'impossibilité d'utiliser le réseau des permis de conduire de l'Union européenne "RESPER", l'autorité administrative compétente peut demander une attestation aux autorités compétentes de l'État de délivrance par messagerie électronique, à défaut, par la voie diplomatique.

Art. 7 Le montant de la taxe afférente à la délivrance du permis de conduire français est versé au moment de la délivrance du titre. Il n'est dû qu'une seule taxe, quel que soit le nombre de catégories de permis accordées, soit simultanément, soit successivement.

Art. 8 *(Arr. du 19 déc. 2017)* Avant tout échange du permis de conduire, l'autorité administrative compétente s'assure de l'authenticité du titre de conduite dernièrement délivré et de la réalité et de la validité des droits à conduire.

Elle s'assure, auprès des autorités compétentes de l'État membre de délivrance au moyen du réseau des permis de conduire de l'Union européenne "RESPER", de la réalité et de la validité des droits à conduire et vérifie si le titre présenté est le dernier titre délivré.

Elle s'assure de l'authenticité du titre de conduite en sollicitant, le cas échéant, l'aide d'un service spécialisé dans la détection de la fraude documentaire.

Si l'authenticité du titre de conduite et la validité des droits à conduire sont établies et si le titre présenté est le dernier délivré, celui-ci peut être échangé sous réserve de satisfaire aux autres conditions. Si le caractère frauduleux est établi, l'échange n'a pas lieu et le titre est retiré par l'autorité administrative compétente, qui saisit le procureur de la République en le lui transmettant.

En cas d'impossibilité d'utiliser le réseau des permis de conduire de l'Union européenne "RESPER", l'autorité administrative compétente peut, pour s'assurer de la réalité et de la validité des droits à conduire, demander une attestation aux autorités compétentes de l'État de délivrance. La demande est effectuée par voie électronique, à défaut, par la voie diplomatique. En l'absence de réponse des autorités étrangères, l'échange ne peut avoir lieu.

Si l'autorité étrangère confirme l'absence de droits à conduire du titulaire ou si le titre présenté n'est pas le dernier délivré, l'échange est refusé et le titre de conduite est retiré par l'autorité administrative compétente, qui saisit le procureur de la République en le lui transmettant.

Art. 8-1 *(Arr. du 19 déc. 2017)* Les titulaires d'un permis de conduire obtenu dans un État membre de l'Union européenne ou dans un autre État partie à l'accord sur l'espace économique européen, en échange d'un permis de conduire français obtenu soit après réussite à l'examen, soit par la conversion d'un brevet militaire de conduite, soit après la validation d'un diplôme ou d'un titre professionnel délivré à cette fin, soit après l'échange d'un permis de conduire délivré par une collectivité d'outre-mer et par la Nouvelle-Calédonie, peuvent demander, à leur retour en France, dès l'acquisition de leur résidence normale sur le territoire national, à être rétablis dans leurs droits à conduire, sous réserve de ne pas faire l'objet de mesure de restriction, suspension, annulation ou retrait du droit de conduire en France ou sur le territoire de l'État qui a délivré le titre de conduite.

Le rétablissement des droits est effectué si le conducteur a commis, sur le territoire français, une infraction ayant entraîné une mesure de restriction, de suspension, de retrait, d'annulation du droit de conduire ou une infraction devenue définitive au sens de l'article L. 223-1 et entraînant de plein droit le retrait de points.

Le rétablissement ne vaut que pour les droits acquis en France.

L'expiration de la durée de validité du titre de conduite obtenu en échange du titre français ne fait pas obstacle à la demande de rétablissement des droits.

La demande de rétablissement des droits est effectuée au moyen du téléservice ou, à défaut, du formulaire réglementaire CERFA n° 14879* 01 "Demande de permis de conduire par échange-Rétablissement des droits à conduire", accompagné du formulaire CERFA n° 14948* 01 Réf 06 "Demande de permis de conduire-Format de l'Union européenne".

La demande est accompagnée des documents suivants, sous forme d'exemplaires photographiés ou numérisés ou, à défaut sous forme de copies transmises à l'adresse postale dédiée :

1° Le permis de conduire étranger dernièrement délivré ;

2° Les justificatifs d'identité, de régularité du séjour en France et de domicile mentionnés à l'article 5 et, selon la situation du demandeur, les justificatifs de résidence normale et d'aptitude médicale à la conduite mentionnés au même article ;

3° Lorsque la demande est effectuée au moyen du téléservice, un code photographie et signature numérique valide. A défaut, le formulaire "photo-signature" téléchargé dans le cadre de la téléprocédure sur lequel le demandeur a apposé sa signature et sa photographie répondant à la norme définie par l'arrêté du 10 avril 2007 susvisé ou à des normes techniques officielles en vigueur dans l'Espace économique européen. Dans le cas où la demande n'est pas effectuée au moyen de la téléprocédure, une photographie récente en trois exemplaires conforme à la norme indiquée ci-dessus.

En cas de doute, la production des originaux des justificatifs prévus aux 2° et 3° du présent article peut être exigée.

Si le demandeur est éligible au rétablissement des droits, le dépôt du permis de conduire original auprès de l'autorité administrative chargée de l'instruction de la demande donne lieu à la délivrance, au titulaire du permis de conduire étranger, d'une attestation de dépôt sécurisée valable quatre mois.

Art. 9 *(Arr. du 19 déc. 2017)* L'échange donne lieu au retrait du permis de conduire d'origine de l'intéressé. Ce permis est renvoyé aux autorités de l'État qui l'ont délivré, en précisant les raisons pour lesquelles la procédure d'échange a eu lieu.

Arrêté du 8 février 1999,

Fixant les conditions de reconnaissance et d'échange des permis de conduire délivrés par les États n'appartenant ni à l'Union européenne, ni à l'Espace économique européen.

....

Art. 14 Le ministre chargé des transports établit, après consultation du ministre des affaires étrangères, la liste des États qui accordent aux ressortissants français les avantages ou privilèges analogues à ceux mentionnés aux articles 4 et 7.1.1 ci-dessus. Il porte cette liste à la connaissance des préfets. — *L'Arr. du 8 févr. 1999 modifié fixant les conditions de reconnaissance et d'échange des permis de conduire délivrés par les États n'appartenant ni à l'Union européenne, ni à l'Espace économique européen est abrogé à la date d'entrée en vigueur de l'Arr. du 12 janv. 2012, à l'exception de son art. 14, qui est abrogé à compter de la date de publication de la liste prévue au premier alinéa de l'art. 14 de l'Arr. du 12 janv. 2012 (Arr. préc., art. 15).*

Arrêté du 12 février 1999,

Fixant les conditions dans lesquelles certaines catégories de permis de conduire sont valables pour la conduite de véhicules d'autres catégories.

Art. 1er Certaines catégories de permis de conduire donnent à leur titulaire le droit de conduire des véhicules d'autres catégories dans les conditions suivantes :

LE PERMIS DE CONDUIRE de la catégorie :	PERMET DE CONDUIRE les véhicules des catégories et des sous-catégories :
A 1 (délivré avant le 1er janvier 1985) et AL (délivré entre le 1er janvier 1985 et le 1er mars 1999).	A 1, B 1.
A 2, A 3, A (délivré avant le 1er mars 1999).	A, A 1, B 1.
A 4, AT.	B 1.
A 1.	B 1.
A.	A 1, B 1.
B 1.	Néant.
B (délivré depuis moins de 2 ans).	B 1.
B (délivré depuis au moins 2 ans).	A 1, B 1.
C (délivré avant le 20 janvier 1975), C 1 (délivré entre le 20 janvier 1975 et le 1er janvier 1985) et C (délivré entre le 1er janvier 1985 et le 1er juillet 1990).	A 1, B 1, B, C, D, E (B), E (C), E (D).
C (délivré entre le 20 janvier 1975 et le 1er janvier 1985) et C limité (délivré entre le 1er janvier 1985 et le 1er juillet 1990).	A 1, B 1, B, C, E (B), E (C) limité à un PTRA (*) de 12 500 kg.
E (B).	Néant.
E (D).	E (B).
E (C).	E (B), E (D) (à condition d'être titulaire de la catégorie D).
D (délivré avant le 20 janvier 1975 et examen subi sur un véhicule de PTAC > 3 500 kg).	A 1, B 1, B, C, D, E (B), E (C), E (D).
D (délivré avant le 1er juin 1979 et examen subi sur un véhicule de PTAC < 3 500 kg) et D (délivré entre le 1er juin 1979 et le 1er juillet 1990 et examen subi sur un véhicule de PTAC < 7 000 kg).	A 1, B 1, B, E (B).
D (délivré entre le 20 janvier 1975 et le 1er juin 1979 et examen subi sur un véhicule de PTAC > 3 500 kg) et D (délivré entre le 1er juin 1979 et le 1er juillet 1990 et examen subi sur un véhicule de PTAC > 7 000 kg).	A 1, B 1, B, C, D, E (B), E (C) limité à un PTRA (*) de 12 500 kg, E (D).
(*) PTRA : poids total roulant autorisé du véhicule tracteur d'un ensemble de véhicules ou d'un véhicule articulé.	

La licence de circulation délivrée avant le 1er avril 1958 ainsi que tout permis de conduire délivré avant le 1er mars 1980 permettent à leurs titulaires de conduire les véhicules relevant des sous-catégories A 1 et B 1, ainsi que les motocyclettes dont la cylindrée est limitée à 125 cm³ mises en circulation avant le 31 décembre 1984.

Arrêté du 1er juin 1999,

Portant application de l'article R. 222-7 du code de la route et fixant les conditions et modalités de conversion du brevet militaire de conduite en permis de conduire civil (Arr. du 15 déc. 2003).

Art. 1er Le brevet délivré par l'autorité militaire aux *(Arr. du 15 déc. 2003)* « conducteurs de véhicules automobiles des armées » permet d'obtenir, dès sa validation par l'autorité militaire et sans nouvel examen, le permis de conduire des véhicules des catégories définies par l'article *(Arr. du 15 déc. 2003)* « R. 221-4 » du code de la route, suivant les mentions spéciales de capacité que porte ce brevet et les équivalences auxquelles elles donnent droit.

Cette conversion est automatique.

Art. 2 La demande est adressée par le titulaire du brevet militaire de conduite au préfet du lieu de stationnement de l'unité ou au préfet du lieu de la résidence déclarée de l'intéressé.

Art. 3 A la demande visée à l'article 2 ci-dessus, sont joints :

– le volet de conversion du brevet militaire dûment rempli par le chef de corps ou le commandant d'unité. Ce volet sert également de justification de l'état civil du candidat ;

– le certificat médical prévu à l'article 6 du présent arrêté, lorsqu'il est exigé ;

– deux exemplaires de la photographie du candidat, répondant à la norme NFZ 12010 ou à des normes techniques officielles en vigueur dans l'un des États membres de l'Union européenne ou dans un État appartenant à l'Espace économique européen ;

– éventuellement, la copie du certificat constatant l'achèvement d'une formation de conducteur de transports de marchandises par route ou de transports de voyageurs, dans le cas d'une demande de conversion de brevet militaire des catégories C et E (C) pour les personnes âgées de moins de vingt et un ans ou, dans le cas d'une demande de conversion, de brevet militaire de la catégorie D.

Art. 4 La conversion du brevet militaire en permis civil ne peut être obtenue que si les conditions minimales requises par l'article *(Arr. du 15 déc. 2003)* « **R. 221-5** » du code de la route sont remplies.

Art. 5 Après établissement du permis de conduire civil par le préfet, le volet de conversion du brevet militaire de conduite doit être retourné par le préfet à l'unité d'origine de l'intéressé, revêtu de la date de la conversion.

Toutefois, lorsque l'âge de l'intéressé ne permet pas d'effectuer en une seule fois la conversion des diverses catégories figurant sur le brevet militaire de conduite, le volet de conversion sera remis provisoirement à l'intéressé. Ce n'est qu'après la conversion complète que le volet de conversion sera retourné par le préfet à l'unité d'origine de l'intéressé.

Art. 6 Lors de la demande de conversion, et dans ce cas exclusivement, le certificat médical délivré par l'autorité militaire se substitue, dans les mêmes conditions, à celui prévu par le code de la route, dans le cas où la réglementation fixant les conditions de délivrance du permis de conduire civil exige un tel document.

Art. 7 *(Arr. du 15 déc. 2003)* La conversion d'un brevet militaire en permis civil de la même catégorie est interdite lorsque le demandeur est déjà titulaire du permis de conduire civil de cette catégorie ou que celui-ci a été invalidé ou annulé.

Toutefois, dans ces deux derniers cas, une demande de conversion portant sur une catégorie non détenue antérieurement peut être effectuée à l'issue du délai d'interdiction de solliciter un nouveau permis et sous réserve du respect des dispositions prévues à l'article 4 ci-dessus.

Si l'intéressé fait l'objet d'une mesure de suspension de son permis de conduire, le bénéfice de la conversion, pour une catégorie non détenue dans le civil au moment de la suspension, ne peut lui être accordé qu'à l'expiration de la suspension.

Art. 8 L'arrêté du 13 juin 1990 modifié portant application de l'article R. 123-1 du code de la route et fixant les conditions et modalités de conversion des brevets de conduite militaires en permis de conduire civils est abrogé.

Arrêté du 25 février 2004,

Relatif aux documents établis à l'occasion du suivi des stages de sensibilisation à la sécurité routière.

Art. 1er L'attestation de stage prévue aux articles 131-35-1 et R. 132-45 du code pénal et à l'article R. 223-8 du code de la route est établie selon le modèle joint en annexe I. – *V. cette annexe au JO 13 mars 2004.*

Lorsque l'auteur d'une infraction a suivi un stage de sensibilisation à la sécurité routière en alternative aux poursuites, en application du 2° de l'article 41-1 du code de procédure pénale, ou en exécution d'une composition pénale, en application du 5° de l'article 41-2 de ce code, l'attestation de suivi de stage est établie selon le même modèle.

Art. 2 La demande de remboursement de l'amende ou d'interruption de sa mise en recouvrement formulée en application du deuxième alinéa de l'article L. 223-6 du code de la route est établie selon le modèle joint en annexe II. — *V. cette annexe au JO 13 mars 2004, mod. par Arr. du 2 mai 2013 (JO 17 mai), mod. par Arr. du 5 déc. 2014 (JO 26 déc.).*

Loi n° 2005-102 du 11 février 2005,

Pour l'égalité des droits et des chances, la participation et la citoyenneté des personnes handicapées.

Art. 77 I. — Afin de garantir l'exercice de la libre circulation et d'adapter les nouvelles épreuves du permis de conduire aux personnes sourdes et malentendantes, un interprète ou un médiateur langue des signes sera présent aux épreuves théoriques et pratiques du permis de conduire pour véhicules légers (permis B) lors des sessions spécialisées pour les personnes sourdes, dont la fréquence minimale sera fixée par décret.

II. — Afin de permettre aux candidats de suivre les explications de l'interprète ou du médiateur en langue des signes, il sera accordé, lors des examens théoriques, le temps nécessaire, défini par décret, à la bonne compréhension des traductions entre les candidats et le traducteur.

V. C. route, art. R. 221-3-1.

Directive 2006/126/CE du Parlement européen et du Conseil du 20 décembre 2006,

Relative au permis de conduire (refonte).

Cette directive a été transposée en droit national par le Décr. n° 2011-564 du 23 mai 2011 modifiant le Décr. n° 87-997 du 10 déc. 1987 relatif au statut particulier du corps des inspecteurs du permis de conduire et de la sécurité routière (JO 25 mai), par l'Arr. du 30 juin 2011 fixant les conditions de formation et d'obtention des qualifications professionnelles des inspecteurs du permis de conduire et de la sécurité routière (JO 9 juill.) et par le Décr. n° 2011-1475 du 9 nov. 2011 portant diverses mesures réglementaires de transposition de la directive 2006/126/CE relative au permis de conduire (JO 10 nov.). — V. not. C. route, art. R. 211-1, R. 211-2, R. 221-1, R. 221-3 à R. 221-11, D. 222-8, R. 224-20, R. 431-4.

Arrêté du 19 février 2010,

Relatif aux modalités de l'épreuve pratique de l'examen du permis de conduire des catégories B et B1 (Arr. du 2 juill. 2014, en vigueur le 1er août 2014).

Présentation générale

Art. 1er L'épreuve pratique de l'examen du permis de conduire *(Arr. du 2 juill. 2014, en vigueur le 1er août 2014)* « des catégories B et B1 » a pour objet de contrôler les connaissances, les aptitudes et le comportement des candidats, nécessaires pour circuler en toute sécurité.

Cette épreuve consiste à évaluer chez tout candidat :

Le respect des dispositions du code de la route ;

Sa connaissance du véhicule et sa capacité à déceler les défauts techniques les plus importants ;

Sa maîtrise des commandes et de la manipulation du véhicule pour ne pas créer de situations dangereuses ;

Sa capacité à assurer sa propre sécurité et celle des autres usagers sur tout type de route, à percevoir et à anticiper les dangers engendrés par la circulation et à agir de façon appropriée ;

(Arr. du 6 oct. 2017, art. 1er-I, en vigueur le 1er janv. 2018) « Sa connaissance des notions élémentaires de premiers secours ; »

Son degré d'autonomie dans la réalisation d'un trajet ;

Sa capacité à conduire dans le respect de l'environnement et à adopter un comportement courtois et prévenant envers les autres usagers, en particulier les plus vulnérables.

Art. 2 L'épreuve pratique s'inscrit après la fin de formation initiale du candidat.

L'épreuve repose sur l'analyse et le bilan des compétences du candidat et l'application des dispositions réglementaires du code de la route.

Art. 3 Cette évaluation est réalisée par un inspecteur du permis de conduire et de la sécurité routière, un délégué au permis de conduire et à la sécurité routière ou un agent public tel que défini à l'article *(Arr. du 2 juill. 2014, en vigueur le 1er août 2014)* « D. 221-3 » du code de la route. Au sens du présent arrêté, ces agents sont désignés sous le terme d'expert.

Art. 4 *(Arr. du 25 juill. 2014, en vigueur le 1er août 2014)* « La journée d'un expert se compose de 13 examens des catégories B ou B1. »

Le temps consacré au candidat, qui est de *(Arr. du 25 juill. 2014, en vigueur le 1er août 2014)* « 32 minutes », comprend :

La vérification de la recevabilité des documents d'examen ;

L'accueil du candidat, la vérification de son identité et, s'il a suivi une formation selon la formule de l'apprentissage anticipé de la conduite, *(Arr. du 12 mai 2014, art. 2)* « de son attestation de fin de formation initiale en s'assurant du respect de la durée minimale réglementaire d'un an de conduite accompagnée entre la date du rendez-vous préalable et celle de l'examen » ;

Son installation au poste de conduite ;

La présentation de l'épreuve par l'expert et la réalisation d'un test de la vue ;

Une phase de conduite effective d'une durée minimale de 25 minutes ;

La réalisation de deux manœuvres particulières à tester en relation avec la sécurité routière : un freinage pour s'arrêter avec précision et une manœuvre en marche arrière ;

(Arr. du 6 oct. 2017, art. 1er-II, en vigueur le 1er janv. 2018) « La vérification d'un élément technique à l'intérieur ou à l'extérieur du véhicule, complétée par une question en lien avec la sécurité routière et par une question portant sur les notions élémentaires de premiers secours ; »

L'établissement du certificat d'examen du permis de conduire *(Arr. du 11 août 2011, en vigueur le 19 sept. 2011)* « et *(Arr. du 2 juill. 2014, en vigueur le 1er août 2014)* « , le cas échéant, » sa mise sous pli » ;

(Abrogé par Arr. du 11 août 2011, à compter du 19 sept. 2011) « *Le cas échéant, l'annonce du résultat et son commentaire.* »

Les candidats dont les véhicules sont spécialement aménagés pour tenir compte de leur handicap physique, ainsi que les candidats sourds ou malentendants, peuvent bénéficier d'un temps supplémentaire permettant de réaliser l'évaluation des candidats, telle que décrite aux articles 1er à 4 du présent arrêté, en tenant compte de leurs difficultés éventuelles de mobilité ou de communication.

Il appartient à l'école de conduite ou à l'organisme de formation présentant le candidat d'en informer préalablement le service en charge de la programmation des examens.

Contexte de réalisation

Art. 5 L'épreuve pratique a lieu sur un secteur permettant de placer le candidat dans un maximum de situations qu'un conducteur est susceptible de rencontrer en et hors agglomération.

Art. 6 L'épreuve se déroule avec un seul candidat dans le véhicule. L'ordre de passage des candidats présentés par un même établissement d'enseignement de la conduite et de la sécurité routière relève du choix de l'enseignant ou du représentant de l'école de conduite.

L'expert s'installe à la place du passager avant droit.

Un représentant de l'établissement d'enseignement de la conduite et de la sécurité routière ou, dans le cas d'un candidat libre, une personne titulaire du permis de conduire de la catégorie B est obligatoirement présent durant l'épreuve pratique.

Il s'installe à l'arrière, de manière à gêner le moins possible la vision vers l'arrière. L'attitude de l'accompagnateur doit être empreinte d'une totale neutralité.

(Abrogé par Arr. du 2 juill. 2014, à compter du 1er août 2014) « *Un agent de l'État peut assister à l'épreuve à l'occasion des contrôles hiérarchiques des experts, ainsi que dans le cadre de leur formation initiale ou continue.* »

Art. 7 *(Abrogé par Arr. du 2 juill. 2014, à compter du 1er août 2014)* *Il est interdit de fumer à l'intérieur du véhicule et les téléphones portables doivent être éteints. Tout enregistrement de l'examen est interdit.*

(Arr. du 11 août 2011, en vigueur le 19 sept. 2011) « *Si le véhicule est équipé d'un système de géolocalisation ou assimilé, ce dernier doit être centralisé.* »

Art. 8 S'agissant de l'épreuve pratique de la *(Abrogé par Arr. du 2 juill. 2014, à compter du 1er août 2014) « sous- »* catégorie B1, il est fait recours à la procédure du véhicule suiveur, avec liaison radio entre l'expert et le candidat.

Les émetteurs-récepteurs sont fournis par le service en charge de la gestion des examens ou par l'établissement d'enseignement de la conduite. Ils doivent être agréés par les services des postes et des communications électroniques. Les appareils de type CB sont interdits.

Art. 9 *(Abrogé par Arr. du 2 juill. 2014, à compter du 1er août 2014)* ***En cas d'intempéries, si l'épreuve pratique ne peut pas se dérouler dans des conditions satisfaisantes de visibilité, d'adhérence ou de sécurité, l'expert peut en décider l'annulation.***

Le préfet peut, suite à la publication d'un bulletin de vigilance météorologique, décider d'annuler les sessions pratiques dans tout ou partie du département.

Véhicules d'examen

Art. 10 Le véhicule automobile utilisé pour les examens de la catégorie B doit répondre aux conditions ci-après :

Être un véhicule de série, affecté au transport de personnes, dont le poids total autorisé en charge (PTAC) n'excède pas 3 500 kilogrammes et capable d'atteindre la vitesse d'au moins 100 km/h ;

Comporter au moins quatre places assises ;

Être équipé de vitres latérales au niveau de toutes les places assises et d'une vitre arrière ;

Avoir été mis pour la première fois en circulation depuis *(Arr. du 12 oct. 2020, art. 7)* « sept » ans au plus.

(Arr. du 12 oct. 2020, art. 7) « La disposition relative à l'ancienneté maximale des véhicules d'examen ne s'applique pas dans les départements d'outre-mer. »

Le véhicule d'examen doit comporter les équipements spécifiques suivants :

Un dispositif de double commande de freinage et de débrayage. Le dispositif de double commande d'accélération, s'il existe, doit être neutralisable ;

Deux rétroviseurs intérieurs, l'un réglé pour le candidat et l'autre pour l'expert ;

Deux rétroviseurs latéraux extérieurs, à gauche et à droite, réglés pour être utilisés par le candidat ;

Un rétroviseur latéral extérieur à gauche, ou tout dispositif de rétrovision additionnel équivalent, réglé pour être utilisé par l'expert, si l'accompagnateur s'installe à l'arrière gauche du véhicule ;

Un rétroviseur latéral extérieur à droite, ou tout dispositif de rétrovision additionnel équivalent, réglé pour être utilisé par l'expert.

Les véhicules de la catégorie B dotés d'équipements spéciaux destinés uniquement aux personnes handicapées ne sont pas soumis aux dispositions énoncées ci-dessus.

Ils doivent cependant répondre aux conditions ci-après :

Avoir été mis pour la première fois en circulation depuis dix ans au plus ;

Comporter un dispositif de double-commande de freinage ;

Comporter un dispositif de rétrovision additionnel extérieur et intérieur si le véhicule le permet ;

Comporter un dispositif de double-commande de direction en l'absence de volant pour le conducteur.

Art. 11 Le véhicule utilisé pour les examens de la *(Abrogé par Arr. du 2 juill. 2014, à compter du 1er août 2014) « sous- »* catégorie B1 doit répondre aux conditions ci-après :

Être un véhicule de série, réceptionné sous le genre quadricycle lourd à moteur (QLOMP) ;

Disposer d'une carrosserie fermée et être équipé d'un volant ;

Être capable d'atteindre la vitesse d'au moins 60 km/h et permettre de procéder à l'examen tel que défini à l'article 4 du présent arrêté ;

Avoir été mis pour la première fois en circulation depuis six ans au plus.

Le véhicule suiveur n'est pas considéré comme un véhicule d'examen. Il doit répondre aux conditions ci-après :

Être un véhicule de série, réceptionné sous le genre voiture particulière (VP) ou camionnette (CTTE), dont le poids total autorisé en charge (PTAC) n'excède pas 3 500 kilogrammes ;

Comporter au moins quatre places assises ;

Être équipé de vitres latérales au niveau de toutes les places assises et d'une vitre arrière.

Art. 12 *(Abrogé par Arr. du 2 juill. 2014, à compter du 1er août 2014)* ***Les dispositifs d'aide à la conduite peuvent être mis en action à l'initiative du candidat.***

L'expert peut néanmoins en demander la désactivation pour les besoins de l'évaluation *(Arr. du 11 août 2011, en vigueur le 19 sept. 2011)* ***« si*** [le] ***véhicule le permet ».***

Art. 13 Toute indication informant de la situation d'examen est interdite sur le véhicule d'examen et le véhicule suiveur.

Art. 14 *(Abrogé par Arr. du 2 juill. 2014, à compter du 1er août 2014)* ***Les véhicules doivent faire l'objet d'une police d'assurance couvrant*** *(Arr. du 17 mai 2013)* ***« les » dommages pouvant être causés aux tiers ainsi qu'aux personnes se trouvant à l'intérieur des véhicules*** *(Arr. du 17 mai 2013)* ***« dans les conditions prévues par l'article L. 211-1 du code des assurances ».***

Quel que soit le véhicule d'examen qu'ils utilisent, les candidats libres doivent justifier de cette police le jour de l'épreuve en fournissant à l'expert une attestation de leur compagnie d'assurance.

S'agissant de l'épreuve pratique de la sous-catégorie B1, les candidats libres doivent également fournir à l'expert, le jour de l'épreuve, une attestation pour le véhicule suiveur.

Art. 15 En cas de panne, d'accident ou d'anomalie mettant en cause la sécurité, l'épreuve pratique est différée jusqu'à la remise en état ou au remplacement du véhicule.

Le temps attribué à l'établissement d'enseignement de la conduite, pour l'ensemble des candidats convoqués, ne peut être dépassé. Les dispositions énoncées ci-dessus s'appliquent également au véhicule suiveur.

Présentation de l'épreuve

Art. 16 *(Arr. du 12 oct. 2020, art. 7)* L'expert présente l'épreuve collectivement aux candidats présents et convoqués ou individuellement si un seul candidat est convoqué en leurs précisant qu'ils doivent :

– démontrer leur capacité à circuler dans le trafic en toute sécurité, dans le respect des règles du code la route et notamment des limitations de vitesse s'appliquant aux élèves conducteurs ;

– suivre un itinéraire en toute autonomie ;

– être capables d'adapter leur allure aux situations rencontrées, tout en adoptant une conduite courtoise et rationnelle.

Art. 17 L'expert mène l'épreuve avec le souci constant de placer le candidat dans les meilleures conditions lui permettant, à tout moment, de démontrer ses capacités.

L'expert peut questionner le candidat sur sa perception, son interprétation ou les conditions de réalisation d'une action de conduite en particulier.

L'épreuve est obligatoirement menée à son terme, sauf en cas d'incapacité manifeste et durable du candidat à assurer sa sécurité, celle du véhicule d'examen, de ses passagers et des autres usagers.

S'il le juge nécessaire, l'expert est autorisé à suspendre momentanément l'épreuve pratique.

Les candidats sourds ou malentendants peuvent faire appel au dispositif de communication adapté de leur choix durant l'examen pour leur permettre la bonne compréhension de l'épreuve.

Cette possibilité peut être utilisée pour traduire :

L'accueil et la présentation de l'épreuve ;

Les questions et les réponses dans le cadre des vérifications techniques ;

Les recommandations, questionnements ou conseils formulés par l'expert ;

(Abrogé par Arr. du 11 août 2011, à compter du 19 sept. 2011) ***« Le bilan de l'évaluation, le cas échéant. »***

Si le candidat désire être assisté d'un interprète en langue des signes ou d'un codeur en langage parlé complété, ce dernier s'installera à la place arrière droite du véhicule.

Concernant la conduite effective, l'expert donne les indications de direction par gestes, et peut, s'il le juge nécessaire, faire appel à l'interprète.

Art. 18 Un test de la vue est réalisé à chaque examen, avant le départ en circulation ou à l'occasion d'un arrêt. En sont dispensés les candidats qui ont satisfait à une visite médicale préalable en vue de l'obtention du permis de conduire.

Si le test n'est pas concluant, l'expert signale le résultat de ce test au préfet aux fins de convocation du candidat *(Arr. du 2 juill. 2014, en vigueur le 1er août 2014)* « pour un contrôle médical ».

Épreuve en circulation

Art. 19 Le candidat doit démontrer sa capacité à s'installer et à se préparer à conduire.

Il s'assure de la sécurité à bord du véhicule, et veille à créer des conditions de visibilité satisfaisantes *(Arr. du 11 août 2011, en vigueur le 19 sept. 2011)* « en procédant aux réglages nécessaires ».

En cas d'erreur ou d'oubli, l'expert invite le candidat à rectifier la ou les anomalies.

Art. 20 La tâche d'évaluation passe en premier lieu par l'élaboration du parcours d'examen.

L'expert s'attache, en fonction des possibilités du secteur d'examen, à placer le candidat dans le maximum de situations de conduite qu'un conducteur est susceptible de rencontrer en et hors agglomération. Il privilégie le passage successif d'une zone à l'autre et veille autant que possible à ménager une progressivité du niveau de difficulté.

Pendant le parcours, l'expert dirige le candidat en utilisant notamment les panneaux de signalisation. Ses indications sont formulées avec précision et suffisamment tôt, pour laisser le temps au candidat de mettre en œuvre les savoir-faire requis.

Pendant la phase de conduite effective, le candidat est placé en situation d'autonomie pendant environ 5 minutes. Cet exercice, qui peut être fractionné, consiste pour le candidat à suivre un itinéraire ou à se rendre vers un endroit préalablement défini par l'expert.

Art. 21 L'expert évalue les compétences du candidat dans les domaines suivants :

Connaître et utiliser les commandes ;
Prendre l'information ;
Adapter son allure aux circonstances ;
Appliquer la réglementation ;
Communiquer avec les autres usagers ;
Partager la chaussée ;
Maintenir des espaces de sécurité.

Lors du parcours hors agglomération, l'expert peut demander au candidat la mise en action d'un accessoire dans le but d'évaluer sa maîtrise de la trajectoire du véhicule.

Art. 22 L'expert évalue l'autonomie et la conscience du risque du candidat au travers des compétences suivantes :

Analyse des situations ;
Adaptations aux situations ;
Conduite autonome.

Art. 23 Dans la mise en œuvre de chacune de ces compétences, le candidat démontre sa capacité à limiter la consommation de carburant.

Il adopte une attitude courtoise au volant envers les autres usagers de la route et prend en compte plus particulièrement les usagers vulnérables.

Vérifications techniques

Art. 24 *(Arr. du 6 oct. 2017, art. 1er-III, en vigueur le 1er janv. 2018)* « A l'occasion d'un arrêt et à la demande de l'expert, le candidat procède à une vérification portant sur un élément technique à l'intérieur ou à l'extérieur du véhicule, et répond à une question en lien avec la sécurité routière et à une question portant sur les notions élémentaires de premiers secours. »

(Abrogé par Arr. du 2 juill. 2014, à compter du 1er août 2014) « Les vérifications interviennent à différents moments de l'examen, avant le retour au point de départ. » L'expert choisit le moment et le lieu les mieux adaptés pour questionner le candidat. Lorsque la vérification le nécessite, la participation de l'accompagnateur doit être sollicitée par le candidat auprès de l'expert.

S'agissant des candidats à mobilité réduite, les vérifications portant sur un élément technique à l'extérieur du véhicule peuvent être réalisées en début d'examen si nécessaire.

Une assistance peut leur être apportée par l'expert ou par l'accompagnateur.

(Arr. du 12 oct. 2020, art. 7) « Les dispositions du présent article sont suspendues du 25 juin 2020 au *(Arr. du 3 nov. 2021)* « 30 juin 2022 ». »

Manœuvres

Art. 25 *(Arr. du 2 juill. 2014, en vigueur le 1er août 2014)* Au cours de l'épreuve pratique, le candidat devra réaliser deux manœuvres particulières à tester en relation avec la sécurité routière : un freinage pour s'arrêter avec précision et une des six manœuvres en marche arrière suivantes :

1. Marche arrière en ligne droite ;
2. Marche arrière en arrondi ou en angle ;
3. Rangement en créneau ;
4. Rangement en épi ;
5. Rangement en bataille ;
6. Demi-tour.

La réalisation du freinage pour s'arrêter avec précision est annoncée par l'expert et peut être effectuée à l'occasion de tout arrêt imposé par la signalisation ou en utilisant un repère vertical, précis et bien visible.

Le choix de la manœuvre en marche arrière est à l'initiative de l'expert, qui détermine le moment où elle intervient et décrit au candidat son cadre de réalisation. Cette manœuvre ne doit pas être réalisée sur *[dans]* le centre d'examen. Dans le cas où une manœuvre supplémentaire s'impose lors du retour sur *[dans]* le centre d'examen, elle ne peut être évaluée.

L'évaluation des manœuvres est incluse dans l'évaluation des compétences.

Principes d'évaluation

Art. 26 Le résultat de l'épreuve pratique découle du bilan chiffré de l'évaluation du niveau d'acquisition des compétences. Pour être reçu, le candidat doit obtenir un minimum de vingt points et ne pas commettre d'erreur éliminatoire.

Pour noter chaque compétence, l'expert oppose les actions bien réalisées à celles qui ne l'ont pas été. Il tient compte également du contexte de réalisation.

Art. 27 *(Arr. du 11 août 2011, en vigueur le 19 sept. 2011) Évaluation de la conduite effective.* Pour chacune des compétences décrites à l'article 21 du présent arrêté, l'expert attribue la note 0, 1, 2 ou 3, en s'appuyant sur les définitions suivantes :

Niveau 0 : au moins une composante de la compétence n'est pas acquise et le candidat est incapable de la restituer. Pour autant, la sécurité n'a pas dépendu des tiers.

Niveau 1 : la compétence est en cours d'acquisition mais mal maîtrisée. Elle a été mise en œuvre pendant l'examen, mais de manière incomplète.

Niveau 2 : la compétence est acquise. Elle a été mise en œuvre pendant l'examen à des niveaux de qualité variable.

Niveau 3 : la compétence est correctement et régulièrement restituée. Le candidat a su la mettre en œuvre à chaque fois que cela était utile.

Le niveau 3 ne correspond pas à une prestation parfaite et l'évaluation doit tenir compte tant du contexte de réalisation des actions de conduite que de l'expérience limitée du candidat.

Toute action, non-action ou tout comportement dangereux du candidat plaçant les autres usagers et/ou le véhicule dans une situation où la sécurité dépendrait essentiellement des réactions des tiers constitue une erreur éliminatoire.

Sans préjudice de cette définition, l'erreur éliminatoire est également constituée si le candidat commet l'une des infractions suivantes :

Circulation à gauche sur une chaussée à double sens (art. R. 412-9) ;

Franchissement d'une ligne continue (art. R. 412-19) ;

Circulation sur les bandes d'arrêt d'urgence (art. R. 412-8) ou les voies réservées (art. R. 412-7) ;

Non-respect d'un signal prescrivant l'arrêt (art. R. 412-30, R. 415-6) ;

Circulation en sens interdit (art. R. 412-28).

L'erreur éliminatoire entraîne obligatoirement l'échec à l'examen, qu'elle ait ou non nécessité une intervention physique ou verbale de l'expert.

En cas d'incapacité manifeste et durable du candidat à assurer la sécurité, l'expert peut décider de ne pas mener l'examen à son terme. Cette incapacité entraîne l'échec à l'examen.

Art. 28 *(Arr. du 6 oct. 2017, art. 1er-V, en vigueur le 1er janv. 2018) Évaluation de la vérification, de la question en lien avec la sécurité routière et de la question portant sur les notions élémentaires de premiers secours.* L'évaluation de cette compétence est indépendante de la qualité d'expression du candidat. En cas d'incompréhension de sa part, l'expert peut reformuler la question.

La notation de la vérification, de la question en lien avec la sécurité routière et de la question portant sur les notions élémentaires de premiers secours est globalisée et permet au candidat de se voir attribuer de 1 à 3 points, dans les conditions suivantes :

1 point est attribué si la vérification est correcte ;

1 point est attribué si la réponse à la question en lien avec la sécurité routière est correcte ;

1 point est attribué si la réponse à la question portant sur les notions élémentaires de premiers secours est correcte.

Si le candidat ne réalise pas correctement la vérification et s'il ne répond pas correctement à la question en lien avec la sécurité routière et à la question portant sur les notions élémentaires de premiers secours, il se voit attribuer la note 0 à l'ensemble de cette compétence.

(Arr. du 12 oct. 2020, art. 7) « Par exception et jusqu'au *(Arr. du 2 juin 2022, art. 2)* « 31 décembre 2022 », l'expert attribuera la notation de 3 points à cette compétence. »

Art. 29 Le candidat se voit attribuer un point s'il a démontré pendant l'examen sa capacité à adapter sa conduite de manière à économiser la consommation de carburant et à limiter les rejets de gaz à effet de serre tout en maintenant de bonnes conditions de sécurité.

Art. 30 Le candidat se voit attribuer un point s'il a fait preuve pendant l'examen d'une attitude préventive et courtoise envers les autres usagers, et plus particulièrement les plus vulnérables.

Transcription du résultat

Art. 31 A l'issue de chaque examen, *(Arr. du 11 août 2011, en vigueur le 19 sept. 2011)* « sauf pour les candidats des lycées professionnels et les candidats ayant fait l'objet d'un avis défavorable à la régularisation de leur permis de conduire, » l'expert établit un certificat d'examen du permis de conduire sur lequel il dresse le bilan des compétences restituées par le candidat.

Ce document est *(Arr. du 2 juill. 2014, en vigueur le 1er août 2014)* « adressé » au candidat *(Abrogé par Arr. du 2 juill. 2014, à compter du 1er août 2014)* *« ou adressé »* par voie *(Arr. du 2 juill. 2014, en vigueur le 1er août 2014)* « électronique ou » postale.

Toutefois, si les constatations faites par l'expert à l'occasion de l'examen entraînent des réserves d'ordre médical ou administratif, le certificat d'examen du permis de conduire n'est remis au candidat qu'après la levée de ces réserves.

Art. 32 L'expert renseigne le niveau d'appréciation de chaque compétence à l'endroit prévu sur le certificat d'examen.

Les sous-totaux par compétence et le total chiffré du bilan des compétences sont renseignés sur le certificat d'examen, sauf si une erreur éliminatoire a été commise.

Par ailleurs, le bilan des compétences n'est établi que si l'examen a été mené à son terme.

Art. 33 *(Abrogé par Arr. du 3 mars 2010)* ***L'expert reporte sur le certificat d'examen le numéro des manœuvres et vérifications réalisées.***

Modalités d'application

Art. 34 Les présentes dispositions sont également applicables dans le cadre des épreuves passées en vue de l'obtention d'un diplôme de conducteur routier délivré sous l'autorité du ministre en charge de l'éducation nationale, à l'exception de l'article 31, alinéa 2.

Art. 35 *(Abrogé par Arr. du 2 juill. 2014, à compter du 1er août 2014)* ***Les dispositions du présent arrêté sont applicables dans les conditions prévues par l'arrêté relatif au calendrier de déploiement de la nouvelle épreuve pratique de l'examen du permis de conduire de la catégorie B et de la sous-catégorie B1, dès sa publication au Journal officiel de la République française.*** — *V. Arr. du 22 févr. 2010 (JO 3 mars).*

Arrêté du 12 janvier 2012,

Fixant les conditions de reconnaissance et d'échange des permis de conduire délivrés par les États n'appartenant ni à l'Union européenne, ni à l'Espace économique européen.

Art. 1er Tout permis de conduire délivré régulièrement au nom d'un État n'appartenant ni à l'Union européenne, ni à l'Espace économique européen est reconnu comme valable en France et peut être échangé contre un permis français de la (ou des) catégorie(s) équivalente(s) lorsque les conditions définies ci-après sont remplies.

La notion de résidence normale au sens du présent arrêté est définie *(Arr. du 19 déc. 2017)* « au III de l'article R. 221-1 du code de la route ».

TITRE I CONDITIONS SPÉCIFIQUES À LA RECONNAISSANCE

Art. 2 Tout permis de conduire délivré régulièrement au nom d'un État n'appartenant ni à l'Union européenne, ni à l'Espace économique européen est reconnu sur le territoire français jusqu'à l'expiration d'un délai d'un an qui suit l'acquisition de la résidence normale en France.

Art. 3 I. — Pour être reconnu, tout permis de conduire délivré régulièrement au nom d'un État n'appartenant ni à l'Union européenne, ni à l'Espace économique européen doit répondre aux conditions suivantes :

A. — Être en cours de validité.

B. — Avoir été délivré au nom de l'État dans le ressort duquel le conducteur avait sa résidence normale.

C. — Pour un étranger non ressortissant de l'Union européenne, avoir été obtenu antérieurement à la date de *(Arr. du 10 mai 2022, art. 2)* « la remise » *(Arr. du 19 déc. 2017)* « du premier titre de séjour » et, s'il possède une nationalité autre que celle de l'État de délivrance, avoir en outre été obtenu pendant une période au cours de laquelle il avait sa résidence normale dans cet État. *(Arr. du 19 déc. 2017)* « Pour un ressortissant français, de l'Union européenne ou d'un autre État partie à l'accord sur l'Espace économique européen », avoir été obtenu pendant une période au cours de laquelle il avait sa résidence normale dans cet État ;

(Arr. du 19 déc. 2017) « D. — Être rédigé en langue française ou, si tel n'est pas le cas, être accompagné d'une traduction officielle en français, légalisée ou apostillée si elle est effectuée à l'étranger ou, si elle est réalisée en France, effectuée par un traducteur habilité à intervenir auprès des autorités judiciaires ou administratives françaises. Le demandeur peut produire une traduction établie par la représentation diplomatique en France de l'État de délivrance du titre de conduite. »

II. — En outre, son titulaire doit :

A. — Selon la (ou les) catégorie(s) du permis de conduire détenue(s), avoir l'âge minimal fixé par l'article R. 221-5 du code de la route.

(Arr. du 19 déc. 2017) « B. — Observer, le cas échéant, les prescriptions subordonnant par une mention spéciale la validité du permis de conduire au respect de restrictions ou de certains aménagements, notamment le port de certains appareils ou aménagements du véhicule pour tenir compte d'un handicap. »

C. — Apporter la preuve de sa résidence normale *(Arr. du 19 déc. 2017)* « au sens du III de l'article R. 221-1 du code de la route » sur le territoire de l'État de délivrance, lors de celle-ci, en fournissant tout document approprié présentant des garanties d'authenticité. Les ressortissants étrangers qui possèdent uniquement la nationalité de l'État du permis détenu ne sont pas soumis à cette condition.

Entre autres documents permettant d'établir la réalité de cette résidence normale, il sera tenu compte, pour les Français, de la présentation d'un certificat d'inscription ou de radiation sur le registre des Français établis hors de France délivré par le consulat français territorialement compétent, ou, pour les ressortissants étrangers ne possédant pas la nationalité de l'État de délivrance, d'un certificat équivalent, délivré par les services consulaires compétents, rédigé en langue française ou accompagné d'une traduction officielle en français.

Pour les ressortissants français qui possèdent également la nationalité de l'État qui a délivré le permis de conduire détenu, la preuve de cette résidence normale, à défaut de pouvoir être apportée par les documents susmentionnés, sera établie par tout document suffisamment probant et présentant des garanties d'authenticité.

D. — Ne pas faire l'objet sur le territoire qui a délivré le permis de conduire d'une mesure de suspension, de retrait ou d'annulation du droit de conduire.

E. — Ne pas avoir fait l'objet en France, préalablement à l'obtention d'un permis de conduire dans un autre État, d'une mesure d'annulation ou d'invalidation, en application des dispositions du code pénal ou du code de la route.

TITRE II CONDITIONS SPÉCIFIQUES À L'ÉCHANGE

Art. 4 I. — Tout titulaire d'un permis de conduire délivré régulièrement au nom d'un État n'appartenant ni à l'Union européenne, ni à l'Espace économique européen doit obligatoirement demander l'échange de ce titre contre un permis de conduire français dans le délai d'un an qui suit l'acquisition de sa résidence normale en France.

II. — *(Arr. du 19 déc. 2017)* « A. — » Pour les ressortissants étrangers non ressortissants de l'Union européenne, la date d'acquisition de la résidence normale est celle *(Arr. du 10 mai 2022, art. 3)* « de la remise » du premier titre de séjour.

(Arr. du 10 mai 2022, art. 3) « B. — Pour les ressortissants étrangers bénéficiant d'un visa long séjour valant titre de séjour, la date d'acquisition de la résidence normale est la date de validation du visa au moyen du téléservice prévu par l'arrêté du 13 février 2019 relatif à la validation du visa long séjour valant titre de séjour, ou à défaut celle de la vignette apposée par l'Office français de l'immigration et de l'intégration sur le premier visa long séjour valant titre de séjour.

« Pour les personnes bénéficiant du statut de réfugié, de la protection subsidiaire ou du statut d'apatride, la date d'acquisition de la résidence normale est celle de la remise du récépissé de demande de titre de séjour valant autorisation de séjour portant la mention "reconnu réfugié" ou la mention "a obtenu le bénéfice de la protection subsidiaire" ou la mention "a demandé la délivrance d'un premier titre de séjour bénéficiaire du statut d'apatride". »

C. — Pour les Français, y compris ceux possédant également la nationalité de l'État ayant délivré le titre, la résidence normale en France est présumée, à charge pour eux d'apporter la preuve contraire.

D. — Pour les ressortissants possédant la nationalité d'un pays membre de l'Union européenne *(Arr. du 19 déc. 2017)* « ou d'un autre État partie à l'accord sur l'Espace économique européen, de la Confédération suisse ou de la Principauté de Monaco », y compris ceux possédant également la nationalité de l'État ayant délivré le titre, la date d'acquisition de la résidence normale est fixée au 186e jour suivant leur date d'arrivée sur le territoire français.

Les documents constitutifs de la preuve demandée *(Arr. du 19 déc. 2017)* « au C et au D » du II du présent article sont ceux prévus au D du II de l'article 5.

Les A, B et C deviennent les B, C et D (Arr. du 19 déc. 2017, art. 4).

Art. 5 I. — Pour être échangé contre un titre français, tout permis de conduire délivré par un État n'appartenant ni à l'Union européenne, ni à l'Espace économique européen doit répondre aux conditions suivantes :

A. — Avoir été délivré au nom de l'État dans le ressort duquel le conducteur avait alors sa résidence normale, sous réserve qu'il existe un accord de réciprocité entre la France et cet État conformément à l'article R. 222-1 du code de la route. *(Arr. du 19 déc. 2017)* « Seul le dernier titre délivré peut être présenté à l'échange. »

B. — Être en cours de validité au moment du dépôt de la demande, à l'exception des titres dont la validité est subordonnée par l'État qui l'a délivré aux droits au séjour sur leur *[le]* territoire du titulaire du titre.

Dans ce cas, *(Arr. du 19 déc. 2017)* « l'autorité administrative compétente » s'assure de la concordance des dates de validité du titre de conduite et du titre de séjour délivrés par le même État.

C. — Pour un étranger non ressortissant de l'Union européenne *(Arr. du 19 déc. 2017)* « ou d'un autre État partie à l'accord sur l'Espace économique européen, de la Confédération suisse ou de la Principauté de Monaco », avoir été obtenu antérieurement à la date de *(Arr. du 10 mai 2022, art. 4)* « la remise » *(Arr. du 19 déc. 2017)* « du premier titre de séjour » *(Arr. du 10 mai 2022, art. 4)* « ou du récépissé de demande de titre de séjour valant autorisation de séjour portant la mention "reconnu réfugié" ou la mention "a obtenu le bénéfice de la protection subsidiaire" ou la mention "a demandé la délivrance d'un premier titre de séjour bénéficiaire du statut d'apatride" ou de la validation du visa mentionné au B du II de l'article 4 » et, s'il possède une nationalité autre que celle de l'État de délivrance, avoir en outre été obtenu pendant une période au cours de laquelle l'intéressé avait sa résidence normale dans cet État. Pour un ressortissant français ou de l'Union européenne, avoir été obtenu pendant une période au cours de laquelle l'intéressé avait sa résidence normale dans cet État.

(Arr. du 19 déc. 2017) « D. — Être rédigé en langue française ou, si tel n'est pas le cas, accompagné d'une traduction officielle en français, légalisée ou apostillée si la traduction est effectuée à l'étranger ou, si elle est réalisée en France, effectuée par un traducteur habilité à intervenir auprès des autorités judiciaires ou administratives françaises. Le demandeur peut produire une traduction établie par la représentation diplomatique en France de l'État de délivrance du titre de conduite. »

II. — En outre, son titulaire doit :

A. — Avoir acquis sa résidence normale en France.

B. — Selon la (ou les) catégorie(s) du permis de conduire détenue(s), avoir l'âge minimal requis par l'article R. 221-5 du code de la route.

C. — Observer, le cas échéant, les prescriptions subordonnant par une mention spéciale la validité du permis de conduire au port de certains appareils ou à certains aménagements du véhicule pour tenir compte d'un handicap *(Arr. du 19 déc. 2017)* « ou à restriction. »

D. — Apporter la preuve de sa résidence normale *(Arr. du 19 déc. 2017)* « au sens du III de l'article R. 221-1 du code de la route » sur le territoire de l'État de délivrance, *(Arr. du 19 déc. 2017)* « lors de l'obtention des droits à conduire », en fournissant tout document approprié présentant des garanties d'authenticité. Les ressortissants étrangers qui détiennent uniquement la nationalité de l'État du permis *(Arr. du 19 déc. 2017)* « dont l'échange est demandé » ne sont pas soumis à cette condition.

Entre autres documents permettant d'établir la réalité de cette résidence normale, il sera tenu compte, pour les Français, de la présentation d'un certificat d'inscription ou de radiation sur le registre des Français établis hors de France délivré par le consulat français territorialement compétent, ou, pour les ressortissants étrangers ne possédant pas la nationalité de l'État de délivrance, d'un certificat équivalent, délivré par les services consulaires compétents, rédigé en langue française ou, si nécessaire, accompagné d'une traduction officielle en français.

Pour les ressortissants français *[,]* qui possèdent également la nationalité de l'État qui a délivré le permis de conduire présenté pour échange, la preuve de cette résidence normale, à défaut de pouvoir être apportée par les documents susmentionnés, sera établie par tout document suffisamment probant et présentant des garanties d'authenticité.

E. — Avoir satisfait à un examen médical *(Arr. du 19 déc. 2017)* « d'aptitude à la conduite », dans le cas où un tel examen est exigé par la réglementation française.

F. — Ne pas faire l'objet, sur le territoire qui a délivré le permis de conduire, d'une mesure de suspension, de retrait ou d'annulation du droit de conduire.

G. — Ne pas avoir fait l'objet en France, préalablement à l'obtention d'un permis de conduire dans un autre État, d'une mesure d'annulation ou d'invalidation, en application des dispositions du code pénal ou du code de la route.

Art. 6 *(Arr. du 19 déc. 2017)* A. — Le titulaire d'un permis de conduire national délivré régulièrement au nom d'un État n'appartenant ni à l'Union européenne, ni à l'Espace économique européen doit, en vue d'obtenir le permis français *(Arr. du 10 mai 2022, art. 5)* « en échange de son titre de conduite étranger », en faire la demande au préfet du département de son lieu de résidence afin que celle-ci soit instruite et enregistrée dans le Système national des permis de conduire et que le titre lui soit délivré si toutes les conditions sont réunies.

(Arr. du 10 mai 2022, art. 5) « B. — La demande d'échange de permis de conduire étranger prévue au A est déposée au moyen du téléservice "demande de permis de conduire" prévu à cet effet. »

C. — La demande concernant un mineur est formulée par le représentant légal. Le mineur émancipé apporte la preuve de cette émancipation.

(Arr. du 10 mai 2022, art. 5) « D. — Le dossier joint à la demande est établi conformément aux dispositions de l'arrêté du 20 avril 2012 fixant les conditions d'établissement, de déli-

vrance et de validité du permis de conduire et de l'arrêté du 23 décembre 2016 relatif à la justification de l'identité, du domicile, de la résidence normale et de la régularité du séjour pour l'obtention du permis de conduire et comprend les pièces suivantes :

« 1° L'exemplaire photographié ou numérisé du titre dont l'échange est demandé ;

« 2° La traduction officielle en français du permis s'il n'est pas rédigé en langue française ; cette traduction est soit légalisée ou apostillée si elle est effectuée à l'étranger, soit réalisée par un traducteur habilité à intervenir auprès des autorités judiciaires ou administratives françaises si elle est effectuée en France. Le demandeur peut produire une traduction établie par la représentation diplomatique en France de l'État de délivrance du titre de conduite ;

« 3° Une attestation de droits à conduire datant de moins de six mois au moment du dépôt de la demande établie par les autorités de l'État de délivrance du permis de conduire mentionnant expressément que le titulaire du permis de conduire ne fait pas l'objet, sur le territoire de cet État, d'une mesure de suspension, de retrait ou d'annulation du droit de conduire. Si elle n'est pas établie en français, cette attestation est produite dans sa langue d'origine et accompagnée d'une traduction officielle. La production de cette attestation n'est pas exigible si le titulaire du permis de conduire est reconnu réfugié, est admis au bénéfice de la protection subsidiaire ou a le statut d'apatride ;

« 4° Pour les demandeurs possédant une nationalité autre que celle de l'État de délivrance du permis de conduire, le ou les justificatifs de résidence normale dans le pays de délivrance du permis lors de ladite délivrance, conformément aux dispositions du D du II de l'article 5 du présent arrêté ;

« 5° Un justificatif d'identité ;

« 6° S'il y a lieu, la justification de la régularité du séjour en France ;

« 7° Un justificatif de domicile ;

« 8° Pour les ressortissants de l'Union européenne ou d'un autre État partie à l'accord sur l'Espace économique européen, de la Confédération suisse ou de la Principauté de Monaco, la justification de la résidence normale en France à la date de la demande conformément au III de l'article R. 221-1 du code de la route et au D du II de l'article 4 du présent arrêté ;

« 9° Pour les ressortissants français, s'il y a lieu, le certificat individuel de participation à la journée défense et citoyenneté ou l'attestation provisoire en instance de convocation à la journée défense et citoyenneté ou l'attestation individuelle d'exemption ou l'attestation provisoire de situation vis-à-vis du service national ;

« 10° Le cas échéant, l'avis médical résultant du contrôle médical de l'aptitude à la conduite ;

« 11° Un code photographie et signature numérique valide. A défaut, le formulaire "photo-signature" téléchargé dans le cadre de la téléprocédure sur lequel le demandeur a apposé sa signature et sa photographie répondant à la norme définie par l'arrêté du 10 avril 2007 relatif à l'apposition de photographies d'identité sur les documents d'identité ou de voyage, les permis de conduire et les titres de séjour ou à des normes techniques officielles en vigueur dans l'Espace économique européen.

« Les justificatifs prévus au C et aux 2° à 10° du présent D sont produits sous forme de documents photographiés ou numérisés.

« En cas de doute, la présentation des originaux de ces justificatifs peut être exigée.

« E. — A la demande du service instructeur, le titulaire du permis de conduire étranger envoie en courrier recommandé l'original du permis de conduire. A réception par le service instructeur, l'usager télécharge une attestation de dépôt sécurisée valable pour une durée de quatre mois. »

Art. 7 *(Arr. du 19 déc. 2017)* A. — Avant tout échange, l'autorité administrative compétente s'assure de l'authenticité du titre de conduite et *(Arr. du 26 févr. 2018)* « , en cas de doute, » de la validité des droits.

B. — Pour vérifier l'authenticité du titre de conduite, l'autorité administrative compétente sollicite, le cas échéant, l'aide d'un service spécialisé dans la détection de la fraude documentaire.

C. — Si l'authenticité du titre de conduite est établie, celui-ci peut être échangé sous réserve de satisfaire aux autres conditions.

D. — Néanmoins, quand bien même l'authenticité du titre de conduite est établie, l'autorité administrative compétente peut, avant de se prononcer sur la demande d'échange, en cas de doute selon les informations dont elle dispose, consulter l'autorité étrangère ayant délivré le titre afin de s'assurer des droits de conduite de son titulaire. La demande auprès des autorités étrangères est transmise, sous couvert du ministre chargé des affaires étrangères, service de la valise diplomatique, au consulat de France compétent qui la transmet aux autorités compétentes et avise l'autorité administrative compétente de la date de cette transmission. La demande peut être adressée également par courriel soit aux autorités consulaires françaises, soit lorsque les circonstances le permettent, directement aux autorités compétentes de l'État de délivrance.

Lorsque les autorités étrangères sont consultées, une nouvelle attestation de dépôt sécurisée valable huit mois est, le cas échéant, délivrée au titulaire du permis de conduire étranger. Cette attestation annule et remplace la précédente.

Les autorités étrangères sont informées de ce qu'elles disposent d'un délai de six mois à compter de leur saisine par le consulat de France compétent pour répondre à la demande de vérification des droits à conduire.

Le consulat de France transmet à l'autorité administrative compétente la réponse des autorités étrangères.

Si la réalité des droits à conduire est confirmée, le titre de conduite peut être échangé sous réserve de satisfaire aux autres conditions.

Si l'autorité étrangère confirme l'absence de droits à conduire du titulaire, l'échange n'a pas lieu et le titre est retiré par l'autorité administrative compétente qui saisit le procureur de la République en le lui transmettant.

En l'absence de réception d'une réponse des autorités étrangères à la date d'expiration de l'attestation de dépôt sécurisée valable huit mois *(Arr. du 26 févr. 2018)* « prévue au deuxième alinéa », l'échange du permis de conduire est refusé si, à cette date, le délai de six mois dont disposaient les autorités étrangères pour répondre est lui-même expiré.

E. — Si le caractère frauduleux du titre est établi, l'échange n'a pas lieu et le titre est retiré par l'autorité administrative compétente, qui saisit le procureur de la République en le lui transmettant.

Art. 8 *(Arr. du 19 déc. 2017)* Les titulaires d'un permis de conduire français obtenu en France soit après réussite à l'examen, soit par la conversion d'un brevet militaire de conduite, soit après la validation d'un diplôme ou d'un titre professionnel délivré à cette fin, soit après l'échange d'un permis de conduire délivré par une collectivité d'outre-mer et par la Nouvelle-Calédonie conservent leurs droits à conduire en France au moment de l'échange de leur titre français contre un titre national délivré par un État étranger avec lequel la France procède à l'échange.

A leur retour en France, dès l'acquisition de leur résidence normale sur le territoire national, ils sont rétablis dans leurs droits à conduire, sous réserve de ne pas faire l'objet de mesure de restriction, suspension, annulation ou retrait du droit de conduire en France ou sur le territoire de l'État étranger qui a délivré le permis de conduire.

Le rétablissement ne vaut que pour les droits acquis en France.

Conformément à l'article 2 du présent arrêté, le titre de conduite étranger délivré régulièrement en échange du permis français est, sous réserve de satisfaire à l'ensemble des conditions posées par l'article 3, reconnu sur le territoire français jusqu'à l'expiration d'un délai d'un an qui suit l'acquisition de la résidence normale en France par son titulaire. Toutefois, le dépassement du délai d'un an imparti par l'article 4-I pour le dépôt d'une demande d'échange et l'expiration de la durée de validité du titre de conduite étranger obtenu en échange du titre français ne font pas obstacle à la demande de rétablissement des droits.

La demande de rétablissement des droits est effectuée *(Arr. du 10 mai 2022, art. 6)* « auprès du préfet du département du lieu de résidence du titulaire du titre de conduite étranger » au moyen du téléservice *(Arr. du 10 mai 2022, art. 6)* « "demande de permis de conduire" » *(Abrogé par Arr. du 10 mai 2022, art. 6)* ***« et, à défaut, du formulaire réglementaire CERFA nº 14879* 01. "Demande de permis de conduire par échange-Rétablissement des droits à conduire" accompagné du formulaire CERFA nº 14948* 01 Réf 06 "Demande de permis de conduire-Format de l'Union européenne" ».***

La demande est accompagnée des documents suivants :

(Arr. du 10 mai 2022, art. 6) « 1º L'exemplaire photographié ou numérisé du titre dont l'échange est demandé ; »

2º La traduction officielle en français du permis s'il n'est pas rédigé en langue française ;

3° Les justificatifs d'identité, de régularité du séjour en France et de domicile décrits à l'article 6 et, selon la situation du demandeur, les justificatifs de résidence normale et d'aptitude médicale à la conduite décrits au même article ;

(Arr. du 10 mai 2022, art. 6) « 4° Un code photographie et signature numérique valide. A défaut, le formulaire "photo-signature" téléchargé dans le cadre de la téléprocédure sur lequel le demandeur a apposé sa signature et sa photographie répondant à la norme définie par l'arrêté du 10 avril 2007 visé au D de l'article 6 ou à des normes techniques officielles en vigueur dans l'Espace économique européen ;

« 5° Le cas échéant, sur demande de l'autorité administrative, la production d'une attestation de droits à conduire, datant de moins de six mois au moment de la demande, établie par les autorités de l'État de délivrance du permis de conduire et accompagnée de sa traduction. »

Les justificatifs prévus aux 2°, 3° et 5° du présent article sont produits sous forme de documents photographiés ou numérisés *(Abrogé par Arr. du 10 mai 2022, art. 6)* ***« lorsque la demande est faite par téléprocédure. Dans le cas contraire, ces justificatifs sont produits sous forme de photocopies ».***

(Arr. du 10 mai 2022, art. 6) « En cas de doute », la présentation des originaux de ces justificatifs peut être exigée.

(Arr. du 10 mai 2022, art. 6) « A la demande du service instructeur, le titulaire du permis de conduire étranger envoie, en courrier recommandé, l'original de son permis de conduire. A réception par le service instructeur du titre de conduite original, l'usager télécharge une attestation de dépôt sécurisée valable pour une durée de quatre mois. »

TITRE III CONDITIONS SPÉCIFIQUES POUR LES TITULAIRES D'UN TITRE DE SÉJOUR SPÉCIAL DU MINISTÈRE DES AFFAIRES ÉTRANGÈRES ET EUROPÉENNES, LES ÉTUDIANTS ET LES BÉNÉFICIAIRES DU STATUT DE RÉFUGIÉ, POUR LES APATRIDES ET LES ÉTRANGERS AYANT OBTENU LA PROTECTION SUBSIDIAIRE

Art. 9 Les permis de conduire étrangers détenus par les conducteurs n'ayant pas la nationalité française et titulaires d'un titre de séjour spécial délivré par le ministère des affaires étrangères et européennes sont reconnus pendant la durée de leur mission sous réserve que les autorités étrangères qui ont délivré le permis de conduire accordent, dans des circonstances analogues, le même privilège aux ressortissants français.

Art. 10 Les permis de conduire étrangers détenus par les titulaires d'un titre de séjour comportant la mention " étudiant", conformément à l'article L. 313-7 du code de l'entrée et du séjour des étrangers et du droit d'asile, sont reconnus, dans les conditions visées à l'article 3, pendant toute la durée des études en France.

Art. 11 *(Abrogé par Arr. du 9 avr. 2019)* ***« I. — Les dispositions du A du I de l'article 5 ne sont pas applicables au titulaire d'un permis de conduire délivré par un État n'appartenant ni à l'Union européenne, ni à l'Espace économique européen possédant un titre visé au I de l'article 4 comportant la mention " réfugié ". »***

I. — Le délai d'un an pour la reconnaissance et la demande d'échange du permis de conduire *(Arr. du 9 avr. 2019)* « pour les bénéficiaires du statut de réfugié, pour les apatrides et les étrangers ayant obtenu la protection subsidiaire, » court à compter de la date de *(Arr. du 10 mai 2022, art. 7)* « remise » du *(Arr. du 9 avr. 2019)* « récépissé » *(Arr. du 10 mai 2022, art. 7)* « de demande de titre de séjour valant autorisation de séjour portant la mention "reconnu réfugié" ou la mention "a obtenu le bénéfice de la protection subsidiaire" ou la mention "a demandé la délivrance d'un premier titre de séjour bénéficiaire du statut d'apatride" ».

II. — Les dispositions du B du I de l'article 5 relatives à la validité du titre ne sont pas applicables aux *(Arr. du 9 avr. 2019)* « bénéficiaires du statut de réfugié, aux apatrides et aux étrangers ayant obtenu la protection subsidiaire » *(Abrogé par Arr. du 10 mai 2022, art. 7)* ***« dès lors que la validité du permis liée au paiement d'une taxe ou au résultat d'un examen médical est arrivée à expiration à la date où le délai d'un an, défini selon les modalités prévues au deuxième alinéa, commence à courir ».***

(Abrogé par Arr. du 9 avr. 2019) ***« Les présentes dispositions s'appliquent également aux apatrides et aux étrangers ayant obtenu la protection subsidiaire. »***

Les II et III deviennent respectivement I et II (Arr. du 9 avr. 2019, art. 1er).

TITRE IV CONDITIONS SPÉCIFIQUES POUR LES TITULAIRES DU PERMIS DE CONDUIRE INTERNATIONAL

Art. 12 Le permis de conduire international n'est ni reconnu ni échangé pour les personnes qui acquièrent leur résidence normale en France.

TITRE V DISPOSITIONS GÉNÉRALES

Art. 13 *(Arr. du 19 déc. 2017)* L'échange contre un permis de conduire français donne lieu au retrait du titre de conduite étranger qui est conservé par l'autorité administrative ; ce titre ne peut être restitué qu'en échange du titre français.

Art. 14 Une liste des États dont les permis de conduire nationaux sont échangés en France contre un permis français est établie conformément aux articles R. 222-1 et R. 222-3 du code de la route. Cette liste précise pour chaque État la ou les catégories de permis de conduire concernée(s) par l'échange contre un permis français. Elle ne peut inclure que des États qui procèdent à l'échange des permis de conduire français de catégorie équivalente et dans lesquels les conditions effectives de délivrance des permis de conduire nationaux présentent un niveau d'exigence conforme aux normes françaises dans ce domaine.

Les demandes d'échange de permis introduites avant la date de publication au *JORF* de la liste prévue au premier alinéa du présent article sont traitées sur la base de la liste prévue à l'article 14 de l'arrêté du 8 février 1999 modifié fixant les conditions de reconnaissance et d'échange des permis de conduire délivrés par les États n'appartenant ni à l'Union européenne, ni à l'Espace économique européen.

Art. 15 L'arrêté du 8 février 1999 modifié fixant les conditions de reconnaissance et d'échange des permis de conduire délivrés par les États n'appartenant ni à l'Union européenne, ni à l'Espace économique européen est abrogé à la date d'entrée en vigueur du présent arrêté, à l'exception de son article 14, qui est abrogé à compter de la date de publication de la liste prévue au premier alinéa de l'article 14.

Arrêté du 20 avril 2012,

Fixant les conditions d'établissement, de délivrance et de validité du permis de conduire.

Demande de permis de conduire

Art. 1er I. — Le permis de conduire français est délivré soit après la réussite à un examen, soit à la suite d'une formation *(Arr. du 18 juill. 2016, art. 2-1°)* « organisée à cette fin » *(Abrogé par Arr. du 18 juill. 2016, art. 2-1°)* ***« pour les catégories AM et A par accès progressif »***, soit par la conversion du brevet militaire de conduite, soit après l'échange d'un permis de conduire *(Arr. du 10 janv. 2013)* « étranger », *(Arr. du 18 juill. 2016, art. 2-1°)* « soit après validation d'un diplôme ou d'un titre professionnel délivré à cette fin, » dans les conditions définies par arrêtés du ministre en charge de la sécurité routière.

(Abrogé par Arr. du 3 nov. 2017, art. 2-I) (Arr. du 18 juill. 2016, art. 2-2°) ***« Sa délivrance est subordonnée à au moins une présentation en personne du demandeur ou du conducteur devant un agent compétent de l'État ou d'un organisme désigné à cette fin. »***

(Arr. du 17 nov. 2022, art. 1er) « II. — Toute personne désirant se présenter aux épreuves du permis de conduire ou obtenir le permis de conduire prévu à l'article R. 221-1 doit en faire la demande auprès du préfet du département dans lequel elle est domiciliée, au moyen du téléservice "demande de permis de conduire".

« Cette inscription a une durée de validité de cinq ans à compter de l'enregistrement par l'autorité compétente. Une prorogation de cinq ans est accordée dès la réussite à l'épreuve d'admissibilité.

« La demande de permis de conduire ne peut être effectuée avant l'âge de 16 ans révolus, à l'exception de la catégorie AM pour laquelle l'âge est de 14 ans révolus et de la catégorie B, dans le cadre de l'apprentissage anticipé de la conduite, pour laquelle l'âge est de 15 ans révolus. Pour les personnes nées après le 31 décembre 1987, la demande de la catégorie AM intervient après obtention du brevet de sécurité routière prévu à l'article R. 211-1 du code de la route.

« 1° Les demandes relatives au permis de conduire sont adressées au ministre de l'intérieur et des outre-mer, au moyen du téléservice de "demande de permis de conduire", le cas échéant avec l'aide d'un point d'accueil numérique mis à disposition par le ministère de l'intérieur et des outre-mer ;

« 2° Toutefois, pour les personnes établies à l'étranger mais ayant conservé leur résidence normale en France, les demandes sont effectuées par voie postale au moyen des formulaires réglementaires CERFA adaptés :

« — les demandes de permis international, sont effectuées au moyen du formulaire réglementaire CERFA n° 14881*01 ;

« — les demandes de renouvellement ou de duplicata de permis de conduire perdu, volé ou détérioré sont effectuées au moyen du formulaire réglementaire CERFA n° 14882*01.

« Ces demandes sont complétées du CERFA référence 06 n° 14948*01, comportant la photographie et la signature du demandeur.

« L'autorité compétente pour instruire les demandes de renouvellement ou de duplicata de permis de conduire perdu, volé ou détérioré présentées par des personnes établies à l'étranger mais ayant conservé leur résidence normale en France est le préfet du département ayant délivré le permis de conduire perdu, volé ou détérioré. S'agissant du permis de conduire international, la demande est adressée à l'autorité administrative compétente. »

III. — Le dossier réglementaire comprend :

(Arr. du 18 juill. 2016, art. 2-4°) « A. — 1° La justification de l'identité du demandeur ; »

(Arr. du 17 nov. 2022, art. 1er) « 2° La justification de la régularité du séjour en France pour les ressortissants étrangers soumis à titre de séjour ;

« 3° La preuve de sa résidence normale et de son domicile en France.

« Pour les Français domiciliés en France, la résidence normale est présumée y compris lorsqu'ils sont titulaires de la nationalité d'un autre État.

« Pour les demandeurs de nationalité étrangère, la résidence normale en France est établie dès lors qu'ils y résident régulièrement depuis au moins 185 jours.

« Pour les ressortissants étrangers non-ressortissants de l'Union européenne, la date d'acquisition de la résidence normale est celle de la date de la remise du premier titre de séjour. Pour les ressortissants étrangers bénéficiant d'un visa long séjour valant titre de séjour, la date d'acquisition de la résidence normale est la date de la confirmation de la validation de l'enregistrement du visa long séjour valant titre de séjour.

« Pour les personnes bénéficiant du statut de réfugié, de la protection subsidiaire ou du statut d'apatride, la date d'acquisition de la résidence normale est celle de la remise du récépissé constatant la reconnaissance d'une protection internationale.

« Pour les ressortissants suisses, andorrans ou monégasques ou ressortissants de l'Espace économique européen, la résidence normale est établie au moyen de tout document suffisamment probant présentant des garanties d'authenticité et attestant de leurs attaches personnelles et/ou professionnelles depuis au moins 185 jours en France à la date de leur demande.

« Les Français et les ressortissants étrangers titulaires d'un titre de séjour français en cours de validité qui séjournent régulièrement à l'étranger depuis plus de 185 jours mais qui produisent la copie probante ou un exemplaire photographié ou numérisé d'un titre de séjour temporaire attestant qu'ils ne sont pas considérés comme résidents par l'État d'accueil sont réputés avoir conservé leur résidence normale en France dès lors qu'ils avaient leur résidence régulière sur le territoire français avant leur installation à l'étranger.

« 4° Un code photographie et signature numérique valide. A défaut, le formulaire "photo-signature" téléchargé dans le cadre de la téléprocédure sur lequel le demandeur a apposé sa signature et sa photographie répondant à la norme définie par l'arrêté du 10 avril 2007 relatif à l'apposition de photographies d'identité sur les documents d'identité ou de voyage, les permis de conduire et les titres de séjour ou à des normes techniques officielles dans l'Espace économique européen. »

(Arr. du 3 nov. 2017, art. 2-III) « B. — Le cas échéant, un exemplaire photographié ou numérisé de l'avis médical d'aptitude à la conduite, transcrit sur le formulaire réglementaire CERFA n° 14880*01. »

(Abrogé par Arr. du 17 nov. 2022, art. 1er) « *C. — Dans le cadre de la téléprocédure, un code photographie et signature numérique valide. A défaut, le formulaire "photo-signature" téléchargé dans le cadre de la téléprocédure sur lequel le demandeur a apposé sa signature et sa photographie répondant à la norme définie par l'arrêté du 10 avril 2007 relatif à l'apposition de photographies d'identité sur les documents d'identité ou de voyage, les permis de conduire et les titres de séjour*

ou à des normes techniques officielles dans l'Espace économique européen. Dans les autres cas, une photographie récente en trois exemplaires conforme à la norme indiquée ci-dessus.

« D. – (Arr. du 3 nov. 2017, art. 2-III) « Pour une demande de titre à la suite de la réussite à un examen du permis de conduire, un exemplaire photographié ou numérisé du certificat d'examen du permis de conduire (CEPC). » »

(Arr. du 30 janv. 2018) « C. – 1° Pour une première demande de titre de conduite, s'agissant des personnes *(Arr. du 9 nov. 2018)* « âgées de moins de 21 ans », la justification de ce qu'elles ont passé avec succès le contrôle des connaissances théoriques des règles de sécurité routière ayant donné lieu, soit à la délivrance d'une attestation scolaire de sécurité routière de second niveau, soit d'une attestation de sécurité routière, conformément au I et au premier alinéa du II de l'article R. 211-1 et au *a* du 2° de l'article R. 221-5 du code de la route.

(Abrogé par Arr. du 17 nov. 2022, art. 1er) (Arr. du 12 oct. 2020, art. 2) « Par exception à l'alinéa précédent, pour une première demande de titre de conduite de la catégorie A1 ou B1 effectuée entre le 12 mars 2020 et le 31 janvier 2021 inclus, une attestation conforme au modèle d'attestation prévu à l'annexe VIII du présent arrêté peut être jointe. »

« Cette justification est établie au moyen d'un exemplaire photographié ou numérisé de l'attestation scolaire de sécurité routière de second niveau ou de l'attestation de sécurité routière mentionnées ci-dessus.

« A défaut, le demandeur produit un exemplaire photographié ou numérisé d'une déclaration sur l'honneur établie conformément au modèle figurant à l'annexe VII. »

« 2° Pour la première obtention de la catégorie AM du permis de conduire, s'agissant des personnes nées après le 31 décembre 1987, la justification de ce qu'elles sont titulaires du brevet de sécurité routière exigé conformément à l'article R. 211-2 du code de la route pour conduire un cyclomoteur ou un quadricycle léger à moteur.

« Cette justification est établie au moyen d'un exemplaire photographié ou numérisé :

« – soit du brevet de sécurité routière délivré avant le 19 janvier 2013 ;

« – soit de l'attestation de suivi de la formation pratique du brevet de sécurité routière délivrée à partir du 19 janvier 2013, accompagnée de l'attestation scolaire de sécurité routière de premier ou de second niveau ou de l'attestation de sécurité routière dont la délivrance valide la partie théorique du brevet de sécurité routière. »

D. – *(Arr. du 3 nov. 2017, art. 2-III)* « Un exemplaire photographié ou numérisé de l'attestation » de suivi de la formation pratique prévue à l'article D. 221-3 du code de la route pour les personnes titulaires de la catégorie A2 depuis deux ans au moins.

E. – *(Abrogé par Arr. du 21 déc. 2015, art. 1er-I) « Pour les candidats âgés de 16 à 18 ans non révolus, la copie de l'attestation de recensement ou du certificat individuel de participation à la journée défense et citoyenneté (JDC, antérieurement JAPD) ou de l'attestation individuelle d'exemption. »* Pour les candidats âgés *(Arr. du 12 oct. 2016)* « de 17 ans révolus à 25 ans non révolus », *(Arr. du 3 nov. 2017, art. 2-III)* « un exemplaire photographié ou numérisé » du certificat individuel de participation à la *(Arr. du 21 déc. 2015, art. 1er-I)* « journée défense et citoyenneté (JDC) » *(Abrogé par Arr. du 17 nov. 2022, art. 1er) « ou de l'attestation provisoire "en instance de convocation" à la (Arr. du 21 déc. 2015, art. 1er-I) « journée défense et citoyenneté (JDC) » »* ou de l'attestation individuelle d'exemption *(Arr. du 17 nov. 2022, art. 1er)* « , ou de l'attestation de situation vis-à-vis du service national ou de l'attestation provisoire de situation vis-à-vis du service national ».

(Abrogé par Arr. du 25 nov. 2020, art. 2) (Arr. du 12 oct. 2020, art. 2) « Par exception à l'alinéa précédent pour les demandes d'inscription effectuées entre le 12 mars 2020 et le 31 janvier 2021 inclus, une attestation sur l'honneur de non participation à la journée défense et citoyenneté (JDC) conforme au modèle d'attestation prévu à l'annexe IX du présent arrêté peut être jointe. »

A partir de 25 ans révolus, aucun des justificatifs mentionnés ci-dessus n'est exigible.

Les candidats à la catégorie AM, *(Arr. du 12 oct. 2016)* « âgés de 14 à 17 ans non révolus », sont dispensés de la présentation de ces justificatifs.

(Arr. du 21 déc. 2015, art. 1er-I) « Les candidats à la catégorie B, dans le cadre de l'apprentissage anticipé de la conduite, *(Arr. du 12 oct. 2016)* « âgés de 15 à 17 ans non révolus », sont dispensés de la présentation de ces justificatifs. »

F. – Pour les candidats titulaires d'un permis de conduire français ou délivré par un État membre de l'Union européenne ou de l'Espace économique européen depuis moins de cinq ans, *(Arr. du 3 nov. 2017, art. 2-III)* « un exemplaire photographié ou numérisé de l'original » de leur titre.

G. — Pour les candidats à la catégorie C du permis de conduire, *(Arr. du 3 nov. 2017, art. 2-III)* « un exemplaire photographié ou numérisé de l'original » du permis de conduire de la catégorie B et, éventuellement, *(Abrogé par Arr. du 3 nov. 2017, art. 2-III)* « ***la copie*** » *(Arr. du 10 janv. 2013)* « du diplôme, *(Arr. du 17 nov. 2022, art. 1er)* « de l'attestation, du » certificat ou *(Arr. du 17 nov. 2022, art. 1er)* « du » titre professionnel » constatant l'achèvement d'une formation de conducteur par route, conformément aux dispositions des articles R. 3314-1 et suivants du code des transports.

H. — Pour les candidats à la catégorie CE, *(Arr. du 3 nov. 2017, art. 2-III)* « un exemplaire photographié ou numérisé » du permis de conduire de la catégorie C et, éventuellement, *(Abrogé par Arr. du 3 nov. 2017, art. 2-III)* « ***la copie*** » *(Arr. du 10 janv. 2013)* « du diplôme, *(Arr. du 17 nov. 2022, art. 1er)* « de l'attestation, » certificat ou *(Arr. du 17 nov. 2022, art. 1er)* « du » titre professionnel » constatant l'achèvement d'une formation de conducteur par route, conformément aux dispositions des articles R. 3314-1 et suivants du code des transports.

I. — *(Arr. du 10 janv. 2013)* « Pour les candidats à la catégorie D1, *(Arr. du 3 nov. 2017, art. 2-III)* « un exemplaire photographié ou numérisé de l'original » du permis de conduire de la catégorie B. »

J. — *(Arr. du 10 janv. 2013)* « Pour les candidats à la catégorie D1E, *(Arr. du 3 nov. 2017, art. 2-III)* « un exemplaire photographié ou numérisé de l'original » du permis de conduire de la catégorie D1. »

K. — *(Arr. du 10 janv. 2013)* « Pour les candidats à la catégorie D, *(Arr. du 3 nov. 2017, art. 2-III)* « un exemplaire photographié ou numérisé » du permis de conduire de la catégorie B et, éventuellement, *(Abrogé par Arr. du 3 nov. 2017, art. 2-III)* « ***la copie*** » du diplôme, *(Arr. du 17 nov. 2022, art. 1er)* « de l'attestation, du » certificat ou *(Arr. du 17 nov. 2022, art. 1er)* « du » titre professionnel constatant l'achèvement d'une formation de conducteur de transport de voyageurs, conformément aux dispositions des articles R. 3314-1 et suivants du code des transports. »

L. — *(Arr. du 10 janv. 2013)* « Pour les candidats à la catégorie DE, *(Arr. du 3 nov. 2017, art. 2-III)* « un exemplaire photographié ou numérisé » du permis de conduire de la catégorie D et, éventuellement, *(Abrogé par Arr. du 3 nov. 2017, art. 2-III)* « ***la copie*** » du diplôme, *(Arr. du 17 nov. 2022, art. 1er)* « de l'attestation, du » certificat ou *(Arr. du 17 nov. 2022, art. 1er)* « du » titre professionnel constatant l'achèvement d'une formation de conducteur de transport de voyageurs, conformément aux dispositions des articles R. 3314-1 et suivants du code des transports. »

M. — *(Arr. du 10 janv. 2013)* « Pour les candidats à la catégorie D n'ayant pas atteint l'âge de 24 ans révolus mais bénéficiant des dispositions relatives à l'âge figurant aux articles R. 3314-4 et R. 3324-6 et suivants du code des transports, *(Arr. du 3 nov. 2017, art. 2-III)* « un exemplaire photographié ou numérisé de l'original » du permis de conduire de la catégorie B et soit l'engagement sur l'honneur à suivre la qualification initiale dénommée formation initiale minimale obligatoire (FIMO) dans le délai prévu au *(Arr. du 17 nov. 2022, art. 1er)* « VII » de l'article 5 du présent arrêté, soit la copie de l'attestation de FIMO. »

N. — *(Arr. du 10 janv. 2013)* « Pour les candidats à la catégorie DE n'ayant pas atteint l'âge de 24 ans révolus mais bénéficiant des dispositions relatives à l'âge figurant aux articles R. 3314-4 et R. 3324-6 et suivants du code des transports, *(Arr. du 3 nov. 2017, art. 2-III)* « un exemplaire photographié ou numérisé de l'original » du permis de conduire de la catégorie D et soit l'engagement sur l'honneur à suivre la qualification initiale dénommée formation initiale minimale obligatoire (FIMO) dans le délai prévu au *(Arr. du 17 nov. 2022, art. 1er)* « VII » de l'article 5 du présent arrêté, soit la copie de l'attestation de FIMO. »

O. — Pour les candidats à la catégorie BE ou C1, *(Arr. du 3 nov. 2017, art. 2-III)* « un exemplaire photographié ou numérisé de l'original » du permis de conduire de la catégorie B.

P. — Pour les candidats à la catégorie C1E, *(Arr. du 3 nov. 2017, art. 2-III)* « un exemplaire photographié ou numérisé de l'original » du permis de conduire de la catégorie C1.

(Arr. du 3 nov. 2017, art. 2-III) « Q. — Pour les personnes sollicitant, depuis l'étranger, la délivrance d'un permis de conduire international ou le renouvellement de leur permis de

conduire français perdu, volé ou détérioré ou son duplicata pour les personnes dont le permis est soumis à un renouvellement médical périodique, le dossier réglementaire comprend, en outre :

« 1° Une justification de leur droit au séjour dans le pays où elles sont établies ainsi que la justification du maintien de leur résidence normale en France, établie au moyen de tout document suffisamment probant et présentant des garanties d'authenticité :

« — attestant de la poursuite de leurs études, d'une formation, d'un stage ou de l'exercice d'une mission d'une durée déterminée à l'étranger, accompagné le cas échéant d'une traduction officielle en français ; les agents de l'État et les personnels des organisations internationales peuvent notamment produire une copie de leur titre de séjour spécial ou assimilé ;

« — ou attestant de leur résidence en France pendant une durée d'au moins 185 jours consécutifs au cours des douze derniers mois précédant la date de réception de leur demande par le service instructeur au moyen notamment d'un contrat de location, des quittances de loyers, de gaz, d'électricité ou de téléphonie fixe *(Arr. du 17 nov. 2022, art. 1er)* « ou d'une attestation de domiciliation délivrée par le fournisseur d'énergie » ;

« 2° Une copie ou un exemplaire photographié ou numérisé du récépissé de la déclaration de perte ou de vol établie par les autorités étrangères et visé par le poste consulaire ou diplomatique compétent ou bien du titre détérioré *(Arr. du 17 nov. 2022, art. 1er)* « avec sa traduction en français établie par un traducteur habilité à intervenir auprès des autorités judiciaires ou administratives françaises ».

Lorsque le permis renouvelé ou le duplicata a été établi en raison d'un permis détérioré, il ne peut être remis au demandeur qu'en échange de ce permis.

« Les personnes n'ayant pas conservé de domicile en France mentionnent sur le formulaire CERFA dédié l'adresse figurant sur leur permis de conduire perdu, volé ou détérioré ou, dans le cas d'un permis de conduire au format de l'Union européenne, l'adresse déclarée lors de la demande de leur permis perdu, volé ou détérioré.

« Le préfet adresse le titre renouvelé ou le duplicata au poste diplomatique ou consulaire territorialement compétent. »

(Arr. du 20 déc. 2017) « Il ne peut être procédé au renouvellement du permis de conduire national ou à la délivrance du permis de conduire international si l'usager a fixé sa résidence normale hors de France à la date de sa demande, à l'exception du renouvellement, hors de l'Espace économique européen, du titre perdu, volé ou détérioré pour lequel une demande est déposée dans un délai d'un an maximum. »

Les E à S deviennent C à Q (Arr. du 17 nov. 2022, art. 1er-2°-d).

Examens techniques

Art. 2 I. — Les candidats au permis de conduire quelle qu'en soit la catégorie, à l'exception de la catégorie AM traitée au *(Arr. du 10 janv. 2013)* « D » ci-dessous et de la catégorie A obtenue selon les dispositions de l'alinéa 2 de l'article D. 221-3 du code de la route *[,]* passent devant un expert désigné conformément au *(Arr. du 4 août 2014, art. 1er-2°)* « quatrième » alinéa de ce même article du code de la route un examen technique, dans les conditions prévues au même article, comprenant :

A. — *(Arr. du 18 févr. 2020, en vigueur le 1er mars 2020)* « Pour les catégories B1, B, BE, C, D, CE, DE, C1, D1, C1E, D1E, une épreuve théorique générale commune d'admissibilité, et pour les catégories A1 et A2, une épreuve théorique générale motocyclette d'admissibilité, portant sur la connaissance des règlements concernant la circulation et la conduite d'un véhicule ainsi que sur celle des bons comportements du conducteur. »

A cet égard, sont concernées la vigilance et les attitudes à l'égard des autres usagers de la route, les fonctions de perception, d'évaluation et de décision, la modification des comportements du conducteur liés aux effets de l'alcool, des drogues et des médicaments, des états émotionnels et de la fatigue *(Arr. du 18 févr. 2020, en vigueur le 1er mars 2020)* « les gestes de premiers secours », la prise de conscience des risques au regard des conditions atmosphériques environnantes et des états de la chaussée.

Sont également traités les risques spécifiques liés à l'inexpérience d'autres usagers de la route, aux usagers les plus vulnérables mais aussi ceux ayant trait aux caractéristiques spécifiques de certaines catégories de véhicules et aux différentes conditions de visibilité de leurs conducteurs.

Enfin, les candidats doivent connaître *(Arr. du 21 déc. 2015, art. 1er-II)* « les règles de sécurité routière à appliquer dans les tunnels, » les précautions à prendre en quittant le véhicule, les facteurs de sécurité concernant le chargement de ce véhicule et les personnes transportées, les règles d'une conduite respectueuse de l'environnement (niveau sonore, consommation de carburant et émissions de gaz à effet de serre) ainsi que la réglementation relative à l'obligation d'assurance et aux documents administratifs liés à l'utilisation du véhicule.

(Arr. du 4 août 2014, art. 1er-2°) « 1° *(Arr. du 11 juill. 2016, art. 1er-I-1°)* « Lorsque l'autorité administrative organise l'épreuve théorique générale ou des sessions spécialisées sur le fondement des 1° et 2° de l'article R. 221-3-2 du code de la route, l'épreuve ou les sessions sont organisées de manière collective. » Toutefois, le service en charge localement de l'organisation des examens du permis de conduire déroge au caractère collectif de l'épreuve dans le cas où un candidat présente un handicap qui le justifie ;

« 2° *(Arr. du 11 juill. 2016, art. 1er-I-2°)* « Le nombre et la fréquence des sessions spécialisées sont déterminés mensuellement par le service en charge localement de l'organisation des examens du permis de conduire. Le nombre de sessions spécialisées ne peut être inférieur à deux par an dans le cas visé au 4° ; »

« 3° Des *(Arr. du 11 juill. 2016, art. 1er-I-3°)* « sessions spécialisées » peuvent être organisées pour les candidats maîtrisant mal la langue française. Dans ce cas, le candidat peut recourir aux services d'un traducteur-interprète assermenté près d'une cour d'appel. *(Abrogé par Arr. du 11 juill. 2016, art. 1er-I-3°)* ***« Le nombre et la fréquence de ces séances sont déterminés par le service en charge localement de l'organisation des examens du permis de conduire. »*** Seul peut se présenter à ces séances le candidat ayant déclaré maîtriser mal la langue française sur son dossier de demande de permis de conduire ;

« 4° Des *(Arr. du 11 juill. 2016, art. 1er-I-4°)* « sessions spécialisées » sont organisées pour les candidats sourds ou malentendants. Seuls sont admis à se présenter à ces séances les candidats ayant déclaré être atteints d'une des affections du 3.1 de la classe III visées à *(Arr. du 28 mars 2022, art. 10)* « l'arrêté du 28 mars 2022 ».

« Dans ce cas, le candidat peut recourir aux services d'un traducteur-interprète spécialisé en langage des signes, assermenté près d'une cour d'appel ou d'un groupement d'établissements de l'éducation nationale (GRETA). Le candidat peut recourir également à un dispositif de communication adapté de son choix, sous réserve que ce dispositif ne contrevienne pas aux dispositions relatives à la confidentialité de l'examen. *(Abrogé par Arr. du 11 juill. 2016, art. 1er-I-4°)* ***« Lorsque des demandes d'examens réservés aux personnes sourdes ou malentendantes sont formulées dans un département, le nombre de séances organisées par le service en charge de l'organisation des examens du permis de conduire ne peut être inférieur à deux par an. »***

« Les candidats dysphasiques et/ou dyslexiques et/ou dyspraxiques peuvent passer l'épreuve théorique générale dans ces séances spécifiques à la condition qu'ils présentent à l'expert leur pièce d'identité accompagnée de l'un des trois documents suivants :

« — une reconnaissance de qualité de travailleur handicapé (RQTH) ou une reconnaissance de handicap obtenue auprès de la maison départementale des personnes handicapées (MDPH) et un diagnostic de dyslexie et/ou de dysphasie et/ou de dyspraxie ;

« — une reconnaissance d'aménagements aux épreuves nationales de l'éducation nationale au titre des troubles de l'apprentissage du langage écrit, du langage oral et/ou écrit et/ou de l'acquisition de la coordination ;

« — un certificat médical délivré depuis moins de six mois maximum, attestant d'un trouble spécifique du langage et/ou de la lecture et/ou de l'acquisition de la coordination et nécessitant un aménagement des conditions de passage de l'épreuve théorique générale ;

« 5° Des *(Arr. du 11 juill. 2016, art. 1er-I-5°)* « sessions spécialisées » peuvent être organisées spécifiquement pour les candidats présentant un handicap spécifique de l'appareil locomoteur, si leur handicap est de nature à rendre impossible leur participation à une séance traditionnelle. Le nombre et la fréquence de ces séances sont déterminés par les service*[s]* en charge localement de l'organisation des examens du permis de conduire. Seuls sont admis à ces séances les candidats ayant déclaré être atteints d'une des affections des classes V et VI définies par *(Arr. du 28 mars 2022, art. 10)* « l'arrêté du 28 mars 2022 » ; »

(Arr. du 1er juin 2016, art. 3) « 6° Des sessions spécialisées sont organisées sur leur lieu de détention pour les candidats détenus se présentant à l'épreuve théorique générale de

l'examen du permis de conduire. Le nombre de session *[sessions]* ne peut être inférieur à un par an » ;

(Arr. du 11 juill. 2016, art. 1er-I-6°) « 7° Outre l'expert, peuvent assister aux épreuves organisées par l'autorité administrative :

« – un inspecteur du permis de conduire et de la sécurité routière, dans le cadre de la formation initiale ou continue des experts ;

« – un délégué à l'éducation routière, dans le cadre de l'organisation ou de la surveillance des examens, du contrôle hiérarchique des experts ou de leur formation initiale ou continue ;

« – toute autre personne, désignée par le ministre en charge de la sécurité routière ou par le service en charge localement de l'organisation des examens du permis de conduire et pour laquelle la présence aux examens revêt un intérêt professionnel. »

B. – Une épreuve pratique d'admission permettant de contrôler les connaissances, les aptitudes et le comportement des candidats, nécessaires pour circuler de manière autonome et en toute sécurité en tenant compte des spécificités propres à chaque véhicule.

Cette épreuve a pour objectif d'évaluer chez tout candidat :

– le respect des dispositions du code de la route ;

– sa connaissance de la catégorie du véhicule concerné et sa capacité à déceler les défauts techniques les plus importants ;

– sa capacité à bien s'installer au poste de conduite et à procéder aux réglages qui s'imposent en fonction de la catégorie du véhicule ainsi qu'à s'assurer de la sécurité de ses passagers et du chargement ;

– sa maîtrise des commandes et de la manipulation du véhicule pour ne pas créer de situations dangereuses ;

– sa capacité à assurer sa propre sécurité et celle des autres usagers sur tout type de route et en toutes circonstances, à percevoir et à anticiper les dangers engendrés par la circulation et à agir de façon appropriée ;

(Arr. du 21 déc. 2015, art. 1er-II) « – sa capacité à appliquer les règles de sécurité routière dans les tunnels ; »

– son degré d'autonomie dans la réalisation d'un trajet ;

– sa capacité à conduire dans le respect de l'environnement et à adopter un comportement courtois et prévenant envers les autres usagers, en particulier les plus vulnérables.

Lors de l'épreuve pratique, si le candidat n'a pas été soumis préalablement à un contrôle médical, l'expert *(Arr. du 17 nov. 2022, art. 2)* « peut procéder » à un test de la vue, destiné à déceler une éventuelle déficience.

Seuls peuvent se présenter à l'épreuve pratique d'admission décrite ci-dessus les candidats ayant obtenu un résultat favorable à l'épreuve théorique générale définie au paragraphe I-A.

Par exception au principe indiqué ci-dessus, pour les titulaires de la catégorie A2 depuis deux ans au moins, l'épreuve pratique de la catégorie A est remplacée par le suivi d'une formation d'une durée de sept heures, assurant qu'ils ont une bonne maîtrise de la motocyclette de la catégorie A. Cette formation est dispensée par un établissement ou une association agréés au titre de l'article L. 213-1 ou L. 213-7 du code de la route.

C. – *(Arr. du 4 août 2014, art. 1er-2°)* « L'épreuve d'admission peut être constituée de deux épreuves pratiques, une épreuve hors circulation (HC) et une épreuve en circulation (CIR). L'épreuve hors circulation est également communément appelée "plateau". Seuls peuvent passer l'épreuve en circulation les candidats aux catégories A1, A2 *(Abrogé par Arr. du 3 nov. 2017, art. 3-I)* « , A », C1, C, CE, C1E, D1, D, DE, D1E et BE ayant obtenu un résultat favorable à l'épreuve hors circulation. »

Sous réserve du respect des autres dispositions du présent article 2, les candidats ayant obtenu un résultat favorable à l'épreuve hors circulation des catégories C1, C, CE, C1E, D1, D, DE, D1E en conservent le bénéfice pour trois épreuves en circulation et à condition qu'un délai d'un an au maximum ne se soit pas écoulé depuis la réussite à l'épreuve hors circulation.

(Abrogé par Arr. du 17 nov. 2022, art. 2) (Arr. du 12 oct. 2020, art. 3) ***« Par exception et sous réserve du respect des autres dispositions du présent article 2, les candidats ayant obtenu un résultat favorable, à l'épreuve hors circulation des catégories C1, C, CE, C1E, D1, D, DE, D1E,*** *(Arr. du 25 nov. 2020, art. 2)* ***« entre le 12 mars 2019 et le 31 janvier 2020 inclus », en conservent le bénéfice, sous réserve de validité, en circulation jusqu'au 31 janvier 2021 inclus. »***

(Arr. du 10 janv. 2013) « Sous réserve du respect des autres dispositions du présent article 2, les candidats ayant obtenu un résultat favorable à l'épreuve hors circulation des catégories A1, A2 *(Abrogé par Arr. du 3 nov. 2017, art. 3-I)* « *, A* » et BE en conservent le bénéfice *(Arr. du 4 août 2014, art. 1er-2°)* « pour cinq épreuves en circulation et » à condition qu'un délai de trois ans au maximum ne se soit pas écoulé depuis la réussite à l'épreuve hors circulation. »

(Abrogé par Arr. du 17 nov. 2022, art. 2) (Arr. du 12 oct. 2020, art. 3) « *Par exception et sous réserve du respect des autres dispositions du présent article 2, les candidats ayant obtenu un résultat favorable, à l'épreuve hors circulation des catégories A1, A2 et BE,* *(Arr. du 25 nov. 2020, art. 2)* « *entre le 12 mars 2017 et le 31 janvier 2018 inclus* », *en conservent le bénéfice, sous réserve de validité, en circulation jusqu'au 31 janvier 2021 inclus.* »

D. — Le BSR correspond à la catégorie AM du permis de conduire au sens de la directive 2006/126/CE du Parlement européen et du Conseil du 20 décembre 2006 relative au permis de conduire.

L'obtention du BSR intervient dans les conditions prévues à l'article R. 211-1 du code de la route.

II. — Conditions administratives générales.

A. — *(Arr. du 3 nov. 2017, art. 3-II)* « Les âges de présentation aux épreuves pratiques. »

(Arr. du 31 oct. 2014, art. 3-1°) « L'âge minimal requis pour se présenter à l'épreuve pratique est identique à l'âge minimal exigé pour l'obtention du permis de conduire fixé par l'article R. 221-5 du code de la route, à l'exception des candidats à la catégorie B en situation d'apprentissage anticipé de la conduite, pour lesquels l'âge minimal requis est fixé à dix-sept ans *(Abrogé par Arr. du 16 juill. 2019)* « *et demi* », et des candidats bénéficiant des dispositions relatives à l'âge figurant aux articles R. 3314-4 et R. 3314-6 du code des transports. »

B. — Conditions d'admissibilité.

Sont déclarés admissibles les candidats ayant réussi l'épreuve théorique générale.

(Arr. du 12 oct. 2020, art. 4) « L'épreuve théorique générale commune ou motocyclette est déclarée réussie lorsque le candidat obtient un nombre de réponses justes supérieur ou égal à 35 sur un total de quarante questions, numérotées de 1 à 40 pour chaque série. »

(Arr. du 18 févr. 2020, en vigueur le 1er mars 2020) « Les candidats ayant obtenu un résultat favorable à l'épreuve théorique générale commune aux catégories B1, B, BE, C, D, CE, DE, C1, D1, C1E, D1E conservent le bénéfice de leur admissibilité *(Abrogé par Arr. du 17 nov. 2022, art. 2)* « *pour cinq épreuves pratiques pour chacune de ces catégories et* » à la condition qu'un délai maximum de cinq ans ne se soit pas écoulé depuis l'obtention de cette admissibilité.

« Les candidats ayant obtenu un résultat favorable à l'épreuve théorique générale motocyclette des catégories A1 et A2 conservent le bénéfice de leur admissibilité *(Abrogé par Arr. du 17 nov. 2022, art. 2)* « *pour cinq épreuves pratiques pour chacune de ces catégories et* » à la condition qu'un délai maximum de cinq ans ne se soit pas écoulé depuis l'obtention de cette admissibilité. »

(Abrogé par Arr. du 17 nov. 2022, art. 2) (Arr. du 12 oct. 2020, art. 4) « *Par exception, les candidats ayant validé leur épreuve théorique générale commune, entre le 12 mars 2015 et le 31 janvier 2016 inclus, en conservent le bénéfice au-delà du délai maximum de cinq ans, soit jusqu'au 31 janvier 2021 inclus.*

« *Une épreuve pratique est comptabilisée à chaque échec à l'épreuve hors circulation des catégories concernées et à chaque échec à l'épreuve en circulation.* »

(Arr. du 18 févr. 2020, en vigueur le 1er mars 2020) « Le bénéfice de l'admissibilité reste acquis en cas de changement de filière de formation.

(Abrogé par Arr. du 17 nov. 2022, art. 2) « *Une période d'exemption de l'épreuve théorique générale motocyclette des catégories A1 et A2 est mise en œuvre du 1er mars 2020 au 31* *(Arr. du 12 oct. 2020, art. 4)* « *décembre* » *2020 inclus pour les candidats inscrits en demande des catégories A1 ou A2 avant le 1er mars 2020 et qui peuvent justifier :*

« *— soit de l'obtention d'une épreuve théorique générale avant le 1er mars 2020 ;*

« *— soit d'une dispense de l'épreuve théorique générale, dans la limite de cinq épreuves pratiques par catégorie, pour les candidats titulaires d'un permis de conduire français ou d'un permis délivré par un État membre de l'Union européenne ou de l'Espace économique européen, et à la condition qu'un délai maximum de cinq ans ne se soit pas écoulé depuis l'obtention d'une des catégories A1,*

A2, B1, B, BE, C, D, CE, DE, C1, D1, C1E, D1E et que la-dite** [ladite] **catégorie a été obtenue avant le 1er mars 2020. »

Les candidats au permis de conduire qui répondent aux conditions définies à l'article R. 224-20 du code de la route doivent satisfaire à un examen comportant exclusivement l'épreuve théorique générale définie au paragraphe I-A ci-dessus.

(Arr. du 18 févr. 2020, en vigueur le 1er mars 2020) « Sont dispensés de l'épreuve théorique générale commune aux catégories B1, B, BE, C, D, CE, DE, C1, D1, C1E, D1E, *(Abrogé par Arr. du 17 nov. 2022, art. 2)* ***« dans la limite de cinq épreuves pratiques »*** pour les catégories B1, B, BE, C, D, CE, DE, C1, D1, C1E, D1E, les candidats titulaires d'un permis de conduire français ou d'un permis délivré par un État membre de l'Union européenne ou de l'Espace économique européen *(Arr. du 12 oct. 2020, art. 4)* « obtenu par examen » et à la condition qu'un délai maximum de cinq ans ne se soit pas écoulé depuis l'obtention de la dernière catégorie B1, B, BE, C, D, CE, DE, C1, D1, C1E, D1E.

(Abrogé par Arr. du 17 nov. 2022, art. 2) (Arr. du 12 oct. 2020, art. 4) ***« Par exception à l'alinéa précédent, dès lors que la catégorie B1, B, BE, C, D, CE, DE, C1, D1, C1E, D1E a été obtenue par examen entre le 12 mars 2015 et le 31 janvier 2016 inclus, les candidats titulaires d'un permis de conduire français ou délivré par un État membre de l'Union européenne ou de l'Espace économique européen sont dispensés de l'épreuve théorique générale commune aux B1, B, BE, C, D, CE, DE, C1, D1, C1E, D1E, dans la limite de cinq épreuves pratiques, pour les catégories B1, B, BE, C, D, CE, DE, C1, D1, C1E, D1E jusqu'au 31 janvier 2021 inclus. »***

(Arr. du 18 févr. 2020, en vigueur le 1er mars 2020) « Sont dispensés de l'épreuve théorique générale motocyclette des catégories A1 et A2, *(Arr. du 17 nov. 2022, art. 2)* « pour la catégorie A2 » les candidats titulaires d'un permis de conduire français ou d'un permis délivré par un État membre de l'Union européenne ou de l'Espace économique européen *(Arr. du 12 oct. 2020, art. 4)* « obtenu par examen » et à la condition qu'un délai maximum de cinq ans ne se soit pas écoulé depuis l'obtention de la *(Arr. du 17 nov. 2022, art. 2)* « catégorie A1 ». »

Sont également dispensés de repasser l'épreuve théorique générale, *(Abrogé par Arr. du 17 nov. 2022, art. 2) (Arr. du 4 août 2014, art. 1er-2°)* ***« dans la limite de cinq épreuves pratiques par catégorie, »*** *(Arr. du 10 janv. 2013)* « les candidats » à un permis de conduire *(Arr. du 18 févr. 2020, en vigueur le 1er mars 2020)* « de la catégorie » *(Arr. du 17 nov. 2022, art. 2)* « B » ou B1 en situation de conduite encadrée *(Arr. du 4 août 2014, art. 1er-2°)* « et à la » condition qu'un délai maximum de *(Arr. du 31 oct. 2014, art. 3-2°)* « cinq » ans ne se soit pas écoulé depuis la réussite à l'épreuve théorique générale.

C. — *(Arr. du 3 nov. 2017, art. 3-II)* « Les délais de présentation. En cas de succès ou d'échec à une épreuve du permis de conduire, le candidat ne peut se présenter à l'épreuve suivante, lorsque cette dernière est organisée par l'autorité administrative, dans un délai inférieur à deux jours (date à date). »

D. — Accompagnateur.

Un représentant de l'établissement d'enseignement de la conduite et de la sécurité routière ou, dans le cas d'un candidat libre, une personne titulaire du permis de conduire de la catégorie du véhicule présentée et en cours de validité est obligatoirement présente *[présent]* durant l'épreuve pratique.

Lorsqu'il s'agit d'un représentant de l'établissement d'enseignement de la conduite, il doit être lié à l'établissement d'enseignement qui bénéficie des places d'examen.

Ce lien doit être de nature professionnelle, qu'il s'agisse d'un contrat de travail, d'une convention de stage ou de tout lien juridique ayant un rapport avec l'exploitation de l'établissement d'enseignement de la conduite et de la sécurité routière ou de l'entreprise.

(Arr. du 3 nov. 2017, art. 3-II) « Pour les candidats libres, l'accompagnateur doit fournir un justificatif d'identité et la charte de l'accompagnateur, figurant à l'annexe VI, signée par ses soins, lors de l'inscription à l'épreuve pratique auprès du service en charge localement de l'examen du permis de conduire. En cas d'empêchement de l'accompagnateur, une personne remplissant les mêmes conditions peut le remplacer à condition de produire un justificatif d'identité et de signer la charte avant le début de l'épreuve pratique. »

(Abrogé par Arr. du 3 nov. 2017, art. 3-II) (Arr. du 10 janv. 2013) ***« La vérification de la qualité de l'accompagnateur ne constitue pas un contrôle préalable à l'examen de la part de l'expert. »***

Rôle de l'accompagnateur :

L'accompagnateur *(Arr. du 20 déc. 2017)* « , qu'il soit professionnel ou non, » doit contribuer au bon déroulement des épreuves.

(Arr. du 20 déc. 2017) « Il accompagne les candidats, établit leur ordre de passage et veille à ce qu'ils conservent une attitude correcte vis-à-vis de l'examinateur avant, pendant et après l'examen. »

Dans le cas où le temps imparti à l'établissement ne permettrait pas d'examiner l'ensemble des candidats (panne, intempéries...), il détermine le ou les candidats qu'il n'est pas possible d'examiner.

L'accompagnateur est présent à proximité du candidat pendant le déroulement des épreuves et lors de l'annonce du résultat, le cas échéant.

Il fait preuve d'une totale neutralité à l'égard de la prestation du candidat et des décisions de l'expert.

Le service en charge localement de l'organisation des examens du permis de conduire veille au *(Arr. du 10 janv. 2013)* « maintien » de cette neutralité et prend toutes mesures adaptées *(Abrogé par Arr. du 10 janv. 2013)* « *, au titre de la police des examens,* » pour faire cesser un éventuel manquement à ce principe.

(Arr. du 3 nov. 2017, art. 3-II) « Tout comportement inadapté de l'accompagnateur, de nature à perturber le bon déroulement de l'examen, entraîne l'interruption de l'épreuve. » *(Arr. du 17 nov. 2022, art. 2)* « En cas, de comportement répété de nature à perturber le déroulement de l'épreuve ou selon la gravité des faits, le service en charge localement de l'organisation des examens du permis de conduire peut refuser l'accompagnement durant les examens à la personne désignée après l'avoir avertie par courrier recommandé avec accusé de réception. »

Rôle juridique :

Au sens de la loi n° 85-677 du 5 juillet 1985 tendant à l'amélioration de la situation des victimes d'accidents de la circulation et à l'accélération des procédures d'indemnisation, l'établissement d'enseignement de la conduite et de la sécurité routière est réputé avoir confié la garde de son véhicule d'examen à cet accompagnateur.

Le cas échéant, l'accompagnateur remplit le constat amiable.

Rôle pédagogique :

La présence de l'accompagnateur pendant les épreuves a pour principal objectif d'établir un lien pédagogique avec la formation des candidats.

En cas d'échec, cette présence renforce la capacité du formateur à fixer les axes de travail.

L'accompagnateur et l'expert n'expriment aucun désaccord de nature pédagogique en présence des candidats.

E. — Personnes autorisées à assister aux épreuves *(Arr. du 11 juill. 2016, art. 1er-III)* « pratiques ».

Outre l'expert et l'accompagnateur, peuvent assister aux épreuves après en avoir informé le candidat évalué :

— un inspecteur du permis de conduire et de la sécurité routière, dans le cadre de la formation initiale ou continue des experts ;

— un délégué à l'éducation routière, dans le cadre *(Arr. du 10 janv. 2013)* « de l'organisation ou de la surveillance des examens, » du contrôle hiérarchique des experts ou de leur formation initiale ou continue ;

— toute autre personne, désignée par le ministre en charge de la sécurité routière ou par le service en charge localement de l'organisation des examens du permis de conduire et pour laquelle la présence aux examens revêt un intérêt professionnel ;

(Arr. du 11 juill. 2016, art. 1er-III) « — un élève préparant l'un des titres ou diplômes exigés pour l'exercice de la profession d'enseignant de la conduite et de la sécurité routière, justifiant sa qualité ; »

(Arr. du 10 janv. 2013) « Les personnes mentionnées aux deux alinéas précédents et l'accompagnateur » n'interviennent en aucune manière dans le déroulement de l'épreuve ou dans la détermination de son résultat.

F. — Présentation des candidats.

De manière générale, l'établissement d'enseignement de la conduite et de la sécurité routière se charge de la présentation des candidats devant l'inspecteur du permis de conduire.

S'agissant des candidats individuels, il leur appartient de s'inscrire auprès du service en charge localement de l'organisation des examens du permis de conduire.

L'ordre de passage des candidats présentés par un même établissement d'enseignement de la conduite et de la sécurité routière relève du choix de l'enseignant ou du représentant de l'école de conduite.

L'organisation et la répartition des épreuves hors et en circulation, quand plusieurs établissements sont convoqués à la même heure, relèvent du choix de l'expert.

G. — Interdictions diverses.

Il est strictement interdit de fumer à l'intérieur du véhicule d'examen. Cette interdiction est également valable à ses abords immédiats lors des épreuves hors circulation. Les téléphones portables doivent être éteints ou mis en position "silencieux".

A l'exclusion des données relevées par les chronotachygraphes ou les dispositifs de géolocalisation équipant les véhicules du groupe lourd, qui ne peuvent être neutralisés, tout enregistrement de l'examen est interdit.

III. — Dispositions communes à tous les véhicules d'examen.

Les épreuves pratiques des examens du permis de conduire sont passées avec des véhicules d'examen dont les caractéristiques techniques sont définies par arrêtés du ministre chargé de la sécurité routière.

Les véhicules utilisés pour les examens doivent faire l'objet d'une police d'assurance couvrant *(Abrogé par Arr. du 17 mai 2013)* ***« sans limite »*** les dommages pouvant résulter d'accidents causés aux tiers ainsi qu'aux personnes se trouvant à l'intérieur du véhicule, à l'occasion des épreuves pratiques.

L'attestation d'assurance n'est demandée qu'aux candidats individuels. Elle est présentée à l'expert. *(Arr. du 17 nov. 2022, art. 2)* « sur tout type de support. »

(Arr. du 4 août 2014, art. 1er-2°) « S'agissant de l'épreuve pratique des catégories *(Arr. du 3 nov. 2017, art. 3-III)* « B1, A1 et A2 », les candidats libres doivent également fournir à l'expert, le jour de l'épreuve, une attestation d'assurance pour le véhicule suiveur. »

(Arr. du 3 nov. 2017, art. 3-III) « Ce document, en cours de validité, comporte obligatoirement : »

— la raison sociale de la société d'assurance ;

— les nom et prénom du candidat bénéficiant de la police d'assurance ;

— le numéro d'immatriculation du véhicule couvert et de sa remorque, le cas échéant ;

(Abrogé par Arr. du 3 nov. 2017, art. 3-III) ***« — la date de l'examen, en référence à la convocation individuelle du candidat ; »***

— le type d'assurance (couverture de l'ensemble des dommages pouvant être causés aux tiers à l'occasion de l'examen) ;

(Abrogé par Arr. du 3 nov. 2017, art. 3-III) ***« — le cachet et la signature du représentant de la société d'assurance. »***

Les véhicules d'examen doivent être propres et en parfait état de fonctionnement. Si l'expert constate une défaillance du véhicule, il informe l'accompagnateur, en dehors de la présence des candidats, de l'impossibilité de réaliser ou de poursuivre l'examen en l'état.

Si l'expert constate que le véhicule ne répond pas à l'une des caractéristiques techniques définies par les arrêtés susvisés ou ne possède pas l'un des équipements spécifiques rendus obligatoires par ces mêmes arrêtés, il informe l'accompagnateur, en dehors de la présence des candidats, de l'impossibilité de procéder à l'examen en l'état.

Dans tous les cas, l'accompagnateur peut corriger le manquement ou fournir un véhicule de remplacement, étant entendu que le temps nécessaire à ces opérations est déduit du temps imparti à l'établissement pour la session d'examen en cours.

La double commande d'accélérateur doit être neutralisée au début de l'épreuve. En cas de nécessité et si l'équipement le permet, l'expert peut toutefois l'utiliser.

Les dispositifs d'aide à la conduite équipant les véhicules d'examen peuvent être mis en action à l'initiative du candidat.

L'expert peut néanmoins en demander la désactivation, si l'équipement le permet, pour les besoins de l'évaluation.

(Arr. du 17 nov. 2022, art. 2) « Les dispositifs d'enregistrement utilisés à des fins pédagogiques doivent être retirés de leur support et éteints. »

IV. — Modalités pratiques spécifiques à chaque catégorie de permis.

Chaque catégorie de permis de conduire s'obtient suivant des modalités pratiques spécifiques définies par arrêtés du ministre chargé de la sécurité routière.

Le titulaire de la catégorie B qui souhaite conduire un ensemble dont le poids maximum autorisé est supérieur à 3 500 kg et ne dépasse pas 4 250 kg, doit justifier avoir suivi une formation d'une durée de sept heures assurant sa capacité à conduire en toute sécurité ce type d'ensemble de véhicules, dont les modalités sont prévues par arrêté du ministre chargé de la sécurité routière.

V. — Les intempéries.

Lorsque les conditions météorologiques sont de nature à mettre en cause la sécurité des usagers et des agents du service public des examens du permis de conduire ou à empêcher le déroulement normal des épreuves, les examens sont annulés.

La décision d'annulation peut être prise par le préfet ou à l'initiative de l'expert au regard des conditions locales particulières, après recueil de l'avis de l'accompagnateur.

Les examens peuvent être annulés pour tout ou partie du département ou de la session.

Conditions restrictives d'usage

Art. 3 *(Arr. du 10 janv. 2013)* « I. — Véhicule muni d'un changement de vitesses automatique.

« A. — Les candidats au permis de conduire peuvent passer l'épreuve pratique sur un véhicule muni d'un changement de vitesses automatique.

« B. — La conduite d'un véhicule équipé d'un changement de vitesses manuel est subordonnée à la réussite d'une épreuve pratique passée sur un véhicule équipé d'un changement de vitesses manuel.

« Un véhicule équipé d'un changement de vitesses manuel est un véhicule dans lequel une pédale d'embrayage (ou une poignée d'embrayage pour les catégories *(Arr. du 3 nov. 2017, art. 4-1°)* « A1 et A2 ») est présente et doit être actionnée par le conducteur au démarrage, à l'arrêt du véhicule et lors du changement de vitesses. Les véhicules qui ne correspondent pas aux critères énoncés ci-dessus sont considérés comme des véhicules à changement de vitesses automatique.

« Si l'examen est passé sur un véhicule muni d'un changement de vitesses automatique, après avoir satisfait à cette épreuve, les candidats se voient délivrer un permis de conduire valable seulement pour la conduite des véhicules munis d'un changement de vitesses automatique.

« Sont dispensés de cette restriction les candidats *(Arr. du 12 oct. 2020, art. 5 et 9, en vigueur le 1er nov. 2020)* « au permis de conduire des catégories BE, C, CE, C1, D1, C1E, D, DE, D1E » s'ils sont titulaires d'au moins une des catégories suivantes du permis de conduire valable pour la conduite des véhicules munis d'un *(Arr. du 12 oct. 2020, art. 5 et 9, en vigueur le 1er nov. 2020)* « changement de vitesses manuel : B, BE, C, CE, C1, C1E, D, DE, D1 ou D1E ». »

(Arr. du 14 oct. 2016, art. 1er, en vigueur le 1er janv. 2017) « C. — La personne qui souhaite faire supprimer ces restrictions doit régulariser son permis de conduire soit, pour la catégorie B, en justifiant d'une formation qui ne peut être suivie moins de *(Arr. du 16 juill. 2019)* « trois » mois après l'obtention de ladite catégorie et dont le contenu et les conditions d'organisation sont définis par arrêté ministériel, soit après une vérification par un expert pour les catégories *(Arr. du 3 nov. 2017, art. 4-2°)* « A1, A2 et A ». Dans ce cas, l'expert vérifie que le changement de vitesses manuel est utilisé de manière efficace par le candidat et le mentionne dans l'avis destiné au préfet. Cette vérification est effectuée sur piste. »

II. — Les candidats au permis de conduire les véhicules spécialement aménagés pour tenir compte de leur handicap physique passent l'examen défini à l'article 2-IV ci-dessus. Préalablement à l'épreuve, l'expert vérifie que les aménagements du véhicule proposés à l'issue du contrôle médical définis aux articles R. 226-1 à R. 226-4 sont adaptés.

Au cours de l'épreuve, l'expert vérifie que les aménagements du véhicule qu'il a définis sont utilisés de façon efficace et les mentionne dans l'avis destiné au préfet.

Un conducteur titulaire du permis de conduire d'une ou de plusieurs des catégories suivantes : A1, A2, A, B1, B, BE, C, D, CE, DE, C1, D1, C1E, D1E, et atteint postérieurement à la délivrance du permis de conduire d'une affection susceptible de rendre nécessaire l'aménagement du véhicule pour tenir compte de son handicap physique*[,]* doit régulariser son permis de conduire.

L'expert vérifie que les aménagements du véhicule proposés à l'issue du contrôle médical prévu par les articles R. 226-1 à R. 226-4 sont adaptés.

Au cours d'un exercice de conduite, l'expert vérifie que les aménagements du véhicule qu'il a définis sont utilisés de façon efficace et les mentionne dans l'avis destiné au préfet.

La personne qui souhaite faire supprimer ces restrictions doit à nouveau régulariser son permis de conduire. L'expert vérifie que les commandes sont utilisées de manière efficace par le candidat et le mentionne dans l'avis destiné au préfet.

III. — Les mentions restrictives codifiées sont portées sur le permis détenu par l'intéressé.

Art. 4 *(Arr. du 21 déc. 2012, en vigueur le 19 janv. 2013)* I. — Jusqu'*(Arr. du 27 juin 2013)* « à la date fixée par arrêté du ministre en charge de la sécurité routière », à l'issue de l'examen technique prévu à l'article 2 ci-dessus :

(Arr. du 4 août 2014, art. 1er-3o) « 1° L'expert établit un certificat d'examen du permis de conduire (CEPC) selon un des modèles figurant en annexe 4, en fonction de la catégorie sollicitée et du mode de transmission utilisé, en main propre, par voie postale ou électronique (adresse électronique ou adresse web dédiée). Ce CEPC indique la catégorie du véhicule pour laquelle l'examen a été passé ainsi que, éventuellement, les mentions codifiées de restrictions ou de limitation de validité. La délivrance du CEPC sur avis favorable autorise la conduite des véhicules correspondant à la catégorie de permis sollicitée. Ce certificat, accompagné d'un titre permettant de justifier de son identité, tient lieu de permis de conduire sur le territoire national au regard des forces de l'ordre pendant un délai de quatre mois à dater du jour de l'examen en attendant la remise du titre définitif, et sous réserve des restrictions d'usage relatives au contrôle médical de l'aptitude à la conduite prévues aux articles R. 226-1 à R. 226-4 du code de la route.

« Il doit être impérativement présenté aux forces de l'ordre sous sa forme originale, exemplaire candidat, pour le modèle correspondant au I de l'annexe 4.

« S'agissant du modèle de CEPC correspondant au II de l'annexe 4, tout support de présentation est autorisé, papier ou électronique.

« 2° *(Arr. du 31 oct. 2014, art. 4-1o)* « Pour les candidats dont le permis de conduire a perdu sa validité pour solde de points nul et qui se présentent aux épreuves du permis de conduire pendant la période d'interdiction, le CEPC ne tient lieu de permis de conduire qu'à compter du premier jour suivant la fin de cette période d'interdiction pendant un délai de quatre mois en attendant la remise du titre définitif. » Dans ce cas, la mention "Vaut titre de conduite à compter du .../.../..." figurant sur le CEPC est complétée par l'expert. »

3° Le CEPC n'est pas *(Arr. du 4 août 2014, art. 1er-3o)* « adressé » au candidat qui a obtenu un résultat satisfaisant dès lors que l'expert estime nécessaire qu'il passe un contrôle médical d'aptitude à la conduite.

4° Le CEPC n'est pas *(Arr. du 4 août 2014, art. 1er-3o)* « adressé » au candidat à la catégorie D qui, n'ayant pas atteint l'âge de 24 ans révolus, a bénéficié des dispositions relatives à l'âge figurant aux articles R. 3314-4 et R. 3314-6 du code des transports pour passer les épreuves du permis de conduire.

5° Le CEPC n'est pas *(Arr. du 4 août 2014, art. 1er-3o)* « adressé » au candidat à la catégorie DE qui, n'ayant pas atteint l'âge de 24 ans révolus, a bénéficié des dispositions relatives à l'âge figurant aux articles R. 3314-4 et R. 3314-6 précités pour passer les épreuves du permis de conduire.

(Arr. du 22 déc. 2023) « 6° A compter du 1er janvier 2024, le certificat d'examen du permis de conduire tient lieu de permis de conduire pendant un délai de quatre mois, en attendant la remise du titre définitif, pour le candidat à la catégorie B qui n'a pas atteint l'âge de 18 ans révolus avant le 31 décembre 2023. »

II. — A compter du *(Arr. du 27 juin 2013)* « jour suivant la date définie au I de l'article 4 », à l'issue de l'examen technique prévu à l'article 2 ci-dessus, le dossier du candidat est transmis au préfet avec l'avis de l'expert sur l'aptitude à la conduite du candidat.

III. — L'expert peut demander au préfet que le candidat effectue un contrôle médical si, au cours de l'épreuve pratique, il a estimé que l'état du candidat semblait présenter une incompatibilité avec la conduite des véhicules automobiles.

Dans ce cas :

— si le bilan de l'épreuve pratique est défavorable, le préfet adresse au candidat un formulaire d'avis médical en lui précisant qu'avant toute nouvelle épreuve pratique il devra passer un contrôle médical dans les conditions définies aux articles R. 226-1 à R. 226-4 du code de la route ;

— si l'épreuve pratique est favorable, le préfet informe le candidat que la délivrance du permis de conduire interviendra après avis favorable rendu à la suite d'un contrôle médical d'aptitude à la conduite effectué dans les conditions définies aux articles R. 226-1 à R. 226-4 du code de la route.

Cas de nullité des épreuves

Art. 5 *(Arr. du 17 nov. 2022, art. 3)* « Sont considérées comme nulles les épreuves théoriques ou pratiques ou les formations qualifiantes ne nécessitant pas le passage d'une épreuve au sens de l'article D. 221-3 du code de la route passées par un candidat dans les cas suivants :

« I. — En l'absence d'une demande d'inscription préalablement validée pour la ou les catégorie (s) sollicitée (s), conformément à l'article 1er, à l'exception des formations qualifiantes mentionnées ci-dessus ; »

(Arr. du 4 août 2014, art. 1er-4°) « II. — Avant *(Abrogé par Arr. du 17 nov. 2022, art. 3)* « *et pendant* » la période où le candidat est privé du droit de conduire par une décision d'annulation ou d'interdiction de solliciter un permis. » *(Abrogé par Arr. du 17 nov. 2022, art. 3)* « *En revanche, les conducteurs dont le permis de conduire a perdu sa validité pour solde de points nul, qui ont sollicité un nouveau permis de conduire après la restitution de leur titre au préfet, peuvent effectuer les démarches administratives et médicales préalables et se présenter à l'examen du permis de conduire pendant la période d'invalidation ;* »

(Arr. du 17 nov. 2022, art. 3) « III. — Pendant la période où le candidat est privé du droit de conduire par une décision d'annulation ou par une mesure portant restriction ou suspension du droit de conduire. Toutefois, les conducteurs dont le permis de conduire a perdu sa validité pour solde de points nul, qui ont sollicité un nouveau permis de conduire après la restitution de leur titre au préfet, peuvent effectuer les démarches administratives et médicales préalables et se présenter à l'examen du permis de conduire pendant la période d'invalidation ; »

IV — Sur de fausses indications d'identité, substitution ou tentative de substitution de personnes *(Arr. du 17 nov. 2022, art. 3)* « ou encore avec l'aide frauduleuse d'un tiers ou par tricherie » ;

V. — Sur de fausses déclarations lorsque la conversion d'un permis de conduire militaire en permis de conduire civil de la même catégorie a déjà été obtenue ou est en instance d'obtention ;

VI. — Sur de fausses déclarations lorsque l'échange d'un permis de conduire étranger contre un permis de conduire français de la même catégorie a déjà été obtenu ou est en instance d'obtention ;

(Arr. du 10 janv. 2013) « VII. — Non-présentation de l'attestation de formation initiale minimale obligatoire (FIMO) dans un délai inférieur à un an suivant la date de réussite de l'épreuve en circulation du permis de conduire pour les candidats aux catégories D ou DE qui*[,]* bénéficiant des dispositions relatives à l'âge prévues aux articles R. 3314-4 et R. 3314-6 du code des transports ont passé l'épreuve en circulation du permis de conduire sans avoir atteint l'âge de 24 ans révolus en s'engageant sur l'honneur à suivre la formation initiale minimale obligatoire (FIMO). »

(Arr. du 17 nov. 2022, art. 3) « Dans chacun des cas cités au présent article, le bénéfice des épreuves ou de la formation qualifiante ou le titre de conduite est retiré sans délai par le préfet du lieu de résidence de l'usager.

« Le retrait intervient après que l'usager a été mis en demeure de présenter ses observations, sans préjudice des poursuites pénales encourues. »

Les III à VI deviennent respectivement IV à VII (Arr. du 17 nov. 2022, art. 3-5°).

Délivrance des titres

Art. 6 La délivrance du permis de conduire peut être subordonnée à un contrôle médical de l'aptitude à la conduite dans les conditions définies aux articles R. 226-1 à R. 226-4 du code de la route et de leur arrêté d'application pris conjointement par le ministre en charge de la sécurité routière et le ministre de l'emploi, du travail et de la santé.

Art. 7 *(Arr. du 10 janv. 2013)* « I. — Sous réserve des dispositions du II ci-après, le préfet délivre le permis de conduire sur avis favorable d'un expert ou conformément aux dispositions des articles R. 211-1, D. 221-3 et D. 222-8 du code de la route.

« Le titre délivré est conforme au modèle de l'Union européenne défini à l'article 8 du présent arrêté.

« II. – Pour les candidats aux catégories D et DE du permis de conduire qui ont bénéficié des dispositions relatives à l'âge figurant aux articles R. 3314-4 et R. 3314-6 du code des transports pour passer les épreuves du permis de conduire, le préfet délivre le permis de conduire sur avis favorable de l'expert et sur présentation *(Arr. du 3 nov. 2017, art. 5-1°)* « d'un exemplaire photographié ou numérisé » de l'attestation de FIMO *(Arr. du 3 nov. 2017, art. 5-1°)* « originale ». »

III. – Les catégories *(Abrogé par Arr. du 11 juill. 2016, art. 2)* « *BE[,]* » C, C1, C1E, CE, D, D1, D1E, DE du permis de conduire sont accordées pour une période dont la durée varie en fonction de l'âge des conducteurs ou d'éventuelles restrictions. A l'expiration de cette période, leur validité peut être prorogée par le préfet *(Abrogé par Arr. du 10 janv. 2013)* « *territorialement compétent* », après avis d'aptitude médical délivré dans les conditions définies aux articles R. 226-1 à R. 226-4 du code de la route.

IV. – Les mentions additionnelles ou restrictives doivent être indiquées sur le titre de conduite sous forme codifiée. Les codes utilisés et leur signification sont joints en annexe 1.

V. – *(Arr. du 18 juill. 2016, art. 3-1°)* « Toute personne ayant sa résidence normale en France, titulaire d'un permis de conduire national français, monégasque, suisse ou délivré au nom d'un État partie à l'accord sur l'Espace économique européen, également partie à la convention sur la circulation routière signée à Vienne le 8 novembre 1968, » peut demander la délivrance d'un permis de conduire international *(Arr. du 27 juin 2013)* « , conformément au modèle présenté en annexe 5 ».

Le permis de conduire international *(Abrogé par Arr. du 18 juill. 2016, art. 3-2°) (Arr. du 27 juin 2013)* « *, conformément au modèle présenté en annexe 5,* » autorise la conduite des mêmes catégories de véhicules que celles du permis national. *(Arr. du 10 janv. 2013)* « Il est valable trois ans uniquement en dehors du territoire national et à condition d'être accompagné du permis de conduire national en cours de validité. »

(Arr. du 18 juill. 2016, art. 3-3° et 4°) « Les personnes titulaires des catégories AM et A2 peuvent demander la délivrance du permis de conduire international. Dans ce cas, le champ réservé aux restrictions à l'utilisation de ce permis est complété de manière à mentionner les caractéristiques techniques des véhicules concernés et notamment leur puissance et leur vitesse maximale par construction.

« La demande de permis de conduire international comporte, en plus des pièces mentionnées aux A, C et S du III de l'article 1er du présent arrêté, la photocopie couleur recto-verso du permis de conduire national du demandeur ainsi qu'une enveloppe libellée à ses nom et adresse affranchie au tarif *(Arr. du 3 nov. 2017, art. 5-2°)* « de la lettre suivie » si la demande est formulée par correspondance depuis la France ou au tarif permettant un envoi sécurisé et suivi à l'étranger si la demande est formulée depuis l'étranger. »

Conditions de validité des titres

Art. 8 *(Arr. du 21 déc. 2012, en vigueur le 19 janv. 2013)* « I. – Les permis de conduire délivrés avant le 19 janvier 2013 demeurent valables pour la conduite des catégories de véhicules auxquels ils se rapportent, au plus tard jusqu'au 19 janvier 2033. Les équivalences éventuelles auxquelles ces permis donnent droit conformément à l'annexe 2 du présent arrêté sont reconnues sur le territoire français, même si elles ne sont pas mentionnées sur ces titres.

« Du 19 janvier 2013 au 15 septembre 2013, *(Arr. du 27 juin 2013)* « un modèle de permis conforme à l'annexe 3 *bis* jusqu'au 30 juin 2013 et à l'annexe 3 *ter* à compter du 1er juillet est institué. Les permis délivrés selon ce modèle seront remplacés à une date fixée par le ministre chargé de la sécurité routière » par des permis suivant le modèle de l'annexe 3 du présent arrêté.

« Il sera substitué au plus tard avant le 19 janvier 2033, dans les conditions fixées par un arrêté du ministre chargé de la sécurité routière, aux permis de conduire délivrés avant le 19 janvier 2013 un nouveau modèle de permis de conduire, joint en annexe 3. *(Abrogé par Arr. du 3 juin 2015, à compter du 15 juill. 2015)* « *Ce nouveau modèle de permis de conduire est doté d'une puce électronique.* »

(Arr. du 27 juin 2013) « Du 19 janvier au 15 septembre 2013, il est procédé à la délivrance d'un duplicata du titre conformément aux modèles présentés en annexe 3 *bis* ou 3 *ter* » dans les cas suivants :

« – perte ou vol ;
« – détérioration de l'original ;
« – extension de catégorie ;
« – changement d'état matrimonial ;
« – suspension ou annulation d'une catégorie par le préfet pour un motif médical.

« II. – A compter du 16 septembre 2013, il est obligatoirement procédé au renouvellement du titre délivré, contre un permis de conduire tel qu'il est présenté en annexe 3 du présent arrêté dans les cas visés au I ci-dessus. » Le renouvellement des titres délivrés après le 19 janvier 2013 intervient, sans préjudice des dispositions du I *bis* de l'article *(Arr. du 18 juill. 2016, art. 4)* « R. 221-1-1 » du code de la route, à l'occasion de chaque modification des informations portées sur les titres ou au terme de leur période de validité, et en tout état de cause tous les quinze ans à compter de leur date de délivrance.

III. – *(Arr. du 11 juill. 2016, art. 3-1°)* « Lorsque la prorogation de la validité d'une ou des catégories C, C1, C1E, CE, D, D1, D1E, DE n'a pas été demandée ou obtenue par leur titulaire, le titre de conduite est délivré, à sa demande, sauf indication médicale contraire pour une durée de quinze ans. Dans les autres cas, la durée de validité du titre est de cinq ans. »

IV. – *(Arr. du 11 juill. 2016, art. 3-2°)* « Seules les personnes dont le permis en cours de validité est soumis à renouvellement médical périodique peuvent obtenir, en cas de perte, de vol ou de détérioration de leur titre, un duplicata dont la validité expire à la même date que le titre remplacé. »

V. – Par application des dispositions de l'article 6 du décret n° 75-15 du 13 janvier 1975 et par dérogation aux dispositions de l'article R. 221-4 du code de la route, la possession du permis de conduire de la catégorie B délivré avant le 20 janvier 1975 autorise son titulaire à conduire les véhicules affectés au transport de personnes comportant, outre le siège du conducteur, huit places assises au maximum et dont le poids total autorisé en charge excède 3 500 kg.

VI. – Sur le nouveau titre délivré sont reportées les catégories obtenues et leur date de validité, le cas échéant les codes prévus à l'article 7-IV ci-dessus.

Art. 9 I. – Les permis délivrés par les services administratifs français des territoires de l'ancienne Union française et des anciens pays de protectorat ainsi que par les collectivités d'outre-mer et par la Nouvelle-Calédonie sont valables, pour la ou les catégories de véhicules auxquels ils se rapportent, sur l'ensemble du territoire métropolitain, des départements *(Arr. du 17 nov. 2022, art. 4)* « et régions » d'outre-mer *(Abrogé par Arr. du 17 nov. 2022, art. 4)* *« , à Mayotte »* et à Saint-Pierre-et-Miquelon.

A. – Pour être reconnus, ces permis doivent répondre aux conditions suivantes :

1° Être en cours de validité ;

2° Ne pas avoir été délivrés en échange d'un permis de conduire d'un État ou d'un territoire n'appartenant pas à l'Union européenne ou à l'Espace économique européen, avec lequel la France n'a pas conclu d'accord de réciprocité. Ils sont néanmoins reconnus jusqu'à l'expiration d'un délai d'un an après l'acquisition de la résidence normale en France. Les conditions de leur reconnaissance et de leur échange sont celles prévues par l'arrêté relatif aux permis de conduire délivrés par les États n'appartenant ni à l'Union européenne ni à l'Espace économique européen.

B. – En outre, *(Arr. du 10 janv. 2013)* « son titulaire doit » :

1° Avoir atteint l'âge minimal requis par les articles R. 221-5 et R. 221-6 du code de la route, selon la (ou les) catégorie(s) du permis de conduire détenue(s) ;

2° Observer, le cas échéant, les prescriptions subordonnant, par une mention ou une codification spéciale, la validité du permis de conduire *(Abrogé par Arr. du 17 nov. 2022, art. 4)* *« au port de certains appareils ou à certains aménagements du véhicule »* pour tenir compte d'une *(Arr. du 17 nov. 2022, art. 4)* « affection citée par l'arrêté du 28 mars 2022 susvisé » ;

3° Ne pas faire l'objet sur le territoire *(Arr. du 10 janv. 2013)* « métropolitain *(Arr. du 17 nov. 2022, art. 4)* « ni » sur celui de la collectivité » qui a délivré le permis de conduire d'une mesure de suspension, de retrait ou d'annulation *(Arr. du 17 nov. 2022, art. 4)* « ou d'une mesure de restriction » du droit de conduire ;

4° Ne *(Abrogé par Arr. du 10 janv. 2013)* *« doit »* pas avoir fait l'objet *(Arr. du 17 nov. 2022, art. 4)* « sur le territoire métropolitain, dans les départements et régions d'outre-mer et à Saint-Pierre-et-Miquelon, » préalablement à l'obtention de son permis de conduire

(Arr. du 17 nov. 2022, art. 4) « cité au I du présent article », d'une mesure d'annulation ou d'invalidation, en application des dispositions du code pénal ou du code de la route.

II. — Les permis cités au I du présent article peuvent être échangés contre un permis *(Arr. du 17 nov. 2022, art. 4)* « délivré sur le territoire métropolitain, dans les départements et régions d'outre-mer et à Saint-Pierre-et-Miquelon » de la ou des mêmes catégories.

A. — Pour qu'un tel échange soit possible, les conditions visées aux A et B du I doivent être réunies.

B. — L'échange peut être sollicité par le titulaire du titre.

(Abrogé par Arr. du 17 nov. 2022, art. 4) ***« En ce cas, »*** Il doit satisfaire à un contrôle médical d'aptitude à la conduite, dans le cas où un tel contrôle est exigé par la réglementation en vigueur.

C. — L'échange du *(Arr. du 17 nov. 2022, art. 4)* « permis de conduire » est obligatoire dans les cas suivants :

1° Si le conducteur a commis, sur le territoire métropolitain, dans *(Arr. du 17 nov. 2022, art. 4)* « les départements et régions d'outre-mer » ou à Saint-Pierre-et-Miquelon une infraction ayant entraîné une mesure de suspension *(Abrogé par Arr. du 10 janv. 2013)* ***« , de retrait, d'annulation du droit de conduire »*** ou de retrait de points ;

2° Si le conducteur *(Arr. du 17 nov. 2022, art. 4)* « sollicite » par examen *(Arr. du 10 janv. 2013 ; Arr. du 17 nov. 2022, art. 4)* « sur les territoires cités au 1° » une nouvelle catégorie du permis de conduire ;

(Abrogé par Arr. du 17 nov. 2022, art. 4) ***« 3° Si la validité du titre, liée à l'obligation d'un contrôle médical ou au règlement d'une taxe auprès de la collectivité qui l'a délivré, est expirée. »***

D. — Les mesures citées au II-C sont enregistrées dans *(Arr. du 17 nov. 2022, art. 4)* « le système national des permis de conduire » ; il en est tenu compte lors de l'édition du titre *(Abrogé par Arr. du 10 janv. 2013)* ***« délivré par l'autorité compétente de l'État »***.

(Arr. du 17 nov. 2022, art. 4) « E. — A l'appui de sa demande formulée au moyen du téléservice "demande de permis de conduire", le dossier réglementaire comprend les pièces citées au III de l'article 1er du présent arrêté. En complément, le conducteur doit fournir une attestation de droits à conduire datant de moins de six mois au moment du dépôt de la demande établie par les autorités de délivrance du permis de conduire mentionnant expressément que le titulaire du permis de conduire ne fait pas l'objet, sur le territoire, d'une mesure de suspension, de retrait ou d'annulation du droit de conduire. »

III. — *(Arr. du 17 nov. 2022, art. 4)* « A la demande du service instructeur, le titulaire du permis de conduire envoie, en courrier recommandé avec accusé de réception, l'original de son permis de conduire. A réception par le service instructeur du titre de conduite original, l'usager télécharge une attestation de dépôt sécurisée valable pour une durée de quatre mois. »

Lors de la délivrance du permis de conduire mentionné au II-D, le permis d'origine est retiré à l'intéressé et renvoyé aux autorités qui l'ont délivré, en précisant les raisons pour lesquelles la procédure d'échange a eu lieu.

(Arr. du 17 nov. 2022, art. 4) « IV. — En cas de doute sur l'authenticité du permis de conduire présenté à l'échange, le service instructeur consulte, pour les permis délivrés par les services administratifs français des territoires de l'ancienne Union française et des anciens pays de protectorat, le système national des permis de conduire. Pour les autres permis, le service instructeur saisit les services compétents de la collectivité l'ayant délivré. En l'absence de réponse dans un délai de trois mois à compter de la saisine des autorités de délivrance, la demande d'échange est rejetée. »

Art. 9-1 *(Arr. du 10 janv. 2013)* La catégorie B du permis de conduire délivrée avant le 19 janvier 2013 autorise la conduite, sur le territoire national, d'un véhicule de la catégorie L5e d'une puissance supérieure à 15 kilowatts avant l'âge de 21 ans à la double condition que le conducteur soit titulaire de cette catégorie de permis depuis au moins deux ans et qu'il ait suivi une formation pratique dispensée par un établissement ou une association agréés au titre de l'article L. 213-1 ou L. 213-7 du code de la route avant le 19 janvier 2013.

Cette dernière condition n'est pas exigée des conducteurs qui justifient d'une pratique de la conduite d'un véhicule de la catégorie L5e ou d'une motocyclette légère au cours des cinq années précédant le 1er janvier 2011. La preuve de cette pratique est apportée par la production d'un document délivré par l'assureur et attestant la souscription d'une assurance couvrant l'usage de l'un ou l'autre de ces véhicules au cours de la période considérée.

Art. 10 **Les dispositions du présent arrêté entrent en vigueur à compter du 19 janvier 2013, date à laquelle l'arrêté du 8 février 1999 relatif aux conditions d'établissement, de délivrance et de validité du permis de conduire est abrogé.** — *V. annexes I et II au JO 18 janv. 2013, mod. par Arr. du 30 août 2013 (JO 11 sept.), mod. par Arr. du 23 sept. 2013 (JO 26 nov.) ; V. annexes III au JO 29 juin 2012, III bis au JO 1er janv. 2013 et III ter à V au JO 30 juin 2013 ; V. annexes I à IV mod. par Arr. du 4 août 2014 (JO 19 août) ; V. Annexe I mod. par Arr. du 31 oct. 2014 (JO 1er nov.), mod. par Arr. du 14 déc. 2016 (JO 24 déc.), mod. par Arr. du 2 juin 2022 (JO 12 juin) ; V. annexe VI créée par Arr. du 3 nov. 2017 (JO 10 nov.), mod. par Arr. du 20 déc. 2017 (JO 24 déc.) ; V. Annexe VII créée par Arr. du 30 janv. 2018 (JO 2 févr.), mod par Arr. du 9 nov. 2018 (JO 20 nov.) ; V. Annexe VIII et IX créées par Arr. du 12 oct. 2020 (JO 15 oct.) ; V. Annexe IX abrogée par Arr. du 25 nov. 2020, art. 2 (JO 29 nov.).*

Arrêté du 23 avril 2012,

Fixant les modalités pratiques de l'examen du permis de conduire des catégories A1 et A2 (Arr. du 18 févr. 2020, en vigueur le 1er mars 2020).

Introduction

Le présent arrêté définit les modalités pratiques spécifiques des épreuves du permis de conduire des catégories *(Arr. du 18 fév. 2020, en vigueur le 1er mars 2020)* **« A1 et A2 ».**

Le terme "expert" y désigne l'inspecteur du permis de conduire et de la sécurité routière ou l'agent public visés au quatrième alinéa de l'article D. 221-3 du code de la route.

Art. 1er *Examen.*

I. — Objectif

L'examen doit permettre de contrôler l'acquisition des connaissances théoriques et pratiques nécessaires pour conduire une motocyclette en sécurité.

II. — Contenu

Pour les catégories de permis *(Arr. du 18 févr. 2020, en vigueur le 1er mars 2020)* **« A1 et A2 », l'épreuve pratique comporte deux phases :**

— la première : hors circulation ;

— la seconde : en circulation.

L'épreuve hors circulation constitue une admissibilité pour l'épreuve en circulation.

Les conditions techniques de déroulement de l'examen sont définies en annexe 1.

III. — Véhicules d'examen

Les véhicules d'examen doivent être des véhicules à deux roues, de série courante, équipés pour être utilisés sur les voies ouvertes à la circulation publique et avoir été mis en circulation depuis *(Arr. du 12 oct. 2020, art. 6 et 9, en vigueur le 1er nov. 2020)* **« sept » ans au plus.**

Si les véhicules utilisés sont équipés d'une boîte de vitesse *[vitesses]* **automatique, les candidats, en cas de réussite, se voient délivrer un permis de conduire valable seulement pour la conduite de ce type de véhicules.**

La mention codifiée de cette restriction est portée sur le permis.

(Arr. du 10 janv. 2013) **« A. — Caractéristiques techniques :**

« 1. Catégorie A1 :

« Véhicule à deux roues :

« — d'une puissance maximale de 11 kW ;

« — d'une cylindrée comprise entre 115 et 125 cm³ pour un moteur à combustion interne ;

« — d'un rapport puissance/poids ne dépassant pas 0,1 kW/kg pour un moteur à combustion interne ;

« — d'un rapport puissance/poids supérieur ou égal à 0,08 kW/kg pour un moteur électrique ;

« — pouvant atteindre la vitesse de 90 km/h ;

« — équipé d'une selle biplace et de deux rétroviseurs homologués.

« 2. Catégorie A2 :

« Véhicule à deux roues :

« – d'une puissance minimale de 20 kW et d'une puissance maximale de 35 kW ;

« – d'un rapport puissance/poids ne dépassant pas 0,2 kW/kg et qui n'est pas dérivé d'un véhicule développant plus du double de sa puissance pour un moteur à combustion interne ;

« – d'une cylindrée minimale de *(Arr. du 12 oct. 2020, art. 6)* « **250 cm^3** » pour un moteur à combustion interne ;

« – d'un rapport puissance/poids supérieur ou égal à 0,15 kW/kg pour un moteur électrique ;

« – équipé d'une selle biplace et de deux rétroviseurs homologués. »

(Abrogé par Arr. du 18 févr. 2020, art. 2, à compter du 1er mars 2020) ***« L'utilisation d'un véhicule relevant de la catégorie A est autorisé** [autorisée] **jusqu'au 30 décembre 2013.***

« 3. Catégorie A :

« Véhicule à deux roues :

« – d'une puissance minimale de 50 kW ;

« – d'une cylindrée minimale de 595 cm^3 pour un moteur à combustion interne ;

« – d'un rapport puissance/poids supérieur ou égal à 0,25 kW/kg pour un moteur électrique ;

« – d'un poids à vide minimum de 175 kilogrammes ;

« – équipé d'une selle biplace et de deux rétroviseurs homologués.

« L'utilisation d'un véhicule d'une puissance minimale de 40 kW et/ou d'un poids à vide inférieur à 175 kilogrammes est autorisé** [autorisée] **jusqu'au** (Arr. du 18 déc. 2013)* ***« 31 décembre 2018 ». »

B. – Conditions particulières :

Les véhicules utilisés pour l'examen doivent répondre aux caractéristiques techniques mentionnées sur le certificat d'immatriculation. Dans le cas contraire, l'examen ne peut avoir lieu.

Si le véhicule présente une ou plusieurs défectuosités ne mettant pas en cause la sécurité, l'expert procède à l'examen du candidat ; il informe le délégué de circonscription, à charge pour ce dernier d'intervenir sans retard auprès de l'établissement d'enseignement et si nécessaire auprès du préfet.

Les véhicules doivent faire l'objet d'une police d'assurance couvrant *(Abrogé par Arr. du 17 mai 2013)* ***« sans limite »*** les dommages pouvant résulter d'accidents causés aux tiers ainsi qu'aux personnes se trouvant sur la motocyclette, à l'occasion des épreuves pratiques.

Les épreuves hors et en circulation pourront, éventuellement, se dérouler sur des machines différentes, étant entendu que chacune d'elles doit répondre aux caractéristiques de la moto d'examen définie à l'article 1-III-A et que le type de boîte de vitesse [*vitesses*] doit rester identique.

IV. – Durée

A. – Épreuve hors circulation : *(Arr. du 18 févr. 2020, art. 2, en vigueur le 1er mars 2020)* « 10 minutes ».

B. – Épreuve en circulation : *(Arr. du 18 févr. 2020, art. 2, en vigueur le 1er mars 2020)* « 40 minutes ».

(Arr. du 12 oct. 2020, art. 6) « Par exception à l'alinéa précédent, du 1er août 2020 jusqu'au *(Arr. du 11 oct. 2021 ; Arr. du 13 déc. 2022, art. 1er)* « 30 juin 2023 inclus », la répartition de la durée des épreuves est la suivante :

« – l'épreuve hors circulation : 12 minutes ;

« – l'épreuve circulation : 36 minutes ».

V. – Équipement obligatoire

(Arr. du 18 févr. 2020, art. 2, en vigueur le 1er mars 2020) « Le port d'un casque de type homologué conformément à l'article R. 431-1 du code de la route, de gants homologués conformément à l'article R. 431-1-2 du code de la route, d'un blouson ou d'une veste manches longues munis pour les épreuves en circulation d'un dossard tel qu'il est défini par l'arrêté du 8 janvier 2001 relatif à l'exploitation des établissements d'enseignement, à titre onéreux, de la conduite des véhicules à moteur et de la sécurité routière, d'un pantalon ou d'une combinaison et de bottes ou de chaussures montantes, est obligatoire lors des

épreuves hors et en circulation (les bottes en caoutchouc et les coupe-vents ne sont pas autorisés) »

En cas de non-présentation *(Arr. du 18 févr. 2020, art. 2, en vigueur le 1er mars 2020)* « de ces équipements » avant le début des épreuves, l'examen ne peut avoir lieu.

Le passager qui apporte sa participation au test de déplacement à allure réduite lors de l'épreuve hors circulation doit porter un équipement aux caractéristiques identiques.

(Arr. du 18 févr. 2020, art. 2, en vigueur le 1er mars 2020) « La conformité et le bon état des équipements obligatoires portés, lors des examens, hors et en circulation, relève de la seule responsabilité du candidat, ou de son représentant légal pour un mineur. »

VI. — Accompagnateur

Tous les candidats doivent être accompagnés d'une personne titulaire du permis de conduire de la catégorie du véhicule concerné. Sans préjudice de l'article 2-II-D de l'arrêté du 20 avril 2012 susvisé, cette personne assiste au déroulement des diverses épreuves et peut tenir le rôle du passager lors de l'épreuve de maîtrise de la moto à allure réduite.

Son attitude doit être empreinte d'une totale neutralité. Il ne doit pas procéder à un chronométrage ou à un relevé de la vitesse lors de la réalisation des exercices.

L'accompagnateur apporte sa participation effective pour :

(Arr. du 18 févr. 2020, art. 2, en vigueur le 1er mars 2020) « — installer la piste tirée au sort ; »

(Arr. du 10 janv. 2013 ; Arr. du 18 févr. 2020, art. 2, en vigueur le 1er mars 2020) « — positionner le véhicule au début de l'essai (exercice de déplacement de la moto sans l'aide du moteur) ; »

— remettre en place les *(Arr. du 18 févr. 2020, art. 2, en vigueur le 1er mars 2020)* « obstacles » déplacés ou renversés lors *(Arr. du 18 févr. 2020, art. 2, en vigueur le 1er mars 2020)* « des manœuvres de maniabilité » ;

— suppléer le candidat, le cas échéant.

Dans le cas où cette suppléance est consécutive à une incapacité du candidat, l'examen est interrompu.

VII. — Conditions administratives

Le jour de l'examen, l'expert vérifie l'identité du candidat à l'aide de la liste des titres permettant aux candidats aux examens du permis de conduire de justifier de leur identité, fixée par l'arrêté du *(Arr. du 18 févr. 2020, art. 2, en vigueur le 1er mars 2020)* « 23 décembre 2016 relatif à la justification de l'identité, du domicile, de la résidence normale et de la régularité du séjour pour l'obtention du permis de conduire ».

Art. 2 *Épreuve hors circulation.*

I. — Objectif

Il s'agit de contrôler le niveau des savoirs et savoir-faire relatifs aux *(Arr. du 18 févr. 2020, art. 3, en vigueur le 1er mars 2020)* « *[catégories]* A1 et A2 », notamment le sens de l'équilibre avec ou sans passager, la connaissance et/ou l'emploi des commandes, l'utilisation le cas échéant de la boîte de vitesses, l'acquisition des techniques d'inclinaison, d'évitement et l'efficacité du freinage.

Les exercices hors circulation ont pour objet de s'assurer, avant l'épreuve en circulation, que le candidat a une maîtrise suffisante de sa machine pour évoluer en sécurité.

(Abrogé par Arr. du 18 févr. 2020, art. 3, à compter du 1er mars 2020) ***« De plus, lors de l'épreuve hors circulation, a lieu une interrogation orale dont l'objectif est d'évaluer l'acquisition par le candidat des connaissances indispensables à la sécurité et de s'assurer qu'il est capable d'adapter sa conduite à des situations complexes. »***

(Arr. du 18 févr. 2020, art. 3, en vigueur le 1er mars 2020) « II. — Contenu

« L'épreuve hors circulation est composée d'un enchaînement de six manœuvres comprenant :

« — trois manœuvres de maîtrise de la moto à allure réduite, dont une sans l'aide du moteur ;

« — trois manœuvres de maîtrise de la moto à allure plus élevée.

« III. — Les manœuvres de maniabilité

« Les manœuvres à allure réduite comprennent le déplacement de la motocyclette sans l'aide du moteur et les déplacements de la motocyclette à allure réduite avec et sans passager.

« Les manœuvres à allure plus élevée comprennent les exercices de freinage d'urgence, de slalom et d'évitement. »

(Arr. du 12 oct. 2020, art. 6) « Par exception et jusqu'au jusqu'au *(Arr. du 11 oct. 2021 ; Arr. du 2 juin 2022, art. 1er)* « **31 décembre 2022 inclus** », les manœuvres à allure réduite se réalisent sans passagers. »

(Abrogé par Arr. du 18 févr. 2020, art. 3, à compter du 1er mars 2020) « ***IV. — L'interrogation orale***

(Abrogé par Arr. du 10 janv. 2013) « ***Cette épreuve vise à évaluer l'acquisition des connaissances indispensables à la sécurité par le candidat et à s'assurer qu'il est capable d'adapter sa conduite à des situations complexes.*** »

« ***Le contenu de cette interrogation orale est fixée*** *[fixé]* ***par l'annexe 2 au présent arrêté.*** »

(Arr. du 18 févr. 2020, art. 3, en vigueur le 1er mars 2020) « V. — Évaluation

« L'évaluation repose sur un système de notation globale à trois niveaux symbolisés par une lettre :

« — note A : niveau bon ;

« — note B : niveau satisfaisant ;

« — note C : niveau insuffisant.

« Le résultat est communiqué au candidat après chaque essai.

« La notation C, attribuée aux deux essais, entraîne l'ajournement du candidat et l'interruption de l'examen.

« En cas de 2e essai, l'expert peut arrêter l'examen, lors d'une phase d'arrêt, dès lors que la notation C intervient.

« La chute entraîne la notation C et l'arrêt immédiat de l'examen à l'exception de celle intervenant lors de la réalisation de l'exercice du déplacement de la motocyclette sans l'aide du moteur.

« La chute qui intervient entre deux essais n'est pas prise en compte.

« VI. — Conditions d'admissibilité

« Pour être admis à l'épreuve hors circulation il faut avoir obtenu lors de l'enchaînement des six manœuvres : la note A ou B. »

Art. 3 *Épreuve en circulation.*

I. — Objectif

Il s'agit de vérifier que le candidat a acquis les connaissances et les comportements nécessaires pour circuler en sécurité, sans gêner, sans surprendre et sans être surpris.

II. — Contenu

L'épreuve se déroule sur des *(Arr. du 10 janv. 2013)* « zones d'évaluation variées » en utilisant la procédure du véhicule suiveur *(Abrogé par Arr. du 18 févr. 2020, art. 3, à compter du 1er mars 2020)* « ***(cf. VIII de l'annexe 1 ci-jointe)*** ».

Le candidat doit notamment :

— quitter un emplacement de stationnement, repartir après un arrêt ;

— emprunter des routes droites, négocier des virages ;

— changer de direction, franchir des intersections, utiliser des voies d'accélération et de décélération ;

— réaliser un parcours empruntant des voies à caractère urbain, routier et/ou autoroutier ;

— dépasser et croiser des véhicules ;

— prendre les précautions nécessaires avant de descendre du véhicule.

III. — Évaluation

Elle repose sur l'analyse et le bilan des compétences du candidat. Elle est réalisée par l'expert.

A. — Pour chaque candidat l'expert évalue la compétence : "Savoir s'équiper et s'installer".

Si le candidat présente son équipement et s'installe correctement sur la motocyclette, la notation 2 est attribuée.

Si le candidat ne réalise que partiellement ces opérations, la notation 1 est attribuée.

Si le candidat oublie un ou plusieurs éléments importants, la notation 0 est attribuée.

B. — L'expert évalue les compétences du candidat dans les domaines suivants : "savoir se positionner sur le véhicule en circulation, connaître et utiliser les commandes", "prendre l'information", "adapter son allure aux circonstances", "appliquer la réglementation", "communiquer avec les autres usagers", "partager la chaussée", "maintenir des espaces de sécurité".

Pour chacune de ces compétences, l'expert attribue une notation comprise entre 0 et 3 en s'appuyant sur les définitions ci-après :

Niveau 0 : au moins une composante de la compétence n'est pas acquise et le candidat est incapable de la restituer. Pour autant, la sécurité n'a pas dépendu des tiers ;

Niveau 1 : la compétence est en cours d'acquisition mais mal maîtrisée. Elle a été mise en œuvre pendant l'examen de manière incomplète ;

Niveau 2 : la compétence est acquise. Elle a été mise en œuvre pendant l'examen a *[à]* des niveaux de qualité variable ;

Niveau 3 : la compétence est correctement et régulièrement restituée. Le candidat a su la mettre en œuvre à chaque fois que cela était utile.

Le niveau 3 ne correspond pas nécessairement à une prestation parfaite et l'évaluation doit tenir compte tant du contexte de réalisation des actions de conduite que de l'expérience limitée du candidat.

Erreur éliminatoire : toute action, non-action ou tout comportement dangereux du candidat le plaçant, lui ou les autres usagers, dans une situation où la sécurité dépendrait essentiellement des réactions des tiers constitue une erreur éliminatoire.

Sans préjudice de cette définition, l'erreur éliminatoire est également constituée si le candidat commet l'une des infractions suivantes :

Circulation à gauche sur chaussée à double sens (art. R. 412-9) ;

Franchissement d'une ligne continue (art. R. 412-19) ;

Circulation sur bande d'arrêt d'urgence (art. R. 412-8) ou les voies réservées (art. R. 412-7) ;

Non-respect d'un signal prescrivant l'arrêt (art. R. 412-30, R. 415-6) ;

Circulation en sens interdit (art. R. 412-28).

L'erreur éliminatoire entraîne obligatoirement l'échec à l'examen, qu'elle ait ou non nécessité une intervention de l'expert.

En cas d'incapacité manifeste du candidat à assurer la sécurité *(Arr. du 18 févr. 2020, art. 4, en vigueur le 1er mars 2020)* « ou en cas de chute (hors phase d'installation) », l'expert peut décider de ne pas mener l'examen à son terme. Cette incapacité entraîne l'échec à l'examen.

L'erreur éliminatoire, qu'elle nécessite ou non de la part de l'expert une intervention, doit correspondre à une action susceptible d'entraîner une réelle mise en cause de la sécurité.

Dans tous les cas, sans en préciser le caractère éliminatoire, l'expert doit signaler clairement cette erreur au candidat.

C. — L'expert évalue l'autonomie et la conscience du risque du candidat au travers des compétences suivantes : "analyse des situations", "adaptation aux situations", "conduite autonome".

Selon leur niveau et leur régularité de restitution, l'expert attribue pour chacune de ces compétences une notation comprise entre 0 et 1.

D. — Le candidat se voit attribuer un point par l'expert s'il a fait preuve pendant l'examen d'une attitude préventive et courtoise envers les autres usagers, et plus particulièrement les plus vulnérables.

E. — L'épreuve doit être menée à son terme.

Le fait pour le candidat de commettre une erreur éliminatoire, y compris si elle a nécessité l'intervention de l'expert, ne constitue pas nécessairement une incapacité manifeste à assurer la sécurité.

En revanche, si la conduite du candidat présente un danger manifeste, il est mis un terme à l'épreuve, notamment lorsque l'accumulation d'erreurs contraint l'expert à intervenir régulièrement.

Dans ce cas, l'expert dirige le candidat vers le centre d'examen par le chemin le plus court *(Arr. du 10 janv. 2013)* « ou procède au changement de candidat ».

Lorsque l'examen a été arrêté dans ces conditions, l'expert le précise en cochant la case dédiée du bilan de compétences : "examen non mené à son terme".

F. — Pour être reçu à l'épreuve en circulation, le candidat doit obtenir un minimum de *(Arr. du 18 févr. 2020, art. 4, en vigueur le 1er mars 2020)* « vingt-et-un » points et ne pas commettre d'erreur éliminatoire.

Art. 4 *Conditions de réussite à l'examen.* Un résultat favorable à l'épreuve en circulation entraîne la réussite à l'examen.

Art. 5 Les dispositions du présent arrêté entrent en vigueur à compter du 19 janvier 2013.

(Abrogé par Arr. du 10 janv. 2013) « ***L'annexe 2 au présent arrêté sera publiée ultérieurement.*** »

— V. annexes 1 et 2 au JO du 18 janv. 2013 ; Annexe 1 mod. par Arr. du 31 mars 2014, art. 3 (JO 11 avr.) ; Annexe 1 mod. par Arr. du 18 févr. 2020, art. 5, en vigueur le 1er mars 2020 (JO 29 févr.), mod. par Arr. du 12 oct. 2020, art. 6 (JO 15 oct.) ; Annexe 2 abrogée par Arr. du 18 févr. 2020, art. 5, à compter du 1er mars 2020 (JO 29 févr.).

Arrêté du 23 avril 2012,

Fixant les modalités pratiques de l'examen du permis de conduire des catégories BE, C1, C1E, C, CE, D1, D1E, D et DE.

Introduction

Le présent arrêté définit les modalités pratiques spécifiques des épreuves du permis de conduire des catégories BE, C1, C, C1E, CE, D1, D, D1E et DE, dites catégories du groupe lourd, conformément à l'article 2-IV de l'arrêté du 20 avril 2012 *(Arr. du 10 janv. 2013)* « susvisé ».

Le terme "expert" y désigne l'inspecteur du permis de conduire et de la sécurité routière ou l'agent public visés au quatrième alinéa de l'article D. 221-3 du code de la route.

Art. 1er *Examen.*

I. — Objectif

Pour la catégorie BE, l'examen doit permettre de contrôler l'acquisition des connaissances théoriques et pratiques nécessaires à la conduite d'un ensemble de véhicules de la catégorie BE en sécurité.

L'apprentissage des règles élémentaires de sécurité sera développé afin de traiter aussi bien la sécurité liée à l'ensemble en marche qu'à l'ensemble à l'arrêt (attelage, dételage, chargement, freinage, conditions de stabilité, déchargement...).

Pour les autres catégories, l'examen doit permettre d'évaluer chez le candidat les connaissances théoriques et pratiques nécessaires à la conduite d'un véhicule du groupe lourd en sécurité et pour aborder la profession de conducteur routier dans les meilleures conditions.

Le candidat devra notamment :

— avoir des connaissances générales sur le rôle du transport routier, son organisation ainsi que les règles spécifiques qui lui sont applicables (réglementation européenne portant notamment sur les temps de conduite et de repos et l'utilisation des moyens de contrôle) ;

— connaître les règles élémentaires de sécurité comme celles liées au véhicule en marche ainsi qu'à l'arrêt (chargement, déchargement, prise en compte des passagers, ...) et connaître quelques notions sur les comportements en cas d'accident ;

— montrer qu'il a acquis des connaissances élémentaires de mécanique lui permettant de détecter certaines anomalies de fonctionnement pouvant avoir une incidence directe sur la sécurité ;

— montrer une maîtrise suffisante des commandes et accessoires du véhicule pour ne pas créer de situations dangereuses ;

— montrer son degré d'autonomie dans la réalisation d'un trajet.

II. — Contenu

Pour toutes les catégories du groupe lourd, l'examen pratique est composé de deux épreuves :

— la première : hors circulation (HC) ;

— la deuxième *[seconde]* : en circulation (CIR).

L'épreuve hors circulation constitue une admissibilité pour l'épreuve en circulation.

Les conditions techniques de déroulement de l'examen sont définies en annexe 1 du présent arrêté.

III. — Véhicules d'examen

Les véhicules d'examen doivent être conçus pour atteindre, en palier, la vitesse de :

80 km/h pour les catégories C1, C1E, C, CE, D1, D1E, D et DE ;

100 km/h pour la catégorie BE.

Les véhicules de la catégorie C1, C, C1E et CE doivent posséder au moins 4 places assises (mention inscrite sur le certificat d'immatriculation). Les véhicules équipés de cabines profondes sont autorisés s'ils ont fait l'objet d'une réception technique par les services en charge des réceptions.

Les véhicules isolés et les tracteurs (C1, C1E, C, CE, D1, D1E, D et DE) doivent avoir été mis en circulation pour la première fois depuis *(Arr. du 12 oct. 2020, art. 8)* « seize » ans au plus.

Le véhicule tracteur utilisé pour la catégorie BE doit avoir été mis pour la première fois en circulation depuis *(Arr. du 12 oct. 2020, art. 8)* « onze » ans au plus.

(Arr. du 10 janv. 2013) « Par dérogation aux dispositions de l'article 5, les conditions de premières mises en circulation précitées entrent en vigueur le 1er janvier 2014. »

A. — Caractéristiques techniques

Les épreuves hors et en circulation peuvent se dérouler sur des véhicules différents, étant entendu qu'ils doivent répondre aux caractéristiques des véhicules d'examen définis au présent article.

Pour l'épreuve hors circulation, tout type *(Abrogé par Arr. du 10 janv. 2013)* ***« d'embrayage ou »*** de changement de vitesses est autorisé.

Si les véhicules utilisés lors de l'épreuve en circulation sont équipés d'un *(Arr. du 10 janv. 2013)* « changement » de vitesses automatique, les candidats, en cas de réussite, se voient délivrer un permis de conduire valable seulement pour la conduite de ce type de véhicules sans préjudice des dispositions prévues à l'article 2-III de l'arrêté du 20 avril 2012 *(Arr. du 10 janv. 2013)* « susvisé ».

La mention codifiée de cette restriction est portée sur le permis.

Catégorie BE

Ensemble composé d'un véhicule d'examen de la catégorie B et d'une remorque d'un poids total autorisé en charge (PTAC) égal ou supérieur à 1 000 kg, présentant l'aspect d'un fourgon tôlé ou bâché. La hauteur de la caisse ne peut être inférieure à celle du véhicule tracteur. La largeur de caisse peut être légèrement inférieure à celle du véhicule tracteur (5 cm de chaque côté) à la condition que la vue vers l'arrière ne soit possible qu'en utilisant les rétroviseurs extérieurs du véhicule tracteur.

L'ensemble ne doit pas relever de la catégorie B.

Le poids réel de la remorque ne doit, en aucun cas, être inférieur à 800 kg. *(Abrogé par Arr. du 10 janv. 2013)* ***« En présence d'un chargement, celui-ci doit être réparti uniformément et arrimé de façon stable. »***

Les vans et caravanes répondant à ces conditions sont admis.

La réglementation prévue par le code de la route en ce qui concerne les PTAC et PTRA doit être respectée.

Les véhicules tracteurs de type 4 × 4 sont autorisés, de même que les véhicules utilitaires, dès lors qu'ils possèdent, à l'origine (lors de la réception par type par le service en charge des réceptions), 4 places assises minimum et des baies vitrées au niveau de toutes les places assises.

Catégorie C1

Véhicule de la catégorie C1 dont le poids total autorisé en charge (PTAC) est d'au moins 4 000 kg, qui a une longueur d'au moins 6 mètres ; le compartiment à marchandises doit *(Arr. du 10 janv. 2013)* « avoir l'aspect d'un fourgon tôlé, bâché ou d'une caisse savoyarde dont la hauteur et la largeur ne peuvent être inférieures à celles de la cabine ».

Aucune charge n'est imposée.

Les véhicules bennes et porte-conteneurs ne sont pas admis.

Les véhicules affectés au transport en commun de personnes ne sont pas autorisés.

La réglementation prévue par le code de la route en ce qui concerne le PTAC doit être respectée.

Catégorie C1E

Ensemble composé d'un véhicule d'examen de la catégorie C1 et d'une remorque dont le poids total autorisé en charge (PTAC) est d'au moins 1 250 kg ; cet ensemble doit avoir une longueur *(Arr. du 10 janv. 2013)* « minimale de » 8 mètres ; le compartiment à marchandises de la remorque doit consister en une caisse fermée au moins aussi large que la cabine.

La caisse fermée peut également être légèrement moins large que le véhicule tracteur de 5 cm de chaque côté à la condition que la vue vers l'arrière ne soit possible qu'en utilisant les rétroviseurs extérieurs du véhicule tracteur.

(Arr. du 10 janv. 2013) « Le poids réel de la remorque ne doit, en aucun cas, être inférieur à 800 kg. »

Les véhicules bennes et porte-conteneurs ne sont pas admis.

La réglementation prévue par le code de la route en ce qui concerne le PTAC et le PTRA doit être respectée.

Catégorie C

Véhicule automobile affecté exclusivement au transport de marchandises ou de matériel, d'un poids total autorisé en charge (PTAC) égal ou supérieur à 15 tonnes, d'une longueur minimale de 8 mètres, d'une largeur *(Arr. du 10 janv. 2013)* « minimale de » 2,50 mètres et muni d'une boîte de vitesses comprenant au moins 8 rapports en marche avant *(Arr. du 10 janv. 2013)* « sauf s'il est pourvu d'un changement de vitesses automatique ».

Le compartiment à marchandises doit avoir l'aspect d'un fourgon tôlé, bâché ou d'une caisse savoyarde dont la hauteur et la largeur ne peuvent être inférieures à celles de la cabine.

Le poids réel du véhicule ne doit, en aucun cas, être inférieur à 12 tonnes, le chargement devant *(Abrogé par Arr. du 10 janv. 2013)* « ***, d'une part,*** » être au moins égal aux deux tiers de la charge utile *(Abrogé par Arr. du 10 janv. 2013)* « ***et, d'autre part, être réparti uniformément et arrimé de façon stable*** ».

Les véhicules bennes et porte-conteneurs ne sont pas admis.

Les véhicules affectés au transport en commun de personnes ne sont pas autorisés.

La réglementation prévue par le code de la route en ce qui concerne le PTAC doit être respectée.

Catégorie CE

Véhicule articulé affecté au transport de marchandises ou de matériel, d'un poids total roulant autorisé (PTRA) égal ou supérieur à 32 tonnes, d'une longueur minimale de 14 mètres, d'une largeur minimale de 2,50 mètres pour l'un ou l'autre des deux éléments. Le véhicule tracteur doit être muni d'une boîte de vitesses comprenant au moins 8 rapports en marche avant *(Arr. du 10 janv. 2013)* « sauf s'il est pourvu d'un changement de vitesses automatique ».

La semi-remorque doit présenter l'aspect d'un fourgon tôlé, bâché, d'une citerne ou d'une caisse savoyarde ayant une hauteur et une largeur au moins égales à celles de la cabine du véhicule.

Le poids réel de l'ensemble articulé ne doit, en aucun cas, être inférieur à 26 tonnes.

Est également autorisé un ensemble de véhicules affecté au transport de marchandises ou de matériel composé d'un véhicule tracteur d'un poids total roulant autorisé (PTRA) égal ou supérieur à 32 tonnes, d'une remorque semi-portée à essieux centraux d'une longueur minimale de 7,50 mètres *(Arr. du 10 janv. 2013)* « hors dispositif d'attelage ».

L'ensemble de véhicules devant présenter pour ces deux éléments l'aspect d'un fourgon tôlé, bâché, équipé de rideaux coulissants ou d'une caisse savoyarde et devant être d'une largeur *(Arr. du 10 janv. 2013)* « minimale » de 2,50 mètres, d'une longueur minimale de 17 mètres, d'un poids réel d'au moins 26 tonnes.

Les véhicules bennes et porte-conteneurs ne sont pas admis.

La réglementation prévue par le code de la route en ce qui concerne le PTAC et le PTRA doit être respectée.

Catégorie D1

Véhicule de la catégorie D1 dont le poids total autorisé en charge (PTAC) est d'au moins 4 000 kg, qui a une longueur *(Arr. du 10 janv. 2013)* « minimale de » 6 mètres.

Aucune charge n'est imposée.

Les véhicules de transport de marchandises employés exceptionnellement au transport en commun de personnes et aménagés en conséquence ne sont pas autorisés.

Catégorie D1E

Ensemble composé d'un véhicule d'examen de la catégorie D1 et d'une remorque dont le poids total autorisé en charge (PTAC) est d'au moins 1 250 kg. Le compartiment à marchandises de la remorque doit consister en une caisse fermée d'une largeur et d'une hauteur de 2 mètres au minimum; *(Arr. du 10 janv. 2013)* « le poids réel de la remorque ne doit, en aucun cas, être inférieur à 800 kg ».

Les caravanes et les vans ne sont pas admis.

La réglementation prévue par le code de la route en ce qui concerne le PTAC et le PTRA doit être respectée.

Catégorie D

Véhicule automobile affecté au transport en commun de personnes, d'une longueur minimale de 11 mètres et d'une largeur minimale de 2,50 mètres. Pour la largeur, une tolérance de *(Abrogé par Arr. du 10 janv. 2013) « 1 ou »* 2 cm en moins est admise.

Aucune charge n'est imposée.

Les véhicules de transport de marchandises employés exceptionnellement au transport en commun de personnes et aménagés en conséquence ne sont pas autorisés.

Catégorie DE

Ensemble composé d'un véhicule d'examen de la catégorie D, attelé d'une remorque d'un poids total autorisé en charge (PTAC) égal ou supérieur à 1 250 kg, ayant une largeur minimale de 2,40 mètres. Le compartiment *[à]* marchandises de la remorque doit présenter l'aspect d'un fourgon tôlé ou bâché d'une largeur et d'une hauteur de 2 mètres au minimum.

Le poids réel de la remorque ne doit, en aucun cas, être inférieur à 800 kilogrammes, *[.]*

Les caravanes et les vans ne sont pas admis.

La réglementation prévue par le code de la route en ce qui concerne le PTAC et le PTRA doit être respectée.

B. — Équipements

Les véhicules utilisés pour les examens doivent être équipés :

— d'un dispositif de doubles commandes, pédales d'embrayage et de frein pour les véhicules équipés d'un changement de vitesses manuel, seulement la pédale de frein pour ceux équipés d'une boîte de vitesses automatique ou assimilée;

— de rétroviseurs bilatéraux dont deux supplémentaires pour l'inspecteur;

— de ceintures de sécurité homologuées, le cas échéant;

— d'un système antiblocage de roues (ABR), les remorques ne sont pas concernées par cette obligation;

– d'un chronotachygraphe homologué et en état de fonctionnement selon les dispositions du règlement (CEE) n° 3821/85 modifié du Conseil du 20 décembre 1985 concernant l'appareil de contrôle ;
– d'une échelle d'accès au chargement si nécessaire pour les catégories C et CE ;
– d'une cale pour la catégorie CE.
Les rétroviseurs additionnels doivent permettre de voir une grande partie du côté, la roue située à l'extrémité arrière et au moins une portion de route située à gauche ou à droite, selon le rétroviseur concerné, du véhicule.

C. – Documents

A bord du véhicule d'examen, la présence d'un porte-documents comprenant les pièces suivantes (originaux ou fac-similés) est obligatoire :
– certificat(s) d'immatriculation ;
– attestation(s) d'assurance ;
– manuel(s) ou guide(s) d'utilisation ;
– cartes routières détaillées (avec mention des restrictions – poids, hauteur, largeur...) de la région où est implanté le centre d'examen ;
– un constat amiable ;
– le récépissé de taxe à l'essieu pour les catégories C et CE ;
– si nécessaire, des feuilles d'enregistrement (disques) en nombre suffisant, adaptées au chronotachygraphe du véhicule.
Ces documents ne doivent comporter aucune mention supplémentaire à l'original, surlignage ou autres annotations.

(Arr. du 10 janv. 2013) « D. – Chargement.

« En présence de chargement, les dispositions prévues à l'article R. 312-19 du code de la route doivent être respectées. »

IV. — Durée des épreuves

Catégories C1, C, D1, D, C1E, CE, D1E et DE.
Épreuve hors circulation :
– véhicules relevant des catégories C1, C, D1 et D : *(Arr. du 31 mars 2014, art. 5, en vigueur le 1er juill. 2014)* « 30 » minutes ;
– véhicules relevant des catégories C1E, CE, D1E et DE : 60 minutes.
Épreuve en circulation : 60 minutes.
Catégories BE :
– épreuve complète : 60 minutes ;
– épreuve en circulation seule (bénéfice de l'épreuve HC conservé) : *(Arr. du 31 mars 2014, art. 5, en vigueur le 1er juill. 2014)* « 30 » minutes ;

V. — Accompagnateur

La présence d'un accompagnateur, conformément aux dispositions prévues à l'article 2-II-D de l'arrêté du 20 avril 2012 *(Arr. du 10 janv. 2013)* « susvisé ».
A la demande de l'expert, il positionne le véhicule (ou ensemble de véhicules) à l'emplacement prévue *[prévu]* par la fiche de maniabilité (point A). Pour les catégories BE, C1E, CE, D1E et DE, la remorque est placée côte à côte du véhicule tracteur.
Son attitude doit être empreinte d'une totale neutralité. Il ne doit pas procéder à un chronométrage lors de la réalisation des exercices hors circulation.
« A la demande du candidat, lors de l'épreuve hors circulation de la catégorie CE camion-remorque, il peut aider à relever ou abaisser la barre anti-encastrement si sa mise en place se révèle difficile. »
A la demande de l'expert, il supplée le candidat en cas de nécessité.
Dans le cas où cette suppléance est consécutive à une incapacité du candidat, l'examen est interrompu.

VI. — Justification de l'identité du candidat

L'expert vérifie l'identité du candidat à l'aide de la liste des titres permettant aux candidats aux examens du permis de conduire de justifier de leur identité, fixée par l'arrêté du 19 janvier 2012.

(Arr. du 12 déc. 2022) « **VII. — Prise en considération du handicap**

« Les exercices des épreuves hors et en circulation, tels que décrits aux articles 1er à 3 et à l'annexe I du présent arrêté, pourront être adaptés, notamment dans leur durée, pour tenir compte des éventuelles difficultés de mobilité ou de communication des candidats.

« Il appartient à l'école de conduite ou à l'organisme de formation présentant le candidat d'en informer préalablement le service en charge de la programmation des examens. Celui-ci détermine le temps supplémentaire accordé et l'adaptation des exercices.

« Seuls peuvent bénéficier de ces adaptations :

« 1° Les candidats dont les véhicules sont spécialement aménagés pour tenir compte de leur handicap physique, sur présentation auprès du service en charge de la programmation des examens de l'avis médical délivré par un médecin agréé pour le contrôle médical de l'aptitude à la conduite mentionnant les aménagements du véhicule ;

« 2° Les candidats atteints de déficience auditive au sens de l'arrêté du 28 mars 2022 susvisé, sur présentation auprès du service en charge de la programmation des examens de l'avis médical délivré par un médecin agréé pour le contrôle médical de l'aptitude à la conduite mentionnant les aménagements du véhicule ;

« 3° Les candidats atteints de dysphasie, dyslexie, dyspraxie, sur présentation auprès du service en charge de la programmation des examens de l'un des trois documents suivants :

« — une reconnaissance de qualité de travailleur handicapé (RQTH) ou une reconnaissance de handicap obtenue auprès de la maison départementale des personnes handicapées (MDPH) et un diagnostic de dyslexie et/ ou de dysphasie et/ ou de dyspraxie ;

« — une reconnaissance d'aménagements aux épreuves nationales de l'éducation nationale au titre des troubles de l'apprentissage du langage écrit, du langage oral et/ou écrit et/ou de l'acquisition de la coordination ;

« — un certificat médical délivré depuis moins de six mois, attestant d'un trouble spécifique du langage et/ou de la lecture et/ou de l'acquisition de la coordination et nécessitant un aménagement des conditions de passage des épreuves. »

Art. 2 *Épreuve hors circulation.*

I. — Objectif

L'objectif de cette épreuve est de contrôler le niveau des savoirs spécifiques à chacune des catégories et celui des savoir-faire relatifs notamment aux opérations préalables de sécurité. Sont respectivement concernées les matières suivantes :

— la réglementation des transports (sauf BE) ;
— le code de la route ;
— la sécurité et la signalisation routière ;
— les facteurs de sécurité liés au chargement (C1, C, C1E, CE) ;
— la responsabilité du conducteur en ce qui concerne le transport de passagers (D1, D, D1E, DE) ;
— la mécanique (C, CE, D et DE) ;
— les vérifications du véhicule avant le départ ;
— l'attelage et le dételage d'un ensemble (BE, C1E, CE, D1E et DE) ;
— la réalisation d'une manœuvre.

II. — Contenu

L'épreuve hors circulation est composée de plusieurs exercices :

— une interrogation écrite (sauf BE) ;
— un test de connaissances comprenant :
— des vérifications courantes de sécurité ;
— un attelage-dételage pour les catégories BE, C1E, CE, D1E, DE ;
— une interrogation orale, sauf pour les catégories C1 et C1E ;
— un exercice de maniabilité.

III. — Interrogation écrite

L'objectif de l'interrogation écrite est de vérifier les connaissances du candidat dont l'acquisition peut difficilement être contrôlée dans la pratique.

Elle porte sur les 8 thèmes de connaissance suivants :

– les situations dégradées et accidents ;
– le conducteur ;
– l'équipement des véhicules ;
– la réglementation sociale européenne et française *(Arr. du 10 janv. 2013)* « sauf pour les catégories C1 et C1E comportant la mention restrictive 97 » ;
– les règles du transport ;
– les masses et dimensions des véhicules ;
– les règles de circulation et signalisation spécifiques ;
– la mécanique (sauf C1, C1E, D1 et D1E).

Le contenu de cette interrogation écrite est fixée par l'annexe 4 *(Arr. du 10 janv. 2013)* « du » présent arrêté.

La fiche de recueil de résultats figure en annexe 9 du présent arrêté.

IV. — Vérifications courantes de sécurité

L'objectif des vérifications courantes de sécurité est de s'assurer que le candidat est apte à procéder aux contrôles et vérifications de son véhicule (ou ensemble de véhicules) avant le départ en circulation.

V. — Interrogation orale

L'objectif de l'interrogation orale, pour les catégories concernées, est de s'assurer *[,]* au cours d'un échange entre l'expert et le candidat, que ce dernier possède des connaissances théoriques liées à la sécurité et est capable d'adapter sa conduite à des situations complexes.

Le contenu de cette interrogation orale est fixée *[fixé]* par l'annexe 5 au présent arrêté.

VI. — Test de maniabilité

L'objectif du test de maniabilité est de s'assurer de l'aptitude du candidat à réaliser une manœuvre en marche arrière décrivant une courbe. Il devra se garer de manière sûre pour, selon les cas, *(Arr. du 10 janv. 2013)* « démontrer sa capacité à » charger/décharger sur une rampe ou un quai de déchargement, ou pour laisser monter ou descendre en sécurité des passagers d'un autocar.

L'exercice consiste en une marche arrière sinueuse en faisant passer le véhicule entre des obstacles ou en les contournant, au terme de laquelle le candidat doit effectuer, selon le tirage au sort et la catégorie concernée, un arrêt de précision (axe de l'essieu arrière de la remorque sur la zone blanche matérialisée), ou un stationnement dans une zone matérialisée, ou une simulation de mise à quai (arrêt à l'aplomb arrière de la remorque dans une zone précise).

L'ensemble des exercices, déterminés en fonction de la longueur et de la catégorie des véhicules, sont contenus *[est contenu]* en annexe 3 du présent arrêté.

Le tracé figurant en annexe 2 du présent arrêté permet la représentation de tous les exercices.

VII. — Gestes et postures

L'objectif est de s'assurer que le candidat effectue ces contrôles et vérifications en conservant des attitudes de sécurité élémentaires.

VIII. — Évaluation

L'évaluation de l'épreuve hors circulation repose sur le système de notation de l'acquisition de points. Une note est applicable à chaque opération sauf au test de maniabilité dont le résultat détermine la poursuite de l'examen. L'évaluation propre à chaque opération est définie dans l'annexe 1 au présent arrêté.

Les fiches de recueil des résultats figurent en annexes 6, 7 et 8 du présent arrêté.

Si un candidat prend l'initiative d'interrompre l'épreuve en cours, il est ajourné.

IX. — Conditions d'admissibilité

(Arr. du 10 janv. 2013) « Pour être admis à l'épreuve hors circulation, il faut que l'examen ait été mené à son terme, avoir obtenu le minimum de points requis, ne pas posséder de note éliminatoire et avoir un résultat favorable au test de maniabilité.

« Le minimum de points requis doit être strictement supérieur à : »

(Arr. du 10 janv. 2013 ; Arr. du 31 mars 2014, art. 6, en vigueur le 1er juill. 2014) « 16 points pour les catégories *(Abrogé par Arr. du 31 mars 2014, art. 6-1o, à compter du 1er juill. 2014)* « *BE,* » C, D1, D ;

« 18 points pour la catégorie BE ;

« 13 points pour la catégorie C1 ;

« 22 points pour la catégorie C1E ;

« 24 points pour les catégories CE, D1E, DE. »

(Arr. du 10 janv. 2013) « Les candidats ayant obtenu un résultat favorable à l'épreuve hors circulation conservent le bénéfice de leur admissibilité conformément au C du I de l'article 2 de l'arrêté du 20 avril 2012 susvisé. »

Art. 3 *Épreuve en circulation.*

I. — Objectif

L'épreuve pratique de l'examen du permis de conduire des catégories BE, C1, C, C1E, CE, D1, D, D1E et DE a pour objet de contrôler les aptitudes du candidat à procéder aux contrôles et vérifications précédents *[précédant]* le départ en circulation et de vérifier que ses aptitudes techniques et son comportement lui permettent de circuler en toute sécurité, sans gêner, sans surprendre et sans être surpris.

II. — Contenu

L'épreuve se déroule sur des *(Arr. du 10 janv. 2013)* « zones d'évaluation variées ».

Le candidat doit notamment :

— quitter un emplacement de stationnement, repartir après un arrêt ;

— emprunter des routes droites, négocier des virages ;

— changer de direction, franchir des intersections, utiliser des voies d'accélération et de décélération ;

— réaliser un parcours empruntant des voies à caractère urbain, routier et/ou autoroutier ;

— dépasser et croiser des véhicules ;

— prendre les précautions nécessaires avant de descendre du véhicule.

III. — Évaluation

Elle repose sur l'analyse et le bilan des compétences du candidat. Elle est réalisée par l'expert.

A. — Pour chaque candidat, l'expert évalue la compétence : "savoir s'installer et assurer la sécurité à bord".

Si le candidat s'installe correctement au poste de conduite et s'assure valablement de la sécurité à bord, la notation 2 est attribuée.

Si le candidat ne réalise que partiellement ces opérations, la notation 1 est attribuée.

Si le candidat oublie un ou plusieurs éléments importants, la notation 0 est attribuée.

B. — L'expert évalue les compétences du candidat dans les domaines suivants "connaître et utiliser les commandes", "prendre l'information", "adapter son allure aux circonstances", "appliquer la réglementation", "communiquer avec les autres usagers", "partager la chaussée", "maintenir des espaces de sécurité".

Pour chacune des compétences décrites ci-dessus, l'expert attribue la note 0, 1, 2 ou 3, en s'appuyant sur les définitions suivantes :

Niveau 0 : au moins une composante de la compétence n'est pas acquise et le candidat est incapable de la restituer. Pour autant, la sécurité n'a pas dépendu des tiers.

Niveau 1 : la compétence est en cours d'acquisition mais mal maîtrisée. Elle a été mise en œuvre pendant l'examen de manière incomplète.

Niveau 2 : la compétence est acquise. Elle a été mise en œuvre pendant l'examen à des niveaux de qualité variable *[variables]*.

Niveau 3 : la compétence est correctement et régulièrement restituée. Le candidat a su la mettre en œuvre à chaque fois que cela était utile.

Le niveau 3 ne correspond pas nécessairement à une prestation parfaite et l'évaluation doit tenir compte tant du contexte de réalisation des actions de conduite que de l'expérience limitée du candidat.

Erreur éliminatoire : toute action, non-action ou tout comportement dangereux du candidat le plaçant, lui ou les autres usagers, dans une situation où la sécurité dépendrait essentiellement des réactions des tiers constitue une erreur éliminatoire.

Sans préjudice de cette définition, l'erreur éliminatoire est également constituée si le candidat commet l'une des infractions suivantes :

– circulation à gauche sur chaussée à double sens (R. 412-9) ;
– franchissement d'une ligne continue (R. 412-19) ;
– circulation sur bande d'arrêt d'urgence (R. 412-8) ou les voies réservées (R. 412-7) ;
– non-respect d'un signal prescrivant l'arrêt (R. 412-30, R. 415-6) ;

(Arr. du 10 janv. 2013) « – non-respect d'un panneau d'accès interdit (arrêté du 24 novembre 1967 relatif à la signalisation des routes et des autoroutes, art. R. 412-28) ; »

– circulation en sens interdit (R. 412-28) ;

L'erreur éliminatoire entraîne obligatoirement l'échec à l'examen, qu'elle ait ou non nécessité une intervention de l'expert.

En cas d'incapacité manifeste du candidat à assurer la sécurité, l'expert peut décider de ne pas mener l'examen à son terme. Cette incapacité entraîne l'échec à l'examen.

L'erreur éliminatoire, lorsqu'elle ne nécessite pas de la part de l'expert une intervention, doit correspondre à une action susceptible d'entraîner une réelle mise en cause de la sécurité.

Dans tous les cas, sans en préciser le caractère éliminatoire, l'expert doit signaler clairement cette erreur au candidat.

C. – L'expert évalue l'autonomie et la conscience du risque du candidat au travers des compétences suivantes : "analyse des situations", "adaptation aux situations", "conduite autonome".

Selon leur niveau et leur régularité de restitution, l'expert attribue pour chacune de ces compétences une notation comprise entre 0 et 1.

D. – Le candidat se voit attribuer un point par l'expert s'il a fait preuve pendant l'examen d'une attitude préventive et courtoise envers les autres usagers, et plus particulièrement les plus vulnérables.

E. – Le candidat se voit attribuer un point s'il a démontré pendant l'examen sa capacité à adapter sa conduite de manière à économiser la consommation de carburant et à limiter les rejets de gaz à effet de serre tout en maintenant de bonnes conditions de sécurité.

F. – L'épreuve doit être menée à son terme.

Le fait pour le candidat de commettre une erreur éliminatoire, y compris si elle a nécessité l'intervention de l'expert, ne constitue pas une incapacité manifeste à assurer la sécurité.

En revanche, si la conduite du candidat présente un danger manifeste, il est mis un terme à l'épreuve, notamment lorsque l'accumulation d'erreurs contraint l'expert à intervenir régulièrement.

Dans ce cas, l'expert dirige le candidat vers le centre d'examen par le chemin le plus court *(Arr. du 10 janv. 2013)* « ou procède au changement de candidat ».

Lorsque l'examen a été arrêté dans ces conditions, l'expert le précise en cochant la case dédiée du bilan de compétences : "examen non mené à son terme".

G. – Pour être reçu à l'épreuve en circulation, le candidat doit obtenir un minimum de dix-sept points et ne pas commettre d'erreur éliminatoire.

Art. 4 *Conditions de réussite à l'examen.* Un résultat favorable à l'épreuve en circulation entraîne la réussite à l'examen.

Art. 5 Les dispositions du présent arrêté entrent en vigueur à compter du 19 janvier 2013.

*(Abrogé par Arr. du 10 janv. 2013) « **Les annexes 4 et 5 feront l'objet d'une publication ultérieure** ». – V. annexes 1 à 9 au JO du 18 janv. 2013 ; Annexes 1, 6 à 8 mod. par Arr. du 31 mars 2014, art. 7 et 8 (JO 11 avr.).*

Arrêté du 31 juillet 2012,

Relatif à l'organisation du contrôle médical de l'aptitude à la conduite.

CHAPITRE I *PERSONNES SOUMISES AU CONTRÔLE MÉDICAL DE L'APTITUDE À LA CONDUITE*

Art. 1er Sont soumis au contrôle médical de l'aptitude à la conduite :

1° En application des 1° et 2° de l'article R. 226-1 du code de la route :

a) Les usagers ayant été destinataires d'une décision d'invalidation ou ayant fait l'objet d'une décision d'annulation prononcée en application du code de la route et qui sollicitent de nouveau la délivrance d'un permis de conduire ;

b) Les conducteurs dont l'annulation du permis de conduire a été prononcée pour les délits prévus par les articles 221-6-1, 222-19-1 et 222-20-1 du code pénal ;

c) Les candidats au permis de conduire ou les titulaires du permis de conduire atteints d'une affection médicale incompatible avec l'obtention ou le maintien du permis de conduire ou pouvant donner lieu à la délivrance de permis de conduire de durée de validité limité, *(Arr. du 28 mars 2022, art. 9)* « dont la liste est fixée par l'arrêté du 28 mars 2022 » ;

2° En application de l'article R. 221-13 du code de la route :

a) Tout conducteur ou accompagnateur d'un élève auquel est imputable l'une des infractions prévues par les articles L. 234-1, L. 234-8, L. 235-1 et L. 235-3 ;

b) Les conducteurs ayant fait l'objet d'une mesure portant restriction ou suspension du droit de conduire d'une durée supérieure à un mois pour l'une des infractions prévues au code de la route, autres que celles visées au *a* ;

3° En application de l'article R. 221-10 du code de la route :

a) Les candidats aux catégories A et B du permis de conduire atteints d'une incapacité physique incompatible avec l'obtention du permis de conduire ;

b) Les candidats aux catégories A et B du permis de conduire délivrées pour la conduite des véhicules spécialement aménagés pour tenir compte du handicap du conducteur ;

c) Les candidats aux catégories C, D, E et à compter du 19 janvier 2013, *(Arr. du 30 mai 2013)* « BE, » C1, C1E, D1 et D1E du permis de conduire ;

d) Les titulaires de la catégorie B du permis conduisant des taxis, des voitures de tourisme avec chauffeur, des voitures de remise, des ambulances, des véhicules affectés au ramassage scolaire et des véhicules affectés au transport public des personnes ;

e) Les titulaires de la catégorie A du permis conduisant des véhicules motorisés à deux ou trois roues utilisés pour le transport à titre onéreux de personnes ;

4° En application du 3° de l'article R. 226-1 du code de la route :

a) Les candidats au permis de conduire les véhicules des catégories A1, A, B, B1 et, à compter du 19 janvier 2013, de la catégorie A2, qui ont fait l'objet d'une décision de réforme ou d'exemption temporaire ou définitive ou sont titulaires d'une pension d'invalidité à titre civil ou militaire ;

b) Les candidats qui ont fait l'objet d'une demande de contrôle médical d'aptitude à la conduite par l'examinateur à la suite de constatations faites lors de l'examen du permis de conduire ;

c) Les enseignants de la conduite en application de l'article R. 212-2 ;

(Arr. du 30 oct. 2016, art. 3-1°, en vigueur le 1er janv. 2019) « *d)* Les conducteurs titulaires d'un permis de conduire de durée de validité limitée restreint à la conduite des véhicules équipés d'un dispositif homologué d'antidémarrage par éthylotest électronique et astreints au suivi d'un stage dans un établissement spécialisé en addictologie ; »

5° Les personnes qui souhaitent être exemptées du port obligatoire de la ceinture de sécurité en application de l'article R. 412-1 du code de la route ;

(Arr. du 29 nov. 2016) « 6° Les personnes atteintes d'une des affections prévues par arrêté du ministre chargé des transports qui souhaitent attester de leur état en vue de bénéficier du cadre dérogatoire relatif à la transparence des vitrages des véhicules en application de l'article R. 316-3 du code de la route et de ses textes d'application. »

Les dispositions issues de l'Arr. du 30 oct. 2016 sont applicables à titre expérimental à compter du 1er déc. 2016 et jusqu'au 31 déc. 2018, dans les départements de la Drôme, de la Marne et du Nord. Un rapport d'évaluation est rendu trois mois au plus tard avant la fin de cette période expérimentale (Arr. préc., art. 5).

Elles sont également applicables à titre expérimental à compter du 1er déc. 2017 et jusqu'au 31 déc. 2018, dans le département du Finistère (Arr. préc., art. 5, mod. par Arr. du 8 nov. 2017, JO 15 nov.).

Art. 2 Peuvent être soumis au contrôle médical de l'aptitude à la conduite :

1° En application de l'article R. 221-12 du code de la route, les candidats au permis de conduire ou les titulaires de celui-ci sollicitant la prorogation d'une ou plusieurs catégories de leur permis de conduire, atteints d'une affection compatible avec l'obtention du permis de conduire mais susceptible de s'aggraver ;

2° Les titulaires du permis de conduire visés à l'article R. 221-14 du code de la route.

Art. 3 I. — Le contrôle médical défini à l'article R. 226-1 du code de la route est occasionnel sauf pour les personnes visées aux *b*, *c*, *d*, et *e* du 3° et au 4° *c* du I de l'article 1er ci-dessus qui restent soumises à un contrôle médical périodique conformément à l'article R. 221-11 dudit code.

II. — En cas de délivrance du permis de conduire avec une restriction de validité, suite au contrôle médical prévu à l'article R. 226-2 du code de la route, son titulaire est soumis à un contrôle médical périodique dans les conditions définies à l'article R. 221-11 du code de la route.

III. — Le refus de se soumettre au contrôle médical est dûment établi un mois après la première injonction restée sans effet, sans motif valable.

CHAPITRE II *DURÉE DE VALIDITÉ DU CONTRÔLE MÉDICAL ET PROROGATION DES CATÉGORIES DU PERMIS DE CONDUIRE*

Art. 4 I. — Le formulaire sur lequel est transcrit l'avis médical défini à l'article R. 226-2 du code de la route et délivré à l'issue du contrôle médical a une durée de validité administrative de deux ans.

II. — Les titulaires du permis de conduire dont une ou plusieurs catégories a une durée limitée et qui souhaitent proroger la ou les dites catégories doivent se soumettre, de leur propre initiative, au contrôle médical avant que ne soit atteinte la date limite de validité de la ou des *[(ou des)]* catégorie(s) mentionnée(s) sur leur permis de conduire. La prorogation de la validité des catégories de leur titre est subordonnée à la réalisation de ce contrôle médical.

III. — Lorsque les usagers ont été reconnus aptes à conduire par le préfet notamment après avis médical résultant du contrôle médical, la ou les *[(ou les)]* catégorie(s) de permis peut (peuvent) être de nouveau prorogée(s) :

1° Soit pour la périodicité prévue à l'article R. 221-11 du code de la route en fonction de l'âge du conducteur ;

2° Soit pour la période déterminée à la suite du contrôle médical, en cas de délivrance d'une catégorie de durée de validité limitée ;

3° Soit jusqu'à la date anniversaire de ses soixante ans pour un conducteur âgé de cinquante-cinq ans ou plus ;

4° Soit jusqu'à la date anniversaire de ses soixante-seize ans pour un conducteur âgé de soixante-quatorze ans ou plus.

CHAPITRE III *MÉDECINS AGRÉÉS ET COMMISSIONS MÉDICALES*

Art. 5 I. — La commission médicale primaire réalise les contrôles médicaux des personnes visées aux *a* et *b* du 1° et au *a* du 2° de l'article 1er du présent arrêté.

II. — Les contrôles médicaux devant intervenir pour d'autres motifs que ceux précités au I ci-dessus sont réalisés par le médecin agréé consultant hors commission médicale.

III. — En cas d'avis d'aptitude temporaire, d'aptitude avec restrictions d'utilisation du permis ou d'inaptitude émis par la commission médicale primaire, celle-ci reste seule compétente pour procéder à un nouveau contrôle de l'intéressé à la fin de la période de validité de la catégorie du permis de conduire concernée.

IV. — Toutefois, lorsque la commission primaire examine un usager sur saisine par un médecin agréé dans les conditions prévues au 3° de l'article R. 226-3, elle peut décider soit de le réexaminer à la fin de la période de validité, soit de laisser ce soin à un médecin agréé, sous réserve que ce contrôle médical ne relève pas de la compétence des commissions médicales.

(Arr. du 30 oct. 2016, art. 3-2°, en vigueur le 1er janv. 2019) « V. — Seules les commissions médicales primaires ou d'appel peuvent rendre un avis d'aptitude temporaire à la conduite avec l'obligation d'utilisation d'un véhicule équipé d'un dispositif d'antidémarrage par éthylotest électronique. »

Les dispositions issues de l'Arr. du 30 oct. 2016 sont applicables à titre expérimental à compter du 1er déc. 2016 et jusqu'au 31 déc. 2018 dans les départements de la Drôme, de la Marne et du Nord. Un rapport d'évaluation est rendu trois mois au plus tard avant la fin de cette période expérimentale (Arr. préc., art. 5).

Elles sont également applicables à titre expérimental à compter du 1er déc. 2017 et jusqu'au 31 déc. 2018, dans le département du Finistère (Arr. préc., art. 5, mod. par Arr. du 8 nov. 2017, JO 15 nov.).

Les dispositifs d'antidémarrage par éthylotest électronique sont installés sur les véhicules non équipés par construction dans les conditions prévues par le Décr. n° 2011-1661 du 28 nov. 2011 (Arr. du 30 oct. 2016, art. 4).

Art. 6 I. — Les médecins chargés du contrôle médical de l'aptitude à la conduite mentionnés à l'article R. 226-2 sont agréés par le préfet du département dans le ressort duquel ils souhaitent exercer au titre du contrôle médical de l'aptitude à la conduite. Ils peuvent être agréés dans plusieurs départements.

II. — Pour être agréé, un médecin doit remplir les conditions suivantes :

1° Être inscrit au tableau de l'ordre des médecins et ne pas avoir fait l'objet d'une sanction ordinale au cours des cinq années précédant la notification de l'arrêté au médecin ;

2° Avoir moins de *(Arr. du 28 mars 2022)* « soixante-quinze ans » ;

3° Avoir suivi, pour les médecins consultant hors commission médicale et les médecins siégeant en commission médicale primaire départementale ou interdépartementale, une formation initiale dont le contenu, la durée et les modalités sont fixés au chapitre IV du présent arrêté.

III. — L'agrément est accordé pour une durée de cinq ans par arrêté préfectoral sous réserve du 2° du II ci-dessus. Il peut être renouvelé dans la mesure où les conditions qui ont permis sa délivrance sont toujours réunies. Son renouvellement est subordonné à l'obligation de suivi d'une formation continue dont les modalités sont définies à l'article 15 du présent arrêté. Les médecins agréés avant l'entrée en vigueur du présent arrêté disposent d'une année à compter de la date de fin de leur agrément pour remplir cette obligation de formation continue.

IV. — L'agrément prévu au I est abrogé par décision du préfet :

1° En cas de sanction ordinale ;

2° Dès l'âge de soixante-treize ans atteint ;

3° En cas de non-respect de l'obligation de formation continue ; ou

4° Pour tout autre motif.

Dans ce dernier cas, le médecin agréé est mis à même de présenter ses observations dans un délai de quinze jours suivant la réception par le médecin du courrier exposant les griefs susceptibles de conduire à l'abrogation de l'agrément.

Art. 7 I. — Conformément aux articles L. 223-5, R. 224-22 et 226-2 du code de la route, en cas d'invalidation ou d'annulation du permis de conduire, le contrôle médical de l'aptitude à la conduite comprend un examen psychotechnique, effectué sur prescription du médecin agréé consultant hors commission médicale ou sur prescription de la commission médicale primaire ou d'appel.

II. — Les médecins agréés consultant hors commission médicale ou la commission médicale primaire indiquent leur avis sur le formulaire prévu à cet effet et intitulé "Permis de conduire – Avis médical".

III. — En application de l'article R. 226-2, l'avis porte sur l'aptitude, l'aptitude temporaire, l'aptitude assortie de restrictions d'utilisation du permis, ou sur l'inaptitude du candidat ou du conducteur à conduire les véhicules de la catégorie sollicitée et également de celle(s) éventuellement détenue(s). S'il l'estime médicalement nécessaire, le médecin agréé consultant hors commission médicale peut demander au préfet de convoquer la personne examinée devant la commission médicale primaire dont la compétence est alors substituée à la sienne.

IV. — Les médecins indiquent, le cas échéant, les mentions additionnelles ou restrictives d'utilisation du permis de conduire à l'aide des codes prévus à l'article 12-3 de l'arrêté du 8 février 1999 et, à compter du 19 janvier 2013, par l'arrêté du 20 avril 2012.

Art. 8 I. — Le contrôle médical par les médecins agréés consultant hors commission médicale a lieu sans convocation.

II. — L'avis d'un professionnel de santé compétent dans un domaine donné peut être sollicité par le médecin consultant hors commission médicale ou la commission médicale lors de l'examen de l'usager. Les résultats de cet examen sont communiqués préalablement à l'établissement de l'avis médical concernant la personne examinée, directement au médecin agréé ou à cette dernière. De même, les résultats d'examens complémentaires, lorsqu'ils sont demandés, sont communiqués avant l'établissement de l'avis médical selon les mêmes modalités.

Art. 9 I. — Le préfet met en place dans son département une commission médicale primaire. Dans le cas où la commission médicale départementale ne peut être régulièrement constituée du fait d'un nombre insuffisant de médecins, elle peut être remplacée par une commission médicale interdépartementale regroupant deux ou plusieurs départements voisins. Dans ce cas, la commission médicale interdépartementale est constituée par arrêté du préfet du département où elle siège, pris sur avis du ou des préfets des départements intéressés.

II. — Chaque commission médicale primaire est composée d'au moins deux médecins agréés. La réunion de la commission comprend deux médecins. Plusieurs réunions de la commission primaire peuvent se tenir le même jour en un ou plusieurs endroits. Le nombre de personnes examinées par la commission réunie ne doit pas dépasser vingt par demi-journée.

III. — Le contrôle médical de l'aptitude à la conduite s'effectue devant la commission médicale primaire dont relève la résidence du conducteur. Il peut néanmoins avoir lieu devant la commission primaire du département où a eu lieu l'infraction, sur décision du préfet territorialement compétent.

Art. 10 I. — Une commission départementale d'appel est constituée par arrêté préfectoral dans les mêmes conditions que la commission médicale primaire.

A. — Conformément à l'article R. 226-4 du code de la route, elle peut être saisie par la personne qui a fait l'objet d'un contrôle médical lorsque, à la suite de l'avis qui lui a été transmis, le préfet a rendu à son encontre une décision d'aptitude temporaire, d'aptitude avec restrictions d'utilisation du permis ou d'inaptitude. Cet appel ne suspend pas la décision préfectorale. La commission médicale d'appel, après avoir examiné la personne et consulté, si elle le juge nécessaire, le ou les médecins agréés qui ont réalisé son contrôle médical en première instance, transmet au préfet son avis motivé. La personne ayant fait l'objet d'une décision d'inaptitude, d'aptitude temporaire ou d'aptitude assortie de restrictions du préfet prise après avis de la commission d'appel, peut demander un nouveau contrôle médical par un médecin agréé consultant hors commission médicale ou par la commission médicale à l'expiration d'un délai de six mois suivant cette décision.

B. — La commission d'appel est composée :

— d'au moins deux médecins agréés désignés parmi ceux composant la commission médicale primaire ;

— d'un ou plusieurs médecins diplômés dans la ou les disciplines médicales dont relèvent la ou les affections de l'appelant, en référence aux classes de pathologies médicales fixées par *(Arr. du 28 mars 2022, art. 9)* « les annexes I et II de l'arrêté du 28 mars 2022 ».

C. — La réunion de la commission d'appel comprend au moins deux médecins agréés dont l'un est diplômé dans la discipline médicale dont relève l'affection de l'appelant, en référence aux classes de pathologies médicales fixées par *(Arr. du 28 mars 2022, art. 9)* « les annexes I et II de l'arrêté du 28 mars 2022 ».

D. — La commission d'appel est valablement réunie dès lors que l'usager a été examiné par ses membres même de façon non concomitante et dès lors que les médecins ayant procédé à cet examen se sont concertés postérieurement pour élaborer l'avis de la commission d'appel.

II. — Au cas où la commission médicale départementale d'appel ne peut être régulièrement constituée par l'impossibilité d'y faire siéger un ou plusieurs des médecins spécialistes, elle peut être remplacée par une commission médicale interdépartementale d'appel regroupant deux ou plusieurs départements voisins. La commission médicale interdépartementale d'appel est constituée par arrêté du préfet du département où elle siège, pris sur avis du ou des préfets des départements intéressés.

III. — Un candidat ou un conducteur ne doit en aucun cas être examiné en commission d'appel par un médecin agréé qui l'a examiné en première instance.

CHAPITRE IV *FORMATION DES MÉDECINS AGRÉÉS*

Art. 10 *bis* *(Arr. du 30 mai 2013)* Les formations initiale et continue des médecins répondent aux "partis pris pédagogiques" fixés par l'annexe II.

Art. 11 La formation initiale des médecins prévue à l'article 6 ci-dessus a pour objectif de leur permettre :

— d'identifier la mission des médecins agréés dans le cadre de la sécurité routière ;

— de connaître les principales causes d'accidentalité ;

— de connaître le cadre réglementaire et l'organisation administrative dans lesquels s'exerce l'activité du contrôle médical ;

– d'utiliser les outils de diagnostic médical pour le repérage des conduites et situations à risque les plus fréquentes en matière de sécurité routière.

(Arr. du 30 mai 2013) « La formation initiale a également pour objectif de permettre aux médecins de répondre à des exigences spécifiques fixées à l'annexe III. »

Art. 12 Les thèmes abordés au cours de la formation prévue à l'article 11 ci-dessus concernent les domaines suivants :

Module 1 :

– les données épidémiologiques en matière de sécurité routière, recensées par le dernier rapport annuel disponible de l'observatoire national de la sécurité routière ;

– les aspects médicaux et comportementaux en matière de politique de sécurité routière.

Module 2 :

– le cadre réglementaire et l'organisation administrative du contrôle médical de l'aptitude à la conduite ;

– les outils de repérage des conduites et situations à risques.

Art. 13 *(Arr. du 30 mai 2013)* I. – La formation initiale prévue à l'article 11 est assurée par tout organisme de formation continue répondant aux conditions énumérées ci-après :

1° Être déclaré conformément aux articles L. 6351-1 et suivants du code du travail ;

2° Compter dans son équipe au moins un médecin assurant la formation, lui-même agréé ou ayant été agréé dans les dix ans précédant la formation ;

3° Être enregistré conformément au III.

II. – Les organismes adressent au ministre chargé de la sécurité routière un dossier de candidature comprenant les noms et qualités des intervenants ainsi que les programmes de formations initiale et continue devant être dispensées aux stagiaires.

III. – Le nom et l'adresse des organismes répondant aux conditions mentionnées aux 1° et 2° du I et aux articles 6 et 10 *bis* sont enregistrés par le ministère chargé de la sécurité routière.

IV. – Chaque année, avant le 31 décembre, les organismes transmettent au ministère chargé de la sécurité routière, aux fins de renouveler l'enregistrement prévu au III, un bilan comprenant au minimum les données suivantes :

– le programme de la formation dispensée ;

– les noms et qualités des intervenants ;

– le nombre de personnes formées ainsi que le département de leur lieu d'exercice.

V. – La durée de la formation est fixée à neuf heures. Elle est organisée en continu ou en discontinu.

Art. 14 A l'issue de la formation initiale prévue à l'article 11, l'organisme responsable de son organisation délivre au médecin concerné une attestation conforme au modèle fixé en *(Arr. du 30 mai 2013)* « annexe I » du présent arrêté. L'attestation ne peut être délivrée que si la totalité de la formation a été suivie par le médecin.

Art. 15 I. – La formation continue prévue à l'article 6, dans le cadre du renouvellement de l'agrément du médecin, consiste en une actualisation des connaissances en matière de santé et de sécurité routière, en fonction de l'évolution de la réglementation et des connaissances scientifiques.

(Arr. du 30 mai 2013) « Elle a également pour objectif de permettre aux médecins de répondre à des exigences spécifiques fixées à l'annexe III. »

II. – La durée de cette formation est fixée à trois heures. Elle est assurée par des organismes de formation répondant aux critères fixés à l'article 13 du présent arrêté. Elle donne lieu à la délivrance d'une attestation de suivi de la formation.

CHAPITRE V *DISPOSITIONS FINALES*

Art. 16 I. – Sont abrogés à compter du 1er septembre 2012 :

1° L'arrêté du 7 mars 1973 relatif aux commissions médicales départementales chargées d'apprécier l'aptitude physique des candidats au permis de conduire et des conducteurs à l'exception des alinéas 5, 6 et 7 de son article 1er et à l'exception de son annexe, et l'arrêté du 17 novembre 1971 instituant la commission permanente des incapacités physiques incompatibles avec l'obtention ou le maintien du permis de conduire ;

2° Les articles 2 à 7 de l'arrêté du 8 février 1999.

II. — Sont abrogés à compter du 1er janvier 2013 les alinéas 5, 6, 7 de l'article 1er et l'annexe de l'arrêté du 7 mars 1973 relatif aux commissions médicales départementales chargées d'apprécier l'aptitude physique des candidats au permis de conduire et des conducteurs.

Art. 17 Les dispositions du présent arrêté entrent en vigueur le 1er septembre 2012, à l'exception de celles du chapitre IV qui entrent en vigueur le 1er janvier 2013.

....

ANNEXE I

Attestation de suivi de formation agrément des médecins pour le contrôle de l'aptitude à la conduite

(Arr. du 30 mai 2013)

Vu l'arrêté du 31 juillet 2012 relatif à l'organisation du contrôle médical de l'aptitude à la conduite ;

Docteur ....,

Identifiant RPPS...

A suivi la formation prévue par l'arrêté du 31 juillet 2012 susvisé le *(1) Indiquer les dates* :

Fait à ...., le ....

Structure ayant assuré la formation
(nom et adresse) :

Le responsable du centre de formation
(tampon et signature) :

ANNEXE II

Partis pris pédagogiques valant pour les formations initiale et continue

(Arr. du 30 mai 2013)

1° Partis pris pédagogiques valant pour les formations initiale et continue :

Sans préjudice du suivi des modules fixés à l'article 12 :

a) La formation met l'accent sur les problématiques médicales dont le traitement ou la prise en charge sont susceptibles de générer d'importants gains en termes de morbi-mortalité sur les routes ;

b) Le repérage des conduites addictives, et particulièrement celles avec l'alcool (avec méthode et outils), ainsi que la sensibilisation des usagers quant aux nécessités et possibilités de prévention, de réduction des risques et de prise en charge de ces pathologies sont enseignés de manière prioritaire et approfondie ;

c) Il est porté à la connaissance des médecins le site internet « santé & conduite » (http://medecins.inserr.org/), fournissant des informations médicales et administratives ;

d) Les documents d'informations produits par le ministre en charge de la sécurité routière ou le ministre en charge de la santé peuvent constituer des ressources et matériels pédagogiques (en particulier : Pour une conduite adaptée à sa santé : médecin, quel est votre rôle ?
http://www.securite-routiere.gouv.fr/medias-outils/documentation/guides-et-depliants/reglementation-et-comportement-du-conducteur) ;

2° Partis pris pédagogiques valant uniquement pour la formation initiale ;

a) La formation ne s'apparente pas à une revue détaillée de l'ensemble des pathologies prévues par *(Arr. du 28 mars 2022, art. 9)* « l'arrêté du 28 mars 2022 ».

b) La durée du parti pris pédagogique mentionné au *a)* du 1° ne saurait être inférieure au tiers de la formation initiale.

ANNEXE III

Formation initiale : exigences spécifiques

(Arr. du 30 mai 2013)

Le médecin doit maîtriser les données essentielles de sécurité et d'accidentologie routière :

1° Pour identifier les principaux facteurs d'accidents et repérer les comportements ou pathologies interférant avec la conduite et susceptibles d'engendrer un aménagement voire une interdiction du droit de conduire ;

2° Pour lui permettre d'examiner et évaluer les capacités des différents types de conducteurs : les conducteurs professionnels qui ont des examens médicaux systématiques réguliers ou les conducteurs en cas de problèmes de santé déclarés ou en cas d'infractions ;

Le médecin doit également maîtriser l'environnement administratif pour :

1. Savoir quelles sont les différentes catégories d'usagers examinées par les médecins agréés, en commission médicale ou hors commission.

2. Informer correctement le conducteur du déroulé de l'examen médical, de son objectif, de ses éventuelles conséquences et de ses droits (commission d'appel).

3. Savoir quand et pour quels motifs prescrire un examen psychotechnique.

4. Solliciter un avis spécialisé ou des examens paracliniques ;

3° Pour évaluer l'aptitude médicale à la conduite, le médecin agréé doit être capable de :

1. Comprendre la multiplicité des mécanismes physiologiques mobilisés dans l'activité de conduite ainsi que les capacités physiques et mentales requises par cette tâche.

2. Repérer les facteurs et les altérations de l'état de santé impactant les fonctions nécessaires à la tâche de conduite, notamment les conduites addictives, en sachant que différents problèmes peuvent être associés.

3. Identifier les possibilités d'adaptation des véhicules et de modification des habitudes de conduite.

Arrêté du 8 novembre 2012,

Relatif à la formation requise pour l'obtention de la catégorie A du permis de conduire par les titulaires de la catégorie A2 depuis au moins deux ans.

Art. 1er Le programme de la formation obligatoire pour l'obtention de la catégorie A du permis de conduire par les titulaires de la catégorie A2 depuis au moins deux ans est défini à l'annexe I du présent arrêté.

Art. 1er *bis* *(Arr. du 19 déc. 2023, art. 3, en vigueur le 1er janv. 2024)* Lors de l'inscription à la formation, un livret de formation numérique est ouvert à l'élève.

Le livret de formation numérique doit permettre la transmission automatisée des données mentionnées à l'article L. 211-2 du code de la route et de la date prévisionnelle de la formation.

Art. 2 La formation prévue à l'article 1er peut être suivie dans un délai de trois mois avant la date anniversaire des deux ans d'obtention de la catégorie A2 du permis de conduire.

Art. 3 La formation prévue est d'une durée de sept heures, quel que soit le nombre d'élèves.

Elle s'adresse exclusivement aux titulaires du permis de conduire mentionnés à l'article 1er du présent arrêté.

Cette formation est composée d'une séquence théorique et de deux séquences pratiques, dont l'une réalisée hors circulation et l'autre en circulation. La séquence en circulation comprend, le cas échéant, des phases d'écoute pédagogique.

Art. 4 La formation est dispensée par un enseignant titulaire de l'autorisation d'enseigner la conduite des véhicules de la catégorie A en cours de validité, dans un établissement d'enseignement, à titre onéreux, de la conduite des véhicules à moteur et de la sécurité routière ou une association d'insertion ou de réinsertion sociale ou professionnelle agréés par le préfet pour la formation à la conduite des motocyclettes respectivement au titre des articles L. 213-1 et L. 213-7 du code de la route.

Art. 5 *(Arr. du 12 oct. 2020, art. 2)* La formation est dispensée sur une motocyclette conforme aux prescriptions de l'article 6 de l'arrêté du 8 janvier 2001 susvisé et aux caractéristiques techniques suivantes :

– véhicule à deux roues ;
– puissance minimale de 50 kW ;
– cylindrée minimale de 595 cm^3 pour un moteur à combustion interne ;
– rapport puissance/poids supérieur ou égal à 0,25 kw/kg pour un moteur électrique ;
– poids à vide minimum de 175 kilogrammes ;
– équipé d'une selle biplace et de deux rétroviseurs homologués.

Art. 6 A l'issue de la formation, le titulaire de l'agrément délivre une attestation de suivi conforme au modèle défini à l'annexe II.

Le titulaire de l'agrément transmet une copie de cette attestation au service gestionnaire de l'État. Il conserve, pendant une période de cinq ans, dans les archives de l'établissement la liste des bénéficiaires de cette formation.

Le suivi de la formation ne donne le droit de conduire les véhicules de la catégorie A que lorsque l'élève est en possession du titre de conduite correspondant.

Art. 7 Le présent arrêté entrera en vigueur à compter du 19 janvier 2013.

V. annexes au JO du 21 nov. 2012.

Arrêté du 17 janvier 2013,

Portant application de l'article D. 222-8 du code de la route et fixant les conditions et modalités d'obtention du permis de conduire au vu des diplômes, certificats ou titres professionnels de conducteur routier.

Art. 1er I. – Le certificat d'aptitude professionnelle "déménageur sur véhicule utilitaire léger", prévu par l'arrêté du 10 juin 2010 susvisé, permet d'obtenir à compter de l'année 2012, sans nouvel examen, les catégories B et BE du permis de conduire.

II. – Le certificat d'aptitude professionnelle "conducteur livreur de marchandises", prévu par l'arrêté du 18 juin 2010 susvisé, permet d'obtenir à compter de l'année 2012, sans nouvel examen, les catégories B et C du permis de conduire.

III. – Le certificat d'aptitude professionnelle "conducteur routier marchandises", prévu par l'arrêté du 21 juin 2007 susvisé, et le baccalauréat professionnel "conducteur transport routier marchandises" institué par l'arrêté du 3 juin 2010 susvisé permettent d'obtenir à compter de 2013, sans nouvel examen, les catégories B, C et CE du permis de conduire.

(Arr. du 18 juin 2018) « III *bis*. – Le certificat d'aptitude professionnelle "Opérateur/Opératrice de service – Relation client et livraison", prévu par l'arrêté du 30 mai 2017 susvisé, permet d'obtenir à compter de l'année 2018, sans nouvel examen, la catégorie B du permis de conduire. »

IV. – Toutefois, en cas d'échec à l'obtention des titres précités, les candidats concernés peuvent se voir délivrer un permis de conduire si les trois conditions suivantes sont réunies :

– avoir atteint l'âge de 18 ans ;
– avoir réussi les épreuves du permis de conduire correspondant à la catégorie visée ;
– s'être présentés à l'ensemble des épreuves du diplôme.

Dans ce cas, ils peuvent se voir délivrer une ou plusieurs catégories selon le diplôme présenté :

– CAP "déménageur sur véhicule utilitaire léger" : les catégories B et BE ;
– CAP "conducteur livreur de marchandises" *(Arr. du 18 juin 2018)* « ou CAP "opérateur/opératrice de service – Relation client et livraison" » : la catégorie B ;
– CAP "conducteur routier marchandises" ou BAC pro "conducteur transport routier marchandises" : les catégories B et C.

Art. 2 *(Arr. du 18 juin 2018)* « Les titres professionnels du ministère chargé de l'emploi énumérés ci-dessous, permettent d'obtenir, sans nouvel examen : »

– le permis de conduire de la catégorie C pour les titulaires du titre professionnel de conducteur(trice) du transport routier de marchandises sur porteur ;

– le permis de conduire de la catégorie CE *(Arr. du 18 juin 2018)* « pour les titulaires » du titre professionnel de conducteur(trice) du transport routier de marchandises sur tous véhicules ;

– le permis de conduire de la catégorie D pour les titulaires du titre professionnel de conducteur(trice) du transport routier interurbain de voyageurs *(Arr. du 18 juin 2018)* « ou du titre professionnel de conducteur de transport en commun sur route. »

Art. 3 *(Arr. du 18 juin 2018)* Toute personne désirant obtenir la ou les catégories de permis de conduire correspondant à la formation reçue pour les diplômes, certificats ou titres professionnels mentionnés aux articles 1er et 2 doit en faire la demande au préfet du département dans lequel elle est domiciliée, au moyen du téléservice "demande de permis de conduire", conformément aux dispositions du III de l'article 1er de l'arrêté du 20 avril 2012 susvisé.

Toutefois, les diplômes énoncés à l'article 1er peuvent être remplacés par un relevé des notes obtenues aux épreuves du diplôme délivré par le recteur d'académie et les titres professionnels énoncés à l'article 2 peuvent être remplacés par une attestation de réussite délivrée par le directeur régional des entreprises, de la concurrence, de la consommation, du travail et de l'emploi.

Art. 4 *(Arr. du 18 juill. 2022)* I. — En cas d'obtention d'un diplôme, certificat ou titre professionnel mentionné aux articles 1er et 2, le permis de conduire ne peut être obtenu que si les conditions d'âge prévues à l'article R. 3314-4 du code des transports sont satisfaites.

II. — Dans le cadre de la formation au baccalauréat professionnel conducteur transport routier marchandises, la catégorie C du permis de conduire peut être délivrée dès l'âge de 18 ans :

1° Aux élèves sous statut scolaire présentant une attestation signée par le chef d'établissement, conforme au modèle figurant à l'annexe I du présent arrêté ;

2° Aux apprentis présentant une attestation signée par le responsable de l'organisme de formation, conforme au modèle figurant à l'annexe II du présent arrêté.

V. annexes I et II (Arr. du 18 juill. 2022, JO 21 déc.).

Art. 5 I. — Le bénéfice des dispositions prévues aux articles 1er et 2 ne peut être accordé pendant la période où le demandeur est :

— privé du droit de conduire par une décision de suspension ou d'annulation d'un permis antérieur ou lorsque ce dernier a perdu sa validité en application de l'article L. 223-1 du code de la route ;

— soumis à une interdiction de solliciter ou d'obtenir le permis de conduire.

II. — Une personne se trouvant dans l'une des situations mentionnées au I, qui se présente à une épreuve constitutive d'un diplôme, certificat ou titre professionnel *(Abrogé par Arr. du 18 juin 2018) « et pour laquelle la présence d'un inspecteur du permis de conduire et de la sécurité routière est requise, »* ne pourra pas bénéficier des dispositions prévues aux articles 1er et 2 du présent arrêté.

III. — Les conducteurs ayant obtenu la délivrance de catégories du permis de conduire par validation de diplômes, certificats ou titres professionnels et dont le permis de conduire a été ultérieurement annulé ne peuvent pas obtenir à nouveau le bénéfice des dispositions prévues aux articles 1er et 2 sur présentation des mêmes diplômes, certificats ou titres professionnels.

Art. 6 L'arrêté du 27 décembre 2005 portant application de l'article R. 222-8 *[devenu D. 222-8]* du code de la route et fixant les conditions et modalités d'obtention du permis de conduire au vu de diplômes, certificats ou titres professionnels de conducteur routier est abrogé.

Arrêté du 17 janvier 2013,

Relatif à la formation requise pour les titulaires de la catégorie B du permis de conduire en vue de la conduite d'un ensemble composé d'un véhicule tracteur relevant de la catégorie B auquel est attelée une remorque dont le poids total autorisé en charge (PTAC) est supérieur à 750 kilogrammes, lorsque la somme des PTAC du véhicule tracteur et de la remorque est supérieure à 3 500 kilogrammes sans excéder 4 250 kilogrammes.

Art. 1er Le programme de la formation obligatoire requise pour la conduite d'un ensemble composé d'un véhicule tracteur relevant de la catégorie B du permis de conduire auquel est attelée une remorque dont le poids total autorisé en charge (PTAC) est supérieur à 750 kilogrammes, lorsque la somme des PTAC du véhicule tracteur et de la remorque est supérieure à 3 500 kilogrammes sans excéder 4 250 kilogrammes, est fixé à l'annexe 1 du présent arrêté. — *V. cette annexe au JO du 18 janv. 2013.*

Art. 1er *bis* *(Arr. du 19 déc. 2023, art. 4, en vigueur le 1er janv. 2024)* Lors de l'inscription à la formation, un livret de formation numérique est ouvert à l'élève.

Le livret de formation numérique doit permettre la transmission automatisée des données mentionnées à l'article L. 211-2 du code de la route et de la date prévisionnelle de la formation.

Art. 2 La formation prévue est d'une durée de sept heures quel que soit le nombre d'élèves.
Elle est composée d'une séquence hors circulation et d'une séquence en circulation.

Art. 3 *(Arr. du 2 août 2018, en vigueur le 2 nov. 2018)* « La formation est dispensée par un enseignant de la conduite et de la sécurité routière titulaire de l'autorisation d'enseigner la conduite des véhicules de la catégorie BE ou EB, en cours de validité, mentionnée au I de l'article R. 212-2.

« Elle est dispensée dans :

« – les établissements d'enseignement, à titre onéreux, de la conduite et de la sécurité routière agréés dans les conditions prévues au I de l'article R. 213-2 ;

« – les associations exerçant leur activité dans le champ de l'insertion ou de la réinsertion sociale ou professionnelle agréées dans les conditions prévues au R. 213-8.

« Les établissements et associations mentionnés ci-dessus doivent disposer d'un label de qualité prévu par arrêté du ministre chargé de la sécurité routière au titre de l'article L. 213-9 ou d'une équivalence reconnue par ce même arrêté. »

Pour assurer la formation, les responsables de ces établissements ou associations doivent au préalable transmettre à la préfecture du lieu d'exercice de leur activité :

– la photocopie de l'autorisation d'enseigner la conduite des véhicules de la catégorie BE ou EB d'un enseignant attaché à l'établissement ;

– le justificatif de la propriété ou de la location d'un véhicule tracteur et d'une remorque composant un ensemble conforme aux caractéristiques décrites à l'article 4 ainsi qu'une attestation d'assurance conforme aux prescriptions des arrêtés du 8 janvier 2001 susvisés.

Lorsque les conditions énumérées ci-dessus sont remplies, le préfet modifie l'arrêté accordant l'agrément initial de l'établissement ou de l'association, en complétant la liste des formations à la conduite automobile et à la sécurité routière qui peuvent être dispensées dans l'établissement ou l'association.

Art. 4 La formation est dispensée sur un ensemble composé d'un véhicule tracteur relevant de la catégorie B auquel est attelée une remorque dont le PTAC est supérieur ou égal à 1 000 kilogrammes. La hauteur de la caisse ne peut être inférieure à celle du véhicule tracteur. La largeur de la caisse peut être légèrement inférieure à celle du véhicule tracteur (5 cm de chaque côté) à la condition que la vue vers l'arrière ne soit possible qu'en utilisant les rétroviseurs extérieurs du véhicule tracteur.

La somme des PTAC du véhicule tracteur et de la remorque doit être supérieure à 3 500 kilogrammes et inférieure ou égale à 4 250 kilogrammes.

Le poids réel de la remorque ne doit, en aucun cas, être inférieur à 800 kilogrammes.

Les vans et caravanes répondant à ces conditions sont admis.

Art. 5 A l'issue de la formation, le titulaire de l'agrément délivre une attestation de suivi conforme au modèle défini en annexe 2 du présent arrêté. Le titulaire de l'agrément transmet une copie de cette attestation au service gestionnaire de l'État. Il conserve, pendant une période de cinq ans dans les archives de l'établissement, la liste des bénéficiaires de cette formation.

Le suivi de la formation ne donne le droit de conduire un ensemble tel que défini à l'article 1er du présent arrêté que lorsque l'élève est en possession du titre de conduite correspondant. *[V. cette annexe au JO du 18 janv. 2013.]*

Art. 6 Les dispositions du présent arrêté entrent en vigueur le 19 janvier 2013.

Arrêté du 26 avril 2013,

Relatif à la notification des résultats des examens du permis de conduire (JO 11 mai).

Art. 1er I. – Les résultats de l'épreuve théorique générale et de l'épreuve pratique en circulation des examens du permis de conduire sont annoncés aux candidats par voie électronique ou, en cas d'impossibilité par cette voie, par voie postale, l'envoi devant intervenir le jour même de l'épreuve.

II. – Lorsque l'annonce du résultat de l'épreuve théorique générale a lieu par voie postale :

1° L'inspecteur du permis de conduire et de la sécurité routière ou l'agent mentionnés à l'article D. 221-3 du code de la route utilise l'enveloppe fournie à cet effet par l'établissement d'enseignement de la conduite et de la sécurité routière convoqué à l'examen pour restituer l'ensemble des documents d'examen ;

2° Les candidats libres ou bénéficiant des dispositions prévues au deuxième alinéa de l'article R. 224-20 susvisé fournissent une enveloppe affranchie à leur adresse.

III. — Lorsque l'annonce du résultat de l'épreuve pratique en circulation a lieu par voie postale, le candidat fournit, au moment de l'examen, une enveloppe affranchie à son adresse.

IV. — L'absence de l'enveloppe mentionnée aux II et III, affranchie au tarif suffisant, emporte le report de l'épreuve pour les candidats concernés.

Art. 2 Les arrêtés du 12 janvier 2000 et du 6 avril 2001 relatifs à l'expérimentation d'une procédure d'annonce différée du résultat de l'examen du permis de conduire et l'arrêté du 5 décembre 2003 relatif à la procédure d'annonce différée du résultat de l'épreuve pratique de l'examen du permis de conduire de la catégorie B sont abrogés.

Art. 3 Les dispositions du présent arrêté entrent en vigueur cinq jours après leur date de publication.

Arrêté du 22 octobre 2014, *[ABROGÉ]*

Fixant la méthode nationale d'attribution des places d'examen du permis de conduire.

L'Arr. du 22 oct. 2014 est abrogé par Arr. du 27 avr. 2021, art. 5, à compter du 1er mai 2023 (Arr. du 27 avr. 2021, art. 5, mod. par Arr. du 24 oct. 2022, art. 2).

Art. 1er *(Arr. du 21 juill. 2016, art. 2, en vigueur le 1er janv. 2017)* I. — La méthode nationale d'attribution des places d'examen du permis de conduire prend en compte l'activité de l'établissement de la conduite et de la sécurité routière ou de l'association agréés au titre des articles L. 213-1 et L. 213-7 désignés dans le présent arrêté par "établissement".

II. — L'activité de l'établissement dépend chaque mois, par groupe de catégories du permis de conduire :

A. Pour l'épreuve théorique générale, lorsqu'elle est encore organisée par l'autorité administrative, à l'exception des sessions spécialisées prévues à l'article R. 221-3-2 du code de la route, du nombre total d'examens réussis à cette épreuve, valeur qualifiée de "population mensuelle" ;

B. Pour les épreuves pratiques des catégories B et B1 du permis de conduire, du nombre total d'examens en première et deuxième présentation, valeur qualifiée de "population mensuelle", et du nombre d'enseignants de la conduite et de la sécurité routière des catégories B et B1 dont il dispose ;

C. Pour les épreuves pratiques des catégories A1 et A2 du permis de conduire, du nombre total d'examens en première et deuxième présentation à l'épreuve hors circulation, valeur qualifiée de "population mensuelle", et du nombre d'enseignants de la conduite et de la sécurité routière des catégories A1 et A2 dont il dispose ;

D. Pour les épreuves pratiques des catégories C1, C, D1 et D du permis de conduire, du nombre total d'examens en première et deuxième présentation à l'épreuve hors circulation, valeur qualifiée de "population mensuelle", et du nombre d'enseignants de la conduite et de la sécurité routière des catégories C1, C, D1 et D dont il dispose ;

E. Pour les épreuves pratiques des catégories C1E, CE, D1E et DE du permis de conduire, du nombre total d'examens en première et deuxième présentation à l'épreuve hors circulation, valeur qualifiée de "population mensuelle", et du nombre d'enseignants de la conduite et de la sécurité routière des catégories C1E, CE, D1E et DE dont il dispose ;

F. Pour les épreuves pratiques de la catégorie BE du permis de conduire, du nombre total d'examens en première et deuxième présentation à l'épreuve hors circulation, valeur qualifiée de "population mensuelle", et du nombre d'enseignants de la conduite et de la sécurité routière de la catégorie BE dont il dispose ;

G. Pour toutes les épreuves, du nombre de places d'examen restituées dans les conditions prévues au IV de l'article 5 du présent arrêté.

III. — Les enseignants de la conduite et de la sécurité routière mentionnés au présent article sont les salariés déclarés comme tels dans la déclaration annuelle des données sociales prévue à l'article R. 243-14 du code de la sécurité sociale, ainsi que les exploitants d'établissement d'enseignement de la conduite et de la sécurité routière et mandataires sociaux, titulaires de l'autorisation d'enseigner en cours de validité au sens de l'article R. 212-1 du code de la route.

IV. — L'établissement a l'obligation de déclarer par voie électronique chaque mois, conformément à l'annexe du présent arrêté, le nombre d'enseignants calculé en équivalents temps plein sur la base d'une durée mensuelle de travail forfaitaire de 151,666 heures. Toute place d'examen obtenue à la suite d'une déclaration inexacte est soustraite des droits à places d'examen de l'établissement dès la constatation de la déclaration erronée.

V. — La population de référence d'un établissement pour un mois donné est définie comme la moyenne annuelle de ses populations mensuelles par groupe de catégories du permis de conduire sur une période de référence couvrant les douze mois précédant ce mois. Ce mois, au cours duquel la population de référence est calculée, est appelé mois d'exercice.

VI. — La population de référence est dite ajustée lorsque à la population de référence est additionné le nombre d'enseignants de la conduite et de la sécurité routière, comptabilisé dans les conditions prévues au IV du présent article.

VII. — Le nombre de places d'examens disponibles pour chaque groupe de catégories du permis de conduire est établi mensuellement pour le deuxième mois qui suit le mois d'exercice.

VIII. — Le rapport entre le nombre de places d'examen disponibles pour chaque groupe de catégories du permis de conduire et la somme des populations de référence ajustées des établissements du département permet de définir chaque mois, par groupe de catégories du permis de conduire, un coefficient d'attribution départemental de places d'examen pour le deuxième mois qui suit le mois d'exercice.

IX. — Les droits à places d'examen d'un établissement pour chaque groupe de catégories du permis de conduire sont calculés mensuellement par l'administration, pour le deuxième mois qui suit le mois d'exercice, en multipliant sa population de référence ajustée par le coefficient d'attribution départemental de places d'examen. Un exemple de calcul est mentionné en annexe du présent arrêté.

Art. 2 Le coefficient d'attribution départemental de places d'examen pour chaque groupe de catégories du permis de conduire, ainsi que les droits à places d'examen pour chaque établissement sont transmis par l'administration aux établissements par voie électronique au plus tard le mois qui précède celui auquel ils se rapportent.

Art. 3 L'établissement veille à ce que chaque place d'examen attribuée soit honorée par un candidat au permis de conduire de la catégorie choisie remplissant toutes les conditions requises pour être examiné.

Toute place d'examen pour laquelle aucun candidat n'est identifié sur le bordereau de convocation présenté le jour de l'examen est considérée comme non honorée.

Ces places d'examen non honorées sont soustraites chaque mois des droits à places d'examen de l'établissement le troisième mois suivant celui au cours duquel les places ont été non honorées.

Art. 4 *(Arr. du 21 juill. 2016, art. 3, en vigueur le 1er janv. 2017)* I. — Le comité de pilotage du service public de l'éducation routière et du permis de conduire est l'instance de pilotage départemental du service public du permis de conduire qui suit notamment l'évolution des délais d'attente, la qualité du service délivré aux usagers, la mise en application de la méthode nationale d'attribution des places dont il établit le bilan annuel.

Il est compétent pour définir les critères d'attribution des places d'examen restées disponibles après répartition ou restitution par les établissements.

II. — Le comité de pilotage du service public de l'éducation routière et du permis de conduire est composé :

A. — Du préfet de département ou de son représentant ;

B. — Du directeur départemental interministériel dont dépend le service en charge de l'organisation des examens du permis de conduire ou de son représentant ;

C. — Du délégué à l'éducation routière ;

D. — D'au moins un représentant de chacune des organisations professionnelles représentatives au plan national des établissements d'enseignement de la conduite et de la sécurité routière, désigné par le responsable national de l'organisation ayant son siège d'activité dans le département concerné ;

E. — D'un représentant de chacune des organisations syndicales nationales représentatives des inspecteurs du permis de conduire et de la sécurité routière, choisi parmi les inspecteurs affectés dans le département ;

F. — D'au moins un représentant des usagers.

III. — Les représentants de chacune des organisations professionnelles définis au D du II de l'article 3 du présent arrêté ne peuvent pas prendre part à la définition des critères d'attribution ou de réattribution des places d'examen conformément à la directive 2006/123/CE du Parlement européen et du Conseil du 12 décembre 2006 relative aux services dans le marché intérieur.

IV. — Le comité de pilotage du service public de l'éducation routière et du permis de conduire se réunit au moins une fois par trimestre.

Chaque réunion fait l'objet d'un compte rendu adressé, dans le délai d'un mois, à chaque membre participant, ainsi qu'au délégué interministériel à la sécurité routière, délégué à la sécurité et à la circulation routières.

Art. 5 La méthode nationale d'attribution des places d'examen du permis de conduire, prévue à l'article 1er du présent arrêté, est adaptée dans les cas et conditions suivants :

(Arr. du 21 juill. 2016, art. 4-1°, en vigueur le 1er janv. 2017) « I. — Création d'un nouvel établissement

« Dans un délai maximum de deux mois à compter de la date d'obtention de l'agrément, quatre places d'examen sont attribuées par groupe de catégories du permis de conduire enseignées par l'établissement.

« Les cinq mois qui suivent l'attribution de ces premières places, l'administration fixe le nombre de places d'examen à lui attribuer mensuellement, au vu de la demande motivée effectuée par l'établissement, comprenant notamment le nombre d'enseignants et le nombre d'élèves ayant atteint un niveau suffisant pour être présentés à l'examen. Le nombre de places attribuées à l'établissement ne peut en tout état de cause être inférieur à quatre places par groupe de catégories du permis de conduire enseignées par l'établissement.

« A compter du sixième mois, le calcul détaillé à l'article 1er du présent arrêté s'applique au prorata de l'activité de l'établissement des mois précédents. »

II. — Reprise d'un établissement.

Afin d'assurer l'exploitation normale de l'établissement, la population de référence est celle de l'année précédant la reprise.

III. — Interruption provisoire d'exploitation d'un établissement.

Toute demande d'interruption d'exploitation d'un établissement, notamment en prévision des périodes estivales ou hivernales pour la catégorie A du permis de conduire, est signalée à l'administration au plus tard huit jours francs après la transmission des droits à places d'examen du mois concerné par la demande d'interruption d'exploitation.

Dans ce cas, la période d'interruption d'exploitation n'est pas prise en compte pour établir la population de référence de l'établissement concerné.

La période d'interruption d'exploitation qui fait suite à une sanction administrative à l'encontre d'un établissement n'est pas prise en compte pour établir la population de référence de l'établissement concerné.

Lors de la reprise d'exploitation de l'établissement, la population de référence de l'établissement est calculée sur la période de référence définie au III de l'article 1er du présent arrêté au prorata des mois hors période d'interruption d'exploitation.

IV. — Restitution de places d'examen du permis de conduire.

Toute restitution de places d'examen est adressée à l'administration au minimum six jours francs avant la date d'examen.

L'administration propose ces places d'examen aux autres établissements.

V. — Places d'examen du permis de conduire restituées et supplémentaires.

Les places d'examen restituées et supplémentaires sont en priorité utilisées pour la reprogrammation des examens annulés.

Les autres critères de réattribution de ces places, issues essentiellement des restitutions, sont définis par l'administration après consultation du comité local de suivi de la méthode nationale d'attribution des places d'examen du permis de conduire.

VI. — Candidats libres.

(Arr. du 21 juill. 2016, art. 4-2°, en vigueur le 1er janv. 2017) « Les places d'examen sont accordées aux candidats libres se présentant pour la première fois dans un délai qui ne

saurait être supérieur à deux mois, et dans le délai d'attente moyen constaté entre la première et la deuxième présentation dans le département pour ceux ayant échoué une première fois. Ce nombre de places doit permettre d'offrir à l'ensemble des candidats un égal accès aux épreuves, indépendamment des conditions dans lesquelles ces derniers ont été formés. »

Le nombre de places d'examen accordées mensuellement aux candidats libres est établi afin que le délai d'attente pour les candidats libres entre la première présentation et la deuxième soit égal au délai d'attente moyen constaté dans le département.

VII. – Places d'examen "conventionnées" hors population de référence.

Les établissements qui signent un contrat de formation avec l'État, une collectivité territoriale ou un établissement public, pour faciliter l'accès à la conduite ou à un emploi pour certaines catégories d'usagers, peuvent solliciter l'attribution de places d'examen conventionnées dès lors que leurs droits à places d'examen et le dispositif d'attribution des places d'examen au permis de conduire supplémentaires ne répondent pas à leurs besoins, notamment en cas de déficit significatif en places d'examen.

L'attribution des places d'examen conventionnées est subordonnée à l'avis du délégué à l'éducation routière qui détermine si l'établissement se trouve confronté à un déficit significatif de places d'examen que la méthode d'attribution ne permet pas de résoudre.

Dans ce cas, les places ainsi attribuées ne sont pas comptabilisées dans le calcul de la population de référence de l'établissement bénéficiaire.

Les établissements adressent leur demande à l'administration avec une copie du contrat de formation ainsi que la liste nominative des candidats au permis de conduire concernés. Les places d'examen conventionnées bénéficient exclusivement à ces candidats. Un coefficient de 1,3 est appliqué au nombre de candidats figurant sur la liste nominative pour établir les droits à places d'examen conventionnées.

Les places conventionnées qui ne sont pas restituées conformément au *(Arr. du 21 juill. 2016, art. 4-3°, en vigueur le 1er janv. 2017)* « G » de l'article 1er *(Arr. du 21 juill. 2016, art. 4-3°, en vigueur le 1er janv. 2017)* « du » présent arrêté ou non honorées conformément à l'article 3 sont soustraites des droits à places d'examen de l'établissement le troisième mois suivant celui au cours duquel les places ont été non restituées ou non honorées.

Art. 6 Les dispositions relatives à la prise en compte du nombre de places d'examen du permis de conduire restituées dans le calcul de la population de référence d'un établissement entrent en vigueur à la date fixée par un arrêté du ministre chargé de la sécurité routière. – *V. annexe au JO du 5 nov. 2014, mod. par Arr. du 21 juill. 2016, en vigueur le 1er janv. 2017 (JO 30 juill.).*

Arrêté du 23 décembre 2016,

Relatif à la justification de l'identité, du domicile, de la résidence normale et de la régularité du séjour pour l'obtention du permis de conduire (JO 30 déc.).

Art. 1er Toute personne sollicitant la délivrance, le renouvellement ou un duplicata d'un permis de conduire, doit justifier de son identité, de sa résidence normale et d'un domicile en France et, s'il y a lieu, de la régularité de son séjour au moment du dépôt de sa demande et de l'envoi du titre.

Elle produit, à cet effet, les photocopies des justificatifs mentionnés aux articles 2 et 4, le cas échéant, de manière dématérialisée si les moyens à disposition le permettent.

Elle doit être en mesure de fournir l'original de chacun des documents produits.

Art. 2 La preuve de l'identité lors des épreuves théorique et pratique du permis de conduire est établie au moyen de l'un des documents suivants en cours de validité, ou périmés lorsqu'il en est expressément disposé ainsi :

I. – Pour les Français :

1° *a)* Le passeport, le passeport de service ou le passeport de mission délivré en application des articles 4 à 17 du décret du 30 décembre 2005 susvisé relatif aux passeports, valide ou périmé depuis moins de cinq ans à la date de la demande ;

b) Le passeport délivré en application des dispositions antérieures au décret du 30 décembre 2005 susvisé y compris périmé depuis moins de deux ans à la date de la demande ;

2° La carte nationale d'identité sécurisée prévue à l'article 6 du décret du 22 octobre 1955 susvisé modifié y compris périmée depuis moins de cinq ans à la date de la demande ;

3° Le permis de conduire sécurisé conforme au format "Union européenne" ;

4° Le récépissé valant justification de l'identité en application de l'article L. 224-1 du code de la sécurité intérieure.

II. — Pour les ressortissants d'un État membre de l'Union européenne, de la Confédération suisse, de la Principauté de Monaco, de la République de Saint-Marin, du Saint-Siège ou partie à l'accord sur l'Espace économique européen :

1° La carte nationale d'identité étrangère ;

2° Le passeport ;

3° La carte de résident longue durée CE de l'Union européenne, quelle que soit la mention apposée sur la carte ;

4° La carte de séjour temporaire de l'Union européenne, quelle que soit la mention apposée sur la carte ;

5° Le permis de conduire sécurisé au format "Union européenne".

III. — Pour les ressortissants étrangers autres que ceux visés au II :

1° Le passeport

2° La carte de résident, quelle que soit la mention ;

3° La carte de séjour temporaire, quelle que soit la mention ;

4° Le visa long séjour valant titre de séjour validé par l'Office français de l'immigration et de l'intégration ;

5° La carte de séjour pluriannuelle, quelle que soit la mention ;

(Abrogé par Arr. du 27 juin 2017) « *6° La carte de résident, quelle que soit la mention ;* »

7° Le certificat de résidence algérien ;

8° L'autorisation provisoire de séjour, quelle que soit la mention apposée sur la carte à la condition qu'elle prolonge un séjour sur le territoire d'une durée supérieure à 185 jours ;

9° Le récépissé de la demande de renouvellement du titre de séjour ;

10° L'attestation de demande d'asile délivrée depuis plus de neuf mois et autorisant son titulaire à travailler ;

11° Le récépissé constatant la reconnaissance d'une protection internationale remis à l'étranger lui octroyant le statut de réfugié, d'apatride ou le bénéfice d'une protection subsidiaire ;

(Arr. du 27 juin 2017) « 11° *[12°]* Le titre de voyage pour réfugié. »

IV. — Pour les mineurs étrangers, outre les documents visés à l'article 1er, cette preuve est apportée au moyen :

1° Du document de circulation pour étranger mineur ;

2° D'un titre d'identité républicain ;

3° Du récépissé constatant la reconnaissance d'une protection internationale remis à l'étranger lui octroyant le statut de réfugié, d'apatride ou le bénéfice d'une protection subsidiaire ;

4° Du passeport ;

5° Du passeport des parents, si le candidat y figure avec une photo ressemblante.

V. — Pour les militaires servant à titre étranger, une carte militaire en cours de validité.

VI. — Pour les détenus, candidats lors d'une permission de sortie ou en aménagement de peine, par la production du récépissé valant justificatif de l'identité prévu au 7° de l'article 138 du code de procédure pénale.

Art. 3 La preuve de la résidence normale en France s'établit ainsi qu'il suit :

I. — Pour les Français, la résidence normale en France est présumée.

II. — Pour les ressortissants étrangers, titulaires d'un titre de séjour français ou d'un visa long séjour valant titre de séjour d'une durée de validité d'au moins 185 jours, la résidence normale en France est présumée.

III. — Pour les ressortissants étrangers dispensés d'un titre de séjour ou d'un visa long séjour valant titre de séjour pour entrer et s'établir en France, la preuve de la résidence normale peut être établie au moyen de tout document suffisamment probant et présentant des garanties d'authenticité, mettant en évidence leurs attaches personnelles ou professionnelles en France ainsi que la durée de leur séjour qui ne peut être inférieure à 185 jours.

Art. 4 La justification du domicile s'établit selon les modalités suivantes :

I. — Pour les personnes disposant d'une adresse personnelle, au moyen de l'un des justificatifs suivants :

1° Un avis d'imposition ou de non-imposition ;

2° Une quittance de loyer non manuscrite ;

3° Une facture de moins de six mois de téléphone fixe ou mobile, de gaz, d'électricité ou d'eau.

II. — Pour les personnes hébergées, au moyen des trois justificatifs suivants :

1° Une attestation sur l'honneur de l'hébergeant datée et signée de l'hébergé et de l'hébergeant certifiant l'hébergement ;

2° La photocopie de la pièce d'identité de l'hébergeant ;

3° Un justificatif de domicile de l'hébergeant parmi les documents énumérés au I.

III. — Pour les mineurs, au moyen des trois justificatifs suivants :

1° Une attestation d'hébergement sur l'honneur de l'un des parents datée et signée ;

2° La copie de la pièce d'identité du parent qui a signé l'attestation mentionnée au 1° ;

3° Un justificatif de domicile de ce même parent parmi les documents mentionnés au I.

IV. — Pour les personnes circulant en France ne disposant pas d'adresse fixe, au moyen des deux justificatifs suivants :

1° Soit l'attestation d'élection de domicile dans les conditions fixées à l'article L. 264-2 du code de l'action sociale et des familles ; soit le livret spécial de circulation ou le livret de circulation ;

2° Une facture de moins de six mois mentionnée au 3° du I.

V. — Pour les personnes résidant en hôtel ou en camping, au moyen des deux justificatifs suivants :

1° Une attestation du gérant ou du directeur de l'hôtel ou du camping ;

2° Un justificatif de moins de six mois à son nom parmi les documents mentionnés au I.

VI. — Pour les personnes résidant sur un bateau dont elles sont locataires ou propriétaires, au moyen des deux justificatifs suivants :

1° Un justificatif à leur nom parmi les documents énumérés au I ;

2° Une attestation de moins de six mois établie par la capitainerie du port dont lesdistes personnes relèvent ou, pour les mariniers et bateliers, un certificat de domicile établi par l'entreprise qui les emploient.

Art. 5 L'arrêté du 19 janvier 2012 fixant la liste des titres permettant aux candidats aux examens du permis de conduire de justifier de leur identité est abrogé.

Arrêté du 3 avril 2019,

Relatif aux permis de conduire délivrés par le Royaume-Uni de Grande-Bretagne et d'Irlande du Nord (JO 7 avr.).

Art. 1er Les personnes ayant acquis leur résidence normale en France au plus tard à la date de retrait du Royaume-Uni de Grande-Bretagne et d'Irlande du Nord de l'Union européenne sans accord, et titulaires d'un permis de conduire délivré par le Royaume-Uni de Grande-Bretagne et d'Irlande du Nord, voient ce permis reconnu sur le territoire français dans les conditions fixées à l'article 2 de l'arrêté du 8 février 1999 susvisé.

Les autres dispositions de l'arrêté du 8 février 1999 susvisé leur sont également applicables.

Art. 2 Les dispositions du présent arrêté entrent en vigueur à la date de retrait du Royaume-Uni de Grande-Bretagne et d'Irlande du Nord de l'Union européenne sans accord.

Arrêté du 27 avril 2021,

Relatif à la généralisation progressive d'un système de réservation nominative des places pour l'épreuve pratique des examens du permis de conduire des catégories A1, A2, B1 et B (JO 30 avr.).

Art. 1er *(Arr. du 27 févr. 2023, art. 2, en vigueur le 1er mai 2023)* Le système de réservation nominative des places d'examen pratique du permis de conduire est dénommé "RdvPermis".

Art. 2 Le système de réservation nominative mentionné à l'article 1er permet :

1° Aux auto-écoles, proposant une offre de formation dans lesdits départements, d'inscrire sur le site "pro.permisdeconduire.gouv.fr" les candidats à l'épreuve pratique de l'examen des catégories A1, A2, B1 ou B du permis de conduire, dont elles auront reçu mandat et qui auront effectué, le cas échéant, la durée minimale de formation à la date de l'examen ;

2° Au candidat à l'épreuve pratique de l'examen de la catégorie B du permis de conduire de s'inscrire sur le site "candidat.permisdeconduire.gouv.fr". Dans ce cas, la réservation d'une place à l'épreuve pratique de l'examen de la catégorie B est conditionnée au double engagement du candidat :

— à être accompagné le jour de l'examen par un proche, non professionnel de l'éducation routière, titulaire de la catégorie B du permis de conduire, dont le lien personnel ou de parenté est établi par une attestation sur l'honneur ; et

— à fournir un véhicule équipé de double commande conforme à la réglementation en vigueur.

Art. 3 I. — La réservation de places d'examen à l'épreuve pratique des catégories A1 et A2 du permis de conduire n'est autorisée que :

— deux jours, après la réussite à l'épreuve théorique générale motocyclette, ou pour les candidats qui en sont dispensés, après la validation de leur demande par l'Agence nationale des titres sécurisées, ou après la réussite à l'épreuve hors circulation, ou après un échec à l'épreuve hors circulation ou circulation ;

— cinq jours entre la réservation à l'épreuve hors circulation et l'épreuve circulation, en cas de réservation groupée le même jour par l'école de conduite pour le compte du candidat mandant ;

— trente jours après la date prévue pour l'examen pratique pour lequel le candidat aurait annulé, avec un préavis de moins de quatre jours, sa réservation sans motif sérieux ;

— quarante jours après la date prévue pour l'examen pratique auquel le candidat ne se serait pas présenté sans motif sérieux d'absence.

II. — La réservation de places d'examen à l'épreuve pratique de la catégorie B du permis de conduire n'est autorisée que :

— deux jours, après la réussite à l'épreuve théorique générale ou pour les candidats qui en sont dispensés, après la validation par l'ANTS de leur demande, ou après un échec à l'examen pratique avec un total de points supérieur à 25 ;

— dix jours après un échec à l'examen pratique avec un total de points inférieur à 26 et supérieur à 20 ;

— vingt jours après un échec à l'examen pratique avec un total de points inférieur à 21 et supérieur à 15 ;

— trente jours, après un échec à l'examen pratique avec un total de points inférieur à 16 et supérieur à 10 ou, après la date prévue pour l'examen pratique pour lequel le candidat aurait annulé, avec un préavis de moins de sept jours, sa réservation sans motif sérieux ;

— trente-cinq jours après un échec à l'examen pratique avec un total de points inférieur à 11 ;

— quarante jours après la date prévue pour l'examen pratique auquel le candidat ne se serait pas présenté sans un motif sérieux d'absence.

....

Art. 5 L'arrêté du 22 octobre 2014 susvisé est abrogé à compter du *(Arr. du 24 oct. 2022, art. 2)* « 1er mai 2023 ».

Arrêté du 28 mars 2022,

Fixant la liste des affections médicales incompatibles ou compatibles avec ou sans aménagements ou restrictions pour l'obtention, le renouvellement ou le maintien du permis de conduire ou pouvant donner lieu à la délivrance de permis de conduire de durée de validité limitée (refonte) (JO 3 avr.).

Art. 1er La conduite d'un véhicule terrestre à moteur requiert une aptitude physique, cognitive et sensorielle.

Le conducteur apprécie sa capacité à conduire au regard de ses affections médicales, de son état de fatigue et de vigilance, de sa capacité de mobilité, de la prise de médicaments ou de substances psychoactives, dans le respect de l'article R. 412-6 susvisé.

Le conducteur atteint de certaines affections médicales est soumis à un contrôle médical, conformément à l'article R. 226-1 susvisé. Les annexes I et II fixent la liste des affections médicales qui requièrent un contrôle médical.

Au sens du présent arrêté " l'affection médicale " comprend les pathologies, symptômes, handicaps ou déficits sensoriels susceptibles d'affecter l'aptitude médicale à la conduite et "l'usager" désigne le candidat ou le titulaire du permis de conduire.

Art. 2 Les affections médicales mentionnées à l'annexe I concernent les catégories A1, A2, A, B1, B et BE du permis de conduire. Ces catégories de permis sont appelées groupe 1 dit "groupe léger".

Les affections médicales mentionnées à l'annexe II concernent les catégories C1, C1E, C, CE, D1, D1E, D et DE du permis de conduire. Ces catégories de permis sont appelées groupe 2 dit "groupe lourd".

Pour l'application du présent arrêté, les titulaires des catégories A et B du permis de conduire du groupe 1 dit "groupe léger", sont soumis à un contrôle médical identique à celui prévu pour les titulaires du groupe 2 dit "groupe lourd", dans l'exercice des activités professionnelles suivantes :

– conduite de taxis ou de voitures de transport avec chauffeur, d'ambulances, de véhicules affectés au ramassage scolaire, de véhicules affectés au transport public de personnes ;

– conduite de véhicules motorisés à deux ou trois roues utilisés pour le transport à titre onéreux de personnes ;

– enseignement de la conduite.

Les annexes I pour le groupe 1, dit "groupe léger", et II pour le groupe 2, dit "groupe lourd", définissent pour chaque affectation médicale :

Les cas d'incompatibilité médicale avec la conduite, temporaire ou définitive ;

Les cas de compatibilité médicale avec la conduite, sans limitation de durée autre que celle de la périodicité de la visite médicale prévue par la réglementation ;

Les cas de compatibilité médicale temporaire avec la conduite. La durée de compatibilité temporaire ne peut pas être inférieure à six mois ni excéder cinq ans. Pour le groupe 2 dit "groupe lourd" et pour l'exercice des activités professionnelles mentionnées à l'alinéa 3 du présent article, cette durée ne peut excéder la limite maximale de validité de l'aptitude médicale périodique ;

La nécessité, le cas échéant, d'aménagements ou de restrictions spécifiques.

Art. 3 Le candidat au permis de conduire, atteint de l'une des affections médicales mentionnées à l'annexe I ou II, le déclare lors de son inscription au moyen de la télé-procédure "demande de permis de conduire". Dans ce cas, le candidat sollicite l'avis d'un médecin agréé sur son aptitude médicale à la conduite.

L'expert au sens des dispositions prévues au III de l'article 4 de l'arrêté du 20 avril 2012 susvisé qui, au cours de l'épreuve pratique, a estimé que l'état du candidat semblait présenter une incompatibilité avec la conduite des véhicules automobiles, peut solliciter auprès du préfet un contrôle médical.

Art. 4 Le titulaire d'un permis de conduire, atteint de l'une des affections médicales mentionnées dans l'annexe I ou dans l'annexe II, selon le permis dont il est titulaire, sollicite, dès qu'il a connaissance de cette affection, l'avis d'un médecin agréé.

Art. 5 Avant chaque contrôle médical, l'usager répond loyalement, par écrit, à un questionnaire à l'usage exclusif du médecin agréé par le préfet, consultant hors commission médicale, ou au sein de la commission médicale. Ce questionnaire figure en annexe III du présent arrêté.

Art. 6 Le médecin agréé ou la commission médicale étudie le dossier de l'usager et les réponses au questionnaire mentionné ci-dessus. Il ou elle effectue l'examen clinique qui comprend l'interrogatoire et l'examen physique.

Le médecin agréé ou la commission médicale demande, dans les cas prévus au présent arrêté ou lorsqu'il ou elle le juge utile, les examens complémentaires et, dans les cas appropriés, un examen psychotechnique.

Il ou elle demande, dans les cas prévus aux annexes I et II du présent arrêté ou lorsqu'il ou elle le juge nécessaire, un avis médical spécialisé. Le médecin spécialiste apporte des éléments sur la pathologie de l'usager avec les données anamnestiques et cliniques utiles, en lien avec sa spécialité médicale. Cet avis est transmis par l'usager au médecin agréé ou à la commission médicale.

Le médecin agréé ou la commission médicale vérifie que les traitements réguliers pris par l'usager sont compatibles avec la conduite. L'usager est informé de la nécessité de prendre les traitements médicamenteux liés aux éventuelles pathologies, de manière adaptée à la conduite d'un véhicule à moteur.

Un test de conduite peut être demandé par le médecin agréé ou par la commission médicale afin de réaliser une mise en situation.

Le médecin agréé ou la commission médicale émet l'avis médical sur l'aptitude à la conduite en renseignant le Cerfa "Permis de conduire – Avis médical" conformément aux instructions fixées dans les annexes I et II.

L'avis médical contient, lorsque cela est nécessaire, les propositions de mentions additionnelles ou restrictives à porter sur le permis de conduire.

Art. 7 Les conditions, dans lesquelles la commission médicale, primaire ou d'appel, peut proposer au représentant de l'État dans le département ou au préfet de police à Paris ou dans les Bouches-du-Rhône, la délivrance d'un permis de conduire de durée de validité limitée assortie de l'obligation de conduire uniquement des véhicules équipés d'un dispositif homologué d'antidémarrage par éthylotest électronique, figurent à l'annexe IV du présent arrêté.

Art. 8 L'arrêté du 21 décembre 2005 modifié fixant la liste des affections médicales incompatibles avec l'obtention ou le maintien du permis de conduire ou pouvant donner lieu à la délivrance de permis de conduire de durée de validité limitée est abrogé.

V. Annexes (JO 3 avr.).

Arrêté du 13 novembre 2023,

Autorisant la création d'un traitement automatisé dénommé « Mes Points Permis » (JO 22 nov.).

Art. 1er Un traitement automatisé de données à caractère personnel dénommé "Mes Points Permis" est créé.

Ce traitement, qui prend la forme d'un téléservice, permet à chaque titulaire du permis de conduire français de consulter les informations relatives au solde des points qui lui sont affectés.

Il permet également au titulaire du permis de conduire d'accéder au relevé restreint des mentions le concernant.

Art. 2 Le traitement est alimenté par la mise à disposition des données enregistrées dans le système national des permis de conduire :

1° Les noms, prénoms, date de naissance, numéro des dossiers des titulaires de permis de conduire et les soldes de points associés au permis de conduire des intéressés ;

2° Les informations relatives à l'existence, la catégorie et la validité du permis de conduire ;

3° Les identifiants de connexion de l'utilisateur, par défaut son adresse de messagerie électronique, le mot de passe qu'il aura choisi, et les clés de fédérations ou "alias" générés par le système "FranceConnect" à la connexion de l'usager.

Art. 3 L'accès des utilisateurs s'effectue à partir d'un compte créé lors de la première utilisation ou par le téléservice "FranceConnect".

Pour procéder à la création du compte personnel, l'utilisateur complète son identité, sa date de naissance, son numéro de dossier du permis de conduire et un mot de passe qu'il définit. Il communique une adresse de messagerie électronique.

Un courriel lui est alors adressé comportant un lien sécurisé vers le site de "Mes Points Permis".

Ce dernier lui permet de confirmer son inscription.

Art. 4 Le destinataire exclusif des informations visées à l'article 2 est le titulaire du permis de conduire correspondant.

Art. 5 Les droits d'accès et de rectification de la personne concernée par le traitement, prévus par les articles 49 et suivants de la loi du 6 janvier 1978 susvisée, s'exercent auprès de la délégation à la sécurité routière.

Le droit d'opposition prévu à l'article 56 de la loi du 6 janvier 1978 susvisée ne s'applique pas au présent traitement.

Art. 6 L'arrêté du 27 juin 2007 autorisant la création d'un traitement automatisé dénommé "Télépoints" et modifiant l'arrêté du 29 juin 1992 portant création du système national des permis de conduire est abrogé.

PNEUMATIQUES

Code de l'environnement

DEUXIÈME PARTIE : ***RÉGLEMENTAIRE***

LIVRE V **PRÉVENTION DES POLLUTIONS, DES RISQUES ET DES NUISANCES**

TITRE IV **DÉCHETS**

CHAPITRE III ***DISPOSITIONS PROPRES À CERTAINES CATÉGORIES DE PRODUITS ET DE DÉCHETS***

SECTION 8 ***Pneumatiques***

(Décr. nº 2023-152 du 2 mars 2023, art. 1er)

Art. R. 543-137 I. — La présente section précise les modalités de gestion des déchets de pneumatiques et les conditions de mise en œuvre de l'obligation de responsabilité élargie du producteur applicable aux producteurs de ces pneumatiques en vertu du 16° de l'article L. 541-10-1.

II. — La présente section s'applique aux pneumatiques, y compris les pneumatiques pleins et les pneumatiques solidaires d'une virole par conception, à l'exception de ceux qui équipent les équipements électriques et électroniques définis à l'article R. 543-172, les jouets définis à l'article R. 543-320, les articles de sport et de loisirs définis à l'article R. 543-330 ainsi que les articles de bricolage et de jardin définis à l'article R. 543-340.

Un arrêté du ministre chargé de l'environnement peut préciser la liste des produits concernés.

III. — Le cahier des charges mentionné au II de l'article L. 541-10 précise les conditions d'entrée en vigueur de la présente section pour les pneumatiques pleins mentionnés au II.

Il précise également les conditions dans lesquelles les pneus sur jantes sont pris en charge par les éco-organismes et les systèmes individuels agréés. Il peut, en particulier, prévoir les modalités du soutien financier apporté par les producteurs aux opérations de désassemblage de la jante réalisées par les distributeurs assurant la reprise des pneumatiques prévue au II de l'article L. 541-10-8 ou les opérateurs de gestion des déchets.

IV. — Pour l'application de la présente section, sont considérées comme producteurs les personnes physiques ou morales qui, à titre professionnel, soit produisent en France, soit importent ou introduisent pour la première fois sur le marché national, par quelque technique de vente que ce soit, des pneumatiques relevant de la présente section destinés à être cédés à titre onéreux ou à titre gratuit à l'utilisateur final ou à être utilisés directement sur le territoire national. Dans le cas où ces pneumatiques sont cédés sous la marque d'un revendeur ou d'un donneur d'ordre dont l'apposition résulte d'un document contractuel, ce revendeur ou ce donneur d'ordre est considéré comme producteur.

Sont également considérées comme producteurs les personnes qui importent ou introduisent pour la première fois sur le marché national des produits équipés de pneumatiques relevant de la présente section.

V. Arr. du 27 juin 2023 portant cahiers des charges des éco-organismes, des systèmes individuels et des organismes coordonnateurs de la filière à responsabilité élargie du producteur des pneumatiques (JO 7 juill.).

SOUS-SECTION 1 *Gestion des déchets de pneumatiques*

Art. R. 543-138 Il est interdit :

1° D'abandonner, de déposer dans le milieu naturel ou de brûler à l'air libre des pneumatiques ;

2° De réceptionner des déchets de pneumatiques dans les installations de stockage de déchets et dans les installations d'incinération sans valorisation énergétique de déchets ;

3° De réceptionner des déchets de pneumatiques dans les exploitations agricoles.

Un arrêté du ministre chargé de l'environnement peut préciser les exigences à respecter pour le traitement et la valorisation des déchets de pneumatiques.

Art. R. 543-139 *(Décr. n° 2023-152 du 2 mars 2023, art. 1er et 4, en vigueur le 1er juill. 2023)* I. — Afin d'assurer la traçabilité des déchets de pneumatiques et, le cas échéant, le soutien financier prévu à l'article R. 541-104, les personnes qui réalisent des opérations de gestion au sens de l'article L. 541-1-1 sont enregistrées auprès des éco-organismes ou des systèmes individuels agréés en application de l'article L. 541-10.

Les éco-organismes et les systèmes individuels joignent au dossier de demande d'agrément prévu, selon le cas, à l'article R. 541-86 ou à l'article R. 541-133 les modalités et les conditions d'enregistrement qu'ils envisagent de retenir.

II. — Un arrêté du ministre chargé de l'environnement peut préciser les modalités d'application du I ainsi que les modalités et conditions de l'enregistrement.

Art. R. 543-140 Les professionnels détenteurs de déchets de pneumatiques et les collectivités territoriales ou leurs groupements, lorsque ces collectivités ou ces groupements ont procédé à la collecte séparée des déchets de pneumatiques, prennent les dispositions nécessaires permettant de préserver le potentiel de réutilisation, de recyclage et de valorisation de ces déchets en attendant leur collecte, notamment en les conservant à l'abri des intempéries. Ils s'abstiennent de les rendre délibérément impropres à la réutilisation, au recyclage ou la valorisation.

Un arrêté du ministre chargé de l'environnement peut préciser les exigences applicables en vue de la préservation du potentiel de réutilisation, de recyclage et de valorisation des déchets de pneumatiques par les professionnels.

Art. R. 543-141 Toute opération de tri, transit ou regroupement de déchets de pneumatiques ainsi que de traitement est effectuée dans une installation relevant des dispositions du titre Ier du présent livre ou dans toute autre installation réalisant ces opérations et située dans un autre État membre de l'Union européenne ou dans un État tiers, dès lors que cette installation respecte des dispositions équivalentes à celles du titre Ier du livre V et de la présente sous-section et dispose des autorisations nationales équivalentes pour traiter des déchets de pneumatiques.

SOUS-SECTION 2 *Obligations de responsabilité élargie des producteurs*

Art. R. 543-142 Tout éco-organisme assure la gestion des déchets de pneumatiques relevant de son agrément, y compris lorsqu'ils ont été mis en vente ou distribués antérieurement à la date d'entrée en vigueur de l'obligation de responsabilité élargie du producteur.

Art. R. 543-143 Sans préjudice des dispositions de l'article R. 541-165, les producteurs ou leur éco-organisme :

1° Soit mettent des contenants et équipements de protection individuels adaptés à la collecte des déchets de pneumatiques à disposition des collectivités territoriales ou de leurs groupements compétents en matière de gestion des déchets qui en font la demande, sans frais ;

2° Soit leur accordent un soutien financier additionnel à celui prévu à l'article R. 541-104, permettant de compenser les coûts d'acquisition de ces contenants et équipements.

Art. R. 543-144 Le cahier des charges mentionné au II de l'article L. 541-10 précise les modalités de prise en charge des déchets de pneumatiques issus d'opérations d'ensilage, notamment la quantité annuelle maximale de ces déchets devant être prise en charge par les éco-organismes et les systèmes individuels.

SOUS-SECTION 3 *Dispositions relatives à l'outre-mer*

Art. R. 543-145 Dans chacune des collectivités territoriales régies par l'article 73 de la Constitution, à Saint-Martin et à Saint-Pierre-et-Miquelon, l'éco-organisme peut donner mandat à une personne morale afin que celle-ci mette en œuvre ou facilite la mise en œuvre pour son compte de tout ou partie des mesures de prévention et de gestion des déchets de pneumatiques relevant de son agrément. Ce mandat n'a pas pour effet de transférer tout ou partie des obligations de responsabilité élargie incombant à l'éco-organisme à cette personne, ni de limiter les obligations de l'éco-organisme dans l'atteinte des objectifs qui lui sont fixés.

Le mandat passé entre l'éco-organisme et cette personne peut notamment prévoir que ces mesures de prévention et de gestion sont alors mises en œuvre par cette personne dans les conditions d'agrément de l'éco-organisme, notamment au travers des contrats types de l'éco-organisme qui sont prévus aux articles R. 541-102, R. 541-104 et R. 541-105. Le mandat peut également prévoir que cette personne peut pourvoir à ces mesures en passant des marchés, pour le compte de l'éco-organisme, dans les conditions prévues aux I et II de l'article L. 541-10-6.

Art. R. 543-146 à R. 543-152-1 *Implicitement abrogés par Décr. nº 2023-152 du 2 mars 2023, art. 1er.*

Arrêté du 18 juillet 1985,

Relatif aux dispositifs antidérapants équipant les pneumatiques.

CHAPITRE I *DISPOSITIFS ANTIDÉRAPANTS INAMOVIBLES*

Art. 1er L'utilisation de pneumatiques comportant des crampons faisant saillie, comme dispositifs antidérapants inamovibles, est autorisée dans les conditions fixées aux articles 2 à 8 ci-après sur les voitures particulières ou les véhicules de transport de marchandise dont le poids total autorisé en charge est inférieur ou égal à 3,5 tonnes et sur les véhicules de transport en commun de personnes.

Art. 2 Sont seuls autorisés les crampons à une pointe cylindrique conformes aux prescriptions des articles 3 et 4 ci-après. Les crampons doivent comporter au minimum deux collerettes et équiper des pneus radiaux exclusivement.

Art. 3 Les dispositifs inamovibles destinés aux véhicules dont le poids total autorisé en charge ne dépasse pas 3,5 tonnes doivent répondre aux conditions suivantes :

– diamètre des collerettes au plus égal à 6,5 mm ;
– diamètre de la collerette supérieure au moins égal à 6,3 mm ;
– distance minimale d'axe en axe entre deux collerettes au moins égale à 3,5 mm ;
– poids unitaire du crampon inférieur à 2 grammes ;
– dépassement des crampons hors du pneumatique à l'état neuf compris entre 1,5 et 1,8 mm.

Le nombre de crampons doit être compris entre 100 et 150 par pneumatique.

Il ne doit y avoir aucun crampon dans le tiers central de la bande de roulement et deux roues de l'essieu moteur doivent être équipées.

Art. 4 Les dispositifs inamovibles destinés aux véhicules de transport en commun de personnes, ainsi qu'aux véhicules bénéficiant des dérogations prévues à l'article 5 ci-après, doivent répondre aux conditions suivantes :

– diamètre des collerettes au plus égal à 8 mm ;
– diamètre de la collerette supérieure au moins égal à 7,5 mm ;
– distance minimale d'axe en axe entre deux collerettes au moins égale à 4 mm ;
– poids unitaire du crampon inférieur à 4,5 grammes ;
– dépassement des crampons hors du pneumatique à l'état neuf compris entre 2 et 2,5 mm.

Le nombre des crampons doit être compris entre 100 et 300 par pneumatique.

Il ne doit y avoir aucun crampon dans le tiers central de la bande de roulement.

L'équipement concernera les roues de l'essieu directeur et les roues d'au moins un essieu moteur. Sur les roues jumelées seules les roues intérieures seront équipées.

Art. 5 Si les conditions atmosphériques l'exigent, *(Arr. du 10 juin 2021, art. 2)* « les préfets » peuvent accorder *(Abrogé par Arr. du 10 juin 2021, art. 2)* « *, après avis du directeur départemental de l'équipement,* » des dérogations aux prescriptions de l'article 1er du présent arrêté en faveur de véhicules d'intervention d'urgence, de véhicules de secours, de véhicules assurant des transports de première nécessité, de denrées périssables ou de matières dangereuses et de véhicules assurant la viabilité hivernale, dont le poids total autorisé en charge est supérieur à 3,5 tonnes.

En outre, les véhicules assurant la viabilité hivernale peuvent déroger aux prescriptions de l'article 4 ci-dessus.

Art. 6 La vitesse est limitée à 90 kilomètres à l'heure pour les véhicules visés aux articles 3 et 4 ci-dessus et à 60 kilomètres à l'heure pour les véhicules visés à l'article 5.

Ces véhicules doivent porter de façon bien visible à l'arrière sur la partie inférieure gauche de la carrosserie, un disque de 15 cm de diamètre, conforme au modèle figurant en annexe au présent arrêté. – *V. cette annexe au JO 4 sept.*

Ce disque doit être amovible afin de n'être visible que pendant la période d'utilisation effective des dispositifs.

Art. 7 L'utilisation des pneumatiques à crampons est autorisée du *(Arr. du 10 juin 2021, art. 3)* « 1er novembre au 31 mars » de l'année suivante. Si les conditions atmosphériques l'exigent et après avis du directeur départemental de l'équipement, les commissaires de la République peuvent modifier les dates de la période d'utilisation effective prévue ci-dessus.

CHAPITRE II *DISPOSITIFS ANTIDÉRAPANTS AMOVIBLES*

Art. 8 Les dispositifs antidérapants amovibles pouvant être considérés comme "équipements spéciaux obligatoires" et permettre la circulation sur des tronçons de routes munis *(Arr. du 10 juin 2021, art. 4)* « du » signal B 26 sont obligatoirement conformes aux dispositions des articles 9 à 12 ci-après.

Tous les autres équipements hivernaux amovibles ne sont considérés que comme des dispositifs de démarrage à l'utilisation très exceptionnelle.

Art. 9 Les dispositifs antidérapants amovibles doivent garantir le démarrage, le guidage et le freinage du véhicule.

Pour ce faire, à pression réglementaire du pneumatique et en toute position de la roue, au moins un élément agrippant d'un segment non parallèle à l'axe de la bande de roulement du pneumatique doit être en contact avec le sol à l'exception de la zone correspondant au système de fermeture de la chaîne et dont la longueur est limitée à 1,5 fois la distance moyenne entre deux points de contact.

Art. 10 Les dispositifs antidérapants amovibles doivent être pourvus d'un système de fermeture *(Arr. du 10 juin 2021, art. 5)* « fiable », excluant une ouverture involontaire même en cas de tension trop faible de montage.

Ils doivent être pourvus d'un système de mise en tension, souple ou rigide, compensant les déformations du pneumatique.

Art. 11 Afin de garantir une bonne information de l'utilisateur, l'emballage devra indiquer :

1. La ou les dimensions normalisées des pneumatiques sur lesquels ce dispositif s'adapte ;
2. Le poids net d'un dispositif complet pour deux-roues ;
3. La conformité aux dispositions du présent arrêté.

L'emballage devra comporter en outre une notice d'utilisation en langue française, lisible avant l'achat et facilement compréhensible (avec images du montage), durable et insensible à l'action de l'eau.

Outre les instructions de montage, cette notice attirera l'attention sur :

– la nécessité *(Arr. du 10 juin 2021, art. 6)* « de retendre » les dispositifs après courte utilisation ;
– la modification des réactions du véhicule équipé, particulièrement négative sur sol sec ;
– les vitesses d'utilisation ;
– les dangers consécutifs à une rupture en cas de forte usure des éléments du dispositif.

Art. 12 Les dispositions du présent arrêté relatives aux dispositifs antidérapants inamovibles entreront en vigueur le 1er octobre 1985. L'arrêté du 21 juin 1978 relatif aux conditions d'utilisation des pneumatiques comportant des dispositifs antiglissants autres que les chaînes est abrogé à compter de la même date à l'exception de ses articles 3 et 4 qui demeurent en vigueur jusqu'au 31 mars 1986.

L'utilisation de pneumatiques acquis antérieurement au 31 mars 1986 et comportant des dispositifs antidérapants inamovibles non conformes aux prescriptions du présent arrêté est autorisée jusqu'au 31 mars 1990.

Les dispositions du présent arrêté concernant les dispositifs antidérapants amovibles entreront en vigueur le 31 mars 1986. Toutefois l'utilisation de dispositifs antidérapants amovibles acquis antérieurement au 31 mars 1986 demeure autorisée après cette date.

Arrêté du 18 juillet 2019,

Relatif aux pneumatiques (JO 30 août).

Art. 1er Les véhicules automobiles et leurs remorques visés à l'annexe II de la directive 2007/46/CE susvisée doivent être équipés de pneumatiques répondant aux dispositions du présent arrêté et conformes :

– à un type de pneumatiques ayant une homologation communautaire, en application du règlement (UE) n° 458/2011, et de l'arrêté du 6 octobre 1992 susvisés ;

– à un type de pneumatiques homologué, en application des règlements n° 30 et n° 117 ou n° 54 et n° 117 susvisés.

Toutefois, en application du point 5.4 de l'annexe II du règlement (UE) n° 458/2011 susvisé, un véhicule pourra être équipé de pneumatiques non homologués en vertu des dispositions précédentes si des conditions spéciales d'utilisation conduisent à utiliser des pneumatiques autres que ceux prévus par le règlement (UE) n° 458/2011 susvisé et par les règlements n° 30 et n° 117 ou n° 54 et n° 117 susvisés. Dans ce cas, les pneumatiques doivent être homologués selon les règlements n° 75 ou n° 106 susvisés.

Pour l'application du présent article, un pneumatique rechapé, installé sur un véhicule déjà en circulation, dans les conditions prévues par les règlements n° 108 ou n° 109 susvisés est considéré comme homologué en application des règlements n° 30 ou n° 54 susvisés.

Les équipements de secours à usage temporaire, les pneumatiques pour roulage à plat et/ou un système de roulage à plat sont homologués selon le règlement n° 64 susvisé.

Art. 2 Les pneumatiques destinés à être montés sur les véhicules automobiles et leurs remorques visés à l'annexe II de la directive 2007/46/CE susvisée doivent porter les inscriptions prévues au point 3 des règlements n° 30 et n° 54 ainsi qu'au point 4 du règlement n° 117 susvisés. Dans le cas de pneumatiques rechapés, ces inscriptions sont prévues au point 3 des règlements n° 108 et n° 109 susvisés. Dans le cas des pneus recreusables, ces inscriptions sont prévues au point 3 du règlement n° 54 susvisé.

Art. 3 Le montage des pneumatiques sur les véhicules visés à l'annexe II de la directive 2007/46/CE susvisée respecte les dispositions du règlement (UE) n° 458/2011 susvisé.

Tous les pneumatiques normalement montés sur le véhicule, à l'exclusion de toute unité de secours à usage temporaire, doivent avoir la même structure.

Tous les pneumatiques normalement montés sur un même essieu doivent être du même type.

Pour l'application de la présente disposition aux véhicules équipés d'un ou plusieurs pneumatiques rechapés homologués en application du règlement n° 109 susvisé, il sera considéré que :

– si tous les pneumatiques du même essieu sont rechapés, concernant la marque, seule compte, pour la définition du type, le manufacturier rechapeur ;

– peuvent coexister sur un même essieu des pneumatiques rechapés et non rechapés s'ils ont le même type d'origine et si les pneumatiques rechapés l'ont été par le manufacturier lui-même.

Art. 4 Le recreusage de la bande de roulement au-delà de la profondeur des rainures d'origine est interdit sur les pneumatiques.

Toutefois, cette opération est autorisée sur les pneumatiques des véhicules automobiles et des remorques dont le poids total autorisé en charge est supérieur à 3,5 tonnes, sous réserve que le symbole  ou l'indication "*regroovable*" soit porté(e) sur les flancs du pneumatique et que le recreusage de la bande de roulement soit effectué par des professionnels suivant les règles de l'art.

Art. 5 Les pneumatiques des véhicules des catégories M 1, N 1, O 1 et O 2 doivent présenter, pendant toute leur utilisation sur route, dans les rainures principales de leur bande de roulement, une profondeur d'au moins 1,6 mm.

Les pneumatiques destinés aux voitures particulières et à leurs remorques doivent être équipés d'indicateurs d'usure répondant aux prescriptions du point 6.3.3.3 du règlement n° 30 et du point 6.6.11.3 du règlement n° 108 susvisés et permettant de signaler que les rainures de la bande de roulement n'ont plus qu'une profondeur de 1,6 mm, avec une tolérance de + 0,6/– 0 mm.

Sur les véhicules autres que ceux visés au point 1er alinéa ci-dessus, la profondeur de rainures mesurée en quatre points répartis uniformément sur la circonférence du pneumatique ne doit pas être inférieure à un millimètre pour plus d'un point sur quatre.

La différence entre la profondeur des rainures principales de deux pneumatiques montés sur un même essieu ne doit pas dépasser 5 mm.

Art. 6 En cas de crevaison ou de dégonflage d'un des pneumatiques équipant un véhicule, il pourra être dérogé, à titre temporaire, aux dispositions de l'article 3 du présent arrêté.

Lors de l'utilisation d'un pneumatique de secours à usage temporaire, les conditions de circulation devront être conformes aux spécifications du constructeur.

Pour les véhicules de catégories M1 et N1, lorsqu'ils sont équipés d'un équipement de secours à usage temporaire ou de pneumatiques pour roulage à plat et/ou d'un système de roulage à plat ils devront satisfaire aux dispositions du règlement n° 64 susvisé.

Art. 7 Par dérogation aux dispositions des articles 1er et 2 du présent arrêté, les pneumatiques des véhicules immatriculés en tant que véhicules de collection peuvent ne porter, sur au moins un flanc, que les seules indications suivantes :

– la marque du fabricant ;
– la désignation des dimensions ;
– l'indication de la structure ;
– la date de fabrication.

Ces indications doivent être conformes aux dispositions de l'article 2 du présent arrêté.

Art. 8 Les dispositions du présent arrêté ne sont pas applicables aux pneumatiques expérimentaux montés sur des véhicules d'essais utilisés par les constructeurs de véhicules ou les manufacturiers de pneumatiques pour le développement technique de leurs produits et déclarés comme tels auprès du ministre en charge des transports.

Art. 9 L'arrêté du 24 octobre 1994 modifié relatif aux pneumatiques est abrogé.

L'arrêté du 29 juillet 1970 modifié relatif aux caractéristiques et conditions d'utilisation des pneumatiques des véhicules automobiles et de leurs remorques (marquages, indicateurs d'usure, pressions de gonflage, dates d'application) est abrogé.

RÉTROVISEURS

Arrêté du 20 novembre 1969,

Relatif aux rétroviseurs des véhicules.

CHAPITRE I *DISPOSITIONS GÉNÉRALES*

Art. 1er *(Arr. du 22 déc. 2004)* Les véhicules automobiles de catégories internationales M et N, les tracteurs et machines agricoles et matériels de travaux publics automoteurs comportant une cabine fermée doivent comporter un ou plusieurs rétroviseurs répondant aux conditions du présent arrêté.

Certaines catégories de véhicules peuvent être équipées de dispositifs complémentaires de vision indirecte autres que des rétroviseurs.

Art. 2 Le nombre minimum de rétroviseurs prescrits sur un véhicule est fixé comme il suit :

Voitures particulières. – Un rétroviseur intérieur et un rétroviseur extérieur situé sur la partie gauche du véhicule. Les voitures particulières ayant les carrosseries commerciales et breaks devront également avoir un deuxième rétroviseur extérieur situé à droite. En outre, lorsque le type de construction du véhicule est tel que le rétroviseur intérieur ne peut remplir son office, le véhicule doit comporter également un rétroviseur extérieur situé à droite.

Les voitures particulières auxquelles il est attelé une remorque doivent être munies d'un deuxième rétroviseur extérieur situé à droite, lorsque la remorque masque le champ de visibilité du rétroviseur intérieur de la voiture ou lorsque la largeur de la remorque dépasse celle de la voiture.

Camionnettes, camions, autobus et autocars, véhicules très spéciaux soumis aux prescriptions du titre II du code de la route, tracteurs routiers. — Deux rétroviseurs extérieurs situés l'un à gauche, l'autre à droite.

(Abrogé par Arr. du 7 juill. 1995, art. 33, à compter du 17 juin 1999, mod. par Arr. du 3 sept. 1997, art. 10) « *Motocycles, vélomoteurs, tricycles à moteur sans cabine. — Un rétroviseur situé sur la partie gauche.* »

(Arr. du 13 janv. 1981) « *Voiturettes, tricycles à moteur avec cabine et quadricycles à moteur.* » — *(Arr. du 29 mai 1986)* « *Les voiturettes, les tricycles à moteur avec cabine et les quadricycles à moteur doivent être munis d'un rétroviseur extérieur situé à gauche s'ils sont affectés au transport de personnes et de deux rétroviseurs extérieurs situés l'un à droite, l'autre à gauche s'ils sont affectés au transport de marchandises.* »

Tracteurs, machines agricoles, matériels de travaux publics comportant une cabine fermée. — Un rétroviseur extérieur situé à gauche.

Art. 3 Les rétroviseurs, y compris ceux installés sur les véhicules non visés à l'article 2 ci-dessus, doivent répondre aux conditions techniques du cahier des charges annexé au présent arrêté (§§ 1, 2 et 5 à 11). Ils doivent être de l'une des catégories ci-dessous :

	Catégorie du cahier des charges
Rétroviseurs intérieurs	I
Rétroviseurs extérieurs des cycles, *(Abrogé, à compter du 17 juin 1999, par Arr. du 7 juill. 1995, art. 33, mod. par Arr. du 3 sept. 1997, art. 10)* « *cyclomoteurs, vélomoteurs, motocyclettes et tricycles à moteur* »	II ou III
Rétroviseurs extérieurs des véhicules de poids total en charge autorisé ne dépassant pas 3,5 tonnes	III
Rétroviseurs extérieurs des véhicules de poids total en charge autorisé supérieur à 3,5 tonnes et dont le bord inférieur de la coupelle est situé (sur le véhicule en charge) :	
a) A moins de 1,90 mètre du sol	IV
b) A 1,90 mètre et plus du sol	IV ou V

Les rétroviseurs livrés au public, non montés sur un véhicule, doivent être d'un type homologué conformément aux dispositions du cahier des charges annexé au présent arrêté. - V. cette annexe JO 19 déc.

Les rétroviseurs livrés au public, non montés sur un véhicule, doivent être d'un type homologué conformément aux dispositions du cahier des charges annexé au présent arrêté. — *V. cette annexe JO 19 déc.*

Art. 4 En plus des rétroviseurs prescrits à l'article 2, qui doivent permettre d'obtenir des champs de visibilité prescrits aux articles 6, 8 et 11, les véhicules automobiles peuvent posséder des miroirs rétroviseurs supplémentaires, sous réserve qu'ils soient d'un type homologué, ne gênent ni la visibilité arrière à travers les miroirs obligatoires et ne diminuent sensiblement la visibilité vers l'avant.

Les miroirs de surveillance prévus dans les véhicules de transports en commun de personnes ne doivent respecter que les conditions indiquées aux paragraphes 8, 9 et 10 relatifs aux miroirs intérieurs du cahier des charges annexé. Ils ne sont pas soumis à homologation.

Art. 5 Pour la détermination des champs de visibilité prescrits aux articles 6, 8 et 11 ci-après, les points oculaires seront, par convention, distants de 6,3 cm et situés dans un plan horizontal dont la distance au point de référence du siège (point H) est de 635 mm. La procédure de détermination du point H sera celle décrite dans la norme BNA 101-02.

Les deux points oculaires seront situés sur une ligne perpendiculaire au plan longitudinal médian du véhicule.

Le milieu de segment joignant les deux points oculaires sera situé dans un plan vertical parallèle au plan longitudinal médian du véhicule passant par le centre de la commande de direction. Si ce plan ne passe pas par le centre apparent du siège du conducteur, il lui sera substitué un plan parallèle passant par ce centre.

CHAPITRE II *RÈGLES APPLICABLES AUX MIROIRS RÉTROVISEURS INTÉRIEURS*

Art. 6 Le rétroviseur intérieur doit permettre de voir au moins une portion de route plane, centrée sur le plan longitudinal médian du véhicule, ayant au moins 20 mètres de largeur et s'étendant d'une distance de 60 mètres de l'arrière du véhicule à l'infini.

Le champ de visibilité peut être masqué en partie par les appuis-tête.

Art. 7 Le rétroviseur intérieur devra être monté à l'intérieur du véhicule de manière à assurer au conducteur une image stable et facile à distinguer dans des conditions normales de circulation. Il devra être réglable du poste de conduite.

CHAPITRE III *RÈGLES APPLICABLES AUX MIROIRS RÉTROVISEURS EXTÉRIEURS DES VÉHICULES AUTOMOBILES*

Art. 8 Le rétroviseur situé sur la partie gauche d'un véhicule automobile doit permettre au conducteur de voir au moins une portion de route plane située à gauche du véhicule et définie sur le schéma annexé au présent arrêté.

Dans le cas où une remorque plus large que le véhicule automobile est attelée à ce dernier, la limite vers la droite du champ de visibilité doit être située dans le prolongement de la partie inférieure du bord gauche de la remorque.

Art. 9 Le miroir rétroviseur extérieur gauche doit être visible à travers la partie du pare-brise balayée par l'essuie-glace ou à travers une vitre latérale. Dans ce dernier cas, l'angle entre le plan longitudinal de symétrie du véhicule et la droite joignant le milieu du segment reliant les points oculaires, tels que définis à l'article 5, au centre du rétroviseur ne doit pas dépasser 55°.

Art. 10 Le rétroviseur extérieur gauche doit être réglable de l'intérieur du véhicule, la portière étant fermée. Le verrouillage en position peut être effectué de l'extérieur.

Ne sont pas soumis aux dispositions de l'alinéa ci-dessus les miroirs rétroviseurs dont le réglage ne peut être modifié qu'après un déverrouillage et qui peuvent être remis sans réglage en position après effacement sous une poussée.

Art. 11 Lorsqu'il est imposé, le rétroviseur situé à droite doit permettre au conducteur de voir au moins une portion de route plane située à droite du véhicule et définie sur le schéma annexé au présent arrêté.

(Arr. du 26 juin 1970) « Dans le cas des ensembles comportant une remorque plus large que le tracteur, la limite vers la gauche du champ de visibilité du rétroviseur situé à droite est définie par la trace, sur le plan horizontal, du plan longitudinal tangent à la remorque en son point situé le plus à droite. »

Art. 12 *(Arr. du 17 avr. 1986)* « Le dépassement du rétroviseur par rapport au gabarit extérieur du véhicule, tant en largeur qu'en longueur, ne doit pas être sensiblement supérieur à celui nécessaire pour respecter les champs de visibilité prescrits. »

(Arr. du 26 juin 1970) « Lorsque le bord inférieur d'un miroir rétroviseur extérieur est situé à moins de 1,90 mètre du sol, le véhicule étant en charge, ce rétroviseur ne doit pas faire saillie de plus de 0,20 mètre par rapport à l'extrémité de la largeur hors-tout située du côté du miroir du véhicule ou de l'ensemble de véhicules non équipés du rétroviseur. »

Sous les conditions qui précèdent, la largeur hors tout d'un véhicule équipé de ses rétroviseurs peut dépasser la largeur de 2,50 mètres.

Art. 13 *(Arr. du 26 juin 1970)* Pour l'application des articles 8, 11 et 12, les véhicules articulés seront assimilés à un véhicule isolé.

CHAPITRE IV *RÈGLES APPLICABLES AUX VÉHICULES AGRICOLES AUTOMOTEURS* *(Arr. du 12 janv. 2006).*

Art. 14 *(Arr. du 12 janv. 2006)* Le ou les rétroviseurs des véhicules agricoles automoteurs doivent être conformes aux dispositions techniques de la directive 74/346/CEE modifiée 98/40/CE.

Art. 15 *(Arr. du 29 mai 1986)* Les rétroviseurs des voiturettes, des tricycles à moteur avec cabine et des quadricycles à moteur doivent satisfaire aux prescriptions des articles 6 à 13 pour les miroirs rétroviseurs intérieurs et extérieurs des automobiles.

CHAPITRE V *MODALITÉS D'APPLICATION — DISPOSITIONS TRANSITOIRES*

Art. 16 Les véhicules livrés par les constructeurs et importateurs à dater du 1er janvier 1971 devront être conformes aux dispositions du présent arrêté.

Art. 16-1 *(Abrogé par Arr. du 7 juill. 1995, art. 33, à compter du 17 juin 1999, mod. par Arr. du 3 sept. 1997, art. 10) (Arr. du 9 mars 1981)* ***En outre, les cyclomoteurs vendus neufs aux usagers à partir du 1er janvier 1982 devront être équipés d'un rétroviseur situé sur la partie gauche du véhicule.***

Art. 17 Les homologations prévues à l'article 3 du présent arrêté ne seront accordées qu'à partir du 1er janvier 1971.

Art. 18 A dater du 1er janvier 1972, aucun rétroviseur ne pourra être mis en vente s'il n'est pas d'un type homologué, conformément aux dispositions du cahier des charges annexé au présent arrêté.

Art. 19 Le laboratoire de l'Union technique de l'automobile, du motocycle et du cycle, autodrome de Linas-Montlhéry, 91 Linas-Montlhéry, est agréé pour effectuer les essais de rétroviseurs.

Art. 20 Les rétroviseurs livrés sur les véhicules avant le 1er janvier 1971 par les constructeurs et importateurs, ou mis en vente avant le 1er janvier 1972, devront satisfaire aux dispositions ci-après :

20.1. Les rétroviseurs extérieurs, leurs supports et leurs dispositifs de fixation ne doivent pas présenter vers l'avant de pointes, de bords aigus, d'arêtes vives, ou plus généralement de formes dangereuses.

20.2. Les rétroviseurs disposés à l'intérieur du véhicule sur le tableau de bord ou au-dessus du pare-brise doivent être encadrés dans une monture de protection ne comportant ni aspérité dangereuse ni arête vive.

20.3. *(Arr. du 26 juin 1970)* « La largeur hors-tout d'un véhicule équipé de ses rétroviseurs peut dépasser la largeur de 2,50 mètres à condition que la saillie soit limitée à 0,20 mètre de part et d'autre du véhicule et que ces rétroviseurs soient entièrement escamotables de façon à ne pas constituer un danger pour les autres usagers de la route. »

Art. 21 A dater du 1er juillet 1972, tous les véhicules devront comporter le nombre minimum de rétroviseurs prescrits à l'article 2 du présent arrêté.

Art. 22 L'article 2 de l'arrêté du 5 février 1969 relatif au dépassement de la largeur maximale des véhicules automobiles par certaines saillies de dispositifs d'équipement est abrogé.

Art. 22 a *(Arr. du 11 juin 1980)* Les prescriptions, autres que celles des articles 1er et 2 et celles relatives au champ des rétroviseurs des ensembles de véhicules, du présent arrêté ne sont pas applicables :

(Arr. du 11 janv. 1982) « Aux véhicules ayant fait l'objet d'une réception CEE conforme aux dispositions des arrêtés du 28 janvier 1976 et du 29 janvier 1980 susvisés, ainsi qu'aux véhicules ayant fait l'objet d'une homologation en ce qui concerne le montage des rétroviseurs conforme aux dispositions de l'arrêté du 8 janvier 1982 susvisé. »

Aux véhicules soumis aux prescriptions du titre II du code de la route, réceptionnés par type à dater du 1er octobre 1981 ou mis en circulation pour la première fois à la date du 1er octobre 1984 qui devront répondre aux prescriptions de l'arrêté du 29 janvier 1980 susvisé ;

(Arr. du 11 janv. 1982) « Aux rétroviseurs ayant fait l'objet d'une homologation CEE conforme aux dispositions de l'arrêté du 29 janvier 1980 susvisé ainsi qu'aux rétroviseurs ayant fait l'objet d'une homologation conforme aux dispositions de l'arrêté du 8 janvier 1982 susvisé. »

En outre, à dater du 1er octobre 1981, il ne sera plus délivré d'homologations aux rétroviseurs des classes I, III et (IV et V) du présent arrêté ; ceux-ci seront remplacés respectivement par les rétroviseurs ayant obtenu une homologation CEE dans les classes I, II et III.

Art. 22 b *(Abrogé par Arr. du 7 juill. 1995, art. 33, à compter du 17 juin 1999, mod. par Arr. du 3 sept. 1997, art. 10) (Arr. du 9 mars 1981 ; Arr. du 20 sept. 1991)* ***Les prescriptions autres***

que celles des articles 1er et 2 du présent arrêté ne sont pas applicables aux véhicules et aux rétroviseurs ayant fait l'objet :

— soit d'un certificat CEE conforme aux dispositions de l'arrêté du 19 octobre 1980 relatif à l'homologation CEE des rétroviseurs et à la réception CEE des véhicules à moteur à deux-roues avec ou sans side-car en ce qui concerne les rétroviseurs ;

— soit d'une communication d'homologation de véhicules ou de rétroviseurs conforme aux dispositions de l'arrêté du 19 septembre 1991 relatif à l'homologation des rétroviseurs et des véhicules à moteur à deux-roues, avec ou sans side-car, en ce qui concerne le montage des rétroviseurs sur les guidons, conformément aux dispositions du règlement n° 81 annexé à l'accord de Genève du 20 mars 1958.

Art. 22 c *(Arr. du 21 avr. 1988)* Les véhicules du titre II du code de la route mis pour la première fois en circulation avant le 1er octobre 1989 restent soumis aux dispositions des articles 1er à 22 *b* du présent arrêté.

(Arr. du 20 sept. 1991) « Les véhicules du titre II du code de la route réceptionnés ou mis en circulation depuis le 1er octobre 1989 devront répondre en ce qui concerne l'homologation des rétroviseurs et leur montage sur les véhicules aux prescriptions de la directive n° 71-127 CEE du conseil du 1er mars 1971, modifiée par les directives n° 79-795 CEE du 20 juillet 1979, n° 85-205 CEE du 18 février 1985, n° 86-562 CEE du 6 novembre 1986 et n° 88-321 CEE du 16 mai 1988 et des directives adaptant au progrès technique la directive n° 71-127 CEE. »

Toutefois, les voitures particulières ayant des carrosseries commerciales et breaks restent soumises aux dispositions de l'article 2 du présent arrêté.

Art. 22 d *(Arr. du 22 déc. 2004)* A compter du 26 janvier 2006, la réception CE ou nationale de tout nouveau type de véhicule des catégories internationales M et N, pour ce qui concerne les rétroviseurs et autres dispositifs de vision indirecte, doit répondre aux prescriptions de la directive 2003/97/CE *(Arr. 14 sept. 2005)* « modifiée en dernier lieu par la directive 2005/27/CE susvisée ». Cette date est repoussée de douze mois pour ce qui concerne les prescriptions applicables aux rétroviseurs/antéviseurs de la classe VI tels que définis dans la directive 2003/97/CE *(Arr. du 14 sept. 2005)* « modifiée en dernier lieu par la directive 2005/27/CE susvisée ».

A compter du 26 janvier 2010 pour les véhicules des catégories internationales M1 et N1, et à compter du 26 janvier 2007 pour les autres catégories internationales M et N, tout véhicule réceptionné ou mis en circulation doit répondre, en ce qui concerne l'homologation des rétroviseurs et autres dispositifs de vision indirecte et leur montage sur les véhicules, aux prescriptions de la directive 2003/97/CE *(Arr. du 14 sept. 2005)* « modifiée en dernier lieu par la directive 2005/27/CE susvisée » *(Arr. du 3 mars 2015)* « ou aux prescriptions techniques du règlement 46 série 04 d'amendements, annexé à l'accord de Genève du 20 mars 1958 ».

Seuls les véhicules des catégories internationales M2 et M3, ainsi que les véhicules de la catégorie internationale N dont le poids maximal est supérieur ou égal à 7,5 tonnes, peuvent être munis de dispositifs de vision indirecte permettant de disposer du champ de vision décrit aux points 10.1 et 10.2 de l'annexe III de la directive 2003/97/CE *(Arr. du 14 sept. 2005)* « modifiée en dernier lieu par la directive 2005/27/CE susvisée ».

(Arr. du 1er août 2016) « A compter du 12 juillet 2016, tout véhicule des catégories internationales N2 et N3, réceptionné ou mis en circulation*[,]* doit répondre, en ce qui concerne l'homologation des rétroviseurs et autres dispositifs de vision indirecte et leur montage sur les véhicules, aux prescriptions techniques du règlement n° 46 série 04 d'amendements, annexé à l'accord de Genève du 20 mars 1958. »

Art. 22 e *(Arr. du 12 janv. 2006)* Les dispositions du chapitre IV du présent arrêté ne sont pas applicables aux tracteurs agricoles ou forestiers disposant d'une fiche de communication, y compris ses annexes, ou d'un procès-verbal d'essais d'un laboratoire d'essais agréé, en ce qui concerne les rétroviseurs et leur montage, établi conformément à la directive 74/346/CEE modifiée 98/40/CE.

A compter du 1er mars 2007, pour toute nouvelle réception par type de tracteur agricole ou forestier, seuls ces documents peuvent être utilisés pour couvrir la conformité au chapitre IV du présent arrêté.

Pour toute réception par type d'une machine agricole automotrice dont la vitesse maximale par construction est supérieure à 25 km/h, seuls des procès-verbaux d'essais d'un

laboratoire d'essais agréé peuvent être utilisés pour couvrir la conformité aux dispositions du chapitre IV du présent arrêté.

Le laboratoire d'essais agréé visé au présent article est celui désigné à l'article 3 de l'arrêté du 19 mars 1999 relatif à la réception communautaire (CE) en ce qui concerne les rétroviseurs des tracteurs agricoles ou forestiers à roues.

SÉCURITÉ ROUTIÈRE

COMMENTAIRE

L'insécurité routière. La circulation routière est une des causes principales d'insécurité. Les bilans publiés chaque année par l'Observatoire national interministériel de sécurité routière (ONISR), sous l'intitulé « La sécurité routière en France », alimentés principalement par les données figurant dans le fichier national des accidents de la route enregistrés par les forces de l'ordre, dit « fichier BAAC », sont en réalité les chiffres de l'insécurité routière. Des chiffres qui se sont constamment améliorés de 2001 à 2013.

En 2001, les forces de l'ordre avaient en effet dénombré en France métropolitaine :
- 116 745 accidents corporels,
- 7 720 personnes tuées à six jours, soit 8 160 tués à trente jours,
- 153 945 personnes blessées, dont 26 192 blessés graves.

Or, en 2013, elles ont dénombré, toujours en France métropolitaine :
- 56 812 accidents corporels,
- 3 268 personnes tuées à trente jours,
- 70 607 personnes blessées, dont 25 966 blessés hospitalisés.

L'année 2014 a marqué, toutefois, une rupture dans cette baisse constante du nombre d'accidents corporels, de tués et de blessés sur nos routes en France métropolitaine, puisqu'ont été dénombrés :
- 58 191 accidents corporels,
- 3 384 personnes tuées à trente jours,
- 73 048 personnes blessées, dont 26 635 blessés hospitalisés.

Et depuis lors, les chiffres de l'insécurité routière ont eu tendance à stagner, au mieux à baisser légèrement, si l'on met à part les années 2020 et 2021 marquées par la crise sanitaire et une baisse de la circulation routière.

Ainsi, en 2022, les forces de l'ordre ont dénombré en France métropolitaine :
- 52 380 accidents corporels,
- 3 267 personnes tuées à trente jours,
- 65 430 personnes blessées, dont 18 024 blessés hospitalisés.

Si le nombre d'accidents corporels et de personnes blessées est, aujourd'hui, moins important que celui comptabilisé il y a une dizaine d'années, le nombre de personnes tuées en 2022 (3 267) est, lui, quasiment le même que celui enregistré en 2013 (3 268).

A ces données qui ne concernent que la France métropolitaine, il faut par ailleurs ajouter celles de l'outre-mer. On notera notamment que 283 personnes ont été tuées hors métropole en 2022, ce qui fait un total de 3 550 personnes tuées sur nos routes en 2022.

Sur le plan méthodologique, notons que ce n'est que depuis 2005 que le bilan de la sécurité routière intègre dans ces données celles relatives à l'outre-mer. Notons également que, dans le fichier BAAC, depuis 2005, une personne est recensée comme tuée si elle décède sur le coup ou dans les trente jours qui suivent l'accident et comme blessée hospitalisée (blessée grave auparavant) si elle est hospitalisée plus de vingt-quatre heures. Ce mode de décompte, adopté depuis 2005, correspond à celui retenu par nos voisins européens, ce qui peut faciliter les comparaisons internationales.

Enfin, le bilan publié par l'ONISR fournit bien d'autres données sur l'insécurité routière et notamment sur le nombre d'accidents corporels et de personnes blessées sur les routes, l'ONISR considérant que le fichier BAAC ne permet pas de les recenser tous, à partir du moment où les forces de l'ordre ne sont pas systématiquement appelées sur les lieux d'un accident de la route. Ainsi, en 2022, l'ONISR a estimé qu'il y aurait eu en France métropolitaine :
- 183 072 accidents corporels (52 380 ont été enregistrés par les forces de l'ordre),

– 236 834 personnes blessées dans un accident de la route (65 430 ont été comptabilisées par les forces de l'ordre).

Une politique de sécurité routière. La baisse significative et constante des principaux indicateurs de l'insécurité routière, jusqu'en 2013, est le résultat de la politique développée en ce domaine, indépendamment même de la politique générale de protection de la sécurité des citoyens. L'expression de sécurité routière est cependant relativement récente. Elle ne figure d'ailleurs dans le code de la route que depuis une loi du 3 août 2018 ayant inséré dans ce code des dispositions sur le Conseil national de la sécurité routière (V. art. L. 130-10).

C'est cependant en 1972 que le terme a pris son envol avec la création du Comité interministériel de la sécurité routière et la nomination d'un délégué interministériel à la sécurité routière, auquel l'Observatoire national de sécurité routière est directement rattaché. Le Conseil national de la sécurité routière a été créé bien plus tard, sur proposition du Comité interministériel, par le décret n° 2001-784 du 28 août 2001. Aux termes de l'article 1er de ce décret, ce Conseil a pour missions de formuler des avis et des recommandations sur toute question relative à la sécurité routière, de suggérer des évolutions pour éclairer l'action des pouvoirs publics dans le domaine de la sécurité routière et d'identifier des études prospectives, des recherches et des évaluations à conduire pour améliorer les connaissances en matière de sécurité routière et des enjeux associés. Notons que le terme de sécurité routière figure également aujourd'hui dans la partie réglementaire du code de l'éducation, dans une section consacrée à l'enseignement des règles de sécurité routière (V. ci-dessous).

On notera enfin qu'à partir de 2002, la sécurité routière est devenue une politique prioritaire pour les pouvoirs publics. Elle s'est traduite notamment par la loi du 12 juin 2003 renforçant la lutte contre la violence routière, dont l'intitulé est tout un symbole, mais aussi, par la suite, par la loi du 14 mars 2011, dite « LOPPSI II », dont tout un chapitre est intitulé « Dispositions renforçant la lutte contre l'insécurité routière », par la loi du 18 novembre 2016 de modernisation de la justice du XXIe siècle, dans laquelle on trouve plusieurs dispositions concrétisant un certain nombre de mesures proposées par le Comité interministériel de la sécurité routière du 2 octobre 2015 et que l'on peut mettre en lien avec la dégradation des chiffres de l'insécurité routière constatée en 2014, ou encore par la loi du 24 décembre 2019 d'orientation des mobilités, dans laquelle figure tout un chapitre modifiant plusieurs articles du code de la route afin de renforcer la sûreté et la sécurité.

La sécurité routière est donc devenue, en 2002, un enjeu fondamental et elle le demeure. Une politique d'ensemble englobant tous les acteurs – et ils sont nombreux – est, il est vrai, primordiale si l'on veut sauver des vies humaines. ❑

Code de l'éducation

PREMIÈRE PARTIE : *LÉGISLATIVE*

DEUXIÈME PARTIE **Les enseignements scolaires**

LIVRE III **L'ORGANISATION DES ENSEIGNEMENTS SCOLAIRES**

TITRE I **L'ORGANISATION GÉNÉRALE DES ENSEIGNEMENTS**

CHAPITRE II *DISPOSITIONS PROPRES À CERTAINES MATIÈRES D'ENSEIGNEMENT*

SECTION 6 *Les enseignements de la sécurité*

Art. L. 312-13 **L'enseignement du code de la route est obligatoire et est inclus dans les programmes d'enseignement des premier et second degrés.**

(L. n° 2015-990 du 6 août 2015, art. 28) **« Le passage** *(L. n° 2023-479 du 21 juin 2023, art. 2)* **« et la préparation » de l'épreuve théorique du permis de conduire** *(L. n° 2023-479 du 21 juin 2023, art. 2)* **« peuvent être organisés », en dehors du temps scolaire, dans les locaux des lycées et établissements régionaux d'enseignement adapté** *(Abrogé par L. n° 2023-479 du 21 juin 2023, art. 2)* **«*, dans les conditions et selon les modalités prévues à l'article L. 214-6-2 du présent code,* » au bénéfice des élèves qui le souhaitent et qui remplissent les conditions fixées par le code de la route pour apprendre à conduire un véhicule à moteur en vue de l'obtention du permis de conduire. »**

(L. n° 2023-479 du 21 juin 2023, art. 2) « Le représentant de l'établissement peut autoriser, après accord de la collectivité territoriale propriétaire des bâtiments, l'utilisation de locaux et d'équipements scolaires des lycées et des établissements régionaux d'enseignement adapté, pendant les heures ou les périodes au cours desquelles ils ne sont pas utilisés pour les besoins de la formation initiale et continue, par des entreprises ou des organismes de formation afin d'organiser la préparation et le passage de l'épreuve théorique du permis de conduire.

« Cette autorisation est subordonnée à la passation d'une convention entre le représentant de l'établissement, le représentant de la collectivité propriétaire des bâtiments et la personne physique ou morale qui désire organiser ces activités, précisant notamment les obligations pesant sur l'organisateur en ce qui concerne l'application des règles de sécurité, la prise en charge des responsabilités et de la réparation des dommages éventuels ainsi que les conditions financières de l'utilisation des locaux et des équipements, dans le respect du code général de la propriété des personnes publiques. »

Sur l'enseignement des règles de sécurité routière et la délivrance du brevet de sécurité routière, V. art. D. 312-43 s.

.....

Art. L. 312-13-2 *(L. n° 2019-1428 du 24 déc. 2019, art. 57)* L'apprentissage de l'usage du déplacement à vélo en sécurité a pour objectif de permettre à chaque élève de maîtriser, à son entrée dans les établissements du second degré, la pratique autonome et sécurisée du vélo dans l'espace public.

Cet apprentissage est organisé dans un cadre scolaire, périscolaire ou extrascolaire.

Les programmes d'enseignement du premier degré visent à faire acquérir, à l'élève, la compétence d'adapter ses déplacements à des environnements variés et contribuent à cet apprentissage.

Les écoles veillent à ce que tous les élèves et leurs familles aient la connaissance des offres de formation proposées par les structures locales partenaires dans les temps périscolaire et extrascolaire.

Les écoles délivrent à chaque élève l'attestation scolaire de première éducation à la route, laquelle participe d'une validation d'une partie du socle commun de compétences du savoir rouler à vélo.

DEUXIÈME PARTIE : *RÉGLEMENTAIRE*

LIVRE III **L'ORGANISATION DES ENSEIGNEMENTS SCOLAIRES** *(Décr. n° 2006-583 du 23 mai 2006).*

TITRE I L'ORGANISATION GÉNÉRALE DES ENSEIGNEMENTS

CHAPITRE II *DISPOSITIONS PROPRES À CERTAINES MATIÈRES D'ENSEIGNEMENT*

SECTION 6 *Les enseignements de la sécurité*

SOUS-SECTION 2 *L'enseignement des règles de sécurité routière*

Art. D. 312-43 *(Décr. n° 2007-429 du 25 mars 2007)* Afin de permettre aux élèves, usagers de l'espace routier, d'acquérir des comportements responsables, un enseignement des règles de sécurité routière est assuré par les établissements dispensant un enseignement du premier et du second degré. Cet enseignement s'intègre obligatoirement dans le cadre des horaires et des programmes en vigueur dans ces établissements. Il a un caractère transdisciplinaire. Les conditions de sa mise en œuvre sont fixées par le ministre chargé de l'éducation en vue d'assurer, notamment, une continuité dans l'apprentissage des règles de sécurité routière.

Afin de permettre aux apprentis, usagers de l'espace routier, qui n'auraient pas obtenu les attestations scolaires de sécurité routière de premier et de second niveaux, prévues à l'article R. 211-1 du code de la route, d'acquérir des comportements responsables, un enseignement des règles de sécurité routière est dispensé par les centres de formation d'apprentis.

Afin de permettre aux personnes, usagers de l'espace routier, qui ne sont pas titulaires des attestations mentionnées à l'alinéa précédent et qui ne sont pas scolarisées, d'acquérir des comportements responsables, les groupements d'établissements dispensent un enseignement des règles de sécurité routière. Cet enseignement peut être dispensé par d'autres établissements ou organismes, notamment les établissements d'enseignement de la conduite mentionnés aux articles L. 213-1 et suivants du code de la route.

Art. D. 312-44 *(Décr. n° 2007-429 du 25 mars 2007)* Dans le cadre de la formation initiale et de la formation continue, les enseignants des établissements mentionnés au premier alinéa de l'article D. 312-43 sont préparés à assurer l'acquisition par les élèves de la connaissance des règles de sécurité routière et des comportements adaptés qui en découlent.

Art. D. 312-45 Les enseignants peuvent faire appel à des agents d'administrations compétentes en matière de sécurité routière ou, dans les conditions fixées par le décret n° 92-1200 du 6 novembre 1992 relatif aux relations du ministère chargé de l'éducation nationale avec les associations qui prolongent l'action de l'enseignement public, à des membres d'associations intervenant dans le même domaine. — *[Décr. n° 93-204 du 12 févr. 1993, art. 3.]*

Art. D. 312-46 Les actions spécifiques dans le domaine de la sécurité routière s'inscrivent dans le cadre du projet d'école ou du projet d'établissement. — *[Décr. n° 93-204 du 12 févr. 1993, art. 4.]*

Art. R. 312-47 Les règles relatives aux attestations scolaires de premier et de deuxième niveau et au brevet de sécurité routière sont fixées par l'article R. 211-1 du code de la route.

Art. D. 312-47-1 *(Décr. n° 2007-429 du 25 mars 2007)* Pour les personnes présentant une déficience visuelle ne leur permettant pas de se présenter aux épreuves des attestations scolaires de sécurité routière ou de l'attestation de sécurité routière, il est créé une attestation d'éducation à la route dont les modalités d'organisation et de délivrance sont fixées par arrêté des ministres intéressés.

V. ci-dessous Arr. du 25 mars 2007, relatif à l'organisation et à la délivrance des attestations scolaires de sécurité routière de premier et de second niveau, de l'attestation de sécurité routière et de l'attestation d'éducation à la route.

Décret n° 75-360 du 15 mai 1975,

Relatif au comité interministériel de la sécurité routière.

Art. 1er Il est institué un comité interministériel de la sécurité routière, chargé de définir la politique du Gouvernement dans le domaine de la sécurité routière, et de s'assurer de son application.

(Décr. n° 82-551 du 29 juin 1982) « Le comité interministériel de la sécurité routière comprend le ministre des transports, le ministre de l'intérieur et de la décentralisation, le ministre de la recherche et de la technologie, le ministre de la solidarité nationale, le garde des sceaux, ministre de la justice, le ministre de la défense, le ministre de l'économie et des finances, le ministre délégué auprès du ministre de l'économie et des finances, chargé du budget, le ministre de l'éducation nationale, le ministre de l'industrie, le ministre de la santé, le ministre de l'urbanisme et du logement, le ministre des PTT.

« Le comité interministériel est placé sous la présidence du Premier ministre ou par délégation de celui-ci sous la présidence du ministre *(Décr. n° 2020-561 du 12 mai 2020)* « chargé de la sécurité routière ». »

D'autres ministres peuvent être appelés à siéger au comité pour les questions relevant de leurs compétences. Le comité se réunit au moins une fois par an.

Art. 2 Le comité interministériel de la sécurité routière arrête les mesures générales destinées à améliorer la sécurité routière et fixe les orientations des programmes d'équipement. Il examine les projets de lois *(Décr. n° 2020-561 du 12 mai 2020, art. 3)* « , d'ordonnances » et de *(Décr. n° 2001-784 du 28 août 2001)* « décrets » relatifs à la sécurité routière. Il définit la politique assurant l'information du public.

Le comité interministériel coordonne l'utilisation des moyens mis à la disposition des départements ministériels intéressés. Il arrête les positions du Gouvernement en matière de sécurité routière dans les négociations internationales.

(Décr. n° 75-1084 du 24 nov. 1975, art. 1er) « L'examen des projets de lois et de textes réglementaires relatifs à la sécurité routière mentionné à l'alinéa 1er ci-dessus peut être effectué au sein d'un groupe interministériel permanent de la sécurité routière, dont la composition est fixée par arrêté du Premier ministre. »

Art. 2 *bis* *(Décr. n° 93-1221 du 8 nov. 1993)* Un observatoire national interministériel de la sécurité routière est placé auprès du *(Décr. n° 2008-680 du 9 juill. 2008 ; Décr. n° 2020-561 du 12 mai 2020, art. 4* « délégué à la sécurité routière ».

Il assure la collecte et la diffusion des informations nécessaires à la préparation et à la mise en œuvre de la politique de sécurité routière.

A ce titre, il est chargé :

– de rationaliser et d'unifier la collecte des données statistiques provenant des différentes sources nationales et internationales, d'assurer leur mise en forme, leur interprétation et leur diffusion ;

– d'effectuer ou d'assurer le suivi des études générales ou sectorielles sur l'insécurité routière ;

– d'évaluer les mesures de sécurité routière prises ou envisagées.

(Abrogé par Décr. nº 2016-1511 du 8 nov. 2016, art. 10) (Décr. nº 2001-784 du 28 août 2001) ***« Le Conseil national de la sécurité routière émet un avis sur le programme de travail de l'observatoire. »***

(Décr. nº 2016-1511 du 8 nov. 2016, art. 10) **« L'observatoire est assisté d'un conseil d'orientation** *(Décr. nº 2020-561 du 12 mai 2020, art. 4)* **« , dont la composition et le fonctionnement sont prévus par arrêté du ministre chargé de la sécurité routière, » qui valide la méthodologie des recueils et analyses statistiques ainsi que les études de l'observatoire. »**

Statistiques sur la sécurité routière, V. Décr. nº 2017-1776 du 27 déc. 2017 autorisant la création de traitements de données à caractère personnel pour l'enregistrement et la consultation par les observatoires de la sécurité routière des procès-verbaux des accidents de la circulation (JO 29 déc.).

Art. 3 *(Décr. nº 82-355 du 21 avr. 1982)* **« Un délégué interministériel à la sécurité routière, nommé par décret en conseil des ministres et placé sous l'autorité du Premier ministre, assure le secrétariat du comité interministériel. A ce titre, il veille à l'élaboration des mesures susceptibles d'améliorer la sécurité routière, prépare les délibérations du comité et suit l'application des décisions prises. Il préside le groupe interministériel permanent de la sécurité routière. »**

Les départements ministériels intéressés mettent à sa disposition les moyens nécessaires à l'accomplissement de sa mission.

(Décr. nº 2020-561 du 12 mai 2020, art. 5) **« En cas de vacance, d'absence ou d'empêchement du délégué interministériel à la sécurité routière, l'adjoint au délégué à la sécurité routière préside le groupe interministériel permanent à la sécurité routière. »**

Art. 4 **Le décret nº 72-608 du 5 juillet 1972 est abrogé.**

Décret nº 2001-784 du 28 août 2001,

Portant création du Conseil national de la sécurité routière.

Art. 1er **Il est créé un Conseil national de la sécurité routière.**

(Décr. nº 2016-1511 du 8 nov. 2016, art. 2) **« Le Conseil national de la sécurité routière a pour missions :**

« 1º De formuler des avis et des recommandations sur toute question relative à la sécurité routière ;

« 2º De suggérer des évolutions pour éclairer l'action des pouvoirs publics dans le domaine de la sécurité routière ;

« 3º D'identifier des études prospectives, des recherches et des évaluations à conduire pour améliorer les connaissances en matière de sécurité routière et des enjeux associés. »

Art. 2 *(Décr. nº 2016-1511 du 8 nov. 2016, art. 3)* **Le président du Conseil national de la sécurité routière est nommé par décret pris sur rapport du ministre chargé de la sécurité routière** *(Décr. nº 2023-849 du 31 août 2023, art. 1er)* **« , pour une durée précisée par ce même décret ». Pour suppléer le président en cas d'absence ou d'empêchement, le ministre chargé de la sécurité routière désigne l'un des membres du conseil.**

Le conseil est composé de :

1º Six personnalités désignées en raison de leurs compétences en matière de sécurité routière, dont au moins deux de nationalité étrangère, désignées par le ministre chargé de la sécurité routière ;

2º Deux membres du Sénat et deux membres de l'Assemblée nationale, désignés par leur assemblée respective ;

3º Un membre du Conseil économique, social et environnemental désigné par son assemblée ;

4º Un représentant des régions, désigné par l'Association des régions de France ;

5° Un représentant des départements, désigné par l'Assemblée des départements de France ;

6° Un représentant des communes ou des groupements de communes, désigné par l'Association des maires de France ;

7° Trois représentants des personnes morales gestionnaires de voirie publique, désignés par le ministre chargé de la sécurité routière ;

8° Quinze représentants des entreprises et institutions intéressées par la sécurité routière, dont deux au moins interviennent dans le secteur du numérique ou des nouvelles technologies, désignés par le ministre chargé de la sécurité routière. Peuvent être désignés à ce titre des représentants d'entreprises particulièrement impliquées dans la prévention des risques routiers auxquels sont exposés leurs salariés ;

9° Dix-neuf représentants d'associations agissant dans le domaine de la sécurité routière, désignés par le ministre chargé de la sécurité routière ;

10° Quatre représentants des professions médicales, des organisations, des associations et fondations œuvrant dans le domaine de l'hospitalisation, de la santé publique ou du secours aux victimes, désignés conjointement par le ministre chargé de la santé et le ministre chargé de la sécurité routière.

11° Le ministre chargé des finances ou son représentant ;

12° Le ministre chargé du travail ou son représentant ;

13° Le ministre de la justice ou son représentant ;

14° Le ministre de l'intérieur ou son représentant ;

15° Le ministre chargé de l'éducation nationale ou son représentant ;

16° Le ministre de la défense ou son représentant ;

17° Le ministre chargé des transports ou son représentant ;

18° Le ministre chargé de la jeunesse ou son représentant ;

19° Le ministre chargé de la santé ou son représentant ;

20° Le ministre chargé de l'outre-mer ou son représentant ;

21° Le délégué interministériel à la sécurité routière ou son représentant ;

22° Le président de la mission interministérielle de lutte contre les drogues et les conduites addictives ou son représentant.

Art. 3 *(Décr. nº 2016-1511 du 8 nov. 2016, art. 4)* Les membres mentionnés aux 1° à 10° de l'article 2 sont nommés par décret à raison d'un titulaire et d'un suppléant, à l'exception de ceux mentionnés au 1° et au 2° qui n'ont pas de suppléant.

(Abrogé par Décr. nº 2023-849 du 31 août 2023, art. 1er) ***« Le président du Conseil national de la sécurité routière et les membres mentionnés aux 1° à 10° de l'article 2 sont nommés pour une durée de trois ans. »*** Le mandat des membres mentionnés aux 2° à 10° de l'article 2 prend fin *(Décr. nº 2023-849 du 31 août 2023, art. 1er)* « au terme du mandat du président ou » s'ils perdent la qualité au titre de laquelle ils ont été nommés.

(Abrogé par Décr. nº 2023-849 du 31 août 2023, art. 1er) ***« En cas de vacance survenant, pour quelque cause que ce soit, avant le terme normal du mandat, le président et les membres mentionnés aux 1° à 10° de l'article 2 sont remplacés, dans les mêmes conditions, pour la durée du mandat restant à courir. »***

Art. 3-1 *(Décr. nº 2016-1511 du 8 nov. 2016, art. 5)* Le Conseil national de la sécurité routière se réunit sur convocation de son président au moins deux fois par an. Il se réunit de plein droit à la demande du délégué interministériel à la sécurité routière ou d'un quart de ses membres.

Seuls les membres mentionnés aux 1° à 10° de l'article 2 prennent part aux votes lors des séances plénières du conseil.

Le délégué interministériel à la sécurité routière exprime, avant chaque vote, la position du Gouvernement sur le contenu des recommandations, rapports ou avis mis en délibération par le président.

Le Conseil national de la sécurité routière peut entendre, sur proposition de son président, toute personne dont l'audition est de nature à éclairer ses travaux.

Art. 4 *(Décr. nº 2016-1511 du 8 nov. 2016, art. 6)* Le Conseil national de la sécurité routière établit son règlement intérieur, qui précise notamment :

1° Les modalités d'adoption des recommandations, rapports et avis ;

2° Les modalités de constitution et de fonctionnement des commissions qu'il peut constituer en son sein ;

3° Les règles de déontologie régissant son fonctionnement.

Le règlement intérieur est approuvé par arrêté du ministre chargé de la sécurité routière.

Art. 5 *(Décr. nº 2016-1511 du 8 nov. 2016, art. 7)* Un bureau, chargé d'orienter et de préparer les travaux du Conseil national de la sécurité routière, se réunit entre les séances du conseil, sur convocation de son président, et au moins quatre fois par an.

Le bureau est présidé par le président du Conseil national de la sécurité routière.

Il comprend :

1° Le délégué interministériel à la sécurité routière ;

2° Deux personnes choisies parmi les membres du Conseil national de la sécurité routière mentionnés aux 1° à 10° de l'article 2 ;

3° Les présidents des commissions constituées au sein du Conseil national de la sécurité routière en application des dispositions du règlement intérieur tel que défini à l'article 4 ;

4° Le président du comité des experts tel que prévu à l'article 6.

Les personnes mentionnées aux 2° et 3° sont nommées chaque année par arrêté du ministre chargé de la sécurité routière.

Art. 6 *(Décr. nº 2016-1511 du 8 nov. 2016, art. 8)* Le Conseil national de la sécurité routière est assisté par un comité des experts dont les membres et le président sont nommés par le ministre chargé de la sécurité routière.

Ce comité est saisi par le président du Conseil national de la sécurité routière ou par le délégué interministériel à la sécurité routière.

Sur le fondement des connaissances scientifiques, il éclaire les travaux du Conseil national de la sécurité routière tels qu'ils résultent de ses missions énumérées à l'article 1er du présent décret.

Les experts de ce comité assurent une veille prospective sur l'apport des nouvelles technologies, notamment numériques, dans le domaine de la sécurité routière.

Sur l'invitation du président du Conseil national de la sécurité routière, les experts de ce comité participent, avec voix consultative, aux débats du conseil.

Les rapports et avis du comité des experts sont rendus publics.

Un arrêté du ministre en charge de la sécurité routière précise les conditions de nomination des experts et les modalités de fonctionnement du comité des experts.

Art. 6-1 *(Décr. nº 2016-1511 du 8 nov. 2016, art. 9)* Le secrétariat du Conseil national de la sécurité routière et le soutien de ses moyens sont assurés par la délégation à la sécurité et à la circulation routières.

Art. 6-2 *(Décr. nº 2016-1511 du 8 nov. 2016, art. 9)* Les membres du Conseil national et du comité des experts exercent leurs fonctions à titre gratuit.

Ils peuvent bénéficier du remboursement de leurs frais de déplacement et de séjour dans les conditions prévues par le décret du 3 juillet 2006 susvisé.

Art. 7 *(Décr. nº 2016-1511 du 8 nov. 2016, art. 10)* L'article 2 *bis* du décret du 15 mai 1975 survisé est ainsi modifié :

a) le septième alinéa est supprimé ;

b) le dernier alinéa est remplacé par les dispositions suivantes : "L'observatoire est assisté d'un conseil d'orientation qui valide la méthodologie des recueils et analyses statistiques ainsi que les études de l'observatoire."

Arrêté du 25 mars 2007,

Relatif à l'organisation et à la délivrance des attestations scolaires de sécurité routière de premier et de second niveau, de l'attestation de sécurité routière et de l'attestation d'éducation à la route.

TITRE I DISPOSITIONS SPÉCIFIQUES À L'ORGANISATION ET À LA DÉLIVRANCE DES ATTESTATIONS SCOLAIRES DE SÉCURITÉ ROUTIÈRE ET DE L'ATTESTATION D'ÉDUCATION À LA ROUTE

Art. 1er Les attestations scolaires de sécurité routière de premier et de second niveau et l'attestation d'éducation à la route sanctionnent l'enseignement des règles de sécurité routière mentionné à l'article D. 312-43 du code de l'éducation.

Art. 2 Les épreuves des attestations scolaires de sécurité routière de premier et de second niveau se déroulent chaque année pendant le temps scolaire, au cours d'une période comprise entre le début du deuxième trimestre et la fin de l'année scolaire.

Ces épreuves sont organisées sous la responsabilité des *(Décr. n° 2012-16 du 5 janv. 2012, art. 7)* « directeurs académiques des services de l'éducation nationale agissant sur délégation du recteur d'académie », par les chefs des établissements d'enseignement publics et privés sous contrat relevant du ministre de l'éducation nationale, sous la responsabilité des directeurs de centres de formation d'apprentis ou sous la responsabilité des autorités administratives compétentes pour les autres départements ministériels.

En cas de conditions particulières de scolarisation, ce calendrier peut faire l'objet de dérogations accordées par l'autorité de tutelle.

Art. 3 Chaque année, l'épreuve de l'attestation scolaire de sécurité routière de premier niveau est organisée pour les élèves des classes de cinquième et de niveau correspondant, ainsi que pour des élèves d'autres classes qui atteignent l'âge de 14 ans au cours de l'année civile.

Art. 4 Chaque année, l'épreuve de l'attestation scolaire de sécurité routière de second niveau est organisée pour les élèves des classes de troisième et de niveau correspondant, pour des élèves d'autres classes qui atteignent l'âge de 16 ans au cours de l'année civile ainsi que pour des élèves âgés de plus de seize ans et qui sont inscrits dans un établissement scolaire.

Art. 5 Les élèves soumis à l'obligation scolaire qui ne sont pas scolarisés dans des établissements publics ou privés sous contrat peuvent subir les épreuves de l'attestation scolaire de sécurité routière de premier et de second niveau dans les conditions identiques à celles définies aux articles 1er, 2, 3 et 4 du présent arrêté.

(Décr. n° 2012-16 du 5 janv. 2012, art. 7) [Le] « directeur académique des services de l'éducation nationale agissant sur délégation du recteur d'académie » ou les autorités administratives compétentes pour les autres départements ministériels désignent les établissements dans lesquels ces élèves passent les épreuves.

Art. 6 Les élèves qui échouent à l'une ou l'autre épreuve peuvent se présenter à une épreuve de rattrapage, au cours de la même période, dans les conditions fixées par les autorités administratives visées à l'article 2 du présent arrêté.

Art. 7 Les dispositions du présent titre s'appliquent à l'épreuve de l'attestation d'éducation à la route prévue à l'article D. 312-47-1 du code de l'éducation.

TITRE II DISPOSITIONS SPÉCIFIQUES À L'ORGANISATION ET À LA DÉLIVRANCE DE L'ATTESTATION DE SÉCURITÉ ROUTIÈRE

Art. 8 L'attestation de sécurité routière sanctionne l'enseignement mentionné à l'article D. 312-43 du code de l'éducation dispensé aux personnes qui ne sont pas titulaires des attestations scolaires de sécurité routière.

Art. 9 L'épreuve de l'attestation de sécurité routière est organisée pour les apprentis dans les centres de formation d'apprentis et, pour les personnes de plus de seize ans qui ne sont pas scolarisées, dans les groupements d'établissements de l'éducation nationale. Celle-ci est organisée tout au long de l'année sur l'ensemble du territoire sous la responsabilité des recteurs d'académie par les chefs d'établissements, présidents des groupements d'établissements de l'éducation nationale, sous la responsabilité des directeurs de centres de formation d'apprentis ou sous la responsabilité des autorités administratives compétentes pour les autres départements ministériels.

Art. 10 Les candidats qui échouent à l'épreuve peuvent s'y présenter à nouveau dans les conditions fixées par les autorités administratives.

TITRE III DISPOSITIONS COMMUNES À L'ORGANISATION ET À LA DÉLIVRANCE DES ATTESTATIONS

Art. 11 Les épreuves de l'attestation scolaire de sécurité routière, de l'attestation de sécurité routière et de l'attestation d'éducation à la route sont subies à partir d'un support multimédia produit par le ministère de l'éducation nationale.

Art. 12 L'attestation scolaire de sécurité routière, l'attestation de sécurité routière et l'attestation d'éducation à la route sont délivrées aux candidats qui ont obtenu une note au moins égale à 10 sur 20.

Art. 13 L'attestation scolaire de sécurité routière de premier et de second niveaux, l'attestation de sécurité routière et l'attestation d'éducation à la route, dont les modèles sont définis en annexe, sont éditées à partir de l'outil multimédia.

Elles sont délivrées par le chef d'établissement, le directeur du centre de formation d'apprentis ou l'autorité administrative compétente pour les autres départements ministériels.

En cas de perte ou de vol, un duplicata peut être délivré.

TITRE IV COMMISSION NATIONALE

Art. 14 Une commission nationale de l'attestation scolaire de sécurité routière, de l'attestation de sécurité routière et de l'attestation d'éducation à la route est constituée.

Elle est placée auprès du directeur général de l'enseignement scolaire et comprend les membres suivants, désignés pour une durée de trois ans renouvelable :

– un représentant du ministère de l'éducation nationale désigné par le directeur général de l'enseignement scolaire ;

– trois coordonnateurs académiques ou départementaux à la sécurité désignés par les recteurs ou les *(Décr. n° 2012-16 du 5 janv. 2012, art. 7)* « directeurs académiques des services de l'éducation nationale agissant sur délégation du recteur d'académie » ;

– un représentant du délégué interministériel à la sécurité routière ;

– trois représentants du ministère chargé des transports désignés par le directeur de la sécurité et de la circulation routière.

La commission nationale assure la mise à jour de la banque de questions et des supports pédagogiques.

Elle établit chaque année un bilan quantitatif et qualitatif des épreuves.

Arrêté du 26 juin 2012,

Relatif à l'autorisation d'animer les stages de sensibilisation à la sécurité routière.

Art. 1er Toute personne établie sur le territoire national désirant obtenir l'autorisation d'animer les stages de sensibilisation à la sécurité routière prévue à l'article R. 212-1 du code de la route, soit en qualité d'expert en sécurité routière, soit en qualité de psychologue, doit adresser au préfet du département de son lieu de résidence une demande, datée et signée, accompagnée d'un dossier comportant les pièces suivantes :

1° Un justificatif d'identité ;

2° Un justificatif de domicile ou, pour le demandeur non salarié, une déclaration d'établissement sur le territoire national ;

3° La photocopie recto verso de son permis de conduire en cours de validité ;

4° La photocopie de l'un des diplômes ou qualifications mentionnés à l'annexe 1 du présent arrêté ;

5° Si elle est ressortissante étrangère, une pièce d'identité accompagnée, le cas échéant, d'un titre de séjour attestant la régularité de son séjour ;

6° La photocopie de son autorisation d'enseigner en cours de validité, si elle est animateur expert en sécurité routière ;

7° La photocopie du justificatif de son inscription au registre national des psychologues (fichier ADELI), si elle est psychologue ;

8° La photocopie de l'attestation de suivi de la formation initiale à l'animation de stages de sensibilisation à la sécurité routière délivrée par le ministre chargé de la sécurité routière en application du II de l'article R. 212-2 du code de la route, conforme au modèle défini à l'annexe 2 du présent arrêté.

Art. 2 Le préfet accuse réception du dossier du demandeur dans un délai d'un mois et l'informe, le cas échéant, de tout document manquant. Il complète le dossier avec l'extrait du casier judiciaire n° 2 du demandeur afin de vérifier que ce dernier n'a fait l'objet d'aucune des condamnations mentionnées au II de l'article L. 212-2 et à l'article R. 212-4 du code de la route.

Art. 3 L'autorisation d'animer les stages de sensibilisation à la sécurité routière est délivrée pour cinq ans par le préfet dans un délai de deux mois à compter de l'accusé de réception du dossier complet du demandeur, si le demandeur remplit les conditions requises. Elle est conforme au modèle prévu à l'annexe 3 du présent arrêté.

Elle est valable sur l'ensemble du territoire national et doit être présentée en cas de contrôle.

En cas de refus de délivrance de l'autorisation d'animer les stages de sensibilisation à la sécurité routière, celui-ci est motivé et notifié à l'intéressé par le préfet.

En cas de perte de l'autorisation d'animer les stages, un duplicata est demandé par son titulaire au préfet du département du lieu de sa délivrance.

Art. 4 I. — La formation initiale obligatoire pour l'animation des stages de sensibilisation à la sécurité routière est ouverte aux seuls titulaires de l'un des diplômes ou qualifications mentionnés à l'annexe 1 du présent arrêté. Elle comporte une formation théorique d'une durée totale de cinq semaines minimum et une formation pratique en alternance comprenant observation et animation de séquences de stages.

Le programme et les modalités d'organisation de la formation initiale ainsi que les modalités de délivrance de l'attestation de formation correspondante, conforme au modèle défini à l'annexe 2 du présent arrêté, sont définis à l'annexe 5. La formation est placée sous le contrôle du ministère chargé de la sécurité routière et est assurée par l'Institut national de sécurité routière et de recherches (INSERR).

II. — La formation continue obligatoire pour l'animation des stages de sensibilisation à la sécurité routière est d'une durée de deux ou cinq jours. Elle est placée sous le contrôle du ministère chargé de la sécurité routière et est assurée par l'INSERR.

Le programme et les modalités d'organisation de la formation continue ainsi que les modalités de délivrance de l'attestation de formation correspondante, conforme au modèle défini à l'annexe 4, sont définis à l'annexe 6.

Art. 5 Le titulaire de l'autorisation d'animer les stages de sensibilisation à la sécurité routière doit adresser tous les cinq ans, au préfet du département du lieu de sa résidence au moins deux mois avant l'expiration de celle-ci, une demande de renouvellement accompagnée des pièces mentionnées aux 1° à 7° de l'article 1er, de la photocopie de l'autorisation d'animer des stages de sensibilisation à la sécurité routière et d'une attestation de formation continue à l'animation de stages de sensibilisation à la sécurité routière établie postérieurement à la dernière autorisation délivrée, conforme au modèle fixé à l'annexe 4 du présent arrêté.

L'autorisation, dont le renouvellement a été sollicité dans le délai et la forme mentionnés au premier alinéa, demeure valide jusqu'à ce que le préfet statue sur la demande.

Le renouvellement de l'autorisation d'animer les stages de sensibilisation à la sécurité routière ou le refus de renouvellement est prononcé selon la procédure mentionnée à l'article 3.

Art. 6 I. — Le préfet retire l'autorisation d'animer les stages de sensibilisation à la sécurité routière dans les cas suivants :

1° Dès qu'il a connaissance que le permis de conduire de l'animateur est suspendu, invalidé ou annulé ;

2° Dès qu'il a connaissance que l'animateur fait l'objet de l'une des condamnations mentionnées au II de l'article L. 212-2 et à l'article R. 212-4 du code de la route.

II. — Une nouvelle autorisation d'animer les stages de sensibilisation à la sécurité routière est délivrée dès lors que l'animateur satisfait à nouveau aux conditions requises.

Art. 7 En cas d'urgence justifiée par des faits passibles d'une des condamnations mentionnées au II de l'article L. 212-2 et à l'article R. 212-4 du code de la route, le préfet peut suspendre l'autorisation d'animer les stages de sensibilisation à la sécurité routière pour une durée maximale de six mois.

Art. 8 Avant toute décision de retrait ou de suspension de l'autorisation d'animer les stages de sensibilisation à la sécurité routière, le préfet porte à la connaissance du titulaire de l'autorisation, par lettre recommandée avec avis de réception, les motifs de sa décision et l'invite à présenter, dans un délai maximum de trente jours francs, des observations écrites et, le cas échéant, des observations orales en se faisant assister ou représenter par le mandataire de son choix. En l'absence de réponse dans le délai prévu, la procédure est réputée contradictoire.

Art. 9 Toute décision ayant pour objet de délivrer, renouveler, modifier, suspendre ou retirer une autorisation d'animer des stages de sensibilisation à la sécurité routière est inscrite sur le registre national de l'enseignement de la conduite des véhicules à moteur et de la sécurité routière.

Art. 10 Jusqu'au 31 décembre 2017, les animateurs de stages de sensibilisation à la sécurité routière ayant suivi une formation continue, dispensée par l'Institut national de sécurité routière et de recherches, au plus tard le 31 décembre 2012, pourront se prévaloir de l'attestation délivrée à l'issue de cette formation lors du premier renouvellement de l'autorisation d'animer des stages de sensibilisation à la sécurité routière.

V. Annexes (JO 30 juin 2012), mod. par Arr. du 8 août 2022 (JO 13 août).

Arrêté du 26 juin 2012,

Fixant les conditions d'exploitation des établissements chargés d'organiser les stages de sensibilisation à la sécurité routière.

CHAPITRE I *INSTRUCTION DES DEMANDES D'AGRÉMENT*

Art. 1er Les stages de sensibilisation à la sécurité routière mentionnés aux articles L. 223-6 et R. 223-5 du code de la route sont proposés, organisés et dispensés, à titre onéreux, par un établissement agréé par le préfet du département du lieu d'implantation de l'établissement, dans les conditions définies par le présent arrêté.

L'établissement est caractérisé par un exploitant, personne physique ou représentant légal d'une personne morale et des locaux d'activité. Les stages de sensibilisation à la sécurité routière sont placés sous la responsabilité de l'exploitant de l'établissement.

Art. 2 Toute personne désirant obtenir un agrément pour l'exploitation d'un établissement chargé d'organiser des stages de sensibilisation à la sécurité routière doit adresser au préfet du département du lieu d'implantation de l'établissement une demande datée et signée accompagnée d'un dossier comportant les pièces suivantes :

1° Pour le demandeur :

a) Un justificatif d'identité ;

b) Un justificatif de domicile ;

c) La photocopie de l'attestation de formation initiale *(Abrogé par Arr. du 12 juill. 2017, art. 2-I-1°)* «*ou continue*» à la gestion technique et administrative d'un établissement chargé d'organiser les stages de sensibilisation à la sécurité routière conforme au modèle défini à l'annexe 1 *(Abrogé par Arr. du 12 juill. 2017, art. 2-I-1°)* «*ou à l'annexe 2*». *(Arr. du 12 juill. 2017, art. 2-I-1°)* «Toutefois, si cette attestation a été délivrée plus de cinq ans avant la date de dépôt de la demande d'agrément, elle est remplacée par une attestation de formation continue à la gestion technique et administrative des stages. Cette attestation doit avoir été délivrée dans les cinq ans précédant la date du dépôt de la demande ;»

d) S'il est le représentant légal d'une personne morale, un exemplaire des statuts, de *(Arr. du 10 juin 2022, art. 13)* «son numéro SIREN» ou, si cette personne morale est une association, une copie des statuts de la déclaration de l'association au *Journal officiel* et, le cas échéant, de la dernière déclaration de changement des personnes chargées de l'administration ou de la direction de l'association, ou du mandat l'habilitant à représenter l'association ;

(Arr. du 12 juill. 2017, art. 2-I-2°) «*e)* S'il est ressortissant étranger n'appartenant pas à un État de l'Union européenne ou partie à l'accord sur l'Espace économique européen, la justification qu'il est en règle à l'égard de la législation et de la réglementation concernant les étrangers en France ;»

f) *(Arr. du 12 juill. 2017, art. 2-I-2°)* «La justification de la déclaration de la contribution économique territoriale» ou, à défaut, une déclaration d'inscription à l'URSSAF.

2° Pour les moyens de l'établissement :

a) Le nom et la qualité de l'établissement : raison sociale, numéro SIREN, ou SIRET le cas échéant, coordonnées de l'établissement : adresses postale et électronique, téléphone du secrétariat ;

b) Un plan et un descriptif des locaux d'activité (superficie et disposition des salles). Les locaux doivent comporter au minimum une salle pour la formation dans le département.

Si l'établissement dispose de plusieurs salles de formation, elles peuvent être situées à des adresses différentes, dans la même commune ou dans plusieurs communes du département.

La ou les salles de formation doivent être situées dans un local adapté à la formation *(Arr. du 12 juill. 2017, art. 2-II-1o)* « et être d'une superficie minimale de 35 m^2 ». Elles doivent disposer d'un éclairage naturel occultable et des capacités d'installation du matériel audiovisuel, informatique et pédagogique nécessaire au bon déroulement des stages ;

(Arr. du 12 juill. 2017, art. 2-II-1o) « L'agrément est délivré sans préjudice du respect des normes prévues pour les établissements recevant du public ; »

c) Pour chaque salle de formation, la photocopie du titre de propriété ou du contrat de location ou de la convention d'occupation pour une durée d'un an minimum ;

d) Une attestation d'assurance de responsabilité civile garantissant les stagiaires fréquentant l'établissement contre les risques qu'ils peuvent encourir du fait de l'enseignement. Par ailleurs, dans le cas où le demandeur souhaite organiser une séance de conduite à l'occasion des stages de sensibilisation à la sécurité routière, la justification de la propriété ou de la location du ou des véhicules utilisés ainsi que, pour chacun d'eux, l'attestation d'assurance couvrant les dommages pouvant résulter d'accidents causés aux tiers dans les conditions prévues par l'article L. 211-1 du code des assurances, sauf si les véhicules utilisés sont les véhicules des stagiaires ;

e) Le calendrier prévisionnel des stages pour la première année d'exercice de l'activité ainsi que l'identité des animateurs désignés pour chaque stage. Toute modification de ces informations doit être signalée au préfet.

3o Pour la ou les personnes éventuellement désignées par l'exploitant pour *(Arr. du 12 juill. 2017, art. 2-III-1o)* « la gestion technique et administrative » des stages.

a) Un justificatif d'identité ;

b) Un justificatif de domicile ;

c) La photocopie du contrat ou de la convention nommant ces personnes à ces fonctions et précisant explicitement les délégations de pouvoir et de signature accordées et acceptées par les intéressés ainsi que les responsabilités exercées ;

d) La photocopie de l'attestation de formation initiale *(Abrogé par Arr. du 12 juill. 2017, art. 2-III-2o) « ou continue »* à la gestion technique et administrative d'un établissement chargé d'organiser les stages de sensibilisation à la sécurité routière conforme au modèle défini à l'annexe 1 ou à l'annexe 2. *(Arr. du 12 juill. 2017, art. 2-III-2o)* « Toutefois, si cette attestation a été délivrée plus de cinq *[ans]* avant la date de dépôt de la demande d'agrément, elle est remplacée par une attestation de formation continue à la gestion technique et administrative des stages. Cette attestation doit avoir été délivrée dans les cinq ans précédant la date du dépôt de la demande. »

4o Pour les animateurs :

a) Un justificatif du lien contractuel avec le demandeur, pour l'ensemble des prestations mentionnées dans le calendrier prévisionnel précisant notamment l'activité liée à l'animation des stages et les obligations des parties ;

b) La photocopie de l'autorisation d'animer les stages de sensibilisation à la sécurité routière pour au moins un animateur psychologue et un animateur expert en sécurité routière, conforme aux dispositions de l'arrêté du 26 juin 2012 relatif à l'autorisation d'animer les stages de sensibilisation à la sécurité routière.

Art. 3 I. — Le préfet accuse réception du dossier du demandeur dans un délai d'un mois et l'informe, le cas échéant, de tout document manquant. Il complète le dossier avec l'extrait du casier judiciaire no 2 du demandeur afin de vérifier que ce dernier n'a fait l'objet d'aucune des condamnations mentionnées aux articles L. 213-3 et R. 212-4 du code de la route.

II. — Le préfet peut faire procéder aux enquêtes nécessaires pour vérifier la conformité du ou des locaux et des moyens de l'établissement à la réglementation. *(Abrogé par Arr. du 12 juill. 2017, art. 3) « Il recueille l'avis de la commission départementale de la sécurité routière qui doit être rendu dans un délai lui permettant de statuer dans les deux mois à compter de la date de l'accusé de réception du dossier complet de la demande d'agrément. »*

III. — Le préfet délivre l'agrément pour une durée de cinq ans lorsque toutes les conditions sont remplies.

L'agrément fait l'objet d'un arrêté comportant les éléments suivants :

1° La date et le numéro d'agrément de l'établissement ;

2° La raison sociale de l'établissement ;

3° L'adresse de la ou des salles de formation ;

4° Le nom de l'exploitant.

Une même personne peut demander à être agréée pour organiser des stages de sensibilisation à la sécurité routière dans plusieurs établissements situés dans plusieurs départements. Dans ce cas, un agrément est délivré pour chaque établissement par le préfet du lieu d'implantation de celui-ci.

IV. — Le préfet met à la disposition du public la liste des établissements agréés dans son département.

Toute publicité, quel qu'en soit le support, doit comporter le nom et le numéro d'agrément préfectoral de l'établissement.

V. — En cas de refus d'agrément, celui-ci est motivé et notifié à l'intéressé par le préfet par lettre recommandée avec accusé de réception.

Art. 4 Plusieurs exploitants peuvent organiser en commun dans les mêmes locaux des stages de sensibilisation à la sécurité routière, à condition que l'organisation des salles et des horaires soient *[soit]* compatibles *[compatible]* et ne représentent *[représente]* pas une gêne pour la qualité des formations dispensées aux stagiaires.

Un agrément est délivré à chaque exploitant.

Art. 5 L'exploitant de l'établissement chargé d'organiser les stages de sensibilisation à la sécurité routière doit adresser tous les cinq ans au préfet du département du lieu d'implantation une demande de renouvellement de l'agrément au moins deux mois avant l'expiration de celui-ci. Il joint à sa demande les pièces mentionnées à l'article 2 *(Arr. du 12 juill. 2017, art. 4-1°)* « , à l'exception du *c* du 1°, » ainsi que la photocopie de l'attestation de formation continue à la gestion technique et administrative d'un établissement chargé d'organiser les stages de sensibilisation à la sécurité routière conforme au modèle défini à l'annexe 2, pour lui-même et, le cas échéant, pour la ou les personnes désignées pour *(Arr. du 12 juill. 2017, art. 4-1°)* « la gestion technique et administrative » des stages. *(Arr. du 12 juill. 2017, art. 4-2°)* « L'attestation de formation continue doit avoir été délivrée dans les cinq ans précédant la date d'expiration de l'agrément. Elle peut être remplacée par une attestation de formation initiale conforme au modèle défini à l'annexe 1, si cette attestation a *[été]* délivrée dans les cinq ans précédant la date d'expiration de l'agrément. »

L'agrément, dont le renouvellement a été sollicité dans le délai et la forme mentionnés au premier alinéa, demeure valide jusqu'à ce que le préfet statue sur la demande. *(Arr. du 5 nov. 2014, art. 5, en vigueur le 12 nov. 2014)* « En l'absence de décision expresse, l'agrément est réputé renouvelé à l'issue d'un délai de quatre mois à compter de la réception, par le préfet de département, de la demande de l'exploitant de renouvellement de son agrément. »

Le renouvellement de l'agrément de l'établissement chargé d'organiser les stages de sensibilisation à la sécurité routière ou le refus de renouvellement est prononcé selon la procédure mentionnée à l'article 3.

Art. 6 Lorsque l'exploitant d'un établissement agréé désire changer de salle de formation, ou utiliser une ou des salles supplémentaires, il doit adresser au préfet, au plus tard deux mois avant la date du changement, une demande de modification accompagnée des pièces énumérées aux *a* à *d* du 2° de l'article 2.

Le préfet peut faire vérifier la conformité de la ou des salles de formation. *(Abrogé par Arr. du 12 juill. 2017, art. 5-1°)* *« Il informe la commission départementale de la sécurité routière de ces modifications. »*

Lorsque l'une des personnes désignées pour *(Arr. du 12 juill. 2017, art. 5-2°)* « la gestion technique et administrative des stages » a fait l'objet de l'une des condamnations mentionnées aux articles L. 213-3 et R. 212-4 du code de la route, l'exploitant désigne, le cas échéant, de nouvelles personnes pour exercer ces fonctions dans un délai d'un mois maximum et joint les justificatifs prévus aux *a* à *d* du 3° de l'article 2.

(Arr. du 12 juill. 2017, art. 5-3°) « En cas de désignation d'une nouvelle personne chargée de la gestion technique et administrative des stages, l'exploitant adresse au préfet, dans un délai de cinq jours minimum avant la date effective d'entrée en activité de cette personne, les éléments suivants :

« 1° Les justificatifs mentionnés aux *a*, *b* et *c* du 3° de l'article 2 ;

« 2° La photocopie de l'attestation de formation initiale à la gestion technique et administrative des stages d'un établissement chargé d'organiser les stages de sensibilisation à la sécurité routière conforme au modèle défini à l'annexe 1. Toutefois, si cette attestation a été délivrée plus de cinq ans avant la date effective d'entrée en activité de la personne, elle est remplacée par une attestation de formation continue à la gestion technique et administrative des stages délivrée dans les cinq *[été]* précédant cette date. »

En cas de modification de la raison sociale de l'établissement agréé, l'exploitant adresse les justificatifs correspondants, dans un délai de cinq jours maximum, au préfet qui prend un arrêté modificatif de l'agrément.

Art. 7 En cas de décès ou d'incapacité physique ou légale de l'exploitant à gérer ou diriger son établissement, le préfet peut maintenir l'agrément, pendant une période maximale d'un an à compter du jour du décès ou de l'incapacité, à la demande de la personne qui va assurer momentanément la reprise de l'établissement.

La personne mentionnée au premier alinéa doit fournir les pièces mentionnées aux *a* et *b* du 1° de l'article 2 et, le cas échéant, au *e* du 1° de ce même article. Par ailleurs, le préfet complète le dossier du demandeur par l'extrait du casier judiciaire n° 2 afin de vérifier que l'intéressé n'a fait l'objet d'aucune des condamnations mentionnées aux articles L. 213-3 et R. 212-4 du code de la route.

Art. 8 Le préfet retire l'agrément de l'établissement chargé d'organiser les stages de sensibilisation à la sécurité routière :

1° En cas de non-respect des modalités suivantes d'organisation de la formation :

a) En cas d'annulation de stages, sauf cas de force majeure dûment justifiée *[justifié]*, s'il n'en est pas informé au moins huit jours à l'avance ;

b) Si le titulaire de l'agrément a enregistré plus de 30 % d'annulation des stages programmés sur deux années glissantes après la première année d'exercice. Entrent dans cette catégorie les stages annulés moins de trente jours avant la date prévue pour leur réalisation ;

c) En cas d'offre publique de stages non déclarés en préfecture ;

d) Si le titulaire de l'agrément n'a pas organisé au minimum cinq stages sur deux années glissantes ;

e) En cas de non-respect de la durée du stage telle que prévue à l'annexe 5 ;

f) En cas de non-respect du nombre de stagiaires tel que prévu à l'annexe 5 ;

2° En cas de non-conformité des stages aux programmes de formation, caractérisée par des manquements structurels et répétés au contenu des stages tel que défini à l'annexe 6 ;

3° Lorsque l'une des conditions de délivrance de l'agrément mentionnées au II de l'article R. 213-2 du code de la route cesse d'être remplie.

4° En cas de cessation définitive d'activité du titulaire de l'agrément.

Art. 9 Le préfet peut suspendre, pour une durée maximale de six mois, l'agrément d'un établissement :

1° En cas d'urgence justifiée par des faits passibles d'une des condamnations mentionnées aux articles L. 213-3 et R. 212-4 du code de la route ;

2° En cas de non-respect des stages aux programmes de formation, caractérisé par des manquements limités et ponctuels au contenu des stages défini à l'annexe 6 ;

3° En cas de refus de se soumettre aux contrôles prévus à l'article R. 213-4 du code de la route ;

(Arr. du 30 juin 2022, art. 2) « 4° En cas de manquements, par l'exploitant de l'établissement, aux obligations de déclaration définies à l'article 16. »

Art. 10 Avant toute décision de retrait ou suspension de l'agrément, le préfet porte à la connaissance du titulaire de l'agrément, par lettre recommandée avec avis de réception, les motifs de sa décision et l'invite à présenter, dans un délai *(Arr. du 12 juill. 2017, art. 6-1°)* « qui ne peut être inférieur à huit jours », des observations écrites et, le cas échéant, des observations orales en se faisant assister ou représenter par le mandataire de son choix. En l'absence de réponse dans le délai prévu, la procédure est réputée contradictoire.

(Abrogé par Arr. du 12 juill. 2017, art. 6-2°) ***« Toute décision de suspension de l'agrément d'un établissement chargé d'organiser des stages de sensibilisation à la sécurité routière donne lieu à la consultation préalable de la commission départementale de la sécurité routière. »***

Art. 11 Toute décision ayant pour objet de délivrer, renouveler, modifier, suspendre ou retirer l'agrément d'un établissement chargé d'organiser des stages de sensibilisation à la sécurité routière est inscrite sur le registre national de l'enseignement de la conduite des véhicules à moteur et de la sécurité routière.

CHAPITRE II *FORMATION INITIALE ET CONTINUE À LA GESTION TECHNIQUE ET ADMINISTRATIVE*

Art. 12 La formation initiale et la formation continue à la gestion technique et administrative d'un établissement chargé d'organiser des stages de sensibilisation à la sécurité routière sont dispensées par un établissement agréé au titre des dispositions du présent arrêté pour l'organisation des stages de sensibilisation à la sécurité routière ou par l'Institut national de sécurité routière et de recherches (INSERR).

La formation initiale ou continue, lorsqu'elle est organisée par un établissement agréé, est assurée par un formateur formé préalablement par l'Institut national de sécurité routière et de recherches.

(Arr. du 12 juill. 2017, art. 7) « Seules les personnes qui ont suivi une formation initiale peuvent suivre une formation continue. La preuve du respect de cette condition est apportée, avant toute inscription à une session de formation continue, par la production de l'attestation de formation initiale.

« Les personnes qui ont été dispensées de formation initiale sur la base des dispositions de l'article 18 peuvent suivre une formation continue jusqu'au 30 juin 2018 en produisant une attestation sur l'honneur faisant état de cette dispense. »

Art. 13 I. — Le programme de la formation initiale à la gestion technique et administrative d'un établissement chargé d'organiser les stages de sensibilisation à la sécurité routière et les modalités d'organisation de cette formation sont définis à l'annexe 3.

II. — Le programme de la formation continue à la gestion technique et administrative d'un établissement chargé d'organiser des stages de sensibilisation à la sécurité routière et les modalités d'organisation de cette formation sont définis à l'annexe 4.

CHAPITRE III *ORGANISATION DES STAGES DE SENSIBILISATION À LA SÉCURITÉ ROUTIÈRE*

Art. 14 L'organisation des stages de sensibilisation à la sécurité routière est définie à l'annexe 5.

Le programme de formation et les séquences des stages sont définis à l'annexe 6.

Art. 15 L'exploitant de l'établissement chargé d'organiser des stages de sensibilisation à la sécurité routière ou les personnes désignées pour assurer l'accueil et l'encadrement technique et administratif des stages transmettent systématiquement au préfet, dans un délai de quinze jours à compter de la fin de chaque stage, les attestations délivrées *(Arr. du 30 déc. 2019)* « ainsi que la feuille d'émargement conforme au modèle prévu à l'annexe 7. Ils tiennent à jour un registre de ces attestations et conservent dans les archives de l'établissement, pendant une période de deux ans à compter de la date du stage, ces feuilles d'émargement. »

L'exploitant de l'établissement ou les personnes désignées pour assurer l'accueil et l'encadrement technique et administratif des stages ne peuvent suivre un stage de sensibilisation à la sécurité routière dans l'établissement où ils exercent leur activité.

Art. 16 *(Arr. du 30 juin 2022, art. 3)* L'exploitant de l'établissement chargé d'organiser des stages de sensibilisation à la sécurité routière adresse au préfet :

1° Au plus tard le 31 janvier de chaque année (N), un rapport complet d'activité au titre de l'année précédente (N-1) mentionnant :

a) Le calendrier des stages organisés ainsi que l'identité des animateurs ;

b) Les effectifs et le profil des stagiaires ;

2° Au plus tard le 31 décembre de l'année (N-1) le calendrier prévisionnel des stages du premier semestre de l'année (N) et au plus tard le 30 juin de chaque année (N) le calendrier prévisionnel des stages du second semestre de l'année (N) comportant, pour chaque stage, l'identité des animateurs.

Le préfet peut demander à l'exploitant de l'établissement chargé d'organiser des stages de sensibilisation à la sécurité routière, de lui adresser les justificatifs mentionnés au *a* du 4° de l'article 2.

Les calendriers prévisionnels sont transmis au moyen d'un site internet dédié et sécurisé.

Toute modification doit être signalée au préfet par l'intermédiaire de l'application précitée.

Aucune programmation de stage ne peut intervenir moins de huit jours ouvrables avant la date du premier jour du stage.

Art. 17 I. — Le contrôle des stages, opéré par les agents mentionnés à l'article R. 213-4, alinéa 1, du code de la route, est destiné à vérifier l'application du programme de formation défini à l'annexe 6 et le respect des obligations mises à la charge de l'exploitant de l'établissement chargé d'organiser des stages de sensibilisation à la sécurité routière ainsi que des animateurs.

Les contrôles des stages sont effectués, de manière inopinée, sous l'autorité hiérarchique de tutelle.

Un exemplaire de la fiche de contrôle est adressé à l'exploitant de l'établissement ou à la personne désignée pour assurer l'accueil et l'encadrement technique et administratif des stages et aux animateurs. Deux autres exemplaires sont transmis, par la voie hiérarchique, à la préfecture et au ministère chargé de la sécurité routière.

En cas de dysfonctionnement manifeste, la fiche de contrôle est accompagnée d'un rapport. S'il apparaît que les obligations mises à la charge de l'exploitant ne sont pas respectées, le préfet, conformément aux dispositions des articles 8 à 10, peut mettre en œuvre une procédure de retrait ou de suspension de l'agrément.

II. — Des contrôles administratifs peuvent également être opérés par des fonctionnaires des services instructeurs des agréments pour vérifier la présence et la qualification des animateurs, l'effectif des stagiaires, les moyens de l'établissement, le respect des horaires, les documents relatifs aux stages. S'il apparaît que les obligations mises à la charge de l'exploitant ne sont pas respectées, un rapport est établi et le préfet, conformément aux dispositions des articles 8 à 10*[,]* peut mettre en œuvre une procédure de retrait ou de suspension de l'agrément.

CHAPITRE IV *DISPOSITIONS TRANSITOIRES ET FINALES*

Art. 18 Au plus tard le 31 décembre 2012, tout exploitant d'un établissement chargé d'organiser les stages de sensibilisation à la sécurité routière, titulaire d'un agrément à la date de publication du présent arrêté :

1° Demande le renouvellement de son agrément ;

2° Satisfait aux dispositions du 1° de l'article R. 213-6 du code de la route ;

3° Procède, le cas échéant, à la désignation des personnes chargées de l'accueil et l'encadrement technique et administratif des stages, devant satisfaire aux *a* à *c* du 3° de l'article 2.

Art. 19 L'arrêté du 25 juin 1992 relatif à la formation spécifique des conducteurs en vue de la reconstitution partielle du nombre de points initial de leur permis de conduire est abrogé.

V. Annexes au JO du 30 juin 2012, mod. par Arr. du 12 juill. 2017 (JO 26 juill.), par Arr. du 30 déc. 2019 (JO 10 janv. 2020).

Arrêté du 8 novembre 2012,

Fixant les conditions d'obtention du brevet de sécurité routière correspondant à la catégorie AM du permis de conduire.

Art. 1er Le brevet de sécurité routière correspondant à la catégorie AM du permis de conduire, exigé conformément à l'article R. 211-2 du code de la route pour conduire un cyclomoteur ou un quadricycle léger à moteur, se compose d'une partie théorique et d'une partie pratique.

La partie théorique est validée par la délivrance de l'attestation scolaire de sécurité routière de premier ou de second niveau ou par l'attestation de sécurité routière mentionnées à l'article R. 211-1 du code de la route.

(Arr. du 18 déc. 2018, art. 2, en vigueur le 1er mars 2019) « La partie pratique, ouverte aux seuls titulaires de l'attestation scolaire de sécurité routière de premier ou de second niveau ou de l'attestation de sécurité routière, est constituée des séquences suivantes :

« 1° La séquence 1 porte sur les échanges sur les représentations individuelles autour de la conduite ;

« 2° La séquence 2 porte sur la formation à la conduite hors circulation ;

« 3° La séquence 3 porte sur le code de la route ;

« 4° La séquence 4 porte sur la formation à la conduite sur les voies ouvertes à la circulation publique ;

« 5° La séquence 5 porte sur la sensibilisation aux risques en présence, pour les élèves mineurs, de l'un au moins des parents ou du représentant légal, dans les conditions définies par le présent arrêté. »

(Arr. du 10 nov. 2014) « Elle comporte deux options distinctes : une option cyclomoteur et une option quadricycle léger à moteur accessibles à partir de l'âge de 14 ans. Le suivi de l'option cyclomoteur vaut reconnaissance du suivi de l'option quadricycle léger à moteur. »

Art. 1er *bis* *(Arr. du 18 déc. 2018, art. 3, en vigueur le 1er mars 2019)* Lors de l'inscription à la formation pratique, un livret de formation *(Arr. du 19 déc. 2023, art. 2, en vigueur le 1er janv. 2024)* « numérique » est remis à l'élève. *(Abrogé par Arr. du 19 déc. 2023, art. 2, à compter du 1er janv. 2024)* *« Ce livret peut prendre la forme d'un document dématérialisé. »*

Le livret de formation est un outil pédagogique et d'échange entre l'enseignant de la conduite et de la sécurité routière, l'élève et ses parents ou son représentant légal dès lors qu'il est mineur.

Tout livret *(Arr. du 19 déc. 2023, art. 2, en vigueur le 1er janv. 2024)* « numérique » doit être au moins conforme au contenu du modèle figurant à l'annexe 1.

(Arr. du 19 déc. 2023, art. 2, en vigueur le 1er janv. 2024) « Le livret de formation numérique doit permettre la transmission automatisée des données mentionnées à l'article L. 211-2 du code de la route et de la date prévisionnelle de la formation. »

Le questionnaire préalable à la formation figurant dans le livret est renseigné par l'élève avant de commencer sa formation.

Lors de la formation, l'enseignant de la conduite et de la sécurité routière s'assure que l'élève *(Abrogé par Arr. du 19 déc. 2023, art. 2, à compter du 1er janv. 2024)* *« est en possession de son livret et qu'il »* a rempli le questionnaire préalable à la formation.

Art. 2 La partie pratique, option cyclomoteur, dont le programme de formation est défini à *(Arr. du 18 déc. 2018, art. 4, en vigueur le 1er mars 2019)* « l'annexe 2 », est effectuée par un enseignant titulaire de l'autorisation d'enseigner la conduite des véhicules de la catégorie A *(Arr. du 18 déc. 2018, art. 4, en vigueur le 1er mars 2019)* « du permis de conduire » en cours de validité.

La partie pratique, option quadricycle léger à moteur, dont le programme de formation est défini à *(Arr. du 18 déc. 2018, art. 4, en vigueur le 1er mars 2019)* « l'annexe 2 », est effectuée par un enseignant titulaire de l'autorisation d'enseigner *(Arr. du 18 déc. 2018, art. 4, en vigueur le 1er mars 2019)* « la conduite des véhicules de la catégorie B du permis de conduire » en cours de validité.

Art. 3 L'organisation de la partie pratique du brevet de sécurité routière et la délivrance dudit brevet sont assurées par les établissements d'enseignement, à titre onéreux, de la conduite des véhicules à moteur et de la sécurité routière ou les associations d'insertion ou de réinsertion sociale ou professionnelle agréés par le préfet au titre des articles L. 213-1 et L. 213-7 du code de la route.

Pour assurer la partie pratique, option cyclomoteur, les responsables de ces établissements ou associations doivent effectuer une déclaration préalable auprès de la préfecture du lieu d'exercice de leur activité sous la forme d'un dossier comportant :

— la photocopie de leur agrément préfectoral ;

— une photocopie de l'autorisation d'enseigner la conduite des véhicules de la catégorie A d'un enseignant attaché à l'établissement ;

— la justification de la propriété ou de la location du ou des cyclomoteurs ainsi que, pour chacun d'eux, l'attestation couvrant *(Abrogé par Arr. du 17 mai 2013)* *« sans limite »* les dommages pouvant résulter d'accidents causés aux tiers dans les conditions prévues par l'article L. 211-1 du code des assurances.

Lorsque les conditions énumérées ci-dessus sont remplies, le préfet délivre un agrément valable pour la formation pratique du brevet de sécurité routière, option cyclomoteur, par un arrêté modifiant l'arrêté de délivrance de l'agrément principal pour les responsables des établissements et associations mentionnés au premier alinéa du présent article; la durée de validité de l'agrément est liée à la durée de validité de l'agrément principal.

Au moins deux mois avant la fin de la validité de l'agrément, son titulaire adresse au préfet du département du lieu de la formation une demande de renouvellement de l'agrément accompagnée des pièces énumérées au présent article.

Lorsqu'une des conditions mises à la délivrance de cet agrément cesse d'être remplie ou en cas de non-respect des dispositions du présent arrêté, le préfet retire l'agrément après avoir appliqué la procédure contradictoire.

Art. 4 *(Arr. du 18 déc. 2018, art. 5, en vigueur le 1er mars 2019)* « Sur cyclomoteur, la formation pratique est d'une durée minimale de huit heures, conformément au programme défini à l'annexe 2.

« Les établissements d'enseignement de la conduite et de la sécurité routière dispensent une formation de huit heures. Tout dépassement de cette durée requiert l'accord express de l'élève, de l'un au moins de ses parents ou de son représentant légal, s'il est mineur.

« La formation se déroule sur deux jours au moins et ne peut excéder quatre heures par jour.

« La durée totale de la formation à la conduite des séquences 2 et 4 est de 6 heures au moins. Elle est adaptée au niveau de l'élève et répartie de la façon suivante :

« — la séquence 2 portant sur la formation à la conduite hors circulation est d'une durée minimale d'une heure;

« — la séquence 4 portant sur la formation à la conduite sur les voies ouvertes à la circulation publique est d'une durée minimale de trois heures.

« Lors des séquences 2 et 4 les élèves sont équipés d'un casque de type homologué, de gants adaptés à la pratique de la moto (soit possédant le marquage NF, CE ou EPI, soit renforcés et munis d'un dispositif de fermeture au poignet), d'un blouson ou d'une veste manches longues, d'un pantalon ou d'une combinaison et de bottes ou de chaussures montantes (les bottes en caoutchouc et les coupe-vents ne sont pas autorisés).

« En cas d'équipement non conforme, la formation ne peut avoir lieu.

« Le nombre d'élèves en circulation par enseignant est limité à trois. »

Il assure un enseignement, soit aux commandes d'une motocyclette ou d'un cyclomoteur, soit à bord d'un véhicule dont le poids total autorisé en charge n'excède pas 3,5 tonnes. Dans ce dernier cas, celui-ci est muni d'un panneau ou d'inscriptions visibles de l'avant et de l'arrière portant une des mentions "auto-école", "voiture-école" ou "véhicule-école", dans les conditions fixées au 4° du *b* de l'article 6 de l'arrêté du 8 janvier 2001 relatif à l'exploitation des établissements d'enseignement, à titre onéreux, de la conduite des véhicules à moteur et de la sécurité routière.

Les élèves, et l'enseignant lorsqu'il conduit une motocyclette ou un cyclomoteur, doivent être équipés d'un gilet portant la mention "moto-école" ou "cyclo-école", conforme aux dispositions de l'article R. 317-25 du code de la route, identifiable par les autres usagers.

Un système homologué permettant une liaison permanente (radio) est obligatoire entre l'enseignant et chaque élève.

Le choix des itinéraires est établi de telle manière que l'enseignant puisse surveiller ses élèves, de manière effective et permanente, en toute circonstance, sans danger pour ses élèves et les autres usagers.

Tout enseignement simultané de la conduite des cyclomoteurs et d'une autre catégorie de véhicule est interdit.

Art. 5 *(Arr. du 18 déc. 2018, art. 6, en vigueur le 1er mars 2019)* « Sur quadricycle léger à moteur, la formation pratique est d'une durée de huit heures au moins conformément au programme défini à l'annexe 2.

« Les établissements d'enseignement de la conduite et de la sécurité routière dispensent une formation de huit heures. Tout dépassement de cette durée requiert l'accord express de l'élève, de l'un au moins de ses parents ou de son représentant légal, s'il est mineur.

« La formation se déroule sur deux jours au moins et ne peut excéder quatre heures par jour.

« La durée totale de la formation à la conduite des séquences 2 et 4 est de 6 heures au moins. Elle est adaptée au niveau de l'élève et répartie de la façon suivante :

« — la séquence 2 portant sur la formation à la conduite hors circulation est d'une durée minimale d'une heure;

« — la séquence 4 portant sur la formation à la conduite sur les voies ouvertes à la circulation publique est d'une durée minimale de trois heures. »

Un enseignant ne peut encadrer en circulation qu'un seul élève.

L'enseignant dispense la formation pratique soit dans le quadricycle léger à moteur conduit par l'élève, soit à bord d'un véhicule suiveur dont le poids total autorisé en charge n'excède pas 3,5 tonnes, munis d'un panneau ou d'inscriptions conformément aux prescriptions mentionnées à l'article 4. En cas d'utilisation d'un véhicule suiveur, un système homologué permettant une liaison permanente (radio) est obligatoire entre l'enseignant et l'élève.

Si la formation est assurée sur un quadricycle léger à moteur n'appartenant pas à l'établissement, le responsable de l'établissement vérifie, avant que ne débute la formation, que l'assureur du véhicule couvre bien la période d'apprentissage.

Tout enseignement simultané de la conduite d'un quadricycle léger à moteur et d'une autre catégorie de véhicule est interdit.

Art. 6 *(Arr. du 18 déc. 2018, art. 7, en vigueur le 1er mars 2019)* « A l'issue de la formation, dans le cadre de la dernière séquence relative à la sensibilisation aux risques, d'une durée minimale d'une heure, le titulaire de l'agrément délivre à l'élève, en présence de l'un au moins de ses parents ou de son représentant légal s'il est mineur, une attestation de suivi de la formation, option cyclomoteur ou quadricycle léger à moteur, renseignée et signée, conformément au modèle défini à l'annexe 3. »

(Arr. du 12 juin 2015, art. 1er-I, en vigueur le 25 août 2015) « L'attestation de suivi de la formation pratique du brevet de sécurité routière option cyclomoteur ou quadricycle léger à moteur autorise, pendant quatre mois à compter de la date de sa délivrance, la conduite, sur le territoire national, d'un cyclomoteur ou d'un quadricycle léger à moteur... Au-delà de ce délai, le conducteur doit être titulaire du brevet de sécurité routière » *(Arr. du 18 déc. 2018, art. 7, en vigueur le 1er mars 2019)* « correspondant à la catégorie AM du permis de conduire. »

Art. 7 L'arrêté du 17 décembre 2003 modifié fixant les conditions d'obtention du brevet de sécurité routière est abrogé.

Art. 8 Le présent arrêté entrera en vigueur à compter du 19 janvier 2013.

V. Annexes 1 et 2 au JO du 8 nov. 2012 ; mod. par Arr. du 12 juin 2015 (JO 25 juin), mod. par Arr. du 18 déc. 2018, art. 8, en vigueur le 1er mars 2019 (JO 23 déc.), mod. par Arr. du 30 juill. 2021 (JO 25 août).

TAXIS ET VTC

Arrêté du 3 mars 2009,

Relatif aux conditions d'organisation de l'examen du certificat de capacité professionnelle de conducteur de taxi.

Art. 1er La définition et les modalités d'obtention du certificat de capacité professionnelle de conducteur de taxi sont fixées conformément aux dispositions du présent arrêté.

CHAPITRE I *[ABROGÉ]* *ORGANISATION DE L'EXAMEN*

(Abrogé par Arr. du 6 avr. 2017, art. 3)

Art. 2 *Le préfet, ou le préfet de police dans sa zone de compétence, fixe par voie d'arrêté, au plus tard le 1er octobre de l'année qui précède, le calendrier annuel de la ou des sessions d'examen du certificat de capacité professionnelle de conducteur de taxi. Il organise au moins un examen par an.*

CHAPITRE II *[ABROGÉ]* *CONDITIONS DE PRÉSENTATION DES CANDIDATS*

(Abrogé par Arr. du 6 avr. 2017, art. 3)

Art. 3 *Toute personne qui souhaite s'inscrire à l'intégralité des unités de valeur de l'examen du certificat de capacité professionnelle de conducteur de taxi, ou à certaines d'entre elles, doit adresser un formulaire d'inscription au préfet du département dans lequel il souhaite passer les épreuves, ou au préfet de police dans sa zone de compétence, accompagné des pièces suivantes :*

— un certificat médical, tel que défini au II de l'article R. 221-11 du code de la route ;

— une photocopie du permis de conduire de catégorie B en cours de validité et dont le nombre maximal de points n'est pas affecté par le délai probatoire prévu à l'article L. 223-1 du code de la route ;

— une photocopie de l'attestation d'obtention de l'unité d'enseignement "prévention et secours civiques de niveau 1" délivrée depuis moins de deux ans au moment du dépôt du dossier ;

— le paiement du droit d'examen fixé par l'arrêté du 2 juillet 2001 susvisé ;

— pour les personnes non ressortissantes d'un État membre de l'Union européenne ou d'un État partie à l'accord sur l'Espace économique européen, un titre de séjour l'autorisant à exercer une activité professionnelle en France ;

— une photocopie de la carte nationale d'identité ou du passeport en cours de validité ;

— une copie ou un extrait d'acte de naissance ;

— quatre photographies d'identité récentes ;

— trois enveloppes timbrées libellées au nom et à l'adresse du candidat.

En outre, les candidats ayant déjà validé une ou plusieurs unités de valeur de l'examen du certificat de capacité professionnelle de conducteur de taxi doivent fournir une copie des attestations de réussite correspondantes.

Art. 4 *Les demandes d'inscription à l'intégralité des unités de valeur du certificat de capacité professionnelle de conducteur de taxi, ou à certaines d'entre elles, doivent être adressées (le cachet de la poste faisant foi) au moins deux mois avant la date du début de la session.*

Toutefois, l'attestation de "prévention et secours civiques de niveau 1" peut être adressée au plus tard un mois avant le début de la session.

Tout dossier incomplet adressé à la préfecture territorialement compétente, sous la réserve fixée à l'alinéa précédent, sera rejeté.

Le préfet, ou le préfet de police dans sa zone de compétence, accuse réception du dépôt de candidature dans les conditions fixées par les articles L. 112-3 et L. 112-6 du code des relations entre le public et l'administration. Il informe à cette occasion les candidats qui ne remplissent pas les conditions pour présenter l'examen du rejet de leur demande.

Il informe les autres candidats au moins trois semaines à l'avance de la date et du lieu de l'examen.

Art. 5 *Le montant du droit perçu lors de l'inscription à l'intégralité des unités de valeur du certificat de capacité professionnelle de conducteur de taxi, ou à certaines d'entre elles, reste acquis à l'administration en cas d'absence du candidat.*

Tout candidat qui souhaite s'inscrire dans plusieurs départements doit s'acquitter du montant du droit d'examen dans chacune des préfectures concernées, lequel est fonction du nombre d'unités de valeur qu'il souhaite présenter.

CHAPITRE III *MODALITÉS D'ORGANISATION DE L'EXAMEN*

Art. 6 L'examen permettant l'obtention du certificat de capacité professionnelle de conducteur de taxi est constitué de deux unités de valeur de portée nationale (UV1 et UV2) et de deux unités de valeur de portée départementale (UV3 et UV4) comprenant chacune une ou plusieurs épreuves dont la liste figure en annexe au présent arrêté.

L'épreuve d'admissibilité est constituée par les deux unités de valeur de portée nationale et une unité de valeur de portée locale (UV1, UV2 et UV3) et l'épreuve d'admission par une unité de valeur de portée locale (UV4).

Art. 7 1° Tout candidat ayant obtenu une moyenne supérieure ou égale à dix sur vingt à chacune des unités de valeur de l'examen, sans note éliminatoire, devient titulaire du certificat de capacité professionnelle de conducteur de taxi ;

2° Tout candidat ayant obtenu une moyenne supérieure ou égale à dix sur vingt à une unité de valeur, sans note éliminatoire, en conserve le bénéfice dans la limite de trois ans à compter de la publication des résultats ;

3° Tout candidat qui souhaite passer l'épreuve d'admission (UV4) doit au préalable avoir obtenu une note supérieure ou égale à dix sur vingt, sans note éliminatoire, à chacune des trois unités de valeur qui constituent l'épreuve d'admissibilité ;

4° Sauf disposition particulière contraire, tout candidat sanctionné par une note égale à zéro sur vingt à une ou plusieurs épreuves de l'examen du certificat de capacité professionnelle de conducteur de taxi ne peut obtenir la ou les unités de valeur correspondantes.

Art. 8 Tout titulaire du certificat de capacité professionnelle de conducteur de taxi qui souhaite exercer cette profession dans un département autre que celui où il l'exerce déjà doit obtenir une note supérieure ou égale à dix sur vingt, sans note éliminatoire, aux unités de valeur de portée locale (UV3 et UV4).

CHAPITRE IV *[ABROGÉ]* *CONTENU DES ÉPREUVES*

(Abrogé par Arr. du 6 avr. 2017, art. 3)

Art. 9 *L'unité de valeur n° 1 (UV1) se compose de deux épreuves :*

1° Une épreuve de réglementation générale relative aux taxis et aux transports particuliers de personnes, destinée à évaluer les connaissances des candidats sur la réglementation nationale spécifique aux taxis et celles applicables aux activités auxquelles ils sont susceptibles de participer. Elle est composée d'un questionnaire à réponses courtes comprenant cinq questions (notées sur dix points) et d'un questionnaire à choix multiples comprenant dix questions (notées sur dix points). Elle est affectée d'un coefficient quatre.

Toute note inférieure à huit sur vingt est éliminatoire.

2° Une épreuve de sécurité routière, destinée à évaluer la connaissance des candidats en matière de code de la route. Elle est composée d'un questionnaire à réponses courtes comprenant deux questions (notées sur cinq points) et d'un questionnaire à choix multiples comprenant quinze questions (notées sur quinze points). Elle est affectée d'un coefficient trois.

Toute note inférieure à huit sur vingt est éliminatoire.

Art. 10 *L'unité de valeur n° 2 (UV2) se compose de trois épreuves, dont une est optionnelle :*

1° Une épreuve de français, destinée à évaluer la connaissance de la langue française par les candidats. Elle se compose d'une dictée de dix à quinze lignes du niveau du collège et d'exercices de définitions de mots ou d'expressions. Elle est affectée d'un coefficient deux.

2° Une épreuve de gestion, destinée à évaluer les connaissances des candidats sur des notions de base centrées sur l'activité du taxi relatives au droit des sociétés, à la fiscalité, à la comptabilité et au droit social. Elle comporte un questionnaire à choix multiples comprenant quinze questions ainsi que cinq questions ouvertes appelant une réponse brève (cinq lignes maximum) et demandant éventuellement des calculs simples. Ces vingt questions sont notées chacune sur un point. L'épreuve est affectée d'un coefficient trois.

Toute note inférieure à cinq sur vingt est éliminatoire.

3° Une épreuve écrite optionnelle d'anglais. Elle se compose d'un questionnaire à choix multiples. Tout point supérieur à dix sur vingt est pris en compte dans le calcul de la moyenne de l'unité de valeur. Elle est affectée d'un coefficient un.

Art. 11 *L'unité de valeur n° 3 (UV3) de portée locale se compose de deux épreuves :*

1° Une épreuve de réglementation locale, destinée à évaluer les connaissances des candidats sur la réglementation des taxis dans son département. Elle consiste en cinq questions à réponses courtes et quinze questions à choix multiples selon un programme fixé par un arrêté préfectoral. Elle est affectée d'un coefficient un.

Toute note inférieure à huit sur vingt est éliminatoire.

2° Une épreuve écrite d'orientation et de tarification, destinée à évaluer l'aptitude des candidats à lire et à interpréter une carte routière, choisir un itinéraire et appliquer un tarif réglementé à partir d'un modèle et d'une marque de carte fixés par un arrêté préfectoral. Elle consiste, au choix du jury, de manière exclusive ou cumulative, à établir des itinéraires entre deux points figurant sur une carte, à remplir des cartes muettes, à appliquer le tarif réglementé à partir d'exercices. La durée totale de cette épreuve ne peut être supérieure à 90 minutes. Le programme est fixé par un arrêté préfectoral. L'usage de la calculatrice est interdit. L'épreuve est affectée d'un coefficient un.

Toute note inférieure à huit sur vingt est éliminatoire.

Art. 12 *L'unité de valeur n° 4 (UV4) de portée locale se compose d'une épreuve de conduite et de comportement :*

1° La partie "conduite sur route", notée sur quatorze points, est destinée à évaluer les capacités du candidat à effectuer une course en utilisant les équipements spéciaux prévus à l'article 1er du décret du 17 août 1995 modifié susvisé en situation de conduite. Elle consiste en une mise en situation pratique de transport de personnes et de leurs bagages au moyen d'un véhicule doté d'un dispositif de doubles commandes. Le jour de l'examen, le candidat doit disposer d'un véhicule doté de ces équipements, l'usage d'un dispositif de guidage par satellite est interdit. La destination est tirée au sort par le candidat parmi une liste déterminée d'avance par le jury.

Toute intervention de l'examinateur sur le dispositif de double commande ou sur le volant de direction entraîne l'arrêt de l'épreuve et l'ajournement du candidat.

2° La partie "étude du comportement", notée sur six points, est destinée à évaluer la capacité d'accueil et le sens commercial du candidat. Elle consiste, à l'occasion de la mise en situation pratique prévue à l'alinéa précédent, à apprécier l'aptitude du candidat à exercer la profession de conducteur de taxi.

Ces parties sont notées conformément à la fiche de notation figurant à l'annexe 3 du présent arrêté.

L'épreuve est affectée d'un coefficient un.

Sur demande du candidat, un représentant de son centre de formation, ou, dans le cas d'un candidat libre, une personne de son choix titulaire du permis de conduire de la catégorie B peut être présent lors de cette épreuve. Cet accompagnateur s'installe à l'une des places à l'arrière du véhicule. Son attitude doit être empreinte d'une totale neutralité et il ne peut en aucun cas intervenir ou gêner le bon déroulement de l'épreuve sous peine d'entraîner son annulation.

CHAPITRE V *[ABROGÉ]* ***JURY***

(Abrogé par Arr. du 6 avr. 2017, art. 3)

Art. 13 *Le jury mentionné à l'article 4 du décret nº 95-935 du 17 août 1995 modifié susvisé peut se faire assister de correcteurs placés sous son autorité et sa responsabilité ayant la qualité de représentants de l'administration ou d'organisations professionnelles.*

Art. 14 *Les membres du jury et les correcteurs placés sous son autorité et sa responsabilité, les personnes qui proposent les sujets et les surveillants sont rémunérés conformément au titre III du barème en vigueur élaboré par le ministère de l'intérieur en application du décret nº 56-585 du 12 juin 1956 modifié susvisé.*

CHAPITRE VI *[ABROGÉ]* ***DISPOSITIONS DIVERSES***

(Abrogé par Arr. du 6 avr. 2017, art. 3)

Art. 15 *L'arrêté du 5 septembre 2000 relatif à l'examen du certificat de capacité professionnelle de conducteur de taxi est abrogé.*

Art. 16 *I. — La date d'entrée en vigueur du présent arrêté est celle prévue pour le décret du 20 janvier 2009 susvisé. —* [Décr. nº 2009-72, en vigueur le 1er juill. 2009.]

II. — Les dispositions du présent arrêté ne s'appliquent pas aux épreuves du certificat de capacité professionnelle de conducteur de taxi inscrites au calendrier 2008-2009 des sessions d'examen à la date de publication du présent arrêté.

Art. 17 *Les candidats ayant été déclarés admissibles à l'examen du certificat de capacité professionnelle de conducteur de taxi organisé selon les modalités de l'arrêté du 5 septembre 2000 précité sont réputés titulaires par équivalence des unités de valeurs nº 1 et nº 2 définies au présent arrêté. Le bénéfice de cette équivalence est acquis pour trois ans à compter de la date d'admissibilité. — V. Annexes I à III, JO 19 mars 2009.*

Arrêté du 11 août 2017,

Relatif à l'agrément des centres de formation habilités à dispenser la formation initiale et continue des conducteurs de taxi et des conducteurs de voiture de transport avec chauffeur (JO 1er sept.).

Art. 1er L'agrément prévu à l'article R. 3120-9 du code des transports est délivré aux centres de formation pour dispenser :

— soit la formation préparatoire à l'examen prévu à l'article R. 3120-7 du code des transports, la formation à la mobilité prévue à l'article 2 de l'arrêté du 11 août 2017 relatif à la formation continue des conducteurs de taxi et des conducteurs de voiture de transport avec chauffeur et à la mobilité des conducteurs de taxi ainsi que la formation continue des conducteurs de taxi ;

— soit la formation préparatoire à l'examen prévu à l'article R. 3120-7 du code des transports ainsi que la formation continue des conducteurs de voiture de transport avec chauffeur.

Les centres de formation peuvent obtenir concurremment les deux agréments prévus au présent article et dispenser les formations des conducteurs de taxi et les formations des conducteurs de voiture de transport avec chauffeur, sous réserve de satisfaire aux conditions prévues par le présent arrêté pour l'obtention de chacun des deux agréments.

Lorsqu'un organisme de formation possède un ou plusieurs établissements annexes, chacun d'entre eux doit faire l'objet d'un agrément.

L'agrément délivré comporte un numéro comportant le millésime en deux chiffres et un numéro d'ordre de trois chiffres. Il fait l'objet d'une publication au recueil des actes administratifs par l'autorité administrative compétente.

L'autorité administrative mentionnée à l'article R. 3120-9 du code des transports informe la commission locale des transports publics particuliers de personnes prévue à l'article D. 3120-21 du code des transports de l'évolution des agréments qu'elle a accordés.

Art. 2 La demande d'agrément est déposée par le représentant légal du centre de formation. Elle comporte les pièces suivantes :

1° Une copie de la carte nationale d'identité ou du passeport en cours de validité s'il s'agit d'une personne physique, *(Arr. du 28 oct. 2021, art. 29 et 35, en vigueur le 1er nov. 2021)* « ou du numéro unique d'identification s'il s'agit d'une personne morale », ou d'un récépissé de déclaration d'association ;

2° Un exemplaire des statuts s'il s'agit d'une personne morale ;

3° Pour les étrangers, s'il y a lieu, l'autorisation de travail mentionnée au 2° de l'article L. 5221-2 du code du travail ;

4° Les conditions d'inscription, le règlement intérieur du centre de formation, le programme détaillé et la durée des formations et des examens proposés ;

5° Un état descriptif des locaux ainsi que des équipements pédagogiques adaptés à l'enseignement dispensé ;

6° Le règlement intérieur de l'établissement ;

7° La liste des véhicules destinés à l'enseignement accompagnée des documents justifiant :

— de l'existence d'une police d'assurance couvrant sans limite les dommages pouvant résulter d'accidents causés aux tiers et aux personnes transportées ;

— du respect des obligations en matière de contrôle technique ;

8° La liste des formateurs, accompagnée d'une photocopie de leurs diplômes ou attestations de qualification, ainsi que le nom d'un responsable pédagogique.

Dans le cas où le représentant légal dépose concomitamment une demande d'agrément pour la formation des conducteurs de taxi et la formation des conducteurs de voiture de transport avec chauffeur, les pièces prévues aux 1°, 2°, 3° et 5° du présent article peuvent n'être fournies qu'en un exemplaire.

En cas de changements apportés à ces pièces pendant l'exploitation de l'agrément, le titulaire en informe l'autorité administrative mentionnée au premier alinéa de l'article R. 3120-9 susvisé.

Art. 3 La qualification ou le diplôme requis pour les formateurs de chacune des matières sont indiqués en annexe.

Les personnes justifiant d'une expérience professionnelle d'enseignement d'une ou de plusieurs matières listées en annexe, d'au moins dix ans au cours des quinze dernières années, au sein d'un organisme agréé de formation assurant la préparation au certificat de capacité professionnelle du conducteur de taxi ou la formation initiale des conducteurs de voiture de transport avec chauffeur sont réputées qualifiées pour l'enseignement de cette ou ces matières.

Art. 4 Les véhicules utilisés pour les formations doivent être équipés d'un dispositif de pédales double commandes et de deux rétroviseurs intérieurs et latéraux réglés pour l'élève et le formateur.

Les véhicules utilisés pour les formations des conducteurs de taxi doivent être munis des équipements spéciaux mentionnés à l'article R. 3121-1 du code des transports.

Les véhicules utilisés pour les formations des conducteurs de voiture de transport avec chauffeur doivent respecter les exigences de dimensions, de puissance et de nombre de portières définies par l'arrêté du 26 mars 2015 relatif aux caractéristiques des véhicules utilisés par les exploitants de voitures de transport avec chauffeur. Ils doivent être âgés de moins de dix ans.

Les véhicules doivent être équipés d'un dispositif GPS, fixe ou amovible.

Art. 5 Le dirigeant d'un centre de formation est tenu :

1° D'afficher dans les locaux de manière visible le numéro d'agrément et le programme des formations ;

2° De faire figurer le numéro d'agrément sur toute correspondance et tout document commercial ;

3° D'informer le public sur les prix dans les conditions prévues par l'article L. 113-3 du code de la consommation et de ses textes d'application.

Art. 6 Chaque dirigeant de centre de formation adresse à l'autorité administrative mentionnée au premier alinéa de l'article R. 3120-9 du code des transports un rapport annuel sur l'activité de son organisme de formation en mentionnant :

— le nombre de personnes ayant suivi les formations préparatoires à l'examen et les taux de réussite obtenus aux examens d'accès aux professions de conducteur de taxi et de conducteur de voiture de transport avec chauffeur ;

— le nombre et l'identité des conducteurs ayant suivi les stages de formation continue ;

— le nombre et l'identité des conducteurs ayant suivi les stages de formation à la mobilité.

Art. 7 Les centres de formation agréés doivent répondre notamment aux critères de qualité suivants :

1° L'identification précise des objectifs de la formation et son adaptation au public formé ;

2° L'adaptation des dispositifs d'accueil, de suivi pédagogique et d'évaluation aux publics de stagiaires ;

3° L'adéquation des moyens pédagogiques, techniques et d'encadrement à l'offre de formation ;

4° La qualification professionnelle et la formation continue des personnels chargés des formations ;

5° Les conditions d'information du public sur l'offre de formation, ses délais d'accès et les résultats obtenus ;

6° La prise en compte des appréciations rendues par les stagiaires.

Lorsque le centre de formation a satisfait à ces critères durant la période de validité de l'agrément précédemment détenu, l'agrément peut être renouvelé sur demande du dirigeant et sous réserve de présentation des pièces énumérées à l'article 2.

Art. 8 En application des dispositions de l'article R. 3120-9 du code des transports et du présent arrêté, l'autorité administrative mentionnée au premier alinéa du même article peut suspendre ou retirer l'agrément de l'organisme de formation.

La décision est notifiée par lettre recommandée avec accusé de réception. Les retraits temporaires ou définitifs d'agréments font l'objet d'une publication par l'autorité administrative compétente au recueil des actes administratifs.

Art. 9 L'arrêté du 3 mars 2009 relatif aux conditions d'agrément des organismes de formation assurant la préparation au certificat de capacité professionnelle des conducteurs de taxi et leur formation continue ainsi que l'arrêté du 2 février 2016 relatif aux conditions d'agrément des centres de formation de conducteurs de voiture de transport avec chauffeur sont abrogés.

Les agréments des centres assurant les formations des conducteurs de taxi ou les formations des conducteurs de voiture de transport avec chauffeur délivrés antérieurement à la date d'entrée en vigueur du présent arrêté demeurent valables jusqu'à leur date d'expiration.

Les modifications d'exploitation de ces agréments sont toutefois régies par le dernier alinéa de l'article 2 du présent arrêté.

V. Annexe au JO 1er sept.

Arrêté du 11 août 2017,

Relatif à la formation continue des conducteurs de taxi et des conducteurs de voiture de transport avec chauffeur et à la mobilité des conducteurs de taxi (JO 1er sept.).

Art. 1er La formation continue obligatoire prévue à l'article R. 3120-8-2 du code des transports permet la mise à jour des connaissances essentielles pour la pratique de l'activité de conducteur de taxi ou de conducteur de voiture de transport avec chauffeur. Ce stage comporte quatorze heures de formation, pouvant être fractionnées en quatre périodes de trois heures trente au cours d'une période de deux mois maximum, et est dispensé en présentiel au sein d'un centre de formation agréé en application de l'article R. 3120-9 du code des transports.

Chaque session de formation est organisée spécifiquement soit pour des conducteurs de taxi, soit pour des conducteurs de voiture de transport avec chauffeur.

La formation comporte trois modules d'approfondissement obligatoires :

A. — Droit du transport public particulier de personnes.

B. — Réglementation spécifique à l'activité taxi ou réglementation spécifique à l'activité de voiture de transport avec chauffeur, selon la profession du conducteur stagiaire.

C. — Sécurité routière.

La formation comporte également un module d'approfondissement au choix :

D. — Anglais.

E. — Gestion et développement commercial, dont l'utilisation des nouvelles technologies de l'information et de la communication.

F. — Prévention et secours civiques.

Le référentiel des connaissances est celui figurant en annexe I de l'arrêté du 6 avril 2017 relatif aux programmes et à l'évaluation des épreuves des examens d'accès aux professions de conducteur de taxi et de conducteur de voiture de transport avec chauffeur pour les modules A, B, C, D, E et celui figurant en annexes 1, 2 et 3 de l'arrêté du 24 juillet 2007 fixant le référentiel national de compétences de sécurité civile relatif à l'unité d'enseignement "prévention et secours civiques de niveau 1" pour le module F.

Les modules d'approfondissement obligatoires A, B, C et le module d'approfondissement au choix D, E ou F sont traités chacun en trois heures trente.

Art. 2 Le conducteur de taxi *(Arr. du 17 juill. 2018)* « titulaire d'une carte professionnelle en cours de validité » *(Abrogé par Arr. du 17 juill. 2018)* *« justifiant de deux ans d'activité et »* souhaitant poursuivre l'exercice de son activité dans un autre département que celui dans lequel il a obtenu son examen est tenu de suivre un stage de formation à la mobilité qui comporte quatorze heures de formation, et qui est dispensé en présentiel au sein d'un centre de formation agréé en application de l'article R. 3120-9 du code des transports situé dans le département au sein duquel il souhaite poursuivre son activité.

(Arr. du 17 juill. 2018) « Le conducteur de taxi titulaire d'une carte professionnelle en cours de validité souhaitant poursuivre l'exercice de son activité dans la zone des taxis parisiens est tenu de suivre un stage de formation à la mobilité dispensé en présentiel au sein d'un centre de formation agréé en application de l'article R. 3120-9 du code des transports situé dans la zone des taxis parisiens. »

La formation comporte deux modules d'approfondissement obligatoires :

A. — Connaissance du territoire.

B. — Réglementation locale.

Le référentiel des connaissances pour chacun de ces modules est celui figurant en annexe I de l'arrêté du 6 avril 2017 relatif aux programmes et à l'évaluation des épreuves des examens.

Les modules d'approfondissement obligatoires A et B sont traités chacun, au minimum, en sept heures.

Par dérogation *(Arr. du 17 juill. 2018)* « à la durée du stage mentionnée au » premier alinéa du présent article, le conducteur de taxi souhaitant poursuivre l'exercice de son activité dans la zone des taxis parisiens est tenu de suivre un stage de formation à la mobilité d'une durée de trente-cinq heures.

Art. 3 A l'issue du stage de formation continue, une attestation de suivi de la formation continue, signée et datée par le représentant légal du centre de formation, est remise au conducteur sans délai, sur un support durable au sens du 3° de l'article L. 221-1 du code de la consommation.

Art. 4 A l'issue du stage de formation à la mobilité, une attestation de suivi de la formation à la mobilité, signée et datée par le représentant légal du centre de formation, est remise sans délai, sur un support durable au sens du 3° de l'article L. 221-1 du code de la consommation, au conducteur, au préfet du département dans lequel le conducteur a obtenu son examen, ou au préfet de police, si le conducteur a obtenu son examen dans la zone des taxis parisiens, et au préfet du département dans lequel le conducteur souhaite exercer son activité ou au préfet de police, si le conducteur souhaite exercer son activité dans la zone des taxis parisiens.

Une autorisation d'exercice est délivrée sur un support durable au sens du 3° de l'article L. 221-1 du code de la consommation par le préfet du département dans lequel le conduc-

teur souhaite exercer son activité ou par le préfet de police, si le conducteur souhaite exercer son activité dans la zone des taxis parisiens.

Art. 5 **L'arrêté du 3 mars 2009 relatif à la formation continue des conducteurs de taxi est abrogé.**

Code des transports

PARTIE LÉGISLATIVE

BIBL. ▶ DELEBECQUE, *D. 2010. 2715* (le code - à droit constant - des transports : une œuvre monumentale encore perfectible). - KENFACK, *D. 2011. 1445* (ordonnance du 28 octobre 2010 relative à la partie législative du code des transports). - PEYLET, *AJDA 2011. 825* (genèse du code des transports). - DELION, LALLET et LAMBOLEZ, *ibid. 830* (la codification, instrument de modernisation du droit des transports). - CAMGUILHEM, PEYLET, LALLET et LAMBOLEZ, *ibid. 836* (la codification du droit des transports au regard de la hiérarchie des normes).

TROISIÈME PARTIE **TRANSPORT ROUTIER**

(Ord. nº 2010-1307 du 28 oct. 2010, en vigueur le 1er déc. 2010)

LIVRE I **TRANSPORT ROUTIER DE PERSONNES**

TITRE I **LES TRANSPORTS PUBLICS COLLECTIFS**

CHAPITRE II *EXÉCUTION DES SERVICES OCCASIONNELS*

Art. L. 3112-1 *(L. nº 2016-1920 du 29 déc. 2016, art. 5-I-1º)* **« I. — »** *(L. nº 2014-1104 du 1er oct. 2014, art. 10-1º)* **Les services occasionnels, lorsqu'ils sont exécutés avec des véhicules** *(L. nº 2016-1920 du 29 déc. 2016, art. 5-I-2º)* **« motorisés comportant, outre le siège du conducteur, huit places assises au maximum », sont soumis aux II et III de l'article L. 3120-2** *(Abrogé par L. nº 2016-1920 du 29 déc. 2016, art. 5-I-3º)* ***« et à l'article L. 3120-3 »***.

(Abrogé par L. nº 2016-1920 du 29 déc. 2016, art. 5-I-4º) ***« Toutefois, le même article L. 3120-3 n'est pas applicable aux services organisés par une autorité organisatrice de transport. »***

(L. nº 2016-1920 du 29 déc. 2016, art. 5-I-5º) **« II. — Lorsque le point de départ et le point d'arrivée d'un transport occasionnel sont dans le ressort territorial d'une même autorité organisatrice soumise à l'obligation d'établissement d'un plan de** *(L. nº 2019-1428 du 24 déc. 2019, art. 16, en vigueur le 1er janv. 2021)* **« mobilité » en application des articles L. 1214-3 et L. 1214-9, le service occasionnel est exécuté exclusivement avec un véhicule motorisé comportant, outre le siège du conducteur, plus de huit places assises.**

« III. — Les personnes intervenant dans le secteur des services occasionnels de transport public collectif de personnes, dont les centrales de réservation mentionnées à l'article L. 3142-1, sont soumises à l'article L. 3120-6. »

Par dérogation au II de l'art. L. 3112-1 C. transp., les entreprises de transport public collectif de personnes exécutant, à la date de promulgation de la présente loi, dans les périmètres mentionnés au même II, des services occasionnels avec des véhicules motorisés comportant, outre le siège du conducteur, huit places assises au maximum, peuvent continuer à exécuter de tels services pendant un an à compter de cette même promulgation.

Un décret en Conseil d'État fixe, pour une durée limitée, les mesures dérogatoires permettant aux conducteurs employés par ou gérants des entreprises mentionnées au II du présent art. et n'ayant pas achevé la période probatoire prévue à l'art. L. 223-1 C. route, de se conformer aux conditions d'aptitude mentionnées à l'art. L. 3120-2-1 C. transp..

L'obligation de répondre à des conditions techniques et de confort prévue à l'art. L. 3122-4 C. transp. n'est pas applicable aux véhicules déclarés par les entreprises mentionnées au II du présent art. lors de leur inscription au registre mentionné à l'art. L. 3122-3 du même code, lorsque cette inscription intervient dans un délai d'un an à compter de la promulgation de la présente loi. Elle leur est applicable à compter du premier renouvellement de l'inscription de ces entreprises sur ce registre (L. nº 2016-1920 du 29 déc. 2016, art. 5-II, III et IV).

TITRE II LES TRANSPORTS PUBLICS PARTICULIERS

CHAPITRE PRÉLIMINAIRE *DISPOSITIONS GÉNÉRALES*

(L. n° 2014-1104 du 1er oct. 2014, art. 10-3°)

Art. L. 3120-1 Le présent titre est applicable aux prestations de transport routier de personnes effectuées à titre onéreux avec des véhicules de moins de dix places, à l'exclusion des transports publics collectifs mentionnés au titre I de la présente partie et du transport privé routier de personnes mentionné au titre III.

Art. L. 3120-2 I. — Les véhicules qui effectuent les prestations mentionnées à l'article L. 3120-1 ne peuvent pas être loués à la place *(L. n° 2016-1920 du 29 déc. 2016, art. 6)* « , sauf s'ils font l'objet d'une réservation préalable dans les conditions définies par un décret en Conseil d'État ».

II. — A moins de justifier de l'autorisation de stationnement mentionnée à l'article L. 3121-1, le conducteur d'un véhicule mentionné au I du présent article ne peut :

1° Prendre en charge un client sur la voie ouverte à la circulation publique, sauf s'il justifie d'une réservation préalable ;

2° S'arrêter, stationner ou circuler sur la voie ouverte à la circulation publique en quête de clients ;

3° Stationner sur la voie ouverte à la circulation publique, à l'abord des gares et des aérogares ou, le cas échéant, dans l'enceinte de celles-ci, au delà d'une durée, fixée par décret, précédant la prise en charge *(L. n° 2015-990 du 6 août 2015, art. 19-I-1°)* « du client qui a effectué une réservation préalable ».

III. — Sont interdits aux personnes réalisant des prestations mentionnées à l'article L. 3120-1 et aux intermédiaires auxquels elles ont recours *(L. n° 2016-1920 du 29 déc. 2016, art. 13-I-1°)* « , notamment les centrales de réservation au sens de l'article L. 3142-1 » :

1° Le fait d'informer un client, avant la réservation mentionnée au 1° du II du présent article, quel que soit le moyen utilisé, à la fois de la localisation et de la disponibilité d'un véhicule mentionné au I quand il est situé sur la voie ouverte à la circulation publique sans que son propriétaire ou son exploitant soit titulaire d'une autorisation de stationnement mentionnée à l'article L. 3121-1 ;

2° Le démarchage d'un client en vue de sa prise en charge dans les conditions mentionnées au 1° du II du présent article ;

3° Le fait de proposer à la vente ou de promouvoir une offre de prise en charge effectuée dans les conditions mentionnées au même 1°.

Art. L. 3120-2-1 *(L. n° 2016-1920 du 29 déc. 2016, art. 9-I-1° et II, en vigueur le 1er janv. 2017)* Les conducteurs des véhicules qui exécutent les prestations mentionnées à l'article L. 3120-1 répondent, dans des conditions définies par décret en Conseil d'État, à des conditions d'aptitude *(L. n° 2019-1428 du 24 déc. 2019, art. 43)* « professionnelle, à l'exclusion des conducteurs de cycles à pédalage assisté, et à des conditions d'honorabilité professionnelle. »

Art. L. 3120-2-2 *(L. n° 2016-1920 du 29 déc. 2016, art. 9-I-1° et II, en vigueur le 1er janv. 2017)* Les conducteurs des véhicules qui exécutent les prestations mentionnées à l'article L. 3120-1 *(L. n° 2019-1428 du 24 déc. 2019, art. 43)* « , à l'exclusion des conducteurs de cycles à pédalage assisté, » sont titulaires d'une carte professionnelle délivrée par l'autorité administrative.

V. Décr. n° 2019-1014 du 2 oct. 2019 relatif à la fin de la validité des cartes professionnelles de chauffeur de voiture de tourisme et de conducteur de voiture de transport avec chauffeur délivrées avant le 1er juill. 2017 (JO 3 oct.) et Arr. du 20 déc. 2019 pris pour l'application du Décr. n° 2019-1014 du 2 oct. 2019 relatif à la fin de la validité des cartes professionnelles de chauffeur de voiture de tourisme et de conducteur de voiture de transport avec chauffeur délivrées avant le 1er juill. 2017 (JO 31 déc.).

Art. L. 3120-3 *(Abrogé par L. n° 2016-1920 du 29 déc. 2016, art. 13-I-2°)* ***Toute personne qui se livre ou apporte son concours à l'organisation ou à la vente d'une prestation mentionnée à l'article L. 3120-1 est responsable de plein droit, à l'égard du client, de la bonne exécution des obligations résultant du contrat, que ce contrat ait été conclu à distance ou non et que ces obligations soient à exécuter par elle-même ou par d'autres prestataires de services, sans préjudice de son droit de recours contre ceux-ci.***

Toutefois, la personne mentionnée au premier alinéa du présent article peut s'exonérer de tout ou partie de sa responsabilité en apportant la preuve que l'inexécution ou la mauvaise exécution du contrat est imputable soit au client, soit au fait imprévisible et insurmontable d'un tiers étranger à la fourniture de la prestation prévue au contrat, soit à un cas de force majeure.

Art. L. 3120-4 Les personnes qui fournissent des prestations mentionnées à l'article L. 3120-1 *(L. nº 2016-1920 du 29 déc. 2016, art. 13-I-3º)* « sont en mesure de » justifier à tout moment de l'existence d'un contrat d'assurance couvrant leur responsabilité civile professionnelle.

Art. L. 3120-5 Les prestations de transport mentionnées à l'article L. 3120-1 peuvent être effectuées avec des véhicules électriques ou hybrides, par dérogation aux caractéristiques techniques imposées par voie réglementaire en application du présent titre.

V. Arr. du 17 mars 2015 relatif aux caractéristiques des véhicules motorisés à deux ou trois roues utilisés pour le transport public particulier de personnes (JO 24 mars).

Art. L. 3120-6 *(L. nº 2016-1920 du 29 déc. 2016, art. 2)* I. — Les personnes intervenant dans le secteur du transport public particulier de personnes, dont les centrales de réservation mentionnées à l'article L. 3142-1, communiquent à l'autorité administrative, à sa demande, toute donnée utile pour :

1º Le contrôle du respect des dispositions législatives et réglementaires relatives à l'accès aux professions du transport public particulier de personnes, à leurs conditions d'exercice et aux activités de mise en relation mentionnées au titre IV du présent livre ;

2º L'application du deuxième alinéa de l'article L. 410-2 du code de commerce ou du III de l'article L. 420-4 du même code.

Lorsque c'est nécessaire, l'autorité administrative peut imposer la transmission périodique de ces données.

II. — L'autorité administrative peut imposer aux personnes mentionnées au premier alinéa du I la transmission périodique, à des fins statistiques, des données nécessaires à la connaissance de l'activité du secteur du transport public particulier de personnes. Elle rend publiques les études qu'elle réalise à ce sujet.

III. — Les données mentionnées aux I et II du présent article excluent les données à caractère personnel relatives aux passagers.

Tout traitement des données mentionnées aux I et II du présent article est soumis à la loi nº 78-17 du 6 janvier 1978 relative à l'informatique, aux fichiers et aux libertés.

IV. — Un décret en Conseil d'État, pris après avis de l'Autorité de la concurrence et de la Commission nationale de l'informatique et des libertés, détermine les modalités d'application du présent article.

Art. L. 3120-7 *(L. nº 2019-1428 du 24 déc. 2019, art. 46-I)* Une base de données nationale sur le transport public particulier de personnes recense les informations relatives aux conducteurs, aux exploitants et aux véhicules.

Les procédures relatives à l'exercice des professions du transport public particulier de personnes sont dématérialisées. — *Le présent al. entre en vigueur le 1er janv. 2022 (L. nº 2019-1428 du 24 déc. 2019, art. 46-II).*

Les autorités administratives et judiciaires peuvent avoir accès aux données nécessaires à l'exercice de leurs missions de contrôle des règles de la police de la circulation.

Un décret en Conseil d'État pris après avis de la Commission nationale de l'informatique et des libertés détermine les modalités d'application du présent article.

CHAPITRE I *LES TAXIS*

SECTION 1 *Définition*

Art. L. 3121-1 Les taxis sont des véhicules automobiles comportant, outre le siège du conducteur, huit places assises au maximum, munis d'équipements spéciaux *(L. nº 2014-1104 du 1er oct. 2014, art. 2 et 16-I, en vigueur à une date fixée par voie réglementaire, qui ne peut être postérieure au 1er janv. 2015)* « et d'un terminal de paiement électronique, » et dont le propriétaire ou l'exploitant est titulaire d'une autorisation de stationnement sur la voie publique, en attente de la clientèle, afin d'effectuer, à la demande de celle-ci et à titre onéreux, le transport particulier des personnes et de leurs bagages.

Art. L. 3121-1-1 *(L. nº 2014-1104 du 1er oct. 2014, art. 4)* L'autorité administrative compétente pour délivrer les autorisations de stationnement mentionnées à l'article L. 3121-1 peut fixer des signes distinctifs communs à l'ensemble des taxis, notamment une couleur unique de ces véhicules automobiles. *(L. nº 2023-380 du 19 mai 2023, art. 28)* « Elle peut également fixer un signe distinctif permettant de reconnaître facilement les taxis accessibles aux personnes utilisatrices de fauteuil roulant. »

Art. L. 3121-1-2 *(L. nº 2014-1104 du 1er oct. 2014, art. 5-I et 16-VIII, en vigueur le 1er janv. 2017)* I. — Le titulaire exploite personnellement l'autorisation de stationnement mentionnée à l'article L. 3121-1. *(L. nº 2016-1920 du 29 déc. 2016, art. 11)* « Cette disposition n'est pas applicable aux autorisations de stationnement délivrées avant le 1er octobre 2014.

« Lorsqu'une même personne physique ou morale est titulaire d'une ou plusieurs autorisations de stationnement délivrées avant le 1er octobre 2014, l'exploitation peut en être assurée par des salariés ou par un locataire-gérant auquel la location de l'autorisation et du véhicule mentionné au même article L. 3121-1 a été concédée dans les conditions prévues aux articles L. 144-1 à L. 144-13 du code de commerce. Elle peut également être assurée par une société coopérative ouvrière de production titulaire des autorisations qui consent la location du taxi aux coopérateurs autorisés à exercer l'activité de conducteur de taxi conformément à l'article L. 3120-2-2 du présent code. » — *V. art. R. 3121-8.*

II. — Le titulaire de l'autorisation de stationnement justifie de son exploitation effective et continue dans des conditions définies par décret. — *V. art. R. 3121-6.*

En modifiant l'art. 5 de la L. nº 2014-1104 du 1er oct. 2014, la L. nº 2015-990 du 6 août 2015 déplace l'art. L. 3121-1-2 au début de la section 2 du chap. I du titre II du livre I du C. transp. (L. nº 2015-990 du 6 août 2015, art. 19-II-1º).

SECTION 2 *Profession d'exploitant de taxi*

Art. L. 3121-2 *(L. nº 2014-1104 du 1er oct. 2014, art. 6-I-1º)* L'autorisation de stationnement prévue à l'article L. 3121-1 et délivrée postérieurement à la promulgation de la loi nº 2014-1104 du 1er octobre 2014 relative aux taxis et aux voitures de transport avec chauffeur est incessible et a une durée de validité de cinq ans, renouvelable dans des conditions fixées par décret.

Toutefois, le titulaire d'une autorisation de stationnement délivrée avant la promulgation de la même loi a la faculté de présenter à titre onéreux un successeur à l'autorité administrative compétente pour délivrer l'autorisation. Cette faculté est subordonnée à l'exploitation effective et continue de l'autorisation de stationnement pendant une durée de quinze ans à compter de sa date de délivrance ou de cinq ans à compter de la date de la première mutation.

Art. L. 3121-3 *(L. nº 2015-990 du 6 août 2015, art. 19-I-2º)* En cas de cessation d'activité totale ou partielle, de fusion avec une entreprise analogue ou de scission, nonobstant l'article L. 3121-2, les entreprises de taxis exploitant plusieurs autorisations délivrées avant la promulgation de la loi nº 2014-1104 du 1er octobre 2014 relative aux taxis et aux voitures de transport avec chauffeur, et dont le ou les représentants légaux ne conduisent pas eux-mêmes un véhicule sont admises à présenter à titre onéreux un ou plusieurs successeurs à l'autorité administrative compétente.

Sous réserve des titres II à IV du livre VI du code de commerce, la même faculté est reconnue, pendant la période de sauvegarde ou en cas de redressement judiciaire, selon le cas, à l'entreprise débitrice ou à l'administrateur judiciaire ou, en cas de liquidation judiciaire, au mandataire liquidateur.

En cas d'inaptitude définitive, constatée selon les modalités fixées par voie réglementaire, entraînant l'annulation du permis de conduire les véhicules de toutes les catégories, les titulaires d'autorisations de stationnement *(L. nº 2016-1920 du 29 déc. 2016, art. 12)* « délivrées avant la promulgation de la loi nº 2014-1104 du 1er octobre 2014 relative aux taxis et aux voitures de transport avec chauffeur » peuvent présenter un successeur sans condition de durée d'exploitation effective et continue.

Les bénéficiaires de cette faculté ne peuvent conduire un taxi ou solliciter ou exploiter une ou plusieurs autorisations de stationnement qu'à l'issue d'une durée de cinq ans à compter de la date de présentation du successeur.

En cas de décès du titulaire d'une autorisation de stationnement, ses ayants droit bénéficient de la faculté de présentation pendant un délai d'un an à compter du décès.

Art. L. 3121-4 Les transactions prévues par *(L. nº 2014-1104 du 1er oct. 2014, art. 6-I-3º)* « l'article L. 3121-2 » sont répertoriées, avec mention de leur montant, dans un registre tenu par l'autorité administrative *(L. n° 2014-58 du 27 janv. 2014, art. 66-1°)* « compétente pour délivrer » l'autorisation de stationnement.

Le nouveau titulaire remet alors à cette autorité les documents justificatifs de l'exploitation effective et continue de l'autorisation par son prédécesseur.

Ces transactions sont déclarées ou enregistrées à la recette des impôts compétente, dans le délai d'un mois à compter de la date de leur conclusion.

Art. L. 3121-5 *(L. n° 2014-1104 du 1er oct. 2014, art. 6-I-4°)* La délivrance de nouvelles autorisations de stationnement par l'autorité administrative compétente n'ouvre pas droit à indemnité au profit des titulaires d'autorisations de stationnement délivrées avant la promulgation de la loi n° **2014-1104** du 1er octobre **2014** relative aux taxis et aux voitures de transport avec chauffeur ou au profit des demandeurs inscrits sur liste d'attente.

Les nouvelles autorisations sont délivrées en fonction de listes d'attente rendues publiques. Nul ne peut s'inscrire sur plus d'une liste d'attente. Les candidats à l'inscription sur liste d'attente doivent être titulaires d'une carte professionnelle prévue à l'article *(L. n° 2016-1920 du 29 déc. 2016, art. 9-I-2° et II, en vigueur le 1er janv. 2017)* « L. **3120-2-2** » en cours de validité, délivrée par le représentant de l'État dans le département où l'autorisation de stationnement est demandée, et ne pas être déjà titulaires d'une autorisation de stationnement.

Seuls peuvent se voir délivrer une autorisation de stationnement les titulaires d'une carte professionnelle en cours de validité, délivrée par le représentant de l'État dans le département où l'autorisation de stationnement est délivrée. En outre, la délivrance est effectuée en priorité aux titulaires qui peuvent justifier de l'exercice de l'activité de conducteur de taxi pendant une période minimale de deux ans au cours des cinq ans précédant la date de *(L. n° 2015-990 du 6 août 2015, art. 19-I-3°)* « délivrance ».

En application du 4° du I de l'art. 21 de la L. n° 2000-321 du 12 avr. 2000, le silence gardé pendant deux mois par l'administration vaut décision de rejet pour la demande d'autorisation de stationnement sur la voie publique en attente de la clientèle, dans la zone de compétence du préfet de police et dans les emprises des aérodromes et des gares (Décr. n° 2014-1294 du 23 oct. 2014, art. 1er, applicable aux demandes présentées à compter du 12 nov. 2014).

Les listes d'attente mentionnées à l'art. L. 3121-5 C. transp. reprennent les listes constituées antérieurement au 1er oct. 2014 dans leur état à cette date et compte tenu, le cas échéant, des demandes enregistrées entre cette date et la date d'entrée en vigueur du Décr. n° 2014-1725 du 30 déc. 2014. Les candidats ne remplissant pas les nouvelles conditions d'inscription sur les listes prévues au deuxième al. de cet art. en sont rayés, lors du constat de leur inéligibilité et, en tout état de cause, avant que ne leur soit délivrée une autorisation (Décr. préc., art. 6-I).

Art. L. 3121-6 Les dispositions du présent chapitre ne font pas obstacle à l'exercice par l'autorité administrative compétente des pouvoirs qu'elle détient, dans l'intérêt de la sécurité et de la commodité de la circulation sur les voies publiques, en matière d'autorisation de stationnement.

Art. L. 3121-7 Lorsqu'un accord intervient dans une ou plusieurs communes entre les syndicats de loueurs de voitures publiques dont l'exploitation est assujettie à des tarifs de transport fixés par l'autorité publique et les syndicats de conducteurs de telles voitures, qu'ils en soient ou non propriétaires, dans les domaines ci-après :

1° La réglementation de la durée du travail établie conformément aux prescriptions du code du travail ;

2° Le tarif de location des voitures par la clientèle ;

3° Les modalités de répartition de la recette inscrite au compteur entre le propriétaire et le conducteur de la voiture ;

4° La réglementation du nombre des voitures en circulation dans la ou les communes intéressées, du nombre des nouveaux chauffeurs admis à la conduite de ces voitures et la révision des admissions dont bénéficient les chauffeurs ne justifiant pas de l'exercice habituel de la profession depuis un nombre d'années déterminé, l'autorité administrative compétente de l'État peut, par arrêté, rendre obligatoires les dispositions de l'accord relatives à ces domaines à l'ensemble de la profession, dans la ou les communes intéressées, après consultation de leurs conseils municipaux et, le cas échéant, du *(L. n° 2013-403 du 17 mai 2013, art. 1er-2°)* « conseil départemental » intéressé.

A défaut d'accord, l'autorité administrative compétente de l'État peut arrêter ces dispositions, après consultation des organisations professionnelles, des *(L. n° 2013-403 du 17 mai 2013, art. 1er-2°)* « conseils départementaux » et des conseils municipaux intéressés.

Les modifications issues de la L. nº 2013-403 du 17 mai 2013 s'appliquent à compter du prochain renouvellement général des conseils généraux suivant la promulgation de la loi (L. préc., art. 51 [JO 18 mai]).

Art. L. 3121-8 Lorsque les organisations de loueurs et de conducteurs de taxis de plusieurs communes se sont prononcées en faveur de l'unification des taxes de stationnement dans ces communes, l'autorité administrative compétente de l'État peut, après accord des conseils municipaux intéressés, prendre un arrêté fixant le taux de cette taxe uniforme ainsi que les conditions de répartition de son produit entre ces communes.

SECTION 3 *[ABROGÉE]* *Activité de conducteur de taxi*

(Abrogée par L. nº 2016-1920 du 29 déc. 2016, art. 9-I-4º et II, à compter du 1er janv. 2017)

Art. L. 3121-9 *Peuvent seuls exercer l'activité de conducteur de taxi :*

1º Les titulaires d'un certificat de capacité professionnelle délivré par l'autorité administrative ;

2º Après stage d'adaptation ou épreuve d'aptitude, les personnes, ressortissant d'un État membre de l'Union européenne ou d'un État partie à l'Espace économique européen, qui sont titulaires d'un certificat de capacité professionnelle délivré par l'autorité compétente d'un de ces États où un tel certificat est exigé ou qui peuvent faire état de l'exercice de la profession, dans un de ces États où un tel certificat n'est pas exigé, pendant une durée minimale variable selon les titres de formation qu'ils détiennent.

Art. L. 3121-10 *L'exercice de l'activité de conducteur de taxi est subordonné à la délivrance d'une carte professionnelle par l'autorité administrative.* (Abrogé par Décis. QPC nº 2015-516 du 15 janv. 2016) (L. nº 2014-1104 du 1er oct. 2014, art. 7) *« Il est incompatible avec l'exercice de l'activité de conducteur de voiture de transport avec chauffeur. »*

SECTION 4 *Exécution du service*

Art. L. 3121-11 *(L. nº 2014-1104 du 1er oct. 2014, art. 10-4º)* L'autorisation de stationnement mentionnée à l'article L. 3121-1 du présent code permet aux conducteurs de taxis d'arrêter leur véhicule, de le stationner ou de le faire circuler sur la voie ouverte à la circulation publique en quête de clientèle *(L. nº 2015-990 du 6 août 2015, art. 19-I-4º)* « dans le ressort de l'autorisation défini par l'autorité compétente ». En dehors du ressort de l'autorisation de stationnement, les conducteurs de taxis sont soumis à l'article L. 3120-2 du présent code, notamment s'agissant de la prise en charge de la clientèle sur la voie ouverte à la circulation publique sous réserve de justification d'une réservation préalable.

Art. L. 3121-11-1 *(L. nº 2014-1104 du 1er oct. 2014, art. 1er-I et 16-V, en vigueur à une date fixée par voie réglementaire, qui ne peut être postérieure au 1er janv. 2015)* Il est institué un registre national recensant les informations relatives à l'identification, à la disponibilité et à la géolocalisation des taxis. Ce registre, dénommé : "registre de disponibilité des taxis", a pour finalité d'améliorer l'accès aux taxis par leurs clients en favorisant le développement de services innovants. Il est soumis à la loi nº 78-17 du 6 janvier 1978 relative à l'informatique, aux fichiers et aux libertés.

(Abrogé par L. nº 2016-1920 du 29 déc. 2016, art. 13-I-4º) *« Ce registre est géré par l'autorité administrative chargée de faciliter et de coordonner la mise à disposition des données publiques en vue de faciliter leur réutilisation. »*

Les autorités administratives compétentes pour délivrer les autorisations de stationnement prévues à l'article L. 3121-1 sont tenues de transmettre au gestionnaire du registre les informations relatives à l'autorisation de stationnement lors de toute délivrance ou lors de tout transfert, renouvellement ou retrait.

(L. nº 2019-1428 du 24 déc. 2019, art. 25-IV, en vigueur le 24 déc. 2020) « Durant l'exécution du service, l'exploitant mentionné au même article L. 3121-1 transmet au gestionnaire du registre les informations relatives à la localisation en temps réel du taxi disponible sur sa zone de prise en charge. Cette obligation peut être satisfaite par l'intermédiaire d'une centrale de réservation telle que définie à l'article L. 3142-1 dès lors que l'exploitant est affilié à une telle centrale. »

Un décret en Conseil d'État précise les modalités d'application du présent article *(L. nº 2019-1428 du 24 déc. 2019, art. 25-IV, en vigueur le 24 déc. 2020)* « et les conditions dans lesquelles l'exploitant peut refuser d'effectuer une prestation de transport ».

Dans un délai d'un an à compter de la promulgation de la L. nº 2014-1104 du 1er oct. 2014, le Gouvernement remet au Parlement un rapport sur l'application de celle-ci. Ce rapport présente des éléments chiffrés, notamment la quantité d'informations transmises au gestionnaire du registre durant l'exécution du service en application du présent art. En outre, il étudie l'évolution de l'offre de taxis dans les métropoles et propose, le cas échéant, des pistes de réforme de la procédure de délivrance des autorisations de stationnement afin de tenir compte de la demande et de répondre aux besoins de mobilité de la population (L. préc., art. 3).

Art. L. 3121-11-2 *(L. nº 2016-1920 du 29 déc. 2016, art. 13-I-5º)* Pour toutes les courses réalisées par un taxi, quel que soit le montant du prix, le passager peut payer dans le véhicule par carte bancaire.

Art. L. 3121-12 Les modalités d'application du présent chapitre sont fixées par décret en Conseil d'État.

CHAPITRE II *VOITURES DE TRANSPORT AVEC CHAUFFEUR*

(L. nº 2014-1104 du 1er oct. 2014, art. 9)

Art. L. 3122-1 Le présent chapitre s'applique aux *(L. nº 2016-1920 du 29 déc. 2016, art. 13-I-6º)* « exploitants » qui mettent à la disposition de leur clientèle une ou plusieurs voitures de transport avec chauffeur, dans des conditions fixées à l'avance entre les parties. *(Abrogé par L. nº 2016-1920 du 29 déc. 2016, art. 13-I-6º)* ***« Ces entreprises sont soit des exploitants de voitures de transport avec chauffeur, soit des intermédiaires qui mettent en relation des exploitants et des clients. »***

Les modalités d'application du présent chapitre sont définies par décret en Conseil d'État.

SECTION 1 *[ABROGÉE]* *Dispositions communes aux exploitants et aux intermédiaires*

(Abrogée par L. nº 2016-1920 du 29 déc. 2016, art. 13-I-7º)

Art. L. 3122-2 *(Abrogé par Cons. const. nº 2015-468/469/472 QPC, du 22 mai 2015)* ***Les conditions mentionnées à l'article L. 3122-1 incluent le prix total de la prestation, qui est déterminé lors de la réservation préalable mentionnée au 1º du II de l'article L. 3120-2. Toutefois, s'il est calculé uniquement en fonction de la durée de la prestation, le prix peut être, en tout ou partie, déterminé après la réalisation de cette prestation, dans le respect de l'article L. 113-3-1 du code de la consommation.***

SECTION 2 *Dispositions relatives aux exploitants*

Art. L. 3122-3 Les exploitants mentionnés à l'article L. 3122-1 sont inscrits sur un registre *(Abrogé par Décr. nº 2021-177 du 17 févr. 2021, art. 1er, à compter du 1er mars 2021)* ***« régional »*** dont les modalités de gestion sont définies par voie réglementaire. L'inscription sur ce registre est effectuée dès que le dossier d'inscription est complet et qu'il en résulte que l'exploitant remplit les conditions prévues à l'article L. 3122-4.

Le registre mentionné au premier alinéa du présent article est public.

Cette inscription est renouvelable tous les cinq ans. Elle donne lieu à une mise à jour régulière des informations du dossier d'inscription.

L'inscription est subordonnée au paiement préalable, auprès du gestionnaire du registre mentionné au premier alinéa, de frais dont le montant est fixé par décret. Ces frais sont recouvrés par le gestionnaire du registre. Leur paiement intervient au moment du dépôt de la demande ou de la demande de renouvellement. Le produit résultant du paiement des frais est exclusivement affecté au financement de la gestion des registres.

Les modalités d'application du présent article, notamment le contenu du dossier d'inscription, sont définies par voie réglementaire.

Les exploitants de voitures de transport avec chauffeur commercialisant leurs services avant la date d'entrée en vigueur de l'art. L. 3122-3 C. transp. effectuent la mise à jour prévue au troisième alinéa de ce même art. dans un délai de six mois à compter de cette date. Ils justifient, à cette même date, des capacités financières prévues au second alinéa de l'art. L. 3122-4 du même code (L. nº 2014-1104 du 1er oct. 2014, art. 16-III).

Le montant des frais d'inscription des exploitants de voitures de transport avec chauffeur prévus aux art. L. 3122-3 et D. 3122-3 C. transp. est fixé à 170 € (Arr. du 30 déc. 2014, art. 1er, JO 1er janv. 2015).

V. Arr. du 9 déc. 2015 portant création d'un traitement de données à caractère personnel dénommé « VTC » relatif aux obligations d'inscription et de déclaration des entreprises mettant à la disposition de leur clientèle une ou plusieurs voitures de transport avec chauffeur (JO 22 déc.) ; mod. par Arr. du 1er févr. 2017 (JO 28 févr.) ; mod. par Arr. du 2 août 2019 (JO 18 sept.).

Art. L. 3122-4 *(L. n° 2019-1428 du 24 déc. 2019, art. 20)* « Les exploitants disposent d'une ou de plusieurs voitures de transport avec chauffeur. A l'exception des véhicules qui contribuent à la préservation du patrimoine automobile dont ceux disposant d'un certificat d'immatriculation comportant la mention d'usage de collection et des véhicules spécialement adaptés aux personnes à mobilité réduite, ces véhicules doivent répondre à des conditions techniques et de confort définies par voie réglementaire.

« Les exploitants emploient un ou plusieurs conducteurs répondant aux conditions prévues à l'article L. 3120-2-2. »

Ils justifient de capacités financières définies par le décret en Conseil d'État mentionné à l'article L. 3122-1.

Art. L. 3122-4-1 *(L. n° 2016-1920 du 29 déc. 2016, art. 4)* Un label peut être attribué aux exploitants de voitures de transport avec chauffeur mentionnés à l'article L. 3122-1 qui offrent aux passagers des prestations répondant à des normes de qualité particulières.

Les critères et les modalités d'attribution du label sont définis par un arrêté conjoint des ministres chargés des transports et du tourisme.

V. Arr. du 11 janv. 2019 définissant les critères et les modalités d'attribution d'un label qualité aux exploitants de voitures de transport avec chauffeur prévu à l'art. L. 3122-4-1 C. transp. (JO 26 févr.).

SECTION 3 *[ABROGÉE]* *Dispositions relatives aux intermédiaires*

(Abrogée par L. n° 2016-1920 du 29 déc. 2016, art. 13-I-7°)

Art. L. 3122-5 ***Lorsqu'un intermédiaire mentionné à l'article L. 3122-1 fournit pour la première fois des prestations en France, il en informe préalablement le gestionnaire du registre mentionné à l'article L. 3122-3 par une déclaration écrite, comprenant notamment les informations relatives à son assurance de responsabilité civile professionnelle.***

Cette déclaration est renouvelée chaque année si le prestataire envisage d'exercer cette activité au cours de l'année concernée et lorsqu'un changement intervient dans les éléments de la déclaration.

Les intermédiaires fournissant leurs services avant la date d'entrée en vigueur de l'art. L. 3122-5, au plus tard le 1er janv. 2015, effectuent la déclaration prévue à ce même art. dans un délai de trois mois à compter de cette date (L. n° 2014-1104 du 1er oct. 2014, art. 16-I et IV).

V. Arr. du 9 déc. 2015 portant création d'un traitement de données à caractère personnel dénommé « VTC » relatif aux obligations d'inscription et de déclaration des entreprises mettant à la disposition de leur clientèle une ou plusieurs voitures de transport avec chauffeur (JO 22 déc.).

Art. L. 3122-6 ***Les intermédiaires mentionnés à l'article L. 3122-1 s'assurent annuellement que les exploitants qu'ils mettent en relation avec des clients disposent des documents suivants, en cours de validité :***

1° Le certificat d'inscription sur le registre mentionné à l'article L. 3122-3 ;

2° Les cartes professionnelles du ou des conducteurs ;

3° Un justificatif de l'assurance de responsabilité civile professionnelle de l'exploitant.

Le présent art. entre en vigueur à une date fixée par voie réglementaire qui ne peut être postérieure au 1er janv. 2015 (L. n° 2014-1104 du 1er oct. 2014, art. 16-I).

SECTION 4 *Dispositions relatives au conducteur*

Art. L. 3122-7 *(Abrogé par L. n° 2016-1920 du 29 déc. 2016, art. 9-I-4° et II, à compter du 1er janv. 2017)* ***Peuvent seules exercer l'activité de conducteur de voiture de transport avec chauffeur les personnes qui justifient de conditions d'aptitude professionnelle définies par décret.***

V. Arr. du 2 févr. 2016 relatif aux conditions d'agrément des centres de formation de conducteurs de voiture de transport avec chauffeur (JO 3 févr.).

Art. L. 3122-8 *(Abrogé par L. n° 2016-1920 du 29 déc. 2016, art. 9-I-4° et II, à compter du 1er janv. 2017)* ***L'exercice de l'activité de conducteur de voiture de transport est subordonné à la délivrance d'une carte professionnelle par l'autorité administrative et est incompatible avec l'exercice de l'activité de conducteur de taxi.***

Art. L. 3122-9 Dès l'achèvement de la prestation commandée au moyen d'une réservation préalable, le conducteur d'une voiture de transport avec chauffeur dans l'exercice de ses missions est tenu de retourner au lieu d'établissement de l'exploitant de cette voiture ou dans un lieu, hors de la chaussée, où le stationnement est autorisé, sauf s'il justifie d'une réservation préalable ou d'un contrat avec le client final.

CHAPITRE III *LES VÉHICULES À DEUX OU TROIS ROUES* *(L. nº 2019-1428 du 24 déc. 2019, art. 43).*

SECTION 1 *Les véhicules motorisés à deux ou trois roues* *(L. nº 2019-1428 du 24 déc. 2019, art. 43).*

Art. L. 3123-1 Les entreprises qui mettent à la disposition de leur clientèle, pour assurer leur transport ainsi que celui de leurs bagages, des motocyclettes ou des tricycles à moteur conduits par le propriétaire ou son préposé, suivant des conditions fixées à l'avance entre les parties, doivent disposer, dans des conditions fixées par voie *(L. nº 2014-1104 du 1er oct. 2014, art. 14)* « réglementaire :

(Abrogé par L. nº 2016-1920 du 29 déc. 2016, art. 9-I-4º et II, à compter du 1er janv. 2017) *« « 1º De chauffeurs titulaires d'un certificat de capacité professionnelle ou, après stage d'adaptation ou épreuve d'aptitude, de chauffeurs, ressortissants d'un État membre de l'Union européenne ou d'un État partie à l'accord sur l'Espace économique européen qui sont titulaires d'un certificat de capacité professionnelle délivré par l'autorité compétente d'un de ces États où un tel certificat est exigé ou qui peuvent faire état de l'exercice de la profession dans un de ces États où un tel certificat n'est pas exigé pendant une durée minimale variable selon les titres de formation qu'ils détiennent ; »*

« 2º D'un ou plusieurs véhicules adaptés répondant à des conditions techniques et de confort et sur lesquels doit être apposée une signalétique visible ;

« 3º De chauffeurs titulaires, depuis au moins trois ans, de la catégorie du permis de conduire autorisant la conduite des véhicules prévus au premier alinéa ;

« 4º D'un contrat d'assurance couvrant leur responsabilité civile en matière de véhicule et de transport de personnes. »

SECTION 2 *Les cycles à pédalage assisté*
(L. nº 2019-1428 du 24 déc. 2019, art. 43)

Art. L. 3123-2 Les entreprises qui mettent à la disposition de leur clientèle, pour assurer leur transport ainsi que celui de leurs bagages, des cycles à pédalage assisté conduits par le propriétaire ou son préposé doivent disposer :

1º D'un ou plusieurs véhicules adaptés répondant à des conditions techniques et de confort et sur lesquels doit être apposée une signalétique visible ;

2º De conducteurs répondant à une condition d'honorabilité professionnelle et justifiant d'une aptitude à la conduite sur la voie publique ;

3º D'un contrat d'assurance couvrant leur responsabilité civile en matière de véhicule et de transport de personnes.

Art. L. 3123-2-1 Les autorités compétentes en matière de police de la circulation et du stationnement peuvent, après avis de l'autorité organisatrice de la mobilité concernée, soumettre les services de transport par cycles à pédalage assisté à des prescriptions particulières, en vue de s'assurer du respect par les entreprises mettant à disposition ces cycles des conditions prévues à l'article L. 3123-2.

SECTION 3 *Dispositions communes* *(L. nº 2019-1428 du 24 déc. 2019, art. 43).*

Art. L. 3123-3 Les modalités d'application du présent chapitre sont fixées par décret en Conseil d'État.

CHAPITRE IV *SANCTIONS ADMINISTRATIVES ET SANCTIONS PÉNALES*

SECTION 1 *Dispositions relatives aux taxis*

SOUS-SECTION 1 *Sanctions administratives*

Art. L. 3124-1 Lorsque l'autorisation de stationnement n'est pas exploitée de façon effective ou continue, ou en cas de violation grave ou répétée par son titulaire du contenu de cette autorisation ou de la réglementation applicable à la profession, l'autorité administrative *(L. nº 2014-58 du 27 janv. 2014, art. 66-2º)* « compétente pour la délivrer » peut donner un avertissement au titulaire de cette autorisation de stationnement ou procéder à son retrait temporaire ou définitif.

L'art. 6 *bis* de la L. nº 95-66 du 20 janv. 1995 [C. transp., art. L. 3124-1] et l'art. 10 du Décr. nº 95-935 du 17 août 1995 pris pour son application permettent à l'autorité administrative d'abroger l'autorisation de stationnement dont bénéficie un exploitant de taxi lorsque ce dernier n'assure pas l'exploitation effective et continue de son ou de ses taxis. Cette mesure d'abrogation ne constitue cependant pas une sanction, mais une mesure de police justifiée par l'intérêt qui s'attache à la préservation de la commodité des usagers et de la circulation sur la voie publique. • CE 17 nov. 2010, *Cne de Seillons-Source-d'Argens*, n° 329929 B : *JCP A 2011. 2104, note Moreau.* ♦ Comp. :• CAA Marseille, 26 mars 2009 : *AJDA 2009. 1614* ; *JCP A 2010. 2035, note Deliancourt.*

Art. L. 3124-2 *(Abrogé par L. n° 2016-1920 du 29 déc. 2016, art. 9-I-4° et II, à compter du 1er janv. 2017)* ***En cas de violation par un conducteur de taxi de la réglementation applicable à la profession, l'autorité administrative peut lui donner un avertissement ou procéder au retrait temporaire ou définitif de sa carte professionnelle.***

Art. L. 3124-3 Les modalités d'application de la présente section sont fixées par décret en Conseil d'État.

SOUS-SECTION 2 *Sanctions pénales*

Art. L. 3124-4 *(L. n° 2014-1104 du 1er oct. 2014, art. 12-I)* « I. — Est puni d'un an d'emprisonnement et de 15 000 € d'amende le fait d'exercer l'activité d'exploitant taxi sans être titulaire de l'autorisation de stationnement mentionnée à l'article L. 3121-1. »

II. — Les personnes physiques coupables de l'infraction prévue par le présent article encourent également les peines complémentaires suivantes :

1° La suspension, pour une durée de cinq ans au plus, du permis de conduire ;

2° L'immobilisation, pour une durée d'un an au plus, du véhicule qui a servi à commettre l'infraction ;

3° La confiscation du véhicule qui a servi à commettre l'infraction ;

(Abrogé par L. n° 2014-344 du 17 mars 2014, art. 135-4°) ***« 4° L'interdiction, pour une durée de cinq ans au plus, d'entrer et de séjourner dans l'enceinte d'une ou plusieurs infrastructures aéroportuaires ou portuaires, d'une gare ferroviaire ou routière, ou de leurs dépendances, sans y avoir été préalablement autorisée par l'autorité de police compétente. »***

(L. n° 2023-22 du 24 janv. 2023, art. 25-IV) « L'action publique peut être éteinte, dans les conditions prévues aux articles 495-17 à 495-25 du code de procédure pénale, par le versement d'une amende forfaitaire d'un montant de 500 euros. Le montant de l'amende forfaitaire minorée est de 400 euros et le montant de l'amende forfaitaire majorée est de 1 000 euros. »

(Abrogé par L. n° 2016-1920 du 29 déc. 2016, art. 13-I-8°) (L. n° 2014-1104 du 1er oct. 2014, art. 1er-II) ***« III. — Est puni de 15 000 € d'amende le fait de contrevenir au premier alinéa de l'article L. 3121-11-2. »***

Art. L. 3124-5 Les personnes morales déclarées responsables pénalement, dans les conditions prévues par l'article 121-2 du code pénal, de l'infraction définie par le I de l'article L. 3124-4 encourent, outre l'amende, suivant les modalités prévues par l'article 131-38 du code pénal, les peines prévues par les 8° et 9° de l'article 131-39 du même code.

SECTION 2 *Dispositions relatives aux voitures de transport avec chauffeur*

(L. n° 2014-1104 du 1er oct. 2014, art. 11)

SOUS-SECTION 1 *[ABROGÉE]* *Sanctions administratives*

(Abrogée par L. n° 2016-1920 du 29 déc. 2016, art. 9-I-4°, à compter du 1er janv. 2017)

Art. L. 3124-6 ***En cas de violation, par un conducteur de voitures de transport, de la réglementation applicable à la profession, l'autorité administrative peut lui donner un avertissement ou procéder au retrait, temporaire ou définitif, de sa carte professionnelle.***

SOUS-SECTION 2 *Sanctions pénales* *(Abrogé par L. n° 2016-1920 du 29 déc. 2016, art. 9-I-5° et II, à compter du 1er janv. 2017).*

Art. L. 3124-7 I. — Est puni d'un an d'emprisonnement et de 15 000 € d'amende le fait de contrevenir *(L. n° 2016-1920 du 29 déc. 2016, art. 13-I-9°)* « à l'article L. 3122-3 ».

II. — Les personnes physiques reconnues coupables de l'infraction prévue au I encourent également les peines complémentaires suivantes :

1° La suspension, pour une durée maximale de cinq ans, du permis de conduire ;

2° L'immobilisation, pour une durée maximale d'un an, du véhicule qui a servi à commettre l'infraction ;

3° La confiscation du véhicule qui a servi à commettre l'infraction.

III. — Les personnes morales déclarées responsables pénalement, dans les conditions prévues à l'article 121-2 du code pénal, de l'infraction prévue au I du présent article encourent, outre l'amende suivant les modalités prévues à l'article 131-38 du même code, les peines prévues aux 8° et 9° de l'article 131-39 dudit code.

(L. n° 2023-22 du 24 janv. 2023, art. 25-IV) « L'action publique peut être éteinte, dans les conditions prévues aux articles 495-17 à 495-25 du code de procédure pénale, par le versement d'une amende forfaitaire d'un montant de 500 euros. Le montant de l'amende forfaitaire minorée est de 400 euros et le montant de l'amende forfaitaire majorée est de 1 000 euros. »

Art. L. 3124-8 *Abrogé par L. n° 2014-1104 du 1er oct. 2014, art. 11.*

SECTION 3 *[ABROGÉE]* *Dispositions relatives aux véhicules motorisés à deux ou trois roues*

(Abrogée par L. n° 2016-1920 du 29 déc. 2016, art. 9-I-4°, à compter du 1er janv. 2017)

Art. L. 3124-9 *(Abrogé par L. n° 2014-1104 du 1er oct. 2014, art. 12-II) I. — Le fait de contrevenir aux dispositions de l'article L. 3123-2 est puni d'un an d'emprisonnement et d'une amende de 15 000 €.*

II. — Les personnes physiques coupables de l'infraction prévue au présent article encourent également les peines complémentaires suivantes :

1° La suspension, pour une durée de cinq ans au plus, du permis de conduire ;

2° L'immobilisation, pour une durée d'un an au plus, du véhicule qui a servi à commettre l'infraction ;

3° La confiscation du véhicule qui a servi à commettre l'infraction ;

(Abrogé par Décis. n° 2013-318 QPC du 7 juin 2013) « 4° L'interdiction, pour une durée de cinq ans au plus, d'entrer et de séjourner dans l'enceinte d'une ou plusieurs infrastructures aéroportuaires ou portuaires, d'une gare ferroviaire ou routière, ou de leurs dépendances, sans y avoir été préalablement autorisé [autorisée] par les autorités de police territorialement compétentes. »

Inconstitutionnalité du 4° de l'art. L. 3124-9 C. transp. Ont été jugées contraires à la Constitution les dispositions du 4° de l'art. L. 3124-9 C. transp. punissant la méconnaissance des dispositions de l'art. L. 3123-2 de ce même code d'une peine complémentaire d'« interdiction pour une durée de cinq ans au plus, d'entrer et de séjourner dans l'enceinte d'une ou plusieurs infrastructures aéroportuaires ou portuaires, d'une gare ferroviaire ou routière, ou de leurs dépendances, sans y avoir été préalablement autorisé par les autorités de police territorialement compétentes », ces dispositions instaurant une peine manifestement disproportionnée en soumettant l'entrée dans une telle enceinte, tant pour des motifs personnels que pour des motifs professionnels, à une autorisation discrétionnaire de l'autorité de police compétente. • Cons. const. 7 juin 2013, n° 2013-318 QPC : *D. 2013. Actu. 1405 ; Dr. pénal 2013, n° 145, note Robert; RJEP 2013, n° 53, note Fraisse.*

Art. L. 3124-10 *(Abrogé par L. n° 2014-1104 du 1er oct. 2014, art. 12-II) Les personnes morales déclarées responsables pénalement, dans les conditions prévues par l'article 121-2 du code pénal, de l'infraction définie à l'article L. 3124-9 encourent, outre l'amende, suivant les modalités prévues par l'article 131-38 du code pénal, les peines prévues par les 8° et 9° de l'article 131-39 du même code.*

SECTION 4 *Dispositions communes*

(L. n° 2014-1104 du 1er oct. 2014, art. 12-III)

Art. L. 3124-11 *(L. n° 2016-1920 du 29 déc. 2016, art. 9-I-6°, en vigueur le 1er janv. 2017)* En cas de violation de la réglementation applicable à la profession par le conducteur d'un véhicule de transport public particulier de personnes, l'autorité administrative peut lui donner un avertissement ou procéder au retrait temporaire ou définitif de sa carte professionnelle.

Art. L. 3124-12 I. — Est puni d'un an d'emprisonnement et de 15 000 € d'amende le fait de contrevenir au I et au 1° du II de l'article L. 3120-2.

II. — Les personnes physiques reconnues coupables de l'infraction prévue au I du présent article encourent également les peines complémentaires suivantes :

1° La suspension, pour une durée maximale de cinq ans, du permis de conduire ;

2° L'immobilisation, pour une durée maximale d'un an, du véhicule qui a servi à commettre l'infraction ;

3° La confiscation du véhicule qui a servi à commettre l'infraction.

III. — Les personnes morales déclarées responsables pénalement, dans les conditions prévues à l'article 121-2 du code pénal, de l'infraction prévue au I du présent article encourent, outre l'amende suivant les modalités prévues à l'article 131-38 du même code, les peines prévues aux 8° et 9° de l'article 131-39 dudit code.

(L. n° 2023-22 du 24 janv. 2023, art. 25-IV) « L'action publique peut être éteinte, dans les conditions prévues aux articles 495-17 à 495-25 du code de procédure pénale, par le versement d'une amende forfaitaire d'un montant de 500 euros. Le montant de l'amende forfaitaire minorée est de 400 euros et le montant de l'amende forfaitaire majorée est de 1 000 euros. »

Art. L. 3124-13 *(Abrogé par L. n° 2016-1920 du 29 déc. 2016, art. 13-I-10°)* ***Est puni de deux ans d'emprisonnement et de 300 000 € d'amende le fait d'organiser un système de mise en relation de clients avec des personnes qui se livrent aux activités mentionnées à l'article L. 3120-1 sans être ni des entreprises de transport routier pouvant effectuer les services occasionnels mentionnés au chapitre II du titre I du présent livre, ni des taxis, des véhicules motorisés à deux ou trois roues ou des voitures de transport avec chauffeur au sens du présent titre.***

Les personnes morales déclarées responsables pénalement du délit prévu au présent article encourent, outre l'amende suivant les modalités prévues à l'article 131-38 du code pénal, les peines prévues aux 2° à 9° de l'article 131-39 du même code. L'interdiction mentionnée au 2° du même article 131-39 porte sur l'activité dans l'exercice ou à l'occasion de l'exercice de laquelle l'infraction a été commise. Les peines prévues aux 2° à 7° dudit article ne peuvent être prononcées que pour une durée maximale de cinq ans.

Le présent art. n'est pas applicable aux personnes qui organisent un système de mise en relation des clients avec des exploitants de voitures de petite remise, disposant d'une autorisation, régulièrement exploitées à la date de publication de la L. n° 2014-1104 du 1er oct. 2014 (L. préc., art. 16-VII).

....

TITRE IV LES ACTIVITÉS DE MISE EN RELATION PAR VOIE ÉLECTRONIQUE DANS LE SECTEUR DU TRANSPORT PUBLIC PARTICULIER DE PERSONNES *(Ord. n° 2021-487 du 21 avr. 2021, art. 2-1° et 5-I).*

(L. n° 2016-1920 du 29 déc. 2016, art. 1er)

CHAPITRE I *DISPOSITIONS GÉNÉRALES*

Art. L. 3141-1 Le présent titre est applicable aux professionnels qui mettent en relation des conducteurs ou des entreprises de transport et des passagers pour la réalisation de déplacements répondant aux caractéristiques suivantes :

1° Ils sont effectués au moyen de véhicules motorisés, y compris de véhicules à deux ou trois roues, comportant, outre le siège du conducteur, huit places assises au maximum ;

2° Ils ne présentent pas le caractère d'un service public de transport organisé par une autorité organisatrice mentionnée à l'article L. 1221-1 ;

3° Ils ne sont pas réalisés dans le cadre du conventionnement prévu à l'article L. 322-5 du code de la sécurité sociale ;

4° Ils ne sont pas effectués dans le cadre du covoiturage, tel qu'il est défini à l'article L. 3132-1 du présent code.

Le présent titre n'est pas applicable :

a) Aux personnes qui exploitent des services de transport, lorsque la mise en relation a pour objet les services de transport qu'elles exécutent elles-mêmes ;

b) Aux personnes qui organisent des services privés de transport dans les conditions prévues à l'article L. 3131-1, lorsque la mise en relation a pour objet ces services privés de transport ;

(Ord. n° 2021-487 du 21 avr. 2021, art. 2-2° et 5-I, en vigueur le 1er juin 2023) « *c)* Aux activités de mise en relation par voie électronique régies par le titre V. »

Dans le cas où l'opérateur de mise en relation mentionné à l'art. L. 3141-1 C. transp. a déjà mis en relation des conducteurs avec des passagers à la date d'entrée en vigueur du Décr. n° 2018-1036 du 26 nov. 2018 le 1er janv. 2019, il dispose d'un délai de six mois à compter de cette même date pour s'assurer de l'exécution par ces conducteurs et les exploitants qui les emploient des formalités prévues aux art. R. 3141-1 à R. 3141-5 du même code dans sa rédaction issue du Décr. préc. (Décr. préc., art. 3).

Art. L. 3141-2 I. — Le professionnel mentionné à l'article L. 3141-1 s'assure que tout conducteur qui réalise un déplacement mentionné au premier alinéa du même article L. 3141-1 dispose des documents suivants :

1° Le permis de conduire requis pour la conduite du véhicule utilisé ;

2° Un justificatif de l'assurance du véhicule utilisé ;

3° Un justificatif de l'assurance de responsabilité civile requise pour l'activité pratiquée ;

4° Le cas échéant, la carte professionnelle requise pour l'activité pratiquée.

II. — Le professionnel mentionné audit article L. 3141-1 s'assure que l'entreprise dont le conducteur relève dispose d'un justificatif de l'assurance de responsabilité civile professionnelle et, le cas échéant, du certificat d'inscription au registre mentionné à l'article L. 1421-1 ou du certificat d'inscription au registre mentionné à l'article L. 3122-3.

III. — Lorsque la mise en relation a pour objet un déplacement réalisé en voiture de transport avec chauffeur, le professionnel mentionné à l'article L. 3141-1 s'assure que le véhicule utilisé répond aux conditions techniques et de confort mentionnées à l'article L. 3122-4.

IV. — Les conditions d'application du présent article sont fixées par décret en Conseil d'État.

CHAPITRE II *CENTRALES DE RÉSERVATION*

Art. L. 3142-1 Pour l'application du présent chapitre, est considéré comme une centrale de réservation tout professionnel relevant de l'article L. 3141-1 dès lors que les conducteurs qui réalisent les déplacements mentionnés au premier alinéa du même article L. 3141-1 exercent leur activité à titre professionnel.

Art. L. 3142-2 Toute centrale de réservation, au sens de l'article L. 3142-1, déclare son activité à l'autorité administrative.

La déclaration est renouvelée chaque année et lorsqu'un changement intervient dans les éléments de la déclaration.

Les conditions d'application du présent article sont définies par voie réglementaire.

Art. L. 3142-3 La centrale de réservation est responsable de plein droit, à l'égard du client, de la bonne exécution des obligations résultant du contrat de transport, que ce contrat ait été conclu à distance ou non et que ces obligations soient à exécuter par la centrale elle-même ou par d'autres prestataires de services, sans préjudice du droit de recours de la centrale contre ceux-ci.

Toutefois, la centrale peut s'exonérer de tout ou partie de sa responsabilité en apportant la preuve que l'inexécution ou la mauvaise exécution du contrat est imputable soit au client, soit au fait imprévisible et insurmontable d'un tiers étranger à la fourniture de la prestation prévue au contrat, soit à un cas de force majeure.

Art. L. 3142-4 La centrale de réservation justifie de l'existence d'un contrat d'assurance couvrant sa responsabilité civile professionnelle.

Art. L. 3142-5 La centrale de réservation ne peut interdire à l'exploitant ou au conducteur d'un taxi de prendre en charge un client qui le sollicite directement alors que le taxi n'est pas rendu indisponible par une réservation et qu'il est arrêté ou stationné ou qu'il circule sur la voie ouverte à la circulation publique dans le ressort de son autorisation de stationnement.

Toute stipulation contractuelle contraire est réputée non écrite.

Les dispositions du présent article sont d'ordre public.

CHAPITRE III *CONSTATATION DES INFRACTIONS ET SANCTIONS*

Art. L. 3143-1 Les infractions aux dispositions législatives et réglementaires relatives aux activités de mise en relation mentionnées au présent titre sont recherchées et constatées par, outre les officiers et agents de police judiciaire, les fonctionnaires assermentés désignés par le ministre chargé des transports et commissionnés à cet effet.

Art. L. 3143-2 Est puni de 15 000 € d'amende le fait de contrevenir à l'article L. 3142-2.

Les personnes morales déclarées responsables pénalement du délit prévu au présent article encourent, outre l'amende suivant les modalités prévues à l'article 131-38 du code pénal, les peines prévues aux 2° à 9° de l'article 131-39 du même code. L'interdiction mentionnée au 2° du même article 131-39 porte sur l'activité dans l'exercice ou à l'occasion de l'exercice de laquelle l'infraction a été commise.

Art. L. 3143-3 Est puni de 75 000 € d'amende le fait de contrevenir à l'article L. 3142-5.

Le tribunal peut ordonner que sa décision soit publiée intégralement ou par extraits dans les journaux qu'il désigne, aux frais du condamné.

Art. L. 3143-4 Est puni de deux ans d'emprisonnement et de 300 000 € d'amende le fait d'organiser la mise en relation de passagers et de personnes qui ne sont ni des entreprises de transport public routier de personnes au sens du titre I du présent livre, ni des exploitants de taxis, de voitures de transport avec chauffeur ou de véhicules motorisés à deux ou trois roues au sens du titre II du même livre, en vue de la réalisation des prestations mentionnées aux articles L. 3112-1 ou L. 3120-1.

Les personnes morales déclarées responsables pénalement du délit prévu au présent article encourent, outre l'amende suivant les modalités prévues à l'article 131-38 du code pénal, les peines prévues aux 2° à 9° de l'article 131-39 du même code. L'interdiction mentionnée au 2° du même article 131-39 porte sur l'activité dans l'exercice ou à l'occasion de l'exercice de laquelle l'infraction a été commise. Les peines prévues aux 2° à 7° dudit article 131-39 ne peuvent être prononcées que pour une durée maximale de cinq ans.

PARTIE RÉGLEMENTAIRE

TROISIÈME PARTIE **TRANSPORT ROUTIER**

LIVRE I **LE TRANSPORT ROUTIER DE PERSONNES**

TITRE II **LES TRANSPORTS PUBLICS PARTICULIERS**

(Décr. n° 2014-1725 du 30 déc. 2014)

CHAPITRE PRÉLIMINAIRE ***DISPOSITIONS GÉNÉRALES***

SECTION 1 ***Définition***

Art. R. 3120-1 Les prestations de transports publics particuliers sont des prestations de transport public routier de personnes qui ne relèvent ni des transports publics collectifs régis par le titre I du présent livre, ni du transport privé routier de personnes régi par le titre III du même livre.

Ces prestations peuvent être proposées à autant de personnes que de places disponibles dans le véhicule. Elles sont exécutées, à titre onéreux, dans les conditions fixées au présent titre, par les taxis, les voitures de transport avec chauffeur et les véhicules motorisés à deux ou trois roues.

SECTION 2 ***Obligations générales relatives aux conducteurs***

Art. R. 3120-2 Sans préjudice de l'article *(Décr. n° 2019-866 du 21 août 2019, art. 4)* « R. 3122-12 », la justification de l'existence de la réservation préalable mentionnée *(Décr. n° 2017-483 du 6 avr. 2017, art. 2-1°)* « au I et » aux 1° et 3° du II de l'article L. 3120-2 peut être apportée au moyen d'un document écrit sur un support papier ou électronique.

Le conducteur est tenu de présenter ce justificatif à toute demande des agents chargés des contrôles.

Un arrêté des ministres chargés, respectivement, de l'économie et des transports et du ministre de l'intérieur précise les informations figurant sur ce justificatif et ses caractéristiques.

Art. D. 3120-3 La durée maximale de stationnement prévue au 3° du II de l'article L. 3120-2 est fixée à une heure précédant l'horaire de prise en charge souhaité par le client.

Art. R. 3120-4 *(Décr. n° 2014-1725 du 30 déc. 2014, en vigueur le 1er juill. 2015)* Le conducteur d'un véhicule de transport public particulier est, à tout moment, en mesure de présenter aux agents chargés des contrôles le justificatif d'assurance pour le transport de personnes à titre onéreux mentionné au troisième alinéa de l'article R. 211-15 du code des assurances [*nouvelle rédaction issue du Décr. n° 2023-1152 du 8 déc. 2023, art. 6 et 7, en vigueur* *le 1er avr. 2024 : « le justificatif d'assurance pour le transport public de personnes à titre onéreux mentionné au III de l'article R. 211-14-0-1 du code des assurances »].*

Art. D. 3120-5 Les règles relatives à la visite médicale périodique des conducteurs de véhicules de transport public particulier sont fixées par les articles R. 221-10 et R. 221-11 du code de la route.

Art. R. 3120-6 Lorsque le conducteur d'un véhicule de transport public particulier utilise ce dernier à titre professionnel, il appose sa carte professionnelle sur le pare-brise ou, à défaut, sur le véhicule de telle façon que la photographie soit facilement visible de l'extérieur. Cette carte comporte les informations fixées par un arrêté *(Décr. nº 2017-483 du 6 avr. 2017, art. 2-2º)* « du ministre chargé des transports.

« La carte professionnelle, ou son équivalent pour les conducteurs relevant de l'article R. 3120-8-1, est délivrée à toute personne souhaitant exercer la profession de conducteur d'un véhicule de transport public particulier qui :

« 1º Est titulaire d'un permis de conduire autorisant la conduite du véhicule utilisé et pour lequel, selon le cas, le délai prévu au 3º de l'article L. 3123-1 du présent code ou le délai probatoire prévu à l'article L. 223-1 du code de la route est expiré lors de l'entrée initiale dans la profession ou, pour une personne relevant de l'article R. 3120-8-1, est titulaire d'un permis qui lui a été délivré depuis plus de trois ans à la date du dépôt de la demande prévue à cet article ;

« 2º Satisfait à une condition d'aptitude professionnelle conformément, selon le cas, soit à l'article R. 3120-7, soit aux articles *(Décr. nº 2019-866 du 21 août 2019, art. 4)* « R. 3122-11 » ou R. 3123-2, soit à l'article R. 3120-8-1 ;

« 3º Satisfait à une condition d'honorabilité professionnelle conformément à l'article R. 3120-8 ou, pour les conducteurs relevant de l'article R. 3120-8-1, justifie de garanties d'honorabilité équivalentes. »

L'autorité administrative compétente remet la carte professionnelle dans un délai maximum *[maximal]* de trois mois suivant la date de la demande. A l'appui de sa demande, le conducteur fournit les documents justificatifs fixés par un arrêté *(Décr. nº 2017-483 du 6 avr. 2017, art. 2-2º)* « du ministre chargé des transports ».

Le conducteur restitue sa carte professionnelle lorsqu'il cesse définitivement son activité professionnelle. A défaut d'avoir été restituée, elle lui est retirée par l'autorité administrative.

Il la restitue également lorsque l'une des conditions auxquelles sa délivrance est subordonnée par les dispositions du présent titre cesse d'être remplie. A défaut de restitution, elle lui est retirée après qu'il a été mis à même de présenter ses observations écrites sur la décision de retrait envisagée par l'autorité compétente.

Pendant un an à compter de la promulgation de la L. nº 2016-1920 du 29 déc. 2016, l'interdiction, prévue au 1º de l'art. R. 3120-6 et au 3º de l'art. R. 3120-7 dans leur rédaction résultant respectivement des 2º et 3º de l'art. 2 du Décr. nº 2017-483 du 6 avr. 2017, de disposer d'un permis de conduire encore soumis à une période probatoire n'est pas applicable aux conducteurs mentionnés au III de l'art. 5 de cette même loi s'ils sont titulaires depuis au moins un an du permis de conduire correspondant à la catégorie du véhicule concerné. Les entreprises mentionnées au II du même art. 5 souhaitant bénéficier des dérogations prévues au IV du même art. joignent au dossier d'inscription prévu à l'art. R. 3122-1 une preuve de l'inscription au registre mentionnée à l'art. L. 3113-1 (Décr. préc., art. 14-II).

V. Arr. du 7 sept. 2017 relatif aux cartes professionnelles de conducteur de voiture de transport avec chauffeur (JO 22 sept.).

V. Arr. du 28 juin 2018 relatif aux cartes professionnelles de conducteur de taxi (JO 8 juill.).

V. Arr. du 28 juin 2018 relatif aux cartes professionnelles de conducteur motorisé à deux ou trois-roues (JO 8 juill.).

V. Décr. nº 2019-1014 du 2 oct. 2019 relatif à la fin de la validité des cartes professionnelles de chauffeur de voiture de tourisme et de conducteur de voiture de transport avec chauffeur délivrées avant le 1er juill. 2017 (JO 3 oct.).

Art. R. 3120-7 *(Décr. nº 2017-483 du 6 avr. 2017, art. 2-3º)* Le respect de la condition d'aptitude professionnelle mentionnée à l'article L. 3120-2-1 est constaté par la réussite à un examen, propre à chacune des professions du transport public particulier de personnes. Cet examen comprend des épreuves écrites d'admissibilité et une épreuve pratique d'admission dont le programme et les épreuves sont définis par un arrêté du ministre chargé des transports et du ministre chargé de l'économie. — *V. Arr. du 6 avr. 2017 (JO*

7 avr.), mod. par 2 Arr. du 11 août 2017 (JO 1er sept.), mod. par Arr. du 1er août 2018 (JO 9 août). — V. aussi Arr. du 16 févr. 2018 (JO 25 avr.), mod par Arr. du 3 oct. 2018 (JO 6 oct.).

(Décr. n° 2021-202 du 23 févr. 2021, art. 10) « Il est organisé dans les conditions prévues par les articles 24 à 24-4 et par le II de l'article 26 du code de l'artisanat. Le contenu et la difficulté des sujets des épreuves écrites d'admissibilité et des épreuves d'admission revêtent un caractère adéquat et proportionné à l'appréciation de la condition d'aptitude professionnelle mentionnée à l'article L. 3120-2-1 du code des transports qui consiste à être en capacité d'assurer dans des conditions de confort et de sécurité le transport de passagers, dans le respect des règles applicables à sa profession et à être en capacité d'informer de manière claire les passagers sur la facturation des courses. Le ministre chargé des transports et le ministre chargé de l'économie peuvent adresser à cette fin des instructions aux personnes participant à l'évaluation des candidats. »

Nul ne peut s'inscrire à ces examens si :

1° Il a fait l'objet, dans les dix ans qui précèdent sa demande, d'un retrait définitif de sa carte professionnelle en application de l'article L. 3124-11 ;

2° Il a fait l'objet, dans les cinq ans qui précèdent sa demande, d'une exclusion pour fraude lors d'une session à l'un des examens des professions du transport public particulier de personnes ;

3° Le délai probatoire applicable à son permis en vertu de l'article L. 223-1 du code de la route n'est pas expiré ou, le cas échéant, si la condition d'ancienneté prévue au 3° de l'article L. 3123-1 du présent code n'est pas remplie. — *V. note ss. art. R. 3120-6.*

Art. R. 3120-8 Nul ne peut exercer la profession de conducteur de véhicule de transport public particulier si figure au bulletin n° 2 de son casier judiciaire, ou à son équivalent pour les non-nationaux, l'une des condamnations suivantes :

1° Une condamnation définitive pour un délit sanctionné en vertu du code de la route par une réduction de la moitié du nombre maximal de points du permis de conduire ;

2° Une condamnation définitive pour conduite d'un véhicule sans être titulaire du permis de conduire correspondant à la catégorie du véhicule utilisé ou pour conduite malgré l'annulation du permis de conduire ou malgré l'interdiction d'obtenir la délivrance du permis, ou encore pour refus de restituer son permis de conduire après l'invalidation ou l'annulation de celui-ci ;

3° Une condamnation définitive prononcée par une juridiction, française ou étrangère, à une peine criminelle ou à une peine correctionnelle d'au moins six mois d'emprisonnement pour vol, escroquerie, abus de confiance, atteinte volontaire à l'intégrité de la personne, agression sexuelle *(Décr. n° 2017-483 du 6 avr. 2017, art. 2-4°)* « , trafic d'armes, extorsion de fonds » ou infraction à la législation sur les stupéfiants.

Art. R. 3120-8-1 *(Décr. n° 2017-483 du 6 avr. 2017, art. 2-5°)* I. — Les conducteurs, ressortissants d'un État membre de l'Union européenne ou d'un État partie à l'Espace économique européen, qui souhaitent exercer de manière durable leur profession sur le territoire national, peuvent justifier de leur aptitude professionnelle de conducteur pour exécuter les prestations mentionnées à l'article L. 3120-1 :

1° Soit par la production d'une attestation de compétences ou d'un titre de formation délivré par l'autorité compétente d'un de ces États lorsqu'une telle attestation ou un tel titre est exigé pour exécuter ces prestations ;

2° Soit par la production de toute pièce de nature à établir une expérience professionnelle d'une durée minimale d'un an à temps plein, ou à temps partiel pour une durée équivalente, au cours des dix dernières années.

II. — L'aptitude professionnelle est constatée :

1° Pour les demandeurs souhaitant exercer une activité de conducteur de taxi, par le préfet du département dans lequel le demandeur souhaite exercer son activité ou par le préfet de police dans sa zone de compétence ;

2° Pour les demandeurs souhaitant exercer une activité de conducteur de voiture de transport avec chauffeur ou de conducteur de véhicules à deux ou trois roues motorisé*[s]*, par le préfet du département de leur domiciliation ou par le préfet de police dans sa zone de compétence.

III. — Le préfet de département ou le préfet de police dans sa zone de compétence peut soumettre le demandeur à l'obligation, au choix de ce dernier, de passer avec succès une épreuve d'aptitude ou de suivre un stage d'adaptation lorsque les compétences qu'il a acquises au cours de son expérience professionnelle ou au moyen de la formation qu'il a reçue dans son État d'origine ne couvrent pas, en ce qui concerne les matières essentielles à l'exercice de son activité, la différence constatée entre, d'une part, la formation reçue dans son État d'origine et, d'autre part, les compétences validées par l'examen prévu à l'article R. 3120-6-1 ou, le cas échéant, l'expérience professionnelle prise en compte en application de l'article *(Décr. n° 2019-866 du 21 août 2019, art. 4)* « R. 3122-11 » ou de l'article R. 3123-2.

IV. — Les personnes mentionnées au I doivent disposer d'un niveau en langue française suffisant pour exercer la profession souhaitée. Le préfet du département*[,]* ou, dans sa zone de compétence, le préfet de police, peut organiser un contrôle de ce niveau de connaissance après la reconnaissance des qualifications professionnelles et s'il existe un doute sérieux et concret sur le niveau suffisant des connaissances linguistiques du professionnel au regard des activités qu'il entend exercer.

V. — Les modalités d'application du présent article, notamment le contenu des mesures de compensation prévues au III et du contrôle linguistique prévu au IV, ainsi que les modalités selon lesquelles le préfet ou le préfet de police établit un rapport annuel rendant compte de son activité en matière de reconnaissance des qualifications professionnelles, sont précisées par arrêté du ministre chargé des transports.

Art. R. 3120-8-2 *(Décr. n° 2017-483 du 6 avr. 2017, art. 2-5°)* Tout conducteur exécutant des prestations mentionnées à l'article L. 3120-1 est tenu de suivre, tous les cinq ans, un stage de formation continue dispensé par un centre de formation agréé conformément à l'article R. 3120-9. Le contenu de cette formation est défini par un arrêté du ministre chargé des transports et du ministre chargé de l'économie. L'accomplissement de cette obligation est sanctionné par la délivrance d'une attestation valable cinq ans.

V. Arr. du 11 août 2017 relatif à la formation continue des conducteurs de taxi et des conducteurs de voiture de transport avec chauffeur et à la mobilité des conducteurs de taxi (JO 1er sept.), mod. par Arr. du 17 juill. 2018 (JO 25 juill.).

V. Arr. du 3 oct. 2018 relatif à la formation continue des conducteurs de véhicule motorisé à deux ou trois roues (JO 6 oct.).

Art. R. 3120-9 L'exploitation d'un centre de formation en vue de la formation, initiale ou continue, des conducteurs des véhicules de transport public particulier est subordonnée à la délivrance d'un agrément par *(Décr. n° 2017-483 du 6 avr. 2017, art. 2-6°)* « le préfet du département où est situé le centre de formation, ou, s'il est situé dans la commune de Paris, le préfet de police. » Cet agrément est valable cinq ans.

La procédure d'instruction des demandes et les conditions de délivrance de cet agrément sont définies par un arrêté *(Décr. n° 2017-483 du 6 avr. 2017, art. 2-6°)* « du ministre chargé des transports », notamment en ce qui concerne les clauses obligatoires du règlement intérieur de l'établissement, les exigences minimales concernant la qualification des formateurs, les locaux, les matériels et véhicules utilisés, ainsi que le programme et le contenu des formations.

L'agrément peut être suspendu pour une durée maximale de six mois ou retiré par l'autorité administrative qui l'a délivré lorsque l'une des conditions auxquelles sa délivrance est subordonnée cesse d'être remplie.

La suspension ou le retrait de l'agrément sont décidés après que le gestionnaire du centre de formation, préalablement informé des griefs susceptibles d'être retenus contre lui, a été mis à même de présenter ses observations écrites et, le cas échéant, sur sa demande, des observations orales. Il peut se faire assister par un conseil ou se faire représenter par le mandataire de son choix. La décision de suspension ou de retrait de l'agrément est notifiée au représentant légal du centre de formation.

L'agrément ne peut être délivré aux personnes qui ont fait l'objet d'une condamnation prononcée par une juridiction, française ou étrangère, à une peine criminelle ou à une peine correctionnelle pour l'une des infractions sanctionnées à l'article R. 212-4 du code de la route.

L'exploitant d'un centre de formation des conducteurs de véhicules de transport avec chauffeur disposant d'un agrément avant la date d'entrée en vigueur (1er janv. 2015) du Décr. n° 2014-1725 du 30 déc. 2014 justifie de l'honorabilité professionnelle prévue au dernier al. du II de l'art. R. 3120-9 C. transp., lors du renouvellement de son agrément (Décr. préc., art. 6-III).

V. Arr. du 2 févr. 2016 relatif aux conditions d'agrément des centres de formation de conducteurs de voiture de transport avec chauffeur (JO 3 févr.).

V. Arr. du 11 août 2017 relatif à la formation continue des conducteurs de taxi et des conducteurs de voiture de transport avec chauffeur et à la mobilité des conducteurs de taxi (JO 1er sept.).

V. Arr. du 3 oct. 2018 relatif à l'agrément des centres de formation habilités à dispenser la formation initiale et continue des conducteurs de véhicule motorisé à deux ou trois roues (JO 6 oct.).

SECTION 3 *Obligations générales relatives aux véhicules*

Art. R. 3120-10 Sauf dispositions contraires du présent titre, les véhicules de transport public particulier sont soumis au contrôle technique dans les conditions prévues à l'article R. 323-24 du code de la route ou, le cas échéant, à l'article R. 323-26 du même code.

Art. R. 3120-11 *(Abrogé par Décr. no 2017-483 du 6 avr. 2017, art. 2-7o)* ***Les catégories de véhicules hybrides et électriques mentionnés à l'article L. 3120-5 sont définies par un arrêté des ministres chargés, respectivement, de l'économie et des transports et du ministre de l'intérieur.***

SECTION 4 *Observatoire national des transports publics particuliers de personnes*

(Décr. no 2017-236 du 24 févr. 2017, art. 1er)

Art. D. 3120-12 L'Observatoire national des transports publics particuliers de personnes mène toute étude qu'il juge propre à améliorer la connaissance des transports publics particuliers de personnes.

Art. D. 3120-13 L'observatoire national établit chaque année un rapport rendant compte de l'évolution du secteur des transports publics particuliers de personnes y compris de l'accès aux différentes professions de conducteurs.

Ce rapport est adressé au Comité national des transports publics particuliers de personnes.

Art. D. 3120-14 L'observatoire national assure la diffusion régulière de ses travaux, notamment auprès des professionnels et de leurs représentants.

Art. D. 3120-15 La mise en œuvre de l'observatoire national est assurée par *(Décr. no 2019-866 du 21 août 2019, art. 5)* « le service statistique ministériel du ministère chargé des transports ».

SECTION 5 *Comité national des transports publics particuliers de personnes*

(Décr. no 2017-236 du 24 févr. 2017, art. 1er)

Art. D. 3120-16 Il est créé auprès du ministre chargé des transports une instance d'information et de concertation des personnes intéressées par les transports publics particuliers de personnes dénommée "Comité national des transports publics particuliers de personnes". Il débat des grands enjeux des transports publics particuliers de personnes et donne un avis sur le rapport annuel de l'Observatoire national des transports publics particuliers de personnes.

Art. D. 3120-17 Le comité national peut être saisi pour avis par le ministre chargé des transports sur tout projet, programme ou étude intéressant le secteur. Il peut se saisir de toute question relative aux transports publics particuliers de personnes dès lors qu'elle ne relève pas de la compétence des commissions locales prévues à l'article D. 3120-21, ainsi que formuler des recommandations.

Art. D. 3120-18 Le comité national comprend cinquante membres au plus dont un président et un vice-président. Les membres sont nommés par arrêté conjoint des ministres chargés des transports, de l'économie, de la santé et de l'intérieur. Le président est nommé parmi les membres représentant l'État et le vice-président est nommé parmi les autres membres.

Il est composé à parts égales :

1° Des représentants des ministres chargés, respectivement, des transports, de l'économie, de la santé et de l'intérieur ;

2° Des représentants des professionnels intervenant dans le secteur du transport public particulier de personnes ;

3° Des représentants des collectivités territoriales ou des associations qui les représentent ;

4° Des représentants d'associations de défense des consommateurs, de personnes à mobilité réduite, d'usagers des transports, ou d'associations agissant dans le domaine de la sécurité routière ou de l'environnement.

En outre, il peut également comprendre des personnalités désignées en raison de leurs compétences en matière de transports publics particuliers de personnes, dont le nombre total ne peut excéder celui des représentants mentionnés au 1°.

Un arrêté conjoint des ministres chargés, respectivement, des transports, de l'économie, de la santé et de l'intérieur fixe le nombre de chacun des représentants.

Conformément à l'article R.* 133-2 du code des relations entre le public et l'administration, le comité national est institué pour une durée de cinq ans à compter de la date de publication de l'arrêté conjoint mentionné au premier alinéa.

V. Arr. du 13 févr. 2019 fixant le nombre des représentants siégeant au Comité national de suivi des examens des professions du transport public particulier de personnes (JO 17 févr.).

Art. D. 3120-19 Le comité national fonctionne et délibère dans les conditions prévues par l'article R. 133-3 à R.* 133-15 du code des relations entre le public et l'administration.

Il établit son règlement intérieur.

Art. D. 3120-20 Les membres du Comité national des transports publics particuliers de personnes exercent leurs fonctions à titre gratuit. Ils peuvent bénéficier du remboursement de leurs frais de déplacement et de séjour dans les conditions prévues par la réglementation applicable aux fonctionnaires de l'État.

SECTION 6 *Commissions locales des transports publics particuliers de personnes*

(Décr. nº 2017-236 du 24 févr. 2017, art. 1er, en vigueur le 1er juin 2017)

SOUS-SECTION 1 *Dispositions générales*

Art. D. 3120-21 Il est créé dans chaque département une commission consultative dénommée commission locale des transports publics particuliers de personnes.

Pour la zone constituée de la ville de Paris, des départements des Hauts-de-Seine, de la Seine-Saint-Denis et du Val-de-Marne et des parties de Seine-et-Marne et du Val-d'Oise situées sur les emprises des aéroports de Paris-Charles-de-Gaulle et de Paris-Le Bourget, une commission unique est créée auprès du préfet de police.

Art. D. 3120-22 La commission locale des transports publics particuliers de personnes établit chaque année un rapport rendant compte de son activité et de l'évolution du secteur des transports publics particuliers de personnes dans le périmètre de son ressort géographique. Ce rapport peut aborder les points suivants :

1° La satisfaction, sur les plans quantitatif et qualitatif, de la demande de transports publics particuliers de personnes en complémentarité, le cas échéant, avec les transports publics collectifs ;

2° L'économie et l'état de l'offre du secteur, notamment en prenant en compte l'impact des transports exécutés par une entreprise de taxi ayant conclu une convention avec un organisme local d'assurance maladie conformément à l'article L. 322-5 du code de la sécurité sociale ;

3° Les offres de formation des conducteurs et les statistiques d'accès aux professions de conducteurs ;

4° Le respect de la réglementation sectorielle ;

5° La représentativité des différents organismes représentant les professionnels au sens des articles L. 2121-1 et L. 2151-1 du code du travail ;

(Décr. nº 2019-853 du 20 août 2019, art. 1er) « 6° L'économie et l'état de l'offre de services de transport d'utilité sociale. »

Il peut faire état de toute recommandation relative au secteur.

Ce rapport est transmis à l'Observatoire national des transports publics particuliers de personnes avant le 1er juillet de chaque année.

Art. D. 3120-23 La commission locale des transports publics particuliers de personnes fonctionne et délibère dans les conditions prévues par l'article R. 133-3 à R*. 133-15 du code des relations entre le public et l'administration. Elle se réunit au moins une fois par an.

Elle établit son règlement intérieur.

SOUS-SECTION 2 *Composition*

Art. D. 3120-24 La commission locale des transports publics particuliers de personnes est présidée par le préfet de département ou son représentant ou, pour la zone mentionnée au second alinéa de l'article D. 3120-21, par le préfet de police ou son représentant, qui fixe sa composition par arrêté dans le respect des dispositions de la présente sous-section.

Art. D. 3120-25 La durée du mandat des membres de la commission locale des transports publics particuliers de personnes est de trois ans. Le président peut, sur décision motivée ou après vote de la majorité absolue des membres, mettre fin à ce mandat de manière anticipée dans les cas prévus à l'article R. 133-4 du code des relations entre le public et l'administration ou par le règlement intérieur de la commission.

Art. D. 3120-26 La commission locale des transports publics particuliers de personnes comprend :

1° Un collège de représentants de l'État ;

2° Un collège de représentants des professionnels, dont le nombre de membres est égal à celui du collège de l'État ;

3° Un collège de représentants des collectivités territoriales composé de membres siégeant au titre de la compétence d'autorité organisatrice ou d'autorité chargée de délivrer les autorisations de stationnement. Le nombre de membres du collège est égal à celui du collège de l'État ;

4° Le cas échéant, des représentants des consommateurs, de personnes à mobilité réduite, d'usagers des transports, ou d'associations agissant dans le domaine de la sécurité routière ou de l'environnement. Le nombre total de ces représentants ne peut excéder celui des représentants de l'État.

Art. D. 3120-27 Le collège de représentants de l'État est composé du président et de membres siégeant en raison de leurs fonctions au sein de l'État dans le domaine des transports, de la sécurité, de la santé et de la concurrence ou de la consommation.

Art. D. 3120-28 I. – Les membres du collège des représentants des collectivités territoriales siégeant au titre de la compétence d'autorité organisatrice sont des représentants des autorités organisatrices de transport, au sens des articles L. 1221-1 et L. 1241-1, organisant des services de transport dans le ressort géographique de la commission. Lorsque ces autorités ont délégué l'organisation de tels services de transport à d'autres collectivités, ou leurs établissements publics, situées dans le ressort de la commission, des représentants de ces autorités déléguées peuvent également siéger dans le collège.

Les membres du collège des représentants des collectivités territoriales siégeant au titre de la compétence d'autorité organisatrice sont désignés par le président de la commission sur proposition desdites autorités organisatrices et des collectivités auxquelles elles ont donné délégation en tenant compte de leur nombre d'habitants.

II. – Les membres du collège des représentants des collectivités territoriales siégeant au titre de la compétence d'autorité chargée de délivrer les autorisations de stationnement sont des représentants des autorités énumérées à l'article R. 3121-4, à l'exclusion, le cas échéant, des représentants de l'État. Pour la commission unique prévue au second alinéa de l'article D. 3120-21, le collège de représentants des collectivités territoriales siégeant au titre de la compétence d'autorité chargée de délivrer les autorisations de stationnement est composé pour partie de représentants des communes sur le territoire desquelles le préfet de police exerce les attributions d'autorité délivrant les autorisations de stationnement.

Les membres du collège des collectivités territoriales siégeant au titre de la compétence d'autorité chargée de délivrer les autorisations de stationnement sont désignés par le président de la commission sur proposition desdites autorités et, le cas échéant, desdites communes en tenant compte de leur nombre d'habitants.

Art. D. 3120-29 Le collège des professionnels représente les professions des transports publics particuliers dans le ressort géographique de la commission.

Les membres du collège sont désignés par le président de la commission en tenant compte des critères de respect des valeurs républicaines, d'indépendance, de transparence financière et d'ancienneté tels qu'ils sont définis aux articles L. 2121-1 et L. 2151-1 du code du travail et en tenant compte de l'audience qui se mesure en fonction du nombre d'adhérents. Pour les organisations professionnelles d'employeurs, est pris en compte le nombre d'adhérents inscrits au registre de disponibilité des taxis institué par l'article L. 3121-11-1 du code des transports ou au registre des voitures de transport avec chauffeur institué par l'article L. 3122-3 de ce même code.

Sur demande du président, les organisations professionnelles transmettent les chiffres certifiés attestant de leur nombre d'adhérents inscrits le cas échéant dans chaque registre mentionné à l'alinéa précédent.

Art. D. 3120-30 Les représentants mentionnés au 4° de l'article D. 3120-26 sont désignés par le président de la commission.

Les représentants des consommateurs sont choisis parmi les membres des associations de défense des consommateurs agréées en application de l'article L. 811-1 du code de la consommation.

Tant que la limite du nombre de représentants total prévu au 4° de l'article D. 3120-26 n'est pas atteinte, toute association de défense des consommateurs agréée en application de l'article L. 811-1 susmentionné qui en fait la demande dispose d'au moins un représentant au sein de la commission locale des transports publics particuliers de personnes.

Art. D. 3120-31 Lorsque leur activité a un impact significatif sur les activités du transport public particulier, sont invités, en tant que personnes qualifiées, des représentants des personnes suivantes :

1° Les représentants des organisations professionnelles des centrales de réservation des transports publics particuliers de personnes ;

2° Les entreprises de transport public routier assurant des services de transport occasionnels avec des véhicules légers.

Ces représentants n'ont pas voix délibérative.

Art. D. 3120-32 La commission peut comprendre jusqu'à trois sections spécialisées en matière disciplinaire pour respectivement les taxis, les voitures de transport avec chauffeur et les véhicules motorisés à deux ou trois roues.

Chaque section spécialisée en matière disciplinaire est composée, à parts égales, de membres du collège de l'État et de membres du collège des professionnels relevant de la profession concernée.

Art. D. 3120-33 La commission peut comprendre jusqu'à trois formations restreintes dédiées aux affaires propres respectivement aux taxis, aux voitures de transport avec chauffeur et aux véhicules motorisés à deux ou trois roues.

Chaque formation restreinte de la commission est composée, à parts égales, de membres des collèges mentionnés à l'article D. 3120-26 et, le cas échéant, de représentants mentionnés au 4° de ce même article. Pour le collège des professionnels, ne siègent que les membres représentant la profession concernée.

SOUS-SECTION 3 *Compétences*

Art. D. 3120-34 A sa demande, la commission locale est informée de tout élément statistique dont disposent les pouvoirs publics relatif à l'exercice de l'activité de transport public particulier dans son ressort géographique, en particulier s'agissant :

1° Des cartes professionnelles délivrées et en cours de validité ;

2° Des extraits du registre des exploitants de voitures de transport avec chauffeur dans le ressort de la commission ;

3° Des agréments de centres de formation ;

4° Des résultats des centres d'examen ;

5° Du registre des autorisations de stationnement ;

6° Des sanctions énumérées à l'article L. 3124-11 prononcées par l'autorité administrative compétente ;

7° De toutes données disponibles relatives au secteur des transports publics particuliers de personnes.

Art. D. 3120-35 Les autorités compétentes pour délivrer les autorisations de stationnement informent le président de la commission locale des transports publics particuliers de personnes des projets d'actes réglementaires modifiant le nombre d'autorisations de stationnement mentionnés à l'article R. 3121-5.

Art. D. 3120-36 A la demande de son président ou à l'initiative de l'un de ses collèges, la commission locale des transports publics particuliers, ou l'une de ses formations restreintes, rend des avis :

1° Dans chacune des matières énumérées à l'article D. 3120-22 ;

2° Sur le volume et qualité de l'offre de formation assurée par les centres agréés de formation de conducteurs de taxis et de voitures de transport avec chauffeur.

La commission locale peut rendre un avis sur tout acte réglementaire, ou projet d'acte réglementaire dont elle est informée par le président, dont la portée concerne le ressort géographique de la commission, notamment ceux mentionnés à l'article R. 3121-5 ou pris en application de l'article 5 du décret n° 2015-1252 du 7 octobre 2015 relatif aux tarifs des courses de taxi.

Art. D. 3120-37 La commission locale des transports publics particuliers peut être saisie pour avis par une autorité organisatrice de transport, de tout document de planification ayant un impact sur les transports dans le ressort géographique de la commission.

Art. D. 3120-38 Les autorités compétentes pour délivrer les cartes professionnelles de conducteurs définissent les conditions dans lesquelles les sections disciplinaires de la commission des transports publics particuliers sont consultées pour avis dans le cadre des procédures de sanctions administratives prévues à l'article L. 3124-11.

Art. D. 3120-39 Lorsqu'elle édicte des règles locales relatives à l'exercice de la profession de taxi, l'autorité administrative compétente pour délivrer des autorisations de stationnement en application des articles L. 2213-33 et L. 5211-9-2 du code général des collectivités territoriales et le président du conseil de la métropole de Lyon en application de l'article L. 3642-2 du même code peuvent mettre en place des instances de concertation avec les taxis, notamment pour traiter des questions disciplinaires.

SECTION 7 *Recueil d'informations par l'autorité administrative*

(Décr. n° 2019-866 du 21 août 2019, art. 1er)

Art. R. 3120-40 I. — Peuvent demander la communication de toute donnée utile aux fins prévues par le 1° du I de l'article L. 3120-6, dans le cadre de leurs attributions respectives :

a) Les agents mentionnés aux articles L. 1451-1 et L. 3143-1 du code des transports ;

b) Le directeur général des *(Décr. n° 2022-473 du 4 avr. 2022, art. 1er)* « infrastructures, des transports et des mobilités », le directeur des *(Décr. n° 2022-473 du 4 avr. 2022, art. 1er)* « mobilités routières » ainsi que les agents en charge des missions de régulation et de contrôle dans le secteur du transport public particulier de personnes placés sous leur autorité et dûment désignés pour recevoir ces données ;

c) Le directeur régional de l'environnement, de l'aménagement et du logement ou le directeur de l'environnement, de l'aménagement et du logement territorialement compétent ou le directeur régional et interdépartemental d'Île-de-France, dans le cadre de leurs missions de régulation et de contrôle dans le secteur du transport public particulier de personnes ainsi que les agents en charge de ces missions placés sous leur autorité et dûment désignés pour recevoir ces données.

Les agents de contrôle de l'inspection du travail mentionnés à l'article L. 8112-1 du code du travail et ceux du groupe national de veille, d'appui et de contrôle mentionnés à l'article R. 8121-15 du même code peuvent demander la communication des données utiles pour le contrôle du respect des dispositions législatives et réglementaires relatives aux conditions d'exercice des professions du transport public particulier de personnes, dans la mesure où ces données sont utiles pour veiller au respect des dispositions du code du travail et de la réglementation du travail applicable aux transports routiers.

Sauf dans les cas où des dispositions législatives ou réglementaires en disposent autrement, la nature, l'antériorité et la durée de conservation de ces données et, le cas échéant, la périodicité minimale de leur communication par les personnes intervenant dans le secteur du transport public particulier de personnes sont fixées par arrêté conjoint du ministre de l'intérieur et des ministres chargés des transports et du travail.

II. — Peuvent demander la communication de toute donnée utile aux fins prévues par le 2° du I de l'article L. 3120-6, dans le cadre de leurs attributions respectives, le directeur général de la concurrence, de la consommation et de la répression des fraudes, le directeur régional des entreprises, de la concurrence, de la consommation, du travail et de l'emploi, le directeur des entreprises, de la concurrence, de la consommation, du travail et de l'emploi et le directeur de la direction départementale chargée de la protection des populations ainsi que les agents placés sous leur autorité et dûment désignés pour recevoir ces données.

La nature, l'antériorité et la durée de conservation de ces données et, le cas échéant, la périodicité minimale de leur communication par les personnes intervenant dans le secteur du transport public particulier de personnes sont fixées par arrêté du ministre chargé de l'économie.

III. — Le ministre de l'intérieur et les ministres chargés des transports et du travail, chacun pour son domaine de compétence, d'une part, et le ministre chargé de l'économie, d'autre part, mettent en œuvre les traitements des données recueillies aux fins respectivement du 1° et du 2° du I de l'article L. 3120-6.

Art. R. 3120-41 Le ministre chargé des transports est l'autorité administrative mentionnée au II de l'article L. 3120-6 du code des transports.

La nature, l'antériorité et la durée de conservation des données susceptibles d'être demandées par l'autorité administrative en application du II de l'article L. 3120-6 et, le cas échéant, la périodicité minimale de leur communication par les personnes intervenant dans le secteur du transport public particulier de personnes, sont fixées par arrêté des ministres chargés de l'économie et des transports.

Ces données ne peuvent être utilisées qu'à des fins statistiques.

La publication des études réalisées à partir des données recueillies garantit l'anonymat et la confidentialité des données individuelles ainsi que le respect des secrets protégés par la loi.

Art. R. 3120-42 Les demandes effectuées en application des articles R. 3120-40 et R. 3120-41 précisent les informations et données demandées, le format imposé pour la communication de ces informations ainsi que le délai limite de transmission ou, en cas de transmission périodique, les dates limites de transmission.

Sans préjudice de dispositions législatives et réglementaires spécifiques, dans le cas d'une transmission périodique, le délai de transmission imposé ne peut être inférieur à deux semaines à compter de la fin de la période considérée et la fréquence de transmission demandée ne peut être plus que mensuelle. Lorsque le format demandé est numérique, il l'est dans un standard ouvert et permet l'exploitation et la réutilisation des données par le destinataire, sauf si l'autorité administrative et la personne concernée intervenant dans le secteur du transport public particulier de personnes en conviennent différemment au préalable.

CHAPITRE I *LES TAXIS*

SECTION 1 *Obligations relatives aux véhicules*

Art. R. 3121-1 I. — En application de l'article L. 3121-1, un véhicule affecté à l'activité de taxi est muni d'équipements spéciaux comprenant :

1° Un compteur horokilométrique homologué, dit "taximètre", conforme aux prescriptions du décret n° 2006-447 du 12 avril 2006 relatif à la mise sur le marché et à la mise en service de certains instruments de mesure ;

2° Un dispositif extérieur lumineux portant la mention "taxi", dont les caractéristiques sont fixées par le ministre chargé de l'industrie, qui s'illumine en vert lorsque le taxi est libre et en rouge lorsque celui-ci est en charge ou réservé ;

3° Une plaque fixée au véhicule et visible de l'extérieur indiquant le numéro de l'autorisation de stationnement ainsi que son ressort géographique tel qu'il est défini par l'autorité compétente pour délivrer l'autorisation de stationnement ;

4° Sauf à ce que le compteur horokilométrique en remplisse la fonction, un appareil horodateur homologué, fixé au véhicule, permettant, lorsqu'une durée maximale d'utilisation du taxi est prescrite par l'autorité compétente, d'enregistrer les heures de début et de fin de service du conducteur.

II. — Il est, en outre, muni de :

1° Une imprimante, connectée au taximètre, permettant l'édition automatisée d'une note informant le client du prix total à payer conformément aux textes d'application de l'article L. 113-3 du code de la consommation ;

2° Un terminal de paiement électronique *(Abrogé par Décr. n° 2017-483 du 6 avr. 2017, art. 3-1°)* « ***, mentionné à l'article L. 3121-1,*** » en état de fonctionnement et visible, tenu à la disposition du client, afin de permettre *(Décr. n° 2017-483 du 6 avr. 2017, art. 3-1°)* « au conducteur d'accomplir l'obligation prévue à l'article L. 3121-11-2 et, le cas échéant, » au prestataire de services de paiement d'accomplir l'obligation d'information prévue à l'article L. 314-14 du code monétaire et financier.

Par dérogation au I de l'art. R. 3121-1, les véhicules de taxi en circulation avant le 1er janv. 2012 peuvent utiliser jusqu'au 31 déc. 2016 les équipements spéciaux qui étaient prévus à l'art. 1er du Décr. n° 95-935 du 17 août 1995, dans sa rédaction antérieure à celle issue de l'art. 2 du Décr. n° 2009-1064 du 28 août 2009 relatif à l'exercice de l'activité de taxi (Décr. n° 2014-1725 du 30 déc. 2014, art. 6-II).

Art. R. 3121-2 En cas d'immobilisation d'origine mécanique ou de vol du véhicule ou de ses équipements spéciaux, le taxi peut être remplacé, temporairement, par un véhicule disposant des équipements énumérés à l'article R. 3121-1, selon des modalités précisées *(Décr. n° 2023-383 du 19 mai 2023, art. 1er)* « par un arrêté du ministre chargé des transports ».

L'autorisation de stationnement et la plaque portant le numéro de l'autorisation sont ceux du taxi dont le véhicule de remplacement prend le relais.

V. Arr. du 28 juill. 2023 relatif aux véhicules de remplacement temporaire de taxis (taxis relais) (JO 6 août).

Art. R. 3121-3 Le préfet dans le département ou, dans sa zone de compétence, le préfet de police peut définir des modalités particulières de mise en œuvre du contrôle technique des véhicules affectés à l'activité de taxi ainsi que leurs caractéristiques, notamment en matière d'ancienneté maximale ou de dimension minimale, sauf s'il s'agit des véhicules hybrides et électriques mentionnés à l'article L. 3120-5.

SECTION 2 *Profession d'exploitant de taxi*

Art. R. 3121-4 *(Décr. n° 2017-483 du 6 avr. 2017, art. 3-2°)* Les autorités compétentes pour délivrer les autorisations de stationnement sont, selon le ressort géographique de l'autorisation, celles définies à l'article L. 2213-33, au 7 de l'article L. 3642-2, au cinquième alinéa du A du I de l'article L. 5211-9-2 du code général des collectivités territoriales ou à l'article L. 6332-2 du présent code, sans préjudice, le cas échéant, des mesures de police susceptibles d'être prises par les autorités compétentes.

Art. R. 3121-5 L'autorité compétente pour délivrer les autorisations de stationnement fixe, par arrêté, le nombre d'autorisations de stationnement offertes à l'exploitation dans la ou les zones de sa compétence et délimite le périmètre du ou des ressorts géographiques de ces autorisations. Le nombre d'autorisations de stationnement est rendu public.

(Décr. n° 2016-335 du 21 mars 2016, art. 2) « L'autorité compétente communique, par voie électronique, au gestionnaire du registre de disponibilité des taxis mentionné à l'article L. 3121-11-1 les informations mentionnées au premier alinéa dans un délai d'un mois suivant la transaction. »

La délivrance, le renouvellement et le retrait de chaque autorisation de stationnement font l'objet d'un arrêté.

L'augmentation du nombre d'autorisations de stationnement offertes à l'exploitation ainsi que le retrait définitif d'une autorisation de stationnement ou son non-renouvellement donne *[donnent]* lieu, dans un délai de trois mois, à la délivrance de nouvelles autorisations dans les conditions prévues au III de l'article R. 3121-13.

Les autorisations de stationnement délivrées à partir du 1er oct. 2014 et jusqu'à la date d'entrée en vigueur du Décr. n° 2014-1725 du 30 déc. 2014 ne sont pas affectées par les dispositions relatives aux autorisations de stationnement des art. R. 3121-5, R. 3121-6, R. 3121-12 et R. 3121-13 figurant à l'annexe dudit Décr. (Décr. préc., art. 9).

Art. R. 3121-6 La condition tenant à l'exploitation effective et continue de l'autorisation de stationnement prévue au II de l'article L. 3121-1-2 est justifiée soit par la copie des déclarations de revenus, soit par la copie des avis d'imposition pour la période concernée, soit par tout autre moyen défini par un arrêté de l'autorité compétente pour délivrer l'autorisation de stationnement.

V. note ss. art. R. 3121-5.

Art. R. 3121-7 Le préfet dans le département ou, dans sa zone de compétence, le préfet de police constate, au vu de l'avis émis par la commission médicale prévue au II de l'article R. 221-11 du code de la route, l'inaptitude physique d'un conducteur de taxi ou d'un exploitant titulaire d'une autorisation de stationnement acquise à titre onéreux, délivrée jusqu'au 1er octobre 2014, souhaitant présenter un successeur.

Cette commission, composée exclusivement de médecins, se prononce après avoir examiné le titulaire de l'autorisation et entendu, si elle l'estime utile, tout médecin spécialiste agréé par le préfet ou, dans sa zone de compétence, le préfet de police.

Un arrêté du ministre chargé de la sécurité routière précise les modalités d'application du présent article.

V. Arr. du 19 janv. 2016 relatif à l'inaptitude médicale définitive des conducteurs de taxi (JO 28 janv.).

SOUS-SECTION 1 *Dispositions applicables aux autorisations de stationnement délivrées antérieurement au 1er octobre 2014*

Art. R. 3121-8 Le titulaire d'une ou de plusieurs autorisations de stationnement relevant de la présente sous-section et qui n'en assure pas personnellement l'exploitation, *(Décr. no 2014-1725 du 30 déc. 2014, art. 7-IV, en vigueur le 1er janv. 2017)* « conformément au deuxième alinéa du I de l'article L. 3121-1-2 », en informe préalablement l'autorité compétente pour délivrer les autorisations de stationnement.

Il tient un registre contenant les informations relatives au numéro de carte professionnelle du conducteur et à l'état civil du locataire-gérant, des salariés et des locataires des sociétés coopératives ouvrières de production.

Ce registre est communiqué à tout moment, sur leur demande, aux agents chargés des contrôles.

Art. R. 3121-9 L'autorité compétente pour délivrer les autorisations de stationnement peut autoriser l'exploitation avec une double sortie journalière des autorisations dont le titulaire n'assure pas personnellement l'exploitation.

Cette possibilité de double sortie peut être subordonnée au respect de l'une ou de plusieurs des règles énumérées à l'article R. 3121-12 ainsi qu'à des règles relatives à la succession des conducteurs en cours de journée.

Le nombre de ces autorisations est fixé et rendu public dans les conditions prévues à l'article R. 3121-5.

Art. R. 3121-10 Le registre des transactions prévu au premier alinéa de l'article L. 3121-4 est public. Il comporte :

1° Le montant des transactions ;

2° Les noms et raisons sociales du titulaire de l'autorisation et du successeur présenté ;

3° Le numéro unique d'identification, inscrit au répertoire des entreprises tenu par l'Institut national de la statistique et des études économiques, attribué au successeur présenté.

Art. R. 3121-11 Sans préjudice de l'article L. 3124-1, les autorisations de stationnement relevant de la présente sous-section sont retirées définitivement à la demande du titulaire.

SOUS-SECTION 2 *Régime de délivrance des nouvelles autorisations de stationnement*

Art. R. 3121-12 L'autorité compétente pour délivrer les autorisations de stationnement peut soumettre la délivrance ou le renouvellement des autorisations de stationnement au respect d'une ou de plusieurs conditions relatives, respectivement, à :

– l'utilisation d'équipements permettant l'accès du taxi aux personnes à mobilité réduite ;

– l'utilisation d'un véhicule hybride ou électrique mentionné à l'article L. 3120-5 ;

– l'exploitation de l'autorisation à certaines heures et dates ou dans certains lieux.

V. note ss. art. R. 3121-5.

Art. R. 3121-13 I. – Les listes d'attente en vue de la délivrance des autorisations sont établies par l'autorité compétente pour les délivrer. Ces listes mentionnent la date de dépôt et le numéro d'enregistrement de chaque demande. Elles sont communicables dans les conditions prévues par l'article L. 311-9 du code des relations entre le public et l'administration.

Les demandes de délivrance sont valables un an.

II. – Cessent de figurer sur la liste d'attente d'une zone géographique :

– les demandes formées par un candidat qui figure déjà sur une autre liste d'attente ;

– les demandes qui ne sont pas renouvelées, par tout moyen permettant d'en accuser réception, avant la date anniversaire de l'inscription initiale ;

— les demandes formées par un candidat qui ne dispose pas de la carte professionnelle, en cours de validité, prévue à l'article L. 3121-10.

Les demandes formées par un candidat qui détient déjà, à la date de sa demande, une autorisation de stationnement.

III. — Les autorisations sont proposées dans l'ordre chronologique d'enregistrement des demandes établi conformément à la liste d'attente. En cas de demandes simultanées, il est procédé par tirage au sort. Chaque nouvelle autorisation est délivrée au premier demandeur qui l'accepte. — *V. Arr. du 19 janv. 2016 relatif aux documents justifiant de l'exercice de l'activité de conducteur de taxi prévus au III de l'art. R. 3121-13 C. transp. pour les candidats à la délivrance d'une autorisation de stationnement figurant sur une liste d'attente (JO 5 févr.).*

Toutefois, aucune autorisation n'est délivrée à un candidat qui ne peut justifier de l'exercice de l'activité de conducteur de taxi conformément au troisième alinéa de l'article L. 3121-5, sauf si aucun autre candidat ne peut non plus justifier de cet exercice.

Un arrêté du ministre de l'intérieur précise les documents justificatifs acceptés.

IV. — La liste d'attente est publiée par l'autorité compétente pour délivrer les autorisations de stationnement ou affichée à son siège.

V. note ss. art. R. 3121-5.

Art. R. 3121-14 A la demande du titulaire formée au moins trois mois avant le terme de la durée de validité de l'autorisation de stationnement, l'autorité compétente renouvelle l'autorisation avant ce terme, sauf si le titulaire se trouve dans l'un des cas énumérés à l'article R. 3121-15 entraînant le retrait de l'autorisation.

Art. R. 3121-15 Sans préjudice de l'article L. 3124-1, les autorisations de stationnement délivrées sont retirées définitivement dans chacun des cas suivants :

— après retrait définitif de la carte professionnelle en application de l'article *(Décr. n° 2017-483 du 6 avr. 2017, art. 3-3°)* « L. 3124-11 » ;

— à la demande du titulaire ;

— en cas d'inaptitude définitive du conducteur entraînant l'annulation du permis de conduire les véhicules de toutes les catégories, constatée dans les conditions prévues à l'article R. 3121-7 ;

— en cas de décès du titulaire.

SECTION 3 *Activité de conducteur de taxi*

Art. R. 3121-16 *(Décr. n° 2017-483 du 6 avr. 2017, art. 3-4°)* L'autorité administrative compétente pour délivrer la carte professionnelle prévue à l'article L. 3121-2-2 et préciser le ou les départements dans lesquels le conducteur peut exercer son activité est le préfet de département ou, dans sa zone de compétence, le préfet de police.

Art. R. 3121-17 *(Décr. n° 2017-483 du 6 avr. 2017, art. 3-5°)* Tout conducteur de taxi est titulaire, lors de son entrée initiale dans la profession, d'une attestation de suivi d'une formation de prévention et de secours civiques de niveau 1 délivrée depuis moins de deux ans, ou d'une formation équivalente pour les conducteurs relevant de l'article R. 3120-8-1.

Art. R. 3121-18 à R. 3121-21 *Abrogés par Décr. n° 2017-483 du 6 avr. 2017, art. 3-6°.*

SECTION 4 *Exécution du service*

Art. R. 3121-22 *(Décr. n° 2017-483 du 6 avr. 2017, art. 3-7°)* Le tarif maximum d'une course de taxi est fixé par le décret n° 2015-1252 du 7 octobre 2015 relatif aux tarifs des courses des taxis et par les textes pris pour son application.

Art. R. 3121-23 *(Décr. n° 2021-1688 du 16 déc. 2021, art. 2)* Le conducteur d'un taxi en service et disponible sur la voie ouverte à la circulation publique dans le ressort de son autorisation de stationnement prend en charge sur cette même voie tout client qui le sollicite, y compris lorsque la course est sollicitée par l'intermédiaire du registre de disponibilité des taxis mentionné à l'article L. 3121-11-1.

Il peut toutefois refuser une course dans les cas suivants :

1° Lorsque la course est à destination d'un lieu situé en dehors du ressort de son autorisation ou de tout autre périmètre préalablement défini par l'autorité qui lui a délivré son autorisation de stationnement ;

2° Lorsque la réalisation de la course est incompatible avec la réglementation relative aux temps de travail et de repos applicable au conducteur ;

3° Lorsque la réalisation de la course est incompatible avec une réservation préalable justifiée dans les conditions prévues à l'article R. 3120-2 ;

4° Lorsque, au moment de la réception de la demande de course par l'intermédiaire du registre de disponibilité des taxis, une demande de course est formulée simultanément au conducteur sur la voie ouverte à la circulation publique ;

5° Lorsque, au moment de la réception de la demande de course reçue par l'intermédiaire du registre de disponibilité des taxis, le conducteur est positionné dans une file d'attente en station, sans préjudice de dispositions réglementaires spécifiques plus exigeantes qu'aurait adoptées l'autorité locale compétente en matière de stationnement ;

6° Lorsque, durant l'approche du lieu de prise en charge d'une demande de course reçue par l'intermédiaire du registre de disponibilité des taxis, le conducteur constate que le lieu de prise en charge n'est pas accessible physiquement ou dans un délai raisonnable, que le client est absent, ou que le conducteur est sollicité pour une prise en charge par un autre client présent sur une voie ouverte à la circulation publique du parcours d'approche ;

7° Lorsque le véhicule est susceptible d'être sali ou détérioré en raison des personnes, objets ou animaux à transporter *(Décr. n° 2023-383 du 19 mai 2023, art. 2)* « , hors chiens guides d'aveugle ou d'assistance ou en phase d'apprentissage pour le devenir » ;

8° Lorsque l'hygiène ou la sécurité ne pourrait être assurée durant la course en raison des personnes, objets ou animaux à transporter *(Décr. n° 2023-383 du 19 mai 2023, art. 2)* « , hors chiens guides d'aveugle ou d'assistance ou en phase d'apprentissage pour le devenir » ou des conditions dans lesquelles, à la demande du client, la course devrait être réalisée.

Lorsque le conducteur refuse une course sollicitée par l'intermédiaire du registre de disponibilité des taxis pour un des motifs visés aux 1° à 8°, il communique cette information au gestionnaire du registre de disponibilité des taxis. L'absence de réponse dans le délai fixé par arrêté du ministre chargé des transports est regardée comme un refus de course et doit répondre à l'un des cas définis aux 2° à 5° du présent article.

L'autorité compétente pour délivrer les autorisations de stationnement peut préciser les modalités d'application des 7° et 8° du présent article dans le ressort géographique de l'autorisation de stationnement.

Un conducteur de taxi peut également refuser une course sollicitée par une demande de réservation préalable.

V. Arr. du 16 déc. 2021 relatif au rayon de visibilité des taxis disponibles dans le registre de disponibilité des taxis et au délai de réponse du conducteur de taxi pour une course transmise par cet intermédiaire (JO 18 déc.).

SECTION 5 ***Registre de disponibilité des taxis*** *(Décr. n° 2021-1688 du 16 déc. 2021, art. 3).*

(Décr. n° 2016-335 du 21 mars 2016, art. 1er)

Art. R. 3121-24 Le *(Décr. n° 2017-483 du 6 avr. 2017, art. 3-8°)* « ministère chargé des transports » remplit, à l'égard du registre *(Abrogé par Décr. n° 2021-1688 du 16 déc. 2021, art. 3)* « ***national*** » de disponibilité des taxis, les missions *(Décr. n° 2017-483 du 6 avr. 2017, art. 3-8°)* « prévues à l'article L. 3121-11-1 » et précisées par la présente section, à titre gratuit pour ses utilisateurs.

Il en assure le développement informatique et le maintien en conditions opérationnelles.

Art. R. 3121-25 *(Décr. n° 2021-1688 du 16 déc. 2021, art. 4)* Au sens de la présente section, on entend par :

1° "Applicatif chauffeur" : un prestataire de géolocalisation et de suivi de la disponibilité des taxis, qui assure la transmission de ces informations en temps réel au gestionnaire du registre de disponibilité des taxis ainsi que la distribution de demandes de courses aux conducteurs reçues par l'intermédiaire du registre de disponibilité des taxis ;

2° "Applicatif client" : un prestataire de service permettant à ses clients de visualiser numériquement l'offre de taxis disponibles dans les conditions prévues à l'article R. 3121-28, ainsi que, le cas échéant, de commander une course.

Art. R. 3121-26 *(Décr. n° 2021-1688 du 16 déc. 2021, art. 5)* Les informations d'identification des taxis mentionnées au premier alinéa de l'article L. 3121-11-1 sont celles relatives à l'autorisation de stationnement exploitée, au conducteur et au certificat d'immatriculation du véhicule. Ces informations sont transmises par l'exploitant mentionné à l'article

L. 3121-1 au gestionnaire du registre de disponibilité des taxis par l'intermédiaire d'un applicatif chauffeur.

Le registre de disponibilité des taxis recense, outre les informations mentionnées à l'article L. 3121-11-1, les informations mentionnées à l'article R. 3121-5 qui lui sont transmises par les autorités énumérées à l'article R. 3121-4, assorties, le cas échéant, des caractéristiques prévues à l'article R. 3121-12.

Les autorités mentionnées à l'article R. 3121-4 transmettent également au gestionnaire du registre de disponibilité des taxis les informations relatives à la localisation et au nombre de places des stations de taxi disponibles sur leur territoire.

Ces informations sont actualisées sans délai par les autorités compétentes.

Art. R. 3121-27 *(Décr. nº 2021-1688 du 16 déc. 2021, art. 6)* « Lorsqu'il est en service et disponible sur sa zone de prise en charge et qu'il ne peut justifier d'une réservation préalable dans les conditions prévues à l'article R. 3120-2, un conducteur de taxi communique au gestionnaire du registre de disponibilité des taxis, en temps réel, les informations relatives à sa localisation et à sa disponibilité par l'intermédiaire d'un applicatif chauffeur de son choix. »

(Décr. nº 2016-335 du 21 mars 2016, art. 1er) « Un conducteur de taxi est libre de recourir au prestataire de son choix. » *[— Anc. art. R. 3121-26.]*

Art. R. 3121-28 *(Décr. nº 2021-1688 du 16 déc. 2021, art. 7)* Le gestionnaire du registre de disponibilité des taxis permet à des applicatifs clients d'interroger à distance, sur demande de leurs clients, les données mentionnées à l'article R. 3121-27. Le registre de disponibilité des taxis transmet, sur interrogation d'un applicatif client, la localisation des taxis en service, disponibles au sein de leur zone de prise en charge et situés dans un rayon géographique déterminé par chaque conducteur dans les limites d'un plancher et d'un plafond fixés par arrêté du ministre chargé des transports.

L'applicatif client affiche, à la demande du client, les taxis disponibles autour de sa position. La position du client est déterminée par les coordonnées géographiques de localisation de l'outil numérique utilisé pour la commande.

Art. R. 3121-29 *(Décr. nº 2021-1688 du 16 déc. 2021, art. 8)* L'accès d'un applicatif chauffeur ou d'un applicatif client au registre de disponibilité des taxis s'effectue dans les conditions prévues à l'article R. 3121-30.

La liste des applicatifs chauffeurs et des applicatifs clients ayant accès au registre est rendue publique par le gestionnaire du registre sur un site internet consacré à ce registre.

Art. R. 3121-30 *(Décr. nº 2021-1688 du 16 déc. 2021, art. 9)* L'applicatif client affiche en permanence l'offre des taxis disponibles au sein du registre de disponibilité des taxis, de manière loyale et claire. Dans le cas où l'applicatif client propose d'autres offres de transport, l'offre issue du registre de disponibilité des taxis est présentée de façon distincte de ces autres offres et lisible pour le client. Les recherches de taxis formulées par l'intermédiaire du registre de disponibilité des taxis ne sont pas orientées vers les autres offres de l'applicatif client, sauf demande explicite du client.

L'adresse de destination du client lorsqu'elle est renseignée, n'est transmise ni au registre de disponibilité des taxis ni à l'applicatif chauffeur.

L'applicatif chauffeur veille à la régularité et à la cohérence des informations visées au premier alinéa de l'article R. 3121-26, transmises au registre de disponibilité des taxis.

Le gestionnaire du registre de disponibilité des taxis mentionné à l'article R. 3121-24 peut imposer aux utilisateurs du registre le respect des prescriptions techniques qu'il fixe afin de préserver le bon fonctionnement de celui-ci.

Il définit, en outre, les modalités techniques d'accès au registre et prend toute mesure visant à éviter un usage du registre à d'autres fins que celles prévues à l'article R. 3121-24 ou non conformes aux dispositions de la présente section. Ces mesures peuvent notamment consister en des suspensions et des déconnexions de l'accès au registre de disponibilité des taxis.

Art. R. 3121-31 *(Décr. nº 2021-1688 du 16 déc. 2021, art. 10)* Est prohibée toute sélection opérée par un applicatif client, pour d'autres motifs que leur proximité avec la position du client demandeur, entre les véhicules de taxis disponibles recensés par le registre de disponibilité des taxis, sauf pour répondre à une demande de ce client portant sur les caractéristiques des véhicules ou les services dont les taxis disposent.

Art. R. 3121-32 I. — Les courses exécutées par un taxi pour un client pris en charge par l'intermédiaire *(Décr. nº 2021-1688 du 16 déc. 2021, art. 11)* « du registre de disponibilité des taxis » sont soumises aux règles prévues à l'article R. 3121-23.

II. — Les courses exécutées par un taxi par l'intermédiaire *(Décr. nº 2021-1688 du 16 déc. 2021, art. 11)* « du registre de disponibilité des taxis » sont facturées aux clients *(Décr. nº 2021-1688 du 16 déc. 2021, art. 11)* « au sein du véhicule, une fois la course achevée » selon les tarifs arrêtés par le préfet territorialement compétent et le préfet de police dans sa zone de compétence, en application de l'article 5 du décret nº 2015-1252 du 7 octobre 2015 relatif aux tarifs des courses des taxis. Elles ne peuvent donner lieu à la facturation du supplément pour réservation prévue au 4° de l'article 2 du même décret.

Art. R. 3121-33 *(Décr. nº 2021-1688 du 16 déc. 2021, art. 12)* Pour les besoins de l'évaluation du fonctionnement et du déploiement du registre de disponibilité des taxis ainsi que de la qualité du service rendu ou pour contrôler le respect des conditions de refus de prise en charge définies à l'article R. 3121-23, le gestionnaire du registre est autorisé à conserver :

1° Pendant un an à compter de la date de la dernière connexion du conducteur au registre de disponibilité des taxis, les informations relatives au conducteur, à l'autorisation de stationnement et au véhicule utilisé mentionnées à l'article R. 3121-26 ;

2° Pendant un an à compter de leur réception, les informations relatives aux demandes de course permettant de distinguer les courses qui sont satisfaites, le cas échéant la nature de l'interruption de la demande ou le délai de transmission du refus de course par le taxi tel que mentionné au neuvième alinéa de l'article R. 3121-23 ;

3° Pendant deux mois à compter de leur réception, les informations relatives à la géolocalisation en temps réel des taxis ainsi qu'à la position géographique des clients au moment de la demande de course.

Pour les besoins du suivi du contrôle de l'obligation prévue à l'article R. 3121-27, le gestionnaire du registre est autorisé à conserver pendant un mois les données recueillies dans le cadre de la recherche d'une infraction par un agent en charge du contrôle, relatives à l'identification du conducteur et à l'état de connexion au registre de celui-ci, lors de la consultation du registre.

CHAPITRE II *LES VOITURES DE TRANSPORT AVEC CHAUFFEUR*

SECTION 1 *Dispositions relatives aux exploitants*

SOUS-SECTION 1 *Inscription au registre des voitures de transport avec chauffeur*

Art. R. 3122-1 *(Décr. nº 2014-1725 du 30 déc. 2014, en vigueur le 1er janv. 2015)* I. — La demande d'inscription au registre des voitures de transport avec chauffeur prévu à l'article L. 3122-3 est adressée au gestionnaire *(Décr. nº 2014-1725 du 30 déc. 2014, en vigueur à une date fixée par un arrêté des ministres chargés, respectivement, de l'économie et des transports et du ministre de l'intérieur et au plus tard au 1er janv. 2016)* « par voie électronique ». Elle est accompagnée d'une attestation de l'assurance, couvrant la responsabilité civile professionnelle, mentionnée à l'article L. 3120-4 et *(Abrogé par Décr. nº 2017-483 du 6 avr. 2017, art. 4-1°)* « *, le cas échéant,* » d'une copie du justificatif d'immatriculation de l'entreprise *(Décr. nº 2017-483 du 6 avr. 2017, art. 4-1°)* « à jour ».

Lorsque la demande d'inscription est formée par une personne physique, elle mentionne l'état civil, la profession et le domicile du demandeur ainsi que l'adresse de son principal établissement.

Lorsque la demande d'inscription est présentée au nom d'une personne morale, elle mentionne sa dénomination sociale, sa forme juridique, son adresse, son lieu d'établissement, ainsi que l'état civil et le domicile du ou de ses représentants légaux, seuls habilités à présenter la demande.

II. — Le dossier d'inscription est composé :

1° D'un justificatif de la capacité financière mentionnée à l'article L. 3122-4 ;

2° Pour chaque voiture de transport avec chauffeur, d'une copie du certificat d'immatriculation mentionné au I de l'article R. 322-1 du code de la route ;

3° Pour chaque conducteur, d'une copie de la carte professionnelle mentionnée à *(Décr. nº 2017-483 du 6 avr. 2017, art. 4-1°)* « l'article L. 3120-2-2 ».

Sous réserve du III ci-dessous, les exploitants inscrits au registre sont tenus de porter à la connaissance du gestionnaire, dans un délai maximum de *(Décr. nº 2017-483 du 6 avr. 2017, art. 4-1°)* « quinze jours francs » et *(Décr. nº 2014-1725 du 30 déc. 2014, en vigueur à une date fixée par un arrêté des ministres chargés, respectivement, de l'économie et des transports et du ministre de l'intérieur et au plus tard au 1er janv. 2016)* **« par voie électronique », tout changement relatif aux informations mentionnées aux I et II afin que le gestionnaire procède à sa mise à jour.**

(Décr. n° 2017-483 du 6 avr. 2017, art. 4-1°) **« III. — Les exploitants peuvent avoir recours, à titre exceptionnel, à des véhicules supplémentaires en cas d'impossibilité matérielle d'utiliser les véhicules inscrits au registre. Ils sont, dans ce cas, tenus d'envoyer au gestionnaire du registre, selon le même mode, le certificat mentionné au 2° du II assorti de la période correspondant à ce recours exceptionnel, dont la durée ne peut excéder un mois.**

« Ils peuvent également avoir recours, à titre exceptionnel, à des véhicules ou à des conducteurs dans le cadre de manifestations commerciales, sportives, culturelles, éducatives ou politiques ou d'événements précis justifiant un tel recours. Ils sont, dans ce cas, tenus d'envoyer préalablement au gestionnaire du registre, selon le même mode, les documents mentionnés aux 2° et 3° du II assortis de la période correspondant à ce recours exceptionnel, dont la durée ne peut excéder un mois.

« Les informations transmises en application des deux alinéas précédents ne sont pas prises en compte pour la mise à jour du registre. »

(Abrogé par Décr. n° 2017-483 du 6 avr. 2017, art. 4-1°) ***« IV. — Un arrêté conjoint des ministres chargés, respectivement, de l'économie et des transports et du ministre de l'intérieur précise les modalités d'application du présent article. »***

Les dispositions de l'art. 4 du Décr. n° 2017-483 du 6 avr. 2017 entrent en vigueur à une date fixée par arrêté du ministre chargé des transports, et au plus tard le 1er juill. 2017 (Décr. préc., art. 14-I).

Art. R. 3122-2 *(Décr. n° 2014-1725 du 30 déc. 2014, en vigueur le 1er janv. 2015)* **L'inscription au registre des voitures de transport avec chauffeur est effectuée dans un délai de deux mois à compter de l'envoi du dossier** *(Décr. n° 2017-483 du 6 avr. 2017, art. 4-2°)* **« complet » d'inscription par l'exploitant sous réserve de la transmission au gestionnaire du registre du récépissé de paiement des frais d'inscription prévus au quatrième alinéa de l'article L. 3122-3. Elle donne lieu à l'envoi d'une attestation d'inscription à l'exploitant.**

L'inscription est refusée si le dossier est incomplet ou si les documents communiqués ne justifient pas de l'accomplissement par l'exploitant des obligations mentionnées au premier alinéa de l'article L. 3122-4. Ce refus intervient après qu'une mise en demeure, invitant l'exploitant à compléter le dossier d'inscription, est restée sans effet. Le refus d'inscription, qui est motivé, ainsi que la mise en demeure sont notifiés à l'exploitant par tout moyen permettant d'en accuser réception.

A la demande du titulaire formée au moins trois mois avant le terme de la durée de validité de l'inscription au registre, l'autorité compétente renouvelle l'inscription avant ce terme, sauf si l'une des conditions auxquelles est soumise sa délivrance n'est pas remplie.

Sur l'entrée en vigueur de l'art. 4 du Décr. n° 2017-483 du 6 avr. 2017, V. note ss. art. R. 3122-1.

L'exploitant de voitures de transport avec chauffeur inscrit au registre mentionné au b de l'art. L. 141-3 C. tourisme avant le 1er janv. 2015 et dont l'inscription arrive à échéance avant le 1er juill. 2015 conserve le bénéfice de son inscription durant la période comprise entre le 1er janv. 2015 et la date d'échéance de son inscription. S'il demande, pendant cette période, son inscription au registre prévu à l'art. L. 3122-3 C. transp., il conserve le bénéfice de l'inscription mentionnée au b de l'art. L. 141-3 C. tourisme jusqu'à l'expiration du délai de deux mois mentionné au premier al. de l'art. R. 3122-2 C. transp. ou, le cas échéant, jusqu'à la notification de la décision de refus mentionnée à ce même art. (Décr. n° 2014-1725 du 30 déc. 2014, art. 6-V).

Art. R. 3122-3 *(Décr. n° 2014-1725 du 30 déc. 2014, en vigueur le 1er janv. 2015)* **Les frais d'inscription prévus au quatrième alinéa de l'article L. 3122-3 sont fixés par arrêté conjoint des ministres chargés, respectivement, du budget et des transports dans la limite de 250 euros par exploitant.**

Art. R. 3122-4 *(Décr. n° 2014-1725 du 30 déc. 2014, en vigueur le 1er janv. 2015)* **Les exploitants sont radiés du registre des voitures de transport avec chauffeur :**

— lorsque cesse d'être remplie l'une des conditions requises lors de leur inscription à ce registre *(Décr. n° 2019-866 du 21 août 2019, art. 3)* **« , notamment lorsque l'exploitant met à disposition d'un tiers, à titre onéreux ou non, l'inscription au registre mentionnée à l'article L. 3122-3 qu'il a obtenue pour son propre compte » ;**

— lorsque, pour quelque motif que ce soit, l'exploitant cesse son activité de transport avec des véhicules de transport avec chauffeur.

La radiation ne peut être prononcée qu'après une mise en demeure demeurée sans effet. La décision de radiation, qui est motivée, ainsi que la mise en demeure sont notifiées à l'exploitant par tout moyen permettant d'en accuser réception. *(Décr. nº 2017-483 du 6 avr. 2017, art. 4-3º)* « Toutefois, la mise en demeure préalable est remplacée par une information préalable, lorsque la radiation est prononcée à la demande de l'exploitant ou lorsque le gestionnaire du registre a constaté que l'exploitant a cessé son activité. »

V. note ss. art. R. 3122-1.

Art. R.* 3122-5 *(Décr. nº 2021-177 du 17 févr. 2021, art. 1er, en vigueur le 1er mars 2021)* Le préfet de la région d'Île-de-France est compétent sur l'ensemble du territoire national pour assurer la gestion du registre des voitures de transport avec chauffeur mentionné à l'article L. 3122-3.

Art. R. 3122-5-1 *(Décr. nº 2021-177 du 17 févr. 2021, art. 1er, en vigueur le 1er mars 2021)* La gestion de ce registre consiste, d'une part, à assurer l'instruction des dossiers, la tenue du registre, l'envoi à l'exploitant, dès l'inscription ou son renouvellement, des attestations d'inscription ainsi que des notifications, des mises en demeure, des décisions de refus et de radiation prévues à la présente section, et, d'autre part, à s'assurer de la publication, sur le site internet du ministère chargé des transports, de la liste de l'ensemble des exploitants inscrits.

SOUS-SECTION 2 *Obligations relatives aux véhicules*

Art. R. 3122-6 Les voitures de transport avec chauffeur comportent au moins quatre et au plus neuf places, y compris celle du conducteur.

Un arrêté *(Décr. nº 2017-483 du 6 avr. 2017, art. 5-1º)* « du ministre chargé des transports et du ministre chargé de l'économie » fixe les dimensions et la puissance minimales ainsi que l'ancienneté maximale des voitures de transport avec chauffeur, autres que les véhicules hybrides et électriques mentionnés à l'article L. 3120-5.

Art. R. 3122-7 Il est interdit d'utiliser une voiture de transport avec chauffeur qui est munie de tout ou partie des équipements spéciaux définis au I de l'article R. 3121-1 de nature à créer une confusion avec un véhicule de taxi.

Art. R. 3122-8 *(Décr. nº 2017-483 du 6 avr. 2017, art. 5-2º)* Les voitures de transport avec chauffeur sont munies d'une signalétique distinctive définie par arrêté du ministre chargé des transports et délivrée par l'Imprimerie nationale.

Le même arrêté prévoit également des dispositions spécifiques afin de permettre aux exploitants de disposer d'une signalétique temporaire en cas de recours exceptionnel à des véhicules en application du III de l'article R. 3122-1 ou après leur inscription au registre, ou à la suite d'une mise à jour de ce dernier. — *V. Arr. du 6 avr. 2017 (JO 7 avr.).*

Les dispositions de l'art. 5-2º du Décr. nº 2017-483 du 6 avr. 2017 entrent en vigueur à une date fixée par arrêté du ministre chargé des transports, et au plus tard le 1er juill. 2017 (Décr. préc., art. 14-I).

Art. R. 3122-9 *(Décr. nº 2017-483 du 6 avr. 2017, art. 5-3º)* La condition de capacités financières prévue à l'article L. 3122-4 est satisfaite lorsque l'exploitant de voitures de transport avec chauffeur, pour chaque véhicule utilisé de façon régulière, démontre :

— soit qu'il est propriétaire du véhicule ;

— soit qu'il justifie d'un contrat de location d'une durée d'au moins six mois ;

— soit qu'il présente une garantie financière, d'un montant égal à 1 500 euros par véhicule, accordée soit par un ou plusieurs organismes financiers agréés par l'Autorité de contrôle prudentiel et de résolution se portant caution de l'entreprise pour le montant exigible, soit par tout établissement de crédit fournissant des prestations ou disposant de succursales en France conformément aux articles L. 511-22 et L. 511-23 du code monétaire et financier, qui est habilité à fournir ce type de service ;

— soit qu'une justification de capacités financières a déjà été produite pour le véhicule conformément à l'un des trois alinéas précédents en application d'autres dispositions, notamment celles de l'article R. 3113-31.

SECTION 2 *Dispositions relatives au conducteur*

(Décr. nº 2018-1036 du 26 nov. 2018, art. 2, en vigueur le 1er janv. 2019)

Art. R. 3122-10 L'autorité administrative compétente pour délivrer la carte professionnelle de conducteur de voiture de transport avec chauffeur, mentionnée à l'article L. 3120-2-2, est le préfet du département dans lequel le demandeur a élu domicile ou, s'il a élu domicile dans la commune de Paris, le préfet de police.

Art. R. 3122-11 Les conditions d'aptitude professionnelle mentionnées à l'article L. 3120-2-1 peuvent être constatées par la production de toute pièce de nature à établir une expérience professionnelle d'une durée minimale d'un an, à temps plein ou à temps partiel pour une durée équivalente, dans des fonctions de conducteur professionnel de transport de personnes au cours des dix années précédant la demande de carte professionnelle.

Art. R. 3122-12 L'existence d'un contrat avec un client final, qui peut être une personne morale, est justifiée au moyen d'un document écrit sur un support papier ou électronique qui précise les clauses particulières relatives à sa durée, sa date d'effet, la nature des prestations couvertes, le ou les lieux de prise en charge et la qualité des bénéficiaires des prestations. Des conditions générales de vente ne constituent pas un contrat avec le client final.

Le conducteur est tenu de présenter ce justificatif à toute demande des agents chargés des contrôles.

Un arrêté des ministres chargés, respectivement, de l'économie et des transports et du ministre de l'intérieur précise les informations figurant sur ce justificatif et ses caractéristiques.

CHAPITRE III *LES VÉHICULES MOTORISÉS À DEUX OU TROIS ROUES*

Art. R. 3123-1 L'autorité administrative compétente pour délivrer la carte professionnelle de conducteur de véhicules motorisés à deux ou trois roues, mentionnée à *(Décr. nº 2017-483 du 6 avr. 2017, art. 7-1º)* « l'article L. 3120-2-2 », est le préfet du département dans lequel le demandeur est domicilié, ou, dans la commune de Paris, le préfet de police.

(Abrogé par Décr. nº 2017-483 du 6 avr. 2017, art. 7-1º) *« L'autorité administrative compétente pour délivrer l'agrément des centres de formation de conducteurs de véhicules motorisés à deux ou trois roues conformément à l'article R. 3120-9 est le préfet du département où est situé le centre de formation, ou, s'il est situé dans la commune de Paris, le préfet de police. »*

Art. R. 3123-2 *(Décr. nº 2017-483 du 6 avr. 2017, art. 7-2º)* Les conditions d'aptitude professionnelle mentionnées à l'article L. 3120-2-1 peuvent être constatées par la production de toute pièce de nature à établir une expérience professionnelle d'une durée minimale d'un an, à temps plein ou à temps partiel pour une durée équivalente, dans des fonctions de conducteur professionnel de transport de personnes au cours des dix années précédant la demande de carte professionnelle.

Art. R. 3123-3 Un arrêté *(Décr. nº 2017-483 du 6 avr. 2017, art. 7-3º)* « du ministre chargé des transports et du ministre chargé de l'économie » fixe les dimensions et la puissance minimales ainsi que l'ancienneté maximale des véhicules motorisés à deux ou trois roues utilisés pour le transport à titre onéreux de personnes, autres que les véhicules hybrides et électriques mentionnés à l'article L. 3120-5.

V. Arr. du 17 mars 2015 relatif aux caractéristiques des véhicules motorisés à deux ou trois roues utilisés pour le transport public particulier de personnes (JO 24 mars), mod. par Arr. du 19 juill. 2021 (4 août), mod. par Arr. du 13 avr. 2022 (JO 21 avr.).

Art. R. 3123-4 La signalétique mentionnée au 2º de l'article L. 3123-1 est définie par un arrêté *(Décr. nº 2017-483 du 6 avr. 2017, art. 7-4º)* « du ministre chargé des transports ».

V. Arr. du 17 mars 2015 relatif à la signalétique des véhicules motorisés à deux ou trois roues utilisés pour le transport public particulier de personnes (JO 24 mars).

Art. R. 3123-5 Les véhicules motorisés à deux ou trois roues ne sont pas soumis au contrôle technique et font l'objet d'une attestation annuelle d'entretien dans des conditions définies par un arrêté *(Décr. nº 2017-483 du 6 avr. 2017, art. 7-5º)* « du ministre chargé des transports ».

V. Arr. du 17 mars 2015 relatif à la signalétique des véhicules motorisés à deux ou trois roues utilisés pour le transport public particulier de personnes (JO 24 mars).

CHAPITRE IV *SANCTIONS ADMINISTRATIVES ET SANCTIONS PÉNALES*

SECTION 1 *Dispositions relatives aux taxis*

SOUS-SECTION 1 *Sanctions administratives*

Art. R. 3124-1 Pour l'application de l'article L. 3124-1, l'autorité compétente est celle qui a délivré l'autorisation de stationnement.

Pour l'application de *(Décr. nº 2017-483 du 6 avr. 2017, art. 8-1º)* « l'article **L. 3124-11** », l'autorité compétente est celle qui a délivré la carte professionnelle.

SOUS-SECTION 2 *Sanctions pénales*

Art. R. 3124-2 Est puni de l'amende prévue pour les contraventions de la troisième classe le fait d'exercer l'activité de taxi sans être muni des équipements prévus à l'article R. 3121-1.

Art. R. 3124-3 *(Décr. nº 2017-483 du 6 avr. 2017, art. 8-2º)* Les manquements aux dispositions mentionnées à l'article R. 3121-22 du présent code sont sanctionnés dans les conditions prévues à l'article R. 410-1 du code de commerce.

Art. R. 3124-3-1 *(Décr. nº 2021-1688 du 16 déc. 2021, art. 13)* I. — Est puni de l'amende prévue pour les contraventions de la troisième classe le fait d'exercer l'activité de taxi sans respecter l'obligation prévue au premier alinéa de l'article R. 3121-27.

II. — Les dispositions du I du présent article entrent en vigueur à compter du 1er janvier 2024.

III. — Entre le 1er juillet 2022 et le 31 décembre 2023, exercer l'activité de taxi sans respecter l'obligation prévue au premier alinéa de l'article R. 3121-27 est puni de l'amende prévue pour les contraventions de la troisième classe lorsque le conducteur a fait l'objet d'un avertissement préalable donné, à l'occasion de la commission de la même infraction, au moins un mois auparavant.

SECTION 2 ***Dispositions relatives aux voitures de transport avec chauffeur***

SOUS-SECTION 1 *Sanctions administratives*

Art. R. 3124-4 Pour l'application de *(Décr. nº 2017-483 du 6 avr. 2017, art. 8-3º)* « l'article L. 3124-11 », l'autorité compétente est le préfet de département du lieu de commission de la violation de la réglementation ou, si elle a lieu dans la commune de Paris, le préfet de police.

SOUS-SECTION 2 *Sanctions pénales*

Art. R. 3124-5 Est puni de l'amende prévue pour les contraventions de la troisième classe :

— le fait d'exercer l'activité d'exploitant de voitures de transport avec chauffeur avec des véhicules non conformes aux caractéristiques prévues à l'article R. 3122-6 ;

— l'utilisation, par l'exploitant de voitures de transport avec chauffeur, à bord de ses véhicules, de l'un des équipements propres aux taxis énumérés au I de l'article R. 3122-7.

Art. R. 3124-6 Est puni de l'amende prévue pour les contraventions de la *(Décr. nº 2017-483 du 6 avr. 2017, art. 8-4º)* « quatrième classe », l'utilisation, par l'exploitant de voitures de transport avec chauffeur, de véhicules sans la signalétique prévue à l'article R. 3122-8, ou avec une signalétique utilisée dans des conditions non conformes aux dispositions de cet article.

Les dispositions des 4º et 5º de l'art. 8 du Décr. nº 2017-483 du 6 avr. 2017 entrent en vigueur à des dates fixées par arrêté du ministre chargé des transports, et au plus tard le 1er juill. 2017 (Décr. préc., art. 14-I).

Art. R. 3124-7 *(Décr. nº 2017-483 du 6 avr. 2017, art. 8-5º)* Est puni de l'amende prévue pour les contraventions de la quatrième classe le fait de contrevenir au cinquième alinéa du II *(Décr. nº 2018-736 du 21 août 2018, art. 2)* « et aux obligations de transmission mentionnées au premier et au second alinéas du III » de l'article R. 3122-1.

V. note ss. art. R. 3124-6.

SECTION 3 ***Dispositions relatives aux véhicules motorisés à deux ou trois roues***

SOUS-SECTION 1 *Sanctions administratives*

Art. R. 3124-8 Pour l'application de l'article L. 3124-11, l'autorité compétente est le préfet de département du lieu de commission de la violation de la réglementation par le conducteur du véhicule motorisé à deux roues ou à trois roues ou, si elle a lieu dans la commune de Paris, le préfet de police.

SOUS-SECTION 2 *Sanctions pénales*

Art. R. 3124-9 Est puni de l'amende prévue pour les contraventions de la troisième classe le fait d'exercer l'activité d'exploitant de transport à titre onéreux de personnes avec des véhicules motorisés à deux ou trois roues non conformes aux caractéristiques prévues à l'article R. 3123-3.

Art. R. 3124-10 Est puni de l'amende prévue pour les contraventions de la troisième classe le fait d'exercer l'activité d'exploitant de transport à titre onéreux de personnes par véhicules motorisés à deux ou trois roues, sans la signalétique prévue aux articles L. 3123-1 et R. 3123-4.

SECTION 4 *Dispositions communes*

Art. R. 3124-11 Est puni de l'amende prévue pour les contraventions de la cinquième classe le fait de contrevenir aux dispositions :

(Décr. nº 2017-483 du 6 avr. 2017, art. 8-6º) « — à l'une des interdictions édictées à l'article L. 3120-2, à l'exception de celles prévues au 1º de son II et au 1º de son III ; »

— de l'article R. 3120-4.

Art. R. 3124-12 I. — Est puni de l'amende prévue pour les contraventions de la première classe le fait, pour tout conducteur d'un véhicule mentionné à l'article R. 3120-1 de ne pas apposer sa carte professionnelle conformément au premier alinéa de l'article R. 3120-6.

II. — Est puni de l'amende prévue pour les contraventions de la deuxième classe le fait, pour tout conducteur mentionné au I, de ne pas présenter immédiatement sa carte professionnelle, en cours de validité, aux agents des services chargés des contrôles.

III. — Est puni de l'amende prévue pour les contraventions de la quatrième classe le fait, pour tout conducteur mentionné au I, invité à justifier dans un délai de cinq jours de la possession d'une carte professionnelle, en cours de validité, de ne pas présenter ce document avant l'expiration de ce délai.

IV. — Est puni de l'amende prévue pour les contraventions de la cinquième classe :

— le fait d'exercer l'activité de conducteur de l'un des véhicules mentionnés au I sans être titulaire d'une carte professionnelle en cours de validité ;

— le fait d'exercer l'activité d'exploitant de l'un des véhicules mentionnés au I en recourant à des conducteurs de véhicules mentionnés au I qui ne sont pas titulaires d'une carte professionnelle valable pour le transport effectué.

Art. R. 3124-13 Est puni de l'amende prévue pour les contraventions de la cinquième classe :

— le fait de proposer à la vente ou de promouvoir une offre de transport mentionnée à l'article L. 3120-1 avec des véhicules qui ne sont pas des véhicules de transport public particulier ;

— le fait de proposer à la vente ou de promouvoir une offre de transport mentionnée à l'article L. 3120-1 effectuée avec des véhicules de transport public particulier non conformes aux caractéristiques définies par le présent titre.

Art. R. 3124-14 *(Décr. nº 2019-866 du 21 août 2019, art. 2)* Est puni de l'amende prévue pour les contraventions de la cinquième classe le fait de ne pas communiquer les informations demandées en application de l'article R. 3120-40 ou de communiquer des informations fausses ou incomplètes.

Art. R. 3124-15 *(Décr. nº 2019-866 du 21 août 2019, art. 2)* Est puni de l'amende prévue pour les contraventions de la troisième classe :

1º Le fait de communiquer les informations demandées en application de l'article R. 3120-40 hors délai ou selon un format différent du format imposé ;

2º Le fait de ne pas communiquer les informations demandées en application de l'article R. 3120-41 ou de les communiquer hors délai ou selon un format différent du format imposé.

TITRE IV LES ACTIVITÉS DE MISE EN RELATION

(Décr. nº 2018-1036 du 26 nov. 2018, art. 1er, en vigueur le 1er janv. 2019)

CHAPITRE I *DISPOSITIONS GÉNÉRALES*

Art. R. 3141-1 L'opérateur de mise en relation mentionné à l'article L. 3141-1 satisfait l'obligation qui lui incombe en vertu des dispositions du 1º du I de l'article L. 3141-2 en demandant à tout conducteur souhaitant être mis en relation avec des passagers pour la réalisation de déplacements par son intermédiaire de se présenter, préalablement à la première mise en relation, muni de l'original du permis de conduire requis, en cours de validité.

Chaque année par la suite, sauf expiration entre-temps du permis de conduire, le même opérateur demande au conducteur, au choix de ce dernier, soit de lui adresser le relevé portant les informations relatives à l'existence, la catégorie et la validité de son permis de conduire, établi en application du 1° de l'article L. 225-5 du code de la route, soit de lui présenter à nouveau l'original du permis de conduire requis, en cours de validité.

Art. R. 3141-2 L'opérateur de mise en relation mentionné à l'article L. 3141-1 satisfait l'obligation prévue par les dispositions des 2° et 3° du I de l'article L. 3141-2 en s'assurant, préalablement à la première mise en relation avec des passagers pour la réalisation de déplacements par son intermédiaire et ensuite au moins chaque année sauf expiration entre-temps du contrat d'assurance, de la transmission par le conducteur des justificatifs en cours de validité de l'assurance du véhicule utilisé.

Art. R. 3141-3 Le même opérateur satisfait l'obligation prévue au 4° du I de l'article L. 3141-2 en demandant à tout conducteur pratiquant une activité pour laquelle la possession d'une carte professionnelle est requise en vertu du titre II du présent livre de se présenter, préalablement à la première mise en relation avec des passagers pour la réalisation de déplacements par son intermédiaire, muni de l'original de sa carte professionnelle, en cours de validité puis, par la suite, de lui en transmettre, chaque année sauf expiration de celle-ci entre-temps, une copie.

Art. R. 3141-4 Le même opérateur satisfait l'obligation prévue au II de l'article L. 3141-2 en s'assurant, préalablement à toute mise en relation avec des passagers, de disposer :

1° Lorsque le conducteur relève d'une entreprise de voiture de transport avec chauffeur, de l'attestation de son inscription au registre prévu à l'article L. 3122-3, en cours de validité ;

2° Lorsque le conducteur relève d'une entreprise de transport public collectif occasionnel, de la copie certifiée conforme de la licence de transport intérieur en cours de validité, délivrée à l'entreprise en application du troisième alinéa de l'article L. 3411-1 ;

3° D'un justificatif en cours de validité de l'assurance couvrant la responsabilité civile professionnelle de l'exploitant pour l'activité pratiquée.

Art. R. 3141-5 L'obligation de vérification des conditions techniques et de confort des véhicules prévue au III de l'article L. 3141-2 est satisfaite par la vérification, préalablement à toute mise en relation, que le numéro d'immatriculation du véhicule utilisé pour effectuer la prestation de transport est au nombre de ceux qui ont été communiqués au gestionnaire du registre mentionné à l'article L. 3122-3. A cette fin, copie de la liste communiquée au gestionnaire du registre est transmise à l'opérateur de mise en relation par l'exploitant de voiture de transport, en même temps que l'attestation d'inscription prévue à l'article R. 3141-4.

Art. R. 3141-6 S'il n'obtient pas du conducteur ou de l'entreprise de transport les documents dont la présentation ou la communication sont prévues par les dispositions du présent chapitre, l'opérateur de mise en relation est tenu de s'abstenir de faire appel à eux pour assurer une prestation de transport de passagers répondant aux caractéristiques définies à l'article L. 3141-1.

Il en va de même en cas de signalement par l'autorité administrative de la fin anticipée de la validité de l'une des pièces transmises en application du présent chapitre.

Art. R. 3141-7 L'opérateur informe sans délai l'exploitant de l'entreprise de transport et le conducteur des motifs, lorsqu'ils sont tirés de la méconnaissance des obligations prévues au présent chapitre, pour lesquels il s'abstient de toute mise en relation avec des passagers et, le cas échéant, des démarches à entreprendre pour y remédier.

CHAPITRE II *CENTRALES DE RÉSERVATION*

Art. D. 3142-1 Les dispositions particulières figurant au présent chapitre s'appliquent aux centrales de réservation sans préjudice des dispositions générales du chapitre I du présent titre.

Art. D. 3142-2 La déclaration prévue à l'article L. 3142-2 est adressée par voie électronique au ministre chargé des transports.

Elle comprend :

1° La copie du justificatif de l'immatriculation de la centrale de réservation au registre des entreprises à jour ;

2° Une preuve de l'assurance couvrant sa responsabilité civile professionnelle pour son activité de centrale de réservation.

Cette déclaration, valable un an, est renouvelée chaque année avant la date d'expiration de la durée de validité de la précédente déclaration.

La centrale de réservation informe sans délai, par voie électronique, le ministre chargé des transports de tout changement des éléments déclarés survenu en cours d'année.

CHAPITRE III *CONSTATATION DES INFRACTIONS ET SANCTIONS*

SECTION 1 *Contrôles*

Art. R. 3143-1 L'opérateur de mise en relation mentionné à l'article L. 3141-1 tient à la disposition des services chargés des contrôles les preuves des vérifications qu'il a effectuées en application du chapitre I du présent titre pendant trois ans.

SECTION 2 *Sanctions*

Art. R. 3143-2 Hors le cas prévu par l'article L. 3143-4, est puni de l'amende prévue pour les contraventions de la cinquième classe, pour chaque mise en relation assurée en méconnaissance de ces obligations, le fait, pour le professionnel mentionné à l'article L. 3141-1, de contrevenir aux obligations prévues aux articles R. 3141-1 à R. 3141-4 et R. 3141-6.

Art. R. 3143-3 Est puni de l'amende prévue pour les contraventions de la troisième classe, pour chaque mise en relation assurée en méconnaissance de cette obligation, le fait, pour le professionnel mentionné à l'article L. 3141-1, de contrevenir à l'obligation prévue à l'article R. 3141-5.

Art. R. 3143-4 Est puni de l'amende prévue pour les contraventions de la quatrième classe, pour chaque conducteur ou pour chaque exploitant mis en relation avec des passagers en méconnaissance de cette obligation, le fait pour le professionnel mentionné à l'article L. 3141-1 de ne pas produire les preuves requises par l'article R. 3143-1.

TRANSPORTS ROUTIERS

COMMENTAIRE

Une partie des textes figurant dans cette annexe sont des arrêtés d'application du code de la route dans les domaines suivants : poids (5 février 1969) et dimensions (25 juin 1997) des véhicules ; appareils de contrôle de la vitesse (30 août 1983) ; circulation des ensembles de véhicules comprenant plus d'une remorque (13 avril 1995) ; interdiction de circulation les samedis, veilles de jours fériés et jours fériés (28 mars 2006) ; transports exceptionnels (4 mai 2006).

D'autres relèvent d'une législation ou d'une réglementation autonomes, comme ceux relatifs à la formation professionnelle (Décr. du 31 mai 1997 du 18 nov. 1998, du 2 mai 2002 et du 8 nov. 2004) ou aux conditions et durée de travail (Décr. du 17 oct. 1986).

On trouvera également ici quelques articles du code des transports, créé par l'ordonnance n° 2010-1307 du 28 octobre 2010, et notamment les articles de ce code reprenant les dispositions de l'ordonnance n° 58-1310 du 23 décembre 1958 concernant les conditions de travail dans les transports routiers publics ou privés (V. C. transp., art. L. 3311-1 s.), ainsi que ceux reprenant les dispositions de la loi n° 75-1335 du 31 décembre 1975 concernant la répression des infractions relatives au transport de marchandises dangereuses (V. C. transp., art. L. 1252-1 s.).

Enfin, les textes d'origine européenne sont, dans cette annexe, très présents, communautaires ou non, qui conduisent à une harmonisation des contrôles sur tout un ensemble de territoires. En matière de contrôle des transports de marchandises dangereuses par route, c'est la circulaire du 20 octobre 1997 qui fait le point sur la transposition en droit français d'une directive de 1995. Mais c'est surtout dans le domaine des conditions et de la durée du travail que le droit européen fournit désormais l'essentiel des normes applicables (se reporter aux comm. relatifs à l'Accord européen du 1er juill. 1970 et au règlement communautaire du 15 mars 2006, ci-dessous). ❑

Arrêté du 5 février 1969,

Déterminant les conditions d'application des articles R. 54, R. 54-1 et R. 54-2 du code de la route [C. route, art. R. 311-1, R. 312-1 à R. 312-3 et R. 321-20].

Art. 1er Les dispositions de l'article R. 54 C du code de la route qui interdisent de faire circuler un ensemble de véhicules, un véhicule articulé ou un train double, dont le poids total roulant réel dépasse le poids total roulant autorisé pour le véhicule tracteur, sont applicables :

Aux ensembles de véhicules dont le véhicule tracteur aura été mis en circulation à dater du 1er septembre 1969 ;

Aux véhicules articulés et aux trains doubles, quelle que soit la date de la mise en circulation du véhicule tracteur.

Art. 2 Par dérogation aux dispositions de l'article R. 54 du code de la route et sous réserve des dispositions de l'article R. 55 de ce texte, le poids total roulant réel des ensembles de véhicules peut dépasser le poids total roulant autorisé du véhicule tracteur si les trois conditions suivantes sont remplies :

Le poids total autorisé en charge de la remorque ne dépasse pas 3,5 tonnes ;

Le poids réel de la remorque ne dépasse pas 1,3 fois le poids réel du véhicule tracteur ;

La vitesse de l'ensemble est limitée à 65 kilomètres/heure. La remorque doit alors porter à l'arrière l'indication de cette limite dans les conditions prévues à l'article 1er de l'arrêté du 10 octobre 1957, relatif à l'indication des vitesses maximales sur les véhicules automobiles.

Art. 3 *(Arr. du 18 avr. 1986)* Par dérogation aux dispositions des articles R. 54 et R. 54-1 du code de la route et sous réserve des dispositions de l'article R. 55 de ce texte, le poids total roulant réel des ensembles peut dépasser le poids total roulant autorisé du véhicule tracteur et le poids réel de la remorque peut dépasser le produit du poids réel du tracteur et du cœfficient prévu à l'article R. 54-1 si la vitesse de l'ensemble est limitée à 45 kilomètres à l'heure. La remorque doit alors porter à l'arrière l'indication de cette vitesse, dans les conditions prévues à l'article 1er de l'arrêté du 10 octobre 1957 relatif à l'indication des vitesses maximales sur les véhicules automobiles.

Art. 4 *(Arr. du 14 mai 1970)* Nonobstant l'application des articles 41, 41-1, 41-2, 41-3, 41-4, 47 et 53-2 de l'arrêté du 18 août 1955 modifié relatif au freinage des véhicules automobiles, le rapport entre le poids réel des remorques agricoles, des semi-remorques agricoles, des machines et instruments agricoles remorqués et le poids à vide du véhicule tracteur auquel ils sont attelés ne doit pas dépasser les valeurs suivantes :

Véhicule ou appareil agricole remorqué freiné sans assistance : 4,5 ;

Véhicule ou appareil agricole remorqué équipé d'un frein assisté dont la commande est située sur le véhicule tracteur : 5,5.

Les dispositions susvisées sont applicables aux ensembles dont le véhicule tracteur est :

Soit réceptionné à dater du 1er septembre 1970 ;

Soit mis en circulation à dater du 1er mars 1971.

Art. 4-1 *(Arr. du 14 mai 1970 ; Arr. du 18 avr. 1986)* Par dérogation aux dispositions de l'article 54-1 du code de la route et sous réserve des dispositions de l'article R. 55 de ce texte, le poids réel des matériels de travaux publics remorqués visés à l'article R. 138 C du code de la route peut dépasser la limite prévue à l'article R. 54-1.

Accord européen du 1er juillet 1970,

Relatif au travail des équipages des véhicules effectuant des transports internationaux par route (AETR). — Publié par Décr. n° 79-31 du 2 janv. 1979 (JO 14 janv.). — Entré en vigueur pour la France le 18 août 1978.

COMMENTAIRE

Mis à jour en 1991, cet accord (dit AETR) a été négocié sous l'égide des Nations unies, et son domaine d'application doit être combiné avec celui des règlements communautaires (V. déjà ci-dessous la réserve formulée par le gouvernement français selon laquelle les transports entre États membres de la Communauté sont à considérer comme des transports *« nationaux »* aux termes de l'AETR) et, en particulier, avec celui du règlement n° 561/2006 du Parlement européen et du Conseil du 15 mars 2006 (V. son art. 2, § 3). Ce règlement s'applique, *« quel que soit le pays d'immatriculation du véhicule »*, aux transports effectués *« exclusivement dans la Communauté »* ou *« entre la Communauté, la Suisse et les pays parties à l'accord sur l'Espace économique européen »* ; mais l'article susvisé prévoit expressément l'application de l'AETR *« à la place du règlement »* dans deux hypothèses. Première hypothèse : pour les véhicules immatriculés dans la Communauté ou dans des pays qui sont parties à l'AETR, l'Accord s'applique, pour l'ensemble du trajet, aux transports effectués en partie en dehors de la Communauté, de la Suisse et des pays parties à l'accord sur l'Espace économique européen. Deuxième hypothèse : pour les véhicules immatriculés dans un pays tiers qui n'est pas partie à l'AETR, l'Accord s'applique également aux transports effectués en partie en dehors de la Communauté, de la Suisse et des pays parties à l'accord sur l'Espace économique européen, mais seulement pour la partie du trajet située sur le territoire de l'Union européenne ou de pays qui sont parties à l'AETR.

Inversement, c'est l'AETR qui renvoie au règlement communautaire lorsque son article 10 dispose que tout appareil de contrôle *« conforme au règlement (CEE) n° 3821 du Conseil du 20 décembre 1985 en ce qui concerne ses conditions de construction, d'installation, d'utilisation et de contrôle est considéré comme étant conforme aux prescriptions du présent article »*. ❑

Art. 1er ***Définitions.*** **Au sens du présent Accord, on entend :**

a) Par « véhicule », toute automobile ou remorque ; ce terme comprend tout ensemble de véhicules ;

b) Par « automobile », tout véhicule pourvu d'un moteur de propulsion, circulant sur route par ses moyens propres et qui sert normalement au transport par route de personnes ou de marchandises ou à la traction sur route de véhicules utilisés pour le transport de personnes ou de marchandises ; ce terme n'englobe pas les tracteurs agricoles ;

c) Par « remorque », tout véhicule destiné à être attelé à une automobile ; ce terme englobe les semi-remorques ;

d) Par « semi-remorque », toute remorque destinée à être accouplée à une automobile de telle manière qu'elle repose en partie sur celle-ci et qu'une partie appréciable de son poids et du poids de son chargement soit supportée par ladite automobile ;

e) Par « ensemble de véhicules », des véhicules couplés qui participent à la circulation routière comme une unité ;

f) Par « poids maximal autorisé », le poids maximal du véhicule chargé, déclaré admissible par l'autorité compétente de l'État dans lequel le véhicule est immatriculé ;

g) *(Accord du 1er févr. 1991)* **« Par "transport par route", tout déplacement effectué sur les routes ouvertes à l'usage public, à vide ou en charge, d'un véhicule affecté au transport de voyageurs ou de marchandises ; »**

h) Par "transport international par route", tout transport par route qui comporte la traversée d'au moins une frontière ;

i) *(Accord du 1er févr. 1991)* **« Par "services réguliers", les services qui assurent le transport de personnes effectué selon une fréquence et sur des itinéraires déterminés, ces services pouvant prendre et déposer des personnes à des arrêts préalablement fixés.**

« Un règlement d'exploitation ou des documents en tenant lieu, approuvés par les pouvoirs publics compétents des Parties contractantes et publiés par le transporteur avant mise en application, définissent les conditions de transport, notamment la fréquence, les horaires, les tarifs et l'obligation de transporter, dans la mesure où ces conditions ne sont pas précisées par un texte légal ou réglementaire.

« Quel que soit l'organisateur des transports, sont également considérés comme services réguliers ceux qui assurent le transport de catégories déterminées de personnes, à l'exclusion d'autres voyageurs, dans la mesure où ces services sont effectués aux conditions indiquées au premier alinéa de la présente définition. Les services de cette catégorie, notamment ceux qui assurent le transport des travailleurs au lieu de travail et de celui-ci vers leur domicile ou le transport des écoliers aux établissements d'enseignement et de ceux-ci vers leur domicile, sont dénommés ci-après « services réguliers spéciaux » ;

j) Par "conducteur", toute personne, salariée ou non, qui conduit le véhicule, même pendant une courte période, ou qui est à bord du véhicule pour pouvoir le conduire, le cas échéant ;

k) Par "membre de l'équipage" ou "membre d'équipage", le conducteur ou une des personnes suivantes, que ce conducteur ou ces personnes soient salariés ou non :

i) Le convoyeur, à savoir toute personne accompagnant le conducteur en vue d'assister celui-ci dans certaines manœuvres et prenant de façon habituelle une part effective aux opérations de transport, sans être un conducteur au sens du paragraphe j) du présent article ;

ii) Un receveur, c'est-à-dire toute personne qui accompagne le conducteur d'un véhicule transportant des personnes et qui est notamment chargé de délivrer ou de contrôler les billets ou d'autres documents donnant droit aux passagers de voyager dans le véhicule ;

l) *(Accord du 1er févr. 1991)* « Par "semaines", la période comprise entre 0 heure le lundi et 24 heures le dimanche ;

« m) Par "repos", toute période ininterrompue d'au moins une heure pendant laquelle le conducteur peut disposer librement de son temps. »

n) et o) *Abrogés par Accord du 1er févr. 1991.*

Art. 2 *Champ d'application.* — 1. Le présent Accord s'applique sur le territoire de chaque partie contractante à tout transport international par route effectué par tout véhicule immatriculé sur le territoire de ladite partie contractante ou sur le territoire de toute autre partie contractante.

2. Toutefois,

a) Si, au cours d'un transport international par route, un ou plusieurs membres de l'équipage ne sortent pas du territoire national où ils exercent normalement leurs activités professionnelles, la partie contractante dont relève ce territoire peut ne pas appliquer les dispositions du présent Accord à l'égard de ce ou ces membres de l'équipage ;

b) *(Accord du 1er févr. 1991)* « Sauf convention contraire intervenue entre les Parties contractantes dont le territoire est emprunté, le présent Accord ne s'applique pas aux transports internationaux par route de marchandises effectués par :

« 1. Véhicules affectés aux transports de marchandises et dont le poids maximal autorisé, y compris celui des remorques ou des semi-remorques, ne dépasse pas 3,5 tonnes ;

« 2. Véhicules affectés aux transports de voyageurs qui, d'après leur type de construction et leur équipement, sont aptes à transporter neuf personnes au maximum, le conducteur compris, et sont destinés à cet effet ;

« 3. Véhicules affectés aux transports de voyageurs par des services réguliers dont le parcours de la ligne ne dépasse par 50 kilomètres ;

« 4. Véhicules dont la vitesse maximale autorisée ne dépasse pas 30 kilomètres à l'heure ;

« 5. Véhicules affectés aux services des forces armées, de la protection civile, des pompiers et des forces responsables du maintien de l'ordre public, ou placés sous le contrôle de ceux-ci ;

« 6. Véhicules affectés aux services des égouts, de la protection contre les inondations, de l'eau, du gaz, de l'électricité, de la voirie, de l'enlèvement des immondices, des télégraphes, des téléphones, des envois postaux, de la radiodiffusion, de la télévision et de la détection des émetteurs ou récepteurs de télévision ou de radio ;

« 7. Véhicules utilisés dans les états d'urgence ou affectés à des missions de sauvetage ;

« 8. Véhicules spécialisés affectés à des tâches médicales ;

« 9. Véhicules transportant du matériel de cirque ou de fêtes foraines ;

« 10. Véhicules spécialisés de dépannage ;

« 11. Véhicules subissant des essais sur route à des fins d'amélioration technique, de réparation ou d'entretien, et véhicules neufs ou transformés non encore mis en circulation ;

« 12. Véhicules utilisés pour des transports non commerciaux de biens dans des buts privés ;

« 13. Véhicules utilisés pour la collecte du lait dans les fermes ou ramenant aux fermes des bidons à lait ou des produits laitiers destinés à l'alimentation du bétail. »

c) et d) *Abrogés par Accord du 1er févr. 1991.*

Art. 3 *(Accord du 1er févr. 1991) Application de certaines dispositions de l'Accord aux transports par route effectués par des véhicules en provenance d'États non Parties contractantes.* 1. Chaque partie contractante appliquera sur son territoire aux transports internationaux par route effectués par tout véhicule immatriculé sur le territoire d'un État non partie contractante au présent Accord, des dispositions au moins aussi exigeantes que celles qui sont prévues par les articles 5, 6, 7, 8, 9 et 10 du présent Accord.

2. Chaque partie contractante pourra, dans le cas d'un véhicule immatriculé dans un État non partie contractante au présent Accord, n'exiger, au lieu de l'appareil de contrôle conforme aux spécifications de l'annexe au présent Accord, que des feuilles d'enregistrement quotidien remplies à la main par le conducteur.

Art. 4 *(Accord du 1er févr. 1991)* ***Principes généraux.*** Chaque partie contractante peut appliquer des minima plus élevés ou des maxima plus faibles que ceux prévus aux articles 5 à 8 compris. Les dispositions du présent Accord restent cependant applicables aux conducteurs effectuant des opérations de transport internationales sur des véhicules immatriculés dans un autre État contractant ou non contractant.

Art. 5 *(Accord du 1er févr. 1991)* ***Équipages.*** 1. L'âge minimal des conducteurs affectés aux transports de marchandises est fixé :

a) Pour les véhicules, y compris, le cas échéant, les remorques ou les semi-remorques, dont le poids maximal autorisé est inférieur ou égal à 7,5 tonnes, à dix-huit ans révolus ;

b) Pour les autres véhicules, à :

Vingt et un ans révolus ou dix-huit ans révolus, à condition que l'intéressé soit porteur d'un certificat d'aptitude professionnelle constatant l'achèvement d'une formation de conducteur de transports de marchandises par route reconnu par une des Parties contractantes. Les Parties contractantes se tiendront informées du niveau minimal de formation national exigé dans leur pays et d'autres conditions pertinentes applicables aux conducteurs de transports de marchandises conformément aux dispositions du présent Accord.

2. Les conducteurs affectés aux transports de voyageurs doivent être âgés d'au moins vingt et un ans.

Les conducteurs affectés aux transports de voyageurs sur des trajets dépassant un rayon de 50 kilomètres autour du point d'attache habituel du véhicule doivent répondre également à l'une des conditions suivantes :

a) Avoir exercé pendant un an au moins l'activité de conducteur affecté aux transports de marchandises des véhicules dont le poids maximal autorisé est supérieur à 3,5 tonnes ;

b) Avoir exercé pendant un an au moins l'activité de conducteur affecté aux transports de voyageurs sur des trajets ne dépassant pas un rayon de 50 kilomètres autour du point d'attache habituel du véhicule, ou à d'autres types de transports de voyageurs non assujettis au présent Accord pour autant que l'autorité compétente estime qu'ils ont de cette manière acquis l'expérience nécessaire ;

c) Être porteurs d'un certificat d'aptitude professionnelle constatant l'achèvement d'une formation de conducteur de transports de voyageurs par route reconnu par une des Parties contractantes.

Art. 6 *(Accord du 1er févr. 1991)* ***Temps de conduite.*** 1. La durée totale de conduite comprise entre deux repos journaliers ou entre un repos journalier et un repos hebdomadaire, dénommée ci-après « période de conduite journalière », ne doit pas dépasser neuf heures. Elle peut être portée à dix heures deux fois par semaine.

Après un maximum de six périodes de conduite journalières, le conducteur doit prendre un repos hebdomadaire tel que défini au paragraphe 3 de l'article 8.

La période de repos hebdomadaire peut être reportée à la fin du sixième jour si la durée totale de conduite au cours des six jours ne dépasse pas le maximum correspondant à six périodes de conduite journalières.

Dans le cas des transports internationaux de voyageurs, autres que les services réguliers, les mots "six" et "sixième" figurant aux deuxième et troisième alinéas sont remplacés respectivement par "douze" et "douzième".

2. La durée totale de conduite ne doit pas dépasser quatre-vingt-dix heures par période de deux semaines consécutives.

Art. 7 *(Accord du 1er févr. 1991)* ***Interruptions.*** 1. Après quatre heures et demie de conduite, le conducteur doit respecter une interruption d'au moins quarante-cinq minutes, à moins qu'il n'entame une période de repos.

2. Cette interruption peut être remplacée par des interruptions d'au moins quinze minutes chacune, intercalées dans la période de conduite ou immédiatement après cette période, de manière à respecter les dispositions du paragraphe 1.

3. Pendant ces interruptions, le conducteur ne peut effectuer d'autres travaux. Aux fins du présent article, le temps d'attente et le temps non consacré à la conduite passée dans un véhicule en marche, un ferry-boat ou un train ne sont pas considérés comme d'autres travaux.

4. Les interruptions observées au titre du présent article ne peuvent être considérées comme repos journaliers.

Art. 8 *(Accord du 1er févr. 1991)* ***Temps de repos.*** 1. Dans chaque période de vingt-quatre heures, le conducteur bénéficie d'un temps de repos journalier d'au moins onze heures consécutives, qui pourrait être réduit à un minimum de neuf heures consécutives trois fois au maximum par semaine, à condition qu'un temps de repos correspondant soit accordé par compensation avant la fin de la semaine suivante.

Les jours où le repos n'est pas réduit conformément au premier alinéa, il peut être pris en deux ou trois périodes séparées au cours de la période de vingt-quatre heures, l'une de ces périodes devant être d'au moins huit heures consécutives. Dans ce cas, la durée minimale du repos est portée à douze heures.

2. Pendant chaque période de trente heures dans laquelle il y a au moins deux conducteurs à bord d'un véhicule, ceux-ci doivent chacun bénéficier d'un repos journalier d'au moins huit heures consécutives.

3. Au cours de chaque semaine, une des périodes de repos visées aux paragraphes 1 et 2 est portée, à titre de repos hebdomadaire, à un total de quarante-cinq heures consécutives. Cette période de repos peut être réduite à un minimum de trente-six heures consécutives si elle est prise au point d'attache habituel du véhicule ou au point d'attache du conducteur, ou à un minimum de vingt-quatre heures consécutives si elle est prise en dehors de ces lieux. Chaque raccourcissement est compensé par un temps de repos équivalent pris en bloc avant la fin de la troisième semaine suivant la semaine concernée.

4. Une période de repos hebdomadaire qui commence dans une semaine et se prolonge dans la suivante peut être rattachée à l'une ou à l'autre de ces semaines.

5. Dans le cas des transports de voyageurs auxquels le paragraphe 1, quatrième alinéa, de l'article 6 est applicable, une période de repos hebdomadaire peut être reportée à la semaine suivant celle au titre de laquelle le repos est dû et rattachée au repos hebdomadaire de cette deuxième semaine.

6. Tout temps de repos pris en compensation pour la réduction des périodes de repos journaliers et/ou hebdomadaires doit être rattaché à un autre repos d'au moins huit heures et doit être accordé, à la demande de l'intéressé, au lieu de stationnement du véhicule ou au point d'attache du conducteur.

7. Le repos journalier peut être pris dans un véhicule pour autant qu'il soit équipé d'une couchette et qu'il soit à l'arrêt.

8. Par dérogation aux dispositions du paragraphe 1 ci-dessus, au cas où, dans le domaine des transports de marchandises ou de voyageurs, un conducteur accompagne un véhicule transporté par ferry-boat ou en train, le repos journalier peut être interrompu une seule fois, pour autant que les conditions suivantes soient remplies :

— la partie du repos journalier prise à terre doit pouvoir se situer avant ou après la partie du repos journalier prise à bord du ferry-boat ou du train ;

— la période entre les deux parties du repos journalier doit être aussi courte que possible et ne peut, en aucun cas, dépasser une heure avant l'embarquement ou après le débarquement, les formalités douanières étant comprises dans les opérations d'embarquement ou de débarquement ;

— pendant les deux parties du repos journalier, le conducteur doit pouvoir disposer d'un lit ou d'une couchette.

Le repos journalier ainsi interrompu est augmenté de deux heures.

Art. 9 *(Accord du 1er févr. 1991)* ***Dérogations.*** A condition de ne pas compromettre la sécurité routière et afin de lui permettre d'atteindre un point d'arrêt approprié, le conducteur peut déroger au présent Accord dans la mesure nécessaire pour assurer la sécurité des personnes, du véhicule ou de son chargement. Le conducteur doit mentionner le genre et le motif de la dérogation sur la feuille d'enregistrement de l'appareil de contrôle ou dans son registre de service.

Art. 10 *(Accord du 1er févr. 1991) Appareil de contrôle.* 1. Les Parties contractantes devront prescrire l'installation et l'utilisation sur les véhicules immatriculés sur leur territoire d'un appareil de contrôle conformément aux prescriptions suivantes :

a) L'appareil de contrôle au sens du présent Accord doit répondre, en ce qui concerne ses conditions de construction, d'installation, d'utilisation et de contrôle, aux prescriptions du présent Accord, y compris son annexe. *(Accord du 5 févr. 1993)* « Un appareil de contrôle qui est conforme au règlement (CEE) n° 3821/85 du Conseil du 20 décembre 1985 en ce qui concerne ses conditions de construction, d'installation, d'utilisation et de contrôle est considéré comme étant conforme aux prescriptions du présent article » ;

b) S'il n'est pas possible d'utiliser normalement et de la manière appropriée un appareil de contrôle installé sur un véhicule, chaque membre de l'équipage doit inscrire à la main, en utilisant les symboles graphiques appropriés, les indications se rapportant à ses périodes d'activités professionnelles et de repos sur sa feuille d'enregistrement ;

c) Si, du fait de leur éloignement du véhicule, les membres de l'équipage n'ont pas été en mesure d'utiliser l'appareil, ils doivent ajouter à la main, en utilisant les symboles graphiques appropriés, sur la feuille d'enregistrement, les divers temps correspondant à leurs activités professionnelles au cours de la période où ils étaient éloignés du véhicule ;

d) Les membres de l'équipage doivent toujours avoir avec eux et pouvoir présenter au contrôle les feuilles d'enregistrement de la semaine courante et du dernier jour de la semaine précédente au cours duquel ils ont conduit ;

e) Les membres de l'équipage doivent veiller à ce que l'appareil de contrôle soit mis en fonction et manipulé correctement et que, en cas de défectuosité, il soit réparé le plus vite possible.

2. L'employeur délivre aux conducteurs un nombre suffisant de feuilles d'enregistrement, compte tenu du caractère individuel de ces feuilles, de la durée du service et de l'obligation de remplacer éventuellement les feuilles endommagées ou saisies par un agent chargé du contrôle. L'employeur ne remet aux conducteurs que des feuilles d'un modèle homologué aptes à être utilisées dans l'appareil installé à bord du véhicule.

3. Les entreprises conserveront les feuilles d'enregistrement remplies conformément aux dispositions des alinéas b, c et d du paragraphe 1 du présent article pendant une période de douze mois au moins après la date de la dernière inscription et les présenteront sur demande aux agents chargés du contrôle.

Art. 11 *(Accord du 1er févr. 1991) Contrôles effectués par l'entreprise.* 1. L'entreprise doit organiser le service de transport routier de telle façon que les membres de l'équipage soient en mesure d'observer les dispositions du présent Accord.

2. Elle doit surveiller régulièrement les périodes de conduite et des autres travaux, ainsi que les heures de repos, en se servant de tous les documents dont elle dispose, par exemple les livrets individuels de contrôle. Si elle constate des infractions au présent Accord, elle doit y mettre fin sans délai et prendre des mesures pour éviter qu'elles ne se reproduisent, par exemple en modifiant les horaires et les itinéraires.

3. Il est interdit de rémunérer, même par l'octroi de primes ou de majorations de salaire, les conducteurs salariés en fonction des distances parcourues et/ou du volume des marchandises transportées, à moins que ces rémunérations ne soient pas de nature à compromettre la sécurité routière.

Art. 12 *(Accord du 1er févr. 1991) Mesures pour assurer l'application de l'Accord.* 1. Chaque partie contractante prendra toutes mesures appropriées pour que soit assuré le respect des dispositions du présent Accord, en particulier par des contrôles d'un niveau adéquat effectués sur les routes et dans les locaux des entreprises. Les administrations compétentes des Parties contractantes se tiendront informées des mesures générales prises à cet effet.

2. Les Parties contractantes s'accordent mutuellement assistance pour l'application du présent Accord et le contrôle de celle-ci.

3. Dans le cadre de cette assistance mutuelle, les autorités compétentes des Parties contractantes se communiquent régulièrement toutes les informations disponibles concernant :

— les infractions au présent Accord commises par les non-résidents et toute sanction appliquée pour de telles infractions ;

— les sanctions appliquées par une partie contractante à ses résidents pour de telles infractions commises dans d'autres Parties contractantes.

Dans le cas d'infractions sérieuses, cette information doit inclure les sanctions appliquées.

4. Si, lors d'un contrôle sur route du conducteur d'un véhicule immatriculé dans une autre partie contractante, les constatations effectuées donnent des raisons d'estimer qu'il a été commis des infractions qui ne sont pas décelables au cours de ce contrôle en l'absence des éléments nécessaires, les autorités compétentes des Parties contractantes concernées s'accordent mutuellement assistance en vue de clarifier la situation. Dans le cas où, pour ce faire, la partie contractante compétente procède à un contrôle dans les locaux de l'entreprise, les résultats de ce contrôle sont portés à la connaissance de l'autre partie contractante concernée.

Art. 13 *(Accord du 1er févr. 1991)* ***Dispositions transitoires.*** *(Accord du 5 févr. 1993)* « Les dispositions du nouvel article 10 (Appareil de contrôle) ne deviendront obligatoires pour les pays qui sont Parties contractantes à cet accord que le 24 avril 1995. Jusqu'à cette date, les dispositions de l'ancien article 12 (Livret individuel de contrôle) et de l'ancien article 12 *bis* (Dispositif de contrôle) resteront valables. »

Art. 14 *(Accord du 1er févr. 1991)* ***Dispositions finales.*** 1. Le présent Accord est ouvert à la signature jusqu'au 31 mars 1971 (1) et, après cette date, à l'adhésion des États membres de la Commission économique pour l'Europe et des États admis à la Commission à titre consultatif conformément au paragraphe 8 du mandat de cette Commission.

2. Le présent Accord sera ratifié.

3. Les instruments de ratification ou d'adhésion seront déposés auprès du Secrétaire général de l'Organisation des Nations unies.

4. Le présent Accord entrera en vigueur le cent quatre-vingtième jour après le dépôt du huitième instrument de ratification ou d'adhésion.

5. Pour chaque État qui ratifiera le présent Accord ou y adhérera après le dépôt du huitième instrument de ratification ou d'adhésion visé au paragraphe 4 du présent article, le présent Accord entrera en vigueur 180 jours après la date du dépôt, par cet État, de son instrument de ratification ou d'adhésion.

Art. 15 *(Accord du 1er févr. 1991)* 1. Toute partie contractante pourra dénoncer le présent Accord par notification adressée au Secrétaire général de l'Organisation des Nations unies.

2. La dénonciation prendra effet six mois après la date à laquelle le Secrétaire général en aura reçu notification.

Art. 16 *(Accord du 1er févr. 1991)* Le présent Accord cessera de produire ses effets si, après son entrée en vigueur, le nombre des Parties contractantes est inférieur à trois pendant une période quelconque de douze mois consécutifs.

Art. 17 *(Accord du 1er févr. 1991)* 1. Tout État pourra, lorsqu'il signera le présent Accord ou lors du dépôt de son instrument de ratification ou d'adhésion ou à tout moment ultérieur, déclarer, par notification adressée au Secrétaire général de l'Organisation des Nations unies, que la validité du présent Accord sera étendue à tout ou partie des territoires qu'il représente sur le plan international. Le présent Accord s'appliquera au territoire ou aux territoires mentionnés dans la notification à dater du cent quatre-vingtième jour après réception de cette notification par le Secrétaire général ou, si à ce jour le présent Accord n'est pas encore entré en vigueur, à dater de son entrée en vigueur.

2. Tout État qui aura fait, conformément au paragraphe précédent, une déclaration ayant pour effet de rendre le présent Accord applicable à un territoire qu'il représente sur le plan international pourra, conformément à l'article 15 du présent Accord, dénoncer le présent Accord en ce qui concerne ledit territoire.

Art. 18 *(Accord du 1er févr. 1991)* 1. Tout différend entre deux ou plusieurs Parties contractantes touchant l'interprétation ou l'application du présent Accord sera, autant que possible, réglé par voie de négociation entre les Parties en litige.

2. Tout différend qui n'aura pas été réglé par voie de négociation sera soumis à l'arbitrage si l'une quelconque des Parties contractantes en litige le demande et sera, en conséquence, renvoyé à un ou plusieurs arbitres choisis d'un commun accord par les Parties en litige. Si, dans les trois mois à dater de la demande d'arbitrage, les Parties en litige n'arrivent pas à s'entendre sur le choix d'un arbitre ou des arbitres, l'une quelconque de ces Parties pourra

demander au Secrétaire général de l'Organisation des Nations unies de désigner un arbitre unique devant lequel le différend sera renvoyé pour décision.

3. La sentence de l'arbitre ou des arbitres désignés conformément au paragraphe précédent sera obligatoire pour les Parties contractantes en litige.

Art. 19 *(Accord du 1er févr. 1991)* 1. Tout État pourra, au moment où il signera ou ratifiera le présent Accord ou y adhérera, déclarer qu'il ne se considère pas lié par les paragraphes 2 et 3 de l'article 18 du présent Accord. Les autres Parties contractantes ne seront pas liées par ces paragraphes envers toute partie contractante qui aura formulé une telle réserve.

2. Si, lors du dépôt de son instrument de ratification ou d'adhésion, un État formule une réserve autre que celle prévue au paragraphe 1 du présent article, le Secrétaire général de l'Organisation des Nations unies communiquera cette réserve aux États qui ont déjà déposé leur instrument de ratification ou d'adhésion et n'ont pas ultérieurement dénoncé le présent Accord. La réserve sera réputée acceptée si, dans le délai de six mois à dater de cette communication, aucun de ces États ne s'est opposé à son admission. Dans le cas contraire, la réserve ne sera pas admise et, si l'État qui l'a formulée ne la retire pas, le dépôt de l'instrument de ratification ou d'adhésion de cet État sera sans effet. Pour l'application du présent paragraphe il ne sera pas tenu compte de l'opposition des États dont l'adhésion ou la ratification serait sans effet, en vertu du présent paragraphe, du fait des réserves qu'ils auraient formulées.

3. Toute partie contractante dont la réserve aura été adoptée dans le Protocole de signature du présent Accord ou qui aura formulé une réserve conformément au paragraphe 1 du présent article ou fait une réserve qui aura été acceptée conformément au paragraphe 2 du présent article pourra, à tout moment, lever cette réserve par une notification adressée au Secrétaire général.

Art. 20 *(Accord du 1er févr. 1991)* 1. Après que le présent Accord aura été en vigueur pendant trois ans, toute partie contractante pourra, par notification adressée au Secrétaire général de l'Organisation des Nations unies, demander la convocation d'une conférence à l'effet de reviser l'Accord. Le Secrétaire général notifiera cette demande à toutes les Parties contractantes et convoquera une conférence de revision si, dans un délai de quatre mois à dater de la notification adressée par lui, le tiers au moins des Parties contractantes lui signifient leur assentiment à cette demande.

2. Si une conférence est convoquée conformément au paragraphe précédent, le Secrétaire général en avisera toutes les Parties contractantes et les invitera à présenter, dans un délai de trois mois, les propositions qu'elles souhaiteraient voir examiner par la conférence. Le Secrétaire général communiquera à toutes les Parties contractantes l'ordre du jour provisoire de la conférence, ainsi que le texte de ces propositions, trois mois au moins avant la date d'ouverture de la conférence.

3. Le Secrétaire général invitera à toute conférence convoquée conformément au présent article tous les États visés au paragraphe 1 de l'article 14 du présent Accord.

Art. 21 *(Accord du 1er févr. 1991)* 1. Toute partie contractante pourra proposer un ou plusieurs amendements au présent Accord. Le texte de tout projet d'amendement sera communiqué au Secrétaire général de l'Organisation des Nations unies qui le communiquera à toutes les Parties contractantes et le portera à la connaissance des autres États visés au paragraphe 1 de l'article 14 du présent Accord.

2. Dans un délai de six mois à compter de la date de la communication par le Secrétaire général du projet d'amendement, toute partie contractante peut faire connaître au Secrétaire général :

a) Soit qu'elle a une objection à l'amendement proposé ;

b) Soit que, bien qu'elle ait l'intention d'accepter le projet, les conditions nécessaires à cette acceptation ne se trouvent pas encore remplies dans son État.

3. Tant qu'une partie contractante qui a adressé la communication prévue au paragraphe 2 *b)* du présent article n'aura pas notifié au Secrétaire général son acceptation, elle pourra, pendant un délai de neuf mois à partir de l'expiration du délai de six mois prévu pour la communication, présenter une objection à l'amendement proposé.

4. Si une objection est formulée au projet d'amendement dans les conditions prévues aux paragraphes 2 et 3 du présent article, l'amendement sera considéré comme n'ayant pas été accepté et sera sans effet.

5. Si aucune objection n'a été formulée au projet d'amendement dans les conditions prévues aux paragraphes 2 et 3 du présent article, l'amendement sera réputé accepté à la date suivante :

a) Lorsque aucune partie contractante n'a adressé de communication en application du paragraphe 2 *b)* du présent article, à l'expiration du délai de six mois visé à ce paragraphe 2 du présent article ;

b) Lorsque au moins une partie contractante a adressé une communication en application du paragraphe 2 *b)* du présent article, à la plus rapprochée des deux dates suivantes :

– date à laquelle toutes les Parties contractantes ayant adressé une telle communication auront notifié au Secrétaire général leur acceptation du projet, cette date étant toutefois reportée à l'expiration du délai de six mois visé au paragraphe 2 du présent article si toutes les acceptations étaient notifiées antérieurement à cette expiration ;

– expiration du délai de neuf mois visé au paragraphe 3 du présent article.

6. Tout amendement réputé accepté entrera en vigueur trois mois après la date à laquelle il aura été réputé accepté.

7. Le Secrétaire général adressera le plus tôt possible à toutes les Parties contractantes une notification pour leur faire savoir si une objection a été formulée contre le projet d'amendement conformément au paragraphe 2 *a)* du présent article et si une ou plusieurs Parties contractantes lui ont adressé une communication conformément au paragraphe 2 *b)* du présent article. Dans le cas où une ou plusieurs Parties contractantes ont adressé une telle communication, il notifiera ultérieurement à toutes les Parties contractantes si la ou les Parties contractantes qui ont adressé une telle communication élèvent une objection contre le projet d'amendement ou l'acceptent.

8. Indépendamment de la procédure d'amendement prévue aux paragraphes 1 à 6 du présent article, l'annexe au présent Accord pourra être modifiée par accord entre les administrations compétentes de toutes les Parties contractantes ; si l'administration compétente d'une partie contractante a déclaré que son droit national l'oblige à subordonner son accord à l'obtention d'une autorisation spéciale à cet effet ou à l'approbation d'un organe législatif, le consentement de l'administration compétente de la partie contractante en cause à la modification de l'Annexe ne sera considéré comme donné qu'au moment où cette administration compétente aura déclaré au Secrétaire général que les autorisations ou les approbations requises ont été obtenues. L'accord entre les administrations compétentes fixera la date d'entrée en vigueur de l'Annexe modifiée et pourra prévoir que, pendant une période transitoire, l'ancienne annexe restera en vigueur, en tout ou en partie, simultanément avec l'annexe modifiée.

Art. 22 *(Accord du 1er févr. 1991)* 1. Les appendices 1 et 2 à l'annexe du présent Accord pourront être amendés suivant la procédure définie dans le présent article.

2. A la demande d'une partie contractante, tout amendement des appendices 1 et 2 à l'annexe du présent Accord proposé par cette partie sera examiné par le groupe de travail principal des transports routiers de la Commission économique pour l'Europe.

3. S'il est adopté à la majorité des membres présents et votants, et si cette majorité comprend la majorité des Parties contractantes présentes et votantes, l'amendement sera communiqué pour acceptation aux administrations compétentes de toutes les Parties contractantes par le Secrétaire général.

4. L'amendement sera accepté si, dans le délai de six mois suivant la date de cette communication, moins du tiers des administrations compétentes des Parties contractantes notifie au Secrétaire général leur objection à l'amendement.

5. Tout amendement accepté sera communiqué par le Secrétaire général à toutes les Parties contractantes et entrera en vigueur trois mois après la date de cette notification.

Art. 23 *(Accord du 1er févr. 1991)* Outre les notifications prévues aux articles 20 et 21 du présent Accord, le Secrétaire général de l'Organisation des Nations unies notifiera aux États visés au paragraphe 1 de l'article 14 du présent Accord :

a) Les ratifications et adhésions en vertu de l'article 14 du présent Accord ;

b) Les dates auxquelles le présent Accord entrera en vigueur conformément à l'article 14 du présent Accord ;

c) Les dénonciations en vertu de l'article 15 du présent Accord ;

d) L'abrogation du présent Accord conformément à l'article 16 du présent Accord ;

e) Les notifications reçues conformément à l'article 17 du présent Accord ;

f) Les déclarations et notifications reçues conformément à l'article 19 du présent Accord ;

g) L'entrée en vigueur de tout amendement conformément à l'article 21 du présent Accord.

Art. 24 *(Accord du 1er févr. 1991)* Le Protocole de signature du présent Accord aura les mêmes force, valeur et durée que le présent Accord lui-même dont il sera considéré comme faisant partie intégrante.

Art. 25 *(Accord du 1er févr. 1991)* Après le 31 mars 1971 *[Conformément à la décision prise par le Groupe de travail des transports routiers à sa quarante-quatrième session de reporter du 31 décembre 1970 au 31 mars 1971 la date de clôture de la période pendant laquelle l'AETR sera ouvert à la signature]*, l'original du présent Accord sera déposé auprès du Secrétaire général de l'Organisation des Nations unies, qui en transmettra des copies certifiées conformes à chacun des États visés au paragraphe 1 de l'article 1 du présent Accord.

En foi de quoi, les soussignés, à ce dûment autorisés, ont signé le présent Accord.

Fait à Genève, le 1er juillet 1970, en un seul exemplaire, en langues anglaise et française, les deux textes faisant également foi.

....

ANNEXE

APPAREIL DE CONTRÔLE

(Accord du 1er févr. 1991)

Dispositions générales

....

III. Dispositions d'utilisation

Article 10 L'employeur et les conducteurs veillent au bon fonctionnement et à la bonne utilisation de l'appareil.

Article 11. 1. Les conducteurs n'utilisent pas de feuilles d'enregistrement souillées ou endommagées. A cet effet, les feuilles doivent être protégées de manière adéquate.

En cas d'endommagement d'une feuille qui contient des enregistrements, les conducteurs doivent joindre la feuille endommagée à la feuille de réserve utilisée pour la remplacer.

2. Les conducteurs utilisent les feuilles d'enregistrement chaque jour où ils conduisent, dès le moment où ils prennent en charge le véhicule. La feuille d'enregistrement n'est pas retirée avant la fin de la période de travail journalière, à moins que son retrait ne soit autrement autorisé. Aucune feuille d'enregistrement ne peut être utilisée pour une période plus longue que celle pour laquelle elle a été destinée.

Lorsque, par suite de leur éloignement du véhicule, les conducteurs ne peuvent pas utiliser l'appareil monté sur le véhicule, les groupes de temps sont inscrits, de façon lisible et sans souillure des feuilles, manuellement, automatiquement ou par d'autres moyens.

Ils portent sur les feuilles d'enregistrement les modifications nécessaires lorsque plus d'un conducteur se trouve à bord du véhicule, de telle sorte que les informations visées à l'appendice I, rubrique II, points 1 à 3 soient enregistrées sur la feuille du conducteur qui tient effectivement le volant.

3. L'appareil doit être conçu de manière à permettre aux agents chargés du contrôle de lire, après ouverture éventuelle de l'appareil, sans déformer d'une façon permanente, endommager ou souiller la feuille, les enregistrements relatifs aux neuf heures précédant l'heure du contrôle.

L'appareil doit en outre être conçu de manière à permettre de vérifier, sans ouverture du boîtier, que les enregistrements s'effectuent.

4. Le conducteur doit être en mesure de présenter, à toute demande des agents de contrôle, les feuilles d'enregistrement de la semaine en cours et, en tout cas, la feuille du dernier jour de la semaine précédente au cours duquel il a conduit.

APPENDICE 1

Conditions de construction, d'essai, d'installation et de contrôle

....

IV. Feuilles d'enregistrement

A. — Généralités.

1. Les feuilles d'enregistrement doivent être d'une qualité telle qu'elles n'empêchent pas le fonctionnement normal de l'appareil et que les enregistrements qu'elles supportent soient indélébiles et clairement lisibles et identifiables.

Les feuilles d'enregistrement doivent conserver leurs dimensions et leurs enregistrements dans des conditions normales d'hygrométrie et de température.

Il doit, en outre, être possible pour chaque membre de l'équipage d'inscrire sur les feuilles, sans les détériorer et sans empêcher la lisibilité des enregistrements, les indications suivantes :

a) Ses nom et prénom au début d'utilisation de la feuille ;

b) La date et le lieu au début et à la fin d'utilisation de la feuille ;

c) Le numéro de la plaque d'immatriculation du véhicule auquel il est affecté avant le premier voyage enregistré sur la feuille et ensuite, en cas de changement de véhicule, pendant l'utilisation de la feuille ;

d) Le relevé du compteur kilométrique :

— avant le premier voyage enregistré sur la feuille ;

— à la fin du dernier voyage enregistré sur la feuille ;

— en cas de changement de véhicule pendant la journée de service (compteur du véhicule auquel il a été affecté et compteur du véhicule auquel il va être affecté) ;

e) Le cas échéant, l'heure du changement de véhicule.

Dans des conditions normales de conservation, les enregistrements doivent rester lisibles avec précision pendant au moins un an.

2. La capacité minimale d'enregistrement des feuilles, quelle que soit leur forme, doit être de vingt-quatre heures.

Si plusieurs disques sont reliés entre eux afin d'augmenter la capacité d'enregistrement continu réalisable sans intervention du personnel, les raccordements entre les différents disques doivent être réalisés de telle manière que les enregistrements, aux endroits de passage d'un disque au suivant, ne présentent ni interruptions ni chevauchements.

B. — Zones d'enregistrement et leurs graduations.

1. Les feuilles d'enregistrement comportent les zones d'enregistrement suivantes :

— une zone exclusivement réservée aux indications relatives à la vitesse ;

— une zone exclusivement réservée aux indications relatives aux distances parcourues ;

— une ou des zones pour les indications relatives aux temps de conduite, aux autres temps de travail et aux temps de disponibilité, aux interruptions de travail et au repos des conducteurs.

2. La zone réservée à l'enregistrement de la vitesse doit être subdivisée en tranches de 20 km/h ou moins. La vitesse correspondante doit être indiquée en chiffres sur chaque ligne de cette subdivision. Le symbole km/h doit figurer au moins une fois à l'intérieur de cette zone. La dernière ligne de cette zone doit coïncider avec la limite supérieure de l'étendue de mesure.

3. La zone réservée à l'enregistrement des parcours doit être imprimée de façon à permettre la lecture aisée du nombre de kilomètres parcourus.

4. La ou les zones réservées à l'enregistrement des temps visées au paragraphe 1 doivent porter les mentions nécessaires pour individualiser sans ambiguïté les divers groupes de temps.

C. — Indications imprimées sur les feuilles d'enregistrement.

Chaque feuille doit porter, imprimées, les indications suivantes :

— nom et adresse ou marque du fabricant ;

— marque d'homologation du modèle de la feuille ;

— marque d'homologation du ou des modèles d'appareils dans lesquels la feuille est utilisable ;

— limite supérieure de la vitesse enregistrable imprimée en km/h.

Chaque feuille doit en outre porter, imprimée, au moins une échelle de temps graduée de façon à permettre la lecture directe du temps par intervalles de 15 minutes ainsi qu'une détermination simple des intervalles de 5 minutes.

D. — Espace libre pour les inscriptions manuscrites.

Un espace libre sur les feuilles doit être prévu pour permettre au conducteur d'y reporter au moins les mentions manuscrites suivantes :

— le nom et le prénom du conducteur ;

— la date et le lieu du début et de la fin d'utilisation de la feuille ;

— le ou les numéros de la plaque d'immatriculation du ou des véhicules auxquels le conducteur est affecté pendant l'utilisation de la feuille ;

— les relevés du compteur kilométrique du ou des véhicules auxquels le conducteur est affecté pendant l'utilisation de la feuille ;

— l'heure du changement de véhicule.

V. Installation de l'appareil de contrôle

A. — Généralités.

1. Les appareils de contrôle doivent être placés sur les véhicules de manière telle que, d'une part, le conducteur puisse aisément surveiller, de sa place, l'indicateur de vitesse, le compteur totalisateur et l'horloge, et que, d'autre part, tous leurs éléments, y compris ceux de transmission, soient protégés contre toute détérioration fortuite.

2. La constante de l'appareil de contrôle doit pouvoir être adaptée au cœfficient caractéristique du véhicule au moyen d'un dispositif adéquat appelé adaptateur.

Les véhicules à plusieurs rapports de pont doivent être munis d'un dispositif de commutation ramenant automatiquement ces divers rapports à celui pour lequel l'adaptation de l'appareil au véhicule est réalisée par l'adaptateur.

3. Une plaquette d'installation bien visible est fixée sur le véhicule à proximité de l'appareil, ou sur l'appareil même, après la vérification lors de la première installation. Après chaque intervention d'un installateur ou atelier agréé nécessitant une modification de réglage de l'installation proprement dite, une nouvelle plaquette, remplaçant la précédente, doit être apposée.

La plaquette doit porter au moins les mentions suivantes :

— nom, adresse ou marque de l'installateur ou atelier agréé ;

— coefficient caractéristique du véhicule, sous la forme « w = ... tr/km » « w = ... imp/km » ;

— circonférence effective des pneus des roues sous la forme « l = ... mm » ;

— la date du relevé du cœfficient caractéristique du véhicule et du mesurage de la circonférence effective des pneus des roues.

B. — Scellements.

Les éléments suivants doivent être scellés :

a) La plaquette d'installation, à moins qu'elle ne soit appliquée de telle manière qu'elle ne puisse être enlevée sans destruction des indications ;

b) Les extrémités de la liaison entre l'appareil de contrôle proprement dit et le véhicule ;

c) L'adaptateur proprement dit et son insertion dans le circuit ;

d) Le dispositif de commutation pour les véhicules à plusieurs rapports de pont ;

e) Les liaisons de l'adaptateur et du dispositif de commutation aux autres éléments de l'installation ;

f) Les enveloppes prévues au chapitre III, section A, paragraphe 7 b.

Pour des cas particuliers, d'autres scellements peuvent être prévus lors de l'homologation du modèle d'appareil, et mention de l'emplacement de ces scellements doit être faite sur la fiche d'homologation.

Seuls les scellements de liaison visés aux alinéas b, c et e peuvent être enlevés dans ces cas d'urgence ; tout bris de ces scellements doit faire l'objet d'une justification par écrit tenue à la disposition de l'autorité compétente. ....

RÉSERVE FORMULÉE PAR LE GOUVERNEMENT FRANÇAIS
LORS DU DÉPÔT DE SON INSTRUMENT DE RATIFICATION

Les transports entre États membres de la Communauté économique européenne sont considérés comme des transports nationaux aux termes de l'AETR pour autant que ces transports ne transitent pas par le territoire d'un pays tiers partie contractante à l'AETR.

Arrêté du 30 août 1983,

Fixant les dispositions relatives à certaines caractéristiques de l'appareil de contrôle de vitesse pour les transports routiers et aux conditions d'installation, d'utilisation, de contrôle et de vérifications périodiques de cet appareil.

Art. 1er L'appareil de contrôle prévu par l'article R. 78 du code de la route doit répondre aux dispositions du présent arrêté.

Art. 2 Pour les véhicules mis en circulation depuis le 15 avril 1973, la limite supérieure des échelles d'enregistrement et de lecture doit :

Excéder d'au moins 20 kilomètres à l'heure la plus haute limite de vitesse imposée aux véhicules en raison de leurs caractéristiques propres ;

Être au moins égale à 120 kilomètres à l'heure pour les véhicules non soumis à une limitation particulière de vitesse.

Art. 3 Les opérations de vérification après installation sont effectuées par des installateurs agréés par le ministre chargé de la métrologie légale.

Art. 4 La conformité de l'installation de l'appareil de contrôle aux prescriptions du présent arrêté est attestée par une plaquette d'installation apposée sur le véhicule à proximité de l'appareil, après la vérification après installation.

Après chaque contrôle ultérieur, une nouvelle plaquette remplaçant la précédente doit être apposée.

La plaquette doit porter les mentions suivantes :

- Nom, adresse ou marque de l'agent agréé ;
- Date d'installation ou de changement de l'appareil de contrôle ;
- Cœfficient caractéristique du véhicule, sous la forme "w = ... tr/km" ou "w = ... imp/km", défini par le règlement CEE n° 1463/70 susvisé ;
- Circonférence effective des pneumatiques des roues sous la forme "I = ... mm", définie par le règlement CEE n° 1463/70 susvisé ;
- La date du relevé du cœfficient caractéristique du véhicule et du mesurage de la circonférence effective des pneumatiques des roues ;
- Référence ou dimensions des pneumatiques.

Art. 5 Les appareils de contrôle doivent être placés sur les véhicules de manière telle que, d'une part, le conducteur puisse aisément surveiller de sa place l'indicateur de vitesse, à moins que le tableau de bord du véhicule n'en comporte déjà un et que, d'autre part, tous les éléments, y compris ceux de la transmission, soient protégés contre toute détérioration fortuite.

Art. 6 Les éléments suivants doivent être scellés :

a) La plaquette d'installation ;

b) Les extrémités de la liaison entre l'appareil de contrôle proprement dit et le véhicule ;

c) L'adaptateur proprement dit et son insertion dans le circuit ;

d) Le dispositif de commutation pour les véhicules à plusieurs rapports de pont ;

e) Les liaisons de l'adaptateur et du dispositif de commutation aux autres éléments de l'installation ;

f) Les enveloppes protégeant les parties internes de l'appareil contre l'humidité et les poussières.

Pour des cas particuliers, d'autres scellements peuvent être prévus lors de l'homologation du modèle d'appareil et mention de l'emplacement de ces scellements doit être faite sur la fiche d'homologation.

Seuls les scellements de liaison sous *b et c* peuvent être enlevés dans des cas d'urgence ; tout bris de ces scellements doit faire l'objet d'une justification par écrit tenue à la disposition des agents chargés des vérifications périodiques prévues aux articles 9 et 10 ci-dessous.

Art. 7 Les conditions d'utilisation de l'appareil sont celles fixées aux articles 5 à 11 inclus de l'arrêté du 30 décembre 1972 relatif à l'installation et à l'utilisation d'un appareil destiné à faciliter le contrôle des conditions de travail dans les transports routiers publics ou privés.

Art. 8 L'appareil de contrôle est soumis à une vérification primitive après chaque réparation.

Art. 9 Une vérification périodique de l'appareil de contrôle installé est effectuée au moins une fois tous les deux ans dans un des centres agréés par le ministre chargé de la métrologie légale.

Art. 10 Le service des mines vérifie, lors des visites techniques périodiques des véhicules, que la date limite de validation indiquée sur la plaquette de vérification périodique n'est pas dépassée.

Art. 11 En cas de contestations concernant le bon fonctionnement et les règles d'installation de l'appareil de contrôle, les agents du service des instruments de mesure procèdent aux vérifications et contrôles nécessaires.

Art. 12 L'arrêté du 19 février 1973 fixant certaines caractéristiques de l'appareil de contrôle de vitesse pour les transports routiers et les conditions d'installation, d'utilisation, de vérification et de contrôles périodiques de cet appareil est abrogé.

Règlement (CE) n° 561/2006 du Parlement européen et du Conseil du 15 mars 2006,

Relatif à l'harmonisation de certaines dispositions de la législation sociale dans le domaine des transports par route.

Le présent règlement remplace le règlement (CEE) n° 3820/85 du Conseil du 20 décembre 1985.

CHAPITRE I ***DISPOSITIONS INTRODUCTIVES***

Art. 1er Le présent règlement fixe les règles relatives aux durées de conduite, aux pauses et aux temps de repos qui doivent être observés par les conducteurs assurant le transport de marchandises et de voyageurs par route afin d'harmoniser les conditions de concurrence entre les modes de transport terrestre, en particulier en ce qui concerne le secteur routier, et d'améliorer des conditions de travail et la sécurité routière. Le présent règlement vise également à promouvoir de meilleures pratiques de contrôle et d'application des règles par les États membres et de meilleures méthodes de travail dans le secteur du transport routier.

V. Arr. du 24 mai 2016 portant dérogation temporaire aux règles en matière de temps de conduite et de repos pour le transport d'hydrocarbures (JO 25 mai).

Art. 2 1. Le présent règlement s'applique au transport routier :

a) de marchandises par des véhicules, y compris des véhicules à remorque ou à semi-remorque, dont la masse maximale autorisée dépasse 3,5 tonnes ; ou

(Règl. (UE) 2020/1054 du 15 juill. 2020, art. 1er, en vigueur le 20 août 2020) « aa) à partir du 1er juillet 2026, de marchandises dans le cadre d'opérations de transport international ou de cabotage par des véhicules, y compris des véhicules à remorque ou à semi-remorque, dont la masse maximale autorisée dépasse 2,5 tonnes ; ou »

b) de voyageurs par des véhicules qui sont construits ou aménagés de façon permanente pour pouvoir assurer le transport de plus de neuf personnes, conducteur compris, et qui sont destinés à cet usage.

2. Le présent règlement s'applique, quel que soit le pays d'immatriculation du véhicule, aux transports routiers effectués :

a) exclusivement dans la Communauté ; ou

b) entre la Communauté, la Suisse et les pays parties à l'accord sur l'Espace économique européen.

3. L'AETR s'applique, à la place du présent règlement, aux opérations de transport international effectuées en partie en dehors des zones visées au paragraphe 2, pour :

a) les véhicules immatriculés dans la Communauté ou dans des pays qui sont parties à l'AETR, pour l'ensemble du trajet ;

b) les véhicules immatriculés dans un pays tiers qui n'est pas partie à l'AETR, seulement pour la partie du trajet située sur le territoire de l'Union européenne ou de pays qui sont parties à l'AETR.

Les dispositions de l'AETR devraient être alignées sur celles du présent règlement, de telle sorte que les dispositions principales du présent règlement s'appliquent, par le biais de l'AETR, à ces véhicules pour toute partie du trajet effectuée à l'intérieur de la Communauté.

Art. 3 Le présent règlement ne s'applique pas aux transports routiers effectués par des :

a) véhicules affectés au transport de voyageurs par des services réguliers dont le parcours de la ligne ne dépasse pas 50 km ;

(Règl. (UE) 2020/1054 du 15 juill. 2020, art. 1er, en vigueur le 20 août 2020) « aa) véhicules ou combinaisons de véhicules d'une masse maximale autorisée ne dépassant pas 7,5 tonnes utilisés pour :

« i) le transport de matériel, d'équipement ou de machines destinés au conducteur dans l'exercice de ses fonctions ; ou

« ii) le transport de marchandises fabriquées de manière artisanale,

« uniquement dans un rayon de 100 kilomètres autour du lieu d'établissement de l'entreprise de transport et à condition que la conduite du véhicule ne constitue pas l'activité principale du conducteur et que le transport ne soit pas effectué pour le compte d'autrui ; »

b) véhicules dont la vitesse maximale autorisée ne dépasse pas 40 km à l'heure ;

c) véhicules appartenant aux services de l'armée, aux services de la protection civile, aux pompiers et aux forces responsables du maintien de l'ordre public, ou loués sans chauffeur par ceux-ci, lorsque le transport relève de la fonction propre confiée à ces services et s'effectue sous leur contrôle ;

d) véhicules, y compris ceux utilisés pour le transport non commercial d'aide humanitaire, utilisés dans des cas d'urgence ou des missions de sauvetage ;

e) véhicules spécialisés affectés à des missions médicales ;

f) véhicules spécialisés de dépannage opérant dans un rayon de 100 km de leur point d'attache ;

g) véhicules subissant des essais sur route à des fins d'amélioration technique, de réparation ou d'entretien et véhicules neufs ou transformés non encore mis en service ;

h) véhicules ou un ensemble de véhicules d'une masse maximale autorisée ne dépassant pas 7,5 tonnes utilisés pour le transport de marchandises à des fins non commerciales ;

(Règl. (UE) 2020/1054 du 15 juill. 2020, art. 1er, en vigueur le 20 août 2020) « ha) véhicules, y compris des véhicules à remorque ou à semi-remorque, dont la masse maximale autorisée dépasse 2,5 tonnes mais n'excède pas 3,5 tonnes, utilisés pour le transport de marchandises, lorsque le transport n'est pas effectué pour le compte d'autrui, mais pour le compte propre de l'entreprise ou du conducteur, et lorsque la conduite ne constitue pas l'activité principale de la personne qui conduit le véhicule ; »

i) véhicules commerciaux, qui ont un caractère historique, conformément à la législation de l'État membre dans lequel ils sont conduits, et qui sont utilisés pour le transport de voyageurs ou de marchandises à des fins non commerciales.

Art. 4 Aux fins du présent règlement, on entend par :

a) "transport par route" : tout déplacement effectué, en totalité ou en partie et à vide ou en charge sur le réseau routier ouvert au public, par un véhicule utilisé pour le transport de voyageurs ou de marchandises ;

b) "véhicule" : un véhicule automobile, un tracteur, une remorque, une semi-remorque ou un ensemble desdits véhicules, tels que définis ci-après :

— "véhicule automobile" : tout véhicule automoteur circulant sur la voie publique, à l'exception des véhicules qui se déplacent en permanence sur des rails, et servant normalement au transport de voyageurs ou de marchandises ;

— "véhicule tracteur" : tout véhicule automoteur circulant sur la voie publique, qui ne se déplace pas en permanence sur des rails et qui est conçu spécialement pour tracter, pousser ou déplacer des remorques, des semi-remorques, des engins ou des machines ;

— "remorque" : tout véhicule destiné à être attelé à un véhicule automobile ou à un véhicule tracteur ;

— "semi-remorque" : une remorque sans essieu avant accouplée de telle manière qu'une partie importante de son poids et du poids de son chargement est supportée par le véhicule tracteur ou le véhicule automobile ;

c) "conducteur" : la personne qui conduit le véhicule, même pendant une courte période, ou qui se trouve à bord d'un véhicule dans le cadre de son service pour pouvoir conduire en cas de besoin ;

d) "pause" : toute période pendant laquelle un conducteur n'a pas le droit de conduire ou d'effectuer d'autres tâches, et qui doit uniquement lui permettre de se reposer ;

e) "autre tâche" : toute activité, à l'exception de la conduite, définie comme temps de travail à l'article 3, point a), de la directive 2002/15/CE, y compris toute activité accomplie pour le même ou un autre employeur dans le secteur du transport ou en dehors ;

f) "repos" : toute période ininterrompue pendant laquelle un conducteur peut disposer librement de son temps ;

g) "temps de repos journalier" : la partie d'une journée pendant laquelle un conducteur peut disposer librement de son temps et qui peut être un "temps de repos journalier normal" ou un "temps de repos journalier réduit" :

– "temps de repos journalier normal" : toute période de repos d'au moins onze heures. Ce temps de repos journalier normal peut aussi être pris en deux tranches, dont la première doit être une période ininterrompue de trois heures au moins et la deuxième une période ininterrompue d'au moins neuf heures ;

– "temps de repos journalier réduit" : toute période de repos d'au moins neuf heures, mais de moins de onze heures ;

h) "temps de repos hebdomadaire" : une période hebdomadaire pendant laquelle un conducteur peut disposer librement de son temps, et qui peut être un "temps de repos hebdomadaire normal" ou un "temps de repos hebdomadaire réduit" ;

– "temps de repos hebdomadaire normal" : toute période de repos d'au moins quarante-cinq heures ;

– "temps de repos hebdomadaire réduit" : toute période de repos de moins de quarante-cinq heures, pouvant être réduite à un minimum de vingt-quatre heures consécutives, sous réserve des conditions énoncées à l'article 8, paragraphe 6 ;

i) "semaine" : la période comprise entre lundi 00 heures et dimanche 24 heures ;

j) "durée de conduite" : durée de l'activité de conduite enregistrée :

– automatiquement ou semi-automatiquement par l'appareil de contrôle défini à l'annexe I et à l'annexe I B du règlement (CEE) n° 3821/85 ; ou

– manuellement comme exigé par l'article 16, paragraphe 2, du règlement (CEE) n° 3821/85 ;

k) "durée de conduite journalière" : la durée de conduite totale accumulée entre la fin d'un temps de repos journalier et le début du temps de repos journalier suivant ou entre un temps de repos journalier et un temps de repos hebdomadaire ;

l) "durée de conduite hebdomadaire" : la durée de conduite totale accumulée pendant une semaine ;

m) "masse maximale autorisée" : la masse maximale admissible d'un véhicule en ordre de marche, charge utile comprise ;

n) "services réguliers de transport de voyageurs" : les services de transports nationaux et internationaux tels que définis à l'article 2 du règlement (CEE) n° 684/92 du Conseil du 16 mars 1992 établissant des règles communes pour les transports internationaux de voyageurs effectués par autocars et autobus *[10]* ;

o) "conduite en équipage" : la situation dans laquelle, pendant une période de conduite comprise entre deux temps de repos journaliers consécutifs, ou entre un temps de repos journalier et un temps de repos hebdomadaire, il y a au moins deux conducteurs à bord du véhicule pour assurer la relève. Au cours de la première heure de conduite en équipage, la présence d'un autre ou d'autres conducteurs est facultative, mais elle est obligatoire pour le reste de la période à courir ;

p) "entreprise de transport" : toute personne physique ou morale, toute association ou tout groupe de personnes sans personnalité juridique, à but lucratif ou non, ou tout organisme public doté de la personnalité juridique ou dépendant d'une autorité dotée de la personnalité juridique qui effectue des transports par route, pour compte d'autrui ou pour compte propre ;

q) "période de conduite" : une durée de conduite cumulée entre le moment où le conducteur se met au volant après un temps de repos ou une pause et le moment où il observe un temps de repos ou une pause. Le temps de conduite peut être continu ou fragmenté.

(Règl. (UE) 2020/1054 du 15 juill. 2020, art. 1er, en vigueur le 20 août 2020) « r) "transport à des fins non commerciales" : tout transport par route, autre que le transport pour compte d'autrui ou pour compte propre, pour lequel aucune rémunération directe ou indirecte n'est perçue et qui ne produit aucun revenu direct ou indirect pour le conducteur du véhicule ou pour d'autres personnes et qui ne présente aucun lien avec une activité professionnelle ou commerciale. »

CHAPITRE II *ÉQUIPAGES, DURÉES DE CONDUITE, PAUSES ET TEMPS DE REPOS*

Art. 5 1. L'âge minimal des receveurs est fixé à dix-huit ans.

2. L'âge minimal des convoyeurs est fixé à dix-huit ans. Les États membres peuvent, toutefois, ramener à seize ans l'âge minimal des convoyeurs pour autant que les conditions suivantes soient remplies :

a) le transport par route est effectué à l'intérieur d'un État membre dans un rayon de cinquante kilomètres autour du point d'attache du véhicule, et sur le territoire des communes dont le centre est situé dans ce rayon ;

b) la limite d'âge est abaissée à des fins de formation professionnelle ; et

c) la mesure est conforme aux limites imposées par les lois nationales de l'État membre en matière d'emploi.

Art. 6 1. La durée de conduite journalière ne dépasse pas neuf heures.

La durée de conduite journalière peut, toutefois, être prolongée jusqu'à dix heures maximum, mais pas plus de deux fois au cours de la semaine.

2. La durée de conduite hebdomadaire ne dépasse pas cinquante-six heures ni n'entraîne un dépassement de la durée maximale de travail hebdomadaire définie dans la directive 2002/15/CE.

3. La durée de conduite totale accumulée au cours de deux semaines consécutives ne doit pas dépasser quatre-vingt-dix heures.

4. Les durées de conduite journalières et hebdomadaires comprennent toutes les durées de conduite accomplies sur le territoire de la Communauté ou d'un pays tiers.

(Règl. (UE) 2020/1054 du 15 juill. 2020, art. 1er, en vigueur le 20 août 2020) « 5. Un conducteur enregistre comme autre tâche tout temps tel qu'il est défini à l'article 4, point e), ainsi que tout temps passé à conduire un véhicule utilisé pour des opérations commerciales n'entrant pas dans le champ d'application du présent règlement, et enregistre tout temps de disponibilité, tel qu'il est défini à l'article 3, point b), de la directive 2002/15/CE, conformément à l'article 34, paragraphe 5, point b) iii), du règlement (UE) nº 165/2014 du Parlement européen et du Conseil. Cet enregistrement est effectué manuellement sur une feuille d'enregistrement, sur une sortie imprimée ou à l'aide de la fonction de saisie manuelle offerte par l'appareil de contrôle. »

V., supra, note ss. art. 1er.

La période [durée] de conduite journalière s'entend du temps passé par le chauffeur à conduire, à l'exclusion des temps d'arrêt consacrés au chargement et au déchargement du véhicule. • Crim. 15 nov. 1995, nº 93-83.128 P : *BTL 1996. 177.*

Art. 7 Après un temps de conduite de quatre heures et demie, un conducteur observe une pause ininterrompue d'au moins quarante-cinq minutes, à moins qu'il ne prenne un temps de repos.

Cette pause peut être remplacée par une pause d'au moins quinze minutes suivie d'une pause d'au moins trente minutes réparties au cours de la période de manière à se conformer aux dispositions du premier alinéa.

(Règl. (UE) 2020/1054 du 15 juill. 2020, art. 1er, en vigueur le 20 août 2020) « Un conducteur qui participe à la conduite en équipage d'un véhicule peut prendre une pause de quarante-cinq minutes dans un véhicule conduit par un autre conducteur, à condition qu'il ne soit pas chargé d'assister le conducteur du véhicule. »

Si les temps consacrés au chargement et au déchargement du véhicule ne sont pas pris en compte dans la durée de la conduite, laquelle est de ce fait suspendue, ces opérations ne peuvent constituer une interruption au sens de l'art. 7 du règlement CEE nº 3820/85 du 20 déc. 1985 [une pause ininterrompue au sens de l'art. 7 du règlement CE nº 561/2006 du 15 mars 2006]. • Crim. 15 nov. 1995, nº 93-83.128 P : *BTL 1996. 177.*

Art. 8 1. Le conducteur prend des temps de repos journaliers et hebdomadaires.

2. Dans chaque période de vingt-quatre heures écoulées après la fin de son temps de repos journalier ou hebdomadaire antérieur, le conducteur doit avoir pris un nouveau temps de repos journalier.

Si la partie du temps de repos journalier qui tombe dans cette période de vingt-quatre heures est de neuf heures au moins, mais de moins de onze heures, le temps de repos journalier en question est considéré comme un temps de repos journalier réduit.

3. Un temps de repos journalier peut être prolongé pour devenir un temps de repos hebdomadaire normal ou un temps de repos hebdomadaire réduit.

4. Un conducteur ne peut pas prendre plus de trois temps de repos journaliers réduits entre deux temps de repos hebdomadaires.

5. Par dérogation au paragraphe 2, un conducteur qui participe à la conduite en équipage d'un véhicule doit avoir pris un nouveau temps de repos journalier d'au moins neuf heures dans les trente heures qui suivent la fin d'un temps de repos journalier ou hebdomadaire.

(Règl. (UE) 2020/1054 du 15 juill. 2020, art. 1er, en vigueur le 20 août 2020) « 6. Au cours de deux semaines consécutives, un conducteur prend au moins :

« *a)* deux temps de repos hebdomadaires normaux ; ou

« *b)* un temps de repos hebdomadaire normal et un temps de repos hebdomadaire réduit d'au moins vingt-quatre heures.

« Un temps de repos hebdomadaire commence au plus tard à la fin de six périodes de vingt-quatre heures à compter de la fin du temps de repos hebdomadaire précédent.

« Par dérogation au premier alinéa, un conducteur effectuant un transport international de marchandises peut, en dehors de l'État membre d'établissement, prendre deux temps de repos hebdomadaires réduits consécutifs, à condition de prendre, au cours de quatre semaines consécutives, au moins quatre temps de repos hebdomadaires, dont au moins deux sont des temps de repos hebdomadaires normaux.

« Aux fins du présent paragraphe, un conducteur est considéré comme effectuant un transport international lorsqu'il commence les deux temps de repos hebdomadaires réduits consécutifs en dehors de l'État membre d'établissement de l'employeur et en dehors du pays de son lieu de résidence. »

(Règl. (CE) 1073/2009 du 21 oct. 2009, art. 29) « 6 *bis*. Par dérogation au paragraphe 6, un conducteur assurant un seul service occasionnel de transport international de voyageurs, tel qu'il est défini dans le règlement (CE) 1073/2009 du Parlement européen et du Conseil du 21 octobre 2009 établissant des règles communes pour l'accès au marché international des services de transport par autocars et autobus, peut repousser son temps de repos hebdomadaire de douze périodes de vingt-quatre heures consécutives au maximum à compter du temps de repos hebdomadaire normal précédent, à condition :

« *a)* que le service de transport comprenne au moins une période de vingt-quatre heures consécutives dans un État membre ou un pays tiers auquel le présent règlement s'applique, autre que celui dans lequel le service a démarré ;

« *b)* que le conducteur prenne après le recours à la dérogation :

« i) soit deux temps de repos hebdomadaire normal ;

« ii) soit un temps de repos hebdomadaire normal et un temps de repos hebdomadaire réduit d'au moins vingt-quatre heures. Toutefois, la réduction est compensée par un temps de repos équivalent pris en bloc avant la fin de la troisième semaine suivant l'expiration de la période de dérogation ;

« *c)* qu'à partir du 1er janvier 2014, le véhicule soit équipé d'un appareil de contrôle conformément aux exigences de l'annexe I B du règlement (CEE) n° 3821/85 ; et

« *d)* qu'à partir du 1er janvier 2014, au cas où la conduite aurait lieu pendant la période comprise entre vingt-deux heures et six heures, il y ait plusieurs conducteurs à bord du véhicule ou que la période de conduite visée à l'article 7 soit réduite à trois heures.

« La Commission contrôle étroitement le recours à cette dérogation pour garantir le maintien de la sécurité routière dans des conditions très strictes, notamment en s'assurant que la durée de conduite totale cumulée pendant la période couverte par la dérogation n'est pas excessive. Au plus tard 4 décembre 2012, la Commission présente un rapport évaluant les conséquences de la dérogation sur le plan tant de la sécurité routière que des aspects sociaux. Si elle le juge nécessaire, la Commission propose des modifications du présent règlement à cet égard. »

(Règl. (UE) 2020/1054 du 15 juill. 2020, art. 1er, en vigueur le 20 août 2020) « 6 *ter*. Toute réduction du temps de repos hebdomadaire est compensée par une période de repos équivalente prise en bloc avant la fin de la troisième semaine suivant la semaine en question.

« Lorsque deux temps de repos hebdomadaires réduits ont été pris de façon consécutive conformément au paragraphe 6, troisième alinéa, le temps de repos hebdomadaire suivant est précédé d'un temps de repos en compensation de ces deux temps de repos hebdomadaires réduits. »

Un temps de repos hebdomadaire commence au plus tard à la fin de six périodes de vingt-quatre heures à compter du temps de repos hebdomadaire précédent.

7. Tout repos pris en compensation de la réduction d'un temps de repos hebdomadaire est rattaché à un autre temps de repos d'au moins neuf heures.

(Règl. (UE) 2020/1054 du 15 juill. 2020, art. 1er, en vigueur le 20 août 2020) **« 8. Les temps de repos hebdomadaires normaux et tout temps de repos hebdomadaire de plus de quarante-cinq heures pris en compensation de la réduction d'un temps de repos hebdomadaire antérieur ne peuvent être pris dans un véhicule. Ils sont pris dans un lieu d'hébergement adapté aussi bien pour les femmes que pour les hommes, comportant un matériel de couchage et des installations sanitaires adéquats.**

« L'employeur prend en charge tous les frais d'hébergement à l'extérieur du véhicule.

« 8 *bis*. Les entreprises de transport organisent le travail des conducteurs de telle sorte que ces derniers soient en mesure de retourner au centre opérationnel de l'employeur auquel ils sont normalement rattachés pour y entamer leur temps de repos hebdomadaire, situé dans l'État membre d'établissement de leur employeur, ou de retourner à leur lieu de résidence au cours de chaque période de quatre semaines consécutives, afin d'y passer au moins un temps de repos hebdomadaire normal ou un temps de repos hebdomadaire de plus de quarante-cinq heures pris en compensation de la réduction d'un temps de repos hebdomadaire.

« Toutefois, lorsqu'un conducteur a pris deux temps de repos hebdomadaires réduits consécutifs conformément au paragraphe 6, l'entreprise de transport organise le travail du conducteur de telle sorte que celui-ci soit en mesure de rentrer avant le début du temps de repos hebdomadaire normal de plus de quarante-cinq heures pris en compensation.

« L'entreprise documente la manière dont elle s'acquitte de cette obligation et conserve cette documentation dans ses locaux afin de la présenter à la demande des autorités de contrôle. »

9. Un temps de repos hebdomadaire à cheval sur deux semaines peut être comptabilisé dans l'une ou l'autre semaine, mais pas dans les deux.

(Règl. (UE) 2020/1054 du 15 juill. 2020, art. 1er, en vigueur le 20 août 2020) **« 10. Au plus tard le 21 août 2022, la Commission évalue et fait rapport au Parlement européen et au Conseil sur la possibilité d'adopter des règles plus appropriées en ce qui concerne les conducteurs qui assurent des services occasionnels de transport de voyageurs, tels qu'ils sont définis à l'article 2, point 4), du règlement (CE) n° 1073/2009. »**

V., supra, note ss. art. 1er.

Doit être cassé l'arrêt d'une cour d'appel qui a déclaré un prévenu coupable d'infraction à la législation sur le temps de repos dans les transports routiers, alors qu'il lui appartenait de rechercher si dans les 24 heures précédant l'accident, le prévenu avait bénéficié d'une période de 8 heures de repos consécutives, quelles que fussent les modalités de celui-ci. En effet, aux termes de l'art. 8, al. 2, du Règl. CEE n° 3820/85 du 20 déc. 1985 relatif à l'harmonisation de certaines dispositions en matière sociale dans le domaine des transports par route, le conducteur qui n'est pas soumis à la réduction du temps de repos prévu à l'al. 1er de cet art., doit néanmoins bénéficier, toutes les 24 heures, d'une période de repos de 8 heures consécutives. • Crim. 20 janv. 1998, n° 96-84.667 P.

Art. 9 *(Règl. (UE) 2020/1054 du 15 juill. 2020, art. 1er, en vigueur le 20 août 2020)* **« 1. Par dérogation à l'article 8, lorsqu'un conducteur accompagne un véhicule transporté par un ferry ou par train, et qu'il prend un temps de repos journalier normal ou un temps de repos hebdomadaire réduit, ce temps de repos peut être interrompu au maximum deux fois par d'autres activités dont la durée totale ne dépasse pas une heure. Pendant ce temps de repos journalier normal ou ce temps de repos hebdomadaire réduit, le conducteur dispose d'une cabine couchette ou d'une couchette.**

« En ce qui concerne les temps de repos hebdomadaires normaux, cette dérogation s'applique uniquement aux voyages en ferry ou en train lorsque :

« *a)* le voyage est prévu pour une durée égale ou supérieure à 8 heures ; et

« *b)* le conducteur a accès à une cabine couchette sur le ferry ou dans le train.

« 2. Tout temps passé par un conducteur pour se rendre sur le lieu de prise en charge d'un véhicule entrant dans le champ d'application du présent règlement ou en revenir, lorsque celui-ci ne se trouve ni au lieu de résidence du conducteur ni au centre opérationnel de l'employeur auquel le conducteur est normalement rattaché, n'est pas considéré comme repos ou pause, à moins que le conducteur se trouve dans un ferry ou un train et ait accès à une cabine couchette ou à une couchette. »

3. Tout temps passé par un conducteur conduisant un véhicule n'entrant pas dans le champ d'application du présent règlement pour se rendre sur le lieu de prise en charge d'un véhicule entrant dans le champ d'application du présent règlement ou en revenir, lorsque celui ci ne se trouve ni au lieu de résidence du conducteur ni à l'établissement de l'employeur auquel le conducteur est normalement rattaché, est considéré comme une autre tâche.

Art. 9 *bis* *(Règl. (UE) 2020/1054 du 15 juill. 2020, art. 1er, en vigueur le 20 août 2020)* Au plus tard le 31 décembre 2025, la Commission élabore et soumet au Parlement européen et au Conseil un rapport évaluant l'utilisation des systèmes de conduite autonomes dans les États membres. Ce rapport met l'accent en particulier sur l'incidence que pourraient avoir ces systèmes sur les règles relatives aux durées de conduite et aux temps de repos. Ce rapport est accompagné, le cas échéant, d'une proposition législative visant à modifier le présent règlement.

CHAPITRE III *RESPONSABILITÉ DE L'ENTREPRISE DE TRANSPORT*

Art. 10 *(Règl. (UE) 2020/1054 du 15 juill. 2020, art. 1er, en vigueur le 20 août 2020)* « 1. Il est interdit aux entreprises de transport de rémunérer les conducteurs qu'elles emploient ou qui sont mis à leur disposition en fonction de la distance parcourue, de la rapidité de la livraison et/ou du volume des marchandises transportées, même par l'octroi de primes ou de majorations de salaire si une telle rémunération est de nature à compromettre la sécurité routière et/ou à encourager les infractions au présent règlement. »

2. Les entreprises de transport organisent le travail des conducteurs visés au paragraphe 1 de manière qu'ils puissent se conformer au règlement (CEE) n° 3821/85 et au chapitre II du présent règlement. Les entreprises de transport donnent des instructions appropriées à leurs conducteurs et effectuent des contrôles réguliers pour veiller à ce que le règlement (CEE) n° 3821/85 et le chapitre II du présent règlement soient respectés.

3. Une entreprise de transport est tenue pour responsable des infractions commises par des conducteurs de l'entreprise, même si l'infraction a été commise sur le territoire d'un autre État membre ou d'un pays tiers.

Sans préjudice du droit des États membres de tenir les entreprises de transport pour pleinement responsables, les États membres peuvent lier cette responsabilité au non-respect par l'entreprise des paragraphes 1 et 2. Les États membres peuvent prendre en considération tout élément de preuve établissant que l'entreprise de transport ne peut pas raisonnablement être tenue pour responsable de l'infraction commise.

4. Les entreprises, expéditeurs, chargeurs, tour opérateurs, commissionnaires de transport principaux, sous-traitants et agences employant des conducteurs veillent à ce que les horaires de transport convenus par contrat soient conformes au présent règlement.

5. a) Toute entreprise de transport exploitant des véhicules équipés d'un appareil de contrôle conforme à l'annexe I B du règlement (CEE) n° 3821/85 et entrant dans le champ d'application du présent règlement :

i) veille à ce que toutes les données soient téléchargées à partir de l'unité embarquée et de la carte de conducteur aussi régulièrement que l'exige l'État membre et que les données pertinentes soient téléchargées plus fréquemment pour faire en sorte que toutes les activités effectuées par ou pour cette entreprise soient téléchargées ;

ii) veille à ce que toutes les données téléchargées à partir de l'unité embarquée et de la carte de conducteur soient conservées au moins douze mois après l'enregistrement et qu'au cas où un agent de contrôle en ferait la demande, ces données soient consultables, directement ou à distance, dans les locaux de l'entreprise.

b) Aux fins du présent paragraphe, le terme "téléchargées" est interprété conformément à la définition figurant au Chapitre I, point s), de l'annexe I B du règlement (CEE) n° 3821/85.

c) La fréquence maximale à laquelle les données pertinentes sont téléchargées en application du point a) i), est fixée par la Commission conformément à la procédure visée à l'article 24, paragraphe 2.

Le Règl. (CE) n° 561/2006 du Parlement européen et du Conseil du 15 mars 2006 relatif à l'harmonisation de certaines dispositions de la législation sociale dans le domaine des transports par route, qui prévoit en son art. 10, § 3, qu'une entreprise de transport est tenue pour responsable des infractions commises par des conducteurs de l'entreprise, même si l'infraction a été commise sur le territoire d'un autre État membre ou d'un pays tiers, doit être interprété en ce sens qu'il ne s'oppose pas à une réglementation nationale qui, au lieu ou en sus de l'entreprise de transport qui emploie le conducteur, tient ce dernier pour responsable des infractions à ce règlement que ce conducteur a lui-même commises. • CJUE 9 juin 2016, *Eurospeed*, n° C-207/14 : *Europe 2016, n° 292, note Daniel; RTD eur. 2017. 272, obs. Grard*.

CHAPITRE IV *DÉROGATIONS*

Art. 11 Chaque État membre peut, dans le cas de transports par route effectués entièrement sur son territoire, prévoir des durées minimales plus longues pour les pauses et les temps de repos ou des durées de conduite plus courtes que celles prévues aux articles 6 à 9. Ce faisant, les États membres tiennent compte des conventions collectives ou autres accords entre partenaires sociaux pertinents. Toutefois, le présent règlement reste applicable aux conducteurs effectuant des opérations de transport international.

Art. 12 Pour permettre au véhicule d'atteindre un point d'arrêt approprié, le conducteur peut déroger aux articles 6 à 9 dans la mesure nécessaire pour assurer la sécurité des personnes, du véhicule ou de son chargement, pour autant que cela ne compromette pas la sécurité routière. Le conducteur indique la nature et le motif d'une telle dérogation manuellement sur la feuille d'enregistrement ou une sortie imprimée de l'appareil de contrôle ou dans le registre de service, au plus tard à son arrivée au point d'arrêt approprié.

(Règl. (UE) 2020/1054 du 15 juill. 2020, art. 1er, en vigueur le 20 août 2020) « Le conducteur peut également, dans des circonstances exceptionnelles, déroger à l'article 6, paragraphes 1 et 2, et à l'article 8, paragraphe 2, en dépassant la durée de conduite journalière et hebdomadaire d'une heure au maximum afin de rejoindre le centre opérationnel de l'employeur ou son lieu de résidence pour prendre un temps de repos hebdomadaire, pour autant que cela ne compromette pas la sécurité routière.

« Dans les mêmes conditions, le conducteur peut dépasser la durée de conduite journalière et hebdomadaire de deux heures au maximum, à condition d'avoir observé une pause ininterrompue de trente minutes immédiatement avant la conduite supplémentaire afin d'atteindre le centre opérationnel de l'employeur ou son lieu de résidence pour un temps de repos hebdomadaire normal.

« Le conducteur indique le motif d'une telle dérogation manuellement sur la feuille d'enregistrement ou une sortie imprimée de l'appareil de contrôle ou dans le registre de service, au plus tard à son arrivée à destination ou au point d'arrêt approprié.

« Tout dépassement de la durée de conduite est compensé par une période de repos équivalente, prise en bloc avec toute période de repos, au plus tard à la fin de la troisième semaine suivant la semaine en question. »

Art. 13 1. Pour autant que cela ne soit pas préjudiciable aux objectifs visés à l'article 1er, chaque État membre peut accorder des dérogations aux articles 5 à 9 et subordonner ces dérogations à des conditions particulières sur son territoire ou, avec l'accord de l'État intéressé, sur le territoire d'un autre État membre, applicables aux transports effectués par les véhicules suivants :

a) véhicules appartenant à des pouvoirs publics ou loués sans conducteur par ceux-ci pour effectuer des transports par route qui ne concurrencent pas les entreprises de transport privées ;

b) véhicules utilisés ou loués sans chauffeur par des entreprises d'agriculture, d'horticulture, de sylviculture, d'élevage ou de pêche pour le transport de biens dans le cadre de leur activité professionnelle spécifique dans un rayon allant jusqu'à 100 km autour du lieu d'établissement de l'entreprise ;

c) tracteurs agricoles ou forestiers utilisés pour des activités agricoles ou forestières, dans un rayon allant jusqu'à 100 km autour du lieu d'établissement de l'entreprise qui est propriétaire du véhicule, qui le loue ou le prend en leasing ;

(Règl. (UE) n° 165/2014 du 4 févr. 2014, art. 45, en vigueur le 2 mars 2015) « d) véhicules ou combinaison de véhicules d'une masse maximale admissible n'excédant pas 7,5 tonnes utilisés par des prestataires du service universel tels qu'ils sont définis à l'article 2, point 13), de la directive 97/67/CE du Parlement européen et du Conseil du 15 décembre 1997 concernant des règles communes pour le développement du marché intérieur des services postaux de la Communauté et l'amélioration de la qualité du service (*JO L 15 du 21. 1. 1998, p. 14*) pour livrer des envois dans le cadre du service universel : »

– par des prestataires du service universel tels que définis à l'article 2, point 13), de la directive 97/67/CE du Parlement européen et du Conseil du 15 décembre 1997 concernant des règles communes pour le développement du marché intérieur des services postaux de la Communauté et l'amélioration de la qualité du service pour livrer des envois dans le cadre du service universel ; ou

– pour le transport de matériel, d'équipement ou de machines destinés au conducteur dans l'exercice de ses fonctions.

Ces véhicules ne doivent être utilisés que dans un rayon de *(Règl. (UE) nº 165/2014 du 4 févr. 2014, art. 45, en vigueur le 2 mars 2015)* « 100 kilomètres » autour du lieu d'établissement de l'entreprise et à condition que la conduite du véhicule ne constitue pas l'activité principale du conducteur ;

(Règl. (UE) 2020/1054 du 15 juill. 2020, art. 1er, en vigueur le 20 août 2020) « e) véhicules circulant exclusivement sur des îles ou dans des régions isolées du reste du territoire national dont la superficie ne dépasse pas 2 300 kilomètres carrés et qui ne sont ni reliées au reste du territoire national par un pont, un gué ou un tunnel ouverts aux véhicules automobiles, ni limitrophes d'un autre État membre. »

f) véhicules utilisés pour le transport de marchandises dans un rayon de *(Règl. (UE) nº 165/2014 du 4 févr. 2014, art. 45, en vigueur le 2 mars 2015)* « 100 kilomètres » autour du lieu d'établissement de l'entreprise, propulsés au gaz naturel, au gaz liquéfié ou à l'électricité, dont la masse maximale autorisée, remorque ou semi-remorque comprise, ne dépasse pas 7,5 tonnes ;

g) véhicules utilisés pour des cours et des examens de conduite préparant à l'obtention du permis de conduire ou d'un certificat d'aptitude professionnelle pour autant qu'ils ne soient pas utilisés pour le transport de marchandises ou de voyageurs à des fins commerciales ;

h) véhicules utilisés dans le cadre des activités liées à l'évacuation des eaux usées, à la protection contre les inondations, ou au service des eaux, du gaz et de l'électricité, à l'entretien et à la surveillance de la voirie, à la collecte et à l'élimination en porte-à-porte des déchets ménagers, aux services du télégraphe et du téléphone, à la radio et à la télédiffusion, et à la détection des postes émetteurs ou récepteurs de radio ou de télévision ;

i) véhicules comportant de 10 à 17 sièges destinés exclusivement au transport de voyageurs à des fins non commerciales ;

j) véhicules spécialisés transportant du matériel de cirque ou de fêtes foraines ;

k) véhicules de projet mobile spécialement équipés, destinés principalement à des fins d'enseignement lorsqu'ils sont à l'arrêt ;

l) véhicules utilisés pour la collecte du lait dans les fermes et/ou pour ramener aux fermes des bidons à lait ou des produits laitiers destinés à l'alimentation du bétail ;

m) véhicules spécialisés pour le transport d'argent et/ou d'objets de valeur ;

n) véhicules transportant des déchets d'animaux ou des carcasses non destinés à la consommation humaine ;

o) véhicules utilisés exclusivement sur route dans des installations de plates-formes telles que les ports, ports de transbordement intermodaux et terminaux ferroviaires ;

p) véhicules utilisés pour le transport d'animaux vivants des fermes aux marchés locaux et vice versa, ou des marchés aux abattoirs locaux dans un rayon d'au plus *(Règl. (UE) nº 165/2014 du 4 févr. 2014, art. 45, en vigueur le 2 mars 2015)* « 100 kilomètres » ;

(Règl. (UE) 2020/1054 du 15 juill. 2020, art. 1er, en vigueur le 20 août 2020) « *q)* véhicules ou combinaisons de véhicules transportant des engins de construction pour une entreprise de construction dans un rayon de 100 km par rapport au siège de l'entreprise, à condition que la conduite du véhicule ne constitue pas la principale activité du conducteur ;

« *r)* véhicules utilisés pour la livraison de béton prêt à l'emploi. »

2. Les États membres informent la Commission des dérogations accordées en vertu du paragraphe 1 et la Commission en informe les autres États membres.

3. A condition que cela ne soit pas préjudiciable aux objectifs visés à l'article 1er et qu'une protection appropriée des conducteurs soit assurée, un État membre peut accorder sur son territoire, après approbation de la Commission, des dérogations mineures au présent règlement pour les véhicules utilisés dans des zones prédéfinies dont la densité de population ne dépasse pas cinq habitants au kilomètre carré, dans les cas suivants :

— les services nationaux réguliers de transport de voyageurs dont les horaires sont confirmés par les autorités (dans ce cas, seules des dérogations concernant les pauses sont autorisées), et

— les opérations nationales de transport routier de marchandises pour compte propre ou pour compte d'autrui qui n'ont aucune incidence sur le marché intérieur et sont nécessaires au maintien de certains secteurs d'activité sur le territoire concerné et lorsque les dispositions dérogatoires du présent règlement imposent un rayon maximal de 100 km.

Le transport routier effectué dans le cadre de ces dérogations peut comporter un déplacement vers une région dont la densité de population est de cinq habitants ou plus au kilomètre carré, mais uniquement pour commencer ou terminer le trajet. La nature et la portée de telles dérogations doivent être proportionnées.

La dérogation prévue à l'art. 13 § 1 du Règl. CEE n° 3820/85 du 20 déc. 1985 [Règlement CE n° 561/2006 du 15 mars 2006, art. 13, § 1] ne s'applique pas aux véhicules appartenant à une entreprise dont le capital est détenu par une autorité publique et qui assure un service de transport en commun de voyageurs dans le cadre d'un contrat lui accordant, à l'issue d'un appel d'offres concurrentiel, un droit d'exclusivité pour une durée déterminée. • CJCE 17 mars 1998 : *D. 1998. IR 106*.

Art. 14 **1. A condition que cela ne soit pas préjudiciable aux objectifs visés à l'article 1er, les États membres peuvent, après autorisation de la Commission, accorder des dérogations à l'application des articles 6 à 9 pour des opérations de transport effectuées dans des circonstances exceptionnelles.**

(Règl. (UE) 2020/1054 du 15 juill. 2020, art. 1er, en vigueur le 20 août 2020) **« 2. Dans des cas d'urgence, les États membres peuvent accorder, dans des circonstances exceptionnelles, une dérogation temporaire pour une durée ne dépassant pas trente jours, qu'ils motivent dûment et notifient immédiatement à la Commission. La Commission publie immédiatement ces informations sur un site internet public. »**

3. La Commission notifie aux autres États membres toute dérogation accordée au titre du présent article.

V., supra, note ss. art. 1er.

Art. 15 *(Règl. (UE) 2020/1054 du 15 juill. 2020, art. 1er, en vigueur le 20 août 2020)* **Les États membres veillent à ce que les conducteurs des véhicules visés à l'article 3, point a), soient soumis à des règles nationales assurant une protection appropriée en ce qui concerne les durées de conduite permises et les pauses et temps de repos obligatoires. Les États membres informent la Commission des règles nationales pertinentes applicables à ces conducteurs.**

CHAPITRE V *PROCÉDURES DE CONTRÔLE ET SANCTIONS*

Art. 16 **1. Dans les cas où les véhicules n'ont pas été équipés d'un appareil de contrôle conformément au règlement (CEE) n° 3821/85, les paragraphes 2 et 3 du présent article s'appliquent :**

***a)* aux services réguliers nationaux de voyageurs ; et**

***b)* aux services réguliers internationaux de voyageurs dont les terminaux de ligne se trouvent à une distance de cinquante kilomètres à vol d'oiseau d'une frontière entre deux États membres et dont la longueur de ligne ne dépasse pas cent kilomètres.**

2. L'entreprise de transport établit un horaire et un tableau de service indiquant, pour chaque conducteur, le nom, le point d'attache et l'horaire préétabli pour les différentes périodes de conduite, les autres tâches, les pauses et les moments de disponibilité.

Chaque conducteur affecté à un service visé au paragraphe 1 est porteur d'un extrait du tableau de service et d'une copie de l'horaire de service.

3. Le tableau de service :

***a)* contient toutes les données indiquées au paragraphe 2 pour au moins les vingt-huit jours précédents ; ces données sont mises à jour à intervalles réguliers dont la durée n'excède pas un mois** *[nouvelle rédaction issue du Règl. (UE) 2020/1054 du 15 juill. 2020, art. 1er, en vigueur le 31 déc. 2024 : « a) contient toutes les données indiquées au paragraphe 2 pour au moins le jour du contrôle et les cinquante-six jours précédents ; ces données doivent être mises à jour à intervalles réguliers dont la durée n'excède pas un mois »]* **;**

***b)* est signé par le dirigeant de l'entreprise de transport ou une personne autorisée à le représenter ;**

c) est conservé par l'entreprise de transport un an après l'expiration de la période qu'il couvre. L'entreprise de transport donne un extrait du tableau aux conducteurs intéressés qui en font la demande ; et

d) est présenté et remis à un agent de contrôle habilité qui en fait la demande.

Lorsque l'extrait du registre [tableau] de service ne concerne que le jour du contrôle, l'exigence prévue à l'art. 14 § 5 du règlement CEE n° 3821/85 du 20 déc. 1985 [Règl. CE n° 561/2006 du 15 mars 2006, art. 16, § 2], selon laquelle chaque conducteur, affecté à un service visé à l'art. 14 § 1 [Règl. CE n° 561/2006 du 15 mars 2006, art. 16, § 1], doit être porteur d'un extrait du registre de service et d'une copie de l'horaire de service, n'est pas satisfaite. • CJCE 17 mars 1998 : *D. 1998. IR 106*.

Art. 17 1. Les États membres communiquent à la Commission, au moyen du compte rendu type établi par la décision 93/173/CEE, les informations nécessaires pour lui permettre d'établir tous les deux ans un rapport sur l'application du présent règlement et du règlement (CEE) n° 3821/85, et sur l'évolution de la situation dans les domaines en question.

2. Ces informations parviennent à la Commission au plus tard le 30 septembre de l'année suivant l'expiration de la période de deux ans concernée.

3. Le rapport renseigne également sur l'usage qui a été fait des dérogations prévues par l'article 13.

4. La Commission transmet le rapport au Parlement européen et au Conseil dans les treize mois qui suivent la fin la période de deux ans concernée.

Art. 18 Les États membres adoptent les mesures nécessaires à l'application du présent règlement.

Art. 19 *(Règl. (UE) 2020/1054 du 15 juill. 2020, art. 1er, en vigueur le 20 août 2020)* « 1. Les États membres établissent des règles concernant les sanctions applicables aux infractions au présent règlement et au règlement (UE) n° 165/2014 et prennent toutes les mesures nécessaires pour veiller à ce qu'elles soient appliquées. Ces sanctions sont effectives et proportionnées à la gravité de l'infraction conformément à l'annexe III de la directive 2006/22/CE du Parlement européen et du Conseil, ainsi que dissuasives et non discriminatoires. Aucune infraction au présent règlement ou au règlement (UE) n° 165/2014 ne donne lieu à plus d'une sanction ou plus d'une procédure. Les États membres notifient à la Commission ces règles et mesures, ainsi que la méthode et les critères choisis au niveau national pour en évaluer la proportionnalité. Les États membres notifient à la Commission sans retard toute modification ultérieure concernant ces éléments. La Commission informe les États membres de ces règles et mesures et de toute modification les concernant. La Commission veille à ce que ces informations soient publiées dans toutes les langues officielles de l'Union sur un site internet public spécifique contenant des informations détaillées sur les sanctions applicables dans les États membres. »

2. Tout État membre permet aux autorités compétentes d'infliger une sanction à une entreprise et/ou à un conducteur pour une infraction au présent règlement constatée sur son territoire et n'ayant pas déjà donné lieu à sanction, même si l'infraction a été commise sur le territoire d'un autre État membre ou d'un pays tiers.

A titre d'exception, lorsqu'est constatée une infraction :

– qui n'a pas été commise sur le territoire de l'État membre concerné, et

– qui a été commise par une entreprise établie ou par un conducteur dont le lieu d'emploi se trouve dans un autre État membre ou un pays tiers, un État membre peut, jusqu'au 1er janvier 2009, au lieu d'imposer une sanction, notifier les faits constitutifs de l'infraction à l'autorité compétente de l'État membre ou du pays tiers dans lequel l'entreprise est établie ou dans lequel le conducteur a son lieu d'emploi.

3. Lorsqu'un État membre ouvre une procédure ou inflige une sanction pour une infraction donnée, il en fournit la preuve par écrit en bonne et due forme au conducteur.

4. Les États membres veillent à ce qu'un système de sanctions proportionné, qui peut inclure des sanctions financières, soit mis en place en cas d'infraction au présent règlement ou au règlement (CEE) n° 3821/85 par des entreprises ou des expéditeurs associés, chargeurs, tour opérateurs, commissionnaires de transport, sous-traitants et agences employant des conducteurs qui leur sont associés.

COMMENTAIRE

Combinaison de textes. Les sanctions correctionnelles ou contraventionnelles prononcées pour violation des dispositions prévues par le présent règlement et par le règlement (UE) n° 165/2014 du 4 février 2014, qui a remplacé, en 2016, le règlement (CEE) n° 3821 du 20 décembre 1985 le sont – exigence de légalité – en application d'une combinaison de textes reproduits dans cette annexe.

Avant l'adoption du code des transports, le texte de base était l'ordonnance n° 58-1310 du 23 décembre 1958 dont l'article 1er énumérait un certain nombre d'obligations relatives à la conduite et à l'exploitation des véhicules de transports routiers de voyageurs ou de marchandises, tout en prévoyant que *« ces obligations sont définies par décret en Conseil d'État »*. La réglementation nationale ayant été supplantée par les normes communautaires, des décrets de 1971 et 1972, puis un décret du 17 octobre 1986 étaient venus préciser que « les prescriptions énoncées par ces règlements valent obligations définies par décret en Conseil d'État en vertu (...) de l'ordonnance de 1958 ». Dans sa dernière version, l'article 1er du décret de 1986 précité prévoyait plus précisément que les « obligations dans le domaine des transports routiers mentionnées à l'article 1er de l'ordonnance du 23 décembre 1958 » sont « définies par le règlement (CE) n° 561/2006 du Parlement européen et du Conseil du 15 mars 2006 relatif à l'harmonisation de certaines dispositions en matière sociale dans le domaine des transports par route, le règlement (UE) n° 165/2014 du Parlement européen et du Conseil du 4 février 2014 relatif aux tachygraphes dans les transports routiers et l'accord européen relatif au travail des équipages des véhicules effectuant des transports internationaux par route (AETR) du 1er juillet 1970 modifié ».

Depuis l'adoption du code des transports, il convient de se reporter aux dispositions de l'article L. 3311-1 de ce code qui reprennent celles de l'article 1er de l'ordonnance du 23 décembre 1958 et à celles de son article R. 3313-1 reprenant, quant à elles, les dispositions de l'article 1er du décret de 1986.

Personnes responsables. Selon l'article L. 3315-6 du code des transports (qui reprend les dispositions qui figuraient auparavant à l'art. 3 *bis* de l'Ord. de 1958), les personnes responsables sont les personnes chargées de la direction et de l'administration des entreprises de transport, le préposé étant lui aussi passible des mêmes peines lorsque l'infraction résulte de son fait personnel.

Sanctions. Elles figurent aux articles R. 3315-9 à R. 3315-11 du code des transports qui prévoient des peines contraventionnelles variables (contraventions de troisième, quatrième ou cinquième classe), conformément aux dispositions de la directive n° 2009/5/CE de la Commission du 30 janvier 2009 fixant une échelle de gravité des infractions à la réglementation sociale européenne dans les transports routiers. A ces peines contraventionnelles, il faut ajouter les peines correctionnelles prévues par les articles L. 3315-4 et L. 3315-5 du code des transports (reprenant les dispositions de l'art. 3 de l'Ord. de 1958) pour les infractions les plus graves.

Compétence française. Depuis la loi n° 2009-1503 du 8 décembre 2009, les infractions au présent règlement commises hors du territoire français peuvent également être sanctionnées en France. Pour ce faire, cette loi est venue créer deux cas de compétences extraterritoriales. Au sein de l'article 113-6 du code pénal (texte consacré à ce que l'on appelle la *compétence personnelle active*, titre de compétence permettant d'appliquer la loi pénale française aux crimes et à certains délits commis par des Français hors du territoire de la République), a été ajouté un alinéa qui permet de juger et sanctionner en France toutes les infractions au présent règlement commises dans un autre État membre et constatées en France. Dans le code de procédure pénale, au sein des dispositions consacrées à la *compétence* dite *universelle*, la loi du 8 décembre 2009 a par ailleurs créé un article 689-12 permettant aux juridictions françaises de juger toute personne coupable de certaines infractions au présent règlement (infractions à la réglementation du temps de conduite et de repos) dès lors que cette personne se trouve en France.

Sur ces dispositions, voir L. Desessard, Deux nouvelles compétences extraterritoriales, *Rev. pénit. 2010, p. 465 s.* ❑

1. Le Règl. (CE) n° 561/2006 du Parlement européen et du Conseil du 15 mars 2006 relatif à l'harmonisation de certaines dispositions de la législation sociale dans le domaine des transports par route doit être interprété en ce sens qu'il s'oppose à une réglementation nationale autorisant, à titre de mesure conservatoire, l'immobilisation d'un véhicule appartenant à une entreprise de transport, dans une situation dans laquelle, d'une part, le conducteur de ce véhicule, employé par cette entreprise, conduisait celui-ci en violation des dispositions du Règl. (CEE) n° 3821/85 du Conseil du 20 déc. 1985 [abrogé], concernant l'appareil de contrôle dans le domaine des transports par route, et, d'autre part, où l'autorité nationale compétente n'a pas engagé la responsabilité de cette entreprise, une telle mesure conservatoire ne répondant pas aux exigences du principe de proportionnalité. • CJUE 9 juin 2016, *EEL-EM-2001*, n° C-501/14 : *Europe 2016, n° 468, note Bouveresse ; RTD eur. 2017. 272, obs. Grard*.

2. L'art. 19, § 2, 1er al., du Règl. du 15 mars 2006, relatif à l'harmonisation de certaines dispositions de la législation sociale dans le domaine des transports par route doit être interprété en ce sens qu'il habilite directement les autorités compétentes d'un État membre à infliger une sanction à une entreprise ou à un dirigeant de celle-ci pour une infraction audit règlement constatée sur son territoire et n'ayant pas déjà donné lieu à sanction, même si cette infraction a été commise sur le territoire d'un autre État membre, dans lequel cette entreprise a son siège. Il ne saurait être interprété comme permettant aux autorités compétentes d'un État membre de sanctionner une infraction qui n'a été ni commise, ni constatée sur son territoire. • CJUE 26 sept. 2018, *Josef Baumgartner*, n° C-513/17 : *D. 2018. 1862 ; RTD eur. 2019. 156, obs. Grard*.

3. L'art. 19, § 2, du Règl. n° 561/2006 du 15 mars 2006 doit être interprété en ce sens qu'il s'oppose à ce que les autorités compétentes d'un État membre puissent imposer une sanction au conducteur d'un véhicule ou à une entreprise de transport, pour une infraction au règlement n° 3821/85, tel que modifié par le règlement n° 561/2006, commise sur le territoire d'un autre État membre ou d'un pays tiers, mais constatée sur son territoire et n'ayant pas déjà donné lieu à sanction. • CJUE 9 sept. 2021, n° C-906/19. ♦ Il en résulte que les infractions sanctionnant le fait de se livrer à un transport routier avec une carte de conducteur non conforme ou n'appartenant pas au conducteur l'utilisant ou sans carte insérée dans le chronotachygraphe du véhicule, qui ont pour fondement l'art. 15, § 2, du Règl. n° 3821/85, pour l'application duquel l'art. L. 3315-5, al. 1er, C. transp. a été promulgué, ne relèvent pas du champ d'application de l'art. 689-12 C. pr. pén. et ne peuvent être poursuivies lorsque les faits ont été commis à l'étranger par une personne de nationalité étrangère. • Crim. 1er févr. 2022, n° 18-83.384 A : *D. 2022. 213 ; D. actu. 9 févr. 2022, obs. Goetz.*

Art. 20 1. Le conducteur conserve toute preuve fournie par un État membre relative à une sanction ou à l'ouverture d'une procédure jusqu'à ce que la même infraction au présent règlement ne puisse plus entraîner une deuxième procédure ou une deuxième sanction conformément au présent règlement.

2. Le conducteur fournit la preuve visée au paragraphe 1 sur demande.

3. Un conducteur qui travaille pour plus d'une entreprise de transport ou qui est à la disposition de plus d'une entreprise de transport fournit suffisamment d'informations à chacune de ces entreprises pour lui permettre de se conformer au chapitre II.

Art. 21 Afin de répondre aux cas où un État membre estime qu'une infraction au présent règlement a été commise, qui est manifestement de nature à compromettre la sécurité routière, il peut habiliter l'autorité compétente à faire immobiliser le véhicule concerné jusqu'à ce qu'on ait remédié à la cause de l'infraction. Les États membres peuvent obliger le conducteur à observer un temps de repos journalier. Le cas échéant, les États membres peuvent également procéder au retrait, à la suspension ou à la restriction de la licence de l'entreprise, si ladite entreprise est établie dans l'État membre en question, ou procéder au retrait, à la suspension ou à la restriction du permis de conduire d'un conducteur. La Commission élabore en conformité avec la procédure visée à l'article 24, paragraphe 2, des lignes directrices visant à promouvoir une application harmonisée des dispositions du présent article.

Art. 22 *(Règl. (UE) 2020/1054 du 15 juill. 2020, art. 1er, en vigueur le 20 août 2020)* « 1. Les États membres travaillent en étroite coopération et s'accordent mutuellement assistance sans retard injustifié afin de faciliter l'application cohérente du présent règlement et le contrôle efficace du respect de celui-ci, conformément aux exigences énoncées à l'article 8 de la directive 2006/22/CE. »

2. Les autorités compétentes des États membres se communiquent régulièrement toutes les informations disponibles concernant :

a) les infractions aux règles du chapitre II commises par les non-résidents et toutes sanctions imposées pour de telles infractions ;

b) les sanctions imposées par un État membre à ses résidents pour ces infractions lorsqu'elles sont commises dans d'autres États membres.

(Règl. (UE) 2020/1054 du 15 juill. 2020, art. 1er, en vigueur le 20 août 2020) « c) d'autres éléments spécifiques, y compris le niveau de risque de l'entreprise, susceptibles d'avoir des conséquences sur le respect du présent règlement. »

3. Chaque État membre envoie régulièrement à la Commission les renseignements pertinents concernant l'interprétation et l'application au niveau national des dispositions du

présent règlement et la Commission les transmet aux autres États membres sous forme électronique.

(Règl. (UE) 2020/1054 du 15 juill. 2020, art. 1er, en vigueur le 20 août 2020) « 3 *bis*. Aux fins de l'échange d'informations dans le cadre du présent règlement, les États membres utilisent les organismes chargés des contacts intracommunautaires désignés en application de l'article 7 de la directive 2006/22/CE.

« 3 *ter*. La coopération et l'assistance mutuelle en matière administrative sont fournies gratuitement. »

4. La Commission facilite le dialogue entre les États membres concernant l'interprétation et l'application qui sont faites au niveau national du présent règlement par le biais du comité visé à l'article 24, paragraphe 1.

Art. 23 La Communauté engage avec les pays tiers les négociations qui se révéleraient nécessaires pour l'application du présent règlement.

Art. 23 *bis* *(Règl. (UE) 2020/1054 du 15 juill. 2020, art. 1er, en vigueur le 20 août 2020)* 1. Le pouvoir d'adopter des actes délégués conféré à la Commission est soumis aux conditions fixées au présent article.

2. Le pouvoir d'adopter des actes délégués visé à l'article 8 bis est conféré à la Commission pour une période de cinq ans à compter du 20 août 2020. La Commission élabore un rapport relatif à la délégation de pouvoir au plus tard neuf mois avant la fin de la période de cinq ans. La délégation de pouvoir est tacitement prorogée pour des périodes d'une durée identique, sauf si le Parlement européen ou le Conseil s'oppose à cette prorogation trois mois au plus tard avant la fin de chaque période.

3. La délégation de pouvoir visée à l'article 8 *bis* peut être révoquée à tout moment par le Parlement européen ou le Conseil. La décision de révocation met fin à la délégation de pouvoir qui y est précisée. La révocation prend effet le jour suivant celui de la publication de ladite décision au *Journal officiel* de l'Union européenne ou à une date ultérieure qui est précisée dans ladite décision. Elle ne porte pas atteinte à la validité des actes délégués déjà en vigueur.

4. Avant l'adoption d'un acte délégué, la Commission consulte les experts désignés par chaque État membre, conformément aux principes définis dans l'accord interinstitutionnel du 13 avril 2016 "Mieux légiférer".

5. Aussitôt qu'elle adopte un acte délégué, la Commission le notifie au Parlement européen et au Conseil simultanément.

6. Un acte délégué adopté en vertu de l'article 8 bis n'entre en vigueur que si le Parlement européen ou le Conseil n'a pas exprimé d'objections dans un délai de deux mois à compter de la notification de cet acte au Parlement européen et au Conseil ou si, avant l'expiration de ce délai, le Parlement européen et le Conseil ont tous deux informé la Commission de leur intention de ne pas exprimer d'objections. Ce délai est prolongé de deux mois à l'initiative du Parlement européen ou du Conseil.

Art. 24 1. La Commission est assistée par le comité institué en vertu de l'article 18, paragraphe 1, du règlement (CEE) n° 3821/85.

(Règl. (UE) 2020/1054 du 15 juill. 2020, art. 1er, en vigueur le 20 août 2020) « 2. Lorsqu'il est fait référence au présent paragraphe, l'article 4 du règlement (UE) n° 182/2011 du Parlement européen et du Conseil s'applique.

« 2 *bis*. Lorsqu'il est fait référence au présent paragraphe, l'article 5 du règlement (UE) n° 182/2011 s'applique. »

3. Le comité adopte son règlement intérieur.

Art. 25 1. A la demande d'un État membre, ou de sa propre initiative, la Commission :

a) examine les cas faisant apparaître des différences dans l'application et la vérification du respect des dispositions du présent règlement, notamment en ce qui concerne les durées de conduite, les pauses et les temps de repos ;

b) clarifie les dispositions du présent règlement en vue de favoriser une approche commune.

(Règl. (UE) 2020/1054 du 15 juill. 2020, art. 1er, en vigueur le 20 août 2020) « 2. Dans les cas visés au paragraphe 1, point b), la Commission adopte des actes d'exécution définissant des approches communes.

« Ces actes d'exécution sont adoptés conformément à la procédure d'examen visée à l'article 24, paragraphe 2 *bis*. »

CHAPITRE VI *DISPOSITIONS FINALES*

....

Art. 28 Le règlement (CEE) n° 3820/85 est abrogé et remplacé par le présent règlement.

Toutefois, les paragraphes 1, 2 et 4 de l'article 5 du règlement (CEE) n° 3820/85 continuent de s'appliquer jusqu'aux dates fixées à l'article 15, paragraphe 1, de la directive 2003/59/CE.

Art. 29 Le présent règlement entre en vigueur le 11 avril 2007, à l'exception de l'article 10, paragraphe 5, de l'article 26, paragraphes 3 et 4, et de l'article 27, qui entrent en vigueur le 1er mai 2006.

Le présent règlement est obligatoire dans tous ses éléments et directement applicable dans tout État membre.

Arrêté du 9 mai 2007,

Transposant la directive 2006/22/CE du Parlement européen et du Conseil du 15 mars 2006 établissant les conditions minimales à respecter pour la mise en œuvre des règlements du Conseil (CEE) n° 3820/85 et (CEE) n° 3821/85 concernant la législation sociale relative aux activités de transport routier et abrogeant la directive 88/599/CEE du Conseil.

Art. 1er I. — En ce qui concerne les règlements européens sur les temps de conduite et de repos, le contrôle sur route porte sur :

1. Les durées de conduite journalières et hebdomadaires ;
2. Les pauses et les temps de repos journaliers et hebdomadaires ;
3. L'intégrité et le fonctionnement correct de l'appareil de contrôle ;
4. La vitesse.

II. — *(Arr. du 28 janv. 2008)* « Le contrôle concerne la journée en cours et vingt-huit jours précédents ».

III. — La vitesse peut être vérifiée dans les conditions suivantes :

1. Pour la période visée au II du présent article : les éventuels dépassements de la vitesse autorisée par les appareils destinés à limiter la vitesse par construction, dont doivent être équipés les véhicules de transport de marchandises de plus de 3,5 tonnes de poids total autorisé en charge, et les véhicules de transport en commun de personnes comportant, outre le siège du conducteur, plus de 8 places assises, conformément aux dispositions des articles R. 317-6 et R. 317-6-1 du code de la route.
2. Pendant au plus les 24 dernières heures d'utilisation du véhicule : la vitesse instantanée, telle qu'enregistrée par l'appareil de contrôle.

IV. — Les plans régionaux de contrôle sont élaborés suivant un système de rotation aléatoire, en respectant un équilibre géographique approprié. Les contrôles ont lieu à des endroits adaptés au regard du trafic, et présentant toutes les garanties de sécurité pour les agents chargés du contrôle, pour les personnes contrôlées ainsi que pour les autres usagers.

V. — Les contrôles sont effectués sans aucune discrimination liée au pays d'immatriculation du véhicule, au pays de résidence du conducteur, au pays d'établissement de l'entreprise, aux points de départ et d'arrivée du trajet, au type de tachygraphe utilisé.

(Arr. du 31 déc. 2009) « VI. — Le contrôle de l'intégrité et du fonctionnement correct de l'appareil de contrôle porte, le cas échéant, et dans le respect des considérations relatives à la sécurité, sur la recherche d'installations ou d'appareils visant à détruire, manipuler ou modifier toute donnée ou empêcher son enregistrement, ou visant à interférer de quelque manière que ce soit avec l'échange de données électroniques entre les composants de l'appareil de contrôle, ou entravant ou modifiant les données de n'importe laquelle de ces manières avant le cryptage.

« VII. — Les contrôles sont effectués avec l'assistance des équipements informatiques et du logiciel spécifique mis à disposition des agents chargés du contrôle. Ces équipements permettent le téléchargement, la lecture et l'analyse des données enregistrées par l'appareil de contrôle, la vérification et la confirmation de la signature numérique des données ainsi que l'affichage du profil de vitesse avant le contrôle. »

Art. 2 I. — Le contrôle en entreprise est organisé en tenant compte de tous les éléments recueillis à propos des entreprises, et notamment des infractions constatées lors des contrôles sur route et des renseignements fournis par les services de contrôle des autres États membres.

II. — En ce qui concerne les règlements européens sur les temps de conduite et de repos, le contrôle en entreprise porte sur l'ensemble des dispositions contenues dans les règlements (CEE) n° 3821/85 et (CE) n° 561/2006, et notamment sur :

1. Les durées de conduite journalières et hebdomadaires ;
2. Les pauses et les temps de repos journaliers et hebdomadaires ;
3. Le respect de la limitation sur deux semaines des durées de conduite ;
4. Les feuilles d'enregistrement, les données et les copies papier provenant de l'unité embarquée et de la carte conducteur.

Les agents chargés du contrôle tiennent compte des informations qui peuvent être fournies par l'organisme de contact désigné d'un autre État membre.

III. — En cas d'infraction constatée, les agents en charge du contrôle recherchent la coresponsabilité éventuelle d'autres intervenants dans la chaîne du transport, tels que les chargeurs, les commissionnaires, les transitaires ou les sous-traitants.

IV. — Les entreprises responsables des conducteurs conservent, pendant une période d'un an, les documents, les résultats et autres données pertinentes qui leur sont communiqués par les services de contrôle relativement aux vérifications qui ont été effectuées dans leurs locaux ou auprès de leurs conducteurs sur la route.

Art. 3 Les contrôles sur route et en entreprise sont organisés de façon que le nombre de journées de travail contrôlées soit au mois égal à 2 % du nombre de journées de travail. Ce nombre est porté à 3 % au 1er janvier 2010.

Art. 4 Au moins 15 % des contrôles des journées de travail sont effectués lors des contrôles sur route, et 30 % le sont lors des contrôles en entreprise. Ces pourcentages sont portés respectivement à 30 % et 50 % au 1er janvier 2008.

Art. 5 La direction des transports maritimes, routiers et fluviaux veille à organiser l'assistance mutuelle pour clarifier une situation qui ferait apparaître, à l'occasion d'un contrôle, la nécessité d'obtenir des informations complémentaires. Elle est responsable de l'aide fournie aux autorités compétentes des autres États membres lors de la commission d'infractions par leurs ressortissants. Elle est chargée des échanges bilatéraux d'informations prévus à l'article 19, paragraphe 3, du règlement (CEE) n° 3821/85 et à l'article 22, paragraphe 2, du règlement (CE) n° 561/2006. Ces échanges se font au moins tous les six mois, et à la demande spécifique d'un État membre dans des cas particuliers.

Art. 6 La direction des transports maritimes, routiers et fluviaux assure la coordination avec des organismes équivalents, dans les autres États membres, concernés pour l'organisation, six fois par an au moins, de contrôles concertés sur route des conducteurs et des véhicules relevant des règlements (CEE) n° 3821/85 et (CE) n° 561/2006. Ces contrôles sont entrepris simultanément par les autorités de contrôle de deux États membres ou plus, chacun agissant sur son propre territoire.

Art. 7 La direction des transports maritimes, routiers et fluviaux poursuit les programmes annuels de formations échanges réalisés avec d'autres pays membres dans le cadre d'Euro Contrôle route.

Art. 8 La direction des transports maritimes, routiers et fluviaux établit et transmet à la Commission le rapport prévu à l'article 17, paragraphe 1, du règlement (CE) n° 561/2006 du Conseil du 15 mars 2006. Les informations transmises à la Commission européenne comprennent le nombre de conducteurs contrôlés effectués sur la route, le nombre de contrôles effectués dans les locaux des entreprises, le nombre de jours ouvrés contrôlés ainsi que le nombre et la nature des infractions signalées, en indiquant s'il s'agit d'un transport de personnes ou de marchandises.

Ces statistiques sont réparties dans les catégories suivantes :

a) Pour les contrôles effectués sur la route : type de route (autoroute, route nationale ou route secondaire), pays d'immatriculation du véhicule contrôlé en vue d'éviter toute discrimination, et type de tachygraphe : analogique ou numérique ;

b) Pour les contrôles effectués dans les locaux des entreprises : type d'activité de transport (internationale ou nationale, transport de passagers ou de marchandises, pour compte propre ou pour compte d'autrui), taile *[taille]* du parc de véhicules de l'entreprise, et type de tachygraphe : analogique ou numérique.

Art. 9 I. – Le suivi des entreprises effectué par les directions régionales de l'équipement est assuré en prenant notamment en compte les infractions aux dispositions des règlements (CEE) n° 3821/85 et (CE) n° 561/2006, ainsi que celles relatives au code de la route.

II. – Les infractions prises en compte sont celles constatées par les agents des différents corps de contrôle. Sont également prises en compte les infractions constatées commises à l'étranger.

III. – La direction des transports maritimes, routiers et fluviaux définit le système de classification des infractions permettant de cibler plus particulièrement les contrôles sur les entreprises les plus infractionnistes et classées à haut risque, conformément à l'article 9 de la directive du 15 mars 2006 susvisée.

Art. 10 Conformément à l'article 28 du règlement du 15 mars 2006 susvisé, les paragraphes 1, 2 et 4 de l'article 5 du règlement du 20 décembre 1985 susvisé continuent de s'appliquer jusqu'au 10 septembre 2008.

Art. 11 Le directeur des transports maritimes, routiers et fluviaux est chargé de l'exécution du présent arrêté, qui sera publié au *Journal officiel* de la République française.

Arrêté du 4 mai 2006,

Relatif aux transports exceptionnels de marchandises, d'engins ou de véhicules et ensembles de véhicules comportant plus d'une remorque.

Art. 1er Le transport ou la circulation de marchandises, engins ou véhicules ne respectant pas les limites générales du code de la route en raison de leurs dimensions ou de leur masse sont soumis, en application de l'article R. 433-1 I du code de la route, aux dispositions du présent arrêté. Les catégories de véhicules suivantes sont concernées :

– véhicule à moteur ou remorque transportant ou destiné au transport de charges indivisibles ;

– véhicule, matériel agricole ou forestier ou leur ensemble, machine agricole automotrice, machine ou instrument agricole remorqué dont les dimensions, y compris les outillages portés amovibles, dépassent une longueur de 25 m ou une largeur de 4,50 m ;

– véhicule à moteur ou remorque à usage forain ;

– ensemble forain dont la longueur est supérieure à 30 m ;

– véhicule ou engin spécial ;

– véhicule ou matériel de travaux publics ;

(Arr. du 7 juin 2019, art. 2) « – véhicule de transport de matières nucléaires de catégories I et II non irradiées. »

Ces transports exceptionnels ne peuvent circuler sur les voies ouvertes à la circulation publique que sous couvert d'une autorisation préalable dite de "transport exceptionnel".

(Arr. du 7 juin 2019, art. 2) « Cette autorisation, délivrée selon les cas par le préfet du département du lieu de départ, par le préfet du département d'entrée en France ou, pour les autorisations sur réseaux, par le préfet de département du lieu d'implantation du pétitionnaire (siège social ou agence locale) relève soit du régime d'autorisation individuelle défini à l'article 3, soit du régime d'autorisation de portée locale défini à l'article 4. Par exception, les transports exceptionnels de première catégorie définis à l'article 3 qui respectent les règles de charge prévues à l'article 15 et qui ne sont visés ni au 1 de l'article 17-3, ni aux 1 et 3 de l'article 17-4, ni à l'article 17-7 peuvent circuler sur le réseau routier "1TE" défini à l'article 9 *bis* sous couvert d'une déclaration préalable et d'un récépissé attestant le dépôt de cette déclaration.

« Dans le cas des convois de matières nucléaires mentionnés à l'article 17-7, l'accord d'exécution délivré en application du chapitre III du titre III du livre III de la partie 1 du code de la défense vaut autorisation individuelle. »

La circulation des véhicules et matériels agricoles ou forestiers et de leurs ensembles dont les dimensions, y compris les outillages portés amovibles, dépassent les limites réglementaires, fait l'objet, lorsque leur longueur n'excède pas 25 m et leur largeur 4,50 m, d'une réglementation spécifique prise par arrêté des ministres compétents.

La circulation des ensembles forains transportant des équipements ou animaux destinés à la présentation d'une attraction foraine dont la longueur dépasse la limite réglementaire, sans excéder 30 m, fait l'objet d'une réglementation spécifique prise par arrêté des ministres compétents.

(Arr. du 7 juin 2019, art. 2) « Le présent arrêté s'applique sans préjudice de la réglementation applicable aux transports nucléaires, en application du chapitre III du titre III du livre III de la partie 1 du code de la défense. »

Art. 2 *Définitions.* Les termes utilisés dans le présent arrêté ont le sens qui leur est donné dans le présent article, conformément ou en complément du code de la route.

Véhicule isolé, ensemble routier :

Un véhicule isolé est un véhicule pourvu d'un moteur à propulsion et circulant seul par ses moyens propres.

Un ensemble routier est un ensemble formé par au moins un véhicule à moteur et un ou plusieurs véhicules remorqués (véhicule articulé, train routier, ...).

Convoi :

Dans le présent arrêté, le terme "convoi" est utilisé pour "convoi exceptionnel". Le convoi est défini comme étant un véhicule isolé ou un ensemble routier soumis à la réglementation des transports exceptionnels du fait de ses caractéristiques à vide ou en charge. *(Arr. du 7 juin 2019, art. 3)* « Les caractéristiques des trois catégories de convoi sont fixées à l'article 3. »

Famille de convoi :

Dans le présent arrêté, le terme "famille de convoi" est utilisé pour désigner un convoi dont le (ou les) véhicule(s) le constituant sont définis sans préciser le (ou les) nombre(s) d'essieux.

Type de convoi :

Dans le présent arrêté, le terme "type de convoi" est utilisé pour désigner la famille du convoi et le nombre d'essieux de chacun des éléments (véhicules) constituant le convoi.

Configuration d'ensemble routier :

Dans le présent arrêté, une "configuration d'ensemble routier" peut regrouper plusieurs convois de même type pour lesquels les caractéristiques des véhicules les constituant sont voisines et correspondent aux mêmes charges maximales par essieu définies à l'annexe 3 du présent arrêté.

Train de convois :

Dans le présent arrêté, le terme "train de convois" est utilisé pour désigner la circulation organisée de plusieurs convois se déplaçant simultanément dans le cadre d'une même opération.

Charge indivisible :

Conformément à l'article R. 433-1 du code de la route : "On entend par charge indivisible une charge qui ne peut, aux fins de transport par route, être divisée en plusieurs chargements sans frais ou risque de dommages importants et qui ne peut, du fait de ses dimensions ou masse, être transportée par un véhicule dont les dimensions ou la masse respectent elles-mêmes les limites réglementaires."

Pétitionnaire :

(Abrogé par Arr. du 7 juin 2019, art. 2) « *Le pétitionnaire est celui qui effectue une demande de transport exceptionnel à l'autorité compétente.* »

(Arr. du 28 févr. 2017, art. 3-1°) « Le pétitionnaire est la personne physique ou morale qui effectue une demande ou une déclaration de transport exceptionnel à l'autorité compétente. Dans le cadre du présent arrêté, il s'agit soit d'une entreprise agissant pour le compte d'autrui (transport, levage, manutention...), soit d'un particulier ou d'une entreprise agissant pour son compte propre (travaux publics, fabricant industriel...). Le pétitionnaire peut désigner un mandataire. Le pétitionnaire est dans tous les cas le destinataire de plein droit de toutes pièces justificatives des démarches effectuées auprès de l'autorité compétente pour son convoi, sous le régime déclaratif comme sous le régime de l'autorisation, y compris s'il a désigné un mandataire pour réaliser les démarches en vue de se faire délivrer les pièces justificatives destinées à compléter le dossier de bord du convoi. »

Permissionnaire :

Le permissionnaire est le pétitionnaire qui est en possession des documents lui permettant d'effectuer le transport exceptionnel, objet de sa demande *(Arr. du 28 févr. 2017, art. 3-2°)* « , ou de sa déclaration ».

Donneur d'ordre :

Le donneur d'ordre est celui qui est à l'origine de la commande de transport ou qui en est le signataire.

Transporteur :

Le transporteur assure le transport du chargement. Il est responsable de la circulation du convoi dans le respect des règles et désigne un chef de convoi.

Service instructeur :

Le service instructeur d'un département est le service de l'administration qui, pour le compte du préfet du département, instruit une demande de transport exceptionnel.

(Arr. du 25 févr. 2011) « Téléprocédure TEnet : »

(Arr. du 28 févr. 2017, art. 3-3° et 4°) « La téléprocédure TEnet est une application accessible par internet permettant le dépôt des déclarations préalables et des demandes, l'instruction des demandes et la délivrance des récépissés et des autorisations de transport exceptionnel.

« Mandataire :

« Le mandataire est la personne physique ou morale désignée par le pétitionnaire pour déposer une demande d'autorisation ou une déclaration préalable de transport exceptionnel en son nom. Le mandataire peut être un bureau d'études ou un particulier.

« Déclarant :

« Le déclarant est la personne physique ou morale qui réalise une déclaration préalable auprès de l'autorité compétente mentionnée à l'article R. 433-2 du code de la route. »

« Adresser :

(Arr. du 25 févr. 2011) « Dans le présent arrêté, le terme "adresser" signifie "transmettre par voie postale" ou "formuler à partir de TEnet". »

(Arr. du 28 févr. 2017, art. 3-5°) « Réseaux routiers TE :

« Cinq réseaux routiers ouverts aux transports exceptionnels sont définis par arrêté conjoint du ministre en charge des transports et du ministre en charge de la sécurité routière. Leurs caractéristiques et prescriptions sont fixées à l'article 9 *bis*. »

CHAPITRE I ***DÉCLARATION PRÉALABLE ET AUTORISATIONS*** *(Arr. du 28 févr. 2017, art. 4 ; Arr. du 7 juin 2019, art. 4).*

Art. 2 *bis* *(Arr. du 28 févr. 2017, art. 5) Déclaration préalable pour les ressortissants des États membres de l'Espace économique européen ou de la Confédération helvétique.* La déclaration préalable s'applique aux transports exceptionnels de première catégorie définis à l'article 3 qui respectent les règles de charge de l'article 15 *(Arr. du 7 juin 2019, art. 5)* « et qui ne sont visés ni au 1 de l'article 17-3, ni aux 1 et 3 de l'article 17-4, ni à l'article 17-7. » Les transports exceptionnels concernés par la déclaration préalable peuvent être originaires de tout pays membre de l'Espace économique européen ou de la Confédération helvétique.

(Arr. du 7 juin 2019, art. 5) « La déclaration préalable permet la circulation de ces transports exceptionnels sur le réseau routier "1TE" défini à l'article 9 *bis* du présent arrêté, en respectant les prescriptions qui lui sont rattachées.

« La déclaration préalable permet le raccordement nécessaire pour entrer, depuis leur point de départ situé en France ou leur point d'entrée en France, sur ce réseau "1TE", dans la limite d'un trajet de raccordement d'entrée ne dépassant pas vingt kilomètres.

« La déclaration préalable permet le raccordement nécessaire pour quitter le réseau "1TE" jusqu'à la destination en France ou le point de sortie de France, dans la limite d'un trajet de raccordement de sortie ne dépassant pas vingt kilomètres.

« Ces possibilités s'inscrivent pour un nombre de voyages illimité et pour une durée déterminée qui ne peut excéder trois ans suivant le lendemain de la date du dépôt de la déclaration mentionnée sur le récépissé. »

Le déclarant ou son mandataire réalise une déclaration préalable auprès de l'autorité compétente mentionnée à l'article R. 433-2 du code de la route.

Le support de la déclaration préalable est le modèle de formulaire "Déclaration préalable de transports exceptionnels" enregistré par le secrétariat général de la modernisation de l'action publique sous le numéro Cerfa 15624*01. La notice est également enregistrée sous le numéro Cerfa 15624*01. Ces documents sont consultables sur le site internet www.service-public.fr.

La déclaration préalable est transmise par voie postale ou formulée par voie électronique.

Le service instructeur délivre un récépissé par tout moyen attestant du dépôt de la déclaration préalable.

(Arr. du 7 juin 2019, art. 5) « La possession d'un récépissé de déclaration préalable n'exonère pas le déclarant ou son mandataire du respect des prescriptions associées à la portion de réseau ou aux éventuels raccordements de plus de vingt kilomètres qu'il souhaite emprunter, ni de ses obligations de signalement auprès des gestionnaires de voirie compétents sur cette portion ou sur ces raccordements, conformément aux articles R. 433-2-2 et R. 433-5 du code de la route, ni du respect des modalités du signalement fixées par lesdits gestionnaires. »

Deux jours ouvrés après délivrance de ce récépissé, le déclarant peut circuler.

Le déclarant est tenu de présenter ce récépissé à toute réquisition des agents de l'autorité compétente.

Le préfet du département peut, dans un délai de deux jours ouvrés suivant la délivrance du récépissé, par décision motivée et après lui avoir laissé la possibilité de présenter des observations, notifier au déclarant ou à son mandataire son opposition à la circulation du convoi.

Art. 3 *Autorisation individuelle. (Arr. du 7 juin 2019, art. 7)* « A l'exception des transports mentionnés à l'article 17-7, l'autorisation individuelle relative aux transports exceptionnels est délivrée au vu d'une demande adressée par le pétitionnaire au service instructeur mentionné à l'article 7 selon la nature de la demande. »

CARACTÉRISTIQUES du convoi	1re catégorie	2e catégorie	3e catégorie
Longueur (en mètres)	⩽ 20	20. < L ⩽ 25	> 25
Largeur (en mètres)	⩽ 3	3. < l ⩽ 4	> 4
Masse totale (en kg)	⩽ 48 000	48. 000 < M ⩽ 72 000	> 72 000

L'autorisation individuelle peut être :

— au voyage sur un itinéraire précis (délivrée pour un nombre de voyages *(Arr. du 7 juin 2019, art. 7)* « défini effectués dans le cadre d'un transport de charge indivisible ou composée de pièces de même nature dans les conditions décrites à l'article 15 ou d'une circulation d'engins de même type et pour une durée déterminée ») ;

— permanente sur un itinéraire précis (délivrée pour un nombre de voyages illimité effectués dans le cadre *(Arr. du 7 juin 2019, art. 7)* « d'un transport de charge indivisible ou composée de pièces de même nature dans les conditions décrites à l'article 15 ou d'une circulation d'engins de même type » et pour une durée déterminée) ;

— permanente sur un réseau préétabli (délivrée pour un nombre de voyages illimité effectués dans le cadre *(Arr. du 7 juin 2019, art. 7)* « d'un transport de charge indivisible ou composée de pièces de même nature dans les conditions décrites à l'article 15 ou d'une circulation d'engins de même type » et pour une durée déterminée). *(Arr. du 7 juin 2019, art. 7)* « Ce réseau peut être soit départemental, soit à portée nationale. »

Certains types de transports dénommés "transports spécifiques" sont soumis à des règles particulières et ne peuvent bénéficier à ce titre que de certains types d'autorisations. Ces transports spécifiques et les règles qui leur sont applicables sont *(Arr. du 7 juin 2019, art. 7)* « définis » à l'article 17 du présent arrêté.

(Arr. du 7 juin 2019, art. 7) « Une autorisation individuelle est délivrée pour un type de transport, une catégorie, un type de convoi, des caractéristiques maximales de masses, de charges à l'essieu, de longueur, de largeur et de hauteur, une distance minimale entre essieux consécutifs et, le cas échéant, des voies ou distances transversales par essieu comprises dans un intervalle donné. Elle peut comporter jusqu'à trois types de convois similaires dont le nombre d'essieux varie de plus ou moins un essieu.

« Une autorisation individuelle permet la circulation des convois de même catégorie et même(s) type(s) de convoi que ceux pour lesquels l'autorisation a été délivrée et dont les caractéristiques sont inférieures ou égales aux valeurs maximales fixées par l'autorisation et supérieures ou égales aux valeurs minimales fixées par l'autorisation. Le respect de ces conditions n'exonère pas le pétitionnaire de s'assurer que les convois respectent les règles de charge de l'annexe III du présent arrêté. Si l'autorisation individuelle délivrée prévoit une dérogation aux règles de charge de l'annexe III, seuls les convois strictement identiques à ceux définis dans l'autorisation peuvent se prévaloir de ces dérogations.

« Une autorisation individuelle peut être "au voyage", valable pour un ou plusieurs voyages, ou "permanente", valable pour une durée déterminée qui ne peut excéder trois ans.

« L'autorisation est valable quelle que soit la nature du chargement pour le transport de charges indivisibles.

« Une autorisation individuelle de raccordement à un réseau est délivrée sous réserve que le convoi respecte les prescriptions de l'article 9 *bis* associées au réseau à raccorder et les prescriptions générales et particulières associées au trajet de raccordement, pour une durée déterminée qui ne peut excéder trois ans. Elle permet au convoi soit de rejoindre ce réseau depuis son point de départ en France ou son point d'entrée en France, soit de quitter ce réseau pour rejoindre sa destination en France ou son point de sortie de France.

« Le pétitionnaire effectue une demande d'autorisation de raccordement à un réseau :

« – soit par la même demande que celle relative au réseau, et dans ce cas l'autorisation individuelle de raccordement au réseau est permanente ;

« – soit par une demande spécifique de raccordement seul au réseau routier, faisant référence à l'autorisation individuelle sur ce réseau ou au récépissé de déclaration préalable sur le réseau 1TE. Dans ces deux cas, l'autorisation individuelle de raccordement peut être permanente ou au voyage. »

Art. 3-1 *(Arr. du 28 févr. 2017, art. 7) Autorisation individuelle de 1re catégorie.* Les autorisations individuelles de 1re catégorie qui peuvent être délivrées au pétitionnaire sont les suivantes :

1° L'autorisation individuelle permanente relative à tout ou partie du réseau routier d'un département *(Abrogé par Arr. du 7 juin 2019, art. 8)* ***« est délivrée pour une durée déterminée qui ne peut excéder trois ans ».***

Pour les trajets effectués dans le cadre d'un raccordement, le pétitionnaire *(Arr. du 7 juin 2019, art. 8)* « effectue » une demande d'autorisation individuelle de raccordement *(Arr. du 7 juin 2019, art. 8)* « à ce réseau départemental » ;

(Arr. du 7 juin 2019, art. 8) « 2° L'autorisation individuelle permanente relative au réseau routier "1TE", défini à l'article 9 *bis* du présent arrêté, délivrée pour les convois de 1re catégorie non concernés par la déclaration préalable.

« L'autorisation relative au réseau routier "1TE" donne accès au réseau "2TE48". Elle donne également accès, pour les convois avec une charge à l'essieu inférieure ou égale à 12 tonnes et une inter-distance minimale entre deux essieux consécutifs supérieure ou égale à 1,35 mètre, aux réseaux "TE72", "TE94" et "TE120". La circulation sur ces réseaux reste conditionnée au respect des prescriptions générales ou particulières du réseau emprunté ; »

3° L'autorisation individuelle sur un itinéraire précis entre un point de départ et un point d'arrivée identifiés *(Abrogé par Arr. du 7 juin 2019, art. 8)* ***« est délivrée pour une durée déterminée qui ne peut excéder trois ans ».*** Elle peut être soit permanente, soit au voyage ;

4° L'autorisation individuelle de raccordement au réseau routier du département *(Abrogé par Arr. du 7 juin 2019, art. 8)* ***« est délivrée pour une durée déterminée qui ne peut excéder trois ans ».*** Elle peut être soit permanente, soit au voyage ;

(Arr. du 7 juin 2019, art. 8) « 5° L'autorisation individuelle de raccordement au réseau routier "1TE", qui peut être délivrée aux convois de 1re catégorie transportant une charge indivisible ou composée de pièces de même nature dans les conditions décrites à l'article 15 et circulant sous couvert :

« – soit d'une autorisation individuelle parente sur le réseau routier "1TE" lorsque la longueur du raccordement est supérieure à vingt kilomètres pour un convoi de 1re catégorie hors grue automotrice, quelle que soit la longueur du raccordement pour toute grue automotrice ;

« – soit d'un récépissé attestant du dépôt d'une déclaration préalable parente lorsque la longueur du raccordement est supérieure à vingt kilomètres. »

(Abrogé par Arr. du 7 juin 2019, art. 8) ***« Lorsqu'il circule après avoir réalisé une déclaration préalable, le permissionnaire peut rejoindre le réseau routier "1TE" à partir de son point de départ en charge, le quitter pour rejoindre son point d'arrivée ou accéder à un autre point du réseau, sous sa responsabilité, dans la limite d'un trajet ne dépassant pas 20 km et se raccordant au réseau routier "1TE". »***

Les autorisations individuelles délivrées selon la réglementation en vigueur avant la mise en application de l'Arr. du 28 févr. 2017 seront valides jusqu'à leur date de fin de validité initiale.

Les autorisations individuelles délivrées dans les départements du Nord et du Pas-de-Calais au titre de l'expérimentation conduite entre le 1er juill. 2014 et le 30 juin 2017 pourront être prolongées par décision de la DREAL des Hauts-de-France, sur demande du permissionnaire, dans la limite de validité énoncée à l'art. 3-1 de l'Arr. du 28 févr. 2017.

Les récépissés délivrés dans le cadre de la procédure expérimentale des départements du Nord et du Pas-de-Calais conservent leur durée de validité initiale (Arr. préc., art. 27).

Art. 3-2 *(Arr. du 28 févr. 2017, art. 8) Autorisation individuelle de 2e catégorie.* Les autorisations individuelles de 2e catégorie qui peuvent être délivrées au pétitionnaire sont les suivantes :

1° L'autorisation individuelle permanente relative à tout ou partie du réseau routier d'un département *(Abrogé par Arr. du 7 juin 2019, art. 9)* ***« est délivrée pour une durée déterminée qui ne peut excéder trois ans »***.

Pour les trajets effectués dans le cadre d'un raccordement au réseau routier du département, le pétitionnaire effectue une demande d'autorisation individuelle de raccordement ;

2° L'autorisation individuelle permanente, relative :

(Arr. du 7 juin 2019, art. 9) « — au réseau routier "2TE48" pour les convois dont la masse totale roulante n'excède pas 48 000 kg ;

« — ou au réseau routier "TE72" pour les convois dont la masse totale roulante est inférieure ou égale à 72 000 kg, la charge maximale à l'essieu est inférieure ou égale à 12 tonnes, l'inter-distance minimale entre deux essieux consécutifs est supérieure ou égale à 1,35 mètre ;

« Pour les trajets effectués dans le cadre d'un raccordement aux réseaux "2TE48" ou "TE72", le pétitionnaire effectue une demande d'autorisation individuelle de raccordement ; »

3° L'autorisation individuelle sur un itinéraire précis entre un point de départ et un point d'arrivée identifiés *(Abrogé par Arr. du 7 juin 2019, art. 9)* ***« est délivrée pour une durée déterminée qui ne peut excéder trois ans »***. Elle peut être soit permanente, soit au voyage ;

4° L'autorisation individuelle de raccordement au réseau routier du département *(Abrogé par Arr. du 7 juin 2019, art. 9)* ***« est délivrée pour une durée déterminée qui ne peut excéder trois ans »***. Elle peut être soit permanente, soit au voyage ;

5° L'autorisation individuelle de raccordement :

— au réseau routier "2TE48" pour les convois dont la masse totale roulante n'excède pas 48 000 kg ;

(Arr. du 7 juin 2019, art. 9) « — au réseau routier "TE72" pour les convois dont la masse totale roulante est inférieure ou égale à 72 000 kg, la charge maximale à l'essieu est inférieure ou égale à 12 tonnes, l'inter-distance minimale entre deux essieux consécutifs est supérieure ou égale à 1,35 mètre, »

(Abrogé par Arr. du 7 juin 2019, art. 9) ***« est délivrée pour une durée déterminée qui ne peut excéder trois ans. »*** Elle peut être soit permanente, soit au voyage.

Art. 3-3 *(Arr. du 28 févr. 2017, art. 9) Autorisation individuelle de 3e catégorie.* Les autorisations individuelles de 3e catégorie qui peuvent être délivrées au pétitionnaire sont les suivantes :

1° L'autorisation individuelle au voyage, sur un itinéraire précis entre un point de départ et un point d'arrivée identifiés, est délivrée *(Abrogé par Arr. du 7 juin 2019, art. 10)* ***« pour une période déterminée qui ne peut excéder trois ans et »*** pour un nombre de voyages déterminé à effectuer ;

2° L'autorisation individuelle permanente, sur un itinéraire précis entre un point de départ et un point d'arrivée identifiés, est délivrée pour des transports de même type selon l'article 17 du présent arrêté, pour un nombre de voyages illimité *(Abrogé par Arr. du 7 juin 2019, art. 10)* ***« et pour une durée déterminée qui ne peut excéder trois ans »*** ;

3° L'autorisation individuelle relative aux réseaux routiers "TE72", "TE94" ou "TE120" *(Abrogé par Arr. du 7 juin 2019, art. 10)* ***« est délivrée pour une durée déterminée qui ne peut excéder trois ans »***. Elle peut être soit permanente, soit au voyage ;

(Arr. du 7 juin 2019, art. 10) « 4° L'autorisation individuelle permanente relative à tout ou partie du réseau routier d'un département est délivrée sous réserve que la 3e catégorie de transport exceptionnel soit admise sur ce réseau et que toutes les prescriptions dimensionnelles, ou pondérales, associées à ce réseau départemental soient respectées ;

« 5° L'autorisation individuelle de raccordement au réseau routier du département ; elle peut être soit permanente, soit au voyage et elle est délivrée sous réserve que la 3e catégorie de transport exceptionnel soit admise sur ce réseau ;

« 6° L'autorisation individuelle de raccordement aux réseaux routiers "TE72", "TE94" ou "TE120" ; elle peut être soit permanente, soit au voyage. »

Art. 4 *Autorisation de portée locale (APL).* Lorsque des besoins locaux permanents le justifient, le transport de marchandises ou la circulation de certains véhicules ne respectant pas les limites réglementaires du code de la route en raison de leurs dimensions ou de leur masse peut être réglementé par arrêté du préfet du département dans lequel est effectué le déplacement, conformément à l'article R. 433-3 du code de la route. Ces dispositions s'appliquent exclusivement aux *(Arr. du 7 juin 2019, art. 11)* « circulations et aux transports de marchandises ou d'engins suivants :

« — transport de pièce indivisible de grande longueur ;

« — transport de bois en grume ;

« — transport ou circulation de matériel et engin de travaux publics y compris matériels tractés non immatriculés et grues automotrices immatriculées ;

« — transport de conteneur. »

Le cas échéant, pour les besoins de l'exploitation, ce déplacement peut s'effectuer au-delà du département, mais seulement dans les départements limitrophes et sous réserve que des mesures similaires aient été arrêtées dans ces départements *(Arr. du 28 févr. 2017, art. 10)* « limitrophes ».

L'autorisation de portée locale, délivrée par le préfet, concerne strictement tout ou partie des types de transports définis ci-dessus et dont les caractéristiques des convois respectent les prescriptions définies dans l'article 17 du présent arrêté.

L'autorisation de portée locale fait l'objet d'une publication.

Un modèle type d'autorisation de portée locale figure en *(Arr. du 7 juin 2019, art. 11)* « annexe IV » du présent arrêté.

Lorsque les caractéristiques du convoi ou la zone géographique dans laquelle il doit se déplacer dépassent le cadre réglementaire de l'autorisation de portée locale *(Arr. du 7 juin 2019, art. 11)* « ou lorsque le convoi provient d'un pays extérieur à l'Espace économique européen et à la Suisse », le pétitionnaire ne peut circuler que sous couvert d'une autorisation individuelle de transport exceptionnel.

Art. 5 *(Arr. du 28 févr. 2017, art. 11) Autorisations à destination des pétitionnaires étrangers.* I. — Transports effectués par des ressortissants des États membres de l'Espace économique européen :

(Arr. du 7 juin 2019, art. 12) « Pour les demandes n'entrant pas dans les conditions de la déclaration préalable définie à l'article 2 *bis*, peuvent » être délivrées dans les conditions des articles 3 et 7 du présent arrêté :

1° Des autorisations individuelles permanentes relatives à tout ou partie du réseau routier du département d'entrée en France ;

2° Des autorisations individuelles permanentes relatives à tout ou partie du réseau routier d'un département ;

3° Des autorisations individuelles permanentes relatives à l'ensemble des réseaux routiers "1TE", "2TE48", "TE72", "TE94" et "TE120" ;

4° Des autorisations individuelles de raccordement aux réseaux routiers "1TE" *(Arr. du 7 juin 2019, art. 12)* « , "2TE48", "TE72", "TE94", "TE120" ou au réseau routier d'un département » ;

5° Des autorisations individuelles sur un itinéraire précis, permanentes ou au voyage.

Les ressortissants des États membres de l'Espace économique européen peuvent effectuer des transports sous couvert d'autorisation de portée locale dans les conditions de l'article 4 du présent arrêté.

II. — Transports effectués par des ressortissants d'un État n'appartenant pas à l'Espace économique européen :

Seules des autorisations individuelles sur un itinéraire précis, permanentes ou au voyage, peuvent leur être délivrées dans les conditions des articles 3 et 7.

Suite à l'accord entre la Confédération suisse et la Communauté européenne sur le transport de marchandises et de voyageurs par rail et par route, conclu le 21 juin 1999 et entré en vigueur le 1er juin 2002, peuvent être délivrées aux pétitionnaires helvétiques *(Arr. du*

7 juin 2019, art. 12) « n'entrant pas dans les conditions de la déclaration préalable définie à l'article 2 *bis* », dans les conditions des articles 3 et 7 :

1° Des autorisations individuelles permanentes relatives à tout ou partie du réseau routier du département d'entrée en France ;

2° Des autorisations individuelles permanentes relatives à tout ou partie du réseau routier d'un département ;

3° Des autorisations individuelles permanentes relatives à l'ensemble des réseaux routiers "1TE", "2TE48", "TE72", "TE94" et "TE120" ;

4° Des autorisations individuelles de raccordement aux réseaux routiers "1TE" *(Arr. du 7 juin 2019, art. 12)* « , "2TE48", "TE72", "TE94", "TE120" ou au réseau routier d'un département ; »

5° Des autorisations individuelles sur un itinéraire précis, permanentes ou au voyage.

Les ressortissants helvétiques peuvent effectuer des transports sous couvert d'autorisation de portée locale dans les conditions de l'article 4 du présent arrêté.

CHAPITRE II *CONDITIONS DE DÉLIVRANCE DES AUTORISATIONS INDIVIDUELLES* *(Arr. du 7 juin 2019, art. 13).*

Art. 6 *(Arr. du 28 févr. 2017, art. 13) Contenu de la demande.* « Les dispositions du présent article ne s'appliquent pas aux convois mentionnés à l'article 17-7, à l'exception des points III 2° à III 5°.

« I. — Auteur de la demande. »

La demande d'autorisation individuelle est présentée par le pétitionnaire ou par son mandataire.

(Abrogé par Arr. du 7 juin 2019, art. 14) ***« Si le type du convoi est visé au 3° de l'article 17-4, la demande d'autorisation individuelle est complétée par la fiche descriptive du véhicule. »***

(Arr. du 7 juin 2019, art. 14) « II. — Formulation de la demande. »

Une demande d'autorisation de transport exceptionnel précise l'identité du pétitionnaire et, le cas échéant, de son mandataire, *(Arr. du 7 juin 2019, art. 14)* « le compte pour lequel le pétitionnaire ou le mandataire émet la demande, » les caractéristiques du convoi, l'itinéraire emprunté ainsi que le type d'autorisation souhaité et sa durée de validité.

Plusieurs véhicules ayant des caractéristiques voisines en ce qui concerne les données relatives au calcul de la répartition des charges sur les essieux (distances entre essieux consécutifs, distances entre essieux extrêmes, masses...) et correspondant aux mêmes limites de charge sur chacun des essieux peuvent être regroupés dans une même configuration d'essieux *(Abrogé par Arr. du 7 juin 2019, art. 14)* ***« constituée à partir des véhicules présentant les caractéristiques les plus défavorables ».***

(Arr. du 7 juin 2019, art. 14) « L'ensemble des valeurs extrêmes des caractéristiques des convois décrites dans les parties 2 et 5 du formulaire de demande d'autorisation, constitue le convoi enveloppe. Celui-ci définit, pour un type de convoi donné (familles de véhicules et nombre d'essieux donnés) :

« — des majorants concernant : la longueur, la largeur, la hauteur, la masse totale roulante, la charge maximale à l'essieu, la largeur de voie maximale ou, en cas d'essieux pendulaires, la distance transversale maximale ;

« — des minorants concernant la distance minimale entre essieux consécutifs et la largeur de voie minimale ou, en cas d'essieux pendulaires, la distance transversale minimale.

« Une autorisation individuelle permet pour un type de transport donné, la circulation des convois de même catégorie, de mêmes type et configuration d'essieux que ceux figurant dans la demande et dont les caractéristiques sont plus favorables que celle du convoi enveloppe (masses et dimensions globales inférieures ou égales, distance entre essieux minimale supérieure, largeurs de voies ou distances transversales comprises dans le même intervalle).

« Lorsque la demande comprend un type de convoi et plusieurs configurations équivalentes, les caractéristiques du convoi-enveloppe sont les plus grands majorants et plus petits minorants des caractéristiques de ces configurations. Lorsque la demande comprend deux ou trois types de convoi et plusieurs configurations, un convoi-enveloppe est défini pour chaque type de convoi.

« Lorsque la demande concerne un convoi de masse totale roulante inférieure ou égale à 48 tonnes, respectant les limites de charge de l'article 15 et de l'annexe III, l'ensemble des valeurs extrêmes des caractéristiques des convois décrites dans la partie 2 du formulaire de demande d'autorisation constitue le convoi-enveloppe. L'autorisation individuelle permet pour un type de transport donné, la circulation des convois de même catégorie que celle figurant dans la demande et dont les caractéristiques de dimensions et de masse et, le cas échéant, de charge maximale à l'essieu et de distance entre essieux minimale, sont plus favorables que celle du convoi-enveloppe.

« La demande d'autorisation est rédigée en langue française.

« III. — Le pétitionnaire s'engage : »

1° Dans le cas de transports répétitifs, à transmettre les éléments produits par le donneur d'ordre, permettant de vérifier que le transport ne peut pas être effectué par un autre moyen de transport (aérien, fluvial, maritime ou ferré), la raison économique n'étant pas un critère recevable à elle seule ;

2° A proposer un itinéraire compatible avec les caractéristiques du transport objet de sa demande ;

3° A reconnaître l'itinéraire autorisé et avoir vérifié :

— qu'aucun obstacle fixe, notamment dans les traversées d'agglomérations, ne gêne ou n'empêche le passage de son convoi ;

— que les caractéristiques de son convoi lui permettent de respecter les conditions minimales de franchissement des passages à niveau et des ouvrages d'art.

L'usage d'un réseau préétabli ne le dispense pas de cette reconnaissance, le réseau pouvant à tout moment subir des modifications ;

4° A effectuer le transport dans le respect des règles de charge figurant à l'article 15 du présent arrêté *(Arr. du 7 juin 2019, art. 14)* « ou, en cas de dérogation aux règles de charge, dans le respect des limites dérogatoires autorisées, » avec des véhicules compatibles entre eux et avec le chargement transporté ;

5° A avoir pris connaissance de la réglementation en matière de transport exceptionnel, à ne pas y contrevenir et à respecter les prescriptions figurant dans l'autorisation individuelle qui lui sera délivrée.

(Arr. du 7 juin 2019, art. 14) « IV. — La demande peut concerner une demande de modification ou de prorogation d'autorisation individuelle : »

— la modification d'une autorisation individuelle doit être exceptionnelle, motivée et ne concerner que des changements mineurs *(Arr. du 7 juin 2019, art. 14)* « relatifs à une demande initiale déposée après le 10 juillet 2017 » ne remettant pas en cause les caractéristiques générales de l'autorisation en cours d'instruction ou déjà délivrée. Toutefois, une autorisation individuelle permanente sur un itinéraire précis *(Arr. du 7 juin 2019, art. 14)* « déposée après le 10 juillet 2017 » peut faire l'objet d'une demande de modification d'itinéraire concernant le point d'arrivée, sur justificatif et si le nouveau point d'arrivée est situé dans un des départements initialement traversés. La demande doit être adressée *(Arr. du 7 juin 2019, art. 14)* « , suivant sa nature, au service instructeur mentionné à l'article 7 » et fait l'objet d'une autorisation individuelle modificative se référant à l'autorisation individuelle initiale. Dans les autres cas, une nouvelle demande d'autorisation individuelle doit être effectuée ;

— la prorogation d'une autorisation individuelle au voyage sur un itinéraire précis peut être accordée lorsque le pétitionnaire apporte la preuve que les transports n'ont pu être réalisés. Cette autorisation est délivrée pour une durée déterminée qui ne peut excéder deux mois non renouvelables et pour le nombre de voyages restant à effectuer.

(Abrogé par Arr. du 7 juin 2019, art. 14) « *Description de la fiche véhicule :*

« *La fiche véhicule contient les éléments techniques du véhicule nécessaires à l'instruction d'une demande d'autorisation de transport exceptionnel. Elle doit être établie par le constructeur ou le carrossier lors de la mise en service du véhicule ou remplie par le constructeur ou le transporteur pour les véhicules déjà en service.*

« *Dans le cas d'une demande transmise par voie postale, les fiches véhicules sont faites avec un formulaire conforme à l'imprimé type figurant en annexe 1 du présent arrêté. Si plusieurs véhicules ont des caractéristiques identiques, une seule fiche est nécessaire et comprend la liste de tous les véhicules concernés.* »

(Arr. du 7 juin 2019, art. 14) « V. — Constitution de la demande : »

Dans le cadre du transport de marchandise, la demande peut concerner jusqu'à trois types de convois appartenant à une même famille, constitués par un type de convoi de référence et deux types de convois "variante" ayant un nombre total d'essieux soit identique, soit diminué ou augmenté de un par rapport à celui du convoi de référence.

Pour chaque type de convoi, la demande peut regrouper jusqu'à quatre configurations d'essieux. La configuration la plus défavorable de chacun des types de convois portera le numéro un.

La demande comprend :

(Arr. du 7 juin 2019, art. 14) « 1° Le formulaire de demande d'autorisation individuelle ; si la demande se rapporte à un itinéraire précis ou un raccordement, les adresses précises de départ et d'arrivée y sont indiquées ;

« 2° Les fiches de configurations renseignées pour les convois dont la masse totale roulante excède 48 000 kg ou qui ne respectent pas les règles de charge de l'article 15 et de l'annexe III du présent arrêté ;

« 3° Les fiches véhicules pour les convois mentionnés au 3 de l'article 17-4. La fiche véhicule contient les éléments techniques du véhicule nécessaires à l'instruction d'une demande d'autorisation de transport exceptionnel de famille grue. Elle doit être établie par le constructeur ou le carrossier lors de la mise en service du véhicule ou remplie par le constructeur ou le transporteur pour les véhicules déjà en service.

« Une seule fiche est nécessaire et porte l'identification de tous les véhicules s'ils ont pour caractéristiques identiques :

« – le nombre et toutes caractéristiques d'essieux à faire apparaître dans le tableau de configuration,

« – le poids à vide (PV) ;

« – le poids total autorisé en charge (PTAC) ;

« – le poids total roulant autorisé (PTRA) ;

« – la longueur ;

« – la largeur ;

« – les dépassements avant et arrière ;

« 4° La référence à l'arrêté d'autorisation initiale si la demande est visée au IV du présent article ou s'il s'agit d'une demande de raccordement seul à un réseau routier. »

Art. 7 *(Arr. du 7 juin 2019, art. 15)* Les dispositions du présent article ne s'appliquent pas aux convois mentionnés à l'article 17-7.

I. – Transmission de la demande.

La demande d'autorisation individuelle doit être adressée au service instructeur qui est, suivant la nature de la demande :

1° Pour une demande sur le réseau routier d'un département, le service instructeur du département concerné (pour les pétitionnaires résidant en France ou en dehors) ;

2° Pour une demande sur un réseau routier à portée nationale défini à l'article 9 *bis*, le service instructeur :

– compétent sur le département du siège social ou d'une agence locale pour les pétitionnaires résidant en France ;

– du département de départ en charge ou d'entrée en France pour les pétitionnaires résidant à l'étranger ;

3° Pour une demande de raccordement en entrée à un réseau routier pour transports exceptionnels, le service instructeur compétent sur le département du point de départ en charge du convoi, ce point de départ correspondant au point d'entrée en France d'un convoi en charge arrivant de l'étranger ;

4° Pour une demande de raccordement en sortie d'un réseau routier pour transports exceptionnels, le service instructeur compétent sur le département du point de sortie du réseau ;

5° Pour une demande permanente ou au voyage sur un itinéraire précis :

a) Ne comportant qu'un trajet en charge : le service instructeur compétent sur le département du point de départ en charge du convoi, ce point de départ correspondant au point d'entrée en France d'un convoi en charge arrivant de l'étranger ;

b) Comportant une approche ou un retour à vide et un trajet en charge : le service instructeur compétent sur le département du point de départ en charge du convoi. Si la charge relève la catégorie du convoi à vide, deux demandes séparées lui sont adressées, l'une correspondant au(x) trajet(s) à vide et l'autre au trajet en charge ; sinon une seule demande lui sera adressée ;

c) Ne comportant qu'un trajet à vide : le service instructeur compétent sur le département du point de départ du convoi ;

II. — Formalisme des demandes adressées par voie postale.

Dans le cas d'une transmission par voie postale, la demande, les tableaux de configuration des essieux et les éventuelles fiches véhicules sont renseignés sur des formulaires conformes aux imprimés types figurant à l'annexe I du présent arrêté.

Si plusieurs véhicules ont toutes caractéristiques listées au deuxième alinéa du 3° du V de l'article 6 identiques, une seule fiche est nécessaire et porte l'identification de tous les véhicules concernés.

Si la demande est modificative, prorogative, ou si elle concerne un raccordement seul à un réseau routier ou départemental, l'arrêté délivré sur sa demande parente est visé en référence.

Les demandes faites par voie postale sont datées et signées.

Art. 8 *Instruction de la demande. (Arr. du 7 juin 2019, art. 16)* « Les dispositions du présent article ne s'appliquent pas aux convois mentionnés à l'article 17-7.

« I. — Instruction : »

Le service instructeur du département, chargé de la délivrance de l'autorisation individuelle, procède, au nom de l'autorité compétente pour statuer, à l'instruction de la demande.

Il peut, le cas échéant, demander au pétitionnaire des compléments d'information concernant notamment *(Arr. du 25 févr. 2011)* « le justificatif de commande de transport, » le caractère indivisible du chargement, la justification du moyen de transport retenu par le donneur d'ordre, dans les conditions de l'article 6 du présent arrêté.

(Arr. du 7 juin 2019, art. 16) « Dans le cadre d'une autorisation individuelle sur un itinéraire précis ou de raccordement, les services instructeurs concernés recueillent, le cas échéant, les avis des gestionnaires de voirie et d'infrastructures qui ont été consultés par le pétitionnaire à l'aide des adresses communiquées par le service instructeur. Le service gestionnaire consulté transmet son avis au service instructeur concerné et au pétitionnaire. Les frais occasionnés par ces consultations et la mise en œuvre des mesures sont à la charge du pétitionnaire.

« Lorsque l'itinéraire ou le raccordement demandé traverse plusieurs départements, le service instructeur chargé de la délivrance de l'autorisation individuelle, mentionné à l'article 7, collecte les avis (accord ou refus motivé) des services instructeurs des autres départements traversés par le convoi.

« II. — Délai : »

Lors de la réception de la demande, le service instructeur *(Abrogé par Arr. du 7 juin 2019, art. 16) « du département »* chargé de la délivrance de l'autorisation individuelle procède à un examen rapide du dossier.

Si celui-ci est complet, le service instructeur délivre un accusé de réception.

S'il est incomplet, la demande est jugée irrecevable et le service instructeur :

— demande au pétitionnaire de compléter son dossier ;

— informe les services instructeurs concernés afin d'annuler les demandes d'avis si le contenu de la demande le justifie (autorisations individuelles sur un itinéraire précis et de raccordement).

Le délai d'instruction part à compter de la date de l'accusé de réception d'une demande recevable.

(Arr. du 7 juin 2019, art. 16) « Le pétitionnaire peut à tout instant, à compter du début de l'instruction, demander à être informé de l'état d'avancement de sa demande. »

Les autorisations individuelles permanentes sur réseaux, les autorisations individuelles sur un itinéraire précis ou de raccordement sur le seul département de délivrance de l'autorisation individuelle doivent être délivrées ou rejetées dans un délai de quinze jours.

Les autorisations individuelles sur un itinéraire précis *(Arr. du 7 juin 2019, art. 16)* « ou de raccordement sur d'autres départements que celui en charge de l'instruction de la demande » doivent être délivrées dans un délai d'un mois. Toutefois, si des conditions particulières liées aux caractéristiques du transport ou de l'itinéraire nécessitent de nombreuses consultations, ce délai est porté à deux mois ; le service instructeur en informe alors le pétitionnaire.

(Arr. du 7 juin 2019, art. 16) « Pour les demandes formulées par voie postale, ces délais sont majorés de dix jours ouvrables. »

Art. 9 *Délivrance de l'autorisation. (Arr. du 7 juin 2019, art. 17)* « A la suite d'une demande d'autorisation individuelle de circuler, le préfet du département concerné selon la nature de la demande, mentionné à l'article 7 du présent arrêté, rejette la demande ou délivre une autorisation individuelle de transport exceptionnel sous la forme d'un arrêté, quel que soit le type de transport.

« Pour les transports visés par l'article 17-7, l'autorisation de circuler est délivrée ou refusée par le ministre chargé de l'énergie. L'accord d'exécution mentionné à l'article R. 1333-17 du code de la défense tient lieu d'autorisation de circuler, sans préjudice du respect des prescriptions associées aux réseaux de transport exceptionnel définis à l'article 9 *bis.* »

Selon le type de l'autorisation individuelle délivrée, celle-ci comporte :

— l'identité du permissionnaire ;

— la description du convoi à vide et/ou en charge selon le transport ;

(Arr. du 7 juin 2019, art. 17) « — la description de l'itinéraire précis ou des raccordements empruntés avec les prescriptions qui leur sont associées ;

« — les éléments descriptifs du convoi autorisé conformément au 2° et au 3° du V de l'article 6 du présent arrêté ;

« — la charge maximale par essieu et la distance minimale entre essieux consécutifs définis à l'article 9 *bis*, s'il s'agit d'une autorisation sur réseau routier "TE72", "TE94" ou "TE120" ou de raccordement à un de ces trois réseaux. »

Le résumé joint à l'autorisation individuelle reprend *(Arr. du 7 juin 2019, art. 17)* « ces » caractéristiques.

L'autorisation individuelle est établie et adressée au permissionnaire ou retirée par celui-ci auprès du service instructeur en charge de la délivrance, pendant les heures d'ouverture du bureau.

Tout refus d'autorisation doit être motivé. Sont notamment considérées comme motifs de refus les situations suivantes :

— caractéristiques du chargement ne justifiant pas le recours au transport exceptionnel ;

— incompatibilité des véhicules entre eux ou avec le chargement ;

— itinéraire non approprié ou risque de dégradation du patrimoine routier ;

— risque prévisible pour la sécurité des usagers et des riverains ;

— non-production de la justification de la recherche d'un autre moyen de transport (aérien, ferré, fluvial, maritime) lorsque celle-ci est demandée dans les conditions de l'article 6 du présent arrêté ;

— non-justification du caractère indivisible du chargement, hors cas spécifiquement explicités dans le présent arrêté.

CHAPITRE II *BIS* *RÉSEAUX ROUTIERS DE TRANSPORTS EXCEPTIONNELS*

(Arr. du 28 févr. 2017, art. 16)

Art. 9 *bis* Les réseaux de transports exceptionnels.

I. — Les réseaux routiers départementaux sont définis par arrêté des préfets de département. Ces réseaux sont munis de leurs prescriptions générales propres à chaque département et d'autres prescriptions à caractère local, permanent ou temporaire.

II. — *(Arr. du 7 juin 2019, art. 18)* « Les réseaux routiers "TE72", "TE94" et "TE120" à portée nationale sont définis par arrêté conjoint du ministre de l'intérieur et du ministre chargé des transports conformément aux dispositions de l'article R. 433-2-1 du code de la route.

« 1° Le réseau "1TE" correspond au réseau routier défini par la carte nationale de première catégorie accompagnée de son cahier des prescriptions techniques. Il est ouvert aux seuls transports exceptionnels de 1re catégorie ;

« 2° Le réseau routier "2TE48" correspond au réseau routier défini par la carte nationale (2TE48) accompagnée de son cahier des prescriptions techniques. Il est ouvert aux transports exceptionnels de 1re catégorie et aux convois de 2e catégorie dont le poids total roulant n'excède pas 48 tonnes ; »

3° Le réseau "TE72" ouvert aux transports exceptionnels de toutes les catégories dont le poids total roulant n'excède pas 72 tonnes ;

4° Le réseau "TE94" ouvert aux transports exceptionnels de toutes les catégories dont le poids total roulant n'excède pas 94 tonnes ;

5° Le réseau "TE120" ouvert aux transports exceptionnels de toutes les catégories dont le poids total roulant n'excède pas 120 tonnes.

(Arr. du 7 juin 2019, art. 18) « Les réseaux "TE72", "TE94" et "TE120" sont ouverts aux convois comportant une charge maximale de 12 tonnes par essieu et une distance entre essieux consécutifs au moins égale à 1,35 mètre. La circulation sur une portion des réseaux précités d'un convoi conforme au poids total roulant admissible du réseau et non conforme à sa charge maximale admissible par essieu ou à sa distance minimale admissible entre essieux consécutifs requiert une autorisation individuelle sur itinéraire précis. »

III. — Dans chaque département, les prescriptions de ces réseaux sont annexées aux arrêtés départementaux qui les définissent. Les caractéristiques de ces réseaux pourront être mises à jour régulièrement et sont listées dans des cahiers de prescriptions pour transports exceptionnels (CPTE). Le CPTE associé au réseau de transport exceptionnel et à la catégorie du transport fait partie des documents de bord du convoi, conformément à sa catégorie et à son itinéraire. Les documents de bord du convoi sont exigibles en cas de contrôle.

V. Arr. du 26 juin 2017 définissant les réseaux routiers à portée nationale de transports exceptionnels (JO 10 juill.).

CHAPITRE III *RÈGLES DE CIRCULATION*

Les règles de circulation et dispositions concernant les véhicules, applicables aux transports exceptionnels, qu'ils soient effectués sous couvert *(Arr. du 28 févr. 2017, art. 17-1°)* « de déclaration préalable, » d'autorisation individuelle ou d'autorisation de portée locale, sont précisées dans les articles 10 à 16 du présent arrêté.

Le transporteur doit en outre respecter l'ensemble des dispositions précisées *(Arr. du 28 févr. 2017, art. 17-2°)* « par la déclaration préalable ou » par l'autorisation lui permettant d'effectuer le transport (autorisation individuelle ou autorisation de portée locale) et suivre strictement l'itinéraire mentionné dans celle-ci (itinéraire précis, réseau routier d'un département, réseau routier défini sur les cartes nationales des itinéraires pour transports exceptionnels).

Le transporteur doit :

— respecter une distance de sécurité avec les véhicules le précédant ;

— respecter, hors agglomération, en fonction des caractéristiques des réseaux empruntés et du respect des conditions de sécurité, tant pour le convoi que pour l'ensemble des usagers de la route, une interdistance entre deux convois de l'ordre de 150 m en règle générale. Toutefois, lorsque les caractéristiques des réseaux empruntés ne le permettent pas ou en cas de mauvaise visibilité, cette interdistance peut être réduite ponctuellement jusqu'à 50 m ;

— se ranger dès que la route le permet pour faciliter la *(Arr. du 7 juin 2019, art. 19)* « manœuvre » des véhicules qui suivent le convoi en attente de dépassement ;

— baliser son convoi avec des dispositifs adaptés, implantés à une distance suffisante pour garantir la sécurité des usagers en cas de panne ou d'arrêt et dégager ou faire dégager le plus vite possible la chaussée ;

— en cas d'obstacle non prévisible entraînant l'arrêt du convoi, avertir sans délai le service instructeur du département *(Arr. du 7 juin 2019, art. 19)* « ou pour les convois visés à l'article 17-7, l'échelon opérationnel des transports de l'Institut de radioprotection et de sûreté nucléaire, ainsi que les forces de l'ordre, » du point d'arrêt concerné.

La circulation d'un train de convois peut être autorisée, dans le cadre d'une autorisation de portée locale ou sur demande du pétitionnaire dans le cadre d'une autorisation individuelle, dans les conditions suivantes :

— matériels et engins de travaux publics circulant à 25 km/h dans la limite de trois convois ;

— grue automotrice immatriculée et un convoi transportant les galettes de contrepoids et accessoires ;

— convois de 1re catégorie et de 2e catégorie d'une largeur inférieure ou égale à 3 m, dans la limite de deux convois ;

— autres convois sur proposition des services instructeurs ou des gestionnaires *(Arr. du 7 juin 2019, art. 19)* « de voirie ». Ces transports feront l'objet d'une étude au cas par cas.

Lorsque la circulation d'un train de convois est autorisée en application des dispositions ci-dessus, l'interdistance entre deux convois d'un même train de convois devra être de l'ordre de 50 m hors *(Arr. du 7 juin 2019, art. 19)* « ouvrages d'art. Les convois franchiront les ouvrages d'art » de manière isolée avec l'accompagnement prévu.

Art. 10 *Interdictions générales de circulation.* En application de l'article R. 433-4 du code de la route, la circulation des convois est interdite *(Arr. du 7 juin 2019, art. 20)* « à l'exception des convois visés à l'article 17-7 qui suivent les instructions motivées du ministre chargé de l'énergie » :

(Abrogé par Arr. du 28 avr. 2012) « *— sur autoroute, sauf dérogations prévues à l'article 11 du présent arrêté ;* »

— sur l'ensemble du réseau routier et autoroutier du samedi ou veille de fête douze heures au lundi ou lendemain de fête six heures sauf dérogation autorisée en cas de nécessité absolue et en tenant compte des circonstances locales, après avis le cas échéant des préfets des départements traversés ;

— pendant les périodes et sur les itinéraires d'interdiction de circulation des véhicules de transport de marchandises et de transport de matières dangereuses, définis chaque année par arrêté du ministre de l'intérieur et du ministre chargé des transports ;

— pendant la fermeture des barrières de dégel, sur les itinéraires qu'elles concernent ;

— par temps de neige ou de verglas ou lorsque la visibilité est insuffisante.

Art. 11 *(Arr. du 28 avr. 2012, art. 5) Circulation sur autoroute.* Le permissionnaire doit respecter les prescriptions imposées sur les sections autoroutières qu'il est autorisé à emprunter *(Arr. du 28 févr. 2017, art. 18-1°)* « sous couvert d'une déclaration préalable ou d'une autorisation ». Ces prescriptions figurent *(Arr. du 28 févr. 2017, art. 18-2°)* « dans l'arrêté interministériel de définition des réseaux routiers TE ainsi que, le cas échéant, » dans l'autorisation de portée locale ou dans l'autorisation individuelle sous couvert de laquelle il circule.

(Arr. du 28 févr. 2017, art. 18-3° et 4°) « Dans le cadre d'une déclaration préalable *(Arr. du 7 juin 2019, art. 21)* « ou d'une autorisation individuelle permanente sur le réseau routier "1TE", ou, pour les transports visés à l'article 17-7, d'une autorisation du ministre chargé de l'énergie » sur le réseau routier "1TE", le cahier des prescriptions des transports exceptionnels (CPTE) récapitule les prescriptions associées au réseau autoroutier défini dans ce réseau.

« Dans le cadre d'une autorisation individuelle permanente sur réseau routier "2TE48", *(Arr. du 7 juin 2019, art. 21)* « ou, pour les transports visés à l'article 17-7, d'une autorisation du ministre chargé de l'énergie sur le réseau routier "2TE48", » le livret concernant les conditions particulières de circulation imposées pour la traversée de certaines agglomérations ou points particuliers récapitule également les prescriptions associées aux tronçons autoroutiers inclus dans ce réseau. »

Dans le cadre des autorisations individuelles sur un itinéraire précis, le pétitionnaire qui souhaite emprunter une section autoroutière doit adresser un double de sa demande d'autorisation individuelle à chacun des gestionnaires des sections autoroutières concernées (directions interdépartementales des routes et sociétés concessionnaires d'autoroutes) afin qu'ils émettent un avis. Celui-ci sera adressé au pétitionnaire avec copie au service instructeur concerné.

Les convois sont divisés en deux groupes suivant leurs caractéristiques.

Convois relevant du premier groupe :

Sont concernés les convois de 1re et 2e catégorie remplissant les conditions suivantes :

— largeur inférieure ou égale à 3 m ;

— dépassement arrière du chargement inférieur ou égal à 3 m et aucun dépassement du chargement à l'avant ;

— hauteur inférieure ou égale à 4,50 m ;

— charges par essieu traversant ou ligne d'essieux pendulaires conformes aux dispositions de l'article 15 du présent arrêté ;

— répartition longitudinale de la charge, excepté pour les engins de 1re catégorie visés à l'article 17-4 (3) du présent arrêté, conforme aux dispositions de l'article 15 du présent arrêté ;

– vitesse minimale, par construction, en palier de 50 km/h.

Un véhicule de protection arrière est imposé à tout convoi qui ne pourrait pas maintenir une vitesse de 50 km/h en rampe à 3 % ou qui transporte des matières dangereuses.

Dans le cadre d'une autorisation individuelle de 2e catégorie appartenant à ce premier groupe, le permissionnaire doit informer chaque service gestionnaire obligatoirement au plus tard trois jours avant la date de chaque passage du convoi par un document d'information préalable contenant les renseignements suivants :

– date et plage horaire retenues pour le passage ;
– points d'entrée et de sortie de l'autoroute ;
– numéros d'immatriculation, genre et marque du véhicule tracteur ou de l'automoteur ;
– références de l'autorisation individuelle de transport exceptionnel ;
(Abrogé par Arr. du 28 févr. 2017, art. 18-5°) « *– nature du chargement.* »

Il est adressé à chaque gestionnaire concerné par tout moyen permettant de justifier de la réception de son envoi (accusé de réception, télécopie...) et doit être présenté lors des contrôles sur autoroute.

Le gestionnaire peut notifier au permissionnaire, au plus tard un jour avant la date du passage, un désaccord technique motivé qui nécessite le report de celui-ci à une date ultérieure.

Convois relevant du deuxième groupe :

Les transports dont les caractéristiques excèdent les limites du premier groupe relèvent du deuxième groupe et peuvent être autorisés à emprunter le réseau autoroutier, après avis favorable des services gestionnaires concernés.

Dans le cadre d'une autorisation individuelle relative à un convoi appartenant à ce deuxième groupe, le permissionnaire doit transmettre, pour accord préalable, à chaque service gestionnaire obligatoirement au plus tard quatre jours avant la date de chaque passage du convoi un document contenant les renseignements suivants :

– date et plage horaire retenues pour le passage ;
– points d'entrée et de sortie de l'autoroute ;
– numéros d'immatriculation, genre et marque du véhicule tracteur ou de l'automoteur ;
– références de l'autorisation individuelle de transport exceptionnel ;
(Abrogé par Arr. du 28 févr. 2017, art. 18-6°) « *– nature du chargement.* »

A défaut de réception de cet accord, l'emprunt de l'autoroute lui est interdit. Cet accord doit être présenté lors des contrôles.

Conditions d'accès et de circulation :

En circulation normale, le convoi doit circuler sur la voie la plus à droite de la chaussée. En cas d'affectation de voies, il doit emprunter la voie de droite du courant de circulation le concernant.

Lorsque des travaux importants sont prévus ou en cours sur l'autoroute ou sur ses accès, la circulation des transports exceptionnels pourra être temporairement limitée ou interdite dans la zone considérée.

Outre le paiement des péages, le permissionnaire est tenu d'acquitter les frais de toute nature résultant de mesures d'exploitation prises pour assurer le passage de son convoi.

Art. 11 *bis* *(Arr. du 28 févr. 2017, art. 19) (Arr. du 7 juin 2019, art. 22)* « A l'exception des transports visés à l'article 17-7, les transports exceptionnels » autorisés à circuler ou ayant réalisé une déclaration préalable informent les autorités chargées des services de la voirie de leur passage sur les sections de leur réseau routier qu'elles auront spécifiquement identifiées, conformément à l'article R. 433-2-2 du code de la route, dans les conditions suivantes :

1° En l'absence d'exigences temporelles spécifiques précisées dans les prescriptions générales ou particulières, le pétitionnaire signale son passage auprès du gestionnaire conformément à l'*(Arr. du 7 juin 2019, art. 22)* « annexe I.5 » du présent arrêté, deux jours ouvrables avant son passage ;

2° Dans les délais précisés dans les prescriptions générales ou particulières, le pétitionnaire signale son passage auprès du gestionnaire conformément à l'*(Arr. du 7 juin 2019, art. 22)* « annexe I.5 » du présent arrêté.

Le conducteur du transport exceptionnel doit pouvoir justifier de la réalisation de l'information prévue au deuxième alinéa en cas de réquisition des agents de l'autorité compétente *(Arr. du 7 juin 2019, art. 22)* « (sous format papier ou sous format dématérialisé) ».

Art. 12 *Franchissement des voies ferrées.* Le franchissement d'une voie ferrée par un passage à niveau dont la durée de franchissement est toujours limitée peut être également soumis à des contraintes en hauteur et largeur utiles et avoir un profil routier présentant des difficultés de franchissement pour les véhicules à faible garde au sol.

Les conditions imposées pour le franchissement des voies ferrées par un passage à niveau sont décrites ci-après.

Le franchissement des passages à niveau équipés ou non d'une signalisation automatique lumineuse et sonore, avec ou sans barrières, ne peut être autorisé que si l'emprunt d'un autre itinéraire remet en cause de façon importante les conditions du transport.

Lors de la proposition d'un itinéraire compatible avec l'objet du transport, dans le cadre d'une demande d'autorisation individuelle, ainsi qu'avant tout voyage, le transporteur doit s'assurer que les caractéristiques de son convoi lui permettent de franchir les passages à niveau sans causer de dommages aux installations ni risquer de rester immobilisé sur la voie ferrée, en respectant les conditions de durée de franchissement, de hauteur, de garde au sol et de largeur précisées ci-après.

(Arr. du 28 févr. 2017, art. 20-1° et 2°) « Lorsque ces conditions ne peuvent pas être remplies ou si l'exploitant ferroviaire a communiqué au service instructeur des prescriptions générales ou particulières relatives à tout passage à niveau à franchir, le service est chargé de leur publication sur l'application informatique dédiée aux itinéraires de transports exceptionnels et aux prescriptions. Le transporteur doit les observer :

« — en soumettant » le programme de circulation de son convoi, au minimum huit jours ouvrés avant son passage, au service régional ou local de l'exploitant ferroviaire qui définira les mesures de sécurité nécessaires et les conditions spécifiques de franchissement des passages à niveau concernés ;

— *(Arr. du 28 févr. 2017, art. 20-3°)* « en prenant contact, au minimum deux jours ouvrés avant le passage du convoi, avec le service régional ou local de l'exploitant ferroviaire », afin de lui permettre de prendre les mesures de sécurité prévues et de fixer les conditions de franchissement du passage à niveau (horaire, présence d'agents du chemin de fer...).

Les frais occasionnés par ces consultations et la mise en œuvre des mesures sont à la charge du permissionnaire.

Si l'exploitant ferroviaire émet un avis défavorable motivé pour le franchissement d'un passage à niveau par un convoi, le transporteur doit rechercher un autre itinéraire.

Durée de franchissement des voies ferrées :

Les caractéristiques du convoi (longueur, vitesse de circulation..) doivent lui permettre de franchir les passages à niveau dans les délais maxima suivants :

7 secondes lorsque le passage à niveau est équipé ou non d'une signalisation automatique lumineuse et sonore complétée par des demi-barrières, ou démuni de barrières ou de demi-barrières ;

20 secondes lorsque le passage à niveau est gardé par un agent.

Conditions de hauteur :

Lorsque la hauteur des fils de contact est inférieure à 6 m, des portiques de limitation de hauteur G 3 sont installés de part et d'autre de la voie ferrée et une signalisation avancée et de position (panneau B 12) indique la limitation de hauteur applicable.

Le transporteur ne peut franchir un passage à niveau que s'il a l'accord écrit de l'exploitant ferroviaire précisant les conditions de franchissement du passage à niveau quand la hauteur du convoi est supérieure :

— à celle indiquée sur les panneaux B 12 si le passage à niveau est équipé de portiques G 3 ;

— à 4,80 m quand il n'existe pas de portiques G 3.

Garde au sol des véhicules :

Le transporteur doit s'assurer qu'en ce qui concerne la garde au sol le convoi, notamment s'il s'agit d'un véhicule surbaissé, respecte les conditions minimales de profil inférieur, à savoir la possibilité de franchir :

— un arrondi en creux ou en saillie de 50 m de rayon reliant une pente et une rampe de 6 % ;

— un dos-d'âne constitué par deux plans symétriques, faisant une dénivellation de 0,15 m sur un développement total de 6 m.

(Arr. du 28 févr. 2017, art. 20-4°) « Lorsque le convoi répond à ces conditions, seuls les passages à niveau signalés sur l'application informatique dédiée aux itinéraires de transports exceptionnels et aux prescriptions comme présentant des difficultés de franchissement doivent faire l'objet d'un examen particulier par le transporteur.

« Lorsque le convoi ne répond pas à ces conditions, tous les passages à niveau doivent faire l'objet d'un examen particulier par le transporteur.

« Ces dispositions sont valables, que le convoi soit soumis au régime de déclaration préalable ou au régime d'autorisation. »

Les exploitants ferroviaires actualisent et adressent chaque année aux *(Arr. du 28 févr. 2017, art. 20-5°)* « services instructeurs » la liste des passages à niveau présentant des difficultés de franchissement pour les convois ne satisfaisant pas aux dispositions ci-dessus. Cette liste figure sur l'autorisation de portée locale du département et sur les autorisations individuelles concernées.

Conditions de largeur :

Lorsque la largeur du convoi excède les limites générales du code de la route, notamment en cas de circulation d'engins de travaux publics, le transporteur doit s'assurer que la largeur libre de la voie de circulation à emprunter au droit du passage à niveau est suffisante pour qu'il puisse franchir la voie ferrée sans entraîner l'immobilisation du convoi ou de la circulation routière, ni porter atteinte à l'intégrité des installations routières et ferroviaires.

Art. 13 *(Arr. du 4 avr. 2011) Accompagnement des convois : protection et guidage. (Arr. du 7 juin 2019, art. 23)* « Pour les convois mentionnés à l'article 17-7, l'escorte requise par l'article R. 1333-17 du code de la défense tient lieu d'accompagnement et permet de déroger aux dispositions énoncées dans cet article. »

Suivant la gêne occasionnée à la circulation générale et selon les caractéristiques des convois, des mesures d'accompagnement peuvent leur être imposées en plus des dispositions de signalisation et d'éclairage prévues à l'article 16 du présent arrêté.

Le ou les véhicules d'accompagnement sont utilisés pour signaler et guider le convoi à des fins de sécurité vis-à-vis des autres usagers de la route. La conduite de ces véhicules de protection et de guidage est subordonnée à une obligation de formation professionnelle spécifique.

Consistance de l'accompagnement :

L'accompagnement est composé selon les cas et conformément aux dispositions qui suivent :

– de véhicules de protection :
– véhicule pilote placé devant le convoi ou le train de convois ;
– véhicule de protection arrière qui suit le convoi ou le train de convois ;
– de véhicules de guidage.

Les véhicules de protection, de couleur jaune RAL 1004, RAL 1032 ou équivalent, sont constitués de voitures particulières ou de camionnettes, de type réceptionné VP ou CTTE, et ne doivent pas tracter une remorque. *(Abrogé par Arr. du 28 févr. 2017, art. 21-1°) « La période transitoire pour la mise en conformité de la couleur du véhicule de protection expire le 12 mai 2016. »* Toutefois, une couleur différente est admise pour l'accompagnement des convois militaires *(Arr. du 7 juin 2019, art. 23)* « et pour ceux » effectués sous couvert d'une autorisation de portée locale.

Les véhicules de protection, qui doivent respecter les dispositions du code de la route, ont pour rôle :

– de signaler la présence d'un convoi dans le cadre de la circulation générale ;
– d'indiquer aux autres usagers les règles de conduite spécifiques pour le franchissement de points singuliers ;
– d'assurer la préservation du patrimoine et la réalisation des tâches annexes au transport.

(Arr. du 7 juin 2019, art. 23) « Chaque personne à bord d'un véhicule de protection doit disposer d'un gilet de haute visibilité conforme à la réglementation, marqué "CE", qu'elle revêt avant de descendre du véhicule de protection sur la chaussée ou à ses abords, de nuit comme de jour. »

L'équipe de guidage est constituée d'au moins deux personnes, appelées guideurs, et de véhicules de guidage. Ces véhicules de guidage, de couleur jaune RAL 1004, RAL 1032 ou équivalent, sont constitués d'au moins deux motocyclettes. Toutefois, lorsque des conditions particulières l'exigent, et à l'appréciation du chef de convoi, le recours à des voitures particulières au sens de l'article R. 311-1 du code de la route peut être admis. Les véhicules de guidage ne doivent pas tracter une remorque.

Les guideurs ont une tenue spécifique composée de vêtements ou équipements de protection individuelle (EPI) certifiés CE, d'une couleur de base fluorescente jaune, équipés de bandes de matière rétroréfléchissante, tel que défini dans la norme NF EN 471. La mention "guidage convoi" doit être inscrite de manière lisible au dos de la tenue, en lettres capitales de couleur noire. Le casque des guideurs se déplaçant en motocyclette est de couleur blanche.

Les motocyclettes utilisées pour le guidage doivent avoir une puissance supérieure à 34 ch.

L'équipe de guidage a pour rôle de faciliter le passage du convoi, dans le respect des règles de circulation et de sécurité de l'ensemble des usagers de la route. Pour cela, elle indique aux autres usagers les règles de conduite spécifiques au passage du convoi dans la circulation générale.

Le chef de convoi :

(Arr. du 28 févr. 2017, art. 21-2°) « Pour chaque convoi, accompagné ou non, le chef » de convoi doit être nommément désigné par le transporteur. Il a autorité sur les différents intervenants et a pour mission, durant le transport :

– d'assurer le respect des consignes générales ou particulières *(Arr. du 7 juin 2019, art. 23)* « , notamment les prescriptions générales et particulières associées à la voirie et aux points singuliers empruntés, et l'application des règles de franchissement » contenues dans l'autorisation dont il a copie ;

– d'assurer le respect, par le ou les conducteurs, des dispositions du code de la route et de la réglementation sociale ;

– d'assurer, dans toute la mesure du possible, la sécurité des usagers de la route et celle du convoi, le long de l'itinéraire ;

– de coordonner les actions des différents intervenants.

Le chef de convoi doit parler et lire la langue française ou à défaut être accompagné d'une personne parlant et lisant le français et capable de communiquer avec lui.

Dispositions générales de l'accompagnement :

Pour faire face à la diversité des situations rencontrées par un convoi au cours de son déplacement, deux types d'accompagnement sont prévus :

(Arr. du 28 févr. 2017, art. 21-3°) « 1° » – un accompagnement général valable sur la totalité du parcours ;

(Arr. du 28 févr. 2017, art. 21-4°) « 2° » – un accompagnement local :

– pour le franchissement d'un point singulier : traversée d'une agglomération, franchissement d'un passage difficile, giratoire, ou conditions de circulation particulières (par exemple la nuit) ;

– pour le franchissement des ouvrages d'art.

Si la protection est constituée d'un seul véhicule, celui-ci précède le convoi. Si elle est constituée de deux véhicules, ceux-ci l'encadrent. Ces dispositions sont modifiées dans les cas suivants :

– pour la circulation sur route à chaussées séparées et sur autoroute, le véhicule de protection est placé en protection arrière du convoi s'il est seul. Toutefois, sur les routes à *(Arr. du 7 juin 2019, art. 23)* « chaussées séparées » et lorsque la largeur de la voie de droite est supérieure de plus de 0,20 m à la largeur totale du convoi, le convoi peut être dispensé de véhicule pilote ;

(Arr. du 7 juin 2019, art. 23) « – lorsque la vitesse maximale du convoi ne dépasse pas la moitié de la limite autorisée par l'article R. 413-8 du code de la route, le véhicule de protection est placé en protection arrière du convoi s'il est seul. Toutefois, sur les routes à chaussées séparées et lorsque la largeur de la voie de droite est supérieure de plus de 0,20 m à la largeur totale du convoi, le convoi peut être dispensé de véhicule pilote ; »

– pour la circulation sur route bidirectionnelle ou le passage des points difficiles de faible longueur (carrefour, pont étroit), le véhicule pilote doit être placé de manière à avertir les usagers. Il peut en être de même du second véhicule.

Quand la largeur du convoi excède les limites générales du code de la route et lorsque la largeur de la chaussée empruntée et celle du convoi sont telles que ce dernier risque d'empiéter sur la moitié gauche de la chaussée, le convoi doit être précédé d'un véhicule pilote.

Règles d'accompagnement général des convois :

L'accompagnement général des convois bénéficiant d'autorisation de portée locale ou d'autorisation individuelle varie en fonction des caractéristiques du convoi.

Dans le cas d'un train de convois, l'accompagnement prescrit correspond à celui nécessité par le convoi le plus contraignant.

Gabarit du convoi		Convois de 1re catégorie	Convois de 2e catégorie	Convois de 3e catégorie par le gabarit et de masse totale roulante ≤ limite maximale en masse de la 2e catégorie	Convois de 3e catégorie par la masse totale roulante ou les charges par essieu et de masse totale ≤ 120 000 kg	Convois de 3e catégorie par la masse totale roulante ou les charges par essieu et de masse totale > 120 000 kg
Largeur (l en mètres)	Longueur (L en mètres)					
l ≤ 3	L ≤ 20	Néant	*(Arr. du 7 juin 2019, art. 23)* « Néant »		Véhicule pilote	Véhicule pilote + Véhicule de protection arrière
	20. < L ≤ 25		Néant			
	25. < L ≤ 30			Véhicule pilote	Véhicule pilote + Véhicule de protection arrière	Véhicule pilote + Véhicule de protection arrière + Guidage
	30. < L ≤ 40			Véhicule pilote + Véhicule de protection arrière		
3. < l ≤ 4	L ≤ 25		Véhicule pilote		Véhicule pilote + Véhicule de protection arrière	Véhicule pilote + Véhicule de protection arrière
	25. < L ≤ 30			Véhicule pilote		Véhicule pilote + Véhicule de protection arrière + Guidage
	30. < L ≤ 40			Véhicule pilote + Véhicule de protection arrière		
4. < l ≤ 4,5	L ≤ 25			Véhicule pilote	Véhicule pilote + Véhicule de protection arrière	Véhicule pilote + Véhicule de protection arrière + Guidage
	25. < L ≤ 30			Véhicule pilote + Véhicule de protection arrière		
	30. < L ≤ 40			Véhicule pilote + Véhicule de protection arrière	Véhicule pilote + Véhicule de protection arrière	
4,5 < l ≤ 5 et L ≤ 40				Véhicule pilote + Véhicule de protection arrière		Véhicule pilote + Véhicule de protection arrière + Guidage
l > 5 et/ou L > 40				Véhicule pilote + Véhicule de protection arrière + Guidage		

(Arr. du 7 juin 2019, art. 23) « En fonction du tronçon de route ou du site parcouru et des difficultés qu'y présente le passage du convoi, le préfet peut lui » imposer toute mesure d'accompagnement plus contraignante que les obligations minimales d'accompagnement des convois exceptionnels définies ci-dessus, ou toute mesure complémentaire, pouvant aller, lorsque des circonstances exceptionnelles le justifient, jusqu'à la présence *(Arr. du 8 août 2011)* « d'une escorte constituée des forces de l'ordre ».

Lorsque le convoi est accompagné d'une escorte constituée des forces de l'ordre, le chef du convoi doit se conformer aux indications du chef de l'escorte.

Lorsque la présence *(Arr. du 8 août 2011)* « d'une escorte constituée des forces de l'ordre » est prescrite, le pétitionnaire doit adresser au commandant de groupement de gendarmerie du lieu de départ du convoi (départ en zone de gendarmerie) ou à la direction centrale des compagnies républicaines de sécurité ou à la direction centrale de la sécurité publique (départ en zone police) la copie de sa demande au moins quinze jours avant la date prévue pour le transport, puis la copie de son autorisation individuelle au moins trois jours ouvrés avant la date prévue pour le transport. Tout report non justifié du transport implique un nouvel envoi de ces documents dans les délais décrits ci-dessus. En cas de report dûment justifié du transport, le pétitionnaire doit reformuler par écrit sa demande auprès des services d'ordre désignés ci-dessus au moins trois jours ouvrés avant la nouvelle date prévue pour le transport.

Règles d'accompagnement local des convois :

L'accompagnement local des convois bénéficiant d'autorisation de portée locale ou d'autorisation individuelle varie en fonction des caractéristiques du convoi et des difficultés liées à l'itinéraire.

Franchissement d'un point singulier :

Pour le franchissement de certains passages difficiles (routes étroites ou sinueuses, zones de circulation intense, emprunt de contresens, difficultés de manœuvre dans les carrefours, *(Arr. du 7 juin 2019, art. 23)* « passages à niveaux, » etc.), il convient de prévoir un accompagnement local, complétant, le cas échéant, l'accompagnement général. Cet accompagnement local implique des mesures locales de circulation ainsi qu'éventuellement une assistance des forces de l'ordre qui sont précisées dans les avis des services instructeurs lors de la délivrance de l'autorisation individuelle.

Dans le cas d'une gêne locale importante, où la circulation du convoi ne peut se faire sans arrêt notable de la circulation, le passage du convoi doit être accompagné de la mise en œuvre de mesures locales de circulationnécessaires précisées dans l'autorisation individuelle, sous le contrôle des forces de l'ordre et avec l'assistance des services techniques spécialisés.

Franchissement des ouvrages d'art :

Le franchissement d'un ouvrage d'art (la route *(Arr. du 7 juin 2019, art. 23)* « empruntée par le convoi » passe sur l'ouvrage) nécessite, en fonction des caractéristiques du convoi et du respect ou non des règles de charge figurant à l'annexe *(Arr. du 7 juin 2019, art. 23)* « III » du présent arrêté, des prescriptions spécifiques. Selon les cas, s'il en a l'autorisation, le convoi franchit l'ouvrage selon certaines des modalités suivantes :

– le convoi mêlé à la circulation ;
– le convoi sans autre véhicule dans le sens de circulation ;
– le convoi sans autre véhicule sur l'ouvrage ;
– le convoi dans l'axe de l'ouvrage *(Arr. du 7 juin 2019, art. 23)* « ou de la chaussée » et à une vitesse limitée à 10 km/h.

(Arr. du 7 juin 2019, art. 23) « Si le convoi ne respecte pas les règles de répartition longitudinale de la charge et si l'État du passage supérieur qu'il souhaite emprunter le justifie, un accompagnement spécifique est prescrit pour son franchissement en complément de l'accompagnement général défini précédemment. Un convoi ne respectant pas ces prescriptions n'est pas autorisé à emprunter le passage supérieur.

« Dans le cadre des autorisations individuelles permanentes sur itinéraire précis ou des autorisations individuelles permanentes de raccordement à un réseau, cet accompagnement est obligatoire sur la totalité du trajet effectué.

« L'accompagnement spécifique aux franchissements d'ouvrages d'art est décrit ci-après à titre indicatif pour des ouvrages en bon État. »

Pour les convois de masse totale roulante n'excédant pas la limite en masse de la 2ᵉ catégorie et ne respectant pas la répartition longitudinale de la charge, l'accompagnement spécifique prescrit en complément de l'accompagnement général est constitué au minimum par un véhicule de protection arrière.

Le permissionnaire empruntant sous sa responsabilité un itinéraire dans le cadre d'un raccordement de moins de 20 km au réseau routier défini sur la carte nationale des itinéraires pour transports exceptionnels de 1re catégorie devra s'assurer des conditions d'emprunt des ouvrages d'art auprès du service gestionnaire d'ouvrage d'art concerné.

Pour les convois de 3e catégorie par la masse totale roulante ou les charges par essieu, et selon l'ouvrage à franchir, l'accompagnement spécifique prescrit est lié aux modalités de franchissement de l'ouvrage. Dans le cas où l'accompagnement général est constitué seulement d'un véhicule pilote, celui-ci se place en véhicule de protection arrière lors du franchissement de l'ouvrage.

Art. 14 *Vitesse.* Les vitesses maximales autorisées pour les transports exceptionnels, sous réserve de leur compatibilité avec les véhicules utilisés, du respect des règles de circulation générale et des prescriptions particulières plus restrictives imposées dans les autorisations délivrées sont définies aux articles R. 413-9 et R. 413-12 du code de la route avec les modifications suivantes :

– pour les convois de 2e catégorie : 40 km/h en agglomération ;

– pour les convois de 3e catégorie :

60 km/h sur les autoroutes ;

50 km/h sur les routes ;

30 km/h en agglomération.

Les vitesses maximales de franchissement des points singuliers et des ouvrages d'art sont précisées dans l'autorisation individuelle, le cas échéant dans les avis qui lui sont joints en annexe et dans l'autorisation de portée locale.

CHAPITRE IV *DISPOSITIONS CONCERNANT LES VÉHICULES*

Art. 15 *Conditions générales de chargement et règles de charge.* Principes de chargement :

Une autorisation individuelle de transport exceptionnel ne peut en aucun cas être délivrée pour un transport pouvant être effectué en conformité avec les dimensions et masses autorisées dans le cadre des limites générales du code de la route.

Un chargement divisible ne peut pas donner lieu à un transport exceptionnel dont le seul motif est une réduction du nombre des voyages.

Le convoi qui effectue un transport exceptionnel doit être adapté au chargement transporté et ses caractéristiques définies par celles du chargement. Ainsi il est recommandé, avant la construction de pièces lourdes et volumineuses devant être nécessairement transportées par route, de contacter les services instructeurs concernés afin d'étudier les possibilités et les conditions du transport.

Lorsque le chargement d'une seule pièce génère un transport exceptionnel dans une seule dimension, le chargement peut être composé de plusieurs pièces de même nature, à condition que l'autre dimension et la masse totale roulante restent conformes aux limites générales du code de la route.

Lorsque le chargement d'une seule pièce génère un transport exceptionnel dans deux dimensions, le chargement peut être composé de plusieurs pièces de même nature, à condition que la masse totale roulante reste conforme aux limites générales du code de la route.

Toutefois, pour le transport d'un matériel et de ses accessoires, une autorisation individuelle peut être délivrée si la masse totale roulante n'excède pas la limite maximale de la 1re catégorie.

Un ensemble routier peut transporter un ou des éléments de véhicule (bissel, arrière-train, remorque, véhicule d'accompagnement non utilisé) dans la catégorie correspondant à ses caractéristiques sans chargement, à l'occasion d'un trajet à vide dans le cadre d'un transport exceptionnel.

L'utilisation de véhicules surbaissés peut être autorisée pour assurer la continuité d'un transport international, pour le transport de pièces de grande hauteur ou pour des considérations de stabilité et de sécurité du transport, ou dans le cas d'itinéraires à faible gabarit le nécessitant.

Dépassements d'équipements permanents ou du chargement :

Définitions :

La longueur hors tout d'un véhicule est la distance entre l'aplomb de l'extrémité avant et l'aplomb de l'extrémité arrière du véhicule.

Le dépassement à l'avant d'un équipement permanent est compris dans la longueur hors tout du véhicule.

Le dépassement à l'arrière d'un équipement permanent est compris dans la longueur hors tout du véhicule.

Le dépassement à l'avant du chargement correspond à la distance entre l'extrémité avant du chargement et l'aplomb de l'extrémité avant du véhicule isolé ou du véhicule tracteur.

Le dépassement à l'arrière du chargement correspond à la distance entre l'extrémité arrière du chargement et l'aplomb de l'extrémité arrière du véhicule isolé ou du véhicule tracté.

La longueur hors tout d'un convoi est la distance entre l'extrémité la plus en avant, soit du chargement, soit du véhicule tracteur et l'extrémité la plus en arrière, soit du chargement, soit du dernier véhicule tracté.

Dépassements autorisés :

Dans le cadre des autorisations de portée locale et des autorisations individuelles, sauf cas particuliers des transports spécifiques décrits à l'article 17 du présent arrêté, les dépassements autorisés sont conformes aux dispositions des articles R. 312-21 et R. 312-22 du code de la route.

Dans le cadre des autorisations individuelles de 3e catégorie, certaines caractéristiques de l'itinéraire et/ou exigences techniques du chargement transporté peuvent nécessiter un dépassement de celui-ci au-delà des limites fixées par le code de la route. Ces transports font l'objet d'une étude au cas par cas. Un accompagnement complémentaire peut être prescrit pour assurer la sécurité des autres usagers et des riverains.

Règles de charge :

Pour les convois dont la masse totale roulante ou les charges par essieu excèdent les limites générales du code de la route, les charges par essieu et, selon les cas, la répartition longitudinale de la charge doivent respecter les limites maximales fixées à l'annexe *(Arr. du 7 juin 2019, art. 24)* « III » du présent arrêté ou à l'article 17 du présent arrêté dans le cas de transports spécifiques.

Un convoi de masse totale roulante de 1re ou 2e catégorie ne satisfaisant pas aux règles de charges concernant la répartition longitudinale de la charge ne peut bénéficier d'une autorisation individuelle dans sa catégorie que sous réserve d'avoir un accompagnement spécifique, conformément aux dispositions de l'article 13 du présent arrêté.

Un convoi de masse totale roulante de 1re ou 2e catégorie ne satisfaisant pas aux règles de charges concernant les limites de charge par essieu qui le concernent ne peut bénéficier d'une autorisation individuelle au voyage sur un itinéraire précis de 3e catégorie que s'il satisfait aux règles de charges des convois de 3e catégorie.

(Arr. du 7 juin 2019, art. 24) « Un convoi ne satisfaisant pas aux règles de charges de la 3e catégorie n'est autorisé à circuler que sur les voies publiques possédant les qualités de résistance nécessaires pour supporter les sollicitations qu'il impose à la chaussée, après consultation des gestionnaires de la voirie concernée. En l'absence d'une autorisation de circulation, celui-ci doit être transporté. »

Art. 16 *Éclairage et signalisation.* En plus de l'éclairage et de la signalisation prévus aux articles R. 313-1 à R. 313-32 du code de la route et ses arrêtés d'application, les convois et les véhicules d'accompagnement *(Arr. du 7 juin 2019, art. 25)* « , à l'exception des convois mentionnés à l'article 17-7, » doivent respecter les dispositions suivantes :

Équipement des convois :

Les convois doivent être signalés par :

– deux feux tournants *(Arr. du 28 févr. 2017, art. 22-1°)* « de type homologué » à l'avant et deux autres à l'arrière, conformes aux dispositions de l'arrêté du 4 juillet 1972 modifié susvisé. Ces feux doivent :

– donner l'indication de la largeur du convoi (à l'avant et à l'arrière) ;

– être positionnés à l'arrière à une hauteur minimale de 1,50 m ou de 1,20 m dans le cas d'un véhicule surbaissé ;

– fonctionner de jour et de nuit sauf lorsque le convoi à l'arrêt dégage entièrement la chaussée et ses abords immédiats.

Pour les convois dont le gabarit est conforme à celui de la 1re catégorie, le nombre de ces feux peut être réduit à un à l'avant et un à l'arrière, sous réserve qu'ils soient parfaitement visibles ;

– des feux d'encombrement conformes aux dispositions de l'arrêté du 16 juillet 1954 modifié susvisé ;

– des feux de position et des dispositifs catadioptriques latéraux placés en alternance ou des dispositifs catadioptriques seuls. Ils peuvent être complétés par un dispositif rétroréfléchissant. Ces différents équipements doivent être conformes aux dispositions de l'arrêté du 16 juillet 1954 modifié susvisé ;

– deux panneaux rectangulaires "convoi exceptionnel", l'un placé à l'avant du convoi, l'autre à l'arrière. Les panneaux rectangulaires sont fixés sur un support garantissant leur rigidité et leur planéité, de dimensions minimales 1,90 m × 0,25 m avec l'inscription en majuscules "convoi exceptionnel" sur une seule ligne ou au minimum 1,10 m × 0,40 m avec la même inscription sur deux lignes. Ils sont à fond jaune. L'inscription est composée suivant l'alphabet normalisé L 1 utilisé en signalisation verticale routière (couleur noire, hauteur minimale de 0,10 m). Les panneaux sont soit munis d'un film rétro réfléchissant de classe II, soit de nuit, éclairés par réflexion ou de l'intérieur par deux sources lumineuses blanches d'une puissance unitaire de 15 à 25 watts, de telle manière qu'ils soient visibles à au moins 300 mètres sans être éblouissants.

Toutefois, pour les convois dont le gabarit respecte les limites générales du code de la route, les dispositifs obligatoires spécifiques aux transports exceptionnels pourront être limités aux feux tournants *(Arr. du 28 févr. 2017, art. 22-1°)* « de type homologué » et aux panneaux rectangulaires "convoi exceptionnel".

Compte tenu de la spécificité de certaines charges, le panneau "convoi exceptionnel" placé à l'arrière du convoi pourra ne pas être rigide. Néanmoins, il devra satisfaire à toutes les autres conditions énumérées ci-dessus.

Les véhicules moteurs du convoi circulent avec les feux de croisement allumés de jour comme de nuit.

Lors de la circulation à vide, les panneaux rectangulaires "convoi exceptionnel" doivent être masqués ou escamotés et les feux tournants *(Arr. du 28 févr. 2017, art. 22-1°)* « de type homologué » éteints, si les caractéristiques du convoi sont conformes aux limites générales du code de la route.

Signalisation des dépassements à l'avant, à l'arrière et latéraux :

Les convois présentant des dépassements sont équipés des dispositifs supplémentaires suivants :

– feux d'encombrement conformes aux dispositions de l'arrêté du 16 juillet 1954 modifié susvisé ;

– panneaux carrés, pleins, rigides, conformes aux dispositions de l'arrêté du 20 janvier 1987 modifié susvisé. Les bandes de signalisation doivent être dirigées vers l'extérieur et vers le bas. Les plages réfléchissantes doivent être verticales à l'arrêt.

Les panneaux ne doivent pas gêner la visibilité du conducteur, et être tels que le bas de chaque panneau se trouve au plus à 2,60 m du sol pour les dépassements avant et entre 0,40 m et 1,55 m pour les dépassements arrière.

(Abrogé par Arr. du 28 févr. 2017, art. 22-3°) ***« Les panneaux triangulaires prévus par une réglementation antérieure sont autorisés pendant une période transitoire de 10 ans à compter de la date de publication du présent arrêté. »***

Signalisation des dépassements à l'avant :

– lorsque la longueur du dépassement à l'avant excède 2 m, celui-ci est signalé par :

– un ou deux feux d'encombrement ;

– un panneau carré conforme aux dispositions ci-dessus, placé à l'extrémité du chargement face à l'avant ;

– deux panneaux carrés conformes aux dispositions ci-dessus, disposés latéralement et symétriquement sur les côtés du dépassement, à moins de 1 m de l'extrémité avant de celui-ci ;

– pour tout dépassement supplémentaire de 3 m, il est prévu en plus :

– deux feux d'encombrement disposés le plus haut possible latéralement et symétriquement à une distance de 3 m au plus de l'extrémité avant du dépassement ou de l'axe vertical de la plage éclairante du feu le plus proche vers l'avant ;

– deux panneaux carrés conformes aux dispositions ci-dessus, disposés latéralement et symétriquement à une distance de 3 m au plus de l'axe vertical du panneau le plus proche vers l'avant.

Signalisation des dépassements à l'arrière :

– lorsque la longueur du dépassement vers l'arrière excède 1 m, celui-ci est signalé par :

– un ou deux feux d'encombrement ;

– un panneau carré conforme aux dispositions ci-dessus, placé à l'extrémité du chargement, face à l'arrière ;

– deux panneaux carrés conformes aux dispositions ci-dessus, disposés latéralement et symétriquement sur les côtés du dépassement, à moins de 1 m de l'extrémité de celui-ci.

– pour tout dépassement supplémentaire de 3 m, il est prévu en plus :

– deux feux d'encombrement disposés le plus haut possible latéralement et symétriquement, à une distance de 3 m au plus de l'axe vertical de la plage éclairante du feu le plus proche vers l'arrière ;

– deux panneaux carrés conformes aux dispositions ci-dessus, disposés latéralement et symétriquement à une distance de 3 m au plus de l'axe vertical du panneau le plus proche vers l'arrière.

Signalisation des dépassements latéraux :

Pour les convois de 3e catégorie par la largeur, deux feux tournants *(Arr. du 28 févr. 2017, art. 22-1°)* « de type homologué » supplémentaires doivent être positionnés à l'avant aux extrémités du chargement, à une hauteur minimale de 1,50 m ou de 1,20 m dans le cas d'un véhicule surbaissé.

Lorsque le chargement ou l'équipement permanent présente un dépassement latéral saillant du côté médian de la chaussée, un feu tournant *(Arr. du 28 févr. 2017, art. 22-1°)* « de type homologué » supplémentaire sera placé à l'extrémité de ce dépassement.

Équipement des véhicules *(Arr. du 4 avr. 2011)* « de protection » :

Ils sont munis :

– d'un feu tournant *(Arr. du 28 févr. 2017, art. 22-1°)* « de type homologué » au minimum, fonctionnant jour et nuit, conforme aux dispositions de l'arrêté du 4 juillet 1972 modifié susvisé ;

– des bandes rétroréfléchissantes conformes aux dispositions de l'arrêté du 20 janvier 1987 modifié susvisé ;

– d'un ou de deux panneaux rectangulaires "convoi exceptionnel" conformes aux caractéristiques décrites ci-dessus :

– soit un panneau double face placé verticalement sur le toit du véhicule visible de l'avant et de l'arrière ;

– soit un panneau visible de l'avant et un autre visible de l'arrière placés verticalement le plus haut possible, sur le toit ou à défaut sur la partie de carrosserie la plus haute du véhicule.

Lors de l'accompagnement, les véhicules *(Arr. du 4 avr. 2011)* « de protection » circulent avec les feux de croisement allumés de jour comme de nuit.

La présence de deux feux tournants *(Arr. du 28 févr. 2017, art. 22-2°)* « de type homologué » est autorisée s'ils sont situés de part et d'autre du panneau "convoi exceptionnel" qui dans ce cas peut avoir comme dimensions : 1,10 m × 0,40 m.

En dehors du service, le(s) panneau(x) rectangulaire(s) "convoi exceptionnel" doit (doivent) être masqué(s) ou escamoté(s) et le (ou les) feux tournant(s) *(Arr. du 28 févr. 2017, art. 22-1°)* « de type homologué » éteint(s).

(Arr. du 4 avr. 2011) « Équipement des véhicules de guidage :

« Ils sont munis d'un feu tournant *(Arr. du 28 févr. 2017, art. 22-1°)* « de type homologué » au minimum, fonctionnant jour et nuit, conforme aux dispositions de l'arrêté du 4 juillet 1972 modifié susvisé.

« Lors du guidage d'un convoi, les véhicules de guidage circulent avec les feux de croisement allumés de jour comme de nuit.

« Si le véhicule de guidage est une voiture particulière au sens de l'article R. 311-1 du code de la route, il est, en outre, muni :

« – de bandes rétroréfléchissantes conformes aux dispositions de l'arrêté du 20 janvier 1987 modifié susvisé ;

« – d'un ou de deux panneaux rectangulaires "Guidage convoi" ayant les mêmes caractéristiques que celles des panneaux "Convoi exceptionnel" décrits ci-dessus :

« – soit un panneau double face placé verticalement sur le toit du véhicule visible de l'avant et de l'arrière ;

« – soit un panneau visible de l'avant et un autre visible de l'arrière placés verticalement le plus haut possible, sur le toit ou à défaut sur la partie de carrosserie la plus haute du véhicule.

« La présence de deux feux tournants *(Arr. du 28 févr. 2017, art. 22-2°)* « de type homologué » est autorisée s'ils sont situés de part et d'autre du panneau "Guidage convoi" qui, dans ce cas, peut avoir comme dimensions : 1,10 × 0,40 m.

« En dehors du service, les panneaux rectangulaires "Guidage convoi" doivent être masqués ou escamotés et le ou les feux tournants *(Arr. du 28 févr. 2017, art. 22-1°)* « de type homologué » éteints. »

Signalisation d'un convoi à l'arrêt sur la chaussée :

L'arrêt d'un convoi sur la chaussée nécessite obligatoirement une signalisation adaptée en attente de son dégagement.

CHAPITRE V *INSTRUCTIONS PARTICULIÈRES POUR LES TRANSPORTS SPÉCIFIQUES*

Art. 17 Pour certains types de transports, définis dans le présent arrêté comme étant des transports spécifiques, les caractéristiques maximales des convois en ordre de marche ainsi que leurs règles de circulation particulières sont définies dans les articles ci-après. Ces dernières complètent ou modifient les règles générales de circulation et les dispositions concernant les véhicules, décrites dans les articles 10 à 16 du présent arrêté.

Art. 17-1 *Transport de pièce indivisible de grande longueur.* Le transport concerne l'acheminement de pièces indivisibles de grande longueur d'un usage courant dans la construction et l'équipement telles que fers, poteaux, poutres, etc.

Dans le cadre de l'autorisation de portée locale, les caractéristiques maximales du convoi sont les suivantes :

Pour un camion porte-fer :

– longueur hors tout : 15 m incluant un dépassement maximal éventuel du chargement de 3 m à l'arrière et de 3 m à l'avant si le dépassement arrière n'est pas suffisant ;
– largeur hors tout : limite générale du code de la route ;
– masse totale roulante : 48 000 kg ;
– charges à l'essieu : limites générales du code de la route.

Pour un transport effectué à l'aide d'un ensemble routier :

– longueur hors tout : 25 m incluant un dépassement maximal éventuel du chargement à l'arrière de 3 m (rallonge télescopique arrière incluse) ;
– largeur hors tout : limite générale du code de la route ;
– masse totale roulante : 48 000 kg ;
– charges à l'essieu : limites générales du code de la route.

Dans le cadre des autorisations individuelles *(Arr. du 7 juin 2019, art. 26)* « ou du régime déclaratif », les caractéristiques maximales du convoi sont les suivantes :

– longueur hors tout définissant la catégorie ;
– largeur hors tout : limite générale du code de la route ;
– masse totale roulante : 48 000 kg ;
– charges à l'essieu : limites générales du code de la route.

Conditions de circulation :

Le chargement peut être composé de plusieurs pièces de même nature *(Arr. du 7 juin 2019, art. 26)* « , dans les conditions prévues à l'article 15, » compte tenu des contraintes techniques dues au mode de transport et de chargement de certaines pièces de grande longueur (en béton précontraint, acier, ...) et sur justification technique.

Dans le cadre des autorisations individuelles, si la masse totale roulante excède 48 000 kg avec deux pièces, le chargement ne peut pas excéder deux pièces. Toutefois, dans le cadre d'un nombre impair de pièces à transporter, un et un seul des chargements peut comporter trois pièces. Les caractéristiques maximales des convois transportant soit deux pièces soit trois pièces définissent leurs catégories respectives.

Art. 17-2 *Transport de bois en grume.* Le bois en grume est défini comme étant tout bois abattu, ébranché, propre à fournir du bois d'œuvre ou d'industrie. Seul le transport du bois en grume en pièces de grande longueur, qui ne peut être effectué qu'à l'aide de véhicules excédant les limites générales du code de la route en longueur pour en préserver la valeur marchande, est autorisé.

Dans le cadre de l'autorisation de portée locale, les caractéristiques maximales du convoi sont les suivantes :

– longueur hors tout :

– 15 m pour un véhicule isolé incluant un dépassement maximal éventuel du chargement à l'arrière de 3 m ;

– 25 m pour un ensemble routier constitué d'une semi-remorque attelée à un véhicule tracteur, incluant un dépassement maximal éventuel du chargement à l'arrière de 3 m ;

– 25 m pour un ensemble routier comprenant un arrière-train forestier attelé à un véhicule tracteur, incluant un dépassement maximal éventuel du chargement à l'arrière de 7 m ;

– aucun dépassement du chargement à l'avant n'est autorisé ;

– largeur hors tout : limite générale du code de la route ;

– hauteur : 4 m, aucune pièce ne doit dépasser de plus de 0,20 m l'arase supérieure des ranchers, hors matériel de manutention ;

– masse totale roulante : 44 000 kg sur 5 essieux et 48 000 kg sur 6 essieux ;

– charges à l'essieu : limites générales du code de la route.

Dans le cadre des autorisations individuelles, les caractéristiques maximales du convoi sont les suivantes :

– longueur hors tout : 25 m ;

– aucun dépassement du chargement à l'avant n'est autorisé, un dépassement maximal éventuel du chargement à l'arrière de 3 m est autorisé ;

– largeur hors tout : limite générale du code de la route ;

– hauteur : 4 m, aucune pièce ne doit dépasser de plus de 0,20 m l'arase supérieure des ranchers, hors matériel de manutention ;

– masse totale roulante : 44 000 kg sur 5 essieux et 48 000 kg sur 6 essieux ;

– charges à l'essieu : limites générales du code de la route.

(Arr. du 7 juin 2019, art. 27) « Dans le cadre du régime déclaratif, les caractéristiques maximales du convoi sont les suivantes :

« – longueur hors tout, dépassement compris : 20 m ;

« – aucun dépassement du chargement à l'avant n'est autorisé, un dépassement maximal éventuel du chargement à l'arrière de 3 m est autorisé ;

« – largeur hors tout : limite générale du code de la route ;

« – hauteur : 4 m, aucune pièce ne doit dépasser de plus de 0,20 m l'arase supérieure des ranchers, hors matériel de manutention ;

« – masse totale roulante : 44 000 kg sur 5 essieux et 48 000 kg sur 6 essieux ;

« – charges à l'essieu : limites générales du code de la route. »

Conditions de circulation :

Dans le cadre des autorisations de portée locale, si le dépassement du chargement à l'arrière est supérieur à 3 m, la circulation est interdite conformément aux dispositions de l'article 10 du présent arrêté et dans les cas suivants :

– sur les routes à accès réglementé, à l'exception des routes à grande circulation sauf pour leur traversée ;

– la nuit.

Dans le cadre des autorisations individuelles *(Arr. du 7 juin 2019, art. 27)* « , du régime déclaratif ou » des autorisations de portée locale, les conditions suivantes doivent être remplies par les véhicules :

– le véhicule tracteur, s'il supporte directement une partie du chargement, doit être muni d'un dispositif de rotation autour d'un axe vertical dit "sellette de chargement" ;

– l'attelage de la semi-remorque, de la remorque, au véhicule tracteur doit être réalisé de telle manière qu'il permette l'inscription du convoi dans les courbes, sans difficulté ni danger.

Les grumes ne doivent pas traîner sur le sol, quel que soit le profil de la route ni dépasser l'arrière de la remorque (timon télescopique exclu) de plus du tiers de leur longueur.

Toutes précautions seront prises pour que les chargements des véhicules ne puissent être la cause d'accrochages ou d'accidents.

Art. 17-3 *Circulation et transport de véhicule et matériel agricole ou forestier.* Ce paragraphe traite :

– de la circulation des véhicules et matériels agricoles ou forestiers définis à l'article R. 311-1 du code de la route, non concernés par l'arrêté relatif à la circulation des véhicules et matériels agricoles définis *(Arr. du 28 févr. 2017, art. 23)* « aux articles R. 435-1 ou R. 435-2 » du code de la route susvisé ;

– du transport des véhicules et matériels agricoles ou forestiers définis à l'article R. 311-1 du code de la route.

(Arr. du 7 juin 2019, art. 28) « Les engins et matériels agricoles ou forestiers remorqués sont visés au 1 du présent article. »

Les parties mobiles ou aisément démontables des véhicules et des matériels agricoles ou forestiers doivent être repliées ou démontées lors des trajets sur route.

(Arr. du 7 juin 2019, art. 28) « Les dispositions prévues à l'article 2 *bis* ne s'appliquent pas aux circulations mentionnées au 1 du présent article. »

1. Circulation de véhicule et matériel agricole ou forestier

Dans le cadre des autorisations individuelles :

Une autorisation individuelle peut être délivrée pour la circulation des véhicules et matériels agricoles ou forestiers et de leurs ensembles dont une des caractéristiques au moins, y compris les outillages portés amovibles, dépasse les valeurs suivantes :

– longueur hors tout du convoi supérieure à 25 m ;

– largeur hors tout du convoi supérieure à 4,50 m ;

– masse totale roulante du convoi ou charges à l'essieu supérieures aux limites générales du code de la route.

Une autorisation individuelle ne peut pas être délivrée pour la circulation d'un ensemble à plusieurs remorques.

Conditions de circulation :

Dans le cadre des autorisations individuelles, la circulation est interdite conformément aux dispositions de l'article 10 du présent arrêté, avec les modifications suivantes :

– sur les autoroutes ;

– sur les routes à accès réglementé, sauf pour leur traversée ;

– du samedi ou veille de fête à partir de douze heures au lundi ou lendemain de fête six heures, sauf en période de semailles et récoltes ;

– la nuit, sauf en période de semailles et récoltes.

2. Transport de véhicule et matériel agricole ou forestier

Dans le cadre des autorisations individuelles *(Arr. du 7 juin 2019, art. 28)* « ou du régime déclaratif :

« Pour le transport d'un seul matériel, une autorisation individuelle peut être délivrée dans la catégorie correspondant aux caractéristiques du convoi ainsi constitué et en fonction de l'itinéraire emprunté.

« Un récépissé attestant le dépôt d'une déclaration peut être délivré pour les convois de première catégorie, circulant sur le réseau routier "1TE", avec possibilité de s'y raccorder en entrée ou en sortie dans la limite de raccordements ne dépassant pas vingt kilomètres, dans les conditions fixées à l'article 2 *bis*. »

Conditions de circulation :

Dans le cadre des autorisations individuelles *(Arr. du 7 juin 2019, art. 28)* « ou du régime déclaratif », la circulation est interdite conformément aux dispositions de l'article 10 du présent arrêté, avec les modifications suivantes :

– la nuit si la largeur du convoi est supérieure à 3 m, sauf en période de semailles et récoltes ;

– du samedi ou veille de fête à partir de douze heures au lundi ou lendemain de fête six heures, sauf en période de semailles et récoltes.

Art. 17-4 *Circulation et transport de matériel et engin de travaux publics.* Les parties mobiles ou aisément démontables des véhicules et des matériels de travaux publics doivent être repliées lors des trajets sur route.

(Arr. du 7 juin 2019, art. 29) « Les engins et matériels de travaux publics remorqués sont visés au 1 du présent article.

« Les dispositions prévues à l'article 2 *bis* ne s'appliquent pas aux circulations mentionnées au 1 et au 3 du présent article. »

La circulation des engins de travaux publics en charge (tombereau, ...) est interdite sur les voies ouvertes à la circulation publique.

1. Circulation de matériel et engin de travaux publics y compris matériels tractés non immatriculés (hors grues automotrices immatriculées)

Dans le cadre de l'autorisation de portée locale, les caractéristiques maximales du convoi sont les suivantes :

Pour un véhicule isolé :

— longueur hors tout : 15 m, incluant un dépassement maximal éventuel d'équipements permanents de 3 m à l'avant et de 3 m à l'arrière ;

— largeur hors tout : 3,20 m ;

— masse totale roulante :

26 000 kg sur 2 essieux ;

32 000 kg sur 3 essieux ou plus ;

— charges à l'essieu : limites générales du code de la route.

Pour un ensemble routier :

— longueur hors tout : 22 m incluant le cas échéant un dépassement maximal éventuel d'équipement permanent arrière de 3 m ;

— largeur hors tout : 3,20 m ;

— masse totale roulante : 48 000 kg pour les matériels tractés non immatriculés et limite générale du code de la route dans les autres cas ;

— charges à l'essieu : limites générales du code de la route.

Dans le cadre des autorisations individuelles :

Une autorisation individuelle est délivrée dans la catégorie correspondant aux caractéristiques du convoi.

Les matériels disposant de dépassements d'équipements permanents supérieurs à 3 m peuvent être autorisés à circuler accompagnés d'un véhicule d'accompagnement.

Conditions de circulation :

Dans le cadre des autorisations individuelles et des autorisations de portée locale, la circulation des matériels et engins de travaux publics non immatriculés est interdite conformément aux dispositions de l'article 10 du présent arrêté et dans les cas suivants :

— sur les autoroutes ;

— sur les routes à accès réglementé, à l'exception des routes à grande circulation.

2. Transport de matériel et engin de travaux publics

Dans le cadre de l'autorisation de portée locale, les caractéristiques maximales du convoi sont les suivantes :

Pour un véhicule isolé :

— longueur hors tout : 15 m incluant un dépassement maximal éventuel arrière de 3 m ;

— largeur hors tout : 3,20 m ;

— masse totale roulante : 48 000 kg ;

— charges à l'essieu : limites générales du code de la route.

Pour un véhicule articulé :

— longueur hors tout : 22 m incluant un dépassement maximal éventuel arrière de 3 m ;

— largeur hors tout : 3,20 m ;

— masse totale roulante : 48 000 kg ;

— charges à l'essieu : limites générales du code de la route.

Pour un ensemble routier transportant un atelier de mise en œuvre d'enrobés (rouleau et finisseur) :

— longueur hors tout : 22 m ; aucun dépassement du chargement n'étant admis ;

— largeur hors tout : 3,20 m ;

— masse totale roulante : 48 000 kg ;

— charges à l'essieu : limites générales du code de la route.

Dans le cadre des autorisations individuelles *(Arr. du 7 juin 2019, art. 29)* « ou du régime déclaratif :

« Une autorisation individuelle peut être délivrée dans la catégorie correspondant aux caractéristiques du convoi ainsi constitué et en fonction de l'itinéraire emprunté.

« Un récépissé attestant le dépôt d'une déclaration peut être délivré pour les convois de première catégorie, circulant sur le réseau routier "1TE", avec possibilité de s'y raccorder en entrée ou en sortie dans la limite de raccordements ne dépassant pas vingt kilomètres, dans les conditions fixées à l'article 2 *bis*. »

Conditions de circulation :

Dans le cadre des autorisations de portée locale, la circulation des convois dont la largeur excède 3 m est interdite conformément aux dispositions de l'article 10 du présent arrêté et dans les cas suivants :

– sur les autoroutes ;
– sur les routes à accès réglementé, à l'exception des routes à grande circulation ;
– la nuit.

Dans le cadre des autorisations individuelles *(Arr. du 7 juin 2019, art. 29)* « , du régime déclaratif ou » des autorisations de portée locale, le transport sur route d'un bouteur ne peut être effectué qu'à la condition :

– soit de démonter la lame lors du transport sur remorque ;
– soit de placer en avant de la lame un bouclier de protection conçu de manière à amortir tout choc avec un autre véhicule. Les côtés du bouclier devront être signalés sur toute leur hauteur par une bande blanche cataphotée.

3. Circulation des grues automotrices immatriculées

Dans le cadre de l'autorisation de portée locale, les caractéristiques maximales sont les suivantes :

– longueur hors tout : 15 m incluant un dépassement maximal éventuel d'équipements permanents de 3 m à l'avant et de 3 m à l'arrière ;
– largeur hors tout : 3 m ;
– masse totale roulante : 48 000 kg ;
– charges à l'essieu et répartition longitudinale conformes aux dispositions de l'annexe *(Arr. du 7 juin 2019, art. 29)* « III » du présent arrêté.

Dans le cadre des autorisations individuelles :

L'autorisation individuelle est délivrée au vu des caractéristiques de la grue automotrice.

Les matériels disposant de dépassements d'équipements permanents globaux supérieurs à 3 m mais inférieurs ou égaux à 4 m peuvent être autorisés à circuler accompagnés d'un véhicule d'accompagnement. Aucune autorisation individuelle ne peut être délivrée pour des matériels disposant de dépassements d'équipements permanents globaux supérieurs à 4 m.

Conditions de circulation :

Le franchissement de certains ouvrages d'art par les grues automotrices de masse totale roulante inférieure ou égale à 48 000 kg peut nécessiter un accompagnement spécifique qui est précisé dans l'autorisation.

Le franchissement des ouvrages d'art par les grues automotrices de masse totale roulante supérieure à 48 000 kg nécessite un accompagnement spécifique qui est précisé dans l'autorisation individuelle.

La circulation d'une grue automotrice immatriculée peut être autorisée, dans le cadre d'une autorisation individuelle au voyage sur un itinéraire précis de toute catégorie, à l'aide de plusieurs convois, dans les conditions ci-après :

– la grue circule sous couvert d'une autorisation individuelle correspondant à ses caractéristiques ;
– la catégorie maximale de circulation des différents convois transportant les galettes de contrepoids et les accessoires est définie par celle de la grue telle que définie ci-dessus, dans la limite de la 2e catégorie ;
– les caractéristiques des différents convois transportant les galettes de contrepoids et les accessoires doivent être conformes aux limites générales du code de la route en largeur ;
– les différents convois circulent, ensemble ou non, sur le même itinéraire dans sa totalité ;
– chacun des convois doit être en possession d'un exemplaire de l'autorisation individuelle.

Seules les grues de deux, trois ou quatre essieux peuvent tracter une remorque ou un véhicule léger en remorque dans la limite de leur catégorie sans remorque.

Dans le cadre des autorisations de portée locale, la circulation est interdite conformément aux dispositions de l'article 10 du présent arrêté, avec les modifications suivantes : le samedi ou veille de fête à partir de vingt-deux heures jusqu'au dimanche ou jour férié à vingt-deux heures.

Art. 17-5 *Circulation et transport d'ensemble forain.* Un ensemble forain permet le transport des équipements ou animaux destinés à la présentation d'une attraction foraine.

(Arr. du 7 juin 2019, art. 30) « Les véhicules et matériels forains remorqués sont visés au 1 du présent article. »

Ce paragraphe traite :

— de la circulation des ensembles forains non concernés par l'arrêté relatif à la circulation des ensembles forains définis à l'article R. 436-1 du code de la route susvisé ;

— du transport d'un véhicule forain.

1. Circulation d'ensemble forain

Dans le cadre des autorisations individuelles *(Arr. du 7 juin 2019, art. 30)* « ou du régime déclaratif :

« Un récépissé attestant le dépôt d'une déclaration peut être délivré pour les ensembles forains dont les caractéristiques respectent les conditions de la première catégorie, circulant sur le réseau routier "1TE", avec possibilité de s'y raccorder en entrée ou en sortie dans la limite de raccordements ne dépassant pas vingt kilomètres, dans les conditions fixées à l'article 2 *bis*. »

Une autorisation individuelle peut être délivrée pour la circulation d'un ensemble forain présentant une des caractéristiques suivantes :

— longueur hors tout du convoi supérieure à 30 m ;

— largeur hors tout du convoi supérieure aux limites générales du code de la route ;

— masse totale roulante du convoi supérieure aux limites générales du code de la route ;

— charges à l'essieu supérieures aux limites générales du code de la route ;

— caractéristiques d'un véhicule de l'ensemble forain supérieures aux limites générales du code de la route.

Conditions de circulation :

Les voitures particulières ne peuvent pas être attelées en remorque.

2. Transport d'un véhicule forain

Dans le cadre des autorisations individuelles *(Arr. du 7 juin 2019, art. 30)* « ou du régime déclaratif :

« Une autorisation individuelle peut être délivrée dans la catégorie correspondant aux caractéristiques du convoi ainsi constitué et en fonction de l'itinéraire emprunté.

« Un récépissé attestant le dépôt d'une déclaration peut être délivré pour les convois de première catégorie, circulant sur le réseau routier "1TE", avec possibilité de s'y raccorder en entrée ou en sortie dans la limite de raccordements ne dépassant pas vingt kilomètres, dans les conditions fixées à l'article 2 *bis*. »

Art. 17-6 *Transport de conteneur.* Dans le cadre de l'autorisation de portée locale :

Le transport de conteneurs d'usage général normalisés ISO (International Standard Organization), ou assimilés, de 6,10 m (20 pieds) assemblés par deux, de 9,15 m (30 pieds), de 12,20 m (40 pieds) ou de 13,72 m (45 pieds) est autorisé à l'aide de véhicules articulés dont les caractéristiques maximales sont les suivantes :

— longueur hors tout : 16,75 m ;

— aucun dépassement du chargement n'est autorisé ;

— largeur hors tout : 2,60 m ;

— masse totale roulante : 48 000 kg ;

— charges à l'essieu : limites générales du code de la route.

Dans le cadre des autorisations individuelles :

(Arr. du 7 juin 2019, art. 31) « Le transport d'un seul conteneur ISO peut s'effectuer sous le couvert d'un arrêté d'autorisation individuelle ou d'un récépissé attestant le dépôt d'une déclaration si le convoi ainsi constitué respecte les conditions de la 1re catégorie et si son voyage s'effectue sur le réseau "1TE", avec possibilité de s'y raccorder en entrée ou en sortie dans la limite de raccordements ne dépassant pas vingt kilomètres, dans les conditions fixées à l'article 2 *bis*. »

(Abrogé par Arr. du 7 juin 2019, art. 31) *« Une autorisation individuelle peut être délivrée pour le transport d'un seul conteneur ISO. »*

L'utilisation de véhicules adaptés (véhicules surbaissés) peut être autorisée.

Art. 17-7 *(Arr. du 7 juin 2019, art. 32) Transport des matières nucléaires des catégories I et II non irradiées pour la protection physique.* Le transport des matières nucléaires des catégories I et II non irradiées pour la protection physique est assuré par des convois articulés spécialement adaptés à ce type de transport, dont la largeur n'excède pas 2,55 mètres, la longueur n'excède pas 20 mètres et la masse totale roulante roulant est comprise entre 40 000 kg et 48 000 kg, sans dépasser la limite technique des véhicules.

Par dérogation à l'article 3, le transport des matières nucléaires des catégories I et II non irradiées pour la protection physique suit les prescriptions de la 1re catégorie de transports exceptionnels, à l'exception des dispositions prévues aux articles 7, 8, 9, 10, 11 *bis*, 13 et 16 du présent arrêté, notamment :

– le ministre chargé de l'énergie est détenteur exclusif des autorisations de circuler ;

– l'éclairage additionnel de l'escorte du convoi, à défaut d'un éclairage additionnel sur le convoi, peut rester éteint dans la mesure où les conditions de circulation, notamment météorologiques, ne rendent pas ces accessoires nécessaires à leur sécurité ni à celle des autres usagers.

Les transports des matières nucléaires de catégories I et II non irradiées pour la protection physique sont autorisés à circuler sur des itinéraires, sur proposition du pétitionnaire qui a la responsabilité de s'assurer que le convoi respecte les prescriptions techniques des infrastructures empruntées, en particulier celles attachées aux réseaux de transport exceptionnel définis à l'article 9 *bis*, qui font l'objet d'une instruction et d'une approbation du ministre chargé de l'énergie. Ces itinéraires sont classifiés *(Arr. du 13 nov. 2020, art. 3, en vigueur le 1er juill. 2021)* « au niveau Secret ».

CHAPITRE VI *OBLIGATIONS, CONTRÔLES ET SANCTIONS*

Art. 18 *Obligations.* Que le convoi circule sous couvert *(Arr. du 28 févr. 2017, art. 24)* « d'une déclaration préalable, » d'une autorisation de portée locale ou d'une autorisation individuelle, le permissionnaire doit procéder ou faire procéder, sous sa responsabilité, à une reconnaissance de l'itinéraire qu'il veut emprunter, avant tout transport, afin de s'assurer de la *(Arr. du 7 juin 2019, art. 33)* « manœuvrabilité » de son convoi sur l'ensemble de l'itinéraire et vérifier qu'il n'y a pas d'arrêté réglementant la circulation des véhicules (municipal, départemental ou préfectoral) *(Arr. du 7 juin 2019, art. 33)* « , ni de chantier provisoire » qui l'empêcherait d'emprunter cet itinéraire.

Le conducteur doit se conformer aux obligations générales du code de la route et aux prescriptions particulières *(Arr. du 7 juin 2019, art. 33)* « consignées dans son autorisation ou à celles consignées dans le cahier des prescriptions associées au réseau "1TE" lorsqu'il circule sous couvert d'une déclaration préalable ».

En cas de coupure de l'itinéraire, le permissionnaire devra s'assurer auprès du service instructeur de la possibilité d'utiliser l'itinéraire de déviation. Une demande de modification d'itinéraire doit être effectuée.

En cas de difficultés sur l'itinéraire, le permissionnaire doit en informer le service instructeur concerné.

Dans le cadre d'une autorisation individuelle de 3e catégorie, le permissionnaire doit aviser les services instructeurs des départements traversés, au moins 48 heures avant chaque passage.

Art. 19 *Contrôle routier. (Arr. du 28 févr. 2017, art. 25)* « Dans le cadre d'une déclaration préalable, le conducteur doit être en possession du récépissé attestant du dépôt de la déclaration préalable et des documents définissant le réseau routier national "1TE" (arrêté, carte, CPTE).

« Que le convoi circule sous couvert d'une autorisation de portée locale, d'une autorisation individuelle ou d'un récépissé, le conducteur doit, en cas de contrôle sur route, être en règle, le cas échéant, avec la réglementation générale du transport routier de marchandises et pouvoir présenter les pièces justificatives qu'elle prévoit.

« Dans le cadre d'une autorisation individuelle, le conducteur doit :

« – être en possession de son autorisation individuelle complète et, selon sa nature, des documents définissant le réseau routier pour transports exceptionnels correspondant à son autorisation, du réseau routier du département sur lequel il circule, et *(Arr. du 7 juin 2019, art. 34)* « , lorsque le trajet comporte des raccordements, » des autorisations individuelles de raccordement nécessaires ;

« – être en mesure de prouver sa communication aux gestionnaires de voirie pour les points de passage spécifiquement identifiés par ces derniers et situés le long de son itinéraire, conformément à l'article 11 *bis* du présent arrêté ; »

– selon le cas, être en mesure de prouver que le transport entre bien dans le cadre strict de son autorisation individuelle ou de justifier le déplacement dans le cadre d'une circulation d'engins ;

– présenter l'autorisation individuelle initiale dans le cadre d'une autorisation individuelle de prorogation ou modificative.

Dans le cadre d'une autorisation de portée locale, le permissionnaire doit :

– être en mesure de présenter une copie de l'autorisation de portée locale du ou des départements concernés ;

– selon le cas, être en mesure de prouver que le transport entre bien dans le cadre strict de l'autorisation de portée locale ou de justifier le déplacement dans le cadre d'une circulation d'engins.

Art. 20 *Sanctions. (Arr. du 28 févr. 2017, art. 26-1°)* « Dans le cadre d'une déclaration préalable, en cas d'immobilisation du convoi suite à un contrôle routier par les agents de l'autorité compétente, le convoi, dans son intégralité, ne peut repartir que lorsqu'il dispose d'un récépissé attestant du dépôt de *(Arr. du 7 juin 2019, art. 35)* « ladite déclaration, des preuves des éventuelles communications requises dans le cahier des prescriptions relatives au réseau "1TE" » et que le délai de deux jours ouvrés après la délivrance de ce récépissé s'est écoulé.

« Dans le cadre des autorisations individuelles, en cas d'immobilisation du convoi suite à un contrôle routier par les agents de l'autorité compétente, le convoi, dans son intégralité, ne peut repartir que lorsqu'il dispose :

« 1° De l'autorisation individuelle au voyage sur un itinéraire précis valide correspondant au transport effectué. Celle-ci est délivrée par le préfet du département du lieu de départ initial ou d'entrée en France du convoi en charge, conformément aux dispositions des articles 5 et 9 du présent arrêté ;

« 2° Des preuves de sa communication aux gestionnaires de voirie *(Arr. du 7 juin 2019, art. 35)* « et d'ouvrages d'art » pour les points de passage spécifiquement identifiés par ces derniers et situés le long de son itinéraire. »

Dans le cadre des autorisations de portée locale, en cas d'immobilisation du convoi suite à un contrôle routier par les agents de l'autorité compétente, le convoi, dans son intégralité, ne peut repartir que lorsqu'il satisfait soit aux conditions définies par l'autorisation de portée locale, soit dispose d'une autorisation individuelle de transport exceptionnel adéquate *(Arr. du 28 févr. 2017, art. 26-2°)* « , soit déclare *a posteriori* son passage si le point auquel il est immobilisé requiert un simple signalement. En revanche, il ne peut pas repartir, si le point est soumis à une consultation du gestionnaire, sans réception de l'avis favorable du gestionnaire. »

Une autorisation individuelle peut être retirée par l'autorité compétente lorsque le permissionnaire n'en a pas respecté les conditions d'utilisation ou a fourni des informations erronées en vue de sa délivrance.

CHAPITRE VII *MESURES DIVERSES*

Art. 21 L'arrêté du 26 novembre 2003 relatif aux transports exceptionnels de marchandises, d'engins ou de véhicules est abrogé.

Art. 22 Les dispositions du présent arrêté entreront en vigueur deux mois après la publication du présent arrêté.

Les autorisations individuelles délivrées selon la réglementation en vigueur avant la mise en application du présent arrêté seront valides jusqu'à leur date de fin de validité.

Art. 23 Les dispositions du présent arrêté sont applicables à Mayotte.

Arrêté du 2 mars 1995,

Relatif à l'équipement en extincteurs des véhicules de transport de marchandises.

Art. 1er Les véhicules destinés à être immatriculés en France des catégories suivantes doivent être munis d'au moins un extincteur à poudre ABC d'une capacité d'au moins 2 kilogrammes, placé dans la cabine, dans un endroit aisément accessible au conducteur :

– véhicules de la catégorie internationale N2 dont le poids total autorisé en charge n'excède pas 7,5 tonnes ;

– tracteurs pour semi-remorques des catégories internationales N2 et N3.

Art. 2 Les véhicules destinés à être immatriculés en France des catégories suivantes doivent être munis d'au moins un extincteur à poudre ABC d'une capacité d'au moins 6 kilogrammes, placé à l'extérieur du véhicule, dans un endroit aisément accessible au conducteur :

– véhicules des catégories internationales N2 et N3 dont le poids total autorisé en charge excède 7,5 tonnes, à l'exclusion des tracteurs pour semi-remorques ;

– semi-remorques des catégories internationales O3 et O4 dont le poids total autorisé en charge excède 7,5 tonnes. *(Arr. du 20 janv. 2000)* « L'extincteur peut également être placé sur le véhicule tracteur, à l'extérieur, dans un endroit aisément accessible au conducteur, et sans préjudice, le cas échéant, de l'extincteur éventuellement prévu par l'article 1er. Les semi-remorques dételées peuvent être dépourvues d'extincteur. »

Art. 3 Les extincteurs prévus aux articles 1er et 2 doivent être conformes aux dispositions de l'arrêté du 24 octobre 1984 modifié portant mise en application obligatoire de normes ou à des spécifications équivalentes en vigueur dans un État membre de l'Union européenne ou un État partie à l'accord instituant l'Espace économique européen. Ils doivent être conçus, ainsi que leur support, pour résister aux conditions de transport dans les véhicules et leurs performances doivent au minimum être les suivantes : – *Tableau mod. par Arr. du 20 janv. 2000, art. 2.*

GENRE D'EXTINCTEUR	FOYERS TYPES ÉTEINTS au minimum (1)
Extincteur extérieur (6 kg au moins)	21 A et 113 B
Extincteur de cabine (2 kg au moins)	8 A et 34 B

(1) Ces foyers sont donnés par référence à la norme NF EN 3 visée par l'arrêté du 24 octobre 1984 modifié susvisé.
Dans le cas d'extincteurs conformes à la norme NF S 61 900, les foyers types éteints doivent être au minimum :
- pour l'extincteur extérieur (6 kg au moins) : 21 A et 144 B ;
- pour l'extincteur de cabine (2 kg au moins) : 13 A et 55 B.
Dans le cas d'extincteurs conformes à d'autres spécifications équivalentes en vigueur dans un État membre de l'Union européenne ou un État partie à l'accord instituant l'Espace économique européen, il convient de remplacer les foyers indiqués dans ce tableau par les foyers types équivalents prévus par lesdites spécifications.

En outre, les extincteurs doivent être entretenus et vérifiés selon les règles de l'art.

Art. 4 Les véhicules destinés à faire partie d'unités de transport de matières dangereuses conformes aux dispositions du marginal 10240, *(Arr. du 20 janv. 2000)* « visé à l'arrêté du 5 décembre 1996 modifié relatif au transport des marchandises dangereuses par route, dit "arrêté ADR" », sont réputés conformes aux dispositions du présent arrêté.

Art. 5 Les dispositions de l'article 1er s'appliquent à partir du 1er janvier 1996 à tous les véhicules neufs ou en service visés à cet article, quelle que soit leur date de première mise en circulation.

Les dispositions de l'article 2 s'appliquent à tous les véhicules visés à cet article mis pour la première fois en circulation à partir du 1er janvier 1996.

En outre, les véhicules des catégories internationales N2 et N3 dont le poids total autorisé en charge excède 7,5 tonnes autres que les tracteurs pour semi-remorques, mis pour la première fois en circulation avant le 31 décembre 1995, doivent être munis, à compter du 1er janvier 1996, soit de l'extincteur prévu à l'article 1er, soit de l'extincteur prévu à l'article 2.

Art. 5.1 *(Arr. du 12 mai 2021)* Compte tenu de leur équipement spécialisé, les véhicules d'intervention des services d'incendie et de secours et des unités militaires investies à titre permanent des missions de sécurité civile destinés à la lutte contre l'incendie sont considérés comme satisfaisant aux exigences du présent arrêté.

Arrêté du 13 avril 1995,

Relatif aux conditions d'application du premier alinéa de l'article R. 47 du code de la route [C. route, art. R. 433-8].

Art. 1er En application de l'article R. 47 du code de la route, sont admis à circuler sans autorisation les ensembles constitués d'un véhicule à moteur et de deux remorques à essieu central lorsque ces ensembles satisfont aux dispositions du présent arrêté.

Art. 2 Chaque remorque doit être munie de commandes de freinage pneumatique. Les deux remorques doivent être reliées entre elles par un dispositif d'attelage à verrouillage automatique et par des lignes d'alimentation de freinage pneumatique, et doivent avoir le même poids total autorisé en charge.

Art. 3 Lorsque l'ensemble circule sur la voie publique, le poids total des deux remorques ne doit jamais excéder le poids total roulant autorisé de la remorque tractante, tel que défini à l'article 4 ci-après, et le poids de la remorque tractée ne doit pas excéder 1,3 fois le poids de la remorque tractante. Un témoin lumineux rouge, facilement visible du poste de conduite, doit s'allumer lorsque cette dernière condition n'est pas remplie.

L'ensemble constitué par le véhicule à moteur et les deux remorques est assimilé à un train double pour l'application des articles R. 55 et R. 61 du code de la route.

Art. 4 Lors de la réception du véhicule, on affecte à la remorque tractante un poids total roulant autorisé égal à la plus faible des valeurs suivantes : poids total roulant admissible spécifié par le constructeur en fonction des caractéristiques de la remorque tractante et de son attelage, double du poids total autorisé en charge de la remorque tractante, et treize vingt-troisièmes du poids maximal prévu au premier tiret du 2° de l'article R. 55 du code de la route.

Ce poids total roulant autorisé doit être mentionné sur les plaques réglementaires de la remorque tractante telles que prévues aux articles R. 97 et R. 98 du code de la route.

Art. 5 Pour l'application aux remorques du dernier alinéa de l'article R. 91 du code de la route ainsi que de l'article 54-3 de l'arrêté du 16 juillet 1954 susvisé, il convient de prendre en compte la longueur de l'ensemble constitué par les deux remorques au lieu de la longueur de chaque remorque.

Art. 6 Pour l'application de la directive 71/320/CEE et de l'arrêté du 18 août 1955 susvisés, la catégorie de la remorque tractante est déterminée par référence à son poids total roulant autorisé.

En outre, le frein de stationnement de la remorque tractante doit pouvoir maintenir à l'arrêt le véhicule à son poids total roulant autorisé, dans une pente de 18 p. 100.

Art. 7 La remorque tractante doit satisfaire aux conditions suivantes, requises pour les ensembles de deux remorques identiques attelées avec connexion de leurs circuits de freinage :

— temps de réponse conforme aux prescriptions du paragraphe 3.4 de l'annexe III de la directive 71/320/CEE susvisée, pour tous les cylindres de frein ;

— épuisabilité contrôlée conforme aux prescriptions du point 1.3.1 de l'annexe IV-A de la directive 71/320/CEE susvisée ;

— en cas de rupture ou de fuite de liaison pneumatique de la deuxième remorque, les dispositifs de freinage de la remorque tractante doivent répondre aux prescriptions du point 2.2.1.18.4 de l'annexe I de la directive 71/320/CEE susvisée.

Art. 8 L'ensemble constitué du véhicule à moteur et des deux remorques doit satisfaire aux conditions suivantes, lorsqu'il est chargé à son poids total roulant autorisé dans des conditions conformes aux règles énoncées à l'article R. 54-1 du code de la route et à l'article 4 du présent arrêté :

— conformité aux dispositions du point 1.5 de l'annexe I de la directive 85/3/CEE susvisée ;

— tenue de route satisfaisante en marche avant et en freinage d'urgence, vérifiée conformément aux dispositions du point 2 de l'annexe IV du document TRANS/WP. 29/435 du 14 février 1995 susvisé ;

— tenue de cap en marche arrière.

En outre, la tenue de route en freinage d'urgence doit être réalisée dans toutes les conditions de charge de l'ensemble conformes aux règles énoncées à l'article 54-1 du code de la route et à l'article 3 du présent arrêté.

Art. 9 Pour tout véhicule à moteur appartenant à un ensemble qui bénéficie des dispositions du présent arrêté, le directeur régional de l'environnement, de l'aménagement et du logement territorialement compétent délivre un titre de circulation dont le modèle figure en annexe après avoir vérifié, sur la base d'un procès-verbal d'essais effectués dans un laboratoire dont la compétence est notoirement connue, que ce véhicule et les ensembles qu'il est autorisé à tracter sont conformes aux dispositions du présent arrêté.

Ce titre de circulation indique les combinaisons de remorques utilisables avec le véhicule à moteur et doit pouvoir être présenté à toute réquisition des agents chargés des visites techniques prévues à l'article R. 119 du code de la route ainsi que des agents chargés de la police de la route.

ANNEXE

TITRE DE CIRCULATION

(Application du premier alinéa de l'article R. 47 du code de la route et de l'arrêté du 13 avril 1995 pris pour son application)

Les ensembles ainsi formés sont conformes aux dispositions de l'arrêté du 13 avril 1995 relatif aux conditions d'application du premier alinéa de l'article R. 47 du code de la route et peuvent donc circuler sans autorisation spéciale, sous réserve du respect des règles de circulation prévues par le code de la route, et notamment des dispositions de l'article 3 de l'arrêté susvisé :

1° Véhicule à moteur :

— numéro de série : ....

— constructeur, marque : ....

— type : ....

— PTAC : ....

— PTRA : ....

2° Combinaisons de remorques tractantes (première remorque) et de remorques tractées (seconde remorque) autorisées pour ce véhicule à moteur :

Combinaison 1 :

— type ou numéro de série, constructeur, marque, PTAC et PTRA de la remorque tractante ;

— type ou numéro de série, constructeur, marque et PTAC de la remorque tractée ;

Combinaison 2 : *idem.*

Fait à ...., le ....

(Cachet de la DRIRE et signature)

Décret n° 97-608 du 31 mai 1997,

Relatif à la formation professionnelle initiale et continue des conducteurs salariés du transport routier public de marchandises.

Sous réserve des dispositions transitoires relatives aux conducteurs titulaires des attestations mentionnées aux art. 25 et 26 du Décr. n° 2007-1340, le Décr. n° 97-608 du 31 mai 1997 modifié est abrogé à compter du 10 sept. 2009 pour les conducteurs effectuant des transports de marchandises (Décr. n° 2007-1340, art. 27).

CHAPITRE I *DISPOSITIONS RELATIVES À LA FORMATION INITIALE MINIMALE OBLIGATOIRE*

Art. 1er Avant d'embaucher un salarié pour la conduite d'un véhicule de plus de 7,5 tonnes de poids total autorisé en charge ou d'affecter un salarié à la conduite d'un tel véhicule, tout chef d'une entreprise de transport routier public de marchandises doit s'assurer que l'intéressé a suivi avec succès une formation initiale minimale obligatoire d'une durée de quatre semaines.

Avant de mettre à la disposition d'une entreprise de transport routier public de marchandises un salarié appelé à conduire un véhicule de plus de 7,5 tonnes de poids total autorisé en charge, le chef d'une entreprise de travail temporaire doit s'assurer que l'intéressé a suivi avec succès la même formation initiale minimale obligatoire.

La formation initiale minimale obligatoire doit permettre aux conducteurs de connaître les règles de sécurité routière et de sécurité à l'arrêt, ainsi que les réglementations relatives à la durée du travail et aux temps de conduite et de repos, et de les familiariser avec le fonctionnement de l'entreprise et des rapports avec la clientèle.

Lorsque la période de formation initiale minimale obligatoire est suivie pendant la période d'essai, celle-ci se trouve prolongée à due concurrence.

Pour les équivalences, V. Arr. du 19 oct. 2001 (JO 6 nov.).

Art. 2 Sont réputés avoir satisfait à l'obligation de formation initiale minimale prévue à l'article 1er :

1° Les titulaires de l'un des diplômes ou titres reconnus pour l'application du 1 de l'article 5 du règlement (CEE) n° 3820/85 du conseil relatif à l'harmonisation de certaines dispositions en matière sociale dans le domaine des transports par route ;

2° Les salariés de vingt et un ans révolus embauchés dans le cadre d'un contrat d'apprentissage ou d'un contrat d'insertion en alternance conclu avec une entreprise de transport routier public de marchandises, dès lors qu'ils ont suivi avec succès, dans le cadre desdits contrats, les actions de formation prévues à l'article 1er ;

3° Les titulaires de l'attestation de présence au 1er juillet 1995 valant attestation de formation initiale minimale obligatoire délivrée par les entreprises ;

4° Les titulaires de l'attestation d'exercice du métier de conducteur routier valant attestation de formation initiale minimale obligatoire délivrée par les entreprises ;

5° Les titulaires de l'attestation de formation initiale minimale obligatoire délivrée par les organismes conventionnés et les établissements agréés par le ministre chargé des transports depuis le 20 janvier 1995 ;

6° Les titulaires de diplômes, titres ou attestations de formation admis en équivalence de la formation initiale minimale obligatoire par arrêté du ministre chargé des transports.

Art. 2-1 *(Décr. n° 2002-747 du 2 mai 2002, art. 20)* Sont également réputés avoir satisfait à l'obligation de formation initiale minimale prévue à l'article 1er les titulaires de l'un des diplômes, titres ou attestations *(Décr. n° 2004-1186 du 8 nov. 2004, art. 25-I)* « mentionnés aux articles 3 et 18 » du décret n° 2002-747 du 2 mai 2002 ou d'une attestation de formation initiale minimale obligatoire pour les conducteurs routiers interurbains de voyageurs. Toutefois, dans ce cas, les conducteurs concernés doivent satisfaire à l'obligation de formation continue de sécurité prévue à l'article 3 dans le délai maximum d'un an suivant leur embauche dans une entreprise de transport routier public de marchandises.

Art. 2-2 *(Décr. n° 2004-1186 du 8 nov. 2004, art. 25-II)* Sont, en outre, réputés avoir satisfait à l'obligation de formation initiale minimale prévue à l'article 1er :

1° Les titulaires de l'attestation de formation initiale minimale obligatoire délivrée en application de l'article 12 du décret n° 2004-1186 du 8 novembre 2004 ;

2° Les titulaires de l'une des attestations mentionnées aux 2°, 3°, 4° et 6° de l'article 4 du décret n° 2004-1186 du 8 novembre 2004 ; toutefois, les conducteurs mentionnés aux 3° et 6° de cet article comptant moins de trois ans d'exercice du métier de conducteur routier à la date de leur embauche dans une entreprise de transport routier public de marchandises doivent satisfaire à l'obligation de formation continue de sécurité prévue à l'article 3 dans le délai maximum d'un an suivant cette date ;

3° Les titulaires de l'attestation mentionnée au 2° de l'article 5 du décret n° 2004-1186 du 8 novembre 2004 ; toutefois, les conducteurs intéressés doivent satisfaire à l'obligation de formation continue de sécurité prévue à l'article 3 dans le délai maximum d'un an suivant leur embauche dans une entreprise de transport routier public de marchandises ;

4° Les titulaires de l'attestation de formation initiale minimale obligatoire délivrée dans le cadre des obligations de formation professionnelle initiale et continue définies par des accords collectifs de branche étendus pris pour l'application du 4° de l'article 1er de l'ordonnance du 23 décembre 1958 susvisée, dans les conditions suivantes :

a) Dès lors que la durée de ladite formation est au moins égale à 140 heures, lorsque l'attestation est délivrée après la publication du décret n° 2004-1186 du 8 novembre 2004 ;

b) Quelle que soit la durée de ladite formation lorsque l'attestation a été délivrée avant la publication du décret n° 2004-1186 du 8 novembre 2004 ; toutefois, lorsque la durée de cette formation est inférieure à 140 heures, les conducteurs intéressés doivent satisfaire à l'obligation de formation continue de sécurité prévue à l'article 3 dans le délai maximum d'un an suivant leur embauche dans une entreprise de transport routier public de marchandises.

V., ci-dessous, Décr. n° 2004-1186 du 8 nov. 2004.

CHAPITRE II *DISPOSITIONS RELATIVES À LA FORMATION CONTINUE OBLIGATOIRE DE SÉCURITÉ*

Art. 3 Le chef d'une entreprise de transport routier public de marchandises doit prendre les dispositions permettant au salarié affecté à la conduite d'un véhicule *(Abrogé par Décr. n° 2004-1186 du 8 nov. 2004, art. 25-III)* « *de plus de 14 mètres cubes de volume utile ou* » dont le poids total autorisé en charge est supérieur à 3,5 tonnes de bénéficier, au cours de toute période consécutive de cinq ans de sa vie professionnelle, d'un stage de formation continue obligatoire de sécurité d'une durée de trois jours.

Ces dispositions sont également applicables au chef d'une entreprise de travail temporaire qui met à la disposition d'une entreprise de transport routier public de marchandises un salarié appelé à conduire un véhicule *(Abrogé par Décr. n° 2004-1186 du 8 nov. 2004, art. 25-III)* « *de plus de 14 mètres cubes de volume utile ou* » dont le poids total autorisé en charge est supérieur à 3,5 tonnes.

(Décr. n° 2002-747 du 2 mai 2002, art. 21) « L'attestation délivrée à la fin du stage est valable cinq ans à compter de sa date de délivrance. Toutefois, si la formation a été effectuée dans les six mois qui précèdent la date à laquelle expire la validité de l'attestation de formation continue obligatoire de sécurité ou au titre qui en tient lieu, le délai de validité de l'attestation délivrée en fin de stage ne commence à courir qu'à l'expiration du délai de validité de l'attestation antérieure ou du titre qui en tenait lieu. »

La formation est centrée sur la sécurité et la réglementation.

(Décr. n° 2004-1186 du 8 nov. 2004, art. 25-IV) « L'employeur remet au salarié affecté durant les cinq premières années de sa vie professionnelle à la conduite d'un véhicule dont le poids total autorisé en charge est supérieur à 3,5 tonnes et inférieur à 7,5 tonnes un document, dont le modèle est défini par arrêté du ministre chargé des transports, attestant qu'il n'est pas encore soumis, en application du premier alinéa du présent article, à la formation continue obligatoire de sécurité. »

Art. 4 Le stage est en principe de trois jours consécutifs. Toutefois, pour tenir compte des contraintes de l'entreprise, il peut être scindé, d'une part, en une journée consacrée au perfectionnement aux techniques de la conduite, d'autre part, en deux autres journées obligatoires consécutives.

Dans tous les cas, les trois jours du stage de formation continue obligatoire de sécurité doivent être dispensés au cours d'une période maximale de trente jours et pendant la durée habituelle du travail.

Art. 5 Sont réputés avoir satisfait à l'obligation de formation continue de sécurité prévue à l'article 3 :

1° Les titulaires de l'attestation de formation continue obligatoire de sécurité délivrée par les organismes conventionnés et les établissements agréés par le ministre chargé des transports depuis le 20 janvier 1995 ;

2° Les titulaires de l'un des diplômes, titres ou attestations de formation mentionnés aux 1°, 2°, 5° et 6° de l'article 2, datant de moins de cinq ans ;

(Décr. n° 2004-1186 du 8 nov. 2004, art. 25-V) « 3° Les titulaires de l'attestation de formation continue obligatoire de sécurité mentionnée à l'article 6 ou de l'un des diplômes, titres ou attestations mentionnés aux 1° et 2° de l'article 9 du décret n° 2004-1186 du 8 novembre 2004, datant de moins de cinq ans ;

« 4° Les titulaires de l'attestation de formation continue obligatoire de sécurité délivrée dans le cadre des obligations de formation professionnelle initiale et continue définies par des accords collectifs de branche étendus pris pour l'application du 4° de l'article 1er de l'ordonnance du 23 décembre 1958 susvisée et datant de moins de cinq ans, dès lors que la durée de ladite formation est au moins égale à 21 heures. »

CHAPITRE III *DISPOSITIONS COMMUNES*

Art. 6 Le programme et les modalités de mise en œuvre des formations prévues aux articles 1er et 3 sont fixés par arrêté du ministre chargé des transports.

Art. 7 *(Décr. nº 2004-1186 du 8 nov. 2004, art. 25-VI)* « Les formations prévues aux articles 1er et 3 sont dispensées exclusivement dans le cadre des établissements agréés par le préfet de région sur la base d'un cahier des charges établi par arrêté du ministre chargé des transports et définissant les conditions de cet agrément. — *V. Arr. du 22 févr. 2005 (JO 3 avr.).*

« Le cahier des charges prévoit notamment que tout établissement demandeur de l'agrément ou de son renouvellement doit fournir, à l'appui de sa demande, les contrats ou conventions par lesquels ledit établissement confie à un organisme de formation ou à un établissement d'enseignement de la conduite des véhicules à moteur visé à l'article L. 213-1 du code de la route la réalisation d'une partie des formations obligatoires mentionnées aux articles 1er et 3. Dans ce cas, il revient à l'établissement demandeur de l'agrément de s'assurer que les organismes avec lesquels il a conclu de tels contrats ou conventions respectent les dispositions du cahier des charges auquel il est lui-même soumis.

« L'agrément est délivré par établissement. Toutefois, lorsque l'organisme de formation dispose d'un ou plusieurs établissements secondaires placés sous la même direction et implantés dans la même région ou dans un département limitrophe de cette région, l'agrément porte sur l'établissement principal et les établissements secondaires. Lorsqu'un établissement secondaire est implanté dans un département limitrophe de la région dans laquelle se trouve l'établissement principal, l'agrément est délivré par le préfet de la région dans laquelle est situé l'établissement principal après avis du préfet de la région dans laquelle se situe cet établissement secondaire.

« Ces formations ne peuvent être assurées par des moniteurs d'entreprise que sous la responsabilité d'un établissement agréé et dans les conditions fixées par le cahier des charges. Lorsque la formation continue obligatoire de sécurité prévue à l'article 3 est assurée par un centre de formation d'entreprise agréé ou par des moniteurs d'entreprise, cette formation peut être dispensée sur différents sites d'exploitation dès lors qu'elle s'adresse exclusivement aux salariés de l'entreprise ou du groupe et de ses différentes filiales implantées sur le territoire national. »

(Décr. nº 2002-747 du 2 mai 2002, art. 22) « Le silence gardé pendant plus de quatre mois par le préfet de région sur une demande d'agrément vaut décision de rejet. »

Art. 8 *(Décr. nº 2002-747 du 2 mai 2002, art. 23)* « Le contrôle des établissements agréés, notamment en ce qui concerne le respect du cahier des charges, la pérennité des moyens dont il a été fait état lors de la demande d'agrément et le bon déroulement des formations est assuré par les fonctionnaires habilités par le préfet de région à cet effet. » *(Décr. nº 2004-1186 du 8 nov. 2004, art. 25-VII)* « Ce contrôle est étendu, le cas échéant, aux organismes de formation ou aux établissements d'enseignement de la conduite des véhicules à moteur avec lesquels l'établissement agréé a conclu les contrats ou conventions visés au deuxième alinéa de l'article 7. »

(Décr. nº 97-1199 du 24 déc. 1997, art. 4, en vigueur le 1er janv. 2000) « En cas de déficience d'un établissement agréé » *(Décr. nº 2004-1186 du 8 nov. 2004, art. 25-VIII)* « ou de l'un des organismes avec lesquels l'établissement agréé a conclu les contrats ou conventions mentionnés au deuxième alinéa de l'article 7, » en termes de moyens ou de mise en œuvre des formations considérées, en cas d'agissement répréhensible ou de cessation d'activité, l'agrément peut être suspendu ou retiré par le préfet de région *(Décr. nº 2002-747 du 2 mai 2002, art. 23)* « par décision motivée et à l'issue d'une procédure contradictoire ».

Art. 9 *(Décr. nº 2004-1186 du 8 nov. 2004, art. 25-IX)* « L'établissement agréé délivre au conducteur qui satisfait aux obligations de formations prévues aux articles 1er et 3 une attestation dont le modèle est défini par arrêté du ministre chargé des transports. » — *V. Arr. du 31 mars 1998 (JO 18 mai).*

(Décr. nº 2002-747 du 2 mai 2002, art. 24) « Les conditions dans lesquelles les formateurs des centres agréés et les moniteurs d'entreprises qui assurent les formations prévues aux articles 1er et 3 peuvent se voir délivrer l'attestation correspondant à la formation qu'ils dispensent sont fixées par arrêté du ministre chargé des transports. »

Art. 10 L'employeur doit être en mesure de justifier, lors des contrôles en entreprise effectués par *(Décr. nº 2004-1186 du 8 nov. 2004, art. 25-X)* « les fonctionnaires et agents de l'État habilités en application des 1º, 2º, 3º, 4º et 6º de l'article 2 de l'ordonnance du 23 décembre 1958 susvisée, » de la régularité de la situation des salariés concernés à l'égard de l'obligation de formation initiale minimale et de formation continue de sécurité.

Art. 11 Tout conducteur doit être en mesure de justifier, dans l'exercice de ses fonctions, de la régularité de sa situation au regard de l'obligation *(Décr. nº 2004-1186 du 8 nov. 2004, art. 25-XI)* «, selon les cas, de formation initiale minimale ou de formation continue de sécurité par la présentation du document correspondant», sur leur demande, aux fonctionnaires chargés du contrôle des transports terrestres et, d'une manière générale, aux fonctionnaires habilités à effectuer, sur route, le contrôle des conditions de travail dans les transports routiers. Il appartient à l'employeur de remettre au conducteur, à cette fin, les documents nécessaires.

Art. 12 Est puni de l'amende prévue pour les contraventions de la 4ᵉ classe le fait, pour un employeur, de ne pas avoir pris les dispositions nécessaires au respect de l'obligation de formation initiale minimale ou de formation continue de sécurité prévue par les articles 1ᵉʳ et 3. L'amende est appliquée autant de fois qu'il y a de conducteurs irrégulièrement employés.

Pour l'application de la procédure de l'amende forfaitaire, V. C. pr. pén., art. R. 48-1, vº Infractions.

Art. 13 Est puni de l'amende prévue pour les contraventions de la 2ᵉ classe le fait, pour un conducteur, de ne pas présenter immédiatement aux agents de l'autorité compétente *(Décr. nº 2004-1186 du 8 nov. 2004, art. 25-XII)* « le document justifiant de la régularité de sa situation au regard de l'obligation, selon les cas, de formation initiale minimale ou de formation continue de sécurité » prévue aux articles 1ᵉʳ et 3.

Est puni de l'amende prévue pour les contraventions de la 4ᵉ classe le fait, pour le conducteur, invité à justifier dans un délai de cinq jours de la possession des documents mentionnés à l'alinéa précédent, de ne pas présenter ces documents avant l'expiration de ce délai.

Les infractions instituées aux alinéas précédents ne sont pas constituées si le défaut de présentation résulte d'une carence de l'employeur.

Pour l'application de la procédure de l'amende forfaitaire, V. C. pr. pén., art. R. 48-1, vº Infractions.

CHAPITRE IV ***DISPOSITIONS TRANSITOIRES***

Art. 14 A titre transitoire, les dispositions relatives à la formation initiale minimale obligatoire sont applicables :

1° A compter de la date de publication du présent décret, aux conducteurs d'un véhicule de plus de 7,5 tonnes de poids total autorisé en charge, nés après le 1ᵉʳ juillet 1971. Toutefois, ceux de ces conducteurs qui ont été embauchés entre le 1ᵉʳ juillet 1995 et la date de publication du présent décret doivent avoir satisfait à l'obligation de formation initiale minimale dans un délai maximum de six mois à compter de la date de publication du présent décret ;

2° A compter du 1ᵉʳ juillet 1998, aux conducteurs d'un véhicule de plus de 7,5 tonnes de poids total autorisé en charge, nés après le 1ᵉʳ juillet 1964 ;

3° A compter du 1ᵉʳ juillet 2000, à tout conducteur d'un véhicule de plus de 7,5 tonnes de poids total autorisé en charge, quel que soit son âge.

L'employeur remet au conducteur qui n'est pas soumis à l'obligation de formation initiale minimale en application de l'alinéa précédent un document attestant cette situation et dont le modèle est défini par arrêté du ministre chargé des transports.

Art. 15 A titre transitoire, les dispositions relatives à la formation continue obligatoire de sécurité sont applicables dans les conditions suivantes :

1° Les salariés ayant exercé pour la première fois entre le 1ᵉʳ juillet 1992 et le 30 juin 1995 le métier de conducteur d'un véhicule de plus de 14 mètres cubes de volume utile ou dont le poids total autorisé en charge est supérieur à 3,5 tonnes, et qui ne sont pas titulaires des diplômes, titres ou attestations de formation visés aux 1°, 2°, 5° et 6° de l'article 2, doivent avoir satisfait à l'obligation de formation continue de sécurité dans un délai maximum de six mois à compter de la date de publication du présent décret ;

2° Tout conducteur d'un véhicule de plus de 14 mètres cubes de volume utile ou dont le poids total autorisé en charge est supérieur à 3,5 tonnes, né après le 31 décembre 1958, doit avoir satisfait à l'obligation de formation continue de sécurité au plus tard le 31 décembre 1998, sauf s'il est titulaire de l'un des diplômes, titres ou attestations de formation visés aux 1°, 2°, 5° et 6° de l'article 2, datant de moins de cinq ans ;

3° A compter du 1ᵉʳ juillet 2000, tout conducteur sera soumis à l'ensemble des dispositions du chapitre II.

Arrêté du 25 juin 1997 *[ABROGÉ]*,

Relatif aux conditions d'application de l'article R. 61 du code de la route [C. route, art. R. 312-10 à R. 312-13].

(Abrogé par Arr. du 7 juin 2023, art. 13)

1° *Application du 1° de l'article R. 61* [R. 312-10] *du code de la route*

Art. 1er *Pour mesurer la largeur d'un véhicule, il n'est pas tenu compte des saillies énumérées au point 2.4.2. de l'annexe I de la* (Arr. du 9 janv. 2004) *« directive 97/27/CE, modifiée par la directive 2003/19/CE ». En outre, il n'est pas tenu compte des systèmes de bâchage automatique des chargements.*

Art. 2 *Pour l'application de l'article R. 61 (1°), premier tiret, du code de la route, on entend par "superstructure à parois épaisses des véhicules conçus pour le transport de marchandises sous température dirigée" la carrosserie des véhicules ou de parties de véhicules (y compris les superstructures amovibles : les pièces de cargaison normalisées telles que les conteneurs et caisses mobiles) répondant aux conditions suivantes :*

L'épaisseur de chaque paroi latérale, isolation comprise, est d'au moins 45 mm ;

La carrosserie est spécialement équipée pour le transport de marchandises sous température dirigée conformément aux définitions de l'annexe I de l'accord du 1er septembre 1970 relatif aux transports internationaux de denrées périssables et aux engins spéciaux à utiliser pour ces transports (ATP).

Il s'agit inclusivement des engins isothermes, réfrigérants, frigorifiques et calorifiques, au sens de cet accord.

En outre, lorsque les véhicules susvisés sont déclassés ou affectés à d'autres usages que le transport de marchandises sous température dirigée, ils continuent de bénéficier des dispositions de l'article R. 61 (1°), premier tiret, du code de la route tant que l'épaisseur des parois latérales de leur superstructure, isolation comprise, excède 45 mm.

2° *Application du 2° de l'article R. 61* [R. 312-11 s.] *du code de la route*

Art. 3 *Pour mesurer la longueur d'un véhicule, il n'est pas tenu compte des saillies énumérées au point 2.4.1. de l'annexe I de la* (Arr. du 9 janv. 2004) *« directive 97/27/CE, modifiée par la directive 2003/19/CE ».*

Art. 4 *Pour mesurer la distance entre le pivot d'attelage et l'arrière d'une semi-remorque, il n'est pas tenu compte des saillies énumérées au point 2.4.1. de l'annexe I de* (Arr. du 9 janv. 2004) *« la directive 97/27/CE, modifiée par la directive 2003/19/CE ».*

La distance entre l'axe du pivot d'attelage et un point quelconque de l'avant de la semi-remorque est en revanche mesurée toutes saillies comprises.

Art. 5 *Pour mesurer la longueur d'un train routier ou d'un train double, il n'est pas tenu compte des saillies énumérées au point 2.4.1. de l'annexe I de* (Arr. du 9 janv. 2004) *« la directive 97/27/CE, modifiée par la directive 2003/19/CE ». Les équipements de manutention tels qu'une grue sont comptés dans la longueur sauf s'ils sont fixés dans le porte-à-faux arrière des véhicules constitutifs de l'ensemble.*

Pour l'application des alinéas a et b du 2° de l'article R. 61 [R. 312-10 à R. 312-13] *relatifs aux trains routiers et aux trains doubles, la distance est mesurée en comprenant l'épaisseur de la cloison avant de la carrosserie du véhicule ou du conteneur ou de la caisse mobile, sauf dans le cas d'une cabine intégrée, où ne sera pas prise en compte la cloison de séparation entre cabine et zone de chargement.*

Il n'est pas tenu compte, en outre, des saillies énumérées au point 2.4.4. de l'annexe I de la position commune susvisée. Nonobstant ces dispositions, les équipements de manutention tels qu'une grue sont comptés dans la zone de chargement sauf s'ils sont fixés dans le porte-à-faux arrière des véhicules constitutifs de l'ensemble.

(Arr. du 27 déc. 1999) *« Dans le cas d'un train routier, la distance entre l'essieu arrière d'un véhicule à moteur et l'essieu avant d'une remorque ne doit pas être inférieure à 3 mètres. »*

Les dispositions issues de l'arrêté du 27 déc. 1999 sont applicables à compter du 1er juill. 2000. — V. Arr. du 27 déc. 1999, art. 3 (JO 21 janv.).

Art. 6 (Arr. du 19 juin 2003) *En circulation, tout véhicule à moteur ou ensemble de véhicules en mouvement doit satisfaire aux dispositions du point 1.5 de l'annexe 1 de la directive 96/53/CE, modifiée par la directive 2002/7/CE.*

En circulation, tout autobus ou autocar doit satisfaire aux dispositions du point 1.5 bis de l'annexe 1 de la directive 96/53/CE, modifiée par la directive 2002/7/CE.

Art. 7 (*Abrogé par Arr. du 19 juin 2003*) (*Arr. du 5 oct. 1999; Arr. du 27 déc. 1999*) *Au sens du présent arrêté, on entend par porte-skis un équipement amovible destiné principalement au rangement de skis, monté à l'arrière du véhicule. Si le porte-skis contient les skis dans un caisson fermé, il est également appelé coffre à skis.*

Pour mesurer la longueur d'un autobus ou d'un autocar, il n'est pas tenu compte du porte-skis pour autant que sa profondeur n'excède pas 80 cm.

3° *Dispositions diverses et transitoires*

Art. 8 *Les trains routiers dont le véhicule à moteur a été mis pour la première fois en circulation avant le 31 décembre 1992 et qui ne satisfont pas aux dispositions de l'article R. 61 (2°) du code de la route sont considérés, jusqu'au 31 décembre 1998, comme étant conformes à ces dispositions à condition de ne pas dépasser la longueur totale de 18 m.*

(*Abrogé par Arr. du 21 juin 2000*) (*Arr. du 27 déc. 1999*) *« Les trains routiers dont le véhicule à moteur a été mis pour la première fois en circulation avant le 17 septembre 1997 et qui ne satisfont pas aux dispositions du dernier alinéa de l'article 5 du présent arrêté sont autorisés, conformément au point 6 de l'article 4 de la directive 96/53/CE susvisée, à circuler jusqu'au 31 décembre 2006. »*

Art. 9 *Les semi-remorques mises pour la première fois en circulation avant le 1er juin 1990 qui ne satisfont pas aux dispositions de l'article R. 61 du code de la route sont considérées comme étant conformes à ces dispositions à condition que la longueur totale du véhicule articulé ne dépasse pas 15,5 m.*

Art. 9-1 (*Arr. du 21 juin 2000*) *Les véhicules à moteur ou remorqués non conformes aux dispositions du présent arrêté sont autorisés à circuler jusqu'au 31 décembre 2006, dans la mesure où ils respectent les dispositions du présent arrêté en vigueur à la date de leur première mise en circulation.*

Art. 10 *Pour l'application des dispositions générales du 1° de l'article R. 61 du code de la route, la largeur totale des autobus ou autocars mis pour la première fois en circulation avant le 31 décembre 1999, ou utilisés avant cette date sur le territoire national, à l'exception des utilisations dans le cadre du transport international, ne doit pas excéder 2,50 m.*

Art. 11 *1° Pour tout véhicule à moteur de plus de deux essieux appartenant aux catégories suivantes :*

Bennes amovibles (carrosserie Ben Amo) ;

Bennes dont le déchargement est effectué mécaniquement par le fond à l'aide d'un convoyeur à raclettes, d'une vis sans fin, etc. (carrosserie Benne) ;

Bennes basculantes de chantier et de travaux publics (carrosserie Benne) ;

Bétonnières (carrosserie Béton) ;

Bennes à ordures ménagères (carrosserie Bom),

et mis pour la première fois en circulation (*Arr. du 27 déc. 1999*) *« avant le 1er juin 2000 », le poids total autorisé en charge ne doit pas dépasser 5 t par mètre linéaire de distance entre les essieux extrêmes.*

2° Conformément aux dispositions du point 4.3 de l'annexe I de la directive 96/53/CE susvisée [du Conseil du 25 juill. 1996 fixant pour certains véhicules routiers circulant dans la Communauté les dimensions maximales autorisées en trafic national et international et les poids maximaux autorisés en trafic international], *et* (*Arr. du 27 déc. 1999*) *« jusqu'au 31 mai 2000 », le poids total en charge de tout véhicule à moteur à quatre essieux appartenant à l'une des catégories définies au 1° ci-dessus et circulant en France ne doit pas dépasser 5 t par mètre linéaire de distance entre les essieux extrêmes.*

Art. 11-1 (*Arr. du 21 juin 2000*) *Les dispositions du présent arrêté, à l'exception des articles 1er et 3, s'appliquent aux véhicules à moteur des catégories M 2, M 3, N 2 et N 3 et à leurs remorques des catégories 03 et 04, tels que définis à l'annexe II de la directive 70/156/CEE modifiée susvisée.*

Les dispositions des articles 1er et 3 du présent arrêté s'appliquent aux véhicules à moteur des catégories M et N et à leurs remorques des catégories 0, tels que définis à l'annexe II de la directive 70/156/CEE modifiée susvisée.

Art. 12 *Les dispositions suivantes sont abrogées :*

Arrêté du 5 février 1969 modifié relatif au dépassement de la largeur maximale des véhicules automobiles par certaines saillies de dispositifs d'équipement ;

Arrêté du 16 avril 1986 modifié relatif à l'application de l'article R. 61 (1°) du code de la route ;

Arrêté du 7 février 1990 relatif à la longueur des véhicules articulés pris en application de l'article R. 61 (2°) du code de la route ;

Arrêté du 17 septembre 1992 pris en application de l'article R. 61 du code de la route relatif aux dimensions maximales autorisées des trains routiers.

Circulaire du 20 octobre 1997,

Portant transposition de la directive 95/50/CE du Conseil du 6 octobre 1995 concernant des procédures uniformes en matière de contrôle des transports de marchandises dangereuses par route 🏛.

Décret n° 98-1039 du 18 novembre 1998,

Relatif à la formation professionnelle initiale et continue des conducteurs non salariés du transport routier public de marchandises.

Sous réserve des dispositions transitoires relatives aux conducteurs titulaires des attestations mentionnées aux articles 25 et 26 du Décr. n° 2007-1340, le Décr. n° 98-1039 du 18 nov. 1998 modifié est abrogé à compter du 10 sept. 2009 pour les conducteurs effectuant des transports de marchandises (Décr. n° 2007-1340, art. 27).

CHAPITRE I *DISPOSITIONS RELATIVES À LA FORMATION INITIALE MINIMALE OBLIGATOIRE*

Art. 1er Tout conducteur d'un véhicule de plus de 7,5 tonnes de poids total autorisé en charge exerçant, à titre non salarié, l'activité de transport routier public de marchandises doit avoir suivi avec succès, préalablement à l'exercice de son activité de conduite, une formation initiale minimale obligatoire d'une durée de quatre semaines.

La formation initiale minimale obligatoire doit notamment permettre au conducteur de connaître les règles de sécurité routière et de sécurité à l'arrêt, ainsi que les réglementations relatives à la durée du travail et aux temps de conduite et de repos.

Pour les équivalences, V. Arr. du 19 oct. 2001 (JO 6 nov.).

Art. 2 Sont réputés avoir satisfait à l'obligation de formation initiale minimale prévue à l'article 1er :

1° Les titulaires de l'un des diplômes ou titres reconnus pour l'application du 1 de l'article 5 du règlement (CEE) n° 3820/85 du Conseil susvisé ;

2° Les titulaires de l'attestation de présence au 1er juillet 1995 valant attestation de formation initiale minimale obligatoire délivrée aux conducteurs salariés ;

3° Les titulaires de l'attestation d'exercice du métier de conducteur routier valant attestation de formation initiale minimale obligatoire délivrée aux conducteurs salariés ;

4° Les titulaires de l'attestation de formation initiale minimale obligatoire délivrée par les organismes conventionnés et les établissements agréés, par le ministre chargé des transports, depuis le 20 janvier 1995 ;

5° Les titulaires de diplômes, titres ou attestations de formation admis en équivalence de la formation initiale minimale obligatoire par arrêté du ministre chargé des transports ;

6° Les titulaires de la dispense d'obligation de formation initiale minimale délivrée aux conducteurs salariés ;

7° Les conducteurs d'un véhicule de plus de 7,5 tonnes de poids total autorisé en charge exerçant, à titre non salarié, l'activité de transport routier public de marchandises à la date du 1er janvier 1999. Cette situation est établie par une attestation de présence en qualité de conducteur routier au 1er janvier 1999 valant attestation de formation initiale minimale obligatoire. Cette attestation, dont le modèle est défini par arrêté du ministre chargé des transports, est délivrée par le chef de l'entreprise dans laquelle le conducteur exerce son activité.

Art. 2-1 *(Décr. n° 2002-747 du 2 mai 2002, art. 25)* Sont également réputés avoir satisfait à l'obligation de formation initiale minimale prévue à l'article 1er les titulaires de l'un des diplômes, titres ou attestations *(Décr. n° 2004-1186 du 8 nov. 2004, art. 26-I)* « mentionnés aux articles 3 et 18 » du décret n° 2002-747 du 2 mai 2002, ou d'une attestation de formation initiale minimale obligatoire pour les conducteurs routiers interurbains de voyageurs. Toutefois, dans ce cas, les conducteurs concernés doivent satisfaire à l'obligation de formation continue de sécurité prévue à l'article 3 dans le délai maximum d'un an suivant la date de début de leur activité dans une entreprise de transport routier public de marchandises.

Art. 2-2 *(Décr. nº 2004-1186 du 8 nov. 2004, art. 26-II)* Sont, en outre, réputés avoir satisfait à l'obligation de formation initiale minimale prévue à l'article 1er :

1° Les titulaires de l'attestation de formation initiale minimale obligatoire délivrée en application de l'article 12 du décret nº 2004-1186 du 8 novembre 2004 ;

2° Les titulaires de l'une des attestations mentionnées aux 2°, 3°, 4° et 6° de l'article 4 du décret nº 2004-1186 du 8 novembre 2004 ; toutefois, les conducteurs mentionnés au 3° et 6° de cet article comptant moins de trois ans d'exercice du métier de conducteur routier à la date de leur embauche dans une entreprise de transport routier public de marchandises doivent satisfaire à l'obligation de formation continue de sécurité prévue à l'article 3 dans le délai maximum d'un an suivant cette date ;

3° Les titulaires de l'attestation mentionnée au 2° de l'article 5 du décret nº 2004-1186 du 8 novembre 2004 ; toutefois, les conducteurs intéressés doivent satisfaire à l'obligation de formation continue de sécurité prévue à l'article 3 dans le délai maximum d'un an suivant leur embauche dans une entreprise de transport routier public de marchandises ;

4° Les titulaires de l'attestation de formation initiale minimale obligatoire délivrée dans le cadre des obligations de formation professionnelle initiale et continue définies par des accords collectifs de branche étendus pris pour l'application du 4° de l'article 1er de l'ordonnance du 23 décembre 1958 susvisée, dans les conditions suivantes :

a) Dès lors que la durée de ladite formation est au moins égale à 140 heures, lorsque l'attestation est délivrée après la publication du décret nº 2004-1186 du 8 novembre 2004 ;

b) Quelle que soit la durée de ladite formation, lorsque l'attestation a été délivrée avant la publication du décret nº 2004-1186 du 8 novembre 2004 ; toutefois, lorsque la durée de cette formation est inférieure à 140 heures, les conducteurs intéressés doivent satisfaire à l'obligation de formation continue de sécurité prévue à l'article 3 dans le délai maximum d'un an suivant leur embauche dans une entreprise de transport routier public de marchandises.

CHAPITRE II *DISPOSITIONS RELATIVES À LA FORMATION CONTINUE OBLIGATOIRE DE SÉCURITÉ*

Art. 3 Tout conducteur d'un véhicule *(Abrogé par Décr. nº 2004-1186 du 8 nov. 2004, art. 26-III)* ***« de plus de 14 mètres cubes de volume utile ou »*** dont le poids total autorisé en charge est supérieur à 3,5 tonnes exerçant, à titre non salarié, l'activité de transport routier public de marchandises doit effectuer, au cours de toute période consécutive de cinq ans de sa vie professionnelle, un stage de formation continue obligatoire de sécurité d'une durée de trois jours.

(Décr. nº 2002-747 du 2 mai 2002, art. 26) « L'attestation délivrée à la fin du stage est valable cinq ans à compter de sa date de délivrance. Toutefois, si la formation a été effectuée dans les six mois qui précèdent la date à laquelle expire la validité de l'attestation de formation continue obligatoire de sécurité ou du titre qui en tient lieu, le délai de validité de l'attestation délivrée en fin de stage ne commence à courir qu'à l'expiration du délai de validité de l'attestation antérieure ou du titre qui en tenait lieu. » La formation est centrée sur la sécurité et la réglementation.

(Décr. nº 2004-1186 du 8 nov. 2004, art. 26-IV) « Le conducteur non salarié affecté durant les cinq premières années de sa vie professionnelle à la conduite d'un véhicule dont le poids total autorisé en charge est supérieur à 3,5 tonnes et inférieur à 7,5 tonnes établit un document, dont le modèle est défini par arrêté du ministre chargé des transports, attestant sur l'honneur qu'il n'est pas encore soumis, en application de l'alinéa précédent, à la formation continue obligatoire de sécurité. »

Art. 4 Le stage est en principe de trois jours consécutifs. Toutefois, pour tenir compte des contraintes de l'entreprise, il peut être scindé, d'une part, en une journée consacrée au perfectionnement aux techniques de la conduite, d'autre part, en deux autres journées obligatoirement consécutives.

Dans tous les cas, les trois jours du stage de formation continue obligatoire de sécurité doivent être dispensés au cours d'une période maximale de trente jours.

Art. 5 Sont réputés avoir satisfait à l'obligation de formation continue de sécurité prévue à l'article 3 :

1° Les titulaires de l'attestation de formation continue obligatoire de sécurité délivrée par les organismes conventionnés et les établissements agréés, par le ministre chargé des transports, depuis le 20 janvier 1995 ;

2° Les titulaires de l'un des diplômes, titres ou attestations de formation mentionnés aux 1°, 4° et 5° de l'article 2, datant de moins de cinq ans ;

(Décr. n° 2004-1186 du 8 nov. 2004, art. 26-V) « 3° Les titulaires de l'attestation de formation continue obligatoire de sécurité mentionnée à l'article 6 ou de l'un des diplômes, titres ou attestations mentionnés aux 1° et 2° de l'article 9 du décret n° 2004-1186 du 8 novembre 2004, datant de moins de cinq ans ;

« 4° Les titulaires de l'attestation de formation continue obligatoire de sécurité délivrée dans le cadre des obligations de formation professionnelle initiale et continue définies par des accords collectifs de branche étendus pris pour l'application du 4° de l'article 1er de l'ordonnance du 23 décembre 1958 susvisée et datant de moins de cinq ans, dès lors que la durée de ladite formation est au moins égale à 21 heures. »

CHAPITRE III *DISPOSITIONS COMMUNES*

Art. 6 Le programme et les modalités de mise en œuvre des formations prévues aux articles 1er et 3 sont fixés par arrêté du ministre chargé des transports. — *V. Arr. du 30 juin 1999 (JO 27 juill.).*

Art. 7 Les formations prévues aux articles 1er et 3 sont dispensées exclusivement dans le cadre d'établissements agréés dans les conditions prévues par les articles 7 et 8 du décret du 31 mai 1997 modifié *[V. ce texte]* susvisé.

Art. 8 *(Décr. n° 2004-1186 du 8 nov. 2004, art. 26-VI)* « L'établissement agréé délivre au conducteur qui satisfait aux obligations de formation prévues aux articles 1er et 3 une attestation dont le modèle est défini par arrêté du ministre chargé des transports. »

(Décr. n° 2002-747 du 2 mai 2002, art. 27) « Les conditions dans lesquelles les formateurs des centres agréés et les moniteurs d'entreprises qui assurent les formations prévues aux articles 1er et 3 peuvent se voir délivrer l'attestation correspondant à la formation qu'ils dispensent sont fixées par arrêté du ministre chargé des transports. »

Art. 9 Le chef d'entreprise doit être en mesure de justifier, lors des contrôles en entreprise effectués par les fonctionnaires ou agents de l'État habilités en application de l'article 2 de l'ordonnance du 23 décembre 1958 modifiée *[V. ce texte]* susvisée, de la régularité de la situation des conducteurs non salariés concernés à l'égard de l'obligation de formation initiale minimale et de formation continue de sécurité. Ces dispositions valent pour le chef d'entreprise s'il est également conducteur non salarié.

Art. 10 Tout conducteur relevant des articles 1er et 3 du présent décret doit être en mesure de justifier, dans l'exercice de ses fonctions, de la régularité de sa situation au regard de l'obligation *(Décr. n° 2004-1186 du 8 nov. 2004, art. 26-VII)* « , selon les cas, de formation initiale minimale ou de formation continue de sécurité par la présentation du document correspondant », sur leur demande, aux fonctionnaires chargés du contrôle des transports terrestres et, d'une manière générale, aux fonctionnaires ou agents de l'État habilités, en application de l'article 2 de l'ordonnance du 23 décembre 1958 modifiée susvisée, à effectuer, sur route, le contrôle des conditions de travail dans les transports routiers.

Art. 11 Est puni de l'amende prévue pour les contraventions de la 4e classe le fait, pour le chef d'entreprise, de ne pas avoir pris les dispositions nécessaires au respect de l'obligation de formation initiale minimale ou de formation continue de sécurité prévue par les articles 1er et 3, ou de ne pas avoir respecté lui-même cette obligation lorsqu'il est également conducteur à titre non salarié. L'amende est appliquée autant de fois qu'il y a de conducteurs concernés.

Pour l'application de la procédure de l'amende forfaitaire, V. C. pr. pén., art. R. 48-1, v° Infractions.

Art. 12 Est puni de l'amende prévue pour les contraventions de la 2e classe le fait, pour un conducteur non salarié, de ne pas présenter immédiatement aux agents de l'autorité compétente *(Décr. n° 2004-1186 du 8 nov. 2004, art. 26-VIII)* « le document justifiant de la régularité de sa situation au regard de l'obligation, selon les cas, de formation initiale minimale ou de formation continue de sécurité » prévue aux articles 1er et 3.

Est puni de l'amende prévue pour les contraventions de la 4e classe le fait, pour le conducteur non salarié, invité à justifier dans un délai de cinq jours de la possession des documents mentionnés à l'alinéa précédent, de ne pas présenter ces documents avant l'expiration de ce délai.

Les infractions instituées aux alinéas précédents ne sont pas constituées si le défaut de présentation résulte d'une carence du chef d'entreprise, sauf si le conducteur non salarié est le chef d'entreprise lui-même.

Pour l'application de la procédure de l'amende forfaitaire, V. C. pr. pén., art. R. 48-1, vº Infractions.

CHAPITRE IV *DISPOSITIONS TRANSITOIRES*

Art. 13 A titre transitoire, les dispositions relatives à la formation initiale minimale obligatoire sont applicables :

1° A compter du 1er janvier 1999, aux conducteurs non salariés d'un véhicule de plus de 7,5 tonnes de poids total autorisé en charge, nés après le 1er juillet 1964 ;

2° A compter du 1er juillet 2000, à tout conducteur non salarié d'un véhicule de plus de 7,5 tonnes de poids total autorisé en charge, quel que soit son âge.

Le chef d'entreprise remet au conducteur non salarié qui n'est pas soumis à l'obligation de formation initiale minimale en application du 1° un document attestant cette situation et dont le modèle est défini par arrêté du ministre chargé des transports.

Art. 14 A titre transitoire, les dispositions relatives à la formation continue obligatoire de sécurité sont applicables dans les conditions suivantes :

1° Tout conducteur non salarié d'un véhicule de plus de 14 mètres cubes de volume utile ou dont le poids total autorisé en charge est supérieur à 3,5 tonnes, né après le 31 décembre 1958, doit avoir satisfait à l'obligation de formation continue de sécurité au plus tard le 1er juillet 1999, sauf s'il est titulaire de l'un des diplômes, titres ou attestations de formation visés aux 1°, 4° et 5° de l'article 2, datant de moins de cinq ans ;

2° A compter du 1er juillet 2000, tout conducteur non salarié sera soumis à l'ensemble des dispositions du chapitre II.

Décret nº 2002-747 du 2 mai 2002,

Relatif à la formation professionnelle initiale et continue des conducteurs salariés du transport routier public interurbain de voyageurs et des conducteurs salariés et non salariés du transport routier public de marchandises.

Sous réserve des dispositions transitoires relatives aux conducteurs titulaires des attestations mentionnées aux articles 25 et 26 du Décr. nº 2007-1340, le Décr. nº 2002-747 du 2 mai 2002 modifié est abrogé à compter du 10 sept. 2008 pour les conducteurs effectuant des transports de voyageurs (Décr. nº 2007-1340, art. 27).

TITRE I CONDUCTEURS SALARIÉS DU TRANSPORT ROUTIER PUBLIC INTERURBAIN DE VOYAGEURS

CHAPITRE I *DISPOSITIONS RELATIVES À LA FORMATION INITIALE MINIMALE OBLIGATOIRE*

Art. 1er Avant d'embaucher un salarié pour la conduite d'un véhicule de transport en commun de personnes ou d'affecter un salarié à la conduite d'un tel véhicule, tout chef d'une entreprise de transport routier public interurbain de voyageurs doit s'assurer que l'intéressé a suivi avec succès une formation initiale minimale obligatoire d'une durée de 140 heures.

Avant de mettre à la disposition d'une entreprise de transport routier public interurbain de voyageurs un salarié appelé à conduire un véhicule de transport en commun de personnes, le chef d'une entreprise de travail temporaire doit s'assurer que l'intéressé a suivi avec succès la même formation initiale minimale obligatoire.

La formation initiale minimale obligatoire doit permettre aux conducteurs de connaître les règles de sécurité routière et de sécurité à l'arrêt, ainsi que les réglementations relatives à la durée du travail et aux temps de conduite et de repos, et de les familiariser avec le fonctionnement de l'entreprise et les rapports avec la clientèle.

Lorsque la période de formation initiale minimale obligatoire est suivie pendant la période d'essai, celle-ci se trouve prolongée à due concurrence.

Art. 2 En cas d'embauche à temps partiel, la formation initiale minimale obligatoire prévue à l'article 1er peut être scindée, pour tenir compte des contraintes de l'entreprise :

– d'une part, en une période de soixante-dix heures, préalable à l'embauche, au cours de laquelle la formation doit porter sur toutes les règles relatives à la sécurité routière, à la sécurité de l'arrêt, à la durée du travail et aux temps de conduite et de repos ;

– d'autre part, en une seconde période de soixante-dix heures, dispensée par modules de trente-cinq heures, consécutifs ou non, dans le délai maximum de quatre mois à compter de la date d'embauche et considérée comme temps de travail effectif.

Lorsque la première période de formation, préalable à l'embauche, a été suivie par le conducteur, l'employeur remet à celui-ci une attestation provisoire de formation initiale minimale obligatoire dont la validité est limitée à quatre mois à compter de la date d'embauche.

Art. 3 Sont réputés avoir satisfait à l'obligation de formation initiale minimale prévue à l'article 1er :

1° Les titulaires de l'un des diplômes ou titres reconnus pour l'application du 2 de l'article 5 du règlement (CEE) n° 3820/85 du Conseil susvisé ;

2° Les salariés embauchés dans le cadre d'un contrat d'apprentissage ou d'un contrat d'insertion en alternance conclu avec une entreprise de transport routier public interurbain de voyageurs ou avec une entreprise de travail temporaire, dès lors qu'ils ont suivi avec succès, dans le cadre desdits contrats, les actions de formation prévues à l'article 1er ;

3° Les titulaires de l'attestation de présence en qualité de conducteur routier interurbain de voyageurs au 1er septembre 2000 valant attestation de formation initiale minimale obligatoire pour les conducteurs routiers interurbains de voyageurs, délivrée par les entreprises ;

4° Les titulaires de l'attestation d'exercice du métier de conducteur routier valant attestation de formation initiale minimale obligatoire pour les conducteurs routiers interurbains de voyageurs reprenant leur activité postérieurement au 1er septembre 2000, délivrée par les entreprises ;

5° Les titulaires de l'attestation de formation initiale minimale obligatoire délivrée par les établissements habilités à titre provisoire à dispenser la formation obligatoire des conducteurs du transport routier interurbain de voyageurs depuis le 21 juillet 2000 ;

6° Les titulaires de diplômes, titres ou attestations de formation admis en équivalence de la formation initiale minimale obligatoire par arrêté du ministre chargé des transports ;

7° Les conducteurs intérimaires ayant exercé leur activité sur un véhicule de transport en commun de personnes pendant au moins trois cents heures au cours de la période du 1er septembre 1999 au 31 août 2000, dans une entreprise de transport routier public interurbain de voyageurs. Cette situation est établie par une attestation d'exercice du métier de conducteur routier délivrée par le chef de l'entreprise de travail temporaire.

Art. 4 Sont également réputés avoir satisfait à l'obligation de formation initiale minimale prévue à l'article 1er les titulaires de l'un des diplômes, titres ou attestations mentionnés à l'article 2 du décret du 31 mai 1997 susvisé *(Décr. n° 2004-1186 du 8 nov. 2004, art. 27-I)* « et aux 6° et 7° de l'article 2 et au dernier alinéa de l'article 13 » du 18 novembre 1998 susvisé relatifs à la formation professionnelle des conducteurs salariés et non salariés du transport routier public de marchandises. Toutefois, dans ce cas, les conducteurs concernés doivent satisfaire à l'obligation de formation continue de sécurité prévue à l'article 6 dans le délai maximum d'un an suivant leur embauche dans une entreprise de transport routier public interurbain de voyageurs.

Art. 4-1 *(Décr. n° 2004-1186 du 8 nov. 2004, art. 27-II)* Sont en outre réputés avoir satisfait à l'obligation de formation initiale minimale prévue à l'article 1er les titulaires de l'un des diplômes, titres ou attestations mentionnés aux 1°, 2°, 3°, 4° et 6° de l'article 4 et au 2° de l'article 5 du décret n° 2004-1186 du 8 novembre 2004 ainsi que les titulaires de l'attestation de formation initiale minimale obligatoire délivrée dans le cadre des obligations de formation professionnelle initiale et continue définies par des accords collectifs de branche étendus pris pour l'application du 4° de l'article 1er de l'ordonnance du 23 décembre 1958 susvisée, dès lors que la durée de ladite formation est au moins égale à 140 heures, lorsque l'attestation est délivrée après la publication du décret n° 2004-1186 du 8 novembre 2004 et quelle que soit la durée de ladite formation, lorsque l'attestation a été délivrée avant la publication dudit décret n° 2004-1186 du 8 novembre 2004. Toutefois, les conducteurs intéressés doivent satisfaire à l'obligation de formation continue de sécurité prévue à l'article 6 dans le délai maximum d'un an suivant leur embauche dans une entreprise de transport routier public interurbain de voyageurs.

V. ci-dessous Décr. n° 2004-1186 du 8 nov. 2004.

Art. 5 Ne sont pas soumis à l'obligation de formation initiale minimale prévue à l'article 1er les personnels titulaires du permis de conduire de la catégorie D en cours de validité à la date du 7 décembre 1999 et en poste au 1er septembre 2000 dans une entreprise de transport routier public interurbain de voyageurs, sans relever d'une classification de conducteur routier interurbain de voyageurs.

L'employeur remet au salarié mentionné à l'alinéa ci-dessus un document justificatif.

CHAPITRE II *DISPOSITIONS RELATIVES À LA FORMATION CONTINUE OBLIGATOIRE DE SÉCURITÉ*

Art. 6 Le chef d'une entreprise de transport routier public interurbain de voyageurs doit prendre les dispositions permettant au salarié affecté à la conduite d'un véhicule de transport en commun de personnes de bénéficier, au cours de toute période consécutive de cinq ans de sa vie professionnelle, d'un stage de formation continue obligatoire de sécurité d'une durée de vingt et une heures.

Ces dispositions sont également applicables au chef d'une entreprise de travail temporaire qui met à la disposition d'une entreprise de transport routier public interurbain de voyageurs un salarié appelé à conduire un véhicule de transport en commun de personnes.

L'attestation délivrée à la fin du stage est valable cinq ans à compter de sa date de délivrance. Toutefois, si la formation a été effectuée dans les six mois qui précèdent la date à laquelle expire la validité de l'attestation de formation continue obligatoire de sécurité ou du titre qui en tient lieu, le délai de validité de l'attestation délivrée en fin de stage ne commence à courir qu'à l'expiration du délai de validité de l'attestation antérieure ou du titre qui en tenait lieu.

La formation est centrée sur la sécurité et la réglementation.

Art. 7 Le stage s'effectue en principe sur trois jours consécutifs. Toutefois, pour tenir compte des contraintes de l'entreprise, il peut être scindé, d'une part, en une journée consacrée au perfectionnement aux techniques de la conduite, d'autre part, en deux autres journées obligatoirement consécutives.

Dans tous les cas, les trois jours du stage de formation continue obligatoire de sécurité doivent être dispensés au cours d'une période maximale de trente jours et pendant la durée habituelle du travail.

Art. 8 Sont réputés avoir satisfait à l'obligation de formation continue de sécurité prévue à l'article 6 :

1° Les titulaires d'une attestation de formation continue obligatoire de sécurité datant de moins de cinq ans délivrée par les établissements habilités à titre provisoire à dispenser la formation obligatoire des conducteurs du transport routier interurbain de voyageurs depuis le 21 juillet 2000 ;

2° Les titulaires de l'un des diplômes, titres ou attestations de formation mentionnés aux 1°, 2°, 5° et 6° de l'article 3, datant de moins de cinq ans ;

3° Les titulaires d'une attestation de formation initiale minimale obligatoire pour les conducteurs routiers interurbains de voyageurs datant de moins de cinq ans.

CHAPITRE III *DISPOSITIONS COMMUNES*

Art. 9 Au sens du présent décret, les véhicules de transport en commun de personnes sont les véhicules affectés aux transports de voyageurs qui, d'après leur type de construction et leur équipement, sont aptes à transporter plus de neuf personnes, conducteur compris, et sont destinés à cet effet.

Art. 10 Le programme et les modalités de mise en œuvre des formations prévues aux articles 1er et 6 sont fixés par arrêté du ministre chargé des transports.

Art. 11 I. — Les formations prévues aux articles 1er, 2 et 6 sont dispensées exclusivement dans le cadre d'établissements agréés par le préfet de région sur la base d'un cahier des charges établi par arrêté du ministre chargé des transports et définissant les conditions de cet agrément.

(Décr. n° 2004-1186 du 8 nov. 2004, art. 27-III) « Le cahier des charges prévoit notamment que tout établissement qui sollicite l'agrément ou son renouvellement doit fournir, à l'appui de sa demande, les contrats ou conventions par lesquels ledit établissement confie à un organisme de formation ou à un établissement d'enseignement de la conduite des véhicules à moteur mentionné à l'article L. 213-1 du code de la route, la réalisation d'une partie des formations obligatoires visées aux articles 1er, 2 et 6.

« Dans ce cas, il revient à l'établissement demandeur de l'agrément de s'assurer que les organismes avec lesquels il a conclu de tels contrats ou conventions respectent les dispositions du cahier des charges auquel il est lui-même soumis.

« L'agrément est délivré par établissement. Toutefois, lorsque l'organisme de formation dispose d'un ou plusieurs établissements secondaires placés sous la même direction et implantés dans la même région ou dans un département limitrophe de cette région, l'agrément porte sur l'établissement principal et les établissements secondaires.

« Lorsqu'un établissement secondaire est implanté dans un département limitrophe de la région dans laquelle se trouve l'établissement principal, l'agrément est délivré par le préfet de la région dans laquelle est situé l'établissement principal après avis du préfet de la région dans laquelle se situe cet établissement secondaire.

« Lorsque la formation continue obligatoire de sécurité prévue à l'article 6 est assurée par un centre de formation d'entreprise agréé ou par des moniteurs d'entreprises visés au II, cette formation peut être dispensée sur différents sites d'exploitation dès lors qu'elle s'adresse exclusivement aux salariés de l'entreprise ou du groupe et de ses différentes filiales implantées sur le territoire national. »

Le silence gardé pendant plus de quatre mois par le préfet de région sur une demande d'agrément vaut décision de rejet.

II. — Ces formations ne peuvent être assurées par des moniteurs d'entreprises que sous la responsabilité d'un établissement agréé et dans les conditions fixées par le cahier des charges.

Les conditions dans lesquelles les formateurs des centres agréés et les moniteurs d'entreprises qui assurent les formations mentionnées au I peuvent se voir délivrer l'attestation correspondant à la formation qu'ils dispensent sont fixées par arrêté du ministre chargé des transports.

Art. 12 Le contrôle des établissements agréés, notamment en ce qui concerne le respect du cahier des charges, la pérennité des moyens dont il a été fait état lors de la demande d'agrément et le bon déroulement des formations est assuré par les fonctionnaires habilités par le préfet de région à ce effet. *(Décr. n° 2004-1186 du 8 nov. 2004, art. 27-IV)* « Ce contrôle est étendu, le cas échéant, aux organismes de formation ou aux établissements d'enseignement de la conduite des véhicules à moteur avec lesquels l'établissement agréé a conclu les contrats ou conventions visés au I de l'article 11. »

En cas de déficience d'un établissement agréé *(Décr. n° 2004-1186 du 8 nov. 2004, art. 27-V)* « ou de l'un des organismes avec lesquels l'établissement agréé a conclu les contrats ou conventions visés au I de l'article 11, » en termes de moyens ou de mise en œuvre des formations considérées, en cas d'agissement répréhensible ou de cessation d'activité, l'agrément peut être suspendu ou retiré par le préfet de région, par une décision motivée et à l'issue d'une procédure contradictoire.

Art. 13 I. — *(Décr. n° 2004-1186 du 8 nov. 2004, art. 27-VI)* « L'établissement agréé délivre au conducteur qui satisfait aux obligations de formation prévues aux articles 1er, 2 et 6 une attestation dont le modèle est défini par arrêté du ministre chargé des transports. »

II. — Le modèle des attestations prévues aux articles 2, 3 (3°, 4° et 7°) et 5 est également défini par arrêté du ministre chargé des transports.

Art. 14 L'employeur doit être en mesure de justifier, lors des contrôles en entreprise effectués par *(Décr. n° 2004-1186 du 8 nov. 2004, art. 27-VII)* « les fonctionnaires et agents de l'État habilités en application des 1°, 2°, 3°, 4° et 6° de l'article 2 de l'ordonnance du 23 décembre 1958 susvisée », de la régularité de la situation des salariés concernés à l'égard de l'obligation de formation initiale minimale et de formation continue de sécurité.

Art. 15 Tout conducteur doit être en mesure de justifier, dans l'exercice de ses fonctions, de la régularité de sa situation au regard de l'obligation *(Décr. n° 2004-1186 du 8 nov. 2004,* *art. 27-VIII)* « , selon les cas, de formation initiale minimale ou de formation continue de sécurité par la présentation du document correspondant », sur leur demande, aux fonctionnaires chargés du contrôle des transports terrestres et, d'une manière générale, aux fonctionnaires ou agents de l'État habilités, en application de l'article 2 de l'ordonnance du 23 décembre 1958 susvisée, à effectuer, sur route, le contrôle des conditions de travail dans les transports routiers. Il appartient à l'employeur de remettre au conducteur, à cette fin, les documents nécessaires.

Art. 16 Est puni de l'amende prévue pour les contraventions de la 4e classe le fait, pour un employeur, de ne pas avoir pris les dispositions nécessaires au respect de l'obligation de formation initiale minimale ou de formation continue de sécurité prévue par les articles 1er, 2 et 6. L'amende est appliquée autant de fois qu'il y a de conducteurs irrégulièrement employés.

Art. 17 Est puni de l'amende prévue pour les contraventions de la 2e classe le fait, pour un conducteur, de ne pas présenter immédiatement aux agents de l'autorité compétente *(Décr. no 2004-1186 du 8 nov. 2004, art. 27-IX)* « le document justifiant de la régularité de sa situation au regard de l'obligation, selon les cas, de formation initiale minimale ou de formation continue de sécurité » prévue aux articles 1er, 2 et 6.

Est puni de l'amende prévue pour les contraventions de la 4e classe le fait, pour le conducteur invité à justifier dans un délai de cinq jours de la possession des documents mentionnés à l'alinéa précédent, de ne pas présenter ces documents avant l'expiration de ce délai.

Les infractions instituées aux alinéas précédents ne sont pas constituées si le défaut de présentation résulte d'une carence de l'employeur.

CHAPITRE IV *DISPOSITIONS TRANSITOIRES*

Art. 18 A titre transitoire, les dispositions relatives à la formation initiale minimale obligatoire sont applicables :

1° A compter de la date de publication du présent décret, aux conducteurs d'un véhicule de transport en commun de personnes, nés après le 1er septembre 1976. Toutefois, ceux de ces conducteurs qui ont été embauchés entre le 1er septembre 2000 et la date de publication du présent décret doivent avoir satisfait à l'obligation de formation initiale minimale dans un délai maximum de six mois à compter de la date de publication du présent décret ;

2° A compter du 1er septembre 2003, aux conducteurs d'un véhicule de transport en commun de personnes, nés après le 1er septembre 1969 ;

3° A compter du 1er septembre 2005, à tout conducteur d'un véhicule de transport en commun de personnes, quel que soit son âge.

L'employeur remet au conducteur qui n'est pas soumis à l'obligation de formation initiale minimale en application des 1° et 2° un document attestant cette situation et dont le modèle est défini comme il est dit au II de l'article 13.

Art. 19 A titre transitoire, les dispositions relatives à la formation continue obligatoire de sécurité sont applicables dans les conditions suivantes :

1° Les personnels mentionnés à l'article 5 doivent avoir satisfait à l'obligation de formation continue de sécurité au plus tard le 30 juin 2002 ;

2° Les personnels mentionnés au 3° de l'article 3 qui, à la date du 1er septembre 2000, avaient moins d'un an d'exercice du métier de conducteur routier, et qui ne sont pas titulaires des diplômes, titres ou attestations de formation visés aux 1°, 2°, 5° et 6° de l'article 3, doivent avoir satisfait à l'obligation de formation continue de sécurité au plus tard le 31 décembre 2002 ;

3° Tout conducteur d'un véhicule de transport en commun de personnes, né après le 1er septembre 1973, doit avoir satisfait à l'obligation de formation continue de sécurité au plus tard le 31 août 2003, sauf s'il est titulaire de l'un des diplômes, titres ou attestations de formation visés aux 1°, 2°, 5° et 6° de l'article 3, ou d'une attestation de formation initiale minimale obligatoire pour les conducteurs routiers interurbains de voyageurs ;

4° Tout conducteur d'un véhicule de transport en commun de personnes, né après le 1er septembre 1959, doit avoir satisfait à l'obligation de formation continue de sécurité au plus tard le 31 août 2004, sauf s'il est titulaire de l'un des diplômes, titres ou attestations de formation visés aux 1°, 2°, 5° et 6° de l'article 3, ou d'une attestation de formation initiale minimale obligatoire pour les conducteurs routiers interurbains de voyageurs ;

5° A compter du 1er septembre 2005, tout conducteur sera soumis à l'ensemble des dispositions du chapitre II.

TITRE II CONDUCTEURS SALARIÉS ET NON SALARIÉS DU TRANSPORT ROUTIER PUBLIC DE MARCHANDISES

Art. 20 à 24 *V. Décr. n° 97-608 du 31 mai 1997, art. 2-1, 3, 7, 8 et 9.*

Art. 25 à 27 *V. Décr. n° 98-1039 du 18 nov. 1998, art. 2-1, 3, et 8.*

Décret n° 2004-1186 du 8 novembre 2004,

Relatif à la formation professionnelle initiale et continue des conducteurs salariés du transport routier privé de marchandises, des conducteurs salariés et non salariés du transport routier public de marchandises et des conducteurs salariés du transport routier public interurbain de voyageurs.

Sous réserve des dispositions transitoires relatives aux conducteurs titulaires des attestations mentionnées aux articles 25 et 26 du Décr. n° 2007-1340, le Décr. n° 2004-1186 du 8 nov. 2004 est abrogé à compter du 10 sept. 2009 pour les conducteurs effectuant des transports de voyageurs (Décr. n° 2007-1340, art. 27).

TITRE I DISPOSITIONS APPLICABLES AUX CONDUCTEURS SALARIÉS DU TRANSPORT ROUTIER PRIVÉ DE MARCHANDISES DONT LES OBLIGATIONS DE FORMATION PROFESSIONNELLE INITIALE ET CONTINUE NE SONT PAS DÉFINIES PAR UN ACCORD COLLECTIF DE BRANCHE

CHAPITRE I *CHAMP D'APPLICATION*

Art. 1er Le présent titre s'applique aux conducteurs salariés du transport routier privé de marchandises, à l'exception :

1° Des conducteurs soumis à des obligations de formation initiale et continue définies par des accords collectifs de branche étendus pris pour l'application du 4° de l'article 1er de l'ordonnance du 23 décembre 1958 susvisée et intervenus avant la date de publication du présent décret;

2° Des conducteurs assurant les transports mentionnés à l'article 4 du règlement (CEE) du Conseil du 20 décembre 1985 et à l'article 1er du décret du 22 février 1991 susvisés.

CHAPITRE II *DISPOSITIONS RELATIVES À LA FORMATION INITIALE MINIMALE OBLIGATOIRE*

Art. 2 Avant d'embaucher un salarié pour la conduite d'un véhicule de plus de 7,5 tonnes de poids total autorisé en charge ou d'affecter un salarié à la conduite d'un tel véhicule, tout chef d'une entreprise dont les conducteurs relèvent du présent titre doit s'assurer que l'intéressé a suivi avec succès une formation initiale minimale obligatoire d'une durée de 140 heures.

Avant de mettre à la disposition d'une entreprise dont les conducteurs relèvent du présent titre un salarié appelé à conduire un véhicule de plus de 7,5 tonnes de poids total autorisé en charge, le chef d'une entreprise de travail temporaire doit s'assurer que l'intéressé a suivi avec succès la même formation initiale minimale obligatoire.

Lorsque la période de formation initiale minimale obligatoire est suivie pendant la période d'essai, celle-ci se trouve prolongée à due concurrence.

Art. 3 La formation initiale minimale obligatoire prévue à l'article 2 doit notamment permettre aux conducteurs de connaître les règles de sécurité routière et de sécurité à l'arrêt, les réglementations relatives à la durée du travail et aux temps de conduite et de repos ainsi que les méthodes relatives à l'utilisation rationnelle du véhicule et au développement de la qualité de service.

Art. 4 Sont réputés avoir satisfait à l'obligation de formation initiale minimale prévue à l'article 2 :

1° Les titulaires de l'un des diplômes ou titres reconnus pour l'application du 1 de l'article 5 du règlement (CEE) du Conseil du 20 décembre 1985 susvisé;

2° Les salariés de vingt et un ans révolus embauchés dans le cadre d'un contrat d'apprentissage ou d'un contrat de professionnalisation conclu avec une entreprise dont les conducteurs relèvent du présent titre ou avec une entreprise de travail temporaire, dès lors qu'ils ont suivi avec succès, dans le cadre desdits contrats, les actions de formation prévues à l'article 2;

3° Les conducteurs d'un véhicule de plus de 7,5 tonnes de poids total autorisé en charge exerçant, trois mois après la date de publication du présent décret, leur activité, à titre salarié, dans une entreprise dont les conducteurs relèvent du présent titre. Cette situation est établie par un document attestant de la présence en qualité de conducteur routier à la même date valant attestation de formation initiale minimale obligatoire. Cette attestation, dont le modèle est défini par arrêté du ministre chargé des transports, est délivrée par le chef de l'entreprise dans laquelle le conducteur exerce son activité ;

4° Les conducteurs d'un véhicule de plus de 7,5 tonnes de poids total autorisé en charge ayant exercé leur activité, à titre salarié, dans une entreprise dont les conducteurs relèvent du présent titre, pendant trois ans au moins et reprenant, entre la date de publication du présent décret et le 30 juin 2006, une activité identique sous réserve de ne pas l'avoir interrompue pendant une durée supérieure à deux ans. Cette situation est établie par une attestation d'exercice du métier de conducteur routier valant attestation de formation initiale minimale obligatoire. Cette attestation, dont le modèle est défini par arrêté du ministre chargé des transports, est délivrée par le chef de l'entreprise dans laquelle le conducteur exerce son activité ;

5° Les titulaires de l'attestation de formation initiale minimale obligatoire délivrée dans le cadre des obligations de formation professionnelle initiale et continue définies par des accords collectifs de branche étendus pris pour l'application du 4° de l'article 1er de l'ordonnance du 23 décembre 1958 susvisée, dans les conditions suivantes :

a) Dès lors que la durée de ladite formation est au moins égale à 105 heures, lorsque l'attestation est délivrée après la publication du présent décret ;

b) Quelle que soit la durée de ladite formation lorsque l'attestation a été délivrée avant la publication du présent décret ; toutefois, lorsque la durée de cette formation est inférieure à 105 heures, les conducteurs intéressés doivent satisfaire à l'obligation de formation continue de sécurité prévue à l'article 6 dans le délai maximum d'un an suivant leur embauche dans une entreprise dont les conducteurs relèvent du présent titre ;

6° Les conducteurs intérimaires ayant exercé leur activité à bord d'un véhicule de plus de 7,5 tonnes de poids total autorisé en charge, pendant au moins 300 heures au cours des douze mois précédant la date d'entrée en vigueur prévue à l'article 13, dans une entreprise dont les conducteurs relèvent du présent titre. Cette situation est établie par une attestation d'exercice du métier de conducteur routier valant attestation de formation initiale minimale obligatoire. Cette attestation, dont le modèle est défini par arrêté du ministre chargé des transports, est délivrée par le chef de l'entreprise de travail temporaire.

Art. 5 Sont également réputés avoir satisfait à l'obligation de formation initiale minimale prévue à l'article 2 :

1° Les titulaires de l'un des diplômes, titres ou attestations mentionnés à l'article 2 du décret du 31 mai 1997 susvisé, aux 6° et 7° de l'article 2 et à l'article 13 du décret du 18 novembre 1998 susvisé ou d'une attestation de formation initiale minimale obligatoire pour les conducteurs salariés et non salariés du transport routier public de marchandises ;

2° Les conducteurs considérés comme ayant satisfait à l'obligation de formation initiale minimale prévue par des accords collectifs de branche étendus pris pour l'application du 4° de l'article 1er de l'ordonnance du 23 décembre 1958 susvisée et titulaires, dans ce cadre, d'une attestation de présence en qualité de conducteur routier ou d'une attestation d'exercice du métier de conducteur routier ;

3° Les titulaires de l'un des diplômes, titres ou attestations mentionnés aux articles 3 et 18 du décret du 2 mai 2002 susvisé ou d'une attestation de formation initiale minimale obligatoire de conducteur salarié du transport routier public interurbain de voyageurs.

Toutefois, les conducteurs mentionnés aux 2° et 3° du présent article doivent satisfaire à l'obligation de formation continue de sécurité prévue à l'article 6 dans le délai maximum d'un an suivant leur embauche dans une entreprise dont les conducteurs relèvent du présent titre.

CHAPITRE III *DISPOSITIONS RELATIVES À LA FORMATION CONTINUE OBLIGATOIRE DE SÉCURITÉ*

Art. 6 Le chef d'une entreprise dont les conducteurs relèvent du présent titre doit prendre les dispositions permettant au salarié affecté à la conduite d'un véhicule dont le poids total autorisé en charge est supérieur à 3,5 tonnes de bénéficier, au cours de toute période consécutive de cinq ans de sa vie professionnelle, d'un stage de formation continue obligatoire de sécurité d'une durée de 21 heures, portant notamment sur la sécurité et la réglementation.

Ces dispositions sont également applicables au chef d'une entreprise de travail temporaire qui met à la disposition d'une entreprise dont les conducteurs relèvent du présent titre un salarié appelé à conduire un véhicule dont le poids total autorisé en charge est supérieur à 3,5 tonnes.

Art. 7 L'attestation, qui est remise à la fin du stage prévu à l'article 6, est valable cinq ans à compter de sa date de délivrance. Toutefois, si la formation a été effectuée dans les six mois qui précèdent la date à laquelle expire la validité de l'attestation de formation continue obligatoire de sécurité ou du titre qui en tient lieu, le délai de validité de l'attestation délivrée en fin de stage ne commence à courir qu'à l'expiration du délai de validité de l'attestation antérieure ou du titre qui en tenait lieu.

Art. 8 Le stage prévu à l'article 6 se déroule sur une période de trois jours consécutifs. Toutefois, pour tenir compte des contraintes d'organisation et de fonctionnement de l'entreprise, il peut être scindé, d'une part, en une journée consacrée au perfectionnement aux techniques de la conduite, et, d'autre part, en deux autres journées qui sont obligatoirement consécutives.

Dans tous les cas, le stage doit se dérouler au cours d'une période maximale de trente jours et pendant le temps habituel de travail.

Art. 9 Sont réputés avoir satisfait à l'obligation de formation continue de sécurité prévue à l'article 6 :

1° Les titulaires de l'un des diplômes, titres ou attestations de formation mentionnés au 1°, 2° et *a* du 5° de l'article 4, datant de moins de cinq ans ;

2° Les titulaires de l'attestation délivrée depuis moins de cinq ans aux conducteurs qui ont suivi avec succès la formation initiale minimale obligatoire prévue à l'article 2 ;

3° Les titulaires de l'attestation de formation continue obligatoire de sécurité délivrée dans le cadre des obligations de formation professionnelle initiale et continue définies par des accords collectifs de branche étendus pris pour l'application du 4° de l'article 1er de l'ordonnance du 23 décembre 1958 susvisée et datant de moins de cinq ans, dès lors que la durée de ladite formation est au moins égale à 14 heures ;

4° Les titulaires de l'attestation de formation continue obligatoire de sécurité mentionnés à l'article 3 des décrets du 31 mai 1997 et du 18 novembre 1998 susvisés, datant de moins de cinq ans à la date à laquelle est apprécié le respect de l'obligation de formation susmentionnée.

CHAPITRE IV *DISPOSITIONS COMMUNES*

Art. 10 Le programme et les modalités de mise en œuvre des formations prévues aux articles 2 et 6 sont fixés par arrêté du ministre chargé des transports.

V. Arr. du 29 déc. 2004 (JO 2 févr. 2005).

Art. 11 Les formations prévues aux articles 2 et 6 sont dispensées exclusivement dans le cadre des établissements agréés dans les conditions prévues par les articles 7 et 8 du décret du 31 mai 1997 susvisé.

Art. 12 L'établissement agréé délivre au conducteur ayant satisfait aux obligations de formation prévues aux article 2 et 6 une attestation dont le modèle est défini par arrêté du ministre chargé des transports. – *V. Arr. du 29 déc. 2004 (JO 2 févr. 2005).*

Les conditions dans lesquelles les formateurs des centres agréés et les moniteurs d'entreprise qui assurent les formations prévues aux articles 2 et 6 peuvent se voir délivrer l'attestation correspondant à la formation qu'ils dispensent sont fixées par arrêté du ministre chargé des transports.

CHAPITRE V *ENTRÉE EN VIGUEUR*

Art. 13 Les dispositions relatives à la formation initiale minimale obligatoire entrent en vigueur trois mois après la date de publication du présent décret.

Art. 14 Les dispositions relatives à la formation continue obligatoire de sécurité sont applicables dans les conditions suivantes :

1° Les conducteurs mentionnés au 3° de l'article 4 qui, trois mois après la date de publication du présent décret, comptent moins de trois ans d'exercice du métier et qui ne sont pas titulaires de l'un des diplômes, titres ou attestations de formation mentionnés aux 1°, 2° et au *a* du 5° de l'article 4 doivent avoir satisfait à l'obligation de formation au plus tard le 30 juin 2005 ;

2° Les conducteurs de véhicules d'un poids total autorisé en charge supérieur à 3,5 tonnes, nés après le 30 juin 1970, doivent avoir satisfait à l'obligation de formation continue de sécurité au plus tard le 31 décembre 2005, sauf s'ils sont titulaires de l'un des diplômes, titres ou attestations de formation mentionnés ci-après :

a) Diplômes, titres ou attestations de formation mentionnés au 1°, 2°, 5° et 6° de l'article 2 du décret du 31 mai 1997 susvisé, datant de moins de cinq ans ;

b) Attestation délivrée depuis moins de cinq ans aux conducteurs qui ont suivi avec succès la formation minimale obligatoire prévue à l'article 2 et aux conducteurs mentionnés au 2° et au *a* du 5° de l'article 4 ;

3° A compter du 1er juillet 2006, tous les conducteurs seront soumis à l'ensemble des dispositions du chapitre III.

TITRE II DISPOSITIONS APPLICABLES AUX CONDUCTEURS SALARIÉS DU TRANSPORT ROUTIER PRIVÉ DE MARCHANDISES DONT LES OBLIGATIONS DE FORMATION PROFESSIONNELLE INITIALE ET CONTINUE SONT DÉFINIES PAR DES ACCORDS COLLECTIFS DE BRANCHE ÉTENDUS

CHAPITRE I *CHAMP D'APPLICATION*

Art. 15 Les dispositions du présent titre s'appliquent aux conducteurs salariés du transport routier privé de marchandises soumis à des obligations de formation initiale et continue définies par des accords collectifs de branche étendus pris pour l'application du 4° de l'article 1er de l'ordonnance du 23 décembre 1958 susvisée et intervenus avant la date de publication du présent décret.

La liste de ces accords est fixée par arrêté du ministre chargé des transports.

CHAPITRE II *DISPOSITIONS RELATIVES À LA FORMATION INITIALE MINIMALE OBLIGATOIRE ET À LA FORMATION CONTINUE OBLIGATOIRE DE SÉCURITÉ*

Art. 16 L'obligation de formation initiale minimale obligatoire des conducteurs relevant du présent titre est définie par l'accord collectif étendu applicable dans la branche professionnelle dont dépend l'entreprise dans laquelle ils exercent leur activité.

Lorsque cet accord ne prévoit pas les formations considérées comme équivalentes à la formation initiale minimale obligatoire qu'il institue, sont réputés avoir satisfait à cette obligation de formation les titulaires de l'attestation de formation initiale minimale obligatoire mentionnée à l'article 2 ou de l'un des diplômes, titres ou attestations mentionnés aux articles 4 et 5, dans les conditions prévues par ces articles.

Art. 17 L'obligation de formation continue obligatoire de sécurité des conducteurs relevant du présent titre est définie par l'accord collectif étendu applicable dans la branche professionnelle dont dépend l'entreprise dans laquelle ils exercent leur activité.

Dans tous les cas, la formation continue obligatoire de sécurité est dispensée pendant le temps habituel du travail.

Lorsque cet accord ne prévoit pas les formations considérées comme équivalentes à la formation continue obligatoire de sécurité qu'il institue, sont réputés avoir satisfait à cette obligation de formation les titulaires de l'attestation de formation continue obligatoire de sécurité mentionnée à l'article 6 ou de l'un des diplômes, titres ou attestations mentionnés à l'article 9, dans les conditions prévues par cet article.

Art. 18 Lorsque l'accord collectif de branche étendu prévoit que les formations mentionnées aux articles 16 et 17 sont dispensées dans le cadre d'établissements agréés par l'autorité publique ou lorsqu'il ne précise pas les conditions d'agrément des établissements, cet agrément est délivré dans les conditions prévues par les articles 7 et 8 du décret du 31 mai 1997 susvisé.

Art. 19 L'établissement agréé délivre au conducteur qui a satisfait aux obligations de formation prévues aux articles 16 et 17 une attestation dont le modèle est défini par arrêté du ministre chargé des transports. Les conditions dans lesquelles les formateurs des centres agréés et les moniteurs d'entreprise qui assurent les formations mentionnées aux articles 16 et 17 peuvent se voir délivrer l'attestation correspondant à la formation qu'ils dispensent sont fixées par arrêté du ministre chargé des transports.

Les attestations délivrées antérieurement à la date d'entrée en vigueur de l'arrêté prévu à l'alinéa précédent, en application des accords collectifs de branche étendus pris pour l'application du 4° de l'article 1er de l'ordonnance du 23 décembre 1958 susvisée et intervenues avant la publication du présent décret demeurent valables.

Art. 20 Un bilan des actions de formation initiale minimale obligatoire et de formation continue obligatoire de sécurité dispensées en application du présent titre est établi chaque année par les organisations d'employeurs intéressées et présenté aux organisations syndicales représentatives de salariés, dans le cadre des commissions paritaires de l'emploi prévues par l'accord national interprofessionnel du 10 février 1969 sur la sécurité et l'emploi.

Ce bilan est communiqué au ministre chargé des transports dans les trois mois suivant l'année civile au titre de laquelle il a été établi.

TITRE III DISPOSITIONS COMMUNES AUX CONDUCTEURS MENTIONNÉS AUX TITRES I ET II

Art. 21 L'employeur doit être en mesure de justifier, lors des contrôles en entreprise effectués par les fonctionnaires ou agents de l'État habilités en application des 1°, 2°, 3°, 4° et 6° de l'article 2 de l'ordonnance du 23 décembre 1958 susvisée, de la régularité de la situation des salariés intéressés au regard des obligations de formation initiale minimale et de formation continue de sécurité.

Art. 22 Tout conducteur doit être en mesure de justifier, dans l'exercice de ses fonctions, de la régularité de sa situation au regard des obligations de formation initiale minimale ou de formation continue de sécurité par la présentation du document correspondant, sur leur demande, aux fonctionnaires chargés du contrôle des transports terrestres et, d'une manière générale, aux fonctionnaires ou agents de l'État habilités à effectuer, sur route, le contrôle des conditions de travail dans les transports routiers. Il appartient à l'employeur de remettre au conducteur, à cette fin, les documents nécessaires.

Art. 23 Est puni de l'amende prévue pour les contraventions de la 4e classe le fait, pour un employeur, de ne pas avoir pris les dispositions nécessaires au respect de l'obligation de formation initiale minimale prévue par les articles 2 et 16 ou de formation continue de sécurité prévue par les articles 6 et 17. L'amende est appliquée autant de fois qu'il y a de conducteurs irrégulièrement employés.

Art. 24 Est puni de l'amende prévue pour les contraventions de la 2e classe le fait, pour un conducteur, de ne pas présenter immédiatement aux agents mentionnés à l'article 22 le document justifiant de la régularité de sa situation au regard de l'obligation de formation initiale minimale prévue aux articles 2 et 16 ou de l'obligation de formation continue de sécurité prévue aux articles 6 et 17.

Est puni de l'amende prévue pour les contraventions de la 4e classe le fait, pour un conducteur, lorsqu'il est invité à justifier dans un délai de cinq jours de la possession du document mentionné à l'alinéa précédent, de ne pas présenter ce document avant l'expiration de ce délai.

Toutefois, les peines prévues aux précédents alinéas ne sont pas applicables au conducteur lorsque le défaut de présentation de ce document résulte d'une carence de l'employeur.

TITRE IV DISPOSITIONS APPLICABLES AUX CONDUCTEURS SALARIÉS ET NON SALARIÉS DU TRANSPORT ROUTIER PUBLIC DE MARCHANDISES ET AUX CONDUCTEURS SALARIÉS DU TRANSPORT ROUTIER PUBLIC INTERURBAIN DE VOYAGEURS

Art. 25 à 27 *V. Décr. n° 97-608 du 31 mai 1997, Décr. n° 98-1039 du 18 nov. 1998 et Décr. n° 2002-747 du 2 mai 2002.*

TITRE V DISPOSITIONS DIVERSES

Art. 28 *V. C. pr. pén., art. R. 48-1, App., v° Infractions.*

Arrêté du 2 mars 2015 *[ABROGÉ]*,

Relatif à l'interdiction de circulation des véhicules de transport de marchandises à certaines périodes (JO 11 mars).

Abrogé par Arr. du 16 avr. 2021, art. 10 et 11, à compter du 1er mai 2021.

Code des transports

PARTIE LÉGISLATIVE

BIBL. ▶ DELEBECQUE, *D. 2010. 2715* (le code – à droit constant – des transports : une œuvre monumentale encore perfectible). – KENFACK, *D. 2011. 1445* (ordonnance du 28 octobre 2010 relative à la partie législative du code des transports). – PEYLET, *AJDA. 2011. 825* (genèse du code des transports). – DELION, LALLET et LAMBOLEZ, *ibid. 830* (la codification, instrument de modernisation du droit des transports). – CAMGUILHEM, PEYLET, LALLET et LAMBOLEZ, *ibid. 836* (la codification du droit des transports au regard de la hiérarchie des normes).

PREMIÈRE PARTIE **DISPOSITIONS COMMUNES**

(Ord. n° 2010-1307 du 28 oct. 2010, en vigueur le 1er déc. 2010)

....

LIVRE II **LES PRINCIPES DIRECTEURS DE L'ORGANISATION DES TRANSPORTS**

....

TITRE V **DISPOSITIONS PARTICULIÈRES À CERTAINS TRANSPORTS**

CHAPITRE I ***TRANSPORTS DE PERSONNES***

SECTION 1 ***Transport sanitaire***

Art. L. 1251-1 Sans préjudice des dispositions du chapitre III du titre I du livre IV de la sixième partie, les règles relatives au transport sanitaire sont fixées par les dispositions des articles L. 6312-1 à L. 6312-5 et L. 6313-1 du code de la santé publique.

SECTION 2 ***Transport par remontées mécaniques situées dans les zones de montagne***

Art. L. 1251-2 Les règles relatives au transport *(Ord. n° 2021-206 du 24 févr. 2021, art. 2)* « public » par remontées mécaniques situées *(Ord. n° 2021-206 du 24 févr. 2021, art. 2)* « exclusivement » dans les zones de montagne définies à l'article 3 de la loi n° 85-30 du 9 janvier 1985 relative au développement et à la protection de la montagne sont fixées par les dispositions de la section 3 du chapitre II du titre IV du livre III du code du tourisme.

(Ord. n° 2021-206 du 24 févr. 2021, art. 2) « Les remontées mécaniques qui ne sont situées que partiellement en zone de montagne sont régies par les dispositions de la section 3 du présent chapitre et, le cas échéant, par les articles L. 122-15 à L. 122-25 du code de l'urbanisme. »

SECTION 3 ***Transport par câbles en milieu urbain***

(Ord. n° 2015-1495 du 18 nov. 2015)

Art. L. 1251-3 La déclaration de projet ou la déclaration d'utilité publique d'une infrastructure de transport par câbles en milieu urbain relevant de l'article L. 2000-1 confère aux autorités mentionnées à l'article L. 1231-1 et à l'article L. 1241-1 le droit à l'établissement par l'autorité administrative compétente de l'État de servitudes d'utilité publique de libre survol, de passage et d'implantation de dispositifs de faible ampleur indispensables à la sécurité du système de transport par câbles, sur des propriétés privées ou faisant partie du domaine privé d'une collectivité publique, bâties ou non bâties, fermées ou non fermées de murs ou clôtures équivalentes.

Le point le plus bas du survol ne peut être situé à moins de dix mètres des propriétés survolées.

Art. L. 1251-4 La servitude de libre survol confère à son bénéficiaire le droit d'occuper le volume aérien nécessaire à l'exploitation, l'entretien et la sécurité de l'ouvrage.

La servitude de passage confère à son bénéficiaire le droit :
– d'accéder, à titre exceptionnel, aux propriétés privées survolées lorsque aucun autre moyen pour réaliser l'installation, l'entretien et l'exploitation ne peut être envisagé ;
– d'établir les cheminements nécessaires aux opérations d'évacuation et d'entretien des infrastructures.

Les servitudes obligent les propriétaires et les titulaires de droits réels concernés à s'abstenir de tout fait de nature à nuire au bon fonctionnement, à l'entretien et à la conservation de l'ouvrage.

Art. L. 1251-5 Les propriétaires des terrains et immeubles mentionnés à l'article L. 1251-3 ainsi que les titulaires de droits réels concernés sont informés des motifs rendant nécessaire l'établissement de chacune des servitudes. Ils sont mis en mesure de présenter leurs observations dans un délai maximal de quatre mois.

Lorsqu'il a été satisfait à cette obligation préalablement à la déclaration de projet ou à la déclaration d'utilité publique, l'autorité administrative peut décider que les servitudes s'appliquent dès l'acte déclaratif d'utilité publique.

Art. L. 1251-6 L'établissement de chacune des servitudes mentionnées à l'article L. 1251-3 ouvre au profit du propriétaire et du titulaire de droits réels concernés le droit à une indemnité couvrant l'intégralité du préjudice direct, matériel et certain en résultant.

A défaut d'accord amiable dans un délai prévu par décret en Conseil d'État, l'indemnité est fixée dans les conditions prévues au livre III du code de l'expropriation pour cause d'utilité publique. Le bénéficiaire de la servitude supporte seul la charge et le coût de la notification de l'ordonnance de transport sur les lieux, de la copie des mémoires des parties ainsi que de la copie des documents qui lui ont été transmis.

Art. L. 1251-7 Si le propriétaire ou le titulaire de droits réels concerné estime que son bien n'est plus utilisable dans les conditions normales, il peut demander, dans un délai de dix ans suivant la notification de la décision d'établissement de chacune des servitudes, l'acquisition de tout ou partie de sa propriété, par le bénéficiaire de la servitude.

En cas de refus du bénéficiaire de la servitude ou de désaccord sur le prix d'acquisition, le propriétaire ou le titulaire de droits réels demande au juge de l'expropriation, si celui-ci admet le bien-fondé de la demande, de fixer le prix d'acquisition. La décision du juge emporte transfert de propriété dans les conditions de droit commun en ce qui concerne le bien ou la partie du bien acquis par le bénéficiaire de la servitude.

Art. L. 1251-8 Les modalités d'application de la présente section sont fixées par décret en Conseil d'État.

SECTION 4 *Autres transports par câbles*

(Ord. nº 2021-206 du 24 févr. 2021, art. 2)

Art. L. 1251-9 Les installations à câbles utilisées pour le service des refuges de montagne mentionnées au d du paragraphe 2 de l'article 2 du règlement (UE) 2016/424 du Parlement européen et du Conseil du 9 mars 2016 relatif aux installations à câbles et abrogeant la directive 2000/9/CE sont conformes aux exigences essentielles de ce règlement ainsi qu'aux dispositions applicables aux installations à câbles et aux trains à crémaillère à vocation touristique, historique ou sportive situés hors zone de montagne.

Art. L. 1251-10 Les installations à câbles utilisées pour le transport de personnes situées dans l'enceinte d'un établissement soumis aux réglementations relatives aux établissements recevant du public, aux activités foraines ou aux parcs de loisirs ou pour le transport de personnel sont soumises aux dispositions relatives au transport guidé du titre I du livre VI de la première partie ainsi qu'aux dispositions applicables aux installations à câbles et aux trains à crémaillère à vocation touristique, historique ou sportive situés hors zone de montagne.

Art. L. 1251-11 Les conditions d'application de la présente section, notamment les règles applicables aux installations à câbles destinées au transport de personnes réalisé pour son propre compte par une personne publique ou privée, sont fixées par décret en Conseil d'État.

CHAPITRE II *TRANSPORTS DE MARCHANDISES*

SECTION 1 *Transport de marchandises dangereuses*

Art. L. 1252-1 A *(L. nº 2021-1308 du 8 oct. 2021, art. 5)* La présente section n'est pas applicable au transport aérien effectué par les aéronefs mentionnés au second alinéa de l'article L. 6100-1.

SOUS-SECTION 1 *Dispositions générales*

Art. L. 1252-1 Un arrêté du ministre chargé des transports établit la nomenclature des marchandises dangereuses pour le transport *(L. nº 2021-1308 du 8 oct. 2021, art. 5)* « aérien, » ferroviaire ou guidé, routier ou fluvial. Il fixe les conditions d'emballage, de chargement, de déchargement, de manutention et de garde de ces marchandises, définit les conditions de visites et d'épreuves des matériels et dresse la liste des matières exclues du transport.

SOUS-SECTION 2 *Constatation des infractions*

Art. L. 1252-2 Outre les officiers de police judiciaire, sont chargés de constater les infractions aux dispositions législatives ou réglementaires concernant le transport de marchandises dangereuses par voie *(L. nº 2021-1308 du 8 oct. 2021, art. 5)* « aérienne, » ferroviaire ou guidé, routière ou fluviale :

1° Les fonctionnaires ou agents de l'État chargés du contrôle des transports terrestres sous l'autorité du ministre chargé des transports ;

2° Les agents des douanes ;

3° Les agents ayant qualité pour constater les délits ou les contraventions en matière de circulation routière ;

4° Les inspecteurs et contrôleurs du travail et les fonctionnaires ou agents ayant qualité pour constater les infractions à la législation sociale dans les établissements soumis au contrôle technique du ministre chargé de l'industrie ;

5° Les fonctionnaires et agents des services déconcentrés relevant des ministres chargés des transports et de l'environnement assermentés et commissionnés à cet effet ;

6° Les inspecteurs de la sûreté nucléaire *(Ord. nº 2016-128 du 10 févr. 2016, art. 35-XX)* « , dans les conditions prévues au chapitre VI du titre IX du livre V du code de l'environnement » ; — *V. Ord. nº 2012-6 du 5 janv. 2012, art. 5 (JO 7 janv.).*

(L. nº 2021-1308 du 8 oct. 2021, art. 5) « 7° Les agents de l'État ainsi que les agents des organismes ou personnes habilités mentionnés à l'article L. 6221-4 du présent code. »

Art. L. 1252-3 Les procès-verbaux établis par les agents et fonctionnaires mentionnés à l'article L. 1252-2 font foi jusqu'à preuve du contraire.

Art. L. 1252-4 Les fonctionnaires et agents mentionnés à l'article L. 1252-2 ont accès aux lieux de chargement et de déchargement des véhicules et aux lieux d'emballage et de remplissage dans les entreprises soumises à l'obligation de désigner un conseiller à la sécurité.

Ils peuvent procéder, dans les entreprises, à des contrôles des registres et autres documents afférents au transport, au chargement, à l'emballage et au remplissage de marchandises dangereuses.

SOUS-SECTION 3 *Sanctions pénales*

Art. L. 1252-5 *(L. nº 2021-1104 du 22 août 2021, art. 279-III)* « I. — » Est puni d'un an d'emprisonnement et de 30 000 € d'amende le fait de :

1° Transporter ou faire transporter par voie *(L. nº 2021-1308 du 8 oct. 2021, art. 5)* « aérienne, » ferroviaire, routière ou fluviale, des marchandises dangereuses dont le transport n'est pas autorisé ;

2° Utiliser ou mettre en circulation par voie *(L. nº 2021-1308 du 8 oct. 2021, art. 5)* « aérienne, » ferroviaire, routière ou fluviale des matériels aménagés pour le transport des marchandises dangereuses qui n'ont pas satisfait aux visites et épreuves auxquelles ces matériels sont soumis ;

3° Faire circuler ou laisser stationner des matériels transportant des marchandises dangereuses sur une voie ou un ouvrage dont l'utilisation est interdite en permanence au transport de ces marchandises ;

4° Faire transporter par voie *(L. nº 2021-1308 du 8 oct. 2021, art. 5)* « aérienne, » ferroviaire, routière ou fluviale des marchandises dangereuses sans l'avoir signalé, soit dans le document de transport, soit sur les emballages, récipients ou contenants, lorsque ceci est requis ;

5° Transporter par voie *(L. nº 2021-1308 du 8 oct. 2021, art. 5)* « aérienne, » ferroviaire, routière ou fluviale des marchandises dangereuses sans aucune signalisation extérieure, lorsque celle-ci est requise.

(L. nº 2021-1104 du 22 août 2021, art. 279-III) « II. — Lorsqu'ils exposent directement la faune, la flore ou la qualité de l'eau à un risque immédiat d'atteinte grave et durable, les faits prévus au I sont punis de trois ans d'emprisonnement et de 250 000 € d'amende, ce montant pouvant être porté jusqu'au triple de l'avantage tiré de la commission de l'infraction.

« Sont considérées comme durables, au sens du présent article, les atteintes susceptibles de durer au moins sept ans.

« Le premier alinéa de l'article 131-38 du code pénal s'applique uniquement aux amendes exprimées en valeur absolue. »

Art. L. 1252-6 Est puni des peines prévues *(L. nº 2021-1104 du 22 août 2021, art. 279-IV)* « au I de » l'article L. 1252-5 tout responsable d'entreprise qui n'a pas désigné de conseiller à la sécurité dans une entreprise soumise à cette obligation.

Art. L. 1252-7 Est passible des peines prévues *(L. nº 2021-1104 du 22 août 2021, art. 279-IV)* « au I de » l'article L. 1252-5 toute personne qui, chargée à un titre quelconque de la direction ou de l'administration de toute entreprise ou établissement, a, soit, par un acte personnel, commis l'une des infractions énumérées à l'article L. 1252-5, soit, en tant que commettant, laissé toute personne relevant de son autorité ou de son contrôle commettre l'une d'elles, en ne prenant pas les dispositions de nature à en assurer le respect.

Le préposé est passible des mêmes peines lorsque l'infraction résulte de son fait personnel.

.....

TROISIÈME PARTIE **TRANSPORT ROUTIER**

.....

LIVRE II **LE TRANSPORT ROUTIER DE MARCHANDISES**

.....

TITRE IV **SANCTIONS ADMINISTRATIVES ET SANCTIONS PÉNALES**

CHAPITRE I *RECHERCHE, CONSTATATION ET POURSUITE DES INFRACTIONS*

Art. L. 3241-1 Outre les officiers et agents de police judiciaire, les fonctionnaires mentionnés au II de l'article L. 450-1 du code de commerce recherchent et constatent :

1° Les infractions aux dispositions des articles L. 3221-3 et L. 3221-4 dans les conditions fixées par les articles L. 450-2 à L. 450-4, L. 450-7 et L. 450-8 du code de commerce ;

2° Les infractions aux dispositions des articles L. 3221-1 et L. 3222-1 à L. 3222-3 dans les conditions fixées par les articles L. 450-2, L. 450-3, L. 450-7 et L. 450-8 du code de commerce.

Art. L. 3241-2 Les fonctionnaires ou agents de l'État chargés du contrôle des transports terrestres placés sous l'autorité du ministre chargé des transports sont habilités à rechercher et à constater, par procès-verbal, les infractions aux dispositions de l'article L. 3221-3.

Art. L. 3241-3 Lors des contrôles qu'ils font en entreprise, pour l'application des dispositions du présent chapitre, les fonctionnaires ou agents de l'État visés à l'article L. 3241-2 :

a) Ont accès aux locaux de l'entreprise à l'exclusion des locaux d'habitation, entre 8 heures et 20 heures ;

b) Sont habilités à se faire communiquer tout document leur permettant de constater les prix pratiqués, ainsi que le volume de l'activité traitée ou sous-traitée.

Art. L. 3241-4 Le procureur de la République est préalablement avisé des opérations envisagées en application des dispositions du présent chapitre. Les procès-verbaux, qui font foi jusqu'à preuve du contraire, lui sont transmis sans délai. Une copie en est adressée à l'intéressé.

Art. L. 3241-5 L'action publique à l'encontre des auteurs des infractions prévues par les articles L. 3242-2 à L. 3242-4 est engagée par le ministère public ou par le ministre chargé de l'économie ou son représentant.

Le transporteur public routier de marchandises, le commissionnaire de transport ou le loueur de véhicule industriel avec conducteur évincé en raison d'un prix trop bas et les organisations professionnelles de transporteurs routiers, de commissionnaires de transport et de loueurs de véhicules industriels, représentatives au niveau national, peuvent se porter partie civile.

Le ministre chargé de l'économie ou son représentant peut, devant la juridiction compétente, déposer des conclusions et les développer oralement à l'audience. Il peut également produire les procès-verbaux et les rapports d'enquête.

L'action publique est prescrite dans le délai d'un an à compter de la date de fin d'exécution du contrat.

CHAPITRE II *SANCTIONS ADMINISTRATIVES ET SANCTIONS PÉNALES*

SECTION 1 *Sanctions administratives*

Art. L. 3242-1 L'absence à bord du véhicule du document prévu par l'article L. 3222-5 ou, pour les transports qui ne sont pas soumis aux dispositions de cet article, de la lettre de voiture prévue par la convention de Genève du 19 mai 1956 relative au contrat de transport international de marchandises par route, dûment remplis et signés par le remettant ou son représentant, entraîne l'immobilisation immédiate du véhicule ou de l'ensemble routier et de son chargement, prévue par l'article L. 325-1 du code de la route, s'il a été en outre commis l'une des infractions suivantes :

1° Le dépassement de plus de 20 km/h de la vitesse maximale autorisée sur les voies ouvertes à la circulation publique ou de la vitesse maximale autorisée par construction pour son véhicule ;

2° Le dépassement de plus de 20 % de la durée maximale de conduite journalière ;

3° La réduction à moins de six heures de la durée de repos journalier.

SECTION 2 *Sanctions pénales*

Art. L. 3242-2 Est punie d'une amende de 90 000 € la méconnaissance, pour tout prestataire de transport mentionné à l'article L. 3221-1, des obligations résultant des dispositions de cet article.

Art. L. 3242-3 Est punie d'une amende de 15 000 € la méconnaissance, par le cocontractant du transporteur routier, des obligations résultant pour lui de l'application *(L. n° 2013-431 du 28 mai 2013, art. 16-I-3° ; L. n° 2016-1917 du 29 déc. 2016, art. 84-III-3°)* « des articles L. 3222-1 et L. 3222-2 ».

Art. L. 3242-4 Est punie d'une amende de 90 000 € la méconnaissance, pour le donneur d'ordre mentionné à l'article L. 3221-4, des obligations résultant des dispositions de cet article en matière de rémunération des contrats mentionnés à l'article L. 3221-3.

Art. L. 3242-5 Est puni de six mois d'emprisonnement et de 3 750 € d'amende le refus de communiquer aux agents mentionnés à l'article L. 3241-2 le document prévu par l'article L. 3221-3.

LIVRE III **RÉGLEMENTATION DU TRAVAIL SPÉCIFIQUE AU TRANSPORT ROUTIER**

TITRE UNIQUE

CHAPITRE I *OBLIGATIONS GÉNÉRALES*

Art. L. 3311-1 La conduite et l'exploitation de tous véhicules de transports routiers de personnes ou de marchandises, publics ou privés, sont soumises à des obligations spécifiques définies par un décret en Conseil d'État qui prévoit notamment :

1° La répartition des périodes de travail et de repos ;

2° Les moyens de contrôle, les documents et les dispositifs qui doivent être utilisés.

CHAPITRE IV *FORMATION PROFESSIONNELLE DES CONDUCTEURS*

Art. L. 3314-1 La formation professionnelle initiale et continue des conducteurs permet à ceux-ci de maîtriser les règles de sécurité routière et de sécurité à l'arrêt, ainsi que la réglementation relative à la durée du travail et aux temps de conduite et de repos *(L. nº 2021-1104 du 22 août 2021, art. 135)* « , et de réduire l'incidence de leur conduite sur l'environnement ».

Art. L. 3314-2 Sont soumis à l'obligation de formation professionnelle les conducteurs des véhicules *(L. nº 2013-431 du 28 mai 2013, art. 21)* « de transport de marchandises » dont le poids total autorisé en charge excède trois tonnes et demie et des véhicules de transport de *(L. nº 2013-431 du 28 mai 2013, art. 21)* « personnes comportant plus de huit places assises outre le siège » du conducteur.

Un décret en Conseil d'État fixe la liste des véhicules pour la conduite desquels une telle formation n'est pas obligatoire, à raison de leur usage, de leurs caractéristiques ou de leur affectation.

Les dispositions de l'art. 21 de la L. nº 2013-431 du 28 mai 2013 ne sont pas applicables à Mayotte en vertu des dispositions de l'art. 43 de la même loi.

Art. L. 3314-3 Ces actions de formation sont définies par décret en Conseil d'État, qui précise notamment les conditions dans lesquelles elles sont dispensées et validées.

Art. L. 3314-4 *(Ord. nº 2021-1843 du 22 déc. 2021, art. 18)* Le produit de la taxe sur les véhicules de transport prévue au 3° de l'article L. 421-30 du code des impositions sur les biens et services est affecté à l'Association pour le développement de la formation professionnelle dans les transports.

Il concourt en priorité au financement, d'une part, des formations qualifiantes et, d'autre part, des formations professionnelles obligatoires des conducteurs routiers telles qu'instituées par la réglementation et les conventions collectives en vigueur.

Art. L. 3314-5 *(Ord. nº 2021-1843 du 22 déc. 2021, art. 18)* L'organisme mentionné à l'article L. 3314-4 est placé, au titre de la taxe mentionnée à ce même article, sous le contrôle économique et financier de l'État.

A cette fin, un membre du corps du contrôle général économique et financier est désigné par le ministre chargé du budget.

Le ministre chargé des transports désigne un commissaire du Gouvernement en accord avec le ministre chargé de la formation professionnelle.

Les modalités d'exercice des attributions du membre du corps du contrôle général économique et financier et du commissaire du Gouvernement sont fixées par décret.

CHAPITRE V *CONTRÔLES ET SANCTIONS*

SECTION 1 *Recherche et constatation des infractions*

Art. L. 3315-1 Outre les officiers de police judiciaire, sont chargés de rechercher et constater les infractions aux dispositions du présent titre et du livre I de la troisième partie du code du travail applicables au transport routier :

1° Les inspecteurs et les contrôleurs du travail, ainsi que les agents habilités à exercer leurs fonctions dans certaines branches professionnelles ;

2° Les fonctionnaires ou agents de l'État chargés du contrôle des transports terrestres placés sous l'autorité du ministre chargé des transports ;

3° Les agents des douanes ;

4° Les agents publics ayant qualité pour constater les délits ou les contraventions prévus par le code de la route.

Les procès-verbaux établis en application du présent article font foi jusqu'à preuve contraire.

Art. L. 3315-2 Les agents mentionnés à l'article L. 3315-1 ont accès aux dispositifs destinés au contrôle et à toutes leurs composantes afin d'en vérifier l'intégrité.

(L. nº 2013-431 du 28 mai 2013, art. 22) « Les fonctionnaires et agents de l'État chargés du contrôle des transports terrestres placés sous l'autorité du ministre chargé des transports ont accès aux lieux de chargement et de déchargement des véhicules de transport routier afin de constater les infractions mentionnées à l'article L. 3315-1. »

Art. L. 3315-3 En cas de délit ou de contravention concernant les conditions de travail dans les transports routiers, constaté sur le territoire national, le dépassement des temps de conduite et la réduction du temps de repos sont calculés, pour la période de temps considérée, en incluant les périodes de temps de conduite et de repos effectuées à l'étranger.

SECTION 2 *Sanctions pénales*

Art. L. 3315-4 Est puni d'un an d'emprisonnement et de 30 000 € d'amende le fait de falsifier des documents ou des données électroniques, de fournir de faux renseignements, de détériorer, d'employer irrégulièrement ou de modifier des dispositifs destinés au contrôle prévus par l'article L. 3311-1 ou de ne pas avoir procédé à l'installation de ces dispositifs.

Le véhicule sur lequel l'infraction a été commise est immobilisé et retiré de la circulation jusqu'à ce qu'il ait été mis en conformité ou réparé.

Les conditions d'application du deuxième alinéa sont fixées par décret en Conseil d'État.

(L. n° 2023-22 du 24 janv. 2023, art. 25-IV) « L'action publique peut être éteinte, dans les conditions prévues aux articles 495-17 à 495-25 du code de procédure pénale, par le versement d'une amende forfaitaire d'un montant de 500 €. Le montant de l'amende forfaitaire minorée est de 400 € et le montant de l'amende forfaitaire majorée est de 1 000 €. »

Art. L. 3315-4-1 *(L. n° 2014-790 du 10 juill. 2014, art. 15-2°)* Est puni d'un an d'emprisonnement et de 30 000 € d'amende :

1° Le fait d'organiser le travail des conducteurs routiers employés par l'entreprise ou mis à sa disposition sans veiller à ce que ceux-ci prennent en dehors de leur véhicule leur temps de repos hebdomadaire normal défini au h de l'article 4 du règlement (CE) n° 561/2006 du Parlement européen et du Conseil, du 15 mars 2006, relatif à l'harmonisation de certaines dispositions de la législation sociale dans le domaine des transports par route modifiant les règlements (CEE) n° 3821/85 et (CEE) n° 2135/98 du Conseil et abrogeant le règlement (CEE) n° 3820/85 du Conseil ;

2° Le fait de rémunérer, à quel titre et sous quelle forme que ce soit, des conducteurs routiers employés par l'entreprise ou mis à sa disposition, en fonction de la distance parcourue *(L. n° 2021-1308 du 8 oct. 2021, art. 24-I)* « , de la rapidité de la livraison » ou du volume des marchandises transportées, dès lors que ce mode de rémunération est de nature à compromettre la sécurité routière ou à encourager les infractions au règlement (CE) n° 561/2006 du Parlement européen et du Conseil, du 15 mars 2006, précité ;

(L. n° 2019-1428 du 24 déc. 2019, art. 102) « 3° Le fait d'organiser le travail des conducteurs mentionnés à l'article L. 3313-4 sans veiller à ce que ceux-ci puissent bénéficier de conditions d'hébergement, hors du véhicule, compatibles avec la dignité humaine et de conditions d'hygiène respectueuses de leur santé ; »

(L. n° 2021-1308 du 8 oct. 2021, art. 24-I) « 4° Le fait d'organiser le travail des conducteurs routiers soumis au règlement (CE) n° 561/2006 du Parlement européen et du Conseil du 15 mars 2006 précité, employés par l'entreprise ou mis à sa disposition, sans veiller à ce que ceux-ci soient en mesure, conformément au 8 *bis* de l'article 8 du même règlement, de retourner au centre opérationnel de l'employeur auquel ils sont normalement rattachés pour y entamer leur temps de repos hebdomadaire, situé dans l'État membre d'établissement de leur employeur, ou de retourner à leur lieu de résidence :

« *a)* Au cours de chaque période de quatre semaines consécutives, afin d'y passer au moins un temps de repos hebdomadaire normal ou un temps de repos hebdomadaire de plus de quarante-cinq heures pris en compensation de la réduction d'un temps de repos hebdomadaire ;

« *b)* Avant le début du temps de repos hebdomadaire normal de plus de quarante-cinq heures pris en compensation, lorsqu'un conducteur a pris deux temps de repos hebdomadaires réduits consécutifs dans le cas prévu au 6 de l'article 8 dudit règlement. »

Art. L. 3315-5 Est puni de six mois d'emprisonnement et de 3 750 € d'amende le fait de se livrer à un transport routier avec une carte de conducteur non conforme ou n'appartenant pas au conducteur l'utilisant, ou sans carte insérée dans le chronotachygraphe du véhicule.

Est puni des mêmes peines le refus de présenter les documents ou les données électroniques signés, de communiquer les renseignements, ou de laisser effectuer les contrôles ou investigations, nécessaires à la vérification du respect des obligations des chapitres I à IV du présent titre ou prévues par l'article L. 3315-2 ou par l'article L. 130-6 du code de la route.

(L. n° 2019-222 du 23 mars 2019, art. 58-III) « Pour le délit prévu au premier alinéa du présent article, y compris en cas de récidive, l'action publique peut être éteinte, dans les conditions

prévues aux articles 495-17 à 495-25 du code de procédure pénale, par le versement d'une amende forfaitaire d'un montant de 800 €. Le montant de l'amende forfaitaire minorée est de 640 € et le montant de l'amende forfaitaire majorée est de 1 600 €. »

L'art. 19, § 2, du Règl. n° 561/2006 du 15 mars 2006 doit être interprété en ce sens qu'il s'oppose à ce que les autorités compétentes d'un État membre puissent imposer une sanction au conducteur d'un véhicule ou à une entreprise de transport, pour une infraction au règlement n° 3821/85, tel que modifié par le Règl. n° 561/2006, commise sur le territoire d'un autre État membre ou d'un pays tiers, mais constatée sur son territoire et n'ayant pas déjà donné lieu à sanction. • CJUE 9 sept. 2021, n° C-906/19. ♦ Il en résulte que les infractions sanctionnant le fait de se livrer à un transport routier avec une carte de conducteur non conforme ou n'appartenant pas au conducteur l'utilisant ou sans carte insérée dans le chronotachygraphe du véhicule, qui ont pour fondement l'art. 15, § 2, du Règl. n° 3821/85, pour l'application duquel l'art. L. 3315-5, al. 1er, C. transp. a été promulgué, ne relèvent pas du champ d'application de l'art. 689-12 C. pr. pén. et ne peuvent être poursuivies lorsque les faits ont été commis à l'étranger par une personne de nationalité étrangère. • Crim. 1er févr. 2022, n° 18-83.384 A : *D. 2022. 213* ; *D. actu. 9 févr. 2022, obs. Goetz.*

Art. L. 3315-6 **Est passible des peines prévues par le présent chapitre et des peines sanctionnant les obligations mentionnées** *(L. n° 2013-431 du 28 mai 2013, art. 22)* **« au présent titre ainsi qu' » aux titres II et III du livre I de la troisième partie du code du travail toute personne qui, chargée à un titre quelconque de la direction ou de l'administration de toute entreprise ou établissement, a, par un acte personnel, contrevenu aux dispositions précitées** *(L. n° 2013-431 du 28 mai 2013, art. 22)* **« du présent titre et » du code du travail ou commis les faits sanctionnés par les articles L. 3315-2, L. 3315-4** *(L. n° 2014-790 du 10 juill. 2014, art. 15-3°)* **« , L. 3315-4-1 » et L. 3315-5.**

Cette personne est passible des mêmes peines si elle a, en tant que commettant, laissé contrevenir à ces dispositions ou commettre ces faits toute personne relevant de son autorité ou de son contrôle, en ne prenant pas les dispositions de nature à en assurer le respect.

Le préposé est passible des mêmes peines lorsque l'infraction résulte de son fait personnel.

1. L'art. 3 *bis* de l'Ord. du 23 déc. 1958 et l'art. 15 du règlement n° 3820/85 du 20 déc. 1985 du Conseil des Communautés européennes imposent à l'exploitant d'une entreprise de transports de faire respecter par ses préposés la réglementation des conditions de travail dans les transports routiers. Dès lors que le ministère public a rapporté la preuve, dont il a la charge, de l'existence d'une infraction à cette réglementation, il appartient au chef d'entreprise, pour s'exonérer de sa responsabilité pénale, d'établir qu'il s'est acquitté de l'obligation prescrite par les textes susvisés. • Crim. 28 janv. 1992, n° 91-80.199 P • 15 févr. 1994 : *ibid. n° 69* • 3 nov. 1998, n° 97-84.524 P : *RTD com. 1999. 773, obs. Bouloc*.

2. Doit être déclaré coupable de non-respect des règles sur le repos journalier, les transports routiers CEE et le dépassement de la durée maximale de conduite journalière, le dirigeant d'une société qui, agissant en qualité de transporteur et non de loueur prestataire de services, a laissé son préposé contrevenir aux prescriptions de l'Ord. du 23 déc. 1958. • Crim. 18 juill. 1995 : *Jurispr. auto 1996. 219.*

3. Se rend coupable des infractions prévues aux art. 3 et 3 *bis* de l'ordonnance le chef d'une entreprise de transport qui a laissé son salarié falsifier les disques de contrôle en les imprimant à la rubrique « deuxième chauffeur » alors que ce dernier était seul à bord. Pour s'exonérer de sa responsabilité pénale, le chef d'entreprise doit établir qu'il s'est acquitté des obligations prescrites par les art. 3 *bis* de l'Ord. du 23 déc. 1958 et 15 du règlement CEE n° 3820/85 du 20 déc. 1985. • Crim. 13 févr. 1996 : *BTL 1996. 335.*

4. Un chef d'entreprise, en ne rapportant pas la preuve qu'il a informé ses salariés du contenu de la réglementation relative à la durée maximale de travail journalier, leur a donné les instructions nécessaires aux fins de la respecter et s'est assuré de sa constante application, est, à bon droit, condamné à onze amendes, les juges du fond ayant caractérisé autant de dépassements de la durée journalière de travail effectif commis par trois conducteurs de l'entreprise qu'il dirige. • Crim. 8 févr. 2000, n° 98-82.373 P : *BTL 2000. 253 ; TPS 2000. 6, n° 188.* ♦ Les juges du fond sont tenus de répondre aux conclusions de l'employeur qui fait valoir qu'il s'est acquitté de ses obligations, en informant les salariés du contenu de la réglementation, en donnant instruction de la respecter, en organisant le travail en conséquence et en s'assurant du respect effectif de la réglementation avant de le condamner sur le fondement de l'art. 3 *bis* de l'Ord. n° 58-1310 du 23 déc. 1958. • Crim. 19 juin 2001, n° 00-83.171 P : *Dr. pénal 2002. Comm. 17, obs. Robert.*

PARTIE RÉGLEMENTAIRE

LIVRE III **RÉGLEMENTATION DU TRAVAIL SPÉCIFIQUE AU TRANSPORT ROUTIER**

(Décr. nº 2016-1550 du 17 nov. 2016, en vigueur le 1er janv. 2017)

CHAPITRE I *OBLIGATIONS GÉNÉRALES*

Art. R. 3311-1 Les obligations relatives aux entreprises de transport et à leur personnel sont fixées par les chapitres II à V du présent titre.

CHAPITRE II *DURÉE DU TRAVAIL DANS LES ENTREPRISES DE TRANSPORT PUBLIC ROUTIER* *(Décr. nº 2021-753 du 10 juin 2021, art. 1er-II)*.

SECTION 1 *Dispositions communes aux entreprises de transport routier de personnes et aux entreprises de transport routier de marchandises*

Art. R. 3312-1 Les temps de coupure et les temps de restauration sont considérés comme du temps de travail effectif selon des modalités déterminées par accord collectif de branche ou par accord d'entreprise ou d'établissement. Ces accords peuvent également déterminer les contreparties qui sont attribuées aux personnels roulants pour les temps de coupure ou de restauration qui ne seraient pas considérés comme du temps de travail effectif.

Art. R. 3312-2 L'amplitude de la journée de travail est l'intervalle existant entre deux repos quotidiens successifs ou entre un repos hebdomadaire et le repos quotidien immédiatement précédent ou suivant.

Art. D. 3312-2-1 *(Décr. nº 2020-802 du 29 juin 2020)* Les stipulations de l'accord collectif de branche fixant le régime d'indemnisation applicable à l'amplitude, aux coupures et aux vacations, dans les entreprises du transport routier, prévalent sur la convention ou l'accord collectif d'entreprise ou d'établissement conclu antérieurement ou postérieurement à leur date d'entrée en vigueur, sauf lorsque la convention ou l'accord collectif d'entreprise ou d'établissement offre des garanties au moins équivalentes.

SECTION 2 *Entreprises de transport routier de personnes*

SOUS-SECTION 1 *Dispositions communes*

§ 1 *Champ d'application*

Art. R. 3312-3 Les dispositions de la présente section sont applicables aux personnels, y compris le personnel d'encadrement, des établissements et professions qui ressortissent aux classes ci-après de la nomenclature d'activités approuvée par le décret nº 2007-1888 du 26 décembre 2007 portant approbation des nomenclatures d'activités et de produits françaises :

1º 49.31 Transports urbains et suburbains de voyageurs, uniquement pour ce qui concerne le transport scolaire ou de personnel, ainsi que les navettes ville-aéroport ;

2º 49.32Z Transport de voyageurs par taxis ;

3º 49.39A Transports routiers réguliers de voyageurs ;

4º 49.39B Autres transports routiers de voyageurs ;

5º 52.21 Services auxiliaires de transports terrestres, uniquement pour la gestion des gares routières de transport routier de voyageurs ;

6º 86.90A Ambulances.

Les dispositions qui, dans la présente section, mentionnent les transports interurbains de voyageurs concernent les seuls transports ressortissant aux classes 49.39A et 49.39B susmentionnées.

§ 2 *Organisation du travail*

Art. R. 3312-4 L'organisation du travail par roulement, ainsi que l'organisation du travail par relais, est autorisée, après avis du *(Décr. nº 2021-753 du 10 juin 2021, art. 1er-II)* « comité social et économique s'il existe ». Cet avis doit porter notamment sur le principe et les modalités d'application de ces formules.

(Décr. nº 2018-736 du 21 août 2018, art. 5) « Dans le cas de travail par relais, et sous réserve des possibilités de prolongations prévues à l'article R. 3312-28 pour le personnel roulant affecté à un service régulier ou à un service occasionnel et à l'article R. 3312-30

pour le personnel ambulancier roulant, l'amplitude de la journée de travail ne peut excéder dix heures. »

Art. R. 3312-5 Sous réserve des dispositions des articles L. 3132-1 et suivants du code du travail relatives au repos hebdomadaire et après avis du *(Décr. n° 2021-753 du 10 juin 2021, art. 1er-II)* « comité social et économique s'il existe », l'employeur peut répartir la durée du travail sur l'ensemble ou seulement sur certains des six autres jours de la semaine.

Toutefois, la durée du travail ne peut être répartie sur un nombre de jours inférieur à cinq qu'avec l'accord du *(Décr. n° 2021-753 du 10 juin 2021, art. 1er-II)* « comité social et économique ». Dans les entreprises qui ne sont pas légalement dotées d'une représentation du personnel, cette répartition pourra être autorisée par l'inspecteur du travail après enquête auprès des salariés.

Dans l'hypothèse où la répartition de la durée hebdomadaire du travail entraîne un repos d'une durée n'excédant pas deux jours, celui-ci doit être donné sans interruption. Toutefois, il peut être dérogé au caractère ininterrompu du repos pour le personnel roulant lorsque les nécessités de l'exploitation le justifient et après avis du *(Décr. n° 2021-753 du 10 juin 2021, art. 1er-II)* « comité social et économique s'il existe ».

Pour le personnel roulant, le repos mentionné à l'alinéa précédent peut débuter à une heure quelconque de la journée.

§ 3 *Durée du travail*

Art. D. 3312-6 La durée quotidienne du travail effectif ne peut excéder dix heures.

Toutefois, l'employeur en cas d'urgence et une convention ou un accord collectif de branche ou une convention ou un accord d'entreprise ou d'établissement peut porter la durée quotidienne maximale du travail effectif à douze heures une fois par semaine, pour le personnel roulant.

Cette durée peut être portée à douze heures une seconde fois par semaine, dans la limite de six fois par période de douze semaines, à condition que la durée hebdomadaire du travail ait été répartie sur cinq jours au moins.

(Décr. n° 2021-753 du 10 juin 2021, art. 1er-II) « Le comité social et économique s'il existe émet » un avis sur les dépassements mentionnés aux alinéas précédents.

Les dispositions du présent article ne peuvent avoir pour effet de déroger à celles du règlement (CE) n° 561/2006 du Parlement européen et du Conseil du 15 mars 2006 relatif à l'harmonisation de certaines dispositions de la législation sociale dans le domaine des transports par route.

Art. D. 3312-7 La durée hebdomadaire du travail est calculée sur une semaine.

Pour le personnel roulant, la durée hebdomadaire du travail peut être déterminée sur la base d'une moyenne calculée sur deux semaines consécutives, à condition que cette période comprenne au moins trois jours de repos et sous réserve, pour chacune de ces deux semaines, du respect des limites prévues aux articles L. 3121-20 et L. 3121-21 du code du travail.

La durée hebdomadaire du travail des personnels sédentaires de surveillance et de gardiennage et des personnels d'incendie peut être déterminée sur la base d'une moyenne calculée sur une période maximale de trois semaines consécutives.

Art. R. 3312-8 La durée quotidienne et la durée hebdomadaire du travail effectif peuvent être, à titre temporaire, prolongées pour l'accomplissement de travaux urgents dont l'exécution immédiate est nécessaire pour *(Décr. n° 2018-736 du 21 août 2018, art. 5)* « assurer le rétablissement des approvisionnements de la Nation, » prévenir des accidents imminents, organiser des mesures de sauvetage ou réparer des accidents survenus soit au matériel, soit aux installations, soit aux bâtiments de l'entreprise et mettant en péril la marche de celle-ci.

Au-delà d'une durée hebdomadaire de quarante-huit heures, la prolongation est limitée à :

1° Huit heures par semaine pour les mesures de sécurité, de sauvegarde ou de réparations en cas d'accidents survenus aux installations ou bâtiments ;

2° Six heures par semaine pour le dépannage des véhicules.

Les heures ainsi accomplies ne sont pas imputées sur le contingent annuel d'heures supplémentaires.

Art. R. 3312-9 *(Décr. n° 2021-753 du 10 juin 2021, art. 1er-II)* « Sous réserve des dispositions particulières applicables au » personnel roulant affecté à un service régulier *(Décr.*

n° 2021-753 du 10 juin 2021, art. 1er-II) « ou occasionnel et au » personnel ambulancier roulant, l'amplitude de la journée de travail du personnel roulant ne doit pas excéder douze heures.

Art. R. 3312-10 L'amplitude de la journée de travail ne doit pas excéder dix-huit heures dans le cas d'un équipage composé de plusieurs conducteurs.

Art. R. 3312-11 *(Décr. n° 2021-753 du 10 juin 2021, art. 1er-II)* « Sous réserve des dispositions particulières applicables au personnel roulant affecté à un service régulier ou occasionnel et au personnel ambulancier roulant, dans le cas où les conditions d'exploitation le rendent nécessaire et après avis du comité social et économique s'il existe », et autorisation de l'inspecteur du travail, l'amplitude peut être prolongée jusqu'à quatorze heures sous réserve des conditions suivantes :

1° La durée quotidienne de travail ne doit pas excéder neuf heures ;

2° Le service doit comporter :

a) Une interruption d'au moins deux heures et demie continues ou deux interruptions d'au moins une heure et demie continue chacune, lorsque l'amplitude est prolongée au-delà de douze heures et jusqu'à treize heures ;

b) Une interruption d'au moins trois heures continues ou deux interruptions d'au moins deux heures continues chacune, lorsque l'amplitude est prolongée au-delà de treize heures.

Au cours de ces interruptions, le salarié n'exerce aucune activité et dispose librement de son temps.

Art. R. 3312-12 En l'absence de convention ou d'accord collectif étendu, chaque dépassement d'amplitude résultant des dispositions de l'article R. 3312-11 donne lieu à compensation dans les conditions suivantes :

1° 75 p. 100 de la durée du dépassement entre la douzième et la treizième heure ;

2° 100 p. 100 de la durée du dépassement au-delà de la treizième heure.

Lorsque cette compensation est accordée sous forme de repos, le salarié est tenu régulièrement informé de ses droits acquis sur son bulletin de paie ou sur un relevé annexé au bulletin. Le repos ne peut être pris que par journée entière, chacune étant réputée correspondre à sept heures de repos compensateur, et dans un délai fixé d'un commun accord entre l'employeur et le salarié, qui ne peut excéder deux mois.

Art. R. 3312-13 La durée minimale du repos quotidien fixée par l'article L. 3131-1 du code du travail peut être réduite :

1° Pour le personnel roulant assurant des transports soumis au règlement (CE) n° 561/2006 du Parlement européen et du Conseil du 15 mars 2006 relatif à l'harmonisation de certaines dispositions de la législation sociale dans le domaine des transports par route, dans les conditions fixées par l'article 8 de ce règlement ;

2° A défaut de l'accord mentionné à l'article L. 1321-4, pour le personnel roulant exécutant des transports non soumis au règlement du 15 mars 2006 mentionné au 1°, à l'exception du personnel ambulancier roulant, à dix heures consécutives sur toute période de vingt-quatre heures.

§ 4 *Documents relatifs au décompte de la durée du travail*

Art. D. 3312-14 Les articles D. 3171-1 à D. 3171-7 du code du travail relatifs au décompte de la durée du travail des salariés travaillant selon le même horaire collectif sont applicables dans les établissements soumis aux dispositions de la présente section.

Dans les entreprises et établissements qui appliquent un dispositif d'aménagement du temps de travail dans le cadre d'horaires individualisés, le total des heures de travail accomplies depuis le début de la période de référence est mentionné à la fin de celle-ci ou lors du départ du salarié si celui-ci a lieu en cours de période, sur un document annexé au dernier bulletin de paie de cette période.

Art. R. 3312-15 *(Décr. n° 2021-753 du 10 juin 2021, art. 1er-II)* La durée du travail des personnels de conduite exécutant des transports routiers de personnes soumis aux règlements (CE) n° 561/2006 du Parlement européen et du Conseil du 15 mars 2006 relatif à l'harmonisation de certaines dispositions de la législation sociale dans le domaine des transports par route et (UE) n° 165/2014 du Parlement européen et du Conseil du 4 février 2014 relatif aux tachygraphes dans les transports routiers est enregistrée, attestée et contrôlée.

Art. R. 3312-16 L'ensemble des heures correspondant à la durée du travail pour les personnels de conduite mentionnés au premier alinéa de l'article R. 3312-15 est décompté, dans ce cadre, selon les modalités suivantes :

1° Quotidiennement, par leur enregistrement, dans les conditions prévues à l'article R. 3312-15 ;

2° Dans le cadre de la semaine civile, par leur récapitulation hebdomadaire ;

3° Dans le cadre du mois civil, par leur récapitulation mensuelle.

Art. R. 3312-17 Le décompte quotidien, hebdomadaire et mensuel des heures de service doit distinguer, pour chaque salarié concerné, la durée du temps consacré à la conduite et la durée des temps de travail autre que la conduite.

La durée du travail est contrôlée, dans l'établissement d'attache du conducteur, au moyen du décompte quotidien, hebdomadaire et mensuel prévu par l'article R. 3312-16.

Art. R. 3312-18 Les dispositions des articles R. 3312-15 à R. 3312-17 sont également applicables au personnel sédentaire lorsqu'il assure une activité de conduite sur une journée complète de travail.

Art. R. 3312-19 La durée du travail des personnels roulants assurant des transports routiers non soumis aux règlements (CE) n° 561/2006 du Parlement européen et du Conseil du 15 mars 2006 relatif à l'harmonisation de certaines dispositions de la législation sociale dans le domaine des transports par route et (CEE) n° 3821/85 du Conseil du 20 décembre 1985 concernant l'appareil de contrôle dans le domaine des transports par route est enregistrée, attestée et contrôlée au moyen :

1° De l'horaire de service, pour les services de transports interurbains de voyageurs à horaire fixe et ramenant chaque jour les salariés intéressés à leur établissement d'attache ;

2° Dans les autres cas, d'un livret individuel de contrôle dont les feuillets doivent être remplis quotidiennement par les intéressés pour y faire mention de la durée des différents travaux. La durée du travail ainsi enregistrée au moyen des feuillets quotidiens du livret individuel de contrôle fait l'objet, pour chaque salarié concerné, d'un récapitulatif hebdomadaire et mensuel établi par l'employeur. *(Décr. n° 2021-753 du 10 juin 2021, art. 1er-II)* « Le format ainsi que les mentions du livret et des récapitulatifs sont définis par arrêté du ministre chargé des transports. Cet arrêté prévoit les conditions dans lesquelles ce livret peut être présenté sous format électronique et précise les modalités selon lesquelles les données du livret présenté sous ce format sont traitées par les agents mentionnés à l'article L. 3315-1.

« L'horaire de service ou le livret individuel de contrôle est détenu à bord du moyen de transport avec lequel est assuré le service et peut être présenté à tout moment aux agents de contrôle mentionnés à l'article L. 3315-1. »

Art. D. 3312-20 *(Décr. n° 2021-753 du 10 juin 2021, art. 1er-II)* « Les membres de la délégation du personnel au comité social et économique » peuvent consulter les documents et les données électroniques mentionnés aux articles R. 3312-15 à R. 3312-19, ainsi que le document mensuel, annexé au bulletin de paie, prévu à l'article D. 3312-24.

Art. D. 3312-21 Le conducteur a le droit d'obtenir communication, sans frais et en bon ordre :

1° En cas de conduite d'un véhicule équipé d'un appareil de contrôle des feuilles d'enregistrement de l'appareil le concernant et des documents mentionnés aux articles R. 3312-16, R. 3312-17 et D. 3312-24, ayant servi de base à l'élaboration de ses bulletins de paie ;

2° En cas de conduite d'un véhicule équipé d'un appareil de contrôle des données électroniques enregistrées dans la mémoire de sa carte personnelle de conducteur et des données le concernant enregistrées dans celle de l'unité véhicule de l'appareil téléchargées sur un support de sauvegarde.

Art. D. 3312-22 L'entreprise remet, sans frais et en bon ordre, aux conducteurs qui en font la demande, selon le cas :

1° Une copie des feuilles d'enregistrement, dans un format identique à celui des originaux ;

2° Une copie des fichiers issus du téléchargement des données électroniques contenues dans leurs cartes personnelles de conducteur, sur support informatique ou support papier à leur convenance. L'entreprise peut aussi mettre ces données à la disposition des conducteurs sur un poste informatique équipé d'un logiciel de lecture, sous forme de borne en libre accès, les supports informatiques ou papier permettant leur copie restant à la charge de l'employeur. Dans ce cas, l'employeur prend toute disposition permettant d'assurer que chaque conducteur n'a accès qu'aux seules données le concernant.

Art. D. 3312-23 Les personnels roulants assurant des transports routiers non soumis au règlement (CE) n° 561/2006 du Parlement européen et du Conseil du 15 mars 2006 relatif à l'harmonisation de certaines dispositions de la législation sociale dans le domaine des transports par route et au règlement ont le droit d'obtenir communication, sans frais et en bon ordre, des feuillets du livret de contrôle les concernant et des documents mentionnés aux articles R. 3312-19 et D. 3312-24, ayant servi de base à l'élaboration de leurs bulletins de paie.

L'employeur remet, sans frais et en bon ordre, une copie de ces documents, dans un format identique aux originaux, aux salariés intéressés qui en font la demande.

Art. D. 3312-24 Le bulletin de paie, ou un document mensuel annexé au bulletin de paie, précise le total cumulé des heures supplémentaires et des compensations obligatoires en repos acquises par le salarié depuis le début de l'année civile.

Le bulletin de paie, ou le document mensuel annexé, établi pour les conducteurs qui ont assuré dans le mois considéré des services en double équipage, doit mentionner l'intégralité des temps passés par ces conducteurs au service de leur employeur, avant prise en compte du coefficient de 50 p. 100 prévu à l'article D. 3312-26.

SOUS-SECTION 2 *Dispositions particulières aux entreprises de transport routier interurbain de voyageurs*

Art. D. 3312-25 Les dispositions de la présente sous-section relatives aux conducteurs s'appliquent également au personnel sédentaire lorsqu'il assure une activité de conduite sur une journée complète de travail.

Art. D. 3312-26 Lorsque l'équipage comprend deux conducteurs à bord, le temps non consacré à la conduite pendant la marche du véhicule est compté comme temps de travail pour 50 p. 100 de sa durée.

Art. D. 3312-27 Lorsque le repos hebdomadaire est d'une durée de deux jours, une de ces journées peut être fractionnée en deux demi-journées.

Pour les personnels roulants, le recours à ce fractionnement en deux demi-journées n'est possible que si une convention ou un accord d'entreprise ou d'établissement en définit les modalités.

Art. R. 3312-28 L'amplitude de la journée de travail du personnel roulant affecté à un service régulier *(Décr. n° 2021-753 du 10 juin 2021, art. 1er-II)* « ne doit pas excéder treize heures ». Elle peut être prolongée jusqu'à quatorze heures dans les conditions prévues à l'article R. 3312-11.

(Décr. n° 2021-753 du 10 juin 2021, art. 1er-II) « L'amplitude de la journée de travail du personnel roulant affecté à un service occasionnel ne doit pas excéder quatorze heures, sauf si une convention ou un accord collectif étendu prévoit une amplitude d'une durée inférieure. »

La prolongation de l'amplitude conformément aux dispositions des alinéas précédents ne peut avoir pour effet de diminuer la durée du repos quotidien définie en application de l'article R. 3312-13.

SOUS-SECTION 3 *Dispositions particulières aux entreprises de transport sanitaire*

Art. D. 3312-29 Dans les entreprises de transport sanitaire, les temps nécessaires à l'habillage et au déshabillage sur le lieu de travail sont compris dans l'amplitude de la journée de travail.

Art. R. 3312-30 L'amplitude de la journée de travail des personnels ambulanciers roulants peut être prolongée jusqu'à quinze heures dans les cas suivants :

1° Pour permettre d'accomplir une mission jusqu'à son terme, dans la limite d'une fois par semaine en moyenne sur quatre semaines ;

2° Pour des activités saisonnières ou pour des rapatriements sanitaires pour les compagnies d'assurance ou d'assistance, dans la limite de soixante-quinze fois par année civile.

L'inspecteur du travail et le *(Décr. n° 2021-753 du 10 juin 2021, art. 1er-II)* « comité social et économique s'il existe », sont tenus informés, immédiatement, de toute prolongation d'amplitude.

La durée minimale du repos quotidien peut être inférieure à onze heures, sans être inférieure à neuf heures consécutives, sous réserve que des périodes au moins équivalentes de repos compensateur soient accordées aux salariés au plus tard avant la fin de la troisième semaine civile suivant la semaine où le repos quotidien a été réduit.

Art. D. 3312-31 Afin de tenir compte des périodes d'inaction, ainsi que des repos, repas et coupures, le temps de travail effectif des personnels ambulanciers roulants à temps plein est compté sur la base du cumul hebdomadaire de leurs amplitudes journalières d'activité, prises en compte pour 75 % de leur durée pendant les services de permanence tels que définis par accord collectif.

En dehors des services de permanence, ce taux est fixé à 90 %.

Art. D. 3312-32 La durée hebdomadaire moyenne de travail des personnels des entreprises de transport sanitaire, comptée heure pour heure, ne peut excéder quarante-six heures sur une période quelconque de trois mois consécutifs ou, dans les conditions prévues à l'article L. 1321-3, de quatre mois consécutifs.

Art. R. 3312-33 La durée hebdomadaire de service des personnels ambulanciers roulants des entreprises de transport sanitaire est décomptée au moyen de feuilles de route hebdomadaires individuelles.

SECTION 3 *Entreprises de transport routier de marchandises*

SOUS-SECTION 1 *Dispositions communes*

§ 1 *Champ d'application*

Art. R. 3312-34 Les dispositions de la présente section sont applicables aux personnels, y compris le personnel d'encadrement, des établissements et professions qui ressortissent aux classes ci-après de la nomenclature d'activités approuvée par le décret n° 2007-1888 du 26 décembre 2007 portant approbation des nomenclatures d'activités et de produits françaises :

1° 49.41A Transports routiers de fret interurbains ;
2° 49.41B Transports routiers de fret de proximité ;
3° 49.41C Location de camions avec chauffeur ;
4° 49.42 Services de déménagement ;
5° 52.10B Entreposage non frigorifique (uniquement pour les entreprises exerçant à titre principal pour le compte de tiers, une activité de prestations logistiques sur des marchandises ne leur appartenant pas mais qui leur sont confiées) ;
6° 52.29 A Messagerie, fret express ;
7° 52.29 B Affrètement et organisation des transports (transports internationaux) ;
8° 53.20Z Autres activités de poste et de courrier ;
9° 77.12 Location et location-bail de camion (uniquement location de véhicules industriels sans conducteur) ;
10° 80.10Z Activité de sécurité privée (uniquement pour les services de transports de fonds exercés à titre principal).

Art. D. 3312-35 Les entreprises de courses sont les entreprises qui exercent une activité de course urbaine, de course périurbaine, ou de course urbaine et périurbaine, consistant en l'acheminement sans rupture de charge, au moyen de véhicules à deux roues, dans le temps nécessaire à l'exécution de la prestation sans pouvoir excéder douze heures, de plis, colis ou objets, la prise en charge et la livraison de chaque marchandise ayant lieu dans une même zone urbaine, périurbaine ou à la fois urbaine et périurbaine.

Art. D. 3312-36 Les personnels roulants marchandises "grands routiers" ou "longue distance" sont les personnels roulants affectés, dans les transports routiers de marchandises, à des services comportant au moins six repos quotidiens par mois hors du domicile et les personnels roulants affectés, dans les entreprises de déménagement, à des services comportant au moins quarante repos quotidiens par an hors du domicile. Cette définition peut être adaptée ou modifiée par accord collectif de branche.

Les conducteurs de messagerie sont les personnels roulants affectés, à titre principal, à des services organisés de messagerie, d'enlèvement et de livraison de marchandises ou de produits dans le cadre de tournées régulières nécessitant, pour une même expédition de domicile à domicile, des opérations de groupage et de dégroupage, et comportant des contraintes particulières de délais de livraison.

Les convoyeurs de fonds sont les personnels roulants affectés à des services de transport de fonds, de bijoux ou de métaux précieux.

Art. D. 3312-37 Pour l'application de la présente section, la semaine est la période comprise entre 0 heure le lundi et 24 heures le dimanche ; le trimestre est toute période de trois mois débutant les 1er janvier, 1er avril, 1er juillet ou 1er octobre ; le quadrimestre est toute période de quatre mois débutant les 1er janvier, 1er mai ou 1er septembre.

§ 2 *Organisation du travail*

Art. R. 3312-38 Sans préjudice des dispositions des articles L. 3132-1 et suivants du code du travail relatives au repos hebdomadaire l'employeur peut, après avis du *(Décr. nº 2021-753 du 10 juin 2021, art. 1er-II)* « comité social et économique s'il existe », répartir la durée du travail sur l'ensemble ou seulement sur certains des six autres jours de la semaine.

Toutefois, la durée du travail ne peut être répartie sur un nombre de jours inférieur à cinq qu'avec l'accord du comité d'entreprise ou, à défaut, des délégués du personnel s'ils existent. Dans les entreprises qui ne sont pas légalement dotées d'une représentation du personnel, cette répartition peut être autorisée par l'inspecteur du travail après enquête auprès des salariés.

Dans l'hypothèse où la répartition de la durée hebdomadaire du travail entraîne un repos d'une durée n'excédant pas deux jours, celui-ci doit être donné sans interruption.

Pour le personnel roulant, le repos mentionné au troisième alinéa peut débuter à une heure quelconque de la journée.

Art. R. 3312-39 L'organisation du travail par roulement, ainsi que l'organisation du travail par relais, est autorisée, après avis du *(Décr. nº 2021-753 du 10 juin 2021, art. 1er-II)* « comité social et économique s'il existe ». Cet avis doit porter notamment sur le principe et les modalités d'application de ces formules.

Dans le cas de travail par relais, l'amplitude de la journée de travail telle que définie par l'article R. 3312-2 ne peut excéder dix heures.

Art. D. 3312-40 Dans les entreprises de collecte de fret maritime ou aérien mentionnées à l'article R. 3312-34, les horaires de travail du personnel dont l'activité est indispensable aux opérations rendues nécessaires par les mouvements des navires ou des avions peuvent être décalés en fonction de ces mouvements.

§ 3 *Durée du travail*

Art. D. 3312-41 La durée hebdomadaire du travail est calculée sur une semaine.

La durée hebdomadaire du travail des personnels roulants peut être calculée sur une durée supérieure à la semaine, sans pouvoir dépasser trois mois, après avis du *(Décr. nº 2021-753 du 10 juin 2021, art. 1er-II)* « comité social et économique s'il existe ».

Art. D. 3312-42 La durée hebdomadaire du travail des personnels sédentaires de surveillance et de gardiennage et des personnels d'incendie peut être déterminée sur la base d'une moyenne calculée sur une période maximale de trois semaines consécutives.

Art. D. 3312-43 Un accord de branche étendu peut définir un seuil maximal pour la durée quotidienne cumulée des temps de repas, de repos et de coupure compris dans l'amplitude de la journée de travail des personnels roulants marchandises "grands routiers" ou "longue distance".

Art. R. 3312-44 Le temps non consacré à la conduite par des conducteurs pendant la marche du véhicule lorsque l'équipage comprend plus d'un conducteur à bord est compté comme temps de travail pour la totalité de sa durée.

Dans les entreprises de déménagement, le temps d'accompagnement est le temps non consacré à la conduite passé à bord des véhicules par le personnel roulant pendant la marche du véhicule dans le cadre d'une prestation de déménagement qui entraîne la prise d'un repos quotidien hors du domicile. Lorsqu'il est accompli dans des véhicules dont le poids maximal autorisé, y compris celui des remorques ou des semi-remorques, dépasse 3,5 tonnes, le temps d'accompagnement est compté comme temps de travail pour 50 % de sa durée.

Art. D. 3312-45 La durée de travail, dénommée temps de service, correspondant à la durée légale du travail ou réputée équivalente à celle-ci en application de l'article L. 3121-13 du code du travail, est fixée à :

1° Quarante-trois heures par semaine, soit cinq cent cinquante-neuf heures par trimestre dans les conditions prévues par le deuxième alinéa de l'article D. 3312-41, pour les personnels roulants "grands routiers" ou "longue distance" ;

2° Trente-neuf heures par semaine, soit cinq cent sept heures par trimestre dans les conditions prévues par le deuxième alinéa de l'article D. 3312-41, pour les autres personnels roulants, à l'exception des conducteurs de messagerie et des convoyeurs de fonds ;

3° Trente-cinq heures par semaine, soit quatre cent cinquante-cinq heures par trimestre dans les conditions prévues par le deuxième alinéa de l'article D. 3312-41, pour les conducteurs de messagerie et les convoyeurs de fonds.

Art. D. 3312-46 Sont rémunérées conformément aux usages ou aux conventions ou accords collectifs les heures de temps de service à compter de la trente-sixième heure par semaine, ou de la cent cinquante troisième heure par mois, et :

1° Jusqu'à la quarante-troisième heure par semaine, ou la cent quatre-vingt-sixième heure par mois, pour les personnels roulants marchandises "grands routiers" ou "longue distance" ;

2° Jusqu'à la trente-neuvième heure par semaine, ou la cent soixante-neuvième heure par mois, pour les autres personnels roulants marchandises, à l'exception des conducteurs de messagerie et des convoyeurs de fonds.

Art. R. 3312-47 Est considérée comme heure supplémentaire, pour les personnels roulants, toute heure de temps de service assurée au-delà des durées mentionnées à l'article D. 3312-45. *(Annulé par CE n° 410659 du 28 nov. 2018)* *« La convention ou [l']accord collectif étendu, ou la convention ou [l']accord collectif d'entreprise ou d'établissement fixant le taux de majoration des heures supplémentaires mentionné au 1° du I de l'article L. 3121-33 du code du travail, sont régis par les dispositions du premier alinéa de l'article L. 2253-3 de ce même code.*

Art. D. 3312-47-1 *(Décr. n° 2020-802 du 29 juin 2020)* Les stipulations de l'accord collectif de branche fixant le taux de majoration des heures supplémentaires prévalent sur la convention ou l'accord collectif d'entreprise ou d'établissement conclu antérieurement ou postérieurement à leur date d'entrée en vigueur, sauf lorsque la convention ou l'accord collectif d'entreprise ou d'établissement offre des garanties au moins équivalentes.

Art. R. 3312-48 Les heures supplémentaires ouvrent droit à une compensation obligatoire en repos trimestrielle dont la durée est égale à :

1° Une journée à partir de la quarante et unième heure et jusqu'à la soixante-dix-neuvième heure supplémentaire par trimestre ;

2° Une journée et demie à partir de la quatre-vingtième heure et jusqu'à la cent huitième heure supplémentaire par trimestre ;

3° Deux journées et demie au-delà de la cent huitième heure supplémentaire par trimestre.

Cette compensation obligatoire en repos doit être prise dans un délai maximum de trois mois suivant l'ouverture du droit. Une convention ou un accord collectif étendu ou un accord d'entreprise ou d'établissement peut fixer un délai supérieur, dans la limite de six mois.

Art. R. 3312-49 Lorsque le temps de service est, après accord, décompté sur quatre mois, la durée de la compensation obligatoire en repos pour le quadrimestre est égale à :

1° Une journée par quadrimestre à partir de la cinquante-cinquième heure et jusqu'à la cent cinquième heure supplémentaire par quadrimestre ;

2° Deux jours par quadrimestre à partir de la cent sixième heure et jusqu'à la cent quarante-quatrième heure par quadrimestre ;

3° Trois jours et demi par quadrimestre au-delà de la cent quarante-quatrième heure par quadrimestre.

Cette compensation obligatoire en repos doit être prise dans un délai maximum de quatre mois suivant l'ouverture du droit. Une convention ou un accord collectif étendu ou un accord d'entreprise ou d'établissement peut fixer un délai supérieur, dans la limite de six mois.

Art. R. 3312-50 La durée de temps de service pour les personnels roulants ne peut excéder les durées maximales suivantes :

PERSONNEL SALARIÉ	DURÉE DE TEMPS DE SERVICE MAXIMALE HEBDOMADAIRE SUR UNE SEMAINE ISOLÉE	DURÉE DE TEMPS DE SERVICE MAXIMALE HEBDOMADAIRE SUR TROIS MOIS OU SUR QUATRE MOIS APRÈS ACCORD	
Personnel roulant marchandises "grands routiers" ou "longue distance"	56 heures	Transports exécutés exclusivement avec des véhicules de plus de 3,5 tonnes durant la période considérée	53 heures ou 689 heures par trimestre ou 918 heures par quadrimestre *(Dans la limite de 48 heures ou 624 heures par trimestre ou 830 heures par quadrimestre au sens de la définition du temps de travail fixée par le a de l'article 3 de la directive 2002/15/CE du Parlement européen et du Conseil du 11 mars 2002.)*
		Autres transports	48 heures ou 624 heures par trimestre ou 830 heures par quadrimestre
Autres personnels roulants marchandises, à l'exception des conducteurs de messagerie et des convoyeurs de fonds	52 heures	Transports exécutés exclusivement avec des véhicules de plus de 3,5 tonnes durant la période considérée	50 heures ou 650 heures par trimestre ou 866 heures par quadrimestre *(Dans la limite de 48 heures ou 624 heures par trimestre ou 830 heures par quadrimestre au sens de la définition du temps de travail fixée par le a de l'article 3 de la directive 2002/15/CE du Parlement européen et du Conseil du 11 mars 2002.)*
		Autres transports	48 heures ou 624 heures par trimestre ou 830 heures par quadrimestre
Conducteurs de messagerie et convoyeurs de fonds	48 heures	44 heures ou 572 heures par trimestre ou 762 heures par quadrimestre	

Art. R. 3312-51 La durée quotidienne du temps de service ne peut excéder douze heures pour le personnel roulant.

Art. R. 3312-52 La durée quotidienne et la durée hebdomadaire du travail peuvent être, à titre temporaire, prolongées pour l'accomplissement de travaux urgents dont l'exécution immédiate est nécessaire pour *(Décr. n° 2018-736 du 21 août 2018, art. 5)* « assurer le rétablissement des approvisionnements de la Nation, » prévenir des accidents imminents, organiser des mesures de sauvetage ou réparer des accidents survenus soit au matériel, soit aux installations, soit aux bâtiments de l'entreprise et mettant en péril la marche de celle-ci.

La prolongation est limitée à :

1° Huit heures par semaine pour les mesures de sécurité, sauvegarde ou réparations en cas d'accidents survenus aux installations ou bâtiments ;

2° Six heures par semaine pour le dépannage des véhicules, sans que la durée quotidienne de travail puisse excéder quatorze heures.

Les heures ainsi accomplies ne sont pas imputées sur le contingent annuel d'heures supplémentaires.

Toute prolongation de la durée du travail décidée par l'employeur fait l'objet d'une information immédiate de l'inspecteur du travail.

Art. R. 3312-53 La durée du repos quotidien peut être réduite :

1° Pour le personnel roulant exécutant des transports soumis au règlement (CE) n° 561/2006 du Parlement européen et du Conseil du 15 mars 2006 relatif à l'harmonisation de certaines dispositions de la législation sociale dans le domaine des transports par route, dans les conditions fixées par ce règlement ;

2° A défaut de l'accord mentionné à l'article L. 1321-4, pour le personnel roulant exécutant des transports non soumis au règlement du 15 mars 2006 mentionné au 1°, à dix heures consécutives sur toute période de vingt-quatre heures.

§ 4 *Documents relatifs au décompte de la durée du travail*

Art. D. 3312-54 Les articles D. 3171-1 à D. 3171-7 du code du travail relatifs au décompte de la durée du travail des salariés travaillant selon le même horaire collectif sont applicables dans les établissements soumis aux dispositions de la présente section.

Dans les entreprises et établissements qui appliquent un dispositif d'aménagement du temps de travail dans le cadre d'horaires individualisés, le total des heures de travail accomplies depuis le début de la période de référence est mentionné à la fin de celle-ci ou lors du départ du salarié si celui-ci a lieu en cours de période, sur un document annexé au dernier bulletin de paie de cette période.

Art. R. 3312-55 La durée du temps de service des personnels de conduite exécutant des transports routiers de marchandises ou de déménagement soumis aux règlements (CE) n° 561/2006 du Parlement européen et du Conseil du 15 mars 2006 relatif à l'harmonisation de certaines dispositions de la législation sociale dans le domaine des transports par route et (UE) n° 165/2014 du Parlement européen et du Conseil du 4 février 2014 relatif aux tachygraphes dans les transports routiers est enregistrée, attestée et contrôlée :

1° En cas de conduite d'un véhicule équipé d'un appareil de contrôle de type tachygraphe analogique, tel que défini par l'article 2, paragraphe g) du règlement (UE) n° 165/2014 du 4 février 2014 précité, au moyen de la feuille d'enregistrement de l'appareil et conformément aux dispositions de l'annexe I de ce règlement ;

2° En cas de conduite d'un véhicule équipé d'un appareil de contrôle de type tachygraphe numérique, tel que défini par l'article 2, paragraphe h) du règlement (UE) n° 165/2014 du 4 février 2014 précité, au moyen des données électroniques enregistrées dans les mémoires de la carte personnelle du conducteur ainsi que de l'unité véhicule de l'appareil, et téléchargées de manière continue et régulière sur un support de sauvegarde, conformément aux dispositions de ce règlement.

Art. R. 3312-56 L'ensemble des heures correspondant à la durée du travail, ou temps de service, par les personnels de conduite mentionnés à l'article R. 3312-55 est décompté selon les modalités suivantes :

1° Quotidiennement, par leur enregistrement par les moyens mentionnés à l'article R. 3312-55 ;

2° Dans le cadre de la semaine, par leur récapitulation hebdomadaire ;

3° Dans le cadre du mois, par leur récapitulation mensuelle ;

4° Dans le cadre du trimestre, par leur récapitulation trimestrielle ;

5° Dans le cadre du quadrimestre, si le quadrimestre a été retenu comme période de référence par convention ou accord collectif étendu ou convention ou accord d'entreprise ou d'établissement, par leur récapitulation par quadrimestre.

Art. R. 3312-57 Le décompte quotidien, hebdomadaire, mensuel, trimestriel et, le cas échéant, par quadrimestre des heures de service réalisées doit distinguer, pour une connaissance effective de l'activité de chaque salarié concerné, la durée du temps de service consacré à la conduite et la durée du temps de service autre que la conduite.

La durée du temps de service est contrôlée, dans l'établissement d'attache du conducteur, au moyen du décompte quotidien, hebdomadaire, mensuel, trimestriel et, le cas échéant, par quadrimestre, prévu à l'article R. 3312-56.

Art. R. 3312-58 La durée du travail des personnels de conduite exécutant des transports routiers de marchandises ou de déménagement non soumis aux règlements (CE) nº 561/2006 du Parlement européen et du Conseil du 15 mars 2006 relatif à l'harmonisation de certaines dispositions de la législation sociale dans le domaine des transports par route et (UE) nº 165/2014 du Parlement européen et du Conseil du 4 février 2014 relatif aux tachygraphes dans les transports routiers et des personnels roulants des transports routiers de marchandises ou de déménagement autres que les personnels de conduite est enregistrée, attestée et contrôlée au moyen :

1° De l'horaire de service, pour les services de transports de marchandises à horaire fixe et ramenant chaque jour les salariés intéressés à leur établissement d'attache ;

2° Dans les autres cas, d'un livret individuel de contrôle dont les feuillets doivent être remplis quotidiennement par les intéressés pour y faire mention de la durée des différents travaux assurés ; la durée du temps passé au service de l'employeur ainsi enregistrée au moyen des feuillets quotidiens du livret individuel de contrôle fait l'objet, pour chaque salarié intéressé, d'un récapitulatif hebdomadaire, mensuel, trimestriel ou, le cas échéant, par quadrimestre si le quadrimestre a été retenu comme période de référence par convention ou accord collectif étendu ou convention ou accord d'entreprise ou d'établissement, établi par l'employeur. *(Décr. nº 2021-753 du 10 juin 2021, art. 1er-II)* « Le format ainsi que les mentions du livret et des récapitulatifs sont définis par arrêté du ministre chargé des transports. Cet arrêté prévoit les conditions dans lesquelles ce livret peut être présenté sous format électronique et précise les modalités selon lesquelles les données du livret présenté sous ce format sont traitées par les agents mentionnés à l'article L. 3315-1.

« L'horaire de service ou le livret individuel de contrôle est détenu à bord du moyen de transport avec lequel est assuré le service et peut être présenté à tout moment aux agents de contrôle mentionnés à l'article L. 3315-1. »

Art. D. 3312-59 *(Décr. nº 2021-753 du 10 juin 2021, art. 1er-II)* « Les membres de la délégation du personnel au comité social et économique » peuvent consulter les documents et données électroniques mentionnés aux articles R. 3312-55 à R. 3312-58, ainsi que le document mensuel, annexé au bulletin de paie, prévu par l'article D. 3312-63.

Art. D. 3312-60 Le conducteur a le droit d'obtenir communication, sans frais et en bon ordre :

1° En cas de conduite d'un véhicule équipé d'un appareil de contrôle de type tachygraphe analogique, tel que défini par l'article 2, paragraphe g) du règlement (UE) nº 165/2014 du 4 février 2014 précité, et conformément aux dispositions de l'annexe I de ce règlement des feuilles d'enregistrement de l'appareil le concernant et des documents mentionnés aux articles R. 3312-56, R. 3312-57 et D. 3312-63, ayant servi de base à l'élaboration de ses bulletins de paie ;

2° En cas de conduite d'un véhicule équipé d'un appareil de contrôle de type tachygraphe numérique, tel que défini par l'article 2, paragraphe h) du règlement (UE) nº 165/2014 du 4 février 2014 précité des données électroniques enregistrées dans les mémoires de sa carte personnelle ainsi que de l'unité véhicule de l'appareil téléchargées sur un support de sauvegarde conformément aux dispositions de ce règlement.

Art. D. 3312-61 L'entreprise remet, sans frais, et en bon ordre, aux conducteurs intéressés qui en font la demande :

1° Une copie des feuilles d'enregistrement mentionnées à l'article D. 3312-60, dans un format identique à celui des originaux ;

2° Une copie des fichiers issus du téléchargement des données électroniques contenues dans leurs cartes de conducteurs, sur papier ou sur support informatique à leur convenance. L'entreprise peut aussi mettre ces données à la disposition des conducteurs sur un poste informatique en libre accès équipé d'un logiciel de lecture, le papier ou le support informatique permettant leur copie restant à la charge de l'employeur ; dans ce cas, l'employeur prend toute disposition permettant d'assurer que chaque conducteur n'a accès qu'aux seules données le concernant.

Art. D. 3312-62 Les personnels de conduite exécutant des transports routiers de marchandises ou de déménagement non soumis aux règlements (CE) n° 561/2006 du Parlement européen et du Conseil du 15 mars 2006 relatif à l'harmonisation de certaines dispositions de la législation sociale dans le domaine des transports par route et du règlement (UE) n° 165/2014 du 4 février 2014 du Parlement européen et du Conseil du 4 février 2014 relatif aux tachygraphes dans les transports routiers et les personnels roulants des transports routiers de marchandises ou de déménagement autres que les personnels de conduite ont le droit d'obtenir communication, sans frais et en bon ordre, des feuillets du livret de contrôle les concernant et des documents mentionnés aux articles R. 3312-58 et D. 3312-63, ayant servi de base à l'élaboration de leurs bulletins de paie.

L'entreprise remet, sans frais et en bon ordre, une copie de ces documents, dans un format identique aux originaux, aux salariés intéressés qui en font la demande.

Art. D. 3312-63 Le bulletin de paie, ou un document mensuel annexé au bulletin de paie, précise le total cumulé des heures supplémentaires et des compensations obligatoires en repos acquises par le salarié depuis le début de l'année civile.

Le bulletin de paie, ou le document mensuel annexé mentionné au précédent alinéa, comporte obligatoirement, pour les personnels de conduite, sans préjudice des dispositions des articles R. 3243-1 à R. 3243-5 et D. 3171-13 du code du travail, après régularisation éventuelle le mois suivant, compte tenu du délai nécessaire à leur connaissance effective :

1° La durée des temps de conduite ;

2° La durée des temps de service autres que la conduite ;

3° L'ensemble de ces temps représentant le temps de service rémunéré, récapitulés mensuellement ;

4° Les heures qui sont payées au taux normal et celles qui comportent une majoration pour heures supplémentaires ou pour toute autre cause ;

5° Les informations relatives aux compensations obligatoires en repos acquises en fonction des heures supplémentaires accomplies.

SOUS-SECTION 2 *Dispositions particulières aux entreprises de déménagement*

Art. D. 3312-64 Pour le personnel non sédentaire de déménagement, la durée quotidienne du travail ne peut excéder dix heures. Toutefois, l'employeur en cas d'urgence et une convention ou un accord collectif de branche ou une convention ou un accord d'entreprise ou d'établissement peut porter cette durée à douze heures une fois par semaine. Elle peut être portée à douze heures une seconde fois par semaine, dans la limite de six fois par période de douze semaines, à condition que la durée hebdomadaire du travail soit répartie sur cinq jours au moins.

Le *(Décr. n° 2021-753 du 10 juin 2021, art. 1er-II)* « comité social et économique s'il existe émet » un avis sur les dépassements mentionnés à l'alinéa précédent.

SOUS-SECTION 3 *Dispositions particulières aux entreprises de course*

Art. D. 3312-65 Dans les entreprises de courses, définies à l'article D. 3312-35, la durée du temps de travail des personnels coursiers affectés à la conduite d'un véhicule à deux roues est la durée équivalente à l'amplitude de la journée de travail diminuée d'une heure.

Les mêmes dispositions s'appliquent dans les entreprises exploitant à titre principal, pour les mêmes activités, des véhicules à deux roues, lorsque les personnels coursiers ne sont pas affectés à la conduite de véhicules dépassant 3,5 tonnes de poids total autorisé en charge (PTAC).

CHAPITRE III *TEMPS DE CONDUITE ET DE REPOS DES CONDUCTEURS*

SECTION 1 *Obligations en matière de temps de conduite et de repos des conducteurs*

Art. R. 3313-1 Les dispositions des articles R. 3313-6, R. 3313-7 et R. 3313-8 s'appliquent aux entreprises soumises aux obligations dans le domaine des transports routiers mentionnées à l'article L. 3311-1 et définies par le règlement (CE) n° 561/2006 du Parlement européen et du Conseil du 15 mars 2006 relatif à l'harmonisation de certaines dispositions en matière sociale dans le domaine des transports par route, le règlement (UE) n° 165/2014 du Parlement européen et du Conseil du 4 février 2014 relatif aux tachygraphes dans les transports routiers et l'accord européen relatif au travail des équipages des véhicules effectuant des transports internationaux par route (AETR) du 1er juillet 1970 modifié.

Art. R. 3313-2 Conformément à l'article 13.1 du règlement (CE) n° 561/2006 du Parlement européen et du Conseil du 15 mars 2006 relatif à l'harmonisation de certaines dispositions en matière sociale dans le domaine des transports par route, les dispositions des articles 6, 7, 8 et 9 de ce règlement ne sont pas applicables aux transports effectués exclusivement sur le territoire national par les véhicules suivants :

1° Véhicules appartenant à des pouvoirs publics ou loués sans conducteur par ceux-ci pour effectuer, dans le cadre de leur mission de service public, des transports par route qui ne concurrencent pas les entreprises de transport privées ;

2° Véhicules dont le poids maximal autorisé, y compris celui des remorques ou des semi-remorques, ne dépasse pas 7,5 tonnes, utilisés ou loués sans chauffeur par des entreprises d'agriculture, d'horticulture, de sylviculture, d'élevage ou de pêche pour le transport de biens dans le cadre de leur activité professionnelle spécifique dans un rayon maximal de 50 kilomètres autour du lieu d'établissement de l'entreprise ;

3° Tracteurs agricoles ou forestiers utilisés pour des activités agricoles ou forestières dans un rayon maximal de 100 kilomètres autour du lieu d'établissement de l'entreprise qui est propriétaire du véhicule, qui le loue ou le prend en crédit-bail ;

4° Véhicules ou combinaison de véhicules d'une masse maximale admissible n'excédant pas 7,5 tonnes utilisés par des prestataires du service universel tels qu'ils sont définis à l'article 2, point 13, de la directive 97/67/CE du Parlement européen et du Conseil du 15 décembre 1997 modifiée concernant les règles communes pour le développement du marché intérieur des services postaux de la Communauté et l'amélioration de la qualité du service pour livrer des envois dans le cadre du service pour livrer des envois dans le cadre du service universel. Ces véhicules ne doivent être utilisés que dans un rayon maximal de 100 kilomètres autour du lieu d'établissement de l'entreprise et à condition que la conduite du véhicule ne constitue pas l'activité principale du conducteur ;

5° Véhicules utilisés pour le transport de marchandises dans un rayon maximal de 100 kilomètres autour du lieu d'établissement de l'entreprise, propulsés au gaz naturel, au gaz liquéfié ou à l'électricité, dont la masse maximale autorisée, remorque ou semi-remorque comprise, ne dépasse pas 7,5 tonnes ;

6° Véhicules utilisés dans le cadre des activités liées à l'évacuation des eaux usées, à la protection contre les inondations, ou au service des eaux, du gaz et de l'électricité, à l'entretien et à la surveillance de la voirie, aux services du télégraphe et du téléphone, à la radio et à la télédiffusion, et à la détection des postes émetteurs ou récepteurs de radio ou de télévision ;

7° Véhicules utilisés dans le cadre des activités liées à la collecte en porte-à-porte et à l'élimination des déchets ménagers, dans un rayon maximal de 100 kilomètres autour du lieu d'établissement de l'entreprise ;

8° Véhicules comportant de 10 à 17 sièges destinés exclusivement au transport de voyageurs à des fins non commerciales, à l'exclusion des transports d'enfants ;

9° Véhicules spécialisés transportant du matériel de cirque ou de fêtes foraines ;

10° Véhicules spécialement équipés pour la présentation et la diffusion de documents ou d'objets destinés principalement à des fins d'enseignement lorsqu'ils sont à l'arrêt ;

11° Véhicules utilisés pour la collecte du lait dans les fermes ou ramenant aux fermes des bidons à lait ou des produits laitiers destinés à l'alimentation du bétail dans un rayon maximal de 150 kilomètres autour du lieu d'établissement de l'entreprise ;

12° Véhicules spécialisés utilisés pour le transport de fonds ;

13° Véhicules transportant des déchets d'animaux ou des carcasses non destinés à la consommation humaine ;

14° Véhicules utilisés exclusivement sur route dans des installations de plates-formes telles que les ports, ports de transbordement intermodaux et terminaux ferroviaires ;

15° Véhicules utilisés pour le transport d'animaux vivants des fermes aux marchés locaux et vice versa, ou des marchés aux abattoirs locaux, dans un rayon maximal de 100 kilomètres autour de l'établissement de départ ;

16° Véhicules circulant exclusivement sur des îles dont la superficie ne dépasse pas 400 kilomètres carrés et qui ne sont pas reliées au reste du territoire national par un pont, un gué ou un tunnel ouverts aux véhicules automobiles ;

(Décr. nº 2020-1008 du 6 août 2020) « 17º Véhicules de transport de voyageurs assurant des services réguliers, circulant en Guadeloupe ou en Martinique. »

Art. R. 3313-2-1 *(Décr. nº 2020-1008 du 6 août 2020)* Par dérogation aux dispositions de l'article 7 du règlement (CE) nº 561/2006 du Parlement européen et du Conseil du 15 mars 2006 relatif à l'harmonisation de certaines dispositions en matière sociale dans le domaine des transports par route, sous réserve que les conditions locales de circulation tenant à la densité du trafic routier le justifient, le temps maximal de conduite ininterrompue des conducteurs des véhicules de transport de marchandises et de ceux des véhicules de transport de voyageurs n'assurant pas des services réguliers circulant en Guadeloupe ou en Martinique, avant observation d'un temps de pause, est de 5 h 30.

Le représentant de l'État dans la collectivité définit, par arrêté motivé, les périodes de l'année pendant lesquelles cette durée dérogatoire est applicable. Il fixe la durée minimale du temps de pause que doit observer le conducteur, comprise entre 45 minutes et une heure, ainsi que la durée minimale de chaque temps de pause en cas de fractionnement, qui ne peut être inférieure à 15 minutes.

Art. R. 3313-3 Par application des dispositions du 2 de l'article 3 du règlement (UE) nº 165/2014 du Parlement européen et du Conseil du 4 février 2014 relatif aux tachygraphes dans les transports routiers, les véhicules utilisés pour les transports définis à l'article R. 3313-2 sont dispensés de l'obligation d'être équipés de l'appareil de contrôle prévu par ce règlement.

Art. R. 3313-4 Pour les transports exécutés avec les véhicules mentionnés au 4 de l'article R. 3313-2, le conducteur doit justifier que son activité principale n'est pas celle de conducteur routier. Il doit notamment être en mesure, à cet effet, de produire immédiatement, à la demande des agents chargés du contrôle un document délivré par l'employeur indiquant les heures auxquelles commence et finit son travail ainsi que les heures et la durée des repos.

Art. R. 3313-5 La détention d'une carte de conducteur définie par l'article 2, paragraphe f) du règlement (UE) nº 165/2014 du 4 février *[2014]* relatif aux tachygraphes dans les transports routiers n'est pas exigée dans les véhicules utilisés pour les cours et les examens de conduite préparant à l'obtention du permis de conduire ou à la formation initiale et continue des conducteurs du transport routier de marchandises ou de voyageurs, pour autant qu'ils ne soient pas utilisés pour le transport de marchandises ou de voyageurs à des fins commerciales.

Art. R. 3313-6 Pour le contrôle des temps de conduite et de repos, sont assujettis à l'installation et à l'utilisation de l'appareil de contrôle mentionné par le règlement (UE) nº 165/2014 du Parlement européen et du Conseil du 4 février 2014 relatif aux tachygraphes dans les transports routiers, pour les transports nationaux, les véhicules de plus de neuf places, y compris celle du conducteur, affectés à des services réguliers publics routiers créés pour assurer, à titre principal, à l'intention des élèves, la desserte des établissements d'enseignement.

Art. R. 3313-6-1 *(Décr. nº 2018-736 du 21 août 2018, art. 5)* La décision relative à la dérogation temporaire en cas d'urgence, prévue au 2 de l'article 14 du règlement (CE) nº 561/2006 du Parlement européen et du Conseil du 15 mars 2006 relatif à l'harmonisation de certaines dispositions en matière sociale dans le domaine des transports par route, est prise par arrêté du ministre chargé des transports.

SECTION 2 *Dispositions relatives à l'installation et l'utilisation du tachygraphe*

Art. R. 3313-7 Les entreprises entrant dans le champ d'application des articles R. 3313-1 et R. 3313-6 doivent, dans les conditions fixées par le règlement (UE) nº 165/2014 du Parlement européen et du Conseil du 4 février 2014 relatif aux tachygraphes dans les transports routiers, opérer un téléchargement, tel que prévu au paragraphe 6 de l'article 4 de ce règlement, des données électroniques contenues, d'une part, dans la mémoire de l'appareil de contrôle électronique dit "tachygraphe" de l'ensemble des véhicules utilisés et, d'autre part, dans les cartes de l'ensemble de ses conducteurs.

Les entreprises procèdent à ce téléchargement selon des modalités propres à garantir la sécurité et l'exactitude des données.

Art. R. 3313-8 Les modalités techniques d'application des dispositions du règlement (CE) n° 561/2006 du Parlement européen et du Conseil du 15 mars 2006 relatif à l'harmonisation de certaines dispositions de la législation sociale dans le domaine des transports par route et du règlement (UE) n° 165/2014 du Parlement européen et du Conseil du 4 février 2014 relatif aux tachygraphes dans les transports routiers sont fixées par arrêtés conjoints du ministre chargé des transports et du ou des ministres intéressés.

(Décr. nº 2022-1147 du 10 août 2022, art. 3) « Les modalités de contrôle des tachygraphes définis à l'article 2 du règlement (UE) n° 165/2014 du Parlement européen et du Conseil du 4 février 2014 relatif aux tachygraphes dans les transports routiers, relevant de la législation relative aux instruments de mesure, sont fixées par arrêtés du ministre chargé de la métrologie légale et, le cas échéant, du ou des ministres intéressés. »

SECTION 3 *[ABROGÉE]* *Contrôle des tachygraphes*

(Abrogée par Décr. nº 2022-1147 du 10 août 2022, art. 3)

Art. R. 3313-9 *à* R. 3313-18 *Abrogés par Décr. nº 2022-1147 du 10 août 2022, art. 3.*

SECTION 4 *Cartes de conducteur*

Art. R. 3313-19 Aucun conducteur salarié ne peut être affecté à la conduite d'un véhicule soumis aux dispositions du règlement (CE) n° 561/2006 du Parlement européen et du Conseil du 15 mars 2006 relatif à l'harmonisation de certaines dispositions en matière sociale dans le domaine des transports par route, équipé d'un appareil de contrôle conforme au règlement (UE) n° 165/2014 du Parlement européen et du Conseil du 4 février 2014 relatif aux tachygraphes dans les transports routiers, s'il n'est détenteur d'une carte de conducteur en cours de validité.

Les demandes de cartes de conducteur, de renouvellement et de remplacement en cas de perte, de vol ou de défectuosité sont établies sur un formulaire signé par le conducteur.

Ces demandes sont adressées par l'employeur ou le salarié à l'organisme chargé de la délivrance des cartes. La redevance d'usage de la carte établie au nom du conducteur est dans tous les cas à la charge de l'employeur qui l'acquitte directement ou la rembourse au salarié sur justificatif de paiement.

Art. R. 3313-20 Les dispositions de l'article R. 3313-19 sont applicables aux entreprises de travail temporaire qui mettent à la disposition d'autres entreprises des salariés appelés à conduire des véhicules équipés d'un tachygraphe.

Art. R. 3313-21 *(Décr. nº 2022-1090 du 29 juill. 2022)* Les dispositions de l'article R. 3313-19 sont applicables aux entreprises qui emploient des salariés pratiquant la conduite encadrée, au sens de l'article L. 211-5 du code de la route, d'un véhicule équipé d'un tachygraphe.

Pour les élèves conducteurs ou les stagiaires en formation professionnelle appelés à pratiquer la conduite encadrée sans être salariés, les demandes de cartes de conducteur, de renouvellement et de remplacement en cas de perte, de vol ou de défectuosité sont établies sur un formulaire qu'ils signent. Lorsqu'ils sont mineurs non émancipés, le formulaire est signé par un titulaire de l'autorité parentale. Ces demandes sont adressées à l'organisme chargé de la délivrance des cartes soit par l'élève ou le stagiaire, soit par l'établissement ou l'organisme dans lequel il suit sa formation professionnelle. La redevance d'usage de la carte est acquittée par l'établissement ou l'organisme de formation, ou remboursée à l'élève conducteur ou au stagiaire sur présentation d'un justificatif de paiement.

CHAPITRE IV *FORMATION PROFESSIONNELLE DES CONDUCTEURS*

SECTION 1 *Dispositions relatives à la qualification initiale*

Art. R. 3314-1 Tout conducteur mentionné à l'article L. 3314-2 doit, avant de débuter son activité *(Abrogé par Décr. nº 2021-1482 du 12 nov. 2021, art. 1er, à compter du 1er févr. 2022)* « ***professionnelle*** » de conduite *(Abrogé par Décr. nº 2021-1482 du 12 nov. 2021, art. 1er, à compter du 1er févr. 2022)* « ***professionnelle*** », avoir suivi avec assiduité une formation professionnelle initiale, théorique et pratique, et avoir subi avec succès l'examen final. Cette formation peut être longue ou accélérée.

Art. R. 3314-2 La qualification initiale peut être obtenue à l'issue d'une formation professionnelle longue de 280 heures au moins, sanctionnée par un examen final à la réussite duquel est subordonnée l'obtention d'un titre professionnel de conduite routière délivré par le ministre chargé de l'emploi.

Art. R. 3314-3 La liste des titres professionnels mentionnés à l'article R. 3314-2 ainsi que celle des titres ou diplômes *(Décr. n° 2021-1482 du 12 nov. 2021, art. 1er, en vigueur le 1er févr. 2022)* « de niveaux 3 et 4 » de conducteur routier enregistrés de droit dans le répertoire national des certifications professionnelles et admis en équivalence de cette qualification initiale sont fixées par arrêté du ministre chargé des transports après avis des ministres chargés de l'emploi et de l'éducation ou, eu égard à la modification envisagée, par l'un ou l'autre de ces deux derniers ministres.

Art. R. 3314-4 L'obtention de la qualification initiale mentionnée aux articles R. 3314-2 et R. 3314-3 permet à son titulaire, dans les conditions fixées à l'article R. 3314-28, de conduire :

1° Dès l'âge de 18 ans, les véhicules pour la conduite desquels un permis de conduire des catégories C1, C1E, C ou CE est requis, lorsqu'il s'agit d'une formation de conducteurs de transport de marchandises ;

(Décr. n° 2021-542 du 30 avr. 2021) « 2° Dès l'âge de vingt et un ans, les véhicules pour la conduite desquels un permis de conduire des catégories D1 ou D1E est requis, lorsqu'il s'agit d'une formation de conducteurs de transport de voyageurs. Toutefois, cet âge est ramené à dix-huit ans pour les véhicules conduits exclusivement sur le territoire national ;

« 3° Dès l'âge de vingt et un ans, les véhicules pour la conduite desquels un permis de conduire des catégories D ou DE est requis, lorsqu'il s'agit d'une formation de conducteurs de transport de voyageurs. Toutefois, pour les véhicules conduits exclusivement sur le territoire national, cet âge est ramené à vingt ans. Il est abaissé à dix-huit ans lorsque ces véhicules sont conduits exclusivement sur le territoire national et à condition qu'ils circulent sans passager ou que le conducteur exécute des services réguliers dont le parcours de ligne ne dépasse pas cinquante kilomètres. En ce qui concerne les services de transport scolaire, un arrêté des ministres chargés des transports et de la sécurité routière fixe les mesures spécifiques d'accompagnement du conducteur âgé de moins de vingt ans que l'employeur doit mettre en place. »

Art. R. 3314-5 La qualification initiale peut également être obtenue à l'issue d'une formation professionnelle accélérée dénommée formation initiale minimale obligatoire, sanctionnée par un examen final. Cette formation est d'une durée de 140 heures au moins. Elle est dispensée sur quatre semaines obligatoirement consécutives, sauf lorsqu'elle est réalisée dans le cadre d'un contrat de professionnalisation.

Art. R. 3314-6 La formation initiale minimale obligatoire mentionnée à l'article R. 3314-5 permet à son titulaire, dans les conditions fixées à l'article R. 3314-28, de conduire :

1° Dès l'âge de 18 ans, les véhicules pour la conduite desquels un permis de conduire des catégories C1 ou C1E est requis lorsqu'il s'agit d'une formation de conducteurs de transport de marchandises ;

2° Dès l'âge de 21 ans, les véhicules pour la conduite desquels un permis de conduire des catégories C ou CE est requis, lorsqu'il s'agit d'une formation de conducteurs de transport de marchandises ;

3° Dès l'âge de 21 ans, les véhicules pour la conduite desquels un permis de conduire des catégories D1 ou D1E est requis lorsqu'il s'agit d'une formation de conducteurs de transport de voyageurs ;

4° Dès l'âge de 23 ans, les véhicules pour la conduite desquels un permis de conduire des catégories D ou DE est requis, lorsqu'il s'agit d'une formation de conducteurs de transport de voyageurs. Toutefois, cet âge est ramené à 21 ans pour les véhicules pour la conduite desquels un permis de conduire des catégories D ou DE est requis, exécutant des services réguliers nationaux de voyageurs dont le parcours de ligne ne dépasse pas 50 kilomètres.

Art. R. 3314-7 Tout conducteur ayant obtenu la qualification initiale de conducteur de transport de marchandises peut obtenir la qualification initiale de conducteur de transport de voyageurs mentionnée à l'article R. 3314-5 sous réserve de détenir le permis de conduire des catégories D1, D1E, D ou DE en cours de validité et d'avoir suivi, avec succès, une formation complémentaire préalablement à toute activité de conduite dans le secteur du transport de voyageurs.

Cette formation, d'une durée de 35 heures, porte sur les parties du programme de formation spécifiques à ce secteur.

Art. R. 3314-8 Tout conducteur ayant obtenu la qualification initiale de conducteur de transport de voyageurs peut obtenir la qualification initiale de conducteur de transport de marchandises mentionnée à l'article R. 3314-5 sous réserve de détenir le permis de conduire des catégories C1, C1E, C ou CE en cours de validité et d'avoir suivi, avec succès, une formation complémentaire préalablement à toute activité de conduite dans le secteur du transport de marchandises.

Cette formation, d'une durée de 35 heures, porte sur les parties du programme de formation particulières à ce secteur.

Art. R. 3314-9 *(Abrogé par Décr. nº 2021-1482 du 12 nov. 2021, art. 1er, à compter du 1er févr. 2022) Sont réputés avoir obtenu la qualification initiale de conducteur de transport de voyageurs les conducteurs titulaires d'un permis de conduire en cours de validité de la catégorie D ou ED délivré avant le 10 septembre 2008.*

Sont réputés avoir obtenu la qualification initiale de conducteur de transport marchandises les conducteurs titulaires d'un permis de conduire en cours de validité de la catégorie C ou EC délivré avant le 10 septembre 2009.

Toutefois, ces dispositions ne s'appliquent pas aux conducteurs qui n'ont jamais exercé à titre professionnel une activité de conduite de véhicule des catégories considérées ou qui ont interrompu cette activité pendant dix ans consécutifs au moins.

L'exercice d'une activité de conduite à titre professionnel est justifiée soit par une attestation délivrée par l'employeur, soit, pour les conducteurs non salariés, par une attestation sur l'honneur dont le modèle est fixé par arrêté du ministre chargé des transports.

SECTION 2 *Dispositions relatives à la formation continue*

Art. R. 3314-10 *(Décr. nº 2021-1482 du 12 nov. 2021, art. 1er, en vigueur le 1er févr. 2022)* Tout conducteur mentionné à l'article R. 3314-1 doit suivre une formation continue obligatoire tous les cinq ans, la première formation ayant lieu dans les cinq années qui suivent l'obtention de la qualification initiale. Lorsque l'intéressé est salarié, cette formation contribue au respect, par l'employeur, des obligations prévues à l'article L. 6321-1 du code du travail.

Art. R. 3314-11 *(Décr. nº 2021-1482 du 12 nov. 2021, art. 1er, en vigueur le 1er août 2022)* La formation prévue à l'article R. 3314-10 est d'une durée de trente-cinq heures et comporte une partie pratique, qui peut être réalisée en situation de travail.

Elle est réalisée pendant le temps habituel de travail, soit sur une période de cinq jours consécutifs, soit, pour tenir compte des contraintes d'organisation et de fonctionnement de l'entreprise et des besoins de formation particuliers du conducteur, de manière fractionnée, par séquences d'une durée minimale de 7 heures.

Dans ce second cas, le centre de formation agréé conformément aux articles R. 3314-19 à R. 3314-21 et R. 3314-23, qui a dispensé la séquence délivre au conducteur une attestation de suivi mentionnant le contenu et la durée de la séquence accomplie. Le modèle et les modalités de délivrance de cette attestation sont fixés par arrêté du ministre chargé des transports.

Art. R. 3314-12 *(Décr. nº 2021-1482 du 12 nov. 2021, art. 1er, en vigueur le 1er févr. 2022)* « La formation prévue » à l'article R. 3314-10 *(Décr. nº 2021-1482 du 12 nov. 2021, art. 1er, en vigueur le 1er févr. 2022)* « peut être achevée par anticipation dans l'année qui précède » la date à laquelle doit être remplie l'obligation de formation continue. Dans ce cas, le délai de validité de cette formation ne commence à courir qu'à l'expiration de la période de validité de la formation précédente.

Art. R. 3314-13 La formation continue mentionnée à l'article R. 3314-10 permet à son titulaire de conduire indifféremment des véhicules de transport de voyageurs ou de marchandises pour la conduite desquels est requis un permis de conduire, respectivement, des catégories D1, D1E, D ou DE et C1, C1E, C ou CE sous réserve de détenir les permis de conduire des catégories correspondantes en cours de validité et d'avoir satisfait à la formation spécifique mentionnée aux articles R. 3314-7 et R. 3314-8.

Dans ce cas, la formation continue doit être réalisée dans les cinq ans qui suivent *(Décr. nº 2021-1482 du 12 nov. 2021, art. 1er, en vigueur le 1er févr. 2022)* « la date à laquelle s'est achevée la formation spécifique » mentionnée aux articles R. 3314-7 et R. 3314-8 puis renouvelée tous les cinq ans à partir de cette dernière date.

Art. R. 3314-14 *(Décr. n° 2021-1482 du 12 nov. 2021, art. 1er, en vigueur le 1er févr. 2022)* Les conducteurs ayant obtenu une qualification initiale ou ayant déjà suivi une formation continue, qui ont interrompu leur activité de conduite et dépassé le délai prévu aux articles R. 3314-10 ou R. 3314-13, doivent, préalablement à la reprise d'une telle activité, suivre la formation continue mentionnée à l'article R. 3314-10.

SECTION 3 *Dispositions communes*

Art. R. 3314-15 *(Décr. n° 2020-1078 du 20 août 2020)* Les obligations relatives à la formation professionnelle initiale et continue des conducteurs ne s'appliquent pas aux conducteurs :

1° Des véhicules dont la vitesse maximale autorisée ne dépasse pas 45 kilomètres par heure ;

2° Des véhicules affectés aux services des forces armées, des services de sécurité civile, des forces responsables du maintien de l'ordre public et des services de transport d'urgence en ambulance, ou placés sous le contrôle de ceux-ci, lorsque le transport est effectué aux fins des tâches qui ont été assignées à ces services ;

3° Des véhicules subissant des tests sur route à des fins d'amélioration technique, de réparation ou d'entretien et des véhicules neufs ou transformés non encore mis en circulation ;

4° Des véhicules utilisés dans des situations d'urgence ou affectés à des missions de sauvetage, y compris les véhicules utilisés pour le transport non commercial d'aide humanitaire ;

5° Des véhicules utilisés lors des cours ou des examens de conduite, en vue de l'obtention d'un permis de conduire ou dans le cadre de la formation professionnelle prévue au présent chapitre, pour autant qu'ils ne soient pas utilisés pour le transport commercial de marchandises ou de voyageurs ;

6° Des véhicules utilisés pour le transport non commercial de voyageurs ou de biens ;

7° Des véhicules transportant du matériel, de l'équipement ou des machines destinés à être utilisés dans l'exercice du métier de leur conducteur, à condition que la conduite du véhicule ne constitue pas son activité principale ;

8° Qui suivent une formation réalisée en situation de travail, en alternance ou dans le cadre d'un contrat de formation, d'une convention de formation ou d'une convention liée à une période de formation en milieu professionnel ou à un stage, en vue de l'obtention d'un permis de conduire ou dans le cadre de la formation professionnelle prévue au présent chapitre, à condition qu'ils soient accompagnés par un tiers titulaire de la carte de qualification de conducteur ou par un enseignant titulaire de l'autorisation prévue à l'article L. 212-1 du code de la route, pour la catégorie du véhicule utilisé ;

9° Des véhicules pour la conduite desquels un permis de conduire de la catégorie D ou D1 est requis, conduits sans passager entre un centre de maintenance et le plus proche centre opérationnel utilisé par le transporteur, à condition que le conducteur soit un agent de maintenance et que la conduite du véhicule ne constitue pas son activité principale ;

10° Des véhicules dont la conduite a lieu sur les chemins ruraux au sens de l'article L. 161-1 du code de la voirie routière, aux fins de l'approvisionnement de la propre entreprise des conducteurs, lorsque ceux-ci ne proposent pas de services de transport, et à condition que la conduite du véhicule ne constitue pas leur activité principale ;

11° Des véhicules utilisés, ou loués sans chauffeur, par des entreprises d'agriculture, d'horticulture, de sylviculture, d'élevage ou de pêche, pour le transport de marchandises dans le cadre de leur activité professionnelle spécifique, à condition que la conduite du véhicule ne constitue pas l'activité principale du conducteur et que ces véhicules soient utilisés autour du lieu d'établissement de l'entreprise dans la limite d'un rayon maximal fixé par arrêté conjoint du ministre chargé de la sécurité routière et du ministre chargé des transports ;

12° Des véhicules circulant exclusivement sur des routes qui ne sont pas ouvertes à l'usage public.

Art. R. 3314-16 Le programme et les modalités de mise en œuvre de la formation professionnelle prévue à l'article R. 3314-2 sont fixés par arrêté du ministre chargé de l'emploi.

Cette formation est validée dans les organismes mentionnés à l'article R. 338-8 du code de l'éducation.

V. Arr. du 7 juin 2023 relatif au titre professionnel de conducteur de transport en commun sur route (JO 14 juin).

Art. R. 3314-17 Le programme et les modalités de mise en œuvre des formations prévues aux articles R. 3314-5, R. 3314-7, R. 3314-8 et R. 3314-10 *(Décr. n° 2021-1482 du 12 nov. 2021, art. 1er, en vigueur du 1er août 2022)* « , ainsi que, le cas échéant, les modalités d'organisation des séquences de formation mentionnées à l'article R. 3314-11 » sont fixés par arrêté du ministre chargé des transports.

Art. R. 3314-18 Des accords collectifs de branche étendus peuvent prévoir des adaptations du contenu du programme des formations mentionnées à l'article R. 3314-17 aux particularités de l'exercice du métier de conducteur dans la branche considérée, en conformité avec la liste des matières figurant à l'annexe I de la directive 2003/59/CE du Parlement européen et du Conseil du 15 juillet 2003 relative à la qualification initiale et à la formation continue des conducteurs de certains véhicules routiers affectés aux transports de marchandises ou de voyageurs modifiant le règlement (CEE) n° 3820/85 du Conseil ainsi que la directive 91/439/CEE du Conseil et abrogeant la directive 76/914/CEE du Conseil.

Art. R. 3314-19 Les formations prévues aux articles R. 3314-5, R. 3314-7, R. 3314-8 et R. 3314-10 sont dispensées dans le cadre des établissements agréés par le préfet de région sur la base d'un cahier des charges établi par arrêté du ministre chargé des transports et définissant les conditions de cet agrément.

Art. R. 3314-20 Lorsqu'un établissement sollicitant l'agrément ou son renouvellement confie à un organisme de formation agréé la réalisation d'une partie des formations obligatoires mentionnées aux articles R. 3314-5, R. 3314-7, R. 3314-8 et R. 3314-10, le cahier des charges mentionné à l'article R. 3314-19 prévoit que celui-ci doit fournir à l'appui de sa demande les contrat ou convention le liant à cet organisme de formation.

Le cahier des charges définit également les conditions matérielles de l'évaluation des stagiaires à la fin des sessions de formation prévues aux articles R. 3314-5, R. 3314-7 et R. 3314-8. Cette évaluation doit être menée par un formateur autre que celui qui a dispensé la formation.

Art. R. 3314-21 L'agrément est délivré par établissement.

Toutefois, lorsque l'organisme de formation dispose d'un ou plusieurs établissements secondaires placés sous la même direction et implantés dans la même région *(Abrogé par Décr. n° 2021-1482 du 12 nov. 2021, art. 1er, à compter le 1er févr. 2022)* ***« ou dans un département limitrophe de cette région »***, l'agrément porte sur l'établissement principal et les établissements secondaires.

(Abrogé par Décr. n° 2021-1482 du 12 nov. 2021, art. 1er, à compter le 1er févr. 2022) ***« Lorsqu'un établissement secondaire est implanté dans un département limitrophe de la région dans laquelle se trouve l'établissement principal, l'agrément est délivré par le préfet de la région dans laquelle est situé l'établissement principal après avis du préfet de la région dans laquelle est situé cet établissement secondaire. »***

Art. R. 3314-22 Les formations prévues aux articles R. 3314-5, R. 3314-7, R. 3314-8 et R. 3314-10 ne peuvent être assurées par des moniteurs d'entreprise que sous la responsabilité d'un établissement agréé et dans les conditions fixées par le cahier des charges.

Lorsque ces formations sont assurées par un centre de formation d'entreprise agréé ou par un moniteur d'entreprise, elles peuvent être dispensées sur différents sites d'exploitation dès lors qu'elles s'adressent exclusivement aux salariés de l'entreprise ou du groupe et de ses différentes filiales implantées sur le territoire national.

Des moniteurs d'entreprises employés par des groupements d'employeurs, tels que définis par le code du travail, peuvent également assurer les formations prévues aux articles R. 3314-5, R. 3314-7, R. 3314-8 et R. 3314-10 sous la responsabilité d'un établissement agréé et dans les conditions fixées par le cahier des charges. Ces formations peuvent être dispensées sur différents sites d'exploitation dès lors qu'elles s'adressent exclusivement aux salariés des entreprises membres du groupement d'employeurs.

Art. R. 3314-23 La demande d'agrément est adressée au préfet de région compétent par lettre recommandée avec demande d'avis de réception.

Le silence gardé pendant plus de quatre mois sur une demande d'agrément vaut décision de rejet.

Art. R. 3314-24 L'agrément peut être retiré ou suspendu si les conditions n'en sont plus remplies.

L'organisme de formation est préalablement invité à présenter ses observations sur la mesure envisagée.

Art. R. 3314-25 Les conditions dans lesquelles les formateurs et les moniteurs d'entreprise qui dispensent les formations mentionnées aux articles R. 3314-2, R. 3314-3, R. 3314-5, R. 3314-7, R. 3314-8 et R. 3314-10 peuvent se voir délivrer la carte de qualification de conducteur sont fixées par arrêté du ministre chargé des transports.

Art. R. 3314-26 Le contrôle des établissements agréés mentionnés aux articles R. 3314-19 à R. 3314-24, notamment en ce qui concerne le respect du cahier des charges, la pérennité des moyens dont il a été fait état lors de la demande d'agrément ou son renouvellement et le bon déroulement des formations, *(Décr. nº 2021-1482 du 12 nov. 2021, art. 1er, en vigueur le 1er août 2022)* « y compris lorsqu'elles sont dispensées en situation de travail ou par un moniteur d'entreprise, » est assuré par les fonctionnaires habilités par le préfet de région à cet effet.

Art. R. 3314-27 *(Décr. nº 2021-1482 du 12 nov. 2021, art. 1er, en vigueur le 1er févr. 2022)* La société nationale mentionnée à l'article 1er de la loi du 31 décembre 1993 relative à l'Imprimerie nationale met à disposition du conducteur qui a obtenu une qualification initiale selon l'une des modalités prévues aux articles R. 3314-2, R. 3314-3, R. 3314-5, R. 3314-7 ou R. 3314-8, ou qui a satisfait à l'obligation de formation continue prévue à l'article R. 3314-10, par voie électronique, un certificat de qualification.

Le modèle, les conditions et les modalités de mise à disposition de ce certificat sont fixés par arrêté du ministre chargé des transports.

Art. R. 3314-28 *(Décr. nº 2021-1482 du 12 nov. 2021, art. 1er, en vigueur le 1er févr. 2022)* Une carte de qualification de conducteur est fournie par la société mentionnée au premier alinéa de l'article R. 3314-27, à chaque conducteur mentionné à ce même article, sur sa demande ou celle de son employeur, adressée par voie électronique, et après vérification de la validité du permis de conduire du conducteur concerné.

Le modèle, les conditions et les modalités de demande et de fourniture de cette carte sont fixés par arrêté du ministre chargé des transports.

CHAPITRE V *CONTRÔLES ET SANCTIONS*

SECTION 1 *Recherche et constatation des infractions*

Art. R. 3315-1 L'employeur doit être en mesure de justifier, lors des contrôles en entreprise effectués par les fonctionnaires ou agents de l'État mentionnés aux 1°, 2° et 4° de l'article L. 3315-1, de la régularité de la situation de ses conducteurs salariés au regard des obligations de qualification initiale et de formation continue par la production, pour chaque salarié concerné, *(Décr. nº 2020-1078 du 20 août 2020)* « d'une copie de l'un des documents justificatifs mentionnés à l'article R. 3315-2 ».

Art. R. 3315-2 *(Décr. nº 2020-1078 du 20 août 2020) (Décr. nº 2021-1482 du 12 nov. 2021, art. 1er, en vigueur le 1er févr. 2022)* « I. — » Tout conducteur doit être en mesure de justifier de la régularité de sa situation au regard des obligations de qualification initiale ou de formation continue par la présentation sur leur demande, aux agents visés à l'article L. 3315-1, de l'un des documents suivants, sur lequel doit être mentionné le code harmonisé "95" de l'Union européenne, prévu à l'annexe I de la directive 2006/126/CE du Parlement européen et du Conseil du 20 décembre 2006 relative au permis de conduire :

1° La carte de qualification de conducteur en cours de validité ;

2° Le permis de conduire en cours de validité ;

3° Pour les conducteurs ressortissants d'un État non membre de l'Union européenne qui sont employés ou dont les services sont utilisés par une entreprise établie dans un État membre, l'attestation de conducteur prévue par le 4° de l'article R. 3411-13.

(Décr. nº 2021-1482 du 12 nov. 2021, art. 1er, en vigueur le 1er févr. 2022) « II. — La présentation du certificat de qualification mentionné à l'article R. 3314-27 permet au conducteur de justifier, sur le territoire national, dans l'attente de l'obtention de sa carte de qualifica-

tion de conducteur, de la régularité de sa situation au regard des obligations de qualification initiale ou de formation continue, pendant une période provisoire dont la durée maximale est fixée par arrêté du ministre chargé des transports. »

SECTION 2 *Sanctions*

SOUS-SECTION 1 *Infractions aux obligations en matière de durée du travail*

Art. R. 3315-3 Sont punis de l'amende prévue pour les contraventions de la 5e classe les infractions aux dispositions prévues par les articles L. 3312-1 et L. 3312-7.

L'amende est prononcée autant de fois qu'il y a de salariés concernés par l'infraction.

Art. R. 3315-4 Sont punis de l'amende prévue pour les contraventions de la 4e classe les infractions aux dispositions prévues par les articles L. 3312-6 et L. 3312-8.

L'amende est prononcée autant de fois qu'il y a de salariés concernés par l'infraction.

Art. R. 3315-5 Est puni de l'amende prévue pour les contraventions de la 4e classe le fait de contrevenir aux dispositions du chapitre II, relatives à la durée du travail du personnel des entreprises de transport routier à l'exception des articles R. 3312-48 à R. 3312-50.

L'amende est prononcée autant de fois qu'il y a de salariés concernés par l'infraction.

Art. R. 3315-6 Est puni de l'amende prévue pour les contraventions de la 5e classe le fait de contrevenir aux dispositions relatives aux durées de compensation obligatoire et du temps de service des articles R. 3312-48 à *(Décr. no 2018-736 du 21 août 2018, art. 5)* « R. 3312-50 ».

L'amende est prononcée autant de fois qu'il y a de salariés concernés par l'infraction.

SOUS-SECTION 2 *Infractions aux obligations en matière de formation des conducteurs routiers*

Art. R. 3315-7 Est puni de l'amende prévue pour les contraventions de la 4e classe le fait, pour un employeur, de ne pas avoir pris les dispositions nécessaires au respect, par les conducteurs dont il est responsable, des obligations de qualification initiale et de formation continue prévues respectivement aux articles R. 3314-1 et R. 3314-10. L'amende est appliquée autant de fois qu'il y a de conducteurs concernés.

Art. R. 3315-8 Est puni de l'amende prévue pour les contraventions de la 3e classe le fait, pour un conducteur, de ne pas présenter immédiatement aux agents mentionnés à l'article R. 3315-2 l'un des documents énumérés audit article justifiant de la régularité de sa situation au regard des obligations de qualification initiale ou de formation continue prévues respectivement aux articles R. 3314-1 et R. 3314-10.

Est puni de l'amende prévue pour les contraventions de la 4e classe le fait, pour un conducteur, lorsqu'il est invité à justifier dans un délai de cinq jours de la possession du document mentionné à l'alinéa précédent, de ne pas présenter ce document avant l'expiration de ce délai.

Toutefois, les peines prévues aux précédents alinéas ne sont pas applicables au conducteur lorsque ce dernier justifie que le défaut de présentation de ce document résulte d'une carence de l'employeur.

SOUS-SECTION 3 *Infractions aux obligations en matière de temps de conduite et de repos des conducteurs routiers*

Art. R. 3315-9 Sont punies de l'amende prévue pour les contraventions de la 3e classe :

1° La présence à bord en quantité insuffisante du papier nécessaire aux sorties imprimées ;

2° L'utilisation de feuilles d'enregistrement ou de cartes de conducteur souillées ou endommagées, si les données sont lisibles.

Art. R. 3315-10 Sont punis de l'amende prévue pour les contraventions de la 4e classe :

1° Le non-respect de l'âge minimal des personnes mentionné à l'article 5 du règlement (CE) no 561/2006 du 15 mars 2006 ;

2° Les dépassements des durées de conduite de moins :

a) De deux heures de la durée de conduite journalière de neuf heures, ou de dix heures en cas d'utilisation de la prolongation prévue au 1° de l'article 6 du règlement (CE) no 561/2006 du 15 mars 2006 ;

b) De quatorze heures de la durée de conduite hebdomadaire ;

c) De vingt-deux heures trente minutes de la durée de conduite totale accumulée au cours de deux semaines consécutives ;

d) D'une heure trente minutes de la durée de conduite ininterrompue ;

3° L'insuffisance du temps de repos jusqu'à :

a) Deux heures trente minutes du temps de repos quotidien normal ou jusqu'à deux heures en cas de repos quotidien réduit ;

b) Deux heures de la période de neuf heures du temps de repos quotidien normal lorsqu'il est pris en deux tranches ;

c) Deux heures du temps de repos quotidien de neuf heures en cas de conduite en équipage ;

d) Neuf heures du temps de repos hebdomadaire normal ;

e) Quatre heures du temps de repos hebdomadaire réduit ;

4° Les manquements suivants aux obligations d'enregistrement et de contrôle du temps de conduite et de repos :

a) La présence à bord d'un nombre insuffisant de feuilles d'enregistrement ;

b) L'utilisation d'un modèle non homologué de feuille d'enregistrement ;

c) Le retrait de feuilles ou de cartes de conducteur, avant la fin de la période de travail journalière, sans effet sur les données enregistrées ;

d) L'utilisation d'une feuille d'enregistrement ou d'une carte de conducteur pour couvrir une période plus longue que celle pour laquelle elle est conçue, sans perte de données ;

(Décr. n° 2022-1147 du 10 août 2022, art. 4) « *e)* L'absence de saisie, dans l'appareil de contrôle ou sur la feuille d'enregistrement, du symbole du pays où le conducteur commence sa période de travail journalière, du pays où il finit sa période de travail journalière, du ou des pays où il entre après avoir franchi la frontière d'un État membre, conformément aux prescriptions des paragraphes 6 et 7 de l'article 34 du règlement (UE) n° 165/2014 du Parlement européen et du Conseil du 4 février 2014 relatif aux tachygraphes dans les transports routiers ; »

f) Le marquage d'un horaire sur la feuille d'enregistrement ne correspondant pas à l'heure légale du pays d'immatriculation du véhicule ;

g) L'absence des mentions obligatoires suivantes sur les feuilles d'enregistrement : date et lieu de début et de fin d'utilisation, numéro d'immatriculation, relevé du compteur kilométrique au début et à la fin de l'utilisation, heure de changement de véhicule ;

h) L'absence de signature sur la feuille provisoire ;

(Décr. n° 2022-1147 du 10 août 2022, art. 4) « *i)* L'absence d'un ou plusieurs des enregistrements de la position du véhicule mentionnés au paragraphe 1, premier alinéa, de l'article 8 du règlement (UE) n° 165/2014 du Parlement européen et du Conseil du 4 février 2014 relatif aux tachygraphes dans les transports routiers :

« — le lieu où le conducteur commence sa période de travail journalière ;

« — toutes les trois heures de temps de conduite accumulé ;

« — le lieu où le conducteur finit sa période de travail journalière ;

« — chaque fois que le véhicule franchit la frontière d'un État membre ;

« — chaque fois que le véhicule effectue des activités de chargement ou de déchargement ;

« — lorsque le véhicule est équipé du tachygraphe intelligent tel que défini au chapitre II du règlement UE n° 165/2014 ;

« Toutefois, les enregistrements des franchissements de frontière et des activités de chargement ou de déchargement ne sont exigibles que pour les véhicules équipés de la deuxième version du tachygraphe intelligent, tel que prévu par l'article 11, deuxième alinéa de ce règlement ;

« *j)* L'absence de la mention du type de transport (marchandises ou voyageurs), en application du paragraphe 1, deuxième alinéa, de l'article 8 du règlement (UE) n° 165/2014 du 4 février 2014 précité pour les véhicules équipés de la deuxième version du tachygraphe intelligent, tel que prévu par l'article 11, deuxième alinéa, de ce règlement ; »

(Décr. n° 2020-1088 du 24 août 2020, art. 2) « 5° Les manquements suivants à l'obligation de repos hebdomadaire :

« *a)* Dépassement de moins de douze heures de l'obligation de prise d'un repos hebdomadaire après six périodes consécutives de vingt-quatre heures depuis le temps de repos hebdomadaire précédent ;

« *b)* Dépassement de moins de douze heures de l'obligation de prise d'un repos hebdomadaire moins de douze heures après douze périodes consécutives de vingt-quatre heures depuis le temps de repos hebdomadaire précédent dans le cadre de la dérogation prévue à l'article 8 paragraphe 6 *bis* du règlement (CE) n° 561/2006 du 15 mars 2006, modifié par le règlement (CE) n° 1073/2009 du Parlement européen et du Conseil du 21 octobre 2009 établissant des règles communes pour l'accès au marché international des services de transport par autocars et autobus, et modifiant le règlement (CE) n° 561/2006 ;

« *c)* Prise d'un temps de repos hebdomadaire supérieur à soixante-cinq heures et inférieur ou égal à soixante-sept heures à la suite de douze périodes consécutives de vingt-quatre heures dans le cadre de la dérogation prévue à l'article 8 paragraphe 6 *bis* du règlement (CE) n° 561/2006 précité ;

« *d)* Prise d'un temps de repos hebdomadaire après douze périodes consécutives de vingt-quatre heures depuis le temps de repos hebdomadaire précédent dans le cadre de la dérogation prévue à l'article 8 paragraphe 6 *bis* du règlement (CE) n° 561/2006 précité, avec, au cours de ces douze périodes de vingt-quatre heures, une période de conduite entre 22 heures et 6 heures, supérieure à trois heures et inférieure à quatre heures trente minutes avant une pause, s'il n'y a pas plusieurs conducteurs à bord du véhicule ».

Art. R. 3315-11 Sont punis de l'amende prévue pour les contraventions de la 5e classe :

1° Le dépassement des durées de conduite au-delà des durées mentionnées au 2° de l'article R. 3315-10 ;

2° L'insuffisance du temps de repos quotidien ou hebdomadaire au-delà des durées mentionnées au 3° de l'article R. 3315-10 ;

3° Les manquements suivants aux obligations d'enregistrement et de contrôle du temps de conduite et de repos :

a) L'utilisation, sans motif légitime, de plusieurs feuilles d'enregistrement par un même conducteur pour une même journée et la méconnaissance des prescriptions fixées par l'arrêté mentionné à l'article R. 3315-9 ;

b) Le fait d'établir un lien entre la rémunération des conducteurs et la distance parcourue ou le volume des marchandises transportées ;

c) La non-conservation par l'entreprise des feuilles d'enregistrement, des sorties imprimées et des données téléchargées pendant le délai prévu au paragraphe 2 de l'article 33 du règlement (UE) n° 165/2014 du Parlement européen et du Conseil du 4 février 2014 relatif aux tachygraphes dans les transports routiers ;

d) L'absence de demande de remplacement dans un délai de sept jours calendaires de la carte de conducteur perdue, volée ou endommagée ;

e) La mauvaise utilisation du dispositif de commutation ;

f) L'incapacité de présenter les informations relatives à la journée en cours ou l'un des vingt-huit *[nouvelle rédaction issue du Décr. n° 2022-1147 du 10 août 2022, art. 4, en vigueur le 31 déc. 2024 : « cinquante-six »]* jours précédents comme prévu par le i du paragraphe 1 et le ii du paragraphe 2 de l'article 36 du règlement (UE) n° 165/2014 du Parlement européen et du Conseil du 4 février 2014 relatif aux tachygraphes dans les transports routiers ;

g) L'incapacité de présenter la carte de conducteur ;

h) L'absence de réparation par l'entreprise d'une panne de l'appareil de contrôle par un organisme agréé ou l'absence de réparation en cours de route dans les conditions prévues par le paragraphe 1 de l'article 37 du règlement (UE) n° 165/2014 ;

i) L'absence de numéro de carte de conducteur ou de permis de conduire sur la feuille provisoire ;

4° Le fait de prendre à bord du véhicule le repos hebdomadaire normal en violation du premier alinéa de l'article L. 3313-3 ;

(Décr. n° 2020-1088 du 24 août 2020, art. 2) « 5° Les manquements suivants à l'obligation de repos hebdomadaire :

« *a)* Dépassement de douze heures ou plus de l'obligation de prise d'un repos hebdomadaire après six périodes consécutives de vingt-quatre heures depuis le temps de repos hebdomadaire précédent ;

« *b)* Dépassement de douze heures ou plus de l'obligation de prise d'un repos hebdomadaire après douze périodes consécutives de vingt-quatre heures depuis le temps de repos hebdomadaire précédent dans le cadre de la dérogation prévue à l'article 8 paragraphe 6 *bis* du règlement (CE) n° 561/2006 du 15 mars 2006, modifié par le règlement (CE) n° 1073/2009 du Parlement européen et du Conseil du 21 octobre 2009 établissant des règles communes pour l'accès au marché international des services de transport par autocars et autobus, et modifiant le règlement (CE) n° 561/2006 ;

« *c)* Prise d'un temps de repos hebdomadaire inférieur ou égal à soixante-cinq heures à la suite de douze périodes consécutives de vingt-quatre heures dans le cadre de la dérogation prévue à l'article 8 paragraphe 6 *bis* du règlement (CE) n° 561/2006 précité ;

« *d)* Prise d'un temps de repos hebdomadaire après douze périodes consécutives de vingt-quatre heures depuis le temps de repos hebdomadaire précédent dans le cadre de la dérogation prévue à l'article 8 paragraphe 6 *bis* du règlement (CE) n° 561/2006 précité avec, au cours de ces douze périodes de vingt-quatre heures, une période de conduite entre 22 heures et 6 heures, supérieure ou égale à quatre heures trente minutes avant une pause, s'il n'y a pas plusieurs conducteurs à bord du véhicule. »

(Décr. n° 2020-1104 du 31 août 2020) « *(Décr. n° 2021-753 du 10 juin 2021, art. 1er-II)* « 6° » Le fait, pour un employeur, en méconnaissance des prescriptions résultant de l'article L. 3313-4 :

« *a)* De faire prendre à son salarié le repos quotidien ou hebdomadaire prévu par le code du travail à bord d'un véhicule n'excédant pas un poids maximum autorisé de 3,5 tonnes ou dans un hébergement n'offrant pas des conditions de sécurité, de confort et d'hygiène respectueuses de sa santé ;

« *b)* De ne pas mettre son salarié en mesure de justifier qu'il a pris ses dernières périodes de repos, en dehors du véhicule, dans les conditions mentionnées à l'alinéa précédent. »

SOUS-SECTION 4 *Dispositions communes*

Art. R. 3315-12 La récidive des contraventions de la 5e classe, prévues par la présente section, est réprimée conformément aux articles 132-11 et 132-15 du code pénal.

Décret n° 2013-559 du 26 juin 2013,

Relatif aux droits et obligations des redevables de la taxe sur les véhicules de transport de marchandises.

TITRE I **DÉFINITIONS**

Art. 1er Au sens du présent décret, on entend pas :

1. Taxe : la taxe nationale sur les véhicules de transport de marchandises prévue aux articles 269 à 283 *quinquies* du code des douanes ;

2. Prestataire commissionné : le prestataire titulaire de la commission prévue au 3 du B du III de l'article 153 de la loi du 27 décembre 2008 susvisée pour assurer la collecte de la taxe ;

3. Redevable : la personne physique ou morale mentionnée à l'article 272 du code des douanes ;

4. Redevable abonné : le redevable défini au 3 qui donne mandat direct à une société habilitée lui fournissant un service de télépéage pour déclarer le véhicule auprès du prestataire commissionné et acquitter la taxe due pour son compte ;

5. Redevable non abonné : le redevable défini au 3 qui déclare directement le véhicule auprès du prestataire commissionné ;

6. Redevable enregistré : le redevable défini au 3 qui reçoit communication des éléments de liquidation et du montant de la taxe due ;

7. Équipement électronique embarqué personnalisé : l'équipement spécialement configuré pour le véhicule assujetti à la taxe et délivré au redevable.

Pour la définition des véhicules assujettis à la taxe sur les véhicules de transports de marchandise, V. Décr. n° 2013-618 du 11 juill. 2013, JO 13 juill.

TITRE II **DROITS ET OBLIGATIONS DU REDEVABLE EN MATIÈRE DE COLLECTE DE LA TAXE**

CHAPITRE I ***ENREGISTREMENT DU VÉHICULE ASSUJETTI ET DÉSIGNATION DU REDEVABLE ENREGISTRÉ***

SECTION 1 ***Règles communes applicables aux redevables abonnés et non abonnés***

Art. 2 Le redevable ou, le cas échéant, son mandataire enregistre auprès du prestataire commissionné les données relatives au véhicule assujetti et désigne, sous réserve des dispositions de l'article 4, le redevable enregistré.

Les informations et les pièces justificatives nécessaires à l'enregistrement du véhicule assujetti à la désignation du redevable enregistré sont précisées par arrêté du ministre chargé des douanes. — *V. Arr. du 12 juill. 2013, JO 17 juill.*

Art. 3 L'enregistrement du véhicule de transport de marchandises assujetti est validé par le prestataire commissionné, après vérification par celui-ci de la cohérence des informations déclarées et des pièces justificatives fournies par le redevable en application de l'article 2.

Art. 4 Lorsque le véhicule de transport de marchandises assujetti fait l'objet d'un contrat de crédit-bail, le redevable enregistré est le crédit-preneur.

Lorsque le véhicule de transport de marchandises assujetti fait l'objet d'un contrat de location, le redevable enregistré est la société de location. Toutefois, dans le cas de location d'une durée supérieure ou égale à trois mois, le redevable enregistré peut être le locataire, avec l'accord de la société de location.

SECTION 2 *Règles spécifiques pour les redevables non abonnés*

Art. 5 Le document d'enregistrement du véhicule assujetti établi en application de l'article 2 est revêtu de la signature du redevable.

Dans le cas d'un enregistrement à distance, le redevable effectue sa déclaration par voie électronique. Un accusé de réception dématérialisé reprenant les données de l'enregistrement lui est immédiatement délivré.

SECTION 3 *Règles spécifiques pour les redevables abonnés*

Art. 6 Les mentions devant figurer sur le mandat délivré par le redevable à la société habilitée lui fournissant un service de télépéage pour déclarer le véhicule auprès du prestataire commissionné et acquitter la taxe due pour son compte sont précisées par arrêté du ministre chargé des douanes.

CHAPITRE II *MISE À DISPOSITION ET FONCTIONNEMENT DE L'ÉQUIPEMENT ÉLECTRONIQUE EMBARQUÉ*

SECTION 1 *Règles communes applicables aux redevables abonnés et non abonnés*

Art. 7 L'équipement électronique embarqué personnalisé ainsi que, le cas échéant, les accessoires complémentaires sont délivrés :

a) Au redevable non abonné par le prestataire commissionné ;

b) Au redevable abonné par la société habilitée lui fournissant un service de télépéage.

Les données relatives au véhicule assujetti nécessaires à la personnalisation de l'équipement électronique embarqué sont précisées par arrêté du ministre chargé des douanes. — *V. Arr. du 12 juill. 2013, JO 17 juill.*

Art. 8 Le redevable installe l'équipement électronique embarqué exclusivement dans le véhicule auquel il est dédié, de manière apparente et conformément aux spécifications figurant sur la notice d'utilisation qui lui a été remise lors de l'enregistrement.

L'équipement électronique embarqué demeure installé dans les véhicules :

a) En permanence, y compris le temps du stationnement, pour les véhicules immatriculés en France métropolitaine ;

b) Lorsqu'ils circulent sur le réseau taxable, y compris le temps du stationnement sur le réseau ou une aire attenante, pour les véhicules immatriculés hors de France métropolitaine.

Le redevable s'assure de l'intégrité de l'équipement électronique embarqué et de son bon fonctionnement.

Art. 9 Le redevable, préalablement à l'utilisation du réseau taxable, paramètre le nombre d'essieux pris en compte pour déterminer la catégorie d'assujettissement du véhicule.

Art. 10 L'équipement électronique embarqué est dépersonnalisé dès sa restitution.

Art. 11 I. — Sous réserve des dispositions prévues au II, les véhicules circulant sous couvert d'un titre d'immatriculation provisoire en application des dispositions de l'article R. 322-3 du code de la route sont équipés, préalablement à l'utilisation du réseau taxable, de l'équipement électronique embarqué attaché à ce titre provisoire.

Pour la détermination du taux kilométrique de la taxe applicable, ces véhicules sont classés dans la deuxième catégorie prévue par le décret du 2 mars 2011 susvisé et dans la classe d'émission Euro, définie par l'arrêté prévu au 4 de l'article 275 du code des douanes, pour laquelle la modulation du taux de la taxe est nulle.

Un arrêté du ministre chargé des douanes précise les conditions d'enregistrement de ces véhicules.

II. — En cas de dépannage et d'assistance sans remorquage, les véhicules circulant sous couvert d'un titre d'immatriculation provisoire en application des dispositions de l'article R. 322-3 du code de la route utilisent l'équipement électronique embarqué attaché à l'immatriculation d'origine lorsque celui-ci est en état de fonctionnement.

SECTION 2 *Règles spécifiques pour les redevables non abonnés*

Art. 12 Dans le cas d'un enregistrement à distance, la mise à disposition par le prestataire commissionné de l'équipement électronique embarqué et, le cas échéant, des accessoires complémentaires est subordonnée à l'acceptation par le redevable, dans les conditions prévues aux articles 1127-1 à 1127-3 du code civil, de l'offre contractuelle correspondante.

Art. 13 L'équipement électronique embarqué ainsi que, le cas échéant, les accessoires complémentaires sont mis gratuitement à disposition du redevable par le prestataire commissionné, sous réserve du versement préalable d'un dépôt de garantie dont le montant est fixé par arrêté du ministre chargé des douanes.

Art. 14 A l'occasion de la première installation, par le redevable, de l'équipement électronique embarqué dans le véhicule auquel il est dédié, cet équipement est personnalisé à distance par le prestataire commissionné et immédiatement activé.

SECTION 3 *Règles spécifiques pour les redevables abonnés*

Art. 15 La personnalisation et l'activation, par la société habilitée fournissant une prestation de télépéage, de l'équipement électronique embarqué sont subordonnées à la validation de l'enregistrement du véhicule assujetti par le prestataire commissionné.

CHAPITRE III *AVANCE SUR TAXE CONSTITUÉE PAR LE REDEVABLE NON ABONNÉ*

Art. 16 La constitution de l'avance sur taxe due par le redevable non abonné en application du 4 de l'article 276 du code des douanes peut être postérieure à l'enregistrement du véhicule assujetti mais est préalable à l'utilisation du réseau taxable par ce véhicule.

Art. 17 Le redevable est responsable du suivi de l'avance et doit procéder à son rechargement avant que son montant ne devienne insuffisant pour couvrir les trajets réalisés.

Art. 18 Le solde de l'avance est restitué au redevable, sur sa demande, après liquidation et paiement de la taxe.

Art. 19 Le versement du dépôt de garantie mentionné à l'article 13 et la constitution de l'avance sur taxe sont effectués par le redevable au moyen de deux opérations distinctes.

Art. 20 Le montant minimum de l'avance sur taxe ainsi que le montant minimum de rechargement sont fixés par arrêté du ministre chargé des douanes.

CHAPITRE IV *COMMUNICATION DU MONTANT DE LA TAXE*

SECTION 1 *Règles communes applicables aux redevables abonnés et non abonnés*

Art. 21 Les données à caractère personnel relatives aux éléments détaillés de liquidation de la taxe ne peuvent être cédées, transférées ou divulguées, à titre gratuit ou onéreux, par le redevable ni être utilisées par celui-ci à aucune fin autre que le paiement, la majoration du prix du transport ou la contestation de la taxe.

SECTION 2 *Règles spécifiques pour les redevables non abonnés*

Art. 22 Un avis de paiement dans lequel sont indiqués les éléments de liquidation agrégés et le montant total de la taxe due pour la période de liquidation définie au 4 de l'article 276 du code des douanes est adressé par le prestataire commissionné au redevable enregistré.

S'il en formule la demande, le redevable enregistré peut obtenir la communication, ponctuelle ou systématique, des éléments de la liquidation détaillés par point de tarification franchi pour la période en cause.

Les informations devant figurer dans l'avis de paiement et le détail de liquidation sont précisées par arrêté du ministre chargé des douanes.

Art. 23 L'avis de paiement et, le cas échéant, le détail de liquidation sont adressés au redevable enregistré par voie électronique.

S'il en formule la demande, ces documents lui sont adressés gratuitement, ponctuellement ou systématiquement, par courrier.

La réimpression et le renvoi par courrier de l'avis de paiement ou du détail de liquidation peuvent être facturés au redevable enregistré.

SECTION 3 *Règles spécifiques pour les redevables abonnés*

Art. 24 Les éléments de liquidation agrégés et le montant total de la taxe due pour la période de liquidation définie au 3 de l'article 276 du code des douanes figurent sur la facture adressée au redevable enregistré par la société habilitée lui fournissant un service de télépéage, de manière distincte des autres services facturés. Ils sont établis sur la base des informations transmises à la société par le prestataire commissionné.

S'il en formule la demande, le redevable enregistré peut obtenir gratuitement de la société habilitée lui fournissant un service de télépéage la communication, par voie électronique ou par courrier, ponctuelle ou systématique, des éléments de la liquidation détaillés par point de tarification franchi pour la période en cause, qui seront transmis à la société par le prestataire commissionné. La réimpression et le renvoi par courrier du détail de liquidation peuvent être facturés au redevable enregistré.

Les informations devant figurer dans la facture et le détail de liquidation sont précisés par arrêté du ministre chargé des douanes.

CHAPITRE V *DEMANDE EN RESTITUTION DE LA TAXE FACTURÉE*

Art. 25 Le redevable non abonné adresse, dans le délai prévu au premier alinéa du 1 de l'article 352 du code des douanes, sa demande en restitution de la taxe facturée au prestataire commissionné.

Le redevable abonné adresse, dans le délai prévu à l'alinéa précédent, sa demande en restitution de la taxe facturée directement au prestataire commissionné ou par l'intermédiaire de la société habilitée lui fournissant un service de télépéage.

Les éléments devant figurer dans la demande en restitution sont précisés par arrêté du ministre chargé des douanes. *— V. Arr. du 30 sept. 2014 relatif aux éléments devant figurer dans la demande en restitution de la taxe sur les véhicules de transport de marchandises (JO 9 oct.).*

Art. 26 Le prestataire commissionné chargé de l'instruction de la demande en restitution qui lui a été adressée en application de l'article 25 délivre au redevable un accusé de réception de sa demande.

Art. 27 Le chef du service compétent de l'administration des douanes et droits indirects statue sur la demande en restitution, après avis du prestataire commissionné, dans un délai de quatre mois à compter de la date de réception de cette demande par le prestataire commissionné.

Il notifie sa décision directement au redevable concerné et en informe le prestataire commissionné, qui procède, le cas échéant, dans le délai prévu au second alinéa de l'article 13 du décret du 23 août 2011 susvisé, au versement du montant de la taxe à restituer sur le compte bancaire désigné par le redevable.

Art. 28 Le recours contre la décision mentionnée à l'article 27 est exercé dans les conditions et selon les modalités prévues au troisième alinéa du 1 de l'article 352 du code des douanes.

CHAPITRE VI *PROCÉDURE DE SECOURS*

SECTION 1 *Règles communes applicables aux redevables abonnés et non abonnés*

Art. 29 Le vol, la perte, la destruction ou le dysfonctionnement d'un équipement embarqué est immédiatement signalé :

a) Par le redevable non abonné au prestataire commissionné ;

b) Par le redevable abonné à la société habilitée lui fournissant un service de télépéage.

Art. 30 Lorsque le redevable ne peut se voir délivrer un nouvel équipement électronique embarqué opérationnel avant la poursuite des trajets sur le réseau taxable, une procédure de secours est mise en œuvre par le prestataire commissionné dans les conditions prévues aux articles 31 et 32.

Art. 31 Le redevable et le prestataire commissionné déterminent d'un commun accord l'itinéraire taxable à emprunter et le délai pour rejoindre le lieu de distribution d'un nouvel équipement électronique embarqué opérationnel.

Le montant estimé de la taxe correspondante à ce trajet est communiqué au redevable.

Une attestation de la mise en œuvre de la procédure de secours est fournie au redevable par le prestataire commissionné.

Les informations devant être communiquées par le redevable au prestataire commissionné pour la mise en œuvre de la procédure de secours sont précisées par arrêté du ministre chargé des douanes. — *V. Arr. du 30 sept. 2014 relatif aux informations devant être communiquées par le redevable au prestataire commissionné pour la mise en œuvre de la procédure de secours relative à la taxe sur les véhicules de transport de marchandises (JO 9 oct.).*

Art. 32 La liquidation de la taxe pour l'itinéraire déterminé dans les conditions prévues par l'article 31 est effectuée sur la base des points de tarification situés sur cet itinéraire et des éléments relatifs au véhicule déclarés par le redevable.

SECTION 2 *Règles spécifiques pour les redevables non abonnés*

Art. 33 La délivrance d'un nouvel équipement électronique embarqué opérationnel au redevable non abonné est effectuée sans nouvel enregistrement préalable.

Elle est subordonnée au versement préalable d'un nouveau dépôt de garantie.

Art. 34 Le solde de l'avance sur taxe reste acquis au redevable.

Art. 35 Lors de la communication du montant de la taxe facturée, l'avis de paiement et, le cas échéant, le détail de liquidation, mentionnent le montant de la taxe dû :

a) Au titre de l'équipement électronique embarqué utilisé avant la mise en œuvre de la procédure de secours ;

b) Au titre de la procédure de secours ;

c) Et au titre du nouvel équipement électronique embarqué.

SECTION 3 *Règles spécifiques pour les redevables abonnés*

Art. 36 Lorsque le contrat passé avec la société habilitée fournissant un service de télépéage prévoit la mise en œuvre par celle-ci d'une procédure spécifique de secours, le redevable conserve sa qualité d'abonné.

Dans cette hypothèse, la facture émise par la société habilitée fournissant un service de télépéage et, le cas échéant, les éléments détaillés de liquidation mentionnent le montant de la taxe dû :

a) Au titre de l'équipement électronique embarqué utilisé avant la mise en œuvre de la procédure spécifique de secours ;

b) Au titre de cette procédure ;

c) Et au titre du nouvel équipement électronique embarqué.

Art. 37 Lorsque le contrat passé avec la société habilitée fournissant un service de télépéage ne prévoit pas la mise en œuvre par celle-ci d'une procédure spécifique de secours, le redevable perd temporairement sa qualité d'abonné et les dispositions des articles 12 à 14 lui sont applicables.

Dans cette hypothèse, le redevable enregistré reçoit :

a) De la société habilitée lui ayant fourni un service de télépéage, la facture et, le cas échéant, les éléments détaillés de liquidation du montant de la taxe dû au titre de l'équipement électronique embarqué utilisé avant la mise en œuvre de la procédure de secours ; et

b) Du prestataire commissionné, l'avis de paiement et, sur demande, le détail de liquidation mentionnant le montant de la taxe due au titre de la procédure de secours ainsi que, le cas échéant, le montant de la taxe due au titre du nouvel équipement électronique embarqué.

TITRE III DROITS ET OBLIGATIONS DU REDEVABLE EN MATIÈRE DE CONTRÔLE DE LA TAXE

CHAPITRE I *NOTIFICATION DES MANQUEMENTS*

Art. 38 Sur la base des informations recueillies par les appareils de contrôle automatique, le prestataire commissionné procède à l'identification du redevable et du véhicule.

Art. 39 Les manquements au regard de la taxe constatés sur la base des informations recueillies par la chaîne de collecte homologuée sont notifiés au redevable par le prestataire commissionné.

La notification de manquement mentionne les éléments de liquidation de la taxe forfaitaire ou au réel due en application de l'article 282 du code des douanes.

Art. 40 La notification de manquement mentionnée à l'article 39 est établie sur support papier.

Elle peut être établie et conservée sous forme dématérialisée et être revêtue d'une signature électronique dans les conditions prévues par les articles 1316-1, 1316-3 et 1316-4 du code civil.

Art. 41 Les informations recueillies par les appareils de contrôle automatique qui sont constitutives d'une irrégularité sans incidence financière sont transmises, pour instruction et décision, dans les conditions et selon les modalités prévues au premier alinéa de l'article 281 du code des douanes, par le prestataire commissionné à l'administration des douanes et droits indirects.

CHAPITRE II *PAIEMENT DE LA TAXE FORFAITAIRE OU AU RÉEL CONSÉCUTIF À UN MANQUEMENT*

Art. 42 Le redevable dispose d'un délai de trente jours à compter de la date d'envoi de la notification du manquement pour acquitter le montant de la taxe au prestataire commissionné.

A l'expiration de ce délai, et sous réserve des dispositions prévues aux articles 45 à 51, le prestataire commissionné transmet le dossier de manquement à l'administration des douanes et droits indirects, pour instruction et décision, dans les conditions et selon les modalités prévues au premier alinéa de l'article 281 du code des douanes.

Art. 43 L'avance sur taxe constituée par le redevable non abonné ne peut venir en compensation du montant de la taxe due au titre d'un manquement.

Art. 44 La taxe due par le redevable au titre d'un manquement ne peut être retenue sur le dépôt de garantie de l'équipement électronique embarqué lors de la restitution de ce dernier.

CHAPITRE III *DEMANDES EN RECTIFICATION OU EN ANNULATION DE LA CRÉANCE NOTIFIÉE À LA SUITE DU MANQUEMENT*

Art. 45 Le redevable dispose d'un délai de trente jours à compter de la date d'envoi de la notification de la taxe due à la suite d'un manquement pour adresser au prestataire commissionné une demande en rectification ou en annulation.

Art. 46 Le prestataire commissionné statue sur la demande du redevable dans un délai de trente jours à compter de sa réception.

Art. 47 En cas d'acceptation de la demande en annulation, le prestataire commissionné en informe le redevable et l'administration des douanes et droits indirects.

Art. 48 En cas d'acceptation de la demande en rectification, le prestataire commissionné en informe le redevable qui dispose d'un délai de trente jours, à compter de la date d'envoi de l'acceptation, pour acquitter le nouveau montant de la taxe due.

A l'expiration de ce délai et en l'absence de paiement, le dossier est transmis par le prestataire commissionné à l'administration des douanes et droits indirects, pour instruction et décision, dans les conditions et selon les modalités prévues au premier alinéa de l'article 281 du code des douanes.

Art. 49 En cas de refus de la demande en rectification ou en annulation, le prestataire commissionné en informe le redevable qui dispose d'un délai de trente jours, à compter de la date d'envoi du refus, pour acquitter le montant de la taxe due.

A l'expiration de ce délai et en l'absence de paiement, le dossier est transmis par le prestataire commissionné à l'administration des douanes et droits indirects, pour instruction et décision, dans les conditions et selon les modalités prévues au premier alinéa de l'article 281 du code des douanes.

Art. 50 En l'absence de réponse du prestataire commissionné dans le délai de trente jours à compter de la date de réception de la demande en rectification ou en annulation, celle-ci est réputée rejetée.

Le redevable dispose d'un délai de trente jours, à compter de l'expiration du délai mentionné au premier alinéa, pour acquitter le montant de la taxe due.

A l'expiration de ce délai et en l'absence de paiement, le dossier est transmis par le prestataire commissionné à l'administration des douanes et droits indirects, pour instruction et décision, dans les conditions et selon les modalités prévues au premier alinéa de l'article 281 du code des douanes.

Art. 51 En cas d'acceptation de la demande en rectification aboutissant à un montant de la taxe due différent de celui calculé par le redevable, le prestataire commissionné en informe le redevable qui dispose d'un délai de trente jours, à compter de la date d'envoi de la décision d'acceptation, pour acquitter ou contester le montant de la taxe due.

Si le redevable conteste le nouveau calcul, le prestataire commissionné dispose d'un délai de trente jours, à compter de la date d'envoi de la contestation, pour informer le redevable de sa décision d'acceptation ou de refus de la nouvelle demande en rectification.

Le redevable dispose d'un délai de trente jours, à compter de l'envoi de la décision d'acceptation ou de refus de la nouvelle demande en rectification, pour acquitter le montant de la taxe due.

A l'expiration de ce délai et en l'absence de paiement, le dossier est transmis par le prestataire commissionné à l'administration des douanes et droits indirects, pour instruction et décision, dans les conditions et selon les modalités prévues au premier alinéa de l'article 281 du code des douanes.

CHAPITRE IV *ACTES DE CONSTATATION ET DE POURSUITE DES INFRACTIONS*

Art. 52 Le procès-verbal mentionné à l'article 283 *bis* du code des douanes est établi dans les conditions prévues par l'article 429 du code de procédure pénale.

Il doit préciser en outre :

a) Les noms et qualités des agents qui ont participé à la constatation des infractions ainsi que les nom et qualité du fonctionnaire des poursuites ;

b) Le lieu, la date et l'heure auxquels il a été rédigé et achevé.

Règlement (UE) n° 165/2014 du Parlement européen et du Conseil du 4 février 2014,

Relatif aux tachygraphes dans les transports routiers, abrogeant le règlement (CEE) n° 3821/85 du Conseil concernant l'appareil de contrôle dans le domaine des transports par route et modifiant le règlement (CE) n° 561/2006 du Parlement européen et du Conseil relatif à l'harmonisation de certaines dispositions de la législation sociale dans le domaine des transports par route (Texte présentant de l'intérêt pour l'EEE).

CHAPITRE I *PRINCIPES, CHAMP D'APPLICATION ET PRESCRIPTIONS*

Art. 1er *Objet et principes. (Règl. (UE) 2020/1054 du 15 juill. 2020, art. 2, en vigueur le 20 août 2020)* « **1. Le présent règlement fixe les obligations et les prescriptions applicables à la construction, à l'installation, à l'utilisation, aux essais et au contrôle des tachygraphes utilisés dans le domaine des transports routiers afin de vérifier le respect du règlement (CE) n° 561/2006, des règlements (CE) n° 1071/2009** *[du 21 oct. 2009 établissant des règles communes sur les conditions à respecter pour exercer la profession de transporteur par route, et abrogeant la directive 96/26/CE du Conseil (JO L 300 du 14 nov., p. 51)]*, **(CE) n° 1072/2009** *[du 21 oct. 2009 établissant des règles communes pour l'accès au marché du transport international de marchandises par route (JO L 300 du 14 nov., 2009, p. 72)]*, **(CE) n° 1073/2009** *[du 21 oct. 2009 établissant des règles communes pour l'accès au marché international des services de transport par autocars et autobus, et modifiant le règlement (CE) n° 561/2006 (JO L 300 du 14 nov., 2009, p. 88)]* **du Parlement européen et du Conseil, et de la directive 2002/15/CE du Parlement européen et du Conseil** *[du 11 mars 2002 relative à l'aménagement du temps de travail des personnes exécutant des activités mobiles de transport routier (JO L 80 du 23 mars 2002, p. 35)]*, **des directives 92/6/CEE** *[du 10 févr. 1992 relative à l'installation et à l'utilisation, dans la Communauté, de limiteurs de vitesse sur certaines catégories de véhicules à moteur (JO L 57 du*

2 mars 1992, p. 27)] **et 92/106/CEE** *[du 7 déc. 1992 relative à l'établissement de règles communes pour certains transports combinés de marchandises entre États membres (JO L 368 du 17 décembre 1992, p. 38)]* **du Conseil et, en ce qui concerne le détachement de travailleurs dans le domaine du transport routier, des directives 96/71/CE** *[du 16 déc. 1996 concernant le détachement de travailleurs effectué dans le cadre d'une prestation de services (JO L 18 du 21 janvier 1997, p. 1)]*, **2014/67/UE** *[du 15 mai 2014 relative à l'exécution de la directive 96/71/CE concernant le détachement de travailleurs effectué dans le cadre d'une prestation de services et modifiant le règlement (UE) nº 1024/2012 concernant la coopération administrative par l'intermédiaire du système d'information du marché intérieur ("règlement IMI") (JO L 159 du 28 mai 2014, p. 11)]* **et (UE) 2020/1057** *[du 15 juill. 2020 établissant des règles spécifiques en ce qui concerne la directive 96/71/CE et de la directive 2014/67/UE pour le détachement de conducteurs dans le secteur du transport routier et modifiant la directive 2006/22/CE quant aux exigences en matière de contrôle et le règlement (UE) nº 1024/2012 (JO L 249 du 31 juillet 2020, p. 49)]* **du Parlement européen et du Conseil.**

Les tachygraphes doivent répondre, en ce qui concerne leurs conditions de construction, d'installation, d'utilisation et d'essai, aux prescriptions du présent règlement.

2. Le présent règlement définit les conditions et les prescriptions conformément auxquelles les informations et les données, autres que les données à caractère personnel, enregistrées, traitées et stockées par les tachygraphes peuvent être utilisées à des fins autres que la vérification du respect des actes visés au paragraphe 1.

Art. 2 *Définitions.* 1. Aux fins du présent règlement, les définitions figurant à l'article 4 du règlement (CE) nº 561/2006 sont applicables.

2. Outre les définitions visées au paragraphe 1, aux fins du présent règlement, on entend par :

a) "tachygraphe" ou "appareil de contrôle", le dispositif destiné à être installé à bord de véhicules routiers pour indiquer, enregistrer, imprimer, stocker et fournir d'une manière automatique ou semi-automatique des données sur la marche de ces véhicules, y compris leur vitesse, conformément à l'article 4, paragraphe 3, et des données sur certaines périodes d'activité de leurs conducteurs ;

b) "unité embarquée", le tachygraphe à l'exclusion du capteur de mouvement et des câbles de connexion de ce capteur. L'unité embarquée sur le véhicule peut se présenter sous la forme d'un seul élément ou de plusieurs composants répartis dans le véhicule, dans la mesure où elle est conforme aux exigences de sécurité du présent règlement ; l'unité embarquée comprend, entre autres, une unité de traitement, une mémoire électronique, une fonction de mesure du temps, deux interfaces pour cartes à mémoire pour le conducteur et le convoyeur, une imprimante, un écran, des connecteurs ainsi que des dispositifs permettant la saisie de données par l'utilisateur ;

c) "capteur de mouvement", un élément du tachygraphe émettant un signal représentatif de la vitesse et/ou de la distance parcourue par le véhicule ;

d) "carte tachygraphique", une carte à mémoire destinée à être utilisée sur le tachygraphe, qui permet l'identification, par le tachygraphe, du détenteur de la carte et qui permet le transfert et le stockage de données ;

e) "feuille d'enregistrement", une feuille conçue pour recevoir et fixer des données enregistrées, à placer dans un tachygraphe analogique et sur laquelle les dispositifs scripteurs du tachygraphe analogique inscrivent en continu les données à enregistrer ;

f) "carte de conducteur", une carte tachygraphique délivrée par les autorités d'un État membre à un conducteur. La carte tachygraphique permet l'identification du conducteur et le stockage des données relatives à son activité ;

g) "tachygraphe analogique", un tachygraphe utilisant une feuille d'enregistrement conforme au présent règlement ;

h) "tachygraphe numérique", un tachygraphe utilisant une carte tachygraphique conforme au présent règlement ;

i) "carte de contrôleur", une carte tachygraphique délivrée par les autorités d'un État membre à une autorité nationale de contrôle compétente ; ladite carte permettant l'identification de l'organisme de contrôle et éventuellement du responsable du contrôle, ainsi que l'accès aux données stockées dans la mémoire, sur les cartes de conducteur ou éventuellement sur les cartes d'atelier, pour lecture, impression et/ou téléchargement ;

j) "carte d'entreprise", une carte tachygraphique délivrée par les autorités d'un État membre à une entreprise de transport tenue d'utiliser des véhicules équipés d'un tachygraphe ; ladite carte permettant l'identification de l'entreprise de transport ainsi que l'affichage, le téléchargement et l'impression des données stockées dans le tachygraphe, lesquelles données ont été verrouillées par cette même entreprise ;

k) "carte d'atelier", une carte tachygraphique délivrée par les autorités d'un État membre à certains membres du personnel d'un constructeur de tachygraphes, d'un installateur, d'un constructeur de véhicules ou d'un atelier, homologué par cet État membre. La carte d'atelier permet l'identification du détenteur ainsi que l'essai, l'étalonnage et l'activation de tachygraphes et/ou le téléchargement à partir de ceux-ci ;

l) "activation", la phase au cours de laquelle le tachygraphe devient pleinement opérationnel et exécute toutes les fonctions, y compris les fonctions de sécurité, par l'utilisation d'une carte d'atelier ;

m) "étalonnage" d'un tachygraphe numérique, la mise à jour ou la confirmation des paramètres du véhicule, y compris l'identification du véhicule et les caractéristiques du véhicule, à conserver dans la mémoire électronique, par l'utilisation d'une carte d'atelier ;

n) "téléchargement" à partir d'un tachygraphe numérique, la copie, avec signature numérique, d'une partie ou de la totalité d'un ensemble de fichiers de données enregistrés dans la mémoire électronique de l'unité embarquée ou dans la mémoire d'une carte tachygraphique, pour autant que ce processus ne modifie ni ne supprime aucune des données stockées ;

o) "événement", une opération anormale détectée par le tachygraphe numérique et pouvant résulter d'une tentative de fraude ;

p) "anomalie", une opération anormale détectée par le tachygraphe numérique et pouvant résulter d'un dysfonctionnement ou d'une panne de l'équipement ;

q) "installation", le montage d'un tachygraphe dans un véhicule ;

r) "carte non valable", une carte détectée comme présentant une anomalie, dont l'authentification initiale a échoué, dont la date de début de validité n'a pas encore été atteinte ou dont la date d'expiration est dépassée ;

s) "inspection périodique", une série d'opérations de contrôle réalisées pour s'assurer que le tachygraphe fonctionne correctement, que ses réglages correspondent aux paramètres du véhicule et qu'aucun dispositif de manipulation n'est adjoint au tachygraphe ;

t) "réparation", toute réparation d'un capteur de mouvement ou d'une unité embarquée qui impose de le ou de la déconnecter de son alimentation électrique ou d'autres composants du tachygraphe, ou d'ouvrir le capteur de mouvement ou l'unité embarquée ;

u) "homologation", le processus mené par un État membre conformément à l'article 13 et visant à certifier que le tachygraphe, ses composants concernés ou la carte tachygraphique à mettre sur le marché satisfont aux exigences du présent règlement ;

v) "interopérabilité", la capacité des systèmes et des processus sous-jacents à échanger des données et à partager des informations ;

w) "interface", un mécanisme mis en place entre les systèmes, qui leur permet de se connecter et d'interagir ;

x) "mesure du temps", un enregistrement numérique en continu de la date et du temps universel coordonné (UTC) ;

y) "remise à l'heure", un réglage automatique de l'heure à intervalles réguliers et dans la limite d'une tolérance maximale d'une minute ou un réglage effectué pendant l'étalonnage ;

z) "norme ouverte", une norme définie dans une spécification de norme librement accessible ou disponible contre une somme symbolique et qu'il est permis de copier, de diffuser ou d'utiliser gratuitement ou pour une somme symbolique.

Art. 3 *Champ d'application.* 1. Les tachygraphes sont installés et utilisés sur les véhicules affectés au transport par route de voyageurs ou de marchandises et immatriculés dans un État membre, auxquels s'applique le règlement (CE) n° 561/2006.

2. Les États membres peuvent dispenser de l'application du présent règlement les véhicules visés à l'article 13, paragraphes 1 et 3, du règlement (CE) n° 561/2006.

3. Les États membres peuvent dispenser de l'application du présent règlement les véhicules utilisés pour les opérations de transport auxquelles a été accordée une dérogation conformément à l'article 14, paragraphe 1, du règlement (CE) n° 561/2006.

Les États membres peuvent dispenser de l'application du présent règlement les véhicules utilisés pour les opérations de transport auxquelles a été accordée une dérogation conformément à l'article 14, paragraphe 2, du règlement (CE) n° 561/2006 ; ils en informent immédiatement la Commission.

(Règl. (UE) 2020/1054 du 15 juill. 2020, art. 2, en vigueur le 20 août 2020) « 4. Au plus tard trois ans après la fin de l'année de l'entrée en vigueur des dispositions détaillées visées à l'article 11, deuxième alinéa, les catégories de véhicules suivantes circulant dans un État membre autre que leur État membre d'immatriculation sont équipées d'un tachygraphe intelligent conformément aux articles 8, 9 et 10 du présent règlement :

« a) les véhicules équipés d'un tachygraphe analogique ;

« b) les véhicules équipés d'un tachygraphe numérique conforme aux spécifications énoncées à l'annexe I B du règlement (CEE) n° 3821/85 applicables jusqu'au 30 septembre 2011 ;

« c) les véhicules équipés d'un tachygraphe numérique conforme aux spécifications énoncées à l'annexe I B du règlement (CEE) n° 3821/85 applicables à partir du 1er octobre 2011 ; et

« d) les véhicules équipés d'un tachygraphe numérique conforme aux spécifications énoncées à l'annexe I B du règlement (CEE) n° 3821/85 applicables à partir du 1er octobre 2012.

« 4 *bis*. Au plus tard quatre ans après l'entrée en vigueur des dispositions détaillées visées à l'article 11, deuxième alinéa, les véhicules équipés d'un tachygraphe intelligent conforme aux spécifications énoncées à l'annexe I C du règlement d'exécution (UE) 2016/799 de la Commission *[du 18 mars 2016 mettant en œuvre le règlement (UE) n° 165/2014 du Parlement européen et du Conseil en ce qui concerne les exigences applicables à la construction, aux essais, à l'installation, à l'utilisation et à la réparation des tachygraphes et de leurs composants (JO L 139 du 26 mai 2016, p. 1)]* circulant dans un État membre autre que leur État membre d'immatriculation sont équipés d'un tachygraphe intelligent conformément aux articles 8, 9 et 10 du présent règlement. »

5. Les États membres peuvent exiger pour les opérations de transport nationales l'installation et l'utilisation de tachygraphes, conformément au présent règlement, sur tous les véhicules pour lesquels le paragraphe 1 ne l'exige pas.

Art. 4 *Prescriptions et données à enregistrer.* 1. Les tachygraphes, y compris les composants externes, les cartes tachygraphiques et les feuilles d'enregistrement satisfont à des prescriptions très strictes d'ordre technique ou autre, afin que le présent règlement soit dûment mis en œuvre.

2. Les tachygraphes et les cartes tachygraphiques satisfont aux prescriptions suivantes.

Ils :

– enregistrent des données précises et fiables concernant le conducteur, son activité et le véhicule ;

– satisfont aux exigences de sécurité, afin de garantir notamment l'intégrité et la source des données enregistrées et fournies par les unités embarquées et les capteurs de mouvement ;

– respectent l'interopérabilité entre les différentes générations d'unités embarquées et les cartes tachygraphiques ;

– permettent une vérification efficace du respect du présent règlement et d'autres actes juridiques applicables ;

(Règl. (UE) 2020/1054 du 15 juill. 2020, art. 2, en vigueur le 20 août 2020) « – disposent d'une capacité de mémoire suffisante pour stocker toutes les informations requises en vertu du présent règlement ; »

– sont faciles à utiliser.

3. Les tachygraphes numériques enregistrent les données suivantes :

a) la distance parcourue et la vitesse du véhicule ;

b) la mesure du temps ;

c) les emplacements visés à l'article 8, paragraphe 1 ;

d) l'identité du conducteur ;

e) l'activité du conducteur ;

f) les données relatives au contrôle, à l'étalonnage et à la réparation du tachygraphe, y compris l'identité de l'atelier ;

g) les événements et les défaillances.

4. Les tachygraphes analogiques enregistrent au moins les données visées au paragraphe 3, points a), b) et e).

5. L'accès aux données stockées dans le tachygraphe et sur la carte tachygraphique peut être accordé à tout moment :

a) aux autorités de contrôle compétentes ;

b) aux entreprises de transport concernées, afin qu'elles puissent s'acquitter de leurs obligations légales, notamment les obligations définies aux articles 32 et 33.

6. Le téléchargement des données est effectué dans les plus brefs délais vers les entreprises de transport ou les conducteurs.

7. Les données enregistrées par le tachygraphe susceptibles d'être transmises vers ou depuis le tachygraphe, que ce soit par voie électronique ou sans fil, sont formatées selon des protocoles accessibles publiquement, définis dans les normes ouvertes.

8. Afin de s'assurer que les tachygraphes et les cartes tachygraphiques soient conformes aux exigences et principes du présent règlement, et en particulier du présent article, la Commission arrête, au moyen d'actes d'exécution, les dispositions détaillées qui sont nécessaires à l'application uniforme du présent article, en particulier des dispositions qui prévoient les moyens techniques permettant de remplir ces exigences. Ces actes d'exécution sont adoptés conformément à la procédure d'examen visée à l'article 42, paragraphe 3.

9. Les dispositions détaillées visées au paragraphe 8 se fondent, le cas échéant, sur des normes et garantissent l'interopérabilité et la compatibilité entre les différentes générations d'unités embarquées et toutes les cartes tachygraphiques.

Art. 5 *Fonctions du tachygraphe numérique.* Les tachygraphes numériques assurent les fonctions suivantes :

— mesure de la vitesse et de la distance,

— suivi des activités du conducteur et de la situation de conduite,

— suivi de l'insertion et du retrait des cartes tachygraphiques,

— enregistrement des saisies manuelles du conducteur,

— étalonnage,

— enregistrement automatique des positions visées à l'article 8, paragraphe 1,

— suivi des activités de contrôle,

— détection et enregistrement des événements et des anomalies,

— lecture de données stockées dans la mémoire et enregistrement et stockage de données dans la mémoire,

— lecture des cartes tachygraphiques et enregistrement et stockage de données sur les cartes tachygraphiques,

— affichage, impression et téléchargement de données vers des dispositifs externes et fonction d'avertissement,

— remise à l'heure et mesure du temps,

— communication à distance,

— gestion des verrouillages d'entreprise,

— autotests intégrés.

Art. 6 *Écran et dispositif d'avertissement.* 1. Les informations contenues dans les tachygraphes numériques et sur les cartes tachygraphiques relatives aux activités du véhicules, au conducteur et au convoyeur sont affichées de manière claire, ergonomique et sans ambiguïté.

2. Les informations affichées sont les suivantes :

a) heure ;

b) mode de fonctionnement ;

c) activité du conducteur :

— si l'activité en cours est la conduite, le temps de conduite sans interruption actuel du conducteur et son temps de pause cumulé actuel,

— si l'activité en cours est la disponibilité/une autre tâche/un repos ou une pause, la durée actuelle de cette activité (depuis sa sélection) et le temps de pause cumulé actuel ;

d) des données relatives aux avertissements ;

e) des données relatives à l'accès aux menus.

Des informations supplémentaires peuvent être affichées, à condition de pouvoir être clairement distinguées des informations requises dans le présent paragraphe.

3. Les tachygraphes numériques avertissent les conducteurs lorsqu'ils détectent un événement et/ou une anomalie ainsi qu'avant et au moment du dépassement du temps de

conduite sans interruption maximal autorisé afin de faciliter le respect de la législation applicable.

4. Les avertissements sont visuels et peuvent être sonores. Ils doivent durer au moins trente secondes, sauf si l'utilisateur en accuse réception en appuyant sur une touche quelconque du tachygraphe. Le motif de l'avertissement doit être affiché et rester visible jusqu'à ce que l'utilisateur en accuse réception à l'aide d'un code ou d'une commande spécifique sur le tachygraphe.

5. Afin de s'assurer que les tachygraphes respectent les exigences visées par le présent article en matière d'affichage et d'avertissement, la Commission arrête, au moyen d'actes d'exécution, les dispositions détaillées qui sont nécessaires à l'application uniforme du présent article. Ces actes d'exécution sont adoptés conformément à la procédure d'examen visée à l'article 42, paragraphe 3.

Art. 7 *(Règl. (UE) 2020/1054 du 15 juill. 2020, art. 2, en vigueur le 20 août 2020) Protection des données.* 1. Les États membres veillent à ce que les données à caractère personnel soient traitées dans le cadre du présent règlement aux seules fins de contrôler le respect dudit règlement et des règlements (CE) nº 561/2006, (CE) nº 1071/2009, (CE) nº 1072/2009, (CE) nº 1073/2009, des directives 2002/15/CE, 92/6/CEE et 92/106/CEE et, en ce qui concerne le détachement de travailleurs dans le secteur du transport routier, des directives 96/71/CE, 2014/67/UE et (UE) 2020/1057.

2. Les États membres s'assurent, en particulier, que les données à caractère personnel sont protégées à l'égard des utilisations autres que celles qui sont strictement liées aux actes juridiques de l'Union visés au paragraphe 1, en ce qui concerne :

a) l'utilisation d'un système global de navigation par satellite pour l'enregistrement des données de localisation visées à l'article 8 ;

b) l'utilisation de la communication à distance à des fins de contrôle visée à l'article 9, l'utilisation d'un tachygraphe doté d'une interface au sens de l'article 10, l'échange électronique d'informations sur les cartes de conducteur visé à l'article 31, et notamment tout échange transfrontière de telles données avec des pays tiers ; et

c) la conservation des enregistrements par les entreprises de transport visée à l'article 33.

3. Les tachygraphes numériques sont conçus de manière à garantir le respect de la vie privée. Seules les données nécessaires aux fins visées au paragraphe 1 sont traitées.

4. Les propriétaires de véhicules, les entreprises de transport et toute autre entité concernée se conforment, le cas échéant, aux dispositions pertinentes concernant la protection des données à caractère personnel.

CHAPITRE II *TACHYGRAPHE INTELLIGENT*

Art. 8 *Enregistrement de la position du véhicule à certains points de la période de travail journalière. (Règl. (UE) 2020/1054 du 15 juill. 2020, art. 2, en vigueur le 20 août 2020)* « 1. Pour faciliter la vérification du respect de la législation applicable, la position du véhicule est enregistrée automatiquement aux points suivants, ou au point le plus proche des lieux où le signal satellite est disponible :

« — le lieu où commence la période de travail journalière ;

« — chaque fois que le véhicule franchit la frontière d'un État membre ;

« — chaque fois que le véhicule effectue des activités de chargement ou de déchargement ;

« — toutes les trois heures de temps de conduite accumulé ; et

« — le lieu où finit la période de travail journalière.

« Afin de faciliter le contrôle du respect par les autorités de contrôle, le tachygraphe intelligent mentionne également si le véhicule a servi au transport de marchandises ou de voyageurs, comme l'exige le règlement (CE) nº 561/2006.

« A ces fins, les véhicules immatriculés pour la première fois trente-six mois après l'entrée en vigueur des dispositions détaillées visées à l'article 11, premier alinéa, sont équipés d'un tachygraphe connecté à un service de positionnement s'appuyant sur un système de navigation par satellite.

« Cependant, l'enregistrement du franchissement de frontière et d'autres activités visées au premier alinéa, deuxième et troisième tirets, et au deuxième alinéa s'applique aux véhicules qui ont été immatriculés dans un État membre pour la première fois plus de deux ans après l'entrée en vigueur des dispositions détaillées visées à l'article 11, deuxième alinéa, sans préjudice de l'obligation de mettre ultérieurement en conformité certains véhicules conformément à l'article 3, paragraphe 4. »

2. En ce qui concerne la connexion du tachygraphe à un service de positionnement s'appuyant sur un système de navigation par satellite, tel que visé au paragraphe 1, seules sont utilisées les connexions faisant appel à un service de positionnement gratuit. Aucune donnée de localisation autre que celle exprimée, dans la mesure du possible, par des coordonnées géographiques en vue de déterminer les points de départ et d'arrivée visés au paragraphe 1 n'est stockée de manière permanente dans le tachygraphe. Les données relatives à la position qui doivent être conservées temporairement afin de permettre l'enregistrement automatique des points visés au paragraphe 1 ou pour corroborer les informations fournies par le capteur de mouvement ne sont pas accessibles à n'importe quel utilisateur et sont automatiquement supprimées une fois qu'elles ne sont plus nécessaires à ces fins.

Art. 9 *Détection précoce à distance d'une éventuelle manipulation ou utilisation abusive.* 1. Afin de faciliter les contrôles routiers ciblés pratiqués par les autorités de contrôle compétentes, les tachygraphes installés dans les véhicules immatriculés pour la première fois trente-six mois après l'entrée en vigueur des dispositions détaillées visées à l'article 11 sont capables de communiquer avec ces autorités lorsque le véhicule est en mouvement.

(Règl. (UE) 2020/1054 du 15 juill. 2020, art. 2, en vigueur le 20 août 2020) « 2. Trois ans après l'entrée en vigueur des dispositions détaillées visées à l'article 11, deuxième alinéa, les États membres équipent, dans une mesure appropriée, leurs autorités chargées du contrôle du dispositif de détection précoce à distance nécessaire pour permettre la communication des données visée au présent article, compte tenu de leurs exigences et stratégies spécifiques de mise en œuvre. Avant cela, les États membres peuvent décider s'ils équipent leurs autorités chargées du contrôle dudit dispositif de détection précoce à distance.

« 3. La communication visée au paragraphe 1 est établie avec le tachygraphe uniquement sur demande émise par l'équipement des autorités chargées du contrôle. Elle est sécurisée afin de garantir l'intégrité des données et l'authentification des équipements d'enregistrement et de contrôle. L'accès aux données communiquées est limité aux autorités de contrôle autorisées à contrôler les infractions aux actes juridiques de l'Union visés à l'article 7, paragraphe 1, et au présent règlement, et aux ateliers dans la mesure où cela est nécessaire à la vérification du bon fonctionnement du tachygraphe. »

4. Les données échangées durant la communication sont limitées à celles qui sont nécessaires aux fins des contrôles routiers ciblés des véhicules dont le tachygraphe a pu être manipulé ou faire l'objet d'une utilisation abusive. Ces données portent sur les faits ou données ci-dessous enregistrés par le tachygraphe :

– dernière tentative d'infraction à la sécurité,
– coupure d'électricité la plus longue,
– défaillance du capteur,
– erreur sur les données de mouvement,
– conflit concernant le mouvement du véhicule,
– conduite sans carte en cours de validité,
– insertion de la carte pendant la conduite,
– données concernant une remise à l'heure,
– données d'étalonnage, y compris les dates des deux derniers étalonnages,
– numéro d'immatriculation du véhicule,
– vitesse enregistrée par le tachygraphe ;

(Règl. (UE) 2020/1054 du 15 juill. 2020, art. 2, en vigueur le 20 août 2020) « – dépassement de la durée maximale de conduite. »

5. Les données échangées sont utilisées à la seule fin de vérifier le respect du présent règlement. Elles ne sont pas transmises à d'autres entités que les autorités chargées de contrôler les périodes de conduite et de repos et que les instances judiciaires, dans le cadre d'une procédure judiciaire en cours.

6. Elles ne peuvent être conservées par les autorités chargées du contrôle que pendant la durée d'un contrôle routier et doivent être effacées au plus tard trois heures après leur communication, à moins que les données n'indiquent une possible manipulation ou utilisation abusive du tachygraphe. Si, à l'occasion de l'étape suivante du contrôle routier, la manipulation ou l'utilisation abusive n'est pas confirmée, les données transmises sont effacées.

7. Il incombe aux entreprises de transport qui gèrent les véhicules d'informer les conducteurs de la possibilité d'une communication à distance aux fins de la détection précoce de toute manipulation ou utilisation abusive éventuelle des tachygraphes.

8. En aucun cas une communication à distance à des fins de détection précoce du type décrit au présent article ne conduit à des amendes ou sanctions automatiques infligées au conducteur ou à l'entreprise de transport. Sur la base des données échangées, l'autorité de contrôle compétente peut décider de procéder à un contrôle du véhicule et du tachygraphe. Le résultat de la communication à distance n'empêche pas les autorités de contrôle de procéder à des contrôles routiers aléatoires sur la base du système de classification par niveau de risque institué par l'article 9 de la directive 2006/22/CE.

Art. 10 *Interface avec les systèmes de transport intelligents.* Les tachygraphes des véhicules immatriculés pour la première fois trente-six mois après l'entrée en vigueur des dispositions détaillées visées à l'article 11 peuvent être équipés d'une interface normalisée permettant l'utilisation en mode opérationnel, par un dispositif extérieur, des données enregistrées ou produites par le tachygraphe, pour autant que les conditions suivantes soient remplies :

a) l'interface n'affecte pas l'authenticité ou l'intégrité des données du tachygraphe ;

b) l'interface est conforme aux dispositions détaillées énoncées à l'article 11 ;

c) le dispositif extérieur connecté à l'interface n'a accès aux données à caractère personnel, y compris celles relatives à la géolocalisation, qu'après obtention du consentement vérifiable du conducteur auquel les données se rapportent.

(Règl. (UE) 2020/1054 du 15 juill. 2020, art. 2, en vigueur le 20 août 2020) « Les tachygraphes des véhicules immatriculés pour la première fois dans un État membre plus de deux ans après l'entrée en vigueur des dispositions détaillées visées à l'article 11, deuxième alinéa, sont équipés de l'interface visée au premier alinéa. »

Art. 11 *Dispositions détaillées relatives au tachygraphe intelligent. (Règl. (UE) 2020/1054 du 15 juill. 2020, art. 2, en vigueur le 20 août 2020)* « Afin de faire en sorte que les tachygraphes intelligents soient conformes aux principes et aux exigences énoncés dans le présent règlement, la Commission arrête, aux moyens d'actes d'exécution, les dispositions détaillées qui sont nécessaires pour assurer l'application uniforme des articles 8, 9 et 10, à l'exclusion de toute disposition prévoyant l'enregistrement de données supplémentaires par le tachygraphe.

« Au plus tard le 21 août 2021, la Commission adopte des actes d'exécution établissant des dispositions détaillées pour l'application uniforme de l'obligation d'enregistrer et de conserver les données relatives à tout franchissement de frontières par le véhicule et aux activités visés à l'article 8, paragraphe 1, premier alinéa, deuxième et troisième tirets, et à l'article 8, paragraphe 1, deuxième alinéa.

« Au plus tard le 21 février 2022*[,]* la Commission adopte des actes d'exécution établissant les dispositions détaillées nécessaires pour l'application uniforme des règles relatives aux exigences et aux fonctions relatives aux données, y compris les articles 8, 9 et 10 du présent règlement, et à l'installation de tachygraphes pour les véhicules visés à l'article 2, paragraphe 1, point aa), du règlement (CE) n° 561/2006.

« Ces actes d'exécution sont adoptés conformément à la procédure d'examen visée à l'article 42, paragraphe 3.

« Les dispositions détaillées visées aux premier, deuxième et troisième alinéas du présent article : »

a) couvrent, en ce qui concerne l'exécution des fonctions du tachygraphe intelligent visées au présent chapitre, les exigences nécessaires pour garantir la sécurité, la précision et la fiabilité des données fournies au tachygraphe par le service de positionnement par satellite et la technologie de communication à distance visées aux articles 8 et 9 ;

b) précisent les différentes conditions et exigences applicables au service de positionnement par satellite et à la technologie de communication à distance visées aux articles 8 et 9, qui peuvent être situés en dehors ou à l'intérieur du tachygraphe et, lorsqu'ils sont situés en dehors, précisent les conditions applicables à l'utilisation du signal de positionnement par satellite comme second capteur de mouvement ;

c) précisent les normes requises pour l'interface visée à l'article 10. Ces normes peuvent comprendre une disposition relative à la répartition des droits d'accès entre les conducteurs, les ateliers et les entreprises de transport, et précisent les missions de contrôle concernant les données enregistrées par le tachygraphe ; lesquelles missions de contrôle sont fondées sur un mécanisme d'authentification/d'autorisation défini pour l'interface, par exemple un certificat pour chaque niveau d'accès, sous réserve de sa faisabilité technique.

CHAPITRE III *HOMOLOGATION*

Art. 12 *Demandes.* 1. Toute demande d'homologation concernant un type d'unité embarquée, de capteur de mouvement, de modèle de feuille d'enregistrement ou de carte tachygraphique est introduite par le fabricant ou son mandataire auprès des autorités d'homologation désignées à cet effet par chaque État membre.

2. Les États membres communiquent à la Commission, le 2 mars 2015 au plus tard, les noms et les coordonnées des autorités désignées visées au paragraphe 1, et fournissent par la suite les mises à jour nécessaire. La Commission publie une liste des autorités d'homologation désignées sur son site Internet et tient cette liste à jour.

3. Toute demande d'homologation doit être accompagnée de la documentation appropriée, notamment des informations nécessaires concernant les scellements, et des certificats de sécurité, de fonctionnalité et d'interopérabilité. Le certificat de sécurité est délivré par un organisme de certification reconnu désigné par la Commission.

Les certificats de fonctionnalité sont délivrés au constructeur par l'autorité d'homologation.

Le certificat d'interopérabilité est délivré par un seul et même laboratoire sous l'autorité et la responsabilité de la Commission.

4. En ce qui concerne les tachygraphes, leurs composants concernés et les cartes tachygraphiques :

a) le certificat de sécurité certifie les éléments suivants pour l'unité embarquée, les cartes tachygraphiques et le capteur de mouvement, ainsi que pour la connexion au récepteur GNSS lorsque le GNSS n'est pas intégré dans les unités embarquées :

i) la conformité au regard des objectifs de sécurité ;

ii) l'exécution des fonctions de sécurité suivantes : identification et authentification, autorisation, confidentialité, responsabilité, intégrité, audit, précision et fiabilité du service ;

b) le certificat de fonctionnement certifie que l'objet testé remplit les exigences appropriées en termes de fonctions réalisées, de caractéristiques environnementales, de caractéristiques en termes de compatibilité électromagnétique, de respect des exigences physiques et de conformité avec les autres normes applicables ;

c) le certificat d'interopérabilité certifie que l'objet testé est pleinement interopérable avec les modèles de tachygraphe ou de carte tachygraphique nécessaires.

5. Toute modification du logiciel ou du matériel du tachygraphe, ou de la nature des matériaux utilisés dans la fabrication, est notifiée avant application à l'autorité qui a accordé l'homologation à l'appareil. Cette autorité confirme au fabricant l'extension de l'homologation ou peut demander une mise à jour ou une confirmation des certificats de fonctionnement, de sécurité et/ou d'interopérabilité concernés.

6. Pour un même type d'unité embarquée, de capteur de mouvement, de modèle de feuille d'enregistrement ou de carte tachygraphique, une demande ne peut être introduite qu'auprès d'un seul État membre.

7. La Commission arrête, au moyen d'actes d'exécution, les dispositions détaillées relatives à l'application uniforme du présent article. Ces actes d'exécution sont adoptés conformément à la procédure d'examen visée à l'article 42, paragraphe 3.

Art. 13 *Octroi de l'homologation.* Chaque État membre accorde l'homologation à tout type d'unité embarquée, de capteur de mouvement, de modèle de feuille d'enregistrement ou de carte tachygraphique conforme aux prescriptions visées aux articles 4 et 11, s'il est à même de vérifier la conformité de la production au modèle homologué.

Les modifications ou adjonctions à un modèle homologué doivent faire l'objet d'une homologation complémentaire de la part de l'État membre qui a accordé l'homologation initiale.

Art. 14 *Marque d'homologation.* Les États membres attribuent au demandeur une marque d'homologation conforme au modèle préétabli pour chaque type d'unité embarquée, de capteur de mouvement, de modèle de feuille d'enregistrement ou de carte tachygraphique qu'ils homologuent en vertu de l'article 13 et de l'annexe II. Ces modèles sont adoptés par la Commission au moyen d'actes d'exécution, conformément à la procédure d'examen visée à l'article 42, paragraphe 3.

Art. 15 *Acceptation ou refus.* Les autorités compétentes de l'État membre auprès duquel la demande d'homologation a été introduite envoient à celles des autres États membres, dans un délai d'un mois, une copie du certificat d'homologation, accompagnée d'une copie de la documentation nécessaire, y compris en ce qui concerne les scellements, pour chaque type d'unité embarquée, de capteur de mouvement, de modèle de feuille d'enregistrement ou de carte tachygraphique qu'elles homologuent. Lorsque les autorités compétentes rejettent la demande d'homologation, elles informent les autorités des autres États membres de leur refus et leur en communiquent les raisons.

Art. 16 *Conformité des équipements au modèle homologué.* 1. Si l'État membre qui a procédé à l'homologation visée à l'article 13 constate que des unités embarquées, des capteurs de mouvement, des feuilles d'enregistrement ou des cartes tachygraphiques portant la marque d'homologation qu'il a attribuée ne sont pas conformes au modèle qu'il a homologué, il prend les mesures nécessaires pour que la conformité de la production au modèle homologué soit assurée. Celles-ci peuvent aller, le cas échéant, jusqu'au retrait de l'homologation.

2. L'État membre qui a accordé une homologation doit la retirer si l'unité embarquée, le capteur de mouvement, la feuille d'enregistrement ou la carte tachygraphique ayant fait l'objet de l'homologation ne sont pas conformes au présent règlement ou présentent, à l'usage, un défaut d'ordre général qui les rend impropres à leur destination.

3. Si l'État membre ayant accordé une homologation est informé par un autre État membre de l'existence d'un des cas visés aux paragraphes 1 ou 2, il prend également, après consultation de l'État membre qui l'a informé, les mesures prévues auxdits paragraphes, sous réserve du paragraphe 5.

4. L'État membre qui a constaté l'existence d'un des cas prévus au paragraphe 2 peut suspendre jusqu'à nouvel ordre la mise sur le marché et la mise en service des unités embarquées, des capteurs de mouvement, des feuilles d'enregistrement ou des cartes tachygraphiques concernés. Il en est de même dans les cas visés au paragraphe 1 pour les unités embarquées, les capteurs de mouvement, les feuilles d'enregistrement ou les cartes tachygraphiques dispensés de la vérification primitive UE si le fabricant, après avertissement, ne les met pas en conformité avec le modèle homologué ou avec les exigences du présent règlement.

En tout état de cause, les autorités compétentes des États membres s'informent mutuellement et informent la Commission, dans un délai d'un mois, du retrait d'une homologation et des autres mesures prises en conformité avec les paragraphes 1, 2 ou 3, en précisant les motifs justifiant ces mesures.

5. Si l'État membre qui a procédé à une homologation conteste l'existence des cas prévus aux paragraphes 1 et 2 dont il a été informé, les États membres intéressés s'efforcent de régler le différend. La Commission est tenue informée.

Au cas où, dans un délai de quatre mois à compter de l'information visée au paragraphe 3, les pourparlers entre les États membres n'ont pas abouti à un accord, la Commission, après consultation des experts de tous les États membres et après examen de tous les facteurs pertinents, par exemple économiques et techniques, adopte dans un délai de six mois à compter de l'expiration de cette première période de quatre mois une décision qui est notifiée aux États membres intéressés et communiquée simultanément aux autres États membres. La Commission fixe, selon les cas, le délai de mise en application de sa décision.

Art. 17 *Homologation des feuilles d'enregistrement.* 1. Le demandeur de l'homologation pour un modèle de feuille d'enregistrement doit préciser sur la demande le ou les types de tachygraphe analogique avec lesquels cette feuille d'enregistrement est destinée à être utilisée et doit fournir, aux fins d'essais de la feuille d'enregistrement, un appareil adéquat du ou des types appropriés.

2. Les autorités compétentes de chaque État membre indiquent sur le certificat d'homologation du modèle de la feuille d'enregistrement le ou les types de tachygraphe analogique sur lesquels ce modèle de feuille d'enregistrement peut être utilisé.

Art. 18 *Justification des refus.* Toute décision portant refus ou retrait d'homologation d'un type d'unité embarquée, de capteur de mouvement, de modèle de feuille d'enregistrement ou de carte tachygraphique prise en vertu du présent règlement est motivée de façon précise. Elle est notifiée à l'intéressé avec une indication des voies de recours ouvertes en vertu du droit de l'État membre concerné et des délais dans lesquels ces recours peuvent être introduits.

Art. 19 *Reconnaissance de l'homologation d'un type de tachygraphe.* Les États membres ne peuvent refuser l'immatriculation ni interdire la mise en circulation ou l'usage des véhicules équipés d'un tachygraphe pour des motifs inhérents à un tel équipement si l'appareil est muni de la marque d'homologation visée à l'article 14 et de la plaquette d'installation visée à l'article 22, paragraphe 4.

Art. 20 *Sécurité.* 1. Les fabricants conçoivent les unités embarquées, capteurs de mouvement et cartes tachygraphiques mis en production et les soumettent à des essais et à des examens afin de détecter d'éventuelles failles à toutes les phases de leur durée de vie ; et ils empêchent ou limitent l'exploitation de ces failles. La fréquence de ces essais est déterminée par l'État membre qui a octroyé le certificat d'homologation, la limite à ne pas dépasser étant fixée à deux ans.

2. A cet effet, les fabricants remettent la documentation nécessaire pour une analyse de vulnérabilité à l'organisme de certification visé à l'article 12, paragraphe 3.

3. Aux fins du paragraphe 1, l'organisme de certification visé à l'article 12, paragraphe 3, procède à des essais sur les unités embarquées, les capteurs de mouvement et les cartes tachygraphiques pour confirmer que des individus possédant des connaissances accessibles au grand public ne peuvent pas exploiter les failles connues.

4. Si, au cours des essais visés au paragraphe 1, des failles sont décelées dans des éléments du système (unités embarquées, capteurs de mouvement et cartes tachygraphiques), ces éléments ne sont pas mis sur le marché. Si des failles sont décelées au cours des essais visés au paragraphe 3 pour des éléments déjà mis sur le marché, le fabricant ou l'organisme de certification en informe les autorités compétentes de l'État membre qui a accordé l'homologation. Ces autorités compétentes prennent toutes les mesures nécessaires pour que le problème soit pris en charge, notamment par le fabricant, et notifient sans retard à la Commission les failles détectées et les mesures envisagées ou prises, y compris, le cas échéant, le retrait de l'homologation conformément à l'article 16, paragraphe 2.

Art. 21 *Essais sur le terrain.* 1. Les États membres peuvent autoriser les essais sur le terrain de tachygraphes qui n'ont pas encore été homologués. Ces autorisations d'essais sur le terrain bénéficient d'une reconnaissance mutuelle par les autres États membres.

2. Les conducteurs et les entreprises de transport participant à un essai sur le terrain respectent les exigences du règlement (CE) n° 561/2006. Afin d'apporter la preuve du respect desdites exigences, les conducteurs suivent la procédure décrite à l'article 35, paragraphe 2, du présent règlement.

3. La Commission peut adopter des actes d'exécution pour établir les procédures à suivre pour la réalisation d'essais sur le terrain et des formulaires à utiliser pour surveiller ces essais. Ces actes d'exécution sont adoptés conformément à la procédure d'examen visée à l'article 42, paragraphe 3.

CHAPITRE IV *INSTALLATION ET INSPECTION*

Art. 22 *Installation et réparation.* 1. Sont seuls autorisés à effectuer les opérations d'installation et de réparation de tachygraphes les installateurs, ateliers ou constructeurs de véhicules agréés à cette fin par les autorités compétentes des États membres, conformément à l'article 24.

2. Les installateurs, ateliers ou constructeurs de véhicules agréés scellent le tachygraphe conformément aux spécifications figurant dans le certificat d'homologation visé à l'article 15, après avoir vérifié qu'il fonctionne correctement et, en particulier, qu'aucun dispositif ne peut manipuler ou altérer les données enregistrées.

3. L'installateur, atelier ou constructeur de véhicules agréé insère une marque particulière sur les scellements qu'il appose et, en outre, pour les tachygraphes numériques, introduit les données électroniques de sûreté permettant, notamment, les contrôles d'authentification. Les autorités compétentes de chaque État membre transmettent à la Commission le registre des marques et des données électroniques de sûreté utilisées ainsi que les informations nécessaires ayant trait aux données électroniques de sûreté utilisées. La Commission donne aux États membres accès à ces informations à leur demande.

4. La conformité de l'installation du tachygraphe aux prescriptions du présent règlement est attestée par la plaquette d'installation apposée de façon bien visible et facilement accessible.

5. Les composants du tachygraphe sont scellés conformément aux spécifications qui figurent dans le certificat d'homologation. Toute connexion au tachygraphe qui est susceptible d'être exposée à un risque de manipulation, y compris la connexion entre le capteur de mouvement et la boîte de vitesses ou la plaquette d'installation, le cas échéant, est scellée.

Un scellement ne peut être enlevé ou brisé que :

— par des installateurs ou des ateliers agréés par les autorités compétentes en vertu de l'article 24, à des fins de réparation, d'entretien ou de réétalonnage du tachygraphe, ou par des agents de contrôle dûment formés et, si nécessaire, agréés, à des fins de contrôle,

— à des fins de réparation ou de modification du véhicule affectant le scellement. En pareil cas, une déclaration écrite mentionnant la date et l'heure à laquelle le scellement a été brisé et indiquant les raisons pour lesquelles le scellement a été retiré est conservée à bord du véhicule. La Commission élabore un formulaire standard pour la déclaration écrite par la voie d'actes d'exécution.

(Règl. (UE) 2020/1054 du 15 juill. 2020, art. 2, en vigueur le 20 août 2020) « Les scellements enlevés ou brisés sont remplacés par un installateur ou un atelier agréé dans un délai raisonnable et au plus tard dans les sept jours suivant leur retrait ou leur casse. Lorsque les scellements ont été enlevés ou brisés à des fins de contrôle, ils peuvent être remplacés sans retard injustifié par un agent de contrôle équipé d'un matériel de scellement et d'une marque particulière unique.

« Lorsqu'un agent de contrôle enlève un scellement, la carte de contrôleur est insérée dans le tachygraphe à partir du moment où le scellement est enlevé jusqu'à ce que l'inspection soit terminée, y compris en cas de placement d'un nouveau scellement. L'agent de contrôle établit une déclaration écrite comportant au minimum les informations suivantes :

« — le numéro d'identification du véhicule ;

« — le nom de l'agent ;

« — l'autorité de contrôle et l'État membre ;

« — le numéro de la carte de contrôleur ;

« — le numéro du scellement enlevé ;

« — la date et l'heure du retrait du scellement ;

« — le numéro du nouveau scellement, lorsque l'agent de contrôle a placé un nouveau scellement.

« Avant le remplacement d'un scellement, une vérification et un étalonnage du tachygraphe sont réalisés par un atelier agréé, sauf lorsque le scellement a été enlevé ou brisé à des fins de contrôle et remplacé par un agent de contrôle. »

Art. 23 *Inspections des tachygraphes.* 1. Les tachygraphes sont soumis à des inspections régulières effectuées par des ateliers agréés. Ces inspections régulières sont réalisées au minimum tous les deux ans.

2. Les inspections visées au paragraphe 1 comprennent au moins les vérifications suivantes :

— le tachygraphe est correctement installé et est approprié au véhicule,

— le tachygraphe fonctionne correctement,

— la marque d'homologation est apposée sur le tachygraphe,

— la plaquette d'installation est apposée,

— tous les scellements sont intacts et efficaces,

— aucun dispositif de manipulation n'est fixé au tachygraphe et il n'y a aucune trace d'utilisation de ce type de dispositif,

— la taille des pneumatiques et la circonférence effective des pneumatiques.

3. Les ateliers établissent un rapport d'inspection dans les cas où des irrégularités dans le fonctionnement du tachygraphe ont dû être corrigées, que ce soit à la suite d'une inspection périodique ou d'une inspection effectuée à la demande expresse de l'autorité nationale compétente. Ils conservent une liste de tous les rapports d'inspection établis.

4. Les rapports d'inspection sont conservés pendant au moins deux ans à compter de la date d'établissement du rapport. Les États membres décident si les rapports d'inspection sont conservés ou transmis à l'autorité compétente au cours de cette période. Lorsqu'il les

conserve, l'atelier fournit, sur demande de l'autorité compétente, les rapports relatifs aux inspections et étalonnages effectués durant cette période.

Art. 24 *Agrément des installateurs, des ateliers et des constructeurs de véhicules.* 1. Les États membres agréent, contrôlent régulièrement et certifient les installateurs, les ateliers et les constructeurs de véhicules qui peuvent procéder aux installations, aux contrôles, aux inspections et aux réparations des tachygraphes.

2. Les États membres s'assurent de la compétence et de la fiabilité des installateurs, des ateliers et des constructeurs de véhicules. A cet effet, ils établissent et publient un ensemble de procédures nationales claires et veillent au respect des exigences minimales suivantes :

a) formation correcte du personnel ;

b) disponibilité des équipements nécessaires pour effectuer les essais et travaux nécessaires ;

c) bonne réputation des installateurs, des ateliers et des constructeurs de véhicules.

3. Des audits des installateurs ou ateliers agréés sont réalisés comme suit :

a) les installateurs ou ateliers agréés sont soumis à un contrôle au moins bisannuel des procédures qu'ils appliquent lorsqu'ils interviennent sur des tachygraphes. Le contrôle porte en particulier sur les mesures de sécurité adoptées et sur les interventions concernant les cartes d'atelier. Les États membres peuvent procéder à ces contrôles sans procéder à une visite du site ;

b) des contrôles techniques inopinés sont également effectués chez les installateurs ou dans les ateliers agréés afin de vérifier les étalonnages, les inspections et les installations réalisés. Ces contrôles couvrent au moins 10 % des installateurs et des ateliers agréés chaque année.

4. Les États membres et leurs autorités compétentes prennent les mesures nécessaires pour éviter tout conflit d'intérêts entre les installateurs ou les ateliers et les entreprises de transport. En particulier, en cas de risque sérieux de conflit d'intérêts, des mesures spécifiques supplémentaires sont prises pour veiller au respect du présent règlement par l'installateur ou l'atelier.

5. Les autorités compétentes des États membres transmettent chaque année à la Commission, si possible par voie électronique, les listes des installateurs et des ateliers agréés ainsi que les cartes qui leur ont été délivrées. La Commission publie de telles listes sur son site Internet.

6. Les autorités compétentes des États membres révoquent, à titre temporaire ou permanent, les agréments des installateurs, des ateliers et des constructeurs de véhicules qui ne respectent pas les obligations qui leur incombent en vertu du présent règlement.

Art. 25 *Cartes d'atelier.* 1. La durée de validité des cartes d'atelier ne peut dépasser un an. Lors du renouvellement de la carte d'atelier, l'autorité compétente vérifie que l'installateur, l'atelier ou le constructeur de véhicules remplit les critères énumérés à l'article 24, paragraphe 2.

2. L'autorité compétente renouvelle la carte d'atelier dans un délai de quinze jours ouvrables suivant la réception d'une demande valable de renouvellement et de tous les documents nécessaires. En cas de détérioration, de mauvais fonctionnement, de perte ou de vol de la carte d'atelier, l'autorité compétente fournit une carte de remplacement dans un délai de cinq jours ouvrables suivant la réception d'une demande circonstanciée à cet effet. Les autorités compétentes tiennent un registre des cartes perdues, volées ou présentant des défaillances.

3. Si un État membre révoque l'agrément d'un installateur, d'un atelier ou d'un constructeur de véhicules conformément à l'article 24, il retire aussi les cartes d'atelier qui lui avaient été délivrées.

4. Les États membres prennent toutes les mesures nécessaires pour éviter tout risque de falsification des cartes distribuées aux installateurs, aux ateliers et aux constructeurs de véhicules agréés.

CHAPITRE V *CARTES DE CONDUCTEUR*

Art. 26 *Délivrance des cartes de conducteur.* 1. Les cartes de conducteur sont délivrées, à la demande du conducteur, par l'autorité compétente de l'État membre dans lequel le conducteur a sa résidence normale. Elles sont délivrées dans un délai d'un mois à compter de la réception par l'autorité compétente de la demande et de tous les documents nécessaires.

2. Aux fins du présent article, on entend par "résidence normale" le lieu où une personne demeure habituellement, c'est-à-dire pendant au moins cent quatre-vingt-cinq jours par année civile, en raison d'attaches personnelles et professionnelles, ou dans le cas d'une personne sans attaches professionnelles, en raison d'attaches personnelles révélant des liens étroits entre elle-même et l'endroit où elle habite.

Toutefois, la résidence normale d'une personne dont les attaches professionnelles sont situées dans un lieu différent de celui de ses attaches personnelles et qui, de ce fait, est amenée à séjourner alternativement dans des lieux différents situés dans deux ou plusieurs États membres est censée se trouver au lieu de ses attaches personnelles, à condition qu'elle y retourne régulièrement. Cette dernière condition n'est pas requise lorsque la personne séjourne dans un État membre pour l'exécution d'une mission d'une durée déterminée.

3. Les conducteurs apportent la preuve de leur résidence normale, par tous les moyens, notamment par leur carte d'identité, ou par tout autre document valable. Dans le cas où les autorités compétentes de l'État membre de délivrance de la carte de conducteur ont des doutes sur la validité de la déclaration de la résidence normale ou aux fins de certains contrôles spécifiques, elles peuvent demander des preuves ou des éléments d'information supplémentaires.

4. Dans des cas dûment justifiés et exceptionnels, les États membres peuvent délivrer une carte de conducteur temporaire et non prorogeable, valable pour une durée maximale de cent quatre-vingt-cinq jours, à un conducteur qui n'a pas sa résidence normale dans un État membre ou dans un État qui est partie contractante à l'accord AETR, à condition que ce conducteur ait une relation relevant du droit du travail avec une entreprise de transport établie dans l'État membre de délivrance et, dans la mesure où le règlement (CE) nº 1072/2009 du Parlement européen et du Conseil *[Règlement (CE) nº 1072/2009 du Parlement européen et du Conseil du 21 octobre 2009 établissant des règles communes pour l'accès au marché du transport international de marchandises par route (JO L 300 du 14. 11. 2009, p. 72)]* est applicable, présente une attestation de conducteur au sens dudit règlement.

Sur la base des données fournies par les États membres, la Commission contrôle de près l'application du présent paragraphe. Elle fait part de ses conclusions au Parlement européen et au Conseil tous les deux ans et examine en particulier si les cartes de conducteur temporaires ont des effets négatifs sur le marché du travail et si les cartes temporaires sont couramment délivrées plusieurs fois aux mêmes conducteurs. La Commission peut faire une proposition législative visant à réviser le présent paragraphe.

5. Les autorités compétentes de l'État membre de délivrance prennent les mesures appropriées pour s'assurer que le demandeur n'est pas déjà titulaire d'une carte de conducteur en cours de validité et personnalisent la carte de conducteur, en veillant à ce que les données qui y figurent soient visibles et sécurisées.

6. La durée de validité de la carte de conducteur ne peut dépasser cinq ans.

7. Elle ne peut faire l'objet, pendant la durée de sa validité administrative, d'un retrait ou d'une suspension, sauf si les autorités compétentes d'un État membre constatent que la carte a été falsifiée, que le conducteur utilise une carte dont il n'est pas titulaire ou que la carte détenue a été obtenue sur la base de fausses déclarations et/ou de documents falsifiés. Si les mesures de suspension ou de retrait susmentionnées sont prises par un État membre autre que celui qui a délivré la carte, cet État membre renvoie dans les meilleurs délais la carte aux autorités de l'État membre qui l'a délivrée en indiquant les raisons du retrait ou de la suspension. S'il est prévu que la restitution de la carte prenne plus de deux semaines, l'État membre procédant à la suspension ou au retrait informe l'État membre de délivrance, dans ce délai de deux semaines, des raisons motivant une telle décision.

(Règl. (UE) 2020/1054 du 15 juill. 2020, art. 2, en vigueur le 20 août 2020) « *7 bis*. Les autorités compétentes de l'État membre de délivrance peuvent imposer à un conducteur de remplacer la carte de conducteur par une nouvelle carte si cela est nécessaire pour répondre aux spécifications techniques pertinentes. »

8. Les États membres prennent toutes les mesures nécessaires pour éviter toute falsification des cartes de conducteur.

9. Le présent article ne fait pas obstacle à ce qu'un État membre délivre une carte de conducteur à un conducteur qui a sa résidence normale dans une partie de son territoire à laquelle le traité sur l'Union européenne et le traité sur le fonctionnement de l'Union

européenne ne s'appliquent pas, à condition que les dispositions pertinentes du présent règlement soient appliquées en pareil cas.

Art. 27 *Utilisation des cartes de conducteur.* 1. La carte de conducteur est personnelle.

2. Le conducteur ne peut être titulaire que d'une seule carte en cours de validité et il n'est autorisé à utiliser que sa propre carte personnalisée. Il ne doit pas utiliser de carte défectueuse ou dont la validité a expiré.

Art. 28 *Renouvellement des cartes de conducteur.* 1. Lorsqu'un conducteur souhaite renouveler sa carte de conducteur, il doit en faire la demande auprès des autorités compétentes de l'État membre dans lequel il a sa résidence normale, au plus tard quinze jours ouvrables avant la date d'expiration de la carte.

2. Lorsque, en cas de renouvellement, l'État membre dans lequel le conducteur a sa résidence normale est différent de celui qui a délivré sa carte actuelle et lorsque les autorités du premier État membre sont appelées à procéder au renouvellement de la carte de conducteur, elles informent les autorités qui ont délivré la précédente carte des motifs de son renouvellement.

3. En cas de demande de renouvellement d'une carte dont la date de validité arrive à expiration, l'autorité fournit une nouvelle carte avant la date d'échéance pour autant que cette demande lui ait été adressée dans les délais prévus au paragraphe 1.

Art. 29 *Vol, perte ou mauvais fonctionnement de la carte du conducteur.* 1. L'autorité de délivrance tient un registre des cartes délivrées, volées, perdues ou défectueuses durant une période correspondant au moins à leur durée de validité.

2. En cas de détérioration ou de mauvais fonctionnement de sa carte, le conducteur la retourne à l'autorité compétente de l'État membre dans lequel il a sa résidence normale. Le vol de la carte de conducteur fait l'objet d'une déclaration en bonne et due forme auprès des autorités compétentes de l'État où le vol s'est produit.

3. Toute perte de la carte de conducteur doit faire l'objet d'une déclaration en bonne et due forme auprès des autorités compétentes de l'État qui l'a délivrée et auprès de celles de l'État membre de la résidence normale du conducteur dans le cas où ceux-ci seraient différents.

4. En cas de détérioration, de mauvais fonctionnement, de perte ou de vol de la carte de conducteur, le conducteur doit en demander, dans les sept jours civils, le remplacement auprès des autorités compétentes de l'État membre dans lequel il a sa résidence normale. Ces autorités fournissent une carte de remplacement dans un délai de huit jours ouvrables suivant la réception par celles-ci d'une demande circonstanciée à cet effet.

5. Dans les circonstances décrites au paragraphe 4, le conducteur peut continuer à conduire son véhicule sans carte de conducteur durant une période maximale de quinze jours civils, ou pendant une période plus longue s'il le faut pour permettre au véhicule de regagner les locaux où il est basé, à condition qu'il puisse justifier de l'impossibilité de présenter ou d'utiliser sa carte durant cette période.

Art. 30 *Reconnaissance mutuelle et échange des cartes de conducteur.* 1. Les cartes de conducteur délivrées par les États membres sont mutuellement reconnues.

2. Lorsque le titulaire d'une carte de conducteur en cours de validité délivrée par un État membre a fixé sa résidence normale dans un autre État membre, il peut demander l'échange de sa carte contre une carte de conducteur équivalente. Il appartient à l'État membre qui effectue l'échange de vérifier si la carte présentée est encore en cours de validité.

3. Les États membres qui effectuent un échange renvoient l'ancienne carte aux autorités de l'État membre qui l'ont délivrée et indiquent les raisons de cette restitution.

4. Lorsqu'un État membre remplace ou échange une carte de conducteur, ce remplacement ou cet échange, ainsi que tout remplacement ou échange ultérieur, est enregistré dans ledit État membre.

Art. 31 *Échange électronique d'informations sur les cartes de conducteur.* 1. Afin de s'assurer, comme le prévoit l'article 26, qu'un demandeur n'est pas déjà titulaire d'une carte de conducteur en cours de validité, les États membres conservent, durant une période correspondant au moins à la durée de validité des cartes, des registres électroniques nationaux contenant les informations suivantes sur les cartes de conducteur, y compris sur celles visées à l'article 26, paragraphe 4 :

– le nom et le prénom du conducteur,
– la date et, si possible, le lieu de naissance du conducteur,
– le numéro de permis de conduire valide et le pays de délivrance du permis de conduire (le cas échéant),
– le statut de la carte de conducteur,
– le numéro de la carte de conducteur.

2. La Commission et les États membres prennent toutes les mesures nécessaires pour que les registres électroniques soient interconnectés et accessibles dans toute l'Union, en utilisant le système de messagerie TACHOnet visé dans la recommandation 2010/19/UE ou un système compatible. En cas d'utilisation d'un système compatible, l'échange électronique de données avec tous les autres États membres est possible à l'aide du système de messagerie TACHOnet.

3. Lorsqu'un État membre délivre, remplace ou, s'il y a lieu, renouvelle une carte de conducteur, il vérifie par un échange électronique d'informations que le conducteur n'est pas déjà titulaire d'une carte de conducteur en cours de validité. Les données échangées sont limitées à celles qui sont nécessaires aux fins de cette vérification.

4. Les agents de contrôle peuvent avoir accès au registre électronique pour contrôler le statut d'une carte de conducteur.

5. La Commission adopte des actes d'exécution pour établir les procédures et spécifications communes nécessaires pour assurer l'interconnexion visée au paragraphe 2, et notamment le format des données échangées, les procédures techniques de consultation électronique des registres électroniques nationaux, les procédures d'accès et les mécanismes de sûreté. Ces actes d'exécution sont adoptés conformément à la procédure d'examen visée à l'article 42, paragraphe 3.

CHAPITRE VI *UTILISATION DES ÉQUIPEMENTS*

Art. 32 *Utilisation correcte des tachygraphes.* 1. Les entreprises de transport et les conducteurs veillent au bon fonctionnement et à la bonne utilisation des tachygraphes numériques et des cartes de conducteur. Les entreprises de transport et les conducteurs qui utilisent des tachygraphes analogiques veillent à leur bon fonctionnement et à la bonne utilisation des feuilles d'enregistrement.

2. Les tachygraphes numériques ne sont pas configurés de façon à basculer automatiquement vers une catégorie d'activités spécifique lorsque le moteur du véhicule est arrêté ou que le contact est coupé, sauf si le conducteur demeure en mesure de sélectionner manuellement la catégorie d'activités appropriée.

3. Il est interdit de falsifier, de dissimuler, d'effacer ou de détruire les enregistrements faits sur la feuille d'enregistrement ou les données stockées dans le tachygraphe ou sur la carte de conducteur, ou imprimées au départ du tachygraphe. Il est également interdit de manipuler le tachygraphe, la feuille d'enregistrement ou la carte de conducteur de manière à falsifier les données stockées et/ou imprimées, à les effacer ou à les détruire. Aucun dispositif permettant d'effectuer les manipulations mentionnées ci-dessus ne doit être présent dans le véhicule.

4. Les véhicules ne sont équipés que d'un seul tachygraphe, sauf aux fins des essais sur le terrain visés à l'article 21.

5. Les États membres interdisent la production, la distribution, la publicité et/ou la vente de dispositifs construits pour la manipulation des tachygraphes ou destinés à cet effet.

Art. 33 *Responsabilité des entreprises de transport.* 1. Les entreprises de transport sont chargées de veiller à ce que leurs conducteurs soient dûment formés et aient reçu les instructions appropriées en ce qui concerne le bon fonctionnement des tachygraphes, qu'ils soient numériques ou analogiques ; elles procèdent à des contrôles réguliers pour s'assurer que leurs conducteurs utilisent correctement les tachygraphes et elles ne prennent aucune disposition susceptible d'encourager directement ou indirectement leurs conducteurs à faire une utilisation abusive des tachygraphes.

Les entreprises de transport délivrent, aux conducteurs de véhicules équipés de tachygraphes analogiques, un nombre suffisant de feuilles d'enregistrement, compte tenu du caractère individuel des feuilles d'enregistrement, de la durée du service et de l'obligation de remplacer éventuellement les feuilles d'enregistrement endommagées ou saisies par un agent de contrôle habilité. Les entreprises de transport ne remettent aux conducteurs que des feuilles d'un modèle homologué aptes à être utilisées dans l'appareil installé à bord du véhicule.

Lorsqu'un véhicule est équipé d'un tachygraphe numérique, l'entreprise de transport et le conducteur veillent à ce que, compte tenu de la durée du service, l'impression de données provenant du tachygraphe à la demande d'un agent de contrôle puisse s'effectuer correctement en cas de contrôle.

2. Les entreprises de transport conservent, par ordre chronologique et sous une forme lisible, les feuilles d'enregistrement, ainsi que les données imprimées chaque fois que celles-ci sont produites en application de l'article 35, pendant au moins un an après leur utilisation et elle en remet une copie aux conducteurs concernés qui en font la demande. Les entreprises de transport remettent également une copie des données téléchargées depuis les cartes de conducteur aux conducteurs concernés qui en font la demande ainsi que les versions imprimées de ces copies. Les feuilles d'enregistrement, les données imprimées et les données téléchargées sont présentées ou remises sur demande de tout agent de contrôle habilité.

3. Les entreprises de transport sont tenues pour responsables des infractions au présent règlement commises par leurs conducteurs ou par les conducteurs mis à leur disposition. Cependant, les États membres peuvent subordonner cette responsabilité au non-respect par l'entreprise de transport du paragraphe 1, premier alinéa, du présent article et de l'article 10, paragraphes 1 et 2, du règlement (CE) n° 561/2006.

Art. 34 *Utilisation des cartes de conducteur et des feuilles d'enregistrement. (Règl. (UE) 2020/1054 du 15 juill. 2020, art. 2, en vigueur le 20 août 2020)* « 1. Les conducteurs utilisent les feuilles d'enregistrement ou les cartes de conducteur chaque jour où ils conduisent, dès le moment où ils prennent en charge le véhicule. La feuille d'enregistrement ou la carte de conducteur n'est pas retirée avant la fin de la période de travail journalière, à moins que son retrait ne soit autrement autorisé ou ne soit nécessaire pour introduire le symbole du pays après le franchissement d'une frontière. Aucune feuille d'enregistrement ou carte de conducteur ne peut être utilisée pour une période plus longue que celle pour laquelle elle a été destinée. »

2. Les conducteurs protègent de manière adéquate les feuilles d'enregistrement ou cartes de conducteur et n'utilisent pas de feuilles d'enregistrement ou de cartes de conducteur souillées ou endommagées.

3. Lorsque, par suite de son éloignement du véhicule, le conducteur ne peut pas utiliser le tachygraphe installé dans le véhicule, les périodes visées au paragraphe 5, point b), ii), iii) et iv), sont :

a) si le véhicule est équipé d'un tachygraphe analogique, inscrites sur la feuille d'enregistrement de façon lisible et sans souillure, manuellement, automatiquement ou par d'autres moyens ; ou

b) si le véhicule est équipé d'un tachygraphe numérique, inscrites sur la carte de conducteur à l'aide de la fonction de saisie manuelle dont dispose le tachygraphe.

Les États membres n'imposent pas aux conducteurs la présentation de formulaires attestant de leurs activités lorsqu'ils sont éloignés de leur véhicule.

4. Lorsque plusieurs conducteurs se trouvent à bord d'un véhicule équipé d'un tachygraphe numérique, chaque conducteur veille à ce que sa carte de conducteur soit insérée dans l'ouverture correcte du tachygraphe.

Lorsque plusieurs conducteurs se trouvent à bord d'un véhicule équipé d'un tachygraphe analogique, ils portent sur les feuilles d'enregistrement les modifications nécessaires, de telle sorte que les informations pertinentes soient enregistrées sur la feuille du conducteur qui tient effectivement le volant.

5. Les conducteurs :

a) veillent à la concordance entre le marquage horaire sur la feuille d'enregistrement et l'heure légale du pays d'immatriculation du véhicule ;

b) actionnent les dispositifs de commutation permettant d'enregistrer séparément et distinctement les périodes de temps suivantes :

i) sous le signe  : le temps de conduite ;

ii) sous le signe  : toute "autre tâche", à savoir toute activité autre que la conduite, au sens de l'article 3, point a), de la directive 2002/15/CE, ainsi que toute activité accomplie pour le même ou un autre employeur dans le secteur du transport ou en dehors ;

iii) sous le signe ⧄ : la "disponibilité", au sens de l'article 3, point b), de la directive 2002/15/CE ;

(Règl. (UE) 2020/1054 du 15 juill. 2020, art. 2, en vigueur le 20 août 2020) « iv) sous le signe 🛏 : les pauses, repos, congés annuels ou congés de maladie,

« v) sous le signe "ferry/train" : en plus du signe 🛏 : le temps de repos passé à bord d'un ferry ou d'un train, tel que l'exige l'article 9 du règlement (CE) n° 561/2006. »

6. Chaque conducteur d'un véhicule équipé d'un tachygraphe analogique porte sur sa feuille d'enregistrement les indications suivantes :

a) ses nom et prénom au début de l'utilisation de la feuille d'enregistrement ;

b) la date et le lieu du début et de la fin d'utilisation de la feuille d'enregistrement ;

c) le numéro de la plaque d'immatriculation du véhicule auquel il est affecté, avant le premier trajet enregistré sur la feuille d'enregistrement et ensuite, en cas de changement de véhicule, pendant l'utilisation de la feuille d'enregistrement ;

d) le relevé du compteur kilométrique :

i) avant le premier trajet enregistré sur la feuille d'enregistrement ;

ii) à la fin du dernier trajet enregistré sur la feuille d'enregistrement ;

iii) en cas de changement de véhicule pendant la journée de service, le relevé du compteur du véhicule auquel il a été affecté et le relevé du compteur du véhicule auquel il va être affecté ;

e) le cas échéant, l'heure du changement de véhicule ;

(Règl. (UE) 2020/1054 du 15 juill. 2020, art. 2, en vigueur le 20 août 2020) « f) le symbole du pays où il commence et celui du pays où il finit sa période de travail journalière. Le conducteur introduit également le symbole du pays où il entre après avoir franchi la frontière d'un État membre au début de son premier arrêt dans ledit État membre. Ce premier arrêt s'effectue au point d'arrêt le plus proche possible à la frontière ou après celle-ci. Lorsque le franchissement de la frontière d'un État membre intervient à bord d'un ferry ou d'un train, le conducteur introduit le symbole du pays dans le port ou dans la gare d'arrivée.

« 7. Le conducteur introduit dans le tachygraphe numérique le symbole du pays où il commence et celui du pays où il finit sa période de travail journalière.

« A partir du 2 février 2022, le conducteur introduit également le symbole du pays où il entre après avoir franchi la frontière d'un État membre au début de son premier arrêt dans ledit État membre. Ce premier arrêt s'effectue au point d'arrêt le plus proche possible à la frontière ou après celle-ci. Lorsque le franchissement de la frontière d'un État membre intervient à bord d'un ferry ou d'un train, le conducteur introduit le symbole du pays dans le port ou dans la gare d'arrivée.

« Les États membres peuvent imposer aux conducteurs de véhicules effectuant un transport intérieur sur leur territoire d'ajouter au symbole du pays des spécifications géographiques plus détaillées, pour autant que ces États membres aient notifié lesdites spécifications géographiques détaillées à la Commission avant le 1er avril 1998.

« Le premier conducteur n'est pas tenu d'introduire les informations visées au premier alinéa si le tachygraphe enregistre automatiquement les données de localisation conformément à l'article 8. »

Art. 35 *Cartes de conducteur et feuilles d'enregistrement endommagées.* 1. En cas de détérioration d'une feuille d'enregistrement qui contient des enregistrements ou d'une carte de conducteur, le conducteur joint la feuille d'enregistrement ou la carte de conducteur endommagée à toute feuille d'enregistrement de réserve utilisée pour la remplacer.

2. En cas de détérioration, de mauvais fonctionnement, de perte ou de vol de la carte de conducteur, le conducteur :

a) au début de son trajet, imprime les données détaillées relatives au véhicule qu'il conduit et fait figurer sur cette feuille imprimée :

i) les données détaillées permettant d'identifier le conducteur (nom, numéro de carte de conducteur ou de permis de conduire), y compris sa signature ;

ii) les périodes visées à l'article 34, paragraphe 5, point b), ii), iii) et iv) ;

b) à la fin de son trajet, imprime les informations concernant les périodes de temps enregistrées par le tachygraphe, enregistre toutes les périodes consacrées à une autre activité, les périodes de disponibilité et de repos prises depuis l'impression des données obtenue au début du trajet, lorsque ces informations n'ont pas été enregistrées par le tachygraphe, porte sur ce document les données détaillées permettant d'identifier le conducteur (nom, numéro de carte de conducteur ou de permis de conduire), y compris sa signature.

Art. 36 *Enregistrements à produire par le conducteur.* 1. Lorsqu'un conducteur conduit un véhicule équipé d'un tachygraphe analogique, il doit être en mesure de présenter, à toute demande d'un agent de contrôle habilité :

i) les feuilles d'enregistrement de la journée en cours et celles qu'il a utilisées au cours des vingt-huit jours précédents *[nouvelle rédaction issue du Règl. (UE) 2020/1054 du 15 juill. 2020, art. 2, en vigueur le 31 déc. 2024 : « i) les feuilles d'enregistrement de la journée en cours et des cinquante-six jours précédents »]* ;

ii) la carte de conducteur, s'il est titulaire d'une telle carte ; et

iii) toute information enregistrée manuellement et imprimée pendant la journée en cours et pendant les vingt-huit jours précédents, conformément au présent règlement et au règlement (CE) n° 561/2006 *[nouvelle rédaction issue du Règl. (UE) 2020/1054 du 15 juill. 2020, art. 2, en vigueur le 31 déc. 2024 : « iii) toute information enregistrée manuellement et imprimée pendant la journée en cours et pendant les cinquante-six jours précédents »]*.

2. Lorsque le conducteur conduit un véhicule équipé d'un tachygraphe numérique, il doit être en mesure de présenter, à toute demande d'un agent de contrôle habilité :

i) sa carte de conducteur ;

ii) toute information enregistrée manuellement et imprimée pendant la journée en cours et pendant les vingt-huit jours précédents, conformément au présent règlement et au règlement (CE) n° 561/2006 *[nouvelle rédaction issue du Règl. (UE) 2020/1054 du 15 juill. 2020, art. 2, en vigueur le 31 déc. 2024 : « ii) toute information enregistrée manuellement et imprimée pendant la journée en cours et pendant les cinquante-six jours précédents »]* ;

iii) les feuilles d'enregistrement correspondant à la même période que celle visée au point ii), dans le cas où il aurait conduit, pendant cette période, un véhicule équipé d'un tachygraphe analogique.

3. Un agent de contrôle habilité peut vérifier le respect du règlement (CE) n° 561/2006 en analysant les feuilles d'enregistrement, les données affichées, imprimées ou téléchargées qui ont été enregistrées par le tachygraphe ou par la carte de conducteur ou, à défaut, en analysant tout autre document justifiant le non-respect d'une disposition telles que l'article 29, paragraphe 2, et l'article 37, paragraphe 2, du présent règlement.

Art. 37 *Procédures en cas de mauvais fonctionnement de l'équipement.* 1. En cas de panne ou de défaillance d'un tachygraphe, l'entreprise de transport doit le faire réparer par un installateur ou un atelier agréé dès que les circonstances le permettent.

Si le retour dans les locaux de l'entreprise de transport ne peut s'effectuer qu'après une période dépassant une semaine à compter du jour de la panne ou de la constatation de la défaillance, la réparation doit être effectuée en cours de route.

Les États membres prévoient, dans le cadre des dispositions prévues à l'article 41, la faculté pour les autorités compétentes d'interdire l'usage du véhicule dans les cas où il n'a pas été remédié à la panne ou à la défaillance dans les conditions fixées aux premier et deuxième alinéas du présent paragraphe, à condition que cela soit conforme à la législation de l'État membre concerné.

2. Durant la période de panne ou de défaillance du tachygraphe, le conducteur reporte les éléments permettant de l'identifier (nom et numéro de son permis de conduire ou de sa carte de conducteur), y compris sa signature, ainsi que les indications relatives aux différentes périodes dans la mesure où celles-ci ne sont plus enregistrées ou imprimées par le tachygraphe de façon correcte :

a) sur la ou les feuilles d'enregistrement ; ou

b) sur une feuille *ad hoc* à joindre à la feuille d'enregistrement ou à conserver avec la carte de conducteur.

CHAPITRE VII *CONTRÔLE ET SANCTIONS*

Art. 38 *Agents de contrôle.* 1. Afin de contrôler efficacement le respect du présent règlement, les agents de contrôle agréés disposent d'un équipement suffisant et de compétences légales appropriées pour leur permettre d'exercer leurs fonctions conformément au présent règlement. Cet équipement comprend notamment :

a) des cartes de contrôle donnant accès aux données enregistrées sur des tachygraphes et sur des cartes tachygraphiques, et éventuellement sur des cartes d'atelier ;

b) les outils nécessaires pour télécharger les fichiers de données des unités embarquées et des cartes tachygraphiques et analyser ces fichiers et les sorties imprimées des tachygraphes numériques en combinaison avec les feuilles d'enregistrement ou les tableaux provenant des tachygraphes analogiques.

2. Si, après un contrôle, les agents de contrôle trouvent suffisamment de preuves étayant un soupçon raisonnable de fraude, ils sont habilités à envoyer le véhicule dans un atelier agréé pour que d'autres vérifications y soient effectuées, en vue de s'assurer, en particulier, que le tachygraphe :

a) fonctionne correctement ;

b) enregistre et stocke correctement les données et est étalonné selon des paramètres corrects.

3. Les agents de contrôle sont habilités à demander à des ateliers agréés d'effectuer l'essai visé au paragraphe 2 et les essais spécifiques destinés à détecter la présence de dispositifs de manipulation. Si des dispositifs de manipulation sont détectés, le matériel, dont le dispositif lui-même, l'unité embarquée, ou ses composants, et la carte de conducteur peuvent être retirés du véhicule et peuvent servir de preuves conformément aux règles de procédure du droit national concernant l'utilisation des preuves.

4. Les agents de contrôle font usage, le cas échéant, de la possibilité de contrôler les tachygraphes et les cartes de conducteur qui se trouvent sur place lors d'un contrôle des locaux des entreprises.

Art. 39 *Formation des agents de contrôle.* 1. Les États membres veillent à ce que les agents de contrôle soient bien formés pour l'analyse des données enregistrées et la vérification des tachygraphes afin de parvenir à un contrôle et à une application efficaces et harmonisés.

2. Les États membres informent la Commission des exigences de formation applicables à leurs agents de contrôle le 2 septembre 2016 au plus tard.

3. La Commission adopte, au moyen d'actes d'exécution, des mesures précisant le contenu de la formation initiale et continue des agents de contrôle, y compris la formation sur les techniques de ciblage des contrôles et de détection de la fraude et des dispositifs de manipulation. Ces mesures comprennent des lignes directrices destinées à faciliter la mise en œuvre des dispositions pertinentes du présent règlement et du règlement (CE) n° 561/2006. Ces actes d'exécution sont adoptés conformément à la procédure d'examen visée à l'article 42, paragraphe 3.

4. Les États membres intègrent le contenu précisé par la Commission à la formation dispensée aux agents de contrôle.

Art. 40 *Assistance mutuelle.* Les États membres s'accordent mutuellement assistance pour l'application du présent règlement et le contrôle de celle-ci.

Dans le cadre de cette assistance mutuelle, les autorités compétentes des États membres se communiquent, en particulier, régulièrement toutes les informations disponibles concernant les infractions au présent règlement commises par des installateurs et des ateliers, les types de pratiques de manipulation et les sanctions imposées pour ces infractions.

Art. 41 *Sanctions.* 1. Les États membres déterminent, conformément à leurs dispositions constitutionnelles nationales, le régime des sanctions applicables en cas de violation des dispositions du présent règlement et prennent toutes les mesures nécessaires pour garantir leur mise en œuvre. Ces sanctions doivent être effectives, proportionnées, dissuasives et non discriminatoires, et conformes aux catégories d'infractions prévues dans la directive 2006/22/CE.

2. Les États membres notifient à la Commission ces mesures ainsi que le régime des sanctions au plus tard le 2 mars 2016. Ils informent la Commission de toute modification ultérieure de ces mesures.

CHAPITRE VIII *DISPOSITIONS FINALES*

Art. 42 *Comité.* 1. La Commission est assistée par un comité. Il s'agit d'un comité au sens du règlement (UE) n° 182/2011.

2. Dans les cas où il est fait référence au présent paragraphe, l'article 4 du règlement (UE) n° 182/2011 s'applique.

3. Dans les cas où il est fait référence au présent paragraphe, l'article 5 du règlement (UE) n° 182/2011 s'applique.

Lorsque le comité n'émet aucun avis, la Commission n'adopte pas le projet d'acte d'exécution et l'article 5, paragraphe 4, troisième alinéa, du règlement (UE) n° 182/2011 s'applique.

Lorsque l'avis du comité doit être obtenu par procédure écrite, ladite procédure est close sans résultat lorsque, dans le délai imparti pour la formulation de l'avis, le président du comité le décide ou une majorité simple des membres du comité le demande.

Art. 43 *Forum du tachygraphe.* 1. Un forum du tachygraphe est mis en place afin de faciliter le dialogue sur les aspects techniques des tachygraphes entre les experts des États membres, les membres du comité visés à l'article 42 et les experts des pays tiers qui utilisent le tachygraphe au titre de l'accord AETR.

2. Il convient que les États membres délèguent en tant qu'experts au forum du tachygraphe les experts faisant partie du comité visé à l'article 42.

3. Le forum du tachygraphe est ouvert aux experts des pays tiers intéressés qui sont parties contractantes à l'accord AETR.

4. Les parties prenantes, les représentants des constructeurs de véhicules, les fabricants de tachygraphes, les partenaires sociaux et le Contrôleur européen de la protection des données sont invités au forum du tachygraphe.

5. Le forum du tachygraphe adopte son règlement intérieur.

6. Le forum du tachygraphe se réunit au moins une fois par an.

Art. 44 *Communication des mesures nationales.* Les États membres communiquent à la Commission le texte des dispositions législatives, réglementaires et administratives qu'ils adoptent dans le domaine régi par le présent règlement, au plus tard trente jours après la date de leur adoption et, pour la première fois, au plus tard le 2 mars 2015.

Art. 45 *Modification du règlement (CE) n° 561/2006.* Le règlement (CE) n° 561/2006 est modifié comme suit :

1) A l'article 3, le point suivant est inséré après le point a) :

"aa) véhicules ou combinaisons de véhicules d'une masse maximale autorisée ne dépassant pas 7,5 tonnes utilisés pour le transport de matériel, d'équipement ou de machines destinés au conducteur dans l'exercice de ses fonctions, pour autant que ces véhicules ne soient utilisés que dans un rayon de 100 kilomètres autour du lieu d'établissement de l'entreprise de transport et à condition que la conduite du véhicule ne constitue pas l'activité principale du conducteur."

2) A l'article 13, le paragraphe 1 est modifié comme suit :

a) aux points d), f) et p), les termes "50 kilomètres" ou "50 km" sont remplacés par les termes "100 kilomètres" ;

b) au point d), le premier alinéa est remplacé par le texte suivant :

"d) véhicules ou combinaison de véhicules d'une masse maximale admissible n'excédant pas 7,5 tonnes utilisés par des prestataires du service universel tels qu'ils sont définis à l'article 2, point 13), de la directive 97/67/CE du Parlement européen et du Conseil du 15 décembre 1997 concernant des règles communes pour le développement du marché intérieur des services postaux de la Communauté et l'amélioration de la qualité du service *[JO L 15 du 21. 1. 1998, p. 14]* pour livrer des envois dans le cadre du service universel".

Art. 46 *Mesures transitoires.* Tant que les actes d'exécution visés dans le présent règlement ne sont pas adoptés, de manière à ce qu'ils puissent *[de manière qu'ils puissent]* être mis en œuvre lors de la mise en application de celui-ci, les dispositions figurant dans le règlement (CEE) n° 3821/85, y compris à l'annexe IB, continuent de s'appliquer, à titre transitoire jusqu'à la date d'application des actes d'exécution visés dans le présent règlement.

Art. 47 *Abrogation.* Le règlement (CEE) n° 3821/85 est abrogé. Les références faites au règlement abrogé s'entendent comme faites au présent règlement.

Art. 48 *Entrée en vigueur.* Le présent règlement entre en vigueur le jour suivant celui de sa publication au *Journal officiel de l'Union européenne.*

Il devient applicable, sous réserve des mesures transitoires visées à l'article 46, à compter du 2 mars 2016. Toutefois, les articles 24, 34 et 45 sont applicables à compter du 2 mars 2015.

V. les annexes I et II au JOUE du 28 févr. 2014 (JOUE L 60).

Décret n° 2014-1099 du 29 septembre 2014,

Relatif à la consistance du réseau routier national soumis à la taxe nationale sur les véhicules de transport de marchandises.

Art. 1er Le réseau routier national soumis à la taxe nationale sur les véhicules de transport de marchandises en application du 1° du I de l'article 270 du code des douanes est constitué des itinéraires dont la liste est annexée au présent décret. — *V. annexe au JO (1er oct.).*

Arrêté du 16 avril 2021,

Relatif à l'interdiction de circulation des véhicules de transport de marchandises à certaines périodes (JO 24 avr.).

Art. 1er *Interdiction générale permanente.* Sous réserve des dispositions de l'article 2, la circulation des véhicules ou ensembles de véhicules de plus de 7,5 tonnes de poids total autorisé en charge affectés aux transports routiers de marchandises, à l'exclusion des véhicules spécialisés et des véhicules et matériels agricoles tels que définis à l'annexe II du présent arrêté, est interdite sur l'ensemble du réseau routier les samedis et veilles de jours fériés à partir de 22 heures et jusqu'à 22 heures les dimanches et jours fériés.

Cette interdiction ne s'applique pas aux véhicules effectuant des transports mentionnés à l'article 4, sauf sur décision motivée du préfet de département dans les conditions définies à cet article.

Art. 2 *Interdictions complémentaires définies chaque année.* Les horaires d'interdiction de circulation fixés à l'article 1er sont, pour les samedis non fériés dont les dates sont arrêtées conformément au présent article, remplacés par les horaires suivants :

— en période estivale, sur l'ensemble du réseau routier métropolitain, durant sept samedis au plus, de 7 heures à 19 heures. La circulation est autorisée de 0 heure à 7 heures et de 19 heures à 24 heures les samedis concernés ;

— en période hivernale, sur le réseau routier "Auvergne-Rhône-Alpes", durant cinq samedis au plus, de 7 heures à 18 heures, ainsi que de 22 heures jusqu'à 24 heures. La circulation est autorisée de 0 heure à 7 heures et de 18 heures à 22 heures les samedis concernés.

Un arrêté du ministre chargé des transports et du ministre chargé de la sécurité routière précise pour chaque année ces dates d'interdiction de la circulation ainsi que les sections concernées du réseau routier "Auvergne-Rhône-Alpes".

Ces interdictions ne s'appliquent pas aux véhicules effectuant des transports mentionnés à l'article 4, sauf sur décision motivée du préfet de département dans les conditions définies à cet article.

Art. 3 *Interdiction permanente applicable à certaines sections autoroutières d'Île-de-France.* Les interdictions prévues aux articles 1er et 2 du présent arrêté sont complétées, pour l'Île-de-France, par une réglementation particulière précisée aux points I et II ci-dessous.

I. — Cette réglementation particulière concerne les sections autoroutières suivantes :

— les autoroutes A6A et A6B, du boulevard périphérique de Paris à leur raccordement avec les autoroutes A6 et A10 (commune de Wissous) ;

— l'autoroute A106, de son raccordement avec l'autoroute A6B jusqu'à l'aéroport d'Orly ;

— l'autoroute A6, de son raccordement avec *[les autoroutes]* A6A et A6B jusqu'à son raccordement avec la RN 104-Est (commune de Lisses) ;

— l'autoroute A10, de son raccordement avec *[les autoroutes]* A6A et A6B jusqu'à la RN 20 (commune de Champlan) ;

— l'autoroute A13, du boulevard périphérique de Paris jusqu'à l'échangeur de Poissy-Orgeval (commune d'Orgeval) ;

— l'autoroute A12, de son raccordement avec l'autoroute A13 (triangle de Rocquencourt) jusqu'à la RN 10 (commune de Montigny-le-Bretonneux).

II. — Sur les sections autoroutières définies au I ci-dessus, la circulation des véhicules ou ensembles de véhicules de plus de 7,5 tonnes de poids total autorisé en charge affectés aux transports routiers de marchandises, à l'exclusion des véhicules spécialisés et des véhicules et matériels agricoles tels que définis à l'annexe II du présent arrêté, est interdite :

a) Dans le sens Paris-province :

— les vendredis, de 16 heures à 21 heures ;
— les veilles de jours fériés, de 16 heures à 22 heures ;
— les samedis, de 10 heures à 18 heures ;
— les dimanches ou jours fériés, de 22 heures à 24 heures.

b) Dans le sens province-Paris :
— les dimanches ou jours fériés, de 22 heures à 24 heures ;
— les lundis ou lendemains de jours fériés, de 6 heures à 10 heures.

Les dispositions de l'article 4 ne s'appliquent pas au présent article.

Art. 4 *Véhicules non concernés par les interdictions générales et complémentaires.* I. — Les interdictions prévues aux articles 1er et 2 ne s'appliquent pas aux véhicules suivants :

1° Véhicules transportant exclusivement des animaux vivants, des denrées ou produits périssables fixés dans l'annexe I du présent arrêté, sous réserve que la quantité d'animaux, de denrées ou de produits périssables transportés occupe au moins la moitié de la surface ou du volume utile de chargement du véhicule.

La condition de chargement minimal n'est pas requise pour les cas suivants :
— véhicules transportant des chevaux de compétition ;
— en cas de livraisons multiples, au-delà du premier point de livraison si les livraisons suivantes ont lieu dans la région de ce premier point de livraison et ses régions limitrophes ;
— en cas d'opérations de collecte, telle que définie à l'annexe II du présent arrêté, dans la région de la première collecte et ses régions limitrophes.

2° *a)* Véhicules qui assurent, pendant la durée des récoltes, la collecte et le transport des produits agricoles tels que définis à l'annexe II du présent arrêté, du lieu de récolte tel que défini à l'annexe II du présent arrêté au lieu de stockage, de conditionnement, de traitement ou de transformation de ces produits, dans la zone constituée par la région du lieu de récolte et ses régions limitrophes ;

b) Véhicules acheminant, durant la période de la campagne betteravière, des pulpes de betteraves des usines de traitement vers les lieux de stockage ou d'utilisation. Ces véhicules ne peuvent pas emprunter le réseau autoroutier ;

3° *a)* Véhicules destinés à des manifestations économiques, sportives, culturelles, éducatives, caritatives ou politiques organisées conformément aux lois et règlements en vigueur, ou transportant du matériel et des équipements destinés à la tenue desdites manifestations, sous réserve que la manifestation justifiant le déplacement se déroule au plus tard quatre jours avant ou après ce déplacement ;

b) Véhicules transportant des artifices de divertissement en vue d'un tir régulièrement autorisé le jour même ou le lendemain et véhicules transportant des produits retardants pour combattre les incendies éventuels à l'occasion de ce tir ;

c) Véhicules transportant des hydrocarbures gazeux en mélange liquéfié, NSA, n° ONU 1965 ou de produits pétroliers ayant pour nos ONU 1202, 1203, 1223 nécessaires au déroulement de compétitions sportives régulièrement autorisées, sous réserve que la manifestation justifiant le déplacement se déroule le jour même ou le lendemain au plus tard de ce déplacement ;

4° Véhicules transportant exclusivement la presse ou transportant la propagande des candidats et le matériel électoral dans le cadre des élections mentionnées au code électoral, dans le respect des dispositions applicables de ce code ;

5° Véhicules effectuant des déménagements de bureaux ou d'usines ;

6° Véhicules spécialement agencés pour la vente ambulante des produits transportés, dans la région de départ du véhicule et ses régions limitrophes ;

7° Véhicules de commerçants pour la vente de leurs produits dans les foires ou les marchés, dans la région de départ du véhicule et ses régions limitrophes ;

8° Véhicules utilisés pour effectuer des transports de fret aérien camionné sous couvert d'une lettre de transport aérien ;

9° Véhicules transportant des déchets hospitaliers, du linge et des marchandises nécessaires au fonctionnement des établissements de santé publics ou privés et des établissements d'hébergement pour personnes âgées dépendantes ou des marchandises à caractère médical ou de protection sanitaire ;

10° Véhicules transportant des appareils de radiographie gamma industrielle ;

11° Véhicules indispensables aux opérations non programmées de dépannage et de réparation des équipements et réseaux publics d'énergie, d'eau potable, d'assainissement, de chauffage, de communication lorsque ces véhicules concourent à ces opérations ;

12° Véhicules indispensables aux opérations de maintien en sécurité des infrastructures de transport, lorsque ces véhicules concourent à ces opérations ;

13° Véhicules citernes destinés à l'approvisionnement en combustibles (liquides ou gazeux) :

a) Des stations-service implantées le long des autoroutes et routes à accès réglementé ;

b) Des aéroports pour les aéronefs ;

c) Des ports maritimes et fluviaux pour les navires et bateaux de pêche professionnels et à passagers ;

14° Véhicules assurant le transport pour l'évacuation des déchets des navires dans les ports, des déchetteries et des abattoirs. En sont exclus les véhicules assurant l'évacuation des déchetteries mobiles, des bennes et conteneurs spécifiques, des points d'apports volontaires et la collecte des bio-déchets.

II. — Conditions d'application :

a) Pour l'ensemble des véhicules visés au I, la circulation à vide est autorisée :

— dans la région du premier chargement du véhicule et ses régions limitrophes ;

— dans la région du dernier déchargement du véhicule et ses régions limitrophes ;

— sur l'ensemble du territoire national pour les véhicules ayant servi au transport de pigeons voyageurs.

b) Pour les véhicules visés aux points 3°, 6° et 7° du I, la circulation en charge est autorisée à l'issue respectivement de la manifestation et de la vente dans la région du lieu de la manifestation ou de la vente et ses régions limitrophes.

c) Pour l'ensemble des cas mentionnés au I, le préfet de département peut décider de rétablir l'interdiction de circulation sur tout ou partie de la période concernée ou sur tout ou partie du réseau routier dont il a la responsabilité si les circonstances le nécessitent. Le préfet de département peut également décider, sur certaines portions de ce réseau, de soumettre la circulation des véhicules concernés à des conditions techniques particulières lorsque ces conditions concourent à des objectifs d'intérêt général.

Art. 5 *Dérogations préfectorales à titre temporaire.* I. — Des dérogations préfectorales exceptionnelles à titre temporaire aux interdictions prévues aux articles 1er, 2 et 3 peuvent être accordées pour permettre les déplacements de véhicules qui assurent des transports indispensables et urgents pour répondre à une situation de crise ou à des événements d'une particulière gravité, quelle qu'en soit l'origine, de nature à menacer des vies humaines, à compromettre la sécurité ou la libre circulation des personnes et des biens ou à porter atteinte à l'environnement.

Sont concernés les véhicules qui assurent un transport de marchandises en vue de :

1° Faire face aux conséquences, y compris économiques, de la situation de crise ou des événements mentionnés au 1er alinéa ;

2° Prévenir un risque lié à un accident grave ou à un sinistre de nature à porter atteinte à la vie ou à l'intégrité des personnes, aux biens ou à l'environnement.

Ces dérogations sont accordées par le préfet de département.

Lorsque cette situation, ces événements ou ces dérogations peuvent avoir des effets dépassant ou susceptibles de dépasser le cadre d'un département, ces dérogations sont accordées par le préfet de zone de défense et de sécurité. Lorsque cette situation, ces événements ou ces dérogations peuvent avoir des effets dépassant le cadre de la zone de défense et de sécurité, elles sont prises après avis des préfets de zone de défense et de sécurité concernés.

Les dérogations préfectorales exceptionnelles à titre temporaire ne font pas l'objet de décisions spéciales individuelles. Elles prennent la forme d'un acte réglementaire temporaire de dérogation à l'interdiction de circulation.

La décision intervient en réponse ou en prévention d'une situation ou d'un événement caractérisés *[caractérisé]* et précise les motifs et les limites des dérogations accordées. La décision précise en particulier l'objet du transport autorisé ainsi que la durée des dérogations, qui ne peut dépasser la durée strictement nécessaire pour faire cesser les menaces engendrées par la situation ou l'événement ayant motivé la décision.

Cette décision doit faire l'objet d'une diffusion auprès des différentes forces de sécurité concernées, des préfets de départements limitrophes et le cas échéant des préfets de zone de défense et de sécurité limitrophes.

II. — Des dérogations préfectorales individuelles à titre temporaire aux interdictions prévues aux articles 1er, 2 et 3 peuvent être accordées par le préfet pour permettre les déplacements de véhicules qui assurent des transports indispensables à l'approvisionnement ou au fonctionnement de certains sites, dont la rupture d'approvisionnement peut avoir des conséquences sanitaires ou économiques préjudiciables.

a) Les dérogations préfectorales individuelles à titre temporaire concernent les déplacements des véhicules suivants :

1° Véhicules transportant des marchandises pour répondre à des besoins indispensables ou urgents à la suite d'un événement imprévu, tels qu'une panne ou une avarie bloquante dans un établissement recevant du public de première à quatrième catégorie, un navire professionnel ou un site de production ;

2° Véhicules assurant l'approvisionnement de centres de distribution menacés de pénurie en raison d'un événement imprévu ou d'un contexte temporaire lié à une situation imprévue ;

3° Véhicules transportant des marchandises nécessaires au fonctionnement en service continu de certains services ou unités de production, tels que définis en annexe II du présent arrêté. Lorsqu'elles portent sur le transport de marchandises dangereuses, ces dérogations sont instruites et délivrées selon les modalités définies à l'annexe III du présent arrêté ;

4° Véhicules transportant des marchandises qui contribuent à l'exécution de services publics afin de répondre à des besoins collectifs immédiats ou qui concourent à des travaux ou des opérations pour lesquelles la sécurité et l'ordre public justifient que ces véhicules circulent pendant une période d'interdiction de circulation ;

5° Véhicules qui assurent l'approvisionnement en linge propre et l'évacuation du linge sale des structures hôtelières d'une capacité d'au moins 200 chambres par structure y compris lorsque la collecte ou la livraison de linge concernent plusieurs hôtels implantés sur une même unité d'accueil, telle que parc d'attraction ou centre de vacances ;

6° Véhicules transportant des aliments composés pour animaux dans les élevages ;

7° Véhicules transportant des marchandises issues ou nécessaires à une unité de production manufacturière fonctionnant certains samedis, dimanches ou jours fériés, à l'exclusion des transports de marchandises dangereuses, lorsque le demandeur justifie que le stockage de ces marchandises sur le site de production n'est pas possible pour des raisons techniques ou de viabilité économique. La dérogation est limitée à un rayon maximum de 50 kilomètres autour du site de production et doit permettre de résoudre l'impossibilité de stockage décrite précédemment ;

8° Véhicules qui assurent le pré ou le postacheminement de marchandises transportées par voie fluviale ou ferroviaire, dans un rayon maximum de 150 kilomètres à partir du terminal fluvial ou ferroviaire intermodal concerné.

b) Conditions d'instruction et de délivrance des dérogations préfectorales individuelles à titre temporaire :

La demande de dérogation préfectorale individuelle à titre temporaire est effectuée par le transporteur, son mandataire ou l'entreprise commanditaire du transport auprès du préfet du département du lieu de départ, qui recueille l'avis du préfet du département du lieu d'arrivée. Cette demande est effectuée dans un délai minimum de 72 heures avant le premier trajet envisagé, sauf en cas d'urgence justifiée.

Le lieu de départ, qui peut être différent du lieu de chargement, est celui où le véhicule débute son déplacement ou entre sur le territoire national pendant la période d'interdiction considérée. Le lieu d'arrivée est celui où le véhicule termine son déplacement ou sort du territoire national pendant cette période d'interdiction.

Le préfet de département peut refuser d'accorder la dérogation ou émettre un avis négatif si la circulation des véhicules concernés est susceptible de générer des nuisances excessives ou de causer des effets de nature à mettre en cause la sécurité ou l'ordre public. Le préfet du département de départ ne peut accorder une dérogation individuelle pour un transport dont le préfet du département d'arrivée a émis un avis défavorable. Les motifs du refus sont portés à la connaissance du demandeur.

Le préfet de département peut assortir la dérogation ou l'avis de restrictions ou de conditions particulières portant sur la durée, le nombre et les caractéristiques des véhicules concernés, les tranches horaires ou les portions de réseau routier. La dérogation préfectorale individuelle à titre temporaire est délivrée pour une période ne pouvant excéder un an et ne s'applique qu'aux véhicules effectuant les déplacements mentionnés au *a*. Elle peut être amendée ou abrogée, moyennant un préavis d'un mois, si les éléments d'appréciation qui ont conduit à accorder la dérogation cessent d'être réunis. Ce préavis peut être supprimé en cas d'urgence.

c) Conditions de chargement :

Pour les véhicules disposant d'une dérogation préfectorale individuelle à titre temporaire, la circulation à vide est autorisée sans restriction durant la durée de validité de l'arrêté.

Art. 6 *Levée d'interdiction. — Cas des départements frontaliers.* Les préfets des départements frontaliers ont la possibilité, afin d'atténuer les conséquences de l'absence d'harmonisation des interdictions de circulation entre les États frontaliers, de lever les interdictions de circuler prévues aux articles 1er et 2 dans ces départements.

Art. 7 *Levée d'interdiction. — Cas des circonstances exceptionnelles.* Dans les circonstances mentionnées au I de l'article 5 et afin d'en prévenir, limiter ou faire cesser les conséquences sur l'exploitation du réseau routier, le préfet peut autoriser par arrêté les véhicules visés à l'article 1er à circuler pendant tout ou partie d'une période d'interdiction fixée par les articles 1er, 2 ou 3, sur tout ou partie du réseau routier à l'intérieur du département.

Lorsque les circonstances mentionnées au I de l'article 5 ou la levée d'interdiction peuvent avoir des effets dépassant ou susceptibles de dépasser le cadre d'un département, ces autorisations sont délivrées par le préfet de zone de défense et de sécurité concerné.

En Île-de-France, cette autorisation est délivrée par le préfet de zone de défense et de sécurité de Paris.

La décision de levée d'interdiction fait l'objet d'une diffusion auprès des différentes forces de sécurité concernées, des préfets de départements limitrophes et, le cas échéant, des préfets de zone de défense et de sécurité limitrophes.

Art. 8 *Justificatifs et modalités de contrôle.* I. — Les conducteurs des véhicules mentionnés à l'article 4 doivent pouvoir justifier de la conformité du transport effectué en cas de contrôle par les agents de l'autorité compétente.

Les justificatifs doivent être fournis aux agents de l'autorité compétente et se trouver à bord du véhicule, ou être immédiatement accessibles s'ils sont dématérialisés.

II. — *a)* Les conducteurs des véhicules bénéficiant d'une dérogation préfectorale temporaire exceptionnelle prise au titre de l'article 5-I doivent pouvoir justifier de la conformité du transport effectué en cas de contrôle par les agents de l'autorité compétente.

Tout document permettant de justifier du transport et de l'intervention doit être fourni aux agents de l'autorité compétente et se trouver à bord du véhicule ou être immédiatement accessible s'il est dématérialisé.

b) Les conducteurs des véhicules bénéficiant d'une dérogation préfectorale individuelle à titre temporaire au titre de l'article 5-II doivent pouvoir justifier d'une dérogation en cours de validité délivrée par l'autorité préfectorale compétente ainsi que de la conformité du transport effectué au titre de cette dérogation, en cas de contrôle par les agents de l'autorité compétente.

La dérogation préfectorale individuelle ainsi que tout document permettant de justifier du transport doivent être fournis aux agents de l'autorité compétente et se trouver à bord du véhicule ou être immédiatement accessibles s'ils sont dématérialisés.

Pour être valable, la dérogation préfectorale individuelle à titre temporaire doit être obligatoirement complétée par son titulaire avant le départ du véhicule, en indiquant la date du déplacement et le numéro d'immatriculation du véhicule.

Les dérogations préfectorales individuelles à titre temporaire peuvent être retirées sans délai par l'autorité préfectorale qui les a délivrées s'il est établi que le titulaire n'a pas respecté les conditions auxquelles leur utilisation était soumise ou a fourni des informations erronées en vue de les obtenir.

Art. 9 Durant les périodes d'interdiction de circulation définies aux articles 1er et 2 du présent arrêté, le service de permanence mis en place dans chaque préfecture peut procéder à l'établissement des dérogations préfectorales individuelles à titre temporaire mentionnées au II de l'article 5.

Art. 10 L'arrêté du 2 mars 2015 relatif à l'interdiction de circulation des véhicules de transport de marchandises à certaines périodes est abrogé.

Les mesures prises sur le fondement de l'arrêté du 2 mars 2015 modifié demeurent en vigueur jusqu'à leur expiration, abrogation ou remplacement par des mesures prises en exécution du présent arrêté.

Art. 11 Le présent arrêté entre en vigueur le 1er mai 2021.

V. Annexes (JO 24 avr.), mod. par Arr. du 23 déc. 2021 (JO 24 déc.).

VÉHICULES EN PANNE OU ACCIDENTÉS

Arrêté du 30 septembre 1975,

Relatif à l'évacuation des véhicules en panne ou accidentés.

Art. 1er Les véhicules en panne ou accidentés visés à l'article *(Arr. du 25 juin 2001, art. 1er)* « R. 317-21 » du code de la route doivent être évacués dans les conditions prévues par le présent arrêté.

I. Dispositions applicables aux véhicules en panne ou accidentés

Art. 2 Le véhicule peut ne pas avoir de conducteur lors de l'opération de remorquage sous réserve qu'il soit relié au véhicule remorqueur par un attelage rigide ne permettant aucun débattement transversal du véhicule remorqué, par rapport au véhicule remorqueur.

Art. 3 Le véhicule doit être muni à l'arrière, sauf lorsqu'il a un conducteur et que l'ensemble des feux du véhicule fonctionne :

3.1. De deux feux rouges arrière, de deux feux stop et de deux indicateurs de changement de direction conformes à un type agréé et fonctionnant en concordance avec les feux de même nature du véhicule de remorquage ;

3.2. D'une plaque rectangulaire répondant aux conditions suivantes :

3.2.1. Être réflectorisée, de couleur orangée et agréée conformément aux prescriptions prévues par le cahier des charges annexé à l'arrêté du 6 novembre 1963 relatif aux plaques d'immatriculation réflectorisées.

3.2.2. Avoir les dimensions suivantes : hauteur 0,25 mètre, longueur 1 mètre.

3.2.3. Être fixée le plus bas que cela est techniquement possible entre 0, 40 et 0,90 mètre du sol.

II. Dispositions applicables aux véhicules spécialisés dans les opérations de remorquage

Art. 4 Le véhicule spécialisé dans les opérations de remorquage ou véhicule remorqueur est un véhicule dont l'aménagement comporte un engin de levage installé à demeure permettant le remorquage du véhicule en panne ou accidenté avec ou sans soulèvement du train avant ou du train arrière de ce dernier.

Art. 5 5.1. Le véhicule remorqueur doit être équipé des feux spéciaux de type agréé prévus par l'arrêté du 4 juillet 1972 susvisé.

5.2. Dans le cas où la configuration du véhicule remorqué ne permet pas la visibilité dans tous les azimuts du feu tournant ou du feu à tube à décharge, les dispositions prévues par l'article 5 de l'arrêté du 4 juillet 1972 susvisé sont applicables à l'ensemble formé par le véhicule de remorquage et le véhicule en panne ou accidenté.

5.3. Ces feux ne pourront être utilisés que :

5.3.1. Sur place lors des opérations de mise en place des dispositifs de remorquage ;

5.3.2. Lorsque l'ensemble est constitué et est en circulation.

5.4. L'extrémité supérieure de la flèche de la grue est signalée par deux feux émettant une lumière rouge vers l'arrière et disposés symétriquement par rapport au plan longitudinal médian du véhicule.

Art. 6 Les véhicules remorqueurs sont classés dans l'une des catégories suivantes :

6.1. Catégorie A. — Véhicule permettant de remorquer un véhicule d'un poids total autorisé en charge inférieur ou égal à 1 800 kg ;

6.2. Catégorie B. — Véhicule permettant de remorquer un véhicule d'un poids total autorisé en charge inférieur à 3 500 kg ;

6.3. Catégorie C. — Véhicule permettant de remorquer un véhicule d'un poids total autorisé en charge supérieur ou égal à 3 500 kg et n'excédant pas la limite fixée par l'expert lors de la première visite prévue par l'article 8 ci-dessous.

Le véhicule de la catégorie C définie ci-dessus peut également remorquer un véhicule d'un poids total autorisé en charge inférieur à 3 500 kg.

Art. 7 *(Arr. du 25 juin 2001, art. 2)* Tout véhicule de remorquage de catégorie A, B ou C doit être pourvu d'une autorisation du préfet de mise en circulation délivrée sous la forme d'une carte blanche barrée de bleu conforme au modèle annexé au présent arrêté.

7.1. Délivrance et retrait de l'autorisation de mise en circulation

7.1.1. Délivrance de l'autorisation

L'autorisation de mise en circulation est délivrée sur présentation :

a) D'un procès-verbal de réception à titre isolé délivré par la direction régionale de l'industrie, de la recherche et de l'environnement, chargée de vérifier la conformité du véhicule aux dispositions du présent arrêté, lorsque le véhicule neuf ou usagé est aménagé individuellement en véhicule de dépannage ;

b) D'un certificat de conformité du constructeur, lorsque le véhicule neuf a fait l'objet d'une réception par type en véhicule de dépannage ;

c) De la preuve que le véhicule répond aux conditions requises pour être maintenu en circulation, pour tout véhicule dont le poids total autorisé en charge n'excède pas 3,5 tonnes et dont l'âge et la catégorie le soumet à contrôle technique.

7.1.2. Cessation d'activité

Lorsque le véhicule, maintenu en circulation, cesse d'être utilisé en tant que véhicule de dépannage, le titulaire de l'autorisation de mise en circulation le présente en réception à titre isolé à la direction régionale de l'industrie, de la recherche et de l'environnement afin qu'il soit vérifié que ce véhicule ne répond plus aux conditions spécifiques d'aménagement fixées par le présent arrêté. Cette réception permet l'établissement d'un nouveau certificat d'immatriculation avec les mentions adaptées, notamment en genre et en carrosserie.

L'autorisation de mise en circulation est restituée au préfet.

Le véhicule est alors soumis à un contrôle technique conformément aux textes relatifs à sa nouvelle situation.

7.2. Contrôle technique

Le contrôleur agréé ou l'expert en charge du contrôle technique est celui désigné respectivement par l'article R. 323-7 du code de la route pour les véhicules dont le poids total autorisé en charge n'excède pas 3,5 tonnes et l'arrêté du 15 novembre 1954 susvisé pour les autres catégories de véhicules.

Le premier contrôle technique d'un véhicule de dépannage intervient respectivement à la première des deux échéances suivantes :

a) Un an après la date de délivrance de l'autorisation visée au 7.1.1 ci-dessus ;

b) A l'échéance normale de la catégorie initiale du véhicule, pour les véhicules dont le poids total autorisé en charge n'excède pas 3,5 tonnes et dont la catégorie initiale les soumet à contrôle technique et préalablement à la délivrance de l'autorisation visée au 7.1.1 ci-dessus pour les autres catégories de véhicules.

Le contrôle technique est renouvelé à intervalles d'une durée n'excédant pas douze mois.

Au cours de ces contrôles techniques, le contrôleur agréé ou l'expert vérifie le bon état d'entretien et de fonctionnement du véhicule et de ses différents organes dans les conditions prévues par les textes applicables à sa catégorie de poids, ainsi que les conditions fixées par le présent arrêté.

Le visa du contrôleur agréé ou de l'expert est porté sur le certificat d'immatriculation.

Les dispositions introduites par l'Arr. du 25 juin 2001 sont applicables à compter du 1er sept. 2001.

Dans la partie intitulée « visa de l'expert » de l'autorisation de mise en circulation délivrée à compter de cette date, sera portée la mention suivante : « visa porté sur le certificat d'immatriculation pour les catégories de véhicules soumis à contrôle technique » (Arr. du 25 juin 2001, art. 7).

Pour les demandes d'autorisation de mise en circulation d'un véhicule de dépannage, le silence gardé par l'administration pendant un délai de deux mois vaut, par exception, décision de rejet (Décr. n° 2014-1273 du 30 oct. 2014, JO 1er nov.).

Art. 8 *(Arr. du 25 juin 2001, art. 3)* Lors de la réception du véhicule remorqueur, son classement dans une des catégories s'effectue après examen des tickets de pesée et en tenant compte des reports de charge acceptables sur le ou les essieux arrière du véhicule.

Ces dispositions sont applicables à compter du 1er sept. 2001 (Arr. du 25 juin 2001, art. 7).

Art. 9 Le véhicule remorqueur doit répondre aux dispositions suivantes :

9.1. La somme du poids à vide en ordre de marche sur l'essieu avant du véhicule et du poids maximum admissible sur le ou les essieux arrière fixé par le constructeur doit être :

9.1.1. Supérieure ou égale à 3 000 kg et inférieure ou égale à 5 000 kg pour un véhicule de la catégorie A.

9.1.2. Supérieure à 5 000 kg et inférieure ou égale à 7 000 kg pour un véhicule de la catégorie B.

9.1.3. Supérieure à 7 000 kg pour un véhicule de la catégorie C.

9.2. Le poids réel du véhicule remorqueur chargé doit rester :

9.2.1. Supérieur à deux fois le poids du véhicule remorqué pour un véhicule de la catégorie A ;

9.2.2. Supérieur à une fois et demie le poids du véhicule remorqué pour un véhicule de la catégorie B.

9.3. *(Arr. du 25 juin 2001, art. 4)* « Les possibilités de dérogations prévues aux articles R. 312-2 et R. 312-3 s'appliquent aux véhicules remorqueurs de la catégorie C. »

Art. 10 L'équilibre général du véhicule est vérifié lors de la première visite et lors des visites annuelles. Suivant la catégorie à laquelle il appartient, l'une ou l'autre des deux relations suivantes doit être vérifiée :

10.1. Véhicules des catégories A et B :

$$F \leq \frac{(Pe - 300)e}{d + 0{,}18\,h}$$

10.2. Véhicules de la catégorie C :

$$F \leq \frac{(Pe - 500)e}{d + 0{,}18\,h}$$

10.3. Avec :

F Force admissible au crochet;

Pe Poids à vide en ordre de marche sur l'essieu avant;

d Porte-à-faux du crochet de levage par rapport à l'essieu arrière ;

h Hauteur de l'extrémité de la potence par rapport au plan horizontal passant par l'axe des roues ;

e Empattement du véhicule.

Art. 11 Le véhicule doit être doté :

11.1. De trois cônes de signalisation pouvant être posés sur le sol.

11.2. D'un balai, d'une pelle et de 10 kg de sable.

11.3. D'un extincteur à poudre, homologué, vérifié et ayant des performances jugées suffisantes par l'expert désigné par l'article 7.1 ci-dessus, pour la catégorie A et de deux extincteurs de mêmes caractéristiques pour les catégories B et C.

11.4. De gilets de couleur claire en matériau fluorescent, comportant de larges bandes rétro-réfléchissantes sur chacune des faces avant et arrière. La largeur minimum de ces bandes et la surface de chacune d'elles seront respectivement d'au moins 2,5 cm et 40 cm^2.

Ces gilets destinés au personnel affecté au véhicule doivent être utilisés lors de toutes les opérations diurnes ou nocturnes d'évacuation des véhicules en panne ou accidentés.

III. Dispositions applicables aux ensembles formés par un véhicule remorqueur et un véhicule en panne ou accidenté

Art. 12 L'ensemble ne doit pas dépasser les vitesses maxima suivantes :

12.1. 80 km à l'heure pour les ensembles formés à partir d'un véhicule remorqueur de la catégorie A ou B si le véhicule remorqué est relié au véhicule remorqueur par un attelage rigide ne permettant aucun débattement transversal du véhicule remorqué par rapport au véhicule remorqueur et si le freinage pratiquement simultané du véhicule remorqueur et du véhicule remorqué est assuré par simple action du conducteur du véhicule remorqueur agissant depuis son poste de conduite sur une commande unique sans qu'il cesse de tenir le volant de direction, toutes dispositions étant prises pour qu'une rupture de canalisation sur un des deux véhicules n'entraîne pas la mise hors service du freinage sur le véhicule remorqueur.

12.2. 60 km à l'heure pour les ensembles formés à partir d'un véhicule remorqueur de la catégorie A ou B si le remorquage se fait avec un attelage rigide ne permettant aucun débattement transversal du véhicule remorqué par rapport au véhicule remorqueur mais sans freinage simultané des deux véhicules ou s'il se fait avec soulèvement du train avant du véhicule tracté.

12.3. 60 km à l'heure pour les ensembles formés à partir d'un véhicule remorqueur de la catégorie C si le véhicule remorqué est relié au véhicule remorqueur par un attelage rigide ne permettant aucun débattement transversal du véhicule remorqué par rapport au véhicule remorqueur et si le freinage pratiquement simultané du véhicule remorqueur et du véhicule remorqué est assuré par simple action du conducteur du véhicule remorqueur agissant depuis son poste de conduite sur une commande unique sans qu'il cesse de tenir le volant de direction, toutes dispositions étant prises pour qu'une rupture de canalisation sur un des deux véhicules n'entraîne pas la mise hors service du freinage sur le véhicule remorqueur.

12.4. 45 km à l'heure pour les ensembles formés à partir d'un véhicule remorqueur de la catégorie C si le remorquage se fait avec un attelage rigide ne permettant aucun débattement transversal du véhicule remorqué par rapport au véhicule remorqueur mais sans freinage simultané des deux véhicules, ou s'il se fait avec soulèvement du train avant du véhicule tracté.

12.5. 25 km à l'heure dans tous les autres cas.

12.6. Il n'est pas dérogé aux pouvoirs des préfets et des maires de fixer, par application de l'article *(Arr. du 25 juin 2001, art. 5)* « R. 411-8 » du code de la route, des mesures plus rigoureuses si l'intérêt de la sécurité ou de l'ordre public l'exige.

Art. 13 L'ensemble formé par le véhicule remorqueur défini à l'article 4 ci-dessus et le véhicule en panne ou accidenté doit répondre aux conditions de freinage suivantes :

13.1. Le dispositif principal et le dispositif de secours du seul véhicule remorqueur doivent permettre le respect des dispositions prévues par l'article 32 de l'arrêté du 18 août 1955 susvisé.

13.2. Le dispositif de parcage du seul véhicule remorqueur doit permettre l'immobilisation de l'ensemble sur une déclivité ascendante ou descendante de 12 p. 100 dans les conditions prévues par l'article 8 de l'arrêté du 18 août 1955 susvisé.

IV. Dispositions applicables aux véhicules permettant le dégagement rapide d'un véhicule en panne ou accidenté obstruant la chaussée

Art. 14 Le véhicule spécialisé dans les opérations de dégagement rapide des chaussées est un véhicule à moteur équipé d'un ou plusieurs dispositifs (tels qu'engin de levage pouvant être amovible, treuil, trique-balle, palettes, chariot, dolly, etc.) permettant de déplacer le ou les véhicules en panne ou accidentés entravant la circulation. Il doit être conçu pour permettre le chargement sur lui-même ou tout autre véhicule automobile ou remorqué, du ou des véhicules qu'il aura déplacé sur une distance ne devant pas excéder 500 mètres.

Art. 15 Le véhicule doit être équipé des feux spéciaux de type agréé prévus par l'arrêté du 4 juillet 1972 susvisé. Ces feux ne pourront être utilisés que sur les lieux de l'intervention.

Art. 16 Ce véhicule est classé dans la catégorie E. Son équipement bien que pouvant pour certains permettre le remorquage à faible vitesse d'un véhicule en panne ou accidenté ne l'autorise pas à remorquer un véhicule en panne ou accidenté avec ou sans soulèvement du train avant ou arrière de ce dernier sur une distance supérieure à celle prévue par l'article 14 ci-dessus.

Art. 17 *(Arr. du 25 juin 2001, art. 6)* Tout véhicule de remorquage de catégorie E doit être pourvu d'une autorisation du préfet de mise en circulation délivrée sous la forme d'une carte blanche barrée de bleu conforme au modèle annexé au présent arrêté.

17.1. Délivrance et retrait de l'autorisation de mise en circulation

17.1.1. Délivrance de l'autorisation

L'autorisation de mise en circulation est délivrée sur présentation :

a) D'un procès-verbal de réception à titre isolé délivré par la direction régionale de l'industrie, de la recherche et de l'environnement, chargée de vérifier la conformité du véhicule aux dispositions du présent arrêté, lorsque le véhicule neuf ou usagé est aménagé individuellement en véhicule de dépannage ;

b) D'un certificat de conformité du constructeur, lorsque le véhicule neuf a fait l'objet d'une réception par type en véhicule de dépannage ;

c) De la preuve que le véhicule répond aux conditions requises pour être maintenu en circulation, pour tout véhicule dont le poids total autorisé en charge n'excède pas 3,5 tonnes et dont l'âge et la catégorie le soumet à contrôle technique.

17.1.2. Cessation d'activité

Lorsque le véhicule, maintenu en circulation, cesse d'être utilisé en tant que véhicule de dépannage, le titulaire de l'autorisation de mise en circulation le présente en réception à titre isolé à la direction régionale de l'industrie, de la recherche et de l'environnement afin qu'il soit vérifié que ce véhicule ne répond plus aux conditions spécifiques d'aménagement fixées par le présent arrêté. Cette réception permet l'établissement d'un nouveau certificat d'immatriculation avec les mentions adaptées, notamment en genre et en carrosserie.

L'autorisation de mise en circulation est restituée au préfet.

Le véhicule est alors soumis à contrôle technique conformément aux textes relatifs à sa nouvelle situation.

17.2. Visite technique

Le contrôleur agréé ou l'expert en charge du contrôle technique est celui désigné respectivement par l'article R. 323-7 du code de la route pour les véhicules dont le poids total autorisé en charge n'excède pas 3,5 tonnes et l'arrêté du 15 novembre 1954 susvisé pour les autres catégories de véhicules.

Le premier contrôle technique d'un véhicule de dépannage intervient respectivement à la première des deux échéances suivantes :

a) Un an après la date de délivrance de l'autorisation visée au 17.1.1 ci-dessus ;

b) A l'échéance normale de la catégorie initiale du véhicule, pour les véhicules dont le poids total autorisé en charge n'excède pas 3,5 tonnes et dont la catégorie initiale les soumet à contrôle technique et préalablement à la délivrance de l'autorisation visée au 17.1.1 ci-dessus pour les autres catégories de véhicules.

Le contrôle technique est renouvelé à intervalles d'une durée n'excédant pas douze mois.

Au cours de ces contrôles techniques, le contrôleur agréé ou l'expert vérifie le bon état d'entretien et de fonctionnement du véhicule et de ses différents organes dans les conditions prévues par les textes applicables à sa catégorie de poids, ainsi que les conditions fixées par le présent arrêté.

Le visa du contrôleur agréé ou de l'expert est porté sur le certificat d'immatriculation.

Ces dispositions sont applicables à compter du 1er sept. 2001.

Dans la partie intitulée « visa de l'expert » de l'autorisation de mise en circulation délivrée à compter de cette date, sera portée la mention suivante « visa porté sur le certificat d'immatriculation pour les catégories de véhicules soumis à contrôle technique » (Arr. du 25 juin 2001, art. 7).

Art. 18 Ce véhicule doit être doté :

18.1. De trois cônes de signalisation pouvant être posés sur le sol.

18.2. D'un balai, d'une pelle et de 10 kg de sable.

18.3. De deux extincteurs à poudre, homologués et ayant des performances jugées suffisantes par l'expert prévu par l'article 17.1 ci-dessus.

18.4. De gilets de couleur claire en matériau fluorescent, comportant de larges bandes rétro-réfléchissantes sur chacune des faces avant et arrière. La largeur minimum de ces bandes et la surface de chacune d'elles seront respectivement d'au moins 2,5 cm et 40 cm^2.

Ces gilets destinés au personnel affecté au véhicule doivent être utilisés lors de toutes les opérations diurnes ou nocturnes d'évacuation des véhicules en panne ou accidentés.

V. Dispositions transitoires et diverses

Art. 19 19.1. Les dispositions du présent arrêté sont applicables :

19.1.1. Immédiatement à tous les véhicules de la catégorie E.

19.1.2. Immédiatement aux véhicules des catégories A, B et C mis en circulation à compter du 1er octobre 1974.

19.1.3. Immédiatement aux véhicules des catégories A, B et C mis en circulation avant le 1er octobre 1974 en ce qui concerne les seuls articles 2, 3, 4, 5, 11 et 12 du présent arrêté.

19.1.4. A dater du 1er janvier 1977 aux véhicules des catégories A, B et C en circulation à cette date.

19.2. Par dérogation aux dispositions de l'article 19.1 ci-dessus, les prescriptions relatives à la largeur et à la surface des bandes rétro-réfléchissantes prévues par le premier alinéa des articles 11.4 et 18.4 sont applicables à compter du 1er janvier 1977 aux véhicules des catégories A, B, C et E.

Art. 20 Les véhicules de dépannage mis en circulation avant la date d'entrée en vigueur du présent arrêté et répondant aux dispositions du paragraphe II ci-dessus, à l'exception de celles des articles 9.1 et 10, seront classés dans la catégorie E si leur état général est jugé satisfaisant par l'expert chargé des visites techniques.

Ces véhicules pourront être utilisés dans les conditions définies pour la catégorie A. Leur vitesse maximale lors de l'évacuation d'un véhicule en panne ou accidenté sera toutefois limitée dans tous les cas à 25 km/h.

Les dispositions du présent article cessent de s'appliquer :

En cas de vente du véhicule ;

Si l'expert chargé des visites techniques constate que l'état du véhicule ne présente pas toute garantie de sécurité.

Art. 21 L'arrêté du 17 février 1961 relatif aux opérations de remorquage des véhicules et fixant les vitesses maxima autorisées lorsque le véhicule remorqué a un poids total en charge supérieur à 3,5 tonnes est abrogé.

Art. 22 L'arrêté du 27 juin 1974 relatif à l'évacuation des véhicules en panne ou accidentés est abrogé.

Arrêté du 29 avril 2009,

Fixant les modalités d'application des dispositions du code de la route relatives aux véhicules endommagés pour les voitures particulières et les camionnettes.

TITRE I INITIATION DE LA PROCÉDURE DES VÉHICULES ENDOMMAGÉS PAR LES FORCES DE L'ORDRE

Art. 1er Immobilisation *(Arr. du 15 mars 2021, art. 2, en vigueur au plus tard le 1er avr. 2021)* « , mise en fourrière » et interdiction de circuler.

I. – Lorsqu'en application de l'article R. 327-2-I du code de la route l'officier ou l'agent *(Arr. du 15 mars 2021, art. 2, en vigueur au plus tard le 1er avr. 2021)* « mentionné au premier alinéa de l'article L. 327-4 » constate qu'en raison de la gravité des dommages le véhicule accidenté n'est plus en état de circuler sans danger pour la sécurité, il est tenu :

– de retirer le certificat d'immatriculation du véhicule ;

– d'établir un avis de retrait de ce certificat.

II. – L'avis de retrait est composé de trois feuillets :

– le premier feuillet, à remettre au titulaire du certificat d'immatriculation ;

– le deuxième feuillet, à adresser accompagné du certificat d'immatriculation au préfet du département du domicile du titulaire ;

– le troisième feuillet, à conserver en archive par le service auquel appartient l'agent ayant effectué les constatations.

Le certificat d'immatriculation est renvoyé par les forces de l'ordre à la préfecture du domicile du titulaire.

Le ministère de l'intérieur informe le titulaire du certificat d'immatriculation que son véhicule n'est plus autorisé à circuler sur la voie publique.

III. – Lorsqu'en application de l'article R. 327-2-I du code de la route le certificat d'immatriculation n'a pu être retiré par l'officier ou l'agent *(Arr. du 15 mars 2021, art. 2, en vigueur au plus tard le 1er avr. 2021)* « mentionné au premier alinéa de l'article L. 327-4 », celui-ci en informe le ministre de l'intérieur soit par l'intermédiaire du préfet du département de son choix, soit directement par voie électronique.

Le ministère de l'intérieur informe le titulaire du certificat d'immatriculation que son véhicule n'est plus autorisé à circuler sur la voie publique et procède à l'inscription d'une opposition au transfert du certificat d'immatriculation.

Le titulaire remet son certificat à la préfecture de son domicile conformément à l'article L. 327-4 du code de la route. Une attestation de remise de son certificat est délivrée par les services préfectoraux.

Art. 2 Intervention de l'expert.

I. – L'expert en automobile visé à l'article *(Arr. du 15 mars 2021, art. 2, en vigueur au plus tard le 1er avr. 2021)* « R. 326-11 » du code de la route missionné par le titulaire du certificat d'immatriculation ou par une entreprise d'assurance examine le véhicule.

A l'issue de cette expertise portant sur l'état global du véhicule, l'expert précise si le véhicule est :

— en état de circuler dans des conditions normales de sécurité ou non ;

— techniquement réparable ou non selon les critères définis à l'annexe 1.

L'ensemble de ces informations est porté sur le rapport d'expertise.

II. — L'expert transmet le rapport au titulaire du certificat d'immatriculation en application de l'article R. 326-3 du code de la route. Il le transmet également au ministre de l'intérieur soit par voie électronique, soit par l'intermédiaire du préfet du département de son choix.

TITRE II INITIATION DE LA PROCÉDURE DES VÉHICULES ENDOMMAGÉS PAR L'EXPERT EN AUTOMOBILE

Art. 3 Mission de l'expert et interdiction de circuler.

I. — Lorsque, dans le cadre de sa mission relevant des activités définies par l'article L. 326-4 du code de la route, l'expert en automobile visé à l'article *(Arr. du 15 mars 2021, art. 2, en vigueur au plus tard le 1er avr. 2021)* « R. 326-11 » dudit code constate l'une au moins des déficiences définies par l'annexe 2, il établit que le véhicule accidenté ne peut pas circuler dans des conditions normales de sécurité.

Il effectue une déclaration au ministre de l'intérieur conformément à l'article R. 327-3-1 du code de la route pour l'informer que le véhicule est affecté d'une déficience au moins. Il précise dans cette déclaration si le véhicule est techniquement réparable ou non selon les critères définis à l'annexe 1.

Il adresse une copie de cette déclaration au titulaire du certificat d'immatriculation.

II. — L'expert établit un rapport, dont le contenu est fixé à l'article 4 du présent arrêté. Il transmet ce rapport au titulaire du certificat d'immatriculation. Il le transmet également au ministre de l'intérieur soit par voie électronique, soit par l'intermédiaire du préfet du département de son choix.

III. — Le ministère de l'intérieur informe le titulaire du certificat d'immatriculation que son véhicule n'est plus autorisé à circuler sur la voie publique et procède à l'inscription d'une opposition au transfert du certificat d'immatriculation.

TITRE III DISPOSITIONS GÉNÉRALES

Art. 4 Élément du premier rapport d'expertise.

I. — Dans le cadre d'une mission relevant des activités définies par l'article L. 326-4 du code de la route, l'expert en automobile doit, après un examen portant sur le véhicule endommagé, et si le véhicule est techniquement réparable, dresser une estimation descriptive et chiffrée sur dommages apparents avant démontage des opérations nécessaires aux réparations à effectuer. Cette estimation est annexée au rapport établi par l'expert en précisant les réparations touchant à la sécurité.

II. — Lorsque l'expert estime que le montant des réparations est supérieur à la valeur du véhicule, il porte cette information sur le rapport susvisé, transmis au ministre de l'intérieur soit par voie électronique, soit par l'intermédiaire du préfet du département de son choix.

III. — Lorsqu'un véhicule est déclaré techniquement irréparable par l'expert, le rapport établi par l'expert ne comporte pas l'estimation descriptive visée au I du présent article.

IV. — Sous réserve des dispositions de l'article 11, tout nouveau rapport d'un expert différent tendant à remplacer un premier rapport est refusé lorsque ses conclusions viennent en contradiction avec les conclusions de la première expertise et précisent que l'état du véhicule lui permet de circuler dans des conditions normales de sécurité.

Art. 5 Obligations de l'assureur et du propriétaire.

I. — *a)* Si le véhicule est soumis aux dispositions de l'article R. 327-1 du code de la route et si le propriétaire accepte l'offre de l'assureur, il établit un certificat de cession au nom de l'assureur accompagné de l'avis de retrait ou de remise ou du certificat d'immatriculation.

1. L'assureur transmet le certificat d'immatriculation ou l'avis de retrait ou de remise au préfet du département de son choix et procède à l'enregistrement d'une déclaration d'achat conformément aux dispositions de l'article R. 322-4 dudit code.

2. Si le véhicule est techniquement réparable, l'assureur ne peut le céder en l'état qu'à un acheteur professionnel pour destruction, réparation ou récupération des pièces en vue

de leur revente ou reconstruction. Ce dernier déclare l'achat dans les quinze jours dans les conditions fixées par l'article R. 322-4 précité.

3. S'il est techniquement irréparable, il ne peut le céder qu'à un professionnel de la destruction conformément aux dispositions de l'article R. 322-9 du code de la route. Ce professionnel déclare l'achat pour destruction dans les quinze jours dans les conditions fixées par l'article R. 322-4 précité.

b) Si le propriétaire refuse l'offre de rachat de l'assureur, ce dernier en informe le ministre de l'intérieur qui inscrit une opposition au transfert du certificat d'immatriculation. Cette opposition interdit la cession du véhicule à un particulier mais permet la cession à un acheteur professionnel pour destruction, réparation ou récupération des pièces en vue de leur revente ou reconstruction. Dans ce cas, la cession est accompagnée de l'avis de retrait ou de l'attestation de remise visée à l'article 1er du présent arrêté ou du certificat d'immatriculation s'il est en sa possession.

II. — Le propriétaire est informé des conséquences de l'opposition au transfert du certificat d'immatriculation visée au I *b* du présent article par lettre du ministre de l'intérieur.

Art. 6 Obligations du propriétaire souhaitant remettre en état son véhicule.

Les réparations de tout véhicule soumis aux dispositions des articles R. 327-1 à R. 327-4 du code de la route sont effectuées par un professionnel de la réparation.

Si le propriétaire d'un véhicule endommagé au sens des articles R. 327-1 à R. 327-3 dudit code souhaite obtenir la levée de l'interdiction de circuler ou de l'opposition, il missionne un expert en automobile visé à l'article *(Arr. du 15 mars 2021, art. 2, en vigueur au plus tard le 1er avr. 2021)* « R. 326-11 » dudit code en vue de l'établissement d'un second rapport. Il peut faire appel à un expert en automobile autre que celui ayant établi le premier rapport et remplissant les mêmes conditions de qualification et d'agrément.

Art. 7 Obligations de l'expert en automobile.

L'expert sollicité pour suivre la remise en état du véhicule doit :

— prendre connaissance du premier rapport afin de s'assurer que le véhicule est techniquement réparable ;

— se conformer à la méthodologie décrite à l'annexe 3 pour suivre et contrôler la remise en état du véhicule.

Art. 8 Le second rapport.

Le second rapport d'expertise atteste notamment que les réparations touchant à la sécurité prévues par le premier rapport ainsi que toutes les réparations estimées nécessaires pour la sécurité au cours du suivi ont été effectuées et que le véhicule est en état de circuler dans des conditions normales de sécurité.

Il atteste également que le véhicule n'a pas subi de transformation notable au sens de l'article R. 321-16 du code de la route, ni de transformation susceptible de modifier les caractéristiques indiquées sur le certificat d'immatriculation.

L'expert transmet le second rapport au titulaire du certificat d'immatriculation et au ministre de l'intérieur qui lève l'interdiction de circuler ou l'opposition. Il en informe le professionnel dépositaire du véhicule. Le titulaire peut alors demander la restitution de son certificat d'immatriculation dans les conditions visées à l'article 10 du présent arrêté.

Art. 9 Cession à un particulier.

La cession à un particulier ne peut être effectuée qu'après réparation du véhicule endommagé par un professionnel de la réparation automobile et transmission du second rapport au ministre de l'intérieur.

Le changement de titulaire du certificat d'immatriculation du véhicule est effectué dans les conditions visées à l'article 10 du présent arrêté.

Art. 10 Restitution du certificat d'immatriculation ou immatriculation par l'acquéreur.

A réception du second rapport, le ministre de l'intérieur procède selon le cas à :

— la levée de l'interdiction de circuler ;

— la levée de l'opposition.

I. — Si le véhicule endommagé n'a pas fait l'objet d'un changement de titulaire du certificat d'immatriculation, ce titulaire peut demander la restitution ou la réédition de son titre au préfet du département de son domicile sur présentation des pièces suivantes :

— une pièce justificative d'identité et de domicile ;

— l'avis de retrait du titre ou de l'attestation de remise visé à l'article 1er.

II. — Si le véhicule endommagé a fait l'objet d'une cession, l'acquéreur peut demander un nouveau certificat d'immatriculation sur présentation des pièces visées à l'article R. 322-5 du code de la route et des pièces complémentaires suivantes :

— la photocopie du récépissé de la dernière déclaration d'achat;

— l'avis de retrait du titre ou de l'attestation de remise visé à l'article 1er.

Art. 11 Contestation.

En cas de contestation des conclusions de l'expert relatives au rapport visé aux articles 2 et 3 du présent arrêté, le titulaire du certificat d'immatriculation ou l'entreprise d'assurance peut faire appel à un autre expert en automobile.

Si, à la suite de cette expertise, la contestation subsiste, le titulaire du certificat d'immatriculation ou l'entreprise d'assurance peut saisir une commission placée sous l'égide des organisations professionnelles de l'expertise automobile.

L'avis de cette commission est transmis au préfet et au titulaire du certificat d'immatriculation ou à l'entreprise d'assurance.

Art. 12 Comité de suivi.

Un comité est constitué afin de suivre la mise en œuvre adaptée des dispositions de la procédure des véhicules endommagés. Ce comité comprend des représentants du ministre chargé des transports, du ministre de l'intérieur, des experts, des usagers, des assureurs et des professionnels de la réparation automobile et des recycleurs automobile. Il se réunit au moins deux fois par an dans la première année d'application et au moins une fois par an par la suite.

Son secrétariat est assuré par la délégation à la sécurité routière.

Art. 13 Champ d'application.

Le présent arrêté s'applique aux voitures particulières et camionnettes y compris les remorques immatriculées attelées à ces véhicules.

Art. 14 L'arrêté du 14 avril 1986 modifié relatif aux véhicules gravement accidentés est abrogé.

Art. 15 Les dispositions du présent arrêté sont applicables à compter du 1er juin 2009.

Circulaire du 28 mai 2009,

Relative aux véhicules endommagés.

PRÉAMBULE

Le titre du chapitre VII, du titre II (Dispositions administratives), du livre III (Le véhicule) du code de la route est « Véhicules endommagés » ; ce chapitre organise trois régimes :

— celui du véhicule gravement endommagé (VGE) immobilisé par les forces de l'ordre en raison de la gravité des dommages subis suite à un accident de la circulation, dispositif se substituant à la procédure des véhicules gravement accidentés (VGA) mise en place au 1er juillet 1986 ;

— celui du véhicule gravement endommagé signalé à l'autorité administrative compétente par un expert en automobile en raison de sa dangerosité consécutive à un accident de la circulation, nouveau dispositif dont les conditions d'application sont visées par l'article R. 327-3 du code de la route, issu du décret n° 2009-397 du 10 avril 2009.

Ce dernier dispositif est initié par les experts en automobile spécifiquement qualifiés. La dangerosité du véhicule, et par conséquent la propre sécurité du conducteur, constituent le levier de cette nouvelle procédure.

Ses objectifs tiennent en deux points :

— détecter les véhicules présentant après un accident de la circulation un danger immédiat pour la sécurité ;

— autoriser leur remise en circulation après un suivi et un contrôle des réparations effectués par un expert qualifié ;

— celui du véhicule économiquement irréparable (VEI) enclenché par l'assureur, procédure mise en place fin 1993.

Un véhicule peut être concerné pour le même événement par deux de ces trois régimes : le premier ou le deuxième, et le troisième.

Cette circulaire annule et remplace les circulaires des 9 mai et 14 août 1986 relatives aux véhicules gravement accidentés, du 1er juin 1987 relative aux véhicules gravement accidentés et la circulaire du 4 septembre 2003 relative aux véhicules économiquement irréparables.

I. Cas du véhicule gravement endommagé immobilisé par les forces de l'ordre en raison de la gravité des dommages (art. L. 327-4)

Le déroulement de la procédure ne présente aucun changement par rapport à la situation précédente, sauf en ce qui concerne les moyens et la transmission des informations au ministre de l'intérieur.

I.1. *Champ d'application*

Le dispositif concerne les voitures particulières, les camionnettes et les remorques soumises à immatriculation en France et attelées à ces véhicules.

Il est mis en œuvre par les forces de police et de gendarmerie. Dans tous les cas où leur intervention donne lieu à l'établissement d'un procès-verbal d'immobilisation, il peut être procédé au retrait conservatoire du certificat d'immatriculation du véhicule, si son état le justifie.

I.2. *Retrait du certificat d'immatriculation*

Lorsque l'officier ou l'agent de police judiciaire qui procède aux constatations estime qu'un véhicule accidenté est dangereux au sens de l'article L. 327-4 du code de la route, il immobilise le véhicule et procède au retrait conservatoire de son certificat d'immatriculation.

L'officier ou l'agent de police judiciaire informe le ministre de l'intérieur soit par l'intermédiaire du préfet du département de son choix, soit directement par voie électronique. Il transmet le certificat d'immatriculation à la préfecture du domicile du titulaire du certificat d'immatriculation. Le ministre de l'intérieur notifie au titulaire du certificat d'immatriculation l'interdiction de circuler et éventuellement l'opposition au transfert du certificat d'immatriculation si le certificat d'immatriculation n'a pu être retiré.

En cas de renvoi du certificat d'immatriculation par le titulaire directement à la préfecture de son domicile, une attestation de remise du certificat est établie par les services préfectoraux dès restitution du certificat d'immatriculation. A défaut, l'inscription de l'opposition poursuit ses effets juridiques.

I.3. *Examen du véhicule par un expert en automobile*

Le véhicule est examiné par un expert en automobile visé à l'article R. 326-17 du code de la route.

Il est missionné par le titulaire du certificat d'immatriculation ou par une entreprise d'assurance.

A la suite de l'examen portant sur l'état global du véhicule, l'expert doit préciser si le véhicule est :

– en état de circuler dans des conditions normales de sécurité ou non ;

– techniquement réparable ou non selon les critères définis à l'annexe I de l'arrêté du 29 avril 2009 relatif aux véhicules endommagés pour les voitures particulières et les camionnettes.

L'ensemble de ces informations est porté sur le rapport d'expertise.

I.3.1. *L'expert infirme la présomption de dangerosité du véhicule*

A l'issue de l'expertise, il constate que le véhicule peut circuler dans des conditions normales de sécurité et établit un rapport dont le contenu est au minimum celui défini à l'annexe I.1 qu'il adresse d'une part au titulaire du certificat d'immatriculation et d'autre part au ministre de l'intérieur soit par voie électronique soit par l'intermédiaire du préfet du département de son choix.

I.3.2. *L'expert confirme la présomption de dangerosité du véhicule*

Il établit un rapport dont le contenu est au minimum celui défini à l'annexe I-2 qu'il adresse d'une part au titulaire du certificat d'immatriculation et d'autre part au ministre de l'intérieur soit par voie électronique soit par l'intermédiaire du préfet du département de son choix.

Si le véhicule est déclaré techniquement irréparable conformément aux critères d'irréparabilité technique définis à l'annexe I de l'arrêté du 29 avril 2009 relatif aux véhicules endommagés pour les voitures particulières et les camionnettes, ce rapport précise la nature de ces critères.

Dans ce cas, le véhicule ne peut être cédé que pour destruction à un démolisseur ou broyeur agréé qui doit déclarer l'achat pour destruction du véhicule conformément aux dispositions de l'article R. 322-9 du code de la route.

L'immatriculation du véhicule est annulée par le ministre de l'intérieur à réception de la déclaration de destruction physique du véhicule.

Si le véhicule est déclaré techniquement réparable, c'est-à-dire qu'il ne présente aucun des critères d'irréparabilité technique définis à l'annexe I de l'arrêté susvisé, l'expert précise dans son rapport la liste descriptive et chiffrée des réparations à réaliser par un professionnel de l'automobile.

Si le titulaire du certificat d'immatriculation souhaite faire réparer son véhicule, il doit missionner un expert en automobile qualifié visé à l'article R. 326-17 du code de la route qui peut être différent de celui qui a effectué la première expertise.

Cet expert se conforme à la méthodologie décrite à l'annexe III de l'arrêté du 29 avril 2009 susvisé.

I.4. *Modalités de remise en circulation du véhicule*

La levée de l'interdiction de circulation et le cas échéant de l'opposition au transfert ainsi que la restitution du certificat d'immatriculation à son titulaire sont subordonnées à la présentation d'un rapport d'expertise conforme :

– soit au modèle figurant en annexe I.1 de la présente circulaire, dans le cas où l'expert infirme la présomption de dangerosité du véhicule ;

– soit au modèle figurant en annexe II de la présente circulaire lorsque le premier expert a confirmé la dangerosité du véhicule et qu'il est techniquement réparable (second rapport). Ce second rapport atteste notamment que les réparations nécessaires ont bien été effectuées et que le véhicule peut circuler dans des conditions normales de sécurité.

Ce rapport est transmis au ministre de l'intérieur soit par voie électronique soit par l'intermédiaire du préfet du département de son choix.

Une fois les conclusions de ce rapport enregistrées, le titulaire du certificat d'immatriculation peut demander la restitution ou la réédition du titre au préfet du département de son domicile sur présentation des seules pièces suivantes :

– une pièce justificative d'identité et de son domicile ;

– l'avis de retrait du titre ou l'attestation de remise du certificat d'immatriculation.

I.5. *Transfert de propriété du véhicule*

Le retrait conservatoire du certificat d'immatriculation ne fait pas obstacle à la cession en l'état du véhicule endommagé à un professionnel de l'automobile ou à un assureur.

Dans ce cas, l'ancien propriétaire doit porter la mention « vendu le... » (date de la transaction, suivie de sa signature) sur le 1er feuillet de l'avis de retrait conservatoire du certificat d'immatriculation, qu'il doit remettre au nouveau propriétaire.

Ce nouvel acquéreur, professionnel de l'automobile, doit s'il désire faire effectuer les réparations et sous réserve que le véhicule soit techniquement réparable, faire appel à un expert ayant la qualification requise. Dans la mesure où le second rapport établi par l'expert, conforme au modèle figurant en annexe II de la présente circulaire, a été transmis au ministre de l'intérieur soit par voie électronique soit par l'intermédiaire du préfet du département de son choix, et que l'opposition au transfert du certificat d'immatriculation et l'interdiction de circuler ont été levées, l'acquéreur peut demander en préfecture un nouveau certificat d'immatriculation sur présentation des seules pièces suivantes :

– une pièce justificative d'identité et de domicile ;
– l'avis de retrait conservatoire du titre ou l'attestation de remise ;
– la déclaration de cession ;
– la preuve, le cas échéant, du contrôle technique réglementaire ;
– la photocopie du récépissé de la dernière déclaration d'achat.

II. Cas du véhicule gravement endommagé signalé par un expert en automobile au ministre de l'intérieur en raison de sa dangerosité (art. L. 327-5 CR)

II.1. *Champ d'application*

Le dispositif concerne les voitures particulières, les camionnettes et les remorques soumises à immatriculation en France et attelées à ces véhicules.

Il est mis en œuvre par l'expert en automobile habilité à intervenir pour le contrôle des véhicules endommagés lorsque la dangerosité, telle que définie à l'annexe II de l'arrêté du 29 avril 2009 est consécutive à un accident de la circulation.

Il ne concerne donc pas principalement les véhicules endommagés suite aux événements suivants : événement climatique, catastrophe naturelle, catastrophe technologique, attentat, émeute, vandalisme, incendie non consécutif à un accident de la circulation.

II.2. *Examen du véhicule par un expert en automobile*

Dans le cadre de sa mission, l'expert en automobile visé à l'article R. 326-17 du code de la route procède à l'examen des dommages.

S'il constate l'une au moins des déficiences définies par l'annexe II de l'arrêté susvisé, ce véhicule est considéré comme dangereux au regard du système d'immatriculation des véhicules (SIV). Par contre, si le véhicule présente d'autres déficiences en dehors de celles décrites dans cette annexe, le véhicule n'est pas concerné par l'application de cette procédure.

Suite à ce constat, l'expert effectue une déclaration au ministre de l'intérieur conforme au modèle figurant à l'annexe III de la présente circulaire, soit par voie électronique, soit au moyen d'un courrier envoyé à la préfecture de son choix. Il adresse une copie de cette déclaration au titulaire du certificat d'immatriculation.

Lors de cette première visite, l'expert détermine si :
– le véhicule est dangereux au regard des déficiences définies à l'annexe II de l'arrêté susvisé ;
– le véhicule est techniquement réparable ou non ;
– le montant des réparations est supérieur ou inférieur à la valeur du véhicule.

II.2.1. *Si le véhicule est déclaré techniquement irréparable conformément aux critères d'irréparabilité technique définis à l'annexe I de l'arrêté du 29 avril 2009 susvisé, ce rapport précise la nature de ces critères*

Dans ce cas, le véhicule ne peut être cédé que pour destruction à un démolisseur ou à un broyeur agréé qui doit déclarer l'achat pour destruction du véhicule, conformément aux dispositions de l'article R. 322-9 du code de la route.

L'immatriculation du véhicule est annulée par le ministre de l'intérieur à réception de la déclaration de destruction physique du véhicule.

II.2.2. *Si le véhicule est déclaré techniquement réparable, c'est-à-dire qu'il ne présente aucun des critères d'irréparabilité technique définis à l'annexe I de l'arrêté susvisé, l'expert précise dans son rapport la liste descriptive et chiffrée des réparations à réaliser par un professionnel de l'automobile*

Si le titulaire du certificat d'immatriculation souhaite faire réparer son véhicule, il doit missionner un expert en automobile qualifié visé à l'article R. 326-17 du code de la route qui peut être différent de celui qui a effectué la première expertise.

Cet expert se conforme à la méthodologie décrite à l'annexe III de l'arrêté susvisé.

II.3. *Interdiction de circuler et opposition au transfert du certificat d'immatriculation*

Les conclusions du premier rapport conforme au modèle figurant à l'annexe IV de la présente circulaire sont transmises par l'expert au titulaire du certificat d'immatriculation et au ministre de l'intérieur soit par voie électronique, soit au préfet du département de son choix.

Si le rapport indique que le véhicule ne peut pas circuler dans des conditions normales de sécurité, le ministre de l'intérieur informe le titulaire du certificat d'immatriculation que son véhicule n'est plus autorisé à circuler sur la voie publique et procède à l'inscription d'une opposition au transfert de ce certificat.

II.4. *Modalités de levée de l'interdiction de circuler et de l'opposition au transfert du certificat d'immatriculation*

L'autorisation de circuler et l'opposition au transfert du certificat d'immatriculation sont levées dès réception et enregistrement par le ministre de l'intérieur du second rapport d'expertise, dont le contenu minimum est conforme au modèle prévu à l'annexe II de la présente circulaire, établi par un expert qualifié VE, attestant notamment que les réparations nécessaires ont bien été effectuées et que le véhicule peut circuler dans des conditions normales de sécurité.

II.5. *Transfert de propriété du véhicule*

L'opposition au transfert du certificat d'immatriculation ne fait pas obstacle à la cession, en l'état, du véhicule endommagé à un professionnel de l'automobile ou à un assureur.

Dans ce cas, l'ancien propriétaire doit porter la mention « vendu le... » ou « cédé le... » et remplir le coupon détachable ou, à défaut, découper le coin supérieur droit.

Ce nouvel acquéreur, professionnel de l'automobile, doit, s'il désire faire effectuer les réparations et sous réserve que le véhicule soit techniquement réparable, faire appel à un expert ayant la qualification requise. Dans la mesure où le second rapport établi par l'expert, conforme au modèle figurant en annexe II de la présente circulaire, a été transmis au ministre de l'intérieur soit par voie électronique, soit par l'intermédiaire du préfet du département de son choix, et que l'opposition au transfert du certificat d'immatriculation et l'interdiction de circuler ont été levées, l'acquéreur peut demander en préfecture un nouveau certificat d'immatriculation sur présentation des seules pièces suivantes :

– une pièce justificative d'identité et de domicile ;
– le certificat d'immatriculation qui lui a été remis ;
– la déclaration de cession ;
– la preuve, le cas échéant, du contrôle technique réglementaire ;
– la photocopie du récépissé de la dernière déclaration d'achat.

III. Cas du véhicule économiquement irréparable (art. L. 327-1 à L. 327-3 CR)

III.1. *Champ d'application*

La procédure des « véhicules économiquement irréparables » s'applique à :

– tous les véhicules à moteur immatriculés en France, y compris les remorques ou semi-remorques immatriculées ;

– tout dommage causé à un véhicule. Par conséquent, elle ne se limite pas aux dommages causés à l'occasion d'un accident corporel. Elle vise aussi bien les dommages causés à l'occasion d'accidents quels qu'ils soient, tels que ceux causés par les intempéries (dégât des eaux, tempêtes, grêles, incendie, etc.).

Pour être enclenchée par l'entreprise d'assurance, il convient que :

– le montant des réparations, soit supérieur à la valeur du véhicule au moment du sinistre ;

– les dommages subis puissent être indemnisés en tout ou partie par l'entreprise d'assurance à un titre quelconque ;

– que la valeur du véhicule soit égale ou supérieure à 152,45 euros.

III.2. *Déroulement*

Au vu notamment des éléments contenus dans le premier rapport d'expertise (transmis par l'expert au ministre de l'intérieur soit par voie électronique, soit par l'intermédiaire du préfet du département de son choix conformément à l'article 4.II de l'arrêté du 29 avril 2009) relatifs au montant des réparations et à la valeur du véhicule établi par un expert en automobile visé à l'article R. 326-17 et de ceux relatifs à la garantie, l'entreprise d'assurance va, lorsqu'il y a lieu, proposer à l'assuré la cession du véhicule en perte totale.

III.2.1. *Le véhicule est cédé à l'entreprise d'assurance*

Le propriétaire remet à cette entreprise :

– le certificat de cession ;

– soit l'avis de retrait (premier feuillet) ou l'attestation de remise du certificat d'immatriculation, barré et signé lorsqu'il est fait application de l'article L. 327-4 du code de la route, soit le certificat d'immatriculation portant la mention « vendu le... » et signé dans les autres cas.

L'entreprise d'assurance :

– effectue une déclaration d'achat dans les quinze jours suivant la transaction au ministre de l'intérieur soit par voie électronique, soit par l'intermédiaire du préfet du département de son choix ;

– cède le véhicule endommagé à un acheteur professionnel pour destruction, réparation, ou récupération des pièces en vue de leur revente ou reconstruction ;

– envoie le certificat d'immatriculation, ou l'avis de retrait ou l'attestation de remise du certificat d'immatriculation accompagné du certificat de cession au préfet du département de son choix.

Si le véhicule endommagé a été déclaré techniquement irréparable, il ne peut être cédé que pour destruction à un démolisseur ou un broyeur agréé, en application de l'article R. 322-9 du code de la route, s'il s'agit d'une voiture particulière ou d'une camionnette. Pour les autres catégories de véhicules, le véhicule peut être cédé à un professionnel non agréé, conformément au V de l'article R. 322-9 susvisé.

Le professionnel acquéreur :

a) Cas d'un véhicule techniquement réparable :

– le professionnel acquéreur déclare l'achat du véhicule, conformément aux dispositions de l'article R. 322-4 du code de la route, dans les quinze jours suivant l'acquisition du véhicule au ministre de l'intérieur, soit par voie électronique, soit par l'intermédiaire du préfet du département de son choix. Il est admis des ventes successives entre professionnels sous réserve que chacune de ces ventes fasse l'objet d'une déclaration d'achat ;

– le professionnel acquéreur fait appel à un expert qualifié VE s'il désire faire réparer le véhicule ; cet expert peut être différent de celui qui a effectué la première expertise.

Cet expert :

– se conforme selon la catégorie de véhicule en cause soit à la méthodologie décrite à l'annexe III de l'arrêté du 29 avril 2009, soit à l'annexe V de la présente circulaire ;

– établit un second rapport dont le contenu est au minimum conforme à l'annexe II de la présente circulaire ;

– transmet ce second rapport au professionnel qui l'a missionné et au ministre de l'intérieur par voie électronique soit par l'intermédiaire du préfet du département de son choix.

Une fois remis en état, ce véhicule peut faire l'objet d'une cession à un nouveau propriétaire.

Toutefois, le certificat de cession établi par le professionnel doit être postérieur au second rapport d'expertise.

b) Cas du véhicule techniquement irréparable :

Le premier rapport établi par l'expert précise la nature des critères d'irréparabilité technique tels que définis à l'annexe I de l'arrêté du 29 avril 2009 ou à l'annexe VI de la présente circulaire.

Dans ce cas, si le véhicule est une voiture particulière ou une camionnette, il ne peut être cédé que pour destruction à un démolisseur ou à un broyeur agréé qui doit déclarer l'achat pour destruction du véhicule conformément aux dispositions de l'article R. 322-9 du code de la route.

Pour les autres catégories de véhicules, le véhicule peut être cédé à un professionnel non agréé conformément au V de l'article R. 322-9 susvisé.

L'immatriculation du véhicule est annulée par le ministre de l'intérieur à réception de la déclaration de destruction physique du véhicule.

Remise en circulation du véhicule

Une fois les conclusions du second rapport enregistrées, un nouveau certificat d'immatriculation est délivré au vu d'un dossier comportant les pièces suivantes :

– une pièce justificative d'identité et de domicile ;

– la déclaration de cession ;

– la preuve, le cas échéant, du contrôle technique réglementaire ;

– la photocopie du récépissé de la dernière déclaration d'achat ;

– l'avis de retrait (premier feuillet) ou l'attestation de remise du certificat d'immatriculation barré et signé lorsqu'il est fait application de l'article L. 327-4 du code de la route ou le certificat d'immatriculation portant la mention « vendu le... » et signé dans les autres cas.

III.2.2. *Le véhicule est conservé par le titulaire du certificat d'immatriculation*

L'entreprise d'assurance en informe le ministre de l'intérieur, dans le délai de quinze jours après qu'elle a connaissance du refus de cession à son profit. Le ministre de l'intérieur inscrit une opposition au transfert du certificat d'immatriculation si le véhicule n'est pas soumis aux dispositions du I ou aux dispositions du II de la présente circulaire.

Dans ce dernier cas, le véhicule est toujours autorisé à circuler.

Le titulaire peut :

– soit faire procéder aux réparations visées par le premier rapport et demander à un expert qualifié VE de suivre les travaux selon la méthodologie visée à l'annexe III de l'arrêté du 29 avril 2009 ou à l'annexe V de la présente circulaire, si le véhicule a été déclaré techniquement réparable par l'expert qui a établi le premier rapport ;

– soit céder le véhicule en l'état à un acheteur professionnel :

– le véhicule a été déclaré techniquement irréparable : si le véhicule est une voiture particulière ou une camionnette, il ne peut être cédé que pour destruction à un démolisseur ou à un broyeur agréé qui doit déclarer l'achat pour destruction du véhicule, conformément aux dispositions de l'article R. 322-9 du code de la route.

Pour les autres catégories de véhicules, le véhicule peut être cédé à un professionnel non agréé conformément au V de l'article R. 322-9 susvisé.

L'immatriculation du véhicule est annulée par le ministre de l'intérieur à réception de la déclaration de destruction physique du véhicule ;

Le véhicule a été déclaré techniquement réparable :

– le professionnel doit déclarer l'achat dans les conditions prévues par l'article R. 322-4 du code de la route ;

S'il désire faire réparer le véhicule, il doit faire appel à un expert qualifié VE pour suivre les travaux, selon la méthodologie visée à l'annexe III de l'arrêté du 29 avril susvisé ou de l'annexe V de la présente circulaire selon la catégorie du véhicule en cause.

Modalités de la levée de l'opposition et le cas échéant de l'interdiction de circuler ou délivrance d'un nouveau certificat d'immatriculation

Au vu du second rapport transmis par l'expert en automobile au ministre de l'intérieur soit par voie électronique soit par l'intermédiaire du préfet du département de son choix, l'interdiction de circuler et l'opposition au transfert du certificat d'immatriculation sont levées.

Si le véhicule a fait l'objet d'un transfert, un nouveau certificat est délivré au vu d'un dossier comportant :

– une pièce justificative d'identité et de domicile ;

– la déclaration de cession ;

– la preuve, le cas échéant, du contrôle technique réglementaire ;

– la photocopie du récépissé de la dernière déclaration d'achat ;

– l'avis de retrait (premier feuillet) ou l'attestation de remise du certificat d'immatriculation barré et signé lorsqu'il est fait application de l'article L. 327-4 du code de la route ou le certificat d'immatriculation portant la mention « vendu le... » et signé dans les autres cas.

IV. Cadre général lié à l'expertise

IV.1. *Qualification de l'expert en automobile*

A compter du 1er juin 2009, seuls les experts en automobile inscrits sur la liste nationale établie par la Commission nationale des experts en automobile en application de l'article L. 326-3 du code de la route et dont le numéro d'agrément est suivi des lettres « VE » sont habilités à intervenir pour le contrôle des véhicules endommagés prévu par les articles L. 327-1 à L. 327-6 du code de la route.

Ce numéro d'agrément composé de six chiffres, suivi d'un tiret et des lettres VE (000000-VE), doit figurer sur tous les documents établis par l'expert.

Il convient d'accepter tout rapport établi avant le 1er juin 2009 par un expert en automobile ayant un numéro d'agrément suivi de la qualification VGA sous réserve qu'il figurait sur la liste nationale.

IV.2. *Rapport d'expertise*

Il est rappelé qu'en application de l'article R. 326-3 du code de la route le rapport quel qu'il soit doit comporter, outre les conclusions de l'expert, le rappel des différentes opérations d'expertise, l'indication des personnes présentes lors de l'examen du véhicule ainsi que leur qualité. Une copie de ce rapport, ainsi que tout rapport complémentaire, doivent être adressés par l'expert au propriétaire du véhicule.

Dans le but de lutter contre les fraudes et les falsifications de documents, les rapports d'expertise comportant des surcharges ou des éléments manuscrits ne doivent pas être acceptés.

Toutefois l'expert, constatant une erreur dans l'établissement de l'un de ses rapports, même enregistré dans le SIV, dispose d'une possibilité de correction en se rendant à cette fin en préfecture.

IV.3. *Contestation*

La contestation à l'initiative du titulaire du certificat d'immatriculation ou de l'assureur porte sur les conclusions du premier rapport de l'expert.

Un autre expert peut être amené à examiner le véhicule. Si la contestation subsiste, le titulaire du certificat d'immatriculation ou l'assureur peut saisir la commission d'arbitrage placée sous l'égide des organisations professionnelles de l'expertise.

L'avis de cette commission est transmis au requérant ainsi qu'au préfet qui en tient compte si l'avis diffère de celui de l'expert initialement saisi.

En dehors des cas évoqués ci-dessus, est rejeté tout nouveau rapport dont les conclusions relatives à la non-dangerosité du véhicule inverseraient celles du premier rapport, sauf rectification d'une erreur matérielle prévue au IV.2 susvisé.

IV.4. *Comité de suivi*

Un comité est constitué afin de suivre la mise en œuvre adaptée des dispositions de la procédure des véhicules endommagés. Le secrétariat est assuré par la délégation à la sécurité et à la circulation routières.

Vous voudrez bien me faire connaître, le cas échéant, les difficultés que vous pourriez rencontrer dans l'application des dispositions de la présente circulaire, afin qu'elles puissent être examinées s'il y a lieu dans le cadre du comité de suivi susvisé.

La présente circulaire sera publiée au *Bulletin officiel* du ministère de l'écologie, de l'énergie, du développement durable et de l'aménagement du territoire.

Décret n° 95-493 du 25 avril 1995,

Portant création et règlement général du diplôme d'expert en automobile.

TITRE I DÉFINITION DU DIPLÔME

Art. 1er Il est créé un diplôme d'expert en automobile.

Ce diplôme est un diplôme d'État délivré par le ministre chargé de l'éducation nationale. Il est classé au niveau III de la nomenclature des niveaux de formation. Il donne accès à la profession d'expert en automobile, en application de l'article 1er de la loi du 11 décembre 1972 susvisée *[relative à l'organisation de la profession d'expert en automobile]*.

Art. 2 Un arrêté du ministre chargé de l'éducation nationale définit le référentiel des compétences professionnelles, technologiques et générales caractéristiques du diplôme d'expert en automobile. *— V. Arr. du 25 avr. 1995 (JO 2 mai), mod. par Arr. du 8 déc. 2009 (JO 12 janv. 2010).*

Ce référentiel énumère les capacités, détermine savoirs et savoir-faire, ainsi que les niveaux d'exigence requis pour l'obtention du diplôme.

Art. 3 L'examen conduisant à la délivrance du diplôme d'expert en automobile est organisé sous la forme d'épreuves constitutives d'unités de contrôle.

Art. 4 L'examen conduisant à la délivrance du diplôme d'expert en automobile comporte des épreuves écrites et des épreuves de travaux pratiques et orales.

Un arrêté du ministre chargé de l'éducation nationale détermine : *— V. Arr. du 25 avr. 1995 préc.*

— la liste, la nature, la durée et les coefficients des épreuves constitutives des unités de contrôle, et les conditions d'obtention de celles-ci ;

— l'ordre dans lequel les unités de contrôle doivent être acquises ;

— les dispenses d'unités de contrôle accordées à certains candidats en raison des diplômes qu'ils ont acquis antérieurement.

TITRE II CONDITIONS D'ACCÈS AU DIPLÔME

Art. 5 Pour être admis à subir les épreuves de l'examen, les candidats doivent remplir les trois conditions suivantes :

a) Être titulaires d'un diplôme de niveau IV ou titre homologué au niveau IV par la commission d'homologation des titres et diplômes de l'enseignement technologique établie en application de la loi du 16 juillet 1971 susvisée *[sur l'enseignement technologique]* ;

b) Justifier de l'exercice, pendant au moins trois années, d'une activité leur conférant une pratique de la réparation automobile. Cette durée est réduite à un an pour les candidats titulaires de diplômes dont la liste est fixée par arrêté du ministre chargé de l'éducation nationale ;

c) Justifier de l'exercice, pendant au moins deux années, d'activité d'expertise en qualité de stagiaire rémunéré auprès d'une personne ayant la qualité d'expert en automobile.

L'exigence de titre définie au *a* est requise lorsque les candidats s'inscrivent à la première unité de contrôle de l'examen présentée.

Pour pouvoir se présenter à l'unité de contrôle susceptible d'ouvrir droit à la délivrance du diplôme, les candidats doivent justifier de l'ensemble des conditions telles que définies aux *a*, *b* et *c* ci-dessus.

Art. 6 Les inscriptions sont reçues par le service des examens du rectorat de *(Décr. nº 2019-1558 du 30 déc. 2019, art. 17)* « la région académique » dont dépend le domicile des candidats. Le recteur de *(Décr. nº 2019-1558 du 30 déc. 2019, art. 17)* « région académique » demande au procureur de la République du lieu de naissance du candidat de lui fournir le bulletin nº 2 du casier judiciaire du candidat et vérifie si les mentions qui y sont inscrites sont compatibles avec l'exercice de la profession d'expert en automobile.

TITRE III ORGANISATION DE LA VALIDATION

Art. 7 L'examen permettant la délivrance du diplôme d'expert en automobile est organisé dans le cadre académique *(Décr. nº 2019-1558 du 30 déc. 2019, art. 17)* « , régional académique » ou interacadémique, selon des modalités fixées par le ministre chargé de l'éducation nationale.

Le diplôme d'expert en automobile est délivré au titre d'une session annuelle.

Art. 8 La délivrance du diplôme d'expert en automobile résulte de la délibération d'un jury constitué dans les conditions suivantes.

Le jury est nommé par le recteur *(Décr. nº 2019-1558 du 30 déc. 2019, art. 17)* « de région académique » ; il est présidé par un inspecteur pédagogique régional des sciences et techniques industrielles ; il est composé à parts égales :

a) De professeurs appartenant à l'enseignement public ;

b) De membres de la profession de l'expertise automobile, employeurs et salariés.

Art. 9 Le diplôme d'expert en automobile est délivré par le recteur *(Décr. nº 2019-1558 du 30 déc. 2019, art. 17)* « de région académique » sur proposition du jury.

TITRE IV DISPOSITIONS TRANSITOIRES

Art. 10 Les dispositions du présent décret sont applicables à compter de la session de 1995 de l'examen défini à l'article 3 ci-dessus.

Pour les candidats ayant obtenu des unités au titre du brevet professionnel expert en automobile et pour les candidats ayant entamé une formation au même titre, des dispositions transitoires sont fixées par arrêté du ministre chargé de l'éducation nationale. — *V. Arr. du 25 avr. 1995 préc.*

Art. 11 Le décret n° 74-472 du 17 mai 1974 relatif aux conditions de délivrance du brevet professionnel expert en automobile est abrogé, à l'exception de ses articles 1er (2e alinéa) et 4, qui seront abrogés au 31 décembre 1996.

Arrêté du 26 juillet 2011,

Relatif à l'obtention et au maintien de la qualification pour le contrôle des véhicules endommagés pour les experts en automobile (JO 31 juill.).

TITRE I *DISPOSITIONS GÉNÉRALES*

Art. 1er La qualification des experts en automobile pour le contrôle des véhicules endommagés (VE) est reconnue aux experts figurant sur la liste nationale des experts en automobile mentionnée à l'article L. 326-3 du code de la route et ayant suivi la formation dans les conditions définies par le présent arrêté. La formation est réputée acquise pour les experts titulaires du diplôme d'expert en automobile depuis moins d'un an.

La qualification atteste de la compétence nécessaire à la conduite des procédures de contrôle, comprenant l'établissement du rapport d'expertise et la validation des différentes opérations effectuées sur les véhicules endommagés prévues aux articles L. 327-1 à L. 327-6 et R. 327-1 à R. 327-3 du code de la route.

(Arr. du 5 déc. 2022) « La qualification pour le contrôle des véhicules endommagés est acquise pour l'année civile qui suit l'année de la formation. »

Art. 2 Tout ressortissant d'un État membre de l'Union européenne ou d'un État partie à l'Espace économique européen qui souhaite être reconnu qualifié pour exercer l'activité d'expertise en automobile pour le contrôle des véhicules endommagés doit demander son inscription sur la liste des experts au ministre chargé des transports.

Le dossier de demande est constitué des documents prévus aux articles R. 326-5 ou R. 326-6 du code de la route, et des pièces justificatives de la qualification du demandeur en matière de contrôle des véhicules endommagés dans les conditions suivantes :

I. — Si l'expert souhaite s'établir en France pour exercer l'activité de contrôle des véhicules endommagés, il doit produire tout document justifiant de sa compétence ou d'une formation dispensée ou reconnue dans l'un des États cités ci-dessus qui réglemente l'accès à la profession, son exercice ou la formation y conduisant, lui reconnaissant la qualification pour exercer les opérations d'expertise prévues aux articles L. 327-1 à L. 327-6 et R. 327-1 à 3 *[R. 327-3]* du code de la route. Ces opérations doivent permettre à l'expert de délivrer, en conclusion de la procédure de contrôle des véhicules endommagés, un certificat de conformité garantissant que le véhicule est en tout point conforme à sa réception et qu'il peut circuler dans des conditions normales de sécurité.

L'État d'établissement du ressortissant doit par une réglementation adaptée, avoir déterminé la méthodologie appliquée au suivi des réparations ; incluant entre autres un dispositif des critères de dangerosité du véhicule impliquant son immobilisation.

Lorsque l'État d'établissement du demandeur ne réglemente pas cette profession, le ressortissant doit prouver par tout moyen avoir exercé *(Arr. du 15 juin 2017, art. 5)* « un an à temps plein ou à temps partiel au cours des dix années précédentes » cette activité d'expertise et posséder au moins une attestation de compétence ou un titre de formation attestant qu'il a été préparé à l'exercice de cette profession. Les deux ans d'expérience professionnelle ne sont toutefois pas exigibles lorsque le ou les titres de formation détenus sanctionnent une formation réglementée.

Le bénéfice de la qualification pour le contrôle des véhicules endommagés est valable jusqu'au 31 décembre de l'année suivant celle de la reconnaissance.

II. — Si l'expert désire exercer en France l'activité de contrôle des véhicules endommagés de façon temporaire et occasionnelle, il doit, à l'occasion de la déclaration prévue à l'article

L. 326-4 du code de la route, apporter la preuve, par tout moyen, qu'il a exercé et détient une pratique des opérations de suivi des réparations et de remise en circulation des véhicules dans les conditions précisées au paragraphe I ci-dessus.

Lorsque l'activité ou la formation y conduisant n'est pas réglementée dans l'État d'établissement, l'expert doit avoir exercé *(Arr. du 15 juin 2017, art. 5)* « l'activité à temps plein ou l'équivalent à temps partiel pendant au moins un an au cours des dix années précédant la prestation. »

Après vérification de sa qualification au contrôle des véhicules endommagés, le prestataire est inscrit sur la liste pour une durée d'un an avec mention de sa qualification VE.

Si, à l'issue de la première année, le prestataire souhaite à nouveau prester des services de contrôle des véhicules endommagés de manière temporaire et occasionnelle, il adresse au ministre chargé des transports une demande de renouvellement et suit la formation continue qui s'impose à tous les experts inscrits sur la liste nationale.

III. — Si l'examen des pièces présentées pour justifier de la qualification de l'expert au contrôle des véhicules endommagés laisse apparaître une différence substantielle entre la réalité des qualifications du demandeur et celles requises pour exercer l'activité en France, et dans la mesure où cette différence est de nature à nuire à la sécurité des personnes, la qualification VE ne pourra être accordée qu'après que l'expert a suivi la formation continue au contrôle des véhicules endommagés prévue à l'article 3 du présent arrêté.

TITRE II *OBJET ET CONTENU DE LA FORMATION*

Art. 3 La formation prévue à l'article 1er du présent arrêté est destinée à l'actualisation et à la mise à jour des connaissances juridiques et techniques nécessaires à la conduite des procédures relatives aux véhicules endommagés visés par les articles L. 327-1 à L. 327-6 et R. 327-1 à 3 *[R. 327-3]* du code de la route.

Elle est nécessaire à tout expert en automobile inscrit sur la liste et souhaitant obtenir ou renouveler sa qualification VE.

La formation continue est d'une durée d'une journée (huit heures) et comprend une partie administrative et une partie technique. Celles-ci, ainsi que leurs objectifs respectifs, sont précisées par le programme prévu en annexe 1.

Une attestation de suivi de formation, dûment renseignée et signée, conforme au modèle type figurant en annexe 2, du présent arrêté est remise par l'organisme de formation agréé à l'expert ayant suivi cette formation.

Art. 4 La formation est réalisée par une équipe d'au moins deux formateurs, qui justifie des compétences suivantes :

— la partie administrative est assurée par l'un des formateurs ayant la maîtrise de la législation du code de la route validée par un diplôme juridique ou une expérience professionnelle dans le domaine de la formation juridique ;

— la partie technique est assurée par l'autre formateur ayant des connaissances validées par un diplôme d'expert en automobile et par une expérience professionnelle d'au moins cinq ans dans la profession d'expert en automobile, dont la qualification véhicule endommagé est en cours de validité.

Cette équipe de formateurs reçoit à cet effet une formation spécifique mise en place indifféremment par chacun des organismes cités à l'article 6 suivant un module élaboré par chacun de ces organismes et mis à jour périodiquement, sur la base du programme figurant en annexe 1 du présent arrêté.

Le ministre chargé des transports procède, en tant que de besoin, à la révision de ce programme.

A l'issue de la formation, ces mêmes organismes délivrent une attestation prouvant la qualification spécifique de formateur à la procédure véhicule endommagé.

TITRE III *MODALITÉS D'AGRÉMENT DES ORGANISMES DE FORMATION AGRÉÉS POUR DISPENSER LA FORMATION AU CONTRÔLE DES VÉHICULES ENDOMMAGÉS*

Art. 5 La formation continue au contrôle des véhicules endommagés est dispensée par les organismes de formation agréés par le ministre chargé des transports, dans les conditions fixées ci-après.

Art. 6 I. – L'agrément pour dispenser la formation obligatoire au contrôle des véhicules endommagés peut être demandé :

– soit par un organisme de formation admis, à la date de la parution du présent arrêté, à effectuer des formations professionnelles obligatoires en matière de sécurité routière ;

– soit par un organisme de formation justifiant, à la date de la première demande, d'une activité pédagogique d'au moins deux ans dans la formation des experts en automobile, obtenue par les formations (techniques, juridiques et méthodologiques liées aux procédures de sécurité routière) relatives aux véhicules endommagés dans le cadre de la formation initiale préparant à l'unité C en vue de l'obtention du diplôme d'expert en automobile ou, à défaut, dans le cadre du plan de formation pour la profession d'expert en automobile.

Pour obtenir cet agrément, ou, le cas échéant, son renouvellement, ces organismes doivent satisfaire aux critères suivants :

– justifier de la qualité des formations professionnelles dispensées dans le milieu de la profession des experts en automobile ou, s'il s'agit d'une demande de renouvellement d'agrément, la qualité des formations obligatoires des experts en automobiles *[automobile]* qualifiés pour le contrôle des véhicules endommagés dispensées depuis l'obtention de l'agrément précédent ;

– justifier de l'organisation appropriée des responsabilités au sein de l'établissement et l'adéquation des moyens mis en œuvre ;

– justifier de la maîtrise des coûts de la formation.

Art. 7 La demande d'agrément, établie conformément à l'annexe 3 du présent arrêté, comporte l'engagement de l'organisme de formation :

– de respecter le programme de la formation obligatoire au contrôle des véhicules endommagés : l'organisme doit s'approprier le module de formation et en assurer le suivi avec engagement de mise à niveau au cours de la formation continue ;

– de vérifier que les demandeurs de formation continue au contrôle des véhicules endommagés disposent des conditions requises pour s'inscrire à la formation ;

– de faire suivre aux formateurs les formations leur permettant de maintenir et d'actualiser leurs connaissances dans les domaines dans lesquels ils assurent les formations professionnelles obligatoires au contrôle des véhicules endommagés ;

– de délivrer aux stagiaires une attestation de suivi de formation dûment renseignée et signée, conforme au modèle fixé en annexe 2, dans un délai de quinze jours après la session ;

– de présenter au ministre chargé des transports un bilan annuel pédagogique et financier des formations professionnelles au contrôle des véhicules endommagés dispensées.

La demande d'agrément comporte les éléments qui permettent de vérifier que l'organisme :

– désigne un responsable de l'ingénierie de la formation ;

– constitue une équipe pédagogique qualitativement et quantitativement capable de répondre aux domaines abordés ;

– coordonne et gère les moyens pédagogiques et les ressources (direction et encadrement interne à l'organisme de formation) ;

– concernant le module administratif, affecte des formateurs ayant une dualité de compétences et maîtrises : un formateur spécialisé en droit routier (public, réglementation et sécurité routière), et un formateur spécialisé en expertise automobile ;

– fait suivre aux formateurs les formations leur permettant de maintenir et d'actualiser leurs connaissances dans les domaines dans lesquels ils assurent les formations pour le contrôle des véhicules endommagés ;

– met en place une organisation matérielle et pédagogique adaptée aux formations dispensées ;

– en matière pédagogique, s'engage sur un nombre limité de formateurs, un nombre minimum de stages par formateurs et un nombre maximum de vingt stagiaires par stage ;

– dispose de locaux adéquats et suffisants répondant aux normes en vigueur en matière de sécurité et d'hygiène pour l'accueil de public et d'équipements adaptés aux différents modules et au nombre de stagiaires ;

– veille à un accueil de qualité en matière de pause et de restauration ;

– propose aux stagiaires des ressources documentaires accessibles (téléchargement, remise de document...) ;

– démontre sa capacité à gérer administrativement les dossiers des participants et à assurer la transmission fiable et sécurisée des éléments utiles à la gestion de la liste nationale des experts en automobile, et pour cela, prévoit un personnel adéquat pour le traitement administratif ;

– connaît le milieu socio-économique de son domaine de compétence, notamment connaît les circuits de financement de la formation et appuie les stagiaires dans leurs demandes ;

– analyse les besoins dans le milieu de la profession des experts en automobile ;

– évalue la satisfaction des stagiaires et mesure l'atteinte des objectifs fixés. Cette évaluation est tenue à la disposition du ministre chargé de la sécurité routière lorsqu'il en fait la demande ;

– rend compte à sa demande au donneur d'ordre de la formation.

Art. 8 L'agrément pour dispenser la formation obligatoire au contrôle des véhicules endommagés, visée à l'article R. 326-11 du code de la route, est délivré par le ministre chargé des transports.

Cet agrément est accordé pour une durée de cinq ans à compter de sa date de délivrance. Il est renouvelable.

La demande de renouvellement doit être adressée au ministre chargé des transports deux mois avant l'expiration de l'agrément.

La validité de l'agrément s'étend à l'ensemble du territoire national. L'organisme de formation agréé peut disposer d'établissements secondaires fonctionnant sous la responsabilité de l'établissement principal. Le dossier de demande d'agrément doit faire apparaître le nombre, la localisation et les caractéristiques propres à ces établissements secondaires.

TITRE IV *DISPOSITIONS TRANSITOIRES ET FINALES*

Art. 9 Par dérogation aux dispositions de l'article 1er, la validité de la qualification au contrôle des véhicules endommagés est prorogée jusqu'au 31 mars 2012 pour toutes les personnes inscrites sur la liste des experts en automobile avec cette qualification, à la date de publication du présent arrêté.

Toutefois, le suivi de cette formation au premier trimestre 2012 ne saurait assurer à l'expert le bénéfice de cette qualification au-delà du 31 décembre 2012.

Art. 10 L'arrêté du 25 janvier 2000 relatif à la formation des experts en automobile prévue à l'article R. 294-5 du code de la route est abrogé.

V. annexes au JO 31 juill.

Arrêté du 31 juillet 2012,

Portant définition du diplôme d'expert en automobile.

Art. 1er Les compétences, savoirs et savoir-faire exigés pour l'obtention du diplôme d'expert en automobile sont définis dans le référentiel figurant en annexe I du présent arrêté.

Art. 2 Les sujets des épreuves sont choisis par le ministre chargé de l'enseignement supérieur ou, sur décision de celui-ci, par les *(Arr. du 27 nov. 2020, art. 8-IV)* « recteurs de région académique ».

Art. 3 L'examen conduisant à la délivrance du diplôme d'expert en automobile comprend trois unités de contrôle définies en annexe II du présent arrêté.

Les unités de contrôle peuvent être présentées au cours de sessions différentes. Cependant, seuls les titulaires des deux unités de contrôle A et B sont autorisés à se présenter à l'unité de contrôle C.

Art. 4 Pour s'inscrire à l'unité de contrôle A ou à l'unité de contrôle B du diplôme d'expert en automobile, les candidats doivent remplir les conditions de titre fixées à l'article 5 (*a*) du décret du 25 avril 1995 susvisé.

Pour s'inscrire à l'unité de contrôle C, les candidats doivent en outre remplir, au 1er octobre de l'année de l'examen, les conditions de pratique professionnelle fixées à l'article 5 (*b* et *c*) du décret du 25 avril 1995 susvisé. La pratique professionnelle dans la réparation automobile et les activités d'expertise prévues à l'article 5 (*b* et *c*) du décret du 25 avril 1995 sont définies à l'annexe III du présent arrêté.

Art. 5 Les candidats qui ont obtenu une moyenne égale ou supérieure à 10 sur 20 à l'unité de contrôle A sont déclarés admis à cette unité. Les candidats qui ont obtenu une moyenne égale ou supérieure à 10 sur 20 à l'unité de contrôle B sont déclarés admis à cette unité.

Les candidats qui ont obtenu une moyenne égale ou supérieure à 10 sur 20 à chaque épreuve de l'unité de contrôle C sont déclarés admis à cette unité.

Sont réputés admis à l'examen les candidats qui ont obtenu l'unité C.

Les candidats peuvent, s'ils le souhaitent, conserver les notes égales ou supérieures à 10 sur 20 obtenues à une des épreuves constitutives d'une unité de contrôle pendant cinq ans.

Les candidats conservent pendant cinq années suivant la date de l'examen le bénéfice des unités de contrôle auxquelles ils ont été déclarés admis.

Art. 6 Les candidats titulaires de certains diplômes sont, à leur demande et dans les conditions prévues à l'annexe III du présent arrêté, dispensés de l'unité de contrôle A ou de l'unité de contrôle B du diplôme d'expert en automobile.

Art. 7 La liste des diplômes permettant aux candidats de ne justifier que d'un an de pratique professionnelle conformément à l'article 5 (*b*) du décret du 25 avril 1995 susvisé figure à l'annexe IV du présent arrêté.

Art. 8 La période d'activité d'expertise en qualité d'expert en formation auprès d'une personne ayant la qualité d'expert en automobile est définie en annexe V du présent arrêté.

Art. 9 Les correspondances entre les épreuves de l'examen organisées conformément à l'arrêté du 25 avril 1995 modifié portant définition du diplôme d'expert en automobile et les épreuves de l'examen organisées conformément au présent arrêté sont précisées en annexe VI au présent arrêté.

La durée de validité des notes égales ou supérieures à 10 sur 20 aux épreuves de l'examen subi selon les dispositions de l'arrêté du 25 avril 1995 précité et dont le candidat demande le bénéfice dans les conditions prévues à l'alinéa précédent, est reportée dans le cadre de l'examen organisé selon les dispositions du présent arrêté à compter de la date d'obtention des épreuves.

Art. 10 Seules les unités A et B peuvent faire l'objet de la procédure de validation d'acquis d'expérience.

Art. 11 La première session du diplôme d'expert en automobile organisée conformément aux dispositions du présent arrêté aura lieu en 2014.

La dernière session du diplôme d'expert en automobile organisée conformément aux dispositions de l'arrêté du 25 avril 1995 aura lieu en 2013. A l'issue de cette session, l'arrêté du 25 avril 1995 précité est abrogé.

VITESSE

Arrêté du 26 août 1983,

Relatif à la limitation par construction de la vitesse maximale des véhicules automobiles dont le poids est supérieur à douze tonnes (Arr. du 23 nov. 1992).

Art. 1er Tout véhicule automobile dont le poids total autorisé en charge est supérieur à *(Arr. du 23 nov. 1992)* « douze tonnes » doit avoir sa vitesse limitée par construction au sens de l'arrêté du 29 juin 1979 relatif à la limitation par construction de la vitesse de certaines catégories de véhicules automobiles.

Cette disposition s'applique aussi aux véhicules d'un poids total autorisé en charge inférieur ou égal à *(Arr. du 23 nov. 1992)* « douze tonnes », s'ils circulent avec une remorque et si le poids total roulant autorisé de l'ensemble ainsi constitué est supérieur à *(Arr. du 23 nov. 1992)* « douze tonnes ».

(Arr. 2 sept. 1986) « Toutefois cette disposition ne s'applique pas aux véhicules de lutte contre l'incendie, quels que soient leur poids total autorisé en charge ou poids total roulant autorisé. »

Art. 2 *(Arr. du 23 nov. 1992)* « Pour les véhicules automobiles autres que ceux visés à l'article 34 du règlement du 15 avril 1945 relatif au transport des matières dangereuses, la vitesse de limitation V, définie à l'article 2 de l'arrêté du 29 juin 1979, doit être égale à 90 kilomètres à l'heure. »

(Arr. du 2 sept. 1986) « Toutefois, pour les véhicules de transport en commun de personnes répondant aux dispositions de l'arrêté du 7 novembre 1984 modifié relatif à la réception de certaines catégories de véhicules de transport en commun de personnes, la vitesse de limitation V précitée est relevée à 100 kilomètres à l'heure. »

Art. 3 Les dispositions des articles 1er et 2 ci-dessus sont applicables :

Aux véhicules autres que ceux affectés au transport en commun de personnes présentés à la réception par type, à dater du 1er octobre 1983 ;

(Arr. du 23 août 1984) « Aux véhicules, autres que ceux affectés au transport en commun de personnes, mis pour la première fois en circulation ou présentés à la réception à titre isolé pour toute raison autre qu'une transformation notable ou que le carrossage d'un châssis-cabine réceptionné par type, à dater du 1er octobre 1984 ;

« Aux véhicules affectés au transport en commun de personnes mis pour la première fois en circulation ou présentés à la réception à titre isolé pour toute raison autre qu'une transformation notable, à dater du 1er janvier 1985. »

Arrêté du 23 novembre 1992,

Relatif à l'indication des vitesses maximales sur les véhicules automobiles.

Art. 1er Lorsqu'un véhicule ou ensemble de véhicules tels que désignés à l'article *(Arr. du 12 janv. 2006)* « R. 312-4 » (véhicule articulé, train routier, train double) est astreint à porter un ou plusieurs disques indicateurs de vitesse en raison de ses caractéristiques propres, chaque disque doit répondre aux conditions suivantes :

– le diamètre du disque est d'au moins 20 centimètres ;

– la vitesse (exprimée en kilomètres par heure) est écrite en chiffres noirs sur fond blanc ;

– les chiffres ont 15 centimètres de hauteur.

Le disque peut être rapporté par collage ou rivetage ou tout autre moyen de fixation ou peut être peint ou poché sur la carrosserie.

Le disque indiquant la vitesse la plus faible doit être placé de façon bien visible à l'arrière et sur la partie inférieure gauche de la carrosserie si celle-ci le permet.

Dans chaque cas où le véhicule ou ensemble de véhicules est astreint à porter plus d'un disque, les centres de ceux-ci doivent être situés dans un même plan horizontal ou, en cas d'impossibilité, dans un même plan longitudinal vertical. Le disque indiquant la vitesse la plus élevée doit être placé, selon les cas, à droite ou au-dessus.

Art. 2 *(Arr. du 25 janv. 2007, art. 1er, en vigueur au plus tard le 10 avr. 2007)* Les véhicules ou ensembles de véhicules doivent porter suivant les cas un ou plusieurs disques correspondant aux vitesses indiquées pour chaque catégorie ci-après :

1. Véhicules de transport en commun de personnes :

1.1. Autocars d'un poids total autorisé en charge supérieur à 10 tonnes possédant les caractéristiques techniques particulières visées à l'article R. 413-10 du code de la route : 100,90 ;

1.2. Autocars d'un poids total autorisé en charge supérieur à 10 tonnes autres que ceux désignés en 1.1 : 90 ;

1.3. Autocars d'un poids total autorisé en charge inférieur ou égal à 10 tonnes : 100 ;

(Arr. du 12 sept. 2008, en vigueur au plus tard le 18 nov. 2008) « 1.4. Autocars aménagés pour transporter des passagers debout : 70 – en supplément des disques prévus en 1.1, 1.2 ou 1.3 ;

« 1.5. Autobus : 70. »

2. Véhicules de transport de matières dangereuses :

2.1. Véhicules et ensembles de véhicules d'un poids total (défini par le poids total autorisé en charge ou le poids total roulant autorisé mentionnés à l'article R. 312-4 du code de la route) supérieur à 12 tonnes possédant les caractéristiques techniques particulières visées à l'article R. 413-9 du code de la route : 80, 70, 60 ;

2.2. Véhicules et ensembles de véhicules d'un poids total supérieur à 12 tonnes autres que ceux visés au point 2.1 : 80, 60 ;

2.3. Véhicules d'un poids total autorisé en charge supérieur à 3,5 tonnes et n'excédant pas 12 tonnes : 90, 80 ;

2.4. Ensembles de véhicules d'un poids total roulant autorisé supérieur à 3,5 tonnes et n'excédant pas 12 tonnes, dont le véhicule tracteur est visé en 2.3 : 90, 80.

3. Véhicules de transport de marchandises autres que des matières dangereuses :

Véhicules spécialisés autres que ceux affectés au transport de personnes :

3.1. Véhicules d'un poids total autorisé en charge supérieur à 12 tonnes : 90, 80 ;

3.2. Ensembles de véhicules d'un poids total roulant autorisé supérieur à 12 tonnes, ainsi que les tracteurs routiers d'un poids total roulant autorisé supérieur à 12 tonnes : 90, 80, 60 ;

3.3. Véhicules d'un poids total autorisé en charge supérieur à 3,5 tonnes et inférieur ou égal à 12 tonnes : 90, 80 ;

3.4. Ensembles de véhicules d'un poids total roulant autorisé supérieur à 3,5 tonnes et inférieur ou égal à 12 tonnes, dont le véhicule tracteur est visé en 3.3 : 90, 80.

4. Véhicules spécialisés affectés au transport de personnes :

4.1. Autocaravanes d'un poids total autorisé en charge supérieur à 3,5 tonnes et inférieur ou égal à 12 tonnes : 110, 100, 80 ;

4.2. Autocaravanes d'un poids total autorisé en charge supérieur à 12 tonnes : 90, 80.

5. Véhicules agricoles :

5.1. Machines agricoles automotrices définies à l'article R. 311-1 du code de la route : 25 ou 40 ;

5.2. Véhicules et appareils agricoles remorqués définis à l'article R. 311-1 du code de la route et dont les conditions de circulation sont définies à l'article R. 413-12-1 du code de la route : 25 ou 40.

Il sera toléré qu'un véhicule remorqué appartenant à un ensemble de véhicules d'un poids total roulant autorisé supérieur à 3,5 tonnes et n'excédant pas 12 tonnes porte les disques prévus pour un ensemble d'un poids total roulant autorisé supérieur à 12 tonnes, sous réserve que l'ensemble respecte les limitations affichées à l'arrière du véhicule.

Art. 3 Les dispositions du présent arrêté sont applicables à partir du 1er décembre 1992. A compter de cette date, l'arrêté du 10 octobre 1957 relatif à l'indication des vitesses maximales sur les véhicules automobiles et l'arrêté du 27 juin 1979 fixant les vitesses maximales des véhicules automobiles dont le poids est supérieur à 10 tonnes sont abrogés. Les références à l'arrêté du 10 octobre 1957 précité, dans les arrêtés et circulaires existants, devront être alors comprises comme références à l'article 1er du présent arrêté.

(Arr. du 12 mai 2021) « Les dispositions du présent arrêté ne sont pas applicables aux véhicules d'intervention des services d'incendie et de secours et des unités militaires investies à titre permanent des missions de sécurité civile. »

Art. 4 L'arrêté du 12 novembre 1986 relatif à l'indication des vitesses maximales sur les véhicules est abrogé.

Arrêté du 23 novembre 1992,

Relatif à la définition des caractéristiques particulières des véhicules de transport de matières dangereuses prévues à l'article R. 10-2 du code de la route [C. route, art. R. 413-9].

Art. 1er Les véhicules de transport de matières dangereuses d'un poids total autorisé en charge ou d'un poids total roulant autorisé supérieur à 12 tonnes, munis d'un dispositif antiblocage répondant aux dispositions de l'article 65 de l'arrêté du 18 août 1955 susvisé, sont autorisés à circuler à une vitesse maximale de 70 km/h sur les routes à grande circulation à caractère prioritaire et signalées comme telles.

Art. 2 Pour les véhicules désignés à l'article 1er ci-dessus, une attestation délivrée par le constructeur ou l'importateur du véhicule, du modèle prévu à l'annexe I ci-jointe, doit pouvoir être présentée lors de tout contrôle routier.

ANNEXE I

ATTESTATION

Je soussigné ....
constructeur — importateur *[Barrer la mention inutile.]*
du véhicule de la marque ...., type...
numéro d'identification.., P.T.A.C..
PTRA (s'il y a lieu), immatriculé sous le numéro :
....
Au nom de :
....
Adresse :
....
atteste que le véhicule ci-dessus décrit est équipé d'un dispositif anti-blocage répondant aux dispositions de l'arrêté du 18 août 1955 relatif au freinage des véhicules.
A ...., le..........................

(Cachet et signature)

Arrêté du 5 mai 1994,

Fixant les modalités d'application des limitations de vitesse maximales imposées aux conducteurs de véhicules titulaires du permis de conduire depuis moins de deux ans.

Art. 1er **Tout véhicule d'un poids total autorisé en charge n'excédant pas 3,5 tonnes, lorsqu'il est conduit par une personne soumise aux dispositions du premier alinéa de l'article R. 10-6 du code de la route, doit porter de façon bien visible à l'arrière un signe distinctif à fond blanc de forme ronde comportant la lettre A de couleur rouge conforme au modèle fixé en annexe du présent arrêté.**

Pour les véhicules relevant du titre II du livre I du code de la route, le signe distinctif d'un diamètre de 15 centimètres (annexe I) doit être placé sur la gauche du véhicule. — *V. cette annexe au JO 7 mai.*

Pour les véhicules relevant du titre IV, le diamètre doit être de 10 centimètres (annexe II). — *V. cette annexe au JO 7 mai.*

Art. 2 **Le signe distinctif prévu à l'article 1er ci-dessus doit être placé de façon telle qu'il ne puisse gêner la visibilité des plaques et inscriptions réglementaires du véhicule, de même que la visibilité des divers feux et appareils de signalisation ainsi que le champ de vision du conducteur.**

Il est notamment interdit de l'apposer sur la vitre arrière du véhicule.

Art. 3 **L'arrêté du 5 février 1969 est abrogé.**

Circulaire du 5 mai 1994,

Relative aux limitations de vitesse imposées aux conducteurs titulaires du permis de conduire depuis moins de deux ans.

Arrêté du 10 octobre 1994,

Relatif aux conditions d'application de l'article R. 10-3 du code de la route [C. route, art. R. 413-10] pour la circulation à 100 km/h des autocars sur autoroute.

Art. 1er **Tout autocar dont le poids total autorisé en charge excède 10 tonnes, immatriculé en France ou dans un État membre de l'Union européenne ou dans un État partie à l'accord instituant l'Espace économique européen et répondant aux spécifications techniques de l'annexe I du présent arrêté, est considéré comme possédant les caractéristiques techniques particulières l'autorisant à circuler à 100 kilomètres à l'heure sur les autoroutes, en application de l'article R. 10-3 du code de la route.**

Art. 2 **Pour tout autocar immatriculé en France, le contrôle des prescriptions techniques visées à l'article 1er est effectué lors de la réception du véhicule complet ou de son châssis**

non carrossé prévue à l'article R. 106 du code de la route. Les pièces à fournir à cet effet sont précisées, pour le cas particulier de la réception à titre isolé, en annexe II.

Art. 3 Pour tout véhicule répondant aux dispositions de l'article 2, il est porté en annexe au procès-verbal de réception la mention "vitesse maximale autorisée sur autoroute : 100 km/h". Dans le cas des véhicules réceptionnés par type, le constructeur reporte en outre cette mention sur une attestation de caractéristiques annexée à la notice descriptive et au certificat de conformité prévus par l'arrêté du 19 juillet 1954 susvisé.

Au vu de l'attestation de caractéristiques ou du procès-verbal de réception à titre isolé, la mention "vitesse maximale autorisée sur autoroute : 100 km/h" est reportée sur la carte violette prévue à l'article 85 de l'arrêté du 2 juillet 1982 susvisé, lors de son établissement préalable à la première mise en circulation du véhicule complet ou complété.

Art. 4 Pour les autocars immatriculés dans un des pays mentionnés à l'article 1er autres que la France, une attestation délivrée par les autorités compétentes dudit pays ou, à défaut, par le constructeur sous sa responsabilité, et conforme au modèle figurant en annexe III, doit pouvoir être présentée lors de tout contrôle routier.

Art. 5 Les dispositions du présent arrêté s'appliquent à compter du 1er janvier 1995 et remplacent à compter de cette date celles de l'arrêté du 7 novembre 1984 susvisé, qui est abrogé.

Les véhicules mis pour la première fois en circulation en France avant le 31 décembre 1994 et dont la carte violette porte la mention visée à l'article 3, appliquée conformément aux dispositions de l'arrêté du 7 novembre 1984 susvisé, continuent de bénéficier de l'autorisation de rouler à 100 km/h sur autoroute.

Les véhicules réceptionnés par type, conformes aux dispositions de l'annexe I, mis pour la première fois en circulation en France avant le 31 décembre 1994, et dont la carte violette ne porterait pas la mention visée à l'article 3, bénéficient de cette autorisation à condition que leur propriétaire fasse modifier leur carte violette selon la procédure visée à l'article 85 de l'arrêté du 2 juillet 1982 susvisé et au vu d'une attestation du constructeur conforme au modèle de l'annexe III.

ANNEXE I

Spécifications techniques

Les autocars visés à l'article 1er doivent :

1. Avoir une puissance massique d'au moins 10 kW par tonne de poids total autorisé en charge.

Aux fins du présent alinéa, on entend par puissance la puissance du moteur mesurée conformément aux dispositions de la directive n° 80/1269/CEE modifiée susvisée. En outre, on entend par poids total autorisé en charge (PTAC) pour les véhicules immatriculés dans un État visé à l'article 1er autre que la France, la masse maximale autorisée en charge à laquelle l'autocar est autorisé à circuler dans ledit État, ou bien le poids maximal fixé conformément aux dispositions des points 2.3 et 2.4 de l'annexe I de la directive n° 85/3 modifiée susvisée, s'il lui est inférieur.

2. Être conformes aux dispositions de la directive n° 71/320/CEE, telle que modifiée par les directives ultérieures l'adaptant au progrès technique, et ce au moins jusqu'à la directive n° 88/194/CEE du Conseil du 24 mars 1988 comprise.

3. Dans le cas des autocars de PTAC inférieur à 12 tonnes, être en outre équipés d'un dispositif antiblocage de roues de catégorie 1 conforme aux dispositions de l'annexe X de la directive n° 71/320/CEE modifiée susvisée.

4. Avoir obtenu de l'essai de type 0 du frein de service prévu à l'annexe II de la directive n° 71/320/CEE modifiée susvisée une décélération moyenne et une distance d'arrêt respectivement d'au moins 110 p. 100 et d'au plus 85 p. 100 des seuils fixés par ladite directive.

ANNEXE II

Pièces à fournir pour la réception à titre isolé

Puissance : certificat d'homologation CEE, ou procès-verbal d'essai de l'organisme visé dans l'arrêté du 30 avril 1982 susvisé, ou déclaration du constructeur, ou procès-verbal de réception ou certificat de conformité pour le châssis.

Freinage : certificat d'homologation CEE, ou procès-verbal d'essais de l'organisme visé dans l'arrêté du 20 décembre 1979 susvisé, ou attestation du constructeur comparant le véhicule avec un type réceptionné, ou procès-verbal de réception ou certificat de conformité pour le châssis.

Antiblocage de roues : extrait de certificat d'homologation CEE, ou procès-verbal d'essais de l'organisme visé dans l'arrêté du 20 décembre 1979 susvisé, ou attestation du constructeur comparant le véhicule avec un type réceptionné, ou procès-verbal de réception ou certificat de conformité pour le châssis.

Efficacité du freinage de service : extrait de certificat d'homologation CEE, ou procès-verbal d'essais de l'organisme visé dans l'arrêté du 20 décembre 1979 susvisé, ou attestation du constructeur comparant le véhicule avec un type réceptionné, ou procès-verbal de réception ou certificat de conformité pour le châssis.

ANNEXE III

ATTESTATION

Je soussigné..

autorité compétente de.......................... (pays) .... *[Supprimer la mention inutile]*,

constructeur du véhicule décrit ci-dessous *[Supprimer la mention inutile]*,

atteste que le véhicule :

marque ...., type...,

numéro d'identification (VIN), poids total autorisé en charge *[Au sens de l'annexe I du présent arrêté]* ...., immatriculé sous le numéro :

....

au nom de :

....

adresse :

....

dispose d'une puissance massique au moins supérieure à 10 kW/tonne de poids total autorisé en charge *[Au sens de l'annexe I du présent arrêté]*, est conforme aux dispositions de la directive n° 71/320/CEE, telle que modifiée par toutes les directives ultérieures l'adaptant au progrès technique jusqu'à la directive n° .... *[Au moins la directive n° 88/194/CEE]*, dispose d'un système anti-blocage de roues de catégorie 1 conforme aux dispositions de l'annexe X de ladite directive, et a obtenu lors de l'essai de type 0 du frein de service prévu à l'annexe II de ladite directive une décélération moyenne et une distance d'arrêt respectivement d'au moins 110 p. 100 et d'au plus 85 p. 100 des seuils fixés dans ladite annexe,

et j'atteste par conséquent que ce véhicule est conforme aux dispositions de l'annexe I de l'arrêté du 10 octobre 1994 relatif aux conditions d'application de l'article R. 10-3 du code de la route pour la circulation à 100 km/h des autocars sur autoroute. Vitesse maximale autorisée sur autoroute française : 100 km/h.

A ...., le ....

(cachet et signature)

Loi n° 2003-495 du 12 juin 2003,

Renforçant la lutte contre la violence routière.

Art. 17 **Les engins terrestres à moteur vendus neufs sur le territoire français devront être munis d'un régulateur de vitesse.**

COMMENTAIRE

Sur les régulateurs de vitesse, voir le commentaire sous l'article R. 317-6-1. ❑

Arrêté du 4 juin 2009,

Relatif aux cinémomètres de contrôle routier.

TITRE I CHAMP D'APPLICATION

Art. 1er **Le présent arrêté s'applique aux cinémomètres de contrôle routier, ci-après dénommés "cinémomètres", c'est-à-dire aux instruments permettant de mesurer soit à**

partir d'un poste fixe déplaçable ou non, soit à partir d'un véhicule en mouvement la vitesse de véhicules régis par le code de la route, ainsi qu'aux dispositifs complémentaires destinés à imprimer ou enregistrer les résultats des mesures effectuées par ces instruments.

Art. 2 Lorsqu'ils sont destinés soit à être utilisés sur les voies ouvertes à la circulation publique, soit à servir aux expertises judiciaires concernant des véhicules régis par le code de la route, les cinémomètres sont soumis, en application du décret du 3 mai 2001 susvisé, aux opérations de contrôle suivantes :

– examen de type ;
– vérification primitive des instruments neufs et réparés ;
– vérification de l'installation pour les instruments installés à poste fixe non déplaçables ;
– contrôle en service.

TITRE II CONSTRUCTION

Art. 3 La grandeur à mesurer est la vitesse de déplacement des véhicules. Les cinémomètres doivent indiquer directement la vitesse des véhicules en kilomètres par heure (km/h).

Si l'instrument délivre d'autres indications que celles couvertes par le présent arrêté, celles-ci ne doivent pas pouvoir prêter à confusion.

Art. 4 Les exigences essentielles de construction des cinémomètres et de leurs dispositifs complémentaires figurent en annexe I du présent arrêté.

Art. 5 Les erreurs maximales tolérées applicables aux instruments neufs ou réparés sont les suivantes :

– pour les cinémomètres à poste fixe :
  – plus ou moins 3 km/h, pour les vitesses inférieures à 100 km/h ;
  – plus ou moins 3 % de la vitesse, pour les vitesses égales ou supérieures à 100 km/h ;
– pour les cinémomètres installés dans un véhicule en mouvement :
  – plus ou moins 7 km/h, pour les vitesses inférieures à 100 km/h ;
  – plus ou moins 7 % de la vitesse, pour les vitesses égales ou supérieures à 100 km/h.

Art. 6 Les erreurs maximales tolérées applicables aux instruments en service sont les suivantes :

– pour les cinémomètres à poste fixe :
  – plus ou moins 5 km/h, pour les vitesses inférieures à 100 km/h ;
  – plus ou moins 5 % de la vitesse, pour les vitesses égales ou supérieures à 100 km/h ;
– pour les cinémomètres installés dans un véhicule en mouvement :
  – plus ou moins 10 km/h, pour les vitesses inférieures à 100 km/h ;
  – plus ou moins 10 % de la vitesse, pour les vitesses égales ou supérieures à 100 km/h.

BIBL. ▶ ROUGON-ANDREY, *Jurispr. auto 2009, n° 810, p. 9* (micmac autour des marges d'erreur des radars).

Art. 7 Les instruments doivent porter une plaque d'identification inamovible sur laquelle figurent le nom du fabricant, le type de l'instrument ou du dispositif complémentaire, le numéro de série, le numéro et la date du certificat d'examen de type, l'étendue de mesure et, pour les instruments à visée axiale, la portée maximale à laquelle l'instrument peut effectuer une mesure.

Figurent également, le cas échéant, le nom du bénéficiaire du certificat d'examen de type et les conditions particulières de fonctionnement en température.

Les instruments doivent comporter une zone destinée à recevoir la marque de la vérification primitive et celle du contrôle en service. Cette zone doit être visible sans démontage de l'instrument dans les conditions normales d'utilisation.

TITRE III EXAMEN DE TYPE

Art. 8 Outre les éléments prévus à l'article 5 de l'arrêté du 31 décembre 2001 susvisé, la demande d'examen de type est accompagnée des pièces énumérées ci-après, rédigées en langue française :

– le projet de manuel d'utilisation, précisant notamment le mode d'installation et d'entretien de l'instrument et, le cas échéant, du dispositif complémentaire d'enregistrement ou de prise de vue associé ; dans ce cas, un seul document doit couvrir l'ensemble ;

– le projet de carnet métrologique, dont le contenu minimal est défini en annexe II ;

– le logiciel et ses documents de description (code source et enregistrement sur un support défini par l'organisme chargé de l'examen de type) ;

– le détail de la détermination d'un résultat et le calcul d'incertitude associé, les facteurs d'incertitude pris en compte et les limites imposées à certains paramètres de façon à permettre de simuler les réactions de l'instrument dans des situations qui ne peuvent être reproduites lors des essais pour des raisons de sécurité ou de difficultés de mise en œuvre.

Art. 9 L'examen de type comporte :

– un examen de conformité au dossier de demande déposé et aux dispositions du titre II du présent arrêté ;

– des essais en laboratoire, notamment dans les conditions assignées de fonctionnement en température, condensation, humidité, alimentation électrique et sous les perturbations d'environnement électriques et électromagnétiques, qui sont effectués conformément aux normes internationales appropriées en appliquant les niveaux de sévérité et les exigences de fonctionnement indiquées au titre II du présent arrêté ;

– des essais en fonctionnement réel dans des conditions normales d'utilisation sur route, notamment pour s'assurer du bon fonctionnement, de l'adéquation de la procédure d'installation et, le cas échéant, du respect des exigences concernant les prises de vue ;

– lorsque l'organisme désigné pour l'examen de type le décide, des analyses de simulation pour les situations dangereuses qui ne peuvent être reproduites lors des essais sur route.

Tous les essais en laboratoire et en fonctionnement réel sur route doivent être réalisés sur le même exemplaire de l'instrument.

Les cinémomètres légalement fabriqués ou commercialisés dans un autre État membre de l'Union européenne, en Turquie ou dans un autre État partie à l'accord sur l'Espace économique européen sont dispensés de l'examen de type, pour autant qu'ils offrent un degré de protection équivalent à celui recherché par le présent arrêté. En cas de demande d'examen de type pour ces instruments, les essais effectués dans cet autre État sont acceptés s'ils présentent des garanties équivalentes aux essais prescrits en France et si leurs résultats peuvent être mis à la disposition de l'organisme chargé de l'examen de type.

Art. 10 La liste minimale des essais à réaliser en laboratoire figure en annexe III du présent arrêté.

Art. 11 Le certificat d'examen de type précise les usages prévus ainsi que les conditions d'installation et de fonctionnement de l'instrument.

Lorsque la conception de l'instrument le nécessite, le certificat précise si la vérification primitive ou les vérifications périodiques doivent être effectuées sur le lieu d'utilisation.

L'ensemble constitué par le cinémomètre et le dispositif complémentaire d'impression ou de prise de vue doit être mentionné dans le certificat d'examen de type initial ou dans un certificat complémentaire couvrant l'ensemble ainsi constitué.

TITRE IV **VÉRIFICATION PRIMITIVE**

Art. 12 Lorsqu'elle n'est pas effectuée dans le cadre du système d'assurance de la qualité du fabricant ou du réparateur approuvé conformément aux dispositions de l'article 18 du décret du 3 mai 2001 susvisé, la vérification primitive est réalisée par un organisme désigné à cet effet *(Abrogé par Arr. du 26 août 2020, art. 14)* *« par le ministre chargé de l'industrie »* dans les conditions prévues à l'article 36 du décret du 3 mai 2001 et par l'arrêté du 25 février 2002 susvisés, ou, en l'absence d'organisme désigné, par l'autorité locale en charge de la métrologie légale.

Art. 13 La vérification primitive est unitaire et comprend un examen administratif et des essais métrologiques.

L'examen administratif consiste à s'assurer :

– de la conformité visuelle au certificat d'examen de type dont les références sont portées sur l'instrument, notamment concernant l'identification du logiciel, y compris, le cas échéant, le logiciel du dispositif de prise de vue associé ;

– de la présence et de l'intégrité des informations et mentions obligatoires, du dispositif de scellement et, le cas échéant, des marques légales de vérification.

Les essais métrologiques comprennent :

– des essais d'exactitude, destinés à vérifier le respect des erreurs maximales tolérées mentionnées à l'article 5 ;

– les essais particuliers prévus, le cas échéant, par le certificat d'examen de type.

Les essais métrologiques sont réalisés en laboratoire ou sur site routier en utilisant un moyen d'essai approuvé par un organisme désigné pour l'examen de type.

Ils doivent permettre le contrôle de toutes les fonctions du cinémomètre, y compris celles de sécurité des mesures et, le cas échéant, du fonctionnement du dispositif permettant le réglage de l'installation du cinémomètre.

Pour les cinémomètres installés dans un véhicule et destinés à effectuer des mesures en mouvement, les conditions d'installation de l'instrument et de son orientation font partie de la vérification primitive.

Art. 14 La vérification primitive des instruments neufs tient lieu de vérification périodique. Elle donne lieu à l'apposition des marques correspondantes prévues respectivement aux articles 50 et, le cas échéant, 52 de l'arrêté du 31 décembre 2001 susvisé, ainsi qu'au renseignement du carnet métrologique fourni par le fabricant ou accompagnant l'instrument. *(Arr. du 17 janv. 2013)* « La taille de la marque de contrôle en service peut être réduite à un carré de deux centimètres de côté, si cela est rendu nécessaire par les dimensions de l'instrument. »

Art. 15 Les exigences techniques et métrologiques ainsi que les conditions du contrôle métrologique applicables aux instruments neufs sont applicables aux instruments réparés, compte tenu des exigences ayant prévalu lors de leur examen de type.

Sur demande de l'autorité locale en charge de la métrologie légale et dans les conditions qu'elle aura définies, les réparateurs doivent lui communiquer toutes informations relatives aux réparations.

Art. 16 Lorsqu'un cinémomètre légalement fabriqué ou commercialisé dans un autre État membre de l'Union Européenne, en Turquie, ou dans un autre État partie à l'accord sur l'Espace économique européen fait l'objet d'une demande de vérification primitive, les essais et vérifications effectués dans cet État sont acceptés s'ils présentent des garanties équivalentes aux essais ou vérifications prescrits en France et si les résultats peuvent être mis à la disposition de l'organisme chargé de la vérification primitive.

TITRE V VÉRIFICATION DE L'INSTALLATION

Art. 17 En application de l'article 24 du décret du 3 mai 2001 susvisé, la vérification de l'installation est réalisée, sur demande du fabricant ou de son mandataire qui a installé le cinémomètre, par un organisme désigné à cet effet *(Abrogé par Arr. du 26 août 2020, art. 14)* *« par le ministre chargé de l'industrie »* dans les mêmes conditions que celles définies à l'article 12. En l'absence d'organisme désigné, elle est réalisée par l'autorité locale en charge de la métrologie légale.

Art. 18 La vérification de l'installation est unitaire. Elle porte sur le réglage du positionnement de l'instrument ou de ses capteurs. Elle est réalisée lors de la première installation du cinémomètre sur le site, puis après chaque intervention ou remplacement du cinémomètre affectant le positionnement.

Si le cinémomètre est d'un type conforme au point 14 de l'annexe I, le dispositif de réglage prévu au point 14.4 de cette annexe est scellé, par l'organisme désigné, à l'issue de la vérification. Tant que ce scellement n'est pas brisé, il n'est pas nécessaire de procéder de nouveau à la vérification de l'installation.

Si le cinémomètre a subi la vérification primitive ou la vérification périodique sur le site d'installation, il est dispensé de la vérification de l'installation.

Si le cinémomètre est doté d'un dispositif automatique de réglage de son positionnement, ne nécessitant aucune intervention manuelle, et satisfaisant au point 14.3 de l'annexe I, il est dispensé de la vérification de l'installation.

Art. 19 *(Arr. du 14 déc. 2009)* « A l'issue de la vérification de l'installation, un certificat d'installation est délivré, conformément à l'article 24 du décret du 3 mai 2001 susvisé. »

TITRE VI CONTRÔLE EN SERVICE

Art. 20 Le contrôle en service consiste en la vérification périodique prévue à l'article 30 du décret du 3 mai 2001 susvisé. Cette vérification est annuelle.

Pour les cinémomètres installés à poste fixe non déplaçable, les deux premières vérifications suivant la mise en service d'un instrument neuf peuvent être réalisées à intervalle de deux ans.

La vérification périodique est effectuée par un organisme désigné à cet effet *(Abrogé par Arr. du 26 août 2020, art. 14)* ***« par le ministre chargé de l'industrie »*** dans les mêmes conditions que celles définies à l'article 12. En l'absence d'organisme désigné, elle est effectuée par l'autorité locale en charge de la métrologie légale.

Art. 21 La vérification périodique est unitaire et comprend, pour chaque instrument, l'examen administratif et les essais métrologiques, tels que décrits à l'article 13, les erreurs maximales tolérées applicables étant celles mentionnées à l'article 6.

Toute non-conformité aux textes réglementaires ainsi que l'absence ou la détérioration du carnet métrologique entraînent le refus de l'instrument.

Art. 22 La marque de contrôle en service est constituée par la vignette prévue à l'article 52 de l'arrêté du 31 décembre 2001 susvisé. *(Arr. du 17 janv. 2013)* « La taille de la marque de contrôle en service peut être réduite à un carré de deux centimètres de côté, si cela est rendu nécessaire par les dimensions de l'instrument. »

La marque de refus est constituée par la vignette rouge prévue à l'article 53 de l'arrêté du 31 décembre 2001 susvisé.

Art. 23 Les conditions définies par l'arrêté du 25 février 2002 susvisé s'appliquent, *mutatis mutandis*, aux organismes désignés pour la vérification périodique au titre du présent arrêté.

TITRE VII OBLIGATIONS DES UTILISATEURS

Art. 24 Les instruments doivent être installés et utilisés conformément aux conditions fixées dans le certificat d'examen de type et conformément au manuel d'utilisation destiné aux utilisateurs validé lors de l'examen de type.

Art. 25 Chaque instrument doit être accompagné, au lieu d'utilisation, d'un carnet métrologique fourni par le fabricant, sur lequel sont portées les informations relatives à l'identification de l'instrument et ses dispositifs complémentaires, aux contrôles métrologiques, aux entretiens et aux réparations. *(Arr. du 17 janv. 2013)* « Les renseignements concernant la vérification de l'installation des cinémomètres installés à poste fixe non déplaçables peuvent figurer dans un certificat d'installation disponible sur le lieu d'utilisation. »

Art. 26 Les utilisateurs doivent :

– faire effectuer les contrôles prévus aux titres V et VI ;

– s'assurer du bon état réglementaire de leurs instruments, notamment du maintien de l'intégrité des scellements, de la marque de vérification primitive et des marques de contrôle en service ;

– maintenir l'intégrité du carnet métrologique, le tenir à la disposition des agents de l'État chargés du contrôle des instruments de mesure et veiller à ce que les différents organismes intervenant sur l'instrument le remplissent ;

– mettre hors service les instruments réglementairement non conformes.

TITRE VIII DISPOSITIONS DIVERSES ET TRANSITOIRES

Art. 27 En cas de changement de lieu d'installation d'un cinémomètre soumis à la vérification de l'installation, celui-ci doit être de nouveau soumis à cette opération de contrôle.

Art. 28 Les instruments ayant fait l'objet d'un certificat d'examen de type en application des dispositions réglementaires antérieures peuvent être mis en service jusqu'à l'expiration du terme de la validité de leur certificat d'examen de type.

Les instruments légalement en service à la date de publication du présent arrêté et les instruments mis en service en application du premier alinéa ci-dessus peuvent continuer à être utilisés et les dispositions qui leur sont applicables pour la réparation sont celles de leur certificat d'examen de type et de la réglementation sur la base de laquelle il a été délivré.

Les certificats d'examen de type en vigueur à la date de publication du présent arrêté peuvent faire l'objet de compléments sur la base des dispositions réglementaires antérieures, tant que leurs dates de validité actuelles ne sont pas atteintes. Ces dates de validité ne peuvent pas être prorogées.

Les demandes d'examen de type dont l'instruction est en cours à la date de publication du présent arrêté peuvent faire l'objet d'un certificat délivré en application des dispositions réglementaires antérieures, sous réserve que ce certificat soit délivré dans un délai maximal de six mois après cette publication.

Art. 29 **Les dispositions du titre V du présent arrêté sont applicables** *(Arr. du 14 déc. 2009)* **« à partir du 31 mars 2010 » pour les cinémomètres neufs et au plus tard lors de la première vérification périodique intervenant** *(Arr. du 14 déc. 2009)* **« après le 31 mars 2010 » pour les cinémomètres en service.**

Les instruments ayant fait l'objet d'un certificat d'examen de type en application des dispositions réglementaires antérieures à l'arrêté du 17 janv. 2013 peuvent être mis en service jusqu'à l'expiration du terme de la validité de leur certificat d'examen de type.

Les instruments légalement en service à la date de publication de l'arrêté (JO 9 févr.) et les instruments mis en service en application du premier alinéa ci-dessus peuvent continuer à être utilisés.

Les demandes d'examen de type dont l'instruction est en cours à la date de publication de l'arrêté du 17 janv. 2013 (JO 9 févr.) peuvent faire l'objet d'un certificat délivré en application des dispositions réglementaires antérieures, sous réserve que ce certificat soit délivré dans un délai maximal de six mois après cette publication (Arr. préc., art. 10).

Art. 30 **Sans préjudice des dispositions de l'article 28, l'arrêté du 7 janvier 1991 modifié relatif à la construction, au contrôle et aux modalités techniques d'utilisation des cinémomètres de contrôle routier est abrogé.**

ANNEXE I

Exigences essentielles de construction applicables aux cinémomètres de contrôle routier

1. Le dispositif indicateur doit permettre une lecture sûre et non ambiguë des vitesses mesurées.

Les cinémomètres doivent indiquer la vitesse du véhicule contrôlé et, pour les instruments installés dans un véhicule en mouvement, la vitesse du véhicule dans lequel ils sont installés. Dans ce dernier cas, la détermination de la vitesse des deux véhicules doit être effectuée de façon concomitante.

La valeur maximale de l'échelon en service est d'un kilomètre par heure.

En vue des opérations de contrôle, le dispositif indicateur du cinémomètre ou un dispositif connectable doit pouvoir afficher les vitesses mesurées avec un échelon de 0,1 km/h.

Toutefois, pour les cinémomètres qui ne disposent pas par construction d'une telle possibilité d'affichage, une décision du ministre précisera les conditions particulières de certification et de vérification.

2. *(Arr. du 17 janv. 2013)* « Les cinémomètres doivent être munis d'un dispositif automatique permettant de vérifier, à chaque mise en marche, le bon fonctionnement des circuits principaux et des fonctions de mesurage de l'instrument. »

3. Les cinémomètres doivent être munis d'un dispositif sélecteur de vitesses permettant de repérer les vitesses supérieures à une valeur prédéterminée.

4. Les certificats d'examen de type fixent pour chaque cinémomètre l'étendue de mesurage et, pour les cinémomètres à visée axiale, la portée maximale de l'instrument définie par le fabricant. Au-delà de ces limites, l'instrument ne doit pas afficher de résultat de mesure.

5. L'instrument doit être conçu de façon qu'aucun résultat ne soit délivré en cas d'événement de circulation susceptible de rendre la mesure non significative.

6. Il ne doit pas être possible d'altérer le fonctionnement de l'instrument par les interfaces de liaison ou de communication éventuelles.

7. Les parties de l'instrument auxquelles l'utilisateur ne doit pas pouvoir accéder doivent être protégées par un dispositif de scellement.

8. L'instrument ne doit pas présenter de caractéristiques susceptibles d'entraîner, même occasionnellement, une utilisation erronée.

9. Le logiciel de l'instrument concernant les données à caractère métrologique et toutes les données relatives à l'infraction doivent être suffisamment protégés contre une corruption accidentelle ou intentionnelle. En particulier, ils ne doivent pas pouvoir être influencés par d'autres logiciels associés. Le logiciel doit être identifié et son identification, qui doit comprendre au moins une signature électronique, doit être aisément accessible sur l'indicateur. *(Arr. du 17 janv. 2013)* « Toute intervention sur les paramètres non accessibles à l'utilisateur doit être enregistrée et conservée automatiquement par le logiciel pendant deux ans, ou être rendue impossible sans le remplacement complet du logiciel. »

10. Le résultat de chaque mesure égale ou supérieure à la valeur prédéterminée par le dispositif sélecteur de vitesses doit rester affiché tant qu'il n'y a pas intervention de l'opérateur. Après effacement du résultat, et sauf dans le cas d'un enregistrement de celui-ci, la mesure suivante ne doit pas pouvoir être effectuée avant un délai de trois secondes. Les cinémomètres utilisés avec un appareil de prise de vue peuvent être munis d'une remise à zéro automatique. La mesure suivant la remise à zéro peut alors être effectuée sans délai.

11. Si le cinémomètre est conçu pour mesurer les vitesses des véhicules en rapprochement et en éloignement, il doit indiquer sans ambiguïté le sens de déplacement pour chaque vitesse mesurée. Dans ce cas et lorsqu'un dispositif de prise de vue est associé au cinémomètre, cette information doit également être ajoutée aux indications portées sur les prises de vues.

12. Lorsque le cinémomètre est conçu pour mesurer la vitesse moyenne des véhicules sur un parcours, la géométrie du positionnement des capteurs de celui-ci doit être précisée et la matérialisation de ces caractéristiques sur site doit garantir le respect des exigences d'exactitude prévues à l'article 6.

(Arr. du 17 janv. 2013) « Ces cinémomètres doivent en particulier satisfaire aux exigences suivantes :

« **12.1.** La distance du parcours, dont les extrémités doivent pouvoir être matérialisées pour les opérations de contrôle prévues à l'article 2, doit être établie à partir d'un moyen d'essais raccordé aux étalons nationaux ou équivalents approuvé par un organisme désigné pour l'examen de type.

« **12.2.** La mesure du temps de parcours doit être réalisée par calcul de la durée écoulée entre l'heure de passage du véhicule relevée au point d'entrée et celle relevée au point de sortie de la zone de mesure. A chacune de ces valeurs horaires est associée l'identification du véhicule contrôlé.

« **12.3.** La ou les horloges internes de l'instrument doivent être régulièrement synchronisées, directement ou par l'intermédiaire de l'une d'entre elles, avec une référence raccordée aux étalons nationaux ou équivalents.

« **12.4.** Cette opération de synchronisation doit être effectuée toutes les six heures au plus. Si cette opération ne peut aboutir, le fonctionnement de l'instrument doit être interrompu tant qu'une synchronisation effective n'est pas réalisée. L'instrument doit mémoriser toutes les opérations de synchronisation successives dans un journal électronique pendant une période d'au moins un mois. Les échecs de synchronisation doivent également être mémorisés.

« **12.5.** De plus, sauf si l'horloge est unique, un contrôle interne des écarts entre les horloges doit être effectué automatiquement par l'instrument. La périodicité de ce contrôle et l'écart limite à ne pas dépasser sont définis par le fabricant et intégrés dans le calcul d'incertitude associé à la détermination des résultats de mesure. Tout dépassement de l'écart maximal doit rendre automatiquement impossible le fonctionnement de l'instrument. La survenue d'un tel cas doit être mémorisée dans un journal électronique pendant une période d'au moins un mois.

« **12.6.** L'instrument doit fournir au moins un couple de photographies permettant d'identifier le véhicule contrôlé en entrée et en sortie de parcours. L'instrument doit associer à ces photographies les informations relatives au résultat de mesurage. La concordance entre les photographies et les informations associées doit être assurée.

« **12.7.** Le processus d'identification doit garantir de façon certaine que seules sont appariées les données correspondant à un même véhicule détecté successivement en entrée et en sortie au cours d'un seul et même parcours de la section contrôlée. Il ne doit jamais pouvoir conduire à une association erronée entre une valeur de vitesse moyenne et un véhicule. Si l'association correcte ne peut pas être garantie de façon certaine, l'instrument ne doit pas délivrer de résultat de mesurage. »

13. Le cinémomètre doit être doté des moyens et dispositifs dont la mise en œuvre permet son installation de manière fiable et pérenne.

14. Les cinémomètres utilisant l'effet Doppler doivent satisfaire aux exigences suivantes :

14.1. Lorsque deux ou plusieurs véhicules de vitesses différentes entrent simultanément dans le faisceau de mesure, le cinémomètre ne doit donner aucun résultat de mesurage.

14.2. La puissance de crête du lobe principal d'émission doit être supérieure d'au moins 15 dB, le cas échéant dans les plans horizontaux et verticaux si l'instrument est destiné à fonctionner au sol et en surplomb, à celle des lobes secondaires. Il ne doit pas être possible d'utiliser les lobes secondaires du faisceau de l'antenne pour le mesurage.

14.3. L'installation des cinémomètres à poste fixe doit être réalisable au moyen d'un dispositif *(Abrogé par Arr. du 17 janv. 2013)* « *permanent* » permettant d'ajuster l'angle de l'axe du lobe principal d'émission en composantes horizontale et verticale par rapport à l'axe de la route. Ce dispositif doit avoir une précision d'au moins un demi-degré d'angle. Il doit permettre de prendre en compte la déviation du faisceau par les différents obstacles. *(Arr. du 17 janv. 2013)* « Dans le cas des cinémomètres ne pouvant être utilisés qu'à poste fixe, ce dispositif doit être permanent. »

L'utilisation de ce dispositif doit conditionner la mise en fonctionnement du cinémomètre.

14.4. Pour les cinémomètres à poste fixe non déplaçables, seul le système de fixation de l'antenne doit permettre l'orientation de celle-ci. Cette orientation ne doit pas pouvoir être modifiée sans bris de scellement.

14.5. Pour les cinémomètres utilisant la chaîne tachymétrique du véhicule sur lequel ils sont installés, le certificat d'examen de type doit fixer les conditions particulières d'emploi relatives aux différents facteurs d'influence.

15. Les cinémomètres à visée axiale utilisant des faisceaux Laser pour effectuer la mesure doivent satisfaire aux exigences suivantes :

15.1. L'angle entre l'axe d'émission du faisceau Laser et l'axe de visée du cinémomètre ne doit pas dépasser un dixième de degré d'angle. Le système de réglage de cet angle ne doit pas être accessible à l'utilisateur.

15.2. L'innocuité du ou des faisceaux Laser du cinémomètre doit être attestée par le fabricant ou son mandataire.

16. Les cinémomètres utilisant plusieurs capteurs pour chaque voie contrôlée, installés au-dessus de la chaussée ou dans celle-ci, doivent satisfaire aux exigences suivantes :

16.1. Le fabricant doit définir les caractéristiques du positionnement de chaque capteur, d'une part, par rapport à la configuration de la chaussée et, d'autre part, par rapport aux autres capteurs auxquels il est associé pour les mesures de vitesse.

16.2. Dans le cas où les dimensions, les formes ou les positions relatives des capteurs peuvent avoir un impact sur la qualité des résultats de mesurage, ces paramètres doivent être définis par le fabricant et mentionnés dans le certificat d'examen de type et l'accès aux paramètres de réglages de l'instrument doivent être protégés.

16.3. Lorsque le cinémomètre est constitué de plusieurs modules distants reliés entre eux, le couplage et les liaisons entre ces modules doivent être protégés contre des interventions pouvant altérer la qualité des mesures.

Les parties de l'instrument auxquelles l'utilisateur ne doit pas pouvoir accéder doivent être protégées par un dispositif de scellement.

17. Si l'instrument est connecté à un dispositif complémentaire d'impression ou de prise de vue, les données issues de ce dispositif doivent être la répétition exacte des résultats affichés par l'instrument et les dispositions particulières figurant ci-dessous s'appliquent.

18. Le dispositif de prise de vue doit fournir au moins une photographie permettant d'identifier sans ambiguïté le véhicule en infraction. Pour les instruments destinés au contrôle automatique, la plaque d'immatriculation du véhicule contrôlé doit être visible sur au moins une des photographies lorsque plusieurs prises de vues sont effectuées.

19. La concordance entre le véhicule contrôlé et celui figurant sur la prise de vue doit être assurée, notamment par la conception du système de fixation et d'orientation du dispositif de prise de vue.

20. L'instrument doit permettre d'indiquer les informations concernant le lieu, la date, l'heure du contrôle et le sens de circulation. En cas d'édition de photographies ou d'un ticket, ces informations doivent figurer sur ces documents.

21. Si une possibilité de transmission automatique des données est prévue, celles-ci doivent être signées électroniquement pour en assurer l'authenticité et être sécurisées pour en assurer la confidentialité lors des transferts.

22. Lorsque le dispositif complémentaire met en œuvre un ou plusieurs logiciels, les dispositions du point 9 de la présente annexe leurs sont applicables.

ANNEXE II

Liste des informations minimales que doit contenir le carnet métrologique

Le carnet métrologique d'un cinémomètre de contrôle routier doit au minimum comporter les renseignements suivants :

— la marque, le type, le numéro de série du cinémomètre et, le cas échéant, de ses composants ;

— le numéro du certificat d'examen de type ;

(Arr. du 17 janv. 2013) « — le cas échéant, les dimensions de la marque de contrôle en service prévues par le certificat d'examen de type ; »

— pour la vérification primitive :

— l'identification de l'entité qui effectue la vérification (dénomination, adresse et marque d'identification) ;

— la date et le lieu de réalisation de la vérification ;

— l'identifiant (comprenant au moins la signature électronique) du ou des logiciels ;

— la décision prononcée à l'issue de la vérification ;

— pour la vérification de l'installation des cinémomètres installés à poste fixe non déplaçables :

— l'identification de l'organisme qui effectue la vérification (dénomination, adresse et marque d'identification) ;

— la description du site d'installation, comprenant notamment le lieu, le nombre de voies de circulation couvertes par l'instrument, le ou les sens de circulation pour lesquels les mesures sont effectuées (éloignement, rapprochement, ou les deux) ;

— le cas échéant, l'identification et les caractéristiques des éléments de mesure associés au cinémomètre (cas des instruments mettant en œuvre des capteurs intégrés ou liés à la chaussée) ;

— la date de réalisation de la vérification de l'installation ;

— pour la vérification périodique :

— l'identification de l'organisme désigné qui effectue la vérification (dénomination, adresse et marque d'identification) ;

(Arr. du 17 janv. 2013) « — la date et le lieu de réalisation de la vérification ; »

— la décision prononcée à l'issue de la vérification ;

— pour la réparation :

— la date de l'intervention ;

— l'identification du réparateur (dénomination, adresse et marque d'identification) ;

— l'objet et l'étendue de la réparation ;

— la date de la vérification primitive après réparation.

Dans tous les cas, l'identification de l'organisme qui met en service un carnet ainsi que la date et le motif de cette ouverture (premier carnet, perte ou destruction du carnet précédent...) doivent être mentionnés.

(Arr. du 17 janv. 2013) « Les renseignements concernant la vérification de l'installation des cinémomètres installés à poste fixe non déplaçables peuvent figurer dans un certificat d'installation. »

ANNEXE III

LISTE DES ESSAIS MINIMAUX À RÉALISER EN LABORATOIRE LORS D'UN EXAMEN DE TYPE

1. La courbe d'erreurs en fonction de la vitesse ou des vitesses.

2. L'exactitude de la valeur des vitesses simulées par le dispositif de calibrage interne.

3. Pour les cinémomètres à effet Doppler, le diagramme de rayonnement de l'antenne, la stabilité de la fréquence de l'onde émise.

4. Dans les conditions assignées de fonctionnement mentionnées ci-après, les instruments doivent fonctionner correctement, c'est-à-dire présenter des affichages corrects et lisibles, respecter les erreurs maximales tolérées et, le cas échéant, pouvoir transmettre les données correctement.

Sous l'effet des perturbations mentionnées ci-dessous, l'instrument doit également fonctionner correctement. Toutefois, il est admis que sous l'effet de la perturbation l'instrument ne délivre pas de résultat ou délivre un message d'erreur, sous réserve qu'après arrêt de la perturbation il retrouve un fonctionnement normal.

5. Température :

L'intervalle de fonctionnement en température du cinémomètre et des dispositifs complémentaires associés s'étend de – 20° C à + 60° C. Toutefois, un intervalle réduit comprenant au moins la plage allant de – 10° C à + 50° C peut être spécifié par le fabricant avec des restrictions d'utilisation ou de maîtrise de l'environnement de l'instrument et un marquage spécifique sur celui-ci. De telles restrictions doivent également être rappelées dans la notice destinée aux utilisateurs.

L'instrument et ses dispositifs associés qui, en service normal, risquent d'être exposés au froid doivent supporter l'effet de la condensation lors d'un passage, sans palier, de la température la plus basse de l'intervalle de fonctionnement en température à une température d'environ 20 °C avec une humidité ambiante de 80 %. L'ensemble est placé en position de service pendant une heure après avoir quitté la chambre froide. La condensation ne doit pas provoquer des indications erronées.

6. Humidité :

L'intervalle de fonctionnement en humidité relative s'étend de 10 % à 90 %.

7. Aspersion :

Un volume d'eau de 10 litres environ est projeté d'une distance de 3 mètres contre chaque côté du cinémomètre, sur les parties destinées à être exposées à l'air libre, une fois du dessus et une fois du dessous, l'instrument étant en service. Les éclaboussures ne doivent avoir aucun effet et ne doivent pas pénétrer à l'intérieur des cinémomètres.

Cet essai ne s'applique qu'aux cinémomètres à poste fixe et aux parties de cinémomètres embarqués installées hors du véhicule.

8. Alimentation :

8.1. Pour les instruments alimentés par le secteur, la tension d'alimentation est comprise dans la plage spécifiée par le fabricant, qui doit aller au minimum de – 15 % à + 10 % de la tension électrique nominale prévue.

8.2. Pour les instruments alimentés par batterie en principal ou en secours, la tension d'alimentation est comprise dans une plage spécifiée par le fabricant. De plus, en dehors de ces limites, tant que les instruments délivrent des indications, ils doivent fonctionner correctement et respecter notamment les dispositions du titre II.

8.3. En matière de compatibilité électromagnétique, l'instrument doit supporter :
— des microcoupures de l'alimentation ;
— des réductions de l'alimentation ;
— des régimes transitoires sur les lignes d'alimentation et de signal ;
— des ondes de choc sur les lignes d'alimentation et de signal ;
— des décharges électrostatiques ;
— des champs électromagnétiques rayonnés aux fréquences radioélectriques ;
— des champs électromagnétiques aux fréquences radioélectriques induisant des perturbations conduites sur les lignes d'alimentation et de signal.

Sauf spécification plus sévère demandée par le fabricant pour des installations particulières, le niveau de sévérité correspond à l'environnement résidentiel, commercial et industriel léger.

Les instruments alimentés par la batterie d'un véhicule doivent supporter les perturbations complémentaires suivantes :
— baisse de tension d'alimentation causée par l'amorçage des circuits de démarrage du moteur ;
— transitoires de perte de charge se produisant lorsqu'une batterie déchargée est déconnectée alors que le moteur tourne.

9. Chocs et vibrations :

Les instruments doivent être solidement construits. Ils doivent supporter des essais de choc. Les instruments destinés à être installés dans un véhicule doivent de plus être soumis à des essais de vibrations. La classe de sévérité de l'essai correspond à celle applicable aux instruments soumis à des chocs ou vibrations de niveau non négligeable ou élevé.

VITRAGES

Arrêté du 5 février 1969,

Relatif aux délais d'application des prescriptions de l'article R. 74 du code de la route [C. route, art. R. 316-4].

Art. 1er **Les dispositions du deuxième alinéa de l'article R. 74 du code de la route relatives à l'obligation pour les véhicules automobiles d'être munis d'un dispositif lave-glace sont applicables aux véhicules réceptionnés par type et aux véhicules neufs réceptionnés à titre isolé à dater du 1er septembre 1969.**

Elles sont applicables aux véhicules réceptionnés avant le 1er septembre 1969 qui seront immatriculés pour la première fois à dater du 1er janvier 1970.

Arrêté du 29 avril 1982,

Relatif aux toits en vitrage destinés à être installés sur les véhicules en service.

Art. 1er **Le présent arrêté s'applique aux voitures particulières et camionnettes en service sur lesquelles le toit est modifié de façon à inclure un toit en vitrage situé au-dessus de l'habitacle.**

Les toits destinés à équiper les compartiments de ces véhicules, réservés exclusivement au transport de marchandises, ne sont pas soumis aux dispositions du présent arrêté.

Art. 2 **Sous réserve des dispositions de l'article 8 ci-après, les toits en vitrage doivent être d'un type homologué par le ministre des transports. L'homologation est accordée aux conditions suivantes :**

Il est vérifié que l'installation du toit ne nuit pas à la conformité des véhicules à toutes les autres prescriptions réglementaires. Un élément représentatif du type de toit doit à cet effet être soumis, dans un laboratoire agréé, aux essais et contrôles prévus par le cahier des charges donné en annexe. — *V. cette annexe au JO 17 juin 1982.*

Le fabricant spécifie les instructions de montage et les conditions d'implantation du toit sur les véhicules en service.

Art. 3 **Le laboratoire de l'union technique de l'automobile, du motocycle et du cycle est agréé pour effectuer les essais et contrôles prévus à l'article 2 ci-dessus.**

Les essais sont à la charge du demandeur.

Art. 4 Aucun toit homologué en application du présent arrêté ne peut être mis en vente s'il ne porte la marque d'homologation et s'il n'est accompagné de la notice de montage l'une et l'autre prévues au cahier des charges donné en annexe.

Art. 5 L'installation, dans le toit d'un véhicule en service, d'un toit en vitrage homologué doit être effectuée par un professionnel selon les spécifications du fabricant. L'installateur doit délivrer une attestation indiquant les références de l'homologation et certifiant que le montage a été effectué conformément aux spécifications du fabricant.

Art. 6 L'installation d'un toit en vitrage homologué sur un véhicule en service ne constitue pas une transformation notable au sens de l'article R. 106 du code de la route et ne donne pas lieu à une réception à titre isolé.

Art. 7 Le contrôle de conformité des toits mis en vente aux types homologués est effectué dans les conditions prévues par l'article R. 109-2 du code de la route.

Art. 8 Les dispositions du présent arrêté sont applicables aux toits en vitrages mis en vente à dater du 1er janvier 1983.

Ces dispositions ne sont pas applicables aux toits en vitrage montés d'origine par les constructeurs sur certains types de véhicules ou aux équipements de rechange correspondants, installés sous leur responsabilité. Ces toits devront néanmoins porter la référence et la marque du constructeur lors de leur mise en vente.

Arrêté du 18 octobre 2016,

Relatif à l'homologation des vitrages et à leur installation dans les véhicules (JO 3 nov.).

Art. 1er Les vitrages des véhicules des catégories internationales M, N, O, L, T et C, des machines agricoles automotrices et des engins spéciaux au sens de l'article R. 311-1 du code de la route sont d'un type homologué et sont installés dans les véhicules conformément aux dispositions *(Arr. du 12 mai 2021)* « du règlement (UE) n° 2018/858 du Parlement européen et du Conseil du 30 mai 2018 relatif à la réception et à la surveillance du marché des véhicules à moteur et de leurs remorques, ainsi que des systèmes, composants et entités techniques distinctes destinés à ces véhicules, modifiant les règlements (CE) n° 715/2007 et (CE) n° 595/2009 et abrogeant la directive 2007/46/CE » et des règlements délégués UE n° 3/2014 et n° 2015/208 susvisés.

Art. 2 I. — Conformément aux dispositions de l'article R. 316-3 du code de la route, une dérogation à la règle relative à la limite de 70 % du coefficient de transmission lumineuse est accordée au véhicule :

1° S'il s'agit d'un véhicule blindé construit et destiné à la protection des personnes et/ou des marchandises qui a fait l'objet d'une réception afin de vérifier sa conformité aux dispositions de l'appendice 2 *(Arr. du 12 mai 2021)* « de la partie III de l'annexe II du règlement (UE) 2018/858 précité » ;

2° S'il s'agit d'un véhicule destiné au transport d'une personne atteinte d'une des affections figurant dans la liste en annexe 1 du présent arrêté et si la personne susceptible d'être transportée est domiciliée à la même adresse que celle figurant sur le certificat d'immatriculation du véhicule concerné ou justifie d'un lien de parenté direct avec le titulaire du certificat d'immatriculation.

Cette affection doit être attestée par un certificat médical délivré par un médecin agréé, consultant hors commission médicale, chargé d'évaluer l'aptitude médicale des candidats au permis de conduire et des conducteurs ou par les autorités compétentes d'un État membre de l'Union européenne ou d'un autre État partie à l'accord sur l'Espace économique européen où la personne concernée justifie de résider de manière habituelle. Dans ce dernier cas, le certificat médical n'est recevable que s'il est établi en français ou accompagné d'une traduction officielle en français.

II. — Pour les dérogations prévues au I, le coefficient de transmission lumineuse du vitrage revêtu ou teint est supérieur à 30 %.

(Arr. du 12 mai 2021) « III. — Les véhicules d'intervention des services d'incendie et de secours et des unités militaires investies à titre permanent des missions de sécurité civile ainsi que les véhicules des services de police et de gendarmerie responsables du maintien de l'ordre public peuvent comporter des vitrages équipés de film de protection contre la chaleur et/ou de film anti-agression lorsque les conditions d'exploitation l'exigent. Lorsque

ces véhicules à usage spécial sont destinés à assurer des missions nécessitant des vitrages en polycarbonate, leur installation pourra ne pas être strictement conforme à certaines dispositions du règlement UNECE n° 43. L'autorité compétente en matière de réception ne peut accorder une ou des exemptions que si le constructeur démontre que le véhicule ne peut satisfaire aux prescriptions en raison de son usage spécial. »

Art. 3 L'arrêté du 20 juin 1983 modifié relatif aux vitrages des véhicules est abrogé.

Art. 4 Les dispositions du présent arrêté entrent en vigueur le 1er janvier 2017.

V. Annexe au JO du 3 nov. 2016.

TABLE CHRONOLOGIQUE

NOTA. Avant la table chronologique proprement dite, on trouvera ci-dessous une liste, classée par ordre alphabétique, des différents codes reproduits en extraits dans le code de la route.

Code de l'action sociale et des familles

– Art. L. 241-3, ss. C. route, art. R. 417-11.

– Art. R. 241-15 à R. 241-23 (*carte de stationnement pour personne handicapée*), ss. C. route, art. R. 417-11.

Code des assurances

– Art. L. 211-1 à L. 211-2 (*obligation d'assurance des véhicules à moteur*), ss. C. route, art. L. 324-1.

– Art. L. 211-4 à L. 211-27, L. 212-1, L. 421-1 à L. 421-7, R. 211-2 à R. 211-44, R. 421-1 à R. 421-20, App., v° *Accidents de la circulation*, **p. 948.**

– Art. L. 214-3 *[ancien]*, reproduit par C. route, art. L. 342-3.

– Art. L. 451-1 à L. 451-5, R. 451-2 à R. 451-6, ss. C. route, art. L. 324-2.

Code de la consommation

– Art. L. 224-67, L. 224-68, L. 242-25 (*entretien et réparation automobile, stationnement*), App., v° *Consommation (droit de)*, **p. 1092.**

Code des douanes

– Art. 56, 60 à 60-10, 61, 64 B, 67, 414, App., v° *Infractions*, **p. 1428.**

Code de l'éducation

– Art. L. 312-13, L. 312-13-2, D. 312-43 à D. 312-47-1, App., v° *Sécurité routière*, **p. 1638.**

Code de l'énergie

– Art. L. 353-1 à L. 353-9 (*infrastructures de recharge de véhicules électriques*), App.,v° *Environnement*, **p. 1304.**

– Art. D. 251-1 à D. 251-13 (*aides à l'achat ou à la location de véhicules automobiles peu polluants*), App., v° *Environnement*, **p. 1306.**

Code de l'environnement

– Art. L. 223-1, L. 223-2 (*mesures d'urgence*), L. 224-3 à L. 224-29 (*pollution atmosphérique*), L. 362-1 à L. 362-8, L. 541-21-3 à L. 541-21-5 (*véhicules abandonnés*), R. 223-5 (*mesure d'urgence*), R. 224-15 à D. 224-15-14 (*mesure de prévention de la pollution*), R. 224-68 à R. 224-73 (*surveillance des émissions polluantes des moteurs des engins mobiles non routiers*), R. 362-1 à R. 362-5 (*circulation motorisée*), R. 543-153 à R. 543-171 (*déchets*), App., v° *Environnement*, **p. 1292.**

– Art. L. 581-15, L. 581-17, L. 581-34, App., v° *Consommation (droit de la)*, **p. 1092.**

– Art. R. 543-137 à R. 543-152-1 (*pneumatiques*), App., v° *Pneumatiques*, **p. 1627.**

Code forestier

– Art. R. 141-18, R. 163-6, R. 163-11, App., v° *Environnement*, **p. 1271.**

Code général des collectivités territoriales

– Art. L. 2213-1 à L. 2213-6, L. 2213-16-1, L. 2333-87 à L. 2333-87-5 (*droit d'accès*), ss. C. route, art. L. 411-1.

– Art. L. 2512-14, reproduit par C. route, art. L. 411-2.

– Art. L. 2521-1, reproduit par C. route, art. L. 411-5.

– Art. L. 3221-4, L. 3221-5, reproduits par C. route, art. L. 411-3.

– Art. L. 3221-4-1 (*pouvoir de police de la circulation*), ss. art. L. 411-3.
– Art. L. 4422-25 (ancien L. 4424-4), L. 4424-21 (ancien L. 4424-30), reproduits par C. route, art. L. 411-4.
– Art. L. 4433-24-1-1, L. 4433-24-1-2, reproduits par C. route, art. L. 411-5-1.
– Art. R. 2213-1, reproduit par C. route, art. R. 411-1.
– Art. R. 2213-1-0-1 à D. 2213-1-0-4 (*zones à circulation restreinte*), App., v° *Environnement*, **p. 1302.**
– Art. R. 2333-120-1 à R. 2333-120-19 (*redevance de stationnement*), ss. art. R. 417-3-1.

Code général des impôts
– Art. 39 *decies* E, ss. C. route, art. L. 213-1.
– Art. 454, 455, 1737, App., v° *Infractions*, **p. 1428.**

Code de justice administrative
– Art. R. 811-1, ss. C. route, art. L. 223-1.

Code pénal
– Art. 131-5-1 à 131-18 (*peines*), 131-21, 132-3, 132-7 (*concours d'infractions*), 132-9 à 132-11, 132-16-2, 132-19-1, 132-20 (*récidive*), 132-45 (*mise à l'épreuve*), 223-1, 223-2, 223-18, 223-20 (*mise en danger*), R. 131-1 à R. 131-11 (*suspension du permis de conduire et interdiction de conduire*), R. 131-11-1 (*stage de sensibilisation*), R. 131-12 (*travail d'intérêt général*), R. 132-45 (*sursis avec mise à l'épreuve*), R. 610-5 (*violation des règlements*), R. 622-1 (*atteintes involontaires à l'intégrité de la personne*), R. 622-2 (*divagation d'animaux dangereux*), R. 624-1, R. 625-1 à R. 625-6 (*violences*), R. 635-1 (*destructions, dégradations*), R. 635-8 (*abandon d'épaves*), R. 644-1 (*accès aux terrains militaires*), R. 644-2, R. 644-2-1 (*entraves à la circulation*), R. 653-1 (*atteintes involontaires à la vie d'un animal*), App., v° *Infractions*, **p. 1511.**
– Art. 221-6-1, 221-8 (*homicide involontaire*), reproduits par C. route, art. L. 232-1.
– Art. 222-19-1, 222-20-1, 222-44 (*atteintes involontaires à l'intégrité de la personne*), reproduits par C. route, art. L. 232-2.
– Art. 434-10, 434-45 (*délit de fuite*), reproduits par C. route, art. L. 231-1.
– Art. 434-41 (*violation des condamnations*), ss. C. route, art. L. 234-12.

Code de procédure pénale
– Art. 2-12 et 2-15 (*constitution de partie civile*), 16, 16-1 A (*OPJ*), 41-1 à 41-3 (*procédures alternatives*), 78-2-2 à 78-2-4 (*visite de véhicules*), 78-6 (*contrôle d'identité*), 398 à 398-2 (*tribunal correctionnel*), 464 (*prononcé de la peine*), 469 (*incompétence*), 495 à 495-6-2 (*procédure simplifiée*), 495-7 à 495-16 (*comparution sur reconnaissance préalable de culpabilité*), 495-17 à 495-25 (*amende forfaitaire applicable à certains délits*), 521 (*juge de proximité*), 529 à 529-2-1, 529-6, 529-7 à 530-7, R. 48-1, R. 49 à R. 49-19, D. 1er, D. 45-3 à D. 45-21, A. 37 à A. 37-30 (*amende forfaitaire*), App., v° *Infractions*, **p. 1436.**
– Art. A. 43-15 (*remboursement des frais*), App., v° *Fourrière*, **p. 1362.**

Code de la santé publique
– Art. L. 3341-4, L. 3354-1 à L. 3354-5, R. 3353-2, R. 3353-6, R. 3354-1 à R. 3354-22, App., v° *Alcoolémie*, **p. 1025.**
– Art. L. 3512-9, ss. art. R. 412-6.

Code de la sécurité intérieure
– Art. L. 214-2 (*ordre public*), L. 233-1 à L. 233-2 (*contrôle automatisé des données signalétiques des véhicules*), L. 251-2 (*vidéoprotection*), L. 511-1, L. 511-2 (*agents de police municipale*), L. 521-1 et L. 545-1 (*gardes champêtres*), L. 546-1, L. 546-1-1 (*outre-mer*), R. 511-1, R. 511-2, R. 521-1 (*gardes champêtres*), R. 532-1, R. 545-3, 1°, App., v° *Infractions*, **p. 1532.**
– Art. R. 211-22 à R. 211-25, R. 211-31 (*manifestations sportives, récréatives ou culturelles à but lucratif*), App., v° *Courses et épreuves sportives*, **p. 1186.**

Code du sport

– Art. R. 331-6 à R. 331-45, A. 331-1 à A. 331-42, App., v° *Courses et épreuves sportives*, **p. 1164.**

Code des transports

– Art. L. 1251-1 à L. 1252-7, L. 3241-1 à L. 3241-5, L. 3242-1 à L. 3242-5, L. 3311-1, L. 3314-1 à L. 3314-3, L. 3315-1 à L. 3315-6, R. 3311-1, R. 3312-1 à D. 3312-65, R. 3313-1 à R. 3313-21, R. 3314-1 à R. 3314-28, R. 3315-1 à R. 3315-12 (*réglementation du travail spécifique au transport routier*), App., v° *Transports routiers*, **p. 1781.**

– Art. L. 1514-1 à L. 1514-8 (*accès aux données des véhicules*), App., v° *Accidents de la circulation*, **p. 1018.**

– Art. L. 3112-1, L. 3114-4, L. 3120-1 à L. 3120-5, L. 3121-1 à L. 3121-12, L. 3122-1 à L. 3122-9, L. 3123-1 à L. 3123-3, L. 3124-1 à L. 3124-13, L. 3141-1 à L. 3141-2, L. 3142-1 à L. 3142-5, L. 3143-1 à L. 3143-4 (*voiture de tourisme avec chauffeur*), R. 3120-1 à R. 3120-39, R. 3121-1 à R. 3121-33, R. 3122-1 à R. 3122-12, R. 3123-1 à R. 3123-5, R. 3124-1 à R. 3124-13, R. 3141-1 à R. 3141-7, D. 3142-1 à D. 3142-2, R. 3143-1 à R. 3143-4 (*voiture de tourisme avec chauffeur*), App., v° *Taxis et VTC*, **p. 1664.**

– Art. L. 3132-1 (*covoiturage*), App., v° *Environnement*, **p. 1324.**

– Art. L. 3141-1 à L. 3143-4 (*activité de mise en relation*), App., v° *Taxis et VTC*, **p. 1673.**

Code de l'urbanisme

– Art. R. 111-31 à R. 111-50, *R. 443-1 à *R. 443-12, App., v° *Caravanes et résidences mobiles*, **p. 1040.**

Code de la voirie routière

– Art. L. 116-1 à L. 116-8 (*police de la conservation du domaine public routier*), L. 117-1 (*dispositifs techniques de constatation des infractions*), R. 116-1, R. 116-2 (*police de la conservation du domaine public routier*), App., v° *Infractions*, **p. 1506.**

– Art. L. 121-1, L. 122-1, L. 123-1, L. 131-1, L. 141-1, L. 151-1, L. 161-1 (*définition des voiries*), reproduits par C. route, art. L. 110-2.

Livre des procédures fiscales

– Art. L. 24 à L. 25, App., v° *Infractions*, **p. 1541.**

1954	16 juill.	Arrêté. Éclairage et signalisation des véhicules, App., v° *Éclairage et signalisation*, **p. 1193.**
1955	18 août	Arrêté. Freinage des véhicules automobiles, App., v° *Freinage*, **p. 1366.**
1964	30 nov.	Convention européenne. Répression des infractions routières, App., v° *Infractions*, **p. 1430.**
1968	8 nov.	Convention de Vienne. Circulation routière, App., v° *Circulation internationale*, **p. 1049.**
1969	5 févr.	Arrêté. Application des art. R. 100, R. 106 à R. 108, R. 110 à R. 117 et R. 137 C. route (*immatriculation et contrôle routier des remorques dont le PTAC excède 500 kg*), App., v° *Immatriculation*, **p. 1383.**
1969	5 févr.	Arrêté. Application des art. R. 54, R. 54-1, et R. 54-2 C. route (*dépassement du PTRA par les ensembles de véhicules*), App., v° *Transports routiers*, **p. 1698.**

1969	5 févr.	Arrêté. Application de l'art. R. 74 C. route *(lave-glace)*, App., v° *Vitrages*, **p. 1880.**
1969	20 nov.	Arrêté. Application de l'art. R. 168 C. route *(chariots et remorques)*, App., v° *Engins spéciaux*, **p. 1223.**
1969	20 nov.	Arrêté. Rétroviseurs, App., v° *Rétroviseurs*, **p. 1632.**
1970	1er juill.	Accord européen. Travail des équipages des véhicules effectuant des transports internationaux par route (AETR), App., v° *Transports routiers*, **p. 1698.**
1970	9 juill.	Loi n° 70-597. Taux légal d'alcoolémie. Dépistage par l'air expiré, App., v° *Alcoolémie*, **p. 1025.**
1970	18 août	Décret n° 70-759. Voies rapides. – Art. 7 *(leçons de conduite, courses et épreuves sportives)*, ss. C. route, art. R. 211-6, R. 421-8.
1971	1er mai	Accord européen de Genève. Circulation routière, App., v° *Circulation internationale*, **p. 1049.**
1971	4 mai	Convention. Loi applicable en matière d'accidents de la circulation, App., v° *Accidents de la circulation*, **p. 1022.**
1972	13 avr.	Arrêté. Bruit des véhicules automobiles, App., v° *Environnement*, **p. 1327.**
1972	4 juill.	Arrêté. Feux spéciaux des véhicules à progression lente, App., v° *Éclairage et signalisation*, **p. 1219.**
1972	6 sept.	Décret n° 72-823. Remise au service des domaines des véhicules non retirés de la fourrière, App., v° *Fourrière*, **p. 1362.**
1972	19 sept.	Décret n° 72-854. Publication de la Convention européenne du 30 nov. 1964 pour la répression des infractions routières, App., v° *Infractions*, **p. 1538.**
1973	12 mars	Arrêté. Liste des services publics urbains de transport en commun de voyageurs dont les agents peuvent être habilités à constater les infractions de stationnement et d'arrêt des véhicules, App., v° *Infractions*, **p. 1428.**
1973	13 mars	Circulaire. Utilisation des véhicules tous terrains, App., v° *Cycles*, **p. 1187.**
1974	31 déc.	Arrêté. Détermination de la puissance des véhicules automobiles électriques, App., v° *Permis de conduire*, **p. 1554.**
1975	16 janv.	Arrêté. Émissions de gaz polluants par les moteurs à essence des véhicules, App., v° *Environnement*, **p. 1338.**
1975	15 mai	Décret n° 75-360. Comité interministériel de la sécurité routière, App., v° *Sécurité routière*, **p. 1640.**
1975	26 juin	Décret n° 75-554. Publication de la Convention du 4 mai 1971 sur la loi applicable en matière d'accidents de la circulation, App., v° *Accidents de la circulation*, **p. 1022.**

1975	30 sept.	Arrêté. Évacuation des véhicules en panne ou accidentés, App., v° *Véhicules en panne ou accidentés*, **p. 1844.**
1975	21 nov.	Arrêté. Casques utilisés par les conducteurs et les passagers, App., v° *Casques*, **p. 1048.**
1976	8 juill.	Arrêté n° 76-68/P. Publicité des prix sur les autoroutes, App., v° *Consommation (droit de la)*, **p. 1094.**
1977	1er sept.	Décret n° 77-1040. Publication de la Convention de Vienne sur la circulation routière, App., v° *Circulation internationale*, **p. 1049.**
1978	4 oct.	Décret n° 78-993. Fraudes en matière de produits ou services en ce qui concerne les véhicules automobiles, App., v° *Consommation (droit de la)*, **p. 1094.**
1979	2 janv.	Décret n° 79-31. Publication de l'accord européen du 1er juill. 1970 sur le travail des équipages des véhicules effectuant des transports internationaux par route (AETR), App., v° *Transports routiers*, **p. 1698.**
1979	2 mai	Arrêté. Application du décret n° 78-993 du 4 oct. 1978 concernant les véhicules automobiles, App., v° *Consommation (droit de la)*, **p. 1096.**
1980	24 sept.	Arrêté. Transport de personnes et d'un chargement sur les motocyclettes, tricycles et quadricycles à moteur, cyclomoteurs et cycles, App., v° *Cycles*, **p. 1192.**
1981	4 août	Décret n° 81-796. Publication de la Convention de Vienne du 8 nov. 1968 sur la signalisation routière, App., v° *Signalisation routière*, **p. 1049.**
1981	16 oct.	Décret n° 81-968. Publication des accords européens de Genève du 1er mai 1971 sur la circulation et la signalisation routières, App., v° *Circulation internationale*, **p. 1088.**
1982	29 avr.	Arrêté. Toits en vitrage installés sur les véhicules en service, App., v° *Vitrages*, **p. 1880.**
1982	6 sept.	Décret n° 82-764. Usage des véhicules à des fins publicitaires, App., v° *Consommation (droit de la)*, **p. 1092.**
1983	26 août	Arrêté. Limitation par construction de la vitesse maximale des véhicules de plus de 12 tonnes, App., v° *Vitesse*, **p. 1865.**
1983	30 août	Arrêté. Caractéristiques de l'appareil de contrôle de vitesse pour les transports routiers *(chronotachygraphe)*, App., v° *Transports routiers*, **p. 1710.**
1983	1er déc.	Arrêté. Immatriculation des véhicules dans la série TT, App., v° *Immatriculation*, **p. 1383.**
1984	17 juill.	Arrêté. Contrôle des émissions de gaz polluants avant la mise en circulation des véhicules, App., v° *Environnement*, **p. 1339.**

1984	14 déc.	Recommandation CCA n° 85-02. Contrats d'achat de véhicules de tourisme, App., v° *Consommation (droit de la)*, **p. 1097.**
1985	5 juill.	Loi n° 85-677. Amélioration de la situation des victimes d'accidents de la circulation, App., v° *Accidents de la circulation*, **p. 939.**
1985	18 juill.	Arrêté. Dispositifs antidérapants équipant les pneumatiques, App., v° *Pneumatiques*, **p. 1629.**
1985	18 juill.	Arrêté. Contrôle au point fixe du niveau sonore des véhicules, App., v° *Environnement*, **p. 1341.**
1986	25 sept.	Arrêté. Mention des consommations conventionnelles des véhicules, App., v° *Consommation (droit de la)*, **p. 1097.**
1987	27 mars	Arrêté. Publicité des prix pour les prestations de réparation, de dépannage et de garage des véhicules, App., v° *Consommation (droit de la)*, **p. 1098.**
1987	19 juin	Arrêté. Publicité des prix des prestations d'enseignement de la conduite, App., v° *Consommation (droit de la)*, **p. 1098.**
1987	17 sept.	Arrêté. Application de l'art. R. 40-2 C. route *(feu de croisement des motocyclettes)*, App., v° *Éclairage et signalisation*, **p. 1221.**
1987	30 oct.	Arrêté. Signalisation des véhicules d'intervention urgente, App., v° *Éclairage et signalisation*, **p. 1221.**
1988	6 mai	Arrêté. Contrôle, avant la mise en circulation des véhicules automobiles, des émissions de gaz polluants et de particules polluantes provenant des moteurs à allumage par compression et des moteurs à allumage commandé, App., v° *Environnement*, **p. 1343.**
1988	8 juill.	Arrêté. Publicité des prix de vente des carburants, App., v° *Consommation (droit de la)*, **p. 1100.**
1988	28 sept.	Arrêté. Dispositifs antivols complémentaires, App., v° *Antivols*, **p. 1039.**
1989	11 juill.	Décret n° 89-477. Tarif de dépannage sur les autoroutes et routes express, App., v° *Consommation (droit de la)*, **p. 1101.**
1991	20 févr.	Arrêté. Homologation des dispositifs d'échappement des véhicules, App., v° *Environnement*, **p. 1346.**
1991	18 juin	Arrêté. Contrôle technique des véhicules automobiles, App., v° *Contrôle technique*, **p. 1110.**
1991	30 oct.	Arrêté. Immatriculation des voiturettes, App., v° *Immatriculation*, **p. 1384.**
1992	25 juin	Arrêté. Communication des informations prévues à l'art. L. 30 (4° à 7°) C. route, App., v° *Permis de conduire*, **p. 1557.**
1992	29 juin	Arrêté. Système national des permis de conduire, App., v° *Permis de conduire*, **p. 1554.**

1992	23 nov.	Arrêté. Indication des vitesses maximales sur les véhicules, App., v° *Vitesse*, **p. 1866.**
1992	23 nov.	Arrêté. Véhicules de transport de matières dangereuses prévues à l'art. R. 10-2 C. route, App., v° *Vitesse*, **p. 1867.**
1992	16 déc.	Loi n° 92-1336. Entrée en vigueur du nouveau code pénal. – Art. 322 à 329, 335-1, 339. – V. ss. C. pén., art. 223-20, App., v° *Infractions*, **p. 1523.**
1994	25 févr.	Décret n° 94-167. Droit pénal et procédure pénale. – Art. 1er *(amendes contraventionnelles)*. – V. ss. C. pén., art. R. 653-1, App., v° *Infractions*, **p. 1532.**
1994	5 mai	Arrêté. Limitations de vitesse maximales imposées aux conducteurs titulaires du permis de conduire depuis moins de deux ans, App., v° *Vitesse*, **p. 1868.**
1994	5 mai	Circulaire. Limitations de vitesse imposées aux conducteurs titulaires du permis de conduire depuis moins de deux ans, App., v° *Vitesse*, **p. 1868.**
1994	24 juin	Circulaire. Application, en matière de circulation routière, des dispositions du nouveau code pénal relatives à la mise en danger. – V. ss. C. pén., art. 223-20, App., v° *Infractions*, **p. 1524.**
1994	10 oct.	Arrêté. Circulation à 100 km/h des autocars sur autoroutes, App., v° *Vitesse*, **p. 1868.**
1994	18 nov.	Recommandation CCA n° 94-05. Bons de commande et contrats de garantie des véhicules d'occasion, App., v° *Consommation (droit de la)*, **p. 1102.**
1995	21 janv.	Loi n° 95-73. Sécurité. – Art. 10 (*vidéosurveillance*), 15 (*marquage électronique des véhicules*), App., v° *Infractions*, **p. 1545.**
1995	24 janv.	Décret n° 95-81. Péages autoroutiers, App., v° *Consommation (droit de la)*, **p. 1102.**
1995	2 mars	Arrêté. Extincteurs des véhicules de transport de marchandises, App., v° *Transports routiers*, **p. 1758.**
1995	17 mars	Recommandation CCA n° 95-01. Contrats d'abonnement autoroutier, App., v° *Consommation (droit de la)*, **p. 1102.**
1995	13 avr.	Arrêté. Application de l'art. R. 47, al. 1er, C. route *(circulation des véhicules comprenant une ou plusieurs remorques)*, App., v° *Transports routiers*, **p. 1760.**
1995	25 avr.	Décret n° 95-493. Règlement général du diplôme d'expert en automobile, App., v° *Véhicules en panne ou accidentés*, **p. 1859.**
1995	9 mai	Décret n° 95-697. Aide à l'acquisition de véhicules électriques, App., v° *Consommation (droit de la)*, **p. 1102.**
1996	31 janv.	Décret n° 96-76. Péages autoroutiers, App., v° *Consommation (droit de la)*, **p. 1103.**

1996	12 mars	Arrêté. Visites des véhicules immobilisés dont l'appareil de contrôle permettant l'enregistrement de la vitesse a été l'objet d'une modification, App., v° *Contrôle technique*, **p. 1125.**
1996	15 avr.	Arrêté. Plaques d'immatriculation réflectorisées, App., v° *Immatriculation*, **p. 1385.**
1996	1er juill.	Arrêté. Plaques d'immatriculation des véhicules, App., v° *Immatriculation*, **p. 1386.**
1996	18 oct.	Arrêté. Autorisation provisoire de sortie de fourrière, App., v° *Fourrière*, **p. 1365.**
1996	28 oct.	Arrêté. Information des consommateurs sur les prix et services offerts par les mandataires automobiles, App., v° *Consommation (droit de la)*, **p. 1104.**
1996	18 nov.	Arrêté. Engins de service hivernal, App., v° *Engins spéciaux*, **p. 1227.**
1997	31 mai	Décret n° 97-608. Formation professionnelle des conducteurs salariés du transport routier public de marchandises, App., v° *Transports routiers*, **p. 1761.**
1997	25 juin	Arrêté. Application de l'art. R. 61 C. route, App., v° *Transports routiers*, **p. 1766.**
1997	20 oct.	Circulaire. Transposition de la directive 95/50/CE du Conseil du 6 oct. 1995 concernant des procédures uniformes en matière de contrôle des transports de marchandises dangereuses, App., v° *Transports routiers*, **p. 1768.**
1998	10 févr.	Circulaire. Déconcentration des décisions administratives individuelles et application de l'art. R. 250-1 C. route, App., v° *Infractions*, **p. 1546.**
1998	17 août	Circulaire. Relative à la loi n° 96-1236 du 30 déc. 1996 sur l'air et l'utilisation rationnelle de l'énergie (Mesures d'urgence concernant la circulation des véhicules), App., v° *Environnement*, **p. 1347.**
1998	18 nov.	Décret n° 98-1039. Formation professionnelle des conducteurs non salariés du transport public routier de marchandises, App., v° *Transports routiers*, **p. 1866.**
1999	8 févr.	Arrêté. Conditions de reconnaissance et d'échange des permis de conduire délivrés par les États appartenant à l'Union européenne et à l'Espace économique européen, App., v° *Permis de conduire*, **p. 1558.**
1999	8 févr.	Arrêté. Conditions de reconnaissance et d'échange des permis de conduire délivrés par les États n'appartenant ni à l'Union européenne ni à l'Espace économique européen, App., v° *Permis de conduire*, **p. 1561.**

1999	12 févr.	Arrêté. Conditions de validité de catégories de permis de conduire pour la conduite de véhicules d'autres catégories, App., v° *Permis de conduire*, **p. 1561.**
1999	1er juin	Arrêté. Conversion du brevet militaire de conduite en permis de conduire civil, App., v° *Permis de conduire*, **p. 1562.**
1999	18 juin	Loi n° 99-505. Sécurité routière et infractions sur les agents des exploitants de réseau de transport public de voyageurs. – Art. 4. – V. ss. C. route, art. L. 213-8.
1999	23 sept.	Arrêté. Identification des véhicules automobiles contribuant à la limitation de la pollution atmosphérique, App., v° *Environnement*, **p. 1347.**
1999	23 déc.	Arrêté. Paiement des amendes forfaitaires et amendes forfaitaires minorées afférentes aux contraventions du code de la route, App., v° *Infractions*, **p. 1546.**
2000	24 janv.	Décret n° 2000-68. Amendements à la Convention sur la circulation routière du 8 nov. 1968, adoptés à Genève le 1er févr. 1991, App., v° *Circulation internationale*, **p. 1049.**
2000	28 juin	Arrêté. Publicité des prix des véhicules automobiles, App., v° *Consommation (droit de la)*, **p. 1104.**
2000	5 juill.	Loi n° 2000-614. Accueil et habitat des gens du voyages. – Art. 1er, App., v° *Caravanes et résidences mobiles*, **p. 1045.**
2000	7 sept.	Décret n° 2000-873. Mise en sécurité de certains véhicules fonctionnant aux gaz de pétrole liquéfiés et institution d'une aide à cet effet, App., v° *Consommation (droit de la)*, **p. 1105.**
2000	22 sept.	Ordonnance n° 2000-930. Partie législative du code de la route, **p. 430.**
2000	21 déc.	Ordonnance n° 2000-1255. Modification de certaines dispositions annexées à l'ordonnance n° 2000-930 du 22 sept. 2000 relative à la partie législative du code de la route. – V. C. route, art. L. 130-4, L. 130-7, L. 141-1, L. 142-1, L. 142-4, L. 142-5, L. 221-2.
2001	8 janv.	Décret n° 2001-104. Attribution à l'Agence de l'environnement et de la maîtrise de l'énergie de la gestion de l'aide à l'acquisition de véhicules électriques, App., v° *Consommation (droit de la)*, **p. 1106.**
2001	22 mars	Décret n° 2001-250. Partie réglementaire du code de la route (Décrets en Conseil d'État délibérés en conseil des ministres). – V. ss. C. route, art. R. 442-7.
2001	22 mars	Décret n° 2001-251. Partie réglementaire du code de la route (Décrets en Conseil d'État). – V. ss. C. route, art. R. 442-7.

2001	25 mai	Décret n° 2001-449. Plans de protection de l'atmosphère et mesures pouvant être mises en œuvre pour réduire les émissions des sources de pollution atmosphérique. – Art. 19. – V. C. route, art. R. 323-6.
2001	27 août	Décret n° 2001-751. Recherche de stupéfiants pratiquée sur les conducteurs impliqués dans un accident mortel de la circulation : – Art. 1er, 2, 4, 7 et 8. – V. C. route, art. R. 235-1 à R. 235-13, R. 242-7. – Art. 5. – V. Décr. n° 2001-251 du 22 mars 2001, art. 1er, ss. C. route, art. R. 442-7. – Art. 6. – V. C. route, art. R. 130-2, R. 312-24, R. 325-30, R. 412-1, R. 412-2.
2001	28 août	Décret n° 2001-784. Conseil national de la sécurité routière, App., v° *Sécurité routière*, **p. 1641.**
2001	14 nov.	Arrêté. Tarifs maxima des frais de fourrière pour automobiles, App., v° *Fourrière*, **p. 1365.**
2001	15 nov.	Loi n° 2001-1062. Sécurité quotidienne : – Art. 13, 17, 18, 20. – V. C. route, art. L. 224-2, L. 224-3, L. 234-4, L. 325-1, L. 330-2.
2001	15 nov.	Décret n° 2001-1095. Agents chargés du contrôle des organismes agréés. – V. C. route, art. R. 223-9.
2001	23 nov.	Décret n° 2001-1127. Distances entre les véhicules et ensembles de véhicules. – V. C. route, art. R. 412-12.
2001	19 déc.	Arrêté. Consignation prévue par l'art. L. 121-4, C. route, App., v° *Infractions*, **p. 1546.**
2001	28 déc.	Décret n° 2001-1362. Eclairage et signalisation lumineuse des cyclomoteurs à deux ou trois roues et des quadricycles légers à moteur. – V. C. route, art. R. 313-4, R. 313-8, R. 313-9, R. 313-12, R. 313-15, R. 313-17.
2002	3 janv.	Loi n° 2002-3. Sécurité des infrastructures et systèmes de transport, aux enquêtes techniques après événement de mer, accident ou incident de transport terrestre ou aérien et au stockage souterrain de gaz naturel, d'hydrocarbures et de produits chimiques. – V. C. route, art. L. 130-4, L. 130-6, L. 412-2.
2002	8 avr.	Décret n° 2002-505. Certificat d'immatriculation des véhicules de transport exceptionnel. – V. C. route, art. R. 322-2.
2002	11 avr.	Décret n° 2002-530. Amélioration de la circulation en cas d'enneigement ou de verglas, au franchissement de barrage. – V. C. route, art. R. 411-21-1, R. 412-25, R. 414-17, R. 442-2.
2002	30 avr.	Décret n° 2002-675. Formation à la conduite et à la sécurité routière. – V. C. route, art. R. 211-1, R. 211-2, R. 221-5, R. 233-1, R. 431-4.

2002	9 sept.	Loi nº 2002-1138. Orientation et programmation pour la justice. – V. C. route, art. L. 142-5.
2002	23 déc.	Décret nº 2002-1508. Information sur la consommation de carburants et les émissions de dioxyde de carbone des voitures particulières neuves. – V. App., vº *Consommation*, **p. 1106.**
2003	8 janv.	Décret nº 2003-42. Immobilisation des véhicules. – V. C. route, art. R. 317-8, R. 322-3, R. 322-5.
2003	3 févr.	Loi nº 2003-87. Conduite sous l'influence de substances ou plantes classées comme stupéfiants. – V. C. route, art. L. 235-1 à L. 235-5.
2003	18 mars	Loi nº 2003-239. Sécurité intérieure : – Art. 26, 27. – V. ss. C. route, art. L. 330-8. – Art. 77, 86 à 89, 138 et 139. – V. C. route, L. 221-2, L. 225-5, L. 325-1, L. 325-2, L. 325-12, L. 325-13, L. 330-2, L. 343-1.
2003	27 mars	Décret nº 2003-283. Circulation des cycles. – V. C. route, art. R. 412-30, R. 415-4, R. 431-9.
2003	31 mars	Décret nº 2003-293. Sécurité routière. – Art. 2 à 7. – V. C. route, art. R. 221-13, R. 234-1, R. 235-1 à R. 235-6, R. 235-9 à R. 235-11, R. 322-4, R. 322-5, R. 412-1 à R. 412-3, R. 412-6-1, R. 412-8 à R. 412-10, R. 412-12, R. 412-19, R. 413-14, R. 414-4, R. 414-6 à R. 414-8, R. 414-10, R. 414-11, R. 414-16, R. 416-12, R. 417-9, R. 421-5, R. 431-1, R. 431-2.
2003	9 mai	Décret nº 2003-425. Sécurité des transports publics guidés. – Art. 68. – V. C. route, art. R. 110-3, R. 414-13, R. 422-3.
2003	14 mai	Décret nº 2003-440. Port de la ceinture de sécurité dans les poids lourds. – V. C. route, art. R. 412-1, R. 412-2.
2003	28 mai	Décret nº 2003-468. Longueur des véhicules. – V. C. route, art. R. 312-11, R. 312-14, R. 411-22.
2003	12 juin	Loi nº 2003-495. Lutte contre la violence routière : – Art. 3-II, 4-IV et V, 5-XI et XII, 6-X à XIX, 8, 11 à 18, 20, 21, 24, 30, 32, 35, 37, 39, 43, 45. – V. C. route, art. L. 121-2, L. 121-3, L. 121-5, L. 130-4, L. 130-6 à L. 130-9, L. 211-1, L. 141-1, L. 142-1, L. 142-4, L. 142-4-1, L. 221-2, L. 223-1 à L. 223-3, L. 223-5, L. 223-6, L. 223-8, L. 224-5, L. 224-7, L. 224-8, L. 224-14 à L. 224-18, L. 225-2, L. 225-5, L. 231-2, L. 231-3, L. 232-1 à L. 232-3, L. 233-2, L. 234-1, L. 234-2, L. 234-8, L. 234-10 à L. 234-13, L. 235-1 à L. 235-3, L. 235-5, L. 244-2, L. 317-2 à L. 317-8, L. 322-1, L. 325-1, L. 325-9, L. 326-3, L. 327-1 à L. 327-6, L. 412-1, L. 413-1 à L. 413-5. – Art. 17, App., vº *Vitesse*, **p. 1870.**
2003	20 juin	Décret nº 2003-536. Modification du code de la route. – Art. 1er. – V. C. route, art. R. 130-4, R. 130-6, R. 223-3, R. 233-1, R. 313-2, R. 313-35, R. 316-7, R. 317-4, R. 317-8, R. 317-10, R. 321-16, R. 322-1, R. 323-7, R. 325-3, R. 326-9, R. 342-4, R. 413-8, R. 414-4, R. 416-8, R. 417-10, R. 422-3.

2003	9 juill.	Décret n° 2003-637. Port de la ceinture de sécurité dans les autobus et autocars. – V. C. route, art. R. 412-1, R. 412-2.
2003	11 juill.	Décret n° 2003-642. Lutte contre la violence routière. – Art. 2 et 4 à 6. – V. C. route, art. R. 211-5, R. 212-2, R. 212-4, R. 221-1, R. 223-1 à R. 223-5, R. 223-8, R. 223-14, R. 224-20, R. 234-1, R. 317-29, R. 322-16, R. 322-18, R. 324-2, R. 412-7, R. 413-5, R. 413-14, R. 413-15, R. 417-10, R. 417-11.
2003	21 juill.	Loi n° 2003-660. Programme pour l'outre-mer. – Art. 51-II. – V. C. route, art. L. 411-5-1.
2003	28 nov.	Arrêté. Tarifs maxima des frais de fourrière pour véhicule dans les communes les plus importantes, App., v° *Fourrière*, **p. 1366.**
2003	11 déc.	Décret n° 2003-1186. Immatriculation des cyclomoteurs et coupons détachables de carte grise. – Art. 1er à 5 et 7 à 14. – V. C. route, art. R. 317-8, R. 322-1 à R. 322-9, R.* 322-12-1, R.* 322-12-2, R. 325-9, R. 325-22.
2003	17 déc.	Arrêté. Brevet de sécurité routière, App., v° *Sécurité routière*, **p. 1637.**
2003	18 déc.	Ordonnance n° 2003-1216. Suppression de l'affirmation des procès-verbaux. – Art. 21. – V. C. route, art. L. 116-2.
2004	7 janv.	Décret n° 2004-27. Poids total roulant autorisé des véhicules terrestres à moteur desservant les ports maritimes. – V. C. route, art. R. 312-4.
2004	25 févr.	Arrêté. Documents établis à l'occasion du suivi des stages de sensibilisation à la sécurité routière, App., v° *Permis de conduire*, **p. 1563.**
2004	4 mars	Décret n° 2004-209. Cyclomoteurs. – V. C. route, art. R. 311-1.
2004	9 mars	Loi n° 2004-204. Adaptation de la justice aux évolutions de la criminalité. – Art. 56-VI à 59-I, 60-I, 61, 62 et 198-V. – V. C. route, art. L. 121-3, L. 121-5, L. 130-9, L. 221-2, L. 233-1-1, L. 317-4-1, L. 324-2, L. 325-1-1.
2004	11 juin	Décret n° 2004-568. Contrôle technique des véhicules. – Art. 1er à 3. – V. C. route, art. R. 130-4, R. 323-2, R. 323-6 à R. 323-22, R. 325-7.
2004	17 juin	Ordonnance n° 2004-567. Extension et adaptation en Nouvelle-Calédonie, en Polynésie française et dans les îles Wallis-et-Futuna de la loi renforçant la lutte contre la violence routière. – Art. 1er à 4. – V. C. route, art. L. 243-1, L. 243-2, L. 244-1, L. 245-1, L. 245-2, L. 344-1, L. 444-1.
2004	1er juill.	Ordonnance n° 2004-637. Simplification de la composition et du fonctionnement des commissions administratives et réduction de leur nombre. – Art. 21 et 34-2. – V. C. route, art. L. 224-2, L. 224-8.

2004	27 juill.	Arrêté. Contrôle technique des véhicules lourds, App., v° *Contrôle technique*, **p. 1126.**
2004	29 juill.	Décret n° 2004-795. Conduite de certains véhicules terrestres à moteur. – V. C. route, art. R. 211-2, R. 431-4.
2004	16 sept.	Décret n° 2004-998. Voies vertes. – V. C. route, art. R. 110-2, R. 412-7, R. 417-10.
2004	13 oct.	Arrêté. Création du système de contrôle automatisé, App., v° *Infractions*, **p. 1546.**
2004	25 oct.	Décret n° 2004-1138. Conduite sous l'emprise d'un état alcoolique. – V. C. route, art. R. 234-1.
2004	6 déc.	Décret n° 2004-1330. Sanctions en matière de dépassement des vitesses maximales autorisées. – V. C. route, art. R. 413-14, R. 413-14-1.
2004	9 déc.	Loi n° 2004-1343. Simplification du droit. – Art. 78-XXXII. – V. C. route, art. L. 224-8.
2004	23 déc.	Décret n° 2004-1408. Simplification des formalités administratives. – V. C. route, art. R. 322-1, R. 322-7, R. 322-10.
2005	26 janv.	Loi n° 2005-47. Compétences du tribunal d'instance, de la juridiction de proximité et du tribunal de grande instance. – Art. 9-XXXVII. – V. C. route, art. L. 121-3.
2005	11 févr.	Loi n° 2005-102. Égalité des droits et des chances, participation et citoyenneté des personnes handicapées. – Art. 77, App., v° *Permis de conduire*, **p. 1564.**
2005	24 févr.	Décret n° 2005-173. Véhicules agricoles. – V. C. route, art. R. 311-1, R. 317-26, R. 317-26-1, R. 413-12, R. 413-12-1.
2005	25 févr.	Décret n° 2005-186. Extension à certains véhicules de la limitation par construction de la vitesse maximale et modification du code de la route. – V. C. route, art. R. 317-6, R. 317-6-1.
2005	25 mars	Décret n° 2005-277. Ceinture de sécurité. – V. C. route, art. R. 412-2.
2005	30 mars	Décret n° 2005-320. Application de la loi n° 2004-204 du 9 mars 2004. – Art. 1er à 4, 5-II à 6. – V. C. route, art. R. 130-1 à R. 130-3, R. 221-1, R. 221-8, R. 221-10, R. 221-11, R. 221-20, R. 222-3, R. 223-8, R. 232-1, R. 324-1, R. 324-2, R. 325-1.
2005	6 juin	Ordonnance n° 2005-650. Liberté d'accès aux documents administratifs et réutilisation des informations publiques. – Art. 11. – V. C. route, art. L. 225-3.
2005	2 août	Décret n° 2005-947. Limitation de vitesse. – V. C. route, art. R. 325-7.

2005	6 sept.	Décret n° 2005-1148. Mise en fourrière des véhicules. — V. C. route, art. R. 325-9, R. 325-11, R. 325-14 à R. 325-16, R. 325-18, R. 325-21, R. 325-22, R. 325-24, R. 325-26 à R. 325-29, R. 325-31, R. 325-32, R. 325-38, R. 325-49.
2005	29 sept.	Décret n° 2005-1225. Aide au financement de la formation à la conduite et à la sécurité routière, App., v° *Enseignement de la conduite*, **p. 1141.**
2005	17 oct.	Arrêté. Immobilisation des véhicules dont le dispositif de limitation par construction de la vitesse a fait l'objet d'une modification ou d'une détérioration, App., v° *Contrôle technique*, **p. 1141.**
2005	18 nov.	Décret n° 2005-1434. Mise en circulation des véhicules de transport en commun de personnes et des véhicules dont le PTAC est supérieur à 3,5 tonnes. — V. C. route, art. R. 233-2, R. 323-23, R. 323-25.
2005	26 déc.	Décret n° 2005-1655. Circulation des véhicules et matériels agricoles ou forestiers et des ensembles forains. — V. C. route, art. R. 433-1, R. 433-3, R. 435-1, R. 436-1.
2006	5 janv.	Loi n° 2006-10. Sécurité et développement des transports. — Art. 11 à 13. — V. C. route, art. L. 130-6, L. 224-5, L. 317-5, L. 317-7, L. 321-1 à L. 321-4, L. 325-1-1 à L. 325-3-1, L. 325-6, L. 330-2, L. 344-1.
2006	13 janv.	Décret n° 2006-46. Modification du code de la route. — V. C. route, art. R. 130-10, R. 221-11, R. 317-8, R. 431-1.
2006	27 févr.	Décret n° 2006-253. Routes classées à grande circulation. — V. C. route, art. R. 411-7, R. 411-8-1, R. 442-2.
2006	28 mars	Arrêté. Interdiction de circulation des véhicules de transport de marchandises à certaines périodes, App., v° *Transports routiers*, **p. 1781.**
2006	3 mai	Décret n° 2006-499. Éclairage et signalisation des véhicules. — V. C. route, art. R. 313-3-1, R. 313-4-1, R. 313-24.
2006	7 juin	Décret n° 2006-665. Commissions administratives. — V. C. route, art. R. 224-12, R. 224-15, R. 411-10 à R. 411-12.
2006	28 juill.	Arrêté. Aménagement de la présentation de la carte grise aux agents, App., v° *Immatriculation*, **p. 1390.**
2006	29 nov.	Décret n° 2006-1496. Ceinture de sécurité, dispositif de retenue pour enfants. — V. C. route, art. R. 221-4, R. 412-1 à R. 412-3.
2006	20 déc.	Circulaire 2006/126/CE. Relative au permis de conduire (refonte). — V. App., v° *Permis de conduire*, **p. 1564.**
2006	23 déc.	Décret n° 2006-1712. Formation à la conduite et à la sécurité routière, permis de conduire. — V. C. route, art. R. 211-1, R. 211-3, R. 211-5, R. 221-4, R. 221-5.

2006	23 déc.	Décret n° 2006-1808. Organisation de la profession d'expert en automobile. – V. C. route, art. R. 326-1 à R. 327-9, R. 342-5.
2006	23 déc.	Décret n° 2006-1811. Formation des titulaires de la catégorie B du permis de conduire pour la conduite des motocyclettes légères. – V. C. route, art. R. 221-8.
2006	23 déc.	Décret n° 2006-1812. Vitesses maximales autorisées. – V. C. route, art. R. 413-8, R. 413-8-1, R. 413-10.
2007	27 févr.	Décret n° 2007-271. Éclairage des véhicules à deux roues motorisées. – V. C. route, art. R. 416-17.
2007	5 mars	Loi n° 2007-297. Prévention de la délinquance. – Art. 21-I, 23, 24 et 48. – V. C. route, art. L. 121-4-1, L. 212-1, L. 212-2, L. 213-1, L. 223-1, L. 223-5, L. 223-6, L. 235-1, L. 235-3, L. 321-1, L. 321-1-1, L. 325-1, L. 325-7, L. 325-8, L. 325-10, L. 325-11, L. 330-2.
2007	22 mars	Décret n° 2007-405. Modifiant le code de la route. – V. C. route, art. D. 321-5-1, D. 321-5-2.
2007	25 mars	Arrêté. Organisation et délivrance des attestations scolaires de sécurité routière de premier et de second niveaux, de l'attestation de sécurité routière et de l'attestation d'éducation à la route, App., v° *Sécurité routière*, **p. 1643.**
2007	9 mai	Décret n° 2007-753. Permis de conduire. – V. C. route, art. R. 223-1, R. 223-3, R. 224-20.
2007	9 mai	Arrêté. Législation sociale relative aux activités de transport routier, App., v° *Transports routiers*, **p. 1725.**
2007	10 mai	Décret n° 2007-786. Véhicules d'intérêt général. – V. C. route, art. R. 311-1, R. 432-2.
2007	24 juill.	Décret n° 2007-1133. Dispositions réglementaires du code du sport. – V. C. route, art. R. 411-29.
2007	19 oct.	Décret n° 2007-1503. Dispositif de contrôle de la durée de stationnement urbain. – V. C. route, art. R. 417-3.
2007	16 nov.	Décret n° 2007-1626. Extension et adaptation en Nouvelle-Calédonie, en Polynésie française et dans les îles de Wallis-et-Futuna de diverses dispositions du code de la route et de la deuxième partie du code de procédure pénale. – V. C. route, art. R. 243-1, R. 244-1, R. 244-2, R. 245-1, R. 343-1, R. 343-2, R. 343-4, R. 344-1 à R. 344-4.
2007	6 déc.	Arrêté. Dispositif de contrôle de la durée du stationnement urbain, App., v° *Infractions*, **p. 1551.**
2007	31 déc.	Arrêté. Interdictions complémentaires de circulation pour 2008 des véhicules de transport de marchandises, App., v° *Transports routiers*, **p. 1176.**

2008	18 mars	Décret n° 2008-269. Infractions à la législation sociale dans le domaine des transports routiers. – Art. 2. – V. C. route, art. R. 121-2, R. 121-5.
2008	22 avr.	Arrêté. Conditions requises pour la conduite des véhicules relevant du parc du ministère de la défense. Règles de délivrance, de suspension, et de retrait du brevet militaire de conduite, App., v° *Permis de conduire*, **p. 1173.**
2008	26 mai	Loi n° 2008-491. Commercialisation et utilisation de certains engins motorisés. – V. C. route, art. L. 321-1, L. 321-1-1, L. 321-1-2, L. 321-5, L. 321-6.
2008	30 mai	Ordonnance n° 2008-507. Transposition de la directive 2005/36/CE relative à la reconnaissance des qualifications professionnelles. – Art. 9 à 11. – V. C. route, art. L. 212-1, L. 212-4, L. 326-1, L. 323-1, L. 326-3, L. 326-4, L. 326-6, L. 326-8.
2008	1er juill.	Loi n° 2008-644. Nouveaux droits pour les victimes et amélioration de l'exécution des peines. – Art. 9, 10 et 13. – V. C. route, art. L. 225-4, L. 243-1, L. 244-1, L. 245-1, L. 322-1.
2008	30 juill.	Décret n° 2008-754. Sécurité routière. – V. C. route, art. R. 110-2, R. 223-3 à R. 223-5, R. 223-8, R. 225-2, R. 235-3, R. 235-4, R. 235-12, R. 411-3, R. 411-3-1, R. 411-4, R. 412-6, R. 412-6-2, R. 412-7, R. 412-35, R. 413-3, R. 413-8-1, R. 413-10, R. 413-13, R. 415-3, R. 415-4, R. 415-8, R. 415-11, R. 416-19, R. 417-10, R. 431-1-1.
2008	1er sept.	Décret n° 2008-883. Éthylotests électroniques, App., v° *Alcoolémie*, **p. 1034.**
2008	12 sept.	Arrêté. Vitesses maximales, App., v° *Vitesse*, **p. 1865.**
2008	29 sept.	Arrêté. Gilet de haute visibilité. – V. ss. C. route, art. R. 416-19.
2008	30 sept.	Arrêté. Présignalisation des véhicules. – V. ss. C. route, art. R. 416-19.
2008	28 oct.	Décret n° 2008-1095. Éclairage et signalisation des véhicules. – V. C. route, art. R. 313-2 à R. 313-4, R. 313-7, R. 313-8, R. 313-10, R. 313-14, R. 313-17.
2008	27 déc.	Loi n° 2008-1425. De finances pour 2009. – V. C. route, art. L. 330-2.
2009	9 févr.	Décret n° 2009-136. Plaques et inscriptions, réception et homologation et immatriculation des véhicules. – V. C. route, art. L. 322-1, L. 322-2, L. 325-7, R. 233-1, R. 311-1, R. 317-8, R. 317-12, R. 321-15, R. 322-1 à R. 322-12-2, R. 322-14, R. 322-17, R. 322-18, R. 323-2, R. 323-3, R. 325-9, R. 325-11, R. 325-31, R. 325-32, R. 327-6, R. 343-2, R. 343-4, R. 344-2, R. 412-16.

2009	9 févr.	Arrêté. Caractéristiques et mode de pose des plaques d'immatriculation des véhicules, App., v° *Immatriculation*, **p. 1390.**
2009	9 févr.	Arrêté. Modalités d'immatriculation des véhicules, App., v° *Immatriculation*, **p. 1393.**
2009	10 févr.	Arrêté. Traitement automatisé de données à caractère personnel dénommé « système d'immatriculation des véhicules », App., v° *Immatriculation*, **p. 1415.**
2009	17 févr.	Loi n° 2009-179. Accélération des programmes de construction et d'investissement publics et privés. – V. C. route, art. L. 323-1.
2009	3 mars	Arrêté. Formation continue des conducteurs de taxi, App., v° *Taxis et VTC*, **p. 1655.**
2009	6 avr.	Décret n° 2009-383. Paiement des amendes et droits fixes de procédure. – Art. 2. – V. C. route, art. R. 322-16, R. 322-18.
2009	10 avr.	Décret n° 2009-397. Conditions de remise en circulation des véhicules endommagés. – Art. 1er, 3 et 4. – V. C. route, art. L. 327-2 à L. 327-5, R. 326-10, R. 326-17, R. 327-1 à R. 327-6.
2009	20 avr.	Loi n° 2009-431. De finances rectificative pour 2009. – Art. 29. – V. C. route, art. L. 330-2, L. 330-5, L. 330-8.
2009	29 avr.	Arrêté. Modalités d'application des dispositions du code de la route relatives aux véhicules endommagés pour les voitures particulières et les camionnettes, App., v° *Véhicules en panne ou accidentés*, **p. 1849.**
2009	30 avr.	Décret n° 2009-497. Réceptions et homologations des véhicules. – V. C. route, art. R. 311-1, R. 313-4, R. 313-18, R. 313-26, R. 316-7, R. 321-4-1, R. 321-5-3, R. 321-6, R. 321-9, R. 321-12, R. 321-14, R. 321-14-1, R. 321-25.
2009	14 mai	Ordonnance n° 2009-537. Adaptation du droit outre-mer. – Art. 9-II. – V. C. route, art. L. 143-1, L. 344-2.
2009	28 mai	Circulaire. Véhicules endommagés, App., v° *Véhicules en panne ou accidentés*, **p. 1852.**
2009	4 juin	Arrêté. Cinémomètres de contrôle routier, App., v° *Vitesse*, **p. 1870.**
2009	17 juin	Décret n° 2009-719. Application de l'al. 5 de l'art. L. 321-1-1. – V. ss. C. route, L. 321-1-1.
2009	23 juin	Décret n° 2009-780. Transport de bois ronds. – V. C. route, art. R. 433-9 à R. 433-16.
2009	29 juill.	Décret n° 2009-949. Poids total roulant autorisé des véhicules terrestres à moteur desservant des ports intérieurs et d'autres sites fluviaux aménagés en bordure des voies navigables. – V. C. route, art. R. 312-4.

2009	1er sept.	Arrêté. Création d'un traitement automatisé de données à caractère personnel dénommé « Système d'informations décisionnel du système d'immatriculation des véhicules », App., v° *Immatriculation*, **p. 1417.**
2009	5 oct.	Décret n° 2009-1182. Conseil supérieur de l'éducation routière (CSER). – V. C. route, art. D. 214-1 s.
2009	8 déc.	Loi n° 2009-1503. Organisation et régulation des transports ferroviaires et portant diverses dispositions relatives aux transports. – V. C. route, art. L. 225-5, L. 234-15, L. 433-1.
2009	18 déc.	Décret n° 2009-1590. Apprentissage de la conduite d'un véhicule à moteur et permis de conduire. – V. C. route, art. R. 211-3, R. 211-5, R. 211-5-1, R. 211-5-2, R. 211-5-3, R. 211-6, R. 213-3, R. 221-6, R. 316-6, R. 317-25.
2009	23 déc.	Décret n° 2009-1644. Extension et adaptation à la Nouvelle-Calédonie et à la Polynésie française de diverses dispositions du code de la route. – V. C. route, art. R. 343-1-1, R. 344-1-1.
2009	23 déc.	Décret n° 2009-1650. Développement et modernisation des services touristiques. – V. C. route, art. R. 221-10.
2009	29 déc.	Décret n° 2009-1678. Enseignement de la conduite et animation de stages de sensibilisation à la sécurité routière. – V. C. route, art. R. 212-1, R. 212-2, R. 212-3, R. 212-3-1, R. 212-3-2, R. 212-4, R. 212-4-1, R. 212-5, R. 212-5-1, R. 213-1, R. 213-2, R. 213-2-1, R. 213-4, R. 213-5, R. 213-6, R. 223-5, R. 223-6, R. 223-7, R. 223-8, R. 223-9, R. 223-10.
2010	12 janv.	Décret n° 2010-44. Information concernant l'interdiction de circulation sur les voies ouvertes au public de certains engins motorisés. – Art. 1er à 4. – V. ss. C. route, art. L. 321-1.
2010	19 févr.	Arrêté. Modalités de l'épreuve pratique de l'examen du permis de conduire de la catégorie B et de la sous-catégorie B1. – V. Art. 1er à 35, App., v° *Permis de conduire*, **p. 1564.**
2010	22 févr.	Décret n° 2010-163. Libre prestation de services et reconnaissance des qualifications professionnelles des contrôleurs techniques et experts en automobile. – V. C. route, art. R. 323-6, R. 323-16 à R. 323-19, R. 326-8, R. 326-10 à R. 326-10-4, R. 326-12.
2010	27 avr.	Ordonnance n° 2010-420. Adaptation de dispositions résultant de la fusion de la direction générale des impôts et de la direction générale de la comptabilité publique. – V. C. route, art. L. 121-4, L. 322-1, L. 344-2.
2010	18 juin	Décret n° 2010-671. Signature électronique et numérique en matière pénale. – V. C. route, art. R. 323-16.

2010	8 juill.	Décret n° 2010-773. Modification des parties réglementaires de différents codes et portant autorisation pour les officiers et agents de police judiciaire de la gendarmerie nationale d'utiliser un carnet de déclaration. – V. C. route, art. R. 325-16, R. 325-36, R. 411-30.
2010	8 juill.	Décret n° 2010-774. Modification des parties réglementaires du code des postes et des communications électroniques, du code de la route et du code monétaire et financier. – V. C. route, art. R. 211-1, R. 435-1, R. 436-1.
2010	12 juill.	Loi n° 2010-788. Portant engagement pour l'environnement. – V. C. route, art. L. 130-4, L. 330-2, L. 411-1.
2010	28 oct.	Ordonnance n° 2010-1307. Partie législative du code des transports. – V. C. route, art. L. 325-4, L. 325-5.
2010	12 nov.	Décret n° 2010-1390. Mesures de sécurité routière. – V. C. route, art. R. 110-2, R. 221-7, R. 221-8, R. 233-1, R. 312-22-1, R. 317-23-1, R. 325-8, R. 411-7, R. 412-7, R. 412-34, R. 412-37, R. 412-39, R. 413-18, R. 415-8, R. 415-9, R. 415-11, R. 415-15, R. 432-5.
2010	16 déc.	Décret n° 2010-1579. Mesures portant modification de certaines dispositions relatives au stationnement. – V. C. route, art. R. 417-10.
2011	5 janv.	Loi n° 2011-12. Dispositions d'adaptation de la législation au droit de l'Union européenne. – V. C. route, art. L. 213-3, L. 326-3, L. 326-5, L. 326-6.
2011	17 janv.	Décret n° 2011-64. Poids total roulant autorisé des véhicules terrestres à moteur. – V. C. route, art. R. 312-4.
2011	4 févr.	Décret n° 2011-153. Dispositions d'adaptation au droit communautaire en matière de gestion des véhicules hors d'usage et des déchets d'équipements électriques et électroniques. – V. C. route, art. R. 318-10, R. 322-9.
2011	14 mars	Loi n° 2011-267. Orientation et programmation pour la performance de la sécurité intérieure. – V. C. route, art. L. 130-9, L. 221-2, L. 223-1, L. 223-6, L. 223-9, L. 224-2, L. 224-3, L. 224-16, L. 225-4, L. 234-2, L. 234-3, L. 234-9, L. 234-12, L. 234-16, L. 234-17, L. 235-2, L. 235-4, L. 243-1, L. 243-2, L. 244-1, L. 244-2, L. 245-1, L. 245-2, L. 325-1-1, L. 325-12, L. 325-2, L. 330-5, L. 343-1, L. 344-1, L. 413-1.
2011	28 mars	Décret n° 2011-335. Accompagnement des transports exceptionnels. – V. C. route, art. R. 130-6, R. 433-2, R. 433-17 à R. 433-20.
2011	4 avr.	Décret n° 2011-368. Sanctions applicables à certaines infractions du code de la route et modification du décret n° 2009-780 du 23 juin 2009 relatif au transport de bois rond. – V. C. route, art. R. 130-6, R. 312-2 à R. 312-6, R. 312-8, R. 317-24, R. 318-1, R. 318-3, R. 318-4, R. 318-5, R. 411-17, R. 433-1, R. 433-3, R. 433-7, R. 433-8, R. 433-12.

2011	14 avr.	Loi nº 2011-392. Garde à vue. – V. C. route, art. L. 234-18, L. 235-5.
2011	2 mai	Décret nº 2011-477. Modalités d'opposition à la réutilisation, à des fins commerciales, des informations contenues dans le système d'immatriculation des véhicules. – V. C. route, art. R. 330-11.
2011	17 mai	Loi nº 2011-525. Simplification et amélioration de la qualité du droit. – V. C route, art. L. 121-3, L. 121-5, L. 142-4, L. 142-5.
2011	24 mai	Décret nº 2010-570. Conseil supérieur de l'éducation routière. – V. C. route, art. D. 214-1 à D. 214-4.
2011	28 juin	Décret nº 2011-759. Diverses mesures réglementaires d'adaptation au droit de l'Union européenne dans le domaine de la reconnaissance des qualifications professionnelles et des services dans le marché intérieur. – V. C. route, art. R. 212-1, R. 213-2, R. 213-2-1.
2011	28 juin	Décret nº 2011-760. Conditions à remplir pour exercer la profession d'expert en automobile et Commission nationale des experts en automobile. – V. C. route, art. R. 326-5 à R. 326-14, D. 326-15.
2011	26 juill.	Arrêté. Obtention et maintien de la qualification pour le contrôle des véhicules endommagés pour les experts en automobile. – V. App., vº *Véhicules en panne ou accidentés*, **p. 1861.**
2011	27 juill.	Loi nº 2011-884. Collectivités territoriales de Guyane et de Martinique. – V. C. route, art. L. 344-1.
2011	5 sept.	Décret nº 2011-1048. Conduite sous l'influence de l'alcool. – V. C. route, art. R. 223-3, R. 233-1, R. 234-5, R. 243-1, R. 244-1, R. 245-1.
2011	9 nov.	Décret nº 2011-1475. Transposition de la directive 2006/126/CE relative au permis de conduire. – V. C. route, art. R. 211-1, R. 211-2, R. 221-1, R. 221-3 *[D. 221-3]*, R. 221-4 à R. 221-11, R. 222-8 *[D. 222-8]*, R. 224-20, R. 233-1, R. 431-4.
2011	28 nov.	Décret nº 2011-1661. Dispositifs d'antidémarrage par éthylotest électronique. – V. App., vº *Alcoolémie*, **p. 1036.**
2011	13 déc.	Loi nº 2011-1862. Répartition des contentieux et allègement de certaines procédures juridictionnelles. – V. C. route, art. L. 121-2, L. 121-3, L. 322-3, L. 325-1-1, L. 344-1.
2011	28 déc.	Loi nº 2011-1978 du 28 décembre 2011. De finances rectificative pour 2011. – V. C. route, art. L. 325-1.
2011	29 déc.	Décret nº 2011-2046. Contrôle technique. – V. C. route, art. R. 323-18-1, R. 323-22, R. 323-25.

2012	3 janv.	Décret n° 2012-3. Mesures de sécurité routière. – V. C. route, art. R. 130-6, R. 221-8, R. 234-6, R. 235-3, R. 235-4, R. 235-9, R. 317-8, R. 325-1, R. 325-1-1, R. 325-22, R. 325-27, R. 325-32, R. 325-43, R. 325-45, R. 411-21-1, R. 412-6-1, R. 412-6-2, R. 412-8, R. 412-22, R. 413-15, R. 431-1-2.
2012	12 janv.	Arrêté. Reconnaissance et échange des permis de conduire délivrés par les États n'appartenant ni à l'Union européenne, ni à l'Espace économique européen, App., v° *Permis de conduire*, **p. 1571.**
2012	20 févr.	Décret n° 2012-237. Classification des véhicules et sanctions applicables en cas d'infraction à une mesure d'interdiction ou de restriction de la circulation dans les zones d'actions prioritaires pour l'air. – V. C. route, art. R. 318-2, R. 411-19-1.
2012	28 févr.	Décret n° 2012-284. Possession obligatoire d'un éthylotest par le conducteur d'un véhicule terrestre à moteur. – V. C. route, art. R. 233-1, R. 234-7.
2012	5 mars	Décret n° 2012-312. Manifestations sportives sur les voies publiques ou ouvertes à la circulation publique. – V. C. route, art. R. 411-10, R. 411-29, R. 411-31.
2012	12 mars	Ordonnance n° 2012-351. Partie législative du code de la sécurité intérieure. – V. C. route, art. L. 130-5.
2012	22 mars	Loi n° 2012-387. Simplification du droit et allégement des démarches administratives. – V. C. route, art. L. 221-2, L. 312-1.
2012	18 avr.	Décret n° 2012-516. Transports exceptionnels. – V. C. route, art. R. 433-3 à R. 433-5.
2012	20 avr.	Décret n° 2012-537. Compétences de la commission départementale de la sécurité routière. – V. C. route, art. R. 411-10, R. 411-12.
2012	20 avr.	Arrêté. Conditions d'établissement, de délivrance et de validité du permis de conduire, App., v° *Permis de conduire*, **p. 1599.**
2012	23 avr.	Arrêté. Permis de conduire des catégories BE, C1, C1E, C, CE, D1, D1E, D et DE, App., v° *Permis de conduire*, **p. 1599.**
2012	7 mai	Décret n° 2012-688. Enseignement de la conduite et animation de stages de sensibilisation à la sécurité routière. – V. C. route, art. R. 211-1 à R. 211-5-2, R. 211-6, R. 212-1 à R. 212-3-1, R. 212-4-1, R. 212-5, R. 212-6, R. 213-2, R. 213-2-1, R. 213-4, R. 213-6, R. 213-8, R. 213-9, R. 223-5, R. 223-6, R. 223-8, R. 223-13.
2012	26 juin	Arrêté. Autorisation d'animer les stages de sensibilisation à la sécurité routière, App., v° *Sécurité routière*, **p. 1645.**
2012	26 juin	Arrêté. Conditions d'exploitation des établissements chargés d'organiser les stages de sensibilisation à la sécurité routière, App., v° *Sécurité routière*, **p. 1647.**

2012	17 juill.	Décret n° 2012-886. Contrôle médical de l'aptitude à la conduite. – V. C. route, art. R. 212-2, R. 221-10, R. 221-11, R. 221-13, R. 221-14, R. 221-19, R. 224-21, R. 224-22, R. 224-23, R. 225-2, R. 226-1 à R. 226-4, R. 241-2, R. 412-1.
2012	31 juill.	Arrêté. Organisation du contrôle médical de l'aptitude à la conduite, App., v° *Permis de conduire*, **p. 1607.**
2012	31 juill.	Arrêté. Définition du diplôme d'expert en automobile, App., v° *Véhicules accidentés*, **p. 905.**
2012	1er août	Décret n° 2012-953. Sanction du dépannage exercé sans agrément sur les autoroutes et les ouvrages d'art concédés du réseau routier national. – V. C. route, art. R. 421-10, R. 422-5.
2012	1er oct.	Décret n° 2012-1109. Protection des transports de fonds. – V. C. route, art. R. 417-11.
2012	10 oct.	Décret n° 2012-1145. Contrôle technique des véhicules. – V. C. route, art. R. 323-13 à R. 323-15, R. 323-17.
2012	29 oct.	Décret n° 2012-1197. Possession obligatoire d'un éthylotest par le conducteur d'un véhicule terrestre à moteur. – V. C. route, art. R. 233-1.
2012	7 nov.	Décret n° 2012-1247. Gestion budgétaire et comptable publique. – V. C. route, art. R. 322-17.
2012	8 nov.	Arrêté. Conditions d'obtention du brevet de sécurité routière correspondant à la catégorie AM du permis de conduire, App., v° *Sécurité routière*, **p. 1652.**
2012	4 déc.	Décret n° 2012-1359. Poids total roulant autorisé des véhicules terrestres à moteur. – V. C. route, art. R. 312-4 à R. 312-6.
2012	4 déc.	Arrêté. Poids total roulant autorisé des véhicules terrestres à moteur. – V. ss. C. route, art. R. 312-4.
2012	24 déc.	Loi n° 2012-1441. Juridictions de proximité. – V. C. route, art. L. 121-3.
2013	3 janv.	Décret n° 2013-10. Transaction en matière de péage prévue à l'article 529-6 du code de procédure pénale. – V. C. route, art. R. 130-8.
2013	17 janv.	Décret n° 2013-58. Modification du décret n° 2011-1475 du 9 novembre 2011 portant diverses mesures réglementaires de transposition de la directive 2006/126/CE relative au permis de conduire. – V. C. route, art. R. 221-4, R. 221-7, R. 221-8.
2013	17 janv.	Arrêté. Conditions et modalités d'obtention du permis de conduire au vu des diplômes, certificats ou titres professionnels de conducteur routier, App., v° *Permis de conduire*, **p. 1615.**

2013	17 janv.	Arrêté. Formation requise pour les titulaires de la catégorie B du permis de conduire en vue de la conduite d'un ensemble composé d'un véhicule tracteur relevant de la catégorie B auquel est attelée une remorque dont le poids total autorisé en charge (PTAC) est supérieur à 750 kilogrammes, lorsque la somme des PTAC du véhicule tracteur et de la remorque est supérieure à 3 500 kilogrammes sans excéder 4 250 kilogrammes, App., v° *Permis de conduire*, **p. 1616.**
2013	28 févr.	Décret n° 2013-180. Modification de l'article R. 233-1 du code de la route. – V. C. route, art. R. 233-1.
2013	26 avr.	Arrêté. Notification des résultats des examens du permis de conduire. – V. App., v° *Permis de conduire*, **p. 1617.**
2013	28 mai	Loi n° 2013-431. Diverses dispositions en matière d'infrastructures et de services de transports. – V. C. route, art. L. 130-6, L. 225-5, art. L. 325-1, L. 330-2.
2013	26 juin	Décret n° 2013-559. Droits et obligations des redevables de la taxe sur les véhicules de transport de marchandises, App., v° *Transports routiers*, **p. 1812.**
2013	16 juill.	Loi n° 2013-619. Adaptation au droit de l'Union européenne dans le domaine du développement durable. – V. C. route, art. L. 330-2.
2013	18 juill.	Décret n° 2013-652. Immobilisation des véhicules lors des contrôles de la taxe prévue à l'article 269 du code des douanes. – V. C. route, art. R. 325-3.
2013	25 oct.	Arrêté. Création d'un traitement de données à caractère personnel dénommé « RSVERO », App., v° *Immatriculation*, **p. 1418.**
2013	15 nov.	Loi n° 2013-1029. Dispositions relatives aux outre-mer. – Art. 23. – V. C. route, art. L. 142-3.
2014	3 janv.	Décret n° 2014-3. Vitesse maximale autorisée sur le boulevard périphérique de Paris. – V. C. route, art. R. 413-3, R. 413-8, R. 413-9.
2014	27 janv.	Loi n° 2014-58. De modernisation de l'action publique territoriale et d'affirmation des métropoles. – Art. 62-II, 63-II. – V. C. route, art. L. 330-2, L. 411-1, L. 411-2.
2014	4 févr.	Règlement (UE) n° 165/2014. Tachygraphes dans les transports routiers, abrogation du règlement (CEE) n° 3821/85 du Conseil concernant l'appareil de contrôle dans le domaine des transports par route et modification du règlement (CE) n° 561/2006 du Parlement européen et du Conseil relatif à l'harmonisation de certaines dispositions de la législation sociale dans le domaine des transports par route (texte présentant de l'intérêt pour l'EEE), App., v° *Transports routiers*, **p. 1818.**

2014	17 mars	Loi n° 2014-344. La consommation. – Art. 136. – V. C. route, art. L. 213-2.
2014	17 mars	Arrêté. Autorisation à titre expérimental d'un traitement automatisé de données à caractère personnel dénommé « Fichier des objets et des véhicules signalés » (FOVeS). – V. ss. C. route, art. L. 330-8.
2014	19 mars	Décret n° 2014-357. Mise en circulation après contrôle de conformité initial et contrôle technique des véhicules de poids total autorisé en charge inférieur ou égal à 3,5 tonnes. – V. C. route, art. R. 321-15, R. 323-25.
2014	3 avr.	Directive 2014/45/UE du Parlement européen et du Conseil. Contrôle technique périodique des véhicules à moteur et de leurs remorques, et abrogation de la directive 2009/40/CE, App., v° *Contrôle technique*, **p. 1142.**
2014	27 mai	Décret n° 2014-551. Adaptation de dispositions pour faire suite à la fusion de la direction générale des impôts et de la direction générale de la comptabilité publique. – Art. 25. – V. C. route, art. R. 223-8, R. 322-16, R. 322-18, R. 325-1-1, R. 325-25, R. 325-29, R. 325-32, R. 325-40, R. 325-42 à R. 325-44.
2014	8 juill.	Décret n° 2014-784. Sécurité des transports collectifs routiers de personnes. – Art. 7. – V. C. route, art. R. 130-6, R. 233-1, R. 311-1, R. 312-4 à R. 312-6, R. 317-3, R. 317-4, R. 317-24, R. 317-24-1, R. 411-17, R. 411-21-1, R. 411-23-1, R. 411-23-2.
2014	22 oct.	Arrêté. Fixant la méthode nationale d'attribution des places d'examen du permis de conduire, App., v° *Permis de conduire*, **p. 1618.**
2014	31 oct.	Décret n° 2014-1295. Diverses dispositions en matière de sécurité routière. – Art. 2 à 11. – V. C. route, art. R. 211-2, R. 211-3, R. 212-3, R. 212-4, R. 213-3, R. 213-4, R. 221-4, R. 221-11, R. 223-8, R. 233-1.
2014	19 déc.	Ordonnance n° 2014-1543. Diverses mesures relatives à la création de la métropole de Lyon. – Art. 10. – V. C. route, art. L. 411-3-1, L. 411-7.
2014	29 déc.	Loi n° 2014-1654. De finances pour 2015. – Art. 47. – V. C. route, art. L. 330-5.
2014	30 déc.	Décret n° 2014-1725. Transport public particulier de personnes. – Art. 4-IV. – V. C. route, art. R. 221-10, R. 323-22, R. 323-26.
2015	16 févr.	Loi n° 2015-177. Modernisation et simplification du droit et des procédures dans les domaines de la justice et des affaires intérieures. – Art. 16, 17. – V. C. route, art. L. 212-2, L. 213-1, L. 221-1.

2015	11 mars	Directive (UE) 2015/413. Échange transfrontalier d'informations concernant les infractions en matière de sécurité routière, App., v° *Immatriculation*, **p. 1419.**
2015	17 mars	Loi n° 2015-294. Introduction d'une formation pratique aux gestes de premiers secours dans la préparation du permis de conduire. – V. C. route, art. L. 221-3.
2015	17 mars	Arrêté. Information précontractuelle des consommateurs et publicité des prix des prestations de location de véhicules, App., v° *Consommation*, **p. 1107.**
2015	9 avr.	Ordonnance n° 2015-401. Gestion, recouvrement et contestation du forfait de post-stationnement prévu à l'article L. 2333-87 du code général des collectivités territoriales. – Art. 6. – V. C. route, art. L. 322-1, L. 330-2.
2015	7 mai	Décret n° 2015-514. Détention et port du gilet de haute visibilité. – Art. 1er. – V. C. route, art. R. 233-1, R. 416-19, R. 431-1-2.
2015	20 mai	Décret n° 2015-557. Redevance de stationnement des véhicules sur la voirie prévue à l'art. L. 2333-87 du CGCT. – Art. 4. – V. C. route, art. R. 417-3-1, R. 417-6.
2015	27 mai	Décret n° 2015-578. Conditions d'application de l'article L. 213-2 du code de la route. – V. C. route, art. R. 213-3-1, R. 213-3-2.
2015	18 juin	Décret n° 2015-694. Modifications des règles régissant certaines instances de concertation et complétant la liste des agents susceptibles d'être habilités à constater certaines infractions sur le territoire de la métropole de Lyon. – Art. 1er. – V. C. route, art. R. 411-11.
2015	24 juin	Décret n° 2015-743. Lutte contre l'insécurité routière. – V. C. route, art. R. 234-1, R. 243-1, R. 244-1, R. 245-1, R. 412-6-1.
2015	29 juin	Décret n° 2015-774. Modifications des articles R. 234-2 et R. 234-7 du code de la route et du décret n° 2008-883 du 1er septembre 2008 relatif aux éthylotests électroniques. – Art. 1er et 2. – V. C. route, art. R. 234-2, R. 234-7.
2015	29 juin	Décret n° 2015-775. Fixation des exigences de fiabilité et de sécurité relatives aux éthylotests chimiques destinés à un usage préalable à la conduite routière, App., v° *Alcoolémie*, **p. 1037.**
2015	2 juill.	Décret n° 2015-808. Plan d'actions pour mobilités actives et stationnement. – Art. 2 à 13. – V. C. route, art. R. 412-7, R. 412-9, R. 412-19, R. 412-28-1, R. 412-30, R. 412-38, R. 415-2, R. 415-15, R. 417-1 à R. 417-6, R. 417-10, R. 417-11, R. 431-9.
2015	6 août	Loi n° 2015-990. Croissance, activité et égalité des chances économiques. – Art. 3, 20, 22 à 30. – V. C. route, art. L. 130-4, L. 142-4-1, L. 211-2 à L. 211-7, L. 212-4, L. 213-1 à L. 213-3, L. 213-4-1, L. 213-5, L. 213-6, L. 213-9, L. 221-2, L. 221-1 A, L. 221-4 à L. 221-10, L. 223-1, L. 317-9.

2015	17 août	Loi n° 2015-992. Transition énergétique pour la croissance verte : — Art. 37-VIII, 58 et 77 — V. C. route, art. L. 130-8, L. 318-1 à L. 318-4, L. 327-2, L. 330-2 et L. 342-2. — Art. 65. — V. ss. C. route, art. R. 323-22.
2015	17 août	Loi n° 2015-993. Adaptation de la procédure pénale au droit de l'Union européenne. — Art. 35 et 38. — V. C. route, art. L. 330-2.
2015	7 oct.	Ordonnance n° 2015-1241. Communication dématérialisée des décisions de minoration du solde de points affecté au permis de conduire. — V. C. route, art. L. 223-3.
2015	25 nov.	Décret n° 2015-1537. Diverses dispositions relatives à la formation à la conduite et à la sécurité routière. — V. C. route, art. R. 211-3, R. 211-5-1, R. 212-4, R. 213-1, R. 213-2, R. 233-1, R. 411-10.
2015	1er déc.	Décret n° 2015-1571. Conditions d'application de l'article L. 213-2 du code de la route. — V. C. route, art. R. 213-3-1 à R. 213-3-3.
2015	17 déc.	Décret n° 2015-1693. Reconnaissance des qualifications professionnelles des commissionnaires de transport et diverses dispositions relatives au transport routier. — Art. 6. — V. C. route, art. R. 130-6, R. 411-23-1.
2015	18 déc.	Ordonnance n° 2015-1682. Simplification de certains régimes d'autorisation préalable et de déclaration des entreprises et des professionnels. — Art. 5 à 7. — V. C. route, art. L. 212-1, L. 213-1-1, L. 326-4, L. 326-8.
2015	28 déc.	Décret n° 2015-1794. Critères d'agrément des réseaux de contrôle technique des véhicules lourds. — V. C. route, art. R. 323-8.
2015	29 déc.	Décret n° 2015-1892. Communication dématérialisée des décisions de minoration et de reconstruction du solde de points affecté au permis de conduire. — V. C. route, art. R. 223-3, R. 223-3-1, R. 223-4.
2016	22 janv.	Décret n° 2016-39. Application de l'article L. 224-14 du code de la route. — V. C. route, art. R. 224-21, R. 224-22, R. 226-2.
2016	26 janv.	Loi n° 2016-41. Modernisation de notre système de santé. — Art. 45. — V. C. route, art. L. 234-3, L. 235-1, L. 235-2.
2016	14 mars	Ordonnance n° 2016-301. Partie législative du code de la consommation. — Art. 15. — V. C. route, art. L. 130-8, L. 213-2-1.
2016	17 mars	Décret n° 2016-308. Réutilisation des informations publiques et modification du code des relations entre le public et l'administration (dispositions réglementaires). — Art. 3-III. — V. C. route, art. R. 330-8.

2016	22 mars	Loi n° 2016-339. Prévention et lutte contre les incivilités, contre les atteintes à la sécurité publique et contre les actes terroristes dans les transports collectifs de voyageurs. – Art. 7. – V. C route, art. L. 225-4, L. 225-5, L. 330-2 à L. 330-4.
2016	22 mars	Décret n° 2016-347. Renouvellement du permis de conduire français des personnes établies à l'étranger et échange du permis français contre un permis étranger. – V. C. route, art. R. 221-1, R. 221-1-1 nouv., R. 222-1, R. 225-2.
2016	29 mars	Décret n° 2016-364. Exigences de sécurité concernant les bicyclettes, App., v° *Consommation (de droit)*, **p. 1108.**
2016	30 mars	Décret n° 2016-381. Modalités d'accès à la profession d'enseignant de la conduite automobile et de la sécurité routière. – V. C. route, art. R. 211-3, R. 212-1 à R. 212-4, R. 213-3.
2016	13 avr.	Décret n° 2016-448. Modification de certaines dispositions du code de la route relatives aux véhicules. – V. C. route, art. R. 311-1, R. 312-2, R. 312-4, R. 312-10, R. 312-11, R. 313-3-1, R. 313-3-2, R. 313-3-3, R. 313-3-4, R. 313-4, R. 313-4-1, R. 313-6, R. 313-7, R. 313-10 à R. 313-12, R. 313-14, R. 313-16 à R. 313-20, R. 313-24, R. 313-25, R. 316-1 à R. 316-3-1, R. 316-5 à R. 316-7, R. 317-1, R. 317-5, R. 317-9 à 317-11, R. 317-15, R. 317-23, R. 317-26, R. 317-26-1, R. 321-4-1, R. 321-8, R. 321-14-1, R. 321-15, R. 321-17 à R. 321-21, R. 321-23, R. 321-25, R. 322-2, R. 325-5-1, R. 416-17.
2016	13 avr.	Arrêté. Autorisation temporaire et restrictive d'exercer mentionnée à l'article R. 212-1 du code de la route. – V. C. route, art. R. 212-1.
2016	14 avr.	Ordonnance n° 2016-460. Modification de l'article L. 225-4 du code de la route pour habiliter les fonctionnaires et agents de l'État chargés du contrôle des transports terrestres placés sous l'autorité du ministre chargé des transports à accéder directement aux informations relatives au permis de conduire. – V. C. route, art. L. 225-4.
2016	26 avr.	Décret n° 2016-516. Organisation de l'épreuve théorique générale du permis de conduire. – V. C. route, art. R. 221-1 à R. 221-21, R. 241-1.
2016	17 mai	Décret n° 2016-613. Reconnaissance des qualifications professionnelles de certaines professions réglementées par le code de la route et par le code des transports. – Art. 1er. – V. C. route, art. R. 212-1, R. 212-3-1, R. 212-3-2, R. 212-5-1, R. 213-2-1, R. 213-2-2, R. 326-6 à R. 326-8-1.
2016	27 mai	Décret n° 2016-697. Véhicules d'intérêt général et parc des autocars de la police et de la gendarmerie. – V. C. route, art. R. 311-1.
2016	31 mai	Décret n° 2016-723. Modifications des conditions d'obtention des catégories A et BE du permis de conduire. – V. C. route, art. D. 221-3, R. 221-5, R. 221-6, R. 221-10.

2016	3 juin	Loi n° 2016-731. Renforcement de la lutte contre le crime organisé, le terrorisme et leur financement, et amélioration de l'efficacité et des garanties de la procédure pénale. – Art. 83. – V. C. route, art. L. 234-18, L. 235-5.
2016	17 juin	Décret n° 2016-812. Application de l'article 65 de la loi n° 2015-992 du 17 août 2015 relative à la transition énergétique pour la croissance verte. – V. ss. C. route, art. R. 323-22.
2016	17 juin	Décret n° 2016-815. Conseil supérieur de l'éducation routière. – V. C. route, art. D. 214-1 à D. 214-3.
2016	21 juin	Arrêté. Nomenclature des véhicules classés en fonction de leur niveau d'émission de polluants atmosphériques en application de l'article R. 318-2 du code de la route, App., v° *Environnement*, **p. 1349.**
2016	28 juin	Décret n° 2016-847. Zones à circulation restreinte. – Art. 2. – V. C. route, art. R. 411-19-1.
2016	29 juin	Décret n° 2016-858. Certificats qualité de l'air. – V. C. route, art. R. 318-2.
2016	24 août	Décret n° 2016-1152. La lutte contre la conduite après usage de substances ou plantes classées comme stupéfiants. – V. C. route, art. R. 235-1 à R. 235-12.
2016	19 sept.	Décret n° 2016-1232. Obligation de porter des gants pour les conducteurs et les passagers de motocyclette, de tricycle à moteur, de quadricycle à moteur ou de cyclomoteur. – V. C. route, art. R. 431-1-1, R. 431-1-2, R. 431-3.
2016	30 sept.	Décret n° 2016-1289. Réquisition par les agents de l'autorité compétente d'un document attestant que le véhicule est équipé d'un dispositif homologué d'antidémarrage par éthylotest électronique et décision de mainlevée d'une prescription de mise en fourrière d'un véhicule. – V. C. route, art. R. 233-1, R. 325-32, R. 325-38 à R. 325-41.
2016	18 oct.	Arrêté. Homologation des vitrages et leur installation dans les véhicules, App., v° *Vitrages*, **p. 1881.**
2016	10 nov.	Décret n° 2016-1521. Circulation des véhicules agricoles ou forestiers, des dépanneuses et des véhicules d'intérêt général prioritaires de lutte contre l'incendie. – V. C. route, art. R. 433-1, R. 435-2, R. 437-1, R. 437-2.
2016	18 nov.	Loi n° 2016-1547. Modernisation de la justice du XXIe siècle. – Art. 34 à 37. – V. C. route, art. L. 121-3, L. 121-4-1, L. 121-6, L. 130-9, L. 143-1, L. 221-2, L. 221-2-1, L. 223-10, L. 223-11, L. 225-1, L. 225-3 à L. 225-5, L. 311-2, L. 322-1-1, L. 324-2, L. 325-1-2, L. 330-2.
2016	18 nov.	Décret n° 2016-1551. Diverses mesures relatives à la durée du travail, aux repos et aux congés. – Art. 6-VI. – V. C. route, art. R. 121-2.

2016	13 déc.	Arrêté. Fixation des modalités du dépistage des substances témoignant de l'usage de stupéfiants, et des analyses et examens prévus par le code de la route et abrogation de l'arrêté du 5 septembre 2001 modifié fixant les modalités du dépistage des substances témoignant de l'usage de stupéfiants, et des analyses et examens prévus par le code de la route. – V. ss. C. route, art. R. 235-13.
2016	15 déc.	Arrêté. Application de l'article L. 121-6 du code de la route. – V. C. route, art. A. 121-1 à A. 121-3, A. 143-1.
2016	21 déc.	Décret n° 2016-1800. Obligation de porter un casque pour les conducteurs et les passagers de cycle âgés de moins de douze ans. – V. C. route, art. R. 431-1-3.
2016	22 déc.	Ordonnance n° 2016-1809. Reconnaissance des qualifications professionnelles de professions réglementées. – Art. 14. – V. C. route, art. L. 323-1.
2016	23 déc.	Décret n° 2016-1849. Carte mobilité inclusion pris en application de l'article 107 de la loi n° 2016-1321 du 7 octobre 2016 pour une République numérique et en application de l'article 2 de la loi n° 93-1419 du 31 décembre 1993 relative à l'Imprimerie nationale. – Art. 4. – V. C. route, art. R. 417-11.
2016	23 déc.	Arrêté. Justification de l'identité, du domicile, de la résidence normale et régularité du séjour pour l'obtention du permis de conduire, App., v° *Permis de conduire*, **p. 1621.**
2016	28 déc.	Loi n° 2016-1888. Modernisation, de développement et de protection des territoires de montagne. – Art. 27. – V. C. route, art. L. 314-1.
2016	28 déc.	Décret n° 2016-1955. Portant application des dispositions des articles L. 121-3 et L. 130-9 du code de la route. – Art. 1er. – V. C. route, art. R. 121-6, R. 130-11, R. 143-1.
2016	29 déc.	Loi n° 2016-1917. De finances pour 2017. – Art. 84-II. – V. C. route, art. L. 325-1, L. 330-2.
2017	6 janv.	Décret n° 2017-15. Circulation des bateaux amphibies sur le domaine public routier. – V. C. route, art. R. 130-6, R. 311-1, R. 433-1, R. 435-3, R. 435-4, R. 435-6.
2017	6 janv.	Décret n° 2017-16. Circulation des transports exceptionnels. – V. C. route, art. R. 312-10, R. 312-11, R. 321-17, R. 343-3, R. 344-3, R. 412-30, R. 412-33, R. 413-9, R. 414-2, R. 415-2, R. 433-1, R. 433-2, R. 433-2-1, R. 433-2-2, R. 433-5.
2017	11 janv.	Décret n° 2017-21. Obligations d'achat ou d'utilisation de véhicules à faibles émissions par les gestionnaires de flottes de véhicules, les loueurs de véhicules automobiles, les exploitants de taxis et exploitants de voitures de transport avec chauffeur. – Art. 2. – V. C. route, art. R. 318-7, R. 318-8.

2017	2 févr.	Décret n° 2017-127. Modification de l'article R. 323-18-1 du code de la route. – V. C. route, art. R. 323-18-1.
2017	16 févr.	Décret n° 2017-198. Interdiction de conduire un véhicule non équipé d'un dispositif d'antidémarrage par éthylotest électronique. – Art. 1er. – V. C. route, art. R. 130-3, R. 130-6, R. 222-4, R. 223-3, R. 233-1, R. 234-5, R. 243-1, R. 244-1, R. 245-1.
2017	20 févr.	Décret n° 2017-208. Nomenclature des véhicules figurant à l'article R. 311-1 du code de la route et modification des règles relatives au contrôle technique des véhicules de collection. – V. C. route, art. R. 311-1, R. 323-3, R. 323-6, R. 323-9, R. 323-22, R. 323-25.
2017	27 févr.	Décret n° 2017-248. Modalités de fixation des tarifs des actes prescrits dans le domaine de la médecine légale, de la psychologie légale, de la toxicologie, de la biologie et de la radiologie et relevant des frais de justice. – Art. 6, 8. – V. C. route, art. R. 235-12, R. 243-2.
2017	28 févr.	Loi n° 2017-256. Programmation relative à l'égalité réelle outre-mer et autres dispositions en matière sociale et économique. – Art. 94, 95. – V. C. route, art. L. 143-2, L. 243-1.
2017	28 févr.	Loi n° 2017-257. Statut de Paris et aménagement métropolitain. – Art. 27. – V. C. route, art. L. 325-2, L. 325-13, L. 411-2.
2017	28 févr.	Loi n° 2017-258. Sécurité publique. – Art. 26. – V. C. route, art. L. 233-1, L. 233-1-1, L. 243-2, L. 244-2, L. 245-2.
2017	6 avr.	Ordonnance n° 2017-496. Extension des dispositions de l'article 45 de la loi n° 2016-41 du 26 janvier 2016 de modernisation de notre système de santé dans les îles Wallis-et-Futuna, en Nouvelle-Calédonie et en Polynésie française. – V. C. route, art. L. 243-1, L. 243-2, L. 244-1, L. 244-2, L. 245-1, L. 245-2.
2017	20 avr.	Décret n° 2017-589. Application de l'article L. 311-2 du code de la route. – V. C. route, art. D. 311-4.
2017	28 avr.	Décret n° 2017-675. Gestion des véhicules hors d'usage. – Art. 2. – V. C. route, art. R. 322-9, R. 327-1-1.
2017	5 mai	Décret n° 2017-782. Renforçant les sanctions pour non-respect de l'usage des certificats qualité de l'air et des mesures d'urgence arrêtées en cas d'épisode de pollution atmosphérique. – Art. 3 à 6. – V. C. route, art. R. 318-2, R. 411-19, R. 411-19-1, R. 411-27.
2017	9 mai	Décret n° 2017-911. Dématérialisation de la procédure de demande de duplicata du certificat d'immatriculation. – V. C. route, art. R. 322-10.
2017	8 juin	Arrêté. Contrôle technique routier des véhicules lourds, App., v° *Transports routiers*, **p. 1150.**

2017	7 juill.	Arrêté. Portant autorisation d'un traitement automatisé de données à caractère personnel dénommé « Fichier des objets et des véhicules signalés » (FOVeS). — V. ss. C. route, art. L. 330-8.
2017	15 juin	Arrêté. Reconnaissance des qualifications professionnelles des experts en automobile. — Art. 5. — V. Arr. du 26 juill. 2011, art. 2, App., v° *Véhicules en panne ou accidentés*, **p. 1861.**
2017	9 août	Décret n° 2017-1278. Dématérialisation et modernisation des procédures relatives à l'immatriculation des véhicules. — V. C. route, art. R. 322-1, R. 322-4 à R. 322-10, R. 322-15, R. 327-1 à R. 327-4, R. 330-1, R. 330-5, R. 330-7, R. 330-11, R. 350-1 à R. 350-3.
2017	9 août	Décret n° 2017-1279. Simplification de la police des manifestations sportives. — Art. 27 à 33. — V. C. route, art. R. 411-10, R. 411-12, R. 411-29 à R. 411-31, R. 412-9, R. 414-3-1.
2017	11 août	Arrêté. Agrément des centres de formation habilités à dispenser la formation initiale et continue des conducteurs de taxi et des conducteurs de voiture de transport avec chauffeur. — V. App., v° *Taxis et VTC*, **p. 1658.**
2017	11 août	Arrêté. Formation continue des conducteurs de taxi et des conducteurs de voiture de transport avec chauffeur et mobilité des conducteurs de taxi. — V. App., v° *Taxis et VTC*, **p. 1660.**
2017	28 août	Arrêté. Création d'un traitement automatisé de lutte contre la fraude au certificat d'immatriculation des véhicules. — V. App., v° *Immatriculation*, **p. 1383.**
2017	31 oct.	Décret n° 2017-1518. Interdiction de solliciter un agrément pour l'exploitation des établissements mentionnés à l'article L. 213-1 du code de la route. — V. C. route, art. R. 213-2, R. 213-6.
2017	3 nov.	Décret n° 2017-1523. Diverses dispositions en matière de sécurité routière. — Art. 2 à 8. — V. C. route, art. R. 130-1-2, R. 130-2, R. 130-3, R. 221-13 à R. 221-14-1, R. 222-1 à R. 222-3, R. 224-12.
2017	16 nov.	Décret n° 2017-1578. Délivrance de la catégorie A du permis de conduire aux motocyclistes de la gendarmerie et de la police nationales. — V. C. route, art. R. 221-5.
2017	25 déc.	Loi n° 2017-1754. Ratification de l'ordonnance n° 2017-717 du 3 mai 2017 portant création de l'établissement public Paris La Défense. — Art. 2-II. — V. C. route, art. L. 130-4.
2017	27 déc.	Décret n° 2017-1777. Collectivité de Corse et services d'incendie et de secours. — Art. 6. — V. C. route, art. R. 411-11.
2017	29 déc.	Arrêté. Modalités de gestion des aides à l'acquisition et à la location des véhicules peu polluants, App., v° *Environnement*, **p. 1350.**

2018	26 févr.	Ordonnance n° 2018-207. Réduction du délai probatoire pour les titulaires d'un premier permis de conduire qui ont suivi une formation complémentaire. – V. C. route, art. L. 223-1.
2018	28 mars	Décret n° 2018-211. Expérimentation de véhicules à délégation de conduite sur les voies publiques : – V. ss. C. route, art. L. 319-1. – Art. 8. – V. C route, art. R. 322-3.
2018	17 avr.	Arrêté. Expérimentation de véhicules à délégation de conduite sur les voies publiques. – V. ss. C. route, art. L. 319-1.
2018	24 mai	Décret n° 2018-387. Conditions d'accès aux informations des traitements de données à caractère personnel relatifs au permis de conduire et à la circulation des véhicules. – V. C. route, art. R. 225-1, R. 225-4 à R. 225-6, R. 330-2 à R. 330-6.
2018	15 juin	Décret n° 2018-487. Vitesses maximales autorisées des véhicules. – V. C. route, art. R. 413-2, R. 413-10, R. 413-13.
2018	17 juill.	Arrêté. Modification de l'arrêté du 11 août 2017 relatif à la formation continue des conducteurs de taxi et des conducteurs de voiture de transport avec chauffeur et à la mobilité des conducteurs de taxi. – V. Arr. du 11 août 2017, art. 2, App., v° *Taxis et VTC*, **p. 1661.**
2018	3 août	Loi n° 2018-699. Garantie de la présence des parlementaires dans certains organismes extérieurs au parlement et simplification des modalités de leur nomination. – Art. 18. – V. C. route, art. L. 130-10.
2018	3 août	Loi n° 2018-701. Renforcement de la lutte contre les rodéos motorisés. – V. C. route, art. L. 236-1 à L. 236-3, L. 243-3, L. 244-3, L. 245-3.
2018	3 août	Décret n° 2018-715. Application de l'article L. 223-1 du code de la route. – V. C. route, art. R. 223-1, R. 223-4-1, R. 225-2.
2018	17 sept.	Décret n° 2018-795. Sécurité routière. – Art. 2 à 19. – V. C. route, art. R. 121-6, R. 130-11, R. 143-1, R. 212-4, R. 221-5, R. 222-7, R. 224-6, R. 224-22, R. 224-23, R. 225-5-1, R. 226-2, R. 233-1, R. 234-1, R. 411-29, R. 412-1, R. 412-1-1, R. 412-9, R. 412-11-1, R. 413-17, R. 415-11.
2018	31 oct.	Décret n° 2018-953. Extension et adaptation de la partie réglementaire du code du travail, et diverses dispositions relatives au travail, à l'emploi et à la formation professionnelle à Mayotte. – Art. 20. – V. C. route, art. R. 142-3, R. 142-4, R. 242-4.
2018	28 nov.	Décret n° 2018-1045. Véhicules de transports urbains de personnes. – V. C. route, art. R. 311-1, R. 312-11, R. 323-6, R. 323-23, R. 411-23-1.

2018	12 déc.	Ordonnance n° 2018-1125. Application de l'article 32 de la loi n° 2018-493 du 20 juin 2018 relative à la protection des données personnelles et portant modification de la loi n° 78-17 du 6 janvier 1978 relative à l'informatique, aux fichiers et aux libertés et diverses dispositions concernant la protection des données à caractère personnel. — Art. 19. — V. C. route, art. L. 130-9, L. 225-6, L. 225-8, L. 330-5, L. 330-7.
2018	13 déc.	Décret n° 2018-1143. Compétence des commissions médicales primaires. — V. C. route, art. D. 226-3-1.
2018	28 déc.	Décret n° 2018-1278. Création du service à compétence nationale dénommé Centre national de réception des véhicules. — V. ss. C. route, art. L. 311-1.
2019	3 janv.	Arrêté. Création du service à compétence nationale dénommé Centre national de réception des véhicules : — Art. 3. — V. Arr. du 18 juin 1991, art. 30, App., v° *Contrôle technique*, **p. 1124.** — Art. 4. — V. Arr. du 27 juill. 2004, art. 41, App., v° *Contrôle technique*, **p. 1140.**
2019	19 mars	Directive (UE) 2019/520 du Parlement européen et du Conseil. Interopérabilité des systèmes de télépéage routier et facilitation de l'échange transfrontière d'informations relatives au défaut de paiement des redevances routières dans l'Union. — Art. 23 à 27. — V. App., v° *Immatriculation*, **p. 1425.**
2019	20 mars	Décret n° 2019-208. Institution d'une contravention pour participation à une manifestation interdite sur la voie publique. — Art. 2. — V. C. pr. pén., art. R. 48-1, App., v° *Infractions*, **p. 1475.**
2019	20 mars	Décret n° 2019-214. Assurance des véhicules en circulation internationale dite « assurance frontière ». — V. C. assur., art. R. 211-24, App., v° *Accidents de la circulation*, **p. 998.**
2019	23 mars	Loi n° 2019-222. De programmation 2018-2022 et de réforme pour la justice : — Art. 40-II. — V. CGCT, art. L. 2333-87, L. 2333-87-3, L. 2333-87-8-1, ss. C. route, art. L. 411-1. — Art. 47-I, 49-IV, 58-V, 59-I, 60-VII, 61. — V. C. pr. pén., art. 16, 41-1, 41-1-1, 41-2, 41-3-1 A, 78-2-2, 398-1, 495, 495-1, 495-3, 495-8, 495-10, 495-11-1, 495-17, 495-19 à 495-23, 495-24-1, 530-6, 530-7, App., v° *Infractions*, **p. 1436.** — Art. 47-XI, 51-IV, 58-VI, 110-V. — V. C. route, art. L. 121-5, L. 130-7, L. 234-4, L. 234-5, L. 234-9, L. 235-2, L. 243-1, L. 243-2, L. 244-1, L. 244-2, L. 245-1, L. 245-2, L. 325-1-2. — Art. 58-III. — V. C. transp., art. L. 3315-5, App., v° *Transports routiers*, **p. 1787.** — Art. 71-IV à VI, XIV, 80-I. — V. C. pén., art. 131-8, 131-9, 131-16, 132-45, 223-18, App., v° *Infractions*, **p. 1509.**

2019	2 avr.	Arrêté. Pris en application de l'article R. 331-24-1 du code du sport relatif aux épreuves et compétitions de sports motorisés sur les voies non ouvertes à la circulation. – V. C sport, art. A. 331-21-1, App., v° *Courses et épreuves sportives*, **p. 1176.**
2019	3 avr.	Arrêté. Permis de conduire délivrés par le Royaume-Uni de Grande-Bretagne et d'Irlande du Nord. – V. App., v° *Permis de conduire*, **p. 1623.**
2019	10 avr.	Loi n° 2019-290. Renforcement et garantie du maintien de l'ordre public lors des manifestations. – Art. 2. – V. C. pr. pén., art. 78-2-5, App., v° *Infractions*, **p. 1448.**
2019	18 avr.	Arrêté. Modifications de l'arrêté du 9 février 2009 relatif aux modalités d'immatriculation des véhicules. – V. Arr. du 9 févr. 2009, art. 1er, 15, App., v° *Immatriculation*, **p. 1393.**
2019	22 mai	Loi n° 2019-486. Croissance et transformation des entreprises : – Art. 125. – Ord. n° 2016-1057 du 3 août 2016, art. 1er à 3, ss. art. L. 311-1. – Art. 209. – V. C. assur., art. L. 211-7-1, App., v° *Accidents de la circulation*, **p. 952.**
2019	24 mai	Décret n° 2019-507. Application des dispositions pénales de la loi n° 2019-222 du 23 mars 2019 de programmation 2018-2022 et de réforme pour la justice relatives à la procédure numérique, aux enquêtes et aux poursuites. – art. 7. – V. C. pr. pén., art. D. 45-3 à D. 45-5, D. 45-11, D. 45-15, D. 45-16, D. 45-19, App., v° *Infractions*, **p. 1487.**
2019	7 juin	Arrêté. Modifications de l'arrêté du 4 mai 2006 relatif aux transports exceptionnels de marchandises, d'engins ou de véhicules et ensembles de véhicules comportant plus d'une remorque. – V. Arr. du 4 mai 2006, art. 1er à 13, 15 à 20, App., v° *Transports routiers*, **p. 1727.**
2019	21 juin	Décret n° 2019-620. Engins de service hivernal. – V. C. route, art. R. 311-1.
2019	28 juin	Décret n° 2019-663. Exceptions temporaires aux interdictions de circulation dans une zone à circulation restreinte au profit des véhicules des services publics de transport en commun. – V. CGCT, art. R. 2213-1-0-1, App., v° *Environnement*, **p. 1302.**
2019	16 juill.	Arrêté. Modification de l'arrêté du 20 avril 2012 fixant les conditions d'établissement, de délivrance et de validité du permis de conduire. – V. Arr. du 20 avr. 2012, art. 2, 3, App., v° *Permis de conduire*, **p. 1581.**
2019	18 juill.	Arrêté. Les pneumatiques, App., v° *Pneumatiques*, **p. 1631.**
2019	24 juill.	Loi n° 2019-773. Création de l'Office français de la biodiversité et de la chasse : – Art. 4-VII. – V. C. route, art. L. 330-2. – Art. 9-I. – V. CSI, art. L. 251-2, App., v° *Infractions*, **p. 1533.**

2019	25 juill.	Arrêté. Modifications de l'arrêté du 9 février 2009 relatif aux modalités d'immatriculation des véhicules. – V. Arr. du 9 févr. 2009, art. 15, App., v° Immatriculation, **p. 1410.**
2019	25 juill.	Arrêté. Modifications de l'arrêté du 18 novembre 1996 relatif aux poids, dimensions et signalisations des engins de service hivernal. – V. Arr. du 18 nov. 1996, art. 1er à 3, 6 à 9, App., v° *Engins spéciaux*, **p. 1227.**
2019	25 juill.	Arrêté. Modifications de l'arrêté du 4 juillet 1972 relatif aux feux spéciaux des véhicules à progression lente. – V. Arr. du 4 juill. 1972, art. 5, App., v° *Éclairage et signalisation*, **p. 1220.**
2019	20 août	Décret n° 2019-853. Rapport annuel des commissions locales des transports publics particuliers de personnes. – V. C. transp., art. D. 3120-22, App., v° *Taxis et VTC*, **p. 1680.**
2019	21 août	Décret n° 2019-866. Modalités de recueil par l'autorité administrative d'informations auprès des professionnels du secteur du transport public particulier de personnes. – V. C. transp., art. R. 3120-2, R. 3120-6, R. 3120-8-1, D. 3120-15, R. 3120-40 à R. 3120-42, R. 312-4, R. 3124-14, R. 3124-15.
2019	21 août	Décret n° 2019-871. Droit de conduire limité aux seuls véhicules équipés d'un éthylotest anti-démarrage. – V.C. route, art. R. 234-1, R. 243-1, R. 244-1, R. 245-1.
2019	30 août	Décret n° 2019-913. Application de l'article 95 de la loi n° 2019-222 du 23 mars 2019 de programmation 2018-2022 et de réforme pour la justice : – Art. 4. – V. C. assur., art. R. 421-14, App., v° *Accidents de la circulation*, **p. 1013.** – Art. 14. – V. CGCT, art. R. 2333-120-9, ss. C. route, art. R. 417-3-1. – Art. 23. – V. C. route, art. R. 342-1.
2019	3 sept.	Arrêté. Modifications de l'arrêté du 13 octobre 2004 portant création du système de contrôle automatisé. – V. Arr. du 13 oct. 2004, art. 5 à 7, App., v° *Infractions*, **p. 1550.**
2019	6 sept.	Arrêté. Modalités d'application des articles D. 589 et suivants du code de procédure pénale relatifs à la procédure pénale numérique. – Art. 2, 3. – V. C pr. pén., art. A. 37-19, A. 37-20, App., v° *Infractions*, **p. 1497.**
2019	11 sept.	Ordonnance n° 2019-950. Partie législative du code de la justice pénale des mineurs : – Art. 4. – V. C. pr. pén., art. 41-2, App., v° *Infractions*, **p. 1442.** – Art. 5-V, 8-V. – V. C. route, art. L. 221-2, L. 221-2-1, L. 223-5, L. 223-9, L. 224-16 à L. 223-18, L. 231-2, L. 233-2, L. 234-2, L. 234-8, L. 234-16, L. 235-1, L. 235-3, L. 236-3, L. 243-1 à L. 243-3, L. 244-1 à L. 244-3, L. 245-1 à L. 245-3, L. 325-3-1.

2019	18 sept.	Ordonnance n° 2019-964. Application de la loi n° 2019-222 du 23 mars 2019 de programmation 2018-2022 et de réforme pour la justice. – Art. 20. – V. C. route, art. L. 130-7, L. 142-1.
2019	30 sept.	Décret n° 2019-1007. Harmonisation des dispositions réglementaires relatives à la sécurité de certains produits non alimentaires : – Art. 10. – V. Décr. n° 2008-883 du 1er sept. 2008, art. 2, 3, 4, 7, 8, App., v° *Alcoolémie*, **p. 1034.** – Art. 11. – V. Décr. n° 2015-775 du 29 juin 2015, art. 2, 5, 6, App., v° *Alcoolémie*, **p. 1037.**
2019	23 oct.	Décret n° 2019-1082. Réglementation des engins de déplacement personnel. - V. C. route, art. R. 110-2, R. 311-1, R. 312-10, R. 312-11, R. 313-1, R. 313-4, R. 313-5, R. 313-18 à R. 313-20, R. 313-33, R. 314-1, R. 315-1, R. 315-7, R. 316-4 à R. 316-6, R. 317-1, R. 317-5, R. 317-14-1, R. 317-16, R. 317-23-1, R. 321-4-2, R. 321-15, R. 322-1, R. 412-9, R. 412-19, R. 412-28-1, R. 412-34, R. 412-43-1 à R. 412-43-3, R. 415-2 à R. 415-4, R. 415-15, R. 417-10, R. 417-11.
2019	30 oct.	Décret n° 2019-1114. Application de l'article L. 34-9-2 du code des postes et des communications électroniques. – Art. 2. – V. C. pr. pén., art. R. 48-1, App., v° *Infractions*, **p. 1475.**
2019	4 nov.	Décret n° 2019-1127. Information du public sur les prix du contrôle technique de véhicules légers. – V. C. route, art. R. 323-13-1 à R. 323-13-3.
2019	12 nov.	Arrêté. Mise en place du certificat de conformité sous forme électronique ou eCoC. – V. Arr. du 9 févr. 2009, art. 1er, App., v° *Immatriculation*, **p. 1393.**
2019	28 nov.	Décret n° 2019-1253. Sanctions pénales applicables en cas de manquements aux obligations destinées à renforcer la sécurité de l'usage des aéronefs civils circulant sans personne à bord. – Art. 2. – V. C. pr. pén., art. R. 48-1, App., v° *Infractions*, **p. 1475.**
2019	29 nov.	Décret n° 2019-1260. Conduite de certains véhicules affectés aux missions de sécurité civile. – V. C route, art. R. 221-4-1.
2019	29 nov.	Arrêté. Modifications de l'arrêté du 9 février 2009 relatif aux modalités d'immatriculation des véhicules. – V. Arr. du 9 févr. 2009, art. 1er, App., v° *Immatriculation*, **p. 1390.**
2019	2 déc.	Décret n° 2019-1284. Lutte contre la conduite après usage de substances ou plantes classées comme stupéfiants. – V. C. route, art. R. 235-11, R. 242-7, R. 243-2, R. 243-3, R. 244-2, R. 244-3, R. 245-2, R. 245-3.
2019	9 déc.	Décret n° 2019-1316. Marques de produits ou de services. – Art. 14-V. – V. C. route, art. R. 321-9.
2019	9 déc.	Décret n° 2019-1328. Diverses mesures en matière de sécurité routière. – Art. 2. – V. C. route, art. R. 311-1, R. 412-30.

2019	9 déc.	Décret n° 2019-1333. Réforme de la procédure civile. - Art. 14. – V. C. assur., art. R. 421-9, App., v° *Accidents de la circulation*, **p. 1009.**
2019	17 déc.	Décret n° 2019-1381. Diverses mesures relatives aux contrôles et sanctions en matière de police de l'environnement. – Art. 3. – V. C. pr. pén., art. R. 48-1, v° *Infractions*, **p. 1475.**
2019	18 déc.	Décret n° 2019-1396. Création d'une contravention d'acquisition de produits du tabac manufacturé vendus à la sauvette. – Art. 2. – V. C. pr. pén., art. R. 48-1, App., v° *Infractions*, **p. 1475.**
2019	18 déc.	Décret n° 2019-1406. Déconcentration des décisions administratives individuelles relevant du ministre de l'intérieur. – Art. 2. – V. C. sport, art. R. 331-37, App., v° *Courses et épreuves sportives*, **p. 1171.**
2019	24 déc.	Loi n° 2019-1428. D'orientation des mobilités : – Art. 20, 25-V, 40-I, 43, 46, 102. – V. C. transp., art. L. 3120-2-1, L. 3120-2-2, L. 3120-7, L. 3121-11-1, L. 3122-4, L. 3123-1, L. 3123-2, L. 3123-2-1, App., v° *Taxis et VTC*, **p. 1663** ; art. L. 3132-1, App., v° *Environnement*, **p. 1324** ; art. L. 3315-4-1, App., v° *Transports routiers*, **p. 1787.** – Art. 10, 35-IV et V, 37, 38, 51, 86-I, 88. – V. CGCT, art. L. 2213-1-1, L. 2213-2, L. 2213-3, L. 2213-4, L. 2213-4-1, L. 2213-4-2, L. 2333-87, ss. C. route, art. L. 411-1. – Art. 35-VII, 39, 42, 55, 75, 84, 92, 95-III et IV, 96, 98-I, 99, 103, 105, 159-I, 161-II. – V. C. route, art. L. 110-2, L. 121-3, L. 130-4, L. 130-6, L. 130-7, L. 130-9 à L. 130-9-2, L. 130-11, L. 130-12, L. 211-1 A à L. 211-2, L. 211-4, L. 211-5, L. 213-2, L. 213-2-1, L. 221-5, L. 224-1 à L. 224-3, L. 224-7, L. 224-8, L. 224-13, L. 225-1, L. 234-2, L. 234-8, L. 234-13, L. 234-14, L. 234-16, L. 235-1, L. 235-3, L. 313-1, L. 317-1, L. 317-5, L. 318-1, L. 318-3, L. 322-1, L. 323-1, L. 325-1-2, L. 325-7 à L. 325-9, L. 328-1, L. 330-2, L. 344-1-1, L. 411-8, L. 419-1. – Art. 76-I, 77-I, 78, 79, 87. – V. C. envir., art. L. 223-1, L. 224-7, L. 224-10 à L. 224-12, App., v° *Environnement*, **p. 1271.** – Art. 98-II. – V. CGI, art. 39 *decies* E, ss. art. L. 213-1. – Art. 100. – V. CSP, art. L. 3341-4, App., v° *Alcoolémie*, **p. 1025.** – Art. 159-II. – V. C. pr. pén., art. 529-6, App., v° *Infractions*, **p. 1463.**
2019	27 déc.	Loi n° 2019-1461. Engagement dans la vie locale et proximité de l'action publique : – Art. 50. – V. CGCT, art. L. 2213-1, ss. C. route, art. L. 411-1. – Art. 57. –V. C envir., art. L. 541-21-3, L. 541-21-4, App., v° *Environnement*, **p. 1280.** – Art. 58. – V. CSI, art. L. 546-1, App., v° *Infractions*, **p. 1537.**
2019	28 déc.	Loi n° 2019-1480. Contre les violences au sein de la famille : – Art. 10. – V. C. pén., 132-45, App., v° *Infractions*, **p. 1517.** – Art. 17. – V. C. pr. pén., art. 41-3-1, App., v° *Infractions*, **p. 1446.**

2019	30 déc.	Décret n° 2019-1558. Attributions des recteurs de région académique et des recteurs d'académie et diverses mesures réglementaires dans le code de l'éducation. – Art. 17. – V. Décret n° 95-493 du 25 avr. 1995, art. 6 à 9, App., v° *Véhicules en panne ou accidentés*, **p. 1860.**
2019	30 déc.	Arrêté. Modification de l'arrêté du 26 juin 2012 modifié fixant les conditions d'exploitation des établissements chargés d'organiser les stages de sensibilisation à la sécurité routière. – V. Arr. du 26 juin 2012, art. 15, App., v° *Sécurité routière*, **p. 1651.**
2020	29 janv.	Ordonnance n° 2020-71. Réécriture des règles de construction. – Art. 7-IV. – V. CSI, art. L. 511-1, App., v° *Infractions*, **p. 1534.**
2020	10 févr.	Loi n° 2020-105. Lutte contre le gaspillage et économie circulaire : – Art. 19. – V. C. consom., L. 224-67, App., v° *Consommation*, **p. 1092.** – Art. 92, 99, 101. – V. C. route, art. L. 121-2, L. 325-14, L. 330-2. – Art. 100. – V. CSI, art. L. 251-2, App., v° *Infractions*, **p. 1533.** – Art. 102, 103, 105. – V. C. assur., art. L. 211-1-1, ss. C. route, art. L. 324-1, L. 211-10-1, App., v° *Accidents de la circulation*, **p. 326** ; L. 451-1-1, ss. C. route, art. L. 324-2. – Art. 104. – V. C envir., art. L. 541-21-4, L. 541-21-5, App., v° *Environnement*, **p. 1281.**
2020	18 févr.	Décret n° 2020-128. Application de diverses dispositions pénales de la loi n° 2019-222 du 23 mars 2019 de programmation 2018-2022 et de réforme pour la justice. – Art. 3. – V. C. pén., art. R. 131-11-1, App., v° *Infractions*, **p. 1526.**
2020	18 févr.	Arrêté. Modifications de l'arrêté du 20 avril 2012 fixant les conditions d'établissement, de délivrance et de validité du permis de conduire. – V. Arr. du 20 avr. 2012, art. 2, App., v° *Permis de conduire*, **p. 1581.**
2020	18 févr.	Arrêté. Modifications de l'arrêté du 23 avril 2012 modifié fixant les modalités pratiques de l'examen du permis de conduire des catégories A1, A2 et A. – V. Arr. du 23 avr. 2012, art, 1er à 3, App., v° *Permis de conduire*, **p. 1594.**
2020	20 févr.	Décret n° 2020-142. Définition du contrat type d'enseignement de la conduite prévu à l'art. L. 213-2 du C. route. – V. C. route, art. R. 213-3.
2020	28 févr.	Arrêté. Modifications de l'arrêté du 9 février 2009 relatif aux modalités d'immatriculation des véhicules. – V. Arr. du 9 févr. 2009, art. 8, App., v° *Immatriculation*, **p. 1403.**
2020	13 mars	Arrêté. Conditions de transformation des véhicules à motorisation thermique en motorisation électrique à batterie ou à pile à combustible, App., v° *Environnement*, **p. 1357.**

2020	28 mars	Décret n° 2020-357. Forfaitisation de la contravention de la 5e classe réprimant la violation des mesures édictées en cas de menace sanitaire grave et de déclaration de l'état d'urgence sanitaire. – Art. 1er. – V. C. pr. pén., art. R. 48-1, R. 49, R. 49-3, R. 49-7, App., v° *Infractions*, **p. 1475.**
2020	14 avr.	Arrêté. Modifications de l'arrêté du 13 octobre 2004 portant création du système de contrôle automatisé. – V. Arr. du 13 oct. 2004, art. 1er, 3, 4, App., v° *Infractions*, **p. 1546.**
2020	17 avr.	Arrêté. Modifications de l'arrêté du 14 octobre 2018 précisant les modalités des contestations dématérialisées des amendes forfaitaires délictuelles prévues à l'article 495-20 du code de procédure pénale. – V. C. pr. pén., art. A. 36-14 à A. 36-16, A. 37-20-3, App., v° *Infractions*, **p. 1490.**
2020	24 avr.	Arrêté. Modifications de l'arrêté du 9 février 2009 relatif aux modalités d'immatriculation des véhicules. – V. Arr. du 9 févr. 2009, art. 8, App., v° *Immatriculation*, **p. 1403.**
2020	7 mai	Arrêté. Modifications de l'arrêté du 15 avril 1996 relatif aux plaques d'immatriculation réflectorisées. – V. Arr. du 15 avr. 1996, art. 3, App., v° *Immatriculation*, **p. 1385.**
2020	7 mai	Arrêté. Modifications de l'arrêté du 9 février 2009 fixant les caractéristiques et le mode de pose des plaques d'immatriculation des véhicules. – V. Arr. du 9 févr. 2009, art. 5, 6, 9, 11, 11 *bis*, App., v° *Immatriculation*, **p. 1391.**
2020	12 mai	Ordonnance n° 2020-561. Modifications du décret n° 75-360 du 15 mai 1975 relatif au comité interministériel de la sécurité routière. – V. Décr. n° 75-360 du 15 mai 1975, art. 1er à 3, App., v° *Sécurité routière*, **p. 1640.**
2020	18 mai	Décret n° 2020-605. Diverses dispositions en matière de sécurité routière. – V. C. route, art. R. 211-5-1, R. 211-6, R. 224-6, R. 224-16, R. 224-19-1, R. 225-2, R. 233-1, R. 234-7, R. 412-6-1, R. 417-11.
2020	5 juin	Décret n° 2020-678. Nature des frais de covoiturage et conditions de versement d'une allocation par les autorités organisatrices. – V. C. transp., art. R. 3132-1 à R. 3132-4, App., v° *Environnement*, **p. 1324.**
2020	5 juin	Décret n° 2020-679. Définition du seuil de distance applicable aux très courts trajets de covoiturage. – V. C. transp., art. D. 3132-5, App., v° *Environnement*, **p. 1324.**
2020	10 juin	Ordonnance n° 2020-700. Surveillance des émissions des gaz polluants et des particules polluantes des moteurs à combustion interne destinés aux engins mobiles non routiers. – V. C. envir., art. L. 224-11 à L. 224-29, App., v° *Environnement*, **p. 190.**
2020	10 juin	Ordonnance n° 2020-701. Surveillance du marché des véhicules à moteur. – V. C. route, art. L. 329-1 à L. 329-51.

2020	10 juin	Décret n° 2020-702. Surveillance des émissions des gaz polluants et des particules polluantes des moteurs à combustion interne destinés aux engins mobiles non routiers. – V. C. envir., art. R. 224-68 à R. 224-73, App., v° *Environnement*, **p. 1289.**
2020	10 juin	Décret n° 2020-703. Surveillance du marché des véhicules à moteur. – V. C. route, art. R. 329-1 à R. 329-25.
2020	19 juin	Arrêté. Modifications de l'arrêté du 27 juillet 2004 relatif au contrôle technique des véhicules lourds. – V. Arr. du 27 juill. 2004, art. 2, 9, 11, App., v° *Contrôle technique*, **p. 1127.**
2020	24 juin	Ordonnance n° 2020-773. Fourrières automobiles. – V. C. route, art. L. 325-6, L. 325-7, L. 325-9, L. 325-11, L. 327-4.
2020	24 juin	Décret n° 2020-775. Fourrières automobiles : – Art. 2 à 20. – V. C. route, art. R. 325-12-1, R. 325-14 à R. 325-16, R. 325-22 à R. 325-26, R. 325-29 à R. 325-32, R. 325-35 à R. 325-38, R. 325-41, R. 325-44, R. 325-45, R. 327-2. – Art. 21 à 27. – V. Décr. n° 72-823 du 6 sept. 1972, art. 1er à 5, 8, App., v° *Fourrière*, **p. 1362.**
2020	24 juin	Arrêté. Modifications de l'arrêté du 16 juillet 1954 relatif à l'éclairage et à la signalisation des véhicules. – V. Arr. du 16 juill. 1954, art. 45, 45 *b*, App., v° *Éclairage et signalisation*, **p. 1211.**
2020	24 juin	Arrêté. Gilet de haute visibilité, équipement rétro-réfléchissant et dispositif d'éclairage complémentaire porté par le conducteur d'un engin de déplacement personnel motorisé. – V. ss. C. route, art. R. 412-43-1.
2020	29 juin	Décret n° 2020-801. Versement destiné au financement des services de mobilité, aux plans de mobilité et au comité des partenaires. – Art. 2-2°. – V. CGCT, art. R. 2333-120-18, ss. C. route, art. R. 417-3-1.
2020	29 juin	Décret n° 2020-802. Organisation de la durée du travail dans les entreprises de transport routier et application de l'article L. 1321-2 du code des transports. – V. C. transp., art. D. 3312-2-1, D. 3312-47-1, App., v° *Transports routiers*, **p. 1789.**
2020	3 juill.	Décret n° 2020-844. Autorité environnementale et autorité chargée de l'examen au cas par cas. – Art. 15. – V. C. urb., art. R.* 443-5, App., v° *Caravanes et résidences mobiles*, **p. 1044.**
2020	10 juill.	Arrêté. Modifications de l'arrêté du 9 février 2009 relatif aux modalités d'immatriculation des véhicules. – V. Arr. du 9 févr. 2009, art. 10, 11, 18, 19, App., v° *Immatriculation*, **p. 1406.**
2020	29 juill.	Arrêté. Publicité des prix des prestations de contrôle technique de certaines catégories de véhicules légers, App., v° *Contrôle technique*, **p. 1152.**
2020	30 juill.	Loi n° 2020-936. Protéger les victimes de violences conjugales : – Art. 6. – V. C. pr. pén., art. 41-1, App., v° *Infractions*, **p. 1438.** – Art. 16. – V. C. pén., art. 131-6, 131-9, App., v° *Infractions*, **p. 1508.**

2020	6 août	Décret n° 2020-1008. Adaptation en Guadeloupe et en Martinique de la réglementation dans le domaine des transports par route. – V. C. transp., art. R. 3313-2, R. 3313-2-1, App., v° *Transports routiers*, **p. 1801.**
2020	14 août	Décret n° 2020-1061. Conditions de classement de certaines sections de routes dans la catégorie des autoroutes. – V. C. route, art. R. 413-2.
2020	20 août	Décret n° 2020-1078. Qualification initiale et formation continue des conducteurs de certains véhicules routiers affectés aux transports de marchandises ou de voyageurs. – V. C. transp., art. R. 3314-15, R. 3315-1, R. 3315-2, App., v° *Transports routiers*, **p. 1806.**
2020	24 août	Décret n° 2020-1088. Diverses dispositions relatives à l'exercice de la profession de transporteur routier : – Art. 2. – V. C transp., art. R. 3315-10, R. 3315-11, App., v° *Transports routiers*, **p. 1809.** – Art. 3, 4. – V. C. route, art. R. 130-6, R. 312-19, R. 313-1 à R. 313-7, R. 313-10, R. 313-13, R. 313-14, R. 313-21, R. 313-24, R. 313-29, R. 314-1, R. 314-3, R. 314-4, R. 315-1, R. 315-2, R. 316-3-1, R. 316-4, R. 317-1, R. 317-4, R. 317-8, R. 317-23 à R. 317-24-1, R. 325-8-1, R. 325-9, R. 325-11.
2020	26 août	Arrêté. Instruments de mesure : – Art. 6. – V. Arr. du 8 juill. 2003, art. 11, 14, 20, App., v° *Alcoolémie*, **p. 1032.** – Art. 14. – V. Arr. du 4 juin 2009, art. 12, 17, 20, App., v° *Vitesse*, **p. 1872.**
2020	24 août	Arrêté. Modification de l'arrêté du 13 avril 2016 relatif au certificat de qualification professionnelle « responsable d'unité(s) d'enseignement de la sécurité routière et de la conduite ». – V. Arr. du 13 avr. 2016, art. 2, App., v° *Enseignement de la conduite*, **p. 1259.**
2020	31 août	Décret n° 2020-1104. Contravention en cas de méconnaissance des dispositions de l'article L. 3313-4 du code des transports. – V. C. transp., art. R. 3315-11, App., v° *Transports routiers*, **p. 1811.**
2020	16 sept.	Ordonnance n° 2020-1144. Harmonisation et simplification des polices des immeubles, locaux et installations. – Art. 8. – V. C. pén., art. 434-41, ss. C. route, art. L. 234-12 ; C. pr. pén., art. 398-1, App., v° *Infractions*, **p. 252.**
2020	16 sept.	Décret n° 2020-1138. Non-respect de manière régulière des normes de la qualité de l'air donnant lieu à une obligation d'instauration d'une zone à faibles émissions mobilité. – V. CGCT, art. D. 2213-1-0-2, D. 2213-1-0-3, App., v° *Environnement*, **p. 1303.**

2020	12 oct.	Arrêté. Modifications de plusieurs arrêtés ministériels relatifs à l'enseignement de la conduite automobile et aux épreuves de l'examen du permis de conduire : – Art. 2. – V. Arr. du 8 nov. 2012, art. 5, App., v° *Permis de conduire*, **p. 1614.** – Art. 4, 5. – V. Arr. du 20 avr. 2012, art. 2, 3, App., v° *Permis de conduire*, **p. 1581.** – Art. 6. – V. Arr. du 23 avr. 2012 (1er), art. 1er, App., v° *Permis de conduire*, **p. 1594.** – Art. 7. – V. Arr. du 19 févr. 2010, art. 10, 16, App., v° *Permis de conduire*, **p. 1566.** – Art. 8. – V. Arr. du 23 avr. 2012 (2e), art. 1er, App., v° *Permis de conduire*, **p. 1599.**
2020	12 oct.	Arrêté. Modifications temporaires de plusieurs arrêtés ministériels relatifs à l'enseignement de la conduite automobile et aux épreuves de l'examen du permis de conduire : – Art. 2 à 4. – V. Arr. du 20 avr. 2012, art. 1er, 2, App., v° *Permis de conduire*, **p. 1577.** – Art. 6. – V. Arr. du 23 avr. 2012, art. 1er, 2, App., v° *Permis de conduire*, **p. 1594.** – Art. 7. – V. Arr. du 19 févr. 2010, art. 24, 28, App., v° *Permis de conduire*, **p. 1568.**
2020	14 oct.	Ordonnance n° 2020-1256. Extension et adaptation en Polynésie française et en Nouvelle-Calédonie des dispositions de la loi n° 2019-1461 du 27 décembre 2019 relative à l'engagement dans la vie locale et à la proximité de l'action publique. – Art. 19. – V. CSI, art. L. 545-1, App., v° *Infractions*, **p. 1536.**
2020	16 oct.	Décret n° 2020-1264. L'obligation d'équipement de certains véhicules en période hivernale. – V. C. route, art. D. 314-8.
2020	19 oct.	Décret n° 2020-1272. Dispositifs de descente à la demande et modifications de diverses dispositions du code des transports en matière de sûreté dans les transports. – Art. 12. – V. C. pr. pén., art. R. 48-1, App., v° *Infractions*, **p. 1475.**
2020	28 oct.	Ordonnance n° 2020-1304. Diverses mesures institutionnelles relatives à la création de la Collectivité européenne d'Alsace. – Art. 7. – V. L. n° 2000-614 du 5 juill. 2000, art. 1er, App., v° *Caravanes et résidences mobiles*, **p. 1045.**
2020	4 nov.	Arrêté. Modifications de l'arrêté du 14 nov. 2001 fixant les tarifs maxima des frais de fourrière pour automobiles. – V. Arr. du 14 nov. 2001, art. 2, 4, 5, App., v° *Fourrière*, **p. 1365.**
2020	4 nov.	Arrêté. Fourrières automobiles : – Art. 1er. – V. C. route, A. 325-12 à A. 325-14. – Art. 2. – V. Arr. du 18 oct. 1996, App., v° *Fourrière*, **p. 1365.**
2020	13 nov.	Arrêté. Approbation de l'instruction générale interministérielle n° 1300 sur la protection du secret de la défense nationale. – Art. 3. – V. Arr. du 4 mai 2006, art. 17-7, App., v° *Transports routiers*, **p. 1757.**

2020	13 nov.	Arrêté. Modifications de l'arrêté du 18 juin 1991 relatif à la mise en place et à l'organisation du contrôle technique des véhicules dont le poids n'excède pas 3,5 tonnes. – V. Arr. du 18 juin 1991, art. 3, 4, 9, App., v° *Contrôle technique*, **p. 1111.**
2020	17 nov.	Décret n° 2020-1396. Signalisation matérialisant les angles morts sur les véhicules dont le poids total autorisé en charge excède 3,5 tonnes. – V. C. route, art. R. 130-6, R. 313-32-1.
2020	18 nov.	Décret n° 2020-1412. Modification de la liste des véhicules à très faibles émissions au sens de l'article L. 318-1 du code de la route définie à l'article D. 224-15-12 du code de l'environnement. – V. C. envir., art. D. 224-15-12, App., v° *Environnement*, **p. 1287.**
2020	25 nov.	Arrêté. Modifications de plusieurs arrêtés ministériels relatifs à l'éducation routière et aux épreuves de l'examen du permis de conduire : – Art. 1er. – V. Arr. du 8 janv. 2001, art. 6, App., v° *Enseignement de la conduite*, **p. 1234.** – Art. 2. – V. Arr. du 20 avr. 2012, art. 1er, 2, App., v° *Permis de conduire*, **p. 1577.**
2020	27 nov.	Arrêté. Extension de dispositions relatives à l'enseignement supérieur dans les îles Wallis-et-Futuna, en Nouvelle-Calédonie et en Polynésie française et attributions des recteurs de région académique. – Art. 8. – V. Arr. du 31 juill. 2012, art. 2, App., v° *Véhicules en panne ou accidentés*, **p. 1864.**
2020	30 nov.	Décret n° 2020-1494. Défauts de paiement du péage des autoroutes et ouvrages d'art concédés du réseau routier national : – Art. 1er. – V. C. route, art. R. 130-1-2, R. 130-2, R. 130-3, R. 419-1, R. 419-2, R. 421-9. – Art. 2. – V. C. pr. pén., art. R. 49-8-4-1, App., v° *Infractions*, **p. 1483.**
2020	2 déc.	Décret n° 2020-1495. Modifications du décret n° 2018-211 du 28 mars 2018 relatif à l'expérimentation de véhicules à délégation de conduite sur les voies publiques. – V. Décr. n° 2018-211 du 28 mars 2018, art. 2, 3, 7, 10 à 12, 13, 17-1, 18, ss. C. route, art. L. 311-1.
2020	3 déc.	Loi n° 2020-1508. Diverses dispositions d'adaptation au droit de l'Union européenne en matière économique et financière : – Art. 12. – V. C. douanes, art. 413 *bis*, App., v° *Infractions*, **p. 1434.** – Art. 20. – V. C. assur., art. L. 211-5-2, App., v° *Accidents de la circulation*, **p. 951.**
2020	7 déc.	Loi n° 2020-1525. Accélération et simplification de l'action publique. – Art. 106, 107. – V. C. route, art. L. 213-2, L. 213-4-1.
2020	11 déc.	Décret n° 2020-1573. Diverses dispositions d'adaptation et de simplification dans le domaine de la prévention et de la gestion des déchets : – Art. 8-4°. – V. C. pén., art. R. 644-2, App., v° *Infractions*, **p. 1531.** – Art. 9-2°. – V. C. pr. pén., art. R. 48-1, App., v° *Infractions*, **p. 1475.**

2020	17 déc.	Arrêté. Modification de l'arrêté du 30 octobre 1987 relatif aux dispositifs spéciaux de signalisation des véhicules d'intervention urgente. – V. Arr. du 30 oct. 1987, art. 2, App., v° *Éclairage et signalisation*, **p. 1222.**
2020	21 déc.	Décret n° 2020-1638. Conditions d'accès aux informations des traitements de données à caractère personnel relatifs à la circulation des véhicules et modifiant le code de la route. – V. C. route, art. R. 323-20, R. 330-2, R. 330-3, R. 330-11.
2020	24 déc.	Loi n° 2020-1672. Parquet européen, à la justice environnementale et à la justice pénale spécialisée. – Art. 14, 15, 26-V. – V. C. pr. pén., art. 41-1-2, 41-1-3, 398-1, App., v° *Infractions*, **p. 1440.**
2020	29 déc.	Décret n° 2020-1726. Suivi et publication du pourcentage de véhicules à faibles et à très faibles émissions parmi les véhicules ayant fait l'objet d'un renouvellement de parc conformément aux dispositions applicables à certaines personnes, pris pour l'application de l'article 79 de la loi n° 2019-1428 du 24 décembre 2019 d'orientation des mobilités. – V. C. envir., art. D. 224-15-13, App., v° *Environnement*, **p. 1288.**
2021	22 janv.	Arrêté. Prorogation de certaines dispositions transitoires de l'arrêté du 23 avril 2012 modifié fixant les modalités pratiques de l'examen du permis de conduire des catégories A1 et A2. – V. Arr. du 23 avr. 2012, art. 1er, 2, App., v° *Permis de conduire*, **p. 1594.**
2021	22 janv.	Arrêté. Prorogation de certaines dispositions transitoires de l'arrêté du 19 février 2010 modifié relatif aux modalités de l'épreuve pratique de l'examen du permis de conduire des catégories B et B1. – V. Arr. du 19 févr. 2010, art. 24, 28, App., v° *Permis de conduire*, **p. 1568.**
2021	26 janv.	Arrêté. Titre professionnel d'enseignant de la conduite et de la sécurité routière. – V. App., v° *Enseignement de la conduite*, **p. 1269.**
2021	9 févr.	Décret n° 2021-133. Application de l'article L. 211-1-1 du code des assurances. – V. C. assur., art. D. 211-1, App., v° *Accidents de la circulation*, **p. 979.**
2021	10 févr.	Décret n° 2021-143. Compétences des agents de contrôle de l'inspection du travail. – Art. 5. – V. C. route, art. R. 325-3, R. 342-4.
2021	17 févr.	Décret n° 2021-172. Contravention réprimant la violation par l'exploitant d'un établissement recevant du public des mesures édictées sur le fondement du 5° du I de l'article L. 3131-15 du code de la santé publique. – Art. 2. – V. C. pr. pén., art. R. 48-1, App., v° *Infractions*, **p. 1475.**

2021	17 févr.	Décret n° 2021-177. Déconcentration des décisions individuelles prises pour la gestion du registre des voitures de transport avec chauffeur. — Art. 1er. — V. C. transp., art. L. 3122-3, R. 3122-5, R. 3122-5-1, App., v° *Taxis et VTC*, **p. 1668.**
2021	23 févr.	Décret n° 2021-202. Modifications des conditions d'organisation des examens d'accès aux professions de conducteur de taxi et de conducteur de voiture de transport avec chauffeur. — Art. 10. — V. C. transp., art. R. 3120-7, App., v° *Taxis et VTC*, **p. 1676.**
2021	24 févr.	Ordonnance n° 2021-206. Installations à câbles prise en application de l'article 128 de la loi n° 2019-1428 du 24 décembre 2019 d'orientation des mobilités. — Art. 2. — V. C. transp., art. L. 1251-2, L. 1251-9 à L. 1251-11, App., v° *Transports routiers*, **p. 1781.**
2021	11 mars	Arrêté. Modèles de procès-verbal de contravention et de l'avis de paiement établis par l'agent assermenté d'un exploitant d'autoroute ou d'ouvrages routiers ouverts à la circulation publique et soumis à péage. — V. C. pr. pén., art. A. 37-30, A. 37-32, A. 37-33, App., v° *Infractions*, **p. 1503.**
2021	11 mars	Arrêté. Modifications de l'arrêté du 26 février 2018 modifié portant création du label « qualité des formations au sein des écoles de conduite et reconnaissance des équivalences à ce label ». — V. Arr. du 26 févr. 2018, art. 1er, 2, 4 à 6, 7-5, App., v° *Enseignement de la conduite*, **p. 1264.**
2021	15 mars	Arrêté. Modifications des dispositions du code de la route relatives aux fourrières automobiles : — Art. 1er. — V. C. route, art. A. 325-12, A. 325-13. — Art. 2. — V. Arr. du 29 avr. 2009, art. 1er à 3, 6, App., v° *Véhicules en panne ou accidentés*, **p. 1849.**
2021	16 mars	Décret n° 2021-285. Modifications des articles R. 330-2 et R. 330-3 du code de la route relatifs aux conditions d'accès au traitement de données à caractère personnel dénommé « Système d'immatriculation des véhicules ». — V. C. route, art. R. 330-2, R. 330-3.
2021	24 mars	Arrêté. Modification de l'arrêté du 27 juin 2007 autorisant la création d'un traitement automatisé dénommé « Télépoints » et modification de l'arrêté du 29 juin 1992 portant création du système national des permis de conduire. — Art. 6. — V. Arr. du 29 juin 1992, art. 3, App., v° *Permis de conduire*, **p. 1554.**
2021	8 avr.	Loi n° 2021-401. Amélioration de l'efficacité de la justice de proximité et de la réponse pénale : — Art. 1er, 3. — V. C. pr. pén., art. 41-1, 41-2, App., v° *Infractions*, **p. 1438.** — Art. 7. — V. C. pén., art. 132-45, App., v° *Infractions*, **p. 1517.** — Art. 10, 12. — V. C. route, art. L. 121-6, L. 143-1.

2021	8 avr.	Ordonnance n° 2021-409. Transport fluvial et navigation intérieure. – Art. 8. – V. CSP, art. L. 3354-1, App., v° *Alcoolémie*, **p. 1025.**
2021	14 avr.	Ordonnance n° 2021-442. Accès aux données des véhicules. – V. C. transp., art. L. 1514-1 à L. 1514-8, App., v° *Accidents de la circulation*, **p. 1018.**
2021	14 avr.	Ordonnance n° 2021-443. Régime de responsabilité pénale applicable en cas de circulation d'un véhicule à délégation de conduite et ses conditions d'utilisation : – Art. 1er, 3. – V. C. route, art. L. 123-1 à L. 123-4, L. 319-1 à L. 319-4. – Art. 2. – V. C. pr. pén., art. 529-10, App., v° *Infractions*, **p. 1465.** – Art. 4. – V. C. consom., art. L. 224-68-1, L. 242-25-1, App.,v° *Consommation*, **p. 304.**
2021	16 avr.	Arrêté. Interdiction de circulation des véhicules de transport de marchandises à certaines périodes, App., v° *Transports routiers*, **p. 1839.**
2021	19 avr.	Décret n° 2021-468. Application de l'article L. 130-11 du code de la route. – V. C. route, R. 130-12.
2021	21 avr.	Ordonnance n° 2021-487. Exercice des activités des plateformes d'intermédiation numérique dans divers secteurs du transport public routier. – Art. 2. – V. C. transp., art. L. 3141-1, App., v° *Taxis et VTC*, **p. 1673.**
2021	27 avr.	Arrêté. Généralisation progressive d'un système de réservation nominative des places pour l'épreuve pratique des examens du permis de conduire des catégories A1, A2, B1 et B, App., v° *Permis de conduire*, **p. 1623.**
2021	29 avr.	Décret n° 2021-515. Obligations d'achat ou d'utilisation de véhicules de poids total autorisé en charge inférieur ou égal à 3,5 tonnes à faibles ou à très faibles émissions par les entreprises. – V. C. envir., art. R. 224-15-10, R. 224-15-12 A, R. 224-15-12 B, App., v° *Environnement*, **p. 1286.**
2021	30 avr.	Décret n° 2021-542. Abaissement de l'âge minimal pour la conduite de certains véhicules lourds de transport en commun par des personnes ayant bénéficié d'une formation spécifique. – V. C. transp., art. R. 3314-4, App., v° *Transports routiers*, **p. 1804.**
2021	30 avr.	Arrêté. Organisation des manifestations sportives prévues aux articles R. 331-6 et R. 331-20 du code du sport. – V. C. sport, art. A. 331-1-1, App., v° *Courses et épreuves sportives*, **p. 1173.**
2021	12 mai	Arrêté. Modification de l'arrêté du 16 juillet 1954 relatif à l'éclairage et à la signalisation des véhicules. – V. Arr. du 16 juill. 1954, art. 19, 32, 34 a, 35, 36, 42 c, 47-1, 47-2, 54-5, App., v° *Éclairage et signalisation*, **p. 1195.**

2021	12 mai	Arrêté. Modification de l'arrêté du 13 avril 1972 relatif au bruit des véhicules automobiles. — V. Arr. du 13 avr. 1972, art. 1er, 3, 9 à 11, 13-4, 15-1 à 15-4, 16, App., v° *Environnement*, **p. 1327.**
2021	12 mai	Arrêté. Modification de l'arrêté du 6 mai 1988 relatif au contrôle, avant la mise en circulation des véhicules automobiles, des émissions de gaz polluants et de particules polluantes provenant des moteurs à allumage par compression et des moteurs à allumage commandé fonctionnant au gaz naturel ou au gaz de pétrole liquéfié, destinés à la propulsion de ces véhicules. — V. Arr. du 6 mai 1988, art. 1er à 4-1, App., v° *Environnement*, **p. 1343.**
2021	12 mai	Arrêté. Modification de l'arrêté du 23 novembre 1992 relatif à l'indication des vitesses maximales sur les véhicules automobiles. — V. Arr. du 23 nov. 1992, art. 3, App., v° *Vitesse*, **p. 1867.**
2021	12 mai	Arrêté. Modification de l'arrêté du 2 mars 1995 relatif à l'équipement en extincteurs des véhicules de transport de marchandises. — V. Arr. du 2 mars 1995, art. 5-1, App., v° *Transports routiers*, **p. 1759.**
2021	12 mai	Arrêté. Modification de l'arrêté du 18 octobre 2016 relatif à l'homologation des vitrages et à leur installation dans les véhicules. — V. Arr. du 18 oct. 2016, art. 1er, 2, App., v° *Vitrage*, **p. 1881.**
2021	21 mai	Décret n° 2021-632. Suppression de l'exigence de présentation par les entreprises d'un extrait d'immatriculation au registre du commerce et des sociétés ou au répertoire des métiers dans leurs démarches administratives. — Art. 8. — V. Décr. n° 2011-1661 du 28 nov. 2011, art. 2, App., v° *Alcoolémie*, **p. 1036.**
2021	25 mai	Loi n° 2021-646. Sécurité globale préservant les libertés : — Art. 4, 6, 40, 67, 75. — V. CSI, art. L. 511-1, L. 511-2, L. 521-1, L. 545-1, L. 546-1. — Art. 16, 66, 77. — V. C. route, art. L. 234-3, L. 234-4, L. 234-9, L. 243-1, L. 244-1, L. 245-1, L. 325-2.
2021	26 mai	Ordonnance n° 2021-659. Modalités d'instauration d'une taxe sur le transport routier de marchandises recourant à certaines voies du domaine public routier de la Collectivité européenne d'Alsace. — V. C. route, art. L. 330-2.
2021	26 mai	Conseil constitutionnel, décision n° 2021-908 QPC. — V. CGI, art. 1737, App., v° *Infractions*, **p. 1435.**
2021	26 mai	Arrêté. Modification de l'arrêté du 17 avril 2018 relatif à l'expérimentation de véhicules à délégation de conduite sur les voies publiques. — V. Arr. du 17 avr. 2018, art. 1er à 6, ss. C. route, art. L. 311-1.
2021	10 juin	Décret n° 2021-753. Modalités de décompte du temps de travail dans les entreprises de transport public routier. — V. C. transp., art. R. 3312-4 à D. 3312-6, R. 3312-9, R. 3312-11, R. 3312-15,

		R. 3312-19, D. 3312-20, R. 3312-28, R. 3312-30, R. 3312-38, R. 3312-39, D. 3312-41, R. 3312-58, D. 3312-59, D. 3312-64, R. 3315-11.
2021	10 juin	Arrêté. Modification de l'arrêté du 18 juillet 1985 relatif aux dispositifs antidérapants équipant les pneumatiques. – V. Arr. du 18 juill. 1985, art. 5, 7, 8, 10, 11, App., v° *Pneumatiques*, **p. 1630.**
2021	11 juin	Décret n° 2021-754. Agrément de gardien de fourrière. – V. C. route, art. D. 325-24-1.
2021	29 juin	Décret n° 2021-873. Application de l'ordonnance n° 2021-443 du 14 avril 2021 relative au régime de responsabilité pénale applicable en cas de circulation d'un véhicule à délégation de conduite et à ses conditions d'utilisation : – Art. 1er à 4. – V. C. route, art. R. 311-1, R. 311-1-1, R. 319-1, R. 412-17, R. 412-17-1. – Art. 5. – V. C. pr. pén., art. R. 49-16-1, App., v° *Infractions*, **p. 1485.**
2021	1er juill.	Loi n° 2021-875. Amélioration de la trésorerie des associations. – Art. 12. – V. C. route, art. L. 213-7.
2021	6 juill.	Arrêté. Modification de l'arrêté du 19 février 2010 relatif aux modalités de l'épreuve pratique de l'examen du permis de conduire des catégories B et B1. – V. Arr. du 19 févr. 2010, art. 24, App., v° *Permis de conduire*, **p. 1568.**
2021	6 juill.	Arrêté. Modification de l'arrêté du 23 avril 2012 modifié fixant les modalités pratiques de l'examen du permis de conduire des catégories A1 et A2. – V. Arr. du 23 avr. 2012, art. 1er, 2, App., v° *Permis de conduire*, **p. 1594.**
2021	29 juill.	Décret n° 2021-1006. Poids et dimensions des véhicules terrestres à moteur et modification du code de la route. – V. C. route, art. R. 312-4 à R. 312-6, R. 312-11, R. 412-11-2.
2021	29 juill.	Arrêté. Modification de l'arrêté du 4 décembre 2012 relatif au poids total roulant autorisé des véhicules terrestres à moteur. – V. Arr. du 4 déc. 2012, art. 1er, 2, ss. C. route, art. R. 312-4.
2021	4 août	Décret n° 2021-1033. Limitation et contrôle de la commercialisation et l'utilisation de précurseurs d'explosifs. – Art. 1er-IV. – V. C. pr. pén., art. R. 48-1, App., v° *Infractions*, **p. 1475.**
2021	5 août	Loi n° 2021-1040. Gestion de la crise sanitaire. – Art. 20. – V. C pr. pén., art. 398-1, App., v° *Infractions*, **p. 1450.**
2021	9 août	Décret n° 2021-1062. Mise en place du contrôle technique des véhicules motorisés à deux ou trois roues et quadricycles à moteur. – V. C. route, art. R. 323-6, R. 323-8, R. 323-11, R. 323-13, R. 323-14, R. 323-16, R. 323-17, R. 323-18, R. 323-27.
2021	9 août	Décret n° 2021-1064. Modification de l'article R. 222-1 du code de la route. – V. C. route, art. R. 222-1.

2021	18 août	Décret n° 2021-1093. Procédure de l'amende forfaitaire délictuelle. – V. C. pr. pén., art. D. 45-4, D. 45-16, App., v° *Infractions*, **p. 1487.**
2021	18 août	Arrêté. Extension du système de réservation nominative des places pour l'épreuve pratique des examens du permis de conduire des catégories A1, A2, B1 et B : – Art. 1er. – V. Arr. du 27 avr. 2021, art. 1er, App., v° *Permis de conduire*, **p. 1623.** – V. Arr. du 8 janv. 2001, art. 13, App., v° *Enseignement de la conduite*, **p. 1240.**
2021	22 août	Loi n° 2021-1104. Lutte contre le dérèglement climatique et renforcement de la résilience face à ses effets : – Art. 13. – V. C. route, art. L. 328-2. – Art. 17, 20. – V. C. envir., art. L. 581-15, L. 581-34, App., v° *Consommation*, **p. 1093.** – Art. 108, 115, 119. – V. CGCT, art. L. 2213-2, L. 2213-4-1, L. 2333-87, ss. C. route, art. L. 411-1. – Art. 112 à 114, 136. – V. C. envir., L. 224-7, L. 224-10 à L. 224-12-1, App., v° *Environnement*, **p. 1272.** – Art. 135, 279. – V. C. transp., art. L. 1252-5 à L. 1252-7-1, L. 3314-1, App., v° *Transports routiers*, **p. 1783.** – Art. 291, 292. – V. C. pr. pén., art. 41-1-3, 398-1, App., v° *Infractions*, **p. 1442.**
2021	24 août	Loi n° 2021-1109. Respect des principes de la République : – Art. 36. – V. C. pén., art. 223-1-1, App., v° *Infractions*, **p. 1519.** – Art. 101. – V. CSI, art. L. 545-1, App., v° *Infractions*, **p. 1536.**
2021	26 août	Arrêté. Modification de l'arrêté du 8 juillet 1988 relatif à la publicité des prix de vente des carburants et abrogation de dispositions relatives à la taille des caractères de la dénomination et du prix des carburants sur la pompe. – Art. 1er. – V. Arr. du 8 juill. 1988, art. 1er à 3, App., v° *Consommation*, **p. 1100.**
2021	15 sept.	Ordonnance n° 2021-1190. Généralisation de la facturation électronique dans les transactions entre assujettis à la taxe sur la valeur ajoutée et à la transmission des données de transaction. – Art. 1er-II. – V. CGI, art. 1737, App., v° *Infractions*, **p. 1435.**
2021	15 sept.	Ordonnance n° 2021-1192. Réforme du droit des sûretés. – Art. 31-VI. – V. C. route, art. L. 330-3.
2021	15 sept.	Arrêté. Modification de l'arrêté du 9 février 2009 modifié relatif aux modalités d'immatriculation des véhicules. – Art. 1er. – V. Arr. du 9 févr. 2009, art. 1er, 4, 18, App., v° *Immatriculation*, **p. 1393.**
2021	23 sept.	Conseil constitutionnel, décision n° 2021-932 QPC. – V. C. pén., art. 131-21, App., v° *Infractions*, **p. 1513.**

2021	8 oct.	Loi n° 2021-1308. Diverses dispositions d'adaptation au droit de l'Union européenne dans le domaine des transports, de l'environnement, de l'économie et des finances : – V. C. route, art. L. 330-2. – V. C. transp., art. L. 1252-1 A à L. 1252-2, L. 1252-5, L. 3315-4-1, App., v° *Transports routiers*, **p. 1783.**
2021	11 oct.	Arrêté. Modification de l'arrêté du 23 avril 2012 fixant les modalités pratiques de l'examen du permis de conduire des catégories A1 et A2. – V. Arr. du 23 avr. 2012, art. 1er, 2, App., v° *Permis de conduire*, **p. 1594.**
2021	13 oct.	Arrêté. Application de l'article L. 121-6 du code de la route. – V. C. route, art. A. 121-1 à A. 1213, A. 143-1.
2021	15 oct.	Décret n° 2021-1351. Application des mesures en matière de sécurité routière prévues par la loi n° 2021-646 du 25 mai 2021 pour la sécurité globale préservant les libertés. – V. C. route, art. R. 234-3, R. 234-4, R. 235-3, R. 243-1, R. 244-1, R. 244-2, R. 245-1, R. 325-15.
2021	28 oct.	Arrêté. Suppression de l'exigence de présentation par les entreprises d'un extrait d'immatriculation au registre du commerce et des sociétés ou au répertoire des métiers dans leurs démarches administratives dans les domaines de l'écologie, du développement durable, des transports, de l'énergie et du logement : – Art. 12. – V. Arr. du 9 févr. 2009, art. 9, v° *Immatriculation*, **p. 1404.** – Art. 29. – V. Arr. du 11 août 2017, art. 2, App., v° *Taxis et VTX*, **p. 1661.**
2021	3 nov.	Arrêté. Modification de l'arrêté du 19 février 2010 relatif aux modalités de l'épreuve pratique de l'examen du permis de conduire des catégories B et B1. – V. Arr. du 19 févr. 2010, art. 24, App., v° *Permis de conduire*, **p. 1568.**
2021	12 nov.	Décret n° 2021-1482. Qualification initiale et formation continue des conducteurs de certains véhicules routiers affectés aux transports de marchandises ou de voyageurs. – V. C. transp., art. R. 3314-1, R. 3314-3, R. 3314-9 à R. 3314-14, R. 3314-17, R. 3314-21, R. 3314-26 à R. 3314-28, R. 3315-2, App., v° *Transports routiers*, **p. 1803.**
2021	17 nov.	Ordonnance n° 2021-1490. Transpositions de la directive (UE) 2019/1161 du Parlement européen et du Conseil du 20 juin 2019 modifiant la directive 2009/33/CE relative à la promotion de véhicules de transport routier propres et économes en énergie. – Art. 1er, 2. – V. C. envir., art. L. 224-7 à L. 224-10, L. 224-12-1, App., v° *Environnement*, **p. 1272.**
2021	17 nov.	Décret n° 2021-1491. Obligations d'achat ou d'utilisation de véhicules automobiles routiers à faibles et à très faibles émissions en application de la directive (UE) 2019/1161 du Parlement européen et du Conseil : – Art. 2 à 5. – V. C. envir., art. R. 224-15, R. 224-15-1, R. 224-15-8, R. 224-15-10, App., v° *Environnement*, **p. 1282.**

		– Art. 13. – V. CGCT, art. R. 2213-1-0-1, App., v° *Environnement*, **p. 1302.**
2021	17 nov.	Décret n° 2021-1492. Critères définissant les autobus et autocars à faibles émissions. – V. C. envir., art. D. 224-15-2, D. 224-15-3, D. 224-15-4, D. 224-15-5-1, D. 224-15-6, App., v° *Environnement*, **p. 1283.**
2021	17 nov.	Décret n° 2021-1493. Critères caractérisant les véhicules à faibles émissions de transport de marchandises dont le poids total autorisé en charge excède 3,5 tonnes. – V. C. envir., art. D. 224-15-9, App., v° *Environnement*, **p. 1285.**
2021	17 nov.	Décret n° 2021-1494. Critères définissant les véhicules à faibles et à très faibles émissions dont le poids total autorisé en charge n'excède pas 3,5 tonnes. – Art. 1er à 3. – V. C. envir., art. D. 224-15-11 à D. 224-15-13, App., v° *Environnement*, **p. 1286.**
2021	24 nov.	Conseil constitutionnel, décision n° 2021-948 QPC. – V. C. route, art. L. 130-11.
2021	24 nov.	Conseil constitutionnel, décision n° 2021-949/950 QPC. – V. C. pén., art. 131-21, App., v° *Infractions*, **p. 1513.**
2021	25 nov.	Loi n° 2021-1520. Consolider notre modèle de sécurité civile et valoriser le volontariat des sapeurs-pompiers et les sapeurs-pompiers professionnels. – Art. 19. – V. C. route, art. L. 330-2.
2021	9 déc.	Décret n° 2021-1600. Application des articles L. 224-11 et L. 224-12 du code de l'environnement en ce qui concerne les centrales de réservation mentionnées à l'article L. 3142-1 du code des transports. – V. C. envir., art. D. 224-15-12 C, D. 224-15-14, App., v° *Environnement*, **p. 1287.**
2021	16 déc.	Décret n° 2021-1688. Registre de disponibilité des taxis. – V. C. transp., art. R. 3121-23 à R. 3131-33, R. 3124-3-1, App., v° *Taxis et VTC*, **p. 1687.**
2021	22 déc.	Loi n° 2021-1729. Pour la confiance dans l'institution judiciaire : – Art. 14. – V. C. pr. pén., art. 41-1, 41-2, 495-15, App., v° *Infractions*, **p. 1438.** – Art. 48-IV. – V. CGCT, art. L. 2333-87-8, ss. C. route, art. L. 411-1. – Art. 51. – V. C. pén., art. 131-21, App., v° *Infractions*, **p. 1513.**
2021	22 déc.	Décret n° 2021-1743. Procédures d'habilitation des structures d'accueil, d'inscription et d'affectation sur les postes de travail d'intérêt général et d'exécution des mesures de travail non rémunéré, et agrément des structures de placement extérieur. – Art. 1er. – V. C. pén., art. R.* 131-11-2, App., v° *Infractions*, **p. 1527.**
2021	22 déc.	Ordonnance n° 2021-1843. Partie législative du code des impositions sur les biens et services et transposition de diverses normes du droit de l'Union européenne. – Art. 18. – V. C. transp., art. L. 3314-4, L. 3314-5, App., v° *Transport routier*, **p. 1786.**

2021	23 déc.	Décret n° 2021-1788. Institution d'une redevance pour les employeurs exerçant une activité de transport public routier de voyageurs ou de marchandises ayant accès à des éléments relatifs à la validité du permis de conduire de leurs salariés affectés à la conduite des véhicules. — V. C. route, art. R. 225-5-2.
2021	27 déc.	Arrêté. Intégration de la nouvelle expérimentation de la circulation inter-files dans divers arrêtés relatifs à l'apprentissage de la conduite des motocyclettes. — Art. 1er. — V. Arr. du 17 déc. 2010, Annexe 1, v° *Enseignement de la conduite*, **p. 1251.**
2021	28 déc.	Décret n° 2021-1840. Publicités en faveur des véhicules à moteur — Art. 2. — V. C. route, art. R. 318-4.
2021	28 déc.	Décret n° 2021-1841. Promotion des mobilités actives, ou partagées, ou des transports en commun dans les messages publicitaires en faveur de véhicules terrestres à moteur. — V. C. route, art. D. 328-1 à D. 328-3.
2021	28 déc.	Décret n° 2021-1858. Diverses dispositions d'adaptation au droit de l'Union européenne dans le domaine de la protection contre les organismes nuisibles et de mise en œuvre du régime des contrôles en cette matière. — Art. 10. — V. C. pr. pén., art. R. 48-1, App., v° *Infractions*, **p. 1475.**
2021	30 déc.	Loi n° 2021-1900. De finances pour 2022. — Art. 142. — V. CGI, art. 1737, App., v° *Infractions*, **p. 1435.**
2022	3 janv.	Décret n° 2022-1. Fixation, en application du cinquième alinéa de l'article L. 130-9 du code de la route, de la procédure d'expérimentation de la constatation des niveaux d'émissions sonores des véhicules en mouvement par des appareils de contrôle automatique fixes et mobiles et modifications du code de la route. — Art. 8, 9. — V. C. route, art. R. 121-6, R. 130-11, R. 318-3.
2022	14 janv.	Décret n° 2022-31. Réglementation des cyclomobiles légers et modification du code de la route. — V. C. route, art. R. 110-2, R. 311-1, R. 312-11, R. 322-1, R. 412-9, R. 412-19, R. 412-28-1, R. 412-43-4, R. 415-2, R. 415-4, R. 415-15, R. 417-10, R. 417-11, R. 431-12.
2022	24 janv.	Loi n° 2022-52. Responsabilité pénale et sécurité intérieure : — Art. 10, 12, 29. — V. C. pr. pén., art. 16-1 A, 398-1, 495-17, App., v° *Infractions*, **p. 1437.** — Art. 11. — V. C. pén., art. 132-16-2, App., v° *Infractions*, **p. 1515.** — Art. 11, 31, 32. — V. C. route, art. L. 130-4, L. 224-1, L. 224-2, L. 224-8, L. 233-1 à L. 233-1-2, L. 236-3, L. 321-1-1, L. 321-1-2, L. 325-7.
2022	1er févr.	Décret n° 2022-99. Conditions de l'instauration d'une zone à faibles émissions mobilité. — V. CGCT, art. D. 2213-1-0-4, App., v° *Environnement*, **p. 1304.**

2022	8 févr.	Arrêté. Modification de l'arrêté du 18 juin 1991 relatif à la mise en place et à l'organisation du contrôle technique des véhicules dont le poids n'excède pas 3,5 tonnes. – V. Arr. du 18 juin 1991, art. 2, 8, 9, 13, 10-1, App., v° *Contrôle technique*, **p. 1111.**
2022	15 févr.	Décret n° 2022-185. Modification de la classe de la contravention prévue à l'article R. 610-5 du code pénal et nouvelles contraventions. – Art. 1er. – V. C. pén., art. R. 610-5, R. 644-2-1, App., v° *Infractions*, **p. 1527.**
2022	21 févr.	Loi n° 2022-217. Différenciation, décentralisation, déconcentration et portant diverses mesures de simplification de l'action publique locale. – Art. 53. – V. C. route, art. L. 130-9.
2022	24 févr.	Arrêté. Modification de l'arrêté du 24 juin 2020 relatif au gilet de haute visibilité, à l'équipement rétro-réfléchissant et au dispositif d'éclairage complémentaire porté par le conducteur d'un engin de déplacement personnel motorisé. – V. Arr. du 24 juin 2020, ss. C. route, art. R. 412-43-1.
2022	28 févr.	Loi n° 2022-269. Ratification des ordonnances prises sur le fondement de l'article 13 de la loi n° 2019-816 du 2 août 2019 relative aux compétences de la Collectivité européenne d'Alsace. – Art. 17. – V. C. route, art. L. 330-2.
2022	2 mars	Loi n° 2022-299. Combattre le harcèlement scolaire. – Art. 12-I. – V. C. pén., art. 131-21, App., v° *Infractions*, **p. 1513.**
2022	25 mars	Décret n° 2022-422. Évaluation environnementale des projets. – Art. 8-13°. – V. C. urb., art. R.* 443-5, App., v° *Caravanes et résidences mobiles*, **p. 1044.**
2022	28 mars	Arrêté. Modification de l'arrêté du 31 juillet 2012 relatif à l'organisation du contrôle médical de l'aptitude à la conduite. – V. Arr. du 31 juill. 2012, art. 6, App., v° *Permis de conduire*, **p. 1610.**
2022	28 mars	Arrêté. Liste des affections médicales incompatibles ou compatibles avec ou sans aménagements ou restrictions pour l'obtention, le renouvellement ou le maintien du permis de conduire ou pouvant donner lieu à la délivrance de permis de conduire de durée de validité limitée (refonte) : – V. App., v° *Permis de conduire*, **p. 1624.** – Art. 9. – V. Arr. du 31 juill. 2012, art. 1er, 10, Annexe II, App., v° *Permis de conduire*, **p. 1607.** – Art. 10. – V. Arr. du 20 avr. 2012, art. 2, App., v° *Permis de conduire*, **p. 1581.**
2022	30 mars	Décret n° 2022-479. Partie réglementaire du code pénitentiaire. – Art. 6. – V. C. pén., art. R.* 131-11-2, R. 131-12, App., v° *Infractions*, **p. 1527.**
2022	4 avr.	Décret n° 2022-473. Actualisation de la dénomination de différentes entités du ministère de la transition écologique et du ministère de la mer. – Art. 1er. – V. C. transp., art. R. 3120-40, App., v° *Taxis et VTC*, **p. 1683.**

2022	4 avr.	Décret n° 2022-474. Application de l'article 114 de la loi n° 2021-1104 du 22 août 2021 portant lutte contre le dérèglement climatique et renforcement de la résilience face à ses effets. – V. C. envir., art. D. 224-15-12 D, D. 224-15-13, D. 224-15-15, App., v° *Environnement*, **p. 1287.**
2022	7 avr.	Décret n° 2022-504. Systèmes de télépéage, aux droits et obligations des percepteurs de péage, des prestataires et des utilisateurs du service européen du télépéage et transposition de la directive n° 2019/520 du 19 mars 2019. – Art. 3. – V. C. route, art. R. 330-3.
2022	11 avr.	Arrêté. Modification de l'arrêté du 21 juin 2016 établissant la nomenclature des véhicules classés en fonction de leur niveau d'émission de polluants atmosphériques en application de l'article R. 318-2 du code de la route. – V. Arr. du 21 juin 2016, art. 2, App., v° *Environnement*, **p. 1350.**
2022	22 avr.	Décret n° 2022-635. Modification de certaines dispositions du code de la route relatives aux voies vertes. – V. C. route, art. R. 110-2, R. 411-3-2, R. 412-7, R. 412-34, R. 417-11.
2022	10 mai	Arrêté. Modification de l'arrêté du 27 juill. 2004 relatif au contrôle technique des véhicules lourds. – V. Arr. du 27 juill. 2004, art. 7, 9, 11, 40, App., v° *Contrôle technique*, **p. 1128.**
2022	10 mai	Arrêté. Modification de l'arrêté du 12 janv. 2012 fixant les conditions de reconnaissance et d'échange des permis de conduire délivrés par les États n'appartenant ni à l'Union européenne, ni à l'Espace économique européen. – V. Arr. du 12 janv. 2012, art. 3 à 6, 8, 11, App., v° *Permis de conduire*, **p. 1571.**
2022	1er juin	Ordonnance n° 2022-839. Agents de l'Office national des forêts. – Art. 6. – V. C. envir., art. L. 362-5, App., v° *Environnement*, **p. 1279.**
2022	2 juin	Arrêté. Modification de plusieurs arrêtés ministériels relatifs au permis de conduire. – V. Arr. du 23 avr. 2012, art. 1er, 2 ; Arr. du 19 févr. 2010, art. 28, App., v° *Permis de conduire*, **p. 1594.**
2022	10 juin	Arrêté. Modification de l'article A. 325-14 du code de la route. – V. C. route, art. A. 325-14.
2022	15 juin	Décret n° 2022-895. Modification de l'article R. 213-2 du code de la route. – V. C. route, art. R. 213-2.
2022	29 juin	Décret n° 2022-962. Modalités de contestation des refus d'autorisations de voyages et refus de visas d'entrée et de séjour en France. – Art. 3. – V. CJA, art. R. 811-1, ss. C. route, art. L. 223-1.
2022	30 juin	Arrêté. Modification de l'arrêté du 26 juin 2012 fixant les conditions d'exploitation des établissements chargés d'organiser les stages de sensibilisation à la sécurité routière. – Art. 2. – V. Arr. du 26 juin 2012, art. 16, App., v° *Sécurité routière*, **p. 1651.**

2022	2 juill.	Décret n° 2022-978. Contrôles de l'alcoolémie et de l'usage de stupéfiants dans le domaine de l'aviation civile. – Art. 2. – V. C. pr. pén., art. R. 48-1, App., v° *Infractions*, **p. 1475.**
2022	18 juill.	Arrêté. Modification de l'arrêté du 17 janvier 2013 portant application de l'article D. 222-8 du code de la route et fixant les conditions et modalités d'obtention du permis de conduire au vu des diplômes, certificats ou titres professionnels de conducteur routier. – V. Arr. du 17 janv. 2013, art. 4, App., v° *Permis de conduire*, **p. 1616.**
2022	20 juill.	Décret n° 2022-1025. Substitution de la dénomination « Inspection générale de l'environnement et du développement durable » à la dénomination « Conseil général de l'environnement et du développement durable ». – Art. 5-II. – V. C. route, art. D. 214-2.
2022	22 juill.	Décret n° 2022-1040. Application des mesures en matière de sécurité routière prévues par la loi n° 2022-52 du 24 janvier 2022 relative à la responsabilité pénale et à la sécurité intérieure : – Art. 1er. – V. C. route, art. R. 130-4, R. 321-4, R. 325-32. – Art. 2. – V. Décr. n° 2008-1455 du 30 déc. 2008, art. 1er à 3, ss. C. route, art. L. 321-1-2.
2022	29 juill.	Décret n° 2022-1090. Conduite encadrée : – Art. 1er. – V. C. route, art. R. 211-5-2. – Art. 2. – V. C. transp., art. R. 3313-21, App.,v° *Transports routiers*, **p. 1803.**
2022	30 juill.	Loi n° 2022-1089. Fin des régimes d'exception créés pour lutter contre l'épidémie liée à la covid-19. – Art. 1er. – V. C. pr. pén., art. 398-1, App., v° *Infractions*, **p. 1450.**
2022	8 août	Arrêté. Modification de l'arrêté du 26 février 2018 portant création du label « qualité des formations au sein des écoles de conduite et reconnaissance des équivalences à ce label ». – V. Arr. du 26 févr. 2018, art. 7-2, 7-5, 7-6, App., v° *Enseignement de la conduite*, **p. 1266.**
2022	10 août	Décret n° 2022-1147. Modification du code des transports en matière de transport routier. – Art. 3, 4. – V. C. transp., art. R. 3313-8, R. 3315-10, R. 3315-11, App., v° *Transports routiers*, **p. 1803.**
2022	16 août	Loi n° 2022-1157. De finances rectificative pour 2022. – Art. 26. – V. CGI, art. 1737, App., v° *Infractions*, **p. 1435.**
2022	24 août	Décret n° 2022-1174. Mise en œuvre des compétences du préfet de police et de celles du préfet de police des Bouches-du-Rhône. – Art. 3. – V. C. route, art. R. 130-12, R. 224-19-2, R. 325-1-2, R. 411-13.
2022	24 août	Décret n° 2022-1177. Modification de l'article R. 221-11 du code de la route. – V. C. route, art. R. 221-11.

2022	29 sept.	Décret n° 2022-1275. Régime juridique applicable au contentieux des décisions afférentes au projet de terminal méthanier flottant dans la circonscription du grand port fluvio-maritime de l'axe Seine (site du Havre). – Art. 1er. – V. CJA, art. R. 811-1, ss. C. route, art. L. 223-1.
2022	24 oct.	Décret n° 2022-1354. Protection des animaux de compagnie. – Art. 4. – V. C. pr. pén., art. R. 48-1, App., v° *Infractions*, **p. 1475.**
2022	24 oct.	Arrêté. Extension du système de réservation nominative des places pour l'épreuve pratique des examens du permis de conduire des catégories A1, A2, B1 et B. – V. Arr. du 27 avr. 2021, art. 5, App., v° *Permis de conduire*, **p. 1624.**
2022	7 nov.	Arrêté. Modification de l'arrêté du 8 juin 2017 relatif au contrôle technique routier des véhicules lourds. – V. Arr. du 8 juin 2017, art. 1er, App., v° *Contrôle technique*, **p. 1150.**
2022	17 nov.	Arrêté. Modification de l'arrêté du 20 avril 2012 modifié fixant les conditions d'établissement, de délivrance et de validité du permis de conduire. – V. Arr. du 20 avr. 2012, art. 1er, 2, 5, 9, App., v° *Permis de conduire*, **p. 1577.**
2022	24 nov.	Décret n° 2022-1495. Gestion des véhicules hors d'usage et responsabilité élargie des producteurs de voitures particulières, de camionnettes, de véhicules à moteur à deux ou trois roues et quadricycles à moteur : – Art. 1er, 3, 4. – V. C. envir., art. R. 543-153 à R. 543-166-2, App., v° *Environnement*, **p. 1292.** – Art. 2. – V. C. assur., art. D. 211-1, App., v° *Accidents de la circulation*, **p. 979.** – Art. 2. – V. C. route, art. R. 322-9, R. 325-44, R. 325-45.
2022	4 déc.	Arrêté. Modification de l'arrêté du 29 décembre 2017 relatif aux modalités de gestion des aides à l'acquisition et à la location des véhicules peu polluants. – V. Arr. du 29 déc. 2017, art. 1er à 3, App., v° *Environnement*, **p. 1350.**
2022	5 déc.	Arrêté. Modification de l'arrêté du 26 juillet 2011 relatif à l'obtention et au maintien de la qualification pour le contrôle des véhicules endommagés pour les experts en automobile. – V. Arr. du 26 juill. 2011, art. 1er, App., v° *Véhicules en panne ou accidentés*, **p. 1660.**
2022	7 déc.	Ordonnance n° 2022-1521. Extention aux collectivités relevant de l'article 74 de la Constitution et à la Nouvelle-Calédonie les dispositions de la loi n° 2022-217 du 21 février 2022 relative à la différenciation, la décentralisation, la déconcentration et portant diverses mesures de simplification de l'action publique locale. – Art. 6. – V. C. route, art. L. 143-1.
2022	13 déc.	Arrêté. Modification de l'arrêté du 23 avril 2012 modifié fixant les modalités pratiques de l'examen du permis de conduire des catégories A1 et A2. – V. Arr. du 23 avr. 2012, art. 1er, App., v° *Permis de conduire*, **p. 1594.**

2022	23 déc.	Décret n° 2022-1641. Conditions de l'instauration d'une zone à faibles émissions mobilité dans les agglomérations de plus de 150 000 habitants situées sur le territoire métropolitain. — V. CGCT, art. D. 2213-1-0-5, App., v° *Environnement*, **p. 1304.**
2022	30 déc.	Loi n° 2022-1726. De finances pour 2023. — Art. 62. — V. CGI, art. 1737, App., v° *Infractions*, **p. 1435.**
2022	30 déc.	Décret n° 2022-1761. Aides à l'acquisition ou à la location de véhicules peu polluants. — Art. 1er, 4. — V. C. énergie, art. D. 251-1 à D. 251-9, D. 251-11, D. 251-13, App., v° *Environnement*, **p. 1306.**
2023	18 janv.	Ordonnance n° 2023-15. Extension outre-mer de certaines dispositions de la loi n° 2022-52 du 24 janvier 2022 relative à la responsabilité pénale et à la sécurité intérieure. — Art. 1er. — V. C. route, art. L. 243-2, L. 243-3, L. 244-2, L. 244-3, L. 245-2, L. 245-3, L. 325-7, L. 343-1, L. 344-1, L. 344-1-1.
2023	24 janv.	Loi n° 2023-22. D'orientation et de programmation du ministère de l'intérieur : — Art. 9, 17, 25. — V. C. pr. pén., art. 16, 398-1, 495-24-2, App., v° *Infractions*, **p. 1436.** — Art. 25, 28. — V. C. route, art. L. 243-2, L. 243-3, L. 244-2, L. 244-3, L. 245-2, L. 245-3, L. 318-3, L. 412-1. — Art. 25. — V. C. transp., art. L. 3124-4, L. 3124-7, L. 3124-12, App., v° *Taxis et VTC*, **p. 1671** ; L. 3315-4, App., v° *Transports routiers*, **p. 1787.** — Art. 28. — V. CSI, art. L. 545-1, App., v° *Infractions*, **p. 1536.**
2023	27 févr.	Arrêté. Extension du système de réservation nominative des places pour l'épreuve pratique des examens du permis de conduire des catégories A1, A2, B1 et B. — V. Arr. du 27 avr. 2021, art. 1er, App., v° *Permis de conduire*, **p. 1623.**
2023	28 févr.	Loi n° 2023-140. Création d'une aide universelle d'urgence pour les victimes de violences conjugales. — Art. 4. — V. C. pr. pén., art. 41-1, 41-2, App., v° *Infractions*, **p. 1438.**
2023	9 mars	Loi n° 2023-171. Diverses dispositions d'adaptation au droit de l'Union européenne dans les domaines de l'économie, de la santé, du travail, des transports et de l'agriculture. — Art. 6. — V. C. assur., art. L. 421-2, App., v° *Accidents de la circulation*, **p. 975.**
2023	30 mars	Décret n° 2023-227. Contravention d'outrage sexiste et sexuel. — Art. 2. — V. C. pr. pén., art. R. 48-1, R. 49-6-2, App., v° *Infractions*, **p. 1475.**
2023	3 mai	Décret n° 2023-336. Sanctions pénales applicables en cas de manquement aux obligations destinées à renforcer la sécurité de l'usage des aéronefs civils sans équipage à bord. — V. C. pr. pén., art. R. 48-1, App., v° *Infractions*, **p. 1475.**

2023	19 mai	Loi n° 2023-380. Jeux Olympiques et Paralympiques de 2024 : – Art. 9. – V. CSI, art. L. 251-2, App., v° *Infractions*, **p. 1533.** – Art. 28. – V. C. transp., art. L. 3121-1-1, App., v° *Taxis et VTC*, **p. 1664.**
2023	19 mai	Décret n° 2023-383. Modification du code des transports en matière de transport routier. – V. C. transp., art. R. 3121-2, R. 3121-23, App., v° *Taxis et VTC*, **p. 1685.**
2023	19 mai	Décret n° 2023-384. Régime de protection des allées d'arbres et alignements d'arbres bordant les voies ouvertes à la circulation publique. – Art. 4. – V. C. pr. pén., art. R. 48-1, App., v° *Infractions*, **p. 1475.**
2023	7 juin	Arrêté. Modification de l'arrêté du 11 janvier 2021 relatif à la réception des véhicules à moteur, de leurs remorques et des systèmes et équipements destinés à ces véhicules en application du règlement UE/2018/858. – Art. 13. – V. Arr. du 25 juin 1997, App., v° *Transports routiers*, **p. 1766.**
2023	9 juin	Arrêté. Modification de l'article A. 325-12 du code de la route. – V. C. route, art. A. 325-12.
2023	21 juin	Loi n° 2023-479. Faciliter le passage et l'obtention de l'examen du permis de conduire : – Art. 1er, 4 à 6. – V. C. route, art. L. 211-1 A, L. 211-1, L. 221-3-1, L. 221-5, L. 225-5. – Art. 2. – V. C. éduc., art. L. 312-13, App., v° *Sécurité routière*, **p. 1638.**
2023	5 juill.	Décret n° 2023-563. Diverses mesures en matière de sécurité et de circulation routières. – V. C. route, art. R. 121-3 à R. 121-6, R. 130-2, R. 130-11, R. 143-1, R. 412-7, R. 412-23, R. 412-25, R. 413-17, R. 415-13, R. 417-11, R. 421-7, R. 432-2.
2023	5 juill.	Arrêté. Modification de l'arrêté du 21 juin 2016 établissant la nomenclature des véhicules classés en fonction de leur niveau d'émission de polluants atmosphériques en application de l'article R. 318-2 du code de la route. – V. Arr. du 21 juin 2016, art. 2, App., v° *Environnement*, **p. 1350.**
2023	10 juill.	Loi n° 2023-580. Renforcement de la prévention et de la lutte contre l'intensification et l'extension du risque incendie. – Art. 49-II. – V. CSI, art. L. 521-1, App., v° *Infractions*, **p. 1535.**
2023	18 juill.	Loi n° 2023-610. Donner à la douane les moyens de faire face aux nouvelles menaces. – Art. 2, 5, 31. – V. C. douanes, art. 60 à 60-10, 67, 414, App., v° *Infractions*, **p. 1430.**
2023	25 juill.	Arrêté. Modification de l'arrêté du 18 juin 1991 relatif à la mise en place et à l'organisation du contrôle technique des véhicules dont le poids n'excède pas 3,5 tonnes. – V. Arr. du 18 juin 1991, art. 5, 9, 13-1, 17-1, 30-1, App., v° *Contrôle technique*, **p. 1113.**

2023	26 juill.	Ordonnance n° 2023-661. Application des dispositions de l'article 137 de la loi du 22 août 2021 portant lutte contre le dérèglement climatique et renforcement de la résilience face à ses effets et de l'article 128 de la loi du 30 décembre 2021 de finances pour 2022. – Art. 5. – V. C. route, art. L. 330-2.
2023	28 juill.	Arrêté. Modification de l'arrêté du 17 avril 2018 relatif à l'expérimentation de véhicules à délégation de conduite sur les voies publiques. – V. Arr. du 17 avr. 2018, art. 2, 3 ss. C. route, art. L. 319-1.
2023	29 juill.	Décret n° 2023-695. Règles sanitaires d'hygiène et de salubrité des locaux d'habitation et assimilés. – Art. 5. – V. C. pr. pén., art. R. 48-1, App., v° *Infractions*, **p. 1475.**
2023	1er août	Décret n° 2023-706. Obligations de débroussaillement. – Art. 3. – V. C. pr. pén., art. R. 48-1, App., v° *Infractions*, **p. 1475.**
2023	4 août	Arrêté. Modification de l'arrêté du 9 février 2009 relatif aux modalités d'immatriculation des véhicules. – V. Arr. du 9 févr. 2009, art. 1er, 2, 4, 5, 8 à 16, 19, App., v° *Immatriculation*, **p. 1393.**
2023	31 août	Décret n° 2023-848. Réglementation des engins de déplacement personnel motorisés. – V. C. route, art. R. 412-43-1, R. 412-43-2.
2023	31 août	Décret n° 2023-849. Modifications des modalités de renouvellement des membres du Conseil national de la sécurité routière et de la charte relative aux conditions de vente, de cession, de location et d'utilisation des engins motorisés non réceptionnés soumis à l'article L. 321-1-1 du code de la route : – Art. 1er. – V. Décr. n° 2001-784 du 28 août 2001, art. 2, 3, App., v° *Sécurité routière*, **p. 1641.** – Art. 2. – V. Décr. n° 2009-911 du 27 juill. 2009, annexe C. route, ss. art. L. 321-1-1.
2023	12 sept.	Arrêté. Création de téléservices relatifs aux démarches administratives d'immatriculation des véhicules en provenance d'un autre État membre de l'Union européenne. – Art. 2. – V. Arr. du 9 févr. 2009, art. 1er, App., v° *Immatriculation*, **p. 1393.**
2023	12 sept.	Arrêté. Modification de l'arrêté du 13 mars 2020 relatif aux conditions de transformation des véhicules à motorisation thermique en motorisation électrique à batterie ou à pile à combustible. – V. Arr. du 13 mars 2020, art. 2, 3, 4, 7, 9, App., v° *Environnement*, **p. 1357.**
2023	18 sept.	Arrêté. Modification de l'arrêté du 2 mai 2019 relatif à la formation requise pour l'animation de la formation complémentaire prévu à l'article L. 223-1 du code de la route. – V. Arr. du 2 mai 2019, art. 2, 6, App., v° *Enseignement de la conduite*, **p. 1268.**
2023	7 oct.	Décret n° 2023-929. Instruction des demandes d'inscription sur la liste des versions de véhicules éligibles au bonus écologique pour les voitures particulières neuves électriques. – V. C énergie, art. D. 251-1, D. 251-1-A, R. 251-1-B, App., v° *Environnement*, **p. 1306.**

2023	7 oct.	Décret n° 2023-930. Conditionnement de l'éligibilité au bonus écologique pour les voitures particulières neuves électriques à l'atteinte d'un score environnemental minimal. – V. C. énergie, art. D. 251-1, D. 251-1-A, D. 251-4, App., v° *Environnement*, **p. 1306.**
2023	23 oct.	Décret n° 2023-974. Mise en place du contrôle technique des véhicules motorisés à deux ou trois roues et quadricycles à moteur, et dérogation temporairement aux articles R. 323-14 et R. 313-18 du code de la route. – V. C. route, art. R. 323-3, R. 323-14, R. 323-27.
2023	23 oct.	Arrêté. Contrôle technique des véhicules motorisés à deux ou trois roues et quadricycles à moteur. – V. App., v° *Contrôle technique*, **p. 1153.**
2023	2 nov.	Décret n° 2023-1013. Services déconcentrés et organisation de la police nationale. – Art. 20-II. – V. C. route, art. R. 241-1, R. 242-1.
2023	3 nov.	Décret n° 2023-1021. Régimes de sanctions pénales en matière de protection du cadre de vie et de sécurité d'approvisionnement en électricité. – Art. 3. – V. C. pr. pén., art. R. 48-1, App., v° *Infractions*, **p. 1475.**
2023	6 nov.	Décret n° 2023-1026. Application de l'article 495-18 du code de procédure pénale relatif au paiement immédiat du montant de l'amende forfaitaire délictuelle. – Art. 2. – V. C. pr. pén., art. D. 45-4, D. 45-5-1, D. 45-8, App., v° *Infractions*, **p. 1487.**
2023	13 nov.	Arrêté. Modification de l'arrêté du 29 juin 1992 portant création du Système national des permis de conduire. – V. Arr. du 29 juin 1992, art. 3, 8, App., v° *Permis de conduire*, **p. 1554.**
2023	13 nov.	Arrêté. Création d'un traitement automatisé dénommé « Mes Points Permis ». – V. App., v° *Permis de conduire*, **p. 1626.**
2023	15 nov.	Arrêté. Modification de l'arrêté du 13 octobre 2004 portant création du système de contrôle automatisé. – V. Arr. du 13 oct. 2004, art. 3, App., v° *Infractions*, **p. 1548.**
2023	6 déc.	Ordonnance n° 2023-1138. Transposition de la directive n° 2021/2118 du 24 novembre 2021 modifiant la directive 2009/103/CE concernant l'assurance de la responsabilité civile résultant de la circulation de véhicules automoteurs et le contrôle de l'obligation d'assurer cette responsabilité : – Art. 2 à 7. – V. C. assur., art. L. 211-1, L. 211-4, L. 211-4-1, L. 211-27, L. 211-28, L. 421-1, L. 421-3, L. 421-7, App., v° *Accidents de la circulation*, **p. 948.** – Art. 14. – V. C. assur., art. L. 451-2, ss. C. route, art. L. 324-2.
2023	6 déc.	Décret n° 2023-1150. Suppression de la réduction d'un point du permis de conduire pour les excès de vitesse inférieurs à 5 kilomètres par heure. – V. C. route, art. R. 413-14.

2023	8 déc.	Décret n° 2023-1152. Simplification des modalités de preuve et de contrôle de l'assurance de responsabilité civile automobile obligatoire : – Art. 1er, 2, 4. – V. C. assur., art. R. 211-14-0, R. 211-14-0-1, R. 211-14 à R. 211-15, R. 211-21 à R. 211-21-2, R. 211-21-6, R. 211-23, R. 211-26, App., v° *Accidents de la circulation*, **p. 991** ; R. 451-5, ss. C. route, art. L. 324-2. – Art. 5. – V. C. route, art. R. 233-3, R. 325-32, R. 325-38. – Art. 6. – V. C. transp., art. R. 3120-4, App., v° *Taxis et VTC*, **p. 1675.**
2023	14 déc.	Décret n° 2023-1183. Mise en place d'une aide à la location, pour une durée supérieure ou égale à trois ans, d'une voiture particulière électrique. – V. C. énergie, art. D. 251-1-2, D. 251-3, D. 251-4-2, D. 251-7, D. 251-9.
2023	18 déc.	Loi n° 2023-1196. Pour le plein emploi. – Art. 6-I-E. – V. C. route, art. L. 221-3-1.
2023	19 déc.	Arrêté. Livret d'apprentissage numérique des formations au permis de conduire : – Art. 1er, 5, 6, 10. – V. Arr. du 17 déc. 2010, art. 1er *bis*, Arr. du 29 juill. 2013, art. 1er, 3, 4, Arr. du 12 mai 2014, art. 1er à 4, Arr. du 14 oct. 2016, art. 1er *bis*, App., v° *Enseignement de la conduite*, **p. 1259.** – Art. 2. – V. Arr. du 8 nov. 2012, art. 1er *bis*, App., v° *Sécurité routière*, **p. 1614.** – Art. 3, 4. – V. Arr. du 8 nov. 2012, art. 1er *bis*, Arr. du 17 janv. 2013, art. 1er *bis*, App., v° *Permis de conduire*, **p. 1616.**
2023	20 déc.	Décret n° 2023-1214. Abaissement de l'âge minimal d'obtention de la catégorie B du permis de conduire à dix-sept ans. – V. C. route, art. R. 221-5.
2023	21 déc.	Décret n° 2023-1225. Indemnisation des dommages causés à la suite d'accidents de la circulation. – V. C. assur., art. R. 211-13, R. 211-22, R. 421-1, R. 421-4, R. 421-5, R. 421-18, App., v° *Accidents de la circulation*, **p. 989** ; art. R. 451-6 ss. C. route, art. L. 324-2.
2023	22 déc.	Arrêté. Modification de l'arrêté du 18 juin 1991 relatif à la mise en place et à l'organisation du contrôle technique des véhicules dont le poids n'excède pas 3,5 tonnes. – Art. 2. – V. Arr. du 18 juin 1991, art. 9, App., v° *Contrôle technique*, **p. 1115.**
2023	22 déc.	Arrêté. Modification de l'arrêté du 20 avril 2012 modifié fixant les conditions d'établissement, de délivrance et de validité du permis de conduire. – V. Arr. du 20 avr. 2012, art. 4, App., v° *Permis de conduire*, **p. 1589.**
2023	22 déc.	Arrêté. Modification de l'arrêté du 27 juillet 2004 relatif au contrôle technique des véhicules lourds. – Art. 2 à 9. – V. Arr. du 27 juill. 2004, art. 1er, 5, 7, 10, 11, 19, 25, 40, App., v° *Contrôle technique*, **p. 1126.**

2023	26 déc.	Décret n° 2023-1276. Application du dispositif des certificats d'économie de produits phytopharmaceutique pour la période 2024-2025. – Art. 3. – V. C. pr. pén., art. R. 48-1, App., v° *Infractions*, **p. 1475.**
2023	29 déc.	Décret n° 2023-1387. Modification de l'article R. 330-3 du code de la route relatif aux conditions d'accès aux informations du traitement de données à caractère personnel dénommé « Système d'immatriculation des véhicules ». – V. C. route, art. R. 330-3.
2023	30 déc.	Loi n° 2023-1322. De finances pour 2024 : – Art. 96-I. – V. C. assur., art. L. 421-4-1, L. 421-4-2, App., v° *Accidents de la circulation*, **p. 977.** – Art. 98-III. – V. C. pr. pén., art. 529-2, 529-12, 530, 530-2-1, 530-4, App., v° *Infractions*, **p. 1461.**

TABLE ALPHABÉTIQUE

NOTA. Les nombres renvoient aux articles du code de la route, non aux pages. Les nombres précédés du mot « art. » renvoient aux articles d'un autre texte. Les caractères italiques indiquent un mot de renvoi. Ceux de ces mots qui sont en caractères gras et précédés d'une flèche rouge renvoient à une autre rubrique de la table ; les autres, en caractères maigres et sans flèche rouge, renvoient à une subdivision de la même rubrique. Il est rappelé qu'un tableau explicatif des abréviations figure au début de l'ouvrage.

A

B

E

F

M

N

O

P

S

U

V

W

Z

Photocomposition Nord Compo
Villeneuve d'Ascq

Achevé d'imprimer en janvier 2024 sur les presses de
Druckerei C.H.Beck
Dépôt légal : février 2024
722968 – OSB – Pr 50 – NOR– (CDR)
Imprimé en Allemagne

Codes Dalloz

	Parution
CIVIL	
Code civil	juin
Code du divorce, *commenté*	novembre
Code de procédure civile	juin
Code des procédures civiles d'exécution, *commenté*	mars
AFFAIRES	
Code des assurances – Code de la mutualité, *commenté*	mai
Code de commerce	juin
Code de la communication, *commenté*	novembre
Code de la compliance, *commenté*	octobre
Code de la consommation, *commenté*	août
Code de la cybersécurité, *commenté*	juin
Code des douanes, *commenté*	mars
Code général des impôts	juin
Code monétaire et financier, *commenté*	mai
Code des procédures collectives, *commenté*	février
Code de la propriété intellectuelle, *commenté*	janvier
Code des sociétés, *commenté*	septembre
Code de procédure fiscale, *commenté*	juin
Code de la protection des données personnelles, *commenté*	novembre
SOCIAL	
Code de l'action sociale et des familles, *commenté*	mai
Code de la santé publique, *commenté en ligne*	juin
Code de la sécurité sociale	avril
Code du travail, *commenté en ligne*	mars